U0785800

# 九江市志

JIU JIANG SHI ZHI

（1991~2010）

## 第一册

九江市地方志编纂委员会 编

方志出版社
Publishing House of Local Records

**图书在版编目(CIP)数据**

九江市志:1991~2010 / 九江市地方志编纂委员会编.—北京:方志出版社,2016.2

ISBN 978-7-5144-1955-9

Ⅰ. ①九… Ⅱ. ①九… Ⅲ ①九江市-地方志-1991~2010 Ⅳ. ①K295.63

中国版本图书馆 CIP 数据核字(2016)第 046258 号

**九江市志(1991~2010)**

**编　　者**:九江市地方志编纂委员会
**责任编辑**:李志瑜

**出 版 人**:冀祥德
**出 版 者**:方志出版社
地址　北京市朝阳区潘家园 9 号(国家方志馆 4 层)
邮编　100021
网址　http://www.fzph.org
**发　　行**:方志出版社发行部
(010)67110555
**经　　销**:各地新华书店

**印　　刷**:南昌三联印务有限公司
**开　　本**:889×1194　1/16
**印　　张**:197
**字　　数**:5809 千
**版　　次**:2016 年 2 月第 1 版　2016 年 2 月第 1 次印刷
**印　　数**:0001~4000 册

ISBN 978-7-5144-1955-9　定价:680.00 元

**·版权所有　翻印必究·**

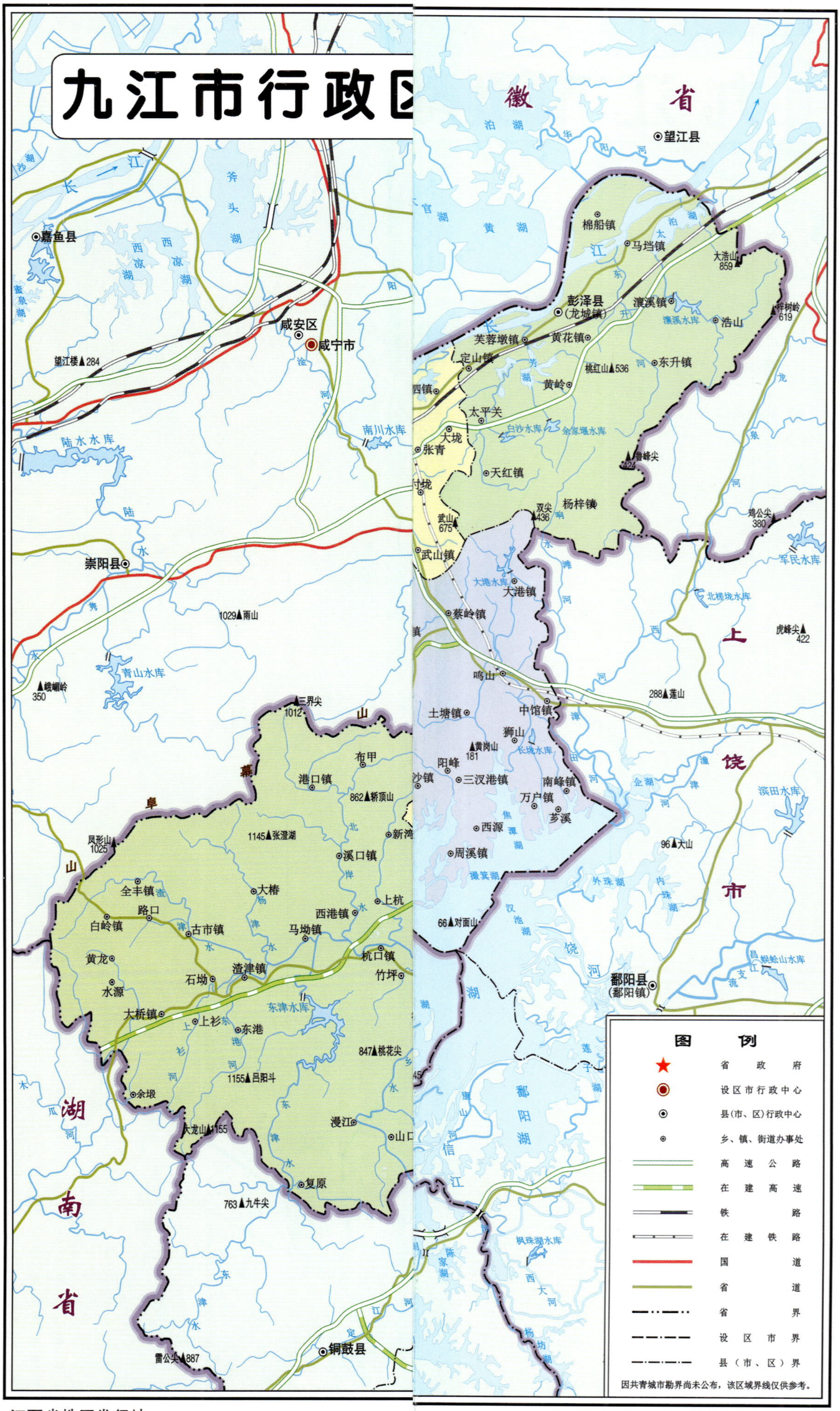
九江市行政区
徽
省
望江县
嘉鱼县
咸安区
咸宁市
崇阳县
彭泽县
(龙城镇)
鄱阳县
(鄱阳镇)
铜鼓县
长江
陆水水库
青山水库
南川水库
东津水库
鄱阳湖
上
饶
市
湖
南
省
幕
阜
山
图例
省政府
设区市行政中心
县(市、区)行政中心
乡、镇、街道办事处
高速公路
在建高速
铁路
在建铁路
国道
省道
省界
设区市界
县(市、区)界
因共青城市勘界尚未公布，该区域界线仅供参考。

靖安县
(双溪镇)
奉新县
(冯川镇)

# 自然生态

鄱阳湖、庐山

庐山西海

39
70

九江第一高峰——九尖岭（徐高峰 摄）

庐山秀峰瀑布（蔡少敏 摄）

鄱阳湖国家级自然保护区鹤群（吴钟群 摄）

彭泽桃红岭国家级自然保护区野生梅花鹿

滨江风光（蔡少敏 摄）

甘棠湖、南湖

水深0.8米
禁止跳水

八里湖新区（黄开福 摄）

信华水上游乐中心

# 城市新貌

甘棠湖、南湖湖滨（宋小勇 摄）

城西经济开发区地段

庐山区城市客厅夜景（周继根 摄）

八里湖海韵沙滩（田启宝 摄）

甘棠湖公园（蔡少敏 摄）

赛城湖公园（宋小勇 摄）

白水湖公园（蔡少敏 摄）

和中广场（宋小勇 摄）

浔阳江广场（蔡少敏 摄）

抗洪广场（蔡杰 摄）

镇水牛广场（宋小勇 摄）

共青城富华山（刘照龙 摄）

八里湖胜利碑（蔡少敏 摄）

南湖公园九曲回廊（孙仁贵 摄）

八里湖生态公园（纪连俊 摄）

长虹大道（蔡少敏 摄）

滨江大道（蔡少敏 摄）

庐山大道（蔡少敏 摄）

长江大道与长城路交叉口（黄开福 摄）

八里湖大道（潘 立 摄）

九瑞大道（柯小明 摄）

长虹立交桥（宋小勇 摄）

八里湖大桥（洪显智 摄）

南湖夜景（陈世文 摄）

八里湖大道夜景（周继根 摄）

鹤问湖污水处理厂

老鹳塘污水处理厂（孙仁贵 摄）

治理前的十里河（蔡少敏 摄）

治理中的十里河（刘浔豫 摄）

整治后的十里河（蔡少敏 摄）

改造前的西园片区（宋小勇 摄）

改造后的西园信华城市广场（蔡少敏 摄）

改造前的龙开河新桥头片区（蔡少敏 摄）

填河改造后的龙开河路（蔡少敏 摄）

八里坡保障性住房（宋小勇 摄）

螺蛳山经济适用房（孙仁贵 摄）

南湖国际（蔡少敏 摄）

美日阳光家园（蔡少敏 摄）

九江火车站（蔡少敏 摄）

庐山机场停机坪（宋小勇 摄）

九江汽车站（孙仁贵 摄）

修水汽车总站（黄开福 摄）

昌九城际高铁（杨 青 摄）

铜九铁路鄱阳湖大桥（胡国林 摄）

江西第一条高速公路——昌九高速（宋小勇 摄）

永修至武宁（庐山西海）旅游高速公路（黄开福 摄）

九江长江二桥（宋小勇 摄）

鄱阳湖大桥（孙仁贵 摄）

鄱阳湖口隧道（黄开福 摄）

柯龙线公路竹坪隧道

瑞昌港区

湖口港区

彭泽港区

城西港区九江港集装箱岸桥

九江港外贸码头（蔡 杰 摄）

港区巡查（周遇润 摄）

繁忙的鄱阳湖内河运输

国电九江发电厂

柘林水电站（黄开福 摄）

长岭风力发电场(杨 青 摄)

理文热电厂

湖口石钟山 500 千伏变电站（洪显智 摄）

九江供电公司员工开展线路检修

# 县区风貌 浔阳区

浔阳楼

大中路步行街（杨 军 摄）

大中路米市雕塑（宋小勇 摄）

京九蔬菜批发市场（杨 军 摄）

濂溪大道（李 坚 摄）

十里河夜景（桂剡高 摄）

浔南城市客厅（桂剡高 摄）

# 县区风貌 九江县

中华贤母园（杨风胜 摄）

庐山春天小区（杨风胜 摄）

悠然园（方乐新 摄）

义门陈文史馆（李诗彪 摄）

博阳新城（李诗彪 摄）

雁家湖植物园（李诗彪 摄）

昌九城际铁路永修桥（宋建民 摄）

湖东景观公园（宋建明 摄）

县城新景（宋建民 摄）

落星墩风光（饶金星 摄）

天沐水上乐园（饶金星 摄）

紫阳广场（饶金星 摄）

生态修水城（冷伍敏 摄）

市民广场（孙 文 摄）

陈门五杰广场（冷伍敏 摄）

朝阳湖景区（杨 青 摄）

湿地公园

武宁大桥（徐高峰 摄）

# 县区风貌 湖口县

石钟山

城区新貌

石钟情养老城

金沙湾工业园（陈德钧 摄）

# 都昌县 县区风貌

南山风景区

鄱湖国际珠贝城

人民广场十字路口夜景（朱彼得 摄）

县城远眺

# 县区风貌 彭泽县

渊明湖夜景（赵国兰 摄）

核电安置小区（张国衡 摄）

县城中心广场（张国衡 摄）

码头镇中心街

人民南路与赤乌大道交叉口（张 勇 摄）

柳湖新景（燕 平 摄）

# 县区风貌 共青城市

城市新貌（孙柱梁 摄）

共青科技学院（孙柱梁 摄）

中航高尔夫球场（刘照龙 摄）

1992 年 5 月 18 日上午，九江长江大桥最后一根长 12 米、重 5 吨的钢桁梁吊装到位，标志着九江长江大桥钢梁合龙（宋小勇 摄）

1992 年 5 月 26 日，九江长虹大道和西二路一期工程主干道竣工通车（陈学国 摄）

1992 年 7 月 20 日，第一艘外轮洪都拉斯籍的“金敬号”轮首航九江港（孙仁贵 摄）

1993 年 1 月 16 日 九江长江大桥公路桥建成通车（宋小勇 摄）

1993 年 1 月 18 日，江西省第一条高等级汽车专用公路——昌九一级（半幅）专用公路建成通车（罗匡龙 摄）

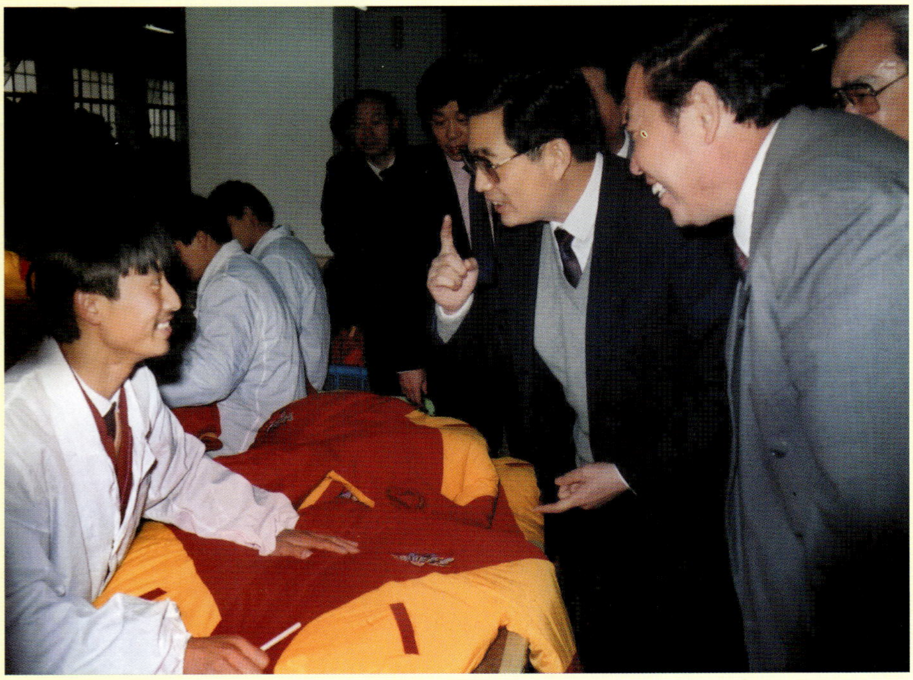

1993 年 4 月 15 日，中共中央政治局常委胡锦涛视察共青城（游云谷 摄）

1993 年 9 月 15 日，中共中央政治局常委、全国政协主席李瑞环视察共青城（陆建珠 摄）

1994 年 8 月 8 日，中共中央政治局常委、全国人大常委会委员长乔石视察九江经济工作、旅游事业和重点建设工程（孙仁贵 摄）

1995 年 3 月 19~21 日，中共中央总书记、国家主席、中央军委主席江泽民视察九江（陈飞林 摄）

# 大事图览

1995年11月16日，国务院总理李鹏、副总理邹家华以及中央、国务院有关部门负责人出席京九列车通车典礼期间视察九江长江大桥（孙仁贵 摄）

1995年11月16日京九铁路全线铺轨贯通庆祝大会在九江举行（燕 平 摄）

1996年12月6日，经联合国教科文组织批准，庐山人文景观被列入世界人类文化遗产名录

1996年5月7~9日，联合国教科文组织专家一行对庐山申报世界自然与文化遗产实地考察

1996 年 10 月 4 日，九江大化肥尿素装置产出尿素，化肥装置全流程打通（孙仁贵 摄）

1997 年 8 月 21~22 日，中共中央政治局委员、国务院副总理吴邦国考察九江石化总厂（孙仁贵 摄）

1998 年 8 月 7 日 13 时 50 分，九江长江城防堤钢铁公司段，4~5 号闸之间被洪水冲开 10 米左右的口子，江水由决口下泄

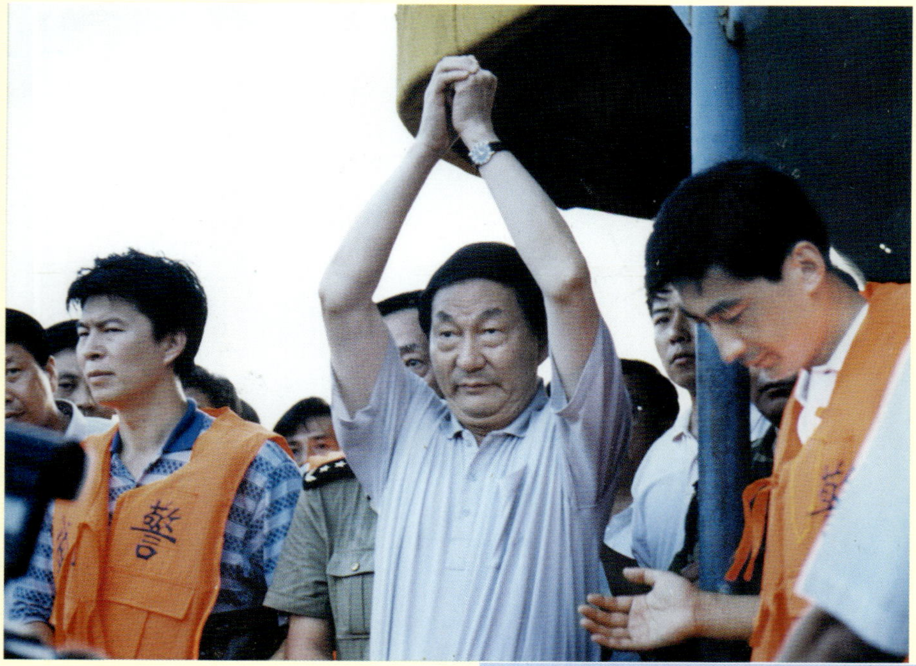


1998 年 8 月 9 日，国务院总理朱镕基再次来到九江，并到决口现场，指导抢险，慰问抢险军民（孙仁贵 摄）

1998 年 8 月 22 日，中共中央政治局常委、全国政协主席李瑞环在九江考察长江抗洪情况，并代表中共中央、国务院慰问抗洪军民（孙仁贵 摄）

1998 年 8 月 31 日 ~9 月 1 日，中共中央政治局常委、国务院副总理李岚清到九江县江洲镇、市第六中学视察灾区防疫治病、中小学秋季开学工作（孙仁贵 摄）

1998 年 8 月 8 日，九江军民经过 5 天连续奋斗，堵住了长江 4~5 号决口（孙仁贵 摄）

1998 年 9 月 4 日，中共中央总书记、国家主席、中央军委主席江泽民来到九江抗洪一线视察指导抗洪救灾和恢复生产、重建家园工作（孙仁贵 摄）

1998 年 9 月 15 日，部分参加抗洪的解放军指战员奉命胜利撤离九江时，九江市民在新桥头特地扎制“凯旋门”（宋小勇 摄）

# 大事图览

1999 年 2 月 6~7 日，国务院副总理温家宝来到九江考察。图为走访看望湖口灾民新村（孙仁贵 摄）

1999 年 7 月 13 日，国务院总理朱镕基、副总理温家宝在省市领导陪同下，实地考察九江县永安大堤和市城防堤，看望施工单位和工程技术人员（孙仁贵 摄）

2000 年 9 月 10 日，江西省委、省政府在九江港举行三峡移民来赣安置欢迎仪式（宋小勇 摄）

2001 年 5 月 27 日，九江市人才市场开业庆典（孙仁贵 摄）

2002 年，九江师专、九江医专、九江财专、九江教育学院合并，升格为九江学院。图为教育部专家组评估会（宋小勇 摄）

2002 年 6 月 10 日上午，国务院总理朱镕基在永修县立新乡南岸村看望移民群众（孙仁贵 摄）

# 大事图览

2004 年 9 月 18~24 日，2004 赣台（九江 · 庐山）经贸合作会研讨在庐山举行（蔡杰 摄）

2004 年 9 月 26 日，中国工程院院士袁隆平捐款 13 万元，在德安县第一中学设立“隆平奖学金”（宋小勇 摄）

2004 年 10 月 12 日，中央电视台著名节目主持人白岩松为九江获得“中国魅力城市”颁奖（宋小勇 摄）

2005 年 6 月 3 日，国务院批准设立九江出口加工区

2005 年 1 月 9 日，世界地质公园与社会经济发展促进会庐山办事处等机构挂牌仪式在庐山举行（孙仁贵 摄）

2005 年 9 月 11~12 日，由省政府主办，国务院台湾事务办公室协办，省台办和市政府、庐山管理局承办的 2005 年赣台（九江 · 庐山）经贸合作研讨会在庐山举行（宋小勇 摄）

2006 年 4 月 30 日，云居山—柘林湖风景名胜区管委会挂牌成立（宋小勇 摄）

2006 年 6 月 13 日，九江举行“感动九江”十大人物颁奖典礼（蔡杰 摄）

2006 年 8 月 16 日，由美国卡博特公司与中国蓝星总公司合资兴建的卡博特蓝星化工（江西）有限公司年产 4800 吨气相二氧化硅项目竣工投产仪式隆重举行（宋小勇 摄）

2007年4月20日，国务院总理温家宝在武宁县罗坪镇长水村考察林改时与群众座谈（饶爱民 摄）

2007年5月7日，九江市中心城区2007年度第一批经济适用房公开摇号仪式（宋小勇 摄）

2007年10月25日，中国九江国际友好城市大会举行。会议期间举办“月光下的九江”音乐演唱会（宋小勇 摄）

# 大事图览

2008 年 1 月 31 日，中共中央政治局常委、中央纪委书记贺国强到九江考察指导抗冰救灾工作（黄敬文 摄）

2008 年 9 月 26 日，庐山新城开工奠基（孙仁贵 摄）

2008 年 7 月 1 日，铜九铁路开通（蔡 杰 摄）

2009 年 9 月，中共中央政治局常委、国务院副总理李克强来到九江考察，与市领导亲切握手（杨青 摄）

2009 年 10 月 13 日，首届中国庐山世界名山大会在庐山开幕（杨青 摄）

2009 年 9 月 26 日，九江经济技术开发区在城西港区举行 36 个项目开工、签约、竣工投产仪式（宋小勇 摄）

2010 年 5 月 1 日，九江至瑞昌快速通道竣工（宋小勇 摄）

2010 年 9 月 20 日，昌九城际铁路通车（宋小勇 摄）

2010 年 12 月 28 日，共青城市成立大会在共青城南湖影剧院举行（杨 青 摄）

# 序一

志者，史之翼也。地方志，被称为“一方之全史”，在保存历史、鉴古知今，明察地情、裨益民生，褒正抑邪、教化风尚，乡土亲情、民族认同等方面发挥着重要作用，历来被视为中华民族的文化瑰宝。

九江是一座有着两千年历史的文化名城。改革开放以来，九江发生翻天覆地的变化。新编《九江市志(1991~2010)》，如实记载这一时期九江改革发展的成长史，它犹如一部厚重的“百科全书”、一部珍贵的“奋斗史诗”。既是一面镜子，可以彰往昭来、稽前鉴后；也是一座桥梁，可以沟通信息、拓宽交流；还是一把钥匙，可以悉知历史、开启智慧。

2008 年我到任九江不久，适逢二轮市志编纂工程启动，至今欣闻志书即将付梓，实属幸事，颇感欣慰。多年来，在各级各方的关心支持下，在专家学者的悉心引导下，全市上下通力协作，编纂人员秉笔直书，寒来暑往、历时八载，含辛茹苦、数易其稿，终成这五百余万字的宏篇巨作，为九江优秀文化传承奉上了绚烂的篇章，功莫大焉！

明史达鉴，修志为用。希望后来者以志为鉴，从中汲取力量、受到启迪。我们相信，驱动历史的车轮，驾驭时代的浪潮，九江人民一定会凝心聚力、砥砺前行；九江的事业一定会承前启后、继往开来；九江的未来一定会更加美好、再创辉煌。

是为序。

2015 年 12 月

---

**殷美根　江西省人民政府副省长、江西省地方志编纂委员会副主任委员**

# 序二

九江历史积淀深厚,方志文化源远流长。历代编修的府、州、县志及专志近百种,最早的志书可追溯到东晋张僧鉴编纂的《寻阳记》,距今1700余年。20世纪80年代,九江开始新中国成立后的首轮地方志编修,第一部《九江市志》于2004年出版。续志于2008年启动,经千百人耕耘、八载琢磨,即将付梓。

新编《九江市志(1991~2010)》是第二轮修志的重要成果。该志全面、系统地记述20年间九江自然、经济、政治、社会和文化等方面发生的重大变化,记录九江人民在改革开放和现代化建设中所取得的巨大成就,是一部资料翔实、内容丰富、结构严谨、脉络清晰的续志,更是一部特色鲜明、大气厚重、存真求实、经世致用的佳作。它的编纂出版,对于传承方志文化、弘扬地域文明、建设文化强市、助推经济发展,具有重要意义。在此,谨向为这项浩繁工程付出宝贵心血和辛勤劳动的人们,向市志编写的组织者、参与者、支持者表示衷心的感谢!

修志问道,以启未来。当前,九江上下正围绕"推进'T'型崛起,打造山水名城,率先全面小康,建设五大九江"的发展战略,奋进在"新工业十年行动"的伟大征程。诚望大家承先辈之志,建当下之功,启后世之贤,擘画九江更加辉煌灿烂的未来!

中共九江市委书记　杨伟东

2016年元月

# 序三

躬逢《九江市志(1991~2010)》付梓,欣慰诚贺！市志的问世,实乃我市经济社会发展的一件大事,更是我市精神文明建设的一桩盛事。

地方志乃一地之古今总览。中华民族具有历史悠久、源远流长的修史编志传统,春秋战国时撰《山海经》,隋唐时期确立官修制度,至明清方志鼎盛,志书的编纂一直深受历朝历代的重视。千百年来,其卷帙浩繁,其包罗万象、其浩如烟海,令今人惊叹、为世人瞩目。

九江,秦朝设郡,汉代筑城,集"名山、名城、大江、大湖"于一身,人文历史厚重、资源禀赋优越、发展前景广阔,在长期的改革发展实践中创造出灿烂的文明,取得丰硕的成果。《九江市志(1991~2010)》以服务当代为指向、以传承文明为目标、以弘扬文化为宗旨,全面、客观、系统、翔实地记载九江改革开放20年间政治、经济、文化、社会、生态等方面所取得的巨大成就和发生的深刻变化,融"存史、资政、育人"三大功能于一体,集古今之大成,汇百科之精华,既是九江地方风土人情、人文地理、发展历程的生动缩影,也是九江人民众志成城、顽强拼搏、砥砺奋进的真实写照。此志的修编,为后人留下宝贵的精神财富,为决策提供有益的借鉴参考,为外界更好地了解九江打开一扇新的窗口,对记录九江历史、传承九江文化、加快九江发展,具有十分重要的意义。广大市志编撰人员孜孜不倦、笔耕墨耘,付出大量心血和辛勤劳动,在此谨向全体编纂人员致以诚挚的问候和感谢！

抚今追昔,展望未来,当前的九江正处于全面建成小康社会的关键时期,全市上下在省委、省政府和市委的正确领导下,紧紧围绕"做大九江、打造'双核'"的目标,深入推进沿江开放开发、昌九一体化和共青先导区建设,发展的氛围好、基础好、机遇好、态势好。让我们以本志的出版为契机,以史为鉴,以志资政,凝心聚力,共同创建九江更加美好的明天！

**九江市人民政府市长　林彬杨**

**2016年元月**

# 凡 例

1.本志为2004年版《九江市志》的续志，以马克思主义、毛泽东思想和中国特色社会主义理论体系为指导，按照国务院《地方志工作条例》的规定与要求，运用辩证唯物主义和历史唯物主义观点，客观记述九江市自然、政治、经济、文化和社会的历史与现状。

2.本志记述时限为1991~2010年。上限因事而异，时间适当上溯；图片和大事记延至2014年。

3.本志遵循事物发展的逻辑顺序，强化志书的整体结构，以类系事，事以类从，按照科学分类与社会分工相结合的原则，设置篇目结构。志首设总述、大事记、专记；志末设附录、后记。图片集中各册志首。

4.本志采用述、记、志、传、图、表、录7种体裁，以志为主体，设篇、章、节、目4个层次。少数目下设有子目。

5.本志所说"全市"，包括市区和市辖县(市、区)。"市区"为市辖区境，即浔阳区和庐山区。"市属"为市直各部门直接管理单位。"地区"和"市境"则包括中央和省驻九江单位相关内容。驻市单位只记录2010年在市的主要单位。

6.本志特设"庐山篇"，记述庐山名胜风景区山体环境、自然遗产、文化遗产、庐山研究及管理保护，以彰显地方特色。

7.大事记以时立目，编年记事。有些事件跨越时间较长，为保持其连贯性、完整性，或采用"溯前"办法，将事件起始记于结束之日，或采用"补后"办法，将事件结果记于开始之时。

8.人物记述分人物传、人物简介、人物表，坚持"生不立传"的原则。人物传按卒年、人物简介按生年排列；人物表中，劳动模范、党政领导、专业技术人员等，按称号授予，任职、评审通过的时间序列。为弥补首轮《九江市志》对人物记述的缺漏，在"人物传""人物简介"中补录部分立传人物和全国劳动模范。

9.本志采用的文字、纪年、称谓、计量单位、数字、表格等，按照国家相关法规和标准执行。个别计量单位仍用市制，如"亩"等。

10.本志中的地名、机构、职务、职称等专有名称，均按当时称谓记述。机构名称首次出现时使用全称，括注后用简称。"1949年10月1日中华人民共和国成立"，简写成"新中国成立"；"中国共产党"简写成"中共"；"民主党派市委会"均用简称，表述为"民革""民盟""民建""九三学社"市委会等；市级机关一般省去"九江"2字，直接写"市委""市政府""市财政局"等。

11.本志采用的数据以市统计部门数据为准；统计部门未作统计的，按各行业、各部门的统计实录。人口数字主要使用2000年、2010年人口普查数字，未标明者则为年末数。其他有年份而未标明月份的数据，均为年末数据。国土面积使用2005年版《江西省地图集》数据及国土管理部门相关数据。

12.本志设条目、人名、图表索引，以便检索。

13.本志资料主要来自市档案馆、市统计局、各承编单位及相关志书、报刊、专著、口述等，经考证后入志，一般不注明出处。

# 《九江市志》总目

## 第一册



## 第二册



## 第三册



## 第四册

# 目 录

## 第四篇 自然测报



## 第五篇 国土资源管理



## 第六篇 人 口

# 第十篇 交通运输



# 第十一篇 港 口



# 第十二篇 口 岸

## 第十三篇　邮政电信



## 第十四篇　电 力



## 第十五篇　房地产

# 总 述

浔阳江头，有春江花月的古雅；鄱阳湖上，有秋水长天的豪迈。

九江，众水汇集的地方，一江一湖一山，赋予其美丽和灵秀。历代九江人民，在这片土地上，以勤劳和智慧，不断谱写时代华章。特别是改革开放以来，九江人民站在新的历史起点，乘势而上，以做大九江为目标，决战大工业，打造大门户，推进大统筹，改善大民生，实现大跨越，奋力推进生态文明、物质文明、政治文明和精神文明建设，续写着更加壮丽辉煌的新篇章。

## 一

九江市位于江西省北部，赣鄂湘皖4省交界处的长江中下游南岸。地理坐标北纬28°41′~30°05′、东经113°56′~116°54′。市境东西长270千米，南北宽140千米，国土面积19078平方千米。

**建置悠久**　夏商时代，九江分属荆、扬2州；春秋之际，地属吴楚2国；战国之时，越灭吴则属越，楚败越则属楚。秦王政二十四年(前223)灭楚，以其地置3郡，其一为九江郡。自汉以来，九江建置或郡或州，或路或府，或道或市，治域治所屡有变更，古称甚多，但主要以九江、柴桑、浔阳、江州著称于世。1949年5月，九江全境解放，7月19日成立江西省人民政府九江分区行政督查专员公署，辖九江、瑞昌、武宁、永修、星子、德安、靖安7县，又单设九江市，直属省政府。同年9月，建置调整，九江分区形成10县(九江、彭泽、都昌、湖口、星子、德安、永修、瑞昌、武宁、修水)1市(九江市)的行政建置。随着时代发展，区划时有调整。至2010年，辖浔阳、庐山2区和九江、德安、永修、星子、修水、武宁、湖口、都昌、彭泽9县，代管瑞昌、共青城2市。总人口472.88万人。

**区位优越**　九江以其独特的区位优势雄踞于长江中游末端，上控蜀楚，下扼吴越，南连粤桂，北承燕秦，不仅素有“江湖锁钥”、军事重镇之称，亦为华东物资集散之地。晋代始，九江即系江南“来商纳贾”之都会，江州漕运一度掌控京都命脉。至唐宋，更是商贸繁荣，“贮粮尖仓，酿酒盈缸，行商坐贾，积贮倍息”。明清之际，九江已“帆樯蔽江，人货辐辏”，跻身于全国“三大茶市”“四大米市”之列。近现代，随着九江辟为通商口岸，外来资本的涌入和商业贸易的影响，使九江成为长江中下游地区重要的经济贸易中心。如今，随着水陆空立体交通快速发展，九江在全国经济发展格局中，成为东部沿海开发向中西部推进的过渡地带，是京九、长江两大经济开发带的交叉点，处于极为重要的位置。从长江流域的格局看，九江既是沪、汉两大经济区的结合部，又是长江段赣、鄂、湘、皖4省结合部；从江西省的发展看，九江是唯一通江达海的外贸港口城市，是联结全省与长江开发带、沿海开放带的“北大门”。

**山河秀美**　九江，山拥千嶂，江环九派，境内山地、平原、江湖皆备，有幕阜、九岭、怀玉山脉，鄱阳湖、长江以及修河、博阳河、潦河、长河等水系，自古被誉为“江山眉目之地”，尤其是九江集名山(庐山)、名江(长江)、名湖(鄱阳湖)于一体，大江大湖交汇，名山名水争晖。国家重点风景名胜区庐山，系幕阜山脉余脉，海拔1474米，山体面积282平方千米，险峻奇特，壮观秀丽，远眺西北，势压东南，是“中国旅游胜地40佳”之一，1996年被联合国教科文组织批准为中国唯一的“世界文化景观”，列入《世界遗产名录》。2004年2月，又被列入全球首批世界地质公园。中国第一大淡水湖鄱阳湖，其主体位于九江之境，“落霞与孤鹜齐飞，秋水共长天一色。渔舟唱晚，响穷彭蠡之滨，雁阵惊寒，声断衡阳之浦”，自古迄今，多少文人墨客为之赞叹。位于修河中游，地跨永修、武宁2县的庐山西海(柘林湖)，宛如一块天然蓝宝石，闪烁在群山之间;308 平方千米的湖面上,997 个岛屿星罗棋布,仿佛千百颗珍珠撒落玉盘。

**气候宜人** 九江东枕鄱湖,西连幕阜,南接洪都,北临长江,市境多属鄱阳湖平原,平均海拔 32 米。全市东西高,中间低,南部略高,向北缓渐倾斜地形。属中亚热带向北亚热带过渡地区,气候温和,四季分明,年均气温 16℃~17℃,年均湿度 75%~80%,日照时数年均 1709 小时,气候主要特点是春季温暖大风多,夏季炎热雨集中,秋季凉爽日照长,冬季寒冷少雨雪。光照充足、雨量充沛、霜期较短的气候条件,为多种动植物生长提供良好的生态环境。

**人文鼎盛** 九江自古人文荟萃,俊采星驰。灌婴溢浦筑城,周瑜柴桑用兵。慧远、陆修静相继开净土宗、南天师道;陶渊明、谢灵运先后辟田园诗、山水诗派。李白五上庐山,《望庐山瀑布》留下千古绝唱;白居易四年谪居,《琵琶行》牵动万众忧思。苏东坡游石钟山,黄庭坚创江西诗派,朱熹复兴白鹿洞书院,岳飞屯兵江州之故事家喻户晓。延至近代,九江更是名人辈出,陈宝箴及其子陈三立,其孙陈衡恪、陈寅恪,曾孙陈封怀"一门五杰",辛亥元老李烈钧,五四先驱许德珩等,无不为世人称道。九江秀美的山水还吸引王羲之、颜真卿、欧阳修、范仲淹、王安石、陆游、文天祥、唐伯虎等无数文化精英纷至沓来,留下大量宝贵的诗文和游迹遗踪,摩崖石刻遍布山水之间,可谓"步步有景、处处有诗"。

**资源丰富** 矿藏资源中,已发现的矿种有金属、非金属、能源矿产 3 大类 80 种,已探明储量的有 44 种,其中金、锑、锡、萤石储量居全省首位,铜居第二,钨居第三,石灰石、石英砂、大理石、花岗石、瓷土等蕴藏丰富,矿产潜在价值大。1990 年起跨进全国"万两黄金市"之列,主要生产基地有瑞昌洋鸡山、修水土龙山金矿。植物资源中,仅森林即达 104.33 万公顷,森林覆盖率 50.4%,活立木蓄积量 3188 万立方米,毛竹 6196 万株,列为国家重点保护的珍稀树种 37 种,主要有南方红豆杉、樟木、杜仲、银杏等。全市有国家级森林公园 7 个。动物资源中,有候鸟类 115 种、两栖类 11 种、哺乳类 20 种。鄱阳湖候鸟自然保护区有越冬候鸟 126 种,其中白鹤 800 余只,天鹅 3000 余只,居世界首位,被外国专家誉为中国的"第二长城";彭泽桃红岭梅花鹿 400 余只。鱼类 109 种,名贵鱼类有中华鲟、鲥鱼、银鱼、虾虎鱼、彭泽鲫等,中华绒螯蟹也是特产之一。水资源有地表水 136.5 亿立方米,水资源总量 141.8 亿立方米,可开发的水力资源 32.9 万千瓦。长江过境长度 152 千米,年流量 8900 亿立方米,直入长江的河流流域面积 3904 平方千米,万亩以上湖泊 10 个、千亩以上 31 个,全省最大水库柘林水库库容达 79.2 亿立方米。鄱阳湖 53%水域在九江境内,面积近 20 万公顷。湿地资源有天然江河湖泊湿地 31.3 万公顷,其中九江境内鄱阳湖湿地面积 23 万公顷,占鄱阳湖湿地总面积的 61.7%。

悠久的历史,优越的区位,秀美的山河,宜人的气候,鼎盛的人文,丰富的资源,诸多要素组合,造就九江市的开放性特点,亦为九江实行改革开放、迅速发展生产力铺垫强固的基石。

## 二

中共十一届三中全会以来,全市经济社会有较大发展,经济结构和运行机制发生深刻变化,特别是进入 20 世纪 90 年代以后,伴随着国家、省对九江的关注,全市的改革力度逐步加大,改革步伐明显加快。20 年的改革试验探索,加速整个社会经济市场化进程,初步构建传统内陆地区市场经济新体制框架,促进经营方式转变,社会经济全面发展,城乡居民生活质量普遍提高,物质文明建设稳中求进。

**国民经济健康发展** 20 世纪 90 年代,全市克服亚洲金融危机的影响以及世界经济增速减缓、国内市场需求不足、国有企业解困转制等难题和几次特大自然灾害的袭击,在党和政府的领导下、经过全市人民的努力,经济得到前所未有的快速发展,九江在全省和长江流域城市中的地位明显提升。全市先后实施 "八五"(1991~1995)、"九五"(1996~2000)、"十五"(2001~2005)、"十一五"(2006~2010)4 个五年计划。国内生产总值由 1990 年的 39.75 亿元,增加到 2010 年的 1032.06 亿元,增长 25.96 倍,年平均增长率达 12.5%,是历史上增长最高时期。人均国内生产总值由 989 元增加到 21808 元,总体上摆脱了贫困,并向全面建设小康社会的目标迈进。

**财政收入大幅增加** 财政总收入从 1991 年 4.78 亿元增至 2010 年 116.70 亿元, 年均递增 19.3%。

县级财政总收入占全市财政总收入比重,由1991年69.22%上升到2010年70.85%。2010年县级财政总收入均超3亿元。财政支出保障水平由1991年4.88亿元,增长到2010年166.52亿元,年均递增19.91%。1994年实行分税制后,市财政逐步加快改革步伐,形成较为完善财政管理机制,理顺中央与地方、省与市、县之间分配关系;农村税费改革实现农民合同内"零"负担;部门预算、收支两条线、政府采购、国库集中支付、政府收支分类、"乡财县代管、村账乡代理"等改革,进一步规范财政收支管理。20年来,市财政监管确保财政机制有效运行。分税制后的1994~2010年,全市国税系统累计为国家组织税收387.99亿元,收入规模在全省国税系统居第二位,年均增长17.3%。为九江提供地方财力304.46亿元,占市地方财力的48.14%。全市地税系统税收由1994年2.32亿元增至2010年42.55亿元,年均增长19.9%,地税收入占地区生产总值比重由1994年2.1%增至2010年4.2%,占地方财政收入比重由1994年46%增至2010年59.9%。

**产业结构调整升级** 第一、二、三产业结构由1990年43.3:33.7:23.0演变为2010年9.5:56.2:34.3。一产比重大幅下降,二产、三产比重进一步提高;二产优势产业地位更趋明显,支柱产业逐步形成。产品结构上,农业产品实现由单一化向多元化、自给半自给向规模化商品生产和产业化经营转变,农产品结构逐步优化;工业产品结构明显优化和升级,支柱产品和高新技术产品生产规模扩大;所有制结构上,逐步打破国有及集体企业一统天下的局面,呈现出以公有制为主体,多种经济成分共同发展多元化经济结构,非公有制经济特别是民间投资经济保持快速增长,成为推动全市经济增长的重要力量。

**工业化进程快速提升** 1991年始,国有企业以产权制度改革为重点,全面开展建立现代企业制度的改革,通过产权转让、增资扩股、收购兼并、资产重组、破产关闭等形式,使国有企业从单一的产权结构转变为多元化的产权结构,调动企业的积极性。1993年工业总产值突破100亿元(现价,下同),2010年达1722.91亿元,是1990年的31.1倍。规模以上工业增加值2003年突破50亿元,2010年达360.61亿元。规模以上工业主营业务收入2005年突破300亿元,2010年达1549.37亿元。规模以上工业利税总额2003年突破10亿元,2010年达163.85亿元,是1990年全市独立核算企业利税总额的48.15倍。先后建成一批支撑长远发展的重大工业项目,形成一批新增产能。20世纪90年代初,面对九江个体、私营工业发展慢、规模小、科技水平低和三资工业多数偏重于轻纺产品加工等问题,全市不断加大非公有制工业的发展,尤其着力发展三资工业和私营企业。2010年,全市非公规模以上企业完成增加值244.95亿元,占全部规模工业增加值67.9%,成为九江工业经济的主体力量。工业化率大幅提升,在历年生产总值构成中,工业比重1991年为30.2%,2010年46.4%,比1990年增加17.1个百分点。先后涌现出亚东水泥、昌河汽车、蓝星化工、巨石集团、赛得利化纤公司、汇源果汁、萍乡钢铁、旭阳雷迪、江铜等一批大型企业;发展壮大石油化工、冶金建材、纺织服装、电力能源、交通运输设备制造五大支柱产业;培育鸭鸭牌羽绒服、"蓝星"牌有机硅环体、"绿冬"牌蚕丝被等中国名牌产品和"江海"牌化工系列产品、"洋房"牌水泥、"回园"牌羽绒服、"美庐"牌奶粉等一批省名牌产品。相继建成14个工业园区,其中1个国家级开发区,11个省级工业园区,形成1个国家级产业基地及7个省级产业基地。基本形成以沿江临港产业为先导,以现代制造业为基础,突出区域优势的新型工业体系。

**农业现代化步伐加快** 全市农业和农村改革继续深化,在第一轮土地承包的基础上,农村集体土地家庭联产承包的期限再延长30年(即第二轮承包),完善统分结合的双层经营体制;推广农村经济股份制经营,推行以土地为中心的多种形式股份合作制;对农村土地承包经营权有序流转作改革探索,扶持农民专业合作组织发展;推进产业化经营,提高农业的市场化程度;开展农业服务体制改革,完善服务体系建设。2010年,全市粮食总产实现7连增,总产153.47万吨。油菜籽总产17.04万吨,再创历史最高水平。棉花生产保持稳定,总产9.61万吨,总产值同比增长九成,为农民人均增收300元以上。生猪出栏达到198.94万头,家禽出笼1717万羽,同比增长4.9%和7%。同时,种养业结构进一步优化,葡萄、杨梅、吊瓜等特色高效经济作物方兴未艾,茶叶、蔬菜、蚕桑等区域特色经济作物规模进一步扩大,效益进一步显现。

至2010年,非公有制经济体共造林15.45万公顷。同时,所实施跨世纪绿化系列工程亦成效显著。中德合作长防林工程完成造林2.11万公顷,长防林工程完成造林2.36万公顷,退耕还林工程完成造林7.59万公顷,平原绿化工程完成造林4.1万公顷,造林绿化“一大四小”工程完成9.83万公顷。20年间,全市造林46万公顷,保存面积22.5万公顷,四旁植树26162万株;生产商品材356万立方米、竹材2766万根。以生态效益为先,以培育森林为主体,以木竹加工与林产化工为两翼的林业生态体系和产业体系正在逐步形成。水产业注重结构调整,大力发展特种水产,实现产量稳定增长,产值不断增加。2010年,全市水产品总量36.94万吨,产值40.2亿元,占农业总产值比重24.37%。渔业为农民增收,农业、农村发展发挥着不可替代的作用。

**基础设施立体发展** 20年来,全市路网分布日益完善,道路里程规模达到新的水平,交通运输方式和载体日益增多,初步形成公路、铁路、水路、航空为一体的立体式综合交通系统。公路交通迅猛发展。以昌九汽车专用公路建成为标志的高速公路从无到有,使九江公路运输迈入高速时代。国、省道和县级公路全面改造,有力地提升交通的便捷性和通达性。2010年,全市公路总里程为18006千米,实现村村通公路,其中新增1265个行政村通柏油(水泥)路。全市从事货运企业721家,货运周转量1602735万吨千米;客运企业75家,客运周转量391965万人千米。跨省班线205条,跨区班线76条,跨县班线157条,县内班线292条。铁路运输实现突破性发展,1997年京九铁路通车及合九线、武九线、昌九城际铁路的建成,结束了百年南浔铁路末端断头的历史,使九江铁路运输跨入了主干线枢纽的新时代。至2010年输送旅客575万人,发送货物871万吨,站务收入40415万元,分别比1991年增长5.34倍、9.47倍、9.58倍。九江民航从无到有,形成了连接上海、北京、广州等城市的固定航线。管道运输从少到多,逐步形成石油、天然气、粉煤灰等管道化运输,成为市立体大交通体系中不可或缺的重要组成部分。九江港位于长江中下游与“京九”大动脉十字交汇处,是长江5个主枢纽港之一,也是省内唯一通江达海对外开放国家一类水路口岸。1991年被批准对外籍船舶开放,2006年列入国家扩大开放口岸,2008年被列为海峡两岸“大三通”相互开放港口之一。辖区服务范围辐射全省及毗邻鄂、皖、湘部分地区,成为众多企业原料进口和产品出口战略通道。九江港开辟往返日本、菲律宾、俄罗斯、韩国等国家和中国香港、台湾直达航线,与中远、中海、中外运、美国总统轮船公司、法国达飞、东方海外等国内外20多家著名航运公司建立长期稳定国际集装箱运输江海联运航线,货物通过港口直达东南亚、欧洲、北美洲等50多个国家和地区,为全省发展对外贸易提供重要保障。至2010年年底,九江沿江港口拥有各类码头泊位245个,最大单件起重能力达800吨。货物吞吐量突破3291万吨。全省每年近50%铁矿石、41%原油、60%原煤从九江港进口,75%以上集装箱经九江港中转到上海运往世界各地。九江首次进入中国海关发布的“中国外贸百强城市”排行榜。港口功能已由交通运输枢纽跃升为带动区域经济发展强力引擎。

1998年邮政电信分营以来,电信公司开通AP数423台,AC容量1536台、AP 1430台;联通公司传输网管道1268孔千米,市内电话471154户,移动通信276808户,互联网264339户,联通公司交换机容量455万户。虽然部分传统业务量有所减少,但更多的新兴业务大量拓展,智能手机、宽带上网、QQ、无线宽带、数据通信、政策搜索、全球通、神州行、动感地带、手机证券、手机报、手机钱包、网上银行、微博、微信等,极大地改善和丰富了人们的工作条件、生活观念、娱乐方式。

20世纪90年代以来,市政府加大对城乡环境建设的投入,城市建设规划几度进行修编,乡镇建设陆续编制中长期建设发展规划,为城乡建设科学定位、有序发展奠定基础。至2010年年底,中心城区建成区面积达89.47平方千米。人口增至63.06万人。全市乡镇面貌变化巨大,通过小城镇建设、移民建镇、新农村建设等系列工作,城镇化率逐年提高。尤其是国家启动重点镇建设以来,重点乡镇借势发力,取得令人瞩目的建设成就。市委、市政府高度重视城市管理,城市市容环境发生根本性变化。先后获得中国平原绿化先进城市、中国魅力城市、中国最具活力城市、中国中部十大休闲城市、中国最佳管理城市、城市管理人民满意城市及省级卫生城市、文明城市、园林城市等多项荣誉称号。随着环境保护“八五”计划实施,环境监测、环境科研、固体废物管理、核与辐射监测、环境工程评估等机构相继成立,环境污染事故应急能力、污染在线监控能力、环境安全监管能力得到提升。2010年，主要水体绝大部分水域为Ⅲ类水质，少数水体为Ⅳ和Ⅴ类水质，修河、柘林湖水质优良；城市空气中二氧化硫、二氧化氮和可吸入颗粒物年均浓度分别为32微克/立方米、24微克/立方米和63微克/立方米，重点城镇、主要景区、工业园区空气质量保持良好；区域环境噪声均值54.4分贝，交通干线噪声值67分贝；自然生态环境良好，自然保护区、生态县、生态乡镇、生态村等各项指标优良。20年来，多数环境质量指标得到改善，重点指标保持稳定。

**旅游事业异彩纷呈** 庐山旅游资源管理体制初步理顺，由"一山六治"(庐山管理局、庐山自然保护区、庐山垦殖场、星子县、庐山区和九江县)变为"一山四治"(庐山管理局、星子县、庐山区和九江县)格局，管理局管辖范围由46.6平方千米扩展到119平方千米。云居山——柘林湖成功申报国家级风景名胜区。庐山北门换乘中心、九江旅游集散中心、琵琶亭生态公园等一批旅游项目相继建成运营。开发30多种具有地方特色的旅游产品，建成旅游商品展示中心。系列纪录片《庐山：人文圣山》在中央电视台播出，成功举办两届"中国庐山世界名山大会"。将旅游经济发展指标列入县域经济考评体系，建立旅游发展专项资金，解决旅行社贷款难和火车票购买难等问题。20年间，开发AAAAA级旅游景区1处(庐山)、AAAA级旅游景区3处(天沐温泉、龙湾温泉、西海温泉)，被评为中国优秀旅游城市、最具国际影响力旅游城市、中国网民最关注十大旅游城市之一。2010年，全市接待旅游人数达1852.72万人次，旅游总收入136.82亿元，旅游各项指标总量连续5年位居全省设区市第一，旅游业增加值占生产总值比重始终保持在13%以上。

**居民生活质量提高** 人们消费意识发生巨大变化，20年间，人们经历由吃粗粮到吃细粮、再由吃细粮回归吃粗粮的健康饮食的转变过程。衣着消费不再是居民消费的重点，御寒蔽体不再是衣着消费的主要目的。1991年始，手表、自行车、缝纫机、收音机"三转一响"广为普及，随之取代的"四大件"是电冰箱、彩色电视机、洗衣机、录音机。2000年始，部分家庭不仅置有多台彩色电视机，且电脑、钢琴、轿车等也进入普通居民家庭。2005年，九江城镇居民家庭恩格尔系数为39.6%。2010年城镇居民八大类消费支出全面增加。交通和通信支出增长突出，家庭设备用品及服务、衣着、教育文化娱乐服务支出增长较快，食品、居住、其他商品和服务、医疗保健支出继续增长。至2010年，城镇居民人均可支配收入15764元，比2009年增长11.0%；人均消费性支出10823元，增长15.5%。全年农村居民人均纯收入5588元，比2009年增加769元，增长16.0%。职工年平均工资24744元，增长17.5%。城镇居民人均居住面积32.12平方米，农村居民人均住房面积40.87平方米。2010年实现社会消费品零售总额284.08亿元，比2009年增长19.5%。

**民生工程措施有力** 至2010年12月，全市下岗失业人员实现再就业3.06万人，其中1950年后、1960年后出生人员再就业0.84万人，"零就业"家庭实现动态清零，全年就业培训5.1万人；发放创业小额贷款6亿元，比上年增长29%，新增转移农村劳动力就业7.1万人。城镇职工养老保险参保率达75%，比上年提高6个百分点，养老保险基金征缴总量突破13亿元；向城区低收入家庭发放价格补贴200万元；85%农村五保集中供养率得到巩固；城镇居民基本医疗保险参保人数达83.4万人。光明与微笑工程转入常态化管理，免费救治白血病患儿19人。全市新建廉租房5662套、28.3万平方米，为1.77万户发放租赁补贴，为700户发放经济适用房货币补贴；开工建设公共租赁住房50万平方米，完成农村危房改造2590户。全年民生事业投入32.8亿元。

## 三

20世纪90年代以来，全市加强政治文明建设，不断推进民主法制建设和基层建设，推进政府机构改革和政府职能转变；民主政治制度逐步完善；把维护社会稳定放在突出地位；政治文明建设扎实推进。

**民主政治逐步完善** 坚持和完善人民代表大会制度。市委高度重视人大工作，多次召开人大工作会议。市人大运用宪法赋予的职权，大胆探索实践，建立立法听证会制度，使立法工作民主公开，实行监督听证，使人大监督、群众监督和舆论监督有机结合，增强监督实效；制定办理代表建议、批评和意见的办法等制度,保障人民代表在大会期间和闭会期间履行职责。代表视察、执法检查形成制度,成为执行代表职务的法定形式。20年间,历经第九至第十三届5届市人民代表大会,先后召开市人民代表大会历届历次会议21次。人民代表大会制度由恢复、健全跨入日臻完善的崭新阶段。其间,市人大共收到代表议案、建议、批评和意见2589件,彰显人民代表的自身素质和履职能力。全市各级党组织、政府高度重视和大力支持政协工作,坚持和不断完善政治协商、民主监督、参政议政制度,支持政协履行职能。各民主党派和工商联,各人民团体在推进社会主义民主政治、弘扬社会主义先进文化、构建社会主义和谐社会和加快推进九江社会主义现代化进程中各自也均发挥着不可替代的作用。

20世纪90年代初,市委、市政府先后下发《关于在全市开展村民自治示范活动的通知》《关于进一步加强村民代表会议制度建设有关问题的通知》等政策性文件和规章,保证全市村民自治工作的全面推进和健康发展。1996年以来,进一步规范村务公开和民主管理工作,全市100%的建制村实现村务公开,建立村民代表会议制度,由为民做主转变为让民做主。推行乡镇政务公开、厂务公开、村务公开,95%以上的村建立公开栏,制定《村民自治章程》和《村规民约》,90%以上的农村建立保障民主监督的村民理财小组、村务公开监督小组等组织,聘请社会监督员,健全村务公开和民主管理长效机制,优化村民自治的社会环境。城乡基层组织民主自治制度日臻完善。全市347个城市社区,3872个农村村落社区建设全面发展,成为管理有序、服务完善、文明祥和社会生活共同体。基层政权和社区建设使城乡基层组织民主自治制度进一步完善。至2010年,永修县被命名为“全国村务公开民主管理示范县”,庐山区被命名为“全国村民自治模范县(区)”,全市有5县(区)被命名为“全省村民自治模范县(市、区)”,97个乡镇被命名为“全市村民自治示范乡(镇)”,986个村被命名为“村民自治示范村”。

**法制建设有序推进** 执法监督是法制建设的重要方面,1991年以来,着力强化执法监督,市人大常委会组织对森林法、妇女权益保障法、农业法、教师法、环境保护法、国家安全法、村民委员会组织法等国家法律、地方法规的贯彻情况执法检查,对检察、审判、司法系统的执法情况进行监督检查。同时,建立规章制度,规范行政执法行为。公民法治意识得到普及,法律意识明显增强。“二五”普法期间,全市各地、各单位开展依法治理活动。1998年,市人大常委会组织全市1.98万人参加行政处罚法、行政诉讼法、国家赔偿法等法律学习班;2002年3月,市委、市政府印发《九江市“十五”期间依法治市规划》。“四五”普法期间,全市“民主法治示范村”创建活动全面推进,1718个行政村有687个开展创建活动,普及面达40%。“五五”普法期间,全市法治城市、依法治校、民主法治示范村(社区)的创建活动深入开展。2009年4月,按照《关于推进全市法治城市、法治县(市、区、山)创建活动的实施意见》,确定修水、永修、星子、彭泽县和庐山区、庐山管理局为试点单位。至2010年,全市共有“全国民主法治示范村”3个,“省级民主法治示范村”13个,“全省百佳民主法治社区”13个,“江西省依法治校示范学校”11个,还有130个市级“民主法治村”,576个县级“民主示范村”,庐山区被评为首批“全省法治城市创建活动先进单位”。

**政府职能有效转变** 20世纪90年代以来,随着社会主义市场经济体制的逐步建立,原来按计划经济模式建立起来的行政管理体制、经济管理体制的弊端显现出来。全市改革管理体制、转变政府职能,不断适应市场经济体制的新要求。撤并非常设机构,1995年,全市开展以“定机构、定职能、定编制”为主要内容的机构改革。即改革现行行政管理体制,实现政府从直接管理经济向宏观间接管理的转变;清理非常设机构,撤并或精简职能交叉、业务相近、工作重叠的专业管理机构;分解原有职能,将属于企业的生产经营管理权还给企业,将社会行政管理职能转移给县、区;建立行业协会,逐步承担起行业管理职能。2009年4月,对2007年以来成立的225个非常设机构进行清理,撤销64个,保留161个。减少行政性审批项目,2001年4月,全市启动行政审批制度改革,整理出各部门和单位行政审批事项1055项,保留审批事项348项,取消707项,取消率达67%。至2009年,保留行政许可项目177项,精简107项,精简率达37.7%,平均时限由法定或承诺18.86日缩减为10.92日。投资项目审批事项精简率达39.3%,平均时限由法定或承诺21.93日缩减为13.69日。简化办事程序,2003年5月,市行政服务中心要求各窗口对受理审批办证事项必须严格按照时限予以批复、出件、出证,除建设工程规划许可证办结时限为15天外，其余事项均在5个工作日办结。至2010年，市中心进驻窗口43个，审批办证项目333项，全年办结各类事项48395件。各县(市、区)均实行行政服务中心和公共资源交易中心“一套机构管理，一个平台运作”模式，204个乡镇建立便民服务中心和公共资源交易站。优化政务环境。2001年始，开展“经济环境优化年”活动，取消707项行政审批事项，赋予企业更大自主权，查处影响投资环境案件，政务环境进一步优化；开通“经济110”，召开“百家企业评行风”评议大会和全市整顿和规范市场经济秩序工作会议，经贸、统计、审计、工商、国税、地税、物价、质监、药监等部门加大规范市场经济秩序的整治力度。

**社会秩序稳定和谐** 20世纪90年代，全市正处在社会转型期，维护社会稳定(简称“维稳”)工作情况复杂，任务繁重，面临严峻考验。市委成立维护稳定工作领导小组，各县(市、区)相应成立领导小组。明确各级党政一把手是“维稳”的第一责任人，完善“维稳”属地管理和归口管理的工作机制，形成维护稳定的工作合力。1991年以来，全市制定月报、季报、要情报告、“零报告”、抄告回执、考核督查、协调会议等制度，建立四级信息员和调解员队伍，形成横向到边，纵向到底的矛盾纠纷排查调处网络。开展社会治安综合治理基层基础工作年活动，强化综治机构建设，健全群防群治队伍建设，严密防范措施，推动综治工作规范化建设。加强乡镇综治委建设，编制治安“形势图”“工作网络图”；推行乡镇综治办标准化建设，硬件建设上基本实现办事有经验、交通有工具、通信有设备；对县(市、区、山)维稳信息督查办公室软硬件建设及维稳信息督查员的日常管理、待遇保障、奖惩措施等，提出规范化工作要求。2006年以来，完善综治、纪检、组织、人事、监察等部门联席会议制度和情况通报制度；强化湖区、景区、林区、城区、边区5区域平安建设。从市直有关单位和市政法各部门抽调人员成立13个督查组，分重点时段、分片督查全市维稳工作，完成奥运会期间维稳安保任务；成立市属国企改革维稳工作组，市、县(区)两级成立国企改革维稳办，维护国企改革期间的社会稳定。至2010年，全市有国家平安县称号1个，省级平安县称号11个，占12个县(区)的91.7%；全市217个乡镇(街道)100%被评为市级平安乡镇，1797个村居(社区)100%被评为县级平安村居(社区)。

## 四

20世纪90年代以来，市委、市政府坚持精神文明建设和物质文明建设一起抓，在加快发展经济和城乡建设的同时，加强社会事业建设，深化体制改革，加大财政投入，完善法规制度，全面推进教育、科技、文化、新闻、非遗、卫生、体育、社保等事业健康发展。

**精神文明创建活动广泛开展** 20世纪90年代，市委、市政府确定精神文明建设的总目标，致力提高人民群众思想道德水平和科学文化素质，扎实开展群众性精神文明建设活动。1997年，《九江市市民文明公约》《九江市市民文明守则》提出“自励拼搏、自立创新、自强进位”的九江精神，开展新闻宣传、社会宣传和文艺宣传等。《公约》和《守则》逐渐成为市民遵守的行为准则。市委、市政府把“讲文明，树新风”活动和环境整治、“还路于民”整治、交通秩序整治、户外广告整治相结合，整体推动公共道德建设。1998年，在青少年学生中开展“一做三创”(做文明学生、创文明班级、创文明楼院、创文明校园)和“告别不文明言行”活动，组织“告别不文明行为”讨论征文，举办“一做三创”演讲比赛，开展以“我与爸妈讲文明”为主题的给父母一封信活动。2001年，加强对“爱国守法、明礼诚信、团结友善、勤俭自强、敬业奉献”20字基本道德规范的宣传，加强公民道德建设，全面提升公民素质。2004年，市委、市政府要求各级党委和政府高度重视，把加强和改进未成年人思想道德建设作为战略任务，齐抓共管，全力推进。全市多次开展深化“讲文明，树新风”活动，精神文明建设体制转换推进，取得实效。组织干部群众学习社会主义荣辱观，学习先进典型事迹；开展“文明九江”新形象大讨论；“树立社会主义荣辱观，做文明九江人”系列座谈会；主办社会公德与城市文明论坛，结合实际对如何培养公众的良好社会公德提出建议；持续对道德领域突出问题开展专项治理，重点整治网吧、文明餐桌、文明交通、音像制品等领域；开展市容整治、“两声三乱”整治、文明行业创建、文明单位创建、文明社区创建、文明村镇创建、文明生态集镇创建活动，开展文明清洁袋行动、文明过新年活动、文明志愿者(义工)活动、绿色殡葬活动、十大感动九江人物评选。2010年，在蝉联省第三届文明城市基础上,启动创建全国文明城市、全国双拥模范城市、国家卫生城市、国家园林城市、全国无障碍建设城市、省生态园林城市“六城同创”工作。

**教育教学不断创新** 20世纪90年代始,实施“科教兴市”战略,深化教育体制改革,大力推进教育教学创新,办学体制创新和教学管理创新,实现基础教育、职业教育、高等教育健康、协调、快速发展。基础教育教学质量不断提高;职业教育规模不断扩大;高等教育办学水平不断提升;民办教育快速成为重要生力军;国际交流不断拓展走向世界的发展空间。20年间,新建、改建中小学校舍548万平方米,并逐步实现计算机网络、双向闭路电视网络、广播网络“三网合一”。学前教育形成以公办幼儿园为骨干和示范,以社会力量兴办幼儿园为主体、公办与民办相结合的发展格局。至2010年12月,九年义务教育全面普及,小学入学率、巩固率、辍学率、升学率分别为99.9%、95.5%、0.13%、100%;全市普通中学307所,在校学生为295867人,教职工19361人。初中适龄儿童入学率达到99.06%,高中阶段教育毛入学率达到80.1%,城区和经济发达县(市、区)基本普及高中阶段教育;全市有各级各类中职学校50所,在校生57483人,职普比38.6∶61.4,建有国家级重点中职学校4所、省级重点4所、省级示范3所,建成11个实训基地;特殊教育发展较快,教育对象由1991年单一聋人教育,发展到听障、视障、智障,学前康复教育等;高等教育已形成以九江学院、九江职业技术学院、九江职业大学、江西财经职业学院、南昌大学共青学院和九江电大(成人高校)等高校齐头并进、普通高等教育与成人高等教育协同发展格局。20年间,教师队伍不断壮大,师资水平得到大幅提升;教育科研围绕全面实行素质教育、新课程改革实验、新课程计划实验开展活动,发掘教师潜质,提高教师业务水平,对提高全市教育教学质量做出重要贡献;教育经费逐步增长,2010年全市教育经费总计346310.8万元,是1991年教育支出8774万元近40倍。

**科技水平迅速提高** 在“科学技术是第一生产力”思想指导下,全市实施“科技兴市”战略,深化科技体制改革,推动技术创新和科技成果转化,扶持高新技术产业,全市科技综合实力大幅提高。市委、市政府要求全市每年财政科技投入增长幅度要高于财政收入增长幅度。同时,设立市级科技型中小企业技术创新基金。加强技术市场管理,开展争创全国科技进步先进县(市、区)工作,并评选首届“十佳科技创新企业”和“十佳科技工作者”,对市属科研所在人事、用工、分配、奖励以及市级科技经费和科技计划项目管理方面进行改革。尤其农业科技紧紧抓住农业增效和农民增收两大目标,围绕农业科技创新、成果培训普及、星火计划、农业科研基础设施建设,优势集成。1997~1999年,建立国家农村科技服务体系9个,省级可持续发展试验区3个,科技示范乡(镇)3个,示范村14个,示范户100个。市高新技术产业从无到有,从小到大,产业规模逐渐扩大,对全市产业结构调整和经济整体影响较大。2004~2007年,被认定为省级高新技术企业18家,承担国家“863”计划项目2个,国家火炬计划项目10个,创建国家高新技术产业基地2个,并与大专院校企业展开对接、洽谈、合作等工作,高新技术与产业取得进展。20年间,全市共有94项科技成果获国家、省科学技术进步奖。其中国家科学技术进步二等奖1项;省科学技术进步一等奖1项、二等奖19项、三等奖73项。

**文化事业欣欣向荣** 经济高速发展为群众文化的发展奠定坚实的物质基础,20世纪90年代以来,全市群众文化日趋繁荣、多姿多彩,群众文化阵地尤其是基层文化阵地发展迅速,至2010年,基本上建成功能齐全、配套完善的市、县(市、区)、街(镇)三级群众文化阵地网络。同时,文化馆(站)、图书馆、影剧院、游乐场等文化娱乐设施日臻完善,文学及美术、舞蹈、音乐、摄影、收藏等文化艺术协会和团体创作、研究活动日趋活跃,且以喜人的成果彰显着九江文化的崭新风貌,吸引着国内外的商贾游客、文人雅士,九江渐次成为中国对外文化交流的重要地区之一。至2010年,全市有全国社会文化先进县2个,全省社会文化先进县3个,全省百强文化站20个,全国艺术之乡3个。至2010年,全市有国家级重点文物保护单位8处,省级文物保护单位59处,市县级文物保护单位273处。文物保护管理机构14家,博物馆、纪念馆16家。庐山博物馆、秋收起义修水纪念馆和瑞昌市博物馆评定为国家三级博物馆,秋收起义修水纪念馆为全国爱国主义教育基地,锁江楼塔、德安县博物馆、修水黄庭坚纪念馆为全省爱国主义教育基地。各文博单位收藏各级各类文物1.2万余件。全市有14家博物馆和纪念馆实施免费参观,其中13家享受国家免费开放资金补助政策。非物质文化遗产传承方面，收集民间文学1559件，传统音乐2324首，传统舞蹈123个，传统戏剧766本，曲艺39本，传统体育1个，传统美术1598件，传统手工技艺29项，民俗92件，传统医药15项。通过评审、申报，至2010年，全市有国家级非物质文化遗产代表名录10项，国家级非物质文化遗产代表名录传承人5个。全市党史研究、方志编纂、档案征集保存管理等工作亦步入一个新水平。

全市新闻媒体坚持“三贴近”原则，围绕市委、市政府中心工作，服务全市改革发展稳定大局，充分发挥党报党刊、广播电视作用，唱响主旋律。尤其广播和电视事业发展有长足进步，省、市、县、乡4级有线广播电视网络联网工作基本完成，除传输模拟电视外，还开展数字电视、广电宽带以及电视会议等业务。广电网络与天上卫星、地面微波已交织形成广播电视节目立体传输网，再与无线覆盖配合，全市电视人口覆盖率达100%。

**卫生服务能力增强** 20世纪90年代，全市不断深化卫生体制改革。1992年开始实行综合医院分级管理。1994年，九江成为国务院最早两大医改试点城市之一，探索转变医保体系。2009年，全市医改全面启动，新型农村合作医疗制度实现全覆盖，基层医疗卫生服务体系进一步完善。20年间，全市卫生资源总量持续增长。医疗卫生机构业务用房面积达76万平方米，业务用房总值达4.8亿元，专用设备总值达6.9亿元。卫生机构床位数由9917张增长到11888张；每1000人口床位数由2.42张增长到3.26张；卫生技术人员数由7577人增长到18087人。市、县、乡、村4级卫生防疫网络不断完善，至2010年，实现以乡为单位儿童免疫接种率达90%目标。继基本消灭麻风病、疟疾、丝虫病，又达到消除碘缺乏病目标；13个血吸虫病疫区县中，4个县达到传播阻断标准，3个县达到传播控制标准，6个县达到疫情控制标准。妇幼保健水平不断提升，全市孕产妇死亡率由128/10万下降至8.3/10万；婴儿死亡率由64.95‰下降至6.32‰；孕产妇住院分娩率由19.19%提高到99.55%。农村卫生服务能力不断提高，1800个行政村中，有1200个村实施一体化管理。并全面启动基本公共卫生服务均等化项目，新农合制度全面推行。城市社区卫生服务亦不断完善，发放社区公共卫生服务卡810.7万元，完成780余万元免费公共卫生服务。

**体育事业蓬勃发展** 20世纪90年代以来，全市形成市—县（市、区）—乡镇（街道）文化站三级体育行政管理网络；“管”“办”分离的职能转变逐步推进，初步形成由体育行政部门主管、监督、指导社会各界兴办体育的格局。1994年以来，全市有社会体育指导员866名，其中国家级11名，一级49名，二级401名，三级407名，这些社会体育指导员常年活动在基层体育锻炼站（点），开展多种项目的健身指导。体育事业经费投入逐年增长，保证体育事业发展。为满足人们日益增长的健身需求，将公共体育设施纳入城市建设土地预留总体规划。迄2010年，在全市农村建设341个农民健身项目；在城市广场、街道社区、湖边江畔建设100多套全民健身路径。20年来，体育社团组织建设不断完善，全民健身志愿服务队伍不断扩大，体育人口逐年提升，国民体能素质逐年提高。成功举办颇有影响的国际龙舟大赛、国际钓鱼比赛、全国自行车大赛，主办3届中国（九江）国际龙狮精英赛。连续多年荣膺全国群众体育先进单位、全国全民健身先进单位。

**社会保障体系基本建立** 20世纪90年代始，全市积极探索建立与社会主义市场经济相适应的社会保障体制机制，市民生活服务业在保留传统业务基础上有新的发展。国有和集体生活服务企业面对激烈市场竞争，多方筹集资金，对老企业进行改造，使原有服务设施、服务环境得以改善，服务项目增加，服务质量提高。与此同时，由社会力量（主要是由个体与私营经济）兴办的生活服务业迅速发展，服务网点激增，服务领域扩大，服务档次逐步提升。在市场化转型中，传统服务业各行业业态发生深刻变化。出现信息咨询、中介代理、文化娱乐、休闲康体、专业美容美体以及家政劳务等更高层次和更多方面的服务需求，新兴服务行业和新的服务项目应时应需而产生，在不断完善中得到快速健康有序发展。全面建立市场导向就业机制，就业规模不断扩大，就业渠道日趋多元，确保就业形势保持基本稳定。劳动用工动态管理长效机制初步形成。2009年、2010年，各类企业劳动合同签订率达98%。

## 五

变化来之不易,奋斗充满艰辛。回顾20年的发展,成绩是主流,但也存在不足,一是从小康进程看,全面建成的任务十分繁重;二是从自身发展看,经济增长压力仍然艰巨;三是从全省布局看,竞相发展态势更为激烈;四是从沿江区域看,你追我赶氛围日益浓厚。展望未来,全市人民充满信心,加快步伐,强工兴城,努力推进工业化、城镇化进程。重点发展石化、钢铁、有色冶金、纺织服装、汽车船舶、电子信息、新能源、非金属新材料、节能电器、绿色食品10个产业集群。打造显山露水、山水交融的特质,使九江这座城市风景更美丽、功能更齐全、条件更优越、魅力更凸显。

在赶超发展过程中,统筹抓好"三农"工作,大力发展现代农业,实行规模化、集约化、产业化生产,为农民增收致富创造条件;统筹抓好县域经济,做特产业、做强园区、做美县城和集镇,提升吸纳农村转移人口的能力和经济发展水平;统筹抓好旅游、物流和现代服务业发展,充分发挥九江旅游资源丰富优势,在山水旅游、生态旅游、文化旅游、红色旅游上下功夫。充分发挥区位交通条件优越优势,利用好长江黄金水道和鄱阳湖水运条件,整合港口资源,进一步扩大港口吞吐量,服务全省、辐射周边。

扩大开放是推进九江赶超发展的动力之源,改革创新是推进九江赶超发展的活力之本。用足用好国家赋予鄱阳湖生态经济区建设的先行先试权,着力构建充满活力、富有效率、更加开放、有利于科学发展的体制机制,更好发挥市场在资源配置中的基础性作用,更加有效地激发社会组织和基层活力,深化重点领域改革,提升对外开放水平,完善科技创新体系,推进社会管理创新。

提高人民群众幸福指数,是一切工作的出发点和落脚点。发展社会事业,坚持新增财力向困难群众、农村、基层和公共社会事业倾斜;整合社会资源,加快社会事业改革,推进城乡之间、区域之间、社会不同群体之间基本公共服务均等化;维护社会稳定,化解人民内部矛盾,解决群众利益诉求,让老百姓真真切切地实现安居乐业的基本愿望。总之,处处事事、时时刻刻以人为本,在加快经济发展基础上不断改善民生,努力使全市人民学有所教、劳有所得、病有所医、老有所养、住有所居。

国务院发展研究中心论证:九江最有条件成为京九中段新的经济制高点。可以说,九江作为长江中游城市群的一个重要节点城市,已经迎来"疾风而波兴,木茂而鸟集"的战略机遇。九江人一定会敏锐把握住这难得的发展机遇,对接昌九一体化,在坚定奋进中乘势而上,以更大作为,全面深化改革,全面推进物质文明、精神文明、政治文明和生态文明建设,勇敢担当加快中部崛起的历史重任;跟进国家推进"一带一路"、长江经济带、长江中游城市群的战略步伐,成为引领带动全省区域经济发展升级昂起的龙头!

# 大事记

## 1991 年

**1 月 18 日** 省政府决定自 1 日起对瑞昌市实行省计划单列，享受省辖市一级的经济管理权限。

**1 月 29 日** “中国乡镇百颗星”之一的彭泽县棉船乡，以平均亩产皮棉 150.5 公斤的成绩名列全国 10 万担产棉大乡单产榜首。

**2 月 24 日** 市委六届二次全会通过《九江市国民经济和社会发展十年规划和“八五”计划纲要草案》。

**3 月 2 日** 经联合国人口基金会和国家计划生育委员会批准，永修县列为“P17 项目”示范点。

**4 月 22 日** 武(昌)九(江)线运营客车正式通行。

**4 月 28 日** “鸭鸭”牌羽绒制品获“国货精品博览会金奖”。

**5 月 15 日** 武宁县被列为国家“八五”期间建设农村水电初级电气化县。

**5 月 21 日起** 九江城区盲人免费乘坐市内公共汽车。

**6 月 15 日** 九江市实行公费医疗制度第二次改革，实行“定点医院包干，超支部分享受单位负担 10%，其余原则上由医院负担”，个人自付部分有所增加。

**6 月** 日本冈山县井原市兴让馆高等学校校友会“白鹿洞书院专访团”一行 6 人访问白鹿洞书院。兴让馆自 1853 年建校以来，均以《白鹿洞书院揭示》作为校训。

**同月** 江西大学共青职业学院改名江西大学共青学院，实行国家统一招生，统一分配。

**7 月 1 日** 九江火车南站建成启用。

**同日** 市第一台自动取款机在中国银行九江支行营业部启用。

**7 月 10 日** 市政府颁发《九江市城市房屋拆迁管理试行办法》。

**8 月 20 日** 市区庐峰南路、一支路、北经路和长虹大道立交桥匝道、十里大道二号桥等一批市政基础工程建成竣工。

**9 月 4 日** 省政府确定九江市为“首批省级历史文化名城”。

**9 月 17 日** 国家黄金管理局颁发荣誉证书，祝贺九江黄金工业 1990 年产金 1.5 万两，名列全国第二十二位。

**10 月 1 日** 市区长虹立交桥建成通车。

**10 月 10 日** 市地方志办公室、市群艺馆、市图书馆、市博物馆联合主办《辛亥革命与九江历史资料展览》，纪念辛亥革命 80 周年。

**10 月 19 日** 国务院副总理朱镕基视察九江工业生产及体制改革情况。

**10 月 30 日** 全国人大常委会七届二十二次会议批准九江港对外籍船舶开放。

**10 月底** 市渔政局将长江九江段打捞起的 1 尾重 237.5 公斤，长 3.20 米的雌性中华鲟(已死亡)，制成标本保存。

**11 月 19~20 日** 中国驻苏、美、日等 28 国大使、参赞和驻联合国参赞 40 余人到九江参观考察。

**同月** 瑞昌铜岭古铜矿遗址被国家文物局评为 1991 年中国十大考古新发现之一。

**12 月 18 日** 庐山南登山公路改建工程竣工通车。

**12月30日** 由省林业厅、省旅游局和市政府共同举办的“1991年中国鄱阳湖珍禽观赏月”活动在永修县吴城镇举行。至1992年1月15日,共接待国内外科研人员和旅游观赏者6000余人次。

**12月31日** 九江发电厂二期扩建工程第一台20万千瓦机组正式移交生产。

**12月** 九江县再次获全国城镇规划先进县称号。

**同年** 通过住房制度改革,市区人均住房面积达到10平方米。公房租金标准为每平方米0.065元。

## 1992年

**1月8日** 市区浔阳楼农副产品市场建成开业。

**1月16日** 市康复中心在市中医院成立,为全省首个康复中心。

**1月21日** 全市入库皮棉120余万担,占计划的160%,比1991年增长70.9%,创历史纪录。

**同日** 建设部批复《庐山风景名胜区总体规划》,明确庐山是浏览观赏、避暑度假和开展科学文化活动的国家重点风景名胜区。

**1月23日** 修水县黄沙港乡桥上村桃树坑挖出2支四肢齐全、五官清晰、阴阳两性人形何首乌,为国内罕见。

**2月4日** 修水县东津水电站开工,1995年11月23日并网发电。总容量为2.8亿立方米,装机容量为6万千瓦,年平均发电量为1.1641亿千瓦时,为全省第一个中型水电站,“八五”计划重点建设项目。

**2月10日** 全国规模最大、技术最先进的万吨级有机硅工业性实验装置在星火化工厂试车投产。

**同日** 九江港口岸第一艘国际航行船舶江西远洋公司“浔阳”轮驶往日本。

**2月16日** 市政府发出通知,动员全市人民义务清理南门湖淤泥。

**2月26日** 修水县宁红保健茶通过中国保健食品协会技术鉴定,获中国星火成果金奖、中国十年优秀新产品奖,被1992年巴塞罗那奥运会中国代表团指定为专用保健饮品。

**3月4日** 全国最大的珍珠核公司在都昌县周溪乡挂牌成立,公司拥有乡村、联户、户办珍珠核加工厂家1126户,加工机械1240部,从业人员5000余人,年产占全国总量80%以上。

**3月7日** 国家体委主任伍绍祖到九江考察,对九江国际龙舟赛筹办工作给予肯定。

**4月15日** 联合国全球基金会决定将鄱阳湖自然保护区列为国际A级自然保护区,并奖励40万美元用于促进鄱阳湖自然保护区建设。

**4月30日** 市委、市政府决定设立九江八里湖开放开发区,成立九江开放开发区管理委员会。

**4月** 国家残联组织白内障医疗队到九江、湖口、彭泽等县,实施白内障残疾人复明手术,共医治219例,脱残率达100%。

**5月15日** 市政府第五十次常务会议通过《九江开放开发区管理暂行条例》《九江开放开发区土地使用管理暂行办法》《九江开放开发区土地使用权有偿出让和转让暂行规定》。

**同日** “1992年九江—自贡龙舟艺术灯会”在南湖公园开幕,灯会为九江历史上规模最大,九江市和自贡市的有关领导为开幕式剪彩。

**5月26日** 市区长虹北路竣工通车。

**5月31日** 第六届全国屈原杯龙舟赛·中国庐山杯国际龙舟邀请赛在九江南门湖开幕。

**5月** 中共中央决定,九江正式列为长江沿岸对外开放城市,实行沿海开放城市政策。

**同月** 经国务院批准,九江被列入全国择定9个开展残疾人安置就业试点城市之一。

**6月2日** 中国内地唯一的红教(喇嘛教“宁码派”的俗称)道场庐山诺那塔院举行开光法会。檀越信士及台、港、马来西亚来宾300余人庆祝诺那塔院修复落成。

**6月18日** 国务院宣布九江港从6月28日起对外国籍船舶开放。

**6月21日** 九江石化总厂被列为中国500家最大工业企业第六十名。

**6月26日** 彭泽县列为国家和省级血防试点县,试点时间为1992年至1996年。

**7月12日** 省政府批准市区西南八里湖畔建立省级开放开发区,面积9.8平方千米,第一期开发面积4.5平方千米,起步区1.8平方千米。

**7月18日** 美国马萨诸塞大学阿姆荷斯特分校博士托德·富勒到彭泽县桃红岭梅花鹿保护区考察。

**7月20日** 九江港举行洪都拉斯籍的"金敬号"轮首航九江港及九江至世界各地国际集装箱定期直线运输班轮开通"双首航"仪式。

**7月23日** 彭泽县乐观乡洪山发现大型优质大理石矿。

**7月30日** 九江海关将印有中国海关标记的加工贸易保税工作登记证书送交共青羽绒厂。自此,省第一家以生产羽绒制品为主的保税工厂诞生。

**7月** 全国少儿体校游泳赛在湖口县举行。

**8月10日** 国家计委批准建设九江石化总厂大化肥工程,总投资15.26亿元。

**9月5日** 庐山区五里乡前进村手套及服装产品,畅销德国、美国、日本、澳大利亚等国家和地区,创汇1000多万美元,居全省乡镇企业创汇总额之首。

**9月18日** 市邮电局举办全省首次电话号码拍卖。电话号码"228888"拍卖成交12.8万元,BB机号码"228898"拍卖成交8800元。总成交额达20余万元。

**9月20日** 江州造船厂为南京长江油运公司建造的1.6万吨自航自卸原油驳"翠州"号轮下水。总长136.2米,航速17.5千米/小时。

**9月26日** 九江移动电话(大哥大)通信系统开通,初期装机容量560户。

**9月27日** 九江市与香港海田投资公司、中外合资九江厦港房地产实业有限公司,就开发建设南湖别墅区、开发建设茅山头铁路货站仓储区、合作兴建经营开发区综合大楼及生活小区、开发市滨江路地段、合作开发市甘棠湖游乐项目举行签字仪式。

**9月** 共青垦殖场更名共青城,省政府批准建立共青省级开发区。

**10月13日** 湖口渡口始开通宵轮渡。

**10月25日** 江西省佛教学院在东林寺成立,第一期招收学员50名。

**11月1日** 浔阳夜市、十里夜市拉开序幕。一些党政机关干部在夜市摆摊设点,从事第二职业,以贯彻落实中共十四大关于市场经济的精神。

**11月10日** 日本净土宗、中日友好净土宗协会回赠青莲华大法会在东林寺举行,日本15个寺庙的29位代表赴会。

**11月20日** 九江发电厂第二台20万千瓦机组正式移交投产。至此,国家"八五"期间重点能源建设项目——九江发电厂第二期扩建工程全部建成。

**11月26日** 由市政府招待所兴建并一度经营的白鹿宾馆,以4400万元出让给建设银行九江市中心支行。

**12月16日** 庐山管理局拍卖历史名人别墅使用权。出售的21栋别墅,由香港运通年集团九江聚源建设实业有限公司注入资金1亿元进行改造。

**12月中旬** 九江港客运码头和客运大楼投入营运。

**12月20日** 九江石化总厂大化肥工程开工,年产30万吨合成氨、52万吨尿素,总投资15.26亿元。

**12月25日** "1992年中国鄱阳湖珍禽观赏月"在永修吴城开幕,美国、英国和南斯拉夫20多名国际友人参加开幕式。

**12月29日** 凌晨2时许,近40年历史的九江浔庐餐厅失火,大部分营业场地及周围10余家集体、私营企业门店化为废墟。

**同年** 被列为国家级、省级血吸虫病防治试点单位的彭泽县,组织5万名劳力开展太泊湖灭螺工程。

**同年** 全市10县(市)1区(庐山区)244个乡(镇)组织实施农村社会养老保险。

**同年**　都昌县启动世界银行贷款中国血吸虫病控制项目。

**同年**　永修县被批准立项,成为“江西省赣中南农业开发”项目区,也是九江第一个国家农业综合开发项目县。

## 1993年

**1月16日**　九江长江大桥公路桥建成通车,桥长4460米,双向4车道。

**1月18日**　省第一条高等级汽车专用公路——(南)昌九(江)一级(半幅)专用公路建成通车。全长112.82千米,总投资44415万元,是省首次利用贷款建设的公路。

**2月3日**　20时许,九江县面阳山发生山林大火,直接威胁海后军事禁区。九江县人武部出动民兵应急分队1 000余人,与当地军民共同奋战2天,将山火扑灭。

**2月20~21日**　俄罗斯鹤类研究专家奥里格·卡罗斯基同鄱阳湖自然保护区的3名科技工作者在鄱阳湖东部发现4只带环的白枕鹤。

**2月**　彭泽县发现宋朝古墓,其墓葬及陪葬品在省内罕见。

**3月25日**　市政府举行人民警察授衔仪式,全市828名干警被授予各级警衔。

**3月**　云山企业集团燕山文具厂推出的纸杆铅笔，在湖南常德举行的全国星火计划成果展览会上获金奖。

**同月**　庐山西林寺及千佛塔由觉海法师捐资修复。

**4月15日**　中共中央政治局常委、中央书记处书记胡锦涛视察共青城。

**4月19日**　市委、市政府印发《关于切实减轻农民负担的规定》。

**4月21日**　应澳门瑞纳集团董事长温瑞芬邀请,市长戚善宏一行18人到澳门考察。通过协商,九江市政府与瑞纳集团签订以瑞纳集团为主合资建设九江保税区、瑞江工业区和兔山旅游别墅区的协议。

**4月27日**　日本冈山县玉野市以杉木通雄为团长、议长藤原正已为副团长的政府代表团一行13人,到九江进行友好访问。

**5月18日**　澳门瑞纳集团公司董事长、总经理温瑞芬率该公司主要成员应邀到九江投资考察,双方就八里湖开发区内合资兴建瑞江工业区和昌九走廊保税区事宜进行商谈。

**同日**　由江州造船厂建造的第一艘出口新加坡集装箱船“安达”号,在瑞昌下巢湖下水。

**5月25日**　1993年江西九江(香港)招商洽谈会在香港华润大厦开幕。合计外资签约151项,总投资12.6亿美元,外资额9.8亿美元。

**同日**　蔡公时烈士纪念碑在市区甘棠公园揭幕。

**6月12日**　市委、市政府召开全市荒山造林决战动员大会。要求各县(市、区)与乡(镇、场)签订责任状,尽快消灭宜林荒山。

**同日**　九江铁路集装箱集散站建成,结束九江无集装箱集散历史。

**6月16日**　京九铁路九江客运站、南浔复线举行开工典礼。铁道部京九办事处副主任张健基、副省长黄智权及市党政领导出席。

**6月30日**　市开放开发区26家企业开工建设,总投资6亿多元。

**7月1日**　市住房改革方案正式实施。

**7月30日**　市委、市政府召开纪念中国人民解放军建军66周年暨“双拥”命名表彰大会。省民政厅副厅长黄士堂为市政府颁发“双拥”模范城奖牌。

**7月**　庐山华裔陵园建成。该陵园专门安葬已故港澳台胞、海外华侨、外籍华人。

**同月**　市检察院成立反贪污贿赂局。

**8月26日**　1993年“炎黄杯”世界华侨华人龙舟系列赛(九江赛区)在南门湖开幕。16支境内外龙舟队的400余名运动员参加开幕。九江“鸭鸭”队获得女子800米直道竞速第一名。

**同日** 剧团改革方案确定，市越剧团与市歌舞团合并组建市歌舞团，市京剧团与市话剧团合并组建市话剧团。

**9月10日** 1993年“鸭鸭杯”国际钓鱼邀请赛在共青城开幕，20支境内外代表队58名钓手出席。

**9月15日** 中共中央政治局常委、全国政协主席李瑞环，视察共青城，随后到九江市、永修县工厂和农村考察。

**9月20日** 市长戚善宏会见应邀到访的澳大利亚沃拉戈尔市友好代表团一行，并同沃拉戈尔市市长布莱恩·戴维斯就发展九江与沃拉戈尔市友好关系进行会谈。

**同日** 植物学家秦仁昌、陈封怀骨灰同时安放于庐山植物园胡先骕墓之左侧和右侧，合称“三老墓”。

**10月5日** 国际红十字会救灾代表彼得丹姆一行在全国红十字会总代表和省、市红十字代表陪同下，到都昌考察、评估灾情。

**同日** 九江石油化工总厂被确定为全国大型一类企业。

**10月11日** 市委、市政府在赤湖召开全市大水面开发现场会。推广赤湖国有、民营分而治之的开发经验。

**10月12日** 全市粮食工作会议强调秋粮收购不打白条，不转账，不代扣农业税和足金以外的款项。

**10月15日** 中共中央政治局常委、全国人大常委会委员长乔石视察共青城和德安县。

**10月21日** 市第三产业普查宣传工作会议召开，研究制订《九江市第三产业普查宣传工作方案》。

**10月22日** 全国绿化委华东绿化检查组(第二轮)一行15人，考察九江绿化工作。对市区绿化予以充分肯定，并就发挥两湖(甘棠湖、南湖)优势，充实绿化内涵，提出建议。

**10月** 国营七一三厂跨进“中国500家最大电子及通信设备制造企业”行列，排名第二百零九位。

**同月** 赣北第一座炼铁高炉在瑞昌点火。

**11月9日** 宁红保健茶获国际金奖。

**12月2日** 江州造船厂建造的第一艘豪华型旅游船“维多利亚一号”在瑞昌下巢湖下水。

**12月4~10日** 应澳大利亚沃拉戈尔市市长布莱恩·戴维斯邀请，市长戚善宏率团访问澳大利亚沃拉戈尔市。8日，同该市就建立国际友好城市关系签署协议书。

**同年** 市第二中学与英国豪利尔学校建立友好学校。

**同年** 市区189套教师公寓建成并分配到户。

**同年** 公有住房出售在全市推行，公房租金标准调整为每平方米0.15元。

**同年** 市开始推行住房公积金制度，缴存公积金额度为单位和职工各按3元、4元、5元标准逐月缴纳。

## 1994年

**1月1日** 全面实行新税制，开征增值税、消费税、营业税、资源税、土地增值税、企业所得税和个人所得税等，地方税暂按老税法征收。同日，全市实行新的出口货物退(免)税管理办法。

**1月7日** 文化部命名瑞昌市为“民间剪纸艺术之乡”。

**1月9日** 湖口糟鱼获1993年全国星火计划金奖。

**1月23~28日** 九江市第十届人民代表大会召开。

**1月28日** 省长吴官正视察永修、星子、都昌3县，了解灾区群众生活，指导生产自救。

**1月29日** 武宁县赣北汽运公司大客车由武宁县城开往宋溪途中，由于严重超员，致使车辆冲入公路左侧深坡坡底，死亡12人，伤37人。

**2月7日** 经卫生部、农业部、水利部专家实地检查论证，彭泽县被评为全国血防试点一等奖。

**3月8日** 市委、市政府机关分别从庐峰路48号大院、庚亮南路144号大院，迁至长虹大道新大楼办公。

**3月19日** 副省长张云川在南湖宾馆主持召开九江工业企业扭亏增盈座谈会，要求全市48户预算内国有亏损企业,实行一厂一策,完成扭亏任务。

**3月26日** 应省人民对外友好协会邀请,日本冈山县议会议员加藤秀明一行4人访问九江。

**3月28日** 赣北化工厂聚丙烯扩产5000吨/年工程竣工试车。该厂由原年产1万吨聚丙烯装置扩大至年产1.5万吨。

**4月3日** 市政府颁布《九江市农村社会养老保险暂行办法》。

**4月4日** 位于螺丝山新建的九江革命烈士陵园竣工,陵园占地面积1.53公顷;烈士墓145座,其中红军墓48座、病故军人墓80座、其他烈士墓37座。市各界人士代表参加落成祭典。

**4月7日** 凌晨1时许,彭泽、湖口、都昌县境遭受百年不遇的风雹袭击。飑线飓风达11级以上,冰雹大的直径达12厘米,造成重大灾害。彭泽县农作物受灾面积达7667公顷,其中重灾6067公顷,倒塌房屋983间,其中全倒户93户265间;湖口县倒塌旁屋200多间,受伤群众100余人,其中重伤30人。3县受灾户60912户,灾民153692人。

**4月9日** 国务委员彭珮云率国务院副秘书长徐志坚、卫生部部长陈敏章、国家体改委副主任刘志峰、财政部副部长刘积斌、劳动部党组成员王建伦等一行,到九江考察职工医疗制度改革情况。

**4月13日** 联合国开发计划署驻华代表阿瑟·贺尔康和布克鲁及中国国际经济技术交流中心副主任袁躺夫一行13人,考察评估庐山、瑞昌、共青、永修等地的“山江湖”开发前景。

**4月15日** 瑞昌市撤夏畈、高丰乡;武宁县撤澧溪、黄段乡;庐山区撤赛阳乡;九江县撤新合乡;湖口县撤马影、城山、武山乡,均设立相同名称的镇。

**4月16日** 中国第一艘侧壁式超浅水充气飞船“正兴”1号在湖口造船厂研制成功,标志着中国超浅水充气船舶的建造进入世界先进行列。

**4月18日** 共青羽绒厂生产的鸭鸭羽绒系列制品,获“中国名牌最佳名牌”奖。

**4月24日** 建设部授予九江市“全国园林绿化先进城市”称号。

**4月** 国务院批准财政部等部委《关于职工医疗制度改革试点的意见》,确定九江市为全国职工医疗制度改革试点城市之一。

**同月** 省文物考古研究所及有关部门对共青城陈家墩商周遗址进行抢救性发掘,出土大量陶器、瓷器、木器和铜器残片,完整可复原器物约200余件。

**同月** 庐山三叠泉——五老峰高架电力游览车工程竣工使用。

**5月8日** 斯洛文尼亚驻华大使伊万·塞厄查尔及随员娜塔利亚·雷丝佩一行到九江进行公务访问。

**5月10~14日** 九江市承办全国“五羊杯”登庐山自行车赛。

**5月21日** 市妇女儿童医院和市妇幼保健所合并,合并后更名为市妇幼保健院。

**6月4日** 斯洛文尼亚共和国副总理兼外长洛伊泽·佩泰尔莱率团到九江访问考察。

**6月8日** 九江船厂建造的900吨集散两用江海直达货船“鄱湖”号,在湖口建成下水。该船总长52.35米,宽9.24米.型深4.58米,满载排水量为1200吨,填补江西船舶建造业一项空白。

**6月20日** 全国政协委员、香港汉荣书局有限公司董事长石景宜向市图书馆捐赠6600余册港台书籍。

**6月21日** 美国驻华使馆一等秘书艾坚恩到九江进行4天公务访问,这是美国政府外交官员第一次正式访问九江。

**6月25日** 邮电部发行的一套4枚《中国古代文学家》邮票,九江晋代田园诗人陶渊明名列榜首。

**6月26日** 市首家国有独资公司江西九江捷成印染有限公司创立。该公司原为九棉三厂,是获有进出口经营自主权的国有企业。

**7月12日** 英国HU健康基金会何丽莎及浙江、江西省卫生厅有关部门负责人一行14人,到湖口考察妇幼保健情况。

**8月8日** 中共中央政治局常委、全国人大常委会委员长乔石视察九江经济工作、旅游事业和重点建设工程。

**8月18日** 市人大机关由延支山路19号搬迁至庐峰路48号大院办公。

**8月19日** 全市个体、私营经济工作会议召开。市长戚善宏作《再动员,快发展,促进我市个体私营经济上新台阶》的报告。

**8月25日** 全市县乡公路建设现场会召开。会议要求在5年内实现主要乡镇通油路的目标。

**8月26日** 日本国奈良县第四次日中友好文化团访问九江。双方就进一步发展经济贸易、科学技术、文化教育以及友城工作交换意见,并达成共识。

**9月5日** 在北京举行的第六届远东及南太平洋地区残疾人运动会上，九江盲人运动员王超雄和肢残运动员周建潮共获得3枚金牌,1枚铜牌。

**9月7日** 市国家税务局、地方税务局在东林宾馆举行成立大会并揭牌。至10月18日,全市15个县(市、区)国家税务局、地方税务局全部成立,正式对外办公,实行分税制的财政体制。

**9月11日** 东林寺举行传印法师升座暨远公诞辰1660周年纪念、果一老和尚灵塔开光、江西佛学院第二届开学典礼大法会。

**9月18日** 市长戚善宏随省经贸团对斯洛文尼亚进行友好访问,就九江市与该国科珀市发展友好城市关系达成意向书。

**9月23日** 澳大利亚沃拉戈尔市“沃九”友好交流访华团一行23人访问九江。

**同日** 香港爱国人士邵逸夫捐资50万元港币兴建的九师附小逸夫教学楼竣工。

**9月26日** 全市县(市、区)委书记、县(市、区)长会议在永修召开,着重研究部署发展县域经济问题。

**10月10日** 市长戚善宏会见法国赛夫尔市副市长皮埃尔·桑博、贝尔纳德尼·拉罗克等一行。双方就两市之间的友好合作与交流进行会谈。

**10月17~18日** 应全国人大常委会邀请，巴基斯坦国民议会议长赛义德·尤素夫·涅扎·吉拉民率团一行8人到市参观访问。

**10月22日** 市政府发布《关于龙开河地段改造工程的公告》。为开放开发建设的需要,决定填平龙开河,建设九龙街。年底全面开工,由市民生实业有限总公司实施。

**10月23日** 日本玉野市市长根敬则一行15人到九江进行经济考察,参加九江·玉野《历史·文化·民俗》画展开幕式。

**10月27日** 以日本冈山县知事长野士郎为团长的访华代表团一行55人,到九江参观访问。

**10月28日** 以克洛蒂纳为团长的法国巴黎人类博物馆协会代表团一行13人,对鄱阳湖国家级自然保护区珍禽候鸟栖息地等处进行为期3天考察访问。

**同日** 市关心下一代工作委员会成立(简称市关工委)。

**11月8日** 九(江)景(德镇)高速公路九(江)湖(口)段湖口大桥、九江金三角立交桥奠基仪式在九江木家垅举行。省委书记毛致用、省长吴官正参加。

**11月25日** 全市皮棉入库量逾138万担,为1993年同期的172%,超额完成定购任务。

**11月29日** 上午9时,京九复线九江南至德安段通车,全长36千米,行程40分钟。属京九线江南地区首条复线。

**11月30日** 以市人大常委会主任程金发为团长的市友好访问团一行5人，到澳大利亚沃拉戈尔市进行为期一周友好访问,参加两市缔结友好城市一周年庆祝活动。

**12月4日** 市区及所辖县(市、区、山)组成的九江电话本地网零时由6位升为7位,全市统一使用区号0792。

**12月18日** 市委、市政府召开全市职工医疗制度改革动员大会。贯彻落实国务院确定的职工医疗保障制度改革试点在九江实行及国务院批复的《九江市职工医疗社会保障暂行规定》。

**12月23日** 市委、市政府决策咨询委员会成立。首批聘请34名咨询委员,来自18个学科。

**12月28日** 市委、市政府召开全市土地使用制度改革会议。传达贯彻全国、全省土地使用制度改革会议精神,发布市委、市政府《关于深化土地使用制度改革的决定》。

**同日** 市政协机关由湓浦路14号大院迁入庐峰路48号大院办公。

**同日** 交通银行九江支行开业。

## 1995年

**1月15日** 庐山区五里乡前进村1994年工业总产值达1.1295亿元,成为九江市第一个亿元村。

**1月20日** 市大中大商厦发生特大火灾,烧死9人,摔伤致死1人,烧毁建筑物8800平方米,直接财产损失536.2万元。

**1月** 共青团中央决定命名共青垦殖场为“全国青少年教育基地”。

**2月1日** 武宁县查明一条长达10余千米的锑铅银锰多种金属矿带。其中石渡锑矿规模在中型以上。

**2月10日** 九(江)瑞(昌)公路改造工程竣工通车。

**2月13日** 中共中央政治局委员、国务委员、国家体改委主任李铁映到共青城视察。

**2月16日** 市委召开市直机关挂点包村动员大会。自当年起,全市每年组织2000多名干部到村帮助工作,重点抓好全市500个三类村和经济薄弱村的转化提高工作。

**2月20日** 17时05分,九江化工厂2万吨环氧丙烷工程投料试车成功,生产出第一批合格产品。

**2月26日** 江西赣北化工厂从德国引进年产1500吨聚氯乙烯双壁波纹管投料试车成功。该产品是替代钢管、铸铁管、水泥管的理想产品。

**3月中旬** 庐山区赛阳镇境内的石门涧景区“铁云垛”石刻近处发现清代九江知府方体的《铁云山铭》,具有学摹观赏、考古研究价值。

**3月18日** 赣北最大室内农贸市场江州市场基本完工,开始营业。市场面积7000多平方米,摊位1100多个。

**3月19~21日** 中共中央总书记、国家主席、中央军委主席江泽民先后考察共青城、德安县园艺场和庐山区新港镇油菜地、彭泽县棉船镇棉田、永修县立新精养鱼池、九江长江大桥。并为九江新火车站题写“九江站”。

**3月22日** 日本大汉文学组织“陶渊明研究访浔团”一行17人,到九江考察陶渊明为官和退隐生活遗址。

**4月2日** 全市第一所希望小学在修水县溪口区破土兴建,按标准化校园设计。由摩托罗拉(中国)电子有限公司捐资兴建。

**4月4~9日** 斯洛文尼亚共和国科佩尔里市代表团到九江访问,访问团团长科佩尔里市市长奥雷洛·尤里和市长戚善宏签署两市之间建立国际友好城市关系协议书。

**4月16日** 凌晨3时53分33.9秒,在北纬29.5、东经115.5发生4.9级地震,震中位置在瑞昌市、德安县、九江县交界地区。有危房倒坍,无人员伤亡。

**4月21日** 纽约江西协进会“文教商务考察访问团”一行12人,由会长罗泰来率领到九江市访问考察,就房地产、经贸、民航等合作项目和投资意向进行洽谈。

**4月28日** 市国家安全局成立。

**4月29日** 九江师范专科学校与加拿大高贵林学校就图书交流、师生学习交流、招收留学生等事宜签订两校合作协议书。

**5月24日** 市委书记熊承忠、市长戚善宏会见到九江考察的中国驻外使节参观团一行30人,介绍九江改革开放形势、区位优势、资源优势、投资环境、发展前景等。

**5月31日** 合肥至九江全长347千米的合九铁路通车。这是中国首条由国家、地方、企业三方合资兴建的路网干线，途经安徽、湖北、江西3省，是京九铁路主要干线。

**5月** 市政府制定《九江市城市市容和环境卫生管理暂行办法》草案和7个附件。

**6月8日** 国家计委批复同意建设铜陵至九江铁路。

**6月11日** 以崔辉为团长的朝鲜社劳青代表团一行6人，访问九江庐山风景区和共青城。

**6月11~13日** 全市连降暴雨，修水、武宁、永修、彭泽、德安、湖口、都昌县的134个乡镇、22.45万户、103.3万人口遭灾。死亡29人，重伤31人，轻伤136人。倒房4017间，毁坏农田798公顷。

**6月22日** 由台湾佛教慈济基金会捐建的都昌县蔡岭慈济中学破土动工。学校占地13.51公顷，建成后可容纳2400人。该项目捐资额达814万元。

**7月1日** 合(肥)九(江)铁路全线开通分流运营。

**7月8日** 中国红十字总会副会长孙柏秋，香港红十字会秘书长方敏生和省、市红十字会负责人一行20余人，到遭受特大洪涝灾害的永修县了解灾情，看望受灾群众，发送救灾物资。

**7月9日** 市区接纳湖北省黄梅县、武穴市和安徽省宿松县、望江县的避水灾群众达6万余人。

**7月25~29日** 全国政协副主席、澳门中华总商会会长马万祺到永修、共青等地视察并捐款。

**7月28日** 中共九江市第七次代表大会召开。

**8月1日** 彭泽、都昌、湖口、武宁、九江县及瑞昌市人工降雨成功。其中都昌县为100毫米大暴雨，瑞昌市达70多毫米，缓解自7月8日以来受副热带高压持续晴热出现的旱情。

**8月15日** 下午4时至晚11时，星子县隘口镇庐山垅山体大面积滑坡，冲毁房屋8栋14间，农田7.73公顷，死亡1人，失踪3人，5个村交通中断。

**8月22日** 市话剧团7幕大型话剧《大山情仇》在北京市工人俱乐部向首都人民汇报演出，获得成功。

**8月28日** 九江海关对巴拿马籍轮“WOO DO NG”征收船舶吨税2439元人民币，为建关以来征收的第一笔船舶吨税。

**9月9日** 《九江市城区土地使用管理暂行办法》发布。

**9月15日** 市委宣传部决定将甘棠公园革命烈士纪念碑、螺丝山革命烈士陵园、锁江楼、九江开发区、九江外贸码头、九江客运码头、九江长江大桥、烟水亭、庐山、修水秋收起义纪念馆等列为九江第一批爱国主义教育基地。

**9月** 在彭泽上十岭垦殖场工作的法国专家亨瑞尔获国务院颁发的友谊奖，并受到国务院总理李鹏接见。

**同月** 市容环境卫生管理局成立。

**10月4日** 应日本冈山县玉野市邀请，市友好艺术交流团一行17人到玉野市访问与艺术交流。

**10月9日** 共青城火车站建成启用，同时撤销米粮铺、江益车站。

**10月11日** 铁道部批准京九铁路南(昌)浔(九江)复线上的九江南站(原沙河街车站)，更名庐山站。

**10月12日** 市委、市政府召开全市机构改革和推行公务员制度工作会议。

**10月16日** 九江被列为国家重点植物基地。

**10月28日** 九江民航机场一期工程竣工。主要项目有通信导航设施、自动双测系统、自动转板系统、导航控制系统、信息处理系统等。

**11月8日** 中共中央政治局委员、国务院副总理姜春云视察九江长江大堤。

**同日** 九江医专附属医院与市二医院合并交接暨挂牌仪式举行。

**11月16日** 京九铁路全线铺通庆典大会在九江举行。江泽民、李鹏、乔石、李瑞环等党和国家领导人分别题词祝贺。国务院总理李鹏、副总理邹家华及中央、国务院有关部门负责人，京九沿线9省市领导及亚洲银行、日本、港澳代表和九江市各界代表500余人参加庆典大会。

**11月17日** 市党政领导向在全省第四届玉茗花戏剧节获奖的《大山情仇》剧组颁发奖状、奖杯和奖金。该剧在省获剧目综合一等奖和剧作、导演、舞台美术设计、表演4个单项奖以及灯光设计、服装设计2个专项奖。

**11月中旬** 赤湖啤酒厂兴建的易拉罐珍珠啤酒生产线竣工投产,为省第一家易拉罐啤酒厂。

**11月28日** 晋代田园诗人陶渊明墓复修竣工庆典在九江县举行。

**11月30日** 京九南浔复线(九江至向塘)139千米双线开通,并投入正式营运。

**12月8日** 京九广光缆通信工程动工。九江成为宁、汉、渝光缆和京、广、九光缆的唯一交叉点。

**12月12日** 彭泽水产场与市水科所联合在彭泽太泊湖试养银鱼获得成功,首次捕捞银鱼近1000公斤。

**12月24日** 市政府决定,在八里湖开发区设立市高新技术产业开发区,实行一套人员,两块牌子。

**同年** 九江被国务院列为全国59个安居工程试点城市,开工建设的工程有湖滨小区3000套18万平方米,南湖小区400套2.6万平方米,西苑小区1200套8万平方米。

## 1996年

**1月8日** 18时20分,彭泽县造纸厂长江码头江岸发生特大窝崩。窝崩总长900米,最大深度200米。毁坏防洪大堤1200米,排涝站闸一座,耕地18.13公顷,崩塌房屋24幢92间,造成24人死亡,5人重伤。

**2月6~7日** 全市大水面开发现场会在湖口县召开,会议提出:把农业的第一步改革从耕地进一步推到水面。通过实现大水面所有权、管理权、经营使用权的“三权分立”,用2年时间开发大水面2.67万公顷。

**2月** 粮油凭证供应至当年春节。此后“城镇居民粮油供应证”取消。

**3月10日** 国家绿化委授予九江市“全国造林绿化最佳城市”称号。

**3月** 联合国开发计划署官员和专家一行11人观摩考察星子县温泉乡东山村换届选举工作。

**4月7~12日** 澳大利亚维多利亚州波波郡代表团一行9人,在议长威尼·哈迪率领下,对九江进行友好访问。

**4月30日至5月1日** 中共中央政治局常委、国务院副总理朱镕基在省委书记吴官正、省长舒圣佑等陪同下视察永修县精养鱼池、九江县永安明闸村、德安县园艺场。

**4月30日** 市政府经贸考察团启程对加拿大温哥华地区进行为期10天的考察。

**5月7~9日** 联合国科教文卫组织专家一行,对庐山申报世界自然与文化遗产进行为期3天实地考察。

**5月30日** 国家计委主任陈锦华一行12人视察九江外贸码头、长江大桥、火力发电厂、大化肥工程。

**6月19日** 市预备役军官军衔工作领导小组成立。12月30日,首次举行预备役军官授衔仪式。

**7月2日** 民航九江机场举行首航仪式。海南省航空公司波音737客机经九江机场首航上海。

**8月26日** 市公安局向社会公开推出“110”报警服务台24小时为人民群众提供报警、救助及社会公共安全服务。

**9月1日** 京九铁路开通运营暨九江—深圳旅客列车开行典礼,在九江西站举行。

**10月2日** 市戒毒所举行挂牌仪式。

**10月4日** 九江大化肥尿素装置产出尿素,化肥装置全流程打通。

**10月5日** 九江市与日本冈山县玉野市缔结友好城市关系签字仪式在九江举行。

**10月6日** 1996年中国庐山国际旅游节暨招商洽谈会在市体育场开幕。

**11月8~9日** 国务院副总理姜春云考察德安县园艺场、庐山等地，视察市区市容市貌、九江长江大桥和滨江防洪设施。

**同月** 市政府印发《江西省住房制度改革领导小组关于九江市深化住房制度改革方案的批复》，出售公有住房标准价调整为每平方米465元，成本价每平方米608元。

**12月6日** 联合国教科文卫组织批准庐山人文景观列入世界人类文化遗产名录。

## 1997年

**1月6~9日** 国务委员彭珮云一行对九江职工医疗制度改革试点工作进行考察和调研。

**1月15日** 九江新火车站举行落成典礼。

**1月22日** 由外交部新闻司和省外办共同邀请并组织由日本、美国、匈牙利、马来西亚、德国、韩国等国家9个新闻单位记者组成驻京外国记者采访团到共青城采访。

**2月** 日本玉野市友好协会、日本九江协会以及友好人士捐赠的300棵樱花树，在市区南门湖畔“安家落户”。

**3月** 国务院确定九江为“优化资本结构”试点城市。

**4月9~10日** 全国人大常委会副委员长王丙乾率《中华人民共和国森林法》执法检查组到市检查工作。

**5月10~12日** 全国财政综合与改革工作会议在浔召开。财政部副部长谢旭人，省委副书记、常务副省长黄智权，市长戚善宏等出席。

**5月16日** 市夕阳红蜂疗康复中心开业。

**5月17~19日** 德意志联邦共和国驻华大使赛康德及使馆官员贺克一行到九江进行公务访问。

**6月4日** 全国人大常委会副委员长、民进中央主席雷洁琼考察共青城经济、社会发展等情况。

**7月16日** 中共中央政治局委员、全国人大常委会副委员长田纪云视察九江港码头、九江长江大桥和滨江防洪工程。

**7月18日** 市第八届运动会在九江县(部分项目在市区)举行。全市14个县(区、市、山、场)，近2000人参加，共设14个项目。11月1日闭幕。

**8月22日** 中共中央政治局常委、国务院副总理吴邦国考察江西轻工机械股份有限公司、九江石化总厂等工业企业。

**9月20日** 全省第一个年产值超1亿美元企业——江西亚东水泥有限公司在九江设立。

**10月** 《九江市实施“科教立市”发展战略的对策研究》软科学研究报告被市委、市政府批转各县(市、区)组织实施。

**11月13日** 九景高速公路全线开工仪式在九江举行。

**12月22~23日** 交通部部长黄镇东一行考察九江港、外贸码头、九景高速公路与湖口大桥建设工地、昌九高速公路、九江长江大桥。

**年底** 武宁县副县长杨志刚辞去副县长职务，上山垦荒造林。

## 1998年

**1月** 九江发现首例艾滋病病毒感染者。

**2月13日** 全国鲜、活、农副产品中心批发市场在浔阳蔬菜批发市场揭牌。

**3月15日** 日本秋田县葡萄园主高桥一行3人到九江捐赠葡萄种苗。50株优质葡萄种苗在九江县沙河乡“安家落户”。

**5月31日** 中共中央政治局委员、国务院副总理温家宝，视察长江九江大堤永安段、城区长江堤。下午听取江西、安徽、江苏3省的防汛工作汇报。

**6月12日**　中国人民解放军九江警备司令部成立。

**7月3日**　凌晨4时,赛湖九江县二垦堤溃决,16时30分,瑞昌赛湖农场堤漫顶溃决。2堤溃决受淹面积均为1.2万公顷。

**7月4~5日**　中共中央政治局常委、国务院总理朱镕基,副总理温家宝到九江抗洪第一线视察防汛工作。

**7月27日**　南昌陆军学院109名官兵赶赴庐山区新港镇抗洪抢险。南京军区空军某部200多名官兵抵永修县抗洪抢险。南京军区驻浙部队1200余名官兵抵达九江,执行抢险任务。

**同日**　国家防汛总指挥部命令,当日8时长江封航。

**8月2日**　凌晨2时,长江九江段水位涨至23.03米,超警戒水位3.53米,超紧急水位1.53米,为九江有史以来最高水位。

**8月4日**　九江县江洲大堤洲头村七组出现特大泡泉,经抢堵无效而决口。

**同日**　江洲江堤溃决,死亡4人,伤19人,直接经济损失3.3亿元。省委书记舒惠国、省长舒圣佑实地视察灾情,指挥救灾。

**8月7日**　13时50分,九江长江城防堤钢铁公司段4~5号闸口之间,被洪水冲开40米左右的决口,江水迅即下泄城西区。

**8月8日**　22时50分,北京军区某集团军工兵技术分队220名官兵紧急空运到九江。经过3000余名官兵120个小时的连续奋战,到12日16时25分城防堤4~5号闸口的堵口获得成功。

**8月9日**　国务院总理朱镕基再次到九江,并在决口现场指导抢险,慰问抢险军民。

**8月10日**　省委副书记、副省长黄智权被任命为九江城防堤堵口抢险指挥部总指挥,直接指挥堵口抢险工作。

**8月13日**　5时30分,市政府新闻办公室举行新闻发布会,通报九江洪涝灾害及救灾情况。至12日晚,全市346.81万人不同程度受灾,因灾死亡78人,伤病2.69万人,全市有4308个村庄被洪水围困,因灾倒塌房屋24.12万间,农作物成灾面积18.9万公顷,占耕地面积的82%,绝收面积13.64万公顷,占耕地面积60.2%,直接经济损失101.2亿元。

**8月14日**　中央军委委员、总政治部主任于永波在南京军区司令员陈炳德、政委方祖岐,南京军区副司令员董万瑞、副政委雷鸣球,省领导舒惠国、舒圣佑、黄智权陪同下,率4总部慰问团,慰问驻九江抗洪一线的部队官兵。

**8月22日**　中共中央政治局常委、全国政协主席李瑞环在全国政协副主席毛致用和省市负责人陪同下,先后到长江大堤堵口大坝和永安大堤视察,并代表中共中央、国务院慰问抗洪军民。

**8月26日**　参加九江抗洪抢险的3万多解放军官兵,为保证学生9月1日按时开学,主动从宿营学校撤出,除部分迁至一些停产工厂外,还有5000余名官兵在野外场地搭帐篷宿营。

**8月31日至9月1日**　中共中央政治局常委、国务院副总理李岚清到江洲镇、市第六中学视察灾区防疫治病、中小学秋季开学工作。

**9月4日**　中共中央总书记、国家主席、中央军委主席江泽民在南京军区司令员陈炳德、政委方祖岐,省委书记舒惠国、省长舒圣佑及市委书记刘上洋、代市长刘积福陪同下,到抗洪一线视察指导抗洪救灾和恢复生产、重建家园工作。

**9月9日**　中共中央政治局委员、中央军委副主席、国防部长迟浩田在南京军区首长及省市领导陪同下到抗洪一线,视察抗洪工作,慰问抗洪官兵。

**9月15日**　参加抗洪抢险的首批6000余名官兵奉命撤离九江,10万余市民自发到所经路段含泪送别。

**9月21日**　南京军区前指领导董万瑞、雷鸣球率最后一支部队离浔,至此3万余名抗洪子弟兵全部撤离,省市领导及数万群众欢送。

**10月12日** 市委、市政府举行全市抗洪抢险总结表彰暨重建家园动员大会。

**10月23日** 江西考古研究所等单位对都昌北炎乡西南侧小张家商代遗址进行抢救性发掘,历时1月余,共出土陶器和原始瓷器30件。

**11月3日** 21时50分,九景公路湖口县雁列山二号隧道右洞发生塌方事故,14名施工人员被困洞中。经过55小时的救援,至6日清晨4时17分,被困人员全部脱险。

**11月20~24日** 应友好城市日本玉野市政府邀请,市少年儿童艺术团11人到日本进行演出交流,演出节目主要表现九江风土人情、展示少儿表演艺术水平。

**11月23日** 中共中央政治局常委、国务院副总理李岚清到永修县视察灾后重建和卫生防疫工作。

**12月16日** 长江干堤(江西九江段)加固整治工程全线动工。整治总长度196.55千米,总投资19.5亿。

**12月22日** 锁江楼塔纠倾加固开工,1999年5月18日竣工。

## 1999年

**年初** 市政府做出"三年内搞好甘棠湖、南湖综合治理"承诺,10月25日省计委批复立项,11月30日省环保局批复环境评价大纲。

**1月18日** 香港粤仁达代表团到九江考察农村中小学水灾毁坏情况,并捐资瑞昌市、九江县、湖口县3所农村中小学复建。

**1月19~25日** 九江市第十一届人民代表大会召开。

**2月6~7日** 国务院副总理温家宝到九江考察水利工程建设。

**3月12日** 全市国有企业下岗职工基本生活保障和再就业工作会议召开。

**4月15~16日** 九江县江洲镇和新洲垦殖场的长江大堤出现大面积崩岸,长达19.8千米。

**4月21日** 世界城市经济协作组织将"鸭鸭"系列羽绒制品冠以"中国鸭鸭"称号,列为全球城市经济商展会推介产品。

**4月29日** 市委、市政府召开全市加快发展个体私营经济表彰动员大会。

**5月1日** 九江、吉安之间的"井庐号"旅游专列首行式在九江火车站举行。

**6月6日** 九江昌河汽车有限公司挂牌。

**7月13日** 国务院总理朱镕基、副总理温家宝考察九江永安大堤和市城防大堤4~5号闸口整治情况,接见和看望施工单位负责人和工程技术人员。

**8月26日** 中央电视台、市委、市政府在九江长江大桥下滨江广场联合举办1998年抗洪胜利1周年大型歌会演出——《共有的家园》。

**11月18日** 九江电视台摄制的《决战九江》获第十七届中国电视金鹰奖长篇电视记录片奖。

**12月16日** 九江三期发电工程开工建设。

**12月24日** 都昌县三汊港荷塘村江某的爆竹作坊发生爆炸事故,致被雇用的13名小学生死亡。

**12月** 国家工商局认定共青羽绒厂"鸭鸭"商标为中国驰名商标。

**同月** 在全国生态示范区建设部分试点考核验收工作中,共青城被国家环境保护总局命名国家级生态示范区。

**同年** 《九江市住房公积金个人购房贷款办法》出台,住房公积金实行计算机管理。

## 2000年

**1月12日** 九江市被授予全国"双拥模范城"。

**1月29日** 省委书记舒惠国、省长舒圣佑等考察江西亚东水泥有限公司并现场办公。

**1月** 永修县立新乡黄婆井和门前山移民建镇中心村建成。其中黄婆井中心村安置282户,1208人;门前山中心村安置170户,800人。

**3月8日** 市区“两湖治理”清淤工程动工,整个工程共清淤94.7万立方米。

**3月** 全市公安机关开展打击拐卖妇女、儿童专项斗争。共破获案件56起,抓获拐卖人口犯罪嫌疑人83名,解救被拐卖妇女177名、儿童128名。

**4月17日** 市政府批准实施《九江市集资建房管理暂行办法》《九江市住房公积金个人购房贷款暂行办法》。

**5月12日** 省第一所公办高等职业技术院校——九江职业技术学院成立。

**6月28日** 省市领导舒惠国、黄智权、凌成兴、刘上洋、宋才火出席湖口大桥合龙仪式。全国人大常委会副委员长邹家华为湖口大桥题写桥名。

**7月14~15日** 全国妇联副主席、书记处第一书记顾秀莲在省长舒圣佑陪同下,先后考察庐山、市妇女儿童活动中心、星火化工厂等地。

**9月1日** 庐山国际文化旅游节隆重开幕。

**9月16日** 以越共中央委员陈庭欢为团长的越共中央代表团一行8人到九江进行友好交流和考察活动。

**9月19日** 市办证收费服务大厅在市滨江路583号挂牌办公。

**10月1日** 市政府发布《九江城区房屋拆迁安置管理办法》。

**10月10日** 九江师范高等专科学校举行国务院侨办九江华文教育基地授牌庆典。九江师专成为全国首批华文教育基地之一。

**10月15~16日** 中共中央政治局委员、国务院副总理钱其琛,国家旅游局局长何光暐一行在省委书记舒惠国、省长舒圣佑陪同下,到庐山进行考察。

**11月26~27日** 市委七届十三次全会召开。审议并原则通过《中共九江市委关于制定全市国民经济和社会发展第十个五年计划的建议》。

**12月29日** 市财政收入首次突破20亿元。

**同年** 修水县被国家批准立项,成为国家农业综合开发县。

**同年** 再次打捞长江马当段沉船遗骸。经过3个枯水期的艰苦作业,将7艘沉船和4000余吨沉船残骸彻底捞起,使制约长江黄金水道65年的交通“瓶颈”得到拓宽。

**同年** 九江开通“12315”免费投诉举报电话。

## 2001年

**1月23日** 国务院法制办公室函复省政府法制办公室同意省政府在九江市开展相对集中行政处罚权试点工作。

**4月8日** “庐山杯”亚洲青年举重锦标赛在庐山开幕。来自117个国家和地区的100多名运动员、裁判员、教练员参赛。

**4月23~24日** 省委书记孟建柱、副省长蒋仲平到九江考察,2次召开座谈会与市、县领导座谈。

**5月2日** 九江与辽宁省盘锦市缔结为友好城市。

**5月27日** 九江人才市场新大楼开业,人事部部长张学忠等领导参加开业庆典。

**6月2日** 中共中央总书记、国家主席、中央军委主席江泽民,到永修县立新乡视察灾后重建情况。

**6月26日** 国务院批准彭泽县桃红岭梅花鹿省级自然保护区晋升为国家级自然保护区。

**6月** 全市8个县(区)开始实施移民建镇第三期工程。

**8月15日** 省政府和市委、市政府在九江码头举行欢迎仪式,迎接重庆市云阳县三峡移民到永修县落户。

**8月17日** 国家堤防加固整治的龙头工程——九江市城市防洪工程溃口复堤上下连接段单项应急工程正式通过完工验收,移交市城市防洪工程建设指挥部管理。

**8月** 市区开展“四拆、五清、三化、四建”活动，拆除违章建筑、临时建筑和有碍观瞻建筑，沿街、沿路围墙更换为通透式栅栏，主要街道及两湖沿岸高层建筑全部亮化。

**9月上旬** 永修县艾城、虬津等乡(镇、场)发生群众食用野蘑菇中毒事件，造成6人死亡，2000余人中毒。

**9月12日** 《九江市进一步深化住房制度改革加快住房建设实施方案》颁布实施。

**9月21日** 国家旅游局批准九江市为“中国优秀旅游城市”。

**9月25日** 澳大利亚弗雷德·霍洛基金会首次在星子县人民医院为131名白内障患者实施复明手术。

**10月1日** 市白水湖公园建成开园。该园工程投资1860万元，总面积6.53公顷，中心广场2584平方米，园内九龙柱构思精巧，为国内首例。

**同日** 现役军人、军队离退休干部乘坐市内公交车和参观风景旅游点实行免费。

**10月6日** 市第九届体育运动会举行开幕式。

**10月26日** 九江医学专科学校举行建校100周年庆典。全国人大常委会副委员长吴阶平为医专校庆题词。

**12月** 瑞昌市码头镇被列为全国小城镇建设改革试点镇。

**同月** 修水抱子石电站开工。

**同年** 民政部、解放军总政治部授予九江市“全国双拥模范城”。

**同年** 市福利分房体制宣告结束，货币化分配体制开始启动。

**同年** 市第一个国际民间友好组织——中国九江-日本大和高田友好会成立。

## 2002年

**1月16日** 九江鲜活水产品批发市场正式投入运营。

**4月4~7日** 中共九江市第八次代表大会召开。

**5月2日** 庐山三叠泉缆车正式开始营运。线路全长1496米，高低落差152米，最高速度6米/秒，单向运量840人/小时。

**5月30日至6月2日** 全国人大常委会副委员长邹家华率全国人大常委会《中华人民共和国矿产资源法》执法检查组一行到九江，检查矿产资源法执行情况。

**5月31日** 市领导刘积福、王忠武等会见到九江访问的美国南加州西好莱坞市、柔似蜜市、蒙特利公园市市长访问团一行。

**6月9~10日** 中共中央政治局常委、国务院总理朱镕基到九江视察长江大堤加固工程和鄱阳湖重点圩堤整治工程，看望移民群众。

**7月16日** 九江与浙江省嘉兴市缔结友好城市。

**7月17日** 上午9时50分，庐山五老峰景区发生雷电击伤游客意外事故，死亡4人，伤11人。

**7月26日** 市城市管理行政执法局成立。

**9月9日** 全市机构改革动员大会召开。市委副书记、市长王忠武宣布市机构改革实施意见。

**10月1日** 九威大道通车及环城路拓宽改造工程竣工。

**10月4日** 云居山真如寺方丈一诚当选全国佛教协会会长。

**10月5日** 九江一中举行建校100年庆典。

**10月28日** 中国南方粮食交易市场在九江开业。省长黄智权、中国粮食行业协会会长白美清、浙江省副省长章猛进、中国农业发展银行副行长刘梅生，市领导刘积福、王忠武等出席开业庆典。

**12月12日** 世界吉尼斯英国总部授予中国电影《庐山恋》“世界上在同一影院连续放映时间最长的电影”的吉尼斯世界纪录。

**12月21日** 全市2236名民办教师选招为公办教师,标志着公办学校结束民办教师代课历史。

**12月30日** 省重点工程蔡岭至都昌一级公路改造工程竣工。

**同年** 彭泽县被批准为国家农业综合开发县。

**同年** 民政部授予浔阳区"全国社区建设示范区"。

**同年** 九江师专、九江医专、九江财专、九江教育学院合并,升格为九江学院。

## 2003年

**1月22日** "九江新闻网"与"中国·江西新闻网"同时在南昌正式开通。

**1月28日** 全市最大的旧城改造项目浔阳区西园旧城改造的土地使用权成功进行公开挂牌出让,信华集团以1.8亿元的价格竞得。

**2月** 国家林业局批准建设以九江市林业科学研究所为核心区的天花井国家森林公园。

**3月28日** 市综合工业园、市汽车工业园、市石化工业园以及九江化纤工业园划归开发区统一管理。

**4月30日** 陈寅恪夫妇骨灰在庐山植物园安葬,葬地名为景寅山。

**5月1~2日** 国务院副总理回良玉到九江各地就防汛、移民建镇工作、农业和农村经济发展、农村防治"非典"工作及城市建设等进行调研。

**5月18日** 市区九湖路、长虹大道、九龙街等地段天然气管道完成铺设,通气点火,九江城区成为省首个使用天然气的城市。

**5月28日** 九江(福州)经济合作洽谈会在福州市西湖宾馆开幕。来自海内外的410名客商参加盛会,会上签约项目38个,投资总额36亿元。

**7月6日** 市图书馆新馆落成开放。

**7月12日** 市人大常委会对市政府和市中级人民法院分别提请任命的25名机关工作人员进行首次任前法律知识考试。

**7月22~26日** 全国人大常委会副委员长顾秀莲率全国人大内务司法委员会《中华人民共和国老年人权益保障法》执法调研组到九江考察调研。

**7月26日至8月3日** 九江县承办全国青年男子手球比赛。

**8月28日** 由江州造船厂为德国A·K航运公司建造的集装船"纳德嘉"号总长122.5米,载重8600吨,可装标准集装箱670个,使用无人机舱,是海运技术高度现代化的船舶。

**9月23~24日** 尼泊尔大会党(民主)代表团主席谢尔·巴哈杜尔·德乌帕等一行8人在中联部和省外侨办领导陪同下,对庐山和永修县进行访问和考察。

**9月26日** 参加第三届全国残疾人运动会的九江学院女运动员张丽萍以135公斤的成绩获女子举重67.5公斤级冠军,打破这个项目的世界纪录。

**9月30日** 占地面积460公顷,有国家一、二级重点保护植物100多种的天花井(国家)森林公园在庐山区莲花镇东城村开工。

**9月** 市委书记刘积福率友好代表团访问美国肯塔基州路易维尔市,签订九江市与路市的缔结友好城市意向书。

**10月3~5日** 2003年海外侨胞江西之行(九江)恳谈会举行。来自五大洲18个国家和地区的200多名海外侨胞出席。

**11月9日** 中华名果评审会评定17个品种为"中华名果"。永修县易家河"独一处牌"蜜橘、共青城"米粮铺牌"柑橘、德安县田铺双季板栗名列其中。

**11月10日** 九江商会举行百年庆典大会。

**11月13日** 长江九江段发现一条体长3米、腰围1米、体重约200公斤的国家二级保护动物中华鲟。

**11月16日** 中央电视台《中国人口》栏目播出反映市计划生育工作的专题片

**11月18日** 市档案局市政策法规数据库暨现行文件查阅中心和九江档案信息网站建成。

**11月19日** 日本井原市日中经济交流协会16人到九江访问。

**11月19~20日** 美国加劳德特大学教育系主任理查德一行考察九江博爱聋校。

**12月26日** 由全市科研、高校、企业、政府信息处理部门的专业和业务骨干组成的市政府信息化专家委员会成立。

**同年** 江西仙客来生物科技有限公司研制的"活性保鲜液加工食用菌及山野菜工艺"获国家专利，被国家知识产权局评为中国国际专利技术与名牌产品金奖。

**同年** 都昌县在时隔9年后立项，成为国家农业综合开发县。

## 2004年

**1月1日** 九江第一支女子交警队正式上岗。

**1月9日** 九江再次被命名为全国"双拥模范城"。

**1月26日** 凌晨3时23分，德安县吴山乡与瑞昌市九源管理区之间发生里氏4.1级地震，未造成人员伤亡。

**2月13日** 联合国教科文组织世界地质公园专家评审会宣布，庐山首批入选世界地质公园名单。

**2月27日至3月3日** 九江市第十二届人民代表大会召开。

**3月18日** 市总工会选送的九江石化总厂创作的《今儿个真高兴》作品获中华全国总工会评选颁发的首届全国"五一文化奖"。

**3月27日** 市公安局缉毒支队摧毁一特大贩毒团伙，缴获毒品海洛因1600克，抓获毒贩5名，吸毒人员14名。该案于当天在中央电视台《法治在线》栏目播出。

**3月** 武宁县被授予"国家卫生县城"称号。

**4月6日** 全市"优化投资环境、主攻民营经济"动员大会召开。

**5月1日** 中日经贸投资合作洽谈会在浔举行，市长蔡晓明出席会议。

**5月26~29日** 全国人大常委会副委员长李铁映考察九江市容市貌及九江学院院本部。

**5月27~28日** 吕祖(洞宾)诞辰1206年纪念活动在庐山举行。全国人大常委会副委员长李铁映到会祝贺并讲话。

**5月30~31日** 全国政协副主席周铁农到九江(庐山)考察。出席在庐山文化旅游活动中心举行的中国庐山白鹿洞书画院成立授牌仪式暨中国书画家协会首届"庐山书画艺术研讨会"。

**6月14~21日** 市长蔡晓明率市政府经贸代表团到韩国进行商务洽谈。

**7月1日** 中国庐山世界地质公园举行揭碑开园庆典仪式。国际地科联秘书长韦尔纳·雅尔诺斯切克及夫人，全国人大环境委委员、国土资源部原副部长蒋承菘等出席。

**7月23日** 瑞昌市花园乡发现一座宋代古墓。该古墓为北宋金紫光禄大夫何君正及其夫人合葬墓。

**8月13日** 落户九江的最后一批三峡移民到永修县安家。

**9月1~12日** 应美国肯塔基州路易维尔市市长杰瑞·阿布拉姆逊和路易维尔市姐妹城市协会、加拿大安大略省列治文山市的邀请，市长蔡晓明率市政府代表团对两市进行友好访问和经贸考察。

**9月18~24日** 2004年赣台(九江、庐山)经贸合作研讨会在庐山举行，海峡两岸商务代表团等49个代表团的代表以及来自台湾岛内客商共816位嘉宾出席会议。

**9月21日** 市委、市政府决定体育中心选址在八里湖畔。

**9月22~24日** 由中国工程院院士、国家杂交水稻工程技术研究中心研究员袁隆平等16位党外"两院"院士组成的考察团在九江考察访问，并出席德安一中隆平图书馆揭牌仪式及首届"隆平奖学金"

颁发仪式。

**9月26日** 中国工程院院士袁隆平捐款13万元,在德安县第一中学设立"隆平奖学金"。

**10月12日** 中央电视台举办2004年"中国魅力城市""最佳魅力城市"颁奖晚会,九江获"中国魅力城市"称号。

**10月18~20日** 以全国政协副主席白立忱为团长的全国政协常委赴赣视察团到九江,对食品安全保障体系建设进行调研。

**10月26日** 市人大常委会组织全市人大系统县处级领导干部出国考察团赴欧洲访问考察。

**10月29日** 欧洲世界地质公园大会在意大利西西里索塔那决定,在庐山设立联合国教科文组织世界地质公园促进会、亚洲世界地质公园办事处和世界地质公园中国办事处。

**10月** 市长蔡晓明率团出访美国、加拿大,与美国路易维尔市正式签署《建立国际友好城市关系协议书》。

**11月1日** 市城区低保标准即日起提高到每月180元。

**11月6日** 中国近代杰出记者黄远生墓从庐山区莲花镇梅山村迁葬至贺家山陵园。

**11月21~25日** 由中央党校、学习时报社和市委、市政府共同主办的全国创建学习型城市2004年年会在九江举行。

**12月16日** 蓝星化工江西星火有机硅厂举行年产10万吨有机硅单体项目开工典礼。

**12月29日** 市政府与省机场集团公司在九江学院举行签字仪式,九江庐山机场(民用部分)移交省机场集团。

## 2005年

**1月1日** 全市实施农业税免征。据前3年统计数据确认,农民年人均减负36元。

**同日** 全长56.415千米、概算总金额5.2799亿元的庐山环南山公路一期路面建成通车。该公路起点为市区荷花垄,经星子县城,与昌九高速公路相连接,形成环庐山公路。

**1月9日** 世界地质公园与社会经济发展促进会庐山办事处、亚洲地质公园网络办事处挂牌仪式在庐山举行。

**1月** 市政府部署确定环境保护10件惠民实事:城市宁静工程;城市油烟净化工程;医疗废水全面达标工程;12369环保投诉热线完善;饮用水源保护工程;环境空气质量自动监测系统建设;机动车尾气专项整治;工业污染源全面达标建设;重点污染源在线监控;"绿色社区"创建工程。12月底,已全部完成。

**3月7日** 中国人寿星子县支公司组织员工到庐山山南太乙村举行"庆三八"登山活动,返程时,发生特大交通事故。其中一辆中巴车因急弯陡坡、刹车失灵坠入悬崖,致使22人罹难,22人受伤。

**3月8日** 19时许,浔阳区发生一起持枪持械绑架人质案。公安部及省、市有关领导亲自指挥,23小时后,7名人质全部获救。

**3月18~24日** 九江县承办第十届全国运动会女子篮球预赛。

**4月13日** 九江警方对9名偷渡入境的越南籍妇女解除拘留审查,遣送回国。

**4月26~28日** 市人大常委会首次对"一府两院"负责人进行测评。

**4月28日** 省第一家社区直接选举试点——浔阳区白水湖街道余家垅社区换届选举成功。省民政厅负责人观摩直选活动。

**5月1日** 中共中央政治局委员、国务院副总理曾培炎考察湖口县、都昌县和城市交通基础设施,详细了解鄱阳湖生态环境保护、水利基础设施建设现状和远景规划、湖区资源综合开发、县域经济发展等情况。

**5月12~13日** 全国政协副主席张思卿率全国政协常委赴赣视察团到九江,就中部地区如何实现早日崛起和可持续发展进行视察和调研。

**同月** 瑞昌市洪下乡高露村6组村民徐秋霞一胎生4个男孩,在医院养育2个月后健康出院。

**6月3日** 国务院批准在九江经济技术开发区内设立九江出口加工区。

**6月19日** 浔阳区福彩投注站业主黄振波获“全国道德(诚信)模范”提名奖、“江西省诚实守信好青年”等荣誉。

**同日** “庆祝九三学社成立60周年暨纪念许德珩座谈会”在九江宾馆召开,全国人大常委会副委员长韩启德出席并讲话。

**6月26~27日** 全市出现罕见的强降雨,市区阵性降雨量为163.3毫米,修水、湖口、瑞昌、庐山、彭泽等地降雨量均超过100毫米,部分地区成灾。

**7月7日** 市国有企业改革推进领导小组成立,领导小组办公室设在市国资委。

**7月18~20日** 省人大常委会调研组到九江对《江西省农村土地承包实施办法》进行立法调研。

**8月6日** 市残疾人运动员周瞳在美国举行的世界盲人青少年运动会上获52公斤级女子柔道金牌。

**8月12日** 中国·九江(新加坡)投资项目推介会举行。市长蔡晓明,副市长陈立国、冯静,市有关单位负责人出席推介会。新加坡国会议员陈晓朋以及150多名在新加坡颇具影响的客商应邀出席。

**8月18日** 中国水产流通与加工协会专家评审,彭泽县被授予首批水产品特色之乡——“中国鲫鱼之乡”。

**8月20日** 中共中央政治局常委、全国人大常委会委员长吴邦国就浔阳区大王庙村群众反映环境污染问题信访件做出专门批示。

**8月29日至9月15日** 《伟大的胜利,历史的丰碑》——纪念中国人民抗日战争胜利60周年大型主题展览在市图书馆举行。

**9月1~3日** 第十三号台风“泰利”侵入九江,全市平均降雨量179.67毫米,庐山达到超历史的939.9毫米。全市受灾乡镇87个,受灾人口41.55万人。

**9月11~13日** 由省政府主办,国务院台湾事务办公室协办,省台办和市政府、庐山管理局承办的2005年赣台(九江·庐山)经贸合作研讨会在庐山举行。

**9月20日** 昌河铃木九江15万台汽车发动机工厂举行落成典礼。

**9月24~26日** 2005年中国“五会”(九江)经贸恳谈会举行。来自12个国家和中国香港、澳门、台湾地区以及16个省、市、自治区的100余名客商参加。

**9月28日** 南昌、九江至武昌城际列车开行,列车时速160千米,九江到武汉时间缩短到2小时47分。

**9月** 市委组织部、市外侨办选派第一批10名年轻干部到美国友城路易维尔市路易维尔大学进行为期6个月培训学习。

**10月1日** 锁江楼重建竣工庆典暨傅梅影艺术藏品陈列室揭幕。

**10月13日** 永修县云居山真如寺举行纯闻大和尚升座法会。

**10月25日** 湖口县渔民张传快在长江新沟口(距鄱阳湖口5千米处)捕获一条娃娃鱼,身长66厘米,身围22厘米,重1500克。这是在长江九江段水域首次发现娃娃鱼。

**11月22日至12月1日** 应“澳中·新中”国际交流中心邀请,市人大常委会副主任万吉光率市人大考察团,对澳大利亚、新西兰进行为期10天的考察,了解两国议会制度建设情况。

**11月25日** 江西昌河铃木汽车有限责任公司九江分公司举行利亚纳轿车下线仪式。

**11月26日** 8时49分,市境发生5.7级地震(震中位于北纬29.7度,东经115.8度),地震致瑞昌市、九江县死亡12人、重伤57人,房屋倒塌8700多间、受损10万多间,大量基础设施损毁。这次地震是九江历史上有记载的最为严重的一次地震。

**同日** 省委书记孟建柱、省长黄智权和国家地震局领导即对地震应急处置工作作出指示并赶赴地震现场,组织指挥救灾工作,慰问灾区群众。

**12 月 1~2 日** 中共中央政治局委员、国务院副总理、国务院抗震救灾指挥部指挥长回良玉到发生 5.7 级地震的瑞昌市和九江县,代表中共中央、国务院看望慰问灾区广大干部群众和部队官兵,检查指导抗震救灾工作。

**12 月 4 日** 市委、市政府在九江学院举行受聘仪式,聘请中科院院士杨叔子为九江学院名誉院长。

**12 月 14 日** 江西九江出口加工区管理委员会设立。

**12 月 30~31 日** 国务院总理温家宝到九江地震灾区,考察灾情,慰问灾民,指导救灾和灾后重建。

**12 月 31 日** 国务院批准云居山–柘林湖风景名胜区(庐山西海)为国家级风景名胜区。

**同年** 开始建设廉租住房,其中开发建设怡康苑小区 1323 套 6.9 万平方米,螺蛳山怡嘉苑 2182 套 7.09 万平方米,前进西路怡祥苑 1636 套 8.18 万平方米。

## 2006 年

**1 月 24~25 日** 市委八届八次全体(扩大)会议审议通过《中共九江市委关于制定全市国民经济和社会发展第十一个五年规划的建议》。

**4 月 4 日** 芬兰共和国卡亚尼市市长瓦哈马率团到九江进行友好访问。蔡晓明与瓦哈马分别代表九江市和卡亚尼市共同签署两市建立国际友好城市关系意向书。

**4 月 15~17 日** 第十一世班禅额尔德尼·确吉杰布大师在庐山考察。

**4 月 30 日** 九江市云居山——柘林湖风景区管委会在柘林湖风景区挂牌成立。

**4 月** 市第三水厂二期工程竣工投产。

**5 月 1 日** 市区和中广场建成。

**5 月 10~11 日** 以省长奥门塔多为团长的菲律宾保和省政府代表团到市参观访问。

**5 月 19~20 日** 省委书记孟建柱到九江企业车间、科研院所、建设工地和高校,就落实科学发展观,构建和谐社会,大力推进新型工业化、新型城镇化等问题进行调查研究。

**5 月 19~21 日** 全国政协常委赴赣视察团抵达九江,就加快长江经济带发展问题深入调研。

**5 月 27 日** 全国政协副主席、中国致公党中央主席罗豪才率林业发展与新农村建设考察团到九江调研。考察团建议,加强鄱阳湖湿地保护与监测体系建设,加快编制《鄱阳湖湿地保护发展工程总体规划》,加快建设湿地生态效益补偿体制。

**6 月 13 日** 九江举行 2005 年“感动九江”十大人物评选颁奖典礼。

**6 月 16 日** 由市委、市政府主办的首届港澳台(九江·共青)高尔夫球邀请赛在庐山国际高尔夫球场举行。

**6 月 25~30 日** 市政府在香港开展招商引资周活动,活动期间共签约项目 32 个,投资总额 7.5 亿美元,协议外资 6.9 亿美元。

**6 月 27 日** 应省长黄智权邀请,以玛萨·莱恩·科林斯为领队的美国肯塔基州政府代表团一行 30 人到九江参观访问。

**6 月 28 日** 九江国际水运中心办事大厅建成并投入使用。九江口岸,九江海关等 16 家单位驻厅办公。

**8 月 16 日** 由美国卡博特公司与中国蓝星总公司合资兴建的卡博特蓝星化工(江西)有限公司年产 4800 吨气相二氧化硅项目举行竣工投产仪式,成为中国第一家具有世界先进水平的气相二氧化硅厂。

**8 月 28 日** 中国义乌国际商贸城江西九江馆开馆。

**9 月 23 日** 由国务院台湾事务办公室和省政府联合主办的 2006 年赣台(九江·庐山)经贸合作研讨会开幕。

**10月20~23日** 以全国政协副主席周铁农为团长的全国政协委员视察团一行70余人，到九江视察鄱阳湖流域水资源开发利用及保护情况。

**11月27日** 2006年中国首届国际龙狮文化高层论坛在九江举行，中国（九江）国际龙狮文化研究中心正式成立。

**11月26~29日** 中共九江市第九次代表大会召开。

**11月28~29日** 中国（九江）首届国际龙狮精英赛开幕式在九江学院举行。共有来自8个国家和地区的17支代表队参加比赛。

**12月5~8日** 九江市第十三届人民代表大会召开。

**同年** 市国资委打包回购市属118户企业的不良资产，有效防止国有资产流失。

## 2007年

**1月20日** 由香港特别行政区行政长官曾荫权率领的香港特别行政区江西考察团到九江考察，寻求浔港两地经贸合作商机。

**1月25日** 台湾东森电视台一行4人到都昌县多宝乡实地采访，揭秘鄱阳湖的“百慕大”神奇，探索老爷庙的来历。

**3月21日** 韩国儒学学者250人参观庐山白鹿洞书院，并进行文化交流。

**3月24日** 在第三届中国景区博览会上，庐山获“中国民间文化遗产旅游示范区”称号。

**3月27~30日** 九江国际友好城市之一——芬兰共和国奥卢省卡亚尼市市长瓦哈马率商务代表团到九江进行友好访问。

**3月** 市委组织部、市外侨办选派7名年轻干部到美国路易维尔市路易维尔大学进行为期6个月的培训学习。

**同月** 市长王萍率招商团一行80人对香港特首曾荫权一行访浔进行回访，并开展招商活动。

**4月3~4日** 全国人大常委会副委员长盛华仁到九江石化实地察看九江大化肥装置和九江石化建成投产刚一年的焦化装置。

**4月7日** 丹麦驻华大使米磊偕夫人到九江寻根。米磊父母1947年到九江，曾在但福德医院（市妇幼保健院）工作。

**4月10日** 市委、市政府召开沿江开发动员部署大会。

**4月17日** 省政府九江沿江开发重点项目调度会在九江召开。省长吴新雄出席并讲话。

**4月20~21日** 中共中央政治局常委、国务院总理温家宝到德安、武宁县考察农业和农村工作。

**4月23日** 市委、市政府召开全市领导干部会议，传达贯彻中共中央政治局常委、国务院总理温家宝在九江视察时的讲话精神。会议要求继续加快推进集体林权制度改革；进一步加大新农村建设力度，发展农村合作经济组织、培育新农民、扶持农业产业化发展，关注民生。

**4月27日** 国家测绘局公布，庐山海拔高度1473.4米。

**5月7日** 九江举行中心城区2007年第一批经济适用住房公开摇号销售。

**5月15日** 国家旅游局批准庐山风景名胜区为全国首批AAAAA级旅游景区。

**6月4日** 市政府出台《九江市城镇居民基本医疗保险暂行办法》，将医疗保险范围延展到未纳入城镇职工基本医疗保险的城镇居民、学生和少年儿童。

**6月7日** 市委、市政府出台《关于实施九江市中长期科学和技术发展规划纲要，增强自主创新能力的决定》。

**6月13~14日** 由北京、上海和省内10名专家学者组成专家组，对甘棠湖、南湖两湖地区和丽景湾项目进行专家论证。

**6月19日** “周敦颐诞辰990周年暨濂溪墓文物复原工程竣工庆典”在庐山区东城村周家后湾举

行。来自美国、新加坡、泰国、马来西亚、加拿大和中国香港及内地的300名周氏后裔代表参加。

**7月** 德安县木兰拳组队参加新加坡国际木兰拳武术邀请赛,获得一等奖。

**8月6日** 上海—九江产业对接签约仪式在远洲国际大酒店举行。共集中签约项目46个,总投资56.21亿元。

**8月17~20日** 中共中央政治局委员、国务院副总理回良玉到九江视察三农工作和抗旱减灾工作,察看秋季作物长势,实地了解旱情和病虫害情况。

**8月20~29日** 澳大利亚波波郡政府代表团和“野犬”艺术团一行20人在郡长戴维·巴夫尔夫妇率领下,访问九江并与艺术家进行绘画艺术交流。

**8月26日** 第十二届中国电影华表奖颁奖典礼在北京举行。由上海电影集团、北京鲜明映画文化传媒公司和九江长江影视制作有限公司联合出品的电影《东京审判》获得优秀故事片奖。

**9月1日** 市行政服务中心成立。

**9月11日** 《中国城市品牌价值报告》在中国城市论坛北京峰会上发布,在评选出的全国10个宜居城市中,九江排名第六。

**9月20日** 全国人大常委会副委员长顾秀莲一行到九江视察文化旅游项目。

**9月30日** 上港集团与市政府签约投资建设九江城西港区并参与重组九江港口集团。

**10月9日** 中国·九江首届金秋饮食文化节开幕。

**10月12日** 市人防0901工程通过专家验收,投入使用。

**10月25日** 2007年中国九江国际友好城市大会举行。出席大会的国际友好城市代表团有:澳大利亚波波郡代表团、斯洛文尼亚科佩尔市代表团、日本玉野市代表团、美国肯塔基州路易维尔市政府代表团、芬兰奥卢省卡亚尼市政府代表团、日本大和高田市政府代表团、波兰莱基奥诺沃市政府代表团。

**11月4日** 中国新闻史学会等单位主办的“纪念徐宝璜《新闻学》发表90周年座谈会”在九江日报社举行。

**11月10~11日** 中国(九江)第二届国际龙狮精英赛在九江举行。来自美国、英国、巴西、加拿大、印度、马来西亚、意大利、澳大利亚、新加坡、泰国等国家和中国香港、中国台北地区的21支龙狮代表队,共400多名裁判员、运动员、嘉宾和新闻记者参加。

**11月22日** 省长吴新雄到九江考察武吉高速公路建设。

**11月26日** 省首个风力发电项目——江西省中电投新能源发电有限公司矶山湖风电项目在都昌县举行开工典礼。

**10月30日** 省“九江沿江开发总体规划发布会”在远洲国际大酒店举行。

**12月1日** 应希腊希俄斯市政府邀请,市长王萍率九江代表团启程对该市访问。访问期间,签订建立友好城市框架协议,并拜访国际油轮协会和希腊海运部。

**12月3日** 中央电视台中文国际频道《走遍中国》栏目摄制组到九江,拍摄制作《千万里寻九江》《鄱阳湖魔鬼三角之谜》《寻找白色精灵》《义门陈》《解密观音桥》《铜岭寻址》7部纪录片。

**12月31日** 全市县级财政总收入39.3亿元,实现县县超1亿元,其中,修水、永修、瑞昌、浔阳4县(市、区)超3亿元。

## 2008年

**1月31日** 中共中央政治局常委、中纪委书记贺国强到九江考察指导抗灾救灾工作。

**3月8日** 昌九城际铁路全面开工。该项目投资总额58.32亿元,全线长91.5千米。

**3月10日** 在鄱阳湖水域被渔民误捕的一条长约40厘米,重约1千克国家一级保护动物中华鲟被放归自然。

**3月28日** 交通运输部和省政府在九江联合组织召开《九江港总体规划》审查会议,原则通过《九江港总体规划》。

**3月** 省考古所对共青城甘露镇甘露村南山余村宋元聚落遗址开始发掘,5月底发掘结束。

**5月21日** 江西星火有机硅厂年产1万吨107胶生产装置建成投产。

**5月** 市东郊生活垃圾处理场扩容建设工程完工。

**同月** 庐山自然保护区晋级国家级自然保护区。

**6月11~16日** 九江友好城市美国路易威尔市科力杰学校校长斯科特·普林斯率师生代表团一行11人到九江市开展教育交流。

**6月** 市总工会组织的访问团1行6人到法国、丹麦、瑞典考察欧洲工会权益保障工作。

**同月** 彭泽县被授予“中国梅花鹿之乡”称号。

**7月1日** 铜九铁路开通运营仪式、九江至瑞昌高速公路开工建设新闻发布会在九江举行,副省长洪礼和及省直有关部门领导出席会议。

**7月5日** 省长吴新雄到九江鄱阳湖区,围绕保护鄱阳湖“一湖清水”和打造鄱阳湖生态品牌这一事关全省经济社会发展的重大战略问题进行调研。

**7月25日** 江西旭阳雷迪多晶硅项目在九江出口加工区举行开工典礼。

**8月8日** 第二十九届奥运会在北京开幕。在开幕式大型文艺表演《礼乐》章节中,九江古典名曲《春江花月夜》回荡在“鸟巢”上空。

**8月12日** 市首批经济适用房交付使用。

**8月14日** 九江学院科研课题“青阳腔研究”获文化部立项。该项目是2008年度文化部文化艺术科学研究项目。

**8月23日** 武(宁)吉(安)高速公路全线正式通车运营,总长285千米。

**8月29日** 市公共资源交易中心挂牌成立。

**9月25日** 中国·九江金秋经贸文化旅游节暨第三届国际龙狮精英赛在九江举行,10月2日结束。

**同日** 九江与希腊希俄斯市缔结国际友好城市签字仪式举行。市长王萍、希腊希俄斯市市长潘特利·弗洛里斯及希腊希俄斯市代表团一行出席。

**9月26日** 九江银星造船公司为希腊希俄斯 NewFront 航运公司建造的1.65万吨的油轮封坞,命名“九江号”。

**同日** 位于九江城区东南面的庐山新城奠基,总规划用地113.39公顷。

**9月** 希腊希俄斯市市长潘特利·弗洛王率友好经贸代表团来访,参加九江金秋经贸文化旅游节,并与九江市签署缔结国际友好城市协议书。

**10月21日** 瑞典布罗斯市与共青城签订协议,缔结为友好城市。

**10月28日** 城西港区中央商务区口岸通关中心奠基和沿江一批重大项目开工签约仪式举行,省长吴新雄出席并下达开工令。

**同日** 省首台风力发电机组——江西中电投新能源发电有限公司矶山湖风电场13号风机并网发电。

**10月29日** 芬兰驻华使馆科技参赞尤皓到共青城考察合作建设数字生态城事宜。

**10月** 参加第六届全国农民运动会的市代表队夺得舞龙舞狮项目北狮自选套路金奖、规定套路银奖。

**11月4日** 市长王萍与美国佐治亚州萨凡纳市市长奥蒂斯·约翰逊签署协议书,确立两市成为国际友好城市。

**11月11日** 云居山真如禅寺举行建寺1200周年庆典活动暨云居山国际禅修院奠基仪式。

**同月** 永修吴城镇渔业大队陶家坎村10多位渔民在修河吴城段水域打捞出一清朝火炮,长约1.5米,围径有50余厘米,口径15厘米,重约75公斤。全身由铜、铁铸成,虽在水下被淤泥埋没400多年,但少有锈蚀。

**12月5日** 彭泽瀼溪镇麻山村发现新石器时代晚期遗址。

**12月17日** 国家林业局批准永修县修河湿地公园为国家级湿地公园建设试点公园。

**12月20日** 庐山风景名胜区在海南博鳌国际旅游论坛上获得"国际知名旅游景区"和"国际旅游名城"称号。

**12月27日** 上港集团九江港城西港区集装箱码头暨物流园区正式开港运营。

**同日** 九江中心城区2008年度经济适用住房暨廉租住房实物配租公开摇号仪式在九江学院田径馆举行,2744套经济适用住房和173套廉租住房通过公开摇号分别确定购买和租住对象。

## 2009年

**1月10~11日** 市委九届七次全体(扩大)会议召开,全会确定当年和今后一个时期的工作重点和奋斗目标是:"'两区'互动(园区、城区互动)、强工兴城,科学发展、奋起赶超,三年财政收入翻番,五年实现全面进位。"

**1月19日** 招商银行九江支行开业。

**1月23日** 市委、市政府出台《关于调整城西港区管理体制的决定》,提出整合和优化九江经济开发区、九江出口加工区、城西港区、九江县相关资源,理顺城西港区管理体制。

**2月5日** 市造血干细胞志愿者刘玉琴赴京捐献造血干细胞,2月9日成功捐献。

**2月18日** 由上海电影(集团)公司和市委联合出品的史诗大片《可爱的中国》新闻发布会及开机仪式在市同文中学举行。8月20日在江西艺术剧院举行首映式。

**3月16日** 市政府"民声直通车"试运行。

**3月19日** 市委、市政府出台《九江市关于落实人口和计划生育"一票否决"制度的规定》和《九江市违法生育案件查处工作责任追究办法》。

**4月2日** 九江马回岭500千伏输变电工程奠基。

**4月6日** 贯穿修水县的重要省际出口公路——柯龙线公路改造工程开工建设。该工程路线起于修武线走马岗大桥,与湖南交界处的龙门大桥相接,全长67.04千米,工程概算总投资6.2亿元。

**4月21日** 共青城中芬数字生态城项目在北京签约。芬兰总理马蒂·万哈宁,全国政协副主席、致公党中央主席、科技部部长万钢出席签约仪式。

**4月28日** 总投资80亿元的中国蓝星星火有机硅一体化项目在永修县签约,成功落户江西星火工业园。

**4月** 国家发改委部委联合调研组一行在九江就鄱阳湖生态经济区建设问题进行实地调研。

**5月15日** 九江"光明·微笑"工程启动仪式在市人民医院举行。

**5月25日** 全国人大常委会副委员长、民进中央主席严隽琪,全国政协副主席、民进中央常务副主席罗富和到九江视察鄱阳湖生态经济区建设。

**5月31日** 市委书记钟利贵到共青城调研中芬数字生态城项目建设。

**同日** 庐山旅游直升机项目奠基仪式在庐山区威家镇举行。

**6月6日** 星子县1.95万千瓦风力发电项目开工建设,标志着星子成为省第三个风力发电基地。

**6月10日** 南非贸易工业部合作局局长杰弗里·恩杜莫为团长的南非合作社代表团到九江访问。

**6月18~20日** 由国际联合会、西班牙红会、奥地利红会和中国红十字会总会组成的国际联合会紧急反应设备考察组对市红十字紧急反应工作进行考察和评估。

**6月28日** 省"十百千亿工程"重点建设项目——江铜集团铅锌冶炼项目一期工程在湖口金砂湾工业园开工。

**7 月 1 日** 市城乡低保标准提高:城区低保常保对象最高补助标准由 200 元提高到 240 元,非常保对象的保障线由 180 元提高到 210 元;农村低保常保对象由 90 元提高到 120 元,非常保对象由 70 元提高到 100 元。

**7 月 3 日** 全市国有企业改革工作会议召开。

**7 月 10 日** 市林业局野生植物保护专家组发现瑞昌市肇陈镇大禾塘村境内罕见万亩连片红豆杉群。

**7 月 16 日** 永修-武宁高速公路(武宁段)建设项目开工。永武高速公路是省第一条旅游高速公路,全长 104 千米,总投资 42 亿元。

**9 月 24~25 日** 中共中央政治局常委、国务院副总理李克强到九江考察指导工作。

**9 月 26 日** 九江经济技术开发区在城西港区举行 36 个项目开工、签约、竣工投产仪式。

**9 月 27 日** 市国有工业企业改革任务基本完成。全市市属国有企业 84 家,有 62 家召开职代会,占国有企业总数的 73.8%;34 家市属工业企业职代会全部依法审议通过企业改制方案, 共安置职工 29218 人。

**10 月 1 日** 市长虹西大道竣工通车。

**10 月 5 日** 继石堵圈、石子圈、大岭、龟山一、龟山二、清明桥 6 次发掘后,共青城第七处商周文化遗址在胡家土墩被发掘。

**10 月 13 日** 首届中国庐山世界名山大会在庐山开幕。来自 10 个国家 12 座名山的代表以及国内外 200 多名嘉宾参加。

**10 月 24 日** 加拿大湖泊研究首席科学家比尔·泰勒教授应邀到共青城就生态环境保护课题进行专题调研。

**11 月 1 日** 由 700 多年前远赴韩国的使臣陶球元第二十三代、二十四代、二十五代孙发起,韩国文化福祉局局长陶氏后裔陶允镐带领第一批祭拜成员 30 余人参观陶渊明纪念馆,并在陶渊明墓前举行祭拜活动。

**12 月 2 日** 鄱阳湖模型试验研究基地奠基典礼在共青城举行。

**12 月 4 日** 总投资 1.2 亿元的江西裕铜矿业梅棠矾矿正式投产。

**12 月 6~8 日** 应九江国际友好城市——芬兰共和国卡亚尼市加瑞·托荣利能市长邀请, 市长曾庆红率团访问该市。

**12 月 15 日** 市委政法委员会、市总工会等 13 家联合下发《关于印发〈九江市联合清理拖欠农民工工资专项行动实施方案〉的通知》。

**12 月 20 日** 共青城在全国青年创业基地举行重大项目开工仪式,省委副书记王宪魁下达开工令。36 个重大项目总投资 67.5 亿元。

**12 月 22 日** 在柬埔寨进行访问的国家副主席习近平出席九江学院与柬方合作建立的孔子学院揭牌仪式,并誉之为"中柬人文交流的里程碑"。

**12 月 29 日** 《九江党刊》创刊 20 周年暨更名改版《九江》座谈会在九江宾馆召开。

**同日** 村级集体土地所有权登记发证全面完成,共登记发放集体土地所有权证 3328 本。

**12 月 29~30 日** 省委常委、宣传部部长刘上洋率中央驻赣新闻单位、省有关部门、省直主要新闻单位负责人、专家学者和新闻记者,到九江工业园区、企业和城区考察调研和采访。

**12 月** 赣鄂皖 3 省 12 县(市)体育协作区运动会在湖口县举行。

**同年** 民政部命名浔阳区为"全国和谐社区建设示范区"。

## 2010年

**1月11日** 江西电视台、江西人民广播电台等8家省新闻媒体集中采访市人大常委会工作。

**同日** 市东郊垃圾处理场二次扩容工程竣工。

**1月15日** 全国太阳村年会在九江召开,出席会议的有全国各地太阳村代表、爱心人士及全国劳模代表、十大杰出母亲代表。

**1月21~22日** 水利部部长陈雷到鄱阳湖区就鄱阳湖水利枢纽前期工作进行调研。

**1月26日** 中国美术家协会等单位在九江举办“纪念蔡若虹先生诞辰100周年座谈会”,同时举办其作品展览。

**1月** 九江赛城湖公园开工建设,当年5月1日竣工。

**2月7日** 国家级非物质文化遗产“湖口草龙”在澳门“内地春节习俗展”中展出。

**2月25日** 由九江红鹰飞机制造有限公司自行制造的首架直升机在昌北机场首飞成功。

**2月26日** 全市推进新型城镇化暨中心城区决战200亿城建项目动员大会召开。

**3月2日** 由中国华电集团新能源发展有限公司投资11.2亿元建设分布式能源项目在九江市城西港区签约落户。

**3月21日** 九江经济技术开发区升级为国家级经济技术开发区,实行现行国家级经济技术开发区政策。

**3月22日** 交通运输部部长李盛霖、省长吴新雄就落实国务院批复实施的《鄱阳湖生态经济区规划》到九江调研。

**4月11日** 庐山北山园门换乘服务中心开工,当年11月12日竣工,项目总投资2.8亿元。

**4月17日** 市委、市政府召开市政府机构改革动员大会,标志着市政府机构改革进入全面实施阶段。

**4月** 市建设局与规划局合并为市建设规划局。

**同月** 环境保护部授予武宁县罗坪镇长水村“国家级生态村”。

**5月1日** 九江至瑞昌的快速通道竣工通车,通道东起九江市区,西至瑞昌市,全长约50千米,路面宽24.5米,双向4车道。

**同日** 市十里河整治工程竣工,赛城湖公园开园。

**5月3日** 中芬共青数字生态城奠基仪式在共青城江益镇荷塘村举行,芬兰劳动和经济部部长茅利·佩卡里宁出席奠基仪式。

**5月13~15日** 英国历史上首位华人市长、英国伦敦红桥自治市市长陈德梁一行到九江访问并签署两市建立国际友好城市关系意向书。

**5月20日** 全省加快转变经济发展方式、促进县域经济发展会议与会代表到九江,考察观摩湖口县、共青城开发区近年来推进新型工业化、城镇化建设情况。

**5月30日** 市区龙开故道完善和配套工程开工建设,工程分为明河段道路、南岸景观道路、牌楼栏杆、绿化景观改造4个部分,同年底竣工。

**6月30日** 九江汽车总站投入运营。

**7月11日** 九江经济技术开发区举行巨石集团九江分公司年产35万吨玻纤生产基地一期工程投产、江西旭阳雷迪高科技股份有限公司第三期工程开工典礼。

**7月20日** 星子县苏家垱乡寺下湖圩出现滑坡险情,驻县人民解放军、公安干警和当地干部群众200余人进行抢险固堤。在抢险固堤过程中,17名抢险人员遭雷击,其中2人牺牲。

**8月5日** 市大中路升级改造工程开工,改造重点为管线下地、地面改造、立面改造、门头店招牌改造、绿化休闲景观设置、美化亮化等。12月31日完成东段(交通路至甘棠北路)改造,全长1200米,总面积约1.5万平方米,临街建筑80余栋,店面400余家,总投资9400万元。

**8月26日** 九江(泉州)产业对接座谈会在泉州市举行,旨在加强与福建厦门、泉州、福州等地的交流合作。

**9月16日** 彭湖高速公路通车运行。

**9月20日** 昌九城际铁路通车,列车时速达250千米,九江至南昌最快只需45分钟。

**9月26日** 中央电视台"唱响九江·相约九银"大型文艺晚会在浔上演。

**9月28~29日** 2010年首届中国·庐山西海尚水文化旅游节暨中澳艺术滑水明星对抗赛在庐山西海举行。中国奥委会副主席崔大林,国际滑联主席库诺·理查德,国家体育总局水上运动管理中心副主任刘刚,省市领导出席开幕式。

**10月12日** 第二届中国庐山世界名山大会开幕。来自五大洲13个国家24座世界名山代表齐聚庐山,就环境保护、旅游开发等进行交流与合作。

**10月12~15日** 在赣部分全国人大代表、省人大代表一行10余人,到九江就鄱阳湖生态经济区重大项目组织实施情况进行专题调研。

**10月28日** 市委书记钟利贵应邀率市经贸代表团启程考察荷兰DAF卡车公司、欧盟总部、欧宝汽车厂、意大利华商协会、保加利亚OPTIX夜视仪工厂等,并与各界人士交流座谈,开展产业招商,11月6日回浔。

**10月29日** 江西省·中国科学院庐山植物园鄱阳湖分园举行开工典礼。

**11月1日** 共青城市(县级)设立。将德安县茶山街道办事处、甘露镇、金湖乡,永修县江益镇和燕坊镇坪塘村,星子县苏家垱乡、泽泉乡划归共青城市管辖。共青城市政府驻茶山街道共青大道。共青城市由省直辖,九江市代管。

**11月2~3日** 全国人大常委会副委员长华建敏到九江就"十二五"规划编制和鄱阳湖生态经济区建设等情况进行考察。

**11月4日** 越南、泰国、菲律宾、柬埔寨4国农业部官员到永修县吴城镇丁山村燕窝生态自然村、梅棠镇蔡家庄自然村调研生态自然村建设情况。

**11月22日** 市中心城区新建1万套公共租赁住房建设项目在德化路开工。

**11月23日** 以美国鱼和野生动物管理局努伦·沃尔什为团长的美国湿地访华代表团一行10人到永修县吴城镇,对鄱阳湖国际重要湿地的大批迁徙候鸟进行科学观察,还就合作模式等进行探讨与交流。

**12月2日** 首届环鄱阳湖国际自行车大赛(九江站)开赛,来自多个国家和地区的运动员、裁判员、教练员和新闻媒体的记者共400余人出席大赛开幕仪式。

**12月14日** 市委、市政府出台《关于做强"百亿"骨干企业、培育十大产业集群的意见》。

**12月28日** 共青城市成立大会在共青城南湖影剧院举行,共青城市正式成为省第100个县级行政区。

**12月30日** 中信庐山西海国际生态旅游度假区项目开工。

**12月31日** 2010年,全市财政总收入116.7亿元,首次突破100亿元大关。

**同年** 武宁县被批准成为国家农业综合开发县。至此,全市国家农业综合开发县增至9个。

## 2011年

**1月1日** 首届中国(江西·庐山)"盛世中华、五教和谐"论坛暨庐山"五教祈福文化园"开园仪式举行。

**1月8日** 都昌县获2010年中国新能源产业百强县称号。

**1月9日** 《庐山历代诗词全集》首发式在北京人民大会堂举行。

**同日** 九江市再次获"省双拥模范城",这是九江市第六次获此称号。

**1月20日** 2011年江西首艘万吨多用途船"克利帕纽瓦克"号在九江下水。该船由九江同方江新造船有限公司制造,总长144米,最大排水量17000吨。

**2月15日** “九江玻璃纤维及复合材料高新技术产业化基地”经科技部批复认定为国家级高新技术产业化基地,实现九江国家级高新技术产业化基地建设零的突破。

**2月20日** 庐山观光直升机试飞成功。

**2月22日** 中共中央政治局常委、国务院总理温家宝就武宁县长水村全体村民来信做出批示。27日与长水村卢锋一家通过互联网进行互动。

**3月10日** 全省首艘适合全球航行巨轮——12000吨多用途重吊船在瑞昌市下巢湖下水。该型船是江西江州联合造船有限责任公司为德国博克斯帝格船舶服务有限公司自行建造的第一艘适合全球航行的巨轮,可满足巴拿马、苏伊士、圣劳伦斯等航道的通航要求。

**3月12日** 总投资超过35亿元的九江禧徕乐国际商贸中心项目签约落户九江市。

**3月14日** 由中粮粮油有限公司投资30亿元建设的中粮百亿产业园项目签约落户城东港区。

**3月16日** 瑞昌市公安局民警周俊军被评为公安部“二级英模”,同时获“九江市公安机关十大爱民警察”称号,并记个人三等功。

**3月23日** 中央电视台纪录片《走进义门陈》在德安县车桥镇义门村开拍,来自全国各地陈氏宗亲300余人出席开拍仪式。

**4月1日** 零时,长江九江段海轮航道开始对外开放,进出九江各港口的客、货运输将实现江海直达,5000吨级海轮可直达九江。

**4月15日** 国家林业局批准庐山西海国家湿地公园和修河源国家湿地公园开展试点建设工作。至此,九江市国家湿地公园已达3处。原有1处是位于永修县境内的江西修河国家湿地公园。

**4月30日** 九江市获“全国文化体制改革工作先进地区”称号。

**5月13日** 庐山北门换乘服务中心投入使用。

**5月31日** 全省规模最大的孤残儿童和弃婴收养机构——市儿童福利院落成启用。

**6月2日** 中共中央政治局常委、国务院总理温家宝,中共中央政治局委员、国务院副总理回良玉以及国家有关部委领导,到永修县鄱阳湖国家级自然保护区(吴城)、永修县三角乡考察旱情,看望慰问受灾群众,指导抗旱救灾工作。

**6月9日** 长江江西段史上最大规模的增殖放流活动在九江市举行。

**6月15日** 江西省第四届省级自然保护区评审委员会第二次会议上,九江市2处自然保护区晋升为省级自然保护区,即瑞昌市南方红豆杉自然保护区,位于肇陈镇大禾塘村;武宁县伊山自然保护区,位于宋溪镇伊山境内。

**6月27日** 九江市志愿者(义工)联合会成立。

**7月10日** 九江市2003年度退耕还林任务通过国家林业局华东林业调查规划设计院的阶段验收。

**7月25日** 市政府办公厅下发《关于印发九江市八里湖新区管理委员会主要职责内设机构和人员编制规定的通知》,成立市八里湖新区管理委员会,为市政府正处级派出机构,全额拨款事业单位。

**8月12~13日** 第五届中澳医院论坛在九江市举办。

**8月22日** 九江县沙河经济开发区施工时发现一座东晋时期古墓。

**8月23日** 九江市成立全省首个珍稀濒危植物保护中心。

**8月29日** 以国家级非物质文化遗产——武宁打鼓歌传承、保护、发展为题材的电影《山鼓声声》首映式在武宁县电影院举行。

**9月1日** 九江一中八里湖新校区竣工开学。

**9月7日** 国务院医改调研组到九江市调研医药卫生体制改革工作。

**9月10日** 全省第一个平战结合型人防工程——浔阳东路地下商业街竣工运营。

**9月14日** 中共九江市第十次代表大会开幕。

**9月23日** 九江市第一人民医院八里湖分院举行竣工开业典礼。

**9月25~29日** 政协九江市第十四届委员会第一次会议召开。

**9月26~30日** 九江市第十四届人民代表大会第一次会议召开。

**9月28日** 入海液化气运输船“久隆5”在星子县下水。该船由九江银星造船股份有限公司建造，船长99.96米，宽15.2米，深6.9米，造价7000多万元，为单驱动单引擎全数控的液化气运输船，是江西造船史上第一艘3700立方米液化气运输船。

**10月19日** 九江钢厂技改项目在湖口县金砂湾工业园正式投产，总投资25亿元。

**10月24日** “极地置业”杯第二届九江市道德模范、首届十大爱心人物、十大公益慈善单位颁奖典礼举行。10人获第二届“九江市道德模范”。

**10月26日** 联合国专家组到都昌县进行白鹤GEF社区发展项目终期核查评估，一致认为，白鹤GEF项目在都昌县三汊港镇赤岸村的建设实施达到预期效果，实现了湖区生态、经济、社会协调发展。

**11月1日** 昌河铃木时尚小车——铃木派喜在九江工厂下线。

**11月14日** 彭泽县50个亿元以上招商项目集中签约开工投产庆典仪式在矶山生态工业园区举行，其中签约项目18个，开工项目21个，投产项目11个，投资总额达180亿元。

**11月24~26日** 2011年九江市国际友好城市大会在浔举行，来自芬兰卡亚尼市、波兰莱吉奥诺沃市、日本大和高田市、澳大利亚波波郡和美国路易维尔市等15名国际友好城嘉宾参加。大会主题为“教育交流”。

**11月26~27日** 生态补偿立法与湿地生态补偿国际研讨会在九江市举行。

**12月1日** 庐山区赛阳镇、威家镇、新港镇和虞家河乡新农村电气化乡镇建设通过市新农村电气化建设领导小组A类标准验收，成为江西省首批达到A类标准的新农村电气化乡镇。

**12月8日** 首届海峡两岸江州义门陈文化交流在德安开幕。

**12月18日** 九江粮食现代物流中心暨九江·中国米市在城东港区开业。

**12月22日** 由人民日报社《中国经济周刊》会同湿地国际中国办事处共同举办的寻找中国最美湿地颁奖晚会在北京举行。永修县吴城镇境内的鄱阳湖国家级自然保护区获“中国最美湿地”奖。

**12月28日** 投资10亿元的大唐江西永修风电项目在吴城正式开工建设。大唐江西永修风电项目由中国大唐集团公司投资建设，位于永修县吴城镇吉山岛和松门山岛。于2013年8月1日并网发电。

## 2012年

**1月1日** 大中路(西段)升级改造项目竣工。东起交通路，西至庐山北路，全长约800米，总投资9000万元，工程于2011年7月8日开工建设。

**1月12日** 浔阳区湓浦街道九龙社区第八届居委会换届选举直选会召开，湓浦街道是全省唯一全部实行直选的街道。

**1月16日** 九江市举行中心城区2012年公共租赁房开工仪式，副省长朱虹出席并讲话。八里湖公共租赁住房项目，位于八里湖新区核心区域，规划建设4栋21~33层塔式现代风格高层建筑，总建筑面积7.3万平方米，建成后能解决1000户中低收入家庭住房问题。

**1月30日** 市委、市政府出台《关于举全市之力加快沿江开放开发决战沿江大工业的意见》。

**2月2日** 老九瑞路西段改造工程动工。该段道路东起抗洪广场，西至新开河泵站，工程总投资约500万元，道路全长1300米，宽6米。

**2月11日** 《人民日报》以《利用岸线资源，提升港口优势——九江沿江开发助推转型发展》为题，一版头条报道九江沿江开发。

**2月23日** 《九江日报》一版报道“2月20日，从江西省地矿局工作会上传来喜讯，省地矿部门在武宁县大湖塘钨矿区发现并探明资源(储)量达106万吨的特大型钨矿床，为世界级特大型矿床规模，有望成为世界最大钨矿，其经济价值可达2000亿元。”

**2月27日** 在北京召开的全国双拥模范城(县)命名暨双拥模范单位和个人表彰大会上，九江市再次获得全国“双拥模范城”称号，实现“四连冠”。

**3月1日** 成都—九江—上海(浦东)航线开通。

**3月5日** 120八里湖新区急救分站成立,为市第七家急救分站。

**3月6日** 九江市非物质文化遗产保护中心成立。

**3月19日** 总投资67亿元的4个工业项目落户湖口。省政协副主席、市委书记钟利贵,市领导殷美根、冯静等出席签约仪式。

**3月28日** 修水县举行2012年第一批47个重大项目签约、开工、投产仪式。省政协副主席、市委书记钟利贵下达开工令。市长殷美根出席并讲话。

**3月30日** 星子大岭风电场扩建工程项目开工建设。

**4月1日** 星子县被列为全国旅游标准化试点县(区)。

**4月19日** 卡博特蓝星化工(江西)有限公司年产15000吨气相二氧化硅扩建项目竣工。

**5月11日** 九江县八里湖新区路网工程竣工通车。“两纵两横”路网工程于2011年8月8日开工建设,包括:庐山北路延伸线、渊明北路延伸线、规划路、规划二路4条道路,全长共4.8千米,总投资1亿元。

**5月16日** 九江县60个重大项目集中签约、开工、投产庆典仪式在赤湖工业园区举行。

**5月18~21日** 星子县代表性工艺品、国家非物质文化遗产金星砚获第八届中国(深圳)国际文化产业博览交易会“中国工艺美术文化创意奖”铜奖。

**5月31日** 八里湖大桥等20个重点城建项目开工、竣工仪式举行。竣工项目有:八里湖大桥、市博物馆、兴城大道下穿昌九铁路桥、八里湖公园二期、沙滩浴场、环湖三路、出口加工区道路绿化升级改造、城西港区安置小区二期、兴中学校、沿江砂石集散中心。

**同日** 市博物馆开馆。馆址位于八里湖新区胜利岛方尖碑南侧,占地面积2.57公顷,总建筑面积1.8万平方米,系地方性大型综合博物馆,具有学术交流、文物展览、文物技术保护、公共服务等功能。

**6月27日** 云居山国际禅修院开工典礼举行。该项目总投资为4800万元,总规划用地面约19.51公顷。

**6月29日** 浔阳区举行5个街道党员(便民、家政)服务中心集中落成典礼,市委副书记冯静出席。浔阳区通过整合资源,共投资620万元,在全区5个街道打造15个党员服务中心、便民服务中心、家政服务中心,总面积3000多平方米。

**同日** 鄱阳湖生态经济区首个大气负氧离子监测站在星子县建成并投入使用。该站采用美国EPEX200机型,可监测大气负离子、气温、湿度3个要素,每分钟上传1组监测数据到省气象局大气探测中心数据处理中心站,将对鄱阳湖实施全天候24小时空气负氧离子监测。

**7月1日** 星子县、共青城市、都昌县和九江县通过国务院批准,纳入新型农村和城镇居民社会养老保险试点县。

**7月28日** 九江绕城、昌九高速通远段改扩建项目开工。九江绕城高速总长47千米,全线双向四车道;昌九高速通远试验段改扩建,采用双向八车道高速公路标准。

**8月10日** 由浔阳区政府与信华集团投资5000万元合力打造的大型音舞诗画剧《春江花月夜》,在白水明珠会议中心首演。

**9月2日** 市12个重点城建项目集中开工竣工。省政协副主席、市委书记钟利贵发布开工竣工令,市长殷美根讲话。此次集中开工的项目有水岸莲华、九龙新城、国际汽车城三期、十里南岸风情一条街、化工厂路、中心城区学院路怡和苑二期、庐山大道怡居苑二期、庐山大道怡芳苑、九园路怡庐苑、十里南大道怡溪苑二期公租房;集中竣工的项目有八里湖蛟滩水利综合整治、八里湖北大道堤面改造工程。

**9月5日** 星子至共青城博阳大桥连接线竣工通车。

**9月23日** 中国国民党副主席蒋孝严一行到永修县吴城寻宗省亲,并题词:“寻根探源,人之本也”。

**10月12日** 省政协副主席、市委书记钟利贵,市长殷美根出席庐山欢乐谷项目签约仪式并会见江西欢乐谷旅游投资有限公司董事长、广东省小商品协会会长陈晓宁,美国木质过山车公司总裁

Mr ClairHains 一行。庐山欢乐谷项目由江西欢乐谷旅游投资有限公司投资建设,落户星子县,总投资 30 亿元,项目建设用地 146.67 公顷,背景用地 266.67 公顷。

**同日** 永修县发现一座六朝古墓,位于艾城镇九龙湖湖边,为砖室结构,分成前后室,墓长 3 米、宽 1.97 米、高 1.9 米,墓砖上纹饰为几何钱纹。经过发掘清理,墓地随葬品较丰富,有原始青瓷器、金器、银器、铜镜、剪刀、钱币等,其中原始青瓷器 22 件,器型有壶、杯、碗、罐、砵、盏等。

**10 月 30 日** 重点城建项目举行集中开工竣工仪式。省政协副主席、市委书记钟利贵发布开工竣工令,市长殷美根讲话。此次集中开工的项目有九江职业大学新校区、九江职业技术学院新校区、九江移动通信枢纽中心、九江小学八里湖校区、数字城管中心、环保监测科技综合大楼、白水湖环湖公园及土地盘整、出口加工区配套学校;集中竣工的项目有九瑞大道和长江大道沿街老建筑街景改造、安居路、杭州路南段、陶侃路延伸线、九莲南路、八里湖大桥景观绿化。

**11 月 7 日** 星子县白鹿镇、庐山区新港镇、姑塘镇获省"科学发展 50 强乡镇"称号。

**11 月 14 日** 《国务院关于同意江西九江港口岸扩大开放的批复》下达,同意九江港口岸扩大开放城西港区。九江港城西港区纳入到国家政策给予的开放开发区域。

**12 月 3~8 日** 中央电视台《客家足迹行》栏目组在修水进行为期 6 天的文献纪录片拍摄,全面反映客家人自清康熙年间迁入修水后,在生产、生活、文化等方面与当地相互影响融合的过程。

**12 月 20 日** 第四届感动九江十大人物颁奖盛典举行。

**12 月 27~28 日** 中共中央政治局常委、国务院副总理李克强到九江考察调研,并主持召开区域发展与改革座谈会,研究如何加快区域经济和社会协调发展。

**12 月 31 日** 华东(九江)国际汽车文化城项目签约落户庐山区,投资 20 亿元。

**同日** 环庐山公路隘口收费站、威家收费站停止收费。至此,全市普通干线公路收费站全部撤销。

## 2013 年

**1 月 4 日** 省商务厅公布首批"江西省特色商业街"名单,九江市大中路步行街、都昌县东街步行街商业区和庐山牯岭商业街名列其中。

**2 月 1 日** 第七届"九江十大杰出青年"产生,唐尢佳等 10 人当选。

**3 月 5 日** 国务院核定并公布第七批全国重点文物保护单位,鄡阳城遗址、石钟山古建筑及石刻、大胜塔、紫阳堤、锁江楼塔、庐山赐经亭、庐山御碑亭、同文书院和陈宝箴、陈三立故居 9 处文物点名列其中。至此,全市国保单位 17 处。

**3 月 18 日** 《国家发展改革委关于印发全国老工业基地调整改造规划(2013~2022 年)的通知》,九江市列入全国老工业基地调整改造规划。

**同日** 国家林业局批准九江市创建国家森林城市。

**同日** 中国首次内陆水域水下考古行动在鄱阳湖都昌县老爷庙水域展开。

**4 月 8 日** 省政府命名九江市为"江西省生态园林城市"。

**4 月 10 日** 全省最大长江四大家鱼原种孵化工程在瑞昌市竣工投产。

**同日** 环保部授予星子县南康镇、白鹿镇,武宁县泉口镇、石渡乡、甫田乡,彭泽县上十岭垦殖场,九江县岷山乡、城门乡国家级生态乡镇称号。

**5 月 1 日** 九江参保市民到南昌看病,始实现两地报销互认。

**5 月 25 日** 瑞昌理文造纸一期第一条生产线建成并试机生产。

**6 月 22 日** 都昌县周溪镇双垅村农民张立新竹雕"中华龙"通过吉尼斯世界纪录认证,获吉尼斯世界纪录证书。

**7 月 1 日** 全市失业金发放标准进行调整,调整后失业金平均标准为 650 元/月,平均增幅 52.94%。

**7 月 2 日** 江西省首家线上线下相结合的珠贝产品电子商务交易平台——鄱湖珠贝网正式上线,标志着都昌县珠贝产业正式向网络进军。

**7月6日** 彭泽县浪溪镇东湖区万亩土地流转示范区,使用民用飞机喷药作业。这是九江市首次飞机喷药作业。

**7月19日** 省环保厅公布第六批省级生态乡(镇)暨第四批省级生态村,市新增乡镇为德安县吴山镇、瑞昌市肇陈镇、共青城市金湖乡及江益镇;新增村为彭泽县浩山乡同升村、黄岭乡建山村,修水县征村乡黄荆州村、西港镇马祖湖村、黄港镇金盆村,瑞昌市肇陈镇华坊村,德安县磨溪乡尖山村,都昌县南峰镇大山村,九江县新塘乡前进村、狮子镇牌楼村。至此,全市创建国家级生态乡镇13个;国家级生态村1个;省级生态县1个,省级生态乡镇49个,省级生态村45个。

**7月22日** 省委书记强卫在省委十三届七次全会上,提出集中力量加快推进南昌、九江一体化,打造支撑江西经济崛起的"双核"。

**7月28日** 庐山直升机空中旅游观光项目启航仪式举行。副省长朱虹出席。

**8月1日** 《九江市本级大病统筹保险驻院代表试行办法》开始实施。

**8月12日** 修水县最高气温达到42.1℃,比历史极值(2003年40.9℃)高1.2℃。

**8月13日** 凌晨3~4时,庐山五老峰天空上出现浪漫星轨,流星雨穿插其中。

**9月18日** 九江市与泰国普吉市签署建立友好城市关系意向书暨泰国古暹罗风情度假村项目签约仪式举行。该项目由泰国曼哈拉集团投资开发,总投资50亿元,落户武宁县城宋溪新区。

**9月26日** 九江始发至福州、厦门动车组开通。九江至福州的运行时间缩短为4个半小时;至厦门的运行时间缩短为6个小时。

**10月1日** 赤(湖)码(头)工业大道(九江县段)开通。

**同日** 青岛啤酒(九江)项目投产出酒。

**10月12日** 市首个公助老年人颐养之家——湖口县大垅乡"马步村老年人颐养之家"建成揭牌。

**10月13日** 当日为重阳节,全市百岁以上(含100岁)老人100人。年龄最大的女性为110岁,最大的男性为103岁。

**10月26日** 九江一中首次获清华大学"新百年领军计划"校长直荐权。

**10月28日** 16时整,九江长江二桥建成通车。

**10月30日** 修水县被评为"2013年度全国十大生态产茶县"和"全国重点产茶县"。

**11月15日** 市新增瑞昌市、星子县、湖口县为省级园林县城。

**12月13日** 市道德模范评选活动揭晓。黄谷泉等10人成为第三届道德模范。

**12月15日** 九景衢铁路(江西段)开工。东起浙江衢州,经景德镇市,至九江市。江西段244.928千米,其中九江境内66.32千米。

**12月22日** 《九江市农村敬老院社会化养老转型服务试点实施方案》出台。全市农村敬老院社会化养老转型服务试点工作正式启动。

**12月24日** 省人民政府批复昌九大道建设规划方案。昌九大道规划为城际快速通道,按双向六车道的一级公路技术标准规划,设计速度80千米/小时。

**12月31日** 市中心城区20项重点城建项目开工、竣工仪式在八里湖新区举行。竣工项目:市文化艺术中心、市委党校、特色小镇路网、战备路改造、姬公庵保障性住房、九莲北路(北段)、高速公路南出口至十里大道连接线改造、九江日用消费品配送中心、21世纪家居中心、城西港区二期路网、沙阎北路路桥、赛湖安置小区、官湖公租房。

## 2014年

**1月1日** 据《九江市人民政府关于落实省政府赋予共青城市设区市经济社会管理权限有关事项的通知》,在共青城市行政区域内,法律、法规明确由设区市一级政府行使的经济社会管理权,全部下放给共青城市政府及其职能部门。

**同日** 市部分困难人员养老生活补助金上调至335元。

**1 月 17 日** 江西亚东水泥有限公司第六号窑点火试产，标志着总投资 26 亿元的五六期工程及余热发电项目基本建成。

**同日** 星子县入选“江西十大文化古县”。

**1 月 21 日** 九江市正式开通 4G 网络。

**1 月 27 日** 农业部公布瑞昌长江四大家鱼原种场和彭泽鲫良种场为首批“全国现代渔业种业示范场”。

**2 月 24 日** 由艾美特电器(深圳)有限公司投资建设的艾美特九江小家电产业园项目签约仪式,在九江经济技术开发区举行。

**2 月 24 日** 都昌县成功申请获得“老爷庙”系列商标。

**3 月 10 日** 国内首个工业园分布式能源项目——华电九江分布式能源站在城东港区试产运营。

**3 月 18 日** 九江城市候机楼在九江长运汽车站正式启动,城市与机场实现“零换乘”。该候机楼拥有昌北国际机场和九江庐山机场两条客运专线,每日对发 19 班。

**3 月 21 日** “庐山西海水世界”项目签约仪式在南昌举行。该项目总投资 5000 万元,由江西水都旅游发展有限公司投资兴建。选址在庐山西海七星岛及周边水域、司马旅游码头西北侧水域。

**3 月 24 日** 交通运输部《关于通报表扬全国出租汽车行业和谐劳动关系创建活动第二批先进集体和先进个人的决定》,市东方出租车公司驾驶员柯胜锋获表彰。

**4 月 1 日** 零时起,南昌、九江两市间移动电话原长途通话、漫游通话调整为按本地通话标准收费,取消南昌和九江之间通话的漫游通话费和长途通话费,实现昌九通信同城化。

**4 月 15 日** 仙客来生物科技公司举行院士工作站授牌仪式,中国科学院院士魏江春入驻仙客来生物科技公司。

**4 月 16 日** 由世界 500 强大唐国际发电股份有限公司投资的风电项目与永修县签署开发合作框架。该项目落户于吴城镇吉牛山,项目总投资 20 亿元,装机容量 12 万千瓦。

**同日** 修水县被授予“江西省森林城市”称号。

**同日** 武宁县船滩镇船滩河里发现 4000 年以上的乌木。发现者当天挖出乌木 4 段,最长一段 10 米以上,胸径不到 1 米,已运到武宁县博物馆供游人参观。

**4 月 18 日** 市委党校迁八里湖新区。

**同日** 武(汉)九(江)客运专线瑞昌至九江段开工建设。

**4 月 29 日** “中奥广场杯”国际青年女篮巅峰争霸赛在市体育中心体育馆举行。来自中国、澳大利亚、斯洛文尼亚、美国 4 支国家青年队参赛。这是九江市首次举办国际 A 类赛事,至 5 月 1 日结束。

**5 月 1 日** 市民政部门取消社会团体筹备审批环节。申请成立社会团体的,可由发起人按照有关法律法规规定自行组织开展筹备活动,民政部门不再对社会团体筹备成立进行审批。

**5 月 6 日** 八里湖北大道西段路桥工程实现通车。

**5 月 8 日** 由中国青年企业家协会、团省委、省工商联、市委、市政府联合主办的首届中国青年企业家发展峰会在共青城市开幕。峰会以“创新创业创优——机遇与使命”为主题,来自全国工商联、团中央、中国青年企业家协会、深圳手机协会的企业家代表共计 400 余人参加。

**5 月 10 日** 经省教育厅批准,江西财经职业学院获试办普通本科教育资格。

**5 月 13 日** 公安部追授柯善梅“全国公安系统二级英雄模范”称号。

**5 月 15 日** 全市 2014 年第二批重大工业项目集中开工仪式在九江经济技术开发区城西港区举行。这次集中开工项目 83 个,总投资 339 亿元。

**5 月 16~19 日** 2014 中国(上海)国际茶业博览会在上海国际展览中心举行,由市茶叶产业协会组织的企业代表团集中展示庐山云雾和宁红两大品牌,并在“中国名茶”评比中获得 3 金 3 银佳绩。

**5 月 19 日** 九江(香港)重点产业对接座谈会在香港召开,共签约项目 14 个,签约金额 30.88 亿美元。

**5 月 21 日** 中国庐山·文化旅游城项目签约落户星子县,总投资 20 亿美元。

**5月23日** 市规模最大的光伏应用示范项目——江西旭阳光伏系统有限公司承建的旭阳雷迪20兆瓦金太阳示范工程,通过国家能源局委托机构——北京鉴衡认证中心验收。

**同日** 德恒金澜湾杯·九江市首届十大贤母评选颁奖典礼在九江县中华贤母园举行。

**5月30日** 汉能控股共青城市3吉瓦光伏产业集群项目暨一期600兆瓦柔性铜铟镓硒项目签约仪式在北京举行,项目总投资约350亿元。省委书记强卫、省长鹿心社和全国工商联副主席、汉能控股集团董事局主席李河君,出席签约仪式。市领导殷美根、钟志生、黄斌参加。

**6月7日** 由中华少年儿童慈善救助基金会牵头建设的共青城儿童村建成启用。

**6月13日** 市长钟志生到九江学院信息中心虚拟演播室,与全国网民进行在线交流,听取网民对反对“四风”的相关建议,重点就贯彻落实中央八项规定情况、如何做大九江、优化发展环境、边街小巷整治等问题回答网友们的提问。人民网、新华网、中国江西网等多家媒体和微博进行同步直播。

**同日** 环境保护部公布新一批“国家级生态乡镇”名单,湖口县城山镇入选。至此,全市国家级生态乡镇增至14个。

**6月15日** 九江万达广场项目开工,总投资85亿元。市四套班子主要领导等出席开工仪式。

**6月29日** 投资50亿元江西兄弟科技药业项目落户彭泽县签约仪式在九江举行。

**7月1日** 零时起,南昌、九江两市间实现固定电话通信资费同城化。两地仍保留各自固定电话区号,通话资费按本地通话计算。

**7月3日** 东林大佛景区对游客免费开放,成为全国唯一免收门票的大佛景区。

**7月4日** 7~12时,修水县西北部连续6小时强降雨,降雨量超过100毫米的站点17个,其中最大降雨量达152毫米,累计造成10.8467万人受灾,紧急转移安置2.6785万人。7680亩耕地被冲毁,8.81万亩农作物受损。

**7月12日** 省唯一一家生产水煤浆的新能源企业——瑞昌市蓝谷新能源项目投产。

**7月20日** 赛城湖大桥合龙。

**7月21日** 九江旅台同乡联谊会成立庆典在台北江西同乡会馆举行。中国国民党荣誉副主席蒋孝严、中国国民党政策发展研究基金会永续组召集人陈世杞等30多位九江旅台乡亲参加。市领导殷美根、熊永强、陈和民出席。

**同日** 住房城乡建设部、国家发展改革委、财政部、国土资源部、农业部、民政部、科技部联合发文,公布全国重点镇增补调整名单。庐山区新港镇、姑塘镇,九江县港口街镇,武宁县鲁溪镇,修水县太阳升镇、渣津镇,永修县虬津镇,德安县丰林镇,星子县温泉镇,都昌县三汊港镇、蔡岭镇,湖口县流泗镇,瑞昌市码头镇,共青城市甘露镇入选。

**8月1日** 九江市形象宣传短片, 在位于美国纽约时报广场中心位置主电子屏大屏幕——“中国屏”上播出。

**8月4日** 在中央电视台、中国网联合举办的大型活动——“2014中国最美城镇电视展播暨评选”活动中,星子县入选“中国最美城镇”。

**8月8日** 奥盛(九江)新材料有限公司完成的大跨径斜拉桥斜拉索制造关键技术研究及应用项目和杭氧股份江西制氧机有限公司完成的低温液体罐式运输车项目分别获省科技进步二等奖。

**8月14日** 市第三人民医院肿瘤内科综合大楼启用。

**8月16日** 省政府批复同意在德安县设立江西九仙岭省级森林公园。

**同日** 民生·九江大千世界科普教育基地梦幻乐园开园。大千世界梦幻乐园被授予“江西省科普教育基地”牌匾。

**8月18日** 市开通“12328”交通运输服务监督电话。

**18日** 市一医院内分泌科曹玲玲博士的课题《mir-431靶向作用IRS2调控脂肪细胞分化及参与胰岛素抵抗辐射的机制研究》获国家自然基金项目立项。

**8月20日** 中电投总投资23亿光伏发电项目落户永修县。

**8月21日** 坐落于共青城市的鄱阳湖生态经济区规划馆开馆。

**8月24日** 市一医院试点取消门诊静脉输液。

**8月25日** 九江和南昌户口迁移“一站式”办理同日启动。

**8月28日** 市重点民生工程“湖滨片区教育资源整合项目”交接仪式在市十一中门口(原九江职大长虹校区)举行,标志着湖滨片区教育资源整合工作基本完成。

**8月29日** 位于修水县的江西万福实业股份有限公司在天津股权交易所正式挂牌，成为2014年九江首家在天交所上市的企业。

**同日** 由深燃公司和庐山共同投资的庐山天然气工程开通通气，庐山成为国内首个开通天然气的山岳型景区。

**9月2日** 市首家林业中小企业江西华昂实业有限公司在上交所Q板（即上海股权托管交易中心中小企业股权报价系统)成功挂牌(股权代码为201618),标志着市诞生首个上交所“会员”的中小林业企业。

**9月2日** 全市中小学校食堂开放日正式启动,1358家中小学(含托幼机构)食堂将接受社会监督。

**同日** 2014年全国教育系统先进集体和模范教师、先进工作者评选活动揭晓,修水县白岭镇中心小学教师卢志远获评全国模范教师。

**9月9日** 修水县“双井绿”和彭泽县“彭泽鲫”地理标志证明商标被国家工商总局商标局正式核准注册,成为市第五件、第六件地理标志证明商标。

**9月10日** 环境保护部、国家发展改革委、财政部联合印发《水质较好湖泊生态环境保护总体规划(2013~2020年)》,柘林湖、鄱阳湖、八里湖、赤湖名列其中。《规划》期限近期为2013~2015年,远期为2016~2020年。

**9月13日** 在北京举行的“第二届旅游业融合与创新论坛暨2014最美中国榜”发布会上,九江市分别获得“最美中国·文化旅游目的地城市”“最美中国·生态旅游目的地城市”和“最美中国·人文休闲目的地城市”国家级金字招牌,庐山风景名胜区获“最美旅游景区目的地”称号。

**9月15日** 九江海关启动“昌九通关一体化”改革,昌九两地海关实现“通关顺畅如一关”。

**同日** 市正式启动电子往来港澳通行证受理工作。

**9月22日** 九江火车站开行赴朝鲜旅游专列,为该站首次开行出境游专列。

**9月29日** 修水县何市镇中学教师郑乃员因保护红豆杉获2014年度“马什国际植物保护奖”。

**10月1日** 市即日起正式实施阶梯水价。

**10月7日** 中国茶叶学会发布第四届“中国名茶之乡”评选结果,庐山区获“中国名茶之乡”称号。此前,修水县获此称号。

**10月8日** 南昌、九江住房公积金贷款一体化政策实施。

**10月10日** 落户于九江经济技术开发区城西港区的艾美特电器(九江)公司投产。

**10月11日** 省重点工程星火有机硅一体化一期项目全面投产。

**10月12日** 全市启动新农合大病保险。

**10月13日** 赛城湖道路主干道全线竣工通车,长4900米、宽24米,双向4车道。

**10月15日** 第五届环鄱阳湖国际自行车大赛暨江西省第十四届运动会火炬传递活动第四站在武宁县举行。来自中国、澳大利亚、荷兰、瑞典、美国等国家和地区的20支洲际车队、120名职业自行车选手参加比赛。

**10月16日** 省第一口页岩气井在修水县新湾乡开钻。

**10月21日** 由市林业科技工作者谭策铭创办,总投资400余万元,集森林植物标本馆藏与研究、科普展览和教学实习于一体的森林植物标本馆在九江县落成。

**10月28日** 22名法国留尼汪岛朱丽叶多度中学初一、初二年级学生,到九江县中华贤母园,感受贤母文化,学习中国传统礼仪。

**10月29日** 九江学院美国萨凡纳州立大学孔子学院揭牌,是该院在海外举办的第二所孔子学院。

**10月31日** 浔阳区被评为“全国和谐社区建设示范城区”,经济技术开发区滨兴街道被评为“全国和谐社区建设示范街道”,浔阳区人民路街道湖滨社区、浔阳区甘棠街道南司社区、瑞昌市湓城街道广场社区、经济技术开发区滨兴街道二马路社区被评为“全国和谐社区建设示范社区”。

**同日** 2014年九江输送到台湾的螃蟹突破百吨大关,累计达101吨,较2013年同期增长61%,且全部在台湾顺利通关,供台螃蟹量列全国单场(养殖场)第一。

**11月1日** 市志愿服务联合会成立暨第一次会员代表大会召开。市委书记殷美根对志愿服务联合会的成立做出批示。

**11月4日** 中俄国际旅游商贸城奠基仪式在共青城市举行。俄罗斯巴什科尔托斯坦共和国副总理马夫林、江西省副省长李贻煌为项目奠基。

**11月5日** 赛城湖大闸蟹以优良的品质连续3年夺得全国河蟹大赛“金蟹奖”。

**11月17日** 修水县黄坳乡朱砂村和湖口县流泗镇庄前潘村入选第三批中国传统村落名录。

**11月22日** 市中心城区2014年公共租赁住房公开摇号仪式举行。此次可供摇号分配的公共租赁住房房源共3791套,包括怡景苑、怡嘉苑、怡康苑、怡祥苑、怡和苑、怡居苑以及怡濂苑片区。

**11月24日** 市首例试管婴儿在市妇幼保健院降生,为龙凤胎,胎儿体重分别为2.5公斤和3公斤。

**11月25日** 九江口岸首次直接进口美国大豆,结束不能直接进口国外粮食的历史。

**11月28日** 市2014年第四批重大工业项目集中开工仪式在彭泽县矶山工业园举行。项目个数达113个,投资总额达530.8亿元。

**同日** 庐山旅游发展集团揭牌成立。

**12月9日** 九江市与韩国旌善郡签署建立友好城市关系意向书。市长钟志生出席签字仪式。

**12月11日** 永修县吴城镇、彭泽县浩山乡、修水县杭口镇双井村入选“古色江西——江西省十大文化古镇(村)”。

**12月15日** 庐山国家级自然保护区管理局威家保护站工作人员,监测到一对雌雄栗腹矶鸫,属于庐山新记录种,这一发现使庐山保护区鸟种记录增至242种。

**同日** 九江港口岸扩大开放通过国家验收,城西港区正式成为国家一类口岸。

**12月22日** 九方购物中心开业。

**12月25日** 在全国十大见义勇为英雄司机表彰大会上,星子县检察院干警刘征获“全国见义勇为英雄司机”称号。

**12月28日** 全市首届“倾城热恋·缘来为你”九江万人相亲会大型公益活动在南山公园举行,5000余名青年男女参加。

**12月31日** 中国华能集团公司都昌县蒋公岭第一期48兆瓦风电项目24台风机并网发电。

# 专记

## 1998年抗洪抢险纪实

### 百年一遇的特大洪水

1998年2月,在厄尔尼诺现象和拉尼娜现象双重袭击下,长江流域长时间大范围降水,江河水位急剧抬升,发生继1954年以来全流域大洪水。3月上中旬,全市腹地降雨频仍,雨量比往年同期均值偏多34%。6月上中旬与7月中下旬接连发生2次大范围强降雨过程,6月12日8时至27日,全市平均降雨量409.6毫米,比历年同期偏多5成至1倍。7月17~31日,平均降雨量463毫米,是历年同期的1.1倍至4.3倍。都昌等县降雨量达700毫米,是常年降雨总量的3/5。两次长时间、大强度的降雨,加上长江中上游洪水逼境,赣、信、抚、饶、修5河之水以5.95万立方米/秒流量入注鄱阳湖,致使湖水陡涨,顶托长江。长江上游洪水喧腾下泄,特别是汇注湘、资、沅、澧4水的洞庭湖倾巢而出,接应汉水,逼使"扛着一条长江挑着两个湖"的九江受外洪内涝夹击,发生新中国成立以来罕见的特大洪水。6月23日,鄱阳湖湖口、都昌、星子站水位相继突破警戒线。24日20时,长江九江站超出警戒水位。26日,鄱阳湖最大入湖流量5.9万立方米/秒,为有记录以来第二位,湖口站出湖流量3.19万立方米/秒,为有记录以来第一位。7月4日20时,长江九江站水位为22.22米,超1904年建站以来历史最高水位(1995年22.20米)0.02米。7月中旬开始,长江发生全流域特大洪水,使得早已超过警戒水位的长江九江站和鄱阳湖各站水位再度猛涨,江、河、湖洪水不断遭遇,洪峰叠加,致使长江九江站和鄱阳湖水位长时间、大幅度超过历史最高水位。7月31日,修河永修站在柘林水库削峰、错峰的情况下,水位仍高达23.48米,超历史最高水位0.58米。同日,柘林水库最高库水位达67.97米,超历史最高水位1.33米。鄱阳湖湖口站洪峰水位22.59米,超历史最高水位0.79米。8月2日,长江九江站洪峰水位再创新高,达23.03米,超历史最高水位0.83米。水位持续居高不下,长江九江站和鄱阳湖湖口站超历史最高水位时间分别达42天和29天,超警戒水位时间长达94天,持续22米以上高水位时间长达50天。

长江水患,险在荆江,灾在九江。由于洪水量级大、涉及范围广、持续时间长,给全市工农业生产和人民群众生命财产造成重大损失。水害险情首先发生在鄱阳湖边缘与修河、博阳河两岸。6月中下旬和7月中下旬的2次强降雨,致使部分圩堤漫顶、溃决,造成严重内涝。6月27日,德安县城及其附近地区被淹,7月下旬,星子、湖口县城相继进水受淹,彭泽、瑞昌、都昌、永修、庐山区5县(市、区)积水较深,部分地区损失严重。长江上游先后出现8次大洪峰,水位节节攀升,终酿成8月4日晚九江县江新洲溃堤。8月7日13时50分,市区城防大堤4~5号闸口之间由最初的泡泉导致溃决,后逐渐撕开60余米大豁口,长江洪水以4~5米落差向市区西部倾泻,每秒达400立方米,5.5平方千米范围的九江开发区被淹没在水中。同时,洪水直接向东逼近,市区安全受到严重威胁。全市12个县(市、区)253个乡镇、348.25万人口不同程度受灾。4308个村庄、106.3万人被洪水围困。损坏房屋49.78万间,倒塌房屋33.627万间。公路中断218条次,九(江)湖(口)公路及九(江)瑞(昌)公路中断累计90天和59天。损坏输电线路1713

千米,中断供电74条次。损坏通信线路647.4千米。13797个工矿企业被迫停产半停产。损坏各类水利工程设施4107处、堤防1427.8千米,冲毁塘堰坝17836座。由于江湖水位超过部分圩堤的防洪标准,全市有5座万亩圩堤,63座千亩圩堤,188座百亩圩堤,3座血防工程,漫顶或溃决。农作物受灾面积26.45万公顷,成灾面积19.54万公顷,冲毁耕地1.4万公顷。全市因灾造成直接经济损失114.7亿元,其中水利工程设施直接经济损失12.0026亿元。

整个汛期,雨量之大、洪水之猛、洪峰之高、持续时间之长、险情之多、灾情之重,均为历史罕见。

## 亲临一线的中央领导

九江抗洪抢险取得伟大胜利,首先归功于党中央国务院的高度重视和全力支持。1998年,中央国家领导人来九江的层级最高,频率最高,人数最多。

5月31日,中共中央政治局委员、国务院副总理、国家防汛抗旱总指挥温家宝就来到九江视察长江防汛工作,并实地查看长江大堤永安段。7月4日、7月29日、8月7日、9月4日,温家宝五次莅临九江,尤其是长江大堤决口的8月7日,温家宝当天下午就赶到九江抢险堵口现场,与省市领导共同研究堵口措施。

8月7日,中共中央总书记、国家主席、中央军委主席江泽民得知九江城防堤决口后,打电话给中央军委副主席张万年,指示及时调遣部队支援九江堵口抢险。9月4日,江泽民冒雨来到九江,慰问抗洪一线的广大军民,看望受灾群众,考察指导救灾和恢复生产重建家园工作,并发表题为《发扬抗洪精神,重建家园,发展经济》的讲话。

中共中央政治局常委、国务院总理朱镕基一年中2次来九江。7月4日,他亲临九江长江防汛抗洪第一线慰问抗洪的干部群众和人民解放军武警官兵,并对防汛抗洪工作作出部署。8月7日,得知九江城防堤决口,朱镕基立即打电话给市抗洪抢险指挥部,要求全力保护人民生命财产安全,坚决堵住决口,时间长达10多分钟。8月9日,朱镕基又亲临九江堵口现场,抱拳向战士们表示感谢,勉励大家一定要把决口堵住,保卫长江大堤和人民生命安全。

8月22日,中共中央政治局常委、全国政协主席李瑞环来九江视察抗洪救灾,感慨地说:"九江决口震动全国,堵口成功振奋全国"。

8月3日,中共中央政治局常委、国务院副总理李岚清来九江考察灾区防疫治病和中小学秋季开学工作,并亲临九江县江洲镇洲头小学帐篷教室,教育部部长陈至立用英文讲了第一课,李岚清用英语嘱咐孩子们:"记住啊,教育部的部长上的这一课一辈子不要忘掉,你们要十分努力地学习!"

在这期间,来九江视察和指导抗洪抢险的中央领导和部级干部还有:中共中央政治局委员、中央军委副主席、国防部部长迟浩田,中共中央政治局候补委员、中共中央办公厅主任曾庆红,全国政协副主席毛致用,中央军委委员、总参谋长傅全有,中央军委委员、总政治部主任于泳波,武警部队司令员杨国屏,南京军区司令员陈炳德、政委方祖岐,国家工商局局长王众孚,国家新闻出版署署长于友先,国家税务总局局长金人庆,国家轻工业局局长陈士能,全国妇联主席顾秀莲等。

## 浴血奋战的干部群众

生活在长江边的市民,防汛意识最浓。根据国家气象、水文、水利部门关于雨情、汛情的早期预报,以及民间的种种预测,全市各级党委、政府对防汛工作极为重视,着眼于防大汛、抗大洪,立足于早准备、早安排,一切超前部署。早在2月底至3月上旬,市委、市政府就对防汛工作进行多次研究,同时,调整充实防汛指挥机构,明确指挥部各成员单位的防汛职责和防汛纪律。3月中旬开始,市党政主要领导带队,对全市防汛准备工作进行5次检查,抢在汛期到来之前,集中财力、人力和物力,对各类病险工程进行整治。6月上旬,提前进入临战状态。在重点圩堤,共组织巡逻队8515个,35000余人,组织突击队7025个,

12.2 万余人。市县各级近 10 万名干部临阵参战指挥，2000 多名水利工程技术人员上堤现场指导。在长达 100 多天的抗洪斗争中，全市广大干部群众忍受长时间烈日曝晒和洪水浸泡，夜以继日，连续作战，顽强拼搏，负荷量大大超过常人一般情况下所能承受的极限。他们不仅是用砂石和泥土，更是用意志和毅力，垒起一道道铁壁铜墙，顶住高层水位长时间的重压，抗住 8 次洪峰的冲击，使许多险情得到有效控制，使许多圩堤化险为夷。

在抗洪抢险进入最关键的时刻，市委、市政府对全市干部群众发出总动员，从下岗职工到离退休人员，从工人农民、城镇居民到各级干部，个个踊跃参战，展开一场波澜壮阔的抗洪大会战。无论是长江大堤，还是京九干线，无论是九江城区还是沿湖地区，数百公里的重点圩堤上，红旗招展，灯火通明，人头攒动，号声震天，构成一幅万众一心抗击洪魔的恢宏画卷。市直近万名干部职工和街道居民连续参加赛城湖加高子堤、城区抢筑二道防线和闸口抢运物资的战斗。沿江沿湖各县紧急动员万名干部群众加固芙蓉大堤、矶山圩、赛湖大堤、永安大堤和郭东、永北两堤。全市各行各业、各个单位，要人出人，要物给物，前线后方，互相支援，全民参战。在抗洪抢险过程中，全市共耗用草袋 631 万条，编织袋 1817 万条，砂石 66 万立方米，块石 41 万立方米，预备土 256 万立方米，调用车辆 2173 台，货船 1009 艘，工作艇 18 艘，飞机 5 架，火车 23 列共 730 节车皮。仅封堵决口的 5 昼夜，就调运各类物资 60 万吨。全市共有 100 万名干部群众直接参加抗洪抢险。经过 100 多天无数次惊心动魄的抢险战斗，确保长江大堤、九江城区、京九交通干线、鄱阳湖重点圩堤和各类水库的安全，取得抗御超历史特大洪水的胜利。

特别是 8 月 7 日 13 时 30 分，九江城防堤 4~5 号闸口决口，长度达 40 多米，洪水汹涌冲入市区。在场抗洪抢险的 2000 多名解放军官兵抛石填补，仍无济于事；将汽车推向决口，立即被洪水冲得无影无踪；接着把一艘 50 吨的机帆船和一艘 20 多米长的水泥趸船绑在一起，试图堵决口，也被洪水冲进堤内。九江港监局局长陈纪如、局长助理刘小平、党办主任黄国芳和通航保障科科长张茂华闻讯后及时赶到现场。代市长刘积福握着陈纪如的手说："陈局长，你是水上的专家，我现在委任你为水上堵口现场总指挥，一定要把决口堵住！"有 30 多年船舶驾驶经验、并取得一级驾船资格的陈纪如，深感责任重大。通过分析水情，他和刘积福做出征用千吨级重载船堵决口的果断决策。14 时 50 分，他们发现在下游离决口 1 公里处停泊着一条满载 1600 吨煤的"甲 21015 号"驳船，由于失去动力，他们又找来"奉港 501 号"和"鄂襄阳 012 号"两条拖船，分别绑在驳船的船头和船尾。陈纪如命令张茂华上 012 号船指挥，自己则带上黄国芳和刘小平登上风险极大的 501 号船。当时江水形成巨大的漩涡，水面落差近 4 米，稍有不慎就会撞塌堤坝，船毁人亡。陈纪如安排两名年轻人站在左右，如果翻船，则乘机逃生，自己则站在驾驶台上沉着指挥。16 时 30 分，一切准备就绪，陈纪如下令起航，迎着滔滔江浪，煤驳船慢慢地向堤边靠上去。16 时 45 分，煤驳船正好堵在决口的中间，汹涌的洪水被压住了，流量顿时减少了三分之二。随后，在煤驳船的船头、船尾、船旁分别沉入 7 条小船，直至 24 时，险情才得到初步控制，为此后堵住决口打下基础。

## 决战决胜的部队官兵

超历史的特大洪水使九江弥漫战场般的硝烟，从 7 月下旬至 9 月中旬，中央军委派出南京军区第一集团军、第 31 集团军、江苏省军区舟桥某旅、北京军区第 27 集团军工兵团道桥某营、江西省军区、南昌预备役步兵师一部、南京军区空军高炮某旅、导弹某团、导弹某团、武警某师、武警水电某总队、武警江西省总队、南昌陆军学院和驻市海陆空部队。集结的兵力达 33875 人，参战将军达 16 人，其中中将 2 人，少将 14 人。这是自 1949 年渡江战役以来九江集结部队人数最多的一次。

南京军区司令部作战部在 1998 年的汛期，已经转为军区抗洪抢险的决策指挥部。昔日的作战地图被长江流域的大幅彩色地图所取代，上面用军事标号标上五颜六色的标号，"九江市"3 个字分外醒目，似乎在提醒人们向它投入更多的关注。7 月 26 日至 27 日，部署军区抗洪抢险工作的紧急会议在南京召开。把各大单位主要领导召集来部署抗洪抢险，司令员和政委作抗洪抢险工作部署，这在南京军区历史上是第一次。8月3日,司令员陈炳德、政委方祖岐率领机关工作人员急赴九江,到抗洪救灾一线慰问官兵。8月7日下午,副司令员董万瑞乘军区值班飞机飞往九江担任现场指挥。

此外,还有一支名扬全国的雄师劲旅武警8710部队,师长黄谱忠就是九江的女婿,在围堵决口的战斗中立下奇功。有一支誉为"水电雄师"的武警水电第二总队,是一支拥有现代化设备又特别能战斗的队伍。他们带着30多台价值达1000万元的大型机械设备开赴九江,在围堵决口战斗中,他们从几公里外的山坡取土运土,价值270万元一台的反铲设备,不到2分钟就把15吨的自卸车装满,短短几个小时,就向大堤决口处填土1800多立方米,立下汗马功劳。

"当年打响第一枪,今日回乡保九江。"江堤上军旗猎猎飘扬,标语振奋人心。参加抗洪抢险的部队有元帅贺龙创建的出过155名将军的"红军团",誉为"百将团"的南京军区某部三团;有诞生在"八一起义"枪声中的"硬骨头六连";有受中央军委表彰的武警8710部队"尖兵团"。还有"红色尖刀连"、"坚守英雄连"、"大嶝岛战斗模范连"。入浔抢险部队在50多天的时间里,总共出动101万人次,抢险910次,转移群众3.4万人,加固加高圩堤204.1千米,其中最艰巨的战斗有保卫京九线、江洲大营救和封堵4~5号闸决口。

**保卫京九线** 主战场在永修县境。京九铁路线始建于20世纪90年代前期,1996年9月1日全线正式通车。自九江长江大桥南端接人九江市,经浔阳、庐山2区与九江、德安、永修3县后逶迤南去,区间线长97公里。所通过的永修县境内地势最低,历史上(系南浔铁路线的一段)曾数次因洪水冲垮铁路而被迫中断停运(1983年因洪水铁路中断18天)。1998年7月下旬,永修县修河山下渡水位涨至历史最高点,出现圩外洪水滔滔,圩内积水成湖态势。国务院副总理温家宝在视察永修县郭东圩时指示:"京九线一天也不能中断!",并再三强调要保证铁路安全畅通。保卫京九线牵动着中央领导的心,省、市领导倍加关注,要求不惜一切代价,确保2圩堤绝对安全和京九线的顺利畅通。因此,保京九成为九江市永修县防汛的重中之重。在京九铁路两侧,民兵预备役人员与先期到达的部分解放军指战员协同作战,保障铁路运输畅通。6月下旬至7月下旬,德安县2次圩堤漫顶决口,县城2度进水,京九线距决口处仅有30米,3000名民兵预备役抢险队员奋战堵口, 用15.8万只草包、18.4万条编织袋、6.3万方砂土筑成长1800米、高1.78米的新坝,终于将洪水拦于京九线之外。

7月26日, 永修县城外围防线小河圩决堤, 洪水直逼离京九铁路仅10米远的最后一道屏障郭东圩。9.1公里长的郭东圩和24公里长的永北圩险情不断,威胁着京九线的安全。1时25分,武警江西省总队后勤部及2支队、南空2个导弹团500多名官兵奉命赶到永修县永兴乡,担负郭东圩、永北圩护堤抢险,投入保卫京九线战斗。7时许,距京九铁路永修县杨家岭车站仅50米远的一段圩堤出现直径50多厘米的泡泉,喷涌水柱近2米高,险情重大,京九线告急。驰援永修县抗洪的解放军、武警官兵和民兵预备役人员全部集结到郭东圩和永北圩处置险情。随后,南空高炮某旅、某师共3600名官兵相继增援。县人武部组织滩溪、白槎、江上、燕坊、八角岭、虬津、梅棠、三溪桥、柘林9个乡(镇、场)共1万余民兵预备役人员参加2圩抢险保卫大京九战斗。官兵们抢时间、争速度、搬运砂石,打木桩,垒草袋,堵泡泉。武警江西省总队2支队260多名官兵在政治委员张健带领下,叫响"保卫大京九!人在堤在,誓与大堤共存亡!"的口号,30多名干部和党员组成抢险突击队,首先跳入2米多深的洪水中,冒着生命危险,抱着一袋袋土石潜入水底寻堵泉眼,与洪水鏖战近50个小时,排除险情40多处,终于保证圩堤的安全。

7月28~29日,南空2个导弹团209人继续在永修县郭东堤、永北堤执行抢险任务。

7月30日,赣州军分区组织民兵应急营400名民兵,在政治委员郑尔旺和参谋长徐兆麟率领下,分乘18辆军车到达永修县,增援保卫京九线战斗。随即开赴三角圩,对险要地段进行加高整固除险。官兵冒雨奋战,共装运砂石近2万袋,排除险情13处,处理滑坡60余米,加固堤坝3500多米。首开民兵成建制、大批量异地抢险先河。

7月31日10时,江西省委书记舒惠国来到永修县郭东堤检查指导防汛。并向战斗在抗洪一线的解放军指战员、武警部队官兵致以节日的祝贺和慰问。同日,空军导弹某团在永修仙洲抢险,导弹某团出动

100 人在永修永北圩抢险，装运石料 186 吨。是日，赣州民兵应急分队移师永修县永北圩，与主力部队会合，并肩作战。2 天时间，应急分队共修复抗洪抢险专用公路 3 千米，加固险段堤近千米，消除泡泉隐患 6 处，抢运石料 41 车，装运砂石近万袋。

8 月 1 日，南空导弹某团出动 3 批次 105 人次，在永修永北大堤杨师村、仙洲村处理塌方，共装运砂土 1500 余袋，搬运石块 65 吨。导弹某团出动 50 人在永修县永兴乡钩璜吕村加固堤坝，共装运砂土和石块 20 立方米。

8 月 2 日，南空 2 个导弹团出动 160 人次在永修县永北圩、郭东圩执行装运石块，抢险固堤任务，运填土 30 立方米，运石块 55 吨，装填草袋 2100 只，加固堤坝 20 米。

8 月 3 日 17 时，武警某师一部到达永修增援。南空 2 个导弹团固堤、护堤。南空高炮某旅、某师共 3600 人抵达永修后，连续奋战 50 多个小时，排除郭东圩隔堤和永北圩老基、仙洲、洲上等多处重大险情。

8 月 5 日，南空 2 个导弹团继续护堤查险、挖引水沟。

8 月 6 日，南空导弹某团出动 50 人，在永北大堤巡堤查险。导弹某团出动 18 人，分 3 组在永修县永兴乡钩璜吕村巡堤查险。

8 月 7 日，南空导弹某团出动 57 人次，导弹某团出动 160 人次在永北圩堤巡堤。

8 月 8 日，南空导弹 2 个团组织官兵在任务区段内固堤巡查。

8 月 10 日，南空导弹 2 个团各组织一部固堤查险，余部进行政治教育和休整。

8 月 12 日，南空导弹 2 个团出动官兵 140 人次，在永修县永北大堤护堤查险，铺设塑料布 1000 米，搬运土石 50 立方米。南空高炮某旅在旅长尹长玉率领下直接从军事训练基地飞赴江西，其一部直奔永北大堤。是日，水位已高出京九铁路 4 米，驻守官兵发现泡泉，立即跳下水用沙包、石块封堵泡泉眼。发现堤坡开裂，坡土下滑，在技术人员指导下，用沙包顺坡筑起一条固堤线。其中一段，110 名官兵克服交通不便距离远的困难搬运防汛备料。在持续烈日高温下，官兵有多人中暑晕倒，但稍休息恢复后继续坚持投入战斗。

8 月 13 日 10 时，南空高炮某旅到达永修县永兴乡永北大堤，接替南空导弹某团防洪任务。南空另 1 导弹团出动官兵 125 人次，在永修县永北大堤装草包 120 袋，整理防汛物资 100 立方米，在钩璜吕村堵泡泉 1 个，并参加助民劳动。15 日，高炮某旅与南空导弹某团接交完毕后，出动 80 人次，运送砂石料 110 立方米，在永北堤上 24 小时巡查。南空另 1 导弹团出动官兵 120 人次，在责任地段巡逻查险，运送砂石 240 立方米。

赴永修县永北圩执行抗洪任务的武警某师，出发前进行游泳强化训练，到达后即请水利专家、技术人员和有经验的老农上课，熟悉地貌地质，掌握泡泉、管涌、滑坡的应急处理方法，对大堤由简单的防到科学的守，成功地处置了各种险情。

特大洪水使永修县三角、永合等 5 万亩以上大圩堤先后溃决，该县人民群众舍小家顾大家，宁愿万亩良田受淹、庄稼颗粒无收，而将各种抗洪物资集中一起，军民团结拼搏，确保郭东、永北 2 圩的安全和境内京九铁路线各趟列车顺利通过。

**江洲大营救**　主战场在九江县江新洲。九江县江洲、新洲是位于长江九江段中的一个洲岛，保护耕地面积 6.65 万亩。环洲大堤总长 34.85 公里，圩堤警戒水位为 19.50 米，1998 年入汛后，堤岸长时间受高水位浸泡，遭巨大洪流冲刷。8 月 4 日，长江九江站水位 22.95 米，超过警戒水位 3.45 米。江洲洲头村 7 组附近堤段接连出现泡泉，九江县人武部当即组织洲上民兵紧急抢险加固，未能奏效。当晚 21 时 52 分江堤溃决，洪水以 5~6 米高的落差、200 多米的宽幅，横扫江中孤岛。省、市领导连夜赶到现场组织指挥营救行动。省军区政治委员郑仕超、副司令员季崇武、武警江西省总队总队长崔阳生、军分区政治委员马永祥同时参加现场指挥。武警九江市支队与省武警部队第 1 支队、南京军区第 31 集团军工兵团、舟桥某旅 2 营，参战官兵共计 600 余人，冲锋舟 49 艘。另有南昌预备役师官兵摩托化开进 200 千米，出动 30 多艘冲锋舟、橡皮艇,全力投入营救。

8月4日22时50分,武警九江市支队支队长周林率120名官兵、7艘冲锋舟和橡皮艇前往江新洲营救受难群众。此时,洪涛轰鸣声、房屋倾倒声、群众呼救声混成一片,在微弱的手电光下,只见屋顶、残墙、树梢处处均是等待营救的群众。由于流水太急,周林所乘冲锋舟常被浪头冲走,经顽强拼搏,第三次终于冲击成功,将处境最危险的12名群众全部接到舟上并迅速转移至安全地带。经过连续12个小时的奋力营救,3000余名群众脱离险境。8月5日凌晨1时许,从南昌赶来的武警1支队140名官兵携15艘冲锋舟也投入紧急救援行动。

是日夜,第31集团军某团参谋长李龙接到率部赴江新洲抢险紧急命令,并任突击队队长,领13艘冲锋舟急驰。此时,江面风雨大作,漩涡遍布水域,漂浮物成堆,岛上电线交错,潜藏水中的树木房屋随时威胁着冲锋舟与抢险官兵的安全。工兵战士以娴熟技术,将一批批群众转移到安全地带。后埂村有位八旬老太被围困在土屋里,此时土屋一侧已裂开1尺多长裂缝,房屋摇摇欲坠,生命危在旦夕。团参谋长李龙驾舟赶到,命令战士在10米外停舟稳住,自己跳水钻进土屋背起老太送上冲锋舟,不久土屋轰然倒塌,老太感动得热泪纵横。李龙率战友们在江新洲连续作战3天3夜,营救被困群众1300余人和部分物资。

舟桥某旅2营素有"水上飞虎队"之称,此次抢险行动,在营教导员顾君洪率领下,出动兵力29人,冲锋舟、橡皮艇9艘。根据江新洲突然破坝、受灾重、灾民多的特点,首先把老人、儿童与妇女作为重点营救对象。6连排长梁发辉,驾舟到团洲村,发现一盲姑娘及其姐妹3人被困在一栋快要倒塌的房子里,盲姑娘不肯离开房间,姐妹非常着急。梁排长涉水过去,耐心做说服工作,取得盲姑娘的信任,终于将3姐妹接上冲锋舟脱离险境。8月5日10时45分,5连8班战士发现决口右侧一栋两层楼顶上聚集了30多人,绝大部分是妇女和儿童,洪水在咆哮,房子在颤抖,受困群众危在旦夕,千钧一发之际,共产党员、副班长王震驾舟赶到,沉着应对,巧妙过障,终于迂回接近危楼,战士们协同将群众一一接到舟上,转移至安全地带。专业军士邱进平和4连副班长吴鹏驾驶3号冲锋舟历经艰险,奋力营救1名被毒蛇咬伤的大学生,见其伤口肿大,生命奄奄一息,便立即扯下救生衣上的绑带,扎住伤者的胳膊,并挤出毒液,处理好伤口后,将其接到舟艇上,迅速送至卫生院医治。6日上午,4连副班长张良军驾驶4号冲锋舟经过一村民小组时,突然发现还有7名群众被困在洪水冲倒一半的房屋内,便冒着生命危险,靠近危房,实施解救。当成功救出离开时,房屋突然倒塌,一块砖头砸在张良军的胳膊上,鲜血直流,张忍着伤痛坚持把群众送至安全区域。张良军挨户搜寻被困灾民时,触到树上马蜂窝,被毒蜂螫肿了脸,仍坚持救援。该营共抢救转移被困群众1390人和部分生活物资。被营救群众十分感动地说:"一看你们解放军来了,我们老百姓心里就踏实了,就像看到当年红军一样。"

6日,南昌预备役师舟艇分队35名官兵,携5艘冲锋舟,增援江洲抢险。

在江新洲大营救战斗中,解放军与武警部队和地方干部、民兵预备役人员紧密合作,奋战3天3夜,共营救转移1.6万多人和部分财产。与历史上多次洪灾破坝相比,尽管水位最高,险情最重,但生命与财产的损失却最小,人民军队的投入功不可没。

**封堵4~5号闸决口** 主战场在九江市区。8月7日13时10分,九江市西区长江城防大堤4~5号闸口之间的堤岸由于长时间的浸泡,由小泡泉突发形成大管涌。巡守此地的第1集团军某师炮兵团反坦克连官兵立即堵漏抢险,同时迅速报告赴九江抗洪抢险部队指挥协调小组(设在九江军分区作战值班室)。军分区政治委员马永祥报请指挥协调小组急调某师某团500名官兵和浔阳区人武部民兵应急分队100人火速赶赴现场,数分钟后某师某团300名官兵也迅速赶到增援。但堤岸在激流冲击淘刷下,于13时52分2闸口间出现塌陷溃决,先后用2艘水泥船和1辆跃进130汽车堵口未能奏效。堤坝外侧进水口形成巨大漩涡,所投砂石袋、粮食包悉数卷走。不久,大堤混凝土防洪墙轰然倒塌,决口越撕越大,长江洪涛以近4米落差、400立方米/秒流量向堤内倾泻,很快淹没附近居民区与工厂,并向九江高新技术开发区与中心市区逼近,人民群众的生命安全和财产受到严重威胁,情况万分危急。

南京军区司令部作战值班室接到省军区的险情报告后，司令员陈炳德和政治委员方祖岐迅速作出指示，要求不惜一切代价封堵决口，确保九江城防和人民生命财产安全。

决口很快撕裂成60米，所有抢险措施无效。危急关头，市防汛总指挥部依照《中华人民共和国防洪法》，果断决定紧急征调大型船舶实施沉船堵口。军分区政治委员马永祥与某师炮兵团团长洪永生随九江市代市长刘积福乘快艇到长江下游近2000米处，急征1艘长75米、装载1600吨煤炭的长航武汉轮船公司甲21025号大驳轮，又征得奉港501号和鄂襄阳012号2艘拖轮向决口处移动。16时45分将大驳轮沉至决口处有效位置，减缓了水流，随后又沉船7艘于大驳轮外围，初步构成一道阻隔洪水屏障，抑制了流量、流速。但沉船底部与沉船之间洪水仍向堤内倾泻，流速仍有200立方米/秒，决口随时有继续崩堤危险。由于陆路已被洪水隔断，车辆无法靠近，抢险人员与筑坝材料只能用船在江上运送，市防总将一船从韩国进口大米和2000吨稻谷、500吨蚕豆先送决口堵塞，接着调运一船船砂石、管钢、编织袋等至决口附近江面，某师某团和某师某团及某团的官兵轮番卸船抛料堵口。

是日下午，中央军委奉江泽民指示，命令南京军区再向九江增派援兵。1昼夜之内，第1集团军、第31集团军，同时从水路、公路、铁路、天路向九江开进集结。

16时30分，南京军区副司令员董万瑞率指挥小组乘坐军区值班飞机飞赴九江现场指挥堵口。现场立即成立由省委副书记、常务副省长、省防汛部指挥部总指挥黄智权任总指挥，水利部副部长张春园为总顾问，军区副司令员董万瑞任副总指挥，九江市有关领导为成员的堵口抢险指挥部，统一组织指挥堵口抢险战斗。军区开设前进指挥所，负责组织指挥部队抢险行动。省军区政治委员郑仕超、副司令员季崇武、政治部主任王峰、后勤部部长马存才、副参谋长夏礼忠协助前指指挥抢险。

大堤决口后，九江市区西缘三角线、经济技术开发区遭淹，最深处达5米以上。为保市中心区安全，市防汛总指挥部决定：紧急动员，举全市之力，沿龙开河抢修构筑第二道防线，保卫九江城区。军分区司令员吕录庭临危受命为总指挥，紧急启动战时快速动员机制，1个小时之内，全民总动员，九江市上百个单位、解放军官兵和民兵预备役人员组成3万多人的抢险大军，军民齐心协力，协同作战，共同打响保卫市区战。领导与群众，将军与士兵，昼夜奋战，经过36小时连续奋战，在龙开河畔抢筑了一条长2300米、高4米、顶宽4米共3万多土石方堆砌的生命线。其投入力量之多，修建速度之快，场面人气之兴旺，情景之感人，实为九江历史所罕见。

8月8日，某师出动兵力2723人次、某师出动兵力1200人次、某团出动兵力800人次，连续奋战在堵口现场。

13时，某团5连连长段奉刚将突击队员兵分3组，一组系麻绳下到船底，将钢管插入江中；另一组站在船顶，将钢管往下传递；第三组站在两边沉船上，通过绳子拉住钢管垂直插入决口夯实。连续奋战7个多小时，共插入钢管栅17排，组成一道20米左右的钢网。

同日22时50分，北京军区第27集团军奉中央军委命令，由副军长俞森海率道桥某分队222名官兵，乘专机夜航至九江。并运用获国家科技进步二等奖的《钢木土石组合坝封堵技术》，根据决口处流量、流速和地质等有关情况，科学地制定出“护固坝头，对进作业，弓形设置，前拉后顶；边测边进，逐进逐护；同步进占，均匀合龙”的堵口施工方案，打响了堵口关键仗。

堵口总体方案中第一道防线为利用沉船在江中抛筑一道半月形拦水围堰，第二道防线由北京军区某分队构筑钢木组合体及后戗堤和上游防渗体构成的堵口大堤，第三道防线由填塘固堤与修筑一道后围堰构成。三道防线既互相配合，又能独自起作用，安全可靠，万无一失。凝结着专家与群众智慧的充满高科技含量的总体方案得到国务院总理朱镕基批准。

8月9日7时，第27集团军某分队投入抢险战斗，按预定方案，分成植钢桩、打木桩、固定、运料4个小组，在决口两端同时展开作业，官兵们先用钢架、木桩锁住两端老坝头，使决口不再扩大，并使老坝头成为作业平台。接着，4排钢架和3排木桩从决口两端向决口中间推进。水流湍急，难以立足，给打桩带来极大不便，官兵们采取搭人梯的办法，3人一排、5人一组，手挽手，脚踩在战友的肩上，将一根根钢管、木桩打入堤基。连续奋战29个小时,将1000多根10多米长的木桩和2000根钢管打人决口堤底,一道102.5米长的钢木组合框架结构成功合龙,为封堵提供有力的支撑。接着又与友邻部队密切配合,抛填石料,直至决口彻底堵住。堵口四周洪水滔滔,机械无法展开,全靠血肉之躯徒手拼搏。官兵们头顶烈日,或站在炙热烤人的船舶甲板上,或泡在浑浊的江水里,以超强度的劳动扛包、卸包、抛投石料。为抢筑后戗堤,南京部队数千官兵苦战12小时,搬运砂石3万多立方米,筑起的后戗堤可以抗拒700多吨推力,为决口顺利合龙奠定了基础。某红军团40多名党员干部突击队在营长张晓玖带领下,下到3米多深的水中,查明缺口、漏洞的位置、形状、流速等情况,尔后组织官兵们用自创的"倒墙法",把石块、化纤袋装入铁笼垒成1人高石墙,统一口令急速推入决口,使下料的速度、密度超过水流的速度,创下13分钟抛石100吨的奇迹,从而大大提高抛投率,经奋战使一段30余米坚固的围堰逐渐露出水面。武警"一等功团"某团,在货船上卸抛石料,冲锋在前,其中由荣获1991年全国"十大杰出青年"称号的张奇所率领的6连,创2个小时卸运砂石1000多吨的记录。武警江西省总队600名官兵在决口现场,搬石料,垒堤坝,奋战5个昼夜。所有参战将士,体力透支,几疲惫不堪,但仍以顽强的毅力和坚韧不拔的精神,战斗在封堵决口的一线阵地上。现场打出的标语更是让人激动不已:"江西父老,你们的红军后代回来了!"。"当年打响第一枪,今日回乡保九江!"。"红军团""百将团""一等功团""硬骨头六连""大嶝岛战斗模范连"等战旗猎猎飘扬。九江抗洪部队总指挥、南京军区副司令员董万瑞在堵口现场深有感慨地说:"没有经过生死搏斗,不会知道战士们的重要,不完成艰巨的任务,不会懂得战士的伟大,我们的士兵重如山啊!"

在封堵九江城区4~5号决口攻坚战中,九江钢厂8名党员民兵挺身而出,冒着生命危险,在洪水汹涌湍急的决口处配合抗洪部队主力悬空作业,被誉为封堵决口的"钢铁八勇士"。

8月10日,第1集团军出动兵力2400人次,在城防大堤4~5号闸口之间构筑外围堰。另一部在1~26号闸口地段巡堤查险和装运砂石2950吨、石料2.45万袋,搬运抢险物资830吨。

8月11日,第1集团军出动官兵3500人次,在城防大堤4~5号闸口处加固围堰和备料,装运石料500立方米。该部首长及机关50人17时10分抵浔,增援部队陆续抵达。第31集团军出动官兵5500人次,主要任务是固坝和备料,共填土方2390立方米,搬运石料6235立方米,装草袋1.364万只。

8月12日下午,九江城防堤4~5号闸口间展开封堵决口的最后一战。南京军区部队、北京军区第27集团军、武警某师、武警江西省总队的数千名官兵,扛沙包、搬石块,向合龙口逼近。在关键之处,战士们用20多根粗绳,吊起填满石料的巨大铁笼,用力拖向决口,随着一声号子,几十名战士一个个节奏均匀用力,把巨大铁笼不偏不倚堵在决口上,再用沙包密集填塞在缝隙处。16时25分,堵口指挥部总指挥黄智权宣布:堵决口合龙开始!经过数小时轮番封堵,18时30分决口顺利合龙,江水终被征服。为确保坝体坚固,第1集团军3000名官兵奋战3昼夜,运沙石3万立方米,14日6时30分在决口处垒起一条长150米、底宽25米、顶宽4米、高8米、坡比1:3的新城防大堤。

8月14日,武警水电第2总队150名官兵携克造载重15吨重型自卸车"太脱拉"10辆、日本造PC400、PC200反铲3辆,D85装载机1辆,国产翻斗东风车8辆等机械化设备增援九江抗洪堵口筑坝战斗。第31集团军6000官兵奋战5昼夜,投运土石方2.445万吨,填塘1.2万多平方米,构筑长500米的第三道防洪堤。

8月15日12时全面完成抛土闭气工程。

8月21日,九江长江大堤4~5号闸口决口处填塘固堤暨第三道防洪堤构筑工程圆满竣工,经水利部副部长张春园率领的水利专家组验收,总指挥黄智权宣布全部达到优质工程标准。至此,九江长江大堤封堵决口之战,历时15天,终于取得圆满成功。

总指挥黄智权在验收现场动情地说:当惊涛裂岸时中国军人特别能吃苦,特别能战斗,敢在长江高水位时迅速封堵决口,你们创造了世界抗洪史上的奇迹。

水利专家张春园充满沧桑感说:"历史上长江决口没有人能堵住,今年仅用5天就封堵,15天就严丝合缝、滴水不漏,真是世界奇迹!"

整整 5 天 5 夜风餐露宿在大堤上的第 31 集团军军长林炳尧感慨地说："这不亚于打一场高技术条件下的局部战争，是我当兵 35 年来最苦最累的一次！"

## 鱼水情谊的军民关系

抗洪抢险期间，各部队注重做好拥政爱民工作。先后为灾区捐款 100 多万元，衣物 15 万件，粮食 30 多万公斤，帐篷 200 多顶，派出医疗队 160 多支，救治群众 3 万余人。军分区积极开展向灾区献爱心活动，全区官兵和职工先后 2 次捐款 14 万多元，衣物 5000 余件。军分区又积极与水利、交通等有关部门及部分被水淹没的厂矿企业联系，协调抗洪部队为地方抢修了许多水毁工程、公路、桥梁、通信、电力等设施；为市区街道、学校及上百家企业清理环境卫生，整修擦拭了部分机器设备、校舍桌椅等设施；帮助农民搭建临时住用帐篷、清整水毁耕地、排除农田积水、改种经济作物等恢复生产重建家园工作。

抗洪期间，江湖堤上到处迷彩色，一片国防绿，但在市区繁华的街道上，却难得见到一个散兵，军车也绕道而行。部队在紧张战斗之余，利用休整间隙到受灾单位助民劳动，清除淤泥垃圾，擦拭受水浸泡的机器，帮助恢复生产，或上车站码头帮助打扫卫生，扶老携幼，热情为南来北往的旅客服务。全国闻名的"硬骨头六连"所在的全团官兵，目睹受淹群众饮水困难，仅一次就捐出 2.5 万元。九江市捐赠办公室还收到一笔 1 万元捐款，署名为"红 1 军 1 名军官"。后经查明，是某高炮团军医胡雪峰从杭州驻地出发时，就和妻子商定将钱打入牡丹卡带至九江悄悄捐献。对地方各县送来的众多慰问品，前指明确规定，部队一律不能接收，实在谢绝不了的，接收后转送灾区人民群众。据统计，参加九江抗洪抢险部队共向九江灾区人民捐赠 31.45 万公斤大米、9 万件衣服，人民币 162.9 万元。驻浙某红军 3 团规定官兵因办急事，确需坐出租车、打电话，必须如数付钱，不差分厘。

江洲抢险之后，南京军区副政治委员雷鸣球乘"庐山号"慰问船，代表数万子弟兵慰问洲上灾民。政治部副主任王长贵、第 1 集团军副政治委员高武生、第 31 集团军副政治委员王健和南昌陆军学院副院长秦联柱、九江军分区政治委员马永祥同行。雷鸣球代表抗洪官兵向灾民赠送 45 吨大米与 5000 双旅游鞋，并派出 4 支医疗队给灾民治病。

8 月下旬，抗洪部队出动兵力 12 万人次、车辆 3900 台次，拆除子堤 31 千米，清理垃圾 2 万余吨，淤泥 5.8 万平方米，打扫厂房 5.2 万平方米，清扫环境卫生 143 万平方米。

9 月 1 日，新学年开学在即。在此之前，九江市委、市政府已向省政府、省教委打了推迟 10 天开学的报告，以保证借住学校的抗洪官兵有一个安稳的生活休息场所。江西省省长舒圣佑曾到九江专访南京军区副司令员董万瑞、副政治委员雷鸣球，说无论如何不能让抗洪部队到野外宿营。军区领导在感谢地方政府的同时表态：军令已出，决不收回。雷鸣球通过九江电视台向市民解释："九江受灾，荒了农田，可不能再荒了孩子！"

8 月 26 日，一夜之间，2.5 万多名抗洪官兵从九江 34 所大、中、小学校全部悄然撤出，并将驻所打扫得干干净净。市民一早醒来，见官兵住在体育场新搭的绿色帐篷里，帐篷低矮闷热，地面潮湿，无不热泪盈眶。27 日夜晚一阵雷雨，第二天早上就有居民赶到体育场为子弟兵开沟排水，送上一桶桶绿豆汤。

9 月 1 日，九江市所有学校如期开学。各部队还派出官兵为 18 所学校进行军训，训练入学新生 5500 余名。

军爱民，民拥军。自 7 月下旬各抗洪部队先后进驻始，九江立即由市政府代市长刘积福、军分区政治委员马永祥及有关职能部门领导组成的支前协调小组，启动战时动员体制，有组织、有计划地开展拥军支前工作。7 月 27 日夜，市支前协调小组紧急召开抗洪部队支前工作协调会议，区分支前保障任务，明确保障职责，研究保障措施。市委、市政府做出支前的 10 项特别优惠规定，对抗洪部队的吃、住、行、医、联等各方面进行周密安排。要求各部门、单位、行业一定要克服各种困难，不问价钱、不提金钱、不讲条件，集中现有人力、财力和物力，为支援九江抗洪部队排忧解难。会议决定为抗洪官兵每人每天补助 5 元钱生活费,以保证官兵超强度作战恢复体力的需要。学校、企事业单位纷纷腾出房舍,供官兵们宿营,并自发送生活用品。特别是抗洪关键时刻,市民们组织多种类型的拥军服务队,到抗洪一线为部队官兵搞好后勤保障。据统计,全市由政府各部门、各行业组成的拥军服务机构90多个,以街道、家庭、下岗工人、出租车司机、个体户组成的拥军服务小组300多个。

市粮食局迅速成立6个临时军粮供应站,按军供质量标准、数量,紧急调集4万公斤优质大米,1万公斤面粉,并组织力量送到部队驻地。所有的农贸市场开设军供点,以优惠25%的价格供应部队。卫生部门抽调90多名医务人员,深入一线为官兵送医送药。水电部门为部队突击铺设自来水管,安装洗澡水龙头、电风扇,并采取一切调控手段,保证部队驻扎点24小时不停水、不断电。电信部门无偿为部队安装74部程控电话,特供20部数字移动电话,确保抗洪部队通信畅通。石油公司派出2台移动加油车,为抗洪部队车辆巡回加油。公交公司实行军人乘车一律免费,军车修理按成本计费。文化教育部门多次组织文艺宣传队,深入部队驻地或抗洪一线演出。许多单位还购买食品、饮料等物品,送到抗洪一线慰问官兵。许多女干部、女市民自发组织起来,到部队驻地为官兵洗衣做饭,缝制垫肩。许多医务人员自发购置药品,利用休息时间为官兵看病义诊。许多市民自发买西瓜、矿泉水,熬稀饭、煮绿豆汤,送上大堤慰问官兵。一些寺庙僧尼买来解放鞋、毛巾等慰问品,甚至还上堤为官兵祈祷平安。

7月31日,长江堤16号闸出现险情,某部抗洪官兵奉命上堤抢险,由于部队紧急行动,后勤一时跟不上,13时,战士们还没吃上一口饭。春安里居委会和坝围里居委会居民得知后,立即买来了300多个馒头送到堤上,但战士们忍着饥饿没有一个人肯吃。50多岁的孙慧芬大妈找到连长,问连长是哪年出生的。连长如实回答是1968年出生的。孙大妈说:“我儿子和你同年的,你到了九江,你就是我的儿子,哪有儿子不吃母亲东西的?”连长不再坚持了,命令战士们分吃馒头。看到战士们吃了,孙大妈这才心疼地松了一口气。

战士们每天用肩扛着沙包,堵决口,堵泡泉,衣服破了,肩膀也磨出血了。孩子都是妈的心头肉,梅绽坡居委会主任胡琼大妈,看在眼里,疼在心里,组织人员抢时间连夜缝制180副坎肩,送到抗洪堵口某部,部队长王宏握着胡大妈的手说:“谢谢,谢谢父老乡亲!”

老马渡片区78岁的退休职工林棠枝,不顾年老体弱,带着女儿、儿媳买来半边猪肉、几箱鸡蛋、咸蛋,租2辆出租车,直奔驻浙某部炮团营地,为部队服务。

防洪大堤官兵中暑,战地诊所一时人满为患。浔阳区湓浦街道新城门居委会主任沙福兰听说民间刮痧对治疗中暑有效,便请来74岁的杨桂英婆婆,用民间土方为官兵们解暑,果然效果显著。轻度中暑者经过刮痧很快恢复了体力,即可投入战斗。一位山西籍的大个子战士中暑后,嘴淌口水,杨婆婆赶紧给这位战士刮痧。后送医院治疗,医生都说,幸亏刮痧及时,否则就会有生命危险。一时间,战士们都喊杨桂英为“杨军医”。

在大街小巷私营店铺门前,出现“对抗洪将士优惠”等字样招牌,“免费乘车”“免费理发”“免费修表”“免费补鞋”“免费饮茶”等拥军广告成为街头一景。

8月8日,第1集团军某师某团200余名官兵增援九江,驻育新小学。住在学校附近的胡美珍大娘将家务交给老伴,每天一大早就来到营区,为抗洪官兵们买菜洗衣做饭送水,天天和炊事班的战士一起忙碌,只要知道部队官兵缺少什么,马上就会想办法弄来。8月13日,抗洪官兵连续在堤上奋战了5天5夜,看到满身泥泞的官兵,她心疼得把战士们一个个都拉到家里淋浴。附近居民也都纷纷打开家门,让出浴室。官兵们感动地对她说:“您都成了我们的后勤兵了!”

9月15日,参加抗洪抢险部队官兵开始分7批班师回营。是日凌晨4时九江万人空巷,市民从四面八方汇集在子弟兵将要经过的十里长街早早等候。6时10分,一辆辆军车满载着整齐列队的子弟兵,由长虹北路、浔阳大道经“凯旋门”,向九江西站进发,行进车队上打出“军队打胜仗,人民是靠山”的巨幅,一路上,彩龙飞舞,人潮如涌,在军车撤离的道路两旁,父老乡亲兄弟姐妹挥泪相送,鲜花、水果、糖果糕点、矿泉水一起塞向车内。九江搭建的“凯旋门”高悬鲜红对联“战洪魔军民并肩决战决胜　送亲人鱼水深情难舍难分”。充分展现了新时期构建的更加亲密、更加融洽的军民情感。

一位名叫朱贤忠的 80 多岁的老红军也赶来为抗洪将士送行。他 1935 年参加红二方面军，跟着贺龙进行二万五千里长征。他拉着抗洪英雄翟冲的手说：“我当过红军，当过八路军，也当过解放军，除了在遵义看见人民群众送迎红军，在北京看到解放军入城时有过这种欢迎场面外，多年来没有看到，今天我看到了。看到了你们把老红军老八路的作风和传统又带回来了，非常高兴！我一大早从家里走了几里路来，就是想看看你们。”8 时 50 分，列车缓缓启动，车上的军人和站台上的市民告别的手在空中舞动。人们还唱起了《咱当兵的人》《说句心里话》《十送红军》等歌曲，小学生们追着列车噙着泪水喊着解放军叔叔，整个浔城沉浸在鱼水深情的氛围之中。

## 抗洪精神的提出与弘扬

1998 年 9 月 4 日，中共中央总书记江泽民一大早就冒雨来到永修县郭东堤慰问灾民，中午又赶到九江城防堤堵口大坝处和月亮湾社区视察，下午在九江宾馆举行会议，发表《发扬抗洪精神，重建家园，发展经济》的重要讲话，当晚中央电视台新闻联播播出会议消息。

江泽民在讲话中指出：“面对发生的严重灾害，江西广大干部群众坚决贯彻中央决策，团结奋战，克服种种困难，取得了抗洪抢险的重大胜利。特别是在九江市防洪墙发生决口的危急关头，广大军民临危不惧，全力堵口，终于取得了成功，创造了奇迹，中央对你们抗洪救灾的工作给予充分的肯定和高度的评价。”

在这次讲话中，江泽民提出“万众一心、众志成城，不怕困难、顽强拼搏，坚韧不拔、敢于胜利”的伟大抗洪精神，并在 9 月 28 日召开的全国抗洪抢险总结表彰大会上再次阐述抗洪精神的伟大意义。

一个国家发生灾害并不可怕，关键是这个国家的人民有没有战胜灾害的意志、能力和精神。“九八抗洪精神”之所以能够引起大冲击大震动，是因其有鲜明的时代精神，是我们民族最美好最高贵思想品格的集大成。《人民日报》的评论指出，“九八抗洪精神”的实质是以公而忘私，舍生忘死的共产主义精神为灵魂；以人民利益国家利益全局利益至上的大局意识为核心；以团结一致，齐心协力，一方有难，八方支援的社会主义大协作精神为纽带；以不怕困难，不畏艰险，敢于胜利的革命英雄主义精神为旗帜；以自强不息，贵公重义，艰苦奋斗，同舟共济，坚韧不拔，自强自励等传统美德为血脉为营养。它使我们看到，美好的品格和行为一旦集中起来会是多么壮美。亿万人民的力量一旦集中起来会是多么强大。毫不利己专门利人的中国共产党人的情操一旦和中华民族的传统美德结合起来，会把我们的民族品格带向一个多么光辉灿烂的境界！

伟大的“九八抗洪精神”体现的是一种国家意志，国家精神。可喜的是，这是中共中央总书记在九江视察后提出，而且九江又是全国抗洪抢险斗争的一个万众瞩目的焦点。因此，九江人对抗洪精神倍感亲切，在今后的岁月中更应带头弘扬伟大的“九八抗洪精神”。

# 九江学院组建纪实

白鹿洞幽,濂溪水长,五柳湖绿,爱莲池香,文脉承千年的学府,育才经百年的沧桑……

每天,这首歌词典雅、旋律优美的校歌就会响彻九江学院校园每个角落,激荡和鼓舞着万千青年学子求知向真的志气与心胸,诉说和承载着文化浔阳千百年的沧桑与荣光。

2002年1月9日,全国高校设置评议委员会在桂林会议上全票通过,同意由九江财专、九江师专、九江医专和九江教育学院4校合并组建地方综合性本科大学——九江学院。消息传来,浔阳大地顷刻春潮涌动,群情振奋。人们欢呼雀跃,奔走相告,九江人有自己的本科大学了!

而这一刻,450万九江人民已经等待得太久了。

## 九江百年高等教育回眸

九江素以文化名城著称于世,文化教育的历史源远流长。濂溪学堂、白鹿洞书院延续千年,名传海内。九江作为通商港口城市,得时代风气之先,早在清末民初时期,九江就开始创办现代教育的征程。法国与美国的基督教会竞相在九江创办学校。清光绪二十七年(1901),美国基督教会卫理公会在九江创办但福德护士学校。

光绪三十一年(1905),教会学校同文中学增设大学部,光绪三十二年定名九江南伟烈大学,这是九江地区第一所普通高校。学校开办12年,于1917年停办,学校改名南伟烈中学,是为后来的九江二中(同文中学)前身。嗣后因战乱频仍,民众播迁,九江高等教育陷入停顿。

新中国成立以后,九江高等教育迎来新的发展机遇。1958年,在"鼓足干劲,力争上游,多快好省地建设社会主义"总路线指引下,教育行业也出现"大跃进"的局面。当年1月,经中共九江地委决定,在九江师范学校、九江医士学校、九江第一高级中学的基础上分别创办九江师专、九江医专、九江工专,此外,九江农专、修水大学、武宁大学和永修大学等普通专科学校相继创办,并参加同年全国部分省、市秋季联合招生。1959年1月,中共九江地委根据中央对新办高等学校整顿巩固的指示,决定将九江师专、医专、工专合并,成立九江大学。2月,九江大学正式成立。九江大学成为九江地区有史以来的第一所综合性高等专科学校。校本部设在先后曾为同文书院、南伟烈大学的九江市第二中学校园内。九江大学医学科设在九江医士学校。

1959年4月,中共九江地委决定,将1958年"大跃进"中创办的永修大学、武宁大学、修水大学撤销,部分并入九江大学。九江大学组建时设有3个科7个专业:工科有化工、机械、纺织;师范科有文史、数理专业;医疗科有医疗、中医专业。由于新成立的九江大学校舍不足,又缺乏必要的设备与师资,所开设3个科一直未能在统一的九江大学校区内办学。医疗科学生上课与住宿仍在九江医士学校,生活、学习颇为不便。因此,1959年12月,省委决定撤销九江大学医疗科,成立九江医学院,故九江大学实际开设 2 个科 5 个专业。

九江大学学制为 2 年制。工科以培养具有社会主义觉悟、能理论联系实际进行生产设计和指导生产的实用型高级工业技术人才为办学目标;师范科以培养忠诚于党的教育事业、又红又专的初级中学教师为办学目标。

至 1962 年春,九江大学在校生 336 人,其中工科 194 人,师范科 142 人。学校创办初期,从南昌地区高校调入部分教师。至 1962 年,学校共有教职员工 40 余人,其中副教授 2 人,讲师 12 人。学校初创时,建有教学大楼 2 幢,教室 42 间,学生宿舍 300 平方米。学校图书馆藏书近 10 万册,教学设备基本上能适应教学需要。

1961 年 10 月,遵照中央关于调整国民经济发展的新精神,江西省人大常委会提出《关于我省全日制高等学校调整意见》,九江大学工科被撤销。1962 年 8 月,全国高等院校进一步调整。九江大学撤销停办,部分师生和教学设施并入江西省宜春师专。同时,九江医学院更名九江医专,将赣东北大学医疗系在校学生和部分教师转入九江医专,撤销九江医士学校。

九江大学撤销后,九江医学院坚持办学,直至 1968 年"文化大革命"期间被撤销。十年"文化大革命"期间,在"左"倾思潮影响下,全国教育事业遭受重挫,九江高等教育几乎完全陷入停顿。

1976 年,随着"文化大革命"结束,中国进入新的历史进程。中共十一届三中全会后,九江高等教育事业得到迅速恢复和较大发展。

1977 年 10 月,根据省政府有关指示精神,江西师范学院九江分院在原九江师范三里街分部基础上重新组建。1978 年 4 月 25 日,经国务院批准,正式定名九江师范专科学校,后按国家教委关于高校名称的有关要求,定名九江师范高等专科学校。1977 年 7 月,江西医学院九江分院成立,1984 年 8 月 23 日学校正式定名为九江医学专科学校。1985 年 8 月,九江师专和九江医专确定为副地级建制。

1981 年 9 月 21 日,中国人民解放军总后勤部决定,利用江西省军区原独立师三团营区组建中国人民解放军企业干部学校,为中等专业学校。学制两年,主要培训军队工厂的计划统计、财务会计、劳动工资、物资管理等基层企业管理干部。

1986 年 3 月 18 日,经国家教委批准,在原九江市教师进修学校基础上组建的九江教育学院正式成立,全国人大常委会副委员长许德珩为学院题写校名。九江师专复校以后,逐渐发展成为一所师范教育与非师范教育并举的高等师范院校。1988 年,九江师专因"办学方向端正,办学条件基本具备,办学效益高",被国家教委列入首批表彰的全国 26 所先进师专行列(全省仅此 1 所)。2000 年,学校被国务院侨办确定为全国首批华文教育基地。九江医专一直致力于培养各级各类医药卫生人才,为九江医药卫生事业做出突出贡献。1986 年,九江医专被卫生部确定为全国医专教育改革联系点,进行医学专科教育改革试点工作,取得突出成果,先后两次获国家级优秀教学成果奖。

作为中等专业学校,九江企业管理学校取得骄人成绩。1992 年,省政府批准 15 所学校为江西省省部级重点中专学校,九江企业管理学校名列其中。1994 年 3 月 31 日,国家教委批准在九江企业管理学校基础上建立九江财经高等专科学校,并于当年批准学校面向全国招收大专生。

九江教育学院在提高九江市初中在职教师、教育行政干部的政治、文化、业务水平和教学能力等方面,做出积极贡献,多次被省教委评为"师资培训先进单位",成为九江市中小学干训、师训中心。

随着九江师专、九江医专先后复校,解放军企业管理学校(九江财经高等专科学校前身)、九江教育学院、江西大学共青职业学院、九江职业大学等高校如雨后春笋般先后创办,短短十几年间,九江地区的高等教育就呈现出一派百花竞秀、生机盎然的景象。

## 创办本科大学的坎坷圆梦路

九江高等教育的快速发展,也是全国高等教育大发展的缩影。与九江隔江而望的安庆、黄石、黄冈,先后办起本科院校,而在省内,作为江西南大门的赣州,已经有3所本科院校,而反观作为北大门的九江,不仅没有1所本科院校,而且高校布点多、规模偏小、办学分散,不便于集中财力、互补优势。无论从地理位置、交通条件,还是文化底蕴来说,九江在全国都享有名气。尤其是九江素以"文化名郡"负有盛名,没有一所本科层次的高等学府怎么也说不过去。九江人民坐不住了,从民间到政府,从高校到地方,九江应有一所综合性的本科大学的呼声日渐高涨起来。

早在1984年,九江籍著名政治活动家、教育家、爱国人士,全国人大常委会副委员长许德珩就向九江有关方面建议加快高教发展步伐,组建本科院校,并欣然题词九江师范学院。其后,省委、省政府领导十分关注九江的高等教育,多次进行视察,并把组建九江学院纳入全省经济社会发展规划和高等教育管理体制改革及高校布局调整方案中。

进入20世纪90年代,中共九江市委、市政府加快申办本科院校的步伐。1993年,市政府以〔1993〕43号文向省政府请示,恳请建立九江大学。1994年12月,市委、市政府召开全市教育工作会议,把发展本科教育纳入九江市2000年教育发展规划。1995年5月8日,市长戚善宏率队为组建本科院校事宜专程视察九江师专。在听取学校工作汇报后,戚善宏指出,教育发展与经济发展必须同步,九江这样一座开放开发城市,必须创办一所文、理、工、医、农、师门类齐全的综合性大学。九江师专创办18年来,取得良好成绩,为九江市教育事业和经济建设培养一大批人才,学校的基础设施、师资水平都是不错的,这些方面已经基本具备了申办本科院校的条件。以当时情况来看,要以九江师专为基础办好九江大学,下大力气拼命搞上去,争取1997年秋季挂牌招生。九江师专汇报升本存在的主要问题,一是土地面积不足,本科学校要求达到20公顷;二是办学规模不够,在校生要达到3000人。对于解决校园面积不足问题,市长戚善宏当场明确表示:一是把师专校园东侧与长虹北路之间的预留地和校园后面的一片洼地先行征用,二是协商把商业干校并入九江师专。其他问题要求市有关部门予以大力支持,协调解决。副市长康晋益及九江市教育局、计委、经委、财政局、商业局、粮食局、土管局的领导与九江师专党委书记欧阳毛荣等领导举行专门会议。会上,副市长康晋益提出创办九江大学的意见,并希望与会的各部门领导大力支持,早日打破九江无综合性本科大学的现状。同年7月,市第七届党代会上,市委、市政府进一步确定在现有高校基础上发展本科教育的目标,正式将组建一所综合性本科院校列入"九五"发展规划和2001远景计划。同时,将建立九江师范学院列入市九五规划和2010年发展规划。1998年11月24日,代市长刘积福主持召开市长办公会,专题讨论申报建立九江师范学院问题。副市长余秉绶、杜万安、陈晖、吕明,市政府党组成员曹志平,市长助理刘元国、林耀兴出席会议。参加会议的还有市人大副主任康晋益、市政协副主席周仰文、九江师专党委书记欧阳毛荣等。会议决定:以九江师专为基础,合并九江职业大学,九江教育学院,建立九江师范学院。市政府投资1亿元用于九江师范学院建设,分5年完成。随后,市政府以《关于以九江师专为基础建立九江师范学院的请示》文向省政府请示,申请组建九江师范学院;同时印发《关于九江师专、职大、教育学院3校合并建立九江师院的实施意见》,部署推进申建工作。1998年11月30日,根据省政府指示,省教委委派江西省高校设置委员会专家组到市对九江师范高等专科学校、九江职业大学、九江教育学院3校合并建立九江师范学院的可行性进行考察。经实地考察,省高校设置委员会专家组一致认为,九江市3校合并建立九江师范学院,基本条件具备,时机成熟,具有可行性。省教委在此基础上进行研究论证,同意九江3校合并组建九江师范学院,并向省政府呈交关于九江师专、职大、教育学院合并组建师范学院的可行性报告。省政府经研究,于12月4日批准九江市政府的请示,并致函教育部申请将九江师专、职大、教育学院合并建立九江师范学院。此次申办工作,因故未获批准。但是,市委、市政府不气馁、不放弃,坚持以百折不挠的决心和勇气继续推进申办本科院校工作。

1999年12月,市委、市政府遵照高教体制改革精神和省高校布局调整部署,从现实性与前瞻性的统一出发,重新调整申办思路,决定将九江财专、九江师专、九江医专、九江教育学院合并重组,开辟新的大学校园区,建设一所具有现代性的综合本科院校,并成立以市长刘积福为组长的申报筹备工作领导小组,设立申办筹备工作办公室,高位推进申建工作。2000年7月20日,市政府牵头组织在九江财专召开九江市申报本科院校协调会。副市长杜万安主持会议,4 校党委书记、校长及市政府副秘书长胡四珊、教委主任欧阳春等参加会议。当晚,副省长胡振鹏在九江宾馆主持召开九江市申报本科院校座谈会。副省长胡振鹏强调,九江要申报一所全日制综合性的本科院校,已经省政府、市政府研究决定,从现在开始各项工作要紧锣密鼓地进行,确保当年 11 月在长沙召开的高校设置评审委员会会议上一次评审通过。10 月 14 日,副省长胡振鹏、教育部事业规划司司长纪宝成等在省教委相关人员陪同下到浔考察九江学院筹建工作。但是,这次申报工作又一次令人失望。2000 年 9 月,市政府再次以《关于组建九江科技学院的请示》文请示省政府,请求将九江财专、九江师专、九江医专和九江教育学院合并,并在此基础上组建一所包括工学、理学、管理学、经济学、医学、师范和文学艺术等学科,普通高等教育与成人高等教育并存的多学科、多层次、多规格综合性高等院校,校名为九江科技学院。学校体制实行军地共建,省市共建,以九江地方管理为主, 并请省政府列为全省重点建设项目。市政府的请示获得省政府的高度重视。9 月 15 日,省政府副省长胡振鹏,教育厅厅长漆权、副厅长洪三国在九江市政府副市长杜万安等的陪同下视察九江财专等校,对申办工作进行指导。9 月 19~20 日,受省教育厅委派,以南昌大学教授王仲才为组长的省高等学校和专业设置评议委员会专家组赴九江考察九江财专等 4 校,并向省教育厅提交《关于组建九江科技学院的考察报告》。考察报告认为,九江财专等 4 校在长期办学实践中,积累较丰富的办学经验,教学和科研取得良好的成绩。4 校合并后,从办学规模、师资力量、校园占地面积、校舍建筑面积、教学仪器设备、图书资料等指标来看,办学条件已基本达到国家规定的本科院校设置标准,专家组一致建议省政府向教育部申报。省教育厅随即向省政府提交《组建九江学院可行性论证报告》。报告认为,组建九江学院是调整江西省高校布局,改革高等教育管理体制,发展江西省高等教育事业的必然要求;是全省社会经济持续协调发展的迫切需要,也是继续为军队后勤系统培养人才的需要;是树立和优化九江文化形象,建设历史文化名城,优化投资环境的现实需要。报告指出,九江综合经济实力不断增强,为建立九江学院提供了必要的财力保证;九江的基础教育扎实,为建立九江学院创造有利条件;九江发展本科教育的共识已经形成,为建立九江学院奠定思想基础和社会基础;4 校合并重组九江学院的基本条件已经具备。报告同意九江市将 4 校合并组建九江学院的意见,请省政府审定并报教育部批准。9 月 26 日,省政府即发《关于同意九江恳请批准组建九江科技学院的函》给教育部,商请组建九江科技学院。省政府公函得到教育部的高度重视,九江科技学院被列入评审考察对象。12 月 4 日,受市长刘积福委托,副市长杜万安、宋才火在市规划办主持召开九江科技学院征地工作协调会。会议明确九江财经高等专科学校作为九江科技学院院本部。2001 年 7 月 17 日,根据教育部和教育厅关于新建本科院校命名的有关精神,九江科技学院申报筹备领导小组第二次会议确定校名为九江学院。7 月 19 日,副省长胡振鹏率队到浔就九江学院申办情况进行考察指导,对申报准备工作提出具体细致要求。8 月 24 日,省教育厅副厅长洪三国一行到浔考察指导申办九江学院工作。洪三国听取九江财专校长黄保强汇报,对学校申办准备工作表示满意。

2001 年 9 月 3 日,以国务院学位办主任谢桂华为组长的教育部专家考评组到九江,对九江市申办本科院校工作进行为期 3 天的考察评估。考评组成员还有北京大学高教研究所所长魏新,江苏省教委原副主任冒瑞林,教育部发展规划司办公室主任刘昌亚。陪同考察的省、市领导有:省教育厅副厅长洪三国,九江市委副书记严晴瑞,副市长杜万安,副秘书长胡四珊,市教委主任欧阳春等。经过 3 天实地考察,9 月 5 日下午,专家组向九江市委、市政府反馈意见,认为:在考察期间深深感受并完全理解省、市和 4 校教职工对组建本科院校的强烈愿望和要求,也相信九江举全市之力圆本科院校之梦的信心和决心。九江组建本科院校很有必要,且 4 校各有优势,各有特色,组建条件已基本具备。省、市政府和省教育厅高度重视,4 校领导和教职工认识统一,专家组一致同意 4 校合并本科院校并写出考察报告提交全国高校设置评议委员会审议。专家组还对九江市组建本科院校提出一些意见和建议。在听取专家组反馈意见后,市委书记刘上洋、市长刘积福表示,要按照专家组意见和建议把组建本科院校工作做好,争取尽早挂牌成立,圆九江人创办本科院校之梦。

2002年1月6~9日,全国高校设置评审委员会第三届五次会议在广西桂林召开。市委、市政府十分重视,派遣副市长杜万安、副秘书长胡四珊、教委主任欧阳春、教委副主任胡建明和九江师专副校长魏寒柏等一行前往桂林,向会议提交《组建九江学院申报材料》。9日,九江学院经全国高校设置评审委员会评审获得通过。消息传来,庐山起舞,鄱湖放歌,长江奔腾,整个浔阳城轰动了。无论是街头巷间,还是报章网络,九江人民众口热议的都是九江人自己的本科大学——九江学院!九江师专年过八旬的老教授詹八言听闻喜讯后,即刻写下古体诗《学校升本通过评委表决喜赋》,诗序说道:“廿年积郁,一旦得伸,快何如之。”从1984年动议组建九江师范学院,到2002年九江学院申建成功,九江人民心心念念的本科大学梦历经18年终获梦圆!

2002年3月5日,教育部以《关于同意九江财经高等专科学校等四所高校合并组建九江学院的通知》,批准同意九江财专等4所高校合并组建本科层次的九江学院。12月18日,省政府正式批复九江市政府,同意将九江财经高等专科学校等4所高校合并组建九江学院。至此,九江学院申办工作宣告圆满结束。

## 九江学院组建与逐步完善

2002年,合并初期的九江学院有4个校区,校园面积54公顷余,在校学生1万人,教职工1400余人。对于这样一所新建大学的发展建设,九江人民寄予极大的希望和期盼,省市领导给予了高度的关注和支持。

2月5日,省委书记孟建柱在省委常委、秘书长陈达恒,副省长朱英培,市委书记刘积福,市委副书记、代市长王忠武等陪同下到九江学院本部视察。在实地考察和听取学校工作汇报后,孟建柱提出“一定要把这所学校建成‘教育质量一流、管理水平一流、教学设施一流’的大学”。6月23日,副省长胡振鹏来校视察指导工作。胡振鹏非常关心九江学院发展建设,在九江学院申办期间,多次过问申办事宜,多次来校视察指导工作。9月12日,省委常委、组织部部长董君舒在省教育工委副书记李小南、市委书记刘积福、宣传部长程来安陪同下,代表省委省政府来校看望全校教职员工,对广大教师致以第十八个教师节的节日问候。董君舒说,在省党代会上孟建柱书记提出江西要在中部地区率先崛起,九江提出在江西率先崛起,率先崛起靠什么?关键靠人才。九江学院是江西北部发展势头最好的大学,承担着为地方经济社会发展培养人才的重任。董君舒勉励九江学院教职工志存高远、爱国敬业,为人师表、教书育人,严谨笃学、与时俱进,向一流水平迈进。11月26日,省委副书记、纪委书记傅克诚在市委书记刘积福、市长王忠武、市委副书记林兴富等陪同下到校视察。傅克诚要求学校按照孟建柱书记提出的办学要求努力工作,走特色发展之路。

2003年2月4日,共青团中央第一书记周强在市委书记刘积福、市委副书记林兴富、胡绍生等陪同下,到校参观考察和指导工作。3月26日,省委副书记、常务副省长吴新雄在市委书记刘积福、市长蔡晓明、市人大常委会副主任甘智德、副市长冯静、张华等陪同下到校考察。4月18日,教育部副部长张保庆、教育部规划司司长牟阳春、财务司副司长崔邦焱在省政府副秘书长郑克强、教育厅厅长漆权、副厅长洪三国、九江市副市长陈晖等陪同下考察校本部。吴新雄希望学校加快建设,提高办学水平。6月5日,省政协副主席黄定元在市政协主席史之汉、政协副主席杜万安陪同下到九江学院参观考察并指导工作。

2004年5月28日,全国人大常委会副委员长李铁映在省委书记孟建柱、市委书记刘积福等陪同下参观考察九江学院,欣然题词“欲为天下先,难得大聪明”。

九江学院获准教育部批复后,为加快九江学院合并组建步伐,加强4校工作协调,省委任命九江市委原常委、宣传部部长吴宣友为九江学院党委书记。市委、市政府专门成立九江学院筹备领导小组,由市委书记刘积福担任组长,市委副书记林兴富、九江学院党委书记吴宣友、副市长陈晖担任副组长,成员有黄保强、欧阳毛荣、熊才水、胡四珊、魏寒柏、胡建民、王文轸等,领导小组下设办公室,九江财专校长黄保强任办公室主任。

2002 年 4 月 19 日，九江学院在院本部召开首次 4 校联席会议，市领导刘积福、严晴瑞、程来安、杜万安到会并讲话。九江财专、九江师专、九江医专、九江教育学院 4 校领导参会。新组建的九江学院实行党委领导下的校长负责制。刘积福希望学院今后在院党委领导下，加大工作力度，缩短磨合期，有世界眼光和开放精神，要把九江学院办成江西一流大学，为九江在江西率先崛起打先锋，当好排头兵。九江学院党委书记吴宜友要求参加组建的 4 所高校要增强整体意识和大局意识，必须尽快转变三个观念：一是从 4 校到 1 校观念的转变，二是从专科学校到本科院校观念的转变，三是从部队院校到地方院校观念的转变。

党委书记吴宜友到任后，九江学院围绕学院实质性合并，着手开展一系列前期整合工作。5~6 月，九江学院先后召开 4 校区领导、中层干部、教师、宣传思想工作座谈会，进行广泛的思想动员，强化各个校区、各个层面大局意识、整体意识，增强广大教职工“我是九江学院人”意识。其间，4 校区干部、教师积极为九江学院的合并发展建言献策，共商良计，进一步增进相互之间了解和共识。学校加大对外整体宣传力度。6 月 3 日，九江学院在院本部召开新闻发布会，邀请 10 余家省内外媒体、30 多位记者参加，有效扩大学院社会影响。学院加强上下沟通，成功争取首批 8 个专业招收本科生，也争取学院首次实施专升本招生计划。学院明确发展目标和近期主要工作，总体目标是按照省委书记孟建柱的要求，努力把学校办成一所“教育质量一流、管理水平一流、教学实施一流”的大学。

2004 年 5 月 18 日，江西省委组织部副部长张宝瑜，省教育工委书记、教育厅厅长漆权代表省委、省政府到校宣布校党政领导班子任命决定，万继抗任党委书记，黄保强任党委副书记、常务副院长，欧阳毛荣、熊才水任党委副书记，石荣国任党委副书记、纪委书记，涂明华、赵文杰、李炎生、吴桃娥任党委委员、副院长。

九江学院领导班子宣布之后，4 校整合工作立即有条不紊地展开。为了凝聚人心，实现顺利并校，学校于 5 月 27 召开整合动员大会。会议提出：一是统一思想，做到“四个增强”，即增强主人翁意识、增强责任感、增强紧迫感、增强自觉性。二是坚持“两个一”原则，全面推进整合工作，一切向前看，一碗水端平。九江学院整合工作总体目标是：凝聚人心，统一思想，平稳过渡，顺利并校。具体目标是实现统一领导、统一机构、统一制度、统一管理、统一财务、统一分配。

九江学院整合工作大致经历三个阶段：第一阶段，5 月 27 日至 6 月上旬，动员和摸底阶段。在此阶段，学院成立组织人事、财务、教学、后勤工作小组，开展调研工作，并在此基础上产生整合推进方案。第二阶段，6 月中旬至 7 月上旬，讨论修改和制定整合方案。在整合方案完善过程中，学院党委坚持走群众路线，经过 2 轮由上而下、由下而上的修改，共有 2000 余名教职员工参与方案讨论，集中集体智慧，在此基础上确定九江学院整合方案，包括干部配备方案。第三阶段，7 月中旬至 7 月底，进入实质性整合阶段。按照学院党委总体工作部署，8 月重点做好开学前教学方面各项准备工作，9 月实现“六个统一”。7 月 8 日，学院党委宣布九江学院党政中层机构设置及中层机构负责人，学院内设纪委、监察审计室等党政和教学、科研管理、辅助机构 34 个；二级学院、直属系 19 个；安排正、副处级干部 134 人。在干部、人事配备工作中，学院党委的指导思想是“一碗水端平，一把尺量准，一盘棋走活”，以人为本，尊重历史，兼顾现状，保持平衡。

在学科建设方面，学校根据地方、区域经济主导产业的发展，按照“文工结合、文理渗透、综合发展”的原则设置专业，并以学科梯队建设为龙头，实验室和实验基地建设为平台，重视项目建设。学院整合初期共有本、专科专业 140 个，涉及理学、工学、经济学、管理学、文学、法学、医学、教育学、农学 9 大学科门类；整合初期，原 4 校区 56 个系、部、研究所重组为 19 个二级学院和直属系，即：文化传播学院、理学院、会计学院、商学院、旅游学院、化学化工学院、土木工程与城市建设学院、机械工程学院、信息科学与技术学院、外国语学院、法学院、材料科学与工程学院、电子工程学院、医学院，以及生物系、体育系、艺术系、社会科学系和继续教育学院。

至 2004 年 9 月，学校的整合工作取得阶段性成果。全校机构、人员全部到位。9 月 1~4 日，学校迎来并校之后首届万余名新生。

2005年4月30日,省委调整学校领导班子。九江市委副书记项兆伦兼任九江学院党委书记;陈绵水任九江学院党委副书记、院长。

新的领导班子上任后,立即着手化解学校在整合过程中出现的矛盾和问题。校党委、行政从师生员工关心的问题入手,本着先易后难、先急后缓、分期分批的原则着手解决矛盾和问题。成立工作小组,梳理问题,接待来信来访,分解落实,研究对策,提出解决办法,督促检查落实;制定"事业留人,感情留人,一定的待遇留人"用人政策,稳定教师队伍;解决离退休教师"老有所养、老有所为,老有所乐"问题;在全校范围内公开选拔竞聘处、科级干部,创造优秀人才脱颖而出的良好用人环境;初步形成"五个一"办学理念,即:一个目标——办成名副其实的本科大学;一个中心——以教学为中心,实行人才、分配、投入向教学倾斜;一种精神——以人为本,努力构建和谐校园,追求知识,努力培养学术氛围;一支队伍——建立一支素质高、业务精、能力强、会做群众工作的干部队伍和雄厚的师资队伍;一条路线——走党的群众路线,保护、调动和发挥好全体师生员工的积极性。

在解决一系列历史遗留问题之后,学校党政领导立即把工作重心转移到学校的长远发展上。2005年至2006年,学校重点抓6个方面的工作:确立以人为本、以学生为本的育人观念,切实加强学生工作,努力建立信任融洽的校生关系;坚持党的群众路线,畅通言路,做艰苦细致的思想工作,着力解决实际问题,理顺情绪,凝聚人心;明确办成一所名副其实的本科院校的目标,牢固确立教学的中心地位,狠抓学风教风建设;注重大学人文与科学精神的培养,着力加强校园文化建设;初步建立一支灵敏的信息系统和令行禁止的动员系统,着力构建和谐平安校园;建立公平公正的用人机制,建设学习型、研究型、实践型的大学领导干部队伍。

2004~2005年,九江学院经历深刻而巨大的变化。良好的学风与校风已经形成,考研率、就业率有了大幅提高;推进教学改革有新的突破;建设和谐校园有明显的成效;实行民主治校形成了良好的氛围;一些涉及教工切身利益的事情得到妥善解决。2006年1月24日,省委书记孟建柱在得知九江学院发生的可喜变化后,做出批示,勉励学校再接再厉,开拓进取,取得新成绩。

2007年3月19日,由于学校党委书记项兆伦调任,省委再次调整九江学院领导班子:任命陈绵水接任学院党委书记,甘筱青任学院院长、党委副书记。九江学院的发展进入一个新的阶段。九江学院坚持以科学发展观为指导,遵循高等教育发展规律,坚持以人为本,以教学为中心,以育人为要务,注重文化建设与科技创新,不断优化结构、规范管理、提高质量、凝聚特色,为国家培养高素质的应用型人才,在人才培养、科学研究、服务社会和文化传承与创新等方面取得良好的办学成效。

2008年4月,九江学院以"良好"成绩通过教育部本科教学水平评估考察。专家组高度评价九江学院"自组建以来,学校领导和全校师生员工以推动地方经济建设和促进地域文化繁荣为己任,艰苦奋斗,锐意进取,积极拓展教育资源,着力加强内涵建设,努力推进办学规模、结构、质量、效益协调发展,大力推进学校规范化建设,不断提高综合实力,建设成效显著,为江西省特别是九江区域经济社会文化事业的发展做出积极贡献"。

至2010年12月31日,九江学院占地180多公顷,有主校区、浔东校区、庐峰校区、南湖校区4个校区,校舍面积120余万平方米,全日制在校生36000余人,办学规模在省内仅次于南昌大学。学院还设有1所直辖"三级甲等"附属医院,1所省重点附属中学。有专任教师1814人,其中有副高以上职称的620余人;有博士、硕士学位的近1100人;研究生导师38人;有江西省高校学科带头人和青年骨干教师等62人;江西省高校名师5人;入选江西省"百千万人才工程"第一、二层次人选12人。近年来,学校还特别聘请了100多位知名专家学者为学校兼职和客座教授。中国工程院袁隆平院士、程天民院士和中国科学院严陆光院士等学者受聘为学校名誉教授,中国科学院院士杨叔子教授受聘为名誉院长;中国科学院院士潘际銮教授受聘为学术委员会主任。学校有21个二级学院。设有经济学、法学、教育学、文学、历史学、理学、工学、农学、医学、管理学10个学科门类。有本、专科专业169个。有31个国家级、省级"质量工程”项目，包括特色专业、精品课程、人才培养模式创新实验区、教学团队、实验教学示范中心、教学示范课程等。有 6 个省级重点学科，8 个省高职高专示范专业，并设立“流域管理与生态保护”博士后科研工作站。

学校建有庐山文化研究中心、鄱阳湖生态经济研究中心、沿江产业开发研究中心、国际农村医学教育研究中心、会计与审计研究所、旅游发展研究所、数控技术研究所、土木工程勘察设计研究所、应用化学研究所等 28 个科研结构。学校大力推进“山江湖”学科建设工程，紧密围绕以庐山为地标的中华优秀传统文化、长江九江段的工业园及产业开发、鄱阳湖生态经济区建设，服务地方经济社会发展。2010 年，学校各类科研项目经费突破 2000 万元。

学校有各类实验室（中心）162 个。其中，7 个省级重点实验室及实验教学示范中心，1 个省高校人文社科重点研究基地，25 个中央与地方共建基础实验室、中央财政专项资金项目和高校特色优势学科实验室。现有教学科研仪器设备总值 1.92 亿元。建有庐山实习培训中心等校内外实习基地 200 余个。

学校计算机网络覆盖全校，实现教学科研、图书文献检索和办公管理的网络化；图书馆藏书纸质图书 280 万余册，电子图书 200 万册；设有 1 个中心馆，3 个分馆，新建的逸夫图书馆已落成启用。学校不断加强基础设施建设。教学楼、实验楼、图书馆、信息技术楼、田径运动场、田径运动馆、体育馆、游泳池、影剧院、学生活动中心等分布于各个校区。

学校重视引进国外优质教育资源，借鉴国外先进的办学理念和办学模式。至 2010 年已与美国、法国、英国、德国、爱尔兰、日本、俄罗斯、柬埔寨、泰国、新加坡、印度等 10 多个国家的高校与科研机构建立稳定合作与交流关系。每年招收来自世界各国留学生 200 余人来校学习医学和中文等专业。学校积极聘请外籍教师和邀请海外专家学者来校讲学，国际农村医学教育中心得到美国中华医学基金会大力资助，学校被列入江西省“定向培养乡镇卫生院医学人才”的高校。学校作为国务院侨办华文教育基地，积极参与海外华文教师培训工作；学校积极创办海外“孔子学院”，2009 年 12 月 22 日，同柬埔寨王家学院等合作建立的柬埔寨第一所孔子学院正式成立，国家副主席习近平出席该学院揭牌仪式，并誉之为“中柬人文交流的里程碑”。学校每年选派教师赴国外讲学，选拔学生赴国外实习和就业。

学校全面推进素质教育取得显著成效，“竞知向学、厚德笃行”校训不断深入人心；“濂溪讲坛”学术品味高尚，科学技术与人文精神交融，获得 2010 年“江西省高校校园文化建设优秀成果一等奖”；学校还建立省高校首个非物质文化遗产研究基地；学校连续两次获得“江西省文明单位”称号。近年来，在全国大学生数学建模竞赛、全国英语演讲比赛、全国大学生广告艺术大赛、国际大学生龙舟邀请赛、江西省首届本科院校辩论赛等赛事中均取得优秀成绩。学校重视毕业生就业工作，大力开展就业指导与推介，建立和扩大就业基地。毕业生受到用人单位好评。

# 武宁县林业产权制度改革纪实

## 一

武宁县位于赣西北，七百里修河自西向东穿境而过，九岭山脉逶迤于修河之南，幕阜山脉绵亘于修河之北，是一个“七山二水半分田，半分道路和庄园”的山区县。全县国土总面积3506.6平方千米，林地面积261102.9公顷，其中有林地239970.3公顷，森林覆盖率达72.1%，绿化率为74.8%，活立木总蓄积为10708439立方米。森林多为杉松混交、松阔混交、松油茶混交及杉、松、油茶、竹纯林。杉木是全县的主要用材树种，尤其是瓜源杉，以其优良的材质，享誉省内外木材市场。森林资源主要分布在九岭山和幕阜山区的边远乡镇，修河沿岸及人口稠密地区森林分布较少。林区产品多样，主要出产杉木、松木、杂木、毛竹、小山竹、茶油、桐油、茶叶、野生水果、野生药材、野生食用菌。其中，野生药材多达195种。全县保留下来树龄在200年以上的珍木古树369株。

新中国成立以来，武宁山林权属经历土地改革、合作化、“四固定”3次大变革。1981年，中共中央、国务院颁发《关于保护森林发展林业若干问题的决定》，确定山林权属；划定社员自留山；确定林业生产责任制。武宁县从1981年6月开始，在罗坪公社进行试点。林业“三定”调动千家万户造林的积极性，有效巩固和壮大社队林场，但也遗留不少问题。1985年，中共中央《关于进一步活跃农村经济的十项政策》做出木材开放的重大改革调整政策，武宁县积极响应，实行木材开放，但由于管理比较混乱，林区出现采伐失控的情况，影响林区正常的生产秩序。1988年，县委、县政府提出在全县范围内进一步完善林业生产责任制，即：统一管护、统一采伐、统一交售、统一分配、统一更新造林。“五统一”联合经营当时对于稳定林区生产秩序，抑制乱砍滥伐起到一定的作用。但由于走了回头路，重吃大锅饭，挫伤林区群众发展林业的积极性。

## 二

随着改革开放的不断深入和社会主义市场经济体制的逐步完善，江西集体山林的归属不清、权责不明、利益分配不合理、林农负担过重、经营体制不活、产权流转不规范等问题日益凸显，制约林业生产力的发展。为解决这些问题，增加林农收入、激活林农参与林业建设的积极性，促进林业生产力的发展，加快山区经济建设步伐，2004年8月27日，省委、省政府下发《关于深化林业产权制度改革的意见》，对林业产权制度改革的相关政策做出明确规定，武宁县被列为全省首批进行林改的7个试点县之一。9月20日，武宁县召开全县林业产权制度工作会议，正式启动林改工作。整个试点工作分为宣传发动、调查摸底、制订方案、确权发证4个阶段。历时8个月，2005年4月通过省林改办验收，林改试点各项任务基本完成。全县共完成踏界勾图和输机发证23.77万公顷，占应发证面积97.8%。2007年4月27日，中共武宁县委、县政府印发《武宁县林业产权制度改革补课完善巩固提高工作方案》;28 日,召开全县林改补课动员会,对前段改革进行补课,完善制度,巩固成果。2007 年 11 月,武宁县林权主体改革各项工作通过省级验收。

这次改革以"多予、少取、放活"为方针,以"明晰产权、减轻税费、放活经营、规范流转"为内容,实行"四个坚持",做到"五个确保"。主要做法有:①强化领导,精心组织。配强领导班子,将林改工作作为全县的书记工程,实行县、乡(镇)、村三级书记抓林改。成立县林业产权制度领导小组,负责全县改革工作的组织协调,处理改革进程中出现的重大问题。将林改工作列入全县目标管理考评,并层层签订责任状,建立林改工作责任追究制。配强工作班子,县、乡(镇)成立林改办公室,村成立林改工作小组,专门负责林改工作。配强督查班子,实行县 4 套班子成员包挂乡镇,每个乡镇有一名县领导负责,同时向各乡镇派出 21 个林改工作指导组,200 多名干部深入乡村督导林改。全县上下建立协调一致、整体联动的推动机制,构筑横向到边,纵向到底的工作网络,形成任务级级明确、压力层层传递,责任分明、奖惩到位的工作体系。试点期间,召开 8 次全县林改工作调度会,2 次现场会,组织 9 批林改培训,确保林改质量,加快林改进度。②宣传造势,发动群众。利用电视、板报、标语、简报、公开信等形式,开展林改政策宣传。组建林改政策文艺宣传队,制作林改专题电视栏目,及时报道各地林改工作经验和先进典型,最大限度地发动群众,真正做到家喻户晓,人人皆知。③把握政策,规范操作。严格按省委、省政府的要求,做到办事依法,操作规范。县林改办编制一整套林改工作程序,制定"乡(镇)、村、组林改工作程序"、"村(组)林改工作会议规范""山林界址踏界规范""山林权属争议调处程序"等 20 个林改程序规范文本。④全面踏界,认真勾图。分清山场界址,化解权属纠纷,是搞好这次林改的基础工作。武宁县坚持把踏界勾图作为林改中的重点难点,全力进行突破。全县参加踏界人员 8500 人,参加外业勾图的林业技术人员 100 多人,九江市林业局为支援武宁县林改,从本市各县抽调技术人员 37 人参加外业勾图。⑤严格审查,输机发证。输机发证是林改工作的最后一道工序。通过县、乡(镇)、村三级审核,确保林权登记质量。重新购置和多方调配,投入资金 20 万元,高质量配备输入设备,高标准聘用微机操作员 38 人。为了严把资料建档质量关,县档案局专门安排 2 名专业人员协助指导建档。全县共计发放林权证 13.5 万本,宗地 15.8 万宗。

武宁县的林改释放出巨大红利。林区更富了,林农热情更高了,林区社会更和谐了,林业系统发展空间更大了,真正实现"山定权、树定根、人定心"。取得显著的经济效益和社会效益。①减负增收,林农得到实惠。这次林改的主要目的就是多予少取,减轻林农负担。省委、省政府制定"两取消、两调整、一规范"的惠林政策,给广大林农带来巨大的经济利益,林农减负增收的成效十分明显。林改前武宁县林农销售杉木、松木的价位分别为 180 元/立方米、280 元/立方米,林改后分别达到 380 元、480 元,标准毛竹从 4.5 元/支上升到 10 元/支。按年计划 6 万立方米商品材和 100 万支商品毛竹计算,全县林农可增收 1750 万元,户平均增收 260 元,人均增收 60 元。重点林区乡镇增收更为明显,如新宁镇,人均增收达 790 元。这次林改,由于兑现惠林政策,林农得到实惠,因而参与改革十分踊跃,要求分山到户经营的热情很高,极大地调动广大林农退耕还林、发展林业生产的积极性。②权责明确,林区社会更稳定。这次林改的一项重要内容就是权交易中心作为配套改革的重要载体来抓,搭建林业产权交易平台、森林资源资产评估平台、木竹检量中介服务平台、林业科技与法律服务平台;开通林权登记管理窗口、林业综合服务窗口、林产品展示窗口;建立木竹及林产品交易市场。"一个中心"的建设,推动林业"六大体系"的进一步完善,森林资源管理体系、林业产业体系、林业投融资体系、林业科技服务体系、林业政策法规体系、林业保障体系不断规范,促进林业集约化、规模化发展。共办理林地、林木流转 52 起,面积 1.1 万公顷,交易额 2800 万元。县委、县政府与县农业发展银行、县信用联社制定林权证抵押贷款的操作办法和措施,向林农发放林权授信贷款和林权抵押贷款,全县林权贷款达到 1425 万元,涉及农户 300 多户,为林农发展林业产业起到了积极的促进作用。启动森林保险。林农为有效的保护、利用森林资源,积极主动参与森林保险业务。全县森林保险面积 5.48 万公顷,保额达 2.4 亿元,保费达 98.76 万元。建立各种林业合作组织,林改后,林农护林、育林、造林的积极性空前高涨,自发地组成各种林业合作经济组织。全县有各种林业合作组织15个,参加农户5320户,其中新宁镇的“三笋”合作社,每年为林农人均创收达1000元。加大林业“三防”体系建设力度,全县60%以上的行政村组建林业“三防”协会,为森林资源保护构筑了坚实的屏障。规范采伐管理,在限额采伐的前提下,坚持公平、公正、公开,对林木采伐指标实行农户申报、村级汇总、林业部门审核,经两榜公示后发证,做到定山场、定树种、定数量。促进林业部门职能转变,把林业部门352名行政事业人员经费全部纳入县财政预算,每年为此增加财政支出884万多元,从而使之由“管理收费型”变为“服务管理型”,进一步发挥林业部门在技术推广、科技示范、技术培训等方面的作用,加速林业科技成果转化,提高林业科技水平。森工企业脱胎换骨,面对林改给森工企业带来的挑战,县委、县政府果断决策,通过土地出让、资产变现、返聘人员交风险抵押金等办法,筹措改制资金3000万元,确保企业改制顺利进行。共安置企业职工2050人,企业通过减人员、裁机构、拓市场、护资源、抓服务,闯出一条森工企业的发展新路。

## 三

2007年4月20日,一个注定要载入史册的日子,一个永远定格在武宁人心中的时刻。

这一天,中共中央政治局常委、国务院总理温家宝,在省委书记孟建柱、省长吴新雄陪同下,专程来到武宁,调研林改工作。

与温家宝一同视察武宁的还有:财政部部长金人庆,农业部部长孙政才、人民银行行长周小川,国务院研究室主任魏礼群,国务院副秘书长项兆伦,国家发展改革委副主任朱之鑫,总理办公室主任丘小雄等一行39人。

当日下午5时20分,温家宝一行的大巴车队经过数小时山路的颠簸徐徐开进武宁县罗坪镇长水村,这是个人均只有7分耕地却有4.7公顷林地的典型南方林区村落。在长水村9组(张坊殿)村旁的山林里,温家宝看着满眼的郁郁葱葱,触摸着几棵数百年“高龄”的参天红豆杉,欣慰之情溢于言表。没有寒暄,也没有客套,他便招呼村民们一起围坐在屋场坪的大长凳上,他想知道是什么让古树参天屹立,是什么让山林含翠欲滴。看着温家宝和蔼的目光,握着温家宝温暖的手,村党支部书记余锦冰没有丝毫紧张,他如实回答着温家宝的询问。温家宝问:“集体林权制度改革后,村里有哪些变化?”余锦冰回答:“……最大的变化是‘山定权、树定根、人定心’。”温家宝高兴地说:“这三句话说得好!我看‘人定心’是这三句话的核心。这三句话一定得写到报纸上。这是最高概括。关键在‘人定心’,人定心才知道爱护林子,发展林业。”随后,村民严明礼拿来自家的林权证,温家宝认真翻看林权证和地形图后说:“这上面的话,体现了物权法的精神,林地的使用权是受法律保护的。”温家宝又问:“林权是70年还是50年?”答:“50年”。温家宝说:“其实可以搞70年,50年当然也可以,50年过后再延长承包期。30年、50年、70年,就是永久不变,你记住我这句话,就是长期不变,这是物权法写的。承包期到了以后,要继续延长。这就是给农民一个长期的思想。”余锦冰像唠家常一样地告诉温家宝,林改以后,减免税费,农民的收入也大为提高,过去一根毛竹收入5元钱,现在能收入12元,每人增加收入将近300元。温家宝一边听一边点头,倍感欣慰。他说,从武宁的实践看来,林权制度改革在山区、林区是个深刻变化,能给山区、林区带来深刻影响,就像平原地区的联产承包责任制一样。温家宝和人民群众的交谈就是这么随和亲切,时不时响起爽朗的笑声和热烈的鼓掌声。

本来预先安排20分钟与群众的交谈,却足足谈了近1个小时。谈话结束时,温家宝起身与围拢的群众一一握手告别。他放缓脚步,不停向群众挥手,看到田埂上一名抱着小孩的妇女,生怕她跌下田坎,忙伸手过去紧紧握着她的手,扶着她下了田坎。十几米的便道,温家宝走了好几分钟。激动的群众高呼:“总理,我们想念你……”还有一对青年男女居然写了一块非常醒目的牌子:“温总理,辛苦了!”这是武宁建县1800年历史以来最辉煌的篇章,也给包括长水人在内的武宁37.6万人民带来莫大的荣耀和鼓舞!

当夜,温家宝下榻在武宁宾馆,他不顾旅途疲劳,19时50分,在县宾馆4号楼连夜召开农村工作和林改调研座谈会，与来自江西省多个市、县的基层干部亲切座谈。温家宝说："我通过你们几个发言和今天走过的地方，感觉到最大的收获就是我和我们国务院的同志下决心加快推进林权制度改革。要宣传江西、宣传武宁，就像宣传当年的小岗村一样。""现在很多人对它的意义认识还不那么深刻，它不仅能够使国家绿化的速度加快，生态改善，而且使山区、林区农民致富加快，意义非常深远。我看很多制度已经很完善了，比如采伐指标，国家从很多方面权衡，既保护森林，同时又采取科学的间伐制度，又作适当的更新，每年下达指标。下达指标以后，村子里实行四个步骤的指标分配办法，集中统一、公开透明、张榜公布，让农民都知道，我得到的指标是多少，他是多少，大家感觉公平公正。"

后来，在听取江西省林业厅厅长刘礼祖和大家发言后，温家宝说："江西的气候这么好，他们说是山青水秀，我说还有人好。六个字，'山清水秀人好'，江西的老百姓好，所以一定能把江西的林权制度改革搞好。今天一天，我最大的收获，还是林权制度改革。我知道这件事情相当复杂，为什么要试点呢？因为我们林权制度改革不仅涉及农户，还涉及国有林场，涉及林业机构，涉及税费政策，所以是一件相当复杂的事情。但总的我们可以看到，林权制度改革给农民带来了实在的利益，这是不可否认的。我是把这项改革在山区、林区、在江西，看作是与改革开放初期土地承包制一样，具有同等重要的意义。一个农民土地有的不到1亩地、7分地，但是林地可以达到七八十亩。原来生活比较拮据，但是因为林权改革以后，收入就可以达到四五千元，变化非常大。当然，林权改革之后，各项法规制度都得跟上，最终的结果应该是，江西的山更绿、水更清、农民更富、环境更好，这是我们改革的目的。"

温家宝在武宁视察期间，有感武宁的生态环境，亲笔题写"山水武宁"。

## 四

落实科学发展观，武宁人选择林改，林改实现林农利益最大化。武宁县的20多万公顷林地这一生产要素被盘活，20多万名林农的生产积极性得到释放。林农从"要我造林"转变成"我要造林"，全县个人造林比重从林改前2004年的不足20%提高到2006年的近40%，3年造林8000公顷。林业为武宁县农村经济和农民收入增长注入新的活力，3年来，全县发放林权证4.9万本，发证面积24.8万公顷。2006年武宁县农民人均纯收入增加243.06元，其中林业的贡献率高达89.98%。

2007年4月23日，中央电视台《新闻联播》节目播发温家宝视察江西，视察武宁的报道，引起全国新闻媒体的高度关注。5月12~15日，由国务院中农办、国家林业局、国务院政策研究室农村司组成的国家林改联合调研组到武宁，围绕林改工作中的规范操作、还权让利于民、纠纷调解、国有企业改制、国有林场改革5个重点展开调研。5月22日，《人民日报》江西记者站、江西日报社、江西电台、《九江日报》、九江电视台等省内9家媒体20名记者组成的"江西林权制度改革宣传"联合采访团，前来武宁采访林业产权制度改革工作的成效与经验。

6月24~27日，由中共中央宣传部、国家林业局组织的《人民日报》、新华社、《经济日报》、中央电台、中央电台江西记者站、中央电视台、中青社、中新社、《科技日报》《农民日报》《法制日报》《南方周末》《经济导报》《产经新闻》《中国绿色时报》《绿色中国》杂志、《生态文化》杂志17家中央媒体和香港文汇报、香港文汇报江西记者站等24位资深记者组成的采访团，聚焦武宁，采访报道武宁县林权制度改革典型经验。7月4日，《人民日报》头版头条新闻，以《山定权，树定根、人定心——江西省武宁县长水村林改纪实》为题，同时刊发本报评论员文章《我国农村的又一次伟大改革》，报道武宁县集体林权制度改革给林区带来的巨大变化。经济日报在该报头版以《改革添活力，山乡变化多——江西武宁县长水村开展林权改革纪实》为题，称林权改革是继农村家庭承包责任制后又一次重大改革。光明日报头版以《山定权、树定根、人定心》为题，深刻地阐述林改是彻底地还权还利于民，武宁林改的"三定"，让全县林农吃下定心丸，为林农带来喜悦。

7月4~11日，中央人民广播电台先后播出武宁林改的系列报道。7月12日，《南方周末》刊出《中国将全面推开“第3次土改”》,7月13日,《江西日报》刊出《农村生产关系又一次大变革——集体林权制度改革综述》,7月14日,《江西日报》《中国经济导报》《中国产经新闻》分别于7月16日和26日从武宁林改的各个不同层面作了深度报道。8月23日,央视焦点访谈以《万木争春》为题,报道武宁林权制度改革情况。同日,省林业厅厅长刘礼祖,省财政厅副厅长毛祖逊,武宁县委书记董金寿,武宁县林业局局长张卫红,武宁县林业工人代表李飞亮一行5人应邀乘飞机前往北京,作客央视《新闻会客厅》演播室,录制《江西林业改革——从自我革命开始》,与主持人面对面交谈。

随着林改成效的显现,武宁县已经探索出一条“山林富民、生态兴县”的理性发展之路,林业已逐步成为改善生态环境,加快经济发展的绿色产业、阳光产业,林业将真正在县域经济发展中发挥不可替代的支撑作用,林业必将朝着健康可持续发展的道路阔步前进!

# 第一篇

# 行 政 区 划

# 第一篇　行政区划

九江市位于江西省北部，系长江段赣、鄂、湘、皖4省结合部，向有“襟江带湖、据三江之口、四达通衢、七省通连”之称。夏、商时期，九江地域属荆、扬2州之域，春秋时属吴之西境，楚之东境。作为行政区则最早出现在秦代，秦始皇统一六国，初设36郡，九江郡即为其之一。此后九江又有湓城、汝南、柴桑、浔阳、江州、德化等古称，但主要以九江、柴桑、浔阳、江州著称于世。新中国成立后，先后称九江专区、九江地区，九江市初为县级市，由专(地)区代管，“文化大革命”后，曾设省辖地级市，仅管辖今市区及庐山。1983年地、市合并，九江、德安、永修、星子、修水、武宁、瑞昌、湖口、都昌、彭泽10县划归九江市管辖。1989年12月，撤销瑞昌县，设瑞昌市，属省直辖，归九江市代管。

1991年，九江市设浔阳、庐山2区，辖九江、德安、永修、星子、修水、武宁、湖口、都昌、彭泽9县，代管瑞昌1市，共12县级行政区。全境国土面积18824平方千米。1996~2001年，经全省重新勘界，2005年版《江西省地图集》标明全市国土面积19078平方千米。增加部分主要为传统生产、生活的鄱阳湖水域，仅都昌县增加鄱阳湖水域239平方千米。2010年9月，德安县茶山街道办事处、甘露镇、金湖乡；永修县江益镇和燕坊镇坪塘村、燕坊村；星子县苏家垱乡、泽泉乡划出，设共青城市，属省直辖，归九江市代管。至此，全市设浔阳、庐山2区，辖九江、德安、永修、星子、修水、武宁、湖口、都昌、彭泽9县，代管瑞昌、共青城2市。全市共有100镇、81乡和13街道办事处，市政府驻浔阳区。其中不乏名列明清时江西“四大名镇”之一的永修县吴城镇、在中国近代海关史上居一席之地的庐山区姑塘镇、珍珠核生产份额占全球80%以上的都昌县周溪镇、以剪纸扬名遐迩的瑞昌市码头镇、以休闲享有盛誉的星子县温泉镇等，这些历史名镇、物产大镇、文化重镇与旅游强镇，各具特色，异彩纷呈，丰富和拓展了九江地域文化的内涵与外延。

# 第一章　境域区划

## 第一节　位置面积

### 一、地理位置

九江市位于江西省北部,地处赣、鄂、湘、皖4省交界处的长江中下游南岸。市境地理坐标为北纬28°41′~30°05′,东经113°56′~116°54′。市政府驻地浔阳区。距省会南昌115千米(直线距离,以下皆同),东南距景德镇市125千米,东南距上饶市234千米,东北距安徽省安庆市138千米,西北距湖北省黄冈市102千米,西北距湖北省黄石市109千米,西距湖北省咸宁市163千米,西距湖南省岳阳市281千米,西南距宜春市262千米。

浔阳区、庐山区位于市北部,湖口县、彭泽县、都昌县位于市东部,九江县、星子县、德安县、共青城市、永修县位于市南部,瑞昌市、武宁县、修水县位于市西部。全市沿长江岸线的区县有浔阳区、庐山区、瑞昌市、九江县、湖口县、彭泽县,濒临鄱阳湖的区县有庐山区、湖口县、都昌县、星子县、共青城市、德安县、永修县。

### 二、境域面积

九江境域东与鄱阳县和安徽省东至县毗邻;南与新建、安义、靖安、奉新和铜鼓5县相连;西与湖南省平江县和湖北省崇阳、通城、通山、阳新4县交界;北濒长江,与湖北武穴市、黄梅县及安徽省宿松、望江2县隔江相望。全境东西长270千米,南北宽140千米,1991年总面积18824平方千米(见1988年3月版《江西省地图集》),1996~2001年进行勘界,总面积调整为19078平方千米(见2005年版《江西省地图集》),占省总面积166947平方千米11.43%。

**市境域国土面积一览**

表1-1-1　　　　单位:平方千米

| 单　位 | 1988年版图面积 | 2005年版图面积 |
|---|---|---|
| 浔阳区 | 699 | 50 |
| 庐山区 | | 549 |
| 九江县 | 810 | 917 |
| 德安县 | 927 | 932 |
| 永修县 | 2035 | 2047 |
| 星子县 | 720 | 723 |
| 修水县 | 4504 | 4502 |
| 武宁县 | 3507 | 3504 |
| 湖口县 | 669 | 674 |
| 都昌县 | 1988 | 2227 |
| 彭泽县 | 1542 | 1534 |
| 瑞昌市 | 1423 | 1419 |
| 合　计 | 18824 | 19078 |

说明:2010年共青城市作为行政区尚在筹建之中,此前其国土面积分别归属于德安、永修、星子3县。1988年版图面积采用江西省测绘局1988年3月版《江西省地图集》数据。2005年版图面积采用2005年版《江西省地图集》数据

# 第二节　建置区划

## 一、建置沿革

1991年，九江市为江西省设区市，全市设浔阳、庐山2区，辖九江、武宁、修水、永修、德安、星子、都昌、湖口、彭泽9个县，代管瑞昌1市。全市有9街道办事处，19镇，227乡。市政府驻浔阳区。

2010年10月29日，设共青城市(县级)。属省计划单列。全市设浔阳、庐山2区，辖九江、武宁、修水、永修、德安、星子、都昌、湖口、彭泽9个县，代管瑞昌、共青城2市。全市有13街道办事处，100镇，81乡。市政府驻浔阳区。

## 二、县(市区)区划

**浔阳区**　1991年，辖甘棠街道办事处、滨兴街道办事处、湓浦街道办事处、白水湖街道办事处、金鸡坡街道办事处、人民路街道办事处、西二路街道办事处7街道办事处。至2010年仍为7街道办事处。

**庐山区**　1991年，辖牯岭镇、海会乡、高垄乡、周岭乡、威家乡、虞家河乡、五里乡、新港乡、莲花乡、赛阳乡、十里乡、十里街道办事处、七里湖街道办事处。1992年，新港、海会、威家、莲花乡撤乡设镇。1994年，赛阳乡撤乡设镇。1999年，撤销周岭乡，设姑塘镇。2001年，撤销高垄乡，划归海会镇；撤销十里乡，划归十里街道办事处；撤销五里乡，设五里街道办事处。2010年，辖7镇1乡3街道办事处。3街道办事处为十里街道办事处、七里湖街道办事处、五里街道办事处。7镇为牯岭镇、海会镇、新港镇、莲花镇、赛阳镇、威家镇、姑塘镇。1乡为虞家河乡。

**九江县**　1991年，辖沙河街镇、马回岭镇、江洲乡、城子镇乡、永安乡、新合乡、洗心桥乡、狮子乡、城门乡、新塘乡、涌泉乡、岷山乡、沙河乡、黄老门乡、白华乡、长山乡。1993年，江洲、狮子、城子镇乡撤乡设镇。撤销洗心桥乡，设立港口街镇。1994年，新合乡撤乡设镇。2002年，撤销白华乡，划归永安乡；撤销长山乡，划归新塘乡；撤销黄老门乡，划归岷山乡。2003年，撤销沙河乡，划归沙河街镇。2010年，辖7镇5乡。7镇为沙河街镇、马回岭镇、江洲镇、城子镇、港口街镇、新合镇、狮子镇。5乡为永安乡、涌泉乡、新塘乡、城门乡、岷山乡。

**德安县**　1991年，辖蒲亭镇、宝塔乡、河东乡、金湖乡、磨溪乡、樟树乡、米粮铺乡、黄甬乡、林泉乡、塘乡、邹桥乡、吴山乡、车桥乡、爱民乡、塘山乡、木环乡、白水街乡、付山乡、聂桥乡。1992年，聂桥、车桥乡撤乡设镇；撤销米粮铺乡建制。1995年，设丰林镇。2002年，撤销樟树乡，划归吴山乡；撤销付山乡，划归邹桥乡；撤销白水街乡，划归车桥镇；撤销木环乡，划归宝塔乡；撤销黄甬乡，划归丰林镇。2005年，恢复米粮铺乡，改设甘露镇。2006年，设茶山街道办事处。2010年，茶山街道办事处、甘露镇、金湖乡划归共青城市。辖4镇9乡。4镇为蒲亭镇、聂桥镇、车桥镇、丰林镇。9乡为高塘乡、宝塔乡、邹桥乡、河东乡、林泉乡、吴山乡、磨溪乡、塘山乡、爱民乡。

**永修县**　1991年，辖涂埠镇、吴城镇、柘林镇、艾城乡、江益乡、城丰乡、白槎乡、三角乡、九合乡、永兴乡、燕坊乡、虬津镇、梅棠乡、马口乡、三溪桥乡、立新乡、江上乡、滩溪乡、南岗乡、八角乡。1993年，艾城、白槎、江益乡撤乡设镇；撤销南岗乡。1995年，滩溪、三溪桥、梅棠乡撤乡设镇。1999年，燕坊、马口乡撤乡设镇。2002年，撤销永兴乡，划归涂埠镇。2003年，撤销城丰乡，划入马口镇；撤销三溪桥镇，划归柘林镇。2006年，恢复三溪桥镇。2010年，江益镇划归共青城市。辖11镇4乡。11镇为涂埠镇、吴城镇、柘林镇、虬津镇、艾城镇、梅棠镇、燕坊镇、马口镇、滩溪镇、白槎镇、三溪桥镇。4乡为三角乡、九合乡、江上乡、立新乡。

**星子县**　1991年，辖南康镇、白鹿乡、温泉乡、隘口乡、蓼花乡、横塘乡、华林乡、泽泉乡、蛟塘乡、新池乡、蓼南乡、蚌湖乡、沙湖山乡、苏家垱乡。1992年，蛟塘、隘口乡撤乡设镇。1995年，蓼花、白鹿两乡撤乡设镇。1999年，温泉、华林、横塘等乡撤乡设镇。2001年，撤销隘口镇，划归温泉镇；撤销新池乡，划归蓼南乡;撤销蚌湖乡,划归苏家垱乡;撤销沙湖山乡,划归蛟塘镇。2010年,泽泉乡、苏家垱乡划归共青城市。辖7镇1乡。7镇为南康镇、蛟塘镇、白鹿镇、横塘镇、温泉镇、蓼花镇、华林镇。1乡为蓼南乡。

**修水县** 1991年,辖义宁镇、全丰乡、黄龙乡、白桥乡、白岭乡、路口乡、月塘乡、古市乡、画坪乡、朱溪乡、上衫乡、余堎乡、靖林乡、中堎乡、水源乡、司前乡、渣津乡、石坳乡、东港乡、杭口乡、沙湾乡、上杭乡、西港乡、东津乡、马坳乡、布甲乡、程坊乡、崇河乡、新湾乡、溪口乡、上庄乡、港口乡、大椿乡、征村乡、桃坪乡、杨津乡、山口乡、漫江乡、庙岭乡、复原乡、雅洋乡、竹坪乡、赤江乡、桃里乡、宁州乡、上奉乡、何市乡、黄港乡、九都乡、汤桥乡、黄沙桥乡、塘排乡、太阳升乡、清水岩乡。1992年,太阳升乡撤乡设镇。1993年,渣津、山口、白岭、黄沙港、古市、朱溪、马坳、溪口等乡撤乡设镇。1995年,黄沙桥、上奉、何市、全丰、港口、杭口6乡撤乡设镇;撤销清水岩乡,设四都镇;黄沙港镇更名黄港镇,太阳升镇更名为三都镇;撤销崇河乡,并入程坊乡;撤销司前乡,划归渣津镇;撤销上庄乡,划归溪口镇;撤销东津乡,划归马坳镇;撤销中堎乡,划归水源乡;撤销白桥乡,划归黄龙乡;撤销月塘乡、画坪乡,划归古市镇;撤销靖林乡,划归东港乡;撤销杨津乡,划归大椿乡;撤销赤江乡,划归征村乡;撤销桃坪乡,划归山口镇;撤销雅洋乡,划归复原乡;撤销宁州乡、桃李乡,划归义宁镇;撤销朱溪镇、沙湾乡,设大桥镇;撤销汤桥乡、黄沙桥镇,设黄沙镇;撤销塘排乡、九都乡,设黄坳乡。1999年,西港乡撤乡设镇。2008年,三都镇更名为太阳升镇。2010年,撤销程坊乡,并入马坳镇;义宁镇分设为义宁镇和宁州镇。辖19镇17乡。19镇为义宁镇、太阳升镇、全丰镇、白岭镇、古市镇、渣津镇、杭口镇、西港镇、马坳镇、溪口镇、港口镇、上奉镇、何市镇、黄港镇、黄沙镇、山口镇、四都镇、大桥镇、宁州镇。17乡为路口乡、黄龙乡、上衫乡、余堎乡、水源乡、石坳乡、东港乡、上杭乡、新湾乡、黄坳乡、布甲乡、大椿乡、庙岭乡、竹坪乡、征村乡、漫江乡、复原乡。

**武宁县** 1991年,辖新宁镇、大洞乡、泉口乡、横路乡、鲁溪乡、官莲乡、巾口乡、宋溪乡、伊山乡、甫田乡、石渡乡、清江乡、澧溪乡、船滩乡、上汤乡、南岳乡、东林乡、石门楼乡、罗坪乡、严阳乡、黄堎乡、罗溪乡、杨洲乡。1992年,罗坪乡撤乡设镇。1993年,石门楼、鲁溪、船滩、泉口乡撤乡设镇。1994年,澧溪、黄堎乡撤乡设镇。1997年,设南市乡。2002年,撤销伊山乡,划归宋溪乡;撤销南岳乡,划归船滩镇;宋溪乡撤乡建镇。2003年,撤销黄堎镇、严阳乡、南市乡,划归新宁镇。2010年,辖8镇11乡。8镇为新宁镇、泉口镇、鲁溪镇、澧溪镇、船滩镇、石门楼镇、罗坪镇、宋溪镇。11乡为大洞乡、横路乡、官莲乡、巾口乡、甫田乡、上汤乡、东林乡、石渡乡、清江乡、罗溪乡、杨洲乡。

**湖口县** 1991年,辖双钟镇、流泗乡、大垅乡、江桥乡、张青乡、凰村乡、马影乡、文桥乡、三里乡、付垅乡、武山乡、东庄乡、城山乡、舜德乡、屏峰乡、流芳乡。1992年,流泗乡撤乡设镇。1994年,马影、城山、武山等乡撤乡设镇。2001年,撤销三里乡,划归双钟镇;撤销东庄乡,划归城山镇;撤销屏峰乡,划归舜德乡;撤销江桥乡,划归文桥乡。2010年,辖5镇7乡。5镇为双钟镇、流泗镇、马影镇、武山镇、城山镇。7乡为文桥乡、舜德乡、凰村乡、流芳乡、大垅乡、付垅乡、张青乡。

**都昌县** 1991年,辖都昌镇、大树乡、七角乡、北山乡、徐埠乡、土塘乡、盐田乡、中馆乡、鸣山乡、南峰乡、芗溪乡、万户乡、杭桥乡、狮山乡、化民乡、周溪乡、和合乡、西源乡、阳峰乡、三汊港乡、大沙乡、汪墩乡、多宝乡、左里乡、苏山乡、春桥乡、北炎乡、张岭乡、大港乡、新妙乡。1992年,周溪、三汊港、中馆乡撤乡设镇。1993年,徐埠、南峰、土塘等乡撤乡设镇;撤销张岭乡,设蔡岭镇。1995年,大港、左里、万户、大沙乡撤乡设镇。1999年,撤销新妙乡。2002年,撤销北炎乡,划归蔡岭镇;撤销盐田乡,划归大港镇;撤销七角乡,划归汪墩乡;撤销杭桥乡、化民乡,划归土塘镇。2010年,辖12镇12乡。12镇为都昌镇、土塘镇、周溪镇、三汊港镇、中馆镇、大沙镇、万户镇、南峰镇、大港镇、蔡岭镇、徐埠镇、左里镇。12乡为和合乡、阳峰乡、西源乡、芗溪乡、狮山乡、鸣山乡、春桥乡、苏山乡、多宝乡、北山乡、汪墩乡、大树乡。

**彭泽县** 1991年,辖龙城镇、乐观乡、杨梓乡、太平关乡、和团乡、定山乡、泉山乡、湖西乡、黄岭乡、浪溪乡、太泊湖乡、浩山乡、黄花乡、天红乡、棉船乡、海形乡、东升乡、马当乡、芙蓉乡。1992年,马当乡撤乡设镇。1993年,棉船、定山、天红、杨梓、东升、瀼溪等乡撤乡设镇;撤销芙蓉乡,设芙蓉墩镇。1995年,泉山乡撤乡设镇。2001年,撤销海形乡,划归浩山乡;撤销乐观乡,划归杨梓镇;撤销和团乡,划归马当镇;

撤销湖西乡，划归芙蓉墩镇；撤销泉山镇，划归龙城镇；撤销太泊湖乡，划归黄花乡。2002年，黄花乡撤乡设镇。2010年，辖10镇3乡。10镇为龙城镇、黄花镇、定山镇、芙蓉墩镇、天红镇、杨梓镇、棉船镇、马当镇、瀼溪镇、东升镇。3乡为太平关乡、浩山乡、黄岭乡。

**瑞昌市** 1991年，横港撤乡设镇。辖湓城镇、码头镇、白杨镇、南义镇、桂林乡、洪岭乡、九源乡、范镇乡、横港镇、乐山乡、峨眉乡、和平乡、乐园乡、肇陈乡、洪一乡、横立山乡、花园乡、洪下乡、武蛟乡、高丰乡、夏畈乡、黄金乡、南阳乡、流庄乡。1992年，撤销湓城镇、桂林乡、范镇乡、肇陈乡，分别设湓城街道办事处、桂林街道办事处、范镇镇、肇陈镇。1994年，夏畈乡、高丰乡撤乡设镇。2001年，撤销和平乡，划归南义镇；撤销峨眉乡、乐山乡，划归横港镇；撤销九源乡，划归范镇；撤销洪岭乡，划归桂林街道办事处；撤销流庄乡，划归码头镇。2010年，辖8镇8乡2街道办事处。2街道办事处为湓城街道办事处、桂林街道办事处。8镇为码头镇、白杨镇、南义镇、横港镇、范镇、肇陈镇、高丰镇、夏畈镇。8乡为乐园乡、黄金乡、洪一乡、武蛟乡、南阳乡、横立山乡、洪下乡、花园乡。

**共青城市** 2010年，设立共青城市(县级)，由省直辖，九江市代管。德安县茶山街道办事处、甘露镇、金湖乡；永修县江益镇和燕坊镇坪塘村、燕坊村；星子县苏家垱乡、泽泉乡划归共青城市。市辖茶山街道办事处、甘露镇、江益镇、金湖乡、泽泉乡、苏家垱乡，共2镇3乡1街道办事处。

# 第二章 市设区

## 第一节 浔阳区

### 一、位置人口

**地理位置** 浔阳区位于北纬29°41′~29°45′，东经115°55′~116°5′，总面积50平方千米。东北、东南分别与庐山区新港镇、五里街道办事处接址，界长19.2千米；南与庐山区十里街道办事处、茅山头垦殖场交错，界长13.4千米；西与赛城湖养殖场比邻，界长0.6千米；北滨长江，江岸线长15.9千米，与湖北省黄梅县小池镇隔江相望。

**人口民族** 1990年，全区总人口215934人，男性111721人，女性104213人，其性别比为107.20。2000年，全区总人口297704人，男性149329人，女性148375人，其性别比为100.64。2010年，全区总人口402758，男性199530人，女性203228人，其性别比为98.18。全区人口由汉、回、满、蒙古、壮、苗、土家、畲、藏、彝、瑶、朝鲜、哈萨克、侗、黎、布依、土、维吾尔、傣、白、拉祜、水、毛南、怒、佤、仫佬、哈尼、高山、纳西、撒拉、仡佬、阿昌32个民族构成。其中，汉族人口400252人，占总人口99.38%；少数民族2506人，占总人口0.62%。少数民族人口中，回族人口1608人，占少数民族人口64.17%，多属明代迁入回民后裔。

### 二、经济建设

**经济综情** 1990年，全区国民生产总值7829万元，财政总收入4643.9万元，固定资产投资238万元。2000年，国民生产总值694000万元，财政总收入12706万元，固定资产投资4065万元。分别是1990年的88.6倍、2.7倍、17.1倍。2010年，全区国民生产总值2490973万元，财政总收入100260万元，固定资产投资428119万元。分别是2000年的3.6倍、7.9倍、105.3倍。

**第一产业** 区地处市中心城区，以商贸、工业、社会服务业等产业为主要发展方向。农业种植主要是以蔬菜为主，其余为花生、大豆、芝麻等。随着城市的发展，区内耕地作农业用途逐年减少。1991年，全区农业产值219万元。2000年2271万元。2010年1697万元。

农业养殖业以水产为主。1992年，金鸡坡街道办事处所辖8村养殖水面71公顷，其中湖泊26.7公顷,池塘44.3公顷。养殖水平处于人放天养,单产量低,湖泊亩产136公斤,池塘214公斤。养殖品种多为草、鲤、鲢、鳙鱼。年产成鱼154吨。1992年,庐山区白水湖村养殖水面87.3公顷划入。1997年,特种水产品养殖面积183.1公顷。同时,通过套养彭泽鲫和鳙鱼增值、增效。人民路街道办事处长虹村建成室内养鳝池,面积1800平方米,投资18万元,购入鳝苗养殖,获得成功。1998年,在金鸡坡街道办事处姬公庵、大王庙和曹家山村,试养美国大口胭脂鱼8700尾,夏花3800尾。区科委在姬公庵村划定2公顷科技试验基地水域开展科学养殖。滨兴街道办事处新桥村有放养水面10.5公顷,年产值达15.7万元。1999年,区内养殖水域面积361.3公顷,其中驻区单位2340公顷,区辖127.3公顷(小型湖泊面积56公顷,精养鱼池71.3公顷)。年养殖总产2030吨,总产值1736万元。

**第二产业** 1991年,全区工业总产值3293万元。2000年670867万元。2002年,建设九江石化工业园,注册成立九江石化工业园建设有限公司,完成166.7公顷土地测绘及控制性详规编制,入园落户项目13个。2004年,新上工业项目8个,投资3000万元的钽铌生产项目开工。2008年,投入建设资金6502万元的城东工业基地建设,完成一号地"三通一平",完成三号地土地征迁86.5公顷,拆迁4.2万平方米,土石方工程93.9万立方米。2010年全区工业总产值716088万元。

**第三产业** 1991年前,区内商业市场除第一、二、三、四、五商场外,都是小型规模网点。1991年以后,逐步形成沿江、沿湖、沿路、沿街商业市场群,当年第三产业总产值5475万元。2000年,第三产业总产值达483528万元。至2010年,区内共有各种国际国内名品专卖店369家、各类专业店2179家、各类服装店1800多家,食杂店1952家,小型饭店775家,茶楼近百家,美容美发店326家,修理店298家,娱乐休闲场所280个,网吧56家,商务、餐饮、住宿、休闲服务网点7112个。当年,全区第三产业总产值达1178877万元,占生产总值比重58.12%。

**基础设施** 公路:区内有105线国道。昌九高速公路于1996年1月竣工交付使用。九景高速公路于2000年11月18日建成通车。彭湖高速公路于2008年10月开工,路基宽26米,设计速度为100千米/小时,2010年10月建成。九瑞高速公路于2009年8月30日,九瑞码快速通道工程开工建设,2010年8月通车。

水路:1995年3月,九江港区第二期工程开工,兴建5000吨集装箱专用泊位。2000年,开辟长江水上旅游一条线服务,自三峡、武汉、九江、安庆、芜湖、南京、上海与各地旅行社联营,组织客源乘豪华游船沿长江一线旅游。

铁路:1995年2月17日,合(肥)九(江)铁路全线贯通,5月31日正式通车运营。1995年11月16日京九铁路全线贯通建成,南浔线并入京九线,至2000年,铁路几次提速,由80千米/小时提至100千米/小时、120千米/小时、160千米/小时。2002年,武九线进行复线扩建改造,2005年8月底完工,行程时间缩短一半,货物运载能力提高一倍。2008年铜九线建成通车。2008年昌九城际铁路开工,2010年9月20日建成通车,全长136千米,设计时速为230~260千米,九江至南昌只需40分钟左右。

邮政通信:1996年,九江电话号码升至7位数,电话进入家庭趋势猛增。稍后,小灵通、手机用户骤增,电报业务渐渐冷淡。2006年,九江移动拥有"全球通""神州行""动感地带"等品牌,建成融交换网、传输网、基站网、支撑网、智能网、移动宽带互联网为一体的综合通信网络,客户总数近100万。2007年,九江邮政局建成5个营销中心和4个旗舰店,形成九江速递的"T"字营销格局。2007年全市速递专业完成收入1743万元,全市物流业务收入完成920.7万元。2010年,九江移动客户总数增至202万户。

## 三、社会生活

**教育** 1993年,接管白水湖、三里小学。至2000年,区直小学14所,教学班级213个,在校学生10899人,教职工788人,校园占地面积75365平方米,建筑面积56163平方米。2004年,撤销育新小学,成立区幼教中心;学洲、滨兴小学移交市经济开发区管理;5月,朝阳小学更名外国语实验小学。2009年9月,区有义务教育阶段学校13所,其中完小9所,九年一贯制学校4所,在校学生14155人,教职工

863 人。

**文化** 1991 年,区文化馆独立建馆,开设“浔阳文化”艺术橱窗,刊登区内专业及业余作者绘画、书法、摄影、剪纸作品,参与举办市、区文化艺术节等。2002 年 7 月~2003 年 1 月,举办首届社区文化艺术节,历时 6 个月,85 个社区参加,开展文艺活动 100 余场。2003 年 6 月,歌曲《社区是我美好的家园》参加全国“四进社区”文艺展演,参加省文明办、省文化厅举办的全省“千禧杯”社区调演。《在社区这个大家庭里》等歌曲参加全省社区文艺展演;歌曲《浔阳江头望一望》参加全省音乐舞蹈节演出。2005 年 10 月,举办第二届社区文化节暨全省第二届“四进社区”文艺展演。南昌、赣州、上饶、萍乡、宜春、抚州、吉安、九江等地市 120 余名演员参加,各街道、社区也组织业余文艺队参加演出。2006 年,在白水湖畔建“九江少儿活动中心”,内设儿童剧场、排练厅、休闲厅及多间用于培训、娱乐、健身等方面功能室,免费向全市少年儿童开放,为区内少年儿童开办器乐、象棋、武术、乒乓球、美术、书法等项目培训班。在全国“四进社区”文艺展演中,《社区是我们美好的家》获得银奖,并被推荐参加中央电视台展演。2010 年,柴桑小学浔星艺术团张雅奇笛子独奏《扬鞭催马运粮忙》,在第四届香港国际青少年艺术节上,获儿童组最高奖。

**卫生** 1992~1994 年,连续 3 年开展迎接“全国卫生城检查评比”活动。2005 年始,参加全市“创建全省卫生城”“卫生庭院”“控烟”活动。甘棠街道南司社区、区检察院、市人民政府、湓浦街道半月亭社区、湖滨花园南区、濂溪社区、市公安局机关大院、市建设局、白水湖街道余家坨社区等 10 个单位被评为市卫生庭院。至 2010 年,区内市民健康知识知晓率达 90%以上,健康行为形成率达 60%。

**体育** 1992 年 5 月 31 日~6 月 5 日,市政府承办的第六届“屈原杯”全国龙舟赛暨“庐山杯”国际龙舟邀请赛在南门湖举行。1992 年,区少儿业余体育学校创办,设田径、体操、棋类 3 个班。1995 年 10 月后,甘棠、滨兴、人民路、白水湖街道办事处群众体育辅导中心相继成立。至 1999 年,市、区体育学校共培养体育人才 500 余名,通过少儿体校向省体工一大队、二大队、省体院、上海体院、北京体院和解放军体院输送运动员 200 名。其中包括技巧世界锦标赛男子四人组冠军梅建平、世界艺术体操邀请赛第二名何浩、滑水全国冠军罗娜、射击全运会冠军刘佼和亚军王金萍、射击亚运会亚军柳军等。2000 年后,区每年组队参加全省少儿武术比赛,每 4 年组队参加省、市运动会武术比赛,均取得优异成绩。至 2010 年,区内计有拳术 230 套,器械武术 185 套,常年参加武术练习健身者逾万人。在全市举办的 10 届运动会中,每届均有区中、小学代表队参加。区小学生足球队 14 次代表省参加全国小学“贝贝杯”足球赛。

**社区建设** 2001 年,被省民政厅确定为“省社区建设试点区”。将 126 个居委会调整为 85 个,召开社区居民代表大会,建立社区中共支部,通过公开招聘、居民推荐、竞选演讲、依法选举等程序,产生410 名社区居委会干部。2002 年,人民路、湓浦、白水湖、甘棠、金鸡坡、滨兴街道被命名为“市社区建设示范街(镇)”;长虹村居委会转制成为社区居委会;浔阳区探索推行社区建设“三三四”模式,被民政部命名为“全国社区建设示范区”。2003 年,开展打造明星社区活动,共创建明星社区 21 个。2004 年,打造明星社区 12 个。区被省民政厅命名为“全省社区建设示范区”。2004~2009 年,开展以“六联六互”为主题的城乡社区互动共建活动。2005 年,开展第六届社区(村)委会(第二届)选举。全区 8 个村共选出村委会成员 30 人。其中白水湖街道余家坨社区为全省首个居民直接选举社区。白水湖街道东门口社区转制为纯居民社区;撤销庐木社区并入三里街社区;人民路街道女儿街社区更名为新东方社区。2006~2009 年,开展创建和谐社区工作。2006 年 8 月,开办社区管理大专班,被省民政厅命名为“民政工作规范化建设示范单位”。2007 年 10 月,全省社区现场会在浔阳区召开,成立市民服务中心浔阳区分中心。开展“平安边界”创建工作,区政府建立区社会服务中心。2008 年,区政府为社区居干购买社保。开展第七届居(村)委会换届选举,全区共有 51 个纯社区居委会和 16 个厂矿社区,扩大社区居委会直选范围,白水湖街道余家坨社区、甘棠街道庐峰社区实行直选,湓浦街道半月亭社区、人民路街道新东方社区实行户代表选举。2010 年,全区社区社会组织 430 家。

**社会保障** 1997 年, 在全市率先实行城市居民最低生活保障工作试点,1998 年完成低保建立制度工作。1999 年 6 月,全区低保工作进入具体实施保障阶段。此后,实施 5 次提标。1999 年 7 月 1 日由 80

元提高到104元;2003年7月1日提高到130元。同年,区开始进行大病医疗救助工作。2004年11月1日实施分类施保、分类提标,常保对象由130元提高到180元,非常保对象提高到160元。2005年7月6日,制定困难群众大病医疗救助实施办法,采取减免门诊费、大病医疗救助两种方式提供医疗救助,至2005年救助患病低保对象1846人次,大病救助对象21人次,救助额总计17.8万元,个人最高救助金额达到4000元。同年,区政府对20世纪60年代初精减退职职工进行全面调查。全区有精减退职人员63人,其中需要享受原工资40%救济人数35人,需要社会救济人数28人。2006年11月,启动城乡医疗救助工作。2007年1月24日,举行城乡医疗救助证发放暨春节"送温暖"活动仪式,向全区3457户低保家庭和9名患重病困难群众发放城乡医疗证和医疗补助金,同年7月1日,常保对象由180元提高到200元,非常保对象由160元提高到180元。7月2日,区政府下发《关于进一步加强城乡医疗救助工作的通知》,把城乡医疗救助大病病种由9种扩大到14种,住院医疗费救助比例由20%增加到25%~35%,年救助金额最高达1万元。对患有救助大病病种确无经济能力到医院住院治疗的低保对象给予病前救助或一次性现金救助。2008年5月8日,区政府下发《关于完善医疗救助与城镇居民(职工)基本医疗保险同步结算工作的通知》,取消大病病种限制,救助比例提高10个百分点,救助标准提高到1万~1.5万元,最高可达4.5万元。建立定点医疗机构垫付机制,对低保对象患病住院发生的医疗费用,由定点医疗机构按民政部门规定的救助额度实施垫付,垫付费用定期与民政部门结算。6月13日,举行城乡医疗救助与城镇居民(职工)基本医疗保险同步结算签约仪式,将城乡低保"边缘户"大病医疗纳入救助范围,将大病病种由14种扩大到20种,使低保"边缘户"看病难、看病贵问题得以缓解。2009年7月1日,常保对象由200元提高到240元,非常保对象由180元提高到210元。享受原工资40%人数和社会救济人数一体化,提高生活补助至200元,享受对象54人,年救济金额3.96万元。2010年,企事业单位职工养老保险参保12631人,拨付发放退休金1568万元。

## 第二节　庐山区

### 一、位置人口

**地理位置**　庐山区位于省北部,庐山北麓,长江中游南岸。地理坐标为北纬29°30′~29°46′,东经115°52′~116°13′,总面积549平方千米。东濒鄱阳湖,与湖口县隔湖相望;西界沙河、黄老门,与九江县毗连;南抱庐山,与星子县接壤;北滨长江,环浔阳古城。区内地貌的趋向自南向北东倾斜,最高海拔1474米,最低10米。

**人口民族**　2000年,总人口253625人,其中男性130797人,女性122828人,其性别比为106.49。2010年,总人口302228人,其中男性157881人,女性144347人,其性别比109.38。全区人口由汉、回、满、壮、蒙古、土家、苗、畲、侗、黎、瑶、彝、布依、朝鲜、藏、仡佬、土、佤、白、哈尼、鄂温克、毛南、仫佬、维吾尔、锡伯、纳西、拉祜、撒拉28个民族构成。其中汉族人口300227人,占总人口99.34%;少数民族2001人,占总人口0.66%,多属因工作或婚姻迁入人口。

### 二、经济建设

**经济综情**　1991年,全区国内生产总值81400万元,财政收入2096万元,财政支出1573.1万元。1996年,区财政收入为5044万元,财政支出3700万元。2003年,区财政收入10218万元,财政支出9373万元。2006年,区财政收入20016万元,财政支出21877万元。2008年,区财政收入34166万元,财政支出34056万元。2009年,区财政收入52399万元,财政支出47695万元。2010年,国内生产总值1430000万元,区财政收入72399万元,较2009年净增20000万元,同比增长38.2%,其中地方财政收入完成38400万元。20年间,全区国内生产总值平均年递增率16.28%。

**第一产业**　1991年,全区农业人口13.19万人,农业劳动力6.07万人,耕地面积7107.9公顷,水产养殖面积 2456.7 公顷。农业机械总动力 4.98 万千瓦，有效灌溉面积 5346.7 公顷，全年农业总产值 10106 万元，其中种植业产值 5540 万元，林业产值 295 万元，牧业产值 2110 万元，副业产值 844 万元，渔业产值 1317 万元。全年粮食产量 4 万吨，棉花产量 2.08 万担，蔬菜产量 5.22 万吨，家禽存栏 37.98 万羽，生猪存栏 4.6 万头，水产品产量 3081 吨。1993 年，突出发展“三高”农业，调出早稻田 800 余公顷改种经济作物。1994 年，水稻旱育稀植栽培试点获得成功。“无公害”蔬菜面积占商品菜地 95%。冬种覆盖率达 89%。林业灭荒通过市、省验收。芳兰湖建成超千亩水产养殖基地，三垅村万头生猪养殖场初具规模，前进村成为全市第一个总产值超亿元村，全区涌现一大批靠科技、靠勤劳致富的种养殖专业户、重点户。1999 年，全区农副产品加工形成鲜奶、肉鸽、板鸭、云雾茶、竹木工艺品等一批龙头企业，开始在区内实施“翠竹工程”。2000 年，全区农业总产值 10881 万元，其中农业产值 4312 万元，林业产值 137 万元，牧业产值 2397 万元，渔业产值 4035 万元。全年粮食产量 2.98 万吨，棉花产量 3520 担，蔬菜产量 6.38 万吨，家禽存栏 40.47 万羽，生猪存栏 4.08 万头，水产品产量 6001 吨。2001 年，特色农业健康发展，形成特色种养基地 28 个，示范专业户 350 户，各类农村流通组织经营额 2300 万元。鄱阳湖水产科技园正式挂牌，天洋特种水产养殖公司的河豚养殖填补省空白，青山湖 200 公顷水面实行整体承包经营。2004 年，苗木花卉、水产养殖两大特色产业分别超过粮食产值。2008 年，大力实施“百里果业”工程，新增茶果种植面积近 866.7 公顷。2010 年，全区三产结构比例由 2006 年的 9.5:51.2:39.3 调整至 2.2:52.2:45.6，农业总产值 51000 万元，粮食产量 8.51 万吨，棉花产量 3.96 万担，蔬菜产量 4.77 万吨，家禽存栏 31.61 万羽，生猪存栏 4.36 万头，水产品产量 8000 吨。全年引进亿元以上农业项目 6 个，省级农业龙头企业 2 家，市级农业龙头企业 8 家，农民专业合作社 43 家。推进“一大四小”造林绿化工程，全年造林 1300 公顷。

**第二产业** 1991 年全区有企业 6340 个，总产值 38995.84 万元。其中区直企业 235 个，产值 2005 万元；乡镇企业 6105 个，产值 36990.84 万元。全区出口创汇企业 5 家，年出口交货值 100 多万美元；三资企业 3 家，资产在 100 万~5000 万元的企业 21 家。全区有省乡镇一级企业 8 家，二级企业 2 家，9 家企业被农业部定为全面质量达标企业。1993 年，有 1 家公司被评为省明星企业；2 个乡被评为“全国乡镇企业 300 佳”乡。这一时期，乡镇企业产品不断创新，共开发新产品 22 个，其中 7 项被评为省优产品。1993 年年底，全区各类企业增至 8141 个，从业人员增至 37091 人，企业总产值增至 105300 万元。2000 年，全区有乡镇企业 5411 个，其中集体办 328 个，私营 463 个，个体 4620 个。从业人员，集体 12182 人，私营2353 人，个体 12836 人。乡镇企业总产值 261679 万元，固定资产 36999 万元，实现税利 9801 万元。2001 年结构调整，优先发展以电子、医药用品、五金产品等附加值较高、科技含量较高行业，莲花工业园、十里工业园呈现良好发展态势。2003 年，初步形成以汽车配件、玻璃纤维、信息电子、纺织服装、食品加工为支柱的产业体系。九江汽车工业园引进入园企业 40 家。2008 年，“一城三基地”（生态工业城、新港沿江工业基地、东城玻纤工业基地、姑塘化纤工业基地）实现工业总产值 365000 万元，主营业务收入 360000 万元，上缴税收 7000 万元。玻璃纤维、机械电子、纺织服装、食品加工、化纤化工成为全区工业支柱。2010 年，城东港区（新港沿江工业基地、姑塘化纤工业基地）引进亿元以上项目 21 个，利用外资 5731 万美元，出口创汇 14000 万美元。全区规模以上工业增加值 250000 万元，规模以上工业主营业务收入 1030000 万元。

**第三产业** 1991 年，全区第三产业产值 38600 万元。1992 年，发展房地产业、批发零售商业以及各种服务行业。以运输、商业、饮食、旅游服务业为主的个体私营经济加速发展，为城镇待业青年、社会闲散人员和农村剩余劳力提供了就业机会。个体私营经济发展到 2780 户，固定资产达 11026 万元。1995 年，全区集贸市场总数达 25 个，总面积 3.6 万平方米。区万事建材总公司创建九江市规模最大的建材直销市场。1997 年，全区最大的商贸综合楼“一方天”商厦建成营业。2000 年，全区第三产业产值 51002 万元，其中交通运输、仓储及邮电通信业 22260 万元，批发和零售贸易、餐饮业 16764 万元，金融保险业 4450 万元，房地产业 650 万元，其他服务业 6878 万元。2003 年后，陆续建设特色饮食一条街、派拉蒙超市、沃尔玛超市、九江学院派拉蒙文化商城、上海路步行街以及众人众服装城等商业场所。2008 年，华东装饰材料市场三期竣工营业,慧龙财富大道建成,信华国际商务中心、九江银行大厦投入运营。启动东林寺、铁佛寺景区改扩建工程,大力发展“城郊农家乐”。2010年,第三产业产值为677500万元。中天钢材市场、新三鼎装饰材料市场建成营业,华东装饰材料市场被评为全国五星级建材市场,美吉特小额贷款公司正式运营,城投集团成功盘活九江邮政枢纽大楼。映日荷花度假山庄、庐山植物园鄱阳湖分园、庐山五老峰缆车项目开工建设,章光101红豆杉健康馆建成投入运营。全年共接待国内外游客208.6万人次,实现旅游综合收入145000万元。

## 三、社会生活

**教育** 2010年,全区有中学11所,学生8560人,教师1031人;小学31所,学生15223人,教师997人。区二中高中部成建制并入区一中,区一中运动场、区职高综合楼改造项目全面完工。

**文化** 1991年,区调频广播电台正式广播,全区86个行政村有56个通了广播或有广播扩大站。1992年,区有线电视正式开通。1995年,入网用户增至1万户,8个乡(镇)办起有线电视站。全区11个乡(镇)有各种文艺队伍251个(班),其中剧团5个,业余铜管、管弦、电声乐队13个,业余舞蹈队8个,龙灯队148班,采莲船36班,蚌舞队35个,舞狮队6个。2002年,全区所有乡镇接通有线电视信号,联网覆盖率89%。2003年,获全国“社区青年文化节”创新奖。2004年,《庐山区志》出版,小戏《玉镯情》获第二届中国博兴国际小戏艺术节银奖。2008年,申报一批非物质文化遗产项目。2010年,乡镇综合文化站建设基本完工。

**体育** 20世纪90年代,老年体育运动广泛普及,全区有老年人活动室118个,面积5870平方米。1994年,区中学被指定为市足球项目体育传统学校。1996年,创办庐山区儿童业余体校。1999年,举行“江西省全民健身运动会”庐山区赛区运动会,获“最佳组织奖”,十里街道被评为全省群体工作先进单位。2001年,夺得市九运会奖牌总数第二名。2002年,获全省体育先进县区称号。2003年,获“全省全民健身运动会最佳组织奖”。2004年,海会镇获“全国亿万群众健身活动先进乡镇”称号。2010年,临港新城体育中心项目开工建设。

**卫生** 1991年,全区卫生机构14所,专业卫生人员251人,医院病床总数330张。“四苗”覆盖率95.71%。1993年,区达到卫生部消灭麻风病标准。1994年,虞家河乡大桥村被省爱卫会列为农村供水、环境卫生、健康教育综合示范村。1995年,血防工作通过省血地防检查小组的检查验收。1996年,区达到卫生部消灭丝虫病和基本消灭疟疾标准。农村初级卫生保健通过省级检查验收。海会镇获“江西省卫生镇”称号。1997年,区消除地甲病。区被评为全省农村卫生厕所建设先进(县)区。2008年,新农村合作医疗参合农民95062人,参合率85%。2010年,全区医疗卫生机构15所,卫生技术人员317人,医院床位数436张。区人民医院成功创建国家二级甲等医院。

**社会保障** 1991年,全区农民人均纯收入846元;全区行政、事业单位工作人员年人均工资1692元,企业年人均工资948元。2005~2010年,区级财政累计投入资金29200万元用于推进民生工程。共转移农村劳动力1.8万余人,新增城镇就业3.1万余人。城镇职工退休养老金连续五年提标,月人均养老金由2005年的380元增至2010年的1030元。城镇居民医疗保险实现全覆盖。城市低保月人均补差水平大幅提升,由2005年的48元提高至2010年的200元。2010年,城镇居民人均可支配收入14027元,增长10%。农民人均纯收入7779元,人均总支出5151.6元。失地农民养老保险全面铺开,累计参保8100余人。成功争取国家第二批新型农村养老保险试点县区,为1.1万名农村老人发放养老金,2.2万名农民办理养老保险。新型农村合作医疗实现全覆盖。农村“五保”供养在全省率先大幅度提标。

# 第三章　市辖县

## 第一节　九江县

### 一、位置人口

**地理位置**　九江县位于省北部，长江中游下段南岸。东倚庐山，南邻星子、德安，西毗瑞昌，北与湖北广济、黄梅和安徽宿松隔江相望，中插九江市城区，使县境分成东、西两部分。地理坐标为北纬29°21′~29°51′、东经115°37′~116°15′之间。东西广62千米，南北袤57千米，总面积917平方千米。县城沙河街，按铁路里程南距省会南昌116千米，北距九江市城区19千米。

**人口民族**　2000年，全县总人口326572人，其中男性169396人，女性157176人，其性别比107.77。2010年，全县总人口315219人，其中男性159909人，女性155310人，其性别比为102.96。全县有汉、回、蒙古、苗、彝、壮、布依、满、侗、瑶、白、土家、哈萨克、黎、畲等22个民族。汉族人口314962人，占总人口99.92%，少数民族人口257人，占总人口0.08%，多系因工作或婚姻原因迁入人口。

### 二、经济建设

**经济综情**　1995年，全县实现国民生产总值74900万元，财政收入5080万元。固定资产投资3889万元，累计固定资产投资8499万元。社会商品零售额21000万元，出口商品总值2000万元。2000年国内生产总值83573万元，财政总收入6213万元。2010年全县生产总值463600万元，财政收入52200万元，社会消费品零售总额126900万元。

**第一产业**　1995年，全县棉花种植面积9686.08公顷，皮棉总产15.8万吨，油脂总产4911.28吨，水产品总量13902吨，首次突破万吨大关，成为全县农业经济支柱产业。2001年后，在全县逐步创建江洲、永安无公害蔬菜生产基地，港口街镇无公害莲藕生产基地、无公害商品水果生产基地，无公害商品猪生产基地，江洲、新洲无公害油菜生产基地，赛城湖、赤湖、港口无公害水产品养殖基地6个特种产业生产基地。2005年，蔬菜、果木、水产3大新型产业年产值均超10000万元，苗木、林种销售额27000万元。2006~2010年，农业生产取得新发展，粮食种植面积11431公顷，油料种植面积11161公顷，水产品总量4.3万吨，生猪出栏21.1万头，农民专业合作社125家。造林绿化实施"一大四小"工程。新农村建设筹集资金2663.1万元，建新房9400平方米，改善农民生产生活条件和人居环境。2010年获"全省农业产业发展先进县""全省棉花高产示范先进县""全省现代渔业发展先进县"称号。

**第二产业**　1991年以后，县重点发展冶金、建材等支柱产业。1994年全县工业企业119家，其中全民所有制企业31家，集体所有制企业88家；轻工业81家，重工业38家。1996年后，县以下国有(集体)企业逐步萎缩，民营经济兴起。2005年，县属91家国营(集体)企业基本完成改制工作，以九江鑫山水泥有限公司为代表的民营企业成为县域经济发展的主力军。当年完成工业总产值156100万元，是1990年的8.9倍。2010年，全县形成冶金建材、纺织服装、食品加工、精细化工4大支柱产业。全县有大小工业企业200多家，其中规模以上工业企业63家，规模以上工业企业实现主营业务收入671300万元，实现工业增加值157000万元，同比增长25.9%。实现税利46500万元。

**第三产业**　1991年，县有国有商业企业14家，集体商业企业37家，民营商业企业188家，个体工商户4188户。全县社会商品零售总额12343万元。外贸出口产品主要有粮油食品、土畜产品、水产品、轻工产品，年均供货总值312.5万美元。当年全县完成粮食政策性收购任务9620吨，油脂2721吨，获商业部"全国植物油脂收购先进县"金杯奖。同年，有饮食业229家，旅馆业27家，理发、照相、修理等服务业

136家,饮食服务业总收入503万元,其中个体341万元,占67.79%。1992年后,国营和供销集体商业先后实行经营范围、商品定价、用工和分配制度“四放开”,全面推行“国有民营”“社有民营”改革,实行资产租赁经营,逐步形成激励运行机制。1994年后,餐饮住宿行业大都转为民营个体。2000年后,商业系统、供销系统、外贸公司、物资公司、农机公司等先后进行企业产权和职工身份置换改制,大多转为民营或个体。2001年后,粮油市场放开,粮油收购进入市场化运作。2005年,全县有餐饮店206家,旅馆206家,服务行业359家,营业额2770万元,均属民营。至2010年,全县有私营企业914户、从业人员8866人,个体工商户5703户、从业人员11955人。消费市场繁荣活跃,全县社会消费品零售总额126900万元,同比增长16.4%,是1991年10.28倍。外贸出口创汇总值7894万美元,比1991年增长24.26倍。县粮食购销公司收购粮食4500吨,全面完成2500吨县级粮食储备任务。全县旅游资源丰富,风景名胜、文物景点众多,著名景点有狮子洞、岳母墓、陶渊明纪念馆和涌泉洞,是庐山西麓风景名胜区。2010年,有旅行社2家,服务网点3处,旅游车队1个,旅游服务餐旅馆35家。当年,全县接待游客59.9万人次,同比增长43.5%,旅游收入45900万元,同比增长49%。

**基础设施** 公路:2010年,境内有公路线路532条,全长1074.7千米,其中高速道2条,国道1条2段(105国道蛟田段、通远至观口段),省道2条(九瑞公路、双瑞公路),省养道3条(赛沙公路、沙闫公路、大机公路)、县道3条(岷山—白果、城门—黄老门、码口—港口),乡道22条,村道499条,行政村全部修通公路。新建农村客运站5个、农村候车亭50个。2010年累计完成客运量570万人次,客运周转量1165亿人/千米,完成货运量349万吨,货运周转量167亿吨/千米。

铁路:2010年,境内铁路干线2条,其中京九线途经县辖区段35千米,武九线途经县辖区段24.6千米,专用线5条,自身服务线3条。

航道:2010年,有港口、码头9处,泊位15个。靠泊能力200至5000吨级不等。水运企业3家,水运服务企业1家。个体私营船主2户、营运船舶15艘,共计1.7万吨载重吨。渡口30处,其中长江水域20处,内湖水域10处。渡口拥有机动船舶3艘,含汽渡轮2艘,非机动船6只,总吨位974吨,客座1504位。

民航:2010年,有飞机场1处4C级,可满足年旅客吞吐量50万人次,先后开通九江至北京、上海、广州、厦门等国内往返航班。初步构成九江与国内中心城市水陆空立体运输网。

## 三、社会生活

**教育** 2010年,全县有中小学校舍面积360076平方米,校园面积1680530平方米。九年一贯制学校3所。获“全省教育工作先进县”称号。县一中被定为全省重点高级中学。县一小成为首批省中小学实施素质教育示范学校。当年,各类学校141所,在校学生48142人,专任教师3042人。小学、初中义务教育入学率达省级标准,适龄儿童入学率100%。初中在校生三年保留率95.01%以上。高考录取率超过全省平均上线率。同年高考,全县本科以上上线1170人,上线率35.7%。其中一本上线113人,比2009年增加25人,增长28.4%;二本上线438人,比2009年增加120人,增长37.7%。

**文化** 1991年以后,农村和城镇机关、企业、社区逐步创办文化站、图书室、文艺演出队文化活动场所。到2010年,全县有农家书屋31家,配送图书45000余册。达到有线电视村村通,网络覆盖全县86.7%乡镇和58%行政村。文化遗产得以传承,县九江山歌“三声腔”入选国家级非物质文化遗产名录,九江秧号被列入省级非物质文化遗产名录,“九江丝弦锣鼓”“九江文曲戏”“涌泉竹雕”被列入市级文化遗产名录。同年10月,总投资30000万元的中华贤母文化园工程建设启动,第一期工程投资15000万元项目开工建设。20年间,5次举办陶渊明文化、岳母文化研讨会。

**卫生** 1991年,全县医卫人员809人。2005年7月,投资1000万元私立县红十字会医院建设竣工并投入使用。当年全县医务人员825人。同年始,至2010年共投入690万元建立并完善乡镇卫生院人员工资保障机制,实行财政全额拨款,实行绩效工资制。投入584万元完成12家乡镇卫生院,68个村级卫生所和社区卫生服务站规范化建设;5家乡镇中心卫生院实行国家基本药物制度。2010年6月,县中医院6800平方米住院部综合大楼竣工并投入使用。10月,投资2300万元的县人民医院10045平方米门诊综合大楼主体工程竣工并进入装修阶段,投资480万元的县血防站2600平方米综合大楼项目建设竣工投入使用。到2010年,农村公共卫生服务试点覆盖28万人,参加新农合医保人员25.2万人,参合率99.6%。为9.4万人建立健康档案,为2.4万名妇女、儿童和老年人提供免费保健服务,农村基本卫生服务均等化和农村服务能力建设成效显著。至同年底,全县医疗卫生机构278个,医疗防疫机构9个,乡镇卫生院17个,村(社区)级卫生室252个,卫生机构服务网络覆盖率100%。卫生技术人员1100余人。农村新型合作医疗大病统筹补偿封顶线提高到5万元。全年住院补偿29102人次,补偿资金3170.6万元。

**体育** 1996年,县第一小学获省体育传统项目学校田径赛小学组团体总分第一名。2001年9月6~10日承办全国第九届运动会男子篮球预赛(九江赛区)赛事。2002年,县赛区获"全省体育竞赛优秀赛区",同年县第一小学获省体育传统项目学校田径赛小学组团体总分第一名,2003年被省体委评为省级体育传统项目学校。同年,戴超参加全国第六届残疾人运动会,夺得男子全能冠军。同年10月在县体育馆承办美国快思特俱乐部与俄罗斯火车头俱乐部篮球争霸赛。2005年10月,东方红特殊教育学校代表江西队参加全国特奥羽毛球赛,获4枚金牌,5枚银牌,1枚铜牌。11月,参加全国特奥自行车赛,获3枚金牌,2枚银牌,3枚铜牌。被评为全国特奥工作先进集体。当年,全县有体育场地面积22000平方米(不含学校)。2010年,全县投资72万元为村居(社区)购置体育器材和改造县老年门球场。全县有各种球类、武术等运动协会6个;各类老年体育运动协会154个,老年体育人口11000余人,11月7日参加中国黄山国际登山大会,夺得中老年组第二名。至2010年,全县141所学校有运动场地、器械配备达标62处,453名学生被全国多家体育院校录取。承办市以上体育赛事15次。

**社会保障** 1991年,全县农民人均纯收入735.16元,人均生活消费支出585.31元。同年始,全县逐步完善社会保障机制,扩大养老、医疗、失业保险、城乡居民最低生活保障和农村特困救助覆盖面。2000年农民人均纯收入1978元,人均生活消费支出1601.67元;城镇居民人均纯收入3458元。2005年,城镇居民人均纯收入5480元,城镇居民消费5793元。2000~2010年,累计投入民生工程资金100000万元,实现城乡最低生活保障、大病医疗救助、城乡义务教育学杂费减免、城乡贫困生救助、城乡居民合作医疗等。2010年,全县农民人均纯收入6130元,同比增幅19.3%,在全市排位总量第四,增幅第三。人均生活消费支出4393.55元。城镇在岗职工平均工资18821元,同比增长1.56%。居民消费比2009年增长10%~15%。同年,城市低保户2310户4963人,农村低保户5004户12716人,全年发放低保金3491万元,农村救助金1233万元。城乡居民人均住房分别达到51平方米和47平方米,最多超100平方米。全县3.2万城镇职工参加基本养老保险,3万职工参加基本医疗保险,4.2万城镇职工参加工伤保险,22万农民参加新农合,17444人享受医疗救助。全县有五保对象2694人,其中集中供养2344人,集中供养率87%。马回岭敬老院为全国模范敬老院。

## 第二节 德安县

### 一、位置人口

**地理位置** 德安县位于北纬29°16′~29°35′、东经115°23′~115°50′。总面积932平方千米(含划给共青城面积),居赣北腹地,市中心位置。东邻星子、都昌;东南是共青城市,濒临鄱阳湖;南部、西南与永修县接壤;东北为九江县;北部与瑞昌市交界,西面为武宁县。

**人口民族** 县内人口外来移民较多,移民总量超过20%。2000年,全县(含共青、米粮铺、金湖,下同)总人口196647人。男性101547人,女性95100人,其性别比106.78。2010年,总人口222322人,男性114516人,女性107806人,其性别比106.22。全县人口由汉、畲、蒙古、回、藏、苗、彝、壮、布依、满、侗、瑶、白、土家、黎等17个民族构成。其中,汉族人口221582人,占99.67%;少数民族740人,占0.33%。少数民族中,以畲族居多,121人,为浙江水库移民,其余则系因工作或婚姻等原因迁入人口。

## 二、经济建设

**经济综情** 1991年,全县国民生产总值37000万元,其中第一产业7763万元,第二产业19451万元,第三产业9899万元,财政总收入3902万元。工业总产值71000万元,工农业总产值在市率先突破8个亿,为省"工业十强县"之一。2005年实现国民生产总值137000万元,年均递增15.5%;一产完成25000万元,年均递增7%;二产完成79000万元,年均递增20%;三产完成33000万元,年均递增14.3%;财政总收入完成14000万元,年均递增25.6%,其中地方财政收入完成9196万元,年均递增25%。2010年,实现国民生产总值330000万元。其中,一产完成36300万元,二产完成207900万元,三产完成85800万元,财政收入完成45900万元,社会消费品零售总额完成90000万元,固定资产投资累计完成434000万元。

**第一产业** 以种植水稻为主,多数为一季稻,双季稻种植面积从1998年开始逐年下降,到2008年只有423公顷。除水稻之外,还有小麦、红薯、豆类、玉米等杂粮。粮食总产量逐年下降,到2008年止,稳定在4万吨左右。油料作物主要有花生、芝麻、油菜。其中花生常年播种面积200~333.3公顷,总产300~500余吨,折合油脂130吨;芝麻常年播种66.7公顷,总产60~70吨;油菜常年播种3333.3公顷,总产3500吨左右,折合油脂1100吨。蔬菜生产随着城镇扩容发展,主要是大棚蔬菜和城镇周边乡村农户分散种植经营。

**第二产业** 1991年,全县22个乡镇场都拥有一定规模乡镇工业群体,特别是共青羽绒厂,发展成全国闻名的二级工业企业。到1993年年底,除共青之外,乡镇工业从业人员有17095人,占全县农村劳动力26%,产值占全县工农业总产值63.2%。1994年开始建设工业小区。1997年始乡镇企业改制,历时4年完成。1998年后,部门企业逐渐改制转型。2002年,宝塔工业园区扩建。2006年,丰林工业小区、林泉钙业小区和吴山有色金属工业小区具备一定规模。2008年,全县形成纺织服装、机械电子、食品医药品、建材化工和矿产品开采加工5大支柱产业。2010年,进入县工业园区注册的民营企业169家,县工业园区完成主营业务收入800000万元,实现税收收入21000万元。

**第三产业** 1991年,在南浔铁路和105国道边建有集市贸易市场,面积5020平方米,主要经营肉类、蔬菜、干货、服装、饮食、水果等14大类3000多个品种,辐射永修、星子、九江、瑞昌等周边县市,年交易额25000万元。2003年,在县城西郊岳山垅出口处建设建筑材料专业市场,占地面积2.87万平方米,建筑面积4万平方米,经营钢筋、水泥、瓷砖、玻璃、卫生洁具、五金、油漆、铝材等批发和零售,年均交易量35000万元。2007年,在宝塔工业园东区建设新城集贸市场,占地4000平方米,建筑面积5500平方米,经营商品60余种,年销售额1500万元。2009年,在城西建设现代陆路物流港,成为县物流业旗舰。

## 三、社会生活

**教育** 1991年,全县有中学21所,小学22所。毕业生高中486人、初中2610人、小学3666人。在校学生高中1894人、初中8409人、小学199914人。高中教师91人。初中776人,小学1063人。1999年8月,德安县第一所私立学校敷阳中学创办。2010年,县城有中学2所、职业高中1所、小学2所、幼儿园31所。乡镇有九年一贯制学校4所,初级中学6所,完全小学10所,民办初中3所,幼儿园19所。

**文化** 1992年,县图书馆开馆。1994年,县微波站、有线电视台成立。1996年10月,省政府授予"省社会文化先进县"称号,聂桥、林泉、丰林3个文化站被评为一级站并列入全省"百强站"。1997年,县有线电视台与县广播站、电视差转台、教育电视台合并,成立县广播电视台。1999年,县图书馆被文化部评定为国家三级图书馆。2004年12月,文化广电大楼和文化影视中心竣工。2005年,文化馆搬迁至文化广电大楼,使用面积2990平方米,有多功能厅(剧院)、文化活动厅等。同年,县图书馆迁至文化广电大楼,藏书总量为4.8万册,提供图书、电子阅览、报刊阅览等多种服务,有阅览座席200个,电子阅览室计算机60台。同年,全县有文化艺术团体32个。2006年,广播电视城乡联网。县博物馆被国家文物局列为国家重点县级博物馆,馆藏文物丰富。2008年,县文化馆被文化部评定为国家三级文化馆。基本实现数字化电影放映。启动乡镇综合文化站基本建设。德安傩戏(潘太公戏)、义门陈文化、德安八景的故事等先后被列为省非物质文化遗产。

**卫生** 2008年,启动扩大免疫规划民生工程,一类疫苗由“五苗防七病”扩大到“十一苗防十五病”,将风疹、腮腺炎、流脑、乙脑疫苗等纳入儿童计划免疫免费接种范围。同年,农村合作医疗参合率达93.52%。2010年,卫生系统有7个县直单位、12所乡镇卫生院、62所村卫生室、11所个体诊所,在编人员586人。县城有县人民医院、中医院2所“二甲医院”。

**体育** 1997年,在市第八届运动会上,县获田径项目6块金牌,篮球、乒乓球男子团体第二名,女乒团体、男乒单打第一名。2006年,舞龙舞狮队参加九江首届大赛。2007年9月,木兰拳、街舞获新加坡国际邀请赛一等奖。老年门球获第二十届“彭蠡杯”第一名。2009年,获“全国实施农民体育健身工程先进县”称号。民间体育有老年人体育协会、信鸽协会、武术和气功协会、棋牌协会、网球协会、足球协会、乒乓球协会、篮球协会、羽毛球协会、健身操与街舞协会等。

**社会保障** 1991年,实行全县国营、大集体企业单位退休费用社会统筹。1992年,开始有个体私营经济协会等进行登记。1994年,被列为全国医疗保险制度改革试点县。1998年12月12日,《德安县医保改革成果喜人》的文章刊登在《江西日报》头版头条。2006年始,五保老人集中供养标准为每年每人1800元,分散供养标准为每年每人1200元。2008年,全县社会保险参保人数为4997人。2009年,德安县启动青山陵园公墓区建设。

## 第三节 永修县

### 一、位置人口

**地理位置** 永修县介于北纬28°53′~29°21′、东经115°22′~116°16′。地处江西北部、鄱阳湖西岸。南瞰西山,北望匡庐,东邻鄱湖,西扼云居。县境与共青城市以及都昌、星子、德安、瑞昌、武宁、靖安、安义、新建8县交界。总面积2047平方千米(含划归共青城面积)。县城距南昌40千米,距昌北机场18千米,距庐山机场70千米,距市区80千米。105国道、316国道贯穿南北,京九铁路、福银高速、昌九城际铁路、永武高速公路穿境而过,修河、潦河两大水系贯穿东西,形成水、陆、空立体化的交通网络,距珠江三角经济圈和长江三角经济圈均只需8小时路程。

**人口民族** 2000年,全县总人口351457人,男性183000人,女性168457人,其性别比为108.63。2010年,全县总人口376107人,男性194191人,女性181916人,其性别比为106.75。少数民族人口449人,占全县总人口0.12%。全县人口由汉、畲、蒙古、回、藏、苗、彝、壮、布依、满、侗、瑶、白、土家、黎等民族构成。其中,汉族人口375564人,占99.86%;少数民族543人,占0.14%,多系因工作或婚姻等原因迁入人口。

### 二、经济建设

**经济综情** 1991年,全县国内生产总值49700万元,实现工业总产值42502万元,农业总产值33982万元,财政收入5367万元。2010年,全县国内生产总值632800万元,实现工业总产值1420000万元,农业总产值179000万元,财政收入67200万元。

**第一产业** 全县有宜农耕地2.2万公顷,宜林山地5.3万公顷,宜渔水面4.5万公顷,宜牧草地1.5万公顷。1991~2010年,建立燕坊杂交水稻良种基地、白槎三元杂交猪生产基地、燕坊草莓基地、三角和立新水禽基地。柘林湖鳜鱼出口韩国、日本,宏康科技技术园蔬菜远销香港、新加坡、马来西亚等地。2010年,规模以上农业龙头企业28家,其中省级农业龙头企业4家,发展农民专业合作社200家,创建省级三农牌蔬菜和独一处牌柑橘、云居牌板栗和云居牌尖栗等农产品品牌8个、绿色有机食品品牌18个、无公害农产品生产基地13个。

**第二产业** 境内有江西有机硅厂、柘林水电厂等大型企业。2010年,全县拥有精细化工、机械电子、绿色食品、生物制药、纺织服装、物流仓储6大主导产业。有规模以上工业企业68家,其中年销售收入过千万元企业65家,纳税超百万元企业10家。规模以上工业主营业务收入、利税分别为1357800万元和150300万元。2010年,全县城乡个体工商户7167家、注册资金14600万元、从业人员18076人,私营企业521家、注册资金72500万元、从业人员8039人。园区出口创汇民营企业5家,创汇折合人民币10560万元。有注册商标企业78家,获省级著名商标称号的3家,获市级知名商标称号1家。全县销售收入过千万元民营企业20家,纳税100万元以上企业14家,市级百强民营企业7家。全县民营企业实现就业人数26832名,其中安置农村劳动力转移22520人,安置企业下岗职工4312人。

**第三产业** 1990年,全县第三产业产值4647万元,其中交通运输、仓储及邮电通信业619万元,批发零售、餐饮业847万元,其他3181万元。1995年,全县第三产业产值19218万元,其中交通运输、仓储及邮电通信业2364万元,批发零售、餐饮业3015万元,金融保险业8072万元,其他5767万元。2000年,全县第三产业产值39106万元,其中交通运输、仓储及邮电通信业5543万元,批发和零售贸易、餐饮业6495万元,金融保险业15731万元,其他11337万元;全县集贸市场总数达20个,总面积44735平方米;全县有个体工商户3440户,私营企业91家,从业人员7178人。2010年,第三产业产值138728万元,其中交通运输、仓储及邮电通信业26627万元,批发零售、餐饮业39309万元,其他72792万元;全年共接待国内外游客98.85万人次,实现旅游综合收入70147万元。

**基础设施** 电网:1999~2001年,投资3732万元农网改造资金,完成全县农村电网的更新改造,农村电价从每度1.5元左右降至0.5元左右。2010年,全县有35千伏变电站10座,总装机容量57500千伏安,35千伏输电线路总长116.8千米;有10千伏配网线路48条,全长964千米;有配电变压器941台,配电总容量64409千伏安。形成覆盖全县的梯级送变电网络,电力可供到全县每个乡镇和98%以上的村,电网最大负荷达6.2万千瓦。

交通:1992年,投资100万修通县城—吴城镇公路大湖池地段5.05千米简易公路,新增焦武线(焦冲至界牌段)和永吴公路部分路段公路2条56千米。建设县道251千米,乡道219.8千米,村道1076.82千米。2009年,开通县城1、2、3路公交车。集资2000余万元先后建造山下渡、立新、陈家渡、河头、乌鱼港5座公路大桥。全县211个行政村中(含居委会、企业集团和垦殖场所属分场)有45个通水泥路,166个通公路,全县公路总投资21000万元以上。共开通农村客运班线23条,班车79辆,全县共有出租车122辆;除县城、虬津2个二级车站外,新建4个农村三级客运站和30个候车亭;全县的渡口总计更新钢质渡船30艘,渡口渡船合格率达到100%。2010年公路完成客运量201万人,公路货运量完成289万吨。

邮政通信:1991年5月,开办国际、国内真迹传真电报。1996年12月,开办分组交换数据业务。1997年,开办因特网,同年6月县城安装并开通IC卡电话,12月开办DDN数据业务。1998年开办800被叫用户付费、ETS车载台和固定台电话及201校园电话。同年始,通信中继传输由PDH准同步数字体系更换为SDH同步数字体系,1999年开通ETS基站和112障碍自动受理系统。2000年10月,新建化为光接入网7个ONU点,共1792线,新建中兴光接入网5个ONU点,共2048线。2000年1月,开办ISDN窄带,同年4月开办IP电话业务。2002年开通ADSL宽带业务。到2010年年底,程控电话总容量达6.51万门,移动通信达17.42万户,电信宽带用户达16083户,实现电话交换程控化,传输数字化。2010年完成邮电业务收入13949万元。

## 三、社会生活

**教育** 2001年,兴建县职业教育中心。撤并生源数量少、基础设施差、师资力量弱的中小学88所,占全县中小学总数的1/3,新建艾城、吴城、三溪桥等8所农村现代化寄宿制中心小学,教育资源得到全面优化整合。2003年,推进“校校通”工程,构建覆盖全县所有中小学的现代远程教育网络,建成模式一学校 118 所、模式二学校 24 所、模式三学校 22 所，拥有教育城域网 1 个、电子备课室 43 个、B 型多媒体教室 43 个、C 型多媒体教室 56 个、光盘播放室 160 个、计算机室 45 个、电子阅览室 43 个。创办九年一贯制县外国语学校，在县城老城区新建涂埠学校。全县适龄儿童、少年入学率现分别达到 100%和98%(农村在 95%)以上，在校生年辍学率分别控制在 1%和 2%(农村在 3%)以内。扩大公办高中、扶持民办高中，满足人民群众对高层次教育的要求。2007 年，实行九年义务教育，惠及全县城乡 5 万多名学生。全县共有普通中学 25 所，小学 124 所，职业中学 1 所，小学入学率达 100%，巩固率为 100%；初中入学率达 98.7%，巩固率为 98.6%。2010 年，教育经费为 15400 万元，拥有各级各类学校 169 所，在校中小学生 550238 人，公办教师 4702 人，中小学校园总面积 146.7 公顷，校舍总面积 37.99 万平方米。

**文化** 1993 年，筹建永修电视台。2000 年，建造县图书馆新馆大楼。2001 年始，添置县有线电视台、电视转播塔、机房等设施。2004 年实现由光缆传输取代同轴电缆，由数字技术取代模拟技术，由县城网向农村网的延伸。2010 年，有转换有线电视用户 4.3 万户，实现全县一张网；全县 18 个乡(镇、场)普及文化站，逢年过节和农闲时组织农民开展舞龙灯、舞狮子、耍花灯、划莲船、打腰鼓、走高跷、赛龙舟等群众文娱活动，年均演出近 100 场(次)；县电影公司开展农村普及放映，共放映 1000 余场；投入 160 多万元对县图书馆进行维修改造，藏书总量为 44930 册；永修丫丫戏被列为省级非物质文化遗产；县城部分居民可以观看数字高清电视。

**卫生** 1991~2010 年，未发生霍乱、甲流等重大传染病疫情，无新发传染病，儿童接种率99.95%。全程免疫覆盖率由 20%以下提高到 98%，传染病发病率下降至 276.98/10 万。有效控制手足口病传染病疫情，对结核病、艾滋病等重点传染病进行规范管理。血吸虫病防治达到疫情传播控制标准，居民血吸虫病感染率由 20.6%下降到 3.4%，全县有 8 个乡镇达到传播阻断标准，其余乡镇均达到疫情控制标准。孕产妇和儿童得到系统规范管理，住院分娩率 100%，孕产妇死亡率为 0，7 岁以下儿童保健覆盖率达 88.27%，5 岁以下儿童死亡率为 2.24‰。全县建立居民健康档案 22 万份，建档率达 59.45%。健康体检、预防接种、妇幼保健、慢病管理等 11 项基本公共卫生服务项目得到落实。2010 年，全县有医疗机构 241 个，其中县级医疗机构 9 个，乡(镇)、场卫生院 21 个，村级卫生所 184 个，在岗人数 1770 人。在保证一村一所的前提下设立 206 所村卫生所，形成疾病预防控制、卫生监督、医疗救治 3 大体系和以县级医院为龙头、乡镇卫生院为骨干、村卫生所为基础的三级医疗卫生服务网络。村卫生所均按省卫生厅服务能力建设标准建设业务用房，配齐基本医疗设备。

**旅游** 县内有省级重点风景区云居山，国家级重点风景区、国家级森林公园庐山西海，国家级鄱阳湖候鸟保护区。2002 年开始，投入 10000 万以上的资金和大量的人力、物力，改造兴建通往景区的 316 国道、永武公路和永修至吴城公路，建造梦生山码头，凤凰山景点门楼、游园公路、观花亭等设施；整治艾城至柘林——云居山景区公路沿线环境。至 2010 年，建桃园大饭店、永修宾馆、云居山宾馆、北戴河宾馆、清水山庄、柘林湖宾馆、阳光花园大酒店、西海温泉宾馆等 10 多家宾馆和其他饭店、招待所 26 处，可同时接待游客住宿 3000 人以上。县奇特的自然景观吸引了许多国内外游客，旅游收入直线上升，“十一五”期间共接待游客 304.72 万人次，实现旅游收入 214100 万元。

**社会保障** 1991 年，全县农村居民人均纯收入 816 元，城乡居民储蓄存款余额 13130 万元，社会消费品零售总额 17628 万元，城市居民人均住宅建筑面积 9.1 平方米，农村居民人均住房面积 7.9 平方米。2006 年，开始新型农村合作医疗试点。至 2010 年共有 276133 人参合，参合率 99%，共对 98.07 万人次补偿 3929.49 万元。全县共有城市低保对象 6131 户 11549 人，占城镇人口 12%，保障标准为每月 260 元，全年发放低保金 2577 余万元，全年城市低保累计保障人次 13.56 万人次。当年，共实施医疗救助 5208 人次，发放医疗救助金额 1050 余万元。“十一五”期间，新增城镇从业人员 31299 人，新增农村劳动力转移 35000 人，安置困难群体再就业 4020 人，发放小额贴息贷款 16500 万元，城镇登记失业率控制在 3.5%以内。至 2010 年，全县城镇职工参加基本养老保障人数 47533 人，征缴基本养老保险费 9436 万元，共支付离退休人员各项待遇 18549 万元。参加失业保险人数 23202 人，失业保险征缴 414 万元；被征地农民参加养老保险人数700人,征缴基本养老保险费8660万元;工伤保险参保人数17890人,其中农民工参加工伤保险人数5655人,征缴工伤保险费133万元,全年支付工伤医疗费76万元;建立县光荣敬老院、社会福利院和26家乡镇敬老院,五保户集中供养率达到80%以上,人均养老保障水平由2005年的每月450元提高到1035元。完成10.1万平方米棚户区改造拆迁任务,改善1842户家庭住房条件;按月发放廉租住房租赁补贴,全年发放租赁补贴135.64万元,保障家庭1541户。当年,城市居民人均住宅建筑面积33平方米,农村居民人均住房面积26.7平方米。

## 第四节 星子县

### 一、位置人口

**地理位置** 星子县位于省北部,北纬29°8′~29°36′、东经115°48′~116°10′之间。东与都昌县一衣带水,南和永修县草洲相连,西邻德安、九江两县,北接九江市庐山区。境域东西宽35千米,南北长52千米,总面积723平方千米(含划归共青城面积)。北至九江36千米,南至南昌116千米。

**人口民族** 2000年,全县总人口221109人,男性114846人,女性106263人,其性别比为108.08。2010年,全县总人口245526人,男性127640人,女性117886人,其性别比为108.27。全县人口由汉、蒙古、回、苗、彝、壮、布依、满、侗、瑶、白、土家、黎等民族构成。其中,汉族人口245437人,占99.96%;少数民族89人,占0.04%。少数民族均系因工作或婚姻等原因迁入人口。

### 二、经济建设

**经济综情** 2010年,全县社会总产值334435万元,是1990年15144万元的22倍;全县财政收入41742万元,财政支出78680万元。年末全县金融机构各项存款余额329922万元,储蓄余额204509万元,人均储蓄7852元;各金融机构贷款余额166732万元,其中农业贷款119318万元。

**第一产业** 1991年,有耕地面积1.02万公顷,粮食总产量7.89万吨;蔬菜播种面积0.11万公顷,产量2.4万吨;油料总产量6306吨;水果产量1433吨;水产品产量0.3万吨;生猪出栏8.13万头;出笼禽70万羽;森林覆盖率27%;全县农业总产值12709万元。1998年实施第二轮土地承包,减少早稻播种面积,增加棉花面积和蔬菜面积。至2010年,实种耕地面积9547.3公顷,人均0.05公顷,粮食总产量7.91万吨;蔬菜播种面积1466.7公顷,产量4.4万吨;油菜播种4885.7公顷,产籽7460吨,油料总产量8920吨;植棉2010公顷,产量7.24万担;水果产量4400吨;水产品产量2.85万吨;生猪出栏11万头;出笼禽220万羽;全县有林业用地面积2.5万公顷,占全县总面积34%,森林覆盖率33.1%;全县退耕还林2200公顷,林业部批准列入国家公益林保护面积1.25万公顷。2010年,全县农业总产值92349万元,农林牧渔业比重为38%、2.8%、23%、35%。

**第二产业** 1996年,台商在横塘投资150万美元创建荣士(九江)实业有限公司,主产青石台球桌板,年产值超千万元。2001年兴建金鹿石材城。2002年,浙江企业家投资4000万元收购星子江海造船厂,组建银星造船有限公司。开发综合性金鹿工业园。2005年5月29日,银星造船有限公司制造江西历史上最大的16500吨油轮下水。至2010年,县外客商在星子投资办工厂的有81家。金鹿工业园落户园内工业企业64家,建成投产44家,年销售收入500万元以上的25家,从业人员12000人,年创利税31000万元。全县行业性的工业园区有金鹿石材城、横塘青石工业区、华林青石工业区。其中金鹿石材城工业总产值18000万元,创利税3600万元;横塘青石工业区工业总产值45800万元,纳税680万元,有6家企业取得产品进出口自由权。

**第三产业** 1990年,全县第三产业产值3357万元,其中交通运输、仓储及邮电通信业696万元,批发零售、餐饮业442万元,其他2219万元。1995年,全县第三产业产值6729万元,其中交通运输、仓储及邮电通信业1202万元,批发零售、餐饮业2329万元,金融保险业368万元,其他2830万元。2000年,全县第三产业产值11322万元，其中交通运输、仓储及邮电通信业2020万元，批发和零售贸易、餐饮业3400万元，金融保险业335万元，其他5569万元；全县集贸市场总数达7个，总面积8586.64平方米；全县有个体工商户2094户，私营企业123家，从业人员7776人。2010年，第三产业产值163570万元，其中交通运输、仓储及邮电通信业38710万元，批发零售、餐饮业48896万元，其他75964万元；全年共接待国内外游客532万人次，实现旅游综合收入200900万元。

**基础设施** 交通运输：1994年，按三级公路标准改造归横线25千米。2004年，按一级公路标准修建庐山环南山公路56.415千米，其中境内29.832千米。至2010年，县乡两级公路全部实现水泥和沥青路面，128个村级单位修建公路263千米。境内有105国道18.5千米，省道1条29.8千米，县道6条104千米，乡道34条155千米，村道433条472千米。全县基本完成"渡改桥"工程。全县有各种机动车2361辆，客运行车线路29条。县城短途运输、码头装卸基本上实现机械化、半机械化。全县有货运铁轮154艘，载重能力95000吨，港口收入123.66万元。

邮政通信：1992年1月26日零时，割接开通1000门纵横制自动电话，结束星子县磁石交换机（手摇电话）的历史。1993年12月29日零时，星子县5000门程控交换电话割接开通，实现电话交换程控化、长途电话数字光缆化。1994年，实现电话扩网升位，建成本地网。1995年，实现农村电话程控化，星子县第一部模拟移动电话（大哥大）开通。1997年6月24日，星子县第一部数字移动电话开通使用，当年放号825部，1998年实现农村固定电话村村通，同年邮政电信分营。1999年，"星子之窗"电信网站建成开放。2002年5月，第一个宽带网吧建成。2010年实现无线农话村村通，全县固定电话用户累计达38100户，宽带用户8659户，营业网点11个，数字移动电话达9万部，市场占有率76%，业务总量达5500万元。

电力建设：1994年，110千伏变电站建成，供电趋于稳定，基本满足城乡居民生活和工、农业生产需要。1999年1月开始农村电网一、二期工程改造，2004年8月竣工。到2010年，全县有110千伏变电站2座，主变3台94500千伏安，110千伏输电线路76千米；35千伏变电站6座，主变12台57050千伏安，35千伏输电线路9条97.6千米；10千伏输电线路715千米，公用变电台区762个。2010年，小水电发电量220万千瓦时，供电量220万千瓦时。

## 三、社会生活

**教育** 1991年，贯彻实施国家九年义务教育法，基本普及九年义务教育和基本扫除青壮年文盲，1997年获得国家验收。2002年秋季起，实行"义务教育一费制"。2004年春季起，对农村家庭经济困难的学生和城市低保户学生实行免费提供教科书、免杂费，补助寄宿生生活费，当年享受"两免一补"学生5972人，免金额33.55万元。2010年，投资2500万元资金，拆除校舍危房0.8万平方米，新建校舍1.4万平方米，维修3.4万平方米，校舍达到24.3万平方米。全县小学88所，小学生29746人，小教职工1183人；高级中学1所，完全中学2所，初中11所，九年制学校1所。中学生19143人，中教职工1091人。享受"两免一补"学生1692人，免金额150.9万元。至2010年，向全国各大专院校输送学生8780人。

**文化** 1991年起，以星子传统西河戏为主体的群众文艺演出每年举行多次。1992年起，电视机普及，电影放映逐渐式微。文化馆整理民间文化遗产，编辑《星子民歌集》《星子民间舞蹈》《星子戏曲志》《星子西河戏音乐》《星子县民间故事》《秀峰的传说》等资料汇编。1998年，星子电视收转台取代星子县广播站。1999年17首星子民歌收入《中国民歌集成》，2002年西河戏61段乐谱收入《中国戏曲音乐江西卷》。2003年，整合成立"江西广电网络星子县分公司"，模拟电视节目增加到45套。先后对爱莲池、点将台、观音桥进行维修和保护。白鹿洞、观音桥、秀峰石刻群升格为国家级文物保护单位，玉涧桥、醉石、一见心寒墓、秀峰和尚塔墓、周瑜点将台为省级文物保护单位，爱莲池、紫阳堤等40项公布为县级文物保护单位。2005年星子金星砚列入"国家非物质文化遗产"目录。2010年年底，图书馆藏书2万余册。

**卫生** 1995年，进行医疗改革试点，当年企业参保单位131个，参保6850人。2001年起，企业职工身份置换,参保单位和人数下降。2005 年,各综合医院均设立中医科和中药房,中医药得到进一步继承和发扬。2007 年起,实行农村医保。2010 年,有医疗机构 130 所,病床 748 张,医技人员 616 人,另有乡村医生 300 人。建立健县、乡、村三级医疗、防疫、妇幼保健网络,提高医技水平。企业参保单位 102 个,参保人数 10631 人;行政事业单位参保单位 163 个,参保人数 7307 人,达 100%。

## 第五节 修水县

### 一、位置人口

**地理位置** 修水县位于市西部修河上游,居幕阜山脉和九岭山脉之间,为江西、湖北、湖南 3 省交界处。北与湖北崇阳县、通山县接壤,西与湖北通城县、湖南平江县毗邻,南与铜鼓、宜丰、奉新县交界,东与靖安县、武宁县相连。地理坐标为北纬 28°41′~29°22′、东经 113°56′~114°56′。县域东西距离 97 千米,南北距离 76 千米,总面积 4502 平方千米,为江西幅员最广之县。

**人口民族** 2000 年,全县总人口 745976 人,男性 391282 人,女性 354694 人,其性别比为 110.32。2010 年,全县总人口 739986 人,男性 369511 人,女性 370475 人,其性别比为 99.74。全县人口由汉、畲、回、藏、苗、彝、壮、布依、满、侗、瑶、白、土家、黎等民族构成。其中,汉族人口 739736 人,占 99.97%;少数民族 250 人,占 0.03%。少数民族多系因工作或婚姻等原因迁入人口。

### 二、经济建设

**经济综情** 1991~1995 年,全县国民生产总值由 43000 万元增至 110500 万元,增加 67500 万元,年均增长 20.77%,并于 1993 年提前 7 年实现"在 1980 年基础上翻两番"战略目标。财政收入由 3911.5 万元增至 6223.5 万元,增加 2321 万元,年均增长 9.78%。固定资产投资由 900 万元增到 19700 万元,增加 18800 万元,年均增长 85.56%。综合县力快速增长,进入湘鄂赣毗邻 9 县前三位。1996~2000 年,国民生产总值由 110450 万元增至 177250 万元,增加 66800 万元,年均增长 5%;财政收入由 6200 万元增至 17600 万元,净增 11500 万元,年均增长 23.16%;规模以上企业工业增加值由 11700 万元增至 22980 万元,增加 11280 万元,年均增长 13.09%。2000~2005 年,国民生产总值由 177250 万元增长到 325490 万元,增加 148240 万元,年均增长 12.92%;财政收入由 17600 万元增长到 30700 万元,增加 13100 万元,年均增长 11.7%;全社会固定资产投资由 16650 万元增加到 216110 万元,增加 199460 万元,年均增长 66.97%。2006~2010 年,国民生产总值由 325490 万元上升到 612800 万元,增加 287310 万元,年均增长 13.49%;财政收入由 30670 万元上升到 75070 万元,增加 44400 万元,年均增长 19.61%;社会固定资产投资由 216110 万元上升到 480010 万元,增加 263900 万元,年均增长 17.30%。

**第一产业** 修水是农业大县,1990 年,农业总产值占县域经济总产值的 60.5%。1990 年后调整农业产业结构,着力开发蚕桑产业,1995 年,将桑、茶、林列为农业重点产业。1998 年,实施"1116"农业产业化发展战略,即发展 6666.7 公顷蚕桑、6666.7 公顷药材、100 万头山羊、4000 公顷茶叶。2004 年,提出走"规模化、标准化、优质化、产业化"发展思路。至 2010 年,形成以种植业为主体,蚕桑、畜牧水产、林业全面发展格局。全县农业总产值 164842 万元,占县域经济的 27%,种植业产值占整个农业总产值的比重由 1991 年的 50.2%降至 46%,畜牧业产值比重由 32.2%升至 35%,林业产值比重由 8.2%升至 11%,副业产值由 8.9%降至 2.6%,渔业产值比重 0.9%升至 7%。

**第二产业** 1991 年,全县新上 16 个技改项目,县丝绸厂投建竣工投产,"东电西送"输变工程兴工,土龙山金矿等企业技改、扩建竣工。1992 年,县第二、第三丝厂兴建,新增缫丝能力 4800 绪;县水泥厂扩建、县二水厂兴建。1993 年,县第一、二丝厂扩建竣工,新增缫丝 7440 绪。1994 年县瓷厂、县造纸厂、县水泥厂技改竣工。1995 年,装机 6 万千瓦的东津电站竣工投产,全县小水电达 96 座。1996 年,茶子岗电站兴建和县水泥厂 10 万吨扩建工程竣工投产。1997 年,宁红集团发展进入高峰期,实现年产值 10500 万元,康顺、金樱子、神茶集团产量、产值大增。2000 年,康顺集团 5 条生产线全面投产,县国有工业 8 大集团形成修水工业发展新格局。2001 年,新上项目 284 个,开始新建县工业园,乡镇企业工业总产值增长 14%。2002 年,新上 78 个工业项目,县工业园引进 24 个项目。2003 年,全县引进 1000 万以上项目 37 个,中国五矿开发香炉山钨矿,抱子石水电站主体工程竣工,县工业园入园户数增至 25 户。2004 年县工业园入驻 52 户,实现工业增加值 35000 万元,新增规模企业 8 家,香炉山等一大批项目开工,矿、电、食品等 5 大产业占县工业总产值的 60.57%。2006 年,县工业园投资企业 43 家,年创税利近 20000 万元。2007 年,兴建太阳升工业项目区,赣北钼业、久木木业等一大批大项目落户工业园,矿业快速发展,其工业增加值达 82700 万元,县工业园形成一园四区。2008 年,引进 15 个重大项目并有 6 个大项目竣工投产,入工业园企业达 57 家,实现工业增加值 122800 万元,税收 25100 万元。2009 年,全县新增规模以上企业 11 户,全年完成增加值 196746 万元,完成利税 87920 万元,县工业园完成工业总产值 315148 万元,实现税利 74590 万元。2010 年,全县工业继上年迅猛发展后再进入快车道,全年工业增加值 244091 万元,矿业、服装、水电、木材加工、食品、纺织六大产业增加值分别增长 27.3%、22.3%、14.1%、13.6%、11.9%和 8.4%。县工业园实现主营收入 514457 万元,实现利税 117135 万元。

**第三产业** 1991 年,县国有商业企业 326 家,供销合作社 332 家,粮食国有企业 39 家,物资国有企业 4 家;集体商业企业 222 家;个体有证商业 5031 家。出口产品主要有宁红茶、白厂丝、白术、石英、皮张、蜂蜜、薄荷油、百合干、土茵陈、猪肠衣等。1998 年,出口额 25 万美元。2000 年,出口产品主要有宁红茶、白厂丝、白钨砂、石英等品种,出口额 27.4 万美元。同年,国有、集体商业产权制度改革,陆续退出市场,非公有制商业企业社会商品零售额占全县总额 61.84%。2005 年,非公有商业企业社会商品零售总额占全县总额 82%。2009 年,出口额 442 万美元,列全市第一位。2010 年,全县国有商业企业 3 家,从业人员 50 人;其余为非公有制商贸企业,从业人员 12476 人,社会商品零售总额 211741 万元,比 1990 年总额 2052 万元增加 209689 万元。出口额 5967 万美元,实现现汇 1802 万美元,同比增幅列全市第一。全县各类餐饮食店 820 家,从业人员 1462 人。早餐店 615 家,从业人员 896 人。茶饮、冷热饮店、摊约 1200 个,从业人员 600 余人。全县宾馆、招待所、饭店等旅店增至 159 家,从业人员 1195 人。全县货物运输车 3905 辆,物流周转量 52539 万吨/千米。全县自然景观 48 个,人文景观 16 个,革命遗址景观 62 个。至 2010 年,投入大量资金开发、保护旅游资源,宣传推介旅游产品,6 个旅行社组织游客开展县内游和县外游业务,旅游宾馆、酒店、饭店 16 家,明星餐馆、土家土菜馆 100 余家。

**基础设施** 供水:1991 年,县城由县第一自来水厂供水,日供水量为 7000 立方米。1992 年,兴建县第二自来水厂,日供水能力增至 3 万吨。至 2008 年,供水主管总长度达 8.27 千米,供水普及率 98%。全县集镇与村组共建立自来水厂 452 个,基本实现自来水供应普及化。2009 年,从东津水库引水在良塘新区兴建第三自来水厂。2004 年、2008 年,分别在吴都、太阳升工业园区兴建日供水 5000 立方米、1 万立方米自来水厂各 1 个。

供电:1992 年,装机 1260 千瓦的南崖电站投产发电,建设东电西送输电工程。1994 年,装机 6 万千瓦的东津水电站和装机 6000 千瓦的茶子岗电站相继投产。2002 年,进行农村电网改造,形成完善的全县农村电网。2005 年,装机 4 千瓦的抱子石电站投产发电,郭家滩水电站由 720 千瓦扩容到 1 万千瓦。至2008 年,全县共建成投产水电站 166 座,装机容量 20.5 万千瓦,年发电量 5.6 亿千瓦时,一举跨入全省水电强县行列。至 2010 年,新建 10 千伏线路 1894 千米,改造线路 128 千米;新建配电台区 965 台,改造配电台区 656 台;新建低压线路 4489 千米,建成 220 千伏变电站 1 个,110 千伏中心变电站 1 个,110 千伏变电站 1 个和 35 千伏变电站 12 个。年供电量达 28029 万千瓦时。

交通:1990 年,公路客运量为 235.5 万人次,周转量为 8378 万人千米;公路货运量为 29.5 万吨,周转量为 1516.14 万吨千米。20 世纪 90 年代,省道修铜线、辽南线、万黄线修水段进行过多次大的维修改造,基本达到油路三级及三级以上。2004 年 1 月,建成修水第一条二级公路武修公路,境内全长 32.024 千米。2006~2008 年,修建改造县乡村公路 720.7 千米。2008 年,途经修水境内全长 66.66 千米的武吉高速公路建成通车,互通口到县城建成5.288千米一级公路,打破修水县无高等级公路的历史。柯龙公路是横贯县境东西、连接湘鄂赣三省、惠及县西60万人口的交通大动脉,全长108.83千米。2009年4月启动柯龙线修水段改造工程,全长66.4千米,2010年12月改造工程竣工,全线为水泥混凝土路面二级公路。2010年,全县有通车公路950条,总里程3014.174千米,等级公路达到36%,路面硬化率达95%以上。公路客运量增459万人次,周转量增至38600万人千米;货运量至633万吨,周转量增至52539万吨千米。

## 三、社会生活

**教育** 1991年起,调整教育网点,整合和优化配置教育资源,改善办学条件,全县学前教育、基础教育、职业教育和成人教育均衡发展。1995~2010年,全县共建希望小学、爱心学校95所,接受单位和个人捐赠资金3221万元。2002年,县内第一所民办中学——修水县庭坚中学创办,至2004年,民办高(完)中达5所。至2010年,全县有小学377所、初中28所、九年一贯制学校10所,十二年一贯制学校1所、普通高(完)中4所、职业高中(中专)1所、教师进修学校1所。在校中小学生122205人,在职教师4945人。全县共培养高中(含职高)毕业生52940人,为大专院校输送合格生源37086人。培训各种中等专业技术人员9787人。

**文化** 1991年后,以县文化馆为龙头,乡镇文化站为骨干,社区、村组文化室为基础的群众文化组织网络不断完善,100多个演出团体活跃在城乡舞台。“双井之春”音乐会连续举办25届,累计参赛歌手万余人次,成为省知名文化品牌,被文化部命名为“全国群众文化优秀活动项目”。由修水县文化馆首倡,铜鼓、修水、武宁、永修4县共同举办的“修河之波”艺术节,连续举办11届。2006年,“山谷票友社”被文化部中国传统文化促进会命名为“全国先进票友社”。2007年,中央电视台与修水县委、县政府共同拍摄的《秋收起义》电视文献片,在中央电视台军事频道播放。2008年11月,电视连续剧《大宋才子黄庭坚》在修水开机。《修水报》为全省保留的两家县级党报之一,年发行量2万多份。无线广播、无线电视覆盖全县,板山电视转播台定为国家广电总局“全国广播电视农村无线覆盖”“4+2”工程江西4个县级试点单位。有线电视、数字电视和互联网相继开通,有线电视实现县、乡光缆联网。开通网站40个,修水县政府网站获省优秀政务网站,2008年,修水旅游网站获省十大优秀旅游网站。全面开展非物质文化遗产普查工作,登记非遗项目102个,“全丰花灯”列入第一批国家非物质文化遗产名录,“宁河戏”和“一圣仙娘花灯”列为省非遗项目。先后兴建“陈门五杰”文化广场、城南文化广场等项目,实施“黄庭坚纪念馆”扩建工程。

**卫生** 1993年后,医疗保障制度扩大至各类城镇企业职工、个体工商户。1997年基本消灭麻风病。2000年起,建立大病统筹基金,实行大病救助制度。消灭了疟疾。2002年,新生儿破伤风为零。2003年全县90%的普通卫生院新建或改扩建业务用房。2005年,进行新型农村合作医疗试点。至2008年,全县新增县级医院2所,县级卫生事业单位2个,村卫生所351所,民办医院2所,城镇个体诊所66家。医疗设施逐步改善,医疗用房扩大4.75倍,医疗用床增加433张,增长75%;医疗设备资产达7000多万元,增长350%。检查诊断和临床技术基本上达到现代医技水平。医疗保障覆盖面达94%以上,基本上能够满足人民群众医药卫生需要。法定传染病由1990年532/10万降至230/10万。孕产妇保健覆盖达95.57%,住院分娩率达98.34%,新法接生率达99.78%,高危产妇管理达99.88%,孕产妇死亡率降至9.85/10万,5岁以下儿童死亡率下降至5.42‰,婴儿死亡率下降至4.73‰,新生儿死亡率下降至3.85‰。全县参合人数642298人,占全县农业人口的94%,公费报销比例达90%以上,

**体育** 1991~2010年,全县学校按照《国家体育锻炼标准》开展体育达标活动,小学以乡镇为单位、中学以校为单位每年举办一次体育运动会,举办县级学生、教工体育运动会或体育单项竞赛活动22次,参赛人数10万多人次。全县学校为大专院校和专业体育队输送体育专业人才554人。县二小先后被省体育局、省教育厅命名为“江西省体育传统项目学校”,获得“推行《国家体育锻炼标准施行办法》先进单位”称号。2000年,渣津镇被农业部、体育总局、中国农民体育协会联合授予“亿万农民健身活动先进乡

镇”称号。2001 年起，发起湘鄂赣边区 9 县老年人运动会，成功举办 8 届。2002 年，在县城建成老年人体育健身场馆——晚晴乐园。2008 年，建成文化体育中心。学校体育运动场地面积达 68 万平方米，有 26 所学校体育运动场地达标。乡村室内活动室 500 余间，面积 2.63 万平方米，室外体育活动场地 5.8 万平方米。投资 2000 多万元为居民小区、休闲健身广场、敬老院、新农村建设示范点安装体育健身器械，投资近 3000 万元为学校配备体育器材。经常参加体育健身锻炼人口达 32 万人，占全县总人口 39%。修水县获“全省体育后备人才训练先进县”称号，被评为“全国亿万老年人健步走向奥运会”活动先进单位、全省农村老年体育工作先进县。至 2010 年，举办县级群众体育竞赛活动 125 次，运动项目 20 余个，累计参加人数 30 多万人次。

**社会保障** 1991~1995 年，在岗职工年均工资由 3075 元增至 3543 元，增加 468 元，年均增长2.87%。农民人均年纯收入由 524 元增至 1128 元，增加 604 元，年均增长 16.57%。1996~2000 年在岗职工年均工资由 3543 元增至 5945 元，增加 2402 元，年均增长 10.91%；农民人均纯收入由 1128 元增至 1375 元，增加 247 元，年均增长 4.15%。2000 年后，建立多层次全覆盖的社会保障体系，完善养老、医疗、生育、工伤保险和工资、福利制度。2001~2005 年在岗职工年平均工资由 5945 元增至 9972 元，增加 4027 元，年均增长 10.91%；农民人均年纯收入由 1375 元增至 1492 元，增加 117 元，年均增长 1.65%。2006~2010 年在岗职工年平均工资由 9972 元上升到 24669 元，增加 14697 元，年均增长 19.85%；农民人均纯收入由 1492 元上升到 3046 元，增加 1554 元，年均增长 15.34%。当年，全县参加基本养老人数 32449 人，农村养老保险人数 298627 人，参加城镇职工医疗保险 14846 人，参加城镇居民基本医疗保险 64698 人，全县低保人数 46365 人，五保集中供养达 87%，1112 名 90 岁以上的老人享受县政府长寿补贴。人均生活消费支出 4569 元，是 1990 年 517 元的 8.83 倍，是 2000 年 1375 元的 3.32 倍。

## 第六节 武宁县

### 一、位置人口

**地理位置** 武宁县位于市西部，地理坐标北纬 28°51′~29°34′、东经 114°28′~115°26′。东与瑞昌、德安、永修接壤；南与靖安交界；西与修水相依；北与湖北通山、阳新为邻。境内东西长 93.3 千米，南北宽 77.4 千米，全县总面积 3504 平方千米。

**人口民族** 2000 年，全县总人口 345292 人，男性 179486 人，女性 165824 人，性别比 108.24。有畲族等 16 个少数民族。2010 年，全县总人口 360269 人，男性 183476 人，女性 176793 人，其性别比为 103.78。全县人口由汉、畲、苗、壮、回、土家、黎、侗、蒙古、瑶、布依、满、藏、彝、土、羌、仡佬、佤、景颇 19 个民族构成。其中，汉族人口 357603 人，占 99.26%；少数民族 2666 人，占 0.74%。少数民族中以畲族居多，1939 人，占少数民族人口 72.73%，为浙江水库移民，其余则系因工作或婚姻等原因迁入人口。

### 二、经济建设

**经济综情** 1995 年，全县国内生产总值 61500 万元，比 1990 年增长 1.41 倍，三次产业比为 67.8:18.6:13.6。财政收入 3870 万元，比 1990 年增长 80.84%。2010 年，全年国内生产总值 508600 万元，三次产业结构比 19.95:50.95:29.10，财政总收入 54400 万元，社会消费品零售总额 180700 万元，城乡居民储蓄存款 464500 万元。

**第一产业** 1991 年后，县委、县政府稳定和完善农村统分结合、双层经营的联产承包责任制，全面贯彻落实农村税费改革、免征农业税、粮食和良种直补以及农机购置补贴等一系列惠农政策，调整农业产业结构，大力发展高效优质产业，保持农业和农村经济稳步增长的态势。至 2010 年，全县常用耕地面积 25491.8 公顷，建立辐射能力和示范性强的种植业基地 63 个，养殖业基地 37 个，农民专业合作社达 138 家，其中有 2 家获省级示范社称号。采取龙头连基地、基地带农户的办法，促进了农业增产和农民增收。实现农业总产值169500万元,比1990年增长4.52倍。其中种植业70100万元,占农业总产值的41.36%,比1990年减少2.61个百分点;林业19900万元,占11.74%,比1990年减少3.9百分点;牧业41400万元,占24.42%,比1990年增加0.66个百分点;渔业37000万元,占21.83%,比1990年增加18.26个百分点;服务业1132万元,占0.67%。

**第二产业** 20世纪90年代,县委、县政府确立"工业强县"的发展战略,举全县之力主(强)工业,大力扶持个体私营企业的发展,对国有和集体企业推行"国有民营"和产权制度改革,以工业园区建设为平台,筑巢引凤,入园海内外和县内外民营企业逐年增多,工业经济实现跨越式发展,成为县域经济的主要增长点。2010年,全县规模以上工业企业89户,21192人,完成工业总产值853500万元;主营业务收入869200万元, 分别比1990年增长81.86倍和90.49倍。工业园区规模以上工业企业67户, 总产值726000万元,占全县工业总产值的85.06%,成为县域经济的主战场、承载项目建设的主平台和吸纳劳动就业的主渠道。

**第三产业** 1990年,国有商业9个公司1个厂共有经营网点104个,员工1031人;供销商业有直属7个企业22个基层社265个网点,员工1113人;个体商户2903户,全县社会商品零售总额12274万元。1991年,国营和供销集体商业实行经营范围、商品定价、用工和分配制度"四放开"。1993年起,推行"国有民营",国有商业9个企业108个经营网点有99个实行租赁经营,供销商业294个网点有271个实行"租壳买囊"。1995年,国有和集体商业所有批发、零售和餐饮服务网点均以个体经营形式参与市场竞争。陆续兴建豫宁大市场、商贸大厦、影都大厦、时代商城、财盛广场、家具市场、建材市场和城乡一大批农贸市场。2010年,全县社会消费品零售总额180692万元,比1990年增长13.72倍。全县外贸出口总额4664万美元,比1990年增长31.31倍。全县外贸出口总额4664万美元,比1990年增长31.31倍。国有粮食企业实现销售收入3167万元,比1990年增长47.03%。国有和私营住宿餐饮企业19户,个体户462户,零售总额18754万元,占全县社会消费品零售总额的10.38%,比1990年增长36.58倍。全县接待游客125.5万人次,旅游总收入102000万元。

## 三、社会生活

**教育** 1991年起,不断调整教育网点,整合和优化配置教育资源,改善办学条件。2003年,现代教育技术进入全县中小学,一中建起校园网和多媒体教室,成为省级现代教育技术示范学校。2005年9月,全县义务教育学校全面实行"一费制"收费办法。2006年,建立武宁教育网。武宁被评为全省"特殊教育先进单位"。2008年,义务教育阶段中小学全部实行"两免一补"。2009年,全国新课改经验交流暨现场观摩大会和市留守儿童教育工作现场会分别在武宁召开,总结推广武宁新课改和留守儿童教育工作经验,宁达中学被《中国教师报》定为全国新课程改革实验基地。至2010年,全县有公办小学223所,在校学生21791人,教职工1307人,学龄儿童入学率100%;普通中学18所,校舍总面积19.87万平方米,教职工1140人,在校学生13762人;公办职业中专1所,社会办中等职业学校1所、分校1所,在校学生3351人,教职工110人。

**文化** 1991年起,先后获得全省社会文化先进县、全省广播电视先进县和全国文化先进县等称号。县图书馆、县广播电视大楼、县文化广场、县艺术中心、工人文化宫、万福广场和新电影院相继建成。2009年,武宁定为全国文化信息共享工程试点县,全县投入12300万元用于公共文化活动场所及服务功能建设,建立县级支中心1个,乡镇服务站21个,村级服务点183个。全县有21个乡镇综合文化站、186个村文化活动室和64个农家书屋,全面实现文化信息资源共享和20户以上通电自然村的广播电视"村村通"。至2010年,有豫宁采茶戏、鲁溪采茶戏、老年乐团、青年业余文工团等200多个业余团体,民间艺人2000余人;全县有省级文物保护单位1处、县级保护单位16处,县文物所馆藏文物500余件;武宁打鼓歌列入国家级非物质文化遗产,武宁采茶戏、傩戏列入省级非物质文化遗产;建立非物质文化遗产传承基地或传习所10个,有国家级非物质文化遗产传承人1人,省级4人,市级1人,县级25人。成功举办省“修河之波”第六届、第十届艺术节，首届江西小戏小品大赛，第三届江西文化艺术节暨第七届音乐舞蹈艺术节，武宁采茶戏表演邀请赛，全省农民剧团展演，全县第一、二、三届民间艺术节和第一、二届“山水武宁”文化艺术节等一系列大型群众文化活动。

**卫生** 1991年后，卫生建设步伐不断加快。1997年、2003年武宁县先后获“省卫生县城”“国家卫生县城”称号。1995~1997年，县中医院、县人民医院、县妇幼保健院相继被卫生部授予“二甲”医院，鲁溪、澧溪中心卫生院先后授予“一甲”医院。2001年，澧溪镇成为市首个省级卫生镇；鲁溪镇、罗坪镇、杨洲乡相继授予“市卫生镇”称号；有48个村命名为“市卫生村”。2006年，武宁县被省卫生厅授予“全省农村中医工作先进县”称号。2009年1月，率先在全省全面开展新农合门诊统筹工作。同年，武宁县被授予“全省农村卫生工作先进县”“省农村初级卫生保健达标县”和“全市新型农村合作医疗工作先进单位”称号。至2010年，全县参加农村合作医疗人数283826人，参合率95.01%；全县受益农民629649人次，获得补偿款4367.78万元，基金使用率102.2%。全县有县乡医疗卫生机构232个，从业人员1491人，编制病床784张。婴儿死亡率由1990年的15.3‰下降到6.1‰，产妇住院分娩率由34.3%上升至99.6%，人口自然增长率控制在8‰以内。

**体育** 1991年起，全民健身运动蓬勃发展。1999~2000年，武宁外出务工农民李建刚先后获浙江舟山电视吉尼斯“倒退马拉松”赛冠军和杭州“三项组合”障碍赛冠军。2001年，王震获全国第九届运动会男子链球第八名。2005年11月，周疃获得世界盲人青少年运动会52公斤级柔道第一名；谢军获得全国第十届运动会男子双人赛艇银牌，王震获男子链球第四名。2005年后，投资200万元，建成风雨门球场、篮球场、地掷球场、钓鱼基地、文体楼、综合楼、老年公寓等老年体育活动设施。每年举行全县性和片区老年体育比赛，各基层分会经常开展丰富多彩的体育活动，县老年体协连续多次荣获全国老年体育工作先进单位。至2010年，全县有田径场7个，篮球场130个，排球场20个，足球场5个，门球场30个，地掷球场4个，保龄球场1个，健身广场5个，羽毛球、乒乓球、桌(台)球等场馆120个。有老年体育协会和篮球、乒乓球、羽毛球、太极拳、棋牌、飞盘、信鸽、跆拳道、钓鱼等专业协会10个。举办全县中小学生、职工、农民、老年人等各种全民健身运动会1000余次，参加人数20万人次。县老年体育协会向乡村拓展，有县城和乡镇分会60个。周疃获世界盲人柔道锦标赛获女子盲人柔道63公斤级金牌；县电信局职工吴永承获得省第十三届运动会暨省第三届机关运动会中国象棋个人赛冠军。

**社会保障** 2010年年末，全县城镇居民人均可支配收入12000元，比1990年增长12.35倍；城镇在岗职工年平均工资36152元，比1990年增长16.66倍；城乡居民人均储蓄9509元，比1990年增长48倍；农村居民人均纯收入5706元，比1990年增长8.2倍，城镇登记失业率控制在4‰以内。民生保障水平不断提高，全县城市低保2532户6598人，全年累计发放城市低保金1566.1万元，人均月补差197.8元，保障标准从1999年91元/人月提高到245元/人月，实现动态管理下应保尽保。全县农村低保7057户18965人，全年累计发放低保金2162万元，人均月补差95元，保障标准从2006年35元提高到120元，基本上实现应保尽保。农村五保供养对象2139人，其中，集中供养1840人，集中供养率86%，人均标准由2004年的800元提高到2010年的1920元，分散供养标准提高到1320元，五保金全部实行社会化发放。20世纪60年代精减退职老弱病残职工救助对象140人，其中，城市34人，农村106人，人均每月标准分别由2000年的46元、31元提高到245元和205元。城镇居民人均住房面积21.12平方米，比1990年翻一番；农民人均住房面积41.8平方米，比1990年20.1平方米增加1.08倍。

# 第七节 湖口县

## 一、位置人口

**地理位置** 湖口县位于省北部，北纬29°30′~29°51′、东经116°8′~116°25′之间，东邻彭泽，南接都昌，西与星子县、庐山区界湖毗邻，北与安徽省宿松县隔江相望，县城居鄱阳湖出口南岸的双钟镇，西距九江市25千米,南距南昌151千米,是江西省水上大门,总面积674平方千米。

**人口民族** 2000年,全县总人口261031人,男性134962人,女性126069人,其性别比为107.05。2010年,全县总人口275797人,男性141741人,女性134056人,其性别比为105.73。全县人口由汉、蒙古、回、藏、苗、彝、壮、布依、满、瑶、土家、黎等民族构成。其中,汉族人口275679人,占99.96%;少数民族118人,占0.04%,均系因工作或婚姻等原因迁入人口。

## 二、经济建设

**经济综情** 1991年,县国内生产总值24100万元,财政总收入1195万元。1995年,国内生产总值57600万元,完成计划112.94%,年平均增长34.75%;全县财政收入3636.6万元,完成期初计划181.8%,年均增长51.08%。"九五"期末,实现国内生产总值68400万元,完成计划的125.6%,年平均增长3.75%。"十五"期间,至2005年,全县国内生产总值从68400万元增到142500万元,增长108.33%,年均增长21.76%;人均国内生产总值从2560元增至5221元,增长103.95%,年均增长20.79%;财政收入从5749万元增到13400万元,增长133.12%,年均增长26.62%。"十一五"期间,到2010年,国民生产总值达到643100万元,比"十五"期末年均增长70.24%,人均国内生产总值达到22120元,高于省、市平均水平;财政收入100500万元,突破10亿元大关,年均增长130%,总量跃居全市第一;财政收入占国内生产总值的比重提高到15.6%,实现跨越式发展,创造以"湖口速度"领跑九江经济历史记录。

**第一产业** 1991年,全县农业总产值13100万元。从1991年起,湖口县着力于农业产业结构调整和产业化经营,建立一批"一村一品"标准化生产基地,产生一系列农民专业合作社、农产品龙头加工企业,农业科技水平快速提高。2002年,跻身全省渔业"十强县"之一。2007年,全县有承包百亩土地以上种植专业大户30家,承包面积458.3公顷。至2009年,各类农民专业合作社82家,入社农户946人,注册资金7850万元,农业经济效益明显增长。2010年,农业总产值119000万元,比1991年增长8.1倍;农民人均纯收入5835元,比1991年679元增长7.59倍。农业总产值的比重发生了明显变化,种植业占产值比49.69%,林业产值占1.68%,牧业产值占14.69%,渔业产值占33.6%,服务业0.34%。

**第二产业** 1991年,全县工业总产值20000万元。"八五""九五"期间,湖口工业主要以县办工业为主。20世纪初,80%以上企业破产改制。"十五"中期,通过招商引资、改制改革,工业经济开始有新的起色。2003年,启动金砂湾工业园建设,先后28家企业落户园区,多家重点项目投产,其中18个规模以上企业工业总产值达39000万元,是1991年全县工业的1.95倍。"十一五"期间,实施"强工兴城"战略,围绕"建设区域经济强县"目标,做大做强工业经济。至2010年,基本形成钢铁冶金、有色冶金、化工化纤等板块产业,规模以上工业企业41家,工业总产值1586300万元。规模以上企业增加值329100万元,是2005年的7.9倍;实现利税128600万元,是2005年的12.29倍。工业在县国内生产总值构成中由2005年的33.1%,提高到71.39%。工业成为县域经济跨越发展的主导力量。

**第三产业** 1991年,国营商业实行第二轮承包。同年,全县个体商家3314户,从业人员5575人。商业零售额2835万元。1993年,对商业网点进行扩展改造。1995年,实现商品销售金额4020万元,上缴税金101万元,比改造前均有大幅度增长。1997年6月,对分离公司进行适当归并,所有的批发企业、零售门店、饮食行业均以个体民营经济形式参与市场竞争。2005年,启动国营商业企业改制。2009~2010年,国营商业企业改制到位。供销合作商业经过一系列改革,2010年商品购进总额56900万元,销售总额65900万元,税金160万元,分别是1991年的10.5倍、13倍、1.15倍。全县个体私人商业7782户,个体集贸市场16个,年商品零售额6429万元。市场营业范围发展到各类工业产品的批发零售以及生活、餐饮服务等行业。除集贸市场集中经营外,分散在全县城乡网点4569户,其中较大规模超市13家,年零售额达3000万元以上。2010年,全县社会消费品零售总额106400万元,比1991年8981万元年平均增长50.64%。当年,国有粮油购销企业16家,购销网点15个,储粮库点18个,仓库55座、仓容量6.05万吨,储油罐23个,容量4580吨。粮食收购3927吨,粮食销售5929吨。全县库存原粮2.18万吨。代储临时储备油4200吨。有8家出口资质企业,全年外贸出口9823万美元。2010年接待游客71.55万人次,是1991年的10.4倍,当年,仅石钟山景区门票收入就达563.8万元,是1991年的23倍。旅游业在取得直接经济效益的同时,为湖口水路、陆路客运行业,为湖口饮食服务、旅游特色商品销售带来效益。

**基础设施** 供水:1991年,有县城1家日产1万立方米水厂。1993年,流泗镇建起日产1000立方米水厂,取地下水源,供水范围流泗桥集镇及周边村庄。以后逐步有武山镇、大垅、凰村、马影等乡启动集镇自来水工程,水源有的接通城区管道,多为打井取水,采用泵压供水和水塔供水,日产量一般为1000立方米。1996年,县城新建石钟水厂竣工投产,日供水2万立方米,原水厂废止。1999年起,石钟水厂扩建供水车间,增建加压泵站,加粗延伸供水管道。2007年,金砂湾建成日产1.5万立方米水厂,管网覆盖整个工业园区。2010年,水管总长26700米,供水450万立方米。全县所有乡、镇驻地集镇都用上自来水。

供电:20世纪90年代初,湖口城区由110千伏的三里变电站供电。35千伏城山变电站、流泗变电站承担乡镇供电。2001年3月,建成海山变电站,替代三里变电站枢纽位置。2002年5月,全县农村电网建设与改造工程全面完工,供电可靠率由网改前的70%提高到99.71%,电压合格率由网改前的50%提高到95%以上,综合线损由网改前32%下降到16%以下。2006年5月1日,鞋山水底电缆线路工程竣工通电,境内通电率达百分之百。至2010年,500千伏石钟山变电站建成投入使用,境内投入运行的6座电压等级不同的变电站,构成全县供电网络。

交通:1991年,有客车85辆,运量76万人;有货车372辆,货运量63万吨。2000年11月18日,九景高速公路建成通车,境内里程22千米,其中鄱阳湖大桥和隧道总长4.74千米。2003年后,湖口港新增50万标准集装箱吞吐能力。2008年3月20日,铜九铁路(湖口段)的主体工程全线开通,在湖口境内陆地全长24.5千米,跨越鄱阳湖的铁路特大桥全长5.5千米,建有客货两用三等火车站。2008年,全县有汽车客运车辆222辆,运量384万人;货运车辆1218辆,货运量445万吨。至2010年,彭湖高速建成通车,境内里程13.88千米。全县有公路826条(段),通车里程1092千米,水泥路占90.8%,油路占9.2%。湖口港区岸线有码头21座,港区航道为一级,港口吞吐量达1100万吨。有乡村渡口8个,80%属钢质船,少量木质船,日渡运量100~500人次不等。西门汽车轮渡承运过往的行人、摩托车和农用机动车辆,日运量近千人次。

邮政通信:2000年,全县光缆总长1495千米,基站192座,固定电话用户3.28万户。2010年,手机约13.5万部,平均每2.3人1部;互联网13667户,平均每5.3户就有1户用互联网。邮政保留投递业务,建立邮政银行和快递物流业。

## 三、社会生活

**教育** 1996年,在全市率先顺利通过省"普及实验教学"(普实)验收,被评为全省"普实"工作先进县。1997年,通过省"两基"工作验收,被评为全省"两基"工作先进县。2003~2008年,连续被市政府评为全市教育工作先进单位。2010年,全县普通高中招生1735人,毕业3267人,在校学生6799人,入学率由20世纪90年代初期37.6%提高到84.1%;初中招生2243人,毕业1441人,在校学生7440人,适龄人口入学率由93.5%提高到100%;普通小学招生4518人,毕业3628人,在校学生25112人,适龄儿童入学率由93.5%提高到100%;中等专业在校学生917人。全县各类在校学生合计46188人。2010年,全县国民基础教育学校144所,其中普通高中4所,初中13所,小学127所,比1990年高中少1所,小学少106所;校园面积143.1万平方米,增加289.92%;校舍建筑面积33.8万平方米,增加199.12%;校舍危房率由34.1%降至0.17%。

**文化** 1999年,被省文化厅命名为"戏曲之乡"。2000年,被文化部授予"中国民间艺术(戏曲)之乡"。2006年,湖口粑俗被列入省级非物质文化遗产名录。2007年第三次全国文物普查,全县登记文物点244处。2008年,湖口豆豉、湖口糟鱼同时被列入第二批市级非物质文化遗产名录。2009年,湖口县制定革命文物保护规划,将中共江西省第二次党代会旧址、中国工农红军赣东北第一游击大队成立旧址、江桥大捷指挥部旧址等6处革命文物辟为红色旅游景点。至2010年,湖口社区文化、广场文化、校园文化、军旅文化等各种形式文化娱乐活动丰富多彩,老年大学各项文化活动开展常年有序,“一元影院”“一元剧场”“农家书屋”以及社区腰鼓队、扇舞表演队、各剧种戏班等活跃在街头巷尾和集市村寨,形成独特的文化现象。有湖口青阳腔和湖口草龙2项国家级非物质文化遗产。石钟牌豆豉被授予中华老字号,其制作技艺被列入省级非物质文化遗产。第二批县级重点文物保护单位35处,全县举办群众文艺活动10次,展览3次。建成农家书屋36个,农村文艺演出82场。县黄梅剧团全年演出130场,观众人数达9.5万人。

**卫生** 1991年起,医疗服务由满足人民群众基本医疗需求发展成为医疗救治、健康体检和康复保健等多层次的服务模式。新建和改造房屋资金总量达1337.4万元,面积24467.47平方米。2009年,全县卫生总投入8129.62万元,是1989年的25.52倍。2010年,有各类卫生机构48个;床位1714张,是1991年床位数的4.18倍;卫生技术人员709人,比1991年多近百人。

**体育** 1991年,组队代表市参加省第八届体育运动会游泳项目比赛,张传伟获男子100米仰泳第一名和100米蝶泳第一名,应娅萍获女子800米自由泳第一名。1992年,周建潮在东南亚及南太平洋地区伤残人运动会上,获男子举重金牌。1998年,周建潮在东南亚及南太平洋伤残人运动会上,获67.5公斤级举重铜牌。2001~2002年周期和2005~2009年周期,连续获“全国群众体育先进单位”称号。2005~2009年,在赣、鄂、皖及邻县的区域协作体育赛事中,湖口连续5年获奖或前三名奖10次。2006年,湖口二中组队代表省参加全国首届青少年俱乐部运动会,叶涛在男子立定跳远比赛中取得第八名。2007年,在第十届全市运动会上,湖口代表队获围棋团体第六名,门球第三名。2008年8月、2009年4月和2009年8月,在全市“新苗杯”田径比赛、少年儿童跆拳道比赛中,湖口队获得3个团体和32项个人前三名。2010年,成功举办“三省十二县”体育协作区比赛,全年举办体育活动20次,参加人数1.3万人次。至2010年,建设体育场馆46处,健身器材168件,广场面积62800平方米,健身路径6处,晨练晚练站点24个。有各种体育协会组织8个。经常开展的体育运动有田径、游泳、球类、棋牌、武术等,以及适合农事的趣味性活动项目。在全国和国际各类体育比赛中,累计得奖牌22枚。共举办(或承办)市级上以上各类体育竞赛8场。9次(年)荣获国家体育总局颁发的“全民健身周活动”先进单位奖。双钟、流泗、大垅、付垅、武山、舜德、流芳7个乡镇被评为全省“全民健身周活动”先进(乡镇)单位。

**社会保障** 1991年,县农民人均纯收入680元,职工年平均工资1499元,城乡居民年末存款余额6455万元。1995年,进行医疗改革试点,对所有单位职工医疗建立统筹基金与个人账户相结合的医疗保险制度,参保总人数8909人。养老保险扩大到企业所有用工人员,参保人数4563人。1997年开始失业保险和建立生育保险制度。1998年开始实施最低生活保障制度,向城市居民发放少量低保金。2000年,城市低保户127户279人,占非农业人口比例0.56%,人均补差46.12元。2003年,开始建立工伤保险社会基金统筹制度。2004年,县农垦企业职工纳入养老保险。2006年,外资企业用工全部参保。同年,最低生活保障制度扩展到农村,低保户数2758户6511人,人均补差25.17元。2007年,新型农村合作医疗参合人数191132人,参保率达87.8%。同年,启动城镇居民基本医疗保险,参保15137人。2009年,村级正职干部和被征地农民列入养老保险范围。缴费机制由单一的基数缴费制改为国家、企业、个人共同的合理分担机制。新型农民养老保险开始实施。当年参加工伤保险人15620人,基金177万元,累计支付128万元,受工伤保险人数350人。2010年,农民人均纯收入5835元,职工平均工资2.24万元,城乡居民期末存款余额266500万元。当年,全县参加基本养老保险年末人数34172人。新型农民养老保险参保人数1.5万人,发放养老金人数1700人。城乡医疗保险实现全覆盖,参加职工基本医疗保险22804人,城镇居民67128人,新农合参保215327人,城乡居民大病救助4000人。失业保险参保17500人,累计征缴1236万元,有1200人领取失业金,发放金额270余万元。全县有14951人得到政府最低生活保障,其中农村居民9982人,补差金额累计6200万元。

# 第八节 都昌县

## 一、位置人口

**地理位置** 都昌县位于省北部，濒临鄱阳湖，居南昌、九江、景德镇中心地带。地理坐标为北纬 28°50′~29°38′、东经 116°2′24″~116°36′。东与鄱阳县交壤；南与鄱阳、余干、南昌、新建 4 县接壤；西与永修、星子 2 县隔水相邻；北与湖口、彭泽 2 县毗连。全境东西宽 52.7 千米，南北长 80 千米，总面积 2227 平方千米。

**人口民族** 2000 年，全县总人口 671906 人，其中男性 349379 人，女性 322527 人，其性别比为 108.33。2010 年，全县总人数 716370 人，男性 360295 人，女性 356075 人，其性别比为 101.19。全县人口由汉、回、蒙古、藏、苗、彝、壮、布依、满、侗、瑶、土家、黎、畲等 24 民族构成。其中，汉族人口 715609 人，占 99.89%；少数民族 761 人，占 0.11%。少数民族中，以回族居多，607 人，占少数民族人口 79.76%，自明代迁入，已繁衍形成连片马姓自然村。其他少数民族人口则多系因工作、婚姻等原因迁入人口。

## 二、经济建设

**经济综情** 1991 年，社会总产值为 74669 万元，工农业总产值 59945 万元，国民收入生产额36791 万元。人均社会总产值 1216 元。全体居民生活消费水平 508 元。国民生产总值 39676 万元。2000 年，全县地区生产总值 83626 万元，其中第一产业增加值为 33608 万元，第二产业增加值 12882 万元，第三产业增加值 37136 万元。三大产业结构为 40:15:45，全年劳动生产率为 2424 元。2010 年，全县地区生产总值完成 449963 万元，其中第一产业增加值完成 129011 万元，第二产业增加值完成 195000 万元，第三产业增加值完成 125952 万元。三次产业结构比为 28.7:43.3:28.0。

**第一产业** 1991 年，农业总产值 37771 万元。年末实有耕地面积 38424 公顷，全年农作物播种总面积 91586 公顷，畜牧业总产值 6314 万元，渔业总产值 4727 万元。造林面积 2533 公顷，总产值 936 万元。2000 年，全县农业增加值共完成 33608 万元。农作物总播面积为 79896 公顷。其中粮食播种面积 49163 公顷，总产量 189481 吨；棉花总产量为 2816 吨；油料总产量为 16228 吨。年末生猪存栏215195 头，出栏 281189 头。年末家禽 468856 羽，全年产蛋 443 吨。2010 年，全县完成农业总产值249050 万元，农业增加值 129000 万元。粮食总产量 38450 公斤，第六次获全国粮食生产先进县称号，并被列为全国新增千亿斤粮食基地县。年末人工造林面积 3120 公顷，木材采伐 1.35 万立方米，油茶籽 200 吨。全年淡水养殖面积 12381.87 公顷，水产品产量 71528 吨，其中养殖产量 55192 吨，捕捞产量 16336 吨。

**第二产业** 1991 年，全县工业企业共 153 家，全年工业总产值 22200 万元。20 世纪 90 年代，国营工业企业逐渐转型，大部分企业效益下降，开始实行承包经营、股份制改造、企业租赁、产权转让。2005 年，全县国有企业 10 家、私营企业 20 家、集体企业 1 家、联营及有限公司 3 家、股份制合作企业 4 家，全年工业总产值 94700 万元。工业园区有 68 家企业投产，完成工业总产值 60300 万元。2010 年，全县规模以上工业企业 79 家，完成工业增加值 119000 万元，实现主营业务收入 500400 万元，实现"三年决战工业 100 亿"首年初胜。完成利税 31000 万元。

**第三产业** 1991 年，国有商业为全县商业的主体，社会商品零售总额为 13400 万元。1999 年，私营商业大户形成规模经营，全县私营商业企业 77 户，注册资金 1610 万元。2003 年，首次实现外贸出口创汇 28 万美元。2006 年，民营经济的经营领域从商贸、餐饮、服务等传统行业逐步转向工业、旅游、教育、文化、连锁超市、房地产等诸多领域。全县民营经济累计总户数 10843 户，注册资金 108851 万元，完成销售收入 214236 万元，完成税收 8100 万元。全社会消费品零售总额 105835 万元。2007 年，全社会消费品零售总额 12200 万元，消费结构以教育、购房、买车为主要内容。2008 年，全县旅游总收入完成 220 多万元，吸纳游客 1.2 万人次。2010 年，全年社会消费品零售额 213732 万元，全县旅游总收入 28800 万元，外贸出口 7092 万美元。

**基础设施** 供水:1991 年,县城自来水供水管道长 11.4 千米,日均供水能力 1 万立方米。1992 年,投资210 万元扩建改造自来水水源南河头老港,日均供水能力提高至 2 万立方米。2005 年,自来水日均供水能力 3 万立方米,供水管道总长 38 千米,供水城区面积 11.5 平方千米,供水人口 10.3 万人,用水普及率 78.5%。2010 年,全年新安装供水主管达 17.3 千米,其中滨湖西区 2642 米,鄱阳湖大道 2300 米,观湖路 4500 米,东湖坝 690 米,万里大道 2879 米,转盘至宁波产业园 3300 米,芙蓉山西大道 1000 米,共新装用水户2400 余户。

水路:1990 年,境内有大小港口 45 座,大部分分布在沿鄱阳湖乡镇。1991 年,全县有渡口 16 处、渡船 16 艘,分布于全县 12 个乡镇。全年客运量 6.4 万人,货运量 30.6 万吨。水路客运量 6.4 万人,客运周转量 550 万人千米;水路货运量 30.6 万吨,货运周转量 13534 万吨千米。2005 年,全县主要港口 20 座。装卸货物主要为建材、化肥等。鄱阳湖都昌航道设施全部实现电气化。2007 年,全县完成水路运输客运量 1.42 万人次,客运周转量 206 万人千米;全年完成水路货物运输量 258.6 万吨,完成水路货物运输周转量 104360 万吨千米。2010 年,水运企业增至 10 家,营运船舶 71 艘,运力 20933 吨,平均吨位294.8 吨,港口经营企业增至 7 家。全年完成水路运输客运量 4457 人次,客运周转量 512555 人千米,货物运输量 279.6 万吨,完成货物运输周转量 4835.42 万吨千米。

公路:1991 年,省属公路有 169.85 千米,县属公路 77.18 千米,乡属公路 78.07 千米。有县道 10 条,长 178.03 千米。全县客运量 221.8 万人,客运周转量 9159 万人千米,货运量 17.7 万吨,货运周转量 1005 万吨千米。1993 年 1 月,开通都昌县第一班跨省班线——都昌至广东深圳班线。2000 年,都昌有跨省班线 16 条。九江至景德镇高速公路建成通车,境内长 27.88 千米。2001 年 12 月 30 日,都蔡路改造工程竣工,路面等级为次高等级。2003 年始,有 36 条村道改造成水泥路,里程总长 92.6 千米。2005 年,有县道 13 条,全长 215.76 千米;乡道 274 条,长 640.098 千米;村道里程总长 1021.38 千米。有客运班车 217 辆,跨县班线 3 条、跨区班线 3 条、跨省班线 14 条,县内班线 30 条,客运里程 22335 千米,日发客车2245 班次。2010 年,都昌县公路运输客运量 255.6 万人次,公路客运周转量 17056 万人千米;全年完成公路货物运输量 166.2 万吨,公路货物运输周转量 8115 万吨千米。

邮政通信:1991 年,全县有邮电局、所 31 处,邮政网点 19 个、代办所 3 个、代办点 1 个。邮电业务总量 159.12 万元。1993 年,开通程控电话,结束都昌市话人工磁石电话的历史。容量 3000 门,长途区号 0727,电话号码 6 位。全县程控电话装机 1244 部。1994 年 1 月 10 日,都昌县第一个农话自动端局——蔡岭端局开通。12 月 4 日零时,县程控电话号码由 6 位升至 7 位,长途区号为市区号 0792。全县21 个乡镇开通程控电话,农村程控电话装机 477 部。县城安装程控电话单机达 2759 部,普及率达每百人 6.8 部,排全省市话安装“十强”县第三位。1996 年,开通分组交换网,市话扩容 3000 门,总容量达8000 门,扩容出局电缆 1600 对。市话用户达 5118 户,公用电话约 100 户。开通“114”电脑查号台,与全市联网。1998 年 9 月,邮电分营。1999 年 4 月,移动业务从县电信局中剥离出去。2001 年,县电信局开通小灵通业务。2003 年,市话扩容放号 1200 门。2005 年,有固话用户 87600 户。2006 年,全县完成邮电业务总量 6403 万元,其中邮政业务总量 2581.6 万元。年末固定电话用户 68043 户,移动电话用户 89289 户,电话普及率为每百人 21 部。2009 年,都昌固定电信用户 5.3 万户,宽带用户 1.7 万户,天翼手机用户 1.03 万户,移动通信用户数为 17 万户。2010 年,全县有 27 个自有电信营业厅和 29 个城乡电信合作厅。全年完成邮电业务总量 8664 万元,其中邮政业务总量 2820 万元。当年,固定电信用户 4.9 万户,宽带用户 2.01 万户,天翼手机用户 2.1 万户,其中 3G 手机用户 1350 户,移动通信用户数达 20 万户。

### 三、社会生活

**教育** 1991 年,小学 1044 所,在校学生 82716 人,公立教师 2417 人,民办教师 4646 人;全县中学 43 所,在校初中学生 28709 人,高中学生 3575 人。2000 年,小学 636 所,在校学生 78729 人,公立教师

3501 人，民办教师 955 人；中学 37 所，初中在校学生 43755 人，高中在校生 7185 人。2002 年秋季，全县小学一年级开始实施六年制教学计划。2005 年，全县除职教中心外，有各类培训机构 10 所，开设计算机应用、服装设计与缝纫、电子电器、工艺美术、艺术幼师、印刷技术、宾馆服务等 9 个专业。在全县 4 所公办普通高中设立 38 个职教中等专业班。2006 年，全县共有普通中学 39 所；小学 325 所，在校学生数 84012 人，小学入学率 98.6%；特殊教育学校 1 所，在校学生 311 人；全县"双基"巩固率 99.9%。2010 年，为义务教育阶段 12.9 万名中小学生免除学杂费，发放贫困寄宿生生活补助 2700 余万元。全县小学 323 所，在校学生 92322 人，教职员工 3622 人；初级中学 28 所，在校学生 33678 人，教职工 1789 人；高级中学 2 所，在校学生 6514 人，教职员工 424 人；完全中学 5 所，在校学生 14743 人，教职员工 798 人。

**文化** 1991 年，县有公共图书馆、博物馆、文化馆、广播站各 1 个，乡镇广播站 30 个，图书馆藏书 9.5 万册。2000 年，县文化事业机构 4 个；公共图书馆 1 个，藏书 5.1 万册；博物馆 1 个，广播站 30 个，电视差转台 1 座。电影放映机 65 个。2007 年，成功申报市级非物质文化遗产保护项目 2 个。成功举办第三届农民艺术节，《光明日报》和省市媒体对此进行报道。2010 年，《都昌鼓书》《打岔伞》等被列入省级非物质文化遗产，新建乡镇综合文化站 12 个、"农家书屋"78 家，送戏、送电影下乡活动深受广大群众欢迎。

**卫生** 1991 年，全县医疗卫生机构 56 个，床位 1208 张；卫生技术人员 1078 人，其中医生 505 人。2000 年，卫生医疗机构 36 个，床位1084 张；卫生技术人员 1045 人，其中医生 512 人。2007 年，全县 22 所卫生院通过全市"母婴安全乡卫生院"验收。2010 年，全县医疗卫生机构 31 所，其中综合医院 1 所，中医医院 1 所，卫生院 23 所，妇幼保健院 1 所，专科疾病防治院 1 所，疾病控制中心 1 所，卫生监督所 1 家，共有卫生技术人员 1766 人，医疗卫生单位床位 1339 张。儿童国家免疫规划疫苗免费接种覆盖面达到 100%，五苗常规接种率 99.36%，新增疫苗接种率 98.16%。全县 23 所乡镇卫生院全部实行国家基本药物制度。

**体育** 1992 年 9 月，县体委将灯光球场改建为 1800 平方米、能容纳 3000 名观众的丙级体育馆，可供篮球、排球、乒乓球、羽毛球、台球等训练和比赛。县体委承办第五届和第十三届"彭蠡杯"老年人门球赛。举办全县农民武术比赛，18 个乡镇派出代表队，参赛运动员达 120 余人。成立县农民体育协会。1996 年 11 月，举办全县农民篮球赛，30 个乡镇共 300 名运动员参赛。1997 年，县体委承办"皖、鄂、赣"3 省 10 县(市)台球赛，都昌代表队获冠军。8~10 月，都昌代表队在市第八届运动会上夺得金牌 30 枚、银牌 28 枚、铜牌 33 枚，以 1116 分取得团体总分第二名。1998 年，都昌代表队参加省第十届运动会，取得金牌 6 枚、银牌 2 枚、铜牌 4 枚。1999 年，县体委承办第十三届"彭蠡杯"老年人门球赛，都昌县老年门球队夺得第四名。2002 年，都昌代表队参加省第十一届运动会，有 20 多名运动员代表市参加 8 个项目比赛，为市队夺得金牌 11 枚、银牌 4 枚、铜牌 6 枚，都昌籍运动员获奖牌总数在全省 100 个县(市、区)排列十六位。2004 年 9 月，县组织 40 名农民运动员代表市参加"全国亿万农民健身展示赛"，以筷子舞获得该赛事三等奖。12 月举办"金圣杯"乡镇拔河赛。2005 年，全县共发展 248 个老年人体育协会。全县各类学校有综合训练房 1 间、标准田径场(400 米)3 个、小运动场(200 米)5 个、篮球场 101 个、排球场 7 个、乒乓球室 18 间、健身房 1 间、摔跤房 1 间；县直单位和各乡镇共有健身房 4 间、乒乓球室 17 间、棋牌室 8 间、篮球场 26 个。2006 年，都昌籍选手陶宇佳获亚洲青年田径锦标赛女子 4×100 米接力冠军、三级跳远亚军。2007 年，又获全国田径大奖赛暨世界锦标赛选拔赛女子 100 米冠军。2008 年，陶宇佳成为都昌县首位奥运会选手。2009 年，县籍运动员曹晓军在省第十三届运动会上夺得金牌 1 块、银牌 3 块、铜牌 2 块。2010 年，在广州亚运会田径比赛女子 4×100 米接力上，陶宇佳领衔中国队获得银牌，成绩为 44 秒 22。在全国少年摔跤比赛中，曹晓军夺得金牌 1 块。

**社会保障** 1991 年，县参加养老保险主要是国营、城镇集体企业职工，参保单位 141 个，参保人员 5610 人，年缴纳养老金 204 万元，付离退休费 123 万元。1993 年 4 月 1 日，县政府颁发《都昌县农村社会养老保险实施办法》，收保费突破百万元。1994 年，开始实施社会统筹和个人账户相结合的医疗保险改革制度。全县参保单位 140 个，参保职工 13097 人，收缴基金 57 万元，支付医疗费 85 万元，大病医疗保险与基本医疗保险同步进行。1995年始,实行个人账户看门诊、统筹基金管住院的方式。1997年,启动工伤保险和生育保险。工伤保险参保单位95个,企业职工8176人,收缴基金10.5万元,支付工伤保险费5.1万元;生育保险参保单位95个,参保职工8176人,收缴基金8.8万元,支付生育保险费0.9万元。1999年,低保工作正式展开。城镇低保对象600户、2000人,发放低保金88万元。资金来源由上级和县财政下拨。2000年,全县养老保险参保单位160个,参保人员13987人,年缴纳养老金7034万元,付离退休费1182万元。2001年,城镇居民最低生活标准调整为每人每月104元。全县低保对象778户、1552人,发放低保金68万元。2002年,农村有314人领取到期养老金38953.9元。2003年,县政府出台《都昌县低保对象家庭收入评估办法》。全县低保对象3682户、13903人,发放低保金400余万元。同年,启动大病统筹。全县单位医保参保率、人员参保率缴费均为100%。2007年,全县城市低保对象8439人,农村低保对象22300人,农村五保集中供养率为80%。2008年,新型农村合作医疗参合人数达57.35万人,参合率为87.29%,资金使用率为90.3%,直补率为94.8%。同年,县财政安排配套资金1338万元,省政府下达的8大类民生工程考核指标全面达标。城镇职工参保人数24792人,比上年增长16%。为全县703名村(居)委会干部办理养老保险。2009年,全县城市低保对象9898人,发放低保金1782.94万元,人均补差170元。2010年,都昌城市低保标准调整为245元/月,农村低保标准调整为120元/月。全县城市低保对象9662人,累计发放低保金2196.41万元,人均月补助187.32元;全县共核定城乡低保对象4.2万人,发放低保资金5388万元。全县城镇职工参加基本养老保险31630人,养老保险征缴额5050万元,被征地农民参加养老保险人数为3070人。城镇职工养老保险参保人数达到3.16万人,养老保险征缴额5050万元,为1600多名城镇大集体和手工业联社大集体未参保退休人员办理养老生活补助,被征地农民参加养老保险人数为3070人。企业军转干部维稳解困政策和村级老支书、老主任生活补贴全面落实。同年,启动农村危房改造试点工程,完成农村危房改造900户,绝大多数农户春节前搬进舒适、安全的新居。全县新建廉租住房867套,建筑面积4.78万平方米;启动棚户区改造项目3个1026户,完成改造面积7.18万平方米,完成投资10500万元。至当年底,全县廉租住房累计保障户数2568户,全县人均住房建筑面积21.8平方米。

## 第九节　彭泽县

### 一、位置人口

**地理位置**　彭泽县位于省北端,市东部,地处长江中下游之南,属江南丘陵地带。地势自东南向西北倾斜,东南高,西北低。地理坐标为北纬29°35′~30°06′、东经116°22′~116°53′之间。县境东接安徽省东至县,南界鄱阳、都昌二县,西与湖口县毗邻,北与安徽省宿松、望江二县隔江相望。全县总面积1534平方千米。南北长57千米,东西宽48千米。

**人口民族**　2000年,全县总人口331085人。男性169247人,女性161838人,性别比为104.58。共有19个民族人口,其中汉族330665人,占总人口99.87%,其他少数民族420人,占0.13%。2010年,全县总人口353149人,男性179332人,女性173817人,其性别比103.17。全县人口由汉、蒙古、回、藏、苗、彝、壮、布依、满、侗、瑶、白、土家、哈萨克、畲、黎等民族构成。其中,汉族人口352942人,占99.94%;少数民族人口207人,占0.06%,均系因工作或婚姻等原因迁入人口。

### 二、经济建设

**经济综情**　1995年,全县国内生产总值达84800万元,按可比价计算比1991年增长1.3倍,平均年增长16.7%;全县财政收入达15788万元,年均增长18.5%;全社会固定资产投资累计完成26700万元。上新项目512个,改造老企业87个,利税增加5872万元。2000年,全县国内生产总值达81600万元,比1995年增加19000万元,年均增长6.7%;财政收入完成5408万元;固定资产投资累计完成51000万元。

2005 年，国民生产总值从 2000 年 81600 万元增长到 168000 万元，年均增长 15.5%；财政收入达到 12606 万元，年均递增 18.5%，完成“十五”计划目标的 144%；规模以上工业增加值、产品销售收入、实现利税分别达 29000 万元、80600 万元、6204 万元，比“九五”期末增长 4.8 倍、4.4 倍、6.8 倍。2010 年，地区生产总值由 2005 年的 168000 万元增加到 377000 万元，年均增长 17.5%；财政收入由 2005 年的 12606 万元增加到 46000 万元，年均增长 30%，税收收入比重达到 90%；规模以上工业企业 53 家，比 2005 年净增 27 家，主营业务收入 631000 万元，是 2005 年的 7.8 倍，年均递增 51%；工业增加值达到 100000 万元，比 2005 年增长 3.89 倍，工业园区主营业务收入达到 450000 万元，比 2005 年增长 6.88 倍，税收达到 8600 万元，比 2005 年增长 5 倍；招商引资成果丰硕，累计引进内资 863000 万元，利用外资 14900 万美元，出口创汇 10600 万美元；社会消费品零售总额由 2005 年 56600 万元增加到 150000 万元，年均增长 9%，2010 年，社会固定资产投资 540000 万元，是 2005 年的 6 倍。

**第一产业** 1991 年后，农业调整种植结构，水改旱 1133.3 公顷，扩大棉花种植。1998 年，油菜改种“油研 7 号”，产量提高 30%。水稻改种二季稻，亩产 1000 斤以上，年总产量均在万吨左右。全县畜牧业收入占农业收入 26%以上。2000 年，全县生猪饲养量达 460 万头，出栏 194 万头。家禽存笼数近 300 万羽，其中东升豚(学名番鸭)为优质绿色食品。2010 年，棉花“无三丝”试点覆盖面达 50%以上。棉花总产量 3.05 万吨，粮食总产量 10.8 万吨，油菜籽总产量 3.6 万吨。水产、林业、生猪、家禽、食用菌等特色农业逐步壮大，“一村一品、一乡一业”建设成效明显。建成 4 个万亩示范区、20 个千亩示范片，培育 200 个种养大户。水产可养水面 10.5 万公顷，彭泽鲫、鳗鱼、鲶鱼、黄颡鱼、中华绒毛蟹、青虾等水产品年产量 2.7 万吨，“芦花”牌彭泽鲫荣获“省名牌产品”称号和国家“绿色食品”标志证书，被农业部中国水产流通与加工协会授予“中国鲫鱼之乡”称号。

**第二产业** 20 世纪 90 年代初，县企业类型有驻县企业、地方国有工业企业、乡镇企业。1997 年，国有工业企业进行产权制度改革。工业主要有建材、建筑、食品、农副产品加工等领域。建材企业主要生产砖瓦、大理石、石灰、河沙、黄沙、水泥预制件等。农副产品加工主要有菜油、棉油、菜粕、棉粕、皮棉等。建筑业主要经营建筑施工、房地产开发等。进入 21 世纪，彭泽县成立工业园。2010 年，工业园落户企业 55 家，建成投产 34 家。全年实现工业总产值 440600 万元，主营业务收入 450600 万元，税收 8435 万元，解决就业 7760 余人，成为彭泽经济增长极。

**第三产业** 2000 年，全县国营商业系统新建商业经营网点 12 个，新增营业面积 3550 平方米，改建营业网点 9 个，扩增营业面积 3540 平方米。2000 年后，商业经营逐步由国营过渡到私营。2010 年，全县除个体商贩自由经营外，有百家福超市、龙城购物广场、华联超市、供销贸易中心等大型超市多家。彭泽“万村千乡”市场建设工程启动，培育新型农家店，在农村形成以城区为龙头、乡级店为骨干、村级店为基础的农村消费经营网络，累计建成 1 个县级配送中心、180 个农家店，覆盖率达 100%乡镇、90%的行政村。共接待游客 36 万人次，实现旅游总收入 25000 万元。

**基础设施** 供水：1994 年，县自来水公司完成日产 2 万立方米净化设施系统改造，供水范围近 9 平方千米。2000 年，城区日供水 15000~20000 立方米。20 世纪 90 年代起，彭泽集镇供水初具规模，其中马当镇自来水厂日供水量达 20000 立方米。

供电：电力系水力发电，总发电装机 2180 千瓦。彭泽县供电有限责任公司下辖 7 个中心供电所，19 个营业站，共有 10 万余用电客户。形成以 110 千伏变电站为电源点，35 千伏线路为主网架的供电网络。1999 年，实施农村电网改造，2000 年底竣工，实现城乡统一电价。2010 年，完成购电量 28018 万千瓦时。

交通：2010 年，全县农村公路建设总里程 917 千米，村村通水泥路通畅率达 100%。彭(泽)湖(口)高速公路建成通车，境内总长 50 千米。彭泽有长江黄金水道 48 千米，水运发达。铜(陵)九(江)铁路横跨全境，境内总长 50 千米。

邮政通信：2010 年，县邮政局下设 15 个邮储网点，3 个代办点，全县农村干线邮路总长 220 千米，全局业务收入达 1685 万元，完成计划的 100.89%。电话交换机容量达 9.2 万门，长途自动交换机容量达到

400条终端,互联网宽带接入端口达10400个。移动网络覆盖90%以上行政村,宽带网络覆盖97%以上行政村,光纤通达县内所有工业园区、大企业、大部分行政村、新建小区。移动电话客户总数超过12万户,移动信号覆盖全县所有行政村、99%以上的自然村、县域主要交通沿线、重点风景旅游区,TD用户达800余户。

## 三、社会生活

**教育** 2010年,全县有各级各类学校320所,其中小学168所,初中23所,九年一贯制学校3所,高级中学5所(其中含2所民办高中和1所职教中心),教师进修学校1所,在校学生52103人,其中小学生30940人,初中生12370人,特教学生23人,高中生(含职高生)8770人;全县中小学教职工3356人,其中小学教师1721人,初中教师1086人,高中教师549人。全县共有考生3064人,录取各类学校2486人,录取率达81.14%。

**文化** 2010年,全县有13个乡镇综合文化站。有农家书屋58个,配备180万元的书刊,连续两年被评为"全市农家书屋先进单位"。全县广播电视"村村通"建设任务全部完成,解决多数山区群众看电视难的问题。

**卫生** 2010年,有县直医疗卫生单位10个,乡镇卫生院19所,其中中心卫生院5所,一般卫生院15所,村卫生所171个。在职卫生专业技术人员785人,其中高级职称32人,中级职称304人,初级职称421人。有乡村医生708人,其中有乡村医生执业证书的679人,获执业助理医师以上资格的有29人。每千人口卫技人员数3.95人,拥有床位数643张,平均每千人口1.74张,其中县直医疗卫生机构拥有床位数425张,占全县总床位数的65.5%。获省委、省政府授予"光明·微笑"工程先进县,省卫生厅授予"省农村初级卫生保健达标县(市、区)""全省新型农村合作医疗先进县级经办机构"。

**体育** 1995年6月,县首届全民健身周活动开始启动,县城群众每天均开展各种健身活动,参加人数超过1000人,后每年举行一届全民健身周活动,规模一届超过一届,至2010年第十六届,参加人数达2000人。在县城每天凌晨5时多就有人开始晨练,登山、跑步、太极拳、舞蹈、健身操、羽毛球、散步、木兰拳、腰鼓、秧歌等,参加人数超过3000人。九江市重点中学运动会,彭泽一中均派人参赛,并取得优异成绩。1995年,彭泽籍运动员宋新友代表中国参加亚洲赛艇锦标赛(香港)获金牌1枚。1997年运动员宋新友、胡芳(彭泽籍,女)代表江西在上海参加全国第八届运动会,宋新友为江西夺得首枚金牌,胡芳获得1枚银牌。1994年在全省第一届运动会上,张治获男子丙组跳远银牌、100米铜牌;宋新友获赛艇2枚金牌;王陈一获男子少年划艇"500米、1000米、2000米"金、银、铜牌。1996年,省运会篮球外围赛在龙宫洞玉壶厅内举行。1997年全国青年女子篮球锦标赛在龙宫洞玉壶厅内举行,该赛事被列入上海吉尼斯大全。1997年7~10月,市第八届运动会彭泽队60名运动员组队参赛,并获团体总分第三名的好成绩。1998年3月全省青少年柔道锦标赛,彭晨获男子62公斤柔道金牌,同年8月在省第十二届运动会上获男子二组60公斤级柔道银牌。2007年12月,皖、鄂、赣体育协作区运动会在彭泽举行。2008年4月,举办"庆五一、迎奥运"拔河比赛,全县13支代表队300多人参加。2009年5月,在江西省第十六届体育舞蹈(国标舞)锦标赛上,彭泽选送少儿拉丁舞学员获得2枚金牌、23枚银牌、10枚铜牌。

**社会保障** 1995年,农民年人均纯收入为1712元,比1990年增加1014元,年均增长202.8元,城镇居民人均生活费收入达到2950元,比1990年增加1655元,年均增长331元,人民生活在基本解决温饱的基础上,开始向小康过渡。2000年城镇居民人均可支配收入达3800元,农民人均收入1611元,城镇居民储蓄存款余额达到62812万元。2004农民人均纯收入达到3203元,城市居民人均可支配收入达到6400元,分别年均递增14.7%和11%。2010年,农民人均纯收入达6274元,年均增长14.5%。至2010年,全县乡镇、工业园共有7420人享受社保补贴,26649名企业职工享受基本养老保险,76566人享受城镇基本医疗保险,21511人参加工伤保险,农民工参加工伤保险6761人,城镇中小学生参加医疗保险达90%以上。全县被征地农民参加基本养老保险3186人,企业退休人员养老待遇和职工基本医疗保险待遇全面提高。

# 第四章 代管县级市

## 第一节 瑞昌市

### 一、位置人口

**地理位置** 瑞昌市位于北纬 29°23′~29°51′、东经 115°6′~115°43′之间。东连九江县，南邻德安、武宁县，西毗湖北阳新县，北与湖北武穴市隔江相望。境域东西长 65.5 千米，南北宽 51.5 千米，总面积 1419 平方千米。市区位处市境东部，距九江市 34 千米。

**人口民族** 2000 年，全市总人口 398844 人；男性 209755 人，女性 189089 人，其性别比为 110.93。2010 年，全市总人口 419047 人，男性 214387 人，女性 204660 人，其性别比为 104.75。全市人口由汉、蒙古、回、藏、苗、彝、壮、布依、满、侗、瑶、白、土家、黎、畲等民族构成。其中，汉族人口 418579 人，占 99.89%；少数民族 468 人，占 0.11%。少数民族人口多系因工作或婚姻等原因迁入人口。

### 二、经济建设

**经济综情** 1995 年，全市国民生产总值达到 83800 万元，财政收入达 6401 万元，固定资产投资累计完成 41000 万元。1996~2000 年，经济建设和社会各项事业取得一定进步。2000 年全市国民生产总值达 116000 万元，比 1995 年增加 32200 万元，年均增长 6.7%；财政收入完成 10494 万元，比 1995 年净增 4093 万元，年均递增 10.4%；工业增加值达 26000 万元，居九江第三位，进入全省 20 强。2001~2005 年，实现“三年打基础，五年成优势，十年进十强”战略目标。2005 年，国民生产总值增长到 255000 万元；财政收入实现五年增长 171%，达到 28769 万元，超过计划 10800 万元；全社会固定资产投资累计达到 594500 万元。2006~2010 年，经济总量翻一番，地区生产总值增加到 629000 万元，年均增长 14.5%，人均生产总值 2114 美元；财政收入三年翻一番，年均增长 26.4%，税收收入的比重由 82.5%提高到 91.5%，收入总量在全省由三十位前移至二十三位，2010 年被省政府授予“三年翻番”奖及“工业发展先进县”“工业三年翻番全面先进单位”；社会消费品零售总额四年翻一番，总额由 2005 年 86000 万元增加到 205000 万元，年均增长 18.4%，外贸出口由 1220 万美元增加到 5169 万美元，年均增长 46%；2010 年，社会固定资产投资 850000 万元，亿元以上重大项目完成投资 301000 万元。

**第一产业** 1991 年后，农业发展逐步由传统经济作物向高效经济作物转型，产业化、特色化、市场化步伐加快。1995 年起，逐步建设棉花、苎麻、水果、辣椒、山药、吴茱萸、川芎、生姜、用材林、竹林、瘦肉型猪、水禽、水产品、大宗蔬菜 14 个具有传统特色农产品商品基地。2001 年，全市建立 3333.3 公顷高山蔬菜基地、5333.3 公顷优质苎麻基地、2000 公顷优质猕猴桃基地、6666.7 公顷优质油菜基地、6666.7 公顷优质稻基地、1333.3 公顷中药材基地共 6 大优质农产品基地。2005 年，高效经济作物占种植业比重 75%，养殖业占农业的比重达 59%。2006~2010 年，粮食种植面积由 2005 年的 1.37 万公顷增加到 1.47 万公顷；油料种植面积由 2005 年的 0.93 万公顷增加到 1.2 万公顷；水产品总产量突破 3 万吨，是 2005 年的 5 倍；生猪出栏由 2005 年的 20.7 万头增加到 32.1 万头；水梨、山药、蔬菜等特色产业逐步形成规模，农民专业合作社总数达到 106 家，实现销售收入 35000 万元；油菜集中育苗、“一菜两收”经验在全省推广，获全省农业机械化促进工作先进县市；造林绿化“一大四小”工程成效突出，获全省城镇绿化先进县；新农村建设整合各类资金 19600 万元，完成 495 个新农村建设点建设，连续三年进入市先进行列；新建或改造农村公路 523 千米，在全省县级率先实现村村通油路或水泥路。

**第二产业** 1991年后,工业经济迅速发展,逐步成为推动市域经济快速增长的主导力量。"十五"期间,亚东水泥扩建和"836"工程等一批重大项目完成,建材、纺织服装、采矿冶炼、机械制造4大支柱产业壮大发展。2005年,规模以上工业完成总产值227000万元,是1990年的5.5倍。"十一五"时期,实现由"工业立市"到"工业强市"的初步转变,工业经济提速增效,发展后劲显著增强。2010年,亚泥三、四期竣工投产,江州造船改制、扩改顺利完成,武山铜矿技改达产达标,纺织服装产能全面提升,规模以上工业企业由2005年的59家增加到109家,总量排九江市第一。全市完成规模以上工业主营业务收入1543000万元,排名九江市第二;完成规模以上工业增加值352000万元,实现工业利税225000万元,均排名九江市第一。

**第三产业** 1991年,有国有商业企业14家,集体商业企业22家,民营商业12110户。外贸出口产品有粮油食品、土畜产品、轻工产品、工艺产品、丝绸服装、医药保健品,出口供货额为1802万元。完成国家政策性粮食定购任务447万公斤,油料定购任务59.94万公斤。全市当年销售粮食6910万斤,销售油脂34.97万公斤。市内旅游资源丰富,自然景观有青山森林公园、峨嵋溶洞群、赤湖、武蛟温泉等28个,人文景观有铜岭矿冶遗址、瑞昌县苏维埃政府遗址、龙泉风景区等22个。1993年,省政府批准青山森林公园为省级风景名胜区,1994年被评定为省级重点森林公园。2000年,商业系统、供销系统、外贸总公司进行企业产权和职工身份置换改制。2005~2010年,瑞昌旅行社发展到4家,提供旅游住宿宾馆、饭店、招待所、农家乐75家。开发瑞昌剪纸、瑞昌土特产系列旅游商品,其中瑞昌剪纸被市旅游局确定为市重点开发四大特色旅游商品之一。到2010年,国有商业2家,集体商业1家,个体工商户11189户,全市实现社会消费品零售总额200349万元。外贸出口企业21家,主要出口产品有园艺制品、纺织服装、各种鞋类、建材制品、机械制品、宠物饲料,全年出口总额为5169万美元。全市餐饮、住宿营业总额达11657万元。全市物流运输企业25家。

**基础设施** 供电:1991~2010年,高泉水电站、石门水电站、横港水电站、幸福水电站、石洋水电站、东垅水电站合计年发电量381万千瓦时。1992年3月,城区潘家堡变电站建成,总容量110千伏,投入电网运行总容量40000千伏安/2台。1992年10月,在花园乡茅竹村建35千伏变电站1座,总容量2000千伏安/1台。1998年11月至2003年年底,农村电网新建改造工程(除赛湖农场外)在全市26个乡、镇、场、街道全面铺开,新建35千伏线路33.05千米,改造35千伏线路59.41千米;新建变电站8300千伏安/2座,改造变电站8800千伏安/3座;新建10千伏线路400.94千米,改造线路494.49千米;新建变压器台区36541千伏安/782台,改造变压器台区13302千伏安/203台。新建改造400伏线路投资2509.7万元,改造集装81255户。1998年后,新建和改造南林、横港、洪下等5座35千伏变电站,在裕丰、南义新建2座220千伏和110千伏的变电站,境内21座大小水电站全部并入瑞昌供电公司所属电网运行。

交通:2004年12月25日,武九铁路扩能提速工程全线贯通,境内31.4千米,设计时速140~160千米/小时。2010年,公路有国道1条、省道2条、省养县道4条,全长185.928千米。农村公路总里程1470.658千米,全市157个行政村全部通公路。航道有长江航道里程15千米,属内河一级双向航道。全年各种运输方式完成货物周转量56268万吨千米,其中公路45320万吨千米,水运10948万吨千米;旅客周转量24926万人千米,其中公路24850万人千米,水运76万人千米。公路客运量650万人,公路货运量630万吨;水运客运量15.2万人,货运量56.3万吨。港口货物吞吐量550万吨。

邮政通信:1991年,全市邮电业务总量224.9万元,邮政业务总量783.46万元,电信业务总量3390万元,移动收入1174万元,联通收入500万元。2000年,市区电话用户14887户,农村17018户,移动电话8700户,电话普及率为11部/百人。2010年,用户电话68329户,移动电话用户20.2万户,计算机互联网用户21430户。全年完成邮电业务总量5967万元,邮政业务收入2297万元,电信收入4160万元。

## 三、社会生活

**教育** 1991年后，素质教育全面实施，"两基"教育达到国家标准，基础教育得到加强。创办九年一贯制学校7所，调整合并教学网点160个，改革小学和高中办学体制，实施小学五年制向六年制顺利过渡，新课程、教学管理模式改革有效推进，荣获全省教育工作先进县市称号。2010年，全市有174所学校，专任教师3798人，在校学生55841人，毕业生13028人。义务教育的小学、初中学生巩固率分别达到99%和97%。普通高考录取人数和录取率持续在市保持领先位置。

**文化** 1991年后，农村和厂矿企业积极创办文化俱乐部、图书室等文化活动场所，126个行政村实现光缆联网，农村广播电视覆盖面进一步扩大，实现乡乡通有线电视。瑞昌剪纸发展成为全国颇具影响的民间民俗艺术品种之一，1992年瑞昌市被省文化厅命名为"剪纸之乡"，1993年被文化部命名为"中国民间艺术之乡"(剪纸艺术)，2005年瑞昌剪纸被省政府申报国家级非物质文化遗产代表作，市政府将瑞昌剪纸指定为"特色旅游商品"。瑞昌采茶戏成功申报九江市非物质文化遗产代表名录。2005~2010年，依托文化艺术中心，相继成立瑞昌画院、非物质文化遗产专题博物馆、赣北之声电台、艺术中心管理处、群众文化联络办公室、星艺培训中心6个专业文化机构和500多人的中老年人艺术团。《铜岭遗址保护规划》通过国家级评审，遗址保护列入国家"十二五"百大遗址保护项目投资计划。投入资金150万元启动16个乡镇综合文化站、104个村文化信息资源共享工程服务点建设，完成187个广电村村通建设任务；以周俊军为原型的电影《今天我出警》摄制工作顺利完成。

**卫生** 1991年后，推进医疗卫生体制改革，启动基本医疗、药物、新农合改革，加大公共卫生投入，卫生服务体系建设日趋完善。2005~2010年，新中医院建成并投入使用；建立并完善乡镇卫生院人员工资保障机制；完成9家卫生院、20个村级卫生所和社区卫生服务站规范化建设；7家乡镇中心卫生院实行国家基本药物制度，56家零售药店设立国家基本药物专柜，实现基本药物零差价；农村公共卫生服务试点覆盖23.9万人，为22.7万人建立健康档案，为3.8万名妇女、儿童和老人提供免费保健服务；农村基本公共卫生服务均等化和农村服务能力建设成效明显。2010年，全市卫生机构284个，卫生技术人员1611人。

**体育** 1991年，全年举办各类农民体育比赛活动80余次，参赛农民运动员5000余人次。码头镇朱湖村龙舟队代表省参加中国湖南汨罗江龙舟赛。码头镇被农业部、国家体委和中国农民体协授予"全国亿万农民健身活动先进乡镇"称号。1992年6月，瑞昌市26名运动员组成的市龙舟代表队男队，参加全国第六届"屈原杯"龙舟赛和中国"庐山杯"国际龙舟邀请赛。1993年8月28~30日，瑞昌市17名武术运动员首次参加市武术比赛，获22个第一名，14个第二名，9个第三名，并获团体总分第二名。1994年始，瑞昌市中学生田径运动会每隔3年举行一次。1997年，瑞昌市组团参加九江市第八届全民运动会，夺得金牌31枚，银牌22枚，铜牌20枚，获金牌总数第三名。1999年9月25日~10月9日，举行全市第一届全民健身运动会。2001年，在九江市第九届全民运动会上，瑞昌运动员获金牌名列第三，团体名列第四。2003年9月24日~10月10日，举行九江市第二届全民健身运动会。2004年，全市体育场地总占地面积268358.4平方米，场地和器械总投资额达1800多万元。2005年，瑞昌一中代表九江市参加省中学生田径运动会，获得单项2个第三名和体育道德风尚奖。至2010年，瑞昌市派出团队或选手参加省和九江市体育比赛30余次。市老年体协共举办14届老年运动会，并经常组队参加上级体协举办的各类体育比赛活动，获得省级团体奖51项(次)，九江市级团体奖20项(次)。

**社会保障** 1995年，农民年人均纯收入为1408元，比1990年增加891元，年均增长178元，城镇居民人均生活费收入达2527元，比1990年增加1307元，年均增长261元，人民生活在基本解决温饱的基础上，开始向小康过渡。2005~2010年，累计投入民生工程资金124000万元，实现城乡最低生活保障、大病医疗救助、城乡义务教育免学杂费和贫困生资助、城乡居民合作医疗"四个全覆盖"；城乡居民人均住房面积分别达到49平方米和46.5平方米，比2005年增加11.7平方米和0.8平方米；3.8万城镇职工参加基本养老保险,3.6万职工参加基本医疗保险,4.5万城镇职工参加工伤保险,30.7万农民参加新农合,9655人享受城市低保,1.6万人享受农村低保,农村五保供养率达到88.6%,获全国五保供养工作先进县市。2010年,城镇居民人均可支配收入11711元,年均增长8.8%,农民人均纯收入5771元,年均增长11.2%,城乡居民储蓄存款410000万元,人均近1万元。

## 第二节　共青城市

### 一、位置人口

**地理位置**　共青城市,原名共青城。位于省北部,鄱阳湖西岸,博阳河下游,昌九工业走廊中段,距南昌、九江均为56千米,距德安县城17千米。地理坐标为北纬29.19′,东经115.58′,东与星子县交界,南、西与永修县接壤,北与德安县相连。京九铁路、昌九城际高铁和昌九高速公路穿城而过,与105国道相连。总面积282.9201平方千米(含未接管的苏家当乡、泽泉乡和恒丰部分区域)。

**人口民族**　1990年,共青城人口为11304人。2010年年底,共青城人口总数113952人。不计未正式接管的苏家垱和泽泉2乡人口,共青城人口中,有29986户,人数71783人,来自全国20多个省、市、自治区的304个县。其中男性37532人,女性34251人;汉族人口71511人,占常住人口99.62%。少数民族(回、壮、满、土家族)人口为272人,占常住人口0.38%,其中回族57人,壮族47人(因2010年共青城市作为行政区尚在筹建中,其普查常住人口统计仍分属德安、永修、星子3县,此处所有人口数据均系共青城开发区户籍人口数,仅供参考)。

### 二、经济建设

**经济综情**　共青城经济经历了从农垦经济向工业经济过渡。"九五"末,三次产业结构为33.1:59.6:7.3;"十五"末,演变为12.8:76.6:10.6,第二产业在经济总量中的比重上升到70%以上,提高了17个百分点;到2010年年底,三次产业结构为3.9:82.2:13.9,共青城经济完全以工业为主导。当年,共青城开发区累计完成地区生产总值1496500万元,年均增长速度22%。

**第一产业**　1991年,农业总产值960万元。其中农林业总产值274.6万元,牧渔业685.4万元。粮食播种面积473.06公顷,总产量2909吨;经济作物播种面积233.8公顷,总产量337吨。生猪存栏12950头,年末禽蛋产量514.50吨,肉类产量1836.3吨。牛羊存栏831头。水产品总产量1800吨。造林面积321.3公顷,实有耕地面积369.6公顷。2002年,农业总产值9574万元。其中农林业总产值5188万元,牧渔业4386万元。粮食播种面积2661.3公顷,总产量16806吨;经济作物播种面积1512.1公顷,总产量2596吨。生猪存栏31800头,年末禽蛋产量为1416吨,肉类产量2963.7吨。牛羊存栏2980头。水产品总产量4905吨。造林面积1141.7公顷,实有耕地面积2448.1公顷。2010年,农业总产值28200万元。其中农林业总产值6339万元,牧渔业21861万元。粮食播种面积3528.1公顷,总产量21247吨;经济作物播种面积1020.7公顷,总产量1873吨。生猪存栏43300头,年末禽蛋产量为3940吨,肉类产量6229.3吨。牛羊存栏2219头。水产品总产量9000吨。造林面积1225公顷,实有耕地面积2773公顷。

**第二产业**　1991年,共青城工业总产值48220万元,国有工业企业年产值达45088万元,利税2840万元。1994年,全区共有国有工业企业13家,总产值达135308万元,利税4505万元。2002年,总产值89004万元,利税342万元。2010年,工业总产值830000万元,利税54896万元。

**第三产业**　1991年,共青城社会消费品零售总额875.71万元。1992年,共青开放开发区出口服装、布匹、棉纱和土畜产品,其中出口服装500万件(套),九江市出口创汇前四位企业共青占2家。2001~2005年,共青城出口企业主要有鸭鸭集团、爱高服饰、东诚木业、华达医材、畜业公司等,出口产品主要有羽绒服装、医用纱布、板鸭、瘦肉型生猪、皮夹克等,出口交货值为472170万元人民币。2002年,社会消费品零售总额8284.2万元。2004年,共青城餐饮业经营总额为57万元,住宿业经营总额为2157万元。年接待游客约 50 万人次。2006~2010 年,共青城出口总额 4274 万美元。2010 年,共青城社会消费品零售总额 59714 万元。共有餐饮店 283 户,宾馆 63 户。餐饮业经营总额 8835 万元,住宿业经营总额 10699 万元。有居民服务商户 422 户,社会服务商户 306 户。累计接待海内外游客和各界人士 700 余万人次,有 70 位党和国家领导人视察共青城。

**基础设施** 交通:福银高速昌九段境内长 12 千米,105 国道境内长 3.4 千米,县、乡(镇)级公路 7 条总长 33.8 千米。境内唯一通航河道博阳河总长 12 千米,属 VI-(3)级航道,最大通航能力为 1000 吨级船舶。京九线与昌九城际线过境,其中京九线境内长 13 千米,设三级客货运共青城站。

邮政电信:1991 年,电信服务网点 12 个,电话交换机总容量 2.8 万门,固定电话用户 2.2 万户,移动电话用户 2.08 万户,光缆线路总长 3520 千米,主干电缆长 37510 千米,互联网端口 1.6 万个,宽带接入用户 1.4 万户。移动通信自办营业厅 1 个,指定专营店 29 个,收费网点 41 个,建设基站 42 个,TD-SCDMA 基站 7 个。2009 年,实现移动通信网络信号 100%覆盖,与世界五大洲 237 个国家与地区的 381 个运营商开通 GSM 国际及港澳台地区漫游业务,与 176 个国家和地区的 242 个运营商开通 GPRS 国际及港澳台地区漫游业务,实现移动电话与 IP 电话、移动互联网、虚拟专用网、短消息平台的融合。2010 年,联通基站数 25 个,合作厅及代办点 45 个,开展百兆光纤进小区工程,光纤上网用户容量达 2000 户。邮政网点 2 个,投递点 676 个,投递路线单程总长 125 千米,乡村通邮率 100%。

供水:1991 年,由国营共青自来水厂负责全城供水,水源为博阳河水。2004 年,共青自来水厂开始改制。2006 年,成立共青城道道水务公司,负责全城供水,采用天然无污染的柘林湖水源。2010 年,城区供水管线 23 千米,全国青年创业基地供水管线 11.8 千米,日平均售水量 1.5 万立方米。

### 三、社会生活

**教育** 1991 年,江西大学共青职业学院更名为江西大学共青学院,1993 年更名为南昌大学共青学院,2003 年被教育部和省教育厅批准为独立学院。2005 年,启动农村远程教育工程,为 2 所初级中学配备模式三,3 所中心完小配备模式二,11 所村级小学配备模式三。2006 年,新建荷塘、增垅 2 所小学,改建乡镇 6 所中小学校舍及饮水设施。2007 年,彻底解决共青城教师身份问题,工资待遇与周边县区拉平。共青城中学获市高考质量单项评估优胜单位。2008 年,获九江普通中学高考质量评估上线量化优胜单位、市县(市、区)高考质量评估二本以上净增长及体艺专科以上录取率优胜单位称号。2009 年,全区有幼儿园 21 所,在园幼儿 2495 人,入园(班)率达 93.7%,基本普及学前三年教育。中心幼儿园成为九江市示范幼儿园。全区小学在校生 7101 人,小学适龄儿童入学率为 100%。初中在校生 2882 人,初中三年保留率 97.7%。2007~2010 年,义务教育阶段免学杂费人数 8690 人,义务教育阶段免费提供教科书贫困家庭学生人数 1528 人,义务教育阶段补助寄宿生生活困难家庭学生数 345 人。资助普通高中贫困家庭学生 14 人,平均 600 元/人年;资助考入大学的贫困家庭学生 7 人,平均 1500 元/人年。2010 年,全区中小学专任教师中,具有大专学历 268 人,占 47.1%,大学本科学历 151 人,占 26.2%,研究生学历 6 人,占 1%。专任教师具有中级职称 303 人,占 52.6%,具有高级职称 115 人,占 20%。有全省模范教师 1 人,省级骨干教师 8 人,市级学科带头人 4 人,市级骨干教师 20 人。高考文化类一本上线 28 人,上线率 6.93%;二本以上文化类上线人数 77 人,上线率 19.25%。双双获得九江市第三名。共青城中学新校区建设一期工程完工投入使用,被列入江西省重点建设中学名录。南昌大学共青学院有在校学生 10081 人,教职员工 501 人。

**文化** 1990 年,共青城文化市场有几家影碟出租店和书店。1997 年,对印刷、书店、娱乐等 18 个单位的法人、负责人进行相关法规培训,多次清理整顿印刷业。2000 年,共青城出现第一家网吧。2003 年后,文化基础设施不断完备,每个镇村、居委会都有业余文化活动队伍,其中有木兰扇、太极拳、太极球、健身操等文化活动队伍 11 个,有南昌大学共青学院、南昌理工大学共青校区等校园文化活动团体 26 个。2006 年 3 月 9 日,共青城网吧协会成立。2009 年,共青城文化馆、图书馆挂牌。至 2010 年,共青城建有体育馆、回圆、金贸、仿古街等文化广场5个，建立甘露镇、江益镇、金湖镇3个乡镇综合文化站，荷塘、双塘、岭背熊家、江益村等11家农家书屋；共有各类文化单位49家，其中影剧院1家，网吧27家，量贩式KTV单位5家，租书店、书屋7家，打字复印店6家，台球室3家。有网吧27家，终端总台数达到1400台。

**卫生** 1992年，共青垦殖场职工医院更名共青城人民医院，挂牌“江西医学院第一附属医院协作医院”。1993年，成立血防站。通过省消除疟疾达标考核验收。1994年，成立结核病防治所。1996年，成立妇幼保健站和计划生育服务站。通过省消除麻风病达标考核验收。1997年，江益镇中心卫生院被市卫生局评为一级甲等乡镇卫生院。通过省消除碘缺乏病达标考核验收。1998年，在特大洪涝灾害中成功扑灭一起霍乱疫情，未出现二代病例，共青城卫生防疫站获得市抗洪防病救灾先进集体称号。2002年始，对初治涂阳肺结核病患者实行免费治疗。2003年，卫生防疫站升格为疾病预防控制中心。连续7年孕产妇死亡率为零，婴儿死亡率和出生缺陷发生率为零。成功防止“非典”的发生和流行。2005年，成功防止禽流感的发生和流行，预防接种工作实现计算机信息化管理。2007年起，对除复治涂阴以外的所有肺结核病患者实行全部免费治疗。2008年，共青城人民医院挂牌“九江学院附属医院共青分院”。开始实施新型农村合作医疗。计划免疫疫苗可预防疾病从7种增加至15种。经国家血防考核专家小组验收达到血吸虫病疫情控制标准。2009年起，持续开展适龄儿童麻疹强化免疫活动。2010年，共青城人民医院挂牌“南昌大学共青学院医院”。共青城有医疗、预防、保健及公共卫生服务机构52家，其中共青城人民医院是二级综合性医院；妇幼保健、防疫、血防及结防机构各1家，甘露镇、金湖镇、江益镇3个乡镇卫生院，社区卫生服务机构7家，个体诊所5家，村卫生所32家，共有卫生技术人员200余人。累计开展8轮脊灰强化免疫活动。共青城有钉螺面积445.95万平方米，钉螺感染率为0.08%；血吸虫病人860人(其中慢血744人，晚血116人)，人群感染率为3.6%；耕牛存栏数1258头，病牛25头，耕牛感染率为2.3%。

**体育** 1991年起，共青城各中小学都按国家部颁标准开设体育课，并配备相应体育设施，每年初秋都举行校运会，增强学生体质，活跃校园氛围，弘扬“奥林匹克精神”。共青城中学成立篮球队、排球队，组成球类和各类田径兴趣小组，各小组在教师指导下利用课余时间开展活动。该校历年高考体育二本以上上线人数达50人。1992年，共青城老年门球队参加全省农垦系统比赛获优胜奖。鸭鸭女子龙舟队1992年在九江“双杯”龙舟赛、首届中国长江三峡国际龙舟拉力赛、首届中国长江三峡国际龙舟拉力赛、1993年8月炎黄杯世界华侨华人龙舟系列赛和1994年北京中日友好龙舟邀请赛中，共荣获7项第一名，其中3项国际金牌。1993年，共青城开放开发区获“全国群众体育先进单位”称号。2002年，共青城代表队在全省第十一届运动会上获5枚金牌。2006年，建成民营性体育馆，可容纳5000名观众，举办美国东、西部职业篮球明星争霸赛、“天沐杯”全国女篮俱乐部联赛。共青城代表队2008年、2009年参加市第五、第六届网球公开赛，分获女子单打、双打冠军及男子单打亚军。2008年，省乒乓球协会、省竞赛管理中心在共青城主办“2008年省‘共青城’杯乒乓球俱乐部比赛”和全国藤球锦标赛。2010年，网球运动中心完工，有室内网球馆1座(2片)，室外网球场6片。建成27洞高尔夫球场。另有南昌理工学院共青校区标准塑胶田径运动场(足球场)1个、游泳馆1座。

**社会保障** 1991年，共青城社会救助由垦殖场武装部、工会、行政办公室共同负责。1996年，社会长期救助442户，共1326人13.26万元，社会临时救助223户，共669人3.345万元。1996年，设立救灾救济办公室，隶属民政局，负责减灾、防灾、救灾、核灾、报灾工作。2002年，实施城镇居民最低生活保障；2006年，实施农村居民最低生活保障，实施城乡低保户、五保户、重点优抚对象等特困和特殊家庭的医疗救助，并逐年提高救助标准，扩大救助病种，改进救助方式和救助程序。2007年，设立社会救助办公室。1997~2010年，乡镇社会救助拨款306.5万元。2010年，城镇低保11861户20737人，补差水平由28.81元/月/人增加至197.8元/月/人；农村低保4436户6363人，补差水平由26.61元/月/人增加至101.04元/月/人；共计救助831人次，救助金额468.875万元。全区共有农村精简退职对象(无城镇对象)18人，每人每月补助185元。有五保对象129人，在院老人67人，集中供养每人年发放标准为1920元，分散供养每人年发放标准为1320元。

# 第五章 特色乡镇

## 第一节 历史名镇

### 一、姑塘镇

庐山区姑塘镇，东濒鄱阳湖与湖口县隔湖相望；南界谷山湖，与海会镇山水相连；西连威家镇，与株桥、新华村毗邻；北接娘池河，与虞家河乡开天村以河为界，是江西名镇之一。姑塘地处鄱阳湖、长江间之要冲，历朝历代为江西物产通江达海集散之地。宋代江州茶叶、大米、鲜鱼等土特产均经姑塘码头出口。清雍正元年(1723)设立九江钞关姑塘分关，姑塘进入繁荣之期。全盛时商号千百家，钟氏肉铺、王氏鱼行、曹氏轿子、杨氏船商，叶氏萝卜粑、黄氏豆腐花、尹式南杂货、涂氏清香茶，特色店铺比比皆是，至今叶氏萝卜粑仍在姑塘流传。姑塘酒坊"蛤蟆尿酒"闻名德化，江西四大名品糕点之一的九江桂花茶饼，即源于宋代江州(今九江)姑塘，后流传到九江一带，尤其是庐山庐饼店刘氏桂花茶饼畅销国内外。姑塘鼎盛时期，长住及流动人口达36000余人，在20世纪初，成为一闹市。该镇1980年5月隶省辖九江市郊区，1984年恢复乡置为周岭乡，1999年撤乡建镇易名姑塘镇。因鄱阳湖汊自东、北、南三面伸入，多为滨湖平原和小丘陵地，以粮食种植、水产养殖为主。2007年年底，庐山区开始筹建城东港区化纤纺织工业基地，2008年7月被省发改委批准为九江化纤纺织产业基地，根据2010年7月2日工信部文件，该基地将主动承接国家化纤纺织产业转移，加速产业集聚，打造"中部地区差别化纤维基地"，建设"鄱阳湖西岸纺织工业新城"。2010年，面积357.1平方千米，人口21582人，辖8个村(居)委会。

### 二、吴城镇

永修县吴城镇历史上曾与景德镇、河口镇、樟树镇并列为江西古代四大名镇，也是世界A类候鸟保护区和江西鄱阳湖国家级自然保护区核心区所在地。地处永修县东北部，鄱阳湖西岸赣江、修河交汇处，由4个嵌在鄱阳湖中的岛屿及其周边草洲水域构成，属平原为主的滨湖丘陵地区。中南部为湖洲平原，以滩涂、草洲为特征，西部为低山丘。东隔鄱阳湖与都昌县相望；南与南昌市新建县接壤；西与三角、九合、江益等乡镇毗邻；北濒鄱阳湖与星子县交界，距县城涂埠镇33千米。汉高祖六年(前201)置海昏县，治所就在与吴山一河之隔的修河北岸(现芦潭村附近)。吴山因地势较高则成为"汉海昏仓廒所也"，即粮食仓库所在地。南朝宋元嘉二年(425)，海昏县城迁往艾城，部分人家就近迁徙，于是吴山居民骤增，商业也随之繁荣起来，逐步发展成一个货物集散中转及手工业加工的大商埠大集镇，自此吴山易名吴城。宋太平兴国六年(981)划南昌城西北14乡设置新建县，吴城划归新建县管辖。清末，南昌府在吴城设二府衙门，管辖吴城镇"六坊"。民国时期在吴城设区公署。1949年10月属新建县第五区。1954年恢复吴城镇并划归永修县。吴城居吴头楚尾，因水而兴，扼江西水路之咽喉，自古就有"洪都门户"之称。赣江主航道穿境而过，修河、饶河分别在集镇东侧和吉山西北与赣江交汇融入鄱阳湖，是江西重要的水上交通枢纽。宋、元以来，特别是明清时期，是江南地区重要的水上交通枢纽和江西最大的水上物流聚散地，有"装不尽的吴城，卸不完的汉口"之美誉，鼎盛时期集镇规模曾形成"一镇六坊八码头、九垅十八巷"的格局。全镇有布匹、百货、南杂、米行、木行、纸行、药埠、盐埠、烟埠、麻庄、文具、灯笼、银楼、豆麦行栈、酿酒作坊等大小店铺上千家，常住人口达10多万人，供善男信女朝拜的各种庙、寺、庵、阁、宫达40余座。来自全国各地商人为因集会、寄寓、联系业务、解决纠纷和储存货物的需要，纷纷兴建同乡会馆，最盛时达48座之多。近2000年来的商业文明给吴城留下深厚文化底蕴，如会馆文化、庙会文化和特色民俗等，至今仍保存有海昏古仓廪遗址,荷兰天主堂,杨至善堂,麻石街等名胜古迹。吴城镇地处首批列入世界重要湿地名录的六大湿地之一——鄱阳湖生态湿地核心区,拥有湿地面积近2万公顷。自然风景优美,是永修县旅游金三角之一和著名的文化旅游胜地。拥有湿地面积近2万公顷。保护区9大核心湖有7个在吴城。每年受修河和赣江水系影响,枯水期水落滩出,形成草洲河滩及大小湖泊,河流蜿蜒一线;丰水期水位高涨,河流湖泊融为一体,一片汪洋,是鄱阳湖生态湿地的自然地理特征。鄱阳湖生态湿地是生物多样性十分丰富的全球重要生态区,是野生动植物的天堂,也是白鳍豚、江豚、中华鲟、冬候鸟等多种珍稀野生动物的重要栖息地。据统计,在吴城已发现鸟类310种,高等植物476种,浮游植物50种,爬行类48种,兽类47种,其中国家一级保护动物11种,二级保护动物46种。其中典型的湿地鸟类(水鸟)159种。有13种为世界濒危鸟类。属国家保护动物的有54种,其中I级保护动物10种:白鹤、白头鹤、大鸨、东方白鹳、黑鹳、中华秋沙鸭、白肩雕、金雕、白尾海雕和遗鸥;II级保护动物44种,如小天鹅、卷羽鹈鹕、白枕鹤、灰鹤、沙丘鹤、白额雁、白琵鹭等。吴城是世界目前最大的越冬白鹤和东方白鹳群体所在地,和迄今发现的世界最大鸿雁群体所在地。白鹤种群最大时达2896只,占全球总数98%以上。2010年,国土面积368平方千米,人口16378人,辖8个村(居)委会。

### 三、马当镇

彭泽县马当镇位于长江中下游,东与安徽省东至县接壤,东北与安徽省望江华阳隔水相望,西南直达县城约15千米,北濒长江与棉船一脉相连。始于西汉,开发于西晋。唐时初具雏形,宋、元逐渐形成边境贸易集镇,明末清初为鼎盛时期。清道光二十二年(1842)于马当山山端建造横江炮台1处,居高临下,为长江天险。炮台上控渝汉,下扼安庆,1912年10月孙中山亲临马当,写下"中流砥柱"4字刻于矶头岩上。1937年,国民政府为抗日对炮台进行修复和扩建,建造布局为一、二、三级炮台,有隧道、厢房,练兵场等5处。1938年春,国民政府"江防委员会"为阻击日寇进犯在马当炮台山下游进行封江,招聚上海"新生""江裕"号舰及趸船、铁驳、木船等18艘满载乱石、铁锚抛入江中,阻塞江道,在全国抗日史上造成重大影响。1948年解放战争中,中国人民解放军第四野战军一部由棉船、望江华阳组织民工横渡长江,内外接应,解放马当。改革开放以来,马当先后获批为全国第三批发展改革试点城镇,省级示范镇和百强镇之一。内陆首座彭泽核电基地,正待兴建。境内有彭湖高速,铜九铁路、301省道3干线交汇,客运、港口、汽渡发班上百次,人口流量达几千人。水陆交通十分便利。2010年,面积144.16平方千米,人口37081人,14个村(居)委会。

## 第二节　特产乡镇

### 一、漫江乡

修水县漫江乡地处县南部,宁红茶原产地。境内为山地、丘陵地貌,四面环山,中部为河谷平地。地势西高东低,最高点理顺尖海拔1150.7米,最低点牌楼下海拔176.9米。县道山口至复原公路通过辖区,境内里程10千米,该乡传统产业有茶叶和蚕桑。宁红村是修水"宁红茶"原产地,素有"宁红之乡"称誉。早在清代光绪年间漫江茶叶就已闻名中外,当时汉口茶市有"山漫不到庄,茶叶不开箱"盛誉。在杜市有茶庄48家,乡内有著名茶商罗坤化,亲手制作的红茶,获俄太子赞赏,并赠以"茶盖中华,价高天下"嵌金长匾。罗坤化之名声大噪,被茶商界称为"茶大王""茶工祖师"。民国时因战乱影响,一度衰退。1973年修水茶厂在乡内宁红村设分厂,新辟高标准茶园40公顷,并建宁红初制厂,此后茶业逐步得到振兴。2010年有茶园面积84公顷,产干毛茶124吨。蚕桑是该乡农业经济发展的重要产业,乡内建有蚕桑合作社,2010年有桑园面积246公顷,产茧346吨,年收入690余万元。林产品有松、杉原木、各种杂木材料,林副产品有茶油、松油松脂、香菇、木耳等,蜂蜜也是该乡特产之一。工业企业以茧丝加工、茶叶精深加工、钨矿开采为主,2010年工业生产总值15800万元,占地区总产值的71.6%。当年,面积107.46平方千米,

9833人，辖7个行政村委会。

## 二、横路乡

武宁县横路乡地处县北部，幕阜山下、柘林湖畔。东临鲁溪镇，南与宋溪乡相连，西与伊山交界，北毗泉口镇。东西长16千米，南北宽8.8千米，距县城30千米，距九江市108千米，距南昌市160千米。横路是农业大乡，20世纪90年代，全乡有6千多劳务输出，足迹遍及全国20多个省、市，年收入两亿多元。外出务工人员中，开办家居装饰公司和其他公司、厂的约150多个，担任经理、监理及管理阶层人员约1000多人，专业技术人才3000多人，涌现一批成功企业家。有不少人把在外学到的技术、挣到的资金带回家乡创办企事业。1998年，成立“星艺”“华浔”“名匠”“三星”4大装饰品牌公司，成为全国首家正式通过国家工商部门注册、专门从事家装设计、施工的民营企业。造就一大批专业技术人才，使横路成为一个名副其实的“装饰之乡”。2003年，横路丰良创办“九江(丰良)国际艺术学院”，帮助家乡贫困学子圆就大学梦，成为省农业厅、市阳光工程办、老建办和县库区办的扶贫基地。2004年，星艺、华浔分别被中国建筑装饰协会评为“全国住宅装饰优秀企业”。2010年，面积141.2平方千米，人口21777人，辖11个行政村委会。

## 三、周溪镇

都昌县周溪镇位于县南部，距县城37千米，三面环水，沿湖岸线长19.7千米，东与鄱阳县长山、下山隔湖相望，南与余干、永修隔湖相望，西与和合乡、大沙镇一水之隔，北邻西源乡、三汊港镇。原为沟通景德镇、鄱阳水上通衢，是瓷器、茶叶、竹木、烟草转运地。周溪镇是中国最早养殖淡水珍珠的两个地方之一，是迄今唯一能大规模养殖大规格直径在12毫米以上淡水圆珠圆形珍珠的地方，其用珠贝珍珠母贝加工成工艺品与装饰材料具有上百年的发展历史，拥有世界80%珠贝产品市场份额。2005年6月中国水产流通及加工协会授予“中国淡水珍珠之乡”称号，2010年8月通过该协会复审，继续授予都昌县为“中国淡水珍珠之乡”。该镇集淡水养殖、珠核加工、贝类工艺品加工三大产业为一体。全镇3000余贝壳、珠核加工户和2000余珍珠养殖户构成珍珠产业链，淡水珍珠养殖面积稳定在400公顷，珠核加工生产年产量50吨以上。是全国最大的珍珠核加工生产基地，贝类工艺品加工有龙头企业16家，还有近千家珍珠核生产个体户、年生产珍珠核4亿多粒，是“全国最大的珠核贝类生产加工基地”。淡水珍珠占全国总产量80%，产品远销全国各地及出口东南亚。“沉鄡阳、浮都昌”之说出于周溪南端的城头山，这里是西汉末年的鄡阳县城遗址，与棠荫岛隔水相望。时至今日，汉砖、汉瓦、陶片等还遍布此地。1995年省政府在此立“鄡阳遗址”石碑，2010年，申报国家级非物质文化遗产。至同年，面积117.1平方千米，人口53053人，辖17个村(居)委会。

## 四、多宝乡

都昌县多宝乡位于县西北部，南、西、北3面濒鄱阳湖，与庐山隔水相望，距星子县城仅4千米，距都昌县城19千米。多宝有江南最大的沙山，面积达2040公顷。硅砂储量居江南之最，系江南最大的型砂基地，又是全国最大最好的淡水浴场。沙山之上有数十种药材，尤以蔓荆子最为著名，因品质优良中医药典特名“都荆子”，历史上列为贡品，面积达666.7公顷。江西中医学院与该乡合作开发“蔓荆子”保健药枕并通过省级鉴定，投放市场后，效果颇佳。全乡调整农业结构，以蔓荆子为龙头，开辟药材基地，种植丹参、玄胡、白术、车前子、玄参等，药材生产成为该乡支柱产业。至2010年种植面积近年发展到1333.3公顷。每年总产约40吨，乡政府正规划兴建“药材一条街”。多宝乡与星子县之间鄱阳湖老爷庙水域全长24千米，宽15千米，是鄱阳湖出口长江狭长水域。自古以来，为鄱阳湖最险要处，被称为“魔鬼三角区”。因风大流急，沉船事故频发，且无从打捞，因此也被称为中国的“百慕大”甚至“东方百慕大”。定江王庙与避暑胜地庐山隔水相望，庙内有定江王塑像，庙旁有朱元璋的“点将台”“插剑池”和亲笔题写的“水面天心”等古迹。2010年，面积119.7平方千米，人口18386人，辖11个村(居)委会。

### 五、南峰镇

都昌县南峰镇位于县东南部鄱阳湖滨,东部与鄱阳县银宝湖乡接壤,南邻鄱阳湖,西连芗溪乡,北接中馆镇、狮山乡,距县城50千米。南峰镇加工豆参有几百年历史,制作技术精湛,选用优质大豆,精炼植物油,经传统工艺加工,味鲜独特,富含人体所必需的13种氨基酸,被评为2000年中国九江首届农副产品精品奖。豆参加工作坊已遍布全国,产品远销俄罗斯、日本、韩国。由于豆参保持了大豆中的蛋白质、脂肪、无机盐和多种维生素,且熟食绵软,是老幼咸宜的佳品。既可单独成菜,菜形美观,口味独特。亦可同鸡、肉、鱼等一同炆煮,其海绵体态饱吸高汤浓汁,浑身水亮,一口咬下,热汤四溢,绵软如絮,鲜香满口,令人不愿辍筷。都昌名菜鲇鱼炆豆参,就是用南峰豆参和鄱阳湖中肉质细嫩的鲇鱼炆煮,味道异常鲜美。2010年,面积39.5平方千米,人口23669人,辖8个村(居)委会。

### 六、棉船镇

彭泽县棉船镇是长江中下游一个大冲积洲,东西长6.5千米,南北宽16.8千米,陆地面积104平方千米,水域36平方千米。四面环水,为江西省最北面门户,上游是长江绝岛小孤山,南岸与长江天堑马当矶对峙,西北隔江与安徽宿松、望江两县相望。除长江水面外,还有长达15千米的圩内夹江。1962年10月,省长邵式平到此视察,见四面皆水,地形似船,又盛产棉花,提议将江北人民公社更名为棉船公社,并亲自题书"棉船人民公社",棉船称谓沿袭至今。20世纪90年代以来,连续7年皮棉总产超过10万担,单产皮棉突破300斤大关。随着科学种植技术不断提高,皮棉年总产超过15万担,名列全国乡级棉花高产榜首。油菜也连续多年总产量突破900万公斤,单产保持在200公斤以上。是全国优质棉、优质油生产基地。1995年3月20日,中共中央总书记、国家主席、中央军委主席江泽民到棉船视察,称其为"全国产棉第一镇",并被评为全国乡镇之星。2010年,面积106.21平方千米,人口39527人,辖12个村(民)委会。

### 七、南阳乡

瑞昌市南阳乡位于市东北部,距市区15千米。南阳乡是农业种植大乡,尤为盛产山药。山药是瑞昌市传统农特产,其栽培历史长,明隆庆县志就有记载。主要产地分布在市境东北部,以南阳乡罗城山为中心,北至黄金乡新联村,南至高丰镇大冲、铺头村,东至白杨镇檀山村,西至横立山乡光辉村,纵横约20千米地区,唯以罗城山栽培历史最长,品质最佳。该乡种植山药有着得天独厚的自然条件。域内山峦起伏,垄畈参差,海拔60~300米,多为丘陵棕石灰泥土,年平均气温16.5℃,日照时数为1380小时,降雨量为1350~1400毫米,适宜山药种植。南阳山药块茎长棒状,表皮淡黄色或棕黄色,上部皮孔多,须根齐;中部表皮光滑,皮孔较稀,须根短而少;茎肉色白,组织细密,质粉黏液多,淀粉含量高,久煮不烟,贮藏性好,不易受冻,是畅销市场和加工入药的特优品种。山药菜、药兼用,块茎富含淀粉、糖、蛋白质、纤维等多种滋养成分,能以烧、炒、爆、溜、炖等多种烹调方法,烹成多种美味佳肴,具有色白、味鲜、爽嫩可口等特色。作为药用,有滋补健壮等功能,性平味甘,中医学上用作健脾胃、补肺肾,主治脾虚泄泻、消渴、遗精、带下等症。老人尿频,儿童尿遗,用山药炖猪肉食用数次,即可见效。南阳山药丰产优质,经济效益高,生产形势好,销售市场广,享誉省内外。20世纪50年代,瑞昌的山药种植已从南阳主产区推广到全县各地。进入21世纪,全市山药种植面积近666.7公顷,已注册商标知名山药品牌有"罗城山""独一枝""系马桩""幕阜山""方润"等十多个品牌。瑞昌山药畅销九江市,远销南昌、广东、上海、北京等地。以南阳山药为品牌的瑞昌山药,先后在江西(上海)名优农特产品展销会和第九届中国国际农产品交易会参展获金奖。2010年,南阳乡山药种植面积近200公顷,占全乡农作物种植总面积四分之一。全乡面积41平方千米,人口14980人,辖8个行政村委会。

### 八、甘露镇

共青城市甘露镇原属德安县米粮铺乡,1992年4月28日划归共青垦殖场管理、开发。该镇位于共青城市北部,与德安县宝塔工业园接壤。甘露镇境内山川、平原、水流皆备。气候温和,四季分明,年均气温 16℃~17℃;雨量充沛,年降雨量 1300~1600 毫米。适宜柑橘种植,是“米粮铺”牌柑橘主产地,柑橘年产量 300 万公斤左右。2003 年,第八届全国果品交易会上,米粮铺柑橘以果大、皮薄、肉嫩、味甜等独特品质被中国果品行业协会评为“中华名果”。随即甘露镇乘势将米粮铺柑橘注册“米粮铺”商标,并通过农业部绿色产品论证中心检测,获得“无公害绿色食品”证书。此后,甘露镇大力做好品牌文章。2010 年,区域面积 49 平方千米,有水域 256 公顷,耕地 530.88 公顷。辖 7 个村委会、1 个社区居委会。2010 年常住人口 14152 人。

## 第三节 文化乡镇

### 一、城门乡

九江县城门乡位于县中部,东邻沙河街镇,南接狮子镇,西连新合镇,北为赛城湖环绕。全境属滨湖丘陵,地势南高北低,地表水汇入赛城湖。乡人民政府驻徽州铺,东距县城 12 千米。乡政府驻地前有城厢墩遗址,为商周时期先民聚居地。乡域内江西铜业股份有限公司城门矿山属国家 18 个大型铜矿山和 9 大稀散矿床之一,白家畈陶土可烧制陶器。城门乡为九江山歌(三声腔)传唱地,已有千余年历史。唐代诗人白居易《霖雨苦多江湖暴涨块然独望因题北亭》中“篱根舟子语,巷口钓人歌”诗句,反映当时山歌流传盛况。据城门乡赵氏族谱记载:清咸丰年间乡人赵华堂之子赵通利,自幼得其父传授喜唱山歌,为当地人称山歌王。赵通利之子赵万江又从小受父亲影响,耳濡目染,成为九江山歌(三声腔)省级代表性传承人。九江山歌“以口相传,即兴而歌”方式世代传承,以当地人民生活语言为基础而行腔为歌,其音乐特色主要表现为宫调式三声,也有羽调式三声,每首歌中只出现 3 个音,演唱时充分运用声腔情感变化来达到演唱效果。演唱风格是田野耕作或休息时的对唱,也有独唱或合唱。旷野中的对唱称为“隔山丢”,一个人独唱多为高腔山歌。《中国民间歌曲集成》(江西卷)收录九江山歌 50 首;《九江市民间歌曲集成》收录九江三声腔山歌 71 首;收集整理的《九江县民歌集》共 263 首,其中九江(三声腔)山歌近百首;根据山歌素材改编的作品有《新打脚车四步头》《站在庐山望北京》等。改编曲《新打脚车四步头》曾在 1985 年首届华东民歌会演时获民歌改编一等奖、演唱一等奖,并先后刊登《音乐通讯》《天津歌声》《江西民歌》《心声歌刊》等刊物。2007 年,九江山歌(三声腔)列入省非物质文化遗产保护名录。2010 年,列入国家非物质文化遗产保护名录。全乡面积 48.91 平方千米,人口 28355 人,辖 8 个行政村委会。

### 二、涌泉乡

九江县涌泉乡位于县西部,域内因有多处常年不涸、流淌不断地清泉涌出而得名。全境属丘陵山区,地势南高北低,东西略平。森林及地下水和矿产资源丰富,溶洞密布,已探明溶洞 9 处,有“洞府之乡”之称。乡人民政府驻李家铺,东距九江县城 27 千米,西北距瑞昌市区 5 千米。涌泉乡为九江采茶戏传承乡。九江采茶戏,俗称“茶灯戏”“茶戏”,雏形始见于明末清初。明末时期,九江、瑞昌一带盛行的灯彩与传入九江境内的赣东铅山茶灯戏相结合,形成赣北茶灯戏。乾隆年间,茶灯戏又与流行于赣北一带的黄梅采茶腔相结合,进入半班后,逐步形成一个赣北地区最具特色的地方剧种。《中国戏曲志》江西卷将其定名为“九江采茶戏”,《中国大百科全书》(戏曲、曲艺)肯定“九江采茶戏”冠名。九江采茶戏作为赣北地区独具特色戏曲剧种,在县境流行广泛,其中涌泉铁炉李氏家族李家榨采茶戏班最具代表性。自清代乾隆末年起,按李氏族内风俗,每 8 年一届元宵佳节迎茶篓灯,而迎灯必唱采茶戏,故族中百姓凡 1 户有兄弟 2 人以上者,必须摊派 1 人自幼学戏。该戏主要特征是以质朴通俗见长,曲调清新,韵味甜美。誉为“糯米采茶”。曲种分南河、北河两大流派,九江县境内属南河派,音乐属“打锣腔系”,没有弓弦等文场乐器,而专以打击乐伴奏。演出时,打击乐手居台中天幕前落座,演员于乐队前演唱,后台时有众人帮腔。声腔分平板、花腔、汉腔、杂调四大类。平板称“开口腔”,调式为男宫女徵;花腔,男女均为徵调式;汉腔以男居多,为羽调式;杂调不分男女,则多为徵调式间夹有角、商等调式。九江采茶戏现存有 32 套锣鼓谱、30 余种唱腔,传统剧目有《香珠记》《白扇记》《二龙山》《告京臣》《锁阳城》《鹦鹉记》等“三十六大本,七十二插围”。2007年,九江采茶戏列入省非物质文化遗产名录。2010年,面积49.62平方千米,人口17119人,辖7个行政村委会。

## 三、全丰镇

修水县全丰镇地处县西部边陲,西、北与湖北省通城县、崇阳县交界,东距县政府驻地72千米。全丰是国家非物质文化遗产“全丰花灯”发源地。全丰花灯的源流传说极富传奇色彩,清嘉庆《义宁州志》载:很早以前,有位曹姓阴阳先生见全丰乡龙泉墈山脉巍峨,逶迤起伏,状如蟠龙,便来此定居,于双井之间建屋立基,繁衍后代。其孙有子12人,皆唱花灯,号称九把胡琴,兴旺一时。全丰花灯是一项介于灯、戏、舞之间的表演艺术,主要特色是灯队表演,具有浓厚的民俗色彩,又称下半本戏,说唱均用当地方言,与修水流行的上半本戏宁河戏风格迥异。全丰花灯有8盏(也叫盆灯),其灯工有8种特技,称姑嫂推磨、老鼠翻梁、刘海戏船、猴子打兑、仁贵射雕、姐妹观花、洞宾背剑、张三打虎,全属玩耍表演。“文化大革命”期间破“四旧”停演,改革开放以后再度兴起,全镇有花灯队20多支。2006年5月,全丰花灯列入第一批国家非物质文化遗产名录,同年11月28日,参加中国(九江)国际龙狮精英赛开幕式表演。2007年7月,组建的全丰农民艺术团,有演艺人员28名,以传承国家非遗项目“全丰花灯”和省非遗项目“宁河戏”为宗旨,汇集全丰花灯、宁河戏、山歌、小调、佛乐灯舞为一体,演出具有传统地方特色的文艺节目。先后编排宁河戏《定军山》《长坂坡》《穆桂英挂帅》等古装传统剧目30多种,全丰花灯《下南京》《交情反情》《挑妹饮酒》等节目20余个,全丰山歌和全丰小调《织绫罗》《劝君莫赌博》等节目20多个。2007年,参加省农民艺术团展演活动和江西省非遗展演展示活动,《人民日报》《解放日报》《经济日报》《文化周刊》《江西日报》与中央电视台、江西电视台、新华网、中国政府网等多家媒体曾有报道。在第二次国内革命战争时期,全丰是革命根据地,是修武崇通重要游击区,曾留下彭德怀等老一辈革命家转战足迹。老苏区村江家坳是省、县苏维埃政权驻地旧址。2010年,面积100.58平方千米,人口29132人,辖14个行政村委会。

## 四、龙城镇

彭泽县龙城镇,位于县境北部边缘,为县城所在地,东、南、西三面环山,北滨长江,地势险要。西南距九江市水路67千米,旱路70千米,南偏西距省会南昌市205千米。东界马当,南邻黄花,西接芙蓉墩镇。古镇形若“双龙护珠”,故名龙城,自南唐升元二年(938)起为县治至今1076年。上接九江,下连安庆,在长江中下游两岸居重要地理位置。全镇境内山峦起伏,景色幽雅。东有双峰并立,名曰“双峰尖”,高耸为龙城华盖,山上寺观轩敞,竹木苍蔚,山寺始建于唐代,为全镇居民登高眺览之所;南有南山,西有凤凰山麓,亦称“西山”,宋代,彭泽县尉石振,兴建六角亭于山下潜玉洞前,携其三子就读于亭,如是名“读书岩”。岩石上曾镌有黄山谷书写的“读书岩”3字。镇中观音山屹立江岸,元至正(1341—1368)间建“观音阁”,每当落日余晖与江水映照之下,水光山色随波荡漾于山间,游人翘首观瞻,有如霞光流转,因称之为“观阁流霞”。山下柳林芜,为长江稍稍北徙,而江之故道淤积为洲,自山下至澎浪矶,连绵7里,洲上柳色葱茏,远眺如烟云迷漫,别具风情。故有“柳州疑雾”之美誉。镇北澎浪矶为长江三大名矶之一,与江北小孤山隔江对峙,两山夹江,水流湍急,海潮至此回落,素称“海门第一关”。小孤山、澎浪矶既为风景名胜,又为兵家必争之地。清咸丰三年,太平军入彭泽,驻守小孤山,用巨型铁链锁江,以抵御清军,后清水师提督彭玉麟,攻破太平军设防,进驻龙城,占领小孤山。龙城古镇,历史悠久,文化底蕴丰厚,民间文化丰富多彩,具有代表性的民间曲艺《彭泽念歌》深受百姓喜爱和省市专家的关注,民俗《彭泽板龙》和民间文学《小姑与彭郎的传说》于2010年6月同时列入江西省第三批非物质文化遗产保护名录,具有代表性传承人省级1人,市级1人。民间文艺团队达40多支。2000年来,龙城镇向东南西三面发展,率先在彭泽崛起,形成城建、工业、农业、商业发展规模。全国知名的兰丰水泥、华孚纺织等20多家民营企业落户于镇内,构成纺织、化工、建材三大优势产业。2010年,面积63.60平方千米,人口72180人,有20个居(村)委会。

### 五、码头镇

瑞昌市码头镇位于九江市西侧。北倚长江，与湖北武穴市隔江相望；南挹匡庐，距九江市45千米；东濒赤湖，与九江县城子镇接壤；西连幕阜，与湖北阳新县毗邻。码头镇有着悠久人文历史。镇南牛头山麓，有晋太元间(376~396)创建利泽寺；东北江边，有明万历五年(1577)修筑的十里长堤，名梁公堤，是江西修筑最早的江堤；1972年11月，在镇西油榨下村发掘西晋早期古墓一座，出土文物100多件，其中青瓷堆塑谷仓，为全国文物之精品，现藏于省博物馆；2000年12月，在朱湖村大山垴发掘一大型墓葬群，共有古墓50多座，出土文物证明为东晋、南北朝时期聚族而葬的家族墓葬。唐代诗人元结，在乾元元年(758)移家避安史之乱，曾路过码头镇苏山村并写下《桔子》诗章。码头镇民间文化丰富多彩，民间戏曲、民间歌舞、民间剪纸、端午赛龙船等历来出名，有民歌之乡、剪纸之乡、草龙之乡之称。20世纪80年代以来，码头镇共有7次被评为全国文化先进单位。其戏曲、民歌尤有浓郁地方特色。"顶板采茶戏"由清代传至新中国成立后，历经4代，唱遍湖北武穴、黄梅和省内九江县农村，深受群众喜爱。剪纸艺术在码头民间广为流传，出色剪纸艺人层出不穷，不仅是当地剪纸领军人物，也是瑞昌剪纸主要传承人。1997年9月，全国政协委员、科教文体主任王济夫，全国政协委员、著名词作家乔羽到码头镇视察，称赞镇文化中心站是群众文化楷模。乔羽观看民间艺人雷在花、张连香、舒国珍等现场剪纸表演后，赞叹不已，当场泼墨挥毫，题写"是谁剪出花世界，瑞昌女儿手一双"。2005年，瑞昌剪纸被列入省非物质文化遗产保护名录，2008年，文化部命名瑞昌为"剪纸之乡"。2010年，面积101平方千米，人口49102人，辖15个行政村委会、5个居委会。

## 第四节　旅游乡镇

### 一、海会镇

庐山区海会镇西依庐山五老峰，东临鄱阳湖，南接星子，属亚热带地区，气候宜人，雨量充沛，镇域面积100.8平方千米，平均海拔380米，山林面积约2587公顷，地势东低西高。交通优势明显，距九江约22千米，环庐山公路穿境而过。镇内旅游资源丰富，有"庐山第一奇观"三叠泉，庐山"第一潭"碧龙潭，"五大丛林"之一海会寺，"天下书院"之首白鹿洞书院等，被誉为赣北旅游第一镇。1988年始，海会镇开始着手进行三叠泉旅游开发，相继投资1500万元用于基础设施建设。新辟从海会镇至九叠屏处水泥公路3100米。开发骆驼峰、飞来石、含珠石、外龙潭、铁壁精舍、双溪桥、藏壑亭、李白草堂、映珠长廊等景点。新建三叠泉宾馆、双溪餐馆、上下停车场、庐山东门、上下园门、5座环保厕所、望鄱亭、观景台、旅游商店；继从停车场向上用花岗石铺就石阶路1500米、石桥5座通往三叠泉大瀑布，清理历代石刻多处；1994年，相关部门创办"庐山碧龙潭旅游服务公司"。1995年1月始，进行路、桥为主的第一期工程建设，修复各景观景物，4月，对外开放。1998年，修景区公路(水泥路面)、停车场、游泳池、餐馆、商店、休息亭、导游图、铺筑石径2000米。至2000年，景区初具规模。2010年，三叠泉、碧龙潭等景区全年接待游客43万人次，同比增长31%；旅游收入7100万元，同比增长25.5%。完成财政收入2156.5万元，同比增长30.1%。全镇人口28764人，辖10个村(居)委会。

### 二、车桥镇

德安县车桥镇地处县最西端，距县城42千米，北接瑞昌市南义镇，南邻永修县三溪桥镇，西毗武宁县官莲乡，素有"德安西大门"之称。316国道、永武高速穿境而过。1992年撤乡建镇为车桥镇，2002年白水街乡并入车桥镇。该镇是"江州义门陈"故址所在地。唐宋时期，有陈姓一门历15代未分家，极盛时3900余人共饮同聚，构成中国古代大同社会缩影。镇内设有义门陈文史馆，系统整理和展示传承千年义门陈历史文化轨迹，并保留有众多历史文化遗存。义门陈祖堂前耸立2根花岗岩义柱，旁有古柏，树干均2~3人合抱。相传为百犬牢旧迹，有"百犬同槽而食，一犬不至，百犬不食"动人故事。东行500米左右，有

“旺公陵园”,陵南为“奉旨分庄”纪念广场,山头高耸分庄纪念碑,山腰及山麓遍布各地分庄后义门陈氏后裔归建的部分分庄纪念亭,旌表台。全年仅此一处就接待游客4万余人次,仅参与圣旨分庄950周年纪念活动的参与人数就达1.8万之众。该镇还是北宋宰相夏竦的故里,有夏竦读书台,芙蓉祠旧址可寻。2010年,面积121平方千米,人口11525人,其中畲族119人,辖9个行政村委会。

## 三、柘林镇

永修县柘林镇位地处县西北部,西与武宁杨洲乡相望,北与三溪桥镇接壤,东邻江上乡,南与云居山比邻,距县城涂埠镇48千米。相传古代为一片天然柘林,群众采叶饲蚕而得名。庐山西海景区位于该镇辖区。柘林镇历史悠久,文化底蕴深厚,名胜古迹颇多。易家河村有明代刑部尚书魏源墓、温泉、桃花溪、小庐山以及司马村黄荆八景、桃花尖等古迹。2004年引资1000万元开发桃花溪漂流,使黄荆八景得到深度开发。2005年引进港恒旅游有限公司,引资近6亿元对易家河温泉开发。2006年年初,柘林湖划归市管辖,柘林湖风景区管理局更名为“柘林管理局”,仍行使乡镇职能。2006年9月恢复柘林镇。2007年11月,庐山西海国际温泉度假村正式对外营业,带动易家河村乡村旅游和“农家乐”餐饮业发展,尤其易家河蜜橘果园经济名闻天下,2008年,该镇易家河新村组被评为全国最优美村庄,并获得最佳人居环境奖。该村蜜橘种植面积达200公顷,果实以肉嫩、汁多、味甜著称,产品行销全国,曾获国务院总理温家宝赞誉。为不断发展壮大柑橘产业、降低市场风险,各蜜橘种植户成立柑橘生产合作社,采取“合作社+龙头企业+农户”的生产经营模式,统一品牌、统一标准、统一包装、统一销售,并已成功打入马来西亚、新加坡、中国香港等市场。2010年,总面积172平方千米,人口8983万人,辖5个村(居)委会。

## 四、天红镇

彭泽县天红镇位于县西南,西邻湖口,南接都昌,交通便利,离九江市区车程约1小时,离彭泽县城车程40分钟。境内古木怪石星罗棋布,美洞仙府内藏乾坤,群山竞秀,溪泉纵横。入境2山,一名象山,一名狮山,对望构成“天红十景”之一的“狮象迎宾”。移步深入为宝山,山间青石古道,两条瀑布依山而下,宛如楼梯,被人们称之为“百步楼”。与宝山相连有鄱阳湖东最高峰——武山,登顶武山,可瞰彭泽、湖口、都昌3县田园,亦可眺庐山雄姿。天红镇得名于境内天红山,山如一口大钟覆于平坂之上,显得尤为壮观。山下一湾清水名曰七里洪,已辟为“情人谷”漂流休闲度假胜地。境内乌龙村,有号称地下艺术宫殿的国家AAA级旅游景点——龙宫洞。龙宫洞、玉壶洞和玉仙洞构成一洞三府,全长2000多米,洞中有洞,洞洞相连,水陆交错。水晶宫、游仙楼画栋天成,自然雕饰;定海神针、龙钟、金钟宝塔、龙船等均堪称大自然的鬼斧神奇。龙宫洞上有西汉道教圣地仙真岩。明成化年间被辟为寺院,自此香火延绵不绝。仙真岩为一天然喇叭形溶洞,洞外悬崖峭壁,陡落千丈,石木参天。洞内山腹建成寺庙,浑然一体,寺门为五岳朝天制式,上书“仙境修行,何必定朝南海;真心拜佛,到此便是西天”。2010年,面积121.47平方千米,人口15925人,辖10个行政村委会。

## 五、温泉镇

星子县温泉镇位于庐山南麓,地处星子、德安、九江3县交界处,距星子县城15千米,距福银高速公路仓房出口处10千米。境内温泉资源丰富,其记载始见南朝周景式《庐山记》,隋唐建有寺庙,白居易、苏轼、朱熹均有题诗,李时珍曾验温泉之药理功效,1935年江西省政府始建浴室,辟为游览区。1956年,中华全国总工会于此兴建庐山温泉疗养院。2000年后,以温泉疗养院为基础,向温泉周围和陶渊明栗里故居扩展开发,先后兴建天沐、龙湾、步红、天地、华侨、阳光、庐邑、天恒、醉石等30余个度假村及大酒店,成为旅游休闲和会务中心。除温泉外,境内风景名胜众多,有简寂观、玉帘泉、杏林遗址、醉石、谢灵运翻经台、陶渊明故里栗里、柴桑桥、康王谷等。2010年,面积104平方千米,人口26000人,辖9个行政村委会。

# 第二篇

# 自然环境

# 第二篇　自然环境

九江境内平均海拔32米，西部丘陵山区，西北、西南、东部高山余脉蜿蜒，构成全市东西高、中间低，南部略高，向北缓渐倾斜地形。以鄱阳湖为核心，各种地貌类型大体呈不规则阶梯结构形成，由中心东北及西北向缓渐上升，构成丘陵阶地相间的平原。故“山拥千峰，江环九派”是九江山川形势的概括。境内山地、平原、江湖皆备。有幕阜、九岭、怀玉山脉；鄱阳湖、长江以及修河、博阳河、潦河、长河水系。长江自西向东流经北沿，在境内长152千米，流域面积3904平方千米。鄱阳湖汇赣江、信江、抚河、饶河、修河诸江之水，经都昌，过星子，出湖口注入长江，境内管辖面积1982平方千米，流域面积14650平方千米。境域除属洞庭湖水系的汨罗江上游外，其余均属鄱阳湖水系。有万亩以上湖泊10处，千亩以上湖泊32处。柘林水库总容量79.2亿立方米，是全省最大的人工湖。

九江属中亚热带向北亚热带过渡地区，气候温和，四季分明。年均气温16℃~17℃，雨量充沛，年降雨量1300~1600毫米，但雨水分配不均匀，年降水量40%~50%集中在夏季。日照充足，太阳辐射在1650~2100小时之间，年平均雾日16天以下，年平均湿度达75%~80%。优越的自然条件为多种动植物生长提供良好的生态环境。但地质灾害、自然灾害时有发生，仍需积极主动增强抗御灾害能力。

市域地壳的形成及发展经历漫长地质历史时期。大体在距今6亿年前构成发基底，此后距今约1.5亿年的燕山地壳运动，又在老的地壳面基础上承继和发展。至此，全市地壳基本框架完成。各期构造运动留下一系列形变遗迹，如隆起、凹陷、褶皱、断裂等，对成岩、成矿关系甚为密切。全市丰富的金属矿藏特别是有色金属矿藏与岩浆岩活动频繁、岩浆岩的广泛发育和多期多阶段的侵入、喷出活动有着密切的成生联系。至2010年，全市共发现9大类矿藏102种，其中探明储量的矿藏66种。列入矿藏储量表中的矿藏51种，矿藏地680处。主要矿藏有有色金属、黑色金属、燃料矿藏、稀有金属和非金属矿藏等6大类，有的在全国占相当重要位置。

2010年，全市森林覆盖率为32.8%，其中有林地面积554267公顷。水资源丰富，共有水面330133公顷。

# 第一章 地质 地貌

## 第一节 地 质

### 一、地层发育

市域地层发育较全,自西向东大致以大湖山、德安、星子、彭泽郭桥一线为界,南部中元古界双桥山群广泛出露,北部则沉积总厚达7000米左右的震旦系至中三叠系地层。中新生界陆相地层主要分布于修水沿岸和鄱阳湖一带,滨湖地区形成广阔的冲积、湖积平原。

### 二、主要界系

**中元古界双桥山群** 主要为一套火山岩的泥、砂质浅变质岩系。依岩性自下而上分为安乐林组、修水组二组,构成两个比较明显的沉积旋回。在横向上自西向东,砂质减少,颗粒变细。修水一带夹多层砾岩,东部地区则有灰岩及钙质砂、板岩出现。永修、都昌一带,全群普遍含火山碎屑物质。尤其彭泽、庐山、都昌潭树下一带群中夹有石英角斑岩及变流纹岩。该群出露厚度修水地区为8609米,湖口地区为6581米,双桥山、永修及庐山地区仅3204~3420米,相差比较悬殊。

**震旦系** 上元古界落可岽群,为双桥山群褶皱后山间盆地堆积的火山 — 磨拉石建造,不整合于双桥山群之上。全市仅见于武宁落可岽和都昌马涧桥两处,厚236米。除由杂色凝灰质角砾岩、火山角砾岩、凝灰质砂岩、安山质层凝灰岩等火山碎屑岩组成外,尚夹石英斑岩、英安岩等熔岩。下统莲沱组不整合于落可岽群之上。下段为灰白、紫红色厚层状细至粗粒长石石英砂岩沙砾岩夹凝灰岩,上部夹灰绿色粉砂岩。彭泽、永修一带多处见含砾砂岩。上段为暗绿色、浅灰色厚层冰碛砾岩、泥岩夹粉砂岩及凝灰岩,局部见有流纹岩、安山岩,底部常有锰土层,该组厚度一般200~300米,但在庐山、武宁等地局部厚度逾1000米。上统整合于南沱组之上,主要为深灰、灰白色薄—中薄层白云石,含灰质白云岩、炭质硅质岩。于湖口、彭泽一带相变灰黑色硅质岩、硅质灰岩和灰质灰岩,厚度87~306米。

**寒武系** 系内各组均为连续沉积,底部与皮园村组为假整合关系。下统为王音铺组,主要为灰黑色炭质岩夹石煤层,有时夹有薄层硅质岩或透镜状灰岩,常夹钙质及含碳页岩。厚度在武宁、德安一带516~717米,向两侧变薄,彭泽一带301米,修水地区165~195米。中统杨柳岗组及上统山头组岩性相近,以灰、深灰色泥质灰岩或泥质条带灰岩为主。上统在修水、武宁大源一带夹较多层粉砂质页岩,德安、彭泽一带钙质、白云质增多,总厚508~706米,有西厚东薄之势。

**奥陶系** 该系岩相变化明显。以德安夏家铺、阳新木石港一线为界,北东为浅海相碳酸盐建造,西南以近海岸的碎屑岩沉积为主,只有少量碳酸盐夹层,主要属海湾相笔石页岩建造。两种岩相过渡带见于德安三湾地区,二者交错沉积,宽达数千米。系内各组以及与寒武系之间均为整合关系。西南区奥陶系总厚346~662米。下统厚由314~500米以上。中上统厚度均小,由十几米至数十米。东北区奥陶系下统仑山群为灰、灰白色厚层白云岩、白云质灰岩,上部含燧石条带灰岩,有时出现竹叶状灰岩、瘤状灰岩及生物碎屑岩岩,总厚在300米以上。

**志留系** 该系以泥、砂质碎屑岩为主,韵律明显,各组间均为连续沉积,构成一个由海进到海退的完整沉积旋回,总厚1289~4984米。

**泥盆系** 区内仅有上统五通组。以灰白色厚层状长石石英砂岩、石英砂岩、石英砂砾岩为主,间夹浅黄色、紫红色页岩、粉砂岩,厚数米至数十米。彭泽一带达323米。

**石炭系** 中统黄龙组与下状之五通组呈假整合接触,为灰白色白云岩、白云质灰岩。厚度15~78米。

上统为船山组,为肉红色厚至巨厚层灰岩,厚度大于 50 米。

**二叠系** 该系上、下两统为两个海进式沉积旋回。都以含煤建造起,向浅海相碳酸盐建造及硅质岩沉积发展,最后隆起或遭受剥蚀。下统栖霞组与下伏黄龙组为假整合关系,厚 68~293 米。上统龙潭组与茅口组呈假整合或不整合接触,厚 72~172 米。

**三叠系** 三叠系中统、下统为浅海相碳酸盐建造,分布较广,经中三叠世末之印支运动基本上结束海相沉积。上统为有海相沉积夹层的碎屑岩建造。下统大冶组以浅灰、黄绿色页岩为主,夹薄层灰岩,中段以薄层灰岩为主,偶夹页岩,上段为中至厚层灰岩,厚 164~360 米。中统为嘉陵江组,下部以浅灰、肉红色中至厚层状灰岩、白云质灰岩为主,间夹白云岩、角砾状灰岩、鲕状白云质灰岩。上部为灰色薄层灰岩、泥质灰岩,夹中厚层状灰岩及少量钙质页岩。上统安源组,下部为灰白色中粗粒长石英砂岩,与茅口组呈断层接触。上部为灰白、黄褐色砂质页与中厚层细砂岩互层,含植物化石。其中部为厚层砾岩,厚度 106米。

**侏罗系** 仅有下统林山群见永修白槎河桥,出露不全,厚 65 米。为灰白色层砾岩,向上则以青灰、褐黄色细砂岩及粉砂岩为主,夹灰黑色粉砂质泥灰岩、炭质页岩。

**白垩系** 仅鄱阳湖滨零星出露,有下统田坂群。与较老地层呈不整合关系。岩性以紫红色砾岩、沙砾岩为主,中部夹砂岩、泥岩、钙质粉砂岩,常有薄层石膏。上部夹含砾凝质砂岩及细砂岩,产异节柏、中间型短背叶肢介等化石。出露厚 200~300 米。

**下第三系新余群** 为紫红色沙砾岩夹砂岩、粉质岩,不整合于老地层之上。中部颗粒较细,含钙质较高,有时夹薄层石膏,于武宁盆地本段中夹数层含砂质灰岩、生物碎屑岩,富产化石德卡利金星虫、小玻璃虫(近)纯净种等。总厚 1129~2387 米。

**第四系** 更新统为冲积、洪积或残积、网纹红土、沙砾石层以及冰碛黄土、泥砾等,厚 11~108 米。全新统为近代冲积、湖泊沉积,厚 5~20 米。

## 三、地质构造

**构造体系** 全市有 4 个县有区域规模构造体系,即横贯市域的九岭东西向构造带、沿长江展布的淮阳山字形构造前弧型褶皱带、束成带广泛的华夏系和新华夏系构造带、中部的王家铺一带小型山字形构造与反 S 状旋卷构造组成的联合构造体系(包容于东西向构造带之中)。

**构造形迹** 市域历经多次构造活动,有多种构造体系存在,破裂面性质往往有较复杂的转变过程,褶皱形态亦复杂多样。

## 四、地质构造体系特征

**九岭东西向构造带** 展布范围北起阳新、东至都昌一线,南迄宜春、铅山一带,其东西两端分别在浙西、湘西与华夏系构造交接。卷入本构造带的地层,主要为双桥山群至嘉陵江组,部分第三纪盆地由于迁就东西向褶裂沉陷,亦循东西走向,本带在区内可进一步划分为南部的东西向构造隆起带,如瑞昌构造坳褶带。前者位于相对稳定的所谓“江南地轴”部分,后者则属于长期沉降的“下扬子拗陷带”。

**九岭东西向构造隆起带** 自西向东,于大湖山、九宫山、乌石山、郭桥一线与瑞昌东西向构造坳褶带分界。包括 2 个复式背斜 1 个复式向斜。复式背斜主要为双桥山群变质岩组成的合形紧密褶皱。复式向斜则为震旦系至中三迭统的沉积岩层形成箱状,短轴状向斜,迭置于构造隆起带之上。九岭复式背斜于南岭的九岭山脉,西起修水东渡港,向东为鄱阳湖所掩。于其核部形成九岭期九岭花岗闪长岩基。基岩体亦呈东西向利展,次级褶皱有大垅山向斜。武宁复式向斜展布于修水、武宁、都昌一线,以武宁长条形箱状向斜为主体,并有驼背山倾状背斜以及东津、修水、太原、东坑、杨村山、佛祖山、都昌等地的短轴向斜。九宫复式背斜位于九宫山、双桥山、德安、湖口、蔡家岭一带。次级褶皱有双桥山——德安背斜、向津向斜、东头倒转背斜、南岳背斜、鹁峰尖背斜等。

**瑞昌东西向构造坳褶带** 西起湖北崇阳,经通山、瑞昌,东至彭泽庙前一带,为一近东西向复式背斜,次级褶皱和走向断裂十分发育。坳褶带的南部边缘以震旦系、寒武系组成的短轴状,箱状褶皱为主。

带内则为奥陶系—中三叠统组成的长条状、线状褶皱,最长东西达90千米左右。

**淮阳山字型构造前弧褶带** 地质学家李四光所认定的淮阳山字型构造,其前弧弧顶位置确定在广济龙坪附近。东翼于彭泽、湖口一线与华夏系构造发生重接,显得宽阔强大,主要由北东向褶皱和走向断层组成,如湖口—彭泽冲断带沿江分布,长达40余千米。在弧顶东南侧,庐山北东向倾状背斜的北段,轴向渐渐折向北东,东被卷入前弧褶带。该弧褶带西翼在田家镇—广济一带的伸展态势与九瑞地区所显示的一些构造特征像吻合一致。九瑞地区一系列近东西的背斜拱起的高点连线成北西向排列,恰与田家镇西南面的北西向赛桥背斜隆起相对应。而背斜的东端倾伏伏点的连线则定在田家镇北西向向斜轴的延长线上。另在码头东北侧有第三系红色沙砾岩出露,与其北西面赤湖、乌石湖一带的侏罗系、第三系构成一个与长江走向一致的中新生代凹陷,同是淮阳山字形构造前弧西翼组成部分。

### 五、华夏系构造

形成于印支运动和燕山早期。斜贯全市,自西而东,侧列分布着4个构造带。石门—沙店华夏系构造带,沿鄂赣2省交界线上的幕阜山、九宫山、沙店、洋港街、石门一线展布,北与“淮阳地盾”东缘黄梅北东向断裂相对应,在区内长达120千米,宽约15千米。范家铺—罗溪华夏系构造带,由一组北东向压扭性断裂组成,北段在瑞昌一带与东西向构造相反接,沿构造带形成赛湖、范家铺、巾口一带的小型断陷盆地,至九岭山区则为以罗溪断裂、邱家街断裂为主干的一组密集的北东向压扭性断裂带。庐山—云山华夏系构造带,北段为庐山复式背斜、鞋山向斜,南延即以断裂为主,密集成带。海会—周田压扭性断裂在庐山东侧形成一个强烈的动力变质带,岩层片理及火成岩线理作北东走向,有燕山晚期、云山花岗岩体,加里东期东牯岭、海会花岗岩体、安义珠珞山喜山期基性成岩脉群以及星子温泉沿断裂分布。郭桥—花尖山华夏系构造带,以郭桥花尖山复式向斜为主体,包括震旦系—奥陶系组成的北东向花尖山—大碑尖背斜和老屋镜—郭桥向斜以及板溪群组成的雷锋尖背斜,并有2条规模较大走向冲断裂,宽约15千米,南端在庙前地区与东西带交接,东北端则继续向安徽境内延伸。

### 六、新华夏系构造

以压扭性断裂为主,次为北北东向小型褶皱及横跨褶皱,断裂往往兼有左行扭错,并常常派生次级褶皱、断裂和小型旋卷构造。按其空间展布位置,划分为3个构造带。幕阜山—东渡港新华夏构造带,北段展布于幕阜山地区,由南林桥至黄马冲、高枧等5条兼有左行扭错的压扭性断裂组成,南段在东渡港一带由程坊、征村等6条北东向主干断裂组成。赣北新华夏系构造带,为一北与庐江大断裂侧列相接的北北东向断裂束,规模较大,东侧沉积了白垩系,西侧第三系分布较广,南至南昌西山、丰城、清江一带。石门街新华系夏构造带,展布于石门街、都昌、郭桥一带,断裂密集成带、规模较大者有14条,局部在北北东向的小型褶皱沿断裂的燕山晚期小岩体贯入,宽约50千米,向北延至安徽贵池一带,南面没于鄱阳湖畔。

### 七、王家铺山字形构造与反S状旋卷构造联合体系

该山字形构造各个组成部分完备,唯脊柱构造发育欠佳。其前弧褶带伴随着显著的旋卷运动,形成一个联合构造体系。根据褶带构造特点,划分为内、中、外3个带。中带褶皱紧密,延伸较长;内带次之;外带则为开阔的短轴褶皱。走向冲断裂由内带向外带逐渐增多。

## 第二节 地貌

### 一、地势地形

境内平均海拔32米,市区平均海拔20米。西部为丘陵山区。西南的九岭山脉主脉蜿蜒修水、武宁、永修,是修河流域与锦江流域的分水岭,主峰九岭尖海拔1794米,为全市地势最高点。西北的幕阜山脉

主脉蜿蜒修水、武宁、瑞昌，是江西省与湖北省的分界山脉，主峰老鸦尖海拔1656米。两大山脉之间，组成丘陵山区。东部彭泽、都昌、湖口有怀玉山脉余脉，主峰大浩山海拔859.4米。中部唯有庐山飞峙于大江之滨，余则多为鄱阳湖平原。庐山区蛤蟆石附近鄱阳湖底海拔-9.37米，是全市地势最低点。构成全市东西高，中间低，南部略高，向北缓渐倾斜地形。全市海拔500米以上山地面积4948.4平方千米，占土地面积25.6%。海拔在300~500米高丘面积2861.5平方千米，占15.2%。海拔100~300米低丘面积3640.7平方千米，占18.7%。海拔低于100米平原面积4614.7平方千米，占23.6%。水域面积3301.33平方千米，占土地总面积的16.9%。

## 二、地貌区分

**东北部低丘平原区** 怀玉山脉余脉大浩山屏于东南面，地势起伏较大，一般坡度在20~30度之间，森林资源较少，活立木仅占全市3.4%。东北面地势低平，紧靠长江、鄱阳湖滨，江湖港汊较多，大小湖泊密布，且均与长江、鄱阳湖水相连，有天然捕捞、养殖水产之利。水位较稳定，水源丰富，平原圩区地下水位高，遇到雨季降水量过多，易成内涝。沿江有大量过境水可以利用，灌溉条件较好，是全市棉花主要产区。按地貌特征又可以分为东北部平原区，包括彭泽、湖口、瑞昌的沿长江的冲积洲地；东北部低丘地区，包括彭泽、湖口、都昌、瑞昌的低丘岗地。

**中部中山低丘区** 包括庐山区、九江县、星子县，地貌以低丘岗地为主。由断裂抬升而成的断块山庐山，耸立于东南面，是幕阜山脉东延分支，滨鄱阳湖，紧靠长江，主峰大汉阳峰海拔1473.8米。在庐山周围呈带状分布的丘陵地势起伏不平，坡度较缓，一般海拔100~200米。由于地势平缓，耕地较集中连片，是粮、棉混合产区。水利设施基础较好，有大量过境水可以利用。

**南部丘陵谷阶地区** 包括德安、永修2县，东接鄱阳湖，西连柘林水库，地处修河谷地，地势较为复杂。有九岭、幕阜山脉支脉绵延境内，南面主峰为珠岩尖，海拔963.6米；北面主峰是竹篙山，海拔580米。地形属低山丘陵，丘岗起伏，多为河谷平原，山地面积较大，人均占有山地0.26~0.56公顷，耕地2.26~2.6亩，土地资源较丰富。地表水系发达，有修河、博阳河、乌石河、长河、双港河及柘林灌区，灌溉条件良好，是以水稻为主的重点产粮区，经济作物发展潜力很大。

**西部中低山山区** 包括武宁、修水2县，在西北面的幕阜山脉、西南面的九岭山脉2山脉之间，有修河直泻吴城流入鄱阳湖，河流两侧是宽窄不等的河谷平原，山岭之间缓坡地带是低山丘陵、山间盆地，整个地形呈现岭谷相间，平行排列。平原丘陵多为畈田、梯田，山区多为冲田、垄田，少数坑田。修河两岸主要是冲积物形成的潮沙土。地表水丰沛，河流港溪交错，林地面积较大，是全市主要木竹产区，同时盛产油茶、茶叶、蚕茧等特产。

## 三、地貌特征

以鄱阳湖为核心，各种地貌类型大体呈现不大规则的阶梯结构形式。由中心东北及西北向缓渐上升，构成丘陵阶地相间的平原。鄱阳湖平原地势开阔平坦，河湖交织，土壤肥沃。山地的构造基本上属东北—西南向复背斜构造，其岩系大部分由古老变质岩组成，核心部分常为花岗岩，往往形成千米以上的崇山峻岭，如屏障于西部南北两侧千米以上的山头，修水县有64座，武宁县有54座。位于中北部的庐山，濒鄱阳湖，为堆垒式断块山阶梯状地貌类型，对境内土地利用和农业生产布局产生深远影响。

## 四、地貌类型

**中低山** 幕阜山耸峙于西北，九岭山屏障于西南，主要由变质岩、花岗岩等岩层组成东北—西南走向山脉，气温也随山地高度升高而递减，一般在海拔500米以上气温较低。西部山地有修河贯穿其中，谷深狭窄，耕地多小块且分散，属坑田及排田。因山高水冷，土壤受山水冷泉长期浸灌影响，成为潜育型(冷浸型)低产田集中区。耕管较为粗放，农作物单产低。但山区气温较低，湿度大，对竹木生长十分有利，森林资源较为丰富，是市内主要林业生产基地。同时也有利于茶叶、油茶等经济林发展。

**丘陵**　面积以鄱阳湖周围及修河沿岸分布较为集中,构成丘陵的岩层多属白垩系紫红色沙砾岩、第三系红色砂岩,以及泥质岩、石英砂岩。除石英岩外,结构都较疏松,经后期风化和侵蚀,形成坡残积相沉积物,与第四纪冲积相红色黏土、下蜀系黄土成互层堆积,构成蜿蜒状丘陵。由于长期受剥蚀而形成岗地,海拔多在200米。海拔300~500米沟谷较为宽展,起伏平缓,垦殖程度较高。从发展农业生产所需条件比较,高丘地区海拔低于中低山,热量条件较好,兼有较充裕的山地水源,对种植业及经济林木发展十分有利。低丘坡度虽然比较平缓,但地形被切割较为破碎,水源缺乏,加上植被覆盖率低,夏秋之际旱情频繁发生,对农、林业生产有不利影响。丘陵地区耕地主要为垅田、排田及阶地。由于受人为耕种熟化的影响,土壤肥力差异较大,产量属中上水平,但部分地区仍有较大面积的低产田和低产地。红壤及黄棕壤丘陵坡地,旱作种植面积较大。由于植被破坏较为严重,水土流失,带来一系列不利于农业生产的生态变化。

**平原**　主要分布在鄱阳湖周围和长江沿岸,为河湖冲积、淤积而成,海拔低于100米,港汊交织,湖田洲地集中连片,平坦开阔,土地较肥沃,为市粮棉生产重要基地。由于局部洼地排泄不畅,易成内涝,对农业生产威胁较大。境内耕地分为水田、旱地2部分,在水田中,畈田占27.9%,垄田占16.3%,坑田占6.9%,排田占7.6%,梯田占4.8%。在旱地中,岗地占11%,坡地占14.4%,洲地占11%。各类耕地所占比重,农业生产条件较好的畈田、洲地均占一定比例,为开发利用奠定良好基础。

**水面**　全市水面主要有湖泊、河流、水库、池塘、港汊等,其中湖泊水面占68.8%(内含市管辖鄱阳湖水面198212公顷,占总水域60.1%),池塘、水库、港汊等水面占18.9%,河流占12.3%。水生经济作动植物种类繁多,资源丰富,发展淡水渔业生产的自然优势得天独厚,渔业生产潜力大。鄱阳湖既是长江水量的调节器,又是航运的枢纽,水生资源丰富。

### 五、特殊地貌

山地、丘陵地貌类型中,还有岩溶、冰川和瀑布等特殊地貌。石灰岩地层分布广泛,受地表水和地下水淋蚀和溶解,形成特殊的岩溶地貌。境内地下溶洞千姿百态,引人入胜,著名的溶洞有彭泽县龙宫洞,九江县狮子洞、涌泉洞,瑞昌市峨嵋群洞。据地质学家李四光调查研究,庐山保存有众多的第四纪冰川遗迹,如王家坡U谷、大坳冰斗、冰川漂砾、羊角石等,为庐山增添许多旅游情趣。瀑布是综合成因的特殊地貌景观,受地质作用和重力影响,由流水对河床软硬岩石差别侵蚀而成。著名瀑布有庐山三叠泉瀑布、秀峰黄岩瀑布等。

# 第二章　山脉 水系

## 第一节　山 脉

### 一、幕阜山脉

横贯市境西部的幕阜山系,西出湘鄂边境,东延余脉到庐山,属褶皱断块山,主要由前震旦系变质岩及燕山、印支期混合花岗岩组成。从修水西部黄龙山逶迤到北部太阳山90千米,构成江西与湖北通城、崇阳、通山3县天然疆界。幕阜山脉在修水地段主要山体有黄龙山(海拔1511米)、狮子山(986米)、白米山(1025米)、凤形山(1025米)、将军场(1110米)、太湖山(1293米)、筲箕岭(1097米)、三尖山(931米)、九曲山(838米)、饭箩尖(1048米)、九龙山(900米)、三界尖(1013米)、高塘山(1012米)、老虎山(1149米)、八角尖(1033米)、白砂尖(1037米)、太阳山(1319米)。幕阜山脉在修水境内,有5条支脉向南伸延,其中东西2条由县界展布入武宁、瑞昌境内,3条入修水中部,形成杭口水、北岸水、杨津水、渣津水 4 条河流分水岭。幕阜山脉自修河北岸伸入武宁县境,绵亘在赣鄂边界上,由西北向东南斜伸出 9 条支脉。幕阜山脉在武宁县境内,海拔 1000 米以上的山岭有九宫山(1569 米)、水壶尖(1144 米)、轿顶山(1218 米)、三峰尖(1479 米)、石硬山(1115 米)、老鸦尖(1656 米)、太阳山(1386 米)、太阳岭(1168 米)、五里凸(1301 米)、太平山(1074 米)、大坪山(1329 米)、四面山(1447 米)、山牛岩(1123 米)、燕子山(1192 米)、天河山(1110 米)、大坳尖(1239 米)、牵牛笠(1144 米)、太坪岭(1219 米)、大门尖(1015 米)、余洞山(1215 米)、枫树颈(1130 米)、上彭尖(1113 米)、小坳尖(1137 米)、鹿角表(1007 米)、甑背垴(1019 米)、横岩(1217 米)。幕阜山脉东延支脉入德安县境。由西朝北再向东南走向的有小昆仑山(367 米)、塘山(656 米)、付山(655.1 米)、荒山(360 米)、藩子山(360 米)、秦山(237 米)、岷山(543 米)、小溪山(312 米)、王台岭(223 米)、葛洪山(220 米)、彭山(519 米)、望夫山(古敷阳山 476 米);由西朝东南走向的有海岩山(419.2 米)、大金山(144.4 米)、牛子岭(314.3 米)、石坛山(329.7 米)、义峰山(74.8 米)、九仙岭(200.2 米)、金鸡山(76 米);由东北向南走向的山岭有明山(225 米)、峡石岭(206.6 米)、孤山(137 米)、乌石山(130 米)。幕阜山脉之南岭山系延入瑞昌境内,东西蜿蜒,爪形分隔,素有瑞昌三条巷之称。主要山体有:青山,海拔 500 米以上的山头 18 座,主峰宇宙峰 921 米;大德山,原名大栎山,24 千米山脊线,主峰何家垴 768.1 米;金盆山,又名秦山,主峰金盘寺 637 米。幕阜山之余脉经武宁、瑞昌、德安延入永修县境内修河以北,主要山体有:阳岭山(449.4 米)、大壁山(898 米)、坪峰山(530.6 米)、大王山(329 米)、马鞍山(286 米)、章山(268 米)、狮子山(105 米)、军山(94.5 米)、花果山(67.8 米)、长岭(836.3 米)、大岭(340 米)、五子岭(303 米)、高山尖(696.4 米)、桃花尖(924.7 米)、烂炭尖(774.2 米)、竹篙尖(750 米)、菊花尖(665 米)、石门尖(634.9 米)、康洞尖(246.5 米)、帽子尖(244 米)、郑峰尖(258 米)、狮子岩(654 米)、红花脑(612 米)、太阳坳(338 米)、王子尖(200 米)、大马头(272 米)、龙王殿(492 米)、莲花寺(317 米)、铁门坎(408 米)、龙泉寺(239.7 米)。100 米以下的低山有岭头山、老虎山、樟家山、罗北岭、猫儿洞、猪婆洞、冷水观、牛头山等。幕阜山余脉由瑞昌、德安伸延至九江县境内,连接庐山。九江县境西部岷山、西北部长山、中部株岭山,为全县 3 大山系。东部庐山附近的大步尖,海拔 664 米,为全县最高点。面阳、马头、梅花尖诸山,合称柴桑山,屏于县境南部。全县大小山岭 159 座,其中海拔 200 米以上 64 座。500 米以上山峰有:大步尖(664 米)、黄石崖(662 米)、金盘峰(637 米)、小岷山(543 米)、刀背岭(601 米)、严家坳(510 米)、尖帽坎(553 米)。幕阜山之余脉从九江县至庐山,中间的间隔带为庐山区。幕阜山之余脉延至星子县境内,构成庐山本体与支脉。

## 二、九岭山余脉

斜跨修水县东南面,南入铜鼓,东出武宁、靖安,是修河与锦江分水岭,属褶皱断块山,主要由前震旦系变质岩与晋宁、澄江期斜长花岗岩构成。东起修水、武宁、靖安 3 县交界处 1712 米无名高峰,南至修水、铜鼓、宜丰 3 县接壤处 1204 米无名高峰,全长 40 千米山脊,有 1000 米以上跨界高峰 27 处。其西端有 1 支脉沿修水、铜鼓县界绵延至修水境内复源乡,与幕阜山脉第五支脉相接,并在金鸡桥、界牌垅 2 处被武宁水和东津水深度切割。该脉在修水境内,有如下山体:五枚山(海拔 1716 米)、毛竹山(1663 米)、九云岭(1494 米)、千里峰(1365 米)、五梅山(1516 米)、东港山(1305 米)、天狗岭(458 米)、九龙尖(1420 米)、鸡公岭(772 米)、操兵场(1095 米)、萝卜山(1011 米)、四脚岭(887 米)、七窝尖(683 米)、龙泉山(517 米)、仙鹤抱蛋(643 米)、棺材尖(778 米)。九岭山脉有 5 条支脉向北展布。第一支脉自修水、武宁、靖安 3 县交界点起,沿塘排乡、黄沙林场、庙岭乡入武宁县界,余脉伸到太阳升境内。主要山体:山排峡(海拔 1716.5 米)、尖岭(672 米)、瓮岭山(722 米)、大幽山(779 米)、红岩尖(1005 米)、王鹰岩(831 米)。第二支脉从五枚山起,沿黄沙港、汤桥、黄沙桥伸入桃李乡,穿过庙岭与宁洲之间,余脉延至抱子石附近,该脉构成洋湖港与安溪水的分界线。主要山体:昆山(1262 米)、鸡卵尖(993 米)、眉毛山(1198 米)、桃花尖(710 米)、北岸尖(737 米)。第三支脉从黄沙、黄沙港林场与奉新交界处起,在黄沙港、何市、赤江之间延绵,伸入宁洲乡境内。主要山体:清凉山(1269 米)、杨岭(732 米)、大板类(988 米)、南山(579 米)、和尚垴(702米)、葫芦山(579米)、山炮岭(562米)。第四支脉自操兵场起,沿何市、桃坪、征村伸到赤江。主要山体:桃姚尖(134米)、轿顶岩(682米)、太平山(629米)。第五支脉自山口、雅洋与铜鼓县交界处起,北入漫江、程坊、崇江,向漫江、崇河、竹坪、征村交界处伸延,脉止板山。主要山体:边家尖(737米)、太阳尖(319米)、观音岩(880米)、理顺尖(1027米)、梅岭(793米)、板山(865米)。九岭山脉从修水境内自西向东沿武修、武靖边界延至武宁县境内,最高峰为九岭尖。在武宁与永修的县界上,有瓜岭、桃花尖等山,有吴王峰海拔750米。九岭山脉在武宁县境内海拔1000米以上山岭:九岭山(1704米)、洪岩尖(1005米)、银子坪(1165米)、犁头尖(1648米)、九岭尖(1794米)、笔架山(1081米)、鹰咀岩(1185米)、红岩尖(1105米)、七个墩(1440米)、茶子坪(1397米)、严阳山(1521米)、大源洞(1400米)、红岩(1244米)、东山岩(1211米)、鸡公尖(1224米)、道士岩(1166米)、白岩山(1469米)、南山(1122米)、葫芦山(1165米)、南山尖(1312米)。九岭山脉从武宁、靖安延入永修县境内的潦河、修河之间。境内山岭:云居山(925.6米)、大马颈(828.7米)、圣水塘(404.9米)、大壁(269米)、虎山(180米)、大双尖岭(906米)、龙头岭(852米)、白岭(551米)、跑马岭(461米)、安头岭(400米)、黄土岭(357.4米)、小坑岭(340米)、东坑岭(321米)、坳头岭(250米)、杉木尖(750米)、湖涂尖(726米)、挑米尖(678米)、西坑尖(530.3米)、雷公尖(452米)、竹尖(450米)、古楼尖(321.7米)、东坑尖(321米)、磨子岩(910.2米)、和尚脑(639.3米)、扁担坳(831米)、大羊山(800米)、邹坑坳(502米)、仰天堂(910.3米)、圣水堂(404.9米)、佛祖殿(243.6米)、鹅公帽(600米)、罗神背(529米)。

## 三、怀玉山余脉

安徽省怀玉山脉黄山支脉,向西南蜿蜒至赣东北,入彭泽县境,分成5条山脉。大浩山脉位于县境东部与安徽省东至县交界处,呈东北至西南走向,蜿蜒20多千米,是境内最高、切割强烈、地势复杂的中低山区。主峰大浩山海拔859.4米,为都昌、湖口、彭泽3县最高峰。该脉株树檀、四谷尖、梓树岭、岷山、雷锋尖等主峰,均高600米左右,坡度一般在30°以上。武山山脉位于县境西南端,彭泽、都昌、湖口3县交界处,长5千米,呈北东至南西走向,主峰675米。桃红山山脉位于彭泽县中部,呈南北走向,蜿蜒20千米,南为连绵群山,北滨太泊湖,海拔在300~500米之间,主峰鹰窝536.8米。马当山山脉位于彭泽县东北部,马当山矶头伸入长江中,悬崖绝壁,形势险要,为历代兵家江防重地。呈北东至南西走向,延绵10千米。狗头山山脉位于彭泽县城南郊,呈北东至南西走向,长15千米,主峰283米。彭泽县海拔300米以上山岭有大浩山(海拔859.4米)、周家山(350米)、龙石山(406.2米)、岷山(571米)、王龙山(475米)、邓家山(430米)、桃红山(536.6米)、八股山(358米)、白马山(416.3米)、鸣山(404.6米)、灵宝山(430米)、梭山(383.5米)、菜山(300米)、武山(675米)、棺材山(457米)、红山(307.4米)、西峰山(371米)、大鸣山(350米)、小鸣山(331.7米)、狮子山(302米)、沙子山(360米)、鹿头山(664.1米)、叶家山(415米)、戴家山(530米)、牛栏冲岭(430米)、小浩山(380米)、大窑岭(560米)、乌沙岭(350米)、桃树岭(619.6米)、枫树岭(470米)、桃花岭(540米)、梓树岭(619.6米)、倒岭(310米)、中秋岭(423米)、梅岭(450.1米)、火焰岭(362.7米)、石山岭(935米)、牛岭(446.1米)、白沙岭(341米)、梧桐岭(310米)、梯子岭(326米)、卸衣岭(390米)、产子岭(340米)、蕨箕岭(450米)、黄土岭(312米)、上十岭(390米)、投拜岭(340米)、镜子岭(330米)、娘家岭(354.2米)、小节家岭(401米)、西峰岭(519米)、大望尖(360米)、双包尖(418.5米)、帽子尖(385米)、王母尖(498.9米)、老龙尖(385.6米)、雷峰尖(576.3米)、龙王尖(498.9米)、铁角尖(347米)、癞痢头(314米)、犁头尖(426.8米)、纱帽尖(416米)、老庙尖(400米)、老屋尖(436.7米)、癞痢尖(377米)、鲁峰尖(424.3米)、蜜蜂尖(442.2米)、马鞍颈(300米)、燕岩墩(580米)、观音洞(339米)、风斗车(386.6米)、油麻窝(344.4米)、株树檀(715米)、大包(405米)、包岳(406米)、大面包(362米)、老树坞(325米)。怀玉山余脉武山南支,由彭泽、湖口交界处,逶迤南伸进入都昌县境,起伏延绵,海拔一般在300~600米之间。都昌县大小山岭308座,其中在鄱阳湖中岛屿32座。海拔300米以上山岭有:卸衣山(382米)、双尖(436米)、纱帽尖(411.6米)、棺材山(457米)、蕨箕岭(452米)、癞痢尖(377米)、龙山尖(320米)、英公尖(383.6米)、望晓岭(375米)、大凸尖(367米)、龙王殿(397.5米)、马鞍颈(391米)、黄金山(331米)、燕墩岩(583米)、天地凸(511米)、三尖源(647.3米)、鹅公凸(571.6米)、界乱(390米)、鹦鹉咀(365米)、虎山洲(468米)、石门山(460米)、白石人(546米)、黄土图(583米)、黄家尖(364米)、打马岭(582米)、长岭(473米)、莲花心(446.8米)、大宝山(405米)、苏山(384.7米)、大山(326米)、杨岭(328米)、乌石尖(312米)、鸣山(324米)、石头冲(373米)、王竹尖(364米)、周公山(375米)、马鞍坳(308米)、石凿岭(323.5米)、九龙包(323.5米)、牛石岭(323.5米)、云石庵(362米)、狮子山(315.8米)、阳储山(463.4米)、野猪岭(313米)、吉阳岭(304米)。怀玉山脉余支武山余脉,由彭泽蜿蜒至湖口县境内,同另外3个低矮山系在湖口全境形成4条支脉。武山支脉始于湖口、彭泽、都昌、鄱阳4县交界处,在湖口境内的武山六峰675.1米,余脉包括长岭、狮子山、凰山、殷山、马迹岭、花尖山。屏峰螺丝山支脉:东起高桥、西至鄱阳湖,并至湖口县城,南与都昌交界,主峰佛台岭190米。横山支脉:东起武山、南至需山,主峰249米。陪湖台山支脉南起鄱阳湖畔,北接彭湖公路,东濒黄茅潭,西临长江,余脉包括潭山、梅兰山,主峰台山286米。

## 第二节 河 流

### 一、修 河

**修河干流** 鄱阳湖水系五大河流之一,古称建昌江、于延水,又名修水、修江,得名于修远悠长之意。地处北纬28°23′~29°32′、东经113°56′~116°01′之间,流域面积14797平方千米,全长419千米,河道平均坡降0.46‰。流域西高东低,东西长、南北窄,形似芭蕉叶。涉及九江市修水、武宁、永修、瑞昌,宜春市铜鼓、奉新、靖安、宜丰、高安,南昌市安义、新建3市11县(市)。流域东临鄱阳湖;南隔九岭山主脉与锦江毗邻;西以黄龙山、大围山为分水岭,与湖北省陆水和湖南省汨罗江相依;北以幕阜山脉为界,与湖北省富水水系和长江干流相邻。修河发源于铜鼓县高桥乡叶家山,即九岭山脉大围山西北麓。干流流经铜鼓、修水、武宁、永修县,河口为永修县吴城镇望江亭。流域地势西高东低,干流自西向东穿行于九岭山与幕阜山之间,各支流发育于两大山系之中,右岸较左岸发达,较大的支流多位于干流右岸九岭山脉之中。中上游群峰林立,河谷纵深,多峡谷、嶂谷,以中山、低山和丘陵地貌为主。下游为低丘和鄱阳湖冲积平原,地势低洼,水流纵横。流域内中低山占15%,丘陵占48%,台地平原占37%。源头至抱子石水库为上游段,河段长177千米。其中东津水河长133千米,流域面积1137平方千米。铜鼓县境内东津水又称金沙河、西河。过抱子石水库至柘林水库坝址间为中游段,河段长157千米。柘林水库至河口为下游段,河段长约85千米。于永修县虬津镇穿过105国道公路大桥继续流向东南进入较复杂的水网区。流至艾城镇干流一分为二,南支(主流)继续向东南奔涂家埠镇而去,北支称杨柳津河,向东转往东北,一部分流经蚌湖汇入鄱阳湖,另一部分经王家河于涂家埠镇下游流回修河干流。干流在涂家埠镇上游约800米处右岸纳最大支流潦河。两河汇合后流向改变,由东南转向东北,在永修县吴城镇汇入鄱阳湖。

**渣津河** 修河上游左岸一级支流。流域地理位置处北纬28°48′~29°14′、东经113°56′~114°21′之间,水系发达呈树状。南部与湖南省汨罗江水系相邻,西北部隔幕阜山山脉与湖北省陆水水系毗邻,东靠修水干、支流。发源于修水县白岭镇黄龙山东麓,干流流经白岭、全丰、古市、渣津、马坳5镇,流域面积952平方千米,河长71.5千米,主河道纵比降3.20‰。

**武宁水** 修河上游右岸一级支流,又称山口水,铜鼓县境内俗称定江河,下游又称山漫河。流域呈三角形状,涉及铜鼓、修水2县。西、北邻修河干流,南毗锦江上游支流,东邻安溪水。发源于铜鼓县九岭山脉之大围山七星岭东麓龙须洞,干流流经铜鼓县排埠、永宁、三都、大塅及修水县山口、漫江、征村、义宁等乡(镇),流域面积1735平方千米,主河长130千米,主河道纵比降1.60‰。

**北岸水** 修河上游左岸一级支流,又称溪口水、百菖水。呈扇形,在修水县境内。东临杭口水,西毗杨津水,北隔幕阜山脉与湖北省陆水水系相邻,南入修河干流。发源于修水县幕阜山脉三界尖南麓,干流自北向南流经港口、溪口、西港3镇，流域面积478平方千米，主河长61.4千米，主河道纵比降3.06‰。

**安溪水** 修河上游右岸一级支流，又名安平水、黄沙河、黄港河。呈不规则长方形，在修水县境内。东南邻潦河，西南毗武宁水，西北为修河干流，东北靠洋湖港水。发源于靖安、奉新与修水3县交界之九岭山脉九云岭西麓，干流自东南向西北流经黄港、黄沙、义宁3镇。流域面积516平方千米，主河长65.5千米，主河道纵比降5.31‰。

**船滩水** 修河中游左岸一级支流，又称船滩河，状如扇形。流域在武宁县境内，东临大源水，西毗杭口水，北隔幕阜山与湖北省富水相邻，南临修河干流。发源于武宁县幕阜山脉太阳山老鸦尖西南麓，干流自西北向东南流经船滩、三都等镇。流域面积442平方千米，主河长39.3千米，主河道纵比降7.74‰。

## 二、潦 河

**潦河干流** 修河下游右岸一级支流，古称缭河，《水经注》称潦水，又名上潦水、奉新江、冯水、海昏江。流域处北纬28°31′~29°08′、东经110°43′~115°53′之间。流域面积4380平方千米，主河长166千米。呈东西长、南北短的四边形。流域涉及宜春、南昌、九江3市的奉新、靖安、宜丰、高安、安义、湾里、新建、永修等县(市、区)。东部与赣江及乌沙河、流湖水相邻，南部与锦江相望，西、北与修河干流分界。发源于宜丰县北部九岭山脉东南麓的找桥，流向上游自西向东，中下游自西南向东北。流域地势西高东低，自西向东依次为中低山区、丘陵和冲积平原。上游处九岭山脉，下游为冲积平原，地面平坦，偶有红层丘陵分布，接鄱阳湖平原，于永修县城西涂家埠镇上游注入修河。

**龙安河** 潦河下游左岸一级支流，又称滩溪水，上游(燕山分场境内)称受安河，呈三角形状。流域涉及永修县和安义县，北邻蔡溪河，西、南毗北潦河，东入潦河干流。发源于九岭山东部余脉永修县云山大湖坪南麓，干流自西向东流经永修县云山垦殖场、滩溪镇、立新乡。流域面积305平方千米，主河长53.7千米，主河道纵比降2.67‰。

## 三、鄱阳湖其他水系

**博阳河** 旧志称其上游为“西河”，下游为“大河”。涉及德安、九江、星子县、瑞昌市和庐山区，东临鄱阳湖，西、南毗修河，北部与长河、乐园河相依。发源于瑞昌市南义镇和平山南麓易家垅，干流自西向东流经瑞昌、德安、共青城等市(县)。流域面积1220平方千米，主河长93.5千米，主河道纵比降0.784‰。流域上游多低山峡谷，中下游以丘陵平原为主。

**土塘水** 流域在都昌县境内，东、北邻漳田河，西毗徐埠港，南临鄱阳湖。发源于都昌县武山山脉黄土凸南麓，干流自北向南流经蔡岭、鸣山、土塘等乡(镇)。流域面积257平方千米，全长33.4千米，主河道纵比降2.00‰。

**徐埠港** 又称曹便港。流域在都昌县境内，东、南邻土塘水，西南接新妙湖，西临鄱阳湖，北毗南北港水系，发源于彭泽、都昌两县交界处武山山脉南麓红光林场，干流自东北向西南流经蔡岭、徐埠、汪墩等乡(镇)。流域面积231平方千米，主河长37.7千米，主河道纵比降2.33‰。

**西河** 又名漳田河、龙泉河、龙口河，《鄱阳县志》称石门小港。直入鄱阳湖河流。流域地处鄱阳湖区，地理位置在北纬29°18′~29°38′、东经116°30′~116°50′之间，流域面积2072平方千米(江西省外流域面积991平方千米)，流域涉及安徽省东至县与鄱阳、彭泽、都昌县。西邻土塘水，北毗尧渡河、浪溪水，东邻潼津河，南毗鄱阳湖。发源于安徽省东至县大王尖，干流流经东至县与鄱阳县，主河道长103千米，主河道纵比降0.728‰。流域地势东北高、西南低，上中游为山区，下游为低丘平原。洪水期易发生泥石流等山洪地质灾害。其中下游境内流域面积290平方千米，涉及都昌、彭泽2县，其中都昌县39平方千米，彭泽县251平方千米。区内无100平方千米以上河流，鄱阳县响水河的河源部分位于彭泽县境内，当地称杨梓河。

### 四、长 江

**长江干流** 市域北境界河(也是江西省际界河),于瑞昌市黄金乡下巢湖的帅山入境,沿途流经瑞昌市、九江县、浔阳区、庐山区,会鄱阳湖于湖口,再经湖口县,至彭泽县马当镇下线湾出境,流入安徽省境。市行政区域岸线长152千米。以主航道中心线为界,属九江市管辖的江面约166平方千米。河宽水深,水产丰富。

**乐园河** 长江流域富水支流朝阳河干流上游在江西省境内的部分河段,又称龙港河。位于瑞昌市西北部。东、北邻长河流域,南毗修河支流南义水、横路水,西靠湖北省的富水干流。发源于瑞昌市乐园乡茶辽村石桥塘,干流流经乐园乡、肇陈镇。流域面积309平方千米,主河长40.9千米,主河道纵比降4.06‰。流域中上游地势为平行对峙的低山,下游为丘陵,多处展现奇异的喀斯特地貌,地下溶洞较多,奇异多姿。地下暗河较多,地下水资源丰富。

**长河** 长江中游下段右岸一级支流,上中游又称乌石港(河),下游称长河。流域涉及瑞昌市、九江县。东临赛城湖,南毗博阳河,西依湖北省的富水,北与赤湖及湖北省网湖流域相邻,发源于瑞昌市花园乡茅竹村麦田垅。干流自西向东流经瑞昌市、九江县。流域面积703平方千米,主河长73.4千米,主河道纵比降1.57‰,呈长条形状。

**沙河** 为八里湖最大的入湖河流,源自庐山仰天坪北风口顶,流域面积180平方千米,主河长21.9千米,为典型的扇形流域。河水主要为庐山山南坡面汇流,另一部分来自九江县岷山山区,两股水汇于九江县城沙河街镇,北流至九江县青山咀处注入八里湖。

**太平河** 长江下游上段右岸一级支流,又称太平港。流域涉及湖口县、彭泽县,东、南邻响水河,西毗鄱阳湖子湖南北港流域,呈长方形分布。发源于怀玉山余脉彭泽县境内武山北麓,干流自南向北流经彭泽县天红镇、太平关乡,于太平关乡毕家渡注入芳湖,后经芳湖调蓄后汇入长江。流域面积264平方千米,主河长34.2千米,主河道纵比降2.49‰。

**东升水** 长江下游上段右岸一级支流,又称东升河、新桥河。流域呈葫芦状,彭泽县境内,东邻浪溪水,南毗漳田河,西靠芳湖,北临太泊湖,发源于彭泽县上十岭垦殖场邱家垄,干流流经东升、黄花2镇,于马当镇金山村黄山脚下汇入长江。流域面积277平方千米,主河长39.2千米,主河道纵比降1.36‰。

**浪溪水** 长江下游上段右岸一级支流,又称瀼溪港、瀼溪河。流域东南邻漳田河,西毗东升水,北靠太泊湖,发源于彭泽县浩山乡海形村堰上施家,干流流经浩山、瀼溪、马当等乡(镇),在马当镇亭子坳进入太泊湖,后经太泊湖汇入长江,另一部分经麻山渠汇入长江。流域面积241平方千米,主河长45.5千米,主河道纵比降3.50‰。

### 五、汨水支流

洞庭湖水系湘江二级支流、汨罗江一级支流,江西境内称渎水,又称大桥河。

渎水东邻修水支流东港水,北毗渣津水,西、南入汨罗江,发源于湖南省平江县与江西省修水县交界处幕阜山脉之黄龙山东南麓黄龙寺顶,干流流经江西省修水县、湖南省平江县。流域面积275平方千米,主河长32.8千米,主河道纵比降3.51‰。流域处于幕阜山与九岭山脉西部交界处的峡谷之间,地貌特征以中度侵蚀碎屑岩低山、丘陵为主。土壤多见山地灌丛草甸土和红壤土。生态环境脆弱,植被单一。

## 第三节 湖 泊

### 一、鄱阳湖

古称彭蠡泽、彭泽、彭湖,为中国最大淡水湖。公元6世纪末至7世纪初,因水域扩展到鄱阳县境内,隋代始称鄱阳湖。湖泊成因系中生代末期燕山运动断裂而形成地堑性湖盆,属新构造断陷湖泊。鄱阳湖的形成发展经历漫长过程。现代鄱阳湖是古"彭蠡"逐渐南迁扩张的结果。战国时期成书的《禹贡》,记载古长江河道上的彭蠡泽,古长江穿泽而过,当时湖口地区是"彭蠡泽"的南部边界。至汉代长江主泓逐渐形成,江道南北两侧的洪泛盆地逐渐发育成为河漫湖,南侧的河漫湖就是班固在《汉书·地理志》中所称的湖口附近的"彭蠡泽"。三国以后因湖水扩展到今星子县附近的宫亭庙,彭蠡泽又称"宫亭湖"。至北魏郦道元著《水经注》时,彭蠡湖水域已经扩展到今松门山附近。松门山以南原本是人烟稠密的鄡阳平原,随着湖水不断南侵,湖盆地内的鄡阳县和海昏县治先后被淹入水中,历史上曾有"沉鄡阳浮都昌、沉海昏浮吴城"之说。隋代彭蠡湖向南扩展到今鄱阳县鄱阳山,始称鄱阳湖。唐、宋、元继续南侵扩展,至元末明初鄱阳湖已扩展为水域浩瀚的大湖。明、清以来水域的扩展趋势并未终止,今鄱阳湖南部湖岸沿线伸入陆地的大量港汊,就是湖域扩展的产物。鄱阳湖水域辽阔,地理位置在北纬28°24′~29°46′、东经115°49′~116°46′之间。其水域、湖滩洲地,分别隶属于沿湖11个县(区),东为湖口、都昌、鄱阳3县,南为余干、进贤、南昌、新建4县,西为永修、共青城、星子3县(市),西北为九江市庐山区。鄱阳湖汇纳江西省赣江、抚河、信江、饶河、修河5大河以及博阳河、漳田河、清丰山溪、潼津河等河流来水,各河来水经鄱阳湖调蓄后,于湖口注入长江。鄱阳湖流域面积16.2万平方千米,正常水面面积3900平方千米,年平均吞吐量1480亿立方米,是黄河的3倍。鄱阳湖在九江境内面积达2346平方千米,占鄱阳湖总面积三分之二。鄱阳湖是吞吐型、季节性淡水湖泊,高水湖相,低水河相,具有"高水是湖,低水似河""洪水一片,枯水一线"的独特形态。进入汛期,五河洪水入湖,湖水漫滩,湖面扩大,碧波荡漾,茫茫无际;冬春枯水季节,湖水落槽,湖滩显露,湖面缩小,比降增大,流速加快,与河道无异。洪、枯水期的湖泊面积、容积相差极大,湖口水文站水位22.59米时,相应面积5100平方千米(含康山、珠湖、黄湖、方洲斜塘4个分蓄洪区面积),容积365亿立方米。湖口水文站水位5.83米时,面积146平方千米,容积4.5亿立方米。湖面似葫芦形,以松门山为界,分为南、北两部分。南部宽浅,为主湖体;北部窄深,为入江水道区。湖南北最长173千米,东西最宽74千米,最窄处2.8千米,平均宽18.6千米,平均水深7.38米,岸线长1200千米。湖盆自东向西、由南向北倾斜,湖底高程由12米降至湖口1米。湖中有25处共41个岛屿,总面积103平方千米,岛屿率为2.3%。鄱阳湖属亚热带湿润季风气候区,气候温和,雨量丰沛,光照充足,无霜期较长。四季分明,冬季寒冷少雨,春雨梅雨明显,夏秋受副热带高压控制,晴热少雨,偶有台风侵袭。多年平均气温16.5~17.8℃,7月份气温最高,日平均气温30℃,极端最高气温40.5℃;1月份气温最低,日平均气温4.4℃,极端最低气温零下11.9℃。

鄱阳湖有部分水面在新中国成立后因兴修水利围堵切割形成一些湖中湖,境内面积较大者有寺下湖、新妙湖、南北港等。

寺下湖,位于星子县蛟塘镇,系1966年于星子县境鄱阳湖子湖蚌湖西北部田埠咀和土牛之间建起大坝,隔断湖汊而形成,面积7平方千米。北部有发源于庐山南麓星子县诸多溪流;东部季节性地与鄱阳湖贯通,顺逆无定;南部与沙嘴湖分分合合;西部主要承接南湖、西汊湖、牛轭湖的来水。湖区及周边水禽鸟类众多,多数为候鸟。湖区被省政府列为鄱阳湖蚌河省级保护区,1988年被列入鄱阳湖国家级自然保护区范围。

新妙湖,旧称北庙湖,位于都昌县西部。原是鄱阳湖东北岸大湖汊,1960年开始堵汊,1962年建成大坝,江西省省长邵式平见长堤横贯,湖光浩渺,提笔书写"新妙大坝",新妙湖由此得名。新妙湖西、北邻鄱阳湖,南毗矶山湖,东接徐埠港。除承接徐埠港之水,还有汪墩水(流域面积34.7平方千米)汇入,总集水面积433平方千米。水位16米(吴淞基面)时,水面面积36平方千米,湖底平坦,相应蓄水量9000万立方米。湖区地势低洼,四周以丘陵为主,由低及高,构成层状环形地貌。湖周村落棋布,湖汊较多。渔业水产养殖面积2214公顷,精养水面66.7公顷,以鲢鱼、鳙鱼、彭泽鲫、青鱼为主,特色水产有河蟹、青虾、珍珠养殖。鄱阳湖水位低于21.71米时,保护内湖3.5万人和3473公顷农田免受洪灾。同时可减轻湖区血吸虫病威胁,有蓄水抗旱、水产养殖等多种效益。1998年大洪水后,国家提出"平垸行洪、退田还湖"方针,新妙湖坝改为"单退湖圩",正常水位时挡水防洪,超标准洪水时为鄱阳湖的蓄洪区。

南北港,位于湖口县西部,北隔湖口县城双钟镇与长江相邻,南为徐埠港,东靠太平河,西与鄱阳湖仅一堤之隔。原为鄱阳湖北部湖区东北岸两湖汊,由南港口和北港湖两水域组成。1966年在北港南垅湾与南湖叶家滩之间修建大堤,将两湖汊连成一体,形成固定湖泊,始称南北港。入湖主要河流有张青水(流域面积62.3平方千米)和五里水(流域面积87.5平方千米),总集水面积276平方千米。湖水位17.8米时(吴淞基面),水面面积23.33平方千米,相应容积8700万立方米。湖底平坦,中心区湖底高程12.5米,最大水深10.2米。南北港圩兼有防洪、抗旱、灭螺、养殖等多种功能,保护区面积4600公顷,防洪效益惠及7个乡(镇),保护人口3万余人、农田3353公顷,消灭有螺湖田、湖滩近千公顷。原属鄱阳湖重点堤防工程,1998年大洪水后改为"退田还湖"单退湖圩。圩堤保证水位21.68米,外湖水位高于此值时,则弃堤蓄洪,南北港与鄱阳湖融为一体。

## 二、其他通江湖泊

**赤湖** 属长江干流中游下段右岸水系,湖中有青竹墩,相传为赤松子羽化登仙之地,故得名"赤湖"。赤湖原为江河冲积后的沼泽区, 后经筑堤围垦形成河迹洼地型淡水湖泊。赤湖处瑞昌市与九江县结合部,地理位置在北纬29°44′~29°50′、东经115°37′~115°45′之间。涉及瑞昌市武蛟、白杨、流庄乡、码头镇,九江县港口街和永安、城子镇。东、北部隔赤心堤、梁公堤与长江相邻,南与长河相毗,西与湖北省网湖流域相邻。主要接纳南阳河、白杨水、黄桥水,此外还有20余条小溪、泉水,总集水面积355平方千米。湖周湖汊众多,湖中有许家洲、陈家洲、汤家洲等大小岛屿,如指形探出,形成里湖(朱湖)、灌湖、雷家湖、上菊湖、黄泥旦、李家汊、外塞、蓼湖、龙江湖等诸多湖汊,故有"庐山九十九个洼,赤湖九十九个汊"之说。水位16米(吴淞基面)时,水面面积68.95平方千米,蓄水量2.07亿立方米,平均水深3米,最大水深7米。岸线总长36千米。湖区多年平均水位15.2米,历年最高水位19.30米(1999年)。赤湖过去依靠涵洞通江排涝和泄流,1956年冬在长江边彭湾村开挖550米引水渠,新建2孔3.5米×3.5米赤湖闸,使湖水直入长江,1996年于老闸下游480米处易址重建新闸,设计排水流量120立方米/秒,2001年1月竣工。

**赛城湖** 赛城湖原名赛湖,属长江干流中游下段右岸水系,属河迹洼地型淡水湖泊。原为江河冲积沼泽,后经修堤围垦形成固定湖泊。湖泊紧邻九江市区西郊,涉及九江县、瑞昌市及浔阳区3县(市、区)。入湖河流主要为长河和发源于湖区南部的大岷山坡面河流,总集水面积991平方千米。湖东隔八赛隔堤与八里湖相邻,南毗博阳河,北隔永安堤与长江相邻,西与赤湖相依。地理位置处北纬29°39′~29°43′、东经115°45′~115°56′之间,包括大、小城门湖,牧湖、长港湖、雪湖、船头湖等16个湖泊。1958年将赛湖与大、小城门湖合称赛城湖。湖泊东自八赛隔堤,西至瑞昌市城郭,东西长约15千米,最宽处5.5千米,最窄处750米。1953年以前湖区面积达127平方千米,为长江蓄洪区之一。20世纪50年代和70年代两次筑堤围垦,修建大小圩堤25座,使湖水面积大幅减少,水位20米(吴淞基面)时水面面积53.6平方千米,蓄水量2.33亿立方米。湖水位年际变化15.5~20米,岸线长54千米。湖区水陆交通便利,京九铁路、省道304、303及县级公路沿湖穿行。2004年水体透明度0.33米,水质低于Ⅲ类地表水标准,主要为总磷和总氮超标。历史上赛城湖与八里湖两湖相通,湖水经南浔铁路桥入八里湖,再通过九江市区内龙开河注入长江。1970年赛城湖、八里湖分治,在南浔铁路桥西附近筑起八赛隔堤,并在赛城湖距长江最近地段阎家渡开河兴建5孔大闸,湖水通过该闸直入长江。1998年大洪水后,拆除老闸重建,2001年年底5孔5×7米新闸竣工,设计最大泄洪流量1060立方米/秒,减轻内涝威胁。

**八里湖** 又称七里湖,属长江干流中游下段右岸水系,与七里湖、蛟滩湖水面贯为一体。湖泊位于九江市区西部,涉及浔阳区、庐山区和九江县。湖区地理位置处北纬29°37.6′~29°42.2′、东经115°53.4′~115°57.2′之间。流域东邻鄱阳湖,南毗博阳河,西靠赛城湖,北毗长江。湖区主要承接庐山西北面沙河、十里水等支流坡面汇流,总集水面积273平方千米。正常水位17.5米(吴淞基面)时水面面积约17平方千米,水位20米时水面面积22.3平方千米,水位22米时水面面积27平方千米,相应蓄水量1.54亿立方米。湖底较平坦,最低点高程14.5米左右。湖区南北长、东西窄,呈不规则分布,岸线总长29千米。湖区近山、近江、近城,水质受人类活动影响较大,2005年水体年平均pH值8,水质超Ⅲ类地表水标准,主要为总氮、氨氮超标,属富营养化水质。历史上八里湖与赛城湖相互贯通,湖水经龙开河注入长江。1970年建成八赛隔堤和赛城湖闸后,两湖分离,八里湖水经龙开河注入长江。1994年填平龙开河,在阎家渡开河建泄洪闸,湖水改道新开河经泄洪闸汇入长江。湖区交通便利,京九铁路横跨湖面,福银高速公路临湖穿行,九江城区道路直通湖畔,胜利大道以湖心岛为起点通向市区。流域内庐山地区多次发生山洪泥石流等灾害,2005年"泰利"台风造成山洪泥石流,使主要入湖河道多处淤塞,河堤冲毁。

**甘棠湖、南湖** 两湖原为一湖,古名景星湖,俗称南湖。东有白水湖,西有八里湖,北通长江。唐长庆二年(822)春,江州刺史李渤为方便行人,于湖上筑堤约千米,将湖一分为二,堤上筑石拱桥,两湖相通。后人为纪念李渤贤德,称西北侧为甘棠湖,东南部仍为南湖,堤为"李公"堤。两湖除承接湖周城区径流外,另一部分入湖水量来自城东南丘陵地区坡面汇流,总集水面积15.35平方千米。湖底高程14~15米(吴淞基面),正常蓄水位17.5米时水面面积1.22平方千米,蓄水量390万立方米;设计最低水位16.5米,最高限制水位19米。甘棠湖呈不规则四边形,最长处1.3千米,宽600米。而南湖形似巴掌,最长处1.8千米,窄处450米。甘棠湖至长江最短距离300米,湖水旧时可由湓浦港流入长江,此港于19世纪在英租界内被填没后,改经龙开河排入长江。1994年龙开河填平后,湖水由龙开河地下管道排入长江。龙开河地下管道为2×2米箱涵,设计过水能力8立方米/秒。汛期关闸则由河口泵站抽排,泵站装机6×155千瓦。20世纪80年代以前,湖区水质优良,湖中鱼儿欢跳,游船如织,夏天更是九江市民游泳、消暑的好地方。随着城市化进程的加快,沿湖周边建设大量住宅区,湖水受到污染。1994年龙开河填平后,甘棠湖成为一潭死水,水质变成劣Ⅴ类。进入21世纪,采取多项改造措施,清淤截污,引水循环,2005年年末综合污染指数由2000年18.03下降到10.67。2007年,重新引来八里湖水,使水质状态进一步好转。

**芳湖** 芳湖为上、下芳湖及刘芝湖之总称,位于彭泽县城西南,属长江干流下游上段右岸水系,系河迹洼地型淡水湖泊,湖水经芙蓉河过芙蓉闸注入长江。流域涉及彭泽县芙蓉农场和芙蓉墩镇、黄岭乡、太平关乡、定山镇,总集水面积516平方千米。湖区多年平均水位17.50米(吴淞基面)时水面面积14.3平方千米,蓄水量3580万立方米,岸线总长59千米。1998年大洪水后重建芙蓉闸,新闸6孔,过水流量460立方米/秒。湖东北部称下芳湖,汇集湖泊上游来水导入长江;南部称上芳湖。湖区围垦开发程度较高;西部湖面又称刘芝湖,上游主要承接西南部太平河来水,湖水通过渠道直接汇入下芳湖,上下芳湖间以堤坝为界,两湖通过桐子山下公路桥涵相通。湖泊水质含钙量达22.09毫克/升,有利于河蚌珍珠养殖。2004年水质为Ⅲ类地表水标准。

**太泊湖** 位于省东北部与安徽省西南部交界处,属长江干流下游上段右岸水系,为河迹洼地型淡水湖泊。湖区涉及江西省彭泽县和安徽省东至县,湖水经跃进村、八亩田、香口3处涵闸排入长江。流域内主要河流为浪溪水,总集水面积379平方千米,湖水位15.5米(吴淞基面)时湖面积25.7平方千米,蓄水5140万立方米。湖岸线长23.55千米。湖周为平原、湖沼地貌,地层结构以第四纪冲积、河湖积为主,水稻土土壤。全湖被10座内湖堤分割为东、西、中、下4个湖区,东、西、中湖区以种植为主,属彭泽县产粮基地,下湖区为水产养殖区,特色水产有彭泽鲫、螃蟹、黄鳝等。2004年水质为Ⅲ类地表水标准。太泊湖原为天然湖泊,地势低洼,易受江水倒灌,仅靠涵闸控制,无排涝泵站,且为血吸虫病重灾区。1992~1995年进行第二次综合治理,将西部部分河流改道直排长江,治理后湖泊集水面积减少278平方千米。

# 第三章 气候 水文

## 第一节 气 候

### 一、气 温

境内年平均气温16.9℃(统计年限从1991年1月1日至2010年12月31日,以下相关统计年限均为此标准)。九江、修水、武宁、瑞昌、永修、德安、星子、湖口、都昌、彭泽和庐山年平均气温分别为17.8℃、16.9℃、17.3℃、17.4℃、17.7℃、17.1℃、17.8℃、17.3℃、17.6℃、17.2℃、12.1℃。

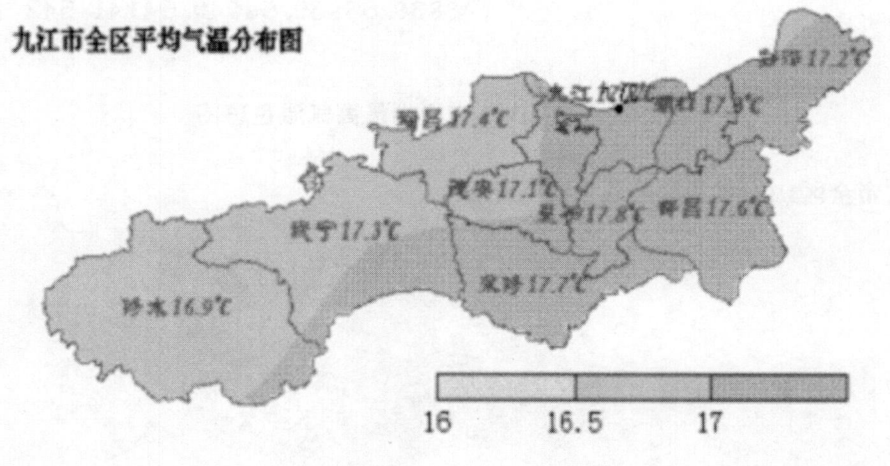


图2-3-1 市年平均气温图

全市月平均气温呈现明显月变化特征。1月份平均气温为4.3℃,4月份平均气温为16.8℃,因春季太阳辐射逐渐增强,升温快,气温地区差异不明显。7月份平均气温为28.3℃,因雨季结束后,受太平洋副热带高压控制,天气晴热,日照充足,温度高,地区差异也不明显。10月份平均气温为18.4℃,温度分布趋向冬季形势。

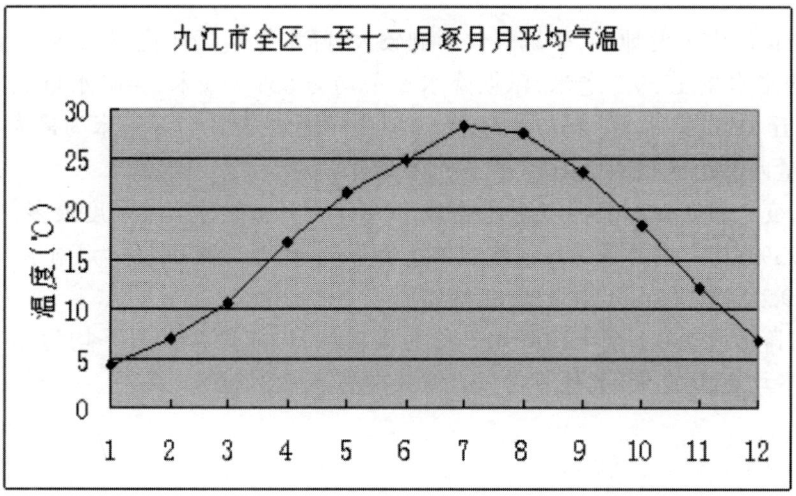


图2-3-2 市全区1~12月月平均气温折线图

全市最冷月1月平均气温4.3℃左右,最热月7月平均气温28.3℃左右。1991~2010年极端最高气温为42.1℃,出现在2003年8月2日修水站;极端最低气温为-16.7℃,出现在1991年12月28日庐山站。

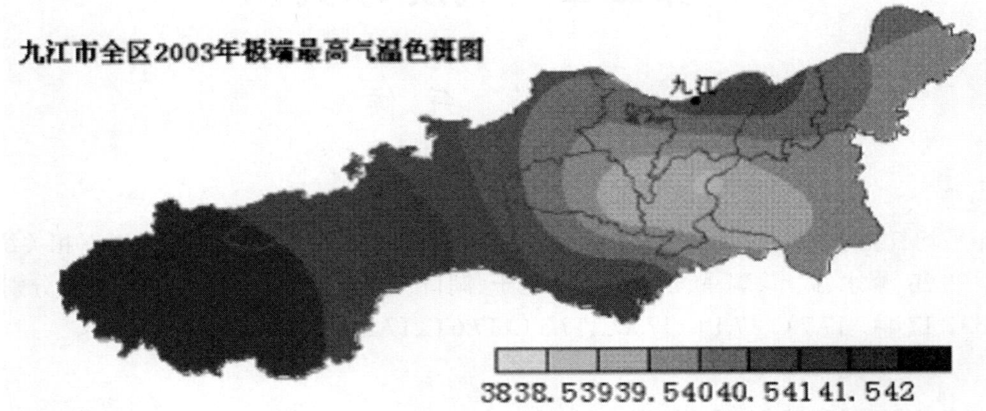


图 2-3-3 2003年市极端最高气温色斑图

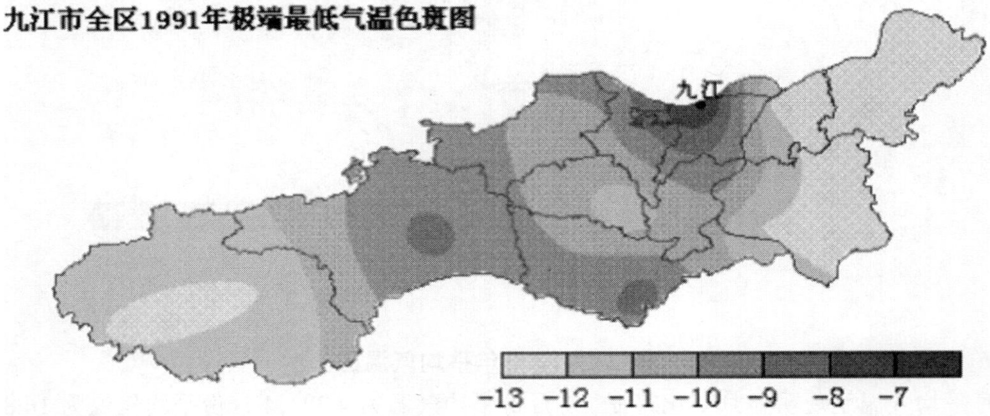


图 2-3-4 1991年市极端最低气温色斑图

## 二、降 水

**降水量** 市处长江中下游地区,季风气候影响较大,降水量年际变化很大,降水量随海拔高度的升高而增加。年平均降水量1559.5毫米,汛期降水量平均为651.2毫米,年降水量低丘平原区(德安)在1461毫米左右,高丘山区(修水)在1617.8毫米,以庐山年降水量2047.8毫米为最大。降水量区域分布差异明显,年降水量西部山区与庐山山区大,东部平原小。

降水量的年季变化较明显。上半年逐月增加,下半年逐月减少。第二季度最多,平均为650.8毫米,占年降水总量41.73%,其间主要是受长江流域静止锋影响,雨量较集中,称为“雨季”。第四季度降水量最少,平均仅有179.2毫米,仅占年雨量的11.49%。

**降水日数** 日降水量≥0.1毫米的降水日称为雨(雪)日,年雨(雪)日平均为148.2天,一年中3~6月雨日最多,每月平均有16.2天,其他月份只有9天左右。

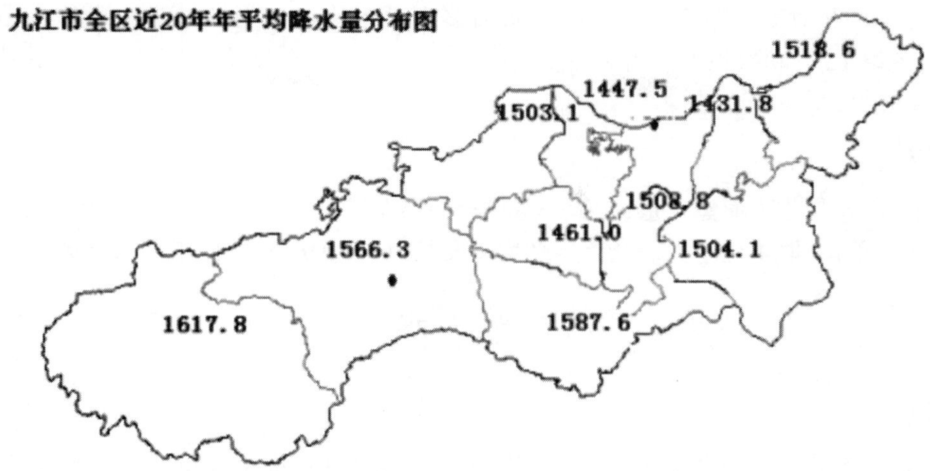


图 2-3-5 1991~2010 市年平均降水量分布图

## 三、日 照

全市日照时数年平均为 1708.8 小时，盛夏 7~8 月，每月日照时数在 210.4~188.1 小时，为一年中日照时数最多时期，平均每天有 6~8 小时，对秋收作物生长有利。1~2 月，每月日照时数只有 90.0 小时左右，为一年中日照时数最少时期。7~8 月，每月日照百分率为 53%~70%，为一年中日照百分率最大时期。1~2 月，每月日照百分率只有 25%~40%，为一年中日照百分率最小时期。日照时数和日照百分率地区分布与云量和地形密切相关。修水山区比平原多云雾，故山区日照时数少于平原区，日照百分率也小于平原区。日照分布状况与地形地貌关系密切，山区林木茂盛，云雾较多，日照时数相应减少。坡向与日照也关系密切，南坡日照多，北坡日照少。在山谷地带，两侧山体相对高度差越大，日照越少。

各月日照时数和百分率一览

表 2-3-1　　单位：小时、%

| 月 份 | 日照时数 | 日照百分率% | 月 份 | 日照时数 | 日照百分率% |
|---|---|---|---|---|---|
| 1 月 | 91.2 | 25 | 8 月 | 188.1 | 50 |
| 2 月 | 92.3 | 23 | 9 月 | 175.9 | 45 |
| 3 月 | 102.2 | 22 | 10 月 | 163.7 | 41 |
| 4 月 | 128.3 | 29 | 11 月 | 135.9 | 38 |
| 5 月 | 155.0 | 35 | 12 月 | 122.7 | 40 |
| 6 月 | 139.5 | 34 | 全 年 | 1707.6 | 50 |
| 7 月 | 212.8 | 50 | | | |

## 四、风

**风的季节变化**　全市常年以偏北风为主。冬季盛行偏北风；春季风向不够稳定，南北风交替，以偏北风为主；夏季受副热带高压控制，多为偏南风；秋季，到 10 月份，偏北气流基本控制，为偏北风。

**风速的地区分布**　风速，平原区比西部丘陵山区大。庐山因地势原因，年平均风速为 4.5 米/秒。平原区月平均风速大于 3.0 米/秒的月数，永修有 5 个月，而西部山区因山地阻隔作用，一年中 12 个月的平均风速均小于 1.7 米/秒。

## 五、湿 度

湿度均指空气相对湿度。由于市域处东亚季风区，属于亚热带温暖湿润气候，降水量较充沛，故空气湿度均较大。年平均相对湿度都有79%左右。3~6月多雨,故全年3~6月相对湿度最大,每月相对湿度都有80%~85%;冬季12月和次年1月相对湿度最小,这两个月相对湿度均为75%左右。其他各月相对湿度都在75%~80%之间。

### 六、蒸 发

气象测定的蒸发量是水面蒸发量,是指一定口径的蒸发器中,在一定时间间隔内因蒸发而失去的水层深度,以毫米为单位,取1位小数。全市年平均蒸发量为1420.9毫米,比年平均降水量少138.6毫米。

## 第二节 水 文

### 一、水 位

修河最高水位6月出现最多,5月次之。鄱阳湖区及长江九江段年最高水位多出现在7~8月,容易引起洪涝灾害。永修水文站受鄱阳湖回水影响较大,一次大的洪水过程历时多达1个月以上。实测最高水位为23.48米,最低水位为13.74米,多年平均水位为16.43米。修河河口的吴城水位站实测最高水位22.96米,最低水位为9.40米,多年平均水位为14.65米。鄱阳湖受各水系来水和长江洪水双重影响,高水位时间长。每年4~6月,湖水位随鄱阳湖水系洪水入湖而上涨,7~9月因长江洪水顶托或倒灌而维持高水位,10月才稳定退水。有77.8%的年份最高水位发生在六七月份,79.3%的年份最低水位发生在12月和1月。鄱阳湖湖口站多年平均水位12.85米,最高水位22.59米,最低水位5.90米。

长江九江段7~9月为洪水期,水位年变幅最大14.65米,最小为8.22米。历年最高水位23.03米,历年最低水位6.48米。

市内主要水文(位)站特征水位一览

表2-3-2 单位:米

| 站 名 | 河 名 | 基 面 | 最高水位 | 发生时间 | 最低水位 | 发生时间 | 年平均水位 |
|---|---|---|---|---|---|---|---|
| 永 修 | 修 河 | 吴 淞 | 23.48 | 1998.07.31 | 13.74 | 2004.01.24 | 16.43 |
| 吴 城 | 修 河 | 吴 淞 | 22.96 | 1998.08.02 | 9.40 | 2009.02.20 | 14.65 |
| 湖 口 | 鄱阳湖 | 吴 淞 | 22.59 | 1998.07.31 | 5.90 | 1963.02.06 | 12.85 |
| 九 江 | 长 江 | 吴 淞 | 23.03 | 1998.08.02 | 6.48 | 1901.03.01 | 13.64 |

### 二、径流水量

全市多年平均年径流量148.25亿立方米,平均年径流深787.6毫米。多年平均地下水资源量30.17亿立方米,地下水与地表水不重复计算量6.18亿立方米,水资源总量154.43亿立方米。径流的年内分配与降水量年内分配相应,分配不均。汛期4~9月径流量占全年总径流量76%,主汛期4~6月径流量占全年总径流量52%。如遇大水年更为集中,其汛期径流量可占全年85%左右。历年最大月径流量一般出现在6月,最大月平均径流量占年径流量26%~34%;最小月径流量一般出现在12月,最小月径流量占年径流量1.9%~3.1%。

### 三、过境水量

鄱阳湖经湖口汇入长江的多年平均年径流量为1468亿立方米。最大年径流量2646亿立方米(1998年),最小年径流量566亿立方米(1963年),最大与最小年径流量倍比值4.67。4~9月径流量占全年69%,其中4~7月占53.8%。

长江过境九江(不含鄱阳湖水系来水,下同)多年平均年径流量为7290亿立方米。1998年实测最大洪峰流量73100立方米/秒,年径流量9590亿立方米。推算的1954年最大洪峰流量81700立方米/秒。

### 四、泥 沙

修河流域上游渣津水支流河源地带植被较差，水土流失严重，干流中游地区植被较好，又有柘林水库拦蓄，下游河势平缓，湖水倒灌，含沙量相对稳定。形成上游河流含沙量较大，中、下游河清水绿的状况。多年平均悬移质含沙量0.113千克/立方米，多年平均年输沙量153万吨。输沙量分布主要集中在主汛期，其中4~7月占全年84.7%，4~9月占全年值89.3%。位于噪口水下游的杨树坪水文站1975年6月10日实测最大含沙量13.7千克/立方米，1967年实测年最大输沙模数1890吨/平方千米，多年平均含沙量为0.49千克/立方米，多年平均输沙模数达572吨/平方千米。近年泥沙逐渐减少，1980~2000年与1956~1979年比较，含沙量减少32.7%，输沙模数减少15.9%。鄱阳湖水系多年平均年入湖输沙量为1860万吨，其中5河(赣江、修河、信江、饶河、抚河)多年平均年入湖输沙量1510万吨，占入湖总输沙量81.2%。入湖输沙量年际变化大，1970年最大达3400万吨，1963年最小仅509万吨，最大与最小倍比值6.68。泥沙入湖主要集中在4~7月，占年总量79.3%。通过湖口进入长江的多年平均年输沙量为938万吨，入出湖相抵，每年淤积于湖中的泥沙量922万吨，占入湖沙量49.6%。泥沙出湖集中于长江大汛前的2~6月，占年总量90.4%，其中3~4月占53%。7~9月长江大汛期间，长江泥沙常倒灌入湖，平均每年倒灌入湖沙量105万吨。长江九江段汛期含沙量最大达1.48千克/立方米，枯水期含沙量最小为0.024千克/立方米。

### 五、水 温

修河虬津水文站实测多年平均水温16.9℃，最高25.0~31.2℃，最低3.0~8.6℃。鄱阳湖水多年平均温度18℃，最高32.5~35.1℃，最低0.4~2.2℃。日最高水温出现在15~17时，日最低水温出现在6~8时，水温日变幅在2.5℃以内；水温的年内变化分为增温期和降温期两个阶段，从2月开始增温，至8月达最高值，9月开始降温，至次年1月降至最低。夏、秋季节中高水位的水温，一般南部湖域高于北部湖域，东北湖湾区高于西部湖域，沿岸湖域高于中心湖域；冬季枯水时水温变化为入江水道高于南部和东部湖域。长江九江段最高水温为32~33℃，最低2~3℃。

# 第四章　土壤 植被

## 第一节　土 壤

### 一、母质类型

市域土壤母质类型有酸性结晶类风化物、石英岩类风化物、泥质岩类风化物、碳酸盐岩类风化物、红色砂岩风化物、紫红色泥页岩类风化物等。

酸性结晶类风化物主要岩类有花岗岩、花岗片麻岩、花岗闪长岩、花岗斑岩，分布在修水、武宁、永修、九江、庐山区、瑞昌、星子、都昌等县(市、区)。

石英岩类风化物主要岩类有石英砂岩、石英岩、石英砾岩、硅质岩，分布在永修、都昌、九江、庐山区、武宁、修水、彭泽、德安等县(市、区)。

泥质岩类风化物主要岩类有泥岩、页岩、板岩、千枚岩、片岩，分布在九江、瑞昌、修水、庐山区、武宁、永修、星子、彭泽、湖口等县(市、区)。

碳酸盐岩类风化物主要岩类有石灰岩，九江、瑞昌、永修、星子、彭泽、德安等县(市、区)。

红色砂岩风化物主要岩类有红色砂岩、沙砾岩、紫红色砂岩，分布在九江、庐山区、瑞昌、武宁、修水、永修、星子、湖口等县(市、区)。

紫红色泥页岩类风化物主要岩类有紫色泥岩、紫红色泥页岩,分布在九江、庐山区、修水、永修、星子、湖口等县(市、区)。

### 二、类型数量

市域处北亚热带过渡地带,水热条件较丰富,化学物理风化作用较强烈,生物小循环活跃,矿物质元素的淋溶迁移也较为强烈,故土壤形成过程以脱硅富铅化作用为主导,地带性土壤仍以红壤为主。由于形成土壤的母质类型不同,加之人为耕种活动影响,故发育成不同的土壤类型。根据评土、比土,按其成土条件、成土过程和土壤的剖面形态及属性,全市土壤分为9个土类、16个亚类、72个土属、126个土种。

土类有水稻土265994公顷,占土壤总面积17.09%;潮土68067公顷,占4.37%;紫色土13763公顷,占0.88%;黑色石灰土78296公顷,占5.03%;红色石灰土38541公顷,占2.48%;红壤1010671公顷,占64.95%;黄壤8106公顷,占0.52%;黄棕壤68354公顷,占4.39%;山地草甸土4239公顷,占0.27%。

亚类土有淹育型水稻土6143公顷,占本土类型2.31%;潴育型水稻土231430公顷,占87.01%;潜育型水稻土28421公顷,占10.68%;灰潮土13888公顷,占20.4%;潮土17327公顷,占25.48%;湿潮土30240公顷,占44.42%;中性紫色土13763公顷,占本土类(黑色石灰)面积100%;红色石灰土38541公顷,占本土类面积92.41%;黄红壤61899公顷,占6.12%;红壤性土14801公顷,占1.47%;黄壤8106公顷,占本土类面积100%;暗黄棕壤14661公顷,占本土类面积21.45%;粘盘黄棕壤53694公顷,占本土类面积78.55%;山地草甸土4239公顷,占本土类面积100%。

土属按成土母质类型划分,有:酸性结晶岩、石英岩、泥质岩、石灰岩、红砂岩、紫色砂砾岩、第四纪红色粘土、下蜀系黄土、河湖沉积物9个成土母质,划分72个土属。

土种按土壤发育度、肥沃度、土层深厚和障碍因素划分,有126个土种。

## 第二节 森林

### 一、暖性针叶林

全市森林植被以常绿针叶树为优势种的林分面积最大,占林分面积63.26%,活立林蓄积量亦最多,占林分蓄积65.26%。市内天然生长的针叶树有马尾松、杉木、台湾松、柳杉、柏木(Cupressus funebris)、刺柏(Juniperus formosana)、粗榧(Torreya grandis)、穗花杉、金钱松等13种,还有马尾松与台湾松的天然杂交种杉枞;引种栽培的针叶树约有76种。市内天然生长针叶纯林林系不多,能形成优势树种的森林仅见有马尾松林系、台湾松林系。杉木林系存有半天然林,其大多数均为人工林。其他针叶树多伴生在各类阔叶林中,尤以伴生常绿阔叶林中为多。

马尾松林系(Pinus massoniana forest formation)。马尾松林是全市分布最广、资源最丰富的森林植被类型,在境内海拔800米以下丘陵、低山分布极为广泛。海拔300~800米山地丘陵生长迅速,林相整齐。立地条件太差或人为破坏严重地区,则生长不良。马尾松林组成和结构较简单,层次较明显,一般具有立木层(乔木层)、下木层(灌木层)和草本地被物层。构成立木层的马尾松,分布不均匀,树高和胸径亦参差不齐。林内常混生有少量阔叶树或其他针叶树,形成混交林状态。混生树种主要是:青冈、苦槠、白栎、山合欢、杨梅(Myrica rubra)、枫香(Liquidambar formosana)、乌桕、拟赤杨(Alniphyllum fortanei)、冬青、木荷、杉木、刺柏等。林下灌木常见的有算盘子、檵木、杜鹃、乌药(Lindera aggregata)、柃木、山胡椒、白檀、大青(Clerodendrum cyrtophyllum)、野山楂、长叶冻绿、盐肤木(Rhus chinensis)、野茉莉(Styrax japonica)、野桐、栀子(Gardenia jasminoides)、乌饭、米饭花(Vacoinium sprengelii)等。草本植物主要有野古草(Arundinella hirta)、桔草(Cgmbopogon goeringii)、鸭跖草(Commelina communis)、芒(Miscanthus sinensis)、珍珠菜(Lysimachia clethroides)、狗脊(Woodwardia japonica)等。在未郁闭的林冠下则多为蕨类植物的芒萁(Dicranopteris dichotoma)。层外植物常有鸡血藤(Millettia reticulata)、海金沙(Lygodium japonicum)、金银花(Lonicera modesta)等。

杉木林系(Cunninghamia lanceolata forest formation)。杉木林广泛分布于海拔1000米以下山地丘陵,大面积生长较好的杉木林分大多数分布在海拔800米以下低山,通常为次生半天然林和人工纯林。杉木半天然林主要分布区为修水、武宁2县,很少呈纯林状态,多与针叶、阔叶树组成混交林。林分中杉木为优势种,其伴生树种主要有枫香、苦槠、拟赤杨、毛竹、枹树、马尾松、石栎、栲类等。林下灌木、草本较丰富,主要是些耐阴喜湿的植物,如柃木、盐肤木、乌药、檵木、冬青、乌饭、米饭花、狗脊、朱砂根(Ardisia crenata)、芒箕、菝葜(Smilax china)、白茅(Imperata cylindrica)、芒等。木防己(Cocculus trilobus)、爬山虎(Parthenocissus tricuspidata)、海金沙、葛藤(Pueraria lobata)、猕猴桃属(Achinidia)等,藤本多缠绕在杉木上。新中国成立后,全市陆续在丘陵地区营造大面积杉木人工纯林,逐步成为杉木新产区。这些人工林初植密度大,大都采用全垦整地方式,林下植被稀少。低丘林分长势不及高丘和低山林分。

台湾松林系(Pinus taiwanensis forest formation)。台湾松林是中国东部中亚热带中山地针叶林的代表性林系之一。在市内主要分布于庐山、九岭山和幕阜山一带海拔800米以上中山地。台湾松分布区离居民点较远,受人为因素干扰和破坏较少,通常为纯林。林分结构简单,层次明显。常见下木为马银花(Rhododendron ovatum)、杜鹃、蜡瓣花(Corylopsis sinensis)、三桠乌药(Lindera obtusiloba)、华山矾(Symplocos chinensis)、胡枝子(Lespedeza bicolor)、野山楂等。林下草本有一枝黄花(Solidago decurrens)、大油芒(Spodiopogon sibiricus)、五节芒(Miscanthus floridulus)、野古草、桔梗(Platycodon grandiflorus)以及蕨(Pteridium aguilinum)。生于土层深厚的山坡或谷地的台湾松,长势较好,树干挺直,也常与一些阔叶树混交。常见的阔叶树有茅栗、化香(Platycarya strobilacea)、白栎、水青冈、鹅耳枥和苦竹(Pleioblastus amarus)等。

1976年,市林科所在武宁县九岭山台湾松林与马尾松林垂直分布带间的过渡性地带,发现有呈块状间断分布的马尾松与台湾松(亦称黄山松)的自然杂交种,其树形、材质优于马尾松,当地群众称为"杉枞"。

## 二、常绿阔叶林

是市内地带性顶级森林植被类型,森林资源蕴藏较丰富,对涵养水源、维护环境、调节气候、防止污染,起着极其重要作用。常绿阔叶林分布于海拔800米以下的平原、丘陵和低山地带。在平原和低丘地区,受人们经济活动影响,大部分原生常绿阔叶林已遭破坏,仅在局部地区保留残存片段。较为完整的常绿阔叶林,大都散见于交通不便的边远偏僻山区。常绿阔叶林的组成复杂,主要由壳斗科(Fagaceae)、樟科(Lauraceae)、山茶科(Theaceae)、金缕梅科(Hamamelidaceae)、杜英科(Elaeocarpaceae)、冬青科(Aquifoliaceae)的一些常绿阔叶树种组成。立木组成以壳斗科的栲属(Castanopsis)、青冈属(Cyclobalanopsis)、石栎属(Lithocarpus)等常绿种类为建群种,其次为樟科的润楠属(Machilus)、樟属(Cinnamomum),山茶科的木荷属(Schima)、山茶属(Camellia),厚皮香科的厚皮香属(Ternstroemia),杜英科的杜英属(Elaeocarpus),山矾科的山矾属(Symplocos),冬青科的冬青属(Ilex)。林中也常混杂有一些暖温带的植物区系成分,如栎属(Quercus)、水青冈属(Fagus)、桦木属(Betula)、槭属(Acer)、椴属(Tilia)、鹅耳枥属(Carpinus)、桤木属(Alnus)等落叶阔叶树种。此外,还混生一些扁平叶型的杉木、三尖杉、南方红豆杉、铁坚杉、香榧、穗花杉等针叶树种。下木一般高低两层,较高层主要有厚皮香科的柃木属、山茶科的山茶属、杜鹃科的杜鹃花属(Rhododendron)、乌饭树科的乌饭树属(Vaccinium)、金缕梅科的檵木属(Loropetalum)、鼠李科的鼠李属(Rhamnus)、茜草科的栀子属(Gardenia)和虎刺属(Damnacanthus);低矮层有紫金牛科的紫金牛属(Ardisia)、杜茎山属(Maesa)等。草本有狗脊、瘤足蕨(Plagiogyria euphlebia)、苔草(Carex montana)。层外植物常见的有藤黄檀(Dalbergia hancei)、大血藤(Sargentodoxa cuneata)、络石(Trachelospermum jasminoides)、三叶木通(Akebia trifoliata)、野木瓜(Stauntonia chinensis)等。市境内常绿阔叶林主要有苦槠林系、钩栲林系、甜槠林系、青冈林系、细叶青冈云山稠林系、木荷林系。

苦槠林系(Castanopsis sclerophylla forest formation)。苦槠林是九江常绿阔叶林的典型代表,主要分布于海拔500米以下丘陵地带,市境内各县(市、区)均有分布。乔木层除建群种苦槠外,还有石栎、野柿(Dlospyros kaki)、冬青、杉木、马尾松、枫香、山合欢、杨梅等。常见下木有檵木、栀子、苦竹、乌饭树、乌药、杜鹃、叶下珠(Phyllanthus urinaria)、朱砂根、紫金牛(Ardisia japonica)、山胡椒、山矾(Symplocos caudata)、大青、盐肤木、长叶冻绿、狗骨柴(Tricalysia dubia)、野茉莉、算盘子、虎刺(Damnacanthus indicus)、杜茎山(Maesa japonica)等。草本植物仅有生长稀疏、分布不匀的狗脊、白茅、珍珠菜、酸模(Rumex acetosa)、紫花地丁(Viola chinensis)、苔草。层外植物常见有菝葜、三叶木通、金银花、络石、海金沙、藤黄檀、木防己等。有些苦槠林内的苦槠、石栎等立木上有半寄生植物桑寄生(Loranthus parasiticus)缠绕于树梢上,成为常绿阔叶林中的显著现象。

钩栲林系(Castanopsis tibetana forest formation)。主要分布于庐山、修水县、武宁县海拔400~800米山谷阴坡。武宁县罗坪林区有残余小片纯林。乔木层除建群种钩栲外, 主要还有白栎、南酸枣(Choerospondias axillaris)、青冈等。灌木层主要有柃木、乌药、栀子、胡颓子(Elaeagnus pungens)等。草本层植被稀疏,以狗脊、苔草为主。层外植物有野木瓜、菝葜、藤黄檀、钩藤(Uncaria rhynchophylla)等。

甜槠林系(Castanopsis eyrei forest formation)。主要分布于庐山、修水县、武宁县海拔400~1000米山地、山脊上。乔木层除建种群树种甜槠外,还有木荷、细叶青冈、石楠(Photinia serrulata)、光叶石楠(Photinia glabra)等。此外,还有一些扁叶型针叶树,如杉木、南方红豆杉、香榧等,以及一些落叶树种,台湾松、拟赤杨有时也可侵入林窗。灌木层以柃林最为普遍,其次为新木姜子(Noelitsea aurata)、杜鹃、山矾、乌饭、紫金牛等。草本稀疏,以瘤足蕨、狗脊等蕨类为主。

青冈林系(Cyelobalanopsis glauca forest formation)。青冈林广泛分布于各县(市)海拔300~800米丘陵、山地或村旁,其分布上限逐渐为细叶青冈所取代。乔木层除建群树种青冈外,尚有苦槠、石栎、光叶石楠、杜英(Elaeocarpus decipiens)、杨梅、木荷。也常混入杉木、马尾松、拟赤杨、鹅耳枥等一些针叶树和落叶阔叶树。灌木层主要有柃木、栀子、乌药、山矾、乌饭、杜茎山、荚蒾(Viburnum dilatatum)等。草本层主要以狗脊等蕨类植物为主。

细叶青冈、云山稠林系(Cyclobalanopsis gracilis & Cyclobalanopsis sessilifolia forest formation)。主要分布武宁、修水、永修3县和庐山海拔800~1000米山地的山谷或山坡中下部,常与甜槠林相交错。乔木层除共建群种细叶青冈、云山稠外,还有甜槠、木荷、水青冈等,林窗中可侵入杉木、拟赤杨、山合欢等一些阳性树种。灌木层有阔叶箬竹(Indocalamus latifolius)、齿缘吊钟花(Enkianthus serrulatus)、乌饭、马银花、短柱柃(Eurya brevistyla)、紫金牛、黄瑞木(Adinandra millettii)等。草本植物以狗脊为主。

### 三、常绿、落叶阔叶混交林

市域为江西常绿、落叶阔叶混交林的主要分布区之一。常绿、落叶阔叶混交林主要分布于幕阜山、九岭山及庐山海拔800米以上低、中山地带。

常绿、落叶阔叶混交林为市地带性森林类型,是以常绿阔叶树占优势、落叶阔叶树为亚优势种混合组成的森林群落,一般无明显单优势种,树种复杂,林冠参差不齐,呈现常年性间断季相。群落结构通常分为乔、灌、草3个层次。在乔木层中常有2~3个亚层,第一亚层往往是以落叶阔叶树为主,第二、三亚层以常绿阔叶树为主。常绿阔叶树种主要有壳斗科的甜槠、苦槠、乌楣栲(Castanopsis jucunda)、青冈、细叶青冈、石栎、包槲栎、绵稠(Lithocarpus harlandii);樟科的毛豺皮樟(Litsea coreanavar)、黄丹木姜子(Litsea elongata)、土肉桂(Cinnamomum jensenianum)、细叶香桂(Cinnamomum subavenium)、白楠(Phoebe neurantha);山茶科的木荷、厚皮香(Ternstroemia gymnanthera),以及杜英科的杜英属、山矾科的山矾属、冬青科的冬青属。落叶阔叶树主要有壳斗科的锥栗、茅栗、小叶栎、白栎、枹树;桦木科的光皮桦(Betula luminifera)、鹅耳枥;胡桃科的化香;椴树科的椴树;木兰科的玉兰(Magnolia denudata);樟科的檫树(Sassafras tzumu);珙桐科的蓝果树(Nyssa sinensis);以及青榨槭、枫香、小叶白梓(Pterostyrax corymbosa)、拟赤杨、粉叶柿(Diospyros glaucifolia)、灯台树(Bothrocaryum controversum)等。伴生树种还有三尖杉、粗榧、香榧、穗花杉、台湾松、柳杉等针叶树。林内还有鹅掌楸、喜树、青钱柳、连香树、天师栗、钟萼树、花榈木(Qrmosia henryi)、金叶含笑(Michelia foveolata)等珍稀树种。林内下木比较多,常见的有鹿角杜鹃(Rhododendron latoucheae)、马银花、钓樟(Lindera reflexa)、乌药、细齿柃(Eurye nitida)、溲疏(Deutzia scabra)、荚蒾、杨桐(Cleyera japonica)、乌饭、红脉钓樟(Lindera rubronervia)等。林下草本植物主要有苔草、沿阶草(Opyiopogon bodinierii)、斑叶兰(Goodyera repens)、狗脊等。

## 四、落叶阔叶林

落叶阔叶林大都分布于高海拔的山地,居于常绿阔叶林或常绿、落叶阔叶林分布的上限,成为垂直分布带上的一个重要森林植被类型。但亦有在低山丘陵的常绿阔叶林或针叶林遭受破坏后,迹地上被阳性落叶阔叶树种侵入而形成的过渡性次生落叶阔叶林。市特殊地理位置,给一些温带、暖温带和北亚热带植物向南延伸机会,致使市内落叶阔叶林植物组成既有亚热带历史遗留成分,又有温带、暖温带植物区系成分。本类型森林立木层组成树种主要有壳斗科的栎属、栗属(Castanea),野茉莉科的拟赤杨属(Alniphyllum)等一些落叶阔叶树种为建群种。其次为胡桃科的化香树属(Platycarya)、胡桃属(Juglans)、青钱柳属(Cyclocarya),金缕梅科的枫香属(Liquidambar),漆树科的南酸枣属(Choerospondias)、黄连木属(Pistacia),蝶形花科的香槐属(Cladrastis)、黄檀属(Dalbergia),含羞草科的合欢属(Albizia),桦木科的鹅耳枥属、桦木属(Betula),珙桐科的喜树属(Camptotheca)、紫树属(Nyssa),榆科的朴属(Celtis),大风子科的山桐子属(Idesia),以及伯乐树科的伯乐树属(Bretschneidera),苦木科的臭椿属(Ailanthus),楝科的香椿属(Toona),七叶树科的七叶树属(Aesculus)等一些落叶树种组成建群种或共建群种或伴生种。除短柄枹树(Quercus glandulifera)、麻栎(Quercus acutissima)、栓皮栎、小叶栎、锥栗、拟赤杨、枫香、椴树、化香树等树高可达15米以上外,其他乔木一般在10米左右,出材率较低。林下灌木层通常有两个亚层。较高层的灌木伸入立木下层,如四照花(Dendrobenthxmia japonica)、红果钓樟(Lindera erythrocarpa)、蜡瓣花等;矮小的灌木有紫金牛等。主要下木有杜鹃花属、钓樟属(Lindera)、胡枝子属(Lespedeza)、荚蒾属(Viburnum)、蜡瓣花属(Corylopsis)、石楠属(Photinia)、野鸦椿属(Euscaphis)、山矾属、金丝桃属(Hypericum)、六月雪属(Serissa)、馒头果属(Glochidion)、野茉莉属(Styrax)、楤木属(Aralia)、乌饭树属、柃木属(Eurya)、山楂属(Crataegus)、盐肤木属(Rhus)、鼠李属、檵木属、山茶属(Camellia)、叶下珠属(Phyllanthus)、紫珠属(Callicarpa)、豆腐柴属(Permna)、云道木属(Abelia)、卫茅属(Euonymus)、紫金牛属、瑞香属(Daphne)、樱属(Prunus)、刚竹属(Phyllostachys)、箬竹属(Shibataea)等一些种类组成。草本层植物种类也较丰富,主要由芒属(Miscanthus)、野青茅属(Deyeuxia)、苔属(Carex)、白茅属(Imperata)、菊属(Dendranthema)、败酱属(Patrinia)、麦冬属(Liriope)、鸭跖草属(Commelina)、瘤足蕨属(Plagiogyria)、鳞毛蕨属(Dryopteris)等一些种类构成。层外植物通常有紫藤属(Wisteria)、菝葜属(Smilax)、蛇葡萄属(Ampelopsis)、鸡屎藤属(Paederia)、蔷薇属(Rosa)、猕猴桃属(Actinidia)、络石属(Trachelospermum)、五加属(Acanthopanax)、常春藤属(Hedera)、野木瓜属(Stauntonia)、马蔹莓属(Cayratia)、海金沙属等一些植物种类。

全市落叶阔叶林主要有9个林系,这些林系是分布庐山、修水县、武宁县海拔800~1200米低、中山地带的短柄枹树林系;分布庐山、瑞昌市、德安县、修水县海拔150~500米丘陵山区的锐齿槲栎(Quercus aliena)林系;分布彭泽、九江、德安县以及庐山、永修县的云山海拔150~600米丘陵低山的栓皮栎林系;分布修水、永修、都昌、九江、彭泽县海拔100~700米红壤或黄红壤上的小叶栎林系;分布庐山、九岭山、幕阜山海拔700~1200米低中山的锥栗林系;分布武宁县瓜源乡和伊山乡、修水县茅竹山、永修县云山的拟赤杨林系;分布全市的枫香林系、化香林系和南酸枣林系。

## 五、竹 林

市内自然分布的竹种,大都是较为耐寒的散生型竹类。合轴丛生型竹类只有孝顺竹(Bambusa

glancescens)1 个种。全市竹类约有 11 属 35 种,其中自然分布种有 11 属 28 种。刚竹属(Phyllostachys)占有 13 种,显示出境内是华中亚热带散生竹类林刚竹属种类的分布中心地带。各类散生竹种林广泛分布在与其生态环境相适应的平原、丘陵、山地、河谷。

暖性丘陵山地竹林系组:观赏竹类有方竹(Chimonobambusa qnadrangularis)林系、罗汉竹(Phyllostachys aurea)林系、紫竹(Phyllostachys nigra)林系。这 3 个林系的竹种既是园林观赏竹,亦是竹制工艺品的良材。紫竹林系主要分布于修水、武宁 2 县或村前屋后栽培。紫竹杆紫色或紫黑色,竹姿雅致美观,为著名的观赏竹种。其笋可食,竹材可作手杖、钓竿、烟杆及工艺品,根可入药。方竹林系主要分布于修水郭城和庐山方竹庵等地山后林缘。庭园、屋前后以人工栽培为主。其笋可食味佳,竹材可作手杖、旗杆、蚊帐竿等。罗汉竹林系主要分布于修水、武宁等县的山坡林缘。罗汉竹竿茎节间短缩膨大,奇特美观,常作为庭园观赏竹种。其杆可作钓竿、手杖,笋味鲜美。

大型材用竹类主要有毛竹(Phyllostachys pubescens)林系。毛竹林系多分布于境内海拔 1000 米以下的山地、丘陵或村旁栽培,是产量最大的用材竹林。主要分布武宁县的严阳和修水县的茅竹山。本林系通常呈半天然的竹阔、竹杉、竹松混交状态。丘陵岗地的毛竹林多为村前屋后的人工纯林,因立地条件较差,立竹眉径较小,长势不及半天然混交林。

中型材用竹类主要有刚竹林系、毛金竹(Phyllostachys nigra var.)林系、桂竹(Phyllostachys bambusoides)林系、苦竹(Phyllostachys amarus)林系、水竹(Phyllostachys stimulosa)林系、早园竹(Phyllostachys propinqua)林系。这些林系大都是由单优势种组成的自然纯林,立竹密度大,每亩 1000~1800 株,林相整齐,林下植被少,除早园竹林系局限分布于少数县(主要是瑞昌市)的石灰岩山地外,其他林系广布于境内的丘陵山地。这些林系竹种用途广泛,开发利用前景广阔。

温性山地竹林系组:华箬竹(Sasamorpha sinica)林系主要分布武宁县石门乡等地海拔 1000 米山谷阔叶林下,是 1982 年市林科所发现的新地理分布种。

玉山竹(Yushania niitakayamensis)林系主要分布于九岭山、幕阜山、庐山海拔 1000 米以上中山地带,属山地矮林类型。

短穗竹(Brachystachyum densiflorum)林系主要分布武宁县、瑞昌市低山山坡灌丛中。此竹种原被认为是江苏太湖特有竹种,1984 年市林科所在瑞昌市青山调查时发现此种,1985 年在武宁县石门乡也发现此种,属市地理新分布种。其竹竿可制伞柄。

箬竹林系广布于境内各县海拔 1000 米以下丘陵山地、沟谷阔叶林缘或栽培于村宅旁。箬竹叶宽大,可做斗笠、船篷材料及包粽子,其竿做笔杆及筷子。

## 第三节 湿地 草场

### 一、湿 地

**湖泊湿地** 市内湖泊湿地众多,均为淡水湖泊湿地,面积 8 公顷以上的大小湖泊湿地有 92 个,其中面积大于 100 公顷的湖泊湿地有 42 个。鄱阳湖是中国最大的淡水湖,其 61.7%的面积分布在市境内。除鄱阳湖及其支汊湖外,其他较大的湖泊有太泊湖、赛城湖、八里湖、赤湖和下巢湖。全市湖泊湿地总面积 119107 公顷,其中都昌县 25280 公顷,永修县 16533 公顷,湖口县 7987 公顷,庐山区 29873 公顷,星子县 28013 公顷,九江县 3860 公顷,瑞昌市 3567 公顷,彭泽县 2573 公顷,共青城市 1427 公顷。

**河流湿地** 全市有长度 5 千米以上河流近百条,主要河流有长江、修河、赣江、潦河、渣津河、武宁水、安溪、三都水、芳湖等。河流湿地总面积 27647 公顷,其中都昌县 440 公顷,永修县 2807 公顷,湖口县 1740 公顷,庐山区 2853 公顷,德安县 433 公顷,星子县 60 公顷,九江县 2113 公顷,瑞昌市 1947 公顷,彭泽县 10093 公顷,修水县 3767 公顷,武宁县 1153 公顷,共青城市 240 公顷。

**沼泽湿地** 全市沼泽湿地面积 101780 公顷,主要集中在都昌县境内的鄱阳湖中,有西湖渡草洲、北岸洲、南岸洲、西长河草洲，面积达 100980 公顷，其他 800 公顷沼泽湿地分布在永修县境内。

**地热湿地** 市内地热湿地仅发现星子县温泉和武宁县温汤 2 处，面积共 10 余公顷。武宁县温汤温泉含氟多，星子县温泉含磷化氢较高，均可作为矿化医疗之用。

**人工湿地** 市内人工湿地主要包括水库、池塘(未把水田计算在内)，大多是拦截天然河流或鄱阳湖汊湖而形成，与天然湿地有着密切联系，许多水库均形成山水相映的湿地景观，不仅具有较高观赏游览价值，还成为珍禽候鸟栖息地。全市有面积 6.67 公顷以上水库、池塘 148 座，其中面积 100 公顷以上的水库和池塘有都昌县大港、张岭水库，修水县东津水库，武宁县源口、盘溪水库，庐山区谷山湖水库，彭泽县浪溪水库，湖口县造湖、南北港、泊洋湖、黄毛塘，瑞昌市横港、幸福、石门水库，永修县和武宁县柘林水库。其中柘林水库是省内最大水库，亦为中国土坝库容最大水库，面积达 31813 公顷。全市面积 6.67 公顷以上人工湿地总面积有 42253 公顷，其中，都昌县 707 公顷，永修县 9953 公顷，湖口县 4133 公顷，庐山区 320 公顷，德安县 100 公顷，星子县 553 公顷，九江县 113 公顷，瑞昌市 660 公顷，彭泽县 433 公顷，修水县 807 公顷，武宁县 24440 公顷。

## 二、草 场

**滨湖草场** 主要分布在都昌、永修、星子等滨湖县境内。总面积约 34200 公顷，海拔在 10~30 米之间，多属一等一级草场。由于受水情涨落影响，草场可利用面积随季节而变动。草场土壤多是潮沙泥或草甸土，表层有机质 2.5%~3.2%，土壤水湿条件好，草丛生长茂盛，再生力强，草丛高 0.8~2.5 米，覆盖度85~100%。牧草主要种类有禾本的马唐、芦苇、梭草、看麦娘、雀麦、狗牙根等；豆科的铁扫帚、金花菜、紫云英等；沙草科的细叶落草、蛾子草等。草质优良，牛羊喜食，适口性好。鲜草亩产量 460~1548 千克，载畜量 6~10 黄牛/亩单位。湖滨草场的汛期，一般出现在 5~8 月，1 年有近 8 个月放牧时间。都昌南岸洲面积约 13333 公顷，离湖岸 5000 米多，来往交通不便，每年放牧时间只有 5 个来月。优势牧草有马唐、芦苇、稗草、紫云英等，牧草再生力强，水退复生，平均亩产鲜草 1000 千克以上，载畜量为 6.6 黄牛单位/亩。还未大规模开发利用。永修县吴城、江益、三角、九合等乡，都有成片草洲湖滩，枯水季节有 7300 余公顷，当水涨到 15 米、16 米、17 米时，可利用面积分别是 6000 公顷、4000 公顷、1333 公顷。

**山坡草场** 坡度在 30 度以下草丛、灌木丛，俗称草山坡，分布在全市各县，共 213333 公顷。

**中山草场** 可利用面积 9067 公顷，主要分布在修水境内 800 米以上的高地。眉毛山、太湖山、太阳山等万亩以上连片草场，草丛极密，覆盖率为 70%~100%，山上也较平坦，土壤较肥沃，腐殖质层较厚，但一般离村庄较远，交通不便，冬季风大，气温较低。植被以芒、野古草、羽茅、白茅为优势草种，草丛高 80 厘米以上，鲜草亩产 600~950 千克，草质较好，属三等一级草场。永修柘林、云山、江上和武宁温汤、九宫山等地草场 667 公顷左右，鲜草亩产量 350~550 千克。尚未开发利用。

**低山丘陵草场** 面积 62667 公顷，主要分布在修水、瑞昌，其次是都昌、永修、武宁、彭泽、星子等县 400 米以下低山丘陵坡地。植被主要是白茅、丝茅、黄白草、鸭嘴草、刺芒、野古草、野麦、小山竹等。覆盖率 60~70%，鲜草亩产 500~800 千克，草质中等，属三等一至二级草场。利用率不高，在人多地少的地方，农民开垦种芝麻、红苕、花生或割草沤肥，植被受到破坏，水土流失严重。

**低山丘陵灌丛草丛草场** 面积 61000 余公顷，主要分布在瑞昌、武宁、都昌、彭泽等县，星子和湖口面积不大。草场高度一般在 300~800 米，坡度一般是 15~20 度，植被以小灌木为主，如大叶栗、胡枝子、毛栗、映山红、小山竹，也有草本芭茅、丝茅、白茅、野古草等。覆盖率 20%~90%不等。鲜草亩产 3040~620 千克，草质中等偏下，属三、四等一至六级草场。这类草场受人的活动影响最大，其面积、植被经常发生变化。实际上是原始林木迭遭破坏后的一种次生小灌木草地，是农村薪柴主要来源地。

**丘陵疏幼林灌丛草丛草场** 面积近 41000 公顷，主要分布在瑞昌、永修、修水、湖口、都昌等县 1000 米以下坡地。特征是稀疏(郁闭度在 0.4 度)乔木林间，种有家畜可食的灌丛和草丛，也可以作为牧地。乔木主要马尾松，灌木主要是大叶栎、映山红，草木主要是白茅、芒、芭茅、野古草、马唐、野草等。覆盖率

70~80%,鲜草亩产量390~700千克,草质中等,多属三等一至四级草场。这类草场以营林为主,在林木郁闭度增大情况下,牧草价值将逐渐减少。但可作牲畜阴凉休息地。

**低湿地草场** 河溪两旁撂荒地、农田间隙、村前屋后草地,约有43000余公顷。由于水湿条件较好,草丛生长茂盛密集,再生力强,利用率高。植被主要由多种杂草组成,如狗牙根、牛筋草、铺地天、鸡眼草、绊根草、马唐、雀稗、马鞭草、狗尾草、鹅冠草、鸡眼草、丝茅、白茅等。植被覆盖率70%~100%,草丛高10~100厘米,鲜草亩产700~1100千克,草质优良,多属一等一级,是农村主要放牧场和割草场。

**人工草场** 位于修水县眉毛山地区,坡度在20°以下,适合开垦种草面积1767公顷。已开辟133公顷。种植产量较高的草有白三叶、红三叶、多年生黑麦草、意大利黑麦草、鸡脚草、苏丹草等。

**农作物植被** 全市耕地面积217180公顷,其中水田148273公顷,旱地88240公顷。由于人口稠密,耕地少,复种指数较高,形成粮食作物和经济作物兼作种植习惯。粮、棉、油、麻、粮、菜、丝、茶、烟、果、药、杂等各种作物俱全。受地形、气候、土壤等自然条件影响,全市农作物分布地域性比较明显。水稻多分布在鄱阳湖、修河、博阳河、长河流域及景湖公路两侧。棉花多集中在长江沿岸洲地及鄱阳湖沿岸丘陵地域的彭泽、九江、瑞昌、湖口、都昌等县。西部丘陵和山地,灌溉条件较差,无霜期较短,多植一季稻、红苕、杂粮。油菜分布在各县(区),是主要越冬作物,成为粮食和棉花的良好前茬。苎麻主要分布在瑞昌、武宁、都昌、湖口、九江县等丘陵地区。三麦和豆类绝大部分在旱地里种植,多与棉花、杂粮连作。蔬菜产地多在城镇郊区,比较集中连片。茶叶在庐山区、修水、武宁、彭泽等地,都有连片产地。成片的油茶、油桐,主要分布在修水、武宁两县。其他如烟、果、药、杂等作物,则零星分布在全市丘陵地区。柑橘有较大发展,千亩以上的分布在庐山区和星子、修水、永修、德安等县。有些草地草坡逐渐演变成为果园。

# 第五章 生 物

## 第一节 野生植物

### 一、木本植物

全市木本植物(包括引种栽培种)约103科、349属、1140余种,其中裸子木本植物有9科、35属、96种,占全省木本植物科数86%、属数89%、种数57%。

### 二、珍贵稀有濒危树种

市内珍贵、稀有、濒危树种有70余种。属于中国特有的有银杏、铁坚油杉、金钱松、柳杉、粗榧、三尖杉、香榧、穗花杉、南方红豆杉、青钱柳、亮叶桦、赤皮稠、凹叶厚朴、玉兰、紫花含笑、天竺桂、黑壳楠、红楠、闽楠、牛鼻栓、杜仲、紫荆、花榈木、银鹊树、天师栗、猴欢喜、紫茎、伯乐树、山拐枣、紫树、云锦杜鹃、香果树、细叶香桂、方云、罗汉竹、毛花猕猴桃、中华猕猴桃、永瓣藤、黄杨、篦子三尖杉40种。属国家二级保护的有:银杏、金钱松、连香树、马褂木、伯乐树、杜仲、香果树、永瓣藤、篦子三尖杉9种。属国家三级保护的有:南方铁杉、穗花杉、凹叶厚朴、银鹊树、青檀、紫茎、闽楠、天竺桂、白辛9种。属于单型科或单种属的有:银杏、伯乐树、杜仲、金钱松、牛鼻栓、青檀、香果树、青钱柳、山拐枣9种,其中单型科3种,单种属6种,且多系第三纪或更古老成分的残遗。

因多年滥砍滥伐,森林资源特别是地带性常绿阔叶林破坏严重,导致一些珍稀树种的毁灭及其自然更新环境破坏。100多年前广泛分布于市境内鄱阳湖滨丘陵山地的金钱松,已很难找寻其天然踪迹;柳杉的天然林不复存在,仅在庐山残存2株古柳杉;20世纪60年代前,紫荆在市境九岭山脉北麓武陵岩一带分布有胸径60厘米以上大树,已遭砍伐;连香树仅发现庐山和武宁九宫山2处有天然分布;昔日以黄金间碧玉竹分布较多而拟名的庐山"金竹庵""金竹坪",已"竹绝庵坪毁";庐山的黄杨、七叶一枝花、竹节人参、八角莲、石斛、天麻、独花兰因环境的恶化和人为过度利用而渐减;铁坚油杉、紫花含笑、天师栗、山拐枣、伯乐树、赤皮稠、香果树、紫竹濒临绝迹的危境;资源较丰富、分布亦较广泛的红楠、天竺桂、玉兰、南方红豆杉、紫茎、猴欢喜、香槐、青钱柳、云锦杜鹃、方竹、罗汉竹处于渐危状态。

## 2010年全市珍贵稀有濒危树种一览

表 2-5-1

| 树 种 | 性 状 | 生 境 | 分布现状 | 保护性质 |
|---|---|---|---|---|
| 银杏 Ginkgo biloba | 落叶乔木 | 生长于海拔1000米以下的平缓、深厚、湿润肥沃的土壤 | 多为寺庙、庭园栽培。彭泽县有小片半天然林 | 中国特有单型科<br>中生代侏罗纪孑遗种<br>国家二级保护 |
| 铁坚油杉 Keteleeria davidiana | 常绿扁平叶型乔木 | 多生于海拔600~1000米的半阳坡 | 修水县桃坪乡有小片零星分布，其中有胸径78厘米,高19米的大树 | 中国特有珍贵用材树种<br>稀有 |
| 金钱松 Pseudolarix amabilis | 落叶条叶型乔木 | 生长于海拔500~1000米平缓山谷湿润处 | 庐山、修水残留极少自然单株,现多栽培 | 中国中亚热带特有单种属,白垩纪孑遗<br>濒危,国家二级保护 |
| 柳杉 Cryptomeria fotunei | 常绿针叶乔木 | 生长于海拔800~1400米山谷山坡 | 庐山有残留古树2株,武宁有半天然林,各地人工有栽培 | 长江中下游特有，古老裸子植物<br>孑遗、珍稀树种 |
| 罗汉松 Podocarpus macrophyllus | 常绿扁平叶型乔木 | 生长于海拔500米以下庙宇、村庄附近 | 庐山东林寺、星子县詹家崖有古树。各地庭园栽培 | 古老裸子植物残遗种、珍稀树种 |
| 粗榧 Cephalotaxus sinensis | 常绿扁平叶型乔木 | 生长于海拔600米以上沟谷阔叶林中 | 庐山、修水县余袁山有零散分布 | 秦岭淮河以南特有，枝叶含抗癌作用的三尖杉酯碱 |
| 三尖杉 Cephalotaxus fortunei | 常绿扁平叶型乔木 | 生长于海拔200米以上沟谷阔叶林中 | 庐山、修水、武宁等县零星分布 | 秦岭长江以南特有种，枝叶含三尖杉酯碱 |
| 南方红豆杉 Taxus chinensis ver.mairei | 常绿扁平叶型乔木 | 生长于海拔500~1000米沟谷阔叶林中 | 修水、武宁、瑞昌有小片天然林或零星分布 | 秦岭淮河以南特有种，白垩纪孑遗渐危树种<br>木材优良,种子含油。 |
| 篦子三尖杉 Cephalotaxus oliveri | 常绿扁平叶型乔木 | 生长于海拔600~1000米山地谷地常绿林或针叶林中 | 九岭山有极少零星分布 | 裸子植物孑遗种,种仁含油,枝叶三尖杉酯碱<br>濒危,国家二级保护 |
| 穗花杉 Amentotaxus argotaenia | 常绿扁平叶型小乔木 | 生长于海拔500米左右阴湿溪谷常绿阔叶林中 | 修水县黄沙港有分布 | 中国特有古老裸子植物残遗种,濒危<br>国家三级保护,庭园观赏 |
| 香榧 Torreya grandis | 常绿扁平叶型乔木 | 生长于海拔800米以下山谷阔叶林中或村旁栽培 | 武宁、修水县有分布 | 中国中亚热带东部特有种,古老裸子植物孑遗种 |
| 青钱柳 Cyclocarya paliurus | 落叶乔木 | 生长于海拔700米山谷阔叶林中 | 庐山和修水、武宁县有零星分布 | 中国特有古老单种属优良速生珍稀树种 |
| 亮叶桦 Betula luminifera | 落叶乔木 | 多生长于海拔600~1200米阔叶林中 | 修水、武宁县有零星分布 | 中国特有珍稀经济、用材树种 |
| 赤皮稠 Cyclobalanopsis gilva | 常绿乔木 | 生长于海拔200米山坡林缘 | 彭泽县海形有残留大树 | 中国特有古老被子植物、珍稀树种 |
| 青檀 Pteroceltis ttarinowii | 落叶乔木 | 多生长于海拔500米以下石灰岩丘陵地 | 庐山和瑞昌、武宁县有分布 | 中国特有单种属,木材坚硬、濒危<br>国家三级保护 |
| 青皮木 Schoepfia jasminodora | 落叶小乔木 | 多生长于海拔500米以上阔叶林中 | 修水、武宁县有零星分布 | 珍贵稀有油料植物 |
| 连香树 Cercidiphyllum japonicum | 落叶乔木 | 生长于海拔700~1000米的落叶阔叶林中 | 庐山太乙村、武宁县九宫山有零星分布 | 第三纪古老孑遗树种，庭园观赏<br>濒危,国家二级保护 |

续表 2-5-1

| 树种 | 性状 | 生境 | 分布现状 | 保护性质 |
|---|---|---|---|---|
| 马褂木 Liriodendron chinense | 落叶乔木 | 生长于海拔 900 米以上山谷阔叶林中 | 武宁、修水县有自然分布。修水五梅山、庐山东谷有残留大树 | 第三纪古热带孑遗树种、速生、庭园观赏<br>渐危,国家二级保护 |
| 庐山厚朴 Magnolia biloba | 落叶乔木 | 生长于海拔 1000 米左右落叶阔叶林中 | 庐山和修水、武宁县有分布 | 中国亚热带中北部特有。其树皮药用<br>渐危,国家三级保护 |
| 玉兰 Magnolia denudata | 落叶乔木 | 生长于海拔 300~1000 米阴坡阔叶林中 | 全市各地均有零星自然分布 | 中国亚热带中北部特有,名贵观赏树种 |
| 木莲 Menglietia fordiana | 落叶乔木 | 生长于海拔 300-1000 米沟谷溪旁常绿阔叶林缘 | 庐山有零星分布。 | 长江以南特有,花白大如莲、清香。濒危 |
| 紫花含笑 Michelia crassipes | 常绿灌木或小乔木。 | 生长于海拔 700 米左右常绿阔叶林下 | 修水、武宁县有自然分布 | 中国中亚热带东部特有种,花紫色,芳香,濒临绝灭 |
| 金叶含笑 Michelia foveolata | 常绿乔木 | 多生长于海拔 600 米以下常绿阔叶林中及山谷溪旁 | 修水杨家坪有自然分布 | 中国喜马拉雅成分,九江市新分布种。渐危 |
| 柳叶腊梅 Chimonanthus salicifolius | 落叶灌木 | 多生长于海拔 500~800 米河谷两岸常绿林下或林缘 | 修水县南岩、雅洋有自然分布 | 江西特有,观赏、濒危 |
| 细叶香桂 Cinnamomum micranthum | 常绿乔木 | 多生长于海拔 500~800 米常绿林中 | 庐山和修水县有零星分布 | 南岭山地特有,含芳香油,树皮代“肉桂”用 |
| 黑壳楠 Lindera megaphylla | 常绿乔木 | 多生长于海拔 500 米左右常绿阔叶林中 | 武宁县杨洲横岩有零星分布 | 中国亚热带特有。珍稀木本油料树种 |
| 红楠 Machihis thundergii | 常绿乔木 | 生长于山地常绿阔叶林中 | 主要分布庐山和武宁、修水县 | 中国亚热带特有。珍贵优质用材树种 |
| 闽楠 Phoebe bournei | 常绿乔木 | 生长于海拔 800 米以下常绿阔叶林中 | 修水县郭城猴形山有自然分布 | 中国中亚热带特有、珍贵优良用材树种<br>国家三级保护 |
| 伯乐树 Brelschineidera sinensis | 落叶乔木 | 生长于海拔 900 米以下山谷阔叶林中 | 修水、武宁、永修县有零星分布 | 中国中亚热带特有单型科、古老原始类群<br>濒危,国家二级保护 |
| 牛鼻栓 Fortunearia sinensis | 落叶小乔木 | 生长于海拔 700 米以上阔叶林中 | 庐山和修水、武宁县有零星分布 | 中国中、北亚热带特有,单种属。濒危 |
| 杜仲 Eucommia ulmoides | 落叶乔木 | 生长于海拔 1000 米左右的落叶阔叶林中 | 全省仅庐山、武宁县、修水县有自然零星分布。其他多为人工栽培 | 中国亚热带中、北部特有,单型科珍贵药用植物<br>濒危,国家二级保护 |
| 黄杨 Buxus sinica | 常绿小乔木 | 生长于高山矮林中 | 庐山有零星分布 | 中国亚热带特有。珍贵雕刻用材树种 |
| 紫荆 Cercis chinensis | 落叶乔木 | 生长于海拔 500~600 米阔叶林中 | 武宁县横岩、修水县杨家坪有自然分布。武宁县杨洲林区曾有高 16 米、胸径 70 厘米的大树 | 中国特有。自然分布极罕见。观赏、药用<br>濒危 |
| 花榈木 Ormosia henryi | 常绿乔木 | 生长于海拔 500 米以下常绿阔叶林中 | 庐山和武宁、修水县有自然分布 | 中国亚热带特有,珍贵用材、观赏树种<br>渐危 |
| 香槐 Cladrastis wilsonii | 落叶乔木 | 生长于海拔 500 米以上山谷夏绿林中 | 庐山和武宁、修水县有零星分布 | 中国亚热带中部特有,庭园观赏树种<br>稀有 |

续表 2–5–1

| 树　种 | 性　状 | 生　境 | 分布现状 | 保护性质 |
|---|---|---|---|---|
| 省沽油 Staphylea bumalda | 落叶小乔木 | 生长于海拔 500~1000 米阔叶林中 | 庐山有自然分布 | 珍稀木本油料植物<br>濒危 |
| 银鹊树 Tapiscia sinensis | 落叶乔木 | 多生长于海拔 500 米左右针阔混交林中 | 庐山庐山垅和修水县杨家坪有自然林 | 中国中亚热带特有古老树种。优良速生用材树种<br>国家三级保护 |
| 天师栗 Aesculus wilsonii | 常绿乔木 | 生长于海拔 1000 米山谷夏绿林中 | 武宁县横岩有零星分布 | 中国亚热带特有,种子药用、观赏树种<br>渐危 |
| 猴欢喜 Sloanea sinensis | 常绿乔木 | 生长于海拔 700 米以下溪谷两岸常绿阔叶林中 | 修水县杨家坪、庐山归宗有零星分布 | 中国亚热带东部特有，种子含油、硬木资源 |
| 中华猕猴桃 Achinidia chinensis | 落叶木质藤本 | 生长于海拔 500~1000 米次生灌丛或林缘 | 全市各地广布 | 中国亚热带特有。营养丰富的新型果品 |
| 毛花猕猴桃 Achinidia eriantha | 落叶木质藤本 | 生长于海拔 250~1100 米次生灌丛或溪边林缘 | 武宁、修水县有分布 | 南岭山地东部特有。果实维生素 C 含量高。优良种质资源 |
| 紫茎 Stewartia sinensis | 落叶乔木 | 生长于海拔 900 米以上夏绿林中 | 庐山有零星分布 | 中国亚热带中部特有，起源古老,孑遗观赏树种<br>国家三级保护 |
| 山拐枣 Poliothyrsis sinensis | 落叶乔木 | 生长于海拔 700 米以上的阔叶林中 | 庐山和修水县有零星分布 | 中国亚热带特有。单种属。木本油料植物<br>稀有濒危 |
| 紫树 Myssa sinensis | 落叶乔木 | 生长于海拔 800~1400 米阔叶林中 | 庐山和修水、武宁县有零星分布。九江市林科所有小片人工林 | 中国江南特有<br>珍贵硬木资源 |
| 云锦杜鹃 Rhododendron fortunei | 常绿灌木 | 生长于海拔 1000 米以上山地灌丛或夏绿林中 | 庐山和修水、武宁县有零星分布 | 中国特有、珍贵观赏种 |
| 厚壳树 Ehretia thyrsiflora | 落叶乔木 | 多生长于海拔 800 米以下丘陵低山常绿林中 | 庐山和九江、永修、修水县有零星分布 | 稀有珍贵用材树种 |
| 草叶蔓荆 Vitem trifolia | 落叶蔓性灌木 | 生长于鄱阳湖滨沙地 | 都昌、星子、永修、湖口、彭泽县鄱阳湖滨和长江沿岸沙地有自然分布 | 第三纪热带区系残留。珍贵药用植物 |
| 香果树 Emmenopterys henryi | 落叶乔木 | 生长于海拔 500~1000 米山地夏绿林中 | 庐山和修水、武宁县有自然分布 | 中国中亚热带特有,单种属。材质优良,花大观赏树种<br>濒危,国家二级保护 |
| 方竹 Chimonodambusa quadrangularis | 常绿小乔木 | 生长于海拔 700 米以下低山阔叶林缘或林下 | 庐山和修水县有分布 | 中国亚热带特有<br>稀有观赏竹种 |
| 紫竹 Phyllostachys nigra | 常绿灌木 | 生长于海拔 400 米以下针阔混交林中 | 武宁、修水县有分布,各地多有栽培 | 稀有濒危观赏竹种 |

## 三、古树

经普查,2002 年,树龄 100 年以上古树有 45 科 76 属 101 种计 5259 株,其中裸子植物 8 科 15 属 17 种计 976 株，被子植物 37 科 61 属 84 种计 4283 株；树龄 2000 年古树有 2 株,1500~1700 年古树有 10 株,1000~1300 年古树 119 株,500~999 年古树 292 株,300~499 年古树 1047 株,100~299 年古树3778 株,其余树龄 11 棵。多系中国中亚热带地区特有、起源古老树种。起源侏罗纪古银杏保留 166 株,其中 1000 年以上的有 28 株。庐山区莲花镇郭家垅宝积寺遗址保存的 1 株古银杏,高 20.5 米,胸围 895 厘米,冠幅23×23米,树干空朽,仍傲然屹立,枝叶扶疏,为省内最大的1株;永修县云居山真如寺现存古银杏18株。古罗汉松现存9株,其中星子县白鹿镇詹家崖1株,高17米,胸围556厘米,冠幅21×25米,树龄2000年,居中国古罗汉松之首位,号称赣北罗汉王;庐山东林寺1株古罗汉松,高17米,胸围407厘米,冠幅14×15米,《庐山志》称,此株罗汉松为东晋慧远和尚手植,号称六朝松。古树中,除银杏、罗汉松古老壮观外,千年龄以上的还有庐山黄龙寺、木瓜洞的柳杉;庐山万杉寺、庐山赛阳太平宫的枫香;庐山秀峰双桂堂、市林科所的狮子庵遗址、白鹿洞书院、星子县邱家坳的桂花;修水县山口、征村、渣津、太阳升,永修县三溪桥、江上、立新,星子县泽泉、蛟塘、隘口、归宗,庐山万杉寺、金陵街、东林寺、黄泥庵,庐山区赛阳、孔家山的樟树;庐山白鹿洞书院的马尾松;德安县高塘的柏木;市区十里大道的重阳木。市内有马尾松、南方红豆杉、石楠、侧柏、枫香、樟树、银杏、苦槠、黄连木等20个种古树群42处,计2065株,其中武宁县有分布点14处,计366株;修水县有分布点15处,计259株;永修县有分布点71处,计991株;彭泽县有分布点16处,计206株;共青城市有分布点18处,计100株;星子县有分布点2处,计45株;都昌县有分布点2处,计8株;庐山有分布点2处,计67株;德安县有分布点1处,计7株;瑞昌市有分布点1处,计16株。

## 第二节 野生动物

**两栖动物** 属国家二级保护动物1种:虎纹蛙;属国家保护有益或有重要经济、科学研究价值12种:东方蝾螈、淡肩角蟾、中华大蟾蜍、日本林蛙、黑斑蛙、沼蛙、泽蛙、棘胸蛙(Rana spinosa)、金线蛙、大树蛙、中国雨蛙、饰纹姬蛙,其中东方蝾螈、中华大蟾蜍、棘胸蛙、黑斑蛙是省重点保护野生动物。蛙类广泛分布全市各县(市、区、山)。

**爬行动物** 多数种列入国家保护名录。其中中华鳖、王锦蛇、黑眉锦蛇、灰鼠蛇、乌梢蛇、银环蛇、眼镜蛇、眼镜王蛇等15种列入省重点保护野生动物。蛇目种类除尖吻蝮主要分布在修水县、彭泽县外,其他各种全市县(市、区、山)均有分布。

**兽类(哺乳)动物** 属国家一级保护动物4种:黑麂、梅花鹿、云豹、豹。属国家二级保护动物10种:猕猴、穿山甲、青鼬、水獭、豺、大灵猫、小灵猫、金猫、獐、苏门羚。省级重点保护兽类12种,穿山甲、豺、云豹,各县(市)均有分布,猕猴在武宁县南岭山脉有少量分布,梅花鹿仅分布在彭泽县桃红岭,金猫在修水县、九江县有少量分布,苏门羚在彭泽、湖口、都昌3县交界武山山脉有分布,小灵猫在修水县、庐山有分布,青鼬、獐、水獭在鄱阳湖区有分布,其他动物各地均有分布,以野猪数量最多,2万头以上;华南兔次之,1.5万余只;黄麂0.5万余只。

**鸟类** 国家重点保护51种,其中一级重点保护12种:白鹳、黑鹳、中华秋沙鸭、白肩雕、金雕、白尾海雕、白颈长尾雉、白头鹤、白鹤、丹顶鹤、大鸨、遗鸥;二级重点保护鸟类有斑嘴鹈鹕、白琵鹭、黑脸琵鹭、白鹮、白额雁、小天鹅、鸳鸯、凤头鹃隼、白鹇、灰鹤、白枕鹤、花田鸡、小杜鹃、花头鸺鹠、隼科5种、乌雕、大鵟、鸢、苍鹰等41种;省级重点保护96种,以雀形目、鹳形目、雁形目、鸻形目种类为多,分别占鸟类总类41.6%、5.8%、10.4%、12%。1999年1月,市境内白鹤1783只、白枕鹤299只、白头鹤57只、灰鹤232只、东方白鹳1895只、白琵鹭4362只、大鸨12只、小天鹅8672只、白额雁31963只、鸿雁16001只,其他雁鸭类28123只、鹭类2084只,其他水禽3050只,分布相对集中在九江县赛城湖,鄱阳湖保护区中湖池、小湖池、象湖、常湖池,共青城市南湖,彭泽县太白湖和芳湖,雁鸭类相对集中分布星子县梅湖、蓼花池,鄱阳湖保护区的蚌湖、大汊湖、令公湖,都昌县新妙湖、黄金湖。国家一级重点保护的白颈长尾雉分布在武宁、彭泽2县,数量较少。省级重点保护种鸿雁主要分布修水县桃岭、何市、上奉,武宁县澧溪、宋溪、官莲、伊山,永修县三溪桥,彭泽县浩山、海形,数量总共达4万余只。

# 第三节 微生物

## 一、原核类

**细菌** 细胞细短,结构简单,胞壁坚韧,多以二分裂方式繁殖和水生性强的原核生物。分布在境内温暖,潮湿和富含有机质地方。个体十分微小,约1000个细菌排成一排才有1毫米长。

**放线菌** 成菌丝状生长和以孢子繁殖陆生性较强的原核生物。分布在境内含水量较低,有机物较丰富,呈微碱性土壤中。主要由菌丝组成,包括基内菌丝和气生菌丝(部分气生菌丝可以成熟分化为孢子丝,产生孢子)。

## 二、真核类

**真菌** 拉丁文Fungus,原意是蘑菇。市境真菌约4万种。其中,担子菌亚门是一群多种多样高等真菌,多数种具有食用和药用价值,如银耳、金针菇、竹荪、牛肝菌、灵芝等,但也有豹斑毒伞、马鞍、鬼笔蕈等有毒种。另外,半知菌亚门中约有300属是农作物和森林病害病原菌,还有些属是能引起人类和一些动物皮肤病的病原菌,如稻瘟病菌,可以引起苗瘟、节瘟和谷里瘟等。(fungus;eumycetes)是具有细胞核和细胞壁的异养生物。其营养体除少数低等类型为单细胞外,大多是由纤细管状菌丝构成的菌丝体。低等真菌的菌丝无隔膜, 高等真菌的菌丝都有隔膜。在多数真菌的细胞壁中最具特征性的是含有甲壳质(chitin),其次是纤维素。常见的真菌细胞器有:线粒体,微体,核糖体,液泡,溶酶体,泡囊,内质网,微管,鞭毛等;常见的内含物有肝糖,晶体,脂体等。

**藻类** 境内主要为浮游藻类,多分布在鄱阳湖区。至2010年12月,共鉴定到浮游藻类8门,10纲,25目,56科,153属,319种。其中绿藻门83属169种;硅藻门32属73种;蓝藻门25属43种;隐藻门最少,仅1属2种。鄱阳湖浮游藻类全湖年均值为51.52×104个.L–1。鄱阳湖水样含浮游藻类个体数最高密度出现在10月三汊湖区,其值为118.2×104个.L–1;个体数最低密度出现在7月松门山区,其值为19.6×104个.L–1。浮游藻类以绿藻占绝对优势,全湖平均值为21.7×104个.L–1。

**原生动物** 境内分布广,生活于湖泊、池塘及潮湿土壤中,也有不少种类营寄生生活。已经记录原生动物约有50000种,其中约有20000种为化石种。按原生动物分纲,境内多见于鞭毛纲(Mastigophora),肉足纲(Sarcodina),孢子纲(Sporozoa)和纤毛纲(Ciliata)。鞭毛纲代表生物为眼虫(Euglena),生活在有机物质丰富的水沟、池沼或缓流中。温暖季节可大量繁殖常使水呈绿色。体呈绿色梭形,长约60微米,前端钝圆, 后端尖。在虫体中部稍后有一个大而圆的核, 生活时是透明的。体表覆以具弹性、带斜纹表膜(pellicle)。肉足纲代表生物为大变形虫(AmoebaproteusPallas),且分布很广,生活在清水池塘或在水流缓慢藻类较多的浅水中。常在浸没于水中的植物上就可找到。大变形虫是变形虫中最大1种,直径约200~600微米。活的变形虫体形不断地改变。结构简单。体表为一层极薄的质膜。在质膜之下为一层无颗粒、均质透明的外质(ectoplamsm)。此外质之内为内质(endoplasm),内质流动,具颗粒,其中有扁盘形的细胞、核伸缩泡、食物泡及处在不同消化程度的食物颗粒等。孢子纲代表生物为间日疟原虫(Plasmodium-vivaxGrassi&Feletti),疟原虫能引起疟疾,这种病发作时一般多发冷发热,且在一定间隔时间内发作,俗称“打摆子”,是中国五大寄生虫病之一。纤毛纲代表生物为纤毛虫,约30000种,绝大多数由单细胞构成,少数种类是单细胞合成群体。主要特征是体形微小,大小一般在几微米到几十微米之间;少数原生动物比较大,如蓝喇叭虫和玉带虫,体长可达1~3厘米,还有一种货币虫,其外壳直径为16厘米。

## 三、非细胞类

**病毒** 由核酸和蛋白质等少数几种成分组成的“非细胞生物”,其生存必须依赖于活细胞。形体极其微小,通常只能借助电子显微镜才能观察到它们。一般直径在100纳米左右,最大病毒直径为200纳米牛痘病毒,最小的病毒直径为28纳米的脊髓灰质炎病毒。

**亚病毒** 比病毒更为简单,仅具有某种核酸不具有蛋白质,或仅具有蛋白质而不具有核酸,能够侵染动植物的微小病原体。因不具有完整的病毒结构而称之为亚病毒,包括类病毒、拟病毒、卫星RNA、朊病毒。

### 四、有益微生物

**抗生素** 通过显微镜放大约1000倍可见。如中等大小的细菌,1000个叠加在一起只有句号那么大。以青霉素为代表的抗生素,正在挽救无数人的生命。

**环保微生菌** 广泛应用于工业发酵,生产乙醇、食品及各种酶制剂。市相关部门利用微生物降解塑料、处理废水废气等。还有一些能在极端环境中生存的微生物,例如:高温、低温、高盐、高碱以及高辐射等普通生命体不能生存的环境,依然存在着一部分微生物等。

### 五、农业微生物

境内常见的有胡萝卜欧文氏菌、植物致病性假单胞菌、植物固氮根瘤菌等。

# 第六章　地矿资源

## 第一节　土地资源

### 一、面积结构

**耕地** 2010年,面积31.35万公顷,占全市土地总面积的16.53%。其中水田18.58万公顷,占耕地总面积58.93%;旱地12.95万公顷,占41.07%。水田以种植水稻为主,双季稻面积占77.8%。旱地种植作物多样,以棉花为主,占42.9%,其他多种杂粮和大豆,次之是花生、芝麻、苎麻等经济作物。因耕作技术和管理水平不同,产出差异较大。

**园地** 主要种植果、茶、桑。2010年,面积2.03万公顷,占全市土地总面积1.07%。果、茶、桑面积比例1:1.65:0.36。在果园中,柑橘面积占68.4%,梨园面积占6.86%。园地中茶叶面积占54.86%。茶叶是全市主要外销产品,但低产茶园面积占72.6%。桑园种植刚刚起步,发展势头很好,开始进入大发展阶段。

**林地** 包括生长乔木、灌木、竹类等林木土地。2010年,面积109.16万公顷,占全市土地总面积57.22%。林地中有林地面积97.92万公顷,占林地面积的89.7%;森林活立木总蓄积量2136.5万立方米,年产材量10万立方米左右,平均每亩蓄积量只有2.6立方米,低于全国、全省平均水平。林地中不仅疏林和幼林地多,还有三分之一是无林裸露地。油茶林4.27万公顷,占经济林总面积81%。年产油茶籽万吨左右,单产水平很低。

**草地** 2010年,面积3.58万公顷,占全市土地总面积的1.87%。这些牧草地是山地和丘陵地的草灌丛、江湖草洲、田边角的草丛,只是用于放牧。草质较差,生态系统脆弱。

**水域及水利设施用地** 包括池塘、湖泊、水库、河流等。2010年,水域面积31.04万公顷,占全市土地总面积的16.27%。其中可供水产养殖水面6.95万公顷,占水域面积的22.4%,年产水产品4.6万吨。

**城镇村及工矿用地** 2010年,包括城镇、工矿建筑用地和农村居民用地,共9.05万公顷,占全市土地总面积的4.75%。

**交通运输用地** 2010年,铁路、公路、机场等交通用地2.09万公顷,占全市实际使用土地总面积的2.02%。

**其他土地** 2010年,全市其他土地面积为2.27万公顷,占全市土地总面积1.2%。其中难利用地(即光秃不毛的裸石地及沙丘等),占其他土地总面积 19.95%。难利用地多属紫红色砂岩、砂砾岩、石灰岩山石笋和鄱阳湖沙丘。

## 二、资源特点

**山丘大于平原** 2010 年,山丘面积占全市土地总面积 59.5%。基准海拔 500 米以上山地面积 4984.4 平方千米,占 25.6%;海拔 300~500 米高丘面积 42961.5 平方千米,占 15.2%;100~300 米低丘面积 3640.7 平方千米,占 18.7%。丘陵山地地区降水量一般较平原地区多,土壤以花岗岩、砂页岩、片麻岩、板岩等母质形成的红壤、黄壤分布面积较广,土层较深厚,有机质含量多,肥力较高,适于林木生产。

**冲积平原较多** 由于江河流道弯曲、堆积作用强烈,境内有近 15 万公顷冲积平原,占全市土地总面积 7.9%。其中已开垦 11.63 万公顷(水田 7.85 万公顷,旱地 3.78 万公顷),占耕地总面积 36.8%。这些江湖冲积物和沉积物发酵而成的潮土,土质深厚,质地松软,潜在肥力高,呈微碱性,适宜棉花生长。2010 年,全市 1.2 万公顷洲地棉花,单产一般都在 1500 千克左右。此外,全市 152 千米江岸、465 千米湖岸、860 千米堤岸有滩涂面积近 1.3 万公顷,加上各内河两岸和各种零星隙地,总面积超过 6.67 万公顷,其中有半数尚未开垦利用。

**水土流失较大** 由于盲目乱垦荒山、荒坡,强调全垦造林,加上燃料紧缺,取枯枝落叶作燃料,使进入土壤中的有机物大为减少,土壤有机质无法积累,蓄水能力降低,一遇大雨便产生严重冲刷。2010 年,水土流失面积达 1428 平方千米。尤其是修水县 50 个乡均有不同程度的水土流失现象。形成秃山秃岭,白沙遍地,河床淤塞,淹没良田,干旱频繁,土壤肥力日趋下降。每年流失的翁土所含氮、磷、钾养分相当于 6000 吨化肥,农业生产受到严重影响。

## 三、后备资源

2010 年,全市有荒山、荒坡、荒水(简称“三荒”)资源 310779 公顷,占土地总面积 16.3%。其中属可利用“三荒”面积 294442 公顷(荒山 48270 公顷、荒坡 214258 公顷、荒水 31914 公顷),占“三荒”面积 94.6%;难利用“三荒”面积 16337 公顷(荒山 1290 公顷、荒坡 9084 公顷、荒水 5963 公顷),占 5.3%。全市小于 6 度可利用荒山、荒坡 33966 公顷,水土条件较好的可开垦为农田;6~15 度可利用荒坡 48336 公顷,大部分宜发展农、林、牧业和果茶、桑;6~15 度可利用荒山 1008 公顷,大部分宜发展经济林,有条件的可发展茶、桑、果;15~25 度的可利用荒坡 93715 公顷,主要发展果、茶、桑和林牧业;15~25 度可利用荒山 19345 公顷,主要发展林业;大于 25 度的可利用荒山、荒坡 66157 公顷,可用于林业。

# 第二节 矿藏资源

## 一、有色金属矿产

**铜硫矿** 储量达 400 万吨以上,约占全省总储量的四分之一。含硫精矿达 2 亿吨以上,副产品金 40 吨,银 2200 吨以上。大型矿有城门山和武山铜矿,其铜金属量分别为 170 万和 140 万吨,其次是丁家山、东雷湾、铜岭等中小型矿床,其储量分别为数万吨和数千吨。

**钨矿** 储量近 30 万吨,元素储量十分可观。主要产地有九岭山脉黑钨,九宫山白、黑钨,阳储岭白钨。大型矿床有阳储岭白钨矿、香炉山钨矿和大湖塘钨矿。其中,修水黑白钨蕴藏量达 26 万吨,香炉山钨矿总储量 10 万吨以上,为全省第一大钨矿。

**锡矿** 集中于德安县彭山地区 5 个矿区内,总储量 10 万吨以上,为省内最大锡矿床。锡矿带中还伴生有锌、金和砷等,其中砷含量 1.52 万吨,为大型毒砂矿床。

**金银矿** 原生金银矿主要是瑞昌洋鸡山金矿,其含金品位高,金储量达 68 万吨,伴生银 140 吨,铜 0.7 万吨,硫 33 万吨。其次是德安彭山张十八铅锌矿。德安宝山至野鸡垄一带、彭泽郭桥及桃源纪家等地、瑞昌高丰大冲村都是有前景的银金矿带。河流沙金矿主要有修水古市沙金矿,储量 0.8 万吨,渣津马坳、上杉等地远量储量 2 吨以上。

**锑矿** 德安宝山锑矿原是省内唯一锑矿。后又查明武宁清江锑矿,储量在 2 万吨左右。永修东山、马山、三溪桥及武宁莲花、幸福一带均有锑矿化点,还伴有生金。

## 二、黑色金属矿产

**铁矿** 市域铁矿多系铜硫矿矿氧化带的铁帽,主要为褐铁矿,品位中等,为 30%~50%,规模 200 万~300 万吨。除铜岭、城门山有较大开采外,余皆储量少、品位低零散小矿。

**钒矿** 多产于石煤中。都昌的南山、北山、东山等地储量 63 万吨以上。永修杨林山钒铁矿品位高,但储量不大。

## 三、燃料矿产

**煤和石煤** 市内含煤 3 层,最古老煤层为下寒武世的石煤层,分布全市(除瑞昌外),总储量大于 40 亿吨,蕴藏量为全省第二位,石煤发热量一般在 1200~2000 大卡,最高 2700~3000 大卡。石煤中含有钒、磷、钾等有益元素,可综合利用。在二迭系有优质煤层,储量 2000 余吨,是开发利用主要对象。国营煤矿拥有工业储量 500 万吨,年产约 20 万吨。但煤层厚度变化大,储量块段小,因而开采井型小,服务年限短,生产井接替快,投资大,不易扩大生产规模。

**石油** 鄱阳湖水下初探有石油。

## 四、稀有金属矿产

主要有铍,储量居全省第二位。铍矿主要产于绿柱石中。星子黄龙山,修水白岭、香炉山均拥有。香炉山、白岭绿柱石品位虽低,但可找到宝石。钽、铌等矿产储量远景也颇有希望。

## 五、非金属矿产

**萤石** 德安萤石矿保有储量 163.8 万吨,其外围尚有 4 号矿体,规模亦大。该矿年产萤石 2 万吨,产品质量好,畅销国内外。

**白云石矿** 瑞昌铜岭白云石矿储量 1.2 亿吨,矿质好,属大型矿床。庐山马祖山白云石矿工业储量 46 万吨,远景 1359 万吨。

**高岭土矿** 以星子、海会一带最著名。星庐瓷土矿生产的高岭土,是景德镇瓷器中高档瓷、礼品瓷主要原料,储量 181 万吨。星子温泉华林高岭土矿质地优良,储量 30 万吨。市境其他地方有不少瓷土矿的远景储量。修水瓷土储量达 2500 万吨。

**瓷土矿** 主要产于都昌吉阳岭,工业储量 87 万吨,远景 20 万吨。质地优良,为硬质瓷石。其外围东山岭、桃珠山、土头、傅山板、陈家和七角等地,也有找到此矿。

**陶土和长石矿** 主要产于湖口。其中凰村陶土矿储量较大,工业性能好,可以大量开采。东庄钾长石矿工业储量 32 万吨,远景可观。修水白岭区的钾长石矿,亦有相当规模的储量。

**水泥灰岩** 全境分布广、质地优、储量大。已探明储量 2 亿多吨,远景储量可达数 10 亿吨。其中瑞昌码头灰岩氧化钙占 53.6%,工业储量 382 万吨;彭泽象山灰硐工业储量 713 万吨;庐山茶场灰岩工业储量 253 万吨;彭泽马当的灰岩储量 996 万吨;德安吴山灰岩储量 4715 万吨;庐山高垄灰岩储量 798 万吨。具有远景储量的矿点更多。

**大理石矿** 全市大理石矿甚多,武宁大洞、德安山湾、彭泽乐观等地皆有大理石矿,储量均在 10 万立方米以上。

**花岗岩矿** 全市花岗岩分布甚广,储量达 10 多亿立方米。其中星子蕴藏量达 9.4 亿立方米,尤以东姑山的花岗岩材质最佳。都昌苏山、湖口老山和横山、武宁九岭山、修水九宫山等地花岗岩品质优良、储量丰富。

**砂矿** 全市总储量达数 10 亿吨。彭泽砂矿达 2 亿吨,都昌老爷庙、湖口柘林及星子县皆有蕴藏颇丰的砂矿资源。永修吴城松门岛、彭泽马当及湖口县,有储量很大的石英砂,是玻璃工业原料。

# 第七章　自然灾害

## 第一节　地质灾害

### 一、地 震

市域位于扬子准地台西部和九江台陷,由于印支运动和燕山运动影响,形成本地区一系列褶皱和断裂构造,九江一带的褶皱构造属九江—彭泽复向斜向南翼的次级褶皱,总体上为一向南弯曲的弧形褶皱带,中部被庐山地块隔断分为东西两端。区内断裂构造十分发育。本区地震地质构造主要受郯城—庐江断裂带、扬州—铜陵断裂带和襄樊—广济—鹰潭断裂控制,地质构造复杂,新构造及现代构造运动活跃,历史多次发生中强地震。

1991~2010 年, 九江地震台地震监测共记录到市辖区发生 5 级以下地震 165 次, 其中较大的有:1995 年 11 月 26 日瑞昌范镇 4.9 级地震,2002 年 11 月修水、武宁、湖北交界处 4.1 级地震,2004 年 1 月 26 日德安樟树 4.1 级地震,2005 年 6 月 5 日修水县 3.2 级地震。2005 年 11 月 26 日 8 时 49 分,九江县、瑞昌市之间 5.7 级破坏性地震,造成九江县、瑞昌市共 13 人死亡,82 人重伤,693 人轻伤,直接经济损失 20.4 亿元人民币。此次地震波及湖北省黄梅县、武穴市,造成 2 人死亡。

### 二、崩塌、滑坡

1991~2010 年,市辖区共发生崩塌、滑坡 1008 处,其中崩塌 454 处,滑坡 554 处。分布于修水、武宁、瑞昌、庐山风景区、彭泽等地的中低山、丘陵区。崩塌、滑坡体岩性以土质为主,岩质 204 个,土质804 个。规模从数十立方米到 288 万立方米不等,以小型崩塌、滑坡为主,其中小(二)型 956 处,小(一)型 37 处,中型 11 处,大型 4 处。人为因素诱发的崩塌、滑坡 760 处,占 75.4%;自然因素诱发的崩塌、滑坡 248 处,占 24.6%。崩塌、滑坡造成人员伤亡 107 人,直接经济损失 6920 万元。

### 三、泥石流

1991~2010 年,市辖区发生泥石流 30 处,一般规模在数千至 30 万立方米不等。按规模等级标准划分,大型 2 处、中型 1 处、小型 27 处,因泥石流造成 5 人伤亡,直接经济损失 278.15 万元。

### 四、地面塌陷

1991~2010 年,市辖区发生地面塌陷 119 处,塌陷坑 290 多个。其中,人为活动引起的地面塌陷 22 处,占 18.5%;自然引发的地面塌陷 67 处,占 56.3%;地震引发的地面塌陷 30 处,占 25.2%。岩溶地面塌陷 106 处,占 89.1%,采空地面塌陷 13 处,占 10.9%。按规模等级标准划分,巨型塌陷 4 处,占 3.4%;大型塌陷 13 处,占 10.9%;中型塌陷 28 处,占 23.5%;小型塌陷 72 处,占 60.5%。

## 第二节　气象灾害

### 一、高 温

每年 5~10 月份,全市都可出现日最高气温≥35℃的高温天气,尤其在 7~8 月盛夏时期,辖区大多处在副热带高压控制和影响之下,温度高、南风大,除庐山高山站外,都会出现高温酷热天气,其中 7 月出现日数占 49.3%,8 月出现日数占 35.3%,10 月份发生日数最少,占 0.17%。西部修水、武宁丘陵山地高温天气出现多,东部湖泊平原高温出现少。日最高气温出现在2003年8月修水,达42.1℃,且修水、武宁都有连续20天以上≥35℃的高温纪录,以武宁2003年7月12日至8月9日高温连续维持达29天为最长。

**2010年市高温年平均日数统计一览**

表2–7–1　　单位:天

| 地　区 | 修水 | 武宁 | 瑞昌 | 九江市 | 湖口 | 彭泽 | 星子 | 德安 | 永修 | 都昌 |
|---|---|---|---|---|---|---|---|---|---|---|
| 年平均日数 | 36.4 | 28.3 | 24.9 | 24.8 | 19.2 | 13.6 | 10 | 17.5 | 23.1 | 13.4 |

## 二、干 旱

干旱是市辖区主要气象灾害之一,其中以冬旱、秋冬旱发生频率最高,分别达45.0%、20.8%,伏旱、秋旱分别为11.5%、16.6%,伏秋旱发生频率最低,仅占总数的6.1%。发生轻度干旱与中度干旱次数相差不大,轻度冬旱发生频率较高,占总数的23.0%,重度干旱仅出现1次,发生在1995年永修县、星子县。

**1991~2010年市干旱年平均次数统计一览**

表2–7–2　　单位:次

| 过程 度 | 伏 旱 | 伏秋旱 | 秋 旱 | 秋冬旱 | 冬 旱 |
|---|---|---|---|---|---|
| 轻 度 | 2.00 | 0.70 | 2.45 | 1.10 | 4.7 |
| 中 度 | 0.35 | 0.55 | 0.95 | 3.15 | 4.5 |
| 合 计 | 2.35 | 1.25 | 3.40 | 4.25 | 9.2 |

## 三、暴 雨

暴雨是市辖区主要灾害性天气之一,具有发生范围广,时间短、强度大、突发性强等特点,易诱发泥石流、山洪、山体滑坡等灾害。九江地区全年除2月份外,其余时间皆可出现暴雨。暴雨分布有一个高值中心,即庐山,占全区总次数的14.7%。暴雨多发生在5~7月份,特别是6月份,占全年暴雨次数的26.8%,此时江湖水位较高,暴雨频发常导致洪涝灾害,如逢长江上游特大洪水,灾害将更加严重,如1998年的大洪水。降水集中期结束后,8月份的庐山多台风暴雨。庐山因山体陡峻,地型呈东北—西南走向,对东南风具有很强的辐合抬升作用,此时进入江西的台风低压,极易在庐山产生暴雨、大暴雨,每年8月份庐山暴雨中,大暴雨就占其近一半,如2005年9月第十三号台风"泰利"造成庐山连续特大暴雨,72小时内总降水量达940.0毫米,接近庐山年平均降水量的二分之一,造成庐山40余处滑坡、塌方,全山旅游景点全部关闭。

**1991~2010年市暴雨年平均日数统计情况**

表2–7–3　　单位:天

| 地 区 | 修水 | 武宁 | 瑞昌 | 九江市 | 湖口 | 彭泽 | 星子 | 德安 | 永修 | 都昌 | 庐山 |
|---|---|---|---|---|---|---|---|---|---|---|---|
| 年平均日数 | 4.4 | 4.45 | 4.25 | 4.25 | 4.45 | 3.8 | 4.9 | 3.8 | 3.5 | 4.8 | 7.4 |

**1991~2010年市大暴雨年平均日数统计一览**

表2–7–4　　单位:天

| 地 区 | 修水 | 武宁 | 瑞昌 | 九江市 | 湖口 | 彭泽 | 星子 | 德安 | 永修 | 都昌 | 庐山 |
|---|---|---|---|---|---|---|---|---|---|---|---|
| 年平均日数 | 0.95 | 0.6 | 0.55 | 0.7 | 0.6 | 0.4 | 0.8 | 0.55 | 0.65 | 0.9 | 1.5 |

## 四、大 雾

全市一年四季均可出现大雾,冬季出现频率占42.5%,春季27.8%,秋季21.4%,夏季8.30%。全市年平均出现大雾天数在6.75~191.9之间,庐山最多,年平均为191.9天,其次为修水47.35天,最少的地区为瑞昌6.75天。

1991~2010年市大雾年平均日数统计一览

表2-7-5 单位:天

| 地 区 | 修水 | 武宁 | 瑞昌 | 九江市 | 湖口 | 彭泽 | 星子 | 德安 | 永修 | 都昌 | 庐山 |
|---|---|---|---|---|---|---|---|---|---|---|---|
| 年平均日数 | 47.35 | 24.8 | 6.75 | 7.25 | 8.65 | 8.1 | 9.2 | 16.9 | 13.25 | 10.05 | 191.9 |

## 五、强对流

**冰雹** 市辖区冰雹出现的概率相对较少。1991~2010年,全市共出现71站次,出现的月份为1~8月之间。3月出现最多,为35站次;1月最少,仅1站次。出现最多地区为庐山,出现20次,占全区28.2%;最少的地区为都昌,出现2次,占全区2.82%。

1991~2010年市冰雹出现次数统计一览

表2-7-6 单位:次、站次

| 地 区 | 1月 | 2月 | 3月 | 4月 | 5月 | 6月 | 7月 | 8月 | 9月 | 10月 | 11月 | 12月 |
|---|---|---|---|---|---|---|---|---|---|---|---|---|
| 修 水 | | 2 | 3 | 3 | | | | 1 | | | | |
| 武 宁 | | 3 | 4 | | | 1 | 1 | | | | | |
| 瑞 昌 | | 1 | 2 | 1 | | | | | | | | |
| 浔 阳 | | | 2 | | | 1 | | | | | | |
| 湖 口 | | | 2 | 1 | | | | | | | | |
| 彭 泽 | | 1 | 1 | | | | | | | | | |
| 星 子 | | | 3 | 1 | | | | | | | | |
| 德 安 | | 2 | 3 | 2 | 1 | | | | | | | |
| 永 修 | | | 3 | 2 | 1 | | 1 | | | | | |
| 都 昌 | | | 2 | | | | | | | | | |
| 庐 山 | 1 | 3 | 10 | 3 | | | 2 | 1 | | | | |

**飑线** 主要出现在2~9月之间。1991~2010年,全市共出现238站次。7~8月发生概率最大,各占58站次;2月最少,仅1站次。以修水45次为最多,彭泽最少6次。

### 1991~2010 年市飑线次数统计一览

表 2-7-7　　　　单位:次、站次

| 地 区 | 1月 | 2月 | 3月 | 4月 | 5月 | 6月 | 7月 | 8月 | 9月 | 10月 | 11月 | 12月 |
|---|---|---|---|---|---|---|---|---|---|---|---|---|
| 修 水 | | | 2 | 15 | 2 | 9 | 7 | 5 | 5 | | | |
| 武 宁 | | | | 2 | 2 | 3 | 1 | 3 | | | | |
| 瑞 昌 | | | 1 | 3 | 2 | 1 | 1 | 2 | | | | |
| 浔 阳 | | | 2 | 6 | 3 | 1 | 6 | 9 | 1 | | | |
| 湖 口 | | | | 5 | 7 | 2 | 8 | 8 | 1 | | | |
| 彭 泽 | | | | | 1 | 2 | 3 | | | | | |
| 星 子 | | | 1 | 2 | 6 | 3 | 6 | 10 | | | | |
| 德 安 | | | 2 | | 1 | 1 | 1 | 4 | | | | |
| 永 修 | | | | 4 | 7 | 2 | 6 | 10 | 2 | | | |
| 都 昌 | | | 1 | 2 | 4 | | 11 | 3 | | | | |
| 庐 山 | | 1 | 2 | 3 | | | 8 | 4 | | | | |

**雷雨大风**　主要出现在 2~11 月之间。1991~2010 年,全市共出现 624 站次,最多为 4 月 143 站次,10 月最少仅 2 站次。春、夏两季出现最多,春季为 51.6%,夏季为 40.5%。最多地区为庐山 243 次,瑞昌最少,仅为 13 次。

### 1991~2010 年市雷雨大风次数统计一览

表 2-7-8　　　　单位:次、站次

| 地 区 | 1月 | 2月 | 3月 | 4月 | 5月 | 6月 | 7月 | 8月 | 9月 | 10月 | 11月 | 12月 |
|---|---|---|---|---|---|---|---|---|---|---|---|---|
| 修 水 | | | | 7 | 4 | 6 | 3 | 5 | | | | |
| 武 宁 | | | 2 | 2 | 2 | 4 | 4 | 6 | | | | |
| 瑞 昌 | | | | 3 | 4 | | 2 | 3 | 1 | | | |
| 浔 阳 | | | 1 | 4 | 3 | 2 | 3 | 7 | 2 | | | |
| 湖 口 | | | 5 | 4 | 5 | 1 | 6 | 3 | 1 | | | |
| 彭 泽 | | 3 | 3 | 5 | | 2 | 4 | 3 | 1 | | | |
| 星 子 | | 8 | 21 | 28 | 15 | 7 | 23 | 26 | 6 | 1 | 2 | |
| 德 安 | | 1 | 2 | 1 | 1 | 1 | 5 | 4 | | | | |
| 永 修 | | 1 | 9 | 14 | 6 | 3 | 6 | 4 | 1 | | | |
| 都 昌 | | 5 | 11 | 12 | 6 | 2 | 8 | 11 | 1 | 1 | 2 | |
| 庐 山 | | 8 | 41 | 63 | 38 | 26 | 51 | 12 | 2 | | 2 | |

**强降水**　1991~2010 年,全市强降水共出现 315 站次,主要出现在 3~10 月之间,以 8 月 102 站次为最多,3 月最少 2 站次。其中最多的地区为庐山 59 次,最少的地区为浔阳、武宁各 18 次。连续 2 小时降水量超过 100 毫米的市县有:永修 1999 年 8 月 15 日 16~18 时雨量为 102.2 毫米,庐山 1995 年 8 月 15 日 18~20 时为 125.9 毫米、2009 年 8 月 6 日 16~18 时 137.3 毫米, 星子 2002 年 8 月 7 日 5~7 时 119.6

毫米，都昌1999年8月15日6~8时139.8毫米，瑞昌2004年5月26日14~16时102.4毫米、2005年9月3日20~22时107.0毫米，最强的是彭泽1996年7月9日23时~10日2时连续3小时降水量184.1毫米，致使全县遭受洪涝灾害，直接经济损失达10830.6万元。

1991~2010年市强降水次数统计一览

表2-7-9　　单位：次、站次

| 地区 | 1月 | 2月 | 3月 | 4月 | 5月 | 6月 | 7月 | 8月 | 9月 | 10月 | 11月 | 12月 |
|---|---|---|---|---|---|---|---|---|---|---|---|---|
| 修水 | | | 1 | 1 | 1 | 6 | 7 | 6 | | | | |
| 武宁 | | | | 1 | 3 | 5 | 7 | 2 | | | | |
| 瑞昌 | | | | 2 | 2 | 4 | 9 | 6 | 5 | | | |
| 浔阳 | | | | | 2 | 3 | 5 | 7 | 1 | | | |
| 湖口 | | | | 2 | 5 | 7 | 5 | 7 | | | | |
| 彭泽 | | | | 1 | 2 | 6 | 14 | 8 | | | | |
| 星子 | | | 1 | 3 | 2 | 1 | 8 | 17 | 1 | | | |
| 德安 | | | | | 1 | 5 | 6 | 11 | 2 | 1 | | |
| 永修 | | | | 2 | 4 | 2 | 3 | 7 | 2 | | | |
| 都昌 | | | | 1 | 4 | 6 | 10 | 7 | 5 | | | |
| 庐山 | | | | | 5 | 6 | 11 | 24 | 10 | 3 | | |

**寒潮**　寒潮出现的时间，最早开始于9月下旬，结束最晚是第二年5月。春季的3月和秋天11~12月是寒潮和强冷空气活动最频繁的季节，也是寒潮和强冷空气对生产活动可能造成危害最重的时期。1991~2010年，全市共出现6次寒潮过程，其中3月出现3次，12月出现1次，1月出现1次，2月出现1次。

## 六、台风

1991~2010年，从东南沿海登陆并对市有影响的台风有41个。2005年9月2~4日，受十三号台风“泰利”(TALIM)影响，全市出现近几十年最强的一次降水过程，全市降水量均超过100毫米，7个县超过200毫米，4个县超过300毫米，以庐山940毫米为最大。庐山仅9月02日02时~3日02时24小时雨量达529毫米，为有记录以来最大值。9月3日19~22时，瑞昌3小时雨量达138.5毫米；庐山、星子20~23时3小时雨量分别达118.2毫米、103.9毫米。这次特大暴雨引发部分山体滑坡和泥石流，造成部分房屋倒塌、公路中断，部分县市严重内涝和洪涝，农作物受灾面积达96916公顷，给人民生命财产带来惨重损失。

1991~2010年影响市境台风统计一览

表2-7-10

| 项目 | 6月 | 7月 | 8月 | 9月 | 10月 | 11月 |
|---|---|---|---|---|---|---|
| 影响个数 | 2 | 10 | 14 | 12 | 2 | 1 |

## 七、低温雨雪冰冻

1991~2010年，全市低温雨雪冰冻灾害天气共出现2次，分别是1998年1月16~26日、2008年1月12日至2月2日。1998年1月16~26日以阴雨天气为主，冰冻日数为6~8天，其中20日全市出现小到中雪,局部大到暴雪,22~23 日全市普降中到大雪,部分暴雪。2008 年 1 月 12 日至 2 月 2 日,全市出现长时间低温雨雪冰冻天气,冰冻日数达 19~21 天(庐山 33 天)。主要大的降雪过程出现 4 次,范围覆盖全市,积雪日数为 12~17 天(庐山 33 天)。全市还出现 4~8 天大范围的雨凇天气。其中 12~13 日、14~15 日、27~28 日、1 月 31 日至 2 月 1 日分别出现较明显的降雪天气过程,以 27 日晚至 28 日的过程最大,全区普降中到大雪,部分暴雪。此次过程造成多处道路受阻,供电中断。

# 第三篇

# 庐　山

# 第三篇　庐　山

庐山，是中国一座风景秀美的名山。自司马迁南登庐山，观禹疏九江，将其载入《史记》起，庐山便开始有文字记载的文化历史。

庐山飞瀑流泉，碧水深潭，绿树青山，白云丹枫，尽秀其中；奇诡峰峦，陡峻山岭，雄奇层岩，浑厚雄阔，恰如唐代诗人李白所述："予行天下，所游览山水甚富，俊伟诡特，鲜有能过之者，真天下之壮观也。"庐山别具一格的地质地貌景观、地质演变历史及独特的地质构造特征，尤以第四纪冰川遗迹现象受到国内外地学界高度关注。其集雄、奇、险、秀于一身的多成因复合地貌景观，在世界上亦不多见，是很高价值的自然遗产。中外学者对其考察研究，促进和丰富中国第四纪冰川地质学，使庐山成为中国第四纪冰川地质学诞生地。

千百年来，以儒、释、道 3 家杰出人物为代表的文化群体，在庐山演绎出独特的"庐山文化"特征，3 家碰撞交织、融会贯通，"勉趋气象大同之域"。近代，随着资本主义文明传入，庐山又接纳和兼容西方文化，具有 10 多个国家建筑风格的别墅 800 余栋，既运用西方乡村生活与都市文化结合起来的浪漫主义，又在园林布置上吸取中国传统文化元素，使西式石砌别墅群和谐分布在自然风光与中国文化相融的氛围之中，形成"庐山的个性"。别墅区与中国古典建筑、园林、摩崖石刻融为一体，使庐山成为中国最具开放品格的风景名胜区。

庐山曾被"敕封"为"庐岳"，系中国封建王朝对庐山的尊重，也是庐山在中国历史上重要地位与作用的反映。由此，庐山又饱含政治意蕴。特别是和中国现代政治风云紧密相连，并影响着整个中国历史进程，诸如 20 世纪 30 年代成为国民政府"夏都"；新中国成立后，又曾召开中共中央 3 次"庐山会议"等。

改革开放以来，庐山注重旅游资源开发，健全游览服务设施，合理组织旅游经济活动，加强文化景观保护管理，从而使其成为深受国际和国内旅游者向往和青睐的风景名胜区；成为全国文明山、安全山、卫生山、全国文化先进区、全国文明风景旅游区示范点、省爱国主义教育基地；成为世界文化景观、世界地质公园、国际知名旅游景区，在世界名山之中独树一帜。

# 第一章 山体环境

## 第一节 山体特点

庐山位于长江中、下游交界处江西省北端。地理坐标介于北纬 29°21′~29°45′、东经 115°50′~116°10′间。史载庐山“南吻雄湖,北枕长江,天下奇观莫巨焉”“据浔阳、彭蠡之会,环三面皆水也”,山、江、湖三位一体奇妙结合,凸显其地理位置基本特点。

山体外貌呈椭圆形孤立挺拔,东西广 28 千米,南北袤 11 千米,面积 302 平方千米。自古命名过山岭 171 条,主峰 99 座。大汉阳峰海拔 1473.8 米。整个山体由西南向东北方向倾斜延伸,属幕阜山—九宫山山脉一组成部分,但独立凸起,有山无脉,“一山飞峙大江边”。对外交通便捷,山体四周有公路环绕,有攀山蹬道 9 条,山上亦有缆车索道。从九江码头、车站、机场,乘汽车 1.5 小时可达山顶旅游中心地牯岭。至南昌、景德镇公路距离分别为 127 千米、134 千米。

## 第二节 山体成因

庐山山体由不同时代岩石组成,最古老岩石为前震旦系双桥山群。10 亿年以前,山体开始其发育史,从地史演变情况看,自前震旦纪至二叠纪,主要处于浅海或滨海环境,并缓慢沉降,接受外来沉积,沉积物厚达数千米,为山体形成提供物质基础。此期间,曾有过几度上升,并露出海面,遭受外力剥蚀。此地区最古老地层是巨厚前震旦系浅海相沉积,故在早期阶段,一直处于浅海环境之中。此层沉积以后,经吕梁运动上升为陆地,并受长期剥蚀,在地表形成一起伏剥蚀面。剥蚀面上,覆盖滨海相和浅海相沉积。在剥蚀面形成之后,再度下沉,为海水所淹没。至晚奥陶世,受地壳运动影响,稍有上升,又经受一次剥蚀,随后缓慢下沉。志留纪末,受加里东运动影响,地壳上升,陆地范围扩大,直至泥盆纪早期,地面遭受长期剥蚀,并形成广泛剥蚀面。此后,地壳长期下沉,在剥蚀面上沉积沙砾岩和灰岩,这反映区划剥蚀地面向滨海和浅海转化。

自古生代末到中生代,区域地史发展发生质的变化。中生代燕山运动使庐山地区上升,成为陆地。二叠系上统、三叠系、侏罗系和白垩系下统普遍缺失,说明中生代区域是一个较大范围缓慢而持续上升的剥蚀区。但至白垩纪晚期,山体外围及江湖凹陷地带,堆积白垩系上统南雄组。从其岩性及沉积位置来看,主要是山体上升,外力剥蚀山体相关沉积。表明在白垩纪晚期,区域受燕山运动影响,地壳发生升降运动,山体断裂上升和外围相对下沉。据钻孔资料分析,在长江南岸九江段该层沉积厚达数百米以上,证明晚白垩世庐山上升历时较长,上升量较大,剥蚀时间较久;从砾石成成分来看,中、下部砾石主要为石英砂岩、硅化灰岩、燧石和灰黑色灰岩,少量灰岩角砾及火成岩,上部以灰岩砾石为主,砾石粒径为 2~5 厘米,在鄱阳湖边星子县火焰山一带,见有最大粒径约 30 厘米的山麓堆积的灰岩角砾。可见,当时古老的震旦纪地层出露范围较目前要小,而山体所及范围远比目前要大。

庐山及其山麓和外围地带,第三纪地层基本缺失。亦说明第三纪时期整个庐山地区主要是一个微弱上升剥蚀区。今之庐山,是在第四纪地壳强烈抬升和外力作用下逐渐形成的,且还在继续上升之中。地质学家李四光称“庐山侧面削壁横亘,瀑布怒号,宛若幼年地貌。其四面下降,抑或山体上升,今日容未歇止”。

## 第三节　水文气象

### 一、水　文

庐山溪涧，在由山上流到山下途中，在断层及节理发育的地质条件影响下，增加河道曲折程度，减缓河道的坡度。如七里冲东北流的溪流，受九叠屏断层影响，成90°转折，改向东南流；由长冲西流的溪流，受龙首崖断层影响，亦折向西北流。

庐山在地层发生大幅断裂之前，水系发育已达到壮年阶段。北部大月山与牯牛岭区域，受地质构造影响，河道发育充分，次成谷与次成谷之间分水岭极低，相对高度小，一般不超过100米。南部仰天坪页岩和匡顶板岩区域，河流宽广曲折，山谷低矮浑圆，相对高程30~50米，故溪流在峡谷间盘旋萦回，增加可利用效益。

庐山多泉水，是由其地质和地理因素决定。全山岩层节理发育好，地面又被丰富的植被覆盖，雨水未全部流失，由于植物的调节作用得以保存，丰沛的水量沿着节理渗入地下，经过汇集后，继续向一定方向流动，又从涧谷岩石裂隙里涌出。北部大月山和女儿城的砂岩节理特别发育，因之泉水屡见，潺潺不息。庐山不但泉水多，且水质好，甘洌碧莹，甜爽可口。唐代陆羽曾品定谷帘泉水为“天下第一泉”，栖贤寺下石桥潭水为“天下第六泉”。宋初王禹偁在《谷帘泉序》中记载：“水之来，计程一月矣，而其味不败。取茶煮之，浮云蔽雪之状，与井泉绝殊”。1988年，经中国科学院等有关部门专家鉴定，庐山泉水含多种有益于人体的矿物质。

### 二、气　象

庐山位于北亚热带季风温湿气候区，四季分明。由于山高坡陡，濒湖临江，故气候垂直分带明显，以气温低、湿度大、日照短、云雨多称奇。牯岭全年平均气温11.5℃，最高32℃，最低-16.8℃，具海洋性气候特征。全山处于西南暖湿气流与北方冷空气首当接触部位，年降水量较大，加之植被发育，山体高耸、襟江依湖，使大量暖湿气流沿陡坡悬崖上升，与山上冷空气对流相遇凝结成水，造就特有多雨雪云雾特色。年均雾日达190.6天，多达221天。年降水量1833.5毫米，年降水天数164天，平均相对湿度78%，全年日照仅1924.4小时。

庐山一年四季，各有特色。春季多从4月12日开始，至7月5日结束，共85天，是季，云雾缭绕，细雨霏霏，犹如太虚幻境，称之为“春如梦”，有诗云“匡庐山高高几重，山雨山烟浓复浓”。夏季则从7月5日开始，持续仅50天；山下“东城八月苦炎辉”，山上“潇洒山间夹纩时”，是季，万木竞秀，翠绿如滴，正是“夏如滴”的避暑季节。秋季约从8月24日开始，仅有65天；是季，蓝天白云，秋高气爽，苍松翠竹、枫叶似霞，有“风吹云气迷谷起，霜坠枫叶令人愁”的“秋如醉”之称。“冬如玉”是对庐山冬季的概括，冬天长达165天，其中下霜日长达100日。下雪最早在11月2日，最晚在次年4月29日。是季，全山皆是青松翠柏绿竹，由于霜雪频现，故时常可见“雾凇”“雨凇”“冰挂”景观满山遍野，构成特有的江南北国风光，蔚为壮观，美妙异常。

# 第二章　自然遗产

## 第一节　冰川遗迹

### 一、冰　斗

**大坳冰斗**　位于大月山刃脊北东段西北侧，王家坡U形谷南侧陡壁处。冰斗长300米，宽250米，深100米，斗底高程1200米。斗底较平坦，微向北倾斜，冰斗四周皆为峰壁围绕，冰斗窄口下成悬崖，从冰斗后壁向斗口倾斜。冰斗出口处可见冰坎残存于冰斗口左侧，冰坎高出冰斗底面20~30米。

**黄龙冰斗** 位于仰天坪北东的黄龙庵附近。冰斗长300米，宽250米，深100米，大小与大坳冰斗几近相同。斗底高程约1250米，冰斗口向东北，外观呈一安乐椅状。

**鼓子寨冰斗** 位于香炉峰北面、卧龙岗之南。冰斗长300米，宽200米，深70米，斗底高程仅500米，冰斗口向东南。

## 二、冰川U形谷

**王家坡U形谷** 位于庐山东北、大月山刃脊与小天池—大寨山刃脊之间。U形谷长4000米以上，宽700米，谷底源头高程800~1000米，前缘高程200米，横断面呈U字形，纵断面略呈阶梯状，上段相对较窄，下段相对较宽。

**大校场U形谷** 位于女儿城刃脊与长埂刃脊之间，谷底源头高程1350米，谷口高程1100米，长3000米，宽170米，残存深度仅30~50米。U谷末端接芦林冰窖，有冰川堆碛物，底部发现有冰川作用挤压和碾磨而成的岩粉，亦曾发现有炮弹状和熨斗状的砾石及冰川条痕石。

**石门涧U形谷** 位于黄龙寺冰窖下端，谷底介于400~800米之间，U谷长1200米，纵断面呈典型阶梯状，冰阶、冰盆相间排列。在石门涧瀑布百丈梯是1个冰阶，之下是1个冰盆遗迹，钓鱼台石门衔日处曾是1个冰阶及冰坎遗迹，之下文竹精舍又是1个冰盆遗迹，冰盆中心尚有冰碛泥砾堆碛成的底碛小丘。再向下就是石门涧冰坎，冰坎长320米，宽80米。冰坎中部马鞍形凹地应是冰坎风口，冰坎南西端河谷处应是冰坎水口遗迹。冰坎外又是1个冰阶，再向下就是学洼盘谷。

## 三、冰 窖

**芦林冰窖** 即芦林湖盆所在地，位于大校场U形谷下方。冰窖长1300米，宽750米，底部高程1000米，略向西北倾斜。公元初期，尚是1个高山天然湖泊。芦林大桥处，尚有冰坎遗迹残存。

**三逸乡冰窖** 冰窖长720米，宽410米，深150米，冰窖底的高程1000米，出口处向东北微倾，在望鄱亭之下尚有冰坎残留遗迹。

## 四、悬 谷

**莲花谷悬谷** 位于王家坡大U形谷之上，是一小型冰川U形谷，介于屋脊岭及日照峰刃脊之间。谷底高出王家坡U形谷约100米。在冰阶陡坎处无断层。

**汉口峡悬谷** 位于东谷U形谷的西南上端，是在大校场U形谷旁侧的一个冰溢口基础上发育而成的，高悬于东谷U形谷之上50~70米。在冰阶陡坎处无断层。

## 五、冰坡与冰筧

上霄峰之侧金竹坪至牧马场一带为一辽阔之冰坡。太乙村之后一陡斜坡亦是一冰坡。冰坡下部“形成群山以锁之，群山之间，早经流水辟为若干平等之口，冰行至此，循口下溜……冰溜之口，皆如平板，倾斜颇急……凡此类板块形之山口见于庐山者，例多冰筧之遗迹”。芦林湖的玉屏峰、云屏峰西侧就是2个小冰筧。另有玄妙观、将军河、斗米洼、月轮峰冰筧及大月山冰筧。

## 六、角峰及刃脊

庐山主要角峰有太乙峰、犁头尖、日照峰、月轮峰等。角峰海拔均高于1300米，均在刃脊之上或端部。角峰尖尖如锥，相对高差大于百米，挺拔峻峭，高耸入云，构成特有的孤峰地貌景观。

庐山多数山脊陡峭如刀刃、锯齿，似火焰，属较为典型的巉岩地貌景观，如九奇峰、含鄱岭、大月山、小天池山—大寨山(猴子岭)、屋脊岭、红石崖、女儿城、牯牛岭，坡角常达60°以上。

## 七、漂 砾

庐山周围地区山岭丘陵平原地带，有来自3~12千米之外庐山上的0.5~7.5米的巨大砾石，是第四纪冰川“漂砾远扬”。在海拔284米的大排岭及海拔193米的金定山顶均见有直径达7.2米，重220吨巨大冰川漂砾。在海会寺东800米处见有直径达15米的巨型冰川漂砾。李四光认为“若遇漂砾甚巨，远扬于平原或鹄立于丘陵之项，则可认为冰川遗迹之至确者也”。因“漂砾远扬”是冰川运动学的主要证据之一。

## 八、表皮构造

在山北麓蛇头岭（羊角岭）、大排岭、金定山、下青山等地均有“表皮构造”，表皮构造又称表面构造。冰川运动的推动力作用于冰前地层所产生的褶皱、断裂等构造现象。它仅发生于表层，向深层很快消失，且与冰川运动方向呈一定关系，是冰川运动的有力证据之一。

## 九、冰溜面

在鄱阳湖滨白石嘴一带的石灰岩露头表面，发现十分典型的冰溜面，惜修建港口已遭破坏。1983年在白石嘴对面九江化纤厂发现4平方米的磨光面，其上有细长而密布且平行的冰川擦痕。另在山上的牧马场、金竹坪、莲花台、太乙村等地均发现有冰溜面。

## 十、冰川条痕石

1937年，李四光在所著《冰期之庐山》中指出“牯岭西谷、大校场下U谷中，芦林盆地、云屏峰侧之侧碛中，牧马场及王家坡一带大U形谷中，发现带条痕之石甚夥……，鞋山远立鄱阳湖中，其上有漂砾……，曾拾得条痕石若干块”。此外，在羊角岭张家老屋曾发现10多块漂砾上均有冰川条痕，有的漂砾上多达20多条方向大体一致的条痕，其方向与冰川运动方向一致。在大校场谷口芦林湖畔的剖面上，有一径2.5米巨砾，上有一长15厘米的典型“丁头鼠尾”条痕，宽5毫米，深7毫米。1997年冬，在王家坡大U形谷下段中庵寺之下250米处，发现一块长达5米漂砾，有6条冰川条痕，长度为5~19厘米不等。宽为0.7~1.5厘米，深为0.5~3厘米，条痕深而窄，表面光滑，方向基本一致。

## 十一、鼻山尾与羊背石

鞋山又称大姑山，由2.85亿年前的石灰岩组成，基状如只绣花鞋或如只大鼻子。李四光认为是冰川地貌遗迹——鼻山尾。鞋山南低北高，南北长370米，东西宽110米，最高海拔90.3米。山的走向与石灰岩走向基本一致，由于石灰岩向西倾斜，故山体呈东陡西缓之势。在离开湖底50米处的石灰岩半山腰石缝中，有来自15千米以外山上的砂岩砾石，重达220千克。

鄱阳湖滨原有许多由石炭纪石灰岩构成的羊背石群，即在90万年前冰川来临之时，冰川高度大于这些石灰岩露头，并从其顶爬越前进，将石灰岩迎冰川来的西端磨蚀得较为扁平，其上且有擦痕；顺冰流的东端较陡，状如群羊卧伏地上。今羊背石除蛤蟆石外，余被采石人炸去。蛤蟆石高16米，“嘴向南东，背向北西，上部较扩大，下部略仄小，且久经湖水汩没，腐蚀已甚，其顶部颇为圆滑，形状如羊背无异，惟未见条痕。然其侧面向内变曲之外，则尚有若干研磨之痕迹可睹，此项研磨之痕迹，越石中裂缝而过，故知其非断层面条痕”。

## 十二、冰碛泥砾混杂岩

白鹿洞之东大排岭山顶发现大排岭冰期冰川泥砾混杂堆积，厚5~12米，最大砾石达7.23米，一般为0.5~1米，多数砾石表面有层1~2毫米的铁质膜壳。

山东侧的金定山、上青山、长岭及鄱阳湖滨发现鄱阳冰期冰碛泥砾混杂堆积物。泥砾层厚9.5米，其中最大砾石达7.5米，重220吨以上，多数砾石为1~2米，表面有层薄铁质膜壳。

山麓垄岗地带及鄱阳湖滨，可见冰碛泥砾混杂堆积物。泥砾层厚3.9~9.8米，多数砾石为1~2米，大砾石在3.2米以上，个别达15米。十里铺之南新桥冰川终碛垄及鄱阳湖滨九江化纤厂后山终碛垄由冰川泥砾与冰水沙砾混杂堆积而成。

## 第二节 峡谷洞石

### 一、峡 谷

**石门涧峡谷** 位于山中西部,峡谷长1.2千米,谷底海拔标高400~800米,两岸陡峭壁立峭岩如削。自上而下仍有阶盆结构残留,阶处峡如石门,盆内开阔,巨石满布。周景式《庐山记》云“有涧水名石门涧为众泉之宗。每夏霖、秋潦,转石发树,声动数十里。水出岭端,有双高耸,其状若门,因之石门有目。水道双石之中,悬流飞澍,近三百许步,望之连天,若曳飞练于霄汉之中。谷中有修林万顷,伟木千寻,日月之光罕照焉”。主要景观有铁船峰、铁壁崖、狮子崖、百丈梯、千佛峰、瀑布、文竹精舍、寿碑园、情人园、龙虎斗、“石门衔日”等。

**九叠谷峡谷** 位于山中东部三叠泉下,峡谷长1.2千米,谷底标高400~800米,谷底多巨砾岩块堆叠,谷“两崖壁立万仞,涧从中辟”“巨石当冲,棱角杀尽,滑不留足,散者其布,豁者门开,龙蛇蜿蜒”“峻岩巨石互支撑,昼夜飞凌吼霹雳”。谷中玉川门,即由崩落巨大岩块相互堆叠支撑而成,最大岩块达2500立方米以上,谷内及两侧景点多且美。

**刘家寨峡谷** 位于山东北部,此峡谷叠加王家坡宽谷下段,谷长2.5千米,谷底海拔标高250~700米间,峡谷呈之字形弯曲,两壁多为悬崖,凌峭险矗,谷内多巨砾岩块。支谷较多,与主谷交汇处竹密林茂,苍翠葱郁,奇奥通幽。谷内有水晶洞、隐瀑、聚仙厅、王家坡双瀑及碧龙潭、龙头岩景点。

**青玉峡峡谷** 位于秀峰之上,峡谷长2.6千米,由元古界变质岩和花岗片麻岩组成。谷底海拔标高在100~1000米内。在海拔标高400米以上景区尚未开发,800~400米处有陡崖瀑布。谷内多深潭,著名的龙潭在峡谷末端。

**卧龙岗峡谷** 峡谷长2.5千米,谷底海拔标高在200~1000米间。谷中岩石及纵横断面形态与青玉峡类同。峡谷自上而下沿纵剖面,在岩性软硬差别大的突变地段,形成陡崖,出现三级瀑布。峡谷呈之字形弯曲,谷底多碧潭。

**石镜溪峡谷** 玉帘泉瀑布所在处,峡谷长1.2千米,由元古界变质岩和花岗片麻岩构成。谷底海拔标高在150~600米间。玉帘泉瀑布在海拔400米处陡崖上。

**筲箕洼峡谷** 位于康王谷上段,峡谷长1.8千米,谷底海拔标高在500~1000米间。谷底由晚元古代中基性火山岩构成,峡谷与地层走向一致,呈V字形。谷底虽有河流奔驰,却无瀑布出现。谷帘泉瀑布位于峡谷东侧的支谷中。

康王谷长12千米,由元古界变质岩与火山岩组成。谷底河床宽仅百米,两岸山系相对高差达300~500米以上。康王谷又称庐山垅、桃花源,与陶渊明《桃花源记》中所述景观相似。

**锦绣谷峡谷** 谷长1600米,谷底标高介于350~800米间,呈近东西向延展。由砂岩构成,峡谷北壁岩层陡立,南部较为平缓。谷内峭壁天成,怪石林立,万壑回萦,有莲花缀谷石、鹰咀探壑石、双狮戏珠石、观音梳妆石等。宋代谷间有蹬道,一到春季,由于谷内避冷风,各种名花万紫千红,灿烂如锦绣,芬芳远扬。尤其是瑞香花、红兰花更为名贵。

### 二、洞 穴

**鬼洞(水晶洞)** 位于山东北部碧龙潭景区入口处——刘家寨峡谷口绝壁上,天然水晶洞。洞口离开河谷地面8米,很少有人能上。相传,古代为避兵灾,有人藏此洞中,“遗骸、刀剑、盘盂藉其中,又多伏翼,群飞惊人,炬不行热,人无也入者”。洞中不但有尸骨、蝙蝠,还有巨蟒,无人敢入。鬼洞深且险,内有天然水晶,有旅游开发价值。

**仙人洞** 位于天池山石麓,是一个由砂崖构成的石洞,洞顶高、宽各4米,深12米。洞顶因有巨岩如掌平伸,可遮风雨,故又称为佛手崖。洞内有供奉吕洞宾神龛的纯阳殿,洞底有“一滴泉”。清代舒天香称仙人洞“岩石层层,翠壁中界以玉带,若画家之冰纹麻皱,横斜错落,弥露天巧。深入数寻,岩渐低,则有泉乳二滴,浮空而落,若疏林雨雾,时复一两点坠落池者,故名一滴泉,又名雌雄泉,则以两声相应,微有宫微之别耳”。洞前有“仙路”,左有“老君殿”,再前为蟾蜍石,上刻“纵览云飞”四字,旁有石松。再上为白鹿升仙台,台上有“御碑亭”。仙人洞一带古人留下的摩崖石刻近30副,明代钱仝的“云海”“天在云中”最引人注目。

**木瓜洞** 位于五老峰木瓜崖之下,天然石洞,海拔750米,木瓜洞“高明轩敞,可坐十余人”“洞自唐真人刘混成种木瓜得道,得此名”。刘仙人“自入五老峰石室,种木瓜为食。丹成,年八十六而逝”。清初,嵩隐者石和阳,54岁来木瓜洞隐居,逝时89岁,居洞36年。“木瓜洞旧有十六景:高游石、回澜石、卧云美、抱美石、洗心亭、太极池、垂钓石、苍龙池、清溪、玉弦亭、天泉、醉月亭、木瓜洞、桐子园、玉龙涧、栖霞别院”。洞前有木瓜寺遗址,寺前千年银杏树尚存。木瓜洞面对鄱阳胡,背靠五老峰,紧邻凌霄岩,自然环境优美。

**神仙洞** 位于秀峰瀑布之上黄岩寺后溪上,为岩块堆叠,酷似人工,有棱有角别具风格。神仙洞又名空生洞,“黄岩寺后有溪,溪水奔泻,声喧乱石中。循溪而行,入山洞。洞后有阶梯,折而上,又出石门”。《庐山续志》“阁为大石数片相撑持而成,有门有洞。盘旋数折至阁,阁外有石台,可眺月台畔龙潭,深不可测。亘数折而上,路益峻。望鄱湖,浮碧万顷”,“眺月台,平面大石上,有‘无极太极’四字,系笑月觅得,谓为苏轼书”,“其洞头署额‘石柱’二字,崇祯丙子罗浮张鲸题。第二洞署额‘自在所在’四字,清道光丁酉仲春广东女张照题”。神仙洞紧邻双剑峰、白鹤峰、行龟峰,洞前竹林无际,又有清溪、瀑布,环境似仙境。

**羲之洞** 位于玉帘泉下。洞室高1.6~1.8米,面积30平方米,洞顶由一巨大平整略倾斜的岩块构成,三面被巨石支撑甚为坚固,一面紧邻玉帘泉下碧潭,另有一门攀缘而上可进出。相传晋代王羲之在归宗寺居住期间,常到此石室静坐,洞前碧潭中养有白鹅一群,静观鹅群一举一动,练“鹅”字大有进益。现庐山博物馆内收藏的一个巨大“鹅”字,言是王羲之手书,但其真伪,仍有存疑。

**凌霄洞** 位于凌霄崖下,距木瓜洞不远。“洞多巨石,皆有异状,撑叠玲珑。旁挂苍藤,形干奇老。四面宛转道路,游人至此,螺旋蚁磨,步步幽奇。洞之顶筑一高台,蹬台纵观,耸身缥缈。汉阳(峰)、蠡湖(鄱阳湖)绕其前,五老,象王距其石。金鹅映带,突出雄峰,如怒虎愁狮,扑攫天际;又似有物鞭山,驱走奋跃而前者。望之可骇可愕。”相传唐代禅宗大师慧能的高徒马祖道一,曾在凌霄洞住过3年,故又称马祖洞。洞南有朱砂峰,传唐代宰相李林甫之女李腾空与蔡尚书之女蔡寻真常来此炼仙丹。凌霄洞一带地势险要,环境优美,古代常有文人至此游览。

**观音洞** 位于三叠泉旁的铃岗岭下,“其岭极峻,横塞太虚”。观音洞有2个洞口,“一在‘自在亭’下数十步,右折行为入洞之口;一在入口对面悬崖上,其端无径可通。斯洞实山之裂痕,双壁如削,才可通入。其高处覆大石,两空倚之,天日之光可睹。有凹进穴,对面各一”。凹进之穴可放一床,甚仄,其洞由巨岩块互相支撑而成。海拔850米。相传观音洞为仙人洞内竹影寺后,洞下有邓旭所书“竹影疑踪”四字。

## 三、巉岩怪石

**猴子岩巉岩怪石** 猴子岩又名小天池山,位于庐山中北部山北公路旁侧山脊,其上怪石林立,山脊如火似焰,尖峭异常,呈东北—西南方向延伸,直达大寨山,长2千米以上,只见“巨石层叠,正踞岭脊”。有一怪石如猴子静坐,曰“猴子石”,主峰海拔1250米。

**九奇峰巉岩怪石** 九奇峰又称火焰山,位于含鄱口与仰天坪之间,呈近东西延伸,长2千米,“连山嵯峨,角立争雄长。其奇在九,故云九奇峰,谓之火焰山”。9个奇峰,如烈焰喷空,怪石林立,12生肖石:鼠、牛、虎、兔、龙、蛇、马、羊、猴、鸡、狗、猪样样俱全,惟妙惟肖。电视剧《西游记》中的火焰山一些镜头,即在此拍摄。

**仙人脊—猿人岭巉岩怪石** 位于汉阳峰之南,有一系列奇峰及怪石,陡峭嵯峨,犹如锯齿,“森森如排剑戟”。如犀牛峰尖如牛角,紫霄峰高耸切云,般若峰峻峭险奇,黄莺寨陡峭如削,狮子石及猿人头石,惟妙惟肖,石鼓船怪石奇巧天成令人沉迷。海拔在800~1422米间。

**黄石岩——丫吉山巉岩怪石** 位于山西侧边缘,呈近南北向延伸,断续长达21千米,出露海拔标高350~750米间,鸡公嘴——黄石崖巉岩,长1千米,鸡公嘴尖削陡峭,巉刃崎岖;黄石岩高大雄伟,峥峭入云,巉岩嶙峋,怪石成群,是山北圆通寺后的一个主要景观。鸟儿崖巉岩,长2.5千米,远观如群岛待飞。报春泉之上的狮子石,狮子呈下山之势,老虎石的老虎呈上山之势,形象逼真。

**仙女石——鸡冠石巉岩** 长3.5千米,巉岩之上怪石或大或小,形态逼真。鸡冠石尖峭如残云,极像雄鸡鸡冠。古人云“四望石高耸刺天,泻油石卓立云表,仙女石清雅秀丽,猛虎石栩栩如生”。北香炉峰浑圆如炉,紫雾缭绕,旁侧有紫烟洞,其下有白居易草堂遗迹。白居易曾游此山,诗赞“攀簩蹋危石,手足劳俯仰。同游三四人,两人不敢上。上到峰之巅,目眩心恍恍”。事实上,多数地段不能徒手攀登。

**天排山——莲花峰巉岩** 长约3.5千米,巉岩陡峭如削,天排山如片云连天。圣治峰“枫风簩月,清流奇石,琼异人境”。圭壁峰“其形峭直,而偃首如圭”,锦秀峰“山葱倩如纾锦绣”,莲花峰“数峰攒簇如莲萼”。古人称圭壁峰、锦秀峰、莲花峰为莲花三峰,其下为莲花洞。

**丫吉山——观音崖巉岩** 长4千米,丫吉山“挺秀如笔”,有人称其为北双剑峰。观音崖“峭壁如崇墉”。龙门冲“其两崖石皆奇峭”。五虎攒羊石、凤凰石、鼓儿石、帝王骑,逼真生动。巉岩如云似焰,锋利如刃,嵯峨峥嵘,如刀似剑,攒刃脊之下林茂竹密,溪水涓涓,宛若世外桃源。

**醉石** 《庐山记》云:“渊明所居栗里,两山间有大石,可坐数十人。渊明常醉眠其上,名曰醉石。”《南史》载:陶渊明“先生弃官归,篮与时往来庐山中,醉辄卧石上,其石至今有耳迹及洒痕焉”。《桑记》又说:醉石“在濯缨池下谷下,高三四尺,亦谓之砥柱石”。清乾隆间陶溶所立《前贤诗碑》云:“越水涧有巨石,即醉石。攀而高,六尺许,可坐十余人。石对面有悬泉,斜高四五丈许,即所谓小瀑布……石上楞‘归去来馆’四字,传为朱晦翁所书”。经实地考证,碑文论述较确切,并有程思孟、郭波澄、卢襄等宋元明代名人石刻。醉石长2.7米,宽1.8米,高1.2米,6面均平整,顶面可卧坐。

**流星石** 又名流星山、福星山,位于星子县城南3千米鄱阳湖西岸。《星子县志》云“湖涨时山势若浮,如凤之翔,凤翔山,又名流星山”。冬季湖水枯涸,流星石与陆地相连,呈半岛状。山顶海拔95.9米,面积0.16平方千米。传说是流星坠湖成山。经调查,临湖一侧由5.43亿年前的黑色硅质岩组成,西侧为花岗质糜棱岩。故流星石不但是个风景点,亦是地质科考、科普教育点。

**落星石** 又名落星墩,位于星子县城南1千米许的鄱阳湖中,面积仅0.01平方千米,海拔标高25米。《水经注》云:“湖中有落星石,周回百余步,高五丈,上生竹林,传曰有星坠此,因以名焉。”《九江记》说:“浔阳湖内陨星化石,上连彭蠡,下接浔阳。其石圆洁,不生单木峭然孤峙,独出水标。”《一统志》曰:“落星湖在彭蠡湖西北。湖有小山,相传星坠水所化。”今山上建有寺、塔,已恢复古貌。

**飞来石** 在牯岭以西谷地的中部,为2块巨石叠加在一起。底层巨砾呈圆形,长5.6米,宽2.9米,高4.5米;其上巨砾呈长形,如同雄鹰展开的双翅,2石之间无相连之处,形成“冰桌”奇观,亦称“冰漂砾”。

**棺材石** 在观音桥三峡涧中。石为长方体,外形像巨棺。观音桥址选在此石下游数丈,“盖造桥时所用以缓上流之势者也”。湍急的流水在这里产生回水波澜,成为三峡涧中的奇观。清黄虞再题刻“回澜”“水哉”四字,后亦称“回澜石”。

## 第三节 峰峦山崖

### 一、峰 峦

**五乳峰** 位于山西南部,玉京山之西,七贤峰之南。5个乳状山峰呈东西向排列,亭亭玉立,丰姿卓绝,云雾缭绕,若隐若现,堪称奇观。“山有五峰如乳,故名”,海拔约850米。

**下双剑峰** 位于山西南部,五乳峰之西,秀峰黄岩瀑之侧。从秀峰方向望去,见“两峰峭拔如剑”刺破青天,直切云端。从鹤鸣峰南望,双剑峰陡峭如刃,形似烈焰喷空的山岭岩。海拔标高 750~850 米。南宋朱熹说:“奇哉康山阳,双剑屹对起。上有横云飞,下有瀑布水”。

**香炉峰**　位于山西南侧,亦有上、下 2 座,下香炉峰,处于双剑峰之下,文殊台之后。远看为一圆柱状孤峰,形似古寺中的香炉,加之峰顶常为云雾缭绕,犹如香烟,故更为著称,海拔 600 米。峰之四周树密竹茂,郁郁葱葱,异常隽秀。

**晒谷石(天镜石)**　位于山西南,汉阳峰之西北,四周极为陡峭,峰顶平坦,海拔 1429 米。《庐山志》云:“汉阳峰北,有巨石大而且圆,平而且光,仰天直照,故呼为天镜石。”明王思任说:“山顶有数大石,可晒谷也。臣象坐狮,乃憨山拈出。泉以清妙,茶以白妙,豆叶菜以苦妙,紫兰花以绝妙。”山顶原有“匡顶寺”,寺东有袈裟泉,现寺已废。

**黄龙山**　位于山西南部,晒谷台西侧。以四周陡峭,山顶平坦为特点,海拔 1372.2 米。有上、下黄龙山之分,“山之间邃壑焉,有水自仰天坪西流,经二山之间,潭曰黄龙潭,故谓二山曰黄龙山”。山下为吊桥洼,旁有黄龙冰斗,下有石门冰坎。山谷里有黄龙庵。

**马耳峰、石耳峰**　马耳峰有两峰并列尖峭,形如马耳高耸,形象逼真生动,峻拔幻险,海拔 1169 米。石耳峰,其名来历,一曰其形“宛若人耳,殆以此得名”,又说“其峰多石耳,故名”。“石耳峰之阳有侯溪,其阴有清溪,峰甚俏丽,其后山尤耸峙。清溪在石耳峰后,山碧而窈,水绀而深,林茂而翠,一佳境也”。海拔 850 米。石耳峰再向南为小五老峰,“岐而出者五,宛肖五老峰”,峥霄切云。再向西南为大步尖,亦是一对尖峭如笋的双峰并立。

**汉阳峰**　位于山西南部,海拔 1473.8 米,为庐山主峰。峰顶平坦,建有汉王台石室,顶有一石柱,上书“大汉阳峰”。汉王台有石刻联:“峰从何处飞来,历历汉阳正是断魂迷楚雨;我欲乘风归去,茫茫禹迹可能留命待桑田。”汉阳峰名由,一说在“月白风清之夜,由此可望汉阳灯火”而得名;二说“洪水稽天时,汉王避诸此峰,故名”。明徐霞客在《游记》中说,在大汉阳峰顶可“南瞰鄱湖,水天浩荡,东瞻湖口,西盼建昌诸山,历历无不俯首失恃。惟北面桃花峰,峥峥比肩。然昂霄逼汉,此其最矣”。《浔阳记》载:“庐山顶上有池,水池中有三石雁,霜落则飞于此山”,又说:“第庐山今无湖,古则不然,纪戴所垂,不皆神话,慈以桑乔所记汉阳上有螺蚌甲一事证之”。古时所说石雁即蚌壳之类。汉阳峰之侧有雨崖,“黝而深,昼日常黯黯。天将雨,常有云气出其中”。之南为松隐庵,又名署习庵,是庐山最高的一座寺庙,今已废。

**紫霄峰**　位于大汉峰之南,海拔 1311 米。《桑记》:“汉阳之南诸峰,森森如排剑戟以走东北,惟紫霄峰最高最奇秀……相传大禹刻石于石室中,秦始皇、汉武帝南巡狩时,常登之。”陈舜俞在《庐山记》中说:“秦始瞰宇宙,汉章上旗旂,”秦始皇登之,谓其与霄汉相接,因名焉。《水经注》说紫霄峰“石高壁峻,缅然与霄汉连接”。《一统志》载:“紫霄峰石室极深险,人不可至,有好事者缒而下,摹得百余字。字奇古不可辩”。《星志》说:“皆蝌蚪文字,隐隐可见”。

**金轮峰**　地处山西南端,位于玉帘泉之上,般若峰之下,海拔 860 米。《眠山游记》云:“舍利塔石削千丈,挺秀如笋,而铁塔独居其巅,耸入云表。”又说“峰从山腰拔起,俏丽如笋”,“山腹一峰突起,峻峭孤耸,别具奇观”。若从般若峰向下看,金轮峰犹如猛虎欲作下山之势,形象十分逼真。峰顶曾有一高大铁塔,1938 年被侵华日军炮毁。金轮峰侧为石镜峰,《列异记》云“峰有圆石,悬崖莹澈,光可以鉴,隐见不常”。谢灵运、李白的诗中均有“攀崖照石镜”之句;神话传说中,将石镜说成是玉贞仙女的宝镜,为文人骚客更添几分兴致。

**上双剑峰**　在秀峰、下双剑峰之上,雄奇峭拔,直刺青天,气冠群伦。由于山高坡陡林密,今尚无游步道可达。据《古志》记述“双剑峰顶有清源池,生莲花,大如车轮”。又说“红莲一瓣长三尺,阔一尺三寸”。所记述均是从溪中拾得红莲巨瓣,尚有存疑。上双剑峰比下双剑峰高约 500 米,海拔标高 1324 米。

**五老峰**　位于山中东部,实为由 5 座仪态轩昂的巨大山峰所组成,三峰(中峰)最险、五峰最高,海拔 1365 米。五老峰之下的五小峰,实为一群挺拔险峻的奇峰,旅游价值甚高。五老峰名由,一说因像 5 个老人而得名;二说五老峰“右有太乙峰、太乙村,下有青牛谷,犹如道教鼻祖‘老子’骑青牛,古称为五老峰”。

从鄱阳湖或海会、白鹿洞一带远眺,五老峰犹如残云凌空,又似浓烟冲天,若有若无,时隐时现,其险峭嵯峨,使人啧啧称奇,大有半入仙境半人间的感觉。五老峰下的狮子峰、金印峰、石船峰、旌旗峰、凌霄峰个个称奇,千姿百态,险幻俏丽。从五老峰顶上,由于崖陡峰直,看不到群峰真容;从山下远处观望,由于后背五老峰太高,山下诸峰纵横交错,互相叠置,亦看不到五老峰与五小峰的真面目。惟从山下沿溪而上,登上二层岩,再沿险道攀登,方能逐个见其真容,常使人惊奇不已,流连忘返。

**鸳鸯峰** 五老峰第五峰北里许,有双峰并列即鸳鸯峰,海拔1250米。峰顶平坦如桌,岩石裂缝中有墨绿色五老松10多棵,枝叶扑地。峰前为万丈深渊,悬崖峭壁,近于直立。站在峰顶,山下丘陵湖泊尽收眼底,长江、鄱阳湖、石钟山均可见及。崖前常有云雾飘浮,使人能产生一种升天行空的幻觉。正如古人所留摩崖石刻“日近云低”“俯视大千”“九江黄叶寺,五老白云峰”。

**上霄峰** 位于仰天坪与金竹坪之间,海拔1320米。此峰特征,古籍记载甚多:“峰尖秀如苍玉笋”“山高峻,每雨,其下成潦,而上有皎日”“峰头有大磐石,可坐数百人”“上霄峰蹬道峭削,步行颇崎岖,而境界幽绝。道旁杂树多作花,殷红缥碧,种种鲜艳”。由于上霄峰怪石嶙峋,峥峭切云,绚丽多姿,令人沉迷。相传秦皇、汉武均到过此峰,以观云海。

**钤岗岭与大鹏峰** 均位于三叠泉上端之西,两峰与三叠泉相映成趣,险中含秀,秀里藏幽。钤岗岭又称乾岗岭,“其峰极竣,横塞太虚,四周山势虽高,然犹俯视之,其顶虽夏亦霜。岭端有池,曰金沙盆,其泉夏不溢,冬不涸……其上有观音岩、观音洞。仙人磨在岭上,二圆石相积叠如磨。南麓有大石如亭,松梦蒙密,天风吹之,开合动摇”。从大月山方向视为岭,从三叠泉方向侧看成山峰,海拔712~1029米。大鹏峰位于麻姑岩之上,其旁有铁壁峰,对面一沟相隔为骆驼峰。从玉川门远眺犹如大鹏展翅,“麻姑、大鹏、铁壁诸峰皆石骨嵯峨,如屏如城,削立天半。酷似雁荡、武夷,与庐山他峰不类”。

**铁船峰** 位于山中北部,其北有文殊峰,海拔分别为800米及950米,两者之间有石门涧。文殊峰“一崖突出,下临无地……文殊台下瞰平川,隐极其显千里”,山西麓山江湖美景尽收眼底。铁船峰因“峰顶有石如船,而其色铁,故曰铁船”。从石门涧口望铁船峰,甚为雄伟峻峭,削壁通天,峥嵘巍峨,使人惊奇。从山上静观亭望去,为一嵯峨雄壮孤峰,独具神韵。

**大林峰及佛手岩** 大林峰又名云顶峰,位于山中西部锦秀谷西北,海拔标高1168.1米。峰顶平坦,有莲花池,“晋慧远时昙诜法师于讲经台东南杂植花木,郁然成林,故名大林”。大林峰西北有讲经台故地,再西北为女人头,西南为狮子坡。佛手岩位于锦秀谷东南游步道上,峭壁陡岩,犹如巨掌向谷内伸出,形如佛手,故名。佛手岩移步换景,苍崖翠壁,宛若图画。横斜错落,弥露天巧,峭岩绝壁,气势逼人,峥嵘挺拔。仙人洞及白鹿升仙台均在佛手岩上。

## 二、山 崖

**九叠屏悬崖** 又称屏风叠或铁壁峰,长达900米以上,相对高差180~250米,近于直立,是庐山最为陡峭高大的一个悬崖绝壁,又在三叠泉峡谷之侧,更显雄伟壮观。此悬崖岩石中常现形态各异的奇形纹理,亦增其观赏价值。古代文人称其为石格子,“石格子者,山崖峭壁数百丈,崭然斧削,由下而上,如以石叠成。大小疏密,俨具绳尺,郁为奇观”。又因悬崖有层铁黑色的风化物,使悬崖森森如铁,显得更为高大险峭。文矩《九叠屏歌》:“吾闻匡山云锦九叠之胜神所栖,界天绝壁云为梯”。

**天池山悬崖及铁船峰悬崖** 位于山中西部石门涧嶂谷,两崖呈近南北向延伸,长约450米,相对高差200米。由于风化作用,在悬崖岩石表面常有一层铁黑色薄膜,使悬崖铁黑森严,故又称为铁壁崖。

**龙首崖** 位于天池山悬崖之上。龙首崖旧称舍身崖,唐代进士刘进扬恶其名,易之曰“龙首崖”。明代王阳明常游龙首崖,“公乃局身徐步,若龙蜿蜒竦立岩前,瞻顾而叹曰奇绝”“石挺出虚谷中数丈,下瞰绝壑。观音凛凛不自持,独阳明王公,常至其末,无所畏焉”。

**五老峰悬崖** 又称断层崖,略倾向东南,长达2000米。自下而上悬崖由4个阶段组成,每级相对高差150~200米,每一阶段上有一个相对平缓的狭窄平台,台上群峰叠置,嶂谷幽邃。五老峰悬崖北段的猴子崖悬崖，相对高差达700米以上，甚为峭险。1996年5月联合国遗产委员会的专家桑塞尔至此，惊叹不已，连声叫绝，急令摄像，迟迟不肯离开。

**狮子口悬崖及锦秀谷悬崖**　位于锦秀谷嶂谷内，呈近东西向延展。由于岩块的崩塌，使锦秀谷峭壁天成，怪石林立，万壑回萦。

## 第四节　瀑泉涧潭

### 一、瀑　泉

**三叠泉瀑布**　位于山东北部，又称三级泉。瀑布水从海拔820米处的裂点石门中奔腾而出，分三级下坠于悬崖壁之上，垂直高差达208.8米。“上级如飘雪拖练，中级如碎玉摧冰，下级如玉龙走潭”。远看“如百幅冰绡，摇曳空中；又如万斛明珠，从天倾泻。盖峡束泉涌，喷空而下，都不着壁”，近观瀑布水“悬注大磐石上，袅袅如垂练，既激于石，则催碎散落，蒎密纷纭，如雨如雾，喷洒二级大盘石上，汇为洪流，下注龙潭，轰轰万人鼓也”。三叠泉在南宋以后才偶被樵夫发现，是庐山最高大的一个瀑布及重要的水体景观点，故有“不到三叠泉，不算庐山客”之说。

**秀峰瀑布**　位于秀峰黄岩，古称“开先瀑布”，由黄岩与马尾2个瀑布组成。瀑布出露海拔450米，黄岩瀑布又称西瀑，垂直落差45米，仅一股一段，异常雄伟壮观，其后为挺拔切云的双剑峰及香炉峰，使瀑布更显高大，仿佛从天而降。马尾瀑称东瀑，垂直落差32米，“泻出鹤鸣、龟背之间，曰马尾水。水势奔注，而岩石窄隘迫束，喷散数十百缕，如马尾状，其实亦一瀑也；其在西南者（黄岩瀑），则自坡顶下注双剑背邃壑中，汇为大龙潭。绕出双剑之东，下注大壑，悬挂数十百丈，曰瀑布水……二瀑具奇观，而西瀑尤胜。方冬泉脉微，循岩而流，涓涓然如一线，春夏泛溢，直落霄汉间，袅袅如垂匹练，日光灼之，灿灿如黄金色；倏为惊风所掣，则中断不下。入之，忽飘入云际，如飞珠卷雪，银珠散玉，瞬息万状”。在马尾瀑布之上，海拔900米处又有一瀑，瀑布下有一平台，竹林遮天蔽日，环境十分优美。秀峰瀑布所在的悬崖上有大量弯弯曲曲的花岗岩脉穿插，犹如九龙壁，从而增加秀峰瀑布的美学价值。

**谷帘泉瀑布**　位于康王谷内杜村之东的大汉阳峰下，定星坡之南的悬崖上，悬崖海拔约490米，瀑布垂直落差60米。水质奇优，被唐代陆羽命名为“天下第一泉”。《寓庐丛录》载“瀑布直泻而下，四面岩石壁立，环拉如谷。水由洼口壁飞流而下，纷纭数十百缕，酷肖一幅玉帘”。《庐山志》云“飞泉被岩而下者二三十派，其高不可计，斯七十余丈”；又说“谷帘泉在康王谷中。汉阳坡顶之水，下注西筲箕洼，西行为花石崖所束，湍怒喷涌，散落纷纭数十百缕，斑布如琼帘，悬注三百五十丈”。相传陶渊明晚年居住此泉之下。

**玉帘泉瀑布**　又称紫霄瀑，海拔400米。瀑布垂直落差40米，形成幅宽3~5米的水晶帘帘泉，徐徐而下，故名玉帘泉。泉下有“羲之洞”。《玉帘泉序诗》说“泉在金轮峰下，石崖高峭，围气如城。泉布岩而下，纵数百丈，如垂一幅水晶帘。日灼之而陆离，风摇摇而偏反。泉落石台，玉飞珠溅，复蟠激石底而出，隐隐如池出霄。旁有石桥、石室，皆本天生不做人为。论庐山泉境之胜，此为第一”。清代薛所习诗歌：“寒玉森森不壑幽，红尘隔断四时秋。可知中有神仙眷，长挂珠帘不上钩。”

**石门涧瀑布**　石门涧，以天池山与铁船峰双阙对峙，壁立千仞，俨如石门，故名。涧水源于长冲，漾于掷笔峰前，与九寺峰之水汇合于乌龙潭，至石门涧之峡，“为众泉之宗。系夏霖、秋潦，转石发树，声动数十里”。石门涧瀑布原如“喷雷奔雪，腾空震荡，耳目为之狂喜”。瀑布沿百丈梯白浪如雪狂奔而下，声响轰鸣，震撼峡谷深涧。新中国成立后，因修筑庐林水库，拦截瀑布水源，气势遂不如前。紧邻该瀑为涧中“一线瀑”，瀑布水沿倾角约45°的狭窄沟谷中向下奔驰，成一长达500米，宽仅1米许的白色飞流，别具特色。

**百丈崖瀑布**　在山北麓莲花洞的莲花峰下的悬崖上，瀑布出口处有一高约2米的裂点石门（海拔500米），飞流高约32米，千丝万缕，形态古怪，瀑布水流呈上下宽而中段窄束。四周生态环境非常优雅。

**七彩瀑布**　位于山中部白鹤涧，海拔820米，垂直落差35米。瀑如玉龙飞奔，喷雪惊雷，直下深渊。

飞瀑四周常有薄雾迷漫,细雨霏霏。每当春夏之日,雨后天晴,上午红日高照之时,会有彩虹出现,没入瀑下潭中,经久不隐去,故称七彩瀑。今从太乙村至七彩瀑布修有公路,仅250米之隔。七彩瀑之上在海拔1100米处有大口瀑布。

**乌龙潭瀑布** 位于剪刀峡内,堪称一绝。瀑布之侧有一天然弯弯曲曲长达8米以上的“石龙”,尾部朝天,头部朝下,呈正在碧潭中饮水之势,栩栩如生,上天造就,世间少有。乌龙瀑布由上、下两瀑构成。沿流而上,依次有龙椅石瀑、牯牛潭瀑、龙须瀑、剪刀峡瀑。剪刀峡瀑的双瀑呈倾斜状飞奔,几近潭底,双瀑相交成剪刀状,甚为罕见。

**王家坡双瀑** 王家坡U形谷下段内,叠加一个刘家寨嶂谷,在嶂谷上端海拔600米处,陡崖上形成王家坡双瀑。构成双瀑的陡崖高仅15米。2瀑布互相平行,相距10米,“上通一线之天,下俯清泉万溪,窜石而流,其声高下,金石丝竹,杂还而至”。2瀑布“势若两龙倚天袅袅坠壑,忽而烟霏雪翻,忽而滚珠泻玉,猛落击石,声若雷霆。崩云裂石之声,如雷霆疾走,响彻云顶”。瀑布四周,碧潭峭崖,翠绿葱茏,令人沉迷。

**卧龙岗瀑布** 位于五乳峰与七贤峰之间,主瀑海拔600米。瀑布高差25米。《古志》云“岗巅之水直下三数十丈,奔注之湍激漩涌,晃漾动摇,若欲飞舞,故名卧龙”。卧龙岗瀑布之上海拔800米处及之下400米处各有一瀑,但都不及此瀑环境优雅、规模宏大、形态俊美、声响清脆。

**星子温泉** 古称黄龙灵汤院,别名灵阳泉或灵秀泉。宋代即开发利用,现已开发成“庐山天沐温泉度假村”,院内大树成荫,楼台有序,环境优雅,号称“江南第一温泉”。星子温泉流到地表的热水温度,平均为62.6℃,最高72℃,最大日流量2483吨。温泉热水的矿化度低(每升矿物质含量为340毫克)、强碱性,每升热水中含氟14.5~15毫克,含碳酸盐矿物295.66毫克,含硫化氢4.25毫克,是一个典型的硫化氢氡泉,泉水无色、无臭、透明,有较高的医疗价值。可与国内西安临潼华清池水质媲美。经卫生部专家鉴定,水质医疗作用与法国的“凡尔德百”温泉、英国的拜斯温泉属同类型。

**报春泉** 位于山西侧金桥刘家后山柱锡庵遗址上300米处的陡崖前石缝中。只见“石壁裂如洞,土人呼为报国洞。洞有泉涓涓流出,即报春泉也”。此泉立春之时春雷一响,泉水喷出不断。报春泉是一个典型的断层带上升间歇泉。泉水露头海拔400米,泉水清澈,甘甜可口,日流量达千吨以上。报春泉后山为一巉岩刃脊,其上怪石嶙峋,景色迷人,泉口有一崩塌巨石如平台,上刻“读书床”3字。

**聪明泉** 庐山已知的聪明泉有2处,一在秀峰寺内,一在东林寺中。东林寺中的聪明泉名声较大。泉水露头海拔120米,涌水量较小。相传,东晋玄学家殷仲堪访问东林寺高僧慧远,两人谈《易经》于松树间。“仲堪辩博,远因指泉曰‘君之辩如此泉涌’,后也因号聪明泉”。

**招隐泉** 位于观音桥头,又名“天下第六泉”,泉水味甘甜清凉,相传为唐陆羽命名。黄宗羲在《游记》中说“栖贤桥侧有招隐泉,其下有石桥潭。水出石龙首中,泻下三峡涧,汇为巨潭。陆羽评此水为天下第六。旧有陆羽亭,今废,传为陆羽著《茶经》处”。

**云会泉** 庐山之巅金竹坪,旧有千佛寺,云会泉位于寺后凹地内。相传,“云会泉初本无水,偶一僧持咒经行,夜见楼下白云布地,久不而散;近之,毕沸腾响,以丈卓之,泉乃出”。云会泉出露海拔1100米,泉水直流到牧马场一带。此处长满高大的柳杉,环境宁静。

## 二、涧 潭

**三峡涧** 三峡涧为汉阳峰与五老峰夹持的大峡谷,涧中乱石万千,奋勇角立,险象环生。从五老峰、汉阳峰、太乙峰汇集而来的99条大小溪水,奔腾咆哮,摧峰陷坚,百回千转,其险不让长江三峡。宋代苏辙在《庐山栖贤寺新修僧堂记》中写道:“谷中多大石,岌嶪相倚,水行石间,其声如雷霆,如千乘车,行者震掉不能自持,虽三峡之间,不过也。”王十朋赋诗:“三峡桥边杖履游,此身疑是到夔州。题诗欲比真三峡,深愧词源不倒流。滟滪瞿塘在眼前,便应从此上青天。秋风脱叶随流下,疑是千帆出峡船。”1936年夏,国民党将领冯玉祥来此,面对壮景,感慨万千,派人将手录的《墨子·尚国》下篇及跋镌刻在涧西一巨大的石坡上,至今清晰可辨,给人以启迪。

**芦林湖**　本是第四纪冰川遗留的冰窖遗迹,在5世纪之前为天然湖泊。宋代之后,由于流水将此地的天然石堤(冰坎)逐步冲毁,湖水难以储存而干涸。1955年,修筑成人工湖,芦林桥大坝高达32米,湖面1平方千米,容量达204万立方米,海拔标高102米。为水体景观旅游景点。

**如琴湖**　位于山西谷花径旁,人工湖,标高与芦林湖相近,面积1平方千米,库容约124万立方米。湖形如小提琴,故名。大林寺旧址曾在湖的北部,寺多植桃树。唐元和十二年(817)白居易游大林寺,见桃花四月才开,由此写下《大林寺桃花》诗"人间四月芳菲尽,山寺桃花始盛开。长恨春归无觅处,不知转入此中来"。为纪念诗人白居易,在湖滨建花径公园。

**黄龙潭、乌龙潭**　在芦林大桥西端下的黄龙幽谷。黄龙潭不大,但至为幽深,一道瀑布自约3丈高的崖头凹处下泻,直落潭内,轰轰然,溅起水珠万斛。潭水外泄处的石上,有摩崖刻,其中"痛饮黄龙"4字最为引人注目。乌龙潭由3个大小不一的潭渊组成。桑乔《庐山纪事》载:"乌龙潭凡三潭,中、上两潭皆高灵长十百丈,有虫如鲇而黑,长三四寸,曰龙师。下潭稍平夷,其旁有大石,东林寺祭龙之所也。"乌龙潭瀑布领芦林和长冲之水,潭水分5股从巨石隙缝中轻飏而下,短而有力。潭内石壁上有青松和尚所镌"乌龙潭"3字。

**碧龙潭**　位于刘家寨嶂谷顶端,王家坡双瀑之下,海拔标高600米。"其俏丽幽奥,险仄诡幻,诚为山北绝胜"。碧龙潭"边浅中深,天然泳池。周围怪石参差,立者卧者,圆者方者,凹者凸者,正者斜者,磊磊罗列"。潭四周崖壁陡峭如削,树木森森,与潭水相映成趣,潭中阴影如青龙戏水,故称为碧龙潭。

**玉渊潭与浴仙潭**　位于栖贤寺之下,在峡谷急流中有一系列大大小小的碧潭。玉渊潭及浴仙潭深且美。急流"过栖贤寺前,涧道稍开广,会为一派,将折而左行,忽遇巨石,横截涧口,遂并力悬注,而石形上突下敛,瞰空如屋檐,水势不得贴石,则架空斜飞,坠入玉渊潭。潭深不可测,喷珠溅沫,至此悉凝作玻璃色。自玉渊而下,共二十四潭,两崖徒绝,崖石为浪所淘,岁岁皆光滑如油,曲折赴三峡桥约二里许"。由此可见,古人对三峡涧沿溪的成因,已作了科学解释。

**龙潭**　在秀峰,潭水面积50平方米,水深1~2米。潭水碧绿清澈,晶莹透明,急流飞泻,轰鸣雷动。《桑记》中说:青玉峡内"上下龙潭以十数,惟双剑峰背大潭深不可测,神龙时来居之。来到阳出旋合,屯潭上不散者久之,其天莫测也。春季青玉峡内,常有急出快雾流窜,犹如巨龙,横空出势,常笼罩于龙潭之上经久不散"。在龙潭侧壁之上,有大量弯弯曲曲犹如龙的模样的花岗伟晶岩脉。潭边有名人石刻144幅,"青玉峡"三字系宋代书法家米芾手书。

**天门潭**　位于三叠泉之下的九叠谷内,海拔500米。天门由2块直径达10米以上的巨大砂岩滚石互相斜撑而成,门内为碧潭,清澈碧绿,潭上为高约10米的瀑布。黄宗羲在《游记》中说"攀危石而过,登顿怒瀑涧。至龙潭,瀑数丈泻大壑,外有石如门藏之"。天门潭又称外龙潭,面积120平方米,水深2米许,环境奇美,令人沉迷,早已是九叠谷内的一个重要景观。在天门潭之下的玉川门亦是一个瀑布碧潭,在一巨大转石与岩缝间,清流奔腾而下。

## 第五节　古木嘉卉

### 一、古　木

**银杏**　黄龙寺"三宝树"之一,位于寺前石坎旁,胸围5.53米,高30米。其长势渐衰退,枝干中空,树冠枯梢,但丫杈交错,虬枝横空,巍然屹立于峰峦林海之中,传为晋僧昙洗手植,树龄在1500年以上。

庐山北麓莲花镇郭家垅银杏,胸围10.4米,树高25米,冠幅40米。盘根错节,枝叶茂盛,年年长花结果,誉为赣北白果王,树龄在1600年。

木瓜洞银杏,胸围3.6米,高23米,树龄1000年以上。

**罗汉松**　五乳峰下詹家崖之原庙场中罗汉松,胸围5.97米,高18米,树形苍古,枝叶葱茏,树干纽曲旋升,其上蟠结4个瘤体,姿形奇观,传为晋时栽植,树龄1600余年。

东林寺罗汉松,位于寺内十八高贤堂花墙前,同兜并立2杆,翠黛虬枝,树影萧娑。胸围4.1米,高17米,树周围砌以花墙,石碑上刻清闵孝庆写"六朝松"3字,传为晋僧慧远手植,树龄1600余年。

**樟树** 报国寺山门处樟树,胸围4.3米,高30米,传为南宋绍兴时岳飞驻防通远驿时栽植,树龄900年。

观口傅家湾樟树,主干围8.2米,高30米,2米分叉为3大侧枝,相互交错延伸20余米,植于晋代,树龄1600余年。该树干基空洞可放八仙桌,抗日战争期间,曾有10余人躲藏洞中,逃过日机轰炸一劫。

**黄山松** 仙人洞蟾蜍石黄山松,石缝里生,傲骨挺立,杆曲枝虬,幽资奇胜。石上镌有"纵览云飞""豁然贯通"8字,石松古朴多姿,素有"青、奇、石、秀"之誉。

五老峰黄山松,在海拔1320米的镵崖峭壁上,兜围2.5米,0.5米处分叉3干,内侧两干斜伸,高约3米,外侧一干依势伸向5米之外,其形如双臂环抱,迎接八方来客,故名"迎客松"。明人吴甡在《五老峰》诗中记"扶筇直上峰头座,间倚苍崖百丈松"。树龄约在1000年以上。

文殊台旁黄山松,又名"偃盖松",胸围1.36米,高10米,树龄800年。

龙首岩顶端黄山松,2株松干扎根于岩隙之中,砰跃空出,盘曲倒挂。明成化进士林俊《游天池寺》记龙首岩为"石如吐舌,双松挺出石窍,叶短异常",因立地环境严酷,顶芽多冻害枯死,侧芽发育较盛,枝叶短促,树冠倾斜,伸出崖面,探身俯视辽阔云海,妙趣横生,树龄800余年。

**柳杉** 黄龙寺2柳杉,位于海拔940米的谷地寺庙院墙外,一树胸围6米,高41米,树龄700年;另一树胸围5.85米,高39米,树龄700年。是庐山名胜"三宝树"中的2株,其拔空巍立,树冠如棚,引游人赞叹。

**玉兰** 位于通远报国寺外,胸围3.20米,高35米,主干在4米处分杈4侧枝,冠幅20×20米,树龄约800年,传为南宋岳飞驻防通远驿时栽植。

**枫香** 位于庐山西北麓太平宫,干围6.04米,高30米,枝下高6米,树龄1200余年。

**黄檀** 东林寺院中,胸围2.14米,高16米,树龄800年。

**重阳木** 位于张家山社庙,2米分杈5侧枝,胸围4.73米,高34米,树龄1000年以上。

**木樨** 位于狮子庵,胸围3.8米,高13米,树龄900年。

**三尖杉** 位于马尾水九峰寺后坡坎边,胸围1.6米,高10米,树龄1000余年。

**宝树林** 位于五老峰北东崖下海拔720~850米的一个斜坡上,面积0.3平方千米。林区全由高大茂密的柳杉组成。由于巨树挺直茂密,林中少有阳光能达地面,林下杂木甚少,仅有厚软枯叶,适合"森林浴"旅游。加之四周峰峭崖峻,山泉涓涓,林森幽暗,自然原始风味较浓,使人易产生"吾将此地巢云松"的向往。

**牧马场柳杉园** 位于海拔900~1150米的斜坡地带,面积0.5平方米。虽是人工林,但古木参天,蔽日遮月,树下空旷,置身其间使人心旷神怡,适作森林旅游。

**黄岩寺竹林** 位于秀峰瀑布之上,海拔500~750米的行龟峰一带,面积0.3平方千米。两溪夹一峰,几乎全由翠竹掩映。竹下为密集低矮的蕨类,适于进行竹林旅游。竹林上下均有古树、悬崖、瀑布及险峰怪石。

**太乙村竹林** 位于太乙峰下,面积0.6平方千米,分布在海拔700~900米的洼地缓坡地带。相传,大禹之师圣君太乙真人在此修炼成仙,故称为太乙村。民谣曰:"太乙太乙,神仙府第,冬暖夏凉,心旷神怡。"今竹林中溪水涓涓,别墅错落有致,间有古樟树、古枫。空气新鲜,倚窗翠幔,远眺鄱湖,后倚九奇,翠峦千重,峨峰万叠,是理想旅游避暑之地。

## 二、嘉 卉

**瑞香** 又名睡香,是庐山的独产山花,或者说瑞香的发源地是在庐山。瑞香是一种常绿灌木,早春开花，花香异常。明代王象晋描述：“瑞香高者三四尺许，枝干婆娑，柔条厚叶，四时长青。冬春之交开花，成簇，长三四分，如丁香状。其种数有黄花、紫花、白花、粉红花，二色花、梅子花、串子花，皆有香，惟孪枝花紫者香更烈。”古诗云“腊后春前花未放，先春独占梅花上”。明代李时珍曾专程到锦秀谷找瑞香，并在《本草纲目》中记下“相传古代有一位僧人，昼寝岩下，梦中闻异香酷烈，觉而寻之，因此故名。后人奇重，以为瑞祥之生，改名瑞香”。张祠部又据此写下《瑞香诗》：“曾向庐山睡里闻，香风占断世间春。窥花
莫扑枝头蝶，惊觉南窗午梦人。”庐山锦秀谷的瑞香花，更是花紫而香烈，形娇而态美，容艳而端庄，故王象晋在《群芳谱》中称其为“风流树”。宋代王梅溪叹曰：“真是花中瑞，本朝名始闻。江南一梦后，天下仰清芬。”

**红兰花**　产于锦秀谷，故锦秀谷又称“红兰谷”。红兰花叶阔而韧，长一二尺。其茎紫节高二三尺。其花深红略紫，兼有粉状黄点，奇香扑鼻，美丽异常，为兰中之佼佼者。此花宋代即有记载，中被遗忘。直至20世纪30年代又被庐山植物园专家发现、鉴定、引种。

**云锦杜鹃**　庐山特产花卉，在仙人洞西崖下锦秀谷最为茂盛，一到春天，嫣红姹紫，为杜鹃花中上品，是20世纪30年代发现，庐山植物园引种成功。

**鹿子百合花**　又称五爪金龙，是庐山野生特产名花之一，生于山涧溪畔潮湿地带。每至盛夏开出洁白美丽花朵，异香扑鼻。有极高观赏及药用价值，可清热解毒，延年益寿。

**庐山芙蓉**　多生长于海拔标高1300米以上的大汉阳峰一带山谷中。高约4米，春天开花，分5瓣且大，基部呈紫红色，边缘有红色长柱，主体呈白色。花多且艳，极美。庐山植物园引种成功。

## 第六节　云雾佛光

### 一、云　雾

明末黄犁洲在《庐山游记》中说：“庐山之奇莫若云，或听之有声，或嗅之欲醉，团团然若絮，蓬蓬然如海”。庐山云雾虚无缥缈、瞬息万变、壮观诡谲。春夏云雾常漫山弥谷，秋天白云绕峰依崖，正是“九江黄叶寺，五老白云峰”。清代舒天香住大天池百日专观云雾，写下《天池赋》，表达对“一起千百里，一盖千百年”庐山云雾奇观的热爱之情，且说“读百城圣书，何若看千里之云”。庐山云雾景观的动态美，晚清张维屏在《天池看云记》中描述“瞬息之间，弥漫四合。其白如雪，其软如绵，其光如银，其阔如海，薄或如絮，厚或如毡，动或如烟，静或如练，返明倒映，倏而紫翠，倏而青红，滔滔滚滚，蓊蓊蓬蓬。忽有物焉，若隐若现，知为拔地之高峰；忽有迹焉，若疏若密，知为参天之乔松……俄焉飘飘随风，莫知东西，变天如虹，莫知始终”。恽敬在记述锦绣谷流云时说“……忽白云如野马，傍腋驰去，视前后人在绡纨中……其高峰皆浮天际，而云忽起足下，渐浮渐满，峰尽没。闻云中歌声华婉动心，近在隔涧，不知为谁者。云散则一石皆有一云缭之。忽峰顶有云飞下数百丈，如有人乘之行，散为千百，渐消至无一缕，盖须臾之间已如是”。明代袁宏道在《文殊台看云》中说“少焉云缕缕出石下，缭松而过，若茶烟之在枝，乃为人物鸟兽状。忽然匝地，皆澎湃，抚松坐石，上碧天而下白云，是亦幽奇变幻之极也”。

庐山云海，明末吴阐思描述“晓起推窗四望，烟雾弥漫，如舟行大海中，四面波涛，不复知有世界；微风东来，云气舒卷，忽而一峰乍见，忽而绝壁半开，忽而千峦中断，忽而万壑合冥，恢奇秘幻，不可模拟……”清代李宗肪在《天池海市》中说：“云如水中盘涡旋涌，谷底四旁穿互，化积絮为太湖石，千户万牖……于虚空间；其石穴之秒云尽处，日脚射之，则有见亭一角者，楼半窗者，塔三五级者，江之帆一两叶者，湖之舟数十舵者，崖之红叶千百树者，使人目瞠神耸而不得暇”。

庐山彩云，称为天锦，难见，故称奇观。明代王思任对五老峰天锦描写“予昔在青田小洋中，得看天锦，以为奇绝，不意五老峰上，复看海锦之奇也。天锦之色，金染万鲜，俱非人目所经见，而海锦素铺几万里，抛弹松弥，光丝耀然……”庐山彩云多出现在五老峰与鄱阳湖上，且是在有云海出现的早晨(夏日)，关键是云层不能太厚太浓又不能太淡。

庐山瀑布云，尤以剪刀峡及石门涧内更为形象。眼见浓浓犹如奔流沿崖而降，迅速异常，犹如瀑布坠入谷底，之后再沿谷急驰而出。在石门涧门口的“冰坎”上，可眼见瀑布云流入谷底，之后满谷犹如巨龙向谷口奔驰，近之眼前，轮廓分明，手可抚之。顷刻间，又急急退缩至悬崖之上，之后又如前呈瀑布垂流，往返几次，才突然消失。

庐山“云团大战”，尤其是雨过天晴之后，孤立的云团，随风逐流，忽高忽低，忽上忽下，受山谷风的作用，来回冲撞，来自不同山谷中的云团，便会展开激战。有时是，越战越少，终将烟消云散，两败俱伤。有时是，不断调兵遣将，云团越战越多，缘崖漫谷，弥合四塞，妖雾弥漫，白云翻滚，乱作一团。

### 二、雾凇

凇的形成气温一般是-2~7℃之间。庐山冬季恰好处于这一气温范围内，加上常年不落叶的松、柏、竹特多，为雾凇的形成提供良好条件。

庐山雾凇有 2 种基本形态，一是单方向刀状雾凇；二是菊花状雾凇。

单方向刀状雾凇，是在携带浓密水汽的北风怒号中形成的。在松树叶背北风的一侧会长出宽 3~5 厘米，厚仅 1 毫米的“霜刀”。“刀”背结在松树的枝叶上，“刀刃”向背风一侧不断加宽生长，由于北风贴山顶水平前进，故冰刀的“刀刃”亦呈近水平方向生长。“刀刃”由无数紧密相连的冰针组成。

菊花状雾凇，以黄山松树叶上的雾凇最美。有时是雾凇，有时是雨凇，有时是雨雾混合凇。形态优美，犹如玉蝶飞舞，犹如白菊盛开。雾凇多在寒夜生成，所谓“一夜寒风起，梨花遍山开”，指的就是这种景观。由于冬季寒冷，凇常交替叠加，见日不化，呈现出五光十彩，灿烂夺目的琼琳奇观。

### 三、佛光

佛光现象，古已发现，因不能科学地解释，故称佛光。佛光的出现，取决于阳光与雾的衍射关系。在高山上，阳光平射才能在云层上看到人影。观察时间应在日出后或日落前 2 小时左右。庐山只可在日落前 2 小时左右，在大天池一带悬崖上才能观测到。当阳光强烈时，光环是内蓝外红，绚丽夺目；当阳光较弱时，光环七彩，不甚清晰。光环的大小一般是 2 米左右，即观者所视佛光的距离是一定的，太近由于水蒸气密度不够，产生不出光环；太远则不能在观者的视角内出现人影。

# 第三章 人文遗产

## 第一节 文化名胜

**花径** 位于山西谷如琴湖畔，又称“白司马花径”，是为纪念唐诗人白居易游大林寺循径赏花而建。花径公园石坊门镌刻对联“花开山寺，咏留诗人”，石碑上又刻有白居易《大林寺桃花》诗。花径亭下正中一块卧石，上刻“花径”2 个大字，相传为白居易手书，系 1930 年知名学者李拙翁发现。园内另有景白亭、花展室及草堂和白居易塑像。

**白居易草堂** 位于花径公园花径亭西北的莲池畔。系 1987 年将唐代白居易于元和十一年(816)，在北香炉峰与遗爱寺间“其景绝胜”之处兴建的“草堂”重建此处。白居易草堂按原草堂“五架三间新草堂，石阶挂拄竹编墙”的建筑形式和风格而建。坐北朝南，木结构，草顶。堂前立 2 米高的白居易雕像。堂前有一莲池，堂左有一小溪，堂后有苍松翠竹，草堂内陈列白居易的著作及他在庐山活动的有关资料。

**白鹿洞书院** 位于五老峰下，西邻观音桥。书院“始于唐、盛于宋、沿于明清”。今至书院，入内为书院大道，北侧为书院建筑群，依次为先贤书院、棂星门院、白鹿洞书院，紫阳书院和延宾馆，各院间有门连通，总面积 3800 平方米。大道东侧为贯道溪，沿溪为自然景观带。先贤书院内有朱子祠、先贤祠。朱子祠内有朱熹自画像,左《文公朱子专祠碑记》,右《白鹿洞书院教条》碑刻。先贤祠祭祀李渤、周敦颐、程颐、刘涣、刘恕等先贤。祠前院中有朱熹手植"紫阳丹桂"和西碑廊石刻。出先贤书院是棂星门院落,有棂星石坊、泮池、状元桥和礼圣殿。泮池在棂星门后,池上为状元桥,过桥即礼圣门、礼圣殿。殿中有孔子及其门徒四圣十二贤画像碑,殿后为白鹿园。

出礼圣殿是白鹿洞书院,有御书阁、明伦堂、白鹿洞、思贤台。御书阁原为珍藏南宋高宗和清康熙帝所赐经、史、子、集书籍处。明伦堂为书院讲堂,堂后有石砌鹿洞,中置跪式石鹿。思贤台位鹿洞之上,乃书院最高处。

沿白鹿书院前行,为紫阳书院。紫阳为朱熹别号,院中有东碑廊石刻及《游白鹿洞歌》诗碑。古时紫书院为学子宿舍。其侧是延宾馆,为书院接待宾客处,内有朱熹铜像、憩斋、逸园、春风楼,设餐厅、商店、会议室和舞厅。1996 年,庐山申报世界文化遗产时,被指定为联合国专员下榻之所。

2009 年 12 月,建成"江西历代进士榜",采用碑廊形式,刻录江西籍历代进士名单 11000 余人,以彰先人学绩,展示赣籍才俊,激励后代少年。

**毛泽东诗碑园**　坐落在芦林桥北侧，北倚去庐山博物馆与芦林大桥的公路交会处，面临芦林人工湖,略呈长三角形,北高南低,占地 8000 平方米。1993 年 10 月 8 日开工,1994 年 6 月竣工。主体建筑由南主碑亭、北主碑亭、东副碑亭、西副碑亭组成,4 亭以东西曲折长廊串连成四面穿透的"四合院",正中为喷水池。

南主碑亭:自南口上台阶,平地立毛泽东与周恩来在庐山合影的青铜塑像。经左右 2 座六角亭,再上台阶即至。亭高 6.75 米,亭中央碑基上竖高 2.35 米、宽 6 米的长方形诗碑,上镌刻毛泽东《为李进同志题所摄庐山仙人洞照》一诗。

北主碑亭:自南主碑亭往北,绕过喷水池,再上台阶即至。亭高 9.2 米,亭中央竖立高 2.7 米、宽 1.35 米的石碑,上镌刻毛泽东《登庐山》一诗。

东副碑亭:在喷水池之东,东登 9 级台阶便至。亭平面呈正方形,上镌刻毛泽东为"赠庐山党委诸同志"而书写的李白《庐山谣寄卢侍御虚舟》一诗中的四句:"登高壮观天地间,大江茫茫去不还。黄云万里动风色,白波九道流雪山。"

西副碑亭:在喷水池之西,登 9 级台阶便至。亭平面呈正方形,上镌刻毛泽东书写的,宋苏轼的《题西林壁》一诗。

**庐山博物馆**　位于芦林湖畔,1984 年由芦林 1 号别墅改建，担负着庐山人文遗存和自然标本的征集、保管、研究、陈列等任务,现珍藏文物、自然标本 4000 余件,其中国家一级文物 9 件、二级文物 96 件、三级文物 200 件,以陶瓷、字画为特色;藏品年代跨度为公元前 4 世纪至当代。现举办具有庐山特色的专题陈列:毛泽东当年的卧室陈列的大床、大沙发、落地台灯等原物;党和国家领导人在庐山的手书;历代名人与庐山;古代天文器具——璇玑玉衡;庐山第四纪地质展;庐山的植物、昆虫;绘有"蒋"字的蒋介石在庐山的餐具及其他陈列品;清代画家许从龙费时 6 年绘制的"五百罗汉图"中存庐山的 112 幅;庐山地型模型,庐山走向世界——庐山列入世界遗产名录展。1996 年 5 月,国际古迹遗址理事会的德·席尔瓦教授参观和考察后,评价:"庐山博物馆不仅保存了地质遗产,而且还保存了很多通过诗人、画家、书法家和哲学家们的视线所表现的遗产,它是中国和整个世界的财富"。

**五教祈福文化园**　位于庐山经济作物试验站,2010 年 6 月 11 日奠基。铸祈福大钟，上有佛教、道教、伊斯兰教、天主教、基督教等五教标志图案及祝福语,以"风调雨顺、国泰民安、社会和谐、世界和平"为福祉。五大宗教代表前往铸钟现场祝祷。祈福文化园是一座集合佛教、道教、伊斯兰教、天主教、基督教等五大宗教文化的开放式旅游景区,是庐山重要祈福场所,其建立旨在弘扬庐山的祈福文化。

# 第二节 碑崖题刻

## 一、碑 刻

**秀峰碑刻**(国家文物保护单位)

从冠军建平王登庐山香炉峰:在秀峰读书台上,南北朝梁江淹诗,宋米芾书,清康熙临摹,江西巡抚张志栋勒石。

大唐中兴颂有序:在秀峰寺读书台下,唐元结撰文,颜真卿书。

七佛偈:在秀峰寺读书台下石壁上。北宋黄庭坚应寺僧之请而书。

纪功碑:在秀峰读书台下石壁上,明王守仁平定宸濠之乱后,游开先寺(即秀峰寺)时书此刻石。

登读书台:在秀峰寺读书台下石壁上。明徐岱登读书台所作。

观音像题记:在秀峰寺山门内,原像碑毁于1966年,现碑系刘海清、丁联洪描摹补绘而刻制。

游开先寺:在秀峰双桂堂后。明李梦阳题。

夜游开先寺:在徐岱《登读书台》碑之右下方。明卢襄题。

瀑布泉:在秀峰寺龙潭右石壁上。明姚舆仙题。

游秀峰二首:在秀峰竹林内石壁上。清王凤池题。

秀峰寺:在秀峰聪明泉后石壁上。1934年林秉周题。

漱玉亭:在秀峰寺龙潭侧。1962年邵式平题。

**醉石碑刻**(省级文物保护单位)

书醉石:在虎爪崖醉石上。明王逵题,其上方另有程思孟题记。

过醉石:在虎爪崖醉石上,字甚漫漶不清。明卢襄题。

题醉石:在虎爪崖醉石上。明郭波澄题。

濯缨池诗:濯缨池在醉石北崖上。此诗及题记,刻在池边山石上,字漫漶难辩。宋吴亮题。

**九十九盘碑刻**(省级文物保护单位)

庐山高赠同年刘中允归南康:宋欧阳修诗,明王守仁书。

**天池附近碑刻**(省级文物保护单位)

夜宿大天池:在大天池照江崖亭内崖石上,明王守仁题。

**黄龙寺碑刻**(省级文物保护单位)

交芦桥记:在芦林桥下交芦桥旁石崖上。1928年林森题。

黄龙潭:在黄龙潭旁山石上。1932年林尔嘉题。

乌龙潭:在去乌龙潭路边山石上。1930年吴健题。

三宝树:在黄龙寺三宝树下山石上。名不可见。

**仙人洞碑刻**(省级文物保护单位)

周颠仙人传:在仙人洞侧御碑亭中。明朱元璋题,占希原书。

## 二、摩崖题刻

**秀峰题刻**(国家文物保护单位)

第一山:在龙潭侧,北宋米芾书。

秀峰寺:在秀峰寺月门外石径之右,清康熙书。

洒雪松:在秀峰寺碑之左,清康熙太子胤礽书

庐山:在龙潭右壁上,南宋朱端章书。

龙:在龙潭瀑布左侧石壁上,北宋李亦书。

虎:在龙潭右石壁上,元别不花书。

青玉峡:在上下龙潭中间的山石上,北宋米芾书。

瀑布泉:在龙潭右侧石壁上,明乔宇书。

漱玉亭:在漱石亭侧石壁上,清宋荦书。

濯缨洗耳 喷雪奔雷:在龙潭石壁上,张寰书。

淳祐第一,春社三日,贾似道被旨南昌,核定军饷,舟泊星渚,风作乃游。幕属王松客、张辑、虞伯祚、刘木、弟明道侍:在龙潭左岩斜石上,南宋贾似道题。

正德八年,岁次癸酉,江西按察司副使、提学,北郡李梦阳再游记,时五月之廿一日也。诸生孙冕、陈韶、孙能从:在龙潭石壁上,明李梦阳题记。

寿寿福禄:在漱玉亭右侧山坡上,周尧夫题。

风泉云壑:在龙潭右石壁上,周尧夫题。

星汉分流:在龙潭右侧石壁上,清龚蕃锡书。

神龙跃空:在龙潭左侧石壁上,清刘荫枢书。

直泻银河:在龙潭右侧石壁上,清叶光洛书。

壁公洗钵处:在龙潭石壁上,清宋至书。

匡腰玉带:在龙潭左侧石壁上,清叶谦书。

漱雪流云:在龙潭石壁上,清彭玉麟题。

**醉石题刻**(省级文物保护单位)　“归去来馆”在醉石上,南宋朱熹书。

**仙人洞题刻**(省级文物保护单位)　有宋代题刻“佛手岩”,明代“天泉洞”“蟾蜍石”“竹林寺”“游仙石”“讵可所眠”等7方,近代“常乐我净”“纵览云飞”“总览群真”“颐性养寿”“惟善为宝”“拄笏而观”“智仁勇”“天在山中”“一呼众应”等22方。

**天池寺附近题刻**(省级文物保护单位)　有宋代题刻1方、明代7方、近代5方、待考2方。明代“星壑凭虚”“天池寺”“照江崖”及“壶天胜览”保存良好。

**九十九盘题刻**(省级文物保护单位)　有明宋清代题刻“白云天际”“清虚灵台”“烟霞深处”“天池”“南云佛”“土地”等32方。

**黄龙寺题刻**(省级文物保护单位)　有明代“降龙”“尺五天”及“莫欲今生胜来世”“痛饮黄龙”等15方。

**古海会寺题刻**(省级文物保护单位)　古海会寺在庐山北麓莲花洞附近,有唐至清石刻多方,主要分布在1块三角形的巨石上。分别有“海会寺”“时唐证圣元年乙未岁”“嗣祖比丘”“本宗开山”“刘本瑞公喜施十石”等。巨石背面有乾隆戊午年(1738)松畔子撰,余氏书刻的“盘旋石上绿接天,枝枝垂荫半边山,我来独坐清心火,名利两忙总不然”诗。其中“时唐证圣元年乙未岁”是庐山最早有确切纪年的摩崖题刻。

**三叠泉题刻**(省级文物保护单位)　有宋代“留元刚题记”、元“大德九年庐山寻真观题记”、明“刘世扬题记”、清“双溪草堂”等10余方。

## 第三节　宗教名胜

### 一、佛寺

**归宗寺**　在金轮峰下,庐山第一座寺院亦名瞻云寺。东晋咸康初年,王羲之守江州,咸康六年(340),于金轮峰下建室,常在此读书,养鹅习字。后王羲之调离江州,临行前将室舍为寺庙,赠西域异僧达摩多罗,取佛语“万流归一”,名“归宗寺”。宋嘉祐间(1056~1063)增修,明洪武中(1368~1398)继修,万历间重修,清康熙间(1662~1722)再修,咸丰三年(1853)毁,同治三年(1864)复建。1938年被日本侵略军损毁。归宗寺今虽寺毁不存,但遗址周围山色盎然,风景殊丽,寺前古樟根深叶茂,寺后的金轮峰、王羲之“养鹅池”“洗墨池”和玉帘泉下“羲之洞”尚存。此外,尚有北宋黄庭坚、米芾、真净文,明代邹元标,清初薛所习等人所书石刻20多处;王羲之的“鹅”字,藏于庐山博物馆。

**东林寺**　位于山西北麓,为庐山名望最高、殿宇最为雄伟的一座寺庙。东晋太元六年(381),慧远见“庐山闲旷,足以息心”,有意留下。慧永找江州刺史,请在西林寺之东为慧远建寺,十一年(386),东林寺落成,慧远率本门弟子迁进东林寺。慧远进寺36年,“影不出山,迹不入俗”,一心从事修禅弘法,撰文立说。送客从不越寺前虎溪桥。元兴元年(402),慧远邀集著名隐士,玄学家刘遗民等123人结白莲社,创造性地发展印度僧人世观的“净土论”。慧远所著《沙门不敬王者论》《沙门袒服论》《三报论》《明报应论》,对后世佛教影响甚大。唐天宝七年(748)冬,扬州大明寺高僧鉴真数次东渡日本失败后,特到东林寺“观藏经,说佛理,览风景”,再次产生东渡日本的豪情。5年后,6渡日本,终把东林寺净土宗教义传到日本,日本佛教称为东林教即源于此。净土宗还传播到东南亚各国。唐大中元年至咸通元年(847~860)间,“东林寺殿厢塔室、亭台楼阁多达310间,藏书10000多卷,僧侣常数百人”,成为国内佛教主要宗派之一。宋绍兴年间(1131~1162)毁,明洪武六年(1373)重修。万历年间(1573~1620)兴复神运殿、净业堂和禅房,清顺治十三年(1656)修五如来殿,康熙五年(1666)修远公影堂。咸丰年间(1851~1861)兵毁。1976年后陆续复建。1987年,列为省级文物保护单位。

**西林寺**　东晋太元二年(377),慧永南下罗浮传法途经庐山,江州刺史陶范挽留,慧永感其诚,且为庐山环境吸引,决心留下弘扬佛理。陶范在北香炉峰下为慧永建一“长廊绕涧,科砌环池”的西林寺。慧永终年布衣素食,清心克已,敬重香客,语不伤物,淡泊名利,超然物外,心胸开阔,襟怀坦荡,开创一代禅风。尽管西林寺“殿阁台室庑厨齐备”,他却在寺后山上别立简陋茅屋以禅息,不失清散飘逸之风。隋开皇年间(581~600)重修,唐玄宗敕建“千佛塔”为西林寺大增光彩。宋真宗景德年间,西林寺达到鼎盛。元末战乱,西林寺罹于兵灾。明洪武十四年(1381)复建,明崇祯四年(1631)又扩建,清顺治十一年(1654)经古巅和尚重整,遂为禅寺。道光十八年(1838)圮毁,咸丰四年(1854)再毁,十一年(1861)重修。1938年被日损毁。1943年修复。1988年再重建修复。

**天池寺**　旧名护国寺,立于天池山,为晋慧持所建。晋、宋以来,为庐山之巅最宏伟的一座寺院。北宋,在寺侧始建天池塔及后殿,后毁于战火。北宋绍兴二十一年(1151),又重建天池塔。明朱元璋将天池寺改名护国寺,又送“天池万寿寺”匾额,命地方官“以大力修天池寺”,使破旧的天池寺一跃成为“殿宇宏丽甲庐山”的首刹。世人称“庐山南北,寺之巨丽者,必以天池寺为冠”。从此,诸多文人造访,留下甚丰诗文和墨宝,尤以天池寺北的《庐山高石坊》珍贵。北宋皇佑五年(1053),欧阳修写《庐山高》,赠同年刘中允归南康长诗30行。至明代,王阳明手书其诗,立一冲天式“庐山高诗碑”。寺1939年被日军毁。画家沈周为老师祝寿,据诗意画成《庐山高图》,将诗书于画上(其画藏于台北故宫博物院)。

**万杉寺**　原名庆云院,位庆云峰下。建于南朝时期。宋仁宗天圣中(1023~1032)赐今名。1938年毁于日军炮火。1958年,旧址由星子县东牯山林场设为林站,逐年补植杉林,1982年后万杉之景得以复存。寺前有古樟数株,其中五爪樟传为开山僧人大超所植。寺东有树龄1600年的晋代罗汉松。寺后有“龙虎岚庆”4字石刻。1995年,比丘尼释能行主持万杉寺,重建庙宇,继兴佛事。

**秀峰寺**　原名开先寺,位鹤鸣峰下。清康熙四十六年(1707),康熙帝南巡,开先寺住持超渊迎驾淮安,随至松江。帝见超渊道貌非凡,奏对清朗,圣心大悦,特赐御书“秀峰寺”匾额,从此开先寺更名“秀峰寺”。清咸丰四年(1854)毁于太平军战火,1938年又遭日军破坏。20世纪50~60年代,秀峰寺旧址一直作为学校。70年代后期,修复部分堂、台、亭、阁及文物古迹。秀峰自然景色秀丽,寺之北、东、西三面,为文殊、姊妹、香炉、双剑、龟背、鹤鸣等山峰环抱,水之秀以东、西双瀑名扬天下。寺院内高树入云,修篁遍地,石刻漫山,曲径通幽。南宋王十朋有诗云:“庐山何处好?胜地有开先”。民国刘洪群撰“秀夺江山云拥寺,峰连壶峤碧摩天”。自古就有“庐山之美在山南,山南之美数秀峰”之说。

**栖贤寺**　原名宝庆寺,位石人峰下。南朝齐永明七年(489)建。唐时,李渤兄弟隐此读书,宝历元年(825),渤出任江州刺史,委僧人智常将读书旧寺重修,更名栖贤寺。后山寺屡遭兵灾战乱,唯“五百罗汉图”尚存112幅,列为国家一级保护文物,藏于庐山博物馆。栖贤寺环境优美,历代来访名士多不胜数。北宋苏辙《栖贤寺》云:“虽名山之胜,栖贤盖以一二数矣。”清王士祯有《栖贤寺》诗:“李渤读书处,乃在栖贤谷。何年作招提,来寻惬幽独。僧舍如蜂房,高下傅山麓。云来汉阳峰,时就檐下宿。古寺无所有,修竹间乔木。野纳喜客来,欣然设茗粥。便欲置草堂,岩栖于此卜。”1938年被日军毁。2003年10月,僧浩祥重建。

**海会寺** 位五老峰下。明万历四十六年(1618)始建,清咸丰三年(1853)遭兵燹,光绪年间僧至善重修,名声远播。寺内原藏僧普超血书《华严经》,存庐山博物馆。1933年,蒋介石在此开办军官训练团。1938年,寺院及训练团营房遭日军毁坏。1945年后寺院先后修缮补葺。1966年“文化大革命”中,寺院遭劫难。1986年又重建修复。2004年,列入市级文物保护单位。

**铁佛寺** 位于山北麓莲花洞好汉坡下百岁泉旁,唐贞观年间,由高僧昆仲始建。宋代曾名铁骨寺。铁佛寺依山而建,环境优美。明代高僧憨山德清有诗赞云:“江上青山不断春,门前流水净无尘……”。清代铁佛寺有13重大殿,佛像600多尊。后破败不堪。1986年,列入市级文物保护单位。1988年始,释妙乐主持复建,率众励精图治,兴建殿堂,重塑金佛,成为中国东南最大比丘尼道场。

**黄龙寺** 位于牯岭西南的芦林地区。由明万历年间彻空和尚始建,名“鹿野禅林”。寺庙木阁大殿,神秘缥缈,游人常至此“四顾迷归路”。当时有古杉数千株,一谷皆绿,蔽云遮日。建寺不久,明神宗之母慈圣皇太后,赐旧刻藏经539函和续刻藏经41函,每函包以锦袱,四角皆缘黄绫,极为珍贵。又赠渗金佛像、西洋水墨罗汉、大金铜香炉、花瓶、万岁牌、昆卢佛像、圆球大镜等贵重物品,以示恩宠。为纪念皇恩在寺东北建“赐经亭”。黄龙寺历史上几经兴衰,破损不堪。1987~1988年得专款及捐助修复。

## 二、宫 观

**简寂观** 在归宗寺东北5千米许鸡笼山后,金鸡峰下,刘宋大明五年(461)由道士陆修静建,初名“太虚观”。观后有东西2瀑,观前2峰夹峙如门。陆修静在此炼丹修道,撰写《三洞经书目》,改革东汉五斗米道,自成一家,故称南天师道,三洞法师。泰始三年(467),赴建康(今南京)崇虚馆讲学,广集道经并加以整理甄别,鉴定其中经戒、方药、符图等1228卷,藏于太虚观道藏阁,使其成为当时全国最大的道教经库。昇明元年(477),卒于建康,封为丹元真人,赐谥简寂。观名因之改为“简寂观”。南朝时,简寂观为庐山最大道观,殿阁6重,辉煌宏丽。后毁于战火,今存道观遗址和演经礼斗石。观后有布袋岩,观侧有油盐石,另有放生池、浮来石、捣药臼、听松亭等遗址。1996年建殿门,刻碑纪胜,并改名为“东岳观”。

**太平宫** 在山西北麓东林寺北1千米许,背倚老君岩。建于唐开元十九年(731),初名“庐山使者庙”,玄宗御书“九天使者之殿”匾额赐之。五代南唐改名“通玄府”,宋太平兴国二年(977)名“太平兴国观”,宣和元年(1124),宋徽宗改“观”为“宫”,其时道众多达3000余人。南宋乾道六年(1170)八月,陆游到此,恰逢宫中举行白莲会,一连7天,敬香许愿者车马人流不绝,陆游赞“莲社本远法师遗迹,东林寺亦自作会,然不若太平之盛”。元末兵毁太平宫,明洪武时重建。时有古迹宝石池、钟鼓楼、墨仙泉、刘仙石、大铁釜、玉衡、咏真之洞等,惜为历代战火所毁。今仅存“玉衡”1件,藏于庐山博物馆。

**仙人洞道院** 古称佛手岩,在锦秀谷西南。洞之深广10余米,洞顶覆盖岩石形似佛手,故名佛手岩。仙人洞初为唐了因和尚修行处。吕洞宾任浔阳令时,弃官居入佛手岩修炼。后人建“吕祖神龛”于此奉祀。清嘉庆年间(1796~1820),道士晏纯一改“吕祖神龛”为纯阳殿,名咏证洞天,立吕洞宾石像,两旁有联云:“称师亦称祖,是道仍是儒”“古洞千年灵异,岳阳三醉神仙”。神坛前用黑白2色云母,拼成一太极八卦图,四周配雕刻精美石栏,佛手岩改名仙人洞。光绪三十一年(1905),长安道人静阳子建老君殿,奉祀太上老君,重修纯阳殿、增建藏经阁,始称仙人洞道院。新中国成立后,中国道协理事罗理松在此修道。1988年,列为市级重点开放宗教活动场所。

**开天观(开天庙)** 原名西凤寺,在庐山东麓威家株桥东1千米许,始建于南宋年间,元末朱元璋与陈友谅交战鄱湖,朱元璋兵败逃于此地,天忽黑暗,陈无法追赶,遂收兵,朱因而得救。明洪武元年(1368)朱称帝,改西凤寺为开天寺。寺曾多次废兴。1994年后,道长华卿主持修复,2001年建成天师殿,面积

360 平方米,檐高 8 米,顶高 14 米,内供张天师。今虽寺、观混称,实为道家所居。

**报恩观** 位于山北莲花峰麓。传为“刘越洞天”“董仙祠”“叶道士山房”旧址。明代中后期,万姓家族在此地修报恩祠。清代重建道观名报恩观待续至今。2007 年,经修复始有主持负责复兴之业。

## 三、教 堂

**清真寺** 始建于 1922 年,其时位于牯岭街 5 号,石砌木构 2 层房屋,面积 285.9 平方米,经改造为清真寺。正殿装饰端庄简朴,可容 100 余人聚中礼拜。1947 年 4 月,遭焚毁,后由信徒筹划求得资助,在原址复建。

**庐山天主堂** 位于牯岭西南 1.5 千米许的香山侧路,清光绪二十年(1894)由美国传教士海洛斯募捐兴建。教堂为石木结构,双坡顶,铁皮瓦,面阔 9.25 米,进深 25.4 米,高 11.8 米,是一幢罗马式教堂建筑。门前建有一石平台,左右两厢为 24 级石台阶。进门处为前厅,上有小阁楼。厅后为礼拜堂,计有 12 根墙柱,以承托梁架,上为券拱顶棚,两侧有长形拱券形格窗,礼拜堂前方有一半圆形祭台,是安放圣像和传教士传教之处。该教堂结构坚固,至今保存完好。1986 年,列入市级文物保护单位。

**基督教小礼堂** 位于河西路河沟北 5 米,建于 1916 年。教堂为石木结构,铁皮瓦,坡面顶。平面为丁字形,分前后两部分。前面教堂为 2 层,面阔 18.2 米,进深 5.7 米,高 11.5 米;后面教堂面阔 8.75 米,进深 12.8 米,高 9 米。该建筑屋面变化丰富,大门外有一四方形雨棚,上为三坡顶,后面教堂又分 2 部分,前面部分靠中间窗口为南北两坡顶,上面为东西坡面顶,再上面还有一四坡顶;后面部分四坡顶,整个屋顶变化多样,错落有致,堪称外来建筑的艺术精品。1987 年,列入庐山文物保护单位。

**美国耶稣升天教堂** 位于东谷,清宣统二年(1910)前后建。是中国唯一现存的青石瓦屋面,乱石砌墙,具有哥特式风格的基督教堂。

**美国圣公会女修道院** 位于东谷。建于 20 世纪 30 年代,英租借地时为 153 号,今称中九路 1 号。

**法国天主教教堂** 位于香山路 527 号。清同治二十年(1894)法国天主教江西北境六府主教樊体爱建。庐山山上最早的西式建筑。

**俄国东正教堂** 位于星洲。清光绪二十四年(1898)俄东正教士尼娑租地建造。

## 四、佛 塔

**归宗舍利铁塔** 在山南归宗寺后金轮峰上,峻拔孤耸,直戟苍穹。塔由铁板镶成,七级六面,高约 6 丈,第二镌有楞严咒文,第三至第七级铸有浮雕佛像,精致生动。塔始建于东吴赤乌七年(224),初为木塔,后改石塔,明万历年间又改铁塔。重开塔藏时,在地宫发现“舍利升许,五色宝光,炫耀人目,瞻者敬礼,无不感悦”。清光绪十五年(1889),康有为游此赋诗 2 首。其一“千年铁塔抗金轮,云气光明护化城。风雷万劫不动转,烟霄百丈轰飞惊”。1938 年,铁塔被侵华日军重炮轰倒。镌有佛像的铁板均被日军劫去,唯从塔底出土一块《明万历四十三年重修铁塔记》的铜板幸存,现藏庐山博物馆。

**天池塔** 位于天池山山脊,塔为一阁式,五层六面,塔刹呈宝瓶状,高 20 米。始建于南宋建炎年间(1127~1130),为宋丞相韩侂胄所建。现塔系 1927 年民国将领唐生智重建。塔内藏有银佛像、宋币及水晶珠等文物。此塔 1986 年列为市级文物保护单位。

**西林塔** 又名千佛塔,位于山北麓,建于唐开元年间,明代曾予重修,塔高 7 层,呈 6 角,各面均有佛龛。底层南北开门,正门向南。塔身向南每层门顶皆有题额。底层正门上题额为“千佛塔”,二层为“羽宝才”,三层为“金刚”,四层为“灵就来”,五层为“无上法”,六层为“聪雨花”,七层为“元明藏”。塔旧有旋梯,系 1934 年戴传贤所建,可登高远眺,1938 年被日军所拆除。1992 年维修,置仿明瓷佛像、泥塑、木塑像各 300 尊,石雕佛像 100 尊,并赴缅甸请来玉佛,今佛像 1080 尊供奉塔外佛龛。1959 年,西林塔列为省级文物保护单位。

**下方塔与上方塔** 下方塔在东林寺下方,又称雁门塔,远公塔,即慧远墓。上方塔又称舍利塔,在东林寺后山上,为迦毗罗卫国(今尼泊尔国境)高僧佛驮跋陀罗所建。佛驮跋陀罗于后秦弘治十年(408)到达长安，宣扬佛法。因同道排挤，被迫南下。慧远邀其到东林寺翻评《华严经》《禅经》等多种经书，对佛教华严宗的创建有一定影响。原上方和下方古塔早废，1984 年重修。慧远塔为一荔枝形的垒石建筑，上方塔为一喇嘛式的白塔。

**恭乾禅师墓塔** 位于山西南金竹坪，距牯岭街 4 千米。明万历七年(1579)，恭乾禅师创建千佛寺，聚集僧侣传布佛法。四十六年(1618)，恭乾圆寂，寺僧建墓塔以葬之。塔由花岗石砌成，高 3.2 米，基座为仰覆莲承托圆形六角石鼓，上有仰覆莲承托六角石柱，柱六面刻有"皇图永固，帝道遐昌，法轮常转，阿弥陀佛"等禅语。柱上有石檐，檐上有葫芦形宝顶。此塔集经幢与喇嘛塔的特点于一体，造型别致。墓塔祭台左前方有天然卧石，上有石船，石船上立一 3 级六面石塔，古朴优美，亦称"船塔"。墓塔周围用石条栏护，祭坪面积 218 平方米的塔院，内有石坊，望柱和石碑。1959 年，基塔列为省级文物保护单位

**诺那塔** 又称喇嘛塔，在小天池山之巅，塔为高 21 米的白色佛教建筑，原是西康大活佛诺那呼图克图的舍利塔。诺那毕生爱国，反对西藏"独立"，维护祖国统一，1935 年逝世，弟子据其遗愿，将其舍利葬于小天池山，国民政府曾颁赠"普佑护国法师"称号。1937 年建诺那塔院。抗日战争期间遭日军破坏，抗战胜利后修复。1966 年后"文化大革命"中又遭劫难，塔上部的圆锥形"十三天"被毁，塔身受损。现经佛教界捐资修复诺那塔及祖师殿，新建诺那华藏精舍等，供参观朝拜。1987 年，塔列为庐山文物保护单位。

## 第四节　桥亭楼台

### 一、桥

**观音桥** 原名三峡桥、栖贤桥，横跨栖贤谷三峡涧中。清顺治年间乡民于桥堍建观音寺，改称"观音桥"。桥建于北宋祥符七年(1014)，桥体长 19.42 米，宽 4.33 米，高 10.67 米，单孔跨在两岸悬崖上，由 7 排共 105 块凿有公母榫的花岗石首尾相衔，凹凸相扣而成，每块重约 1 吨。桥下纳汉阳、五老诸峰 72 条溪水，每逢春夏，山洪奔泻，声如雷霆，似长江三峡之险。清屈大钧有诗云："二十四潭争一桥，惊泉喷薄几时消。一山瀑布归三峡，小小天风作海潮。"桥下漫壁石刻，拱石上刻"维皇宋祥符七年，岁镒甲寅二月丁巳所朔建桥。上愿皇帝万岁，法轮常转，风调雨顺，天下民安。谨题"38 字。另一行刻"福州僧智郎勾当造桥，建州僧文秀教化造桥，江州匠陈智福，弟智汪、智洪。"其下砥石有北宋黄庭坚书"三峡涧"3 字，右侧石壁有"山浪"2 字。桥东头有清薛所习题"招隐"2 字，旁有"陆鸿渐品为天下第六泉。岁在辛酉，南海杜熳公饮此，刻石记之"。桥横下石台上，有明正德间马朋书"金井"2 字，与三峡涧上游"玉渊"相呼应。旁有莆田殷孟九题书"万流归一"。苏轼、苏辙、黄庭坚、唐寅、屈大均等都曾亲临此桥。苏轼誉桥为"庐山二绝景之一"。唐寅创作《庐山三峡桥图》，手书诗"匡庐山前三峡桥，悬流溅扑鱼龙跳。羸骖强策不肯度，古木惨淡风萧萧"。1961 年 9 月 17 日，国务院总理周恩来前往参观。1988 年桥被列为全国重点文物保护单位。

**枕流桥** 在白鹿洞书院前贯道溪上。单拱石构，两旁有护栏，桥下大石枕之，有朱熹书"枕流"石刻，故名。桥长 12.5 米，宽 3.2 米，高 10 米。初为朱熹在宋淳熙八年(1181)所建，始为木桥。清道光十一年(1834)南康知府杨树基改建为石桥。李梦阳《枕流桥》诗描述此桥的险要。

**清倖桥** 在马尾水瀑布之上，清乾隆九年(1744)九江关监督唐英出资所建，桥面长 12.7 米，拱高 6 米，宽 3.6 米，由 1000 余块条石拼合而成，无任何粘合剂物。桥竣唐英赋诗。桥前原立因缘碑，后毁。

### 二、亭

**御碑亭** 位于仙人洞南侧的锦绣峰顶的白鹿升仙台。明洪武二十六年(1393)，朱元璋下诏兴建。由石瓦、石脊、石墙、石柱、石门构成。亭内中央竖立高 4 米、宽 1.6 米、厚 0.2 米的石碑。碑正面镌朱元璋撰《周颠仙人传》，背面刻《祭天眼尊者、周颠仙人、徐道人、赤脚僧文》及诗 2 首。亭坐东朝西，平面呈正方形，边宽 5.8 米，高 6 米，歇山顶。正门上方横额上书"御制"2 字。左右两端饰 2 龙首图案。门两边石柱上镌"四辟云山九江棹，一亭烟雨万壑松"联。亭居临下，端庄凝重，古朴厚重。亭四周用石板石柱间成一方

形院落。整个建筑尤显非凡气势。1959年,列为省级文物保护单位。

**赐经亭** 在黄龙寺后山顶上,又称黄龙御碑亭。明万历十五年(1587)明神宗为纪念母亲明肃皇太后,命工部刊印续入藏经41函,并旧刻藏经文637函,颁布给黄龙寺而建。亭坐北朝南,平面呈正方形,歇山顶,石结构,石柱、石瓦、石檐,高6米,边宽3.8米。亭中立一石碑,上刻明神宗《护藏敕》及《圣母印施佛藏经赞》。整个建筑造型简洁,气氛庄严肃穆。1959年,列为省级文物保护单位。

**访仙亭** 亦称周颠亭,在仙人洞北侧。相传朱元璋访周颠而不得,筑亭以纪念。古诗人孙应鳌有"访仙亭畔野云深,幻迹犹传古竹林"诗句。明朱多炡《访仙亭》诗云"客访遗基岁月华,仙人何处弄烟霞。山中甲子无春夏,四月方开二月花。"

**漱玉亭** 在秀峰寺西侧青玉峡龙潭畔,为宋代苏轼常游之地。苏轼见此怒流湍急,风景如画,筑亭点景,题名"漱玉亭",并有"我来不忍去,月出飞桥东;荡荡白银阙,沉沉水晶宫,愿从琴高生,脚踏赤鲤公;手扶玉芙蓉,跳下清冷中"诗句。

**玉弦亭** 在五老峰中腰的木瓜洞,为明末道士石嵩隐留下的古迹之一。《石嵩隐木瓜洞杂诗》云:"咫尺层岩别一天,小亭恰好在溪边;高山流水传音过,谁识冰心上玉弦。"

**聚仙亭** 在天池寺西侧,祀周颠之处,亭侧为清凉石,寺僧凿石,小亭置于石上,由亭可俯瞰石门涧深壑奇景。明王畿《雨坐聚仙亭》诗云:"坐雨亦白好,悠然澹物情;青林团雾气,丹壑泻泉声,樗散原甘寂,蔬斋已去腥,佳人期未至,沾湿步前楹。"

**花径亭、景白亭** 在牯岭西北如琴湖畔。由白居易题写的"花径"刻石,1930年被挖掘发现,汉阳人李凤高便邀同好,集资募地,植桃千余株,以续当年之胜,建圆亭,名花径亭,覆盖"花径"巨石,以保久远。在花径石碑坊旁有景白亭,系一尖顶方亭,亭坐东朝西,木石结构,铁瓦飞檐。亭前立陈三立撰《景白亭记》石碑,记述建亭经过。

**望江亭** 在小天池山南侧绝壁之上,亭顶红色伞形,原名"烈灵台"。亭百米许处,有一纪念碑,碑座四方形,碑身三角形,高10米的"陆军第九十九军抗战阵亡将士纪念碑"。国民政府的陆军第99军,辖60、92、99、197师,在抗日时期,曾先后参加淞沪、鲁南、鄂南、南浔、桂南、长沙三次会战及常德、长衡会战诸役,牺牲者逾数万。抗日胜利后,该军长缅怀忠勇袍泽,"尽死以成仁,舍生以取义""血溅沙场,膏涂原野""敢死犯难的大无畏精神",特建纪念碑,"期诸先烈之丰功盛烈,与庐山并峙不朽!"1946年4月动工,9月完成。与纪念碑同时建成的,有9级台阶而上的烈灵台,其时是用作供奉烈士牌位的。新中国成立后,烈灵台改名望江亭。

### 三、楼(堂)

**南康府谯楼** 又名周瑜点将台,古为南康郡署望楼,在星子县城南部,近鄱阳湖畔。北宋太平兴国七年(982),星子县升南康军,谯楼之北为军署所在。南宋乾道元年(1165),于军署前增建门楼。元代改军署为南康路总管府,至正初(1341)在府前楼原址上始建木结构谯楼。明洪武初年(1368)重修,中置漏壶计时。天顺二年(1458),重建砖木结构谯楼,下筑花岗石崇台,台下拱洞为府署大门,台上为重檐楼阁,雕栏画栋,上盖琉璃瓦,楼上置鼓报时,民称"鼓楼"。谯楼台基长30.5米,宽16米,高6.6米。中间门洞深16米,宽3.3米,高5.6米。台东有石阶通往台上,台上楼阁长17.35米,宽10.75米,高3.8米,四周有通道。洞门前原有石狮2对及"湖山重郡""理学名邦"字牌,气势雄伟。洞前两侧为清乾隆南康知府刘方溥所书长联石刻"曾是名贤过化,前茂叔后考亭,我亦百姓长官,且试问催科抚字。纵使绝险称雄,背匡庐面澎蠡,谁做一方保障,敢徒凭形势山川"。

谯楼东侧原有花岗石大马槽1尊,传为周瑜喂马槽。楼前原有"真儒过化"牌坊和明嘉靖牌坊,高6~8米,宽4米。石坊上刻人物、花鸟、禽兽,千姿百态,栩栩如生。进谯楼洞门往北为古南康府署,内有试院、正堂、直节堂、六老堂、来鹤堂、客厅、花厅、戏台、爱莲池、二贤祠等建筑,占地面积10万平方米,除谯楼和爱莲池尚存外,其他旧址均已建民房。1959年,谯楼列为江西省文物保护单位。楼前的喂马槽和牌坊于1966年“文化大革命”中被毁。1980年省文化局拨专款对谯楼进行修缮。

星子民间传说,谯楼为三国时周瑜点将台遗址。据清同治《星子县志》和《三国志·周瑜传》载,周瑜于建安十一年(206)在宫亭湖(星子县城东南)教习水军。另悉,“周瑜点将台”图片已被收入北京中国军事博物馆“古代战争史”展厅。

**“庐山会议”旧址** 位于掷笔峰下,原为大礼堂,在原图书馆之左,坐东朝西,是传习学舍的配套建筑,1937年建,为受训人员集会的场所。建筑物高16.8米,长39.7米,宽30.9米,上下2层,建筑面积4000平方米;檐口覆以蓝色琉璃瓦,一楼为餐厅,二楼为礼堂,南、北两面装有大钢窗;正面入口处为3扇拱形大门。整个建筑风格亦中亦西,中西合璧。此建筑落成后,为蒋介石及国民政府暑期重要活动场所。1949年庐山解放后,更名庐山人民剧院。1959年、1961年、1970年中共中央在此召开3次会议。1996年列为全国文物保护单位。

### 四、台

**李璟读书台** 在秀峰景区。相传李璟15岁在此筑台读书。台今已废,仅剩台前紫石雕花石栏,石栏花纹图案系南唐风格。台旁原有六丈松,远望如华盖当空,1938年被日军砍毁。台中有康熙临摹米芾诗碑,诗作为南朝齐梁间江淹的《从冠军建平王登庐山香炉峰》。碑为汉白玉,高1.8米,宽0.2米,清江西巡抚张志栋勒石立碑。沿读书台西侧石阶而下再西行,有“月印龙潭”圆形石门,内有康熙手书“秀峰寺”,胤礽手书“洒松雪”石碑。碑高分别为2.05米,1.98米,宽分别为1米、0.9米。碑前有片石如云,上书“片云”2字和“左檀龚蕃锡题”。读书台上数十米处,有1984年所建双层亭,名“豁然”。

**清凉台** 在天池寺南下1千米许,台因文殊摄化得名。由台去石门涧,钟声相闻,四周奇峰异石,陡峭万仞。此处旧有石亭,中午始见阳光,一片寒气逼人,冷翠扑面,晴亦湿衣。由台俯瞰深涧,只见木桥横陈涧上,称挽云桥,过挽云桥,才能攀登到台上。台的上面岩上有一石室,明万历间,老僧亮空手构,后稍废,以后为僧智瑞在此静住修禅。这里有奇石、奇松、最奇之石为鹦鹉石,最奇之松仙虬松。最奇之池有二:一为天池,一为砚池。伫立台上,可仰观玉印、铁船、鹏博诸峰。

**文殊台** 在天池寺西侧,石筑而成。相传为明代王阳明夜观“佛灯”之处。台内展出“龙鱼”(即蝾螈)以供游者参观。台畔,旧有“偃盖松”,晋葛洪《抱朴子》说“松千岁者,四边枝起,上杪不长。望之有如偃盖。其中有物,或如青牛,或如青羊,或如青犬,或如青人,皆寿千岁”。《纪胜之书》载:“栽松,去其中根,惟留四面须根,无不偃盖。”相传台为文殊趺坐处。有王阳明石刻诗“老夫高卧文殊台,拄杖夜撞青天开,撒落星辰满平野,山僧尽道佛灯来。”

**白鹿升仙台** 在仙人洞石圆门之右10米处,明太祖朱元璋立周颠仙碑于基上。明代桑乔《庐山纪事》载:“白鹿升仙台,相传常有人乘白鹿于此升仙”,故名。

**对酌台** 在紫霄峰的南崖上,相传晋代陶渊明,乘蓝舆(竹桥)登庐山时,每偕简寂观道士陆修静同徙紫霄峰,有弟子携酒在后,经过可以休息的盘石,坐下相对痛饮起来。

## 第五节 中外别墅

### 一、别墅建设

清同治二年(1863),法国传教士在山北麓莲花洞始建别墅与教堂。清同治年间至光绪年间,英法等国职员及俄国商人,于九峰寺附近建避暑别墅。光绪二十一年(1895),英国传教士李德立,依靠列强势力,上山强占长冲山谷为租界地,大兴土木,建造别墅。随后,芦林俄租界、猴子岭美租界、“华界”——西谷的西半部、橄榄山、小天池、女儿城,以及太乙村,渐形成由东谷辐射的以欧式别墅为主流的建筑群。1917年,全山有别墅560栋,20世纪20年代,已有美、英、德、瑞典、意大利、挪威、奥地利、俄、芬兰、法、葡萄牙、加拿大、日本、澳大利亚、瑞士、捷克、丹麦、爱尔兰、中国等20个国籍的别墅848栋。

至2010年,土地房产部门统计,原建别墅中有的或毁于兵乱,或倒于风雨,或罹于火灾,或被拆除或改建。全山尚存别墅636栋,总建筑面积174653.57平方米,16个国家建筑风格。其中,中式259栋,美国185栋,英式125栋,德式17栋,瑞典式12栋,日本式11栋,法式7栋,芬兰式3栋,挪威3栋,以及丹麦、加拿大、俄国、葡萄牙、澳大利亚、瑞士式和国际式(即多种建筑风格相融合)别墅。

## 二、形态类别

**内廊式别墅建筑** 在于周边为封闭回廊。多以石料作墙,门窗拱券。外廊为玻璃窗封闭,但留拱券式建筑符号。廊内光线、通风好,这种建筑一般三边设廊,而卧室、客厅置在其中。

**外廊式别墅建筑** 廊不封闭,外廊多为木柱,柱间檐口下方弧形木雕为拱,每拱中间圆木球雕刻作装饰,护栏亦是木质图案构成,顶棚木条制成菱角花格,为通透状。这种别墅除外石墙外,多用木材,如内室线板全封仰顶,体现木的自然质感。建筑体量不大,造型线条复杂,古朴自然,体现建筑自身美。

**单亭式别墅建筑** 则在房屋左右或中间任何一处,突出三面墙壁,室内亦变成三面形空间,锥形亭顶,与主体建筑的四坡屋顶分开。故改变房屋正方形或长方形的单调感,其线条变化和几何构图,增强建筑美观。

**双亭式别墅建筑** 正面双边对称六角亭,左右两亭墙壁亦是三面突出对外,两亭、两亭之间外廊有分封闭式或是敞开式。亭顶锥形坡顶拉得不高,主体建筑正立面形成三点式构图。建筑正面富于变化,构图既有对称美又有角度曲线美。

**古堡式别墅建筑** 基本全石结构,屋面采用钢筋水泥平顶,四周砌成墙垛,与西方古堡相似。块石砌墙,拱券门窗。屋体显得稳重,具有古老简朴特色。

**鱼鳞板外墙型别墅** 可谓全部用木。外墙用鱼鳞板,以主柱为框架,以木板半薄半厚相迭形成。内墙订灰板条,用石灰和沙浆抹平。内隔墙同样法处理,圆线板顶,木板地面,屋面铁瓦,这种房屋体量小,一般油漆灰墙红顶。由于小巧,易为建筑。

庐山别墅墙体材料,多数就地取材于庐山之石,少量用青砖或雨淋板。石料墙体坚固耐用,还与环境相协调。多数石墙的石料采用未加工成型的不规则石块(又称毛石),垒砌时将石块平整一面向外。墙体砌成后,再用水泥将石块与石块接合处缝隙填实,在墙体表面形成不规则、如网状的凸出线条,使别墅与其周围山石保持和谐,给人一种自然、朴实、新奇美感。别墅屋面多是铁皮瓦。铁皮瓦质轻,易固定在屋顶上,多漆成红色,在以绿色为主体的庐山,显得格外醒目。屋面形式也富有变化,以平面为单元组成多变的几何体,有单坡、两坡、尖顶、穹顶等形式,有正方形、六边形、八边形、圆锥形等多种组合。

## 三、别墅保护

庐山别墅多分布在牯岭东、西谷内,多数别墅有庭院,或松柏掩映,或翠竹环绕,或小桥枕水,或花草四布,与自然环境协调一致,相映成趣。为便于管理,别墅均进行编号。有关部门按其历史价值和文化品位进行评定,分别列入国家保护、省级保护和庐山保护的文物。重点别墅完好率达100%,名人别墅完好率达90%。

1986年,美庐别墅、芦林别墅列为市级文物保护单位。

1987年,美庐别墅、芦林别墅列为省级文物保护单位。442号别墅、124号别墅、176号别墅、359号别墅、原孔祥熙别墅(庐山宾馆479号)、汪精卫别墅(五一疗养院303号)、原宋美龄别墅(庐疗210号)、原林森别墅(庐山林场1274号)、原冯玉祥别墅(省公安厅招待所441号)、原杜克尔别墅(庐山别墅村175号)、原李烈钧别墅(庐山云雾所1199号,庐山民政招待所1216号、1213号)、原黄维别墅(庐山公安局38号)、原吴鼎昌别墅(建设处招待所742号)列入庐山文物保护单位。

1996年后,180号美庐别墅、124号别墅、176号别墅、359号别墅、442号别墅、175号别墅先后被列为全国重点文物保护单位。

## 四、典型别墅

**美庐别墅(180号)**　位于牯岭东谷长冲河畔，背依大月山，清光绪二十九年(1903)，由英国兰诺兹勋爵建造，1922年，转让给巴莉女士，1933年，夏巴莉女士让给蒋介石夫妇居住，1934年，巴莉女士将别墅赠送宋美龄。1948年8月，蒋介石题写“美庐”2字。别墅为石木结构，主楼为2层，附楼为1层，占地面积455平方米，建筑面积996平方米，庭园占地面积4928平方米，建筑面积仅占其中不足10%，故庭园显得敞净。步通透式凉台、进入室内是会客厅及卧室。二楼是办公室、会客厅、卧室。办公室左侧有凉台、阳台，均为石柱、石栏，宽阔安适。与主楼相连的是附房，为1934年增建，采用封闭式内廊联为一体。外看为一排玻璃窗，内部布局为一侧是通道，一边是餐厅、琴房、侍卫室等，中以内廊连贯。1959年、1961年、1970年中共中央三次庐山会议期间，毛泽东均寓居于此。

**124号别墅**　位于柏树路，依山坡而筑，东临长冲河，为石混结构，2层，建筑面积600平方米，由石墙围砌的庭园，占地4900平方米。别墅立面构图，富有层次感和韵律感。石墙面镶嵌3个圆拱窗，呈规则地排列；二楼阳台挑出，阁楼层建有一排老虎窗。平面布置为内廊式，各房间以内廊连接，一楼为大客厅、餐厅、客房，二楼为客厅和卧室。外观色彩为灰褐墙面、浅绿的门窗、深红的老虎窗和屋顶。别墅建于1919年，原为俄国亚洲银行别墅。1927年，朱培德购置。1959年、1961年中共中央庐山会议期间，刘少奇寓居于此，1963年3月，陈毅居于此。

**176号别墅**　位于河东路，前临长冲河，建于清光绪二十二年(1896)，一层，石混结构，建筑面积333平方米。别墅为对称公寓式，以中间客厅为轴，左右对称排列1个套间和1个单间。主立面为敞开式外廊，木栏杆，门前为呈八字形石台阶。平面呈矩形，造型简洁、朴实。庭院开阔，树木繁茂，占地3200平方米。别墅原为美国驻汉口圣公会建造，原称美国圣公会海外教会居地。1946~1948年，归国民党励志社辖，用以接待外国驻华大使及国民政府要员。1959年夏，中共中央庐山会议期间，彭德怀寓居于此。

**359号别墅**　位于中八路，依山势而建，二层，石混结构，建筑面积856平方米，庭园占地4878平方米，为庐山近代别墅群中体量最大者。别墅利用地形特点，造型奇崛。平面呈“凹”字形，二楼有敞开式外廊，半个六边形的阳台，廊柱、廊栏、台栏均为石构。内部设有封闭式门厅、客厅、餐厅、书房、卧室等。庭园内有石台阶、四层花坛，西北部有一游泳池。别墅建于1902年。1932年，熊式辉购置。1959年、1961年中共中央庐山会议期间，朱德寓居于此。

**442号别墅**　位于河西路，背依牯牛岭，前临长冲河，1919年建造，一层，石混结构，建筑面积434平方米。别墅以打制规整的方整石料作墙体，外观显得规整、古朴、大方。内部结构，在主立面和侧立面的周边，设有宽敞的封闭式内廊；客厅、卧室、副卧室，均与内廊相通。1946年7~9月，美国特使马歇尔曾居于此。1961年中共中央庐山会议期间，周恩来、邓颖超寓居于此。1990年，别墅辟为“周恩来在庐山活动纪念室”。

**芦林别墅**　在芦林湖畔，因房号为1号，又称芦林1号，是中共中央1959年庐山会议后，为毛泽东再次上庐山而准备的，建于1961年，单层平顶。坐东朝西，石与混凝土结构。主楼为“四合院”式，建筑面积2700平方米。中间有340平方米的矩形天井花园，四周是内走廊，朝内向天井均为大玻璃窗。别墅南主立面有敞廊，东侧立面有封闭式外廊。主楼处有一占地1万平方米的公园。1984年，别墅改为庐山博物馆。

# 第六节 名人墓冢

## 一、历代人物墓冢

**陶渊明墓** 位于桃花源观口西侧的面阳山。《庐山志》“由观口钱村出马头山后之半山北行三里,至面阳山东麓,靖节祠在焉”。尚存遗址。墓主陶渊明(365~427),东晋诗人。墓作石碑坊形,砖石结构,墓碑首横刻“清风高节”4字,碑面中直刻“晋征士陶公靖节先生之墓”,左刻《五柳先生传》及墓志,三刻《归去来辞》及裔孙名字。1959年,墓列入省文物保护单位。

**丘灵鞠墓** 位于山北麓青竹涧,今庐山区海会镇邱家湾北坡。墓主丘灵鞠(430~502),南朝齐吴兴郡乌程县人(今浙江湖州市),曾任镇南长史、浔阳相等职,后隐逸庐山,以文名列传《南齐书》。墓封土完好,现存墓碑为清乾隆三十七年(1772)立。

**周濂溪墓** 位于山北麓栗树岭。墓主周敦颐(1017~1073)为北宋理学家,熙宁六年(1073)逝于濂溪书院。周元配夫人陆氏、继配夫人蒲氏亦葬周两侧。明弘治三年(1490),九江知府童潮在墓前建祠、立像、置田供祭祀,墓地时为“江州十景”之一。嘉靖三十八年(1559)巡抚何迁檄知府朱日藩将墓修葺一新,清咸丰五年(1855)彭玉麟、罗泽南、李续宾出资主修,墓顶结为龟形约6尺,径1丈5尺。墓前碑碣有明万历李得阳诗碑,彭玉麟修墓碑,罗泽南重修周子墓碑,周生前所作太极图碑等。原墓于1966年“文化大革命”中被毁,今墓为1992年重修。2006年,列为省级文物保护单位。

**张叔夜墓** 位于星子县城东北2千米神灵湖畔。墓主张叔夜(1065~1127)广丰人,宋枢密史,抗金名将宋史有传。授观政殿大学士。金人掳徽、钦两帝时,随至白沟河,不入敌域,绝食扼喉而死,二子奋、熊从之。宋金议和,遂得归葬。至鄱阳湖“遇大风,舟不能进,遂葬三人于神灵湖畔。清乾隆、道光年间,后裔墀等屡修之”。清南康知府王以敏曾立碑纪之。今墓碑及封土均保护较好,为星子县级文物保护单位。

**刘凝之墓** 位于星子少府岭、能仁寺侧。墓主刘凝之(1000~1080)曾为颍上县令,以刚直不为上司所容,弃官归隐,爱庐山之胜,入星子籍。刘妻钱氏亦葬于此。朱熹曾于墓侧建壮节亭。清道光间,知府刘体重见四围故冢满布,命偷葬者迁出,置石垣以卫之。后毁。1980年出土墓碑2块,一为“尚书屯田员外郎致刘凝之府君墓志铭”,撰文者李常;一为“宋故寿安君钱氏墓志铭”,撰文者曾巩。

## 二、近现代人物墓冢

**徐秀钧墓** 墓主徐秀钧(1879~1913)为民国讨袁志士,1913年被袁世凯密令逮捕,被害于九江岳师门外。1917年葬于城南山川岭,时任北京大学校长蔡元培撰《故众议院议员徐君墓碑》。1990年迁至九江南湖烈士陵园,1993年又迁于九江革命烈士陵园(今庐山区十里街道螺子山)。

**黄远生墓** 墓主黄远生(1885~1915)为中国现代新闻事业发展之先驱。1915年12月,在美国旧金山被害,时年不满31岁,骨灰辗转运回九江,安放在山北麓桂家垅(今庐山区莲花镇梅山村)。土坡形墓体,墓碑高1.25米,宽0.91米,内框高1米,宽0.6米,碑直刻“故先考黄公远庸府君之墓”及生平、后嗣等文。据黄席群(黄远生长子)云,墓中有李盛铎撰《墓志铭》。1986年列为市级文物保护单位。2004年10月,迁贺家山陵园名人园。

**徐宝璜墓** 墓主徐宝璜(1894~1930)为中国第一部《新闻学》作者,称新闻学开山鼻祖。1930年病逝于北京,葬于山北麓鲁板桥(今庐山区虞家河乡),其夫人蔡尚文同合墓。墓体坐北朝南,正面宽3.5米,高1.5米,长4.5米。1990年,墓前立石狮1对,石碑1块,中国新闻学会会长方汉奇撰写碑文。2004年,墓列入市级文物保护单位。

**俞德生墓** 位于九莲北路侧俞氏山庄遗址内,墓主俞德生(1866~1919)浙江宁波人,回族,20世纪初任九江招商码头经理,曾鼎力资助蔡公时、林森、吴铁城、李烈钧等在九江从事推翻清封建帝制活动,并与林森交往密切,成为挚友。俞死后,国民政府要员林森书“俞德生先生之墓”“誉永千秋”;李烈钧题

“黄花媲烈，碧血长馨”。2004 年，墓列入市级文物保护单位。

**俞兴根墓**　位于九莲路侧俞氏山庄遗址内。辛亥革命前，墓主俞兴根(1888~1913)，俞德生子，曾在“浔阳阅书报社”内佐理社务。清宣统三年(1911)4 月广州黄花岗起义后，协助林森、吴铁城等策划九江革命武装力量——商团，并与林森、李烈钧等同盟会员在九江进行活动，为辛亥革命时九江起义作准备。俞兴根牺牲后，1931 年秋，国民党中央委员、国民政府委员李烈钧书“俞兴根烈士墓”碑文。2004 年，墓列入市级文物保护单位。

**李凤高墓**　墓主为民国初年学者，调任彭泽县长，刻“彭泽令”3 字章却不赴任，而隐居庐山。抗日战争始，乃避于赣东之南城，1944 年无病而终。抗日战争胜利后，其夫人携凤高骨灰安放于东林寺旁，即今庐山区赛阳东林村汪家畈山涧北岸。墓体为椭圆形，长 3.7 米，宽 3.4 米，高 2.3 米，卵石垒成。2004 年，列入市级文物保护单位。

**蒋彝墓**　墓主蒋彝(1903~1977)，为美籍华人，英国皇家艺术学会会员、美国艺术科学院院士、美国哥伦比亚大学终身教授。1977 年 8 月回国访问，病逝于北京。原墓在马宿岭公墓区，与妻曾芸合墓。1992 年迁庐山华裔陵园，随迁的还有蒋之兄蒋笈及夫人蔡芬墓。今墓位于许家坡顶，坐东向西，合墓正面基宽 3.4 米，高 1.5 米，长 3.7 米，外有弧形水泥、石砌矮围墙，左侧立《蒋彝墓志》石碑，系马宿岭墓搬迁来的原物。

**胡先骕、秦仁昌、陈封怀墓**　位于庐山植物园内，墓主均为庐山植物园的创始人。胡先骕(1894~1968)，现代著名植物分类学家，中国植物学创始人之一；秦仁昌(1898~1986)，著名蕨类植物学家；陈封怀(1900~1993)，著名植物园专家和植物分类学家，专长菊科和报春花科的分类。

**陈寅恪墓**　位于庐山植物园内胡先骕、秦仁昌、陈封怀墓右侧小山岗上。墓主陈寅恪(1890~1969)，现代著名历史学家，古典文学研究家，语言学家。墓碑为诸多小个头的砾石支撑着一块大的横向漂砾，上刻“后学湖人黄永玉敬书”的“独立之精神，自由之思想”。横向漂砾之左，直立漂砾墓碑上刻黄永玉手书“陈寅恪、唐筼夫妇永眠于此”11 字。墓碑后刻有“庐山植物园陈流求、陈小彭、陈美延敬立”以及“二〇〇三年六月十六日”等字样。

# 第四章　庐山研究

## 第一节　地质研究

清同治七年(1868)，德国地质和地理学家李希霍芬到庐山进行地学考察研究，并命名“观音桥花岗片麻岩”。1931 年，李四光带领北京大学学生对庐山的地层、构造、岩浆岩进行调查，并发现第四纪冰川遗迹。1932 年，李四光再次上山考察，并为吴宗慈编撰的《庐山志》撰《庐山地质志略》。1933 年，李四光组织庐山的 1:5 万地质调查填图工作，庐山首次有了地质图。同年，李四光发表《扬子江流域之第四纪冰期》论文，引起国际地质界重视；并在吴宗慈编撰的《庐山志》中，撰写有关地学章节。1934 年，李四光发表《关于研究长江下游冰川问题材料》论文，并同英国、德国、法国、瑞典及中国学者在庐山召开现场学术讨论会。1937 年，李四光完成《冰期之庐山》的编写工作。1942 年，李四光发表《中国冰期之探讨》论文，结论性地说：“如果冰川作用在国内终于成立，很自然，庐山就会成为这困惑难解和动人听闻学说的诞生场所。因为，据我所知，国内还没有其他地区具有如此显著有力地概括性的证据。”

1950~1979 年间，孙殿卿在考察研究的基础上，发表 8 篇关于庐山第四纪冰川的学术论文及专著。1957~1987 年，杨怀仁发表《中国东部第四纪自然环境的演变》《雪线变化与中国第四纪冰川》等 9 篇论文及著作；景才瑞、黄培华、曹照垣等先后发表《冰川之庐山质疑》《庐山及其东麓的冰川遗迹》等多篇关于庐山第四纪冰川的学术论文。

1964 年,于序君等人发表关于庐山第四纪冰川遗迹的研究成果。同年,国际知名学者柯萨尔斯基对庐山考察研究后说:"可以得出结论,中国更新世有四个冰期",并认可庐山新桥剖面是一个终碛垅的残迹。

1974 年,南京大学地理系出版《中国第四纪冰川与冰期问题》一书。1975 年,科学出版社出版李四光《中国第四纪冰川》一书。1978 年,中国地质学会在庐山首次召开全国第四纪冰川及第四纪地质学术会议,有地质专家 200 人出席。杨钟健、孙殿卿等学者发表各自在庐山有关考察研究的讲话和论文。1979 年,周廷儒等人在东京三十四届国际地理学会发表《中国东部第四纪冰川作用的探讨》等学术论文。

1980 年 7 月 1 日,中科院全国冰川沉积研究班在山开班,34 名中外专家参加。1981 年,姚檀栋发表《用积累面积比率法研究庐山第四纪冰川问题的探讨》。此后,任美锷、黄培华、施雅风等 36 名学者,相继发表关于庐山第四纪冰川地质的科研成果。美国、捷克、英国、瑞士、加拿大等国学者先后在庐山对第四纪冰川进行过考察研究。1982 年,国务院审定庐山风景名胜为国家重点名胜区,正式界定辖区范围为环山公路之内的 302 平方千米。

1989 年,以施雅风、李吉均、崔之久等为代表的持否定庐山有第四纪冰川遗迹的专著《中国东部第四纪冰川与环境问题》出版。1992 年,以何培元等人为代表的持庐山有第四纪冰川遗迹的 10 年研究成果《庐山第四纪冰期与环境》出版。此后,南京大学地理系杨达源等人相继发表关于庐山第四纪冰川地质的科研成果。1998 年 12 月,省地质矿产勘查开发局完成"庐山旅游地学资源考察及区划"调研项目,为庐山申报国家地质公园提供资料。1999 年,汪石林、项新葵、马长信发表《庐山第四纪冰川遗迹的新发现及初步研究》论文。2001 年 3 月 15 日,国土资源部批准庐山成为首批国家地质公园。

2002 年 11 月,完成庐山国家地质公园总体规划(2001~2020)。在 500 平方千米的地质公园内,规划出牯岭、花径—大天池,含鄱口、五老峰—三叠泉,石门涧、小天池—碧龙潭,观音桥—五乳峰、秀峰、归宗、桃花源、东林、鄱阳湖 12 个地质游览景区,总面积 7380 公顷,占地质公园总面积的14.76%;还规划 7 个地质科考科普特别景观区及 2 个人文特别景观区,占地质公园总面积 7.6%。此外,还规划地质公园博物馆及其他基础设施、景区景点建设和组织机构。规划分近期(2001~2005 年)、中期(2006~2010 年)、远期(2011~2020 年)3 个建设阶段。具体规划每个时期的目标和任务,尤其是对地质遗迹的保护进行具体规划。近期内完成有关"标示"建设及地质博物馆的建设;中期完成 10 个景区的全面建设任务及相关标示的建设;远期内完成所有景区及特别景观区的开发与建设。

2003 年 11 月 9~10 日,联合国教科文组织世界地质公园专家组成员、国际地科联秘书长维尔纳博士,中国地质科学院研究员赵逊一行,分赴大坳冰斗、王家坡 U 型谷、庐山国家地质公园碑、含鄱口、芦林、庐山植物园、三叠泉、白鹿洞书院等处实地考察后,达成共识,庐山是现存中国第四纪冰川遗迹中最典型、最集中的阿尔卑斯山型冰川遗迹,冰川遗迹面积 282 平方米,地质遗迹 200 余处。2 月 13 日,联合国教科文组织在法国巴黎召开首批世界地质公园评审会,表决通过庐山入选首批"世界地质公园"。

2007 年 9 月, 庐山世界地质公园与德国黑森州贝尔吉施——奥登瓦尔德世界地质公园签订协议,结为友好地质公园。2008 年 12 月 2 日,庐山世界地质公园通过联合国专家组考察庐山的地质、地貌、第四纪冰川遗迹——角峰、冰窖、冰斗、U 型谷后,肯定庐山在地学中的突出意义,完全有资格成为世界地质公园。

## 第二节　生物研究

### 一、动物研究

**鸟类 兽类**　1933 年编纂的《庐山志》"目之二十四"为《动物》节。"导言"中写道:"动物分类学在中国,其历史甚短,其成绩尚少。故在今日而言一地之动物,其不能详且尽也,亦意中事。庐山动物,中外学者所采集之标本有限,典籍之记载至为稀少。兹篇所述,略示一斑,欲窥全豹,尚有待于异日。”

据1933年调查、记载,庐山鸟类15科16属16种,兽类12科13属14种,两栖类2科3属3种,鱼类2科2属2种……。庐山“无脊椎动物,仅昆虫一项略见记载。其他各类均未研讨。脊椎动物中,以山顶高出海面千余公尺,故水栖之脊椎动物不多,陆栖之脊椎动物虽为数不少,然以无有系统之调查采集,故知之亦不详也”。此后,研究庐山动物者甚少。

1949年后,对庐山动物的正规调查研究,才逐步有所开展。

1983年8月~1984年6月,庐山自然保护区对庐山两栖动物资源调查,经对庐山22个调查地段调查,庐山两栖类动物有有尾目、无尾目等2目8科9属20种。

1986年初至1987年6月,庐山自然保护区首次组织庐山地区野生兽类进行调查,庐山地区野生兽类有偶蹄目、食肉目、啮齿目、兔形目、鳞甲目、食虫目、翼手目7目13科25种。

1988年10月,在东林寺林区调查发现国家二级保护鸟类鹗鸟4只。

20世纪80~90年代调查,庐山鸟类有鹳形目、隼形目、鸡形目、雀形目、鹈形目、雁形目、鹤形目、鸥形目、鸽形目、鹃形目、夜鹰目、佛法僧目等16目42科190种。其中繁殖鸟121种,占总数68%。属于国家二级保护的有鸢、赤腹鹰、雀鹰、白尾鹞、游隼、小隼、红隼、斑头鸺鹠、领角、短耳、雕、草鸮等25种,属于省级重点保护的62种。

爬行动物有龟鳖目、蜥蜴目、蛇目等10科33种,其中平胸龟、中华鳖、王锦蛇、黑眉锦蛇、灰鼠蛇、乌梢蛇、眼镜蛇、银环蛇、尖吻蝮蛇9种为省级重点保护爬行动物。

两栖动物有有尾目、无尾目8科20种。其中大鲵、虎纹蛙2种为国家二级重点保护两栖动物,东方蝾螈、中华蟾蜍、棘胸蛙、黑斑蛙4种为省级重点保护两栖动物。

兽类有食虫目、翼手目、鳞甲目、兔形目、啮齿目、食肉目、偶蹄目7目17科39种。其中豹、云豹2种为国家一级重点保护兽类,大灵猫、小灵猫、河麂、穿山甲4种为国家二级重点保护兽类,豹猫、狼、狐、貉、果子狸、黄鼬、鼬獾、小麂等9种为省级重点保护兽类。

2004年2月,陆续发现国家二级重点保护鸟类白鹇数十只。

2009年11月,在莲花台水库发现国家二级重点保护鸟类鸳鸯23只。

**昆虫** 1933年编撰的《庐山》记载庐山昆虫17科32属33种,为见诸文字科学记载庐山昆虫之始。1934年,中国昆虫学家杨惟义将采自庐山两种蝽类昆虫新种定名为“庐山润蝽”和“庐山珀蝽”。1939年,德国昆虫学家将采自庐山的锤角叶蜂科细锤角叶蜂属的一种昆虫,定名“槭细锤角叶蜂”。1952年,中国科学院动物研究所组织专业人员在庐山采集昆虫,采集到15目81科205种昆虫。

1959年庐山植物园对庐山昆虫开展全面系统研究,采集到原尾目、弹尾目、双尾目、缨尾目、蜚蠊目、等翅目、竹节虫目、螳螂目、直翅目、革翅目、襀翅目、蜉蝣目、蜻蜓目、食毛目、虱目、缨翅目、半翅目、同翅目、广翅目、脉翅目、长翅目、毛翅目、鳞翅目、鞘翅目、膜翅目、双翅目、蚤目、啮虫目28目163科2000余种昆虫。在庐山植物园建立庐山昆虫标本室。整理出《庐山森林昆虫名录》《庐山主要树种主要害虫名录》。昆虫科学者对庐山455种蛾类进行垂直分布研究,发现庐山蛾类区系特征为庐山蛾类区系组成,以东洋区和东洋—古北区为主体,并以东洋—古北区成分占优势,组成比例为40.09%;庐山是东洋区系与古北区系蛾类交汇地带,与庐山植物区系关联;庐山蛾类区系的复杂性与冰期有联系,北半球冰期来临时,古北区昆虫逐渐南移,冰期过后,气温逐渐回升,耐寒昆虫逐渐北移,一部分便在庐山停留下来,经过长期适应、演化,形成今高山特有种;庐山蛾类的垂直分布,东洋区的种类随着海拔增高而减少,相反,古北区的种类随着海拔的增高而相应增多。庐山土地面积仅为江西省的0.19%,可庐山的昆虫占江西省之比,有的却为面积之比的300倍以上。据庐山植物园方育卿研究,庐山已发现天蛾科昆虫45种,占江西省天蛾总种数的66.18%(全省已知天蛾科昆虫68种)。如巨肾鹰夜蛾全国仅采到2只,其中一只便是采自庐山。

2007年1月,发现两种昆虫新品种,分别被命名为“庐山华绿露螽”和“庐山双节行军蚁”。

至2010年,以"庐山"(或"牯岭")命名的昆虫有牯岭雏蝗、牯岭西洋螽蟖、庐山新蜻、牯岭犹蝉、庐山拟隐脉蹋蝉、牯岭蝽、庐山小白巢蛾、庐山卷蛾、庐奇小卷蛾、牯岭丽野螟、庐山齿螟蛾、庐山山钩蛾、庐山铃钩蛾、庐山尺蛾、庐山绿尾大蚕蛾、庐山鹿铗夜蛾、庐山黏虫、牯岭草蛉、庐山水龟甲、牯岭简天牛、庐山宽卵萤叶甲、牯岭石蛾、庐山虻、牯岭植食蚜蝇、庐山钝绥螨、牯岭盲走螨、庐山盲走螨、牯岭卷头蝽、庐山珀蝽、庐山蝽、庐山蝗疣蝽、庐山乌缘蝽、牯岭蝙蝠蛾等。

## 二、植物研究

清嘉庆九年(1804),英国外交官巴罗出版的《中国游记》记载庐山的植物。光绪九年(1883),外国学者胡克发表的《庐山白蜡树》,模式标本采自庐山。此后,美国、英国、德国、澳大利亚、苏联、匈牙利、新西兰、芬兰、印度、日本、朝鲜、韩国等国植物学家先后到庐山考察研究和采集植物标本。

1917年,胡先骕自美国加州柏克莱大学毕业,获得农学学士暨植物学硕士学位后归来,被聘为江西省庐山森林局副局长,寄居九江,数度登上庐山,在对庐山植物资源进行考察后,便有在庐山建立植物研究基地的构想。1921~1922年,胡先骕发表《江西植物名录》,记载庐山植物资源。1931年5月,国立中央研究院自然历史博物馆调查队对庐山进行较有规模植物考察。1933年,胡先骕在《庐山之植物社会》中描述:"庐山孤峙浔阳,飞瀑悬崖,以深秀著称于世。……其中卉木蓊郁,多琪花瑶草,春夏艳发,至为美观。"夏,为《庐山志》撰写"目之二十二"《植物》,并移居庐山,从事庐山植物调查与编写工作。《庐山志》收录胡先骕所撰的《庐山之植物社会》和《庐山重要植物志略》。此两文是系统研究庐山植物之始。

《庐山之植物社会》:庐山之植物群落,以落叶树森林为主。……庐山植物社会,可暂分为厚叶阔叶林、低山松杉林、落叶阔叶林、黄山松林、丛薄与山上草地六种群落。

庐山植物,与浙之天台、天目,皖之黄山者相若,然庐山之种类较少。庐山针叶树种类之特之,尤为可异,殆由于森林过度砍伐之故!然庐山亦有多种植物为浙皖诸山所无者,除本山特产之种类外,如鄂山楂、喜树、多叶诗人草,其著例也。要而论之,庐山植物与浙皖两省诸山所有者大同小异,同属暖温长江下游植物区,系中国西部与西南部之植物成分约占四分之一强,而中国南部之植物成分则殊不足数。

《庐山重要植物志略》:庐山植物种类繁多,兹指其有经济价值者,略分数类如下。

(甲)佳木类:详细记录71种,其中现属国家列二级保护的植物有银杏、金钱松、鹅掌楸、香果树等。

(乙)名葩类:详细记录54种,其中著名的有多叶诗人草、牯岭山梅花、珍珠梅、紫藤、黄瑞香、云锦杜鹃等。

(丙)野果类:详细记录猕猴桃等3种。

(丁)药品类:详细记录7种,其中有现属国家一级保护植物人参。

1934年8月,庐山森林植物园创立,对庐山植物的研究逐渐系统。

1936年,经江西省政府批准,庐山植物园界址勘定,刻立界石;设立各类植物标本区,建立植物标本室,完成大小温室3栋、温框40个,与世界各国植物研究单位交换种苗3000余种。

1950年11月,庐山植物园划归中国科学院领导,改名"中国科学院植物分类研究所庐山工作站";1954年,更名"中国科学院庐山植物园";1996年,庐山植物园改为江西省科学委员会和中国科学院双重领导,名称为江西省中国科学院庐山植物园。庐山植物园是省内唯一的综合性植物科学研究机构,主要从事长江中、下游亚热带山地野生植物的资源调查、引种驯化、繁殖栽培、遗传育种、开发利用、保护生物多样性等方面工作。

2004年8月,在碧龙潭景区发现小型野生红花木莲群落,共17棵,其中最大的一棵围径2.1米,高15米,冠幅10米。

庐山山地自然条件,有利于为保存古老类型,如鹅掌楸、檫木、大血藤、紫树等和引进新的植物种类。至2010年,庐山植物总数达到3000余种。其中野生植物2155种,引种驯化后逸为野生的和栽培时间长久的植物259种,共计2414种,庐山植物特色是裸子植物丰富,庐山植物园有裸子植物260种,被称为松、杉、桧、柏的活标本园;杜鹃花种类多,庐山植物园内国际友谊杜鹃园有国内外杜鹃300种。

庐山植物中,国家重点保护珍贵、稀有、濒危植物有45种,列为一级保护的11种,二级保护的34种。庐山植物中,被子植物达86.6%,显示出中国第三纪植被组成特点。庐山植物"科"的分布类型及比重:全世界20.3%,全温带24.1%,全热带至温带21.5%,全热带至亚热带24.5%,东亚至北美7.2%,中国特有1.2%,其他1.2%,显示出庐山植物在区系组成上从暖温带到亚热带的过渡特征。

至2010年,以"庐山"(或"牯岭"等)命名的植物有庐山瘤足蕨、庐山路蕨、庐山蹄盖蕨、牯岭铁角蕨、庐山针毛蕨、庐山凸轴蕨、庐山复叶耳蕨、庐山鳞毛蕨、五老峰鳞毛蕨、庐山瓦韦、庐山石韦、庐山楼梯草、庐山乌头、庐山小檗、庐山厚朴、庐山乌药、庐山景天、庐山金腰、牯岭山梅花、庐山蜡瓣花、牯岭山楂、庐山石楠、牯岭悬钩子、庐山樱花、庐山山黑豆、牯岭野豌豆、庐山刺果卫矛、庐山泡花树、牯岭凤仙花、牯岭勾儿茶、牯岭蛇葡萄、庐山椴、庐山芙蓉、庐山堇菜、庐山肉穗草、牯岭东俄芹、庐山疏节过路黄、庐山梣、庐山香料、庐山忍冬、庐山荚迷、庐山续断、庐山野菊、庐山风毛菊、庐山蔗草、庐山茶杆竹、庐山玉山竹、牯岭藜芦49种。

庐山古树名木有银杏、松、杉、罗汉松、胡桃、榆、桑、木兰、樟、金缕梅、槭树、玄参、木犀、茜草等10多科的植物近百种。古树多分布寺庙、书院附近,其中以归宗寺樟树、东林寺罗汉松和黄龙寺银杏树龄为大,分别达1600年与1500年。

### 三、微生物研究

《古浔阳记》有庐山"赤崖峻壁上多灵岩,生仙菜,村人常采之"语。庐山《新志》有"松菌、竹菌,四五月雨久始生"的记述。

清康熙版校点本《庐山志·物产》载:"石耳生绝壁间,五老峰尤多,大者如盘。采者必腰刀负筐,缒崖而下,然后得之。""嘉靖中,诏求紫芝,于是天下巡抚皆进芝,庐山得芝若干本以进。"新中国建立后,始对庐山微生物(真菌)开展研究。1982年成立庐山真菌研究所。1991年,采集、研究、鉴定出庐山及周边地区真菌133种,分属13目,35科,59属。其中可食用69种,可药用47种,有毒菌17种,外生菌根菌22种,木腐菌59种。其中属珍贵食用菌有石耳、竹荪、香菇、木耳、松乳菇、美味红菇、牛肝菌、鸡油菌等。属珍贵药用菌有灵芝、紫芝、云芝、茯苓、马勃、蜜环菌等。1999年,采集、研究、发现、鉴定出食药用真菌192种,分属15目,41科,77属。其中可食用99种,可药用68种,有毒菌25种,外生菌根菌32种,木腐菌85种。1995年9月,在石门涧苦槠腐枝上发现珍贵食用菌茶银耳(血耳)。

1998年7月,在东林寺景区林间青冈栎腐木上发现珍贵食、药两用菌裂褶菌(白参菌)。同年,江西仙客来生物科技有限公司成立,继续从事庐山及周边地区各类真菌的采集、研究、驯化、栽培工作。2008年始,以庐山野生灵芝为原种,驯化、培育"仙客来灵芝1号"新品种,且通过省农作物品种审定委员会审定为灵芝新品种。至2010年,采集、研究、鉴定出食药用真菌196种,分属16目,45科,81属。其中可食用101种,可药用70种,有毒菌25种,外生菌根菌32种,木腐菌87种。大型真菌以多孔菌科、白蘑科、红菇科、牛肝菌科、蜡伞科、鸡油菌科为主;多数为肉质类,部分革质、木质及半肉质,少数炭质。灵芝的研发、种植和产品加工等形成系列产业化。

## 第三节 文化纪事

### 一、行医办学

三国吴黄武元年(222),董奉居庐山,为人治病,治愈者植杏树数株,数年间郁然成林。"杏林春暖"语出于此。

唐长庆元年(821),李渤任江州刺史,重游庐山。次年扩建白鹿洞。五代南唐升元(937~942)间,白鹿洞"建学置田",称"庐山国学"。

宋太平兴国二年(977)赐国子监印本九经给白鹿洞,称“白鹿国学”,与睢阳、石鼓、岳麓并称四大书院。熙宁四年(1071)周敦颐知南康军。次年隐居莲花峰下筑濂溪书院讲学其中。淳熙六年(1179)朱熹知南康军,复兴白鹿洞书院,制订《白鹿洞书院揭示》。八年(1181),陆九渊至白鹿洞书院讲“义利”章。朱熹受到宋孝宗召见,请求赐书、赐额,得到宋孝宗恩准。淳祐六年(1246)诏颁《白鹿洞书院揭示》于各府州县学立召。

明嘉靖三十五年(1557)李时珍到山采药,将庐山瑞香、石耳、金鱼、茗等收入《本草纲目》。万历七年(1579)诏毁天下书院,白鹿洞书院由此被废。

2009年12月,白鹿洞书院建成“江西历代进士榜”,采用碑廊形式,刻录江西籍历代进士名单1.1万余人。

## 二、隐逸修行

东晋咸康六年(340)王羲之任江州刺史,于山南麓金轮峰下建别墅,后舍为归宗寺。该寺为庐山第一寺。元兴元年(402)慧远与刘遗民等12人结“莲社”,立誓“同修净土之业”。次年慧远撰《沙门不敬王者论》。义熙元年(405)陶潜辞彭泽令,归隐庐山,赋《归去来兮辞》,撰《桃花源记并序》,开创田园诗风。

南朝宋大明五年(461)陆修静至庐山,创建太虚观。升明元年(477)陆修静于建康逝世,返葬庐山布袋岩,谥“简寂”,太虚因名简寂观。唐贞元元年至二十年(785~805),李渤与兄弟李涉隐居庐山读书,人称白鹿先生,将其隐居地称白鹿洞;其间,蔡寻真、李腾空到山学道。

1929年,陈三立息影庐山,建“松门别墅”。

## 三、文化游览

东晋义熙七至八年(411~412)谢灵运两次登山,题写《登庐山绝顶望诸桥》《入彭蠡湖口》等诗。

唐开元十四年(726)李白曾游庐山。上元二年(761)李白作《庐山谣寄卢侍御虚丹》《望庐山瀑布水》《望庐山五老峰》等。太和九年(835)白居易送《白氏长庆集》60卷藏东林寺,会昌(841~846)间,复送后10卷及香山居士像藏寺。

五代南唐保大十二年(954)春末,南唐中主李璟令铸铁罗汉五百尊送至东林寺,寺僧造阁以供奉之。

宋景佑五年(1039)范仲淹邀请梅尧臣同游庐山,均有题咏。皇祐五年(1053)欧阳修游庐山,并访弃官隐居庐山好友刘凝之,题写《庐山高歌赠刘凝之》。元丰七年(1084)苏轼游庐山,题咏《题西林壁》《庐山二胜》等诗篇。1080年苏辙、米芾曾游庐山均有题咏。绍圣元年(1094)黄庭坚游历庐山,有题咏。并撰有《开先禅院修造记》,对开先寺的历史作了考证。乾道三年(1167)周必大游庐山,1170年、1178年,陆游两次游庐山,均有题咏。嘉庆九年(1804)舒天香游庐山,观云百日,撰《天池赋》。

## 四、封敕祭祀及纪念

明洪武六年(1373)敕建天池寺。明令九江、南康2府合祀此事,春秋时节,文武百官皆要至此致祭。岁首,全山寺僧须来这里朝拜,朝拜时,皇太子亲自撞钟击鼓。洪武二十六年(1393)敕建御碑亭。辟九十九盘古道,沿途建锦涧、半云、甘露、一息、披霞五亭。洪武年间,明太祖朱元璋封庐山为岳。自此,庐山与五岳并列。正德十五年(1520)王守仁在秀峰书刻《记功碑》,登庐山,书录欧阳修《庐山高》诗。

2007年9月28日,“庐山抗战纪念碑”竣工。纪念碑高9.9米,基座高1.938米,占地面积119.38平方米。纪念碑始建于1946年,原名为“陆军第99军抗战阵亡将士纪念碑”。

## 五、书画题赠

清康熙五十八年(1719)金世扬聘名画家许从龙绘《五百罗汉图》200幅送栖贤寺。今113幅存庐山博物馆。

1918年,康有为二上庐山,为普超书的“血经”题跋,并题“黄龙寺”匾额。1930年,徐悲鸿登庐山写生。

2009年3月7日,国学大师季羡林(98岁)题写“庐山——人文圣山”,高度评价庐山。

## 六、文化活动

1958年10月,上海新中国京剧团整编制迁往庐山,更名江西省庐山京剧团,演职人员200人。1959年,中共中央在庐山召开中央政治局扩大会议和八届八中全会期间。毛泽东登庐山,题《七律登庐山》诗。1961年9月,中共中央在庐山召开中央工作会议期间,毛泽东题《题庐山仙人洞》诗,并派人将庐山图书馆宋、元、明、清时期庐山志书10余种全部借出阅看。9月16日,手书李白《庐山谣》赠庐山党委。

1981年,邮电部发行《庐山风光》邮票。1982年,庐山被国务院列为中国国家重点风景名胜区。1986年,庐山举办文博会。世界野生生物基金会主席、英国女王伊丽莎白的丈夫菲利普亲王专程到鄱阳湖观赏和考察候鸟,称鄱阳湖“鹤林”为第二座万里长城。1988年,第五届中日电影文学研讨会在山举行。白鹿洞书院被列为国家重点文化保护单位。庆祝白鹿洞书院重建大会暨首届顾问教授座谈会召开。

1992年10月11日,中日友好净土宗协会组织第九十七次日中友好访华团,到东林寺参加日本佛教加赠青莲华大法会,向东林寺回赠莲种,并捐款203万日元,以纪念东林寺向日本寺院赠送青莲花670年。1993年12月,毛泽东诗碑园建成,占地面积8000平方米。1994年5月1日,《庐山旅游报》创刊发行。《庐山旅游报》介绍庐山发展及庐山旅游文化知识。5月10日,举行中国首届“五羊杯”自行车赛,中央电视台《体育新闻》栏目专门报道这次比赛。1995年3月21日,中共中央总书记江泽民上山视察,并录毛泽东诗《七律·登庐山》赠庐山管理局党委。4月,庐山被评为“国家级安全山”。白鹿洞书院举办“白鹿洞建院1050周年”纪念会,出版《白鹿洞书院古志五种》。1997年,为庆祝庐山列入《世界遗产名录》,邮电部批准发行纯金镶嵌封1枚。邮电部发行《庐山风光》电话磁卡一套6枚。庐山被评为全国先进文化区。7月8日,“1997中国庐山国际旅游节”开幕,有中外来宾、客商、记者600余人,其中有12个国家及台湾、澳门等地区客商200余人参加。1999年,《世界文化景观——中国庐山》多媒体光盘出版发行。9月1日,庐山国际文化旅游节举行,参加中外宾客2万多人。10月,中国与朝鲜联合发行《庐山·金刚山》邮票,并举行首发式。

2000年,举办2000年世界文化景观——庐山国际文化旅游节。庐山获准建立国家地质公园。庐山通过国家AAAA旅游区质量等级评定。5月12日,由科技部、中宣部、教育部、中国科协联合命名的“全国青少年科技教育基地”“全国科普教育基地”在庐山植物园举行挂牌仪式。10月24日,“庐山杯”全国万人健美操大赛(总决赛)在山开幕。从全国15个分赛场角逐出来的1000多名运动员参加,赛程3天。2003年1月8日,中国国土经济研究会、国土资源部《今日国土》杂志社联合科技界、学术界、政界、新闻界共同组织全国首次“中华名山推选活动”揭晓,庐山获“中华十大名山”称号。1月17日,在北京人民大会堂举行授牌仪式。9月2日,由《人民日报》社与国家环保总局、庐山风景名胜区管理局联合举办的“庐山杯中国环保三十年征文”颁奖仪式在庐山举行。10月8日,“庐山杯”全国健美操形象大使总决赛在庐山举行,来自北京、沈阳、武汉、青岛、昆明、西安、大庆、海口、南昌、九江10个城市200余名选手参加。10月9日,庐山白鹿洞书画大赛暨中国书院论坛研讨会在白鹿洞书院举行,来自全国各地50余名书画家参加。12月30日,庐山管理局同省文物局首次对毛泽东在庐山遗存文物进行鉴定,确认41件套实物为国家二级文物,35件套被推荐为国家一级文物。主要是毛泽东阅读过的书籍、指示的文件、照片、住过的房间、所写诗词等。2004年2月13日,联合国教科文组织世界地质公园专家在法国巴黎召开首批世界地质公园评审会,会议表决通过中国庐山入选首批世界地质公园。5月29日,由国土资源部和国家旅游局主办的“庐山杯”地学知识竞赛预赛在山举行,来自全国60个世界地质公园、国家地质公园的100名选手参赛。9月18日,由江西省政府主办、国务院台办协办的2004年赣台经贸合作研讨会在庐山开幕。有816名台商在内的2000多名赣台两地优秀企业家和专业人才参加。2005年7月24日,海峡两岸暨港澳地区大学校长联谊会在山召开,来自台湾大学、台湾成功大学、香港城市大学、香港浸会大学、澳门大学和北京大学、南京大学、浙江大学、上海交通大学等16所大学的16名校长参加。9月11日,中央文明委、建设部、国家旅游局授予庐山“全国文明风景名胜区”称号。2006年,经中央文明办、住房和城乡建设部、国家旅游局评定,庐山进位“全国文明风景旅游区”。5月16日,由联合国教科文组织世界遗产中心、中国教科文组织全国委员会、建设部、国家文物局主办的世界遗产地旅游可持续发展与管理国际研讨会在庐山举行,来自全国31个世界遗产地负责人以及国内外专家、学者参加会议,就市场经济条件下世界遗产地旅游可持续发展与管理进行研究和交流。8月31日,由中国科学社会主义学会、人民日报《人民论坛》杂志社联合举办的以科学发展观构建和谐景区“和谐中国(庐山)论坛”在山举行。2007年3月,庐山获首批“中国民间文化遗产旅游示范区”称号。评审委员会通过对庐山民间文化遗产旅游进行实地参观、考察、评审,认为庐山有悠久的历史文化、民间传说艺术丰厚,尤对民间遗产文化保护、传承、弘扬工作有推动和促进。5月15日,庐山获全国首批AAAAA级旅游景区。9月17日,第十八届世界超级模特大赛中国总决赛在山举行,来自全国26个省、市、自治区40名模特参加。11月25日,在海南博鳌召开的2007年博鳌旅游论坛组委会授予庐山“国家旅游名片”称号,评定“国家旅游名片”尚属首次。12月,庐山获“国家级风景名胜区综合整治十佳单位”“最受群众喜爱的中国十大风景名胜区”“最佳资源保护的中国十大风景名胜区”。2008年4月,德国黑森州世界地质公园代表团到山考察访问。代表团参观如琴湖、天桥、仙人洞、王家坡U型谷、含鄱口、植物园、庐山地质博物馆等景点。12月20日,海南博鳌国际旅游论坛组委会综合审核、评定,授予庐山“国际知名旅游景区”和“国际旅游名城”称号。2009年3月31日,庐山入选“中国最美旅游胜地排行榜”,获得“中国最美的十大名山”称号;三叠泉瀑布获“中国最美十大瀑布”称号。6月12日,经由亚太环境保护协会、世界城市合作组织评价中心、世界文化地理研究数据库、亚太人文与生态价值评估中心评选,庐山被评为“中国十大避暑名山”。国庆节期间,庐山抗战博物馆向游客开放。10月12日,首届中国庐山国际作家写作营在庐山开营。2010年4月18日,经由世界华侨人社团联合总会、中华文化促进会、国际休闲产业协会主办的“2010中国文化旅游主题高峰论坛”组委会专家综合考核,庐山获“中国十大文化休闲旅游品牌景区”称号。10月23日,中国邮政为纪念朱熹诞生880周年发行的《朱熹诞生八百八十周年》纪念邮票在庐山举行首发式。纪念邮票一套,共2枚。图案分别为朱熹像、游学传道。

## 七、影视拍摄

1957年,上海电影制片厂在山拍摄电影《庐山》。

1974年,珠江电影制片厂在山拍摄由汪国权编剧的电影《庐山植物园》。1979年5月26日,上海电影制片厂开拍《庐山恋》,1980年6月6日,样片报文化部审看并通过:“影片准备出国,尽快写好完成本送北京,拟打英文字母。”

1982年,江西电影制片厂拍摄电影《庐山风光》,北京新闻电影制片厂拍摄电影《庐山植物园》。1983年,法国电视一台在山拍摄电视纪录片《庐山》。1984年,江西电视台拍摄电视纪录片《庐山植物园》。1985年,香港无线电视台拍摄系列片5集《庐山》。1986年,南京电视台拍摄电视纪录片《庐山别墅》。1988年,中央新闻电影制片厂拍摄由李刚编剧的电影《庐山新貌》。

1992年6月14日,由庐山管理局、江西电视台、中央电视台共同筹划的12集系列电视片《庐山》,在庐山开始实地实景拍摄,中央电视台主持人赵忠祥、黄玲应邀成为该系列片主持人。这部电视系列片制作完成后,在中央电视台各主要频道播出。1994年获得全国优秀电视片一等奖。1993年,中央电视台拍摄由柳春江编剧的电视片《庐山植物园》。1994年,中央电视台、江西电视台拍摄由李近朱、罗时叙编剧的系列纪录片12集《庐山》。1996年4月,由徐效钢主持、撰稿,柳春江拍摄《爱我庐山》电视宣传片摄制完成。1998年10月23日,中央电视台摄制组完成系列风光片《中国名山纪行》在庐山的拍摄。续拍的庐山专辑,以庐山自然风光为背景,通过语言艺术效果,展示庐山秀美的自然风光以及深厚的文化内涵和独特的人文魅力。1999年9月3日,应国家旅游局的邀请,日本TBS电视台到庐山拍摄《世界遗产——庐山》节目,庐山相关人员向摄制组介绍庐山深厚的文化积淀。

2000 年 6 月 5 日，由湖南卫视和庐山管理局共同制作的"玫瑰之约·《庐山恋》"电视专题节目在庐山进行实地拍摄。来自全国各地的 12 位青年男女相聚庐山，现场演绎一场现实生活版的"庐山恋"。节目还邀请特约嘉宾郭凯敏再叙当年《庐山恋》拍摄和放映情景。2003 年 10 月，庐山管理局制作《庐山老镜头》电影新闻资料片，以纪实的电影镜头，再现 20 世纪 30 年代庐山重要的历史。2005 年 4 月 2 日，《庐山恋》电影院部分职工参加中央电视台《小崔说事》节目拍摄，通过荧屏向全国观众介绍电影《庐山恋》拍摄经过及长映不衰的原因。2006 年 5 月 3 日，中央电视台制作的特别节目"江山如此多娇"之《庐山篇》在央视播出。同日，中央电视台《焦点访谈》专栏到庐山采访庐山创建全国文明风景名胜区的做法和经验。7 月 26 日，距《话说长江》中的庐山专集播出 20 年后，中央电视台再上庐山，为大型系列片《再说长江》拍摄"庐山专集"。8 月29 日，中央电视台海外中心专题部《走遍中国》栏目组抵庐山，拍摄《走遍中国·庐山往事》12 集电视纪录片，用跨越时空的方式讲述庐山人文历史、名人掌故、民俗民风，从人文的视角表现庐山的风土人情、自然山水。2009 年 9 月 25 日，庐山管理局与中央电视台合作拍摄的 28 集《庐山诗歌》节目，在中央电视台一套《大风车》节目播出。《庐山诗歌》节目，是在庐山 1.4 万余首诗词中挑选独具代表性和影响力的28 首诗词，其中有毛泽东的《七律·登庐山》和《为李进同志题所摄庐山仙人洞照》，以及唐代诗人李白的《望庐山瀑布》、宋代诗人苏轼的《题西林壁》等。2010 年 5 月 19 日，电影《庐山恋 2010》在"庐山恋"电影院举行开机仪式。此片是《庐山恋》的延续，依然讲述爱情故事。该片制片人、导演、主演为《庐山恋》女主角张瑜。6 月 2 日，日本广播协会(NHK)电影摄制组到庐山，拍摄介绍庐山山水文化专题纪录片。日本广播协会(NHK)是日本最大的广播电视机构，同时也是日本唯一的公共广播电视台，是经批准在中国合法落地的电视频道。6 月 28 日起，由庐山管理局和中央新闻纪录电影制片厂联合制作的 10 集高清人文纪录片《庐山·人文圣地》在央视《探索·发现》栏目首播。该片策划、拍摄 1 年多，旨在以庐山为载体，对民族文化史上几次出现的高峰期进行系统性的梳理，将庐山还原成中国文化史流变的一个佐证、中国思想史上的一个地标。国学大师季羡林为纪录片题名。7 月 16 日起，该片又在中央电视台高清频道《人文地图》栏目播出。8 月 16~19 日，中央电视台少儿科普节目《芝麻开门》栏目赴庐山拍摄"魅力江西——走进庐山"系列节目，介绍庐山植物和地质知识的内容，展示庐山的动植物资源、地质科学知识、庐山丰厚的文化和秀美的风景。

## 八、影视放映

1980 年 7 月 12 日，电影《庐山恋》在庐山电影院举行首映式。《庐山恋》是"文化大革命"后国内第一部集爱情片、风光片、时装片于一身的电影作品，编剧毕必成。11 月 15~23 日，该片作为观摩片，参加第八届迦太基国际电影节。影片获得当年百花奖最佳故事片奖，女主角张瑜获得"金鸡""百花"两大奖。1997 年 8 月 1 日，《庐山恋》放映 18 年，共放映 6300 场，用拷贝 10 本，观众 126 万人次。《庐山恋》电影院以放映单一影片最多、观众最多，创大世界吉尼斯之最纪录。1999 年 11 月 8 日，上海"大世界吉尼斯"总部给该片"在同一影院放映场次最多的单片"称号。2002 年 12 月 12 日，在北京人民大会堂，英国吉尼斯世界总部授予庐山恋电影院——首轮电影放映时间最长的电影院"吉尼斯世界纪录称号"。至2010 年 9 月，在庐山连续放映 1 万余场，观看人次 300 万人。

1995 年 5 月 1 日，庐山会议旧址加映《庐山烟云》历史资料片。该片主要介绍中国共产党在庐山召开 3 次会议的主要内容。

2009 年 3 月 7~8 日，由国家旅游局发起、中央电视台承办拍摄的《畅游中国——庐山篇》在中央电视台 4 套播出。

2010 年 3 月 2 日起，《庐山诗歌》系列片在中央电视台少儿频道《风车大问号》栏目中连续播出。9 月 15 日，大型高清纪录片《庐山·人文圣山》获世界山地纪录片评委会人文类节目特别奖。10 月 5 日，《庐山恋 2010》在全国上映。

# 第四节　文化研究

## 一、文史考订

汉元朔三年(前126),司马迁登庐山。《史记》载:“余南登庐山,观禹疏九江”,“庐山”二字始见史册。

北宋熙宁五年(1072),文人陈舜俞、刘涣,骑黄牛对庐山之山水考察60日,撰写《庐山记》3卷。元大德元年至十一年(1297~1308)鲜于枢撰《庐山志》。明万历四十六年(1618),地理学家徐霞客对庐山考察6天,写下《游庐山日记》3000多字。清康熙三十三年(1694),学者查慎行对庐山进行全面考察研究,修撰《庐山志》。康熙五十五年(1716),文人毛德琦游遍庐山,修编《庐山志》15卷。乾隆二十九年(1764),学者曹树龙在庐山读书,考察30年。道光二年(1822),张维屏常住庐山考察,著有《匡庐集》。

1928年4月,胡适考察庐山文化,提出庐山有三处史迹代表中国三大趋势:慧远的东林寺代表中国佛教化与佛教中国化的大趋势;白鹿洞代表中国近代七百年的宋学大趋势;牯岭代表西方文化侵入中国的大趋势。1947年,吴宗慈修撰《庐山续志稿》7卷。

1951年,成立庐山文物管理办公室,收聚各别墅及收藏家宋蓉塘在庐山的藏品,计得各类文物3000余件。藏庐山博物馆。2002年10月20日,中国庐山建筑与文化2002国际学术研讨会在山举行,来自美国、日本、泰国的专家以及中国科学院、中国工程院6位院士共180名国内外专家学者出席。与会代表分别以大会发言或提交论文等方式,共同进行一次“跨文化的建筑交流”。

## 二、学术研究

1924年,世界佛学联合会于大林寺召开,太虚在会上作《佛法悟入渐次》演讲,后将历年在庐山讲稿编辑成册,定名为《庐山学》。1930年,吴迈在庐山大林寺撰写《运动收回领事裁判权写真》一书。李凤高建花径。

1978年,全国科技大会在山召开。1979年,全国少儿文学创作会在山举行,严文井、陈伯吹等文学家出席会议。1980年,全国高等院校暨文艺理论研讨会在山召开,与会的有陈荒煤、丁玲、白桦等文艺界人士。1993年,第六届世界华文文学国际研讨会在山举行。1998年8月,1998年海峡两岸土地学术研讨会、中国道教文化研讨会在山召开。

2010年1月13日,“庐山与全面抗战的形成”学术研讨会在山举行,来自海峡两岸学者共同追忆1937年在庐山举行的国共谈判,认为此次谈判成为中华民族抗战的起航点。

## 三、典籍选目

庐山的文化源远流长。史载距今4000年前,大禹登临庐山治水;周威烈王时匡俗在山修炼仙术;秦皇汉武浮江而上,祭祀庐山;司马迁登山访古,在《史记》中写下“庐山”之名。随后,帝王将相、僧侣道士、文人墨客、隐逸栖贤纷至沓来,络绎不绝。他们或赐封,或传教,或作文,或泼墨,或隐遁,或历游。迄今,留下1.6万首诗词歌赋,数十万字计的摩崖碑碣和诸多有关庐山文化的阐述、研究文章和专著,以及丰富的寺观藏书、私家藏书、书院藏书、图书馆藏书,使庐山文化内涵丰富,包含广泛,现象独特,影响深远。

## 庐山专志选目(含书院志、寺志)一览

表 3-4-1

| 书 名 | 时 代 | 编著者 | 版 本 |
| --- | --- | --- | --- |
| 庐山记 | 晋 | 释慧远 | 宋刻本 |
| 庐山记 | 宋 | 陈舜俞 | 宋刻本,原藏日本德富氏成篑堂文库<br>清乾隆《四库全书》本 |
| 太平宫志 | 宋 | 叶义问 | 七册,元朝补一册 |
| 庐山纪事 | 明 | 桑　乔 | 明嘉靖四十年(1561)刻本,藏北京图书馆 |
| 庐山通志 | 明 | 桑　乔 | 清顺治十七年(1660)释定嵩草舍刻本,藏北京大学图书馆 |
| 匡庐图考 | 明 | 万　衣 | 明刻本 |
| 归宗寺志 | 明 | 释憨山德清 | 1914 年释先勤本坤刻本 |
| 白鹿洞志 | 明 | 鲁　铎 | 明弘治七年(1494)郭瑨刻本 |
| 白鹿洞书院新志 | 明 | 李梦阳 | 明嘉靖刻本,藏美国国会图书馆 |
| 白鹿洞志 | 明 | 郑廷鹄 | 明嘉靖刻本,藏北京图书馆 |
| 白鹿洞志 | 明 | 周　伟 | 明万历二十年(1592)田琯刻本,藏江西图书馆 |
| 白鹿洞书院志 | 明 | 李应升 | 明天启刻本 |
| 白鹿书院志 | 清 | 廖文英 | 清康熙十二年(1673)刻本,藏南京图书馆 |
| 白鹿书院志 | 清 | 毛德琦 | 清康熙五十九年(1720)刻本,藏庐山图书馆 |
| 庐山秀峰寺志 | 清 | 范昌治 | 清刻本,藏南京图书馆 |
| 续庐山纪事 | 清 | 范　礽 | 清顺治十七年(1660)刻本 |
| 庐山志 | 清 | 吴　炜 | 清康熙七年(1668)刻本 |
| 庐山志 | 清 | 查慎行 | 清康熙三十年(1691)刻本 |
| 庐山志 | 清 | 毛德琦 | 清康熙五十九年(1720)顺德堂刻本,藏中山图书馆、九江市图书馆 |
| 庐山图 | 清 |  | 清刻本 |
| 庐山小志 | 清 | 蔡　瀛 | 清道光四年(1824)刻本,藏九江县图书馆 |
| 庐山志 | 民国 | 吴宗慈 | 1933 年铅印线装本,藏庐山图书馆 |
| 庐山续志稿 | 民国 | 吴宗慈 | 1947 年铅印线装本,藏庐山图书馆 |

## 至 2010 年庐山专著选目一览

表 3-4-2

| 书 名 | 时 代 | 编著者 | 版 本 |
| --- | --- | --- | --- |
| 庐山二女 | 南朝 | 佚名 | 清刻《香艳丛书》本 |
| 庐山集英溪集 | 宋 | 董嗣杲 | 清乾隆《四库全书》本 |
| 庐山录庐山后录 | 宋 | 周必大 | 明吴永《续百川学海》丛书本 |
| 庐山诗集 | 元 | 于　立 | 清刻本 |
| 庐山雅咏 | 明 | 王思任 | 明末清晖阁刻本 |
| 游庐山记 | 明 | 王思任 | 上海贝叶山房《王季重十种》民国排印本 |
| 匡庐游记 | 清 | 吴阐思 | 清康熙四十一年(1702)刻《说铃》丛书本 |
| 岚漪小草 | 清 | 翁方纲 | 清乾隆五十二年(1787)刻本 |

续表 3-4-2-1

| 书名 | 时代 | 编著者 | 版本 |
| --- | --- | --- | --- |
| 游山日记 | 清 | 舒梦兰 | 清嘉庆刻本 |
| 庐山纪游诗 | 清 | 吴嵩梁 | 清道光四年(1824)刻本 |
| 庐秀集 | 清 | 张维屏 | 清道光十六年(1836)刻本 |
| 匡庐游录 | 清 | 黄宗羲 | 清道光刻《昭代丛书》本 |
| 庐山新乐府 | 清 | 张师右 | 清咸丰四年(1854)根香草堂刻本 |
| 庐山记游 | 清 | 蒋湘南 | 清光绪十四年(1888)刻本 |
| 庐山诗录 | 清 | 范　钟 | 清光绪十九年(1893)刻本 |
| The Story of kuling | 清 | Edward,Selby Little | 1899.Shanghai |
| 庐山会 | 清 | 蒋士铨 | 1936 年《红雪楼逸稿》铅印本 |
| 庐山(画册) | 民国 | 黄炎培 | 1915 年上海商务印书馆出版 |
| Historic Lushan | 民国 | Albert H·Stone,J. Hammond Reed | 1921 Han Kou |
| 庐山指南 | 民国 | 徐　珂 | 1922 年上海商务印书馆第二次印刷本 |
| 庐山学 | 民国 | 释太虚 | 1926 年铅印本 |
| 庐山游记 | 民国 | 胡　适 | 1928 年上海新月社铅印本 |
| 游庐山记游庐山诗 | 民国 | 黄　侃 | 1930 年武昌铅印本 |
| 庐山漫游诗草 | 民国 | 万绍修 | 1930 年石印本 |
| 庐山雅集诗草 | 民国 | 由云龙 | 1933 年铅印本 |
| 万松林集社诗 | 民国 | 陈三立 | 1933 年铅印本 |
| 庐山小乘 | 民国 | 吴宗慈 | 1933 年中华书局 |
| 庐山面目(照片集) | 民国 | 肖欣之、肖兰康 | 1935 年南京、庐山宏化照相馆 |
| 花径留题一、二集 | 民国 | 李凤高 | 1936 年铅印本 |
| 匡庐纪游图咏 | 民国 | 凌鉴青 | 1934 年珂罗版 |
| 庐山历史风景画片册 | 民国 | 吴宗慈 | 1934 年珂罗版 |
| 新编庐山导游 | 民国 | 张佚凡 | 1937 年中华书局 |
| 庐山历史文物图片集 | 民国 | 吴宗慈 | 1947 年珂罗版 |
| 冰期之庐山 | 1947 | 李四光 | 中央研究院地质研究所专刊乙种 |
| 庐山卧游集 | 1947 | 吴子羽 | 南昌鼎记印刷厂 |
| 人民的庐山 | 1955 |  | 江西人民出版社 |
| 庐山 | 1957 | 本书编委会 | 新知识出版社 |
| 庐山自然地理 | 1958 | 鞠继武 | 新知识出版社 |
| 古今庐山 | 1958 | 刘　云 | 江西人民出版社 |
| 庐山 | 1962 | 本书编委会 | 上海人民美术出版社 |
| 毛主席登上庐山(歌曲集) | 1973 |  | 辽宁人民出版社 |
| 今日庐山 | 1976 | 本书编写组 | 江西人民出版社 |
| 庐山 | 1981 | 邓伟志 | 科学出版社 |
| 庐山史话 | 1981 | 周銮书 | 上海人民出版社 |

续表 3-4-2-2

| 书名 | 时代 | 编著者 | 版本 |
|---|---|---|---|
| 科学庐山 | 1983 | 南京大学地理系 | 江西人民出版社 |
| 庐山 | 1983 | 李一甦 | 气象出版社 |
| 庐山的传说 | 1983 | 熊侣琴、肖士太 | 上海文艺出版社 |
| 庐山(中英文对照) | 1983 | | 外文出版社 |
| 庐山 | 1984 | 江山多娇编辑部 | 上海人民出版社 |
| 庐山名胜 | 1985 | 黄润祥 | 地质出版社 |
| 庐山千古文化名山 | 1986 | 庐山管理局 | 江西人民出版社 |
| 庐山旅游画库 | 1986 | 庐山管理局 | 上海人民出版社 |
| 庐山 | 1986 | 熊元生 | 上海人民美术出版社 |
| 庐山 1959 | 1988 | 彭程、王芳 | 解放军出版社 |
| 庐山最佳名胜游 | 1988 | 张汉钧、罗时叙 | 中国旅游出版社 |
| 历代名人与庐山 | 1989 | 李国强、王自立 | 江西教育出版社 |
| 庐山历代诗选 | 1989 | 冯兆平、王操轮 | 江西人民出版社 |
| 庐山草木随笔 | 1990 | 汪国权 | 中国林业出版社 |
| 庐山 | 1991 | 陈政、熊炜 | 浙江大学出版社 |
| 庐山东西林寺历代诗选 | 1991 | 谈会金 | 中国文史出版社 |
| 美庐 | 1992 | 陈政、熊炜 | 江西美术出版社 |
| 庐山第四纪冰期与环境 | 1992 | 何培元、段万倜、邢历生、刘兰锁 | 地震出版社 |
| 奇秀庐山(中、英文对照) | 1992 | 彭宏松、胡国钦 | 海潮摄影艺术出版社 |
| 风云庐山 | 1993 | 程　敏 | 团结出版社 |
| 庐山风采 | 1993 | 熊炜、徐顺明 | 科学普及出版社 |
| 宗教与庐山 | 1993 | 张国宏 | 江西人民出版社 |
| 中国近代建筑总览庐山篇 | 1993 | 彭开福、张复合、村松伸、进上直美 | 中国建筑工业出版社 |
| 庐山古今诗词选 | 1993 | 汪国权、熊炜、徐顺民 | 江西美术出版社 |
| 庐山会议实录 | 1994 | 李锐 | 河南人民出版社 |
| 庐山别墅大观 | 1995 | 罗时叙 | 江西美术出版社 |
| 庐山会议实录增订本 | 1995 | 李锐 | 河南人民出版社 |
| 庐山颂 | 1995 | 张涛 | 香港金陵书社出版公司 |
| 庐山(中、英文对照) | 1995 | 周悊平 | 海风出版社 |
| 中国庐山(中、英、日文对照) | 1995 | 韩惠兰、孔祥文、董瑞成 | 中国旅游出版社 |
| 庐山风光——夏梅生水彩画 | 1995 | 夏梅生 | 内蒙古出版社 |
| 庐山史话 | 1996 | 周銮书 | 江西人民出版社 |
| 庐山名胜石刻 | 1996 | 徐新杰 | 江西人民出版社 |

续表 3-4-2-3

| 书名 | 时代 | 编著者 | 版本 |
| --- | --- | --- | --- |
| 庐山风云 | 1996 | 谢春涛 | 中国青年出版社 |
| 庐山风景建筑艺术 | 1996 | 庐山建筑学会 | 江西美术出版社 |
| 庐山诗文金石广存 | 1996 | 吴宗慈编撰、胡迎建、宗九奇校补 | 江西人民出版社 |
| 庐山游记选 | 1996 | 周銮书、赵明 | 江西人民出版社 |
| 五百罗汉图 | 1996 | 庐山博物馆 | 文物出版社 |
| 庐山与名人 | 1997 | 熊炜、徐顺明、崔峰 | 旅游教育出版社 |
| 天道--周惠与庐山会议 | 1997 | 权延赤、黄丽娜 | 内蒙古人民出版社 |
| 庐山纪事 | 1998 | 冰魂 | 金城出版社 |
| 庐山 | 1998 | 熊炜、徐顺明 | 中国建筑工业出版社 |
| 世界文化景观庐山 | 1998 | 张勖任、张启元 | 中国旅游传播出版社 |
| 历代名人与庐山 | 2000 | 李国强、王自立 | 江西人民出版社 |
| 庐山古今诗词选（修订第三版） | 2000 | 汪国权、熊炜、徐顺民 | 江西美术出版社 |
| 庐山道教初编 | 2000 | 叶至明 | 华文出版社 |
| 庐山典籍史 | 2001 | 徐效钢 | 江西高校出版社 |
| 庐山走进世界 | 2001 | 尹超海 | 中国社会出版社 |
| 庐山学 | 2001 | 徐顺民、熊炜、徐效钢、汪国权、张国宏、贺伟 | 江西人民出版社 |
| 到庐山看老别墅 | 2001 | 方方 | 湖北美术出版社 |
| 文化名人庐山畅想 | 2001 | 张启元、张绪佑 | 百花洲文艺出版社 |
| 庐山古树名木 | 2001 | 严金亮 | 香港文化出版社 |
| 毛泽东与庐山 | 2002 | 李国强、罗龙炎、邹秀火 | 江西人民出版社 |
| 世界文化景观庐山 | 2002 | 陈政 | 江西美术出版社 |
| 庐山旅游实用手册 | 2002 | 曹国新、安平 | 广东旅游出版社 |
| 庐山蝶蛾志 | 2003 | 方育卿 | 江西高校出版社 |
| 庐山夏都纪事 | 2003 | 汪国权、王炳如 | 江西高校出版社 |
| 会讲故事的庐山别墅 | 2003 | 张雷、贺伟 | 江西美术出版社 |
| 匡庐恋歌 | 2003 | 姚辉云 | |
| 庐山老相册 1、2 辑 | 2003 | 陈政 | 江西美术出版社 |
| 庐山 | 2003 | 欧阳泉华 | 江西美术出版社 |
| 庐山石刻 | 2003 | 欧阳泉华 | 中国社会出版社 |
| 庐山旅游全书 | 2004 | 汪国权、苏茂、方淳 | 江西美术出版社 |
| 夏都绘影 | 2004 | 姚雪雪 | 江西人民出版社 |
| 中国国家地质公园--庐山 | 2004 | 马长信、项新葵 | 中国地图出版社 |
| 庐山老相册第 3 辑 | 2004 | 陈政 | 江西美术出版社 |
| 庐山史话 | 2005 | 周銮书 | 江西人民出版社 |

续表 3-4-2-4

| 书名 | 时代 | 编著者 | 版本 |
|---|---|---|---|
| 庐山别墅大观 | 2005 | 罗时叙 | 中国建筑工业出版社 |
| 庐山 | 2005 | 熊炜、徐顺明、张国宏 | 江西美术出版社 |
| 文化庐山 | 2005 | 吴怿 | 百花洲文艺出版社 |
| 庐山世界文化景观世界地质公园 | 2005 | 陈政、徐顺民、黄润祥 | 江西美术出版社 |
| 庐山档案 | 2006 | 马社香 | 人民出版社 |
| 历代名人与庐山增订本 | 2006 | 李国强、王自立 | 江西人民出版社 |
| 梦圆庐山 | 2006 | 余晓明 | 江西高校出版社 |
| 道不尽庐山真面目 | 2006 | 邵友光 | 作家出版社 |
| 思者行者 | 2006 | 虞慧群 | 中国文联出版社 |
| 庐山诗韵 | 2006 | 欧阳泉华 | 中国青年出版社 |
| 松门别墅与大师名流(庐山老相册第4辑) | 2006 | 陈小从 | 江西美术出版社 |
| 庐山申报世界遗产成功十周年特刊 | 2006 | 庐山管理局 | 《大江周刊》 |
| 庐山旧事 | 2007 | 马社香 | 人民文学出版社 |
| 会讲故事的庐山石刻 | 2007 | 贺伟 撰、罗克恒、张雷 摄影 | 江西美术出版社 |
| 青史觅河山 | 2007 | 景玉川 | 百花洲文艺出版社 |
| 庐山往事 | 2007 | 庐山管理局宣传部 | 中央电视台 |
| 庐山别墅 | 2007 | 庐山博物馆 | 文物出版社 |
| 营造庐山老别墅的故事 | 2008 | 张雷 | 江西美术出版社 |
| 庐山近代建筑 | 2008 | 罗奇、张敏龙、欧阳怀龙、史良芹 | 中国建筑工业出版社 |
| 庐山如诗如画 | 2008 | 虞慧群 | 华艺出版社 |
| 庐山文化大观 | 2009 | 甘筱青 | 江西人民出版社 |
| 庐山文化读本 | 2009 | 陈绵水 | 江西人民出版社 |
| 匡庐寄情 | 2009 | 胡业清 | 中国作家出版社 |
| 花径白居易庐山草堂 | 2009 | 邹秀火、张奕 | 江西美术出版社 |
| 江西省庐山自然保护区生物多样性考察与研究 | 2010 | 刘信中、王琅 | 科学出版社 |
| 历史名人的庐山故事 | 2010 | 贺伟 | 江西美术出版社 |
| 百名名人与庐山 | 2010 | 殷荫元 | 江西美术出版社 |
| 庐山历代诗词全集 | 2010 | 江西省庐山风景名胜区管理局 | 上海古籍出版社 |
| 庐山人文圣山 | 2010 | 庐山管理局宣传部 | 中央电视台 |
| 牯岭开辟记（庐山老相册第5辑） | 2010 | 徐顺民 | 江西美术出版社 |
| 历代庐山书画赏析 | 2010 | 陈传席、陶勇清 | 江西美术出版社 |
| 庐山历代石刻 | 2010 | 陶勇清 | 江西美术出版社 |
| 庐山与全面抗战的形成 | 2010 | 中共江西省委党史研究室等 | 中共党史出版社 |

## 与庐山有关的历代名著

表 3-4-3

| 书 名 | 时代 | 编著者 | 简 介 |
|---|---|---|---|
| 尚书 | | | 战国初著作,中国最早的历史文献汇编。《禹贡》篇载庐山古称为“敷浅原” |
| 山海经 | | | 战国时著作,中国上古社会重要文献。记庐山名称“三天子都”“天子障” |
| 史记 | 汉 | 司马迁 | 中国第一部纪传体通史。《河渠书》载司马迁语“余南登庐山,观禹疏九江” |
| 汉书 | 汉 | 班固 | 中国第一部纪传体断代史。载汉武帝“浮江自浔阳出枞阳,过彭蠡,祀其名山川”诸事 |
| 搜神记 | 晋 | 干宝 | 中国志怪小说代表作。记吴郡太守张公直与庐山君主簿在庐山的交往 |
| 抱朴子 | 晋 | 葛洪 | 记庐山灵芝种类 |
| 陶渊明集 | 晋 | 陶潜 | 收集作者在庐山创作的《桃花源记并诗》等诗文 |
| 后汉书 | 南朝宋 | 范晔 | 《郡国志》有“庐山郡”等词条 |
| 大藏经 | | | 佛教典籍总汇。收录《庐山莲宗宝鉴》等重要佛教典籍 |
| 世说新语 | 南朝宋 | 刘义庆 | 中国笔记小说的代表作。记周邵隐居庐山等故事 |
| 三洞经书目录 | 南朝宋 | 陆修静 | 中国最早的道经书目。记庐山简寂观所藏石刻道经目录 |
| 水经注 | 北魏 | 郦道元 | 中国第一部以记水道为主的综合性地理专著。征引释慧远《庐山记》全文。又记庐山宫亭湖、落星石、石镜等名胜 |
| 弘明集 | 南朝 | 梁僧佑 | 中国古代佛教论文总集。收录释慧远《沙门不敬王者论》等佛教重要文献 |
| 高僧传 | 南朝 | 梁释慧皎 | 载净土宗初祖释慧远传及东林寺其他高僧慧持等 26 人传 |
| 文选 | 南朝 | 梁萧统 | 中国现存最早的文学总集。收录晋陶渊明在庐山创作的《归去来辞》等珍贵文献 |
| 晋书 | 唐 | 房玄龄等 | 载陶渊明等隐居庐山事迹 |
| 南史 | 唐 | 李延寿 | 载宗炳之孙宗测隐居庐山事迹 |
| 陈书 | 唐 | 姚思廉 | 载张正见等避地庐山事迹 |
| 隋书 | 唐 | 魏征等 | 《经籍志》收录《庐山南陵云精舍记》等庐山专著 |
| 通典 | 唐 | 杜佑 | 中国第一部典章制度通史。载庐山周围古今地名等 |
| 酉阳杂俎 | 唐 | 段成式 | 载庐山道士张陵事迹以及石人峰等名胜故事 |
| 茶经 | 唐 | 陆羽 | 中国最早记述茶叶生产、饮用方法的专著。品定庐山谷帘泉为“天下第一泉”,招隐泉为“天下第六泉” |
| 艺文类聚 | 唐 | 欧阳询 | 唐代最重要的类书。载梁元帝《庐山碑序》等大量文献 |
| 白氏长庆集 | 唐 | 白居易 | 收录作者在庐山创作的诗文七十余篇 |
| 新唐书 | 宋 | 欧阳修等 | 载李白、白居易等多人在庐山事迹 |
| 资治通鉴 | 宋 | 司马光 | 中国第一部编年体通史。载唐代庐山史料等 |
| 通志 | 宋 | 郑樵 | 《艺文略》载《莲社十八贤行状》等庐山专著 |
| 五灯会元 | 宋 | 普济 | 载佛教净土宗、禅宗、临济宗、沩仰众等宗派在庐山活动等 |
| 景德传灯录 | 宋 | 道原 | 载唐释道信、宏忍、无染等在庐山弘教之事 |
| 玉海 | 宋 | 王应麟 | 载宋大中祥符二年钦命修葺庐山白居易旧宅事等 |
| 文苑英华 | 宋 | 李昉 | 中国著名的诗文总集。记道士候高在庐山学黄老练气保形之事等 |
| 东坡全集 | 宋 | 苏轼 | 收录作者《题西林壁》等庐山诗文多篇 |
| 宋史 | 元 | 脱脱等 | 载欧阳修、苏轼、黄庭坚、朱熹等在庐山活动事迹。《艺文志》收录《庐山事迹》等庐山专著 |

续表 3-4-3

| 书名 | 时代 | 编著者 | 简介 |
|---|---|---|---|
| 文献通考 | 元 | 马端临 | 记宋神宗加号庐山太平宫九天使者庙为应元保应真君等事 |
| 说郛 | 元 | 陶宗仪 | 收录唐白居易《庐山草堂记》等文献 |
| 道园学古录 | 元 | 虞集 | 收录作者《东林寺碑》等诗文 |
| 明一统志 | 明 | 李贤等 | 明代官修地方总志。载禹王崖“禹迹”,又记伍乔、冯去非等隐居庐山事 |
| 本草纲目 | 明 | 李时珍 | 中国集药物学、植物学、动物学于一书的医药巨典。载庐山温泉及几十种药物 |
| 永乐大典 | 明 | 解缙等 | 中国古代最大的类书。收录宋董嗣杲《庐山集》全书等 |
| 汉魏六朝一百三家集 | 明 | 张溥 | 汉代至隋代名家文献汇总。记魏晋六朝庐山诗多篇 |
| 袁中郎全集 | 明 | 袁宏道 | 收录作者《从云峰寺至天池寺》等庐山诗文 |
| 明史 | 清 | 张廷玉 | 有《庐山纪事》作者桑乔传记 |
| 宋元学案 | 清 | 黄宗羲 | 中国学术思想史名著。载朱熹生平大业与学术宗旨等 |
| 读史方舆纪要 | 清 | 顾祖禹 | 清代地理专著。记庐山主峰大汉阳峰等名胜 |
| 古今图书集成 | 清 | 蒋廷锡等 | 中国现存的最大类书。《山川典·庐山部》收录《庐山事迹》等庐山专著三部及汇考、艺文 |
| 四库全书 | 清 | 纪昀等 | 中国现存的最大丛书。收录《庐山志》等庐山专著十二部 |
| 全唐诗 | 清 | 彭定求等 | 载唐代数百首庐山诗歌 |
| 渔洋山人精华录 | 清 | 王士祯 | 收录作者《栖贤者》等庐山诗歌 |
| 李白与杜甫 | 当代 | 郭沫若 | 对李白在庐山事迹有大量考证 |

### 四、文献出版

2007 年 3 月,编辑出版《庐山历代诗词全集》列入庐山文化发展的议事日程和庐山管理局“九大推进工作”,收录标准是 1949 年以前,历代历朝文人以庐山为背景创作的诗词。参加编辑整理注释工作的有江西省社会科学院、江西师范大学、南昌大学、赣南师范学院、九江学院和庐山的学者 23 人。经过 3 年时间,2009 年年底完成编辑整理工作,经出版社四审稿件,2010 年 12 月由上海古籍出版社出版,在全国范围内发行。全集共收录历代诗词 16293 首,作者 3561 人。其中,诗三国至隋代 193 首、唐代 1035 首、宋代 1605 首、元代 571 首、明代 4829 首、清代 5094 首、民国 2486 首。词 430 首。新体诗 50 首。全集分 12 册,500 余万字,8000 页。香港大学终身教授饶宗颐、中国人民大学教授冯其庸为全集题写书名。

## 第五节 古代科技成就

### 一、医用温泉

《庐山志》载:“主簿山,在胡郎庙南数里。山下有温泉,穴口围一丈许,沸泉涌出如汤,冬夏常热。”唐朝白居易在《题庐山山下汤泉》一诗中提出温泉功用问题。据南宋周必大《庐山后录》一文可知,其时庐山温泉已建有“黄龙灵汤院”,尽管“败落特甚,而汤泉固自若。”宋代朱熹在(庐山)《温泉》诗中写道:“谁燃丹黄焰,爨此玉泉水?客来争解带,万劫付一洗。”用设问的方式提出“硫磺”与“温泉”的关系及庐山温泉价值。明代桑乔在《庐山纪事》中引用《山疏》内容,对庐山温泉之成因作过探讨:“往闻温泉之下多硫,故其臭亦硫。惟下有丹砂则水赤而香。不赤香亦不硫臭者,其下有礜石。”药学家李时珍将庐山温泉医用价值系统总结,在《本草纲目》中引用《食物本草》中的“庐山有温泉,方士往往有患疥癣风癞杨梅疮者,饱食入池,久浴得汗乃至,旬日自愈也。”李时珍解释:“下有硫黄,即会不热,犹有硫黄臭。硫黄主诸疮,故水亦宜然。”并指出庐山温泉主治:“诸风筋骨挛缩,及肌皮顽痹,手足不遂,无眉发,疥癣诸疾,在皮肤骨节者,入浴。浴讫,当大虚惫,可随病与药,及饮食补养。”

1931 年、1932 年,地质学家李四光详尽考察庐山位置、地形、岩层之类别、构造、造山运动及其时期。在《庐山地质志略》中,对庐山温泉形成进行科学解释:“(庐山)最大之横断层,则见于庐山西南端,由隘口以东向西北直行,经马头山之西南而没于平地。此断层长十四五里有余,破裂亦特猛烈。隘口以东有温泉沸,盖即沿此裂缝而溢出之泉水也。”

庐山温泉温度最低为 50℃,高达 72℃。含有极为丰富的成分,阳离子以钠离子和钾离子含量最高,阴离子以氯离子和硫酸根离子为主;此外含游离的二氧化碳、少量氟离子及一定量氡气,共含 30 多种微量元素。庐山温泉微具硫磺气味,属硫化氢泉,与法国凡而德百温泉、英国拜斯温泉、中国西安华清池温泉同属一个类型,被誉为治疗风湿病特效温泉。

## 二、壶漏计时

东晋,慧远创建庐山东林寺,曾制作“莲花漏”计时。“莲花漏”即在漏壶中使用漫流系统,消除漏壶水位对流量的变化,以保持水位稳定,提高漏壶计量时间准确性。汤用彤在《汉魏两晋南北朝佛教史》中写道:“又有言远公弟子法要以木刻莲花十二叶植水中,用机关,凡折一莲是一时,与刻漏无异,俾礼念不失时,故有此名(指莲花漏)。”

20 世纪 30 年代,吴宗慈在《庐山志》记载:“释惠安患山中无刻漏,乃于水上立十二芙蓉因波随转,分定昼夜,以为行道之节,谓之‘莲花漏’。”

庐山“莲花漏”,类似古希腊亚历山大城的克达席布斯发明的水钟,是介于日晷与自动机械计时器之间的重要发明。

## 三、桥梁建筑

庐山古桥形式之多,造型之美,为他山所少见。建于宋祥符七年(1014)的观音桥是庐山古代拱形力学应用的典型。据《中国地震资料年表》记载,仅 1600~1668 年的 68 年间,当地曾发生过 6 次较大地震,“房屋尽皆摇动”,然而观音桥却岿然不动。

观音桥的桥梁,需跨近 30 米的三峡涧,石条的长度与厚度都是有限制的,而三峡涧两岸又为壁立的石崖,于是便用 107 块花岗岩券石以子母榫互相衔接而成。此种多券石拼成的桥梁,必须向上拱出弯曲,使道尾相衔的每一块石条之间互相挤压、支撑,彼此相依紧固不动;两岸的桥墩又就石崖修建,形成一个整体,增加桥的强度和稳定性。潘耒在《游庐山记》中写道:桥(观音桥)“绝壑为梁,溪水湍悍,就崖石为址,下圆而上方,工巧类神造。”

观音桥之所以修成单孔拱形,亦有如下因素:经济,因涧中不必另建桥墩,节省开支;便于泄洪,若涧中增建桥墩,则影响山洪倾泻,进而危及桥的安全;美观,观音桥在深涧碧水、两岸苍翠树木相衬之下,犹如一道长虹,横枕翠微,平添一道风景。宋代苏轼就曾以留恋心情,写下“我来不忍去,月出飞桥东”诗句。

## 四、正天之器

庐山北麓太平宫原存璇玑玉衡,分上、下两截。下截如覆甑的下端,直径 61 厘米,高 46 厘米。覆甑上端几近弧形,正中有一直径大于 21.5 厘米圆孔,下端边沿有二道弦纹,近底边铸有直书横置阳文“岁次癸未七月□日匠人张文造”等字样[有人据此定为明嘉靖二年(1523)所造,待考]。上截以“铁菱角”呼之,十分形象;东南西北上面均有互相垂直相交、直径为 21.5 厘米的四个圆翅,上下有圆翅贯穿,直径也为 21.5 厘米,共 6 个圆翅,每个长 25 厘米。上截一圆翅插入下截上端之圆孔,“枘凿相含”如磨,推之可运转。

甘肃省政协委员张巨湘曾破译庐山璇玑玉衡,并绘制出复原图,应为三截,残存实物为中、下两截,上截是由标有北斗七星、二十八宿的天盘组成；中截为“铁菱角”，起着枢纽轴承作用；下截为底座，底座上分别标出后天八卦、十二时辰、五行方位等，起地盘作用。

按复原的复印草图，庐山璇玑玉衡尚缺最上一层，推定为玉制。此层草图绘为84×84厘米之方形物体，厚度应超过25厘米。在方形物体下（即背面）正中处，应有一深25厘米、直径大于21.5厘米的孔，以便“铁菱角”上端之圆翅插入。水平方向的4个圆翅，推之可转动。

最上层方形物体，上面为一直径为84厘米的圆弧。圆弧等分为四象，中国古代用以表示天空东南西北四个方向的星象，每一象七宿，总计为28宿，又名28舍或28星。即：东方七宿是角、亢、氐、房、心、尾、箕，称青龙；南方七宿是井、鬼、柳、星、张、翼、轸，称朱雀；西方七宿是奎、娄、胃、昴、毕、觜、参，称白虎；北方七宿是斗、牛、女、虚、危、室、壁，称玄武。另在青龙与朱雀两象之间绘出北斗七星位置。由此复原草图，可了解璇玑玉衡为“正天之器，可运转”，既可“审定时刻”，又为可“观测星宿”的仪器。

1998年8月，中国道教文化研讨会在庐山召开，研讨会的纪念章以及其他纪念物上，均有庐山璇玑玉衡的图案。

### 五、地理考察

中国古代地理科学考察与研究名著《山海经》中《中经》主要部分《中山经》“中次十二经”中，写到“柴桑之山”：又南九十里，曰柴桑之山，其上多银，其下多碧，多泠石赭，其木多柳芑楮桑，其兽多麋鹿，多白蛇飞蛇。

东晋郭璞为“柴桑之山”作注写道：“今在浔阳柴桑县南，共庐山相连也。”汉时以柴桑名县，故有柴桑县。柴桑县即今天九江县，在九江市西南、庐山西北。所谓“浔阳柴桑县南”，正是庐山。

另，在《山海经》的《海经》中的《海内东经》中有这样记载：“在闽西北，入海，余暨南。庐江出三天子都，入江，一曰天子鄣。”这里的“天子都”“天子鄣”均指庐山。清代杨守敬在《水经注疏》中云：共有三个天子鄣，庐山是其中之一。

《山海经》在《山经》与《海经》中有关庐山的文字，尤以《山经》注明了方位、道里，标明了庐山相对的位置并使之与四周山川连接起来，成为一个较完整的地理概念。再者把水文、动植物、矿产逐一列出，可供后人对比、研究。

《尚书·禹贡》在《导山》之末写道：“岷山之阳至于衡山，过九江至于敷浅原。”这里的“敷浅原”，便是庐山。《尚书·禹贡》较之《山海经》明确山系概念，所列各条山列，均自西向东延伸。如先岷山、次衡山，最后为敷浅原，三山自西而东组成一列。

明万历四十六年（1618）八月十八日至二十三日，徐霞客考察庐山，写出3000余字富有科学价值的“游记”。首次对庐山地貌与水文等方面进行综合研究和定论；对于庐山的高度，向有争论，或以五老峰最高，或云汉阳峰为最，徐霞客一锤定音：“汉阳峰为庐山最高顶”，诸山在汉阳峰前，“无不俯首失恃”。今实测结果，汉阳峰海拔1474米，五老峰海拔1385米。庐山分水岭是以仰天坪为界，北水北流，从九江，入长江；南水南流，经星子，入鄱阳湖。

### 六、本草应用

庐山植物的应用与研究，在诸多“本草”典籍中均有反映。《名医别录》载有庐山云母及其主治；《别录下品》中列有“马鞭草”；《本草拾遗》载有“温汤”条；《日华诸家本草》载有“菩萨石”一条；《日用本草》载有“石耳”条。

明朝李时珍在《本草纲目》中，收载“温汤”“云母”“菩萨石”“马鞭草”“石耳”“茗”以及“石炭”“瑞香”“金鱼”等9种。并对“菩萨石”“马鞭草”和“茗”3条在《集解》中补充“产地”庐山。对新增庐山本草“石炭”“瑞香”“金鱼”分别写道：“……江西之庐山、袁州、丰城、赣州皆产石炭，可以炊爨。”“瑞香其始出庐山，宋时人家栽之，始著名。”“金鱼有鲤、鲫、鳅数种……《述异》记载：‘晋桓冲游庐山，见湖中有赤鳞鱼。’即此也。”主治“久痢”。

清代吴其濬的《植物名实图考》“癞蛤蟆”条下写道:“庐山灵药,塞壑填溪,记载缺如,服食无方。”书中共收载庐山植物豆叶菜、急急救、土常山、九头狮子草、小二仙草、大二仙草、凤了草、癞虾蟆、百脚蜈蚣、芫花、益智子、南天竹、野凤仙花、半边月、木兰、宝树、望水檀、野红花等20种。《植物名实图考》所写既有药用植物,有观赏植物,也有农用植物;不仅记录了产地,且也记录了植物的形态、习性,甚至繁殖方法。

## 第六节 “世界文化遗产”申报

1991年,省政府主要领导指示省建设厅和庐山管理局,将庐山作为世界遗产向国务院和联合国进行申报。省委、省政府把申报世界遗产、打好“庐山牌”的战略决策,作为江西走向世界、策应对外开放和经济发展的举措。1992年,省建设厅向建设部呈报《关于要求将庐山风景名胜区列入世界遗产的请示》,庐山管理局启动迎接申报的准备工作。1995年5月,经国务院正式提名,庐山被批准为申报世界遗产单位。9月,中国联合国教科文组织全国委员会向联合国遗产委员提交申报书正式中英文本。11月,省申报世界遗产工作领导小组成立,由1名副省长担任组长,市、庐山和庐山周边县区成立领导指挥部。经省人大审议批准省法制局、省建设厅、市人民政府、庐山管理局制定《江西省庐山风景名胜区管理条例》。庐山管理局以《管理条例》为依据,强化环境整治力度,制定实施细则,编制小区详细规划,拆除庐山酒厂车间及环山公路以下的职工宿舍,恢复植被。对庐山景物、文物古迹、森林、地质、大气、瀑布等进行全方位保护,同时推进绿化、净化、美化、香化工程的实施。1996年3月,168块重要景区景点中英文对照立式说明牌安装完毕。5月6~9日,联合国世界自然保护联盟专家吉姆·桑塞尔博士和国际古迹遗址理事会专家德·席尔瓦教授,受联合国教科文组织世界遗产委员会、国际自然保护联盟和国际古迹遗址理事会的委派,对庐山申请列入联合国《世界遗产名录》情况进行实地考察。专家们先后经过白鹿洞书院、三叠泉、五老峰、黄龙寺、三宝树、庐山博物馆、庐山植物园、别墅群、天主教堂、花径、锦绣谷、仙人洞、御碑亭、大天池、龙道崖、恭乾禅师塔、石门涧、东林寺、石钟山等处。吉姆·桑塞尔博士评价:庐山的管理和保护程度是相当好的,是高水平的;所有环境都被保护得很好,设备很完备,没有垃圾,一切是高水平的管理。6月24日,联合国教科文组织世界遗产委员会在巴黎举行第二十届主席团会议,报告考察情况,投票。1996年12月6日,联合国教科文组织世界遗产委员会第二十届全体会议暨主席团特别会议在墨西哥梅里达市召开。会议认为:“江西庐山是中华文明的发祥地之一。这里的佛教和道教庙观、代表理学观念的白鹿洞书院,以其独特的方式,融汇在具有突出价值的自然美之中,形成了具有重大美学价值的、与中华民族精神和文化生活紧密相连的文化景观。”一致同意批准庐山作为“世界文化景观”列入《世界遗产名录》。1997年3月28日上午,庐山管理局在北京人民大会堂举行“庐山申报世界遗产圆满成功”记者座谈会,《人民日报》、新华社、中央电视台和境外驻北京新闻机构以及北京市辖有关新闻单位等25家记者参加。下午,建设部、中国联合国教科文组织全国委员会在人民大会堂举行列入《世界遗产名录》颁证仪式,全国人大常委会副委员长铁木尔·达瓦买提向庐山管理局颁发《世界遗产名录》牌匾证书。5月7日省申报领导小组举行会议,对整个申报工作进行总结。5月8日,在日照峰广场举行“庆祝庐山申报世界遗产成功”大会。

# 第五章　保护管理

## 第一节　规划建设

庐山自古便受到帝王和官方保护。晋永始二年(404)帝桓玄令沙汰沙门,“惟庐山道德所居,不在搜简之列”,使庐山作为佛教圣地得到保护。明太祖朱元璋封庐山为“岳”,爵以尊号,禄以秩祀,官员祭山,善加珍视;明成祖降旨庐山禁山,确定东至五老峰,西至马鞍山,南至白云峰,北至讲经台为禁山范围。清同治二十一年(1895),英国传教士李德立在牯岭租地建屋,制定《牯岭规划》,保护建成区内生态环境。此时,清政府在牯岭设警察署。1926年,民国政府成立庐山管理局,明文规定其“管理庐山各山地风景名胜事宜”,庐山的保护成为政府行为。

1949年新中国成立,庐山管理局随之成立。1959年10月,置庐山名胜古迹风景森林保护委员会,负责全山规划建设。

1970年9月5日,国务院总理周恩来及余秋里批示,庐山疗养院机构归地方统一管理。

1979年,省第四十五次省委常委办公会议确定:“庐山现有房屋要统一管理,军区与省属疗养院要逐步迁出。”国家城建总局《关于加强城市园林绿化工作的意见》建议将庐山定为“国家自然风景区”,要求“统一规划,统一管理”。

1980年,省人民政府转发省建委《关于庐山风景旅游区规划工作座谈会的情况报告》中指出:“风景旅游规划,主要是充分利用现有自然风景和文物古迹条件,以开展旅游事业为主。……其他与旅游事业有矛盾的,要限制发展和调整”“规划建设的范围,按照省委有关决定的精神,庐山风景旅游区的规划建设应包括庐山山上、星子县、九江市、九江县、湖口县、彭泽县等有关风景点、文物点,采取点、线、面相结合,组成一个有机联系的总体,各种设施应合理布局,统一安排”。省政府委托省基本建设委员会牵头,组织由省政府办公厅、旅游局、文化局、农林垦殖局等厅、局、委、办十几个部门和庐山管理局建委及城建处抽调人员参加的庐山风景名胜区总体规划组,开展规划工作。1981年5月,省人民政府颁布《关于加强庐山风景名胜区风景资源保护工作的布告》。对庐山风景名胜的规划、建设、管理工作,涉及中央、军队、省、地、市、县部门及各行各业,情况复杂,政策性强,建议由省建委和省政府办公厅出面牵头,共同负责协调工作。同年,成立庐山自然保护区。1982年,国务院批转城乡建设环境保护部等部门《关于审定第一批国家重点风景名胜区的请示的通知》,批准庐山为国家重点风景名胜区。界定辖区范围为环山公路之内的302平方千米。8月,以省政府名义在庐山召开《庐山风景名胜区总体规划》(下简称《总体规划》)座谈会,经过会议讨论和征求意见后修改。1983年5月,经省人民政府批准,并按规定上报国务院。

1992年,国务院批复《总体规划》。总体规划包括规划编制依据、现状概况、建设目标、规划原则、人口规模与接待床位、总体布局、中心区(牯岭)布局、风景点的建设、绿化规划要点、道路交通规划要点、给水排水规划要点、电力电信规划要点、环境保护规划要点、副食品基地建设要点、建设项目安排与投资效益估算、规划实施主要措施等16个部分。1998年12月,省地质矿产勘查开发局完成“庐山旅游地学资源考察及区划”调研项目,为申报庐山国家地质公园提供翔实资料。

2002年11月,完成庐山国家地质公园总体规划(2001~2020年)。在500平方千米的地质公园内,规划牯岭、花径—大天池、含鄱口、五老峰—三叠泉、石门涧、小天池—碧龙潭、观音桥—五乳峰、秀峰、归宗、桃花源、东林、鄱阳湖12个地质游览景区,总面积7380公顷。规划地质科考科普特别景观区7个及人文特别景观区2个。规划地质公园博物馆及其他基础设施、景区景点建设和组织机构。规划分近期(2001~2005年)、中期(2006~2010年)、远期(2011~2020年)3个建设阶段。近期内完成有关“标示”建设及地质博物馆建设,中期完成10个景区的全面建设及相关标示建设,远期内完成所有景区及特别景观区的开发与建设。2003年,修编《总体规划》(2011~2025年),制定庐山风景旅游资源专项保护规划和行动计划,其中有《自然景观专项保护规划》《文化景观专项保护规划》《资源保护与培育规划》等,根据风景旅游资源特点,明确划定"特级保护区""一级保护区""二级保护区""三级保护区""外围保护地带",并做出详细保护规划和行动计划说明,以规划为龙头,将庐山保护、建设和管理纳入科学化、规范化。2004年4月8~9日,北京大学、中国城市规划设计研究院、中国风景名胜协会等单位16名专家,对《庐山风景名胜区总体规划大纲(2004~2020)》进行评审,原则通过。2005年,完成《总体规划(2002~2020)》初稿,召开评审会议。2007年,开始庐山数字化建设总体规划编制工作。2008年6月,通过建设部专家评审。"数字景区"建设,有效地提升管理水平和景区品质,推进环境管理、规划监测、和谐安全、旅游经济等。

## 第二节　管理法规

1984年庐山风景名胜管理局成立后,依据《中华人民共和国城乡规划法》《中华人民共和国环境保护法》《中华人民共和国文物保护法》《风景名胜区管理暂行条例》等法律法规,对全山规划、建设实行规范管理。

1995年11月,省法制局、省建设厅,市政府、庐山管理局完成《江西省庐山风景名胜区管理条例(送审稿)》起草工作。12月,市长办公会讨论通过送审稿,报省政府审定。1996年4月22日,省八届人大常委会第21次会议通过《江西省庐山风景名胜区管理条例》。"管理条例"设6章43条,明确庐山保护、规划和建设、管理、法律责任等(全文附后)。

2005年1月,根据《中华人民共和国房地产管理法》《中华人民共和国建筑法》等法律法规,制定《庐山管理局建设项目管理暂行规定》,对庐山房屋维修项目管理、别墅建筑保护、整修管理、建筑材料管理等规定实施办法。

至2010年,根据《江西省庐山风景名胜区管理条例》,相继制定并实施《庐山风景名胜区市容和环境卫生管理规定》《庐山管理局保护整修别墅群管理办法》《庐山管理局建筑维修规定》《庐山管理局建设项目管理暂行规定》及《旅游市场管理规定》《暂住人口管理规定》《交通管理规定》《殡葬管理规定》等地方性规章制度。

## 第三节　资源保护

1951年1月5日至3月底,全山开展大规模植树造林活动。植树造林面积:竹林面积3958.93公顷,植树播种造林1527亩,为进一步改善风景区生态环境奠定良好基础。1954年6月,在芦林山谷兴建的首座人工湖——芦林湖竣工。石坝大桥高32米,长120米,宽12米,横跨于玉屏、星洲两峰间,湖水面积200亩,蓄水204万立方米,形成山水相映成趣的山中碧湖。1959年10月,庐山名胜古迹风景森林保护委员会成立,负责境内名胜古迹、风景森林的保护管理。

1961年6月,第二座人工湖——如琴湖,在牯岭西谷建成,可蓄水120万立方米。

1981年起,强化生态保护管理机构,形成网络化的绿化、管林、护林、防火网络体系;坚持绿化与园林艺术相结合,选择有观赏价值、有特色的适应庐山气候的树种、花卉、绿草绿化美化环境;加强珍贵树木保护和森林病虫害防治,对珍贵树木挂牌建档立案,登记造册;开展野生动物资源调查,建立野生动物资源档案,制定保护措施,打击破坏野生动物资源违法行为;组织有关学者、专家开展生态保护、生物多样性课题研究,进行生态环境保护方面知识宣传,增强人们保护庐山意识。同时,加强地质资源保护,绘制庐山第四纪冰川遗迹分布图,在各主要冰川遗迹处设立保护护碑,禁止在山上进行任何形式的开山炸石;维修和复原"飞来石"等冰川遗迹和地貌;治理日照峰、仙人洞、科学院疗养院、空军疗养院等处泥石流和山体滑坡。老景点立足于保护性维护完善,新辟景点按照"顺其自然"原则,维护其自然风貌;景区游览步道依山凿路,尽显其自然险峻。

1990年10月,外围景区管理机构——庐山区人民政府,发出保护森林资源,加强森林防火通告。明确每年公历10月至翌年4月为森林防火期。在防火期内,严格执行"七不准",即不准在林缘地带烧火粪,不准在林缘地带烧荒开垦,不准烧木炭窑,不准在林缘地带烧田埂、地塴,不准在林内打猎或烧山驱兽,不准在林内吸烟,不准在林内野炊或烤火。1995年起,山上实行垃圾袋装和上门收集管理办法,生活垃圾运往九江垃圾场进行无害化处理,无害化处理率100%。景区景点环境由建设园林系统及景点管理所负责,采取"责任到人、分段包干"办法,全线、全天候保洁;公共场所、居民区环境由环卫所负责,实行定点定时收集;全山各单位实行"门前三包"。1996年,外围景区管理机构相继发出严禁在庐山登山公路两侧开山采石的通告,并对已在登山公路两侧开山采石者办理的"采矿许可证"一律作无效处理。1997年,成立由文化、建设园林、土地房产、林业、环保等单位参加的"庐山风景名胜区文物保护管理委员会",负责登山范围内的遗产保护、管理和协调工作。文物管理所、博物馆等职能部门负责日常管理监督、检查和资料收集整理研究。对文物保护有保护标志、保护范围、保护档案、保护组织;强加对文物景点维修及古建筑、古遗址抢救维修。

2000年,相继对锦绣谷、五老峰、望江亭等景区游览步道和大林路生活区人行道、北山门园门的混凝土路面进行整修;新辟维修停车场10个,拆除大林路口、小乐天市场、屋里树副食商店等商业门点,新建旅游商贸中心,集名、优、特、新产品集散地。2001年,对良璐宾馆至仙人洞2.8千米景区公路进行高标准改造。2002年,芦林桥至含鄱口、含鄱口三岔路口至植物园门口2段景区公路改造开工。启动牯岭街立面改造工程。2003年7月,水厂改扩建竣工,年内完成供水管网改造。莲花台水库大坝及引水渠竣工。110千伏输变电站竣工,与之配套的城网改造完成一并投入使用。2005年,启动绿色环保行动计划,开展环保科普活动;巩固森林防火体系;持续运行ISO 14001环境管理体系,加强污染防治和生态保护,建立环境质量公告制。推行"环保袋",创建绿色宾馆,推行"环保温馨提示卡"制度。2007年,对农村进行改水、改厕、道路硬化及"穿衣戴帽"工程;加大对自然灾害防治力度,完成病险水库加固工程和地质灾害一期工程建设,危旧房屋整治加固。完善森林防火监控中心硬件建设,实现全天候监测。2008年,投入1000万元的周小线电缆下地工程竣工,提高冰雪恶劣天气下供电可靠性。2009年5月15日,绿色旅游交通项目开通,丰田柯斯达等车型旅游环保观光车110台投入运行。10月,庐山管理局发起并承办的第一届世界名山大会在山召开。大会发表加强世界各名山保护、促进国际合作交流与旅游发展《庐山宣言》,签署《世界名山协会章程草案》,共同发起成立世界名山协会。协会总部设在庐山。

2010年10月,第二届世界名山大会在山召开,大会决定设立协会网站、出版科普读物、推行名山护照旅游措施,共同促进名山保护与可持续发展。庐山管理局借鉴管理保护的国际经验,在第二届世界名山大会期间,由国际森林艺术协会、德国贝尔吉施·奥登瓦尔德世界地质公园及庐山世界地质公园联合策划,庐山管理局承办"诗意森林"艺术走廊。德国、荷兰、瑞士、韩国等7个国家11名艺术家和3名诗人,历经3周时间在山创作森林艺术作品12件,构筑艺术走廊1条。

## 第四节 综合整治

1984年,设立庐山风景名胜区管理局,全面负责风景名胜区的保护,规划、建设和管理工作。外围景区所在地县、区人民政府负责管理,景区的保护、规划和建设接受庐山管理局指导、监督。

1990年起,严格控制基地规模和常住人口数量。采取措施规范导游市场、出租车营运、娱乐场所、流动人口、社会治安管理,维护经营秩序,营造好的旅游环境,展示遗产地美学价值。1991年,贯彻执行国务院《殡葬管理条例》,火化率达100%,筹建"长青园",把墓群迁出风景区。1996年4月,省人大常委会通过庐山《管理条例》,重申庐山管理局的管理职责。管理局下设建设、园林林业、国土资源、发展改革委员会、环境保护、文化、公安、综合执法等部门,分别负责景区规划建设、林业管理、土地利用、环境保护、文化传承、社会治安、市容治理等方面工作。1996~2001年,拆除违章和有碍观瞻棚屋面积3.66万平方米,改造危旧房屋面积6595平方米。按国家一类厕所要求,改造厕所16座。组建规划监察大队、旅游市场监察大队、市容环境监察大队,进行经常性巡视检查和监督管理。

2001年,启动ISO 14001环境管理认证体系,并通过认证。2002年,实施污水、垃圾、废气治理,按不同水系和流经地段,建无动力生活污水处理设施10余座,完成芦林湖治污工程。拆除违章建筑317处,拆除面积8900平方米,其中包括仙人洞门前险峰餐馆等,实行拆除之后立即美化、绿化。8月,庐山水环境治理工程剪刀峡标段开工,建成后日处理污水规模2500立方米。自12月31日始,实施"无烟山"环保工程,禁止使用燃煤、燃油,实行以电代煤。此举得到省电力部门支持,推出一系列优惠措施。2003年,对景区和山体范围内的违法建设活动实行严格监控、检查和管理,拆除违章建筑1.1万平方米,改造牯岭街商店门头133个,使用中、英、日文标志;爆破观景台,完成牯岭正街320米欧式精品文化护栏。2004年,拆除违章建筑2732平方米,拆除景区景点不规范和有碍观瞻广告牌800块。2005年,整治三叠泉、大天池、三宝树等景区,建设牯岭花街,实施花径公园建设工程,如琴湖、剪刀峡污水治理工程完工。启动东谷污水治理工程。修通铁船峰至莲花湖浏览步道。进行景区停车场建设,配套完善交通标识。2006年1月1日起,在庐山山体周围的"两场两所"(庐山综合垦殖场、庐山水电厂、庐山茶科所、市林科所)和含鄱口以下、太乙村以上景区划归庐山管理局,有利于风景区集中管理和严格保护。2007年,加强污染防治和生态保护,建立排污单位档案。全山各宾馆饭店、餐馆、旅游公厕均被列入监测名单,限期治理排污大户,建立污水处理设施。启动并实施"禁白""禁磷"工作,以农贸市场、景区景点商业网点为重点,治理"白色污染物"。设立汽车排放监督点,加大汽车尾气排放监督力度。2008年9月26日,庐山新城开工奠基典礼举行。实行部分居民、园门换乘中心和管理局行政主体下迁发展战略。庐山新城位于九江城区东南,南临芳兰湖,总规划用地112.98公顷。新城风格具有欧陆风情,配套齐全、生活便利、景观优美、功能合理。新城建设可拓展庐山旅游业发展空间,解决旅游事业发展和资源保护的矛盾。2009年,庐山管理局世界遗产管理办公室与联合国教科文组织驻北京办事处建立庐山文化景观遗产保护项目合作计划。联合国教科文组织每年赞助资金10余万美元(该项目连续3年)。同年,全面治理生活污水,累计投资1700万元建成如琴湖、剪刀峡2个污水处理站,日处理污水能力达5500万吨。污水收集管网2套共21千米。对无法集中进入污水排污管网的生活污水,采取"地理式生活污水处理"进行分散处理。已建成小型污水处理设施76座。洁净工程先后投资250万元,建垃圾中转站5座,取代垃圾池、垃圾桶,景区设置果壳箱;按国家一类公厕标准改造公厕24座,建生态厕所3座。

2010年2月,牯岭街立面改造工作竣工,改造街道全长778米,立面面积5860平方米,按照单体设计、中西合璧设计理念,木质和石质材料为主,呈现20世纪初欧美风情、万国建筑博览园的特点。开展"导游培训工程",培训景点导游人员220人,提高导游人员地质科学知识。同年,编制《2010~2011年松材线虫病预防与除治实施方案》,强化森林病虫害防治工作。进一步加强环境安全、监测、监察,持续有效运行ISO 14001环境管理体系。强化地质遗迹保护力度,建立地质遗迹景点标识牌88块。

# 第四篇

# 自然测报

# 第四篇 自然测报

市域位于省境北部，地辖长江中下游一段，鄱阳湖大部，修河流域横贯西东，全市大小河湖广布，诸水通流。汛期，受境内各流域洪水与鄱阳湖高水位顶托双重影响，洪涝灾害经常发生。1990年，市城区被国家防总列为全国31座重点防洪城市之一。1991年始，经20年努力，全市气象、水文、地震、地质灾害等自然观测站网和市、县两级测报机构渐次建立。1998年、1999年长江流域、鄱阳湖地区、修河流域均连续发生超历史记录的大洪水，给工农业生产及人民生命财产造成巨大损失。市境地处扬子准地台西部和九江台陷，由于印支运动和燕山运动影响，形成全地区一系列褶皱和断裂构造，尤其断裂构造十分发育，历史上曾发生包括2005年11月26日九江县——瑞昌市交界5.7级地震在内的5次五级以上中强地震。故加强气象、水文、地震、地质灾害测报工作尤显重要。至2010年，全市气象测报由1991年1个市级气象台和10个县(市、山)气象台站发展到1个市台11个县(市、山)台站以及183个加密区域自动气象站；水文测报由1个省属分站发展到下辖12个水文站、44个水位站、316个雨量站、39个水质监测站、2个地下水监测站、4个土壤墒情监测站；地震测报由1个市级地震台和1个县级地震台发展到4个地震监测台；地质灾害测报机构亦在各县(市、区、山)建立。建成门类较齐全、布局较合理、自动化程度较高的自然测报体系和服务系统，社会、经济和生态效益显著。自然测报工作领域不断拓宽，测报科研教育与人才培养、法制建设、文化建设等各方面亦进入全省同行先进行列。

# 第一章 气 象

## 第一节 气象观测

1991年,市、县两级共有国家气象观测站11个,其中国家农气一级观测站2个,承担全市气象观测任务。各台站有风向、风速、气温、气压、日照、降水、酸雨、大(小)型蒸发、地面温度、雪深、电线积冰、云、能见度、天气现象等传统人工观测项目,每日24次(或3次)定时观测。2000年始,随着气象业务现代化的发展,自动气象站(含区域自动气象站)、新一代天气雷达以及闪电定位仪、紫外线、大气成分、风能、太阳辐射、GPS、自动土壤水分等特种气象观测项目先后在台站建成并开展观测业务。

2002年5月,市气象台建成紫外线观测站并开展业务。2003年8月,九江、庐山、修水首批建成CAWS600-B型自动气象站,自动站采集的气象要素资料与人工观测资料并存于计算机中互为备份,每月定时复制光盘归档、保存。2005年8月,九江、修水建成闪电定位系统,同年,九江建成静止气象卫星接收处理系统。2005年12月至2008年2月,全市建成183个加密区域自动气象站,分布在全市每个乡镇。2006年3月,市气象台取消711型测雨雷达,建成新一代多普勒天气雷达。同年,建成庐山大气成分观测站,并投入业务应用;2007年5月,市、县两级台站建成VB-S卫星数据广播接收处理系统及PC-VAST地球卫星接收小站。2008年8月,湖口在全市首个建成GPS/MET基准站网监测系统。2010年10月,湖口、瑞昌在全市首批建成自动土壤水分观测系统,并开始观测。至此,全市综合观测网络基本形成。

## 第二节 气象预报

1991年前,市、县两级分别制作当地的天气预报、气候预测及农业气象、农作物产量预报。气象部门进行第一轮业务技术体制改革,省、市、县实行4:2:0.5预报业务分工,县级台站仅开展当地24小时的补充订正预报,其他天气预报业务任务由省、市气象台承担,县级开展服务。1991年后,市气象台开始建立计算机终端,以数值分析预报产品为基础,以人机交互系统为主要工具,综合应用多种气象信息和先进预报技术方法,建立暴雨、雷雨大风、洪涝灾害评估等多种预报方法,预报种类不断增加。主要开展的有未来48小时短期天气预报、未来0~12小时短时天气预报、未来3~7天中期天气预报,以及旬、月、年景长期天气趋势预报。开展分县指导预报气象-地质灾害、旅游、交通安全、紫外线指数、人体舒适度指数、森林火险等级、空气质量等级、农作物产量、农作物病虫害等级等专业、专项天气预报等。2004年10月,市、县两级台站开始进行突发气象灾害预警信号发布工作。2006年后,气象部门进行第二轮业务技术体制改革,恢复县级台站短时临近预报业务。

市、县两级预报的传播手段主要依靠当地的广播电视、电话、电子显示屏、“12121”自动答询电话、手机短信、报纸等多种媒体和方式。九江电视台每天早、晚新闻节目后均播送九江天气预报。

## 第三节 气象服务

### 一、决策气象服务

1991~2010年,市气象部门为全市各级党、政、军领导和决策部门指挥生产、组织防灾减灾,以及在气候资源合理开发利用和环境保护等方面进行科学决策提供气象信息达1536次;为各级防汛抗旱指挥部门进行科学决策提供雨情、风情、水情、旱情等气象监测预报预警信息 3179 次。其中,1998 年 8 月全市遭遇特大洪水侵袭,8 月 4 日九江县江洲镇洲头渡口段决堤,8 月 7 日长江九江段 4-5 号闸口间决堤 40 米,全市气象部门积极开展决策气象服务。

### 二、公众气象服务

1991 年始,暴雨、干旱、暴雪、山体滑坡、泥石流等气象灾害及其衍生次生灾害连年发生。市气象部门定期定时向社会公众提供准确及时的气象监测预报预警信息服务。服务内容包括 24、48、72 小时天气实况,气温、降水、风向风速等气象要素预报,旬、月天气预报,0~6 小时短时临近预报,暴雨、高温、干旱、暴雪等各类气象灾害预警预报,节假日、重大活动等专题气象预报。广播、电视、报纸、手机短信“12121”自动答询电话等多种预报方式,防汛抗旱、森林防火灾害预警等服务系统得到应用。至 2010 年,全市公众气象服务覆盖范围达 100%,预报准确率达 87.5%以上。

### 三、专业气象服务

1990 年 10 月,市气象局成立服务科(气象科技服务中心),同年开展防雷减灾服务。1994 年 10 月,成立气象科技服务中心,随后逐步对紫外线指数、人体舒适指数、城市火险等级、空气质量等级、气象——地质灾害等进行预报服务,开展针对交通、水运、电力、旅游、教育、林业、农业、水利等行业专业气象服务。1995 年 6 月,开展“121”天气预报自动答询电话服务。1998 年 12 月,开展电脑终端及传真服务。2000 年,与移动公司合作进行气象短信服务。2001 年,入驻市政府行政审批大厅,开展防雷装置设计审核、竣工验收工作。2006 年,市政府下发《九江市防雷减灾管理办法》,做出“防雷设计审核、跟踪检测、竣工验收等工作实行与主体工程同时设计、施工投入使用”规定。2008 年 1 月 12 日至 2 月 1 日,全市出现持续低温雨雪冰冻天气,多处道路受阻,供电中断,全市气象部门投入气象保障服务,使灾害损失减少到最低限度。2009 年 2 月,市气象部门加强与相关部门合作,与市植保站联合开展棉花病虫害气象等级预报与服务系统研发,在全省率先建立棉花病虫害气象服务信息“进村入户”长效机制,取得明显社会、经济效益。通过市科技局成果鉴定,该成果达到国内同类研究先进水平。2010 年,与市海事局联合研发水上交通安全气象导航系统,填补省内空白。

## 第四节 气象科研

1991 年前,市气象科研工作以单站要素、物候观测、累积经验、网格模式(MOS)等预报为基础,进行各类预报方法研究。1991 始,加强雷达、卫星、区域自动站等新的探测资源开发与应用,重点围绕天气预报预测、气象灾害防御、应对气候变化等开展专题研究。“雷电临近预报方法研究”“道路结冰潜势条件预报预警及防御系统研究”“九江环鄱阳湖区生态农业气候资源变化与对策研究”“水上交通安全气象导航系统”等一批贴近业务需求的气象科研课题相继在预报业务服务工作中得到应用。

2001 年,“两湖——洞庭湖、鄱阳湖暴雨预警系统”科研课题获省科技进步一等奖;2003 年,“九江洪涝灾害预警系统”课题获省农科教科技进步三等奖;2009 年、2010 年,市气象局“雷电防护综合业务管理系统”“水上交通安全气象导航系统”两项研发项目连续 2 年获省气象部门工作创新奖。

# 第二章 水　文

## 第一节　水文监测

### 一、水文信息监测

1991年起，市水文信息监测站点逐年增多，信息监测资料日益丰富。至2010年12月，市水文局下辖渣津、先锋、高沙、虬津、永修、罗溪、铺头、梓坊、彭冲涧、观口10个水文站和吴城1个报汛水位站、44个遥测水位站、316个雨量站、39个常规水质监测断面、2个地下水监测站、4个土壤墒情监测站，分布在修河两岸、赣江尾闾、鄱阳湖畔，负责长江支流长河、修河沿线，博阳河及内陆中小河流水雨情信息监测和资料收集，形成全市范围水文监测网络。基本实现水位、雨量自动测报。流量测验基本实现缆道自动测流。还引进走航式ADCP等先进仪器，配备水文测船、巡测车、全站仪、水深测量仪等辅助测量设备。

### 二、水资源监测

2004年7月，市水资源监测中心获国家级计量认证合格书。2008年，市水文局按照国家标准对中心实验室进行改造，引进原子吸收仪、气相色谱等一批国际、国内先进仪器设备，提升该中心科研能力和科技水平，2009年再次通过国家计量认证复审换证。

### 三、地下水监测

1991年始，市水文局将规范和细化地下水监测工作列入议事日程，逐步完善地下水监测网络建设。2009年7月14日，市超采中心区第一口地下水监测井正式启用，对地下水水位水温进行自动监测。该监测系统采用GPRS/GPS通信网络，可以实现数据远程传输，能在九江分中心实现对实时数据的分类、入库和实时查询。

## 第二节　水文预报

### 一、长江实时洪水预报

1991年始，市水情部门实行24小时值班监测，进入主汛期或暴雨时期，适时收集长江流域上至川渝云贵，中有湖南、湖北，下至江西、安徽等区域的水文(位)站的降雨、水位、流量等信息，利用各类洪水预报模型，对长江九江段做出实时洪水预报。1998年，长江流域发生历史大洪水，市水文部门在长达6个月的抗洪斗争中，始终坚持在测报第一线。在抢险堵口的日日夜夜里，水文预报一刻也没有停止。除准确预测出最高水位外，堵口期间，长江上游第四次洪峰已经形成，正向九江推进，水文部门经过精心分析，于8月11日准确预报，预计第四次洪峰到达九江时，九江站水位不升反降，8月13日将退至22.60米左右(实况13日8时水位22.65米)；预报鄱阳湖星子站13日将退至22.00米左右(实况13日8时星子水位22.01米)。为抗洪部队和市防汛指挥部现场指挥抗洪斗争、为决口成功合拢和夺取抗洪斗争的决定性胜利，提供可靠而有力的水情预报服务，被人事部、水利部联合授予抗洪抢险全国水利系统先进集体。

### 二、鄱阳湖、修河洪水预报

1991年始,鄱阳湖、修河洪水预报列入九江水文防汛减灾工作领域重要组成部分。每年汛期,市、县水文单位对湖区和修河流域水文情势及各县雨情水情均进行全程监测和滚动预报,为各级防汛指挥部门提供实时科学决策数据,为柘林水库及其上下游各县防洪安全进行入库流量预报和出库流量调度。

### 三、旱情监测及评估

1998年始,旱情监测工作全面加强,市、县水文单位做好降雨、低枯水位流量、蒸发和墒情的监测和上报工作,对各县(市、区)重要水源地的水量、水质进行跟踪测量分析,并将监测分析成果及时向各级党政领导和防汛抗旱指挥部门提供。2007年8月16日始,九江水文信息网站开辟《旱情公报》专栏,将每天雨情、水情、水库蓄水、蒸发、墒情等监测信息进行整理、分析和预测,为抗旱决策提供依据。至2010年12月,武宁、瑞昌、彭泽、都昌4县(市)设立专门旱情监测站,对实时旱情进行监测与分析,做出评估,指导抗旱工作。

## 第三节 水文服务

### 一、水文防汛抗旱服务

1991年始,随着水文信息监测手段不断更新,水文防汛抗旱服务能力得到大幅提高。1998年,市城区发生洪水决堤,市水文机构及时准确的水情信息和超常发布的中长预报,使省、市领导调度有据,洪灾损失减少到最低限度,赢得社会各界一致好评。2005年9月初,受台风泰利影响,全市各地普降大到暴雨,局部地区特大暴雨。修河支流潦河流域发生有水文记录以来历史最大洪水,造成永修县青湖圩堤决口,农作物绝收,耕地毁坏,城镇受淹。庐山出现特大暴雨,降雨量达934毫米,导致泥石流和十里片区受淹严重。市水文局迅速启动非报汛站的防汛预警系统,全面收集雨情、水情、灾情信息,根据各地土壤含水量值,向市防指报告山洪灾害重点防范地区,做到信息全面,分析有据,为地方领导在防台风工作中决策部署提供科学依据,最大限度减少受灾损失。2009年9月25日,九江水情分中心全面建成,正式通过省水利厅终审验收。

### 二、水资源管理与评价服务

2000年始,市水环境监测中心先后开展长江干流九江段近岸水域水环境质量调查与评价、重点城市供水水源地水资源质量旬报编制、在全市开展168个排污口调查、参与"取水许可证"年审水质检测、长江九江干流潜在水污染调查。2008年9月25日,湖北阳新驰顺化工有限公司排污管道一处焊接位置出现裂缝,造成有毒废水泄漏,市水文局为应对突发性水污染事件提供可靠依据。2009年8月10日,宜昌市石牌水域发生危化品集装箱落水事件,市水文局立刻启动应对突发水污染事件应急预案,对长江九江段水质进行不间断监测,及时将监测结果上报市委、市政府及市相关部门。市水文局先后编制完成《九江市水功能区划》《九江市水域纳污能力及限制排污总量意见》《九江市水量分配细化研究报告》,为实施最严格水资源管理制度打下基础。开展的江河湖库水量水质监测为水功能区目标管理及考核提供依据。编制完成旭阳雷迪、理文造纸、亚东水泥、江西铜业、恒生化纤、彭泽兴达化工等50多个建设项目的水资源论证报告,为招商引资服务。

### 三、对外合作服务

1994年,市水文局与河海大学合作完成广东枫树坝水电厂库区地形测量。1998年11月至2001年5月,与省水利科研所、省水利规划设计院合作,在长江九江段抛石围岸整治工作中,绘制抛石设计线;参加该地段数十千米水下地形测量。1999年11月至2000年5月,先后与长江委丹江口水文局、黄委水文局测绘总队合作,利用GPS技术,对500多平方千米鄱阳湖分蓄洪区进行平面、高程控制测量。

## 第四节 水文科研

### 一、人才队伍

1991年始,市水文科技人才队伍不断发展壮大。至2010年12月,全市水文工作者具有专科文化程度的有12人,占全市水文单位职工14%;具有本科文化程度的有30人,占全市水文单位职工36%;在职研究生4人,占全市水文单位职工4.8%。具有工程师以上职称17人,占全市水文单位职工20%,其中高级工程师3人,占全市水文单位职工3.6%。

### 二、基础理论研究

2010年,市水文局申报科研项目有4个,获批项目2个,其中“九江市八里湖水生态监测与研究”课题完成;“九江高沙水文站下游电站(抱子石)泄流关系率定”课题组报告编制工作接近尾声。修河流域虬津站和永修站上下游水量不平衡研究、瑞昌铺头水文站径流模数率定研究取得阶段成果。长江九江段、鄱阳湖及修河流域实时洪水预报技术研究取得成果能较好满足市域防洪减灾科技需要。境内主要河流、重点湖泊、大型水库以及重要饮用水源地水资源与水质评价研究,重要江河湖库水文情势研究,市城市重点景观湖泊水质研究等方面成果,为市水资源合理配置与可持续利用、城区和谐发展提供较为坚实的理论基础。

### 三、应用技术研究

2000年8月,市水文局自主研发的HCS-2000A型水文缆道测流自动控制系统研制成功,在修水高沙水文站成功应用。该仪器自动化程度高,信号稳定,能自动检测适时河道水位,适用于各种河流任何形式的电动测流缆道,由计算机完成测流成果处理、计算、打印、存储。2005年,市水文局结合九江实际情况,对三峡水库正式蓄水后长江九江段实时洪水预报方案进行修改调整,对修水抱子石电站、龙潭峡水电站建成后修河沿线各水文站洪水预报方案进行修改和完善,为城区及修河沿线防洪、抗旱及调度工作提供技术支撑平台。2007年,市水文局推广应用水文数据库管理系统、水文信息公众服务系统、防汛会商系统等水文业务系统,提高市水文工作整体水平,推动市水文信息化工作。2008年,市水环境监测中心实验室全面改造完成,引进应用原子吸收仪、气相色谱等多台高科技分析仪器,该实验室顺利通过国家计量认证复查,具备检测包括地表水、饮用水、地下水、污水、大气降水、底泥质与土壤6项共49个参数的能力。水资源评价发展为考虑水量、水质和水资源开发利用保护及管理综合评价方法和体系。至2010年,市水文局自主研发的HCS-2000A型水文缆道测流自动控制系统相继在江苏、浙江、福建、云南、海南、湖南、安徽、湖北、江西委及长江委10个省(部门)水文站推广应用。在云南省国际河流建设项目中,14个水文站采用此项技术设备,为国际河流合作项目提供优质的科技服务。至同年12月,市水文局10个水文站全部实现流量测验缆道化,其中7个水文站实现缆道测流控制自动化,并引进一套走航式ADCP测流系统。建成市水情分中心和9个县级单位暴雨山洪灾害预警系统,建设完成小型卫星接收系统,启动建设中小河流水文监测系统,实现雨量站、水位站及部分大中型水库站共316站点的水文数据采集自动化、信息传输网络化,整体提高水文监测和信息传输时效性、准确性,自动化、一体化水平明显提高。

### 四、学术成就

1991年始，市水文局科技工作者每年都有科研论文在国家正式学术期刊刊登发表。至2010年，有10余篇论文入选《水资源管理理论与实践》《江西水利学会优秀论文集》等论文集；有8篇论文在《水利发展研究》《水政水资源》《水资源研究》《政研通讯》《江西水利科技》《水利水文自动化》等刊物上发表。其中《落实中央一号文件 提高水文服务能力》获《水利发展研究》杂志社有奖征文二等奖；《水文在水资源三条红线管理中的地位与作用探讨》在全国城市水利学会年会上交流并获中国水利学会学术优秀论文；《论试江河干旱告警水位制定办法》被省水利学会评为优秀论文奖，并作为全国开展该项工作典范。由曹正池等参与撰写的《江西河湖大典》被赣鄱水利科学技术奖励委员会授予二等奖，2009年，在由水利部水文局委托中国水利杂志编辑部举办的“贯彻落实水文条例 加速发展水文事业”征文活动中获组织奖；吕兰军《水文发展与改革的几点思考》获三等奖。在中国水利政研会地域学组第二组2009年理论研讨会中，吕兰军《参公给水文职工思想带来的变化及对策与建议》获二等奖。

# 第三章 地 震

## 第一节 地震监测

### 一、测震观测

1991年，安装使用DD-2型短周期地震仪。2003年，模拟仪器停用，开始使用EDAS-24甚宽频数字地震仪记录，用DDN线路实时传送给省局监测中心。2006年4月，安装EDSP-LAS宽频地震仪和强震仪，用光纤实时传输到江西省地震局监测中心。2009年，EDAS-24甚宽频数字停止传送。

### 二、大地形变观测

1990年2月，安装SQ-70型石英丝水平摆倾斜仪，正式投入观测并报送资料。2003年4月，SQ-70型停用。2007年1月21~23日，安装具有网络功能的数字自动化VS型垂直摆倾斜仪。2007年3月13~16日，安装SS-Y型伸缩仪（洞体应变）、DSQ型水管倾斜仪，2009年正式投入运行。

### 三、地下流体观测

1991年，星子温泉水化站实施井深55.0米水井观测，装有FD-125型氡钍分析仪。2004年因环庐山公路建设水井观测停记。同年，在台站内另钻探2口深72米观测井，2006年12月12日，安装SZW-1A型数字式温度计（V2004）数字观测仪，2007年2月9日，安装LN-3A数字水位仪、SD-3A型自动测氡仪。10日，安装RG-BQZ自动数字测汞仪。4月3日，安装气象三要素数字仪，2009年投入运行。

## 第二节 地震预报

1991年始，市地震台（办）应用中国地震局开展“清理”“实用化”“短临预报”攻关的成果和推广的MapSIS《中国地震局基于GIS的地震分析预报系统》软件、《中国地震前兆台网数据处理系统》软件及地震监测系列分析处理软件，与毗邻地区交流与协作、协商，每年参加上级专业年度趋势会商会，参加和举办赣、鄂、皖3省联防、联席会,参加和举办扬—铜断裂联防会。市地震台撰写的《九江及邻区2009年趋势研究报告》《九江及邻区2010年趋势研究报告》《九江及邻区2011年趋势研究报告》连续3年获省第一名。2007年,地震监测前兆仪器数字化改造试运行结束后,观测资料参加全国和省评比,其中气汞观测资料参加全国评比,2008年、2009年、2010年均获全国第三名。

## 第三节 地震灾害防御

### 一、地震科普知识宣传

1991年始,九江地震台(办)针对不同宣传对象,探索在校园、社区、农村进行防震减灾科普知识宣传路子。在学校,本着教育一人、带动全家、从小抓起、终身受益目的,教育、科技、地震3部门共同抓学校防震减灾科普知识宣传教育示范基地建设。在社区,以浔阳区庐峰小区为试点社区,利用老年自乐班宣传防震、避险、自救互救知识。在农村,利用"三下乡"、庙会、集市等时机,发放宣传材料,播放地震科普知识影片,不断提高民众防震减灾意识。利用"5·12"国际减灾日、唐山大地震"7·28"纪念日、九江"11·26"地震日,开展以"关注地震安全,远离地震灾害"为主题宣传活动。通过办讲座,发放宣传资料,组织参观,播放电视片等多种形式,开展地震科普宣传。针对地震活动情况,重点开展地震应急宣传,到地震灾区的宣传,受到灾区人民欢迎。撰写防震减灾知识宣传文章,向《九江日报》《浔阳晚报》投稿,接受九江电视台"市民议事厅"专栏采访,送防震减灾知识到社区、学校、部队,采取图文并茂和多媒体形式宣传防震减灾科普知识。通过《中华人民共和国防震减灾法》《地震安全性评价条例》《地震预报管理条例》等有关法律、法规宣传,使群众了解防震减灾知识,接受防震减灾知识教育,增强抗震设防重要性意识,增强地震谣传的识别能力,提高全市人民防震减灾意识,收到较好效益。至2010年12月,全市发放科普资料17.2万余份。

### 二、地震"三网一员"建设

2007年10月,补充调整"三网一员"〔地震宏观测报网、地震灾情速报网、地震知识宣传网,县(市、区)、乡(镇、街道)、社区三级防震减灾助理员队伍〕,将防震减灾工作纳入正常轨道。同年,全市明确各乡(镇、场、处)分管科技的副乡长为当地责任人。2009年,市政府办公厅印发《关于切实做好我市防震减灾工作若干意见的通知》,推动全市防震减灾工作开展。至2010年12月,全市有防震减灾助理员117人,应急志愿者342人。

### 三、应急预案

2000年5月,市政府组建地震应急预案修改起草小组,成员包括法规管理人员、地震业务管理人员和部门负责人员。2001年3月15日,市政府颁布《九江市地震应急反应预案》,该预案经过"11·26"地震检验,证明科学、合理、有效。

### 四、地震应急疏散演练

1995年始,加强各县区中小学校和城区地震示范社区组织开展应急疏散通道和避险场所建设。至2000年,浔阳区、庐山区在17个住宅小区、23个空旷地点或广场、51所大、中小学操场建立应急避险场所,并树立标注应急疏散通道指示牌。至2010年12月,市区及各县(市、区)设有应急避险场地185处。

## 五、地震应急救援队伍建设

2009年,在省地震灾害紧急救援队挂牌暨授旗大会上,市设立地震应急救援分队。2010年10月29日,成立以市消防支队为主要救援力量,整合市直及驻市各专业应急救援队的市应急救援支队。至同年12月,全市所辖各县(市、区)均成立相应的县级综合应急救援大队。

## 六、地震应急处理

1995年4月16日,瑞昌市发生ML4.9级地震,这是1911年市境地震后又一次较强地震。瑞昌市、九江县、德安县、星子县、永修县、都昌县、湖口县、浔阳区、庐山区及湖北省阳新县、武穴市、黄梅县,安徽省宿松县均有强烈震感。造成225间房屋倒塌,损坏房屋10654间,经济损失达3690万元。地震发生后,省地震局派出由省地震局、市地震台(办)和瑞昌地震部门组成的联合调查组,携带流动地震仪到地震现场开展工作。

2005年11月26日8时49分,市发生里氏5.7级破坏性地震。灾害损失较大,共死亡12人、重伤67人、轻伤536人,倒塌房屋近200余间,10多万户民房不同程度受损,其中遭结构性损坏不能居住的房屋达6万多户。大量的水利设施、学校、医院、道路、桥梁、机关单位办公用房和敬老院等受损严重。省政府启动《江西省抗震救灾应急预案(Ⅱ级响应)》,向灾区下拨救灾款500万元;市政府启动《九江市地震应急预案(Ⅰ级响应)》。2006年6月,省委、省政府召开"11·26"九江抗震救灾和灾后重建总结表彰大会,表彰77个先进集体和141名先进个人。九江地震台获"先进集体"。2006年12月1日,市委、市政府召开大会,总结"11·26"抗震救灾和灾后重建工作,表彰在抗震救灾和灾后重建中的先进集体82个和先进个人126名。市地震办获"先进集体"。

2007年11月2日15时53分,瑞昌市洪一乡发生3.1级有感地震;同年11月15日12时01分,九江县港口镇发生2.8级有感地震。市地震台(办)均及时向市领导发送《震情简报》。

2010年6月14日9时57分,九江县、瑞昌市交界处发生ML3.0(M2.5)级有感地震,震中位于北纬29.7度、东经115.7度。市地震台(办)将地震信息用手机短信方式向市委、市政府有关领导和防震减灾领导小组成员,以及全市各县(市、区)地震部门工作人员和友邻单位发送速报。经了解,九江县城门、新塘、新合、港口乡镇和瑞昌市区、白扬、武蛟乡镇等地有震感,未接到人员伤亡和财产损失报告。市地震台(办)在密切跟踪监测同时,及时将"地震简报"报送给市委、市政府有关部门。在省局分析预报中心帮助下,及时向市委、市政府和九江县、瑞昌市地震局回复相关意见。

## 七、地震谣传平息

2008年5月26日凌晨2时左右,修水县大桥镇、渣津镇、东港乡有人利用手机短信方式向亲友传递修水将发生地震事件虚假信息,造成修水部分乡镇和县城群众出户避险。修水县委、政府得知情况后,委托县科技局及时与省地震局联系,得知修水县近期无明显震感地震发生,遂通过县电视台播出滚动字幕新闻、县电台播出语音新闻、群发手机短信等方式向群众告知事件真相,让广大群众保持正常生产、生活秩序。2010年5月19日,从晚上10时至20日次日凌晨4时,浔阳区、庐山区、九江县、德安县和湖北省黄梅县部分民众来电咨询当晚是否发生地震,德安少数地方民众已走出房屋。市地震台值班员不厌其烦回答来电询问者和宣传解释相关知识。市地震台(办)布置德安县地震办做好调查和平息工作。经调查,该次事件属误传。

## 第四节 地震科研

2006年,在瑞昌市"11·26"地震纪念馆和瑞昌地震遗址设立国家防震减灾科普教育基地。

2009年、2010年,市地震台编制的《九江度地震趋势预测研究报告》被省地震局评为全省科研工作第一名。至2010年12月,全市建有省级科普示范学校7所;市级科普基地1所,即在市地震台院内建立市青少年科技教育基地。市地震台科技工作者在全国性专业杂志、报刊上发表科研文章9篇,出版论著15篇,完成国家联合基金会课题、合同制课题2项,省地震局资助的课题2项,完成国家局三结合课题4项。

# 第五篇

# 国土资源管理

# 第五篇　国土资源管理

1991年始，市、县（区）土地管理机构渐次建立健全。省、市政府相继制定《关于贯彻执行国家〈土地管理法〉和省〈实施办法〉有关几个问题的通知》等一系列文件。市、县国土资源管理部门以认真治理整顿土地市场秩序为主线，不断强化资源保护，完善市场机制，合理配置土地资源，严格执法，优质服务，进一步扩大土地登记覆盖面，提高现代化办公手段，优化市、区土地管理体制，取得显著的经济和社会效益。

20年间，加强耕地保护，落实耕地保护行政首长负责制、占补平衡制度和基本农田保护制度，自上而下层层签订耕地保护目标责任书，加大耕地保护目标责任考核及自查。保障用地供给，建立"提前介入、绿色通道、帮办跟踪"全程服务机制。进行新一轮土地利用总体规划修编，完成城镇土地调查和登记，发放集体土地所有权证；对在土地清理中出现的问题进行逐宗核实处理。市委、市政府出台《关于加强市城区经营性土地管理的意见》，进一步规范市城区土地经营运作，拓宽土地储备融资渠道，多方筹集资金，做好新增储备土地和土地融资工作。按照市委、市政府"三集中一统一"办法，对城区2002年7月1日以前开工的商品房开发、单位建房国有土地登记发证等历史遗留问题，进行全面清理和集中处理。开展土地卫生执法检查和组织土地执法专项行动，对"批而未用""未批先用""擅自改变土地用途"等违法违规问题，全部立案查处。

同时，认真做作好新立采矿权和延续、变更采矿权登记工作，开展矿业权实地核查，整顿和规范矿产资源开发秩序，监督管理矿产资源开发，加强矿权市场建设；征收矿产资源补偿费，也取得明显成效。地质环境保护和地质灾害防治有序进行，地质灾害防治"十有县"试点单位武宁县、瑞昌市被国土资源部命名为"地质灾害群测群防"单位。其间市测绘管理也同步开展，组织和管理全市基础测绘、地籍测绘、行政区域界线测绘及其他重大测绘项目。至2010年，已完成市第二次测量标志普查工作，测绘成果管理制度进一步完善，有效增强测绘资料的保密管理措施和管理人员保密防患意识；加强互联网地图专项治理，对"问题地图"网站依法进行查处；实施市基础测绘"十一五"规划，涵盖市城区100平方千米。

# 第一章 土地使用

## 第一节 土地使用制度

1991年始,全市农村土地使用制度以法律形式规定土地使用权可以依法转让,荒山、荒沟、荒丘、荒滩等可以直接通过招标、拍卖、公开协商等方式实行承包经营。1992年10月19日,市政府批转市土地管理局《关于九江市土地使用制度改革方案的报告》,全市进行国有土地使用制度改革,有偿、有限期、有流动的、受政府调控的土地市场开始建立,政府与土地使用者、经营者之间的经济关系得到理顺。市城区1992年实行土地使用制度改革。1993年3月25日,市政府出台《九江市城区国有土地使用权管理办法》,为各县(市、区)深化国有土地使用权制度改革明确方向。1994年,市委、市政府《关于深化土地使用制度改革的决定》推动市土地使用制度改革向纵深发展,把贯彻土地基本国策落到实处,建立政府垄断土地一级市场机制,规定新增建设用地严格实行"统一规划、统一征地、统一开发、统一出让、统一管理"的"五统一"规定,强化行政管理职能,规范土地交易市场。土地使用制度改革转变人们"土地是老祖宗留下的基业,谁拥有土地使用权也就拥有其所有权"的传统观念。推进土地使用制度改革为各级政府财政增收开辟新的财源,为城市发展聚集建设资金,推动城乡经济建设和城镇建设事业的发展,土地收入成为政府财政收入主要来源。1995~2010年,土地协议出让收益为149424.64万元。

## 第二节 土地使用制度改革试点

### 一、瑞昌市试点

1991年,无专门土地交易场所,仅有房管所在管理房产交易工作中,兼管地产交易,土地市场发育不完善。1994年开始探索土地使用制度改革路子,核心内容是改无偿使用为有偿使用。在瑞祥、顺发房地产开发项目供地时开始以协议出让方式供地,但出让土地价格未体现出土地本身价值。1995年之前向市财政上交土地收益不足100万元。1996年1月22日,举办首次国有土地使用权拍卖会,成交额300元/平方米。12月3日,瑞昌市政府印发《关于清理整顿土地市场工作方案的通知》,把土地市场纳入依法管理轨道。通过治理整顿,规范土地交易行为。对土地出租,按照《江西省城市国有土地出让和划拨管理条例》有关规定,地面上有建筑物的按租金总额15%收取土地收益,地面没有建筑物的按租金总额30%收取土地收益,首次发放"国有土地使用权出租许可证"。

2002年,瑞昌市政府批准印发《瑞昌市土地市场管理暂行规定和瑞昌市土地储备管理暂行办法》,成立瑞昌市土地交易所,土地交易市场逐步规范、完善。通过市场配置土地资源,土地价格逐年攀升。12月13日举行的拍卖会地块位于市府西路,面积为4667平方米,成交价款为385万元,单位地价824.9元/平方米,由环海房地产开发公司竞得。2010年,土地交易总额为64570.5万元,土地收益成为瑞昌市财政收入主要来源。同时,不断扩大中心网站信息储量和资源,完善信息公开制度,为境内外开发商提供查询,帮助其了解瑞昌市土地市场环境、引资政策、土地供需情况及土地市场化运作制度,使土地取得最大化效益。当年,全市出让国有土地159宗,面积201.26公顷,2002~2010年交易总价款147540.50万元。

2002~2010 年瑞昌市土地交易一览

表 5-1-1 单位:公顷、万元

| 年 份 | 宗 数 | 面 积 | 总价款 |
|---|---|---|---|
| 2002 | 2 | 1.13 | 485.00 |
| 2003 | 19 | 29.96 | 8421.85 |
| 2004 | 33 | 30.68 | 9450.65 |
| 2005 | 14 | 12.55 | 4118.11 |
| 2006 | 7 | 1.40 | 1147.00 |
| 2007 | 15 | 25.46 | 12854.01 |
| 2008 | 20 | 9.83 | 4953.90 |
| 2009 | 10 | 25.74 | 41539.53 |
| 2010 | 39 | 64.51 | 64570.45 |
| 合 计 | 159 | 201.26 | 147540.50 |

## 二、庐山区试点

2010 年 11 月 12 日，首次举行国有土地使用权拍卖会，地块地处新港镇新港村，面积 5.21 公顷(78.211 亩),拍卖地块成交单价为每平方米人民币 660 元。首次拍卖会接受区纪委、监察局全程监督,整个拍卖过程依法依规。

2008~2010 年庐山区土地交易收益一览

表 5-1-2 单位:公顷、万元

| 年 份 | 成交面积 | 成交额 |
|---|---|---|
| 2008 | 78.58 | 15214.33 |
| 2009 | 74.83 | 16835.91 |
| 2010 | 158.92 | 53342.01 |
| 合 计 | 312.33 | 85392.25 |

## 三、经济开发区试点

2008 年,根据市机构编制委员会文件精神及 2 月 26 日市长办公会议精神,成立九江经济技术开发区土地交易中心和九江经济技术开发区土地储备中心，为市国土资源局开发区分局下属副科级全额拨款事业单位,土地收储、出让制度参照市国土资源局相关机构文件执行。

2008~2010 年九江经济技术开发区土地交易收益一览

表 5-1-3 单位:公顷、万元

| 年 份 | 宗地数 | 面 积 | 成交额 |
|---|---|---|---|
| 2008 | 8 | 18.29 | 15370.98 |
| 2009 | 11 | 47.00 | 133112.66 |
| 2010 | 22 | 74.85 | 166989.35 |
| 合 计 | 41 | 140.14 | 315472.99 |

## 第三节 土地市场

1991年后,城市(镇)国有土地使用权经历从无偿、无限期、无流动到有偿、有限期、有流动的改革过程,土地市场形态发生相应变化,规范和发展土地市场,建立公开、公平、公正和规范有序的土地市场体系。为推动土地使用制度改革,1995年,市政府成立市土地使用制度改革领导小组,下设办公室,办公室设在市土地管理局,简称地改办。至1996年,土地市场仍处在初步形成阶段,出让土地以协议出让为主,出让地价未进行科学评估,由政府行政确定出让地价,土地价格形成并非由土地的供给与需求来决定。同年7月2日,市土地评估所成立。市土地管理局办理土地出让相关业务工作,由建设用地科承办。各县(市、区)土地管理局由建设用地科承办。1998年11月12日,市土地管理局在南湖宾馆首次组织公开拍卖,拍卖庐山南路(市图书馆西侧)1宗面积为4.75亩土地使用权,九江天强房地产开发公司以每亩53.4万元,总价253.65万元成功竞得该宗土地使用权,开创市公开出让国有土地使用权先河。2000年4月22日,设立市土地交易市场。

2001年7月12日,市土地交易市场首次组织举行拍卖长江大道中心区龙鑫花园旁宗地,成交价940元/平方米,宗地拍卖价282万元。全年拍卖2宗,招标1宗,公开出让面积11345平方米,成交总价款1045.05万元。2001年9月9日,在第二十七次市政府常务会议上讨论《九江市国有土地储备暂行办法》,于2001年10月27日由市政府发布施行。同月,成立市土地储备中心,与土地交易市场合署办公,一套人员两块牌子。2003年5月23日,市委、市政府下发《关于进一步加强城区土地市场建设和管理的决定》。至此,市土地市场机构完善,管理规范。全市土地市场得到进一步发展,各县市区相继成立土地储备中心和土地交易市场机构,出台土地储备和土地交易管理等规范性文件,全市土地使用制度改革取得初步成效,土地收益已成为各级政府财政收入重要组成部分。当年,为保证政府对土地一级市场的垄断,市政府办公厅下达《2003年土地储备计划》《2003年土地公开出让计划》,全年市本级储备土地2959.1公顷,资产价值达110.16亿元。经营性土地使用权实现招标拍卖挂牌出让193宗,5.72亿元。其中,市本级挂牌11宗,实现土地总收益3.05亿元,出让金1.42亿元。同时为城市建设融资2亿元,促进城市美化、亮化、绿化、净化进程。2005年,全市完成储备地块面积121.8公顷,资产价值7.95亿元。储备土地总资产123.4亿元。推出土地12宗,面积118.87公顷。经营性用地招、拍、挂174宗,面积350公顷,成交额15.1亿元,土地收益9.24亿元,其中市本级18宗,面积120.6公顷,成交额9.31亿元,土地收益5.75亿元。2007年,全市以招、拍、挂方式公开出让经营性用地191宗,出让收入14.52亿元。其中市本级公开出让国有土地11宗,出让收入6.31亿元;公开出让工业用地35宗,出让收入1.32亿元。2008年,全市公开出让土地197宗,面积1340.69公顷。市本级公开出让国有建设用地使用权38宗,面积125.97公顷,总收入9.08亿元。全年收储土地28宗,面积185.63公顷。公开出让国企改制土地6宗,面积4.79公顷,成交价款6597.93万元,为改制企业提供资金保障。2009年,市本级新增储备土地733.33公顷,土地融资35.6亿元;组织首届市城区地产项目招商推介会,实行土地有底价公开出让制度,市城区实现土地出让收入34.3亿元。2010年公开出让商住用地1520706.7平方米,成交总价款401600万元,公开出让工业用地279180平方米,成交总价款7513.71万元。全市收储国有土地1135.89公顷,平衡土地市场供求关系,控制新增建设用地。

**1995~2010年市本级协议出让土地一览**

表5-1-4　　单位:平方米、万元

| 年份 | 宗数 | 面积 | 土地出让金总额 |
|---|---|---|---|
| 1995 | 3 | 5275 | 84.28 |
| 1996 | 11 | 44449 | 578.10 |
| 1997 | 16 | 63584 | 321.13 |

续表 5-1-4

| 年份 | 宗数 | 面积 | 土地出让金总额 |
|---|---|---|---|
| 1998 | 31 | 2931 | 12628.13 |
| 1999 | 19 | 58987 | 1048.53 |
| 2000 | 56 | 193560 | 2547.70 |
| 2001 | 89 | 1217223 | 8747.31 |
| 2002 | 47 | 708419 | 6342.45 |
| 2003 | 46 | 423172 | 16183.58 |
| 2004 | 48 | 868790 | 9581.57 |
| 2005 | 32 | 330635 | 6716.81 |
| 2006 | 128 | 3884327 | 46207.39 |
| 2007 | 65 | 623004 | 12978.93 |
| 2008 | 43 | 417773 | 12944.60 |
| 2009 | 27 | 165858 | 9274.42 |
| 2010 | 25 | 56968 | 3239.71 |
| 合计 | 696 | 11993527 | 149424.64 |

说明：市本级 2001 年至 2010 年公开出让土地 195 宗，出让面积 798.65 公顷，出让成交额 1005774.35 万元

# 第二章 土地规划利用与耕地保护

## 第一节 土地规划管理

### 一、规划目标

1996 年，全市土地总面积 1879679.2 公顷，其中农用地面积 1530355.8 公顷，占土地总面积的 81.42%，包括耕地 314182.8 公顷，园地 27762.7 公顷，林地 944956.7 公顷，牧草地 1424.6 公顷和水面 242028.7 公顷；建设用地面积 102001.2 公顷，占土地总面积的 5.43%，包括居民点及工矿用地 67823.2 公顷，交通用地 12920.3 公顷和水利设施用地 21257.7 公顷；未利用地 247322.5 公顷（含滩涂和苇地 36463.5 公顷），占土地总面积的 13.16%。1996 年，全市已利用土地 1632356.7 公顷，土地利用率 86.84%；土地垦殖率为 16.71%，耕地复种指数为 228%。森林覆盖率为 43%，全市水面养殖率为 18.82%。1997 年 12 月，市政府启动市土地利用总体规划修编工作，具体由市土地管理局和江西农业大学国土学院共同负责修编。1999 年 1 月，全部完成此项工作，形成《九江市土地利用总体规划（1997~2010 年）》（以下简称《规划》）成果。2000 年 2 月 28 日通过省政府审批。《规划》以 1996 年为基期年，2010 年为规划目标年。

### 二、功能分区

**西部山地丘陵林业农业用地** 位置：位于市境西部，北部与湖北省崇阳、通城、通山、阳新县相连，西临湖南省平江县、浏阳市，南与省铜鼓、奉新、靖安、安义县和南昌市湾里区接壤。东与市北部平原丘陵城镇旅游用地区和中部丘陵平原农业水产独立工矿用地区相接。区域范围包括武宁县、修水县、永修县的三溪桥镇、柘林镇、云山垦殖场、江上乡，瑞昌市的肇陈镇、横港镇、南义镇、乐园乡、花园乡、洪下乡、黄金

乡、南阳乡、横立山乡、夏畈镇、高丰镇、范镇、横港镇、青山林场、大德山林场、赛湖农场和德安县的吴山乡、塘山乡、邹桥乡、车桥镇。该区是市最大的一个林业用地区，土地总面积954911.3公顷。

土地利用特点：区内地貌多为山地丘陵，平原集中在修河流域。境内山峰起伏，群山环绕；土地利用方向以林地为主，占区土地总面积66.18%，是4个土地利用区域中林地比重最大的区域。耕地面积占本区耕地面积10.03%，但多为低山地；未利用地数量较大，后备土地资源足，占区土地总面积12.88%，且有一定数量的未利用地能开发成农业用地；五业结构中，林业用地面积大，但林业产值比例不高，人均林业收入低；粮食单产低，中低产田面积大；经济作物不仅品种多，而且质量好，“宁红茶”闻名中外；人口分布较分散，人口密度小，人均土地量大，但人均收入低；交通用地比例低，交通运输条件差，在市内各区中，交通用地面积最小。水域用地面积比例较小，水资源欠缺，在各区域中，水域面积比重最低。

利用土地措施：发挥林业优势，保护现有天然林地资源，做到封、造、改、补相结合，大力发展以板栗、银杏、毛竹和笋用竹为主的经济林，提高经济效益。加强次生林改造，采取人工造林促进更新，做到封新结合。加强对油茶林管理，提高油茶林的产出率。继续搞好“蚕桑工程”和“茶业工程”，发挥茶叶生产优势；发展三高农业，搞好粮食生产，发展优质稻，发展反季节蔬菜和药材。加强中低产田改造，稳定粮田面积，提高粮食作物的单产；拓展多种经营，开发山区资源，防治水土流失，保护生态环境；加强交通建设，提高交通用地比率，促进交通通达能力的提高；搞好平原绿化，为区旅游业营造优美的生态环境；保护好旅游区内的森林资源，湿地资源和候鸟资源。

**北部平原丘陵城镇旅游农业用地区** 位置：位于市境北部。北与湖北省阳新县、武穴市、安徽省宿松县连接，东与市东部丘陵山地农业林业用地区相连，西与市北部山地丘陵林业农业用地区相连，南与市中部丘陵平原农业水产用地相连。包括浔阳区、庐山区、九江县的沙河街镇、新塘乡、狮子镇、城门乡、江洲镇、港口街镇、城子镇、永安乡，瑞昌市的溢城街道、桂林街道、白杨镇、武蛟乡、码头镇，星子县的南康镇、白鹿镇、温泉镇，彭泽县的定山镇、芙蓉墩镇、龙城镇、马当镇，湖口县的城山镇、文桥乡、马影镇、双钟镇、凰村乡、流泗镇、大垅乡和张青乡。区土地面积141636.3公顷。

土地利用特点：是全市经济发达、人口密度大、城镇集中地区和市政府所在地。区土地利用率高，土地利用效益大；区紧靠长江，地貌主要为平原，次为丘陵，地势低平。长江是主要水资源，水资源较丰富；交通发达，有京九线、长江水道、昌九高速公路。区内水、陆、空运输网连通全国各地。森林资源少，活立木储积量不高。区内耕地占相当大比重，仅次于水域。其主要种植棉花、水稻，且产量较高，但易受洪涝灾害；人口密集，城镇集中、工业发达，人均收入高；旅游资源丰富，带动全市经济发展。以庐山旅游为中心，辐射沙河景区、山南景区、牯岭景区、市区景区、石钟山和秀峰及发展旅游业的龙城镇、双钟镇。旅游业的发展，不仅为景区内带来直接的经济收入，而且推动区域内第三产业和经济的迅速发展。

利用土地措施：加强土地管理，珍惜每一寸土地。加强农田水利基础建设，提高防洪、抗洪、蓄洪的能力，特别是加强长江沿岸水利建设，达到保护人口，保护良田，稳定粮食生产，发展经济作物，促进工业发展的目的；总结土地利用的经验和教训，合理安排各业用地，在有限的土地上满足“一要吃饭、二要建设”的方针；加快土地有偿有限期使用变革，提高城镇土地利用建筑容积率，削减城镇建设低效率占地。根据商业、住宅和工业等用地的选址原则，合理布局和优化配置各类城镇用地；在广度开发利用土地基础上，加大土地资源深度开发，注重旧城区改造，提高土地建筑容积率和覆盖率；发展旅游业，搞好旅游区建设，在提高现有旅游景点品位基础上，开发新的旅游资源。达到旅游兴市目的。

**东部丘陵山地农业林业用地区** 位置：位于市境东部。东与安徽省东至县、省内鄱阳县接壤，南与余干县接壤，西与市中部丘陵平原农业水产独立工矿用地区相连，北与安徽省宿松县接壤。区包括彭泽县（除龙城镇、马当镇、芙蓉墩镇、定山镇外），都昌县（除都昌镇、周溪镇、北山乡、阳峰乡、三汊港镇、徐埠镇、大树乡、汪墩乡、西源乡、春桥乡、大沙镇、和合乡、苏山乡、多宝乡、左里镇外）。土地总面积260183.8公顷。

土地利用特点：地貌以低丘、高岗为主，部分地方较为低平；土地利用方向以林地为主，林地面积占区 50.09%，活立木总储积量较高，有优势树种，如杉木、马尾松、阔叶树等。在区内有桃红岭梅花鹿保护区；耕地面积占区面积 23.79%，相对比例较大。是市重要粮、棉、油生产基地之一。有的乡镇粮食生产水平和商品率较高。棉花生产是一大特色，其中彭泽县棉花以单产高、品质优而久负盛名；部分地区交通较好，路网稠密，对内对外交通方便，其中景湖公路是主要交通干线。景(德镇)—九(江)的铁路建设列入规划期；区未利用地和水域用地所占比重较少，对社会经济发展有一定的制约性。

利用土地措施：发展用材林，适当发展经济林，保护好现有森林资源，禁止乱砍滥伐，注重迹地更新，做好封山育林工作；加强对中低田改造，注重现有高产良田的种养结合，发挥土地持续生产的功能。因地制宜发展经济作物，提高商品率和拓宽商品流通途径；加强交通建设，提高交通的通达能力；防止水土流失，保护生态环境，实现土地资源的永续利用。

**中部丘陵平原农业水产独立工矿用地区** 位置：位于市境中部。北与北部平原丘陵城镇旅游用地区相邻，东与东部丘陵山地农业林业用地区相接，西与西部山地丘陵林业农业用地区相接，南与新建县、湾里区、安义县接壤。区包括九江县的马回岭镇、新塘乡、岷山乡、新合镇、涌泉乡，德安县(除吴山乡、塘山乡、邹桥乡、车桥镇外)，星子县(除南康镇、温泉镇、白鹿镇外)，永修县(除三溪桥镇、柘林镇、云山垦殖场、江上乡外)，都昌县的都昌镇、周溪镇、阳峰乡、三汊港镇、徐埠镇、北山乡、大树乡、汪墩乡、西源乡、春桥乡、大沙镇、和合乡、苏山乡、多宝乡、左里镇。湖口县的武山镇、付垅乡、文桥乡、城山镇、舜德乡、流芳乡。区土地总面积 522947.9 公顷。

土地利用特点：区北近庐山，南有鄱阳湖，地貌以滨湖平原为主，次为丘陵、岗地。阳光充足，无霜期较长，年平均气温在 16.5~17.1℃之间；是市重要的粮、棉、油生产基地。耕地数量占各区之首。充分利用好耕地资源是市农业发展的关键；区内工业发达，是市独立工矿用地区，其工矿用地密度远高于其他各区。昌九工业走廊横越区境。赣北大市场发展计划列规划期；交通发达，与市城区相邻，其水、陆、空运输依托市区。昌九高速公路贯穿全区，鄱阳湖水道为交通一大优势。区内铁路运输较方便；水资源丰富，占区土地总面积 32.19%。丰富的水资源为农业发展提供有利条件。水产养殖是一大支柱产业。

利用土地措施：合理安排非农建设用地，实行集约型工业用地。合理布局工业用地，发挥地域优势，创造区域工业效益；加强中低产田改造，提高农地质量，促进农业生产持续高效发展。禁止农地掠夺性经营，在发挥地域优势基础上，注重农地经营方式转变，发展水产业。坚持以养为主，养殖、种植和捕捞相结合方针，注重发展特种养殖，提高精养鱼池比率；防止土地“三废”污染，改善土地生态环境；注重农业，保护好耕地，落实耕地用途管制制度，控制农用地向非农用地转移，管好人均耕地较少的乡(镇、场)。

## 三、土地利用

**农用地** 耕地：至 2010 年 12 月，全市耕地保有量 313532.8 公顷，比 1996 年的 314182.8 公顷减少 650 公顷(含生态退耕地、灾毁和建设占用)。在耕地保有量中，基本农田保护面积 267055.4 公顷，基本农田保护率为 85%，略低于全省 85.07%平均水平。

园地：至 2010 年 12 月，全市园地面积 36337.6 公顷，比 1996 年的 27762.7 公顷增加 8574.9 公顷。

林地：至 2010 年，全市林地面积达到 960768.4 公顷，比 1996 年的 944956.7 公顷增加 15811.7 公顷。利用一切可利用的宜林荒山、荒滩等营造防汛林、护堤林、水土涵养林，着力抓好四旁植树，通过“丘陵山区果木化、平原农田林网化、城镇郊区园林化”，使森林覆盖率逐年得到提高。

牧草地：在规划期，牧草地面积维持在 1996 年水平，即 1424.6 公顷。

水面：全市水面由于水利建设和退田还湖等的需要，由 1996 年 242028.7 公顷增加到 2000 年的 244668.5 公顷和 2010 年的 244737.6 公顷。

**建设用地** 居民点及工矿用地：至 2010 年 12 月，全市居民点及工矿用地 77202.2 公顷，比 1996 年 67823.2 公顷增加 9379.0 公顷。其中市城区用地由 1996 年 3780.0 公顷发展到 2010 年 6000.8 公顷，人均用地指标由1996年101.6平方米逐步降低到2010年75平方米，规划期间净增加2221公顷；其他城镇用地由1996年7738.2公顷增加到2010年13473.3公顷，规划期间净增5735.1公顷，人均用地指标由1996年104.78平方米压缩到2010年99.82平方米；农村居民点用地由1996年45880.9公顷压缩到2010年39752.1公顷，人均用地指标由1996年142.84平方米逐步降低到2010年135平方米，规划期间净减少6128.8公顷；独立工矿用地由1996年6613.1公顷发展到2010年12862.8公顷，规划期间净增加6249.7公顷；特殊用地由1996年3811.0公顷发展到2010年5113.3公顷，规划期净增加1302.3公顷。

交通用地：至2010年12月，全市交通用地21613.0公顷，比1996年12920.3公顷净增加8692.7公顷。

水利设施用地：至2000年，为加快水利设施建设，保证全市防汛抗旱和重点水利、水电设施用地。水利设施面积达到22906.6公顷，比1996年21257.7公顷净增加1648.9公顷，其中占用耕地339.8公顷；到2010年达到25637.5公顷，比规划基础年净增加4379.8公顷，其中累积占用耕地控制在810.7公顷。

未利用土地：至2010年12月，全市未利用土地控制在198425.5公顷以内，比1996年247322.5公顷净减少48897.0公顷。

至2010年，保证土地生态系统良性循环，将易造成水土流失、山体滑坡等灾毁坡度25度以上坡耕地逐步退耕还林(转园)，退耕还林(转园)面积达到3196公顷。同时，将鄱阳湖区影响蓄洪耕地逐步还湖，1997~2001年退田还湖面积2448公顷，另外实施低水种养，高水还湖耕地面积12589.5公顷。

## 四、结构调整

**农用地结构调整** 耕地调整：1997~2000年允许转用耕地用途6649公顷，其中转作林、果2281公顷，转作湖面(退田还湖)2448公顷，转作水利设施用地339.8公顷，灾毁难以复耕20.0公顷。转作交通用地372.3公顷，转作居民点及工矿用地1187.9公顷，共补充耕地3949.0公顷。至2010年，规划基期年耕地96.27%得到有效保护，有3.73%即11718公顷耕地用作用途转用。其调整原则是按照有利于根治水患，确保骨干工程项目用地，有利于耕地置换和动态优化进行。其主要去向是生态退耕中鄱阳湖区退田还湖2448公顷和25度以上陡坡耕地退耕还林(转园)3196公顷，转作城镇用地2307.8公顷，转作农村居民点用地821.0公顷，转作独立工矿用地782.0公顷，转作特殊用地154.4公顷，转作交通用地1124.1公顷，转作水利设施用地810.7公顷，及农田灾毁中难以复耕的耕地74.0公顷。规划期补充耕地11068公顷，占被占去耕地数94.45%，其中通过开发补充耕地5057公顷，复垦804公顷，土地整理补充耕地5207公顷。

园地调整：1997~2000年转作交通用地127.1公顷，转作居民点及工矿用地用123.3公顷，转作各种水利设施用地10.2公顷，水面7.0公顷；2001~2010年间，转作交通用地253.0公顷，转作居民点及工矿用地158.7公顷，转作各种水利设施用地27.0公顷、水面15.0公顷。园地的增加①来源于未利用地(含滩涂)中宜园地，1997~2000年开发1195.1公顷，2001~2010年开发3936.7公顷。②来源于林地中坡度较缓的疏林地、迹地以及退耕转园等，1997~2000年林地调整为园地885.0公顷，退耕转园913.0公顷，2001~2010年林地调整为园地1900.1公顷、退耕转园312.0公顷。③利用废弃工矿用地复垦为园地，1997~2000年63.8公顷，2001~2010年90.5公顷。至2010年12月，规划基础年的园地，97.40%得到保护，约有2.60%的用于用途转用，同时按照“进庭院、拓四旁、上山下滩”，禁止占用耕地建园(生态退耕除外)的前提下，大力增加园地面积，使园地在基础年的基础上再增加30.88%。

林地调整：1997~2000年由未利用地开发为林地6456.8公顷，滩涂开发为林地320.0公顷、退耕还林1368公顷、废弃工矿用地复垦为林地93.4公顷，2001~2010年由未利用地开发为林地10043.8公顷、滩涂开发为林地1330公顷、退耕还林603公顷、废弃工矿用地复垦为林地154.3公顷。林地减少主要是由于居民点及工矿用地、交通用地、水利设施用地等建设占用以及林地转为园地和水面，其中1997~

2000年转作为居民点及工矿用地425.3公顷,林地调整为园地面积885.0公顷,转作交通和水利设施用地分别为160.8公顷和30.7公顷,转为水面20.0公顷;2001~2010年转作为居民点及工矿用地658.3公顷,林地调整为园地面积1900.1公顷,转作交通和水利设施用地分别为380.4公顷和52.4公顷,转为水面44.6公顷。

*水面调整*:1997~2000年和2001~2010年全市分别增加水面面积为2639.8公顷和69.1公顷。水面减少主要是居民点及工矿用地、交通用地占用,1997~2000年共减少95.7公顷,其中居民点及工矿用地占用11.3公顷,交通用地占用84.4公顷。2001~2010年共减少204.9公顷,其中居民点及工矿用地占用17.4公顷,交通用地占用187.5公顷。

*牧草地调整*:在规划期内,牧草地面积保持在1996年水平,即1424.6公顷。

**建设用地结构调整** *居民点及工矿用地调整*:1991年以来,根据全市人口城镇化要求,城镇建设用地立足内涵挖潜,总量适度增加,结构合理调整,并按照"逐步做到自然村缩并、农转非进城镇、退建还耕与城镇发展占用耕地平衡有余"总要求安排好城镇扩展用地。至规划期末,全市城镇用地比基期年净增加69.07%,其中,约有30%是由耕地转变而来,其余70%由其他地类调整而来。

农村居民点向集镇和中心村集中,在规划期内既要占用2768.0公顷的土地,其中耕地821.0公顷,专项用于调剂村镇集中缩并,通过土地整理及非农建设用地的转用,使村镇缩并整理出的耕地面积大于占用指标,使7922.8公顷的原宅基地调出农村居民点用途(包括村庄整理过程中1794.0公顷置换用地数)。使规划期内压缩农村居民点目标得到落实。

规划期间,全市城镇村及工矿发展用地中,占用耕地1997~2000年控制在6649公顷以内;2001~2010年控制在2877.3公顷以内。

*交通用地调整*:1997~2000年间占用水面和未利用土地为84.4公顷和2644.1公顷,2001~2010年分别为187.5公顷和3687.1公顷。交通用地的减少主要是用途改变后留下的废弃地复垦。规划期间,全市交通用地除新建九江—景德镇高速公路,铜九铁路、庐山大道、316国道改造和公路大桥及其配套设施等重点工程项目外,主要是将现有公路拓宽、取直,提高公路等级,接通断头路。交通用地的增加除来源于上述耕地、林地、园地外,还来源于水域和未利用地。

*水利设施用地调整*:1997~2000年增加1648.9公顷,主要是由耕地、园地、林地和未利用地(滩涂、苇地)等转用,面积分别为339.8公顷、10.2公顷、30.7公顷和1268.2公顷;2001~2010年增加2730.9公顷,分别由耕地、园地、林地和未利用地(滩涂、苇地)转用470.9公顷、27公顷、52.4公顷和2180.6公顷。

**未利用土地** 1997~2010年,根据未利用土地适宜性评价和全市国民经济和社会发展的需要及经济技术条件的可能性,全市有48897.0公顷未利用土地要转作农用地和建设用地用途。

## 第二节 建设用地管理

1991年,对建设用地实行统一由市土地管理局负责管理,执行统一法律和政策,采取统一措施,制定统一规划、计划和建设用地标准,实现全市城乡地政、地籍的统一管理。根据《城镇国有土地使用权出让和转让暂行条例》《九江市城区国有土地使用权管理办法》,进一步明确国有土地使用权出让等有偿使用方式,除一些公共设施、公益事业和基础设施外,国有土地供应原则上都采用有偿使用方式。1996年编制《九江市土地利用总体规划(1996~2010)》,强调土地利用总体规划对建设用地控制作用。农用地转为建设用地,要看是否符合土地利用总体规划要求。如确实需要改变用途,应首先通过程序对土地利用总体规划进行修改,否则不能批准转为建设用地。1999年7月始,按照国家《土地定级规程》和《土地估价规程》,采取综合定级,分类估价方法,对城区国有土地的级别和价格进行(重新)调查分析和科学测算,城区土地共分5个级别,基准地价按照商业用地,住宅用地,工业用地进行测算。该项工作2000年5月结束。Ⅰ级地基准地价最高,Ⅴ级地基准地价最低。各级别的商业用地、住宅用地、工业用地基准地价见《九江市城区国有土地基准地价表》。

2003年,按照土地利用总体规划和年度计划,搞好市区存量国有土地划拨、出让审查审批工作,办理建设用地手续34宗,面积166940平方米。做好地价评估备案和土地收益征收,为改制企业土地资产处置做好服务,对维持工业用途的企业改制用地,简化工作程序,依法出让或转让;对改变经营性用途的企业改制用地,依法以公开上市交易出让方式集供地。2005年,市政府下发《关于加强工业用地管理促进土地集约利用的若干意见(试行)》,规定工业项目用地(含各类开发区、园区内的工业项目用地)一律由市、县国土资源管理部门代表市县人民政府依法实行集中统一管理,即:统一规划、统一征用、统一储备、统一开发、统一出让的"五统一"管理。引导工业项目向工业园区集聚,严禁在土地利用总体规划确定的耕地保有量和基本农田保护区范围内搞建设。同时严格执行国家"双控"规定,工业项目投资强度和容积率控制指标不得低于国家规定的最低控制标准。浔阳区、开发区的通信设备、计算机及其他电子设备制造业投资强度大于2235万元/公顷,星子、都昌、彭泽、湖口4县大于380万元/公顷,瑞昌市大于1155万元/公顷。容积率控制指标是根据不同行业来确定的,在30个行业中,最小为大于0.4,最大为大于0.8,严格规定新建厂区容积率一般应大于0.8。规定在工业项目用地范围内,用地单位内部办公、生活服务等辅助设施用地面积不得超过项目用地总面积的7%。严格限制工业用地项目用于房地产开发。2007年,坚持"集中指标保重点,一般项目靠挖潜"原则,对国家和省重点项目、产业政策鼓励发展项目和社会发展薄弱环节项目以及县域特色产业发展项目用地实行供地倾斜、优先保障。全年获省批准新增用地91宗,面积1155公顷,获省批准2003年历史遗留建设用地32宗,面积910.4公顷;按批准权限报经市政府批准用地121公顷。合计批准用地2186.5公顷,基本保障全市各项用地需求。10月,由市国土资源局、省地源国土研究院历时5个月共同完成市城区129.21平方千米范围内土地定级与基准地价更新工作。市城区土地定级与基准地价更新以《城镇土地分等定级规程》和《城镇土地估价规程》为依据(以下简称《规程》),同时充分考虑市城区特点,在实际工作中,既严格遵守《规程》要求,又因地制宜地进行技术创新,保证定级估价成果的科学性、先进性和实用性。2008年,突出"用地跟着项目走"要求,建立用地指标集中调度,重点保证重大产业和重点建设项目用地、沿江开发用地、新农村建设、经济适用房和廉租房等民生保障用地,建立"提前介入、绿色通道、帮办跟踪"全程服务机制,累计争取省追加新增建设用地指标400.2公顷,全年经省、市政府批准新增建设用地1628.41公顷,其中使用省指标840.69公顷。2009年,全市共获批用地2381.4公顷,确保重点项目、重点工程建设用地需求。2010年,实施城乡建设用地增减挂钩,8个县(市、区)申报增减挂钩项目,规模达684.8公顷,其中拆旧区和新建区面积分别为344.73公顷、340.07公顷。同年,全市获批新增建设用地2206.47公顷。

**2005年全市农用地转为建设用地计划一览**

表5-2-1　　　　单位:公顷

| 单 位 | 农用地 | 其中耕地 | 单 位 | 农用地 | 其中耕地 |
|---|---|---|---|---|---|
| 九江市 | 30 | 15 | 瑞昌市 | 24 | 12 |
| 浔阳区 | 5 | 0 | 都昌县 | 25 | 6 |
| 庐山区 | 20 | 14 | 湖口县 | 28 | 12 |
| 九江县 | 24 | 12 | 彭泽县 | 15 | 13 |
| 星子县 | 24 | 12 | 开发区 | 90 | 52 |
| 德安县 | 10 | 5 | 共青城 | 26 | 5 |
| 永修县 | 23 | 12 | 云 山 | 8 | 1 |
| 修水县 | 24 | 12 | 总 计 | 400 | 195 |
| 武宁县 | 24 | 12 | | | |

2000 年市城区国有土地基准地价一览

表 5-2-2　　单位：元/平方米

| 用地类型 | Ⅰ级地价 | Ⅱ级地价 | Ⅲ级地价 | Ⅳ级地价 | Ⅴ级地价 |
|---|---|---|---|---|---|
| 商业用途 | 1802.43 | 1283.12 | 910.85 | 602.38 | 315.28 |
| | 120.20 | 85.50 | 60.70 | 40.20 | 21.00 |
| 住宅用地 | 947.91 | 640.25 | 453.84 | 325.05 | 208.18 |
| | 63.20 | 42.70 | 30.30 | 21.70 | 13.90 |
| 工业用地 | 504.78 | | 347.68 | 274.21 | 179.96 |
| | 33.70 | | 25.00 | 18.30 | 12.00 |

2007 年市城区国有土地基准地价一览

表 5-2-3　　单位：元/平方米

| 用地类型 | Ⅰ | Ⅱ | Ⅲ | Ⅳ | Ⅴ | Ⅵ |
|---|---|---|---|---|---|---|
| 商业用途 | 2986 | 2108 | 1453 | 936 | 580 | 418 |
| 住宅用地 | 1652 | 1194 | 738 | 503 | 391 | 306 |
| 工业用地 | 516 | 453 | 393 | 331 | 292 | 210 |

## 第三节　基本农田保护

1991 年前，市基本农田保护工作已在瑞昌市开展试点。1995 年 4 月，市政府在彭泽县召开全市基本农田保护工作会议，就全市编制基本农田保护规划划定基本农田保护区工作作出部署，与各县（市、区）政府分管领导签订耕地保护责任状，从市土地管理局抽调部分业务技术人员，组成技术指导组，负责全市技术指导工作。至 1997 年 12 月，市政府组织完成全市基本农田保护区划定工作，首次编制基本农田保护规划。为加强对划定基本农田保护区工作的领导，市政府成立分管领导为组长的划定基本农田保护区工作领导小组，成员由政府办、土管、农业、城建、财政等部门负责人组成，领导小组下设办公室，办公室设在市土地管理局，各县（市、区）成立相应机构，抓好各部门协调工作。1999 年，修编完成《九江市土地利用总体规划（1997~2010 年）（以下简称《规划》），以 1996 年为基期年，2010 年为规划目标年。规划基本农田保护面积 267055.4 公顷，保护率约 85%。

2005 年，执行基本农田保护制度，保证基本农田的数量、质量，全市落实基本农田面积到田块 26.9 万公顷，保护率达 85.67%。各项建设占用耕地 448.3 公顷，开发补充耕地 578.7 公顷，实现耕地占补平衡有余。市政府投资 600 万元，在彭泽县等 6 县开垦耕地 200 公顷，用于市本级项目建设耕地占补平衡。2007 年，市政府与各县（市、区）签订土地管理和耕地保护责任状，把耕地保有量、基本农田保护面积等纳入各县（市、区）政府工作考核内容。各县（市、区）将基本农田以签订责任状形式全面落实到乡、村、组、户与地块，明确保护责任人，保护范围，保护措施和保护责任。全市签订县到乡责任状 200 份，乡到村 2006 份，村到组 22835 份，组到户 646362 户；落实保护地块 504073 块，做到保护面积上图，界址明确，地块明确，责任明确。实施“造地增粮富民工程”，完成造地面积 1021.4 公顷，新增耕地面积 658 公顷。2008 年，落实基本农田保护目标责任制，除国家、省重点项目外，其他非农建设项目严禁占用基本农田。执行基本农田保护“五个不准”规定，确保全市基本农田总量不减少，质量不下降，用途不改变；执行耕地占补平衡制度。6 月，通过省政府组织的耕地保护责任目标考核。2009 年，按照“先补后占、占一补一”原则，落实耕地占补平衡。全年全市项目建设共占用耕地957.6 公顷，均实现占补平衡。继续实施“造地增粮富民工程”，全年申报项目12个,总面积1201.93公顷,新增耕地1062.13公顷。全市耕地保有量为294730公顷,基本农田保护面积为254160公顷。2010年为规划目标年,划定基本农田保护区以乡(镇)为单位实施。全市划定基本农田保护区面积254354.5公顷(注:基本农田保护区内含有其他地类面积,与基本农田面积不是同一含义),划定基本农田保护区2117个,保护片6531个,设立基本农田保护区标志牌1189块。

**2005~2010年全市耕地保有量、基本农田面积指标一览**

表5-2-4 单位:公顷

| 县(市、区) | 2005年耕地基数 | 2006~2010年耕地保有量 | 基本农田面积指标 |
|---|---|---|---|
| 全 市 | 296008.42 | 294730.00 | 254160.00 |
| 浔阳区 | 507.96 | 106.27 | 0.00 |
| 庐山区 | 11047.86 | 8803.10 | 5487.03 |
| 星子县 | 13114.72 | 13089.29 | 11759.31 |
| 九江县 | 21322.73 | 20922.66 | 17861.55 |
| 德安县 | 15180.62 | 15236.84 | 13226.92 |
| 共青城 | 4220.62 | 3146.14 | 2133.04 |
| 永修县 | 38555.80 | 39569.62 | 35164.48 |
| 都昌县 | 41011.26 | 41409.74 | 37415.96 |
| 湖口县 | 23857.62 | 23876.78 | 19448.68 |
| 彭泽县 | 28850.03 | 28832.99 | 25590.28 |
| 瑞昌市 | 22921.85 | 22940.54 | 20286.58 |
| 武宁县 | 28016.04 | 28316.82 | 24360.92 |
| 修水县 | 47401.31 | 48479.21 | 41425.25 |

**2010年全市耕地保护责任状签订数一览**

表5-2-5

| 县(市、区) | 责任状签订数 | | | | 基本农田保护牌个数 |
|---|---|---|---|---|---|
| | 到乡(镇) | 到 村 | 到 组 | 到 户 | |
| 合 计 | 201 | 1827 | 23009 | 795685 | 1189 |
| 九江县 | 12 | 120 | 2100 | 42000 | 36 |
| 瑞昌市 | 21 | 168 | 1887 | 41240 | 168 |
| 武宁县 | 19 | 181 | 1909 | 73530 | 38 |
| 修水县 | 36 | 373 | 5853 | 224326 | 36 |
| 德安县 | 16 | 81 | 955 | 37677 | 96 |
| 共青城 | 4 | 29 | 232 | 8597 | 2 |
| 湖口县 | 12 | 120 | 1080 | 32400 | 24 |
| 永修县 | 19 | 168 | 1722 | 64518 | 214 |
| 彭泽县 | 16 | 169 | 1561 | 68082 | 169 |
| 星子县 | 12 | 75 | 828 | 47999 | 27 |
| 都昌县 | 24 | 281 | 4378 | 134950 | 326 |

续表 5-2-5

| 县(市、区) | 责任状签订数 | | | | 基本农田保护牌个数 |
|---|---|---|---|---|---|
| | 到乡(镇) | 到 村 | 到 组 | 到 户 | |
| 庐山区 | 8 | 53 | 500 | 19201 | 53 |
| 浔阳区 | 2 | 9 | 4 | 1165 | |

## 第四节　土地开发整理

### 一、整理项目

2002 年,开始向国家争取投资土地整理项目。当年争取国家投资土地整理项目 2 个,分别为永修县立新乡土地整理项目,建设规模 200 公顷,新增耕地面积 32 公顷,投资总费用 100 万元,建设期限 1 年,已经国家验收;都昌县蔡岭镇土地整理项目,建设规模 100 公顷,新增耕地面积 11.7 公顷。投资总费用 100 万元,建设期限 1 年,已经国家验收。2004 年争取土地整理项目 2 个,分别为修水县马坳土地整理项目,建设规模 569.7 公顷,新增耕地面积 66.18 公顷,预算总投资费用 794 万元,建设期限 1 年,已经国家验收;武宁县溪镇、般滩镇土地整理项目,建设规模 490.06 公顷,新增耕地面积 21.488 公顷,投资总费用 628 万元;2005 年争取土地整理项目 3 个,分别为瑞昌市高丰桂林土地整理项目,建设期限 1 年,建设规模 978.25 公顷,新增耕地面积 59.73 公顷,投资总费用 2034 万元,已经国家验收。修水县征林土地整理项目,建设规模 747.7 公顷,新增耕地面积 53.71 公顷,预算项目总投资 1385 万元,已经国家验收。至 2009 年共争取国家投资土地整理项目 19 个,已经国家验收的 11 个,总投资额 11878 万元,新增耕地面积 589.86 公顷;已完工未验收的土地整理项目 4 个,新增耕地面积 180.62 公顷,预算总投资额7361 万元;正在施工的土地整理项目 4 个,总投资 4674 万元,预计可新增耕地面积 99.28 公顷。

**2005 年全市土地开发整理复垦补充耕地计划一览**

表 5-2-6　　单位:公顷

| 单 位 | 合 计 | 开 发 | 整理复垦 |
|---|---|---|---|
| 浔阳区 | 14.0 | 14 | |
| 庐山区 | 41.0 | 41 | |
| 九江县 | 68.5 | 41 | 27.5 |
| 星子县 | 68.5 | 41 | 27.5 |
| 德安县 | 47.5 | 20 | 27.5 |
| 永修县 | 69.5 | 40 | 29.5 |
| 修水县 | 69.5 | 40 | 29.5 |
| 武宁县 | 70.5 | 41 | 29.5 |
| 瑞昌市 | 67.5 | 38 | 29.5 |
| 都昌县 | 69.5 | 40 | 29.5 |
| 湖口县 | 67.5 | 40 | 27.5 |
| 彭泽县 | 68.5 | 41 | 27.5 |
| 开发区 | 87.0 | 87 | |

续表 5-2-6

| 单 位 | 合 计 | 开 发 | 整理复垦 |
|---|---|---|---|
| 共青城 | 63.0 | 39 | 24.0 |
| 云 山 | 58.0 | 37 | 21.0 |
| 总 计 | 930.0 | 600 | 330.0 |

**2002~2010 年全市国家投资土地整理项目一览**

表 5-2-7 单位:公顷、万元

| 年 份 | 项目数 | 建设规模 | 新增耕地 | 实际投资 |
|---|---|---|---|---|
| 2002 | 2 | 300.00 | 43.70 | 200 |
| 2004 | 3 | 1718.54 | 166.15 | 2297 |
| 2005 | 3 | 2627.91 | 175.31 | 5279 |
| 2006 | 4 | 3752.13 | 244.27 | 6218 |
| 2007 | 6 | 4640.45 | 234.65 | 9380 |
| 2009 | 1 | 175.55 | 5.68 | 539 |
| 2010 | 5 | 3936.14 | 173.39 | 4561 |

## 二、造地增粮富民工程

2007 年,开展国土资源管理年活动,根据省政府办公厅《关于印发江西省造地增粮富民工程实施方案的通知》精神,成立市造地增粮富民工程领导小组,加强对造地增粮富民工程实施的组织领导。同年 6 月 18 日,市政府办公厅印发《九江市造地增粮富民工程实施方案》,下发到各县(市、区)政府、庐山管理局、九江、共青开发区管委会、云居山—柘林湖风景名胜区管委会、市政府有关部门。工程总体要求是以科学发展观为指导,依据土地利用总体规划与相关规划,以不影响行洪、泄洪,不造成水土流失,不破坏生态环境为前提,以宜耕未利用开发和土地复垦,改善土地利用结构和农民生产生活条件,增加有效耕地,提高耕地质量。工程规划期为 5 年(2007~2011 年),规划开发宜耕未利用地 4666.7 公顷(7 万亩),新增有效耕地约 3666.7 公顷(5.5 万亩);整顿耕地 2.4 万公顷(36 万亩),新增有效耕地 1533.3 公顷。2 项合计开发和整顿土地 8666.7 公顷,约净增有效耕地 5200 公顷。2008 年,实施“造地增粮富民工程”,全市完成造地面积 960.48 公顷,新增耕地 847.09 公顷。2009 年,实施“造地增粮富民工程”,全市完成造地面积 600.56 公顷,新增耕地 562.1 公顷。

2010 年,继续实施“造地增粮富民工程”,全市上报项目 11 个,涉及 10 个县(市、区)。建设规模 1789.47 公顷,新增耕地 1571.16 公顷,资金投入 8052.6 万元。全年实际竣工验收造地项目 19 个,新增耕地 903.59 公顷。推进鄱阳湖生态经济区农村土地综合整治工作,瑞昌市、星子县列入全省农村土地整治重大项目实施县,建设规模 6666.7 公顷,预算总投资 2 亿元,争取中央财政投资 1.2 亿元。全市连续 3 年通过省政府耕地保护责任目标考核。

2007 年全市国家投资"造地增粮富民工程"整理耕地计划安排一览

表 5-2-8 单位:万元、公顷

| 县(市、区) | 整理计划 | 投资规模 | 建设地点 | 可新增耕地 |
|---|---|---|---|---|
| 共青城 | 337.20 | 755 | 甘 露 | 16.87 |
| 瑞昌市 | 917.20 | 2052 | 范 镇 | 45.87 |
| 武宁县 | 747.40 | 1550 | 石渡澧溪 | 37.40 |
| 永修县 | 992.33 | 2230 | 艾城镇 | 49.60 |
| 德安县 | 995.60 | 2193 | 宝塔乡等 | 49.80 |
| 星子县 | 650.80 | 1420 | 华 林 | 32.53 |
| 合 计 | 4640.53 | 10200 | | 232.07 |

2008年全市"造地增粮富民工程"造地计划安排一览

表 5-2-9 单位:公顷

| 县(市、区) | 造地计划 | 其中:市级 | 县(市、区) | 造地计划 | 其中:市级 |
|---|---|---|---|---|---|
| 全市合计 | 800.0 | 200.0 | 都昌县 | 53.3 | 13.3 |
| 九江县 | 166.7 | 33.3 | 武宁县 | 146.7 | 43.3 |
| 瑞昌市 | 40.0 | 10.0 | 修水县 | 166.7 | 43.3 |
| 湖口县 | 40.0 | 10.0 | 永修县 | 66.7 | 26.7 |
| 星子县 | 26.7 | 6.7 | 德安县 | 26.7 | 6.7 |
| 彭泽县 | 33.3 | 6.7 | 共青城 | 33.3 | |

# 第三章 地籍管理

## 第一节 土地资源调查

### 一、第一次土地资源调查

**调查活动组织** 全市第一次土地资源调查(简称土地详查)是根据 1984 年《国务院批转农牧渔业部、国家计委等部门关于进一步开展土地资源调查工作的报告的通知》、1987 年《江西省人民政府办公厅关于全面开展土地资源调查工作的通知》文件精神,在市政府领导下,由市土地管理局牵头,成立市土地资源调查办公室,组织各县(市、区)开展调查。

第一次土地资源调查以县(市、区)为单位逐级汇总上报调查的各项成果。技术要求按照国家《土地利用现状调查技术规程》和《江西省土地利用现状调查技术规程》进行。整个工作分动员宣传、技术培训、开展试点、全面铺开四个阶段。自 1988 年 9 月开始至 1994 年 12 月结束并通过省土地管理局、省土地资源调查办公室的预检验收,1995 年 4 月领取合格证书。

**调查范围** 第一次土地资源调查范围有庐山区、浔阳区、九江县、武宁县、修水县、永修县、德安县、星子县、都昌县、湖口县、彭泽县、庐山风景名胜管理局,其中庐山风景名胜管理局调查成果并入庐山区统计汇总上报。区、县、市下设 11 个街道办事处,167 个乡、74 个镇、2394 个村委会。

**调查面积** 市第一次土地资源调查总面积为 1880307.9 公顷,其中耕地380681.5 公顷、园地 18338.3

公顷、林地923706.5公顷、牧草地186.4公顷、居民点及工矿用地63221.2公顷、交通用地11880.0公顷、水域285782.6公顷、未利用土地196511.3公顷。

1994年全市土地利用现状一级分类面积一览

表5-3-1　　　　单位:公顷

| 行政辖区 | 辖区面积 | 耕地 | 园地 | 林地 | 牧草地 | 居民点及工矿用地 | 交通用地 | 水域 | 未利用土地 |
|---|---|---|---|---|---|---|---|---|---|
| 庐山区 | 55349.9 | 13126.4 | 1048.0 | 20012.6 | | 4746.8 | 461.9 | 13204.8 | 2749.4 |
| 浔阳区 | 3134.4 | 297.4 | | 238.9 | | 1009.5 | 88.1 | 1486.1 | 14.4 |
| 九江县 | 91682.4 | 25300.2 | 333.9 | 26027.4 | 10.8 | 6247.2 | 1224.1 | 22270.7 | 10268.1 |
| 武宁县 | 350426.3 | 42240.2 | 1353.6 | 207450.4 | | 5819.5 | 478.3 | 28331.1 | 64753.0 |
| 修水县 | 450436.9 | 55501.5 | 8121.1 | 327878.7 | | 10704.6 | 2156.4 | 17101.9 | 28972.6 |
| 永修县 | 199826.0 | 52629.8 | 1701.3 | 65325.9 | 70.8 | 6301.8 | 1756.3 | 54958.7 | 17081.3 |
| 德安县 | 93935.3 | 22468.7 | 1056.1 | 55472.4 | 8.3 | 3126.3 | 924.5 | 4907.9 | 5971.1 |
| 星子县 | 73973.1 | 16193.0 | 690.2 | 18337.3 | 3.8 | 3661.9 | 740.3 | 26789.9 | 7556.7 |
| 都昌县 | 197410.3 | 54481.2 | 702.3 | 55666.6 | 2.0 | 7820.4 | 1245.8 | 64733.8 | 12758.4 |
| 湖口县 | 67968.0 | 27518.9 | 290.9 | 10781.4 | 5.9 | 3755.5 | 664.3 | 19021.2 | 5929.9 |
| 彭泽县 | 153445.8 | 40894.7 | 1501.9 | 70954.9 | 54.7 | 4762.8 | 911.7 | 22357.1 | 12008.1 |
| 瑞昌市 | 142719.4 | 30029.7 | 1539.0 | 65560.0 | 30.1 | 5264.9 | 1228.1 | 10619.4 | 28448.2 |
| 全市合计 | 1880307.9 | 380681.5 | 18338.3 | 923706.5 | 186.4 | 63221.2 | 11880.0 | 285782.6 | 196511.3 |

## 二、第二次土地调查

**调查活动组织**　2007年9月6日,成立市第二次土地调查工作领导小组。领导小组下设办公室,办公室抽调4名专职人员负责全市的土地调查工作。11月5日,领导小组举办第一期第二次土地调查业务培训班。培训业务骨干202人,通过考试后颁发资格证书。12月印发《九江市第二次土地调查实施方案》。全市12个县(市、区)均成立领导机构,抽调专门人员印发工作方案。整个工作包括农村土地调查和城镇地籍调查。农村土地调查2009年底完成,城镇地籍调查2010年5月完成。

**调查范围**　农村土地调查全市辖区范围全覆盖。土地调查控制汇总上报面以国家下达县级椭球控制面积为依据,调查乡级界线和村级接线,全市椭球控制面为1907672.4公顷,城镇地籍只调查县(市、区)政府所在地的城市(地类代码201)或城镇(地类代码202)。

**农村土地调查面积**　辖区土地总面积为1907672.41公顷,其中,耕地315985.66公顷(4739784.9亩),园地20507.25公顷(307608.75亩),林地1092985.58公顷(16394783.7亩),草地36025.25公顷(540378.75亩),城镇村及工矿用地88089.12公顷(1321336.8亩),交通运输用地20388.72公顷(305830.8亩),水域及水利设施用地311095.20公顷(4666428.0亩),其他土地22595.63公顷(338934.45亩)。

2009年年末全市土地利用现状一级分类面积一览

表5-3-2 单位:公顷

| 行政区域 | 耕地 | 园地 | 林地 | 草地 | 村镇村及工矿用地 | 交通运输用地 | 水域及水利设施用地 | 其他土地 |
|---|---|---|---|---|---|---|---|---|
| 庐山区 | 315985.66 | 20507.25 | 1092985.58 | 36025.25 | 88089.12 | 20388.72 | 311095.20 | 22595.63 |
| 浔阳区 | 8709.78 | 748.23 | 23691.07 | 225.28 | 6928.69 | 928.49 | 12976.11 | 762.11 |
| 九江县 | 109.82 | 0.76 | 41.26 | 2.15 | 3276.76 | 13.23 | 1451.62 | 7.36 |
| 武宁县 | 27637.64 | 487.12 | 30605.66 | 630.19 | 8874.98 | 1784.65 | 20575.50 | 1059.87 |
| 修水县 | 31235.51 | 1241.02 | 274185.62 | 3082.48 | 6544.35 | 2257.36 | 28742.34 | 3082.63 |
| 永修县 | 43273.52 | 5659.37 | 353133.76 | 12089.70 | 13131.27 | 3888.69 | 14498.46 | 4571.22 |
| 德安县 | 45226.01 | 6136.14 | 73034.25 | 3569.19 | 8917.50 | 2323.20 | 63077.47 | 2466.45 |
| 星子县 | 16992.70 | 967.62 | 61613.66 | 1468.26 | 4940.89 | 1304.46 | 4879.70 | 1090.06 |
| 都昌县 | 14133.74 | 725.69 | 22388.86 | 2071.02 | 5339.60 | 977.15 | 25451.61 | 1237.05 |
| 湖口县 | 49917.43 | 1663.49 | 62732.13 | 4355.46 | 10194.63 | 1823.46 | 89324.97 | 2649.89 |
| 彭泽县 | 22087.00 | 764.17 | 14911.12 | 1967.98 | 5836.30 | 966.09 | 19544.27 | 1289.45 |
| 瑞昌市 | 33124.16 | 295.48 | 84039.52 | 3118.39 | 6536.40 | 2304.20 | 21751.37 | 2066.22 |
| 全市合计 | 23538.35 | 1818.16 | 92608.67 | 3445.15 | 7567.75 | 1817.74 | 8821.78 | 2313.32 |

## 三、土地变更调查

1996年,进行第一次土地变更调查,全市土地总面积1879679.2公顷,其中农用地面积1530355.8公顷,占土地总面积81.42%,包括耕地314182.8公顷,园地27762.7公顷,林地944956.7公顷,牧草地1424.6公顷和水面242028.7公顷;建设用地面积102001.2公顷,占土地总面积5.43%,包括居民点及工矿用地67823.2公顷,交通用地12920.3公顷和水利设施用地21257.7公顷;未利用地247322.5公顷(含滩涂和苇地36463.5公顷),占土地总面积13.16%。同年全市已利用土地1632356.7公顷,土地利用率86.84%;土地垦殖率为16.71%,耕地复种指数为228%。森林覆盖率为43%,全市水面养殖率为18.82%。

1996年全市土地变更调查现状一览

表5-3-3 单位:公顷

| 县(市、区) | 耕地 | 园地 | 林地 | 牧草地 | 居民点及工矿用地 | 交通用地 | 水面 | 水利设施用地 | 未利用地 | 辖区面积 |
|---|---|---|---|---|---|---|---|---|---|---|
| 庐山区 | 11367.2 | 1087.3 | 20355.6 | | 5455.3 | 661.2 | 10649 | 759.5 | 5010.8 | 55345.8 |
| 浔阳区 | 530.2 | | 69.9 | | 1307.8 | 125.4 | 1043.5 | 37.9 | 19.6 | 3134.3 |
| 九江县 | 23273.6 | 324.9 | 23538.3 | 10.8 | 6585.9 | 1814.7 | 21484.7 | 1667 | 12980.5 | 91680.5 |
| 武宁县 | 28756.1 | 3251.2 | 212404.9 | 3.2 | 6586.9 | 800.9 | 25721.3 | 2612 | 69599 | 349735.5 |
| 修水县 | 48913.8 | 8975.2 | 328297.5 | 806.3 | 11053.8 | 2181.9 | 9967.4 | 4498.9 | 35835.1 | 450529.9 |
| 永修县 | 41801.7 | 2980.4 | 64729.7 | 70.9 | 6390 | 1760.7 | 41306.8 | 4002 | 28498.1 | 189562.9 |
| 德安县 | 15893.2 | 385.3 | 57283.6 | 3.2 | 2887.5 | 899.9 | 3866.1 | 926.4 | 3950.8 | 88073.4 |
| 星子县 | 14867.2 | 764.4 | 22509.2 | 3.8 | 3804.3 | 777.7 | 19977.2 | 369.6 | 10897.8 | 73971.2 |
| 都昌县 | 44348.1 | 3287.1 | 60557.2 | 2 | 8724 | 1415.3 | 59629.3 | 2808.7 | 16628.5 | 197400.2 |
| 湖口县 | 23927.8 | 1330.2 | 14335.7 | 420.9 | 3962.2 | 685.7 | 16098.6 | 387.3 | 6886.3 | 68034.7 |

续表 5-3-3

| 县(市、区) | 耕地 | 园地 | 林地 | 牧草地 | 居民点及工矿用地 | 交通用地 | 水面 | 水利设施用地 | 未利用地 | 辖区面积 |
|---|---|---|---|---|---|---|---|---|---|---|
| 彭泽县 | 31045.8 | 2313.4 | 75401.3 | 57.5 | 5047.3 | 922.8 | 18830.6 | 2154.9 | 17615.6 | 153389.2 |
| 瑞昌市 | 25418 | 1486.6 | 63311.5 | 45 | 5120.3 | 519 | 10051.6 | 261.3 | 36400.1 | 142713.4 |
| 共青城 | 4040.1 | 1576.7 | 2162.3 | 1 | 897.9 | 355.1 | 3402.6 | 672.2 | 3000.3 | 16108.2 |
| 全市合计 | 314182.8 | 27762.7 | 944956.7 | 1424.6 | 67823.2 | 12920.3 | 242028.7 | 21257.7 | 247322.5 | 1879679.2 |

2010年,土地变更调查后,各类土地面积均有变化。以2009年为基数,耕地减少650.79公顷,园地减少160.0公顷,林地减少1394.86公顷,草地减少176.26公顷,城镇村及工矿用地增加2440.24公顷,交通运输用地增加555.63公顷,水域及水利设施用地减少708.1公顷,其他土地增加94.14公顷。

### 2009年与2010年全市一级分类面积汇总对照一览

表 5-3-4　　　　单位:公顷

| 年份 | 耕地 | 园地 | 林地 | 草地 | 城镇村及工矿用地 | 交通运输用地 | 水域及水利设施用地 | 其他土地 | 全市合计 |
|---|---|---|---|---|---|---|---|---|---|
| 2009 | 315985.66 | 20507.3 | 1092985.58 | 36025.25 | 88089.12 | 20388.72 | 311095.2 | 22595.63 | 1907672.41 |
| 2010 | 315334.87 | 20347.3 | 1091590.72 | 35848.99 | 90529.36 | 20944.35 | 310387.1 | 22689.77 | 1907672.41 |
| 2009-2010 | 650.79 | 160 | 1394.86 | 176.26 | 2440.24 | 555.63 | 708.1 | 94.14 | -3090.61<br>+3090.61 |
| 正负净增值 | -650.79 | -160.00 | -1394.86 | -176.26 | +2440.24 | +555.63 | -708.1 | +94.14 | 0 |

### 2010年年末全市土地利用现状一级分类面积一览

表 5-3-5　　　　单位:公顷

| 行政区域 | 耕地 | 园地 | 林地 | 草地 | 村镇村及工矿用地 | 交通运输用地 | 水域及水利设施用地 | 其他土地 |
|---|---|---|---|---|---|---|---|---|
| 庐山区 | 8562.09 | 739.19 | 23522.82 | 466.49 | 7251.19 | 966.16 | 12706.77 | 755.05 |
| 浔阳区 | 96.25 | | 38.11 | 2.15 | 3315.38 | 13.63 | 1431.26 | 6.18 |
| 九江县 | 27573.42 | 486.47 | 30454.53 | 621.63 | 9147.7 | 1945.43 | 20373.31 | 1053.12 |
| 武宁县 | 31238.2 | 1264.86 | 274042.42 | 2972.74 | 6724.46 | 2321.04 | 28711.75 | 3095.84 |
| 修水县 | 43184.52 | 5619.15 | 353082.77 | 12045.09 | 13276.76 | 3956.11 | 14478.19 | 4603.4 |
| 永修县 | 45125.28 | 6076 | 72858.02 | 3540.71 | 9242.51 | 2354.84 | 63043.76 | 2509.09 |
| 德安县 | 16965.04 | 911.88 | 61379.76 | 1421.9 | 5259.51 | 1343.37 | 4855.02 | 1120.87 |
| 星子县 | 14095.87 | 722.75 | 22267.05 | 1980.53 | 5582.59 | 987.67 | 25453.71 | 1234.55 |
| 都昌县 | 49879.16 | 1658.55 | 62607.42 | 4321.49 | 10436.95 | 1855.35 | 89251.19 | 2651.35 |
| 湖口县 | 22006.24 | 759.52 | 14809.98 | 1929.12 | 6001.02 | 1042.43 | 19531.91 | 1286.16 |
| 彭泽县 | 33062.89 | 291.13 | 83991.26 | 3113.06 | 6643.93 | 2323.24 | 21747.12 | 2063.11 |
| 瑞昌市 | 23545.91 | 1817.8 | 92536.58 | 3434.08 | 7647.36 | 1835.08 | 8803.06 | 2311.05 |
| 全市合计 | 315334.87 | 20347.3 | 1091590.72 | 35848.99 | 90529.36 | 20944.35 | 310387.1 | 22689.77 |

## 第二节 土地登记发证

1992年10月，市政府批转市土管局《九江市土地使用制度改革方案》规定：抓紧做好城镇国有土地使用权登记发证工作。其时，市已列为国家开放城市，为适应改革开放、招商引资需求以及用地单位和个人对土地证书迫切需求，按照国家和省土地管理局对地籍调查、登记发证工作要求和部署，市城市规划区范围内（含单位和个人用地）地籍调查和登记发证工作由市土地管理局统一组织、统一实施，并由市政府统一颁发“国有土地使用证”或“集体土地使用证”；各县、市城镇和市规划区以外城镇地籍调查、登记发证工作由县、市、区土地管理局组织实施，由县、市、区政府颁发“土地使用证》。随着土地管理的日益规范和土地使用者的需求，“中华人民共和国集体土地使用证”“中华人民共和国集体土地所有证”“土地他项权利证明书”申报登记工作相继在全市开展。

2009年5月，根据国土资源部2001年《关于依法加快集体土地所有权登记发证工作的通知》文件精神和省土地调查办统一部署，市全面启动集体土地所有权登记发证工作。要求2009年年底基本完成村级集体土地所有权登记发证工作。全市12个县（市、区）1724个村委会的集体土地所有权登记3328宗，已发证3328本（其中飞地登记发证1336本）。12月28日，全市集体土地所有权登记发证工作全部完成。对城区2002年7月1日以前开工的商品房开发和单位建房国有土地登记发证历史遗留问题进行全面清理和集中处理，全年共发放分户土地证2万本。

**2006~2010年全市土地登记发证情况一览**

表5-3-6　　单位：宗

| 单位 | 国有土地使用权发证数 | 集体土地使用权发证 | 集体土地所有权发证数 | 已开展集体土地所有权发证的县（市、区） | 已开展集体土地使用权发证的县（市、区） |
|---|---|---|---|---|---|
| 庐山区 | 22573 | 53 | 78 | 庐山区 | 庐山区 |
| 浔阳区 | 47008 | | 7 | 浔阳区 | |
| 共青城市 | 10697 | 168 | 23 | 共青城市 | 共青城市 |
| 九江县 | 6239 | 348 | 108 | 九江县 | 九江县 |
| 武宁县 | 12800 | 35900 | 1092 | 武宁县 | 武宁县 |
| 修水县 | 13372 | 11235 | 495 | 修水县 | 修水县 |
| 永修县 | 797 | 348 | 324 | 永修县 | 永修县 |
| 德安县 | 5600 | 1089 | 96 | 德安县 | 德安县 |
| 星子县 | 5270 | 130 | 218 | 星子县 | 星子县 |
| 都昌县 | 2216 | 3603 | 374 | 都昌县 | 都昌县 |
| 湖口县 | 3099 | 1780 | 136 | 湖口县 | 湖口县 |
| 彭泽县 | 364 | 2 | 198 | 彭泽县 | 彭泽县 |
| 瑞昌市 | 11565 | 581 | 156 | 瑞昌市 | 瑞昌市 |
| 开发区 | 11203 | | 23 | 开发区 | |
| 柘林局 | 4 | | | | |
| 庐山局 | 149 | | | | |
| 云山局 | 669 | 529 | | | 云山局 |
| 全市合计 | 153625 | 55766 | 3328 | | |

# 第四章 土地宣传与执法

## 第一节 宣传教育

1991年起,在每年6月25日“全国土地日”,市国土资源局均利用这个平台进行国土宣传。宣传形式从单一的上街开展法律咨询、发放“6·25全国土地日”宣传材料到送法进学校、进社区,文艺演出,印发宣传手册,编制《国土资源法律法规文件汇编》。

2005年以来,市国土资源局累计投入普法工作经费200多万元,编制或购买普法学习书籍及其他宣传资料3000多册(份),做到学有教材、用有资料。“五五”普法期间,全市国土资源部门发放普法书籍3万余本、宣传图画6700张,散发宣传资料21万余份,举办领导干部法制讲座200场,举行法律知识考试300次,开展社会普法培训1.6万人(次),通过报纸举办宣传专版21期、在电视台举办宣传专题节目26期、各级政府分管领导发表电视讲话48次、开展户外广告宣传67次,同时,出动宣传车400多辆(次),制作宣传标语2万余条,召开监察信息员等各类座谈会370余次,开展送戏下乡61场(次)。

星子、共青、武宁等县通过制作国土普法小人书、印制宣传漫画、举办学生作文比赛等形式向青少年进行宣传,武宁县制作6000副普法扑克牌,免费发放到干部群众手中;修水县开展全县国土资源法律知识竞赛,参赛选手在意见反馈中说:“竞赛活动既宣传了国土资源法律法规,又提高了广大群众学习国土资源法律知识的积极性,更为重要的是,通过这次活动,增强人们对保护国土资源的紧迫感。”

2008年,在全国开展的县、乡(镇)、村干部国土资源法律知识宣传教育培训活动中,全市22名县级领导参加省培训,434名基层乡镇干部参加由市土管局与市委组织部、市司法局等六部门联合举办的培训班,县、乡(镇)领导干部参训率均达100%。在市宣教活动领导小组的统一部署和要求下,各县结合实际,积极抓好村级干部的培训活动,全市实训村级干部3761人,参训率达99%以上。修水县地矿局组织全县近千名副科级干部进行矿产资源法律知识培训,取到良好效果。

2010年,在坚持抓好日常宣传工作同时,利用“4·22”世界地球日、“6·25”全国土地日等宣传平台,以九江名山名水为依托,创新思路,开展形式多样的普法特色宣传活动。一是与社会综合治理工作相结合。将普法宣传教育融入社会治安综合治理工作中,组织编写“五字歌”卡片,向相关行业、社会群体发放,为构建和谐国土营造良好氛围。二是与国土资源管理业务工作相结合。以国土资源部开展“双保行动”和“双保工程”为契机,突出保护耕地、节约集约用地,设立“手牵手,让我们共同坚守耕地红线”主题宣传月,先后组织大型法律服务宣传周、村建点普法基地宣传周、“双保行动”宣传周活动。重点抓好矿产资源整合、地灾防治、土地开发复垦整理等方面宣传活动。

## 第二节 执法监察

### 一、监察职责

2001年3月,市土地管理局根据市政府《九江市城区土地管理暂行办法》,加强对土地出让金、契税和土地收益等规费收缴和管理,对划拨国有土地以营利为目的进行出租的,地上有建筑物的按租金15%交纳土地收益;地上没有建筑物的,按租金30%收取土地收益,或根据土地所处地段按1.2~5.0元/平方米收取。由市土地执法监察大队统一收取,直接全额进入财政专户。2004年11月起,市国土资源局组织对庐山区莲花林场区域违规建别墅情况进行调查摸底,共计排查100多栋新建房屋,并根据监察部、人力资源和社会保障部、国土资源部的要求,联合公安、检察院、法院、行政执法局等相关部门对48栋违规建设的别墅进行立案查处,没收23栋,拆除25栋。2005年2月24日,市国土资源局下发《关于进一步加大土地执法监察工作力度的通知》,要求严防非法占用、滥用、破坏耕地特别是基本农田、买卖或者以其他形式非法转让土地、越权批地等行为的发生,建立健全市、县、乡三级监察网络,进一步加大执法力度。同年10月,市国土资源局对参与市城区国土资源执法监察的人员进行业务培训,并申领“江西省行政执法证”和“江西省行政执法监督证”,共领证41本。2006年7~8月,市国土资源局组织开展全市土地执法和矿产秩序治理整顿。同年11月2~30日,根据《九江市查处土地违法违规案件专项行动方案》要求,市监察局会同市国土资源局在全市范围内开展查处土地违法违规案件专项行动,全市共计查处违法违规案件18宗,违法用地面积46.38公顷。2007年6月,市国土资源局下发《关于在全市开展土地执法再检查的通知》,重点清理2006年9月1日以来新增建设用地中的违法用地,并对工业园用地及土地利用总体规划和基本农田保护实施情况。9月19日,市国土资源局印发《开展全市土地执法百日行动工作方案》通知,重点查处三类土地违法违规行为:违反土地利用总体规划和土地利用年度计划及“以租代征”等违法违规行为;查处擅自突破国土资源部核定的开发区四周范围进行工业开发的违法违规行为;查处未办理建设用地审批手续,先行征地、供地、施工建设的违法违规行为。共理出三类违法案件16件,“以租代征”违法用地5宗,违法用地面积3.39公顷,未批先用11宗,违法用地面积288.19公顷。2008年3月,根据省国土资源厅《关于进一步加强国土资源执法监察动态巡查工作的通知》,在全市范围内开展一次针对土地违法行为的动态巡查,对交通主干道两旁、城郊结合部等地区进行重点清查,并对各地违规建别墅以及国家规定的禁止用地项目进行清查。2009年8~10月,根据《九江市开展土地执法专项行动工作方案》精神,在全市范围开展土地执法专项行动,对2009年度土地卫片执法检查中各类违法用地进行清理并查处。12月16日,市国土资源局与监察局联合印发《关于集中开展未报即用违法用地清理和查处整改的工作方案》,集中清查整改未报即用违法用地行为。行动于2010年1月31日前结束。

2010年2月3日,根据市委、市政府办公厅《关于暂停“大九江”规划范围内农民建房,制止违法建设的紧急通知》要求,监察支队发扬“5加2、白加黑”工作精神,对“大九江”范围内农民建房进行巡查和制止。

## 二、监察制度

2007年12月,为做到及时发现、有效制止国土资源违法违规行为,建立快速反应机制,市国土资源局印发《九江市预防土地违法违规行为告知制度》和《九江市土地法、矿产资源违法行为分级查处制度》。2008年2月3日,为加强对建设项目用地的批、征、供、用等环节进行全程监管,市国土资源局印发《关于加强建设用地全程监管的实施意见》。4月,为建立土地执法全面监管方面的制度,建立健全行政许可事项联审执法监察查验机制;建立健全土地执法全程监管制度;建立健全项目用地分类管理和监管制度,印发《九江市土地执法监管长效机制试点工作方案》。5月16日,市国土资源局印发《九江市国土资源行政许可事项联审中执法监察查验工作规程的通知》,要求全市执法监察机构对土地的征收、征用、农用地转用的审批;各类建设项目用地的审核和审批;矿产资源勘查许可和采矿许可;探矿权和采矿权的延续、变更、转让和注销等进行查验。8月,为切实加强建设用地全程监管,提高土地节约集约利用水平,印发《关于加强建设用地全程监管的实施意见》。9月3日,市国土资源局印发《建设用地批后监管八项制度》的通知,建立健全国有建设用地使用权公开出让制度;土地出让信息公开制度;国有建设用地合同管理制度;建设项目开工放线制度;建设项目竣工验收制度;核发建设用地批准书制度;现场公示制度及供地台账制度。

2009年3月10日,印发《九江市国土资源局行政处罚说明理由制度》,对全市国土资源行政处罚说明理由及滥用行政处罚自由裁量权责任追究有关事项进行规范。4月22日,为有效推动市国土资源执法监察工作,市国土资源局与市检察院、国家税务局、市地方税务局、市环境保护局、市卫生局等14家单位联合印发《九江市关于建立行政执法与刑事司法衔接工作的实施意见》的通知。8月18日,为加强国土资源管理,依法查处国土资源违法犯罪行为,保障中央土地宏观调控政策措施贯彻落实,市国土资源局与市公检法及市纪律监察局联合发文《关于在调查处理国土资源违法犯罪案件中加强协调配合的实施意见》,建立并实行联席会议制度,进一步完善案件移送及工作配合机制。

### 三、执法检查

2003年,健全市、县、乡三级土地监察网络,形成事前防范与事后查处相结合的土地监察机制。全面落实土地违法案件动态巡查制度,联合综合执法局等执法单位加大对土地违法案件查处力度,清缴拖欠土地规费,确保城区土地利用与开发在合法有序的公开环境中进行。市本级全年共立案查处土地违法典型案件16件,有效制止城区土地违法行为,严格城区土地管理。2005年,全市立案查处土地违法案件169件,涉案面积929.7公顷,其中市本级64件,涉案土地面积251.5公顷。

2007年,开展全市风景名胜区和城乡结合部的土地利用执法检查、耕地保护执法检查、房地产开发用地专项检查、工业用地审批后跟踪大检查(工业园区)等集中专项执法监察活动。2008年,落实巡查工作责任制,实行分片包干、责任到人,对各类违法违规行为做到早发现、早制止、早处理,建立市、县、乡、村四级执法监察网络,使违法用地行为始终处在严密的网络监控之下,并对全市不定期或不定期进行巡查,及时发现问题,及时制止,确保巡查不出现盲区。全市通过巡查发现国土资源违法行为202起,面积48.27公顷,立案查处74起,制止128起违法行为,占巡查发现的63.4%。2009年,九江市被列入全国172个城市卫片执法检查范围。3月19日,印发《九江市开展2008年度土地卫片执法检查工作方案》通知,全面开展土地卫片执法检查工作。卫片检查涉及九江市主城区图斑总数302个,涉及土地237宗,监测面积425.23公顷,实际占地面积41.42公顷。对61宗违法用地(面积79.85公顷)进行立案查处,按照卫片执法检查违法案件既处理事又处理人的要求,对相关责任人进行责任追究。8月31日,为落实市国土资源局《关于进一步完善国土资源动态巡查责任制的通知》精神,使动态巡查工作扎实有效地进行,市国土资源执法监察支队下发《关于建立规范动态巡查台账的通知》,要求各县(市、区)国土资源局、分局每月按时上报动态巡查台账。

2010年1月29日,市国土资源局在星子温泉召开全市国土资源执法监察交流研讨会,总结2008年度土地卫片执法检查工作,对建立健全执法监察长效机制和如何更新执法监察工作理念进行交流研讨。2月始,国土资源部决定在全国范围内开展2009年度土地卫片执法检查工作,实现卫星遥感监测全国覆盖。3月,市国土资源局组织对九江行政区域内卫星遥感监测图斑进行全面核查。全市监测图斑1357个,监测面积2228.69公顷。

## 第三节 秩序治理整顿

### 一、城区建设用地清理

2002年8月,市清理整顿土地市场秩序工作启动。市政府成立市规范城区建设用地清理整顿土地市场工作领导小组。9月,市委办公室、市政府办公室联合下发《关于印发清理城区建设用地整顿规范土地市场工作方案的通知》,清理整顿范围是城市规划区内的建设用地,重点是建成区内的建设用地。主要任务是查清各类建设用地违法使用的非法转让,对清查的问题依照法律法规和政策进行处理,对经依法处理的各类违法用地及时办理和完善有关用地手续。针对清查过程中出现的问题建章立制,加强对土地市场和土地资产的管理,实现政府对土地一级市场的垄断。至12月底,九威大道清查小组清理九威大道两侧210米范围内土地转让和被法院判决抵偿的27.7公顷,涉及金额3111万元。庐山区各清查小组共清理132个用地单位。闲置土地清理组共清理18宗闲置土地。对国营九江市莲花林场、莲花洞景区中段公路边非法出售土地、山林的问题进行调查处理。

### 二、土地市场秩序整顿

2003年2月,市政府根据国家、省政府"进一步治理整顿土地市场秩序电视电话会"精神,要求"进一步提高治理整顿土地市场秩序工作重要性的认识;认真抓好九江市土地市场秩序整顿工作的具体要求;各级领导要高度重视,精心组织,狠抓落实,要突出重点,集中精力,实实在在的解决具体问题;加强领导,协调配合,周密部署,确保整治任务顺利完成”。3月5日,市国土资源局印发《九江市国土资源局进一步治理整顿土地市场秩序工作》,文件通知下发到各县(市、区)国土资源局(土地管理局)、庐山土地房产管理局。同日,下发《关于处理九江市国土资源局治理整顿土地市场秩序领导小组的通知》,部署市治理整顿土地市场秩序工作。各县(市、区、山)按照2个文件精神要求,迅速行动、组织部署当地治理整顿土地市场秩序工作。8月20日,为贯彻落实国务院办公厅《关于暂停审批各类开发区的紧急通知》《关于清理整顿各类开发区加强建设用地管理的通知文件精神》,市政府办公厅印发《九江市清理整顿各类开发区加强建设用地管理工作方案》。8月28日,市政府召开“清理整顿各类开发区,加强建设用地管理工作领导小组第一次(扩大)会”,强调要抓紧时间行动,坚持发展是第一要务不动摇,坚持依法清理不动摇,把清理整顿各类开发区的工作做好、做实,为全市工业园区建设和经济发展营造一良好的发展环境。全市工作整体推进,各县(市、区)都印发工作方案,成立领导小组,该项工作于2003年年底完成。

2006年,经清理整顿,国家发展和改革委审核认定,经省政府研究,同意九江市设立7个省级开发区,于3月8日下达《关于设立江西瑞昌工业园区等七个省级开发区的批复》。根据国家发展和改革委规范开发区名称的规定,7个开发区依次更改为江西瑞昌工业园区、江西九江沙城工业园区、江西修水工业园区、江西德安工业园区、江西星子工业园区、江西都昌工业园区、江西彭泽工业园区。

**2006年市境批准建立的7个省级开发区基本情况一览**

表5-4-1　　单位:公顷

| 开发区名称 | 产业定位 | 面积 | 四址范围 | | | |
|---|---|---|---|---|---|---|
| | | | 东至 | 西至 | 南至 | 北至 |
| 瑞昌工业园区 | 建材、纺织、机械制造 | 306.67 | 东环路经浔阳东路至九码路 | 黄金南路至五里桥转盘至大沙线 | 南环路 | 洋鸡山南山脚 |
| 九江沙城工业园区 | 电子、纺织、建材 | 200.00 | 九江庐山区赛阳镇 | 京九高速公路 | 沙河兰桥村 | 沙河 |
| 修水工业园区 | 有色金属、服装、农副产品加工 | 133.33 | 芦塘、专马村 | 修铜公路及修河 | 芦塘机砖厂 | 芦塘、专马村 |
| 德安工业园区 | 电子、服装、纺织 | 133.33 | 昌九高速公路 | 105国道与庙前交汇处 | 庙前港 | 105国道 |
| 星子工业园区 | 机械、纺织、食品 | 133.33 | 太岭山 | 白鹿镇五里村 | 神灵湖 | 白鹿镇 |
| 都昌工业园区 | 农副产品深加工、建材 | 200.00 | 天鹅湖 | 景湖公路 | 都大公路 | 凤凰港 |
| 彭泽工业园区 | 棉纺、建材、化工 | 120.00 | 龙城镇双合村 | 丁家湖 | 湖牛公路 | 茅店小学 |

# 第五章 地质矿产管理

## 第一节 矿藏资源管理

### 一、储量评审

2003年,据国土资源部《关于加强矿产资源储量评审监督管理的通知》规定,国土资源行政主管部门对矿藏资源储量不再进行认定,设立备案管理制度。2009年,制定《九江市矿产资源储量评审备案管理暂行规定》,进一步加强市矿藏资源储量评审备案管理,明确工作程序,规范矿产资源储量评审、备案工作要求。

### 二、登记统计

2004年,落实国土资源部发布的《矿产资源登记统计管理办法》和《关于开展矿产资源储量登记工作的通知》,开始对矿山(区)进行矿产资源储量占用、查明登记,建立市、县级矿产资源储量登记数据库。3月,国土资源部下发《关于做好矿产资源统计工作的通知》,开始形成矿藏资源统计年报制度。

### 三、动态监督

2005年始,根据国土资源部、省国土资源厅《关于全面开展矿山储量动态监督管理的通知》,对全市甲类矿山,包括煤矿、铜矿、钨矿、锡矿、铅锌矿、石英矿、瓷土矿、白云石、大理石、板岩、花岗石等矿种共计220个矿山进行矿藏资源储量动态监测工作。至2010年年底,全市所有甲类矿山均开展矿山储量核查检测工作。

## 第二节 矿藏资源开采管理

### 一、有色金属矿藏开采

**铜矿开采** 至2010年,有铜矿8个,主要有城门山铜矿、武山铜矿。其中,大型矿山2个,中型矿山1个,小型矿山5个,从业人员3143人,年产矿石量247万吨,年工业总产值49089.63万元,年销售收入48065.26万元。

**钨矿开采** 2010年,有钨矿5个,主要有修水香炉山钨矿、武宁钨矿、都昌钨矿。其中,大型矿山1个,中型矿山2个,小型矿山2个,从业人员1428人,年工业总产值42738万元,年销售收入24702.5万元。钨矿属国家保护性开采矿种,实行开采总量控制制度,全市每年钨矿开采总量控制指标为6680吨。

**锡矿开采** 2010年,有锡矿4个,主要有彭山锡矿、方圆(德安)矿业有限公司锡矿。其中,中型矿山2个,小型矿山2个,从业人员425人,年产矿石量24万吨,年工业总产值5079.92万元,年销售收入4804.3万元。

**锑矿开采** 2010年,有锑矿4个,主要有德安锑矿、武宁锑矿。其中,小型矿山3个,从业人员508人,年工业总产值2095.5万元,年销售收入1486.5万元。锑矿属国家保护性开采矿种,实行开采总量控制制度,每年锑矿开采总量控制指标为600吨。

**铅锌矿开采** 2010年,有铅锌矿3个,均为小型矿山,主要有瑞昌白杨畈铅锌矿,从业人员不足100人,年产矿石量1000余吨,年工业总产值和销售收入只有几十万元。

### 二、黑色金属矿藏开采

**铁矿开采** 全市铁矿点较多,但均品位低,储量小,规模开采价值不大。九江冶金总厂铜岭铁矿因矿区被划入商周时期古矿冶遗址而关闭。2010年有德安坡西铁矿在开采,矿山规模小型,年产矿石量1.2万吨,年工业总产值309万元,年销售收入253.6万元。

**钒矿开采** 2010年有钒矿4个,主要有永修县钒矿、修水县北岸钒矿。其中,大型矿山1个,小型矿山3个。仅有永修县钒矿在开采,从业人员90人,年产矿石量0.18万吨,年销售收入约200万元,其余矿山尚未正式开采或停产。

### 三、贵金属矿藏开采

**金矿开采** 2010年,有金矿7个,均为小型矿山。主要有瑞昌市洋鸡山金矿、瑞昌市吴家金矿、彭泽县利山金矿。从业人员200人,年产矿石量2万吨,年销售收入325.4万元。市金矿资源主要以伴生金矿为主,独立型开采金矿则由于多年高强度开采,已面临资源枯竭状况。

**银矿开采** 全市银矿产品主要来自金矿和有色金属矿中的共伴生矿产中的综合回收利用的副产品，独立型银矿只有瑞昌市白杨畈银锌矿，小型矿山，从业人员120人，年产矿石量2万吨，年工业总产值500万元，年销售收入475万元。

## 四、能源矿藏开采

**铀矿开采** 铀矿资源较丰富，但因铀矿属国家战略控制性矿产，受国家产业政策调整影响，全市2010年有铀矿1个，属小型矿山。

**煤矿开采** 煤炭矿藏资源储量少、类别低，但开采利用程度相对较高。2010年，全市有煤矿16个，均为小型矿山，分布在武宁县、瑞昌市和德安县。主要有武宁县煤矿、德安县煤矿、市罗坑煤矿。从业人员1300人，年产矿石量22.32万吨，年工业总产值9157.38万元，年销售收入8951.38万元。

**石煤开采** 石煤资源丰富，分布广，并伴生钒、钼、镍、铀、银、金等多种矿产。2010年开采矿山仅1个，为小型矿山，从业人员21人，年产矿石量1.4万吨，年工业总产值42万元，年销售收入42万元。

## 五、非金属矿藏开采

**萤石矿开采** 2010年，主要有德安萤石矿。其中，中型矿山1个，小型矿山3个，从业人员87人，年产矿石量5.5万吨，年工业总产值775万元，年销售收入608.4万元。萤石矿属国家保护性开采矿种，实行开采总量控制制度。

**水泥用灰岩开采** 2010年，有水泥用灰岩矿16个，主要有瑞昌市码头灰岩矿、德安县洪溪畈灰岩矿、彭泽县雪山洼灰岩矿。其中，大型矿山3个，中型矿山1个，小型矿山12个，从业人员476人，年产矿石量953万吨，年工业总产值116171.4万元，年销售收入113581.24万元。

**熔剂用灰岩开采** 2010年，有熔剂用灰岩矿4个，均为小型矿山，主要有九江县住岭石灰石矿、瑞昌市芭茅岗石灰石矿，从业人员52人，年产矿石量7.2万吨，年工业总产值125万元，年销售收入115万元。

**白云岩开采** 2010年，有白云石矿5个，均为小型矿山，主要有瑞昌市恒大白云石矿、彭泽县桃园白云石矿，从业人员96人，年产矿石量21万吨，年工业总产值480万元，年销售收入430万元。

**石英矿开采** 2010年，有石英矿9个，均为小型矿山，主要有修水县洞子上石英矿、山口石英矿和星子县隘口石英矿，从业人员140人，年产矿石量1万吨，年工业总产值180万元，年销售收入150万元。

**石英砂开采** 石英砂资源储量大，在长江沿线彭泽、湖口和鄱阳湖边的都昌、星子县广泛分布。2010年，有铸型用砂和玻璃用砂矿3个，主要有永修县矽砂矿、都昌县铸造型砂厂砂矿、彭泽县红光砂矿。其中，中型矿山1个，小型矿山2个，从业人员340人，年产矿石量42万吨，年工业总产值550万元，年销售收入540万元；有建筑用砂矿19个，均为小型矿山，从业人员201人，年产矿石量73.63万吨，年工业总产值890万元，年销售收入838万元。

**长石开采** 2010年，有长石矿2个，均为小型矿山，主要有修水县黄龙长石矿、丁家山长石矿，从业人员15人，年产矿石量1000吨，年工业总产值20万元，年销售收入20万元。

**高岭土开采** 2010年，有高岭土矿19个，均为小型矿山，主要有星庐瓷土矿，从业人员126人，年产矿石量14.61万吨，年工业总产值509.8万元，年销售收入419.8万元。

**花岗石开采** 2010年，有花岗石矿40个，均为小型矿山，主要有星子县东牯岭花岗石矿、都昌县苏山花岗石矿，从业人员113人，年产矿石量32.7万吨，年工业总产值2273.2万元，年销售收入2163.1万元。

**板岩开采** 2010年，有板岩矿23个，均为小型矿山，主要有星子县横塘青石厂、修水县竹坪板岩矿，从业人员364人，年产矿石量8.8万吨，年工业总产值684.15万元，年销售收入422.15万元。

**大理石开采** 全市大理石矿藏资源主要为饰面用灰岩。2010年，有大理石矿14个，均为小型矿山，主要有武宁县船滩大理石矿、修水县四都大理石矿，从业人员175人，年产矿石量7.56万吨，年工业总产值608.61万元，年销售收入604.48万元。

**建筑用石料开采** 各县(市、区)均有建筑用石料矿分布。2010年,全市有建筑用石料矿188个,均为小型矿山,从业人员2909人,年产矿石量1013.15万吨,年工业总产值20559.75万元,年销售收入18694.48万元。

**砖瓦用页岩、黏土开采** 各县(市、区)均有砖瓦用页岩、黏土矿分布。2005年6月6日,国务院办公厅下发《关于进一步推进墙体材料革新和推广节能建筑的通知》,明令禁止毁坏耕地取土烧制砖瓦,黏土砖瓦制品逐步退出建材市场,新型建筑材料页岩砖开始应用于建筑行业,逐步取代传统的砖瓦用黏土烧制的粘土实心砖。至2010年年底,全市有砖瓦用页岩、黏土矿244个,均为小型矿山,从业人员5287人,年产矿石量298.49万吨,年工业总产值18380.38万元,年销售收入17505.36万元。

### 六、水气矿藏开采

**地热(温泉)开采** 2010年,全市开采地下热水矿产地2个,为星子县庐山温泉、永修县柘林易家河温泉。大型、中型矿山各1个。从业人员668人,年开采水量103.8万吨,年工业总产值5711万元,年销售收入2160万元。

**矿泉水开采** 2010年,全市开采的矿泉水矿2个,在庐山区境内,均为小型矿山,从业人员14人,年开采水量1100吨,年工业总产值9.6万元,年销售收入9.6万元。

## 第三节 矿产资源登记管理

### 一、采矿权登记

1987年10月,市矿产资源管理局成立。20世纪90年代初,补办采矿登记手续,颁发采矿许可证。矿产资源开采实行行政许可的登记管理制度。1998年,根据《矿产资源开采登记管理办法》,全市开始调整采矿登记管理权限,全面换发矿山企业采矿许可证,按照国土资源部、省、市、县四级管理权限进行采矿登记管理。市矿产资源开发管理开始走向规范化、法制化。全市采矿登记发证121个,变更登记32个,延续登记480个,注销登记73个。全市共有批准登记采矿权900个,持采矿许可证开采矿山企业900家。持证矿山中,国家投资采矿权893家,其中大型矿山2家,中型矿山7家,小型矿山224家,小矿660家;外商投资采矿权7家,其中大型矿山1家,中型矿山6家,主要办理采矿登记矿种有煤、金、铜、铅、钨、锡、锑、萤石、矿泉水、地热、大理岩、花岗岩、板岩、高岭土、建筑用砂、建筑用石料、钒矿、白云岩、水泥用灰岩及配料等。2005年,全市新立采矿权49个,延续登记589个,变更登记122个,转让、租赁审批4个,注销登记54个。全市有批准登记采矿权844个,持采矿许可证开采矿山企业844家。持证矿山中,大型矿山6家,中型矿山15家,小型矿山269家,小矿554家。外商投资采矿权7家,其中大型矿山1家,中型矿山6家。2008年,新立采矿权28个,延续登记496个,变更登记18个,其中市本级新立采矿登记6个,延续登记80个,变更登记2个。全市有批准登记采矿权674个(省级以上发证矿山68个,市本级发证矿山145个,县级国土资源主管部门发证矿山461个),其中大型矿山6家,中型矿山10家,小型矿山456家,小矿202家。外商投资采矿权11家,其中大型矿山3家,中型矿山3家,小型矿山3家,小矿2家。2009年,全市新立采矿权11个,延续登记311个,变更登记21个,其中市本级新立采矿登记4个,延续登记61个,变更登记1个。全市有批准登记采矿权672个(国土资源部发证矿山8个,省国土资源厅发证矿山62个,市本级发证矿山143个,县级国土资源主管部门发证矿山459个),其中大型矿山8家,中型矿山8家,小型矿山394家,小矿262家。外商投资采矿权7家,其中大型矿山1家,中型矿山6家。2010年,全市新立采矿权21个,延续登记308个,变更登记121个,注销登记28个。其中市本级延续登记67个。全市持有采矿许可证矿山共有653个。其中国土资源部发证矿山11个,省国土资源厅发证矿山59个,市级国土资源部门发证矿山135个,县级国土资源主管部门发证矿山448个,矿山持证率和换证率均为100%。

2003年,对矿产资源开发实行依法配置,按照国土资源部《探矿权采矿权招标拍卖挂牌管理办法

(试行)》,省财政厅、国土资源厅《江西省探矿权采矿权管理实施办法》,以及市矿藏资源总体规划设置采矿权,并按照矿产资源规划规定的新建矿山准入条件,审批采矿权。在审批采矿登记手续时,审查采矿权申请人提交的申请登记表、矿区范围图、相应的地质资料、矿产资源开采利用方案、资质条件证明、安全生产条件和环境保护方案等资料,并按规定收缴采矿权价款、采矿权登记费和采矿权使用费。

## 二、补偿费征收

1991 年前,全市实行无偿开采使用矿产资源政策。只对乡镇集体矿山企业和个体采矿户以及不属于国家计划投资兴办的其他矿山企业,收取矿产资源开发管理费。费率严格控制在其销售收入 3%以下。1994 年 2 月,国务院发布《矿产资源补偿费征收管理办法》。9 月,省政府发布《江西省矿产资源补偿费征收管理实施办法》,矿管费征收随即停止,市矿产资源补偿费正式开征。

2008 年,继续加强对矿山企业矿产资源补偿费征收,全年征收 2245.67 万元,其中上解中央金库 1961.47 万元,较 2007 年分别增长 19%和 121.9%。2009 年,全市征收矿产资源补偿费 2051.54 万元(甲类矿产 1806.41 万元,乙类矿产 245.13 万元),入库额 2051.54 万元,缴入中央金库 2167.58 万元(甲类 1955.58 万元,乙类矿产 212 万元),入库率 99.78%,首次实现全市矿产资源补偿费征收额和入库率双突破 2000 万元目标。2010 年,根据国务院和省政府的法规,市政府办公厅印发《九江市矿产资源补偿费征收管理实施办法》,全面推进矿产资源补偿费征收工作。至 2010 年年底,全市共征缴矿产资源补偿费 3115.72 万元,上交中央金库 3027.94 万元。矿产资源补偿费征收基本做到应收尽收,足额入库。

## 三、开发秩序整顿

1991 年前,全市矿产资源开发中存在无证开采,乱采滥挖和矿山布局不合理,一证多采、一矿多采,办矿条件手续不齐全,矿山数量多、规模小、利用率低、污染环境、安全隐患多、效益差等现象,1991 年后,根据各地矿产资源开发与管理的实际状况,按照"统一规划、总量控制、规范经营、重点保护、开发与效益并举、开发与环保并重、开发与安全兼顾"的原则,利用政府在市场中处于管理、调控和服务的地位,综合运用法律的、经济的、行政的手段实施引导、调控和服务,推进矿产资源开发的整合,建立和维护良好的矿产资源开发秩序,实现矿产资源合理开发,永续利用。同时,市矿产资源主管部门依据有关法律法规,结合具体实际,采取一系列监督管理措施,编制矿产资源规划,制定矿产资源开发利用和保护工作的规章、制度、规定;对所属采矿企业落实矿产资源开发利用方案进行监督检查,督促其有效落实开发利用方案;开展对所属采矿企业的矿产储量管理和矿产储量核减审批管理,开展矿产资源合理开发利用和保护工作的经验总结与交流;对采矿权人违反矿产资源开发管理法律法规的行为依法予以处罚,构成犯罪的,依法移交司法机关处理;实行采矿权人年度报告制度,每年对矿山企业开展矿产资源开发利用年度检查工作,对不按照采矿许可证规定内容开采,不履行采矿权人义务,不符合开采条件的企业,根据情节轻重,给予整改、注销或取缔。

2003 年,全面开展整顿和规范矿产资源管理秩序"回头看"活动,重点解决乱采滥挖、浪费资源、破坏环境和优势矿产过量开采问题。开展采石场和高岭土矿专项整治,关闭采石场 50 家,责令停产整顿 14 家,整顿取缔无证采矿 5 家。加大对非法转让采矿权整治力度,强化矿山年检和矿产督察制度,依法规范办理一批采矿权转让手续,实现矿产资源管理秩序基本好转。2005 年,按照《国务院关于全面整顿和规范矿产资源开发秩序的通知》,开展整顿和规范矿产资源管理秩序工作,重点解决浪费破坏矿产资源、严重污染环境、越界开采、非法转让探矿权采矿权等违法行为,全市依法查处无证采矿 18 起,越界开采 1 起、以采代探 1 起、非法转让采矿权 5 起,责令整顿矿山 23 家,关闭整改不合格矿山 104 家,整改不合格选厂 9 家,吊销采矿许可证 6 个,注销采矿许可证 88 个。2007 年,重点开展修水县香炉山钨矿、武宁县石门楼钨矿、都昌县阳储岭钨矿、瑞昌市建筑石料用灰岩和砖瓦用黏土矿、九江县建筑石料用灰岩、都昌县苏山花岗岩矿和德安县建筑石料用灰岩等矿区资源整合,全市采矿权总数从 2003 年 1000 多个减少到 758 个,矿业工业总产值和利税从 2004 年 10 亿元和 1.7 亿元分别增加到 19.5 亿元和 7.2 亿元。

在做好整合工作的同时,开展“回头看”,全年发现采矿权人违法违规案件18起,注销采矿许可证117个,限期整改32个。从11月起,集中开展矿产资源开发整顿和资源整合专项工作,市政府出台《关于加强矿产资源管理加快矿业经济发展的决定》。2008年,对747个矿区和183个勘查项目进行排查清理,全市查处无证或持过期失效许可证进行勘探开采255起,“死灰复燃”矿山7起,越界开采1起,非法转让探矿权1起,不符合安全条件生产矿山2起。全市矿山总数从765家减至674家,减幅达11.9%。市政府确定14家重要矿区资源开发整合;完成修水昆山钨矿、武宁锑矿区的矿产资源整合方案编制工作;通过省政府对市整顿和规范矿产资源开发秩序工作检查验收。2009年,开展矿业权实地核查,完成全市636个采矿权、19个探矿权的野外实地测量,推进矿业权整合,实施“减小、改中、建大”行动;全市矿山总数由1014家减至754家。重点推进九瑞地区铜矿、修武地区钨钒矿、德安宝山地区铅锌锡矿、都彭地区钨钒矿和沿江地区优质石灰岩资源等区域性的矿产资源整合。全年查处24起非法开采、盗采和偷运矿产资源案件,取缔和关闭32个非法开采、盗采矿山尾矿进行矿石选冶的小选冶厂。2010年,开展钨、锡、锑、萤石等矿产开发秩序专项整治和打击非法生产经营建设行为专项行动,全市发现和查处24起非法采矿、5起以采代探行为,封闭矿井5个,捣毁非法选冶场地21座,拆除工棚12处,非法采金船34艘,扣押钻机6台,运矿车3辆,没收源矿70吨、精矿20吨,纠正3个越界开采矿山,停产整顿3个不按矿产资源开发利用方案开采矿山。查处5起越界勘查、越界开采、持过期采矿证开采、超控制指标开采等违规行为。

## 第四节　采矿权市场建设

1991年后,对全市采矿企业统一换发采矿许可证,改变资源管理方式,取消按国有矿山、集体矿山和个体采矿分类管理模式,建立按矿种、规模确定的国家、省、市、县分组管理权限,使用统一制发的国家采矿许可证,体现矿藏资源国家所有的性质。

2003年,全面实行采矿权有偿取得制度,采矿权通过拍卖、挂牌或协议方式出让取得,全市共拍卖出让采矿权1宗,挂牌出让采矿权3宗,协议出让采矿权167宗。征收采矿权价款1008.34万元。2005年,根据采矿权评估结果出台《九江市2005年度采矿权出让基价标准的通知》,为全市采矿权有偿出让延续提供参考依据。当年挂牌成交出让采矿权19宗,招拍挂及协议出让采矿权价款收益196.34万元。永修县国土资源局组织县鄱阳湖采砂采矿权拍卖活动,拍卖出让3个矿区采矿权,成效采矿权价款7350万元。2008年,全市共收取采矿权价款687.76万元,其中以招拍挂方式公开出让采矿权收取346.52万元。在推进采矿权市场建设的同时,采矿权取得双轨制问题得到逐步解决。全年对原无偿取得采矿权进行采矿权延续和变更登记,共收取采矿权价款341.24万元。

2009年,全市通过公开出让采矿权及延续、变更登记采矿权,共收取采矿权价款577.27万元,其中市本级收取95.89万元。通过采矿权市场动作,共收取价款125.96万元,属市本级的价款61.06万元。2010年,全面完成658个矿业权实地核查野外实测工作,在全市布置矿山企业设置采矿权标识牌。制定《九江市采矿权有效期限管理制度》,规范采矿权管理程序,采矿权公开出让转让全部进入市公共资源交易中心办理。全年通过公开出让采矿权及延续、变更登记采矿权,收取价款1545.25万元,其中市本级收取451.28万元。通过采矿市场运作,以挂牌出让采矿权收取价款533.29万元;全市共征缴矿产资源补偿费3115.72万元,增长51.87%。

## 第五节　地质灾害防治

全市地质灾害主要为崩塌、滑坡、泥石流、地面塌陷,规模以中小型为主。1991年以来,进行地质灾害应急调查,成立市、县二级地质灾害防治工作领导小组15个,有14个县(市、区、山)发布地质灾害应急预案,市、县国土资源局成立地质灾害应急小分队,每年5月实行汛期24小时值班制度;对自然原因导致的危害严重的地质灾害隐患,按照《地质灾害防治条例》规定,争取政府出资和多方筹资,视具体情况实施搬迁避让或者工程治理,对人为活动引发的地质灾害隐患,按照“谁引发,谁治理”原则,由责任单位承担治理费用;同时按规定对全市进行工程建设、采矿活动和编制城市总体规划、村庄和集镇规划时的建设项目,遭受地质灾害的可能性和工程建设中及后引发的地质灾害可能性做出评估,提出具体预防措施建议。

2003年,设立地质灾害监测610处,全年派出地质灾害应急调查234人次,成功预报大小地质灾害点13处。全市共发生重要地质灾害9处,损毁房屋39间,毁坏农田0.073公顷,直接经济损失21.2亿元,9处地灾点处在预测之中,人员及时撤离,未造成伤亡,财产损失降到最低。全年发现重要地质灾害隐患点44处,威胁人数2203人,房屋766间,农田24公顷,潜在经济损失766.3万元。全年投入地质灾害治理经费173万元,对庐山景区的山体滑坡点、瑞昌铜岭钢铁厂尾砂坝等地质灾害隐患点进行治理。实现地灾移民搬迁231人,解决修水县漫江乡北山村、沙溪村等地质灾害点的移民搬迁问题。2005年,市、县二级及时发布地质灾害防灾预案,派出60批366人次开展地质灾害调查,重点查巡217处主要地质灾害隐患点。成功预测避让昌九高速公路德安段山体滑坡、湖口县织布厂山体滑坡、修水县群发性山体滑坡、九江县“双瑞”公路山体滑坡4次大的险情,未造成人员伤亡。9月,受台风“泰利”影响,庐山遭遇特大暴雨袭击,造成严重地质灾害灾情,全山灾点200处。庐山国土资源房产局及时启动防灾预案,紧急疏散地质灾害点居民933户共计3052人,成功避让地质灾害点33处,避免164户407人的伤亡事故发生。11月26日九江县、瑞昌市发生地震后,抽调多名专家和技术人员,成立3个地质灾害应急调查小组,对地震造成的次生地质灾害展开调查,对主要灾点进行应急处理措施。同时,市政府将建立地质灾害防治基金列为100件惠民实事之一。庐山松光饭店后山山体滑坡点的治理完工,武宁鲁溪镇北坪村地面塌陷区1000多名灾民移民搬迁工作全面启动,完成100多名居民搬迁。

2007年,抽调专家到庐山风景区和瑞昌市等地质灾害高发易发地区开展地质灾害防治知识万村培训。坚持群防群治,形成地质灾害监测网络。及时发布市、县二级突发地质灾害应急预案和2007年度防灾预案,妥善处置4起地质灾害。将16个村428名群众纳入2007年的全市移民扶贫安置计划。加强矿山环境保护,做好矿山开采复绿工作,在庐山西海主要景区、庐山南线公路及316国道两侧可视范围内设置禁采区,关闭矿山30家。2008年,全市建立市、县、乡、村、组五级地质灾害群测群防网络体系,有地质灾害监测人员1416名,能对952个行政村、1078个地质灾害隐患点进行监测;派出84批401人次应急调查小组,到204个调查点进行调查。全年发布地灾气象预报102次,发放防灾避险明白卡1220份,有效地避免人员伤亡事故。全市全年发生各类地质灾害24起,无人员伤亡。2009年,开展地质灾害防治“十有县”建设,武宁、瑞昌二县(市)作为试点,通过省国土资源厅考核验收,被国土资源部命名为“地质灾害群测群防十有县”。争取专项资金,加大地质环境恢复治理和地质灾害防治工作力度,星子东牯岭矿山环境恢复治理、彭泽龙城镇观音山地质灾害防治等5个项目共争取中央和省专项资金2080万元。

2010年,开展3次共24个组、232人次的地质灾害防治工作实地督查,对全市各地150余名国土资源所、基层一线地质灾害防治管理人员和监测人员进行“五到位”培训。市、县两级成立地质灾害应急小分队,武宁、庐山、瑞昌、星子等地开展应急演练。全市落实地质灾害监测人员1171名,对827个行政村,925个地质灾害隐患点进行监测。对所有受地质灾害危险的群众发放防灾明白卡、防灾避险明白卡3836份,告知预警信号、撤离路线、避灾安置地点等有关事项。成功预报地质灾害6起,避免79人伤亡。星子、修水、彭泽、九江县完成地质灾害群防群测建设任务。全市实现大汛之年无重大地质灾害事故。当年,全市进行地质灾害危险性一级项目评估23家、二级项目评估83家、三级项目评估50家。完成15家矿山企业进行矿山地质环境保护与治理恢复方案编制工作;完成5项矿山地质环境治理工作,完成1项地质遗迹保护工作。

# 第六章 测绘管理

## 第一节 测量标志普查

2007年,根据省测绘局测量标志普查工作会议安排,全市第二次测量标志普查工作从8月底开始至12月底结束,查清辖区内1652个测量标志点的基本情况。对全市辖区范围内国家等级的四等以上三角点(导线点、基本点)和水准点,A、B、C级GPS点,国家等级的天文点、重力点等测量标志进行实地调查,其中GPS点65个,三角点694个,水准点902个。查明一些测量标志占地属性,摸清永久性测量标志和状况。掌握永久性测量标志的完好情况,为开展测量标志维修和保护工作奠定基础。普查成果有测量标志普查登记表、标志点现状彩色相片,包括纸质文档、电子文档各1份;测量标志普查工作总结,包括纸质文档、电子文档各1份。

## 第二节 测绘成果管理

2009年4月,市测绘管理办公室开展全市测绘成果保密管理年度检查工作。重点抽查测绘单位测绘成果的保管制度与设施、加工使用与传输、涉密计算机上网等情况,并对被检查单位分别进行反馈意见,消除涉密隐患,提出整改建议。有效增强测绘资料的保密管理措施和管理人员的保密防患意识,完善制度管理。5月10日至8月24日,市测绘管理办公室开展全市测量标志保护维护工作,维护测量标志任务总数290个,新增23个,共313个。实际维护247个(维护210个,重复37个),损坏65个,未找到1个。签订委托保管书210个,发证158个,维护率78.9%,损坏率20.7%,委托率100%,发证率75.2%(用发证数158除以实际维护数210得到)。

## 第三节 测绘行政执法

2003年,市本级和各县(市、区)测绘管理职能归口到国土资源部门。市国土局组织草拟《九江市基础测绘五年规划》,举办各县(市、区)测绘管理部门领导和各测绘单位培训班,依法对测绘资质进行年审,加强对测绘市场,特别是地图市场的管理,加强对测量标志保护工作,开展测绘法宣传。2005年,联合市出版局对市区地图市场进行专项检查,配合省测绘局质检站对市测绘单位的测绘成果质量进行检查。经查,市测绘单位未发现有测绘成果质量不合格情况。市、县两级测绘行政管理部门会同同级保密部门组成保密检查小组,对涉密测绘成果进行检查。全市取得测绘资质的单位有23家,其中乙级3家、丙级6家、丁级14家、完成初审正在报批的3家。开展对分布市行政区域内的GPS(A)级点普查工作。2007年,在省测绘局指导下,完成全市第二次测量标志普查和省地图集资料收集任务。加强测绘市场和地图市场监管。完成32家持证资质单位的年度注册工作,配合省测绘局质检站对全市丙级以上持证单位进行抽查,对索取成果单位进行保密抽查,未发现成果泄密现象。2008年9月2日始,对全市部分"问题地图"网站依法进行查处。"问题地图"网站共8家,9月16日对其中7家"问题地图"网站送达《测绘行政执法责令整改通知书》,并按规定程序收取"测绘行政执法送达回证"。责令其限时将"问题地图"从网站撤换。10月10日,从网站撤下"问题地图"的单位7家。2009年,测绘监管力度加大,测绘成果汇交制度得到完善;组织开展全市测绘成果保密管理年度检查工作,有效增强管理、使用单位管理人员的制度管理和保密防患意识。全市查处7家无证测绘单位,完成290个测量标志保护维护。同年8月,市测绘管理办公室会同市安全局及省安全厅和省测绘局对日本一旅行团成员中1人违反规定,在市辖区军事禁区周围用手机拍摄的行为进行查处。2010年,组织开展全市测绘成果保密管理年度检查。全面实施市基础测绘"十一五"规划,涵盖市城区100平方千米。

# 第六篇

# 人　口

# 第六篇 人 口

1991年以来,全市人口出生得到有效控制,首次完成人口控制计划。至1998年,人口出生类型由高出生、高死亡、高增长逐步向低出生、低死亡、低增长转变。

"十五"期间,全市计划生育工作应对经济市场化、城乡一体化和管理法制化带来的影响,转变工作思路和工作方法,全面推行依法行政和优质服务,实现人口计划生育工作跨越式发展,有力促进全市人口与经济社会协调和可持续发展。5年间,全市年均人口出生率为14.35‰,年均人口自然增长率为8.21‰,育龄妇女总和生育率保持在更替水平,人口总量控制在467万以内,缓解人口增长对资源、环境和社会压力,为全市"十五"经济发展和人民生活水平提高提供良好人口环境。2004年,全市着力抓基层、打基础、建机制,人口计生工作走上规范化、科学化轨道,首次获得省政府年度人口计生工作目标管理考核综合达标奖。2007年,市委、市政府提出"人口计生工作要力争1~2年内进入全省先进行列"的奋斗目标。全市大力开展"大排查、大服务、大清欠"活动,求真务实,排难奋进,市人口计生工作获得省综合奖第二名。2010年,全市出生政策符合率78.85%,比2009年提高6.36个百分点;人口出生率12.95‰,人口自然增长率7.72‰,分别低于年度目标值0.95和0.28个千分点;出生人口性别比从2009年的118降至113左右,人口控制目标圆满完成。

# 第一章 人口状况

## 第一节 人口总量

1990年第四次全国人口普查数据显示,全市总人口406.39万人。随着改革开放,大批外地农村务工人员进入,以及人口自然增长,2000年第五次全国人口普查,全市人口440.12万人,增加33.73万人。2010年第六次全国人口普查,全市人口472.88万人。

1991~2010年全市人口总量一览

表6-1-1　　单位:万人

| 年份 | 人口总数 | 其中 | | 年份 | 人口总数 | 其中 | |
|---|---|---|---|---|---|---|---|
| | | 男 | 女 | | | 男 | 女 |
| 1991 | 409.81 | 212.71 | 197.10 | 2001 | 449.12 | 233.05 | 216.07 |
| 1992 | 413.09 | 213.92 | 199.17 | 2002 | 455.10 | 235.68 | 219.42 |
| 1993 | 417.48 | 215.90 | 201.58 | 2003 | 450.81 | 238.88 | 211.93 |
| 1994 | 421.68 | 216.92 | 204.76 | 2004 | 464.82 | 242.15 | 222.67 |
| 1995 | 426.91 | 219.04 | 207.87 | 2005 | 466.20 | 242.67 | 223.53 |
| 1996 | 432.26 | 222.60 | 209.66 | 2006 | 472.67 | 246.11 | 226.56 |
| 1997 | 437.69 | 227.50 | 210.19 | 2007 | 479.58 | 249.74 | 229.84 |
| 1998 | 543.01 | 229.37 | 313.64 | 2008 | 484.67 | 252.09 | 232.58 |
| 1999 | 448.35 | 231.40 | 216.95 | 2009 | 491.04 | 255.38 | 235.66 |
| 2000 | 440.12 | 228.30 | 211.82 | 2010 | 472.88 | 240.24 | 232.64 |

说明:表内2000、2010年为人口普查常住人口数,其余为公安机关登记年末户籍人口数

## 第二节 人口分布

2000年,全市有126个乡、99个镇和11个街道。2010年,全市有81个乡,101个镇和13个街道。城镇区域扩大,使城镇人口比重不断上升。按照国家统计局城乡划分标准,2010年,全市城镇人口201.05万人,占总人口比重42.52%,与2000年第五次人口普查相比,增加76.19万人,上升14.12个百分点;农村人口为271.83万人,占总人口比重57.48%,与2000年第五次人口普查相比,减少43.43万人。

第四至第六次人口普查全市城镇、农村人口比重一览

表6-1-2　　单位:%

| 年份 | 城镇 | 农村 |
|---|---|---|
| 1990 | 18.00 | 82.00 |
| 2000 | 28.40 | 71.60 |
| 2010 | 42.52 | 57.48 |

## 2000 年全市各县(市、区)人口分布一览

表 6-1-3

| 县(市、区) | 户数 | 其中 | | 人口数 | 其中 | | 居住、户口在本县(市、区) | 居住本县(市、区)户口待定 | 常住本地人口 | 外出半年以上人口 | 原住本地现国外学习暂无户口 |
|---|---|---|---|---|---|---|---|---|---|---|---|
| | | 家庭 | 集体 | | 男 | 女 | | | | | |
| 浔阳区 | 96237 | 90927 | 5310 | 297704 | 149329 | 148375 | 204537 | 3522 | 86609 | 2966 | 70 |
| 庐山区 | 71614 | 68310 | 3304 | 253625 | 130797 | 122828 | 191849 | 5975 | 54642 | 1123 | 36 |
| 九江县 | 80142 | 78227 | 1915 | 326572 | 169396 | 157176 | 306360 | 3783 | 15405 | 1017 | 7 |
| 德安县 | 54814 | 53389 | 1425 | 196647 | 101547 | 95100 | 168181 | 2867 | 25219 | 372 | 8 |
| 永修县 | 95703 | 94320 | 1383 | 351457 | 183000 | 168457 | 322022 | 3947 | 24662 | 808 | 18 |
| 星子县 | 54591 | 54189 | 402 | 221109 | 114846 | 106263 | 211728 | 961 | 8107 | 306 | 7 |
| 修水县 | 169106 | 168201 | 905 | 745976 | 391282 | 354694 | 708798 | 4915 | 30436 | 1814 | 13 |
| 武宁县 | 88193 | 87632 | 561 | 345292 | 179468 | 165824 | 319801 | 1760 | 23013 | 684 | 34 |
| 湖口县 | 68147 | 66482 | 1665 | 261031 | 134962 | 126069 | 240756 | 1409 | 18187 | 669 | 10 |
| 都昌县 | 157263 | 156262 | 1001 | 671906 | 349379 | 322527 | 641183 | 2589 | 27102 | 1014 | 18 |
| 彭泽县 | 88914 | 87006 | 1908 | 331085 | 169247 | 161838 | 299967 | 8783 | 21871 | 442 | 22 |
| 瑞昌市 | 130678 | 100597 | 3081 | 398844 | 209755 | 189089 | 359282 | 3341 | 35307 | 899 | 15 |
| 合 计 | 1128402 | 1105542 | 22860 | 4401248 | 2283008 | 2118240 | 3974464 | 43852 | 370560 | 12114 | 258 |

## 2010 年全市各县(市、区)人口分布一览

表 6-1-4

| 县(市、区) | 户数 | 其中 | | 人口数 | 其中 | | 居住、户口在本县(市、区) | 居住本县(市、区)户口待定 | 外出半年以上人口 | 原住本地现国外学习暂无户口 |
|---|---|---|---|---|---|---|---|---|---|---|
| | | 家庭 | 集体 | | 男 | 女 | | | | |
| 浔阳区 | 128344 | 124063 | 4281 | 402758 | 199530 | 203228 | 283751 | 2257 | 116541 | 209 |
| 庐山区 | 86676 | 77034 | 9642 | 302228 | 157881 | 144347 | 195544 | 5012 | 101606 | 66 |
| 九江县 | 84716 | 83843 | 873 | 315219 | 159909 | 155310 | 289416 | 6752 | 19000 | 51 |
| 德安县 | 62499 | 59225 | 3274 | 222322 | 114516 | 107806 | 177250 | 4589 | 40423 | 60 |
| 永修县 | 101976 | 100599 | 1377 | 376107 | 194191 | 181916 | 335085 | 7266 | 33644 | 112 |
| 星子县 | 60456 | 60085 | 371 | 245526 | 127640 | 117886 | 228126 | 6786 | 10574 | 40 |
| 修水县 | 189614 | 187024 | 2590 | 739986 | 369511 | 370475 | 667893 | 11552 | 60400 | 141 |
| 武宁县 | 100078 | 98787 | 1291 | 360269 | 183476 | 176793 | 313915 | 4724 | 41539 | 91 |
| 湖口县 | 74942 | 72731 | 2211 | 275797 | 141741 | 134056 | 247302 | 2095 | 26376 | 24 |
| 都昌县 | 169232 | 166948 | 2284 | 716370 | 360295 | 356075 | 681412 | 14295 | 20556 | 107 |
| 彭泽县 | 89327 | 87773 | 1554 | 353149 | 179332 | 173817 | 331532 | 4019 | 17461 | 137 |
| 瑞昌市 | 111380 | 110593 | 787 | 419047 | 214387 | 204660 | 366645 | 3489 | 48869 | 44 |
| 合 计 | 1259240 | 1228705 | 30535 | 4728778 | 2402409 | 2326369 | 4117871 | 72836 | 536989 | 1082 |

## 第三节 人口密度

人口密度是表现人口分布和衡量人口分布地区差异的主要指标。随着全市人口快速发展,人口密度不断增加,人口密度由2000年每平方千米234人增加到2010年251人,每平方千米增加17人,其中,市区人口密度由2000年每平方千米789人增加到2010年1179人,每平方千米增加390人。

按地形分,山区(武宁县、修水县、瑞昌市)每平方千米161人;丘陵(德安县)每平方千米258人;平原(市区、九江县、永修县、星子县、都昌县、湖口县、彭泽县)每平方千米353人。人口密度平原高于丘陵,丘陵高于山区,有利于城市经济发展和人们生活。

**2010年全市各县(市、区)人口密度一览**

表6-1-5　　单位:万人、平方千米、人/平方千米

| 县 区 | 人 口 | 占总人口比重% | 总面积 | 人口密度 |
|---|---|---|---|---|
| 全 市 | 472.88 | 100.0 | 18823 | 251 |
| 浔阳区 | 40.28 | 8.5 | 50 | 8055 |
| 庐山区 | 30.22 | 6.4 | 548 | 552 |
| 九江县 | 31.52 | 6.7 | 911 | 346 |
| 德安县 | 22.23 | 4.7 | 927 | 258 |
| 永修县 | 37.61 | 8.0 | 2035 | 185 |
| 星子县 | 24.55 | 5.2 | 719 | 341 |
| 修水县 | 74.00 | 15.6 | 4504 | 164 |
| 武宁县 | 36.03 | 7.6 | 3507 | 103 |
| 湖口县 | 27.58 | 5.8 | 669 | 412 |
| 都昌县 | 71.64 | 15.1 | 1988 | 360 |
| 彭泽县 | 35.31 | 7.5 | 1542 | 229 |
| 瑞昌市 | 41.90 | 8.9 | 1423 | 295 |

# 第二章 人口变动

## 第一节 自然变动

1991年,全市总人口409.81万人,当年出生57797人,出生率为14.18‰;死亡21154人,死亡率为5.19‰;自然增长36643人,自然增长率为8.99‰。此后数年,随着计划生育观念越来越成为广大人民群众共识,人口生育得到有效控制,人口增长率呈下降趋势,至1999年下降至9.30‰。自然增长率亦下降至5.51‰。

进入21世纪后,由于生育高峰期的到来,起初3年,人口出生猛增,2000年出生率达16.41‰,2001年13.53‰,2002年12.54‰,自然增长率3年分别为11.03‰、8.31‰、8.15‰。经有效控制流动人口生育计划后,这一现象得到较好扭转。

1991~2010年,通过实施计划生育,全市出生率由1990年25.11‰下降到2010年12.95‰,缓解全市粮食、就业、就医、住房、交通等方面压力,为全市经济社会可持续发展创造了前提条件。

**1991~2010年全市人口自然变动一览**

表6-2-1　　　　单位:人

| 年 份 | 总人数 | 出生人数 | 死亡人数 | 自然增长人数 | 出生率% | 死亡率% | 自然增长率% |
|---|---|---|---|---|---|---|---|
| 1991 | 4098898 | 57797 | 21154 | 36643 | 14.18 | 5.19 | 8.99 |
| 1992 | 4130153 | 57679 | 21434 | 36245 | 14.02 | 5.21 | 8.81 |
| 1993 | 4159896 | 54830 | 20553 | 34277 | 13.23 | 4.96 | 8.27 |
| 1994 | 4209625 | 58736 | 20734 | 38002 | 14.03 | 4.95 | 9.08 |
| 1995 | 4252688 | 56142 | 20996 | 35146 | 13.27 | 4.96 | 8.31 |
| 1996 | 4310893 | 48559 | 20117 | 28442 | 11.33 | 4.69 | 6.64 |
| 1997 | 4334542 | 46867 | 18437 | 28430 | 10.85 | 4.27 | 6.58 |
| 1998 | 4339143 | 42663 | 18585 | 24078 | 9.86 | 4.30 | 5.56 |
| 1999 | 4380049 | 40537 | 16538 | 23999 | 9.30 | 3.79 | 5.51 |
| 2000 | 4424686 | 72230 | 23685 | 48545 | 16.41 | 5.38 | 11.03 |
| 2001 | 4483340 | 60126 | 23176 | 36950 | 13.53 | 5.22 | 8.31 |
| 2002 | 4528163 | 55599 | 18896 | 36703 | 12.54 | 4.19 | 8.15 |
| 2003 | 4567419 | 39416 | 14653 | 24763 | 8.67 | 3.22 | 5.45 |
| 2004 | 4650056 | 39662 | 14306 | 25356 | 8.63 | 3.11 | 5.52 |
| 2005 | 4641240 | 45808 | 15072 | 30736 | 9.87 | 3.25 | 6.62 |
| 2006 | 4666709 | 42103 | 15408 | 32404 | 9.03 | 3.31 | 5.75 |
| 2007 | 4749938 | 57915 | 17307 | 72233 | 12.30 | 3.68 | 8.62 |
| 2008 | 4843452 | 53186 | 17131 | 50402 | 11.08 | 3.57 | 7.51 |
| 2009 | 4925562 | 60835 | 19531 | 65678 | 12.41 | 3.99 | 8.45 |
| 2010 | 5042963 | 64386 | 20599 | 43787 | 12.95 | 4.08 | 8.68 |

说明:此表数据为1%人口抽样调查数据

# 第二节 机械变动

20世纪90年代以来,随着市经济发展和改革开放不断深入,人口迁移也相应发生变化。

2010年,全市外出半年以上人口74.29万人,占总人口14.9%,比2000年第五次人口普查时增加54.15万人。流向省外33.4万人,遍布全国各地,主要流向沿海省份,其中流向浙江10.77万人、广东10.46万人、福建3.72万人、上海2.35万人、江苏1.49万人。2010年,外来半年以上人口53.7万人。省外流入九江市半年以上7.35万人。来自全国30个省市自治区,比2000年第五次人口普查时增加2.49万人。从职业分类看,3.2万人务工经商、1.78万人求学。从居住地看,居住浔阳区、庐山区3.64万人。从户籍所在地看,来自湖北1.62万人、安徽0.95万人、河南0.54万人、浙江0.42万人、福建0.41万人、四川0.33万人。省内市外来九江市半年以上人口38.22万人,居住浔阳区、庐山区半年以上人口10.04万人。市内跨县区流入浔阳区、庐山区半年以上人口8.13万人。同2000年第五次人口普查时相比,市流动人口呈现特点为流动人口规模庞大,流动变化日趋复杂,流动频率进一步加快,流动原因以务工经商为主。无论是市内流动还是向市外流动,其规模均在不断变大,流出人口规模大于流入人口。

2006~2010 年迁移人口中,由部队复员转业军人、工作调动随迁家属占 17.6%,务工经商占26.4%,学习培训占 21.7%,3 项相加超过50%。

2000、2010 年市内迁移人口迁移原因一览

表 6-2-2　　单位:%

| 年 份 | 合 计 | 务工经商 | 工作调动 | 学习培训 | 拆迁搬家 | 婚姻迁入 | 随迁家属 | 投亲靠友 | 其 他 |
|---|---|---|---|---|---|---|---|---|---|
| 2000 | 100 | 17.4 | 6.2 | 12.7 | 10.0 | 16.8 | 19.7 | 7.5 | 9.7 |
| 2010 | 100 | 26.4 | 3.9 | 21.7 | 11.1 | 5.6 | 17.6 | 4.2 | 9.5 |

# 第三章　人口结构

## 第一节　性别结构

2010 年,全市总人口中,男性 240.24 万人,女性 232.64 万人,性别比(以女性为 100)为 103.27,与 2000 年第五次人口普查 107.78 相比,下降 4.51 个百分点。

2000、2010 年全市各年龄段性别比一览

表 6-3-1

| 年龄段(周岁) | 2000 年 | 2010 年 | 年龄段(周岁) | 2000 年 | 2010 年 |
|---|---|---|---|---|---|
| 0~4 | 123.78 | 125.21 | 35~39 | 106.15 | 97.14 |
| 0 | 116.38 | 123.35 | 40~44 | 107.73 | 97.86 |
| 1 | 136.40 | 127.43 | 45~49 | 109.40 | 98.70 |
| 2 | 130.45 | 126.12 | 50~54 | 112.42 | 102.27 |
| 3 | 123.82 | 125.15 | 55~59 | 111.24 | 104.40 |
| 4 | 117.63 | 123.84 | 60~64 | 113.30 | 106.69 |
| 5~9 | 111.37 | 126.27 | 65~69 | 106.95 | 103.88 |
| 10~14 | 108.06 | 120.29 | 70~74 | 98.14 | 101.83 |
| 15~19 | 114.41 | 108.49 | 75~79 | 81.64 | 92.58 |
| 20~24 | 101.51 | 95.79 | 80~84 | 63.53 | 80.97 |
| 25~29 | 105.37 | 90.53 | 85~89 | 50.72 | 65.37 |
| 30~34 | 104.34 | 94.27 | 90 及以上 | 41.04 | 50.67 |

1991~2010 年全市人口性别情况一览

表 6-3-2　　单位:万人

| 年 份 | 男 性 | 女 性 | 性别比 | 年 份 | 男 性 | 女 性 | 性别比 |
|---|---|---|---|---|---|---|---|
| 1991 | 212.71 | 197.10 | 107.92 | 1995 | 219.04 | 207.87 | 105.37 |
| 1992 | 213.92 | 199.17 | 107.41 | 1996 | 222.60 | 209.66 | 106.17 |
| 1993 | 215.90 | 201.58 | 107.10 | 1997 | 227.50 | 210.19 | 108.24 |
| 1994 | 216.92 | 204.76 | 105.94 | 1998 | 229.37 | 313.64 | 73.13 |

续表 6-3-2

| 年 份 | 男 性 | 女 性 | 性别比 | 年 份 | 男 性 | 女 性 | 性别比 |
|---|---|---|---|---|---|---|---|
| 1999 | 231.40 | 216.95 | 106.66 | 2005 | 242.67 | 223.53 | 108.56 |
| 2000 | 228.30 | 211.82 | 107.78 | 2006 | 246.11 | 226.56 | 108.63 |
| 2001 | 233.05 | 216.07 | 107.86 | 2007 | 249.74 | 229.84 | 108.66 |
| 2002 | 235.68 | 219.42 | 107.41 | 2008 | 252.09 | 232.58 | 108.39 |
| 2003 | 238.88 | 211.93 | 112.72 | 2009 | 255.38 | 235.66 | 108.37 |
| 2004 | 242.15 | 222.67 | 108.75 | 2010 | 240.24 | 232.64 | 103.27 |

说明：表内 2000 年、2010 年为人口普查常住人口数，余为公安机关登记年末户籍人口数

## 第二节　年龄结构

1990 年第四次人口普查时，全市人口年龄构成类型已由典型成年型进入成年型晚期，少儿系数、老少比及年龄中位数都比第三次普查时有所提高。2000 年第五次人口普查时，少年儿童系数和老少比已达到国际老年型标准，老年人口系数和年龄中位数也由成年型向老年型迈进。2010 年第六次人口普查，少年儿童系数、老少比、老年人口系数和年龄中位数已达到国际老年型标准。

2000 年，全市 0~14 岁人口比重为 25.3%，到 2010 年下降为 20.9%，下降 4.4 个百分点，15~64 岁人口和老年人口比重同时上升，其中 15~64 岁人口达 338.33 万人；65 岁及以上人口 35.43 万人。劳动适龄人口大量增加，就业压力日趋增大。

**1982~2010 若干年份全市老年人口构成一览**

表 6-3-3　　单位：万人

| 年 份 | 人口总数 | 65 及以上人口占总人口比重% | 其中：80 及以上人口总数 | 80 及以上人口占 65 及以上人口比重% |
|---|---|---|---|---|
| 1982 | 354.78 | 4.40 | 1.40 | 8.90 |
| 1990 | 406.39 | 5.10 | 1.93 | 9.30 |
| 2000 | 440.12 | 6.20 | 3.37 | 12.40 |
| 2010 | 472.88 | 7.49 | 6.25 | 17.60 |

**第三至第六次全国人口普查全市市民年龄构成一览**

表 6-3-4　　单位：人

| 年 龄(岁) | 1982 年 | 1990 年 | 2000 年 | 2010 年 |
|---|---|---|---|---|
| 0~4 | 397716 | 479080 | 279383 | 361798 |
| 5~9 | 491295 | 390833 | 333277 | 324862 |
| 10~14 | 457569 | 449925 | 502193 | 304520 |
| 15~19 | 425349 | 459526 | 377931 | 365864 |
| 20~24 | 267705 | 437943 | 391502 | 452443 |
| 25~29 | 292680 | 358757 | 431974 | 343431 |
| 30~34 | 241496 | 276656 | 430152 | 379018 |
| 35~39 | 177229 | 270043 | 366082 | 418202 |
| 40~44 | 150046 | 212999 | 274144 | 397989 |

续表 6-3-4

| 年 龄(岁) | 1982 年 | 1990 年 | 2000 年 | 2010 年 |
| --- | --- | --- | --- | --- |
| 45~49 | 140700 | 158464 | 266872 | 336053 |
| 50~54 | 127028 | 129475 | 209619 | 254783 |
| 55~59 | 122968 | 122926 | 149024 | 245723 |
| 60~64 | 98660 | 110362 | 118002 | 189808 |
| 65~69 | 72729 | 94959 | 101779 | 130883 |
| 70~74 | 45237 | 59672 | 79897 | 92698 |
| 75~79 | 25394 | 33020 | 55690 | 68231 |
| 80~84 | 10705 | 14108 | 23739 | 39460 |
| 85~89 | 2804 | 4465 | 8115 | 17838 |
| 90~94 | 444 | 631 | 1515 | 4161 |
| 95~99 | 55 | 86 | 333 | 955 |
| 100 以上 | 2 | 10 | 25 | 58 |

2010 年人口普查全市百岁寿星分布一览

表 6-3-5　　单位:人

| 各县(区) | 小 计 | 男 | 女 |
| --- | --- | --- | --- |
| 总 计 | 58 | 11 | 47 |
| 浔阳区 | 6 | 1 | 5 |
| 九江县 | 7 | 2 | 5 |
| 武宁县 | 5 | 1 | 4 |
| 修水县 | 7 | | 7 |
| 永修县 | 10 | 3 | 7 |
| 德安县 | 1 | | 1 |
| 星子县 | 1 | | 1 |
| 都昌县 | 8 | 2 | 6 |
| 湖口县 | 2 | | 2 |
| 彭泽县 | 4 | | 4 |
| 瑞昌市 | 7 | 2 | 5 |

## 第三节　家庭结构

2000 年以来,随着经济发展和社会变革,家庭类型、规模和结构都在不断发生变化。第六次人口普查结果显示,全市家庭户规模在继续缩小。2010 年,全市家庭户人口为 450.42 万人,占总人口比重 95.25%,平均家庭户规模 3.67 人,比 2000 年第五次人口普查平均家庭户规模 3.87 人减少 0.2 人。从家庭户规模结构看,3 人户比例最高,占家庭户总数比重 24.19%。2 人户、4 人户、5 人户比重,分别为 16.87%、23.3%、14.11%。家庭户规模缩小,表示群众生育观念、家庭观念发生深刻变化。不仅是生育水平下降和社会、经济、文化等多种因素影响结果,更表明居民住房条件和居住环境不断改善和优化,生活水平和生活质量得到实质性改变和提高。

2010 年全市家庭户规模构成一览

表 6-3-6 单位:万户

| 户规模 | 户 数 | 比 重% |
|---|---|---|
| 合 计 | 122.87 | 100.00 |
| 1 人户 | 10.60 | 8.63 |
| 2 人户 | 20.73 | 16.87 |
| 3 人户 | 29.72 | 24.19 |
| 4 人户 | 28.63 | 23.30 |
| 5 人户 | 17.31 | 14.09 |
| 6 人户 | 9.08 | 7.39 |
| 7 人户 | 3.75 | 3.05 |
| 8 人户 | 1.57 | 1.27 |
| 9 人户 | 0.77 | 0.63 |
| 10 人及以上户 | 0.71 | 0.58 |

2010 年人口普查家庭户类别数据显示,两代户占家庭总数比重 51.79%;一代户和三代户,占家庭户总数比重分别为 20.96%和 26.02%,与 2000 年相比,一代户占家庭户比重上升 5.36 个百分点。

2000 年、2010 年全市家庭户对比一览

表 6-3-7 单位:万户

| 家庭户类别 | 2010 年户数 | 2000 年户数 | 2010 年比重% | 2000 年比重% |
|---|---|---|---|---|
| 合 计 | 122.87 | 110.55 | 100 | 100 |
| 一代户 | 25.76 | 17.19 | 20.96 | 15.6 |
| 两代户 | 63.64 | 66.69 | 51.79 | 60.3 |
| 三代户 | 31.97 | 25.35 | 26.02 | 22.9 |
| 四代户 | 1.5 | 1.32 | 1.22 | 1.2 |
| 五代及以上 | | | | |

两代户家庭是市家庭户主体,其中以核心家庭即父母与未婚子女组成家庭为主要形式。同时,随着人们生活水平提高,思想观念转变,独立意识增强和晚婚晚育思想深入,一代户中又以 2 人户和 1 人户居多,表明随着住房条件改善和家庭观念转变,越来越多大家庭演变为小家庭,未婚男女独立意识越来越强。

## 第四节 民族结构

20 世纪 90 年代,全市人口以汉族为主,历次人口普查显示,均占 99%以上。少数民族人口,则以回族居多,其次为畲族,这 2 个民族占全市少数民族人口 50%以上。

1990 年,全市有汉族、回族、畲族、壮族、满族、苗族、土家族、蒙古族、侗族、瑶族、白族、朝鲜族、黎族、布依族、彝族、藏族、锡伯族等 25 个民族,除此之外还有外国人加入中国国籍。民族构成中,汉族人口 4057303 人,占总人口 99.84%;少数民族人口 6637 人,占总人口 0.16%。少数民族人口中,回族 3871 人,畲族 1127 人,壮族 519 人,满族 506 人,苗族 154 人,土家族 100 人,蒙古族 88 人,侗族 75 人,瑶族 34 人,白族 27 人,朝鲜族21 人,黎族 20 人,布依族 18 人,彝族 16 人,藏族和锡伯族各 11 人,外国人加入

中国籍5人。

2000年,全市人口由汉族、回族、畲族、蒙古族、满族、苗族、壮族、彝族、朝鲜族、土家族、藏族、维吾尔族、布依族、侗族、白族、瑶族、黎族、佤族、傣族、达斡尔族等40个民族和外国人加入中国国籍构成。其中,汉族人口4391651人,占总人口99.78%;少数民族人口9597人,占总人口0.22%。少数民族人口中,回族3633人,畲族2288人,蒙古族1148人,满族578人,苗族365人、壮族295人、彝族229人、朝鲜族225人、土家族166人、藏族150人、维吾尔族128人、布依族94人、侗族79人、白族50人、瑶族42人、黎族21人、佤族19人、傣族11人、达斡尔族10人。另外,外国人加入中国籍1人。

2010年,全市人口由汉族、回族、畲族、苗族、壮族、满族、土家族、蒙古族、布依族、彝族、瑶族、侗族、黎族、藏族、朝鲜族、土族、白族、仫佬族、佤族、仡佬族、维吾尔族、水族等44个民族(含其他未识别的民族)和外国人加入中国国籍构成。其中,汉族人口4718172人,占总人口99.78%;少数民族人口10606人,占总人口0.22%。少数民族人口中,回族3082人,畲族2366人,苗族1126人,壮族849人,满族681人,土家族552人,蒙古族416人,布依族258人,彝族218人,瑶族173人,侗族160人,黎族117人,藏族80人,朝鲜族73人,土族56人,白族55人,仫佬族43人,佤族39人,仡佬族39人,维吾尔族28人,水族28人。另外,其他未识别民族人口13人,外国人加入中国籍6人。

**2010年全市分民族常住人口一览**

表6-3-8　　　　单位:人

| | | | | | | | | |
|---|---|---|---|---|---|---|---|---|
| 汉族 | 小计 | 4718172 | 蒙古族 | 小计 | 416 | 回族 | 小计 | 3082 |
| | 男 | 2397140 | | 男 | 188 | | 男 | 1563 |
| | 女 | 2321032 | | 女 | 228 | | 女 | 1519 |
| 藏族 | 小计 | 80 | 维吾尔族 | 小计 | 28 | 苗族 | 小计 | 1126 |
| | 男 | 41 | | 男 | 15 | | 男 | 555 |
| | 女 | 39 | | 女 | 13 | | 女 | 571 |
| 彝族 | 小计 | 218 | 壮族 | 小计 | 849 | 布依族 | 小计 | 258 |
| | 男 | 112 | | 男 | 328 | | 男 | 110 |
| | 女 | 106 | | 女 | 521 | | 女 | 148 |
| 朝鲜族 | 小计 | 73 | 满族 | 小计 | 681 | 侗族 | 小计 | 160 |
| | 男 | 31 | | 男 | 333 | | 男 | 69 |
| | 女 | 42 | | 女 | 348 | | 女 | 91 |
| 瑶族 | 小计 | 173 | 白族 | 小计 | 55 | 土家族 | 小计 | 552 |
| | 男 | 72 | | 男 | 20 | | 男 | 263 |
| | 女 | 101 | | 女 | 35 | | 女 | 289 |
| 哈尼族 | 小计 | 18 | 哈萨克族 | 小计 | 18 | 傣族 | 小计 | 24 |
| | 男 | 3 | | 男 | 6 | | 男 | 5 |
| | 女 | 15 | | 女 | 12 | | 女 | 19 |
| 黎族 | 小计 | 117 | 傈僳族 | 小计 | 6 | 佤族 | 小计 | 39 |
| | 男 | 50 | | 男 | 3 | | 男 | 16 |
| | 女 | 67 | | 女 | 3 | | 女 | 23 |
| 畲族 | 小计 | 2366 | 高山族 | 小计 | 3 | 拉祜族 | 小计 | 13 |
| | 男 | 1372 | | 男 | 1 | | 男 | 5 |
| | 女 | 994 | | 女 | 2 | | 女 | 8 |

续表 6-3-8

| | | | | | | | | |
|---|---|---|---|---|---|---|---|---|
| 水族 | 小计 | 28 | 东乡族 | 小计 | 1 | 纳西族 | 小计 | 7 |
| | 男 | 9 | | 男 | | | 男 | 1 |
| | 女 | 19 | | 女 | 1 | | 女 | 6 |
| 景颇族 | 小计 | 5 | 土族 | 小计 | 56 | 达斡尔族 | 小计 | 6 |
| | 男 | 2 | | 男 | 26 | | 男 | 1 |
| | 女 | 3 | | 女 | 30 | | 女 | 5 |
| 仫佬族 | 小计 | 43 | 羌族 | 小计 | 8 | 布朗族 | 小计 | 2 |
| | 男 | 20 | | 男 | 5 | | 男 | |
| | 女 | 23 | | 女 | 3 | | 女 | 2 |
| 撒拉族 | 小计 | 3 | 毛南族 | 小计 | 7 | 仡佬族 | 小计 | 39 |
| | 男 | 1 | | 男 | 4 | | 男 | 15 |
| | 女 | 2 | | 女 | 3 | | 女 | 24 |
| 锡伯族 | 小计 | 13 | 阿昌族 | 小计 | 1 | 怒族 | 小计 | 7 |
| | 男 | 5 | | 男 | 1 | | 男 | 3 |
| | 女 | 8 | | 女 | | | 女 | 4 |
| 鄂温克族 | 小计 | 2 | 裕固族 | 小计 | 1 | 京族 | 小计 | 2 |
| | 男 | 2 | | 男 | 1 | | 男 | 2 |
| | 女 | | | 女 | | | 女 | |
| 鄂伦春族 | 小计 | 1 | 其他未识别的民族 | 小计 | 13 | 外国人加入中国籍 | 小计 | 6 |
| | 男 | 1 | | 男 | 7 | | 男 | 2 |
| | 女 | | | 女 | 6 | | 女 | 4 |

## 第五节　文化结构

2010 年，全市 6 岁及以上人口中，各种受教育程度情况分别为大专及以上文化程度人口 32.8 万人，占 6 岁及以上人口比重 7.6%，高中(包括中专)文化程度人口 75.01 万人，占 17.5%，初中文化程度人口 176.81 万人，占 41.2%，小学文化程度人口 126.12 万人，占 29.4%，未上过学人口 18.87 万人，占4.4%。在各种文化程度人口中，男性人口明显高于女性，城镇人口明显高于农村。

**历次人口普查全市 6 岁及以上人口文化构成一览**

表 6-3-9　　单位：万人

| 年份 | 大专及以上 | 高中 | 初中 | 小学 |
|---|---|---|---|---|
| 1964 | 0.49 | 2.54 | 8.48 | 58.70 |
| 1982 | 1.47 | 20.58 | 47.48 | 137.57 |
| 1990 | 3.79 | 30.90 | 77.45 | 158.20 |
| 2000 | 10.85 | 47.14 | 149.78 | 161.30 |
| 2010 | 32.80 | 75.01 | 176.81 | 126.12 |

2010年第六次人口普查与2000年第五次人口普查相比,每10万人中具有各种受教育程度人口发生较大变化。拥有大专及以上文化程度人口由2465人上升为6869人,增长1.79倍;拥有高中(包括中专)文化程度人口由10711人上升为15921人,增长48.6%;拥有初中文化程度人口由34031人上升为37860人,增长11.3%;拥有小学文化程度的人口由36650人下降为26440人,下降27.9%。特别是构成文化程度两极人口呈现猛增大减走势,未上过学比重下降最快,大专及以上文化程度比重上升最大。显示进入21世纪以来,全市总人口受教育程度在普及九年制义务教育和大力发展高等教育等措施上取得显著成果。但和发达地区相比,文化素质还偏低。

全市还有一部分人口处于不识字或识字很少的文盲、半文盲状态。人口文盲率是指15岁及以上不识字或识字很少人口占全市总人口的比重。第六次人口普查,全市人口文盲总量为16.4万人,与2000年27.94万人相比,减少11.54万人,与1990年70.12万人相比,减少53.72万人,文盲率也从1990年17.3%、2000年8.51%下降至2010年3.47%。文盲率明显下降,表明九江市在提高人口文化总体素质等方面的努力,取得很大成效。全市文盲人口特点主要是女性文盲人口多、老年文盲人口多。

**2010年全市学龄以上人口受教育一览**

表6-3-10　　单位:人

| 文化程度 | 男 | 女 |
|---|---|---|
| 合　计 | 2119382 | 1987933 |
| 研究生 | 2441 | 1411 |
| 大学本科 | 54059 | 32722 |
| 大学专科 | 139535 | 97737 |
| 高　中 | 443692 | 306406 |
| 初　中 | 925994 | 842083 |
| 小　学 | 553661 | 707574 |

## 第六节　行业与职业结构

2010年,全市就业人口中,大专及以上文化程度占就业总人数比重10.4%,高中占22.4%,初中占48.2%,小学占17.8%,文盲半文盲占1.2%。与2000年第五次人口普查比较,总体上在业人口文化素质有所提高,尤其是大专及以上文化程度提高6.8个百分点,高中和初中分别提高9.9和10.2个百分点,小学和文盲半文盲各下降19.3和7.6个百分点。

**第四至第六次人口普查全市在业人口年龄结构一览**

表6-3-11　　单位:岁

| 年份 | 总计 | 15~19岁% | 20~24岁% | 25~39岁% | 40~54岁% | 55~64岁% | 65岁以上% |
|---|---|---|---|---|---|---|---|
| 1990 | 100.0 | 14.2 | 18.6 | 40.1 | 20.2 | 5.4 | 1.5 |
| 2000 | 100.0 | 6.1 | 10.8 | 44.2 | 29.8 | 7.0 | 2.1 |
| 2010 | 100.0 | 2.7 | 11.5 | 39.7 | 33.8 | 10.0 | 2.3 |

### 第四至第六次人口普查全市劳动适龄人口文化结构一览

表 6-3-12

| 年 份 | 总 计 | 大专以上% | 高 中% | 初 中% | 小 学% | 文盲半文盲% |
|---|---|---|---|---|---|---|
| 1990 | 100.0 | 1.5 | 10.7 | 26.0 | 41.8 | 20.0 |
| 2000 | 100.0 | 3.6 | 12.5 | 38.0 | 37.1 | 8.8 |
| 2010 | 100.0 | 10.4 | 22.4 | 48.2 | 17.8 | 1.2 |

在业人口逐步向第二、三产业转移。2010 年,按三次产业划分,第一产业就业人口占就业人口总数比重 36.2%,第二产业占 37.9%,第三产业占 25.9%。与 2000 年第五次人口普查相比,第一产业下降 29.9 个百分点,第二产业上升 22.6 个百分点,第三产业上升 7.3 个百分点。

### 第四至第六次人口普查全市在业人口产业结构一览

表 6-3-13

| 年 份 | 总 计 | 第一产业% | 第二产业% | 第三产业% |
|---|---|---|---|---|
| 1990 | 100.0 | 75.9 | 12.6 | 11.5 |
| 2000 | 100.0 | 66.1 | 15.3 | 18.6 |
| 2010 | 100.0 | 36.2 | 37.9 | 25.9 |

从就业人口职业分类看,2010 年,农林牧渔水利生产人员与 2000 年相比有较大幅度下降,下降 29.9 个百分点,生产运输设备操作人员和商业服务人员增幅明显,与 2000 年相比分别上升 21.7 和 7.1 个百分点。

### 2000 年全市人口职业构成一览

表 6-3-14　　单位:人

| 行业类别 | 合 计 | 男 | 女 |
|---|---|---|---|
| 总 计 | 205935 | 112809 | 93126 |
| 农、林、牧、渔业 | 136167 | 67827 | 68340 |
| 采掘业 | 1471 | 1188 | 283 |
| 制造业 | 21968 | 13090 | 8878 |
| 电力、煤气及水的生产和供应业 | 1479 | 1019 | 460 |
| 建筑业 | 6633 | 6100 | 533 |
| 地质勘查业、水利管理业 | 244 | 185 | 59 |
| 交通运输、仓储及邮电通信业 | 5476 | 4572 | 904 |
| 批发和零售贸易、餐饮业 | 12673 | 6074 | 6599 |
| 金融、保险业 | 1251 | 681 | 570 |
| 房地产业 | 208 | 135 | 73 |
| 社会服务业 | 3979 | 2247 | 1732 |
| 卫生、体育和社会福利业 | 2405 | 1336 | 1069 |
| 教育、文化艺术及广播电影电视业 | 5684 | 3583 | 2101 |
| 科学研究和综合技术服务业 | 259 | 170 | 89 |
| 国家机关、政党机关和社会团体 | 5511 | 4246 | 1265 |
| 其他行业 | 527 | 356 | 171 |

说明:本表数据根据 2000 年人口普查 10%抽样调查推算

**2010 年全市人口职业构成一览**

表 6-3-15　　单位:人

| 行业类别 | 合 计 | 男 | 女 |
|---|---|---|---|
| 总　计 | 246572 | 139270 | 107302 |
| 农、林、牧、渔业 | 89196 | 45687 | 43509 |
| 采矿业 | 1344 | 1108 | 236 |
| 制造业 | 64225 | 33910 | 30315 |
| 电力、燃气及水的生产和供应业 | 1729 | 1153 | 576 |
| 建筑业 | 26119 | 21536 | 4583 |
| 交通运输、仓储和邮政业 | 8575 | 7471 | 1104 |
| 信息传输、计算机服务和软件业 | 1163 | 688 | 475 |
| 批发和零售业 | 20445 | 9107 | 11338 |
| 住宿和餐饮业 | 7512 | 3219 | 4293 |
| 金融业 | 1566 | 851 | 715 |
| 房地产业 | 784 | 541 | 243 |
| 租赁和商务服务业 | 943 | 608 | 335 |
| 科学研究、技术服务和地质勘查业 | 703 | 363 | 340 |
| 水利、环境和公共设施管理业 | 636 | 357 | 279 |
| 居民服务和其他服务业 | 5826 | 3148 | 2678 |
| 教育 | 5641 | 2970 | 2671 |
| 卫生、社会保障和社会福利业 | 3280 | 1651 | 1629 |
| 文化、体育和娱乐业 | 801 | 464 | 337 |
| 公共管理和社会组织 | 6083 | 4438 | 1645 |
| 国际组织 | 1 |  | 1 |

## 第七节　姓氏结构

全市部分地处山区、湖区边远县如修水、武宁、都昌等,因交通不便,受战争破坏较少,聚族而居现象普遍。多数县(市、区)则因交通发展、战争破坏、城市化等因素,原住居民减少,聚族而居现象打破,成为移民区,姓氏结构渐为复杂。

1991 年后,九江作为开放城市,随着改革开放,大批打工族纳入,姓氏结构愈显多样化,全国姓氏在九江几乎都有出现,而且新增不少少数民族罕见姓氏,其中也包括部分居民为简化姓氏笔画而自行改姓者,如部分戴姓改为“代”姓、蓝姓改为“兰”姓、詹姓改为“占”姓、傅姓改为“付”姓、扈姓改为“户”姓、萧姓改为“肖”姓、淦姓改为“干”姓等,使姓氏出现人为增加现象。2010 年,全市累计有 607 姓,按姓氏笔画辑录如下:

乙、丁、卜、刁、刀、力、干、于、万、凡、广、门、义、弓、卫、习、子、马、王、亓、韦、井、木、支、尤、历、友、车、戈、卡、贝、牛、丰、毛、仁、仉、仇、化、从、公、丹、凤、乌、卞、文、方、闩、户、计、尹、邓、孔、玉、未、功、甘、世、艾、古、左、厉、石、布、龙、平、可、占、卢、旦、叶、田、申、冉、史、叨、禾、丘、付、代、帅、归、白、丛、令、印、包、皮、邝、兰、冯、宁、让、司、圣、召、台、边、辽、母、末、刑、邢、巩、朴、权、厌、百、戌、戎、成、匡、尧、扬、过、毕、师、壮、光、曲、吁、吕、同、团、朱、先、邦、竹、乔、传、仲、伊、华、任、向、伏、伍、乐、仰、全、危、邬、庄、齐、刘、衣、产、闫、闭、羊、关、米、江、汝、池、汤、冰、宇、安、祁、许、寻、阮、阳、阴、那、牟、孙、纪、麦、寿、花、芩、芳、严、芮、苏、劳、芦、巫、来、吾、束、豆、郦、励、连、杜、杏、杨、李、東、连、扶、抑、肖、忻、吴、时、旷、岑、告、利、邱、佐、何、但、佃、佟、位、佇、余、佘、役、谷、邸、邹、系、言、吝、应、庐、辛、闰、闵、况、冷、汪、沐、沙、沪、沈、完、宋、宏、君、迟、陆、陈、邵、张、狄、郎、纵、幸、昔、武、幸、苗、英、苟、茆、苑、范、茅、林、杭、杰、郁、郏、拥、欧、卓、尚、国、果、昌、明、易、昂、固、忠、罗、岭、牧、和、季、竺、侍、供、岳、金、采、朋、周、居、屈、鱼、庞、於、郑、单、炉、泮、泽、宗、宜、审、官、宓、宛、郎、诗、房、孟、贯、练、绍、经、封、项、赵、贲、郝、荆、甚、荘、荣、南、胡、荣、茹、查、柯、栋、柏、柳、郦、衷、战、咸、贵、哈、恽、郜、钟、钩、钮、威、俅、修、侯、段、保、皇、泉、禹、俞、剑、卻、昝、饶、施、闻、姜、娄、洪、柒、洛、祖、祝、宣、宫、冠、费、胥、贺、姚、骆、狱、秦、泰、敖、袁、都、耿、聂、恭、莫、莘、栗、贾、晋、夏、莲、菀、桂、桃、顾、原、柴、晏、党、钱、倪、徐、翁、殷、爱、奚、卿、栾、高、郭、席、唐、扈、阎、凌、益、涂、资、浚、宰、容、诸、谈、陶、姬、能、桑、继、堵、教、基、黄、勒、曹、萧、副、戚、雪、龚、盛、崔、崇、堂、常、鄂、蛇、笪、符、第、银、移、盘、敏、康、章、商、盖、淇、淦、梁、宿、谌、扈、屠、弹、隋、随、隗、巢、琚、颉、超、彭、斯、蒋、董、敬、朝、惠、葛、韩、覃、辜、揭、梅、紫、戢、景、嗒、喻、程、税、傅、焦、舒、释、鲁、敦、童、善、曾、温、渴、滑、游、赛、寒、寇、雇、褚、谢、强、鄢、靳、蓝、蒯、蒲、蒙、楚、裘、雷、甄、槐、楼、赖、虞、辑、慎、盟、路、简、催、腾、詹、解、鲍、廉、雍、阖、阙、誉、滦、窦、谬、裴、赫、聚、蔡、蔺、臧、嵺、管、僧、廖、端、满、漆、寥、谭、熊、翟、翠、缪、蕲、樊、鄞、稽、黎、德、滕、颜、阚、潜、潭、潘、燕、薛、薄、薛、霍、操、冀、穆、衡、磨、瘳、璩、戴、鞠、檀、魏、爵、藏、糜、藤、瞿、攀、耀、露、上官、公孙、司马、司徒、申屠、欧阳、郝连、南宫、皇甫、夏侯、诸葛、端木、端楼、澹台、濮阳。

# 第四章 计划生育

## 第一节 宣传教育

1991年，全市坚持面向基层、面向农村、面向育龄群众，开展面对面思想教育，把宣传教育与农村社会主义思想教育相结合，与科技扶贫相结合，以送戏下乡、诗歌会、知识竞赛等形式，把中共中央、国务院《关于加强计划生育工作严格控制人口增长的决定》和《江西省计划生育条例》作为宣传教育重点，共举办各种培训班110余期，培训人员3200多人，出动宣传车辆350多次，办宣传栏3110余期，书写固定标语4.5万条，举办专题广播讲座5000余期，全市育龄人群有95%以上受到教育。促进农民群众认清实行计划生育的迫切性和紧要性，逐渐把生育政策变成自觉行动，转变婚育观。1992年，全市计划生育宣传教育重点放在转变群众生育观念上，各乡(镇、街道)成立婚育学校，近6万对新婚夫妇参加计划生育政策和优生、优育、优教学习。1995~2000年，市成立全省首家人口学会和计划生育职工思想政治工作研究会，完成省、市科研项目9个，参与完成全国有关项目6个，在省、市级刊物发表理论调研文章336篇，在国家级刊物发表近20篇。

2001年，突出宣传教育首位意识，推行婚育新风进万家活动，使得“晚婚晚育、少生优生”“生男生女一个样”“男到女家落户”等新型生育文化普及千家万户，促进社会主义新农村乡风文明建设。2004年，建设新型生育文化，加大生殖健康、避孕节育、性病防治、婚育新风尚等知识宣传，满足群众日益增长的生活、生产、生育方面知识需求。

2006年，开展“婚育新风与新农村建设同行活动”，促进乡风文明。全市与新农村建设示范点同步创建647个生育文明村，乡、村两级新建生育文化长廊286个，创建生育文化大院106个，整修乡村人口学校112个，为每个育龄群众家中送去1份以上宣传品。实现全市70%乡镇、30%村具有人口计划生育宣传教育电化教学服务能力,自然村有1处融活动、教育、保健于一体的育龄群众综合活动场所。2007年,开展以宣传中共中央、国务院《关于全面加强人口和计划生育工作,统筹解决人口问题的决定》为主要内容的计划生育“三下乡”活动,市、县、乡层层召开学习宣传贯彻“决定”会议,举办宣传培训班,在交通要道、村落巷舍树立宣传牌,举办知识竞赛等宣传活动600多场次,印发60多万份“决定”宣传资料发放到群众手中。市人口计生委组建宣讲团巡回到县、乡向党政领导和基层干部宣讲中央“决定”,使之家喻户晓、人人皆知。《九江日报》开设专栏,定期刊登县区主要领导理论调研文章。市人口计生网设立“决定”宣传栏,进一步提高全社会对稳定低生育水平、统筹解决人口问题重要性和紧迫性认识,为人口计生工作营造良好外部环境。

2010年,在市区10个主干道利用电子显示屏每天不间断进行宣传;在市电视台开辟“九江人口”电视专题栏目,每月1期;送全家福入户3800多张;印制发放宣传画册35万套用于基层宣传人口与计划生育;在全省《流动人口计划生育工作条例》知识竞赛中获得三等奖和组织奖。在全市深入开展“双百”活动评选,全市有12名女孩和13名女孩家庭获得省“优秀女孩”和“生育文明家庭”称号;有99名女孩和103名女孩家庭获得市“优秀女孩”和“生育文明家庭”称号。9月28日,协同永修县在该县白莲广场进行纪念公开信发表30周年活动大会。“12·4”法制宣传日,在市和中广场进行“条例”宣传。加大宣传力度,全年在省以上各种新闻媒体稿用稿70篇,其中,在《江西日报》头版用稿2篇,在《中国人口报》头版用稿12篇。

## 第二节 技术服务

### 一、服务队伍

**市技术服务队伍** 1991年,市设计划生育宣传技术指导站及市计划生育药具管理站,两块牌子,一套人员。2004年5月,市计划生育宣传技术指导站更名为市人口与计划生育服务中心,6月增挂市生殖保健中心牌子。2007年6月, 市人口与计划生育服务中心更名为市人口与计划生育服务站。2008年4月,市计划生育药具管理站更名为市人口与计划生育药具管理站。

**县、乡、村技术服务机构** 1991年,全市建立10个县级服务站;254个乡服务所,占应建数98%,其中71个达省标准;有61%行政村建立服务室。构成计划生育三级服务网络。1993年,全市在三级网络建设上投入200多万元,配备2135人,其中技术人员530人,70%乡所做到人员、房屋、设备三配套,承担起宣传教育、技术服务、药具发放、人员培训等综合服务功能。1998年,全市建立县级计划生育服务站13个;230多个乡镇全部建起服务所,91个获省颁一级所标准;建立村服务室2200多个,占总数91%;各级各类计生技术人员达3500余人。全市形成以“县服务站为龙头、乡中心服务站为骨干、乡服务所为依托、村服务室为基础”,集宣传教育、技术服务、人员培训、药具发放“四位一体”计生技术服务网络,承担着全市75%以上计划生育手术以及环孕检、孕前管理、病残儿鉴定等工作。

2001~2005年,全市重建和改造7个县级服务站,配备15辆计划生育流动服务车;改造和新建乡服务所59个,重点建设19个中心服务所,平均每个乡镇配备3名以上计划生育技术服务人员。2005年始,全市11个县级人口计生技术服务中心、70个乡级人口计生服务站(所)进行改扩建,873个村级服务阵地进行改造,39个县站乡所国债项目全面建成并投入使用。2007年,全市县级计生服务站,除庐山区外,都取得“医疗机构执业许可证”。全市所有县站、乡所实施标准化、形象化建设,至2010年,全市12个县站和90%乡所达到标准化、形象化要求,其中,国家优质服务示范站(所)7个,省级示范站(所)11个。

至2010年,全市各级计生服务机构加强技术服务人员综合素质建设,县、乡两级技术服务人员到上级计生服务机构和医疗卫生机构进行培训(进修)人员达3215人次。

**2010年全市计划生育技术人员配备一览**

表 6-4-1 单位:人

| 项 目 | | 合 计 | 市 级 | 县 级 | 中心乡 | 普通乡 一类 | 普通乡 二类 |
|---|---|---|---|---|---|---|---|
| 服务站数 | | 208 | 1 | 12 | 65 | 74 | 56 |
| 定编人数 | | 619 | 10 | 151 | 189 | 181 | 88 |
| 现有在编人数 | | 686 | 4 | 187 | 183 | 218 | 94 |
| 现有人数 | | 734 | 45 | 197 | 183 | 206 | 103 |
| 其中技术人员数 | | 593 | 35 | 168 | 150 | 152 | 88 |
| 学 历 | 大专及以上 | 370 | 18 | 108 | 92 | 96 | 56 |
| | 中 专 | 187 | 17 | 54 | 47 | 36 | 33 |
| | 高 中 | 59 | | 12 | 28 | 12 | 7 |
| | 初中以下 | 2 | | 1 | 1 | | |
| 职 称 | 高 级 | 9 | 2 | 7 | 0 | | |
| | 中 级 | 137 | 8 | 89 | 17 | 21 | 2 |
| | 初 级 | 310 | 21 | 76 | 86 | 72 | 55 |
| 取得执业资格情况 | 小 计 | 389 | 31 | 123 | 119 | 77 | 39 |
| | 医 师 | 147 | 7 | 86 | 26 | 21 | 7 |
| | 助理医师 | 133 | 2 | 12 | 44 | 52 | 23 |
| | 护 士 | 144 | 16 | 47 | 31 | 29 | 21 |
| | 药 师 | 10 | 3 | 5 | 2 | | |
| | 其 他 | 87 | 2 | 16 | 29 | 19 | 21 |
| 合格证 | | 486 | | 142 | 143 | 142 | 59 |
| 培训人次 | | 1083 | | 421 | 297 | 289 | 76 |

## 二、生殖保健

2002年始,市计划生育委员会实施生殖健康普查工作。2003年,推行生殖健康“绿卡”服务,给每位育龄妇女制订《服务手册》,育龄妇女持《服务手册》可以随时到县站、乡所接受优惠或免费生殖保健服务。当年,全市免费为4000多名残疾育龄妇女做生殖健康检查,并视情减免治疗费用。2004年2月5日,市人口计生委下发《关于做好生殖道感染干预工程试点工作的通知》,选定工作基础较好的3个县共9个乡作为试点,开展生殖道感染干预工作。市、县、乡三级成立生殖道感染干预工程领导小组,设立办公室,具体负责试点工作组织和实施。2005年,全面推广“生殖道感染干预工程”,已婚育龄妇女免费享受妇科常见病普查服务达88%以上,避孕方法知情选择推广面达90%以上,接受优生检测服务达1万人以上,全市为180多万名育龄妇女做生殖健康检查,治疗生殖道感染等妇科疾病50余万人次,赠送或减免药费130余万元。2006年,市人口和计划生育委员会与修正药业合作,开展“关爱妇女生殖健康”合作项目,下发《关于认真做好“关爱妇女生殖健康”合作项目的实施方案》。各县服务站组建服务分队,常年巡回进村入户为育龄妇女免费开展“三查一保健”服务(又称“三查一治”,即开展以计划生育查环、查孕、查病与治病保健为主要内容的技术服务)。2009年,全市各县区把“关爱妇女生殖健康”项目与查环查孕和计生基础信息采集、核对结合起来,寓日常工作于“项目活动”中。至2010年,全市共开展生殖健康普查2336199人次,其中“关爱妇女生殖健康”合作项目普查达到660286人次。

## 三、出生缺陷预防、病残儿鉴定和救助

**一级预防** 2002年4月9日,市计划生育委员会下发《九江市病残儿医学鉴定管理暂行办法》,开展出生缺陷一级预防工作。2002年,市计划生育委员会《关于进一步做好计划生育"三大工程"的指导性意见》,转发《江西省出生缺陷干预实施方案》,开展出生缺陷一级预防工作。2004年,市计划生育委员会下发《关于做好出生缺陷干预项目——增补斯利安推广应用工作的通知》推广使用"斯利安"片,推进"出生缺陷干扰工程",2005年全市新增口服"斯利安"片2100人次,湖口、永修、德安、浔阳区等6个县级计生服务站开展优生指导和出生缺陷监测,全市每年约1万人次接受优生监测服务。2007年,市人口和计划生育委员会下发《实施孕前干预、远离出生缺陷项目实施方案》,全市接受优生检测服务2万人以上,斯利安使用人数6000多人,接受优生知识咨询46万人次以上。2009年,市人口和计划生育委员会对2008年出生缺陷一级预防工作先进单位首次进行表彰,同时下发《2009年九江市出生缺陷一级预防工作方案》。全市共开展出生缺陷一级预防培训班13期,培训5540人次。全市优生检测16163人次,较2008年同期提高192.8%;发放斯利安9360人份,较2008年增加60%。1998~2010年,全市开展优生检测85727人次,大大降低出生缺陷发生概率,有效提升农村出生人口素质。

**病残儿鉴定** 2002年4月9日,市计划生育委员会出台《九江市病残儿医学鉴定管理暂行办法》,开展病残儿鉴定工作。2002~2010年,全市鉴定病残儿1029人。

**救助** 2005年,在九江学院附属医院开展"幸福微笑"活动,联合外国医疗专家免费为99例先天性唇腭裂患儿进行修补手术,提高这一人群生命质量和生活质量。2007年,第五次与美国"微笑联盟"合作,开展"幸福微笑"活动,为113名唇腭裂患儿进行免费治疗。

## 四、避孕节育

1991年,市计划生育委员会把工作出发点和着力点放在育龄妇女怀孕之前,从单一行政强制措施转入做好计划生育孕前服务。2002年,市计划生育委员会树立群众是计划生育主人观念,把优质服务贯穿计划生育工作全过程,通过优质服务帮助群众提高实行计划生育能力,转变旧的婚育观念,做到凡是计划生育手术必须受术者签字,对育龄群众实行免费技术服务。2005年,转发《江西省已婚育龄妇女环检、孕检实施办法》,环孕检工作得到进一步规范。2007年,药具改革成效明显,已婚育龄妇女药具使用率为5.0%,全市已婚育龄妇女长效避孕措施落实率为94.4%。至2010年,全市共开展环孕检11827439人次。

**1991~2010年全市已婚育龄妇女孩次及领证、初婚情况一览**

表6-4-2　　　　单位:人

| 年份 | 已婚育龄妇女人数 | 已婚育龄妇女孩次构成 | | | | | | | 独生子女 | | 女性初婚 | | |
|---|---|---|---|---|---|---|---|---|---|---|---|---|---|
| | | 无孩 | 一孩 | | 二孩 | | 多孩 | | 领证累计数 | 当年领证 | 初婚 | 其中 | |
| | | | 小计 | 纯女 | 小计 | 纯女 | 小计 | 纯女 | | | | 早婚 | 晚婚 |
| 1991 | 781699 | | | | | | | | 57858 | | 28205 | 2374 | 9370 |
| 1992 | 736371 | 32160 | 167386 | 76312 | 252009 | 31304 | 284816 | 18569 | 63947 | 23821 | 28920 | 667 | 9984 |
| 1993 | 745377 | 29380 | 181250 | 83328 | 252616 | 28103 | 282131 | 16723 | 69128 | 5092 | 27032 | 180 | 8931 |
| 1994 | 767149 | 32294 | 199660 | 90650 | 256670 | 27569 | 278525 | 20298 | 72468 | 4285 | 25536 | 99 | 7987 |
| 1995 | 780292 | 34355 | 216842 | 98108 | 262100 | 28230 | 266995 | 16187 | 75636 | 5785 | 28588 | 43 | 8025 |
| 1996 | 795453 | 36790 | 237100 | 105657 | 267604 | 27873 | 253959 | 15395 | 80965 | 4337 | 28930 | 8 | 8652 |
| 1997 | 807879 | 36183 | 258833 | 113571 | 274101 | 28074 | 238762 | 14498 | 79875 | 3956 | 28138 | 12 | 8881 |

续表 6-4-2

| 年份 | 已婚育龄妇女人数 | 已婚育龄妇女孩次构成 | | | | | | | 独生子女 | | 女性初婚 | | |
|---|---|---|---|---|---|---|---|---|---|---|---|---|---|
| | | 无孩 | 一孩 | | 二孩 | | 多孩 | | 领证累计数 | 当年领证 | 初婚 | 其中 | |
| | | | 小计 | 纯女 | 小计 | 纯女 | 小计 | 纯女 | | | | 早婚 | 晚婚 |
| 1998 | 815768 | 40722 | 269021 | 117669 | 282487 | 30397 | 223538 | 14491 | 70618 | 3279 | 25197 | | 8393 |
| 1999 | 836394 | 42272 | 285727 | 125881 | 293783 | 31265 | 214612 | 14531 | 76869 | 3758 | 26052 | 1053 | 9718 |
| 2000 | 852169 | 42805 | 303445 | 128534 | 299386 | 31900 | 206533 | 14119 | 83655 | 10348 | 27790 | 174 | 11369 |
| 2001 | 854956 | 39768 | 318761 | 134308 | 304826 | 32649 | 191601 | 13784 | 71472 | 2732 | 22357 | 10 | 8958 |
| 2002 | 867282 | 41274 | 335085 | 139193 | 310213 | 33356 | 180710 | 13284 | 91476 | 5093 | 22446 | 27 | 9444 |
| 2003 | 864354 | 39340 | 343301 | 141655 | 317264 | 34115 | 164449 | 12746 | 85626 | 4205 | 21258 | 24 | 8820 |
| 2004 | 870816 | 38311 | 353525 | 144816 | 325746 | 35679 | 153234 | 12329 | 84894 | 4618 | 21878 | 25 | 8020 |
| 2005 | 912976 | 37492 | 363045 | 147097 | 359580 | 38283 | 152859 | 13641 | 125670 | 25226 | 23456 | 364 | 9488 |
| 2006 | 924834 | 35784 | 369371 | 148610 | 373084 | 39564 | 146595 | 11126 | 151068 | 14548 | 22531 | 289 | 9006 |
| 2007 | 962580 | 36930 | 378485 | 153210 | 404999 | 42894 | 142166 | 13329 | 201566 | 21722 | 30323 | 732 | 12102 |
| 2008 | 990756 | 38193 | 393550 | 160288 | 422030 | 45423 | 136983 | 13048 | 210302 | 15402 | 28560 | 182 | 12138 |
| 2009 | 1029757 | 41728 | 412959 | 168891 | 444387 | 49078 | 130683 | 12762 | 218862 | 17349 | 36774 | 449 | 16657 |
| 2010 | 1083271 | 46614 | 439316 | 179588 | 464003 | 53038 | 133338 | 12804 | 211875 | 11100 | 39373 | 1170 | 17932 |

## 第三节 管理与信息化

### 一、综合治理

1992 年,成立由市纪委、组织部、检察院、农委、计生委、公安局、卫生局、人事局、司法局、监察局等 11 家单位组成的市整顿计划生育秩序督查组,10 天时间查出 1983~1992 年间违反计划生育人和事 4678 人(件),给予各种处理 3010 人。1993 年,全市推行准生证制度,准生证发放率达 95%。

2000 年,市委、市政府实施计划生育“滨湖战略”。至 2001 年,全市 78 个滨湖乡镇中有 20 个进入一类乡镇,33 个进入二类乡镇,计划达 83.2%,比实施滨湖战略前提高 4.9 个百分点,长期落后的滨湖地区计划生育工作初步得到扭转。2003 年,加大社会抚养费征收力度,对拒不缴纳社会抚养费对象申请法院强制执行。全市执行案件 200 余起,有力震慑计划外生育。至 2005 年,全市在财政投入、队伍机构、高位推动等方面解决许多实际问题,为人口计划生育工作营造良好外部环境。市人大常委会建立对贯彻执行《中华人民共和国人口与计划生育法》督查制度。市直相关部门在性别比整治、流动人口计生管理、计划生育合格村建设、帮扶计生户等方面齐抓共管,以党政为主导、相关职能部门履行职责、全社会共同参与的人口计划生育综合治理机制基本形成并初显成效。2006 年,市计划生育领导小组出台《关于对全市干部职工违法生育政策进行清查处理的意见》。2007 年,市委、市政府站在建设小康社会和构建和谐九江高度,着眼于全市经济社会发展大局,把人口计生工作摆在更加突出战略位置。建立完善依法管理机制,建立党委政府人口计生工作层级报告制度,市委书记过问查处特殊人物违纪超生问题,责成相关单位限期报告处理结果。全市共清查干部职工违规生育案件 2316 件,查实 2299 件,党纪处分 226 人,政纪处分 589 人。

2009年,市委、市政府出台《九江市关于落实人口和计划生育"一票否决"制度的规定》和《九江市违法生育案件查处工作责任追究办法》,为做好人口计生工作提供强有力政策保障。3月2日、4月30日,市人口计生领导小组两次召开全体会议,出台《2009年九江市人口和计划生育工作目标管理考评办法》《九江市相关部门履行人口和计划生育职责考评办法》,将人口计生工作列入全市经济社会发展考核体系。市计生工作领导小组全年组织4次对全市15个县(市、区)不打招呼、随机抽样督查调研,由市分管领导代表市人口计生领导小组与3个省三类县主要领导、分管领导进行诫勉谈话,向落后县下派工作组;查处"两非"案件,依法依纪处理"11·03"案件8名涉案人员;市委首次依纪查处市直正处级干部违法生育。3月,全市开展"清理长效避孕节育措施落实、人口出生、违法生育、社会抚养费征收情况,落实重点对象环孕情检查、长效避孕节育措施、补救措施、社会抚养费征收、违法生育查处、人口出生统计"的"四清理六落实"活动,共清理出生漏报6811人、党员干部违法生育135人、社会抚养费未征收到位1392人、应落实未落实长效避孕节育措施4548人,为全年人口和计划生育各项任务完成摸清底数。

2010年,中共党员干部、富人违法生育查处取得突破。全年查处党员干部违法生育117起,党纪处理83人。首度开展富人违法生育专项清查,查处富人违法生育案件42起,共计征收社会抚养费604万元,其中个案征收50万元以上2例,占全省一半,武宁县1例个案征收52万元,为全省最高纪录。

## 二、群众工作

1994年,全市2494个行政村建立计生中心户35409个,联系着42万多名育龄群众。全市计划生育合格村(居)达872个,占村(居)总数34.7%。基层基础工作增强,自控能力得到进一步提高。2004年,市计划生育委员会协调民政部门成立计划生育村民自治领导小组,指导全市开展工作。全市实行计划生育村民自治村达1842个,自治率达85.59%,群众自我教育、自我管理、自我服务能力增强。创建计划生育合格村达1802个,占全市行政村总数82.62%,有效提升全市人口与计划生育工作整体水平。2008年,全市各地把"实施新农村新家庭计划、开展生育文明创建活动"纳入新农村建设,同部署、同落实、同检查。开展生育文明创建活动,把人口计生工作纳入新农村理事会、村规民约、村务公开内容,运用村规民约做好计划生育经常性工作,增强计划生育村级自控能力。

## 三、奖励扶助

1995年,市委、市政府做出在全市农村开展"三结合"(在推行计划生育过程中,把生产、生活、生育有机结合起来)工作,在城市开展"心连心"(在推行计划生育过程中,通过不同形式,不同层次,履行各自职责,互相支持,互相配合,加强对流动人口管理)活动,形成以导向型、保障型、开发型为主要形态的,与市场经济相适应的计划生育工作格局,促进城乡计划生育工作协调发展。"三结合"和"心连心"依据大人口观,促进广大农民"少生、快富、文明、奔小康",搞好城市建设。星子县着力推广计划生育"千、百、十"示范工程,即全县抓好1000户,每个乡镇抓好100户,每个村抓好10户计生致富示范户。白鹿乡在鼓励和帮助计生户,特别是一女户、二女户致富方面,推行"三优二帮一减免"做法,即优先申报项目、安排场所、争取贷款;帮助提供技术服务,解决产前、产中、产后的困难,减免乡镇企业管理费。全乡全年出现73户计生致富示范户。5月,市委、市政府在星子县召开现场会,推广白鹿乡经验做法。当年全市共帮扶23472户,其中:82%计生户人均收入高于上年的20%以上,18%计生户人均收入高于当地年平均水平10%以上,各地还培育5868个计划生育致富开源节流户。

2005年,市政府以一号文件出台《九江市计划生育利益导向机制实施办法》,各县区结合实际制定一系列计生奖励优惠政策,形成以办法为主体、县(区)政策为补充、"奖励、优待、扶助、保障"为主要内容的计划生育利益导向体系,在计划生育家庭发展生产、帮扶救助、养老保障、劳动务工、子女上学和就医等方面实行优惠。全年省、市、县、乡四级财政共投入298万元,为农村独生子女办理0~6岁儿童健康平安保险,为农村2女户办理养老保险,为农村纯女户养老保障提供帮助,全市年度2女户养老保险率为100%。实行农村部分计划生育家庭奖励扶助制度试点,全市第一批3307名奖扶对象领取每年600元养老金。全市各级教育部门为5816名计生家庭子女上学减免学杂费60余万元,2904名农村计生家庭子女享受中考优惠加分。全市免费施行节育手术近40万例,为180多万名育龄妇女做生殖健康检查,治疗生殖道感染等妇科疾病50余万人次,赠送或减免药费130余万元,各级公立医疗机构为18000多名计生家庭成员减免费用约30万元。为35318人兑现独生子女奖励费186.75万元。建立“三结合”基地和示范户,实行干部与计生户结对子,在生产资金、致富技术、产销信息等方面对计划生育家庭进行帮扶,带动一批计划生育家庭走上致富路。全市共建成计划生育“三结合”基地538个,帮扶群众5000多人,帮扶任务落实率达100%。永修县实施计划生育“个、十、百、千、万”工程,带动一批计划生育家庭走上致富路。修水县实施“养老产业”“绿色养老”和幸福工程等,缓解部分计划生育家庭后顾之忧。利益导向机制织就社会保障网,使广大计划生育户在就医、上学、就业、帮扶、养老诸多方面享受到看得见、摸得着的实惠。随着奖励优惠政策兑现,计划生育利益导向机制“导向性”凸显,全市有45000户家庭领取《计划生育家庭优惠证》,自觉响应计划生育。

2008年,落实77440名农村独女和二女节育家庭成员参加新型农村合作医疗,享受免交个人出资部分优惠政策。

2010年, 全市有1028人享受计划生育家庭特别扶助,5935人享受农村部分计划生育家庭奖励扶助。办理农村2女、纯女节育户养老保险3680例,爱心保险70275例。启动计划生育“绿色养老”工程,11476户农村计划生育纯女家庭受益。在永修县进行的农村计划生育纯女户进社保试点工作取得成功经验,投入215.16万元,为815户农村计划生育纯女户办理城镇社会养老保险,得到国家人口和计划生育委员会主任李斌和省人口和计划生育委员会赞扬。

**2005~2010年全市奖扶和特扶情况一览**

表6-4-3　　　　单位:人

| 各县(区) | 2005年 | 2006年 | 2007年 | 2008年 | | 2009年 | | 2010年 | |
|---|---|---|---|---|---|---|---|---|---|
| | 奖扶 | 奖扶 | 奖扶 | 奖扶 | 特扶 | 奖扶 | 特扶 | 奖扶 | 特扶 |
| 浔阳区 | | | | | 61 | | 89 | | 103 |
| 庐山区 | 91 | 114 | 119 | 142 | 7 | 154 | 10 | 161 | 17 |
| 九江县 | 263 | 334 | 409 | 425 | 7 | 442 | 9 | 473 | 9 |
| 德安县 | 153 | 200 | 210 | 220 | 32 | 222 | 34 | 207 | 68 |
| 永修县 | 240 | 295 | 329 | 352 | 51 | 356 | 61 | 375 | 58 |
| 星子县 | 165 | 226 | 269 | 298 | 15 | 310 | 20 | 340 | 22 |
| 修水县 | 720 | 918 | 1081 | 1197 | 175 | 1292 | 211 | 1303 | 272 |
| 武宁县 | 284 | 369 | 415 | 448 | 43 | 505 | 50 | 544 | 93 |
| 湖口县 | 210 | 269 | 348 | 364 | 30 | 406 | 33 | 407 | 44 |
| 都昌县 | 538 | 739 | 865 | 940 | 72 | 10485 | 78 | 1063 | 142 |
| 彭泽县 | 280 | 339 | 373 | 409 | 46 | 429 | 56 | 450 | 57 |
| 瑞昌市 | 331 | 451 | 489 | 527 | 85 | 525 | 98 | 517 | 114 |
| 共青城 | 12 | 15 | 18 | 18 | 8 | 23 | 7 | 28 | 12 |
| 庐山局 | | | 2 | 2 | 7 | 2 | 9 | 2 | 10 |
| 开发区 | 20 | 22 | 21 | 22 | 7 | 65 | 7 | 65 | 7 |
| 合 计 | 3307 | 4291 | 4947 | 5362 | 646 | 5776 | 772 | 5935 | 1028 |

## 四、出生人口性别比整治

2003年,全市开展出生人口性别比专项整治活动,基本查清全市B超分布使用情况,对全市近千家个体诊所、388家零售药店和22家药品批发企业经营情况进行有效监控。查处3起非法进行性别鉴定案例,分别做出吊销诊所营业执照、开除公职、移送司法机关等处理。全市出生人口性别比超常值比上年下降10%。2004年,全市贯彻落实省治理出生人口性别比失衡问题会议精神,市、县两级均抽调纪检监察、宣传、妇联、民政、卫生、计生、药监、公安等部门领导和干部,组成出生人口性别比专项整治攻坚战办公室。开展宣传教育,使广大群众认识到性别比失衡社会危害性,以及非法进行胎儿性别鉴定和选择性别终止妊娠所要承担法律责任。倡导男女平等婚育新风尚,引导群众树立科学、文明、进步生育观念。对医疗保健、计生服务机构进行清理整顿,规范医疗技术服务市场,实行长效治理。各地共排查案件线索71个,接收举报线索22个,立案查处23件,办结积案6件,开除公职4人,吊销医疗许可证2个,罚款22.46万元。启动"关爱女孩"行动,建立"关爱女孩"基金,提高女孩社会地位,营造有利于女孩成长、生活、学习良好氛围,逐步消除群众生育观念男孩偏好。2005年,市计生领导小组重新制定出台B超使用管理、终止妊娠审批、婴儿出生死亡通报、孕情监测等7项管理制度,建立完善出生人口性别比治理长效机制。清理整顿医疗市场,严厉查处违纪涉案的人和事。排查案件线索176件,立案查处33起,结案17起,涉案人员53人,开除公职5人,吊销医疗许可证6个,责令17家个体诊所停业,罚款20余万元。开展"关爱女孩行动",加大对计生女孩户奖励帮扶,营造有利于女孩社会氛围。市、县两级均建立"关爱女孩"基金,累计达146.1万元,共救助贫困女童1847名,帮助12000户女孩家庭解决生产、生活问题。2005年,全市出生人口性别比值下降为115,超常值大幅度下降,从全省最高降至全省平均水平以下,出生人口性别失衡问题得到有效遏制。

2007年,市计生领导小组下发《九江市实行出生人口性别比整治信息交流责任追究的通知》,给各县区下达查处任务,作为考核"一票否决"指标。全市查处"两非"(非法进行胎儿性别鉴定、非法进行选择性别人工终止妊娠)案件63起。2008年,市委、市政府成立出生人口性别比整治协调小组,市直相关部门包点指导督促县区完成"两非"查处任务,全市查实案件105例。全市开展关爱女孩阳光助学活动,共筹措资金148.5万元,资助1485名女孩,被省政府表彰为"关爱女孩"综合治理出生人口性别比工作先进单位2009年。全市"关爱女孩·阳光助学"活动共筹措资金233.5万元,资助2335名符合条件女孩。新华社、中国人口报、江西日报、江西电视台、大连电视台对九江市开展这项活动进行专题采访和报道,产生良好社会影响。2010年,对全市77个性别比失衡严重的乡镇予以警示,查处"两非"案件110例,查实涉案人员131人、公立医院13家;罚款110.5万元,吊销证书28个,党纪政纪处分20人,行政拘留19人;取消再生一胎生育证33个。出生人口性别比整治取得明显突破。

## 五、流动人口计生管理

随着市场经济发展,人口流动日益增加且极不稳定。1994年,全市约有42万外出打工人员,其中育龄妇女约10万人,已婚育龄妇女3万多人。1995年,全市从机制入手,联手把关,对流动人口计划生育工作进行综合治理。由公安部门牵头,工商、税务、城建、劳动、人事、计生等部门组成流动人口领导小组。修水、都昌2县是全市外出人口最多的县,两县与外地实行横向联系,修水县在沿海3省与当地计生部门合作设立5个服务点,全县36个乡镇外出打工人员定期到服务点进行环孕检等计划生育服务。1997年,市对流动人口计划生育管理实行流出地和流入地共同管理,以流入地管理为主,流出地、流入地密切配合,从多方面入手,进行综合管理。市、县两级成立综治、计生、公安、民政、劳动等部门集中办公机构,建立联系、协查、配合、通报制度,将流动人口计生管理服务工作与社会治安综合治理、警务责任区、社区服务、物业小区、出租屋管理等相关工作紧密结合,相互融入,提供劳动就业、租赁房屋、子女入学、生育节育、生殖保健等全方位服务。全市共建立46个流动人口站,28个流出人员跟踪服务队,使截"流"堵"漏"工作得到加强。全市共清理流入人口 12 万人次。

2004 年，制定《九江市流动人口计划生育管理实施办法》。根据城区和农村不同特点，选择浔阳区和修水县为流入人口和流出人员计划生育工作试点单位。浔阳区建立区、街道两级流动人口管理办公室，对流动人口一个窗口服务、一站式管理，得到管理对象的信任和拥护，主动履行计划生育义务。修水县在流出人口集中地方，利用同乡会或建立流动人口计生协会，实现流出人口计划生育自我教育、自我管理。两试点单位分别取得初步成效。各地以公安、工商、城建、房产、民政等相关部门责任考核为手段，围绕办证、租房、用工等环节，对流动人口进行综合治理；为建筑民工、美容美发、小商小贩、私营企业、大型批发超市等行业流动人口提供优质服务；将流动人口中计划生育重点管理对象纳入常住人口同管理、同服务范围。实现维护流动人口计划生育合法权益和控制流动人口政策外生育相统一。2005 年，在市计生委更名过程中增设流动人口管理科，把探索流动人口管理新途径作为 2005 年全委“十大项目”之一来运作。2007 年，启动瑞昌市、浔阳区城市封闭小区计划生育管理服务试点工作，完善浔阳区、修水县流动人口计划生育“十个一”管理服务模式。同年，全省流动人口计划生育工作会在九江市召开，会上推广九江流动人口计划生育管理服务成功经验。

2009 年，按照国家和省的总体部署，加快构建流动人口计划生育管理服务“一盘棋”格局。全市以村(社区)为单位，重点摸清流出人口去向及婚、育、孕情况，利用流动人口信息交换平台，实现对流出人口远程跟踪服务；利用流动人口亲朋相连、流出相对集聚特点，与流入地人口计生部门加强联系，签订双向合作协议，实行计划生育委托管理；明确各部门流动人口管理职责，与公安、工商、建设、房产、劳动社会保障、卫生、教育等部门密切配合，政策配套，信息交流，证照互验，实现流动人口计划生育综合治理。

### 六、信息化管理

1991 年，全市县(市、区)配备微机 15 台。1996 年，实现省、市、县点对点拨号传输文件。1995 年始，乡镇配备微机。至 1997 年，全市乡镇配备微机 135 台，其中庐山管理局、浔阳区、德安县、星子县、永修县、瑞昌市全部配齐。市县两级共培训微机操作员 200 余人。部分县启用育龄妇女信息管理系统，进行录入建档工作，进入正常管理阶段。传真机已配备到县级计生委。至 2000 年，市计划生育业务管理全部实现电脑化，微机操作，联网运行，数据传输。微机管理运用走在全省前列。

2001 年，利用计算机系统加强县、乡两级已婚育龄群众现代信息管理服务系统建设和开发，以此为依托开展计划生育生殖保健全程服务。2003 年，全市育龄妇女信息全面实现微机化管理。市计生委及部分县区计生委机关局域网建成，基本实现政务电子化。2004 年，市计生委网站开通，联入市政府网，实现政务电子化。随着育龄妇女信息管理系统的健全和操作人员水平提高，全市计生系统与公安、民政、卫生等部门的人口信息交流制度得到进一步落实，做到信息资源共享。2005 年，市、县两级人口计生委均建立局域网，全面接入政务网，市本级和部分县区人口计生委建立各自公共网站，全市人口与计划生育“三网一库”建设基本完成。对全市所有乡镇计生办微机进行更换。按照“全、准、新”要求，对全市人口进行计划生育基础信息核查，重新建立市、县两级育龄妇女信息数据库，实现育龄妇女信息自动查询、网上异地查询和异地交换。通过调查核定，纠正近 15 年生育、节育信息，清查出漏管育龄人群 10 万余人。2006 年，政务网延伸到部分乡镇。

2007 年，实施“信息化带动工程”，以科技创新推进管理服务水平提升。市、县两级计生委全面建成以公众网、政务网、办公局域网为基本构架的信息化网络，提高育龄妇女数据库信息质量，实现以信息化带动人口计生工作水平提升。5 个县区进入全省首批人口计划生育信息化建设合格县行列。2008 年，全省计划生育信息化建设会议在永修县召开，市计生工作在会上作先进经验介绍。至 2009 年，历经 3 年

“人口和计划生育信息化合格县”创建活动,全市 12 个县(市、区)全部达到省“人口计生信息化合格县”标准。德安县作为全省全员人口管理试点县,初步完成全员人口信息的采集,全员人口数据库开始运行。

### 1991~2010 年全市计划生育信息化建设一览

表 6-4-4　　　　单位:台

| 年 份 | 乡级微机数量 | 县级微机数量 | 年 份 | 乡级微机数量 | 县级微机数量 |
|---|---|---|---|---|---|
| 1991 | | 15 | 2001 | 225 | 70 |
| 1992 | | 15 | 2002 | 225 | 70 |
| 1993 | | 15 | 2003 | 225 | 120 |
| 1994 | | 15 | 2004 | 450 | 120 |
| 1995 | 60 | 15 | 2005 | 450 | 400 |
| 1996 | 125 | 15 | 2006 | 450 | 400 |
| 1997 | 159 | 15 | 2007 | 450 | 400 |
| 1998 | 201 | 70 | 2008 | 450 | 400 |
| 1999 | 225 | 70 | 2009 | 630 | 400 |
| 2000 | 225 | 70 | 2010 | 630 | 400 |

# 第七篇

# 城 乡 建 设

# 第七篇 城乡建设

20世纪90年代，全市城乡建设进入快速发展新时期，中心城区、各县城及乡镇建设都发生重大变化。城市建设规划几度修编，乡镇建设陆续编制中长期建设发展规划，及历史文化名城保护修复规划和风景名胜区规划的编制，为城乡建设和历史文化名城保护、风景名胜区建设科学定位、有序发展奠定基础。20世纪90年代初所兴起房地产开发，成为城市建设发展热点，市中心城区成片危旧房逐步被改造开发，一大批现代住宅楼、商住楼拔地而起。

为拉开城市框架，数十条新建主次干道陆续建成，形成新的路网体系，城区向东、南、西全面拓展。1991年中心城区建成区面积仅31平方千米，至2010年，建成区面积达89.47平方千米。市区人口亦由42.4万人增至63.06万人。其间，通过对排水管网进行多次改造，河、湖整治注重排涝设施配套工程，显现较强城市排水功能。并先后建成老鹳塘污水处理厂和鹤问湖污水处理厂，结束九江城区无污水处理厂历史。两厂一期工程先后投入运行后，市区污水处理基本达到环保要求。

园林绿化体现出质的提升。随着城区拓展、道路新建，绿化同步设计施工，行道树新增樟、桂、广玉兰、热带乔木等多种名贵树种，主要道路新建大片绿化景观带；大力新建公园、绿地，成功实现创建省级园林城市。

城市供水事业通过改造挖潜、新建水厂获得快速发展。2010年供水量达8679万立方米，售水量5633万立方米。在普及罐装液化气使用基础上，21世纪初，管道天然气也在九江起步，随着国家“川气东输”战略实施，加快九江天然气使用与普及。

至2010年，全市乡镇建设变化巨大，通过小城镇建设、移民建镇、新农村建设等系列工作，城镇化率逐年提高。尤其是国家启动重点镇建设以来，市重点乡镇借势发力，取得令人瞩目的建设成就。城乡建设大步前进，成为有史以来发展最快时期，城乡互动、互补，相互促进，从中心城区到各县(市)乃至乡镇，都经历历史性变迁，城市功能不断完善，城市品位迅速提升，乡镇面貌呈现出一派欣欣向荣景象，全市人民同心协力建设科学发展、生态和谐、经济繁荣、幸福小康的美丽家园。

# 第一章 城乡规划

## 第一节 市区规划

### 一、市城市总体规划

**规划修编** 市上一轮城市总体规划至2000年即超过规划法定期限。1994年,正式启动新一轮城市总体规划(1995~2010)修编,1998年,建设部批复:九江"城市人口规模2010年控制在80万人,规划建设用地规模控制在72平方公里内",但未能完成上报审批工作。2001年7月9日,委托北京清华城市规划设计研究院开始编制;10月23~25日,市政府邀请两院院士周干峙、李道增等6位全国著名专家对总体规划纲要(草案)进行评议;2002年3月12~13日,市政府主持召开由省建设厅参加的市城市总体规划(2001~2020年)纲要初审会;10月,编制单位根据初审会精神,完成规划初步成果;2003年4月,为配合重点工程、工业园区建设,规划成果由市城市规划市政设计院进行优化调整。2005年8月,委托省城乡规划设计研究院在清华大学编制总体规划纲要(2002版)基础上,完成市城市总体规划编制。按照该总规设定城市规模,九江属于大城市,人口与用地规模需报请建设部等部委核定,因相关部门认为规模过大,一直未予批准。2008年1月1日颁布实施《中华人民共和国城乡规划法》,依照该法规定,市城市总体规划报省政府审批即可,2月,经市政府常务会议研究决定再次启动总体规划上报审批工作。随后规划编制单位完成总体规划上报成果,9月,省建设厅主持九江城市总体规划纲要评审并原则通过。12月,省建设厅主持总体规划成果评审并原则通过。2010年4月21日,市委中心组理论学习暨城乡规划委员会(扩大)第一次会议对总体规划进行专题研究,会议要求根据鄱阳湖生态经济区战略及九江市2009年以来的城市建设与发展实践,修改完善并启动总体规划上报审批工作。规划编制单位据此意见进行修改完善。2010年5月14日,市政府常务会议进行专题研究,会议原则通过该总体规划。25日,市人大常委会审议通过该总体规划。总规编制单位按照人大审议意见,进行修改完善,于同年12月完成总规修编成果。12月17日,市政府正式行文报省政府审批。

**规划主要内容** 期限范围:规划期限:近期2008~2010年,中期2010~2015年,远期2015~2020年,并对2030年或更长远发展予以规划与展望。

城市规划区范围:东起鄱阳湖岸线,南至威家镇、姑塘镇、莲花镇、九江县沙河街镇行政边界及杭瑞高速公路一线,西至瑞昌市行政边界及港口街镇行政边界,北至长江岸线。规划区总面积约650平方千米,包括浔阳区、庐山区(部分)、九江县(部分)共2区1县(含8镇5乡)所管辖(或部分)行政范围界线。

市域城镇体系规划:市域人口与城市化水平:规划预测2010年、2020年市域户籍总人口规模分别为494万至495万人、528万至530万人。近远期城市化水平分别为53%、60%,相应城镇人口分别为270万人左右、315万人左右。

城市化发展方针:提升市域城镇整体竞争力,扶持沿江和昌九(京九)沿线"T"型走廊,强化中心城区、瑞昌、德安、共青城等经济基础较好市域城市职能,积极发展重点城镇,走大、中、小城市协调发展的城市化道路,全面提高城镇发展质量,推进城乡统筹发展。

城镇空间发展战略:做大中心,打造"脊梁"、培育节点、带动两翼。

城镇空间结构规划:以九江中心城区为中心,沿长江城镇发展轴、昌九城镇发展轴,形成中部城镇发展区、东部城镇发展区和西部城镇发展区"一心两轴三区"城镇空间结构。

中心城区总体规划:城市性质:省域副中心,长江中下游及京九沿线综合交通枢纽,著名工业、商贸、港口与旅游城市。

城市规模：规划2015年中心城区总人口100万人，建设总用地规模100平方千米，人均建设用地为99.37平方米/人；规划2020年中心城区人口规模为120万人，建设总用地规模119.34平方千米（省住房建设厅批复面积），人均建设用地为99.45平方米/人。

用地发展方向选择：城市发展方向选择以西、南向拓展为主，东向适度延伸为辅，贯彻实施“西拓、南移、东延、中疏”城市建设用地发展方针。

城市空间布局：按组团式进行规划布局，形成“一核三组团”的城市总体布局结构：一核—城市核心区；三组团—港口组团、金安组团、芳兰组团；中心城区二辐射组团—沙河组团和姑塘组团。

## 二、专项规划

**市域城镇体系规划** 2005年，由广州市城市规划勘测设计研究院、九江市城市规划市政设计院共同编制完成，当年第四次规划委员会原则同意，2006年7月24日通过专家评审。

规划范围：市域范围，总面积19078平方千米。

规划期限：2004~2020年。

城市性质定位：国家级风景名胜区庐山所在地、著名旅游城市，长江中下游地区重要综合性交通枢纽、著名港口城市，省重要工贸重镇。

城市未来发展中定位：京九交通枢纽、华中流通区域中心、京九枢纽、工业强大市、文化山水旅游名城、旅游大强市。

**九江市域生态规划** 2007年由中山大学地理科学与规划学院、广东省科学院广州地理研究所共同编制完成。

规划范围：宏观尺度上，该规划包括九江市全市域范围，总面积19078平方千米，涉及12个县（市、区）。中观尺度上，此次规划重点为沿江地区、环庐山带、环鄱阳湖带、修河廊道。

规划期限：此次市域生态规划期为2008~2020年，以2007年为基准年，以5年（2008~2012）为基本规划期，远期到2020年；规划考虑远景（2021~2050年）。

规划性质：该规划是指导九江生态保护和建设纲领性文件，是九江市经济社会发展、资源利用、生态与环境保护，以及城市发展约束性依据。该规划为开发性规划，应定期评估实施情况，不断补充与完善。

规划目标：明确区域生态功能体系；构筑区域基本生态保护体系；建立区域生态基础设施控制体系；构筑重要生态区和廊道的生态保护和生态基础设施建设体系；建立以污染防治为重点的优良环境体系；建立以古今文化与生态文明融合为标志生态文化体系。

生态功能区区划方案：根据生态环境敏感性、生态服务功能重要性、生态适宜性和区域经济发展差异性等，把全市划分为4个生态区、11个生态亚区和22个生态功能区。

**中心城区中小学布局规划** 2007年由市城市规划市政设计院编制，同年12月30日通过专家评审，2008年12月26日第三十次市政府常务会议批准原则同意。

规划范围为中心城区建设用地范围，根据发展需要将沙河街镇、市综合工业园和姑塘镇作为中心城区的辐射功能区纳入规划范围，另外对规划建成区周边的乡镇中小学也提出规划控制要求。规划期限为2008~2020年。根据对中心城区人口、中小学学生数及班级数预测，规划：2010年中心城区将有42所小学、20所初中；2015年中心城区将有46所小学、25所初中；2020年中心城区将有52所小学、28所初中。2010年中心城区将有13所高级中学；2020年中心城区将有15所高级中学。

**中心城区住房建设规划** 2010年由市城市规划市政设计院编制，同年6月24日通过专家评审。

规划范围为九江市中心城区（不含沙河及姑塘组团），规划期限为2010~2012年。规划至2012年中心城区人口规模为86.5万人（2020年中心城区人口规模为120万人），新增城市人口16万人，按人均居住建筑面积30平方米控制，至2012年年末，规划期内需新增住房建设面积480万平方米，应建设商品住房144万平方米，占新增住房建筑面积30%；普通商品房295.94万平方米，占新增住房建筑面积

61.5%;廉租房35万平方米,占新增住房建设面积7.4%,公共租赁住房5.06万平方米,占新增住房建筑面积1.1%。

**中心城区基础设施"十二五"规划** 2010年12月由市城市规划市政设计院编制完成。

规划范围以市总体规划确定中心城区近期规划用地范围为主,对涉及区域基础设施(交通设施、环卫设施)共享的规划范围扩展至城市规划区650平方千米范围。该规划对全市基础设施现状与问题深入研究,对城市需求进行预测,确定发展目标与任务,提出基础设施建设重点项目与规划实施的保障措施。该规划基础设施包括:交通、供水、污水处理、垃圾处理、供气、园林绿化、电力设施,特指位于城区内或者位于城区周边但专门为城区服务基础设施。

**环庐山旅游休闲文化景观带发展总体规划** 2007年8月,市规划局进行"环庐山旅游休闲文化景观带发展总体规划方案"招标,9月30日,评审专家对北京土人景观与建筑规划设计研究院、上海奇创旅游景观设计有限公司编制规划方案进行评审,认为一、二等奖空缺,北京土人景观与建筑规划设计研究院方案为三等奖。随后市规划局委托北京土人景观与建筑规划设计研究院编制深化该方案。2008年12月30日,市规划局主持召开环庐山旅游休闲文化景观带总规深化专家论证会,原则通过该规划。

规划范围:外边界为环庐山公路外,鄱阳湖湖滨、京九铁路、昌九高速公路围合区域;内边界为环庐山公路内包括山前主要历史文化、乡村景观等游憩资源环带。

规划主旨:产业为支撑、生态为基底、交通为纽带、文化为核心理念。

规划目标:按照"和谐大庐山、山水绝妙处、文化大舞台、如意休闲地"定位,着力把环庐山旅游休闲文化景观带打造成一串璀璨明亮"钻石项链"。

产业聚集带:庐山文化体验产业聚集带,庐山休闲度假产业集聚带,庐山门户展示产业集聚带和庐山接待集散产业集聚带。

空间布局:北部交通门户区、南部交通门户区、"出世"区、"修学"区。

功能主题:展示区、集散区、生活区、宗教区、田园区、观学区、修学区、科考区、养生区。

## 三、控制性细则规划

**九威大道周边地区规划** 2002年9月由美国AEPA建筑设计工程公司、九江市城市规划市政设计院共同编制完成,2003年12月31日市政府批复同意。

规划范围为九威大道一线"两点一面",即沿九威大道两侧各500米范围,规划用地面积为10.65平方千米。规划区基本形成沿九威大道"一带三片"用地结构形式,即九威大道两侧500米左右宽以景观绿化为主景观带和北片即高压线以北九威大道西南侧一类居住小区,中片即芳兰湖以北旅游度假及文化娱乐区,南片为庐山上牯岭镇搬迁安置威家镇商住综合片区。

**十里片区规划** 2003年3月由市城市规划市政设计院编制完成,同年11月21日第二次规划委员会原则通过,12月31日市政府批复同意。

规划范围东临规划外环路,西接长江大道,北起昌九高速公路,南止规划外环路。规划用地面积8.85平方千米。规划采用"二轴四带"功能结构模式。"二轴"为长江大道、十里大道交通轴;"四带"规划区自西向东分别为西部生产生活带、公共服务带、绿色休闲带、东部生产生活带,其中西部生产生活带包括2个居住区和1个工业区;公共服务带中包括文化体育中心、商业中心及高中园区;绿化休闲带中包括螺丝山公园及保留山体;东部生活区包括两个居住区和一个工业区。

**濂溪片区规划** 2003年9月由市城市规划市政设计院编制完成,当年第一次规划委员会原则通过,2004年4月29日市政府批复同意。

规划范围北起京九铁路,西接十里大道,东、南至昌九高速公路,规划用地面积10.66平方千米。规划功能结构布局:规划采用"一带二片三心五组团"功能结构模式。其中"一带"为以九江学院为起点呈东西走向高校及科研产业带;"二片"是以该产业带为界的南北两个综合服务区,其中北片区是以物流中心、荷花垄商务中心、交通枢纽中心、居住组团所组成综合服务区，南片区是以十里铺建成区为核心包括行政办公、教育科研、工业及居住组团所形成综合服务区。“三心”是指北片区近期开发物流中心、商务中心和交通枢纽中心；“五组团”是指南北综合片区在内的成规模或成线型组合生活区组团。

**邹家河规划** 2005年由市城市规划市政设计院编制完成，当年第一次规划委员会原则通过，12月31日市政府批复同意。

规划范围东临十里大道，西接长江大道，北起前进西路，南止规划的南山路，规划用地面积1.5321平方千米。规划采用“一轴二片二带”功能结构模式，“一轴”为昌九高速公路对外交通轴；“二片”是以昌九高速公路为界而自然划分南北两个综合功能区，其中北片区是以二级长途汽车站、公交首末站和保养场、临街商业及居住组团等所组成综合功能区，南片区是以物流中心，文化娱乐、医疗卫生、工业及居住组团等所组成综合功能区；“二带”为小河杨和邹家河滨河绿地景观带。

**鹤问湖地区规划** 2005年10月由南昌大学设计研究院、市城市规划市政设计院共同编制完成，当年第四次规划委员会原则通过，2006年2月28日市政府批复同意。

规划范围东起长江大道至昌九高速公路，南至沙河工业城东泉路，西至环城西路，北至长江，规划用地面积为108.07平方千米，其中水域面积48.80平方千米，陆域面积59.27平方千米。规划总体布局以鹤问湖为中心，形成“三团一带两区”总体布局。“三团”为鹤问湖东组团、鹤问湖南组团、官湖组团；“一带”即两湖景观带；“两区”为庐山山体景观生态保护区、赛湖南岸景观生态保护区。其中3个组团为主要建设用地，两湖景观带为低密度建设用地。规划范围内应满足以下主要功能：产业发展、生活服务、城市交通、城市公共服务、旅游度假、生态及文物保护。

**金安组团规划** 2006年由市城市规划市政设计院编制完成，2007年第一次规划委员会原则通过，同年10月31日市政府批复同意。

规划范围含浔阳区白水湖街道、金鸡坡街道和庐山区五里街道、新港镇各一部分。规划区北望长江，南靠在建铜九铁路，西临城市主干道长虹北路，东至新港镇洪垅埂村，规划总用地面积25平方千米，规划区人口规模15万人。规划区形成“两横三纵、一带、四区”空间结构形式，“两横三纵”：规划区内东西走向主干道滨江东路和九湖公路，南北向主干道长虹北路、琴湖大道和芳兰大道，共同构成规划空间网络；“一带”：沿铜九铁路线形成宽度在50米以上防护绿化景观带。

**威家镇规划** 2004年6月由市城市规划市政设计院编制完成，当年第四次规划委员会原则通过，2005年2月23日市政府批复同意。

规划范围东以规划的芳兰大道为界，西至庐山北山公路西侧，南北以40米等高线为界，规划区控制用地面积1.5817平方千米，实际建设用地面积1.0359平方千米。规划性质：以旅游服务业为主导，设备完备、环境优美现代化旅游服务性城镇。规划结构：“二轴、二心、四片”。“二轴”以一号路为威家镇的用地发展轴；以九威大道和环山公路起始段为威家镇对外交通轴。“二心”即行政文化中心、旅客中转集散中心。“四片”为一号路北面一类及二类居住用地；特色商业服务区；旅游中转服务区；工程学院服务区。

**九江出口加工区规划** 2005年6月由市城市规划市政设计院、开发区设计公司共同编制完成，同年第四次规划委员会原则通过，该项目经建设部、海关总署认定。

规划范围东起白马岭—张家—王家竹林村，西至昌九高速公路，南起双瑞路，北止彭塘湾—熊家圳—白马岭。总用地面积2.81平方千米。规划分两期建设，2005~2006年第一期(起步区)：位于用地南部，面积0.987平方千米。2007~2009年第二期(中期)：位于用地的北部，面积1.823平方千米。2010~2020年为远期：向规划区的北部发展。性质：处于海关完全监管的全封闭形式出口专门加工区。发展目标：引进“两头”在外出口加工专门企业，生产产品具有较高科技含量和加工附加值。建成由海关完全监管生产区域。经济发展目标：到规划期末，生产总值达到20亿美元。用地布局规划：规划区南部地带布置行政管理用地、海关办公用地，沿1号路两侧布置加工业用地。保留现有水面，并加以整治，达到现代环境要求。不得布置居住、商业用地。

## 四、其他规划

**九江市未来发展远景概念规划国际咨询** 2006年3月,市委、市政府就《九江市未来发展远景概念规划》进行国际咨询,来自建设部、中国城市规划学会等专家对英国STKINS顾问有限公司、澳大利亚SNZ设计机构、香港都市规划顾问有限公司、上海同济城市规划设计研究院等国际国内知名设计机构编制的规划方案进行评审,专家认为此次国际咨询的境内外4家设计单位在现状踏勘、资料分析方面较深入,成果表现形式多样,4个方案都强调可持续发展理念,突出保护生态环境重要性。对非建设用地管制、对重要自然景观保护成为制定长远战略重心。4个方案均能够从较大区域层面上分析战略问题。提交成果基本符合《九江市城市总体发展概念规划国际咨询文件》内容和深度要求,对制定长远发展战略具有积极意义。2006年5月,市规划局委托南京大学规划设计研究院对4家单位规划成果进行综合优化,编制《九江市城市发展战略规划研究》。

规划范围:赛湖以东,鄱阳湖以西、长江以南、庐山以北。

**八里湖地区概念规划国际咨询** 经中国城市规划学会推荐并经市政府同意,2005年2月16日决定由国际设计机构都市规划顾问有限公司(香港)、德国SBA设计事务所(德国)、加拿大NAC北美世纪设计咨询有限公司(加拿大)和国内设计单位中国城市规划设计研究院、广州市城市规划勘测设计研究院+澳大利亚ANZ GROUP联合体参与八里湖地区概念性规划国际咨询。5月21~22日邀请两院院士周干峙等9名国内著名专家为评委,召开八里湖地区概念规划国际咨询专家评审会,对应征方案进行评选,最后专家投票评选出E方案(德国SBA设计事务所)获得一等奖;B方案(加拿大NAC北美世纪设计咨询有限公司)获得二等奖。

规划范围:东起长江大道至昌九高速公路,南至沙河工业城东泉路,西至环城西路,北至长江。规划用地面积为108.07平方千米。

**八里湖东岸茅山头片区城市设计** 2010年由华中科技大学城市规划设计研究院编制完成,同年6月22日经专家评审原则通过。

设计范围:东至长江大道,西至环湖路以及环湖二路,北至十里河南路,南至京九铁路。设计总用地面积308.77公顷,约3.09平方千米。其中水系占地35.77公顷。

功能定位:以商务办公、文化娱乐、商业服务和居住为主城市综合体。

设计概念:“玉带金岛”。“玉带”充分利用八里湖、十里河生态景观条件,沿河湖岸线建设长达4500米带状亲水活动场所无比和谐组合生活廊道。“金岛”茅山头片区,将以高效、生态、特色和高尚品质体现其金质文化、经济和环境价值。

功能结构:一心、三园、一街、七区、一道、一岛

一心:商贸中心;三园:游乐园、亲水公园、贵宾园(高级酒店);一街:滨水休闲街;七区:一个还建住区、六个居住小区;一道:商业服务大道;一岛:生态岛。

用地布局:商贸用地主要在环湖东路以东、杭州路以西、京九铁路以北所围合的地段。在长虹西大道西侧和十里河南路主要布置商业服务用地。在环湖路和环湖东路间的北部地段布置文化娱乐用地,在其南部布置公园用地。在长虹西大道以北和环湖路以东地段布置商业服务用地和绿地。居住用地分别布置在京九铁路以北和十里河南路以南适宜地段。在控制性详细规划的基础上将长虹西大道北部的部分商贸用地安排在长虹西大道以南地段。

**胜利公园及周边用地城市设计** 2010年由省城乡规划设计研究院编制完成。

设计范围:东起环湖东路、规划支路,南至空疗用地南侧规划支路,西至八里湖,北至八里湖堤,规划用地面积102公顷(不含水面)。

设计理念:水泽、文蕴、人聚、城和。

设计主题:山水灵动,魅力湖滨——行走在山水画卷之间,感悟魅力滨水生活。

功能定位：寻找城市印记，品读城市文化，体验城市活力，感受城市魅力。

空间结构：临湖傍河，一带两轴，成风景；聚心布局，三区四点，都市情。“一带”以水印广场为核心组成的八里湖东岸滨湖生态景观带。“二轴”城市发展轴、水韵活力轴。“三区”文化博览区、文化体验区、文化娱乐区。“四点”胜利碑（含博物馆）、文化艺术中心、摩天轮、水印广场。

## 第二节　历史文化名城保护修复规划

### 一、名城保护规划

2005 年由省城乡规划设计研究院编制完成，同年 11 月 18 日省建设厅、省文化厅组织专家对规划方案进行评审，第四次规划委员会原则通过该规划。

九江历史文化构成基本要素：源头文化：码头工商文化、军事文化；主体文化：山水田园文化、理学书院文化、宗教文化；外来影响文化：半殖民地文化。

主要特征：充分地反映地域先民生存与自然环境和谐相融的天人合一依存关系；深刻体现地域文化人民性，反映人民生活疾苦和对未来美好生活的向往与憧憬；全面展示地域文化璀璨历史成就；客观表现近代中西文化交融互映时代特征。

规划保护范围：以市中心城区为主体，城市规划区为基本界面，适当外延扩展至庐山山麓地区和九江县的沙河、港口、永安、新塘、新合、城门、狮子。规划区域总面积约为 650 平方千米，其中中心城区面积 150 平方千米，历史城区 5.2 平方千米。

规划期限为：2005~2020 年，共 15 年。其中，2005~2010 年为近期，2011~2020 年为远期。

保护规划体系：根据此次规划总体目标要求，应建立九江历史文化名城全面保护规划体系，其保护范围及内容应涵盖所有有形文物和无形文物范畴，但以有形文物为主，以不可移动文物为主，以重点文物古迹与历史文化街区为主，整体上通过规划构建上承市城市总体规划，下启各类文物点保护规划体系。

保护工作重点：名城整体历史风貌保护有滨江风貌带保护、城市滨湖风貌带保护、古寻阳城遗址环境风貌保护、八里湖周边区域规划建设控制、沿庐山山麓风貌带保护。历史地段保护有大中路西段、滨江路原租界区地段、庾亮南路地段。文物保护单位保护有全国重点文物保护单位 4 处，省级文物保护单位 11 处，市级文物保护单位 38 处。名城历史文化展示利用有构建“一心、五区、内外双线”展示体系。一心：九江历史文化展示中心；五区：沿江文化展示区、滨江文化展示区、大中路西段文化展示区、庾亮北路文化展示区、古寻阳城遗址文化展示区；内外双线：历史城区内展示线路和历史城区外展示线路。

### 二、街区修复规划

**大中路历史文化街区修复**　2010 年 11 月由上海同济城市规划设计研究院编制完成，2010 年 12 月 24 日专家评审会原则通过。

规划范围：北至长江防汛墙，南至浔阳路，东至交通路（含九江港航运楼和九江大酒店西侧绿地），西至龙开河路、庐山北路，总面积约为 22 公顷，街区内有国家级文化保护单位 1 处、省级文物保护单位 2 处、市级文物保护单位 1 处。

规划目标：以反映中国近代历史中九江对外开埠后长江中下游重要口岸、商埠风貌特色，同时体现出九江自古以来便是江南水陆交运名埠重港的经济地位及其城市特征为主题，保护原有街道空间结构，更新提升街区商业居住功能，重塑街区作为九江近代重要通商口岸、商埠风貌特色。

功能结构规划：建立“三轴一环三点三区”功能结构，“三轴”即开发景观轴、新生功能轴、传统功能轴；“一环”指公共服务环；“三点”改造优化大中路西段入口节点、大中路湓浦路交叉口和大中路庐山路交叉口；“三区”为现状改善区、风貌整体重塑区和历史风貌修复区。

**庾亮南路历史文化街区修复规划** 2010年11月由上海同济城市规划设计研究院编制完成,2010年12月24日专家评审会原则通过。

规划范围:北至军分区招待所北侧巷道,南至南湖路、庐峰路,东至建设控制地带东边界(去除九江医专学院的部分建筑),西至甘棠南路,总面积约为26.4公顷。街区内有省级文物保护单位2处、市级文物保护单位4处、优秀历史建筑5处。

规划目标:展现中国传统文化与西方文化交融结合近代社会文化特征,见证九江外来殖民文化为主题。

功能结构规划:重点打造本土文化带和漫游欧风带两大历史圈层,通过对三个方向上道路景观整治,形成与两大圈层相衔接的林荫休闲道。

## 第三节 风景名胜区规划

### 一、庐山风景名胜区保护规划

省建设厅、庐山风景名胜区管理局委托清华大学城市规划设计研究院组织编制《庐山风景名胜区总体规划》(2006~2025)。

规划原则:保护为先原则;利用优化原则;协调整合原则;以人为本原则;现实可行原则;依法治山原则。

指导方针:"科学规划,统一管理,严格保护,永续利用"及"保护为先,利用优化,统筹协调,渐进整合"。

规划范围:庐山风景名胜区基本上以环山公路内侧为界,局部沿庐山山体,围合成封闭曲线,总占地面积330.42平方千米。庐山风景名胜区外围景区包括浔阳景区、龙宫洞景区、石钟山景区、鞋山—湖口景区。风景区北至濂溪墓、东至高垄关帝庙、南至温泉、西至通远。风景区外围保护地带自风景区东及东南边界外延至鄱阳湖滨,其余部分以风景区边界外延500米,外围保护地带总占地面积103.94平方千米。

规划期限:近期2006~2010年;中期2011~2015年;远期2016~2025年。

规划性质:庐山风景名胜区是世界文化景观遗产,是以人与自然和谐共生,古今中外文化交融积淀深厚为主要特征,以资源保护、观光度假、避暑休闲、科普教育、会议会展为主要功能,以山岳型为主体的国家级风景名胜区。

风景资源评价:总体评价庐山的历史遗存以其独特方式,融汇在具有突出价值自然美中,形成具有极高美学价值、与中华民族精神和文化生活紧密相连文化景观。庐山价值特色评价为科学价值、美学价值、历史文化价值和风景名山、文化名山、地质名山、生态名山、宗教名山、政治名山。

规划结构:多中心多要素圈层网络式空间结构。

"多中心"即规划期内继续保持牯岭作为庐山全山的旅游服务中心,以山下威家和通远为两处旅游服务次中心,及已在实施的芳兰组团,形成山上、山下功能互补、各有侧重的多级中心。

"多要素"即包括庐山景观资源保护要素,景观资源利用要素,并使这两种要素达到空间上的高度和谐。

"圈层"即指庐山全山由中心向外围呈圈层式的分类保护格局。

"网络式空间结构"即覆盖全风景区范围(同时扩展到外围保护地带并覆盖更大空间范围)的具有网络特性的空间结构。

规划用地布局:为基本维持牯岭中心地位,此规划对牯岭中心区用地规模进行适当控制,同时对中心区中的部分用地性质进行调整;在威家、通远两处旅游服务次中心增加相当数量游览设施用地和交通工程用地;加强对核心景区(尤其是史迹保护区、生态保护区)的保护,规划延续《庐山风景名胜区核心景区保护规划》中关于几处史迹保护区(东谷别墅区、白鹿书院、观音桥、植物园及东林寺)的风景游赏用地规模和布局。同时对生态保护区林地范围和用地规模进行严格界定;为形成更加均衡发展景区格局,采取加强贯穿庐山山体东西走向几条主要步行游览道路两侧风景游赏用地布局；加强各旅游服务站和旅游服务点游览设施用地布局，特别以海会、温泉、莲花、太乙村、东林寺为布局重点；加强新规划景区的风景游赏用地规划布局(如好汉坡景区、碧龙潭景区、康王谷景区等)；落实“圈层式分类保护”格局，在分类保护区域中各项用地分别以核心保护区、风景恢复区、风景游览区和发展控制区进行应该设置、可以设置、可保留不宜新置、禁止设置及不适用5种情况仔细划分，并对现状用地进行较大幅度调整，同时结合居民社会调控分区(按无居民区、居民控制区、居民衰减区、居民聚居区)对居民社会用地进行重大调整。

环境容量测算与控制：现状景区资源容量：11237(人次/日)，规划景区资源容量：19450(人次/日)。风景区环境容量为：日容量8500人次/日，年容量为186万人次/年。本规划期内游人容量不得超过180万人次/年。服务职工总人口预测：近期约为20000人；远期约为40000人。

风景保护与培育规划：庐山风景名胜区范围内330.42平方千米为规划区域，采取分类、分级、专项保护管理等措施，以确保庐山风景名胜资源永续利用。分为核心保护区、风景恢复区、风景游览区、发展控制区4个区域。

游赏规划：观光游规划：庐山应建立大旅游观念，加强旅游区域合作，整合周边地区旅游资源，可以纳入以长江三峡为主体的沿江观光旅游线和赣北大旅游圈中；旅游路线规划：庐山观光游可以实行一日游、二日游、三日游等。重点游线控制：庐山规划重点旅游线包括花径—锦绣谷—黄龙潭—三宝树—植物园—含鄱口游线、观音桥—秀峰游线、莲花—好汉坡游线、白鹿洞—三叠泉游线。度假游规划：以山上部分为龙头，逐步建成较高档次的度假旅游区，并逐步将其重心移到山下和山麓地带。在山下依托温泉、丘陵、湖滨、湿地、山谷、历史文化遗迹等资源，分期建成多个度假旅游分区。庐山未来的主要度假旅游产品拟包括周末休闲度假旅游、夏季中长期度假旅游、冬季中短期度假旅游。特色专题游规划：包括主题旅游规划、历史文化主题、自然景观主题、地质景观主题、宗教文化主题、登山探险主题、科学考察主题、郊野观光主题、民俗文化主题、休闲健身主题。其他旅游方式规划：包括健康体育旅游、业务修学旅游、商务旅游与会议旅游。

道路交通规划：对外交通规划：庐山风景名胜区北以九江市为对外交通门户，通过庐山大道在威家连接环山公路和北山公路；南以南昌市为对外交通门户，通过昌九高速公路在通远连接南山和环山公路。总的以公路、铁路交通为主，以水运、航空为辅，形成全方位立体的对外交通格局。交通转乘站规划：主要包括南山入口交通转乘站、北山入口交通转乘站。环山公路规划：等级控制为二级公路标准，红线控制40米，机动车幅宽24米，双向4车道。在车道两侧设置非机动车道宽≥4米。

## 二、云居山—柘林湖(西海)风景名胜区总体规划

2004年10月，市政府成立云居山—柘林湖风景名胜区管理委员会。2005年12月经国务院批准，公布为第六批国家级风景名胜区。随后，省住房和城乡建设厅、云居山—柘林湖风景名胜区管理委员会委托省城乡规划设计研究院和上海大观景观设计公司共同编制《云居山—柘林湖(西海)风景名胜区总体规划》(2008~2025)。

规划期限：近期2008~2010年，中期2011~2015年，远期2016~2025年。

风景名胜区范围：东部以105国道周田段经永武公路跨易家河大桥至316国道为界，南部以瑶田村经菊花尖、桃花尖沿永修与武宁交界线至永武公路，西部沿永武公路南侧100米处经武宁县泉口村至县城东缘过武宁大桥至宋溪镇张家垄为界，北部从宋溪镇沿西海高速公路南侧接316国道。

核心景区范围：包括风景游览区的主要游览范围，面积为348.73平方千米。

外围保护地带：根据景源保护和视域需要，将风景名胜区外围的武宁县城、修河上游部分汇水区域以及南北两侧可视山体划分为外围保护地带，面积为324.6平方千米。

风景名胜区性质：云居山—柘林湖风景名胜区是以优异的自然山水与悠久的佛教文化完美结合为特色，具有山水览胜、度假养生、健身娱乐、科普启智等多重价值功能的山水型国家级风景名胜区。

规划目标:通过科学规划,合理建设,将云居山—柘林湖风景名胜区建设成为山岳景观与湖泊景观于一体,自然山水与深厚文化内涵完美结合,最终形成融一流的天然养颜养生中心,一流的休闲旅游度假中心、一流的国际会议展览中心和一流的水上健身娱乐中心为一体的高品位休闲度假目的地。

环境容量:风景名胜区内一次性(瞬间)环境容量是2.33万人次,日环境容量为2.85万人次,年环境容量为686万人次。

发展规模:近期(2010年)游客量140万人次/年,日游客量4600人,职工人数为1120人,常住居民为39250人,总人口为44970人。中期(2015年)游客量225万人次/年,日游客量6600人,职工人数为1930人,常住居民为37550人,总人口为46080人。远期(2025年)游客量366万人次/年,日游客量10000人,职工人数为4500人,常住居民为36050人,总人口为50550人。

功能分区:规划划分为生态保育区、风景游赏区、旅游服务区、建设控制区和协调发展期5大功能区。

景区划分:总体布局:"一环三心六大景区,一城四镇六个度假村",一环:永武公路和西海高速公路构成的外部交通环路;三心:柘林、巾口、白石港游客中心;六景区:莲花城景区、青石湖景区、桃花溪景区、鹿角尖景区、百湾迷宫景区、红岩潭景区;一城:武宁县城,为风景名胜区旅游接待基地和行政管理中心;四镇:柘林、罗坪、巾口、司马旅游镇;六度假村:西海温泉度假村、浪琴岛旅游度假村、印象西海度假村、红岩潭度假村、康龙度假村、青石湖度假村。

## 第四节　县级城区规划

### 一、九江县城区规划

1995年,县城总体规划编制,规划期限1996~2015年,城市性质为赣北交通枢纽,全县政治、经济、文化、科技、信息中心,可利用交通便捷优势,以发展工业经济为主,结合商贸旅游发展并举,具有自然景观优美现代化城镇。城市人口规模13万人,用地规模13平方千米,随着城市发展,经济、社会条件变化,要求城市总体规划适时进行调整,以更深入地指导九江县城市发展与城市建设。

2004年,县政府委托市城市规划设计院编制《九江县总体规划》(2004~2020),市2006年第二次规划委员会议原则通过该规划。

规划范围:包括规划建设用地,近郊区及与城市远期发展需控制用地,西起长江二桥与宁樟高速连接段,东止105国道,北至八里湖边,南至毛桥一线,规划范围151.3平方千米。

规划期限:城市总体规划分为近期、中期、远期3个阶段。近期至2010年;中期至2015年;远期至2020年。

城市性质:县域中心,未来九江市城区的一个组成部分,以加工工业为主的工业型(城市)组团。

城市规模:近期(2010年)总人口12万人,城市规划建设区12平方千米;中期(2015年)总人口18万人,城市规划建设区18平方千米;远期(2020年)总人口22.5万人,城市规划建设区25.5平方千米。

城市建设用地发展方向:城区发展方向为北、东、南,并以南北方向为主,为"北进,南拓、西控、东联"。

城市总体布局结构:规划九江县采用"一轴二片"集中紧凑发展结构,以昌九高速公路为界,形成东部加工工业区及西部生活公共服务区,通过庐山东路及东泉路主干道进行联系。

### 二、德安县城区规划

1995年,由市城市规划设计院编制完成《德安县县城总体规划(1995~2010)》,城市性质:全县政治、文化中心,九江南部地区的经济中心,以轻工业为基础,高新技术产业为主题,商贸为中心现代化城镇。城市规模:城市人口规模,2000年6万至8万人;2010年12万至15万人。城市建设用地15.6平方千米。城市主要发展方向:城市建设用地选择主要在105国道和京九铁路之间,并跨越博阳河和京九铁路向河东乡、附城、宝塔乡发展。

2005年7月,县政府委托中山大学规划设计研究院编制《德安县县城总体规划(2007~2025)》。

城乡协调发展区:即为德安县整个县域范围。

城市规划控制区范围:县城城市规划区。北至邹家垄(河东乡北部边界),东至县域边界(河东乡东部边界),南至九仙岭,西至园艺场一带,总面积约70.90平方千米。

中心城区范围:为规划控制区中扣除生态绿地部分,西至园艺场,东至京九铁路(经河东乡段),南至九仙岭,北至邹家垄一带,总面积29.04平方千米,其中城市建设用地面积16.80平方千米。

规划期限:近期2007~2010年,中远期2011~2025年。

城市性质:九江市域的副中心、昌九工业走廊中部的现代制造业基地、适宜创业发展和生活居住生态型山水园林城市。

人口规模预测:近期人口(2010年)9万人,远期(2025年)16万人。

用地规模预测:近期2010年城市建设用地规模9.36平方千米,人均建设用地104平方米,中远期2025年城市建设用地规模16.8平方千米,人均建设用地105平方米。

发展方向:县城空间拓展为“西进、东扩、南移、北抑”。

规划结构:“一轴一心两翼四片”。一轴:105国道;一心:城市中心;两翼:即县城依托城市中心,沿发展主轴向东西两翼拓展;四片:即老城片区、宝塔工业园片区(含小城镇示范基地)、河东居住片区、附城居住片区4大组团。

## 三、永修县城区规划

2006年9月,县政府委托市城市规划市政设计院编制《永修县城市总体规划》。

规划期限:近期2006~2010年,远期2011~2020年,远景2021~2050年。

城市规划区范围:北起涂埠镇东岸吴村沿涂埠镇界至山下洲;东起山下洲向南沿涂埠镇镇界至竹林港转向东南沿马融河河道中线至乌龟山,再转向西南至九坊村东侧山脊;南起九坊村东侧山脊沿永修县县界至麻潭村; 西起麻潭村沿原永丰垦殖场与马口镇镇界向北至中保胡村转向东沿昌九高速公路向北经潦河河道中线至内江村东侧,再转向北沿修河河道中线至东岸吴村。城市规划区面积为74平方千米。

城市规划建设用地范围:北到锯木厂北侧向东至杨柳津河河堤一线,东到永修县殡葬管理所向南至五分厂五大队,向西至前村,再转向南至井头山一线,南到井头山向西至京九铁路,转向南至祠溪村一线,西到昌九高速公路一线,规划区范围用地面积18.48平方千米,其中规划建设用地面积为16.82平方千米。

规划目标:高质量城市环境、高效能城市管理运行机制、高水平城市公共服务设施、较强城市竞争力现代化工业城市。

县域人口及城市化水平:预测至2010年、2020年全县总人口分别为40万人、48万人。预测至2010年、2020年全县城镇人口分别为15万至16万人、27万至28万人。确定全县城镇化水平2010年为38%,2020年为58%。

县域城镇体系发展战略:依托中心城区、五点带动,轴线拓展,分区发展,整体推进,优先发展中心城区县域副中心城镇和县域重点镇,以产业非农业化带动城镇化,以休闲旅游带动相关产业发展,走集中型、内涵发展为主之路,在城市郊区化和乡村城镇化双向推动下,达到城乡融合和整体优目的。

县域城镇体系空间结构:在空间上形成“三心、三区、两轴”的空间发展格局。三心:县城涂埠镇—县域政治、经济、文化中心;云山—星火工业园—县域工业中心;柘林镇—县域旅游中心。三区:以吴城镇为中心的东部经济区;以县城为中心的中部经济区;以柘林镇为中心的西部经济区。两轴:依托昌九工业走廊构成永修县经济发展主轴;以316国道至吴城公路为依托的县域发展次轴。

中心县城城市性质:永修县域政治、经济、文化中心,以新型工业、商贸旅游、仓储物流等为主导产业,人居环境优美,生态协调的现代滨河宜居园林城市。

城市规模:确定2010年永修县城区常住人口为9万人左右,2020年为14.5万至15万人左右,建设用地规模近期为10.8平方千米,远期为16.8平方千米。

城市总体布局:规划城市用地呈组团式发展,形成"一河两岸,一心,一带,四组团"发展格局。"两岸"以修河为界,分为北城片区、南城片区;"一心"以白莲湖为中心,建设白莲湖城市风貌区;"一带"滨河景观带;"四组团"城北组团、湖西组团、湖东组团、城南组团。

## 四、星子县城区规划

县政府委托市城市规划市政设计院编制《星子县城市总体规划(2004~2020)》,九江市2006年第二次规划委员会议原则通过。

规划目标:通过规划实施来调整城市形态布局构架,完善城镇体系结构,使星子县成为体系结构完善、空间布局合理、生态环境优良、城市特色明显九江市卫星城。

规划期限:基期2004年;近期2005~2010年;远期2011~2020年。

规划控制区范围:东至火焰山和廖家垄一线,南至鄱阳湖,北至白鹿镇胡家垄,西至帅家湾,总面积约60平方千米。

城市建设用地范围:西起长虹港,东至神灵湖至李家村一线,南临鄱阳湖,北到白鹿镇,总面积约11.47平方千米。

县域总人口预测:县域近期总人口为25.5万人,远期为28万人。

县域空间结构规划:三区二轴。三区指北部片区、中部片区和南部片区;二轴指北部产业发展主轴和中南部城镇发展副轴。

县城市性质:县域中心,庐山南麓、鄱阳湖畔重要山水旅游城市。

城市规模:星子县城规划人口规模近期2010年6万人,规划建设用地总面积600.9公顷;远期2020年10万人,规划建设用地总面积1147公顷。

城市总体布局结构:四心四区,四心:商业中心、文化旅游中心、行政中心、产业中心。四区:中心区、老城区、城北区和城西区。

## 五、修水县城区规划

1995年,县编制《修水县总体规划》,城市性质为:县城是全县政治、经济、文教、科技、信息中心,以农、林、矿产品加工为特色工、商、贸三位一体山清水秀现代化城市。人口规模:近期1995~2000年,全县人口达79万人,县城人口6.5万至7万人,其中非农业人口5万人;远期2001~2010年全县人口达90万人,县城人口达10万至11万人,其中非农业人口8万至9万人。

2002年,县政府委托省城乡规划设计研究院编制《修水县城总体规划(2002~2020)》。

城市性质:以资源加工型,边境贸易、旅游发展为主山水园林城市。

城市发展规模:县城人口近期10万人,远期18万人。

城市用地发展方向:以向西发展为主,向东发展为辅,将老城区、官塘宁城、吴都工业区联成整体。

城市发展轴线:规划以宁红大道为东西向城市发展轴线。

城市中心区:规划在周边设置县政府办公楼用地、市级公园、医院、旅馆、体育活动中心、文化娱乐、商业学校以及汽车站等,构成城市市级公建中心,该区成为市区中心区。

城市功能分区:规划以修河、自然山体为界将城区分为四大功能区和三个组团,四大功能区为老城区、中心区、城西区和工业区。三大功能组团为民俗文化组团、阳山组团、旅游发展组团。

## 六、武宁县城区规划

县上版总体规划编制于2002年，规划期限为2002~2020年，上轮规划中武宁县城城市性质为：省具有地方特色的山水园林城市，市西南地区以旅游度假、商贸服务为主导的次中心城市，武宁县政治、经济、文化中心。规划到2005年人口规模6万人，2010年9万人，2020年约14万人。

2003年7月，县政府委托上海复旦规划建筑设计研究院、同济大学建筑设计研究院编制《江西省武宁县城市总体规划修编(2007~2020)》，市2004年第三次规划委员会议原则通过该规划。

规划期限：近期2008~2010年，远期2011~2020年。

规划范围：县城市总体规划划定的城市规划区包括新宁镇全部以及宋溪、黄塅、万福工业园区的相关部分，东至垃圾处理场所在的关山行政村，南至源口水库所在的源口林场，西至茶棋湖所在的伊山口行政村和山贤行政村，北至县域范围内的规划高速公路连接线，总面积约为144.7平方千米。城市规划区中的城市建设用地约16.1平方千米。

发展定位：省乃至全国具有鲜明山水特色的宜居城市，市西南地区以旅游度假、商贸服务为主导的综合型城市，是武宁县政治、经济、文化中心。

城市性质：山水特色鲜明旅游宜居城市。

人口规模：规划2010年武宁县域总人口38万人，2020年达到40万人；规划2010年武宁县城人口10万人，2020年达到16万人。

总体布局结构：一带、两轴、三区、五片。一带：滨湖城市风貌景观带；两轴：协和大道城市发展轴和建昌路城市发展轴；三区：主城功能区、万福功能区、宋溪功能区。

## 七、湖口县城区规划

县政府委托上海雅克城市规划设计有限公司、海南雅克城市规划设计有限公司编制《湖口县城市总体规划(2004~2020)》，市2005年第一次规划委员会议原则通过该规划，市政府批准同意。

规划期限：近期2004~2010年，远期2011~2020年。

规划控制区范围：东至凰村乡东界，南至马影镇南界，西至南北港湖区，北至长江、鄱阳湖。总面积约80平方千米。在规划控制区内，规划用地的范围是：西起九景高速公路，东至金砂湾工业园，南临规划铜九铁路线，北靠长江、鄱阳湖，总面积约40平方千米。

城市化和城镇发展方针策略：强化县城中心城市功能，适度扩大规模；重点发展片区中心和城镇，增强对本片区辐射、带动功能。

城镇体系空间布局："一核、三中心、两轴带"。一核：即县城。三中心：流泗、文桥、城山作为东北、东南、西南三个经济片区中心。两轴带：以拟建铜九铁路和铜九高速公路沿线为主东西向沿江经济和城镇发展主轴带；以九景高速公路和拟建九景铁路沿线为主南北向经济和城镇发展主轴带。

城市性质：以发展旅游、物流和钢铁、化工等临港工业为主九江市卫星城。

城市规模：近期人口8万人，建设用地总面积832公顷，人均104平方米/人；远期人口13万人，建设用地总面积1365公顷，人均建设用地指标为105平方米/人。

城市用地结构："一主两副"。一主：由三里区和台山区构成以行政、商业、居住为主，兼有一定轻工业和物流功能的湖口县未来的城市中心组团；两副：双钟旅游组团和金砂湾工业组团。

## 八、都昌县城区规划

2004年，县政府委托省城乡规划设计研究院编制《都昌县城城市总体规划(2004~2020)》。

规划期限：近期2004~2010年，远期2011~2020年，远景2021~2050年。

规划层次：该规划分为县域、城市规划区和城市总体规划用地3个层次。

规划范围：县域：包括县域行政管辖范围的全部，面积为266935平方千米；城市规划区：将都昌镇、北山乡、大树乡、汪墩乡行政区范围内土地作为城市规划区控制范围,城市规划区范围面积为262.6平方千米;城市总体规划用地范围:北至芙蓉山、北山、胜利乡一带,南至矶山、南山,濒临鄱阳湖,东至大树乡村、枫村、汪墩村下尾乡一线,西至矶山湖。规划用地为86.5平方千米,其中城市建成区面积为19.9平方千米。

发展目标:经济发达、布局合理、环境优美市域东部中心城市,山水园林城市。

城市性质:市域东部中心城市,以现代制造业和商贸为特色的山水园林城市。

城镇人口规模:2010年都昌县城区13.5万人,2020年为20万人。

城镇用地规模:近、远期城市建设用地规模分别为1260.6公顷、1993.6公顷。

城市结构:"一心三轴五区"。一心:指城市公共中心,由行政中心、文化中心、商贸中心、体育中心等构成;三轴:是指万里大道、东湖大道—都中路、小康大道—惠民路成为城市二条东西向发展主轴和一条南北向发展主轴;五区:是指形成老城区、城南新区、城东区、城西区、芙蓉山工业园区。

功能分区:老城区:规划完成县行政中心搬迁,整合老城区工业,改造老城区道路交通,强化商贸职能,使老城区成为集居住、商贸、休闲于一体商贸生活区;城南新区:充分利用行政中心搬迁优势,相继建设文化中心、商贸中心、体育中心、会议中心、休闲中心等,形成集行政办公、商贸、居住、休闲于一体综合区;城东区:主要安排居住、商贸等用地;城西区:该区为新区,主要安排居住、商贸及工业用地;芙蓉山工业区:安排工业与仓储用地,为都昌县城的主要工业基地。

### 九、彭泽县城区规划

县1995年总体规划期限为1995~2015年,城市性质:全县政治、经济、文化中心,以发展棉纺、轻化、食品加工工业为主现代化工业城镇和江西省北部流通中心。

2005年12月,县政府委托上海同异城市设计有限公司编制《彭泽县县城总体规划(2005~2020)》,2006年,市第一次规划委员会议原则通过。

规划期限:近期2005~2010年,远期2010~2020年。

城市规划区范围:东北至泉山,西南至观音河,西北至长江,东南至沿江高速公路,突出双峰尖中心位置。城市规划总用地面积21平方千米,规划区面积67平方千米。

县域城市化水平预测:预测彭泽县2010年城市化水平为32.2%,全县城镇人口为11.6万人;2020年城市化水平为48%,全县城镇人口为18万人。

城镇空间结构:"一心、三区、三轴"空间发展格局,一心:县城龙城镇——县域政治、经济、文化中心;三区:沿江经济区、以东升镇为中心东部经济区、以杨梓为中心的南部经济区;三轴:以铜九铁路、沿江高速公路为依托构成县域发展第一主轴、以龙城—黄花—黄岭—杨梓城镇公路为依托构成县域发展第二主轴、以棉船—马当—瀼溪—东升—杨梓城镇公路为依托构成县域发展次轴,形成"沿江—内陆"梯度发展战略。

城市性质:县政治、经济、文化中心,市域东部中心城镇,以棉纺服装、建材、造船业为主导滨江山水生态小城市。

城市规模:规划近期(2010年)县城城市人口6.5万人,建设用地规模约6.65平方千米,人均城市建设用地指标为102.37平方米/人;规划远期(2020年)县城城市人口11万人,人均城市建设用地指标为108.51平方米/人。

城市建设用地发展方向:主要应向东北部沿江发展,西南部在铁路线以北、钓鱼台以东发展。城区内的山地稍作平整后亦有较大地域可做建设用地。

城市总体布局:规划城市用地呈组团式发展,形成"两片、两心、一轴、一带、六组团"发展格局。两片:以南岭为界,城市分为东城片区、西城片区。两心:县城西城片区公共活动中心,县城东城片区的综合公共活动中心;一轴:龙城大道城市发展轴;一带:滨江景观带;六组团:分别是老城区组团、马湖组团、东北工业组团、闵家桥组团、渊明湖组团和南岭组团。

## 十、瑞昌市城区规划

2004 年 7 月，瑞昌市政府委托华中科技大学城市规划设计研究院编制《瑞昌市总体规划（2005~2010）》，九江市 2004 年第三次规划委员会议原则通过该规划。

规划范围：市域规划区为全市行政区划范围，用地范围 1423 平方千米。城市规划区范围包括湓城办事处、桂林办事处、赛湖农场行政辖区范围、南阳乡部分用地和码头区行政辖区共 177 平方千米。城市规划建设用地范围共 30 平方千米。

规划期限：近期 2005~2010 年，远期 2011~2020 年。

城市性质：长江中游和赣西北港口工业城市和重要物流基地，九江旅游经济圈中旅游城市。

人口规模：2010 年市域总人口 45 万人，2020 年市域总人口 51 万人左右。2010 年城市人口 20 万人，其中湓城区 15 万人，码头区 5 万人；2020 年城市人口 29 万人，其中湓城区 20 万人，码头区 9 万人。

用地规模：至 2010 年城市建设总用地为 18.68 平方千米，其中湓城区城市建设用地 13.84 平方千米，人均用地 92.3 平方米；码头区城市建设用地 4.84 平方千米，人均用地面积控制在 104 平方米。

湓城区用地布局：用地发展方向为近期向东和向北扩展，中远期向西扩展。总体空间结构为“双心、二片、一轴、一带”组成。双心：商业中心位于老城区、行政文化中心位于新区；二片：西片区是湓城区的商业中心和文化娱乐中心，突出居住职能，兼有少量工业职能；东片区职能：全市行政中心，突出工业职能，兼有少量居住职能；一轴：为城市发展轴；一带：二片之间由武九铁路及绿化隔离带分隔。

码头区用地布局：总体空间结构为“一心、一带、二片、二轴”。一心：中心位于老城区东侧；一带：生活居住功能片与东片为港口工业功能片之间由 50 米宽的绿化隔离带；二片：西片为生活居住功能片，东片为港口工业功能片。二轴：一轴为长江南岸的港口工业发展轴，一轴为垂直长江的公共设施发展轴。

## 十一、共青城市城区规划

共青城首轮总体规划于 1993 年编制，规划期限为 1993~2020 年。城市发展目标为充分发挥区位优势，将共青城建设成为赣北地区重要工业城市之一，昌九工业走廊中部地区全方位开放开发区和经济、教育、科技、信息中心之一。城市性质为主要以羽绒服装系列产品等轻型工业为主导，发展多门类工业，实施工、贸、农一体化，集约化，成为赣北中部轻型工业发达，高新技术进步、信息灵通新兴中等规模城市。

2004 年 12 月共青城开放开发区管委会委托上海同济城市规划设计研究院编制《共青城总体规划》（2003~2020），市 2005 年第二次规划委员会议原则通过该规划，2006 年 8 月 24 日，市政府原则同意该规划。

规划期限：近期 2003~2010 年；远期 2011~2020 年。

城市规划区范围：将整个开发区行政区域作为规划区范围，包括共青城区和金湖、江益、甘露镇全部地区，规划面积 169.18 平方千米。

发展目标：将共青城的社会经济发展目标概括为“四个基地”：国家级爱国主义教育基地、南昌九江之间的教育科研基地、轻工业基地、生态产业基地。

人口规模及城镇化水平预测：共青城 2003 年总人口为 5.78 万人，规划 2010 年总人口为 12 万人，2020 年总人口为 22 万人。共青城 2003 年全区城镇人口为 3.5 万人，城镇化水平为 60%。规划 2010 年全区城镇人口为 10.5 万人，城镇化水平达 88%；2020 年全区城镇人口为 21 万人，城镇化水平达 95%。

城市性质：昌九经济带中部中心城市，以生态休闲和教育科研为特色山水园林城市。

城市规模：规划中心城区 2010 年城市人口规模为 10 万人，城市建设用地为 13.5 平方千米，人均 135 平方米。规划共青城中心城区 2020 年城市人口规模为 20 万人，城市建设用地为 24 平方千米，人均 120 平方米。

城市用地发展方向:近期以向西和向北发展为主,远期以向南发展为主。

城市总体布局:采用"组团发展"模式,形成"一心、四轴、四组团"布局结构。"一心"即中部服务组团,以共青大道、发展大道、南湖路为轴形成以行政办公、商业金融、娱乐、居住、教育为主综合功能区。"四轴":共青城大道、发展大道为两条东西向发展轴;腾飞路、翔鹤路—南湖路—金纺路为两条南北向发展轴。"四组团"西部工业组团、北部生活组团、东部休闲组团、南部生活组团。

## 第五节 镇村规划

2007 年 11 月 20 日,市政府出台《关于加强乡(镇)村规划建设管理的若干规定》,明确提出"乡(镇)村发展建设必须编制规划,依据规划进行建设;按照先规划、后建设的原则,未编制规划的不得进行建设"。市规划局按照省、市要求,将乡(镇)村规划编制完成情况列为全市规划管理目标综合考评重要内容之一。根据省建设厅对市乡(镇)村规划编制情况的专项检查,全市乡(镇)总体规划编制完成率99.4%,行政村规划编制率 100%(包括已签订规划编制委托合同的乡镇村)。

# 第二章 市区建设

## 第一节 街 道

### 一、修建规模

20 世纪 90 年代,中心城区道路建设新建、改建、扩建和维修罩面同时并举,每年新增道路面积和维修面积均在 1 万~3 万平方米左右,但逐年增长。1997 年,开展城市建设"精品年"活动,实施"六个一"示范工程,全年共投入建设资金 4.16 亿元。市区新增道路面积 11.8 万平方米,改建道路 34 万平方米。1999 年,全面完成甘棠南路、湓浦路、东门口路 3 条城区道路拓宽改造工程,为打通内外环线,开成四通八达交通体系打下基础。进入 21 世纪后,随着十里南大道、青年南路、青年北路、金凤路、滨江东路、九威大道、浔南大道、长虹西大道、环八里湖道路等道路陆续建成,全面拉开城区框架。2010 年,中心城区新增道路 66 千米,新增道路面积 173 万平方米,对城区 100 条边街小巷进行改造,加强道路无障碍设施建设,同年 11 月,九江市通过全国无障碍建设城市专家组验收。至 2010 年,城市道路 218 条,总长 340.761 千米,总面积 801.215 万平方米。

### 二、要道简介

**主干道** 浔阳路:东西向,起于新桥头,止于八角石,全长 1760 米,车行道宽 16 米,人行道宽 3~6 米。1992 年,对部分路段进行沥青罩面维修。1998 年,政府投资 114.5 万对浔阳路全路段进行大型罩面维修。2000 年,浔阳路与庐山路交汇处三角形广场以及浔阳西路与庐山北路、九龙街交叉路口进行改造,建成 2 座相邻大转盘。2005 年,2 座转盘被拆除,建成集九龙街、浔阳西路、庐山北路、庐山路于一处交叉路口,相距不到 100 米距离设两处红绿灯。

浔阳东路:八角石至荷花垅。1994 年,全路进行大型罩面维修。2001 年,该路由长虹立交桥新建延伸至荷花垅。至此,该路全长为 2700 米。新建荷花垅转盘,占地面积 6149 平方米。2002 年,浔阳东路东出口进行扩建整治,昌九高速公路新建荷花垅东出口与浔阳东路贯通出口两侧铺装人行道。2010 年,浔阳东路进行大型沥青罩面维修,人行道由彩色步砖改成花岗岩道板。

长虹大道:南北向,南起十里大道,北至长虹立交桥,全长 3540 米。主车道宽 22 米,是九江长江大桥配套项目之一。1994 年,进行大型罩面维修。1998 年,政府投资 2300 万元,对长虹大道进行大型改造,沥青路面改造成水泥路面，排水系统实现雨污分流。2003 年，再次进行改造，道路绿化带由原 2.5 米扩宽为 8.5 米，慢车道由 6.5 米扩宽为 8.5 米，慢车道由水泥路面改为沥青路面。道路红线范围由 60 米扩宽为 80 米。主车道路面为水泥路面，两侧慢车道为沥青路面。

长虹西大道：东西向，东起长虹大道与十里大道交接处，西至环湖南路，全长 5000 米，建筑控制宽度 80 米，按 II 级城市主干道设计，行车时速 50 千米，设计荷载为城-A 级，路面结构为沥青砼路面，道路横跨十里河，新建桥梁 1 座，桥长 66 米，桥宽 53 米。2009 年，拓展八里湖新区，对原长虹西路拓建扩宽延伸，改称长虹西大道。原长虹西路东起十里大道，西至九龙街，全长 350 米，宽 29 米，面积 10150 平方米，人行道宽 5 米，人行道面积 3500 平方米。2005 年，对长虹西路进行延伸建设，起点为九龙街，止点为长江路，建设长度 800 米，车行道宽 20 米，两侧人行道宽各 5 米，路经十里河时，建桥梁 1 座。

长虹北路：南北向，南起长虹立交桥，北止滨江路。全长 2.95 千米，红线路宽 50 米。1991 年 11 月 28 日动工，1993 年 7 月主车道建成，主车道宽 17 米，1994 年对该路进行扩宽改建，路宽增加 4 米，路面为水泥路面，2010 年，政府投资 2420 余万对全路进行改造，路面加铺沥青混凝土，人行道采用花岗岩铺设。

十里大道：1991 年，长虹路口至一号桥路段刚扩宽至 50 米 3 车道，铺沥青路面 33000 平方米。2003 年，十里大道新建延伸段，道路延伸至江西制氧机厂。至此，十里大道全长 7370 米。路面为沥青混凝土路面。2005 年，对十里大道自西一路路口至十里 1 号桥路段人行道进行大型改造，人行道采用广场砖铺装。

滨江大道：原名滨江路，东西向，西起与九龙街交汇路口，东至长虹北路的白水湖公园路口，路长 4550 米。经 1992 年扩建，形成路面宽 30 米，1993 年 10 月扩建完毕。2010 年 8 月由政府投资约 1800 万元对滨江大道再次改造，道路改造全长 4200 米，(长虹北路口至庐山北路口)，宽 30 米，路面为加铺沥青混凝土面层，人行道采用花岗岩铺装。

滨江东路：东西向，滨江东路为滨江大道向东延伸路段，起点为长虹北路口，止于石化总厂，全长 6340 米。2001 年起，滨江东路大型改扩建，白水湖公园至五医院，长约 900 米，车行道宽约 32 米，路面为水泥混凝土路面，五医院至船管处，长约 3520 米，道路中间设绿化带，车行道由原来的 1 块板改为 2 个 12 米双向车道。路面为水泥混凝土路面。船管处至石化总厂，长 1920 米，该路段经 2008 年改造后，路面为加铺混凝土面层，中间设绿化带，车行道为 2 个 12 米双向车道。

庐山路：南北向，北起浔阳路新桥头交叉路口，南止十里大道三中交叉路口。路宽 35 米，车行道宽 20 米，临湖人行道宽 7.5 米，为彩色步砖。临商业店面一侧人行道于 2006 年起，逐步由彩色步砖更换为吸水砖道板。

庐山南路：东西向，西起十里大道与庐山路三中交叉路口，东止火车站外广场，全路长 2310 米，车行道宽 26 米，路面为水泥混凝土路面。由于九江火车站迁往长虹大道之后，为方便市区与火车站贯通而新建。此路横穿人民路，在与人民路交汇处新建 1 座立交桥，名人民路立交桥，庐山南路从桥下穿过。

庐山北路；南北向，起点为滨江路，止为浔阳路新桥头交叉路口。庐山北路最早仅仅只是庐山路部分路段。1997 年进行改扩建，形成总长约 470 米，宽 20~30 米道路，路面类型为沥青混凝土。

庐山大道：曾名九威大道，东西向，西起与浔阳东路荷花垅转盘，东至威家新路路口。2002 年 3 月动工新建，2003 年 10 月建成通车，全长 7700 米，道路中间设绿化带，为双向车道，车行道宽 12 米，水泥混凝土路面。

九龙街：南北向，北起滨江路海关路口，南至长虹西路，1998 年城区大开发，填龙开河而建，长 4250 米，宽 24 米，人行道面积 42500 平方米，水泥路面。由于九龙街是填龙开河河道而新建，故市区内原横跨龙开河的东风桥(俗称铁桥)、朝阳桥(俗称新桥)相继被拆除。

前进东路：东西向，十里大道至冯家村。1991 年改扩建，1996 年前进东路再次改造，面积 62570 平方米，车行道扩宽为 9~20 米，排水管道改造 3847 米，路灯改造 81 盏。

前进西路：东西向，东起十里大道，西至八里湖铁路桥下。全长 2150 米，1999 年，前进西路拓宽改造,路面拓宽为20米车行道,路面为加铺沥青混凝土面层,道路两旁铺设采用彩色道板铺装。人行道面积20110平方米。2005年10月,为配合九江体育场迁往八里湖新区建设,向西延伸建设2179.2米。2006年5月完工。行车道建构为AC-13细粒式沥青混凝土面层。前进西路与原铁路桥交汇处新建1座跨铁路高架桥,2006年11月动工,2008年4月竣工。

浔南大道:东西向,西起青年南路,东至庐山大道,全长2600米,建于2004年,当年7月竣工,为中间设绿化带双向车道水泥混凝土道路,宽度为12.5米。车行道面积为6500平方米。

抗洪大道:南北向,九瑞大道至抗洪广场,路长700米,分双车道,中间建有绿化带,车行道宽12米沥青路面,人行道面积4600平方米。2003年因连接抗洪广场而新建,沥青路面。

九瑞大道:原名西二路,东西向,长6.3千米,宽50米,东起十里大道,西至赛湖桥。1993年完成续建,2010年进行全面改造。

长江大道:南北向,长7.4千米,宽50米,南起九圆路,北至滨江西大道,1996~1998年建成通车,2010年进行全面改造。

**次干道** 大中路:全长约2081米,宽约12米。2003年11月,八角石至交通路口路段进行排水管道、道路以及人行道改造,2004年1月改造完成。改造人行道面积6330.5平方米,采用花岗岩铺装。改造排水管道608.5米,完成沥青砼罩面10233.75平方米。2010年,该路段再次进行全面改造,所有管线落地,沿街商业店面及其他建筑物临街外墙统一装修,取消车行道,形成花岗岩全路面步行街。是市区唯一一条商业步行街。

李公堤(甘棠湖堤路):南北向,北起南门口,南至人民路。全长820米。路东侧是南门湖,路西侧是甘棠湖,沥青路面。1998年,李公堤进行大面积沥青罩面维修,维修面积达5044平方米。原李公堤没有人行道设施,2003年,对李公堤进行大型整治,道路两侧各设3米宽人行道,铺装吸水砖人行道板。车行道由7米拓宽为7.5米。并且在李公堤靠南门湖一侧人行道上新建大理石靠背椅573.5米(大理石椅面573.5米,圆木靠背573.5米);南门湖湖岸设长栏,长栏边铺装碎大理石路面。李公堤靠甘棠湖一侧人行道上设木制长凳29条。

南湖路:东西向,西起南门口,东至三里街。道路全长2550米,宽9~25米。沥青路面。2002年,南湖路的南门口至九江宾馆路段改造扩建,车行道改为中间设绿化带双向车道,各宽7米,绿化带安装豆芽型草坪灯。人行道改造面积8848平方米,铺装花岗岩道板。同时更换路灯117杆(234盏)。2005年修建和中广场时,南湖路在此处改道,由经庐峰南路拐弯,新建1条长387米,车行道宽20米和中广场规划路与原路相接。

南湖支路:起为南湖路口,止为长虹大道,全长950米,车行道宽9.5米,道路两侧为彩色步砖人行道,各宽3米,沥青路面。1996年新建。

庾亮南、北路:南北向,滨江路至庐峰路。因庾亮楼而得名。以浔阳路为界,浔阳路路北为庾亮北路,路南为庾亮南路。沥青路面。庾亮北路长470米,宽10~12米,两侧人行道各宽3~5米,人行道为彩色道板。庾亮南路长1103米,宽9~12米,两侧人行道宽1.5~5米。2008年,庾亮南路东侧江洲菜场段、庾亮南路天主堂至庐峰南路路段西侧人行道进行改造,由彩色步砖改为吸水砖铺装。

环城路:南北向,北起滨江路,南至南门口。全长约1000米。滨江路至浔阳路为环城路路北段,路长320米,1997年进行改扩建后,车行道13~16米,两侧人行道各宽约3米,沥青路面。浔阳路至南门口为环城路路南段,路长680米。于1996年扩建改造,车行道由原有的7米拓宽为17米,为水泥混凝土路面。同时临湖修建湖滨公园。

环城东路:浔阳东路至南湖路地税局路口。全长480米。车行道宽14米,两侧人行道各宽3米,沥青混凝土路面,人行道铺装花岗岩道板。2002年12月建成。

环城北路:南北向,北起滨江路消防特警中队,南止庐峰东路。全长1007米,红线路宽20米,车行道宽14米,两侧人行道各宽3米。路面类型为沥青砼路面。于2010年新建。

*滨湖路*:庐山南路至甘棠公园门口。2003 年由市政公司对此路进行改扩建,形成 7.5 米宽沥青路面车行道。两侧人行道铺装彩色道板。

*庐峰路*:浔阳东路口至八一宾馆旁,1991 年改扩建成长 460 米,车行道宽 12 米,两侧彩色步砖人行道,沥青混凝土路面。

*庐峰南路*:庾亮南路至医学院南大门,再向东转至人大门口。全长 920 米。庾亮南路至医专路段为 480 米,路宽 15 米,医专至人大门口路段为 440 米,路宽 12 米。两侧人行道为彩色步砖,沥青混凝土路面。

*庐峰北路*:浔阳东路至洪克隆超市。全长 380 米。车行道宽 18 米。两侧人行道为彩色步砖。1997 年改扩建。

*庐峰东路*:东西向,西起庐峰北路口,东至长虹北路。路长 1478 米,红线路宽 30 米,车行道宽 20 米,水泥砼路面。两侧人行道各宽 5 米,铺装彩色人行道板。1997 年新建。

*甘棠南、北路*:南北向。甘棠南、北路以八角石广场为界,往北至滨江路是甘棠北路,全长 658 米,车行道宽 12 米,沥青路面。1996 年进行改扩建,车行道由 9 米扩宽为 12 米,并修建道路两侧彩色步砖人行道。八角石广场往南至南门口为甘棠南路,全长 750 米。车行道宽 8 米。道路两侧为彩色步砖人行道。1999 年改扩建,沥青路面。

*西一路*:东西向,东起十里大道路口,西至九龙街。全长 210 米,道路红线宽 35 米,2001 年西一路建成时,道路为中间设 3 米绿化带双车道,车行道各宽 11.5 米,两侧人行道各宽 4.5 米。2005 年龙开故道工程开挖西一路车行道及绿化带,2006 年由广东汕头市达豪市政建设有限公司恢复西一路, 建成没有绿化带宽 26 米车行道沥青路面。

*陆家垄路*:南北向,北起庐山南路,下穿劳家垅立交桥后与劳家垅水泥路面连接。道路红线宽度 20 米,车行道宽 14 米,道路两侧人行道各宽 3 米,铺装彩色人行道板。路面类型为水泥砼路面。2008 年4 月道路向南延伸建设至德化东路,延伸长度 1737 米,道路红线宽 20 米,车行道宽 14 米,两侧人行道各宽 3 米。铺装彩色人行道板。2009 年验收合格投入使用。

*青年路*:南北向,始建于 1997 年,庐山南路起,至师范学校后门,长约 1030 米,红线宽为 20 米,车行道 14 米,两侧人行道路宽 3 米,水泥砼路面。2003 年,向南延伸建设至长虹大道,延伸路长 380 米。至此,青年路北起庐山南路,南至长虹大道,全长 1410 米。

*青年南路*:南北向,北起长虹大道,南止浔南大道。2003 年年末动工新建,2004 年完工。路长 750 米,路宽 20 米,车行道宽 14 米,两侧人行道各宽 3 米,车行道为水泥砼路面结构。2005 年,青年南路向南延伸建设至前进东路,延伸路长 2200 米,路宽 20 米,水泥砼路面。

*青年北路*:南北向,北起滨湖路,南至庐山南路。1999 年建成。全长 400 米。车行道宽 7.5 米,为沥青混凝土路面。两侧为彩色步砖人行道。

*金凤路*:南北向,北起长虹大道,南止浔南大道。2003 年新建,2004 年完工。路长 820 米,红线路宽 30 米,车行道宽 20 米,水泥砼路面,两侧人行道各宽 5 米。2005 年向南延伸至德化路,延伸路长 890 米,道路红线宽 30 米,车行道宽 20 米,水泥砼路面,两侧人行道各宽 5 米。

*育才路*:南北向,南起九星公路,北止庐山大道。道路红线宽度 20 米,道路全长 546 米。路面类型为沥青砼路面。2007 年建成。

*南海路*:起点为十里大道,止于九龙街,路长 220 米,道路红线宽 30 米,路面类型为沥青砼路面,两侧人行道铺装彩色人行道板。2008 年建成。

*怡康路*:南北向,北起庐山大道,南止九星公路。路长 470 米,红线路宽 20 米,两侧铺装人行道。为 2005 年新建道路,路面类型为沥青砼路面。

*天马路*:东起长虹北路,西止三里街。路长 570 米,红线路宽 15 米,车行道宽 9 米,两侧人行道各宽 3 米,铺装彩色人行道板。路面类型为沥青砼路面。2006 年 5 月建成。

德化西路:东西向,东起十里大道,西止长江大道。路长897米,路宽16米,2005年建成。

德化东路:东西向,东起金凤路,西止十里大道。道路全线长度3253米,道路红线宽30米。2006年新建。

琴湖大道:滨江东路新港海事局旁至老九湖公路。长2000米,宽20米。2009年建成。

濂溪大道:全长6900米。其中2540米红线路宽27米,车行道16米,绿化带8米,两侧为1.5米的土路肩。4360米的红线路宽32米,车行道宽14米,绿化带8米,两侧人行道各宽5米。2009年8月30日开工,2010年6月12日竣工通车。

站前路:路长715米,红线路宽30米,车行道宽20米,两侧人行道各宽5米。2010年建成。

桃园路:东西向。西起十里大道,东至青年路。道路全长850米,红线宽20米。沥青砼路面。2010年年底建成十里大道至人民路路段并投入使用;人民路至青年路路段尚在建设之中。

**2010年市区其他道路一览**

表7-2-1　　单位:米、平方米

| 道路名称 | 起止地点 | 长度 | 车行道 | | | 人行道 |
|---|---|---|---|---|---|---|
| | | | 宽 | 面积 | 路面类型 | 面积 |
| 人民路 | 甘棠公园门口—长虹大道 | 2416 | 8 | 22560 | 沥青 | |
| 战备路 | 三里街路—庐峰东路 | 620 | 8 | 4960 | 沥青 | |
| | | 600 | 6 | 3600 | 沥青 | |
| 北司路 | 马狮商场—木器厂大门 | 410 | 8 | 4080 | 沥青 | |
| 通江路 | 一支路—老火车站广场 | 320 | 19 | 6080 | 沥青 | |
| | 老火车站—长江堤坝 | 300 | 4.8 | 1440 | 砼 | |
| 九瑞路 | 铁路口—港务局 | 1708 | 9 | 15372 | 沥青 | |
| | 港务局—造船厂 | 920 | 9.5 | 14440 | 沥青 | |
| | 造船厂—阎家渡 | 1450 | 8 | 15268 | 沥青 | |
| 湓浦路 | 交通路—大中路 | 140 | 13 | 1820 | 沥青 | |
| | 大中路—庐山北路 | 380 | 8 | 3040 | 沥青 | |
| | 庐山北路—滨江路 | 280 | 8 | 2240 | 沥青 | |
| 浔阳西路 | 桥头—三马路口 | 387 | 16 | 9263 | 沥青 | |
| 北经路 | 老火车站—外港大楼 | 360 | 8 | 4160 | 沥青 | |
| | 外港大楼—水泥仓库 | 360 | 8 | 2880 | 砼 | |
| | 水泥仓库—机务段 | 310 | 4 | 1240 | 砼 | |
| 和中广场规划路 | 远洲国际大酒店—庐峰南路口 | 387 | 20 | 7740 | 沥青 | |
| 一马路 | 大中路—九龙街 | 680 | 7 | 4760 | 沥青 | |
| 二马路 | 大中路—九龙街 | 720 | 11.4 | 8200 | 沥青 | |
| 三马路 | 一支路—回收 | 620 | 10.5 | 6510 | 沥青 | |
| 三马路支路 | 中纬路—党校老门 | 180 | 6 | 1080 | 沥青 | |
| 前纬路 | 一马路—三马路 | 120 | 7.1 | 1840 | 沥青 | |
| | | 120 | 8.3 | 996 | 沥青 | |

续表 7-2-1

| 道路名称 | 起止地点 | 长 度 | 车行道 | | | 人行道 |
|---|---|---|---|---|---|---|
| | | | 宽 | 面 积 | 路面类型 | 面 积 |
| 中纬路 | 一马路—二马路 | 120 | 6.5 | 780 | 沥青 | 852 |
| | 二马路—三马路 | 120 | 5.5 | 660 | 沥青 | |
| | 三马路—六中桥 | 280 | 6 | 1680 | 砼 | |
| 后纬路 | 一马路—党校老门 | 260 | 6 | 1560 | 沥青 | 952 |
| 八里湖路 | 六中桥——支路 | 730 | 6 | 4380 | 砼 | |
| 八里湖一支路 | 八里湖路—八里湖新村 | 580 | 4.5 | 2610 | 砼 | |
| 八里湖二支路 | 八里湖路—煤炭大院 | 380 | 4 | 1520 | 砼 | |
| 花园畈路 | 十里大道—电子材料厂 | 680 | 4.4 | 3000 | 砼 | |
| 三里街路 | 公共汽车公司—三厂门口 | 1200 | 7 | 8400 | 砼 | 5680 |
| 东门口路 | 汽车站对面—三厂后门 | 620 | 7 | 4340 | 沥青 | 1690 |
| 塔岭南路 | 市一医院—浔阳路 | 670 | 6 | 4020 | 沥青 | 1224 |
| 小校场路 | 塔岭北路—冷冻厂门口 | 310 | 7 | 2170 | 沥青 | 823 |
| 塔岭北路 | 滨江路—木器厂大门 | 450 | 12 | 5400 | 沥青 | 4295 |
| | 木器厂—豆腐厂大门 | 660 | 8 | 5280 | 沥青 | |
| | 豆腐厂—浔阳路 | 80 | 14 | 1120 | 沥青 | |
| 孔家巷路 | 浔阳路—大中路 | 230 | 5 | 1150 | 砼 | |
| 丁家场路 | 大中路—柴桑一支路 | 280 | 5 | 1400 | 砼 | |
| 督府巷路 | 大中路—柴桑路 | 240 | 8 | 1920 | 沥青 | 532 |
| 柴桑路 | 滨江路—督府巷 | 460 | 7 | 3220 | 沥青 | 1365 |
| 都天巷路 | 大中路—滨江路 | 520 | 7.5 | 3900 | 沥青 | 1182 |
| 梅绽坡路 | 浔阳路—大中路 | 260 | 6 | 1560 | 砼 | 170 |
| 双峰路(北) | 大中路—浔阳路 | 190 | 8 | 1520 | 沥青 | 500 |
| 双峰路(南) | 浔阳路—庾亮南路 | 230 | 7 | 1610 | 沥青 | 1432 |
| 慎德里路 | 环城路—庾亮南路 | 460 | 5 | 2300 | 砼 | |
| 丁官路 | 环城路—庾亮南路 | 320 | 6.5 | 2080 | 沥青 | 1513 |
| 濂溪路 | 庾亮南路—莲花池 | 350 | 5 | 1750 | 沥青 | |
| | 莲花池—环城路 | 80 | 4 | 320 | 沥青 | |
| 孤溪埂路 | 浔阳路—交通路 | 320 | 8.5 | 2720 | 沥青 | 1122 |
| 滨江一支路 | 滨江路—柴桑一支路 | 420 | 5 | 2100 | 砼 | |
| 丁官路二支巷 | 丁官路—环卫所 | 110 | 4 | 440 | 沥青 | |
| 昭忠祠路 | 柴桑路—甘棠北路 | 260 | 6.7 | 1740 | 沥青 | 648 |
| | 甘棠北路—塔岭北路 | 120 | 6.5 | 780 | 沥青 | |
| 莲花池路 | 浔阳路—丁官路 | 120 | 7 | 840 | 沥青 | 642 |
| | 丁官路—慎德里路 | 180 | 5.5 | 990 | 沥青 | |
| 莲花池支路 | 慎德里路—甘棠南路 | 430 | 3.5 | 1500 | 砼 | |
| 花果园南路 | 长虹北路—化工厂宿舍 | 560 | 3.6 | 2020 | 砼 | |

续表 7-2-1

| 道路名称 | 起止地点 | 长 度 | 车行道 | | | 人行道 |
|---|---|---|---|---|---|---|
| | | | 宽 | 面 积 | 路面类型 | 面 积 |
| 老马渡路 | 普润路—西一路口 | 260 | 6 | 1560 | 沥青 | 299 |
| 沙子墩路 | 庐山路—老县粮食局 | 160 | 5 | 800 | 沥青 | |
| 二亩地路 | 十里大道—华浔服装厂 | 480 | 6 | 2880 | 沥青 | 247 |
| 普润路 | 九龙街—庐山路 | 160 | 12 | 1920 | 砼 | 1810 |
| | | 520 | 5.5 | 2860 | 沥青 | |
| 姚家洼路 | 庐山南路—二亩地路 | 1600 | 8.5 | 13600 | 沥青 | 5737 |
| 滨湖路 | 庐山南路—甘棠公园门口 | 2200 | 7.5 | 16500 | 砼 | 5805 |
| 环城支路 | 环城路—京剧团 | 90 | 10 | 900 | 砼 | |
| 三里街一支巷 | 三里街—商业干校 | 380 | 6 | 2280 | 砼 | |
| 东风巷 | 塔岭北路—滨江路 | 560 | 3.5 | 1960 | 砼 | |
| 宋家巷路 | 浔阳路—甘棠南路 | 530 | 3.5 | 1860 | 砼 | |
| 柴桑支路 | 柴桑路—都天巷 | 610 | 5.5 | 3360 | 砼 | |
| 李家巷路 | 大中路—浔阳区大门 | 300 | 10 | 3000 | 沥青 | 693 |
| 五桂场路 | 双峰路—庾亮北路 | 320 | 7 | 2240 | 砼 | |
| 新村路 | 新村 1#—十里大道 | 440 | 6.2 | 2730 | 砼 | |
| 女儿街路 | 人民路—财校大门 | 350 | 8 | 2800 | 沥青 | 625 |
| 青年支路 | 青年路—庐山电子仪器厂 | 800 | 5 | 4000 | 砼 | 320 |
| | 电子仪器厂—长虹大道 | 500 | 6 | 3000 | 沥青 | |
| 新公园路 | 水科所—九江宾馆 | 620 | 11 | 6820 | 沥青 | 3600 |
| 绿豆湾路 | 主路—姚家洼 65 号 | 430 | 3.6 | 1550 | 沥青 | |
| 滨江东路支路 | 滨江东路—大桥五处 | 900 | 3×2 | 5400 | 砼 | |
| | 滨江东路—二电厂宿舍 | 660 | 6.1 | 4030 | 砼 | |
| 十里大道支路 | 十里大道—色织厂 | 370 | 2.5×2 | 1850 | 砼 | |
| 新公园二支路 | 新公园一支路—汽配宿舍 | 480 | 3.5 | 1680 | 砼 | |
| 向阳一路 | 九龙街—高级饮料厂 | 90 | 4 | 360 | 砼 | |
| 向阳二路 | 九龙街—电子公司 | 380 | 4 | 1520 | 砼 | |
| 向阳三路 | 九龙街—牛奶厂门口 | 520 | 4.5 | 2340 | 砼 | |
| 长虹一支路 | 长虹大道—种子公司 | 220 | 3.5 | 770 | 砼 | |
| 月亮湾路 | 冷冻厂——支路 | 220 | 8 | 1760 | 沥青 | 1453 |
| | 冷冻厂—长江路 | 660 | 8 | 5280 | 沥青 | |
| 月亮湾支路 | 月亮湾路—九龙街 | 90 | 8 | 720 | 沥青 | |
| 浔阳西路支路 | 浔阳西路—前纬路 | 100 | 5.5 | 550 | 砼 | |
| 李家垅南路 | 南湖路—民政局修建队 | 660 | 5 | 3300 | 砼 | |
| 花果园北路 | 滨江路—化工厂宿舍 | 800 | 10 | 8000 | 沥青 | |
| 老鹳塘路 | 滨江路—化工厂大门 | 600 | 9 | 5400 | 砼 | |
| 南湖公园路 | | 601 | 3-5 | 2109 | 沥青 | |

续表 7-2-1

| 道路名称 | 起止地点 | 长 度 | 车行道 | | | 人行道 |
|---|---|---|---|---|---|---|
| | | | 宽 | 面 积 | 路面类型 | 面 积 |
| 站前路 | 浔南大道—德化东路 | 716 | 20 | 14320 | 沥青 | 7160 |
| 环城北路 | 滨江路—庐峰东路 | 1007 | 14 | 14098 | | 6042 |
| 长城路 | 起长江大道止泰山路 | 1350 | 25 | 33750 | 沥青砼 | 13500 |
| 南海路 | 起龙开河路止环湖东路 | 1520 | 25 | 38000 | 砼 | 15200 |
| 浔阳西路东段道路 | 起龙开河路止长江大道 | 1500 | 30 | 45000 | 沥青砼 | 9000 |
| 利江市场小巷 | 起九瑞大道止交警中队 | 200 | 10 | 2000 | 砼 | |
| 京九路 | 起龙开河路止长江大道 | 1500 | 40 | 60000 | 砼 | 15000 |
| 沿堤路 | 西起长江大道东至龙开河路 | 900 | 10 | 9000 | 砼 | 3600 |
| 苏州路 | 北起九瑞大道南至农校 | 380 | 20 | 7600 | 砼 | |
| 旭日路 | 北起九瑞大道南至步行街 | 130 | 12 | 15600 | 砼 | 13600 |
| 杭州路 | 起九瑞大道止南海路 | 1400 | 16 | 22400 | 沥青砼+砼 | 8400 |
| 沙阎北路 | 起赛城湖公园止九江县粮库 | 800 | 33 | 26400 | 沥青砼 | 6400 |
| 南京路 | 起九瑞大道止南海路 | 350 | 16 | 5600 | 砼 | 2100 |
| 上海路 | 起九瑞大道止南海路 | 200 | 16 | 3200 | 砼 | 1200 |
| 中、内环路 | 起九瑞大道至九瑞大道 | 1461 | 10 | 14848 | 砼 | 8766 |
| 一、二、三元路 | 东起弘雅花园西至早校 | 600 | 12 | 7200 | 砼 | |
| 西苑路 | 东起旭日路西至上海路 | 1650 | 16 | 26400 | 砼 | 9900 |
| 闸北路 | 移动公司后至大润发公司 | 180 | 6 | 1080 | 砼 | |
| 桃园新村路 | 九瑞大道至龙开故道 | 190 | 9 | 1710 | 砼 | |
| 九园路 | 东起长江大道西至出口加工区 | 5800 | 40 | 232000 | 砼 | |
| 高管路 | 长江大道至刘家塘 | 690 | 6 | 4140 | 砼 | 3450 |
| 南一路 | 刘家塘村至十里大道 | 600 | 8 | 4800 | 砼 | |
| 新湖东路 | 沿堤路—南海路 | 1120 | 12 | 13440 | 砼 | 3360 |
| 秀峰路 | 起九瑞大道止正大饲料公司 | 700 | 6 | 4200 | 砼 | |
| 泰山路 | 起九瑞大道止滨江西路 | 1200 | 18 | 21580 | 砼 | 8900 |
| 恒盛东路 | 起长城路止浔阳西路西段 | 375 | 14 | 5250 | 砼 | 2250 |
| 环湖东路 | 起九瑞大道止长虹西大道 | 1650 | 24 | 39600 | 沥青砼 | 9900 |
| 八里湖大道 | 体育馆至沙河 | 5700 | 36 | 205200 | 砼 | |
| 环湖一路 | 前进西路——医院新区 | 1760 | 22 | 39600 | 砼 | |
| 环湖二路 | 一医院—八里湖大道 | 3860 | 21 | 81000 | 砼 | |
| 顺意路 | 长江路起，安康路止 | 2425 | 15.5 | 37760 | 砼 | 27480 |
| 安顺路 | 起顺达路止与庐山区相交 | 1300 | 16 | 20800 | 砼 | 7800 |
| 安康路 | 安顺路起，九园路止 | 870 | 9 | 7830 | 砼 | 5220 |
| 顺达路 | 安平路起，安康路止 | 770 | 9 | 6930 | 砼 | 2310 |
| 拜联路 | 顺意路起，与村道路相接 | 153 | 9 | 1377 | 砼 | 153 |
| 安平路 | 顺意路起，顺达路止 | 324 | 9 | 2916 | 砼 | 1944 |

续表 7-2-1

| 道路名称 | 起止地点 | 长 度 | 车行道 | | | 人行道 |
|---|---|---|---|---|---|---|
| | | | 宽 | 面 积 | 路面类型 | 面 积 |
| 安泰路 | 起九园路止与庐山区相交 | 425 | 9 | 3825 | 砼 | 0.255 |
| 城西港安置小区 A 区道路 | 爱国路—中心路 | 4500 | 15 | 67500 | 砼 | 27000 |
| 城西港安置小区 B 区道路 | 中心路—通港西路 | 2600 | 15 | 39000 | 砼 | 15600 |
| 城西港安置小区 C 区道路 | 通港西路—官湖路 | 3500 | 15 | 5500 | 砼 | 21000 |
| 鄱水路、规划一路 | 鄱水路起湖滨大道止春江路;规划一路起石牛路止鄱水路 | 2460 | 30 | 71400 | 砼 | 4800 |
| 港兴路 | 湖滨大道至港城大道 | 600 | 9 | 5400 | 砼 | 3600 |
| 港城大道 | 上港物流门口至港城大道西延伸线终点 | 5270 | 30 | 158100 | 砼 | 42160 |
| 发展大道 | 爱国路至一期边界 | 3680 | 20 | 73600 | 砼 | 29440 |
| 通港西路 | 起湖滨大道止港城大道 | 1350 | 22 | 29700 | 砼 | 10800 |
| 通港东路 | 起湖滨大道止港城大道 | 1270 | 22 | 27940 | 砼 | 10160 |
| 爱国路 | 起湖滨大道止港城大道 | 1460 | 22 | 32120 | 砼 | 11680 |
| 官湖路 | 起石牛路与春江路交叉口止湖滨大道 | 1790 | 22 | 39380 | 砼 | 14320 |
| 石牛路 | 起湖滨大道,止春江路 | 2300 | 15 | 34500 | 砼 | 18400 |
| 出口加工区生活配套设施西区区间道路 | 起临锦绣大道建筑红线,止临绿冬路建筑红线 | 1200 | 5.8 | 7000 | 砼 | |
| 出口加工区生活配套设施东区区间道路 | 起临锦绣大道建筑红线,止临北支路建筑红线 | 600 | 5 | 3000 | 砼 | |
| 出口加工区北复建新村基础设施道路 | 起临九瑞路建筑红线,止临东环路建筑红线 | 2200 | 5 | 10000 | 砼 | |
| 出口加工区南复建新村基础设施道路 | 起临九瑞路建筑红线,止临新村南面建筑红线 | 2950 | 5 | 15000 | 砼 | |
| 锦绣大道(1 号路)道路 | 起绿冬路,止临九江县界 | 3800 | 44 | 169000 | 砼 | 38000 |
| 原工业园 3 号、4 号道路 | 3 号路起绿冬路,止临九江县界,与锦绣大道(1 号路)和昌九高速平行;4 号路起东环路,止 3 号路 | 2700 | 15 | 40000 | 砼 | 16200 |
| 西林路、北支路、东环路道路 | 西林路起绿冬路,止北支路;北支路起东环路,止锦绣大道(1 号路);东环路起九园路终点,止道路设计终点 | 4430 | 8 | 36500 | 砼 | 5820 |
| 出口加工区内路网 | 1 号、3 号、5 号、7 号路起区内 2 号路,止区内 10 号路;2 号、4 号南路、4 号北路、6 号路、8 号南路、8 号北路、10 号路起区内 1 号路,止区内 7 号路 | 6800 | 7 | 48000 | 砼 | |
| 天池路 | 起绿冬路高速跨桥,止九江县东泉路转盘 | 700 | 14 | 9800 | 砼 | 4200 |

# 第二节 桥 梁

## 一、桥梁新建

**虞家河 1 号桥** 1996 年与庐山大道同时修建，系跨河桥，上部结构为预应力混凝土 I 型梁，下部结构为重力式桥台，桥长 40.8 米，单跨，净跨 40 米，桥宽 64 米，双向 4 车道，荷载等级：汽–超 20 吨，挂车–120 吨。

**虞家河 2 号桥** 1996 年与庐山大道同时修建，桥长 13.1 米，双跨，桥宽 64 米，双向 3 车道，上部结构为现浇钢筋混凝土简支板，下部结构为浆砌块石重型桥墩台，荷载等级：汽–超 20 吨，挂车–120 吨。

**威家桥** 1996 年与庐山大道同时修建，系与九星公路互交的立交桥，单跨斜长 13.2 米，桥宽 50 米，双向六车道，上部结构为预应力整体现浇混凝土板，下部结构为钢筋混凝土 U 型桥台，荷载等级：汽–超 20 吨，挂车–120 吨。

**荷花垄铁路跨线桥** 位于浔阳东路与京九铁路交汇的跨线桥，原桥为预应力 T 型桥梁，桥宽 24 米，2002 年两侧各加宽 18 米，上部结构为预应力混凝土空心板，下部结构为钢筋混凝土排柱式墩和肋型桥台。2009 年将中间 T 型梁换成预应力空心板，现桥全长 52 米，3 跨，跨径分别为 16 米、30 米、16 米，桥宽 61.4 米，路中设绿化隔离带，每侧车行道宽 17 米，双向 4 车道。荷载等级：城市 A 级。

**长虹大道火车站立交桥** 1995 年建造，桥长 21 米，2 跨，桥宽 64 米，双向 5 车道。上部结构为整体现浇钢筋混凝土板，下部结构为钢筋混凝土排柱式墩台。荷载等级：汽–超 20 吨，挂车–120 吨。

**人民路立交桥** 1996 年为贯通庐山南路而建，位于人民路与庐山南路交汇处，桥长 50 米，3 跨，跨径分别为 9.6 米、24 米、9.6 米，桥宽 9.5 米，2 车道，上部结构为钢筋混凝土预应力 T 型梁，下部结构为钢筋混凝土薄壁桥墩台，荷载等级：汽–20 吨，挂车–100 吨。

**长虹西路桥** 2006 年修建，是长虹西路东段跨十里河桥，桥长 84 米，4 跨，每跨 16 米，桥宽 30.5 米，4 车道，上部结构为钢筋混凝土预应力空心板，下部结构为钢筋混凝土柱式桥墩和 U 型桥台，荷载等级：城市 B 级。

**前进西路跨铁路高架桥** 2008 年延伸前进西路时修建，位于昌河汽车公司，是一座特大型桥梁。桥梁全长 401 米，全桥共分 3 联，孔跨组合为 7*25 米+2*35 米+6*25 米，桥宽 22.5 米，4 车道，上部结构为钢筋混凝土预应力连续箱梁，下部结构系用钢筋混凝土柱式墩台。荷载等级：城市 A 级。

**胜利公园南、北桥** 2007 年建成，兼有通行和景观功能。北桥位于胜利公园北连接线上，主跨 22 米，两侧装饰孔各 2.5 米，上部结构为钢筋混凝土刚构，基础系用钻孔灌注桩，桥宽 11 米，2 车道，荷载等级：城市 B 级。南桥位于胜利公园南连接线上，为 3 跨钢筋混凝土无铰拱桥，每跨 17 米，基础采用钻孔灌注桩，桥宽 11 米，2 车道，荷载等级：城市 B 级。

**长虹西大道桥** 位于长虹西大道与九龙街交汇处，2009 年新建，桥长 71.4 米，2 跨，每跨 24 米，桥宽 53 米，主车道 22 米，6 车道，简支梁板桥。

**德化西路桥** 系旧桥拓宽，现桥长 34.7 米，2 跨，每跨 16 米，桥宽 44 米，车行道宽 15 米，4 车道，上部为简支板桥，下部机构原桥为墙式台柱式墩，加宽部分桥墩台均为圆柱式。

**仪表厂桥** 系拆除旧桥在原址上重建，桥长 43.5 米，两跨，每跨 20 米，桥宽 6.24 米，单车道，上部结构为预应力空心板，下部结构为钢筋混凝土重力式墩台，荷载等级：公路—II 级。

**邹家河 1 号桥** 位于十里大道庐山区广播电视大楼边通往十里河的道路终端。桥长 26 米，2 跨，每跨 13 米，桥宽 10 米，车行道宽 6 米。上部结构为预应力空心板，下部结构为柱式钢筋混凝土桥墩和墙式钢筋混凝土桥台，荷载等级：城市—A 级。

**轻机厂人行桥** 桥长 28.2 米，结构为空腹拱桥。

## 2010年城区其他桥梁一览

表 7-2-2　　单位:米

| 桥名 | 跨河、路名 | 桥孔 | | 长 | 宽 | 结构 | 承重 | 建造时间 |
|---|---|---|---|---|---|---|---|---|
| | | 数 | 径 | | | | | |
| 长虹大道立交桥 | 劳家垅路 | 1 | 12.5 | 16 | 60 | 砼 | 汽-15 | 1986 |
| 思贤桥 | 甘棠湖 | 1 | 7.2 | 47 | 10.6 | 石拱 | 未检 | 1964改建 |
| 化工厂立交桥 | 滨江路 | 1 | 6.5 | 7.7 | 9.2 | 砼 | | 1975 |
| 二电厂立交桥 | 滨江东路 | 1 | 6.1 | 7.5 | 28 | 砼 | | 1965 |
| 前进西路桥 | 十里河 | 1 | 20 | 20 | 31 | 砼 | | 1959 |
| 九莲北路1号桥 | 濂溪河 | 3 | 6 | 20 | 5.4 | 砼 | | 1959 |
| 九莲北路2号桥 | 濂溪河 | 3 | 6 | 21 | 7.4 | 砼 | | 1959 |
| 九莲北路3号桥 | 濂溪河溪 | 1 | 7.5 | 9 | 6 | 砼 | | 1959 |
| 国棉五厂桥 | 人工河 | 4 | 9 | 53 | 7.2 | | | 1965 |
| 大桥五处1号桥 | 滨江东路 | 1 | 5 | 8 | 10.2 | | | 1975 |
| 大桥五处2号桥 | 滨江东路 | 1 | 5 | 6.9 | 10.2 | | | 1975 |
| 花园坂1号桥 | 十里河 | 4 | 7.2 | 33 | 5.6 | 砼 | 未检 | 1965 |
| 花园坂2号桥 | 十里河 | 1 | 6 | 7 | 4 | | | 1986 |
| 海后桥 | 濂溪河 | 2 | 6.5 | 14.3 | 5.4 | | | 1986 |
| 毛纺厂桥 | 十里河 | 1 | 30.7 | 32 | 10.4 | | | 70年代 |
| 解放军企管校桥 | 濂溪河 | 2 | 7 | 19.8 | 12 | 砼 | | 1987 |
| 星星桥 | 庐山小溪 | 2 | 7 | 16.9 | 5.2 | | | 1985 |
| 蔡家湾1号桥 | 濂溪河 | 3 | 4 | 17.1 | 3.8 | | | 1967 |
| 蔡家湾2号桥 | 濂溪河 | 5 | 4.5 | 29 | 4.2 | | | 1965 |
| 长虹立交桥 | 长虹大道 | 3 | 14.61<br>24.35<br>14.61 | 53.65 | 13.5 | 砼、双立交 | 汽-超20<br>挂-120 | 1991 |
| 一中桥 | 南门湖 | 1 | 4 | 18.8 | 车5.8<br>人0.9×2 | 石拱 | 未检 | 1983 |
| 九星立交桥 | 京九铁路 | 3 | 12、16、<br>12 | 43.14 | 23 | 砼 | | 1988 |
| 三角线立交桥 | 九瑞路 | 1 | 14 | 下行道<br>长432 | 14 | 砼 | 公路<br>下行道 | 1982 |
| 赛城湖闸桥 | 新开河 | 5 | 5 | 48.5 | 6.1 | 砼 | 汽-15<br>挂 -80 | 1970 |
| 九曲桥 | 甘棠湖 | 14 | 5.5 | 85 | 2.2 | 砼拱 | 人行 | 1971 |
| 洗心桥 | 九瑞路 | | | 48 | | | | 1955 |
| 十里铁路立交桥 | 十里大道 | 4 | 16 | 86.58 | 双轨道 | 钢筋混凝土 | | 1988 |
| 十里湖大桥 | 十里湖 | 48 | 8~32 | 538.03 | 双轨道 | | | 1988 |
| 八里湖大桥 | 八里湖 | 43 | 32 | 1416.2 | 双轨道 | | | 1988 |
| 九江长江大桥 | 长江 | 11 | 162~<br>216 | 7675 | 双轨道<br>回车道 | | | 1972~1994 |

续表 7-2-2

| 桥名 | 跨河、路名 | 桥孔 | | 长 | 宽 | 结构 | 承重 | 建造时间 |
|---|---|---|---|---|---|---|---|---|
| | | 数 | 径 | | | | | |
| 白水湖特大桥 | 白水湖 | 19 | 32 | 635.7 | 双轨道 | 钢混 | | 1994 |
| 茅山头公跨铁立交桥 | 京九铁路 | 4 | 30~15 | 75 | 10 | 钢混 | | 1988 |
| 殷家垅铁路立交桥 | 昌九高速公路 | 3 | 24 | 81.01 | 双轨道 | 钢混 | | 1988 |
| 九湖公路铁路立交桥 | 九湖公路 | 1 | 12 | 29.16 | 双轨道 | 钢混 | | 1988 |
| 金三角立交桥 | 昌九、九景高速公路 | | | 94.2 | | 钢混<br>分离互通 | | 1995 |
| 虞家河 1 号桥 | 虞家河 | 1 | 40 | 40.8 | 46 | 砼 | 汽-超 20<br>挂-120 | 1996 |
| 虞家河 2 号桥 | 虞家河 | 2 | 斜> | 13.1 | 64 | 砼 | 汽-20<br>挂-120 | 1996 |
| 荷花垅铁路跨线桥 | 京九铁路 | 3 | 16、30、16 | 52 | 61 | 砼 | 城市 A 级 | 2002 扩宽 |
| 九瑞大道立交桥 | 龙开故道 | 1 | | | | 砼 | | 2003 |

## 二、桥梁改建

**十里大道 1 号桥** 2002 年，为与十里南大道兴建配套，两侧各加宽 20 米，总长 28 米，上部结构为两跨普通钢筋混凝土空心板，每跨 10 米；下部结构为钢筋混凝土桥墩台，荷载等级：汽-超 20 吨，挂车-120 吨。

**十里大道 2 号桥** 1991 年将桥两侧各加宽 19 米，使桥总宽达到 50 米，扩建部分上部结构为单跨 14 米钢筋混凝土 T 型梁，下部结构为浆砌块石重力式 U 型桥台，荷载等级：汽-20 吨，挂车-100 吨。

**前进西路桥** 因前进西路全面升级改造，2002 年拆除重建，桥长 20 米、单跨、桥宽 31 米，上部结构为预应力混凝土空心板；下部结构为钢筋混凝土柱式桥台，荷载等级：汽-超 20 吨，挂车-120 吨。

**毛纺厂桥** 位于毛纺厂路，桥长 32 米，桥宽 10.6 米，2 车道，为单跨双曲拱桥。2010 年十里河整治工程中，对桥梁人行道和栏杆装修加固。

**花园畈桥** 位于十里河通往德福电子厂的道路上，桥长 47 米，4 跨，每跨 8 米，宽 5.5 米，为人行桥，结构为简支带肋梁板桥，条形墩台。2010 年十里河整治工程中，对桥梁人行道和栏杆装修加固。

**柴油机厂桥** 原桥加宽，长 44.5 米，两跨，每跨 18 米，桥宽 20 米，车行道 14 米，4 车道，上部结构为预应力空心板，下部结构为柱式钢筋混凝土桥墩和肋板式钢筋混凝土桥台，荷载等级：公路—II 级。2010 年十里河整治工程中，对桥梁人行道和栏杆装修加固。

**邹家河 2 号桥** 位于原邹家河高速公路收费站，桥长 29 米，2 跨，每跨 13.5 米，桥宽 12.7 米，3 车道，结构为简支梁桥，条形墩台。2010 年十里河整治工程中，对桥梁人行道和栏杆装修加固。

## 三、桥梁拆除

**东风桥** 又称龙开河桥，1997 年填埋龙开河时拆除。

**浔阳桥** 又称朝阳桥，1997 年填埋龙开河时拆除。

**向阳闸桥** 1997 年填埋龙开河时拆除。

**南湖 1 号桥** 1996 年新建庐山南路时拆除。

**南湖 2 号桥** 1996 年新建庐山南路时拆除。

**城乡桥** 2002 年两湖治理拓宽南湖公园路时拆除。

# 第三节　照明与亮化

## 一、路灯设置

**长虹大道路灯**　1991 年,由市政工程公司负责建设,安装双臂水泥杆路灯 134 杆,路灯间距 52 米,单灯功率 250 瓦,安装路灯控制箱 3 台。1998 年,市政公司对水泥杆路灯进行改造,将原灯型替换为 5 火花灯,杆高 7 米,路灯间距 50 米,共安装路灯 119 杆,控制箱 3 台。2003 年,市政公司对 5 火花灯进行改造,将原灯型替换为双挑海鸥灯,改造工程于 3 月 20 日开工,同年 4 月 28 日竣工,共安装路灯 219 杆,路灯杆高 12 米,间距 50 米,功率为 2×400 瓦。2009 年,对原有海鸥灯进行改造,替换为中华灯,共计安装路灯 141 杆,杆高 12 米,间距 50 米,原海鸥灯移装至濂溪大道。

**滨江路路灯**　建于 1992 年,灯型为双挑水泥杆路灯,灯杆高 12 米,路灯间距 40 米,光源功率为主车道 250 瓦,人行道 150 瓦。2002 年,市政公司对原灯型改造,替换为钢杆灯,杆高 12 米,共安装路灯 215 杆。

**长虹立交桥高杆灯**　建于 1991 年,灯杆高 24 米,共安装 2 座,每座高杆灯上装有 24 盏 400 瓦高压钠灯。同时,为了增强该区域照明,又在高杆灯下的 4 个匝道上安装 24 杆 8 米高路灯,均为单臂灯。

**庐峰东路路灯**　建于 1994 年,路灯安装在庐峰东路(汽车站至长虹北路口),灯型为单臂钢杆,光源功率 250 瓦,共安装 82 杆。

**前进东路路灯**　建于 1994 年,路灯安装在前进东路(十里大道至二厂高速立交桥),灯型为单臂灯,杆高 11 米,间距 40 米,共安装路灯 82 杆,控制箱 3 台。

**十里大道路灯**　建于 1995 年,路灯安装在十里大道(三中至长虹转盘),将原有单臂灯更换为双臂灯,机动车道光源功率 250 瓦,人行道光源功率 100 瓦,共安装路灯 89 杆。2005 年,市政公司对原有路灯进行改造,新灯型为单臂灯,杆高 9 米,间距 40 米,共安装路灯 119 杆,安装控制箱 5 台。

**环城路路灯**　建于 1996 年,路灯安装在环城路(南门口至西门口),灯杆高 8 米,共安装路灯 32 杆。

**长虹北路路灯**　建于 1996 年 10 月,路灯间距 45 米,共安装双挑路灯 49 杆。

**庐山南路路灯**　建于 1997 年,路灯安装在庐山南路(三中至火车站广场),灯型为 5 火花灯,杆高 7 米,间距 40 米,共安装路灯 82 杆,控制箱 3 台。

**浔阳路路灯**　建于 2000 年 11 月,路灯安装在浔阳路(新桥头至一菜场),路灯为双挑灯型,杆高 8 米,灯臂长 2 米,机动车道光源功率 2×250 瓦,人行道光源功率 150 瓦,共安装路灯 79 杆,安装控制箱 4台。

**浔阳东路路灯**　建于 2001 年,路灯安装在浔阳东路(一菜场至师专立交桥),路灯为双挑灯型,杆高 8 米,灯臂长 2 米,机动车道光源功率 2×250 瓦,人行道光源功率 150 瓦,共安装路灯 82 杆。

**庐山大道(原九威大道)路灯**　2003 年 3 月 20 日开工建设,同年 4 月 30 日竣工,亮化里程7280 米,共安装路灯 378 杆。路灯选用双挑灯型,杆高 11 米,灯臂长 2 米,选用 8 台 100 千伏安变压器。

**九龙街路灯**　2003 年 8 月 28 日开工,同年 9 月 30 日竣工,由民生集团投资建设,亮化路段起于长虹西路止于滨湖路,全长 3.88 千米,路灯间距 40 米,灯型采用 TDV-264 型,杆高 12 米,单灯功率 400 瓦,共安装单挑路灯 187 杆,安装 100 千伏安路灯专用变压器 2 台。

**金凤路路灯**　2003 年 11 月 20 日开工建设,2004 年 1 月 30 日竣工,工程范围:金凤路(长虹大道至浔南大道),共安装路灯 28 杆。

**长虹西大道路灯**　建于 2009 年,路灯灯型为中华灯,高 12 米,共安装路灯 173 杆。

**环城东路路灯**　环城东路(玉兰路至南湖路)路灯工程于 2003 年 5 月 30 日开工建设,同年 6 月 10 竣工,共安装路灯 26 杆。路灯间距 30 米,杆高 7 米,灯型为 5 火钠灯,功率为 5×100 瓦。

**市区边街小巷路灯改造**　2003 年 9~10 月,市政工程公司对城区边街小巷路灯进行更新改造,其中

17条小巷采用架空线路方式装灯，安装路灯104盏，有19条小巷采用敷设电缆的方式装灯，安装路灯178盏，改造小巷分别为：濂溪路、沙子墩路、考棚路、北司路、东风巷、督天巷、丁家场、滨江一支路、采桑一支路、孤溪梗路、三马路至六中、梅绽坡、九莲南路、赣北商城东、中、西，南湖路、湓浦路、李家巷、采桑路、北司路至九中、塔岭北路，三里街、女儿街、人民路。

**环庐山公路太阳能路灯**　是2008年市委、市政府确定重点工程，由市政工程公司负责建设，该工程2008年10月20日开工，同年12月10日竣工，共建设太阳能路灯1019杆，亮化里程48.6千米。太阳能路灯选用55瓦低压钠灯，杆高11米，单臂，公路同侧灯与灯间距80米，公路两侧交错分布，设计可以满足连续3个阴雨天正常工作，太阳能路灯的投入使用，有效节约路灯电费。

**昌九高速公路（九江长江大桥至沙河收费站段）路灯**　2009年11月10日开工建设，建设地点在昌九高速公路（九江长江大桥至沙河收费站段），道路宽24.5米，全长20.3千米，共安装路灯949盏，安装桥梁庭院灯59盏，共铺设电缆4.5万余米，安装路灯变压器20台。路灯选型为杆高12米，间距40米，公路两侧对称分布，单灯功率150瓦，光源为陶瓷金卤灯。景观灯选型为杆高4米，间距20米，单灯功率45瓦。

**滨江路延伸线路灯**　建于2004年，路灯安装在滨江路延伸线（长江大桥至石化厂），灯型为双臂灯，共安装路灯185杆，安装控制箱4台。

### 二、景观灯设置

市区景观灯始建于2001年，建设区域包括甘棠湖沿岸、南门湖沿岸、长虹立交桥、市政府门口、火车站外广场，当年建设景观灯7614盏、开关箱26座、变压器4台。此后，随着城市快速发展，城市夜景重要性逐步凸显，景观灯发展迅速，至2010年12月31日，景观灯总盏数20563盏，开关箱58座，变压器4台。

### 三、照明集中控制系统

2004年9月，市区城市照明集中控制系统由市政公司负责建设，中国电子科技集团公司上海第五十研究所负责施工。该系统由3部分组成：中央控制室，无线通信系统，远程测控终端。系统建设当年，共建成140个远程测控点，其后随着城市路灯新建，陆续增加新的测控点。系统投入运行后，解决传统路灯管养中的盲目性、滞后性、开关灯不及时性问题，实现遥控、遥测、遥信自动化，城市照明管理水平得到提升。

## 第四节　供水供气

### 一、供　水

**供水能力**　1991~1993年，市自来水公司通过挖潜改造，仍不能满足城市和居民供水需求，1994年3月，省计委批准建设第三水厂，投资1.57亿元，于1998年7月竣工投产。2003年争取国债资金改造城区供水管网（项目总投资3737万元，敷设管道51千米，其中国债资金1750万元）；追加投资60余万元成立水质检测中心，2004年7月20日获得省建设厅认可。9月17日注册成立清泉水业有限公司（注册资本6046400元，市自来水公司以设备出资250.14万元占41.37%股份），筹资建设三水厂二期工程。11月，市自来水公司变更为市自来水集团公司，利用资本运作方式扩大自来水生产和供应，2005年9月30日，注册市水务有限公司，获政府授予城市特许经营权进行自来水生产和供应。2006年1月9日，清泉水业有限公司与市水务有限公司签订股权转让协议书，退出自来水生产。9月，投资6400万元，建设出口加工区（九江县）供水工程，全长21.2千米；2007年出资150万元顺利收购九江县自来水厂，实现市、县城区供水一体化；2008年投资6092万元建设城西港区供水工程；2009年投资1000余万元新建滨江东路供水工程等，至2010年，水务有限公司投入供水建设资金累计超过2亿元。市水务有限公司现水厂3座，挖潜改造后供水能力为38万立方米/天，现实际保证供水能力为34万立方米/天。最高日供水量为 28.1 万立方米/天(2004 年 9 月 18 日),平均日供水量约为 24.8 万立方米/天。2010 年,市城区自来水用水普及率达 100%,在线用户数 16 万户,供水人口近 70 万人,城区供水面积约 72 平方千米,供水管网里程约 874.7 千米,供水综合水质合格率为 99.9%,管网压力合格率为 100%,形成东抵新港镇、西近瑞昌市、西南至沙河街、东南入威家供水格局。

**2010 年市水务有限公司水厂状况一览**

表 7-2-3　　单位:万立方米/日、米

| 供水设施名称 | 挖潜改造后设计能力 | 现有实际供水能力 | 地面标高(黄海) | 主要服务范围 |
|---|---|---|---|---|
| 第三水厂 | 20 | 20 | 32 | 市区东区及长虹大道 |
| 河西水厂 | 14 | 12 | 17 | 十里、市开发区及九江县 |
| 河东水厂 | 4 | 2 | 22 | 市中心区 |
| 合　计 | 38 | 34 | | |

**供水企业**　河东水厂:1991 年 10 月市自来水公司技术人员自行设计, 投入 1.9 万元对加矾间进行改造,加药系统改为重力投加。2006 年因老型号变压器耗电量大,将 800 千伏安变压器更换为新型号 500 千伏安有载调压电力变压器。2008 年一级泵房取水系统采用新型号二氧化氯发生器,建成了多处生物预警池。河东水厂地处市中心区,对提高市区供水压力,降低运行成本有重要作用,第三水厂投产后,河东水厂只作为一个调节水厂。

河西水厂:两组供水能力分别为 6 万立方米/天和 8 万立方米/天,总供水能力达到 14 万立方米/天。1991 年 4 月投入 5 万元对河西水厂平流式沉淀池(二期)进行改造。1992 年 10 月投入 5 万元对河西水厂高效反应池进行改造。1996 年,自筹 100 万元完成河西水厂到九龙大道口径 DN600 砼的生产排水管(约 1.2 千米)重新敷设(因龙开河填埋)和对冲洗水回收改造(增加 300 立方米污水循环池)。2000 年,河西水厂取水泵站段因长江大堤堤防整治施工出现大面积土石滑坡将取水头部压埋, 导致河西水厂多次被迫停产,最长一次造成 14 天全市范围停水和水压下降。经与原设计单位上海市政工程设计研究所联系,再次委托进行取水头部延伸改造工程设计,由无锡市海洋工程公司中标施工至 2001 年 3 月 5 日竣工验收,最终总造价为 1018891 元。2002 年,河西水厂投入 37 万元对加氯间进行改造以保证出厂水水质稳定。2004 年 6 月,由玉环县绿洲净水有限公司设计室对河西水厂双阀滤池改造。11 月,筹建河西水厂妙智泵站新增 1 座 2000 立方米清水库。由市城镇给排水设计所设计,市一建公司中标组织施工,2005 年 6 月工程结算 447492.25 元。同年,对滤池进行改造,将配水系统改为滤板、滤头配水系统,滤料改为单层石英砂均质滤料,反冲洗方式不变。2006 年,河西水厂妙智泵站对 5 台水泵、电机机组及阀门更新技改;同时进行变压器、配电柜技改,实现恒压供水;为有效均衡供水妙智泵站还进行技改实现高、低压分区供水,以更好满足莲花片区和庐山生态工业园和汽车工业园供水需要。2007 年,河西水厂十里泵站对 3 台水泵、电机机组及阀门更新技改,同时进行配电柜技改,实现恒压供水。2008 年,河西水厂加氯间更新技改,设备采用进口的 W&T 公司产品。根据实际情况采用河西水厂实现对九江县供水。建成多处生物预警池。2009 年,河西水厂新增东城泵站,5727 片区实现 24 小时供水。2010 年与深圳市凯东自控科技有限公司签订《河西水厂自动加药系统改造工程》合同,金额 273180.44 元。河西水厂通过加药系统技改,自动加药投入使用降低药耗,确保了出厂水水质的稳定提高。同时进行取水泵房配电系统更新技改,取水 3 号机组更换 210 千伏大电机,提高生产能力;进行送水泵房恒压技改,提高服务水平。

第三水厂:1992 年 10 月 29 日,市政府办公室下发《关于成立市第三水厂工程指挥部的通知》,1994 年 3 月省计委批复立项开工建设,供水能力为 10 万立方米/日,取水泵房构筑物按 35 万立方米/日规模建设,净水工艺构筑物按一期建设,其他均按 20 万立方米/日规模建设。1998 年 7 月 1 日一期工程建成投产。2002 年对第三水厂二级泵房投入 120 万元进行调频电机组更新改造以节约电耗。2006 年 4 月,完

成三水厂二期扩建工程,新建一组10万立方米/日净水工艺构筑物。2008年建成多处生物预警池。

**2010年市区供水增压泵站情况一览**

表7-2-4　　单位:万立方米/日、米

| 供水设施名称 | 设计能力 | 地面标高(黄海) | 主要服务范围 |
|---|---|---|---|
| 十里增压泵站 | 8(未改造) | 30 | 十里片区及人民路 |
| 妙智增压泵站 | 3(已改造) | 54 | 莲花片区及工业园 |
| 5727增压泵站 | 1 | 54 | 5727厂及玻纤园 |
| 沙河东泉泵站 | 5 | 17 | 九江县 |
| 沙河沿河泵站 | 1 | 38 | 九江县沙城工业园 |
| 出口加工区泵站 | 2 | 56 | 出口加工区 |
| 九威临时泵站 | 1 | 46 | 九威大道及濂溪片区 |
| 城东增压泵站 | 10 | 待建 | 城东片区 |

**供水状况**　供水范围:除规划中金安组团(发电厂)外,基本覆盖市建成区大部分范围。东区:城东港区、新港镇、东郊垃圾厂、濂溪大道;南区:至五七二七厂、莲花镇、九江县沙河街镇;西区:城西港区。

供水管网:2010年9月,市城区管网总长度约874.7千米,其中DN100以上管线532.1千米,DN100以下管线342.6千米。其中,球墨铸铁管197.9千米、钢管54.7千米、铸铁管152千米、PCCP管8.9千米、PE和PVC管87.9千米、PPR管323.2千米、水泥管43.7千米、其他管材6.4千米。最大输水管为ф1400约1千米,其次为ф1200约3千米。

**1991~2010年市区自来水产量一览**

表7-2-5　　单位:万立方米

| 年 份 | 供水量 | 售水量 | 年 份 | 供水量 | 售水量 |
|---|---|---|---|---|---|
| 1991 | 5292 | 4899 | 2001 | 6975 | 4755 |
| 1992 | 5572 | 5158 | 2002 | 8226 | 4645 |
| 1993 | 6066 | 5351 | 2003 | 9173 | 4664 |
| 1994 | 6304 | 5561 | 2004 | 9100 | 4892 |
| 1995 | 6540 | 5669 | 2005 | 8859 | 5174 |
| 1996 | 6792 | 5759 | 2006 | 8501 | 5076 |
| 1997 | 6939 | 5800 | 2007 | 8396 | 5103 |
| 1998 | 6410 | 5157 | 2008 | 8821 | 5441 |
| 1999 | 6467 | 4635 | 2009 | 8723 | 5556 |
| 2000 | 6686 | 4378 | 2010 | 8679 | 5633 |

**服务措施**　保证水质:九江水务城区供水监测通过省级计量认证,实现全城水质24小时动态检测。建立水源水质、制水水质、供水水质监测并将水质控制点前移和管网水质三级检测体系,确保自来水安全洁净。城区出厂水水质基本维持在0.5NTU以下,水质综合合格率达99.5%,远高于国家新水质标准。

监测调度:2006年5月29日,与深圳开天源自动化工程有限公司签订升级改造公司调度中心监控系统合同,包括6个泵站、5个管网监测站、3个水厂、化验中心数据接口,以确保自来水生产和供应调度指挥稳定持续均衡有效。2009年3月9日,与深圳开天源自动化工程有限公司签订《调度中心监控系统扩容技术服务合同》,增加14个管网监测站。

管网巡查:为确保城区供水安全有序,分片按时巡查,随时抢修并规定到现场和完成维修时间。

安全供水:为避免因二次供水产生污染导致饮用水不安全,及避免居民用户因分摊水费和水损产生矛盾,营造良好供水和谐环境,提高饮用水品质,提升生活质量,2000年始,推行供水“一户一表”改造,实施水表出户、计量到户,按照“用户申请,双方自愿”原则推广。

便民服务:围绕“以客户服务为中心”服务理念进行系统再造,2004年与武汉华中科技大学共同开发供水收费系统。2008~2009年,相继购买上海方园系统工程有限公司《方园城镇供水营业收费管理信息系统》。至2010年,收费窗口增至72个,缴费方式从1种发展到现金交费、预存代扣、银行代扣、网上支付4种。报装接水从3个地方办理手续到1个大厅全部集中办理。计划内维修安排在半夜进行。开通水费短信告知和查询服务。

## 二、供 气

**液化石油气供应** 1991年年初,市液化石油气公司有常年用户1.5万户,覆盖人口6万余人。随着液化气市场价格于1996年逐步放开,市区内各单位气站及九江炼油厂下属华庐公司供气站,也进入市场经营,并在市区内设立瓶装液化气供应点。1996年,浔阳区引进招商石化,在金鸡坡建立液化气储罐场,储量为2000吨,年供气量约8000吨。市区形成由市液化石油气公司、市招商石化、市华庐公司为主瓶装液化石油气市场。2005年,全市经营液化气的单位达208家,瓶装点为92个。随着管道天然气进入九江市,市区液化气供应量有所下降。3月,市政府颁布《九江市燃气管理办法》,并于同年12月成立市燃气管理办公室,对燃气市场进行清理整顿,加强经营管理。2010年,市城区登记注册液化气经营企业9家,批准其中3家在城区内设立瓶装灌气点。

**1991~2010年市液化石油气公司液化气供应量一览**

表7-2-6　　单位:吨

| 年 份 | 年供应量 | 年 份 | 年供应量 | 年 份 | 年供应量 | 年 份 | 年供应量 |
|---|---|---|---|---|---|---|---|
| 1991 | 2200 | 1996 | 2420 | 2001 | 2338.9 | 2006 | |
| 1992 | 2306 | 1997 | 2500 | 2002 | 2000 | 2007 | 1600 |
| 1993 | 2350 | 1998 | 2480 | 2003 | | 2008 | 1130 |
| 1994 | 2360 | 1999 | 2340 | 2004 | 4573 | 2009 | 1409.73 |
| 1995 | 2400 | 2000 | 2170 | 2005 | 3000 | 2010 | |

**天然气供应** 工程立项:2001年9月13日,市液化石油气公司与通达能源股份有限公司合作开展天然气利用项目。同年10月25日,经市经济贸易委员会批准成立市天然气有限公司。12月26日,在市工商行政局办理工商登记,正式成立市通达天然气有限公司。其中市液化石油气公司持有30%股份,上海通达能源集团有限公司持有70%股份。2002年,通达公司先后办理市城区天然气利用一期工程项目立项、可行性研究,完成《九江市中心城区天然气利用专业规划》编制,通过市天然气工程LNG气化站设计评审。10月28日,一期工程LNG气化站正式开工建设。2003年5月18日,铁四局小区顺利完成天然气通气点火,九江市成为全省第一个使用天然气城市。为尽快推动与“川气东送”管输气项目对接,2005年11月24日,经市政府批准,同意上海通达能源集团公司将持有通达公司的股权全部转让给深圳市燃气投资有限公司。同年12月30日,公司正式更名为九江深燃天然气有限公司。其中深圳市燃气投资有限公司持有76%股份,市液化石油气公司持有24%股份。2007年5月9日,市政府同意深燃公司对市天然气管网“统一投资、统一建设、统一经营”。2008年4月28日,经市政府授权,市建设局与深燃公司正式签订《九江市管道燃气特许经营协议》,由深燃公司统一经营特许经营区域内的一切管道燃气业务。

气源:在国家长输管线到达市之前,天然气的供应主要是靠槽车运输经过液化了的天然气(LNG)。

2002年1月8日,通达公司与河南中原绿能高科有限责任公司签订《液化天然气供用气合同》,以河南濮阳市LNG作为主要气源。2002年10月28日，位于庐山区五里牯牛岭市天然气利用一期工程LNG气化站正式开工建设。2003年5月7日竣工并通过验收，储气能力为12万立方米。2004年10月，联络天然气产量丰富新疆气源，并于12月16日与新疆广汇液化天然气发展有限责任公司签订购气合同，同月23日首次接收新疆广汇的气源。此间，通达公司组织进行LNG气化站扩建工程，增加2个储罐，使储存能力翻倍，2005年3月20日竣工投入使用，储存能力达到24万立方米。

2005年4月，通过从LNG气化站运输小钢瓶方式，建立化纤厂LNG瓶组站，对化纤厂内1779户居民及食堂进行供气。同年，建立昌河生活区LNG瓶组站，12月通气，天然气居民用户64户。2007年10月始，市区LNG气源由深圳燃气统一调配，主要来自于新疆广汇、深圳大鹏、中海石油产出天然气。按照国家"川气东送"与"西气东输二线"管输气工程规划，九江市恰好位处于两气交汇地段。2009年2月，深燃公司成立大项目建设办公室，负责与"川气东送""西气东输"长输管输线工程跟进与衔接。2010年1月28日，市琴湖门站工程正式开工，6月18日竣工验收，6月23日，正式投产试运行。自此，市告别槽车长途运输。2010年，深燃公司签约居民合同数达93014户，实际通气居民用户40755户，工商业用户170户，日用气量最高峰超5.2万立方米，历年累计销售量达到3770万立方米。

**2003~2010年全市天然气供气量一览**

表7-2-7 单位：万立方米

| 项目 | 2003年 | 2004年 | 2005年 | 2006年 | 2007年 | 2008年 | 2009年 | 2010年 |
|---|---|---|---|---|---|---|---|---|
| 供气量 | 1.04 | 29.57 | 252 | 378.25 | 438.17 | 674.2 | 906.67 | 1276.59 |

**2003~2010年全市新增天然气居民用户一览**

表7-2-8 单位：户

| 项目 | 2003~2005年 | 2006年 | 2007年 | 2008年 | 2009年 | 2010年 |
|---|---|---|---|---|---|---|
| 签订合同户 | 12782 | 11442 | 17915 | 12102 | 17903 | 23208 |
| 新增通气户 | 6637 | 1993 | 4598 | 7950 | 10725 | 10369 |

**2003~2010年全市新增天然气工商业用户一览**

表7-2-9 单垃：户

| 项目 | 2003~2005年 | 2006年 | 2007年 | 2008年 | 2009年 | 2010年 |
|---|---|---|---|---|---|---|
| 新增工商业用户 | 22 | 15 | 22 | 25 | 24 | 71 |

管网敷设：2002年12月27日，市九湖路燃气管线敷设工程正式开工，全长约4千米，这是第一条燃气市政管线，30天竣工。到2005年年底，通达公司天然气市政管网长度为34.4千米，庭院管长度为49千米。2006年始，深燃公司跟进市区内各新建道路燃气管网敷设。2008年开始，深燃公司采取年初统一申报路由的方式，缩短审批时间，提高工作效率。2008年2月，市滨江东路市政管线验收通气，标志着市区市政燃气管网成环，自此，天然气可以实行双向供气，避免出现应急抢险时，事故点以后的燃气管沿线停气现象。2008年11月，环城路、庐峰南路碰接通气，解决老城区3500余户用气问题。2009年7月20日，城西港区安置房小区312户通气，成为全市首批用上天然气农民家庭。2010年底，市燃气市政管网长度为170千米，庭院管网长度为340千米。

2003~2010年市区天然气管网敷设一览

表7-2-10　　单位:千米

| 项目 | 2003~2005年 | 2006年 | 2007年 | 2008年 | 2009年 | 2010年 |
|---|---|---|---|---|---|---|
| 庭院管 | 49 | 33.25 | 45.76 | 75 | 61.3 | 83.8 |
| 市政管 | 34 | 16.82 | 24.5 | 15.56 | 25.5 | 48.4 |

管网安全:2006年,深燃公司成立安全生产管理委员会,移植深圳燃气先进管理模式,建立健全安全管理体系,将安全管理工作落到实处。2008年始,对各燃气设施重点加强维护,进行除锈防腐处理,安全隐患排查,保障设备运行安全。2009年10月,深燃公司成立总工程办公室,利用GIS技术,测量管网坐标及绘制管网图,并交与九江市城建档案馆存档,便于各管线单位查询,有利于管网的安全。

## 第五节　排水及污水处理

### 一、排　水

**排水设施新建**　1993年滨江大道扩建,新铺设DN800毫米管道2700米。1995年,滨江大道续建(浔阳楼至河东水厂),南湖路(南门口至九江宾馆)扩建工程,新铺设DN1200~400毫米管道2728米。1996年,南湖支路(新公园至长虹路路口),新铺设DN1500~400毫米管道919米。1998年,庐峰北路、庐山南路、长虹北路、长虹大道扩建工程,新铺设DN1500~200毫米管道25217米。1999~2001年,九威大道、前进西路、西一路、桥头扩建工程,新铺设DN~300毫米管道25734米。

2002年,滨江东路、环城东路、南湖路(南门口至九江宾馆)扩建工程,新铺设DN1500~300毫米管道11088米。2003年,滨湖路、青年南路、抗洪大道、火车站内外广场扩建工程,新铺设DN1500~300毫米管道4752米。2004年,浔南大道、九威大道延伸段、金凤路扩建工程,新铺设DN1000~400毫米管道9581米。2005~2006年,前进西路、天马路、长虹西路延伸段、青年南路延伸段扩建工程,新铺设DN1500~300毫米管道10569米。2006~2007年,陆家陇(庐山南路至劳家垄路)、胜利大道扩建工程,新铺设DN2200~300毫米管道6982米。2009年,滨湖路二段、长虹西大道、八里湖环湖二路扩建工程,新铺设DN1800~300毫米管道34631米。2010年,站前路扩建工程,新铺设DN1200~300毫米管道2067米。至同年底,市区新建主干道排水工程136.968千米。

**排水设施改造**　1996~1997年,十里大道、环城东路改造,修建排水管道7415米。

2001年,南门湖、甘棠湖两湖进行治理,其中两湖二段截污工程,铺设DN1400毫米171米,DN1200毫米842.9米,DN1000毫米252米,溢流井6座,检查井14座,连接井1座,箱涵4座。2002年,南湖路、三里街改造拓宽,修建排水管道3551米。2003~2005年,赵家花园、青年支路、考棚路、花果园北路、毛纺厂路、老马渡路、塔岭北路、莲花池路、三里街、大中路等次干道和居民区排水设施进行改造。修建和增设下水道总长5709米。2005~2006年,龙开故道进行整治,开辟人工河渠,修建排水管道4264.5米,明渠519.7米,暗渠633.54米。2006年,滨江路进行截污工程的改造,铺设排水管道2711米。2006~2008年,二亩地、甘棠北路、九龙街、庐山南路、西一路等排水管道破损、管径小等原因,造成路面积水,进行改造。修建和增设下水道总长1148米。2008~2009年,浔阳东路与塔岭北路兴建人行地下通道,对原有管道进行改造,修建、增设排水管道256.3米。2009年,西一路小区、梅绽坡、柴桑支路等作为人大提案中解决百姓下水道堵塞和无下水道问题的路段,修建和增设下水道439米。2010年,孤溪埂、长虹北路、月亮湾、滨江东路、毛纺厂、九龙街、庐峰路等路段,为政府工作报告提出的积水点改造和百项整治路段,修建和增设下水道总长2343.3米。

**排水设施总体统计**　1991年,排水管道总长60.5千米,检查井1199座,至2010年排水管道总长增至226.5千米,检查井增至5593座,新增雨水井7083座。

1991~2010 年市区下水道总长度一览

表 7-2-11　　单位:千米

| 年 份 | 下水道长度 | 年 份 | 下水道长度 | 年 份 | 下水道长度 | 年 份 | 下水道长度 |
|---|---|---|---|---|---|---|---|
| 1991 | 63.6 | 1996 | 72.0 | 2001 | 127.7 | 2006 | 178.3 |
| 1992 | 64.1 | 1997 | 78.3 | 2002 | 140.8 | 2007 | 185.7 |
| 1993 | 68.1 | 1998 | 100.8 | 2003 | 146.3 | 2008 | 186.2 |
| 1994 | 68.6 | 1999 | 125.7 | 2004 | 157.0 | 2009 | 221.3 |
| 1995 | 70.0 | 2000 | 126.4 | 2005 | 163.7 | 2010 | 226.5 |

## 二、污水处理

**老鹳塘污水处理厂**　1999 年 10 月 25 日,省计划委员会下发《关于九江市城区甘棠、南门二湖治理工程立项的批复》,要求市根据有关规定建设污水处理厂,并于 2000 年 5 月 30 日批复污水处理厂选址于市区东北老鹳塘。老鹳塘污水处理厂是市政府首次采用 BOT 方式运作项目,由江西洪城水业股份有限公司、江西中煤建设工程有限公司和深圳市金达莱环保有限公司经招投标中标后,共同投资兴建,3家公司注册市蓝天碧水环保有限公司,对该厂进行建设、运营和管理(建设期 1 年,运营期 25 年)。该厂设计规模为日处理生活污水 6 万吨,服务范围为市老城区及浔阳区 11.8 平方千米,服务人口 22 万,厂区占地面积 4.07 公顷,项目投资 7387 万元。2005 年 1 月 10 日正式开工建设,年底完成主体工程,主要有氧化沟两座,二沉池四座,除臭室、车库、提升泵房、细格栅、配电房、综合楼、机修车间、仓库、消毒池及厂区道路、绿化等。2006 年 2 月投入试运行,同年 9 月 6 日通过环保达标验收,同时正式转入商业运行。该厂土建部分由江西中煤建设工程有限公司承建,污水处理设备及工艺管道由深圳金达莱环保有限公司承接,工程监理由江西中昌监理咨询公司与九江市建设监理公司共同承担。老鹳塘污水处理厂采用卡罗塞尔氧化沟工艺,自运行以来,设施运转正常,工艺参数稳定,2006~2010 年共计处理生活污水 9601 万吨,出水水质达《城镇污水处理厂污染物排放标准》一级 B 标准。

**鹤问湖污水处理厂**　2006 年 3 月 13 日,市政府常务会议确定建设八里湖污水处理厂(即鹤问湖污水处理厂),选址于市开发区赛湖村和水产场交界处。鹤问湖污水处理厂是第二座城市污水处理厂,运作方式也是采用 BOT 模式,由深圳市金达莱环保有限公司、江西环保股份有限公司和江西金达莱环保研究中心有限公司经招投标中标后共同投资兴建,3 家公司在市注册市鹤问湖环保有限公司,对该厂进行建设、运营和管理(建设 1 年、运营期 25 年),后深圳市金达莱环保有限公司和江西金达莱环保研究中心有限公司将股权转让给北京首创股份有限公司,由北京首创股份有限公司和江西环保股份有限公司两家共同进行建设、运营和管理。该厂设计规模为一期日处理生活污水 10 万吨,服务范围为十里组团和开发区组团近 40 平方千米,服务人口约 43 万,厂区占地面积 7 公顷,项目投资 1.2 亿元。2007 年 9 月 28 日正式开工建设,2008 年底完成主体工程,主要有生化池、除臭室、提升泵房、粗格栅、细格栅、配电房、鼓风机房、综合楼、机修车间、仓库、消毒池及厂区道路、绿化等。2009 年 5 月投入试运行,同年 11 月 30 日通过环保达标验收,同时转入商业运行。该厂土建部分由江西建工集团承建,污水处理设备及工艺管道由深圳市金达莱环保有限公司承建,工程监理由省咨投工程建设监理公司和市建设监理公司共同承担。鹤问湖污水处理厂采用 CAST 工艺,即间歇式活性污泥法,自运行以来,设施运转正常,2010 年共计处理生活污水 2730 万吨,出水水质达《城镇污水处理厂污染物排放标准》一级 B 标准。

# 第六节　园林绿化

## 一、绿地指标

1991年初,市区有公园3个,街头绿地20多处,面积10余公顷。绿化道路69.5千米,行道树16700余株,人均公共绿地4.9平方米。20世纪90年代后,城市园林绿化事业随着城市建设快速发展,公园、街头公共绿地、城市道路绿化与社区、庭院绿化建设进度较快。城市园林绿化三大指标持续增长,1991~2010年,绿化覆盖率由31.3%提高到56.38%,绿地率由28.2%提高到53.77%,人均公园绿地由5.3平方米提高到18.12平方米。1994年,获"全国绿化先进城市"称号。1995年,全国绿化委员会授予九江市"全国造林绿化最佳城市"。2006年,成功创建省级园林城市。2008年,南湖公园被评为"国家重点公园"。2010年,申报国家园林城市。

**2010年市建成区园林绿地指标一览**

表7-2-12　　单位:平方千米、万人、平方米/人

| | | | |
|---|---|---|---|
| 建成区面积 | 89.47 | | |
| 建成区人口 | 63.06 | | |
| 建成区绿地面积 | 4811.06公顷 | 建成区绿化覆盖面积 | 5044.64公顷 |
| 公园绿地面积 | 1142.41公顷 | 公园绿地覆盖面积 | 1142.41公顷 |
| 生产绿地面积 | 304.67公顷 | 生产绿地覆盖面积 | 304.67公顷 |
| 防护绿地面积 | 1171.00公顷 | 防护绿地覆盖面积 | 1171.00公顷 |
| 附属绿地面积 | 1693.98公顷 | 附属绿地覆盖面积 | 1927.56公顷 |
| 其他绿地面积 | 499.00公顷 | 其他绿地覆盖面积 | 499.00公顷 |
| 绿地率 | 53.77 | | |
| 绿化覆盖率 | 56.38 | | |
| 人均公园绿地面积 | 18.12 | | |

## 二、绿化工程

**公园**　甘棠公园:2003年3月,市政府拨款重修甘棠公园东大门至西大门主干道,同时进行绿化和亮化。当年5月1日起,公园免费向市民开放。

南湖公园:1991年9月,筠秀园亭、钢管仿竹藤廊、鱼池等第二期工程竣工。园内植毛竹、紫竹、方竹、斑竹、罗汉竹等计65个品种,近1万株。1992年上半年南湖公园在筹办龙舟赛和九江——自贡灯会期间,建公园北大门和东、南、西简易门,建围墙1044米,其中通透型376米,平整灯会场地26500平方米,铺下水管道1630米,砌筑块石湖岸800余米。2003年5月1日起,公园免费向市民开放。2005年7月南湖公园再次进行改造,2006年5月竣工,总投资998万元,改造面积6万平方米。2010年动工将翠竹院改建为九江美术馆。

湖滨公园(环湖公园):1995年拆除环城路临湖全长640米,宽17~58米内所有建筑,拆房还绿,建成环湖公园,面积1.9万平方米,政府投入拆迁费2000多万元,建园工程款160多万元。

滨江公园——滨江生态园:1998年洪灾后因防洪工程需要拆除滨江沿岸长3千米、宽20~40米内(除河东水厂、浔阳楼、锁江楼外)所有建筑,辟为公园,2002年11月滨江公园开工建设。2005年建设滨江生态园,将水利局泵房往东至琵琶亭停车场地段进行绿化,绿地面积14公顷。

白水湖公园:2000年4月开工建设,2001年11月竣工,投资1860万元。公园总面积39.6公顷,中心广场2584平方米,有840平方米大型演出台(2005年后在此新建九江市白水明珠会议中心),园内大

型石雕九龙柱构思精巧,引人入胜。

十里河公园:2010 年 5 月建成,全长 7500 米,占地面积 66.9 公顷,其中绿地面积 41.2 公顷。集防洪排涝、环境治理、生态景观、市民休闲诸多功能于一体。

南山公园:2010 年 6 月开工建设,占地总面积 69.12 公顷,绿地率 79.57%。是一座集集会、商贸、购物、文化旅游、休闲观赏为一体综合性公园,公园建设文化休闲广场、市民服务中心、文化展览中心、音乐喷泉等景观,分为螺丝山山体保护区和昌九高速公路南、北 2 个功能区。

八里湖生态公园:2010 年 7 月开工建设,总占地面积 63.32 公顷,沿湖长约 29 千米。一期工程 2010 年建成,占地面积 25.77 万平方米,建有护岸固坡、广场、游船码头、亲水平台、游步道、公共服务区、公共自行车租赁系统、小品及绿化、亮化工程等,将山、水、城、园融为一体,是一座具有海滨特色和南国风情的生态公园。

荷花垅公园:2010 年 11 月开工建设,占地面积 5.30 公顷,绿地率 80%。公园内建设老年活动中心综合大楼、风雨门球场、地掷球场、喜庆丰收雕塑、花坛、硬地、小广场等。公园结合自然地形,将建筑、室外运动场地和园林绿化有机融为一体,着重体现老年文化和人文关怀。

南园:原为炼油厂公园,1993 年建成,占地 5 公顷,绿地面积 4.26 公顷,绿地率 85.2%。是结合城市功能布局,按合理地域服务半径发展的城市公园绿地。

天花井国家森林公园:2003 年批准为国家森林公园,面积 68.5 公顷,是长江中下游规模最大珍稀濒危植物物种库。园内森林植被繁茂,物种丰富,珍稀濒危植物 200 余种,2 株连体千年古桂、2 株 700 余年古枫,是天然植物种群资源库和林业科研、科普教育园地。

胜利公园:2005 年新建,面积 13 万平方米,2010 年在此动工建设市博物馆。

濂溪墓文化公园:2010 年建成,面积 8.2 万平方米。

赛城湖公园:2010 年建成,面积 11.13 万平方米,投资 16000 万元,其中拆迁征地费 10000 万元。

**广场** 火车站站前广场:由上广场和下广场两部分组成,占地面积 7.46 公顷。上广场配套设施齐全,建有地下通道及休息设施;下广场建有荷花雕塑喷泉及交通转盘等设施。广场采用开放、简洁、明快、增加视线通透性设计手法,宽阔、简洁、大方、充满绿意。

浔阳江广场:位于滨江路中段,占地面积 0.65 公顷。广场铺装花岗岩步道,设置健身休闲设施。堤身运用中国传统的造型,采用 2 米高、200 米长大型红色砂岩浮雕,以史诗长卷形式,反映九江历史变化,为城区旅游景点。

镇水牛广场:占地面积 1.32 公顷,为结合九江市城防堤的整治建设而成。镇水牛广场展示古、石、园林、建筑、水文等文化,充分体现江城特色,被誉为浔阳城"外滩"。

抗洪广场:为纪念 1998 年抗洪胜利而兴建,占地面积 2.02 公顷。广场内修筑大型"九八纪念塔"和模拟堵口沉船雕塑,配制大面积树阵及绿地营造出永远纪念伟大抗洪精神意蕴和肃穆气氛,为城区旅游景点。

烟水亭广场:2005 年建成,位于浔阳路与环城路交叉路口处的两处停车场被拆除,新建为市民休闲广场,占地面积 2.42 公顷。同时对原烟水亭广场进行改造,水泥路面及彩色步砖改造为花岗岩道板,广场设有鹅卵石健身步道。

和中广场:2006 年 5 月建成。广场西临南门湖,广场道路以内 3 万平方米,包括广场道路及亲水平台总占地面积 6 万平方米,由荷花广场、星光大道、亲水平台、运动广场、光之庭广场、五星广场组成,湖岸边镶嵌长达 140 余米的"莲趣"壁画,大型喷泉、水幕电影构建于南门湖水面上,集文化、休闲、演出、集会为一体。

南山广场:位于庐山区中心地带,占地 8 公顷,以陶渊明文化为载体,结合园林文化与历史文化手法,充分运用莲花形、神元素展示景观效果,突出"九水汇江,莲开盛世"主题概念。工程总投资 5000 万元。重点景观有:古韵风华、彰华影壁、"希望"主题雕塑、九水汇江、莲开盛世等。81 眼旱喷,象征着九九归一、崇尚自然理念,可容纳8000名观众举行露天大型文娱演出及集会等活动。

**公共绿地** 1991年,建成八角石喷泉、十里转盘、长虹立交桥绿地2万平方米(2009年建设长虹西大道时拆除十里转盘)。1997年,建成憩园绿地,面积1400平方米(2009年修建浔阳东路地下人防工程时拆除),大桥下绿地7000平方米。1998年,建成庐山南路绿地5000平方米,长虹大道绿化带6.2万平方米,长虹北路绿化带1.47万平方米。2000年,建成荷花垅转盘及周边绿地20000余平方米,改造新桥头绿地,西二路转盘,面积1.1万平方米。2002年,建成两湖沿岸绿地,面积4000平方米,滨江绿地2万平方米。2003年,建设民俗园绿地1.2万平方米;九威大道分车带,面积6万平方米;荷花垅周边绿地1.58万平方米;抗洪大道面积8000平方米;十里大道延伸线1万平方米;滨江东路1.5万平方米。2004年,建成滨江东路、三里街立交桥、长虹北路大桥下绿地。2005年,十里大道绿化改造,对城区原有道路绿化进行补植。2007年,拓展城市绿地,完善绿化体系,夯实园林基础,提升城市绿化品位,投资523.4万元完成环庐山公路绿化。

**道路绿化** 新建道路行道树、绿化分车带、路边绿地均为同步设计、同步施工。行道树及绿化带树种多样化、设计艺术化,道路绿化由单一行道树种植向景观路扩展,更加注重绿化品位提升。长虹北路、庐山路、滨江路、庐峰东路等4条道路被命名为“江西省林荫路”。1998年,建成庐山南路绿地5000平方米,长虹大道绿化带6.2万平方米,长虹北路绿化带1.47万平方米。2003年,建设九威大道分车带,绿化面积6万平方米;抗洪大道绿化面积8000平方米;十里大道延伸线绿化面积1万平方米;滨江东路绿化面积1.5万平方米。2005年,十里大道绿化改造,对城区原有道路绿化进行补植。2007年,拓展城市绿地,完善绿化体系,夯实园林基础,提升城市绿化品位,投资523.4万元完成环庐山公路绿化。2009年,重点建设南海路、育才路、金凤路延伸线、陆家垅路、德化路、琴湖大道、滨江东路延伸线、长虹西大道7条道路绿化,注重“一路一景”,面积共达4.02万平方米。2010年,完成八里湖大道绿化,面积2万平方米,投资500万元;主要交通出入口绿化,面积14万平方米,投资1000万元;濂溪大道、九码快速通道绿化及龙开故道景观完善工程;对九瑞大道、长江大道绿化进行改造提升。

**社区、庭院绿化** 1997年前,有61个单位获得省园林绿化单位和省绿化先进单位。进入21世纪后,小区建设日益重视绿化景观功能,安居工程小区建绿地1.3万平方米。虹能小区绿化面积4.67万平方米,龙惠花城绿化面积8万平方米,柴桑春天、水木清华、城市花园、美日阳光、莱茵美郡、东方塞纳、润景台小区、语城湖景等小区绿化建设各具特色。2006~2010年,市区范围的社区、庭院绿化面积累计达到165万平方米。柴桑春天居住小区获“中国人居环境范例奖”;华龙莱茵美郡、美日阳光花园、浔阳江畔、信华城市花园、叠翠新城、九江石化社区第五生活区6个小区被命名为“江西省园林小区”;市第一中学、九江军分区第一干休所、九江职业大学、市第一人民医院、市财政局、市国土局6个单位被命名为“江西省园林化单位”;九江学院、九江外国语学校等7个单位获全国、全省绿化模范单位称号。

## 三、城市雕塑

**天鹅戏水** 位于庐山路与庐山南路、十里大道交汇处,为早期城雕,数只天鹅形态各异,天鹅嘴中喷泉吐水,构思设计精巧。2005年龙开故道施工时拆除。

**八角石喷泉** 位于浔阳路与大中路、浔阳东路交汇处,由喷泉与景观灯组合而成,1991年建成,2005年道路改造拆除。

**十二生肖园** 位于南湖公园内,把中国传统的12生肖按序排列,造型逼真,铜塑,水泥基座,1996年建成。

**荷花垅荷花灯雕塑及喷泉** 位于浔阳东路与庐山大道交汇处,为荷花灯雕与喷泉组合,2003年建成。

**镇水牛** 1998年汛期长江流域特大洪水后,结合长江大堤加固整治,新建锁江楼江滩公园,两头铜塑镇水牛临江相对而立,造型挺拔,气势雄壮,2002年12月建成。

**湖滨公园书童** 2002年南湖路改造同期在南湖畔湖滨公园内新建花岗石雕塑，一女学生端坐，马尾式束发，双手支颚，膝上置书。石雕高1.5米，基座70×65厘米，2002年10月18日竣工。

**民俗园“五谷丰登”园雕** 以中国传统“五谷丰登”创意，运用现代造景手法，通过景观中轴线将“年年有余”壁画、寓意“风调雨顺”二十四节气广场、“岁岁平安”艺术组灯等极具民俗传统特色内容有机地串联起来。楚风编钟门凸显九江地处“吴头楚尾”地域特征。民俗文化浮雕墙展示除夕迎春、元宵灯会、端午龙舟、中秋赏月及九江工艺、民俗等风土人情。2002年建成。

**火车站内广场“世纪崛起”灯雕** 位于九江火车站广场南侧，由市建设局建设，大连美霓光环境科技发展有限公司施工，总功率78千瓦，2004年建成。

**火车站外广场“百年好合”灯雕** 位于九江火车站广场北侧，灯雕为玻璃钢框架结构，外形为荷花造型，其中1组大荷花在中心，其余6组小荷花分布在周围，占地78平方米，基础埋深2.5米，总功率45千瓦。由市建设局建设，大连美霓光环境科技发展有限公司施工，2004年建成。

## 第七节 重点工程

### 一、龙开河开发建设

20世纪90年代初，根据市防洪总体规划方案，引庐山北坡水至九江毛纺厂路北螺蛳墩处截流入新开河道(1100米)进八里湖。在阎家渡建排水闸站，八里湖水从市区西郊排入长江。废除龙开河道，并将两岸堤身铲平填河，建设九龙街。1994年4月23日，省政府批复《南昌、九江市城市防洪规划》，龙开河工程正式启动。10月22日，市政府发布《关于龙开河地段改造工程的公告》，明确拆迁范围为：北起龙开河口，南至九江毛纺厂路北螺蛳墩河口，全长3.82千米。同月，市规划办公室批复市民生实业公司《关于请求批准填平龙开河建设九龙街规划的报告》。12月，市政府办公室下发《关于印发龙开河工程现场办公会议纪要的通知》，明确市民生实业有限公司(后改为民生集团)作为土地出让人，负责龙开河再造土地使用权出让具体工作。1995年11月，市政府《关于龙开河开发建设后期拆迁工作现场办公会议纪要》中进一步明确市民生实业有限公司负责该项工程。至同年底，投入资金5000余万元，新开河道开通使用，水闸工程基本完工，排水管道铺设基本完成。1998年9月，市计划委员会批复《九江民生集团有限公司关于要求在龙开河故道新建九龙大道的报告》，大道北起龙开河口，南至毛纺厂路北螺蛳墩河口，全长4千米，宽42米，其中街道宽26米，人行道宽5×2米，绿化带3×2米，总投资3000万元，至同年底，龙开河工程拆迁单位57家，面积4657平方米，其中商业门面1300平方米；拆迁私房46户，面积4062平方米；拆除违章建筑物1500平方米，违章围墙1800米。完成土石方100余万立方米，龙开河填平地面达设计标高，开始九龙街道建设。2000年建成。

### 二、两湖治理

甘棠湖、南门湖处于城区中心，面积约1.5平方千米。20世纪末两湖遭到严重污染，沿湖有77个排污口，每天排入湖内的生活污水达6万吨之多，致使湖水变色，成为超五类水体，水质观感差，透明度仅0.2米，主要污染元素超过标准值6.23倍。1999年，市政府成立两湖治理办公室和两湖建设公司，启动两湖治理工程。两湖治理工程由南昌有色冶金设计院进行工程设计，分为清淤、防洪排涝、截污、引水4个部分。2000年3月8日，开始实施第一期清淤工程，清淤平均深度为0.6米。6月22日完成，共清淤94.7万立方米。同年8月，在甘棠湖西北角设1闸门，经新桥头沿九龙街至原龙开河泵站铺设一条内径1.72米、全长573米排涝管道。该工程系按暴雨20年一遇频率设计，当年年底工程竣工。2001年2月19日，截污工程全面动工，环两湖6700米沿岸，铺设直径600~1800毫米混凝土制管道，截住77个污水口排入污水，分段设置30个溢流井，在南门湖东北角设立污水提升泵站，铺设2条直径1米、全长4200米排污管道，将污水送至污水处理厂。并在两湖常水位以上高度16.22米处沿岸建一道2.5米宽观景平台。当年底截污工程全面竣工。2003年11月,实施两湖引水工程,从八里湖沿长城路穿越九瑞大道、死水港至甘棠湖西南角,铺设引水管道3188米,把八里湖水引入两湖。引水管道采用管径1米夹砂玻璃钢管,其中穿越交通要道800米采用钢管,不开挖路面,运用地下顶进钢管施工工艺,施工中不影响正常道路交通。2004年3月,引水工程全面竣工,7月设备调试成功,日引水量达6万立方米。2006年,该引水工程因实施龙开故道工程又另建。

## 三、和中广场建设

和中广场,取"崇和尚中"寓意。所在地曾是浔阳古城郊外大校场,20世纪90年代为市体育场。2005年8月开工兴建广场,2006年5月竣工。和中广场是集文化、休闲、演出、集会为一体大型综合性广场,西临南门湖,广场道路以内3万平方米,包括广场道路及亲水平台总占地面积6万平方米。总平面规划以穿过中心点3条主从轴线交错形成多层次感观空间。东面设升旗表演台,中轴线由东至西依次为荷花广场、光之庭广场、星光大道、亲水平台。2条斜向次轴线穿越主广场圆心,绿化广场、运动广场、树阵广场向两侧延伸。荷花广场是整个工程构图中心,竖立8座巨型浮雕灯柱,周边绿化广场、树阵广场、运动广场、光之庭广场、五星广场连绵相接,星光大道沿湖岸长约160米,由景观行道树及植被花坛围合而成,地面花岗岩上镌刻全国劳模名录。西端木栈道亲水平台是贴近南湖荷花塘水面游览步行便道,镶嵌在湖岸边蜿蜒长达140余米"莲趣"壁画,以莲花、莲叶、莲蓬、卵石和穿梭游弋鱼类,构成立体画面,与湖中绿莲红荷,以及分布在广场上的"爱莲""忆莲""惜莲"等雕塑艺术小品互相呼应,取意于北宋理学家周敦颐名篇"爱莲说",共同烘托"出淤泥而不染"意境。与亲水平台隔水相望大型喷泉、水幕电影构建于南门湖水面上,建有巨型160米高喷。300米音乐喷泉和水幕电影,将高科技激光、多媒体技术及影视艺术三者结合运用,由音乐信号控制,实现水柱组合变化,创造综合水景景观。

## 四、长虹西大道建设

2009年2月7日,市委常委扩大会议研究决定新建长虹西大道。10日,市委办公厅、市政府办公厅下发《关于成立十里河整治工程、长虹西大道工程、八里湖滨湖路工程三个领导小组的通知》。长虹西大道是长虹大道向八里湖片区延伸部分,东起长虹大道与十里大道交接处,西至环湖南路,全长5000米,建筑控制宽度80米,道路按II级城市主干道设计,行车时速50千米,设计荷载为城-A级,路面结构为沥青砼路面。道路横跨十里河,新建桥梁1座,桥长66米,桥宽53米。共收储国有土地51.33公顷、集体土地58.67公顷,征收国有和集体土地19.13公顷,拆迁房屋面积54000平方米,其中城市住宅房屋18000平方米、农房12000平方米、经营性门面和仓储办公用房24000平方米。工程总投资5.1亿元。2009年3月26日开工,10月1日建成通车。

## 五、十里河整治

十里河、濂溪河是发源于庐山余脉的城区内河,全流域集雨面积43.9平方千米,河道总长14千米,其中十里河8.8千米、濂溪河5.2千米。河道防洪标准低,水流不畅、淤塞严重;污水汇集。2009年2月7日市委常委扩大会议研究决定启动十里河、濂溪河整治工程。综合整治工程主要由河道整治工程、截污工程、景观工程3部分组成,工程投资概算(含征地拆迁)12.59亿元。经方案调整、设计优化,施工预算9.57亿元。河道整治工程设计洪水标准采用防洪(行洪)50年一遇。十里河中下游6千米段进行重点整治,河道治理达标,主要进行清淤疏浚、护坡护岸、道路及景观建设。十里河上游2.8千米按50年一遇防洪标准、濂溪河全段5.2千米按20年一遇防洪标准进行疏浚整治河道。十里河、濂溪河14千米河道进行全线截污,结合城市排水管网,河道两岸设置截污管道,接入市政排污干管,将雨水、废水、污水引至八里湖污水处理厂,有效改善河流水质。整治景观工程采用带状和点状相结合、以生态植物措施为主的方式,重点治理段沿河两岸建设生态休闲景观带,一般治理段根据人居环境要求建设景观点。

2009年3月26日整治工程开工,至2010年4月底主体工程全面完成,共完成18万平方米房屋拆迁及安置，240多处涉河管线迁移，河道清淤35.3万立方米，土、石方开挖126.8万立方米，土方回填86万立方米，混凝土4.30万立方米，浆砌块石2.1万立方米，混凝土预制块护坡7.1万平方米；拆除桥梁18座，新建和改造桥梁14座，新建钢坝4座，新建及维修堰坝5座；截污管道埋设14.8千米、截污管道顶进3.8千米；景观道路8.85千米，景观铺装1.5万平方米，苗木种植23868棵，草皮及灌木色块25万平方米，双层八角亭1座。清运拆迁建筑垃圾13.64万立方米，施工围堰12.1万立方米。完成工程投资2.53亿元(不含征地拆迁)。

### 六、体育中心建设

市体育中心工程位于八里湖畔，占地46.7公顷。总建筑面积为15.6万平方米，绿化面积22万平方米。主要建设项目有4馆2场，少儿体校及园林景观、道路和给排水工程。投资总概算约3.6亿元，按乙类场馆标准设计，分为两期建设。2005年12月28日，一期建设项目开工，到2008年11月基本建成，完成投资约1.6亿元，占总工程量的44%。主要包括：体育馆建筑面积1.39万平方米，少儿体校总建筑面积11000万平方米，室外田径场占地2万平方米，室外网球场占地5800万平方米。2008年11月，二期建设项目动工，至2010年，基本建成体育场建筑面积3.9万平方米、游泳场馆建筑面积9244万平方米，综合训练馆建筑面积8537万平方米，网球馆建筑面积3058平方米，以及包括中轴水景、中心广场、儿童戏水池、攀岩、停车场、植树、绿化、景观灯具等景观绿化项目。

# 第三章　县乡建设

## 第一节　城区建设

### 一、九江县城区

1991年，县城区面积为3.6平方千米。2000年，庐山北路开工建设，2001年在沙河乡泉塘村、蛟滩村建成东泉路，与九江市综合工业园连成一体。2004年12月，县委、县政府、县检察院办公楼竣工，庐山北路新区初显端倪。2008年，新区悠然园、渊明大道开工建设，2010年，渊明北路、瑞城路、东泉路、渊明大道、瑞城路延伸线相继开工。城区面积为13.4平方千米，东至九江县沙河经济开发区与庐山区赛阳镇交界处，南至天坡山脚，西至沙河街镇东风村6组鑫山水泥厂处，北至沙河经济开发区原蛟滩村(市综合工业园)。规划区控制线为17平方千米。2010年县城共有道路34条，全长105.3千米。主、次干道路灯共1920盏。县水务公司日供水能力5万吨，供水范围15平方千米，供水人口7万人。居民用水普及率达100%。天然气公司与7个小区、3家企业单位签订供气协议，有2个小区3000多住户家庭成为首批使用管道天然气用户。县城公共绿地面积76公顷，绿化覆盖率为35.37%，绿地率为25.67%，人均公共绿地面积为11.2平方米。

### 二、德安县城区

1991年年初，县城建成区7.8平方千米。1997年，对老城区主要道路整修，改造道路总长9709米，总面积156058平方米。至2010年，县城建成区共有主干道、次干道和支巷道路60条，水泥街道长度总和39.858千米，道路总面积76.86万平方米。城区道路共有高中杆路灯989杆，1668盏，高架灯2杆(52盏)，道路装灯和亮灯率均达到98%。县城日供水能力达3万吨。燃气用户17505户，燃气普及率达100%。园林绿化面积381公顷，人均绿地面积57.8平方米。同年，县城建成区面积9.56平方千米，城镇人口达7.9万人。继获省“十佳魅力新城”之后，相继评为“江南生态新城”和“十佳人文魅力县区”。

### 三、永修县城区

1991年,县城建成区面积3.5平方千米。2000年白莲路、老城沿河路建成;2002年,实施湖西区市政工程建设"十大工程"建设,完成新城大道沥青路面改造、新建开发大道沥青路面、白莲广场等一批重点市政配套设施建设。2003年建成开发大道。同年起,通过招商引资对老城区进行大规模改造建设。2007年,永昌大道、建昌大道、滨湖大道、环湖路基相继完工。2008年,实施城区污水处理设施建设工程;2009年又启动城市建设18项重点工程,湖东区完成"一湖(环湖景观公园)、一路(环湖油路)、一桥(跨城际、京九铁路高架桥)、一区(星火住宅小区)"为重点项目建设;2010年启动"三条路、三个湖、三大功能设施和三大配套工程"等20项重点工程建设,城市框架大幅扩张。至2010年年底,县城建成区面积达16平方千米。新增城区道路34条,总长38.45千米。城区共有道路56.968千米。县城主次干道路灯(钠灯)1505盏,LED数码灯管4000根,共计5505盏。拥有供水管线总长65千米,日综合生产能力4万立方米,城镇居民用水普及率达100%。城区铺设天然气管道8500米。县城园林绿化面积为428.77公顷,绿化覆盖率44.5%,绿地率40.45%,人均公共绿地面积10.04平方米。

### 四、星子县城区

1991年县城建成区2平方千米,人口2万余人。进入21世纪后,县城建设逐年加快,随着白鹿大道、秀峰大道、南康大道等主干道和其他次干道先后新建、改造完成,县城框架逐步拉开。2006~2010年,新建和改建道路面积40.56万平方米,新增绿地面积50.8万平方米,新增路灯2061盏,全县路灯达2948盏,新增路灯占全部路灯53%。新增排水主管40.53千米,新增管网占总管网长54%。至2010年,城市建设各类总投入33.058亿元。其中市政基础设施和公益事业投入21.076亿元。新增硬化道路面积6.8万平方米,新增人行道6.7万平方米,新建、改建下水道8.7千米,新增公园绿地面积10.9万平方米,新增人均公园绿地面积2.29平方米,新增公园、广场及绿化景观带11个,新增给水排水管道20千米,新增路灯540盏,县城建成区面积达到7.2平方千米,城区人口5.06万人,城镇化率达41%。

### 五、修水县城区

修水县城(义宁镇)是一座历史古城。1991年年初,县城建成区1.7平方千米,人口3.67万人。通过1994年启动老城改造、2000年展开南城新区开发等重大规划建设项目实施,至2010年,县城建成区达10.5平方千米,人口13万人。仅城南新区新铺设道路五横八纵总长即达20966米。随着城市建设发展,路灯数量、质量、档次提高,一般路灯、便民灯均已提升为高杆灯、强力射灯、景观灯、园林灯、草坪灯、照树灯、轮廓灯等。供水管网从25千米,增加到82.7千米,供水范围发展到城郊,供水普及率达98%以上。通过招商引资,由深圳客商投资建设管道燃气,并实现城南新区部分居民供气。县城有主次干道总面积630385平方米,绿化占地面积177171平方米,覆盖面积199911平方米,绿化普及率达100%,达标率为86%,2条园林路达标率、普及率均达100%。经过20年建设,城市功能不断完善,城市品位逐年提高,并成功创建省级园林城市,跨入省"十佳魅力旅游城市"行列。

### 六、武宁县城区

县城是因兴建柘林水电站迁建,至1996年,建成区3.35平方千米。20世纪90年代中期后,开展创建省级卫生县城、国家卫生县城、山水园林城市等活动。2002年以来,新增城市道路40多万平方米,人均道路面积11.5平方米。2005年5月,省政府命名武宁县城为"江西省园林城市"。湖滨中路绿化景观带获省首批人居范例奖。2008年2月,建设部命名武宁县城为"国家园林县城"。2009年又成功入选"最值得向世界推介的50个中国最美小城"。2010年,建成区已达7.8平方千米,并开辟新区5.02平方千米,城区人口7.8万,全县城镇化水平达48.9%。全城有主次干道和支路(巷道)52条,总长38475.17米,总面积91.24万平方米。共安装路灯2458杆,14599盏,LED管15569米。年总供水量702万立方米,供水能力平均1.92万立方米/天。县城主次干道总面积122.9万平方米,绿化占地面积26.04万平方米,绿化覆盖面积 30.8 万平方米。公园 8 个，面积 111.62 公顷。城区绿化占地面积为 358.58 公顷，绿地率 46.8%；绿地覆盖面积 399.22 公顷，覆盖率 53.23%；公共绿地面积 127.99 公顷，人均公共绿地面积 16.41 平方米。

## 七、瑞昌市城区

1991 年，市城区建成区面积 6 平方千米，市区人口 3.48 万人。通过不断加强基础设施建设，拉开城市框架，“十一五”期间，累计投入 29 亿元，先后完成人民公园、安定湖公园、文化艺术中心、行政中心、创业孵化中心、瑞码快速通道、瑞民家园等一大批重点工程项目，初步形成“六纵六横”城市交通体系，至 2010 年，建成区面积扩大到 14.8 平方千米，市区人口 15.23 万人。城区新建、改建、扩建主干道、次干道、支道共 45 条，总长 68892 米，总投资 18568.16 万元。大力实施城市净化、绿化、亮化工程，城区路灯、景观灯共 6800 余盏，亮灯率达 98%以上。城区自来水日供能力达到 33020 立方米。累计引入社会资本投入燃气行业资金达 6000 万元，燃气企业发展到 19 家液化气企业和 1 家管道天然气企业。市区平均绿化率达82%。景点绿化面积 37711 平方米。21 个社区绿化率达 95%以上。

## 八、湖口县城区

2006 年起，县政府加快城市建设步伐，启动道路、公园、广场、公共建筑、景观、民生、安居等工程项目，至 2010 年底，新增 5 横(台山大道、石钟山大道、学士路、学前路、石钟山东大道)7 纵(海正路、盛源路、渊明路、学苑路、桃源路、通站大道、金砂南大道)路网基本贯通，总长 21.8 千米。县政府投入资金亮化钟山大道、台山大道、盛源路等新区道路，更新改造年久失修路灯。城区主要道路路灯 1393 杆、2048 盏。供水区域面积达 45 平方千米，居民用水户 18124 户，年供水总量 600 万立方米，完成铺设供气管道 58.31 千米，280 户居民用上管道燃气。城区面积拓展到 11.3 平方千米，常住人口过 9 万人。园林绿化面积达 501 公顷，园林绿地面积 436 公顷，城市人均绿地面积达到 50 平方米。

## 九、都昌县城区

1991 年以来，都昌县“东推、西拓、南控、北延”，不断完善县城基础设施建设。1995 年，开始建设大道建设(后改称万里大道)，至 2010 年，相继建成东湖大道、迎宾大道、东山路、芙蓉山大道、小康大道等主干道 15 条，总长 30.831 千米。城区路灯总数达 14651 盏。自来水日取水能力 3 万立方米，供水管道总长 118 千米，供水城区面积 12.6 平方千米，供水人口 10.3 万人。用水普及率 99%，水质综合合格率 100%。县城燃气用户约 2.5 万户，全年供气约 1500 立方米。至 2010 年 12 月，县城建成区面积达 12.6 平方千米，县城绿地面积 68.25 万平方米，绿地率 42.79%，绿化覆盖率 45.3%，人均公共绿地 14.1 平方米。

## 十、彭泽县城区

1991 年，县城建成区面积 2 平方千米。1998 年 7 月，拓宽龙泉路，并以道路建设带动两旁土地房屋开发建设。2000 年后，致力于改善人居环境，先后修建渊明湖公园、中心广场、江边花园、渊明湖小区、钓鱼台小区，其后随着新一中和铜九铁路、彭湖高速公路建设，加快县城建设。2009 年后加大城市建设投入，突出山水特色、优化县城布局、拉开县城框架、提升县城形象，渊明湖公园升级改造、龙城大道升级改造、龙城大道东延、龙城大道西延、渊明路改造、塔桥路高速连接线、环城西路、博文路北延、狄公湖治理、污水处理厂等大批市政重点工程先后建成，“三横六纵”道路交通网络已经形成，实现县城交通大循环，拉开县城发展框架。2010 年建成区面积达 8 平方千米、城区人口 7.3 万人，道路、排水、供水、园林、路灯等市政公用设施逐步完善。路灯总数 2878 盏，其中中华灯 88 盏，总功率 500 千瓦，路灯线路总长约 13 千米，龙城大道两侧一些单位安装轮廓灯和霓虹灯。日供水量 2 万立方米；服务人口 7 万人；75 毫米以上管网长 19.8 千米，年供水总量 428 万立方米。液化气用气户约 1.8 万户。

## 十一、共青城市城区

1991 年，共青城建成区 2.2 平方千米。1992 年年初经省政府批准，共青城成立省级开放开发区，规划用地100平方千米。第一期开发面积6平方千米。同年7月,省地名委员会批准,共青垦殖场驻地定名为共青城。1992年,兴建长5千米金融商业服务大街,横跨昌九高速公路和京九铁路,拉开城市框架。进入21世纪,着力拉大城市框架、扩大人口规模、突出城市特色,加快全国青年创业基地建设,推进城乡一体化建设,在东面主城区、西面工业区2板块基础上,以主城区为核心,以全国青年创业基地、中芬数字生态城为组团,构建共青—德安相向发展城市建设新格局。至2010年,城区道路总长度59237米。城区路灯2337盏。年供水量380万立方米,日均售水量1.5万立方米。铺装天然气管道总长49.8千米。当年底,城区面积达14平方千米,城镇化率为47.8%,人均道路面积17.66平方米,人均公共绿地面积27.13平方米,绿化覆盖率42.75%,供水普及率79.85%,燃气普及率76.12%。

## 第二节 乡镇建设

### 一、建设规模

全市小城镇建设起步于1992年,同年,成立京九铁路沿线九江段小城镇建设领导小组,重点抓京九沿线小城镇发展规划。1994年,贯彻省委办公厅《江西省京九铁路沿线小镇规划建设专业技术实施要点》,共完成18个建制镇规划调整。小城镇建设重点以推进建制镇自来水厂为主要内容的基础设施建设。1994年,全市完成古市、朱溪、船滩、黄椴、横港、南义、聂桥、流泗、隘口、海会、莲花11个建制镇自来水厂建设项目。1996年,市委、市政府下发《关于鼓励农民造城的有关政策意见》,指导推进小城镇建设,重点扩建改造乡集镇、建制镇主干道,建成区道路网、行道树、公共绿地、道路路灯、给排水管网、自来水厂等基础设施,引导农民及社会力量创建"农民一条街",引进农民进镇务工经商。各县(市、区)政府遵照市委、市政府文件精神,增加小城镇基础设施和公共设施投入,建制镇道路、路灯、供水设施、给排水管网、园林绿化、供气等逐年配套完善。

2000年,市政府下发《关于加强小城镇建设工作意见》,推进城镇化。要求所有建制镇在2001年全面完成规划修编工作,启动新一轮村镇规划编制工作。市建设局根据省建设厅统一安排,组织专家对修水县渣津镇、瑞昌市码头镇、永修县柘林镇、庐山区姑塘镇、都昌县蔡岭镇5个省级重点镇规划进行评审。2001年,经过"撤乡建镇",全市233个乡、14个镇,撤并为100个镇、81个乡。集镇、建制镇建成区有较大拓展,基础设施初具规模。修水县渣津镇、太阳升镇,武宁县鲁溪镇,瑞昌市码头镇、南义镇,永修县柘林镇,九江县新合镇,都昌县蔡岭镇,湖口县流泗镇,星子县蛟塘镇,庐山区海会镇12个镇被省建设厅列为重点镇。

2010年,省委办公厅、省政府办公厅印发《关于加快示范镇建设的意见(试行)》通知,确定26个省级示范镇,其中包括共青城甘露镇、庐山区新港镇、彭泽县马当镇。至当年底,全市所辖81个乡,建成区面积4778.97公顷,乡集镇建成区户籍人口18.7万人,建成区暂住人口1.87万人。道路长度252.65千米,道路面积139.39万平方米。集中供水的乡56个,公共供水设施55个,其中水厂18个,综合生产能力1423万立方米/日,供水管道长度241.64千米。用气人口12.98万人。绿化覆盖面积505.76公顷,绿地面积198.21公顷。生活垃圾年运量1189万吨;生活垃圾中转站20座,环卫专用车辆45辆;公用厕所80座。所辖建制镇共89个(不含县治镇),建成区面积11891.02公顷,建成区户籍人口51.39万人,建成区暂住人口5.62万人。道路长度612.24千米,道路面积427.8万平方米,路灯3882盏,桥梁125座。用气人口36.1万人。集中供水的建制镇70个,公共供水设施94个,其中自来水厂40个,综合生产能力9607万立方米/日,自备水源单位80个,综合生产能力0.823万立方米/日。绿化覆盖面积1171.08公顷,绿化面积602.6公顷,公园绿地面积10.86公顷。生活垃圾年清运量10.448万吨,生活垃圾中转站53座,环卫专用车102辆,公用厕所167座。

## 二、建设管理

2000年9月10日,市政府颁布实施《关于加强乡(镇)村规划建设管理的若干规定(试行)》,强化推进各县市(区)对乡、镇规划建设管理工作。全市建制镇设有村镇规划建设管理机构(村镇规划建设管理站、所、办公室)84个、村镇规划建设管理人员363人,乡设有村镇建设管理机构61个,乡建管理人员228人。完成建制镇总体规划乡(集镇)设有村镇规划建设管理机构61个,规划建设管理人员228人。乡镇建设管理,主要依据《中华人民共和国城乡规划法》《江西省城乡规划条例》《江西省村镇规划建设管理条例》《江西省村镇建房规划审批办法(试行)》和《历史文化名城、名镇、名村保护条例》,按属地管理的原则,负责对辖区范围内、乡、镇规划建设实施管理,对辖区内农村建房和建设项目审批发放"三证一书"(建设用地规划许可证、建设工程规划许可证、乡村建设工程规划许可证、建设项目选址意见书)。2006~2010年,按照省建设厅统一布置,全市各乡镇连续开展"五整治三建设"达标活动。"五整治"即道路街巷整治、违章搭建整治、临街建筑整治、环境卫生整治、集贸市场整治;"三建设"即园林绿化建设、公园设施建设、景观环境建设。通过"五整治三建设"达标活动,对美化镇容镇貌、改善镇区环境起到明显促进作用。

## 三、移民建镇

1998年,长江流域遭受百年未遇洪涝灾害,市域沿江滨湖地带受灾严重。灾后,中共中央、国务院做出平垸行洪,退田还湖,移民建镇决策。据此,全市沿江滨湖地带实施移民建镇工程。至2005年结束,历时7年,分4期进行。第一期自1998年10月开始实施,都昌、湖口、彭泽、星子、德安、永修、九江县、庐山区、共青开放开发区9个县(区)新(扩)建集镇17个,新建中心村73个、基层村674个,退田还湖面积2.73万公顷,共迁移45665户,迁移186213人。第二期自1999年8月开始实施,都昌、湖口、彭泽、星子、德安、永修、九江县、瑞昌市8个县(市)新(扩)建集镇14个,新建中心村29个、基层村232个,退田还湖面积1.23万公顷,共迁移15040户,迁移62571人。第三期自2001年6月开始实施,都昌、湖口、彭泽、星子、德安、永修、九江县、庐山区8个县(区)新(扩)建集镇14个,新建中心村65个、基层村216个,退田还湖面积1.33万公顷,共迁移26427户,迁移108171人。第四期自2002年3月开始实施,都昌、湖口、彭泽、星子、永修、九江县、瑞昌市、庐山区8个县(市、区)新(扩)建集镇15个,新建中心村30个、基层村296个,退田还湖面积1.01万公顷,共迁移24422户,迁移97193人。4期移民建镇至2005年年底全面完成。共计新(扩)建集镇60个,新建中心村197个、基层村1418个,迁移户数111554户(占全省总任务51%),迁移人口454148人。共平、退圩堤252座,退田还湖面积6.29万公顷,累计完成国家总投资近19亿元。

**1998~2005年全市移民建镇情况一览**

表7-3-1　　单位:户、人

| 县(市、区、场) | 第一期 | | 第二期 | | 第三期 | | 第四期 | | 累计迁移 | |
|---|---|---|---|---|---|---|---|---|---|---|
| | 迁移户数 | 迁移人口 | 迁移户数 | 迁移人口 | 迁移户数 | 迁移人口 | 迁移户数 | 迁移人口 | 迁移户数 | 迁移人口 |
| 都昌县 | 21074 | 86877 | 6005 | 25523 | 7392 | 31431 | 8469 | 36056 | 42940 | 179887 |
| 湖口县 | 2253 | 9200 | 2723 | 11530 | 6694 | 26756 | 2843 | 10524 | 14513 | 58010 |
| 彭泽县 | 1012 | 4301 | 1564 | 5621 | 2724 | 11523 | 2366 | 8757 | 7666 | 30202 |
| 星子县 | 5613 | 23932 | 43 | 183 | 6610 | 26253 | 4126 | 14663 | 16392 | 65031 |
| 德安县 | 486 | 1701 | 335 | 1087 | 908 | 3075 | | | 1729 | 5863 |
| 永修县 | 9477 | 35792 | 1062 | 3641 | 677 | 3834 | 4012 | 16532 | 15228 | 59799 |
| 九江县 | 1590 | 6726 | 2458 | 11416 | 1260 | 1722 | 376 | 1692 | 5684 | 24556 |
| 庐山区 | 2251 | 9260 | | | 162 | 577 | 531 | 2026 | 2944 | 11863 |
| 瑞昌市 | | | 850 | 3570 | | | 1699 | 6943 | 2549 | 10513 |
| 共青城 | 1909 | 8424 | | | | | | | 1909 | 8424 |
| 合　计 | 45665 | 186213 | 15040 | 62571 | 26427 | 108171 | 24422 | 97193 | 111554 | 454148 |

# 第四章　建设管理

## 第一节　建筑队伍

1991年初,全市有等级施工企业129个,职工39529个。其中一级企业1个,二级企业4个,三级企业18个,四级企业99个。另有非等级企业93个,职工3645人。此后,随着建筑市场进一步放开,施工队伍逐渐增多,有的施工企业在市场竞争中逐步发展壮大,亦有施工企业在竞争中分合并转,甚至淘汰。2010年,全市建筑业企业257家,按照承包类别划分:施工总承包企业120家,专业承包企业83家,劳务分包企业38家,住宅室内装饰企业16家。按照资质等级划分:一级企业29家,二级企业87家,三级企业118家,不分等级企业7家,A级企业16家。市第一建筑工程公司为房屋建筑工程施工总承包一级、市政公用工程施工总承包一级、建筑装修装饰专业工程一级企业,九江信华建设集团有限公司为房屋建筑工程施工总承包一级企业,中铁九桥工程有限公司为市政公用工程施工总承包一级企业,江西赣北公路工程有限公司为公路工程施工总承包一级企业。全市工程监理企业14家,其中甲级企业2家,乙级企业1家,丙级企业11家。市建设监理有限公司和九江石化工程建设监理有限公司为专业甲级监理资质。2010年年末,建筑业企业从业人数达到262961人。建造师共计2496人,其中:一级注册建造师176人,一级临时执业建造师24人,二级注册建造师698人,二级临时执业建造师1598人。注册监理工程师135人。

## 第二节　专业管理

### 一、城市规划管理

1990年,《中华人民共和国城市规划法》颁布,对城市规划区内的土地利用和建设项目核发“一书两证”,成为城市规划实施管理的基本制度。市规划办公室作为市级规划行政主管部门,主要工作职责为:城市规划管理,建设项目规划审批及核发“一书两证”;违法、违章执法检查。2002年起,市加大规划编制力度,逐步建构完善规划编制体系。为加强全市城市建设规划管理,保证城市规划的实施,根据《中华人民共和国城市规划法》《江西省实施〈中华人民共和国城市规划法〉办法》及有关法规、技术标准规范,2002年市政府下发《九江市城市规划管理技术规则(试行)》。2003年,市委、市政府下发《关于进一步加强城市规划管理的决定》,进一步加强城市规划建设的监督和管理,充分发挥城市规划在建设现代化城市中的“龙头”作用。2004年,市政府下发《关于印发九江市城市规划区内农民建房的若干规定的通知》,对市本级规划区内农民建房原则、审批手续、建房的规定、住宅权的管理、建房的监督都有具体规定。2005年,市政府下发《九江市城市规划区违法建设查处暂行办法》《九江市城市规划区建设工程审批暂行办法》,理顺规划审批和执法管理的责权关系。2007年,围绕新农村建设及城市建设重点项目,积极做好技术服务,市政府办公厅印发《关于新农村规划编制工作实施方案》。市规划局、市新村办、市建设局、市国土局联合下发《关于进一步加强村镇建设规划、规范农村建房管理的通知》。市政府发布《关于加强乡(镇)村规划建设管理的若干规定(试行)》。2008年4月,市规划委员会在原《九江市城市规划区建设工程审批暂行办法》基础上,制定《九江市城市规划委员会工作规程》,理顺规划报建审批程序。按照市政府《关于城市规划区内农民建房若干规定》,制定《九江市城市规划区内农民建房实施办法》。2010年6月,市政府办公厅下发《九江市大九江规划区农民建房管理试行方法》。

## 二、建筑工程管理

**质量安全管理**　1994年，推行项目报建制度，实行施工许可证制度。成立市建设监理公司，建立和完善工程监理制度，开展“全省住宅质量千里行”活动。1996年按照“三治一求”和“三改一加强”方针，展开建设工程项目执法监察工作和企业转机制、加速现代企业制度步伐推进工作。在施工现场管理中，实行临街高层建筑“全封闭作业卡”制度。1997年，开展“建设工程质量(安全)年”活动，加大实施精品工程力度。湖口县农业银行办公楼、九江仪表厂精加工车间、九江一中外专楼获省优工程。1999年3月24日，市月亮湾农贸市场2号、3号商住楼发生不均匀沉降、倾斜、开裂重大质量事故，市建设局迅速展开抢险排险工作，避免可能倒塌伤人严重事故，并及时对有关责任单位和责任人进行处罚。2000年，全市开展贯彻执行建筑法、招标投标法、建设工程质量管理条例及《江西省建筑管理条例》宣传教育活动。成立市建设工程项目执法监察办公室，并组织开展全市建设工程项目执法监督检查。进一步建立和落实工程质量行政领导人责任制、建设项目法人责任制、参建单位工程质量领导人责任制和工程质量终身负责制，实行勘察、设计、施工、监理和建设单位五方主体责任制。2005年，市建管站、安监站合署办公后，加强工地现场监管，扭转建筑安全事故多发局面，创建一批国家、省级安全质量标准化工地、安全文明样板工地、3A级安全文明标准化诚信工地。同年《人民日报》《中国安全生产报》相继报道九江建设工程安全生产监督和施工管理经验。2006年，信华商务中心工地首创全国安全文明样板工地。2009年10月27日，住房和城乡建设部、中华全国总工会联合通报表彰市建设工程安全生产监督管理站，获“全国建筑施工质量标准化工作先进集体”。同年，九江东磁丽景湾花园A区工程、市中医院(南院)一期工程获“全国建筑施工安全质量标准化示范工地”。2010年，市中医院南院工程获中国建筑工程“鲁班奖”和第一届江西省十佳建筑。

**建筑市场管理**　1992年，贯彻《江西省建筑市场管理实施细则》，加强对建筑市场管理，保护合法交易和平等竞争，实行开放市场。全市较大工程项目均纳入招标(议标)管理模式。在市直建安企业中实行简政放权，推行经济责任制和各种形式经济承包管理模式。1994年，制定《九江市建筑市场管理规定》。在招投标管理中，推行“综合定量积分评标法”。1997年，市建筑交易市场正式投入运行，市工程建设的主体行为由隐蔽、无序工程发包走向公开化、规范化、程序化、法制化。2001年，全市按照建设部和省建设厅的部署，开展整顿和规范建筑市场秩序工作，共检查2000~2001年竣工及在建项目634项，发现违法违规工程99项，处罚金额82600元。2004年，开展清理拖欠工程款和农民工工资工作，全年累计清欠工程款265万元，清欠农民工工资3976.85万元，有效维护企业和农民工合法权益，维护社会稳定。2006年，市第一建筑工程公司成功进入布隆迪和约旦市场，开创市属建筑企业走出国门先河。2009年，《九江市建筑施工、监理企业诚信管理办法》开始施行，市建筑市场诚信体系和信息平台开始建立，进一步规范全市建筑市场秩序，营造建筑市场“公开、公平、诚实、守信”良好环境。

**资质管理**　20世纪90年代后，贯彻《江西省“八五”期间施工企业资质动态管理暂行办法》，加强资质管理。1994年，对全市319家施工企业进行资质年检，合格企业282家，基本合格37家，不合格13家。同年，大力推行项目报建制度，实行施工许可证制度。在招投标管理中，推行“综合定量积分评标法”。制定《九江市建筑市场管理规定》。成立市建设监理公司，建立和完善工程监理制度。积极开展“全省住宅质量千里行”活动。1999年，贯彻落实全国基础设施建设工程质量工作会议精神，全面开展整顿和规范建设市场工作。对全市271家各类建筑业企业进行资质年检，吊销资质8家，降级45家。开展全市项目经理资质认证工作，合格809人。2000年，开展全市建筑业企业资质年检工作，合格178家，基本合格38家，降低资质8家，吊销资质18家。2001年，新的《建筑业企业资质管理规定》和《建筑业企业资质等级标准》颁布实施，全市建筑业企业按照新资质等级标准进行就位，就位企业109家。开展项目经理认证和复查，认证项目经理449人，复查合格项目经理885人，不合格3人，不在岗37人。2003年，按照建设部《关于建筑业企业项目经理资质管理制度向建造师执业资格制度过渡有关问题的通知》精神，开始市建筑业企业项目经理管理制度向建造师执业资格制度过渡工作。2004年，《建造师执业资格考核认定办法》实施,全市开展对符合条件项目经理考核认定为注册建造师工作,市建筑业企业正式进入建造师执业资格制度时代。2007年,《一级建造师注册实施办法》和《江西省二级建造师实施办法》开始实施,全市共有27人取得一级注册建造师资格,379人取得二级注册建造师资格。2008年,为确保建筑业企业项目资质管理制度向建造师执业资格制度平稳过渡,妥善解决尚未取得建造师执业资格持有项目经理资质证书人员实际问题,开展具备相应条件项目经理转为二级临时建造师工作,全年共有33人取得一级临时建造师执业资格,999人取得二级临时建造师资格。

**抗震设防管理** 九江市是全国重点抗震设防城市之一,也是省唯一全国重点抗震设防城市,全市15个县(市、区、山)均设立抗震管理机构,除永修县为地震重点监测区外,其余均为六度设防区,根据市抗震设防区划研究成果,市区局部确定为七度设防区,所有建筑工程均必须进行抗震设防。1996年10月,《九江市城区抗震防灾规划》完成送审稿,11月完成评审稿,12月通过由建设部抗震办、同济大学、北京、天津、江苏和省内专家组成的评审委员会评审,1999年9月通过省建设厅审批,2001年4月28日经市长办公会批准,与《九江市城市总体规划》一并实施。

**城建档案管理** 1991年7月,市编委批准设立市城市基本建设档案馆。1996年,市城市规划市政设计院将资料移交城建档案馆管理。2001年9月,城建档案馆开始接收建设工程档案。2003年11月,市城建档案馆晋升为省一级城建档案馆。2004年12月,市编委批准城建档案馆增挂市城市建设档案管理处牌子,两块牌子一套人员,负责全市城建档案管理工作。2005年,市政府颁发《九江市城市建设档案管理办法》,规范城建档案管理工作。至2010年年底,市城建档案馆馆藏档案22105卷,底图4418张,照片6000余张,图书资料1200余册。各县(市)城建档案工作自2003年后逐步开展,全部建立城建档案馆(室),瑞昌、修水、都昌、湖口、德安、永修、九江县均经编委批准设立正式机构。8个县级城建档案机构已成为省级达标单位,其中省一级4个、省二级3个、省三级1个。

## 三、市政公用事业管理

**市政设施管理** 2000年12月15日,市政府办公室转发市建设局《关于归口成立市城市建设管理监察支队意见》。2001年4月20日,市政府发布《九江市城市道路占用、挖掘管理暂行规定》。2002年7月30日,市政府办公室印发《九江市城市管理行政执法局职能的通知》。2004年3月4日,市政府发布《九江市城市管理行政执法暂行规定》。2005年3月10日,市政公司发布《市政设施管养督察暂行办法》。9月9日,市政府办公厅转发《九江市车辆临时占道停放暂行办法》。11月9日,市政府印发《九江市城市排水管理办法(试行)》。2006年3月10日,市政公司发出《关于加强城区桥梁管理确保桥梁安全的通知》。20日,市政公司制定《城区暴雨排涝应急预案》和《城市桥梁重大事故应急预案》。22日,市政公司制定《城区重大节庆活动及重要接待任务市政公用设施服务保障应急预案》。9月11日,市建设局、市城市管理行政执法局发布《关于九江市临时占用城市道路管理的暂行办法》。2007~2008年,市政公司先后制定《城市桥梁重大事故应急预案》《防空袭城区道路桥梁抢修预案》《冰雪天气城区道路保障应急抢险预案》,加强城区道路、桥梁管理维护。

**供水管理** 1991年2月19日,市政府发文通知,自4月1日起施行《九江市城区供水用水管理实施细则》,明确规定供水用水管理职责。第三条规定:市城乡建设局主管市供水用水工作,市自来水公司(以下简称公司)具体负责实施。2004年11月,市自来水公司更名为市自来水集团公司,开始利用资本运作方式扩大自来水生产和供应。2005年9月30日,注册市水务有限公司(市自来水集团公司以净资产8000万元,深圳水务投资公司以8000万元现金,各持股50%),获政府授予市城市特许经营权进行自来水生产和供应。

**园林绿化管理** 1998年3月2日,市政府颁发《九江市城市绿化管理规定》(试行),共5章33条。1988年1月23日颁布的《关于加强城镇园林绿化建设管理暂行规定》同时废止。2000年10月26日,市政府印发《甘棠湖、南门湖管理暂行规定》。2004年2月16日,市建设局批复市园林处《关于改革现行园林绿化管理机制实行市场化运作的实施办法》。2005年9月26日,市政府印发《九江市城区公园管理办法》,

共5章32条。同时印发《九江市城市古树名木保护办法》。2008年12月1日,市政府印发《九江市城区绿地认养办法》,共15条。2010年8月26日,市政府印发《九江市城市绿线管理办法》,共5章24条。

**燃气管理** 根据市政府2004年11月颁布《九江市燃气管理办法》相关规定,经市编委办批准,2005年12月市燃气管理办公室成立,其主要工作职能为负责全市燃气行业日常监督管理工作。当年全市燃气企业计有210家(液化气企业206家、天然气企业1家、工矿企业自供气站3家),从业人员近万名。平均每县(市)计有燃气企业20余家,企业总数与规模排名全省第一,部分燃气企业小而简、专业技术人员缺乏、各地管理机构尚未健全。市燃气管理办公室展开连续3年全市燃气安全专项整治行动,联合消防、质检、安监、工商等部门从源头上规范燃气企业设置标准,提高岗位人员合格率,理顺燃气市场秩序,加大查处违法违规行为力度,鼓励燃气企业间合并、重组等方式以达到规范化管理要求。至2010年年底,全市燃气企业93家,天然气企业6家,天然气用户7万户,天然气管网近500千米,市区燃气气化率达到97%。

# 第五章 建筑

## 第一节 建筑设计

### 一、设计管理

1991年初,全市有乙级设计单位2家,丙级设计单位11家。1996年,市建设局设立规划测绘设计科,负责管理全市城市规划、工程建设和城乡建设勘察设计、测绘行业工作。1997年,全市开始实行勘察设计图纸签章审查管理,规范勘察设计市场,提高勘察设计质量。1997年,开始执行注册建筑师执业管理,全市共有64名工程技术人员获得注册建筑师执业资格,其中一级3名,二级61名。当年,通过组织培训,开始推行计算机及CAD技术应用,设计从手工制图转变为电脑绘图,使设计功效和质量明显提高。1998年,全市已有建筑、水利、电力、交通、环保、冶金、林业、机械8个行业38个勘察设计单位,职工总人数400多人。2000年,全市各类新建、改建、扩建建筑工程项目设计开始执行施工图设计文件审查制度。2005年,省建设厅对施工图审查机构进行重新认定,施工图设计文件不再由建设行政主管部门直接委托审查机构审查,同时建设行政主管部门不在施工图设计文件审查报告签署监管意见,而由建设单位直接委托经省建设厅重新认定具备相应审查业务范围审查机构审查, 并将审查情况报相应建设行政主管部门进行告知性备案。2002年,机构改革,职能调整,市建设局规划测绘设计科变更为勘察设计科。负责全市建设工程勘察、设计、咨询行业管理。2005年,贯彻《中华人民共和国节约能源法》,市城区新建、改建、扩建建设项目,按照规定执行《夏热冬冷地区居住建筑节能设计标准》和相关公共建筑节能设计标准。2006年,成立以市委副书记为组长的市建筑节能工作领导小组。自10月1日起,全市所有民用建筑开展节能专项备案,民用建筑节能工作在全市强制推行。2007年始,施行市政府《九江市民用建筑节能管理办法》,全面推进建筑节能工作。2009年,对进入市区节能材料和产品实行备案登记管理。2010年,市建设规划局设立建筑节能与科技科进行专业管理。当年,全市共有勘察设计单位39家,注册岩土工程师11名,注册建筑师、结构师97名。

### 二、设计单位

**市建筑设计院** 1995年,建筑工程设计由乙级晋升为甲级,2003年,工程勘察由丙级晋升为乙级。是集民用建筑、勘察设计、工程咨询、工程监理、工程总承包为一体的综合型设计院。在编人员71人,一级注册建筑师4人,二级注册建筑师8人,一级注册结构师9人,注册电气工程师1人,取得工程监理执业资格4人,岩土工程师资格2人,全院具有高、中级技术职称44人。1991~2010年,完成各类建筑工程项目设计600余个,面积近400万平方米。其中市百货大楼、市建行办公楼、市面粉厂日处理200吨小麦生产线、市人民影剧院改造工程分别获省优秀设计二、三等奖;市委市政府大楼、市龙舟赛主席台分别获全省城乡建设优秀设计二、三等奖;九江逸夫图书馆获优秀工程项目二等奖;九江师专艺术楼、庐山体育娱乐活动中心、九江一中素质教育中心获省级城乡建设优秀勘察设计评选建筑设计二、三等奖;市少儿活动中心、九江基督教堂获全省工程勘察设计行业优秀建筑工程设计三等奖;市新湖·柴桑春天获全省工程勘察设计行业优秀住宅与住宅小区设计三等奖。

**市城市规划市政设计院** 2003年,市政(道路)设计由丙级晋升为乙级,2006年,城市规划设计由乙级晋升为甲级,2007年建筑设计由丙级晋升为乙级,2008年城市测量由丙级晋升为乙级,2009年取得给排水设计丙级资质。全院有在职职工100人,专业技术人员79人,其中高级工程师18人(国家注册规划师8人),工程师29人,助理工程师32人,各类注册工程师15人。2003~2010年,该院设计的市绿地系统规划、白水湖公园设计、十里南大道施工图设计等31项设计项目先后获省级奖项。其中,滨江大道景观设计、市近期建设规划、滨湖路及南湖民俗园、濂溪片区分区规划、白水湖公园获2003年度省级城乡建设优秀勘察设计城市规划设计二等奖;九江县总体规划、星子县温泉镇总体规划分别获2005年度省级城乡建设优秀勘察设计城市规划设计二、三等奖;市金安组团控制性详规、都昌县府东路两厢控制性详规、市住房建设规划分别获省2006年度勘察设计“四优”评选优秀工程设计二、三等奖;市城市绿地系统规划获省2007年度优秀风景园林规划设计一等奖;市经济适用房居住区详细规划、九江县庐山路片区控制性详规、十里南大道施工图设计分别获省2008年度工程勘察设计行业优秀工程勘察设计二、三等奖;市中小学布点规划、市沿江基础设施规划、九江县排水专项规划、九江县马回岭镇总体规划、星子县绿地系统规划、星子县中心城区控制性详规分别获2009年度省工程勘察设计行业优秀工程勘察设计二、三等奖。

**2010年全市勘察设计单位一览**

表7-5-1

| 单位名称 | 资质范围 | 资质等级 |
|---|---|---|
| 九江市建筑设计院 | 建筑工程 | 甲级 |
| 九江工业建筑设计院 | 建筑工程 | 乙级 |
| 九江石化设计工程有限公司 | 化工石化医药 | 乙级 |
| 九江开放开发区设计公司 | 建筑工程 | 乙级 |
| 九江市城市规划市政设计院 | 建筑工程 | 乙级 |
| 九江市工民建筑设计事务所 | 建筑工程 | 丙级 |
| 九江华仪建筑设计所 | 建筑工程 | 丙级 |
| 庐山规划建筑设计院 | 建筑工程 | 丙级 |
| 九江县建筑设计院 | 建筑工程 | 丙级 |
| 瑞昌市建筑设计院 | 建筑工程 | 丙级 |
| 修水县建筑设计院 | 建筑工程 | 丙级 |
| 都昌县建筑设计院 | 建筑工程 | 丙级 |
| 永修县建筑设计院 | 建筑工程 | 丙级 |
| 彭泽县建筑设计院 | 建筑工程 | 丙级 |
| 武宁县建筑设计院 | 建筑工程 | 丙级 |
| 星子县建筑设计室 | 建筑工程 | 丙级 |
| 德安县建筑设计室 | 建筑工程 | 丙级 |

续表 7-5-1

| 单位名称 | 资质范围 | 资质等级 |
| --- | --- | --- |
| 湖口县建筑设计院 | 建筑工程 | 丙级 |
| 共青城建筑设计室 | 建筑工程 | 丁级 |
| 九江市智洪水利设计咨询有限公司 | 水利 | 丙级 |
| 江西赣北公路勘察设计院 | 公路 | 甲级 |
| 九江市大地园林绿化设计室 | 市政公用(园林) | 丙级 |
| 瑞昌市规划设计院 | 城市规划 | 丙级 |
| 九江市四通道路桥梁工程设计有限公司 | 市政公用 | 丙级 |
| 九江电力勘察设计院 | 电力 | 丙级 |
| 九江船用机械厂设计工艺研究所 | 市政公用 | 丙级 |
| 江西船用阀门厂长安消防技术工程公司 | 消防设施专项工程 | 甲级 |
| 九江市水利电力规划设计院 | 水利 | 乙级 |
| 九江地质工程勘察院 | 勘察 | 甲级 |
| 赣北地质工程勘察院 | 勘察 | 甲级 |
| 江西金浔有色工程技术有限公司 | 勘察 | 乙级 |
| 修水县宁宇工程勘察有限责任公司 | 勘察 | 丙级 |
| 永修县工程地质勘察有限责任公司 | 勘察 | 丙级 |
| 瑞昌市长城地勘有限公司 | 勘察 | 丙级 |
| 江西省修江水利电力勘察设计有限责任公司 | 水利 | 丙级 |
| 九江城镇给水排水工程设计所 | 市政 | 丙级 |
| 九江团结建筑设计监理工程有限公司 | 建筑装饰工程 | 丙级 |
| 九江市纵恒装饰设计工程有限公司 | 建筑装饰工程 | 乙级 |
| 九江市浔辉环保实业有限公司 | 环境工程 | 乙级 |

## 第二节 建筑施工

### 一、技术应用

20 世纪 90 年代初期,全市建筑施工技术处于劳动密集型水平,施工中广泛采用散木模板、竹木脚手架,现场采用砂石、水泥通过搅拌机搅拌混凝土,使用龙门吊超重设备,施工现场作业环境艰苦。1992 年,市二建公司在九江十二中教学楼施工中开始采用 30 米水塔滑模技术。90 年代中期始,国家在建筑领域大力推广新技术、新材料、新工艺、新设备,建筑科技发展提倡资源节约型、环境友好型、节能减排,全市建筑施工科技创新逐步开展。1996~1998 年,部分工程中逐步引入国家大力推广应用十项新技术,重点推广应用地基基础和地下空间工程技术、混凝土技术、钢筋及预应力技术、模板及脚手架技术、钢结构技术、机电安装工程技术、绿色施工技术、防水工程技术、抗震与加固改造技术、信息化运用技术。其间市一建公司施工的九江交通银行银发大厦工程、南湖宾馆改扩建工程及此后医专附属医院病房楼工程、九江一中晨光教学楼工程等,均列为省级新技术应用示范工程并通过省级验收。九江医专附属医院病房楼获 2001 年省建设科技进步三等奖(九江市首次)。90 年代末到 21 世纪初,开启商品混凝土应用时代。市第一家商品混凝土搅拌站(九江市一建搅拌站)筹建并投产。2000 年,市二建公司在解放军企业干校学生公寓工程施工中开始大量使用泵送砼，在共青国家储备粮库工程施工中首次使用后张法屋面薄壳拱型板工艺。市三建公司施工的江西井冈山景秀山庄工程、江西财经职业学院综合楼工程、江西萍乡济田水电公司大型配套车间工程、市制氧机厂保税车间工程；市广安建设公司施工的市匡庐宾馆工程、庐峰小区综合楼工程、锦城银座工程、Me邸商住楼工程等，均采用同时期省新技术应用推广示范技术。

2000年始，禁用毛竹脚手架，落地钢管脚手架限高24米，人货电梯塔吊取代龙门吊，围挡作业。2005年始，市建筑施工技术出现向科技创新型和规模化发展新趋势，施工现场普遍采用竹胶大模板、钢管脚手架、预拌混凝土，施工技术管理水平进一步提高。2007年后，施工深基坑支护、模板高支模架、型钢外悬挑架、施工滑模和爬模工艺等应用日趋成熟，新型节能节地建筑、绿色环保建筑材料、大型自动化机械设备等得到大力推广应用，建筑施工科技渗透到工程建设各个方面，工程建设中科技含量逐步提高。浔阳东路地下人防工程、八里湖公园（一期）工程、荷花垄公园改造工程、陆家垄道路延伸线工程、南山公园市民广场工程、大中路改造工程等都充分运用当代施工新科技。随着时代进步，房屋建筑的结构及材料均体现出一些新的要求和特点：高层建筑日渐增多，建筑结构多为框架或框混结构，少量低层建筑仍为砖混结构。民用住宅首选坡屋顶，其他建筑也多为坡屋顶，较少采用平台屋面。禁用黏土机砖，采用多孔煤灰砖、页岩砖、加气混凝土块轻质材料砌墙。外墙装饰有外墙漆、瓷砖、大理石等，内墙装饰有仿瓷、墙面砖、宝丽板等。并根据国家节能减排规范，外墙增敷玻化微珠及抗裂布等保温材料。有特殊要求部位墙体增加防水材料。淘汰多孔预制板和悬背预制楼梯，一律采用现浇钢筋混凝土，以减少地震造成次生灾害。建筑企业在学习创新中着手研发和总结成熟的省级施工工法，市一建公司所总结火电厂超高大直径烟囱钢内筒贴砌泡沫陶瓷砖防腐施工工法，于2010年通过验收成为省级施工式法。无黏结预应力梁板承压端施工工法、旋挖钻孔灌注桩施工工法作为省级施工工法申报验收。

## 二、建筑工程选介

**胜利碑**　位于八里湖湖心岛胜利公园内，采用欧式方尖造型，筒中筒结构，碑高200.6米，地上35层，地下2层，碑底18×18米，碑顶观光层12×12米，总建筑面积为8900平方米。外墙采用干挂花岗岩，内设高速电梯和防火疏散梯，碑顶观光层可容纳60人。该碑属超高层建筑物，以纪念性和标志性为主，兼有观光、广播电视转播、通信发射等功能。工程由市建筑设计院勘察设计，省第二建筑工程公司施工。2006年12月26日开工，2009年8月25日竣工。

**白水明珠（九江市会展中心）**　位于长虹北路与滨江大道交汇处白水湖公园内，具有会议、展览、演出、现场直播、电影放映等功能，建筑造型设计以九江本地盛产珍珠和贝类为原型，远观如凤凰昂首欲飞，近看似含珠宝蚌倚于湖畔，采用空间网架和悬拉索结构，力度感强烈。占地面积6217平方米，总建筑面积13560平方米，网架顶点高度32.9米，明珠斜柱高度48米，局部4层，框架结构，外墙采用半隐框钢化玻璃幕墙，屋面采用网架结构，外表装饰材料为银灰色铝镁锰合金板。工程由省建筑设计研究总院设计，市第一建筑工程公司施工，于2005年11月1日开工，2006年8月25日竣工。

**应急救援指挥中心（"0901"工程）**　位于人民路，2005年市百项重点工程之一，也是国防工程，集全市相关部门综合信息为一体，在处理各类突发事件应急救援时为领导提供快速准确指挥通信和调度工作场所。平时为市委、市政府应急救援指挥中心，战时为防空袭指挥中心。工程分地下和地上两部分，总建筑面积8600平方米，总投资6000万元，2005年4月开工，2006年12月竣工。

**疾病控制中心**　位于九江开发区长江大道南端十里河立交桥西，建设用地12665平方米，总建筑面积15530平方米。其中，疾病控制中心、卫生监督所、卫生局综合大楼建筑面积12960平方米，占地面积1157平方米，主体高度47米，地下人防室一层层高4.2米，办公室层高3.3米，实验室层高3.9米，建筑结构为全框架，抗震设防6级。紧急救援中心为独立一幢高约14米的3层楼，占地面积415平方米，建筑面积1245平方米，人防地下室1150平方米。

**九江中医院南院**　位于庐山区浔南大道南侧，陆家垄路南段与德化东路交汇处西北角，总占地面积5.3公顷，根据市委、市政府"新建一所三级等综合医院"要求，按照部颁标准，拟建成总建筑面积约12.8

万平方米三级甲等综合中医医院。项目分两期建设，一期工程（门急诊、医技及住院大楼）建筑总面积77498平方米，建成后设病床600张，是集医疗、预防、康复、科研、教学为一体现代化综合性三级甲等中医医院。二期工程（医疗用房及配套服务用房），建筑总面积50502平方米。项目总投资49800万元。一期工程于2009年3月16日开工建设，于2010年12月底完工。该工程获中国建筑工程最高奖项“鲁班奖”、第一届江西省十佳建筑。

**九江市妇幼保健院保健住院大楼**　为市政府2005年100项重点工程项目之一，建筑面积为32382平方米，高度为76.65米，分为地下1层、地上16层，建成后医院病床数由310张增加到766张，病房内每床位使用面积由7.6平方米扩大到11平方米，每间病房内增设卫生间和沐浴设施，配有中央空调、新风系统、热水供应、妇产科ICU、儿童ICU、新生儿层流病房、净化层流手术室等先进的设施。工程总概算为1.7亿元。2007年4月20日开工，于2010年6月30日竣工。

**九江公路客运中心汽车总站**　位于浔南大道99号，经省发改委立项，省交通运输厅、省运管局批准兴建。主要建筑有主站房、办公楼、司乘公寓、汽车修理厂、汽车安检、加油站等8大项目工程。工程用地120亩，总建筑面积37888平方米，工程投资1.2亿元。2007年3月开工，2009年竣工。主站房和办公楼工程获“省优”工程和杜鹃花奖，2010年6月30日投入营运。

**老年活动中心**　位于庐山大道与浔南大道交汇处，是集老年体育锻炼、教育学习和配套服务办公为一体的“夕阳红”工程。总用地面积4.93公顷，一期服务大楼建筑面积6350平方米。规划设计将建筑自身的各种功能与周边建筑、景观的协调性有机统一，并结合自然地形将建筑、室外运动场地和老年公园融为一体，建筑造型体现时代特色及艺术表现力。2008年建成。

**少儿活动中心**　位于白水湖公园南端，占地面积1500平方米，建筑面积3990平方米，由椭圆形表演大楼、条形锯齿状活动技能楼及天文观象塔三部分组成，建筑造型通过几何形体组合和色彩变化进行搭配，体现少儿特点。2006年建成。

**信华城市广场**　为实施危旧房改造，拆除西园片区危旧房86583.38平方米。2004~2005年开发建设信华城市广场，总建筑面积15万平方米，其中商业面积12万平方米，是一个多功能、开放式、街区性购物、休闲、旅游中心。开发建设中，保留名胜古迹浪井，并重建庾亮楼和清真寺。

**远洲国际大酒店**　2002年，浙江远洲集团投资改造九江南湖宾馆，新建五星级酒店，占地面积45000平方米，建筑包括酒店、商场及东、西区公寓楼，2003年开工，2006年全面竣工。酒店按照国际五星级标准建设，主体建筑由两栋主楼组成，分别为26层和16层，总建筑面积47338平方米。2005年8月开业运营，2007年9月16日，省旅游局授予“五星级酒店”牌匾。

**新湖·柴桑春天**　位于市经济技术开发区，西沿长江大道，东至九龙街，北临南海路，南傍十里河，占地面积63.6万平方米，建筑面积约100万平方米，居住8000余户，可居住人口2.8万人，总投资30亿元。项目新湖中宝股份有限公司开发，由加拿大泛太平洋、美国海普设计有限公司担纲总体规划设计，将江浙沿海开发高档楼盘先进经验和理念融入具历史人文底蕴的九江，总体设计定位为“一核、二街、三片、五心”结构形式，容积率为1.5，建筑密度低于23%，绿化率高于40%，物业形态有排屋、多层、公寓、小高层、高层等各种建筑房屋201幢，配套建有大型幼儿园、九年一贯制学校、商业会所、大型商场及商铺等。项目分一、二、三区分期建设，自2005年年底开建至2010年年底有185幢、面积共78万平方米房屋竣工。项目先后获得市结构优良工程、市园林小区、省园林小区、省十佳楼盘、省优良结构工程、全国优秀园林小区、中国人居环境金牌住区、全国物业管理示范小区和全国和谐社区等多种称号。

**信华国际商务中心**　由九江信华集团有限公司兴建的商务写字楼，建筑面积3.5万平方米，总投资2亿元，2007年开工，2008年建成。该工程获省工程质量“杜鹃花”奖和省第一届十佳“双优”工程奖。

**经济适用房**　2007~2008年，九江信华建设集团有限公司开发建设“紫荆苑”“竹苑”“桃李苑”经济适用房，占地面积20.98公顷，建筑面积24.1万平方米，住房3156套。2007~2009年，信华集团有限公司开发建设螺丝山、八里坡经济适用房，占地面积8.8公顷，建筑面积17万平方米，住房2596套。

**怡康苑** 廉租房项目,是市政府2005年百项重点工程之一,主要是为解决市区最低收入家庭住房困难。廉租房只租不售,其租金按公有住房租金标准50%执行。一期工程占地面积23885平方米,共8栋,6层,总户数459户,其中1室1厅306户。小区规划设计日照间距系数1.2,建筑密度26%,容积率1.55,绿地率42%。小区配有社区活动中心及其他生活辅助设施。一期工程于2006年6月竣工交付使用。

**美日阳光家园** 2007~2009年,由信华集团有限公司投资、华瀚置业公司开发,占地6.67公顷,由18幢多层和高层建筑构成,建筑面积13.9万平方米,被评为“2009年度江西省园林式小区”和“优质人防工程”。

**南湖国际** 位于市中心和中广场一侧,由华宝集团有限公司和信华集团有限公司合资开发建设,总投资8亿元,建筑面积8万平方米,其中商业面积5万平方米。2009年建成。

## 第三节 企业管理

### 一、管理体制

20世纪90年代后,建筑施工企业管理体制经历很大变化。90年代初期,全市各建筑企业内部管理体制基本上延续计划经济管理模式,三级(公司、工程处、项目组)管理三级核算,施工计划由公司按年度、季度和月分别下达,工程施工任务由公司统一接洽,统一签订合同,统一办理资金、材料供应手续,公司资金按照“分散收款,集中管理,统一分配,计划开支”方式管理。工程处、项目组实行“一人牵头、集体承包”经济责任制。1991年下半年,市二建公司撤销3个土建工程处,重新自由组合、公司确认成立若干新的工程处,各工程处自行解决办公地点、场所和工程业务,开始招用民工。公司管理层与劳务层剥离,公司资源有偿使用,各工程处独立核算,自负盈亏。以“栋号承包”形成经济责任制由此起步。1993年起,计划经济管理模式逐步转换为适应市场经济管理模式,建筑企业按照“自主经营、自找市场”原则,对各工程处、组放开经营,不包施工业务,不包工资发放。1994年后,建设部在全国范围推行项目经理负责制,各建筑企业相继形成公司、项目经理部两级核算、管理,以“栋号承包”为代表集体责任逐步转化为项目经理个人终身责任制。2002年后,建筑企业全面实行项目个人承包经济责任制,承包人对工程项目经济、技术指标承担合同约定责任。在加强企业管理工作中,各建筑企业努力提升自身资质,以增强市场竞争能力,许多企业还努力争取获得多种经营资质,以扩大企业经营范围。市一建公司先后获得建设部核准房屋建筑工程、市政公用工程施工总承包壹级和建筑装修装饰工程、钢结构工程专业承包壹级资质,同时拥有机电安装工程施工总承包二级和消防设施工程、公路路面工程专业承包二级以及城市园林绿化二级、预拌商品混凝土专业承包三级等相关资质。2006年1月,市一建公司获省对外贸易经济合作厅颁发的对外承包工程经营资格证书。市二建公司、三建公司、设备安装公司、广安建设工程公司、信华建设集团有限公司等建筑企业先后分别获得房屋建筑、市政公用、钢结构、土石方、装饰装修、机电设备安装、管道安装、城市道路照明等多种企业专业资质。市建设监理公司先后取得房屋建筑工程监理甲级、市政公用工程监理甲级、人民防空工程监理甲级、工程招标代理机构甲级、工程造价咨询企业甲级及政府采购乙级资质。

### 二、市直属企业选介

**市第一建筑工程公司(一级企业)** 为建设部核准房屋建筑工程施工总承包壹级、市政公用工程施工总承包壹级、建筑装修装饰专业工程壹级资质企业。同时具有对外承包工程经营资格,拥有机电安装工程施工总承包二级和钢结构工程、消防设施工程、公路路面工程、城市园林绿化专业承包二级以及预拌商品混凝土专业承包三级等相关资质。公司有各类技术管理人员526人,各类施工设备、检验设备746台(件),具有独立承担各大型工业建筑及高层、超高层大型公共、民用建筑的施工能力,是赣北地区建筑系统首家通过ISO 9002质量体系认证企业。20世纪90年代以来,市一建公司完成一大批国家、省市重点工程、外资工程和国外工程,创省、部优质工程60多项、市优质工程80多项。其中,庐山文化旅游活动中心工程获首届“江西省建设工程杜鹃花奖”。进入21世纪,公司连续多次被省建设厅授予“江西省先进施工企业”“江西省施工安全管理先进企业”称号,银发大厦、南湖宾馆等6项工程获省新技术应用示范工程称号,九江医专附属医院病房楼工程2001年获省建设科技进步三等奖。2003年,庐山文化旅游中心工程被评为全国用户满意建筑工程,共有7个“QC”成果在全省工程建设优秀质量管理小组活动成果交流会上获一、二、三等奖,3次获“全国工程建设质量管理优秀小组”称号。2007年4月,公司列入全市改制计划。2009年12月,通过市国有企业改革领导小组办公室组织的职工分流安置工作终结验收,实行改制重组。

**信华建设集团有限公司(一级企业)** 1998年5月,成立信华(集团)建筑工程有限公司,2009年12月组建九江信华建设集团有限公司,是一家集建筑、市政、医药、房地产开发、物业服务等多种经营于一体大型民营企业,是跨行业、多元发展民营企业之一。集团注册资金5510万元,有建筑工程分公司、市政工程分公司,控股江西华安投资有限公司等多家企业。集团具有房屋总承包壹级、市政公用工程总承包壹级及土石方、装饰装修、机电、消防等专业承包资质。共建设经济适用房4200多套。投资近9.2亿元建设城西港区口通关中心、城西港区拆迁安置住宅小区等项目。参与建设项目主要有西园改造、重修浪井、治理湖滨污水湖汊、信华水上游乐中心等。集团公司连续8年获“省先进施工企业”,被授予“全国放心施工企业”“江西省质量管理先进单位”“省级安全文明管理先进企业”以及“九江市先进施工企业”等称号。

**市第二建筑工程公司(二级企业)** 公司具有房屋建筑工程施工总承包二级、市政公用工程施工总承包二级资质,注册资金2200万元。2001年1月,通过ISO 9001:2000质量体系认证,2003年,被授予“重合同、守信誉AA级企业”称号。企业具备年产值达亿元以上的施工能力。2010年年底,有职工1327人,含专业技术人员195人,其中高级职称14人,中级职称96人,初级职称85人,持有各类上岗证书99人。公司有建筑施工机械设备205台(件),机械设备总功率6203千瓦,人均动力装备率4千瓦,人均技术装备率0.04万元。

**市第三建筑工程公司(二级企业)** 具有房屋建筑工程施工总承包二级、市政道路施工总承包二级、建筑装修装饰工程承包二级、土石方工程专业承包二级资质、钢结构工程专业承包三级、城市及道路照明工程专业承包三级、园林古建筑工程专业承包三级资质。2010年,有职工586人,其中高级专业职称15人,中级职称59人,初级职称116人,项目经理65人,各种机械设备226台(件),公司注册资金2323万元。企业通过了GB/T29001:2008/ISO 9001:2008和GB/T50430:2007国际质量标准体系认证,GB/T24001:2004/ISO 14004:2004环境管理体系认证;GB/T28001:2001职业健康安全管理体系认证,列为中国建筑系统企业AAA级单位,工商部门授予“重合同、守信誉”企业,市地方税务局授予“B级纳税信用企业”。

**市设备安装公司(二级企业)** 是综合型国家二级资质施工企业,中国安装协会会员单位。2002年1月与市一建公司合并,2006年9月恢复分设。公司施工资质有市政公用工程施工总承包二级、机电设备安装总承包二级、房屋建筑工程总承包三级、特种设备锅炉安装维修改造二级、压力管道安装改造维修GB1、GB2级、GC2级,并通过ISO 9001:2008质量管理体系认证。2007年4月,公司列入全市改制计划。2009年12月,根据市国有企业改革领导小组办公室意见,实行改制重组。2010年年底,有职工525人,其中高、中级工程技术人员84人,二级建造师35人。

**市广安建设工程公司(二级企业)** 原称市住宅建设公司,2005年3月更名市广安建设工程公司,具有房屋建筑工程施工总承包二级、市政公用工程施工总承包二级、建筑装修装饰工程专业承包二级、城市及道路照明工程专业承包二级、钢结构工程专业承包二级和园林绿化三级资质,2002年6月,通过ISO 9001:2000国际质量标准体系认证,2010年2月,通过OHS 18001:1999职业健康安全管理体系认证和ISO 14001:2004环境管理体系认证。注册资金5082万元,当年有各类专业技术人员145人、注册建造师88人、项目经理56人、五大员证书166人。曾获B级纳税信用企业、守合同重信用单位、资信等级 AA 企业等称号。

**市建设监理有限公司** 1993 年 12 月 13 日成立市建设监理公司。2005 年 5 月,与市建筑设计院监理公司合并组建市建设监理公司,2008 年 12 月,企业改制更为现名。注册资金 632.03 万元。主要从事工程建设监理、工程招标代理及政府采购、工程造价咨询、工程代建等业务。具有房屋建筑工程监理甲级、市政公用工程监理甲级、人民防空工程监理甲级、工程招标代理机构甲级、工程造价咨询企业甲级及政府采购乙级资质。是中国建设监理协会会员单位、省监理协会常务理事单位、省招投标专业委员会常务理事单位。2010 年,公司各类技术管理人员 328 人,具有中高级专业技术职称人员 220 人,国家注册监理工程师 37 人,国家注册造价工程师 9 人,国家注册一级建造师 8 人,省注册监理工程师 63 人。涵盖岩土、测量、建筑、结构、道桥、电气、给排水与采暖、通风与空调、机电设备安装、智能建筑、园林绿化、工程造价、水利、化工等专业。拥有 GPS、全站仪、经纬仪等主要检测、检验设备 48 台(套、件)。2010 年 3 月,分别通过 ISO 14001:2004 环境管理体系认证和 GB/T 28001:2001/OHSAS 18001 认证。公司施工监理和招标代理项目中,获全国建筑工程装饰奖(建筑幕墙类)1 项,全国建筑施工安全、质量标准化示范工地称号 1 项,省建设工程杜鹃花奖 12 项,省优良工程奖 41 项,市优良工程奖 73 项,市优良结构工程奖 184 项,省工程建设招标项目优良代理成果奖 3 项。先后获工程监理先进企业、模范劳动关系和谐企业、省劳动保障诚信 AAA 级单位、省招标投标先进单位、省招标投标诚实守信企业等称号。

**中房集团九江房地产开发公司** 原称中国房地产开发总公司九江公司,是市内成立最早并具有二级开发资质国有专业开发企业,注册资金 400 万元(2004 年增资到 2000 万元)。1991 年,更名中房集团九江房地产开发公司。2008 年 12 月,公司实行改制重组,2009 年 6 月,组建九江中盛地产集团有限公司,注册资金 5000 万元,国有资本占 36%。

**市建设工程质量检测中心** 1995 年成立,业务范围主要包括:建设工程各类材料检测、现场结构检测、钢结构工程检测、市政道路检测、地基基础检测、环境检测及材料有害物质检测、水电检测、建筑节能检测等 20 个大类共 204 项,基本覆盖工程建设质量和工程建设常用材料检测内容。1998 年通过省质量技术监督局计量认证,2000 年获省建设厅工程质量检测壹级技术资质。2005 年,经中国实验室认可委员会专家组评审,通过国家实验室认可(CNAS:L2393),认可范围内检测结果被 36 个国际实验室认可合作组织(ILAC)互认,成为省建筑工程专项检测实验室中首家获得 CNAS 认可检测机构。2010 年,职工近 200 人,其中具有大专以上学历及各类专业技术职称人员约占 60%,组成既有专业理论又有实践经验的高、中、初级技术人员结构较为合理的专业检测技术队伍。各类检测室(所)合理布局,仪器设备通过逐年更新,在全省乃至全国同行业中居于一流,主要仪器设备达 500 余台(套),固定资产总值超过 1 亿元。检测业务辐射到省内南昌、赣州、景德镇等 10 多个地市和安徽、湖北等省。

## 三、县(市、区)直属企业

2010 年,九江县 2 家:县建筑公司、九江务实监理有限公司;瑞昌市 10 家:市建筑设计院、工程建设监理事务所、规划设计院、档案服务部、工程咨询事务所、建设工程交易中心、建材公司、第一建筑公司、市政公司、检测中心;修水县 8 家:水电建安公司、求实监理公司、亚华建筑公司、兴宁建筑公司、盛宁建筑公司、天成建筑公司、路桥公司、地勘公司;武宁县 8 家:建设工程质量检测中心、建设工程诚威咨询有限公司、建新工程监理有限责任公司、市政工程有限责任公司、豫宁建筑工程有限责任公司、新城建筑工程有限责任公司、永欣建筑工程有限责任公司、谐和建筑工程有限责任公司;永修县 5 家:咨询公司、监理公司、县一建公司、县二建公司、县三建公司;德安县 3 家:第一建筑公司、德安县第二建筑公司、德安县第三建筑公司;都昌县 5 家:建筑总公司、兴昌建筑工程有限公司、县第五建筑工程有限公司、县农房建材公司、县建设监理公司;湖口县 3 家:建筑公司、新源建筑公司、县监理公司;彭泽县 2 家:建筑公司、县监理公司;庐山区 9 家:区建筑工程总公司、区建筑工程公司、区水利水电建筑工程公司、区城建建筑工程有限公司、区五里建筑工程公司、长虹建筑工程有限公司、新港建筑工程公司、庐山建筑公司、庐房产开发公司。全市共计 55 家。

# 第八篇

# 城 市 管 理

# 第八篇 城市管理

1991年始,九江城镇化和城市建设取得长足进步,如何面对城市快速发展和人民群众生活需求,成为急需解决的问题。全市城市管理者秉承"以人为本,依法行政"理念,探索开创城市管理新局面。其时,城市管理作为精神文明建设一个重要组成部分,尚隶属于精神文明建设活动办公管辖。1995年,城市管理从精神文明建设中独立出来,至2002年,相继组建市容环境卫生管理局、城市管理行政执法局。各县(市、区)亦相继成立城市管理行政主管部门,逐步形成新型城市管理体系。

20年间,市委、市政府重视城市管理,健全城市管理法规,改革城市管理体制,在全省率先开展相对集中行政处罚权试点,依法行政、文明执法,构建以"恪尽职守、正确履责;以人为本、执法为民;依法行政、规范管理;文明执法、热情服务;广泛宣传、全民参与"等为主要内容的和谐城管,加强市容监察,开展中心城区、县区城区市容专项整治活动,开展创建文明城、卫生城、园林城活动,完善城区管理机制、考评机制,城市市容环境发生根本性变化。先后获得中国平原绿化先进城市、中国优秀旅游城市、全国双拥模范城、中国魅力城市、中国最具活力城市、世界地质公园、中国中部十大休闲城市、中国最佳管理城市、城市管理人民满意城市及省级卫生城市、文明城市、园林城市等多项荣誉称号。

其间,各级城市管理部门努力把城市管理触角向乡镇延伸,设置机构,组建队伍,开展镇容镇貌综合整治,在农村大力推行垃圾无害化处理,使城市管理成果惠及农村,有效推动新型城镇化建设和新农村建设。全市农村垃圾无害化处理走在全省前列,2009年,全省农村垃圾无害化处理现场会在九江市召开。

20年来,全市城市管理得到快速发展,城市面貌发生重大变化,市民素质明显提高,宜居宜业已成新九江城市品牌。

# 第一章 市容管理

## 第一节 市容监察

20世纪90年代,市城区市容管理监察工作按照国务院《城市市容和环境卫生管理条例》及《江西省城市市容环境卫生管理实施办法》,主要采取“二制、三定、四包、五结合”管理措施。即管理规范制和责任制;定岗、定员、定地段;包卫生整治、包优良秩序、包文明管理、包严格执法;分段包干和突出重点相结合,守点把口和巡回检查相结合,宣传教育和经济处罚相结合,专职管理和群众管理相结合,行业管理和综合管理相结合。90年代中期后,根据“抓住重点、兼顾一般”原则,转变工作观念,注重从实际出发,逐步由单纯行政手段向行政手段与经济手段相结合方式转变。2002年始,以推行相对集中行使城市管理行政处罚权体制机制改革为契机,市容监察发生根本性变化,确定“属地管理、条条保障、条块结合、上下联动”基本原则,形成“两级政府、三级管理、四级网络”工作机制,即市、县(区、市)政府主导,市级主管部门、县(区、市)主管部门、乡镇(街道)三级负责管理,建立市、县(区、市)、乡镇(街道)、村(社区)四级管理网络,同时,引入市场机制和社会力量参与,初步实现从政府全能管理向政府、市场、社会三位一体管理转变,从传统管理向现代科学管理转变,从靠少数人管理向群管、技管、制度管转变。

2006年8月31日,市政府召开第三十一次常务会议,审议通过并颁布《九江市市级行政许可项目目录》,明确市城市管理行政执法局行使城市建筑垃圾处置核准、大型户外广告设置核准等5项行政许可职能。

## 第二节 专项整治

### 一、全市整治

1992年5月31日至6月5日,第六届全国“屈原杯”龙舟赛暨庐山杯国际龙舟邀请赛在九江市举行。市精神文明建设活动委员会提出“当好东道主、迎接龙舟赛”“笑迎天下客、满意在九江”口号,组织开展“搞好优质服务、迎接‘双杯’龙舟赛”专项整治活动。抓职业道德学习和培训;开展文明礼貌用语和普通话推广;健全规章制度;工商、物价、卫生防疫、商业、粮食、供销社、车站、码头各职能部门开展优质服务检查。通过专项整治,优化城市大环境和服务窗口环境,提高服务质量,改善服务态度。1993年,炎黄杯龙舟赛及全国摩托艇赛、钓鱼比赛先后在市举行。市文明委组织开展迎“三赛”优质服务、创文明一条街、评“三赛”最佳营业员服务员等系列活动。分管副市长组织浔阳、庐山区领导及市直有关部门负责人对中心城区浔阳路、环城路以及公共场所等市容市貌问题进行现场办公,指出大小问题40个,明确整改主管部门、责任单位、整改期限和督办办法。通过开展集中整治活动,为“三大赛”提供良好市容环境秩序保障。1994年8月,市文明办、市交警、工商、城建和辖区城管部门联合行动,对浔阳路两旁人行道上违章经营设施进行全面清理和拆除,共清除各类违章摊点和摆放杂物1000余处,为该地段“门前三包”实施扫除第一道障碍。1995年8月30日,市委、市政府召开市容环境卫生综合治理突击周活动动员大会。市委书记、市长分别讲话,对开展综合治理突击周活动进行部署。9月1日,市直60多个单位2000余名干部群众,在各自卫生责任区内清扫垃圾、洗刷栏杆、填平路面。同月,市容市貌整治领导小组召开首次会议,讨论通过市政府《关于加强城市市容环境卫生管理的通告》《九江市城区“门前三包”责任制实施办法》《关于加强市区道路交通管理的规定》《关于市区建筑施工现场和工程渣土处置管理实施意见》《城区沿路亭、棚及临街建筑容貌的管理意见》《关于禁止城区丧事影响市容的有关规定》。使市容环卫整治走上依法治理轨道。10月，庐山国际旅游节暨招商洽谈会在九江举行。按照市政府整体部署，组织开展人行道改造、霓虹灯安装、主要街道一日两扫两保、边街小巷清扫保洁等专项整治，取得明显成效，涌现出一批先进典型，15人被市政府授予"城市美容师"称号，55人评为先进环卫工作者。

1996年2月28日至3月4日，由市市容局牵头，辖区参与，抽调机关干部300多人，以大中路为突破口，开展城区"脏、乱、差"专项整治。共清除垃圾2048吨，拆除乱搭、乱建等违章建筑957处，清理占路为市摊点1469家，清理边街小巷乱堆乱放死角163处，清理整治大小路段49条。10月，中国庐山国际旅游节暨招商洽谈会在市举行。市政府多次主持召开市容市貌综合整治专题会议，加大市容整治力度，清理各类违章摊点，清除各处卫生死角，受到中外嘉宾和上级领导及市民称赞。12月，经省综合整治市容环境检查评比团检查考核，九江获全省第二名。同月，市政府对各县(市、区)城镇市容环境卫生综合整治情况亦进行全面考核、检查、评比。1997年5月22日，全市综合整治市容环境工作会议召开。传达全省综合整治市容环境工作暨现场经验交流会议精神，表彰1996年度综合整治市容环境优胜单位。庐山管理局、浔阳区、九江、修水、德安、湖口县获优胜单位称号。同日，市政府召开中心城区城市管理工作会，宣读《关于全省综合整治市容环境一季度明察暗访情况的通报》，指出市容环境环卫管理存在问题。同时全面启动公厕改造建设工程，投资400万，将城区58座旱厕全部改建为水冲式厕所。7月15~16日，省综合整治市容环境检查组进行第二次明察暗访，充分肯定市第二季度综合整治市容环境工作成绩。8月，"还路于民"整治动员大会召开，把"还路于民"作为城市市容和环境综合整治突破口，成立市容环境联合执法大队，实行集中办公，联合执法，分片管理。经过集中整治，共清理占道为市摊点2000余处，拆除占道摊点20余处，收缴违章人力车30多辆，扣缴各类物品5000多件(只)，并通过采取疏堵结合办法，取缔7处占道经营市场，开设11处新市场，规范5处市场。12月，市市容局、市室内装饰行业管理办公室联合下发《关于禁止装潢垃圾乱倒的通知》，对装潢垃圾管理进行规范，明确规定施工前进行装修审查登记、施工时工具和材料不占用人行道、施工中产生装修垃圾要在规定时间、地点进行清除，不得随处乱倒或混倒人生活垃圾。1998年1月14~19日，市综合整治市容环境办公室，对全市10县(市)(浔阳区、庐山区除外)市容环境综合整治情况进行明察暗访。共实地检查县城道路(包括次干道、小街巷)56条、庭院楼道31个、农贸市场19个、公共场所16处、公厕26个、城乡结合部18处，查看各县执法队伍执勤情况。3月16日，市政府对1997年度综合整治市容环境优胜单位进行表彰。庐山风景名胜管理局、九江县、武宁县获第一名；湖口县获第二名；浔阳区、修水县获第三名。会上，各县(市、区、山)政府同市政府签订《年度综合整治市容环境目标管理责任状》。同月，省综合整治市容环境领导小组办公室决定武宁县为"全省综合整治市容环境示范县"试点县。4月，省综合整治市容环境领导小组对全省第一季度综合整治市容环境明察暗访情况进行通报，市在全省11个城市中排名第四位。5~6月，市整治市容环境领导小组在中心城区组织开展一次大规模清除垃圾死角行动，彻底清除浔阳区、庐山区范围内大面积生活垃圾、基建垃圾、淤泥杂草。市六套班子领导、市直各单位、浔阳区、庐山区及有关部门4000余人参加整治活动，共出动运输车、铲车等车辆100多部，清理、填埋垃圾5200多吨，解决多年来严重影响市容环境垃圾死角问题；市容、工商、城管等有关部门3次组织专门力量，集中整治违规户外广告，出动户外广告执法检查人员685人次，动用各种车辆213台次，检查户外路牌广告285块、灯箱广告238块、雕塑广告5块、店堂广告280余块，拆除大型广告牌10块。制作广告灯箱300多个，16家单位制作造型霓虹灯饰，20多家单位在建筑物安装轮廓灯，10多家单位制作泛光灯。市教委、市文明办组织市区14所大、中学校近1万名学生走上街头清除、擦洗有碍市容户外广告。共清除主干道、主要路段、主要场所的垃圾广告1000多块。同年，通过组建联合执法大队，开展综合执法，共取缔违章摊点6000余处、店外店1200多家，清理流动菜贩5000多人次，收缴三轮车100多部，清除卫生死角垃圾15200吨，拆除大型违章广告牌20多块、5000多平方米，拆除违章广告铁架10吨，割除违章条幅300余条。实施亮化工程，设置311

个商业广告灯箱,270个交通护栏灯箱,150多家单位开展灯饰亮化。

2000年春季,市创建文明卫生城市领导小组决定,在中心城区开展市容环境综合整治活动,取缔占道为市,规范夜市摊点,改善城区市容市貌,优化经济发展环境。市市容局等部门、单位共出动执法人员7400多人次,动用各种车辆3000多台次,纠正路段违章经营门店1700户次,取缔占道摊点5100多处,纠正取缔各类流动摊点3100户次,拆除违章简易棚120余处,纠缴违章广告牌1100余块,清除违章户外广告5000份,纠正乱挂乱晒536起,纠正机动车违章6981起,非机动车违章28967起。10月25日,市政府召开实施市区浔阳中路亮化工程工作会议。决定对东起大中大,西至新桥头全长1600米浔阳中路实施亮化工程。11~12月,为迎接创建中国优秀旅游城市验收检查,美化市容市貌,对市区部分主体建筑外墙进行大规模清洗出新。范围包括浔阳路、大中路、交通路、庾亮北路、环城路、滨江路、庐山路、庐峰路、长虹大道、十里大道所属单位临街主体建筑外墙、玻璃幕墙、门楼、门窗等,要求达到无积尘、无油污、无乱贴乱画、无油漆剥落,干净整洁。2001年8月,为营造建设现代化港口旅游城市,动员市直各单位和全体市民开展以"四拆"(拆违章建筑、拆临时建筑、拆有碍观瞻建筑、拆墙透绿)、"五清"(清占道为市、清户外广告、清烂尾楼、清垃圾死角、清三无人员)、"四建"(建体育中心、南湖广场、三条路、琵琶亭公园)、"三化"(美化、绿化、亮化)为内容全方位整治活动。共拆除违章建筑、临时建筑、有碍观瞻建筑及蓬、亭等构建物总面积达56993平方米,拆除围墙2928米。滨江路临长江一侧,除客运码头、河东水厂、浔阳楼、锁江楼外,其余14970平方米有碍观瞻建筑和16个沙石码头全部被拆除;清理店外店4610个,拆除户外广告牌123块,清理垃圾死角148处,市区5条主要路段124幢户层建筑有119幢实施亮化工程。两湖沿岸树体、夕照坪、天花宫、烟水亭等进行高档次亮化。

2002年8月,根据市政府《关于对部分城市主干道临街建筑装饰美化工作》精神,组织公安、规划、执法等职能部门,对9处违章建筑进行拆除。从8月开始,市执法局组织人员用2个月时间,对中心城区学校周边环境进行集中整治,先后对市区内47所学校200米范围内影响市容环境卫生现象进行治理。执法局先后出动人员2440次,出动车辆980次,查处各类违章6840起,其中占道经营3120起,流动摊点2536起,纠正车辆占道1184起。2003年2~4月,市执法局在中心城区组织开展以整治侵占道路行为、饲养(屠宰)畜禽行为、"乱张贴、乱涂写、乱刻画"行为、建筑施工噪声和有碍观瞻建筑物及设施5项工作为重点城市管理专项整治行动。11月1日,市精神文明建设指导委员会印发《九江市迎接全省第三届创文明城市竞赛考核实施方案》,确定集中开展城市环境卫生、还路于民、交通秩序、户外广告和建筑工地5项整治。10日,市违法建设专项治理领导小组召开城市违法建设专项治理工作会议,制订《九江市城区规划范围内违法建设治理工作实施方案》,组织对违法建设依法拆除。12月2~4日,市执法局在九龙街开展"三占"专项整治,下达整改通知书25份,清理垃圾死角9处,清运垃圾7车约12吨,纠正各类违章行为210起,查处23起。2004年4月,市政府开展对长虹大道暨长虹北路街景整治行动。至年底,长虹北路共清洗墙面4700平方米,修补粉刷墙面11300平方米,新建绿化带1处,重新改造不锈钢卷闸门34家,整治破损门头65处,拆除破损广告、灯箱52处,新设置广告牌13块,新装亮化射灯80余盏,拆除有碍市容构造物10处、违规书报亭1处。长虹大道共拆除破损门头广告42处,新装门头28处,新设置大型广告5块。9月,市政府开展城市管理集中整治活动。对乱占道、乱张贴、乱搭建,垃圾死角,建筑工地,餐饮油烟,机动车尾气污染进行整治,美化净化市容;对长虹大道(含长虹北路)、滨江路、十里大道、九瑞大道等路段建筑立面、烂尾楼、闲置土地、广告等进行立体街景整治;做好临时农贸市场和夜市建设;落实"门前三包"各项措施,实现长效管理。纠正、取缔"三占"违章行为1万余起,查处制造"三乱"人员5人和55个在"三乱"中发布的电话号码,对70余家建设工地逐个进行检查指导和督促,清理规范户外广告牌138块。

2005年6月,市执法局制订《市容专项整治实施方案》,开展对违章占道、餐饮油烟、违法建设、户外广告、垃圾死角和"三乱"等专项整治行动。30日,市政府颁发《九江市城市规划区违法建设查处暂行办法》,成立市违法建设查处领导小组,组建工作督查组,对城区规划范围内违法建设进行督查。要求辖区政府和市直有关部门制订违法建设拆除计划、方案,落实工作责任,依法及时拆除和没收严重影响城市规划违法建筑,坚决遏制违法建设行为。至7月底,市违法建设领导小组共督察并制止违法建设行为146起,对11家违法建设单位采取停工、停电等联动措施,责令整改、完善手续,其中有2家在媒体上予以曝光。7月21日,市政府下发《关于加强城市管理、集中开展市容环境综合整治活动的通知》,对违法建设,违章占道经营、作业,垃圾死角,垃圾广告,餐饮油烟污水排放,建筑工地,洗车场,机动车尾气,交通秩序,户外广告共10个方面进行综合整治。至月底,共清理各类摊点1437处,取缔夜宵摊点64处,疏通消防通道16条,收缴占道经营物品230余车,暂扣违章停放车辆60辆;拆除违章搭建物300余起;清理各类生活建筑垃圾126车、约400吨,城区范围内的垃圾死角基本清理到位;取缔严重扰乱居民正常生活、不具备营业条件的餐馆274家;查处"垃圾广告"电话号码276个,办理停机127个;取缔占道洗车点25处,收缴洗车机24台;查处人行道违章停车230多辆次;检测机动车17358台;拆除大型户外广告牌42块,拆除灯箱12个。9月,市执法局按照市容环境综合整治责任分工,对户外广告开展为期3个月专项整治,下发整改通知书2299份,拆除设置在建筑楼体上、影响安全和市容观瞻,及违规设置各类户外媒体153块;动员业主自行整改户外广告媒体108块(个);规范商业店面门头1101个;清除各类条幅846条。2006年7月20日,市委书记主持召开会议,听取城市管理工作专题汇报,研究部署下一阶段工作。强调把"干干净净、漂漂亮亮、彬彬有礼"作为城市管理永久性行为规范和标准,立足长效,突出重点,强化责任,齐头并进,扎扎实实推动九江城市管理迈上新台阶。24日,市政府下发《关于继续做好"干干净净、漂漂亮亮"工作的通知》,要求按照"属地管理"原则,推动"门前三包"责任制落实,并通过实行"两班包区,一局一街"责任制,即市委、市人大、市政府、市政协等领导班子每两套班子包一辖区,市属正处级单位各包一条路,形成齐抓共管。建立检查考核机制,未能完成任务不得评为"文明单位",并取消创先评优资格。

2007年5月,根据省建设厅统一部署,市执法局在全市开展以整治"垃圾死角、占道行为、违法建设、垃圾广告、广告招牌"为主要内容市容环境综合整治活动,仅中心城区纠正违章占道6736起、垃圾广告25604处、渣土泼洒110余次、违章设置户外广告和宣传促销695件,清理违规条幅1958条、影响市容广告牌和门头830余处,发现并查处违法建设115处,拆除违法建设72处,计14996平方米。在省创卫检查中,在总分200分市容管理占52分情况下,仅扣0.4分。8月,市政府本着"方便市民、惠及菜农、不影响市容"原则,"在条件许可、居民同意"的边街小巷、断头路段、物业小区或居民社区内完成20个限时"鲜菜早市"点设置。规定入退市时间(即早5~7时半)、经营范围(仅限于新鲜蔬菜)、卫生标准和管理人员责任,实行市场准入制度,为郊区菜农、下岗工人办理"鲜菜早市"准入证,使"鲜菜早市"成为九江城管品牌,经媒体报道后,在全省乃至全国产生积极影响,江西卫视《社会传真》栏目进行专题报道。12月,市政府组织浔阳、庐山2区和相关部门实施以整治违法建设,违法占道经营、作业,环境卫生,餐饮油烟及污水排放,垃圾广告,建筑工地,洗车场,户外广告,机动车尾气污染,交通秩序为主要内容10项专项整治活动。发现并制止违法建设1770处,拆除违法建筑462处、面积达16万余平方米,纠正各种违章占道行为4万余起,清理垃圾死角190余处、垃圾广告19000余处,拆除影响市容观瞻灯箱、招牌、户外广告牌1885个(块),规范设置门头招牌3383块,规划设置霓虹灯大型户外广告200余块,增设标志性户外广告8块,督促餐饮企业整改1176家,一次性关停不符合条件餐饮企业252家。

2008年1月中旬,雨雪冰冻灾害侵袭九江。市执法局根据市委、市政府要求,启动城市管理应急保障机制,组建应急小分队,在主干道密集巡逻,纠正违章行为;印发30000余份《关于履行三包责任,清扫门前积雪的通知》,挨家逐户上门通知,动员和督促门面店主和责任单位切实履行"门前三包"责任,各扫门前雪;出动执法队员14批共2000余人次,在城市主干道、交通要道、居民聚居区和易出险情地段,开展上路铲冰除雪活动;组织辖区环卫工人,及时清除城区交通枢纽路段冰雪,并及时清理生活垃圾,做到冰雪消融到哪,生活垃圾清理到那。强化户外广告牌安全监管,成立3个户外广告巡查小组,对城区户外广告牌进行拉网式安全检查,下达整改通知书63份,安全自检通知书3500多份,使得35块广告牌支撑架、28块广告牌照明设施及时得到除险加固。8月20日,市政府印发《九江市"百巷整治"工程实施方案》,至12月底,共整治小街巷149条,面积达108860平方米,维修人行道17400平方米,新建下水道管1530米,新建检查井、雨水井211座,安装边街小巷路灯514盏,拆墙透绿8处,新建文化墙11处,整治门头招牌464个,增设果皮箱475个,对8条街巷的管线进行规整,围墙出新20处,在城区内种植绿草树木覆盖面2000平方米。2009年3月19日,市政府下发《九江市"城乡环境综合整治"实施方案》,至12月底,仅中心城区就清理垃圾广告7600余处,查处垃圾广告电话416个,清除垃圾死角410处;发现并拆除违法建设、违章搭建279处、18493平方米。4月,在中心城区开展"户外广告清理整治活动",对未办理行政许可手续户外广告设施及行政许可已期满户外广告设施进行清理,通过补办或强制拆除,进一步规范户外广告管理。整改门头招牌1083个,清除违章设置广告条幅742条,制止拟擅自设置户外广告牌106块,强制拆除违法设置户外广告106块,落实创建公益广告牌24块。6月初,市执法局牵头,与公安、环保、物价、工商、文化、园林等部门组建环湖公园专项整治工作办公室,开展对环湖公园环境专项整治,发布《关于环湖公园文化演出活动的管理通告》,用3个月左右时间,对环湖公园演出噪音扰民问题进行集中整治,取缔6家非法演出群体,规范4处群众自娱自乐吹拉弹唱活动,环湖公园演出噪声扰民问题得到有效遏制。7月,市"六城同创"办公室下发《关于印发在市区集中整治"两声三乱"工作实施方案的通知》,在市区开展"两声三乱"(麻将声、鞭炮声,乱停乱放乱摆)专项整治。市执法局根据责任分工,起草《九江市禁放烟花爆竹管理暂行规定》,同时突出抓好湖滨公园非法演出及环湖周边秩序整治,着力解决城区内占道打牌、打麻将、算命占卦,占道经营、加工、堆放等现象,对群众性娱乐演出活动进行规范,取缔城区内占道下棋、打牌、打麻将和算命占卦行为200余处,收缴占道打牌小桌子40张、小凳子128个,处罚违章停放机动车辆2400台(次)。

2010年3月23日,市政府发布《关于清明祭扫禁用塑料祭祀品的通告》,市文明办牵头,与市执法、公安、民政、工商局组成联合工作组,通过单位、社区、物业、手机短信等多种途径开展大规模宣传教育活动;清明期间,在城区周边公墓区进行联合执法,收缴塑料祭祀品,得到市民普遍拥护。5月12日,根据省住房和城乡建设厅统一部署,市执法局下发《关于开展城市市容环境综合整治工作的通知》,从整治"垃圾死角、占道行为、违法建设、垃圾广告、广告招牌"5个方面入手,开展城区市容环境综合整治。6月28日,市政府下发《九江市大九江规划区农民建房管理试行办法》,对大九江规划区农民建房进行集中整治。出动督查人员1000余人次,发现违法建设1000余处,下达《责令限期改正通知书》1100余份,并向相关政府部门发送督办函65份,拆除违章违规建筑196栋、面积25674平方米。7月29日,市文明办及市执法、公安、民政、工商局联合发布《关于禁止在九江市主城区焚烧纸钱的通告》。通告发布后,6家单位组成联合执法组,加强上路巡查,教育督促市民自觉遵守禁放规定。11月,对市区主干道户外广告及门头进行集中整治,整改门头招牌310个,清除违章设置广告条幅1009条,制止拟擅自设置户外广告牌149块,强制拆除违法设置户外广告453块、面积6861平方米。

## 二、中心城区整治

1997年11月,以还路于民为突破口,浔阳区上下联动、市区联合,对中心城区15条主、次干道进行综合整治。1998年3月9日,浔阳区抽调专职人员20余人,进行为期1个月批发市场整治活动。分别派工作人员在一马路、九航商场、滨江路、浔阳楼市场4处定人、定岗、定时、定点巡逻,动员零散副食品摊位迁入京九副食品批发市场。4月,浔阳区开展"市容环境宣传整治月"活动。并专门成立宣传月活动领导小组,下设办公室、6个行动组和1个机动组。制订《垃圾乱扫、乱扔、乱倒的监察方案》,抽调18名工作人员于19~22时机动巡逻、值班,配合街道、环卫所对垃圾桶撤销点及沿街门点垃圾乱倒情况进行执法管理。

2003年6月13日，庐山区委各部门，区直各单位及驻区有关单位干部职工1000余人，走上大街小巷，除杂草、搞卫生、清环境，开展“告别陋习，树立新风”活动。同年，十里大道及前进东路绿化和十里大道、长虹大道南侧、前进东路等主干道亮化、美化装饰工程完工，临街25栋大楼装饰一新。前进东路1.6万平方米人行道改造完毕，110盏路灯安装到位。2004年3月1日春季公共卫生周，庐山区市容环境卫生整治活动在姑塘镇启动。活动首日，全区9个乡镇街道和100余个区直及驻区单位8000余人开展环境卫生大扫除。累计清运垃圾200余吨，清掏沟渠3800米。2005年6月，庐山区成立市容环境整治工作领导小组，对整个辖区“门前三包”、环境卫生、“三占三乱”、户外广告、“牛皮癣”等市容市貌进行全面整治。7月1日，市容环境违章建筑专项整治动员大会召开。全区干部职工近2000人参加濂溪河、十里河清理行动。全长4000米河道，清理垃圾500余吨，疏通河道30余处。8月21日，开展城区干道两侧门面清洗统一行动。沿街各单位各经营户自备清洗工具，清洗玻璃门、卷帘门灰尘和脏物，清洗“门前三包”范围内墙壁、路灯杆、电杆、树木、果皮箱等设施上粘贴物、油渍污染及垃圾杂物。9月，全区加大油烟突击整治，对区内餐饮油烟进行全面排查，油烟整治达标率达90%。2006年，庐山区启动创建省级文明城区暨“彬彬有礼过马路”交通整治活动。3月，对各乡镇、街道、社区考评进行排位。各街道及莲花镇市容管理办公室相继成立，配备专职市容协管队伍，对城区“门前三包”“三占三乱”等问题进行长效管理。至年底，累计清除杂草、河道垃圾800余吨；清理违章建筑、摊点600余处；拆除和收缴各类违章门头招牌、炉灶、桌椅等占道物品100余车；清洗“牛皮癣”4000处；下发整改通知单600余份；签订“门前三包”责任状3300余份，“门前三包”签订率达100%。

2007年6月，庐山区市容局牵头组织开展市容环境、“门前三包”、“两河”治理、“三占三乱”、餐饮油烟、建筑工地、户外广告及“牛皮癣”、集贸市场、“六小行业”、城中村和居民区等整治活动。共拆除违章建筑约14万平方米，清除垃圾死角280余处，疏通下水道133条，取缔违章饲养家禽家畜场所49个，清理城区“牛皮癣”486处，拆除不规范广告招牌275个，整治并规范废旧物资收购公司6家，整治卫生“六小”单位753户，“两河”清除污泥、杂草及漂浮物800余吨。2008年初，庐山区在全省首倡“城乡清洁工程”。乡镇尤其农村市容环境卫生工作第一次纳入政府工作日程。将“城乡清洁工程”纳入当年举全区之力推进“三大工程”之一。按照区、镇、村、户四级联动，分级负责要求，推行“户集、村收、乡运、集中处理”与“庭院自净、户集村收、就地分拣、综合利用、无害化处理”相结合农村垃圾处理办法，形成庐山区富有特色农村垃圾减量化、无害化处理模式。至年底，区政府共投入530多万元，为各乡镇街道统一购置垃圾清运车等环卫设备、设施。各乡镇街道都成立环卫所，从事环卫工作人员共276人，购置各类环卫工作车辆27部，建设垃圾中转台5座，垃圾收集屋895座，建沼气池2464座，人畜粪便基本做到无害化处理。9月，根据市政府“百巷整治”工程工作布置，召开动员大会，下发《庐山区“百巷整治”实施方案》和《庐山区“百巷整治”实施细则》，集中人力、物力和财力，在全区范围内重点打造3条美丽街道、20条边街小巷。经过4个月整治，实现城区街道路面硬化、排水规范、交通畅通、小巷灯亮、地面整洁、垃圾进箱、文化上墙、店招规范、管线规整、绿树进城、拆墙透绿、绿草如茵。2009年9月，为配合市政府“两河”（十里河、濂溪河）综合治理，出台《庐山区“两河”市容环境综合整治实施方案》。经过整治，累计出新总面积达11.61万平方米，新建园艺式围墙和通透式栅栏323米，安装彩色灯带8600米，射灯68盏，七彩灯96盏，铺设主电缆5700米，支电缆4300米。共投入资金1184万元。

### 三、县区城区整治

1994年12月，武宁县对人民路、朝阳路、古艾路及中心宣传长廊摆摊设点、临时棚点进行清理。规范临街门店备用垃圾桶、污水盛装容器，严禁向街道乱泼乱倒。1996年3月以来，共青城对共青大道、南湖大道、纬九路、陵园路等主干道进行全面整治，清除摆摊设点、临时棚点、出店经营等各类有损城市形象现象,开展“守文明公约、做文明市民”活动,形成全社会齐抓共管,提高群众对城市管理知晓率、支持率、参与率。同年6月15日,武宁县综合整治市容环境领导小组成立,由县长担任组长,成员为县委及县直相关职能部门负责人。21日,举行整治市容市貌动员大会,发布《关于整治人民路等五条主要街道的通知》,主要清理人行道亭棚、违章建筑、破损广告标语、临街开设的洗车场、占道为市的固定摊点、流动摊贩。同时设立2条步行街(新宁路巷和宁湖路)。1997年5月19日,湖口县开“以创文明卫生城市、迎香港回归祖国”为主题全县市容环境综合整治,为期2个月。共纠正各类违章600余起,清除和规范各类占道摊点300余处,县城公共秩序和市容环境“脏、乱、差”现象得到根本性改观。1998年10月至年底,瑞昌市开展城区市容环境整治活动。拆除人民北路占道棚点20个,清理兵马垄路南段占道经营,把夜市迁至杨林大道,使得城区环境秩序得到较大提高。2002年9月25日至10月31日,结合开展优化发展环境和机关效能建设暨“提质、提速、提效”活动,全市开展“市容环境综合整治”活动,实施“四拆”“五清”两项工程。“四拆”工程重点解决赤乌路、人民路、建设路、浔阳路、黄金北路等沿路所有违章建筑、占道建筑、临时建筑、搭建蓬亭等有碍观瞻建筑物、构筑物,以及临街院墙。“五清”工程即清理占道为市、清户外广告和凌乱干线、清烂尾楼、清垃圾死角、清“三无”人员。

2003年10月,修水县实施便民、净化、绿化、美化、亮化、卫星、素质7项工程,开展八大专项整治。投资数百万元硬化200条小街小巷,50000多平方米,安装便民灯500多盏;实施居民区物业卫生管理,启动119个物业卫生管理小区,达到垃圾不落地;城区所有旱厕全部改建成水冲式厕所,新改建垃圾中转站5座,增设果皮箱600余个;拆除违章棚架3000多个,安全网400多个,改造电力、电视、通信线路6万多处,美化临街房屋242栋;委托省城乡规划设计研究院编制《江西省修水县城市绿化系统规划》,建设澄江花园、五杰广场、青云苑、晚晴乐园等园林点,改造绿化带5万平方米,绿化占地15万平方米,更换行道树1700余棵,使城区绿化达到93.9万平方米,绿地率达到27%,绿化覆盖率达到45%,人均绿地面积7.8平方米;安装霓虹灯、反射灯、轮廓灯100余处,灯箱广告320组,改造路灯270盏,完成宁红大桥和修水大桥亮化,新建跨街彩虹桥21座。同年,彭泽县开展创建省级卫生县城活动,抽调200余人对环境卫生、市容市貌和交通秩序进行整治。2004年9月,庐山管理局为迎接“赣台经贸合作研讨会”召开,组织开展环境综合整治,重点对牯岭镇各宾馆饭店及周边环境卫生、景区各主要干道及周边经营秩序和环境卫生及各景点环境卫生进行集中整治,对垃圾死角进行清理,取缔零担兜售、占道经营、乱晾乱晒等行为。2006年7月,德安县在“双创”活动带动下,执法大队开展为期3个月“牛皮癣”整治活动,一共清理牛皮癣广告1921处。2007年5月,彭泽县城管执法大队开展县城主城区道路两侧门头招牌专项整治行动,拆除沿路不符合设置要求及破旧门头招牌30个,规范辖区门头招牌和户外广告设置秩序,净化市容环境;同年6月,星子县组织公安、交警、城管等部门对紫阳路、南康大道、秀峰大道、柳絮路等县城主街道车辆乱停放进行为期一周集中整治。共处罚违规车辆28起,纠正车辆乱停放100余起,现场教育群众300余人次,县城车辆乱停放现象得到有效遏制。10月,湖口县针对县城区年久失修影响市容和违章设置户外灯箱广告进行拆除,共拆除户外灯箱广告53块。2008年9月,都昌县开展“市容环境百日重点整治”活动。重点对跨门经营和占道经营、早夜市、人行道车辆停放、沿街叫卖、燃放烟花鞭炮、人力板车停放、棚亭设置、户外广告等进行集中整治,清理占道物品32车次,取缔占道加工和占道堆放64户,规范水果、饮食摊点和亭棚78个,清理非法小广告360余处、条幅260余条,规范设置290个人行道停车位和警示牌。同年12月,德安与星子2县城管执法部门联动执法,合力打击“牛皮癣”制造者。

2009年4月,庐山管理局开展“一种五养”专项整治活动,清理菜地300余块,面积约2800平方米。5月,都昌县开展“城区洗(修)车行业专项集中整治”活动,重点整治城区无证经营或证照不全洗(修)车点、已经批准但有违规经营洗(修)车点、占用机动车道非法作业洗(修)车点经营行为。对城区54家洗(修)车行业进行全面排查,下发整改通知书52份,查处违章停放车辆16辆,取缔无证照经营户2户,关闭不符合环保要求3户。7月,开展“巩固百日整治成果、继续优化城市环境”市容整治活动,对县城主要街道和路段市容秩序、户外广告、占道为市等进行集中整治，纠正乱停放行为1500余人次，查处人行道车辆乱停放13台次，取缔沿街叫卖、乱摆摊设点120余户，清理超门店经营200余户，清理小广告5000余处150平方米、破损条幅180余条。10月，共青城开展交通环境整治活动，针对机动车与非机动车无处停放而导致乱停车情况，修建人行道小斜坡200余处，设立非机动车停放点109处，机动车停车泊位600个；处罚占道堆放建筑材料3起，取缔占道经营点2处。同月23日，九江县成立取缔蹬土、拐的、电动三轮车专项整治工作领导小组，通过1个月整治，全县共回收蹬士269部，拐的148部，电动三轮车437部。县城市管理局、公安局交警大队、县公路运输管理所、县残联等部门，制订出台强化蹬土、拐的、电动三轮车管理工作《暂行办法》，建立长效管理机制。同年，湖口县持续开展以占道经营、夜宵摊点、亭棚整治、乱张贴乱涂写、集贸市场、城区"蜘蛛网"线路、建筑工地、空调室外机等为内容专项整治行动。尤其是对烧烤车、水果车、便民服务亭采取统一外形、划定地点、规定时间管理模式，解决一批下岗职工、进城农民就业需求，此举得到市民肯定，《九江日报》《大江网》等多家媒体专门进行报道并在全市范围推广。

2010年3月，庐山管理局成立庐山旅游市场综合整治领导小组，采取统一与分片治理相结合方法，规范市场秩序，优化旅游环境，树立世界名山新形象。至年底，查处无证导游200余人次、偷逃门票人员2524人次，补罚园门票款330345元，查获非法营运车辆106台，纠正违规车辆30台，纠正影响市容行为(含零担兜售等行为)300人次。同年5~12月，都昌县开展以整治垃圾死角、占道经营、户外广告、合理规范摊点为内容"市容环境卫生综合整治"。清除垃圾死角21处，垃圾150余吨，清理占道经营、占道加工128起，取缔流动摊点22家，规范设置38家，拆除破损陈旧灯箱广告12只，墙体喷绘广告26块4500余平方米，清除"牛皮癣"小广告6150处约6000平方米。同年7月5日，九江县委、县政府开展城市环境综合整治。专门成立推进城市建设领导小组。重点整治县城城区庐山北路、柴桑大道、双瑞路和沿河南路、沿河北路、庐山大道、庐山南路"三纵四横"主干道。加大进城超重超载车辆治理，防止超重超载车辆破坏城市道路。县城管局同交警大队、运管所等职能部门在县城4个出入口实行全天24小时巡查。同年，湖口共查处乱停乱放车辆280余辆，在重点路段人行道边缘和非机动车道入口处立桩300余根，从源头上避免乱停乱放发生；清理各类垃圾广告800余处，下达整改通知400余份，清理拆除各类广告200余处。

## 第三节　创建活动

### 一、文明城创建

1991年1月，市委、市政府转发《1991年九江市群众性精神文明建设活动暨社会治安综合治理工作意见》，提出抓好文明单位建设和管理、军民共建、文明村镇建设、"五好"文明家庭、各类文明竞赛5项重点工作。6月，市政府组织全市12县(市、区)及庐山管理局创"三优"建文明城镇竞赛初评检查。按照评分细则，采取听汇报、看现场、查阅资料、集中评议、个人打分方法进行。10月，市文明办对原有省级文明单位进行重新申报、全面复查、考核验收、重新命名。同时对新申报省级文明单位进行考核、验收。1992年2月，市文明办提出文明单位创建工作意见。注重基础建设，抓好审核评选以及对老的市级文明单位重新进行申报、复查和验收，同时对新命名一批市级文明单位工作进行部署。3月，市委、市政府批转市文明委《1992年市群众性精神文明建设活动工作意见》，明确群众性精神文明建设活动主要任务是抓教育、抓创建、抓竞赛，抓城市环境建设和管理，抓好优质服务。当年下半年，开展"知文明大事，绘文明蓝图，树文明形象，办文明实事"系列教育活动。市文明办会同市委宣传部、九江日报社、九江人民广播电台、九江电视台联合举办"九江开放与精神文明建设"知识竞赛、九江开放与精神文明建设论文征集、评选各行各业"十佳"形象活动。1993年9月，市委、市政府对全市社会主义精神文明建设先进集体、先进个人进行表彰,浔阳区、庐山区获创"三优"、建文明城竞赛特别奖,庐山管理局获一等奖,瑞昌市、武宁县获二等奖,永修县、九江县、湖口县获三等奖;受表彰还有"五好"文明家庭、"十佳"典型、优质服务明星、优秀服务员、明星商店和市级文明单位。1994年1月,开展评选"优质服务明星"和"优秀服务员(营业员)"工作,在中心城区各窗口服务单位及市直第一线服务人员中,共评出优质服务明星25名,优秀服务员(营业员)30名。3月,瑞昌市开展"做文明市民、兴文明家庭、创文明单位、建文明城市"活动,倡导全社会形成文明、健康、团结、向上良好社会风尚。1999年6月,武宁开展创建全省文明优胜县城活动。推动增强思想道德建设基础工程、提高文明程度素质工程、美化市容环境民心工程、优化城市管理规范工程、树立行业新风形象工程、建设文明单位文明小区细胞工程、建设文明村镇兴农工程、丰富群众文化生活繁荣工程等系列活动。8月,县政府向省环境保护局提交《关于申报全国生态示范区建设试点县的请示》。同年,九江县亦开展创建省文明城市活动。2000年5月,武宁县被评为全省首届文明优胜县城。2001年,瑞昌市获市文明城市进步奖。2002年始,都昌县开展申报和创建省级文明城市活动。2003年12月,都昌县城获省文明城市称号。2005年8月4日,武宁召开动员大会,开展"文明小市民""文明市民""文明示范新区"评比活动,"文明校园""绿化达标单位""园林化单位"等创评活动。同年,还开展省首届文明县城创建活动。2006年2月,修水县获省创建文明城市工作先进单位称号。5月,武宁获"江西省首届文明县城"称号。同年,瑞昌市、九江县相继开展创建"文明社区"活动。瑞昌市按照"抓两头、带中间、层层推进"工作思路,把人民路、赤乌中路、浔阳西路3条街道作为"文明卫生管理示范街"重点打造,在此基础上,开展"市容环境综合整治月"和"城管创优"活动,集中力量打造一批示范社区。

2007年6月,全市创建省级文明城市活动启动。29日,创建省级文明城市动员大会召开,市委书记出席会议并讲话,市委副书记、市长出席会议并作动员报告。会上下发《九江市创建省级文明城市工作的实施方案》和《任务分解表》,8个责任单位代表现场签订责任书,45家责任单位会后签订责任书。同年,瑞昌市开展"创城管执法品牌、树队伍文明形象"活动,与市区主要干道沿街门店签订《管理目标责任书》,动员社会力量参与城市管理,构建"和谐城管"。当年,获全省创建优胜单位。2008年7月,武宁启动创建省第三届文明县城和全国首届文明县城工作,进一步加大思想道德建设宣传、社会治安综合治理、服务窗口文明创建、公共卫生管理、城市基础设施改造和市容市貌整治工作,年底,通过核查验收,获"国家首届文明县城"称号。2009年,瑞昌市继续开展创建省级文明城市活动。组织城乡环境综合整治,清除城市"牛皮癣",整治户外广告,改造破旧广告1120块,拆除破旧广告660块;整治沙石运输车辆,在白龙转盘、人民北路、谈山坳3地设点蹲守,严查过往沙石运输车辆,防泼洒、防超高运输;整治市容秩序,纠正各类违章行为,纠正车辆乱停放15000余起,乱摆摊设点、店外店6850起,小商小贩4350起,乱倾倒垃圾5200余起,清理路障沙石840车,拆除临时棚点97处。8月,开展为期两个半月"百城万店无假货"活动,落实"门前六包、门内达标"管理责任,打造整洁、规范消费环境。年底,顺利通过省文明办综合验收,获省文明城市称号。

2010年8月30日,全市"六城同创"工作动员大会召开,部署创建全国文明城市、全国"双拥"模范城市、国家卫生城市、国家园林城市、全国无障碍城市、省生态园林城市工作。市委书记钟利贵出席会议并讲话。市委副书记、市长曾庆红作动员部署。根据时间进度,在"六城"同创中,力争当年内创建全国无障碍城市和全国双拥模范城。

## 二、卫生城创建

1996年初,武宁县组织对县城各街道、社区、单位、学校等处环境卫生进行集中整治,在全市率先启动创建卫生县城工作。1997年3月,瑞昌市开展创建省级文明卫生城市活动,着力抓城市"脏、乱、差"整治。市委宣传部、文明办组织市直部门、单位签订创建工作责任状,督促临街单位门店做好"门前三包"和街道美化工作。清理人民北路占道多年棚点20户,改建人民机械厂一、二、三村,麻纺厂等职工宿舍楼沿街外围墙，在人流量最大的赤乌中路设立行人护栏，清除一中门前和瀼溪路建筑垃圾，清理赤乌中路西段、兵马垅路、圣门路占道经营，搞好仙池乐园卫生净化工作，沿街墙面粉饰一新。5月，九江县启动创建“国家卫生县城”活动。同年，武宁县把创建省级卫生县城列为8件实事之首。6月24日，召开创建省级卫生县城动员大会。8月，市委、市政府召开“讲文明、树新风，创文明卫生城”动员大会，市委、市政府、市人大、市政协班子领导，市直各单位、各窗口行业、浔阳区、庐山区负责人共1000人参加会议。8月15日，湖口县委颁发《关于创建省级卫生县城实施方案》。20~22日，全省城市卫生检查团对九江市中心城区环境卫生进行为期3天检查。一致认为九江创建文明卫生城活动，决心大、力度大，氛围良好，有看得见的变化。9月初，武宁又召开千人誓师大会，决定举全县之力，向省级卫生县城发起百日冲刺。在此期间，创建工作取得了阶段性突破，城区基础设施基本完善，市容环境明显改观，市民卫生意识逐步增强。10月，九江县顺利通过国家卫生县城考核验收。湖口县召开全县创建文明卫生县城动员大会。会后，在加大宣传力度，提高居民素质；强化门前三包，美化市容景观；清洁庭院楼道，治理大街小巷；整顿公共秩序，完善基础设施；加强健康教育，消除卫生死角等方面下功夫，创建工作取得实效，基本达到“美观的市容、整洁的街道、井然的秩序、齐全的设施、舒适的环境”文明卫生县城要求。1998年1月，武宁县被评为省卫生县城。2月，永修县召开誓师大会，启动创建卫生城活动。3月，修水县委县政府做出《关于开展创建省级卫生县城的决定》。4月，星子启动创建省级卫生城工作。5月，武宁县第九次党代会和县十二届一次人代会先后做出创建国家卫生县城决定，开始创建国家卫生县城工程。改造古艾路、朝阳路、人民路、月田路、新宁路等几条主街道；维修加固建昌大坝、古艾大桥；改造自来水主干管2.8千米、下水道6.9千米、人行道6.7万平方米，铺设彩面砖6.4万平方米；更换路灯160盏、庭院灯42盏、地灯100盏；建成古艾、凌云、南门、新宁4个农贸市场和宁湖瓜果批发市场、豫宁副食批发市场、豫宁家具市场、豫宁建材市场等；完善城区道路交通标线、标志和信号指挥系统设置安装；开展“我当一天美容师”“青年突击队”“母子创卫大行动”“创卫生城万人签名”等群众性活动；拆除违章建筑12000多处；拆除有碍市容吊挂物579处，查处纠正占道经营、乱倒垃圾等14700余次；清理违章饲养家禽家畜2300多只。1999年，瑞昌市再次动员创建省卫生城市，开展市容市貌清理，拆除有碍观瞻的邮政报刊亭及赤乌路、建设路、圣门路、瀼溪路两侧搭建物及围墙；改造市政协、市技监局、市文化局、市剧院等单位墙面，清理乱搭、乱占、乱挂、乱贴，强化停车管理，关停或搬迁有碍市容占道洗车点。当年，瑞昌市、九江县获省卫生城市进步奖。

2000年6月，根据市创建中国优秀旅游城市领导小组要求，市区将环卫责任目标任务进行具体分解，明确目标任务、责任单位和责任人，确保各项工作落实。同月，星子制订《星子县创建文明卫生城设施方案》。12月25日，全省精神文明创建工作会在市召开。2003年12月23日，国家爱卫会在《关于命名北京市王佐镇等37个镇为“国家卫生镇（县城）”的决定》中，正式命名武宁县为国家卫生县城。2005年，瑞昌市创建文明卫生城市领导小组成立，全面启动第二阶段创建省级文明卫生城市活动。出台《公民基本道德规范》《瑞昌市民“十不”行为规范》《瑞昌市民文明公约》《瑞昌市民文明守则》，规范道德行为。与市区各企事业单位、门店签订《“门前六包”责任书》。同时，开展环境卫生整治，按照“七无六净”（即：无果皮、无纸屑、无烟头杂物、无污水、无积土、无污染源、无乱扔乱倒垃圾，沟眼净、墙根净、窨井净、树池净、临街墙面净、环卫设施净）标准，强化市容和环境卫生管理，市区“脏、乱、差”现象得到有效控制，市容环境卫生明显好转，被评为省创建文明城市工作先进城市。2006年5月，武宁县开展国家卫生县城第一轮复核迎检工作，严格按照国家卫生县城标准，开展绿化、硬化、净化、美化、亮化、卫生、素质7项整治工程，出台《武宁县国家卫生县城有关工作规范管理细则》，明确市场管理、食品与公共场所卫生管理、市容管理、油烟和噪音、亮化工作、爱卫和健康教育工作责任单位。年底，顺利通过国家爱卫办检查复核。2007年4月，全市展开创建省“卫生城市”活动。5月9日，市政府下发《九江市创建江西省卫生城市活动实施方案》，成立以市长为组长、市政府分管副市长为副组长的创建工作领导小组，下设办公室及卫生、市容、综合、宣传4个工作小组。根据市政府要求，市执法局制订《创建江西省卫生城市活动实施方案》。8月16

日,市委、市政府召开有市、区、街道、社区四级1300多名干部职工参加的全市创建省卫生城市动员大会,市委书记讲话,市委副书记、市长作动员报告,省爱卫办主任应邀出席大会指导。10月30日,市执法局出台《关于创建省级文明卫生城市,集中开展市容环境联合整治实施方案》,对创建活动工作任务进一步细化。12月,市执法局被市委评为创建省级文明城市先进单位。12月12~14日,顺利通过省考核鉴定组验收,市获省卫生城市称号。

2008年,瑞昌市开展创建省级卫生城市活动。完善《市容管理长效机制》,实行“定人、定岗、定责、定效”责任制;开展市容环境整治,重点治理东街、瀼溪西路、青龙路、圣门路及各大集贸市场外围环境;利用创建平台,加大宣传力度,并在学校开展“我做城管人,美化市容环境”和“人民城市人民管”上街执勤活动。2009年3月12日,永修县全面开展创卫活动,10月,顺利通过市“创卫”调研小组评估,12月创卫资料通过验收。同年,修水提出创建国家卫生城目标,并委托省城乡规划院编制《修水县环卫设施专项规划》。2010年2月,修水县城经国家爱卫会命名为国家卫生县城。4月,星子县委、县政府开展市级卫生城创建。实施爱国卫生、硬化、净化、绿化、亮化、美化、便民、素质、畅通、保障10项工程。通过门面清洁、空间清洁、地面清洁行动,净化街道,制作“社会经纬”广告专栏,疏导沿街乱涂乱画乱贴小广告行为。重点治理市容市貌、社区环境、交通秩序、违规建筑、环境污染,城区环境基本达到街面净、道路畅、灯光亮、市容美。5月,都昌启动创建“省卫生县城”活动,县委、县政府提出“用二到三年的时间创建省级卫生县城”目标。年底,星子、湖口县获市卫生县城称号。同年,武宁县开始筹备全国卫生县城第二轮复核迎检。

### 三、园林城创建

2003年6月,武宁县在全市率先启动创建全省园林城市活动。投资500万元,聘请上海同济大学等设计单位对县城总体规划进行重新修编,城区面积由21平方千米增加到46平方千米,规划按照“一湖两岸、一个中心、三个片区”布局,以庐山西海为依托,以老城区为中心,向外辐射工业园、宋溪镇、新宁镇3个片区,充分体现“山水园林城市”和“滨湖城市”特色。基础设施进一步完善,改造拓宽老城区街道,面积由6.07万平方米增加到9.07万平方米;自来水主干管由2.8千米增加到3.5千米,新建协和大道、九岭大道、湖滨路二期等道路。投入600万元,按照“依山造绿、沿路建绿、见缝插绿、拆墙透绿”要求,开展全民义务植树和“绿化单位”创评活动;开展系列占道经营、环境卫生、违章建筑等整治活动。2004年6月,全市启动创建省级“园林城市”工作。市政府制订《九江市创建园林城市活动实施方案》,成立以市政府分管副市长为组长,市委、市政府相关职能部门领导为成员的创建领导小组。7月,修水获“江西省卫生县城”称号。8月,国家环保总局考核组到武宁考核,武宁顺利通过国家级生态示范区考核验收,成为省第二个国家级生态示范区。同年,都昌申报创建“省园林城市”。2005年7月,武宁县启动创建最佳人居环境活动。11月,省政府命名武宁、都昌县城为“省园林城市”。2006年11月,修水县城获“省园林城市”称号。2007年1月23日,省政府命名九江市为“省园林城市”。6月,武宁县政府向建设部提交《关于申报国家园林县城的请示》。按照“土地利用护山保水、道路规划迎山接水、建筑布局显山露水、景观设计借山用水、空间组织依山亲水、旅游开发上山下水”要求,投入资金3000多万元,重点开展“433”10项活动,即4项绿化活动(居住小区绿化、单位庭院绿化、新增公共绿地、裸露山体植被恢复)、3项亮化工程(街道路灯全面整改、单位亮化、公共场所重点亮化)、3项基础设施建设(建设一批停车场和候车亭、增加一批城市公厕、全面改造一批街道)。到当年底,县城绿化覆盖率达40%,建成区绿地率达35%,人均公共绿地面积达9平方米;道路绿化普及率、达标率分别达到100%和80%;公园绿地率达70%,广场绿地率达60%;城市道路亮灯率达98%;生活垃圾无害化处理率达80%;污水处理率达65%。大气污染指数小于100的天数达240天以上,地表水环境质量标准达到三类以上。维修破损路面达8000多平方米;完成樟岭路二期改造工程、月山路步行街路面铺装、湖滨路二期景观建设工程、凤凰山路建设工程等;拆除违章建筑1200多处,取缔关闭不符合卫生标准餐饮业40多家,劝导搬迁餐饮业50多家。取缔占道经营点 400 多处。

2008 年 2 月 1 日，建设部命名武宁县城为国家园林县城。11 月，市开展创建国家园林城市活动，对园林绿化、市政设施、环境卫生提出工作目标，明确各辖区街道及区直、驻区单位工作任务，对实施步骤、组织领导、主要措施做出安排，并确定各单位分工完成时间。市执法局根据责任分工，对城区市容和环境卫生工作做出具体安排，确保创建国家园林城市活动落实。2009 年，修水县提出创建国家园林城，重新对县城绿地系统规划进行新一轮修编，并在美化、绿化、净化、亮化上实施系列工程，完成美化任务 232 件，修建马家洲公园，改造秋馆景点，重修黄庭坚纪念馆等；对古尚洲、怡心苑、宁红大桥头等 70 余处地段进行绿化和补栽；请专业照明设备有限公司对城区主干道、单位办公楼、大桥、一河两岸景观点进行规划设计，并按标准组织实施。

2010 年，武宁县再次启动创建全国森林城市工作。同年底，修水县城通过国家园林城市初检。

**1991~2010 年武宁县获省厅级以上城市创建、整治奖项一览**

表 8-1-1

| 奖项名称 | 颁发时间 | 颁发单位 |
|---|---|---|
| 省卫生县城 | 1998.01 | 省爱卫会 |
| 省首届文明优胜县城 | 2000.05 | 省委、省政府 |
| 全国市容环境综合整治优秀县 | 2000.10 | 建设部 |
| 全国创建文明小城镇工作示范点 | 2001.11 | 中宣部等 |
| 省第二届文明优胜县城 | 2002.05 | 省委、省政府 |
| 国家卫生县城 | 2003.12 | 国家爱卫会 |
| 省第三届文明优胜县城 | 2004.05 | 省委、省政府 |
| 全国生态示范区 | 2005.10 | 国家环保总局 |
| 省园林县城 | 2005.11 | 省委、省政府 |
| 省首届文明县城 | 2006.03 | 省委、省政府 |
| 省第二届文明县城 | 2008.02 | 省委、省政府 |
| 国家园林县城 | 2008.02 | 建设部 |
| 全国首届文明县城 | 2009.01 | 中央文明委 |
| 省第三届文明县城 | 2010.03 | 省委、省政府 |

## 第四节 城区管理

### 一、管理机制

**市容环境管理** 1991 年以来，市城区的市容环卫工作规范、作业流程、作业标准不断细化，监督考评的内容、范围和奖惩措施不断完善。2006 年 5 月 16 日，市执法局全面试行片区管理责任制，将城区规划区范围以大队、中队为单位，划片管理，“定岗、定人、定责”，明确规定片区责任人职责。全面落实 7 项业务职能(市局安排直属大队专项管理的职能除外)，积极做好片区内城市管理行政执法工作；加强对责任单位和业主及市民宣传教育，努力增强片区市民城市管理意识，自觉遵守城市管理法规和制度，遵守社会公德，做文明市民；围绕城区主、次干道展开对街道管理，抓好人行道交通、环境卫生、违章占道、违法建筑、门头(条幅)、油烟排放、建筑噪音、乱拉乱挂乱搭、晾晒和“三乱”等方面管控，查处各类违法违章行为;督促责任单位(业主)落实“门前三包”责任制,对主、次干道外责任区,重点做好对违法建设查处。辖区中队长对中队责任范围内的城市管理行政执法工作负全责,对执法人员负责的片区负领导责任;辖区大队长对辖区内的城市管理行政执法工作负全责,对中队管理的责任范围负领导责任。为推进片区管理责任制,建立长效管理,市执法局建立检查考评机制,考评结果直接与单位和个人年度评先评优挂钩。

**违法建设管理**　分级责任机制:市执法局成立以副局长为组长整治违法建设领导小组,负责日常对全市违法违章建设的查处工作。选准配强业务科室,在各大队成立相应的工作小组,由1名大队领导具体负责,形成一个由中队、大队和局三级负责制行政执法网络,建立查处违法建设分级责任制,把违法建设管理工作每个环节责任落实到具体执法队员身上,增强执法队员责任感,并将违法建设管理执法工作细化若干条标准,纳入局每月和年度目标考评当中,同科室、大队主要责任人的奖惩、晋升挂钩,每月考评通报一次。

巡查和举报报告机制:为有效遏制违法建设行为发生,市执法局建立四级巡查监控网络。全面受理群众举报投诉,面向社会公布城建科办公电话、局网站网址及城管24小时服务热线8556101,及时获取市民举报的各类违法建设信息。辖区中队加强城区日常巡查,及时上报违建信息。相关职能科室定时检查,并由局督查考评组不定时督查。四级巡查监控相互监督,环环相扣,确保城区各类违法建设在第一时间内被发现上报,并以有力措施现场纠正,力争把问题处理在萌芽状态。

多方合作和联动机制:市执法局注重加强与规划局、建设局、房产局、国土资源局协调合作,建立定期召开会议协调制度。2003年11月10日,按照市政府要求,成立由相关职能部门组成城区规划范围内违法建设治理工作领导小组,联合对城市规划区内违法建设进行查处。2004年11月26日,结合九江城区规划范围内违法建设现状,成立九江市城区规划范围内违法建设治理工作领导小组,下设办公室和3个工作组,主要负责组织领导协调辖区政府(管委会)违法建设治理。同年12月16日,经市政府研究,成立遏制城市规划区内违法建筑领导小组。

责任追究机制:2004年,出台《九江市违法建设行为责任追究责任办法》。2005年7月4日,出台《九江市城市规划区违法建设查处暂行办法》。市违法建设专项治理领导小组通过例会制度、信息简报、现场督查、突击检查等方式对城区规划范围内违法建设进行依法督查,严格问责,认真反馈。

**2002~2010年市城区违法建设专项整治行动一览**

表8-1-2　　　　单位:次、栋、平方米

| 项目 | | 2002年 | 2003年 | 2004年 | 2005年 | 2006年 | 2007年 | 2008年 | 2009年 | 2010年 | 合计 |
|---|---|---|---|---|---|---|---|---|---|---|---|
| 组织力量在各辖区开展整治行动次数 | 浔阳区 | 1 | 2 | 2 | 3 | 2 | 2 | 3 | 2 | 3 | 20 |
| | 庐山区 | 2 | 4 | 3 | 5 | 2 | 3 | 3 | 3 | 3 | 28 |
| | 开发区 | 2 | 3 | 4 | 5 | 3 | 2 | 3 | 3 | 4 | 29 |
| | 合计 | 5 | 9 | 9 | 13 | 7 | 7 | 9 | 8 | 10 | 77 |
| 规范教育违法行为次数 | 浔阳区 | 125 | 130 | 133 | 240 | 126 | 124 | 130 | 165 | 140 | 1313 |
| | 庐山区 | 160 | 178 | 185 | 220 | 160 | 145 | 147 | 145 | 240 | 1580 |
| | 开发区 | 255 | 270 | 185 | 230 | 130 | 140 | 145 | 360 | 370 | 2085 |
| | 合计 | 540 | 578 | 503 | 690 | 416 | 409 | 422 | 670 | 750 | 4978 |
| 拆除违法建筑栋数 | 浔阳区 | 52 | 60 | 66 | 70 | 60 | 45 | 60 | 43 | 80 | 536 |
| | 庐山区 | 90 | 75 | 70 | 120 | 110 | 90 | 105 | 68 | 230 | 958 |
| | 开发区 | 230 | 150 | 155 | 100 | 105 | 80 | 90 | 277 | 290 | 1477 |
| | 合计 | 372 | 285 | 291 | 290 | 275 | 215 | 255 | 388 | 600 | 2971 |

续表 8–1–2

| 项目 | | 2002 年 | 2003 年 | 2004 年 | 2005 年 | 2006 年 | 2007 年 | 2008 年 | 2009 年 | 2010 年 | 合计 |
|---|---|---|---|---|---|---|---|---|---|---|---|
| 建筑面积 | 浔阳区 | 5000 | 5100 | 6000 | 9000 | 7000 | 4300 | 5000 | 3750 | 8000 | 53150 |
| | 庐山区 | 16000 | 6400 | 6200 | 33000 | 24000 | 17000 | 7900 | 5960 | 13000 | 129460 |
| | 开发区 | 17000 | 8500 | 8000 | 14000 | 16000 | 13000 | 10500 | 15650 | 20000 | 122650 |
| | 合计 | 38000 | 20000 | 20200 | 56000 | 47000 | 34300 | 23400 | 28000 | 41000 | 307900 |
| 递交法院依法强制执行案件数量 | 浔阳区 | 3 | 2 | 3 | 4 | 2 | 3 | 2 | 4 | 2 | 25 |
| | 庐山区 | 4 | 3 | 4 | 6 | 2 | 1 | 3 | 2 | 4 | 29 |
| | 开发区 | 3 | 4 | 3 | 7 | 2 | 2 | 2 | 1 | 3 | 27 |
| | 合计 | 10 | 9 | 10 | 17 | 6 | 6 | 7 | 7 | 9 | 81 |
| 递交法院依法强制执行案件数量 | 浔阳区 | 2 | 3 | 2 | 5 | 4 | 5 | 6 | 5 | 3 | 35 |
| | 庐山区 | 2 | 4 | 4 | 3 | 2 | 3 | 4 | 3 | 4 | 29 |
| | 开发区 | 2 | 3 | 3 | 5 | 3 | 2 | 3 | 3 | 3 | 27 |
| | 合计 | 6 | 10 | 9 | 13 | 9 | 10 | 13 | 11 | 10 | 91 |

说明:开发区不属行政区

**建筑工地管理** 2002 年 9 月,市执法局出台《渣土工作责任追究制度》《行政许可审查制度》《九江市城市管理行政执法局渣土审批制度》《一个窗口对外制度》《九江市城市管理行政执法局渣土审批流程图》《关于市区工程渣土处置管理实施规定》《九江市渣土运输车辆管理规定》《九江市城区渣土运输、处置管理规定》《关于进一步加强城区渣土运输车辆管理的通知》等文件,对建筑工地长效管理提出具体明确要求。

2006 年 5 月 8 日,市政府审议通过《九江市城市建筑垃圾管理办法》,6 月 16 日,市执法局印发《关于落实〈九江市城市建筑垃圾管理办法〉的实施意见》。12 月 7 日,市执法局下发《关于进一步加强对施工工地管理的通知》,对各大队建筑工程工地管理工作提出 4 项 6 点具体要求。2007 年 8 月 29 日,结合建筑工地管理实际,在建筑工地管理工作中贯彻执行《首问负责制》《服务承诺制》《一次性告知制》《限时办结制》《否定报备制》等制度。10 月 23 日,市城市生活垃圾监督管理大队正式成立。该大队负责对建筑垃圾运输处置和建筑工地监管工作进行督查考评,对建筑垃圾处置量进行核实,逐步建立建筑垃圾规范管理岗位责任制和监管工作机制。

2009 年 3 月 5 日,《九江市城区建筑垃圾管理实施细则》颁布施行。2010 年 3 月 8 日,市政府下发《关于进一步规范城区建筑垃圾、散装建筑材料运输管理的通告》,对建筑工地、砂石站、运输建筑垃圾单位和个人分别做出具体规定,切实保障市容环境卫生。5 月 31 日,新《九江市城区建筑垃圾管理实施细则》和《建筑垃圾运输管理量化考评办法》颁布施行,同时废止原《九江市城区建筑垃圾管理实施细则》。市执法局成立建筑工地督查小组,负责日常对全市建筑工地督查,各大队也成立相应的工作小组,形成中队、大队和局三级负责制行政执法网络,建立查处建筑工地分级责任制,把建筑工地管理工作每个环节责任落实到具体执法队员身上。

**户外广告管理** 2002 年 10 月,市执法局下发《关于加强户外广告管理的通知》,对户外广告日常管理提出具体要求。2003 年 5 月,下发《关于进一步加强户外广告管理的通知》,使户外广告管理更加精心化、人性化和制度化。2004 年 12 月,出台《关于加强条幅管理的意见》,对城区设置条幅提出具体管理要求。2005 年 12 月 19 日,下发《关于加强霓虹灯管理的通知》,推动霓虹灯管理工作日常化、制度化。2006 年 8 月,根据市政府《关于继续做好"干干净净、漂漂亮亮"工作的通知》要求,下发《关于继续做好户外广告美化亮化工作的通知》,强调加强美化亮化设施管理措施与办法。2007年12月,下发《关于进一步落实亮化制度的通知》,要求各单位要强化组织领导,搞好亮化设施维护检修,落实亮化设施开灯时间。

2009年10月,市执法局制定《行政审批“绿色通道”暂行办法》。11月,为贯彻落实市政府《关于在市直部门全面推行行政审批“两集中、两到位”改革工作的通知》精神,提升窗口服务水平,制订《两集中、两到位”工作实施方案》,确定窗口工作机构及职能。

**人行道机动车辆管理** 2004年12月,市执法局启动对人行道违法停放机动车辆管理,实行直属大队统一负责管理工作制度。2005年11月,根据市市容环境综合整治办公室要求,人行道违法停放机动车辆管理实行属地管理原则,转交给各辖区大队负责日常管理。2009年6月30日,市行政执法局和市公安局交警支队联合发布《关于加强人行道停车管理的通告》,明确对人行道违法停放车辆,由执法局和公安交警联合执法。市执法局进行摄像取证,贴处罚告知单,并将处罚结果纳入交警管理系统。2010年7月,市执法局对人行道停车管理进行技术攻关,创建人行道停车管理网络系统,使人行道停车管理更加规范、科学、有效。

## 二、考评机制

2003年6月,市政府决定对城市管理市容环卫工作进行考评。主要内容为建成区主次干道及居民区环境卫生、门前三包、环卫设施的卫生管理、城市管理等。城市管理市容环卫工作由各县(市、区、山)人民政府(开发区管委会)统一领导和组织实施,市城市管理行政执法局负责具体指导、检查、监督。市政府年终组织综合检查考评,由市执法局牵头,从相关部门抽调人员组成考评组,分别对全市各县(市、区、山)行政辖区内城市管理市容卫生进行综合考评,对获得总分前三名及各单项前三名县(市、区、山)实行表彰奖励。考评结果在全市通报,并列为考核各地政府工作业绩重要依据之一。2005年始,市市容环境综合整治领导小组决定加大检查工作力度,建立督查机制,对市容环卫工作进行考评。成立考评工作组,市政府分管城建副秘书长任组长,市执法局分管领导任副组长,市人大、政协相关部门、区市容部门、执法局机关业务科室为成员。考评主要内容为市有关单位、区及各街办(乡镇)市容和环境卫生管理工作情况。考评范围为浔阳区、庐山区政府,九江开发区管委会(含出口加工区、城西港区)所辖城市规划区范围。考评采取日考评、月考评、季度考评相结合方式进行。考评结果直接与全市县域经济考评及全市城管先进单位评比挂钩。2006年,依据属地管理原则,市执法局把全市86条主、次干道管理,落实到辖区大队、中队和每一个执法队员,做到“定岗、定人、定责”,并建立监督机制,成立督查组,坚持日巡夜查和每半月一次检查评比制度,督促相关单位和部门落实城市管理责任,全力推进“创建”工作。同年,按照市政府要求,成立市市容整治工作督查组,每日6~23时,采取人换车不停方法,不间断对各责任单位开展“干干净净、漂漂亮亮”活动情况及“一局一街”工作进展情况进行全方位督查,每日通报1次,每半月考评1次,每月综合评比1次,并通过市新闻媒体通报排位结果。

2008年,进一步明确路段管理责任单位、责任人和市容标准;建立局、大队、中队三级督查机构,把市容督查向边街小巷、物业社区、城乡结合部延伸,实行每周一通报、每月一排位制度,督促各职能部门和执法队员认真履责,强化日常管理,纠正违章行为,维护市容环境秩序。8月,市政府开展“百巷整治”工程,并建立检查考评机制,依照评分标准对浔阳、庐山2区政府及开发区管委会进行考核。检查考评采取平时检查与集中考评相结合方法进行。10月和12月,由市执法局牵头,组织规划、建设、环保、执法等部门人员,并邀请市人大、政协相关部门负责人参加,对开展“百巷整治”工程的情况进行检查考评和验收。市政府安排100万元奖励资金,对获“美丽街区”的10条特色街区分别给予奖励。

# 第二章　环境卫生

## 第一节　清扫保洁

### 一、范 围

20世纪90年代，随着新型城镇化和城市建设不断发展，全市县级以上城市发展明显加快，城区范围迅速扩张，城市道路日益增多，全市各城市清扫保洁范围逐年变化。1991年，市中心城区清扫保洁面积57.04万平方米，清扫保洁区域为东面金鸡坡二电厂、南面十里铺九玻厂、西面三角线水泥造船厂等主干道。全市各城区道路清扫保洁总面积则为266.93万平方米。至2010年，市中心城区清扫保洁面积增至1386万平方米，共10个街道，形成东起威家镇，西至八里湖，南到莲花镇，北临长江清扫保洁范围。全市城区道路清扫保洁总面积增至2474.04万平方米。

1991年、2010年全市城区清扫面积及环卫人员一览

表8-2-1　　单位：万平方米、人

| 地 域 | 面 积 | | 环卫人数 | |
|---|---|---|---|---|
| | 1991年 | 2010年 | 1991年 | 2010年 |
| 武宁县 | 16.5 | 108.3 | 40 | 136 |
| 星子县 | 9.5 | 72 | 30 | 123 |
| 修水县 | 18.59 | 145.04 | 63 | 263 |
| 永修县 | 20.9 | 69 | 56 | 158 |
| 都昌县 | 24 | 110 | 36 | 210 |
| 湖口县 | 5 | 43 | 68 | 277 |
| 彭泽县 | 21 | 72 | 47 | 129 |
| 九江县 | 11 | 68.9 | 16 | 156 |
| 瑞昌市 | 26 | 186 | 50 | 335 |
| 共青城 | 18.6 | 84.7 | 23 | 196 |
| 德安县 | 38.8 | 67.1 | 31 | 207 |
| 庐 山 | 9 | 62 | 42 | 187 |
| 浔阳区 | 27 | 246 | 178 | 1081 |
| 庐山区 | 21.04 | 210 | 38 | 908 |
| 开发区 | | 930 | | 572 |
| 总 计 | 266.93 | 2474.04 | 718 | 4938 |

### 二、作 业

1991年以来，清扫保洁工作，主要以扫帚、铁锹、板车等传统“三大件”为作业工具，一段时间内，清扫保洁由“三大扫、全天保”，逐步向“二大扫、全天保”和“一大扫、全天保”作业制度转变，形成人工清扫保洁、人工收集、板车拖运、中转台集中传统作业方式。随着城区面积不断扩大，市、区两级政府逐步加大对环卫工作投入，相继采购一批环卫清扫、冲洗机械设备和垃圾运输专用车辆，环卫工人劳动方式也由

原始劳作改为半自动化操作,机械化程度逐年提高,降低清扫保洁劳动强度,提高清扫保洁工作质量。2007年浔阳区首次购买小型道路清扫车10台,用于城区道路日常清扫。2010年,中心城区清扫保洁实现人工清扫、机械清扫、机械高压清洗车冲洗、洒水车洒水除尘相结合作业方法。

### 三、模 式

1991年,中心城区环卫工作实行市文明办牵头、市卫生局主管、其下属单位市环境卫生管理所具体负责管理模式。1992年,市环境卫生管理所更名为浔阳区环境卫生管理处(隶属于浔阳区城市建设局),实行市文明办牵头、浔阳区政府主管、浔阳区建设局分管、环境卫生管理处具体负责管理模式。1994年12月,浔阳区政府在浔阳区环境卫生管理处基础上成立浔阳区市容环境卫生管理局,实行市文明办牵头、浔阳区政府主管、辖区市容环境卫生管理局具体负责管理模式。1995年,市政府成立市市容局,实行市市容局牵头、浔阳区政府主管、辖区市容环境卫生管理局具体负责管理模式。1998年6月,浔阳区对辖区市容管理工作进行改革,在城区5个街道环卫所实行路段清扫保洁承包责任制,按每3500平方米路段配1名清洁工、每200平方米主干道配1名保洁工进行全天候巡回保洁标准,设置清扫保洁岗位,将清扫保洁质量与承包人经济利益挂钩,做到“经费到路、责任到人、奖罚到位、质量达标”。各环卫所把辖区道路分成若干段,按班、组分段实行清扫保洁任务承包,班、组承包人自行组合人员,优胜劣汰,竞争上岗。1999年,庐山区成立市容局,城区清扫保洁工作实行辖区政府负责,浔阳区、庐山区市容局共同承担管理模式。

2002年,市政府撤编市市容局,成立市城市管理行政执法局,实行市执法局牵头,辖区政府负责,浔阳区市容环境卫生管理局、庐山区市容局共同承担管理模式。2003年,浔阳区滨兴环卫所划归九江开发区,开发区由此正式担负辖区内清扫保洁工作。九江中心城区清扫保洁工作,形成市执法局牵头,辖区政府(管委会)负责,辖区市容局、环卫所具体负责管理模式。2004年,市执法局牵头,与浔阳、庐山2区政府及开发区管委会主管部门一道,按照“以行政区域地界为界,各辖区内的道路由各区负责清扫保洁”的原则,对中心城区清扫保洁的界线进行界定。2007年12月,庐山区政府将清扫保洁向乡镇延伸,至此,中心城区形成区政府负责、区市容局主管、街道(乡镇)环卫所具体承担管理模式,实现清扫保洁范围全覆盖。2008年,市政府主导,县(市、区)政府负责,在全市推动农村垃圾无害化处理工程,将清扫保洁工作向农村延伸,形成多种管理模式,主要表现为4种:户集、村存、乡镇运、区监督庐山区管理模式;户集、组收、村运、乡镇埋永修管理模式;户集、组收、轮工填埋星子管理模式;户集、政府一次性投入运输车辆承包给个人收集和清运垃圾、由乡镇填埋武宁管理模式。全市农村垃圾无害化处理走在全省全列,9月,全省农村垃圾无害化处理现场会在九江召开。2010年,庐山区采取政府出资,公开招标,引进一家公司,负责南山公园清扫保洁,形成政府出资、企业运作清扫保洁管理模式。

## 第二节　垃圾清运

### 一、垃圾构成

1991年以来,市中心城区垃圾主要由生活垃圾、建筑垃圾、医疗垃圾以及道路绿化树叶等构成。生活垃圾来源于单位和居民区日常生活废异物,服务行业生产废弃物,道路废异抛物、树叶以及道路运输散落石、沙、泥土等。建筑垃圾主要来源为建筑工地或住宅小区居民装修建筑垃圾、装修垃圾。医疗垃圾来源于医院和个体诊所。在农村,除生活垃圾和建筑垃圾之外,还有农作物残杆、杂草及家禽、牲畜粪便等。

### 二、日产垃圾

1991年,中心城区日产垃圾150吨,至2010年,日产垃圾量增至500多吨。

1991~2010 年市中心城区垃圾清运量一览

表 8-2-2　　单位：万吨

| 年 份 | 浔阳区 | 庐山区 | 开发区 | 总 量 |
|---|---|---|---|---|
| 1991 | 3.7 | 0.40 | | 4.10 |
| 1992 | 3.9 | 0.42 | | 4.32 |
| 1993 | 4.0 | 0.43 | | 4.43 |
| 1994 | 4.2 | 0.45 | | 4.65 |
| 1995 | 4.4 | 0.47 | | 4.87 |
| 1996 | 4.6 | 0.47 | | 5.07 |
| 1997 | 5.0 | 0.50 | | 5.50 |
| 1998 | 5.2 | 0.52 | | 5.72 |
| 1999 | 5.4 | 0.54 | | 5.94 |
| 2000 | 5.5 | 0.56 | | 6.06 |
| 2001 | 5.8 | 0.58 | | 6.38 |
| 2002 | 6.8 | 0.84 | | 7.64 |
| 2003 | 7.3 | 0.95 | 0.49 | 8.74 |
| 2004 | 10.9 | 1.02 | 0.55 | 12.47 |
| 2005 | 12.8 | 1.15 | 0.97 | 14.92 |
| 2006 | 13.1 | 1.38 | 1.15 | 15.63 |
| 2007 | 13.5 | 1.58 | 1.15 | 16.23 |
| 2008 | 13.9 | 1.84 | 1.17 | 16.91 |
| 2009 | 14.2 | 2.02 | 1.89 | 18.11 |
| 2010 | 14.6 | 2.16 | 2.28 | 19.04 |

## 三、收集运输

1991~2010 年，城区道路的垃圾，由浔阳、庐山区及开发区各环卫所清扫、收集和运输。社区所属道路垃圾，由社区负责清扫、收集和运输。居民生活垃圾，由各户放置垃圾箱(桶、池)，或垃圾屋内，所在社区居委会安排清运人员定时收集，并送往就近垃圾中转站。企事业单位、学校的垃圾，由各单位负责清扫、收集，并运往单位所设垃圾箱或垃圾屋，委托辖区市容局运往中转站或垃圾处理场。各商业门点垃圾实行代运承包管理。垃圾集中到中转站后，由 3 区市容局、环卫所进行初步处理后，集中送往垃圾处理场处理。乡镇垃圾除部分生活垃圾经垃圾屋集中运往中转站外，大部分家庭建有沼气池，处理粪便、杂草及农作物残留物。

## 四、处理与利用

1991 年以来，城市生活垃圾主要实行无害化填埋处理，至 2010 年 12 月，全市城市生活垃圾无害化处理县级以上城市 8 个。

2010年全市各城市生活垃圾无害化处理一览

表8-2-3

| 地 域 | 生物垃圾无害化处理 | 地 域 | 生物垃圾无害化处理 |
| --- | --- | --- | --- |
| 浔阳区 | 1996年实现垃圾无害化处理 | 武宁县 | 2010年实现垃圾无害化处理 |
| 庐山区 | 1996年实现垃圾无害化处理 | 德安县 | 2010年12月实现垃圾无害化处理 |
| 九江开发区 | 1996年实现垃圾无害化处理 | 九江县 | 2010年12月实现垃圾无害化处理 |
| 庐山管理局 | 2004年实现垃圾无害化处理 | 共青城市 | 2010年12月实现垃圾无害化处理 |
| 修水县 | 2010年实现垃圾无害化处理 | 星子县 | 2010年12月实现垃圾无害化处理 |

## 第三节 设备设施

### 一、公共厕所

1995年10月,浔阳区成立公共厕所管理所,负责对城区内86座公共厕所日常管理。1997年3月,市政府投入资金600万元,对辖区管理公共厕所进行“旱改水”改造,至1998年,旱厕全部改建成为水冲式厕所。公厕改造成水冲式厕所之后,化粪池溃物无害化处理后达标排放。部分被养鱼专业户作为饲料或被农民作为农家肥使用。2005年,市执法局根据市政府要求,通过市场运作模式,成功引进一家公司,在中心城区设置环保移动公厕所20座,有效缓解市民和游客上厕难问题。2007年,根据市政府要求,市执法局组织人员对中心城区内各车站、宾馆、加油站及商场、机关、厂矿企业等非政府职能部门管理公共场所厕所对公众开放情况进行督查,实现城区公共厕所全部对公众开放。7月19日,依据《江西省卫生城市标准》《城市公共厕所设计标准》及《城镇环境卫生设施设置标准》,按照国家《标志用公共信息图形符号》《标志用图形符号的视觉设计原则》《标志用图形符号的制定和测试程序》《图形符号箭头及其应用》和《图形标志使用原则与要求》,对中心城区公共厕所统一设计“中英文对照公用卫生间标牌”,并于8月15日前,对各辖区政府(管委会)和各责任单位所管理公共厕所及宾馆、酒楼、娱乐场所公用卫生间标牌进行统一更换。

2010年6月1日,市执法局指导和督促3区对22座公厕进行无障碍设施改造,在有残疾人设施公共厕所门外墙面上和有残疾人专用蹲位男女厕所门上设置符合国家标准残疾人设施标志。8月5日,市政府出资300万元,对中心城区内各厂矿企业、城中村、城乡结合部20座遗存旱厕进行“旱改水”升级改造,拆除4座,升级改造16座,至此,中心城区老式旱厕全部得到升级改造。10月,市政府对中心城区127座公共厕所全部实行对外免费开放。

### 二、垃圾中转台

2000年,中心城区对垃圾池进行拆除,新建一批垃圾屋和垃圾中转站。2007年,甘棠环卫所马狮中转台在全市率先将航吊式改造为地埋压缩式。2008年,人民路环卫所杨家村中转台改造成立柱压缩式。同年6月10日,市政府出台文件,对房地产开发等新项目中公厕及垃圾中转站建设提出具体要求,明确规定,市规划局在房地产开发等新项目中应规划公厕及垃圾中转站,由市房产开发单位负责建设,建设单位建成(含水电及设备)后将其产权移交辖区政府,由辖区市容部门统一管理,面向社会服务。公厕及垃圾中转站未经市执法局会同辖区政府验收,市房管局不得办理商品房预售许可,市规划局不得办理规划验收,市建设局不得办理竣工验收备案。至2010年12月,通过房地产开发商建成垃圾中站12座。至此,中心城区共有垃圾中转站34座,其中,浔阳区15座、庐山区12座、开发区7座。超过住建部“每2~3

平方千米设置一座”标准。

## 三、果皮(垃圾)箱

1991年,城区果皮箱690个,部分道路尚未设置,甚至以垃圾地坑代替。2005年8月,市执法局运用市场运作模式,与江西八目投资咨询有限公司达成果皮箱设置协议,由该公司出资,为城区安装500套果皮箱,解决长虹大道自建成交付使用以来一直没有设置果皮箱问题,既方便市民,又美化城市。2008年,再次通过市场化运作模式,在城区主次干道安装800个灯箱式广告果壳箱,为政府节约资金90余万元。至2010年,市城区果皮(垃圾)箱6810个。

1991年、2010年市中心城区果皮(垃圾)箱一览

表8-2-4 单位:个

| 年份 | 浔阳区 | 庐山区 | 开发区 | 总计 |
|---|---|---|---|---|
| 1991 | 540 | 150 | – | 690 |
| 2010 | 4212 | 2150 | 448 | 6810 |

## 四、机械设备

1991年,中心城区环卫仅1台洒水车和1台垃圾清运车。2000年,洒水车增至5台,冲洗车1台,垃圾清运车25台。2010年,洒水车7台,冲洗车3台,清扫车16台,真空吸粪车2台,垃圾清运车39台,电瓶清运车20台,基本满足城区环卫工作需要。

## 五、垃圾处理场

**九江市东郊垃圾处理场** 1996年6月,于庐山区虞家河乡郭桥村征地10公顷,兴建市东郊垃圾处理场。9月,建成并交付使用。1999年,再次在原址上征地4.7公顷,并利用国债资金3700万元,加上市政府配套资金400万元,采取边建设边使用方法,于2002年建成并正式投入使用,设计使用年限13年,日处理垃圾量400吨,日处理污水200吨,垃圾总容量113.7万立方米。2004年5月,经省市有关部门验收合格后,正式移交浔阳区市容局代管(因该场前身为浔阳区垃圾处理场),实行垃圾填埋无害化处理,接纳浔阳、庐山2区及开发区生活垃圾,3区按40%、35%、25%的比例分摊垃圾运行经费。2007年12月12日,处理场进行扩容改造。2008年2月,被建设部授予国家Ⅱ级垃圾填埋场,在省内6个垃圾处理场中名列第一。5月20日扩容改造竣工,设计库容17万立方米,设计使用年限两年。7月,垃圾处理场购置1套具有现代科学工艺流程动态智能称重系统,该系统具有无人值守自动记录车辆信息、称重数据,确保诚实计量,防止作弊,同时对数据进行归档、备份等功能。2009年10月,垃圾处理场再次扩容改造,22日开工,2010年1月12日竣工,设计库容20万立方米,设计使用年限1年至1.5年。

**九江市第二生活垃圾处理场** 2004年,为对接东郊垃圾处理场,市发改委组织相关职能部门,启动第二生活垃圾处理场项目建设。2007年8月31日,经市政府授权,由市执法局作为业主单位与项目投资商法国威立雅公司签署《江西九江市生活垃圾卫生填埋场项目特许经营权协议》。但由于该项目未能如期动工,《特许权协议》边界条件发生变化,自2009年3月底,又与威立雅公司就《特许权协议》中由于边界条件变化而需要变更和修改相关条款进行多次磋商,最终达成共识,定于8月18日正式签署补充协议。2010年5月20日,项目主体工程建设开工。当年12月31日正式交付使用。

市第二生活垃圾处理场位于九江县狮子乡陈家垄村,该处理场属于Ⅱ类、Ⅱ级卫生填埋场。填埋库区设置1座垃圾主坝和4座副坝,设计填埋标高约100米,项目共用地约69.2公顷,建设规模为总库容量1432.58万立方,起始日处理量600吨/天,最大处理规模为1352吨/天,总服务年限29年,整个工程总投资约3.058亿元,其中一期投资1.72亿元。该项目采用先进厌氧卫生填埋工艺,并按环保部最新颁

布《生活垃圾填埋场污染控制标准》(GB 16889:2008)进行设计、建设,具有安全、环保、生态等特点。运行上采用分层摊铺、往返碾压、分单元逐日覆土等作业方式,遏止臭气污染;垃圾渗沥液处理上,采用水平防渗技术,场内建有现代化污水处理设施进行无害化处理,处理后废水排放标准达到一类以上。

## 第四节 监督管理

### 一、"门前三包"责任制

1994年7月,出台市城区《"门前三包""门内达标"责任制暂行规定》。1996年,制订《九江市市区"门前三包"责任制实施办法》,对"门前三包"责任制提出具体要求,规定"三包"责任范围:本单位门前地段,横向为建(构)筑物沿街总长,相邻单位有空档以二分之一间距为界,纵向为建(构)筑物(包括围墙)墙基至人行道或车行道交界处。"三包"内容为包环境卫生,做到责任范围内无垃圾污物、无果皮纸屑、无污水积水;包市容秩序,做到无跨门经营、无店外摊点、无乱搭乱建、无乱贴乱画、无乱挂乱晒、无车辆乱停放;包绿化和市政设施,做到无损毁花草树木、无侵占污染绿地、无损坏市政设施。2006年,为推进中心城区市容环境综合整治,市政府要求3区结合自身特点,强化"门前三包"责任制落实,掀起新一轮落实"门前三包"责任制高潮。

### 二、检查考核

2003年6月,市政府下发《关于印发九江市城市管理市容环卫工作考评方案的通知》,首次把城市管理市容环卫工作与各地政府工作业绩挂钩,明确规定将城区主次干道及居民区环境卫生、门前三包、环卫设施卫生管理、城市管理作为考评内容,明确市执法局作为考评牵头部门,组织开展对全市城市管理市容环卫工作考评,为市执法局推动全市城市管理工作提供政策支撑。2005年1月30日,市执法局下发《关于在城区开展环境卫生检查评比活动的通知》,规定从清扫保洁、果皮箱及垃圾中转台3方面入手,对3区开展市容环境卫生工作情况进行检查考评,第一次履行对中心城区开展市容环境工作情况检查、指导、考评职责。2006年5月,市政府印发《2006年全市县域经济目标管理考评办法》,把城市管理工作纳入对县域经济目标管理考评一项内容。对县城和重点集镇主干街道畅通无"三乱"、管理有序、初步达到美化亮化等进行考评。

2009年年初,市委在《2009年度县(市、区)经济发展目标考评实施细则》中,首次把城市管理考评纳入对县域经济目标管理考评一项内容,确定从"市容市貌、环卫设施、执法办案、队伍建设"4个方面强化对全市城市管理监管与考评。

## 第五节 辖地城区环卫

1991年后,随着市新型城镇化的快速发展,各县(市、区)城市市容环境卫生事业建设由20世纪90年代之前城市主要道路清扫、垃圾清运等简单的工作要求,转变为以改善城市市容环境落后面貌,创建良好人居环境为主题的城市市容环境卫生事业。至2010年,各县(市、区)城市市容环境卫生事业以创建国家卫生城市的总体部署为抓手,加大投入,增加人员,改善设施设备,使得各县(市、区)环卫事业建设逐步步入体制健全、管理规范的运行轨道。

## 1991~2010 年若干年份县(市、区)环卫工作一览

表 8-2-5　　　　单位:人、万平方米、吨/日、个、辆

| 县(市、区) | 年份 | 环卫人数 | 清扫面积 | 垃圾量 | 垃圾(果皮)箱 | 机械设备 | | | |
|---|---|---|---|---|---|---|---|---|---|
| | | | | | | 垃圾清运车 | 吸粪车 | 道路清扫车 | 冲洗(洒水)车 |
| 武宁县 | 1991 | 40 | 16.5 | 20 | 20 | 4 | | | |
| | 2000 | 59 | 23 | 50 | 200 | 6 | | | |
| | 2010 | 136 | 108 | 90 | 1100 | 8 | | | |
| 修水县 | 1991 | 63 | 18.59 | 40 | | 3 | 1 | | |
| | 2000 | 121 | 19.22 | 62 | 600 | 4 | | | 1 |
| | 2010 | 263 | 145.04 | 95 | 1100 | 5 | | 1 | 2 |
| 湖口县 | 1991 | 68 | 5 | | | | | | 1 |
| | 2000 | | | | | | | | 1 |
| | 2010 | 277 | 43 | 60 | 438 | | 1 | | 2 |
| 彭泽县 | 1991 | 47 | 21 | 23 | | 2 | | | |
| | 2000 | 65 | 40 | 45 | | | | | |
| | 2010 | 129 | 72 | 80 | 250 | 5 | | | |
| 都昌县 | 1991 | 36 | 24 | 15 | 20 | 1 | | 1 | 1 |
| | 2000 | 122 | 40 | 40 | 20 | 2 | | 1 | 1 |
| | 2010 | 210 | 110 | 125 | 930 | 9 | | | 1 |
| 星子县 | 1991 | 30 | 9.5 | 22 | | 1 | | | 1 |
| | 2000 | 40 | 32 | 30 | | 1 | | | 1 |
| | 2010 | 123 | 72 | 50 | | 3 | | | 1 |
| 永修县 | 1991 | 56 | 20.88 | 18 | | 2 | | | 1 |
| | 2000 | 80 | 29.67 | 45 | | 3 | | | 1 |
| | 2010 | 15 | 69 | 109 | 360 | 5 | | 1 | 2 |
| 九江县 | 1991 | 16 | 11 | 10 | 10 | 2 | | | |
| | 2000 | 73 | 32.2 | 26 | 210 | 5 | | | |
| | 2010 | 156 | 68.9 | 45 | 680 | 5 | | | 1 |
| 瑞昌县 | 1991 | 50 | 26 | 25 | | | | | |
| | 2000 | 105 | 205 | 64.7 | | 4 | 1 | | 2 |
| | 2010 | 335 | 186 | 126 | 950 | 8 | 1 | | 3 |
| 德安县 | 1991 | 31 | 38.8 | 24 | | | | | 1 |
| | 2000 | | | 43 | | | | | 1 |
| | 2010 | 207 | 67.1 | 87 | 673 | 6 | 1 | | 1 |
| 共青城 | 1991 | 23 | 18.6 | 18 | 25 | 3 | | | 1 |
| | 2000 | 70 | 53.2 | 35 | 200 | 4 | | | 1 |
| | 2010 | 196 | 84.7 | 80 | 560 | 8 | 1 | 1 | 2 |
| 庐山风景区 | 1991 | 42 | 9 | 14 | | | | | |
| | 2000 | 99 | | 22 | | | | | |
| | 2010 | 187 | 62 | 21 | 358 | 7 | 1 | | |

# 第三章　行政执法

## 第一节　执法队伍

### 一、组建队伍

1991 年以来,市委、市政府依据相关规定,从组建执法队伍抓起,严把人员进入关。2001 年 11 月,从当年军转干部中抽调 23 人,着手组建市城市管理行政执法局。2002 年 4 月 8 日,通过笔试、面试、考核和体检等一系列公开招录程序后,分别从社会和相关企事业单位为市执法局招录首批公务员 181 名(其中,面向社会招录 108 人,面向企事业单位招录 73 人)。9 月 11 日,市市容局撤销,19 名工作人员并入市执法局。至年底,城市管理行政执法局在岗干部职工共 233 人,其中干部 231 人,职工 2 人。2010 年 12 月,市城市管理行政执法局执法人员在编在岗 277 人,其中,机关 26 人,执法大队 251 人。

### 二、初任培训

2002 年 4 月 22~26 日, 组织市执法局筹建人员及新考录城市管理行政执法人员进行初任培训,市属高校、党校、人事局及法制局等多位专家教授,讲授"三个代表"重要思想、公务员行为规范、职业道德、公文写作、行政学教程、行政执法基本知识、行政处罚法、行政复议法、行政诉讼法、国家赔偿法等课程。通过教育培训,参训人员理论政策水平得到提升,顺利通过必修课和综合法律知识考试,并取得从事城市管理行政执法资格。2003 年始,市执法局每年组织新招录人员、转业干部、调入人员进行初任培训;参加市法制办法律法规知识考试,确保每一名执法队员取得行政执法资格。2010 年 10 月 21 日至 11 月 16 日,市执法局执法人员共 246 人参加执法证件综合法律知识培训和考试,全部合格,达到申领执法证件条件。

### 三、队伍教育

2003 年 5 月 26 日,制定《关于落实党风廉政建设责任制的实施意见》,根据一岗双责、谁主管谁负责、坚持教育为主、突出重点原则,建立党风廉政建设和反腐败工作报告制度、党风廉政建设工作检查考核制度、党风廉政教育谈心制度、党风廉政建设责任追究制度、市行政执法局勤政廉政规定、城市管理行政执法人员廉洁自律十不准。6 月 19 日,印发《关于进一步加强行风建设的意见》,实行行风建设一把手负总责和分管领导责任制,从注重教育、培根固本,内强素质、外树形象,严格督查、开门纳谏,强化领导、健全制度等方面,加强行风建设,使行风建设走上经常化、制度化、规范化轨道。2004 年 5 月 12 日,实行廉政监督员兼职制度,由各大队党总支副书记兼任廉政监督员,大队办公室主任兼任廉政监督联络员。2005 年 4 月 25 日,印发《市执法局领导干部廉政承诺制》,按照"一岗双责"和"一级抓一级,一级向一级负责"要求,各科室、各大队主要负责人向局党组履行廉政承诺手续,并进行公示,局纪检组、监察室加强检查督促。2006 年 5 月 15 日,下发《九江市执法局行风建设责任追究暂行办法》,明确行风建设责任追究范围、追究方式、追究机构和程序。9 月 21 日,下发《文明执法五条规定》,从加强教育引导、落实领导跟班、严明执法纪律、严格责任追究、强化执法督查 5 个方面,进一步强化队伍管理,全面规范执法行为,塑造良好执法形象。2007 年 3 月 23 日,印发《九江市城市管理行政执法人员文明执法规范》,对执法人员在履行法定职责过程中所应遵循行为、仪容仪表和语言准则提出规范性要求。4 月 10 日,印发《九江市执法局工作人员诫勉教育和效能告诫实施细则》,对工作人员违反市委、市政府《关于加强机关效能建设的暂行规定》,但尚未达到应给予党纪政纪处分程度的,视情节给予诫勉教育或效能告诫。2008 年 7

月起，推行“廉政监督卡”制度。将执法人员廉洁自律十不准和局机关、大队监督举报电话印制在卡片上，发给每位执法队员和部分管理服务对象，对每位执法队员起到警钟长鸣效果，让管理服务对象更有效地发挥监督作用，有效督促执法人员依法行政，坚持做到文明执法、公正执法、廉洁执法。

2010 年 7 月 20 日，印发《市执法局重要事项提前介入监督办法》，对干部选拔任用、财务管理、行政许可、执法办案、工程项目招投标、落实党风廉政建设责任制等工作，通过列席会议、方案审查、现场监督、执法监察、督促整改等方式实施纪检监察提前介入监督，深化对涉及钱、财、物、人等敏感事项管理，从源头上筑牢反腐防线。

## 第二节 执法办案

### 一、执法依据

2004 年 2 月 4 日，市政府出台《九江市城市管理行政执法暂行规定》，对城市管理行政执法局依法开展行政执法工作法规依据以及履责范围做出具体规定。

2005 年 1 月 5 日，市政府对《九江市城市管理行政执法暂行规定》部分条款进行修订，取消城市管理行政执法局生猪屠宰管理职能。

1991~2010 年市执法局行政执法依据一览

表 8-3-1

| 类别 | 名称 | 制定机关 | 施行时间 | 条款序号 |
|---|---|---|---|---|
| 法律 | 中华人民共和国城乡规划法 | 全国人大常委会 | 2008.01.01 | 第 40 条、41 条、43 条、44 条、64 条、65 条、66 条、67 条、68 条 |
| | 中华人民共和国道路交通安全法 | 全国人大常委会 | 2004.05.01 | 第 56 条、59 条、89 条、93 条 |
| | 中华人民共和国治安管理处罚法 | 全国人大常委会 | 2006.03.01 | 第 27 条、第 37 条第 2、3 项，第 40 条、63 条 |
| | 中华人民共和国大气污染防治法 | 全国人大常委会 | 2000.09.01 | 第 31 条、36 条、38 条、39 条、40 条、41 条、42 条、43 条、44 条、46 条、56 条、57 条、58 条 |
| | 中华人民共和国环境噪声污染防治法 | 全国人大常委会 | 1997.03.01 | 第 30 条、56 条 |
| 行政法规 | 城市市容和环境卫生管理条例 | 国务院 | 1992.08.01 | 全部 |
| | 城市绿化条例 | 国务院 | 1992.08.01 | 第 19 条、20 条、21 条、22 条、24 条、25 条、27 条、28 条、29 条 |
| | 城市道路管理条例 | 国务院 | 1996.10.01 | 第 23 条、27 条、28 条、29 条、30 条、31 条、33 条、34 条、35 条、36 条、42 条 |
| | 无照经营查处取缔办法 | 国务院 | 2003.03.01 | 第 9 条、14 条 |
| | 城乡个体工商户管理暂行条例 | 国务院 | 1987.09.01 | 第 9 条、22 条 |
| | 城乡集市贸易管理办法 | 国务院 | 1983.02.05 | 第 24 条、25 条、第 32 条第 9、10 项 |
| | 广告管理条例 | 国务院 | 1987.12.01 | 第 15 条 |
| 地方性法规 | 江西省户外广告管理条例 | 省人大常委会 | 2001.03.01 | 第 23 条、26 条 |
| | 江西省环境污染防治条例 | 省人大常委会 | 2009.01.01 | 第 33 条、40 条、41 条、42 条、50 条、54 条、57 条、58 条、61 条、62 条、64 条、67 条 |
| | 江西省城乡规划条例 | 省人大常委会 | 2010.08.01 | 第 32 条、71 条、74 条、75 条 |

续表 8-3-1

| 类别 | 名称 | 制定机关 | 施行时间 | 条款序号 |
|---|---|---|---|---|
| 部委规章 | 城市生活垃圾管理办法 | 建设部 | 2007.07.01 | 全部 |
| | 城市照明管理规定 | 建设部 | 2010.07.01 | 第 28 条、32 条 |
| | 城乡个体工商户管理暂行条例实施细则 | 国家工商行政管理局 | 1987.09.05 | 第 16 条 |
| | 城市建筑垃圾管理规定 | 建设部 | 2005.06.01 | 全部 |
| 地方性政府规章 | 江西省城市市容和环境卫生管理实施办法 | 省政府 | 1995.01.01 | 全部 |
| | 江西省城市绿化管理办法 | 省政府 | 1998.06.01 | 第 15 条、18 条、19 条、24 条、25 条、26 条、27 条、28 条 |
| | 江西省殡葬管理办法 | 省政府 | 1999.01.01 | 第 23 条、33 条 |

## 二、依法办案

2002 年 7 月 4 日,市执法局一大队执法人员在日常巡查中发现市第一中学西大门对面南门湖边斜坡倾倒大量余土,经立案调查,该余土为一中旧商店拆除废料,系市一中雇佣人员金某所为;7 月 7 日执法人员向当事人依法送达行政处罚决定书。市执法局自组建以来,第一次依法行使行政处罚权。同年 7 月 4 日,当事人李某在市甘棠湖畔娘娘庙门前占道测病,并销售"一贴灵""一用灵"和"精油"等药物。市执法局一大队执法人员发现后立即予以立案,并当场制作询问笔录、暂扣笔录,暂扣当事人违章物品,经局批准后,于 7 月 8 日对当事人做出处罚决定。为市执法局第一次依法查处无照商贩案件。7 月 6 日晚,市执法局执法人员发现九江某酒店占道装修,并将门前人行道开挖,经查系该酒店雇员所为。7 月 8 日执法人员依法对该酒店做出处罚决定,为市执法局第一次依法查处市政管理方面案件。7 月 8 日,市执法局执法人员在屡次劝说无效情况下,第一次启动简易程序,依法对当事人占道经营行为进行处罚。同日,某休闲城未经审批擅自对其店面户外广告进行装修,执法人员发现后,依法对其行为做出处罚,为市执法局第一次查办户外广告管理方面案件。7 月 9 日,执法人员巡查发现庐山路中侧东盟城中城出口处道路被挖掘,且未设置安全标识和围栏,经查证,系某公司因自来水管道施工需要,并已在市政部门办理"九江市挖掘道路、下水道申请表(代许可证)"及公安交通部门"占用、破路许可证"。据此,执法人员仅对挖掘道路未设置明显安全标识和围栏行为依法做出处罚。查证过程中,由于当事人不配合,市执法局执法人员首次邀请两位见证人现场签字确认违章事实,固定证据,并与现场照片、询问笔录等形成完整证据链条,确认当事人违章事实。该案为市执法局第一次查办挖掘道路且未设置明显安全标识和围栏案件。7 月 17 日,执法人员在巡查中发现塔岭北路某餐馆排放油烟对附近环境造成污染,依法向当事人做出行政处罚,为市执法局第一次行使环境保护处罚权。7 月 30 日晚,司机黎某将一台农用车驶上九江化工厂北门对面人行道停放,被执法人员发现,依据《道路交通管理条例》对当事人进行处罚,为市执法局第一次行使公安交通方面行政处罚权。8 月 1 日,某公司在承担市三中教师宿舍综合楼续建工程项目建设时,在未办夜间施工许可证情况下,进行夜间搅拌和浇灌混凝土作业,产生施工噪音,影响周边市民休息,执法人员依法对该公司做出行政处罚。为市执法局第一次行使对建筑噪声行政处罚权。9 月 24 日,接到群众举报,反映浔阳区人民路街道长虹村孙家垅巷道内大量城市树木被砍。执法人员到达现场后发现被砍树木共 27 棵,在做好调查取证同时,邀请园林处绿化管理所现场鉴定,出具证明。经查证,某房地产开发商因商品房开发需要架设工地高压线杆,为图施工方便,在与孙家垅村民私下达成赔偿协议并支付一定赔偿金后擅自将 27 棵树木砍伐。对此,市执法局依法对砍树行为做出行政处罚。为市执法局在园林部门配合下,第一次行使对城市绿化管理方面行政处罚权。9 月 30 日,某公司未经批准在晨光中学内擅自搭建厨房,执法人员发现后,责令其停止建设,并依法做出处罚。为市执法局第一次行使城市规划管理方面的行政处罚权。2004 年 7 月 3 日晨 3 点 45 分,市执法局直属大队执法人员在巡查至姚家洼菜场门口时,发现聂某未经批准运输私自屠宰生猪,现场查获猪肉 50 公斤。经查证,聂某在庐山区新港镇私自屠宰生猪运往市区姚家洼菜场出售。8 日,依法对聂某私自屠宰生猪行为做出行政处罚决定,第一次行使生猪屠宰方面行政处罚权。2009 年 7 月 8 日,市执法局和市交警支队出台《关于加强人行道停车管理的通告》,采取联合执法行动,对城区交通秩序进行集中整治,经商议,市执法局对侵占人行道机动车辆违法行为调查取证,纳入交警对违法车辆管理体系,与车辆年检、过户挂钩。7 月 23 日,市执法局一大队机动中队在庐峰东路发现 1 辆小汽车违法停放在人行道上,驾驶员不在现场,执法人员拍照取证后,并在该车车窗上粘贴号码为 23725 道路交通违法停车行为处理通知书。该车为人行道违法停放车辆实施贴单第一辆机动车。

**2002~2010 年市执法局依法办案一览**

表 8-3-2　　单位:件

| 年 份 | 市 容 | 绿 化 | 规 划 | 公安交通 | 市 政 | 环 保 | 工 商 | 其 他 | 合 计 |
|---|---|---|---|---|---|---|---|---|---|
| 2002 | 2604 | 14 | 7 | 29 | 61 | 77 | 283 | | 3075 |
| 2003 | 4510 | 26 | 29 | 332 | 33 | 95 | 97 | | 5122 |
| 2004 | 3132 | 25 | 48 | 743 | 23 | 44 | 5 | 4 | 4024 |
| 2005 | 1241 | 1 | 69 | 3797 | 30 | 40 | | | 5178 |
| 2006 | 1061 | 1 | 72 | 3081 | 23 | 24 | 1 | | 4263 |
| 2007 | 831 | 36 | 42 | 917 | 3 | 9 | | 1 | 1829 |
| 2008 | 1435 | 4 | 28 | 1326 | 27 | 68 | | | 2888 |
| 2009 | 2444 | 3 | 29 | 2498 | 138 | 36 | 6 | | 5154 |
| 2010 | 2448 | 1 | 41 | 4318 | 170 | 6 | 10 | | 6994 |

## 三、典型案例

**老火车站周边大气污染案**　2007 年 11 月,市执法局接到市政府督办文件,要求查处市民所举报老火车站空气严重污染问题。经执法人员调查取证,确认某公司存在污染事实:在其租赁铁路货场上露天堆放、转运、装卸铁矿石和燃煤,并且没有采取任何密闭措施或者其他有效防尘措施,对周边环境造成污染。在通过大量调查取证后,依法对某公司做出行政处罚决定。当事人收到处罚告知书和听证告知书后,申请听证。2008 年 1 月 23 日,市执法局主持召开本案听证会。会上,调查人员提出当事人未采取密闭措施或者其他有效防尘措施堆放、转运、装卸粉尘物质污染环境违法事实、处罚依据和处罚意见;当事人进行申辩,双方对案件事实进行举证、质证、辩论和最后陈述。决定维持原处罚意见。2 月 1 日,执法人员向当事人送达行政处罚决定书,在当事人未履行处罚决定书规定义务时,市执法局向法院申请强制执行。老火车站周边大气污染案行政处罚案卷获市"行政执法优胜案卷奖"行政处罚类一等奖。

**某房产项目违法建设案** 2009年年初,接到市规划局函告,某房产项目存在违法建设行为。对此,市执法局及时派员对该房产项目建设情况进行调查取证。经查实,该项目在建设过程中,存在不少违法违规问题:其1号楼底层储藏间原批1.9米,实建2.1米,标准层原批2.8米,实建2.9~3.0米;2号楼标准层原批2.8米,实建3.0米。两栋楼总体超建1118.5平方米。根据调查结论,依法对该公司做出行政处罚决定,当事人收到处罚告知书和听证告知书后,先提出听证申请,后又撤回听证申请,且未履行处罚决定书规定义务时,市执法局申请法院强制执行到位。此案卷获市直部门2009~2010年行政执法案卷评选行政处罚类一等奖,并获2010年全省优秀行政处罚案卷一等奖。

# 第九篇

# 环境保护

# 第九篇 环境保护

1991 年以来，面对环境日渐污染的突出问题，加大环境保护“八五”计划实施，市环境监测、环境监察(监理)、环境科研、宣教信息、固体废物管理、核与辐射监测、环境工程评估等机构相继成立，各县(市、区)环保机构相继组建，环境污染事故应急能力、污染在线监控能力、环境安全监管能力得到提升。对不能完成“十一五”主要污染物总量控制目标的，实施“一票否决”制、“责任追究”制和“区域限批”制。通过水污染防治，主要水体长江、鄱阳湖、修河等水质满足地表水Ⅲ类标准；通过大气污染防治，城市空气中二氧化硫、氮氧化物和总悬浮微粒年均浓度分别为 95 微克/立方米、30 微克/立方米和 231 微克/立方米，重点城镇空气质量满足国家二级标准；通过噪音防治，城市区域环境噪声均值 58.3 分贝，交通干线噪声值 72 分贝；通过自然保护区、生态建设示范区的创建，农业环境保护、生物多样性保护等生态保护措施的实施，使自然生态环境满足基本要求。至 2010 年，主要水体绝大部分水域为Ⅲ类水质，少数水体为Ⅳ和Ⅴ类水质，修河、柘林湖水质优良；城市空气中二氧化硫、二氧化氮和可吸入颗粒物年均浓度分别为 32 微克/立方米、24 微克/立方米和 63 微克/立方米，重点城镇、主要景区、工业园区空气质量保持良好；区域环境噪声均值 54.4 分贝，交通干线噪声值 67 分贝；自然生态环境良好，自然保护区、生态县、生态乡镇、生态村等各项指标优良。20 年来，多数环境质量指标得到改善，重点指标保持稳定，局部环境质量存在隐忧。全市监测仪器装备总价值达 5276 万元，更新换代仪器装备，增加环境监测投入，使环境监测网络、监测人员、技术水平、应急能力、例行监测水气声等要素达到业内公认水平；重点水域监测、优化大气布点、全面普查噪声环境、掌控降水特点、把握环境辐射水平、开展环境科研等方面均具较高水平。

# 第一章 环境质量

## 第一节 水环境质量

### 一、长 江

**长江九江段** 1991年,长江九江段3个监测断面16项水质监测指标PH、悬浮物、总硬度、溶解氧、高锰酸盐指数、生化需氧量、氨氮、亚硝酸盐氮、硝酸盐氮、挥发性酚、氰化物、砷、汞、六价铬、铅、镉,平均值符合《地面水环境质量标准》中的三级标准。3个断面悬浮物指标最大值分别为283毫克/升、350毫克/升、197毫克/升,超标率2.78%、8.33%、11.18%;九江炼油厂、湖口断面挥发性酚指标最大值0.019毫克/升、0.009毫克/升,超标率52.78%、13.89%。1994年,3个监测断面扩展至4个。1995年,4个监测断面16项监测指标除悬浮物指标外,其他15项指标最大值均满足《地面水环境质量标准》中三级标准。1996年,增加石油类指标。1998年,4个监测断面17项监测指标,悬浮物最大值1378.20毫克/升,出现在湖口断面丰水期。2000年,湖口断面氨氮指标最大值2.84毫克/升,超标率23.33%。2003年,增设长江鄱阳湖出口测点,监测项目由17项增加至27项,增加项目包括化学需氧量、总磷、总氮、铜、锌、氟化物、阴离子表面活性剂、硫化物、硒、粪大肠菌群。2004年,取消总悬浮物、总硬度、亚硝酸盐氮、硝酸盐氮监测指标。2008年,增设九江城区赛城湖闸口断面和长江出省境马当断面。2010年,姚港、金鸡坡、新港、湖口、鄱阳湖出口、马当、赛城湖闸口7个长江水质监测断面,pH、溶解氧、高锰酸盐指数、化学需氧量、生化需氧量、氨氮、总磷、总氮、铜、锌、氟化物、硒、砷、汞、镉、六价铬、铅、氰化物、挥发酚、石油类、阴离子表面活性剂、硫化物、粪大肠菌群23项监测指标平均值和最大值均在《地表水环境质量标准》(GB3838-2002,下同)中的Ⅲ类标准限值内。

**1991~2010年长江九江段姚港断面水质监测结果一览**

表9-1-1-① 单位:毫克/升、个/升

| 年份 | pH | 悬浮物 | 总硬度 | 溶解氧 | 高锰酸盐指数 | 生化需氧量 | 氨氮 | 亚硝酸盐氮 | 硝酸盐氮 | 挥发酚 | 氰化物 | 总磷 | 总氮 |
|---|---|---|---|---|---|---|---|---|---|---|---|---|---|
| 1991 | 7.99 | 100 | 67.6 | 8.9 | 2.46 | 1.61 | 0.02 | 0.011 | 0.79 | 0.004 | 0.002 | | |
| 1992 | 7.96 | 96 | 68.6 | 9.0 | 2.17 | 2.20 | 0.14 | 0.010 | 0.98 | 0.003 | 0.002 | | |
| 1993 | 7.83 | 117 | 71.6 | 9.0 | 2.49 | 1.61 | 0.42 | 0.019 | 1.12 | 0.003 | 0.002 | | |
| 1994 | 7.99 | 106 | 75.0 | 7.9 | 2.58 | 1.79 | 0.23 | 0.019 | 1.04 | 0.002 | 0.003 | | |
| 1995 | 8.15 | 131 | 70.8 | 7.7 | 2.51 | 1.00 | 0.18 | 0.011 | 1.30 | 0.002 | 0.003 | | |
| 1996 | 7.80 | 92.0 | 73.1 | 7.9 | 2.56 | 1.13 | 0.28 | 0.03 | 1.42 | 0.002 | 0.005 | | |
| 1997 | 7.66 | 102.5 | 75.6 | 7.3 | 1.75 | 1.09 | 0.20 | 0.02 | 1.23 | 0.001 | 0.003 | | |
| 1998 | 7.75 | 209.3 | 78.6 | 8.1 | 1.72 | 1.10 | 0.17 | 0.03 | 1.21 | 0.001 | 0.002 | | |
| 1999 | 7.96 | 174.2 | 69.6 | 7.9 | 2.03 | 1.03 | 0.19 | 0.02 | 1.31 | 0.001 | 0.002 | | |
| 2000 | 7.99 | 168.4 | 74.7 | 8.0 | 2.32 | 1.24 | 0.13 | 0.01 | 1.22 | 0.001 | 0.003 | | |
| 2001 | 7.92 | 230 | 77.53 | 7.9 | 2.6 | 1.5 | 0.11 | 0.006 | 1.31 | 0.001 | 0.002 | | |
| 2002 | 7.89 | 124 | 76.07 | 7.6 | 2.4 | 1.7 | 0.14 | 0.006 | 1.18 | 0.001 | 0.002 | | |
| 2003 | 7.92 | 73 | 73.96 | 8.5 | 2.6 | 1.9 | 0.14 | 0.006 | 1.39 | 0.001 | 0.002 | 0.051 | 3.48 |
| 2004 | 8.08 | | | 8.7 | 2.1 | 1.4 | 0.14 | | | 0.001 | 0.002 | 0.092 | 1.90 |
| 2005 | 8.16 | | | 7.7 | 2.0 | 1.1 | 0.16 | | | 0.001 | 0.002 | 0.142 | 1.67 |

续表 9-1-1-①

| 年份 | pH | 悬浮物 | 总硬度 | 溶解氧 | 高锰酸盐指数 | 生化需氧量 | 氨氮 | 亚硝酸盐氮 | 硝酸盐氮 | 挥发酚 | 氰化物 | 总磷 | 总氮 |
|---|---|---|---|---|---|---|---|---|---|---|---|---|---|
| 2006 | 7.98 | | | 7.9 | 2.3 | 2L | 0.240 | | | 0.002L | 0.004L | 0.06 | 1.20 |
| 2007 | 7.86 | | | 7.5 | 2.9 | 2L | 0.311 | | | 0.002L | 0.004L | 0.07 | 0.89 |
| 2008 | 7.99 | | | 7.9 | 2.7 | 2L | 0.213 | | | 0.002L | 0.004L | 0.06 | 0.90 |
| 2009 | 7.86 | | | 8.1 | 2.8 | 2L | 0.220 | | | 0.002L | 0.004L | 0.07 | 0.85 |
| 2010 | 7.65 | | | 8.2 | 2.6 | 2.1 | 0.195 | | | 0.002L | 0.004L | 0.07 | 0.86 |

续表 9-1-1-②

| 年份 | 砷 | 汞 | 六价铬 | 铅 | 镉 | 铜 | 锌 | 石油类 | 活性剂 | 硫化物 | 氟化物 | 硒 | 粪大肠菌群 |
|---|---|---|---|---|---|---|---|---|---|---|---|---|---|
| 1991 | 0.005 | 0.00005 | 0.003 | 0.003 | 0.001 | | | | | | | | |
| 1992 | 0.004 | 0.00005 | 0.002 | 0.002 | 0.001 | | | | | | | | |
| 1993 | 0.005 | 0.00005 | 0.004 | 0.004 | 0.001 | | | | | | | | |
| 1994 | 0.006 | 0.00005 | 0.003 | 0.002 | 0.001 | | | | | | | | |
| 1995 | 0.005 | 0.00005 | 0.003 | 0.002 | 0.0007 | | | | | | | | |
| 1996 | 0.001 | 0.00005 | 0.007 | 0.001 | 0.001 | | | | | | | | |
| 1997 | 0.001 | 0.00005 | 0.005 | 0.001 | 0.001 | | | | | | | | |
| 1998 | 0.001 | 0.00005 | 0.004 | 0.001 | 0.001 | | | | | | | | |
| 1999 | 0.001 | 0.00005 | 0.004 | 0.001 | 0.001 | | | | | | | | |
| 2000 | 0.001 | 0.00005 | 0.002 | 0.003 | 0.001 | | | | | | | | |
| 2001 | 0.0010 | 0.00005 | 0.002 | 0.0034 | 0.0003 | | | 0.04 | | | | | |
| 2002 | 0.0025 | 0.00005 | 0.002 | 0.0019 | 0.0001 | | | 0.02 | | | | | |
| 2003 | 0.0011 | 0.00005 | 0.006 | 0.0017 | 0.0001 | 0.0009 | 0.01 | 0.03 | 0.023 | 0.01 | 0.36 | 0.0002 | 2591 |
| 2004 | 0.0005 | 0.00005 | 0.003 | 0.0009 | 0.0001 | 0.0006 | 0.01 | 0.04 | 0.026 | 0.01 | 0.23 | 0.0002 | 2185 |
| 2005 | 0.0005 | 0.00005 | 0.005 | 0.0010 | 0.0003 | 0.0009 | 0.01 | 0.04 | 0.026 | 0.01 | 0.31 | 0.0002 | 2689 |
| 2006 | 0.0005L | 0.00002 | 0.011 | 0.0014 | 0.00005 | 0.002 | 0.017 | 0.025 | 0.030 | 0.02L | 0.31 | 0.0005L | 2383 |
| 2007 | 0.0033 | 0.00001 | 0.017 | 0.005L | 0.001L | 0.005L | 0.015 | 0.028 | 0.039 | 0.02L | 0.27 | 0.0005L | 1978 |
| 2008 | 0.0015 | 0.00001 | 0.014 | 0.005L | 0.001L | 0.005L | 0.005L | 0.028 | 0.041 | 0.02L | 0.30 | 0.0005 | 1638 |
| 2009 | 0.0025 | 0.00001 L | 0.006 | 0.005L | 0.001L | 0.005L | 0.005L | 0.03 | 0.043 | 0.02L | 0.43 | 0.001 | 1983 |
| 2010 | 0.0024 | 0.00001 L | 0.0049 | 0.005L | 0.001L | 0.005L | 0.005L | 0.02L | 0.047 | 0.02L | 0.37 | 0.0012 | 2146 |

说明:单位中 pH 为无量纲,粪大肠菌群为个/升,余为毫克/升

## 1991~2010 年长江九江段九江炼油厂(金鸡坡)断面水质监测结果一览

表 9-1-2-①　　单位:毫克/升、个/升

| 年份 | pH | 悬浮物 | 总硬度 | 溶解氧 | 高锰酸盐指数 | 生化需氧量 | 氨氮 | 亚硝酸盐氮 | 硝酸盐氮 | 挥发酚 | 氰化物 | 总磷 | 总氮 |
|---|---|---|---|---|---|---|---|---|---|---|---|---|---|
| 1991 | 7.91 | 98 | 67.8 | 9.0 | 2.41 | 1.68 | 0.02 | 0.013 | 0.80 | 0.008 | 0.002 | | |
| 1992 | 7.96 | 97 | 67.3 | 9.1 | 2.09 | 2.48 | 0.14 | 0.011 | 1.01 | 0.004 | 0.002 | | |
| 1993 | 7.87 | 129 | 70.9 | 8.9 | 2.26 | 1.71 | 0.43 | 0.018 | 1.13 | 0.004 | 0.002 | | |
| 1994 | 8.00 | 103 | 73.7 | 8.3 | 2.71 | 1.90 | 0.21 | 0.028 | 0.99 | 0.003 | 0.003 | | |
| 1995 | 8.13 | 145 | 72.3 | 7.9 | 2.65 | 1.33 | 0.19 | 0.011 | 1.17 | 0.002 | 0.003 | | |

续表 9-1-2-①

| 年份 | pH | 悬浮物 | 总硬度 | 溶解氧 | 高锰酸盐指数 | 生化需氧量 | 氨氮 | 亚硝酸盐氮 | 硝酸盐氮 | 挥发酚 | 氰化物 | 总磷 | 总氮 |
|---|---|---|---|---|---|---|---|---|---|---|---|---|---|
| 1996 | 7.94 | 110.4 | 70.8 | 8.08 | 2.56 | 1.20 | 0.27 | 0.03 | 1.52 | 0.002 | 0.005 | | |
| 1997 | 7.65 | 120.4 | 74.36 | 7.45 | 1.89 | 1.04 | 0.21 | 0.02 | 1.18 | 0.001 | 0.003 | | |
| 1998 | 7.86 | 215.7 | 78.00 | 8.14 | 1.78 | 1.04 | 0.18 | 0.03 | 1.18 | 0.001 | 0.002 | | |
| 1999 | 7.18 | 187.3 | 72.31 | 7.83 | 2.20 | 1.03 | 0.20 | 0.02 | 1.32 | 0.001 | 0.002 | | |
| 2000 | 7.97 | 272.46 | 72.81 | 7.89 | 2.36 | 1.36 | 0.14 | 0.01 | 1.24 | 0.001 | 0.003 | | |
| 2001 | 7.98 | 252 | 77.77 | 7.8 | 2.6 | 1.2 | 0.112 | 0.006 | 1.30 | 0.001 | 0.003 | | |
| 2002 | 8.00 | 138 | 76.09 | 7.5 | 2.3 | 1.5 | 0.130 | 0.006 | 1.21 | 0.001 | 0.002 | | |
| 2003 | 8.05 | 72 | 74.92 | 8.9 | 2.6 | 1.7 | 0.130 | 0.005 | 1.37 | 0.001 | 0.002 | 0.051 | 3.48 |
| 2004 | 8.06 | | | 8.6 | 2.0 | 1.4 | 0.141 | | | 0.001 | 0.002 | 0.091 | 2.03 |
| 2005 | 8.18 | | | 7.3 | 2.0 | 1.2 | 0.160 | | | 0.001 | 0.002 | 0.123 | 1.66 |
| 2006 | 8.21 | | | 7.7 | 2.1 | 2L | 0.208 | | | 0.002L | 0.004L | 0.069 | 1.35 |
| 2007 | 7.83 | | | 7.7 | 2.7 | 2L | 0.263 | | | 0.002L | 0.004L | 0.07 | 0.87 |
| 2008 | 7.94 | | | 7.8 | 2.6 | 2L | 0.216 | | | 0.002L | 0.004L | 0.05 | 0.88 |
| 2009 | 7.80 | | | 7.9 | 2.8 | 2L | 0.212 | | | 0.002L | 0.004L | 0.06 | 0.90 |
| 2010 | 7.68 | | | 8.2 | 2.7 | 2.7 | 0.215 | | | 0.002L | 0.004L | 0.07 | 0.86 |

续表 9-1-2-②

| 年份 | 砷 | 汞 | 六价铬 | 铅 | 镉 | 铜 | 锌 | 石油类 | 活性剂 | 硫化物 | 氟化物 | 硒 | 粪大肠菌群 |
|---|---|---|---|---|---|---|---|---|---|---|---|---|---|
| 1991 | 0.006 | 0.00005 | 0.004 | 0.003 | 0.001 | | | | | | | | |
| 1992 | 0.004 | 0.00005 | 0.002 | 0.003 | 0.001 | | | | | | | | |
| 1993 | 0.007 | 0.00005 | 0.005 | 0.008 | 0.001 | | | | | | | | |
| 1994 | 0.005 | 0.00005 | 0.004 | 0.002 | 0.001 | | | | | | | | |
| 1995 | 0.006 | 0.00005 | 0.003 | 0.002 | 0.0008 | | | | | | | | |
| 1996 | 0.001 | 0.00005 | 0.003 | 0.002 | 0.001 | | | 0.09 | | | | | |
| 1997 | 0.001 | 0.00005 | 0.005 | 0.001 | 0.001 | | | 0.09 | | | | | |
| 1998 | 0.001 | 0.00005 | 0.005 | 0.001 | 0.001 | | | 0.10 | | | | | |
| 1999 | 0.001 | 0.00005 | 0.006 | 0.001 | 0.001 | | | 0.10 | | | | | |
| 2000 | 0.001 | 0.00005 | 0.002 | 0.003 | 0.001 | | | 0.09 | | | | | |
| 2001 | 0.0010 | 0.00005 | 0.002 | 0.0033 | 0.0003 | | | 0.04 | | | | | |
| 2002 | 0.0025 | 0.00005 | 0.002 | 0.0020 | 0.0001 | | | 0.03 | | | | | |
| 2003 | 0.0011 | 0.00005 | 0.006 | 0.0010 | 0.0001 | 0.0012 | 0.01 | 0.04 | 0.026 | 0.01 | 0.35 | 0.0002 | 2300 |
| 2004 | 0.0005 | 0.00005 | 0.003 | 0.0010 | 0.0001 | 0.0007 | 0.01 | 0.04 | 0.028 | 0.01 | 0.23 | 0.0002 | 2300 |
| 2005 | 0.0005 | 0.00005 | 0.009 | 0.0011 | 0.0002 | 0.0011 | 0.01 | 0.04 | 0.027 | 0.01 | 0.32 | 0.0002 | 1955 |
| 2006 | 0.0024 | 0.00001 | 0.008 | 0.0015 | 0.00004 | 0.0012 | 0.022 | 0.03 | 0.030 | 0.02L | 0.33 | 0.0005L | 2378 |
| 2007 | 0.0022 | 0.00001 | 0.016 | 0.005L | 0.001L | 0.005L | 0.015 | 0.024 | 0.036 | 0.02L | 0.27 | 0.0015 | 3142 |
| 2008 | 0.0016 | 0.00001 | 0.013 | 0.005L | 0.001L | 0.005L | 0.005L | 0.02 | 0.039 | 0.02L | 0.32 | 0.0005 | 898 |
| 2009 | 0.0025 | 0.00001 | 0.006 | 0.005L | 0.001L | 0.005L | 0.005L | 0.026 | 0.043 | 0.02L | 0.40 | 0.0012 | 3078 |
| 2010 | 0.0025 | 0.00001 | 0.005 | 0.005L | 0.001L | 0.005L | 0.005L | 0.033 | 0.05 | 0.02L | 0.36 | 0.0013 | 3748 |

说明:单位中 pH 为无量纲,粪大肠菌群为个/升,余为毫克/升

## 1991~2010年长江九江段江心洲(湖口)断面水质监测结果一览

表9-1-3-① 单位:毫克/升、个/升

| 年份 | pH | 悬浮物 | 总硬度 | 溶解氧 | 高锰酸盐指数 | 生化需氧量 | 氨氮 | 亚硝酸盐氮 | 硝酸盐氮 | 挥发酚 | 氰化物 | 总磷 | 总氮 |
|---|---|---|---|---|---|---|---|---|---|---|---|---|---|
| 1991 | 7.95 | 88 | 66.1 | 8.9 | 2.28 | 1.39 | 0.03 | 0.010 | 0.80 | 0.005 | 0.002 | | |
| 1992 | 7.75 | 94 | 32.8 | 9.5 | 2.05 | 2.25 | 0.14 | 0.014 | 0.58 | 0.004 | 0.002 | | |
| 1993 | 7.77 | 132 | 70.6 | 8.9 | 2.14 | 1.46 | 0.44 | 0.015 | 1.11 | 0.003 | 0.002 | | |
| 1994 | 7.98 | 104 | 73.6 | 8.6 | 2.37 | 1.83 | 0.22 | 0.025 | 0.86 | 0.002 | 0.003 | | |
| 1995 | 8.13 | 105 | 71.0 | 7.8 | 2.56 | 1.34 | 0.17 | 0.010 | 1.17 | 0.002 | 0.003 | | |
| 1996 | 8.06 | 93.41 | 79.3 | 8.23 | 2.56 | 1.29 | 0.27 | 0.03 | 1.47 | 0.002 | 0.005 | | |
| 1997 | 7.66 | 104.6 | 71.3 | 7.42 | 1.81 | 1.12 | 0.20 | 0.02 | 1.17 | 0.001 | 0.003 | | |
| 1998 | 7.93 | 227.8 | 79.3 | 8.11 | 1.69 | 1.09 | 0.17 | 0.03 | 1.18 | 0.001 | 0.002 | | |
| 1999 | 7.58 | 179.6 | 71.3 | 7.91 | 2.06 | 1.03 | 0.19 | 0.02 | 1.31 | 0.001 | 0.002 | | |
| 2000 | 7.97 | 282.5 | 82.0 | 8.09 | 1.07 | 1.13 | 0.10 | 0.01 | 1.22 | 0.003 | 0.001 | | |
| 2001 | 8.05 | 209 | 76.90 | 7.9 | 2.5 | 1.2 | 0.109 | 0.006 | 1.31 | 0.001 | 0.002 | | |
| 2002 | 8.04 | 109 | 76.09 | 7.6 | 2.4 | 1.5 | 0.138 | 0.006 | 1.18 | 0.001 | 0.002 | | |
| 2003 | 8.02 | 79 | 74.31 | 8.4 | 2.6 | 1.6 | 0.140 | 0.006 | 1.39 | 0.001 | 0.002 | 0.051 | 3.46 |
| 2004 | 8.05 | | | 8.5 | 2.0 | 1.3 | 0.141 | | | 0.001 | 0.002 | 0.093 | 1.99 |
| 2005 | 8.18 | | | 7.2 | 2.0 | 1.1 | 0.148 | | | 0.001 | 0.002 | 0.103 | 1.86 |
| 2006 | 7.91 | | | 7.9 | 2.2 | 2L | 0.232 | | | 0.002L | 0.004L | 0.06 | 1.20 |
| 2007 | 7.85 | | | 7.5 | 2.7 | 2L | 0.283 | | | 0.002L | 0.004L | 0.07 | 0.89 |
| 2008 | 7.97 | | | 8.0 | 2.4 | 2L | 0.204 | | | 0.002L | 0.004L | 0.06 | 0.90 |
| 2009 | 7.81 | | | 8.3 | 2.5 | 2L | 0.207 | | | 0.002L | 0.004L | 0.07 | 0.85 |
| 2010 | 7.65 | | | 8.3 | 2.4 | 2L | 0.181 | | | 0.002L | 0.004L | 0.07 | 0.86 |

表9-1-3-②

| 年份 | 砷 | 汞 | 六价铬 | 铅 | 镉 | 铜 | 锌 | 石油类 | 活性剂 | 硫化物 | 氟化物 | 硒 | 粪大肠菌群 |
|---|---|---|---|---|---|---|---|---|---|---|---|---|---|
| 1991 | 0.006 | 0.00005 | 0.003 | 0.002 | 0.001 | | | | | | | | |
| 1992 | 0.004 | 0.00005 | 0.002 | 0.001 | 0.001 | | | | | | | | |
| 1993 | 0.004 | 0.00005 | 0.005 | 0.005 | 0.001 | | | | | | | | |
| 1994 | 0.005 | 0.00005 | 0.004 | 0.001 | 0.001 | | | | | | | | |
| 1995 | 0.005 | 0.00005 | 0.003 | 0.002 | 0.0008 | | | | | | | | |
| 1996 | 0.005 | 0.00005 | 0.007 | 0.002 | 0.001 | | | | | | | | |
| 1997 | 0.003 | 0.00005 | 0.005 | 0.001 | 0.001 | | | | | | | | |
| 1998 | 0.002 | 0.00005 | 0.005 | 0.001 | 0.001 | | | | | | | | |
| 1999 | 0.002 | 0.00005 | 0.004 | 0.001 | 0.001 | | | | | | | | |
| 2000 | 0.001 | 0.00005 | 0.002 | 0.003 | 0.001 | | | | | | | | |
| 2001 | 0.0010 | 0.00005 | 0.002 | 0.0032 | 0.0003 | | | 0.04 | | | | | |
| 2002 | 0.0025 | 0.00005 | 0.002 | 0.0018 | 0.0001 | | | 0.02 | | | | | |
| 2003 | 0.0011 | 0.00005 | 0.006 | 0.0011 | 0.0001 | 0.0009 | 0.01 | 0.03 | 0.023 | 0.01 | 0.36 | 0.0002 | 2678 |
| 2004 | 0.0005 | 0.00005 | 0.003 | 0.0010 | 0.0001 | 0.0008 | 0.01 | 0.04 | 0.026 | 0.01 | 0.23 | 0.0002 | 2185 |

续表 9-1-3-②

| 年份 | 砷 | 汞 | 六价铬 | 铅 | 镉 | 铜 | 锌 | 石油类 | 活性剂 | 硫化物 | 氟化物 | 硒 | 粪大肠菌群 |
|---|---|---|---|---|---|---|---|---|---|---|---|---|---|
| 2005 | 0.0005 | 0.00005 | 0.009 | 0.0012 | 0.0003 | 0.0011 | 0.01 | 0.04 | 0.026 | 0.01 | 0.31 | 0.0002 | 1955 |
| 2006 | 0.0005L | 0.00002 | 0.011 | 0.0014 | 0.00005 | 0.002 | 0.017 | 0.025 | 0.030 | 0.02L | 0.30 | 0.0005L | 2383 |
| 2007 | 0.0033 | 0.00001 | 0.017 | 0.005L | 0.001L | 0.005L | 0.015 | 0.028 | 0.039 | 0.02L | 0.28 | 0.0005L | 1842 |
| 2008 | 0.0015 | 0.00001 | 0.014 | 0.005L | 0.001L | 0.005L | 0.005L | 0.028 | 0.041 | 0.02L | 0.31 | 0.0005 | 1136 |
| 2009 | 0.0025 | 0.00001L | 0.006 | 0.005L | 0.001L | 0.005L | 0.005L | 0.03 | 0.043 | 0.02L | 0.41 | 0.001 | 1889 |
| 2010 | 0.0024 | 0.00001L | 0.0049 | 0.005L | 0.001L | 0.005L | 0.005L | 0.02L | 0.047 | 0.02L | 0.34 | 0.0012 | 2032 |

说明:单位中 pH 为无量纲,粪大肠菌群为个/升,余为毫克/升

**长江支流** 乐园河:2004 年 6 月,瑞昌市环境监测站对河流水质取样监测,各项指标均满足地表水Ⅱ类标准限值,水质评价为优。

南阳河:1991 年,瑞昌市环境监测站布设 4 个监测断面取水样监测,除南桥断面铜、锌存在超地表水Ⅲ类标准限值外,其他监测断面水质均达到地表水Ⅲ类标准,水质评价为良。2010 年,上述 4 个监测断面,除南桥断面铜、锌、氨氮存在超地表水Ⅲ类标准外,其他监测断面的水质均达到地表水Ⅲ类标准,水质评价为良。

长河:1991 年,瑞昌市环境监测站对长河布点监测显示,各断面水质达到地表水Ⅲ类标准,水质评价为良。2010 年监测结果:各断面水质达到地表水Ⅲ类标准,水质评价为良。

沙河:2005 年,在沙河街设监测断面对沙河进行采样监测,监测项目 23 项,均满足地表水Ⅲ类标准,水质评价为良。2006 年,总氮指标超标。2010 年,各项指标满足地表水Ⅲ类标准,水质评价为良。

**2005~2010 年沙河街断面对沙河采样监测结果一览**

表 9-1-4-① 单位:毫克/升、个/升

| 年份 | pH | 溶解氧 | 高锰酸盐指数 | 生化需氧量 | 化学需氧量 | 氨氮 | 挥发酚 | 氰化物 | 砷 | 汞 | 六价铬 | 粪大肠菌群 |
|---|---|---|---|---|---|---|---|---|---|---|---|---|
| 2005 | 7.57 | 7.23 | 1.5 | 2L | 12 | 0.225 | 0.002L | 0.004l | 0.0011 | 0.00001L | 0.004L | 2351 |
| 2006 | 7.26 | 7.56 | 2.2 | 2L | 10 | 0.212 | 0.002L | 0.004L | 0.0008 | 0.00001L | 0.002 | 3312 |
| 2007 | 7.64 | 7.63 | 1.0 | 2L | 8 | 0.225 | 0.002L | 0.004L | 0.0005L | 0.00001L | 0.004L | 3776 |
| 2008 | 8.25 | 8.12 | 2.9 | 2.7 | 12 | 0.317 | 0.002L | 0.004L | 0.0012 | 0.00001L | 0.009 | 5792 |
| 2009 | 7.52 | 7.26 | 2.7 | 2L | 13 | 0.305 | 0.002L | 0.004L | 0.0005L | 0.00001L | 0.002 | 3335 |
| 2010 | 7.58 | 7.37 | 1.6 | 2L | 12 | 0.126 | 0.002L | 0.004L | 0.0005L | 0.00001L | 0.002 | 3611 |

表 9-1-4-②

| 年份 | 铅 | 镉 | 石油类 | 总氮 | 总磷 | 铜 | 锌 | 氟化物 | 硒 | 阴离子表面活性剂 | 硫化物 | |
|---|---|---|---|---|---|---|---|---|---|---|---|---|
| 2005 | 0.005L | 0.001L | 0.02L | 0.35 | 0.05 | 0.005L | 0.005L | 0.20 | 0.0005L | 0.023 | 0.02L | |
| 2006 | 0.005L | 0.001L | 0.02L | 1.05 | 0.03 | 0.005L | 0.005L | 0.31 | 0.0005L | 0.035 | 0.02L | |
| 2007 | 0.005L | 0.001L | 0.02L | 1.23 | 0.02 | 0.005L | 0.005L | 0.27 | 0.0005L | 0.046 | 0.02L | |
| 2008 | 0.005L | 0.001L | 0.02L | 1.85 | 0.06 | 0.005L | 0.005L | 0.37 | 0.0005L | 0.073 | 0.02L | |
| 2009 | 0.005L | 0.001L | 0.03 | 0.76 | 0.03 | 0.005L | 0.005L | 0.39 | 0.0005L | 0.026 | 0.02L | |
| 2010 | 0.005L | 0.001L | 0.02L | 0.69 | 0.01L | 0.005L | 0.005L | 0.23 | 0.0005L | 0.038 | 0.02L | |

说明:单位中 pH 为无量纲,粪大肠菌群为个/升,余为毫克/升

龙开河:1991 年,龙开河设 4 个断面监测 PH、悬浮物、总硬度、溶解氧、高锰酸盐指数、生化需氧量、

氨氮、亚硝酸盐氮、硝酸盐氮、挥发性酚、氰化物、砷、汞、六价铬、铅、镉16项指标；主要污染物为生化需氧量、化学需氧量、氨氮、挥发性酚。1994年，龙开河防洪工程改变河道，河水经肖家河流向八里湖。1996年，五七二七断面水质为优，四四一断面水质受到中度污染，八里湖入口断面水质受到污染。主要污染物为氨氮、生化需氧量、高锰盐酸指数、挥发性酚。2001年，龙开河水质为重度污染，按Ⅲ类水体水质分级要求，五七二七断面水质为优，四四一断面水质严重污染，八里湖入口断面水质中度污染，主要污染物为氨氮、生化需氧量、挥发酚、高锰酸盐指数。2008年，实施十里河综合整治工程，建设鹤问湖污水处理厂，龙开河水质有好转。2010年，龙开河按Ⅲ类水体水质分级要求，五七二七断面水质良好；四四一断面水质为Ⅳ~Ⅴ类；八里湖入口断面水质为Ⅳ~Ⅴ类，属轻度~中度污染。主要污染物为氨氮、5日生化需氧量、高锰酸盐指数、挥发酚和铬(六价)。从各水期水质变化看，水质污染：枯水期>平水期>丰水期。

太平河：2010年底，河水中pH、溶解氧、高锰酸盐指数、化学需氧量、5日生化需氧量、氨氮、总磷、氟化物、氰化物、铬(六价)、硫化物、硒、砷、汞、挥发酚、阴离子表面活性剂、铜、铅、锌、镉和石油类(下同)21项指标达到地表水Ⅲ类水质标准，水质状况良好。

东升河：2010年年底，河水中21项指标达到地表水Ⅲ类水质标准，水质状况良好。

浪溪水：2010年年底，河水中21项指标达到地表水Ⅲ类水质标准，水质状况良好。

## 二、鄱阳湖

1991年，水域总体达到地表水Ⅲ类水标准，按Ⅲ类水体水质分级要求，水质状况为良。2003~2006年，都昌、蛤蟆石2个监测点位总磷、总氮异常，超出地表水Ⅲ类水标准，其余各测点、各项目年均值与瞬时值均未出现超标样品。2010年，鄱阳湖水质从污染负荷比分析，蛤蟆石水域水质污染程度稍大于都昌水域；从污染分担率分析，鄱阳湖九江水域监测项目中总磷、总氮、高锰酸盐指数、生化需氧量、氨氮等监测项目污染分担率较大；从富营养化程度分析，鄱阳湖九江水域都昌、蛤蟆石以及2010年增设三山、吴城、蚌湖、老爷庙、星子等水域均处于中营养状态。

直入鄱阳湖河流水质状况：

徐埠港：2010年年底，港中21项指标达到地表水Ⅲ类水质标准，水质状况良好。

土塘水：2010年年底，河水中21项指标达到地表水Ⅲ类水质标准，水质状况良好。

博阳河：2002年，德安县环保局在博阳河设立3个水质监测断面，定期监测pH、化学需氧量、生化需氧量、氨氮、总磷、总氮、氟化物、砷8个常规项目，水质总体达到地表水Ⅲ类水标准，按Ⅲ类水体水质分级要求，水质状况为良；但不同河段2002~2009年部分监测项目出现超标情况，如总氮、化学需氧量、氟化物、5日生化需氧量等。2010年，所有水质监测指标全部达到Ⅲ类水标准，按Ⅲ类水体水质分级要求，水质状况为良。

**2002~2010年博阳河水质监测结果一览**

表9-1-5　　单位：毫克/升

| 断面 | 年份 | pH | 化学需氧量 | 生化需氧量 | 氨氮 | 总磷 | 总氮 | 氟化物 | 砷 |
|---|---|---|---|---|---|---|---|---|---|
| 磨溪 | 2002 | 7.30 | 4.1 | | 0.18 | 0.03 | 0.9 | 0.28 | 0.001 |
| | 2003 | 7.66 | 12.7 | 6.9 | 0.07 | 0.03 | 3.22 | 1.94 | 0.004 |
| | 2004 | 8.09 | 18.2 | 1.6 | 0.205 | 0.045 | 1.18 | 0.49 | 0.0005 |
| | 2005 | 7.73 | 21.45 | 9.55 | | 0.071 | 0.15 | 0.18 | 0.0005 |
| | 2006 | 7.78 | 13.0 | 1.45 | | 0.03 | 1.71 | 0.25 | 0.0005 |
| | 2007 | 8.18 | 26.0 | 6.45 | | 0.03 | 0.9 | 0.22 | 0.0007 |
| | 2008 | 7.48 | 24.0 | 4.3 | | 0.04 | 1.02 | 0.26 | 0.0005L |
| | 2009 | 7.64 | 14.0 | 2 | 0.198 | 0.02 | 0.675 | 0.185 | 0.0005L |
| | 2010 | 7.46 | 11.0 | 2.45 | 0.221 | 0.02 | 0.63 | 0.665 | 0.0028 |

续表 9-1-5

| 断面 | 年份 | pH | 化学需氧量 | 生化需氧量 | 氨氮 | 总磷 | 总氮 | 氟化物 | 砷 |
|---|---|---|---|---|---|---|---|---|---|
| 聂桥 | 2002 | 7.14 | 5.0 | | 0.16 | 0.04 | 1.03 | 1.89 | 0.001 |
| | 2003 | 7.98 | 12.8 | 6.4 | 0.075 | 0.015 | 7.17 | 3.26 | 0.004 |
| | 2004 | 8.33 | 19.1 | 1.0 | 0.205 | 0.05 | 0.65 | 0.37 | 0.0058 |
| | 2005 | 8.08 | 19.85 | 4.65 | | 0.074 | 0.15 | 0.36 | 0.0005 |
| | 2006 | 8.01 | 12.0 | 1.5 | | 0.11 | 1.93 | 0.32 | 0.008 |
| | 2007 | 7.88 | 5L | 1.4 | | 0.04 | 0.89 | 0.31 | 0.01 |
| | 2008 | 8.15 | 18.0 | 3.25 | | 0.035 | 0.86 | 0.38 | 0.015 |
| 乌石门 | 2009 | 8.04 | 6.0 | 2L | 0.060 | 0.025 | 0.75 | 0.155 | 0.0005L |
| | 2010 | 7.5 | 8.5 | 2 | 0.189 | 0.02 | 0.73 | 0.605 | 0.035 |
| 共青交界 | 2002 | 7.7 | 17.13 | | 0.09 | 0.05 | 1.85 | 0.96 | 0.004 |
| | 2003 | 8.11 | 15.25 | 7.0 | 0.055 | 0.02 | 3.145 | 1.53 | 0.004 |
| | 2004 | 8.24 | 16.65 | 1.0 | 0.3 | 0.07 | 0.9 | 0.62 | 0.028 |
| | 2005 | 8.0 | 17.4 | 3.75 | | 0.101 | 0.18 | 0.36 | 0.0005 |
| | 2006 | 7.95 | 9.0 | 1.3 | | 0.06 | 1.7 | 0.72 | 0.002 |
| | 2007 | 8.14 | 22.0 | 4.75 | | 0.06 | 1.28 | 0.52 | 0.004 |
| | 2008 | 7.78 | 5L | 1.4 | | 0.04 | 0.91 | 0.57 | 0.01 |
| | 2009 | 7.86 | 6.5 | 2L | 0.422 | 0.035 | 1.145 | 0.185 | 0.0005L |
| | 2010 | 7.49 | 8.0 | 2L | 0.297 | 0.02 | 0.725 | 0.46 | 0.051 |

## 三、修 河

**修河九江流域** 修河源:1991 年,市环境监测站在修河布设 7 个监测断面,对修河水质进行监测,包括 PH、悬浮物、总硬度、溶解氧、高锰酸盐指数、生化需氧量、氨氮、亚硝酸盐氮、硝酸盐氮、挥发性酚、氰化物、砷、汞、六价铬、铅、镉 16 项指标,水环境质量地表水Ⅱ~Ⅲ类水质标准,按Ⅲ类水体水质分级要求,修河水质总体达到优良水平。1992 年,修河各项监测数据偏高。1999 年,武宁渡口氨氮指标异常,平水期和枯水期发生超标准现象,超标率 33.3%。2004 年,监测项目调整,增加石油类、化学需氧量、总磷、总氮、铜、锌、氟化物、阴离子表面活性剂、硫化物、硒、粪大肠菌群 11 项指标,减少悬浮物、总硬度、亚硝酸盐氮、硝酸盐氮 4 项。2008 年,监测点位调整,调整后修河监测断面 6 个,柘林湖测点 4 个。2009 年 5 月始,省环境监测中心站对修河源头水质开展监测,布设铜鼓县港口乡风家滩水电站坝前和修水县渣津镇罗汉嘴村罗汉桥 2 个监测断面监测修河源水质, 均达到地表水Ⅱ类水质标准, 水质状况为优。2010 年,修河流域 6 个监测断面在丰、平、枯 3 个水期监测中,24 个监测项目均未出现超标情况,各监测断面水质都达到地表水Ⅲ类水标准,水质总体良好。

**柘林水库** 2008 年前,柘林水库作为修河一部分进行水质监测,整体水质符合地表水Ⅲ类水标准,按Ⅲ类水体水质分级要求,水质为良。2008 年设 4 个测点定期监测包括 pH、悬浮物、总硬度、溶解氧、高锰酸盐指数、生化需氧量、氨氮、亚硝酸盐氮、硝酸盐氮、挥发性酚、氰化物、砷、汞、六价铬、铅、镉、石油类、化学需氧量、总磷、总氮、铜、锌、氟化物、阴离子表面活性剂、硫化物、硒、粪大肠菌群 24 项指标。从污染分担率分析,所有监测项目中,总磷、总氮、高锰酸盐指数和 5 日生化需氧量等项目污染分担率较大;从污染负荷比分析,柘林水库靠近大坝水域水质优于库区上游水质;从富营养化程度分析,柘林水库水质处于中营养状态。2010 年,4 个测点、24 个监测项目均未出现超标情况,各测点水质都达到地表水Ⅲ

类水标准,表明水库水质总体良好。

**东津水库** 2008 年,设东津桥监测断面监测 pH、溶解氧、高锰酸盐指数、生化需氧量、氨氮、挥发性酚、氰化物、砷、汞、六价铬、铅、镉、石油类、化学需氧量、总磷、总氮、铜、锌、氟化物、阴离子表面活性剂、硫化物、硒、粪大肠菌群 23 项指标,出水水质达到地表水Ⅱ~Ⅲ类标准,水质优良。2010 年,23 项指标仍满足Ⅱ~Ⅲ类标准,水质优良。

## 四、主要湖泊

**赤湖** 2010 年 6 月,水质监测 pH、溶解氧、化学需氧量、5 日生化需氧量、氨氮、硝酸盐氮、亚硝酸盐氮、铜、铅、锌、镉、铬、砷、汞 14 项指标,水质达到地表水Ⅲ类水质标准,水质状况良好。

**赛城湖** 1991 年,水质监测 18 项指标,pH、悬浮物、总硬度、溶解氧、化学需氧量、5 日生化需氧量、硝酸盐氮、亚硝酸盐氮、挥发酚、氰化物、砷、汞、六价铬、铅、镉 15 项指标达到地表水Ⅲ类水质标准,氨氮、总磷、总氮 3 项指标超标准,最大值分别为 0.89 毫克/升、0.22 毫克/升、1.16 毫克/升,超标率均为 16.6%。2010 年,水质监测 26 项指标,全部达到Ⅲ类水质标准,水质处于中营养至轻度富营养状态。

**八里湖** 1991 年,水质监测 18 项指标,pH、悬浮物、总硬度、溶解氧、化学需氧量、5 日生化需氧量、氨氮、硝酸盐氮、亚硝酸盐氮、挥发酚、氰化物、砷、汞、六价铬、铅、镉、总氮 17 项指标达到地表水Ⅲ类水质标准,总磷指标超标准,最大值 0.42 毫克/升,超标率 16.6%。1995 年,超标项目增加 3 个,5 日生化需氧量、氨氮、总氮,超标率分别为 20%、40%、100%。2001 年,综合污染指数 10.85,为历年最高值。2010 年,水质监测 26 项指标,全部达到Ⅲ类水质标准,水质处于轻度富营养状态。

**甘棠湖** 1991 年,设 2 个测点,监测 18 项指标,pH、悬浮物、总硬度、溶解氧、硝酸盐氮、氰化物、砷、汞、六价铬、铅、镉 11 项指标达到地表水Ⅳ类水质标准,化学需氧量(锰法)、5 日生化需氧量、氨氮、亚硝酸盐氮、挥发酚、总磷、总氮指标超标准,最大值分别为 8.10、4.80、1.41、0.395、0.012、1.050、2.25 毫克/升,超标率总磷最高达 50%,挥发酚最低 16.6%。2000 年,甘棠湖水质主要污染物为总氮、总磷、生化需氧量。2001 年,随着甘棠湖综合整治工程(清淤、环湖截污、引水入湖)实施,水质污染程度有所缓解,但水质仍处于富营养状态,主要污染物为总氮、总磷、氨氮、高锰酸盐指数、生化需氧量、粪大肠菌群。2010 年,水质监测 26 项指标,22 项达到Ⅳ类水质标准,化学需氧量、生化需氧量、氨氮、总氮 4 项指标超标,生化需氧量超标率 100%,氨氮超标率 24.8%。

**白水湖** 1991 年,监测 18 项指标,pH、悬浮物、总硬度、溶解氧、硝酸盐氮、氰化物、砷、汞、六价铬、铅、镉 11 项指标达到地表水Ⅳ类水质标准,化学需氧量(锰法)、5 日生化需氧量、氨氮、亚硝酸盐氮、挥发酚、总磷、总氮指标超标准,最大值分别为 6.78、4.98、1.55、0.342、0.016、0.310、7.40 毫克/升,超标率总磷、总氮高达 66.6%,挥发酚为 25%。2000 年,白水湖水质为Ⅳ~Ⅴ类,处于轻度至中度富营养状态,主要污染物总氮、总磷、5 日生化需氧量和氨氮。2010 年,水质监测 26 项指标,20 项达到Ⅳ类水质标准,化学需氧量、生化需氧量、高锰酸盐指数、氨氮、总磷、总氮、粪大肠菌群 7 项指标超标,化学需氧量超标率 36.7%;生化需氧量超标率 23.7%;高锰酸盐指数超标率 1.6%;氨氮超标率 14.4%;总磷超标率 3.6%;总氮超标率 25.2%;粪大肠菌群超标率 0.2%。

**南北港** 2010 年 6 月,总体水质达到Ⅲ类水质标准,水质状况良好。

**皂湖** 2010 年 6 月,水质达到Ⅲ类水质标准,水质状况良好。

**芳湖** 2010 年 6 月,部分水域化学需氧量和 5 日生化需氧量存在超标情况,总体水质达到Ⅲ类水质标准,水质状况良好。

**太泊湖** 2010 年 6 月,市环境监测站对太泊湖水质进行监测,水质达到Ⅲ类水质标准,水质状况良好。

## 五、地下水

1991 年,全市地下水监测 18 项指标,其中铁、锰离子含量较高,超标率 15%;氨氮、砷、锌指标有异常迹象,超标率低于 5%;水质总体符合饮用水质标准。

1991 年全市地下水水质监测结果一览

表 9-1-6　　单位:毫克/升

| 指 标 | 检出率% | 超标率% | 平均值 |
|---|---|---|---|
| pH | 100 | | 7.24 |
| 氨氮 | 100 | 2.5 | 0.067 |
| 锌 | 50 | 2.5 | 1.54 |
| 铜 | | | |
| 铅 | | | |
| 锰 | 75 | 15 | 0.05 |
| 铁 | 100 | 15.8 | 0.213 |
| 硝酸盐氮 | 100 | | 1.54 |
| 亚硝酸盐氮 | 100 | | 0.017 |
| 高锰酸钾指数 | 100 | | 1.54 |
| 氟化物 | 100 | | 0.2 |
| 挥发酚 | 73.7 | | 0.00015 |
| 氰化物 | 31.2 | | 0.0006 |
| 砷 | 2.5 | 5 | 0.0039 |
| 镉 | | | |
| 汞 | 3.75 | | 0.00001 |
| 六价铬 | | | 0.002 |

2010 年,监测地下水 18 项指标,水质总体变化不大,项目指标除锰、铁、亚硝酸盐氮 3 项指标外,均达到《地下水质量标准》表 1 中Ⅲ类标准;锰、铁、亚硝酸盐氮分别超标 10.2%、2.5%、57.1%。

2010 年全市地下水水质监测结果一览

表 9-1-7　　单位:毫克/升

| 指 标 | 检出率% | 超标率% | 平均值 |
|---|---|---|---|
| pH | 100 | | 7.35 |
| 氨氮 | 100 | | 0.081 |
| 锌 | | | 0.005L |
| 铜 | | | 0.005L |
| 硫酸盐 | 100 | | 37.4 |
| 锰 | 60 | 10.2 | 1.54 |
| 铁 | 52 | 2.5 | 0.038 |
| 硝酸盐氮 | 100 | | 0.97 |
| 亚硝酸盐氮 | 100 | 57.1 | 0.03 |
| 高锰酸钾指数 | 100 | | 1.82 |
| 氟化物 | 100 | | 0.41 |
| 挥发酚 | | | 0.002L |
| 总硬度 | 100 | | 70.5 |

续表 9-1-7

| 指 标 | 检出率% | 超标率% | 平均值 |
|---|---|---|---|
| 砷 | 20 | | 0.0005 |
| 镉 | | | 0.001L |
| 汞 | | | 0.00001L |
| 六价铬 | | | 0.004L |
| 氯化物 | 100 | | 18 |

# 第二节 大气环境质量

## 一、市区空气质量

**污染指数(API)** 空气污染指数(Air Pollution Index,简称 API),是一种反映和评价环境空气质量的方法,分级表示空气质量状况与空气污染程度。2003 年,市空气自动站开始试运行。2004 年,空气污染指数范围 33~129,I 级(指数小于 50)天数 20 天;Ⅱ级(指数 50~100)天数 310 天,Ⅲ级(指数大于 100)天数 36 天,空气质量优良率 75.9%。2006 年,市城市环境综合整治定量考核开始使用 API,空气污染指数范围 45~149,I 级天数 6 天,Ⅱ级天数 344 天,Ⅲ级天数 15 天,空气质量优良率 95.9%。2010 年,空气污染指数范围 21~179,I 级天数 120 天,Ⅱ级天数 243 天,Ⅲ级天数无,大于Ⅲ级天数 2 天,空气质量优良率 99.5%。

2004~2010 年城市环境空气质量一览

表 9-1-8

| 年 份 | 空气污染指数范围 | 空气质量级别分布(天) | | | | 空气质量优良率 | 空气质量级别 | 空气质量状况 | 首要污染物 |
|---|---|---|---|---|---|---|---|---|---|
| | | Ⅰ级 | Ⅱ级 | Ⅲ级 | Ⅲ以上级 | | | | |
| 2004 | 33-129 | 20 | 310 | 36 | | 90.2% | 二级 | 良 | 可吸入颗粒物 |
| 2005 | 46-149 | 8 | 341 | 16 | | 95.6% | 二级 | 良 | 可吸入颗粒物 |
| 2006 | 45-149 | 6 | 344 | 15 | | 95.9% | 二级 | 良 | 可吸入颗粒物 |
| 2007 | 27-125 | 53 | 304 | 8 | | 97.8% | 二级 | 良 | 可吸入颗粒物 |
| 2008 | 24-111 | 37 | 325 | 4 | | 98.9% | 二级 | 良 | 可吸入颗粒物 |
| 2009 | 12-108 | 133 | 230 | 2 | | 99.5% | 二级 | 良 | 可吸入颗粒物 |
| 2010 | 21-179 | 120 | 243 | | 2 | 99.5% | 二级 | 良 | 可吸入颗粒物 |

**主要指标** 二氧化硫:1991 年,市区布设 5 个点位监测大气二氧化硫,浓度范围 0.005~0.844 毫克/立方米,平均值 0.095 毫克/立方米,全年日均值超标率 20%。

2000 年,浓度范围 0.014~0.108 毫克/立方米,平均值 0.052 毫克/立方米,全年日均值超标率为0。2003 年,空气自动监测站建成投入试运行。2004 年,各测点日均浓度范围 0.018~0.191 毫克/立方米,平均值 0.089 毫克/立方米,全年日均值超标率为 2.4%。2007 年 8 月,大气监测点位增加 3 个。

2010 年,8 个监测点位浓度范围 0.003~0.230 毫克/立方米,最大值出现在综合工业园,年平均值 0.032 毫克/立方米,全年日均值超标率为 0.2%。二氧化硫指标满足国家空气质量二级标准限值。

### 1991~2010年市城区二氧化硫监测结果一览

表 9-1-9　　单位:毫克/立方米

| 年 份 | 年均浓度 | 日均浓度超标率% | 年 份 | 年均浓度 | 日均浓度超标率% |
|---|---|---|---|---|---|
| 1991 | 0.095 | 20 | 2001 | 0.041 | 1.20 |
| 1992 | 0.11 | 21.20 | 2002 | 0.04 | |
| 1993 | 0.114 | 24 | 2003 | 0.061 | |
| 1994 | 0.088 | 4 | 2004 | 0.089 | 2.40 |
| 1995 | 0.052 | 8 | 2005 | 0.072 | 1.90 |
| 1996 | 0.079 | 11 | 2006 | 0.068 | 4.80 |
| 1997 | 0.072 | 10 | 2007 | 0.039 | 0.60 |
| 1998 | 0.058 | 0.75 | 2008 | 0.036 | 0.10 |
| 1999 | 0.056 | 2 | 2009 | 0.029 | |
| 2000 | 0.085 | | 2010 | 0.032 | 0.20 |

说明:二氧化硫评价执行《环境空气质量标准》(GB3095-1996)中的二级标准,日平均浓度:0.15毫克/立方米;年平均浓度:0.06毫克/立方米

氮氧化物及二氧化氮:1991年,市区布设5个点位监测大气氮氧化物,浓度范围0.005~0.059毫克/立方米,平均值0.030毫克/立方米,全年日均值100%达标。2002年,二氧化氮指标替代氮氧化物指标作为大气监测指标。2010年,设8个监测点位,浓度范围0.003~0.129毫克/立方米,最大值出现在西园测点,年平均值0.024毫克/立方米,全年日均值超标率为0.1%。二氧化氮指标满足国家空气质量二级标准限值。1991~2010年,各年平均浓度符合空气质量二级标准。

### 1991~2010年市区氮氧化物和二氧化氮监测结果一览

表 9-1-10　　单位:毫克/立方米

| 年 份 | 年均浓度 | 日均浓度超标率% | 年 份 | 年均浓度 | 日均浓度超标率% |
|---|---|---|---|---|---|
| 1991 | 0.03 | | 2001 | 0.039 | |
| 1992 | 0.022 | | 2002 | 0.042 | |
| 1993 | 0.021 | | 2003 | 0.038 | |
| 1994 | 0.019 | | 2004 | 0.042 | |
| 1995 | 0.029 | | 2005 | 0.037 | |
| 1996 | 0.032 | | 2006 | 0.037 | |
| 1997 | 0.026 | | 2007 | 0.021 | |
| 1998 | 0.025 | | 2008 | 0.02 | |
| 1999 | 0.028 | | 2009 | 0.02 | |
| 2000 | 0.03 | | 2010 | 0.024 | |

说明:表中1991~2001年为氮氧化物数据;2002~2010年为二氧化氮数据。氮氧化物和二氧化氮评价执行《环境空气质量标准》(GB3095-1996)中的二级标准,日平均浓度:0.10毫克/立方米、0.12毫克/立方米;年平均浓度:0.05毫克/立方米、0.08毫克/立方米

总悬浮颗粒物及可吸入颗粒物：1991年，布设5个点位监测大气总悬浮微粒，浓度范围0.048~0.911毫克/立方米，平均值0.231毫克/立方米，全年日均值超标率20%。2000年，浓度范围0.018~0.690毫克/立方米，平均值0.147毫克/立方米，全年日均值超标率为11%。2004年，可吸入颗粒物替代总悬浮微粒作为大气监测指标，各测点日均浓度范围0.025~0.243毫克/立方米，平均值0.096毫克/立方米，全年日均值超标率为7.6%。2010年，8个监测点位可吸入颗粒物浓度范围0.012~0.563毫克/立方米，最大值出现在综合工业园，年平均值0.063毫克/立方米，全年日均值超标率为1.4%。可吸入颗粒物指标满足国家空气质量二级标准限值。

1991~2010年市城区总悬浮颗粒物及可吸入颗粒物监测结果一览

表9-1-11　　单位：毫克/立方米

| 年 份 | 年均浓度 | 日均浓度超标率% | 年 份 | 年均浓度 | 日均浓度超标率% |
|---|---|---|---|---|---|
| 1991 | 0.231 | 20 | 2001 | 0.228 | 11.20 |
| 1992 | 0.234 | 28.80 | 2002 | 0.176 | 6.20 |
| 1993 | 0.242 | 27 | 2003 | 0.18 | 5.00 |
| 1994 | 0.132 | 4 | 2004 | 0.096 | 7.60 |
| 1995 | 0.133 | | 2005 | 0.09 | 3.60 |
| 1996 | 0.148 | 2 | 2006 | 0.085 | 3.90 |
| 1997 | 0.142 | 5 | 2007 | 0.071 | 2.40 |
| 1998 | 0.151 | 12 | 2008 | 0.067 | 3.60 |
| 1999 | 0.156 | 12 | 2009 | 0.061 | 0.80 |
| 2000 | 0.147 | 11 | 2010 | 0.063 | 1.40 |

说明：表中1991~2003年为总悬浮颗粒物数据；2004~2010年为可吸入颗粒物数据。总悬浮颗粒物和可吸入颗粒物评价执行《环境空气质量标准》(GB3095-1996)中的二级标准，日平均浓度：0.30毫克/立方米、0.15毫克/立方米；年平均浓度：0.20毫克/立方米、0.10毫克/立方米

降尘：1991年，市区布设5个点位监测大气降尘，降尘量监测平均值14.10吨/平方千米·月，10月份最高17.10吨/平方千米·月，6月份最低11.03吨/平方千米·月。2010年，5个测点降尘平均值5.24吨/平方千米·月，最高值西园测点6.45吨/平方千米·月，最低值大桥测点2.16吨/平方千米·月，清洁对照点2.72吨/平方千米·月。

1991~2010年市城区降尘监测结果一览

表9-1-12　　单位：吨/平方千米·月

| 年 份 | 年降尘量 | 年 份 | 年降尘量 | 年 份 | 年降尘量 | 年 份 | 年降尘量 |
|---|---|---|---|---|---|---|---|
| 1991 | 14.10 | 1996 | 8.00 | 2001 | 8.90 | 2006 | 6.18 |
| 1992 | 13.41 | 1997 | 8.13 | 2002 | 6.94 | 2007 | 6.33 |
| 1993 | 14.01 | 1998 | 7.73 | 2003 | 7.54 | 2008 | 5.88 |
| 1994 | 12.03 | 1999 | 8.19 | 2004 | 6.01 | 2009 | 5.56 |
| 1995 | 10.47 | 2000 | 8.08 | 2005 | 6.76 | 2010 | 5.24 |

酸雨：1991年，2个降水测点监测降水酸度(pH)值分别为5.29和6.09(平均值)，其中市区pH最低值5.10，酸雨出现频率7.4%；郊区pH最低值4.85，酸雨出现频率9.5%。1994年，市区pH最低值4.15，酸雨出现频率90%；郊区pH最低值5.12，酸雨出现频率60%，是历年酸雨出现较高频率年份。2010年，市区环保大楼测点共取获71个降水样品，酸雨次数23，平均值5.42，最低值4.34，酸雨出现频率32.4%；

郊区大桥测点共取获 71 个降水样品，酸雨次数 10，平均值 5.65，最低值 4.58，酸雨出现频率 14.1%。

1991~2010 年全市降水监测结果一览

表 9-1-13

| 点位 | 年份 | 样品总数 | 酸雨次数 | 酸雨频率 | pH 最小值 | 降水 pH 均值 | 点位 | 年份 | 样品总数 | 酸雨次数 | 酸雨频率 | pH 最小值 | 降水 pH 均值 |
|---|---|---|---|---|---|---|---|---|---|---|---|---|---|
| 环保大楼 | 1991 | 27 | 2 | 7.4% | 5.10 | 5.29 | 大桥 | 1991 | 21 | 2 | 9.5% | 4.85 | 6.09 |
| | 1992 | 25 | 6 | 24% | 5.06 | 5.58 | | 1992 | 14 | 2 | 14.3% | 5.14 | 5.83 |
| | 1993 | 60 | 34 | 56.7% | 4.35 | 5.48 | | 1993 | 55 | 30 | 54.5% | 4.46 | 5.63 |
| | 1994 | 20 | 18 | 90% | 4.15 | 5.71 | | 1994 | 25 | 15 | 60% | 5.12 | 5.59 |
| | 1995 | 18 | 7 | 38.9% | 5.13 | 5.69 | | 1995 | 19 | 4 | 21.0% | 4.35 | 5.46 |
| | 1996 | 16 | 12 | 75.0% | 4.68 | 5.14 | | 1996 | 19 | 7 | 36.8% | 5.12 | 5.44 |
| | 1997 | 14 | 5 | 35.7% | 5.12 | 5.61 | | 1997 | 12 | 3 | 25.0% | 5.32 | 5.67 |
| | 1998 | 18 | 5 | 27.8% | 5.84 | 5.80 | | 1998 | 18 | 2 | 11.1% | 6.17 | 5.99 |
| | 1999 | 40 | 4 | 10.0% | 5.12 | 5.91 | | 1999 | 27 | 2 | 7.4% | 5.53 | 6.00 |
| | 2000 | 25 | 2 | 8.0% | 5.35 | 5.94 | | 2000 | 20 | 1 | 5.0% | 4.70 | 6.10 |
| | 2001 | 28 | 4 | 14.3% | 4.91 | 5.70 | | 2001 | 39 | 11 | 28.2% | 4.24 | 5.23 |
| | 2002 | 42 | 10 | 23.9% | 4.36 | 5.48 | | 2002 | 67 | 22 | 33.3% | 4.05 | 5.31 |
| | 2003 | 35 | 12 | 34.3% | 4.36 | 5.23 | | 2003 | 29 | 13 | 44.8% | 4.64 | 5.23 |
| | 2004 | 35 | 21 | 60.0% | 4.13 | 4.76 | | 2004 | 23 | 10 | 43.5% | 4.03 | 5.17 |
| | 2005 | 44 | 18 | 40.9% | 4.52 | 5.31 | | 2005 | 40 | 0 | 0 | 5.60 | 6.01 |
| | 2006 | 38 | 21 | 55.3% | 4.87 | 5.39 | | 2006 | 36 | 2 | 5.6% | 5.46 | 5.91 |
| | 2007 | 28 | 15 | 53.8% | 5.12 | 5.49 | | 2007 | 27 | 0 | 0 | 5.66 | 5.98 |
| | 2008 | 31 | 12 | 38.7% | 5.20 | 5.58 | | 2008 | 29 | 5 | 17.2% | 4.54 | 5.48 |
| | 2009 | 48 | 13 | 27.1% | 4.04 | 5.32 | | 2009 | 47 | 8 | 17.0% | 4.04 | 5.46 |
| | 2010 | 71 | 23 | 32.4% | 4.34 | 5.42 | | 2010 | 71 | 10 | 14.1% | 4.58 | 5.65 |

## 二、县(市)城区空气质量

**九江县** 1991 年，县房产局点位二氧化硫年日均值 0.054 毫克/立方米、二氧化氮年日均值 0.029 毫克/立方米、可吸入颗粒物年日均值 0.031 毫克/立方米；县电信局点位二氧化硫年日均值 0.035 毫克/立方米、二氧化氮年日均值 0.021 毫克/立方米、可吸入颗粒物年日均值 0.099 毫克/立方米；县自来水厂点位二氧化硫年日均值 0.028 毫克/立方米、二氧化氮年日均值 0.015 毫克/立方米、可吸入颗粒物年日均值 0.042 毫克/立方米。2010 年，县房产局点位二氧化硫年日均值 0.051 毫克/立方米、二氧化氮年日均值 0.021 毫克/立方米、可吸入颗粒物年日均值 0.05 毫克/立方米；县电信局点位二氧化硫年日均值 0.049 毫克/立方米、二氧化氮年日均值 0.023 毫克/立方米、可吸入颗粒物年日均值 0.072 毫克/立方米；县自来水厂点位二氧化硫年日均值 0.063 毫克/立方米、二氧化氮年日均值 0.022 毫克/立方米、可吸入颗粒物年日均值 0.075 毫克/立方米。

**德安县** 2003 年，县城广场测点总悬浮微粒浓度 0.229 毫克/立方米、二氧化氮浓度 0.030 毫克/立方米、可吸入颗粒物浓度 0.115 毫克/立方米；县政府总悬浮微粒浓度 0.153 毫克/立方米、二氧化氮浓度 0.036 毫克/立方米、可吸入颗粒物浓度 0.096 毫克/立方米。2004 年，二氧化硫、二氧化氮、可吸入颗粒物浓度分别为县城广场 0.034、0.041、0.078 毫克/立方米；县政府 0.032、0.040、0.064 毫克/立方米。2010 年，县环保局测点二氧化硫、二氧化氮、可吸入颗粒物浓度分别为 0.041、0.032、0.087 毫克/立方米；县宾馆测点分别为 0.045、0.038、0.096 毫克/立方米。

**永修县** 1991 年，监测主要指标二氧化硫浓度为 0.041 毫克/立方米，二氧化氮浓度为 0.039 毫克/立方米，可吸入颗粒物 0.098 毫克/立方米。2003 年，监测主要指标二氧化硫浓度为 0.028 毫克/立方米，二氧化氮浓度为 0.034 毫克/立方米，可吸入颗粒物 0.083 毫克/立方米。2010 年，二氧化硫浓度为 0.046 毫克/立方米，二氧化氮浓度为 0.041 毫克/立方米，可吸入颗粒物0.086 毫克/立方米。

**星子县** 2004 年 12 月，市环境监测站首次开展县城大气环境质量监测。监测主要指标：二氧化硫、二氧化氮、总悬浮颗粒物。2005 年 12 月，再次开展县城空气质量监测，监测指标与上年相同，两次监测数据显示星子县城空气中二氧化硫日平均浓度 0.026 毫克/立方米，二氧化氮日平均浓度为 0.055 毫克/立方米，总悬浮颗粒物日均浓度为 0.199 毫克/立方米。

**修水县** 2003 年始设点监测。2010 年大气监测主要指标二氧化硫浓度范围 0.028~0.034 毫克/立方米，均值 0.030 毫克/立方米；二氧化氮浓度范围 0.025~0.031 毫克/立方米，均值 0.028 毫克/立方米；可吸入颗粒物浓度范围 0.06~0.071 毫克/立方米，均值 0.064 毫克/立方米。

**武宁县** 2003 年始，对城区环境空气质量监测。2006 年，县文化广场点位主要指标二氧化硫浓度为 0.035 毫克/立方米，二氧化氮浓度为 0.031 毫克/立方米，可吸入颗粒物 0.114 毫克/立方米；监测县建设局主要指标二氧化硫浓度为 0.040 毫克/立方米，二氧化氮浓度为 0.031 毫克/立方米，可吸入颗粒物 0.115 毫克/立方米。2008 年调整为 3 个测点，县景山宾馆主要指标二氧化硫浓度为 0.036 毫克/立方米，二氧化氮浓度为 0.035 毫克/立方米，可吸入颗粒物 0.095 毫克/立方米；县宾馆主要指标二氧化硫浓度为 0.047 毫克/立方米，二氧化氮浓度为 0.034 毫克/立方米，可吸入颗粒物 0.100 毫克/立方米；县武装部主要指标二氧化硫浓度为 0.045 毫克/立方米，二氧化氮浓度为 0.047 毫克/立方米，可吸入颗粒物 0.112 毫克/立方米。2010 年，点位调整，县国际宾馆主要指标二氧化硫浓度为 0.043 毫克/立方米，二氧化氮浓度为 0.036 毫克/立方米，可吸入颗粒物 0.088 毫克/立方米；县宾馆主要指标二氧化硫浓度为 0.043 毫克/立方米，二氧化氮浓度为 0.034 毫克/立方米，可吸入颗粒物 0.093 毫克/立方米；县政府主要指标二氧化硫浓度为 0.046 毫克/立方米，二氧化氮浓度为 0.032 毫克/立方米，可吸入颗粒物 0.100 毫克/立方米。

**湖口县** 1990 年始，进行县城空气质量监测，主要污染物二氧化硫浓度 0.029~0.034 毫克/立方米，氮氧化物浓度 0.027~0.031 毫克/立方米，可吸入颗粒物 0.088~0.103 毫克/立方米。1997 年，县城建环保局测点二氧化硫浓度 0.044 毫克/立方米、二氧化氮浓度 0.0324 毫克/立方米、可吸入颗粒物 0.120 毫克/立方米；石钟山测点二氧化硫浓度 0.035 毫克/立方米、二氧化氮浓度 0.028 毫克/立方米、可吸入颗粒物浓度 0.092 毫克/立方米。2010 年 12 月，县城建环保局测点二氧化硫浓度 0.033 毫克/立方米、二氧化氮浓度 0.035 毫克/立方米、可吸入颗粒物 0.123 毫克/立方米；石钟山测点二氧化硫浓度 0.032 毫克/立方米、二氧化氮浓度 0.030 毫克/立方米、可吸入颗粒物浓度 0.082 毫克/立方米。

**都昌县** 1991 年，二氧化硫浓度 0.039 毫克/立方米、氮氧化物浓度 0.060 毫克/立方米、可吸入颗粒物 0.098 毫克/立方米。2010 年，县人民广场二氧化硫浓度 0.040 毫克/立方米、氮氧化物浓度 0.039 毫克/立方米、可吸入颗粒物 0.088 毫克/立方米；芙蓉山工业区二氧化硫浓度 0.043 毫克/立方米、氮氧化物浓度 0.041 毫克/立方米、可吸入颗粒物 0.098 毫克/立方米。

**彭泽县** 2006 年 7 月，兴建彭泽大气自动监测站，2007 年 12 月通过市级验收。2010 年，县公安局点位二氧化硫浓度范围 0.013~0.055 毫克/立方米，均值 0.031 毫克/立方米；二氧化氮浓度范围 0.014~0.067 毫克/立方米，均值 0.03 毫克/立方米；可吸入颗粒物浓度范围 0.06~0.146 毫克/立方米，均值 0.097 毫克/立方米。县环保局点位二氧化硫浓度范围 0.016~0.063 毫克/立方米，均值0.037 毫克/立方米，二氧化氮浓度范围 0.017~0.078 毫克/立方米，均值 0.033 毫克/立方米，可吸入颗粒物浓度范围 0.062~0.150 毫克/立方米，均值 0.108 毫克/立方米。

**瑞昌市** 1990 年始布点监测，监测项目为降尘和总悬浮微粒、氮氧化物、二氧化硫，其中总悬浮微粒、氮氧化物、二氧化硫采用“季五日法”进行监测,监测结果表明城区环境空气质量除总悬浮微粒日均值有时超环境空气质量二级标准限值外,年均值均低于环境空气质量二级标准限值,城区环境空气质量评价为良。2008年,3个点位安装3套环境空气自动监测子站,全天候进行监测,监测项目为可吸入颗粒物、二氧化硫、二氧化氮、臭氧和一氧化碳。2010年,市人民公园点位二氧化硫年日均值0.051毫克/立方米、二氧化氮年日均值0.034毫克/立方米、可吸入颗粒物年日均值0.093毫克/立方米;市供水公司点位二氧化硫年日均值0.046毫克/立方米、二氧化氮年日均值0.032毫克/立方米、可吸入颗粒物年日均值0.111毫克/立方米;恒丰纺织点位二氧化硫年日均值0.051毫克/立方米、二氧化氮年日均值0.035毫克/立方米、可吸入颗粒物年日均值0.094毫克/立方米;全市平均值二氧化硫年日均值0.049毫克/立方米、二氧化氮0.034毫克/立方米、可吸入颗粒物0.099毫克/立方米。

### 三、主要景区空气质量

**庐山风景名胜区** 1993年12月,实测庐山二氧化硫瞬时浓度0.111毫克/立方米,日平均浓度0.0461毫克/立方米;总悬浮颗粒物瞬时浓度0.952毫克/立方米,日平均浓度0.294毫克/立方米。2003年,5个点位二氧化硫、二氧化氮、总悬浮颗粒物,日均值全部达到《环境空气质量标准》中一级标准,空气质量为优。2010年,4个点位二氧化硫日均值0.025毫克/立方米,二氧化氮日均值0.019毫克/立方米,可吸入颗粒物日均值0.042毫克/立方米,总悬浮颗粒物日均值0.079毫克/立方米,全部达到一级标准,空气质量为优,API指数小于50。

**云居山——柘林湖风景名胜区** 2006年4月,区内空气质量达到一级,空气负氧离子含量15万个/立方厘米,属于天然“氧吧”。

### 四、重点工业园区空气质量

**共青城开发区** 1995年始,对共青城空气质量布点监测。2010年,监测主要指标总悬浮微粒0.143毫克/立方米,可吸入颗粒物0.083毫克/立方米,二氧化硫0.033毫克/立方米,氮氧化物0.028毫克/立方米。

**星火工业园区** 2003年始监测工业园区空气质量;2007年,大气中主要污染物二氧化硫浓度0.027毫克/立方米,氮氧化物浓度0.018毫克/立方米,可吸入颗粒物0.080毫克/立方米,总悬浮微粒0.123毫克/立方米。2010年,二氧化硫浓度0.043毫克/立方米,氮氧化物浓度0.044毫克/立方米,可吸入颗粒物0.095毫克/立方米,总悬浮微粒0.156毫克/立方米。

**湖口金砂湾工业园区** 2004年10月,市环境监测站在开展园区环境影响评价时对园区大气环境布点监测。龚家村(一类工业用地)点位二氧化硫浓度0.040~0.052毫克/立方米,二氧化氮浓度0.027~0.038毫克/立方米,可吸入颗粒物0.073~0.114毫克/立方米,总悬浮微粒0.111~0.133毫克/立方米;西山郭家(二类工业用地)点位二氧化硫浓度0.030~0.042毫克/立方米,二氧化氮浓度0.023~0.034毫克/立方米,可吸入颗粒物0.092~0.132毫克/立方米,总悬浮微粒0.148~0.209毫克/立方米;山外王家(三类工业用地)点位二氧化硫浓度0.042~0.052毫克/立方米,二氧化氮浓度0.028~0.036毫克/立方米,可吸入颗粒物0.073~0.113毫克/立方米,总悬浮微粒0.130~0.189毫克/立方米。2010年6月,金砂湾工业园区监控中心测点二氧化硫浓度0.05毫克/立方米,二氧化氮浓度0.04毫克/立方米,可吸入颗粒物浓度0.5毫克/立方米。

## 第三节 声环境质量

### 一、区域环境等效声级

1991年,159个测点测得区域环境等效声级58.5分贝,低于国家区域环境噪声标准(60分贝)1.5分贝,满足环境要求。1992年,210个测点测得区域环境等效声级62.2分贝,高于国家区域环境噪声标准

(60分贝)2.2分贝,是历年以来较高值。1993年,100个测点测得区域环境等效声级58.6分贝。2002年,区域环境噪声值53.7分贝。2007年,区域环境噪声值53.6分贝,是1991年以来较低值。2008年,区域环境噪声值56.3分贝。2010年,布设400×400米网格测点200个,监测区域环境噪声,测得区域环境等效声级56.3分贝,达到历年较低值。

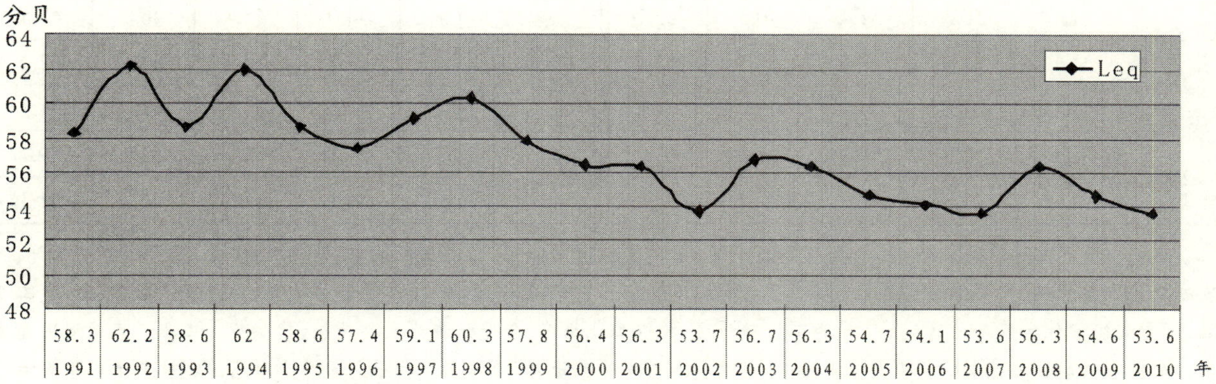


1991~2010年区域等效声级变化趋势图

## 二、各功能区噪声值

1991年9月,在市区按照功能区划分原则,设置一类混合区、二类混合区、商业中心区、工业集中区及交通干线测点,24小时连续监测。1995年9月始,选择功能区特征明显区域进行24小时功能区噪声定期监测,测得居民文教区:昼间57.1分贝,夜间49.6分贝,昼夜等效声级58.1分贝;商业中心区:昼间64.6分贝,夜间55.4分贝,昼夜等效声级64.9分贝;一类混合区:昼间60.4分贝,夜间46.7分贝,昼夜等效声级59.5分贝;二类混合区:昼间52.0分贝,夜间46.7分贝,昼夜等效声级54.2分贝;工业集中区:昼间58.3分贝,夜间52.7分贝,昼夜等效声级60.3分贝。2010年,分设4类声环境功能区测点,测得一类区:昼间51.1分贝,夜间44.1分贝,昼夜等效声级55.4分贝;二类区:昼间55.0分贝,夜间47.6分贝,昼夜等效声级59.1分贝;三类区:昼间54.8分贝,夜间46.7分贝,昼夜等效声级58.6分贝;四类区:昼间59.7分贝,夜间51.3分贝,昼夜等效声级63.4分贝。

1995~2010年城市功能区噪声监测结果一览

表9-1-14 单位:分贝

| 年份 | 指标 | 功能区类型 | | | | 年份 | 指标 | 功能区类型 | | | |
|---|---|---|---|---|---|---|---|---|---|---|---|
| | | 1类 | 2类 | 3类 | 4类 | | | 1类 | 2类 | 3类 | 4类 |
| 1995 | Ld | 60.4 | 52.0 | 58.3 | 68.3 | 2000 | Ld | 51.9 | 65.0 | 59.4 | 63.3 |
| | Ln | 46.7 | 46.7 | 52.7 | 58.6 | | Ln | 47.8 | 48.1 | 54.3 | 50.9 |
| 1996 | Ld | 53.2 | 61.8 | 58.1 | 64.2 | 2001 | Ld | 50.6 | 61.4 | 57.1 | 64.6 |
| | Ln | 46.0 | 49.4 | 50.5 | 57.2 | | Ln | 43.6 | 53.4 | 50.5 | 55.9 |
| 1997 | Ld | 57.6 | 68.8 | 62.4 | 69.0 | 2002 | Ld | 50.3 | 61.2 | 56.9 | 65.3 |
| | Ln | 45.1 | 53.1 | 52.2 | 63.8 | | Ln | 42.8 | 54.1 | 50.3 | 56.2 |
| 1998 | Ld | 51.2 | 64.7 | 64.7 | 57.8 | 2003 | Ld | 51.2 | 62.7 | 58.4 | 67.4 |
| | Ln | 41.4 | 55.7 | 54.4 | 64.8 | | Ln | 44.3 | 53.4 | 51.7 | 58.9 |
| 1999 | Ld | 49.4 | 60.5 | 55.9 | 59.4 | 2004 | Ld | 57.0 | 60.6 | 46.4 | 64.0 |
| | Ln | 44.4 | 52.6 | 50.5 | 50.5 | | Ln | 50.3 | 50.1 | 39.4 | 52.8 |

续表 9-1-14

| 年份 | 指标 | 功能区类型 | | | | 年份 | 指标 | 功能区类型 | | | |
|---|---|---|---|---|---|---|---|---|---|---|---|
| | | 1类 | 2类 | 3类 | 4类 | | | 1类 | 2类 | 3类 | 4类 |
| 2005 | Ld | 59.0 | 62.5 | 48.9 | 65.3 | 2008 | Ld | 51.0 | 58.0 | 55.3 | 59.2 |
| | Ln | 50.3 | 51.4 | 40.5 | 55.7 | | Ln | 44.0 | 48.4 | 46.8 | 48.5 |
| 2006 | Ld | 61.7 | 63.6 | 58.5 | 63.9 | 2009 | Ld | 63.7 | 70.3 | 63.1 | 72.2 |
| | Ln | 51.7 | 54.0 | 49.0 | 54.6 | | Ln | 43.8 | 48.1 | 47.0 | 51.9 |
| 2007 | Ld | 52.0 | 58.7 | 55.2 | 61.3 | 2010 | Ld | 51.1 | 55.0 | 54.8 | 59.7 |
| | Ln | 45.8 | 49.0 | 46.4 | 52.1 | | Ln | 44.1 | 47.6 | 46.7 | 51.3 |

说明:Ld为昼间等效声级;Ln为夜间等效声级。1类声环境功能区:指以居民住宅、医疗卫生、文化教育、科研设计、行政办公为主要功能,需要保持安静的区域。2类声环境功能区:指以商业金融、集市贸易为主要功能,或者居住、商业、工业混杂,需要维护住宅安静的区域。3类声环境功能区:指以工业生产、仓储物流为主要功能,需要防止工业噪声对周围环境产生严重影响的区域。4类声环境功能区:指交通干线两侧一定距离之内,需要防止交通噪声对周围环境产生严重影响的区域

### 三、道路交通噪声值

1991年,在市区13条主要干道进行布点,干线总长40.2千米,监测道路交通噪声等效声级73.6分贝。1992年,在13条主要干道布点26个,测得干线平均等效声级72.1分贝。2000年,在18条总长54.5千米主要干道布设35个监测点位,测得道路交通噪声等效声级67.7分贝。2003年,道路交通噪声等效声级71.1分贝, 超过国家道路交通噪声限值1.1分贝;18条主要干线中超过道路交通噪声标准13条,其中九威大道监测等效声级73.1分贝,是超标最高值。2010年,在24条总长83.3千米主要干道布设48个监测点位,测得道路交通噪声等效声级65.9分贝,达到国家交通噪声限值标准,测得南湖路噪声等效声级69.0分贝,测得九湖路噪声等效声级57.1分贝。

**1991~2010年市城区道路交通噪声监测结果一览**

表9-1-15　　单位:分贝

| 年 份 | 道路交通噪声等效声级 | 年 份 | 道路交通噪声等效声级 | 年 份 | 道路交通噪声等效声级 | 年 份 | 道路交通噪声等效声级 |
|---|---|---|---|---|---|---|---|
| 1991 | | 1996 | 73.5 | 2001 | 66.8 | 2006 | 67.9 |
| 1992 | 72.1 | 1997 | 76.2 | 2002 | 69.2 | 2007 | 66.4 |
| 1993 | 72.3 | 1998 | 73.5 | 2003 | 71.1 | 2008 | 67.8 |
| 1994 | 72.1 | 1999 | 69.2 | 2004 | 70.9 | 2009 | 66.9 |
| 1995 | 73.4 | 2000 | 67.7 | 2005 | 70.7 | 2010 | 65.9 |

说明:城市道路交通噪声评价执行《城市区域环境噪声标准》中的4类昼间标准:70分贝

## 第四节　土壤环境质量

1991年,土壤受污染主要集中在矿山附近,污染因子为重金属。冶金部安全环保研究院对九江铜硫矿农田土壤监测分析,提出市内土壤环境主要金属元素背景值浓度范围。

### 1991 年全市土壤环境背景值统计一览

表 9-1-16　　　　单位：百万分之一

| 元素 | 表土 | | 心土 | | 底土 | |
|---|---|---|---|---|---|---|
| | 范围 | 均值 | 范围 | 均值 | 范围 | 均值 |
| 铜 | 5.8~272.0 | 28.50 | 5.3~345.0 | 33.54 | 9.1~306.0 | 38.85 |
| 铅 | 12.1~50.0 | 31.07 | 14.5~62.2 | 28.78 | 8.2~54.0 | 28.94 |
| 锌 | 32.0~139.1 | 76.68 | 41.5~122.1 | 83.99 | 28.7~157.3 | 94.19 |
| 镉 | 0.02~0.55 | 0.14 | 0.01~0.47 | 0.12 | 0.01~0.31 | 0.08 |
| 铬 | 11.8~81.0 | 50.86 | 13.0~94.3 | 82.75 | 13.6~116.0 | 67.17 |
| 汞 | 0.02~0.16 | 0.09 | 0.03~0.24 | 0.09 | 0.02~0.36 | 0.09 |
| 砷 | 3.6~201.2 | 27.08 | 4.1~256.4 | 26.90 | 3.4~17.8 | 29.58 |
| 氟 | 26.7~136.8 | 512.16 | 152.0~1520 | 525.17 | 155.8~1862 | 623.92 |

2000 年，全市铜硫矿土壤监测，表土中重金属含量铜 46.7~74.0 毫克/千克，均值 59 毫克/千克；铅 33.0~39.2 毫克/千克，均值 36.4 毫克/千克；锌 57.2~69.6 毫克/千克，均值 63.6 毫克/千克；镉 1.43~1.60 毫克/千克，均值 1.49 毫克/千克；砷 32.1~39.8 毫克/千克，均值 35.5 毫克/千克；汞 0.022~0.033 毫克/千克，均值 0.03 毫克/千克。2007 年 4 月，开展全市土壤污染状况调查，覆盖所有土壤类型和不同土地利用类型，监测样品 283 个，分析监测数据 12421 个。

### 2007 年全市土壤监测指标评价结果统计一览

表 9-1-17

| 监测项目 | 测点数量 | 污染指数(Pip) | | | | | | | | | | | | | 超标率(%) |
|---|---|---|---|---|---|---|---|---|---|---|---|---|---|---|---|
| | | 最小值 | 最大值 | 平均值 | Pip≤1 | | 1<Pip≤2 | | 2<Pip≤3 | | 3<Pip≤5 | | Pip>5 | | |
| | | | | | 个 | % | 个 | % | 个 | % | 个 | % | 个 | % | |
| 砷 | 283 | 0.04 | 4.87 | 0.27 | 279 | 98.6 | 2 | 0.7 | | | 2 | 0.71 | | | 1.41 |
| 钴 | 283 | 0.15 | 1.25 | 0.38 | 282 | 99.7 | 1 | 0.4 | | | | | | | 0.35 |
| 铬 | 283 | 0.06 | 1.16 | 0.31 | 282 | 99.7 | 1 | 0.35 | | | | | | | 0.35 |
| 铜 | 283 | 0.04 | 4.36 | 0.46 | 265 | 93.6 | 15 | 5.3 | 2 | 0.71 | 1 | | | | 6.36 |
| 汞 | 283 | 0.00 | 1.36 | 0.12 | 280 | 98.9 | | | 2 | 0.71 | 1 | | | | 1.06 |
| 锰 | 283 | 0.08 | 1.29 | 0.36 | 280 | 98.9 | 3 | 1.1 | | | | | | | 1.06 |
| 镍 | 283 | 0.06 | 2.47 | 0.57 | 238 | 84.1 | 43 | 15.2 | 2 | 0.71 | | | | | 15.90 |
| 硒 | 283 | 0.05 | 3.44 | 0.32 | 277 | 97.9 | 4 | 1.4 | 1 | 0.35 | 1 | 0.35 | | | 2.12 |
| 钒 | 283 | 0.55 | 1.45 | 0.85 | 245 | 86.6 | 38 | 13 | | | | | | | 13.43 |
| 锌 | 283 | 0.09 | 1.13 | 0.25 | 282 | 99.7 | 1 | 0.4 | | | | | | | 0.35 |
| 滴滴涕总量 | 283 | 0.00 | 15.1 | 0.27 | 269 | 95.1 | 7 | 2.5 | 2 | 0.71 | 1 | 0.35 | 4 | 1.4 | 4.95 |
| 苯并(a)芘 | 283 | 0.00 | 1.19 | 0.04 | 282 | 99.7 | 1 | 0.4 | | | | | | | 0.35 |

全市 283 个监测点位中，金属污染物 120 个点位超标，其中 5 个中度污染，7 个轻度污染，108 个轻微污染。以镍元素超标较多，超标率 15.9%，其次是钒元素，超标率 13.43%。有机污染物中，滴滴涕总量超标较多，超标率 4.95%，共有 4 个重度污染点位和 1 个中度污染点位；苯并(a)芘超标率 0.35%，属于轻微污染。2010 年，全市 84.1%土壤指标符合环境标准，砷、铜、汞、硒、滴滴涕指标存在超标现象，按超标率大小排序：铜>滴滴涕总量>硒>砷>汞。

# 第二章 污染防治

## 第一节 水污染防治

### 一、工业废水排放量

1991年,全市工业废水排放量7795.5万吨,其中经处理废水排放量1370.1万吨,废水处理率28.86%;符合排放标准废水总量3855.7万吨,达标率49.46%;市区废水排放量4806.7万吨,占全市废水总量61.66%,各县(市)占38.34%,其中瑞昌市较高,914.01万吨,湖口县较低,57.1万吨。1998年,全市工业废水排放量4297.7万吨,为1991年以来低值。2000年,推行工业企业达标排放行动,全市工业废水处理率88.9%,达标率86.3%,经过处理后排放废水达标率84.6%。2004年,全市工业废水排放量经过一轮降低后达到7769.9万吨,其中达标排放量6434.6万吨,达标率82.8%。2007年,全市工业废水达标排放量5865.6万吨,达标率95.09%,为历年较高达标率。2010年,全市工业废水排放量8784.5万吨,其中达标废水排放量8086.3万吨,工业废水达标率92.1%;市区废水排放量2387.0万吨,占全市废水总量27.17%,各县(市)占72.83%,其中瑞昌市高达2486.6万吨,超过市区废水排放量,修水县偏低,132.5万吨。

1991~2010年全市工业废水排放一览

表9-2-1　　单位:万吨

| 年份 | 工业废水排放量 | 年份 | 工业废水排放量 | 年份 | 工业废水排放量 | 年份 | 工业废水排放量 |
|---|---|---|---|---|---|---|---|
| 1991 | 7795.5 | 1996 | 5720.2 | 2001 | 4613 | 2006 | 4818.9 |
| 1992 | 7780 | 1997 | 5099.6 | 2002 | 6205.2 | 2007 | 6146.9 |
| 1993 | 7707.8 | 1998 | 4297.7 | 2003 | 6191 | 2008 | 6692.5 |
| 1994 | 7099.3 | 1999 | 4774.7 | 2004 | 7769.9 | 2009 | 6457 |
| 1995 | 7025 | 2000 | 4612.9 | 2005 | 7556 | 2010 | 8784.5 |

### 二、生活污水排放量

1991年,全市城镇生活污水排放量1150万吨。2010年,生活污水排放量7836.1万吨,生活污水处理量5526万吨,处理率73.41%,化学需氧量排放量35496.1吨,氨氮排放量2771.2吨。

### 三、废水治理

1991年,全市运行废水治理工程117台套,包括印染、化工、矿山、医疗、炼油、电镀、化纤、屠宰以及含油废水处理工程9类。炼油废水处理工程作为"三同时"配套工程同步建设。2000年,国家限期所有工业企业排放废水必须达到国家规定排放标准,促使企业加快废水治理步伐。2010年,重点统计406家工业企业废水处理设施173套,废水治理设施处理能力60万吨/日。

### 四、污水处理工程

**老鹳塘污水处理厂**　2005年1月动工建设,2006年9月通过环保验收,设计规模为日处理污水6万吨,厂区占地面积4公顷。

**鹤问湖污水处理厂**　2007年10月开工建设,2009年5月完成全部调试并投入试运行,11月通过环保验收。设计处理能力10万吨/日,总服务人口45万。

**庐山如琴湖污水处理站** 2002年8月开工建设,2004年10月投入试运行,2007年8月通过省环境保护局竣工验收。设计日处理能力3000吨,实际处理负荷1500吨。配套污水收集主管网13千米,检查井、跌落井等附属设施440个,服务范围为西谷片区,汇流区域为3平方千米,其中宾馆饭店、机关单位70余家,居民1100户。

**庐山剪刀峡污水处理站** 2002年8月开工建设,2004年10月投入试运行,2007年8月通过省环境保护局竣工验收。设计日处理能力2500吨,实际处理负荷1000吨。配套污水收集主管网8千米,检查井、跌落井等附属设施200个,服务范围为牯岭街和窑洼片区,汇流区域1平方千米,其中宾馆饭店、机关单位90余家,居民1200户。

**武宁县污水处理厂** 2008年7月动工建设,2009年建成。设计处理能力4万吨/日。

**九江县污水处理厂** 2008年6月开工建设，总投资4050万元，设计规模为处理污水2万吨/日，2009年12月建成通水试运行。

# 第二节 大气污染防治

## 一、工业废气排放量

1991年,全市工业废气排放总量3781738万标立方米,其中燃料燃烧废气排放量2934734万标立方米,占废气排放总量77.6%;市区废气排放量3410286万标立方米,占全市排放总量90.2%;各县占9.8%,其中永修县排放量99219万标立方米,列第一;湖口县排放量7159万标立方米,列第十。1996年,全市工业废气排放总量3739618万标立方米,其中燃料燃烧废气排放量2546460万标立方米,占废气排放总量68.1%。2000年，全市工业废气排放总量2879761万标立方米，其中燃料燃烧废气排放量2131953万标立方米,占废气排放总量74.0%。2003年,全市工业废气排放总量4972203万标立方米,其中燃料燃烧废气排放量3900850万标立方米,占废气排放总量78.5%。2008年,全市工业废气排放总量11712512万标立方米，其中燃料燃烧废气排放量5054007万标立方米，占废气排放总量43.2%。2010年,全市工业废气排放量17595278万标立方米,其中燃料燃烧废气排放量9473299万标立方米,占废气排放总量53.84%,工业废气排放量为8121979万标立方米,占废气排放总量46.16%。工业废气排放量较大的行业是非金属矿物制品业、黑色金属冶炼及压延加工业以及电力、热力的生产和供应业,三者废气排放总和占全市排放总量87.33%。

**1991~2010年全市工业废气排放一览**

表9-2-2 单位:万标立方米

| 年份 | 工业废气排放量 | 其中燃料燃烧废气排放量 | 年份 | 工业废气排放量 | 其中燃料燃烧废气排放量 |
|---|---|---|---|---|---|
| 1991 | 3781738 | 2934734 | 2001 | 2874807 | 1814529 |
| 1992 | 3699026 | 2910028 | 2002 | 3503702 | 2396108 |
| 1993 | 3416877 | 2803180 | 2003 | 4972203 | 3900850 |
| 1994 | 3881006 | 3262493 | 2004 | 5964559 | 4099357 |
| 1995 | 4045869 | 2336034 | 2005 | 6089727 | 4086933 |
| 1996 | 3739618 | 2546460 | 2006 | 6587534 | 4054582 |
| 1997 | 3105683 | 2208988 | 2007 | 8748141 | 4039153 |
| 1998 | 3044195 | 1929100 | 2008 | 11712512 | 5054007 |
| 1999 | 2665461 | 2072633 | 2009 | 15024872 | 8113097 |
| 2000 | 2879761 | 2131953 | 2010 | 17595278 | 9473299 |

## 二、其他废气排放量

1991年,除工业废气外,其他废气主要是居民生活燃煤废气、机动车尾气以及油烟废气。因监测手段限制,这部分废气排放量未纳入统计范畴。2006年,随着城市化水平不断提高,第三产业日益繁荣,私家车数量迅速增多,生活氮氧化物排放量迅速增加。仅居民年生活及其他煤炭消费量8.53万吨,二氧化硫排放量2709吨,烟尘排放量2792吨,氮氧化物排放量5013吨;机动车排放氮氧化物2.89万吨,排放非甲烷烃2.67吨,排放一氧化碳1.86万吨。2010年,生活及其他煤炭消费量7.24万吨,二氧化硫排放量2700吨,烟尘排放量2274吨,氮氧化物排放量13568吨,其中公路交通氮氧化物排放量9887吨;各类型机动车辆500933辆,机动车排放氮氧化物5.59万吨,排放非甲烷烃5.54吨,排放一氧化碳4.93万吨。

**2006~2010年市区生活污染排放情况一览**

表9-2-3

| 年份 | 生活及其他煤炭消费量(万吨) | 生活及其他二氧化硫排放量(吨) | 生活及其他烟尘排放量(吨) | 生活及其他氮氧化物排放量(吨) |
|---|---|---|---|---|
| 2006 | 8.53 | 2709 | 2792 | 5013 |
| 2007 | 6.28 | 2436 | 2407 | 6180 |
| 2008 | 6.02 | 3236 | 2891 | 12308 |
| 2009 | 4.78 | 3130 | 2348 | 10736 |
| 2010 | 7.24 | 2700 | 2274 | 13568 |

**2006~2010年市区机动车主要污染物排放量一览**

表9-2-4

| 年份 | 氮氧化物(万吨/年) | 非甲烷烃(吨/年) | 一氧化碳(万吨/年) |
|---|---|---|---|
| 2006 | 2.89 | 2.67 | 1.86 |
| 2007 | 3.38 | 3.26 | 2.98 |
| 2008 | 4.69 | 4.23 | 3.87 |
| 2009 | 4.98 | 4.82 | 4.36 |
| 2010 | 5.59 | 5.54 | 4.93 |

## 三、废气治理

1991年,全市大小各类除尘器300台套,运行废气治理工程15台套,包括锅炉旋风除尘器、化工尾气净化器、有机废气催化燃烧器、漆雾净化器、炼油酸性气硫磺回收工程、化纤尾气高空排放6类。对污染严重,难于治理,影响百姓生活项目,采取搬迁改造方式进行。1992年搬迁九江电瓷厂,1997年搬迁九江油毡厂。2000年后,随着清洁燃料大量使用,废气治理工作重点由单纯烟尘治理向全面综合治理转移,不仅在城市中心区要求使用清洁燃料,划定烟尘控制区、无烟区,而且在城郊限制使用高污染燃料和淘汰落后锅炉、窑炉,对建筑施工、车辆运输等产生粉尘环节严格管理,对餐饮油烟、汽车尾气进行专项整治。2010年,九江市通过结构减排、工程减排、管理减排措施推进废气治理工作,各类运行废气治理工程625台套,其中脱硫设施62台套,废气治理设施处理能力3398.9万标立方米/时。

## 四、废气处理工程

**国电九江发电厂5号、6号机组脱硫工程** 2006年2月,国电九江发电厂6#机组脱硫项目开工建设,项目总投资6700万元,2007年10月通过环保验收。2008年7月,国电九江发电厂5#机组脱硫项目开工建设，项目总投资5845万元，2009年4月通过环保验收。两台机组脱硫工艺均采用石灰石—石膏湿法治理技术。

**武宁县华源锑业有限公司冶炼废气脱硫工程** 2008年3月，武宁县华源锑业有限公司投资100多万元，建设废气脱硫工程，2008年6月，冶炼废气脱硫工程已全面完工，投入试运行。2008年12月，项目通过环保验收。

**蓝星化工新材料股份有限公司锅炉废气脱硫设施** 2007年，江西星火有机硅厂投资10142万元，建设锅炉废气脱硫设施，处理能力145000标立方米/小时。2008年建成投入运行。

**江西泽晖纸业有限公司锅炉废气脱硫工程** 2008年，投资100万元，建设锅炉废气脱硫设施。2009年建成投入运行。

## 第三节 固体废弃物产生与处理

### 一、固体废弃物产生量

1991年，市内固体废物产生量96.37万吨，其中工业固体废物88.69万吨，城市垃圾6.2万吨（包括医疗废物），粪便1.48万吨。1996年，固体废物产生量154.83万吨，其中工业固体废物128.29万吨，城市生活垃圾6.48万吨，建筑垃圾20万吨，医疗废物0.06万吨；粪便垃圾不再计入固体废物，作为废水进入城市污水管网。2002年，工业固体废物增加到220.04万吨，城市生活垃圾11.18万吨，建筑垃圾24万吨，医疗垃圾0.2万吨，合计255.42万吨。2005年，工业固体废物产生量增加到370.49万吨，主要增加在粉煤灰和尾矿两大部分，城市生活垃圾、建筑垃圾和医疗废物合计35.04万吨，总计405.53万吨。2010年，九江市固体废物产生量795.62万吨，其中工业固体废物产生量为753.45万吨，城市生活垃圾、建筑垃圾和医疗废物42.17万吨。

**1991~2010年全市工业固体废物产生量一览**

表9-2-5　　单位：万吨

| 年份 | 工业固体废物产生量 | 年份 | 工业固体废物产生量 | 年份 | 工业固体废物产生量 | 年份 | 工业固体废物产生量 |
|---|---|---|---|---|---|---|---|
| 1991 | 88.69 | 1996 | 128.29 | 2001 | 189.16 | 2006 | 391.41 |
| 1992 | 96.70 | 1997 | 119.47 | 2002 | 220.04 | 2007 | 470.67 |
| 1993 | 112.72 | 1998 | 112.40 | 2003 | 318.57 | 2008 | 541.30 |
| 1994 | 113.40 | 1999 | 189.16 | 2004 | 325.96 | 2009 | 609.23 |
| 1995 | 170.98 | 2000 | 137.98 | 2005 | 370.49 | 2010 | 753.45 |

### 二、固体废弃物处理

1991年，固体废物处理主要包括工业固体废物综合利用，如九江电厂利用粉煤灰制作粉煤灰砖、锅炉炉渣用于铺路、九江化工厂废渣用于建筑建材等，利用率38.7%；专用尾矿库贮存，如武山铜矿、九江铜硫矿等建有专用尾矿库，贮存量45.51万吨；九江三垄垃圾填埋场堆存城市生活垃圾6.2万吨；茅山头1000立方米粪便库厌氧发酵处理1.48万吨粪便，用作农田灌溉。处理量小于产生量，部分固体废物直接倾倒江河排放或无序堆放荒郊野地，在环境中进行物理和化学变化，通过雨淋、渗透、风蚀途径对自然水体、土壤、地下水、大气环境等造成危害。1995年，固体废物各种利用途径被进一步发掘，综合利用率提高到65%，电厂粉煤灰达到90%以上。1996年，九江三垄垃圾填埋场服务期满，选址庐山区虞家河乡郭桥村建设九江市东郊垃圾处理（填埋）场，占地面积12.7公顷。1997年，东郊垃圾处理场开始运行。2001年，市环境科学研究所设立固体废物处置中心，开展固体废物资源化研究，发掘各种废物综合利用价值和途径,固体废物利用量超过年产生量,将原贮存固体废物进行利用,综合利用率达到78.57%。对有毒有害废物进行登记,从产生到最终处理跟踪管理。2005年,选址永修县燕坊镇建设省危险废物处置中心,占地面积40公顷,一期投资1.42亿元人民币,于2007年投入使用。2010年,全市工业固体废物综合利用量461.29万吨,综合利用率61.18%,其中冶炼废渣利用率达到100.41%,利用原贮存量,做到无排放;危险废物综合利用率达到96.03%,其余均送有资质的企业进行处理处置,所有危险废物做到零排放;粉煤灰综合利用率达到98.47%;炉渣综合利用率达到96.95%;煤矸石综合利用率31.37%;尾矿综合利用率16.73%;电厂脱硫石膏综合利用率74.03%;其他废物综合利用率47.46%。工业固体废物贮存量95.53万吨。工业固体废物处置量197.56万吨。工业固体废物统计排放量200吨。医疗废物产生量213.7吨,100%集中处置。城市生活垃圾17.97万吨,清运率100%,全部在垃圾填埋场进行无害化处理。建筑施工垃圾进行合理调配处置,处置率100%。

### 三、固体废物处置场所

**江西省危险废物处置中心** 位于永修县燕坊镇(2009年永修县燕坊镇的坪塘村划归共青城甘露镇管辖,省危险废物处置中心处在规划范围之内),由省环保股份有限公司投资建设。2005年开工,2008年8月竣工运行,占地面积40公顷,一期投入1.42亿元人民币,采用焚烧处理、物化处理、稳定固化处理、填埋处理等方式,年处理废物量4.14万吨。

**九江市沙河生活垃圾填埋场** 位于九江县沙河镇,占地63.4公顷,于2010年年底投入运营,服务区域包括浔阳区、庐山区、九江经济技术开发区、庐山风景名胜管理局、星子县、德安县、共青城、九江县8个行政辖区,服务人口120万人,设计服务年限30年。

**修水县城市生活垃圾无害化处理场** 2008年7月开始筹建,12月前完成项目可研、环评、立项和征地拆迁工作;2009年3月,项目开工奠基,12月项目基本完工;2010年1月,正式投入运营。位于修水县庙岭乡大路村八组,场地三面环山,面积3.3公顷,总库容量约400万立方米,总投资1.1亿元,分一、二期建设,一期投资6000万元,日处理能力200余吨。

## 第四节 噪声污染与防治

### 一、环境噪声声源构成

1991年,市区域环境噪声按社会生活、交通、工业、建筑施工、其他声源构成比例:社会生活噪声占43%,列第一位;交通噪声占26%,列第二位;工业和其他噪声各占14%,并列第三;建筑施工噪声占3%,列末位。1996年,工业噪声、建筑施工噪声所占比例上升,社会生活和其他噪声基本保持不变,交通噪声所占比例下降。2000年,社会生活噪声所占比例大幅上升,工业、交通、建筑施工和其他噪声比例下降。2010年,区域环境噪声具有明显城市特征,以社会生活源为主,占61%;交通源和工业源所占比例降低,分别为14%和10.5%;建筑施工源有所上升,占7.5%;其他噪声源所占比例7%。

**1991~2010部分年份全市环境噪声源声源构成状况一览**

表9-2-6 单位:Leq:dB(A)

| 年份 | 社会生活 | | 交通 | | 工业 | | 建筑施工 | | 其他 | |
|---|---|---|---|---|---|---|---|---|---|---|
| | % | Leq | % | Leq | % | Leq | % | Leq | % | Leq |
| 1991 | 43 | 60.2 | 26.0 | 62.2 | 14.0 | 59.5 | 3.0 | 56.0 | 14.0 | 55.1 |
| 1996 | 43.5 | 56.9 | 20.9 | 58.3 | 15.6 | 56.1 | 6.1 | 55.65 | 13.9 | 55.05 |
| 2000 | 58 | 54.2 | 15.5 | 56.7 | 11.5 | 55.1 | 4.5 | 54.4 | 10.5 | 53.2 |
| 2010 | 61.0 | 53.1 | 14.0 | 55.5 | 10.5 | 54.6 | 7.5 | 56.2 | 7.0 | 51.8 |

### 二、噪声防治

1991年11月，市环境保护委员会确定环境噪声整治规划。1995年10月，完成“九江市城市区域环境噪声功能区划研究报告”。1996年，《九江市环境保护“九五”计划和到2010年规划》中提出环境噪声2000年区域等效声级57分贝，2010年55.5分贝的努力目标，两项目标值于2000年、2002年分别完成。同年4月，市殡葬管理实施规定实行，严禁在火葬区域内的城镇街道及居民区敲锣打鼓、吹喇叭、沿途抛撒“纸钱”、鸣放鞭炮污染市容。9月，市政府下发《关于印发〈九江市区大气环境功能区划〉、〈九江市城市地面水环境功能区划〉和〈九江市城市环境噪声功能区划〉等方案的通知》，确定环境噪声功能区划。1997年1月，市环境保护局开展环境噪声申报登记工作。1998年始，每年中、高考期间实行各类噪声严管制度，高考期间，对考点噪声源进行清理，控制建设施工和其他噪声扰民行为，执法人员24小时值班巡查，确保考生安静考试环境。1999年7月，城区范围全面实施机动车禁鸣措施，市区交通噪声值很快降低。2005年1月，市环境保护局确定10件惠民实事，其中第一项即城市宁静工程。2006年1月，实施环境噪声整治工程，城区增设3块噪声自动监测显示牌，进一步完善城市范围内所有机动车禁鸣措施，开展城区营业性文化娱乐场所噪声专项整治；9月12日，市政府办公厅印发《九江市环境噪声专项整治行动工作方案》，要求环保、公安、工商、文化、执法部门共同协作，建立长效工作机制，改善市区声环境质量。2009年，市政府出台《九江市营业性棋牌室管理暂行办法》《告别“两声三乱”倡议书》《九江市民行为规范》《禁放烟花爆竹管理暂行规定》，标志九江城市管理水平提高，精神文明建设增强。2010年，市公安局、市环保局、市建设局、市执法局联合发布公告，6月2~8日实施噪音控制严管期。严管期内，每天午间12:00~14:00和夜间20:00至次日上午6:00，中心城区所有建筑施工单位必须停止施工；中心城区商业活动、居民生活以及娱乐场所的噪音不得超过国家规定的排放标准；禁止各种广告宣传车辆在中心城区用高音喇叭进行广告宣传；6月7~8日考试期间，4部门执法人员联合执法，严格控制噪音声源。

## 第五节　城市环境综合整治

1991年，九江市参加省环境综合整治定量考核，考核指标20项：大气总悬浮微粒年日平均值、二氧化硫浓度年平均值、烟尘控制区覆盖率、民用型煤普及率、工艺尾气达标率、汽车尾气达标率、饮用水源水质达标率、城市地面水COD平均值、万元产值工业废水排放量、工业废水处理率、工业废水处理达标率、区域环境噪声平均值、城市交通干线噪声平均值、工业固体废物综合利用率、工业固体废物处理处置率、城市气化率(即居民用气普及率)、城市热化率(即供热普及率)、城市污水处理率、生活垃圾清运率、城市人均绿地面积(即人均公共绿地面积)。考核评分75.5分，次于南昌，名列全省第二。

2002年，城考指标进行调整，4个部分20项指标，环境质量指标(36%)7项：可吸入颗粒物浓度年平均值、二氧化硫浓度年平均值、二氧化氮浓度年平均值、集中式饮用水水源地水质达标率、城市水域功能区水质达标率、区域环境噪声平均值、交通干线噪声平均值；污染控制指标(23%)5项：烟尘控制区覆盖率及清洁能源使用率、汽车尾气达标率、工业固体废物处置利用率、危险废物集中处置率、工业企业达标排放率(工业废水排放达标率、工业烟尘排放达标率、工业二氧化硫排放达标率、工业粉尘排放达标率)；环境建设指标(29%)5项：城市生活污水集中处理及回用率、生活垃圾无害化处理率、建成区绿化覆盖率、生态建设、自然保护区覆盖率；环境管理指标(12%)3项：环境保护投资指数、污染防治设施及污染物排放自动监控率、环境保护机构建设。九江市自评分全省排名第九。2004年，九江市作为全国133个环保重点城市，参加国家环保总局考核，考核指标20项。当年完成甘棠、南门两湖治理工程，老鹳塘污水处理厂开工建设；建烟尘控制区55.78平方千米，其中浔阳区32平方千米、庐山区13.98平方千米、九江开发区9.8平方千米。通过实施“九江市十大环保民心工程”，多部门联手治理油烟顽疾，全年完成油烟治理项目102项。2006年开始，考核指标简化为环境质量、污染控制、环境建设、环境管理4大块16项指标，九江市考核评分全省排名第六。2010年，在十里河两岸设置截污管道，把两岸工业废水、生活污水集中转入鹤问湖污水处理厂处理,九江电厂关停2台12.5万千瓦机组;啤酒厂、巨石集团、九针集团和德福电子等企业"退城进园",关停九江化工厂。市区API指数≤100天数占全年天数比例99.45%,集中式饮用水水源地水质达标率100%,地表水环境功能区水质达标率100%,区域环境噪声平均值53.6分贝,交通干线噪声平均值66.1分贝,清洁能源使用率70.08%,机动车环保定期检测率82.99%,工业固体废物处置利用率95.79%;危险废物集中处置率中,工业危险废物处置率为99.98%,医疗废物集中处置率为100%;重点工业企业排放达标率中,工业废水排放达标率94.41%,工业烟尘排放达标率97.31%,工业二氧化硫排放达标率93.66%,工业粉尘排放达标率93.41%;万元工业增加值主要污染物排放强度中,万元工业增加值废水排放强度13.005吨/万元,万元工业增加值化学需氧量排放强度0.001193吨/万元,万元工业增加值烟尘排放强度0.003813吨/万元,万元工业增加值二氧化硫排放强度0.015585吨/万元;生活污水集中处理率95.64%;生活垃圾无害化处理率100%;建成区绿化覆盖率56.39%。环境保护机构建设健全,公众对城市环境保护满意率62.02%。九江市自评分96.92,全省考核排名第三。

## 第六节　污染减排

2005年,市统计废气中二氧化硫排放量10.51万吨,废水中化学需氧量排放量4.48万吨。

2005年全市主要污染物排放量一览

表9-2-7　　单位:万吨

| 县区 | 二氧化硫核定量 | 化学需氧量核定量 | 县区 | 二氧化硫核定量 | 化学需氧量核定量 |
|---|---|---|---|---|---|
| 市辖区 | 2.188 | 1.636 | 德安 | 0.198 | 0.212 |
| 九江县 | 0.074 | 0.271 | 星子 | 0.028 | 0.164 |
| 瑞昌 | 0.087 | 0.417 | 都昌 | 0.041 | 0.29 |
| 武宁 | 0.091 | 0.21 | 湖口 | 0.428 | 0.207 |
| 修水 | 0.037 | 0.355 | 彭泽 | 0.065 | 0.22 |
| 永修 | 0.31 | 0.427 | 共青 | 0.063 | 0.071 |

说明:表中不含九江发电厂二氧化硫排放量

2007年,市政府下达污染减排计划,到2010年排放二氧化硫、化学需氧量污染物在2005年基础上削减10%。安排当年减排二氧化硫项目10项,包括电厂使用低硫煤炭、市区锅炉改烧清洁燃料等;减排化学需氧量项目7项,包括老鹳塘污水处理厂、庐山污水处理站、九江学院污水处理设施、永修县八达纸业污水处理项目、德福电子材料厂污水处理设施、关停共青顺风纸业公司造纸生产线、九江发电厂废水处理改造。2008年,成立市主要污染物总量减排工作领导小组,协调污染减排工作。7月,环保部华东督查中心对全市污染减排项目督查,对发现问题要求整改。8月,都昌县未完成减排任务,省环境保护局实行环保区域限批;中石化九江分公司、九江发电厂因减排项目进展缓慢受到省环境保护局通报批评。2009年5月,环保部华东督查中心对老鹳塘污水处理厂污泥脱水设施、污水处理厂运行记录、工作台账等存在问题提出要求,市环保局迅即加强监管,市政府批准市环保局设立污染物总量控制科,调整市污染减排工作领导小组组成人员。

2010年3月,市政府批准《九江市2010年主要污染物总量减排计划》,确定主要污染物控制目标:化学需氧量排放总量控制在4.04万吨以内,二氧化硫排放总量控制在6.41万吨以内;测算化学需氧量新增983吨,二氧化硫新增3630吨;产业结构调整减排化学需氧量504吨,二氧化硫10083吨;工程措施减排化学需氧量5182吨,二氧化硫14058吨。5月,环保部华东督查中心现场督查九江发电厂脱硫设施、鹤问湖污水处理厂、各县生活污水处理厂以及十里河截污工程等减排措施。12月,市环境保护局迎接国家"十一五"主要污染物减排考核工作方案制定,确保通过国家核查组污染减排工作核查核算。国家核查组核定污水处理厂项目减排化学需氧量1709.5吨,2007~2010年累计减排化学需氧量7409.83吨;认可工业化学需氧量减排项目9个,累计减排工业化学需氧量228.52吨;累计减排电力二氧化硫26460吨。

"十一五"期间,市内把主要削减任务落实到具体减排工程,兴建14座城镇生活污水处理厂,新增污水处理能力29.1万吨/日,削减化学需氧量7189吨;国电九江电厂2台350兆瓦燃煤机组新建脱硫治理工程,综合脱硫效率达90%以上,削减二氧化硫35173吨;主要工业污染源工程治理项目16个,生活工程治理项目35个;64个结构调整项目二氧化硫和化学需氧量共分别削减7648吨、1267吨。尤其是关闭国电九江电厂2台125兆瓦火力发电机组,削减二氧化硫6935吨。对不能完成"十一五"主要污染物总量控制目标的,严格实施"一票否决"制、"责任追究"制和"区域限批"制。2010年,全市化学需氧量排放量为4.078万吨,比2005年(4.48万吨)下降8.97%;二氧化硫排放量为6.554万吨,比2005年(10.51万吨)下降37.64%。化学需氧量和二氧化硫排放量控制在省政府下达的"十一五"控制目标内,全面完成"十一五"主要污染物总量减排任务。

**2009~2010年全市投入运行污水处理厂工程项目一览**

表9-2-8　　单位:万吨/日、吨

| 县(市、区) | 污水处理厂名称 | 建设规模 | 投运时间 | 预计COD减排量 |
|---|---|---|---|---|
| 德安县 | 德安县污水处理厂 | 0.75 | 2010.05 | 221 |
| 都昌县 | 都昌县污水处理厂 | 1 | 2010.05 | 290 |
| 九江县 | 九江县污水处理厂 | 1 | 2010.05 | 198 |
| 彭泽县 | 彭泽县污水处理厂 | 0.75 | 2010.05 | 174 |
| 武宁县 | 武宁县污水处理厂 | 1 | 2010.05 | 185 |
| 湖口县 | 湖口县污水处理厂 | 1 | 2010.05 | 219 |
| 星子县 | 星子县污水处理厂 | 1 | 2010.05 | 198 |
| 修水县 | 修水县污水处理厂 | 1 | 2010.05 | 189 |
| 共青城 | 共青城污水处理厂 | 1 | 2010.05 | 218 |
| 市本级 | 中石化九江分公司污水处理厂 | 0.5 | 2010.06 | 78 |
| 湖口县 | 湖口县钟山小区污水处理厂 | 0.1 | 2009.12 | 38 |
| | 湖口县中医院污水处理厂 | 0.015 | 2009.12 | 10 |
| 都昌县 | 都昌县妇幼保健院污水处理站 | 0.04 | 2009.12 | 30 |
| | 都昌县血吸虫病防治站污水处理站 | 0.03 | 2009.12 | 15 |

说明:新建污水处理厂减排量合计1892吨,其他污水处理厂减排量合计171吨

**2010年全市接转上年投运污水处理厂工程减排项目一览**

表9-2-9　　单位:万吨/日、月、吨

| 县(区、市) | 污水处理厂名称 | 设计处理能力 | 有效减排时间 | 预计COD减排量 |
|---|---|---|---|---|
| 市本级 | 鹤问湖污水处理厂 | 10 | 5 | 1441 |
| 瑞昌市 | 瑞昌市污水处理厂 | 2.5 | 8 | 773 |
| 永修县 | 永修县污水处理厂 | 1 | 11 | 354 |

说明:2009年投运污水处理厂(接转)减排量合计2568吨

### 2009~2010 年全市工业化学需氧量减排工程项目一览

表 9-2-10　　单位:吨/日、吨

| 县(区、市) | 企业名称 | 废水处理设施规模 | 投运时间 | 预计 COD 减排量 |
|---|---|---|---|---|
| 工程治理项目减排量合计 | | | | 551 |
| 德安县 | 江西美宝利医用敷料有限公司 | 300 | 2009.12 | 44 |
| | 九江鸿立食品有限公司 | 65 | 2009.12 | 21 |
| 武宁县 | 武宁县新星化工厂 | 725 | 2009.12 | 106 |
| 永修县 | 江西泽晖纸业有限公司 | 5000 | 2010.03 | 51 |
| | 江西中科合臣实业有限公司 | 600 | 2010.03 | 164 |
| 湖口县 | 江西益多实业有限公司 | 500 | 2009.12 | 165 |

### 2009 年全市淘汰关停企业化学需氧量减排项目一览

表 9-2-11　　单位:吨

| 县(区、市) | 企业名称 | 关停时间 | 预计减排量 |
|---|---|---|---|
| 淘汰、关停企业减排量合计 | | | 504 |
| 都昌县 | 都昌县食品公司肉类加工厂 | 2009.12 | 71 |
| 瑞昌市 | 瑞昌市兴民苎麻纺织专业合作社 | 2009.12 | 151 |
| | 瑞昌市泰博纺织厂 | 2009.12 | 157 |
| 武宁县 | 武宁县彭坪造纸厂 | 2009.12 | 75 |
| 永修县 | 江西中科合臣精细化工有限公司 | 2009.12 | 50 |

### 2008~2010 年全市淘汰关停电力二氧化硫减排项目一览

表 9-2-12　　单位:MW、月、吨

| 县(区、市) | 企业名称 | 关停机组编号 | 装机容量 | 关停时间 | 有效减排时间 | 预计减排量 |
|---|---|---|---|---|---|---|
| 淘汰、关停小火电机组减排量合计 | | | | | | 8953 |
| 市本级 | 九江锁江楼发电厂 | #1 | 6 | 2008.12 | 12 | 97 |
| | | #2 | 6 | | | 78 |
| | | #3 | 12 | | | 496 |
| | | #4 | 25 | | | 1347 |
| | 国电九江发电有限公司 | #1 | 13.5 | 2009.12 | 12 | 4564 |
| | 国电九江发电有限公司 | #2 | 12.5 | 2009.12 | 12 | 2371 |

### 2010年全市非电工程二氧化硫减排项目清单

表 9-2-13　　单位:吨

| 县(区、市) | 企业名称 | 二氧化硫处理工艺 | 投运时间 | 预计减排量 |
|---|---|---|---|---|
| 工程治理项目减排量合计 | | | | 575 |
| 共青城 | 华达医用材料有限公司 | 石灰石膏法 | 2010.05 | 22 |
| | 江西共青统百利彩印包装有限公司 | 煤改谷壳 | 2009.12 | 17 |
| 九江县 | 九江县食品公司肉类加工厂 | 煤改电 | 2009.12 | 2 |
| | 九江力和啤酒有限公司 | 石灰石膏法 | 2010.05 | 120 |

续表 9-2-13

| 县(区、市) | 企业名称 | 二氧化硫处理工艺 | 投运时间 | 预计减排量 |
|---|---|---|---|---|
| 瑞昌市 | 九江华亨皮塑有限公司 | 清洁生产 | 2009.12 | 60 |
| 武宁县 | 江西宏丰塑胶有限公司 | 碱液喷淋 | 2009.12 | 25 |
| 永修县 | 九江金凤凰装饰材料有限公司 | 高效旋流板塔(碱洗法) | 2009.12 | 36 |
| | 江西金枫玉石有限公司 | 高效旋流板塔(碱洗法) | 2009.12 | 54 |
| 湖口县 | 江西联达金砂湾冶金有限公司 | 煤改气 | 2009.12 | 239 |

**2009~2010 年全市淘汰、关停企业二氧化硫减排项目一览**

表 9-2-14　　单位:吨

| 县(区、市) | 企业名称 | 关停时间 | 预计减排量 |
|---|---|---|---|
| 淘汰、关停企业减排量合计 | | | 1130 |
| 德安县 | 德安县双鹰水泥有限公司 | 2009.12 | 55 |
| | 江西嘉华氟化工业有限公司 | 2009.12 | 51 |
| 瑞昌市 | 九江冶金总厂 | 2009.12 | 153 |
| | 瑞昌市安昌碳酸钙厂 | 2009.12 | 67 |
| | 瑞昌市节能材料厂 | 2009.12 | 128 |
| | 瑞昌市洪山钒冶炼厂 | 2009.12 | 159 |
| | 瑞昌市乐园钒冶炼厂 | 2009.12 | 32 |
| | 瑞昌市赣北灯具厂 | 2009.12 | 51 |
| 武宁县 | 武宁县严阳钒冶炼厂 | 2009.12 | 52 |
| | 武宁县盘溪合金冶炼厂 | 2009.12 | 51 |
| 修水县 | 江西修水永盛竹制品开发有限公司 | 2009.12 | 35 |
| | 修水赤龙胶粘剂制造厂 | 2009.12 | 24 |
| 永修县 | 江西星火有机硅厂(星火分部) | 2010.05 | 173 |
| 星子县 | 星子县双星建材公司 | 2009.12 | 47 |
| | 星子县远福机砖厂 | 2009.12 | 48 |
| | 星子县蓼南机砖厂 | 2009.12 | 5 |

# 第三章　生态保护

## 第一节　自然保护区

### 一、国家级自然保护区

**江西鄱阳湖国家级自然保护区**　位于永修县境内,面积 22400 公顷。1992 年,被列入《世界重要湿地名录》;1994 年,批准为《中国生物多样性保护行动计划》中最优先生物多样性保护地区;2002 年,加入中国生物圈保护区网络。主要保护对象为以白鹤为代表珍稀候鸟及湿地生态系统,属自然生态系统类别湿地类型自然保护区。保护区分布有高等植物 128 科 359 属 476 种,其中,苔藓植物 2 科 3 属 3 种、蕨类植物 8 科 11 属 12 种、裸子植物 5 科 8 属 14 种、被子植物 80 科 330 属 447 种。栖息着鹤类、鹳类、雁鸭、鹬类及鸥类等 310 种鸟类。

**江西桃红岭梅花鹿国家级自然保护区** 位于彭泽县境内,面积 12500 公顷。2001 年 6 月,经国务院批准晋升为国家级自然保护区。主要保护对象是野生梅花鹿南方亚种等国际濒危动物及其栖息地,以及白颈长尾雉、云豹、豹等国家一、二级保护动物及其生境。保护区内定名高等植物有 663 种,隶属于 153 科 415 属,其中苔藓植物 7 科 7 属 9 种,蕨类植物 18 科 26 属 43 种,裸子植物 5 科 11 属 14 种,被子植物 123 科 371 属 597 种。属国家重点保护植物有银杏、水松、厚朴等 8 种,属省重点保护植物有 10 余种,如天竺、杜仲、黄檀、紫树、白花前胡等。共计鸟兽 23 目 52 科共 182 种。其中,鸟类 16 目 36 科 140 种,兽类 7 目 16 科 42 种,列为国家一级保护鸟兽有梅花鹿南方亚种、白颈长尾雉、云豹、豹计 4 种,国家二级保护鸟兽有鸳鸯等 18 种,省级保护鸟兽有红翅凤头鹃等 21 种。昆虫 484 种,隶属 11 目 90 科 388 属,列为国家二级重点保护昆虫有拉步甲、硕步甲 2 种,其中 11 种为省新记录种。

## 二、省级自然保护区

**江西省庐山自然保护区** 1981 年经省政府批准设立。位于市南,东濒鄱阳湖,面积 30452 公顷。以亚热带森林生态系统及自然历史遗迹为主要保护对象。

**云居山自然保护区** 位于永修县境内,面积 2480 公顷。1997 年经省政府批准设立。主要保护亚热带常绿阔叶林生态系统。

**江西都昌候鸟自然保护区** 位于都昌多宝乡。1995 年筹建县级湿地自然保护区,2000 年经都昌县政府批准成立都昌县多宝、泗山湿地候鸟自然保护区,2004 年 4 月,重新划定保护区的范围,明确权属之后,经省政府批准建立省级自然保护区。保护区面积 41100 公顷,属湿地类型自然保护区。保护区有鸟类 230 种,其中冬候鸟 121 种,夏候鸟 65 种,留鸟 42 种,国家Ⅰ级保护鸟 7 种,如白鹤、东方白鹳、白头鹤等;国家Ⅱ级重点保护的鸟 38 种,如白琵鹭、白额雁、天鹅等。

**修水五梅山自然保护区** 位于修水县黄港、上奉 2 镇和杨家坪、茅竹山 2 个林场,共 11 个村,面积 14485 公顷。2007 年 8 月,设立为县级自然保护区,2010 年 10 月,经省政府批准为省级自然保护区。属江河源头类自然保护区。

**鄱阳湖江豚自然保护区** 位于都昌县老爷庙和鄱阳县龙口,总面积 6800 公顷,其中老爷庙水域4900 公顷。2004 年 4 月经省政府批准设立。由省鄱阳湖渔政局负责管理,以保护鄱阳湖、长江江豚为主要对象。

## 三、县级自然保护区

**都昌县武山自然保护区** 1992 年设立,位于大港镇,面积 2722 公顷。主要保护森林生态系统。

**都昌县官洞自然保护区** 1992 年设立,位于土塘镇,面积 1243 公顷。主要保护野生动植物。

**都昌县幸福自然保护区** 1992 年设立,位于蔡岭镇,面积 1354 公顷。主要保护野生动植物。

**永修县青山野生动植物保护区** 2000 年设立,位于艾城青山村,面积 10 公顷。2009 年后取消。

**永修县鹤田自然保护区** 2000 年 7 月设立,位于滩溪合田林场,面积 1000 公顷。主要保护亚热带常绿阔叶林生态系统。

**永修县七里源自然保护区** 2000 年 7 月设立,位于江上乡丰源、耕源 2 村境内,面积 1000 公顷。主要保护亚热带常绿阔叶林生态系统。

**永修县泉祠坳自然保护区** 2000 年 7 月设立,位于江上乡南坑村、泉祠坳采育林场,面积 1400 公顷。主要保护亚热带常绿阔叶林生态系统。

**永修县杨岭山自然保护区** 2000 年 7 月设立,位于梅棠、白槎、三溪桥 3 镇,面积 1500 公顷。主要保护亚热带常绿阔叶林生态系统。

**永修县野鸡坑自然保护区** 2000 年 7 月设立,位于江上乡新基村,面积 600 公顷。主要保护亚热带常绿阔叶林生态系统。

**永修县泡桐自然保护区** 2000 年 7 月设立,位于梅棠镇大塘村,面积 1000 公顷。主要保护亚热带常绿阔叶林生态系统。

**永修县荷溪湿地保护区** 2007年6月设立，位于吴城镇荷溪村，比邻鄱阳湖国家级自然保护区，属典型的湖泊草洲湿地，总面积4000公顷。主要保护湿地生态系统及候鸟。

**湖口县付垅野生动植物保护区** 2000年设立，位于付垅乡，面积320公顷。主要保护森林生态系统。

**湖口森林公园自然保护区** 2000年设立，位于湖口县雁列山脉，面积1200公顷。主要保护森林生态系统。

**湖口天然阔叶林自然保护区** 2000年设立，位于大垅乡联丰村，面积240公顷。主要保护森林生态系统。

**湖口县屏峰自然保护区** 2000年设立，位于舜德乡高桥村，面积491公顷。主要保护湿地生态系统及候鸟。

**湖口县苍鹭候鸟保护区** 2003年设立，位于鄱阳湖鞋山景区，面积3公顷。主要保护苍鹭候鸟及湿地生态系统。

**湖口县青檀野生种群保护区** 2003年设立，位于湖口县石钟山景区内，面积2公顷。主要保护青檀野生种群。

**庐山区姑塘湿地自然保护区** 2000年设立，位于庐山区姑塘镇，面积5300公顷。主要保护候鸟及其栖息地。

**九江县赛城湖候鸟保护区** 2000年11月批准设立，位于九江县赛城湖水面，面积4500公顷。主要保护越冬候鸟及栖息地。

**共青城南湖湿地保护区** 2000年9月设立，位于共青城南湖，面积3330公顷。主要保护湿地生态系统及候鸟。

**星子县蓼花池湿地保护区** 2001年设立，位于蓼花镇之南、蓼南乡之北、华林镇之东、沙山之西。核心保护区域为蓼花池、十里湖、寺下湖、梅溪湖等，保护面积3333公顷。主要保护白鹤、东方白鹳、白枕鹤、小白鹅等。

**彭泽县芳湖候鸟保护区** 2001年设立，位于芳湖湖区，面积1867公顷。主要保护小天鹅、苍鹭、雁等。

**彭泽县太泊湖小天鹅保护区** 2001年设立，位于太泊湖湖区，面积2600公顷。主要保护小天鹅、东方白鹳、白额雁。

**彭泽县海形珍稀野生植物保护区** 2001年设立，位于海形乡，面积3200公顷。主要保护银杏、凹叶厚朴、杜仲、八角莲、栓皮栎。

**彭泽县浪溪天然阔叶林保护区** 2001年设立，位于浪溪镇港下村，面积600公顷。主要保护香樟。

**武宁县伊山自然保护区** 2005年设立，位于伊山乡，面积11415公顷。主要保护森林生态系统。

**瑞昌市南方红豆杉保护区** 2006年设立，位于肇陈镇大禾塘村，面积2500公顷。主要保护南方红豆杉及其自然生境。

**修水县程坊自然保护区** 2007年设立，位于程坊乡，面积21667公顷。主要保护森林生态系统。

**修水县黄龙山自然保护区** 2007年设立，位于黄龙乡，面积2333公顷。主要保护森林生态系统。

## 第二节 生态建设示范区

### 一、生态县

1995年始，全市生态县建设起步，称“全国生态示范区”，共青城作为国家环保局首批试点单位，按照可持续发展要求，运用生态经济学原理，重点发展高效生态农业，形成“种养加工一条龙，农工商贸一体化”特色发展模式;在城区建设“煤气工程”,改变居民生活以煤炭、木材、液化气为主燃料结构,改善城区卫生条件,提高大气环境质量;在农村生态建设中推广“猪—沼—果”工程,发展农村能源,净化农村环境,有效保护森林资源。1999 年 5 月,国家环保总局正式验收。2000 年 3 月,命名共青城为“国家级生态示范区”。1999 年 12 月,武宁县被列为全国第四批生态示范区建设试点县,按照生态示范区建设要求,提出打造全省最文明最美丽山水园林城市建设目标。2004 年 4 月,随着创建形式转变,武宁县人大常务会做出《关于生态县建设的决议》,在“全国生态示范区”建设基础上创建国家级生态县;6 月,国家环保总局生态创建评审组对武宁县生态建设进行现场检查。12 月,命名武宁县为国家级生态示范区。2008 年 1 月,武宁县获“首届江西十佳绿色生态县”;11 月,省发展和改革委员会、省环境保护厅、省住房和城乡建设厅、省林业厅、省中小企业局共同发文命名武宁县为首批省级生态县。

2002 年 12 月,彭泽县编制完成《彭泽县生态示范区建设规划》,启动生态创建工作。从水(生态)环境整治规划,桃红岭梅花鹿自然保护区建设规划,优质棉、油生产及良种培育基地建设规划,林果业建设规划,水土保持建设规划,特种水产养殖基地建设规划,绿色及有机食品工业建设规划等方面开展创建省级生态示范县工作。2004 年,修水县列为全国第九批生态示范区建设试点县,通过编制《江西省修水县生态示范区建设规划》,出台《修水县全国生态示范区建设实施方案》,打造生态修水;2008 年,修水县在生态示范区创建基础上创建生态县。2009 年 12 月,《修水生态县建设规划》通过评审。2007 年,都昌县制定《都昌县生态县建设规划》,2009 年 3 月,通过省环保厅、省发改委省级生态县建设考核。2010 年 6 月,星子县编制完成《星子县生态县创建规划(2010~2020)》,全面启动生态县创建工作;10 月,生态创建规划通过省级专家评审后由星子县人大常委会审议通过并颁布实施。至年底,全市各县均开展形式不同生态创建工作。

## 二、环境优美乡镇

2003 年,国家环保总局开展“全国环境优美乡镇”评选,九江市组织有条件乡镇参与。2008 年,武宁县鲁溪镇通过发展以沼气为纽带生态种养模式,推广平衡配方施肥技术,推进农村环境综合整治,发展生态农业,推进农村改水、改厕,做好农作物秸秆等资源化利用,妥善处理农村生活垃圾和污水,减少农业面源污染对水环境破坏,改善农村生态环境,获省环境保护厅授予“省级环境优美乡镇”称号,同时获得此称号的还有武宁县罗坪镇、杨洲乡、甫田乡;4 月,鲁溪镇又获环境保护部授予“全国环境优美乡镇”称号。2009 年,都昌县大港镇、多宝乡,武宁县澧溪镇、新宁镇、石渡乡、清江乡通过创建,获得全省“省级环境优美乡镇”称号。

2010 年 2 月,九江县岷山乡、城门乡,彭泽县上十岭综合垦殖场,武宁县宋溪乡、罗溪乡、横路乡、巾口乡获全省“省级环境优美乡镇”称号;5 月,星子县编制白鹿、南康、温泉、蓼花、横塘、蛟塘、华林镇和蓼南乡 8 个乡镇《生态乡镇建设规划》;9 月,规划通过评审,并颁布实施。至年底,修水县 13 个乡镇:白岭镇、路口乡、古市镇、全丰镇、渣津镇、石坳乡、黄龙乡、黄沙镇、黄港镇、山口镇、漫江乡、复原乡、程坊风景区已编制生态乡镇建设规划,其中黄沙镇、黄港镇、山口镇、漫江乡、复原乡、程坊风景区 6 个乡镇通过省级验收。全市有“全国环境优美乡镇”1 个,“省级环境优美乡镇”17 个。

## 三、生态村

2008 年,武宁县罗坪镇长水村开始生态创建工作,同时争取到国家农村环保专项补助资金。2009 年,市环保局、财政局从专项资金使用、项目建设、保障情况三个方面对该村创建工作进行考核并同意验收。2010 年 2 月,省环保厅授予武宁县罗坪镇长水村全省第一批“省级生态村”称号;4 月,国家环境保护部授予武宁县罗坪镇长水村为“国家级生态村”。2009 年 7 月,彭泽县上十岭综合垦殖场芦丰分场、彭泽县浩山乡小山村开始创建省级生态村活动,15 项考核指标均满足基本要求。2010 年 2 月,省环保厅授予彭泽县上十岭综合垦殖场芦丰分场、浩山乡小山村“省级生态村”称号。2009 年 3 月,永修县江上乡南坑村聘请专业设计研究所编制《南坑村南坑组村庄建设规划》,开展生态村建设。

2010 年,修水县四都镇三溪村、太阳升镇杨梅渡村、杭口镇双井村、上杭乡老庄村、庙岭乡庙岭村 5

个行政村,通过省环保厅验收。至年底,全市有"国家级生态村"1个,"省级生态村"3个。国家级、省级生态村创建工作全面展开,对生态环境保护产生积极影响。

## 第三节 农业环境保护

### 一、基本农田保护

2003年,对位于修河流域路口、双港、桃树、水源4条小流域进行水土流失治理试点,治理水土流失面积3965公顷,保护耕地466公顷。2005年11月,位于九江县港口乡中浔矿业(原九江铜硫矿)发生硫精矿泄漏事故,造成13.8公顷农田污染,市、县两级环保部门一方面协调污染赔偿,一方面督促企业清除污染,一年后农田基本恢复原有功能。2009年8月,环保部门选取都昌县蔡岭镇杨湾村开展农村3种不同类型村庄农田、环境状况监测试点。通过对空气(每年两次监测,每次连续5天)、饮用水源地水质(地下水,分析指标23项)、地表水(张岭水库,每年监测一次)、土壤(菜地、农田、村庄、猪圈、养鸡场、果园等)监测,全面了解和掌控农村生态环境基本状况,结果表明都昌县蔡岭镇杨湾村环境空气质量达到《环境空气质量标准》中二级标准;饮用水源地监测指标均符合《地下水环境质量标准》(总大肠菌群除外,超标1.33倍),地表水28项指标符合《地表水环境质量标准》(总磷、总氮除外);土壤监测项目中无机污染物各项指标高于省表土背景值(砷除外),与世界土壤环境背景值中值相当(钴、铅、锌等指标偏高,镉、铜、镍等指标偏低)。

### 二、农药化肥施用

2000年,全市农药施用总量3999693千克,施用农药耕地面积228488公顷,占耕地总面积86.41%,单位耕地面积施用量19.15千克/公顷,其中生物农药总量17600千克,施用生物农药耕地面积2910公顷。全市化肥施用总量107619.7吨,施用化肥总耕地面积194640.9公顷,单位耕地面积施用量552.9千克/公顷。全市农膜施用量为1661.9吨,残膜回收量182.3吨,使用农膜耕地面积50515.3公顷,单位面积农膜使用量105.56千克/公顷。2010年,德安县车桥镇通过有机农业开发,全面推广测土配方均衡施肥,严格控制农作物化肥、农药使用量,使得化肥单位耕地面积施用量为220千克/公顷,农药单位耕地面积施用量为1.74千克/公顷。

### 三、农村环境综合整治

**饮用水源地环境保护** 2000年以来,针对存在安全隐患乡村取水口和地下水水质监测,确保饮用水源地达到水源保护区基本要求。2008年,通过推进改水项目,在彭泽县浩山乡同升村投资60万元,兴建3套自来水系统,引清洁、安全高山水进入288户村民家,消除村民饮水取自小河、池塘等安全隐患。2010年通过建设安全饮水工程,在修水县西港镇堰上村投资16万元,建成自来水供水管网系统。

**生活污水处理** 2008年始,着力解决农村生活污水肆意排放现状。采用化粪池、沼气池、无动力污水处理系统、氧化塘处理系统、土地处理系统以及建集中污水处理设施等予以处理。同年,在修水县马坳镇塘三里村投资15万元,帮助村民建设100个沼气池、100个化粪池,完善村庄排水系统。2010年,修水县西港镇马祖湖村392户村民生活污水经整合后利用当地低洼湿地进行处理。

**生活垃圾处理** 2008年始,根据《九江市农村环境综合整治规划》农村生活垃圾处理方案,采取"户分拣、村收集、镇集运、县处理"模式,建立垃圾分类回收管理制度。德安县车桥镇于当年始,修建垃圾转运站,购置垃圾清运车2辆、手推车4辆,建垃圾池18个,垃圾桶240个,设专职保洁人员,每日将农户生活垃圾分类收集,生活垃圾无害化处理率70%以上。2010年,修水县太阳升镇建成占地面积0.53公顷无害化垃圾处理厂1个,配备农用垃圾清运车1辆,垃圾收集池40座,日处理垃圾5吨。

**工矿企业污染治理** 2000年以来,对位于农村工矿企业严格执行污染物达标排放制度和总量控制制度,防止落后生产设备和工艺企业向农村转移。瑞昌市夏畈镇铜岭村九江冶金总厂(原九江铜岭钢铁厂),多年来对当地生态环境造成不同程度污染,污染治理难度很大。2009年,瑞昌市启动青铜遗址公园项目建设,投资7000万元,将铜岭铜矿遗址作为文化遗迹进行保护性开发,以生态保护形式进行污染治理。

## 第四节　生物多样性保护

### 一、庐山植物园

该园是中国历史最悠久植物园,位于庐山东谷大月山和含鄱岭之间。2010年汇集园内外植物3 400多种,储藏名植物标本10万多号。以灌木为主,兼茶果、园林、药用植物等,是中国生物多样性保护重要基地。

### 二、九江市珍稀濒危植物种质资源库

20世纪80年代,省环境保护局在市林科所建立珍稀濒危植物种质资源库,面积20公顷,迄1991年,引种栽培珍稀植物69科146属365种,国家一、二、三类重点保护植物106种。为长江中下游珍稀濒危植物的保护起到积极作用。

# 第四章　环境管理

## 第一节　环境规划

### 一、城市环境综合整治规划

1992年,《九江市城市环境综合整治规划》获省科技进步三等奖。1994年,该成果在九江电厂三期扩建工程评估过程中开始运用。

### 二、农村环境综合整治规划

2008年9月,市环境保护局污防科牵头,编制完成《江西省九江市农村环境综合整治规划(2008~2015年)》,内容包括农村饮用水源地环境保护;农村生活污水和垃圾处理;规模化畜禽养殖污染防治;乡镇工矿企业污染治理;土壤污染防治;农业面源污染治理;农村生态示范工程建设;农村环境综合整治重点和布局等,具体指导全市及各县(市、区)农村环境综合整治工作和新农村建设工作。

### 三、环境保护五年计划(规划)

1991年,制定《九江市环境保护"八五"计划及十年规划》,确定到20世纪末,工业废水排放量控制在1亿吨,生活污水排放量不超过3500万吨,工业废水处理率达到55%,排放达标率达到50%,废水中化学耗氧量削减20%,二氧化硫排放量控制在4万吨/年(不包括电厂新增),工业粉尘排放量控制在3万吨/年,烟尘排放量控制在3.5万吨/年,工业固体废物综合利用率达到40%。实现2000年环境污染基本得到控制,城市环境质量有所提高。1996年,编制《九江市环境保护"九五"计划和到2010年规划》。内容包括废水、废气、废渣、噪声等污染物主要因子指标值1996~2000年期间基本控制在1995年水平基础上。2000年,编制《九江市环境保护局"十五"规划和2015年长远目标纲要》。根据目标核定污染物总量,制定削减计划,设计拟定环境污染治理项目;调整产业布局,合理安排控制扰民项目;开展城市环境综合整治定量考核和创建环境保护模范城活动;引导乡镇企业健康持续发展,控制水土流失,植树造林,绿化荒山,改善环境质量。2005年,编制《九江市环境保护"十一五"规划》。其间全市总体环境质量好中趋稳,主要河流监测断面Ⅲ类以上水质达标率为100%,2009年修河及源头保护区内监测断面水质全部达到Ⅱ类,全市饮用水源地水质达标率100%;全市16个县(市、区、山)环境空气质量均达到二级,个别城镇部分指标达到一级。2010年,编制《九江市环境保护"十二五"规划》。

## 四、环境统计

“八五”期间，全市工业废水主要污染区域是市区、永修县、修水县和瑞昌市，累计负荷比为83.01%。主要污染行业是造纸及纸制品业、化学工业、石油加工业、纺织工业、化学纤维工业、食品饮料和烟草制品业，累计污染负荷比达85.04%。主要工业污染源是九江化工厂、中国石化九江石化总厂、虎山造纸厂等17家企业。工业废水中，主要污染物是化学耗氧量、硫化物、挥发性酚和悬浮物，累积等标污染负荷比为88.42%，比“七五”期间明显下降。大气污染污染负荷比达79.38%，主要污染行业是电力蒸气热水生产供应业、建材工业、纺织工业，分别占污染负荷比72.76%、3.37%、3.20%和2.57%，大气中主要污染物是二氧化硫、氮氧化物、烟尘，属煤烟型污染特征。“九五”期间，市区工业污染负荷为1799.2，占全市污染负荷比86.38%；市区工业废气等标污染负荷493930.14，占全市污染负荷比85.82%。废水污染负荷在化纤、纺织、石油化工行业，4个行业累计污染负荷比达86.08%。要求期间内，通过工业企业技术改造、企业改制和经营方式转变、产品产业结构调整以及国家“一控双达标”工作，废水、废气污染源源强与“八五”期间相比，主要污染物排放量有不同程度减少，有的将近削减50%。“十五”工业废气中二氧化硫、烟尘和粉尘分别增加65.12%、10.84%和-69.33%。工业废气及其中二氧化硫、烟尘增加主要原因是中国国电集团公司九江发电厂三期工程、赛得利（九江）化纤股份有限公司、九江中伟科技化工有限公司等新建项目投产。“十一五”期间，工业废水排放量、排放达标量、达标率分别上升1.74%、17.28%、15.44%，排放强度呈逐年下降趋势，由2006年17.59吨/万元下降到2010年13.32吨/万元。工业企业推行清洁生产和生产技术革新，有效控制废水和废水污染物排放。其间，工业污染源已分散到各县区中，其中以湖口金砂湾工业园和永修星火有机硅工业园发展较为迅速。

## 五、污染源调查

**第一次乡镇工业污染源调查**　至1991年2月，市环保局经1年全市乡镇工业企业污染源调查。共调查2000余个企业，参与评价汇总企业1056个，占工业企业总数3.5%，其中详查汇总企业555个，普查汇总企业501个。基本摸清全市乡镇工业分布，产业结构，经济技术实力，生产工艺水平，资源能源消耗及利用，环保管理工作情况，同时查清工业“三废”产生、排放、处理及利用等情况。

**第二次乡镇工业污染源调查**　1996年8月至1997年10月，市环保局、财政局、统计局联合开展第二次乡镇工业污染源调查。以1995年为基准年，共调查乡镇企业4310家，其中乡级345家，村级270家，村以下3690家，三资企业5家，调查企业覆盖率达19.3%，调查产值102643.7万元，调查工业产值覆盖率43.6%。基本摸清乡镇工业企业区域和行业分布情况、能耗和“三废”产生及排放状况、环境管理现状。

**第一次全国污染源普查**　2007年6月底，市政府成立第一次全国污染源普查工作领导小组。全市共举办各类污染源普查培训班18班次，参加普查培训人员达到700人次。全面普查阶段展开后，入户调查6363家，其中工业污染源2546家、生活污染源3802家、集中式污染治理设施15家。采集各类数据、填报各种表格6363份。要求摸清市境所有排放污染物工业源，掌握各类污染源排放污染物种类、浓度和总量，以及排放规律、去向、区域分布、污染源周边功能定位与保护目标情况。

2008年5月28日至6月2日，市普查办组织专家对全市国控省控污染源进行集中审核，对企业能耗、水耗、产值、产量和原辅材料消耗量等重要指标进行核实。7月16~23日，市普查办组织专家，对全市各县（市、区、山）进行数据录入质量核查，9月1~20日，集中各县（市、区、山）对照国家、省反馈问题进行整改，对汇总的数据进行分析。10月，国家普查核查组对普查阶段工作情况进行验收，现场抽查九江县，同时对市普查办进行检查。2009年1月，核查组在审查工作资料后，给予高度评价。全市共归档普查工作资料150卷，其中2007年35卷，2008年114卷，照片档案1卷。2010年3月19日，国务院第一次全国污染源普查领导小组办公室、环境保护部、国家统计局、农业部联合发文，表彰第一次全国污染源普查先进集体和先进个人，市环境保护局、九江县污染源普查办公室获先进集体荣誉称号，21人获先进个人称号。

# 第二节　环境评价

## 一、建设项目管理

1991年，建设项目环境管理按市环保局《九江市建设项目环境管理工作程序(试行)》运行，主要管理有污染物产生工矿企业项目。1992年10月，市环保局印发《关于进一步加强建设项目环境管理的通告》，明确办理项目环保审批手续程序，要求相关单位加强建设项目环境管理，有效地控制新污染。1998年，市政府办公室发布《九江市县(市区)环保局对建设项目环境保护分类审批管理的权限范围》，明确市(县、区)建设项目审批具体要求，11月始，执行《中华人民共和国建设项目环境保护管理条例》。1999年3月，国家环保总局通知《贯彻实施〈建设项目环境保护管理条例〉》；8月，市环保局下发《关于建设项目环境保护分类管理中的环境敏感区划分意见的通知》，对建设项目环境管理提出更加具体要求。同年，市政府设立办证服务大厅，市环保局在大厅设置环保窗口，依据授权办理项目审批手续。

2004年，市环保局会同市发改委下发《关于进一步加强建设规划项目环境影响评价工作的通知》，对建设项目特别是规划项目有关环境影响评价工作提出明确要求。同年，市环保局会同市工商局、行政执法局、卫生局下发《关于加强城区油烟整治工作的通知》，对餐饮业项目审批采取环保第一审批权，即工商部门未接到环保部门审批文件不得办理工商营业执照，卫生部门不予办理卫生许可证。2009年，市环保局印发《关于下放建设项目管理权限的通知》，下放建设项目管理权限。2010年，建设项目环境管理工作扩展到所有建设项目，包括房地产开发等本身不产生污染的项目，项目由政府行政管理大厅服务窗口受理并依据权限审批。

## 二、环境影响报告

**环境影响报告书**　1991年，共审批环境影响报告书项目3个，其中省环保局审批星火化工厂3800吨/年有机硅产品扩建工程；市环保局审批九江磷肥厂、湖口农药厂扩建工程。1992年，国家环保局审批九江城门山铜矿、铁路合九线报告书项目。1998年，国家环保总局审批九江赣北化工厂扩建工程报告书项目。2008年，环保部审批九江城西港区集装箱码头报告书项目。

2010年，审批环境影响报告书项目71个，其中国家、省环保部门审批20个，市环保局审批51个项目。

**1991~2010年全市报告书项目审批情况一览**

表9-4-1　　单位：个

| 年 份 | 国家、省批项目 | 市批项目 | 合 计 | 年 份 | 国家、省批项目 | 市批项目 | 合 计 |
|---|---|---|---|---|---|---|---|
| 1991 | 1 | 2 | 3 | 2001 | | 8 | 8 |
| 1992 | 2 | 3 | 5 | 2002 | | 4 | 4 |
| 1993 | 5 | 1 | 6 | 2003 | | 3 | 3 |
| 1994 | | 5 | 5 | 2004 | 4 | | 4 |
| 1995 | 1 | 10 | 11 | 2005 | 6 | 18 | 24 |
| 1996 | | 2 | 2 | 2006 | 9 | 14 | 23 |
| 1997 | | 7 | 7 | 2007 | 8 | 27 | 35 |
| 1998 | 3 | 7 | 10 | 2008 | 22 | 21 | 43 |
| 1999 | | 2 | 2 | 2009 | 34 | 50 | 84 |
| 2000 | 1 | 3 | 4 | 2010 | 20 | 51 | 71 |

**环境影响报告表** 1991 年,省、市环保部门审批环境影响报告表项目 28 个,其中省环保局审批彭泽县造纸厂年产 3000 吨高档卫生纸项目、江西平板玻璃厂水晶生产线技改项目 2 个报告表;市环保局审批九江石化总厂 1500 条/年编织袋生产装置等 26 个项目报告表。1998 年,审批环境影响报告表 1 个,为 20 年间审批环境影响报告表较少年份。2006 年,审批环境影响报告表 135 个,为 20 年间审批环境影响报告表较多年份。

2010 年,省、市环保部门审批环境影响报告表项目 69 个,其中省环保厅审批江西信息应用职业技术学院新校区建设项目、共青城国发天然气有限公司天然气工程项目、省老干部局庐山老干部基地建设项目报告表;市环保局审批八里湖大桥建设等66 个项目报告表。

**1991~2010 年全市报告表项目审批情况一览**

表 9-4-2 单位:个

| 年 份 | 省批项目 | 市批项目 | 合 计 | 年 份 | 省批项目 | 市批项目 | 合 计 |
|---|---|---|---|---|---|---|---|
| 1991 | 2 | 26 | 28 | 2001 | | 25 | 25 |
| 1992 | | 27 | 27 | 2002 | | 36 | 36 |
| 1993 | 1 | 26 | 27 | 2003 | | 53 | 53 |
| 1994 | 1 | 13 | 14 | 2004 | | 34 | 34 |
| 1995 | | 13 | 13 | 2005 | | 76 | 76 |
| 1996 | | 5 | 5 | 2006 | 2 | 133 | 135 |
| 1997 | 1 | 21 | 22 | 2007 | 3 | 97 | 100 |
| 1998 | 1 | | 1 | 2008 | | 91 | 91 |
| 1999 | 1 | 15 | 16 | 2009 | | 70 | 70 |
| 2000 | | 50 | 50 | 2010 | 3 | 66 | 69 |

**环境影响登记表** 环境影响登记表系由环境影响报告表细分出现。1991 年,永修、修水 2 县办理登记表 13 个。2000 年,市环保局开始受理环境影响登记表项目,办理登记表 4 个。当年全市合计办理登记表项目 32 个。2010 年,全市办理登记表项目 276 个,其中市环保局办理登记表项目 24 个,各县(市、区)办理登记表项目 252 个。

**1991~2010 年全市环境影响登记表办理情况一览**

表 9-4-3 单位:个

| 年份 | 审批登记表数目 | | | | | | | | | | | | | | | 合计 |
|---|---|---|---|---|---|---|---|---|---|---|---|---|---|---|---|---|
| | 市本级 | 浔阳区 | 庐山区 | 开发区 | 瑞昌市 | 德安县 | 都昌县 | 九江县 | 星子县 | 永修县 | 修水县 | 彭泽县 | 武宁县 | 湖口县 | 共青城 | |
| 1991 | | | | | | | | | | 2 | 11 | | | | | 13 |
| 1992 | | | | | | | | | | 4 | 13 | | 2 | | | 19 |
| 1993 | | | | | | | | | | 3 | 12 | | 2 | | | 17 |
| 1994 | | | | | | | | | | 5 | 13 | | 2 | | | 20 |
| 1995 | | | | | | | | | | 4 | 15 | | 4 | | | 23 |
| 1996 | | | | | | | | | | 3 | 12 | | 3 | | | 18 |
| 1997 | | | | | | | | | | 18 | 11 | | 5 | | | 34 |
| 1998 | | | | | | | | | | 3 | 14 | | 4 | | | 21 |
| 1999 | | | | | | | | | | 5 | 14 | | 5 | | | 24 |

续表 9-4-3

| 年份 | 审批登记表数目 | | | | | | | | | | | | | | | 合计 |
|---|---|---|---|---|---|---|---|---|---|---|---|---|---|---|---|---|
| | 市本级 | 浔阳区 | 庐山区 | 开发区 | 瑞昌市 | 德安县 | 都昌县 | 九江县 | 星子县 | 永修县 | 修水县 | 彭泽县 | 武宁县 | 湖口县 | 共青城 | |
| 2000 | 4 | | | | | | | | | 6 | 15 | | 7 | | | 32 |
| 2001 | 42 | | 52 | | | | | 2 | | 15 | 12 | | 6 | | | 129 |
| 2002 | 26 | | 36 | | | 17 | | 2 | | 19 | 13 | | 4 | | | 117 |
| 2003 | 28 | | 23 | | 1 | 11 | | 2 | | 20 | 21 | | 5 | | | 111 |
| 2004 | 43 | | 14 | | 3 | 30 | | 9 | 2 | 22 | 10 | 1 | 6 | | | 140 |
| 2005 | 72 | | 14 | 31 | 4 | 23 | | 13 | | 25 | 13 | 2 | 6 | | 3 | 206 |
| 2006 | 58 | | 9 | 26 | 24 | 120 | 3 | 15 | 6 | 28 | 44 | 8 | 15 | 3 | 4 | 363 |
| 2007 | 40 | | 41 | 29 | 10 | 52 | 18 | 6 | 38 | 24 | 68 | 16 | 12 | 3 | 14 | 371 |
| 2008 | 26 | | 9 | 19 | 19 | 29 | 13 | 8 | 33 | 9 | 53 | 11 | 8 | 6 | 15 | 258 |
| 2009 | 27 | 14 | 10 | 24 | 14 | 32 | 19 | 7 | 39 | 17 | 21 | 9 | 12 | 6 | 18 | 269 |
| 2010 | 24 | 8 | 10 | 22 | 6 | 26 | 11 | 7 | 60 | 15 | 38 | 9 | 13 | 12 | 15 | 276 |
| 合计 | 390 | 22 | 218 | 151 | 81 | 340 | 64 | 71 | 178 | 247 | 423 | 56 | 121 | 30 | 69 | 2461 |

### 三、“三同时”管理

1991 年，竣工应执行“三同时”管理(指新建项目环保治理设施与主体工程同时设计、同时施工、同时投产)建设项目 62 个，执行 59 个，执行率 95.1%。2010 年，所有建设项目投入使用前必须办理环境保护竣工验收手续，内容包括建设项目竣工环境保护验收申请报告书(表)、建设项目环保验收监测报告(表)或调查报告(表)、建设项目环境保护执行报告，由环境保护局在法定期限内予以审批。当年，办理项目验收手续 59 个，其中报告书 12 个，报告表 47 个，“三同时”执行率 100%。

### 四、环境评估

2002 年始，环境学会技术咨询部门为环境保护主管部门提供技术支持，把好技术评估关。随后成立市环境工程评估中心，专职承担技术审核，以及相关技术及政策研究和咨询。行政审批部门受理环评文件后，委托市环境工程评估中心进行初审并确定是否具备召开专家审查会条件。确定后，按照技术要求和专家意见，进行技术审核并出具评估意见。2007~2010 年，环境评估中心累计开展环境影响报告书技术评估 115 个。其中 2010 年，经环境评估项目 30 个。

## 第三节　环境执法

### 一、法制建设

**环境法规手册编纂**　2001 年 8 月，编印《政务公开及行风评议手册》，主要内容包括市环境保护局向全市人民公开承诺等。2007 年 1 月，编印《九江市环境保护局规章制度汇编》，主要内容为市环境保护局行政处罚实施办法及行政许可审批办法等。

**规范性文件制定**　2000 年 6 月，市政府根据《江西省人民政府关于环境保护问题的决定》要求，编制《九江市人民政府关于加强环境保护和建设若干问题的决定》，坚持环境保护基本国策，实施可持续发展战略；以改善城市生态环境，提高人民生活质量为目标，加强环境保护和建设；以治理甘棠湖、南门湖为重点，搞好九江市水环境整治，明显改善全市水环境质量；以优化能源结构和机动车尾气治理为重点，切实改善大气环境质量；运用填埋、焚烧、生化处理和综合利用等多种形式，推动固体废物处置的无害化、减量化和资源化进程；以绿地建设为重点，提高城市绿化水平；以治理烟尘为重点，实施九江市城区环境综合整治；增加环境投入，确保今后几年九江市环境投资占国内生产总值 2%以上；限期达标，加快治理老污染源；严格把关，控制新污染；切实加强领导，依靠科技进步，促进环保事业发展。2004 年 3 月，市政府制定《九江市人民政府环境保护责任制实施办法》，主要内容包括环境保护行政负责制、工作报告制、工作检查制、责任追究制等。同月，市环保局制定《第三产业污染物排放当量数核定办法（试行）》，制定市内第三产业水污染物排放当量数。12 月 22 日，市十二届人大常委会第六次会议通过《关于加强修河流域生态环境保护和建设的决定》。2005 年 5 月，市政府发布《九江市机动车排气污染防治办法》，对城市规划区范围内使用机动车排气实施抽检、路检和年检，合格出具证明，不合格限期整改，安装排气净化装置，否则不得上路行驶。2006 年 9 月，市政府发布《九江市高污染燃料禁燃区和烟尘控制区管理办法》，要求禁燃区（浔阳区、庐山区等，总面积 77.8 平方千米）范围内禁止使用原（散）煤、煤矸石、粉煤、煤泥、燃料油（重油和渣油），以及各种可燃废物和直接燃用生物质燃料（树木、秸秆、锯末、稻壳、蔗渣）等高污染燃料，烟尘控制区总面积为 249 平方千米，取缔手烧式燃煤锅炉。

**环保执法检查**　2005 年，市环保局对市范围内国家级、省级自然保护区进行重点检查。9 月 1~3 日，省人大常委会执法检查组对九江市贯彻落实水污染防治法情况进行检查，先后检查九江县水厂、九江学院、河东自来水厂、老鹳塘污水处理厂、郭桥垃圾处理厂、九江化纤厂、九江针织服装厂和维科印染有限公司。同年，市环保局配合市人大对全市工业园区开展为期一周建设项目环境管理执法检查，清理工业园区入园项目环保审批情况。经查全市入园项目 297 个，其中 238 个已办理环评审批手续，入园项目环评执行率达 80%，对未办理环评审批项目，向所在县（区）环保局、工业园区管委会下达限期补办手续通知。2006 年 7 月 1~19 日，市直有关部门对所辖县（市、区）进行整治违法排污企业工作专项检查，重点检查各县（市、区）饮用水源地保护工作、环保责任制落实、在专项行动中挂牌督办及限期治理项目落实整改情况、突发环境事件应急预案及环境安全监督管理等措施。查阅 360 余家工业园区入园项目，现场检查 35 家重点挂牌督办企业涉及违法排污项目。2008 年年底，对辖区内 2005~2008 年 6 月 30 之前审批项目环保“三同时”制度执行情况进行专项检查，发现少数企业试生产逾期未申请办理竣工环保验收手续，污染防治设施未建成或未配套进行试运行，下达催办整改通知书，限期办理及整改。

## 二、人大建议、政协提案办理

1991 年，市环保局办理市人大建议 3 件、市政协提案 1 件，建议、提案人均对回复意见表示满意。2003 年，受理人大建议 3 件，政协提案 2 件，人大代表、政协委员对建议和提案办理均满意。2006 年，受理市政协委员关于打造可持续发展生态旅游经济圈提案。2009 年，政协委员关于整治美化庐山长冲河的建议及庐山沿街餐馆安装油烟净化处理设施，均予以妥善处理及答复。2010 年，市环保局对人大建议、政协提案设置专门办理工作程序。当年受理人大建议 18 件、政协提案 28 件，全部按照要求办理完毕。

## 三、环境信访

1991 年，受理信访投诉 204 件，其中群众来信 78 封，人员、电话来访 126 件，当年处理投诉 173 件，信访投诉处理率 85%。2004 年 6 月，12369 环境热线电话开通，市环境监察支队 24 小时接诉。当年，信访投诉 2121 件，其中投诉噪声污染 922 件，废气污染 856 件，废水污染 315 件，固废 26 件，其他 39 件。所有投诉在规定时间内进行处理，处理率 100%。2010 年，环境信访严格按照《12369 环保投诉处理程序》规范操作，信访投诉 709 件，12369 环境热线接诉 675 件，其中，大气污染 298 件，噪声污染 179 件，油烟污染 117 件，水污染 60 件，固废 7 件，其他 14 件。做到事事有回音，件件有结果，处理率 100%，群众满意率 99%。至 2010 年年底，累计处理信访投诉 14660 件。

1991~2010 年全市环境信访投诉一览

表 9-4-4　　单位:件

| 年 份 | 信访投诉 | 年 份 | 信访投诉 | 年 份 | 信访投诉 | 年 份 | 信访投诉 |
|---|---|---|---|---|---|---|---|
| 1991 | 204 | 1996 | 425 | 2001 | 483 | 2006 | 1257 |
| 1992 | 348 | 1997 | 451 | 2002 | 638 | 2007 | 815 |
| 1993 | 514 | 1998 | 450 | 2003 | 747 | 2008 | 630 |
| 1994 | 514 | 1999 | 475 | 2004 | 2121 | 2009 | 649 |
| 1995 | 305 | 2000 | 512 | 2005 | 2413 | 2010 | 709 |

## 四、专项行动

**整治违法排污企业**　2003 年起,国务院决定在全国范围内开展环保专项行动,每年围绕解决一两个突出问题,整治违法排污企业,保障群众健康。同年 7 月,由国家环保总局、发改委、监察部、司法部、工商总局、安全监管总局 6 部门召开电视电话会议进行动员部署。全市当年关闭 2 家“新五小”企业。2004 年,根据《关于开展整治违法排污企业保障人民群众健康专项行动的工作方案》,查处 8 家国家、省挂牌违法排污企业和一批“十五小”“新五小”企业以及布局不合理企业。2005 年 6 月,“全国整治违法排污企业保障群众健康环保专项行动”电视电话会议后,全市列出 14 家违法排污企业进行挂牌督办,采取强制措施,炸毁修水全丰镇半坑村和义宁镇九阳 2 座非法炼钒厂。2006 年 5 月,根据市政府部署,共查处各类违法排污企业近 300 余家。其中修水县关闭小造纸加工点 92 处,关闭石材加工企业 18 家,关闭钒厂 2 家;武宁罐头厂停产整顿。12 月 8~10 日,省专项行动督察组对武宁、德安、星子、湖口和九江市区挂牌督办企业进行现场检查。2007 年 4 月 28 日,国家 7 部委“整治违法排污企业保障群众健康环保专项行动”电视电话会议确定当年整治重点为饮用水源保护区及工业园区环境违法、重点行业污染问题。5 月,检查企业 90 多家,立案查处违法排污企业 13 家。2008 年,实施整治违法排污企业保障群众健康环保专项行动,重点是 6 年来挂牌督办企业整治落实;群众关心环保热点、难点问题;加快淘汰落后产能,促进污染减排。8 月 1 日,11 个县(市区)污水处理厂动工开始兴建。11 月,现场检查 356 家工业园区入园项目和 35 家重点挂牌督办企业。2009 年 1 月,对修水县土龙山金矿坑道内非法私采低品位金矿,使用氰化钠土法选矿,造成资源破坏、环境污染 40 多处冶炼点进行整治清理。2 月,开展长江环保执法行动,对沿江排污口进行清查,设立规范化标识。4 月,开展整治违法排污企业,保障群众健康环保专项行动。7 月,对永修县违法排污恒丰氯化钙厂、启发化工有限公司实行停水、断电、吊销工商营业执照、封存现存产品整治措施。同年,全市检查 1384 家企业,重点是钢铁、涉砷行业专项检查,查出 3 家钢铁企业、4 家涉砷企业存在问题;查处企业 11 家,关停企业 5 家。2010 年 4 月 9 日始,开展整治违法排污企业保障群众健康环保专项行动,全市检查重金属污染排放企业 48 家,检查化工企业 96 家。10 月,排查沿江沿河化工石化企业环境污染隐患 60 家,清理关停企业 1 家,整治企业 3 家。11 月,查处瑞昌、湖口、星子采掘化学金属添加剂项目 4 家,遏制其严重环境违法行为。

**油烟净化专项整治行动**　2004 年 7 月,市环保局开展油烟综合整治行动,作为当年市政府 100 件惠民实事之一加以推进,当年完成 103 家油烟治理工程。2005 年 1~6 月,完成 75 家油烟治理工程。2005 年 6 月开始,油烟整治工作由浔阳区、庐山区政府牵头继续推进,从单纯油烟整治扩展到市容市貌整治,提出“干干净净迎国庆、漂漂亮亮过新年”,到年底完成治理餐馆 988 家,关闭、关停未治理餐馆 213 家。2006 年,市环保局协同市执法局等部门继续巩固城市中心区的油烟整治成果,以市中心区新达巷、梅绽坡、都天巷、赵家花园地段为重点,另外还有三里街、一七一医院南门、庐峰路、九龙街、湖滨小区、姚家洼等地段,全年共组织 3 次大规模油烟专项整治行动,对上千家餐饮企业进行调查摸底,对环保不达标餐饮企业下达整改通知,对 850 家餐饮企业进行油烟治理并建立档案,对 44 家违法经营餐饮企业实施关停。2007 年，油烟净化专项整治行动结束。

**环境噪声专项整治行动**　2005 年 11 月，由市环保局牵头，公安、工商、文化、执法 5 部门组成噪声专项整治小组，对全市城区娱乐业噪声进行专项整治。共出动检查人数 400 多人次，检查娱乐场所 30 余家，督促被查处单位认真整改，处罚部分业主。2006 年 9 月，市政府印发《九江市环境噪声专项整治行动工作方案》，明确在上年噪声专项整治基础上，按照"谁主管谁负责，谁审批谁负责"原则，由环保牵头，公安、工商、文化、执法部门参加，自 9 月 24 日至 12 月 10 日，开展为期 3 个月联合检查、专项整治环境噪声行动，于 12 月底结束。

**"5·31"零点行动**　2006 年始，省政府对集中式饮用水源划定保护区，要求对保护区范围内所有排污口、影响取水安全的所有设施进行清理。2007 年，省政府决定 5 月 31 日零时前，关闭饮用水源一级保护区内所有排污口，同时启动饮用水源二级保护区内排污口集中整治工作，年底前关闭饮用水源二级保护区内所有排污口。3 月，全市完成县级以上饮用水源保护区划定工作，对保护区内排污口进行列表、GPS 定位。确定重点整治长江九江龙王墩生活污水排放口、德安县双鹰水泥冷却水排口、星子县一中排污口、九江银星造船有限公司排污口、武宁县阳光竹制品厂排污口。

**绿色生态建设专项行动**　*二级饮用水源保护区污水零排放专项行动*：2007 年 5 月 31 日，完成一级饮用水源保护区污水零排放"5·31 零点行动"后，组织实施城镇生活饮用水取水口二级保护区内排污口取缔工作。出动检查 514 人次，检查 68 个饮用水源，其中水源达标 45 个，不达标 23 个，查处违法企业 4 个。2007 年底，所有二级保护区内排污口关闭。

*工业园区未经处理污水零排放专项行动*：2007 年 8 月，市环保局对所有工业园区进行调查摸底，提出 3 年时间建设好集中式污水处理厂。同时对在建过程中环境违法问题进行全面清理，纠正违反环保法律、法规"土政策"；把好项目准入关，严格执行环境影响评价制度和"三同时"制度，对擅自投入生产建设项目，以及长期以试生产名义违法排污企业，一律严格依法处理；对废弃危险化学品随意处置或不处置的，责令改正并处罚款，造成污染依法限期治理直至追究刑事责任。在园区建成集中污水处理厂之前，监督园区各企业污水达标排放，逾期仍不能达标停产整治，停产整治后仍不能达标排放，由同级人民政府责令关停。同时对入园企业限产限排。

*城市中心区有毒有害气体零排放专项行动*：2007 年 9 月，对城区餐饮业油烟组织 4 次大规模联合整治，对 150 家餐馆下达整改通知书，关停 44 家无法整改餐饮业；在全市范围内对 19576 辆机动车尾气实施监测，对其中 4300 多辆进行净化治理，使城区在用机动车尾气达标排放率为 95%。2008 年 6 月，拆除城市中心区 4 蒸吨以下燃煤锅炉，不能正常使用油烟净化装置限期整改。

*淘汰燃煤锅炉（窑炉）专项行动*：2007 年 9 月，由市经贸委牵头，对城区禁燃区高污染燃料锅炉、炉灶进行综合专项整治。市环保局联合市执法局对禁燃区内须整治 128 台锅炉、炉灶逐一下达整改方案并督促整改，取缔禁燃区所有使用高污染燃料锅炉、炉灶，改用清洁能源。

*尾矿库专项整治行动*：2007 年 9 月，依法取缔各类非法尾矿库；关闭不具备安全生产条件和污染环境尾矿库；整治尾矿设施不健全、不完善选矿加工厂；健全和完善尾矿库安全和环境监督管理体制，消除尾矿库重大隐患，有效监控尾矿库运行状况；督促企业建立和完善尾矿库安全和环境管理制度，加强技术管理和现场管理。市环保局组织人员查清全市范围内有尾矿库 37 个，其中 4 个闭库，1 个灰库停用，其他运行使用正常。

*修河源头保护区及干流污染物零排放专项行动*：2007 年 10 月，市环保局组织开展修河源头保护区污染物零排放专项行动检查，对修水县境内红山食品城 4 家食品加工企业限期退城进园，对污染严重的红山屠宰厂责令关停；对武宁县境内昂泰胶囊、林全胶囊公司污水要求处理后循环使用，不再外排。科学划定修河源头保护区，确保保护区实现污染物零排放；清理修河干流沿线陆域一千米范围内污染企业，取缔一批小造纸、小皮革、小化工和没有无害化处理设施的畜禽养殖场；加强环保审批管理，提高准入门槛，促进修河干流沿线地区产业升级、污染减排。在修河源头保护区实行最严格环境准入和最严格环评

审批,禁止新增污水排放口。对修河源头保护区内建设项目采取上收一级审批措施,由县级环保部门负责审批项目全部上收到市环保局审批,由市环保部门负责审批项目全部上收到省环保局审批;加快修河干流沿线县城污水处理厂建设。

城市污水处理设施建设专项行动:2008 年 8 月 1 日,11 县(市区)城镇生活污水处理厂开工建设。2010 年城区实现未经处理生活污水“零排放”,即达标排放。

### 五、行政处罚

1991 年,环保行政处罚方式以罚款为主,多为污染事故引发,处罚程序简易,处罚金额较低。全市 9 起污染事故,罚款总额 3.21 万元。1996 年,《中华人民共和国行政处罚法》颁布实施后,行政处罚工作逐步迈入正轨,当年罚款金额 1.5 万元。2006 年,随着“整治违法排污企业保障群众健康环保专项行动”深入,行政处罚力度加大。当年处罚案件 115 起,处罚金额 81.9 万元。2007 年,处罚案件数 114 起,处罚金额 96 万元。2008 年,处罚案件 61 起,处罚金额 230.5 万元。2009 年,处罚案件 125 起,处罚金额 480.7 万元。2010 年,通过依法行政,加大对违法排污、违法开工建设项目打击力度,切实解决威胁群众健康突出环境问题,处罚案件 96 起,处罚金额 623 万元。

## 第四节　排污收费

1991 年 6 月,《超标污水排污费征收标准》取代《征收排污费暂行办法》中废水排污费征收标准,排污收费标准提高,同时执行《超标环境噪声收费标准》。1993 年 7 月,排污收费增加污水收费,即不超标也收费,按照国家计委和财政部联合下达《关于征收污水排污费的通知》,每吨污水最高不超过 0.05 元。1994 年 12 月,省人大常委会对《江西省征收排污费办法》进行修订,明确收费对象是省内排放污染物的企业、事业单位、机关团体、部队和个体工商户,征收的排污费专款专用。2003 年 7 月 1 日,排污收费按照国务院《排污费征收使用管理条例》执行,实行属地收费、收支两条线、总量收费、多因子收费、排污即收费等举措。九江发电厂二氧化硫排污费由省环境监察局核定和收缴,其他排污费由市和各县(市、区)环境监察部门核定和收缴,实行收支两条线、收缴分离,排污费收入 10%缴入中央国库,20%缴入省国库,70%缴入各市、县(区)国库,纳入财政预算,列入环境保护专项资金进行管理。2007 年,全市排污费征收 5382 万元,在上年基础上净增 1224 万元,增幅 29%;市本级收费 3006 万元。2010 年,市环保局按照《排污费征收使用管理条例》要求,下发《关于开展 2010 年度排污申报登记工作的通知》,做好排污申报登记与核定工作,掌握辖区内企业排污真实情况,依法、全面、足额征收排污费 6900 万元,其中市本级征收排污费 2800 万元。

1991~2010 年全市排污收费一览

表 9-4-5　　　　单位：万元

| 年份 | 合计 | 市本级 | 九江县 | 瑞昌市 | 武宁县 | 修水县 | 永修县 | 德安县 | 星子县 | 都昌县 | 湖口县 | 彭泽县 | 浔阳区 | 庐山区 | 经济开发区 | 共青城开发区 | 庐山管理局 |
|---|---|---|---|---|---|---|---|---|---|---|---|---|---|---|---|---|---|
| 1991 | 511 | 165 | 21 | 126 | 17 | 24 | 60 | 18 | 16 | 11 | 3 | 5 | 33 | 5 | | | 7 |
| 1992 | 475 | 180 | 17 | 92 | 14 | 27 | 46 | 18 | 12 | 11 | 3 | 6 | 35 | 7 | | | 7 |
| 1993 | 612 | 238 | 29 | 131 | 17 | 27 | 51 | 25 | 10 | 14 | 3 | 8 | 43 | 7 | | | 9 |
| 1994 | 736 | 308 | 35 | 145 | 16 | 29 | 63 | 30 | 10 | 13 | 4 | 10 | 51 | 9 | | 6 | 7 |
| 1995 | 657 | 319 | 37 | 78 | 20 | 20 | 25 | 30 | 12 | 12 | 5 | 11 | 61 | 13 | | 6 | 8 |
| 1996 | 529 | 168 | 39 | 86 | 20 | 15 | 8 | 31 | 13 | 13 | 6 | 13 | 69 | 14 | | 6 | 28 |
| 1997 | 585 | 197 | 40 | 120 | 19 | 9 | 8 | 33 | 13 | 11 | 8 | 14 | 60 | 15 | | 7 | 31 |
| 1998 | 582 | 208 | 35 | 94 | 22 | 19 | 20 | 30 | 13 | 10 | 8 | 16 | 51 | 14 | | 7 | 35 |
| 1999 | 639 | 204 | 55 | 124 | 30 | 21 | 21 | 30 | 15 | 11 | 10 | 17 | 51 | 16 | | 7 | 27 |
| 2000 | 720 | 221 | 57 | 112 | 25 | 64 | 27 | 38 | 16 | 12 | 12 | 19 | 61 | 15 | | 9 | 32 |
| 2001 | 736 | 214 | 57 | 106 | 25 | 107 | 26 | 21 | 16 | 12 | 15 | 19 | 63 | 14 | | 9 | 32 |
| 2002 | 840 | 228 | 65 | 104 | 26 | 164 | 21 | 40 | 29 | 10 | 12 | 20 | 64 | 14 | | 10 | 33 |
| 2003 | 1250 | 414 | 85 | 125 | 38 | 226 | 53 | 50 | 42 | 20 | 30 | 63 | 64 | 15 | | 13 | 12 |
| 2004 | 2392 | 1201 | 137 | 199 | 60 | 279 | 87 | 93 | 48 | 11 | 41 | 41 | 93 | 45 | | 27 | 30 |
| 2005 | 3405 | 1830 | 198 | 254 | 69 | 281 | 135 | 203 | 60 | 23 | 76 | 34 | 156 | 23 | | 33 | 30 |
| 2006 | 4143 | 2400 | 260 | 387 | 119 | 272 | 143 | 141 | 70 | 41 | 87 | 60 | 53 | 37 | 4 | 36 | 33 |
| 2007 | 5350 | 3006 | 350 | 494 | 175 | 310 | 210 | 206 | 80 | 60 | 138 | 98 | 64 | 43 | 18 | 58 | 40 |
| 2008 | 5969 | 2572 | 484 | 731 | 180 | 360 | 301 | 347 | 90 | 76 | 307 | 230 | 95 | 49 | 25 | 80 | 42 |
| 2009 | 6380 | 2668 | 510 | 770 | 190 | 310 | 350 | 153 | 100 | 85 | 599 | 359 | 60 | 43 | 45 | 101 | 37 |
| 2010 | 6847 | 2800 | 529 | 785 | 292 | 312 | 351 | 301 | 110 | 80 | 666 | 241 | 87 | 116 | 26 | 121 | 30 |

# 第五节　限期治理

## 一、“一控双达标”

1996 年 10 月，市政府下发《贯彻落实国务院限期取缔关停十五种污染严重企业决定的紧急通知》，关停九江县、彭泽县造纸厂等一大批企业。1998 年 6 月，国家环保总局下发《关于印发全国 2000 年工业污染源达标排放和环境保护重点城市环境功能区达标工作方案的通知》，要求到 2000 年全国工业企业必须达标排放。1999 年 5 月，市政府成立 2000 年工业污染源达标排放工作领导小组及办公室。2000 年 1 月，市政府与市属重点企业九江一棉有限公司、九江纺织服装集团公司、九江啤酒厂、赤湖啤酒厂、九江封缸酒厂、庐山水泥有限责任公司、九江铜硫矿等企业签订 2000 年工业污染源按期达标责任状。5 月 18 日，国家环保总局副局长到市检查工业污染源达标工作进展，实地视察九江发电厂、九江石化总厂、九江化纤厂、九江化工厂 4 家企业，对达标工作进行指导。7 月 31 日，召开全市环保保护“一控双达标”工作进展调度会，部署达标倒计时工作。12 月底，全市完成 2000 年年底工业污染源达标排放工作，达标率98%，通过国家、省组织达标验收。

### 二、市级限期治理

1991 年,省政府办公厅批转省环保局《关于建议地属企事业单位污染源限期治理确定管辖权限》,明确污染源限期治理管理权限。当年,九江市完成限期治理任务 19 个,投资共计 383.9 万元。1992 年,双杯龙舟赛在市举行,利用活动契机,市政府下达一批限期治理项目,其中废水治理项目 6 个,废气治理项目 52 个,均按期完成。1993 年,市政府对九江医专附属医院、九江中医院、九江电瓷厂、九江车务段、九江畜产制革厂下达限期治理计划。1998 年, 市政府对市属 34 家污染企事业单位下达限期治理计划。2000 年,对市属 34 家企事业单位下达限期治理计划,要求到 2000 年年底以前全部达标。2002 年开展油烟治理工作,当年下达第一批 56 家油烟污染企业限期治理任务,2003 年 5 月下达第二批 103 家油烟污染企业限期治理任务。2005 年,为保证市政府十大环保惠民工程之一的"全市工业污染源全面达标建设"顺利实施,市政府决定对九江学院生活污水工程、九江维科印染有限公司锅炉废气治理工程、九江汇源食品饮料有限公司发电机噪声治理工程、九江针织服装集团有限公司锅炉废气治理工程、共青城华达医用材料有限公司废水治理工程、共青城顺风纸业有限公司废水治理工程、星子县南康医院医疗废水治理工程、星子县归宗医院医疗废水治理工程、瑞昌市瑞江水泥厂粉尘治理工程、武宁县民生罐头食品有限公司废水治理工程 10 个项目下达限期治理任务。2006 年,限期治理项目如期完成,限期治理工作结束。

### 三、县级限期治理

1994 年 1 月,庐山管理局印发《关于对全山煤锅炉、灶实施限期治理的通知》,启动"无烟山"环保工程。2000 年,都昌县政府相继对县制药厂锅炉、县型砂厂洗砂废水下达限期治理计划,10 月关停县化工厂、县酒厂等 8 个工艺落后、经济效益差、污染严重又无法治理厂家。2004 年,庐山管理局印发《关于进一步加强庐山主干道两侧餐饮业经营管理的意见》《关于开展饮食服务业油烟污染整治工作的通知》等文件,对整治工作全面部署。通过两年努力,有 29 家安装油烟净化设施,达到限期治理要求。2007 年始,庐山连续 4 年限期治理长冲河陆域范围排污单位,共完成 27 座污水处理设施建设,增加污水处理能力 600 吨/日。同年,武宁县政府对武宁县华源锑业有限公司做出限期治理决定。2008 年 6 月,该公司冶炼废气脱硫工程全面完工,投入试运行。同年,都昌县政府对县人民医院、县中医院、县妇保院、县血防站下达限期治理任务。

## 第六节　辐射管理

### 一、核辐射管理

1991 年,核辐射管理工作仅限于含放射性物质工矿企业环境管理。同年,相继开展对国营七二四矿放射性废水、废气、废渣以及环境放射性水平监测与调查,对九江有色金属冶炼厂放射性物质监督管理。1993 年,根据国家环境保护局《关于重申加强放射源管理的紧急通知》,开展全市放射性污染源调查。统计医院 18 家,企业 4 家,放射源 56 个。1999 年,全市开展放射性环境管理及电磁辐射污染源调查工作。2004 年 3 月,国家环保总局《关于贯彻〈中华人民共和国放射性污染防治法〉和中央编办〈关于放射源安全监管部门职责分工的通知〉的意见》明确地方环保部门对辖区内放射源等核技术利用项目、伴生放射性矿物资源开发利用项目和电磁辐射设施进行监督检查等工作。7 月,市环保局开展"清查放射源,让百姓放心"专项行动。全市共清查涉源单位 28 家、放射源 87 个,放射源分别用于料位计、密度计、核子秤、探伤等。按源种类分,铯-137 源 52 个、镭-226 源 5 个、镅-241 源 1 个、钚-239 源 1 个、锶-90/钇-90 源 1 个、铱-192 源 2 个、钴-60 源 21 个、源种类不详 4 个。其中有闲置放射源 21 个,均由涉源单位按要求贮存。同时对 4 家企业和 118 家医院使用 X 射线装置进行申报登记,有工业探伤机 15 台、医疗诊断/介入等装置192台。全市放射源安全监管列入日常监督检查及项目初审。2005年9月,省政府启动江西彭泽核电前期工作,属中国首批内陆核电项目。2008年6~7月,九江市完成辖区内19个辐射工作单位、25个涉源使用场所、5个贮存场所,共110个放射源督查,鉴定《放射性同位素安全管理责任书》和落实《放射性同位素单位安全保卫工作检查表》各17份。12月,彭泽核电站环境影响报告书和厂址安全分析报告获国家核安全局受理。2009年4月,江西彭泽核电厂一期工程一、二号机组环境影响报告书(选址阶段)获环保部批准。5月,彭泽核电站场平工程正式开工。2010年1月,市政府办公厅印发《九江市辐射事故应急预案》。至年底,辖区内放射性同位素核技术应用单位有江西星火有机硅厂、中国石油化工股份有限公司九江分公司、江西九江钢厂有限公司、巨石集团九江有限公司、市第三人民医院等,共计130枚放射源,其中Ⅲ类放射源3枚,分别是巨石集团九江有限公司、市第三人民医院、解放军第一七一医院各1枚,其余为Ⅳ、Ⅴ类源。

### 二、电磁辐射管理

1998年6月15~19日,在九江县举办"全市电磁辐射环境污染源调查培训班",各县(市、区)环保局、全市51家电子辐射企事业单位参加培训。2006年8~11月,组织实施辖区内电磁辐射设备(设施)申报登记工作。共登记广播电视电磁设备类33台,总功率43250瓦;通信、雷达及导航发射设备类1711台,总功率53612瓦;输电线路系统设备70台,总功率49081E+9瓦,总长度1804千米。2010年,部分射线装置应用单位有江西江州联合造船有限责任公司、九江海天设备制造有限公司、九江九洲节能环保工程有限公司、中铁四局集团第五工程有限公司医院等,通信、电力等电磁辐射设备(设施)使用单位有省电力公司、中国移动江西有限公司、中国联通江西分公司等,经省环保厅审批,取得"辐射安全许可证"。

# 第五章 环境监测与科研

## 第一节 环境监测网络

### 一、环境监测站

1991年,全市环境监测站14个,市环境监测站为国家三级站,监测人员54人,其中专业技术人员42人。监测用房2000平方米;监测车辆2辆。县级环境监测站13个,为国家四级站,监测车辆与所属环保局共同使用。2005年,设经济开发区环境监测站。2008年,设庐山西海环境监测站。2009年,设共青城市环境监测站。2010年,全市环境监测站17个,环境监测人员257人。其中市站是全国环境监测网络二级站,同时也是国家大气网络站、水质网络站、"酸雨、二氧化硫"两控区监测站、长江生态网络监测站和鄱阳湖生态监测站、中国环境监测总站长江流域水质自动监测托管站,监测人员68人,监测用房面积4000平方米。县级环境监测站16个,为三级站。全市有环境监测车18辆。

### 二、仪器装备

1991年,全市环境监测仪器设备总价值133万元。其中市环境监测站监测设备价值101.7万元,包括微机2台、气相色谱1台、原子吸收2台等;县级站仪器设备多为简便、快速、实用类型,合计价值31.3万元,主要为天平、大气采样器、声级计、林格曼烟气望远镜等。2000年,全市环境监测仪器设备总价值319.8万元。其中市环境监测站监测设备价值220万元,增加微机8台、气相色谱1台、离子色谱仪2台、汽车尾气测试仪等;县级站仪器设备合计价值99.8万元,主要增加大气采样器、声级计、林格曼烟气望远镜、COD测定仪等。2001年1月,河西水厂水质自动监测站在市外贸码头内建立。2002年6月,石化总厂城市空气自动监测站在九江石化总厂建立。10月,蛤蟆石水质自动监测站在九江化纤厂建立。2004年1月,十里、茅山头城市空气自动监测站设立。12月,西园、林科所城市空气自动监测站设立。2006年4月,庐山空气自动监测站设立。8月,市污染源自动监控系统开工建设,该项目被列为市重点基础性建设项目,也是"数字九江"重要组成部分,总投资3400万元,包括水质监控、烟气监控、视频监控子系统、自动监控中心及现场端专业化运营等项目。10月,河东水厂水质自动监测站及综合工业园、水科所城市空气自动监测站设立。12月,吴城水质自动监测站设立。2007年6月,市环境应急监测系统建立。该系统投资人民币384万元,包括环境应急监测车、环境空气质量监测系统、车载式气相色谱质谱分析仪(GC-MS/MS)、车载GPS、车载气象系统、车载无线电话、便携式化学物质快速分析仪、便携式重金属分析仪、手持式多种气体分析仪和检测管等。2010年3月,星子县水质自动监测站设立。5月,全市完成水质自动监控系统58套、烟气自动监控系统23套以及视频监视系统44套。其中27套水质、19套烟气、44套视频完成联网,实现国控、省控重点污染源企业全自动监控。烟气自动监控系统主要包括二氧化硫、氮氧化物、烟尘浓度、含氧量、烟气流速、温度、湿度、压力等监测因子;水质自动监控系统主要包括化学需氧量、pH值、流量等监测因子。同时,根据行业特征污染物不同,另设加测项目,如在九江石化总厂安装油分在线监测仪,在浔朋化工有限公司安装氟化物在线监测仪等。自动监测数据管理实行日报、周报、月报以及异常情况即时报告制度。至2010年年底,全市环境监测装备总价值达5276万元,其中污染源在线监控系统(27套水质、18套烟气、30套视频、监控中心)2500万元;环境监测站常规监测仪器(包括电脑、气相色谱、液相色谱、离子色谱仪、原子吸收、原子荧光光度计等;含县级环境监测站仪器设备)价值1200万元;环境应急监测系统384万元;水质自动监测站600万元;空气自动监测系统480万元;噪声自动监测显示牌112万元。

### 三、质量保证

1991年,市环境监测站质量保证工作重点为化验分析,要求分析数据必须控制在误差范围以内。按照《实验室资质认定评审准则》要求,建立完整质量管理体系和管理制度,形成环境监测全程序质量控制和以数据三级审核为主体质量保证体系。执行国家相关标准和技术规范,通过持证上岗、仪器设备定期检定和空白试验、校准曲线核查、平行样分析、加标样分析、密码样分析等措施开展监测质量控制工作,对监测布点、样品采集、样品运输、样品分析、数据处理和报告审核等环节进行质量控制,保证监测数据的可比性、准确性和完整性。2000年,创建标准化实验室,进行实验室维修改造,装备先进仪器设备,加强监测人员专业技能培训,确保监测数据真实可靠。2007年7月,在省环境监测技术大比武中,市环境监测站获地级站二等奖,瑞昌市环境监测站获县级站一等奖。2010年,单独设立质量管理室,增加质量管理人员,完善以环境监测全过程质量控制和数据三级审核为主体质量保证体系,对监测布点、采样、样品运输、分析、数据处理报告审核进行严格把关,从而对监测人员工作质量,监测数据可比性、准确性、完整性起到保证作用,顺利通过国家、省质控考核,通过省技术监督局组织计量认证年审,7月,省环境监测专业技术人员大比武活动中,九江市3名参赛选手获团体二等奖。

### 四、运行方式

1991年,形成以市环境监测站为骨干,各县(市、区、山)环境监测站和重点企业分析化验室联动的环境监测网络格局。2000年后,瑞昌等县级监测站发展到具备初步化验、提交报告能力,对所管辖小型企业开展自主污染源监测和城区环境质量监测工作。2006年,环境质量监测工作中,属于国家、省、市布设重点监测断面和监测点位,重要水域、城市环境空气和城市区域噪声等,由市环境监测站承担;污染源监督性监测工作中,国家、省、市重点监控企业,由市环境监测站开展监测;非重点企业监督性监测,由县(市、区、山)监测站对辖区内企业自行开展监测。没有监测能力的县,采样后送至市环境监测站开展监测。至2010年底,环境监测网络运行方式仍然维持原有模式。

# 第二节 水环境监测

## 一、水质监测布点

**国家级监测断面(国控断面)** 1994年,长江九江段水质监测国控断面调整,由1988年设姚港、九江炼油厂、江心洲3个调整为姚港、金鸡坡、新港、湖口4个,其中:姚港对照断面不变,江心洲消减断面略往下移改为湖口消减断面,九江炼油厂控制断面撤销,在九江石化总厂排污口上游金鸡坡设一控制断面,监控九江市城市的工业和生活污水,在九江石化总厂排污口下游新港设一控制断面,监控城市及石化总厂、九江发电厂的工业与生活污水。2003年1月,根据原国家环保总局文件精神,长江九江段水质监测国控断面调整为姚港、湖口和鄱阳湖出口。姚港、湖口两国控断面保持不变,金鸡坡、新港断面由国控断面调整为省控断面,鄱阳湖出口断面调整为国控断面,监控鄱阳湖出口水质状况。同年,在鄱阳湖九江水域增设蛤蟆石和都昌2个国控监测点位,监控鄱阳湖九江水域水质状况。2010年,市国控断面为姚港、湖口;国控监测点位为蛤蟆石、都昌。

**省级监测断面(点位)** 1991~2008年,修河布设有7个省级水质监测断面:修水渣津、县城、武宁渡口、柘林水库、永修艾城、潦河和县城。其中,渣津断面为清洁对照断面,永修潦河为支流入河口断面,其他断面均为控制断面。2008年2月,按照省环境保护厅《关于要求实施江西省地表水省控监测断面设置和调整技术方案》要求,修河水质监测断面由7个调整为10个:渣津水河口、东津桥、武宁水河口、修水县城、太阳升、武宁渡口、界牌、坝上、永修县城和潦河河口。其中,渣津水河口断面监测源流-噪口水-渣津水出水水质状况,东津桥断面监测源流—金沙河—东津水出水水质状况,武宁水河口断面监测武宁水水质状况,潦河河口断面监测潦河水质状况,修水县城、永修县城2个监测断面监测修河干流水质变化情况;太阳升、武宁渡口、界牌和坝上4个监测点位监测柘林湖水质状况。同年,在长江九江段增设赛城湖口和马当2个省控断面。2010年,在鄱阳湖增设三山、吴城、蚌湖、老爷庙、星子、鄱阳湖出口6个省级监测点位,监控鄱阳湖九江水域水质状况。

**市级监测断面(点位)** 龙开河:1994年,布设五七二七厂、四四一厂、向阳闸和龙开河口4个市级水质监测断面。同年底龙开河自十里转盘以下至长江口河段被填平,龙开河改道由四四一厂经肖家河注入八里湖,水质监测断面因此调整为五七二七、四四一和八里湖入口。

市区湖泊:1991年甘棠湖设置4个市级监测点位:烟水亭、思贤桥、一中桥和闸口。2002年始,一中桥测点调整为九江宾馆。八里湖、赛城湖、白水湖和琵琶湖分别于湖心设置1个监测点位。2008年年底,琵琶湖因中石化九江分公司扩建停止监测。

**县级监测断面(点位)** 至2010年,相继在九江、修水、永修、德安、星子、都昌、彭泽、湖口、瑞昌、共青城和庐山风景名胜管理局设置水质监测断面(点位)48个。

## 二、监测项目、频次

**监测项目** 1991年,按照《环境监测技术规范》要求,全市地面水河流水质监测项目包括pH、悬浮物、总硬度、溶解氧、化学需氧量、生化需氧量、氨氮、亚硝酸盐氮、硝酸盐氮、挥发酚、氰化物、砷、汞、六价铬、铅、镉等17项,湖泊水质监测项目比河流多透明度、总氮、总磷3项。1996年,全市地面水水质监测项目在原基础上增加石油类监测项目。2003年7月始,长江九江段、修河、龙开河等河流水质监测项目包括《地表水环境质量标准》中“地表水环境质量标准基本项目标准限值”中的全部24个项目;鄱阳湖、柘林水库和市区湖泊等湖库水质监测项目增加透明度和叶绿素a,共26项。

**1991~2010 年全市地表水监测项目、分析方法一览**

表 9-5-1　　单位:毫克/升

| 监测项目 | 分析方法 | 最低检出限 | 方法来源 |
|---|---|---|---|
| 水温 | 温度计法 | | GB13195-91 |
| pH | 玻璃电极法 | | GB6920-86 |
| 溶解氧 | 碘量法 | 0.2 | GB7489-87 |
| 高锰酸盐指数 | 酸性高锰酸钾法 | 0.5 | GB11892-89 |
| 化学需氧量 | 重铬酸盐法 | 10 | GB11914-89 |
| 五日生化需氧量 | 稀释与接种法 | 2 | GB7488-87 |
| 氨氮 | 纳氏试剂比色法 | 0.05 | GB7479-87 |
| 总磷 | 钼酸铵分光光度法 | 0.01 | GB11893-89 |
| 总氮 | 碱性过硫酸钾消解紫外分光光度法 | 0.05 | GB11894-89 |
| 铜 | 原子吸收分光光度法(螯合萃取法) | 0.001 | GB7475-87 |
| 锌 | 原子吸收分光光度法 | 0.05 | GB7475-87 |
| 氟化物 | 离子选择电极法 | 0.05 | GB7484-87 |
| 硒 | 石墨炉原子吸收分光光度法 | 0.003 | GB/T15505-1995 |
| 砷 | 冷原子荧光法 | 0.00006 | 《水和废水监测分析方法(第四版)》 |
| 汞 | 冷原子吸收分光光度法 | 0.0001 | GB7468-87 |
| 镉 | 原子吸收分光光度法 | 0.0001 | GB7475-87 |
| 六价铬 | 二苯碳酰二肼分光光度法 | 0.004 | GB7467-87 |
| 总铅 | 原子吸收分光光度法 | 0.001 | GB7475-87 |
| 氰化物 | 异烟酸吡唑啉酮比色法 | 0.004 | GB7487-87 |
| 挥发酚 | 蒸馏后 4-氨基安替比林比色法(萃取) | 0.002 | GB7490-87 |
| 石油类 | 红外分光光度法 | 0.01 | GB/T16488-1996 |
| 阴离子表面活性剂 | 亚甲蓝分光光度法 | 0.05 | GB7494-87 |
| 硫化物 | 亚甲基蓝分光光度法 | 0.005 | GB/T16489-1996 |
| 粪大肠菌群 | 多管发酵法、滤膜法 | | 《水和废水监测分析方法(第四版)》 |
| 透明度 | 塞氏盘法 | | 《水和废水监测分析方法(第四版)》 |
| 叶绿素 a | 叶绿素 a 测定 | | 《水和废水监测分析方法(第四版)》 |

**监测频次**　长江九江段:1991~2002 年,逢单月监测,全年 6 次;2003 年始,国控监测断面逢单月监测,省控监测断面则逢双月监测,全年监测 12 次。

修河:1994 年前每年监测 6 次,逢双月监测;1994~2008 年改为丰水期、平水期、枯水期分别监测 1 次,每年 3 次;2008 年始,调整为各水期分别监测 2 次,每年 6 次,逢单月监测。

鄱阳湖:2003~2007 年,丰水期、平水期、枯水期分别监测 1 次,全年 3 次;2008 年,逢单月监测,全年 6 次;2009~2010 年,每月监测 1 次,全年 12 次。

龙开河、市区湖泊:1991~1995 年,每年监测 6 次,逢双月监测;1996~2000 年,每年监测 6 次,逢单月监测;2001~2010 年,每年监测 6 次,逢双月监测。

柘林湖:水质监测与修河同步。

### 三、水质监测数据与报告

1991年,完成水质例行监测数据3552个,其中,长江例行监测数据1728个、修河768个、市区湖泊和龙开河1056个。2010年,完成地表水例行监测数据9300个,其中饮用水源地例行监测1608个,长江、修河例行监测数据6084个、鄱阳湖672个、市区湖泊和龙开河936个。累计向中国环境监测总站上报水质周报432期,报送监测数据52584个;向省环境监测中心站报送环境监测月报240期,环境监测季报80期,年度报告书20本,5年报告书4本。

## 第三节 大气环境监测

### 一、监测布点

**市区布点** 城市环境空气监测布点范围为九江市建成区,1991~2007年间,根据大气优化布点情况,在城市建成区设置5个监测点。

**1991~2007年城市环境空气监测点位一览**

表9-5-2

| 点位名称 | 地理位置 | | 行政区划 | 点位功能 | 监测项目 | 点位级别 |
|---|---|---|---|---|---|---|
| | 纬度 | 经度 | | | | |
| 十 里 | 29°40′ | 115°59′ | 庐山区 | 评价点 | 二氧化硫、氮氧化物①、总悬浮颗粒物② | 国控点 |
| 茅山头 | 29°42′ | 115°57′ | 开发区 | 评价点 | 二氧化硫、氮氧化物①、总悬浮颗粒物② | 国控点 |
| 西 园 | 29°43′ | 115°59′ | 浔阳区 | 评价点 | 二氧化硫、氮氧化物①、总悬浮颗粒物② | 国控点 |
| 老 站 | 29°43′ | 116°00′ | 浔阳区 | 评价点 | 二氧化硫、氮氧化物①、总悬浮颗粒物② | 国控点 |
| 林科所 | 29°39′ | 116°01′ | 庐山区 | 清洁对照点 | 二氧化硫、氮氧化物①、总悬浮颗粒物② | 国控点 |

说明:①氮氧化物2002年调整为二氧化氮;②总悬浮颗粒物2004年调整为可吸入颗粒物;③林科所测点原为大桥测点

2006年4月,市环境监测站向中国环境监测总站提交《九江市城市环境空气监测点位增设和调整方案》,经中国环境监测总站组织专家论证,并报请国家环保总局批准《关于增设和调整城市环境空气质量监测点位的通知》),从2007年8月起,城市环境空气监测点位调整为8个。

**2010年城市环境空气监测点位一览**

表9-5-3

| 点位名称 | 地理位置 | | 行政区划 | 功能区划 | 点位功能 | 监测项目 | 点位级别 |
|---|---|---|---|---|---|---|---|
| | 纬 度 | 经 度 | | | | | |
| 庐山气象台 | 29°34′ | 115°58′ | 庐山风景名胜管理局 | 一类区 | 清洁对照点 | 二氧化硫、二氧化氮、可吸入颗粒物 | 国控点 |
| 十 里 | 29°40′ | 115°59′ | 庐山区 | 二类区 | 评价点 | 二氧化硫、二氧化氮、可吸入颗粒物 | 国控点 |
| 茅山头 | 29°42′ | 115°57′ | 开发区 | 二类区 | 评价点 | 二氧化硫、二氧化氮、可吸入颗粒物 | 国控点 |
| 西 园 | 29°43′ | 115°59′ | 浔阳区 | 二类区 | 评价点 | 二氧化硫、二氧化氮、可吸入颗粒物 | 国控点 |
| 五七二七厂 | 29°39′ | 116°00′ | 庐山区 | 二类区 | 评价点 | 二氧化硫、二氧化氮、可吸入颗粒物 | 国控点 |
| 水科所 | 29°41′ | 116°03′ | 庐山区 | 二类区 | 评价点 | 二氧化硫、二氧化氮、可吸入颗粒物、O3、CO | 国控点 |
| 综合工业园 | 29°36′ | 115°54′ | 九江县 | 二类区 | 评价点 | 二氧化硫、二氧化氮、可吸入颗粒物、O3、CO | 国控点 |
| 石化总厂 | 29°45′ | 116°04′ | 浔阳区 | 二类区 | 评价点 | 二氧化硫、二氧化氮、可吸入颗粒物 | 国控点 |

**县区布点** 九江县:1991 年相继布设县房产局办公大楼、县电信局办公大楼和县自来水厂办公大楼 3 个大气监测点位。2006 年在综合工业园开始建设大气自动监测站。

德安县:2003 年在县政府、县城广场设 2 个监测点,监测项目为二氧化硫、二氧化氮、总悬浮颗粒物。2006 年县政府测点改为县环保局,县城广场测点改为德安宾馆,监测项目中总悬浮微粒改为可吸入颗粒物。

永修县:2003 年布设点位 2 个:老城(老火车站位置)和新城(永修县房管局位置)。

星子县:2004 年选取监测点位为城区中心;2009 年选白鹿镇养老院和县林业局大院。

修水县:2003 年选取 3 个测点,2007 年调整确定县环保局点位为监测点位,县档案局为参照点位。

武宁县:2003 年始布点, 设县宾馆及县环保局 2 个测点;2010 年环境空气监测点位为县国际宾馆、县宾馆和县人民政府。

湖口县:1997 年布设点位 2 个:县环保局、石钟山。2010 年起由县环境监测站监测,点位不变,监测频率为每季度 1 次,24 小时连续采样。

都昌县:2008 年选县人民广场、县芙蓉山工业园为环境空气监测点位。

彭泽县:1991 年选点位为县环保局、县公安局。2006 年 7 月,在兰丰水泥有限公司建大气自动监测站;2007 年 12 月正式运行。

瑞昌市:1991 年已设置江西油嘴油泵厂、瑞昌市水泥压力管厂和赛湖一分场 3 个监测点位。2006 年经省环境保护局批准,对原监测点位进行调整,调整后点位为人民公园、市供水公司和恒丰纺织公司。2008 年在上述 3 个点位安装 3 套环境空气自动监测子站,全天候进行监测。

共青城:2007 年环境空气质量监测点位于共青中心转盘普法长廊,清洁对照点位于环保大楼楼顶。

庐山:2001 年始布设庐山北山园门、庐山气象台 2 个测点。2003 年调整为庐山建委招待所、气象台、科学院疗养院、望江亭、良璐宾馆设 5 个测点。2006 年 4 月,庐山气象台空气自动监测站建成并投入运行。2010 年,在庐山建委招待所、气象台、良璐宾馆、庐山园门设 4 个点监测二氧化硫、二氧化氮、可吸入颗粒物、总悬浮颗粒物。

## 二、监测项目、频率与方法

1991~2005 年,全市城市环境空气监测采用“人工采样、实验室分析”方法——“季五日法”,即每季度监测 5 天,每天 4 次。2002~2005 年,随着城市环境空气自动监测系统逐步建成并投入使用,城市环境空气监测由手工监测逐步过渡到自动监测。

**1991~2002 年全市城市环境空气监测频率与分析方法一览**

表 9-5-4

| 监测项目 | 监测频率 | 分析方法 | 采样方法 | | |
|---|---|---|---|---|---|
| | | | 仪 器 | 流 量 | 离地面高度 |
| 二氧化硫 | 4 期/年、5 天/期 4 次/天 | 甲醛比色法 | 大气采样器或智能空气采样仪 | 0.5 升/分钟 | 1.5~2 米 |
| 氮氧化物 | 4 期/年、5 天/期 4 次/天 | 盐酸萘乙二胺比色法 | 大气采样器或智能空气采样仪 | 0.3 升/分钟 | 1.5~2 米 |
| 总悬浮颗粒物 | 4 期/年、5 天/期 4 次/天 | 重量法 | 中流量总悬浮微粒采样器或智能空气采样仪 | 100 升/分钟 | 1.5~2 米 |

2003~2005 年全市城市环境空气监测频率与分析方法一览

表 9-5-5

| 监测项目 | 监测频率 | 分析方法 | 采样仪器 | 采样方法 |
|---|---|---|---|---|
| 二氧化硫 | 4 期/年、5 天/期、4 次/天 | 甲醛吸收副玫瑰苯胺分光光度法 | TH-150C 型智能空气采样仪 | 人工 |
| | 24 小时连续监测 | 紫外荧光法 | XH2000A 二氧化硫自动监测仪 | 自动 |
| 氮氧化物 | 4 期/年、5 天/期、4 次/天 | Saltzman 法 | TH-150C 型智能空气采样仪 | 人工 |
| 二氧化氮 | 4 期/年、5 天/期、4 次/天 | Saltzman 法 | TH-150C 型智能空气采样仪 | 人工 |
| | 24 小时连续监测 | 化学发光法 | XH2000B 氮氧化物自动监测仪 | 自动 |
| 总悬浮颗粒物 | 4 期/年、5 天/期、4 次/天 | 重量法 | TH-150C 型智能空气采样仪 | 人工 |
| 可吸入颗粒物 | 4 期/年、5 天/期、4 次/天 | 重量法 | TH-150C 型智能空气采样仪 | 人工 |
| | 24 小时连续监测 | β 射线法 | XH2000D 可吸入颗粒物自动监测仪 | 自动 |

2006~2010 年全市城市环境空气监测频率与分析方法一览

表 9-5-6

| 监测项目 | 监测频率 | 分析方法 | 采样方法 |
|---|---|---|---|
| 二氧化硫 | 全年 365 天，每天 24 小时连续自动监测 | 紫外荧光法 | 自动 |
| 二氧化氮 | | 化学发光法 | 自动 |
| 可吸入颗粒物 | | β 射线法 | 自动 |

## 三、监测数据与报告

1991 年，市环境监测站完成城市环境空气监测数据 1200 个。2005 年 6 月 5 日始，通过九江电视台一套和旅游频道向公众发布九江市城市空气质量日报。2010 年，完成城市环境空气监测数据 8760 个。累计向中国环境监测总站、省环境监测中心站、省环保厅信息中心和市环保局网站报送城市环境空气质量日报 5731 期，监测数据 47193 个；向省环境监测中心站报送城市环境空气监测月报 240 期，监测数据 67962 个。

# 第四节　声环境监测

## 一、监测布点

**区域噪声布点**　1991 年，在市区按 250 米×250 米网格进行布点，测点 159 个；1992 年，有效网格增加到 210 个；1993 年，按 500 米×500 米网格进行布点，测点 100 个；1995 年，网格增加到 115 个；2002 年，有效网格达到 200 个；2008 年，布设 400 米×400 米网格测点 200 个。2010 年，采用"网格测量法"，将城市划分成 400 米×400 米网格 200 个，9 月份在每个网格中心，监测区域环境噪声。

**功能区噪声布点**　1991 年，选择西园为居民文教区测点，肉联厂为一类混合区测点，中百站为二类混合区测点，满口香饭店为商业中心区测点，化工厂为工业集中区测点，环保大楼和庐山区政府为主要交通干线测点。2010 年，选择西园、庐峰小区为一类声环境功能区测点；选择满口香饭店、中百站为二类声环境功能区测点；选择化工厂为三类声环境功能区测点；选择环保大楼和十里为四类声环境功能区测点。

**交通噪声布点** 1991年,在市区浔阳东路、浔阳路、一支路、九瑞路、西二路、庐山路、十里大道、前进东路、甘棠北路、长虹大道、滨江路、长虹北路、滨江东路13条主要干道进行布点;1992年,布点26个;1993年,监测路长51.8千米;1995~2007年,监测点数为35个。2010年,在浔阳路、庐峰路、甘棠北路、交通路、环城路、南湖路、浔阳西路、九瑞路、庐山路、十里大道、长虹大道、滨江路、九威大道、九湖路、前进路、龙开河路、长江大道、青年路、浔南大道、沙阎路、九瑞大道21条交通干道布设48个测点,监测路长83.3千米。

### 二、监测频率

**区域噪声** 每年9月份监测一次。

**功能区噪声** 1995~2006年,每年6月和12月各进行1次24小时连续监测。2007~2010年,每季度进行1次24小时连续监测。

**交通噪声** 每年9月份监测1次。

### 三、监测成果

1991年,市环境监测站完成声环境质量监测数据1438个,其中城市区域噪声636个,道路交通噪声130个,功能区噪声672个。2010年,完成声环境质量监测数据3648个,其中城市区域噪声800个,道路交通噪声240个,功能区噪声2608个。

## 第五节 降尘与降水监测

### 一、监测布点

**降尘点位** 1号点位:环保大楼,位于浔阳东路133号市环保大楼楼顶(1991~2005年为老监测站大楼楼顶,2006年后改为市环保大楼楼顶);2号点位:大桥,位于虞家河乡政府大楼楼顶;3号点位:西园,位于浔阳区政府办公大楼楼顶;4号点位:十里,位于庐山区城建环保大楼楼顶;5号点位:茅山头,位于开发区工商局办公楼楼顶。

**降水采样点位** 1号点位:环保大楼(同降尘点位);2号点位:大桥(同降尘点位)。1991~2010年点位保持不变。

### 二、监测项目、频率

**降尘** 采用固定口径瓷质桶罐收集空气中自然沉降颗粒物,连续收集,每月定期测定1次,采用人工、重量法分析。

**降水** 监测pH值、电导率、硫酸根、硝酸根、氯离子、氟化物、钾、钠、钙、镁、铵根离子等项目,其中pH值、电导率、硫酸根、硝酸根项目,逢雨必测(硫酸根、硝酸根2008年以前为每月上下旬各1次);氯离子、氟化物、钾、钠、钙、镁、铵根离子等项目,每月上下旬各1次。降水采样,2000年之前采用人工方法,之后通过自动采样系统进行采样,用电极法、离子色谱法进行项目分析。

### 三、监测成果

1991年,市环境监测站完成降尘监测数据60个;降水监测数据432。1999年,市环境监测站参与完成《江西省酸雨时空分布规律研究》。2010年,市环境监测站完成降尘监测数据60个;降水监测数据1680。

# 第六节 辐射与室内监测

## 一、辐射监测

1991年,辐射监测针对位于修水七二四矿和位于市东郊廻峰矶九江有色金属冶炼厂进行,定期监测废水、废气、废渣(废矿石)以及环境地表水、空气、土壤和农作物。1993年年底,七二四矿政策性停止采矿和水冶生产,其废气监测暂停。1998年5月,市环境监测站与华东地质学院合作,对市区约30平方千米(陆地)范围进行环境放射性水平调查研究。采用100×200米均匀网格布点,线距200米,点距100米,共布设网点1393个。同时,对市区室内建筑天然辐射本底含量进行调查,调查点39个,全面了解和掌握市区公众成员所受辐射剂量程度。2003年6月,对市区地表水、地下水中氡浓度进行跟踪监测调查。2008年8月,成立市辐射环境监测站,2010年12月正式挂牌独立。同年,对修水七二四矿(2003年12月破产关闭后,2004年3月成立江西核工业经济技术开发公司修水分公司,2010年划归中核抚州金安铀业有限公司管理)保峰源工区矿井工作场地、水冶厂、废石场、尾矿库等面源,进行调查与放射性监测,按10×10米或20×20米网格布置测点,监测废石场γ辐射水平和氡析出率。七二四矿退役治理后,对治理期间周围放射性环境质量状况进行监测。对九江有色金属冶炼厂年排放11.68万吨含放射性废水、钽铌废渣、厂区周围辐射环境质量进行监测。9月,完成市γ辐射自动监测站选址筹建工作。

## 二、室内环境监测

2001年年初,市环境监测站成立室内环境监测室,添置仪器设备,培训监测人员,开展室内环境监测,主要监测项目包括甲醛、苯、总挥发性有机物、氨、氡、氧化物、可吸入颗粒物、噪声、天然石材和瓷砖放射性等。当年监测家庭5家,甲醛、氨、苯和TVOC出现10~30%左右超标情况。2002年监测家庭25家;2003年41家;2004年120家;2005年245家。2010年,委托监测家庭428家,民用建筑竣工验收282户。随着人们对居住环境污染意识增强,市民对室内装修带来污染问题越来越重视,更加注重装饰材料选购,室内污染情况逐年好转。甲醛、氨、苯和TVOC出现10~20%超标情况。

## 2006~2010 年城区民用建筑竣工验收室内环境监测一览

表 9-5-7　　　　单位:个、毫克/立方米

| 监测时段 | 监测项目 | 样本数 | 范围 | 平均值 | 评价结果 |
| --- | --- | --- | --- | --- | --- |
| 2006 年 | 甲醛 | 47 | 0.01~0.06 | 0.04 | |
| | 氡 | 47 | 7.0~130.5 | 18.8 | |
| | 氨 | 47 | 0.01~0.17 | 0.11 | |
| | 苯 | 47 | 0.02~0.09 | 0.04 | |
| | TVOC | 47 | 0.05~0.23 | 0.13 | |
| 2007 年 | 甲醛 | 84 | 0.01~0.07 | 0.03 | |
| | 氡 | 84 | 7.0~121.5 | 19.5 | |
| | 氨 | 84 | 0.01~0.17 | 0.09 | |
| | 苯 | 84 | 0.02~0.09 | 0.03 | |
| | TVOC | 84 | 0.06~0.25 | 0.09 | |
| 2008 年 | 甲醛 | 123 | 0.01~0.09 | 0.04 | |
| | 氡 | 123 | 6.8~101.4 | 20.4 | 经抽检,甲醛、氡、氨、苯、TVOC 浓度均在标准值之内,未超标 |
| | 氨 | 123 | 0.02~0.16 | 0.08 | |
| | 苯 | 123 | 0.01~0.07 | 0.02 | |
| | TVOC | 123 | 0.05~0.21 | 0.10 | |
| 2009 年 | 甲醛 | 216 | 0.01~0.06 | 0.02 | |
| | 氡 | 216 | 6.3~85.2 | 17.5 | |
| | 氨 | 216 | 0.01~0.17 | 0.05 | |
| | 苯 | 216 | 0.02~0.07 | 0.03 | |
| | TVOC | 216 | 0.01~0.27 | 0.15 | |
| 2010 年 | 甲醛 | 282 | 0.01~0.08 | 0.04 | |
| | 氡 | 282 | 7.5~101.5 | 19.7 | |
| | 氨 | 282 | 0.02~0.19 | 0.05 | |
| | 苯 | 282 | 0.01~0.07 | 0.03 | |
| | TVOC | 282 | 0.02~0.27 | 0.09 | |

2006~2010年城区装饰房室内环境监测结果一览

表9-5-8　　单位：个、毫克/立方米

| 监测时段 | 监测项目 | 样本数 | 范围 | 平均值 | 评价结果 |
|---|---|---|---|---|---|
| 2006年 | 甲醛 | 252 | 0.01~0.35 | 0.071 | 20%超标 |
| | 氡 | 30 | 12.1~48.5 | 29.5 | 达标 |
| | 氨 | 138 | 0.04~0.51 | 0.14 | 11%超标 |
| | 苯 | 121 | 0.01~0.15 | 0.07 | 10%超标 |
| | TVOC | 21 | 0.013~0.45 | 0.37 | 13%超标 |
| 2007年 | 甲醛 | 276 | 0.01~0.32 | 0.067 | 14%超标 |
| | 氡 | 38 | 11.1~48.5 | 32.5 | 达标 |
| | 氨 | 163 | 0.03~0.58 | 0.16 | 16%超标 |
| | 苯 | 10 | 0.01~0.18 | 0.06 | 7%超标 |
| | TVOC | 24 | 0.011~0.528 | 0.15 | 14%超标 |
| 2008年 | 甲醛 | 301 | 0.01~0.30 | 0.07 | 21%超标 |
| | 氡 | 31 | 11.1~133.7 | 30.5 | 达标 |
| | 氨 | 210 | 0.03~0.57 | 0.15 | 18%超标 |
| | 苯 | 30 | 0.01~0.17 | 0.08 | 10%超标 |
| | TVOC | 48 | 0.013~0.65 | 0.36 | 12.7%超标 |
| 2009年 | 甲醛 | 340 | 0.01~1.15 | 0.082 | 22%超标 |
| | 氡 | 20 | 7.4~133.2 | 30.5 | 达标 |
| | 氨 | 288 | 0.03~0.62 | 0.17 | 15%超标 |
| | 苯 | 120 | 0.01~0.21 | 0.09 | 11%超标 |
| | TVOC | 54 | 0.013~1.08 | 0.38 | 18%超标 |
| 2010年 | 甲醛 | 428 | 0.01~0.21 | 0.13 | 20%超标 |
| | 氡 | 35 | 12.5~85.5 | 47.3 | 达标 |
| | 氨 | 330 | 0.04~0.65 | 0.22 | 17%超标 |
| | 苯 | 210 | 0.01~0.06 | 0.03 | 9%超标 |
| | TVOC | 15 | 0.013~0.74 | 0.47 | 15%超标 |

## 第七节　环境科研

1991年，市环境科研主要围绕城市环境综合整治规划进行，在规划总报告基础上，完成全部分报告并通过专家论证。同年中日合作“鄱阳湖水质保护对策计划调查”项目启动，市环境保护局参与。1992年形成“鄱阳湖水质保护对策研究”成果。同年，市环保局组织完成庐山水泥厂棉浆黑液作水泥稀释剂实用技术实验通过国家环保局组织鉴定,并获省科技进步三等奖。市环境监测站完成市龙开河综合整治规划及排江可行性研究获省科技进步三等奖。1992年,“九江市城市环境综合整治规划研究”获省科技进步三等奖。1994年,“九江市城市大气监测站(点)合理布局研究”获省科技进步三等奖。同年,市环境监测站与澳大利亚中矿公司合作开展“城门山铜矿本底调查”。1999年,参与“江西省酸雨时空分布规律研究”课题获省科技进步二等奖。同年市环境监测站与韩国农业振兴厅及农业科学院合作开展“鄱阳湖农业面源污染管理研究”。

2001年,“九江市1996~2000年环境质量报告书”获省环境质量报告书一等奖、国家优秀环境质量报告书三等奖。2002年12月,市环境科学研究所完成“九江市八里湖污染综合整治方案研究”“九江市白水湖污染综合整治方案研究”课题,通过市科技局组织专家鉴定。2004年,市环科所引进并消化吸收美国LLMO活性生物技术,开展微生物制剂强化生态修复技术实践研究,2005年首次将其应用于九江化纤厂废水处理装置改造中,通过优化微生物制剂投放量,实现生化降解率大幅提高。2008年,应用于九江学院蝶湖、庐山如琴湖水治理,均取得良好成效,实现水体全年无蓝藻暴发、水体透明度大于50厘米以及水体不发黑发臭等目标。2005年8月,“九江市水环境容量测算与总量分配研究”课题通过市科技局组织专家鉴定。

2008年,市环科所在江西中科合臣实业有限公司建设日处理600立方米污水处理站,开展“高盐难降解化工废水治理示范工程”课题研究,从企业生产工艺入手,通过合理分流并采取预处理方法,降低污水处理站进水含盐量,利用多段水解有效提高废水可生化性,并通过优化SBR工艺参数,实现自动控制,保证出水质量,实现课题设定目标。7月,联合省科学院能源研究所、江西润阳环保科技有限公司共同开发生态节能型农村生活污水处理技术,通过借鉴太湖、滇池流域农村生活废水治理经验,研究投入少、效率高、管理简便的农村生活污水处理技术和设备,形成初步成果,申报国家发明专利1项(申请号:200910186381)、国家实用新型专利1项(申请号:200920188958)。2010年3月,生态节能型农村生活污水处理技术通过省科技厅技术鉴定,成果达到国内领先水平;6月28日,通过科技部专家论证,获科技部农业科技成果转化资金项目资助,进入示范推广阶段。

# 第十篇

# 交通运输

# 第十篇　交通运输

1991年以来，随着经济社会发展，全市交通运输业快速发展，路网分布日益完善，道路里程规模达到新的历史水平，交通运输方式和载体日益增多，初步形成公路、铁路、水路、航空为一体的立体式综合交通系统。2010年，公路运输开展“乡乡通”油(水泥)路工程，解决乡镇通油(水泥)路；开展“千亿元村村通”工程，全市新增1265个行政村通油(水泥)路。全市公路总里程为18006千米，其中省管养高速公路376千米，市公路局管养1651千米，市交通运输局管养15979千米。市公路局管养的等级路1651千米，其中一级路169千米，二级路674千米，三级路635千米，四级路173千米，有路面里程1651千米，高级路585千米，次高级路1066千米，国道里程246千米，省道里程855千米，县道里程527千米，乡道路里程23千米；市交通运输局管养的15979千米，其中县道1571千米，乡道3583千米，村道10811千米，专用公路15千米，其中一级公路9千米，二级公路28千米，三级公路250千米，四级公路9303千米，等外公路6389千米。2003年全市开展“乡乡通”油(水泥)路工程，至2005年共安排通乡公路890千米，解决64个乡镇通油(水泥)路。2006年开展“千亿元村村通”工程，至2010年安排6423千米，全市新增1265个行政村通油(水泥)路。全市从事货运企业721家，货运车辆26327辆，货运量7678万吨，货运周转量1602735万吨千米；客运企业75家，客运车辆2877辆，客运量9879万人，客运周转量391965万人千米。全市跨省班线205条，跨区班线76条，跨县班线157条，县内班线292条，农村客运乡镇通达率100%，行政自然村通达率91.7%。铁路运输稳步发展，铁路部门加强安全基础建设，提高线路施工安全自控、互控、他控能力，推行安全考核、安全生产逐级负责制，加强客货运营销、推进企业管理。1991年旅客发送量79万人，货物发送92万吨，运输收入4218万元，至2010年输送旅客422万人，发送货物871万吨，运输收入40415万元，分别增长5.34倍、9.47倍、9.58倍。九江民航历经建成通航、艰难运营、停航、管理体制改革、复航改建、恢复通航、稳步发展，逐步走上良性发展轨道。管道运输从无到有，从少到多，逐步形成石油、天然气、灰尘等管道化运输，成为市立体大交通体系中不可或缺的重要组成部分，至2010年，累计输入原油1908万吨，输出成品油365万吨，粉灰运输可采用灰、渣分除，分别排至魏家冲、十里垅、宗家垅等灰场。

# 第一章 公路运输

## 第一节 公 路

### 一、高速公路

**昌九高速公路** 始建于1989年,1996年1月建成通车，是省内第一条高速公路。境内长106.2千米,双向4车道,路基宽24.5米,路面宽21米,全封闭、全立交,沥青混凝土路面,设计行车速度100千米/小时。起自南昌市蛟桥,终于九江市九江长江大桥南端。工程总投资15.58亿元,是省首次采用世界银行贷款并按“菲迪克条款”进行管理的公路建设项目,境内设永修、艾城、共青、德安、庐山、通远、沙河、邹家河、荷花垄、九江长江大桥10个收费站。

**九景高速公路** 始建于1997年4月,1999年2月建成通车。境内长71.3千米,双向4车道,路基宽24.5米,全封闭、全立交,沥青路面,东起景德镇市,西止于九江市木家垄。境内设中馆、蔡岭、文桥、湖口、新港5个收费站。

**武吉高速公路** 始建于2006年4月,2008年1月建成通车。境内长40千米,双向四车道,路基宽26米,沥青混凝土路面,设计时速100千米/小时,起点于武宁县澧溪大平山鄂赣两省交界处,与拟建大庆至广州国家高速公路湖北段相接,南止于铜鼓县带溪乡镇山背村。九江境内设赣鄂省界、武宁、修水3个收费站。

**彭湖高速公路** 始建于2008年10月,2010年9月建成通车。境内长63.83千米,双向4车道,路基宽24.5米,沥青混凝土路面,设计时速80千米/小时,南接九景高速,北连安徽。路线总长12.008千米,是江西省18条地方加密高速公路之一及与彭泽核电站配套项目。境内设湖口东收费站、黄花收费站、彭泽东收费站和省界收费站。

**九瑞高速公路** 始建于2008年7月,2010年9月建成通车。境内长全长48.14千米,双向4车道,路基宽26米,设计车速100千米/小时,设省界主线收费站(出赣方向半幅设站,收本省通行费,代湖北发卡)和狮子匝道、瑞昌匝道、南阳匝道收费站3处,该高速公路由省政府批准,为江西首批面向境外公开招标确定投资人的高速公路项目之一,采用国际通用BOT模式运作,江西省交通厅通过招标确定香港城坤国际投资有限公司中标,负责项目投资建设及运营管理。路线起于昌九高速公路沙河互通以南约3.6千米处九江县曹家塅(昌九高速公路K107+700附近),终于赣鄂界界首,位于炉下水库南侧,拟与湖北拟建中阳新(鄂赣界)至通城高速公路相接。

**永武高速公路** 始建于2009年4月,2010年尚未完工。全长104.487千米,是省第一条旅游高速公路,全线采用双向4车道高速公路标准建设,路基宽24.5米,设计速度80千米/小时,沥青砼路面,连接线按二级公路标准,路基宽为12米,设计速度60千米/小时,设云居山、梅棠、巾口、武宁、澧溪收费站,该路东接福银高速昌九段的永修县军山,西连大广高速武吉段武宁互通,全线位于庐山西海风景名胜区北岸,是沟通福银高速公路、庐山西海景区、大广高速公路一条地方加密高速公路。

### 二、国 道

**105国道(北京至珠海)** 该线始建于20世纪30年代,是由北至南纵贯江西全境主干公路。九江辖段自九江长江大桥由湖北入境,进入市区,途经九江县、星子县、德安县、永修县云山向南出境,进入南昌。至2010年底,九江境内起讫桩号K1545+480–K1649+391,全长103.911千米。其中一级路6.795千米,二级路47.272千米,三级路49.844千米。全线共有桥梁35座,累计长度5513.3延米(含九江长江大桥)。

**316 国道(福州至兰州)** 该线始建于 20 世纪 30 年代,由永修县万家山入境,经德安县白水镇、瑞昌市南义镇、与 304 省道相交重叠(南义镇至武宁柯龙岔路口段),经过武宁县全家源出境;在九江境内全长 130.18 千米。其中线路桩号重复于 105 国道 27.94 千米(万家山至虬津段)。全线共有桥梁 26 座,累计长度 395.8 延米。2008 年,上级部门对 G316 的部分线路走向进行调整,剔除九江境内与 G105 重叠部分,改由经新建县新祺周(沿原虬上线)至永修新县城、艾城、虬津,进行连接。至此,九江境内 G316 线成为一条独立完整线路,除局部路段(永修县城至艾城段)未达二级路标准外,其余全部达到二级公路标准以上,路面也实现 100%高级化。九江市境内起讫桩号变更为 K650+213—K781+037,全长 130.824 千米。其中,一级路 9.581 千米,二级路 114.288 千米,三级路线 6.955 千米。有水泥混凝土路面 86.811 千米,沥青碎石(沥青表处)路面 44.013 千米。

## 三、省 道

**210 省道(蔡都线)** 都昌蔡岭至都昌。原路线编号为 14059;1994 年变更为 S216,2008 年省路网调整,蔡都线线路编号改为 S210。起点为景湖线上的都昌蔡岭镇,终点为都昌县城码头。全长 35.87 千米,共有桥梁 9 座,累计长度 135.4 延米。1991 年启动公路改造升级,按三级路标准(其中蔡岭叉道口含连接线为二级)。2000 年,随着九景高速公路的通车,省交通厅决定将蔡都线列为高速公路挂线,建设准一级公路,建设里程 29.393 千米,沥青碎石路面,路基宽 18 米,路面宽 15 米。工程于 2000 年 2 月开工,2001 年 10 月完工。

**212 省道 (九马线)** 九江至马回岭乡仓房。即原九隘线,路线编号为 14034,1994 年变更为 S219,2008 年由省路网调整,线路编号改为 S212,路线名称更名为九马线。起点于市老汽车客运站,终点于星子县隘口镇与 105 国道交叉口 (即隘口镇所在地)。全长 56.51 千米,共有桥梁 22 座,累计长度 405.5 延米。2002 年底,市政府委托市公路管理局成立九江庐山旅游公路开发建设总公司,专项融资,筹措资本金,通过农业银行贷款,按一级公路标准建设。2004 年 12 月,九隘新线通车后,终点由星子县隘口镇延伸至九江县马回岭乡仓房止,连接昌九高速公路,路线改建后全长 56.062 千米。

**213 省道(威通线)** 威家至通远登山公路。原路线编号为 14035,1994 年变更为 S220,2008 年省路网调整,线路编号为 S213。起点为九隘线上的庐山区威家镇,经登山公路至庐山,从东谷疗养区穿下,沿芦林湖水库至通远茶科所止。全长 45.62 千米,共有桥梁 3 座,累计长度 39.5 延米。在北山登山公路 1990 年修建沥青表面处治和水泥砼路面进行改善以后,1991 年,公路部门组织对威通线南山部分进行路面改善。工程于当年 3 月开工,10 月结束,共修建沥青表面处治路面 22 千米。至此,完成威通线全部路面硬化。

**227 省道 (修万线)** 修水至万载。即原修铜线,修水至铜鼓,路线编号为 14037,1994 年变更为 S241,又名铜修线。2008 年省路网调整,修铜线线路名称变更为修万线,终点由铜鼓县延展到万载县,线路编号改为 S227。起点为修水县城大桥头金三角,经宁州工业园、黄沙镇、上奉镇,沿西南走向出境进入宜春市铜鼓县境。在九江修水境内全长 65.43 千米,沿线有大桥 2 座/205.2 延米;中桥 1 座/34 延米;小桥 16 座/279.7 延米,有涵洞 283 道。1991 年以来,经过多次改造后,至 2010 年,该路段总里程 61.947 千米,路基宽度 5.5~38 米,路面宽度 4~25 米,技术等级为等外级至一级,其中一级路 3.222 千米,二级路 2.627 千米,三级路 56.098 千米,路面等级为次高级至高级,其中高级路面 13.137 千米,次高级路面 48.81 千米;路面类型为沥青表面处治至水泥混凝土。

**301 省道(湖双线)** 彭泽牛矶至湖口县双钟镇东门渡口。即原牛九线,彭泽牛矶至九江。路线编号为 14008,1994 年变更为 S302。起点为与安徽省东至县交界牛矶(彭泽马当镇湖西村),经定山镇、湖口县东门渡口至九江,全长 93.9 千米,共有桥梁 7 座,累计长度 238.7 延米。其中牛矶至湖口为二级路,路面宽 9 米,湖口渡口以西为四级及以下公路,路面宽 5.5 米至 7.5 米不等。2008 年省路网调整,牛九线线路名称变更为湖双线(起点不变,终点至湖口县双钟镇东门渡口止),线路长度缩短为 70.064 千米,路线编号改为S301。原牛九线裁下剩余部分路线(湖口东门渡口至九江),则降为县道,名称为九湖线,路线编号为X175,长度22.45千米。

**303省道(双黄线)** 双塔至黄金乡出境。原双瑞线,双塔至瑞昌,路线编号为14036,1994年变更为S304。起点为庐山区莲花镇双塔(G105线K1555+800处),经九江县沙河镇、新塘镇、新合镇至瑞昌市五里桥转盘(与九界线K34+000交会)止,全长35.2千米,其中庐山区境内0.8千米(K0+000-K0+800),九江县境内30.2千米,瑞昌境内5千米。经历年改造修建,至2010年全线均达二级水泥砼路面标准。2008年省路网调整,双瑞线名称变更为双黄线。线路起点不变,终点由瑞昌市五里桥转盘沿原九界线向北走通江岭、黄金乡至出境点止,线路全长68.127千米,桩号为K0+000-K68+127,线路编号改为S303。

**306省道(红修线)** 红桥至修水。原焦武线和武修线合并。焦武线(永修虎山焦冲至武宁县城。路线编号为14040,1994年变更为S309)起点为永修县江上乡焦冲村,终点为武宁县城,路线全长为65.25千米。通过历年改建,至2002年末,焦武线全线改建成二级公路,沥青表面处治路面。提高道路通行能力,成为武宁县对外主要通道。2008年全省路网调整,焦武线改为红修线,起点不变,仍为虬津镇红桥村(虎山),终点由武宁县城接武修线,经武宁清江、修水庙岭至修水县城,全长135.85千米(K0+000-K135+850),路线编号改为S306,原焦武线线路名称及编号被撤销。武修线于2002年修建,由武宁县城经武宁清江、修水庙岭、三都(沿原县道修三线X205)至修水县城,2003年建成通车,全线为二级公路。

**304省道(婺桃线)** 婺源至桃树。2008年全省路网调整,路线走向从上饶婺源出发,经景德镇、鄱阳进入市境后,沿原景湖线绕道九景高速公路鄱阳湖大桥进入九江市,然后沿九界线(九江至瑞昌段)、瑞南线、南义镇至武宁柯龙,走柯龙线大部(武宁柯龙至修水石坳段)、辽南线出境,在九江境内全长324.36千米,先后纳入景湖线、九界线(部分)、瑞南线、G316线(局部重复)、柯龙线(大部)、辽南线,同时撤销并线省道名称。原景湖线(景德镇经都昌中馆至湖口。路线编号为14033,1994年变更为S306),路线起点为景德镇市,经鄱阳县、都昌县至湖口县城,全长118千米,途径景德镇、上饶、九江3地区。在九江境内,景湖线共有53.22千米,起点为都昌中馆镇与波阳县交界处,经蔡岭、北炎、湖口武山、文桥至湖口县城。其中都昌境内29.3千米,湖口境内23.92千米。九江境内有桥梁17座,累计长度368.4延米。2008年省路网调整,景湖线并入婺桃线,成为其中的一段,长度变更为53.866千米,新线路桩号、路线名称变更后,景湖线线路名称及编号被撤销,新路线编号改为S304。原九界线(九江至瑞昌界首。路线编号为14009,1994年变更为S303)起点为九江市老汽车站,经九江县港口镇、瑞昌市五里桥、通江岭至黄金乡出境。全长67.4千米(含九江市政管养的8.26千米),公路部门管养九江县境、瑞昌市境的59.14千米。2008年全省公路路网调整,九界线九江至瑞昌五里桥段被并入省道婺桃线,成为婺桃线的一段;瑞昌五里桥经通江岭至黄金乡出境路段,被并入省道双黄线,成为双黄线的一段。至此,九界线线路名称及编号被撤销。原瑞南线(瑞昌至南义。路线编号为14010,1994年变更为S305)起点为瑞昌市五里桥转盘,经范镇、横港至南义镇止,全长49.2千米。2008年省路网调整,瑞南线并入婺桃线,路线编号改为S304,新路段桩号为K263.246-K315.96。更名后,瑞南线线路名称及编号被撤销。原柯龙线(武宁柯龙经南皋山、修水县石坳至湖南县龙门厂。路线编号为14011,1994年变更为S311)起点为武宁鲁溪镇的柯龙岔路口,经南山、宋溪、修水三都、县城、渣津、石坳向西至湖南龙门,全长184.83千米,其中武宁境内76千米,修水境内108.83千米,全线共有桥梁63座,累计长度2079.7延米。原辽南线(修水辽源至南楼岭。路线编号为14012,1994年变更为S310)起点为修水县石坳水门村的辽源,经古市镇、白岭镇至桃树村的南楼岭(与湖北交界)出境,全长34.04千米,全部为砂石路面,有三级公路4千米,四级公路8千米,等外公路22.04千米,桥梁8座,累计长度206延米。2008年全省路网调整,辽南线整体被并入省道婺桃线,成为该线最后一段(末端),路线编号为S304。辽南线线路名称及编号被撤销。

**222省道(宋水线、虬上线)** 宋水线原为宋璪线(武宁县宋溪经严阳至靖安县璪都,路线编号为14039,1994年变更为S230,名称变更为宋石线)。该线原起点为武宁县宋溪镇,自北向南,经武宁新宁镇、花棚、严阳,终点于靖安县璪都,全线长28.79千米。是一条等外的林区砂石公路。1992年盘溪水电站扩建，宋璪线路线走向进行较大改动，由宋溪经新宁镇向西，走盘溪、罗溪，向南延展至靖安石境，并以石境作为线路终点，路线全长45.55千米(九江武宁境内长度为38.15千米)。宋璪线路线名称也随之改为宋石线。1998年，盘溪至罗溪按四级路标准改造完毕，实现砂石路通车。2003年10月，又改造成路基7.5米，路面宽4.5米沥青路面。因走向重叠，其中宋石线与红修线(K63+633—K78+235)路段为重复线，重复线路14.602千米，在2003年红修线建设中，该路段被改造成二级沥青碎石路面。2008年，在全省路线路网调整时，线路走向进行重新命名调整，线路起点不变，终点由靖安石境改为水南。路线名称也随之进行变更，改称宋水线(宋溪—水南)，路线编号调整为S222线，武宁县境内全长38.853千米。

虬上线，永修虬津至新建县上屋。路线编号为14046;1994年变更为S222。起点为永修县虬津镇，经永修县城(涂埠镇)、新建线的新祺周至新建上屋，在九江境内全长31.3千米，有桥梁1座，长204.04米。2008年省路网调整，G316国道从南昌新祺周，经永修虬上线连接虬津，永修境内虬上线遂为G316线一部分，新桩号为K650+213–K681+379，原线路名称及编号被撤销。

**305省道(水界线)** 2008年，在全省路线路网调整时，将柯龙线中修水县石坳至湖南龙门一段划出(水门至界上)单列，命名为水界线，路线编号为S305线。全长20.249千米，其中与婺桃线重复0.226千米(K0+00—K0+226)。经历年改造建设，至2010年，二级水泥砼路面2.147千米;三级沥青表面处治18.102千米。

## 四、县道

**171县道(黄新线)** 黄土岭至新桥公路，由十里立交桥至新桥工业园，起讫桩号K0~K4+352，全长4.352千米。其中，K4+300~K4+352于1999年改建为沥青碎石路面，K0~K4+300于2005年改建为沥青碎石路面。路基宽4.5~6米，路面宽3.5~5米，全线为四级公路。

**172县道(鲁谭线)** 鲁班桥至谭畈公路，由莲花镇鲁班桥至东城村入口，起讫桩号K0~K3+965，全长3.965千米，全线均为四级公路，沥青碎石路面，路基宽6.5米，路面宽5米。其中K0~K1+355为1999年改建完成。

**173县道(周碧线)** 周岭至碧龙潭公路，由姑塘镇周岭经邓桥、高垅至海会镇碧龙潭，起讫桩号K0~K20+376，全长20.376千米。其中K10+092~K15+784为1997年改建，该路段为省养;K15+784~K20+376于2007年改建为水泥混凝土路面，K8+298~K9+205于2008年改建为水泥混凝土路面。路基宽5.5~10米，路面宽4.5~8米，水泥混凝土路面10.058千米，沥青碎石路面8.158千米，砂石路面2.16千米。二级路1.003千米，四级路19.373千米。

**181县道(岷白线)** 岷山至白果公路，由岷山至文桥，起讫桩号K0~K3+508，全长3.508千米。其中K0~K2.483于2008年改建为水泥混凝土路面。路基宽4.5~6.5米，路面宽3.5~4.5米。水泥混凝土路面2.483千米，沥青碎石路面0.143千米，砂石路面0.882千米，四级路2.626千米，等外路0.882千米。

**182县道(新马线)** 新塘至马回岭公路，由永安乡赤山村经紫荆、城门乡、狮子镇、岷山乡至马回岭镇排山村，起讫桩号K0~K71+116，全长71.116千米，于1996年建成通车。其中K26+529~K42+501于2003年改建，K0~K4+442于2004年改建，K4+442~K8+151、K62+612~K66+127于2005年改建，K58+964~K62.612于2006年改建，K55+097~K56+239于2007年改建。水泥混凝土路面52.716千米，沥青碎石路面8.512千米，砂石路面9.888千米，三级路39.723千米，四级路31.393千米。

**187县道(武东线)** 武宁至东坑公路，起讫桩号K0~K36+154，全长36.154千米。全线于2003年改建完成，其中K0~K8+000为省养。K0~K1+272为一级公路，路面宽18米，其余路段路基宽5.5~10米，路面宽4.5~8米。水泥混凝土路面1.634千米，沥青碎石、沥青表处理路面16.733千米，砂石路面17.787千米，一级路1.272千米，四级路17.095千米，等外路17.787千米。

**188县道(金株线)** 金水至株林公路，起讫桩号K0~K12+633，全长12.633千米。其中K7+076~K12+633于2006年改建为水泥混凝土路面。路基宽6~7米，路面宽5~5.5米，水泥混凝土路面5.557千米,沥青碎石路面 7.076 千米,均为四级路。

**189 县道(鲁官线)** 鲁溪至官莲公路,起讫桩号 K0~K9+512,全长 9.512 千米,为 1999 年建成,其中K0+318~K0+601 于 2006 年改建,K0~K0+318、K0+601~K9+512 于 2007 年改建,全线为四级路,水泥混凝土路面,路基宽 6 米,路面宽 4.5 米。

**190 县道(杨九线)** 杨洲至九一四公路,起讫桩号 K0~K18+479,全长 18.479 千米。其中 K0~K1+524、K8+873~K13+257 于 1995 年改建,K1+524~ K8+873、K13+257~ K18+479 于 2003 年改建。路基宽 4.5~6 米,路面宽 3.5~6 米,沥青碎石路面 13.563 千米,砂石路面 4.916 千米,四级路 13.563 千米,等外路 4.916 千米。

**191 县道(罗庙线)** 罗溪至庙岭。该线起点武宁罗溪,经石门楼、塘排、黄坳、小山口、安峰,至修水庙岭,全长 51.542 千米。是修水通往武宁一条山区公路,也是公路沿线村镇对外运输唯一公路。

**192 县道(山复线)** 山口至复原公路,由山口经漫江乡宁红、双港至复原乡坑口村,起讫桩号 K0~K42+147, 全长 42.147 千米。其中 K0~K35+044 于 2004 年改建为水泥混凝土路面,K35+044~K42+008 于 2009 年改建为水泥混凝土路面。路基宽 2.5~6.5 米,路面宽 2~4.5 米,水泥混凝土路面 42.008 千米,砂石路面 0.139 千米,四级路 42.008 千米,等外路 0.139 千米。

**193 县道(石石线)** 石渡至石门公路,由石渡经洞口、廒厦至石门乡,起讫桩号 K0~K35+697,全长 35.697 千米。其中 K0~K4+666 为 1998 年改建,K4+666~K6+151 为 2003 年改建,K18+519~K24+974 为 2005 年改建,K6+151~K12+951、K24+974~K27+925 为 2006 年改建,K27+925~ K35+238 为 2007 年改建,K12+951~K16+965 为 2008 年改建。路基宽 4.5~12 米,路面宽 3.5~9 米,水泥混凝土路面 25.621 千米,沥青碎石路面 4.666 千米,砂石路面 5.899 千米,二级路 0.503 千米,四级路 34.735 千米,等外路 0.459 千米。

**194 县道(界茅线)** 界下至茅坪。该线起点为港口界下,经溪口、北岸、黄沙坑,至茅坪,全长 49.411 千米。该线界下至溪口段 31.861 千米为修水县交通局养护,溪口至茅坪段 17.55 千米为修水公路分局养护。2001 年全国第二次公路普查将茅港线更名为界茅线, 桩号由 K0+000~K17+550 变更为 K31+861~K49+411。2008 年,全省路网调整,界茅线等级名称未变。

**195 县道(南船线)** 南岳至船滩公路,起讫桩号 K0~K13+038,全长 13.038 千米,于 2004 年全线改建为沥青碎石路面,四级公路,路基宽 6 米,路面宽 4.5 米。

**196 县道(上长线)** 上汤至长坪坳公路,由上汤乡经石溪、白沙、船滩至长坪村,起讫桩号 K0~K19+468,全长 19.468 千米。其中 K12+542~ K19+468 于 2006 年改建为水泥混凝土路面。全线为四级公路,路基宽 5.5~8 米,路面宽 4.5~6 米,水泥混凝土路面 6.926 千米,沥青碎石路面 12.542 千米。

**197 县道(烟安线)** 烟港至安乐公路,由莆田乡烟港经罗坪、郭坑至安乐林场,起讫桩号 K0~K20+127,全长 20.127 千米。其中 K12+209~K19+697 于 2002 年改建为沥青碎石路面,K0~K11+624 于 2004 年改建为水泥混凝土路面。全线为四级公路, 路基宽 4.5~6.5 米, 路面宽 3.5~5 米, 水泥混凝土路面 11.624 千米,沥青碎石路面 7.488 千米,砂石路面 1.015 千米。

**198 县道(港大线)** 港口至大洞公路,起讫桩号 K0~K14+496,全长 14.496 千米。其中 K0~K4+325 于 1996 年改建为沥青碎石路面,K4+543~K10+102 于 2006 年改建为水泥混凝土路面,K10+102~K11+601 于 2009 年改建为水泥混凝土路面。路基宽 5~5.5 米,路面宽 4~4.5 米,水泥混凝土路面 7.058 千米,沥青碎石路面 4.325 千米,砂石路面 3.113 千米,四级路 11.601 千米,等外路 2.895 千米。

**199 县道(伊伊线)** 伊山至伊山口公路,起讫桩号 K0~K9+962,全长 9.962 千米。于 2005 年全线改建为四级公路,沥青碎石路面,路基宽 6.5 米,路面宽 4.5 米。

**200 县道(丁修线)** 丁家山至修武线公路,起讫桩号 K0~K3+716,全长 3.716 千米。其中 K0~K2+333 于 1998 年改建为沥青碎石路面,四级公路,路基宽 9 米,路面宽 7.5 米;K2+333~K3+716 于2000 年改建为水泥混凝土路面,一级公路,路基宽 30 米,路面宽 18 米,该段系省养。

**206 县道(谭下线)** 谭溪至下朗田公路,起讫桩号 K0~K14+666,全长 14.666 千米。其中 K11+092~K14+666 于 2003 年改建为水泥混凝土路面,K0~K3+600 于 2008 年改建为水泥混凝土路面。全线为四级公路,路基宽 4.5~6.5 米,路面宽 3.5~5 米,水泥混凝土路面 7.174 千米,砂石路面 7.492 千米。

**207 县道(山棋线)** 山口至棋坪公路,全长 1.237 千米,等外路、砂石路面。

**208 县道(良大线)** 良塘至大段公路,由良塘经征村、洲上、桃坪至金鸡桥,起讫桩号 K0~K34+133,全长 34.133 千米。其中 K0~K26+855 于 2003 年改建为沥青碎石路面,K27+427~K27+946 于 2007 年改建为水泥混凝土路面。路基宽 6.5~7.5 米,路面宽 5~6 米,水泥混凝土路面 0.519 千米,沥青碎石路面 26.855 千米,砂石路面 6.759 千米,三级路 26.855 千米,四级路 7.278 千米。

**209 县道(黄靖线)** 黄坊至靖林公路,由黄坊经出堰、东港至靖林,起讫桩号 K0~ K19+589,全长 19.589 千米。其中 K0~K6+730 于 2004 年改建,K6+730~ K11+800 于 2008 年改建。路基宽 5~7.5 米,路面宽 4~5 米,水泥混凝土路面 11.8 千米,砂石路面 7.789 千米,四级路 11.8 千米,等外路 7.789 千米。

**210 县道(东程线)** 东津至程坊公路,起讫桩号 K0~K7+605,全长 7.605 千米,全线于 2003 年改建,四级公路,路基宽 6.5~7.5 米,路面宽 5~6 米,水泥混凝土路面 4.347 千米,沥青碎石路面 3.258 千米。

**211 县道(高余线)** 高枧至余段公路,由高枧经上源、黄沙段、南丰、白桥至余段乡,起讫桩号K0~K63+018, 全长 63.018 千米。其中 K11+658~ K19+411、K28+509~K43+437、K45+209~K59+390 于 2003 年改建,K3+704~ K11+658 于 2007 年改建。路基宽 4.5~12 米,路面宽 3.5~9 米,水泥混凝土路面 52.691 千米,沥青表处理路面 2.261 千米,砂石路面 8.066 千米,二级路 1.149 千米,三级路 11.229 千米,四级路 43.308 千米,等外路 7.332 千米。其中 K19+411~K21+049、K43+437~K45+209 路段为省养。

**212 县道(船马线)** 船滩至马坳公路,由船滩经山头、茶畲、下车至坳背,起讫桩号 K0~K21+137,全长 21.137 千米。其中 K0~K14+989 于 2004 年改建为沥青碎石路面,K14+989~K18+004 于 2006 年改建为水泥混凝土路面,K18+004~K19+959 于 2007 年改建为水泥混凝土路面。路基宽 4.5~6 米,路面宽 3.5~4.5 米,全线为四级公路,水泥混凝土路面 4.97 千米,沥青碎石路面 14.989 千米,砂石路面 1.178 千米。

**213 县道(溪杨线)** 溪口至杨津公路,由溪口经陈坊、新庄至杨津,起讫桩号 K0~K26+693,全长 26.693 千米。其中 K0~K16+357 于 2004 年改建,K16+357~K26+375 于 2007 年改建,路基宽 5~6.5 米,路面宽 3.5~5 米,水泥混凝土路面 26.375 千米,砂石路面 0.318 千米,四级路 26.375 千米,等外路 0.318 千米。

**214 县道(茅黄浅)** 茅竹山至黄港。属万黄线(宜春安义县万埠镇经靖安中源至修水黄沙港镇)。1994 年变更为省道,编号改为 S313。该线起点为宜春安义县的万埠镇,经靖安县中源至修水茅竹山竹木检查站、黄港镇至黄港桥头,连接修铜线。九江(修水)境内全长 24.239 千米。2008 年全省路网调整,万黄线被改为县道。起点在茅竹山林场检查站(K0+000),途经茅竹山林场、南坪村部、黄港集镇,至黄港桥头(终点 K24+239),路线名称为茅黄线,路线编号为 X214 线。

**219 县道(吴罗线)** 吴城至罗亭公路,由吴城经丁山、五星、江湖至马口镇罗亭,起讫桩号 K0~K49+297, 全长 49.297 千米。其中 K37+945~K41+106 于 2002 年改建,K15+717~ K37+945 于 2003 年改建,K0~K10+584 于 2004 年改建,K44+825~ K49+297 于 2007 年改建。路基宽 6.5~9.5 米,路面宽 4.5~8 米,沥青混凝土、水泥混凝土路面 40.445 千米,砂石路面 8.852 千米,三级路 3.783 千米,四级路 45.514 千米。

**220 县道(赤合线)** 赤子港至合田公路,全长 9.054 千米,砂石路面,路基宽 6.5 米,路面宽 4.5 米,四级路 4.623 千米,等外路 4.431 千米。

**221 县道(长国线)** 长安口至国有林场公路,起讫桩号 K0~K13+200,全长 13.2 千米。其中 K0~K3+206 为沥青碎石路面,四级公路,该段为省养;K3+206~K13+200 为等外砂石路面。路基宽 4.5~7 米,路面宽 3.5~5 米。

**222 县道(桐万线)** 桐溪至万埠公路,起讫桩号 K0~K18+203,全长 18.203 千米。其中 K13+570~K18+203 于 1996 年改建为沥青碎石路面,K7+213~ K13+570 与 2005 年改建为水泥混凝土路面。全线为四级公路,路基宽6.5米,路面宽4.5米,水泥混凝土路面6.357千米,沥青碎石路面4.633千米,砂石路面7.213千米。

**223县道(小真线)** 小李至真如禅寺公路,全长14.722千米,于2000年改建,全线为沥青混凝土、水泥混凝土路面,三级公路,路基宽7.5米,路面宽6米。

**224县道(青白线)** 青龙桥至白槎公路,由青龙桥经大圹、向阳至白槎,起讫桩号K0~K20+019,全长20.019千米。其中K5+000~K5+862、K8+862~ K14+724为2002年改建,K2+707~K5+000、K14+724~K20+019为2004年改建,K5+862~K8+862为2006年改建,K0~K2+707为2008年改建。全线为四级公路,水泥混凝土路面,路基宽6~6.5米,路面宽4.5~5米。

**225县道(燕梅线)** 燕坊至梅棠公路,由燕坊经江垅、石桥至梅棠,起讫桩号K0~ K11+872,全长11.872千米。其中K6+193~K7+637、K11+657~ K11+872为2000年改建,K0~ K6+193为2005年改建,K7+637~ K11+657为2008年改建,全线为沥青混凝土、水泥混凝土路面,四级公路,路基宽6~6.5米,路面宽4.5米。

**226县道(燕滩线)** 燕坊至滩溪公路,由渠道经城南、淳湖、厚岗、三房至滩溪,起讫桩号K20+035~K66+327,全长46.292千米。其中K59+193~ K66+327于1999年改建为沥青碎石路面,K40+151~K44+059、K44+327~K57+774于2005年改建为水泥混凝土路面,K20+035~ K25+509、K34+042~ K40+151于2006年改建为水泥混凝土路面。路基宽6.5~8.5米,路面宽4.5~7米,水泥混凝土路面36.108千米,沥青碎石路面0.232千米,砂石路面9.952千米,三级路0.232千米,四级路46.06千米。

**231县道(黄金线)** 黄婻至金湖公路,由丰林镇双峰王桥经高塘乡至河东乡河东村,起讫桩号K0~K23+768,全长23.768千米。其中K18+619~K24+484为2006年改建,K0~K5+071为2007年改建。路基宽4.5~8.5米,路面宽3.5~7米,水泥混凝土路面23.472千米,沥青碎石路面0.303千米,砂石路面2.493千米,三级路0.303千米,四级路23.472千米,等外路2.493千米。

**232县道(杨棋线)** 杨桥至棋盘岭公路,由造纸厂至棋盘岭,起讫桩号K20+954~ K30+695,全长9.741千米。其中K28+478~ K30+695为二级公路,路基宽12~16米,路面宽9~12米,水泥混凝土路面2.217千米,沥青碎石路面2.702千米,该路段为省养;K20+954~ K28+478为砂石路面,路基宽6~6.5米,路面宽4.5米,四级路0.467千米,等外路4.355千米。

**233县道(聂车线)** 聂桥至车桥公路,由聂桥经柳田、董家、南田、城门至车桥,起讫桩号K0~K27+994,全长27.994千米。全线为沥青混凝土、水泥混凝土路面,其中K4+600~ K27+994为2004年改建,K0~K3+199为2007年改建。K3+199~K4+600为二级公路,路基宽12米,路面宽9米,该段系省养;其余路段均为四级公路,路基宽4.5~6.5米,路面宽3.5~4.5米。

**234县道(田五线)** 田家河至五台岭公路,全长11.198千米,水泥混凝土路面,路基宽4.5~8.5米,路面宽3.5~7米,三级路7.686千米,四级路3.512千米。其中K0~K7+660为省养。

**235县道 (萤大线)** 萤石矿至大岭公路, 全长14.59千米,K0+547~K5+337为2006年改建,K8+638~K13+662为2007年改建。其中K0~K2+370为三级公路,路基宽9米,路面宽7米,该段系省养。其余路段路基宽4.5~6米,路面宽3.5~4.5米,水泥混凝土路面7.991千米,砂石路面4.229千米,四级路12.081千米,等外路0.139千米。

**240县道(五太线)** 五里牌至太乙村公路,全长13.09千米,于2000年改建,全线为四级公路,路基宽6.5~7米,路面宽5~6米,水泥混凝土路面1.664千米,沥青碎石路面11.426千米。

**241县道(廖大线)** 蓼花镇至大屋郭公路,由蓼花镇经横岭、南阳畈至大屋郭,起讫桩号K0~K22+209,全长22.209千米。全线为四级公路,路基宽6~8米,路面宽5米,水泥混凝土路面11.26千米,沥青碎石路面10.949千米。

**243县道(艾沙线)** 艾城至沙湖山。该线起点在永修艾城镇(与316线相连),终点为星子的沙湖山,1993年改造为二级公路,全长11.067千米。

**244 县道(钱蚌线)** 钱家墩至蚌湖公路,由温泉镇钱家墩经和平、东升、苏家当至蚌湖,起讫桩号K0~K23+032,全长 23.032 千米。于 2003 年改建,路基宽 9~10 米,路面宽 6~7 米,水泥混凝土路面21.589 千米,沥青碎石路面 1.443 千米,三级路 21.589 千米,四级路 1.443 千米。

**245 县道(关斜线)** 关帝庙至斜田李公路,全长 10.541 千米,于 2004 年改建,全线为四级公路,路基宽 10 米,路面宽 6 米,水泥混凝土路面 6.756 千米,沥青碎石路面 3.785 千米。

**250 县道(县多线)** 县城至多宝公路,全长 17.149 千米,于 2002 年改建,路基宽 7~9 米,路面宽 6~7 米,水泥混凝土路面 1.96 千米。沥青碎石路面 15.189 千米,三级路 1.334 千米,四级路 15.815 千米。

**252 县道(左喆线)** 左里至喆桥公路,全长 14.409 千米,其中 K4+001~K6+024 于 2005 年改建为水泥混凝土路面。全线为四级公路,路基宽 7 米,路面宽 6 米,水泥混凝土路面 2.023 千米,沥青表处理路面 12.386 千米。

**253 县道(春官线)** 春桥至官桥公路,全长 5.613 千米,于 2004 年改建,全线为四级公路,沥青碎石路面,路基宽 7 米,路面宽 6 米。

**254 县道(西舜线)** 西洋桥至舜德公路,全长 8.372 千米,全线为四级公路,沥青碎石路面,路基宽7.6 米,路面宽 6 米。

**256 县道(化高线)** 化民至高桥公路,全长 9.963 千米,全线为四级公路,沥青碎石路面,路基宽 7 米,路面宽 6 米。

**257 县道(土周线)** 土塘至周溪公路,由土塘经谭湖、三汊港至周溪镇沈家,全长 33.358 千米,K1+975~K2+152、K2+425~K15+017 于 1999 年改建为沥青碎石路面,K29+882~K33+358 于 2004 年改建为水泥混凝土路面,K17+744~ K29+882 于 2005 年改建,K2+152~K2+425 于 2007 年改建。其中 K16+938~K17+744 为二级公路,水泥混凝土路面,路基宽 12 米,路面宽 9 米,该段为省养。其余路段路基宽 7~9 米,路面宽 6~7 米,水泥混凝土路面 19.783 千米,沥青碎石路面 12.729 千米,三级路 0.381 千米,四级路32.171 千米。

**259 县道(张芗线)** 张家山至芗溪公路,由南塘经暖湖、白水至芗溪乡马垅村,全长 14.528 千米,其中 K0~K10+794、K11+710~K12+248 为 2003 年改建,K10+794~K11+710、K12+248~K14+528 为 2007 年改建。路基宽 8~12 米,路面宽 6~9 米,水泥混凝土路面 3.734 千米,沥青碎石路面 10.794 千米,二级路0.538 千米,四级路 13.99 千米。

**260 县道(狮芗线)** 狮山至芗溪公路,全长 15.021 千米,其中 K0~K10+962 为 2003 年改建,K10+962~K14+445 为 2007 年改建。路基宽 5 米,路面宽 4,米,水泥混凝土路面 3.483 千米,沥青碎石路面10.962 千米,砂石路面 0.576 千米,四级路 14.445 千米,等外路 0.576 千米。

**262 县道(流马线)** 流泗至马迹岭公路,全长 16.258 千米,其中流泗至大王庙段于 1999 年改建。路基宽 7~8 米,路面宽 5~6 米,水泥混凝土路面 6.706 千米,沥青碎石路面 3.048 千米,砂石路面 6.504 千米,四级路 9.754 千米,等外路 6.504 千米。

**263 县道(大海线)** 大垅至海山公路,全长 14.057 千米,全线为四级公路,水泥混凝土路面,其中K6+235~K14+057 为 2000 年改建,K0~K6+235 为 2007 年改建。路基宽 4.8~6 米,路面宽 3.5~5 米。

**264 县道(殷均线)** 殷山至均桥公路,全长 8.288 千米,于 2005 年改建完成,全线为四级公路,水泥混凝土路面,路基宽 4.5~7.5 米,路面宽 3.5~6.5 米。

**266 县道(三屏线)** 三里至屏峰公路,由双钟镇三里经洪湖、北港、陈仓至舜德乡屏峰,全长42.647千米,K15+022~K42+647 于 2003 年改建。其中 K25+943~K26+977 为二级公路,沥青碎石路面,路基宽12 米,路面宽 9 米,该段系省养;其他路段路基宽 6 米,路面宽 5 米,均为四级公路,水泥混凝土路面27.225 千米,沥青碎石路面 11.348 千米,砂石路面 3.04 千米。

**270 县道(定龙线)** 彭泽定山至龙宫洞(原路线编号为 14060,1994 年变更为 S212)。2008 年根据省路网调整计划安排,定龙线路作为县域道路,被降低标准,列为县道,名称不变,编号为 X270。该线起点于彭泽县定山,终点于龙宫洞停车场,全长20.768千米,共有桥梁5座,累计长度115.4千米,是外界通往龙宫洞景区主要通道。定山起点入口达到三级(1千米),线路主体(14千米)达到四级标准,局部(5.65千米)仍为等外公路交通格局。

**272县道(张郭线)** 张家湾至郭桥公路,全长26.681千米,全线为四级公路,其中K6+435~K26+681于2005年改建为水泥混凝土路面。路基宽4.5米,路面宽3.5米,水泥混凝土路面20.228千米,砂石路面6.453千米。

**274县道(小芙线)** 小屋陈至芙蓉公路,全长22.786千米,其中K0~ K1+979、K10+402~K22+786于2005年改建,K1+979~K8+615于2007年改建。路基宽6米,路面宽4.5米,水泥混凝土路面17.305千米,砂石路面5.481千米,四级路20.999千米,等外路1.787千米。

**275县道(杨莲线)** 杨梓至莲西公路,全长9.322千米,全线为四级公路,水泥混凝土路面,于2006年改建完成,路基宽7~8米,路面宽4.5~6米。

**276县道(乐天线)** 乐观至天红公路,全长12.273千米,全线为四级公路,水泥混凝土路面,于2005年改建完成,路基宽7米,路面宽5米。

**277县道(芙太线)** 芙蓉至太平公路,全长16.598千米,其中K0~K6+417、K8+178~ K16+598于2005年改建,K6+417~K8+178于2008年改建, 路基宽5.4~6.4米, 路面宽4.5米。水泥混凝土路面16.228千米,砂石路面0.37千米,四级路16.228千米,等外路0.37千米。

**278县道(南蔡线)** 南岭至蔡岭公路,全长58.823千米,由龙城镇南岭经计家垄、朱家坝、乐观、星坂至都昌镇大港村,路基宽4.5~7米,路面宽3.5~5米,K0~K31+997于2006年改建,K31+997~K36+416于2009年改建。水泥混凝土路面27.788千米,沥青碎石路面14.586千米,砂石路面10.423千米,四级路48.597千米,等外路4.2公路。

**280县道(瑞南线)** 瑞昌至南林公路,全长23.655千米,其中K8+964~K20+373于2004年改建,K0+761~K2+258于2008年改建,路基宽5~6.5米,路面宽4~4.5米。水泥混凝土路面12.906千米,沥青碎石路面3.282千米,砂石路面7.467千米,四级路16.188千米,等外路7.467千米。

**281县道(码港线)** 码头至港口公路,由白马湖经赤湖、长河、滨江至城子镇生机林,起讫桩号K11+068~K60+818,全长49.75千米,其中K11+068~ K49+769于2005年改建。路基宽5.5~6米,路面宽4.5~5米,水泥混凝土路面41.254千米,砂石路面8.496千米,四级路47.739千米,等外路2.011千米。

**282县道(立肇线)** 起点为瑞昌瑞南线桂林桥(又叫立新桥),桩号K0+000,终点在瑞昌市肇陈镇,桩号为K51+900。立肇线沿线经过的主要控制点有桂林桥、高丰镇、洪下乡、大德山村(场)、花园乡、肇陈镇,路段全长51.9千米。

**283县道(高塘线)** 高丰至塘山公路,由袁家凹经郑湖至塘山乡,起讫桩号K30+737~K35+272,全长4.535千米,其中K30+737~K30+87、K31+352~ K35+272于2006年改建。路基宽4.5~6.5米,路面宽3.5~4.5米,水泥混凝土路面4.053千米,砂石路面0.482千米,四级路4.053千米,等外路0.482千米。

**284县道(范车线)** 范镇至车桥公路,由高泉电站经塘山、邹家村至车桥镇义门,起讫桩号K10+695~K39+696,全长29.001千米,其中K10+695~ K22+220、K22+220~K24+817、K29+204~K31+017于2004、2006年改建。路基宽5.5~12米,路面宽4.5~9米,水泥混凝土路面19.399千米,沥青碎石路面3.419千米,砂石路面6.183千米,二级路0.968千米,三级路0.794千米,四级路22.05千米,等外路5.189千米。

**285县道(南巾线)** 南义至巾口公路,全长21.239千米,于2004年改建,全线为四级公路,路基宽7~7.5米,路面宽5.5~7米。水泥混凝土路面3.287千米,沥青碎石路面17.952千米。

**286县道(大大线)** 大德至大坳公路,由大德经北港、横路铺、南庄、和平至横港镇大坳,全长53.381千米,其中K18+468~K54+381为2003年改建,K1+839~K7+586为2007年改建。路基宽5~6.5米,路面宽4~5米, 水泥混凝土路面13.044千米, 沥青碎石路面38.498千米, 砂石路面1.839千米, 四级路51.542千米,等外路1.839千米。

**287 县道(南红线)** 南阳至红旗公路,全长 23.137 千米,全线为四级公路,路基宽 5~6 米,路面宽 4 米,其中 K3+416~K6+360 为 2005 年改建,K11+872~K23+137 为 2006 年改建,水泥混凝土路面 14.379 千米,沥青碎石路面 8.758 千米。

**576 县道(靖罗线)** 该线起点为靖安县城,终点为永修罗神殿,与 G105 线相连。九江永修境内全长 20.504 千米。2008 年,全省路网调整,X576 线起点由靖安县城改为宝峰山(寺),终点不变,仍为永修的罗神殿,永修境内起讫桩号为 K31+873—K52+377,全长 20.504 千米,全线为三级公路。

## 五、乡 道

1991 年全市有乡道 1562 条(段),总里程 2359.67 千米。2010 年市有乡道 2256 条(段),总里程计 3617.226 千米,其中铺装路面 2225.982 千米,简易铺装路面 123.071 千米,未铺装路面 1268.173 千米。按技术等级划分一级公路 4.187 千米,二级公路 20.629 千米,三级公路 25.346 千米,四级公路2569.202 千米,等外公路 992.182 千米。

市郊有乡道 153 条(段),总里程计 180.892 千米,其中铺装路面 125.904 千米,简易铺装路面9.978 千米,未铺装路面 45.01 千米;按技术等级划分一级公路 3.602 千米,二级公路 5.2 千米,三级公路 7.031 千米,四级公路 126.151 千米,等外路 38.908 千米。

九江县乡道 118 条(段),总里程计 186.02 千米,其中铺装路面 133.549 千米,简易铺装路面 4.913 千米, 未铺装路面 47.558 千米; 按技术等级划分三级公路 6.11 千米, 四级公路 133.13 千米, 等外路 46.78 千米。

武宁县乡道 159 条(段),总长计 357.282 千米,其中铺装路面 242.853 千米,简易铺装路面 18.906 千米,未铺装路面 95.523 千米;按技术等级划分三级公路 0.226 千米,四级公路 276.199 千米,等外公路 80.857 千米。

修水县乡道 385 条(段),总里程计 729.865 千米,其中铺装路面 422.722 千米,简易铺装路面10.596 千米,未铺装路面 296.547 千米;按技术等级划分二级公路 1.431 千米,三级公路 1.193 千米,四级公路 477.749 千米,等外公路 249.492 千米。

永修县乡道 88 条(段),总里程计 211.75 千米,其中铺装路面 89.353 千米,简易铺装路面 10.072 千米,未铺装路面 112.325 千米;按技术等级划分三级公路 153.654 千米,四级公路 58.096 千米,等外公路 249.492 千米。

德安县乡道 139 条(段),总里程计 215.151 千米,其中铺装路面 157.259 千米,简未铺装路面 57.892 千米;按技术等级划分三级公路 3.49 千米,四级公路 175.252 千米,等外公路 36.409 千米。

星子县乡道 108 条(段),总里程计 144.078 千米,其中铺装路面 86.078 千米,简易铺装路面 8.507 千米,未铺装路面 49.493 千米;按技术等级划分一级公路 0.585 千米,四级公路 90.059 千米,等外公路 53.434 千米。

都昌县乡道 305 条(段),总长计 496.151 千米,其中铺装路面 281.062 千米,简易铺装路面 24.787 千米,未铺装路面 190.302 千米;按技术等级划分二级公路 3.762 千米,三级公路 2.187 千米,四级公路 305.963 千米,等外公路 184.239 千米。

湖口县乡道 265 条(段),总长计 273.737 千米,其中铺装路面 183.428 千米,简易铺装路面 11.797 千米,未铺装路面 78.512 千米;按技术等级划分二级公路 7.253 千米,三级公路 1.102 千米,四级公路 218.918 千米,等外公路 46.464 千米。

彭泽县乡道 137 条(段),总长计 272.492 千米,其中铺装路面 167.689 千米,简易铺装路面 13.348 千米,未铺装路面 91.455 千米;按技术等级划分三级公路 0.071 千米,四级公路 192.611 千米,等外公路 79.81 千米。

瑞昌市乡道389条(段),总长计532.728千米,其中铺装路面319.492千米,简易铺装路面9.68千米,未铺装路面203.556千米;按技术等级划分二级公路2.983千米,四级公路408.943千米,等外公路120.802千米。

共青城市乡道10条(段),总里程计17.08千米,其中铺装路面16.593千米,简未铺装路面0.487千米;按技术等级划分三级公路3.936千米,四级公路10.573千米,等外公路2.571千米。

### 六、村 道

1991~2001年，全市村道未进行系统统计。2002年全国第二次公路普查统计，市辖区内村道总长3680千米。2005年全国开展农村公路通达情况专项调查,统计出九江辖区内村道7926条(段),总长9775.965千米,按技术等级划分一级公路2.569千米,二级公路5.779千米,三级公路33.295千米,四级公路1400.47千米,等外公路8333.852千米,村道上有桥梁1173座,共计23577.9延米,2010年,市辖区共有村道13079条(段),总长10829.462千米,其中有铺装路面4215.192千米,简易铺装路面64.211千米,未铺装路面6550.059千米。按技术等级划分一级公路4.858千米,二级公路7.609千米,三级公路51.418千米,四级公路5460.345千米,等外公路5305.232千米。村道上有桥梁1250座,共计32840.500延米,其中大桥59座,中桥207座,小桥984座。

## 第二节　桥梁 隧道 渡口

### 一、公路桥梁

**桥梁规模**　1991年前,市公路局管养桥梁264座,总长7468.78米,均为永久性桥梁。其中,大桥13座,长1742.04米,中桥41座,长2177.36米,小桥210座,长3549.38米。1991~2010年,全市在管养线路上共新建桥梁143座,长5074.23米,均为永久性桥梁。其中,大桥11座,长1672.45米;中桥33座,长1742.45米;小桥99座,长1659.33米。至2010年,市公路局管养桥梁407座,长12543.01米,均为永久式桥梁。危桥7座,194.9米。其中,大桥24座,长3414.49米,中桥74座,长3919.81米,小桥309座,长5208.71米。

**大桥选介**　湘竹大桥:位于S227修万线5.489千米桩处,始建于1999年。该桥为钢筋混凝土结构T形梁桥,全长145.22米,7孔净跨20米,桥面净宽7米,设计负荷汽-15,横跨湘竹河。属于一类桥。

长河大桥:位于S303双黄线29.896千米桩处,始建于2004年。该桥为钢筋混凝土结构T形梁桥,全长210米,6孔净跨30米,桥面净宽9米,设计负荷公路-Ⅱ,横跨长河。属于一类桥。

桂林大桥:位于S304婺桃线274.021千米桩处,始建于2000年。该桥为钢筋混凝土结构T形梁桥,全长124.72米,6孔净跨20米,桥面净宽9米,设计负荷汽-20,横跨桂林河。属于一类桥。

江上桥:位于S306红修线10.583千米桩处,始建于1996年,2008年对该桥上部承载结构进行大修改建。该桥为混凝土结构钢架拱桥,全长60米,单孔净跨44米,桥面净宽7.15米,载重汽-20,横跨江上河。属于一类桥。

沙田大桥:位于S306红修线62.134千米桩处,始建于2003年。该桥为钢筋混凝土结构的空心板梁桥,全长131.62米,5孔净跨20米,桥面净宽9米,设计负荷公路-Ⅱ,横跨沙田河。现属于一类桥。

盘溪大桥:位于S306红修线79.347千米桩处,始建于2003年。该桥为钢筋混凝土结构空心板梁桥,全长206.6米,10孔净跨20米,桥面净宽9米,设计负荷公路-Ⅱ,横跨盘溪河。属于一类桥。

洋湖大桥:位于S306红修线105.881千米桩处,始建于2003年。该桥为钢筋混凝土结构空心板梁桥,全长118.18米,5孔净跨20米,桥面净宽11米,设计负荷公路-Ⅱ,横跨洋湖河。属于一类桥。

沙阎二桥:位于X178沙阎线7.997千米桩处,始建于1997年。该桥为钢筋混凝土结构I形梁桥,全长66.9米,单孔净跨40米,桥面净宽9米,载重汽-20,横跨铁路。属于一类桥。

黄老门立交桥:位于X180大机线4.307千米桩处,始建于1996年。该桥为钢筋混凝土结构箱形梁桥,全长160.17米,6孔净跨25米,桥面净宽9米,载重汽-20,横跨铁路。属于二类桥。

游水潭大桥:位于X251都中线31.124千米桩处,始建于1993年,2008年对该桥上部承载结构进行大修改建。该桥为钢筋混凝土结构T形梁桥,全长113.3米,5孔净跨20米,桥面净宽7米,设计负荷汽-20,跨越鄱阳湖水系。属于一类桥。

三都大桥:位于Y980三梁线0.624千米桩处,始建于2003年。该桥为钢筋混凝土结构T形梁桥,全长335.74米,11孔净跨30米,桥面净宽9米,设计负荷汽-20,跨越修河水系。属于一类桥。

## 二、隧 道

**隧道规模** 1991年,九江共有公路隧道2条,长238米,至2010年全市有公路隧道7条,长4201.2米。

**隧道例介** 雁列山一号隧道:隧道北全长739.6米,中心桩号位于九景高速465.945千米桩处,宽度10.25米,高度5米,东洞口翼墙式,西洞口一字墙式,路面沥青混凝土。照明RT3型钠灯。隧道南全长737.6米,中心桩号位于九景高速465.945千米桩处,宽度10.25米,高度5米,东洞口翼墙式,西洞口一字墙式,路面沥青混凝土。照明RT3压钠灯。

雁列山二号隧道:隧道北全长897米,中心桩号位于九景高速464.748千米桩处,宽度10.25米,高度5米,东洞口一字墙式,西洞口削竹式,路面沥青混凝土。照明高压钠灯。隧道南全长885米,中心桩号位于九景高速464.754千米桩处,宽度10.25米,高度5米,东洞口一字墙式,西洞口削竹式,路面沥青混凝土,照明无极灯。

桃源隧道:位于S212九马线的52.278千米桩处,是双洞单向隧道,每洞长469米,宽9米,高7.1米。于2004年5月开工,2005年11月建成通车。

日照峰隧道:位于S213威通线的22.884千米桩处,长88米,车道宽5.5米,两侧人行道各宽1米,宽7.5米,高6.4米。于1953年11月开工建设,1954年7月建成通车。

七里山隧道:位于S304婺桃线的448.572千米桩处,长235米,宽13.5米,高5米。于2009年9月开工,2010年12月建成通车。

东岭隧道:位于X279岔县线的0.513千米桩处,长150米,孔径8.5米,高6米。于1983年4月开工,1984年10月竣工通车。

## 三、渡 口

**渡口规模** 1991年全市经县政府批准渡口有274道,渡船312艘(其中木质渡船222艘),渡工530人(其中非机动渡工193人)。渡船客位10095个,额定功率2380千瓦。2004年交通部在江西省试点改渡建桥建设。2008年至2010年,共修建73座改渡建桥,总计11122延米,总投资近4亿元,撤销78个渡口。2010年全市渡口总数为116道(其中汽车渡口6道),渡船122艘,渡工276人。渡船客位5322个,额定功率3490千瓦。

**渡口选介** 湖口渡口:原是九江至湖口县、彭泽县、景德镇与安徽省的唯一通道口,是江西省最大渡口之一,由九江公路分局(九江公路管理局)直属湖口渡口管理所管理。1991年10月1日起正式实行24小时运渡,成立渡口派出所,渡口管理所人员80人。至2000年,年收费由1992年500万元增加到1300万元。2000年12月,渡口人员解散分流,调高速公路43人,各分局分流10余人,剩余人员及退休人员全部安排在湖口分局。2001年1月,九景高速公路建成通车,撤销湖口汽车渡口。

武宁东门渡口:位于武宁县城东3.5千米(武靖线2+500-3+550处)的修河。1993年1月1日武宁东门渡口开始过夜渡,夜渡收费标准为:外省过渡机动车辆8元/吨,本省过渡机动车辆7元/吨。2001年武宁大桥通车,5月30日渡口停运。

三都渡口:位于三都下陈、跨修河(原修水至三都线),1933年修筑永·武·修公路建立起来的。2003年三都大桥建成通车,三都渡口撤销。

### 四、九江长江大桥

九江长江大桥是一座特大型公铁两用桥梁。铁路桥全长7675米,公路桥全长4460米,其中江面正桥全长1806米,10个桥墩,11孔钢梁。全桥混凝土工程数量约为44万立方米,钢料工程数量近6万吨,工程造价约为7.8亿元。大桥正桥钢梁三大拱于1992年8月合龙;1993年1月公路桥建成,3月正式通车;1994年9月,铁路桥面全线铺通,10月1日开通工程列车;1995年7月1日,合(肥)九(江)线客货列车通过九江长江大桥;1996年2月,京九线首次列车通过大桥;1996年4月1日,京九铁路全线开通运行。九江长江大桥公路桥是国家高速公路网福(州)银(川)高速公路、105国道重要交通要道,承担九江市、黄梅县两地车辆交通运输,为混合交通状态。公路桥宽14米(三大拱处为11米),桥面横向布置为"双向2机动车道+2非机动车道+2侧人行道",设计载荷为汽-20挂-100。九江长江大桥公路桥管理局全面负责大桥公路桥日常维修养护工作。养护范围为九江长江大桥南、北公路引桥、正桥支撑公路钢筋混凝土梁钢横梁(含)以上公路部分及240米桥南接线公路和220米桥北接线公路。在桥梁日常养护管理上,坚持"预防为主,防治结合"的方针,按照《公路养护技术规范要求》,认真落实桥梁巡检制度,做到月检查、年检查与特殊检查相结合,并做到有检查记录、有技术状况评定、有病害整治方案,及时发现问题及时处置,加强大桥路面、桥梁附属设施的日常养护力度,最大限度发挥九江长江大桥整体效益。至2010年,九江长江大桥公路桥管理局累计投入日常养护维修资金达2950万元。桥梁养护按照原国家计委对公路桥和铁路桥养护范围划分,九江长江大桥公路桥管理局委托九江桥工段对其所负责范围内的钢梁进行管理养护,并签订协议。累计投入公铁共用部分维护经费达2515万元。大桥交通管理执法权则以江西、湖北2省行政区划为界,分别由九江、黄梅两地公安交管部门管理。大桥安全管理,1998年4月以前,南岸治安保卫工作委托九江市大桥公安分局负责,北岸治安保卫工作委托湖北省公安厅特批黄梅县大桥水陆派出所负责。1998年4月29日,武警市支队正式驻兵九江长江大桥,担负九江长江大桥公路桥、铁路桥守护(警卫)和处置大桥突发事件任务。

### 五、鄱阳湖公路大桥

鄱阳湖公路大桥是九(江)景(德镇)高速公路上一座特大桥,桥位距鄱阳湖出长江口2.5千米。大桥全长3799米,由主桥主孔、主桥副孔、引桥3部分组成。引桥为55×30米简支T梁,主桥副孔为30×50米简支T梁,主孔为188+318+130米子母塔双索面斜拉桥。全桥基础均为钻孔桩基础,双柱式塔身。下部结构为埋置式肋台,桥面铺装沥青砼,桥下净高10米,最高通行水位22.03米,最高抗震等级7级。

鄱阳湖公路大桥由省交通设计院设计,项目由亚行贷款。B4标段由中铁大桥局中标,大桥局五处组成项目经理部组织施工。B4标段包含全部副孔1500米。后基于施工安排方面考虑,业主将B3标段51~54号墩墩柱、盖梁及50~55号墩30米T梁制造与安装交由大桥局施工。工程于1997年12月26日开工,历经1998年、1999年连续两年特大洪水,三进三出工地,于2000年6月30日桥面铺装施工完成,7月29日完成验收。实际完成投资9755万元。

## 第三节　公路管理

### 一、公路养护

1991年以来,市公路养护管理一直由多个部门负责。其中高速公路由省交通厅所辖单位直接管养;国道、省道和部分主要干线县乡道由市公路管理局(2003年前称省公路管理局九江分局,以下统称市公路管理局)管养;县乡公路由市交通局和各县区交通局负责管养;村道由各村自行管养。1997年起在各县公路分局(当时名称为公路段)组建自主经营、独立核算、自负盈亏养护公司。1999年起实行养护公司经理和养护队长竞聘、职工双向选择、养护定额生产和计量支付等制度;2004年,各养护单位积极申办养护资质,至2010年,10个县公路分局办理二类甲(高速公路及一级公路大中修)、二类乙(二级以下公路大中修)、三类甲(高速及一、二级公路小修保养)、三类乙(二级及以下公路的小修保养),2个县公路分局办理二类乙、三类甲、三类乙养护资质,市局路桥工程处办理一类(特大桥、隧道养护和大中修)、二类甲资质。

## 二、收费公路

**收费站** 1991年,市内先后以“贷款修路、收费还贷”模式,修建收费公路7条(不含高速公路)。建公路收费站9个。其中,二级公路6条,建公路收费站7个;一级公路1条,建公路收费站2个。

2009年2月21日,据《国务院关于实施成品油价格和税费改革的通知》和《国务院办公厅关于转发发展改革委、交通运输部、财政部逐步有序取消政府还贷二级公路收费实施方案的通知》,省政府决定对境内政府还贷二级公路收费站点全部统一取消,保留一级公路和经营性二级公路收费站点。市境内九瑞、都蔡、黄锻、三都、虎山、马当6个二级公路收费站于当日零点停止收费并撤站。继续保留庐山环南山公路的威家、隘口2个一级公路收费站。

**武修线二级公路(武宁至修水)** 市公路局分别在(桩号修武线K6+600)黄锻乡处、(桩号修武线K52+300)三都镇处设立2个收费站:黄锻收费站、三都收费站。收费年限暂定18年(2004年6月18日~2022年6月17日),均设置双向4车道收费亭,于2004年10月16日开始按江西省二级公路收费标准收费。2007年,根据省交通厅统一部署,5月1日始实行二级公路计重收费。

**艾武二级公路(艾城至武宁)** 市公路局在永修虎山处设立收费站1个:虎山收费站。收费年限暂定18年,设置双向4车道收费亭,于2005年10月9日开始按江西省二级公路收费标准收费。根据省交通厅统一部署,2007年5月1日始实行二级公路计重收费。

**牛九二级公路(牛矶至湖口)** 市公路局在省道牛九线K0+700处,地处彭泽县马当镇靠省界路段设立收费站1个:马当收费站。收费年限暂定16年(2004年10月1日至2020年9月30日),设置双向4车道收费亭,于2007年7月1日开始实行二级公路计重收费。

**庐山环南山公路** 市公路局在(桩号:K15+300威家处)和(桩号:K52+190隘口处)设立收费站2个:威家收费站、隘口收费站。收费年限暂定19年(2005年9月1日至2024年8月31日),设置双向6车道收费亭,于2007年1月1日开始按省一级公路收费标准收费。根据省交通厅统一部署,2007年5月1日开始实行计重收费。

## 三、勘察与科研

1993年体制改革,市公路分局科研设计室更名为市公路科研设计所,为市公路管理局(原市公路分局)直属独立法人事业单位,主要承担道路、桥梁勘察设计业务。当年获全国工程勘察设计丙级资质证书。2001年获省质量技术监督局评定计量认证合格单位。2002年获省建设厅工程勘察专业类(工程测量)乙级资质证书。2003年获全国工程勘察设计乙级资质证书,并评定为AA级守合同重信用企业,通过ISO 9001国际质量、环境、安全三大体系认证。2006年更名为江西赣北公路勘察设计院。2007年获工程勘察专业工程测量甲级资质、公路行业(公路)工程设计甲级资质,2010年获工程咨询丙级资质,并获全国工程勘察与岩石行业“诚信单位”。业务范围立足九江,辐射周边省、市公路勘察设计市场。独立承担勘察设计庐山环南山一级公路、易家河大桥、三都大桥等项目获省优秀设计奖。2010年院测量队获全国交通建设系统“工人先锋号”称号。

## 四、路政管理

市公路分局路政科及各县公路段路政股负责路政执法管理。1993年,市各县公路段为提高案件查办力度和结案率,尝试设立公路行政案件执行室;1996年,市公路分局内部创新执法管理模式,成立路政管理处,各公路段成立路政管理大队,原路政科、路政股建制撤销。2002年1月,成立市郊公路段,同时成立市郊公路段及路政大队。2010年出台《九江市县乡主干道路沿线环境整治工作实施方案》和《九江市公路两侧建筑控制区管理办法》,规范路政管理行为。

## 第四节 运输工具

### 一、客 车

1991 年,市客运汽车以中小型汽车(20~40 座)为主,车辆车型较少,设施简单,农村客运汽车则是农用小三轮、厢式农巴车为主。1995 年开始出现中、高级大、中型客车,农村公路使用普通经济型与中级大、中型客车的格局。2010 年,全市从事客运车总量 7847 辆(其中客车 2877 辆,出租车 2453 辆,公交车 816 辆,其他车辆 1701 辆),客运企业 75 家,运输量 9879 万人,周转量 391965 万人千米。

1991~2010 年部分年份市营运客车情况一览

表 10-1-1 单位:辆

| 年 份 | 大型客车 | 中型客车 | 小型客车 | 农用客车 | 轿车(含出租车) | 公交车 |
|---|---|---|---|---|---|---|
| 1991 | 214 | 604 | 394 | | | |
| 1995 | 340 | 832 | 541 | | | |
| 2000 | 317 | 1038 | 433 | | 1859 | |
| 2005 | 425 | 1061 | 1468 | | 2081 | |
| 2010 | 626 | 1530 | 721 | 2667 | 2453 | 816 |

### 二、货 车

货车分普通货车与专用货车两大类。1991 年,全市货车发展到 4722 辆,2010 年,全市从事货运车总量 29928 辆,货运企业 721 家,货运量 7678 万吨,货运周转量 1602735 万吨千米。

1991~2010 年部分年份市营运货车情况一览

表 10-1-2 单位:辆

| 年 份 | 大型货车 | 中型货车 | 小型货车 | 小三轮 | 其他机动车辆 |
|---|---|---|---|---|---|
| 1991 | 1710 | 205 | 1495 | 1312 | 315 |
| 1995 | 3603 | 511 | 1957 | 2640 | 238 |
| 2000 | 2312 | 277 | 2020 | 3100 | 157 |
| 2005 | 2946 | 565 | 5624 | 2853 | 50 |
| 2010 | 12712 | 2247 | 14969 | 5311 | |

### 三、其他机动车

其他机动车,广泛用于城乡建筑施工各短途物资运输简易机动车、机动板车和电动车、农用运输车、其他类型车与专用机械等。1991 年, 全市从事道路运输其他机动车 5638 辆,1996 年 2480 辆,2000 年 2924 辆,2005 年 2979 辆,2009 年 3211 辆。

### 四、拖拉机

拖拉机分为轮式和手扶两种。1991 年 3578 台,1996 年 445 台,2002 年以后, 拖拉机逐年减少,到 2010 年,拖拉机仅为农业耕作和个体运输,作为营业性运输工具退出市场,因此未纳入交通运输行业管理范畴。

### 五、摩托车

摩托车，分为两轮摩托车和三轮摩托，三轮摩托又有边三轮和后三轮之分。两轮摩托和后三轮摩托多为民用，边三轮原多为单位所用，后逐渐淘汰，被汽车取代。1991 年 5257 辆，1995 年 14658 辆，到 2010 年有将近几万辆摩托车作为交通工具，具有快捷、方便特点，但作为营业性运输工具，因其稳定性、安全性较差，未被允许进入运输市场，也未纳入运输行业管理。

## 第五节 客货运输

### 一、客 运

**运输线路** 道路运输线路分为四类：县(市)境内客运班线、跨县(市)客运班线、跨地(市)客运班线、跨省客运班线。1991 年，市公路客运呈现国营、集体、个体多种形式并存，跨省、跨地客运发展较快，跨县客运逐步完善，农村客运开始发展。2000 年，实行“人进站、人归点”，客运车辆运行实行“三定四统一”，即定线路、定班次、定时间，统一进站、统一排班、统一发车、统一售票，基本上实现由个体及挂靠经营逐步到专业汽车公司经营模式。2010 年，全市客运经营由小规模公司化经营发展到大规模公司化经营，客运业务集团化、规模化。当时，道路运输线路覆盖 12 个省、59 个地市。各县都建立起客运网，乡乡通班车，全市乡镇通班车率达 100%，行政村通班车率达 91.7%。

**1991~2010 年部分年份市客运线路一览**

表 10-1-3 单位：条、次、千米

| 年份 | 县内班线 | | | 跨县班线 | | | 跨地市班线 | | | 跨省班线 | | |
|---|---|---|---|---|---|---|---|---|---|---|---|---|
| | 线路 | 日均班次 | 里程 | 线路 | 日均班次 | 里程 | 线路 | 日均班次 | 里程 | 线路 | 日均班次 | 里程 |
| 1991 | 128 | 1915 | 5317 | 231 | 1523 | 11599 | 32 | 101 | 5476 | 61 | 77 | 42151 |
| 1995 | 177 | 2648 | 7353 | 293 | 1932 | 14712 | 46 | 145 | 7547 | 85 | 108 | 59500 |
| 2000 | 225 | 3366 | 9347 | 345 | 2275 | 17323 | 62 | 196 | 10172 | 126 | 160 | 87100 |
| 2005 | 235 | 3516 | 14892 | 397 | 2618 | 24912 | 77 | 243 | 12456 | 88 | 112 | 67690 |
| 2010 | 322 | 4817 | 11627 | 167 | 1135 | 13236 | 80 | 252 | 13690 | 113 | 143 | 79204 |

**客运场站** 九江市长途汽车客运站：地址为浔阳东路 65 号，占地 1.25 公顷，建筑面积 9200 平方米，候车厅建筑面积 6536 平方米，附属建筑面积 2669 平方米，停车场面积 3253 平方米，为国有企业，一级汽车客运站，隶属九江长运集团公司。1991 年，完成客运量 181.84 万人，周转量 11613.3 万人千米。1993 年 1 月，九江客运站与客运分公司实行站队合一，驾修合一，设立九江客运分公司(含长途车队、旅游车队、保养场)。1994 年 11 月，更名为九江客运公司。2004 年 12 月，九江汽车站按正科建制分设，称九江长运总公司九江汽车站，下辖广场分站。2007 年，九江长运投入 1.2 亿元新建九江汽车新站，占地 8 公顷，建筑面积 6200 平方米，停车场面积 40000 多平方米。2010 年九江长途汽车站由浔阳东路 65 号迁至浔南大道 99 号，京九大市场客运站、九江港汽车客运站所有班线，原九江客运西站开往瑞昌、修水、武宁及乡镇班线、瑞昌码头和南义镇共 80 台进站车辆，火车站上广场开往武穴、黄梅、南昌等 4 条班线 66 台进站车辆，九江至庐山班线 10 台车辆全部迁入汽车总站经营。进出站车辆 545 辆，日发班次 671 班，日发送旅客 1 万人，年发送旅客 348 万人。

九江汽车南站：1995 年成立，为股份制有限责任公司，隶属于九江金鹏巴士有限公司，占地面积 11821 平方米，停车场 7200 平方米，2010 年进出站车辆 57 辆，运营线路 11 条，日发班次 147 班，在职职工 22 人。

九江汽车西站:三级道路客运场站,为国有企业。1999年成立,由农垦招待所停车场更名为市西线客运停车场,隶属于市茅山头企业集团公司,占地面积6700平方米,停车场4765平方米,2009年进出站车辆80辆,运营线路10条,日发班次98班,在职职工33人,2009年注销。

星子县汽车站:为国有道路运输企业,二级汽车客运站,隶属于九江长运集团公司。1990年,由九江长运投资,在原星九、星德公路交会处新建一栋建筑面积2100平方米层站房,停车场1500平方米。2000年因星子县城市改造修建休闲广场被拆除,先后在广场附近租借办公场地。2001年,在保留汽车站现行管理体制和管理方式不变的基础上,设立星子公司,实行站队合一。2004年租用九江中基公司的房屋经营,有办公楼3层,1500平方米,停车场2500平方米,主要发往南昌、九江、沙河、景德镇、庐山及各乡镇班线。2010年,完成客运量41.05万人,旅客周转量2082万人千米。

湖口县鄱阳湖大市场停车场:1998年,湖口县关闭赣北汽运公司、县交通局、县房客局停车场以及城区社会停车点,客运经营车辆全部进入鄱阳湖大市场停车场。该停车场占地6292平方米,170辆客车进场经营,其中130辆跑区际班线,40辆跑跨省和省内班线,覆盖浙江、福建、广东等沿海经济较发达地区,经济效益良好。2004年,将停车场改建成县政府广场,站内所有车辆全部迁至九江长运湖口车站经营。

瑞昌市罗湖综合停车场:1999年,瑞昌市在瑞昌罗湖村投资40万元,扩建罗湖综合停车场,硬化进出口道路和停车场地,该停车场占地2600平方米,新建一座200平方米的主站房,内设候车室和一座水冲式厕所,在职员工9人,2006年12月九江长运瑞昌分公司以98万元收购该停车场。

都昌县汽车站:为国有道路运输企业,二级汽车客运站,隶属于九江长运集团公司。1997年12月,九江长运投资在县城万里大道新建汽车站,车站占地面积1.6公顷,主站房4层,总建筑面积2319平方米,站内停车场同时容纳300辆客车停放;候车厅面积450平方米,可容旅客3000人次候车。2006年9月九江长运自筹资金,在县城迎宾大道东侧新建都昌阳光汽车站,占地面积2.03公顷,建筑面积3312平方米。2010年,客运量108.07万人次,旅客周转量8203.88万人千米。

永修县虬津汽车站:为国有道路运输企业、三级汽车客运站,隶属于九江长运集团公司。2000年虬津汽车站新建站房,占地面积7863.8平方米,房屋面积953.26平方米,在职员工10人,2001年5月竣工使用,2010年完成客运量25.5万人次,旅客周转量1149.75万人千米。

武宁县汽车站:为国有道路运输企业、二级汽车客运站,隶属于九江长运集团公司。1994年,九江长运投资在武宁县城人民路162号新建主站房面积320平方米。2003年,九江长运自筹资金,在新城区的协和大道73号兴建1栋3层框架结构的站房,2004年投入使用,占地总面积达14000平方米,总建筑面积6760平方米。2005年12月城市改造被拆除,由人民路162号迁至武宁县协和大道73号,2010年职工189人,日发班次180班,完成客运量149.1万人,旅客周转量13023.9万人千米。

德安县汽车站:为国有道路运输企业、二级汽车客运站,隶属于九江长运集团公司。1987年由九江长运投资在德安县义峰路321号新建车站,总建筑面积3379.25平方米。1991年称德安分公司(后称德安公司),2001年5月恢复德安汽车站建制。2010年,在职员工93人,日发班次337次,完成客运量69.6万人,旅客周转量3908万人千米。

永修县汽车站:为国有道路运输企业、二级汽车客运站,隶属于九江长运集团公司。1986年,九江长运在永修县新城大道15号投资新建车站,占地面积1公顷,总建筑面积3529平方米,停车场面积6217平方米。1991年称永修分公司(后称永修公司),站队合一。2001年5月恢复永修汽车站建制。2010年,完成客运量90.82万人次,旅客周转量6098.96万人千米。

彭泽县汽车站:为国有企业,二级汽车客运站,隶属于九江长运集团公司。1991年,九江长运新建的彭泽汽车站坐落在彭泽县城东风街环行南路,占地面积5241.25平方米,总建筑面积4548平方米。2001年,九江长运又在县龙泉路原体育场场地新建站房,用地7390平方米,总建筑面积2361.36平方米,主站房建筑面积1702.74平方米,停车场面积5400平方米。2010年,完成客运量107.24万人,旅客周转量

7402.94 万人千米。

*湖口县汽车站*:为国有企业,二级汽车客运站,隶属于九江长运集团公司。站址在县城云亭路 6 号,主站房 3 层,建筑面积 2199 平方米。2000 年,九江长运在湖口县城钟山大道投资新建汽车站,占地面积 1.33 公顷,主站房 3 层,总建筑面积 3748 平方米。2010 年完成客运量 133.5 万人,旅客周转量 6627 万人千米。

*瑞昌市汽车站*:为国有企业,二级汽车客运站,隶属于九江长运集团公司。站址在赤乌中路,占地面积 8724 平方米,主站房 5 层,建筑面积 2157.96 平方米。2004 年,九江长运在瑞昌市黄金南路以东、杨林大道以南新建汽车站,占地面积 3.33 公顷,主站房 5 层,建筑面积 8015 平方米,其中候车厅面积 1150 平方米,停车场面积 9800 平方米。2010 年,完成客运量 79.2 万人,旅客周转量 5452 万人千米。

*修水县汽车站*:为国有企业,二级汽车客运站,隶属于九江长运集团公司。建于 1988 年,占地面积 1.2 公顷,总建筑面积 4343 平方米,2003 年,九江长运收购地处县城宁红大道的县林副产品公司的几栋建筑物和场地作城南车站,该站占地面积 6862 平方米,总建筑面积 1074.3 平方米,主站房 5 层,候车室面积 202.4 平方米,停车场面积 5821.44 平方米。2005 年,九江长运集团公司委托修水县汽车运输有限公司对修水汽车站实行托管经营。修水汽车站即停止营运,所有车辆分别进城南车站和县汽运车站经营。

*庐山汽车站*:为国有企业,二级汽车客运站,隶属于九江长运集团公司。站房是 1953 年 8 月建设的二层砖木结构的铁瓦房。2010 年完成客运量36 万人,旅客周转量 420 万人千米。

*九江县汽车站*:为国有企业,二级汽车客运站,隶属于九江长运集团公司。原沙河汽车站建于 1982 年,占地面积 1 公顷,主站房 4 层,建筑面积 1633 平方米,停车场面积2500 平方米。2009 年,九江长运兼并九江县汽运公司后,在沙河街庐山西路 370 号改建汽车站,主站房5 层,建筑面积 1400 平方米,停车场面积 6000 平方米。2010 年,完成客运量 65.4 万人,旅客周转量2548.01 万人千米。

*共青汽车站*:为国有企业,二级汽车客运站,隶属于九江长运集团公司。建于 1997 年,占地面积 1.23 公顷,主站房 3 层,建筑面积 2286 平方米。2010 年,完成客运量 37.26 万人,旅客周转量 2048.82 万人千米。

**运量** 1991 年,全市运输业受宏观经济调整影响,道路客运企业陷入困境,省交通厅及市交通部门,相继出台省内有关客运站点全面对外开放等一系列文件,国有大、中型客运企业与非公有企业共同发展。2001 年,省高速公路建设加快,道路运输条件日益完善,道路客运量逐步发展壮大。2010 年,全市道路营运客车 2877 辆,78475 座,完成客运量 9879 万人,周转量 391965 万人千米。

**农村客运** 1991 年,随着全省各地农村道路条件不断改善,各级交通运管部门积极培育发展农村客运市场,鼓励运输企业和个体客运经营者积极开辟农村班线,增加客运班次,农村道路客运取得显著成效。1996 年,国家鼓励发展偏远山区和乡村之间旅客运输,对农村客运实行定线、定班、定时、挂牌运行,指导农村个体客运营者在自愿基础上组建成紧密或松散型客运联合体,让他们实行自我管理、自我约束、自我监督。2001 年,全市农村客运开始朝着公共化、网络化、规范化、规模化目标方向发展,一个以县为中心,辐射乡村、干支相连、四通八达、方便快捷的农村客运网络初具规模。2006 年,全市农村客运采取一片或一线成立一公司的方式,进行公司化改造,实行公司化经营,农村客运班线共计 335 条,全市乡镇班车通达率为 100%,行政村班车通达率提高到 91.7%,农村客运站 87 个,候车亭 949 个。

## 二、货 运

**普通货运** 1991 年,全市有货车 4722 辆,货运企业 414 家。2000 年全市有货车 4609 辆,货运企业 526 家,货运量 1492 万吨,周转量 149673 万吨千米。2006 年,汽车货物运输企业通过结构调整、兼并、重组,货物营运车辆达到 13157 辆,货运量 1916 万吨,周转量 199777 万吨千米。2010 年,全市货运企业 721 家,货运车 29928 辆,货运量 7678 万吨,货运周转量 1602735 万吨千米。

**集装箱货运**　1991年,市集装箱货运业务市场占有份额较少。2008年九江长运集团下属的九江长运货运物流公司,联合上港物流(江西)有限公司开辟集装箱运输市场;2010年,九江长运货运物流公司拥有大型运输车33辆,927个吨位,挂车31辆,985个吨位,完成运输货物25.39万吨(其中运输标准集装箱8500余个),货运周转量5045万吨千米,营业收入1250万元。

**危险品运输**　危险品运输始于永修县星火化工厂和九江炼油厂建成投产,油料和产品外运而形成,当时外运量不大。随着经济发展和市场需要量增大,危险品运输企业和车辆逐渐增多,2010年全市有危险品运输企业27家,危险品运输品种有汽油、煤油、柴油、液化气、烧碱、硫酸、盐酸、炸药及其他有毒物资,运输范围拓展到上海、广东、福建、浙江、湖北、湖南等省地,危险品运输车辆1184辆,运输量每年以10%速度递增。

## 三、重点运输

**春节运输**　1991年以来,春节旅客运输,指节前15天,节后25天,共40天节日期间客货运输。每年,市政府成立春运领导小组,交通运输管理部门和主要运输企业也成立春运领导机构,加强对春运工作领导,特别是加强安全管理和车辆检测工作,抓好危险品查堵及防冻、防滑、防雾和超载等工作,确保在旅客流动高峰期的运输畅通。1991年投放客车358辆,14945座位,完成客运量147.68万人次。1998年,投放客车1537辆次,运送旅客290.41万人次。2002年,投放客车4568辆次,运送旅客271.67万人次。2005年,投放客车3048辆次,日均投放运力6651辆,运送旅客387.79万人次。2009年,投放客车2760辆次,日均投放运力2240辆,加班5590班次,包车2734班次,运送旅客451.99万人次。2010年,投放客车3270辆次,日均投放运力3142辆,加班6891班次,包车8104班次,运送旅客487.53万人次。

**黄金周运输**　1991年以来,每年"五一""十一"国家规定节假日运输。2001年,投入客运车辆1652辆次,30898座,完成旅客运输386286人次。2005年,投入客运车辆3123辆次,完成旅客运输504588人次。2008年,"五一"黄金周由3天调整为1天后,黄金周就增加清明节、端午节。2009年,投入客运车辆8736辆次,加班804班次,包车1246班次,完成客运量120.968万人。2010年,投入客运车辆21875辆次,加班732班次,包车1904班次,完成客运量97.532万人。

**抗洪抢险运输**　1998年6月,九江遭受大洪灾,负责车辆调度98人,共接到市防总调令1243次,调用车辆931台(其中客车167台、货车395台、翻斗车369台),各种挖掘装卸设备338台次,并有44台车集中指定地点,实行24小时值班待令。6月17日至9月25日,共征调防汛车辆5791辆次,船舶1186艘次,抢运各类抗洪物资65万吨。其中碎石23万吨,块石7万吨,黄土20万吨,钢材、木材、粮食、铁笼等物资1.7万吨,编织袋710万条,草袋80万条,三色布220万平方米。运送抢险部队官兵3.8万人次,转移受灾群众1.5万人次。8月7日,城防堤4~5个闸决口后,交通系统广大干部职工全力以赴,以最快速度调集车、船抢运抢险人员和物资,共组织120辆汽车,15台装载机和挖掘机,218艘船舶投入运输,在7个土石料场同时装车,10个闸口码头同时卸车装船,连续奋战8天8夜,共运送碎石3.8万立方米,块石1.5万立方米,黄土5万立方米,钢材、木材、粮食、铁笼等物资1.7万吨,抢险人员5000人次,有力保障前方堵口需要。4–5号闸口之间防洪墙决口,装料待命11艘机动货船立即赶赴现场,为防止决口破裂扩大,缓解洪水涌入市区,前方指挥部将其中5艘及在现场附近临时调来共10艘船沉在决口处,这10艘船是:长航集团武汉长江轮船公司载煤1600吨的甲21025号驳船,九江钢铁公司40米长水泥趸船,余干县航运公司黄贵木、危掌太的赣余干货005号88吨、赣鹰潭货0025号100吨机动货船,余江县航运公司陆龙生赣鹰潭货0103号、5号机动货船,都昌县航运公司江乐鼎赣九江货0138号100吨机动货船,阳新县富池镇林村汪希安鄂阳新货0381号100吨机动货船,九江县江堤治理指挥部舒国强、梅其贵的浔货1020号120吨机动货船,赣浔化1066号110吨机动货船,重庆市奉节县港航运输公司余善奎港501号540马力拖轮。堵决口成功后,武汉长江轮公司价值380万元甲21025号驳、九江钢铁公司价值40万元的水泥趸船捐赠给九江市政府。鉴于其余8艘沉船已无修复价值,定为全损,按照防洪法有关规定,市防汛指挥部决定给予补偿,责成市航管处、九江港监局、市财政局等单位就补偿相应问题进行调查取证,作出估价,并完善法律手续。10月22日"98九江抗洪抢险长江堵口船舶补偿仪式"举行,市政府、防汛指挥部、交通局、财政局、法制局、航管处、公证处和九江港监局等单位领导,船方单位领导及船主出席,防汛指挥部向船方单位赠送锦旗,向船员颁发荣誉证书,8艘沉船补偿包括船员误工、财产损失共308.9万元。1999年,全市遭受特大洪水侵袭,长江大堤水位最高达22.43米。6月18日至8月8日,市交通局共依法征调船舶12艘2020吨383千瓦,汽车、吊车和装载设备105辆次,抢运应急防汛物资1600余吨,运送和转移各类防汛物资4000吨。

**抗震救灾运输** 2005年11月26日,九江县、瑞昌市间(北纬29.7度,东经115.7度)发生5.7级地震。震毁路长7.4千米面积达400平方米,震毁桥梁20米/2座(全毁),震损桥梁2603米/86座(局部损毁),震损涵洞632道,倒塌护坡390立方米/18个,倒塌挡土墙9780立方米/35处,坍塌土石方3000立方米/4处,造成直接经济损失1628.26万元。抗震救灾期间,市交通局出动专业队伍2380人次,调派车辆550辆,抢运各类物资3400吨,运送人员530人。

**搬运装卸** 1991年,市道路运输搬运装卸作业由国有、集体、个体等性质搬运装卸户承担,业务范围主营粮食、煤炭、冶金、矿山、商业、建筑建材等各行大宗生产资料、产品与百姓日常生活用品的搬运装卸。1996年,民营(个体)、股份(合资)制搬运装卸企业兴起,全市道路运输搬运装卸企业554户。其中,交通部门11户,从业人员2777人,4户保持经济增长,另7户效益出现下滑(1户实际停产)。2005年,全市规范化学危险品货物运输,引导道路运输企业发展第三方物流,建立集运输仓储、配载、交易、信息、搬运、装卸与连接工(矿)商(贸)于一体的物流服务系统,全市99%道路运输搬运装卸业务被纳入物流服务系统中。

## 第六节 运输企业

### 一、企业规模

1991年,市道路运输企业发展处于发展变革时期,道路运输企业发展参差不齐,形成国有、集体、民营、合资等多种运输经营模式。1996年,九江交通运输企业继续保持多格局、多层次发展态势,一些尝试出租车运输、县级公交车业务的公司开始步入初期发展阶段。2001年,省交通运输厅出台客货运输企业开业技术条件(试行),提高企业准入门槛,全市道路运输企业进入兼并、发展、壮大时期。2006年,交通运输国有企业股份制改制全部完成。2008年,运输企业开始探索乡镇、行政村班线车发展。2009年,客运班车通村率达到91.2%,对九江至沙河、武宁县境内部分乡(镇)农村客运班线实施一体化改造。2010年,整合市区客运资源,关闭7家客运场站,622辆客运车辆全部进入新客运中心。

1991~2010年部分年份市公路客运企业一览

表10-1-4　　单位:个、辆、万人、万人/千米、元/千米

| 年份 | 企业数 | | | | 车辆数 | | | | 客运量 | 客运周转量 | 运价 |
|---|---|---|---|---|---|---|---|---|---|---|---|
| | 合计 | 按经济性质分类 | | | 合计 | 按座位分类 | | | | | |
| | | 国有 | 集体 | 民营 | | 大客 | 中客 | 小客 | | | |
| 1991 | 768 | 344 | 424 | | 1212 | 134 | 784 | 294 | 3106 | 115099 | 0.04 |
| 1995 | 1085 | 486 | 599 | | 1713 | 190 | 1108 | 415 | 5169 | 167451 | 0.19 |
| 2000 | 793 | 301 | 492 | | 1788 | 199 | 1156 | 433 | 3718 | 173100 | 0.26 |
| 2005 | 196 | 115 | 81 | | 2954 | 225 | 1261 | 1468 | 4255 | 220552 | 0.26 |
| 2010 | 75 | 3 | | 72 | 2877 | 626 | 1530 | 721 | 9879 | 391965 | 0.28 |

1991~2010年部分年份市公路货运企业一览

表10-1-5　　单位:个、辆、万吨、万吨/千米、元/千米

| 年份 | 企业数 | | | | 车辆数 | | | | 货运量 | 货运周转量 | 运价 |
|---|---|---|---|---|---|---|---|---|---|---|---|
| | 合计 | 按经济性质分类 | | | 合计 | 按吨位分类 | | | | | |
| | | 国有 | 集体 | 民营 | | 大客 | 中客 | 小客 | | | |
| 1991 | 1181 | 574 | 607 | | 2037 | 1024 | 136 | 877 | 1232 | 68765 | 0.20 |
| 1995 | 1780 | 865 | 915 | | 3071 | 1545 | 165 | 1361 | 1943 | 111203 | 0.25 |
| 2000 | 2591 | 959 | 1632 | | 4609 | 2312 | 277 | 2020 | 1256 | 147100 | 0.50 |
| 2005 | 2559 | 343 | | 2216 | 9135 | 2946 | 565 | 5624 | 1471 | 154458 | 0.50 |
| 2010 | 721 | 22 | | 699 | 26327 | 8898 | 2275 | 15154 | 7678 | 1602735 | 0.55 |

## 二、企业选介

**九江长途汽车运输集团公司**　1990年,称赣北汽车运输公司。1991年企业固定资产3312万元,固定资产净值2416万元,建制车辆368辆(其中客车299辆、货车69辆、挂车53辆),完成客运量979.96万人,货运量5.22万吨,旅客周转量43229.31万人千米,货物周转量802.67万吨千米,实现营业收入2337.6万元,上缴税金76.44万元,实现利润30.91万元,有职工3188人,在册职工2773人。1997年6月,更名九江长途汽车运输总公司,由庐峰路30号迁至庐峰南路2号,总公司有客运班线131条,其中跨省班线73条,跨区班线24条,区内班线34条,当年实现利润35万元。2001年12月,投资1900万元参与组建"赣运集团",成立江西赣运集团九江长途汽车运输有限公司。2002年12月,九江长运退出"赣运集团"。2004年3月,公司由庐峰南路2号迁至浔阳东路65号。2007年5月,被中国道路运输协会核准为道路旅客运输一级企业、道路货物运输二级企业,2007年6月,经市政府批准改组为国有独资企业,更名九江长途汽车运输集团有限公司,隶属于市国有资产管理委员会。2009年10月,市交通局代表市政府对企业履行出资人职责,市国有资产管理委员会履行对国有资产的监管职能。2010年该公司有固定资产原值39508万元,固定资产净值18915万元,有营运线路301条,其中跨省班线80条,跨区班线62条,县际班线73条,县内班线86条,建制车辆1046辆(其中客车739辆、货车35辆、挂车31辆、出租车274辆),完成客运量1245万人,货运量25.55万吨,旅客周转量103200万人/千米,货物周转量5039.96万吨千米,实现营业收入42648万元,上缴税金2001万元,实现利润1664万元,拥有职工3344人,在册员工1986人。九江长途汽车运输集团有限公司属国家一级道路旅客运输、二级货物运输企业,下设7个职能部门、1个控股子公司、4个全资子公司、18个分公司,主要经营道路客货运输、站务服务、旅游运输及旅游服务、各类汽车修理、汽车整车代理销售、出租驾培、燃料销售、餐饮住宿等业务。

**九江长途汽车运输股份有限公司**　2007年12月,由九江长途汽车运输集团有限公司控股68%作为主发起人与其他投资主体共同发起设立,为九江长运集团公司控股子公司。公司主要经营道路高速客运、站务服务及汽车燃润料销售业务。下设7个职能部门和3个经营单位。设立时,注册资金为5000万元。有营运车辆82辆,其中高级车63辆,中级车7辆,中高级车占车辆总数的88%;有1个一级客运站(即九江长途汽车站)、1个高速客运公司、1个物资贸易公司;有高速客运班线17条,普通客运班线1条,其中省际客运班线8条,市际客运班线5条,县际客运班线5条,班线覆盖上海、江苏、浙江、湖北、安徽、湖南等省市。2010年,公司有进站车辆545台,日发班次671班,日均发送旅客1万人次,有职工400人,其中在册职工177人,总资产12444万元,营业收入16843万元,完成客运量348万人。

**九江金鹏巴士有限公司**　1997年12月成立九江金鹏巴士,隶属于市汽车南站金鹏巴士联合运输分公司,为私营企业。注册资本300万元,有客运车辆12辆,主要经营九江至南昌班线客运,在职职工37人。2000年公司获得"九江环庐山旅游专线"经营权。2001~2002年兼并部分县区客运资源,进行两次重组,成立联合运输公司,设立彭泽、星子、都昌等分公司。2010年公司注册资本1744万元,有客运车辆

215 辆,客运班线 78 条,在职员工 457 人,主要经营主营班线客运、旅游包车、客运站等业务。

**九江市汽车运输公司** 1991 年公司主营业务由运输业转为汽车工业,1997 年市汽车运输公司更名市汽车运输有限责任公司(股份制),主要经营汽车维修、检测、磨料磨具、联轴器、汽车销售和房地产,在职员工 423 人,年生产和销售创总收入 1160 万元。2007 年公司进行改制,总资产 2673 万元,固定资产 2000 万元,在职职工 498 人。

**庐山旅游汽车运输有限责任公司** 原称庐山公共汽车公司。1991 年有大客车 48 辆, 中型客车 12 辆,货车 10 辆,在职员工 130 人,总资产 470 万元。1998 年,改制为庐山旅游汽车运输有限责任公司(下设公交分公司、汽运分公司)。2006 年恢复庐山公共汽车公司。2009 年庐山旅游观光车开通。2010 年公司拥有各类旅游客车 105 辆,主要经营省内旅游和庐山至九江、南昌、武汉 3 条班线,从业人员 272 人,年营收 4143 万元,资产总额 5894 万元。

**庐山旅游观光车有限责任公司** 成立于 2009 年 4 月,注册资金 5000 万元人民币,隶属于庐山旅游发展股份有限公司,在职员工 268 人,有旅游观光车 116 辆,下设 8 个职能部门,分别为行政后勤部、人力资源部、财务部、安全运营部、车队、调度中心、南门换乘中心、北门换乘中心。2010 年,安全运营 680 万千米,完成经营收入 1.94 亿元,上缴各项税费 3014 万元。

**九江长途运输集团公司武宁公司** 1991 年公司资产 118 万元,在职员工 111 人,有客车 17 辆,货车 5 辆,经营线路 10 条,主要经营客货运输,完成年客运量 62 万人,货运量 0.55 万吨,营业收入 151.8 万元,利润 12.2 万元。1996 年 9 月武宁货运分公司机构被撤销,并入武宁分公司,1997 年 3 月,更名九江长途汽车运输总公司武宁公司,实行站队合一建制。2001 年 12 月更名九江长途运输集团总公司武宁公司,隶属于武宁县交通局,为国有企业,位于武宁县新宁镇樟岭路。2004 年武宁公司在新城区协和大道 73 号新建办公大楼。2008 年更名九江长途汽车运输集团有限公司武宁公司。2010 年公司资产 1759.3 万元,在职员工 200 人,有营运客车 156 辆,客运班线 106 条,其中省际 12 条、跨县班线 15 条、县内 75 条,公交 4 条,完成客运量 149 万人,客运周转量 13023.9 万人千米,营业收入 749.5 万元。

**修水县汽车运输有限公司** 1999 年更名修水县汽车运输总公司, 隶属修水县交通局,2004 年完成企业改制,2005 年注册成立股份制企业,位于修水县良塘新区,在职职工 254 人,主要经营旅客运输、站务作业、公交、汽车维修等,2010 年公司总资产 1.2 亿元,营运车 396 辆,省际班线 27 条,省内班线 14 条,年盈利 730 万元,完成客运量 300 万人。2007 年获得国家道路二级资质运输企业。

**九江长途汽车运输集团有限公司德安公司** 1997 年 3 月,由德安分公司更名九江长途汽车运输总公司德安公司,实行站队合一建制。2008 年更名为九江长途汽车运输集团有限公司德安公司。2010 年,有客运车 20 辆,在职员工 101 人,客运班线 22 条,年营业收入 150.8 万元,客运量 69.6 万人。

**九江长途汽车运输集团有限公司共青公司** 2000 年 8 月成立, 与共青汽车站实行站队合一建制,称九江长途汽车运输总公司共青公司,为国有企业。2001 年,有职工 14 人,营运客车 37 辆,2008 年更名为九江长途汽车运输集团有限公司共青公司。2010 年拥有大客 9 辆,中客 11 辆,班线 8 条,公司资产 334.5 万元,在职员工 13 人,年客运量 37.25 万人,营业收入 102.1 万元,盈利 8.42 万元。

**九江长途汽车运输集团有限公司沙河公司** 原称沙河分公司,1997 年 3 月更名省九江长途汽车运输总公司沙河公司,实行站队合一建制。2005 年九江长运通过改制兼并九江县汽运公司,成立九江长途汽车运输集团有限公司沙河公司(国有企业),隶属于九江长途汽车运输集团有限公司,主要经营客运。2008 年更名为九江长途汽车运输集团有限公司沙河公司。2010 年,有客运车 23 辆,客运班线 8 条,资产 340.8 万元,在职员工 40 人,年客运量 65.4 万人,营业收入 117 万元。

**江西扶风西海汽车运输有限公司** 创建于 1998 年,又名永修县扶风汽车运输有限公司,为民营股份制运输企业。主要经营旅客运输、危货运输、汽车修理、汽车配件销售等,拥有货运车辆 98 辆,危险品货运车 8 辆,客车 7 辆,营运线路 4 条。2010 年,有危货车 13 辆,普货车 230 辆,客车 21 辆,客运班线 8 条,在职职工 380 人,在上海、南京、广州、无锡等地设有物流配载站。

**九江长途汽车运输集团有限公司彭泽公司** 原称彭泽分公司，由彭泽汽车站与被兼并的原彭泽县汽运公司合并组建，为国有企业。1997年，更名九江长途汽车运输总公司彭泽公司，公司实行站队合一、驾修合一建制。2001年公司迁至彭泽县龙城大道309号。2008年，公司更名九江长途汽车运输集团有限公司彭泽公司。2010年，在册职工115人，总资产559.3万元，营业收入421.5万元，完成客运量107.24万人，旅客周转量7402.94万人千米。

**九江长途汽车运输集团有限公司湖口公司** 原称湖口分公司，由湖口汽车站与605车队合并组建，为国有企业。1997年，更名九江长途汽车运输总公司湖口公司，实行站队合一、驾修合一建制。2000年公司迁至湖口县城钟山大道。2008年，更名九江长途汽车运输集团有限公司湖口公司。2010年公司在册职工80人，总资产1187.4万元，营业收入476.5万元，完成客运量133.5万人，旅客周转量6627万人千米。

**九江长途汽车运输集团有限公司都昌公司** 原称都昌分公司，由都昌汽车站与都昌汽车队(607车队)合并组建，为国有企业。1997年，更名九江长途汽车运输总公司都昌公司，实行站队合一、驾修合一建制。2001年6月，九江长运总公司按收购式兼并都昌县汽车运输有限公司。2006年公司迁至县城迎宾大道东侧。2008年，更名九江长途汽车运输集团有限公司都昌公司。2010年在册职工117人，营业收入335.2万元，完成客运量108.07万人次，旅客周转量8203.88万人千米。

**九江长途汽车运输集团有限公司永修公司** 原称永修分公司，实行站队合一、驾修合一建制，为国有企业。1997年，更名九江长途汽车运输总公司永修公司。1999年和2000年，九江长运总公司先后对永修县汽车运输公司、永修县公交服务中心两家企业实行托管经营。2001年，按整体划拨式兼并永修县汽车运输公司和公交服务中心。2008年，更名九江长途汽车运输集团有限公司永修公司。2010年，在册职工89人，总资产565.5万元，营业收入228.2万元，完成客运量90.82万人次，旅客周转量6098.96万人千米。

**九江长途汽车运输集团有限公司瑞昌公司** 原称瑞昌分公司，实行站队合一、驾修合一建制，为国有企业。1997年，更名为九江长途汽车运输总公司瑞昌公司。2001年6月，九江长运总公司按整体划拨的方式对瑞昌市宝通汽车运输公司实施兼并，并同时兼并瑞昌市建设局的公交公司。2004年公司迁至瑞昌市黄金南路以东、杨林大道以南处办公。2008年，更名为九江长途汽车运输集团有限公司瑞昌公司。2010年，在册职工65人，总资产503万元，营业收入268.3万元，完成客运量79.2万人，旅客周转量5452万人千米。

**九江长途汽车运输集团有限公司星子公司** 2001年6月，在保留星子汽车站管理体制和管理方式不变的基础上设立星子公司，实行站队合一建制，为国有企业。2004年，租用九江中基公司的房屋办公营业。2008年，更名九江长途汽车运输集团有限公司星子公司。2010年，在册职工18人，总资产84.5万元，营业收入64万元，完成客运量41.05万人次，旅客周转量2082万人千米。

**九江长途汽车运输集团有限公司修水公司** 原称修水分公司，由修水汽车站与604车队合并组建，实行站队合一、驾修合一建制，为国有企业。1997年，更名九江长途汽车运输总公司修水公司。2005年8月，九江长运总公司将修水公司委托修水县汽车运输有限公司经营管理，并明确在托管期间，甲、乙双方所属企业名称不变，企业职工隶属关系不变，企业的固定资产、无形资产产权关系不变。

**九江长途汽车运输集团有限公司庐山公司** 原称庐山汽车站，站队合一建制，为国有企业。2006年4月，成立九江长途汽车运输总公司庐山公司，其人财物由庐山汽车站成建制转入。2008年，更名九江长途汽车运输集团有限公司庐山公司。2010年，在册职工13人，总资产22.7万元，营业收入25.4万元，完成客运量36万人，旅客周转量420万人千米。

## 第七节 运输管理

### 一、客运管理

**客运车管理** 1993年，省交通厅印发《关于汽车客运班车必须进站作业的通知》，明确所有班车必须进站经营，要求专业运输企业汽车站对外开放经营。1994年，市政府印发《九江市道路客运车站管理暂行规定》通知，九江汽车站对外开放经营，停车一七一医院门口都昌、湖口、彭泽、波阳、景德镇方向班车全部进站经营。1995年，发往南昌、安义、永修、德安、沙河方向班车，全部进九江汽车南站经营；发往修水、武宁、瑞昌方向班车，全部进九江西站经营；发往庐山、黄梅方向班车，全部进码头停车场经营。至此，市区内客运班车全部实现车进站、人归点。2010年，全市共发放省际线路牌552块，所有客运车辆全部纳入行业管理。

**旅游车管理**　1991年，全市有旅游车107辆，主要经营九江至庐山一日游业务。到2000年，旅游车增至430多辆，除经营九江至庐山旅游运输业务外，还从事省内、省际旅游包车业务，旅游车的份额占全省的一半。2000~2010年，市旅游运输处于巩固和稳定发展阶段，车辆数维持在500辆左右。

## 二、货运管理

1991年，货运由市公路运输管理处货运配载中心管理。1994年，《江西省道路货物运输业户开业审批管理规定》明确开业条件和办事程序，市运管处印发《九江市货运配载站点管理暂行办法》《九江市道路载货车辆运行登记管理暂行办法》。2010年，随着市场经济日益完善，市公路运输管理处货运配载中心改制关闭，其企业职工分流到九江长运集团总公司。

## 三、机动车管理

**维修管理**　1991年，全市机动车维修有一类企业54家、二类企业213家、三类专项维修业户430家、摩托车维修业户105家、从业人员7800余人。2000年，全市汽车维修858户，一类维修企业4户，二类维修企业188户，三类汽车维修企业468户，摩托车维修162户。2010年，全市机动车维修934户，一类修理企业14家，二类企业177家，三类专项修理493家，摩托车维修业250家，从业人员9000余人，形成以一、二类企业为主体，三类业户为补充的机动车维修市场的格局。

**检测管理**　1995年，全市汽车性能检测站2个，其中A、B类各1个，检测设备仪器23台，年检测车辆6600辆。2000年，全市汽车性能检测站4个，其中A类1个、B类3个，检测设备仪器30台，年检测车辆10000辆。2005年，全市汽车性能检测站5个，其中A类1个、B类4个，检测设备仪器78台，年检测车辆20300辆。2010年，全市汽车性能检测站9个，其中A类1个、B类8个，检测设备仪器152台，年检测车辆28200辆。

## 四、驾驶员培训管理

1991年，市驾驶员培训处于初级发展阶段。1998年，交通部发布《汽车驾驶员培训学校（班）开业条例》规定，对全市公安交警已批准的驾校进行资质审查，驾驶员培训逐步走上规范化。2010年，市驾培市场开展清理整治工作，查处非法教练车5辆，取缔非法经营挂靠驾校6处。

**1991~2010年部分年份市驾驶员培训学校综合情况一览**

表10-1-6　　单位：个、人

| 年份 | 驾校数 | 驾校等级 | | | 教练员数 | 学员数 |
|---|---|---|---|---|---|---|
| | | 1级 | 2级 | 3级 | | |
| 1991 | 4 | | 1 | 3 | 40 | 1373 |
| 1995 | 5 | | 1 | 4 | 68 | 2113 |
| 2000 | 12 | | 4 | 8 | 136 | 6217 |
| 2005 | 21 | | 5 | 16 | 249 | 10729 |
| 2010 | 42 | 1 | 12 | 29 | 799 | 55014 |

## 五、运管规费

**规费征收** 1991年以来,运管费是公路运输管理部门根据国家规定向应征者收取的用于公路行业管理的事业费,按经营者营业收入1%计征。1993年,对各基层运管所征运管费实行统收统支,统收上来运管费,上缴省交通厅10%,上缴市交通局14.5%(其中各县交通局5%),市运管处使用10.5%,剩余65%经费(除回拨各所使用外),20%用于运输设施补助费,25%用于固定资产购建。1994年,按照市财政预算外资金管理规定,运管费收支纳入财政预算外专户管理,收支两条线。1998年,国家降低22项收费标准,运管费标准降低到最高不超过营运收入0.8%。2000年,全市运管费征收完成1001万元。2003年,根据财政部、中国人民银行文件规定,将运管费从预算外资金专户管理纳入财政预算管理,市运管部门的年度经费正式纳入到市财政年度综合预算。2009年1月1日,按照国务院关于实施成品油价格和税费改革通知,正式取消公路运输管理费等“六费”,提高成品油消费税单位税额。运管费征收取消后,运管部门使用经费来源由中央财政通过转移支付方式予以下拨,2010年,下拨使用经费2000万元。

**长江大桥公路桥收费** 1994年5月1日零时,九江长江大桥公路桥正式对过往车辆收取通行费,实行统一核算、收支两条线管理,并纳入财政专户管理,收费标准为:二轮摩托车每辆每次2元;侧三轮摩托车(含正三轮摩托车)和手扶拖拉机每辆每次5元;2吨以下(含简易机动车、方向式拖拉机)机动车辆每辆每次10元;2吨以上(含2吨)机动车辆每次每吨6元;货车按核定载货吨位征收,客车按其底盘核定载重吨位征收,拖拉机按折合吨(每20匹马力折合1吨)征收,不能载货的特种车辆,按其自重吨位征收。当年九江长江大桥公路桥征费额为1430余万元。1996年6月3日至2007年3月10日,收费标准为:二轮摩托车每辆每次2元;侧三轮摩托车(含正三轮摩托车)和手扶拖拉机每辆每次5元;2吨以下(含简易机动车、方向式拖拉机)的机动车辆每辆每次12元;2吨以上(含2吨)的机动车辆每次每吨8元;货车按核定载货吨位征收,客车按其底盘核定载重吨位征收,拖拉机按折合吨(每20匹马力折合1吨)征收,不能载货特种车辆,按其自重吨位征收,2000年征费额达6800余万元。2007年3月10日至2010年12月31日,收费标准为:客车2吨以下按每辆每次12元;2吨以上(含2吨)的,按其底盘核定载重吨位每次每吨8元。载货类汽车:按江西省一级公路统一计重收费标准以实际测量车货总重量计收车辆通行费。正常装载的合法运输车辆(简称正常车辆):基本费率2.4元/吨次;车货总重量小于10吨(含)的,按基本费率计收;车货总重量10~40吨(含)的,其中10吨(含)以下部分按基本费率计收,10吨以上部分按2.2元/吨次线性递减至1.7元/吨次;车货总重量40吨以上的,其中10吨(含)以下部分按基本费率计收,10吨以上部分按1.7元/吨次计收;计费不足12元按12元收费。2010年征费额达1.98亿元。

超限运输车辆:总轴重超过该车对应公路承载能力认定标准30%(含)以下车辆,未超过公路承载能力认定标准部分重量按正常车辆收费标准计算,超限部分重量按基本费率计收;总轴重超过该车对应公路承载能力认定标准30%~100%(含)的车辆,该车车货总重中超过公路承载能力认定标准30%(含)以下重量部分,按本条第1款计收;超过公路承载能力认定标准30%以上重量部分,按基本费率1倍线性递增至3倍计收;总轴重超过该车对应公路承载能力认定标准100%以上车辆,该车车货总重中超过公路承载能力认定标准30%(含)以下重量部分,按本条第1款计收;超过公路承载能力认定标准30%以上重量部分,按基本费率3倍计收;

**公路收费标准** 二级公路收费标准:2吨以下(含2吨),10元/辆·次;2吨以上(不含2吨),每吨次5元;20吨以上(不含20吨),每增加1吨,每吨次加收1元;摩托车、简易三轮车每车次3元。

其他机动车辆2001年省物价局、交通厅、财政厅批准摩托车、简易农用车,每车次3元;2吨以下(含)车辆,每车次10元;2吨以上车辆,每吨次5元。

一级公路收费标准:2吨以下(含2吨),12元/辆·次;2吨以上至9吨(含9吨),6元/吨次;10吨以上(含10吨)的车辆,其中9吨部分按6元/吨次收费,以上部分按3元/吨次收费。20吨以上一律按20

吨收费;摩托车、简易农用车,3 元/车次。

其他机动车辆 2001 年省物价局、省交通厅、省财政厅批准摩托车、简易农用车,每车次 3 元;2 吨以下(含)车辆,每车次 12 元;2 吨以上车辆,每吨次 6 元。

**摩托车规费**　2006 年 12 月 21 日,市政府召开摩托车交通规费征收工作协调会,对摩托车养路费委托征收工作提出具体要求。31 日,组建市摩托车养路费征收管理办公室,隶属公路管理所,负责浔阳区范围内摩托车养路费征收管理。各县(市、区)摩托车养路费征收工作由相应拖拉机(农用车)养路费征收站或摩托车养路费征收管理办公室负责,当年全市累计征收摩托车养路费 2000 万元。2007 年全市累计征收摩托车养路费 2460 万元。2008 年全市累计征收摩托车养路费 3000 万元。2009 年 1 月 1 日,燃油税开征,同时取消摩托车养路费征收。

## 第八节　城区公共交通

### 一、公交营运

1991 年,市有公交车 69 辆,"大通道"铰接车成为市区公交主力。2002 年"大通道"车退出营运,公司车辆增加到 246 标台。2003 年,新购营运车 141 台,其中空调车 82 台,双燃料车 73 台,双层车 13 台。拥有公交线路 30 条,其中郊区线路 5 条。线路总长 405 千米,线路网长 110 千米。2007 年,公交集团在庐山大道中段新建一座占地 4.67 公顷,建筑面积达 15000 平方米的公交总站。2009 年,市政府出台《关于优先发展城市公共交通的实施意见》和《九江市公共交通专项规划》,促进公交事业的发展。2010 年,公交集团公司拥有车辆 423 辆,其中租赁私营公交巴士公司、顺宝巴士公司 59 台,营运线路 42 条。线路总长 527 千米,线路网长 159.58 千米,市区线网密度为每平方千米 3.2 千米,公交站点按 250 米半径计算,覆盖率达到 66.33%,员工 1709 人,城区主干线基本实现"无缝对接"。

### 二、出租车营运

1991 年始,市出租车行业应社会需求逐渐升温,国产夏利车进入九江市区,逐步取代"龙马"等柴油箱式小客车成为市区出租车。1995 年,城区出租车客运纳入行业管理,市区第一批次 10 辆微型昌河面包正式实行运营打表,规范经营。1997 年 4 月,市政府出台《九江市区出租汽车经营权有偿使用实施方案》,26 家公司参加竞标,1487 辆出租车取得 8 年营运权,收到有偿使用费 2418 万元。同年,实行统一出租车车身颜色、顶灯、计价器、投诉电话、运价、运输票据的"六统一"规范管理。2005 年,按规定到期收回第一轮出租车经营权,受国家行业管理法规和国家当时政策影响,市区第二轮经营权有偿使用未能如期举行,其经营权一直延续到新经营权政策出台之前为止。2010 年,市有出租车 1487 辆,驾驶员 5000 余人。其中 100 辆车以上企业 7 家。

# 第二章　铁路运输

## 第一节　线　路

### 一、京九线市境段

北起北京,南至九龙,跨越京、津、冀、鲁、豫、鄂、赣、粤 9 省市,干线全长 2381 千米,市境内(从长江大桥北堡 K1302+680 到永修县马口镇 K1404+000)101.320 千米。九江管辖区内车站有孔垅、小池、九江、九江南、九江西、庐山、马回岭、德安、共青城、杨家岭、永修、新祺周、乐化 13 站。1993 年 1 月 31 日,京九铁路阜阳至九江段(含麻城联络线)正式开工兴建,该段全长526千米。同年6月16日,九江新客站暨南浔复线工程正式开工兴建。1994年8月20日,京九铁路九江长江大桥双线工程提前铺通。1995年11月16日,京九铁路全线铺通。1996年4月1日货运全线开通,同年9月1日,实现全线客货开通运营。2000年管辖内全部采用行车自动化闭塞。2004年全路第五次大提速改造,管辖内北段无缝线路铺成,客车速度达到160千米,向塘以南速度达到140千米。2007年4月18日,铁道部第六次大提速,京九线南昌以北完成电气化改造,客货列车可由电力机车牵引。

## 二、武九线市境段

市境内(由湖北省阳新县枫林镇与瑞昌市夏畈镇交界处K185+809至庐山站K242+506)有56.679千米,有夏畈、瑞昌、新塘铺、九里垄4个车站。2005年8月31日,武九复线改造工程顺利开通试运行,9月28日南昌至武昌城际旅客列车开行,南昌至武昌391千米,运行时间4小时,比以前缩短2个多小时。2007年4月18日,全国铁路实现第六次大提速。2009年年底,实现全面供电,电气化改造完成。

## 三、南浔线市境段

南浔线北起九江,南至南昌市对岸牛行,经九江、德安、永修、新建4县,全长128.35千米。1991年1月30日,向九线2站1桥(永修和涂家埠车站、山下渡大桥)正式开通运营,1991年9月12日,南浔线电力贯通线投入使用。1993年,京九铁路工程全面开工,南浔复线纳入京九铁路建设。1995年建成双线,成为大京九一段,实现双线运营通车。

## 四、合九线市境段

合九铁路全长320千米,北起安徽省合肥市,南至九江市,是联系华东、中南地区路网性I级干线,总投资28.87亿元。由铁道部和安徽省共同投资建设。2002年5月28日通过国家验收。

## 五、铜九线市境段

线路由芜铜铁路狮子山站引出,顺长江南岸青阳、贵池、东至、彭泽、湖口等县市,过鄱阳湖大桥引入九江枢纽,新建铁路全长250.936千米,其中九江境内88.413千米,有马当、泉山、彭泽、流泗、湖口、刘家湾6站。2008年2月23日,铜九线全线贯通。3月20日,铜九铁路开通货物列车。7月1日,铜九铁路开通运营典礼在九江站举行。9月1日,首次开行旅客列车。

## 六、昌九城际铁路

庐山站引出,沿京九铁路东侧而行,沿线设九江、庐山、K23线路所、德安、共青城、乐化等6站1所,至南昌北站接京九线,然后利用京九线引入南昌站,从而形成京九、沪昆、武九、铜九、向蒲并连接京广大动脉铁路运输大格局。2007年6月开工,2010年投入运营。该铁路为客运专线,旅客列车时速目标值为200千米,9月20日,昌九城际铁路动车组首发。

## 七、专用线

**沙浔线** 原南浔线铁路起点的一段线路。1996年京九铁路建成通车后,自沙河街北站至九江西站(原九江老站,现九江北站),改称沙浔线,营业里程长度11.6千米。线路延展长27千米。

**九炼线** 位于市区和九江县境内,由向九线沙北线路所接轨,至琵琶湖工业站,全长19.263千米,站线9.940千米。为配合九江炼油厂专用线而修建,年进出总量40万吨。1996年京九线通车后,沙北至九江站一段线路并入京九线,余下九江站至琵琶湖工业站一段6.3千米,更名九炼线,营业里程长度6.3千米,线路延展长22.8千米。

**发西线** 铁路单线,自武九线九里垄站K0+000至京九线九江西站K6+812,2003~2005年武九线提速扩能改造工程新建。线路等级Ⅱ级,限制坡度6‰,机车牵引类型为内燃,最小曲线半径400米,线路允许速度80千米/小时,管辖正线6.812千米,站线0.15千米,道岔10组。

**西到线**　铁路单线，自武九线九里垄站K0+000至京九线九江西站K6+947，2003~2005年武九线提速扩能改造工程新建。线路等级Ⅱ级，限制坡度6‰，机车牵引类型为内燃，最小曲线半径400米，线路允许速度80千米/小时，管辖正线6.947千米，站线0.141千米，道岔8组。

## 第二节　桥梁 车站 货场

### 一、铁路桥梁

至2010年，九江境内共有铁路桥梁309座，总长115774米，其中昌九城际永修特大桥全长11.6千米，为管内最长桥。涵、渠1708座，总长42809米，隧道8座，总长3136米。

### 二、鄱阳湖铁路大桥

2005年9月1日，铜九线(江西段)鄱阳湖大桥开工建设。该桥为铜九线新建铁路跨鄱阳湖湖口一座特大型桥梁，设计里程为DK232.+600.000–DK238+100.000(全长5500米)。桥全长5387.4米，位于鄱阳湖入长江通道湖口地段，距长江口约5000米，距九景公路鄱阳湖大桥上游约3千米，为铜九铁路控制型工程之一。全桥组成：东边桥孔为2×32米双线预应力混凝土连续箱梁+6×40米双线预应力混凝土简支箱梁，主桥为4孔(121、120、120、121米)双线预应力混凝土简支箱梁+103×32米单线预应力混凝土简支T梁。鄱阳湖大桥工期3年半，计划投资4.4亿元，于2005年9月1日开工。鄱阳湖大桥为九(江)景(德镇)衢(州)铁路预留过湖通道，2007年10月16日，铺架完最后一孔32米T梁，鄱阳湖铁路特大桥全线贯通。

### 三、车 站

1991年，九江火车站位于市区南径路，为客货车站。车站主体建筑面积2层楼高，广场面积7000平方米，售票厅售票窗口5个，手工售票，1个站台。1995年11月16日，新站在长虹大道288号奠基，1997年1月投入使用。2007年，九江火车站由二等站升格为一等站。新站建筑面积为16280平方米，设南、北和二楼3个候车大厅，面积各1152平方米，可同时容纳4000名旅客候车。车站结构分地上、地下2部分。地上主体建筑设计新颖，分为东站房和西站房，高架轨道与月台区，呈南北向并排分布。售票厅，高架轨道与月台区之下，有位于一楼3条东西向通路，连结站房、车站大楼与各高架月台，大楼地上12层、地下2层，为文艺复兴式“赤炼瓦”红砖造建筑。地下部分主要包括位于站房前方(西侧)广场地下第四、五层，呈东北—西南向车站，以及位于地下第二层，呈南北向车站；地下第三、四层，呈东西向车站。3处地下车站间皆透过位于地下第一层自由通路，内外相互连结。此外，在高架轨道与月台区之下的一楼付费区内，较接近车站大楼的新干线南转乘口验票闸门南侧，也有同样位于付费区内，长度约500米的(地下)联络通路，连结主要站区与车站；该联络通路还设有一条电动步道，通路两端也都设有电梯和电扶梯。

2010年，总投资4个亿，对该站实施为期9个月技改工程，以提高运营能力，因有京九、铜九、武九线和昌九城际铁路引入九江站，此次改造按城际场和普速场分场布置。改造后，以5站台12线规模位居全省第一，九江站将新增两座中间站台，同时对原站台加高60厘米，旅客上车将更加方便。这次改造还新建无站台钢管桁架结构雨棚，面积65000平方米；新增4股轨道及路基。改造后九江站有正线4条，到发线8条，新铺线路14.64千米。站外火车票代售点总数28个，市区火车票代售点8个。

至2010年年底，九江车务段共有车站25个，其中一等站2个，二等站1个，三等站5个，其余为四等站。旅客年发送量达575万人次。

### 2010年市境内火车站客运站一览

表10-2-1

| 站名 | 始建成时间 | 所在铁路线名 | 类别 | 等级 | 中心里程 | 股道数 | 重大改造、变迁 |
|---|---|---|---|---|---|---|---|
| 九江站 | 1996 | 京九线 | 客运站 | 一等站 | 1309km769 | 12股道 | 2010年8月站场扩能改造；2009年12月电化改造 |
| 九江南站 | 1989.04 | 京九线 | 货运站 | 四等站 | 1314km247 | 6股道 | 2009年5月站场扩能改造；2009年12月电化改造 |
| 德安站 | 2010 | 京九线 | 客货运站 | 三等站 | 1364km989 | 普速场:8股道城际场:4股道 | 2009年9月站场扩能改造；2009年12月电化改造 |
| 共青城站 | 2010 | 京九线 | 客运站 | 三等站 | 611km191 | 普速场:6股道城际场:4股道 | 2009年9月站场扩能改造；2009年12月电化改造 |
| 永修站 | 2010 | 京九线 | 客运站 | 三等站 | 86km393m | 普速场:5股道城际场:4股道 | 2009年3月站场扩能改造；2009年12月电化改造 |
| 彭泽站 | 2008.06 | 京九线 | 客运站 | 四等站 | 191km67m | 4股道 | |
| 瑞昌站 | 1989.03 | 武九线 | 客货运站 | 三等站 | 212km567 | 7股道 | |

## 四、货 场

1997年1月，新火车站运营后，老车站更名九江西站，专事货运。货场有13个，经变迁，到2010年有10个货场，其中一个为南昌铁路局星级货场，开办有专用货场及集装箱等业务，年发送货物量达871万吨，运输收入达90883万元。

### 1991年市境铁路货场一览

表10-2-2

| 货场名称 | 类别 | 等级 | 变化情况 |
|---|---|---|---|
| 新祺周站货场 | 普通货场 | 四等 | 2008年关闭 |
| 永修站货场 | 普通货场 | 四等 | 2008年关闭 |
| 杨家岭站货场 | 专用货场 | 四等 | |
| 德安站货场 | 普通货场 | 四等 | |
| 马回岭站货场 | 普通货场 | 四等 | |
| 九江南站货场 | 普通货场 | 四等 | 1996年改为庐山站货场，2008年关闭 |
| 茅山头站货场 | 普通货场 | 四等 | 后改为九江南站货场 |
| 九江站货场 | 普通货场 | 四等 | 后改为九江北站货场 |
| 七里湖站货场 | 专用货场 | 四等 | |
| 瑞昌站货场 | 普通货场 | 四等 | |
| 夏畈站货场 | 普通货场 | 四等 | |
| 白杨畈站 | 普通货场 | 四等 | |
| 小池口站货场 | 普通货场 | 四等 | |

## 2010 年市境铁路货场一览

表 10-2-3

| 货场名称 | 类 别 | 等 级 | 货场名称 | 类 别 | 等 级 |
|---|---|---|---|---|---|
| 杨家岭站货场 | 专用货场 | 四 等 | 七里湖站货场 | 专用线 | 四 等 |
| 德安站货场 | 普通货场 | 四 等 | 瑞昌站货场 | 普通货场 | 四 等 |
| 马回岭站货场 | 普通货场 | 四 等 | 夏畈站货场 | 普通货场 | 四 等 |
| 九江南站货场 | 普通货场 | 四 等 | 白杨畈站 | 普通货场 | 四 等 |
| 九江北站货场 | 普通货场 | 四 等 | 小池口站货场 | 普通货场 | 四 等 |

## 2010年市境内火车站货运站一览

表 10-2-4

| 站 名 | 始建成时间 | 所在铁路线名 | 类 别 | 等 级 | 中心里程 | 股道数 | 重大改造、变迁 |
|---|---|---|---|---|---|---|---|
| 孔垄站 | 1996 | 京九线 | | 四等站 | 1284km384m | 5 股道 | 2009 年 7 月站场扩能改造；2009 年 12 月电化改造 |
| 小池口站 | 1996 | 京九线 | 货运站 | 四等站 | 1296km366 | 5 股道 | 2009 年 7 月站场扩能改造；2009 年 12 月电化改造 |
| 九江南站 | 1989.4 | 京九线 | 货运站 | 四等站 | 1314km247 | 6 股道 | 2009 年 5 月站场扩能改造；2009 年 12 月电化改造 |
| 九江西站 | 1996 | 京九线 | 编组站 | 一等站 | 1323km212m | 35 股道 | 2009 年 5 月站场扩能改造；2009 年 12 月电化改造 |
| 庐山站 | 2010 | 京九线 | 货运站 | 三等站 | 1328km828 | 普速场:11 股道<br>城际场:4 股道 | 2009 年 8 月站场扩能改造；2009 年 12 月电化改造 |
| 马回岭站 | 1922 | 京九线 | 货运站 | 四等站 | 1346km036m | 5 股道 | 2009 年 3 月站场扩能改造；2009 年 12 月电化改造 |
| 德安站 | 2010 | 京九线 | 客货运站 | 三等站 | 1364km989 | 普速场:8 股道<br>城际场:4 股道 | 2009 年 9 月站场扩能改造；2009 年 12 月电化改造 |
| 杨家岭站 | 1916 | 京九线 | 货运站 | 四等站 | 1388km772 | 5 股道 | 2009 年 5 月站场扩能改造；2009 年 12 月电化改造 |
| 新祺周站 | 1928 | 京九线 | | 五等站 | 1407km686m | 6 股道 | 2009 年 3 月站场扩能改造；2009 年 12 月电化改造造 |
| 琵琶湖站 | 1989.5 | 铜九线 | 货运站 | 二等站 | 244km268m | 16 股道 | 2008 年 6 月站场改造 |
| 刘家湾站 | 2008.6 | 京九线 | | 五等站 | 236km644m | 2 股道 | |
| 湖口站 | 2008.6 | 京九线 | 货运站 | 四等站 | 2211km274 | 4 股道 | |
| 流泗站 | 2008.6 | 京九线 | | 五等站 | 26km774m | 2 股道 | |
| 泉山站 | 2008.6 | 京九线 | | 五等站 | 183km774m | 2 股道 | |
| 马当站 | 2008.6 | 京九线 | | 五等站 | 170km13.9 | 3 股道 | |
| 九里垄站 | 1989.3 | 武九线 | | 四等站 | 234km567m | 7 股道 | |
| 瑞昌站 | 1989.3 | 武九线 | 客货运站 | 三等站 | 212km567 | 7 股道 | |
| 白杨畈站 | 1989.3 | 武九线 | 货运站 | 四等站 | 205km848m | 6 股道 | |
| 夏畈站 | 1996 | 武九线 | 货运站 | 四等站 | 196km098m | 6 股道 | |
| 七里湖站 | 1996 | 沙浔线 | 货运站 | 二等站 | 7km346 | 8 股道 | 2012 年 4 月站场扩能改造 |
| 九江北站 | 1996 | 沙浔线 | 货运站 | 二等站 | 10km981 | 10 股道 | 2012 年 4 月站场扩能改造 |

### 五、编组站

1996年前为沙北线路所,1996年建站,为沙河街北站,为南昌铁路局直属站,1999年由铁路局直属二等站升为一等站。1996年建站之初有27条股道;1998年改造后增加4条;2003年改造增加4条;2009年电气化施工改造,为一级三场横列式车站,由3个车场组成,分别为Ⅰ场、Ⅱ场和Ⅲ场。Ⅰ场为下行到发场,办理京九、合九、铜九线下行方向和去武昌方向(上行)旅客列车接发,以及合九和铜九线下行方向、京九上下行方向货物列车到达,武九、沙浔线方向货物列车到发,京九线下行方向货物列车出发作业;Ⅱ场为上行到发场,办理京九、合九、铜九线上行方向和由武昌方向来(下行)的旅客列车接发,以及京九线上行方向货物列车到达,武九线方向货物列车到发,京九、合九、铜九线上行方向货物列车出发作业,庐山方向单机出发作业;Ⅲ场为调车场,担当车站解编作业等任务,办理货物列车解体、编组、倒整装和车辆检修作业,编发线同时办理南昌和武昌方向列车编发作业。

## 第三节　客货运输

1991年,九江站旅客发送量79万人,货物发送量92万吨。2000年旅客发送量达161万人,货物发送量244万吨。2006年,车站旅客发送量超过300万人,货物发送量逾600万吨。2009年,旅客发送量逾400万人,货物发送量近800万吨。至2010年,九江站日接发列车150对左右,其中旅客列车53.5~75对左右。旅客发送量422万人,是1991年5.34倍;货物发送量871万吨,是1991年9.47倍。

1991~2010年九江车务段客货发送情况一览

表10-2-5　　单位:万人、万吨、万元

| 年 份 | 旅客发送人数 | 增减% | 货物发送吨数 | 增减幅度% | 运输收入 | 增减% |
|---|---|---|---|---|---|---|
| 1991 | 79 | | 92 | | 1951 | |
| 1992 | 83 | 5.1 | 107 | 16.3 | 2143 | 9.8 |
| 1993 | 88 | 6.0 | 118 | 10.3 | 2715 | 26.7 |
| 1994 | 92 | 4.5 | 129 | 9.3 | 3182 | 17.2 |
| 1995 | 97 | 5.4 | 147 | 14.0 | 3426 | 7.7 |
| 1996 | 102 | 5.2 | 153 | 4.1 | 3961 | 15.6 |
| 1997 | 109 | 6.9 | 178 | 16.3 | 4326 | 9.2 |
| 1998 | 140 | 28.4 | 207 | 16.3 | 5564 | 28.6 |
| 1999 | 151 | 7.9 | 233 | 12.6 | 7081 | 27.3 |
| 2000 | 161 | 6.6 | 244 | 4.7 | 8258 | 16.6 |
| 2001 | 167 | 3.7 | 237 | -2.9 | 11373 | 37.7 |
| 2002 | 213 | 27.5 | 284 | 19.8 | 13049 | 14.7 |
| 2003 | 214 | 0.5 | 306 | 7.7 | 12921 | -1.0 |
| 2004 | 215 | 0.5 | 587 | 91.8 | 16104 | 24.6 |
| 2005 | 286 | 33.0 | 618 | 5.3 | 18746 | 16.4 |
| 2006 | 318 | 11.2 | 620 | 0.3 | 20886 | 11.4 |
| 2007 | 345 | 8.5 | 699 | 12.7 | 23870 | 14.3 |
| 2008 | 377 | 9.3 | 722 | 3.3 | 27210 | 14.0 |
| 2009 | 406 | 7.7 | 780 | 8.0 | 31881 | 17.2 |
| 2010 | 422 | 4.0 | 871 | 11.7 | 40415 | 26.8 |

# 第四节 铁路管理

## 一、维修保护

2007年，九江桥工段担负着京九铁路线K1277+000至K1428+000上下行；武九线K185+809至K240+620上行、K185+809至K241+396下行；沙浔线K0+000至K11+635；九炼线K0+000至K6+323；发西线K0+000至7+206；西到线K0+000至K6+947及专用线、桥、涵养护维修及段办大、中修任务。管辖铁路线路652.02千米；其中道岔753组。桥梁158座/24123延长米，涵渠984座/25112延长米，灰坑34座/3143延长米，转盘2座/60延长米，专用线代维修29.663千米、道岔39组。同年，铁路第六次大面积提速调图，要求提升线桥设备质量。全段干部职工实行精确法作业，完成桥梁综合维修47座12164.8延长米，优良率达100%；桥梁保养163座16576延长米；消灭A1级劣化桥梁22座，A1级劣化涵渠12座；消灭B级劣化桥梁23座，B级劣化涵渠28座，涵渠保养990座25357延长米，合格率达97.6%等。在加强对管内其他桥隧病害监控和整治的基础上，对长江大桥病害进行整治，更换WJ-10型扣件4000套，确保大桥设备质量安全达标。京九、武九线共种植乔木53.8万株，灌木429.6万株。其中京九线乔木37.6万株，灌木321.4万株；武九线乔木16.2万株，灌木108.2万株。共修筑矮墙马道37.89千米；砖砌矮墙8765.38立方米；浆砌片石1736.13立方米；抛填片石7396.7立方米；购土和填土25299.8立方米。

2009年，九江桥工段担负着京九线、武九线、铜九线、铜九疏解线九江段；沙浔线、发西线、西到线、南昌枢纽西环线及专用线、桥、涵养护维修及段办大、中修任务。管辖线路896.363千米，其中道岔841组。桥梁261座/93633延长米，涵渠1403座/35462延长米，灰坑34座/3143延长米。专用线代维修31.773千米、道岔43组。为提高线路施工安全自控、互控、他控能力，通过推行百日安全考核、安全生产逐级负责制、安全关键点问题控制等措施，确保施工、养修作业过程中运输安全。加强对设备检查与巡查，安全隐患得到及时排查，设备故障得到及时整治，突发事情得到及时处理，防洪、防胀、防断等季节性安全工作得到落实。利用电改、城际铁路建设机遇，孔垄、庐山、马回岭、德安、共青城、杨家岭、永修等站更换正线道岔53组，全年大机维修166.21千米，小机维修62千米，补充道床19540立方米，铝热焊接1473头，螺栓改锚13744个，清挖翻浆6501孔等。通过设备整治，设备质量得到提高。路桥维修以设备检查为重点，整治重点病害。完成桥梁综合维修48座10502，优良率达100%；桥梁保养200座，合格率达97%；涵渠保养1277座。通过维修消灭A1级劣化桥梁13座，A1级劣化涵渠7座；消灭B级劣桥梁31座，B级劣化涵渠24座。更换桥枕323根，更换护木280座/米，钢梁维护性涂装1440吨，钢梁加涂面漆1780吨，锚固螺栓改锚640个，更换高强度累栓386个，整个支座296个等，确保设备质量安全稳定。

2010年，全年完成既有线正线大机维修445.11千米，大机钢轨打磨69.402千米，道岔小机维修300组，道岔工电联整380组，更换尖轨121根，更换P60长轨9820米，补充道床47406方，铝热焊接959头，铺设无缝线路7.5千米，焊缝打磨2500头，更换贝尔岔74只等，完成常规钢轨探伤9044.548千米。全年完成桥梁综合维修30座14024延米；桥梁保养154座；涵渠综合维修42座；涵渠保养1207座。更换桥枕350根，更换护木260座/米，更换分开式扣件3000套，更换护轨扣件7000套，增补人行道步行板4000块，钢梁维护性涂装1600吨，钢梁加涂面漆2100吨，更换高强度螺栓350个，圬工梁泄水孔接长300个，整修支座280个等，通过桥涵设备的周期性保养工作，确保设备质量安全达标。

## 二、安全运输

2003年，以推进“二二三安全工作法”，开展安全生产专项整治。明确整治重点，改进整治方法，完善整治措施，形成开展各阶段整治方案，共发现2个严重不合格项，10个安全突出问题，投入资金13万多元整治安全隐患，帮助基层单位准确把握安全关键和重点。安全基础建设，做到总体安排，分项展开，逐项落实,责任到人的安全管理格局。全年共考核“两违”2800多人次,11名干部受到行政处罚和通报批评,防止各类事故152件。

2007年,九江车务段以确保“4·18”第六次大面积提速调图为契机,全面完善整合规章制度、强化安全基础,率先创立货装系统安全管理体系,建立段、车间、班组三级考核评价机制,段被评为南昌铁路局第六次提速调图实施工作先进单位;全年共举办各类培训班16期,在第六届南昌铁路职业技能竞赛中,获得运转车长第一、二、五名,调度员第二、四名、货运检查员第二名、计算机个人第三名、团体第三名的好成绩。积极推行效益观念,依托直达列车开行优势,抓好重点货源运输。当年,九江车务段完善建立以“11233”和“三库两制一办法”安全管理体系为主要内容安全评价体系,全段纳入两库人员1910人,其中管理者134人、作业者1415人、非考核人员361人;积极推行安全季度评估、半年站组检查,实行安全排尾,奖首罚尾;建立事故和隐患问责制度,安全考核机制不断完善;规范安委会职能,各项重点问题得到有效落实;有序开展月度安全质量的检查、考核、奖惩工作,全年共查处A类问题18件、B类问题846件、C类问题5305件;建立安全控制机制,出台防范事故有关办法、措施,对调车、施工、货物超偏载、劳动人身安全等安全关键,分别制定相应卡控制度,如调车作业勾勾把关制度、现车系统多项把关办法、施工全过程把关要求。全年防止各类事故168件。

2009年,九江车务段面对严峻运输经营形势和昌九城际、京九、武九电气化施工改造的安全生产压力,实现安全基本稳定、经营任务全面完成、施工平稳有序、运输组织畅通、完成各项工作。车务段始终把安全第一方针贯穿到运输经营生产全过程,解决好施工、运输、经营稳定与安全生产矛盾和问题,强化安全生产源头监督管理,抓好调车、施工、货物装载加固、劳动人身安全、设备安全运营等安全关键,确保年度各项安全目标实现。面对严峻的运输经营形势,车务段想办法加强与各主要厂矿企业、公司联系,发挥铁路资源优势,发掘“4·1”新图能力,发挥铜九线开通后能力优势,与市各旅行社合作,营销旅游精品线路;组织好春运、暑运、清明、“五一”“十一”等黄金周旅客运输;构建九江货运运输枢纽,建立与各大中型企业定期联系制度,组织运输高附加值的货物,确保运输生产任务全面完成。当年,全段共完成武九、京九电气化改造等工程施工1270项,京九、武九电气化于12月31日如期开通营运;昌九城际施工完成目标。

2010年,九江车务段围绕昌九城际高铁工程建设扫尾投入运营等中心工作,加强安全基础建设,推行“五个机制”,加强客货营销,推进企业管理,确保昌九城际铁路8月28日如期开通和动车组9月20日正式运营,实现安全生产基本稳定、经营任务全面完成、运输组织畅通有序。努力探索高铁安全管理新办法,建立昌九城际高铁运行办法,全年新立行车文件18份、修订行车文件15份,确保高铁顺利运营;强化安全关键,完善以调车、施工、劳动人身安全、货物超偏载、专用线、危险品运输、旅客运输等关键作业控制工作,开展营业线施工、调车及专用线、列尾装置、道口、接发列车作业标准、路外安全、货物装载加固及危险货物运输、列车防火、客运系统结合部及应急救援等十大安全专项整治和安全大检查。

## 第五节　铁路建设单位

### 一、中铁四局集团第五工程有限公司

**企业规模**　1991年,称铁道部第四工程局第五工程处(以下简称铁四局五处),是铁道部第四工程局所属具有综合工程施工能力国有一级施工企业。2000年6月28日,铁道部第四工程局改制为中铁四局集团有限公司,从铁道部剥离,铁道部第四工程局第五工程处更名为中铁四局集团第五工程处。同年9月28日,中铁四局集团第五工程处改制为中铁四局集团第五工程有限公司(以下简称中铁四局五公司),10月18日举行公司成立挂牌仪式。公司企业性质为国有,是中铁四局集团有限公司下属全资子公司,是上市公司中国中铁股份有限公司成员单位。2000年改制前,中铁四局五公司实行处长负责制,处长是企业法定代表人。处机关设职能管理部门,下设工程段、工程队编制。工程段一般有职工500人至

1000 人,段部设职能管理部门,工程段下辖 3~5 个工程队。2000 年改制后实行董事长负责制,董事长是企业法定代表人。公司机关设职能管理部门,撤销工程段、工程队建制,设工程指挥部或项目经理部,工程指挥部下设若干个项目经理部,项目经理部设职能管理部门,下辖 3~5 个工程队,按项目法组织施工,项目结束后,工程指挥部和项目经理部机构便撤销。至 2010 年 12 月,公司有 3 个工程指挥部、48 个项目经理部、机械化分公司、物资租赁中心、实业公司、医院,共 55 个公司下属单位,公司机关总部设 26 个职能管理部门。公司在册员工 2863 人,其中各类专业技术人员 1484 名,有教授级高级职称 3 人。

**企业资质** 1991 年铁四局五处资质等级为铁路综合施工一级、公路工程施工二级、市政工程施工二级、工业与民用建筑施工三级。1996 年 2 月 28 日,铁四局五处换领资质证书,可承担新建扩建各级铁路大中型建设项目综合性工程施工;高速公路路基、一级标准以下公路和独立大桥的施工;城市道路及机场道路、单跨 40 米以内桥梁、截面宽度 12 米以内隧道,高度 50 米以下构筑物及 16 层以下、24 米跨度以下建筑物建筑施工。2002 年,中铁四局五公司完成企业资质升级,升级后企业资质等级为:铁路工程施工总承包一级、市政公用工程施工总承包一级、地基与基础工程专业承包一级、桥梁工程专业承包一级、公路路基工程专业承包一级、水工隧洞工程专业承包一级。2006 年 3 月,中铁四局五公司从国家建设部同时获得公路工程总承包一级资质和隧道工程专业承包一级资质。至 2010 年年底,中铁四局五公司具有铁路、公路、市政公用工程总承包一级资质和桥梁、隧道、地基与基础、公路路基、水工隧洞工程专业承包一级资质。

1991~2010 年,中铁四局五公司先后在 20 个省、自治区、直辖市,参建 42 项铁路工程、50 项公路工程、19 项市政工程,累计完成投资 1612154.8 万元。2010 年完成施工生产 616906.63 万元,是改制年度 2000 年 60822.3 万元的 10.14 倍。

## 二、中铁大桥局集团第五工程有限公司

1991 年,称铁道部大桥工程局第五桥梁工程处(简称大桥局五处),1993 年,行政机构改革,队厂建制不变,机关设 9 科 3 室 1 部 1 段 1 院 1 处 1 组 3 公司。1994 年,公司第一、二、三、四工程队分别更名第一、二、三、四桥梁工程公司。2001 年 6 月 15 日,中铁大桥局集团第五工程有限公司(简称大桥局五公司)获得市工商行政管理局核准登记,并领取"企业法人营业执照",公司为以桥梁建设为主,同时实行多元化经营大型现代企业。2002 年 2 月,公司本部设行政机构 8 部 1 室 1 中心,2008 年 3 月,常设机构调整为董事会秘书处、监事会办公室、公司办公室、企业策划部、人力资源部、财务部、法律事务部、企业文化部、市场营销部、工程管理部、施工设计部、工程经济部、机械物资部、安全质量监察部、劳务公司管理部、审计部、监察部等 17 个部室和物资配送中心、周转材料中心、机械租赁中心、试验中心、测量中心、水电安装中心 6 个专业中心及若干个工程项目部。

## 三、中铁九桥工程有限公司

**企业规模** 1991 年, 称铁道部大桥工程局船舶管理处,1993 年更名铁道部大桥工程局船舶工程总公司,2001 年,为建立现代公司制,铁道部大桥工程局船舶工程总公司与铁道部大桥工程局武汉第二基础公司合并成立中铁大桥局集团第七工程有限公司。2008 年 7 月 11 日, 中国中铁为打造工业制造品牌,将华中地区工业研究与制造单位实施战略重组,组建中铁科工集团,原中铁大桥局第七工程有限公司更名为中铁九桥工程有限公司。下设行政办公室、企业发展部、财务部、人力资源部、开发部、工程管理部、科技中心、中心实验室、机械设备部、安全质量部、审计部、法律事务部、社会事业管理中心等。生产单位为第一分厂、第二分厂、第三分厂、第四分厂、第五分厂、工程机械厂、物资分公司、大件物流分公司。职工 980 人,其中教授级高级工程师 3 人、高级专业技术人员 22 人、中级专业技术人员 118 人,享受政府特殊津贴科技人员 1 人,省部级专家 1 人,各主要工种技师 63 人,高级技师 13 人。

**企业资质** 2002 年 4 月取得桥梁工程专业承包一级资质、专项资质为钢结构工程专业承包一级资质、工基与基础工程专业承包一级资质、起重设备安装工程专业承包一级资质,建设部颁发资质证书。

2007 年 8 月，中国钢结构协会审批，取得钢结构特级资质。2009 年 2 月，经建设部审批，取得政工程施工总承包一级资质。8 月经江西省建设厅审批取得钢结构无损检测专项资质，9 月取得铁路工程总承包叁级、隧道专业承包贰级资质，11 月取得公路工程总承包叁级资质。主要产业是船舶施工、钢结构制造、桥梁道路施工、桥梁专用设备研制等。公司研制的九江长江大桥双层吊索塔架、悬索桥施工三大专用设备开启桥梁专用设备研制产业；公司建造九江长江大桥公路纵梁开启钢梁制造产业。曾参建南京大胜关长江大桥、武汉天兴洲长江大桥、港深西部通道后海湾大桥、芜湖长江大桥等工程。

# 第三章　民用航空

## 第一节　机场建设

1994 年 3 月，省计委批复同意九江民航建站工程初步设计，建站工程分期实施。九江机场位于市南，距市区 32 千米。一期工程总投资 1.21 亿元，其中建筑工程投资 4560 万元，安装工程投资 2435 万元，设备投资 1271 万元，其他投资 3856 万元。1995 年，市政府投资 1800 多万元，从昌九高速公路通远出口至机场，弃弯取直，按二级公路面标准修建一条机场专用公路，1996 年 4 月 26 日起正式对民用航空运输企业开放。2000 年后基本处于停航状态，2004 年年底移交省机场集团，2005 年 4 月起，省机场集团投入复航改建专项资金 8000 万余元对机场各类设施设备进行较大规模改建和更新。改造后九江庐山机场为 4C 级标准，航站楼建筑面积 12000 平方米，货运仓库建筑面积为 2374 平方米，能满足高峰每小时 350 人次、旅客年吞吐量 50 万人次需要，远期年规模吞吐能力为 80 万人次。2006 年，民航华东地区管理局正式批准九江机场恢复对民用航空器开放使用并换发机场使用许可证。

至 2010 年，对飞行区围界设施全部更新，对影响机场净空超高建筑及树木进行处理，新建巡场路 1 条，对跑道道面修补、嵌缝，更新各类标志、标识，更新助航灯光，改建升降带、跑道安全端、排水系统等；机场飞行区全封闭后，为方便周边村民出行，地方政府同期在机场周边修建两条混凝土质便道。完善航站楼整体布局，改造普通旅客候机室和贵宾室各 2 个，新增楼宇控制、消防报警、自动喷淋、CATV、安保和安检系统、广播、航班显示系统、离港系统、制冷及暖通系统等，完善公共卫生、医疗救护、商业餐饮等功能。对下滑台、超远台导航设备及自动转报系统全部更新，新增 3 套甚高频设备及雷达接收终端，完善航向台、全向信标台设备；更新气象常规观测设备、气象情报交换系统、卫星接收系统等。改建供油站区用建筑 1200 平方米，购置大型运油车 1 台、加油车 2 台及相关配套设备。改造机务外场工作区建筑 300 余平方米，新购 WGCB40E 飞机除冰车 1 辆、客梯车 2 辆及机务维修设备一批。新建消防站建筑 200 余平方米，新增大型消防车 3 辆，照明车、破拆车各 1 辆，医用急救车 1 辆，购置消防、应急救援及医疗急救设备一批。对站区综合办公楼、培训中心、职工食堂、航站楼、特种车库、总配电间等设施进行维修改造，站区进行总体绿化，新建自来水处理系统，新购通勤班车和旅客班车 4 辆、工作用车 6 辆，对所有办公设备等全部予以更新，机场的工作和生活设施条件得到极大改善。市政府出资对通远至机场道路按二级公路标准进行整修。

## 第二节　航线

1996 年 6 月，厦门航空公司使用波音 737 型飞机开辟九江至厦门、深圳航线；7 月 2 日，九江机场举行首航仪式，由海南航空公司使用波音 737 型飞机开通海口—广州—九江、九江—上海航线，每周 2 班；同年 8 月 14 日，深圳航空公司开通深圳航线；12 月 2 日，国际航空公司内蒙古分公司开通九江—北京航线。1997 年 4 月 13 日，北方航空公司开通九江—南京航线；5 月 22 日，西南航空公司开通上海—

九江—成都航线；12月3日，开通九江-南宁航线。1998年7月3日，南方航空公司开通九江—广州航线。同年夏季，九江遭受百年不遇特大洪灾，在抗洪抢险紧要关头，九江民航协助空军保障党和国家领导人江泽民、朱镕基、温家宝等专机16架次，运送抗洪部队和抢险救灾物资飞行60余个架次。1999年6月20日，东航山西分公司开通阜阳—九江—厦门航线。2000年9月，北京航班停航，10月，成都、南宁、上海航班停航，广州航线也由每周5班减至2班。

2004年12月29日，九江机场并入省机场集团公司，经过1年多复航改建，2006年7月7日，正式复航，首期开通九江至广州航线，12月7日，开通上海航线，每周3班。

2007年11月，市成立民用航空事业发展工作推进领导小组。2008年4月26日，九江机场恢复开通广州航线；6月19日，开通至北京首都机场航线；9月1日，开通厦门航线；同年夏秋航季起，上海航线由每周3班增加为5班，并改换为波音B737-700大机型执飞。当年，九江机场先后开通北京、广州、厦门航线，加上原有上海航线，通航航线达4条。至2010年未产生变化。

## 第三节　客货运输

### 一、客　运

1996~1998年，九江机场客运量基本保持在3万人次上下。1999年，客运量下降至7000余人次，2000年为400多人次，随后停航。2006年7月九江机场复航后，全年保障航班起降32架次，完成旅客吞吐量1555人次；2007年全年保障航班234架次，完成客运吞吐量为7398人次，平均客座率为65.7%；2008年机场通航航线达4条，全年保障航班780架次，完成旅客吞吐量43223人次，比2007年增长484.25%；2009年全年保障航班1128架次，完成旅客吞吐量63038人次，比2008年增长45.84%；2010年全年保障航班1442架次，完成旅客吞吐量82272人次，比2009年增长30.51%。

### 二、货　运

2006年机场复航后，九江机场未开展货运业务；2007年货邮完成0.554吨；2008年随着新航线开辟，机场完成货邮7.318吨；2009年随着航班航增加，完成货邮15.314吨，比2008年增长109.26%；2010年，随着国家在九江各重点项目建设不断加快，江西推进鄱阳湖生态经济区建设以及九江实施沿江大开发战略，九江机场注重发挥航空货运潜能，全年完成货邮64.165吨，比2009年增长319.00%，货运市场开发初见成效。

# 第四章　管道运输

## 第一节　石油运输

### 一、管道建设

20世纪90年代，中石化九江分公司第一油品码头及第二油品码头共有14条输油管道，其中4条输入管道，10条输出管道，总长44.345千米，年吞吐能力600万吨。2005年12月，仪长原油管线黄梅—九江支线建成投用。2007年，九江—南昌—樟树成品油管线建成，其中九江—南昌管线管径355毫米，长129千米，南昌—樟树管线管径323.9毫米，长97千米，设计年输出能力330万吨。九江发电厂重油输油管道，全长约1.95千米。2006年后，该系统未再进行输油作业。

### 二、输入管道

中石化九江分公司第一油品码头 1 号码头有原油输入管线 1 条,长 3161 米,管径为 500 毫米,有 1 条柴油和 1 条汽油输入管线, 输往石油公司,1 号码头配有 2 条趸船,1 条趸船卸成品油,1 条趸船卸原油。2 号码头有 1 条原油输入管线,长 2861 米,管径 500 毫米,2 号码头配有 2 条趸船,均可卸原油。2005 年 12 月,仪长原油管线黄梅—九江支线建成投用,管线管径 457 毫米,全长 51 千米,设计年输入能力 400 万吨。中石化九江分公司管道自建成投产以来,输油量逐年增长,2001~2010 年共输入原油 3766.02 万吨。仪长原油管线黄梅—九江支线,到 2010 年底累计输入原油 1907.69 万吨。

### 三、输出管道

中石化九江分公司第一油品码头 2 号码头有 1 条渣油(重交沥青)输出管线,总长 3946 米,其中管径 250 毫米的长 1723 米,管径 350 毫米的长 2223 米。3 号码头有 6 条成品油输出管道,配有1 条成品油趸船。其中有 90 号汽油线,管径 200 毫米,长 3800 米;93 号汽油线,总长 3859 米,其中管径 250 毫米的长 3531 米,管径 200 毫米的长 328 米;0 号柴油线,总长 3867 米,由 2 条管径 150 毫米、长3539 米的管线合并成 1 条管径 200 毫米、长 328 米的管线;MTBE 线,管径 150 毫米,长 4212 米;煤油线,管径 150 毫米,长 4171 米;石脑油线,管径 200 毫米,长 4100 米。第二油品码头 90 米码头有 3 条成品油输出管道,配有 1 条成品油趸船。其中有 97 号汽油线,管径 250 毫米,长 3486 米;0 号柴油线,管径 250 毫米,长 3490 米。中石化九江分公司的成品油输出随着加工量增长而逐年增长,1991~2000 年,总计成品油输出 1927.34 万吨;2001~2010 年,总计成品油输出 2616.23 万吨。2007 年,九江—南昌—樟树成品油管线建成投用,到 2010 年年底累计输出成品油 365.25 万吨。

## 第二节　粉灰运输

20 世纪 80 年代,九江电厂一二期 4 台机组的湿排灰水经灰浆泵房用灰浆泵输送至灰场,采用管道输送方式,排灰管由南、北 2 条输灰管组成,管线使用螺旋焊接钢管接头处用钢包箍固定的连接方式,所用钢管直径为 529 毫米、厚度约 10 毫米,每节标准长度为 10 米。1983 年,该灰管一期段建成投运,1994 年,二期段扩建投运,从九江发电厂途经五里街道至虞家河乡魏家冲灰场,单线长度约 9.5 千米。湿排灰水流入灰场有十里垅灰场和魏家冲灰场,在灰场沉淀后清水经排水系统流入琵琶湖和鄱阳湖。2000 年、2002 年、2005 年分别建立二、三、一期灰场管理站,干灰在灰库收集后由灰罐车运出,南北灰管只作为应急排放之用,全厂机组发电过程产生的粉煤灰实行零排放运行模式。

九江电厂一期工程采用水力除灰,灰渣可分除,也可混除,由灰渣泵通过两根永久灰管送至距厂灰浆泵房 1.6 千米的十里垅灰场。灰场容积 302 万立方米,1994 年改作备用灰场。

九江电厂二期采用灰渣混除,灰渣排至距电厂 8 千米魏家冲灰场。该灰场 1994 年竣工,初期坝标高 65 米,容积 1700 万立方米。1999 年,对其加筑子坝,通过两根长度约 1000 米输灰管,将干灰输送至厂区东北角 800 米处干灰库。干灰库每炉设置一座,2 座灰库互为备用,灰库有效容积 800 立方米,可供出力为 16.13 吨/小时的双仓泵存灰 25.8 小时。每座灰库下设置 2 个排灰口,一个是密罐车装干灰口,将干灰运出进行综合利用;另一个排灰口下配备有出力 600 吨/小时湿式搅拌机,将灰库内的干灰加水搅拌成含水量 25%~30%的调湿灰,再用敞篷车装车外运。

九电三期工程采用灰、渣分除,出渣排至十里垅灰场,干灰送至距九电 1.5 千米宗家垅灰场。

# 第十一篇 港口

# 第十一篇 港口

九江港位于长江中下游与“京九”大动脉十字交汇处，是长江5个主枢纽港之一，也是省内唯一通江达海对外开放国家一类水路口岸。东距上海856千米，西距武汉269千米，处于以上海为中心华东经济圈和以武汉为中心华中经济圈结合部，是江西省对接“长三角”的桥头堡。辖区上起瑞昌市下巢湖湖口，下至彭泽县马当镇，全长152千米，常年水深6米。服务范围辐射全省及毗邻鄂、皖、湘部分地区，成为众多企业原料进口和产品出口战略通道。省内每年近50%铁矿石、41%原油、60%原煤均从九江港口进口，75%以上集装箱经九江港中转到上海港运往世界各地。

1991年九江港被批准对外籍船舶开放以来，加强航道整治维护管理及涉航工程完善；加强长江海事、地方海事，依法处理海事案件，保证水上安全；加强港口建设、港口管理和船舶检验，安全监管从源头抓起。开辟往返日本、菲律宾、俄罗斯、韩国等国家和中国香港、台湾直达航线，与中远、中海、中外运、美国总统轮船公司、法国达飞、东方海外等国内外20多家著名航运公司建立长期稳定国际集装箱运输江海联运航线，货物通过港口直达东南亚、欧洲、北美洲等50多个国家和地区，为江西发展对外贸易提供重要保障。2006年列入国家扩大开放口岸，2008年被列为海峡两岸“大三通”相互开放港口之一。至2010年年底，九江沿江港口拥有各类码头泊位245个，其中1000~3000吨级泊位88个，3000~5000吨级泊位25个，5000吨级以上泊位27个，最大单件起重能力达800吨。当年，货物吞吐量为3291万吨。港口功能已由交通运输枢纽跃升为带动区域经济发展强力引擎。

# 第一章 航 道

## 第一节 长江航道

### 一、自然航道

**航道规模** 长江流经市境内岸线152千米,途径瑞昌市、九江县、浔阳区、庐山区、湖口县、彭泽县。长江九江段航道上自瑞昌市上巢湖,下至彭泽县马当山,全长128千米。从下至上依次分布马当南水道、东北横水道、湖口水道、张家洲水道、九江水道、新洲水道、武穴水道,常年可通航2000~5000吨级船舶,丰水期可通航5000~10000吨级船舶。

**航道分布** 马当南水道:上起小孤山,下至马当矶,距吴淞口里程729.4~716.0千米,全长13.4千米,为分汊型水道。进口处小孤山至彭郎矶节点处,江面宽仅650米,上游河道自金鸡山以下为束窄段,主流靠右侧过彭郎矶,小孤山与彭郎矶隔江对峙,形成一对节点在马当河段进口,过后河段放开,江心有骨牌洲将水流分为两汊,左岸向左凹弯,为支汊。右汊为主汊,水流在此形成急流流态紊乱。

东北横水道:上起永和州,下至小孤山,距吴淞口里程729.4~754千米,全长24.6千米,为分汊型河道。江心有上三号洲和下三号洲将水流分为多汊,左侧分为东北横水道,右侧为东北直水道,永和洲、叶家洲、太子号洲洲与洲之间形成夹江,夹江较宽,以后逐渐靠岸。江中上、下三号洲逐渐淤长,形成2个沙洲。东北直水道淤塞封航,东北横水道是全年通航主航道。

湖口水道:上起张家洲尾,下至永和洲,距离吴淞口里程为754.0~763.0千米,全长9千米,该水道单一顺直,左岸八里江口以下有边滩,经三号洲逐渐向外扩展、淤高,与上三号洲洲头相连,航道偏向右岸。右岸拓矶山以下至龙江口上红浮间边滩较开阔,龙江口以下是崩岸,永和洲岸嘴上下都有抛石。

张家洲水道:上起拦江矶,下至张家洲尾,距离吴淞口里程为763.0~793.5千米,全长约21.8千米,是长江下游重点浅水道之一。该段为分汊型河道,分南北两汊,南汊称张家洲南水道,北汊称张家洲北水道。张家洲南水道较顺直,有2个浅区。上浅区在新港下,下浅区在梅家洲尾附近,由于受鄱阳湖水影响,枯水水深较浅,需疏浚,为通航主航道。张家洲北水道为枯水主航道,有婆婆口至费家湾、费家湾至杨家湾、程家营至丁家口3个浅区,航道弯曲,枯水期常需疏浚,爆破维护。

九江水道:上自起徐家湾,下到九江航道处码头,距吴淞口里程为793.5~815千米,全长约21.5千米,该段江中有鳊鱼滩洲,长约5.3千米,最宽处0.9千米。靠鳊鱼滩附近航道束窄。九江水道上段河道顺直,水深较好,自徐家湾以下至官湖港深槽靠南岸,为主航道。南岸是陡岸,易崩塌,抛有护岸块石多处。北岸二套口水深甚浅,中枯水期即断流。九江水道下段河道弯曲,自官湖港后南岸稍向江心,历年有泥沙淤积,影响九江市区码头前沿水深。20世纪90年代龙开河被填,北岸横坝头至小池一带出现边滩。

新洲水道:上起葫芦山,下迄徐家湾,距吴淞里程815~828.5千米,全长约13.5千米,为鹅头型分汊水道。该水道分为南北两汊,南汊称新洲南水道,主航道在新洲南水道。该水道浅区位于新洲尾,由于主流于北槽水流在新洲尾交汇,造成淤积。但随着水位下降,河床受水流冲刷,航道水深增加,全年均适合船舶航行。

武穴水道:上起仙姑山,下迄葫芦山,距吴淞口里程为828.5~843千米,全长14.5千米,为顺直微弯型河段。该段狗头矶以上弯道出口宽约1.1千米;狗头矶处宽1.35千米,泥湾处宽2.1千米,葫芦山处宽2.2千米。泥湾下型鸭儿洲心滩将河道分成南北两槽,南槽为枯水季节主航道。在鸭儿洲心滩头,主流居北,其下水流沿程以漫滩形成进入南槽,使北槽水流量减少,河床抬高,南槽流量增大,主流移向南槽。地方政府为防止该河段右岸崩塌,在狗头矶抛石,加长天然矶头,1993年测定,其高程为航行行基面上7

米,伸出江岸约 60 米。此外,堤防部门对何家墩以下 3 千米范围内岸线进行护岸,左岸已普遍进行护岸工程,因此该段河床稳定,适宜通航。

**主要障碍物** *沉船*:长江九江段主要沉船有张北水道中亚沉船、东北水道云阳沉船。

*过江电缆*:依次有位于梅家洲至湖口架空过江电缆,马当咀至棉船洲架空过江电缆,九江锁江楼至小池口水底过江电缆,新港至张家洲水底过江电缆,马当镇至棉船洲水底过江电缆,码头镇下狗头矶附近武穴水底过江电缆。

*跨江大桥*:九江长江大桥和建设中的九江长江公路大桥(二桥)。

*矶头礁石*:长江九江段航道还有多处矶头礁石危及航行安全。

**2010 年市境辖区主要航道自然障碍物一览**

表 11-1-1　　　　单位:千米、米

| 碍航物品名称 | 里程(距吴淞口) | 相关水位站 | 零上水位深度 | 碍航物品名称 | 里程(距吴淞口) | 相关水位站 | 零上水位深度 |
|---|---|---|---|---|---|---|---|
| 码头矶 | 837.5 | 武穴 | 5.7 | 乌石矶群礁 | 785.4 | 九江 | 6.1 |
| 小球石 | 837.5 | 武穴 | 4.7 | 白石矶礁 | 783 | 九江 | 9.9 |
| 狗头矶 | 836.5 | 武穴 | 4.7 | 竹鸡山石矶 | 766 | 湖口 | 7.4 |
| 费家湾矶头 | 784 | 九江 | 7.7 | 彭泽码头乱石 | 733.2 | 彭泽 | 0.1 |
| 杨家湾矶头 | 780 | 九江 | 6.9 | 彭泽下礁石 | 730.8 | 彭泽 | 3.4 |
| 白水湖礁 | 788 | 九江 | 3.8 | 小孤山 | 739.8 | 彭泽 | 4.6 |

## 二、导航设施

**航标灯** 1991 年,九江航道已使用太阳能航标灯。2005 年 1 月,航道航标灯改进为 LED 冷光源,光距由原 3 千米加大到 5 千米,而且落水后也能发光。2009 年,使用太阳能一体化航标灯,体积小、重量轻、高容量、安全性能好,为航行船舶提供更加优质助航服务。至 2001 年有此类航标灯 148 座。

**船浮** 20 世纪 90 年代,九江航道航行标志使用 6~7 米钢制标志船,以 3 米和 4 米双船浮为主。2005 年,九江航道处实施长江九江段航标建设工程,1 月 20 日正式开工,将辖区内 67 座 4 米航标更换成 10 米单船浮标。至 2006 年 12 月 21 日,172 千米 143 座浮标全部升级,由 4 米更换成 10 米,航标全部实现大型化,长江九江段航行条件更加优良。至 2010 年没有变化。

**船艇** 20 世纪 90 年代,九江航道处有宁道标 405、宁道标 406、宁道标 414、宁道标 211、宁道标 204、宁道标 1102、宁道标 1103、宁道标 1109、宁道标 1110 等 110 千瓦小型船艇在航道上进行航标维护。2009 年,大桥站和彭泽非全能管理处航道维护船舶更换为 486 千瓦大型航标船。2001~2003 年,湖口航道管理处和武穴航道管理处航道维护船舶相继更换为 220 千瓦新型航标船。2008 年 10 月,九江航道管理处码头趸船由 65 米宁道趸 16 号改造为景观化趸船。2009~2010 年,又相继建造宁道趸 40 号、宁道趸 41 号、宁道趸 42 号等 3 艘趸船,分别安置在武穴、彭泽、湖口非全能管理处使用。

**测量设备** 20 世纪 90 年代初,九江航道测量尚使用经纬仪、六分仪。1999 年 3 月,第一台 GPS 测绘系统配置使用,改变定位靠经纬仪、六分仪落后状态。2003 年 5 月,第一台全站仪购入使用,结束九江航道处使用经纬仪时代。2004 年 6 月,第一台数字流速流向仪购入使用。2006 年 9 月,第一台全数字测深仪和第一套 RTK GPS 定位设备配置投入使用。同月,9090A 型快速晒图仪亦购入使用。2008 年 9 月,第一台电子水准仪配置使用。10 月,航迅 8 号测量快艇配置使用。2009 年 12 月,第一台海洋铯光泵磁力仪和第一台 ADCP 配置使用。

## 三、航道整治

**张南水道整治** 张南水道位于鄱阳湖与长江交汇处,是连接长江下游和中游航道“咽喉”要道。历史上曾多次发生碍航事故,1999 年年初一次碍航曾使 2000 余艘次船舶和 1 万余名旅客受阻,沿江企业遭受巨大经济损失。为改善该河段通航条件,交通部投资 5000 多万元,于 2002 年 2 月,对该段航道进行系统整治,构筑 6 道丁坝、2 道护滩带以及 1090 米护岸。工程建设还兼顾防洪需要,有利于该河段综合治理。工程于 2003 年 5 月完成。经过整治,张南水道枯水期航道水深由 2.9 米提高到 4.5 米,航宽由最窄处 120 米扩大到 300 米,弯曲半径达到 1200 米,可通行万吨级船队。2006 年 2 月 21 日,张南水道航道整治工程进行实船适航实验,万吨级船队由长江口直达武汉,张南水道枯水整治工程竣工。2007 年 3 月 9 日,长江下游重点碍航浅水道——张家洲南港水道航道整治工程正式通过交通部专家组竣工验收。

**武穴水道整治** 武穴水道位于长江湖北段,全长 14.5 千米,上距武汉市 204 千米,下距九江市区 45 千米,属长江九江航道管理处管辖,是长江中游重点碍航浅水道之一,历史上常只能单向通航,需动用大型挖泥船疏浚才能保证足够航道水深。为彻底根除武穴水道碍航问题,2007 年,交通运输部投入 1.95 亿元实施武穴水道航道整治工程。同年 2 月开工,2009 年 3 月完工。经过洪水期考验,整治效果明显。武穴水道水深已达 4.5 米,航宽 200 米,弯曲半径 1050 米,可满足行轮要求。3 月 10 日,在长江航道局工程指挥部组织下,长江 22027 船队载运货物 12000 吨顺利驶过武穴水道,武穴水道整治工程实船试航获得成功。

**新洲水道整治** 新洲至九江河段,上起葫芦山,下至九江港客运码头,全长约 35 千米,包括新洲水道和九江水道,河段内分布有新洲浅区、九江上浅区、九江下浅区 3 处浅滩,除九江下浅区外,另两处浅区碍航程度加剧,成为制约长江中游航行瓶颈之一。为有效解决浅区碍航问题,实现长江干线航道规划目标,国家有关部门经过前期大量考察后认为,对长江中游新洲至九江河段航道整治工程提出“上下兼顾、统筹安排;固滩守槽,稳定主流;底水整治,恢复为主”总体原则,采取整治建筑措施,归顺浅区水流,改善航道条件。2010 年 11 月,长江新洲至九江河段整治工程报告通过交通运输部审查,计划投资 2 亿元整治河道浅滩。

## 四、航道维护管理

**航标配布** 九江航道管理处在武穴水道主航道设置航标 17 座,其中岸标 3 座,浮标 14 座。武穴港设临时锚地 1 个,其上设有武穴锚 1~4 号专用浮。全年维护水深 4.5~6 米。在新洲水道主航道设置航行标志 15 座,全部为浮标。全年维护水深 4~6 米。在九江水道主航道设置航标 28 座,另设九江炼油厂、九江电厂、九江水厂、龙开河水厂、城门山铜矿码头和姚港锚地等处设专用浮 11 座,全年维护航道水深 4~6 米。在张家洲水道设置航标 26 座,其中岸标 5 座,浮标 21 座。另在新港油轮锚地、九江 806 厂泵房共设置专用浮 6 座。全年维护航道水深 4.5~6 米。在湖口水道设置航标 13 座,全年维护水深 4.5~6 米。

**航道维护** 1991 年,九江航道处在辖区航道设标 152 座,航标维护座天 55480 天,标志维护正常率达 100%,通航保证率 100%。1995 年,九江航道处在辖区航道设标 160 座,航标维护座天 58400 天,标志维护正常率 100%,通航保证率 100%。1999 年 2~3 月枯水期,辖区航道张南水道水深不足 4 米,发生 2000 余艘船舶受阻碍航事件。九江航道处职工全力维护疏浚航道,驻滩守点,日夜奋战,于 3 月 21 日恢复通航。2000 年,九江航道管理处在辖区航道设标 184 座,航标维护座天 67344 天,标志维护正常率达 100%,通航保证率 100%。2005 年,九江航道管理处在辖区航道设标 170 座,维护航道水深 4~6 米,航标维护座天 62050 天,通航保证率 100%。2010 年,九江航道管理处在全辖区航道设标 200 座,其中岸标16 座,航标 131 座,专用标 153 座。全年航标维护座天 70253 天,标志维护正常率 100%,通航保证率达 100%。

### 五、涉航工程维护

**大桥水域航道维护** 为确保九江长江大桥水域航道安全,1991年前已成立九江大桥航道站，专司大桥水域航道维护工作。按照《长航航道局桥区航道维护管理工作规定》和《长江南京航道局桥区水域航道与航标维护管理》要求,在九江桥区常年设置航标8座,引导行轮通过大桥水域。大桥航道站派出航道,每天驻守桥区巡查,每月两次对桥区标志进行定位、校核和检查标灯,对标灯闪光周期及电源进行全面检查。洪水期对桥区水域的杂草、漂浮物滞留在浮标内档和锚缆上进行清除,防止浮标移动。在洪水到来前对航标配布进行调整、松链活锚,防止闷头。1991~2010年,九江长江大桥水域航道安全畅通,大桥安全。

**其他涉航工程维护** 长江九江段航道内设有锚地、取水泵房、码头、趸船等,均设有专用浮标,全航道共设置此类专用航标15座。

## 第二节 鄱阳湖航道

### 一、自然航道

鄱阳湖南起三阳,北至湖口,西到吴城,东抵鄱阳,位于江西省北部。赣江、抚河、信江、饶河、修河5大水系汇集于湖,流经湖口注入长江,湖水面积随水位升降而变化,洪水期(湖口水位21米时)湖水面积3841平方千米,为中国最大淡水湖。鄱阳湖区属九江管辖主航道150千米,其中东支褚溪河口至瓢山60千米,西支吴城至湖口90千米,是省内水运业主要通道,洪水期可通行500吨级船舶,枯水期可常年通行300吨级船舶。鄱阳湖区水网四通八达,支汊水道全长216.75千米,通航里程99.85千米。支汊水道有朱袍山至南丰线(都昌县境内)、凤凰咀至土塘线(都昌县境内)、黄金咀至三汊港线(都昌县境内)、老爷庙至徐埠线(都昌县境内)、落星至樟怒桥线(星子县境)、流泗港线(星子县境)、长岭头至交通坝线(庐山南白鹿洞)、北洋湖至牌楼下(湖口县境)等8条航道。此8条航道为浅水航道,枯水期断航,中洪水期可通航10~60吨级船舶。吴城至湖口为赣江经鄱阳湖出长江主航道,枯水期水深1.5米,设一等发光航标,可通航100~500吨级船舶。此段航道主要浅滩有老河口、沙湾、火烧坪、老爷庙等处。龙口至罐子口航道为东支主航道,枯水期水深1.0米,设一类发光航标,可通航100~200吨级船舶。主要浅滩有龙口鲫鱼背、瓢山、铁门坎、罐子口等处。梅山至瓢山航道,枯水期间水深0.8米,设三类航标,可通航30~50吨级船舶,湖床底多泥沙。以上3条航道跨湖建筑物少,仅湖口有跨湖大桥和跨湖高压输电线,净空达30米,对鄱阳湖水运业没有影响。

鄱阳湖区主航道枯水期浅滩一览

表 11-1-2　　单位:千米、米

| 航道讫止地 | 浅滩名称 | 长度 | 航道宽度 | 最小曲率半径 | 最小水深 | 河床底质 |
|---|---|---|---|---|---|---|
| 湖口-吴城 | 美人洲 | 1.35 | 400 | 1000 | 2.00 | 大卵石 |
| | 寡妇矶 | 1.5 | 200 | 1000 | 1.8 | 细 沙 |
| | 满天星 | 1.18 | 30 | 600 | 1.2 | 大卵石 |
| | 老爷庙 | 1.8 | 150 | 1000 | 1.6 | 细 沙 |
| | 火烧坪 | 3.4 | 150 | 500 | 1.1 | 胶板土 |
| | 沙 湾 | 1.7 | 140 | 1000 | 1.8 | 细 沙 |
| | 老河口 | 1.00 | 100 | 250 | 1.3 | 泥 沙 |
| | 六 井 | 0.8 | 40 | 600 | 1.2 | 沙 |
| 褚溪河口-瓢山 | 罐子口 | 0.14 | 30 | 800 | 1.0 | 胶板土 |
| | 月亮洲 | 3.1 | 100 | 1000 | 1.6 | 泥 沙 |
| | 二流口 | 1.0 | 30 | 400 | 1.1 | 泥 沙 |
| | 大流口 | 2.15 | 60 | 700 | 1.0 | 胶板土 |

## 二、航道整治维护

1991 年,省港航(航务)管理局九江分局(以下简称省航九江分局)航道部门在鄱阳湖区航道设置浮标 106 座,岸标 6 座,灯塔 7 座。在枯水期实施航道扫床 83 千米,对鄱阳湖干线航标进行改造,使船舶通航保证率达 100%。1994 年,在航道维护经费不足情况下,将 3 艘航标艇人员重新组合,在湖区日夜巡查,对 120 座导航标志及时维护,全年完成标天 37948 个,灯天 37948 个,标灯发光率、完好率均达 100%。1996 年,在鄱阳湖区干线航道设置一类标灯 95 座,完成标天 32942 个,灯天 30375 个,标志维护正常率 98%,通航保证率 100%。同年,航道工人对水面浮标、灯塔、岸标进行刷漆保养达 237 座次,新建岸标 2 座,新建简易浮标 40 座。1997 年,在鄱阳湖干线航道设置一类标灯 98 座,完成标天 35770 个,灯天 28180 个,标志维护正常率 98%,通航保证率 100%。维护吴城至褚溪河口水深 1.2 米,瓢山至褚溪河口水深 1 米。1999 年,在鄱阳湖干线航道设一类标 110 座,重点标 26 座。12 月中下旬,对湖区航道实施扫床,扫床里程 50 千米,扫床宽度 50 米,扫床面积 250 万平方米。全年标志维护正常率达 98%。对湖口大桥施工期间实行安全监管,确保过往行轮安全。

2000 年,航道维护按省航局“四率”(通航保证率、标位准确率、标志发光率、标志完好率)要求进行,在湖口大桥施工水域设立专用导航标志。对航道区域内建桥、建坝、取土等碍航障碍物进行清除,为过往船舶排除航行安全隐患。2001 年,根据鄱阳湖采砂船集中情况,会同港监部门对采砂区航道进行巡查,及时修复损坏航标设施。全年损毁航标 95 座,投入资金 100 多万元用于修复更换航标设施,保障航道畅通和湖口大桥安全。全年标志维护正常率、灯光正常率、通航保证率均达 98%。2002 年,鄱阳湖采、运砂船舶增加,每天 100 余艘。部分无证采砂船占据航道作业,影响湖区航道安全。省航九江分局对无证采砂船和违章冒险航行的运砂船开展 4 次专项整治行动,历时 68 天。整治采、运砂船舶 485 艘次,处理纠正违章 1000 项次,专项整治取得效果,湖区通航环境有了改善。同年 11 月始,省航九江分局实施南昌至湖口航道整治工程,工程全长 156 千米,全航线按 111-(4)级航道标准建设,设计水深 2 米,航宽 60 米,弯曲半径不少于 480 米,通航保证率 95%,通航 1000 吨级船队。工程投资 1.36 亿元,治理浅滩 22 个,新建丁坝 67 座,维修老坝 108 座。筑坝块石工程量 2856 万立方米,疏浚挖槽土方工程 12856 万立方米,抛、砌石量 2016 万立方米。工程于 2004 年 12 月竣工。该工程对保证南昌至上海内河支线集装箱运输畅通,具有重要作用。当年,省航九江分局还开展航道普查,为维护航道提供依据。2006年,根据鄱阳湖航道变化情况编制《湖区航标配置调整方案》,对采砂作业区,易损航段航标进行调整,增加巡航密度。全年修复航标100余座次,采用电子信箱、电子屏幕、公告栏等方法,向社会公布辖区航道水位、浅滩水深信息,为船舶安全航行提供信息。并完成九江银星造船厂码头、赛得利(江西)化纤责任有限公司码头、铜九线鄱阳湖铁路大桥、共青博阳河公路桥的相关阶段论证、航标建造、通航经费等审批工作。全年航标维护正常率98%。2007年,加强航道养护,对鄱阳湖区航道航标配布进行科学论证,调整部分不合理标位,增加航标数量,提高助航能力。修复航标68座次,恢复航标灯光371座次,完成巡航次数1109个,标志维护正常率、灯光维护正常率达98%。10~12月,鄱阳湖水位下降,低于设计水位。12月22日,吴城水位比设计水位低1.76米,低于历史最低水位0.95米,通航形势严峻。航道部门集中人力、物力、财力,抓"战枯水保通航"力度,成立通航保障工作组,启动《江西省航务管理局处置突发堵航应急预案》和《鄱阳湖区预防堵航管理办法》,对吴城陶家坎激流险段派出专艇,驻滩把守,现场维护通航秩序,保证燃油和人民生活必需品等重要物资运输,确保辖区水域船舶航行安全畅通。

2008年,省航九江分局制定并实施《大桥航标工作规定》《航标异动规定》《航标工作日记》和《航标养护记录》四项制度,航标管理养护工作得到加强。全年共完成标天72096个,灯天57461个,巡查924个航次,修复航标97座,标灯415盏。各航道单位坚持勤查标、勤移标、勤测水,及时恢复失常标志,准确通报航道实测水深信息。同年,铜九铁路鄱阳湖大桥建成通车,省航九江分局成立湖口桥区航道处,以加强桥区航道管理。2009年,探索航道管理维护办法,在鄱阳区干线航道推行维护水深计划细化工作,制订《鄱阳湖口至褚溪河口段航道维护水深分月确定观察方案》,鄱阳湖干线航道枯水维护水深达3.0米,超计划维护水深0.8米。在蛤蟆石航段增设专用标志8座,在鄱阳湖松门山增设助航标10余座。九江分局还建立航标保护联防机制,与黄砂轮驳经营公司制定航标联防措施。根据鄱阳湖区水面宽,航标定位难、测量难的情况、推广使用GPS测量定位、检测,实现"检查航标"到"检测航标"转变。2010年,组织人员对褚溪河口水域火烧坪浅滩碍航物进行打捞,打捞沉石210吨,提高该航段通航能力。为缩短处置维护修复航标时间,将吴城至褚溪河口航道管理养护责任由都昌航道处调整到永修航道处。当年,鄱阳湖干线航道枯水期维护水深3米,超计划维护水深0.8米,通航保证率达100%。

## 三、涉航工程管理

1999年,鄱阳湖公路大桥动工兴建,为保障大桥建设时期航道畅通,省航九江分局抽调专人成立湖口大桥通航管理办公室,专司大桥水域航道管理工作,维护航道里程3千米,维护水深1.6米。2000年,省航九江分局加强湖口大桥施工期间通航安全管理,在施工水域设立专用标志,为过往行轮导航。2001年,省航九江分局制定《湖口大桥通航安全管理暂行规定》,固定专人,对湖口大桥水域进行巡航管理,确保大桥安全。2002年,省航九江分局加强对抱子石水电站、三都大桥、九江银星造船厂码头、赛得利(江西)化纤有限公司等单位涉航工程审批手续和论证管理,严把审批关。2004年,完成九江银星造船厂码头、赛得利(江西)化纤厂有限公司码头、铜九线鄱阳湖大桥、共青博阳河公路大桥等相关阶段论证审批,以加强涉航工程管理。

2008年,铜九铁路鄱阳湖大桥建成通车,省航九江分局成立湖口桥区航道处,建立湖口桥区航道管理制度,设立过桥导航标志,严禁船舶违章冒险航行,保障国家重点工程设施和航道安全。2010年,省航九江分局加强对鄱阳湖公路大桥、鄱阳湖铁路大桥、昌九城际铁路跨河大桥、沿鄱阳湖区码头等10余项涉航工程监督管理,建立管理台账、监督日志和涉航工程档案,对损害航道设施的行为进行查处,维护鄱阳湖区航道安全。

# 第三节　修河航道

## 一、自然航道

修河航道大致分为4段:渣津至修水段,长37千米。修水县水电局曾在郭家滩兴建小水电站,将该段水道截断,致使修水至渣津断航;石渡至柘林段,长93.5千米(石渡至武宁29千米,武宁至柘林湖64.5千米),该段为柘林库区,水流平缓,水面广阔。武宁至柘林库区航道设置三等航标,航道水深5米,适于各类船舶航行;柘林至吴城段,为修河下游河段,全长76千米,是人工控制河段,航道水深受柘林电站下泄流量控制,每年断航期达60~120天。

**修河航道情况普查一览**

表11-1-3　　　　单位:千米、吨、米、处

| 分段起止地点 | 通航里程 | 通航船舶吨级 | 枯水期航道尺度 | | | 河床底质 | 航标等级 | 水利闸坝 | | | 跨河建筑物 | | 通航期 |
|---|---|---|---|---|---|---|---|---|---|---|---|---|---|
| | | | 水深 | 宽度 | 弯曲半径 | | | 船闸 | 升船机 | 不通航 | 桥梁 | 其他 | |
| 渣津-修水 | 37 | | | | | | | | | 1 | 3 | | |
| 石渡-武宁 | 29 | 50 | 1 | 50 | | 卵、礁 | | | | | | | 全年 |
| 武宁-柘林 | 64.5 | 50 | 3 | 100 | | 卵、礁、泥 | 3等 | | | | | 1 | 全年 |
| 柘林-吴城 | 81 | 10~50 | 0.8 | 15 | | 沙、泥 | | | 1 | | 2 | 7 | 全年 |

## 二、航道管理养护

1991年,省航九江分局在修河涂家埠至吴城30千米航道上设置岸标24座,浮标31座。1994年,省航九江分局维护柘林湖水库武宁至柘林航道64千米,常年维护水深3米,通航保证率达100%。该航段设置各类航标31座,标位标准率98%,标志完好率100%。修河下游涂家埠至吴城30千米航道经整治开发,维护水深1.1米,通航保证率达100%。该航道配布三等标,设置航标39座,标位标准率98%,标志完好率100%,全年完成标天12280个。1996年,维护武宁至柘林航道里程64千米,维护水深3米,通航保证率100%,标位标准率99%,标志完好率100%,完成标天12412个;维护永修至吴城航道里程30千米,维护水深1.1米,通航保证率98%。同时对航道水面浮标进行保养。1997年,武宁至柘林库区航道60.5千米,省航九江分局在该航段设置重点标35座,其中浮标25座,岸标10座。标位准确率98%,标志完好率100%,通航保证率100%,维护水深3米,完成标天12775个。永修至吴城航道里程30千米,设重点标24座,标位准确率98%,标志完好率100%,通航保证率98%,完成标天8760个。同年,省航九江分局航道工人还对航标进行保养,修理,更换电池箱25个,更新三角架26个,新建浮标5座。

1999年,养护永修至吴城航道30千米,设重点标26座,武宁至柘林64千米库区航道设二类标34座。武宁至石渡31.2千米航道,1999年4月,开工建造岸标20座,其中沿岸标2座,过河标18座。同年11月经省港航局验收,达到二类航标标准。

# 第二章 港区

## 第一节 长江港区

### 一、瑞昌港区

瑞昌港区原称瑞昌港,位于长江中下游南岸瑞昌市境内码头镇,与湖北省武穴市隔江相望。上距武汉港219千米,下距上海港906千米,距九江城区港48千米。1991年,省交通厅投资65万元改造航运站码头,靠泊能力为2000吨级,建有5000平方米混凝土货场。1994年,瑞昌砂石总公司建成可靠泊3000吨级船舶散杂货码头。配有高平台混凝土地面货场,面积7000平方米。1997年台资亚东水泥厂投资2000多万元人民币建设水泥制品专用码头,靠泊能力5000吨级,年吞吐能力150万吨。1999年建成投入使用。2002年,亚东水泥厂在一期工程码头上侧扩建一座长123米、宽23.5米码头,吞吐能力400万吨。增加16吨起重机1台,小时生产能力260吨,卸船机1台100吨,浮式起重机1台,生产能力每小时200吨。2007年10月,市港口管理局瑞昌分局成立,瑞昌港改称瑞昌港区。至2010年,瑞昌港区有码头泊位39个。当年,旅客吞吐量25.82万人次;货物吞吐量达550.04万吨。

### 二、城西港区

城西港区位于市中心城区上游的九江县城子镇、赤湖、永安乡境内,为新辟港区。2007年4月,省市沿江开发战略实施,城西港区开展大规模建设。8月,市港口管理局九江县分局成立,行使城西港区管理职能。10月,九江港城西港区集装箱码头开工建设,2008年12月竣工。建成5000吨级泊位2个,年设计能力30万标准箱。至2010年,城西港区有码头泊位27个,年货物吞吐量246.26万吨。

### 三、城区港区

城区港区原为九江港主港区,位于市中心城区,西起赛城湖闸口,东至鄱阳湖口,岸线长33.08千米。1991年,城区港区建有码头泊位37个。至2010年,城区港区有码头泊位102个,年货物吞吐量1348.68万吨。

### 四、湖口港区

湖口港区原称湖口港,位于长江与鄱阳湖交汇处,上距九江市区24千米,下距吴淞口769千米。2004年1月,经省政府批准设立湖口水上交通运政检查站,隶属于市港航管理处管理。2007年9月,市港口管理局湖口分局成立,湖口长江港区由市港口管理局湖口分局管辖,湖口鄱阳湖港区由湖口县港航管理所管辖。2010年,湖口港区有码头泊位36个,最大靠泊能力5000吨。港区有各类装卸机械145台,其中起重机械28台,皮带输道机99台,铲车18台。建有货场堆场31座18.35万平方米,仓库9座1.25万平方米。年货场吞吐量长江港区842.48万吨,鄱阳湖港区509万吨,全港年客运吞吐量21.99万人次。

### 五、彭泽港区

彭泽港区原称彭泽港,位于市东部彭泽县长江中下游南岸。1998年,省交通厅投资315万元扩建彭泽港客运站,建造65米钢质趸船1艘、靠泊能力2000吨,年客运通过能力40万人次,以满足客运发展的需要。2007年,市港口管理局彭泽分局成立,彭泽县港航管理所将彭泽县长江干线港口管理职能交由市港口管理局彭泽分局管理,彭泽县港航管理所则行使彭泽地方水路运政管理职能。2010年,彭泽港区有码头泊位41个,堆场面积17470平方米,库场面积1300平方米,装卸机械36台。年货场吞吐量303.6万吨,旅客吞吐量62.6万人次。

# 第二节　鄱阳湖港区

## 一、蛤蟆石港

蛤蟆石港位于鄱阳湖入长江航道西岸,上距星子港28千米,下距湖口港区17千米。20世纪90年代初,设市蛤蟆石港航管理站,隶属市航运管理处管辖。2004年5月,市蛤蟆石港航管理站更名庐山区港航管理所,行使辖区内港航管理职能。2010年,港区内有1000吨级码头泊位11个,其中生产用码头泊位9个,非生产性码头泊位2个,使用岸线2180米。有装卸机械80台,生产用库场面积32163平方米,堆场9912平方米。年货物吞吐量5206.78万吨(98%为河砂出口)。港内有企业5家,分别为庐山海螺水泥有限公司、九江金源化纤有限公司、赛得利(江西)化纤有限公司、江西大唐化学有限公司、中石化长江燃料公司九江分公司蛤蟆石加油站。

## 二、都昌港

都昌港为鄱阳湖区重要转运港口。20世纪90年代初,省交通厅在都昌港投资40万元,兴建30万吨深水立式码头1座,此码头能在洪水季节作业。都昌县港航管理所隶属九江市航运管理处,行使辖区港航管理职能。1994年11月,都昌县政府将老爷庙门前港、县城南山塘人工港、黄金咀港、周溪上坝老港、南峰门首港5处划为船舶避风港。1996年,县搬运公司自筹资金在30万吨码头以南建造1座长300米,宽50米随水码头。同年,都昌县在货运码头基础上改造建成客运码头,置栈桥,栈桥斜坡长60米,新建长40米趸船1艘。2001年9月至2002年12月,都昌港客运综合大楼兴建,该工程集旅客候船室、售票处、办公室为一体,钢筋混凝土结构,6层。建筑面积951平方米,投资53.6万元。2010年,县委、县政府对南山湖滨西区进行开发,将都昌印山至县城的航道、客运码头、搬运公司货运码头进行搬迁改建。当年,都昌港有码头泊位3个,仓储面积480万平方米,堆场2.01万平方米,装卸机械14台,年货物吞吐量316.63万吨,客运量0.45万人次。

## 三、星子港

星子港位于鄱阳湖区。20世纪90年代初,设星子县港航管理所,隶属市航运管理处管辖。1998年7月,星子县水路运输服务站成立,隶属于县港航管理所。2006年6月,星子港航综合大楼开工建设,2007年11月竣工,框架结构,楼高5层,建筑面积2070平方米。2009年年底,政企分家,星子县水路运输服务站划归市水路运输服务中心管理。至2010年,星子港有码头4座,泊位5个,最大靠泊能力500吨,装卸机械1台,年货物吞吐量220.83万吨。

## 四、德安港

德安港地处德安县与共青城博阳河岸,分德安港区和共青港区。20世纪90年代初,设德安县港航管理所,隶属市航运管理处,行使德安、共青两地港航管理职能。有码头各1座,最大靠泊能力100吨,建站房1栋和300平方米简易货场1处,年吞吐量3000吨。1998年12月,省、市投资128.1万元,在县城东公路桥下游100米博阳河左岸新建码头。2000年7月竣工,建成直立式码头1座,泊位2个,年设计通过能力10万吨,靠泊能力100吨;安装3吨吊机1台,建有3619平方米货场1处和综合楼1栋500平方米。1999年,港口货物吞吐量2.8万吨,其中出口1.5万吨。此后,逐年减少。2000年后,无港口货物吞吐量记载。2010年,德安港有货运码头3座,泊位5个。共青港区位于共青城东部、博阳河右岸,利用堤坝的自然岸坡进行货物装卸作业,无港口设施,年货物吞吐量1000吨左右。

## 五、永修港

20世纪90年代初,设永修港航管理所,行使永修县港航管理职能。同时设吴城港航管理站,负责吴城港区港航管理工作。2000 年 6 月，柘林湖风景区设立柘林湖港航管理站，专司景区旅客运输管理工作，隶属永修港航管理所。2004 年 6 月，吴城港航管理站撤销，并入永修港航管理所。2005 年，有码头泊位 18 个，后逐年减少。至 2010 年，有码头 7 座，泊位 10 个，装卸机械 1 台。有油库 2 座，面积 420 立方米，堆场 14000 平方米。全县注册登记船舶 60 艘，计 122578 吨，有 7 家水运企业。2010 年，货物吞吐量 3981.83 万吨，客运量 15.76 万人次。

### 六、柘林湖港

柘林湖港系兴建柘林湖水电站截流形成湖港(修河水系)。2000 年，根据湖区旅游客运发展需要，柘林湖风景区管委会利用原有景点码头泊位，组织开展水路旅客游览服务业务。6 月，永修县港航管理所柘林湖港航管理站成立，负责景区港航管理。至当年末，景区有个体客轮 17 艘，396 个客位。2002 年 4 月，市航运管理处投资 48 万元，在湖区梦生山旅客码头置 40 米钢质趸船 1 艘，供游客上下使用。2006 年，投资 160 万元，建成柘林湖旅游客运管理综合楼，建筑面积 1409 平方米。2008 年 3 月，柘林湖港航管理所成立，隶属市港航管理处。至 2010 年，柘林湖港区有永修县柘林云海轮船有限公司、永修县柘林湖华怡有限公司、江西高能旅游有限公司、永修县永安旅游船艇有限公司 4 家水路客运企业，有客轮 92 艘，客位 2866 个，年客运量 8 万人次。

### 七、武宁港

武宁港位于修河中游。1993 年 4 月，武宁客运码头竣工投入使用。为适应武宁旅游客运发展需要，2002 年 11 月， 经省计委和省交通厅批准兴建县旅游码头，2003 年 12 月开工建设，2009 年 4 月竣工投入使用。该码头占地 24000 平方米，岸线长 200 米，纵深 120 米，集综合楼、候船亭、售票亭、办公室、生活服务区为一体。功能齐全，设施先进，为江西省唯一县级大型旅游客运码头。2009 年 6 月，武宁巾口乡客运码头动工兴建。至 2010 年，武宁有码头 4 座，泊位 10 个，装卸机械设备 26 台，年货物吞吐量 65.67 万吨，客运量 9.47 万人次。

### 八、修水港

修水港位于省西北部，居幕阜山脉和九岭山脉之间，属修河港口。1991 年以来，随着东津、抱子石、郭家滩等水电站相继建成，修水港区面积扩大。2004 年 3 月，修水县港航管理所成立，行使县港航管理职能，隶属县交通局和市港航管理处双重领导。2006 年 4 月，修水县水路运输服务站成立，经营船舶和客货运输代理业务。6 月，市港航管理处将运政 7 号拨给县港航所使用。2008 年 1 月，修水县港航所新建办公楼竣工交付使用。2010 年，修水港有泊位 1 个，码头岸线 185 米，锚地 6 处，装卸机械 4 台，仓储面积 3500 平方米，堆场面积 8200 平方米，年客运吞吐量 2.43 万人次。

# 第三章　港口设施

## 第一节　码头泊位

1991 年，九江石油分公司在滨江东路 77 号处建成金鸡坡油码头 1 座，靠泊能力 3000 吨，占长江岸线 99 米。1992 年 12 月，九江港新客运码头竣工，建有 4 个泊位，占长江岸线 483 米，可同时停靠 4 艘客轮。1993 年，黄梅县航运公司在长江堤防 35 号闸口处建轮渡码头 1 座，年通过能力 60 万人，占长江岸线 150 米。1994 年，九江国家粮库在乌石矶建粮库码头 3 座，靠泊能力 3000 吨级，占长江岸线 120 米。1995 年，市航运总公司在 20 号闸口处建散杂货码头 1 座，年通过能力 30 万吨，占长江岸线 91 米。1996 年，城区港航所在 21 号闸口建客运码头 1 座，年通过能力 20 万人，占长江岸线 99 米。当年，安信航运公司在29~31号闸口处建有码头3座,占长江岸线293米。1999年,江西亚东水泥有限公司在瑞昌码头镇建成水泥制品专用码头,4个泊位,靠泊能力5000吨级,年吞吐能力150万吨。

2000年,九江港外贸码头二期工程(原集装箱码头)竣工,靠泊能力5000吨,占长江岸线120米,年通过能力3万标准箱。2004年,九江钢厂在湖口金砂湾建码头2座,靠泊能力2000吨,占长江岸线212米。2005年,九江港口集团对市防汛码头进行改扩建,建成散货码头,靠泊能力3000吨,年通过能力40万吨,占长江岸线142米。同年,九江南方水泥有限公司在彭泽龙城彭浪矶建成散货码头1座,靠泊能力2000吨,占长江岸线165米。2008年,上港集团九江港务公司在城西港区建成集装箱码头,2个泊位,靠泊能力5000吨级。2009年,九江钢厂在湖口金砂湾又建码头2座,5个泊位。靠泊能力5000吨,占长江岸线700米。龙达化学纤维有限公司在金砂湾建码头3座,4个泊位,靠泊能力5000吨和1000吨,占长江岸线415米。至2010年,九江港沿长江港区共有各类码头245座。其中货主码头101座,占码头总数41.23%;军用、公安、港航、桥检和水利水监等执法部门码头20座,占码头总数8.16%;公用码头124座,占码头总数50.61%。在245个码头中,生产性客货运码头101座,泊位118个。

## 第二节 仓储堆场

1991年后,随着港口建设的不断发展,九江港各港务公司、港口企业纷纷投入资金,加快仓储、堆场建设,以满足港口货物运输需要。1992年12月,九江港新客运码头竣工,建杂货仓库1座,面积2157平方米。1997~2000年,九江港务局建设外贸码头二期工程,建仓库1座,面积1334平方米,混凝土堆场27676平方米。2001年,九江港第三港务公司对4号码头货场进行改造,铺设混凝土,扩大货物堆存能力。2003年,四方公司对三角线港区货场进行扩建,使货场面积增至52000平方米。2005年,为扩大铁矿石在港口的中转通过能力,九江港口集团公司对市水利局防汛码头进行改扩建,修建货场1处,面积3385平方米,该码头具备装卸运输和防汛物资输送的双重功能。2008年12月,上港集团九江港务公司城西港区集装箱码头竣工,建成集装箱堆场13463平方米。闽赣公司214码头经过历年改扩建,至2010年,已建有库场总面积15万平方米,堆存能力50万吨,另有容积1.2万立方米化工储罐4个。至年底,九江港口有仓库22座,186838平方米;堆场69座,730721平方米。

## 第三节 港口机械

1993年,九江港客运码头置3吨苏州吊、8吨电吊、25吨柴油吊各1台,改变以往客轮行李货物人力搬运的状况。1995年,为提高码头通过能力,九江港务局在外贸码头前沿平台安装40吨门机1台,并对浮吊503.301.318等吊车进行改造,提高性能,使设备完好率达96%以上。1997~2001年,九江港投资8928.57万元,建设外贸码头二期工程,置30.5吨轨道式集装箱龙门起重机1台、40吨集装箱正面吊1台、集装箱牵引车3台、集装箱平板车3台、5吨叉车3台、2.5吨叉车3台、10吨平板车3台、16吨轮胎吊1台、5吨单梁桥式起重机1台,使集装箱作业实现配套,年通过能力达3万标箱。

2002年,台资江西亚东水泥有限公司投资1400多万元建设第二条生产线,建400万吨水泥制品专用码头,置16吨起重机1台、100吨卸船机1台、3吨浮式起重机1台。以满足水泥出运作业需要。2005年,九江港口集团公司根据运输生产发展需要,租用市水利局防汛码头,经过改造,用于铁矿石中转。该码头安装皮带机1356米,自制堆矿机1台,安装5吨浮吊1台。同年,投入2669万元,购置40吨门机1台、3吨叉车1台、集装箱空箱堆高机1台,投入外贸码头使用。2006年,九江港口集团投入600万元,购置10吨门机、叉车和皮带机电子秤,新增港口货物通过能力100万吨。

2008年12月,上港集团城西港区集装箱码头建成投产。码头配有40.5吨-26米集装箱起重机1台,35吨-26米集装箱起重机1台,35吨-40米集装箱轨道龙门起重机6台,40.5吨-40米集装箱轨道龙门起重机2台,8吨堆高8层空箱堆高机1台,集装箱正面吊1台,集装箱牵引车11台,集装箱半挂车 11 台,箱内叉车 5 台,80 吨 3.4×18 米地磅 3 台。这是继九江港外贸码头之后又一个现代化码头,也是省内机械化程度最高的集装箱码头。至 2010 年,上港集团九江港务公司陆续从集团总部购进 20 台港机设备投入使用,主要有集装箱正面吊、堆高机、10 吨门机、移动皮带机等。同时,该公司对部分港机进行改造,采用变频和节能新技术,提高机械性能。在此期间,湖口、彭泽港区机械设备也有增加和发展。至 2010 年,湖口港区有起重机械 28 台,皮带输运机 99 台,铲车 18 台,最大起重能力 40 吨;彭泽港区有装卸机械 36 台。至当年底,九江长江干线港口实有装卸机械 695 台,其中起重机械 140 台,装卸搬运机械 159 台,输送机械 373 台,专用机械 2 台,其他装卸机械 23 台。

## 第四节 铁路专用线

1997 年,九江国家粮库建设铁路专用线 5170 米。2006 年,214 码头新铺设铁路专用线 406 米,至当年底,214 码头铁路专用线增至 2826 米。至 2010 年,九江港有铁路专用线 12726 米。分布在 214 码头,四方公司、龙开河分公司、外贸码头分公司、九江国家粮库。

## 第五节 锚地

### 一、锚地设置

20 世纪 90 年代初, 九江港务局从港口发展需要出发, 陆续建成为无人分节驳服务的 1 号、2 号、3 号锚泊基地。根据九江第二发电厂煤炭运输需要,建成专为九江二电厂电煤运输服务 4 号基地。为配合九江炼油厂(中石化九江分公司)原油运输,在新港水域设置油轮基地,以确保油运安全。同时在锚地增设指挥趸船 1 艘及通信设备,配备交通船,为锚地服务。2000 年以后,根据长江运输市场变化和无人驳减少情况,九江港务局对锚地进行调整。至 2010 年,九江港有锚地 10 处。

### 二、锚地选介

**龚龙洲锚地** 全长 1.5 千米,地处瑞昌港区水域上游,距瑞昌港区中心位置约 7 千米,可系泊 2000 吨级以下船舶。

**鸭儿湖锚地** 全长 2 千米,地处瑞昌港区下游,距港区中心位置约 3 千米。该锚地水域宽阔,河床质地良好,可系泊 2000 吨级以上的江、海轮船。

**官牌夹锚地** 上起姚港,下至建陶公司(原砖瓦厂),水域面积 48.75 万平方米。该锚地是长江干线船舶进出港锚泊基地,又是九江外轮联检基地。锚地内设有 2 处无人驳基地,即 1 号基地和 2 号基地。1 号基地配置 90×14×2.8 米钢制浮趸 1 艘,靠泊能力 2.5 万吨,2005 年撤销。2 号基地配置 65×11×2 米钢制浮趸 1 艘,靠泊能力 2 万吨,2006 年撤销。虽 1、2 号基地撤销,但该锚地仍是九江港最大锚泊基地。

**新港油轮锚地** 在新港大套口处,水域面积 36 万平方米,可供 3000~5000 级油轮抛锚,是长江干线油轮进出港待装待卸锚地。锚地内设油基地 1 处,配有 31.69×8.9×2.35 米钢制浮趸 1 艘,为锚泊油轮提供服务。2005 年,油轮减少,基地撤销,但仍作为油轮锚地。

**戴家营锚地** 在九江长江大桥下游靠近戴家营处,水域面积 37.5 万平方米,可靠 3000~5000 吨级船舶抛锚与系泊,为长江干线进出港船舶待卸锚地。1991 年前,九江港务局在此锚地设 3 号无人驳基地,置有 56.4×16×2.8 米钢质浮趸 1 艘,靠泊能力 1.5 万吨。2004 年,九江港务局撤销 3 号基地,但该锚地仍在使用。

**发电厂锚地** 在九江发电厂江面水域, 位于油轮锚地上游, 是九江发电厂待卸与等拖煤驳系泊锚地。1991 年前,九江港务局在此处置 40×9×2 米钢质浮趸 1 艘,名为 4 号基地,靠泊能力 1 万吨。2006 年,九江港务局将 4 号基地撤回。该锚地至今仍在使用。

**梅家洲锚地** 在鄱阳湖入江左侧,水域面积 10 万平方米,可供 3000~5000 吨级船舶抛锚避风,是湖口港区进口船舶的主要锚泊基地。此外，在湖口港区还有屏峰锚地、大凹口锚地、扁担夹锚地，可供2000~3000吨级驳船抛锚避风。

# 第四章 港口运输

## 第一节 旅客运输

### 一、客运码头

九江港客运码头位于九江海关下游300米,市区中心最繁华处。总投资3300万元,1992年12月竣工投入使用,1993年4月通过交通部验收。该码头工程是“七五”期间省重点建设工程。九江港新客运站陆域占地16000平方米,占长江岸线473米。客运站建筑面积12733平方米,年通过能力为248万人次,为原客运通过能力8倍,从根本上改变九江港客运班轮靠泊难,通过能力差状况。新客运码头有4个泊位,其中旅游泊位1个,长江干线客轮泊位2个,区间客轮泊位1个,可同时停靠客轮4艘。客运码头由6条架空斜坡道加钢引桥构成,干线班轮可实行人货分流,旅客通道明亮安全。客运站房总长291米,进深14~21米,最高点位25米,进站大厅和仓库为3层,层高为6.5米,货仓厅为2层;候船厅分东西2大厅,使用面积为2788平方米,宽敞、明亮、舒适。新站配有电动扶梯,供电、供水、照明、广播、通信、电子显示装置等设备;辟有问讯、寄存、商店、旅游、广告灯服务项目为旅客提供服务。货主服务配置电动葫芦提升机械、载重汽车、叉车等装卸货物设备。新站广场宽敞,港区道路4300平方米,设有围墙栏杆405米以及绿化、环保等配套工程。

2003年,长江干线客轮停航,九江港客运大楼出租给上海农工商集团经营,开设农工商超市。

### 二、客运航线

1991年,九江港客运航线有汉口至九江(汉浔线)、重庆至九江(渝浔线)、九江至南京(浔宁线)、九江至上海(浔申线)。途径九江长江干线客轮航线有汉申线、汉宁线、宜宁线、渝宁线、申渝线。每日停靠九江港干线客轮不少于15艘。春运期间,每日停靠九江港客班轮达20余艘,还临时增开货轮载客,及时疏运压港旅客。20世纪90年代初,九江港客运航线还有九江至汉口(浔汉线)、九江至武穴(浔武线)、九江至棉船(浔棉线)、九江至码头(浔码线)、九江至李英(浔李线)等区间航线,均是两地对开、当日返回,沿途停靠汉口至彭泽沿线小港站。1991年以后,长江区间航线由于运营成本高,旅客弃水走陆,客源少,大多小班轮亏损严重,遂调整航线或停航。至90年代中期,区间客运航线停运。1998年6月,九江港客运部门经与上海、重庆港客运部门联系,开辟九江至上海、九江至重庆旅游客运航线。2004年4月,九江港口客运部门与武汉港客运总站、重庆长江轮船公司共同开辟汉口至九江至庐山旅游客运航线。

### 三、客运量

1991年,由于九江客运码头临时搬迁至龙王墩(原九江饭店处),客运设施简陋,加之航道、气候影响,九江港客运量从1990年353.15万人次下降至303.15万人次。1992年,由于新客运码头投入使用,来九江旅游和外出打工人员急增,加之客运部门改善服务态度,九江港的客运量回升至349.52万人次。至1995年,九江港客运量仍在300万人次以上。九江港客运量仅次于武汉港而成为长江第二大客运港。1996年起,九江港客运量受铁路兴建和公路建设影响逐渐下滑。1996年客运量271.75万人次,1997年降至241.72万人次。1998年,长江中下游遭遇百年未遇特大洪水,洪水季节长江干线停航38天,直接影响九江港旅客运输。当年,九江港客运量降至182.08万人次。1999年6~8月,九江仍出现仅次于1998年高水位,游客减少,客运量降至150.6万人次。2000年,灾后重建工作启动,来九江旅客逐渐增多,同年客运量回升至224.05万人次。2001年始，长江客运市场由于受到沿江铁路建设和沿江高速公路建设双重影响，加之水运速度不及公路、铁路运输速度，导致九江港客运量逐年下滑。港口客运部门同长江各港和旅游部门联系、开辟旅游客运专线，使年客运量稳定在100万人次以上。2003年4月，受"非典"影响，加之长江客运成本高、出现巨额亏损，长江航运集团客运班轮被迫停航。此后，川江涪陵轮船公司和民营轮船公司经营长江客运，但港口客运市场仍难以恢复。至2010年，九江港客运转为以旅游客运和渡口客运为主。

1991~2010年九江港客运吞吐量一览

表11-4-1　　单位：万人

| 年 份 | 旅客吞吐量 | 年 份 | 旅客吞吐量 | 年 份 | 旅客吞吐量 | 年 份 | 旅客吞吐量 |
|---|---|---|---|---|---|---|---|
| 1991 | 353.15 | 1996 | 271.75 | 2001 | 162.70 | 2006 | 141.21 |
| 1992 | 349.52 | 1997 | 241.72 | 2002 | 157.80 | 2007 | 99.91 |
| 1993 | 288.50 | 1998 | 182.08 | 2003 | 104.87 | 2008 | 94.06 |
| 1994 | 295.50 | 1999 | 150.60 | 2004 | 132.08 | 2009 | 77.37 |
| 1995 | 315.67 | 2000 | 224.05 | 2005 | 128.27 | 2010 | 88.42 |

## 四、客运票价

1991年以前，长江客运票价有过5次调整。1994年1月20日，长江干线客运票价实行第六次提价，是至2005年长江客运票价最后一次提价。

1994~2004年九江至长江干线各港客运票价一览

表11-4-2　　单位：元

| 航 线 | 目的港 | 二 | 三 | 四 | 卧 | 散 |
|---|---|---|---|---|---|---|
| 渝 | 重 庆 | 524 | 219 | 157 | 121 | 98 |
| | 涪 陵 | 477 | 200 | 143 | 110 | 90 |
| | 丰 都 | 456 | 191 | 138 | 106 | 85 |
| | 忠 县 | 429 | 180 | 129 | 100 | 81 |
| | 万 县 | 395 | 166 | 119 | 92 | 74 |
| | 云 阳 | 370 | 155 | 112 | 86 | 70 |
| | 奉 节 | 344 | 144 | 104 | 80 | 65 |
| | 巫 山 | 325 | 137 | 98 | 76 | 61 |
| | 宜 昌 | 243 | 103 | 73 | 57 | 46 |
| | 沙 市 | 206 | 88 | 62 | 48 | 40 |
| | 城陵矶 | 144 | 61 | 44 | 34 | 29 |
| 宜洪 | 宜 昌 | 249 | 105 | 76 | 58 | 47 |
| | 枝 城 | 234 | 98 | 71 | 55 | 45 |
| | 沙 市 | 212 | 90 | 65 | 49 | 41 |
| | 石 首 | 189 | 80 | 58 | 45 | 36 |
| | 监 利 | 169 | 71 | 52 | 41 | 33 |
| | 岳 阳 | 148 | 62 | 45 | 35 | 29 |
| | 洪 湖 | 132 | 56 | 41 | 32 | 25 |

续表 11-4-2

| 航线 | 目的港 | 二 | 三 | 四 | 卧 | 散 |
|---|---|---|---|---|---|---|
| 申 | 汉口 | 85 | 36 | 27 | 21 | 18 |
| | 鄂城 | 57 | 25 | 19 | 15 | 12 |
| | 黄石 | 46 | 20 | 15 | 12 | 10 |
| | 武穴 | 22 | 10 | 8 | 7 | 6 |
| | 彭泽 | 28 | 12 | 10 | 8 | 7 |
| | 华阳 | 37 | 17 | 12 | 10 | 8 |
| | 安庆 | 57 | 25 | 19 | 15 | 12 |
| | 池州 | 74 | 32 | 23 | 19 | 16 |
| | 铜陵 | 83 | 35 | 27 | 20 | 17 |
| | 芜湖 | 112 | 48 | 34 | 28 | 22 |
| | 马鞍山 | 125 | 53 | 39 | 30 | 24 |
| | 南京 | 138 | 58 | 42 | 33 | 27 |
| | 镇江 | 150 | 64 | 46 | 35 | 29 |
| | 高港 | 171 | 72 | 53 | 41 | 33 |
| | 江阴 | 187 | 79 | 57 | 41 | 33 |
| | 南通 | 202 | 85 | 61 | 47 | 39 |
| | 上海 | 234 | 98 | 71 | 55 | 45 |

2005年1月起,九江港客运总站不再出售长江干线(含区间)客票,旅客班轮客票由始发港和旅游公司统一办理旅游联票,原长江客运票价停止执行。

## 第二节 货物运输

### 一、通过能力

1991~1999年,先后有瑞昌市砂石公司、江西亚东水泥有限公司、九江市航运公司、九江石化、招商石化、九江国家粮库、中建万佳燃气公司、江西蓝天玻璃制品有限公司等企业在沿江兴建码头。亦有个体业主或集体企业看好九江建筑市场发展前景,在沿江抢滩设点,经营砂石。至1999年年底,全港新增货物通过能力509万吨。2000~2010年,沿江发展战略逐步实施,沿长江瑞昌、城西、城区、湖口、彭泽5大港区逐渐形成,湖口金砂湾工业园区和九江城西港区建设强力推进,港口建设渐多。新增港口货物通过能力2347万吨,新增集装箱通过能力30万标准箱。至2010年,九江港年货物通过能力达4688万吨,基本满足港口货物运输发展需要。

### 二、吞吐量

20世纪90年代初,九江港货物吞吐量达900余万吨,居长江港口第四位。1995年、1998年,九江港因受长江特大洪水影响,年货物吞吐量分别降至705.63万吨和778.98万吨。2000年,灾后重建工作全面启动,港口运输企业抓住机遇、组织货源、发展港口运输生产,使港口原油、煤炭、钢材、矿建材料等大宗货物急剧增长,当年货物吞吐量达1590.49万吨,创历史最好水平。2003年3月,九江四方港务物流有限公司成立。6月,该公司开通铁矿石运输专列,铁矿石运量大幅上升。10月,江西亚东水泥厂开通瑞昌至上海散装水泥运输专线增加水泥出港运量。港口骨干企业九江港务局、闽赣公司214码头继续组织货源,加大揽货力度,使全港货运量大增。2003 年,九江港货物吞吐量达 2785.70 万吨,比 2002 年增长 172.69%。2005~2010 年,省、市政府实施沿江发展战略,港口体制改革进一步深化,九江港进入大开放、大开发时期。城西港区、湖口港区快速崛起,全港铁矿石、钢材、非金属矿石、煤炭、矿建材料等大宗货物运量继续增长。同时支流港站大量砂石经鄱阳湖外运,加速港口货物运输的发展。2009 年,全年货物吞吐量 2852 万吨。2010 年增至 3291 万吨。

1991~2010 年九江港货物吞吐量一览

表 11-4-3　　单位:万吨

| 年 份 | 货物吞吐量 | 年 份 | 货物吞吐量 | 年 份 | 货物吞吐量 | 年 份 | 货物吞吐量 |
|---|---|---|---|---|---|---|---|
| 1991 | 904.95 | 1996 | 885.83 | 2001 | 966.85 | 2006 | 1952.95 |
| 1992 | 955.82 | 1997 | 941.28 | 2002 | 1021.55 | 2007 | 1935.39 |
| 1993 | 878.32 | 1998 | 778.98 | 2003 | 2785.70 | 2008 | 2315.00 |
| 1994 | 929.55 | 1999 | 1590.49 | 2004 | 1763.89 | 2009 | 2852.00 |
| 1995 | 705.65 | 2000 | 1010.76 | 2005 | 1693.52 | 2010 | 3291.00 |

### 三、货物流向

**木材**　20 世纪 90 年代初,因市场放开及需求变化,九江港原主要货种木材中转逐渐萎缩。1993 年,九江港木材中转量为 7326 吨,1995 年为 4398 吨,1996 年为 5394 吨,1998~2006 年运量为零,2007 年运量 3613 吨,2010 年仅为 208 吨,木材运量退居次要地位。

**煤炭**　煤炭运输为九江港大宗货种。2010 年,九江二电厂经港口进口煤炭 80 万吨。九江电煤主要流向为四川煤经长江运至九江港;山西煤、平顶山煤经京广线至汉口运至九江港;河南平顶山煤沿京九运至九江港;包头、内蒙古煤经青岛港至上海进江运至九江港。

**钢材**　为九江港主要货种。主要流向为首钢(首都钢厂)、鄂钢(湖北钢厂)、武钢(武汉钢厂)、新钢(新余钢厂)、萍钢(萍乡钢厂)经水、铁或水、水联运至九江港到九江各户;新钢、南钢(南昌钢厂)、萍钢经九江港运至江苏、浙江、上海等地。2010 年,九江港钢材吞吐量达 288.5 万吨。

**金属矿石**　九江港中转金属矿石主要为进口,虽有少量出口也只是运至国内钢铁生产企业。进口铁矿石主要流向为澳大利亚至海港(换装)至九江港至新钢、南钢、萍钢;印度至海港(换装)至九江港至新钢、南钢、萍钢;印尼至海港(换装)至九江港至新钢、南钢、萍钢;巴西至海港(换装)至九江港至新钢、南钢、萍钢;朝鲜至海港(换装)至九江港至新钢、南钢、萍钢。

**水泥**　2000 年后,水泥成为九江港出口主要货种。市生产水泥厂家主要是江西亚东水泥有限公司、庐山海螺水泥有限公司(原庐山水泥厂)、彭泽南方水泥公司。此 3 家水泥除少量销售本地外,多经九江港出运至江浙、上海一带,其中以亚东水泥出运量最大。2010 年,九江港水泥出口量达 350 万吨。

**石油天然气及制品**　自九江炼油厂投产以来,九江港原油进口逐年增加。20 世纪 90 年代初,九江港原油进口量在 250 万~290 万吨之间,主要由北方港口和南京港通过油轮运抵九江港。1999 年,全港石油天然气及制品吞吐量达 325 万吨,2005 年增至 500 万吨。2005 年后,管道运输逐步取代油轮运输,通过港口运输石油天然气及制品吞吐量大幅下降,2010 年,降至 33 万吨。

## 第三节　集装箱运输

### 一、吞吐量

20 世纪 90 年代初,九江港务局和闽赣公司 214 码头集装箱运输量达 246 标准箱。1991 年,九江港务局在外贸码头成立集装箱公司,负责集装箱运输业务,九江外轮代理公司组织箱源,把集装箱运输业务作为主业,当年完成运量103个标准箱。214码头完成179个标准箱。1992年,九江港集装箱公司同九江外轮代理公司上半年组织出口集装箱100个标准箱,为上年同期的277%。全年全港集装箱吞吐量达602个标准箱。1993年,经过九江港务局集装箱公司和214码头共同组织箱量、拓展市场,全港集装箱吞吐量上升至2198标准箱,为开办集装箱业务7年来最高年吞吐量。1995年,集装箱运输有较大增长,年集装箱吞吐量达3415标准箱。根据集装箱运输生产发展需要,交通部同意九江港建设集装箱码头,即外贸码头二期工程。该工程总投资8928.57万元,为省重点建设工程,于同年12月9日开工建设。1996~1999年,由于受到腹地经济和长江特大洪水影响,集装箱年运输量略有下降。

2000年,九江港外贸码头二期工程建成投入使用。外贸码头二期工程建有仓储1334平方米,混凝土堆场27676平方米,使外贸码头年吞吐能力由60万吨增加到90万吨,为发展集装箱运输提供较好基础设施。随着中国加入世贸组织,进出口贸易迅速增长。2001年,九江港集装箱年吞吐量达6600标准箱。2003年增至9192标准箱。同年,九江港务局将外贸码头二期工程资产、设备、人员划归集装箱公司管理,设立综合办公室、操作部、人事财务部、安质部、技术设备部,职工人数增加到143人,以适应集装箱运输发展需要。2004年,闽赣公司214码头中止集装箱运输业务,九江港口集装箱运输业务由九江港务局独家经营,当年九江港集装箱吞吐量增至23476标准箱。2005年,增至46158标准箱。

2007年10月28日,九江港城西港区集装箱码头开工建设,2008年12月竣工投入使用。2009年,港口集装箱运量突破10万标准箱,达100666标准箱。2010年达120569标准箱。

**1991~2010年九江港集装箱吞吐量一览**

表11-4-4　　单位:万标准箱

| 年 份 | 集装箱吞吐量 | 年 份 | 集装箱吞吐量 | 年 份 | 集装箱吞吐量 | 年 份 | 集装箱吞吐量 |
|---|---|---|---|---|---|---|---|
| 1991 | 0.0279 | 1996 | 0.3612 | 2001 | 0.66 | 2006 | 7.38 |
| 1992 | 0.0602 | 1997 | 0.3419 | 2002 | 0.68 | 2007 | 8.82 |
| 1993 | 0.2198 | 1998 | 0.2247 | 2003 | 0.92 | 2008 | 8.10 |
| 1994 | 0.1714 | 1999 | 0.1828 | 2004 | 2.35 | 2009 | 10.07 |
| 1995 | 0.3415 | 2000 | 0.63 | 2005 | 4.61 | 2010 | 12.05 |

## 二、运输航线

1991年,九江港开辟九江至上海国际集装箱江海联运航线,由上海港转口至东南亚各国,未开通直达航线。1992年6月,九江港对外国籍船舶开放。7月20日,九江港至世界各地国际集装箱直达运输航线开通。2000年,九江港集装箱运输公司先后开通重庆、涪陵至九江,九江至营口,九江至大连,九江至泉州内贸航线。2009年9月,南昌至九江至上海集装箱运输专线开通,同时开通上海至九江至南昌航线,九江港发展成为区域性集装箱运输中转中心。至2010年,九江港外贸航线有九江至上海至东南亚各国;九江至上海至欧洲各国;九江至上海至澳大利亚、新西兰等;九江至上海至美国;九江至上海至南美、加勒比亚地区。内贸航线有九江至上海至营口、大连等北方港口;九江至上海至泉州、黄浦等南方港口;九江至武汉至涪陵至重庆、泸州等长江上游港口。中转航线有世界各国至上海至九江至南昌;南昌至九江至上海至世界各国。

## 三、业务流程

**装船作业**　船舶计划→堆场计划→中控计划→现场作业→装船结束确认→收费核算。

**卸船作业**　船舶计划→堆存计划→中控计划→现场作业→卸船结束确认→收费核算。

**门-门提进口重箱出场、空箱返场作业**　计划受理→卡口受理→中控调度→现场提箱→出场卡口确认→堆场计划→返场卡口受理→中控调度→现场卸箱→费收核算。

**门-门提空箱出场、重箱返场作业**　计划受理→卡口受理→中控调度→提箱作业→出场口确认→堆场计划→进场卡口受理→中控调度→卸箱作业→收费核算。

**CFS 装箱作业**　计划受理→卡口进场→中控调度→CFS 管理员→入库作业→费收核算 CFSG 管理员→装卸作业→费收核算；CFSG 管理员→装箱作业→移箱作业。

**CFS 拆箱作业**　计划受理→中控调度→CFS 管理员→拆箱作业→进库→费收核算；拆箱作业→装车出门→费收核算；拆箱作业→移箱作业。

**堆场移箱作业**　移箱计划→中控调度→现场作业。

**危险品作业**　计划受理→安全审核→编制计划→中控调度→堆场管理。

## 四、费率

1992 年 4 月 1 日前，九江港集装箱运输费率参照港口装卸货物费率。自当日起，执行交通部发布《港口集装箱装卸费率表》中规定费率。1994 年 1 月 21 日，在此规定基础上提价 50%。2000 年，交通部和国家计委发布《关于国内水路集装箱港口收费办法》，九江港按 2000 年交通部颁布的费率标准执行。2009 年 3 月，据相关规定和运输成本因素，在 2000 年费率的基础上提价 20%。

**1994 年九江港集装箱装卸费率一览**

表 11-4-5　　　　单位：元

| 集装箱型号 | | | 港口装卸包干费率 | 驳船装卸费率 | 搬移费率 | 船上翻装费率 |
|---|---|---|---|---|---|---|
| 标准箱 | 20 英尺 | 装载一般货物集装箱 | 243.50 | 46.80 | 33.00 | 33.00 |
| | | 空箱 | 170.50 | 46.80 | 33.00 | 33.00 |
| | | 装载烈性危险货物集装箱 | 267.80 | 51.00 | 35.80 | 35.80 |
| | | 冷藏箱(重箱) | 267.80 | 51.00 | 35.80 | 35.80 |
| | | 冷藏箱(空箱) | 187.90 | 51.00 | 35.80 | 35.80 |
| | 40 英尺 | 装载一般货物集装箱 | 365.30 | 70.20 | 49.50 | 49.50 |
| | | 空箱 | 255.70 | 70.20 | 49.50 | 49.50 |
| | | 装载烈性危险货物集装箱 | 401.80 | 77.00 | 55.00 | 55.00 |
| | | 冷藏箱(重箱) | 401.80 | 77.00 | 55.00 | 55.00 |
| | | 冷藏箱(空箱) | 281.80 | 77.00 | 55.00 | 55.00 |
| 说明：非标准箱 | | | 说明：非标准箱 | | | |

## 2000年九江港集装箱费率一览

表11-4-6　　　　单位:元、元/天

| 费用 | | | | 费率 20′ | 费率 40′ | 说明 |
|---|---|---|---|---|---|---|
| 船方付费 | 船舶装卸费 | 外贸 | 空　箱 | 120.00 | 180.00 | |
| | | | 普通重箱 | 245.00 | 370.00 | |
| | | 内贸 | 空　箱 | 80.00 | 160.00 | |
| | | | 普通重箱 | 160.00 | 240.00 | |
| | | 特种箱 | | 按普箱1.2倍计费 | | 包括冷藏、框架、平板、罐式、开顶箱等 |
| | | 中转箱 | | 按普箱1.0倍计费 | | 船—场—船 |
| | | 45′箱 | | 按普箱1.2倍计费 | | |
| | | 危险品箱 | | 按普箱1.5倍计费 | | 1-2类 |
| | | | | 按普箱1.2倍计费 | | 3-9类 |
| | | 超限箱 | | 面议 | | 需要拆换吊具或箱货分离 |
| | 翻箱费 | 舱内翻箱 | | 50.00 | 75.00 | 1.非港方原因造成;<br>2.危险品箱按1.5倍计收。 |
| | | 舱-岸-舱翻箱 | | 100.00 | 150.00 | |
| | 船舶靠泊费 | | | 50.00元/航次 | | |
| | 系/解缆费 | | | 30.00元/航次 | | 船方自行系/解缆免收 |
| | 空箱堆存费 | | | 2元/天 | 4元/天 | 免费堆存25天,拆重返场空箱免费堆存5天 |
| | 污箱清洁费 | | | 50.00 | 100.00 | 化学清洁按双倍收取 |
| 货方付费 | 查验服务费 | | | 200.00 | 300.00 | 具实收取,需拆箱查验按拆/装箱费率另收 |
| | 拆/装箱费 | | | 200.00 | 300.00 | 拆装一半内按标准50%计收 |
| | 困难作业费 | | | 200.00 | 300.00 | |
| | 集装箱上/下车费 | | | 50.00 | 75.00 | 提空不返按重进重出计收包干作业费 |
| 货方付费 | 场内移箱费 | | | 100.00 | 150.00 | |
| | 货物入/出库装卸费 | | | 120.00 | 200.00 | 1.指车一库,直装直拆不收;<br>2.危险品货物按1.5倍计收费用。 |
| | 冷藏箱服务费 | | | 12元/小时 | | 包括电费、检查费 |
| | 重箱堆存费 | | | 3元/天 | 6元/天 | 1.免费堆存15天,第16天和第31天各加收一次移箱费,最多两次,堆存超过一个月加倍收取超期堆存费;<br>2.危险品货物按1.5倍计收费用。 |
| | 货物堆存费 | | | 0.60元/吨·天 | | 1.免费堆存5天,第16天起按1天/吨·天,第31天起按3元/吨·天计收;<br>2.危险品货物按1.5被计收费用。 |
| | 计划加急/落空费 | | | 60.00 | 120.00 | 当日无计划需补加或当日计划落空时收取 |
| | 港务港杂费 | 外贸 | | 56.00 | 88.00 | 含港务、服务费等 |
| | | 内贸 | | 34.00 | 44.00 | |

# 第五章 海 事

## 第一节 长江海事

### 一、通航管理

**通航规定** 2004 年 9 月，长江海事局发布《关于对长江下游分道航行规则进行调整的通知》，规定武穴水道自狗头矶以上实行各自靠右航行；狗头矶以下实行各自靠左航行。新洲水道自葫芦山至徐家湾实行各自靠右航行。九江水道上行船舶靠右岸红浮航行，下水船舶靠左岸白浮航行。进入大桥水道上水船舶走长江大桥 9 孔航行，下水船舶走长江大桥 7 孔从(大桥上 #3 白灯船和大桥上左右通航灯船)中间航行下驶。湖口水道实行船舶各自靠红浮上行、白浮下行。张家洲水道实行船舶各自靠左航行。

**航行信息发布** 1991 年以来，长江九江海事局根据辖区航道变化情况、风浪情况、水上施工、船舶搁浅等碍航情况随时发布信息提醒船舶注意航行安全。并设立专业标志。

**巡航管理** 1991 年，九江海事局有 4 艘海巡艇，囤船 5 艘，发展到 2010 年，有巡海艇 13 艘，囤船 10 艘。当年九江海事局完成巡航工作内容 15841 次，累计巡航和出动船艇 6367 次，巡航时间 20505 小时，巡航里程 190850 海里，出动巡航工作人员 30006 人次。

### 二、船舶管理

**船舶登记管理** 1991 年，办理船舶登记 315 件，其中船舶所有权登记 84 件，船舶国籍登记 101 件，船舶抵押权登记 24 件，船舶光船租赁登记 18 件，船舶注销登记 88 件。1994 年 6 月 2 日，国务院颁布《中华人民共和国船舶登记条例》，自 1995 年 1 月 1 日起，将船舶所有权登记和船舶国籍登记分开，分别颁发船舶所有权登记证书和船舶国籍证书。根据该条例，从 1995 年开始，船舶登记业务进一步细化，除办理国籍登记和所有权登记外，增加船舶抵押登记、光船租赁登记、变更登记、注销登记、废钢船登记、船舶标志和公司旗登记。2010 年，办理船舶登记 297 件。其中船舶所有权登记 64 件，船舶国籍登记 121 件，船舶抵押权登记23 件，船舶光船租赁登记 28 件，船舶注销登记 61 件。

**进出口岸管理** 1991 年，办理国际航线船舶进出口岸手续 12 艘次，办理船舶签证 4692 艘次；1992 年，办理国际航线船舶进出口岸手续 14 艘次，办理船舶签证 4021 艘次；2009 年办理国际航线船舶进出口岸手续 4 艘次，办理船舶签证 79869 艘次。2010 年，办理国际航线船舶进出口岸手续 3 艘次。5 月 26 日，办理当年第一艘伯力慈籍轮“HAOXIANG67”进口岸查验手续。11 月 24 日，为柬埔寨籍 HARMONYRICH 轮办理进口岸查验手续。当年，办理船舶签证 118838 艘次。至 2010 年，九江辖区海事管理机关对国际航线船舶、国内航行船舶的管理形成一套完整制度体系，辖区内船舶进出口岸管理和签证工作有序进行。通过船舶进出口岸检查与进出港签证，海事管理机构可以准确地掌握进出港船舶、船员的动态和状态，预测港区与航段内船舶交通密度、船舶等级、类别，了解港区内外航行船舶及船员状况、航行和停泊秩序以及船舶与船员在安全方面需解决问题，以制定相应管理措施，合理地布置海事执法力量，维持良好通航环境和秩序。

**船舶安全检查** 20 世纪 90 年代以来，对船舶安全检查起源于“现场监督”，即由监督员按照船舶安全管理的有关规定，对船舶实施现场监督检查。此后，随着新的国际公约、修正案、议定书的逐步生效以及国内法律、法规、规章不断出台，九江辖区船舶安检工作从无到有，由弱变强，从早期检查内容相对简单、数量较少、检查质量不高到检查依据充分、数量较多、质量逐步提高，船舶适航性能亦随着船舶安全检查工作逐渐深入而获得不断提高，2010 年已达历史最好水平。当年，共实施船舶安全检查 3053 艘次，船舶动态管理系统录入率达100%,查出船舶缺陷21232项,平均单船缺陷7.0项,其中滞留5.1%,检查15年以上船龄老旧船舶257艘次。

**航运公司管理** 九江辖区早期的船舶安全和防止船舶制造污染管理主要是注重船舶管理,忽视对船舶公司的监督管理。这种岸基管理的不善,使已经生效船舶航行安全技术标准得不到真正有效履行,造成水上交通事故不断发生。20世纪90年代以来,航运公司安全管理逐渐受到重视,“公司—船舶—公司”的闭环管理理念逐步发展起来。九江辖区航运公司安全管理从早期船籍港航运公司安全管理例会制度,逐渐转变为公司安全管理体系审核制度,对航运公司安全管理成为对船舶安全管理一项新的内容和主要课题,海事管理工作从水上船舶监督管理延伸到岸上船舶公司管理,赋予海事管理新的内涵。2004年4月,九江海事局举办九江辖区国内航运公司实施《国内安全营运和防止污染管理规则》宣贯暨推进会,来自35家国内航运公司代表和九江海事局相关管理人员共56人参加会议。同年9月,九江振兴轮船有限公司通过安全管理体系初次审核,取得DOC证书,成为九江辖区通过审核第一批第一家国内航运公司。当年,4家船公司24艘船舶通过初次审核。至2010年,完成船公司审核4次,船舶审核16次。

## 三、危险货物运输与防污染管理

1996年,九江辖区对航行国内船舶执行《水路危险货物运输规定》,危险货物运输的监督管理逐步加强。九江辖区有危险货物码头24座。历年船舶污染事故典型案例有2000年3月2日,湖北省华中航运集团有限公司的鄂航602轮船队下水与皖蚌机1314船,在新洲水道新洲1号白浮上约250米处发生碰撞,造成皖蚌机1314船当即沉没,船用柴油泄露,造成江面轻度污染。2001年9月4日,池州178、皖枞阳化017两船重载浓硫酸203吨,于武穴汽渡码头上200米处抛锚,因走锚触碰武穴港1号基地,造成2船相续沉没,1人死亡,所载浓硫酸全部泄漏入江。同年10月20日,江西吉安轮船有限公司所属“赣吉油1014”船,左舷中后部破损进水,左后油轮柴油泄露约8吨,造成重大水域污染。2002年7月11日,乐平市1个体船赣景货0005号轮,重载液碱全部泄露。为保护长江水域环境,九江海事局以《防止油污染规则》和国内有关船舶检验规范为技术标准,依据水污染防治法等有关法律,通过制定辖区溢油应急预案计划,加强辖区溢油应急设施建设,增强溢油事故处置应急能力。为提高港口、码头和船舶的溢油应急防备水平,自2005年3月起,九江海事局开展一系列港口、码头和船厂溢油应急防备及船舶污染物接受处理情况专项整顿活动。通过整治活动,辖区新增500米围油栏、2台收油机、0.5吨消油剂、1吨级油等清污辅助设备及器材。2010年,九江辖区船舶载运危险货物运输量达1699921吨,进出港船舶1982艘次,危险品监督检查266艘次。

2010年九江辖区溢油应急设施一览

表 11-5-1 单位:吨、米

| 设备名称 | 型号 | 数量 | 使用单位 | 所在港口 | 所在海事机构辖区 |
|---|---|---|---|---|---|
| 围油栏 | WGJ-800 | 180 | 中石化武穴分公司 | 武穴 | 武穴海事处 |
| 吸油毡 | PP-2 | 0.1 | 中石化武穴分公司 | 武穴 | 武穴海事处 |
| 消油剂 | BH-X | 0.05 | 中石化武穴分公司 | 武穴 | 武穴海事处 |
| 围油栏 | PTW-800 | 120 | 中长燃九江分公司 | 九江 | 九江港区海事处 |
| 吸油毡 | PP-2 | 0.4 | 中长燃九江分公司 | 九江 | 九江港区海事处 |
| 消油剂 | BH-X | 0.18 | 中长燃九江分公司 | 九江 | 九江港区海事处 |
| 围油栏 | WQJ-800 | 480 | 套口油库 | 小池港 | 九江港区处 |
| 吸油毡 | PP-2 | 0.11 | 套口油库 | 小池港 | 九江港区处 |
| 消油剂 | BH-X | 0.05 | 套口油库 | 小池港 | 九江港区处 |
| 吸油毡 | PT-2 | 0.05 | 闵赣物资公司 | 九江港 | 九江港区处 |
| 吸油毡 | PT-2 | 0.1 | 九江水上第三加油站 | 九江港 | 九江港区海事处 |
| 消油剂 | | 0.06 | 九江水上第三加油站 | 九江港 | 九江港区海事处 |
| 油水分配器 | | | 中石化瑞昌分公司 | 码头镇 | 武穴海事处 |
| 油囤污油仓 | | 80米3 | 中石化九江分公司 | 九江 | 新港海事处 |
| 油水分配器 | | | 九江石油公司 | 九江 | 新港海事处 |
| 围油栏 | 橡胶100 | 760 | 中石化九江分公司 | 九江 | 新港海事处 |
| 围油栏 | PTW-800 | 100 | 黄梅水上加油站 | 黄梅 | 新港海事处 |
| 吸油毡 | | 0.4 | 黄梅水上加油站 | 黄梅 | 新港海事处 |
| 消油剂 | | 0.55 | 黄梅水上加油站 | 黄梅 | 新港海事处 |
| 围油栏 | PTW-800 | 120 | 中长燃九江分公司 | 湖口 | 湖口海事处 |
| 吸油毡 | PP-2 | 0.4 | 中长燃九江分公司 | 湖口 | 湖口海事处 |
| 消油剂 | BH-X | 0.18 | 中长燃九江分公司 | 湖口 | 湖口海事处 |

## 四、船员管理

1991年,九江港监局签发船员证书111本。1992年,九江港监局签发船员证书350本。2007年,远东海事学校开办,为九江市第一家开展船员培训院校。2010年,九江海事局共签发各类船员证书960本,其中船员适任证书414本,船员服务簿316本,特殊培训合格证163本,基本安全合格证67本。全年举办各类特殊培训班8期,培训船员182名。其中举办客渡船船员培训班5期,102人参加;举办油船船员特培班2期,61人参加;举办内河船员基本安全知识培训班1期,19人参加。举办3期船员适任证书考试,185名船员参加。

## 五、水上搜救

1999年12月,九江海事局成立九江长江水上搜救中心,负责统一部署和指挥水上船舶遇险救助,防止船舶污染水域工作。2000年9月,成立武穴水上搜救分中心。2003年12月,成立彭泽水上搜救分中心。2005年10月,成立湖口水上搜救分中心。至此九江长江水上搜救工作机构形成网络,规范发展。为加强对各级水上搜救分中心指挥协调,进一步增强应急预案可操作性,保证各搜救力量在实战时的动作协调一致,九江水上搜救中心定期或不定期组织水上应急演习。2010年6月24日,九江长江水上搜救中心在九江长江大桥下1200米北岸戴家营临时锚地水域开展“金锚2010”溢油消除3个项目演习,检查九江海事局快速协作反应有效组织救助水平。九江多家新闻媒体全程进行跟踪报道。12月8日,九江武穴水上搜救分中心联合长航公安在武穴油库码头开展消防、溢油和救生演习。当年,九江海事局共参与长江水上搜救行动19起,救助船舶27艘,成功救助689人,挽回经济损失3800万元。

### 六、行政执法

2010年,九江海事局共查处海事行政违法案件656件,其中,一般程序案件383件,简易程序案件273件,罚款149.15万元。

## 第二节 地方海事

### 一、船舶管理

**船舶登记** 1994年,九江地方港监委派专人前往南京,为渊明1号、2号、海3号、海9号等船舶办理登记手续。1996年年初,地方港监对辖区船舶进行登记,至年底,完成船舶登记1927艘。1997年,完成船舶登记379艘。2000年,地方港监派员先后到柘林解决库区船舶登记,船检发证问题,所有旅游船均实现每航次登记。当年,对船舶登记实行微机化管理。2002年,省航九江分局制定《船舶登记工作程序》,建立船舶登记工作“初审、复审、审批”三级审批程序。同年10月,对辖区815艘船舶进行登记。2008年,登记船舶417艘次,其中所有权登记173艘次,船舶国籍登记157艘次,船舶变更登记172艘次,船舶抵押登记12艘次,船舶光租登记1艘次,船舶注销登记2艘次。同年6月13日,船舶签证“一卡通”工程启动,至年底,共签发船舶IC卡60张。2009年,办理各类船舶登记742艘次,其中船舶所有权登记105艘次,船舶国籍登记118艘次,船舶变更登记61艘次,船舶抵押登记63艘次,船舶光租登记3艘次,船舶注销登记64艘次,发放船舶IC卡55张。2010年,办理各类船舶登记2073艘次,其中所有权登记858艘次,船舶国籍登记763艘次,船舶抵押登记242艘次,船舶租赁登记20艘次,船舶注销登记190艘次,办理船舶IC卡150张。

**船舶建档** 1991年,省航九江分局制定10个港监工作制度和7个具体工作程序,要求对辖区船舶加强管理,依法行政。对海事档案、船员技术档案、业务台账进行清理,建立健全客渡船管理档案。做到1船1档,1渡1档,完善客船、渡船、渡口的档案管理制度。2002年,建立船舶登记档案815件。2010年,地方海事加强船舶管理信息化建设,建立信息网络,辖区旅游船、客渡船均建立电子档案。当年,建立船舶档案125件。

**安全检查** 1991年4月12日,九江地方港监部门在瑞昌市码头镇召开贯彻交通部《客渡轮专用信号标志管理规定》现场实施会,选用赣客渡608号和611号船作为实施客渡轮专用信号标志示范船,使水上交通安全工作进一步走上制度化和规范化。全年全区63艘机动渡客船按交通部要求全部着色。为加强危险品管理,在位于九江金鸡坡港口作业区,设立危管站,专门负责危险品安全监装监卸工作。负责危险品运输管理人员做到船到人到,随时检查,对到九江装运石油船舶检查率达100%。1994年,湖口第二水厂取水泵房外延水下施工和湖口汽渡西岸航道疏浚施工,地方港监部门派专人前往湖口发布水上安全航行监督通知,发放水上水下施工作业许可证,为船舶通航和水上施工作业安全提供保障。1996年,港监部门对25个站、点进行安全检查5次,查出事故2起,沉船1艘,直接经济损失76900元。1997年,对21个港监站、点进行安全检查。1999年,港监对重点船舶和重点渡口进行7次安全检查,对存在安全隐患及时通报各级政府,提出措施建议,要求各有关船舶和渡口尽快整改。会同有关部门开展联合行动,检查船舶279艘,组织力量对采砂运砂船舶加强安全管理,制定相应管理方法,杜绝辖区水域采砂船翻沉事故。2000年,辖区内各种类型船舶增加,九江地方港监部门加强辖区船舶基础工作,利用船员证书发放、更换,对船员资质进行审查;利用船舶登记、过户,对船舶适航情况进行审查,加强对客渡船、危险品船舶检查和清理。检查船舶 1662 艘次。2001 年,按照交通部《国内船舶运输经营资质管理规定》。对辖区各类运输船舶逐艘检查、清理、登记,对滩涂修造船舶、超龄船舶、渡口船舶、“三无”船舶加大检查力度,完善渡口、渡船、旅游船安全检查制度。为建立水上交通安全管理新机制,专门抽调人员建立信息网络,编印《水上交通安全简报》,发布《关于鄱阳湖采、运砂船舶管理的通告》《关于鄱阳湖通航管理的通告》,落实巡航制度,整顿通航秩序。2002 年,加强对乡镇客渡船安全监督检查。都昌县海事处先后 2 次对全县渡口、渡船进行全面检查,对 4 个渡口的 5 条渡船签发适航证书;对周溪虬门、北山戴家咀、汪墩庆胜渡、左里戴家咀渡口 4 艘破烂已停航在港渡船下达整改通知书;对周溪客运公司 6 艘客船分别签发《船舶安全检查通知书》,对存在安全隐患限期整改。同年,修水海事处人员对全县 67 个渡口、67 艘渡船进行检查,对不合格渡口、渡船发出 27 份违章整改通知书,分别抄送当地乡(镇)人民政府和村委会。2003 年,九江地方海事部门在元旦、春运、“两会”“五一”“十一”黄金周等重要时段对所辖港口、码头、重点水域出动海巡艇 156 艘次,利用广播、报纸、电视等新闻媒体进行水上交通安全宣传。在全市范围内全面开展水上交通安全大检查,检查船舶 2766 艘次,查处和纠正违章船舶 1112 艘次。当年 8 月 10 日至 10 月 5 日,海事执法人员连续 55 天对湖口至吴城航段水上安全进行巡查,整治通航秩序,保证鄱阳湖区汛期良好通航秩序和环境。11 月初,赣江出现历史罕见枯水,鄱阳湖进入枯水期。为确保枯水通航,发布《关于鄱阳湖区航道浅滩水深的通知》和《关于加强鄱阳湖通航安全管理的通知》600 余份,增派海巡艇在湖口至星子船舶通航密集区,加强保通航安全巡查。11 月 5 日,都昌小矶山采砂水域 200 多艘运砂船搁浅封堵,在水位急剧下降情况下,海巡艇、道政艇,人不离船、船不停机,组织疏导施救,连续工作 5 天 5 夜,终于排除险情,现场所有船舶无一滞留。

2004 年,按照交通部、省交通厅、省航务局部署和要求,开展反“三违”月和安全生产月活动,成立领导小组,印发《九江航务分局开展 2004 年“安全生产月”活动的实施方案》,出动监督艇 85 艘次,悬挂张贴横幅、标语 100 多条,发放宣传材料、宣传画册 1600 份,发出《船舶安全检查通知书》263 份,《违章整改通知书》62 份。根据省航务管理局《关于开展四客一危船舶专项检查活动的通知》精神,着重把好申报审查关,船舶适装条件关、配载隔离关,现场监督检查关,共检查油船 58 艘。在鄱阳湖开展通航环境整顿和反超吃水安全整治活动,共检查船舶 286 艘。2007 年,对辖区内的 147 个渡口、116 艘渡船进行全面排查。把黄茅堤渡口渡船等 13 项水上隐患列为全省水上交通安全重大隐患督查整改项目,其中 9 项隐患得到整改;检查乡镇客船、旅游船 120 艘次,排查安全缺陷 12 项,并全部整改到位;检查危险品运输船舶 116 艘次,排查安全缺陷 34 项。2008 年 1 月下旬,九江遭受冰雪灾害,鄱阳湖公路大桥桥面出现罕见大面积冰冻现象,九景公路封闭,湖口西门渡口成为九景公路唯一连接鄱阳湖两岸的通道。大量旅客涌向西门渡口,滞留旅客达 8000 余人,给渡口安全监管带来巨大压力。港监部门启动灾害恶劣天气水上安全监管应急预案,出动 3 艘海巡艇加强现场秩序维护,及时向市政府作专题汇报,市政府即组织交通、公安、武警共同加强对渡口进行安全维护,解决旅客生活问题。经过各方共同努力,消除春运期间水上交通安全重大隐患,保证西门渡口渡运安全。同年,地方海事对辖区 136 道渡口、108 艘渡船,机动渡工 103 人的安全生产进行 4 次安全检查,对存在隐患认真排查治理,辖区内渡运渡船基本适航,渡工基本适任。

2009 年, 九江地方海事部门针对鄱阳湖蛤蟆石水域船舶日流量高达 1000 余艘, 水域通航环境复杂,船舶随意调头,吊机船占据主航道违章作业现象严重,制订《蛤蟆石作业区划定方案和管理规定》。在姑塘灯塔至青山左岸一侧水域, 划定 2 个停泊区和 3 个作业区, 有效避免船舶无章作业和乱泊乱靠现象,通航秩序明显改善。当年,九江地方海事部门对采砂船加强安全检查,规范本省运砂船签证管理,实施航次签证,打击不按规定办理签证等违法行为。在全省率先实施船舶报港制,规定所有实施报告制度的船舶在进港前向当地海事机构报告船舶动态办理签证,并对其实施安全检查。2010 年,共对 189 艘次重点船舶进行安全检查,查出缺陷 1400 余项。督促辖区 38 艘重点船舶办理附加检验。在鄱阳湖鞋山联合水警总队设立全省“世博”安保联合检查站,对出赣入沪船舶实施全天候监控,共检查船舶 22811 艘次,其中入沪船舶 749 艘次,进入核心区船舶 122 艘次,实施专项安检 224 艘次,列入黑名单船舶 71 艘次,查处各类违规行为497次。

**“三无”船舶和违章船舶查处** 1999年,省航九江分局制定“三无”(无船舶登记、无船舶证书、无船籍港)船舶整顿方案,先后在都昌、永修开展“三危”船舶整顿试点工作,取得成效,在辖区内推行。2000年8月31日,省航九江分局根据交通部和省交通厅《关于认真组织开展2000年水上安全统一执法行动的紧急通知》,对市辖水域全面开展“统一执法行动”,检查船舶1662艘,查处和纠正违章船舶527艘,对严重违章船舶强制其离港或解除动力。同年9~10月,港监部门按照省交通厅《关于开展“三无”船舶专项整治执法行动的通知》要求,在九江县查处“三无”船舶16艘,现场强制拆除船舶动力;在修水县,查处各类严重违章船舶28艘,现场解决程段村小学接运学生渡船的检验发证和船员培训问题。2001年,加大“三无”船舶查处力度,取缔“三无”船舶。在地方政府的支持下,销毁“三无”船舶11艘,拆除“三无”船舶主机36台,责令停航26艘,整改“三无”旅游船2艘,对无证采砂船舶予以打击。8月9日,针对永修吴城各种采运砂船,在地方保护主义影响下,不办三证,阻航碍航情况,海事部门会同有关部门和电视台记者前往吴城进行新闻调查,遭到抵制和威胁,执法人员顶住压力,排除干扰,对违法采砂行为予以曝光。2002年,查处庐山区、九江县“三无”船非法载客问题,拆除王家堡渡口“三无”渡船2艘。2003年,地方海事部门在鄱阳湖水域开展查处“三无”船舶联合执法行动,出动海巡艇290艘次,参加现场执法人员1290人次,检查船舶1261艘次。查处非法载客“三无”船舶21艘,证照不齐船舶368艘次,超载船舶370艘次,现场纠正违章船舶352艘次,强制解除动力12艘次。与市交通局联合查处“三无”加油船9艘,强制离港船舶4艘。同年,在湖口县白虎塘水域设立市地方海事局船舶安全整顿基地,查处违章船舶2622艘次,纠正处罚违章船舶449艘次,对1086艘超载船强制减载,卸载沙石货物10万吨。2004年4月1日至6月15日,九江地方海事部门在所辖长江干线,鄱阳湖水域开展打击超载船舶和查处“三无”船舶统一执法行动。共出动监督艇1106艘次,参加现场执法人员2793人次,共检查船舶8214艘次,查处“三无”船舶16艘,查处超载船舶1081艘。2007年,对辖区“三无”船舶进行检查整治,发出整顿“三无”船舶通告800份,出动人员961人次,查处“三无”船舶39艘,滞留26艘,现场纠正6艘,限期纠正33艘。2008年,按照省港航局《2008年打击“三无”运输船舶统一行动执法方案》部署,开展为期30天打击“三无”运输船舶31艘,补征规费23.8万元,罚款11.87万元,对52艘违章船舶实施海事处罚。2009年,在查处“三无”船舶行动中,查处超载船舶965艘次,减载黄沙52.38万吨,扣留各类假证书12本,假证章1枚,处罚各类违法行为305起。2010年,共查处违法行为1137起,其中超载运输751起,未按规定办理进出港签证233起,使用伪造签证章3起,共处罚金232.23万元。查处“三无”船舶110艘,整改到位83艘。

## 二、船员管理

**船员培训和资格认证** 1991年,九江地方港监部门在永修、星子、湖口、瑞昌等地举办船员考试学习班6期483人次。举办学习《中华人民共和国内河避碰规则》培训班6期,培训人员491人次。1994年,举办船员培训班8期,培训船员292人。其中四等船员231人,五等船员61人。协助省港航局在九江举办二、三等船员培训考试工作。1995~1996年,九江港航监督共举办7期四、五等船员考试培训班,培训船员390人,录取驾驶员68人,轮机员47人。1997年,举办船员培训班2期,录取人员67人。对各航监站港监人员进行业务轮训,轮训113人。1998年,省航务局在九江举办3期二、三等船舶高级船员审验学习班,经过考试,九江地区有221人实录,其中驾驶员110人,轮机员111人,解决航运企业高级船员青黄不接问题。同年9月,九江港航监督在瑞昌市码头镇举办船员审验学习班,培训审验四、五等船员113人,其中驾驶员64人,轮机员49人。12月,举办船员考试学习班,录取四、五等驾驶员52人,轮机员16人,共计68人。1999年,举办四等船2期船员培训班,培训船员87人。举办船员审验学习班14期,培训审验船员1056人,其中驾驶员606人,轮机员450人。参加省三等船员培训审验134人。油船操作证培训97人,危险品申报员培训61人。2000年,在柘林湖举办2期船员培训班,培训四等船员153

人,录取驾驶员 92 人,轮机员 47 人,充实旅游船员队伍,解决全区水域所有旅游船员配备不足问题,。同年,在九江交通大厦举办 3 期四、五等船员培训考试及审验换证工作,考试录取四等船长 6 名,四等二副 7 名,四等轮机长 1 名,大管轮 1 名,二管轮 2 名,审验合格四等大副 5 人,四等轮机长 2 名,四等大管轮 3 人,五等驾驶 3 名。

2001 年,举办 2 期船员培训考试学习班,培训驾驶员 37 人,轮机员 32 人。2002 年,对油轮、散装化学品船等特殊种类船舶船员任职资格,四客一危船舶船员进行实际操作和安全知识培训,培训船员 200 余人次。同时加强对异地流动船员管理,打击持假证书任职违法违章行为。在星子县举办四、五等船员培训班,培训船员 98 人。彭泽县海事处针对本县安全检查中乡镇客渡船船员证书不齐情况,举办 1 期船员培训班,解决 46 名船员升职,升级等问题。同年 12 月,经省港航局授权,在九江举办 1 期二、三等高级船员培训班,161 名船员参加培训考试。2004 年,组织 4 期四、五等船员职务适任证书有效培训考试,培训船员 189 人;组织 1 期四、五等船船员培训考试,培训船员 35 人;举办 2 期二、三等高级船员培训班,录取 283 名高级船员;组织二、三等船员适任证书审验培训考试 2 期,审验船员 128 人。当年,为配合全省内河散化船、油船船员培训,在九江职业技术学院举办 5 期培训班,培训散化船及油船船员 703 人。协助省港航局组织举办全省水警系统四等船长和高速船船员培训 3 期,培训水警 163 人。

2007 年,据《船员条例》和《中华人民共和国内河船舶船员适任考试发证规则》,九江地方海事组织 7 期船员考试,培训考试船员 412 人次。按照省港航局要求,对 105 艘渡船、104 名渡工证书进行换发工作。制定《九江航务分局行政执法文书填制规范》,规范交通行政许可系列 12 种表格,海事行政处罚 7 种法律文书和海事行政强制 8 种法律文书,对各地方海事处海事基础工作进行全面检查,对部分单位在办理船员服务簿签证时不签注编码情况进行整改,进一步加强船员管理工作。2008 年,组织 4 期四、五等船员职务适任证书暨再有效审验考试,4 期内河船员特殊培训考试,5 期内河船舶船员基本安全培训考试。协助省局举办 1 期长江干线内河船员适任证书考试和 1 期三等及以上内河船船员适任证书再有效审验考试。参加培训、考试船员 400 人次。2009 年,组织 3 期四、五等船员职务适任证书暨再有效审验考试,4 期内河船员特殊培训考试,2 期内河船基本安全培训考试。省局举办1 期长江干线内河船员适任证书考试和 1 期三等及以上内河船员适任证书再有效审验考试。参加培训、考试船员达 420 人次。湖口县海事处在“十一”黄金周前安全检查中,发现鄱阳湖水上旅游公司全部任职船员特殊培训合格证过期,增办 1 期内河客船船员特殊培训考试,及时消除安全隐患。针对辖区出现船员集中换证高峰期,为不耽误生产,海事工作人员加班加点受理船员换证材料,做到不漏审,不漏打(证),不漏发,保证船员换证工作有序进行。全年完成船员注册 340 人次,发放船员服务簿 340 本。2010 年,九江地方海事部门组织 7 期船员考试,协助省局举办 5 期三等以上船员考试,并对散化船、油船、客船、高速客船及载运危险货物船舶船员进行 6 期特殊培训, 参加考试船员达 560 人次。全年共发放船员适任证书 331 本, 特培合格证 107 本,换发新版船员服务簿 180 本。

**船员建档** 1991 年,九江地方港监部门在船员考试录取认证的基础上,对执证、换证船员建立技术档案、全年建立船员档案 784 件。2001 年,加强对辖区船员档案管理审验工作,建立船员考试发证分离制度。当年,新建船员档案 69 件。2005 年,根据交通部《中华人民共和国船员适任考试发证规则》,为做好全市内河船员适任考试发证工作,适应辖区水运事业发展需要,按照国家海事局“内河船员证书发证机构资质标准和发证机构条件”进行自身评估,11 月 10 日通过交通部海事局评审组审核。九江地方海事局符合《内河船员证书发证机构资质标准》要求。同年,九江地方海事局组织四、五等船员职务适任证书再有效审验考试和内河客船船员特殊培训考试,考试船员 84 人。协助省港航局举办 B 级航区高速船船员特殊培训考试;包装危险货物船船员特殊培训考试;航行长江干线船员统考;三等船以上船员审验培训考试 4 期培训考试学习班,录取船员 897 人。2005 年 6 月 10 日,交通部、省政府在南昌举行江西长江干线水监体制改革签字仪式。从 7 月 1 日零时起,江西段长江干线水域包括瑞昌市、九江县、浔阳区、彭泽县,其水上安全监督管理工作由长江海事局负责,水上安全监督规费由长江海事局征缴。同年 6 月

24 日,九江地方海事局向九江长江海事局移交瑞昌市、浔阳区、九江县、彭泽县等单位各等级高级船员档案 1017 份。

省地方海事局成建制划转的瑞昌市、九江县、彭泽县、市地方海事处(除内设庐山区蛤蟆石海事所以外)管理的船员技术档案,由四处直接移交。2010 年建立船员档案 331 件。

**2005 年九江地方海事局向长江海事局船员移交分类明细表一览**

表 11-5-2 单位:份

| 船舶等级 | 瑞昌市 | 浔阳区 | 九江县 | 彭泽县 | 总 计 |
|---|---|---|---|---|---|
| 一 等 | | | | | |
| 二 等 | | 36 | 4 | 4 | 44 |
| 三 等 | 70 | 219 | 35 | 97 | 421 |
| 四 等 | 33 | 54 | 52 | 52 | 191 |
| 五 等 | 37 | 118 | 85 | 121 | 361 |
| 总 计 | 140 | 427 | 176 | 274 | 1017 |

## 三、海事处理

九江地方海事部门按照交通部《中华人民共和国内河交通事故调查处理规则》,依法处理海事案件,维护水上安全。

**1990~2010 年九江境内海事事故一览**

表 11-5-3 单位:次、人、艘、万元

| 年 份 | 事故起数 | 死亡人数 | 沉船艘 | 损失金额 | 备 注 |
|---|---|---|---|---|---|
| 1990 | 8 | 1 | 1 | 24.5 | |
| 1991 | 10 | 4 | 5 | 48.2 | |
| 1992 | 2 | 1 | 2 | 13.5 | |
| 1993 | 3 | | | 29.2 | |
| 1994 | 5 | | 5 | 9.8 | |
| 1995 | 2 | 2 | 2 | 5.9 | |
| 1996 | 3 | 15 | 2 | 9.0 | 含“3·7”事故 |
| 1997 | 2 | 9 | | 95 | 含“2·18”事故 |
| 1998 | 6 | 9 | 10 | 130 | 含“8·12”事故 |
| 1999 | 3 | 4 | 3 | 32 | 含“8·17”事故 |
| 2000 | 1 | | 1 | 6 | |
| 2001 | 6 | 8 | 4 | 116 | |
| 2002 | 16 | 13(失踪 1 人) | 16 | 199.4 | |
| 2003 | 11 | 8 | 6 | 138.9 | |
| 2004 | 6 | 5(失踪 1 人) | 3 | 66.2 | |

续表 11-5-3

| 年 份 | 事故起数 | 死亡人数 | 沉船艘 | 损失金额 | 备 注 |
|---|---|---|---|---|---|
| 2005 | 12 | 12 | 4 | 285 | |
| 2006 | 8 | 5 | 6 | 140.9 | |
| 2007 | 10 | 7 | 9 | 173.4 | |
| 2008 | 3 | 6 | 2 | 22 | |
| 2009 | 5 | 4 | 2 | 90.2 | |
| 2010 | 3 | 3 | 2 | 127.5 | |

# 第六章 船舶检验

## 第一节 船检范围

1991 年,由市船舶检验所行使九江地方船舶检验职能。2003 年,检验所升格为九江船舶检验局,归省航务局九江分局管理。船舶检验范围由普通内河船舶,扩展到对长江 1000 吨级油驳、旅游船、工程船、特种船以及玻璃钢快艇建造中监督检验;此外,开展船用救生衣、救生圈、锚、锚链、绞关、倾斜仪等船用产品检验。船检业务分船舶建造检验和营运检验两项。均属法定检验性质。建造检验的任务是:按国家有关《钢船建造规范》《规程》《标准》,审批新船舶设计图纸,未经审查批准,未盖审验图章图纸,不准施工;在船舶建造施工过程中,对各道工序实行现场监督检验,促其符合规范要求;船舶建造竣工后,进行倾斜试验、系泊试验和航行试验等各项试验,测试各项技术性能,使之满足设计要求,然后签发船舶检验合格证书,方可投入航运。

对营运船舶检验方面,主要检验其船体、轮机、电器及舾装设备部分是否具备航行条件。对不符合要求船舶,督促其进行维修保养,使船体各部分设备处于良好状态,才签发船舶适航证书。

## 第二节 船检业务

### 一、船舶建造检验

1991 年,九江辖区有 18 个船厂,承担船舶修造业务。市船检人员主动上门服务,对建造船舶各道工序进行现场监督检查,全市检验新造船舶 3 艘。1994 年,船检部门制定《1994 年度船检工作人员分工细则》,坚持按船检质量标准从严执检,全年共检验新造船舶 24 艘。同年,船检人员到辖区 20 家船厂对修造船舶质量进行全面检查,发现问题,及时纠正,对不遵守报检制度的船厂予以通报批评。1996 年,船检部门加强同船厂联系。实行到船台现场检验,技术指导、质量监督,全年检验新建船舶 12 艘。1997 年,船检部门执行国家有关船舶检验新规范、规程,深入港站、船厂,重点加强对新建油船、高速客轮的现场技术监督检查,全年完成建造船舶检验 10 艘。1999 年检验建造船舶 7 艘。2000 年,九江地方船舶检验工作坚持以辖区为主同时,对外拓展业务,既保证船舶检验质量,又提高法定征费收入,全年船检收入达 74.79 万元,创历史纪录。当年,检验建造船舶 23 艘,船舶检验合格率达 100%。2003 年,检验建造船舶 7 艘。协助省船检局做好辖区船舶修造厂资格认可工作,共认可船舶修造厂 12 家,船舶设计单位 5 家。

2004年,检验建造船舶5艘,完成市辖13家船舶修造厂、6家船舶设计单位资质认可和审验工作。2007年,检验建造船舶2艘。2008年,组织船厂、船舶设计单位对"三危"船舶进行补绘图纸和质量检测,对辖区船厂开展检验信用评估工作,严格报检制度。当年,检验建造船舶12艘。2010年,检验建造船舶24艘。

## 二、船舶营运检验

1991年,九江地方船舶检验部门加强营运船舶检验,检验营运船舶101艘,船检合格率达100%。1994年,规范船舶验证工作,建立船舶证书签发审查制度,把船舶检验和船舶管理相结合,纠正"一船多证、大船小证"现象。全年检验营运船舶182艘。1996年,检验营运船舶220艘,船检合格率100%。1997年,检验营运船舶272艘,船检合格率100%。1999年,检验营运船舶352艘。2001年,执行省局、分局有关船检工作规定,加强对在航危险品船、油船、客渡轮、旅游船质量检验,对老旧船舶开展检验管理和登记管理,对超龄船舶进行清理和取缔。全年检验营运船舶517艘,换发新证494本,船检合格率100%。2003年,检验营运船舶603艘。2004年,执行国务院关于加强船舶检验和市场准入管理规定,规范船检行为,提高检验质量,建立船舶法定检验质量管理体系和加强渡船检验工作制度,全年检验营运船舶881艘。2007年,按照交通部海事局《关于开展船舶载重线检验情况复核的通知》,对辖区危险品运输船舶、川江航线运输船舶进行专项检查和复核,共复核船舶498艘。当年完成营运船舶检验611艘。2009年,开展辖区运输船舶吨位丈量专项复核工作,排查出适用船舶553艘,完成90%图纸复核,实船检验98艘。当年,开展对600吨沿海供应船、3000马力沿海拖轮、5000吨沿海散货船检验。全年完成营运船舶检验713艘。2010年,辖区有船运公司50家,船厂16家,船舶设计单位7所,船舶登记数1370艘,九江船检业务量不断上升。当年完成营运船舶检验608艘。

## 三、图纸审查

1991年,九江地方船检部门审查船舶设计图纸1套,办理船舶过户19艘。1994年,审查船舶设计图纸6套。1996年,审查船舶设计图纸3套。1997年,审查船舶设计图纸2套。1999年,审查船舶设计图纸2套。2003年,审查船舶设计图纸3套。2004年,审查船舶设计图纸2套。2007年,审查船舶设计图纸1套。2009年,审查船舶设计图纸7套。2010年,九江地方船检部门针对省内申请过户船舶图纸资料不全或船、图不一致字的情况,制定省内过户船舶补送图纸简便要求,数量由50多张全套图纸简化为10张主要图纸,减少补图设计时间和费用。当年,审计船舶设计图纸2套。

1991~2010 年九江地方船检船舶检验一览

表 11-6-1 单位：艘、船次、套

| 年 份 | 检验建造船舶 | 检验营运船舶 | 审查图纸 |
|---|---|---|---|
| 1991 | 3 | 101 | 1 |
| 1992 | 5 | 142 | 1 |
| 1993 | 9 | 153 | 7 |
| 1994 | 24 | 182 | 6 |
| 1995 | 23 | 190 | 7 |
| 1996 | 12 | 220 | 3 |
| 1997 | 10 | 272 | 2 |
| 1998 | 4 | 293 | 1 |
| 1999 | 7 | 352 | 2 |
| 2000 | 23 | 403 | 7 |
| 2001 | 3 | 517 | 1 |
| 2002 | 17 | 731 | 4 |
| 2003 | 7 | 603 | 3 |
| 2004 | 5 | 881 | 2 |
| 2005 | 14 | 955 | 3 |
| 2006 | 4 | 683 | 2 |
| 2007 | 2 | 611 | 1 |
| 2008 | 12 | 698 | 1 |
| 2009 | 21 | 713 | 7 |
| 2010 | 24 | 608 | 2 |
| 合 计 | 229 | 9308 | 63 |

# 第七章 港口管理

## 第一节 规划管理

### 一、规划制定

1993 年，九江港务管理局按照长航局部署，编制《九江港 1995 年至 2020 年总体布局规划》。1995 年，根据市水运、公路、铁路、航空立体交通运输体系形成，九江港主枢纽港地位日益显现，九江港务局对《九江港 1995 年至 2020 年总体布局规划》进行修改补充，易名《九江港总体规划》。此规划未获交通部批准，故未成为法规性文件。2004 年 10 月，市政府成立市主枢纽港规划领导小组，负责《九江港总体规划》编制工作。2007 年 7 月，《九江港总体规划》编制工作移交市港口局负责。市政府成立九江市港口规划领导小组，加强对编制规划工作指导。委托交通部第二航务工程勘察设计院有限公司，中国科学院南京地理与湖泊研究所参与《九江港总体规划》编制。经多方通力合作，至 12 月，《九江港总体规划》编制工作基本完成。同时编制《九江港总体规划环境影响评价报告书》，通过国家和省环保部门审查。《九江港总体规划》上报省政府和交通部联审。2008年3月28日,《九江港总体规划》原则通过江西省和交通部联合审查。6月3日,与《九江港总体规划》配套的《九江港总体规划环境影响评价报告书》获国家环保局批准。根据省部联审意见,市政府组织力量对《九江港总体规划》进行修改完善,10月15日上报交通运输部。至此,《九江港总体规划》编制工作基本结束。2010年4月28日,《九江港总体规划》获交通运输部和省政府联合批准,发布实施。《九江港总体规划》发布,为九江港口发展建设,合理利用港口资源提供规划依据和法律保证。至2010年,支流港口均在当地政府组织下,制定港口总体规划。

## 二、港区布局

**瑞昌港区** 金丝港作业区:位于九江海后码头至石油公司码头之间,港口岸线长2930米,开发利用2630米,规划利用300米;建有海后码头、砂石总公司码头及亚东水泥码头、汽车轮渡码头、港航所客运码头、海螺采石码头、武山码头等码头泊位18个。在此港附近还有300米岸线,规划布置2个5000吨级件杂泊位,形成通过能力160万吨,陆域纵深300米,占地9.4万平方米。金丝港作业区的集疏运道路主要有303、305国道、九瑞公路及昌九高速公路。

梁公堤作业区:以承担矿石、煤炭、钢铁等公用性通用散杂货运输为主,同时服务于后方临港产业区开发,为后方临港工业的能源、原材料和产成品运输服务。岸线范围从泥湾上至何家墩,港口岸线长1850米,现为自然状态,岸线后方为码头镇规划码头临港产业区,可布置14个泊位,规划建设8个5000吨级通用泊位,形成通过能力640万吨,港区陆域纵深630~640米,占地122.9万平方米。梁公堤作业区集疏运道路主要有303、305国道、九瑞公路及昌九高速公路。

**城西港区** 官湖作业区:以承担集装箱等公用性货物运输为主,适度发展件杂货、散货、汽车滚装等运输,服务于后方临港产业区开发,为后方临港工业原材料和产成品运输发展。岸线范围从官湖至浴塔,港口岸线长2180米,下端距拟建之九江长江二桥800米,可布置货运泊位16个及2个工作船泊位,规划建设货运泊位10个,形成通过能力约1440万吨,其中集装箱120万标准箱。陆域纵深400~800米,占地约143万平方米。

阎家渡作业区:以承担集装箱、件杂等公用性货物运输为主,同时服务于后方临港产业区开发,为后方临港工业原材料和产成品运输服务。岸线范围从七房至新开河口,港口岸线长1250米,上端距拟建之九江长江二桥500米,以拟建九江国际集装箱码头工程为主体,规划建设集装箱泊位、多用途泊位10个,形成通过能力1280万吨,其中集装箱90万标准箱。陆域纵深300~600米,占地约49.2万平方米。阎家渡作业区集疏运道路主要有九瑞大道、昌九高速公路及九景高速公路。

**城区港区** 214作业区:以承担集装箱、件杂、散货等公用性货物运输为主。岸线范围位于新开河口—外贸码头之间的新开河口至抗洪广场,港口岸线长700米,已开发利用180米,规划利用520米,结合214码头改扩建工程及城区港区集装箱码头工程前期工作,规划建设2个5000吨级多用途泊位、1个5000吨级件杂泊位、1个5000吨级散货泊位,新增通过能力400万吨,其中集装箱30万标准箱,陆域纵深200~600米,占地约为28万平方米。214作业区集疏运道路主要有九瑞大道、昌九高速公路及九景高速公路。铁路通过连接线接武九铁路。

四方作业区:四方作业区以九江港口集团四方公司为主体作业区,以承担矿石等公用性散货运输为主,有浮趸码头4座,港口岸线长600米,后方陆域为市城区,建有铁路装卸线,陆域较为狭窄。为充分利用已有岸线和发挥铁路专用线优势,可通过技改方式提高货物堆存和吞吐能力。远期随着城市发展,应逐步迁出城区,码头改建成港作、航政、联检服务支持系统工作船码头。四方作业区集疏运道路主要有市政道路、九瑞大道、昌九高速公路及九景高速公路。铁路通过连接线接武九铁路。

煤码头作业区:煤码头作业区以港口集团第三港务公司煤码头为主体作业区,以承担煤炭等公用性散货运输为主。有浮趸码头3座(含防汛码头),占用岸线长度约500米,后方陆域为市城区,建有铁路装卸线,陆域较为狭窄。拟采取限制性发展策略,加强内部资源整合,提高岸线利用效率,远期随着城市发展，应逐步迁出城区，码头改建成港作、航政、联检服务支持系统工作船码头。煤码头作业区集疏运道路主要有市政道路、九瑞大道、昌九高速公路及九景高速公路。铁路通过连接线接武九铁路。

外贸码头作业区：外贸码头作业区为以港口集团第二港务公司外贸码头为主体作业区，港口岸线长400米，下端距已建九江长江大桥5000米，以承担集装箱、件杂等公用性货物运输为主，有直立式码头1座3个泊位，外贸码头新建不久，设施比较齐全，后方陆域为九江市城区，建有铁路装卸线，陆域较为狭窄，码头装卸货种为污染较小集装箱及件杂货，规划以维持现状为主。可根据需要对码头站场加以改造，以适应集装箱运量不断增长需要，陆域维持现有范围。外贸码头集疏运道路主要有市政道路、九瑞大道、昌九高速公路及九景高速公路。铁路通过连接线连接武九铁路。

二电厂作业区：二电厂作业区为九江第二发电厂专业作业区，承担电厂自身燃料进口及干灰出口。岸线范围位于磷肥厂码头至乌石矶之间二电厂附近，已建煤码头及干灰码头各1座，均为浮趸码头，港口岸线长300米，上端距已建九江长江大桥1100米，货种以散货为主。规划近期维持现状。

二电厂作业区的进口煤炭直接由皮带机输送至厂区，干灰则从厂区由皮带机输送至码头水路出口。

危险品作业区：以承担石化厂等企业原料进口及产品出口为主，同时承担公用性化工品如成品油、液化天然气运输。岸线范围位于磷肥厂码头至乌石矶之间石油公司码头至招商液化气码头，已建有石油公司码头、炼油厂码头、大化肥码头、大桥局码头、招商码头等码头泊位11个，港口岸线长3300米，主要为九江石化等业主服务。规划以维持现状为主，可对现有码头进行改造，提高岸线使用效率，空余岸线可根据需要开发利用。危险品作业区集疏运道路主要有市政道路、九瑞大道、昌九高速公路及九景高速公路。液体散货由管道直接输送至库区。

**湖口港区** 金砂湾作业区：位于长江右岸九江钢厂，有二号件杂泊位下游700米至湖口县陶瓷厂上游700米之间，港口岸线长3650米，后方陆域为湖口县金砂湾工业园，该作业区配套工业园区进行建设，以承担矿石、煤炭、钢铁等通用散杂货物运输为主，服务于后方临港产业区的开发，为后方临港工业原材料和产成品运输服务，兼有部分化工品的中转贮运功能。其中上端岸线长900米，结合九江钢厂配套码头工程，规划布置5000吨级泊位6个，中间预留800米岸线将来发展，下段岸线长1950米，规划布置5000吨级泊位13个，形成通过能力约1520万吨，陆域纵深500~800米，占地约226.5万平方米。金砂湾作业区的集疏运道路主要有牛湖公路、302国道及九景高速公路。铁路可由铜九铁路规划引入金砂湾工业园支线接入港区。

银砂湾作业区：位于永和洲至红光码头之间，该处自然条件优越，深水近岸，堤岸稳定，有一定的陆域纵深，是湖口港区的优良深水岸线，同时，银砂湾地处长江与鄱阳湖交汇点附近，是鄱阳湖腹地的集装箱通江达海进行换装理想之地。港口岸线长3570米，其中下游段200米岸线已开发利用，规划利用3370米。以承担集装箱、件杂、散货等公用性货物运输为主。可布置5000吨级集装箱、件杂及散货泊位22个及2个工作船泊位，规划建设5000吨级货运泊位6个，形成通过能力800万吨，其中集装箱60万标准箱，陆域纵深500~700米，占地197万平方米。银砂湾作业区的集疏运道路主要有牛湖公路、302国道及九景高速公路。

**彭泽港区** 红光作业区：以散货、件杂货运输为主，主要为后方临港工业能源、原材料和产成品运输服务。位于红光码头至定山之间，港口岸线长2000米，已开发利用400米，规划利用1600米，规划布置5000吨级散货、件杂泊位12个，形成通过能力约960万吨，陆域纵深700米，占地117.8万平方米。红光作业区集疏运道路主要有302、212国道及九景高速公路。

龙城作业区：位于客运码头至蔡家坊之间，为现有作业区，港口岸线长1440米，已开发利用，已建客运码头、装卸公司码头、汽渡码头及海事码头等。由于后方陆域为彭泽县城区，规划不新建码头，货运码头应逐步迁出逐步城区，港口支持系统码头等非货运码头予以保留。龙城作业区集疏运道路主要有彭泽县城市政道路连接302、212国道及九景高速公路。

彭郎矶作业区:位于蔡家坊至彭郎矶之间,港口岸线长2200米,已开发利用300米,规划利用1900米,该处自然条件较为优越,深水近岸,堤岸经过整治护理以后趋于稳定,有一定陆域纵深,靠近彭泽县城区,有一定依托和集疏运条件,陆域后方为彭泽临港产业区,以承担煤炭、钢铁等公用性通用散杂货运输为主,同时服务于后方临港产业区开发,为后方临港工业能源、原材料和产成品运输服务。其下游段已建有兰丰水泥码头及石油公司码头,上段可布置5000吨级通用泊位14个,规划建设泊位8个,形成通过能力约640万吨,陆域纵深700米,占地154.6万平方米。彭郎矶作业区集疏运道路主要有302、212国道及九景高速公路。

## 第二节　岸线管理

### 一、依法管理

1994年前,九江港无岸线管理记载,港口码头建设项目未设置岸线审批前置条件,岸线使用处于自然和历史沿袭状况。1995年,瑞昌市政府制定《瑞昌市港口管理办法》,由瑞昌市港口管理部门行使辖区岸线审批权。同年11月8日,瑞昌市港口管理部门审批台资企业江西亚东水泥有限公司使用码头镇沿长江岸线600米,供亚东公司建码头使用,是为九江港使用岸线审批之始。至2004年,《中华人民共和国港口法》颁布实施,岸线管理才纳入港口管理范围,并逐步完善,规范管理。2004年至2007年6月,九江沿长江岸线管理权由市港航管理处行使(原九江港务局码头除外)。2007年7月后,长江九江段岸线使用管理权由市港口管理局行使。市港航管理处行使九江长江支流港口岸线管理权。

### 二、规划利用

**瑞昌港区岸线**　瑞昌港区岸线上起与湖北阳新接壤的下巢湖口,下至与九江县交界的李河口,全长16.5千米。适宜建港岸线6.99千米,已开发利用3.25千米,规划利用岸线2.73千米,规划预留岸线1.01千米。

**城西港区岸线**　城西港区上至李河口,下至新开河口,岸线全长32千米。适宜建港岸线22.93千米,已开发利用岸线1.85千米,规划利用2.18千米,规划预留岸线18.9千米

**城区港区岸线**　城区港区岸线上起新开河口,下至鄱阳湖口,岸线全长33.08千米。适宜建港岸线12.99千米,已开发利用岸线8.87千米,规划利用岸线4.12千米。

**湖口港区岸线**　湖口港区岸线上起鄱阳湖口,下至红光东北岭,全长24千米。已开发利用岸线2.13千米,规划利用岸线9.72千米,规划预留岸线5.5千米。

**彭泽港区岸线**　彭泽港区岸线上起红光东北岭,下至马当牛矶,全长46.5千米。适宜建港岸线22.55千米,已开发利用岸线4.92千米,规划利用岸线3.5千米,规划预留岸线14.13千米。

### 三、岸线审批

2005年12月14日,市政府规定,九江辖区内长江152千米岸线使用由市政府统一审批。随后,成立市长江港口岸线管理协调领导小组,负责对所有利用长江岸线申请进行审核。2007年10月26日,市政府调整市长江港口岸线管理协调领导小组,由副市长任组长,并成立领导小组办公室,办公室设市港口管理局,负责长江港口岸线审核日常管理。2008年办理临时岸线审批12项,历史认定岸线13项。2009年,审核并转报交通运输部、省交通厅港口岸线项目申报材料5个,2个获交通运输部批复,核准使用岸线826米。办理临时使用岸线项目14个,核准临时使用岸线1133米。2010年,按照"深水深用、浅水浅用"原则,加强岸线管理。至年底,全市港口有8项工程使用长江深水岸线获交通运输部批复,批复岸线长度3560.5米。

## 第三节 经营管理

### 一、资质管理

2007年，市港口管理局整理沿江港口经营业产档案，建立辖区经营业产监管信息平台。同年7月，发放港口经营许可证55家，发证率50%。2008年，市港口管理局为加强港口经营户资质管理，成立评估小组和联审小组。对港口企业申报事项，由属地港口分局和市局相关科室按照程序审查后，由资质评审小组审查，再报市局行政联审会议审批，加强各项资质审批和审查管理。全年核发经营许可证65家，发证率59%。2009年，针对辖区港口经营管理现状，按照"兼顾历史，逐步规范"的原则，逐步将辖区内砂石码头纳入管理，完善《港口经营监管信息月报表》制度，实行全面监管和重点机关相结合动态管理模式。全年核发经营许可证101家，发证率77%，位居全省港口前列。同时投入1万余元，培训港口执法人员和港口经营人200余人次，维护港口经营秩序和谐稳定。2010年，进一步规范港口经营市场监管，按照交通运输部《港口经营管理规定》和江西港航管理局要求，全面完成年度港口经营资质核查和换发新版"港口经营许可证"。全年核发经营许可证108家，发证率83%。

### 二、专项治理

2009年，开展整治和规范无证经营码头专项治理，重点解决砂石码头无证经营。对辖区内经营砂石码头逐一清理，纳入行业管理。对符合颁发许可证条件予以审核发证；暂不具备发证条件督促办理申报手续，逐步进入发证程序。对未经许可而继续无证经营业户，依法处理，责令停止作业。2010年，根据辖区港口现状，组织开展专项整治经营资质活动。整治中，制止九江钢厂附近一起擅自利用自然岸坡作业行为；会同市河湖局对城西港区顺鑫码头、鑫丰码头违规建立临时作业点进行强制拆除。按照市委、市政府关于加强城区沿江砂石站依法整治规定，成立整治工作领导小组，采取"综合整治、堵疏结合"方式，整治沿江砂石装卸经营场所。全年依法查处辖区内无证砂石过驳作业吊机船舶5艘，无证经营砂石码头业户1户，累计处罚金额30万元，维护港口企业合法经营。

## 第四节 安全监管

### 一、制度建设

2007年12月，市港口管理局安全工作领导小组成立，制定《港口危险货物事故应急预案》《重大生产安全事故旅客紧急疏散救援预案》《九江港口预防自然灾害预案》，为确保港埠企业安全和港口职工生命财产安全提供重要保障。2008年，调整港口安全工作领导小组，建立市港口局、分局、港埠企业三级安全管理网络。市港口管理局分别同各分局、各港埠企业签订安全责任状，签状率达100%。落实安全生产责任制，建立《安全例会制度》《危险品安全管理制度》《安全事故报告制度》《安全检查制度》。同时参与省港航管理局起草《江西省港口货物装卸源头安全管理责任书》，在全省港航系统推广。制定《九江市港口管理局安全目标管理考核评比办法》，以目标管理提高安全监管水平。2009年，健全市局、各分局、站点、港埠企业四级安全监管网络，制订《九江市港口货物超载治理实施方案》，建立安全巡查日志制度，规范港口安全定期检查制度。2010年，市港口管理部门建立安全管理行政一把手负责，分管领导具体负责，安全员层层负责，安全人人有责安全工作管理体系。至当年，港口行政管理部门同辖区内每一家港口企业均签订安全生产责任状，签状率达100%。

### 二、隐患治理

2007年，市港口管理部门加大港口安全隐患排查整治力度，对39家港埠企业安全资料、资质情况、设备设施逐一进行排查,查出安全隐患 8 起,下发整改通知书 4 份。对企业执行安全生产规定和安全操作规程进行监督,从源头上抓好安全管理。2008 年是市“安全隐患治理年”。市港口管理部门制定《安全生产事故隐患治理暂行规定》《百日安全督查专项行动方案》,结合奥运会安保工作要求,对辖区内所有港埠企业的安全隐患进行排查、登记。检查港埠企业 119 家,排查出各类安全隐患 223 处,其中重大安全隐患 20 处,整改到位 18 处。对不具备危险货物作业条件中伟化工有限公司、九江富达事业有限公司下达停止作业通知书。2009 年,市港口管理部门以开展“安全生产执法行动、安全生产治理行动、安全生产宣教行动”为契机,开展内贸集装箱治超、码头作业超载治理、打击非法夹带危险品运输的专项治理行动。与 103 家生产作业码头签订反超承诺书,签订率 100%。在全市港口码头设立限超警示标志,督促城西港区集装箱码头制定集装箱治超方案,安装电子监控系统。通过数据监控,查处超重箱 1 起,把治超专项治理落到实处。市港口管理局湖口分局在现场排查隐患时,发现一码头趸船走锚,帮助港口经营人排除隐患,避免重大事故发生。2010 年,全年出动安全检查人员 8957 人次,检查港口经营场所 130 个(次),查处危险货物作业违规事件 1 起,排查隐患 49 处,整改率 100%。在进行安全大检查同时,会同长江海事部门,对所有进出港船舶超载行为开展专项治理行动,保障长江水上运输安全。

### 三、应急演练

2008 年 6 月 18 日,市港口管理局、长江九江海事局、长航公安局九江分局、中石化九江分公司共同组织油品码头油驳油舱起火及油管线破裂大型应急演练。同年 11 月 7 日,市港口管理局参与全市“红剑2008”水上大型火灾救援联合演习。2009 年,市港口管理局与中石化瑞昌石油公司联合开展“金港 60”大型安保演练,检验港口应急和快速反应能力。并联合长江海事、长航公安、长江航道等管理部门开展联合执法检查,建立港口安全联合检查协调机制。2010 年 6 月 13 日,市港口管理局直属分局、九江县分局联合长航公安,长江海事等部门,开展港口作业船舶突发火灾扑救应急演练,港口安全管理应急能力得到提高。

### 四、教育培训

2008 年 6 月,市港口管理局在全港开展“发一张安全知识答题,提一条安全合理化建议,拉一条安全宣传标语,开展一次大型安全咨询活动,办一期安全板报的“6 个一”活动,提高全港干部职工安全意识。2009 年,在全市港口推行重点港口单位安全监管领导干部挂点服务制度,全局 37 名副科以上干部与 40 家重点单位对接挂点开展安全宣传教育,108 名中共党员到 100 个港口生产码头发放防暑降温物品、药品和安全宣传资料,共建和谐平安港口。至 2010 年,3 年全港进行安全生产法规培训,安全知识培训、港口从业人员安全资质培训共计 268 人。

### 五、作业管理

2007 年,市港口管理部门吸取武汉、上海发生 2 起危货作业事故教训,下发紧急通知,对 10 多家有危险货物作业港埠企业进行大排查,发现问题,及时整改,杜绝事故发生。同时根据企业申报,经过严格审查,批复 2 家危险货物作业单位,把好危货作业准入关。2008 年,市港口管理部门加强对危险货物作业安全管理,对企业进行安全资质评估,不符合安全标准限期整改或取消资质;严格执行危险货物港口作业认可、申报制度;规定港埠企业必须在核发危险货物港口作业范围内从事作业;作业人员必须持证上岗;督促危险货物作业港埠企业制定救援预案并组织定期演练。2009 年,市港口管理部门依据港口法规定,严格执行危险货物港口作业场所划定审查,完善危险货物港口作业统计和流向分析,建立危险货物作业申报单二次核查制度,为加强危险货物作业管理提供科学依据,实现全年危险货物作业量 113 万吨无事故。2010 年,加强对危险货物作业现场安全监管,对 10 家危险货物作业企业资质进行核查,核查率 100%。至 2010 年,3 年市港口管理局批准 6 家危险货物港口作业单位并进行安全跟踪管理。

# 第五节 规费征收

## 一、港口建设费

1993 年，九江港口建设费由九江港务管理局征收，具体征收标准：国外进出口货物每重量吨（或换算吨）按 7 元计征；国内出口货物每重量吨（或换算吨）海港及南京港（含南京）长江港口按 5 元计征，其他内河港口按 2.5 元计征；集装箱货物：国际 20 英尺箱每箱按 80 元计征，国际 40 英尺箱每箱按 120 元计征，国内空箱不计征港口建设费。1993~2003 年，共征收港口建设费 731 万元，上缴交通运输部长江航务管理局 622.9 万元，长航局返回九江港务局港口建设费 281.83 万元，用于支持九江港口建设。2004 年 1 月起，九江港停征港口建设费。

**1993~2003 年九江港港口建设费征收和上缴长航局一览**

表 11-7-1　　单位：万元

| 年 份 | 征收数 | 上缴数 | 年 份 | 征收数 | 上缴数 |
|---|---|---|---|---|---|
| 1993 | 54.3 | 50.2 | 1999 | 38.9 | 110.0 |
| 1994 | 217.8 | 32.1 | 2000 | 62.9 | 55.0 |
| 1995 | 154.6 | 65.0 | 2001 | 50.9 | 50.0 |
| 1996 | 30.1 | 40.0 | 2002 | 16.3 | 3.0 |
| 1997 | 56.0 | 112.4 | 2003 | 15.9 | 1.0 |
| 1998 | 48.8 | 105.0 | | | |

## 二、港口规费

2008 年以来，港口规费由九江市港口管理局征收，主要收费项目有货物港务费、停泊费、滩地场地使用费、固定岸线使用费。

**港口规费征收项目费率情况**

表 11-7-2　　单位：元

<table>
<tr><th>征费项目</th><th colspan="4">计费单位</th><th>征费对象</th><th>费 率</th></tr>
<tr><td rowspan="8">货物港务费</td><td colspan="3">以重量(W)计费的货物</td><td>每计费吨</td><td>托运方或货方</td><td>1.00</td></tr>
<tr><td colspan="3">以体积(M)计费的货物</td><td>每计费吨</td><td>货方托运方或货方</td><td>0.50</td></tr>
<tr><td rowspan="6">集装箱</td><td rowspan="2">内贸</td><td>国际 2 吨集装箱</td><td>每箱</td><td>托运方或货方</td><td>3.00</td></tr>
<tr><td>国际 5 吨集装箱</td><td>每箱</td><td>托运方或货方</td><td>6.00</td></tr>
<tr><td rowspan="4">外贸</td><td rowspan="2">装载一般货物的集装箱、商品箱</td><td>20 英尺</td><td>托运方或货方</td><td>进口 40 出口 20</td></tr>
<tr><td>40 英尺</td><td>托运方或货方</td><td>进口 80 出口 40</td></tr>
<tr><td rowspan="2">装载一级危险货物的集装箱、冷藏箱（重箱）</td><td>20 英尺</td><td>托运方或货方</td><td>进口 80 出口 40</td></tr>
<tr><td>40 英尺</td><td>托运方或货方</td><td>进口 160 出口 80</td></tr>
</table>

续表 11-7-2

| 征费项目 | 计费单位 | | 征费对象 | 费率 |
|---|---|---|---|---|
| 停泊费 | 船舶停泊港口 | 全程运费 | 船方 | 2% |
| | 固定停泊在港区的趸船、船舶(非经营性) | 每艘每月 | 船方 | 60 |
| | 利用趸船、船舶经营(经营性) | 每艘每月 | 船方 | 200 |
| 滩地、场地使用费 | 按每平方米、每次 | | 使用方 | 0.2~0.8 |
| 固定岸线(坡)使用费 | 按每月每米 | | 使用方 | 2.00 |

市港口管理局在港口规费征收工作中,开展服务沿江重点港埠企业、服务沿江工业园区,服务沿江港口工程建设,培植费源,为规费征收打好基础;制定规费征收管理制度,强化规费征收管理手段,实现规费征收应征不漏;实行规费征收明察暗访制度,对一线征稽人员是否依法依规征费进行检查。实行征收工作办事程序公开、征收制度公开、收费标准公开、违规处理公开和设置举报箱及监督电话"四公开一监督"机制,年年完成港口规费征收任务。2008~2010年,共计征收港口规费5830万元,上缴省港航管理局1000万元,上交市政府调剂基金715万元。

## 第六节　港口企业

### 一、上港集团九江港务有限公司

2005年4月,市政府决定,九江港务管理局实行政企分开,分别组建市港口管理局、九江港口集团公司,九江港务管理局资产和职工划归九江港口集团公司管理。12月,九江港口集团公司为市国资委出资监管企业。2008年2月1日,上海国际港务(集团)股份有限公司参与九港集团改制,与市国资委共同组建上港集团九江港务有限公司。公司注册资金6.6亿元人民币,上港集团占股比91.67%,市国资委占股比8.33%。公司下辖集装箱分公司、九江中理外轮理货有限公司(控股公司)、外贸码头公司、龙开河分公司、金鸡坡分公司、九江四方港务物流有限公司(控股公司)、客运分公司、船舶服务公司、轮船运输公司、港口机械修造厂、运输代理分公司、九江港丰集装箱运输公司、物业管理分公司。有员工1804人。机关办公地址为南湖路116号远洲国际商务港东区写字楼3楼。公司主要从事货物装卸、储存、中转和水陆运输;集装箱拆装、清洗、修理;仓储、保管、加工、配送及物流信息管理;船舶靠泊、船舶拖带、船舶分解、船舶燃物料供应;船务代理、货运代理;港口机械设备制造、安装和销售;港口设施租赁;港口信息、技术咨询服务;港口码头建设、管理经营。至2010年,公司有生产性码头泊位19座(含2座租赁泊位),工作泊位2座,堆场总面积32万平方米,岸线总长2190米,铁路专用线8条,各类装卸机械设备242台,最大起重能力50吨,年通过能力1000万吨,年货物吞吐量884.34万吨。

## 2010年上港集团九江港务公司码头泊位情况一览

表 11-7-3　　　　单位：吨、米、台

| 码头泊位名称 | | 结构形式 | 建成时间 | 主要用途 | 停泊能力 | 前沿水深 | 规格 | | | 岸壁机械 | |
|---|---|---|---|---|---|---|---|---|---|---|---|
| | | | | | | | 长 | 宽 | 深 | 机械种类 | 台数 |
| 四方合同 | 0# | 钢制浮趸 | 1985 | 散货 | 4000 | 5 | 60 | 8 | 1.8 | 转动皮带机 | |
| | 01# | 钢制浮趸 | 1982 | 散货 | 6000 | 6 | 65 | 14 | 2.8 | 双5吨浮吊 | 1 |
| | 2# | 钢制浮趸 | 1982 | 散货 | 5000 | 5 | 63 | 13.4 | 2.8 | 双5吨浮吊 | 1 |
| 龙开河分公司 | 3# | 钢制浮趸 | 1963 | 散货 | 3000 | 6 | 63 | 11 | 1.9 | 转动皮带机 | |
| | 4# | 钢制浮趸 | 1965 | 散货 | 3000 | 6 | 63 | 9 | 2.3 | 5吨浮吊 | 1 |
| | 堤外码头 | 钢制浮趸 | 2005 | 散货 | 3000 | 6 | 60 | 13 | 2.8 | 5吨浮吊 | 1 |
| 外贸码头分公司 | 外贸码头一期 | 高桩梁板 | 1990 | 件货及多用途 | 5000<br>2个泊位 | 6 | 271.3 | 82 | | 10吨门机2台，16吨、40吨各1台 | 4 |
| | 外贸码头二期 | 高桩梁板 | 2001 | 件货及多用途 | 5000 | 6 | 120 | 82 | | 10吨门机、60吨门机各1台 | 2 |
| 客运分公司 | 客1# | 钢制浮趸 | 1993 | 客运及货 | 5000 | 5 | 90 | 16 | 2.4 | 3吨苏州吊、8吨电吊各1台 | 2 |
| | 客2# | 钢制浮趸 | 1993 | 客运 | 5000 | 5 | 90 | 16 | 2 | | |
| | 客3# | 钢制浮趸 | 1993 | 客运 | 5000 | 5 | 70 | 9 | | | |
| | 客4# | 钢制浮趸 | 1993 | 客运及货 | 5000 | 5 | 65 | 11 | 2 | 25吨柴油吊 | 1 |
| 船务分公司 | 7# | 钢制浮趸 | 1988 | 工作码头 | 5000 | 5 | 40 | 9 | 1.65 | | |
| | 8# | 钢制浮趸 | 1988 | 工作码头 | 5000 | 5 | 60 | 9 | 1.65 | | |
| 集装箱分公司 | 集装箱码头 | 高桩梁板 | 2008 | 集装箱 | 5000<br>2个泊位 | 8 | 295 | 30 | | 35吨、40吨岸桥各1台 | 2 |
| 金鸡坡分公司 | 二电厂码头 | 钢制浮趸 | 1983 | 煤炭 | 3000 | 6 | 66 | 13.4 | 2.8 | 双5吨浮吊 | 1 |
| | 干煤灰码头 | 钢制浮趸 | 2002 | 干煤灰 | 3000 | 4 | 40 | 11 | | | |
| 三角线港区 | 黄砂码头 | 水泥浮趸 | 2008 | 散货 | 5000 | 5 | 65 | 13 | 2.8 | 16吨电吊 | 1 |
| | 黄砂码头 | 钢制浮趸 | 2008 | 散货 | 3000 | 4 | 33 | 10.3 | 2.2 | 3吨浮吊 | 1 |

## 1991~2010年上港集团九江港务公司装卸机械一览

表 11-7-4　　　　单位：台、台/米

| 年份 | 装卸机械 | 其中 | | | |
|---|---|---|---|---|---|
| | | 起重机械 | 输送机械 | 装卸搬运机械 | 专用机械 |
| 1991 | 129 | 25 | 45/2513.5 | 54 | 5 |
| 1992 | 130 | 25 | 45/2513.5 | 54 | 6 |
| 1993 | 135 | 25 | 48/2655.4 | 56 | 6 |
| 1994 | 131 | 24 | 48/2655.4 | 53 | 6 |
| 1995 | 124 | 25 | 44/2532.4 | 49 | 6 |
| 1996 | 123 | 26 | 44/2544.4 | 47 | 6 |
| 1997 | 133 | 24 | 47/2675.9 | 44 | 18 |

续表 11-7-4

| 年 份 | 装卸机械 | 其 中 | | | |
|---|---|---|---|---|---|
| | | 起重机械 | 输送机械 | 装卸搬运机械 | 专用机械 |
| 1998 | 133 | 24 | 47/2675.9 | 44 | 18 |
| 1999 | 124 | 21 | 39/2413.9 | 46 | 18 |
| 2000 | 124 | 21 | 39/2413.9 | 46 | 18 |
| 2001 | 124 | 21 | 39/2413.9 | 46 | 18 |
| 2002 | 130 | 21 | 42/2050.2 | 47 | 20 |
| 2003 | 121 | 23 | 46/2355 | 42 | 10 |
| 2004 | 129 | 25 | 55/2815.9 | 39 | 10 |
| 2005 | 153 | 26 | 73/3896 | 43 | 11 |
| 2006 | 155 | 27 | 77/3976 | 40 | 11 |
| 2007 | 156 | 27 | 82/3917.9 | 36 | 11 |
| 2008 | 171 | 30 | 85/3963 | 46 | 10 |
| 2009 | 227 | 59 | 85/3963 | 72 | 11 |
| 2010 | 242 | 60 | 89/4140.9 | 81 | 12 |

**1991~2010 年上港集团九江港务公司仓储堆场面积一览**

表 11-7-5　　　　单位：平方米

| 年 份 | 仓库面积 | 货场面积 | 年 份 | 仓库面积 | 货场面积 |
|---|---|---|---|---|---|
| 1991 | 13069.30 | 56299.60 | 2001 | 16626.30 | 71105.90 |
| 1992 | 13069.30 | 56299.60 | 2002 | 16626.30 | 71105.90 |
| 1993 | 13069.30 | 56299.60 | 2003 | 16626.30 | 71105.90 |
| 1994 | 13069.30 | 56299.60 | 2004 | 15172.10 | 8941.90 |
| 1995 | 13069.30 | 56299.60 | 2005 | 11215.10 | 113124.30 |
| 1996 | 13069.30 | 56299.60 | 2006 | 11215.10 | 113124.30 |
| 1997 | 16626.30 | 61999.60 | 2007 | 7477.00 | 136863.00 |
| 1998 | 16626.30 | 61999.60 | 2008 | 7344.00 | 100081.00 |
| 1999 | 16626.30 | 61999.60 | 2009 | 14026.76 | 206949.80 |
| 2000 | 16626.30 | 71105.90 | 2010 | 14026.76 | 206949.80 |

1991~2010年上港集团九江港务公司主要生产指标一览

表 11-7-6 单位：万吨

| 年 份 | 货物吞吐量 | 装卸吨 | 货运量 | 年 份 | 货物吞吐量 | 装卸吨 | 货运量 |
|---|---|---|---|---|---|---|---|
| 1991 | 653.36 | 287.98 | 262.69 | 2001 | 574.91 | 212.29 | 147.86 |
| 1992 | 6315 | 323.93 | 263.396 | 2002 | 572.69 | 274.00 | 112.46 |
| 1993 | 686.63 | 360.29 | 235.17 | 2003 | 613.62 | 271.69 | 132.73 |
| 1994 | 496.58 | 350.45 | 200.36 | 2004 | 841.94 | 439.71 | 225.01 |
| 1995 | 253.44 | 338.56 | 253.44 | 2005 | 927.77 | 456.59 | 226.89 |
| 1996 | 593.99 | 297.85 | 204.37 | 2006 | 759.50 | 511.29 | 226.89 |
| 1997 | 639.08 | 264.27 | 266.29 | 2007 | 732.63 | 552.92 | 303.64 |
| 1998 | 489.98 | 236.75 | 110.16 | 2008 | 595.63 | 518.67 | 197.73 |
| 1999 | 623.19 | 210.39 | 227.01 | 2009 | 745.68 | 677.87 | 193.40 |
| 2000 | 623.28 | 190.84 | 169.84 | 2010 | 884.34 | 828.06 | 255.46 |

## 二、中国船舶工业物资闽赣有限公司214码头

中国船舶工业物资闽赣有限公司214码头为九江港口大量散货、件杂货储运中转主干码头之一。位于九瑞路249号，有5000吨级泊位1个，属浮式码头，占长江岸线711米。码头前沿水深6米，枯水季节可停靠5000吨级货轮，丰水季节可靠泊万吨级货轮作业。214码头承担九江地区各类物资中转任务。1991~2005年，中转钢材、铁矿2038万吨。其间，开展集装箱转运业务，转运国际集装箱3.7万标准箱；与江西液体化工联合经营危险化学品的中转、储运业务。其中转运危险化学品，成本油80万吨。取得较好经济效益和社会效益。2006年，中国船舶工业物资闽赣公司改制，由宝矿控股(集团)有限公司出资5000万元，闽赣公司出资320万元，组建中国船舶工业物资闽赣有限责任公司，至2010年，214码头装卸作业量达262万吨，为1991年5.7倍。至2010年，214码头拥有6栋大容量库房。仓库、堆场面积达15万平方米，堆存能力达50万吨，有容积1.2万立方米化工储罐4个。码头库区铁路专用线全长2826米，出港铁路线直通九江七里湖车站，与南浔铁路相连，通向全国各地，每年进出车皮达2.5万节。码头装配变压器总容量为750千伏安，基本满足码头生产办公需要。为保证不断电、码头区还安装400千瓦柴油发电机组，以备急需。2010年12月，闽赣公司现有设备总数111台件。用于码头物流生产作业设备52台，用于化工储罐生产16台，其他设备43台。其中主要设备有50吨桅杆起重机1台，81米趸船1艘，40吨、36吨、20吨、10吨门吊各1台，20吨、10吨桥式起重机各1台，40吨和20吨汽车起重机各1台，5吨装卸机5台，1.5吨装卸机1台，16吨、6吨、2.5吨叉车各1台，东风载重平板车1辆，筛矿系统2套，80吨数字式汽车衡1台。起重设备总起重能力达219吨。

## 三、九江四方港务物流有限公司

九江四方港务物流有限公司是由九江港务管理局、新余钢铁集团有限公司、佳力资源有限公司、天德(五洲)有限公司共同出资2000万元人民币，于2003年3月组建的中外合资企业。下设装卸1队、装卸2队、维修队、理货队。公司位于九瑞路231号。有员工294人，固定资产3863万元。主要经营货物装卸、堆存、储运、货物中转、代理等业务，年货物吞吐能力达240万吨。是九江港口主要散货码头作业区，也是省大宗散货集散中心。四方公司承接原九江港务局一公司，1991年有码头4座，沿江从西向东依次为0号、01号、1号、2号。1998年后，1号码头前沿及斜坡道泥沙淤塞严重，致使该码头报废。至2010年，四方公司有码头3座，分别为0号、01号、2号。码头前沿水深4.5米，可停靠3000吨级货轮。0号码头囤船长60米、宽8米、深1.8米；01号码头囤船长65米、宽14米、深2.8米；2号码头囤船长63米、宽

13.4米、深2.8米。3座码头均为浮式钢引桥斜坡道码头。码头配有双5吨浮吊2台;10吨门机2台;5吨门机1台;30吨地磅1台;皮带电子秤2台;吊车10吨电子秤3台;5吨装载机电子秤2台;矿石破碎系统1套,30~0吨/小时;矿石筛分系统2套,80吨/小时。货场为水泥地面,总面积52000平方米。码头设有铁路专用线1768米,连接七里湖车站,同南浔铁路相通,是江西省散货集散重要通道。四方公司成立后,承接新余钢铁公司、南昌钢铁公司等大型钢铁企业铁矿石进口运输业务和江西电煤及各户煤炭中转任务,并组织江西腹地蛇纹石、石灰石、硫矿石等非金属矿石出口运输。完成装卸自然吨:2003年为72.81万吨,2004年为123.83万吨,2005年为114.35万吨,2006年为110.10万吨,2007年为117.93万吨,2008年为130.52万吨,2009年为143.64万吨,2010年为171.52万吨。

## 四、上港物流(江西)有限公司

上港物流(江西)有限公司成立于2008年年初,隶属上海国际港务(集团)公司,位于上港集团九江城西港集装箱码头下游2千米处。公司于2008年投资2.5亿元人民币建设九江城西物流园区,2009年6月建成投入使用。园区占地15公顷,年综合通过能力为集装箱货物129万吨,非集装箱货物86万吨。园区为城西港集装箱码头提供配套服务,以增强九江港口辐射功能。物流园区由物流仓储区、危险品仓储作业区、物流堆场区和行政辅助区组成。建有大型仓库2座,总面积14500平方米;危险品仓库3座,面积2100平方米;危险品堆场1处,面积2000平方米。距园区10千米沙阎公路东侧毛家烟花爆竹整箱堆场项目正在审批中,年设计能力8000标准箱。公司配有集装箱卡车17辆,40吨龙门吊,10吨龙门吊2台等设备。设立重箱作业区、件杂货作业区、拆装箱作业区和辅助作业区。为客户提供空箱、重箱堆存,拆装箱服务;提供件杂货堆存、仓储服务;提供重大件货物水陆联运、中转装卸服务以及大型设备、钢材吊装,整车配送等多项服务,是江西大型物流企业之一。公司有员工90人。2010年,物流作业量2万标准箱。

# 第十二篇

# 口　岸

# 第十二篇 口岸

九江是江西省唯一沿江港口城市，由于地接湘、鄂、皖、赣4省的独特地理位置，对外开放通商历史悠久。新中国成立后，1980年2月14日，九江港经国务院批准为长江8个对外开放水运口岸之一。随之在九江口岸建立海关、进出口商检验、卫生检疫、动植物检验、港务监督、船舶检验、边防检查等查验机构；外贸货运代理、外轮代理、外轮理货、外轮供应、国际结算、涉外货物运输保险等服务机构。

1991年以来，强化海关货运监管、关税征管、走私查稽，加强出入境检验检疫、海事监管、边防检查等工作。通过不断建设，口岸的港埠基础设施、查验监管设施、国际货运、航运代理等服务功能不断完善和发展。有对外开放码头6座，常年可接泊3000~5000吨级国际航行船舶；并具备外贸散杂货、件杂货、大件货、集装箱货、石油、危险品、散装液体化工原料等货物接卸能力和水铁换装联运。具备外贸进出口货物的近洋直达航运、江海国际联运、铁海联运、国际空运代理等功能。至2010年，九江港近洋港口直达航运和全球的集装箱运输达70多个国家和地区。

# 第一章　口岸设立

## 第一节　九江港口岸设立

1991年8月18日,国务院总理李鹏、中央军委主席江泽民签署《国务院、中央军委关于提请审议批准武汉、九江、芜湖港对外国籍船舶开放的议案》,提请全国人大常委会审议。10月18日,国务院副总理朱镕基在省委书记毛致用陪同下,视察九江港口外贸码头。10月30日,七届全国人大常务委员第二十二次会议审议通过,批准武汉、九江、芜湖为对外国籍船舶开放港口。1992年5月17日,国务院回复省政府《国务院关于江西九江港对外国籍船舶开放有关问题的批复》,对九江港对外国籍船舶开放有关机构设置、人员编制、查验、基础设施建设给予回复,验收合格后对外公布。1992年6月28日,国家口岸办《印发〈关于九江港对外国籍船舶开放准备工作的验收纪要〉的通知》,由国务院口岸办主任唐筱光带队,交通部、公安部、卫生部、农业部、海关总署、国家商检局、全国总工会、省口岸办等有关部门派员组成验收组进行验收,九江港正式对外国籍船舶开放。

1996年,为完善口岸总体规划,建设九江港口一条街计划,市口岸办会同规划部门在新九龙街口,划地3.19公顷,并经市政府同意用于集中建设口岸单位。1997年2月24日,九江港外贸码头二期工程经交通部批准开工建设。同年6月18日,历经2年多施工建设,投资1000多万元,楼高13层,总建筑面积5518平方米的九江口岸联检大楼竣工使用。7月底,投资700万元,建筑面积3600平方米,楼高12层的九江港监综合大楼结构封顶。11月29日,投资3000万元的九江海关大楼综合工程破土奠基。1999年4月28日,九江口岸昌九线九江西站和共青城站开放2个装卸点,设立为口岸陆运管理区,举行“揭牌仪式”。2个装卸点开放后,九江口岸长江水运、铁路陆运快捷便利。

2004年9月份,九江港外贸码头二期工程通过由交通部水运司和长航局组成的九江港外贸码头二期工程验收委员会验收,建成后的二期工程与一期工程连成一体,形成拥有3个5000吨级并可同时作业多功能港区,年吞吐能力达93万吨,集装箱中转堆存量达3万标箱。

2006年1月16日,宝矿国际贸易公司(上海)与中船工业物资闽赣公司,重组合资公司,由宝矿国际贸易公司以6500万元在九江注册中国船舶工业物资有限公司,改造九江口岸214码头。经1年多建设,货场、铁路专线和由交通部专业部门规划设计码头、仓储全部完成。同年11月14日,为适应把九江打造成区域性转港物流中心和国际水运中心需要,九江口岸外贸码头通过扩能改建、拆库建场,港口集装箱吞吐能力在短期内由原来设计每年2.65万标准箱达到10万标准箱。

2008年12月27日,举行上港集团九江港城西港区集装箱码头暨物流园区开港运营仪式。城西港区拥有两个5000吨级泊位集装箱码头,如期建设完成。2009年2月23日,城西港国际集装箱码头全面投入运营。2010年1月27日,九江城西港区集装箱码头海关监管场所举行揭牌仪式。

## 第二节　外贸货物远洋运输

1997年11月,俄罗斯油轮“查努瓦耳”号运来加工原油抵达九江港。

1999年7~8月,昌九线九江西站开通至越南运输线,20个罐式集装箱直接出口到越南同登,首次开通国际集装箱陆路运输业务。

2004年6月份,武汉长伟国际航运实业有限公司“集平”轮在九江外贸码头装运出口货物运抵上海,转运至欧洲、东南亚、中东等地区,顺利开通“浔—申”公共内支线航线。同年9月16日,九江港外贸码头开通火车专列。

2009 年 1 月 21 日，省政府致函国家海关总署、质检总局，《关于恳请批准我省九江口岸为第七类废料进口通关口岸的函》。省长吴新雄批示：请市政府跟踪做好工作。3 月 30 日，省政府为解决鹰潭铜产业循环基地拆解加工区进口第七类废物通关和九江城西港集装箱码头运量不足问题，正式致函环境保护部《关于恳请批准江西省九江口岸为第七类废料进口通关口岸的函》。9 月 11 日海关总署经商环境保护部、质检总局函复同意。

2010 年 5 月 28 日 22 时，鹰潭铜拆解加工园区首批从台湾高雄港进口 6 个 40 英尺集装箱(8 标准箱)废旧五金电器货物(第七类废物)150 吨运抵九江港，九江口岸有关部门应进口货主要求，加班加点办理装卸和通关手续。29 日，九江海关、检验检疫、港口和国际货代部门密切配合，有效监管，简化操作规程，高效通关。港区同一监管场地上仅用 1 小时 30 分钟，一次性完成对进口货物的监管查验、喷洒消毒、熏蒸、加封处理，首次实办进口转运第七类废物国际运输。境外港—上海港—九江港转运通道顺利开通。

# 第二章 涉外码头与锚地

## 第一节 214 码头

### 一、码头规模

中国船舶工业物资闽赣有限公司 214 码头(以下简称 214 码头)，有 5000 吨级泊位 1 个，属浮式码头，长江岸线长 711 米(在用 200 米)，市城西港区沿江岸线是天然深水良港，长江江面宽阔，航道畅通无阻，码头停靠条件良好，码头前沿最深吃水达 6 米，枯水季节 5000 载重吨货轮可顺利通行，丰水季节可通行万吨级货轮。趸船型长 81 米，型宽 9 米，型深 2.1 米。钢引桥长度 33 米，宽度 4.5 米。租用 2 台浮吊，每台效率 120 吨/小时，码头散货年装卸能力 180 万吨，近 3 年平均每年停靠船舶 1000 艘次，平均载重量 0.5 万吨，最大单船载重量达 1.2 万吨。成为九江大宗散货装卸基地之一，是九江唯一既可装卸普通货物，又可装卸危险化学品的综合码头，年综合吞吐能力 300 万吨。

214 码头库区铁路专用线全长 2826 米，出港铁路线通过七里湖车站与京九线南浔铁路相连，通往各地，每年进出车皮 2.5 万节以上。变压器总容量为 750 千伏安，其中，库区 500 千伏安，化工区 250 千伏安，基本满足码头生产办公需要。至 2010 年 12 月底公司固定资产设备现有总数 111 台(件)。用于码头物流生产作业设备 52 台，用于化工储罐生产作业设备 16 台，其他设备 43 台。其中，主要生产设备有 50 吨桅杆起重机 1 台，最大起重量为 50 吨；最大幅度为 50 米。81 米趸船 1 艘，40 吨、36 吨、20 吨、10 吨门吊各 1 台，最大跨度为 32 米，有效悬臂长 8 米。20 吨和 10 吨桥式起重机各 1 台，40 吨和 20 吨汽车起重机各 1 台，5 吨装载机 5 台和 1.5 吨装载机 1 台，16 吨、6 吨、2.5 吨叉车各 1 台，东风载重平板车 1 辆，筛矿系统 2 套，输送量为 50 立方米/小时。80 吨数字式汽车衡 1 台。起重设备总起重能力 249 吨。数字电子秤：最大秤重量为 80 吨。码头有自备发电机组，最大发电量为 325 千瓦。

### 二、对外经营

1991 年，公司联合成立市唯一一家"中国对外贸易运输公司九江集装箱装卸运输站"。同年始，214 码头承接九江外轮代理公司、省粮油进出口公司、日本、韩国客商装箱业务。1992 年 6 月，国务院同意 214 码头对外籍船舶开放，并在 214 码头办公室设立口岸、海事、海关、商检、动植检、边检等联检办公室和工作人员休息室，方便进出口船舶联检。1995 年 8 月 28 日，第一艘外籍船舶巴拿马籍(韩国船)雾通号轮装载 3000 吨甲苯靠泊 214 码头卸货。1996 年 8 月 16 日，市口岸办在 214 码头设立的"九江水运口岸 214 码头管理区”正式挂牌。2004 年 5 月,由于码头水位等原因,国际集装箱转运业务基本停止。至 2004 年间,码头进出中外船舶和外贸运输国际集装箱班轮近 2200 艘次,装卸转运国际集装箱 3.7 万标准箱。

1991~2010 年 214 码头经营情况一览

表 12-2-1　　　单位:万吨、万元

| 年 份 | 码头装卸量 | 码头中转收入 | 年 份 | 码头装卸量 | 码头中转收入 |
|---|---|---|---|---|---|
| 1991 | 46 | 174 | 2001 | 76 | 503 |
| 1992 | 50 | 190 | 2002 | 55 | 337 |
| 1993 | 55 | 215 | 2003 | 76 | 454 |
| 1994 | 56 | 260 | 2004 | 108 | 540 |
| 1995 | 66 | 390 | 2005 | 120 | 830 |
| 1996 | 60 | 345 | 2006 | 163 | 1307 |
| 1997 | 62 | 367 | 2007 | 172 | 1473 |
| 1998 | 52 | 331 | 2008 | 195 | 1588 |
| 1999 | 50 | 324 | 2009 | 226 | 1832 |
| 2000 | 72 | 405 | 2010 | 262 | 2213 |

## 第二节　外贸码头

### 一、一期工程

**工程建设**　1980 年 4 月 1 日,上海海兴轮船公司“新华 5 号”轮满载 1456.6 重量吨,2709 容量吨外贸出口物资,从九江港 8 号码头启程直驰香港,成为新中国成立后九江港首次直接承办外贸运输业务。1983 年,九江港务管理局对外贸码头建设工程进行可行性研究,并做了大量前期准备工作。1985 年 4 月,交通部批准九江港外贸码头设计计划书。同年底,交通部组织有关单位对九江港外贸码头建设工程进行审定,同意扩建工程分二期进行。其中,第一期建年吞吐能力为 60 万吨 5000 吨级泊位 2 个。1986 年 1 月交通部正式批准设计实施方案,一期工程投资额为 5693 万元,并要求当年开工,3 年完成。1986 年 9 月 16 日,九江港外贸码头工程开工,历时 4 年,1990 年 9 月 12 日正式验收。

**主要项目**　水工工程:工程由码头和防汛墙 2 个部分组成。码头为高桩梁板结构,总长 271.3 米,宽 82 米,高程为+21.4 米,可停靠 5000 吨级轮船 2 艘,防汛墙为钢筋混凝土结构,长 344.81 米。

机械设备:码头配置各类装卸机械 41 台。其中 16 吨(最大能力为 25 吨)和 10 吨门座起重机各 1 台;5 吨门座起重机 2 台;30 米跨 15/30 吨龙门起重机 3 台;库内 5 吨双梁吊 2 台;叉车 10 台;牵引车 4 台;3~10 吨平板车 18 台。

土建工程:建有仓库 3 座,总面积 15190 平方米;九层综合楼 1 幢,建筑面积 5271 平方米;其他综合服务设施 1329.4 平方米;流动机械库 738 平方米;变电所、加油站、门卫等 541.5 平方米;土建工程共 23069.9 平方米。货场堆存面积 22373 平方米。工程总面积 48643 平方米。

铁路工程:铁路专用线总长 736 米。

### 二、二期工程

**工程建设**　第二期再建年吞吐能力为 30 万吨 5000 吨级泊位 1 个。1997 年 2 月 24 日,九江港外贸码头以集装箱装卸作业为主二期工程开工建设,2001 年 9 月完工投产,2004 年 9 月 4 日竣工验收,工程投资额为8928.57万元。设计年集装箱通过能力为3万标准箱，件杂货通过能力为12万吨。2005年投产以来，九江港口岸货物吞吐能力和综合通过能力大幅度提高。成为上港集团九江港务有限公司最大件杂货、重大件作业码头，主要从事各类散货、件杂货和集装箱装卸、运输、仓储、堆存、整理、保管和中转业务。港区内堆场充足，各类大型装卸机械齐全，最大起重吨位50吨，拥有5000吨级泊位3个，年通过能力250万吨。

**主要项目** 水工工程：码头为高桩梁板结构，总长120米，宽82米，可靠泊5000吨级轮船1艘。

机械设备：码头配置各类机械设备22台。其中30.5吨轨道式集装箱龙门起重机1台，40吨集装箱正面吊1台，16吨轮胎吊1台，5吨单梁桥式起重机1台，40英尺集装箱牵引车3台，40英尺集装箱平板车3台，2.5~5吨叉车各3台，Q20牵引车3台，10吨平板车3台。货场堆存面积为27676平方米。

土建工程：仓储面积为1334平方米，工程建筑总面积为7995.4平方米。

## 第三节 专用码头

### 一、第一油品码头

所在地属长江“B”级航区，距入海口822千米，港区总面积36.4万平方米。其中陆域9.32万平方米，水域27.08万平方米，码头岸线长度826米，有5000吨级原油泊位4个，5000吨级成品油泊位1个，1980年8月投用。主要负责水运原油进厂和石油公司油品中转入库。可停靠5000吨以下原油(轮)驳，设计卸油能力360万吨/年，实际卸油能力180万吨/年。1个成品油码头可靠5000吨以下成品油(轮)驳，负责成品油水运出厂，年出厂能力160万吨/年。1992年6月19日正式对外开放。

### 二、化肥码头

所在地属长江“B”级航区，码头岸线长度159米，有500吨级固体产品泊位1个。化肥码头袋装物料水运出厂作业线由交通部第二航务工程勘察设计院设计，瑞昌矿山运输机械厂制造，二航局第二安装公司施工。于1996年4月21日建成，1997年1月24日投用。主要用于固体产品(尿素、聚丙烯等)水路出厂，可停靠500吨以下(含500吨)的各种货(轮)驳，年设计出厂7.8万吨/年。1998年及2002年进行两次系统性改造，年出厂能力达10万吨/年以上。2010年港区已改建煤码头1个，设计能力50万吨/年。

### 三、第二油品码头

所在地属长江“B”级航区，码头岸线长度832米。其中陆域面积7158平方米。有5000吨级成品油泊位1个，1900马力消拖两用轮2艘。2000年7月建成，2000年8月投用。主要用于产品水路出厂，可停靠5000吨以下(含5000吨)的各种油(轮)驳，成品油出厂设计能力为150.5万吨/年。仪长原油管线和江西九樟成品油管线分别于2005年12月16日和2008年8月正式投用后，水路原油和成品油吞吐量逐年减少。

## 第四节 集装箱码头

### 一、码头规模

2008年上海国际港务(集团)股份有限公司与九江港口集团公司合作建设城西港集装箱码头，位于九江市城西在建九江长江二桥上游1000米处，归上港集团九江港务公司管理。一期工程于2007年10月28日开工，2008年12月27日竣工，2009年3月23日投入营运，总投资4.47亿元，码头岸线295米，2个5000吨级泊位，年通过能力30万标准箱，陆域面积17万平方米，建筑面积15815平方米，仓储面积7145.96平方米，4个箱区堆场面积76100平方米。

### 二、机械设备

码头前沿配有无锡产 HMJ35-26、HMJ40.5-26 岸桥各 1 台;堆场配有无锡生产轨道式龙门吊 MJ35-40 6 台,MJ40-40 2 台;叉车 8 台,其中合肥产 CPCD45W 1 台,CPCD30 4 台,CPCD100W 1 台,CPCD30W 1 台,大连产 CPCD5 1 台;济南产 ZZ5371TQYM301 牵引车 10 台;瑞典产正面吊 DRF450-60S6K 1 台;DRF450-60SK 1 台;卡尔玛(上海)产空箱堆高机 DCE80-45E7 2 台;Q=80T3.4m×18m 地磅 3 台;安全消防设施齐全。并配有集装箱 MIE@TOPS3.0 版管理系统,车牌自动识别系统,客户网上查询系统和海关国检、边防、海事等口岸一体化服务系统功能。城西港集装箱码头主要为客户承办海陆多式联运等国际、国内货物装卸、运输、代理业务。为客户提供装卸、堆存、仓储、中转、拆装箱、修箱、箱管、揽货、订舱、集卡运输和超重、超长、超宽大件装卸运输,以及内外贸船、货代理业务,代办报关、报检、保险及相关手续,提供门—门(场)全程服务。开通九江—上海—世界各地的集装箱航班,每周 20 余班次船舶航线,可达美国东、西部沿海基本港及内陆点;欧洲基本港;东南亚基本港;澳大利亚及新西兰基本港及内陆点及中国港、澳、台地区外贸进出口运输航线,长江沿线各港、沿海各港口内贸运输航线。2008~2010 年,码头吞吐量 302162 标准箱。

## 第五节　外籍船舶联检锚地

至 2010 年,九江港口岸有姚港锚地、新港锚地 2 个对外籍船舶联检锚地,加上 5 个对外开放码头和 13 个船舶泊位,实行全天候通关,联检便捷畅通。

# 第三章　口岸综合管理

## 第一节　口岸组织与协调

### 一、协调机构

1990 年 8 月 23 日,成立市口岸管理委员会,主任由分管副市长担任,副主任由市口岸办主任担任,成员由市计委、经委、公安局、财政局、外贸局、卫生局、农牧局、旅游局、外办、总工会、港务局、港航监督管理局、商检局、九江海关、中国银行市支行、保险公司市公司、省远洋公司九江办事处、省外运公司九江办事处等单位主要负责人担任。

2003 年 1 月 10 日,为贯彻《国务院办公厅关于进一步提高口岸工作效率的通知》文件,市政府发文《关于成立市口岸工作协调领导小组的通知》,成立市口岸工作协调领导小组,组长由分管副市长担任,常务副组长由市口岸办主任担任,领导小组办公室常设市口岸办公室,成员由外经贸委、计委、经贸委、交通局、港务局、财政局、国税局、人行、长江港监局、海关、出入境检验检疫局、边检站、车务段等单位主要负责人担任。

### 二、协调机制

**口岸查验制度改革**　1993 年,九江港口岸的管理和建设工作走上法制化、规范化轨道。

1994 年,国家推广深圳口岸查验制度改革试点工作的经验,对九江港口岸的查验工作进行改革,简化手续。1995 年,国务院颁发《国际航线船舶进出中华人民共和国口岸检查办法》,市口岸办与查验单位合作研究制定《国际航行船舶进出九江口岸检查实施细则(暂行)》,对进出九江口岸的船舶实行简化手续,取消联合登轮检查,实行码头现场联合办公,为出入境船舶现场办理快捷通关手续。1996 年,口岸单位建立负责人联席会议制度，每季度召开1次，传达贯彻上级领导关于口岸工作的指示精神，通报各单位工作情况，研究解决口岸带有全局性的工作；实行新的统计报表制度，将口岸系统统计列入法定统计，同时将过去单一的外代、外运的外贸统计扩大到海关、商检、边检、卫检、动植检各业务方面统计，全面统计反映九江口岸运行情况，使口岸的统计填报制度规范化。

**口岸法制建设** 1995年11月4日，经市第十届人大常委会第十三次会议审议通过，市政府颁布《关于加强口岸管理和建设的办法》，再次明确市口岸办公室是市政府职能部门和口岸行政管理机构，负责规划管理、监督、协调、仲裁、处理市行政区域内的口岸工作，九江港务监督、九江海关、九江边防检查站、九江卫生检疫局、九江动植物检疫局、九江进出口商品检疫局、九江船舶检验局等，均为国家有关部门派驻市检查检验单位，依照各自的职能依法开展工作。这是九江口岸开放15年来第一个管理性文件，标志着九江口岸管理和建设由此进入依法管理轨道。1996年，针对3个对外开放码头设立口岸管理区，制定《九江水运口岸外贸码头，214码头，油品码头管理区综合管理办法》，报送市政府审批实施。2003年，为改变省国际集装箱公路运输路桥费用过高状况，九江口岸办写出专题报告，省委、省政府将其内容纳入《江西省人民政府关于加快发展开放型经济的若干意见》，要求有关部门出台具体优惠措施。10月9日，省交通厅、财政厅、发展计划委员会联合发文《关于对本省国际集装箱运输车辆通行实行优惠的通知》，降低省国际集装箱公路路桥通行费用，建立国际集装箱公路运输的“绿色通道”，使困扰九江口岸国际集装箱运输发展的瓶颈得到彻底解决。2007年，根据市委、市政府提出的“加强口岸建设、完善口岸通关措施的要求”，结合九江口岸实际由市政府办公厅发文《九江市人民政府办公厅印发〈关于优化口岸环境提高通关效率促进九江开放型经济发展若干意见〉的通知》，从此，九江口岸进入正常运行程序。

## 第二节 口岸规划与实施

1994年7月11日，为做好九江口岸规划工作，确保九江口岸港口、铁路、空港按计划实现对外开放，市政府办公室下发《关于成立九江市新开口岸规划领导小组的通知》，要求其负责新开口岸规划编制和办理报批手续等各项工作，组长由副市长担任，副组长由市政府副秘书长、市计委主任、市口岸办主任担任，成员由财政局、公安局、民航局、海关、商检局、卫检局、动植物检局、外运公司等单位负责人担任，领导小组下设办公室在市口岸办。1995年，根据当年《九江市政府工作报告》中所提出“做好口岸单位布局总体规划和铁路口岸开放规划”要求，制定口岸单位建设布局规划。明确在市区沿江繁华地段划出3.2公顷土地，用于口岸单位基础设施建设；制定口岸陆运（铁路）规划，报省政府，力争京九线开通前开放九江口岸铁路运输。1996年，根据省、市政府要求，抓住京九线开通和香港在九七回归的历史机遇，制定九江铁路客运一类口岸，开设九九（九江至香港九龙）旅游专列计划，形成可行性报告，市政府第30次市长办公会讨论通过。1997年，市政府与美国美洲商贸展示中心（ATEC公司）签署合作建立“九江国际航空货物快递中心”的意向协议书和洽谈备忘录。1998年6月，因国家对二类口岸进行清理整顿，为适应九江经济发展需要，对昌九线九江西站和共青城站原作为两个陆运二类口岸，向省政府申报开放做出及时调整，并与铁路方面、共青城等单位召开分析、座谈、研讨会，就开放九江口岸水运2个陆运装卸点达成共识。同月，省口岸办组织市外资办、市外经贸局、市民航局等部门召开四次会议，形成《关于要求设立九江机场航空货运一类口岸的请示》《可行性论证分析意见》《机构人员编制计划》《专业用房和生活用房工程建设预算》《货运联检通道和仓储布局平面示意图》等5份材料及图表，11月20日呈报市政府。12月2日，市政府同意增设九江口岸水运2个陆运装卸点。1999年，制定《“十五”九江口岸建设与发展规划》，计划开放九江口岸水运瑞昌码头装卸点；将昌九线九江西站转移至九江茅山头货站，九江口岸港口装卸点也转到茅山头站。为加速申报九江口岸开放航空一类货运，美国美洲商贸展示中心（ATEC公司）先后四次到九江考察，“十五“规划中，计划美国ATEC公司与美国联邦快递公司共同投资，扩建九江机场跑道及基础设施，开办航空货运快递业务。同年，根据市政府要求，市口岸办组织专门人员对在九江建立保税区进行调查研究,拟定《保税区的规划方案初步意见》,对九江保税区设立和选址等方面的利弊条件进行分析、论证,为市政府领导决策提供依据。

2004年,围绕《江西省“十一五”口岸发展规划意见》《关于降低进出口贸易运输成本实施意见》《江西省口岸信息工作实施意见》,多次召集口岸相关部门专题会议,征集有利于九江口岸发展的建议、意见。着眼九江口岸长远建设与开展,与九江港务局等部门共同提出在湖口金砂湾工业园以东牛脚圩地段占用长江岸线1400米,陆域纵深1000米,占地面积140公顷,规划建设3个5000吨级海轮泊位的国际集装箱码头的方案,市政府将此列入长远发展规划。同年2月,成立九江国家级出口加工区申报领导小组,小组下设办公室于市口岸办。7月20日,海关总署等7个部门正式复函,表示支持和认可。2005年6月3日,国务院办公厅复函国家海关总署,同意增设包括江西九江出口加工区在内的18个国家级出口加工区。标志市申报国家级出口加工区工作取得成功。2006年,按照国家关于已开放的口岸扩大开放的有关政策规定,编制九江口岸(湖口集装箱码头)扩大开放“十一五”规划,以市政府名义上报省口岸办和国家海关总署口岸规划办。在国家对扩大开放口岸从严掌握的大环境下,顺利将九江口岸扩大开放列入国家“十一五”口岸发展规划,这是江西省唯一被列入该规划项目,为后续九江口岸扩大开放做基础性工作。同年5月,为充分发挥九江口岸开放优势、结合九江对外贸发展实际需求,启动出口监管仓库规划布局工作。拟定“十一五”期间,规划在口岸外贸码头、214码头、共青开发区和待建的湖口国际集装箱码头逐步建设出口监管仓库,以支持九江出口加工企业的发展。8月,为加速推进九江国际大物流,按照江西电子口岸建设推进小组部署,开展九江电子口岸平台建设调研工作,并将九江口岸查验、江海联运、出口加工区监管、进出口物流作业流程梳理汇总上报。2007年,为合理利用长江岸线,按照国家海关总署、交通部等5部委关于重新测量确定港口开放范围指示,口岸办主持完成国家对九江港开放范围的重新测量界定绘制工作,并在7月份首个一次性通过国家5部委审核。12月10日,为加速城西港区口岸对外开放工作的推进力度,九江市人民政府办公室印发《关于成立城西港区口岸对外开放申报工作领导小组的通知》,由市长王萍任申报小组组长。2008年,城西港区建设伊始,口岸办主动介入,参与《九江沿江开发总体规划》《九江沿江开发基础设施规划纲要》和《九江港口总体规划》编制。在调研基础上,起草《关于在城西港区构建九江口岸大平台的建议》,并向市委、市政府主要领导进行专题汇报。在城西港区发展规划同时,协助有关部门做好物流园区和保税仓库规划,全力以赴抓好申报工作。

2010年2月12日,根据市政府《关于成立九江城西保税港区申报工作领导小组的通知》,成立九江城西保税港区申报工作领导小组,由市长任组长,分管副市长任副组长,领导小组办公室设在市口岸办。5月13日,按照省商务厅安排,组织起草《九江保税港区项目可行性研究报告》,并经市政府第四十四次常务会议研究讨论通过,报请省商务厅、南昌海关。

## 第三节　口岸共建

1993年,九江口岸被国家口岸办授予共建社会主义文明口岸活动的先进口岸。1994年,根据全国、全省口岸共建要求制定《九江口岸关于开展共建社会主义精神文明口岸活动的意见》,将各项共建工作内容按8项14条目标分解列出量化指标,实行百分制考核管理。1995年3月15日,市委办公室发文《关于调整九江口岸共建社会主义精神文明活动领导小组成员的通知》,对小组成员做出调整,市委副书记任组长、市政府副市长任副组长,市委宣传部、市政府办、市口岸办、市文明办及口岸各单位负责人为成员,领导小组下设办公室,由市口岸办负责人兼办公室主任,负责共建活动日常组织协调工作。同年3月,九江口岸开展“结对”“结片”共建活动,口岸查验、生产、服务等26家单位共同签署“以经济建设为中心,以满意在九江口岸为主题,以加强岗位廉洁自律、保证口岸安全、高效、便捷、畅通为内容,以支持地方经济发展为目的”的“结对”共建协议和“结片”共建公约。7月,九江遭遇洪水,巴拿马籍文顺号远洋轮抵港,口岸有关单位积极协作配合,经过三个昼夜奋力抢装,1500吨高岭土按合同要求装船,未误船期。

围绕中央提出"一手抓经济建设,一手抓精神文明建设"指导方针,通过深入持久地开展共建社会主义精神文明口岸活动,至1996年,国家口岸办2年均被授予共建社会主义精神文明先进口岸。1998年,九江面临百年不遇特大洪水,市口岸办人员赴赛城湖抢险,龙开河筑坝,新开河、龙开河护堤,帮助灾区重建家园,派出干部到九江县城子镇、都昌县中馆镇,组织医疗队为灾区义诊,为灾区捐赠大米、衣物、药品近6万元。九江口岸系统各单位多次向灾区捐款捐物,价值人民币80余万元。

# 第四章 海关

## 第一节 货运监管

1991年,制订《征税、货管业务工作联系配合办法》《调查、货管业务协调办法》,监管进出境货物118162吨,船舶34艘次,火车皮71个,集装箱1059个。1992年,与上海文锦渡海关制订转关运输联系配合办法,启动转关、长江二程船运输业务。7月17日,办结第一艘进出九江港洪都拉斯籍"金敬"号轮的船舶和货运监管。监管进出境货物60478吨,船舶30艘次,火车皮96个,集装箱946个。1993年,采取一般查验与重点查验相结合方式,加快货运通关速度。监管进出境货物351642吨,船舶30艘次,火车皮96个,集装箱946个。1999年,贯彻"依法行政,为国把关"新海关工作方针,完善相关监管制度,制订查验派单表,执行南昌海关制订进出口查验率,与闽赣物资公司、外轮理货公司等单位签订监管工作的联系配合办法,切实加强实际监管。当年查处即决案件5起。

2000年,以强化货物的实际监管为重点,严格执行南昌海关制定进出口查验率制度,认真落实对214码头、外贸码头等监管场所24小时巡查监管制度。与九江港务管理局、中船总公司九江闽赣公司、九江火车站西站签订联系配合办法,发挥协作单位在进出口监管环节中作用。严格转关审批制度,对不符合转关运输条件或运输路线明显不合理的,不予办理进口转关手续,确保货物实际监管到位。2004年,按照"通得快、管得住"要求,实现监管"质与量双提升"。在货运监管方面,设立风险分析、放行岗,在实际监管中引入风险管理的方法并采取选择性查验作业机制,加强选择性查验针对性、有效性,各项实体性监管内控得到有效监控。进口货物查验率16.59%,查获率4.29%;出口查验率7.4%,查获率0.82%。共监管进出口货物169441吨。

2010年,按照海关总署大监管体系建设要求,启动出口分类通关改革试点,海关平均作业时间大幅降低,通关速度加快,海关平均作业时间环比减少61%,1票单证齐全出口货物5秒内可放行通关;稳步推进"三查合一"工作,整合监管资源,进一步加强对货物后续监管;突出运输工具、舱单、监管场所"三位一体"监管模式,修改完善码头巡查管理、卡口等管理办法,加大对出口结关时效异常舱单处置,利用GPS、视频监控系统对码头和运输工具实时监控,加大转关业务协调,积极促进废五金由九江港转关至鹰潭铜业务开通。共监管进出口货物508505吨,集装箱29453个。

## 第二节 关税征管

### 一、关税管理

1992年,成立保税科,清理、核销多年积压到期合同,清理到期合同2133份,下厂调研21人次,核销结案合同18份。在清理核销多年积压到期合同基础上,帮助4家企业建立符合海关要求的账册,把海关监管、企业自管工作向前推进一步,另外,新批准成立2家保税仓库和2家保税工厂。全年登记备案合同数165份,同比增长97%;核销合同29份,同比增长84%。1996年,加强加工贸易管理,抓好银行保证金台账制度落实。加工贸易进口料件实行银行保证金台账制度,是中央出台的加工贸易管理三大改革制度之一,也是海关一项主要工作。九江海关走访市政府和有关部门,与中国银行九江分行制订联系配合办法,同时走访6214厂、九江化纤厂、共青垦殖厂等国有大中型企业,取得企业支持和理解,并加强对初次备案企业调研,调研率100%。全年合同备案25个,同比增长14%;来料加工153份,同比增长16%;进料加工150份,同比增长20%;内销合同204份。

2000年,继续加强加工贸易管理,严格把好合同备案关,开展重点敏感商品加工贸易以及承接加工贸易企业前期调研,对不具备生产能力的、加工成品明显不能出口、进口了解或加工成品运输路线明显不合理的加工贸易不予备案。并规范手册备案、核销审批三级审批制度,加强中期管理,实际核销力度,严格执行《加工贸易保税货物跨关区深加工结转的管理办法》,规范深加工结转。全年共登记备案合同262份,备案金额2709万美元,合同核销307份。2004年,按照"优化存量、控制增量、规范经营、提高水平"要求,规范加工贸易管理,优化内部备案作业流程,加强加工贸易内销管理和到期合同催核工作,对进出数据不平衡、高报单耗、串料等嫌疑加大中期核查力度,做到"大的管好管活,小的管严管住"。全年办理加工贸易合同备案162份,合同备案金额4576万美元,同比增长54%。核销加工贸易到期合同144份,结案144份,核销结案率100%,核销补税104万元。2006年,九江出口加工区通过海关总署联合验收小组正式验收,标志着省第一家出口加工区封关运作。海关总署联合验收小组组长孙群与省政府副秘书长谭晓林共同签署《验收纪要》,颁发"出口加工区验收合格证书"。同年经南昌海关报海关总署批准,九江海关驻出口加工区办事处正式挂牌成立,隶属九江海关,内设审单备案科、监控科。2008年,九江海关唯一一家保税工厂——江西共青中羽制衣有限公司因港方撤资申请注销。2010年,稳妥推进新型船舶保税监管试点工作,积极参与九江保税港区论证调研,采取"清单管理法""跟踪提醒法""协调配合法"加强手册核销管理。同时做好加工贸易内销价格审核、归类、征税工作,简化内销手续,支持加工贸易企业"两条腿走路",用好国内国外两个市场,提升应对金融危机能力。全年合同备案95份,备案金额15229美元,合同结案率100%,内销归类差异率为0。监管九江出口加工区进出境货物总值1.8亿元,同比增长3倍,超过九江出口加工区封关运作前4年进出境货物总值。

## 二、关税征收

1991年,继续以国内敏感性较强商品,归类难度大、技术性强、高税与低税易于混淆商品为重点,采取一系列措施加强审价归类工作,同时加大对欠税企业税收催缴,全年通过审价补税347768元,共征收税款1134万元。1995年,针对当年宏观经济政策调整,货源紧,税收任务重的客观原因,坚持"依率计征,依法减免,严格退补,及时入库",严格执行国家税收政策,加强进出口审价和税则归类工作,搜集系统价格资料,对许可证管理商品、协调价格商品,实行逐票审价。加大催税和对走私违规活动打击力度,防止税源流失。全年对加工贸易核销补税383万元,征收税款2806万元。2001年,坚持"加强征管、堵塞漏洞,惩治腐败,清缴欠税"税收工作方针,采取系列措施强化综合治税工作,加强税收征管。拓展税源,走访昌河、华意等企业,宣讲海关政策,落实海关便捷通关措施,扩大和稳定税源;同时加强单证审核和验估等基础性工作,对昌河有限公司500多种进口汽车零配件归类加强归类调研,解决归类难题,提升征管质量;加强与银行税费管理部门核对,发现银行积压税款1816万元,维护税收征管严肃性。严格核定《氧化钽单耗标准》,加大核销补税力度,一年核销补税487万元。全年征税15186万元。2004年,针对综合税率进一步下调、江西昌河铃木汽车有限责任公司进口回落、税收形势严峻情况,坚持"以质为主、量质并举",依法科学征税,继续强化商品归类、估价和化验工作,防止税款"跑、冒、滴、漏",确保应收尽收。同时宣传、讲解在九江口岸报关进口便利条件和海关优质服务措施,吸引辖区内企业异地报关货物在九江海关报关纳税,扩大税源。全年征收税款1562.30万元。补税款26万元,其中送检8票,改税号6票,归类补税2万元;价格磋商7票,成功磋商5票,审价补税24万元。2010年,以综合治税为中心工作,对辖区内20家主要税源企业和3大进口支柱行业实施专项调研,建立每周税收征管通报制度,掌控征税主动权;加强重点敏感商品的监控管理,组建预归类、预审价小组,强化取样送检、审价归类、原产地管理等基础性工作;开展打击出口骗退税百日专项行动。2010年,一般贸易价格水平、税款核销率、原产地审批准确率均优于海关总署考核指标。全年征收税款3.64亿元,创建关30年来历史新高。

## 三、关税减免

1993年,严格减免税"三级"审批,共审批减免税8200万元,实际减免9700万元。办理50批外商自用物品审批和4批捐赠货物审批。1996年,配合工商部门开展对被注销外贸企业(公司)免税进口货物、物品清理工作,对尚在监管期内减免税货物,折旧估价征税。全年审批减免税额3400万元,其中"三资"企业审批减免2896万元,技术改造审批减免税300万元,科教用品审批25万元,其他审批减免100万元。2002年,在减免税审批方面,为省重点建设项目赛得利(江西)化纤有限公司办理减免税13302万元。加强进出口减免税货物后续管理,对重点企业减免税货物下厂进行核对清查,依法解除减免税货物监管。全年审批减免税金36027万元。2004年,采取提前介入、上门服务、电话咨询等措施,帮助企业用足用好国家减免税政策。全年办理减免税业务108批次,减免7461万元。2010年,九江海关认真贯彻国家减免税政策,依法依规办理减免税审批业务,全年审批减免税2325万元。

**1991~2010年九江海关进出境监管、税款征收一览**

表12-4-1　　单位:万元、万美元、吨、份

| 年 份 | 税收总计(万元) | 进出口总值(万美元) | 进口总值(万美元) | 出口总值(万美元) | 进出口货量 | 进 口 | 出 口 | 报关单 |
|---|---|---|---|---|---|---|---|---|
| 1991 | 1134.09 | 6944.73 | 4771.41 | 2173.32 | 118162 | 45384 | 72778 | 662 |
| 1992 | 1840.92 | 4127.35 | 2206.88 | 1994.13 | 60478 | 3851 | 56627 | 585 |
| 1993 | 7996.34 | 16419.61 | 13164.9 | 3254.62 | 351642 | 252344 | 99298 | 1796 |
| 1994 | 6062.69 | 14210.25 | 9142.95 | 5067.3 | 217117 | 117555 | 99562 | 2136 |
| 1995 | 2806.19 | 23051.42 | 18018.36 | 5038.78 | 109433 | 56113 | 53320 | 1979 |
| 1996 | 3059.18 | 8161.37 | 3526.07 | 4635.3 | 74211 | 38644 | 35567 | 1602 |
| 1997 | 3465.24 | 8961.28 | 3132.71 | 5828.5 | 47295 | 14247 | 33048 | 1957 |
| 1998 | 1405.15 | 5093.58 | 2200.34 | 2898.65 | 41023 | 12030 | 28984 | 1083 |
| 1999 | 2522.21 | 6488.95 | 4328.4 | 2160.55 | 44268.5 | 11916.4 | 32352.1 | 1405 |
| 2000 | 2804.89 | 7803.80 | 4014.66 | 3789.14 | 52311.92 | 16982.92 | 35329 | 1841 |
| 2001 | 15185.98 | 11241.60 | 7808.03 | 3433.57 | 48273.65 | 12777.2 | 35496.45 | 1480 |
| 2002 | 10127.4 | 17408.72 | 13323.69 | 4085.03 | 51242 | 9957 | 41285 | 2115 |
| 2003 | 6897.48 | 18871.13 | 13794 | 5077.13 | 77732 | 19861 | 57871 | 2419 |
| 2004 | 15625.3 | 2059.34 | 10949.18 | 9580.31 | 169690 | 54755 | 114935 | 4428 |
| 2005 | 19741.61 | 36991.5 | 23471.3 | 13520.2 | 244789 | 82927 | 161862 | 6093 |
| 2006 | 24580.44 | 43328 | 19024 | 24304 | 361597 | 117537 | 244060 | 8546 |
| 2007 | 24507.90 | 56174 | 22076 | 34098 | 435093 | 142117 | 292976 | 11120 |
| 2008 | 24024.60 | 55369 | 27670.2 | 27698.7 | 393737 | 158261 | 235476 | 9727 |
| 2009 | 26421 | 56076 | 26035 | 30042 | 409421 | 149731 | 259690 | 9585 |
| 2010 | 36430 | 108304 | 39161 | 69144 | 508505 | 122375 | 386130 | 14267 |

## 第三节　走私查稽

1991 年,坚持打防控结合,加强反走私综合治理,突出打私重点,大力查缉走私活动,保持反走私高压态势。当年,查处违规案件 4 起,走私案件 3 起。查缉的主要物品为进口尼龙布、打印机散件、汽车。在处理走私案件时,坚持"事实清楚,证据确凿,定性准确,处理得当,手续完备"原则,办案过程中规范办案程序、强化办案人员廉政意识;行政处罚决定做出前后,充分征求当事人的意见,认真审议当事人反馈要求及复议请求;在案件处理上做到处罚与教育相结合,以打促教,突出教育意义。1995 年,九江海关把缉私工作重点放在货运渠道与重点敏感商品上,加强对进口机电产品、出口纺织品以及其他敏感商品的审单和查验。在监管环节查获价值 58.8 万元保税货物倒卖大案要案1 起,"洋垃圾"进口案件 2 起,并在《人民日报》等中央级新闻媒体对"洋垃圾"进口案件进行曝光。全年共查处走私违规案件 10 起,案值达 1500 余万元,到账罚没收入 1221 万余元。1998 年,认真落实全国打私工作会议精神,加强对九江外运码头监管与巡查,加大对货运渠道走私和出口骗税"三假"(假批文、假印章、假单证)打击力度,与公安等部门密切联系配合,搞好打私舆论宣传,反走私工作成效显著。在监管环节,查获进口逃税大要案 1 起、出口骗税大要案 1 起。全年办理走私大要案 4 起,案值达 10726 万元,罚没收入达 1896 万元。

2001 年随着新缉私体制建立和反走私形势新变化,海关调查工作指导思想从办案为主向查缉为主转变,从查处个案为主向规范企业行为转化,把工作重点放在查处加工贸易渠道擅自内销保税料件上来。全年办理走私违规案件 3 起,案值 143.15 万元,配合南昌海关走私犯罪侦查分局协查案件 4 起,办结辖区内首起涉嫌侵犯知识产权案件。12 月 30 日,九江海关走私犯罪侦查支局正式挂牌成立。2006 年,坚持"打防结合、综合治理、突出重点、坚持不懈"打私工作新方针,认真贯彻落实《缉私警察基层建设纲要》,正确行使和综合运用刑事执法和行政执法手段,加强情报基础工作,实施情报强侦战略,加强动态情报的分析研究,提高反走私预警监测能力;不断建立和完善海关缉私运行机制和办案反馈机制,协助正面监管,推动缉私工作与海关业务工作深度融合,切实提高依法行政和执法办案水平,及时发现和有效打击走私违法犯罪活动。全年受理行政案件 3 起,立案 1 起,案值 8.3 万元。结案 1 起,罚没收入 0.45 万元。立刑事案件 1 起,案值 273.8 万元,涉税 57.9 万元,刑事拘留 4 名犯罪嫌疑人。办理协查案件 6 起(不包括南昌缉私局要求协查的案件),协助抓获犯罪嫌疑人 1 名。

2010 年,坚持和谐执法、理性执法,准确把握宽严相济刑事执法政策,强化法律意识,规范执法行为,固化案件回访机制,有效防范执法风险,不断提高依法办案能力、水平和质量,努力实现打击走私法律效果与社会效果、政治效果的统一。全年行政案件立案数 17 起,立案案值 567 万元人民币,调查终结 15 起。共办理协查案件 9 起,调取资料 28 份,接待来人 6 人次,协助抓捕犯罪嫌疑人 1 名。

# 第五章　出入境检验检疫

## 第一节　进出口商品检验

### 一、进口商品检验

**进口钢材检验**　1991年以来，检验进口钢材主要品种有热轧钢板、无缝钢管、焊接钢管、涂层板、铸铁管、镀锌板等，主要进口国家有日本、西班牙、巴西、德国、美国、英国、荷兰等。

**进口金属矿产品检验**　1991年以来，检验进口金属矿产品主要是钽铌矿，主要进口国家为卢旺达、巴西、尼日利亚、肯尼亚、刚果、吉布提、坦桑尼亚等。主要检验依据是《进口矿产品放射性检验规程》，在检验中发现的主要问题是存在放射性比活度超过豁免水平，放射性检测值大幅超过当地环境天然本底值，并且部分货物存在掺假、制假等问题。

**进口机电产品检验**　建局以来，检验进口商品就以机电产品为主，占70%以上，主要进口国家为德国、日本、美国、波兰、瑞士、法国、韩国、意大利、印度尼西亚等，主要商品为成套设备、汽车、家电和通讯设备等。检验中发现200多批存在品质缺陷。

**进口橡胶及其制品检验**　2000年始，从日本、泰国、俄罗斯、韩国、德国、马来西亚、法国、美国等国家进口橡胶及其制品，主要有天然胶乳和合成橡胶两种，天然胶乳除了需要完成品质检验和重量鉴定之外，还需进行植物检疫。2005年曾经查获品质不合格的天然乳胶产品。

### 二、出口商品检验

**出口动物及动物产品检验**　1991~2010年，检验出口动物及动物产品主要有供中国香港活猪、水产品、宠物食品、动物皮等。

**出口植物产品检验**　1991~2010年，检验出口植物产品主要有竹木制品、大米、姜制品等。

**出口食品检验**　1991~2010年，检验出口食品主要有罐头、奶粉、蔬菜、酒、茶叶等。

**出口纺织服装检验**　1991年以来，纺织服装是九江传统出口商品，也是重点出口商品，主要包括纱线、布匹、服装等。布匹出口的主要生产企业是九江维科印染有限公司，该公司生产的布匹在非洲市场一枝独秀，其生产批号JSY是非洲商人辨别货物的主要标记。

**出口轻工产品检验**　检验出口轻工产品主要有木制家具、鞋类、球类等。

**出口机电产品检验**　1991年以来，检验出口机电产品主要有电气装置、通信设备、机床、锅炉、五金工具、罐式集装箱、钢瓶、彩电等。

**出口矿产品检验**　1991年以来，出口矿产品检验主要以德安产出口日本、韩国大宗散装萤石为主。20世纪90年代，每年约有5万吨萤石出口。2000年开始，瑞昌市夏畈镇产大宗散装白云石出口到日本，每年约有3万吨白云石出境，至2010年累计出口40万吨。还有少量石英石、金属硅、钨精矿、锑锭、硫化锑等矿产品出口检验。

**出口金属及其制品检验**　1991年以来，检验出口金属及其制品主要有钨铁、锑锭、硅锰铁、钢绞线等。

**出口危险化学品检验**　1991年以来，主要检验氧化钽、碳化铌、甲基三氧硅烷、磷酸、仅限工业用途的添加剂、气相二氧化硅、医药中间体、染料等等。按照国家质检总局的规定，对出口危险化学品实施严密监管，九江大量涉工业添加剂及危险化学品得以畅销世界各地，在国外未发生任何投诉事件。

## 第二节　出入境卫生检疫

### 一、卫生检疫查验

1991 年以来，主要实施海港卫生检疫查验，以九江外贸码头、214 码头作为联检码头，设立卫生检疫办公室和工作点。九江港正式对外开港以来，检疫查验国际航行船舶 300 多艘次。九江正式开展集装箱卫生检疫查验以来，共检疫查验进出境集装箱 13 万标箱，其中进境 4 万标箱，出境 9 万标箱；检出问题 300 多标箱，实施卫生消毒处理 3.8 万标箱。其间，还承担部分南昌空港出入境飞机、交通员工、出入境旅客检疫查验任务。

### 二、传染病监测

1991 年以来，主要由出入境检验检疫机构开展出入境人员传染病监测体检和预防接种工作，对出入境人员签发国际旅行健康证明书和预防接种证明书。至 2010 年，共完成出入境人员传染病监测体检 22313 人次，艾滋病监测 22262 人次，预防接种 24257 人次，发现问题 1433 人次。出入境人员传染病监测体检工作的开展，有效地控制传染病的传入和传出。

### 三、卫生监督

**海港卫生监督**　2000 年始，根据《中华人民共和国国境卫生检疫法》规定，对九江口岸进出境船舶、集装箱、货物、涉外服务单位实施卫生监督，对涉外从业人员进行健康体检。开展九江口岸病媒生物本底调查工作，为九江口岸卫生检疫和卫生监督工作的开展以及传染病发生和流行的危险性分析提供必要的技术资料。

**进口食品卫生监督**　1992 年，原九江卫生检疫局加挂九江进口食品卫生检验监督所后，加强对进口食品的后续监管和抽查，对进口食品经销单位和商场进行卫生登记注册，查验进口食品卫生证书，发放进口食品防伪标志，查处部分过期变质进口食品、进口假酒，进行公开销毁。

### 四、卫生处理

1991 年以来，对进出境运输工具、集装箱、货物实施卫生处理，对公共场所、病源地和疫源地实施卫生处理措施，切断传染病传播途径。对船舶饮用水、压舱水、厨房、房间实施消毒 200 余次；灭虫、灭鼠、灭蟑螂 100 余次；对南昌口岸出入境飞机实施预防性消毒 400 多架次；对进出境集装箱卫生处理 3.8 万标箱；对大量进境废纸、废旧塑料、废钢、废旧物品实施熏蒸除害等卫生处理。

## 第三节　进出境动物检疫

### 一、进境动物检疫

1991 年以来，检疫进境鸵鸟、进境种猪、种牛、鳗苗等。按照国家动植物检疫相关管理办法，进境活动物要在国家质检总局审批同时到达指定的隔离场所进行隔离检疫，鸵鸟、种猪、种牛进境还要在输出国作入境前的隔离检疫。1996 年检疫九江德华鸵鸟有限公司从美国进境鸵鸟 123 只。

### 二、进境动物产品检疫

1991 年以来，检疫进境动物产品主要有猪肠衣、盐渍猪皮、乳清粉、贝类等。1993~1997 年，江西从德国进口猪肠衣半成品，属来料加工，在上海口岸入境并进行外包装消毒，运抵九江港后，转运南昌等地，实施现场检疫、监管。1998~2000 年，江西进口乳清粉，作饲料用，从美国通过集装箱转关运至九江、南昌等地，进口前，按规定办理进境动物产品检疫审批手续，入境后实施现场检疫。2004 年开始，在全省范围多次开展打击非法入境肉类专项活动，强制退回或销毁来自国外疫区和非法入境的肉品 20 多吨、封存进口手续不全的肉品 123 吨，对擅自改变用途的 170 余吨进口肉品强制定点熟制加工。

### 三、出境动物检疫

1991 年以来，供香港活猪的检疫工作主要依据国家质检总局供香港活猪管理办法执行，对供香港猪场实施检疫注册管理，对供香港活猪实行批批检疫，定期抽取尿样，检测尿样中有无盐酸克伦特罗。2002 年开始，对供香港活猪开展口蹄疫等疫情监测和“7+10”残留物质监控，合格活猪供应港澳，使港澳同胞吃上“放心肉”。出境水生动物主要包括黄颡鱼、鳜鱼、泥鳅、螃蟹、甲鱼等，主要出口国家和地区为日本、韩国和中国香港等，主要是依据国家质检总局 99 号令《出境水生动物管理办法》对出境水生动物饲养场和中转场实施检疫注册，对出境水生动物实施药物残留监测和疫病监测。

### 四、出境动物产品检疫

1991 年以来，主要品种有冻猪肉、肠衣、皮张类、鬃毛类、骨粒粉、冷冻鮰鱼片、冻龙虾仁等水产品和宠物食品等，其他小品种还有鲜鸡蛋、鱼类、虾类和贝类。主要依据输入国检疫要求和中国相关规定、标准以及合同、信用证约定内容实施检疫，检疫要求主要包括兽药残留、重金属、微生物及添加剂的控制。对出境动物产品加工厂实施注册登记制度，输欧、美、日、韩、俄等国家水产品需获得国外注册。九江华亨皮塑有限公司是江西唯一一家生产出口宠物食品企业，也是全国出口宠物食品最大企业之一，主要生产狗咬胶、粒制品、鸡肉制品和宠物饼干等，产品质量稳定，自 2005 年始，年均出口 1000 万美元，产品销往 20 多个国家和地区。

## 第四节 进出境植物检疫

### 一、进境植物检疫

20 世纪 90 年代，江西先后从日本、新西兰、澳大利亚等国家和中国台湾地区引进蔬菜、水果、花卉，以九江口岸检疫为主，其中以 1997 年数量最多。经检疫发现樱花苗木带有中国森林植物检疫对象冠瘿病，全部作烧毁处理。其他种苗按《进口种子、苗木检疫操作规程》检疫，未发现疫情。

### 二、进境植物产品检疫

1998 年以后，进境植物产品以口岸检疫为主。每年有数万吨废纸进口，经熏蒸除害处理和现场检疫合格后放行。2000 年以来，有大豆、植物油等产品从南通等口岸入境到九江生产加工。对从上海等进境口岸调离至江西的进境植物产品进行检疫、监管是九江进出境植物检疫工作一项重要工作。

### 三、出境植物检疫

20 世纪 90 年代后，庐山植物园邮寄至美国、中国香港等地种子及植物标本共有 100 多批、5000 多千克，经检疫合格后放行。全国每年约有 500 吨紫云英种子出口日本，江西占 50%以上。

### 四、出境植物产品检疫

1991 年《中华人民共和国进出境动植物检疫法》颁布后，九江出境植物产品检疫业务迅猛发展，检疫品种增加到竹木产品、粮油、饲料、蔬菜、药材等 12 大类 100 多个品种。大米是主要出境植物产品之一，主要出口东南亚和非洲，检验检疫依据为《出境粮谷检疫程序》和合同、信用证等，检疫方式为自验、共同检疫、产地检疫与口岸查验相结合。

### 五、木质包装检疫

1998 年 9 月，美国对中国出口货物木质包装提出严格检疫要求，其他国家纷纷效仿。为保证九江货物顺利出口，1999 年开始，出入境检验检疫机构对出口货物木质包装实行临时出口商品质量许可证管理,同时依据国际植物保护公约组织相关规定,加强对进境木质包装检疫监管。2005年3月国家质检总局颁布《出境货物木质包装检疫处理管理办法》,江西对出境木质包装除害处理标识加施资质厂实施注册登记,所有进出境木质包装必须加施IPPC标识,九江有3家木质包装厂获得IPPC加施资质。20年来,在口岸查验中,截获来自日本、美国、印尼、韩国、意大利等国家和地区的入境货物及木质包装中有害生物200多种次,包括松材线虫及二类有害生物——双勾异翅长蠹、印缅乳白蚁、台湾白蚁、双刺长蠹和黑刺长蠹,其中印缅乳白蚁和黑刺长蠹属江西九江首次截获。

## 第五节　鉴定

### 一、出口危险货物运输包装鉴定

1991年3月始,出口危险货物运输包装鉴定分为性能鉴定和使用鉴定二种形式。九江实施出口危险货物包装性能鉴定,当时市金属容器包装厂生产出口危险化工品开口钢桶,进行包装性能鉴定。1993年7月始,九江实施出口危险货物包装使用鉴定,当时即对九江化工厂生产出口危险化学品电石(碳化钙),进行危险货物包装使用鉴定。到2010年,全市有6家生产出口危险化学品包装企业,分别生产开口钢桶、闭口钢桶、瓦楞纸箱、塑料编织袋,基本上能满足九江市出口危险化学品包装需求;有28家生产出口危险化学品企业,增至38个品种,每年大约有7000万美元危险化学品出口到世界各地。

### 二、出口普通货物运输包装鉴定

1991年1月起,出口商品运输包装容器实施法定检验。为保证出口商品运输包装容器按时开验,省进出口商品检验局召开首次全省出口商品包装检验工作会议,全省地市县外贸公司、包装容器生产厂家代表150余人参加会议,就有关包装容器检验、监管等具体工作作出部署。当年3月,九江开验出口普通货物运输包装,当时主要鉴定出口瓦楞纸箱、塑料编织袋,到2010年,全市有13家生产出口普通货物运输包装的企业,每年约鉴定5000万件出口普通货物运输包装。

### 三、水尺计重

1991年以来,水尺计重通过对承运船舶之排水量及船用物料的测定,依据船舶准确图表,计算出船舶所载货物重量鉴定方式。九江外贸码头水尺计重鉴定工作,主要针对大宗散装矿产品萤石进行实载公证鉴定,出口到日本、韩国。至2010年,累计水尺计重出口散装萤石39万吨,水尺计重出口散装硅灰石16万吨。

### 四、容量计重

1991年以来,容量计重对在运输、储存和交接过程中散装液体商品和液化气体商品一种计量方式,容量计重适用于海运或陆运散装液体商品计量。主要在九江石化总厂外贸码头开展,针对该厂从俄罗斯进口散装原油及工厂生产出口成品油(汽油、柴油、石脑油、航空油)进行实载公证鉴定。至2010年,累计容量计重进口散装原油23万吨,容量计重出口成品油(汽油、柴油、石脑油、航空油)18.6万吨。

### 五、衡器计重

1991年以来,根据不同商品分别采取不同的衡器,如天平、案秤、台秤、轨道衡、地中衡、料斗秤、电子秤等进行计重,称衡器计重。各种衡器都必须经国家计量部门鉴定合格,在有效期内使用和按照规定操作。凡包装容器进出口货物都是采用衡器计重方式。通过准确计量进出口货物数量和重量,签发证书,以维护国际贸易双方合法利益。

# 第六章 海事监督

## 第一节 船舶监督

1991年10月30日,七届全国人大常委会第二十二次会议,批准九江口岸对外国籍船舶开放。1992年6月28日经国务院组织验收,九江港正式对外开放。1992年7月17日8时30分,九江港迎来第一艘外轮金敬轮(GOLDEN RESPECT),国籍洪都拉斯,空船进口,出口花岗岩至日本名古屋。1992年6月5日,省政府、省军区联合发文,批准开放范围为"外贸港区、三角线港区、炼油厂码头",具体开放范围:姚港外籍船舶联检锚地、新港外籍船舶联检锚地、外贸港区、三角线港区、炼油厂码头。

**1992年九江口岸码头开放一览**

表12-6-1

| 码头名称 | 所属单位 | 地理位置 | 码头性质 | 码头设计靠泊负荷 | 码头前沿水深 | 开放时间 |
|---|---|---|---|---|---|---|
| 214码头 | 闽赣物资供应公司 | 下游里程798.5千米 | 散化和件杂货 | 3000~5000载重吨 | 大于4米 | 1992.06 |
| 外贸码头 | 九江港务局 | 下游里程794.5千米 | 散货、包装危险货物 | 5000载重吨 | 大于5米 | 1992.06 |
| 九江石化码头1区 | 九江石化总厂 | 下游里程787千米 | 石油产品 | 5000载重吨 | 大于4.5米 | 1992.06 |

## 第二节 船舶引航

1991年以来,九江海事局本着"便利、快捷、优惠"原则,做好国际航行船舶进出口岸审批手续,加快审批速度,提高通关效率,为船舶进出口岸提供优质的服务。审批工作主要是对船舶航行安全条件进行查验核定,确保船舶安全进出九江口岸。为做好对外籍轮进出口岸工作,多次派员参加口岸协调工作会议,与代理、港口等部门联系、沟通,提前作好船舶进出港准备。依据《国际航行船舶进出中华人民共和国口岸检查办法》,对来港船舶进行进出港审批管理,为船舶在本港航行作业安全提供安全便捷服务。长江海事局根据《国务院关于口岸开放的若干规定》《中国海事局关于加强海事系统口岸管理工作的意见》等有关法规,制定《长江海事局口岸开放审批工作规定》,有效加强九江辖区口岸开放管理,进一步规范口岸开放管理工作。组织相关业务人员对该规定进行认真学习,提高口岸相关业务工作人员业务素质,进一步规范口岸审验程序,为九江外贸通关创造更好条件。

## 第三节 监督管理

1991年以来,九江海事局信息化网络结构具有现代化监管系统。独立管理通信中心机房1个,海事网络信息中心机房1个,辖区水域建设基站9个,承担海事监管业务数据采集、监管、传输等。执法车和海巡艇安装GPS设备13台套,建设移动CCTV监控点12个(海巡艇),固定CCTV监控点17个。在各海事处、执法大队办事处及海巡艇互联的局域网,海事业务、行政办公、现场监管等工作均实现网络化,为电子口岸建设打下坚实基础。还建设集VTS、AIS、CCTV、GPS监控于一体的现代化监管系统,将VTS、

AIS、CCTV、GPS 等监管设施效能整合,实现数据共享,使得船舶进入 VTS 监控后,及时将该船舶数据利用 AIS 系统进行标注,配合 CCTV、GPS 系统进行有效监管,最大限度发挥现有科技监管设备的功效,与日常巡航救助、现场监督执法有机结合,提高整体监管水平。

1991~2010 年九江辖区国际航行船舶进出口岸监管一览

表 12-6-2　　单位:艘次

| 年 份 | 船舶进出口岸 | 年 份 | 船舶进出口岸 | 年 份 | 船舶进出口岸 | 年 份 | 船舶进出口岸 |
|---|---|---|---|---|---|---|---|
| 1991 | 12 | 1996 | 13 | 2001 | | 2006 | 1 |
| 1992 | 14 | 1997 | 6 | 2002 | 3 | 2007 | 3 |
| 1993 | 14 | 1998 | 10 | 2003 | | 2008 | 3 |
| 1994 | 18 | 1999 | 10 | 2004 | | 2009 | 4 |
| 1995 | 20 | 2000 | 7 | 2005 | 1 | 2010 | 3 |

# 第七章　边防检查

## 第一节　入出境检查

1992 年 7 月 17 日,首次对洪都拉斯籍“金敬轮”执行边防检查,以后对经由九江口岸入出境的巴拿马、日本、菲律宾、新加坡、俄罗斯、韩国、伯利兹、越南、柬埔寨、印度尼西亚、马来西亚、斐济、丹麦等国家和中国香港、台湾地区船舶实施检查与监护。至 2010 年年底,共检查入出境人员 997 人次,入出境船舶 67 艘次,其中入出境外国员工 36 人次,入出境中国员工 961 人次,入出境外国籍船舶 45 艘次,入出境中国籍船舶 22 艘次。

## 第二节　入出境船舶监护

1992 年 7 月开始至 2010 年,对入出境外国和地区船舶实行监护的有洪都拉斯、巴拿马、日本、菲律宾、新加坡、俄罗斯、韩国、伯利兹、越南、柬埔寨、印度尼西亚、马来西亚、斐济、丹麦等国和中国台湾、香港地区等,监护船舶 67 艘次。

# 第八章 口岸服务

## 第一节 国际航线船舶代理

1991年九江外运船务代理有限公司(简称九江外运)成立,经过20年发展,在九江口岸代理进出口货物总量占25%。2009年1月1日成为中外运长江有限公司托管单位。2005年,成立九江中海有限公司,当年服务进出口企业102家,进出口货物1631标准箱。至2010年服务进出口企业340家,进出口货物8878标准箱。与境外国际航线船舶代理公司建立业务往来信誉企业有20家。至2010年,九江口岸国际航线船舶代理共有6家公司,分别是长江国际货物运输代理有限公司九江分公司、江西中外运有限公司、上港集团长江物流江西有限公司、中国九江外轮代理有限公司、九江长伟国际船舶代理有限公司、九江中兴国际货代理有限公司。具有国际航线船舶资质的企业可在船舶进出口时履行相关手续,包括船舶进出口申请,申请引航,联系安排泊位,为货物联系装卸、理货、监装、衡量和检验,代为计算收取运费、滞期费,洽办货损货差理赔等。

## 第二节 国际货运代理

2005年5月,九江中兴国际货运代理有限公司经商务部批准成立,为一级国际货物运输代理企业。业务范围:海运、陆运、空运、铁运、多式联运等国际货物运输代理业务;专业报关、报验、揽货、订舱,保险,集装箱拼装拆箱、集卡车及短途运输等。

2005年,进出口货量1631标准箱。2010年,进出口货量8878标准箱。国际联运约50个车皮。2006年3月,成立中兴子公司兴海报关有限责任公司和三兴报检有限责任公司,年处理报关量4000票,处理报检量2000票。

至2010年,九江口岸国际货运代理(已登记备案)共有11家公司,分别是长江国际货物运输代理有限公司九江分公司、江西中外运有限公司、上港集团长江物流江西有限公司、中国九江外轮代理有限公司、九江长伟国际船舶代理有限公司、九江中兴国际货代理有限公司、九江嘉宏国际货物代理有限公司、江苏众诚物流有限公司九江分公司、世邦国际集运(江西)有限公司九江分公司、九江圣翔国际货运代理有限公司、九江华宁国际货运代理有限公司。从业人员220余人,单月操作货量可达百万余吨。九江口岸国际货运代理和国际多家航运公司签订有运价协议、订舱协议以及签发提单约定。操作运输方式涵盖空运、海运和陆运,服务跨越订舱、拖车、仓储、报关、报检、拼装拆箱、保险、签单以及运输咨询,运输方案设计等各环节;除一般普通货物外,还可运输危化品、烟花爆竹、冷冻品等特殊货品。口岸集装箱箱型完备,操作大件散货经验丰富,国际航运公司齐全,货物可以通过沿海口岸到达世界各地。另外,九江市众源物流运输有限公司、九江长途汽车运输集团货运物流有限公司、九江运通鸿源集装箱运输有限公司等多家内贸物流公司为集装箱门至港短途运输提供服务;上港物流(江西)有限公司为大型件杂货提供接运服务(上港物流江西公司还备有完善的危险品作业区及作业制度、烟花爆竹整箱堆存点、公共型保税仓库和出口海关监管仓库)。

## 第三节 口岸船检

### 一、中国船级社九江办事处

1992年11月1日,中华人民共和国船舶检验局九江办事处更名中华人民共和国九江船舶检验局,同时建立中国船级社九江办事处(简称 CCS 九江办事处),是交通部直属事业单位,上级是中华人民共和国武汉船舶检验局和中国船级社武汉分社。1998 年 10 月 27 日,中华人民共和国船舶检验局与中国船级社实行“局社、政事分开”,中华人民共和国船舶检验局与中华人民共和国港务监督局合并组建中华人民共和国海事局,保留中国船级社。2010 年,中国船级社九江办事处在职职工 9 人,验船师 5 人、综合管理员 1 人、行政管理员 1 人。

## 二、检验业务

**建造船舶检验** 国内航行船舶建造检验:国内航行船舶检验属于法定检验。1993 年以前检验依据是国务院 1963 年 10 月 7 日颁布实施的《中华人民共和国船舶检验局章程》,1993 年 2 月 14 日《中华人民共和国船舶和海上设施检验条例》由国务院颁布实施,检验依据“条例”执行。检验的标准依据有《船舶与海上设施法定检验规则》《船舶建造规范》《船舶建造检验规程》以及船舶建造相关标准。

国内航行建造船舶主要船型有豪华旅游船、客船、集装箱多用途船、油船、化学品船、干杂货船、三用拖轮、全回转拖轮、三峡清漂船、长江监督艇等。

建造船厂有江州联合造船有限公司、同方江新造船有限公司、银星造船股份有限公司、江西造船有限责任公司、江西华东船业有限公司、九江船厂有限公司、都昌县造船总厂、武穴市开阳星船厂。2006 年武穴市开阳星船厂转到 CCS 黄石办事处检验。

国际航行船舶建造检验:国际航行船舶检验分两部分。一部分是法定检验,依据是船籍国的有关规定和国际公约的有关要求。另一部分是船级检验,依据是船级社规范和船东要求满足的有关标准。

国际航行建造船舶主要船型有:干杂货船、油船、三用拖轮、环保船。

建造的船厂有:江州联合造船有限公司、同方江新造船有限公司、银星造船股份有限公司。

涉外船舶建造检验:1992 年 6 月至 1993 年 10 月在江州造船厂与英国劳氏船级社(LR)联合检验 230 标准箱全集装箱船,该批船舶入英国劳氏船级社船级,依据国际公约和英国劳氏船级社规范检验,出口到新加坡和香港,由江州联合造船有限公司建造,中国船级社九江办事处派出船体、轮机、电气三名验船师参与检验工作;1994 年 11 月至 1996 年 4 月外派 1 名验船师住罗马尼亚格拉兹船厂检验格拉兹船厂为广州海运局建造的集装箱船;1995 年 7 月至 1999 年 2 月在江州造船厂与德国劳氏船级社(GR)联合检验 4800 吨多用途集装箱船,该批船舶入德国劳氏船级社船级,依据国际公约和德国劳氏船级社规范检验,出口德国,挂塞浦路斯旗,由江州联合造船有限公司建造,派出船体、轮机、电气验船师参与检验工作;2005 年 6 月至 2009 年 6 月,九江银星造船股份有限公司为希腊船东建造的 8900 吨和 12000 吨油船/化学品船,入 CCS 船级,依据国际公约和 CCS 规范检验,执行现场检验。由于 2005 年外国船东建造船舶入 CCS 船级不多,因此 CCS 总部对该批船舶的检验十分重视,CCS 社长、副社长等多次到九江银星造船股份有限公司指导工作。

**营运船舶检验** 九江地区 CCS 检验的营运船舶主要是直属企事业单位在九江港区的船舶和过往九江港区船舶证书到期的由 CCS 检验发证的船舶。

九江港区的主要客户有中铁大桥局集团有限公司九江船舶分公司、中华人民共和国九江海事局、长江南京航道局九江航道处、上港集团九江港务有限公司、中石化股份有限公司九江分公司、中石化长江燃料有限公司九江分公司等。

每年检验营运船舶约 140 艘次。

**焊工考试** CCS 九江办事处承担江西地区船厂和相关企业的焊工考试发证和焊接工艺认可等工作,据不完全统计,从 1991~2010 年共签发焊工证书 4000 余份。

**船用产品检验** 1991~2002 年,江西地区由 CCS 九江办事处新开发的船用产品检验项目由 CCS 九江办事处检验发证,如 707 所的计程仪是由CCS 九江办事处新开发的船用产品检验项目,由 CCS 九江办事处检验发证。2003 年后,江西地区船用产品全部由 CCS 武汉分社产品处检验发证。

1991~2010年中国船级社九江办事处检验建造、营运船舶一览

表 12-8-1　　　　单位：艘、艘次

| 年份 | 检验建造船舶 | 检验营运船舶 | 年份 | 检验建造船舶 | 检验营运船舶 |
|---|---|---|---|---|---|
| 1991 | 24 | 113 | 2001 | 8 | 194 |
| 1992 | 16 | 99 | 2002 | 6 | 153 |
| 1993 | 34 | 167 | 2003 | 6 | 167 |
| 1994 | 53 | 75 | 2004 | 9 | 150 |
| 1995 | 12 | 137 | 2005 | 6 | 130 |
| 1996 | 4 | 154 | 2006 | 5 | 121 |
| 1997 | 6 | 169 | 2007 | 8 | 106 |
| 1998 | 2 | 176 | 2008 | 6 | 127 |
| 1999 | 6 | 155 | 2009 | 6 | 125 |
| 2000 | 16 | 163 | 2010 | 15 | 153 |

## 第四节　外贸外汇

1991年以来，中国银行九江分行作为全市外汇收支和进出口结算业务主导银行，以人民币业务为基础、外汇业务为核心的组合式金融服务及创新服务优势突出：成功叙做全省第一笔247亿日元外汇贷款置换业务和180亿日元债务调期保值业务；全市率先实现船舶预付款保函业务、福费庭业务、出口保理业务、订单融资业务、贵金属代理买卖业务、无条件信贷证明业务、进口汇利达、出口融信达、融易达业务。

中国银行九江分行于1992年5月组建国际结算部并正式开办国际结算业务。当年实现业务量50万美元；1993年100万美元；1994年321万美元；1995年826万美元；1996年1289万美元，国际结算量首次突破千万美元大关；1998年受东南亚经济危机的影响，中国进出口情势严峻，中国银行九江分行国际结算业务逆势上涨，结算量达到3293万美元，同比增长246%，市场份额达89.2%；2005年6741万美元，破5000万美元大关；2007年15008万美元，破1亿美元大关；2008年21184万美元；2009年23693万美元，在全球金融危机中国进出口下滑情况下，仍取得较2008年增长12%好成绩；2010年47892万美元，国际结算业务领跑同业，市场份额高达46.8%。

至2010年，中国银行九江分行累计发放人民币贷款215亿元，外汇贷款3.5亿美元，扶植全市石化、电力、冶金、建材、船舶、食品、纺织等外贸行业发展，支持中石化、国电、星火有机硅、旭阳雷迪、巨石集团、江州造船、九江钢厂、赛得利化纤、亚东水泥、攀森科技、泽辉纸业、鸭鸭集团、公路局、九江城投、富和投资等大批带动九江经济发展骨干企业和重点项目，多次被市委、市政府授予“金融机构支持地方经济建设先进单位”“招商引资服务先进单位”等称号。

## 第五节　对外保险

1992年前，中国人民保险公司九江市支公司涉外保险业务归属财产险科。1992年7月31日，设立市支公司涉外业务部。10月14日，涉外业务部更名为国外业务部。1996年8月，中国人民保险公司财险、寿险分业经营。公司更名中保财产保险公司市分公司和中保人寿保险公司市分公司。

2003年，中保财产保险公司上市股改，涉外业务一直归营业部专营。市分公司自开办涉外保险业务以来，只发生过一笔200元赔款。

## 第六节　外轮理货

九江中理外轮理货有限公司前身是中国外轮理货总公司九江分公司。2005年8月,由九江港口集团公司和中国外轮理货总公司共同出资改制而成,人事关系隶属上港集团九江港务有限公司,业务管理为双重管理。公司注册资金人民币50万元,是江西唯一具有外贸理货资格的专业理货机构。公司执行中国外轮理货总公司统一签订的业务合作协议,国际间理货协议和跨港口、跨地域的理货协议。公司坚持安全优质,优良服务的经营思想,逐步完善质量管理,为顾客提供一流服务。

业务范围从只有少量件杂货理货发展到国际、国内航线船舶的理货业务;国际、国内集装箱理箱业务;集装箱装、拆箱理箱业务;货物的计量、丈量业务;监装、监卸业务;货损、箱损检定等业务;委托方委托理贷公司办理的其他理货业务。理货地域从九江发展到南昌、新余、鹰潭、景德镇、宜春。公司管理实现理货信息网络化。至2010年集装箱理箱量119101标准箱,其中外贸进出口重箱40489标准箱。16次组织人员参与九江口岸开放以来的全部外贸进出口直航船舶货物理货作业。

# 第十三篇

# 邮政电信

# 第十三篇 邮政电信

20世纪90年代以来，随着全市经济社会发展，邮政、电信事业也不断发展、壮大。1991年，全市邮政营业网点147个，函件1429万件，包裹19万件，报纸5562万份，杂志385万份，集邮527万枚，市内电话1710户，长途电话电路340条，邮政储蓄余额5198万元，汇票438710张。1998年，邮政电信分营，市邮电局撤销，分为市邮政局和市电信局，1997年成立市联通公司，1999年成立市移动通信公司，2000年市电信局改称市电信公司，各县也成立相应机构。至2010年，全市邮政、电信、移动、联通4家营业网点共669个，函件1936万件，包裹15万件，报纸3900万份，杂志256万份，集邮371万枚，邮政储蓄余额554109万元，汇票465677张(含邮政储蓄银行)。邮政物流收入690万元，电信公司开通AP数423台，开通AC容量1536台，开通AP1430台；移动通信276808户，互联网264339户；联通公司传输网管道1268孔千米，市内电话471154户，交换机容量455万户。虽然部分传统业务量有所减少，如函件、报刊、电话、集邮，有的消失，如电报，但更多的新兴业务大量拓展，如智能手机、宽带上网、QQ、无线宽带、数据通信、政策搜索、全球通、神州行、动感地带、手机证券、手机报、手机钱包、网上银行、微博等，极大地改善和丰富人们工作、生活、娱乐的条件、方式和观念。

# 第一章 邮政

## 第一节 邮政设施

### 一、邮政网点

**城市网点** 1991~1998年,全市县城以上邮政网点39个。至2010年年底,全市有县城以上邮政服务网点49个(不包括邮储银行网点)。

**农村网点** 1991年全市农村邮政网点108个,1998年104个。至2010年年底,全市农村邮政网点142个,其中属邮政局(企业)代理经营的邮储网点109个。

2010年全市邮政网点布局一览

表13-1-1

| 区 域 | 网点个数 | 自办邮政支局名称 | 自办邮政所名称 | 代办所名称 |
|---|---|---|---|---|
| 九江市区 | 13 | 大树下、大中路、九龙街、长虹、立交桥、青年路、浔阳路、石化、青年路邮储支行 | | 师专、金鸡坡、大桥五处、职大 |
| 九江市郊 | 13 | 花园、妙智、十里、九江学院、职业学院、化纤厂、新港、冯家村、海会、高垅、赛阳、大桥 | | 回峰矶 |
| 九江县 | 10 | 柴桑南路、港口、马回岭、赤湖、赛城湖 | 城郊、江洲、新塘、新合、岷山 | |
| 德安县 | 11 | 东风路、德安县邮储支行、朝阳邮储支行 | 九里、邹桥、聂桥、黄桶、磨溪、吴山、河东、丰林 | |
| 永修县 | 17 | 涂埠、广场、永丰、新城、虬津、云山、柘林、军山、吴城 | 梅棠、艾城、燕坊、新基、牛头山、三溪、杨家岭、滩溪 | |
| 星子县 | 10 | 秀峰路、南康路 | 横塘、蛟塘、隘口、蓼花、华林、沙洲、苏家垱、蓼南 | |
| 修水县 | 21 | 大楼、义宁、渣津、三都 | 宁州、白岭、古市、朱溪、黄沙港、观前、一所、何市、山口、溪口、马坳、黄沙、征村、南岭、大椿、东津、黄坳 | |
| 武宁县 | 20 | 交通路、人民路 | 月田、鲁溪、船滩、澧溪、罗坪、泉口、官莲、石门、清江、杨州、巾口、横路、石渡、南田、宋溪、黄段、大洞、罗溪 | |
| 湖口县 | 12 | 双钟、三里、三里邮储支行 | 文桥、流泗、凰村、江桥、马影、舜德、张青、武山、流芳 | |
| 都昌县 | 20 | 万里、东风大道、蔡岭、徐埠 | 中馆、周溪、三汊港、大沙、土塘、万户、苏山、汪墩、西源、多宝、东山、大港、春桥、马涧、南丰、左星 | |
| 彭泽县 | 19 | 龙泉、龙城、芙蓉、马当、茅湾邮储支行 | 定山、棉船、杨梓、浩山、天红、东升、太平、黄花、黄岭、二团、浪溪、上十岭、和团、乐观 | |
| 瑞昌市 | 22 | 襄溪西路、城东、金桥、人民路、码头 | 范镇、武山、下巢湖、夏畈、491、乐园、莫家、双下桥、召陈、大坂头、丁家咀、大桥、高丰、张家铺、王家铺、白杨、洪一 | |
| 共青城 | 2 | 百米大道 | 江 益 | |
| 庐 山 | 1 | | 正街营业厅 | |

## 二、邮政设备

**邮用汽车**　2010年，全市邮政生产用车103辆，分别为邮政运输车21辆；防弹运钞车21辆；投递专用车9辆；机要通信专用车2辆；速递业务专用车29辆；物流业务专用车16辆；其他生产用车5辆。

**工具设备**　2010年，全市邮政工具设备共1138辆（台、个），分别为转运牵引车3辆；平板车90辆；皮带机1台；充气机1台；大型发电机2台、过戳机14台；城市投递用电动自行车149辆；信筒信箱823个；物流用大型三向叉车1台；物流用小型叉车3台；物流用堆垛机1台；速递用电动摩托车48辆；速递用机动摩托车12辆。

**电脑、网络系统设备**　IP电话系统：上线时间：1999年12月。系统功能：在全市乃至全省范围内实现内部通话，节约企业成本。设备数量：中兴交换机1台，后台管理电脑1台，中兴M100 1台，中兴S20 13台。电话数量：对内电话800门、对外电话200门。

金融自助终端系统：上线时间：ATM1999年、自助缴费机2009年、网银终端2010年。系统功能：能提供广泛金融及电子商务服务；客户可以通过人机交互界面以及触摸屏方式实现各种相关费用交纳、业务受理、凭条打印等个人自助业务，同时还可查询关于邮政各方面知识和信息。设备数量：自助缴费机5台，网银终端4台，ATM 18台。

邮政金融储蓄系统：上线时间：2003年10月。系统功能：实现邮政储蓄存、取款，转账等相关储蓄功能，增加业务收入，提高客户用邮热情，提升邮政服务形象。设备数量：HP服务器6台，新大陆终端155台，刷卡器155个，密码键盘155个，打印机155台，验钞机155台。

支局电子化系统：上线时间：2003年8月。系统功能：实现前台交易，出口封发，统计查询等功能，并新增量收功能，使邮政信息化从支撑生产逐步向经营管理过渡。设备数量：HP服务器2台，HP中间件1台，新大陆终端158台，打印机158台，扫描枪152个，电子秤152台，迈普路由器138台，邮资机14台。

EMS(Express Mail Service)跟踪查询处理系统：上线时间：2006年10月。系统功能：EMS跟踪查询系统打破原数据查询难题，将电子化邮局系统数据、EMS生产系统数据、中心局系统数据和国际邮联交换数据等进行高效整合，利用EAI高端技术数据交换优势，将原本分散在全国各地的数据进行全国大集中，并且提供一整套邮件、总包和路单查询功能（包括邮件收寄信息查询、邮件全程跟踪查询、总包内件查询、总包经转查询、路单查询等），使得全国各收件网点、分拣中心、投递局间信息可以实时交换，提升生产作业效率。系统实施，使中国邮政将其速递业务直接接入企业，做到促销、定价、称重、查询在同一系统完成，提高用户使用效率和满意度。实现对EMS邮件跟踪查询，可突破时间、空间限制，随时随地掌握EMS邮件具体信息，给用户一种全新邮件跟踪查询体验，进一步提升邮政EMS服务品质。设备数量：IBM服务器1台，陆终端22台，HP PC 5台，北洋袋牌打印机18台，Symbol扫描枪22台，打印机22台。

OA办公自动化系统：上线时间：2009年6月。系统功能：实现九江邮政与全国范围内的公文及各类信息交换，加强各科室计算机进行网络控制管理，提高日常办公效率，节约日常办公费用。设备数量：OA路由器1台，OA交换机3台，光纤收发器1套，办公PC 170台。

中心局网运信息系统：上线时间：2010年10月。系统功能：实现全网信息的互联互通和邮政实物网分拣、运输环节信息与实物同步运输，总包信息一次生成，全网共享。统一和规范中心局基础数据和控制数据，实现发运计划控制生产和档案查询电子化、机械化、信息化完善融合。设备数量：HP服务器2台，终端16台，联想PC 2台，EPSON打印机8台，袋牌打印机：BTP-2000S 3台，BTP-1000 1台，扫描枪O-PL6735有线4台、CASIO-DT900 8台、CASIO-DT300 3台。

网点视频会议系统：上线时间：2010年12月。系统功能：网点视频会议工程目标是在全省联网营业网点实现集图像、声音、文字、数据于一体的视频会议功能与远程教育。设备数量：录播服务器1台，VGA编码器1台，AV编码器1台，实达终端134台，长虹液晶电视134台。

## 三、邮 路

1991年5月1日,九江至庐山自办邮政汽车邮路正式开通。1993年5月1日,恢复九江至黄梅县自办邮路。该邮路由黄梅县邮政局组开。1994年1月1日,九江至武宁自办邮路延伸至修水。同年7月1日,九江至星子自办汽车邮路开通。市邮政自办干线邮路网形成,干线邮路总长度增加到1428千米。实现庐山、星子、瑞昌、武宁、湖口、都昌、彭泽9个县(市、山)可以看到当天的《九江日报》。1995年,全年新开办自办汽车邮路5条,新增邮运车8辆。市到县邮件次日投递率达90%以上。各县(市、区、山)城区以上都可看到当天《九江日报》。1999年1月29日,将庐山、星子2条邮路并为1条,原九江至庐山邮路中沙河邮件改由市局至庐山站一班车发运,在庐山站进行交接。

2001年,将市、县邮路进行责任划分,市县邮路可以相互代办。经过调整,中心局共增加带运县内邮运网点11个,增加日邮运里程180千米。11个网点原由县局自办,调整后日邮运里程减少110千米,并减少驾押人员和邮运车辆,全年节约邮运成本11万元左右。2004年5月1日,九江至修水邮路由往返每日2辆车对开,改为每天1辆车当日往返。2005年2月11日,九江至星子邮路扩充服务面积,为星子县内邮路增加县内邮运服务。2007年1月10日,市趟邮路增加到城郊几个网点,调整缩减星子邮路压力。同时,增加九江至九江县邮路早晚2趟(解决九江县特快出口问题,从九江至庐山邮路中剥离出来);庐山邮路改委办。2009年6月,增开九江至瑞昌横港邮路,调整九江至修水邮路(带运武宁),减九江至武宁邮路,减九江至九江县晚班邮路。

2010年底,全区(包括干线和县内邮路)日均4977.3千米,其中干线1316.3千米/日。共有区内邮路54条,其中干线7条、市趟3条、县内邮路42条、区间邮路2条。

**2010年市至各县(市)自办汽车邮路一览**

表13-1-2　　　　单位:千米

| 邮 路 | 单程里程 | 邮 路 | 单程里程 | 邮 路 | 单程里程 |
|---|---|---|---|---|---|
| 九江市趟1 | 90.2 | 九江至星子 | 74.0 | 九江至武宁 | 145.0 |
| 九江市趟2 | 28.7 | 九江至九江县 | 22.7 | 九江至修水 | 232.0 |
| 九江市趟3 | 50.7 | 九江至彭泽 | 71.1 | 九江至湖口 | 32.0 |
| 九江至都昌 | 150.0 | 九江至瑞昌 | 37.4 | 合 计 | 933.8 |

说明:九江至都昌、九江至星子邮路里程均包括代县内部分邮路;九江至庐山委办汽车邮路33千米

## 四、邮 运

1991年,设九江邮车站,负责全市邮件运输。1993年9月9日,邮电部同意在新火车站广场东侧靠站台处建九江邮件处理中心,征地4公顷,一级干线建设规模为邮件转运用房3000平方米,辅助房1000平方米,以及转运车间相应的流程设备,其余部分列二级干线用。一级干线投资部承担890万元(其中征地费250万元,建筑工程费440万元,工艺设备150万元,其他费用50万元)。要求1994年开工,1996年投产。10月12日,在省邮电管理局主持下,对九江新火车站邮政专用地道工程进行初步设计会审,该地道全长385.51米,主干道直通邮政枢纽楼,共4个斜坡道上火车站。通道采用双车道,净宽5米,净高3米,全部为钢筋混凝土箱形框架。设有相应存放牵引接站拖车、邮包站台及雨篷3024平方米。地道内设有交通信号、消防和事故报警器。工程总概算约775万元。同年,启用九江南站邮件转运站。该站使九江局每天的部分平、挂信函能够当天出口,保证这些传送到全国大部分地区的邮件赶上有效航班、车次,加快邮件传递速度。同时,九江至南昌邮件达到次日投递水平。1994年1月26日,邮电部对九江邮政枢纽楼地道工程初步设计做出批复,同意九江邮运地道视同一级干线项目对待,总概算750万元。1995年10月19日,成立市邮电运输总公司,下设运输公司、邮政运输中心、汽车维修中心。1997年,九江邮政枢

纽楼建成并投产，为九江邮区中心局体制的实施打下基础。同年，九江邮件处理中心被评为华东文明转运站。1999年，实行邮区中心局体制，建立中心局与收投点的邮件直封关系，加快邮件传递速度。

2001年4月，增开市内趟班，使市内趟班从2个频次增加到3个，从而确保全市特快邮件出口频次，加快特快邮件出口时限。同时成立快包处理小组，并向省局申请增开南昌至九江晚班汽车邮路，开办晚班作业，使快包业务迅速发展，从开办初的日均10~20袋发展到日均150袋左右。合理安排车厢装载，采取预留车位方式，实行接力运输。合理调剂配置邮运车辆，全区邮车集中管理，实行歇人不歇车，驾押合一作业组织方式，提高邮运车辆使用率。2006年，以全夜航为主线，重新调整区内各条邮路邮运时间，本着"内部投递、倒推时间、分段作业"原则，进行内部作业调整，提高特快邮件传递速度；改革总包邮件交接程序，加快内部邮件传递速度。2008年3月，省邮政公司决定在市全面实行散件邮件交接和邮件集装箱封发运输改革试点，先后在九江至星子、九江至彭泽和市内趟班邮路上进行。7月初又深化扩大试点范围，扩大到市内各条邮路和速递、物流2专业。8月中旬，省邮政公司决定，南昌邮区中心局将集装箱运邮范围扩大到九江各县局，调整全市各县局进出口邮件流向。全市各营业网点进出口邮件基本取消传统的邮袋封装邮件运输方式，实行区内邮件"三合一"运行。

## 第二节 邮政业务

### 一、函 件

2000年，大力开拓企业金卡市场，全市邮政共揽制98家企业金卡67万枚，比上年净增28万元，增长71.8%，超省局计划2万枚。2001年，市邮政局先后与九江师专、九江财专、九江船校等大中专院校合作，设立邮政代办所，将邮储、集邮、邮资明信片、邮资封等业务推进校园，使校园市场业务成为九江邮政一大特色业务。同年，市邮政局与市工商、国安等单位联合，在全市范围内清理整治不合格邮票销售点85个，检查7家不合格信封生产厂家，收缴不合格邮票6000余元，信封5万余枚。2002年，实施函件"四个一百万工程"，实现收入857万元。同年，与电信、移动、联通等部门联系，签订话单制作投送协议，全年完成账单125.6万件；揽制宣传单位形象、校园和企业等金卡116万枚；揽制九江学院邮资封和市风光邮资封135.9万枚；揽制房产快讯邮送广告193期。2003年10月16日，市邮政局与九江慈善总会签订联合发行50万枚"慈善工程"邮资明信片协议。此为该局明信片业务市场化运作之首次尝试。当年，先后开发庐山三叠泉邮资门票明信片10万枚和瑞昌市常用服务电话宣传明信片4万枚。2004年9月3日，市邮政局与公安机关联合破获一起网络欺诈案。该案是全国首例被发现的以邮票交易为名的网络欺诈案。同年，开发"烟水亭"专用邮资图邮资封产品，利用名址库进行营销。德安县以"世界杂交水稻之父"袁隆平、"世界名模"吕燕、义门陈、万家岭大捷等名人名事为题材，与县委宣传部合作策划开发全套金卡4万枚。2005年在"圣诞节"和"元旦"期间，市邮政局配合公安部门查获、批退伪造纪念邮资封1万枚，有力打击制造贩卖假邮资封扰乱通信市场行为，维护邮政企业合法权益。当年，开发制作湖口石钟山、星子观音桥、彭泽龙宫洞等景点门票明信片共36万枚。2007年下半年，市邮政局集中精力、集中时间、集中力量打响2008年邮政贺卡营销战役，全市实现2008年贺卡营销收入780万元，定制型贺卡收入增幅达49.8%。2010年，全市邮政以数据库商函、账单、邮资封片、邮送广告为主体，其中，开发"新春大礼包"和节假日"打开有礼"、招生商函、高考大礼包等数据库商函产品，实现数据库商函收入623万元；开发"5·12"电信日宣传项目。开发各大医院、企事业单位内刊制作项目20余万件；开发种子酒、金汉科技招商商函项目；开发公用事业类、金融类、商业类、保险类、通信类5类行业账单大项目，开发房地产商业信函项目8万余份。同年，全市出口平常函件19366550件，出口挂号函件250243件。

1991~2010 年全市出口平常函件业务量一览

表 13-1-3 单位:件

| 年份 | 函件量 | 年份 | 函件量 | 年份 | 函件量 | 年份 | 函件量 |
|---|---|---|---|---|---|---|---|
| 1991 | 14292893 | 1996 | 14907903 | 2001 | 46480566 | 2006 | 24102015 |
| 1992 | 16917806 | 1997 | 16852686 | 2002 | 42938214 | 2007 | 14654641 |
| 1993 | 18469851 | 1998 | 20238480 | 2003 | 31118824 | 2008 | 15513875 |
| 1994 | 19229412 | 1999 | 26137313 | 2004 | 23843769 | 2009 | 20185738 |
| 1995 | 17954000 | 2000 | 25089772 | 2005 | 16296779 | 2010 | 19366550 |

1991~2010 年全市出口挂号函件业务量一览

表 13-1-4 单位:件

| 年份 | 函件量 | 年份 | 函件量 | 年份 | 函件量 | 年份 | 函件量 |
|---|---|---|---|---|---|---|---|
| 1991 | 1006933 | 1996 | 1238947 | 2001 | 833022 | 2006 | 274359 |
| 1992 | 1178727 | 1997 | 813583 | 2002 | 588123 | 2007 | 231808 |
| 1993 | 1285780 | 1998 | 500958 | 2003 | 514802 | 2008 | 214800 |
| 1994 | 1332432 | 1999 | 939548 | 2004 | 503899 | 2009 | 234132 |
| 1995 | 1215450 | 2000 | 711591 | 2005 | 375479 | 2010 | 250243 |

## 二、包 裹

2001 年 7 月 18 日,全市开办快速包裹业务。2006 年,市营业中心、共青分局在大中专院校设置毕业生包裹收寄点,现场办理业务,共收寄校园包裹 7790 件,实现收入 15.35 万元,收入绝对值排全省第二。2010 年,全市完成包裹业务收入 204.57 万元,出口包裹 155082 件。

1991~2010 年全市出口包裹业务量一览

表 13-1-5 单位:件

| 年份 | 包裹量 | 年份 | 包裹量 | 年份 | 包裹量 | 年份 | 包裹量 |
|---|---|---|---|---|---|---|---|
| 1991 | 194794 | 1996 | 215273 | 2001 | 237789 | 2006 | 176908 |
| 1992 | 237350 | 1997 | 241462 | 2002 | 227838 | 2007 | 165799 |
| 1993 | 207280 | 1998 | 239453 | 2003 | 216528 | 2008 | 151258 |
| 1994 | 217074 | 1999 | 297318 | 2004 | 189595 | 2009 | 154322 |
| 1995 | 210542 | 2000 | 232624 | 2005 | 182405 | 2010 | 155082 |

## 三、报刊发行

1994 年,市邮政报刊发行部门针对报刊市场现状和竞争激烈程度,多次召开业务分析会,采取问、查、测等方法,制订一系列经营措施,拓展业务市场。全年完成报刊流转额 653.8 万元,比 1993 年增长 19.8%,发行收入 132 万元,比 1993 年增长 23%。1995 年,报刊发行完善"发投合一"机制,即集收订、投递于一体的报刊发行运作机制,按照责、权、利相统一原则,将指标落实到每个收订、投资人员身上,同时将收投效果、工作实绩与职工工资、津贴等直接挂钩。当年,市局报刊汇总要数计算机系统进入全省大网。1996 年,市邮政部门把报刊发行的增量增收、优质服务作为硬指标进行严格考核,加大量化考核力度,使报刊收订、投递工作步入良性循环发展轨道。发行局从狠抓管理入手,健全完善"收、封、投"等规章制度,在改善服务中拓展经营之道,突出发行内容以党报党刊为重点、发行对象以订报大户为重点、宣传促订以订报薄弱户为重点。花大力气做好重点对象服务工作，从而收到突出重点带动一般效果。1997年，报刊发行部门力促各单位完成宣传部下达的党报党刊计划。调动全体员工积极性，大力开展居民委员会和住宅小区收投工作。居民私费订阅量较1996年增长20%以上。当年，市邮政完成省局交办的报刊收订系统开发研究项目。2001年，市邮政局首次采用在市区下岗职工中竞拍报刊亭经营权方式，既解决部分社会下岗职工再就业问题，又取得明显经济效益。同时对报刊亭及大用户畅销报刊实行配送。在报刊发行业务发展过程中，以创建"报刊村""报刊楼院"活动为契机，抓私费订阅，有效启动部分农村和城镇私费订阅市场。2004年10月，自主开发的报刊订销系统分别在南昌市邮政局、市邮政局投入试运行，为统一规范全省报刊订销业务提供先进、高效平台。同年，市局报刊零售公司抓住九江电信公司公开招标制作春节业务宣传品有利机会，精心策划，成功竞中10万套专版春联业务，实现销售收入14.2万元。2005年1月始，《九江日报》《浔阳晚报》脱离邮政发行，改为自办发行。在这种情况下，全市邮政部门通过开展补、续订揽收竞赛活动，增加流转额170余万元；通过狠抓包、畅销报刊收订，《半月谈》《瞭望》《参考消息》等包销报刊均超额完成省局计划；《中高考信息快递》完成4300余份，进度列全省第二。以校园市场为目标，积极拓展教辅类报刊订阅，在全市启动《英语学习辅导报》代理发行工作，揽收教辅类报刊流转额23万余元。2006年，市邮政局积极涉及教辅类报刊区域代理发行领域，取得《英语学习辅导报》等数家报刊在市独家代理发行权，共收订教辅类报刊4万多份，开创邮政校园报刊代理发行业务先河，同年开始使用全国统版报刊收订系统。2007年，全市校园报刊流转额突破100万元。2008年，报刊发行业务通过推行报刊专职营销和投递员包片营销服务模式，充分发挥投递人员、营销队伍和社会发行站力量，全面打好党报党刊主阵地战，突出抓好畅销报刊和校园报刊营销，全年完成校园报刊流转额132万元，同比增长30.43%，列全省第一。2009年，继续推行专职报刊营销员与投递员挂钩包片营销模式，整合邮政客户资源，巩固投递人员收订成果，进一步拓展报刊市场，精心部署和组织报刊补续订、半年收订、农家书屋建设、挂(台)历销售、高端读物发行、新中国成立60周年图片专项营销等系列营销活动，在全省率先取得农家书屋订单合同。全年完成报刊流转额3385万元，其中校园报刊200万元，同比增长51.67%，继续列全省第一。2010年，围绕各季主题营销方案，全市邮政对农家书屋、行业报刊、社会发行站、校园报刊、畅销报刊实施项目营销，全年实现报刊业务收入1130万元，同比增长13.2%。在季度主题营销竞赛活动中，连续4个季度列全省小组第一。校园报刊继续列全省第一。至年底，全市共设邮政报刊亭97处，全年订阅报纸累计39007527份，杂志累计2560476份。

**1991~2010年全市报刊订阅业务量一览**

表13-1-6　　单位：份

| 年 份 | 报纸量 | 杂志量 | 年 份 | 报纸量 | 杂志量 |
|---|---|---|---|---|---|
| 1991 | 55629219 | 3851150 | 2001 | 47884783 | 2364664 |
| 1992 | 59204174 | 3889346 | 2002 | 48539199 | 2354555 |
| 1993 | 58311011 | 3361606 | 2003 | 51931444 | 2267904 |
| 1994 | 49286099 | 2849239 | 2004 | 53108625 | 2453605 |
| 1995 | 50234894 | 2989786 | 2005 | 39194268 | 2399046 |
| 1996 | 51624731 | 3140636 | 2006 | 34378947 | 2327084 |
| 1997 | 53381085 | 2883989 | 2007 | 28926775 | 2091330 |
| 1998 | 56353966 | 3094363 | 2008 | 34278946 | 2471386 |
| 1999 | 51642837 | 2927431 | 2009 | 34184077 | 2452913 |
| 2000 | 47168548 | 3511777 | 2010 | 39007527 | 2560476 |

## 四、分拣封发

1995 年,市局分拣登单系统安装完毕并投入使用,邮件收寄和邮政信息传递开始向自动化、微机化方向发展。2001 年,市邮政局将分拣封发关系进行调整,以减少经转层次,提高分支机构邮件传递时限。打破传统邮件分拣封发关系,在邮区中心局设置直封格口,将全区邮件集中到中心局统一处理,取消和弱化县局分拣封发功能,减少邮件处理环节,先后实行给据邮件、平常印刷品、挂号印刷品、平信、包裹直封到各县分支机构,提高分支机构邮件处理时限。同时,随时根据实际情况和业务发展需要,适时调整分拣封发关系。根据不同邮件的时限要求,兼顾运能、运量的有效配合,采取有效措施缩短邮件内部处理时长,分别赶发有效车次,减少邮件积压,提高车辆装载率。同时改变按固定班次封发方式,实行按进出口车次频次封发。2006 年,对函件分拣作业流程和作业班务进行重新调整,加快函件分拣速度,并确保分拣质量。2008 年,市邮政局实施并完善邮件、报刊分拣分发工作的前置,将邮件和报刊直接分拣分发到投递段。除早班邮车的《江西日报》《人民日报》《参考消息》《信息日报》《江南都市报》5 种大报进行抢班分发,再由各投递部组织二次分发到段以外,其余所有火车和汽车到站邮件和报刊均采取直接分拣分发到投递段,实现邮件和报刊分拣前置,减少内部处理时间,达到邮件和报刊提速目的。2009 年 8 月 1 日起,市邮政局对市本局邮件分拣封发和投递等内部作业组织和流程进行“大集中”优化整合,简化、减少中间多余交接环节,作业流程更加顺畅。

## 五、投 递

1993 年,市邮电局发行科制定《投递管理工作条例》,重新修改生产奖金考核办法,对报刊短少缺一罚十。1997 年,在九江邮政枢纽楼设投递局,负责长虹大道附近区域邮件投递。因此,将市内部分邮件投递区域的邮政编码调整为:市中心投递区域 332000;大桥五处投递区域 332001;金鸡坡投递区域 332002;长虹大道投递区域 332003;炼油厂投递区域 332004;十里铺投递区域 332005。同年,九江城市“通邮工程”取得新进展。在市政建设等有关单位支持下,全市楼房通邮率达 88.5%以上。

2001 年,市邮政局对投递体制进一步改革。在理清责、权、利关系基础上,按照实行投递专业化管理要求,对原有投递网进行改组和改造,组建快递网和包裹投递网,打破按内件性质分类投递做法,改为按时限和安全进行分类投递,实行频次投递和效果投递相结合,发挥投递直接面对用户特点,使投递网逐步成为具有收集信息、揽收业务、开展营销等多元化服务功能的企业营销网络。2005 年,对投递作业进行改造,在市局率先实行信报分投,提高信件和报刊妥投率。2007 年,对全市城市投递部进行改造,主要是分网运作,分层运作,改变投递方式,优化作业流程,加强投递部硬件建设。2009 年,市邮政局整合市区投递部和投递段道,市本局 65 个段道优化为 53 个投递段道。投递员邮件处理时间缩短。同年,进一步强化城市邮政信筒、信报箱管理,强化投递质量管理,推广城市电动自行车投递,市本局各投递部和各县城投递部均配发电动自行车。2010 年 5 月,市建设规划局、房产局、邮政局联合下发《关于加强城市住宅楼房信报箱建设与管理工作的意见》,要求自 2010 年 6 月 1 日起,住宅楼房建设项目规划申报时,报批图中要有信报箱及邮政通信设施内容,按要求设置信报箱(群、间、亭)。当年,市邮政局推进大户投递工作,有效扩大汽车报刊投递占比。实现大户段汽车投递量占比 45%以上。

## 2010 年市邮政编码、地名(局名)一览

表 13-1-7

| | | | | | | | | | | |
|---|---|---|---|---|---|---|---|---|---|---|
| 市区 | 邮编<br>地名 | 332000<br>市内局 | 332000-<br>1 大中路 | 332000-2<br>立交桥 | 332000<br>浔阳路 | 332001<br>大桥五处 | 332002<br>金鸡坡 | 332004<br>炼油厂 | 332005<br>十里铺 | 332006<br>冯家村 |
| | 邮编<br>地名 | 332007<br>花 园 | 332007<br>仪表厂 | 332008<br>妙 智 | 332009<br>赛 阳 | 332011<br>周 岭 | 332012<br>大 桥 | 332013<br>新 港 | 332014<br>回峰矶 | 332015<br>威 家 |
| | 邮编<br>地名 | 332016<br>高 垅 | 332017<br>蛤蟆石 | 332018<br>海 会 | 332020<br>共 青 | 332021<br>甘 露 | 332022<br>江 益 | | | |
| 九江县 | 邮编<br>地名 | 332100<br>县 局 | 332101<br>马回岭 | 332102<br>黄老门 | 332103<br>赛城湖 | 332104<br>岷 山 | 332105<br>港 口 | 332106<br>永 安 | 332107<br>新 洲 | 332108<br>赤 湖 |
| | 邮编<br>地名 | 332109<br>江 洲 | 332111<br>新 塘 | 332112<br>新 合 | 332113<br>狮 子 | 332114<br>城 门 | 332115<br>生机林 | | | |
| 永修县 | 邮编<br>地名 | 330300<br>县 局 | 330301<br>立 新 | 330302<br>马 口 | 330303<br>滩 溪 | 330304<br>新 城 | 330305<br>燕 山 | 330306<br>云 山 | 330307<br>新 基 | 330308<br>江上 |
| | 邮编<br>地名 | 330309<br>虬 津 | 330311<br>燕 坊 | 330312<br>白 槎 | 330313<br>梅 棠 | 330314<br>三溪桥 | 330315<br>付 坝 | 330316<br>草 港 | 330317<br>柘 林 | 330318<br>南 山 |
| | 邮编<br>地名 | 330319<br>杨家岭 | 330321<br>艾 城 | 330322<br>恒 丰 | 330322<br>牛头山 | 330323<br>军 山 | 330325<br>吴 城 | 330326<br>西庄 | 330327<br>氮肥厂 | |
| 星子县 | 邮编<br>地名 | 332800<br>县 局 | 332801<br>温 泉 | 332801<br>隘 口 | 332802<br>沙 洲 | 332803<br>蓼 花 | 332804<br>华 林 | 332805<br>蛟 塘 | 332806<br>蓼 南 | 332808<br>横 塘 |
| | 邮编<br>地名 | 332809<br>苏家垱 | | | | | | | | |
| 修水县 | 邮编<br>地名 | 332400<br>县 局 | 332401<br>宁 州 | 332404<br>三 都 | 332405<br>南 岭 | 332406<br>黄 沙 | 332408<br>黄沙港 | 332409<br>何市 | 332411<br>观前 | 332412<br>黄坳 |
| | 邮编<br>地名 | 332414<br>一 所 | 332415<br>东 津 | 332416<br>马 坳 | 332418<br>渣 津 | 332422<br>古 市 | 332423<br>白 岭 | 332428<br>朱溪 | 332432<br>征村 | 332433<br>溪口 |
| | 邮编<br>地名 | 332434<br>复 原 | 332435<br>上 杭 | 332438<br>山 口 | 332441<br>大 椿 | | | | | |
| 武宁县 | 邮编<br>地名 | 332300<br>县 局 | 332301<br>鲁 溪 | 332302<br>官 莲 | 332303<br>巾 口 | 332304<br>横 路 | 332305<br>泉 口 | 332306<br>大 洞 | 332308<br>宋 溪 | 332309<br>甫 田 |
| | 邮编<br>地名 | 332311<br>澧 溪 | 332312<br>船 滩 | 332313<br>清 江 | 332304<br>石 渡 | 332305<br>石 门 | 332206<br>罗 溪 | 332308<br>月 田 | 332309<br>罗 坪 | 332321<br>杨 洲 |
| | 邮编<br>地名 | 332323<br>严 阳 | 332323<br>伊 山 | 332324<br>东 林 | 332325<br>南岳 | 332326<br>上 汤 | | | | |
| 湖口县 | 邮编<br>地名 | 332500<br>县 局 | 332501<br>七里冲 | 332503<br>凰 村 | 332504<br>流 泗 | 332505<br>大龚 | 332506<br>张 青 | 332507<br>马 影 | 332508<br>文 桥 | 332508<br>付垅 |
| | 邮编<br>地名 | 332511<br>武 山 | 332512<br>江 桥 | 332512<br>东庄 | 332513<br>五 里 | 332515<br>舜 德 | 332516<br>屏峰 | 332517<br>流 芳 | | |
| 都昌县 | 邮编<br>地名 | 332600<br>县 局 | 332603<br>东 山 | 332604<br>大 沙 | 332604<br>和 合 | 332606<br>三汊港 | 332606<br>阳 峰 | 332608<br>西 源 | 332609<br>周 溪 | 332611<br>土 塘 |
| | 邮编<br>地名 | 332612<br>万 户 | 332614<br>南 峰 | 332616<br>双 桥 | 332616<br>中 馆 | 332617<br>马 涧 | 332618<br>大 港 | 332621<br>张 岭 | 332621<br>蔡 岭 | 332622<br>徐 埠 |
| | 邮编<br>地名 | 332623<br>春 桥 | 332624<br>苏 山 | 332625<br>左 里 | 332626<br>多 宝 | 332627<br>汪 墩 | 332628<br>新妙 | 332629<br>七 角 | 332631<br>老爷庙 | |

续表 13-1-7

| | | | | | | | | | | |
|---|---|---|---|---|---|---|---|---|---|---|
| 彭泽县 | 邮编 | 332700 | 332701 | 332702 | 332702 | 332703 | 332707 | 332708 | 332709 | 332711 |
| | 地名 | 县局 | 芙蓉 | 黄花墩 | 二团 | 湖西 | 红光 | 定山 | 太平 | 天红 |
| | 邮编 | 332712 | 332713 | 332714 | 332715 | 332716 | 332717 | 332718 | 332719 | 332721 |
| | 地名 | 乐观 | 杨梓 | 上十岭 | 浩山 | 东升 | 浪溪 | 和团 | 马当 | 棉船 |
| | 邮编 | 332722 | 332723 | 332724 | 332725 | 332726 | 332727 | | | |
| | 地名 | 洪湖 | 泉山 | 黄花 | 黄岭 | 海形 | 朝阳厂 | | | |
| 瑞昌市 | 邮编 | 332200 | 332203 | 332204 | 332205 | 332207 | 332208 | 332209 | 332211 | 332213 |
| | 地名 | 市局 | 丁家咀 | 武山 | 大桥 | 码头 | 下巢湖 | 夏畈 | 铜岭 | 双下桥 |
| | 邮编 | 332215 | 332216 | 332217 | 332219 | 332221 | 332224 | 332225 | 332227 | 332227 |
| | 地名 | 安家湾 | 乌石街 | 张家铺 | 大坂头 | 华坊 | – | 范家铺 | 横港 | 莫家 |
| | 邮编 | 332231 | 332234 | | | | | | | |
| | 地名 | 双板桥 | 王家铺 | | | | | | | |
| 庐山 | 邮编 | 332900 | | | | | | | | |
| | 地名 | 山局 | | | | | | | | |

## 六、机要通信

1991年4月,市邮电局成立机要通信科。1993年5月,成立市机要通信局。实现4个百分之百目标(即机要生产场地封闭作业100%,带运机要文件的邮车安装文件柜100%,外勤环节传递机要文件使用专用包100%,内部存放保管文件使用文件柜100%)。1994年,实行质量否决权。向全市推广永修县邮电局对机要工作质量奖惩办法的做法和经验,各项制度得到进一步落实。1995年,市机要通信工作开展无文件失密丢损、无文件延误差错的“双无”活动,被省局评为“双无”竞赛先进单位,获全省机要通信质量管理奖。1996年,制定全市机要通信“双无”考核评分办法及“双无”考核细则,并下发到全市各县(市、山)邮电局,组织开展竞赛活动,确保机要通信质量。1月8日,加强对邮资票品管理,将普票通过机要通信“公免”传递改为“收费”传递,全市全年共增加机要通信收入18600元。1997年,全市各级机要管理人员和工作人员,牢固树立机要工作“社会效益第一、政治第一、安全第一、质量第一、万无一失”“五个一”指导思想,再次实现年度机要通信质量考核指标全红。4月17日,市邮电局获“全国机要通信工作先进集体”称号;永修县邮电局机要员张德安获“全国机要通信先进工作者”称号。1998年,邮电实行分营,机要通信划归邮政经营管理。2002年7月,邮区中心局管理划归速递公司管理,机要投递网与特快网合二为一,机要通信机构由大邮电时的科级建制调整为生产班组编制。至2004年,市局机要通信人员由原12人精简为9人。2005年2月1日起,调整部分机要业务资费标准。5月28日,重新成立市机要通信局,内设机要通信业务组,负责全市机要通信业务管理、组织管理和质量管理,及市局机要通信生产经营工作。人员配置共11人。7月,修改和制定《保密守则》等23项相关制度汇编成册,对照学习、检查、落实,受到上级局通报表扬和推广。

**2005年2月1日起执行的机要业务资费一览**

表 13-1-8　　单位:元

| 资费种类 | 计费单位 | 资费标准 | |
|---|---|---|---|
| | | 本埠(县) | 外埠 |
| 文件类 | 首重100克内,每重20克(不足20克按20克计算) | 0.60 | 0.80 |
| | 续重101~2000克,每重100克(不足100克按100克计算) | 1.20 | 2.00 |
| 刊物类 | 首重100克(不足100克按100克计算) | 0.30 | 0.60 |
| | 续重101~5000克,每重100克(不足100克按100克计算) | 0.15 | 0.30 |

续表 13-1-8

| 资费种类 | 计费单位 | 资费标准 | |
|---|---|---|---|
| | | 本埠(县) | 外 埠 |
| 挂号费 | 每 件 | 3.00 | |
| 机要保密费 | 每 件 | 1.00 | |
| 查询费 | 每 件 | 信函查询费免收;用户要求电报、电话(传真)查询的,按现行电信资费标准计收。 | |

说明:磁介质、光盘类秘密载体首重资费在现行文件类首重资费标准的基础上加收50%,续重资费按文件类续重资费标准执行

2007 年 7 月 27 日,中国邮政集团公司和国家邮政局在北京召开“纪念邮政机要通信事业 50 周年暨先进集体、先进个人表彰会”,庐山邮政局机要员周才云被授予“全国机要通信先进个人”。8 月 28 日,“江西邮政机要通信事业 50 周年暨先进集体、先进个人表彰会”在南昌召开,市机要通信局被授予“全省机要通信先进集体”。2009 年 10 月,市机要通信局合并到投递局,实行一套人员两块牌子管理。2010 年,机要通信局将全年业务计划和机要内刊征订计划分别分解到市本局和各县（市、山）邮政局,制定《2010 年机要通信质量考核办法》,对完成情况进行逐月通报,并对量、收和质量考核排在前 3 名的,年终给予一、二、三等奖励,确保全年机要通信质量和量、收的全面完成。当年,全市出口机要通信业务量 10322 件。

**1991~2010 年全市出口机要通信业务一览**

表 13-1-9 单位:件

| 年 份 | 机要量 | 年 份 | 机要量 | 年 份 | 机要量 | 年 份 | 机要量 |
|---|---|---|---|---|---|---|---|
| 1991 | 29848 | 1996 | 19759 | 2001 | 24481 | 2006 | 19917 |
| 1992 | 27381 | 1997 | 16496 | 2002 | 27863 | 2007 | 17769 |
| 1993 | 23362 | 1998 | 14186 | 2003 | 19222 | 2008 | 12988 |
| 1994 | 21252 | 1999 | 24340 | 2004 | 19835 | 2009 | 17074 |
| 1995 | 20143 | 2000 | 20376 | 2005 | 20598 | 2010 | 10322 |

## 七、集 邮

**集邮资源** 1991~2010 年,中国邮政发行有关九江题材的邮票和邮资片主要有:1991 年 11 月19 日发行的特种邮票《水浒传(三)》的第一枚“梁山泊戴宗传假信”和小型张《四路劫法场》;1992 年 8 月 25 日发行的特种邮票《三国演义》的“诸葛亮舌战群儒”“孔明智激周瑜”“蒋干盗书在柴桑”;1994 年 2 月 25 日发行的纪念邮票《爱国民主人士(二)许德珩》;1994 年 6 月 25 日发行的纪念邮票《中国古代文学家(二)陶渊明》;1994 年 8 月 21 日发行的邮资片《庐山风光》;1996 年 9 月 1 日发行的特种邮票《铁路建设》;1998 年 4 月 29 日发行的特种邮票《古代书院》第四枚《天下书院之首·庐山白鹿洞书院》;1999 年 10 月 5 日发行的特种邮票《庐山·金刚山》;同年,广东省邮电局发行的九江画家傅梅影作品《江南一枝梅》一套 8 张贺卡明信片;2001 年 7 月 1 日发行的邮资片《江西风光》的 3 枚《庐山瑞雪》《龙潭秋色》《鄱湖晚唱》;2001 年 10 月 24 日发行的特种邮资片《李白诗选·望庐山瀑布》;2003 年 12 月 26 日发行的纪念邮票《毛泽东同志诞生 110 周年》第三枚《毛泽东在庐山》;2003 年北京市邮电局发行《中国当代书画名家作品选——傅梅影作品选》明信片一套;2004 年北京市邮电局发行《中国美术家协会会员精品选——傅梅影专辑》明信片一套 20 张;同年 11 月 6 日发行特种邮票《中国名亭(二)》的《琵琶亭》;2005 年 12 月国家邮政局发行九江画家李杏绘《新疆伊犁风光》邮资明信片一套;2006 年 3 月 12 日发行的特种邮票《孑遗植物》;2007 年北京市邮电局发行《傅梅影梅花精品选》明信片一套 10 张;2009 年 9 月 13 日发

行的特种邮票《唐诗三百首》第三枚《琵琶行》;2009年国家邮政局发行李杏绘《庐山风光》邮资明信片一套;2010年1月南昌市邮政局发行李杏《安义写生—岁月留痕》有奖邮资明信片一套;2010年10月12日发行的中国江西省·菲律宾保和省友好封;2010年10月22日发行的纪念邮票《朱熹诞生880周年》。

**集邮业务** 1994年1月5日,市邮票公司发行狗年首日封3000套;2月25日,组织发行许德珩原地封片4500套;6月25日,组织发行陶渊明原地封3000套;8月21日,组织发行《庐山风光》邮资明信片1800多套。1995年,集邮业务走出低谷,完成集邮收入899.9万元,比1994年增长28.55%。1996年9月1日,省邮资票品公司、市邮票公司联合制作的以反映"大京九"铁路建设成就和江西历史风光的大型风光邮票纪念册——《京九线上的明珠》在九江和南昌两地正式向全国发行。10月6日,集邮纪念册《1996年庐山国际旅游节纪念册》在九江面世。由市邮票公司独家发行,限量5000册。1997年6月5日,市邮票公司和市环保局联合发行第十枚环保系列纪念封。1998年4月29日,为庆祝《古代书院》邮票发行,在白鹿洞书院文管所举行邮票发行座谈会,组织《白鹿书院》极限片、邮折、纪念封等邮品在现场销售。1999年5月17日,市邮政局开发《纪念九江解放50周年纪念封》1套。8月7日,市邮政局开发1套《纪念1998年九江抗洪堵口胜利一周年》邮资明信片。10月5日,中国和朝鲜联合发行《庐山·金刚山》邮票。至1999年底,庐山7次在新中国的邮资票品上显现。市邮政局把新中国发行的所有与庐山题材相关的邮票、邮资明信片等集于一册《世界文化景观——中国·庐山》邮票纪念册。

2003年7月19日,在庐山会议旧址前,省文化厅、省邮政局与庐山风景名胜管理局联合举办《伟人风彩》画册和《庐山情》邮册首发式。当年,市邮政局一次性销售《九江风光》邮册400册。庐山邮政局制作《庐山情》邮折5000本。2004年11月6日,由国家邮政局邮资票品管理司、市邮政局等联办的《中国名亭(一)》——"琵琶亭"特种邮票在九江首发。同年,永修县邮政局抓住全国摩托艇精英赛在该县柘林湖举办时机,制作个性化邮票750版、卡折100版、纪念章1400枚;庐山邮政局抓好庐山被联合国教科文组织授予首批世界地质公园时机,开发制作《世界地质公园庐山风光》邮品1500册。2005年,市集邮公司揽制四大主题个性化邮票15150版(册)。为九江民生集团成立20周年制作专题个性化邮折1100册;借《玉兰花》邮票首发之机,庐山邮政局为庐山植物园制作个性化邮折2万版。2006年,在全市开展元旦、春节集邮礼品业务竞赛活动;开展《红军长征胜利70周年》邮品营销活动。当年,开发《庐山别墅》邮册4000册,《瑞昌剪纸》专题邮册2000册,《陶渊明故里》专题邮册3000册。2009年,市集邮公司组织定向邮品开发,先后开发《陶渊明中学》毕业册、《长江沿岸明珠》专题册、《和谐家园——庐山》专题册、《神韵九江》专题册等。

2010年,市集邮公司依托地方活动,充分发挥集邮产品"文化、礼品、收藏"三大特征,全年开发定向邮品项目41个。

1991~2010年全市集邮业务量一览

表13-10 单位:枚、册

| 年份 | 邮票 | 邮品 | 年份 | 邮票 | 邮品 |
|---|---|---|---|---|---|
| 1991 | 5273662 | | 2001 | 9391654 | 217932 |
| 1992 | 8134467 | | 2002 | 6216719 | 112427 |
| 1993 | 10031185 | | 2003 | 3830210 | 107885 |
| 1994 | 11722080 | | 2004 | 3401433 | 59301 |
| 1995 | 14572341 | | 2005 | 2797033 | 81941 |
| 1996 | 18906433 | | 2006 | 358714 | 62306 |
| 1997 | 13008769 | | 2007 | 4203701 | 122140 |
| 1998 | 19700868 | | 2008 | 2028615 | 74489 |
| 1999 | 19784776 | 196539 | 2009 | 1404863 | 77307 |
| 2000 | 17054478 | 193107 | 2010 | 3715175 | 122639 |

**集邮协会活动** 1991年5月1日，市集邮协会与市职工收藏协会在市工人文化宫前联合举办展览咨询活动，展出钱币、火花、烟标、粮票和邮票封片等多种收藏品。6月30日，为庆祝中国共产党成立70周年，市邮协在邮电大楼前举办“光辉的历程”街头集邮宣传邮展，展出邮集9部，382张贴片。7月15日，以“爱我中华河山”为主题的华东地区庐山、黄山、普陀山、泰山4大名山集邮联展活动在庐山开幕。12月13~15日，市邮协在市工人文化宫举办第三届集邮成果邮展。1992年5月30日至6月3日，市集邮协会在市工人文化宫举办“全国集邮家邮集邀请展览”，邮展期间在浔阳楼举行“海峡两岸集邮茶话会”。10月16日，在“中华全国集邮联合会成立10周年暨集邮先进表彰大会”上，市集邮协会被评为“全国集邮先进集体”。1994年1月1日，市集邮协会与市拍卖行联合举办“迎新年邮品拍卖大会”。当年，市集邮协会发展新会员538名，会员总数达到4664名。1995年2月11日，市集邮协会举办“1995年新春集邮联谊会暨台湾集邮家许耀荣先生返乡谈邮会”。11月4日~12月2日，市邮协举办“1995年全市集邮知识竞赛”。11月16日，“大京九”铁路全线贯通庆典大会在九江新火车站工地举行，市邮协和市邮票公司联合发行加字纪念邮资片1枚，启用纪念戳1枚。1996年5月1~3日，市集邮协会、市工人集邮协会和市工人文化宫联合举办“九江市第四届职工邮展”。9月1日，京九铁路正式开通运营，市邮票公司、市集邮协会和铁道部第四工程五处三段联合发行《庆祝京九铁路正式运营暨九江新客站开站》首日纪念封和《京九铁路——九江长江大桥》原地首日封各1枚。1997年5月31日至6月1日，市集邮协会与市大中大集团股份有限公司在大中大商厦大楼五楼联合举办“庆六一、迎回归”集邮展览。当年，市区新成立的基层集邮协会12个，新增会员3100多人，会员增长率为35%。市区集邮协会会员总数达到8726人。1998年8月11日和9月18日，市邮电局分别启用“抗洪抢险”“九江大堤”和“英雄凯旋，一路顺风”纪念邮戳，并加盖在邮资明信片上，赠与参加九江抗洪抢险的解放军和武警将士。1999年12月20日澳门回归祖国之日，市邮政局和市集邮协会在工人文化宫联合举办“庆澳门回归，迎接新世纪”集邮展览。

2000年5月5~9日，市集邮爱好者代表江西省参加在上海举办的“中华人民共和国第五届残疾人运动会”集邮展览，并获铜奖。5月12日，市集邮协会第三次代表大会在召开。2001年4月7~9日，“全国首届生肖集邮展览”在江苏省苏州市举行，市集邮爱好者邮集《十二生肖中的成语故事》获铜奖。9月21~25日，“2001年中华全国集邮展览”在南京国际展览中心举行，永修县修编的《永修集邮史》获铜奖。2002年6月10日，市邮政局成立《九江集邮史》编辑领导小组。2003年3月28~29日和4月4日，市集邮协会在九江职业技术学院开展集邮知识讲座。2004年8月，《九江集邮》出版。12月16日，经中华全国集邮联合会批准，江西九江职业技术学院学生集邮协会获“全国青少年集邮活动示范基地”称号。2008年4月30日，市集邮协会第四次代表大会在雅格泰宾馆召开。8月，《九江集邮报》复刊。2009年9月13日，由市政府、省邮政公司主办，市委宣传部、市邮政局承办的《唐诗三百首》特种邮票首发式暨《祖国万岁》集邮展览和全省集邮巡回展开幕式在市图书馆举行。市集邮公司特制作《浔阳古韵》和《和谐九江》专题邮册2套。2010年10月12日，在第二届中国庐山世界名山大会期间，由江西省邮政公司、菲律宾驻厦门总领事馆、市政府、外交部集邮协会主办，市邮政局承办，在庐山举办中国——菲律宾建交35周年邮票展览，首发中国江西省和菲律宾保和省友好纪念封，这是国内地方邮政发行的首枚外交友好封。10月22日，市邮政局、市集邮协会在庐山举办《庐山——人文圣山》集邮展览。12月13日，市集邮爱好者制作的邮政历史一框类邮集《九江清代邮政邮戳》在“杭州2010中华全国集邮展览”上获镀金奖。

## 八、汇 兑

2002年8月，市全面开通电子汇兑业务。电子汇兑，即将用户所寄汇款通过电子信息技术送到兑付局进行兑付，而没有实物的传递。电子汇兑较传统手工邮政汇兑，汇兑时限由3~5天缩短到24小时。国内汇款中有按址汇款、密码汇款、入账汇款、网上支付汇款、商务汇款5个业务品种，九江均展开。2010年，全市出口汇票465677张，金额6048万元。

1991~2010 年全市出口汇票业务量一览

表 13-1-11 单位:张

| 年份 | 汇票量 | 年份 | 汇票量 | 年份 | 汇票量 | 年份 | 汇票量 |
|---|---|---|---|---|---|---|---|
| 1991 | 438710 | 1996 | 573036 | 2001 | 326221 | 2006 | 205646 |
| 1992 | 471299 | 1997 | 503717 | 2002 | 263882 | 2007 | 349786 |
| 1993 | 507942 | 1998 | 604254 | 2003 | 258238 | 2008 | 523826 |
| 1994 | 540787 | 1999 | 408432 | 2004 | 204926 | 2009 | 635858 |
| 1995 | 567576 | 2000 | 341349 | 2005 | 175208 | 2010 | 465677 |

说明:2010 年汇票量未包括邮储银行开发汇票

## 九、邮政储蓄

1993 年,为促进邮储业务发展,市邮政组织一次大额可转让储蓄存单出售和汽车、住房有奖储蓄存单出售以及大额有奖储蓄等活动,使邮储余额大幅增长,实现全市邮储余额超亿元的目标。1994 年,都昌局、彭泽局和武宁局邮储余额分别突破 4000 万元、3000 万元、1000 万元。1995 年,全市邮储网点由 72 个增加到121 个。1996 年下半年,市邮政发展代缴话费业务。到年底,代收代缴话费用户发展到 200 户,收储余额10 万元。1997 年 8 月 10 日,市邮政储汇局事后监督微机系统和大树下、立交桥 2 个邮储网点微机建账工作正式投入生产。当年,因国家调低城乡居民存款利率以刺激消费,加之各金融机构揽储竞争激烈,全市邮储余额大幅度滑坡。到年底,全市邮政余额为 6958 万元,比 1996 年末减少 160 万元。同年,全市邮政储蓄绿卡工程在第一期 6 个网点基础上,相继完成 17 个绿卡工程骨干网点建设。1999 年,全市有 31 个邮政储蓄网点实现全国联网。全市配置 ATM 自动柜员机 16 台。

2000 年,市邮政局在全市邮政部门相继开展"首季开门红""增高减低""邮储发卡""竞余额、促高效"等一系列业务竞赛活动。发展"代"字号业务,累计代发工资 6131 户,代发养老金 4630 户,发展寿险用户 7709 户,发展财险 26573 户。至年底,全市净增邮储余额 10158 万元,接近全市邮储业务开办 14 年来余额总和,增幅达到 85.8%。2001 年,继续在全市各邮储网点开展"创高减低"竞赛,基本消灭余额在 1000 万元以下的城市网点和 200 万元以下的农村网点。全市年末邮储余额达到 17.54 亿元,净增 7 个亿,比上年增长 66.6%,增幅排全省第一,是市邮政恢复开办邮储业务 15 年来余额净增最快的一年。当年,全市 96%网点实现储蓄业务电子化处理。共有 10 多个网点进行迁移,余额增长明显。市区锁江楼网点迁移后 10 个月净增余额1300 万元,瑞昌 1 个农村网点迁址 8 个月增净余额 600 万元。2003 年,代收通信费 15827 万元,全省排名第一。2004 年,市邮政储汇局抓住新学年学生缴纳学费时机,在九江学院开展代收学费业务,共计代收学费 1156 户 670 万元。2005 年,一季度抓住旺季有利时期,在全市开展"首季开门红"邮储竞赛活动,净增金额 5.1 亿元;四季度组织开展邮储对抗赛活动,较年初净增余额 10.08 亿元,全市邮储余额达到47 亿元。2006 年,在全市发展邮储活期存款业务,启动收费一站通活动,开办代收代发业务。市局代收烟草款 2600 余万元;彭泽局代发退耕还林款和粮食补贴款 1200 万元;瑞昌局代发灾后重建款 1100 万元;市局代收移动营业款近亿元,代收石油营业款 145 万元。通过努力,全市全年邮储余额净增 4.20 亿元,余额达到 51.2 亿元,其中活期余额净增 3.86 亿元,活期比例达到 29.55%,净增活期占余额比例达到92.1%。全市全年完成代理保险 7608.82 万元。2007 年,受到股票、基金等资本市场火爆影响,全市邮储发展一度陷入困境,存款余额下滑严重。在这种形势下,全市邮政部门加大中间业务、基金、代理保险等业务发展力度。仅 6 月 22 日全面开办代销基金业务至 12 月 31 日,全市全年完成基金销售量 6092 万元,完成总量居全省第二。完成代理保险 1.23 亿元,是 2006 年的近 2 倍。

2008 年 2 月 18 日,中国邮政储蓄银行九江市分行挂牌成立。3 月,10 个县(市)支行相继挂牌。7 月,23 个一类网点支行、39 个二类网点支行挂牌成立。自此,市邮政储蓄业务分为两大块经营,即市邮政储蓄银行和市邮政局。23 个一类网点支行(自营网点)归邮储银行管理经营,39 个二类网点支行和 70 个代理网点归邮政局(即企业)代理经营。2009 年,市邮政局创新“走千村、串万户、访商户”首季营销方式,开展“邮储余额冲刺 40 天”等活动。企业净增余额 8.7 亿元,活期余额净增 4.52 亿元,同比增长 133%,增幅列全省第一。企业代理保险2.13 亿元,代理规模列全省第三位。同年,市邮政局(企业)投入 600 万元,对全市 31 个代理邮储网点进行迁址、装修、改造,增添网点设备,使网点业务发展能力明显提升。德安县朝阳所迁址开业当日余额净增 1300 万元;星子县隘口所迁址当日余额净增 500 万元;都昌县万里所装修开业 3 天余额净增 1300 万元。全市共完成 22 个网点复核制改柜员制工作,提高网点业务处理能力。同年开办邮政储蓄二类网点支行对公存款和企业小额存单质押贷款业务。2010 年,全市邮政(企业)围绕 3 年邮储余额规模突破 80 亿目标,坚持规模与效益两手抓,以“走、串、访”活动开展县局及各网点 PK 赛、进度督促以及再次投入 653 万元对 27 个代理邮储网点进行强化能力建设等举措抢抓市场,全市邮储余额净增再创历史新高。企业余额净增 8.94 亿元,年净增规模列全省第五位,年增幅为 19.25%,列全省 7 个大市局第三位。全市企业活期余额 24.25 亿元,净增 4.77 亿元,活期比例为 43.76%,列全省第四位。企业网点数 109 个, 点均余额为 5084 万元, 年点均净增820 万元。完成代理保险 2.45 亿元, 同比增长 16.7%,代理规模列全省企业第五位。

1991~2010 年全市邮政储蓄余额完成一览

表 13-1-12　　　　单位:万元

| 年 份 | 年末余额 | 年 份 | 年末余额 | 年 份 | 年末余额 | 年 份 | 年末余额 |
|---|---|---|---|---|---|---|---|
| 1991 | 5198 | 1996 | 38168 | 2001 | 175257 | 2006 | 512008 |
| 1992 | 8153 | 1997 | 47576 | 2002 | 254633 | 2007 | 526706 |
| 1993 | 11189 | 1998 | 52863 | 2003 | 307741 | 2008 | 589678 |
| 1994 | 19071 | 1999 | 73409 | 2004 | 369282 | 2009 | 707010 |
| 1995 | 27893 | 2000 | 105300 | 2005 | 470058 | 2010 | 554109 |

说明:2010 年余额未包括邮储银行余额

## 十、特快专递

1994 年 4 月始,全市各县全部开办特快专递业务,并逐步由城市向农村延伸,使特快专递业务量从 1993 年每月 3000 件增加到 1994 年每月 7000 余件。5 月,成立市邮政速递科,担负全市特快专递邮件和商业信函处理工作。1995 年,市邮政开办同城特快、礼仪专递业务。1997 年 2 月 1 日,“185”特快专递微机跟踪查询系统正式开通。1999 年 11 月 18 日,市公安局、市邮政局联合发文,要求使用邮政特快专递寄递居民身份证快证。2000 年 6 月 13 日,市邮政鲜花基地建成投产。该基地以九江为中心,辐射全省及湖北、安徽等周边地区。九江邮政鲜花礼仪业务产、批、销、营一条龙服务体系形成。以此为基础,速递业务突出重点发展生日礼仪、婚庆礼仪和庆典礼仪,逐步创立邮政自己的品牌,鲜花批销市场占有率达到 80%以上。7 月 1 日,南昌与九江间互寄特快邮件实行当日递。同年,市邮政局与市工商局、国家安全局联合开展“集中清理整顿邮政市场”活动,共查处 2 家非法速递公司,53 个非法邮票销售点。

2001 年 3 月 10 日,全市各邮政局开办邮政特快专递公民护照证件业务。2002 年,市邮政速递局发展国际速递业务。利用武汉、广州邮政速递拥有的国际货运业务经营权,联合开发国际航空货运市场,率先在全省开办代理国际远洋货运业务,并被省邮政公司指定为全省邮政海运业务代理机构。抓住火车提速后潢深线 20:40 分从九江出发有利时机,与深圳速递局联合开办浔港(九江—香港)次日递业务。2003 年,在全省率先开办邮政速递驾驶证业务。2004 年 9 月 8 日,国家邮政局速递局确认市邮政局为国际 EMS 邮件出口经转局,从而改变九江 EMS 邮件出口渠道单一、流程不畅等现象。2005 年,全市邮政订送“春运”火车票 9.25 万张,实现收入 185 万元,列全省第一;寄递身份证 9.67 万份;收寄高校录取通知书及学生档案 3.5 万件,实现收入 52 万元;在“思乡月”营销活动中,以大客户团购为重点,深挖民营企业市场,取得较好效果,共完成销售额178万元,实现收入75万元,比2004年增长109.7%。2006年,全市邮政共完成订送"春运"火车票9.6万张,居全省首位;与公安部门联合,办理二代居民身份证特快寄递19万份;与教育部门合作,完成录取通知书、学生档案和招生简章特快业务收入95万元。2007年,全市邮政速递围绕"突出核心优势,强化项目营销,调整业务结构"经营发展战略,发展国内异地和国际业务。国内异地业务较上年增长60.9%,国际业务较上年增长42%。开办高速交警罚单代办业务,创收10万余元;开办各类证书快递业务;开发银行配送业务。根据九江速递市场的现状,设同城业务部和国际业务部,分别负责同城业务和国际业务的开发和维护。同城业务开发银行票据交换业务,有人行、工行、建行、中行、交行和农行,年创收50万元。国际业务抓住市外经贸委召开招商引资洽谈会时机,重点攻关,揽收到3笔寄往新加坡、日本、中国香港3地的国际业务,仅此一项创收4万余元。注重县局市场开发和营销。瑞昌市邮政速递局拿下华享公司国际业务,每月实现收入5000多元。永修邮政速递局拿下枫林理工学院高考录取通知书1000多件,创收2万余元。同年,取得国际非邮公司的代理权。全市邮政速递业务收入完成1736万元,提前1个月完成全年计划,总量超过赣州局,排全省第二,完成计划比例排全省第一。市邮政速递局在全国116个速递重点城市排名从第九十三位前进到七十九位。被国家邮政集团公司和国家邮政工会授予"全国创优+服务先进团队"光荣称号;被省邮政公司授予"创优+服务奖"称号;被省速递局授予"全省邮政速递业务发展先进单位"。市局速递揽投中心和修水县邮政速递局被省邮政公司授予"创优+服务先进团队"称号。2008年,市邮政速递局创新营销模式,打破业务管理、营销、揽收、投递层级界限,取消专职客户经理、揽收员、投递员等岗位,按片区设业务销售经理,采取将营销、揽收、投递职责集中于一人做法,即"三责一身"营销模式,将片区业绩、个人业绩和个人收入挂钩,提高员工责任感和积极性,培养专业、敬业营销队伍。全年完成业务收入2044.48万元,同比增长17.32%。2009年,速递业务以国内异地业务为重点,加大经济快件和电子商务开发力度,创新开展为期4个月速递揽投"对抗晋级"竞赛,在全市范围形成"比、赶、超"氛围。"新年邮礼"专项营销活动销售额绝对值列全省第三,"思乡月"专项营销实现收入112万元。2010年,推进速递揽投平台建设,发展速递揽收业务,将九江县全部纳入大同城管理,设立3个揽投部、10个揽投站、39个揽投段。将中层骨干、营销精英、优秀年轻人放到揽投一线,从薪酬、考核、机制上给予政策支持。进一步深挖市场,不断开发新业务、新项目,如驾驶证、人才市场证照、安监局证照等到付业务,IT行业、保健品等代收货款业务,邮储银行票据传递业务,保险公司保单寄递业务等。同年,全市邮政出口特快专递1191240件。

**1991~2010年全市出口邮政特快专递业务量一览**

表13-1-13　　单位:件

| 年 份 | 特快量 | 年 份 | 特快量 | 年 份 | 特快量 | 年 份 | 特快量 |
|---|---|---|---|---|---|---|---|
| 1991 | 2983 | 1996 | 208879 | 2001 | 382221 | 2006 | 781249 |
| 1992 | 9567 | 1997 | 238056 | 2002 | 517761 | 2007 | 641668 |
| 1993 | 24878 | 1998 | 237361 | 2003 | 508563 | 2008 | 870917 |
| 1994 | 76067 | 1999 | 261691 | 2004 | 509374 | 2009 | 1187552 |
| 1995 | 187523 | 2000 | 382396 | 2005 | 651456 | 2010 | 1191240 |

说明:其中速递物流公司2009年820858件,2010年848159件

## 十一、邮政物流

2002年,九江邮政物流公司从九江邮政速递局分离,实行独立核算,独自考核,利润承包。2003年,全市邮政一体化物流业务取得进展,率先在省内取得邦尼药业、美庐乳业全省物流配送业务权,并于12月1日正式开办邦尼药业在全国配送业务。2005年,利用九江至南昌等省内物流专线和中邮快货"五大集散网"与烟草、药业、食品等企业加强合作,全年配送烟草35万箱、邦尼药品3.2万件、美庐乳品4万

余件。为全国一体化物流项目海尔等数十家电器厂商提供全市配送上门服务，全年累计配送电器等货物2万余件，配送友芝友、均瑶等牛奶197.5万袋(瓶)。2006年，抓住九江大工业、大物流发展有利契机，邮政物流积极开展"百家企业进中邮"竞赛活动，对全市工业园区、物流市场进行全面调查摸底，为重点物流用户设计物流方案，开发新物流用户群。全市邮政物流在工业园区设立物流揽收服务点16个，与九江昌河、博莱药业、九江烟草、九江移动、九江三木等105家企业签订仓储物流配送协议，实现一体化物流及中邮快货业务收入266.9万元，全市出省快货业务量位居全省邮政物流第二。2007年，全市邮政物流收入完成920.7万元，占省公司计划102%，其中一体化物流完成计划277%，中邮快货完成计划137%，功能性物流完成计划142%，绝对值分别排全省邮政物流第二、二、三位。2008年，以仓储作为长效业务重点，全力推动"仓储+配送"模式，形成省内大仓储理念，带动流通加工、分销、配送等综合物流业务发展，市邮政物流仓储面积达6000多平方米，在全市物流行业中为最大仓储基地。业务发展以工业园区和区域经销商两大市场为重点，进行规模开发。在巩固原有协议客户的基础上，新增国美家电等10个业务收入源稳定新客户。运营能力，进一步优化网络结构，打造省内24小时限时服务圈，不断提升中邮快货业务品质，先后开通修水(武宁)到南昌专线、彭泽(湖口)到南昌专线、九江到南昌的复线以及九江县到南昌专线4条邮政物流专线。同年，全市邮政物流完成"邮之情·端午"主题专项营销额118.5万元，绝对值列全省第一，完成计划100.8%，列全省第二。全年业务收入完成1099.68万元。2009年，以仓单质押业务为重点，以"3+3+3"(即市公司必须开发3个以上百万级项目、3个以上50万级项目，县公司必须开发3个以上10万级项目)主题营销为切入点，积极开展项目营销，拓展与共青"统百利"、市美庐乳业、嘉盛食用油和昌河商品车仓单质押物流配送业务。全年实现邮政物流业务收入772万元。2010年，全力推进"转方式、调结构、增效益"经营理念，发展合同物流。调整规模小、效益低物流项目，撤销市本区物流中心，转换6个县物流营业部业务职能，把优势资源向重点区域、高效益项目辐射，提升物流经营效益。开发移动公司、泸州老窖等客户。各县级公司也形成不同特色物流发展局面，如共青以羽绒服为主，湖口以化工类为主，都昌以汽车配件类为主。仓单质押业务取得新突破，成功运作嘉盛食用油仓单质押项目，贷款额1000万元，实现监管收入6.3万元。抓仓储+配送项目，明确新发展仓储客户必须要有配送项目，并对老仓储客户进行筛选调整，逐步淘汰纯仓储客户，挖掘仓储客户配送资源，仓储配送收入达到月均6万元。全年完成邮政物流业务收入690万元。

## 十二、邮政分销

2001年，邮政分销属邮政物流范围。当年，市邮政局买断"友芝友"乳品在市经销权，实行独家经销，日配送量最多时达8100多份，在全省鲜奶配送业务中名列前茅。2003年，市邮政局农资邮购业务率先在全省取得工商执照。2005年6月，市邮政局迅速启动农村农资和日用品分销市场。7~9月，市邮政局抽调30名机关干部组成10个督导组，分赴全市所属县(市)局进行为期两个月农资日用品分销"十强所、百强店、千场推介会、万亩示范田"竞赛。8月24日，省委副书记彭宏松在市委组织部上报的《组织推动，依托邮政，彭泽县创建服务"三农"新模式》汇报材料上批示：邮政服务"三农"做了许多实事，彭泽县基层邮政创新服务"三农"新模式值得推广。8月，市邮政物流公司下设分销业务中心。9月，收集全市120余种土特产品报省邮政物流公司汇编，印制《土特产品销售目录》手册。10月28日，省委农工部与省邮政局在九江召开全省邮政服务"三农"工作座谈会，19位省厅局领导在会上发言，表示将全力支持邮政服务"三农"工作。11月25日，市委组织部、农工部与市邮政局联合下发《关于开展全市农村基层党组织便民惠民服务工作的实施意见》，要求各相关部门要支持便民惠民服务工作，努力把便民惠民服务网络建设成为民办事的"绿色通道"。年底，市邮政局与市农业生产资料总公司签订化肥购销配送协议，取得九江石化总厂所产"江海"牌尿素经销权，在全省邮政率先启动化肥配送业务市场。同年，彭泽邮政局与县委组织部共创三级便民服务网络被誉为江西邮政服务"三农"方向。新华社、中央电视台、中央人民广播电台、人民日报、农民日报等中央、省级新闻媒体对"彭泽模式"进行专题报道，拍摄《倾注三农》电视专题片，同时被新华社、中央人民广播电台编发内参，在《半月谈》杂志刊登。当年，全市邮政共建服务"三农"

连锁加盟店1151个,召开各种农资产品推介会2000余场,建立示范田(地)万余亩,分销种子13.79万斤,配送各类农资130余万瓶(包)。同年,在重点分销项目上,市邮政物流公司根据九江实际,重点抓好10个市场潜力大和具有地方特色分销配送产品,其中种子、牛奶和农药3种产品分销收入达到100万元以上,农资分销晋级联赛排全省第三。2007年5月,成立市邮政物流局,实行垂直管理,下设分销部。2008年,百年难遇的冰冻灾害给农作物造成很大损失。市邮政局开展"激情盛夏"农药分销突击战分组对抗赛,结合病虫情报信息发布做好备货、宣传和销售工作。全市邮政物流完成化肥销售2806吨,种子6万余斤,建设"万村千乡农家店"57个,召开农资新产品推广会20余场。2009年10月,邮政体制改革,成立邮政速递物流公司,将分销业务从中剥离,划归邮政主业管理,业务上由省邮政分销业务局垂直管理。为此,市邮政局设立分销业务局,主要职责是做好服务"三农"工作和发展其他邮政分销业务。2010年,制定《九江邮政分销经营管理办法》,做好分销专业人力资源盘活工作,促进分销业务发展。二季度端午"邮之情"项目中,全市邮政共销售265万元,列全省第四;三季度本着"抓早、抓好、抓出成效"原则,全市完成月饼销售额285万元,完成省公司计划154%。

### 十三、邮政资费(价格)

1996年8月20日,市邮电局发出邮政资费通告,对邮政主要业务附加费、邮政延伸服务费、特快专递揽收及投递延伸服务费进行调整。市区东起油化厂至长虹立交桥,西至开发区内职大,南到长虹至十里转盘范围内属市内直投范围区,在此投递区域内不收服务费,超此范围延伸投递每千米加收0.50元,最高不超过20元;上门揽收特快邮件每件收取8.00元揽收服务费;投递特快邮件上高楼服务,每层每月按5元收取。1999年3月1日,按照国家邮政局发文通知,对部分邮政资费做出调整。主要调整内容是平信、印刷品资费由不分本外埠改为区分本埠(县)与外埠标准。本埠以市属城区(不含市辖县和飞地)为范围,本县以县境为范围。平信、印刷品计费方式改为区分首、续重分别计费。单件重量资费标准均作提高。撤回邮件或更改收件人名址手续费上调。邮政附加费一律取消。2010年5月,中国邮政集团公司对国内邮政业务主要资费、香港、澳门、台湾地区邮政业务主要资费、国际邮政业务主要资费再次进行调整。如国内信函资费标准,本埠内由1999年0.60元调至0.80元,外埠由0.80元调至1.20元。

**1996年8月20日起邮政主要业务附加费一览**

表13-1-14

| 业务种类 | 附加费收费标准 | 说明 |
|---|---|---|
| 民包 | 0.15元/件 | |
| 纸包 | 0.15元/件 | |
| 商包 | 0.30元/件 | |
| 快件 | 0.15元/件 | |
| 挂号 | 0.15元/件 | |
| 普汇 | 0.15元/件 | |
| 电汇 | 0.65元/件 | |
| 印刷品 | 0.10元/件 | 不足1千克按1千克算 |
| 租用信箱 | 24元/年 | |
| | 民包0.05元/天 | 最高收取1.50元 |
| 逾期保管费 | 商包0.50元/天 | 城市自包裹单投递之日起免费保管3天,第4天至第9天每天收0.50元,第10天以后每天收1.00元,农村免费保管7天,第8天至14天每天0.50元,第15天以后,每天1.00元 |
| | 纸包及印刷品0.30元/天 | 自通知单投递3日之后收取 |

## 1996 年 8 月 20 日起邮政延伸服务费一览

表 13-1-15

| 业务种类 | 收费标准 | 说 明 |
|---|---|---|
| 单位初投费 | 100 元 | 包括单位迁移地址,不含个人住宅用户 |
| 报刊改投费 | 1.00 元/份 | |
| 信报分送投资费 | 10 元/户·月 | |
| 高楼层投递服务费 | 5 月/层·月 | |
| 用户自取专用信箱 | 10 元/只·月 | |
| 商包揽收服务费及专投服务费 | 1.00~1.50 元/件 | 根据路途远近收取 |
| 高层楼房信报箱安装费 | 25 元/只 | |
| 批量印刷品揽收及专投服务费 | 0.50 元/件 | |

## 1999年 3 月 1 日起邮政资费一览

表 13-1-16

单位:元

| 业务种类 | 计费单位 | 资费标准(元) | | 说 明 |
|---|---|---|---|---|
| | | 本埠(县)资费 | 外埠资费 | |
| 一、基本资费 | | | | |
| 1.国内信函 | 首重 100 克内,每重 20 克<br>(不足 20 克按 20 克计算) | 0.60 | 0.80 | |
| | 续重 101~2000 克每重 100 克<br>(不足 100 克按 100 克计算) | 1.20 | 2.00 | |
| 2.国内明信片 | 每 件 | 0.60 | | |
| 二、非基本资费 | | | | |
| (一)国内资费 | | | | |
| 1.印刷品 | 首重 100 克内(不足 100 克按 100 克计算) | 0.30 | 0.60 | |
| | 续重 101~5000 克每重 100 克<br>(不足 100 克按 100 克计算) | 0.15 | 0.30 | |
| 2.邮简 | 每 件 | 0.60 | 0.80 | |
| 3.回音卡 | 每 件 | 0.60 | | |
| 4.挂号费 | 每 件 | 2.00 | | |
| 5.回执 | 每 件 | 3.00 | | 维持原标准 |
| 6.盲人读物 | 按水陆路平常邮件寄递 | 免 费 | | 维持原标准 |
| 7.包裹 | 每 500 克为一个计费单位 | 按照寄递里程分区核定,具体标准详见现行《国内包裹资例表》 | | 维持原标准 |
| | 每件挂号费 | 2.00 | | |
| 8.特快专递邮件 | 维持原计费单位与资费标准 | | | |

续表 13-1-16

| 业务种类 | 计费单位 | | 资费标准(元) | | 说 明 |
|---|---|---|---|---|---|
| | | | 本埠(县)资费 | 外埠资费 | |
| 9.邮政汇兑 | 汇 费 | 每汇 1 元(不足 1 元按 1 元计算) | 0.01 | | 维持原标准 |
| | | 每笔汇款最低汇费 | 2.00 | | |
| | | 每笔汇款最高汇费 | 50.00 | | |
| | 退汇、改汇费 | 每 件 | 2.00 | | |
| | 撤回汇款手续费 | 每 件 | 2.00 | | |
| | 使用电报办理汇兑的电报费 | 每件加收 | 2.00 | | 维持原标准 |
| | 电报汇款附言电报费 | 每 字 | 0.13 | | 维持原标准 |
| 10.保价费 | 维持原计费单位与资费标准 | | | | |
| 11.存局候领手续费 | | 每 件 | 1.00 | | 维持原标准仅限于函件和汇兑业务 |
| 12.撤回邮件或更改收件人名址手续费 | | 每 件 | 2.00 | | |
| 13.使用电报办理查询、撤回、更改收件人名址电报费 | | 每件加收 | 2.00 | | 维持原标准 |
| 14.代发广告费 | | 维持原计费单位与资费标准 | | | |
| (二)国际与港澳台资费 | | | | | |
| 1.国际信函与印刷品 | | 增加 20 克以上至 50 克计费档次;信函 8.20 元,印刷品 4.00 元,亚太地区信函减低资费 7.10 元 | | | 其他计费档次维持原标准 |
| 2.港澳台信函与印刷品 | | 增加 20 克以上至 50 克计费档次;信函 2.80 元,印刷品 1.50 元 | | | 其他计费档次维持原标准 |

说明:1.本埠以市城区(不含市辖县和飞地)为范围,本县以县境为范围;2.国内信函、印刷品和机要邮件计费方式由原递重等额累进计费改为区分首、续重分别计费;3.亚太地区信函减低资费适用国家不变;4.取消邮政附加费

## 2009 年10 月起香港、澳门、台湾地区邮件资费一览

表 13-1-17 单位:元

| 项 目 | 计费单位 | 资费标准 |
|---|---|---|
| 信 函 | 20 克及 20 克以下 | 1.50 |
| | 20 克以上至 50 克 | 2.80 |
| | 50 克以上至 100 克 | 4.00 |
| | 100 克以上至 250 克 | 8.50 |
| | 250 克以上至 500 克 | 16.70 |
| | 500 克以上至 1000 克 | 31.70 |
| | 1000 克以上至 2000 克 | 55.80 |
| 明信片 | 每 件 | 1.00 |
| 航空邮简 | 每 件 | 1.80 |

续表 13-1-17

| 项 目 | | 计费单位 | 资费标准 |
|---|---|---|---|
| 印刷品 | | 20 克及 20 克以下 | 0.80 |
| | | 20 克以上至 50 克 | 1.50 |
| | | 50 克以上至 100 克 | 2.30 |
| | | 100 克以上至 250 克 | 3.80 |
| | | 250 克以上至 500 克 | 7.50 |
| | | 500 克以上至 1000 克 | 14.30 |
| | | 1000 克以上至 2000 克 | 25.50 |
| | | 2000 克以上每续重 1000 克加收(不足 1000 克按 1000 克计算) | 11.50 |
| 印刷品专袋 | | 每重 1000 克(不足 1000 克按 1000 克计算) | 10.00 |
| 盲人读物 | | | 免费 |
| 小 包 | | 100 克及 100 克以下 | 4.40 |
| | | 100 克以上至 250 克 | 9.00 |
| | | 250 克以上至 500 克 | 16.20 |
| | | 500 克以上至 1000 克 | 27.00 |
| | | 1000 克以上至 2000 克 | 50.40 |
| 全球优先函件 | | 小号信封(限重 500 克) | 18.00 |
| | | 大号信封(限重 1000 克) | 30.00 |
| 包 裹 | | 按照寄达地区、运输方式和重量计收 | 具体标准见《用邮指南》 |
| 保价费 | | 每保 200 元(不足 200 元按 200 元计) | 3.00 |
| 印刷品专袋挂号费 | | 每 袋 | 15.00 |
| 挂号费 | | 每 件 | 3.00 |
| 保价包裹手续费 | | 每 件 | 3.00 |
| 回执费 | | 每 件 | 3.00 |
| 进口欠资函件处理费 | | 每 件 | 2.30 |
| 航空附加费 | 信函、印刷品、盲人读物、小包、印刷品专袋 | 每重 10 克(不足 10 克按 10 克计算) | 0.50 |
| 明信片 | | 每 件 | 0.50 |

## 2009 年 10 月起国际邮政业务主要资费一览

表 13-1-18　　单位:元

| 函件种类 | | 计费标准 | | 第一组 | 第二组 | 第三组 | 第四组 |
|---|---|---|---|---|---|---|---|
| 航空函件 | 信 函 | 20 克和 20 克以内 | | 5.0 | 5.5 | 6.0 | 7.0 |
| | | 20 克以上,每续重 10 克或其零数加收 | | 1.0 | 1.5 | 1.8 | 2.3 |
| | 明信片 | 每 件 | | 4.5 | | | |
| | 航空邮简 | 每 件 | | 5.0 | | | |

续表 13-1-18

| 函件种类 | | 计费标准 | 第一组 | 第二组 | 第三组 | 第四组 |
|---|---|---|---|---|---|---|
| 航空函件 | 印刷品 | 20 克和 20 克以内 | 4.0 | 4.5 | 5.0 | 6.0 |
| | | 20 克以上,每续重 10 克或其零数加收 | 0.9 | 1.2 | 1.5 | 1.8 |
| | 盲人读物 | (基本资费免收)每 10 克收取航空运费 | 0.6 | 0.8 | 1.0 | 1.2 |
| | 小 包 | 100 克和 100 克以内 | 14.0 | 16.0 | 18.0 | 20.0 |
| | | 100 克以上,每续重 100 克或其零数加收 | 9.0 | 12.0 | 15.0 | 18.0 |
| | 印刷品专袋 | 5000 克和 5000 克以内 | 325.0 | 425.0 | 475.0 | 550.0 |
| | | 5000 克以上,每续重 1000 克或其零数加收 | 65.0 | 85.0 | 95.0 | 110.0 |
| 空运水陆路函件 | 信 函 | 20 克和 20 克以内 | 4.5 | 5.0 | 5.5 | 6.5 |
| | | 20 克以上,每续重 10 克或其零数加收 | 0.5 | 0.6 | 0.7 | 0.8 |
| | 明信片 | 每件 | 4.0 | | | |
| | 印刷品 | 20 克和 20 克以内 | 3.5 | 4.0 | 4.5 | 5.0 |
| | | 20 克以上,每续重 10 克或其零数加收 | 0.5 | 0.6 | 0.7 | 0.8 |
| | 盲人读物 | (基本资费免收)每 10 克收取 SAL 运费 | 0.3 | 0.3 | 0.4 | 0.5 |
| | 小 包 | 100 克和 100 克以内 | 8.5 | 9.0 | 11.0 | 12.0 |
| | | 100 克以上,每续重 100 克或其零数加收 | 5.0 | 6.0 | 7.0 | 8.0 |
| | 印刷品专袋 | 5000 克和 5000 克以内 | 200.0 | 225.0 | 250.0 | 275.0 |
| | | 5000 克以上,每续重 1000 克或其零数加收 | 40.0 | 45.0 | 50.0 | 55.0 |
| 函件种类 | | 计费标准 | 普通国际资费 | | 亚太地区减低资费 | |
| 水陆路函件 | 信 函 | 20 克和 20 克以内 | 4.0 | | 3.5 | |
| | | 20 克以上,每续重 10 克或其零数加收 | 0.5 | | 0.4 | |
| | 明信片 | 每件 | 3.0 | | | |
| | 印刷品 | 20 克和 20 克以内 | 3.0 | | | |
| | | 20 克以上,每续重 10 克或其零数加收 | 0.4 | | | |
| | 盲人读物 | | 免费 | | | |
| | 小 包 | 100 克和 100 克以内 | 7.0 | | | |
| | | 100 克以上,每续重 100 克或其零数加收 | 4.5 | | | |
| | 印刷品专袋 | 5000 克和 5000 克以内 | 100.0 | | | |
| | | 5000 克以上,每续重 1000 克或其零数加收 | 20.0 | | | |
| 业务种类 | | 计费标准 | 资 费 | | | |
| 包 裹 | | 按照寄达国(地区)、运输方式和重量计收 | 具体标准见《用邮指南》 | | | |
| 特别业务资费 | 全球优先函件 | 小号信封(限重 500 克) | 40.0 | | | |
| | | 大号信封(限重 1000 克) | 70.0 | | | |
| | 出售国际回信券 | 每 枚 | 12.0 | | | |
| | 挂号费 | 每 件 | 8.0 | | | |
| | 印刷品专袋挂号费 | 每 袋 | 40.0 | | | |
| | 保价费 | 每保 100 元(不足 100 元按 100 元计) | 1.0 | | | |
| | 保价包裹手续费 | 每 件 | 8.00 | | | |
| | 回执费 | 每 件 | 5.00 | | | |
| | 进口欠费函件处理费 | 每 件 | 3.00 | | | |

2010 年 5 月起国内邮政业务主要资费一览

表 13-1-19 单位:元

<table>
<tr><th rowspan="2">业务种类</th><th rowspan="2">计费说明</th><th colspan="5">资费标准</th></tr>
<tr><th colspan="2">本埠资费</th><th colspan="3">外埠资费</th></tr>
<tr><td rowspan="2">信 函</td><td>重量在 100 克及以内的,每重 20 克(不足 20 克,按 20 克计)</td><td colspan="2">0.8</td><td colspan="3">1.2</td></tr>
<tr><td>100 克以上部分,每增加 100 克加收(不足 100 克,按 100 克计)</td><td colspan="2">1.2</td><td colspan="3">2.0</td></tr>
<tr><td rowspan="2">印刷品</td><td>重量在 100 克及以内的</td><td colspan="2">0.4</td><td colspan="3">0.7</td></tr>
<tr><td>100 克以上部分,每增加 100 克加收(不足 100 克,按 100 克计)</td><td colspan="2">0.2</td><td colspan="3">0.4</td></tr>
<tr><td>明信片</td><td>每件</td><td colspan="5">0.8</td></tr>
<tr><td>普通包裹</td><td>每件收取挂号费</td><td colspan="5">3.0</td></tr>
<tr><td>快递包裹</td><td>资费按照寄递里程分区核定</td><td colspan="5">具体标准见现行《国内普通快递包裹资例表》</td></tr>
<tr><td rowspan="3">特快专递</td><td>重量在 500 克及以内的</td><td colspan="5">20.0</td></tr>
<tr><td rowspan="2">续重每 500 克或其零数</td><td>500 千米及以内(一区)</td><td>500 千米以上至 1500 千米(二区)</td><td>1500 千米以上至 2000 千米(三区)</td><td>2000 千米以上至 2500 千米(四区)</td><td>2500 千米以上(五区)</td></tr>
<tr><td>4.0</td><td>6.0</td><td>9.0</td><td>9.0</td><td>17.0</td></tr>
<tr><td>按址汇款</td><td rowspan="2">每笔最高汇款额 5 万元,汇款尾数不足一元的按一元计</td><td colspan="5">按照每笔交易金额的 1%收取汇费</td></tr>
<tr><td>密码汇款</td><td colspan="5">(最低 2 元,最高 50 元)</td></tr>
<tr><td>报刊订阅</td><td>每份(册)</td><td colspan="5">按照报刊订价和订期收取</td></tr>
<tr><td>报刊退订</td><td>每份(册)</td><td colspan="5">按照退订部分的报刊订价和订期退款</td></tr>
<tr><td>报刊退订、改寄手续费</td><td>每次、每种</td><td colspan="5">2.0</td></tr>
<tr><td>挂号费</td><td>每 件</td><td colspan="5">3.0</td></tr>
<tr><td>回执费</td><td>每 件</td><td colspan="5">3.0</td></tr>
<tr><td rowspan="2">保价费</td><td>每笔保价金额在 100 元及以内的</td><td colspan="5">1.0</td></tr>
<tr><td>每笔保价金额在 100 元以上的</td><td colspan="5">按照保价金额的 1%收取</td></tr>
</table>

# 第二章 电 信

## 第一节 电信设施

### 一、电信公司设施

**营业网点** 城市网点:1991~1998 年,全市城市网点 39 个。至 2010 年,共有电信营业服务网点 55个。

农村网点:1991 年,全市农村电信营业网点 108 个,1998 年 104 个。至 2010 年全市网点 161 个。城市农村电信营业网点合计 216 个。

## 2010年九江电信营业网点一览

表13-2-1

| 区 域 | 电信支局所名称 | 社会渠道(代办所) |
|---|---|---|
| 市 区 | 职业技术学院、职业大学、九江学院、九江学院浔东校区、马狮、金鸡坡、庐峰、三里街、立交桥、庐峰小区、五里、塔岭北路、信华城市花园、经济适用房、庐峰庐林苑、赛阳、南湖支路、庐峰梅园、三里街、怡康苑、周岭、海会、妙智、大桥、新港、化纤厂、冯家村 | 长虹大道、财校、九龙街向阳北、龙翔国贸 苑福华小区、青年路 浔阳二店、浔阳一店 电脑城、浔阳邮政、沃尔玛新大洲、浔阳八角石、百岁坊、沃尔玛国美二店 |
| 九江县 | 江洲 新洲 永安 赤湖 港口 赛城湖 狮子 新合 新塘 黄老门 马回岭 岷山 城门 长山 | 江洲 新洲 永安 赤湖 港口 赛城湖 狮子 新合 新塘 黄老门 马回岭 岷山 城门 长山 |
| 德安县 | 丰林、聂桥、邹桥三个营业部;营业部分管丰林、九里、黄桶、高塘、林泉、聂桥、吴山、樟树、萤石矿、磨溪、南田、爱民、邹桥、付山、塘山、白水、车桥 | |
| 永修县 | 涂埠 艾城 杨家岭 恒丰 军山 江益 吴城 南山 马口 立新 滩溪 云山 燕山 燕坊 虬津 梅棠 白槎邮 三溪桥 柘林 新基 | |
| 星子县 | 蛟塘 横塘 沙洲 泽泉 蓼南 蓼花 苏家当 华林 隘口 白鹿 | |
| 修水县 | 白岭 大桥 渣津 杭口 溪口 三都 山口 黄港 马坳 大椿 四都新街 全丰 古市<br>鸿达宽带 城南新区 主厅卖场 何市<br>全丰第二 月塘 山口 农村营业厅<br>大椿农村营业厅何市农村营业厅 | 鹦鹉街合作厅、城南合作厅、罗家埚合作厅、新城合作厅、城南中邦银都店、海宾宽带、罗桥合作 |
| 武宁县 | 鲁溪、官莲、巾口、宋溪、横路、泉口、大洞、船滩、东林、南岳、上汤、澧溪、甫田、石渡、清江、罗溪、石门、茶场、南市、罗坪、杨洲、严阳 | |
| 湖口县 | 流泗、马影、文桥、江桥、武山、舜德、流芳 | 付垅、大垅、屏峰、东庄 |
| 都昌县 | 蔡岭 徐埠 大沙 三汊港 周溪、土塘南峰 中馆 马涧 大港 左里 汪墩 七角西源 东山 万户 春桥 苏山 多宝 | |
| 彭泽县 | 芙蓉 定山 太平 天红 乐观 杨子 上十岭 东升 黄花 黄岭 二团 马当 棉船 浪西 和团 浩山 泉山 湖西 | |
| 瑞昌市 | 乌石街、张家铺、大贩头、华坊、安家湾、武山、大桥、码头邮电支局、下巢湖、夏畈、双下桥、丁家咀、范家铺、双板桥、横港、王家铺 | |
| 共青城 | 甘露 江益 | |
| 庐 山 | 牯岭正街营业厅 | 大林路 |

说明:至2010年城乡营业网点除合作营业厅略有增减之外,均无增减

**电缆** 1994年,九江电信公司电缆累计完成22000线施工任务,布放主干电缆22000对,配线电缆30000对,管道主干电缆54.188条千米,埋式电缆4.915条千米,架空电缆35.21条千米,墙壁式电缆8.76条千米,自承式电缆8.76条千米;各种型号交接箱73座,分线盒1613只;新建扩建各种市话管道10.9364管程千米,118.714千米。1996年,完成西二路等13条道路管道工程56.13孔千米;完成主干电缆3.04万线,配线电缆4.4万线;布放各种电缆68.195皮长千米;完成户线工程10932户;新建GSM 9个基站,新增交换容量2.5万门;模拟EMX-2500型交换机扩容工程安装调测完成。完成省市数字同步网工程、DDN市区城域网、网管集中监控系统、传输集中监控系统工程;完成九景鹰光缆湖口敷设工程;本地网微波传输工程。九江邮电局接入铜缆网的主要采用0.4或0.5线径的铜缆,覆盖距离在5千米范围内,少数城郊或农村偏远地区采用0.6或0.7线径的铜缆,覆盖距离达8~10千米。1997年,完成主干电缆4.71万线,配线电缆6.087万线,新做户线15076万线,布放各种电缆129.676皮长千米;完成管道工程孤溪埂、环城北路、庾亮路、塔岭北、前进东路、十里老街口南至高速公路。至1999年,全市铜缆总量达120万线对千米。

2000 年,全市在城市和农村开始建设光纤接入网点,扩大接入光缆网规模,同时缩小铜缆网的覆盖范围,铜缆基本上采用 0.4 线径,接入距离基本在 3~4 千米以内,铜缆网和接入光缆网的规模也在不断扩大,到 2006 年,全市铜缆总量达 260 万线对千米、接入光缆总量达 3.6 万纤芯千米。2009 年,全市宽带接入网主要是采用铜缆接入的 ADSL 方式,少部分城区采用光纤到楼的 LAN 方式。为提高宽带接入网的质量,市电信推进光进铜退,实现网络转型。在城市,将原有铜缆接入距离控制在 500 米范围以内,并开始推进光纤到户(FTTH)的全光网络建设,城市 4M 达标率达 96%。在农村,推进光纤到村建设,将原有铜缆接入距离控制在 1.5 千米范围以内,农村 2M 达标率达 90%以上。2010 年,九江电信的接入网络进入快速发展阶段,在城市全面推进 FTTH(光纤接入)全光网络建设和改造,对所有新建楼宇,全部采用 FTTH 建设方式,对城市现有区域,用 3 年时间全面改造成 FTTH 方式,实现用户通信方式的终极目标。至 2010 年,城市 8M 达标率 80%以上。在农村,全面实现光纤到村,实现铜缆不出村的目标,4M 达标率也达到 80%以上。

**长途光缆** 1991 年,九江邮电长途通信线路:架空明线 737 千米,光缆 98.8 千米,微波线路长度 170 千米。1992 年 12 月,全程 12.6 皮长千米的德安至共青直埋光缆开工建设,1993 年 3 月建成投产。九江电信已具备独立进行长途光缆线路工程设计及施工的能力,实现九江电信单纯进行通信线路维护向工程和维护相结合,为九江地区电信业务发展打下基础。1993 年 9 月,九江电信独立完成省内二级干线南九架空光缆九江至永修段的建设,同年 12 月后,先后完成瑞(昌)武(宁)修(水)架空光缆、九(江)星(子)直埋光缆和湖(口)都(昌)直埋光缆等共计 294.009 皮长千米光缆建设,从而在省内率先实现地级市各市、县、山电信传输光缆化,并使九江长途通信从明线一步跨越到当时先进的光缆通信。1995 年,长途通信线路 7050 千米,光缆 170 千米,微波线路 200 千米;12 月,省军民共建一级干线光缆京九广光缆开始施工,于 1997 年 3 月建成投产。京九广光缆全长 126.643 皮长千米,全程采用国产光缆,京九广光缆南北向纵贯江西省全境,经过市区、九江县、星子县、德安县、永修县。京九广光缆的建成缓解省南九直埋光缆的带宽出口压力。1998 年 3 月,九江至景德镇直埋光缆建成投产,九景光缆全长 91.605 皮长千米,全程采用国产光缆。经过市区、湖口县、都昌县,九景光缆的建成使赣北九江、景德镇、上饶和省城南昌成环,提高二级干线传输网络的安全性。1999 年 1 月,总投资 760 万元的九江(同步数字体系环路光缆)SDH 环路光缆工程开工建设。12 月,九江 SDH 环路光缆工程全部完成。先后完成彭泽—杨梓—乐观—湖口架空光缆,修水—石门—武宁—柘林—永修架空光缆,九江—瑞昌架空光缆,湖口—彭泽架空光缆,沙河—星子架空光缆,星子—都昌架空光缆共计 427.5 皮长千米的光缆建设。随着九江 SDH 环路光缆的建成投产,大幅提高九江电信通信传输自我保护功能,网络安全性随之提高。特别是 1998 年九江 SDH 环路光缆工程星子至都昌光缆中继段中,九江电信完成省内最长的水底光缆跨鄱阳湖光缆(全长 4.5 皮长千米)的建设,成为全省唯一具备独立完成水底光缆建设的市级公司。2003 年 10 月,国家一级干线新宁汉光缆建成投产。这是继宁汉光缆后又一条大容量国家一级干线光缆经过市内。新宁汉光缆全长 188.095 皮长千米,东西向从彭泽香口至瑞昌界首横穿江西省全境,同时九江电信本地 24 芯光缆彭(泽)九(江)瑞(昌)光缆随新宁汉同沟建成。2005 年 8 月,省内二级干线九吉光缆建成投产。九吉光缆全长 120.656 皮长千米,九江地区经过市区、九江县、德安县、永修县。九吉光缆有 G655 纤型和 G652 纤型光缆各一条,九吉光缆自身具备大容量通信带宽,同时为京九广光缆提高物理备用路由。与此同时,本地 24 芯九(江)沙(河)德(安)永(修)光缆随九吉光缆同沟建成,至此九江电信建成 1:1 双备用的完备光缆通信网络。2010 年 5 月,鄱阳湖铜九铁路大桥新宁汉光缆第二备用路由建成,解决鄱阳湖公路大桥光缆同路由造成的网络瓶颈,消除九江长途光缆传输最大的网络风险。

**本地网网络** 1993 年,全市建成市话交换程控化、长途传输数字化“两化”目标。新增程控市话 63122 门,新增光缆 400 千米。建成农话程控交换点 30 个,容量 16686 门。成立市网管交换维护中心(副科级建制)。1994 年,金鸡坡 NEC20000 门程控开通运营。长途线路微机管理系统投入运营,用以开展电路调度、电路规划、电路开放等电路管理工作;国际自动电路不再分群使用,全部采用基干的电路合群使用;全省长途线路实行统一编号。1995 年,开通妙智 2000 门程控端局;接管原共青电讯公司,定名市邮电局共青分局。开通西二路、金鸡坡(石化)两个市话分局。12 月 18 日,移动电话号码成功升 7 位,全年完成 2.2 万对用户线电缆工程;全年建成 46 个农村程控交换点;总容量达到 1.1 万门。全市各县(市)乡镇基本实现“两化”,成为全省第一个数字网。1996 年,建成第一套本地网网管系统,(同步数字体系)NOMA1.0,用于本地网电话交换机运行状态监控。1998 年邮电分营,九江电信局成立。完成市本地网光缆传输工程,全长 500 千米,建成后缓解市到县传输电路单一、紧张的状况。完成模拟移动通信 5 期和 GSM 三期工程,新建数字基基 31 个,扩容16 个,重点解决主要交通干线和部分较发达乡镇的移动通信覆盖问题,九江模拟移动交换容量 2.5 万门;数字移动交换容量 6.5 万门。完成本地网的 3 个 SDH 光缆环建成。1999 年,移动业务从电信公司剥离出去。全年共完成市农话交换点扩改建 111 个,新建 21 个容量达 7.7 万门,中继线 1.2 万条;建设 160 个乡到村杆线工程 2000 皮长千米;完成九江(同步数字体系环路光缆)SDH2.5Gb/s 光缆传输骨干网及都昌、德安(帧中继/异步传输模式网)SDH 155mb/s 光缆传输环网扩容工程,新建修水(同步数字体系 622M 比特每秒光缆)SDH 622mb/s 和瑞昌(帧中继/异步传输模式网)SDH155mb/s 光缆传输环网, 配合完成国家京九广、宁汉光缆传输干线设备扩容工程; 新建九江 450MHz 无线接入系统(数字数据网数据)DDN 数据城域网、用户光缆接入网 N-ISDN 网、帧中继宽带系统以及 201 智能网平台;电话放号累计完成 87200 部;数据基本业务 213 户;互联网累计完成 2818 户。

2000 年,电话放号完成 12767 户;完成九江县(新建时分复用系统)PDH 传输网改造。企业上网工程积极推进 700 余家企业落户“九江企业在线”网站。2001 年,市区全年共开通大基站 505 个,小基站 419 个,信号覆盖市区 98%以上面积,于 4 月 2 日正式对外放号。共安排实施固定资产投资项目 659 项,总投资 1.92 亿元。全市程控交换机总容量达 72.57 万门,通信能力和通信规模进一步提升。全市电话普及率达 12.79%;城市电话入户率 79.85%;农村电话入户率达 29.64%。2002 年,(非对称数字用户线环路业务)ADSL 业务发展 6110 户。宽带接入网扩容工程新增端口 10876 个;开通九江县、都昌、武宁无线市话;市公司支撑中心通信大楼、庐山局三号楼建设开工;湖口、星子、修水、瑞昌标准化营业厅试点工作完成。8 月底,开通 10000 号客户服务热线,集中受理用户的咨询、障碍申告和投诉。2003 年,建成长途网管系统,也使用 NetVisionLocal(网络管系统)用于电话长途局的网络管理。2004 年 3 月,响应国家“村村通电话”的号召,九江电信采用中兴(中兴 450 兆赫兹设备)450M 设备,在浔阳路枢纽楼 2 楼机房装置BSC(基站控制器)1 套、1.2 万用户容量,基站(BTS)12 个,操作维护中心(OMC)1 台;语音告警箱系统 1 台。上行信令汇聚至 822# 端局。对外开放村村业务。2005 年,九江村通网络村通工程交换机容量由 1.2 万扩容至 12 万户;新建基站 48 个,基站总数达到 60 个。2005 年 6 月,将村通(BSC)(村通基站控制器)搬迁至浔阳路 9 楼枢纽楼无线机房,并初步形成对全地区 12 个县区的村通网络信号覆盖。2006 年,九江村通工程将交换机扩容至 20 万户,新建基站 28 个,基站总数达到 88 个(包括 1 个开放在南昌的测试站),并开通与湖北黄冈、黄石的互联切换电路,实现边界区域的软切换。经过逐年建设,设备不断完善,交换机容量不断增大,用户迅速增加。至年底,全市 450M 村通交换机容量达到 20 万户,实际用户 4 万户。2007 年,电话用户净增 2.87 万户,用户总数达到 98 万户。其中,小灵通用户净增1.2 万户,总数达到 16 万户;农村电话用户净增 0.9 万户,总数达到 47 万户。宽带用户净增 3.5 万户,累计用户总数 13 万户。全市电话交换机容量达 132.5 万门(含村通、小灵通)。2008 年 10 月,电信接收CDMA 网络,村通网络基本停止发展。部分村通基站机房内,新建 CDMA 基站。全市电话交换机容量达到 99.03 万门,固话用户达到 76.72 万户,小灵通用户达到 19.19 万户,宽带用户达到 16 万户。推出“阳光政务”“网吧监控”“平安乡镇”“数字城管”等重点行业的信息化应用。在过渡运营期内做好 C 网收购和联合运营工作,确保实现 C 网平滑迁移,保证 C 网老用户服务质量和支撑新用户放号能力,推出“189”新业务。完成奥运通信保障任务。2009 年,九江市被中国电信集团公司列为全国第一批 80 家“无线城市”试点之一。当年 1 月,中国电信获得第三代移动通信(3G)运营牌照,在更广领域开展综合信息服务。持续跟进天网工程,都昌、武宁、庐山、等地天网工程进入实施。2010 年,九江 1X 语音掉话率从 0.35%下降到 0.26%,万人投诉率从

2.46 下降到 0.45,C 网日平均断站率从 1.09%下降到 0.58%;在电信 CDMA 网络覆盖的区域,村通开始退网,村通用户转移至 CDMA 网络,村通网络保留基站 25 个,保留用户 1980 户。在 CDMA 网络覆盖的区域,村通用户仍在逐步迁移。

**WLAN 网络(无线局域网)** 2008 年,九江电信采用华三设备,在浔阳路枢纽楼 7 楼机房装置 AC(AP 控制器)1 套、AC 板卡 2 块,AP 容量 256 台。上行连接至浔阳路数据 BARS 服务器,并开始采用华三、北京国人等厂家的胖 AP(胖无线访问接入点)进行 WLAN 布点工作,并对外开放 WLAN 业务。胖 AP 主要采用 ADSL 线路上行,速率与普通家庭宽带速率相同。2009 年,九江电信 WLAN2009 年一期工程,将 AC 容量扩容至 512 台,并开始采用华三瘦 AP(瘦无线访问接入点)设备进行部分区域的网络覆盖,瘦AP 采用网线方式上行,并连接至 IP 城域网,速率提升,速率最大可以达到 11M/bps。至当年底,九江开通AP 数 155 台,覆盖范围集中在国家机关、部分酒店等区域。2010 年,九江电信工程将 AC 容量扩容至 768 台,并大规模采用华三瘦 AP 设备进行网络覆盖,至 2010 年年底,九江开通 AP 数 423 台,覆盖面也扩展至火车站、茶座、高档写字楼等区域。工程将 AC 容量扩容至 1536 台,并开始采用华三 11N 设备,将用户使用速率提高至 20M/bps。九江开通热点 238 个,AP1430 台,九江地区超过 20 家集团客户采用中国电信 WLAN 热点覆盖。

**CDMA 网络(第三代数字无线通信系统标准)** 2008 年 10 月 1 日,电信正式接手运营 CDMA 网络,九江电信 2008 年共收购联通 CDMA 网络贝尔 MSC 设备 1 套,摩托罗拉 BSC 设备 4 套,摩托罗拉无线 CDMA 基站 213 个,室内分布系统 30 套。收购 CDMA 网络后,电信启动 CDMA 无线网络建设和运营工作,第四季度,投资 8436.45 万元开通 CDMA 基站 60 个,室内分布系统 65 套。2009 年,根据网络演进发展需要,九江电信在全省率先启动设备替换工作,无线设备由摩托罗拉设备全部替换成中兴设备,替换工作于 2009 年 2 月 15 日全部完成,历时 1 个月。当年投资 16724.08 万元,共建设基站 371 个,室内分布系统 103 套。2009 年,现网共计 CDMA 基站 644 个,室内分布系统 198 套。为提升 CDMA 网络质量,提升用户感知,江西电信启动"天翼翱翔"无线网络优化行动,CDMA 无线接通率、掉话率指标均得到改善。2010 年,九江电信公司投入 9305.4 万元,建设 CDMA 基站 196 个,室内分布系统 53 套。实现 3G 网络覆盖乡乡通工程,乡以上区域 3G 覆盖达到 100%。

**小灵通网络(无线市话)** 2001 年 1 月,小灵通网络开始在市区范围建设,主设备和网络基站由是中兴通讯公司厂家提供,初期建设范围为市区 45 平方千米,初期建设基站数量为 980 台,当年放号 2 万。2002 年,在瑞昌市区、修水县、九江县、武宁县、都昌县 5 个县城范围建设小灵通网络,年底建设基站数量总数达到 1445 个,放号突破 5 万个。2003 年,在德安县、永修县、共青城、星子县、湖口县、彭泽县 6 个县城范围建设小灵通网络,当年年底建设基站数量总数达到 2140 个,放号 13 万个。2004 年,在庐山建设小灵通网络,至此九江全区所有城区范围已实现小灵通全覆盖,覆盖延伸到乡镇范围,网络覆盖全区 43 个乡镇,全网建设基站数量总数达到 2790 个。2005 年,全区共建设开通 68 个室内分布站点,解决一些宾馆、酒店、大型商场超市和公共娱乐场所的室内信号覆盖问题,使得通话效果和质量提升,年底建设基站数量总数达到 3070 个。2006 年,九江电信结合现有网络状况,在已有覆盖范围内,盘活网络资源,调配乡镇闲置基站,全年新建开通 12 个室内分布站点,年底建设基站数量总数达到 3120 台。

**分组交换网** 1993 年 4 月,九江新建 2 套 16 个端口的分组拆装(PAD)设备,建成九江 PAD 分组交换网。分组交换业务在九江是个刚刚起步的新型业务,当时九江作为全国医疗改革试点两个城市之一,成功利用分组网络进行社保局和各医院之间进行联网。1995 年,分组交换业务发展迅速,九江地区新建 3 台加拿大北方电讯公司 DPN-100,12 台 DPV-100/3,新增端口 180 个,每个节点通过 DDN 网络开通 2 条速率为 64 千字节/秒的中继电路连接至九江枢纽楼数据机房的 AM 节点上,形成不完全网状网。1998 年,为使九江地区数据结构分布更加合理,提高网络综合能力与质量,进一步提高分组网的覆盖面,对九江分组网再次进行扩容,在庐峰、十里新建 2 个节点,原节点扩容端口 64;年底,九江地区分组网节点机总数 17 个,端口总数 276 个。覆盖整个九江地区。2001 年后,基本数据业务以 DDN 专线为主,不再投入分组交换设备建设，到2004年年底，分组交换网开放有X.25，X.28，X.32拨号，帧中继，NUI，呼叫转移，闭合用户群，永久虚电路，VPN等。2007年，九江地区分组网退网。

**帧中继/ATM网(帧中继/异步传输模式网)** 1999年，全市组建公用帧中继业务网，采用加拿大新桥网络公司生产的36170宽带交换机，有2个交换框和2个外围框，36170有双交换机框，所有交换卡都互为冗余备份，36170的第一个外围机框控制卡有两块，互为主备关系，且主备卡能自动倒换；36170出省中继为3条，2条为155米至南昌，互为主备，另一条为16米至鹰潭，并且通过E1电路仿真卡与DDN-B省网互联。端口为55个。36170上的用户主要是长途大客户用户电路。2001年，全国ATM网进行扩容，新建北电的PASSPORT节点。有一个交换框JXJJ15K01，2个外围机框分别为JXJJ07K01、JXJJ07K02。北电的PASSPORT设备上交换框和外围框都有两块控制卡，互为主备关系，且主备卡能自动倒换。端口容量为354个。开通的电路：到南昌和各地市的155M中继及6个金融系统的用户(农行、建行、中行、交行、工行、信用社)。上述金融系统用户中心机房都是接入PASSPORT交换框15K的155M端口，网点接入PASSPORT外围框7K的2M端口。

**市话接入网** 1991~1993年，全市城市、乡镇电话接入网络以纵横制自动交换、步进制自动交换以及人工交换作为接入局，敷设无色谱充油电缆至各用户点，用户数量也非常少，只有各级政府部门、部分企事业单位以及个别重要个人客户等。1993年，随着市邮电局"两化"工程实施，市首次开通1万门市话程控交换机，从此使市内电话以及接入方式发生质的变化。1995年，各县及大部分乡镇均实现程控交换机的开通，交换机上行接入全部采用光纤化接入方式，使通信质量上升到一个新台阶。初始敷设大量的全塑电缆，到1995年，全市城乡电缆总量达到22万线对千米。1996年，市邮电局在部分较偏远乡镇或大的行政村建设远端模块局，扩大农村铜缆网的覆盖范围。接入铜缆网的主要采用0.4或0.5线径的铜缆，覆盖距离在5千米范围内，少数城郊或农村偏远地区采用0.6或0.7线径的铜缆，覆盖距离达到8~10千米。到1999年年底，全市铜缆总量达到120万线对千米。2000年，全市在城市和农村开始大力建设光纤接入网点，进一步扩大接入光缆网规模，同时缩小铜缆网的覆盖范围，铜缆基本上采用0.4线径，接入距离基本在3~4千米以内，铜缆网和接入光缆网的规模也在不断扩大，到2006年，全市铜缆总量达到260万线对千米、接入光缆总量达到3.6万纤芯千米。2006年，全市开始450M无线村通接入网建设，到2008年，共完成71个基站、6万多用户容量的无线村通网的开通建设，作为有线接入网有效补充。2009年，全市宽带接入网主要是采用铜缆接入的ADSL方式，少部分城区采用光纤到楼的LAN方式，为提高宽带接入网的质量，市电信大力推进光进铜退，实现网络转型。在城市，将原有铜缆接入距离控制在500米范围以内，并开始推进光纤到户(FTTH)的全光网络建设，城市4M达标率达到96%。在农村，推进光纤到村建设，将原有铜缆接入距离控制在1.5千米范围以内，农村2M达标率达到90%以上。大大提到城乡宽带接入网络的质量。2010年，九江电信接入网络在城市推进FTTH全光网络建设和改造，对所有新建楼宇，全部采用FTTH建设方式，对城市现有区域，用3年时间全面改造成FTTH方式，实现用户通信方式的终极目标，至当年年底，城市8M达标率达到80%以上；在农村，全面实现光纤到村，实现铜缆不出村目标，4M达标率也达到80%以上。

**基站** 2008年，九江电信共收购联通公司CDMA网络贝尔MSC设备1套，摩托罗拉BSC设备4套，摩托罗拉无线CDMA基站213个，室内分布系统30套。收购CDMA网络后，九江电信启动CDMA无线网络建设和运营工作，第四季度，投资8436.45万元开通CDMA基站60个，室内分布系统65套。九江电信分公司共计投入4438.85万元，新增无线CDMA基站119个，室内分布系统22套；11年底现网共有基站859个，室内分布系统273套，DO基站占比达到81%。2009年，根据网络演进发展需要，九江电信在全省率先启动设备替换工作，无线设备由摩托罗拉设备全部替换成中兴设备，替换工作于2月15日全部完成，历时1个月。当年投资16724.08万元，共建设基站371个，室内分布系统103套。2009年，现网共计CDMA基站644个，室内分布系统198套。2010年，市电信共投入9305.4万元，建设CDMA基站196个，室内分布系统53套。实现3G网络覆盖乡乡通工程，乡以上区域3G覆盖达到100%。

市电信共投入4438.85万，新增无线CDMA基站119个，室内分布系统22套。

## 二、移动公司设施

**营业网点** 1999年，九江移动公司成立之初，无独立营业网点。至2000年，与银行、邮政等单位合作建立营业缴费网点360个，建立指定专营店37个，乡镇合作营业厅45个，并在公司建立专门直销中心。之后，移动营业网点逐年与邮政、银行等分合，有所增减、变迁。至2010年，九江移动公司九江城区和各县城营业网点有30个，建成基站2670个，建成渠道网点近4000家，建成全业务信息店40多家。网点及信息店共70个。

**2010年九江移动公司营业网点一览**

表13-2-2

| 区域 | 移动营业厅名称 |
|---|---|
| 市区 | 浔阳区：浔阳中路 庐山路营业厅(外包)、九江财校营业厅(外包)、鸿丰营业厅(外包)、南湖营业厅(外包)、四码头红旗影院二楼营业厅(外包)<br>开发区：九瑞大道营业厅、新湖柴桑春天营业厅(外包)<br>庐山区：前进东路营业厅、前进西路营业厅 |
| 九江县 | 县 城：柴桑路营业厅 |
| 德安县 | 蒲亭镇：德安宝塔大道营业厅 县 城：德安火车站营业厅(外包) |
| 永修县 | 涂埠镇：永修县新南山大道营业厅、永修县蓝天心机营业厅(外包) |
| 星子县 | 南康镇：星子县秀峰大道自办营业厅 县 城：星子秀峰西路营业厅(外包) |
| 修水县 | 县 城：修水县太平洋营业厅 义宁镇：修水县梯云路自办厅 |
| 武宁县 | 县 城：武宁县建昌东路营业厅 |
| 湖口县 | 双钟镇：湖口三里大道营业厅 |
| 都昌县 | 县 城：都昌县万里大道自办厅 大沙镇：都昌大沙镇营业厅(外包) |
| 彭泽县 | 龙城镇：彭泽东风路营业厅 |
| 瑞昌市 | 城 区：瑞昌人民路营业厅 码头镇：区域营销中心自办营业厅 |
| 共青城 | 县 城：共青大道营业厅 江益镇：共青江益主街营业厅(外包) |
| 庐山 | 犄岭正街：庐山牯岭营业厅、庐山匡庐营业厅 |

**传输线路** 1999~2010年，九江移动公司投入数十亿元人民币，通过GSM4至12期扩容工程、“金网工程”“乡乡通”及新农村信息化建设等网络建设，构建综合通信网，实现网络信号对全市所有乡镇、国道、省道、铁路沿线及开发区、风景名胜区的连续覆盖，九江移动使移动通信网向智能化、宽带化的方向跟进。1999年，九江移动传输资源与电信公司分家，分得少部分传输线路；1999~2001年采取租用共用电信传输资源发展业务。2001年，开始建设本地网传输杆路，建成九江至庐山本地网直埋线路，是移动公司与部队合建的线路。至2002年，完成金网工程10万门交换扩容，新建50个基站，扩容39个基站，增加载频327个，新建光缆杆路300皮长千米，管道116千米，完成基站动力环境监控系统、EMIS系统、远程教育系统、2.5期网管系统建设、WLAN一期工程以及网关局、互联网扩容工程，枢纽楼顺利竣工并投入使用。当年，全市交换网容量达到64万，基站375个，载频1898个，光缆线路总长近2000皮长千米。2003~2006年，九江移动公司完成GSM七、八、九期工程，2004~2006年春扩工程，动力环境监控系统三、四期工程，话务网管二、三期工程，全省村通工程，光缆建设达到1600皮长千米，全市交换机容量超100万门。2006年后，九江移动投资数亿元实施“村村通”工程，信息化新农村建设工程。2008年12月，九江移动先后完成“08春扩工程”“信息化新农村四阶段、五阶段工程”和“08村通工程”、EGPRS(即增强型数据速率GSM演进技术，是一种能利用已有频带，使现有GSM网络具有提供3G业务能力的移动网络无

线技术,下同)网络二期扩容工程;完成集团三方测试保障;做到一级干线全年无中断,为京九等重点项目业务发展提供支撑;拉开基站成环改造工作,基站成环率达到80%以上。2010年,建成传输杆路17000杆程千米,完成TD四期工程,TD网络已全面覆盖市区中心城区,并延伸到所有县城。

**1999~2010年九江移动公司基础设施一览**

表13-2-3　　单位:千米、皮长千米

| 年份 | 杆路 | 管道 | 光缆 | 年份 | 杆路 | 管道 | 光缆 |
|---|---|---|---|---|---|---|---|
| 1999 | 540 | 60 | 850 | 2005 | 2700 | 168 | 4500 |
| 2000 | 830 | 75 | 1030 | 2006 | 3200 | 189 | 5200 |
| 2001 | 1340 | 102 | 1650 | 2007 | 8920 | 215 | 10240 |
| 2002 | 1840 | 113 | 2670 | 2008 | 9850 | 375 | 11321 |
| 2003 | 2070 | 132 | 3015 | 2009 | 11285 | 555 | 14530 |
| 2004 | 2350 | 154 | 3300 | 2010 | 16120 | 811 | 19912 |

**网络建设**　2002年,网络建设规模达到MSC(即移动交换中心,是2G通信系统的核心网元之一,是在电话和数据系统之间提供呼叫转换服务和呼叫控制的地方,下同)交换机3台,容量为64万;无线基站375个,有小区640个,TRX(即收信器和发信器的合称,下同)载频1898个;传输电路552条,自建区间电路168条,传输线路光缆2000皮长千米。2003年年底,完成移动通信GSM(即全球移动通信系统,下同)七期工程、动力环境监控系统二期工程、话务网管三期工程、传送网静态资源管理系统、CMNET-JX二期工程、九江城域网管道三期工程及永修县、都昌县移动通信综合楼工程建,GSM网络覆盖优势得到巩固。组织开展提高长途来话接通率专项攻关、“城区扫盲点”、网络优化整治,全市高速公路、铁路沿线的覆盖率达到99.5%以上,重要场所室内覆盖及旅游景点覆盖率在96%以上。2004年,九江移动公司强化网络运维工作,确保安全可靠运行,加快工程建设和网络优化,完成GSM八期工程建设,实现传输光缆乡乡通。网络投诉专项整治加大网络优化力度,加强日常话音和GPRS数据的DT、CQT(即呼叫质量拨打测试)测试。2006年,九江移动公司推进春节扩容、GSM十期、信息化新农村一阶段和二阶段工程建设,基站建设数量达到896个。2007年,九江移动公司继续大力推进信息化新农村建设,实施村村通移动电话工程,全年新建基站510个,实现全市行政村100%覆盖,自然村覆盖率接近90%。2008年年底,交换机容量达355万,传输杆路达到9850千米,传输管道375千米。当年,九江移动公司进行08春扩及信息化新农村建设四阶段、湖口无线基站替换为中兴设备搬迁、12期工程及信息化新农村建设五阶段、08村通及08行政村通宽带等工程建设项目, 新建软交换关口局1台,MSS2台,MGW2台,BSC8台,无线基站535个。现网共有关口局3台、HLR2台、MSC-SERVER3台、MGW6台、MSC2台、BSC28个(中兴10个、NOKIA18个)、基站总数1758个、无线载频1.2万余块。交换机容量VLR360万,2008年现网登记用户数146万余,HLR容量增加至294万,HLR中现有用户172万余。同年底,九江光缆9885皮长千米,同比2007年底7565皮长千米增长31%;管道439管程千米,同比2007年年底359管程千米增长22.3%。2009年,九江传输本地网建设。传输现网有两个10G核心调度层,东、西环4个核心汇聚层(其中B平面东西环汇聚层均在2008年由2.5G升级至10G),9个城域环网 (较2007年年底5个增长80%),81个接入环网(较2007年年底38个增长113%)。现网标准SDH网元为1995个(较2007年年底1389个增长43.6%)。市区增加1个10G核心层调度环,同时对汇聚层速率进行提升,将原B平面东西环汇聚层由2.5G升级至10G。规划实施修水、武宁、都昌等7个县市县域2.5G汇聚层的建立,提高传输网络的安全性,实现“双节点,双路由”接入准则。2009年3月,完成市政府大楼、九江大酒店、向阳苑3个TD-SCDMA网络示范站开通。5月13日,成立市扶持TD-SCDMA第三代移动通信建设和发展推进领导小组,下发《关于大力支持TD-SCDMA第三代移动通信建设和发展的实施意见》。九江移动在全市启动TD-SCDMA(全省移动第三期)网络建设。全年完成TD三期工程建设,新建77个宏站、111个室内

覆盖站,其中市区室分系统共95套,全面实现市区中心城区的密集连续覆盖并延伸到所有县城。2010年,九江移动在原有网络基础上,加快推动四期网络建设,全市新建设宏站188个,室分(指信源点BBU)系统93套,累计TD站点达到504个,其中县域TD站点155个。同步推进TD网络建设与优化,市郊区及各县城城区,各项网络指标均达到2G的水平,TD话务处理能力7175ERL。

**有线宽带**　2008年,启动宽带建设,开展行政村通宽带等工程建设项目。2009年,总计完成19000多个信息点建设。包含高校、住宅小区宽带的接入。同步完成城域网管道一期及二期工程的建设,累计完成城域网管道202.45管程千米。2010年,九江移动公司通过综合信息接入二、三、四、五、六期工程,经完成22万个小区宽带信息点建设工作,共覆盖1188个小区,16520栋楼宇,4个校园小区宽带建设任务,投入3255万余元。

**无线宽带(WLAN)**　2009年,组织实施WLAN热点覆盖一期工程,主要用于校园WLAN热点覆盖。2010年,完成WLAN一期工程的建设,WLAN接入设备AP 600个。

**网络维护**　2008年,移动公司掉话率为1.2%,基站退服率为1.4%,无线接入性能为98.8%,小区完好性为99.9%,万用户网络投诉比为2%以下。在确保网络KPI达优的同时,网络部将用户对网络满意度作为衡量网络维护工作唯一标准。网络部年初将此项工作纳入到各中心和各县公司的绩效考核中,责任到人。管理上实行日跟踪、周分析、月总结通报,实际维护抢修工作中要求做到预检预修、缩短抢修时限、重复投诉限期解决,从根本上降低网络投诉。当年客户网络满意度较2007年改善较大(5项调查指标满意度平均值为:2008年90.46%,2007年85.4%),且高于2008年全省平均水平(87.4%)。1~2月,九江冰雪灾严重,移动公司在抗冰雪灾期间,累计完成应急发电次数达2023次;累计发电时长29282小时,累计油耗37066升,累计出动应急通信车次数8次;累计出动其他抢修车辆次数1686次,灾情最严重的时候,九江停电基站有470个,退服基站仅有130个基站,利用不足90台油机保证340个基站的正常运行。同年,网络部组织对修水、星子、瑞昌等县全县保障工作,没有一起因发电不及时引起的断站事件发生;出色完成修水、星子、永修云居山、市区多次活动现场应急通信保障,调用省公司应急通信车2台次,共动用应急通信车10台次。

**核心电源系统**　1996年,九江移动电话交换工程原配整流电源容量偏低,增加40A整流模块6个;增配5KW油机及稳压器各1台,增配共青125千瓦油机1台,九江交换工程核增购置整流模块费9.5万元;湖口核增油机、稳压器及机房改造费6.3万元;共青核增购油机、机房改造费14.7万元。1999年5月,在电信大楼五楼电力室新建一套侨宏2000A开关电源,两组1500AH山东文隆蓄电池及侨宏15千伏安逆变器1套,由5个模块组成,形成一套较为完善通信供电系统。2001年7月,九江移动在通信枢纽楼建立一整套电源系统,涵盖高压配电到低压配电,交流配电到直流配电,形成一套完整独立通信电源供电系统。2002年,在附属楼二楼配置南昌电力开关厂出产的低压配电柜1组,用于油机跟市电倒换的ATS柜2台。在附属楼一楼油机房配置康明斯461、565千瓦柴油发动机组机各1台,并配置油箱、地下储油罐、油机自动倒换装置,并安装动环监控系统。在枢纽楼五楼电力室配置1套艾默生开关电源,配置容量为2000A,2组3000AH深圳华达蓄电池,及侨宏27千伏安逆变器1套由9个模块组成。在六楼传输机房配置2台直流配电屏及4台空调。2005年5月,在枢纽楼五楼电力室新建第二套艾默生开关电源,配置容量为2000A,2组3000AH深圳华达蓄电池。安装由电信楼搬迁的侨宏15千伏安逆变器1套。2007年10月,在附属楼五楼电力室配置第三套艾默生开关电源,配置容量为2000A。2组3000A南都蓄电池。新建艾默生60千瓦的UPS1套。在六楼交换机房新增1台直流配电屏及三楼交换机房增直流配电柜2台及梅兰日兰60千瓦机房专用空调2台。

**动力环境监控**　2002~2009年,九江移动共进行6期动环监控工程:2002年6月3日至12月,动环监控1期工程,涉及机房2个,基站192个,远程维护终端1个;2003年7月8日至9月30日,动环监控2期工程,涉及机房2个,基站82个;2004年8月16日至10月,动环监控3期工程,涉及机房1个,基站33个;2005年9月5日至12月6日,动环监控4期工程,涉及基站90个;2007年7月25日至10

月 13 日,动环监控 5 期工程,涉及基站 110 个,干结点改造站 78 个,此期工程还包括赣州搬迁站 305 个;2009 年 1 月 24 日至 3 月 30 日,动环监控工 6 期工程,涉及机房 1 个,基站 362 个。

**计费系统** 1999 年 8 月 18 日,全市 11 县(市)公司在全省率先开通综合业务系统。9 月,九江移动通信业务及收费正式从固定网中分离出来,综合业务系统的开通,使所有移动营业网点实现实时计费、自动停开机、话费限额停机、密码验证身份等多种功能。该工程由北京思特奇公司承建,本地数据存储容量达到 16*9GB。2002 年 6 月,九江移动完成 BOSS 系统 3 期割接工程,为 16 种新资费套餐实施及老资费到期变更提供技术支撑。从 7 月 1 日起,计费月改为自然月,即每月 1 日零时至月底 24 时。12 月 20 日,九江移动BOSS 系统割接成功。该工程将整个业务运营支撑系统规划为计费、结算、客户服务、业务管理、综合账务、财务稽核、经营分析、数据备份、系统管理九大子系统,在省公司建立集中的数据中心,使江西移动BOSS 系统成为集中的、一体化的业务运营支撑系统。

**网管系统** 2001 年 10 月,九江移动网管系统 1 期工程动工,11 月竣工,其管理服务器及相关硬件设置在南昌,九江新增 2 台客服终端。通过 WEB 远程访问,实现交换机性能管理和报表分析功能。2002 年,开始建立 2.5 期网管系统,共有 CISCO 路由器 2 台,CISCO 交换机 2 台,MOXA2508J 交换机 7 个,网管反迁终端 1 台,使用至 2010 年。此后,九江移动网管系统经历 3 期、3.5 期工程,对管理服务方面开发相关网管软件,增加相应的硬件,以实现集中告警监控和查询、交换机性能管理、报表分析、EOMS 工单的功能。2009 年,网管终端均安装诺盾杀毒软件,设置为每日自动杀毒,并根据情况可及时对软件进行升级。在现网中,诺盾防病毒软件共分为两级服务器,其中一级服务器设在省网管中心,根据需要另设置 1 台客户端。网络终端使用的远程接入为 WLNDCWXP 自带的桌面共享方式。平时该桌面共享是关闭的,厂家工程师需要登录终端进行软件升级等工作时与机房值班人员联系将其打开,工程师使用指定的用户名登录,处理完事务后即关闭,并进行记录。

**同步网系统** 九江移动在分营之初,并未建设专用同步网系统,各类关键设备的同步信号均是采用主从同步方式,分别从电信长途局和江西移动南昌话务汇接局电路上提取。2001 年 11 月,九江移动同步网系统建设动工,采用 GPS(全球定位系统)进行定位校准,根据传输本地网规划,九江新增 2 套北电的同步网系统,分别安装在电信楼 5 楼和枢纽楼 6 楼。为传送网和交换核心网提供 2M HZ 和 2M BIT 同步时钟源。至 2008 年 12 月 31 日,一直未扩容。2010 年,公司交换BSC、网关、传输均使用时钟设备提供的时钟输入信号,其维护工作由传输维护中心负责。

**N0.7 信令监控系统** 2003 年 4 月,九江移动 NO.7 集中监控系统 1 期工程动工,7 月竣工。该工程完成本地 MSC/GMSC/HLR 之间的信令链路和本地 GMSC 至电信、联通、铁通之间的信令链路的监控,共计50 条,实现呼叫跟踪,具有查询功能;链路层、网络层性能统计;信令链路负荷、流量分析;链路组负荷分担情况分析、不同时段对比分析;SCCP、TCAP 性能分析;移动智能网性能、业务分析(包括 CAP、MAP 业务分析);短信息业务、性能、接通率分析;告警功能等生产能力。2005 年 4 月,九江移动启动 NO.7 集中监控系统 2 期工程,工程规模为扩容 1 台采集机,新增30 条监控链路。软件功能进行升级,运行更加成熟、稳定,达到提高网络维护质量,及时发现网络存在问题的目的。10 月,九江移动启动 NO.7 集中监控系统 2.5 期工程,工程规模为新增 18 条监控链路。2006 年 7 月,九江移动启动 NO.7 集中监控系统 3 期工程,工程规模为新增九江短信欢迎系统的采集设备,增加相应的软件功能。2008 年 12 月 24 日,九江移动 DM1 SCTP 多归属改造全面竣工。此次工程根据 VOIP 改造要求,将NCDS3/NCDS4 的信令以及下挂 MGW 的信令、媒体流承载到中国移动 IP 专用承载网上。在承载网迁移过程中,需要按 SCTP 多归属方式进行对接,实施 SCTP 多归属对现有的组网模式有很大改变。SCTP 多归属应用于所有使用 SCTP 进行传输各种类型链路:H248 链路,SIGTRAN 链路,包括基于 M3UA 的BICC 链路。

## 三、联通公司设施

**营业网点** 至2010年,九江联通共有营业网点650个。

2010年九江联通营业网点一览

表13-2-4

| 区域 | 联通营业网点名称 |
|---|---|
| 市区 | 五丰、大中大西门口、九龙街新桥头、十里大道、湓浦街道、苏宁电器内、南湖路、人民路新村大道、白水湖街道三里街、甘棠街道北司路、金鸡坡街道炼油厂、水湖街道庐峰东路庐林苑门面、五里街道长虹北路、前进东路、庐山路、西二路街道旭日路、七里湖街道金三角、九江学院、西二路职业大学、庐山区海会镇、庐山区海会镇高垅社区、姑塘镇化纤厂、虞家河乡红桥路、莲花镇、新港镇、湓浦街道、滨兴街道向湖新村、白水湖街道京九副食批发市场、长虹大道邮政局、浔阳区师专校区内 |
| 九江县 | 柴桑南路、双瑞路、黄老门、马回岭、港口、江洲、新洲、新塘、新合、城门、城子 |
| 德安县 | 河东、宇通、丰林洪运、高塘、磨溪、林泉、聂桥、邹桥、爱民 |
| 永修县 | 新城区、江上乡、云山、老城、吴城、马口、恒丰汽车站、星火、艾城、军山、虬津、白槎、柘林、三溪桥、梅棠 |
| 星子县 | 山水、恒辉、思卖博、柳絮北路、紫阳、归宗、秀峰、隘口、温泉、横塘、苏家档、蓼华、新池、蓼南、峰莲、新世界 |
| 修水县 | 工业大厦、站前路、赣北商城、新城花园、广场、汽车站、芦塘、罗桥、走马、万邦、现代城、东港、黄龙、水源、渣津、石坳、全丰、白岭、路口、古市、庙岭、何市、山口、山背、黄沙、漫江、征村、马坳、港口、四都、太阳升、上杭、杭口、西港 |
| 武宁县 | 宁城、城南、工业园、南市、罗坪、杨洲、罗溪、石门、清江、石渡、船滩、澧溪、上汤、甫田、鲁溪、官莲、金水、横路、巾口、泉口 |
| 湖口县 | 均桥、文桥、付垅、武山、流芳、舜德、城山、东庄、流泗、大垅、张青、马影、凰村、大中路、兰享 |
| 都昌县 | 金都、星光、县府路、新华手机卖场、白洋路丽华手机卖场、北山、街心花园、广场路、惠民、新世纪、芙蓉路、幸福路、鸣山、南峰、芗溪乡 |
| 彭泽县 | 棉船、马当、泉山、新区、党校、黄岭、浪溪、太泊湖、定山、芙蓉、太平、天红、杨梓、黄花、东升 |
| 瑞昌市 | 人民南路、南义、横港、码头、武山、南阳、赛城湖 |
| 共青城 | 新华、新南大、航天、米粮铺、通运 |

**电缆光缆** 九江联通按照国家电信设施建设要求,继续采用PON+LAN和FTTH方式实现既有区域的"光进铜退"改造,用光缆逐渐全部代替光缆。至2010年,九江联通传输网共计完成新建管道79.2孔千米,新建光缆1810千米,传输网共计完成新建管道195孔千米,新建光缆1012千米。

**联通网络** 2006~2010年,九江联通致力于网络建设和改造工程,2006年投资近3000万元的基础,2007年加大投资用于G网12期和13期工程建设,改善和优化网络通话质量,同时在旅游景点、高速公路、主要交通干道增加网络覆盖率,在地下室、电梯、停车场等信号不易到达处增强网络覆盖,网络质量指标及用户使用感知满意度稳步提升。通过完善网络建设,优化网络质量,至2010年,九江联通在全省联通维护考评中累计排名第四位,维护管理和网络质量均得到提高。经过持续投资建设,九江联通已实现所有市区、县城、主要风景区、主要交通干线的3G网络覆盖,2010年九江联通分公司继续加大对3G网络覆盖建设和优化,投资1亿元进行精品网络建设,为社会提供与全球同步的精品3G服务。

**移动网络** 至2010年,移动网完成建设GSM(Global System for Mobile Communications的缩写,意为全球移动通信系统)22期基站230个、WCDMA (Wideband Code Division Multiple Access,宽带码分多址的英文简称,是一种第三代无线通信技术。)8期基站220个,WCDMA9期基站98个,室分专业完成新建48套室内分布系统以及30个WLAN(无线局域网)热点的开通,安装30台BBU(Building Base band Unit,室内基带处理单元)及198台RRU(射频拉远单元)(WCDMA)。完成9条隧道的室分建设。九江联通坚持网络覆盖、通话质量、容量均衡等方面的提升工作,利用基站硬件整治、网优参数调整、射频控制、网优技术改造等各种优化手段,提升市区和各县城区网络质量。

**传输网络** 至2010年,传输网共计完成管道建设1268孔千米,新建光缆1798千米,并完成本地传输环路的升级改造工作;开通本地传输电路包括3G基站、2G基站、租线等共2538条;并完成70余次传输站点业务电路优化改造工作。九江联通网优化管理系统的上线,利用信息电子化管理手段对所有网优人员工作日志、基站无线故障及时在系统中体现,确保可以每天对无线故障处理情况和网优人员工作情况进行监控,以确保网优质量。

**固网网络** 至2010年, 固定网络共计完成新增ONU (Optical Network Unit光节点)639个,FTTH(光纤到户)176个点,累计新增语音端口1600线,宽带端口12870线,其中PON+LAN(Passive Optical Network无源光网络+ Local Area Network局域网)端口11798线,FTTH端口1072线,另完成客户专线55条。固网传输改造优化明显,包括链改环、155M速率升级成622M速率以及微波传输改光传输等,提升网络容量,提高网络安全性。为解决本地数据固定设备网络管理问题,九江联通自行开发和上线九江联通IP网管系统。至2010年,九江本地IP网络主要设备已纳入IP网管,总共监测194台设备,总共监控项目1936项,能够达到IP网络管理功能,实现设备监控管理、流量监控、实时告警、报表等功能。

**WCDMA网络** 2009年1月7日,中国联通获得WCDMA制式的3G牌照。WCDMA是目前世界上技术成熟、速率高、手机终端丰富、全球应用最广泛的3G制式。九江联通始启用微博投诉等辅助手段了解现网WCDMA用户使用感知情况,对所有微博投诉进行逐点分析,对可以解决的及时解决,暂无覆盖或弱覆盖区域列入后期建设规划中。并已开通九江学院的双载波并三次扩容FE端口,有效缓解上网拥塞问题。至2010年,九江联通已逐步将PON(PassiveOpticalNetwork无源光纤网络)建设的FTTB光纤到楼模式,过渡到FTTH光纤到户模式。至2010年FTTB模式建设ONU(OpticalNetworkUnit)光节点1800余台,每台额定功率24瓦。

## 第二节 电信业务

### 一、电信公司业务

**市内电话** 1991年,程控电话扩容13000门;更新彭泽等局半自动拨号设备;新增九江至赣州等地半自动及人工电路10路。开通九江至南京等地全自动电路192路。1992年4月11日,正式开通九江至共青垦殖场直拨电路11条。新增市对县传输电路33条,缓解4个县电路紧张状况,新增设西门口和九江海员邮电所两处。1993年12月26日,全市县以上通信在全省率先实现电话交换程控化、长途传输数据化。1994年4月18日,九江等8个地市、26县利用法国兴业银行2290万美元贷款,由阿泰尔TAISEL公司贴息,引进S1240程控电话交换设备,合同签字仪式在南昌举行。12月4日零时,九江、南昌电话网由6位升至7位。1995年12月28日,全省农村实现程控化,“摇把子”电话从此退出市场,实现技术层次和通信能力现代化。1997年,甲种电话装机初装费为1500元,乙种为2000元。同年,九江开通部分国家和地区的受话人付费业务,港澳、国际电话业务处理方式有用户直拨、103国际台半拨,受话人付费业务有108特别服务号直拨对方话务员受付和800特别服务号直拨对方用户受付2种, 长途电话开办“103”业务。1998年,推广有人值守和无人值守公用电话,同年,邮电部电信总局发行的电话磁(IC)卡。

**无线市话(小灵通)** 2002年,始建小灵通基站,发展小灵通业务。2007年5月30日推广小灵通“超级无绳”,通过固话推进小灵通的发展。2008年5月,“我的E家”新E6套餐推出,小灵通与固话共享话费。

**长途电话** 1991年,市邮电局长途线路340条,其中业务电路312条,出租电路28条。电路总数中明线电路112条,光缆101条,微波电路30条。长途交换机容量1726路端,其中全自动交换机600路端,半自动长途交换机46路端,人工交换机1080门。1994年,九江PSTN升位之前,市和县属于不同长途区,每个县都有独立的长途区号。1994年,九江电信启动升位和大本地网工程,市县电话由6位升7

位,全市统一为一个长途区,用同一个长途区号,全市变成一个大本地网。九江原有NEAX61长途交换机功能不足,为保证进出九江长途话务正常,1997年,在浔阳路枢纽楼新建S1240长途局。长途局于1998年正式入网运营,除疏通长途话务,还作为骨干智能网SSP,对九江用户开放301、17908、400、800等智能业务。新长途局除与本地网内各端局、网关局开通长市电路外,还与省内各地市长途局开通直达电路,用于疏通省内长途话务;此外,对于上海、深圳等长途话务较大外省地市,九江长途局与周边的合肥、黄石以及东莞、上海、深圳、福州、厦门、湛江等城市开通省际长途电路,南昌TS作为与周边省内、省际直达长途电路迂回。2001年,对长途局进行一次扩容。2002年,西二路关口局建成后,为解决九江长途局单点带来的网络安全隐患,西二路关口局与南昌TS2开通电路,作为九江长途局的备用局。2004~2005年,进行软件升级版,版本为B2,容量为935*2M/27CAPS。2006年省内软交换网络建成后,形成第二张省内长途网,省内长途话务30%经过软交换网疏通,70%经过长途局疏通,同时,在南昌新建骨干NGN的TG,该TG与各地市纯汇局开通直达电路,用于疏通省际长途话务,其中骨干TG疏通40%的省际话务,长途局疏通60%省际话务。

**电报** 1991年前,九江地区电报设备使用ZB319型载波电报机,新建TDM时分复用设备逐步替代ZB319型载波电报机,地区公众电路全部接入南昌256路自动转报网,从而结束公众电报人工转接历史,收报效率比人工电路提高5倍以上。1991年,在县以上城市开通公众真迹传真业务、宣传礼仪电报业务。1993年5月17日,开办鲜花、礼金、蛋糕等礼品电报业务。1994年1月25日,市邮电局在JK6300公众电报分集器。1995年9月30日,县以上城市开通鲜花礼仪电报。1999年年底,市电报业务量逐年下降,为节约成本,根据省公司要求进行电报网络改造,开通电报分组服务器,使用DDN网络承载公众电报网。

**无线寻呼** 1991年1月,开通无线寻呼。1993年,开设126人工服务台。1995年,无线寻呼业务实现地、市及部分县联网,年底实际全省联网。具有人工126/自动127、数字/汉字兼容、多频点、多速率发射,可进行本地呼、异地呼、漫游呼、跟踪呼及语言信箱功能,并于年底开通气象、股市行情、金融、简要新闻等业务。

**移动通信** 1994年3月,市邮电局对电信管理体制进行改革,成立移动通信公司(副科级建制)。负责移动通信、无线寻呼、无线电台、报房、电报中央室、来报和移动通信营业窗口等方面业务管理。1993年,业务总量4436458元,占年计划143.11%;通信总量3807872元,占年计划152.31%,至年底发展用户500户。1994年,业务总量7581882元,占年计划280.81%;通信总量7179660元,占年计划101.12%,移动用户达1112户。

**互联网** 1997年,建成覆盖全省中国公用计算机互联网江西省网,九江同期建立1个接入节点。拥有互联网用户130户,“九江信息港”于同年建成开通。至1998年4月底,全市有1600因特网用户。当时上网条件为硬件:1台486以上微机,1根电话线,1台调制解调器;软件:浏览软件、拨号软件、上网账号。有关部委将1999年确定为国内信息产业界“政府上网年”。

### 1991~2010 年九江电信公司各类业务用户一览

表 13-2-5　　单位:户

| 年 份 | 市内电话 | 小灵通 | 电 报 | 无线寻呼 | 移动通信 | 互联网 |
|---|---|---|---|---|---|---|
| 1991 | 1710 | | | 8604 | | |
| 1992 | 2103 | | | 12897 | | |
| 1993 | 26043 | | | 15006 | 500 | |
| 1994 | 50338 | | | 19055 | 1138 | |
| 1995 | 80405 | | | 35324 | 2469 | |
| 1996 | 109188 | | | 51873 | 3967 | |
| 1997 | 139373 | | | 82300 | 13484 | 130 |
| 1998 | 180920 | | | 113257 | 31686 | 784 |
| 1999 | 233091 | | | | | 1038 |
| 2000 | 281758 | | | | | 1862 |
| 2001 | 316918 | 23001 | 654 | | | 2238 |
| 2002 | 354497 | 47822 | 389 | | | 7297 |
| 2003 | 441975 | 128378 | 221 | | | 22469 |
| 2004 | 461176 | 174839 | | | | 48223 |
| 2005 | 482005 | 213515 | | | | 66161 |
| 2006 | 478084 | 213573 | | | | 100949 |
| 2007 | 479071 | 209177 | | | | 154633 |
| 2008 | 497085 | 206863 | | | 45860 | 197968 |
| 2009 | 498326 | 133212 | | | 141178 | 256153 |
| 2010 | 471154 | 99038 | | | 276808 | 264339 |

### 1991~2008 年九江电信营业情况一览

表 13-2-6　　单位:万元

| 年 份 | 营业收入 | 年 份 | 营业收入 | 年 份 | 营业收入 | 年 份 | 营业收入 |
|---|---|---|---|---|---|---|---|
| 1991 | 2748 | 1995 | 18753 | 2001 | 46300 | 2006 | 53764 |
| 1992 | 4483 | 1996 | 20364 | 2002 | 50174 | 2006 | 55622 |
| 1993 | 5961 | 1997 | 25799 | 2003 | 45351 | 2007 | 57848 |
| 1994 | 7317 | 1998 | 42600 | 2004 | 51261 | 2008 | 55129 |

**信息服务**　电话信息业务是 20 世纪 90 年代初兴起的一种新型电信增值业务,根据市场需求,成立开通 160/168 电话信息台,160/168 信息台相继与社会合办信息节目;九江数据通信部门与申银万国九江营业部合作开通 168 股市行情节目(不含股评节目),与社会人士合作开通情感热线 16888168。1993 年,成立无线营业组,由专人经营 BP 机、大哥大销售业务。同年开通“126”“127”咨询台;“127”台开放区域联网。1997 年,设立“170”用户查询台、“180”业务咨询台。

**数据通信**　1995 年 12 月 26 日,市邮电局会议电视系统投入运行,该系统引进美国 GDT 公司先进设备,以 64KB-2048KB/S 可选择速率传送双向活动图像和伴音。因共用分组部分模拟电路质量不能满足数据通信需求,1996 年, 九江新建 2 套美国 DSC 公司生产的 CP4000 数字交叉连接设备, 新增端口 240 个,主要开通银行电路网点与中心机房的联网。1997 年,市电信发展数据通信基本业务 180 户,完成数据通信业务收入 200.9 万元。数据通信部门协助九江有线电视台制作专题片《网上生活》并在该台“一方水土”栏目向全市播映。1998 年,九江数字数据网二期扩容,采用加拿大新桥公司的 3600 带宽管理器及 4602 网管系统。九江本地网节点含县局节点 12 个和城域网节点(十里、庐峰、西二路)3 个,新建端口为 520 个。上述节点机中 12 县局节点机为单机框系统,其他节点都为双机框冗余系统,如节点机电源模块及主控卡坏,可自动倒向备用模块。当时主要开电路为农行、工行、建行、人行、民航、地震局等。2000 年,九江数字数据网实施扩容工程,3600 网节点扩容并升级为 3645 节点,增加 P3 节点,对其他节点进行扩容,九江全网总端口数据 720 个。2002~2004 年,数字数据网的建设达到最盛时期,网络覆盖九江地区,开放业务种类有:语音、电路交换、子速率交换、帧中继交换等,能提供 RS-232/V.24、X.21/V.11,v.35,G.703 用户接口。

**微波通信** 1991 年,建成开通南昌至景德镇省内二级微波传输网 480 路微波数字电路,九江建有市区与湖口、都昌 3 个微波中继站和终端站,实现通信“二化”(交换程控化、传输数字化)。1995 年,武汉至福州线干线数字微波改造,庐山晒谷石新建数字微波中继站,担负武汉至福州一级干线 4GHZ 数字微波通信中继传输,和九江本地网 7GHZ 数字小微波中转功能,1997 年,九江本地网微波通信网建设电路 369.8KM,设 14 个微波站,采用法国阿尔卡特公司提供 480 路容量数字电路,组成九江地区县市微波传输网。随着国内经济建设发展,光缆发展迅速,通信容量大,而微波通信受到通信容量限制,经电信总局同意,相继在 2004 年、2005 年退网。

**电信资费** 1999 年 11 月, 取消拨号上网用户上网费月累计使用时间尾数不足 1 小时按 1 小时计费的规定,改为尾数不足 1 小时部分以 1 分钟为计费单位按实际使用时间计费。每分钟资费按现行每小时资费标准 4 元除以 60 分钟计算,不足 1 分钟部分按四舍五入计算。2001 年,固定电话本地网营业区内通话费、互联网业务拨号上网通信费实行新标准。此次调整计费单元,将本地网营业区内市话通话费计费单元由 3 分钟计费一次改为“3+1”计费单元,资费标准由现行的每 3 分钟 0.20 元改为首次 3 分钟 0.20 元,以后每分钟 0.10 元。同年 3 月 21 日起,中国电信调整 IP 电话资费,重点是下调国际及港澳台电话资费。具体方案是国内长途仍为每分钟 0.3 元,拨打港澳台电话由每分钟 2.5 元调整为 1.5 元,拨打加拿大和美国的电话由每分钟 4.8 元调整为 2.4 元,拨打英国、法国、意大利、德国、新西兰、韩国、日本、澳大利亚、新加坡、马来西亚、泰国、印尼、菲律宾等 13 个国家的电话由每分钟 4.8 元调整为 3.6 元,拨打其他国家和地区的电话由每分钟 4.8 元调整为 4.6 元。

2010 年电信资费体系:①固定电话:区内电话前 3 分钟 0.2 元,后 0.1 元/分钟;区间电话 0.2 元/分钟。②国内长途资费:可在本地直接拨打国内其它城市电话,加拨中国电信 IP 接入码后拨打对方号码享受优惠资费。标准资费(直拨)0.07 元/6 秒;时间段优惠每日 0:00~7:00 国内长话部分(不含基本通话费)按标准价的 60%收取,即 0.04 元/6 秒;IP 国内长话费(加拨中国电信 IP 接入码)0.3 元/分钟+基本通话费。③国际及港澳台长途:申请开通国际长途业务后,可在本地直接拨打国际/港澳台地区用户的电话,或加拨中国电信 IP 接入码后拨打对方号码。④港澳台地区:标准资费(直拨)0.2 元/6 秒;IP 国内长话费(加拨中国电信 IP 接入码)1.5 元/分钟+基本通话费。⑤国际长途资费:标准资费(直拨)0.8 元/6 秒;闲时优惠每日 0:00~7:00,国际长话费部分按标准价的60%收取,即 0.48 元/6 秒(优惠国:日本、美国、新加坡、澳大利亚、新西兰、法国、英国、意大利、泰国、马来西亚、德国、加拿大、韩国、印度尼西亚、菲律宾);IP 国际长话费(加拨中国电信 IP 接入码)为 IP 国际资费+基本通话费。

## 2010年九江电信资费一览

表13-2-7　　单位:元/分钟

| 优惠国 | IP资费 |
|---|---|
| 美国、加拿大(含阿拉斯加和夏威夷,不含其他代码为"1"的国家和地区) | 2.4 |
| 英国、法国、意大利、德国、新西兰、韩国、日本、澳大利亚、新加坡、马来西亚、泰国、印度尼西亚、菲律宾、冰岛、巴拿马、马里亚纳群岛、百慕大群岛、马拉维、玻利维亚、哥斯达黎加、巴林、科威特、文莱、塞浦路斯、老挝 | 3.6 |
| 法属圭亚那、圣卢西亚、瓜德罗普岛、马约特岛、莱索托、爱沙尼亚、马里、摩洛哥、保加利亚、肯尼亚、缅甸、刚果(金)、叙利亚、安哥拉、尼日利亚、比利时、塞内加尔、瑞士、卡塔尔、白俄罗斯 | 7.6 |
| 吉布提、朝鲜、列支敦士登、格陵兰岛、阿森松、西萨摩亚、厄立特里亚、马绍尔群岛 | 12 |
| 巴布亚新几内亚、基里巴斯、瑙鲁、纽埃岛、诺福克、东帝汶、圣多美和普林西比、圣赫勒拿岛、瓦利斯和浮图纳、迭哥伽西亚、几内亚比绍、所罗门群岛、托克劳群岛、古巴、库克群岛、福克兰群岛、索马里、图瓦卢、瓦努阿图 | 15 |
| 其他国家和地区 | 4.6 |

**数字数据**　1996年，九江新建2套美国DSC公司生产CP4000数字交叉连接设备，新增端口240个,开通银行电路网点与中心机房的联网。1998年,九江数字数据网二期扩容,采用加拿大新桥公司3600带宽管理器及4602网管系统。网节点含县局节点12个和城域网节点(十里、庐峰、西二路)3个,新建端口520个。上述节点机中12县局节点机为单机框系统,其他节点均为双机框冗余系统,如节点机的电源模块及主控卡坏,可自动倒向备用模块。当时开通电路为:农行、工行、建行、人行、民航、地震局等。1999年,市组建公用帧中继业务网,采用加拿大新桥网络公司生产36170宽带交换机,有2个交换框和2个外围框,36170有双交换机框，所有交换卡都互为冗余备份,36170第一个外围机框控制卡有两块,互为主备关系,且主备卡能自动倒换;当时,36170出省中继为3条,2条为155米至南昌,互为主备,另1条为16米至鹰潭,并且通过E1电路仿真卡与DDN-B省网互联。端口为55个。36170上的用户主要是长途大客户用户电路。2000年,九江数字数据网实施扩容工程,3600网节点扩容并升级为3645节点,增加P3节点,对其他节点进行扩容,九江全网总端口数据720个。2001年,九江开通的电路:到南昌和各地市155米中继及6个金融系统用户(农行、建行、中行、交行、工行、信用社)。上述金融系统用户中心机房均接入PASSPORT交换框15K的155米端口，网点接入PASSPORT外围框7K的2米端口。2002~2004年,数字数据网的建设达到最盛时期,网络覆盖九江地区,开放业务种类有语音、电路交换、子速率交换、帧中继交换等,能提供RS-232/V.24、X.21/V.11,v.35,G.703用户接口。

## 2008~2010年九江电信公司业务一览

表13-2-8

| 年份 | 手机数 | 小灵通数 | 固话数 | 宽带数 |
|---|---|---|---|---|
| 2005 | | 213379 | 766106 | 59819 |
| 2006 | | 210486 | 793712 | 96409 |
| 2007 | | 193314 | 819271 | 119468 |
| 2008 | 44875 | 262181 | 776665 | 158271 |
| 2009 | 149046 | 184767 | 707422 | 201041 |
| 2010 | 276808 | 141825 | 691522 | 253567 |

## 二、移动公司业务

1999年，中国移动通信九江分公司主要经营移动话音、数据、IP电话和多媒体、宽带等业务，除提供基本话音业务外，还提供传真、数据、IP电话等多种增值业务，拥有“全球通”“神州行”“动感地带”3个服务品牌。并开通“手机证券”“飞信”“移动网信”“全时通业务”“铁通宽带业务”“有线通宽带业务”“无线音乐俱乐部”“手机报”“手机钱包”等业务。当年为九江移动公司成立之初，用户81338户，年业务收入1.5亿元。2003年，运营收入33028万元，完成省公司下达任务104%，运营收入绝对值从2002年全省第五位上升到第四位。2004年45162万元，增长率为36.74%，全省排名第三。2005年，完成收入54000多万元，继续保持全省第三名。至2005年，客户规模扩大，有效用户数从466142户上升到708927户，历史同比年增长始终保持在31%，新增三比达到69.66%，有价值客户市场占有率达到73.34%，保持稳定；集团客户和收入占比显著提高，核心市场份额稳中有升，当年，集团客户和收入占比分别为61.98%和73.86%。2007年，九江移动在网VLR客户首次突破100万。此后，企业连续多年获得市纳税大户，2009年上缴利税4000多万元。全年净增客户超过35万户，用户总数突破200万户。2010年，全市各重要服务行业与九江移动共达成VIP客户优惠特远联盟商户近200家，其中远洲国际、天沐温泉等商户达成互惠发展约定，为客户及到市外商提供特色服务。同年6月，九江移动联合麦当劳、贵族宝宝儿童摄影、花旗电影院、迪卡乐等商户联合推出特惠VIP客户活动，全市1000多个客户，3000多个家庭从中获益。

1999~2010年九江移动公司移动业务一览

表13-2-9　　单位：万户、Erl、个

| 年份 | 交换机容量 | 春节期间交换机到达用户数 | 全天话务量 | 交换机个数 | BSC个数 | 基站个数 |
|---|---|---|---|---|---|---|
| 1999 | 25 | 22 | 2.45 | 2 | 3 | 204 |
| 2000 | 32 | 28 | 4.35 | 2 | 4 | 315 |
| 2001 | 55 | 51 | 6.09 | 2 | 5 | 338 |
| 2002 | 68 | 60 | 7.13 | 2 | 7 | 398 |
| 2003 | 80 | 54 | 8.14 | 3 | 8 | 423 |
| 2004 | 95 | 74.7 | 11.30 | 3 | 9 | 473 |
| 2005 | 145 | 90.2 | 14.20 | 4 | 11 | 571 |
| 2006 | 175 | 122 | 23.50 | 4 | 15 | 896 |
| 2007 | 235 | 158.5 | 29.70 | 4 | 26 | 1290 |
| 2008 | 355 | 210 | 40.10 | 4 | 29 | 1873 |
| 2009 | 400 | 251 | 50.70 | 5 | 31 | 2080 |
| 2010 | 455 | 268 | 61.50 | 5 | 33 | 2700(含TD) |

## 三、联通公司业务

市联通公司自1997年创立以来，从最初经营单一130GSM业务逐步发展为集移动(GSM、WCDMA)数据、长途、寻呼等各项业务于一身的综合性电信企业，130GSM网交换容量达18万门，环保、健康、保密、清晰新一代通信网络133CDMA交换容量达到18万门，网上具有多种服务及增值业务功能。至2007年，九江联通公司130GSM，133CDMA网络HLR容量分别达到71万门和24万门，网上用户近30万户，九江的G网、C网网络质量指标综合排名自2005~2007年连续3年名列全省联通系统前3名。2008年，联通公司着力打造移动、宽带、固话增值业务、全业务、综合性的宽带通信和信息服务。“116 114”业务，

开发10010号系统接通能力。2009年,联通公司率先在省内启动3G网络,4月14日拨通第一个3G可视电话,5月17日启用WCDMA3G的试商用, 并完成GSM网络14、15、16期和村通及WCDMA网络一期、三期、四期工程的建设。2010年网上用户23万余户。九江联通公司业务开办的业务另有“移动产品”“基础语音”“移动补充业务”“移动数据及信息业务” 等;“固网业务”“基础语音”“固网数据及互联网接入”“固网增值业务”;沃品牌;“116 114”。

# 第十四篇 电力

# 第十四篇 电 力

1991年,九江发电有火电和水电两种方式,总装机容量73.5万千瓦。其中,火电49.9万千瓦(锁江楼电厂4.9万千瓦,九江发电厂45万千瓦);水电23.6万千瓦(含小水电5.1万千瓦,全市小水电站322座)。全市发电量28.1亿千瓦时,其中水力发电9.0亿千瓦时。其时,整个九江电网平均用电负荷仅14.5万千瓦,供电量10.75亿千瓦时。1998年始,用3年时间对全市农村电网管理体制进行改革,对农村电网进行全面建设和改造,组建股份制县供电企业10家和全资供电企业2家;对城区配电网进行大规模集中改造;加强用电业务、安全用电管理。2008年3月,都昌县矶山湖风电场投建,同年11月,20台风电机组并网发电,在全省首次新增风力发电。

2010年3月31日,湖口县石钟山500千伏输变电工程建成投运,全市供电主网架电压等级从220千伏提升到500千伏,电网主网架薄弱窘迫局面得到缓解,电网供电能力从115万千瓦提高到180万千瓦。当年,除火电、水电、风电外,启动彭泽核电项目前期工作。年末,全市发电总装机容量215.9万千瓦,是1991年2.9倍。其中:火电133.9万千瓦(九江发电厂112万千瓦,企业热电联产和余热发电机组21.9万千瓦);水电73.6万千瓦(含小水电20.7万千瓦,全市有小水电站334座);风电8.4万千瓦(年底前,江西新能源公司先后建成投产矶山湖3万千瓦、长岭3.45万千瓦、大岭1.95万千瓦3座风电场)。全市发电量75.3亿千瓦时,是1991年2.7倍。其中火力发电63.6亿千瓦时,水力发电11.7亿千瓦时。九江供电网平均用电负荷增长到86.1万千瓦,供电量增长到75.4亿千瓦时,最高用电负荷达151.5万千瓦。九江供电区内110千伏及以上变电站47座,主变76台,变电容量632.9万千伏安,线路93条、线路长度2178.4千米。

# 第一章 发电

## 第一节 火力发电

### 一、企业规模

九江电厂(包括中国国电集团公司九江发电厂和国电九江发电有限公司)是国电江西电力有限公司所属成员单位，其中电厂为国电江西电力有限公司内部核算单位，公司为国电江西电力有限公司控股51%、淮南矿业(集团)有限责任公司参股49%有限公司。两单位在电力体制改革前分别是原省电力公司下属九江发电厂,原华中电力集团公司控股70%、省投资公司参股30%的九江三期发电有限责任公司。2002年,在国家电力体制改革大背景下,九江发电厂划入新组建中国国电集团公司。2003年9月,中国国电集团公司对九江电厂一、二、三期管理体制进行改革,将原两个独立法人单位进行合并,实行“一套班子,两块牌子,统一管理,分开核算”管理模式。改制后,一、二期(国电九江发电厂)为集团公司内部核算企业,三期(国电九江发电有限公司)为集团公司控股单位。2009年1月1日,中国国电集团公司将其持有国电九江发电有限公司股权70%无偿划转给国电江西电力有限公司持有。12月,省投资集团公司以协议转让方式将其持有国电九江发电有限公司股权30%转让给国电江西电力有限公司持有。2010年12月,国电江西电力有限公司以协议转让方式将其持有国电九江发电有限公司股权49%转让给淮南矿业(集团)有限责任公司持有;同时,国电江西电力有限公司、淮南矿业(集团)有限责任公司分别以51%、49%股权比例,共同组建国电九江四期发电有限公司,合作建设九江四期“上大压小”扩建工程。至年底,九江电厂有在册员工2185人、离退休员工889人。

### 二、企业管理

1992年始,九江电厂全面推行第一次劳动、人事、工资分配制度改革,管理科室由30个精减到20个,并对建厂初期所成立厂劳动服务公司进行改组,另组建九江浔能实业总公司,下辖建筑安装工程公司、运输公司、实业开发公司、粉煤灰综合开发公司、生活服务公司等经济实体,均进行公司注册,具有独立法人资格,按照服务主业、自谋发展原则,对总公司实行经营总承包。1996年5月,九江浔能实业总公司改名为九江电力实业总公司,除原辖5个公司外,又新增雄鹰铝型材公司。1998年4月,为精简机构,九江发电厂对原来8大车间、24个机关科室和10个多种经营公司进行重组。重组后,全厂组织机构划分为发电部、检修部、燃料公司、实业公司、公益公司和机关6部门。2004年下半年,九江电厂通过“三项制度改革”,对机构进行重组整合。机关设10部1室,执行层设5个部室。在推行主业三项制度改革同时,把辅业改革重点主要放在明晰产权、规范管理上,将原有10个公司合并为1个实业总公司。2007年,综合产业顺利实施集体企业规范改制,实现九江电力实业总公司职能转型,组建九江浔电实业有限责任公司,完成股权置换,签订股权转让协议。2008年9月,九江电厂子弟学校移交地方政府管理。2010年3月,九江启源洗煤有限公司在九江电厂正式投产,洗煤厂项目除深化煤炭经营外还可为电厂配煤掺烧提供煤泥资源。同年12月,九江电厂机关增设上大压小项目部、离退休办和综合产业管理部。

1991~2010 年九江电厂经济指标一览

表 14-1-1

单位:兆瓦、元/千千瓦时、时、万千瓦时、天、元/吨

| 年 份 | 年末发电设备容量 | 发电单位成本 | 发电设备年平均利用小时 | 发电量 | 供电标准煤耗率 | 厂用电率 | 安全天数 | 综合标煤单价 |
|---|---|---|---|---|---|---|---|---|
| 1991 | 250(2*125) | 96.3 | 6666 | 166658 | 383 | 7.59 | 240 | 191.97 |
| 1992 | 650(2*125+2*200) | 101.9 | 6968 | 249677 | 395 | 7.93 | 518 | 187.08 |
| 1993 | 650 | 166.75 | 4839 | 314506 | 412 | 8.38 | 367 | 316.73 |
| 1994 | 650 | 160.69 | 4933 | 320658 | 391 | 8.50 | 254 | 280.47 |
| 1995 | 650 | 178.2 | 4901 | 318546 | 391 | 9.04 | 234 | 314.81 |
| 1996 | 650 | 187.4 | | 329807 | 389 | 8.92 | 163 | 341.41 |
| 1997 | 650 | 209.56 | 4226 | 274712 | 386 | 8.91 | 526 | 379.57 |
| 1998 | 650 | 215.54 | 3879 | 252167 | 386 | 8.62 | 367 | 346.86 |
| 1999 | 650 | 216.02 | 4118 | 267681 | 386 | 8.41 | 732 | 339.04 |
| 2000 | 650 | 204.69 | 4258 | 276791 | 385 | 8.23 | 1098 | 333.85 |
| 2001 | 650 | 210.64 | 4163 | 270575 | 384 | 8.51 | 147 | 344.63 |
| 2002 | 660(135+125+2*200) | 228.15 | | 281615 | 384 | 8.35 | 230 | 371.97 |
| 2003 | 1360(135+125+2*200+2*350) | 218.7/198.99(电厂/公司) | 5450/4224 | 590616 | 382/355 | 8.16/5.65 | 54 | 375.12 |
| 2004 | 1360 | 235.43/223.2 | 4806/5954 | 733981 | 379/345 | 8.26/5.88 | | |
| 2005 | 1360 | 277.75/273.59 | 5219/5419 | 723890 | 388/336 | 8.24/5.71 | 429 | 556.55 |
| 2006 | 1360 | | 4992/5594 | 747100 | 375/337 | 7.8/5.51 | 794 | |
| 2007 | 1380(135+125+220+200+2*350) | | 4322 | 712100 | 369/328 | 7.42/5.21 | 1160 | 570.91 |
| 2008 | 1380 | /328.9 | | 604200 | 365/328 | 7.27/5.5 | 1527 | 711.58 |
| 2009 | 1120(220+200+2*350) | | | 619200 | 341.57 | 6.42 | 1890 | 681.87 |
| 2010 | 1120 | | | 580300 | 362/323.93 | 7.5/5.99 | 2255 | 795.04 |

## 三、发电设施

**一期工程** 九江电厂一期工程动工兴建于 1977 年 6 月，安装 2 台 125 兆瓦机组,2 台机组先后于 1983 年 9 月和 1984 年 9 月投产发电。2009 年 2 月,九江电厂按照国家节能减排政策要求,开展“上大压小”四期扩建工作,签署一期 2×125 兆瓦机组关停协议,3 月,一期 2×125 兆瓦机组正式关停,并进行不可恢复性拆除。

**二期工程** 1989 年 11 月 3 日,国家计委、国家能源投资公司正式批准九江电厂二期工程开工。12 月 12 日,工程正式开工。九江电厂扩建 20 万千瓦机组为江西省首建,三号机组于 1991 年 12 月 30 日并网发电,这是省第一台 20 万千瓦机组投产发电。四号机组于 1992 年 11 月 20 日投产,二期扩建工程全面竣工,九江电厂装机总容量达 65 万千瓦,成为当时全省装机容量最大火电厂。2007 年,九江电厂对 153 号机实施通流改造、发电机及主变增容,该机组容量增为 220 兆瓦。二期扩建工程由省电力设计院设计,设备采用哈尔滨汽轮机厂制造 N210-130/535/535(69)-210-2 型氢冷汽轮发电机;四川东方锅炉厂制造 DG670/14-8 型钢筋混凝土炉架露天布置锅炉,主变压器采用保定变压器厂制造 SFPT-240000/220

型主变压器。通过招标,确定主要施工单位为省二建公司承担主厂房、烟囱等主要土建工程施工,省水电工程局承担土建其余项目施工,省火电建设公司承担机电设备安装,铁道部四局五处承担4.9千米输煤铁路专用线施工。此外,九江电厂劳动服务公司也承担一部分辅助设施土建工程。

**三期工程** 九江电厂三期扩建工程是省电力系统首个利用外资兴建火电建设工程项目,外资来源为日本海外协力基金(OECF)贷款。在本期工程扩建时按照“三期合理,四期可能”原则对四期工程2×600兆瓦级机组进行预留。1992年6月5日,国家计委批复九江电厂三期扩建工程可行性研究报告(代计划任务书)。经过近10年前期准备,工程于1999年12月16日正式开工,第一台350兆瓦机组于2002年12月15日完成168小时满负荷试运行,移交试生产;2003年7月16日通过半年试生产后质量监检,进入商业运行。第二台350兆瓦机组于2003年5月29日完成168小时满负荷试运行,移交试生产;2003年12月16日通过半年试生产后质量监检,进入商业运行。2004年3月,九江电厂三期工程1、2号机组顺利通过由中国国电集团公司组织投产达标验收。至此,九江发电厂总装机容量达1350兆瓦。三期工程主要设计单位分别是:华东电力设计院为业主工程师,负责与机炉岛供货商联营体设计技术协调;美国FW公司(炉岛)委托加拿大Stone&Webster公司设计,日本日立公司(机岛)委托日本日建公司(土建部分)和中国西北电力设计院设计(工艺安装部分),仪控岛由日本日立公司设计;BOP岛由华东院和江西电力设计院联合设计。工程由省水电工程局、江西省第二建筑工程公司承担主要土建项目施工,省火电建设公司承担设备安装,中铁第十一局承担铁路专用线施工。监理单位是江西诚达工程咨询监理有限公司和河南立新电力建设监理公司。省电力试验研究院为调试单位。

3种主机供应厂家、型号及参数分别为:①汽轮机:日本日立公司制造。型号TCDF-40,结构特点为亚临界,一次中间再热,单轴,高、中压缸反向布置,两缸两排汽,凝汽式,21级,40%旁路系统。②发电机:日本日立公司制造。型号TELQQ-KD,结构特点为额定出力350兆瓦,额定电压23千伏,额定电流1395A,Y/Y型接法,定子线圈水冷,转子和定子铁心氢冷。③锅炉本体:美国FW公司制造。型号FW-1040,结构特点为亚临界、一次中间再热、单炉膛、固态排渣、平衡通风、露天布置、“W”形火焰燃烧。④热工控制系统:日本日立公司制造。型号HIACS-5000M,结构特点为I/O点7300左右,100M双冗余环形网络,操作员站与工程师站之间以10m以太网连接。⑤主变:比利时Pauwels公司制造。型号5-Leg cor,容量445兆伏安。

**四期工程** 九江电厂四期工程于2006年启动,采取“上大压小”方式扩建2台60万千瓦级大型节能环保火电机组。2008年4月初,四期工程地基处理试验大纲由江西电力设计院编制完成。同月,电力规划设计总院在北京主持并通过本期工程地基处理试验大纲审查。工程监理由江西省科能工程建设咨询监理有限公司承担,施工中标企业为洪宇建设集团。九江电厂(四期)“上大压小”2×600兆瓦级工程第一个实质性开工项目——试桩桩基施工工程于7月18日顺利完工。同年8月14日,根据本工程水资源论证报告书和审查意见,以及省水利厅审批意见,长江水利委员会向九江电厂送达取水许可证申请书。2009年12月24日,国家能源局下发《国家能源局关于同意江西国电九江发电厂“上大压小”扩建项目开展前期工作的复函》。2010年6月25日,国土资源部下发《关于国电九江电厂(四期)“上大压小”1台60万千瓦扩建工程建设用地预审意见的复函》,九江电厂四期扩建工程建设用地通过国土资源部预审。同年8月2日,九江电厂“上大压小”扩建项目环境影响报告书通过环保部审查,并取得批复。同日,国家电网公司下发《关于江西国电九江电厂1×60万千瓦机组接入电网意见的函》,同意九江电厂1×60万千瓦机组接入江西电网。至此,九江电厂已取得4期扩建机组核准前全部国家级支持性文件。工程于2010年4月动工建设。

## 四、生产经营

1991年,为降低煤耗,九江电厂成立以总工程师为组长煤耗攻关小组,分析机炉运行热效率及测量手段现状,并创办《煤耗动态》专刊。燃料管理重点防止亏吨亏卡,强调搭配掺烧。运行坚持小指标竞赛、热偏差分析和机组压红线运行。各班组建立设备动静点密封统计和泄漏点消除记录,修编设备缺陷管理制度,使主设备完好率及等效可用系数定额完成率均超过部门要求,达到部颁考核标准,同时通过对关键设备技术改造及消除“七漏”,降低排烟温度,提高锅炉热效率。通过以上种种措施执行,当年底,供电煤耗由406克/千瓦时下降到383克/千瓦时。1992年,九江电厂首次实现连续安全运行500天,并连续10年提前完成国家计划。当年,对N125汽机高压通流部分改进后,使高压缸内效率提高,热耗下降,每年节约标煤3000多吨。1993年,随着社会主义市场经济体制逐步建立,煤炭市场价格放开,开始形成“买方市场”,电煤紧张局面逐渐缓解。燃料管理工作重点是打假和强化燃料管理。运行车间开始贯彻执行“运行管理二十五条”及厂部“九江发电厂运行工作管理规划”,实现运行管理规范化、标准化、制度化。1994年,九江电厂进一步修改、完善《工资总额承包考核方案》。运行车间根据分析所得:125兆瓦机组每少熄一次火可节约厂用电6万千瓦时,节约轻油3吨;200兆瓦机组少熄一次火可节约厂用电8万千瓦时,节约轻油0.5吨、重油5吨,把节能工作重点放在防止锅炉熄火上,采取强化培训提升运行人员操作、调整水平和合理掺烧保证入炉煤质等措施。1995年,九江电厂制定完善安全生产三级目标控制考核责任制,即:班组控制异常、轻伤,车间控制障碍、未遂,厂部控制重伤、事故。车间各班组因此设立异常分析台账,做到对异常情况有分析、有对策、有考核。并进一步强化定置管理,要求生产现场设备标志牌齐全,介质流向清楚,物品摆放有序,管道保温完整;大修现场物品必须按定置图摆放,并做到工完、料尽、场地清。1996年,通过对三、四号机组进行严密性处理,机组正常运行时,只需投运1台射水泵就可维持正常真空,使机组运行经济性能得以提高。1997年,由于电力市场疲软,机组负荷率持续偏低,为解决煤炭供大于求的矛盾,减少煤压车变更和煤场持续胀库,九江电厂严格控制煤炭超量入厂,避免因调度不当或装卸不及时发生煤炭变更现象,并逐步取消二期变更煤租用外货场。同时,在安全生产上实行重奖重罚,对全月及全年无熄火设立专项奖励,该年全年熄火由1996年76次迅速下降为23次。此外,运行车间通过提高制粉系统出力,在保证安全前提下,采取三磨带两炉新举措,减少1台磨煤机和排粉机运行,仅此一项全年节电644万千瓦时。检修车间也积极配合各级科技小组,利用大、中、小修机会对设备进行革新、改造,消除大量设备缺陷,提高机组运行经济性。同年,将二号炉回转式空气预热器改为螺旋管式,提高热风温度,撤去2台7.5千瓦电动机,节约厂用电。

1998年,实施《模拟市场核算,安全、成本否决实施办法》,将厂属发电部、检修部、燃料公司、实业公司、公益公司5个机构作为厂内模拟市场操作承包主体。建立内部模拟市场,实施“三项否决”管理模式,遵循“重点抓好经济运行,突出抓好检修管理,不断推进技术进步,努力适应电力市场”管理思路,把经济运行作为生产重点来抓,根据发电负荷率不高情况,实施厂内运行方式优化调度,努力使高效机组、高效辅机多运行,以降低能耗,提高机组运行经济性。发电部确立以下属单位(值)构成发电部内部模拟市场运作七大承包主体,形成以承包单位为主体竞争机制。同时,在厂部核定本部年度安全、成本、廉政及各项经济指标基础上,本着“小指标保大指标”原则进行层层分解、量化承包并加大考核力度,利用经济杠杆鼓励各承包主体在确保安全、经济稳发原则下深挖内部潜力,最大限度地降低机组能耗和发电成本,并通过对岗位责任制分解与量化,制定各个岗位必须完成工作内容和项目指标(即岗位指标),通过严格岗位指标考核,使全员岗位责任制在工作中得以落实。检修部通过对三、四号炉燃烧器进行改造,使三、四号炉每次点火升炉可分别节约重油40吨,并使得机组在14万千瓦时时不再需要燃油助燃,合计每年节约重油2400吨。1999年,电厂从质量管理入手,以点检制为切入点,努力实现“零缺陷”闭环管理,实行状态管理预知检修,在四号机组大修中首次按ISO 9002标准制定大修“质检文件包”,引入“大修监理制”,从安徽淮南电厂聘请6名质量监理,协助加强检修全过程质量控制,使得154号机组大修后实现锅炉点火、汽机冲转、电气并网发电一次成功,并连续无故障运行381天,成为当时全国电力系统同类型机组单机大修后连续无故障运行最高记录。当年,九江电厂厂用电率完成8.41%,比计划下降0.59%,供电煤耗保持386克/千瓦时,单位发电成本216.02元/千瓦时,全面消化累积成本挂账。

2001年始,煤炭市场受国家政策调控影响供应趋于紧张,厂部和燃料公司及时采取措施,加强对煤炭化验和计量过程监督管理,对煤炭采、制、化实施二次编码和全过程监督。同时,发电部在严格执行调度命令,用好负荷2%调整裕度,争取多发电基础上,将节油、节煤、节电作为经济运行重点,成立了3个攻关小组,在厂用电率、汽机真空、锅炉排烟温度三个环节,深挖节能潜力,并在日常工作中,要求汽机、锅炉专业实行操作卡制度,将试验所得机组不同负荷下运行对应主要参数最经济数据列入操作卡,作为运行值班员操作调整标准,保证机组始终在最经济状态下运行,有效降低发电成本。2002年1~11月,节约轻油355吨,节约重油1308吨,两项累计降低生产成本283.08万元。2003年,国家在电力体制改革背景下开始推行"厂网分开,竞价上网",中国电力告别垄断经营,走向全面竞争时代。2004年,按照集团公司"精干主业、主辅分离、辅业改制"改革要求,九江电厂实行机构、人事及薪酬"三项制度"改革,打破原有"一岗一薪制",构建中层管理人员、一般员工岗位及收入分配的动态管理框架,创建"管理人员能上能下,企业员工能进能出,个人收入能高能低"新型企业管理机制。2005年,按照"公平、公正、公开"原则开始全面推行绩效管理工作。同年,为有效降低入炉标煤单价、突破多年来锅炉一直燃烧设计煤种局限,电厂成立配煤掺烧工作组,对全厂6台锅炉燃烧煤种适用范围进行分析论证,与江西中试院共同成立课题组,制定煤源、煤种结构优化方案和掺烧比例。2006年,全厂主营业务实现考核利润5968万元,首次跨入华中区域和中国国电集团公司盈利企业先进行列。2009年,火电企业外部经营环境依然严峻,煤炭价格持续飙升,发电厂上网电价受到国家严格管制,煤电价格联动难以到位,火电企业经营困难。九江电厂通过掺烧管理体系,入炉煤标煤单价在江西区域保持最低水平。2010年,在煤价大幅上涨和电量份额下降使电厂合计减少利润3.1亿元严峻形势下,通过配煤掺烧、度电成本对标管理、电量营销、资产经营、科学理财等手段,努力增收节支,全年实现减亏1.4亿元。至当年底,九江电厂实现连续安全运行2255天,创建厂以来安全生产最高记录。

## 五、粉煤灰利用

1991年,九电新型建材厂(又称轻型耐火材料厂)研制开发新产品——烟囱内衬砖,应用于二期工程210/6米烟囱内衬,减轻烟囱内衬整体重量40%,获1992年第四届国际能源(电力)及供应技术和设备展览会优秀产品奖和省科技进步三等奖、市科技进步一等奖。1993年,九江浔能实业总公司与安徽某科研单位合作,投资当时国内第一家微孔硅酸钙厂,次年投产。之后,根据省电力工业局有关多种经营指示,加快多种经营向产业化、集团化、多元化方向发展。此外,为使多种经营企业从主业中真正彻底地剥离出来,九江发电厂实行只给政策、不包开支、独立核算、自负盈亏方针,促使多种经营企业"推墙入海",在市场风浪中发展壮大。1994年,实业总公司又建年产500吨的耐酸砌筑胶泥厂。此后,该厂先后成功建成投产年产1000吨轻质高强耐火保温砖生产线、年产15万吨三渣路基生产线、年产20万块粉煤灰混凝土空心砌块砖生产线和800万块粉煤灰烧结砖生产线及粉煤灰保温材料生产线,产品除应用于电力行业外,并推广应用到造纸、石化、冶金等行业。2010年2月,九江电厂加气砌块项目正式开工,该项目是电厂实业公司自筹资金1000万元投资建设循环利用、绿色环保工程,预计该项目投产后,每年将有效利用九江电厂机组废渣、粉煤灰约5万吨,可生产加气混凝土砌块(加砌砖)10万立方米,产品面向九江及周边地区建筑行业进行销售,预计实现税前利润约300万元/年。

1991~2010 年九江电厂进厂燃料量一览

表 14-1-2　　　　单位:元/吨、万吨、吨

| 年 份 | 综合标煤单价 | 原 煤 | 燃 油 | 年 份 | 综合标煤单价 | 原 煤 | 燃 油 |
|---|---|---|---|---|---|---|---|
| 1991 | 191.97 | 94.64 | 10673 | 2001 | 344.63 | 118.88 | 4537 |
| 1992 | 187.08 | | | 2002 | 371.97 | 138.68 | 11970 |
| 1993 | 316.73 | | | 2003 | 377.47 | 267.93 | 14029 |
| 1994 | 280.47 | | | 2004 | 470.35 | 350.04 | 12530 |
| 1995 | 314.81 | 173.87 | | 2005 | 592.03 | 352.36 | 2700 |
| 1996 | 341.41 | 202.66 | 13120 | 2006 | 589.44 | 348.89 | 1100 |
| 1997 | 379.57 | 127.78 | 9486 | 2007 | 570.91 | 321.00 | 1000 |
| 1998 | 346.86 | 128.81 | 5951 | 2008 | 711.58 | 282.08 | 1491 |
| 1999 | 339.04 | 124.53 | 3513 | 2009 | 681.87 | 278.48 | 1016 |
| 2000 | 333.85 | 127.12 | 3145 | 2010 | 795.04 | 293.29 | 680 |

# 第二节　水力发电

## 一、大型电站

**柘林水电站**　电站规模:柘林水电站位于赣西北修河中游末端永修县柘林镇,居于猴子岩与鲤鱼山峡谷之间。装 6 台水轮发电机组,总装机容量 42 万千瓦。发电厂房为坝后封闭式地面厂房,4 台 4.5 万千瓦机组安装在 A 厂房,2 台 12 万千瓦机组安装在 B 厂房。柘林电厂是九江市最大水力发电厂。为江西省电力公司承担着江西电网调峰、调频和事故备用任务。因江西电网调峰容量不足,1995 年 5 月起,柘林电厂着手开展扩建工程一系列可行性研究和报批。1999 年 2 月,国家发展计划委员会下达《关于江西柘林水电站扩建工程可行性研究报告的批复》,同意扩建规模 24 万千瓦,安装 2 台 12 万千瓦混流式水轮发电机组。土建工程由中国葛洲坝集团第二工程公司和江西省水电工程局承建,中国水利水电第七工程局负责机电安装。工程静态投资 6.05 亿元,动态投资 7.51 亿元。2 台扩建机组中,五号发电机组于 2001 年 12 月 31 日投入运营,六号发电机组于 2002 年 5 月 1 日投入运营。柘林电站主要由主坝、副坝(2 座)、溢洪道(2 座)、泄洪洞、引水发电系统,船伐道及山体观测和水文观测等配套设施构成。电站拦河大坝是亚洲最大土石坝,坝顶海拔高程 73.5 米,坝顶长 590.75 米,坝顶宽 6 米。水库集水面积 9340 平方千米,为多年调节水库。正常高水位 65 米,总库容 79.2 亿立方米,居全国已建土坝之首。柘林电站南距省会南昌市 90 余千米,北距九江市 110 余千米,西距湖北省武汉市 260 千米,昌九高速公路和京九铁路在其下游 30 余千米处通过。电站处于江西电网负荷中心区域,地理位置重要,交通便利。

管理体制:1998 年,进行公司化改制,江西柘林水力发电厂改为江西柘林水电开发有限责任公司,由江西省电力公司控股,省内 4 家电力企业参股,成立董事会。改制后,发电生产经营模式按照公司化市场经济体制运作,实行自主经营,独立核算,自负盈亏。2010 年 11 月,经国家电网公司批准,柘电不再实行独立核算,改制为江西省电力公司分支机构,更名为江西省电力公司柘林水电厂,注册于九江市,属国有大(二)型企业。下设机构原设置基本不变,增设生产单位维护车间。改制后,柘电以安全生产为中心,主要承担安全发电、机组设备大小修理、水工建筑物维护管理。发电生产成本、机组大小修、设备技改费用及各项管理费、职工工资总额等由省电力公司核拨。当年实现产值 30038 万元。至年底,在册员工 1105 人。

综合功能:柘林水利水电枢纽工程集发电、防洪、灌溉、养殖、航运、旅游等多种功能于一身,是修河干流开发最早、发电及防洪效益最大水利水电工程,设计多年平均发电量6.9亿千瓦时。电站投产38年来,累计发电量221亿千瓦时。柘林水库由于近80亿立方米高库容,防洪效益显著,每遇大汛,为确保京九铁路和昌九公路不受洪水威胁,可对大坝下游区间进行防洪补偿和错峰调度。防汛工作由江西省防汛总指挥部直接调度,被国家防总列为全国20座一类防汛重点。1998年6~7月,入库水量79.02亿立方米,为与潦河错峰,减轻下游洪水压力,危急时候为下游削减水流量1400~3200立方米/秒,水库水位被逼到67.97米,确保修河下游多处圩堤安全和京九铁路畅通,在除险减灾方面发挥重要作用。

1991~2010年九江电厂柘林水电厂发电生产一览

表14-1-3　　单位:万千瓦时、立方米/千瓦时、时、次

| 年份 | 发电量 | 发电耗水率 | 发电设备可调小时 | 发电设备利用小时 | 非计划停运次数 |
|---|---|---|---|---|---|
| 1991 | 79880 | 10.80 | 8493.18 | 4438 | 8 |
| 1992 | 53852 | 10.86 | 8581.32 | 2992 | 10 |
| 1993 | 69933 | 10.70 | 8042.25 | 3885 | 2 |
| 1994 | 86303 | 10.70 | 8151.99 | 4795 | 3 |
| 1995 | 83144 | 10.90 | 8142.30 | 4619 | 2 |
| 1996 | 56033 | 11.00 | 7538.59 | 3113 | 4 |
| 1997 | 63586 | 10.96 | 7893.01 | 3533 | 4 |
| 1998 | 105891 | 11.30 | 8121.05 | 5883 | 5 |
| 1999 | 84778 | 10.80 | 8353.52 | 4710 | 4 |
| 2000 | 55887 | 11.50 | 8484.34 | 3105 | 4 |
| 2001 | 35951 | 14.88 | 8156.12 | 1997 | 3 |
| 2002 | 77650 | 11.15 | 7757.64 | 1849 | 12 |
| 2003 | 98758 | 11.54 | 8398.74 | 2351 | 4 |
| 2004 | 36933 | 11.61 | 8466.53 | 879 | 2 |
| 2005 | 47289 | 11.43 | 8446.66 | 1126 | 0 |
| 2006 | 57249 | 11.05 | 8450.04 | 1363 | 0 |
| 2007 | 27875 | 10.44 | 8569.22 | 664 | 0 |
| 2008 | 37512 | 10.19 | 8306.00 | 868 | 0 |
| 2009 | 54466 | 10.25 | 8277.25 | 1261 | 0 |
| 2010 | 80611 | 10.37 | 8321.38 | 1866 | 0 |

**东津水电站**　电站规模:东津水电站位于修水县修河上游,是省“八五”重点工程,总投资45196.80万元,1992年正式动工兴建,1995年全面竣工投产,装机总容量2×3.2万千瓦,多年平均发电量1.164亿千瓦时。水库大坝是江西第一座钢筋混凝土面板堆石坝,按大II型水工建筑物设计,水库总容量7.95亿立方米,具有多年调节能力,设计洪水标准为100年一遇。

工程建设:1991年1月30日,国家计划委员会批复《东津水电站设计任务书》。设计东电水库正常高水位190米,水库流域面积1080平方千米,总库容7.98亿立方米。装机容量2×3万千瓦,多年年均发电量1.164亿千瓦时,年均利用小时1940小时。水利枢纽为大II型水工建筑物设计。枢纽主要建筑物有:拦河坝,坝型为砼面板堆石坝。坝长326米,最大坝高85.5米,最大坝基宽度248.95米。坝顶高程200.5米。溢洪道:为岸边敞开式,以挑流方式消能。闸宽2×14米,设有两扇14×6.7米平板钢闸门。设计

泄流量1775立方米/秒。最大下泄量3495立方米/秒。导流放空洞:洞径6米,长约200米。发电引水系统:由进水塔、引水隧洞、大型钢岔管、支管等组成。发电引水隧洞进水采用塔式结构。引水隧洞长177.48米,主洞直径7米,支管直径3.4米。发电厂房为地面式结构,主厂房长58.62米,宽19米,高35.17米。110千伏开关站为户外式,35千伏开关站为户内式。同年4月2日,东电筹建处成立。5月26日,在省电力工业局召开开工建设预备会,并成立以省计划委员会副主任为董事长的董事会。为安全、优质、高效、低耗建设好电站工程,东电筹建处引进水电工程管理先进经验,实行业主负责制,工程招投标制,工程监理制,项目法人责任制,对工程进度、工程技师、工程造价等进行严格管理。经过招投标,葛洲坝工程局承建大坝、溢洪道、导流放空洞等工程;江西水电工程局承建厂房、发电引水系统、山脊梁处理等工程。杭州发电设备厂负责制造东电的水轮发电机组,华源水利水电咨询公司承担施工监理任务。工程于1992年1月29日动工,省长黄智权出席典礼仪式并讲话。同年11月22日成功截流,12月30日开始大坝填筑,实现当年开工,当年截流,当年大坝填筑预期目标。1995年5月,完成东电工程主体水工建筑物;5月7日,正式下闸蓄水,水库面积21平方千米。东电机电设备由省水电工程局安装,同年7月19日,1号水轮发电机组于第一次试启动成功,7月25日发电并网,8月5日正式移交给生产单位;2号水轮发电机组于11月17日第一次试启动成功,12月6日正式移交给生产单位。

管理体制:江西东津发电有限责任公司是省首座由中央与地方共同出资兴建中II型水力发电企业,也是省第一家按国家公司法改制水电厂。因利用修河上游右支流——东津水水力资源发电,故名东津水力发电厂。1996年7月15日,依据《中华人民共和国公司法》登记注册,成立由省投资公司控股,由省电力公司、华中电力开发公司、修水县水电开发公司参股江西东津发电有限责任公司,注册资本9194万元。1999年6月,国投中水公司将其1544.96万元经营性基金与利息转为东电资本金,其股权达14.39%;同年10月,省电力公司接收国投中水公司股权,其股权达29.34%。2003年1月1日,省电力公司将其股权转给中国电力投资集团公司;2007年12月31日,中国电力投资集团公司将其全部股权置换给省投资集团公司,至此,省投资集团公司占公司股权为97.68%,修水县电力开发公司股权为2.32%。至2010年,江西东津发电有限责任公司先后被评为华中电力系统双文明单位、国家电力公司年双文明单位、全国职工职业道德建设十佳单位、全国"五一劳动"奖状、全国精神文明建设先进单位、江西省第六、七、八、九、十、十二届文明单位、全省"四五""五五"普法先进单位。

**1995~2010年东津水电厂发电生产一览**

表14-1-4 单位:万度、万千瓦时、万元

| 年 份 | 发电量 | 上网电量 | 销售收入 | 综合成本 | 净利润 | 上缴税费 |
|---|---|---|---|---|---|---|
| 1995 | 2827 | 2772 | 532 | 1993 | -1475 | 30 |
| 1996 | 10769 | 10526 | 2789 | 9474 | -6546 | 487 |
| 1997 | 11654 | 11375 | 4375 | 9593 | -5065 | 836 |
| 1998 | 14947 | 14392 | 5676 | 8714 | 1542 | 1369 |
| 1998 | 14947 | 14392 | 5676 | 8714 | 1542 | 1369 |
| 1999 | 14792 | 14392 | 5676 | 6536 | 444 | 1200 |
| 2000 | 13721 | 13384 | 5521 | 6313 | -807 | 1173 |
| 2001 | 7968 | 7788 | 3894 | 6431 | -2553 | 811 |
| 2002 | 15685 | 15350 | 6005 | 6843 | -975 | 1282 |
| 2003 | 16220 | 15907 | 6091 | 6677 | -757 | 1313 |
| 2004 | 7436 | 7305 | 3408 | 5703 | -2366 | 820 |

续表 14-1-4

| 年 份 | 发电量 | 上网电量 | 销售收入 | 综合成本 | 净利润 | 上缴税费 |
|---|---|---|---|---|---|---|
| 2005 | 12621 | 12377 | 5598 | 5521 | 11 | 1289 |
| 2006 | 13409 | 13066 | 5919 | 5285 | 552 | 1145 |
| 2007 | 5703 | 5508 | 2495 | 5473 | –2990 | 513 |
| 2008 | 7307 | 7118 | 3225 | 6134 | –2927 | 553 |
| 2009 | 10581 | 10318 | 4676 | 5588 | –983 | 856 |
| 2010 | 14193 | 13944 | 6330 | 5857 | 378 | 1205 |
| 合计 | 179833 | 175716 | 72240 | 101497 | –24517 | 14882 |

说明:1.综合成本=生产成本+企业管理费+财务费用。2.至 2010 年,东电公司资产总额 31116 万元,其中固定资产净值 28911 万元;负债总额 46441 万元,资产负债率 149%;公司净资产–15325 万元

**抱子石水电站** 电站规模:抱子石水电站位于修水县城(义宁镇)下游 14.5 千米修河干流上(四都镇境内),属具有日调节性能中型水电站。开发主要任务是水力发电。坝址以上控制流域面积 5343 平方千米,水库总库容 0.534 亿立方米(校核洪水位 94.98 米时),正常蓄水位 93.50 米时,相应库容 0.437 亿立方米。抱子石电站装设 2 台单机 20 兆瓦灯泡贯流式机组,保证出力 5.3 兆瓦,设计多年平均发电量为 12775 万千瓦时,机组年利用 3194 小时。抱子石水电站工程主要建筑物包括大坝、引水渠、发电厂房和尾水渠等建筑物。大坝坝型为土坝、溢流坝和混凝土重力坝相结合混合坝,坝长 635 米。引水渠长 937.34 米。发电厂房为引水式地面厂房,尾水渠长 590.06 米。抱子石水电站北距九江市 220 千米、南距南昌市 215 千米、西距湖南长沙市 257 千米,距大广高速公路修水县出口处 25 千米。电站处于江西九江电网西南部,与湖南、湖北两省相邻,地理位置相对比较重要,交通比较便利,承担着江西西北部电网调峰和事故备用任务。抱子石水电站是省"十五"期间重点工程,2004 年始,连续获省文明单位、省 A 级纳税企业、市文明单位、安全生产先进单位、安全生产标准化达标三级(水电)、集团公司安全生产达标企业称号。

工程建设:1993 年 11 月,由华东院完成坝址勘探。1997 年 7 月,修水县政府与江西东津发电有限责任公司联合成立抱子石水电站筹备领导小组办公室,对原坝址选定工作表示疑义,开始设计招标。1998 年 3 月,经方案比选,选定中南勘测设计研究院方案,中南院取得后续设计资格。经竞争优化而选定坝址,较原已审定坝址,装机容量增加约 40%,单位电能投资降低 15%。抱子石水电站设计招标成功举措,得到国家水电建设管理委员会专家肯定。同年 6 月底,中南院提出《江西修河抱子石水电站水库淹没处理规划专题报告》,8 月 13 日,提交《江西修河抱子石水电站可行性研究报告》。11 月底,修水县政府向省计委出具承担移民任务和费用书面承诺。1999 年 5 月,省投资公司直接介入抱子石水电站立项事宜。5 月 11 日,省计委下达《关于抱子石水电站建议书的批复》,7 月 1~2 日,委托省移民办公室在修水县主持召开《江西修河抱子石水电站水库淹没处理规划专题报告》审查会,确认报告基本达到初步设计阶段工作深度。8 月 8 日,在省计委设审处主持下,省电力公司对电站接入系统设计进行审查批复。2000 年 5 月 22 日,省计委发出《关于开展抱子石水电站项目前期工作的函》,批准项目立项。7 月,江西赣能股份有限公司经与修水县政府协商,同意投资抱子石水电站工程项目,成立江西赣能股份有限公司抱子石水电站筹建办。10 月,前中南院全面开展抱子石水电站初步设计阶段勘测、设计、科研工作并完成初步设计,10 月 31 日至 11 月 4 日,省计委主持召开中南院提交《江西修河抱子石水电站初步设计报告》评审会议。认为设计合理可行。2001 年 5 月底,中南院根据评审意见提交《抱子石水电站初步设计补充材料》。6 月 25 日,省计委批复抱子石水电站工程初步设计报告。同年 11 月 1 日,开始右岸河床的清挖和一、二期共用纵向及一期横向围堰开挖,至 2002 年 1 月中旬,共完成开挖量 11.17 万立方米。此后至 3 月,进行一期横向围堰土石填筑,同时进行高喷灌浆防渗处理,纵向围堰于 3 月底,浇出正常水位达到 86 米高程,实现一期围堰截流。5 月中旬,一期溢流坝亦达到高程 79 米。8 月 31 日开始厂房下部砼浇筑,12 月 15 流

道封顶。2003年1月29日，厂房砼浇至发电机层高程77.5米，4月24日排架柱浇到桥机轨道高程92米。5月8日，桥机梁安装。8月5日，完成厂房桥机二期砼施工，8月18日厂房上游挡墙及进水口达到顶高程96.5米，9月20日完成2号机二期砼浇筑，10月3日，主厂房封顶。同月，进行二期上、下游土石围堰填筑。17日，二期围堰截流。二期围堰截流后，进行河床基坑开挖，同年12月16日进行右岸重力坝与右4孔溢流坝及小电站厂房坝段混凝土浇筑。抱子石水电站土建工程(包括导流工程)土石方明挖量140.58万立方米，混凝土量19.08万立方米，土方填筑39万立方米，钢筋量4585吨。2004年2月28日，首台机投产发电，至6月底，2台机组全部投产发电，施工总工期32个月，其中第一台机组发电工期为28个月。抱子石电站工程总投资概算为34989万元，实际投资为34307万元，节省投资约681万元。电站设计多年平均发电量为1.2775亿千瓦时，投运9年来，累计发电量为9.6亿千瓦时。

管理体制：2001年6月28日，在修水县工商局登记注册，成立江西赣能抱子石发电有限责任公司，注册资金12400万元，其中：江西赣能股份有限公司出资90%、修水县水电开发有限公司出资10%。2004年10月30日以前，江西赣能股份有限公司将修水县水电开发有限公司所持10%股权分二次收购，遂注销江西赣能抱子石发电有限责任公司，于同年11月5日更名江西赣能股份有限公司抱子石水电厂。至2006年3月9日，抱子石电站生产前期准备工作和生产设备运行委托江西东津发电有限责任公司进行管理。经省投资集团公司同意，从2006年3月10日零时起，抱子石水电厂生产管理体制转变为自主管理生产运行。主要承担安全发电、设备维护和机组小修，而机组大修和水工观测等委托外单位。发电生产成本、机组大小修、设备技改费用及各项管理费用、职工工资总额等由江西赣能股份有限公司核拨。两台发电机组中，二号发电机组于2003年3月开始进行管形座安装，与此同一单元二号主变压器于2004年2月安装完毕，并开始投入运行，机组于2004年2月28日并网，进入72小时试运行。

**2004~2010年江西赣能股份抱子石水电厂发电生产一览**

表14-1-5　　单位：万千瓦时、立方米/千瓦.时、时、次

| 年 份 | 发电量 | 发电耗水率 | 发电设备可调小时 | 发电设备利用小时 | 非计划停运次数 |
|---|---|---|---|---|---|
| 2004 | 5192 | 30.19 | 3856 | 1730 | 5 |
| 2005 | 11103 | 30.80 | 6921 | 3084 | 3 |
| 2006 | 12633 | 30.10 | 6951 | 3158 | 1 |
| 2007 | 7964 | 30.49 | 7294 | 1991 | |
| 2008 | 9369 | 30.10 | 7819 | 2342 | |
| 2009 | 10206 | 30.96 | 7868 | 2551 | |
| 2010 | 15256 | 30.53 | 7963 | 3814 | |

## 二、农村小水电

**小水电建设**　市水利水电资源主要分布在修河流域。修河流域电力资源丰富，1993年《修河流域规划》载：修河流域水力资源理论蕴藏量为67.24万千瓦，可开发量为64.95万千瓦，每平方千米的水力资源蕴藏量44.4千瓦。可开发量超过1万千瓦的县(市)有修水、武宁、永修、瑞昌。其中修水、武宁2县，占可开发量82.6%。20世纪90年代，随着经济体制改革和地方国民经济发展，国家进一步完善和深化一系列发展小水电，实现农村电力化方针、政策和措施，如"谁建、谁有、谁管、谁受益"政策、"自建、自管、自用"方针、"建管统一，发展统一"原则，以及地方水、火电企业和转供电企业"以电养电"政策等，这些方针和政策对于修河流域水电建设发展起到重要作用。1997年后，农村水电站管理逐步改制，由国家集体经营转为卖给私人和私营企业经营管理。各地开始招商引资，利用国内外资金发展当地经济，水电建设市场放开，股份制、企业、外资、中外合资等多种所有制资金投入水电站建设，这些变革，带来水电建设大发展，全市大批水电站建成投产。在水电大发展过程中，由于监管工作跟不上，也曾出现一些不按流域规划

建设,设计不完善,建设质量较差,无严格验收就投入使用小水电站,部分工程出现安全质量事故,给防洪安全和下游人民生命财产造成威胁。2003年,水利部发文,要求各地坚决清理清除不规范建设小水电站。经过几年努力,到2008年,完成全市不规范建设水电站清理整改任务,使小水电建设逐步走上依法规范建设轨道。修水、武宁2小水电重点县专门成立小水电管理协会,协助政府有关部门做好农村水电的建设管理工作。

**1991~2010年全市农村水电情况一览**

表14-1-6　　　　单位:千瓦/座、万千瓦时

| 年 份 | 装机容量 | 年发电量 | 年 份 | 装机容量 | 年发电量 |
|---|---|---|---|---|---|
| 1991 | 50684/322 | 10064.7 | 2001 | 75285/210 | 15161 |
| 1992 | 51518/318 | 8870.9 | 2002 | 79599/212 | 24457 |
| 1993 | 51615/293 | 11127 | 2003 | 83737/219 | 20975.9 |
| 1994 | 53380/290 | 12776 | 2004 | 106108/261 | 20934 |
| 1995 | 53897/287 | 15534 | 2005 | 133856/284 | 33696 |
| 1996 | 60689/271 | 12097 | 2006 | 152241/292 | 42693 |
| 1997 | 70622/217 | 14921 | 2007 | 165971/298 | 31469 |
| 1998 | 70347/211 | 20391 | 2008 | 182821/310 | 38219 |
| 1999 | 70959/213 | 19148 | 2009 | 204901/333 | 41689 |
| 2000 | 72000/197 | 17372.4 | 2010 | 206756/334 | 53345 |

**1000千瓦以上水电站**　修水郭家滩水电站:位于修水县杭口镇境,地处修河干流上游,修水县城以西23千米处。2005年,江西颐杰鸿方实业发展有限公司开发建设,对其完成扩容改造。坝高增至15.5米,库容增至2690万立方米,由原装机容量880千瓦扩至1万千瓦,2台0.5万千瓦灯泡贯流式机组,设计年发电量4043万千瓦时。电站主体工程设计单位为江西水利规划设计院,2008年4月,通过省水利厅工程竣工验收。工程总投资8000万元。自2006年投产发电至2010年,累计完成发电量9600万千瓦时,销售收入2000余万元。

修水茶子岗水电站:位于修水县征村乡境内,修河一级支流山口水下游、修水县城以东18千米处。坝址上集雨面积1264平方千米,多年平均流量36立方米/秒,大坝高16米,库容32.6万立方米,电站主体工程由拦河坝、溢流闸、引水渠道、发电厂房、升压站和35千伏线路组成。装机容量23000千瓦,设计年发电量2099万千瓦时,总投资5600万元。电站主体工程设计单位为江西水利规划设计院,主体工程于1997年6月完工,自发电至2010年底累计完成发电量2.1亿千瓦时,实现利税近700万元。

武宁源口一级电站:位于武宁县源口中型水库,为坝后式电站,总装机为2500千瓦,至2010年底,年平均发电量690万千瓦时。并安装2台SJ-35/6.3-3150千伏安主变压器。以35千伏电压与县电网并网。

武宁源口二级电站:亦位于武宁县源口水库。1993年建成投产,为引水式,直引流口一级站尾水。电站控制流域面积143.9平方千米。设计水头24.6米,单机过水流量3.25秒立方米,总装机1260千瓦,年平均发电量330万千瓦时。枢纽工程有引水渠道1条,长2850千米,引用流量7秒立方米;日调节水库1座,坝型为粘土斜墙混合坝,坝高22.5米,总库容23.8万立方米;发电隧洞1条;长131米,发电厂房建筑面积387平方米,以及户外35千伏变电站。

武宁盘溪电站:位于武宁县盘溪。1992年12月由省水利水电规划设计院设计,省计委立项,兴建盘溪水利枢纽工程,工程以发电为主。电站为坝后式,额定水头55.2米,额定流量8.667秒立方米。总装机

12000千瓦，多年平均发电量3468万千瓦时，以35千伏输电电压与县电网并网。

武宁高墩一级水电站：位于武宁县石渡乡丰年村，系修何一级支流罗溪水盘溪河段，距武宁县城20千米。坝址以上控制流域面积311.25平方千米，为引用盘溪电站发电尾水为主的引水式电站，设计水头9.7米，设计流量26秒立方米。电站枢纽工程有砼翻板闸坝1座，引水渠道1条，过水流量26秒立方米。总装机容量1890千瓦。年发电量700万千瓦时，并以35千伏输电电压与县电网并网。工程于2003年3月动工，2004年11月竣工，总投资1033万元，由高墩电力开发有限公司运行管理。

武宁高墩二级水电站：位于武宁县石渡乡石家村，系修河一级支流罗溪水盘溪河段。距武宁县城22千米，系盘溪水利枢纽工程梯级开发的第三级电站，控制流域面积318平方千米，为引水式电站，设计流量26秒立方米，设计水头8.3米，装机1890千瓦，保证出力328千瓦。年发电量450万千瓦时。以35千伏电压与县电网并网。电站由修江水利勘察设计有限公司设计，电站总投资966万元。

武宁猴子岩水电站：位于武宁县罗坪镇长水村，坐落在修河一级支流罗坪水。水库坝址控制流域面积26平方千米，电站设计流量1.4秒立方米，设计水头118米，装机1260千瓦，年发电量478千瓦时，保证出力329千瓦。以35千伏电压与罗坪变电站联网。工程于2003年9月投产运行，总投资732.94万元。

武宁天平水电站：位于武宁县宋溪镇天平村，距县城27千米，控制流域面积15平方千米。电站为引水式，设计流量0.8秒立方米，设计水头80米，装机1000千瓦。年发电量205万千瓦时。电站由武宁县水利水电勘测设计室设计，施工和运行管理由天平水电开发有限公司负责组织实施。电站枢纽工程有溢流堰1座，发电系统由隧洞和压力钢管组成，隧洞长3463米，以10千伏压与宋溪变电站并网。电站于2005年1月动工，2007年11月投产运行，总投资339万元。

武宁马颈桥水电站：位于武宁县新宁镇石坪村马颈桥，系修河一级支流沙田水上1座引水式电站，距县城17千米。控制流域面积20平方千米，设计水头142米，设计流量1.2秒立方米，装机1260千瓦，年发电量300万千瓦时，保证出力257千瓦。电站由武宁县水利水电勘测设计室设计，工程由马颈桥水电站负责组织施工和运行管理。电站枢纽工程有大坝，大坝为实用溢流堰，以10千伏电压与变电站联网。电站于2004年10月投入运行，总投资203万元。

武宁箬坪水电站：位于武宁县上汤乡刘家桥。坝址控制流域面积5.7平方千米，为引水式电站，电站设计流量0.89秒立方米，设计水头210米，装机1000千瓦，年发电量250万千瓦时。电站由武宁县水利水电勘测设计室设计，由武宁县南方水力资源开发有限公司负责组织实施和运行管理。以35千伏电压与上汤变电站联网。电站于2004年9月投产运行，总投资645万元。

武宁刘家桥水电站：位于武宁县上汤乡刘家桥村，坐落在修河支流辽田水上游，坝址控制流域面积8.2平方千米，电站为引水式，设计流量0.54秒立方米，设计水头310米，装机1260千瓦，年发电量380万千瓦时。电站由福建省永安市水利水电勘测设计室设计，由武宁县太平洋水力发电有限公司负责组织实施和运行管理。以35千伏电压与上汤变电站联网。电站于2003年3月投产运行，总投资727.36万元。

武宁郭坑水电站：位于武宁县澧溪镇郭坑村，坐落在修河支流大源水上游段。坝址控制流域面积25.2平方千米，电站为引水式电站，设计流量1.3秒立方米，设计水头110米，装机1000千瓦，年发电量330万千瓦时。电站由武宁县水利水电勘察设计室设计，由武宁县澧溪郭坑水资源开发有限公司负责组织实施和运行管理。以10千伏电压与澧溪变压站联网。工程于2003年8月投产运行，总投资389万元。

武宁大寺里水电站：位于武宁县沙田水上游大港里。坝址控制流域面积46.9平方千米。为蓄、引结合水电站，设计流量3.6秒立方米，设计水头165米，装机容量5000千瓦，年发电量1100万千瓦时。电站由市水利水电规划设计院设计，市计委批准立项。由大寺里电站组织实施和运行管理。以35千伏电压与县电网联网。工程于2007年10月投产运行，总投资2235.18万元。

武宁坪坳里水电站：位于武宁县石门楼田铺村，属修河支流罗溪水上游。坝址控制流域面积12.5平方千米。为引水式电站,设计流量0.74秒立方米,设计水头310米,装机容量1600千瓦,年发电量420万千瓦时。电站由武宁县水利水电勘察设计室设计,由武宁县恒胜水电开发有限公司负责组织实施和运行管理。以35千伏电压与石门楼变压站联网。电站于2004年8月投产运行,总投资748.5万元。

武宁尧山水电站:位于武宁县尧山村,坐落在修河支流罗溪水中游的坪港水处。控制流域面积16平方千米。为引水式电站,设计流量0.82秒立方米,设计水头170米,装机容量1000千瓦。年发电量360万千瓦时。电站由武宁县水利水电勘察设计室设计。由武宁县光明电站负责组织实施和运行管理。以35千伏电压与梅山变电站联网。电站2001年9月投产运行,总投资289万元。

武宁合源一级电站:位于武宁县罗溪乡合源村,坐落在修河支流罗溪水中游河段。距武宁县城34千米。坝址控制流域面积170平方千米,是一座引水式径流电站,设计水头19米,设计流量9.21秒立方米,装机1260千瓦,年发电量454万千瓦时。电站由武宁县水利水电勘测设计室设计,由合源电站工程建设项目部组织实施和运行管理。以35千伏电压与联村至盘溪35千伏干线联网。电站于2004年2月投产运行,总投资483.8万元。

永修柘林灌区渠首水电站:位于永修县柘林灌区总干渠。为2台共1300千瓦水电站,投资143.78万元,平均年发电量220万千瓦时。

永修黄荆洞水电站:位于永修县柘林镇,由武宁县水利局设计,装机容量1260千瓦,保证出力320千瓦,年发电量378万千瓦时。2006年10月开工,2008年投产使用。

**2010年全市500千瓦以上水电站一览**

表14-1-7　　单位:平方千米、万立方米、米、千瓦、千瓦时

| 电站名称 | 所在行政区划 | 所在河流 | 控制流域面积 | 水库库容 | 坝型 | 最大坝高 | 装机容量 | 发电量 |
|---|---|---|---|---|---|---|---|---|
| 庐山水电厂 | 庐山区 | 沙河 | 8.6 | 118 | 重力坝 | 35 | 8760 | 1440 |
| 白沙河水电站 | 庐山区 | 白沙河 | 27.1 | 1.5 | 砌石拱坝 | 17 | 960 | 220 |
| 源口一级水电站 | 武宁县 | 源口河 | 98 | 3457 | 拱坝 | 49.53 | 2500 | 303.1 |
| 源口二级水电站 | 武宁县 | 源口河 | 100 | 30 | 土坝 | 15 | 1260 | 147.8 |
| 盘溪水电站 | 武宁县 | 罗溪河 | 302 | 9600 | 砌石拱坝 | 68.6 | 12000 | 1900.9 |
| 尧山电站 | 武宁县 | 坪港水 | 16 | | 砌石重力坝 | 4.5 | 1000 | 189.75 |
| 刘家桥水电站 | 武宁县 | 辽田水 | 6 | 40 | 拱坝 | 5 | 1260 | 361.8 |
| 郭坑水电站 | 武宁县 | 郭坑水 | 25.2 | 96 | 砌石拱坝 | 33 | 1000 | 269.73 |
| 易溪水电站 | 武宁县 | 船滩水 | 65 | 10 | 砌石重力坝 | 7 | 500 | 110.72 |
| 杨坑水电站 | 武宁县 | 长水源水 | 18 | | 砌石重力坝 | | 600 | 146.79 |
| 高墩水电站 | 武宁县 | 罗溪河 | 306 | | 砌石重力坝 | 6 | 3780 | 623.3 |
| 猴子岩水电站 | 武宁县 | 长水源河 | 26 | 30 | 拱坝 | 22 | 1260 | 409.76 |
| 箬坪水电站 | 武宁县 | 箬坪水 | 14 | 6 | 拱坝 | 15 | 1000 | 149.68 |
| 合源水电站 | 武宁县 | 罗溪河 | 170 | 50 | 砌石拱坝 | 16 | 2060 | 511.3 |
| 坪坳里电站 | 武宁县 | 罗溪河 | 13 | | 砌石重力坝 | 2.5 | 1600 | 410.82 |
| 马颈桥电站 | 武宁县 | 噪里水 | 18 | 3 | 砌石重力坝 | 3 | 1260 | 300.71 |
| 天平电站 | 武宁县 | 天平水 | 25.2 | 0.9 | 砌石重力坝 | 13.35 | 1000 | 15.51 |
| 大寺里电站 | 武宁县 | 大寺里水 | 32.6 | 818 | 拱坝 | 49.8 | 5000 | 1323.8 |
| 洋芜坑电站 | 武宁县 | 洋芜坑水 | 7 | 20 | 砌石重力坝 | 13 | 640 | 56.5 |
| 九宫一级电站 | 武宁县 | 西港水 | 12 | | 砌石坝 | 5 | 500 | 141.59 |

续表 14-1-7

| 电站名称 | 所在行政区划 | 所在河流 | 控制流域面积 | 水库库容 | 坝 型 | 最大坝高 | 装机容量 | 发电量 |
|---|---|---|---|---|---|---|---|---|
| 九宫股份电站 | 武宁县 | 西港水 | 15 | | 砌石坝 | 5 | 500 | 105.51 |
| 店前电站 | 武宁县 | 西港水 | 21 | | 砌石坝 | 5 | 600 | 151.58 |
| 叶茨电站 | 武宁县 | 上汤水 | 20 | 8 | 土石坝 | 5 | 800 | 339.82 |
| 东港一级电站 | 武宁县 | 上汤水 | 16 | | 砌石坝 | 5 | 500 | 129.5 |
| 东港二级电站 | 武宁县 | 上汤水 | 22 | | 砌石坝 | 5 | 640 | 162.58 |
| 沙坪电站 | 武宁县 | 上汤水 | 13 | | 砌石坝 | 5 | 640 | 79.44 |
| 天福电站 | 武宁县 | 太平河 | 28.5 | | 砌石重力坝 | 2 | 800 | 28.3 |
| 新力电站 | 武宁县 | 太平河 | 49.35 | 0.5 | 砌石重力坝 | 9 | 640 | 155.62 |
| 龙石电站 | 武宁县 | 清江河 | 36 | | | | 640 | 102.48 |
| 恒山一级电站 | 武宁县 | 清江河 | 63 | 50 | 土石坝 | 10 | 750 | 66.4 |
| 高洞电站 | 武宁县 | 高洞水 | 8 | 10 | 砌石坝 | 9 | 800 | 119.5 |
| 钨矿电站 | 武宁县 | 罗溪河 | 13 | | 砌石重力坝 | 2.5 | 500 | 131.55 |
| 田铺电站 | 武宁县 | 罗溪河 | 18 | | 砌石重力坝 | 3.5 | 500 | 59.4 |
| 龙山电站 | 武宁县 | 罗溪河 | 22 | | 砌石重力坝 | 3.5 | 720 | 164.5 |
| 罗斯堂电站 | 武宁县 | 坪港水 | 12 | | 砌石重力坝 | 3.5 | 650 | 180.5 |
| 青山里电站 | 武宁县 | 坪港水 | 13 | | 砌石重力坝 | 4.5 | 500 | 180.45 |
| 坪港电站 | 武宁县 | 坪港水 | 30 | | 砌石重力坝 | 4.5 | 560 | 109.51 |
| 芳湾电站 | 武宁县 | 坪港水 | 32 | | 砌石重力坝 | 4.5 | 520 | 95.4 |
| 珠山电站 | 武宁县 | 珠山水 | 27 | 15.6 | 拱坝 | 23.45 | 1260 | 309.5 |
| 关门嘴二级电站 | 武宁县 | 沙田河 | 83.5 | | | | 640 | 205.5 |
| 孙家埠电站 | 武宁县 | 长水源河 | 46 | | 砌石重力坝 | 2 | 500 | 185.49 |
| 武陵岩电站 | 武宁县 | 瓜源水 | 9.8 | 0.5 | 闸坝 | | 500 | 171.51 |
| 张家湾电站 | 武宁县 | 甘坑源水 | 17 | | 闸坝 | 5 | 500 | 79.39 |
| 山口水电站 | 修水县 | 修河山口水 | 915 | 364 | 砌石重力坝 | 15 | 4800 | 2550 |
| 车联堰水电站 | 修水县 | 修河奉乡水 | 412 | 560 | 砌石重力坝 | 13.5 | 1760 | 535 |
| 南崖水电站 | 修水县 | 修河安溪水 | 436 | 12 | 砌石重力坝 | 7 | 1000 | 380 |
| 湘竹水电站 | 修水县 | 修河安溪水 | 426 | 280 | 砌石重力坝 | 20.5 | 2600 | 1150 |
| 茶子岗水电站 | 修水县 | 修河山口水 | 1264 | 446 | 重力坝 | 15.5 | 6000 | 2050 |
| 郭家滩水电站 | 修水县 | 修 河 | 2581 | 2620 | 闸坝 | 18 | 10000 | 3580 |
| 太阳山水电站 | 修水县 | 修河溪口水 | 15 | 1 | 砌石重力坝 | 8 | 1130 | 362 |
| 垅港水电站 | 修水县 | 修河安溪水 | 62.4 | 700 | 砌石拱坝 | 48 | 1600 | 560 |
| 大坪水电站 | 修水县 | 修河安溪水 | 382.3 | 371 | 拱坝 | 19 | 1890 | 860 |
| 燕子岩水电站 | 修水县 | 修河奉乡水 | 390 | 110 | 砌石重力坝 | 12 | 1500 | 410 |
| 苏区堰水电站 | 修水县 | 修河渣津水 | 344 | 141 | 重力坝 | 14 | 1260 | 442 |
| 圣峰山水电站 | 修水县 | 汨罗水 | 55 | 60 | 重力坝 | 11 | 1600 | 621 |

续表 14-1-7

| 电站名称 | 所在行政区划 | 所在河流 | 控制流域面积 | 水库库容 | 坝 型 | 最大坝高 | 装机容量 | 发电量 |
|---|---|---|---|---|---|---|---|---|
| 九龙水电站 | 修水县 | 修河洋湖水 | 34 | 25 | 拱坝 / 重力坝 | 24.5 / 5 | 2800 | 795 |
| 茅坪水电站 | 修水县 | 修河奉乡水 | 80 | 680 | 重力坝 | 48 | 1600 | 615 |
| 塘港水电站 | 修水县 | 修河主流 | 1126 | 110 | 重力坝 | 6 | 3140 | 650 |
| 胜利水电站 | 修水县 | 修河奉乡水 | 247 | 40 | 钢闸坝 | 7 | 1830 | 375 |
| 北坑水电站 | 修水县 | 修河溪口水 | 420 | 150 | 重力坝 | 10 | 1000 | 325 |
| 彭桥水电站 | 修水县 | 修河安溪水 | 400 | 150 | 重力坝 | 10 | 800 | 385 |
| 黄泥井水电站 | 修水县 | 修 河 | 160 | 120 | 重力坝 | 7 | 720 | 145 |
| 双坑水电站 | 修水县 | 修河渣津水 | 340 | 65 | 重力坝 | 10 | 500 | 225 |
| 围垢水电站 | 修水县 | 修河溪口水 | 33 | 80 | 重力坝 | 20 | 500 | 185 |
| 秀峰水电站 | 修水县 | 修河庙岭支流 | 16.5 | 30 | 拱坝 | 24.5 | 500 | 138 |
| 双港口水电站 | 修水县 | 修河奉乡水 | 128 | 789 | 拱坝 | 42 | 2400 | 610 |
| 湖州水电站 | 修水县 | 修河主流 | 750 | 150 | 翻板坝 | 10 | 1890 | 430 |
| 龙潭峡水电站 | 修水县 | 修河山口水 | 1740 | 1995 | 钢闸坝 | 13 | 5400 | 1260 |
| 小山口水电站 | 修水县 | 修河洋湖水 | 173 | 1250 | 拱坝 | 47 | 4000 | 1310 |
| 噪里水电站 | 修水县 | 修河杭口水 | 26.3 | 18 | 拱坝 | 15 | 1000 | 245 |
| 老桥墩水电站 | 修水县 | 修河安溪水 | 186 | 95 | 重力坝 | 10 | 950 | 305 |
| 小联水电站 | 修水县 | 修河司前水 | 90 | 242 | 重力坝 | 12 | 800 | 202 |
| 龙泉水电站 | 修水县 | 修河安溪水 | 435 | 130 | 重力坝 | 5 | 720 | 285 |
| 糙头庙水电站 | 修水县 | 修河奉乡修 | 106 | 80 | 拱坝 | 12 | 640 | 180 |
| 磅培水电站 | 修水县 | 修河洋湖水 | 11 | 3 | 重力坝 | 3 | 630 | 325 |
| 横山水电站 | 修水县 | 修河溪口水 | 12 | 20 | 重力坝 | 3 | 630 | 290 |
| 乌石滩水电站 | 修水县 | 修河主流 | 680 | 110 | 重力坝 | 6 | 600 | 260 |
| 石门堰水电站 | 修水县 | 修河司前水 | 178 | 122 | 拱坝 | 12 | 600 | 195 |
| 五梅山水电站 | 修水县 | 修河安溪水 | 3 | 0.1 | 重力坝 | 3 | 570 | 320 |
| 丁桥水电站 | 修水县 | 修河洋湖水 | 4 | 0.1 | 重力坝 | 3 | 520 | 195 |
| 龙峰水电站 | 修水县 | 修河庙岭支流 | 7 | 15 | 拱坝 | 12 | 500 | 110 |
| 王府水电站 | 修水县 | 修河洋湖水 | 175 | 2 | 重力坝 | 5 | 500 | 172 |
| 上坪水电站 | 修水县 | 修河洋湖水 | 196 | 15 | 重力坝 | 5 | 500 | 178 |
| 杨坑水电站 | 修水县 | 修河山口水 | 46 | 168 | 拱坝 | 19 | 500 | 160 |
| 排河岭水电站 | 修水县 | 修河溪口水 | 258 | 120 | 重力坝 | 15 | 1480 | 352 |
| 官坑水电站 | 修水县 | 汨罗水 | 8 | 0.1 | 重力坝 | 3 | 520 | 98 |
| 卫红一级水电站 | 修水县 | 修河东港水 | 62.5 | 297 | 土石坝 | 28.5 | 500 | 115 |
| 洞下一级水电站 | 修水县 | 修河溪口水 | 18 | 0.1 | 重力坝 | 7 | 570 | 145 |
| 卫红二级水电站 | 修水县 | 修河东港水 | 62.5 | 0.1 | 重力坝 | 2 | 500 | 95 |
| 宏源水电站 | 修水县 | 修河溪口水 | 30.6 | 75 | 拱坝 | 27 | 1600 | 480 |

续表 14-1-7

| 电站名称 | 所在行政区划 | 所在河流 | 控制流域面积 | 水库库容 | 坝 型 | 最大坝高 | 装机容量 | 发电量 |
|---|---|---|---|---|---|---|---|---|
| 坑口水电站 | 修水县 | 修河干流 | 850 | 200 | 重力坝 | 10 | 1500 | 450 |
| 苏区(全丰)水电站 | 修水县 | 修河渣津水 | 164 | 40 | 重力坝 | 10 | 1000 | 325 |
| 布甲口水电站 | 修水县 | 修河溪口水 | 253 | 30 | 重力坝 | 12 | 1500 | 350 |
| 梓源水电站 | 修水县 | 修河司前水支流 | 7 | 0.1 | 重力坝 | 3 | 750 | 118 |
| 丰水水电站 | 修水县 | 修河黄沙水支流 | 6 | 0.1 | 重力坝 | 3 | 600 | 60 |
| 松头岭水电站 | 修水县 | 修河奉乡水 | 13.4 | 15 | 重力坝 | 8 | 800 | 58 |
| 淹家滩水电站 | 修水县 | 修河渣津水 | 190 | 1752 | 拱坝 | 48 | 4000 | 1610 |
| 长福水电站 | 修水县 | 修河渣津水 | 215 | 10 | 重力坝 | 9 | 640 | 75 |
| 清凉山一级电站 | 修水县 | 修河黄沙水支流 | 1.3 | 5 | 土石坝 | 9 | 500 | 170 |
| 柘林渠首水电站 | 永修县 | 修河 | 9340 | 717100 | 土石坝 | 63.6 | 1300 | 262 |
| 云山水库电站 | 永修县 | 龙安河 | 172 | 5290 | 土石坝 | 22.4 | 800 | 169 |
| 龙王潭水电站 | 永修县 | 陈家渡水 | 20.6 | 4.8 | 重力坝 | 16 | 800 | 142 |
| 将军庙水电站 | 永修县 | 燕窝水 | 15.2 | 4 | 重力坝 | 4.5 | 640 | 90.1 |
| 祥林水电站 | 永修县 | 罗石源水 | 8 | 3.5 | 重力坝 | 20 | 700 | 60 |
| 千洞沟水电站 | 永修县 | 龙安河 | 1.9 | 0.4 | 重力坝 | 10 | 720 | 160 |
| 湖塘水电站 | 德安县 | 博阳河 | 144 | 4000 | 重力坝 | 25 | 770 | 215.6 |
| 照岭(白鹤涧)水电站 | 星子县 | 长龙涧-白鹤涧支流 | 16.75 | 6 | 重力坝 | 8 | 960 | 137 |
| 浪溪水电站 | 彭泽县 | 浪溪河 | 210 | 5700 | 土石坝 | 23 | 1580 | |
| 余家堰水电站 | 彭泽县 | 余家眼堰河 | 35.3 | 3560 | 土石坝 | 28 | 500 | |
| 高泉水电站 | 瑞昌市 | 横港河 | 20.82 | 1016 | 土石坝 | 41.5 | 2260 | 394 |
| 青峰电站 | 瑞昌市 | 长河 | 19 | 453 | 重力坝 | 20 | 630 | 60 |
| 石门水库 | 瑞昌市 | 南阳河 | 45.5 | 1145 | 土石坝 | 24 | 690 | |

# 第三节　风　电

## 一、企业规模

江西中电投新能源发电有限公司(以下简称江西新能源公司)系中国电力投资集团公司在赣从事新能源项目投资、建设、运营载体,也是省首家专业从事新能源开发公司。公司注册资金 1.65 亿元,注册地在南昌。

至 2010 年 12 月 31 日,江西新能源公司已在九江先后建成投产矶山湖 30 兆瓦、长岭 34.5 兆瓦、大岭 19.5 兆瓦 3 座风电场,总装机容量 84 兆瓦。3 座风电场自投产以来累计完成上网电量 2.7 亿千瓦时。2010 年 10 月 28 日,江西新能源公司在都昌县又开工建设江西最大风电场——老爷庙 49.5 兆瓦风电项目。

## 二、工程建设

九江地势东西高中部低,其境内鄱阳湖北部,东西两侧均有山体屏障,东面为黄山山脉余脉,西面为庐山,中间为一开口,形成一个从湖口到永修松门山长 90 千米狭管湖道,气流进入狭管后因地形作用使得风速增加,正是这种"狭管效应"使湖口到松门山一带形成大风区。根据《江西省"十一五"新能源发展规划(风电篇)》,全省风能资源总储量6000万千瓦,风能资源主要集中在环鄱阳湖区域,技术可开发量210万千瓦。规划建设12座风电场有9座位于九江。

为调整能源结构,缓解省能源短缺,2001年在九江开展风资源测量。2005年起,受省发改委委托,中电投集团公司江西分公司分别在庐山区、湖口县、都昌县等环鄱阳湖区域树立16座测风塔进行加密测风。2007年11月,为开发建设都昌矶山湖风电场、庐山长岭风电场,江西中电投新能源发电有限公司正式成立,展开九江风电开发工程建设。

2008年3月,都昌县矶山湖风电场工程开工。7月,市庐山区长岭风电场工程开工。同年11月30日,矶山湖风电场20台机组并网发电。2009年2月,长岭风电场23台机组并网发电。同年8月,星子县大岭风电场工程开工。当年12月,大岭风电场13台机组并网发电。2010年10月,省最大风电场都昌县老爷庙风电场工程开工,该风电场拟装发电机组33台。

至2010年12月31日,省新能源公司下属已投产3座风电场,总装机容量84兆瓦,年上网电量1.66亿千瓦时,每年可为13.8万户家庭提供清洁能源,可节约标准煤5.8万吨,减少一氧化碳排放15.4吨,减少二氧化碳排放18万吨,减少二氧化硫排放867吨,减少氮氧化物排放530吨,减少粉尘排放589吨。

## 三、项目简介

**矶山湖风电场** 矶山湖风电场是全省第一个开工建设风电项目。位于都昌县城西南郊,总装机容量30兆瓦,安装新疆金风GW77/1500型风电机组20台(风轮直径77米,扫风面积4657平方米,额定转速17.3转/分钟,塔高65米,切入风速3米/秒,额定风速12.5米/秒,切出风速22米/秒,抗最大风速52.5米/秒)。该项目动态总投资3.47亿元,年上网电量约5500万千瓦时。项目于2007年11月26日举行开工典礼,2008年3月31日浇注风机基础第一罐混凝土(主体工程开工标志),8月11日首台风机吊装成功,10月28日首批风机并网发电,11月30日全部机组并网发电。从主体工程开工到全部机组投产发电,用时8个月,创国内山地风电场建设一流速度。至2010年12月31日,矶山湖风电场投产累计上网电量10489万千瓦时。

**长岭风电场** 长岭风电场是省第二个开工建设风电项目。位于庐山区境内,总装机容量34.5兆瓦,安装新疆金风GW77/1500型风电机组23台(风轮直径77米,扫风面积4657平方米,额定转速17.3转/分钟,塔高65米,切入风速3米/秒,额定风速12.5米/秒,切出风速22米/秒,抗最大风速52.5米/秒)。该项目动态总投资3.65亿元,年上网电量6900万千瓦时。项目于2008年7月4日主体工程开工,11月30日首台风机吊装成功,2009年2月6日首批11台风机并网发电,2月27日全部机组并网发电。从主体工程开工到全部机组投产发电,用时8个月。至2010年12月31日,长岭风电场投产累计上网电量13247万千瓦时。

**大岭风电场** 大岭风电场是省第三个开工建设风电项目。位于星子县境内,总装机容量19.5兆瓦,安装新疆金风GW82/1500型风电机组13台(风轮直径82米,扫风面积5325平方米,额定转速17.3转/分钟,塔高70米,切入风速3米/秒,额定风速12.5米/秒,切出风速22米/秒,抗最大风速52.5米/秒)。该项目动态总投资1.77亿元,年上网电量4200万千瓦时。项目于2009年8月7日主体工程开工,9月23日首台风机吊装,10月30日全部风机吊装完毕,12月19日全部机组一次性成功并网投产发电,创造国内山地风电场建设主体工程开工仅4个多月就全部投产的新纪录。至2010年12月31日,大岭风电场投产累计上网电量4155万千瓦时。

**老爷庙风电场** 老爷庙风电场是省第四个开工建设风电项目,也是全省最大风电场。位于都昌县多宝乡境内,总装机容量49.5兆瓦,安装新疆金风GW87/1500型风电机组33台(风轮直径87米,扫风面积5890平方米,额定转速17.3转/分钟,塔高70米,切入风速3米/秒,额定风速9.9米/秒,切出风速22

米/秒,抗最大风速 52.5 米/秒)。该项目动态总投资 5 亿元,年上网电量 1.02 亿千瓦时。2010 年 10 月 28 日主体工程开工。

# 第四节 核 电

## 一、项目设置

20 世纪 80 年代,启动核电项目前期工作。1996 年 5 月,项目初步可行性研究报告通过电力部和中核总联合审查(与已开工建设的山东海阳项目同期审查),从 17 个普选厂址中,明确彭泽帽子山为候选厂址,成为首批通过国家"初可研"审查内陆核电项目。2005 年 9 月 25 日,省政府授权省发改委与中电投集团公司签署《建设江西核电一期工程协议书》。10 月,中电投集团正式开展江西核电一期工程前期工作,成立中电投江西分公司核电前期工作办公室。12 月,省发改委与中电投集团联合向国家发改委上报《江西核电一期工程项目建议书》。2006 年 1 月,江西核电项目筹备处成立,全面推进江西核电可研阶段工作。中电投江西核电有限公司于 2007 年 12 月 19 日注册成立。2008 年 1 月 2 日,省长吴新雄与中电投集团总经理陆启洲为公司举行揭牌仪式。1 月 3 日,国务院核电领导小组会议决定启动内陆核电项目,明确彭泽核电作为首批启动项目之一。2 月 1 日,国家发改委协调确定内陆核电采用 AP1000 技术路线,由中电投集团负责建设彭泽核电项目。3 月 28 日,中电投江西核电有限公司在九江挂牌并正式办公。2009 年 3 月 19 日,为加快推进彭泽核电项目建设,中电投集团决定将公司升格为直接管理二级机构,实行董事会领导下总经理负责制,负责彭泽核电项目建设、营运和管理等工作。

彭泽核电项目位于马当镇境内,厂址北临长江,南靠太泊湖,距彭泽县城约 22 千米,距九江市约 80 千米,距南昌市约 170 千米。厂址区域范围地壳稳定,取水天然条件好,大气扩散条件好,交通运输方便,人口密度低,环境保护好,外部条件比较简单。多年论证结果表明,彭泽核电厂在土石方平衡、交通运输、水体及大气扩散条件等方面均优于其他内陆厂址,被业内专家誉为"建设内陆核电不可多得的理想厂址"。作为中国首批内陆核电厂址,彭泽核电项目先期规划建设 4 台 125 万千瓦级第三代 AP1000 压水堆核电机组,装机容量 500 万千瓦,投资额约 700 亿元,并预留 2 台百万级核电机组的扩建余地,使项目总装机容量达到 800 万千瓦,总投资预约 1000 亿元。一期项目全部建成后年发电量约 370 亿千瓦时,将从根本上解决省用电问题,确保省用电安全。同时在相当大程度上减轻省电煤外购运输压力,降低燃煤产生环境污染,优化省电力结构。彭泽核电项目被列为鄱阳湖生态经济区"两核两控"关键工程、核心工程和头号工程。

## 二、企业规模

2006 年,省政府成立省彭泽核电建设协调领导小组,常务副省长凌成兴担任组长,中电投集团核电部和省相关厅局、地方政府等 17 个单位主要负责人为小组成员。同时,成立九江市、彭泽县核电协调领导小组,协调解决彭泽核电建设过程中遇到的困难和问题。2007 年 12 月,中电投江西核电有限公司注册成立。公司 4 家股东股比分别为中电投集团 55%、赣能 20%、赣粤高速 20%、深南电 5%。到 2010 年底,公司累计完成投资 14.23 亿元,总资产 18 亿元。共有正式员工 218 人,其中大学本科及以上学历占 97.7%,平均年龄 30.7 岁。

## 三、工程建设

**行政许可** 2009 年 2 月 17 日,组织召开"两评"报告审评对话会(环境影响报告和厂址安全分析报告),2 月 27~28 日,通过国家核安全局核安全与环境专家委员会审议。4 月 24 日,环保部、国家核安全局分别印发《关于江西彭泽核电厂一期工程一、二号机组环境影响报告书(选址阶段)的批复》和《江西彭泽核电厂一期工程一、二号机组厂址选择审查意见书》,为彭泽核电项目建设顺利推进奠定扎实基础。10 月 21 日,彭泽核电项目可研报告通过集团公司审查,11 月 11 日,正式递交国家电力规划设计总院,并委托其开展评审工作。项目核准所需34个支持性文件,已获得29个。剩余5项正处于申办之中。其间,相继完成向国家核安全局初步安全分析报告(PSAR)、环境影响报告(EIR)、质量保证大纲(QAP)初次提交工作。2010年12月29日,国家核安全局召开内陆核电审评启动会。

**开工准备** 2009年4月1~7日,在彭泽县地方党委、政府支持下,用7天时间完成征地范围内所有482户居民过渡搬迁,创造国内核电建设搬迁速度之最。4月27日,施工单位进驻现场。5月,长周期设备采购工作全面展开。8月28日,完成一、二号核岛区域场平工作。10月15日,进场道路及连接线改造工程开工。2010年1月,大件码头建设开工。同年,签订TG包、大吊车、反应堆压力容器、蒸汽发生器等6项设备采购合同;并顺利推进CA/CV模块原材料采购工作。

# 第二章 供电

## 第一节 农网改造

### 一、管理体制

1998年2月,省政府印发《江西省农电体制改革实施方案》《江西省农村电网建设与改造实施方案》《江西省城乡用电同网同价实施方案》3个文件。根据总体布置安排,决定从当年始,用3年左右时间,对全市农电管理体制进行改革,对农村电网进行全面建设和改造。同年11月20日,省政府召开加快农村电网建设改造工作会议,要求省电力公司对全省县级供电部门先行启动管理体制改革,减少农电管理层次,消除农村供电层层趸售、层层加价现象,实现由县供电部门直供直管到户。同月,省电力公司与星子县政府签订股改协议,由省电力公司出资600万元,星子县政府出资400万元(以星子县供电局生产经营净资产作价出资),省电力公司为控股方。1999年2月28日,星子县供电有限责任公司正式成立,成为九江市第一个股份制县级供电企业。至2000年年底,全市先后有星子、德安、瑞昌、湖口、彭泽、都昌、永修7个县供电企业完成股份制改革,九江供电局所属沙河分局和庐山区分局,通过改制成为省电力公司全部国有资产子公司。2001~2002年,陆续完成武宁、修水2个县供电企业股份制改造。至2002年年底,全市农电企业全面完成股份制改造,共组建10家股份制县供电企业和2家全资供电企业,实现"一县一公司"原则,取消乡村二级管理机构独立核算体制。

2010 年全市各县(市、区)供电有限责任公司基本情况一览

表 14-2-1　　单位:万元、万千瓦时

| 单位 | 注册资本金 | 挂牌时间 | 至 2010 年年底资产总额 | 股权比例 | | 2010 年电量规模 | 2010 年利润总额 |
|---|---|---|---|---|---|---|---|
| | | | | 省电力公司 | 地方政府 | | |
| 彭泽县供电公司 | 1595 | 1999.06 | 10371 | 60% | 40% | 26112 | 1201 |
| 湖口县供电公司 | 600 | 1999.06 | 12544 | 60% | 40% | 20689 | 921 |
| 瑞昌市供电公司 | 1227 | 1999.04 | 13042 | 60% | 40% | 30320 | 385 |
| 永修县供电公司 | 1220 | 1999.10 | 15096 | 60% | 40% | 25268 | 814 |
| 都昌县供电公司 | 1133 | 1999.06 | 18458 | 60% | 40% | 24626 | 172 |
| 星子县供电公司 | 1077 | 1999.02 | 9379 | 90% | 10% | 17555 | 356 |
| 德安县供电公司 | 1163 | 1999.04 | 10065 | 97% | 3% | 30040 | 699 |
| 武宁县供电公司 | 1500 | 2001.04 | 13208 | 60% | 40% | 33258 | 4 |
| 修水县供电公司 | 1500 | 2001.11 | 21586 | 60% | 40% | 36423 | 1 |
| 九江县供电公司 | 1418 | 1999.10 | 14666 | 100% | 0% | 27653 | 1449 |
| 庐山区供电公司 | 2138 | 1999.10 | 17338 | 100% | 0% | 37569 | 2139 |
| 共青供电公司 | 584 | 2002.08 | 6900 | 65.75% | 34.25% | 11486 | 13 |

说明:改制时,共青系工业开发园区,不属行政区划单位

## 二、工程改造

1998 年 10 月,按照“先改制后改造”“资金跟着项目走,项目跟着体制走”原则规范操作。九江农电系统各县(市、区)供电公司农网陆续投入巨额资金进行农网建设与改造。至 2010 年年底,全市完成农网建设与改造 7.979 亿元,新建 110 千伏变电站 7 座、改造 2 座,新建和改造 110 千伏线路 90 千米;新建和改造 35 千伏变电站 33 座;新建和改造 35 千伏线路 575 千米、10 千伏及以下线路 2049.73 千米。至此,九江农电系统共有 110 千伏变电站 11 座,主变容量 513 兆伏安,110 千伏线路 17 条,共计 297.4 千米;35 千伏变电站 85 座,主变容量 741.75 兆伏安,35 千伏线路 113 条,共计 1440.54 千米;10 千伏线路 534 条,共计 14389.779 千米,10 千伏公变配电台区 17886 台,容量 4252.69 兆伏安。低压线路 27689.537 千米。

## 三、同网同价

2000 年年末,省政府将九江地区已股改到位县农村电价均控制在 0.8 元/千瓦时以内,其余县农村电价基本控制在 1 元/千瓦时以内。2003 年 5 月 30 日,按照省发改委颁发文件规定,全市城乡居民生活用电价格进行统一规定,决定分两步在全市实现城乡居民生活用电同价,即自 2003 年 7 月 1 日抄见电量起,全市农村与县城居民生活用电实现同价,自 2004 年 1 月 1 日起抄见电量起,全市实现城乡居民生活用电同价。2009 年 11 月 20 日,省发改委颁发文件规定,实现全省城乡各类用电同价。至此,全市范围内各类用电均实现同价,实现省网与各县网相应用电类别同价,彻底解决农村电价高、农民负担重、城乡同网不同价问题。

**2010 年全市各县供电公司各电压等级供电设备一览**

表 14-2-2 单位:座、兆伏安、条、千米、台

| 县公司 | 110 千伏变电站 | | 110 千伏线路 | | 35 千伏变电站 | | 35 千伏线路 | | 10 千伏线路 | | 配电台区 | | 0.4 千伏线路 |
|---|---|---|---|---|---|---|---|---|---|---|---|---|---|
| | 座数 | 容量 | 条数 | 长度 | 座数 | 容量 | 条数 | 长度 | 座数 | 容量 | 条数 | 长度 | 座数 |
| 修水 | 1 | 81.5 | 1 | 23.48 | 13 | 113.55 | 21 | 251 | 63 | 2403.7 | 2415 | 248.52 | 5712 |
| 武宁 | 2 | 111.5 | 5 | 185 | 15 | 92.05 | 16 | 254.82 | 63 | 1489 | 1718 | 254.39 | 2793 |
| 永修 | 1 | 40 | 2 | 1.2 | 7 | 63.3 | 8 | 91.23 | 45 | 1832.58 | 1656 | 217.88 | 1714.74 |
| 共青 | 1 | 40 | 1 | 7.7 | 3 | 38.6 | 3 | 24.77 | 23 | 244 | 319 | 57.8 | 669 |
| 德安 | | | | | 6 | 52.65 | 9 | 107.02 | 46 | 833.18 | 1453 | 204.48 | 1170 |
| 星子 | | | | | 6 | 57.05 | 9 | 97 | 44 | 850 | 1545 | 188.38 | 1226 |
| 瑞昌 | 1 | 40 | 1 | 14.8 | 6 | 49.45 | 12 | 175.46 | 40 | 1231.9 | 1823 | 2314.46 | 2316 |
| 九江 | 1 | 40 | 1 | 8.9 | 6 | 55.35 | 8 | 97.89 | 39 | 1040 | 1584 | 189.26 | 2762.5 |
| 庐山 | 2 | 80 | 4 | 28.6 | 3 | 27.45 | 3 | 3.52 | 10 | 259.42 | 594 | 79.83 | 1574.3 |
| 都昌 | 1 | 40 | 2 | 27.72 | 10 | 91.55 | 9 | 153 | 69 | 2045 | 2509 | 192.3 | 3998 |
| 彭泽 | | | | | 7 | 77.85 | 9 | 122.47 | 49 | 1301 | 1495 | 153.01 | 2267 |
| 湖口 | 1 | 40 | | | 3 | 22.9 | 6 | 62.37 | 43 | 860 | 775 | 152.38 | 1487 |
| 合计 | 11 | 513 | 17 | 297.4 | 85 | 741.75 | 113 | 1440.55 | 534 | 14389.78 | 17886 | 4252.69 | 27689.54 |

## 第二节 城网改造

1991 年,九江城网共有 110 千伏变电站 3 座,公用线路 19 条,配电变压器 400 台,容量 13 万千瓦。1998~2000 年,九江城区配网进行大规模集中改造,投入资金 4.43 亿元,新增 110 千伏沿江变电站 1 座,通过网络重构,电缆下地及增加台区布点,公用线路由 24 条增至 70 余条,新增变压器 130 余台。电网结构得到改善,供电能力增强,电力设备健康水平得到提高,基本保证城市用电需求。但随着现代化城市建设发展,城市规模扩大,城市用电负荷增长迅猛,城市配网已不能满足城市经济发展和社会用电增长需求。

2001 年始,省电力公司每年安排城网中低压改造专项资金对九江城区配网逐年进行改造,累计投入资金 3 亿余元,配合城区 110 千伏飞机坝变、邹家河变、陆家垄变等新建工程对九江城区配电网络进行几次较大规模重构,形成具有九江特色蜂窝状网络结构。根据供电区域划分,每个供电区域内 10 千伏线路均建成 1~2 个供电环,每个环内线路出自变电站不同 10 千伏母线,每个环通过分段开关或环网柜形成五分段或七分段。不同供电环之间、不同供电区域之间还有联络开关或网际开关进行联络。如此结构配电网络不但负荷转移能力强。而且在负荷增长需要建设新线路时破老环成新环也非常方便。改造后,九江城区配网 95%以上 10 千伏供电线路均形成环网,根据多次设备检修及倒闸操作经验,九江城区变电站任何一条 10 千伏母线停电,所供负荷均可通过配电网进行转移,不至于影响对用户正常供电。

经过 10 年城网改造,有效增强九江城市电网网架,加快电网建设,基本消除电网瓶颈,保证电力输送和分配,满足经济社会发展需要;优化电网结构,提升电网技术装备水平;扩大电网资源优化配置能力和范围,强化电网作为市场载体功能;提高电网安全稳定水平,确保电网经济可靠运行。至 2010 年年底,九江市城区共有 10 千伏公用线路 121 条、10 千伏专线 53 条,线路总长 778.2 千米,其中架空线路 515 千米,电缆线路 263.2 千米。配网中有公用变压器 1224 台、专用变压器 1070 台、开关 349 台、高压分接箱303 台、环网柜 58 台。

# 第三节 九江电网

## 一、供电负荷

20 世纪 90 年代初，九江电网平均用电负荷为 11.4 万千瓦，供电量 10.3 亿千瓦时，供电大户有九江炼油厂、九江化工厂、武山铜矿、九江纺织厂等。1991~2000 年期间，受经济发展较慢及亚洲金融危机等影响，供电量每年增长率均在 6%以下。进入 21 世纪后，九江工业重新进入一个新的发展期，2000 年九江电网供电量为 18.5 亿千瓦时，到 2010 年增长到 75.4 千瓦时，平均用电负荷由 21 万千瓦增长到 86.1 万千瓦，每年均以 12%以上快速增长，2010 年最高用电负荷达到 151.5 万千瓦。工业用电大户增加较快，如九江钢厂最高用电负荷达 20 万千瓦，每年用电量达 13 亿千瓦时；亚东水泥最高用电负荷达 6 万千瓦，每年用电量达 4 亿千瓦时；炼油厂最高用电负荷达 5 万千瓦，每年用电量达 3.5 亿千瓦时；星火有机硅厂最高用电负荷达 5 万千瓦，每年用电量达 3 亿千瓦时。用电负荷在 3 万千瓦左右用户较多，如旭阳雷迪、巨石玻纤、武山铜矿、兰丰水泥、鑫山水泥、诺贝尔陶瓷、江铜铅锌冶炼、赛得利等。各县市区负荷在工业园发展带动下，增长较快，如湖口、瑞昌、武宁、修水县等最高用电负荷均在 8 万千瓦以上。2010 年，供、售电量均突破 74 亿元。

## 二、供电结构

1991~1995 年，九江电网仅两回 220 千伏线路与外界联络，分别是 220 千伏浔昌线、下柘线。220 千伏变电站仅妙智变 1 座，110 千伏变电站 7 座，九江电网主要以 110 千伏电压等级为主网架，存在供电线路长、供电质量差等缺点，湖口、彭泽、都昌 3 县仅 1 条 110 千伏塘湖线供电，武宁、修水片区仅 1 条 110 千伏柘武线供电，各县区单线、单变供电结构普遍存在。1996~2005 年，九江电网发展到拥有 220 千伏变电站 5 座，分别是妙智、共青、裕丰、市中、海山，110 千伏变电站 28 座，主变容量达 1934 兆伏安，35 千伏及以上线路总长达 1472 千米，与外界南昌电网联络线路达到 5 回线路，1 回 110 千伏线路与景德镇电网联络，为九江电网电能外送提供可靠保障。“十一五”期间，随着特高压电网发展，九江境内有 2 座 500 千伏变电站，分别是 500 千伏永修变电站和 500 千伏石钟山变电站，特别是 500 千伏石钟山变电站投运后，为用电大户九江钢厂及九江东 3 县提供可靠供电。220 千伏变电站发展到妙智、共青、市中、裕丰、海山、叶家山、新港、沙城、赛城湖、杨家岭 10 座，110 千伏变电站 35 座，主变容量达 4025.15 兆伏安，35 千伏及以上输电线路长度达 2330 千米。1996~2005 年期间，九江有“能源基地”之称，九江发电厂装机容量由一期 2 台 125 兆瓦，发展到二期 2 台 200 兆瓦，三期 2 台 350 兆瓦；柘林水电厂装机容量达 420 兆瓦，作为江西电网调峰、调频主电厂。在“十一五”期间，用电负荷每年以 20%左右速度增长，加上国家“节能减排”政策实施，九江二电一期、二期机组逐步关停，全市负荷潮流也因此由电能外送型转向为吸收型。电源结构运行复杂化，武宁、修水片区小水电大量发展，总装机容量达 200 兆瓦以上，都昌、星子、海会片区风电场发展装机容量达 84 兆瓦。

## 三、电网建设

九江电网位于江西电网北部，是江西电网重要组成部分，供电范围包括 9 县 1 市 2 区，经过近 20 年电网建设与改造，九江电网规模不断增大，供电能力和可靠性不断增强。2010 年 5 月，九江地区首座 500 千伏石钟山变电站正式投运，九江电网开始迈入超高压时代。至 2010 年 12 月底，九江电网现有 35 千伏及以上变电站 46 座，主变 76 台，主变容量 4025.15 兆伏安。其中 220 千伏变电站 10 座，主变压器 15 台，主变容量 2160 兆伏安；110 千伏变电站 34 座，主变压器 57 台，主变容量 1844 兆伏安。35 千伏变电站 2 座，主变压器 4 台，主变容量 21.15 兆伏安。35 千伏及以上输电线路 122 条，总长 2330.046 千米，其中：220 千伏 29 条，858.365 千米；110 千伏 82 条，1346.581 千米；35 千伏 11 条，125.1 千米。

## 2010年全市110千伏及以上变电站一览

表14-2-3　　单位：千伏、台、兆伏安

| 站名 | 电压等级 | 产权归属 | 所在地点 | 变压器台数 | 变压器容量 |
|---|---|---|---|---|---|
| 叶家山变电站 | 220 | 省电力公司 | 修水县三都镇 | 1 | 120 |
| 妙智变电站 | 220 | 省电力公司 | 庐山区妙智镇莲花村 | 2 | 300 |
| 赛城湖变电站 | 220 | 省电力公司 | 城西港开发区 | 1 | 180 |
| 共青变电站 | 220 | 省电力公司 | 共青城西郊福银高速公路旁 | 2 | 300 |
| 海山变电站 | 220 | 省电力公司 | 湖口县海山镇 | 2 | 240 |
| 裕丰变电站 | 220 | 省电力公司 | 瑞昌市桂林办事处裕丰村 | 2 | 240 |
| 沙城变电站 | 220 | 省电力公司 | 九江县兰桥村砖瓦厂旁 | 1 | 150 |
| 杨家岭变电站 | 220 | 省电力公司 | 永修县艾城镇 | 1 | 150 |
| 新港变电站 | 220 | 省电力公司 | 九江市新港镇芳兰村旁 | 1 | 150 |
| 市中变电站 | 220 | 省电力公司 | 九江市浔南大道(南侧转盘)与青年路交汇处 | 2 | 300 |
| 甘露变电站 | 110 | 省电力公司 | 共青城市青年创业园 | 1 | 40 |
| 十里变电站 | 110 | 省电力公司 | 九江市庐山区前进路电站路1号(冯家村内) | 2 | 63 |
| 邹家河变电站 | 110 | 省电力公司 | 九江市郊昌河汽车厂内 | 1 | 31.5 |
| 柴桑南变电站 | 110 | 省电力公司 | 九江县综合工业园内 | 2 | 63 |
| 飞机坝变电站 | 110 | 省电力公司 | 九江市区西部经济技术开发区内 | 2 | 80 |
| 沿江变电站 | 110 | 省电力公司 | 九江市滨江路253号 | 3 | 94.5 |
| 大桥变电站 | 110 | 省电力公司 | 九江市大桥五处院内北侧(D-24-15栋旁) | 2 | 63 |
| 陆家垄变电站 | 110 | 省电力公司 | 九江市陆家垄村 | 2 | 100 |
| 沙河变电站 | 110 | 省电力公司 | 九江县城区内 | 1 | 31.5 |
| 瑞昌变电站 | 110 | 省电力公司 | 瑞昌市盆城西路 | 2 | 71.5 |
| 金砂湾变电站 | 110 | 省电力公司 | 湖口县金砂湾工业园 | 2 | 81.5 |
| 军山变电站 | 110 | 省电力公司 | 永修县军山农场 | 2 | 71.5 |
| 万里变电站 | 110 | 省电力公司 | 都昌县城万里 | 2 | 63 |
| 新桥变电站 | 110 | 省电力公司 | 都昌县汪墩镇新桥自然村 | 2 | 63 |
| 南义变电站 | 110 | 省电力公司 | 瑞昌市南义镇 | 1 | 16 |
| 泉山变电站 | 110 | 省电力公司 | 彭泽县泉山镇 | 1 | 40 |
| 赤湖变电站 | 110 | 省电力公司 | 九江县沿江开发区 | 1 | 40 |
| 周岭变电站 | 110 | 省电力公司 | 庐山区姑塘镇化纤厂边 | 2 | 63 |
| 彭泽变电站 | 110 | 省电力公司 | 彭泽县青峰 | 2 | 63 |
| 南山变电站 | 110 | 省电力公司 | 永修县城西南工业园区 | 2 | 56.5 |
| 宝塔变电站 | 110 | 省电力公司 | 德安县宝塔工业园区 | 1 | 40 |
| 德安变电站 | 110 | 省电力公司 | 德安县河东乡石桥村石桥路206号 | 2 | 80 |
| 星子变电站 | 110 | 省电力公司 | 星子县南康镇庐阳大道58号 | 2 | 63 |
| 修水变电站 | 110 | 省电力公司 | 修水县宁红大道 | 2 | 81.5 |
| 三汊港变电站 | 110 | 省电力公司 | 都昌县三汊镇方家自然村 | 1 | 40 |

续表 14-2-3

| 站名 | 电压等级 | 产权归属 | 所在地点 | 变压器台数 | 变压器容量 |
|---|---|---|---|---|---|
| 武宁变电站 | 110 | 省电力公司 | 武宁县农科所 | 1 | 40 |
| 金安变电站 | 110 | 省电力公司 | 庐山区新港镇 | 1 | 40 |
| 虬津变电站 | 110 | 省电力公司 | 永修县虬津镇张家山村 | 1 | 40 |
| 湖口变电站 | 110 | 省电力公司 | 湖口县 | 2 | 40 |
| 毛家塘变电站 | 110 | 省电力公司 | 庐山区五里乡五里村六组 | 2 | 63 |
| 茅山头变电站 | 110 | 省电力公司 | 九江市开发区茅山头李家山 | 2 | 63 |
| 庐山变电站 | 110 | 省电力公司 | 庐山大林沟路 45 号 | 1 | 20 |
| 温泉变电站 | 110 | 省电力公司 | 星子县温泉镇 | 1 | 31.5 |
| 渣津变电站 | 110 | 省电力公司 | 修水县 | 1 | 31.5 |

## 第四节　电力调度

20 世纪 90 年代初期，受电网调度通信技术及电网调度自动化技术限制，电力调度员仅凭技术图纸、模拟图及运行经验来指挥九江电网调度。其时，九江供电局调度所含有调度班、继保班、通信班、自动化班、生技股。进入 21 世纪，调度机构有所变动，继保班划分为修试所管辖，新增信息班。2006~2010 年，九江供电公司将配网调度权划分给隶属配电分公司配网调度班，将通信班、信息班划出为信息通信中心管辖，调度所仅有电网调度班、配网调度班、自动化班、中心生技股，共 36 人，并更名为电力调度通信中心。

# 第三章　用电管理

## 第一节　用电业务

### 一、业务管理

1998 年，市供电所一分为二，分别成立用电营业中心和配电工区（低压线路维护），营配分开。用电营业中心设立用电管理室，并按片区成立城东、城西所，配电工区设立生技股。2001 年，市供电局营配合一，成立市区分局及客户服务中心，市区分局下设用电营业稽查股、生技股，负责九江城区专变及低压用户抄表，10 千伏配网线路维护；客户服务中心负责营业厅、业扩报装、电量电费结算、户表改表、专线用户抄表结算工作。2002 年，市供电局改市供电公司，成立市区分公司、大客户分公司、配电工区。市区分公司下设用电营业稽查股，负责营业厅、户表改表、业扩报装、专变及低压用户抄表结算；大客户分公司负责专线用户抄表结算工作。2005 年，随着省电力公司营销体制改革，新成立业扩报装中心、电费管理中心（挂靠营销部）。2010 年 7 月，由原市区分公司、大客户分公司、业扩报装中心、电费管理中心、计量中心重组，按 1 部 3 中心模式，设立营销部、客户服务中心、电费管理中心、电能计量中心，城区营业户数达 17 万户。

### 二、业务开展

20 世纪 90 年代初，供电企业开始利用计算机技术为用电管理服务。1993 年 5 月，完成负荷控制软件开发,1993 年,完成用电费结算系统,利用该系统每月市供电局城区的各类用户一共有 26000 多户,使抄表核算收费由单一、老化手工操作真正转变成了计算机科学管理,大大缩小工作量,电费核算准确性也得到提高。1995 年 4 月,随着用电营业现代化发展,为适应“一口对外,内转外不转”一条龙服务宗旨,开发研制网络版用电管理系统,实现资源信息共享,功能由单一电费结算拓展至业扩变更、电能计量、电量电费中各种工作内容,使用电实现管理现代化。至 1998 年,控制终端用户 80 多家,监控负荷 10 余万千瓦,占九江地区负荷总量 40%。同年,用电营业中心建立办公自动化管理系统,设计完成整套业务管理流程,为计算机系统提供基础模型。程序特点为窗口化处理、模块管理、可操作性强,做到方便、准确、快捷,使用电管理逐步走向科学化、规范化。2000 年后,用电信息系统已发展成江西省统一版本,统一模式管理。2004 年厂网分开,2005 年首次提出电费户结零,市供电公司 2006~2010 年连续 6 年实现户结零目标。2010 年,公司营业户数为 17.85 万户,与 2000 年相比增加 13.85 万户;居民用户营业户数为 15.45 万户,与 2000 年相比增加 11.95 万户;非居民营业户数为 2.4 万户,与 2000 年相比增加 1.9 万户。

1991~2010 年全市供用电情况

表 14-3-1　　单位:万千瓦时、%、千瓦

| 年 份 | 供电量 | 售电量 | 比上年增长% | 线损电量 | 线损率% | 年平均负荷 |
|---|---|---|---|---|---|---|
| 1991 | 107529.5 | 104075 | 3.62 | 3454.5 | 3.32 | 144670 |
| 1992 | 113049.97 | 109099.75 | 4.83 | 3950.2 | 3.49 | 147880 |
| 1993 | 124190 | 119850 | 8.85 | 4340 | 3.49 | 184970 |
| 1994 | 14110 | 133622 | 11.49 | 7888 | 5.57 | 258100 |
| 1995 | 148554 | 142000 | 6.26 | 6554 | 4.41 | 216500 |
| 1996 | 154184 | 147424 | 3.80 | 6760 | 4.38 | 216500 |
| 1997 | 147550 | 141104 | -4.28 | 6448 | 4.4 | 216500 |
| 1998 | 152784 | 144926 | 2.70 | 7858 | 5.14 | 206500 |
| 1999 | 158467 | 150549 | 3.88 | 7918 | 4.99 | 218500 |
| 2000 | 185110 | 174948 | 16.21 | 10162 | 5.49 | 243000 |
| 2001 | 213219 | 201535 | 15.20 | 111684 | 5.48 | 243400 |
| 2002 | 236898 | 223963 | 11.13 | 12935 | 5.46 | 313017 |
| 2003 | 274203 | 259270 | 15.80 | 14933 | 5.45 | 367884 |
| 2004 | 322267 | 304335 | 17.83 | 17932 | 5.56 | 367884 |
| 2005 | 361845 | 342999 | 12.70 | 18846 | 5.21 | 413065 |
| 2006 | 409973 | 390269 | 13.78 | 19705 | 4.81 | 468005 |
| 2007 | 492187 | 468941 | 20.16 | 23245 | 4.72 | 561857 |
| 2008 | 535666 | 510102 | 8.78 | 25563 | 4.77 | 611490 |
| 2009 | 633418 | 603869 | 18.38 | 29593 | 4.67 | 723079 |
| 2010 | 754016 | 721868 | 19.54 | 32148 | 4.26 | 860748 |

# 第二节 安全用电

## 一、制度建设

1994年，市供电局印发《关于各级领导机关科室安全生产责任制(试行)实施的通知》，从11月1日起执行，明确各级人员生产中责任。1994年，市供电局颁发《关于开展反习惯性违章登记、考核的通知》，首次制定《九江供电局反习惯性违章实施细则》，把反习惯性违章纳入重要议程。2001年，颁发《关于设置专职安全员的规定》，明确提出主要生产单位必须设置专职安全员，其余可设置兼职安全员，并履行有关安全职责。2004年，制定《输、配电线路工作票办理规定》，明确输、配电线路工作票办理方式和各级人员的安全责任，制定《关于优化变电作业调度许可方式和无人值班变电站变电第二种工作票等工作的暂行规定》，借鉴其他省公司系统日常安全管理成功经验，加强和适应无人值班变电站安全管理工作，修订《九江供电公司安全奖惩实施细则》和出台《反习惯性违章考核办法》等制度。2010年7月，根据省电力公司《地市供电公司向县供电企业派驻安全总监管理暂行规定》相关要求，通过公开招聘考试，决定聘任8名安全总监赴各县公司任职。安全总监同时接受市、县公司双重领导，负责县公司安全监督，指导县公司安监部门安全监督网络开展，并协助县公司分管领导实行安全管理工作。同年12月，发布《县级供电企业安全总监管理考核办法》，明确安全总监在县公司安全管理、应急管理、教育培训和现场监督等各环节中安全职责。

## 二、理念建设

2007年，公司围绕安全理念警示系统、安全视觉识别系统、安全观念延伸系统，三个系统文化建设，开展软基础工作，初步建设10项安全理念，统一员工对安全工作基本认识，在生产场所建立安全视觉识别系统。同年6月，公司提炼10项安全工作理念，结合基层单位建议进行反复推敲、修改，正式定名为“江西九江供电公司十大安全理念”。经过各级管理人员通过多种渠道引领员工进行广泛实践，员工安全意识和安全技能得到较大提高，安全局面得到进一步巩固，同时通过在职工家属中开展“十嘱咐”活动，安全观念在时空上、地域上得到延伸。2008年，在抗冰灾保供电和四川抗震应急抢险工作中，公司从领导到抢险队员始终坚持风险防范在先，安全现场为重理念。四川抗震抢险时，针对余震随时可能发生，抢修队坚持在现场抢修前开展风险分析和抢修方案编制，制定抢修期间紧急撤离方案等，为科学抢险安全抢险奠定坚实基础。抗冰灾初期，公司领导率队到庐山等地查看线路覆冰情况，灾情发展后，在全系统率先启动预警工作机制，公开发布预警信息，启动应急抢修值班和工作机制，在道路交通中断之前，率先在庐山、都昌等重灾发生区域设立抢修点。所有抢修方案必须经现场勘查和审核论证，必须在确保安全前提下进行，杜绝冒险蛮干。220千伏浔西45号塔倒塌后，对44号、46号直线塔立即采取临时锚固措施；220千伏浔青Ⅱ线架空地线断落、地线支架扭曲时，立即采取耐张段地线拆除及锚固措施，防止线路机械承载不平衡扩大灾害；对庐山电网两条供电线路，采取驻山抢修和临时修补、除冰方案；对110千伏田新线220号倒杆，面对恶劣天气和复杂地形，果断放弃，而转为加强对另一回供电线路特巡；对110千伏沙瑞线终因超期服役、年久失修(40多年)多处倒杆，采取临时T接方案。

## 三、安全操作

1996年，首次申请投资18万元，对妙智变电站原依靠电磁闭锁装置进行改造，更换微机闭锁装置1套，进入微机闭锁装置时代。为确保安全生产，防止误操作事件发生，决定在运行人员中实行“千次操作无差错”考核奖励办法，对参加考核的班站，达到1000次正确、无误操作者，实行一次性奖励。参加单位有调度所调度班，用电管理所值修班，变电工区及3个分局变电站，操作次数以班、站为单位累计，操作次数统计时，只限于操作中每一实质性操作动作，如断合开关，装拆接地线，验电，投退压板和其他项目。

根据奖励办法,220千伏变电站按400元/站千次,110千伏变电站按300元/站千次,35千伏变电站、值修班按200元/站千次进行奖励。至2010年,未发生误操作事件。

## 四、技能培训

2007年2月,开始实行班组安全日活动制度,规定班组每周应进行一次安全日活动,规定各级领导及管理人员无论是否从事生产岗位,必须参加班组安全日活动,每次安全日活动时间应保证在1小时以上,每次安全日活动需进行发言和讨论,记录发言人姓名和中心内容。班组安全日活动的开展落实各级人员安全生产责任制,搭建零距离沟通平台,调动员工自我培训热情。2008年11月,公司开发电力安全虚拟培训系统,以现有公司内部局域网为基础,采用全三维仿真场景及模型,使操作人员在使用过程中如身临其境,操作人员每一步操作都必须严格按照最新安规进行,提高培训效率。同时具备远程考试功能,参加培训人员可通过网络进行远程考试。

# 第十五篇

# 房地产

# 第十五篇 房地产

改革开放以来,全市积极探索城市建设与经济建设协调发展的路子,制定有关政策并采取一系列改革措施,使城市房地产开发有序发展。1991 年,市政府成立市建设开发领导小组,加强城市房地产建设和房屋拆迁管理。当年,市区房屋建筑施工面积 52.85 万平方米,竣工面积 27.19 万平方米,其中住宅面积 11.91 万平方米,人均居住面积 10 平方米。同时,全市开始进行住房制度改革,由试点到全面铺开。1992 年 1 月 22 日,市旧城改造综合开发公司成立,旧城改造工作渐次展开。1993 年,公有住房出售工作在全市推行。在房改推动下,住房商品化进程较快,初步建立适合社会主义市场经济体制住房供应体系。城镇居民住房观念发生变化,住房私有率大幅提高。住房条件和居住环境逐步改善。1997 年,房屋拆迁管理市场进入规范化管理时期。当年市区房屋拆迁面积 153.65 万平方米,拆迁户 11578 户。2000 年城市框架拉大,市区房屋建筑施工面积 123.68 万平方米,住宅建筑面积 75.07 万平方米;房屋竣工面积 51.78 万平方米,住宅建筑面积 35.16 万平方米。在市区房管部门直管公产 60 万平方米。全市房屋拆迁面积 186.21 万平方米,拆迁户 9025 户。2010 年,由于城市框架进一步拉大,市区房地产施工项目 26 个。全市房屋拆迁面积 524.43 万平方米,拆迁户 45465 户。房地产经营开发投资 589172 万元,其中新开工建筑投资 122930 万元,改建投资 3600 万元。至年底,市中心城区累计出售公有住房 77969 套,建筑面积 510.835 万平方米,占可售住房 92%,收回住房资金 6.89 亿元。市区房管部门直管公产 67.5 万平方米,市区商品房交易 10235 套,交易面积 100.55 万平方米,成交金额 31.55 亿元。市区存量房交易 5135 套,交易面积 45.34 万平方米,成交金额 17.55 亿元。市区人均居住面积达 35 平方米。20 年间,房地产开发建设企业由市区 3 家,发展到全市 408 家,注册资本达 40 亿元,批准预销售商品房面积 101.11 万平方米。从业人数 1 万余人,企业性质由单一国有发展形成含全民、集体、有限责任、股份制合资、独资等多种经济形式并存格局,其中非国有经济成长比重逐年上升,到 2010 年年底达95%。

# 第一章　房地产开发

## 第一节　旧城改造

### 一、中心市区旧城改造

**浔阳路旧城区改造**　1992年1月22日,市旧城改造综合开发公司成立。3月1日,公司根据市城市建设开发指挥部拆迁公告对市浔阳路88号进行旧城改造,拆迁占地面积734.6平方米,涉及居民5户。新建筑总面积6054.5平方米,其中公房1户,面积99.3平方米;商品房4户,5955.47平方米。

**考棚路旧城区改造**　1992年3月1日,市旧城改造综合开发公司根据市城市建设开发指挥部拆迁公告对考棚路34~50号进行旧城改造,拆迁占地面积843.49平方米,涉及居民112户。新建筑总面积5635.45平方米,其中安排公房83户,面积3791.12平方米;私房16户,783.78平方米;商品房18户,1062.18平方米。

**环城路庐山路浔阳东路旧城区改造**　1992年3月4日,市计划委员会(以下简称市计委)批复关于市环城路、庐山路等地段危旧房屋拆迁复建计划,同意市建行商品房公司拆除该地段和浔阳东路70号危旧房屋共66栋224间15601平方米,复建16601平方米,总投资476万元。7月16日,市计委批复同意拆除庐山路42~57号、67号、106~114号、136号旧房,复建9500平方米,总投资335万元。10月28日,批复同意市新光实业公司等单位对环城路等地段危旧房屋拆除,复建42000平方米(其中商业1000平方米),总投资1185万元。其中新光公司在环城路1~4支巷9000平方米;市浔阳区房屋建筑开发公司在沙子墩地段住宅5000平方米;市民生房地产开发公司、市台谊房地产开发公司在二马路中段住宅19000平方米、丁官路侧住宅9000平方米。

**八角石交通路旧城区改造**　1992年3月5日,市计委批复关于市区八角石交通路地段拆迁复建计划,同意中房九江公司拆除该路段旧房113栋,动迁982户,总建筑面积64000平方米,复建还房住宅11栋,81800平方米,总投资4000万元。

**双峰路旧城区改造**　1992年6月15日,市旧城改造综合开发公司根据市城市建设开发指挥部拆迁公告对市双峰路22~28号进行旧城改造。拆迁占地面积1769.69平方米,涉及居民119户。新建筑总面积12660.01平方米,其中安排公房65户,面积3821.15平方米;私房54户,3361.92平方米;商品房18户,5461.12平方米。

**十里大道旧城区改造**　1992年7月16日,市计委批复同意拆除十里大道4号、老马渡51~69号旧房,复建2000平方米,总投资75万元。

**西园片区旧城区改造**　1992年7月,共青开发区管委会投资1500万元对西园进行前期开发,拆迁临滨江路西园住户198户后,由北京润地置业1000万元接手。2001年7月,市政府第三十次市长办公会决定启动西园片区旧城改造项目,2002年10月29日,市政府发布西园片区旧城改造项目招标公告。12月28日,市国土资源局发布西园国有土地使用权出让公告。2003年3月30日,市房屋拆迁管理办公室颁布关于对西园片区房屋进行拆迁改建公告。改造过程中,共拆除西园片区危旧房86583.38平方米、涉及住户1467户、2740人。西园片区旧城改造拆迁还房项目,由九江信华房地产开发公司在市三里街建设79066.71平方米长虹家园小区,安置旧城改造中拆迁住户。2004~2005年,西园片区开发建设总建筑面积15万平方米信华城市广场,其中商业建筑面积12万平方米,形成一个以购物、休闲、旅游等多功能为一体新城区。建设中保留名胜古迹浪井,重建庾亮楼和清真寺。

**赵家花园旧城区改造**　1993年4月25日,市旧城改造综合开发公司根据市城市建设开发指挥部拆迁公告对赵家花园14~23号进行旧城改造。拆迁占地面积352.49平方米,涉及居民37户。新建筑总面积3064.48平方米,其中安排公房27户,面积2475.87平方米;私房7户,302.82平方米;商品房5户,286.36平方米。

**柴桑支路旧城区改造** 1993年4月25日,市旧城改造综合开发公司根据市城市建设开发指挥部拆迁公告对柴桑支路18~72号进行旧城改造。拆迁占地面积1169.48平方米,涉及居民193户。新建筑总面积9761.64平方米,其中安排公房150户,面积7283.5平方米;私房18户,963.54平方米;商品房53户,1519.64平方米。

**普云路旧城区改造** 1993年4月30日,市旧城改造综合开发公司根据市城市建设开发指挥部拆迁公告对市普云路41号进行旧城改造。拆迁占地面积372.6平方米,涉及居民42户。新建筑总面积2698.88平方米,其中安排公房9户,面积538.46平方米;私房1户,66.48平方米;商品房33户,2094.02平方米。

**金三角旧城区改造** 1993年11月13日,市旧城改造综合开发公司根据市城市建设开发指挥部拆迁公告对金三角389~391号进行旧城改造。拆迁占地面积1929.1平方米,涉及居民79户。新建筑总面积7611.44平方米,其中安排公房52户,面积3374.71平方米;私房16户,2204.54平方米;商品房36户,2032.22平方米。

**李家巷旧城区改造** 1994年1月6日,市旧城改造综合开发公司根据市城市建设开发指挥部拆迁公告对李家巷416~424号进行旧城改造。拆迁占地面积3143.33平方米,涉及居民196户。新建筑总面积19244.35平方米,其中安排公房56户,面积4463.88平方米;私房69户,4631.15平方米;商品房71户,10149.32平方米。

**龙开河旧城区改造** 1994年10月12日,市政府成立龙开河开发建设指挥部领导小组;至1998年,市民生集团有限公司在填平龙开河建设九龙街同时,拆迁房屋建筑面积4657平方米;其中拆迁单位57个;拆迁商业门面1300平方米;拆迁私房46户4062平方米。

### 二、各县(市)旧城改造

1995年,各县(市)旧城改造工作渐次展开。1995~1996年,都昌县结合老旧城区改造,在西街、幸福路、东广场拆除老旧房屋1635平方米,西广场拓宽改造拆迁面积1298平方米。2003年结合东街步行街改造,拆迁老旧房屋面积2855.51平方米,在幸福路拆旧还新面积1024平方米。1998年,彭泽县对老城区进行改造和新区扩建,县房地产公司和县旧城改造综合开发公司参与老城区危旧公房开发,龙城大道拓宽改造。

## 第二节 拆迁安置

1991年7月,为加强城市房屋拆迁管理,市政府成立建设开发领导小组,副市长任组长,市建设局局长、市政府副秘书长任副组长,市纪委、市文明办、市法院、市公安局、市税务局、市工商局、市环保局、市国土局、市规划设计等部门抽调人员任领导小组成员,并授权其行使市房屋拆迁管理办公室职权,同时,市政府颁布《九江市城市房屋拆迁管理试行办法》,使城市房屋拆迁工作有章可循,其中对公有住房和私有住房拆迁制定明确安置补偿办法,本着“拆一还一”的原则,提出对异地产权调换安置的,按区位不同给予增加7平方米以内使用面积。按照当时市场行情,根据房屋结构,建筑年代等制定房屋拆迁补偿标准,及拆迁过渡补助费、搬家费,非住宅房停产停业补助费等。1994年,根据市房地产市场行情变化,经市政府批准,对1991年《九江市城市房屋拆迁管理试行办法》部分条款进行修改,提高原房屋补偿标准,对过渡费、搬家费及从业人口补助费等进行调整,重新明确过渡期限及超过期限后增加过渡费补偿标准。1997年,新成立的市房产管理局完成旧城改造历史遗留拆迁还房安置面积9万多平方米。当年市区拆迁房屋面积153.65万平方米,其中住宅面积146.32万平方米,涉及11578拆迁户。应安置房屋面积 25.21 万平方米,其中住宅面积 22.38 万平方米,住户 3579 户;当年实际安置房屋面积 11.37 万平方米,其中住宅面积 10.43 万平方米,住户 1524 户。

### 1997 年市区房屋拆迁安置一览

表 15-1-1　　单位:万平方米、户

| 累计拆迁房屋面积 | | | 房屋安置情况 | | | | | | | | |
|---|---|---|---|---|---|---|---|---|---|---|---|
| | | | 应安置房屋面积 | | | 当年实际安置面积 | | | 未安置房屋面积 | | |
| 合计 | 其中住宅 | | 合计 | 其中住宅 | | 合计 | 其中住宅 | | 合计 | 其中住宅 | |
| | 面积 | 户数 | | 面积 | 户数 | | 面积 | 户数 | | 面积 | 户数 |
| 153.65 | 146.32 | 11578 | 25.21 | 22.38 | 3579 | 11.37 | 10.43 | 1524 | 13.84 | 11.95 | 2011 |

1999 年 12 月,根据市委、市政府工作部署,完成旧城改造遗留近 40 万平方米 4500 余户拆迁还房安置任务。2000 年 10 月,随着房地产市场价格变化,重新印发《九江市城区房屋拆迁安置管理办法》。调整市拆迁房屋结构补偿、拆迁房屋新旧差价结算、拆迁房屋非住宅停业补助费、拆迁房屋地段因素增减和拆迁房屋附属物补偿标准,同时按照当时市区范围,划分 4 类地段。当年全市拆迁房屋面积累计 186.21 万平方米,其中市区 67.79 万平方米,各县(市)区 118.42 万平方米。全市涉及 9025 拆迁户。当年应安置房屋面积 21.76 万平方米,住户 2076 户,其中市区 3.3 万平方米,350 户;各县(市、区)18.46 万平方米,1726 户;当年实际安置房屋面积 15.23 万平方米,1507 户,其中市区 2.3 万平方米,250 户;各县(市、区)12.93 万平方米,1257 户。

### 2000 年全市各县(市、区)房屋拆迁安置一览

表 15-1-2　　单位:万平方米、户

| 县(市、区) | 累计拆迁房屋面积 | | | 房屋安置 | | | | | | | | |
|---|---|---|---|---|---|---|---|---|---|---|---|---|
| | | | | 应安置房屋面积 | | | 当年实际安置面积 | | | 未安置房屋面积 | | |
| | 合计 | 其中住宅 | | 合计 | 其中住宅 | | 合计 | 其中住宅 | | 合计 | 其中住宅 | |
| | | 面积 | 户数 | | 面积 | 户数 | | 面积 | 户数 | | 面积 | 户数 |
| 浔阳区 | 67.79 | 60.78 | 98 | 3.30 | 2.80 | 350 | 2.30 | 1.30 | 250 | 1.0 | 1.5 | 100 |
| 庐山区 | 3.90 | 0.53 | 52 | | | | | | | | | |
| 九江县 | 0.75 | 0.25 | 45 | 0.30 | 0.10 | 10 | 0.30 | 0.10 | 10 | | | |
| 德安县 | 5.72 | 5.72 | 476 | 0.12 | 0.12 | 6 | 0.13 | 0.13 | 6 | | | |
| 永修县 | 1.76 | 1.49 | 229 | 1.75 | 1.48 | 228 | 1.75 | 1.48 | 228 | | | |
| 星子县 | 4.31 | 2.92 | 166 | 0.18 | 0.18 | 24 | 0.16 | 0.16 | 20 | 0.02 | 0.02 | |
| 修水县 | 40.40 | 36.96 | 1275 | 0.50 | 0.30 | 40 | 0.30 | 0.30 | 40 | 0.20 | | |
| 武宁县 | 15.30 | 12.00 | 3307 | 0.80 | 0.80 | 250 | 0.60 | 0.60 | 200 | 0.20 | 0.20 | 200 |
| 湖口县 | 1.10 | 0.90 | 230 | 0.60 | 0.40 | 80 | 0.60 | 0.40 | 80 | | | |
| 都昌县 | 2.44 | 2.44 | 258 | 0.30 | 0.30 | 36 | 0.10 | 0.10 | 12 | 0.20 | 0.20 | 26 |
| 彭泽县 | 35.59 | 12.12 | 2041 | 13.59 | 9.13 | 1012 | 8.67 | 5.39 | 621 | 4.92 | 3.74 | 391 |
| 瑞昌市 | 3.84 | 2.46 | 188 | | | | | | | | | |
| 共青城 | 3.31 | 3.31 | 660 | 0.32 | 0.32 | 40 | 0.32 | 0.32 | 40 | | | |
| 合　计 | 186.21 | 141.88 | 9025 | 21.76 | 15.93 | 2076 | 15.23 | 11.58 | 1507 | 6.54 | 5.66 | 717 |

2001 年,执行国务院《城市房屋拆迁管理条例》。8 月 14 日,市政府成立市房屋拆迁开发管理办公室,隶属于市房产局。原市城市建设开发指挥部职能归口于该办公室,使房屋拆迁管理工作进一步走上规范化、法制化轨道。同年,获得建设部颁发"城市房屋拆迁管理先进单位"。当年实施房屋拆迁项目 9 个,拆迁面积 8.42 万平万米,拆迁户数 254 户。2002 年实施房屋拆迁项目 18 个,拆迁面积 9.49 万平方米,拆迁户数 702 户。2003 年,根据建设部《城市房屋拆迁行政裁决工作规程》和省政府《江西省城市房屋拆迁管理实施办法》,市拆迁办分别在浔阳区、庐山区、开发区相继成立拆迁办事处。当年实施房屋拆迁项目 12 个,拆迁面积 35 万平方米,拆迁户数 3700 户。同时还启动抗洪广场及抗洪大道项目、火车站外广场等三路一场拆迁项目。2004 年 6 月,按照国务院、省政府相关拆迁政策,市政府颁布《九江市城市房屋拆迁管理实施办法》。明确拆迁人资格,强化拆迁过程中市场评估机制,取消原政策中各项拆迁补偿标准,改为每年根据市场行情重新制定房屋拆迁基准价及附属物补偿标准。2003~2005 年,连续 3 年每年更新出台《九江市城区房屋拆迁货币补偿基准价格和若干补偿标准》,详细划分住宅房屋区位 5 个等级、商业店面区位 3 个等级、货币补偿基准价和停业停产临时补偿费等。随着城市框架的不断拉大,拆迁范围逐渐转移到城乡结合部,为更好开展城市规划区范围内集体土地上房屋拆迁工作,2004 年,市政府出台《九江市城市规划区农房拆迁安置补偿指导意见》,规定城市规划区内农房拆迁,原则上不再安排宅基地自行建房,推行农民公寓安置,被拆迁农房按家庭人口数每人 40 平万米计算安置面积,并对家庭人口计算办法做了相应规定。当年,实施房屋拆迁项目 15 个,拆迁面积 26.6 万平方米,拆迁 919 户。2005 年 10 月,按照建设部《城市房屋拆迁工作规程》,进一步规范城市房屋拆迁工作程序。当年房屋拆迁项目 14 个,拆迁面积 10.44 万平万米,拆迁户数 616 户。2006 年 3 月,随着房地产市场价格大幅度波动,原每年 3 月制定房屋拆迁基准价已经不适应拆迁市场价格变化,经市政府批准,停止每年发布房屋拆迁基准价,房屋拆迁价格完全按市场价格评估。2006~2008 年,房屋拆迁项目 47 个,拆迁面积 54.28 万平方米,拆迁户数 3078 户。2009 年,市委、市政府提出把城市"西拓、东延、南移、中疏"落实到具体项目。同年拆迁项目 26 个,拆迁面积 81.4 万平万米,拆迁户数 4523 户。

2010 年,根据市委、市政府"完成五年内决战城建 200 亿"目标,以建设八里湖生态新区为主战场,逐步拓展城西港区、城东港区、十里片区,在尽快实现城区人口过百万基础上,加快构建"大九江"格局。当年拆迁房屋面积 524.43 万平万米,拆迁户数 45465 户。其中市区 254.4 万平方米,26020 户;各县(市、区)270.03 万平方米,1445 户。当年应安置房屋面积 98.58 万平方米,8392 户,其中市区 59 万平方米,5900 户;各县(市)区 39.58 万平方米,2492 户;当年实际安置房屋面积 63.48 万平方米,3640 户,其中市区 35 万平方米,2000 户;各县(市、区)28.48 万平方米,1640 户。

**2010 年全市各县(市、区)房屋拆迁安置一览**

表 15-1-3　　　　单位:万平方米、户

| 县(市、区) | 累计拆迁房屋面积 | | | 房屋安置 | | | | | | | | |
|---|---|---|---|---|---|---|---|---|---|---|---|---|
| | | | | 应安置房屋面积 | | | 当年实际安置面积 | | | 未安置房屋面积 | | |
| | 合计 | 其中住宅 | | 合计 | 其中住宅 | | 合计 | 其中住宅 | | 合计 | 其中住宅 | |
| | | 面积 | 户数 | | 面积 | 户数 | | 面积 | 户数 | | 面积 | 户数 |
| 浔阳区 | 67.79 | 60.78 | 98 | 3.30 | 2.80 | 350 | 2.30 | 1.30 | 250 | 1.0 | 1.5 | 100 |
| 庐山区 | 3.90 | 0.53 | 52 | | | | | | | | | |
| 九江县 | 0.75 | 0.25 | 45 | 0.30 | 0.10 | 10 | 0.30 | 0.10 | 10 | | | |
| 德安县 | 5.72 | 5.72 | 476 | 0.12 | 0.12 | 6 | 0.13 | 0.13 | 6 | | | |
| 永修县 | 1.76 | 1.49 | 229 | 1.75 | 1.48 | 228 | 1.75 | 1.48 | 228 | | | |
| 星子县 | 4.31 | 2.92 | 166 | 0.18 | 0.18 | 24 | 0.16 | 0.16 | 20 | 0.02 | 0.02 | |

续表 15-1-3

| 县(市、区) | 累计拆迁房屋面积 | | | 房屋安置 | | | | | | | | |
|---|---|---|---|---|---|---|---|---|---|---|---|---|
| | | | | 应安置房屋面积 | | | 当年实际安置面积 | | | 未安置房屋面积 | | |
| | 合计 | 其中住宅 | | 合计 | 其中住宅 | | 合计 | 其中住宅 | | 合计 | 其中住宅 | |
| | | 面积 | 户数 | | 面积 | 户数 | | 面积 | 户数 | | 面积 | 户数 |
| 修水县 | 40.40 | 36.96 | 1275 | 0.50 | 0.30 | 40 | 0.30 | 0.30 | 40 | 0.20 | | |
| 武宁县 | 15.30 | 12.00 | 3307 | 0.80 | 0.80 | 250 | 0.60 | 0.60 | 200 | 0.20 | 0.20 | 200 |
| 湖口县 | 1.10 | 0.90 | 230 | 0.60 | 0.40 | 80 | 0.60 | 0.40 | 80 | | | |
| 都昌县 | 2.44 | 2.44 | 258 | 0.30 | 0.30 | 36 | 0.10 | 0.10 | 12 | 0.20 | 0.20 | 26 |
| 彭泽县 | 35.59 | 12.12 | 2041 | 13.59 | 9.13 | 1012 | 8.67 | 5.39 | 621 | 4.92 | 3.74 | 391 |
| 瑞昌市 | 3.84 | 2.46 | 188 | | | | | | | | | |
| 共青城 | 3.31 | 3.31 | 660 | 0.32 | 0.32 | 40 | 0.32 | 0.32 | 40 | | | |
| 合　计 | 186.21 | 141.88 | 9025 | 21.76 | 15.93 | 2076 | 15.23 | 11.58 | 1507 | 6.54 | 5.66 | 717 |

## 第三节　棚户区改造

2008年,市成立棚户区(危旧住宅区)改造领导小组和办公室。根据《国务院关于解决城市低收入家庭住房困难的若干意见》,市政府办公厅印发《九江市中心城区危旧低洼房改造实施方案》,从指导思想、改造范围和原则、方法、步骤及主要措施、优惠政策4个方面做出安排部署。2009~2010年,全市棚户区改造责任目标任务106.38万平方米,涉及10395户,拆迁面积110.86万平方米,签订拆迁协议数10172户;其中中心城区棚户区改造责任目标任务69.67万平方米,涉及5757户,拆迁面积71.23万平方米,签订拆迁协议数5757户;各县(市、区)棚户区改造责任目标任务36.71万平方米,涉及4638户,拆迁面积39.63万平方米,签订拆迁协议数4415户。计划总投资329371万元。全市实际完成拆迁面积73.12万平方米,安置补偿拆迁协议数7264户。完成投资73180万元,其中中心城区完成拆迁面积50.01万平方米,安置补偿拆迁协议数4641户。完成投资50598万元;各县(市、区)完成拆迁面积23.11万平方米,安置补偿拆迁协议数2623户,完成投资22582万元。

**2009~2010年全市各县(市、区)和国有工矿棚户区改造一览**

表 15-1-4　　单位:万平方米、户、万元、套

| 分类、指标 | 年度签订目标责任书 | | 年度目标任务的项目建设进度 | | | | | | | | 已完成投资 |
|---|---|---|---|---|---|---|---|---|---|---|---|
| | | | 棚户区拆迁 | | | | 棚户区安置住房建设 | | | | |
| | | | 已签订拆迁安置补偿协议户数 | | | 完成拆迁面积 | 已开工 | | 已竣工 | | |
| | 面积 | 户数 | 小计 | 其中: | | | 套数 | 面积 | 套数 | 面积 | |
| | | | | 实物安置 | 货币安置 | | | | | | |
| **全市棚户区改造合计** | **106.38** | **10395** | **7264** | **6124** | **1198** | **73.12** | **2704** | **26.59** | **953** | **7.56** | **73180** |
| **中心城区小计** | **69.67** | **5757** | **4641** | **4239** | **460** | **50.01** | **1677** | **14.22** | **913** | **7.12** | **50598** |

续表 15-1-4

| 分类、指标 | 年度签订目标责任书 | | 年度目标任务的项目建设进度 | | | | | | | | 已完成投资 |
|---|---|---|---|---|---|---|---|---|---|---|---|
| | | | 棚户区拆迁 | | | | 棚户区安置住房建设 | | | | |
| | | | 已签订拆迁安置补偿协议户数 | | | 完成拆迁面积 | 已开工 | | 已竣工 | | |
| | 面积 | 户数 | 小计 | 其中：实物安置 | 其中：货币安置 | | 套数 | 面积 | 套数 | 面积 | |
| 浔阳区 | 40.77 | 3580 | 2154 | 1929 | 283 | 19.28 | 1299 | 10.42 | 743 | 5.65 | 37003 |
| 浔阳楼片区 | 11 | 1081 | 950 | 835 | 115 | 9.15 | | | | | 20200 |
| 赣北化工厂片区 | 0.81 | 243 | 243 | 243 | | 0.62 | 243 | 2.13 | 135 | 1.17 | 1850 |
| 滨江生态园片区 | 0.9 | 23 | 21 | 20 | 1 | 0.37 | | | | | 300 |
| 三马路片区 | 8.8 | 686 | | | | | | | | | |
| 春安里片区 | 9 | 505 | 180 | 129 | 51 | 4 | | | | | 3500 |
| 放马场片区(二期) | 4.26 | 282 | 155 | 97 | 58 | 2.5 | | | | | 1965 |
| 赛城湖闸口片区 | 2 | 168 | 13 | 13 | 58 | 0.6 | | | | | 1230 |
| 海洋集团(一厂) | 4 | 592 | 592 | 592 | | 2.04 | 1056 | 8.29 | 608 | 4.48 | 7958 |
| 庐山区 | 28.9 | 2177 | 2487 | 2310 | 177 | 30.73 | 378 | 3.8 | 170 | 1.47 | 13595 |
| 九莲北路片区 | 8.09 | 553 | 646 | 584 | 62 | 8.09 | | | | | 6045 |
| 邹家河片区 | 4.2 | 368 | 317 | 232 | 85 | 2.91 | | | | | 1659 |
| 和尚分片区(2)期 | 3.36 | 216 | 219 | 213 | 6 | 3.25 | | | | | 1562 |
| 九莲南路片区 | 3.96 | 268 | 320 | 304 | 16 | 3.93 | | | | | 1485 |
| 荷花垄片区 | 8.44 | 482 | 695 | 687 | 8 | 11.7 | | | | | 2105 |
| 海洋集团(二厂) | 0.85 | 290 | 290 | 290 | | 0.85 | 378 | 3.8 | 170 | 1.47 | 739 |
| **县(市)小计** | **36.71** | **4638** | **2623** | **1885** | **738** | **23.11** | **1027** | **12.37** | **40** | **0.44** | **22582** |
| 九江县 | 1.4 | 135 | | | | | | | | | |
| 九一六地质大队 | 1.4 | 135 | | | | | | | | | 该项目正待县政府审批 |
| 德安县 | 1.86 | 156 | 109 | 109 | | 1.35 | 33 | 0.3 | | | 1987 |
| 罗岭棚户区 | 1.56 | 123 | 90 | 90 | | 1.12 | | | | | 1617 |
| 五里墩二期 | 0.3 | 33 | 19 | 19 | | 0.23 | 33 | 0.3 | | | 370 |
| 永修县 | 7.09 | 1293 | 471 | 321 | 150 | | | | | | 240 |
| 老人委大院棚户区 | 4.35 | 770 | | | | 2.29 | | | | | 80 |
| 云山经济开发区 | 1.54 | 309 | 309 | 309 | | 1.54 | | | | | 100 |
| 昌茶金属厂棚户区 | 1.2 | 214 | 162 | 12 | 150 | 0.75 | | | | | 60 |
| 星子县 | 4.5 | 240 | 108 | 104 | 4 | 1.33 | 240 | 2.64 | 40 | 0.44 | 1200 |
| 城南老棚户区 | 4.5 | 240 | 108 | 104 | 4 | 1.33 | 240 | 2.64 | 40 | 0.44 | 1200 |
| 修水县 | 4.26 | 536 | 428 | 290 | 138 | 5.2 | | | | | 2300 |
| 洪抗河棚户区 | 4.26 | 536 | 428 | 290 | 138 | 5.2 | | | | | 2300 |

续表 15-1-4

| 分类、指标 | 年度签订目标责任书 | | 年度目标任务的项目建设进度 | | | | | | | | 已完成投资 |
|---|---|---|---|---|---|---|---|---|---|---|---|
| | | | 棚户区拆迁 | | | | 棚户区安置住房建设 | | | | |
| | | | 已签订拆迁安置补偿协议户数 | | | 完成拆迁面积 | 已开工 | | 已竣工 | | |
| | 面积 | 户数 | 小计 | 其中： | | | 套数 | 面积 | 套数 | 面积 | |
| | | | | 实物安置 | 货币安置 | | | | | | |
| 武宁县 | 5.9 | 620 | 265 | 169 | 96 | 2.9 | 230 | 2.72 | | | 1805 |
| 老百货公司 | 1.5 | 160 | 120 | 79 | 41 | 1.1 | 120 | 1.4 | | | 745 |
| 湖滨东路两侧 | 1.2 | 290 | 55 | 35 | 20 | 0.3 | | | | | 160 |
| 宋溪物流园 | 3.2 | 170 | 90 | 55 | 35 | 1.5 | 110 | 1.32 | | | 900 |
| 湖口县 | 1.8 | 183 | 260 | 260 | | 4.04 | 260 | 4.04 | | | 5400 |
| 江新厂棚户区 | 1.8 | 183 | 260 | 260 | | 4.04 | 260 | 4.04 | | | 5400 |
| 都昌县 | 2 | 218 | 420 | 220 | 200 | 5.44 | | | | | 5000 |
| 轧花厂片区 | 2 | 218 | 420 | 220 | 200 | 5.44 | | | | | 5000 |
| 彭泽县 | 3.74 | 497 | 300 | 300 | | 0.5 | | | | | 100 |
| 江河新区棚户区 | 3.74 | 497 | 300 | 300 | | 0.5 | | | | | 100 |
| 瑞昌市 | 2.96 | 360 | 112 | 112 | | 1.8 | 264 | 2.67 | | | 4000 |
| 北环路东段 | 0.65 | 85 | 20 | 20 | | 0.48 | 祥民家园四期安置 | 0.65 | | | 700 |
| 公园路东段 | 0.54 | 68 | 20 | 20 | | 0.3 | | 0.54 | | | 900 |
| 市府西路北段 | 0.85 | 98 | 38 | 38 | | 0.57 | | 0.85 | | | 700 |
| 龙泉路南段 | 0.5 | 65 | 31 | 31 | | 0.35 | | 0.5 | | | 1500 |
| 杨林中路南段 | 0.42 | 44 | 3 | 3 | | 0.1 | | 0.16 | | | 200 |
| 共青城 | 1.2 | 400 | 150 | | 150 | 0.55 | | | | | 550 |
| 南湖路片区 | 1.2 | 400 | 150 | | 150 | 0.55 | | | | | 550 |

## 第四节　开发建设

### 一、综合开发

**开发企业**　1991年，从事房地产开发建设公司只有市区3家。2000年，全市房地产开发企业已发展到389家。至2010年，发展到408家，其中具备房地产开发一级资质1家、二级资质18家、三级资质35家，四级资质和暂定资质354家。全市开发企业注册资本发展到近40亿元。从业人数1万余人，其中专业技术人员也由单一土建专业人员发展到拥有工民建专业人员及给排水、电气、园林设计、营销策划、经济管理、财务管理等多个专业技术人员。开发企业性质由单一国有发展形成含全民、集体、有限责任、股份制合资、独资等多种经济形式并存格局，其中非国有经济成长比重逐年上升，2010年已达95%。

**开发面积**　1991年，市区房屋建筑施工面积52.85万平方米，其中，住宅建筑面积20.45万平方米。竣工面积27.19万平方米，其中住宅面积11.91万平方米，人均居住面积10平方米。2000年，市区房屋建筑施工面积123.68万平方米，其中住宅建筑面积75.07万平方米。房屋竣工面积51.78万平方米，其中住宅建筑面积35.16万平方米。2010年，市区房地产施工项目26个，房地产经营开发投资589172万元，其中新开工建筑投资122930万元，改建投资3600万元。人均居住面积35平方米。市区商品房交易10235套，交易面积100.55万平方米，成交金额31.55亿。市区存量房交易5135套，交易面积45.34万平方米，成交金额17.55亿元；批准预销售商品房面积101.11万平方米。

**楼盘小区开发** 1991~1995年，市区各单位和公司开发建设各种楼盘和小区648栋，建筑面积171.31万平方米。1996~2010年，市区各家公司开发建设各种主要楼盘和小区项目85个，建筑面积878.51万平方米。2010年，全市完成房地产开发综合投资460642万元，房屋竣工面积2149264平方米，销售面积2928881平方米，销售金额851797万元；其中市区完成投资89130万元，房屋竣工面积419774平方米，销售面积386934平方米，销售金额139861万元；各县(市)区完成投资371512万元，房屋竣工面积1729490平方米，销售面积2541947平方米，销售金额711936万元。全行业主营业务收入764867万元，利润总额171371万元；其中市区主营业务收入200110万元，利润总额74704万元；各县(市)区主营业务收入564757万元，利润总额96667万元。

### 1991~2010年市区房屋开发建设主要楼盘小区一览

表15-1-5　　单位：平方米

| 建设单位 | 项目名称 | 地 址 | 建筑面积 | 建设时间 |
|---|---|---|---|---|
| 市住宅建设公司 | 居民新村等 | 姚家洼、八里湖、十里大道等 | 128701 | 1980~1995 |
| 市第二住宅建设公司 | 宿舍等 | 一马路、浔阳路等 | 28839 | 1988~1994 |
| 中国房屋开发公司九江公司 | 商住楼 | 八角石、环城路、双峰路等 | 80616 | 1987~1994 |
| 市房屋装饰公司 | 住宅楼 | 莲花池、庐山路 | 16000 | 1992~1995 |
| 市房屋修建公司 | 住宅楼 | 百岁坊、小校场 | 29200 | 1993~1995 |
| 市旧城改造综合开发公司 | 住宅楼 | 柴桑支路、大中路、双峰路等 | 31173 | 1994~1995 |
| 九江发展建设公司 | 西苑小区、滨江花园 | 长江路、滨江路 | 85100 | 1994~1995 |
| 庐山区房地产开发总公司 | 南湖小区、环城路商住楼 | 长虹大道、环城路十里机场 | 88600 | 1992~1995 |
| 浔阳区房屋开发公司 | 综合楼 | 庐山路等 | 35100 | 1991~1995 |
| 柴桑房地产开发公司 | 长虹小区 | 长虹大道 | 70000 | 1992~1994 |
| 共青城房地产开发公司 | 住宅小区 | 西一路 | 55500 | 1993~1995 |
| 新光实业有限公司 | 商住城 | 环城路、庐山路、濂溪路 | 75000 | 1993~1995 |
| 江西菲力工程有限公司 | 商住城 | 北司路、十里大道 | 68000 | 1993~1995 |
| 新达房地产有限公司 | 商住城 | 环城路 | 34000 | 1994~1995 |
| 市工商局第一直属分局 | 江州市场AB楼 | 丁官路 | 38000 | 1992~1995 |
| 九江民生台谊房地产开发公司 | 九龙商住楼 | 一、二马路 | 38000 | 1992~1995 |
| 九江利江房地产开发有限公司 | 利江花园 | 西二路 | 33000 | 1993~1995 |
| 佑达利房地产公司 | 达利花苑 | 西二路 | 39000 | 1992~1995 |
| 市建行商品房公司 | 商住楼 | 浔阳路、滨江路、星火化工厂 | 14000 | 1992~1995 |
| 市建行商品房公司 | 商住楼 | 北司路 | 46616 | 1994~1995 |
| 班明房地产开发公司 | 商住楼 | 大中路 | 14000 | 1994~1995 |
| 英伦房地产开发有限公司 | 商住楼 | 梅绽坡 | 16500 | 1994~1995 |
| 江西长江房地产开发有限公司 | 天都商住城 | 大中路都天巷口 | 18400 | 1994~1995 |
| 江西省房地产建设公司九江公司 | 赵家花园综合城 | 赵家花园 | 15000 | 1993~1995 |
| 五星房地产开发公司 | 荷圹新村 | 九威路口 | 17000 | 1993~1995 |
| 浔阳区城建房地产开发公司 | 商住楼 | 李家巷 | 21235 | 1991~1993 |

续表 15-1-5

| 建设单位 | 项目名称 | 地 址 | 建筑面积 | 建设时间 |
|---|---|---|---|---|
| 市农垦房地产开发总公司 | 商住楼 | 三里街、十里大道、姚家洼 | | |
| 金字房地产开发公司 | 农贸市场小区 | 前纬路 | 19867 | 1993~1994 |
| 九江金城房地产公司 | 住宅楼 | 八里湖、浔阳路 | 3000 | 1993~1995 |
| 九江建发房地产公司 | 标准厂房 | 八里湖开发区 | 15600 | 1993~1995 |
| 市浔海房地产公司 | 浔海商城 | 大中路 | 11400 | 1993~1994 |
| 泰华房地产有限公司 | 泰浔商厦 | 浔阳东路 | 1200 | 1994~1995 |
| 市国九房地产开发公司 | 天福商住楼 | 大中路、十里大道 | 11000 | 1993~1995 |
| 市工商局庐山区分局 | 庐山区农贸市场 | 前进东路 | 32895 | 1994~1995 |
| 十里乡 | 赣北商城 | 前进东路 | 15000 | 1994~1995 |
| 市民族房地产开发有限公司 | 住宅楼 | 延支山 | 5000 | 1993~1995 |
| 九江建明房地产开发公司 | 农威大厦 | 十里大道 | 10500 | 1993~1994 |
| 市银山房地产开发公司 | 企业家大厦 | 西二路 | 10800 | 193~1994 |
| 九江万联房地产公司 | 开放大厦 | 西二路 | 14332 | 1993~1994 |
| 九江信华房地产综合开发公司 | 信华公寓 | 小校场路 | 12600 | 1993~1995 |
| 庐山区天宏房地产开发公司 | 住宅综合楼 | 向阳闸 | 10000 | 1994~1995 |
| 万隆房地产开发公司 | 商品房 | 三里街 | 9600 | 1993~1995 |
| 市旅游局、市婚礼商场 | 九江旅游大楼 | 浔阳路大中路连疆 | 13988 | 1993~1995 |
| 市华祥房地产开发有限公司 | 冠福楼、冠华楼 | 北司路、甘棠北路 | 13300 | 1992~1994 |
| 十里乡爱华村 | 爱华宾馆 | 长虹大道 | 20167 | 1993~1995 |
| 市百纺总公司 | 新湖商厦 | 庚亮北路 | 15000 | 1993 |
| 市建行一支行 | 综合楼 | 人民路 | 11000 | 1993 |
| 市昌泰房地产开发公司 | 商住楼 | 大中路 | 15000 | 1994 |
| 江西洪城房地产开发公司 | 洪城小区 | 大中路 | 17021 | 1993 |
| 市南方房地产开发有限公司 | 江南花园大厦 | 庚亮南路 | 9700 | 1994 |
| 兴业房地产公司 | 兴业大厦 | 环城路 | 44000 | 1995 |
| 宏发房地产公司 | 宏发商住楼 | 三马路 | 23000 | 1995 |
| 厦港房地产开发公司 | 南湖别墅村 | 南门湖西岸 | 18000 | 1994 |
| 庐山区庐台房地产开发公司 | 别墅村 | 赛阳、莲花、虞家河 | 11000 | 1995 |
| 九江振新置业有限公司 | 文化商业大厦 | 浔阳路 | 2000 | 1994 |
| 市捷威实业公司 | 捷威大楼 | 浔阳路 | 13500 | 1994 |
| 市建城公司 | 捷威大楼 | 浔阳路 | 4000 | 1994 |
| 九江共茂建设总公司 | 共茂大厦 | 交通路 | 38450 | 1993 部分建成 |
| 市华侨外轮公司与振兴房地产公司合建 | 华联大厦 | 浔阳路 | 28000 | 1994 |
| 兴业实业有限公司 | 联盛大厦 | 西二路 | 12000 | 1994 |
| 九江三顺房地产开发有限公司 | 昌九大厦 | 西二路、大中路 | 18654 | 1992 |
| 九江乡镇企业房地产开发公司 | 综合楼 | 大中路 | 12500 | 1995 |
| 江西昌龙房地产开发公司九江公司 | 昌龙花园 | 十里大道 | 23417 | 1993 |

续表 15-1-5

| 建设单位 | 项目名称 | 地 址 | 建筑面积 | 建设时间 |
|---|---|---|---|---|
| 长城房地产开发总公司九江公司 | 住商楼 | 甘棠南路、莲花池 | 30000 | 1993 |
| 浔阳房地产开发公司 | 富祥馨苑 | 小校场 2 号 | 21000 | 2004.1 |
| 南昌银燕置业开发公司 | 银燕小区 | 湓浦路龙开河市场 | 30000 | 2003.1 |
| 九江远洲置业有限公司 | 远洲国际 | 市南湖路 116 号 | 65600 | 2006 |
| 九江天宇置业有限公司 | 世豪名置 | 长虹大道 9 号 | 61980 | 2009 |
| 九江捷利达房地产开发有限公司 | 九江豪庭 | 滨江大道 921 号 | 54000 | 2009 |
| 九江平顺房地产开发有限公司 | 福泽园 | 九龙街西二路口西边 | 17800 | 2006.04 |
| 江西浙赣房地产开发公司 | 步红花园 | 九龙街步红东边 | 117454 | 2006.09 |
| 市华龙房地产开发公司 | 龙惠花园 | 十里大道 481 号 | 33500 | 2005.06 |
| 九江胜达房地产开发有限公司 | 时代豪邸 | 市滨湖路 19 号 | 79000 | 2010.05 |
| 市天意成房地产开发有限公司 | 浔阳江畔 | 滨江路 955 号 | 165000 | 2007.02 |
| 市安美达房地产公司 | 钻石名苑 | 西一路 2 号 | 79000 | 2000 |
| 市安美达房地产公司 | 百岁坊华庭 | 滨江路 10 号 | 32000 | 2009.04 |
| 市诚信房地产开发有限公司 | 诚信小区 | 浔阳东路 196 号 | 17000 | 2007.12 |
| 市鸿丰房地产开发有限公司 | 鸿丰花园 | 浔阳东路 196 号 | 32000 | 不详 |
| 市华宝房地产开发公司 | 南湖国际 | 市浔阳区南湖路 108 号 | 178900 | 2010.06 |
| 市浔海房地产开发公司 | 鑫海领域 | 市八里湖 86 号 | 26000 | 2010.07 |
| 九江联达建设有限公司 | 名湖广场 | 市庐山南路 267 号 | 29000 | 2008.09 |
| 九江联达建设有限公司 | 沃尔玛购物中心 | 市庐山南路 265 号 | 35000 | 2009.04 |
| 市炼油厂 | 石化社区 | 滨江东路 228 号 | 512000 | 2008.9 |
| 市庐山区房地产开发公司 | 滨江花园 | 甘棠北路 21 号 | 60000 | 2004.07 |
| 市华宝房地产开发公司 | 华宝家园 | 市浔阳区十里大道 353 号 | 25000 | 2005.9.1 |
| 市华宝房地产开发公司 | 华宝花园 | 市浔阳区人民路 551 号 | 53000 | 2004 |
| 市华宝房地产开发公司 | 华宝公寓西区 | 都天巷 | 38600 | |
| 市易利房地产开发公司 | 易利园 | 南湖支路 22 号 | 8000 | 2003 |
| 市易利房地产开发公司 | 桃园新居 | 人民路 138 号 | 9000 | 2003 |
| 市联盛集团 | 房产大厦 | 市浔阳东路 11 号房产大厦 9 楼 | 14700 | 2001.09 |
| 市联盛集团 | 联盛花园 | 甘棠南路 47 号 | 18700 | |
| 市信华房地产开发公司 | 滨湖公寓 | 庐山路 132 号 | 5600 | 2002 |
| 市信华房地产开发公司 | 湖滨花园 | 庐山南路 99 号 | 112000 | 2002 |
| 市信华房地产开发公司 | 学洲公寓 | 中纬路 2 号 | 2700 | 2002 |
| 市信华房地产开发公司 | 天鹅苑 | 浔阳西路 1 号 | 19000 | 2002.01 |
| 市信华房地产开发公司 | 长虹家园 | 三里街支巷 200 号 | 82000 | 2004.05 |
| 市信华房地产开发公司 | 城市广场 | 市大中路 500 号 | 78000 | 2004.05 |
| 市信华房地产开发公司 | 城市晶典商务中心 | 十里长虹大道 280 号 | 50000 | 2007.05 |
| 市信华房地产开发公司 | 城市花园 | 市浔阳区庐峰东路 55 号 | 283000 | 2008.04 |
| 市乾坤房地产开发公司 | 锦湖豪庭 | 市环城路 218 号 | 55000 | 2004 |
| 九江发电厂 | 国电九江发电厂庐南生活区 | 庐山南路 271 号 | 47000 | 2000.05 |

续表 15-1-5

| 建设单位 | 项目名称 | 地 址 | 建筑面积 | 建设时间 |
|---|---|---|---|---|
| 九江发电厂 | 国电九江发电厂生活区工业厂房 | 滨江东路 45 号、浔阳东路 953 号 | 3542000 | |
| 市花鸟市场开发有限公司 | 克拉城 | 长虹大道北路 22 号 | 18000 | 2008.05 |
| 市裕华房地产开发公司 | 裕华小区 | 市十里大道 1274 号 | 50000 | 2002.09 |
| 市国棉三厂 | 三棉职工宿舍 | 市九龙街 | 76000 | 2000.03 |
| 江西万福房地产开发公司 | 万福花园 | 市塔岭北路 2 号 | 36000 | 2003.04 |
| 九江清源集团房地产开发有限公司 | 梅园小区 | 南湖路 35 号 | 80000 | 2008 |
| 市东宝房地产开发有限公司 | 东宝嘉园 | 青年路,湖滨小区周边 | 65000 | 2002.01 |
| 市金泰房地产开发公司 | 金泰港湾 | 市湓浦路 17 号 | 30000 | 2006.01 |
| 九江兴业房地产开发公司 | 兴业大厦 | 市环城路 106 号 | 18500 | |
| 市恒园房地产开发公司 | 锦城银座小区 | 甘棠路 10 号 | 20000 | 2004.01 |
| 市康居置业有限公司 | 阳光康居 | 长虹大道 70 号 | 13000 | 2006 |
| 市安居房地产开发公司 | 向阳苑北区 | 九龙街西一路口 | 32000 | 2002 |
| 市华瀚房地产开发公司 | 美日阳光花园 | 九威大道美日阳光花园 F07 | 120000 | 2009.05.28 |
| 市华宝房地产开发公司 | 华宝佳苑 | 浔阳区长虹大道 118 号 | 18400 | 2007.04.01 |
| 市浔海房地产开发公司 | 浔海花园 | 前进西路 169 号 | 74000 | 2000 |
| 市华龙房地产开发公司 | 莱茵美郡小区 | 前进东路 686 号 | 201300 | 2008.12 |
| 市华龙房地产开发公司 | 龙鑫花园 | 前进西路 169 号 | 99800 | 2000 |
| 市金达房地产开发公司 | 上海路小区 | 市十里大道 1274 号 | 20000 | 2003.08 |
| 市庐山区房地产开发公司 | 南湖小区 | 市长虹大道 200 号 | 102500 | 1999.01 |
| 市派拉蒙房地产开发公司 | 派拉蒙文化商城 | 庐山区前进东路 666 号 | 30000 | 2004 |
| 江西民生集团房地产开发公司 | 龙禧 龙跃 龙珠小区 | 市九龙街 | 28000 | 2001.07 |
| 市兆龙房地产开发公司 | 水木清华小区 | 长虹西路 99 号 | 190000 | 2010 |
| 市安居房地产开发公司 | 长安华夏 | 长虹大道 318 号 | 16000 | 2004 |
| 市源丰房地产开发公司 | 新贵府邸 | 长江大道 384 号 | 48000 | 2005.11 |
| 市鸿丰房地产开发公司 | 鸿丰馨苑 | 九龙街西一路口 | 37888 | 2005.03 |
| 市恒园房地产开发公司 | 青竹苑 | 九龙街西二路口 | 17472 | 2008.07 |
| 市金泰房地产开发公司 | 金泰半岛一品 | 开发区长江路 | 12700 | 2009.08 |
| 市明湖房地产开发公司 | 东方塞纳 | 开发区长城路 16 号 | 90300 | 2010.05 |
| 市金泰房地产开发公司 | 金泰园 | 九龙街中段 | 22000 | 不详 |
| 市容昌房地产开发公司 | 容昌桂花园 | 开发区长城路 18 号 | 39300 | 2008 |
| 市恒盛房地产开发公司 | 恒盛上花园 | 长城路 123 号 | 79000 | 2008 |
| 市浔海实业有限公司 | 浔海领域 | 开发区酱菜路 29 号 | 75000 | 2008 |
| 九江祥隆房地产开发公司 | 天溢华庭 | 九瑞大道 81 号 | 5000 | 2006.02 |
| 江西国豪房地产开发公司 | 国豪水岸城 | 开发区长城路 103 号 | 130000 | 2009.07 |
| 九江北方房地产开发公司 | 鸿雅花园 | 开发区矿冶小区对面 | 43000 | 2004 |
| 九江星辉房地产开发公司 | 星辉豪庭 | 九龙街 | 20000 | 2002 |
| 中房集团九江分公司 | 天缘小区 | 九龙街青松路 | 36000 | 2004 |

续表 15-1-5

| 建设单位 | 项目名称 | 地 址 | 建筑面积 | 建设时间 |
|---|---|---|---|---|
| 市昌平房地产开发公司 | 昌平花园 | 九江大道 71 号 | 80000 | 1996.01 |
| 九江金丰房地产开发公司 | 金丰御园小区 | 九江出口加工区绿冬路 | 140000 | 2010 |
| 市新世纪建设有限公司 | 九龙世纪苑 | 龙开河路 50 号 | 38000 | 2004 |
| 九江中元房地产开发有限公司 | 维也纳春天 | 开发区京九路 | 28000 | 2004.01 |
| 九江恒园房地产开发公司 | 阳光锦城小区 | 九龙街青竹路 10 号 | 50500 | 2008 |
| 九江北方房地产开发公司 | 鸿雅新苑 | 开发区中环路 | 80000 | 2008 |
| 市安居房地产开发公司 | 向阳苑南区 | 九龙街向阳闸 | 26000 | 2003 |
| 市安居房地产开发公司 | 河畔花园 | 九龙街 63 号 | 26000 | 2005 |
| 市安居房地产开发公司 | 滨江鹭园 | 滨江西路 | 8600 | 2008 |
| 市发展建设公司 | 西苑小区 | 开发区长江大道 332 号 | 110000 | 2001 |

**2010 年全市各县(市、区)房地产开发投资一览**

表 15-1-6　　单位:万元、平方米

| 县(市、区) | 完成投资 | 房屋施工面积 | 房屋竣工面积 | 商品房销售面积 | 商品房销售额 |
|---|---|---|---|---|---|
| 全市合计 | 460642 | 5168558 | 2149264 | 2928881 | 851797 |
| 市　区 | 89130 | 564976 | 419774 | 386934 | 139861 |
| 九江县 | 33893 | 328773 | 231993 | 261031 | 75473 |
| 武宁县 | 26460 | 554928 | 269031 | 268393 | 60241 |
| 修水县 | 853 | 54269 | | 86022 | 16047 |
| 永修县 | 44387 | 388535 | 128873 | 222731 | 54165 |
| 德安县 | 10865 | 269369 | 31000 | 197651 | 53697 |
| 星子县 | 19800 | 48500 | 40500 | 29300 | 7086 |
| 都昌县 | 14363 | 150783 | 98673 | 149690 | 39859 |
| 湖口县 | 49150 | 370981 | 80051 | 270608 | 75266 |
| 彭泽县 | 14800 | 351086 | 38366 | 156032 | 44782 |
| 瑞昌市 | 50671 | 730819 | 104500 | 295180 | 75123 |
| 共青城 | 5108 | 285725 | 240977 | 230605 | 60143 |

## 二、住宅小区建设

1992 年,市柴桑房地产开发公司在庐山区开发建设长虹小区,建筑面积 7 万平方米。长虹小区是市区开发较早小区之一,由于户型设计、布局、容积率、销售价格等都比较符合当时市场,销售较理想,入住率较高,成为市区知名小区之一。1993 年,九江金宇房地产开发公司在开发区前纬路开发建设农贸市场小区,小区建筑面积 19867.28 平方米。农贸市场小区是市区早期商业地产开发尝试。1994 年,九江发展建设公司在开发区和浔阳区开发建设西苑小区和滨江花园;建筑面积共 85100 平方米。1997 年建成市住宅小区 9 个,施工总面积 148700 平方米,竣工面积 92700 平方米,完成投资 5321 万元。2000 年,全市建成住宅小区 9 个,竣工面积 137150 平方米,完成投资 9984 万元。销售面积 88815 平方米,销售金额 7040 万元。其中市住宅小区有湖滨小区、庐峰小区 2 个,竣工面积 59650 平方米,完成投资 5688 万元。销售面积 70000 平方米,销售金额 6000 万元;各县(市、区)住宅小区 7 个,竣工面积 77500 平方米,完成投资 4296 万元。销售面积 18815 平方米,销售金额 1040 万元。2003 年,九江信华房地产开发公司在浔阳区三里街建设市第一个大型还房安置小区长虹家园。建筑面积79066.71平方米。小区房屋属性包含商品房、私房、公房及半公半私房等。2005年,九江新湖远州置业有限公司在开发区建设柴桑春天。建筑面积953100平方米。柴桑春天是市区第一个大型集生态、环保、人文等为一体的小区。2006年,九江信华房地产公司在浔阳区庐峰东路开发建设信华城市花园。建筑面积233134.1平方米。2010年,全市建成住宅小区113个,竣工面积2149264平方米,完成投资460642万元,销售面积2928881平方米,销售金额851797万元。其中市住宅小区29个，竣工面积419774平方米，完成投资89130万元。销售面积386934平方米,销售金额139861万元;各县(市、区)住宅小区84个,竣工面积1729490平方米,完成投资371512万元,销售面积2541947平方米,销售金额711936万元。

2010年全市住宅小区建设一览

表15-1-7　　单位:平方米、万元

| 县(市、区) | 小区个数 | 施工面积 | 竣工面积 | 完成投资 | 商品房销售面积 | 商品房销售金额 |
|---|---|---|---|---|---|---|
| 市　区 | 29 | 564976 | 419774 | 89130 | 386934 | 139861 |
| 九江县 | 20 | 328773 | 231993 | 33893 | 261031 | 75473 |
| 德安县 | 4 | 269369 | 31000 | 10865 | 197651 | 53697 |
| 永修县 | 4 | 388535 | 128873 | 44387 | 222731 | 54165 |
| 星子县 | 4 | 48500 | 40500 | 19800 | 29300 | 7086 |
| 修水县 | 6 | 54269 |  | 853 | 86022 | 16047 |
| 武宁县 | 21 | 554928 | 269031 | 26460 | 268393 | 60241 |
| 瑞昌市 | 6 | 730819 | 144500 | 50671 | 295180 | 75123 |
| 湖口县 | 2 | 370981 | 80051 | 49150 | 270608 | 75266 |
| 都昌县 | 4 | 150783 | 98673 | 14363 | 149690 | 39859 |
| 彭泽县 | 2 | 351086 | 38366 | 14800 | 156032 | 44782 |
| 共青城 | 11 | 285725 | 240977 | 5108 | 230605 | 60143 |

# 第二章　房地产市场

## 第一节　商品房市场

### 一、商品房预(销)售

**市区商品房预(销)售**　2004年,市区引入商品房预(销)售机制,开发企业未取得商品房预售许可证不得以任何形式预订,预售商品房主要以批准预售面积、合同备案面积、合同备案价格为主。至2010年,市区共批准预售582.53万平方米,其中2010年批准预售101.11万平方米。

2004~2010年市区商品房预售市场一览

表15-2-1　　单位:万平方米、元/平方米

| 年份 | 批准预售 | 其中住宅 | 合同备案 | 合同备案价格 | 其中住宅价格 |
|---|---|---|---|---|---|
| 2004 | 52.59 | 36.99 | 81.04 | 1791 | 1299 |
| 2005 | 55.88 | 39.68 | 39.24 | 2146 | 1870 |
| 2006 | 63.05 | 49.35 | 57.85 | 3240 | 2155 |

续表 15-2-1

| 年 份 | 批准预售 | 其中住宅 | 合同备案 | 合同备案价格 | 其中住宅价格 |
|---|---|---|---|---|---|
| 2007 | 176.49 | 140.82 | 86.61 | 3030 | 2943 |
| 2008 | 70.03 | 65.95 | 37.97 | 3477 | 3300 |
| 2009 | 63.38 | 55.43 | 76.95 | 3532 | |
| 2010 | 101.11 | 88.13 | 79.93 | 4460 | 4455 |

**县(市、区)商品房预(销)售** 1996 年,湖口县开始商品房销售,价格每平方米 600 元。2003 年始,都昌县实施商品房预(销)售机制,当年批准预售面积 1.49 万平方米。2004 年湖口县实施商品房预(销)售机制,至 2009 年共办理销预售备案 52.7 万平方米。2005 年永修县实施商品房预(销)售机制,至 2010 年共监管房屋预售合同 13000 多份,批准预售 120 多万平方米。其他各县(市)同期实施这一机制。2010 年,武宁县新办《商品房预售许可证》33 个,建筑面积 24.5 万平方米,其中住房 1799 套,22 万平方米。商品房预售备案 27.90 万平方米,其中住宅 26.03 万平方米,2132 套,商铺 1.85 万平方米,186 间。办理交付使用备案手续 27 个,建筑面积 25.92 万平方米。同年,九江县全年核发商品房预售许可证 27 份,批准预售商品房建筑面积 31.7 万平方米。

**2003~2010 年都昌县房地产预售一览**

表 15-2-2　　单位:万平方米

| 年 份 | 批准预售面积 | 住宅面积 | 套 数 | 非住宅面积 |
|---|---|---|---|---|
| 2003 | 1.49 | 1.49 | 152 | |
| 2004 | 0.53 | 0.51 | 36 | 0.03 |
| 2005 | 7.87 | 7.00 | 593 | 0.87 |
| 2006 | 7.77 | 5.23 | 476 | 2.54 |
| 2007 | 6.10 | 5.22 | 403 | 0.88 |
| 2008 | 12.56 | 9.96 | 793 | 2.60 |
| 2009 | 15.19 | 13.90 | 1162 | 1.29 |
| 2010 | 26.68 | 23.11 | 2127 | 3.57 |
| 合 计 | 78.19 | 66.42 | 5742 | 11.77 |

**1996~2009 年湖口县商品房销(预)售一览**

表 15-2-3　　单位:万平方米、元/平方米

| 年 份 | 商品房开发备案面积 | 商品房价格 | 年 份 | 商品房开发备案面积 | 商品房价格 |
|---|---|---|---|---|---|
| 1996 | | 600 | 2005 | 4.31 | 1100 |
| 1998 | | 580 | 2006 | 6.42 | 1400 |
| 2000 | | 560 | 2007 | 12.10 | 1600 |
| 2002 | | 530 | 2008 | 12.80 | 1800 |
| 2003 | | 580 | 2009 | 12.60 | 2100 |
| 2004 | 4.47 | 780 | 合 计 | 52.70 | 11630 |

2006~2010 年星子县商品房预售市场一览

表 15-2-4　　单位:万平方米

| 年 份 | 批准预售 | 其中住宅 | 合同备案 |
|---|---|---|---|
| 2006 | 17.28 | 10.80 | 11.50 |
| 2007 | 17.72 | 11.50 | 12.30 |
| 2008 | 24.54 | 8.95 | 9.73 |
| 2009 | 6.46 | 12.60 | 13.11 |
| 2010 | 19.98 | 12.75 | 14.35 |
| 合 计 | 85.98 | 56.60 | 60.99 |

### 二、商品房交易

1991 年 12 月,《九江市房地产交易市场管理暂行办法》颁布,此后市区商品房交易量逐年递增。1997 年,商品房交易 1097 起,交易面积 13.82 万平方米。到 2004 年,商品房交易量达到 75.91 万平方米,交易收费 274 万元。2006 年,交易 31.14 万平方米,2007 年,交易 47.15 万平方米,有所回落。2009 年,交易开始回升到 87.07 万平方米,2010 年,达到 100.55 万平方米。

## 第二节　房屋租赁市场

1991 年,市房屋租赁由市房地产公司管理。1995 年 5 月 9 日,建设部发布《城市房屋租赁管理办法》。1996 年成立市房产管理局后,房屋租赁管理工作由房产局直接负责。1997 年,市房屋租赁 1060 宗,租赁面积 654.5 万平方米,租赁金额达 247.9 万元。1998 年,市房屋交易所更名市房屋交易中心,下设市房屋租赁管理所。2000 年 11 月 17 日,市政府出台《关于印发九江市城区房屋租赁管理办法》,对市城区房屋租赁管理进行规范。当年,市房屋租赁 72 宗,租赁面积 0.51 万平方米,租赁金额 400 万元。2003 年 3 月,市房屋产权交易管理处成立,市房屋租赁管理所为该处内设机构。2010 年,全市房屋租赁 1861 宗,租赁面积 24.06 万平方米,租赁金额 175807 万元。

2004~2010 年市房屋租赁登记备案一览

表 15-2-5　　单位:宗、万平方米

| 项 目 | 2004 年 | 2005 年 | 2006 年 | 2007 年 | 2008 年 | 2009 年 | 2010 年 |
|---|---|---|---|---|---|---|---|
| 登记备案宗数 | 1970 | 1741 | 1246 | 972 | 1016 | 2676 | 1861 |
| 登记备案面积 | 39.21 | 43.77 | 63.79 | 23.04 | 32.49 | 37.73 | 24.06 |

## 第三节　房屋中介市场

### 一、二手房交易

2004 年,二手房交易 23.26 万平方米,交易收费 1624659 元。2005 年,交易达 26.77 万平方米。

2006 年始,市区二手房交易伴随着商品房交易产生,成为市区房地产市场不可缺少的组成部分。至 2010 年,二手房交易量总计达 215.07 万平方米。

2005~2010 年市二手房买卖交易一览

表 15-2-6 单位:套、万平方米

| 年 份 | 数 量 | 其中:住宅 | 面 积 | 其中:住宅 |
|---|---|---|---|---|
| 2005 | 2722 | 2568 | 26.77 | 24.51 |
| 2006 | 2373 | 2187 | 24.00 | 19.60 |
| 2007 | 4326 | 3817 | 44.90 | 34.40 |
| 2008 | 2493 | 2056 | 17.10 | 15.70 |
| 2009 | 5710 | 5412 | 51.10 | 47.60 |
| 2010 | 5666 | 5024 | 51.20 | 42.70 |
| 合 计 | 23290 | 21064 | 215.07 | 184.51 |

## 二、房改房交易

2006 年始,市实施房改房上市交易。当年房改房上市交易 25.48 万平方米。2007 年,交易量达到 44.20 万平方米。房改房上市交易为二手房市场增加活力。到 2010 年,房改房上市已近尾声,交易量 18.57 万平方米。

2006~2010 市房改房交易一览

表 15-2-7 单位:套、万平方米

| 年 份 | 数 量 | 面 积 | 年 份 | 数 量 | 面 积 |
|---|---|---|---|---|---|
| 2006 | 4018 | 25.48 | 2009 | 4553 | 29.96 |
| 2007 | 4614 | 44.20 | 2010 | 4291 | 18.57 |
| 2008 | 2516 | 16.62 | | | |

## 三、房地产抵押

1995 年,市房地产抵押业务量非常小,年抵押宗数十几宗,抵押总额几百万元。1996~2004 年,年抵押总额持续平稳增长,由 1000 多万增长到 3000 多万元。2005 年后,年抵押总额增长较快,2006 年突破 5000 万元。2007 年达到 151 万平方米、6423 套,14.9227 亿元。到 2009 年,抵押宗数达 729 宗(其中私房 701 宗,公房 28 宗),抵押总额达到 7.2 亿元(其中私房 4.7 亿元,公房 2.5 亿元)。至 2010 年,彭泽县房产抵押 4333 宗,建筑面积 65.1 万平方米。

## 四、房地产评估

1999 年 1 月 4 日,市房地产交易中心成立。2000 年 12 月 29 日,经省建设厅批准,评估所脱钩改制成立市科艺房地产价格评估有限公司。2004 年评估费收入 851740 元。1993 年,湖口县房地产交易所改为湖口县房地产交易评估所,开始办理房地产抵押管理及价格评估业务,1998 年,该所取得房地产价格评估三级资质。2001 年 8 月,成立湖口县华兴房地产价格评估有限公司。2004 年,九江科艺房地产价格评估有限公司在湖口设立分公司。修水房产评估业从 1994~2010 年,公司共计评估房屋拆迁业务 18000 起,建筑面积达 250 万多平方米;房地产抵押评估 1900 多起,面积 200 多万平方米。

2001 年,永修县政府将永修县房屋交易评估事务所调整为永修县房屋交易管理所和永修县房屋评估事务所,后撤销永修县房屋评估事务所,另注册成立企业性质的江西省永修县建昌房地产评估事务所。

# 第三章　房地产管理

## 第一节　住房公积金管理

1993年始,市推行住房公积金制度,缴存公积金额度为单位和职工各按3元、4元、5元标准逐月缴纳。1996年起,调整为按职工月工资5%缴纳。1999年,出台《九江市住房公积金个人购房贷款办法》。同年,住房公积金实行计算机管理。2000年,市区开办住房公积金个人贷款业务(各县、市、区自2003年机构上划后也陆续开办贷款业务),当年贷款最高限额为5万元(以后逐年调整为8万元、12万元、20万元、25万元)。2003年,各县机构上划后,与南昌大学共同研发原单机版业务管理软件升级为网络版,实现全市业务联网,增加信贷、保证金等管理模块。并开通网站查询公积金余额。5月,实行市、县二级垂直管理,市中心对各办事处统一管理、统一制度、统一核算。2004年,市管理中心首获市级青年文明号,2005年,首获省级青年文明号。2006年,开通住房公积金语音查询热线"16820000",在全省率先推行"一年一次提取住房公积金业务",以减轻职工还贷压力。同年,修水香炉山公司首开九江缴存单位为农民工建立住房公积金制度先河。

2007年1月,市政府下发《关于全面推进财政拨款行政事业单位建立住房公积金制度的通知》,全面推进住房公积金制度在全市各级财政拨款的建立工作。财政补贴住房公积金也从最初5%逐年上调至12%,缴存基数从最初的按基本工资计算到按全部工资计算。同年,由管理中心发放首批12万张住房公积金查询卡。制定住房公积金月缴存上限,当年为816元,之后逐年调整1316元、1512元、1840元。2009年始,每年6月30日住房公积金个人账户结息后,向缴存职工免费发送手机短信对账单,告知结息及账户余额情况。同年起,管理中心多次被授予"全市机关效能建设示范窗口""文明大厅"等称号。

2010年,九江住房公积金语音查询热线改版升级为"九江住房公积金网"。至年底,市直所有财政拨款单位已基本按12%缴存公积金,各县(市、区)财政拨款单位也均建立住房公积金制度,缴存比例从5%~12%不等。手机短信对账单累计发送短信20余万条。全市有3756家单位17.48万名职工建立住房公积金制度,住房公积金覆盖率为58.7%。累计归集住房公积金38.4亿元,累计提取住房公积金11.35亿元,归集余额27亿元,共向23259户家庭发放住房公积金贷款29.42亿元,住房公积金资金运用率达70%,住房公积金贷款逾期率为0.022%。

## 第二节　产权产籍管理

### 一、商品房预(销)售管理

2006年,根据市政府《关于进一步加强我市商品房预售管理的通知》,市房产管理局加强商品房预售市场监管,加强房地产预售广告和促销活动管理。在此期间,对房地产在建商品住房项目进行检查和清理整顿。对房地产开发企业经营行为进行检查,坚持对新批准预(销)售项目在一周内进行复核;坚持定期对正在预(销)售房地产项目进行检查,坚持对部分重点预(销)售项目时刻进行跟踪,发现问题即时解决。2008年11月,在投资建设交易大厅同时建设市房地产信息系统。2009年3月,新建商品房网上备案系统、信息发布和统计系统、测绘成果管理系统,并在九江住宅与房地产网上投入使用。该系统建设有效解决开发商捂盘惜售问题,提升市场监管能力。为进一步加强房地产市场管理,规范开发企业开发销售行为,联合规划、建设、国土等有关职能单位,在全市开展建立健全市房地产开发销售信息公示制度,将在城区所有在售楼盘信息公示在九江房产网、九江住宅与房地产信息网上,使广大消费者了解每个楼盘的规划,建设成本。切实保护消费者的合法权益。2009~2010年,在加强房地产调研同时,精心组织,认真统计,全面准确对逐年房地产数据进行统计,并定期向建设部、省建设厅报送年报表和季报表。健全房地产预(销)售市场运行机制,规范房地产预(销)售运作行为。开发企业未取得商品房预售许可证不得以任何形式预订、预售商品房,也不得以内部登记、内部认购、订购等形式预售商品房,收取定金或预付款,实行实名购房制,防止私下交易行为。对已经预售、预购商品房在未竣工交付使用及未申领房屋所有权证之前,不得再次转让、办理权属登记手续,抵制炒房现象。加强房地产预售广告和促销活动管理,确保商品房预(销)售工作健康有序。

## 二、交易市场服务管理

2003~2010 年,市房屋产权交易处推行"绿色通道服务""节假日服务""短信告知服务""延时服务"等一系列便民为民服务举措,不断强化窗口建设,构建亲民为民服务体系。至 2010 年 12 月,"绿色通道服务"工作人员义务上门服务达 271 次;"节假日服务"达 546 天,受理业务 3895 笔,接待群众 4800 余人;"短信告知服务"共发出手机短信 4800 余条;"延时服务"更是做到长年坚持,"宁可多干一小时,少让群众跑一趟"已成为窗口工作人员普遍共识。为让广大群众真正"一进房产门,办尽房产事",2008 年 12 月至 2009 年 4 月,筹资金 600 余万元对原房产交易办证服务大厅进行整体改造,并将税务、银行、公证、评估、档案查询服务、物业维修基金收缴和受理法院查(解)封等与房屋交易登记相关部门一并纳入新大厅合署办公,真正实现"一条龙服务、一门式办结"。此外,还将房屋产权交易管理服务窗口由原来 4 个增加到 14 个,方便办事群众。2005 年,市房屋产权交易管理处被建设部评为"房地产交易与权属登记规范化管理先进单位"。至 2010 年,市房产交易办证服务大厅连续 8 年被市文明办、市行政服务中心评为"文明大厅"(文明市场)。2010 年,被市效能办、市行政服务中心评为全市机关效能建设示范窗、标准化服务等级考评优秀单位。

## 三、房屋档案管理

2003 年 3 月,市房产局产权交易管理处档案室成立。档案室实行库房、办公室、阅览室三分开,配置档案密集架 24 组,共 160 余立方,自动防火报警装置和空调 6 台,去湿机、复印机、打印机、扫描仪、温度仪,档案库房达到"八防"要求。2003~2007 年,档案室馆藏档案共计 130540 卷。其中,产权产籍档案 129718 卷,会计、文书及其他档案 822 卷。库房面积 300 余平方米。依据建设部城市房屋产权产籍查询暂行办法,档案利用调阅 7000 余份/年,接待 4000 余人次/年,协助司法部门和其他单位调阅 600 份左右/年,档案利用产生经济效益 80000 元/年。2004 年 4 月 14 日,档案室晋升为省综合档案管理一级单位。2007 年 4 月,经市编制委员会批准设立市房产档案馆,2008 年 1 月正式挂牌。档案馆工作员 9 名,其中专业技术职称 5 人,全部为大专以上学历,7 人接受档案岗位培训。当年整档入库达 16841 份,档案验证、接待查询利用达 14910 人次,完成经济指标达 242837 元,协助其他单位和司法部门调阅和执行 220 份,查验假证事件 6 起。2008 年,档案验证、接待查询利用达 14528 人次,整档入库 12279 卷,配合公、检、法、纪委查档 150 余份,协助法院执行 70 份,完成经济指标 22 万元。2009 年,档案馆拥有 1 个 400 平方米大库房和 1 个 240 平方米小库房,配备 540 立方高质量档案密集架。档案查阅利用达到 35000 余次,"节假日服务"100 余天,延时服务 200 余次,短信告知服务 2600 余条,复印办土地证资料 12000 余份,经济收入 210 余万元。至年底,20 余万份档案已全面扫描、录入并导入系统,实现数字化办公。2010 年 2 月,档案馆改为全额拨款事业单位,编制 3 人,档案库存达 194563 卷,扫描档案 188239 卷。

## 四、权证历史遗留问题处理

2006 年 5 月,市政府办公厅印发《九江市城区和房屋登记历史遗留问题处理暂行意见》的通知,对城区 2002 年 7 月 1 日以前开工建设的商品房开发和单位建房涉及国有土地和房屋登记历史遗留问题进行全面清查处理。2009 年 6 月至 2010 年 6 月,清查工作累计接待群众来电来访 13520 人次,共受理项目 620 个,其中商品房项目 388 个、单位建房项目 209 个(涉及企业改制项目 33 个)、拆迁还房项目 23 个,共涉及719 栋房屋、建筑面积约 184 万平方米。通过历史遗留办和各部门共同努力,基本办结项目 618 个,正在追缴项目 8 个,已发土地证 20518 本,土地面积 46.6 万平方米;已发房产证 6593 本,建筑面积 78.84 万平方米。共追缴土地出让金、规费、契税 142 件,追缴到位资金 4074 万元。群众反映比较强烈的馨苑山庄、龙珠花园、文化商业大厦、锦湖豪庭等项目,通过多方努力,得到解决。

### 五、房地产经纪服务管理

2001 年始,市房地产经纪服务和咨询服务纳入房产交易办证服务大厅管理,办证服务大厅规定进入服务大厅房地产经纪公司必须具备省建设厅颁发经纪资质证书和专业从业人员, 对提供房地产评估服务,咨询服务企业同样提出严格准入要求和相应管理办法。2006 年 8 月,在全省率先推行二手房买卖“温馨提示牌”,提示市民注意只有合法中介公司才有资格领取此牌,杜绝一切非法中介。2009 年,为加强市房地产中介服务市场管理,严格规范存量房买卖交易和经纪活动,推出《存量房买卖合同》示范文本,此项措施是省地市中首次实施,得到市民好评。至 2010 年,市房产交易办证服务大厅共吸纳 8 家房地产经纪公司,1 家房地产评估公司,1 家公证处,1 家契税和地税所,1 家银行机构。至 2010 年止,全市房地产经纪服务公司超过百家,其中有资质 33 家。

### 六、房地产测绘管理

1999 年 4 月,市房地产测绘队成立,为从事房屋面积测绘事业单位,6 月,经省测绘局批准,取得丁级测绘资质。2004 年 12 月,取得丙级资质。测绘队负责市区房屋产权调查,房屋面积测量及对全市各县(市、区)业务指导。其业务范围及作业限额:房产面积预测算、房产面积测算、房产变更调查与测量(规划用地面积在 50 万平方米,规划总建筑面积 100 万平方米以下居住小区、建筑群体)。测绘队具有严格测绘成果及资料档案管理制度,有测绘技术质量管理体系,得到市级管理部门认定。2004 年,测绘面积 83.93 万平方米,2005 年测绘面积 80.47 万平方米,2006 年测绘面积 72.56 万平方米,2010 年测绘面积 143.69 万平方米。

### 七、县(市、区)产权产籍管理

**庐山区产权产籍管理** 2004 年,区房产局搬迁到新办公地点(粮贸大楼),投入 10 万元进行修缮,将发证办、交易所合并,组建产权交易中心,实行产权交易一体化。一体化服务、“一站式”服务,缩短办事时限,提高办事效率。2003~2010 年,共办理房屋所有权证 8043 本,办理他项权利登记 4326 宗。其间 2004 年,区房产局抽调专业人员整理历年来房产档案,按规范要求存档,并投资 3 万多元购置档案密集柜和电脑,实现档案管理微机化。

**德安县产权产籍管理** 1991 年前, 县房屋产权产籍登记管理业务由县房地产交易所办理,1993 年,县房地产管理局成立,产权产籍管理登记发证业务一并划归房管局。1999 年,房管局成立产权登记股,具体负责产权产籍、登记发证业务。2010 年,房管局成立行政许可服务股,房屋产权登记发证及产权产籍管理等业务纳入该股负责。至 2010 年 12 月,档案室库存档案达 3.8 万余卷,除每天将受理房屋产权产籍档案整理、登记、上机、上架外,还要为房屋交易、抵押提供核档工作,为社会提供房屋档案查询工作。其中,2008 年档案利用全年 2600 宗,2009 年档案利用全年 2700 余宗,2010 年档案利用全年 3900 余宗。

**永修县产权产籍管理** 1998 年,县房产公司与县房改办合并成立房地产管理局,为二级局,隶属于县城建局。2004 年 3 月,房管局成立县房屋产权发证交易管理中心,将原房屋交易所、房屋产权产籍管理所合并为一个中心,实行窗口式服务。从 2005 年起,县房产管理部门停止测绘房地产面积,将房屋交易、发证中心测绘事务交由江西亚兴房地产测绘有限公司办理。2005 年 7 月,县房地产管理局升格为一级局。2000~2010 年,全县共发放房屋产权证书 22880 本,登记面积 1360 万平方米。县房地产管理局投资 10 多万元建立规范化、标准化档案管理室,购置档案密集柜,规范房产档案整理存档制度和查阅制度。其间 2005 年档案室通过省档案局综合验收,被评为省档案达标一级单位、档案目标管理省一级单位。

**星子县产权产籍管理** 1995 年,县城镇房屋所有权登记、发证工作归口县房管局房管股管理。2005 年,县房地产交易中心挂牌成立,规定县内房地产交易活动均属其管理。此后,不断强化窗口建设,构建亲民为民服务体系。还陆续推出绿色通道服务、延时服务等一系列便民为民服务举措。同时,为让广大服务对象真正“一进房产门,办尽房产事”,2006 年,将评估、测绘、产权登记等与房屋交易登记相关部门一并纳入大厅合署办公,真正实现一条龙服务、一门式办结。至 2010 年 12 月,“绿色通道服务”工作人员义务上门服务达 89 余次,“延时服务”更是做到长年坚持。2005~2010 年商品房交易 3891 起,交易面积 43 万平方米。

**修水县产权产籍管理**　1991 年,城镇房屋所有权登记发证工作由县房管所办理。1994 年成立县房产管理局后,由县房屋所有权发证办公室负责。2005 年,按照房产交易和权属登记一体化管理要求,县房产交易所与房屋发证办合并,成立县房产交易发证管理中心,全面负责县城镇房屋权属登记,交易抵押及房屋产权产籍档案管理等工作。至 2010 年,县房产交易和发证工作已进入规范化、信息化管理。城镇房屋所有权登记 305.91 万平方米,颁发房屋所有权 33990 本,办理房产交易抵押 18728 宗,涉及资金 28.92 亿元,建立规范化产权产籍档案 52718 份,房屋登记簿档案 28413 案。

**湖口县产权产籍管理**　1991 年,成立县房地产交易(评估)所(隶属于房产公司,下称交易所),开始办理房屋产权交易发证、房地产抵押管理及价格评估业务。成立房管局后,发证办、交易所成为房管局下属报账单位,2002 年发证办、交易所归口管理。同年建成房屋产权交易大厅。2004 年,全部采用微机缮证。2005 年,成立具有丁级资质房产测绘队。2006 年,撤销发证办和交易所,同时成立 县房屋产权交易中心。同年 11 月经上级有关部门考核验收,档案管理达到省一级标准。2007 年,县财政局及县地税局派税务专员进驻房屋产权交易大厅。2009 年将房产档案管理职能划到产权交易中心,真正形成“一站式,一条龙”服务。

**都昌县产权产籍管理**　1991 年,房地产交易发证由县房地产管理公司办理。至 1997 年,共核发房屋所有权证 5853 本。1999 年 3 月,由县房地产产权交易所负责对县城规划区内私有房屋、单位直管公房和各乡镇所属单位住房进行产权登记、核发产权证书。当年发放房屋所有权证 767 本。2004 年,由县房地产产权发证交易中心办理房地产产权发证、负责存量房交易,评估、抵押等事务。为房地产交易发证提供数字依据。同年 5 月 6 日,成立县恒力房地产测绘有限公司,对房产面积进行测绘。至 2005 年底,累计测绘面积 66.2 万平方米;2006~2010 年,房地产测绘面积 45.2 万平方米。

**彭泽县产权产籍管理**　2005 年始,逐步建立城市管理体制。同年县房地产交易中心成立,规定县内房地产办证交易活动均属其管理。2006 年房地产税收一体化,在县房地产交易中心正式启动。2006 年以来,县产权产籍管理不断提升管理水平,强化服务职能,优化服务举措,不断加强窗口建设,建设亲民为民服务体系。同时将评估测绘、白蚁防治等部门一并纳入交易中心合署办公,真正实现“一条龙服务、一站式办结”。至 2010 年,共办理房屋产权产籍登记 16867 宗,建筑面积 185.5 万平方米,房产抵押 4333 宗,建筑面积 65.1 万平方米;二手房过户交易 6300 宗,建筑面积 81.9 万平方米;商品房交易 7762 宗,建筑面积 85.7 万平方米;白蚁预防建筑面积 126 万平方米;白蚁灭治建筑面积 11 万平方米。

**庐山风景名胜管理区产权产籍管理**　2008 年 5 月,经过与市房产局协商,由庐山房产局负责庐山房屋权属初始登记发证工作,终审缮证由市房产局负责。当年,办理房屋初始登记发证 128 栋。2009 年,办理房屋初始登记发证 102 栋、房屋变更登记 12 栋。2010 年,办理房屋初始登记发证 5 栋、房屋他项权证 12 宗。

## 第三节　公有房产管理

### 一、直管公房管理

**市城区直管公房管理**　市城区国有公房管理、维修等工作向由市房地产公司负责。1991 年,直管公房面积 58 万平方米。1997 年,直管公房面积 83.03 万平方米。2000 年,直管公房面积 61 万平方米。2006~2010 年,市房地产公司在维修管理直管公房上共维修 17.57 万平方米,每年开支 100 多万元维修费用。至 2010 年,直管公房面积 67.5 万平方米,其中住宅总建筑面积为 61.73 万平方米,非住宅面积为 5.8 万平方米。当年 4 月始,历时 1 年强化直公房产权产籍管理,对市直公房重新进行测绘、核档、确权,规范房屋管理。从原有的使用面积计租转换为建筑面积计租,测绘、核档房屋共 878 栋。同年 8 月 19 日,市政府抄告市房产管理局和市商管办,根据市政府办公厅关于改制企业处置直管公房的意见,对市属商业企业承租直管非住宅公房产权进行划分,划分后商管部门共划得房屋建筑面积2.12万平方米;房管部门共划得房屋建筑面积7767.44平方米。房管部门同意免收原商业企业历年欠缴房屋租金。

**庐山直管公房管理** 庐山直管公房管理、保护、维修等工作由庐山房产管理所负责。至2010年,管理直管公房266栋,租赁户1077户,总建筑面积10.46万平方米,主要贯彻“以租养房”政策。从2006年开始,庐山管理局每年投入专项资金用于全山直管公房危旧房及地质灾害安全隐患的整治,至2011年底共投入763.76万元资金,先后维修了112栋(处)直管公房和驳坎(其中包含二栋房屋的重建)。

**永修县直管公房管理** 2004年,县直管公房235户,1.7万平方米左右,且全部为危房。2004年2月,县房管部门成立安全生产领导小组,在雨季或其他特殊天气状况时,派出专人监视,劝导部分群众搬出。2008年,结合保障性住房建设,在老城河街原直管公房地址上拆除旧房兴建廉租房252套,结合城际铁路拆迁还房配建廉租房48套。至此,剩余直管公房已不足1万平方米。2009年,老城棚户区改造列入县城建工作议程,剩余公房将在两三年内全部拆除,县公房管理所将工作重心逐步移向新建的廉租房和公租房管理。

**都昌县直管公房管理** 1991年,县直管公房面积3.45万平方米,其中居民住宅面积2.81万平方米,居住632户;非住宅面积6324.37平方米,居住40户。由县房地产管理公司和县城镇综合开发公司行使房屋维修和出租租金收缴及其开发利用管理权。1992年投入资金3.28万元,维修房屋6873平方米。1993年,根据国家有关规定,将“文化大革命”期间转为公房的私房回归原主,对无法维修老旧公房进行处理。1994年1月25日,县房地产管理公司、县城镇综合开发公司分设后,直管公房分为两部分。1996~1998年,投入资金41.86万元,维修房屋2.1万平方米,翻修改造1267.23平方米。2001年,投入维修资金7.6万元,对幸福路公房全部翻顶改造。同时,投入36.6万元对焦子巷、西街四巷部分公房拆旧重建,面积938.19平方米,安置居民10户。2002年,组织技术人员对所有直管公房进行全面检查,对部分公房进行危房鉴定,修理公房面积7630平方米,投入资金4.8万元。2003年,投入4.4万元维修公房5740平方米,安置居民13户。2004年后,县房管局先后三次组织人员对公房进行检查,投入8.9万元资金,对部分公房进行维修。2005年,有直管公房面积1.5万平方米,其中危房8658.14平方米。由于部分直管公房无法维修居住,县房管局规劝住户搬出危房。为妥善安置困难户居住,投资1000万元在南坡湾新建2栋廉租房,建筑面积1.6万平方米,安置72户困难户。2007~2010年,直管公房面积1.93万平方米。居住235户940人。4年间,每年安排3万元资金对破旧房屋进行维修,维修面积为1.1万平方米。

**1991~2010年都昌县直管公房管理一览**

表15-3-1 单位:万平方米、户、人、万元

| 年份 | 公房面积 | 居住户数 | 人数 | 年收租金 | 维修面积 | 维修资金 |
|---|---|---|---|---|---|---|
| 1991 | 3.44 | 632 | 2600 | 5.97 | 0.5 | 2.5 |
| 1992~1993 | 3.44 | 632 | 2600 | 5.97 | 0.7 | 3.0 |
| 1994 | 2.89 | 510 | 2040 | 16.17 | 0.7 | 3.0 |
| 1995 | 2.22 | 345 | 1380 | 15.58 | 1.0 | 3.5 |
| 1996~1998 | 2.22 | 345 | 1380 | 18.73 | 1.3 | 3.5 |
| 1999 | 1.89 | 265 | 1060 | 22.24 | 1.0 | 4.0 |
| 2000~2001 | 1.84 | 250 | 1000 | 22.21 | 1.2 | 3.5 |
| 2002 | 1.84 | 250 | 1000 | 22.21 | 1.1 | 3.0 |
| 2003 | 1.55 | 235 | 940 | 10.00 | 0.8 | 3.0 |
| 2004~2006 | 1.55 | 235 | 940 | 16.00 | 1.0 | 3.5 |
| 2007~2010 | 1.93 | 235 | 940 | 26.10 | 1.1 | 12.0 |

**湖口县直管公房管理** 1991 年,县直管公房面积为 1.19 万平方米(其中商用面积 2900 平方米,住宅面积 9000 平方米),年租金收入 5 万元。到 2009 年年底,管理房产面积 8350 平方米(其中商用面积 1200 平方米,住宅面积 6350 平方米,闲置危房 800 平方米),年租金收入 20 万元。

**共青城直管公房管理** 1991 年,由房管办负责全区直管公房维修。平均每年投入维修资金约 50~60 万元不等。1995 年,共青城成立房屋制度改革办公室,管理全区范围内直管公房。至 2006 年,直管公房建筑面积为 19.1 万平方米。当年,共维修卫生间及下水道等 120 多户,屋面防水维修 0.14 万平方米,投入维修资金 8 万余元,收取门面租金 1.4 万元。2007 年,全区维修下水道 108 户,屋面防水维修 0.21 万平方米,投入维修资金 15 万余元。收取门面租金 4.8 万元。2008 年,全区维修下水道 55 户,屋面防水维修 40 户,面积 0.31 万平方米,投入维修资金 21 万余元。2009 年,全区维修下水道 74 户,公房屋面防水维修 31 户, 面积 0.39 万平方米, 对一号桥 200 余户住户的下水道进行了改造, 投入维修和改造资金 39.8 万元。至 2009 年,直管公房面积 16 万平方米。

**修水县直管公房管理** 1991 年,县城直管公房有住宅房建筑面积 103213 平方米,其中简易、砖木结构为 62704 平方米,砖混结构为 36379 平方米,营业性店铺 4130 平方米。主要分布在县城西摆街、鹦鹉街、北门路、胡家巷、华光巷、公敏巷及南城菜埚口、大洋洲等地,共有 1909 户居民,其中 462 户为廉租房住户,仍有 1158 户、近万名居民居住在简易结构危旧公房中,80%以上为老祠堂,建筑时间多数为晚清时代或民国期间,房龄大多数在 60~120 年之间。2001 年起,每年筹措 5 万多元对直管公房进行房屋安全保险。每年房屋修缮费均超过 20 万元。2008 年以来,改造力度加大,蓝家祠堂、周家祠堂改造及余家巷棚改项目解决 400 多户住房问题。至 2010 年年底,县城直管公房中已老化输电线路基本完成整改,耗资 60 万元左右。县房产管理局对老城区危旧房进行了部分改造,解决 300 多户低收入家庭住房困难。

### 二、房屋安全鉴定

2003 年前,市房屋安全鉴定业务开展不多。2003 年 5 月,对市房屋安全鉴定办公室进行调整,抽调部分工程技术人员重新组成,房屋安全鉴定始规范展开。2004 年始,开展一般城市房屋和建筑物鉴定,主要是根据城市房屋和建筑物所有者和使用者对房屋和建筑物安全状况提出申请对房屋进行安全鉴定。2005 年始,对城郊村民未改造的原始住房进行鉴定。同年 11 月 26 日瑞昌市、九江县地震,为帮助灾民迅速恢复生产、灾后重建,用 3 个月时间对瑞昌市、九江县部分地震损毁的房屋进行安全鉴定,共鉴定各类房屋 1000 余栋,为当地政府灾后重建提供依据。2006 年,抽出专门人员负责国有资产划转房屋安全鉴定。至 2007 年,一般城市房屋和建筑物安全鉴定面积 700 万平方米,出具鉴定报告约 200 份。至 2009 年 7 月,共受理 46 个项目国有资产房屋安全鉴定申请,申请鉴定面积共 3.52 万平方米,对 64 个国有资产划转项目初步进行摸底,对部分国有资产划转项目出具房屋鉴定报告。2009 年 7 月,对市区 100 多家企业改制清产核资房屋进行鉴定,出具鉴定报告 400 多份,鉴定面积 40 多万平方米。对历史遗留问题房屋产权登记中需要鉴定的 611 万平方米,出具 483 份鉴定报告。至同年底,对城郊村民未改造原始住房进行鉴定出具报告 1500 余份,面积 30 多万平方米。

## 第四节 物业与室内装饰管理

### 一、物业企业管理

**市区物业管理** 1998 年,市物业装饰管理办公室成立。1998~2010 年,市区物业服务企业 157 家(其中外地入浔登记备案企业 4 家), 内含二级资质 6 家, 三级资质 122 家, 暂定资质 29 家, 从业人员共 3744 人,其中经营管理人员 1342 人(含持有物业管理岗位证书的 527 人)。纳入物业管理项目 271 个,总建筑面积 1527 万平方米,中心城区物业管理覆盖率已达 78%,物业服务项目涉及商品房、保障性住房、房改房、办公楼、商业用房、工业仓储用房、学校、医院等多种物业类型,覆盖城市大部分区域。1998 年以来,为了确保业主房屋"养老金"安全,采取住宅专项维修资金缴交与产权手续联办工作机制,建立严格住宅专项维修资金缴交和使用制度,确保新办产权维修资金缴交率达 100%。到 2010 年,共缴交维修资金超 3 亿元。由于物业服务企业市场竞争力不强,整体素质不高,物业服务标准低,收费难,同时开发商在开发经营过程中遗留的问题多,房屋、公共维修资金归集和使用存在许多问题和矛盾,税收等优惠政策少,企业负担重,仅 2010 年全市物业服务企业经营总收入 5770.02 万元,营业利润为-285.03 万元,亏损企业达 84 家。

**修水县物业管理** 县物业管理工作从 2003 年始起步,至 2010 年年底,全县注册物业管理企业 11 家,从业人员近 300 人,实施物业管理项目 30 个,物业管理面积累计 150 万平方米。从 2003 年 1 月起,全县所有房产开发项目均须按房价 2%~3%比例交缴房屋物业维修资金。至 2010 年底,共归集房屋物业维修资金达 4300 余万元,归集率达 95%以上。在业主自治管理上,引进社区居委会组织机制,建立业主自治机制,结合县情,起草《业主大会议事规则》和《业主公约》样板,提供给小区业主委员会参考,已引导帮助 10 个入住率较高小区成立业主委员会。

**永修县物业管理** 2002 年,县房管局成立物业管理办公室,对全县 12 家物业管理企业,24 个住宅小区,2 万多套近 200 万平方米建筑面积住宅进行管理。2004 年归集房屋维修基金 12 万元。至 2010 年底,全县已建成住宅小区 16 个,其中 12 个聘请专业物业企业管理,4 个业主自治管理。共归集物业维修基金 1000 万元。

**都昌县物业管理** 2002 年 7 月,县新城物业公司成立,为县第一家物业公司。至 2010 年,全县有资质的物业公司 4 家。城区实行物业管理的小区 14 个,总面积为 57.16 万平方米(住宅 49.74 万平方米,非住宅 4.72 万平方米)。推行业主委员会制度,发挥业主自治作用,指导 3 个开发小区成立业主委员会。3 万平方米以上小区 5 个,由社区管理 4 个。小区实行物业管理覆盖率 77.8%。

**2010 年都昌县物业管理一览**

表 15-3-2　　　　单位:平方米

| 公司名称 | 小区名称 | 住宅面积 | 非住宅面积 | 总面积 | 成立业主委员会 |
|---|---|---|---|---|---|
| 新城物业公司 | 芙蓉小区 | 827 | | 82719 | |
| | 南坡湾 | 25007 | 826 | 25833 | |
| | 阳光小区 | 85219 | 4909 | 90128 | |
| | 东街步行街 | | 9787 | 9787 | 成 立 |
| | 幸福佳苑 | 28437 | 3200 | 31637 | |
| | 锦绣家园 | 19658 | 410 | 20068 | |
| | 小 计 | 241040 | 19132 | 260172 | |
| 大红物业公司 | 阳代广场 | 17240 | 17681 | 34921 | |
| | 颐景园 | 35655 | 3747 | 39402 | |
| | 小 计 | 52895 | 21428 | 74323 | |
| 兴盛物业公司 | 西湖金都 | 36000 | 25000 | 61000 | |
| | 庐山大厦 | 26000 | 3000 | 29000 | 成 立 |
| | 桂花苑 | 30060 | | 30060 | |
| | 东湖家园 | 13700 | 1300 | 15000 | |
| 兴盛物业公司 | 东湖明珠 | 19300 | 700 | 20000 | 成 立 |
| | 小 计 | 125060 | 3000 | 155060 | |
| 惠民物业公司 | 惠民小区 | 78400 | 3600 | 82000 | |
| 合 计 | | 497395 | 74160 | 571555 | |

2002~2010 年都昌县物业维修基金收集使用一览

表 15-3-3　　单位：元

| 年 份 | 收集金额 | 使用金额 | 年 份 | 收集金额 | 使用金额 |
|---|---|---|---|---|---|
| 2002 | 950 | | 2007 | 508356.47 | 11985 |
| 2003 | | | 2008 | 1761795.89 | |
| 2004 | 81036 | | 2009 | 2406075.43 | 54446 |
| 2005 | 534815.74 | 57920 | 2010 | 3806509.36 | 72812 |
| 2006 | 253878.56 | | | | |

**彭泽县物业管理**　2006~2010 年，有物业服务企业 4 家，其中三级资质 3 家，暂定资质 1 家，从业人员 64 人，其中含特有物业管理岗位证书的经营管理人员 18 人。纳入物业管理项目 12 个，总建筑面积 60 万平方米，中心城区物业管理覆盖已达 100%，物业服务项目涉及商品房、保障性住房等物业类型。2009 年，县政府出台《彭泽县物业管理实施办法》，强化《前期物业管理合同》，规范《业主临时公约》，同时规定购房者按规定比例缴纳物业专项维修基金，县房产局在银行设立物业维修基金总账户，对物业专项维修基金实行“统一归集、统一管理”。

2007~2010 年彭泽县维修基金收支一览

表 15-3-4　　单位：万元

| 年 份 | 收 入 | 支 出 | 年 份 | 收 入 | 支 出 |
|---|---|---|---|---|---|
| 2007 | 266.96 | | 2009 | 163.11 | 1.20 |
| 2008 | 198.36 | 2.8 | 2010 | 527.16 | 3.36 |

**浔阳区物业管理**　2000 年 3 月，区物业管理站成立，属集体企业，归区房产局直管，公司注册资金 30 万元。先后介入月亮湾安居工程小区、浔虹安居小区、九华门经济适用房小区 3 个小区物业管理。通过加强水电管理，加大环境卫生清扫力度，做好保洁绿化和维修，建立、健全物业管理制度，提供较好物业管理服务。2000 年 9 月 28 日，月亮湾安居工程小区成立第一次业主代表大会。2005 年 4 月，浔虹安居小区业主代表大会成立。

**庐山物业管理**　1999 年，服务中心成立，为房产局下属全民所有制企业，物业管理面积 2.02 万平方米。

## 二、物业管理规章建设

1998 年始，推进业主自治自律的管理工作，开展与城区物业管理情况调研。通过对老城区甘棠、滨兴、湓浦等街道调查走访，针对老城区基础设施落后，环境“脏、乱、差”，社会治安问题突出现状，逐步形成《推进老城区物业管理的工作方案》。2007 年物权法出台，根据物权法，加大物业服务行业政策法规宣传，针对不同时期热点难点问题，通过印发《物业管理宣传手册》，与媒体和百姓面对面座谈，开办物业管理专题栏目等形式，广泛宣传，解惑答疑，化解积怨，提升社会对物业服务关注度，提高物业管理社会化意识，为物业服务业健康发展营造良好舆论氛围。创造良好社会环境。同年，根据物权法和修订后的物业管理条例，结合实际情况，市房产局印发《九江市物业管理实施办法》，以此推进和规范全市物业管理工作。至 2010 年，小区业主自治作为规范物业服务管理的一项常规工作重点，已引导市区 39 个小区成立业主委员会。

## 三、室内装饰管理

2003 年 7 月，市物业与住宅室内装饰管理办公室成立，履行市住宅装饰装修管理职责。到 2010 年，共核发住宅室内装修资质证书 18 家，对 4300 户住宅室内装修进行监管，制止 112 起违规装修，切实保障广大人民群众生命和财产安全。

### 四、白蚁防治

九江白蚁防治研究所是江西省成立最早的白蚁防治机构之一。1993年前,一直以白蚁灭治为主,新建房屋白蚁预防工作没有全面展开。1993年5月始,市新建房屋白蚁防治工作正式展开,至1999年新建房屋白蚁预防工程签约172.23万平方米,签约收入221.77万元,平均覆盖率80%以上。1999年10月15日,建设部颁布《城市房屋白蚁防治管理规定》,使新建房屋白蚁预防处理工作走上健康、有序轨道。2004年,建设部修改《城市房屋白蚁防治管理规定》,省市各级部门相继制定管辖范围内白蚁防治暂行管理规定,省白蚁防治协会和省建设厅对市县白蚁防治专业技术人员进行专业培训。2007年,市政府对白蚁防治管理规定重新修改,使全市新建房屋白蚁预防工作更加规范化。至2010年,新建房屋白蚁预防工程签约1355万平方米,签约收入1845.45万元,平均覆盖率100%。实施预防处理工程面积房屋蚁害率低于1%。全市灭治蚁害实际面积为50万平方米,涉及房屋建筑面积150万平方米,有偿服务收入达180余万元,并对南湖公园、甘棠公园、姑塘海关、浔阳楼、锁江楼、烟水亭等多处文物保护单位的蚁害进行普查与灭治。县城新建房屋白蚁防治率接近100%,灭治业务延伸到乡镇、村组。其中彭泽县白蚁预防建筑面积126万平方米;白蚁灭治建筑面积11万平方米。庐山区白蚁预防面积81.76万平方米,灭治面积1.95万平方米。修水县城市新建房屋的白蚁防治率近100%,灭治业务延伸到乡镇、村组。永修县白蚁7年累计防治面积185.1万平方米。都昌县白蚁防治面积25200平方米。城区新建房产工程白蚁防治率100%。湖口县白蚁防治面积120.1万平方米。

**1994~2010年都昌县白蚁防治一览**

表15-3-5　　　　单位:平方米

| 年 份 | 预防面积 | 灭治面积 | 年 份 | 预防面积 | 灭治面积 |
|---|---|---|---|---|---|
| 1994~2000 | 25200 | | 2006 | 38000 | 500 |
| 2001 | 13600 | 2000 | 2007 | 126000 | 550 |
| 2002 | 26000 | 300 | 2008 | 180000 | 600 |
| 2003 | 28000 | 420 | 2009 | 230000 | 700 |
| 2004 | 30000 | 450 | 2010 | 280000 | 800 |
| 2005 | 32000 | 480 | 合 计 | 995200 | 48000 |

# 第四章　房地产项目和企业

## 第一节　重点项目

### 一、信华城市广场

信华城市广场位市于区中心繁华商业区大中路、庾亮北路与滨江大道交汇处三角地带,毗邻浔阳路,周边为市区最密集居民社区及商业区。项目占地面积52700平方米,信华城市广场总面积15万平方米,商业面积12万余平方米,为首座在江西率先引进shopping mall经营模式购物广场。包含百货购物、时尚精品、量贩超市、美食城、五星级酒店、商住楼、旅游景点等多种业态,是一个满足购物、娱乐、聚会、观光、休闲等需求多功能、开放式、街区型购物中心,同时地下停车场提供近300辆汽车停车位。

## 二、新湖·柴桑春天

位于市经济开发区内，西起城市干道长江大道，东至九龙街，北为南海路，南与十里河相望。开发用地63.6万平方米，总建筑面积近110万平方米。总居住户数8000余户，可居住人口约3.5万人，预计总投资30亿元。该项目依据“一次规划，分区开发”思路，实施分期建设，滚动开发。新湖·柴桑春天由加拿大泛太平洋设计有限公司担任总体规划设计，新加坡雅克筑景设计(深圳)有限公司担任景观设计。设计独特，物业形态丰富，在尊重地块原有自然地貌同时，充分挖掘九江历史人文内涵。总体设计定位为“一核、二街、四片、五心”结构形式，规划建有排屋、多层公寓、高层、小高层、大型商场及商铺等多种物业建筑形态。其综合容积率为1.5，建筑密度低于23%，绿化率高于40%。同时，建造幼儿园1所，九年一贯制学校1所，为住户子女提供优质齐全教育配套。至2010年，新湖·柴桑春天有4000多户家庭入住，8.4万平方米大型商业街区开业，教育、医疗、健康、娱乐、休闲等高档配套全面启用，相继获省首个中国人居环境金牌住区、全国物业管理示范住宅小区、全国优秀园林小区等称号。

**2010年市城区商品房楼盘在建项目一览**

表15-4-1 单位：平方米、元

| 公司名称 | 项目名称 | 住宅 | | | | 非住宅 | | | |
|---|---|---|---|---|---|---|---|---|---|
| | | 总面积 | 总价 | 平均单价 | 总套数 | 总面积 | 总价 | 平均单价 | 总套数 |
| 横店集团九江东磁房地产有限公司 | 丽景湾花园小区 | 23964.62 | 133620933 | 5575.76 | 187 | | | | |
| 江西福泉实业有限公司九江分公司 | 福泉·康乐商住楼 | 5298.17 | 20680064 | 3903.25 | 61 | | | | |
| 江西国豪房地产开发有限公司 | 国豪水岸城 | 43812.65 | 203503150 | 4644.85 | 439 | | | | |
| 江西华安投资有限公司 | 信华·观澜盛世 | 26075.55 | 111724708 | 4284.65 | 219 | | | | |
| 江西华瀚置业发展有限公司 | 美日阳光花园 | 4103.73 | 14381405 | 3504.47 | 46 | 349.57 | 1642017 | 4697.25 | 4 |
| 江西华瀚置业发展有限公司 | 信华城市花园二期 | 22092.77 | 109052298 | 4936.11 | 216 | | | | |
| 江西省浙赣房地产开发有限公司 | 德晟豪庭 | 6455.59 | 26317660 | 4076.72 | 87 | | | | |
| 江西一洲房地产开发有限公司 | 香域半山 | 35450.34 | 118178192 | 3333.63 | 415 | | | | |
| 九江北方房地产开发有限公司 | 弘雅花园二期（弘雅新苑） | 973.92 | 2975571 | 3055.25 | 14 | | | | |
| 九江长盛房地产开发有限公司 | 长盛锦江 | 40770.20 | 181658147 | 4455.66 | 338 | 1041.80 | 5826959 | 5593.16 | 21 |
| 九江城开旅游投资股份有限公司 | 庐山国际新城 | | | | | 4358.94 | 16979281 | 3895.28 | 39 |
| 九江东盟集团有限公司 | 2008年度经济适用住房 | 41673.59 | 63760822 | 1530.01 | 644 | | | | |
| 九江富义房地产开发有限公司 | 十里华府 | 28049.87 | 117951623 | 4205.07 | 279 | | | | |
| 九江光华开发公司 | 光华佳苑 | 2946.27 | 13947673 | 4734.01 | 23 | | | | |
| 九江广隆置业有限公司 | 阳光100 | 9805.62 | 36927191 | 3765.92 | 94 | 73.32 | 262339 | 3578.00 | 1 |
| 九江恒盛置业有限责任公司 | 恒盛水晶城 | 509.44 | 1249732 | 2453.15 | 4 | 721.39 | 2136389 | 2961.49 | 14 |

续表 15-4-1

| 公司名称 | 项目名称 | 住宅 | | | | 非住宅 | | | |
|---|---|---|---|---|---|---|---|---|---|
| | | 总面积 | 总 价 | 平均单价 | 总套数 | 总面积 | 总 价 | 平均单价 | 总套数 |
| 九江恒园房地产开发有限公司 | 阳光锦城 | 1877.26 | 3649953 | 1944.30 | 15 | 497.24 | 2803110 | 5637.34 | 7 |
| 九江花鸟大市场开发有限公司 | 花鸟大市场 | | | | | 1129.93 | 3755336 | 3323.51 | 19 |
| 九江华宝房地产开发有限公司 | 南湖国际城 | 15102.12 | 90357052 | 5983.07 | 112 | | | | |
| 九江华东实业有限公司 | 九莲新苑 | 10963.23 | 41474596 | 3783.06 | 158 | | | | |
| 九江慧龙巍洋经济发展有限公司 | 慧龙新城 | | | | | 2487.68 | 13232586 | 5319.25 | 34 |
| 九江嘉华房地产开发有限公司 | 庐峰北路 58 号商业综合楼 | | | | | 92.01 | 644070 | 7000.00 | 1 |
| 九江捷利达房地产开发有限公司 | 九江豪庭 | 616.28 | 2276663 | 3694.20 | 8 | 2379.72 | 15142709 | 6363.23 | 39 |
| 九江金泰房地产开发有限公司 | 金泰·半岛一品 | 14348.37 | 46932265 | 3270.91 | 136 | 2178.64 | 2587200 | 1187.53 | 4 |
| 九江金泰房地产开发有限公司 | 金泰港湾 | 278.86 | 1022022 | 3665.00 | 2 | 295.43 | 4049441 | 13706.94 | 4 |
| 九江联盛实业集团有限公司 | 联盛花园 | 336.67 | 1456160 | 4325.18 | 3 | | | | |
| 九江民强房地产开发有限公司 | 民强 99 号苑 | 15864.64 | 67826153 | 4275.30 | 179 | 1368.00 | 7646403 | 5589.48 | 30 |
| 九江企业托管经营有限公司 | 都市桃源-托管 | 32795.05 | 158856973 | 4843.93 | 427 | | | | |
| 九江侨泰房地产开发有限公司 | 长虹现代城二期 | 4199.69 | 18293754 | 4355.98 | 38 | | | | |
| 九江盛浩置业有限公司 | 滨江鹭园 | | | | | 119.47 | 197012 | 1649.05 | 6 |
| 九江胜达房地产开发有限公司 | 水岸豪廷 | 2568.35 | 14352913 | 5588.38 | 25 | 9208.92 | 49584694 | 5384.42 | 101 |
| 九江胜达房地产开发有限公司 | 时代华府 | 11326.09 | 66212684 | 5846.03 | 133 | | | | |
| 九江市福仁德房地产开发有限公司 | 三里花园 | 25439 | 96429383 | 3790.61 | 215 | 1101.52 | 4246328 | 3854.97 | 10 |
| 九江市华龙房地产开发有限公司 | 华龙·莱茵美郡 | 29893.55 | 114060936 | 3815.57 | 317 | 170.14 | 1029009 | 6048.01 | 9 |
| 九江市金丰房地产开发有限公司 | 金丰御园 | 17631.88 | 50059806 | 2839.16 | 173 | | | | |
| 九江市金穗房地产开发公司 | 百岁坊华庭 | 5279.44 | 27558316 | 5219.93 | 51 | | | | |
| 九江市联信地产开发有限公司 | 联信公寓 | 3720.89 | 17591842 | 4727.86 | 37 | 684.45 | 4038221 | 5899.95 | 7 |
| 九江市联信地产开发有限公司 | 联信家园 | 16558.75 | 70271951 | 4243.80 | 126 | 765.12 | 5810020 | 7593.61 | 12 |
| 九江市庐山区天宏房地产开发公司 | 庐山区上海路南街 4 号商住楼 | 262.55 | 813798 | 3099.59 | 3 | | | | |
| 九江市明湖房地产开发有限公司 | 东方塞纳 | 37888.75 | 177055169 | 4673.03 | 406 | 858.23 | 7539600 | 8785.06 | 19 |

续表 15-4-1

| 公司名称 | 项目名称 | 住宅 | | | | 非住宅 | | | |
|---|---|---|---|---|---|---|---|---|---|
| | | 总面积 | 总 价 | 平均单价 | 总套数 | 总面积 | 总 价 | 平均单价 | 总套数 |
| 九江市泉港房地产开发有限公司 | 泉港星苑 | 178.41 | 398474 | 2233.47 | 2 | | | | |
| 九江市容昌房地产开发有限公司 | 桂花园 | 1227.82 | 3498005 | 2848.96 | 14 | 57.10 | 58734 | 1028.62 | 3 |
| 九江市银鑫房地产开发有限公司 | 香榭丽舍 | 1709.16 | 6672686 | 3904.07 | 14 | 1215.42 | 2084334 | 1714.91 | 34 |
| 九江市兆龙置业有限公司 | 水木清华 | 336.72 | 722349 | 2145.25 | 2 | 955.69 | 3449125 | 3609.04 | 8 |
| 九江市中粮房地产开发公司 | 龙开御景 | 2847.83 | 8517975 | 2991.04 | 36 | 400.99 | 2145748 | 5351.13 | 5 |
| 九江市浔阳房地产开发公司 | 景馨小区 | 1999.87 | 2875462 | 1437.82 | 22 | | | | |
| 九江市浔阳房地产开发公司 | 长城小区 | 6976.39 | 25549878 | 3662.34 | 93 | 124.60 | 369818 | 2968.04 | 1 |
| 九江市鑫诚实业有限公司 | 鑫海领域 | 4271.58 | 19128621 | 4478.11 | 45 | | | | |
| 九江天意成房地产开发有限公司 | 浔阳江畔 | 8355.81 | 39323482 | 4706.12 | 67 | 8070.58 | 24456137 | 3030.28 | 15 |
| 九江天宇置业有限公司 | 世豪名置 | 1936.79 | 7374237 | 3807.45 | 29 | 1287.18 | 16370753 | 12718.31 | 20 |
| 九江同方实业有限公司 | 同方鹤问公馆 | 1905.57 | 8377812 | 4396.49 | 20 | | | | |
| 九江新湖远洲置业有限公司 | 柴桑春天 | 99840.37 | 516291777 | 5171.17 | 998 | 10718.44 | 49453112 | 4613.83 | 40 |
| 九江新世纪建设发展有限公司 | 新世纪·浔城湖锦 | 7572.47 | 39496453 | 5215.80 | 80 | | | | |
| 九江信华集团有限公司 | 信华国际商务中心 | | | | | 136.29 | | | 1 |
| 九江信华集团有限公司 | 信华城市花园 | 2177.35 | 10416624 | 4784.08 | 13 | | | | |
| 九江信华集团有限公司 | 2008 年度经济适用住房 | 147814.49 | 226057387 | 1529.33 | 2268 | | | | |
| 九江亿荣房地产开发有限公司 | 亿荣·水晶苑 | 2127.99 | 7917051 | 3720.44 | 22 | | | | |
| 九江裕华房地产开发有限公司 | 都市桃源–裕华 | 16428.81 | 72230200 | 4396.56 | 216 | | | | |
| 九江中昌实业有限公司 | 七星大厦 | 4534.39 | 18584180 | 4098.50 | 42 | | | | |
| 九江中辉房地产开发有限公司 | 公园 1 号 | 52874.11 | 243678578 | 4608.66 | 514 | 500.12 | 2142475 | 4283.92 | 7 |
| 九江中星置业有限公司 | 中星宜景湾花苑 | 9893.27 | 44299420 | 4477.73 | 94 | | | | |
| 南昌市大新明房地产开发有限公司 | 天海公寓 | 1033.03 | 5219687 | 5052.79 | 9 | | | | |
| 中外合资九江厦港房地产实业有限公司 | 厦港商住楼 | 2457.44 | 8252642 | 3358.23 | 21 | | | | |
| 总 计 | | 917433.42 | 3537364538 | 3855.72 | 10251 | 53347.93 | 249682960 | 4680.27 | 515 |
| 2009 年同期总计 | | 472583.24 | 1826010429 | 3863.89 | 4889 | 19987.67 | 92517520 | 4628.73 | 262 |

# 第二节 市重点房地产企业

## 一、信华集团

**信华房地产开发集团** 信华房地产开发集团主体是具有二级开发资质原九江信华(集团)房地产开发有限公司。该公司自1993年成立以来,一直是信华集团旗下以房地产开发、销售为主大型房地产开发企业。公司相继投资开发信华苑、湖滨花园(南区、北区、东区、中心区)、长虹家园等新型住宅小区。2001年,参与老城区西园拆迁改造、建设信华城市广场、五星级信华建国酒店及浪井历史文化景区。2005年参与建设5万平方米信华国际商务中心。2006年,参与建设36万平方米信华城市花园。2007年,开始参与经济适用房建设,启动城西港区信华西郊花园项目。仅2009年一年,公司实现生产总值34680万元,上缴税收1579万元。凭借"植耕本土、勇于开拓"发展原则,公司业绩得到国家、省、市有关部门的肯定和表彰,相继被授予全省房地产十佳先进企业、省首届优秀楼盘、全省先进私营企业、省质量管理先进单位、市特级诚信企业、市纳税大户等称号。

**信华物业服务有限公司** 1996年12月成立,是专业从事物业管理并具有三级资质物业管理企业,有员工260人。下设机构有管理部、财务部、工程部、行政办公室、管理一处、南区服务处、东区服务处、北区服务处、中心区服务处、长虹家园服务处、天鹅苑服务处、滨江国际服务处、商务中心服务处、城市花园服务中心、螺丝山服务处、樱花苑服务处。公司管理物业面积100余万平方米,7500余户。自成立以来,坚持以服务为中心,努力提高工作效率和服务质量,向广大业主提供高水准、专业化、高品质服务,通过IS09001质量体系认证。公司先后获得省物业管理优秀住宅小区、社会治安综合治理目标管理安全小区、市物业管理先进企业、全市物业管理先进企业称号。

**信华装饰工程有限公司** 是一家大型装饰设计施工企业,主要从事室内外装饰工程设计与施工。公司有设计部、开发部、材料部、工程部、质量安全部、预决算部等职能部门,同时还有一支专业技术人员和施工队伍。自成立以来,承接数百个室内外装修工程,其中包括信华国际商务中心写字楼、信华城市花园、信华建国酒店等,得到广大用户认可和好评。

**信华景观工程有限公司** 成立于2007年,主要经营景观工程设计与施工、园林绿化设计与施工、市政绿化、亮化工程设计与施工。公司拥有多名专业技术人员。成立3年来,承接建设包括信华房地产开发公司开发楼盘多处景观工程,社会评价良好。

## 二、新湖远洲置业有限公司

2004年,在九江成立,系浙江新湖集团股份有限公司控股和远洲集团股份有限公司参股共同组建的有限责任公司。九江新湖地产本着"建房产,建环境,建文化,建精神"的思路及"江西一流,国内有影响"的开发定位,整个规划设计探索大盘特有的开发模式,力邀加拿大泛太平洋、美国海普、新加坡雅克等国际级团队,形成规划、建筑、产品、园林、教育等与世界接轨的"国际化生态社区",更以其优美的生态环境和高品质的建筑质量,受到业界和客户的广泛赞誉。相继获2006年度全市房地产开发先进企业、2007年度全市房地产开发先进企业、省首届优秀楼盘、市纳税先进单位、全市"11·26"抗震救灾和灾后重建先进单位、2006~2007年度B级纳税信用企业、2010年"3·15"消费者信赖房地产企业。

## 三、江西国豪房地产开发有限责任公司

2007年2月1日注册成立。公司注册资本5000万元人民币,经营范围为房地产开发经营、物业管理;水暖器材、五金交电、建筑材料、装潢材料、卫生洁具销售。企业类型为有限责任公司,2008年2月1日,取得省建设厅颁发暂定资质证书。公司有管理人员20人,其中行政管理人员8人、经济专业及财务管理人员3人、统计人员1人、工程管理人员8人。公司开发位于九江经济技术开发区长江大道与长城路交汇

处的“国豪·水岸城”商住项目,项目占地6.2公顷,总建筑面积13.63万平方米。投入建设资金2亿多元,建成一定规模高档精品住宅小区,项目获得相关部门表彰和肯定。被评为省房产面积信得过十佳楼盘、市民最喜爱的优秀楼盘。2010年,国豪地产在庐山区再造一座国豪·山景城。项目总建筑面积14.5万平方米,位于德化路与陆家垄路交汇处东北角。整个地块趋势为南低北高,为项目打造坡地景观塑造先天优势。

## 第三节 县城重点房地产企业

### 一、瑞昌市江西凤竹房地产开发有限公司

2005年10月成立,注册资本5000万元,系福建凤竹集团全资子公司,主要从事房地产综合性开发及销售、物业管理、室内外装饰装修等业务。公司下设总经理室、综合部、工程部、财务部、营销部。公司经济、技术综合实力雄厚,并与国内诸多实力雄厚的设计、策划、建筑、销售等机构建立良好合作关系。公司有员工35人,其中具有专业技术职称人员12人,大专以上学历的员工18人,经营团队拥有多年房地产开发工作经验,具备较强的专业素质和技术能力。公司以“诚信为本、优质服务、锐意创新、互惠双赢”为经营理念。坚持“稳扎稳打,诚信开发、回报社会、奉献瑞昌”的原则,做好产品和市场定位、树立品牌意识,积极引领瑞昌房地产市场。公司相继被评为省诚信和谐地产企业、全市房地产开发先进企业、市房地产业协会先进会员单位、瑞昌市“守合同重信用A级单位。所建新城风尚7号、8号楼工程获市优良结构工程、2008中国房地产最佳人居环境典范楼盘、2009年中国绿色健康住宅称号。公司共开发3个项目总计20.75公顷,其中,“新城风尚”楼盘4万平方米,于2007年8月年开工,2009年12月全部交付使用;“阳光佳缘”楼盘3.8万平方米;“东方星城”楼盘38万平方米,正分期开发中。

### 二、江西远征置业有限公司

2005年1月28日成立。公司在册员工48人,有技术人员26人,其中中级职称以上技术人员12人,公司资产1.2亿元。2006年,开发建设修水县城南新区服装城一期工程,是集商贸、居住于一体的服装大市场,总建筑面积5万多平方米,总投资6000多万元。2008年开发兴建“锦绣江南”小区,总建筑面积6万多平方米,总投资7000多万元。正在建设中的“金碧世家”小区,总建筑面积8万多平方米,总投资1.2亿元。是修水县最优秀小区之一。

### 三、修水县创星置业有限公司

2004年10月成立,注册资金1000万元,位于修水县城南A2地块修江明珠小区。当年经省建设厅核准为三级资质房地产开发企业。公司有在册人员20人,其中中级职称工程技术人员12人,初级职称4人,有职称的经济管理人员2人。公司房地产开发项目以“东方巴黎商城”和“修江明珠小区”为主,总投资1.2亿元,总建筑面积14万平方米,竣工面积1万平方米。多次被市、县评为房地产开发先进企业。

### 四、彭泽房地产开发有限公司

2006年6月,由省建设厅颁发资质证书批准成立,拥有房地产开发资质等级三级。公司总部下设管理部、开发部、工程部、财务部、销售部、市场部、物业部、招商部及6个项目部,有管理人员58人。公司以资产并购方式,购得原彭泽县房地产开发有限公司资产及经营权。相继开发朝阳农贸大市场、朝阳大市场综合楼、红石苑、渊明丽都、渊明路及双峰大道市政工程等项目,成功开发面积15万平方米,实现营业收入3亿元,至2010年三季度上缴税收1000万元。

## 第四节　房地产管理机构

**市房地产公司**　1991年前已成立,事业单位,在市房产管理局未成立前负责市区住房保障和房产管理。市房产管理局、市住房保障和房产管理局成立后,相继为其直属机构,主要负责市城区直管公房管理、维修等工作。

**市房改资金管理中心**　1996年9月25日成立,主要负责房改资金、住房公积金归集、使用管理。2003年,在住房公积金管理中心单列后注销。

**市房产交易所**　1991年,市房地产交易管理委员会成立,1997年5月14日,由市房地产公司管辖变更为市房产管理局直属单位。2003年,与市房屋所有权登记发证办公室合并成立房屋产权交易管理处。2004年8月,市编委批复同意更名市房产交易所,事业单位,负责全市房产交易及房产价格评估等工作。

**市白蚁防治研究所**　1991年前成立,1997年5月14日由房产公司管辖变更为市房产管理局直属单位,事业单位,有高级工程师2名,工程技术员1名,负责全市范围白蚁预防和灭治工作。

**市经济适用房发展中心**　1998年5月24日成立,全民所有制企业,挂靠市房改资金管理中心,实行独立核算,自立经营和自负盈亏,主要负责九江市经济适用住房建设等工作。2008年改制拍卖。

**市湖滨物业管理有限公司**　1998年4月成立,企业编制,二级资质,负责湖滨小区和庐峰小区共54万平方米物业管理。

**市房屋安全鉴定办公室**　2003年前,属市房产管理局综合开发科内设机构。2009年6月,市编委批复定为科级差额拨款事业单位。负责全市房屋安全鉴定工作。

**市房产档案馆**　2007年4月成立,事业单位,负责全市房屋档案管理。

**市住房公积金管理中心**　2003年5月成立,事业单位,主要负责住房公积金归集、使用和管理。

**市物业与住宅室内装饰管理办公室**　2003年7月成立,事业单位,由原市建设局直属机构市室内装饰管理办公室成建制划转市房产管理局基础上组建而成,主要负责物业管理和住宅室内装饰管理。

**市房地产信息中心**　2009年10月,市机构编制委员会批复成立房地产信息中心,定为市房产管理局下属正科级差额拨款事业单位,负责全市房地产信息收集、整理、发布;房地产信息网建设,维护管理和开发经营。

# 九江市志

JIU JIANG SHI ZHI

（1991~2010）

## 第二册

九江市地方志编纂委员会 编

方志出版社
Publishing House of Local Records

图书在版编目(CIP)数据

九江市志:1991~2010 / 九江市地方志编纂委员会编.—北京:方志出版社,2016.2
ISBN 978-7-5144-1955-9

Ⅰ.①九… Ⅱ.①九… Ⅲ ①九江市-地方志-1991~2010 Ⅳ.①K295.63

中国版本图书馆 CIP 数据核字(2016)第 046258 号

九江市志(1991~2010)

编　　者:九江市地方志编纂委员会
责任编辑:李志瑜
出 版 人:冀祥德
出 版 者:方志出版社
　　　　地址　北京市朝阳区潘家园 9 号(国家方志馆 4 层)
　　　　邮编　100021
　　　　网址　http://www.fzph.org
发　　行:方志出版社发行部
　　　　(010)67110555
经　　销:各地新华书店
印　　刷:南昌三联印务有限公司
开　　本:889×1194　1/16
印　　张:197
字　　数:5809 千
版　　次:2016 年 2 月第 1 版　2016 年 2 月第 1 次印刷
印　　数:0001~4000 册
ISBN 978-7-5144-1955-9　定价:680.00 元

·版权所有　翻印必究·

德安县磨溪乡石门陈村

湖口县凰村乡盛家村

武宁县宋溪镇塘畔村张平自然村

永修县江上乡新桥新村

都昌县北山乡跑马巷村万亩水稻种植示范基地

湖口县武山棉花亩产超过千斤（周公略 摄）

瑞昌市万亩油菜基地（燕 平 摄）

永修县宏康蔬菜基地

修水县马坳镇菊花种植基地（刘 冰 摄）

德安县聂桥镇汇兰谷花卉基地（李诗彪 摄）

九江县长岭葡萄园（田小元 摄）

“九江水梨”种植基地（李诗彪 摄）

庐山区云雾茶种植基地（蔡 杰 摄）

修水蚕桑基地

永修县立新乡南岸村养殖专业户邹新华（孙仁贵 摄）

修水县养殖山羊大户

德安县丰林依塘蛋鸡养殖基地（李诗彪 摄）

共青城市鸭养殖基地（蔡少敏 摄）

庐山区苗木培育大棚（孙仁贵 摄）

彭泽县浩山村给 5000 亩竹林注射增长素

九江金太阳林业科技有限公司造林基地

武宁县苗木培育基地

庐山西海国家湿地公园一角

天花井国家森林公园

瑞昌市南方红豆杉保护区

修水县茅山竹海

赛城湖鱼虾蟹养殖（方乐新 摄）

都昌县都阳渔业大沔池养殖场（黄勇 摄）

永修县柘林湖鳜鱼网箱养殖基地

国家级翘嘴红鲌繁育基地德安县牛角湾水产养殖基地

长江永安堤

八里湖大堤

星子县南康大堤

永修县马口圩

星子县温泉小流域 350 亩茶叶基地

湖口县水利血防工程

德安县聂桥镇胡家山灌区小农水重点县建设

瑞昌市横立山饮水工程

九江石化连续重整装置（梁建民 摄）

九江石化常减压催化装置（梁建民 摄）

江西星火有机硅厂生产装置

卡博特蓝星化工（江西）有限公司

共青城锦兴纺织公司卡摩纺设备（刘照龙 摄）

华瑞（中国）缝纫线有限公司自络车间

共青城鸭鸭集团现代化生产线

庐山区维科针织服装生产线

江州造船厂万吨轮下水

九江银星造船有限公司生产施工现场（饶金星 摄）

九江翔升造船有限公司生产的 16500 吨化学品船

昌河铃木九江公司生产新型北斗星 X5 发动机（洪显智 摄）

昌河铃木九江分公司生产的利亚纳轿车（蔡 杰 摄）

江西旭阳雷迪高科技股份有限公司多晶硅片生产线（孙仁贵 摄）

九江德福电子材料有限公司铜箔生产车间

九江九整整流器有限公司生产的大功率智能化整流装置（孙仁贵 摄）

九江财兴卫浴实业公司卫浴铜管件生产线

九江建材厂生产流水线

九江诺贝尔陶瓷有限公司磁砖生产线（桂剡高 摄）

全省最大台资企业——江西亚东水泥公司

巨石集团九江有限公司生产线机械手（宋小勇 摄）

20 世纪 90 年代九江钢厂冶炼车间

江西萍钢九江分公司板材生产线（杨 青 摄）

共青赛龙通讯技术有限公司手机生产项目（邝南先 摄）

志高空调（九江）有限公司空调生产线（孙仁贵 摄）

20 世纪 90 年代都昌火腿厂职工正在加工火腿（孙仁贵 摄）

中粮粮油工业（九江）有限公司小包装生产线

20 世纪 90 年代等候购买啤酒的车辆在九江啤酒厂外排成长龙（孙仁贵 摄）

汇源果汁九江灌装生产线（宋小勇 摄）

九江出口加工区门闸（蔡 杰 摄）

浔阳区工业园

永修县工业园

湖口县工业园

南方粮食交易市场

京九鲜活水产品批发市场

京九蔬菜批发市场

九江国际汽车城（宋小勇 摄）

京九天马建材家居城

华东建材市场

滨江路农工商超市（宋小勇 摄）

庐山南路沃尔玛购物广场

浔阳路太平洋购物广场

九江县马回岭庙会（沈双武 摄）

修水县家具日杂集市（梁海 摄）

庐山含鄱口（蔡少敏 摄）

庐山东门（蔡少敏 摄）

彭泽县龙宫洞（刘 军 摄）

庐山西海司马旅游码头（洪显智 摄）

湖口县石钟山

九江县中华贤母园

永修县龙源峡（宋建明 摄）

鄱阳湖旱季花海（宋小勇 摄）

凤凰山桃花园（宋小勇 摄）

庐山西海登岛游

游客参观庐山老别墅（宋小勇 摄）

参观“八一”起义策源地纪念馆（杨 青 摄）

信华建国酒店

远洲国际大酒店

共青城格兰云天国际酒店

# 《九江市志》总目

# 目录

## 第二十三篇　纺织羽绒业



## 第二十四篇　船舶汽车制造业



## 第二十五篇　建材业

# 第二十六篇　机械电子业



# 第二十七篇　冶金煤炭业



# 第二十八篇　工业管理与园区建设



# 第二十九篇　商贸供销业

## 第三十篇　生活服务业



## 第三十一篇　粮油业

# 第十六篇

# 农　业

# 第十六篇 农 业

1991 年来全市加强农业产业化推进,合理调整种植业、养殖业结构。农作物良种率进一步提高,引进水稻、棉花新品种,基本实现良种化,农业实用技术应用面扩大。定期组织开展以“送科技、促春耕”为主题的送科技下乡活动,经常性举办农业技术培训班和咨询活动。新技术示范推广成效明显,加大测土配方施肥技术推广力度,建立测土配方施肥核心示范区,为农民开出科学“施肥建议卡”。通过普及水稻免耕直播及超期送稼药、果树套袋等先进实用的种养技术和病虫害综合防治技术。扩大无公害农产品生产,农产品市场体系建设进一步加强,组织重点农产品龙头企业和生产大户的产品申报入京资格的认证工作,推动农业标准化的示范推广和应用。农机推广步伐加快,以实施农机购置补贴为契机,加快联合收割机、农用运输和农业排灌机械的推广应用。农村沼气建设有新发展,建成一批沼气示范村,推进以沼气为纽带的农村生态家园建设。农业服务体系建设进一步完善。

2010 年,全市粮食播种面积 27.31 万公顷,比 2009 年增 6671 公顷;总产 153.47 万吨。油菜种植面积 11.56 万公顷,油菜籽总产 17.04 万吨,再创历史最高水平。棉花生产保持稳定,播种面积 5.90 万公顷,总产 9.61 万吨。生猪出栏达到 198.94 万头,比 2009 年增长 4.99%;水产品总产 36.9 万吨,增长 5.7%。同时,种养业结构进一步优化,葡萄、杨梅、吊瓜等特色高效经济作物方兴未艾,茶叶、蔬菜、蚕桑等区域特色经济作物规模进一步扩大,效益进一步提高。

# 第一章　生产资料

## 第一节　耕 地

### 一、耕地类型

**灌溉水田**　全市灌溉水田面积 11.82 万公顷。地域上主要分布在中部鄱阳湖平原及丘陵地区沟谷中下部、西部山丘沟谷处。主要有永修县滩溪乡、立新乡、云山垦殖场,九江县马回岭镇,庐山区莲花镇,湖口县武山镇、流泗镇,都昌县徐埠乡、左里乡、苏山乡,彭泽县黄岭乡,武宁县罗溪乡、黄段镇、石门楼镇,以及修水县何市乡、上奉乡、太阳升镇等。其他县(市、区)各乡、镇、场也均有少量分布。灌溉水田土壤主要有潴育型水稻土和潜育型水稻土。主要耕作方式有:稻—稻—油、稻—稻—肥或冬闲轮作、稻—油、一季晚稻—冬闲。绝大部分灌溉水田分布在开阔平原,水利条件好,灌排畅通,阳光充足,旱涝稳产。质地沙粘不一,大多数沙粘比例适中,耕耙省力,功效高,适耕期长,湿耕易化泥,干耕松软,少数田沙性重,有沉浆板结现象。结构良好,水、肥、气、热比较协调,土壤肥力较高,供肥性好,有机质和全氮贮量比较丰富,有效磷钾含量低。水耕熟化程度高,适种性广,水稻返青快;旱作排水迅速,通气增温快,有利于早播早发,高产稳产。少部分土体多水难排,土体冷,微生物活动弱,有机质含量虽丰富,但矿化度低,氮含量高,磷钾含量低,呈微酸至中性反应;耕层厚,保肥性好,但耕性差,难耕难耙,耕后难散坯,禾苗返青慢,分蘖少,易贪青晚熟,产量低。

**望天田**　全市望天田面积为 2.61 万公顷,约占全市耕地总面积 11%。地域上主要分布在低丘岗地沟谷上部。涉及的乡、镇、场主要有永修县吴城镇、三角乡、立新乡、马口乡、云山垦殖场,德安县爱民乡、邹桥乡,都昌县徐埠乡、苏山乡,九江县永安乡、港口街镇,瑞昌市南义镇、白杨镇,武宁县鲁溪镇、船滩镇、里溪乡,以及修水县朱溪镇、溪口镇、白岭乡等。其他各县乡、镇场亦有分布。其土壤分类主要有淹育型水稻土和潴育型水稻土。主要耕作方式以早稻—油菜为主,雨水多年份亦可种植双季稻。多数土壤肥力中等,供肥性较好,少数土壤耕层浅、质地偏粘,土体紧实、渗透性差,适耕期短、耕性差,湿耕粘犁、干耕不易散坯。但均有共同不足:地热偏高,灌溉水源不足,易受干旱威胁,主要依靠天然降水灌溉。

**水浇地**　全市水浇地面积为 1.83 万公顷,约占全市耕地总面积 7.8%。地域上主要分布在鄱阳湖平原地区及长江冲积平原带,涉及乡、镇主要为都昌县周溪镇、西源乡、大沙乡,星子县蓼花乡、沙湖山乡,德安县聂桥镇、黄甬乡、吴山乡、林泉乡、高塘乡,九江县江洲镇、城子镇、港口街镇、白华乡、永安乡、新塘乡,庐山区新港镇,彭泽县马当镇、棉船镇、东升镇、芙蓉乡、天红乡、杨梓乡、黄岭乡、乐观乡等,其他县(市)的少部分乡镇亦有零星分布。水浇地主要用于种植棉花、油菜,其生产性状大致同灌溉水田。

**旱地**　全市旱地面积为 7.37 万公顷,约占全市耕地总面积 31.2%,地域上主要分布在低山丘陵区及修河、博阳河等主要河流及其支流两岸河漫滩阶地上,涉及乡镇主要有彭泽县太平关乡、黄岭乡、天红乡,湖口县流泗镇、马影镇、武山乡,都昌县左里乡、徐埠乡、春桥乡,永修县江益镇,瑞昌市洪一乡、范镇,武宁县鲁溪镇、里溪乡,以及修水县清水岩乡、白岭乡等。其他各乡、镇、场均有少量分布。其土壤学分类主要为红壤和潮土。不同熟化程度旱地生产性状有很大不同。熟化程度高则耕性、水肥状况、适种性等均好,作物产量高,反之则差。

### 二、耕地质量

**坡度构成**　耕地坡度是决定耕地质量重要因素之一，在耕地土壤质量及微气候条件基本一致情况下,耕地坡度决定着交通条件好坏及耕地综合质量高低,同时也决定耕作方式和难易程度。由于地貌较复杂,全市耕地构成中,各级坡度耕地都有。其中坡地及梯田所占比重比平地为大,面积为16.31万公顷,占耕地总面积69%;而平地面积为7.33万公顷,占耕地总面积31%。坡地及梯田中,2°~6°坡度级面积为7.83万公顷,占坡地及梯田面积48%,占全部耕地面积33%,交通较便利;6°~15°坡度级面积为4.08万公顷,占坡地及梯田面积25%,占耕地总面积17.2%,交通条件一般;15°~25°坡度级面积为3.09万公顷,占坡地及梯田面积19%,占耕地总面积13%,交通条件较差;大于25°坡度级面积为1.31万公顷,占坡地及梯田面积8%,占耕地总面积5.5%,交通条件很差。全市坡度小于2°平地多集中在中部和北部鄱阳湖平原地区及长江冲积平原,总面积7.33万公顷,以永修县面积最大,占当地耕地比重60%,其次是彭泽县和九江县,占当地耕地比重分别为57%和48%。平地耕地比重最小是修水县,仅为耕地10%,湖口县、都昌县、星子县,武宁县,其平地所占耕地比重较低,不足25%。

**养分状况**　有机质含量:全市耕地土壤有机质含量大于3%占28%,含量1%~3%占71%,含量小于1%占1%。和第二次土壤普查比,耕地土壤有机质均有增加,耕地质量整体在提高。

氮素含量:全市耕地土壤全氮含量大于0.15%的,约占耕地土壤总面积30%;含量0.075%~0.15%的,约占65%;小于0.075%的约占5%。全市耕地土壤碱解氮养分含量大于120PPm的,约占耕地土壤总面积40%;含量在60~120PPm的,约占55%;含量小于60PPm的约占5%。

速效磷含量:全市耕地土壤速效磷含量大于10PPm的,约占耕地土壤总面积10%;含量在5~10PPm之间的,约占60%;小于5PPm的,约占30%。磷素含量整体较缺。

速效钾含量:全市耕地土壤速效钾含量大于100PPm的,约占耕地土壤总面积10%;含量在50-100PPm之间的,约占60%;含量小于50PPm的,约占30%。大部分耕地钾素含量中等水平。

酸碱性:全市耕地土壤pH值大于7.5的,约占耕地土壤总面积10%;pH值在6.5~7.5的,约占10%;pH值在5.5~6.5的,约占40%;pH值在4.5~5.5的,约占40%。

**耕地土壤肥力**　全市耕地土壤中等肥力的比重大,有机质中等含量的占85%,含氮中量的占70%,碱解氮中量的占60%,速效钾中量的占60%,而速效磷中量的虽占60%,但低量的竟达30%。pH值酸性至微酸性的占80%。土壤氮素较充足,磷、钾偏缺,土壤酸碱性以酸性到微酸性为主。

## 第二节　种子化肥农药

### 一、种 子

**水稻**　早稻:1991~1995年,市内种植常规早稻品种有浙733、浙幅802、早香17号等。杂交早稻:协优49、威优华联2号、威优49、威优35、威优402等。1996~2000年,除还有少量浙733、嘉育948、中早1号、早香17号等,基本上都是杂交早稻,其中威优华联2号、优I华2号、金优402、中优974、金优974、中优402等占主导。2000年后,推广早稻品种有先农3号、金优213、金优463、金优16、金优039、金优313、金优458、金优556、金优974、先农23号、先农37号、株两优02、株两优25、株两优99、隆平001、陆两优996、蓉优3号、T优15、淦鑫203、荣优9号、荣优1506、两优287、两优42等。

中稻:1991~1995年,常规中稻:饶龙8号、九云晚、七四晚梗等;杂交中稻:汕优63、汕优2号、协优63、威优46、汕优46、协优46等;1996~2000年,推广中稻品种有:金优63、两优培九、岗优22、Ⅱ优838、金优752等;2000年后,有Y两优1号、两优培九、准两优527、粤优938、红莲优6号、丰两优一号、川香优2号、国稻1号、两优036、雅农1600、新两优6号、皖稻153号、C两优343、e福丰优11、益禾二号、两优6326、丰优大占、先农808、内香优2128、扬两优6号、丰两优4号等。

晚稻:1991~1995年,推广晚稻品种有:威优64、汕优64、协优64、协优46等;1996~2000年,有威优晚3、协优10号、金优桂99、威优77等;2000年后,推广晚稻有:金优晚3、金优77、金优207、中9优288、金优284、金优968、荆楚优148、新两优106、五优308、先农2号、先农4号、先农20号、先农26

号、隆平207、丰源299、丰源优272、跃新2号、岳优286、岳优9113、江科736、国稻3号、宜S晚2号、蓉优5号、T优608、T优968、湘丰优9号、中优272、欣荣优023、天丰优6418、荣优7号、荣优225等。

**棉花** 常规品种:1991~1995年,有泗棉2号、泗棉3号、徐州184;1996~2000年,有苏棉12号、赣棉系列、鄂棉系列常规品种。

杂交品种:1996~2000年,开始引进推广杂交棉,其品种为湘杂棉2号。2000~2002年,推广抗虫棉,品种有新棉33B、DP32B、中棉所29;2003~2010年,大面积种植杂交棉,品种有湘杂棉3号、南抗3号;相继引进推广湘杂棉8号、福棉2号、国抗23F1、南抗9号、泗杂3号、泗杂2号、苏杂3号、苏杂6号、赣棉杂1号、科棉3号、湘杂棉6号、红鹤3号、赣杂棉3号、赣杂106、赣杂108、赣棉杂109、先杂棉1号、雅杂棉一号、赣棉杂11、鄂杂棉28F1、中棉所38、中棉所47、中棉所48、中棉所53、中棉所55、中棉所62、中棉所66、湘杂棉7号、湘杂棉8号、湘杂棉11号、鄂杂棉10号、鄂杂棉11F1、鄂杂棉13F1、鄂杂棉16F1、鄂杂棉24、鄂杂棉26号、鄂杂棉28、华杂棉4号、华杂棉H318、亚华棉10号、金杂101、华惠103、德棉800、楚杂180、三杂棉四号、农杂62、农杂66、农杂70、诺华棉1号、铜杂411、皖杂棉9号、C111、创075、创杂棉21号、福棉2号、泗杂棉6号、国丰棉12、南农6号、慈抗杂3号、九杂四号、鲁RH-1、隆杂棉1号、楚杂97、春杂棉1号、海杂棉1号、广棉02、岱杂1号、荆杂棉166F1、安屯棉一号等。其中:泗棉3号、苏棉12号、DP 32B、中棉所29、湘杂棉3号、南抗9号、中棉所48、湘杂棉8号、鄂杂棉11等,在不同年份里一度成为市内棉花生产主导品种。

**油菜** 常规品种:1991~1995年,主推79601;1995年后,主要种植品种有中油821、湘油15等。

杂交品种:1995年后,加大杂交油菜引进推广,品种有秦油2号、德油5号、德油8号等。

双低品种:2000年后,市内开始引进双低油菜种植,其中主导品种为中双6号、中双9号、油研七号、油研九号、秦油7号、秦优9号、油研10号、赣油杂1号、中油杂2号、中油杂4号、华赣油1号、赣两优3号、绵油12号、广源58、希望528、宁杂11号、天油杂2号、浔油8号、沪油杂1号、中油杂14号等。迄2010年,双低油菜在市内占种植面积90%以上。

**玉米** 掖单13号、农大108、东单13、济单七号、济单94-2、农大3138、豫玉22、郑单958、苏玉29等。

**小麦** 扬麦5号、济麦、新麦208、扬麦3号、扬麦158、扬麦13、扬辐麦2号、鄂恩4号等。

## 二、化 肥

**主要品种** 全市化肥使用过程中,单质氮肥主要有尿素、碳铵两种。单质磷肥主要有钙镁磷肥、过磷酸钙等,单质钾肥主要有氯化钾(进口红钾、国产白钾),复合肥除普通的复混肥外还有磷酸一氨、磷酸二氨、磷酸二氢钾等。全市农用化肥年施用量单质氮肥425138吨,单质磷肥165587吨,单质钾肥55556吨,复合肥126184吨。

**施用技术** 至20世纪90年代,化肥施用量越来越大,养分配比出现比例失调,土壤板结现象严重。21世纪初,市土肥站大力推广配方施肥,要求有机无机肥料搭配,补充微量元素肥料,扩种绿肥,提高土壤有机质含量,作物产量品质得到提高,土壤肥力开始上升。2005年始,着手推广科学精准施肥,即测土配方施肥,根据作物养分需要、土壤提供能力、肥料转化状况,计算精确肥料使用数量,做到施肥过程中作物缺什么补什么、缺多少施多少,到2010年,年推广面积超过40万公顷,市棉花测土配方施肥计算机决策系统推广应用获省重点推广项目,市棉花测土配方施肥专家系统获市政府科技进步二等奖,市测土配方施肥技术推广项目获农业部丰收计划三等奖。

## 三、农 药

**用量** 1991~2000年,主要使用单剂农药,之后复配剂使用量逐增。每年农药商品用量8000吨左右,以杀虫与除草剂占绝对用量,对有效控制或杀灭病虫草鼠害发挥重要作用。

**品种**　杀虫/杀螨剂：主要有甲胺磷、对硫磷(1605)、甲基对硫磷(甲基1605)、久效磷、磷胺、甲拌磷、治螟磷、辛硫磷、敌百虫、敌敌畏、乐果、氧化乐果、三唑磷、水胺硫磷、乙酰甲胺磷、毒死蜱、克百威(呋喃丹)、灭多威(万灵)、杀虫双、杀虫单、杀虫脒、单甲脒、异丙威(叶蝉散)、溴氰菊酯(敌杀死)、三氟氯氰菊酯(功夫)、氯氰菊酯、高效氯氰菊酯、杀灭菊酯、甲氰菊酯、联苯菊酯、氰戊菊酯、硫丹、噻嗪酮、吡虫啉、噻虫嗪、啶虫脒、阿维菌素、氟铃脲、甲氨基阿维菌素苯甲酸盐、氟虫腈、吡蚜酮、哒螨灵、三氯杀螨醇等。1993年因杀虫脒有致癌、致畸、致突变而全面禁止使用。2002年因高毒及农药残留超标问题，在蔬菜、果树、茶叶、中草药材上，不得使用和限制使用甲胺磷、甲基对硫磷、对硫磷、久效磷、磷胺、甲样磷、治螟磷、克百威等19种农药；三氯杀螨醇、氰戊菊酯不得用于茶树上。2007年1月1日起，因甲胺磷、对硫磷、甲基对硫磷、久效磷和磷胺具有高毒而全面禁止使用。2009年10月1日起，鉴于氟虫腈对甲壳类水生生物及蜜蜂有高风险，在水和土壤中降解慢，除玉米等部分旱田种子包衣剂和专供出口产品外，停止销售和使用含氟虫腈成分的农药制剂。

杀菌剂：主要有波尔多液、石硫合剂、甲基硫菌灵(甲基托布津)、多菌灵、三环唑、稻瘟灵(富士一号)、叶青双、代森锰锌、甲基托布津、络胺铜、氢氧化铜(可杀得)、三唑酮、甲霜灵、强氯精、咪鲜胺、井冈霉素、乙蒜素、农用链霉素、春雷霉素等。

除草剂：主要有丁草胺、乙草胺、五氯酚钠、氟乐灵、甲磺隆、苄磺隆、苄嘧黄隆、二氯喹啉酸、丁·苄混剂、乙·苄混剂、高效盖草能、精稳杀得、精喹禾灵(精禾草克)、异丙甲草胺(都尔)、二甲四氯、草甘膦、百草枯等。

植物生长调节剂：主要有多效唑、烯效唑、助壮素、矮壮素、赤霉素(920)、膨大素、萘乙酸、乙烯利、2,4-D等。

杀鼠剂：主要有毒鼠强、溴敌隆、敌鼠钠盐等。1991年因毒鼠强高毒，并引起二次中毒而禁止使用。

## 第三节　农机具

### 一、耕作机具

1991年，全市有大中型拖拉机(含变形运输机)1643台，小型拖拉机(主要为手扶拖拉机)7570台；大中型拖拉机机引农具1009部。机耕作业面积58.93千公顷，机耕率22.5%。随后几年，拖拉机拥有量继续减少，2004年，大中型拖拉机为39台，小型拖拉机为4867台。其间，农机市场出现2.2~4.4千瓦以柴油机为动力耕整机。耕整机轻便灵巧，不通机耕道水田、旱地，人抬即可到达，适合分户经营及小块田作业，逐渐成为耕作机具主要机型。2005年，全市耕整机达11269台，同期手扶拖拉机为5213台。由国家实施农机补贴政策推动，2010年，全市拥有拖拉机2.3558万台/47.5957万千瓦，其中：大中型(14.7千瓦及以上)0.0668万台/2.5844万千瓦；小型(2.2~14.7千瓦，含2.2千瓦)2.2890万台/25.0113万千瓦。拖拉机配套农具2.8375万部。机耕作业面积253.455千公顷，机耕作业率72%。

### 二、收获机具

**水稻脱粒机**　1991年，机动脱粒机564台/211万瓦。当时，境内多数地方尚习惯水稻场上脱粒和使用人力脱粒机脱粒、木质禾桶人工脱粒。随着小型汽油机作动力人力脱粒机改造技术逐年推广，至2004年，机动力脱粒机增至20306台。市农机管理站在推广人力脱粒机改造同时，为全省普及脱粒机改造技术做出积极贡献。2004年后，随着联合收割机高速发展，在水稻种植优势区域平坦大田块，基本上都使用收割机，不用单独脱粒作业，脱粒机在这些地方逐渐退出市场，在一些丘陵山区，脱粒机仍然是替代人工作业最好工具，到2010年，全市机动脱粒机0.7230万台/2.5303万千瓦。

**联合收割机**　2000年，市农机管理站从江苏引进1台常柴牌全喂入联合收割机，为普及推广，市农机站4名职工组成水稻示范作业服务队，到瑞昌市免费为农民收割，历时15天。收割机工作效率高、劳动强度低、成本底、损失率小优势,逐渐为农民接受,到2003年底,推广水稻联合收割机476台。2004年,国家实施农机购置补贴政策,下达市补贴资金20万元,补贴收割机、拖拉机和插秧机等机械。当年收割机净增294台,收割机拥有量达770台。永修县三角乡1农民自筹资金21.8万元,享受国家农机购置补贴1万元,购一台PR0488型久保田半喂入高性能联合收割机。此后,收割机进入高速发展时期,成为最受农民欢迎的农业机械,到2010年联合收割机3191台(其中,半喂入收割机165台),机收面积14.7万公顷,机收作业率达到68%。

**油菜收割机**　市农机部门在全省率先引进油菜收割机,2004年后在湖口、彭泽、九江、瑞昌等县市举行油菜机械化收获现场会,至2010年,油菜收割机发展达50台。

## 三、运输机具

1991年,大中型拖拉机拖车1567辆,机动运输船1590艘。1993年,农用载重汽车1525辆,农用运输车4648辆,大中型拖拉机拖车600辆。此后,大中型拖拉机作为农用运输逐渐萎缩,被农用载重汽车和农用运输车取代。1996年,市场上出现一种新型农用运输机械——变型拖拉机,机动性好,操作舒适,轻便灵活,价格低廉,具备近似农用车性能,适应农村运输。1997年,市农机部门开始实行对变型拖拉机管理,办理牌证手续。至2005年,全市农用车13007台,变形拖拉机6449台;2010年,农用车达24869辆,变型拖拉机达8092辆。

## 四、植保机具

1991年,市农机部门已开展18型机动弥雾机在棉花生产中应用推广项目,引进品牌是当时获国优和银牌产品东方红-18型机动弥雾机。2007年,植保机械首次进入省农业机械购置补贴目录,加快植保机械发展,当年补贴机动喷雾器1800台,拥有量达54488台。2009年,电动喷雾器进入补贴目录,电动喷雾器价格低,操作方便,补贴比例高,补贴150元/台,农民实际只要支付160元便可购,销量大增,挤占部分机动喷雾器市场。2010年,新增4343台喷雾器中,电动喷雾器为3022台。此间,机动喷雾器中大功率担架式、手推式机动喷雾器,以其喷射距离远,水流量大,功效高,对于水稻种植大户防治稻飞虱、林果业防虫效果好,发展逐年上升,2007年开始引进推广,到2010年达300台。植保机械总量逐年稳步递增,至2010年全市机动喷雾器(含电动喷雾器)达61572台,占全省同类机械90%强,由此奠定全省植保机械大市地位。

## 五、种植机械

**水稻种植机械**　2004年,实施农机购置补贴政策,江苏东洋插秧机有限公司生产PF455S步行式插秧机列入省补贴目录,该机械栽插工作装置采用360度回转,秧苗为两叶一芯小苗,浅插,功效高,成本低,秧苗返青期短,产量高,推广后很受农民欢迎。2005年,在中央、省两级财政对购买插秧机实行累加补贴基础上,市财政也安排资金重补贴。使插秧机械发展有重大突破,到2010年水稻插秧机325台,其中高性能乘坐式插秧机11台,完成机插面积1.6万公顷。与此同时,全市还发展水稻精量直播技术,引进华南农业大学罗锡文所发明精量穴播机,节工省本,但机具造价高,田地平整要求高。

**油菜种植机械**　2004年,围绕油菜机械化生产技术进行多种探索,从镇江江苏农机研究所引进两台油菜直播机,分别在都昌和永修2个油菜机械化示范点试验,试验表明,该机虽旋耕、播种、埋肥、覆盖一次完成,省工省时,劳动强度低,功效高,成本低,但该种机械尚在研发阶段,主要问题播种可靠性不高,生产效果不很理想,因而没有被推广。2007年以来,市农机部门推广油菜免耕直播机械化开沟技术,该轻型机械化种植技术机具简单,易操作,获得很好效果。2009年,油菜种植机械进入省补贴目录,市级财政实行累加补贴。在众多机型、品牌中,以现代农装株洲联合收割机有限公司生产2BYF-6型和武汉黄鹤拖拉机有限公司生产2BFQ-6两种机型较为成熟,彭泽县、湖口县、武宁县、都昌县共引进9台2BYF-6油菜免耕直播联合播种机。

## 六、其他农业机具

**农用排灌机具** 1991年,全市有排灌动力机械16385台/20301万瓦;其中,排灌机具1886台套,农用水泵15553台。2010年,排灌动力机械增到13.3345万台/107.1782万千瓦,农用水泵10.9306万台,节水灌溉类机械1.9442万套,节水灌溉面积18.525千公顷。

**农副产品初加工机械** 1991年,全市有各种类型农副产品加工机械3728台,其中,饲料粉碎机1380台,碾米机2522台,磨面机3863台,榨油机1735台,轧花机3495台。2008年始,这些机械逐步列入江西省补贴目录。当年,农产品初加工动力机械5.2575万台/55.1240万千瓦,其中柴油机2.6048万台/25.56724万千瓦;电动机2.6521万台/29.55676万千瓦。农产品初加工作业机械5.1606万台,其中,粮食加工机械3.6697万台;油料加工机械0.7257万台;棉花加工机械0.6605万台;茶叶加工机械674台。2010年,农产品初加工动力机械6.3893万台/65.4970万千瓦,其中柴油机3.1056万台/30.9005万千瓦;电动机3.2837万台/34.5965万千瓦。农产品初加工作业机械5.6326万台(套),其中粮食加工机械3.8364万台(套);油料加工机械0.8841万台(套);棉花加工机械0.7248万台(套);茶叶加工机械1284台(套)。

**烘干机、设施农业设备** 2008年,随着农业产业的规模化、专业化、集约化发展,一些合作社、种植大户和茶场,在国家农机购置补贴政策引导下,一次性投入少则几万元,多则上百万元购买贵重烘干机、设施农业设备。2010年,谷物烘干机0.0585万台/0.5078万千瓦,种子加工机械0.0025万台/0.0044万千瓦,保鲜储藏设备0.0002万台(套),水稻工厂化育秧设备0.0008万套,温室52.3389万平方米。

**畜牧水产养殖机械** 在农机购置补贴政策推动下,畜牧水产养殖机械呈高速发展态势,2008年,畜牧养殖机械0.1533万台/1.6527万千瓦,渔业机械1.6608万台/5.57593万千瓦。2010年,畜牧养殖机械0.2189万台(套)/2.1131万千瓦,渔业机械1.7926万台/5.7752万千瓦。

## 七、农机服务与监理

**基层推广体系** 1991年,全市乡镇农机管理站(含农机站)163个,职工人数609人,其中国家职工351人,乡村人员258人。科技人员61人,农民技术员25人,中级以上职称3人。此后,农机基层推广体系随着农机化进入低潮而不断衰落。至2004年,农业机械化迎来高速发展阶段,全市却没有一个完整乡镇农机站,瑞昌、修水、都昌虽保留农机站编制,但没有从事农机推广工作。2009年,加强基层农技推广体系建设,农机站列入乡镇农技推广综合站,人员、编制、经费落实到位,全市乡镇农技推广综合站中基本设置农机岗位,定员163名。

**服务企业** 农机专业合作社:2004年,市诞生第一个农机专业合作社——修水县镇沙洲农机合作社。到2010年达22个,合作社成员703户,从业人员641人,服务农户41712户,注册资金总额1506.1万元,固定资产净值1252.3万元。

市农业机械工程公司:前身是市农业机械工程公司,为市国有农业机械施工企业,曾拥有东方红推土机8台,东方红铲运机12台,上海50拖拉机5台,自卸汽车8台,装载机2台,挖掘机1台,承担耕、耙、挖、铲运、压平松堆等农田水利工程业务。2000年,企业停业,2009年关闭改制。

市第二农业机械工程公司:前身为都昌县机耕队,是县级集体企业,拥有推土机、铲运机、装载机、挖掘机30余台,承担农田水利基本建设和土石方施工,2005年企业关闭改制。

**安全监理** 1991年,市农机安全监理所为事业编,6人。9月,受市公安局交警支队委托接管农机安全监理业务。2008年9月23日,列为参照公务员管理单位。至2010年,累计有拖拉机9372台(含大中型拖拉机),联合收割机652台,手扶拖拉机2839台,驾驶证(G,H,R类)7412个。

**联合收割机跨区作业** 市农机部门在鼓励推动联合收割机在全市内开展机收作业同时,还积极组织收割机跨省作业,参加省组织联合收割"赣机西征",到河南、四川、重庆等地收割小麦、水稻。2005年始,市农业机械化管理局每年承担全省收割机跨区作业在九江出征仪式组织工作。至2010年,市参加收割机跨区作业300台次,作业收入1000余万元。“双抢”农忙季节,亦“引机入浔”,组织外省收割机到九江收割水稻。

# 第二章 种植业

## 第一节 粮食作物

### 一、水 稻

**面积产量** 全市为南方稻区,属华中单双季稻作带。水稻生产主要分为双季早籼稻、双季晚籼稻、一季中(包括一晚)籼稻3种类型,另外有少量晚糯和晚粳稻。由于赣北在江西省相对热量条件比赣中、赣南要差,受早春“寒潮”和秋季“寒露风”影响,一季稻种植面积在全省相对较大。1991年,全市水稻播种面积21.26万公顷,稻谷总产108.05万吨,平均单产338公斤。其中早稻9.75万公顷,一季稻2.01万公顷,二晚9.5万公顷,早稻、一季稻、二晚产量分别为45.37万吨、12.36万吨、50.32万吨。到2003年,因市场稻谷价过低,影响农民种粮积极性,水稻播种面积下降到15.72公顷,稻谷总产79万吨,单产335.2公斤,与1991年比,面积减少26%,总产降低22.7%,单产基本持平。2004年始,国家执行水稻生产补贴政策,水稻生产快速恢复,2010年,水稻播种面积21.96万公顷,稻谷总产132.94万吨,平均单产403.4公斤。与2003年比,面积增长39.7%,总产增长68.3%,单产提高68.2公斤,早稻、一季稻、二晚单产分别提高70.7公斤、54.1公斤、87公斤。全市水稻种植面积格局是早、中、晚稻各7万公顷左右,中稻略多一点。都昌县是市内主要“双季稻”区,2010年“双季稻”面积占90.9%,其次是湖口县占89.7%,永修县占57.9%,修水县占48%,武宁县仅占25.5%。当年,水稻播种面积占粮食作物总面积80.4%,稻谷总产占粮食总产90.17%,单产、总产均居粮食生产第一位。水稻生产遍及全市各地,都昌、永修、修水、武宁、湖口、彭泽等县为重点产区。

**规模种植** 2007年,全市3.3公顷(50亩)以上种粮大户498户,承包租种耕地4120公顷,其中66.7公顷(千亩)以上大户5户,33.3公顷(500亩)以上大户17户。到2010年,全市100亩以上种粮大户达到681户,比2009年增加24户,承包租种水田8713公顷,种植水稻11320公顷,户平种植水稻16.6公顷。其中33.3公顷以上大户58户,66.7公顷以上大户18户,133.3公顷(2千亩)以上大户3户。种粮大户数和承包租种耕地面积近年都在以20%~30%速度增长,种粮大户多以种植一季稻为主,实行机耕、机插、机械防病虫、机收等农机化作业,水稻平均单产高出全市平均单产20%~40%,生产稻谷商品率都在90%以上。种粮大户较多县(市)主要是都昌、永修、瑞昌、星子、彭泽、共青等,多集中在沿鄱阳湖和沿长江、沿内湖地区,武宁、修水、九江县等县种粮大户亦加快发展。星子县苏家垱乡邹水林2010年种植水稻244公顷,居全市规模之首。

**栽培技术** 20世纪90年代初,重点抓杂交早稻示范与推广。1993年,开始推广水稻旱床育秧技术,重点在早稻上推广。1995年,在瑞昌市范镇乡进行2.86公顷早稻塑盘育秧抛秧示范,一举获得成功,比手插秧对比田增产5%左右。其特点主要是秧苗素质好,抛后入泥浅,秧苗返青分蘖快,达到既能增产,又减少秧田、提高种植密度、降低劳动强度、提高工效目的。1996年,范镇乡示范点早稻抛秧示范面积达40公顷,全市早稻抛秧示范面积扩大到933公顷,普遍获得成功,基层干部和农民一致反映水稻抛秧的推广,是水稻生产技术推广史上一次大的革新。同年,水稻旱床育秧比例达38%。杂交早稻推广面积占早稻总面积60%以上,平均单产水平高于常规早稻20%~30%。在推广水稻抛秧技术同时,还在水稻旱育稀植高产栽培、水稻免耕直播、水稻除草剂应用、水稻配方施肥，综合防治病虫害等技术进行示范推广。1996 年，水稻旱育秧稀植栽培面积达到 3.8 万公顷。水稻免耕直播配以除草剂应用技术在一季稻上示范推广 0.32 万公顷。

1997 年，市水稻抛秧技术推广应用获农业部表彰(全国仅有 2 个地级市之一)。水稻旱育抛秧技术推广获市 1999 年度科学进步二等奖。2000 年后水稻抛秧向一季稻和二晚生产上发展。

2000 年，水稻栽培重点推广超级水稻、塑盘抛秧、无盘抛秧、免耕抛秧、免耕直播、测土配方施肥、病虫害统防统治、机械插秧、机耕、机收等技术。超级水稻是湖南杂交水稻研究中心袁隆平院士等研究，推出的超高产水稻。发展超级稻生产是进一步挖掘粮食增产潜力重要举措。2001 年，全市开始引进示范第一代超级稻“两优培九”(原名 65002)获成功，亩产 550~600 公斤。2004 年，德安县和共青城示范种植袁隆平第二代超级稻“两优 293”6.7 公顷(100 亩)，亩产达到 638 公斤。后示范面积逐年扩大，到 2006 年推广达 2.8 万公顷，成为一季稻主推品种。2008 年，全市水稻抛秧面积 6.39 万公顷，其中早稻 3.93 万公顷，占早稻面积 60%，一季稻 1.42 万公顷，占 18.4%，二晚 1.04 万公顷，占 15.6%。2009 年，开始示范超级稻“Y 两优 1 号”6.7 公顷，亩产达 674.9 公斤，个别田块达 706.5 公斤。2010 年，全市推广各种超级稻面积 3.5 万公顷。同年，全市推广抛秧面积 9.11 万公顷(早稻 4.39 万公顷，一季稻 1.88 万公顷，二晚 2.8 万公顷)，其中无盘抛秧 1733 公顷，免少耕抛秧 3.38 公顷。水稻直播 3.38 万公顷(早稻 0.56 公顷，一季稻 2.81 公顷)。水稻测土配方施肥基本普及，向农民发放水稻配方施肥卡 30 多万份，水稻病虫害专业化统防统治面积达到 20%以上，水稻机耕、机收面积分达到 80%和 70%，机插秧面积 0.47 万公顷。当年，杂交早稻面积占早稻总面积 90%以上，中晚稻基本杂交化。

## 二、旱 粮

**小麦** 小麦是全市越冬作物，又叫冬小麦，头年秋末冬初播种，第二年春末夏初收获。多用旱地种植，与棉花、大豆、早玉米、早红薯、早花生、芝麻等作物连作，也有与一季稻或双季晚稻连作。全市各地都有种植，都昌、修水、瑞昌、彭泽、武宁、九江、永修等县(市)种植面积较大。历史最高年全市播种面积达 4.93 万公顷，总产 4.93 万吨。后由于棉油两熟制面积的扩大和赤霉病、锈病大面积发生，以及产出面粉品质欠佳，种植面积逐年减少，1991 年，面积减少到 2.09 万公顷，2001 年，面积减少到 1.39 万公顷，到 2010 年，种植面积只有 0.62 万公顷，平均单产 139.8 公斤，总产 1.31 万吨。单产水平比 2001 年提高 41.1 公斤，比 1991 年提高 62.7 公斤。1994~1996 年，武宁县清江乡等地大面积推广一季稻稻板麦(一季稻收后免耕种麦)，单产达到 250~300 公斤。2008 年以后，部分种粮大户推广稻麦两熟制，瑞昌市横港镇种粮大户范长青 2010 年冬播稻麦两熟小麦 45 公顷。

**大豆** 大豆是全市传统旱粮作物，多在旱地种植，部分在水田种植，全市各地都有种植，最多年种植面积曾达到 2.15 万公顷，后随着棉花面积扩大，大豆面积逐渐减少。都昌、修水、、武宁、瑞昌、湖口、九江、彭泽等县(市)种植面积较大。1991 年，全市种植面积 1.28 万公顷，平均亩产 86.1 公斤，总产 1.65 万吨，2001 年，种植面积 1.19 万公顷，平均亩产 91.1 公斤，总产 1.63 万吨。21 世纪后随着棉花、蔬菜面积的进一步扩大，大豆面积更加减少，2010 年，种植面积 0.81 万公顷，平均单产 130.1 公斤，总产 1.58 万吨。20 世纪延续下来的田埂种豆不少地方仍在推广。

**红薯** 红薯是全市一项大宗粮食作物，种植历史悠久，多种植在丘陵和山区红壤地，全市各地都有种植，以都昌、修水、武宁、瑞昌、九江、星子等地为主产区。种植面积最大年全市达到 3.94 万公顷，鲜薯产量 45.1 万吨，折稻谷 9 万吨，占当年粮食总产量 13%。后随着水稻面积不断扩大，红薯面积逐年减少。2004 年，种植面积 1.26 万公顷，总产折粮 5.11 万吨，2010 年，种植面积 2.19 万公顷，平均单产 370.4 公斤，折粮总产 12.2 万吨。产出红薯一定比例用作生猪饲料和生产淀粉原料。

**玉米** 玉米在分类上归属为杂粮，种植面积和产量居杂粮之首，是发展畜牧业主要饲料，称“饲料之王”。全市各地都有种植，以瑞昌、修水、武宁、湖口等地为主产区。常年种植面积在 0.3 万~0.5 万公顷，

1998年,种植面积达1.22万公顷,总产1.93万吨,21世纪初种植面积回落,2004年下降到0.38万公顷,2009年后面积又开始回升,2010年,全市种植面积1.04万公顷,平均单产243.2公斤,总产3.82万吨。近年来水田种植玉米增多,以卖鲜玉米棒的甜玉米增多。

**杂粮** 杂粮包括蚕豆、豌豆、绿豆、荞麦、黄粟、高粱等,境内呈零星分布。蚕豌豆常年种植面积0.3万~0.46万公顷,总产0.5万~0.6万吨,近年面积有所下降,2007年种植面积0.34万公顷,平均单产370.4公斤,总产0.58万吨,单产114.7公斤。荞麦作为灾后补种作物,常年种植面积在500公顷以下,灾年面积扩大,2007年种植面积307公顷,总产量519吨。黄粟、高粱作为小宗杂粮,1999年,种植面积分别为82公顷和84公顷,总产都为100多吨,以后年份没有列入统计。2010年,绿豆种植面积0.11万公顷,总产0.19万吨,单产115.2公斤。

**1991~2010年全市主要粮食作物播种面积一览**

表16-2-1 单位:公顷

| 年份 | 总播种面积 | 早稻 | 一季稻 | 二晚 | 小麦 | 玉米 | 豆类 | 薯类 | 其他杂粮 |
|---|---|---|---|---|---|---|---|---|---|
| 1991 | 277500 | 97500 | 20146 | 94993 | 20933 | 5338 | 15853 | 20773 | 1964 |
| 1994 | 231817 | 66403 | 21174 | 70078 | 29383 | 2817 | 19590 | 22970 | 1885 |
| 1997 | 288805 | 89032 | 23268 | 93851 | 31480 | 8194 | 19351 | 21923 | 1706 |
| 1998 | 256336 | 85777 | 26395 | 63320 | 26851 | 12225 | 19373 | 19865 | 2530 |
| 1999 | 283120 | 83140 | 33768 | 82628 | 27667 | 11681 | 22217 | 20315 | 1704 |
| 2000 | 259688 | 73905 | 41606 | 74932 | 20840 | 9489 | 19212 | 19704 | 1727 |
| 2001 | 241286 | 64144 | 49054 | 67420 | 13912 | 5868 | 19076 | 20119 | 1693 |
| 2002 | 224471 | 55467 | 57046 | 60301 | 10190 | 4016 | 17881 | 18572 | 998 |
| 2003 | 201927 | 48832 | 59339 | 49026 | 7930 | 4129 | 15394 | 16420 | 857 |
| 2004 | 236312 | 61239 | 77614 | 61353 | 5600 | 3845 | 11447 | 14342 | 872 |
| 2005 | 251942 | 65371 | 74954 | 69747 | 5435 | 4937 | 13811 | 17670 | |
| 2006 | 253863 | 66397 | 73811 | 69276 | 5120 | 4650 | 13634 | 20486 | 498 |
| 2007 | 250103 | 65041 | 74422 | 67847 | 4056 | 5109 | 13009 | 20051 | 568 |
| 2008 | 258637 | 67366 | 76419 | 68706 | 4582 | 5911 | 14011 | 20640 | 1002 |
| 2009 | 266446 | 68596 | 77929 | 70808 | 5386 | 9367 | 12319 | 21119 | 922 |
| 2010 | 273117 | 69783 | 78289 | 71574 | 6251 | 10476 | 12514 | 23161 | 1069 |

**1991~2010年全市主要粮食作物产量一览**

表16-2-2 单位:万吨

| 年份 | 粮食总产量 | 早稻 | 一季稻 | 二晚 | 小麦 | 玉米 | 豆类 | 薯类 | 其他杂粮 |
|---|---|---|---|---|---|---|---|---|---|
| 1991 | 120.04 | 45.38 | 12.36 | 50.32 | 2.42 | 1.04 | 1.98 | 6.05 | 0.49 |
| 1994 | 98.32 | 30.02 | 13.68 | 39.12 | 3.70 | 0.55 | 2.42 | 8.40 | 0.43 |
| 1997 | 127.61 | 42.62 | 16.15 | 51.61 | 4.99 | 1.46 | 2.64 | 7.74 | 0.40 |
| 1998 | 78.20 | 20.68 | 13.09 | 29.45 | 4.08 | 1.93 | 2.26 | 6.32 | 0.39 |
| 1999 | 108.21 | 29.82 | 19.65 | 42.38 | 4.26 | 2.26 | 2.65 | 6.87 | 0.32 |
| 2000 | 107.96 | 31.01 | 24.77 | 37.79 | 3.13 | 1.62 | 2.49 | 6.87 | 0.28 |

续表 16-2-2

| 年 份 | 粮食总产量 | 早 稻 | 一季稻 | 二 晚 | 小 麦 | 玉 米 | 豆 类 | 薯 类 | 其他杂粮 |
|---|---|---|---|---|---|---|---|---|---|
| 2001 | 105.84 | 27.86 | 30.22 | 35.18 | 2.06 | 1.38 | 2.43 | 6.47 | 0.24 |
| 2002 | 102.27 | 23.91 | 36.17 | 31.31 | 1.39 | 0.95 | 2.30 | 6.05 | 0.19 |
| 2003 | 88.51 | 20.75 | 34.90 | 23.39 | 1.10 | 1.21 | 1.92 | 5.09 | 0.15 |
| 2004 | 118.12 | 28.98 | 47.51 | 32.03 | 0.93 | 0.94 | 1.69 | 5.88 | 0.16 |
| 2005 | 126.77 | 34.22 | 44.17 | 36.37 | 0.88 | 1.42 | 2.11 | 7.47 | 0.13 |
| 2006 | 134.71 | 35.46 | 46.16 | 38.20 | 0.84 | 1.47 | 2.24 | 10.23 | 0.11 |
| 2007 | 137.17 | 35.61 | 48.06 | 38.49 | 0.74 | 1.71 | 2.34 | 10.09 | 0.13 |
| 2008 | 144.98 | 37.35 | 50.89 | 40.52 | 0.88 | 2.10 | 2.47 | 10.40 | 0.37 |
| 2009 | 153.48 | 39.43 | 52.73 | 42.97 | 1.07 | 3.55 | 2.27 | 11.15 | 0.31 |
| 2010 | 153.47 | 37.06 | 52.39 | 43.47 | 1.31 | 3.82 | 2.37 | 12.7 | 0.35 |

## 第二节　经济作物

### 一、棉 花

**栽培技术**　20 世纪 90 年代初，省委、省政府调整产业结构，要求九江市破除“千年田、万年地”旧习惯束缚，改水田为旱地，扩大水稻棉花轮作。市委、市政府提出：“全党齐动手，集中抓种棉，一年过百万，三年超天门”，从此九江棉花生产开始大规模突破旧有模式，改革耕作制度，推行水改旱，扩大水稻棉花轮作。一种棉花生产新模式开始形成，植棉技术取得重大突破。1994 年，全面推广丘陵旱地棉花“矮密早”栽培技术及棉花全程化调技术，其中“矮密早栽培技术的推广应用”获农业部颁发全国农牧渔业丰收奖三等奖。“水稻田改种棉花模式研究与综合技术推广应用”获省科技进步奖三等奖、省农牧渔业技术改进成果一等奖。1996 年，“棉花全程化调综合栽培技术推广”项目获省科技进步奖三等奖。1998 年，“赣北棉铃虫综合治理示范推广”项目获省科技进步奖三等奖。同年开始引进以中 29 为主的抗虫杂交棉试验示范，2002 年，大面积推广，全市品种均为抗虫杂交棉。2005 年开始进行棉花无土育苗移栽。2008 年，在全市大规模开展棉花高产创建活动。2009 年，在彭泽县进行棉花无三丝试点工作，并于 2010 年全面推广。

**基地建设**　2008 年，彭泽县、九江县、湖口县列为全国棉花高产创建示范基地。2009 年，湖口县武山乡的百亩连片棉田，取得长江流域棉花生产首次亩产过 1000 斤籽棉佳绩。2010 年，彭泽县万亩棉花首次亩产过 400 公斤籽棉。

**面积产量**　1991~2000 年，全市棉花种植面积 37300~82700 公顷，年总产皮棉 32750~109953 吨。其中，1992~1997 年是棉花生产鼎盛时期，种植面积超 100 万亩，总产皮棉超 100 万担。1999 年，国家取消棉花指令性计划，全市棉花种植面积回落到 38266 公顷。2001~2010 年，全市棉花种植面积 35105~61262 公顷，总产皮棉 45637~96130 吨。

1991~2010 年全市棉花种植面积与产量一览

表 16-2-3　　单位:万公顷、万吨

| 年 份 | 面 积 | 产 量 | 年 份 | 面 积 | 产 量 |
|---|---|---|---|---|---|
| 1991 | 6.2653 | 6.75 | 2001 | 4.2498 | 5.0367 |
| 1992 | 6.9427 | 8.164 | 2002 | 3.5105 | 4.5637 |
| 1993 | 7.7842 | 8.5943 | 2003 | 4.512 | 5.3356 |
| 1994 | 8.2964 | 10.9953 | 2004 | 4.244 | 5.8669 |
| 1995 | 6.7596 | 6.8114 | 2005 | 4.2945 | 5.8738 |
| 1996 | 5.6667 | 7.5279 | 2006 | 4.7047 | 6.6919 |
| 1997 | 5.3511 | 7.897 | 2007 | 4.8573 | 7.1356 |
| 1998 | 5.9333 | 3.285 | 2008 | 4.9132 | 8.2058 |
| 1999 | 3.8267 | 3.275 | 2009 | 5.6025 | 9.1173 |
| 2000 | 3.9267 | 3.929 | 2010 | 6.1262 | 9.613 |

## 二、茶

九江种植茶叶自然条件优越,不仅产量丰富,且品质优良。各县区都有种植。1992 年,修水县大椿茶场的"双井绿"获首届中国农业博览会银奖;1995 年,国家科委、农业部、人事部、劳动部、物资部、国家工商总局、税务总局、全国供销合作总社、国务院外国专家局联合公告修水县"天霓牌神农解烟茶"为国家级新产品。进入 21 世纪,庐山云雾茶多次获国际茶叶博览会金奖。2004 年 8 月,获国家地理标志产品保护,保护范围包括庐山风景区,庐山区海会镇、威家镇、虞家河乡、莲花镇、五里街道、赛阳镇、姑塘镇、新港镇,星子县东牯山林场、温泉镇、白鹿镇,九江县岷山乡现辖行政区域。2007 年 10 月,GB/T2003《地理标志产品·庐山云雾茶》发布实施。2010 年 3 月,庐山云雾茶商标经国家工商总局核准注册。

1991~2010 年全市茶叶种植面积与产量一览

表 16-2-4　　单位:万公顷、万吨

| 年 份 | 面 积 | 产 量 | 年 份 | 面 积 | 产 量 |
|---|---|---|---|---|---|
| 1991 | 0.9060 | 0.3181 | 2001 | 0.3127 | 0.2144 |
| 1992 | 0.8241 | 0.2982 | 2002 | 0.2889 | 0.2030 |
| 1993 | 0.8061 | 0.3095 | 2003 | 0.2926 | 0.1973 |
| 1994 | 0.7735 | 0.3070 | 2004 | 0.3299 | 0.2220 |
| 1995 | 0.6583 | 0.2475 | 2005 | 0.6893 | 0.2416 |
| 1996 | 0.6321 | 0.2288 | 2006 | 0.5690 | 0.2468 |
| 1997 | 0.6340 | 0.2253 | 2007 | 0.5643 | 0.2844 |
| 1998 | 0.4854 | 0.2498 | 2008 | 0.5372 | 0.2970 |
| 1999 | 0.4642 | 0.2220 | 2009 | 0.6119 | 0.4079 |
| 2000 | 0.3522 | 0.2123 | 2010 | 0.6430 | 0.5337 |

## 三、桑

九江西部山区自古即植桑养蚕,1991 年,全市桑园面积 6513 公顷,蚕茧 1111 吨。主要以修水县为主,其次是武宁县、德安县。同年修水县蚕桑"星火计划"成果在北京"七五"全国星火计划成果博览会展出,获金奖。1992年,修水县实施国家级星火计划项目《蚕桑工程高产技术配套及示范》,由省科委主持在南昌市召开验收鉴定会,评定项目成果为省内领先,整体配套技术达到全国同类研究先进水平。农业部和省农牧渔业厅为修水县推广"小蚕片叶立体育"项目颁发双达标证书。2010年,全市的桑园面积6225公顷,蚕茧4380吨。

1991~2010年若干年份全市桑园种植面积与蚕茧产量一览

表16-2-5 单位:万公顷、万吨

| 年份 | 桑园面积 | 蚕茧产量 | 年份 | 桑园面积 | 蚕茧产量 | 年份 | 桑园面积 | 蚕茧产量 |
|---|---|---|---|---|---|---|---|---|
| 1991 | 0.6513 | 0.1111 | 2001 | 0.5011 | 0.2082 | 2005 | 0.6814 | 0.4498 |
| 1995 | 0.5647 | 0.2573 | 2002 | 0.7113 | 0.3206 | 2008 | 0.6466 | 0.3488 |
| 1999 | 0.1152 | 0.0857 | 2004 | 0.6570 | 0.3982 | 2010 | 0.6225 | 0.4380 |

### 四、苎 麻

九江是省重要苎麻产地。最高年种植面积达11520公顷,总产量13116吨。1991年,境内麻园面积1035公顷,总产量839吨。受市场经济影响,苎麻生产起起落落,1995年麻园面积恢复到2569公顷,总产量3473吨;1999年,麻园面积又回落到1458公顷,总产量1744吨;2000~2006年,种植面积在2333~2757公顷之间,总产量在3006~4099吨之间;之后又开始萎缩,到2010年,境内麻园面积为1267公顷,总产量2267吨。

1991~2010年若干年份全市苎麻种植面积与产量一览

表16-2-6 单位:万公顷、万吨

| 年份 | 面积 | 产量 | 年份 | 面积 | 产量 | 年份 | 面积 | 产量 |
|---|---|---|---|---|---|---|---|---|
| 1991 | 0.1035 | 0.0839 | 2000 | 0.2662 | 0.3303 | 2006 | 0.2333 | 0.3873 |
| 1995 | 0.2569 | 0.3743 | 2002 | 0.2537 | 0.3967 | 2008 | 0.1974 | 0.360 |
| 1999 | 0.1458 | 0.1744 | 2005 | 0.2406 | 0.4099 | 2010 | 0.1267 | 0.2267 |

## 第三节 果蔬作物

### 一、水果种植

1991年以来,引进水果栽培先进技术如套袋技术、避雨技术、一茬多熟西瓜技术、小拱棚双膜嫁接育苗技术,提高境内水果产量与品质。九江是全省"南桔北梨"果业发展规划的早熟梨生产主要区域之一。2000年,开始实施早熟梨工程,种植面积从无到有,从小到大。2010年,九江早熟梨种植面积达18000公顷。至当年,全市水果种植面积1.9万多公顷,总产11.2万吨。其中柑橘6.8万吨、九江水梨(九江早熟梨)2.0万吨、桃1.4万吨、其他水果1万吨。

1991~2010 年全市水果种植面积与产量一览

表 16-2-7　　单位:万公顷、万吨

| 年 份 | 面 积 | 产 量 | 年 份 | 面 积 | 产 量 |
|---|---|---|---|---|---|
| 1991 | 0.7959 | 1.2162 | 2001 | 0.8054 | 1.3112 |
| 1992 | 1.1092 | 0.5775 | 2002 | 0.9171 | 2.0007 |
| 1993 | 1.2656 | 0.8325 | 2003 | 1.1513 | 1.8718 |
| 1994 | 1.2469 | 0.8804 | 2004 | 1.2261 | 3.2492 |
| 1995 | 0.9339 | 0.8450 | 2005 | 1.6279 | 4.4279 |
| 1996 | 1.2198 | 0.9892 | 2006 | 1.7873 | 7.8484 |
| 1997 | 1.2052 | 1.4326 | 2007 | 1.4156 | 9.0036 |
| 1998 | 1.0930 | 0.9085 | 2008 | 2.0422 | 10.6707 |
| 1999 | 1.0537 | 1.0926 | 2009 | 2.1474 | 11.6604 |
| 2000 | 0.8284 | 1.0555 | 2010 | 1.9033 | 11.2045 |

## 二、蔬 菜

1991 年,全市蔬菜种植面积为 25446 公顷。随着经济不断发展,城镇人口逐年增多,农业生产结构调整,商品蔬菜成为一大新兴产业快速发展。到 2001 年,全市蔬菜复种面积 65066 公顷,总产 1010010 吨。2002~2010 年,全市蔬菜种植面积 38789~43385 公顷。2010 年,全市蔬菜复种面积 39373 公顷,总产 757482 吨。

1991~2010 年全市蔬菜种植面积与产量一览

表 16-2-8　　单位:万公顷、万吨

| 年 份 | 面 积 | 产 量 | 年 份 | 面 积 | 产 量 |
|---|---|---|---|---|---|
| 1991 | 2.5446 | 41.4770 | 2001 | 6.5066 | 101.0010 |
| 1992 | 2.8007 | 45.9315 | 2002 | 4.3347 | 84.2420 |
| 1993 | 3.1480 | 51.6272 | 2003 | 4.3385 | 74.0721 |
| 1994 | 3.2778 | 54.0837 | 2004 | 4.2874 | 74.3276 |
| 1995 | 3.2827 | 54.4928 | 2005 | 4.3231 | 78.50 |
| 1996 | 3.7609 | 62.8070 | 2006 | 4.2854 | 81.4845 |
| 1997 | 4.1008 | 67.6632 | 2007 | 4.0110 | 81.6864 |
| 1998 | 3.930 | 64.8450 | 2008 | 4.1767 | 84.2278 |
| 1999 | 4.1632 | 69.5254 | 2009 | 3.8789 | 74.6215 |
| 2000 | 4.3090 | 72.3912 | 2010 | 3.9373 | 75.7482 |

2007 年全市蔬菜品种与产量一览

表 16-2-9 单位:万公顷、万吨

| 种 类 | 面 积 | 产 量 | 种 类 | 面 积 | 产 量 |
|---|---|---|---|---|---|
| 合 计 | 4.0110 | 81.6864 | 4.块根、块茎类 | 0.7251 | 16.5077 |
| 1.叶菜类 | 1.5710 | 29.666 | 其中:萝 卜 | 0.5196 | 12.3268 |
| 其中:菠 菜 | 0.1183 | 1.6960 | 胡萝卜 | 0.0944 | 1.8015 |
| 芹 菜 | 0.1267 | 2.0482 | 5.茄果菜类 | 0.5084 | 11.7147 |
| 大白菜 | 0.7329 | 14.995 | 其中:茄 子 | 0.1644 | 2.4978 |
| 甘蓝包 | 0.4725 | 8.9073 | 西红柿 | 0.1281 | 5.0451 |
| 2.瓜菜类 | 0.3819 | 8.9917 | 6.葱蒜类 | 0.1838 | 2.4924 |
| 其中:黄 瓜 | 0.1604 | 3.9507 | 其中:大 蒜 | 0.0346 | 0.3567 |
| 3.菜用豆类 | 0.3382 | 5.7288 | 7.水生菜类 | 0.1325 | 3.0356 |
| 其中:豇 豆 | 0.1640 | 2.6783 | 其中:莲 藕 | 0.1141 | 1.8639 |
| 四季豆 | 0.1219 | 2.1678 | 8.其他蔬菜 | 0.1657 | 3.5232 |

## 第四节 特 产

**瑞昌山药** 瑞昌山药,味甘,性温平,其块茎富含淀粉、糖、蛋白质、维生素、氨基酸等多种营养成分,具有很强的健脾、益肾、养肺功能,是滋补佳肴。该山药适用性强,丰产性好,耐贮耐运。伴以鱼、肉烹制菜肴,其色白、味鲜、爽嫩可口,久煮不煳,风味独特,炒、爆、溜、汤等多种烹调方法均可。是兼具菜、药两用上等佳品,男女老幼皆宜。瑞昌山药农产品地理标志地域保护范围为瑞昌市辖区内 21 个乡镇场,主要集中在南阳、高丰、桂林、横立山、白杨、洪下、夏畈等乡镇。

**武宁小竹笋** 按品种可分为毛竹笋、小山竹笋和雷竹笋,按季节可分为冬笋和春笋。全县有毛竹 8670 公顷,蓄积量在 2460 万支以上,年产冬、春笋 8000 吨;小山竹笋 7340 公顷,年产竹笋 3000 吨;雷竹 67 公顷,年产笋 150 吨。年加工的冬、春笋罐头在千吨以上,小山竹笋罐头 1200 吨。武宁竹笋富含氨基酸、蛋白质、肠纤维、矿物质和多种维生素。

**黄老门生姜** 明朝年间,九江县黄老门即种姜。姜表呈淡黄色,芽带淡红色,肉质蜡黄,故又名"红爪姜"。植株长势强,高 60~80 厘米。姜块大,单株块最重约 500 克。产量高,亩产 1500 千克左右,最高可达 2500 余千克。姜质优良,含有浓郁芳香挥发油和辛辣性姜酮等成分。鲜姜及其根须、红茎可炒食,也可与辣椒、豆豉合腌,味美可口;加工成干姜片、糖姜片、姜汁、姜酒,饶有风味。入药具健胃、除湿、祛寒之功,可治呕吐、咳逆、感冒、风寒等症,也可解鱼、蟹和半夏、南星等腥毒。姜叶与青茎还是猪、牛青饲料。黄老门鲜姜远销江南各省、市,干姜片外销日本国,有良好发展前景。

**易家河柑橘** 永修县柘林镇易家河新村地处柘林湖畔,全村柑橘种植面积 307 公顷,年产量 1 万吨,产品远销北京、南京、哈尔滨、香港、马来西亚等地,年销售收入 1000 多万元。

**米粮铺柑橘** 共青城米粮铺柑橘具有"果大、味甜、皮薄"等特点,受市场和消费者好评。在 2003 年第七届农产品交易会上,获得"中华名果"称号。

**武宁猕猴桃** 武宁猕猴桃是省内特色水果。猕猴桃又名芝麻桃,是一种具有很高经济价值和药用价值多年生攀援性植物水果。含有多种氨基酸和微量元素。具有滋补强身、清热利尿、生津润燥、祛风活血、散瘀消肿和健胃、催奶、止血等多种功效,被列入《中国药典》。武宁县年产约 700 吨。县罐头厂、食品厂、饮料厂向中外市场投放猕猴桃酱、罐头、果脯、果晶、果汁、果酒等系列产品。

**马回岭西瓜** 马回岭镇有悠久的西瓜种植历史,其瓜美、味甜,产量高,享誉省内外。2009年,全镇西瓜种植面积突破534公顷,仅嫁接西瓜就超过200公顷,无籽西瓜67公顷,产量超过2万吨,产值达2000万元。2006年,马回岭镇成功申报无公害西瓜产地产品,2009年,连续成功申报农业部无公害西瓜产品。

**虬津莲藕** 永修县虬津镇利用低洼易涝地种植莲藕200公顷,亩产1500千克,其藕具有个大、味甜、质脆等特点,富含淀粉,葡萄糖及人体所需的多种有机物质,其荷叶可以加工利用。

**都昌紫皮大蒜** 都昌紫皮蒜,历来为省特产蔬菜之一。适应性强,稳产高产,瓣大皮薄,味辣鲜香,营养丰富。是加工、鲜食兼用良种,年种植200公顷左右,年产大蒜头和蒜苔各1500吨。主销省内的南昌、景德镇、乐平、余干、新建、清江等市县及苏皖鄂等省沿江地区。

**聂桥葡萄** 德安县聂桥镇梓坊村葡萄种植总面积80公顷,有藤稔、巨峰、亚保和京亚4个中早熟品种,远销南昌、武汉、广州等城市。注册"博阳葡萄"品牌,销量及知名度位居赣北第一。

**磨溪板栗** 磨溪板栗一年产二季,为国内水果名优品种,曾被商业部列为科研项目,中央新闻记录电影制片厂拍摄成新闻片。磨溪板栗分为嫁接和不嫁接2种,嫁接后的板栗一年开花2次,2次都成熟,叫双季板栗,且颗粒大,品质香甜。第二季板栗成熟时,恰在元旦、春节上市,有市场卖点。磨溪全乡85%农户家庭种板栗,年产板栗50吨以上。中医认为,板栗有养胃健脾、补肾、壮腰、强筋、止血、消肿等功能,即能生吃,又能炒吃,还是餐桌上的佳肴,历来就受到人们喜爱。磨溪板栗获市场青睐,在浙江、湖南、江苏、湖北等地赢得市场。

# 第三章 畜牧业

## 第一节 牲畜养殖

### 一、猪

**品种资源** 2006年8月,开始全省第五次畜禽品种资源普查前,市内还有都昌(含彭泽县杨梓花猪)"六白猪"(亦称赣西北花猪、都昌小型猪)、九江县城门黑猪、瑞昌"乐园黑猪""湖南花猪"等地方猪品种,后由于地域限制、长期近亲繁殖,品种特征逐渐退化,不作为单独品种存在。迄2010年,地方品种有修水杭猪和星子滨湖黑猪,引进品种有大约克、长白猪、杜洛克、中约克。①修水杭猪,具有2000多年历史,是省8个地方品种之一,已列入《中国品种志》。该猪种产仔率高,生长快,肉质鲜美,深受广大消费者喜爱,具有良好的经济开发价值。划定区域保护范围为修水县西港、上杭、马坳、杭口4个乡镇。2009年,九江博莱农业集团投资1亿元开发利用修水杭猪项目,在修水县正式签约。该项目采取"规模化养殖,一体化经营"市场运作方式,在全面做好修水杭猪提纯保种的基础上,促进修水杭猪产业化发展。采取"公司+农户"和"订单农业"方式,辐射拉动修水杭猪产业发展,最终实现修水杭猪年出栏规模达到5万头以上目标。同时,为扩展博莱农业集团的特色肉类产品系列,对修水杭猪实行精深加工,打造修水杭猪品牌特色。②星子滨湖黑猪,经国家畜禽遗传资源委员会专家鉴定认证,收录《中国畜禽遗传资源目录》,属江西8大地方品种猪之一,产于鄱阳湖周围各县区,以星子县为主产区,猪种全身皮毛灰黑色,体型中等,耐粗饲、繁殖率高、肉质好、遗传稳定、杂交效果显著,对低温、高湿气候有较好适应能力,是生产商品瘦肉猪优良杂交母猪。2010年,全国统计仅存滨湖黑猪母猪773头,公猪64头,其中星子县存栏滨湖黑猪母猪456头,公猪8头。滨湖黑猪被确定国家生猪遗传资源,具有较好市场开发前景,星子县种畜场为滨湖黑猪保种资源场。2010年,全市有地方品种保种场2个,一级以上种猪场7个,二级种猪扩繁场12个。

**饲养方式** 20世纪90年代初期始，专业户、重点户大量涌现，开始发展规模经营和专业化生产。1993年，饲料产量8.7万吨，通过推广“871”配合饲料以及良种引进，缩短喂养周期，提高出栏率，生猪出栏率由1992年74.4%提高到77.3%。瘦肉型猪肉产量为11678吨，占总产量10.7%。1994年，出栏瘦肉型猪25.25万头。全市按照省委省政府要把畜牧业作为农村经济突破口要求，在发展规模养殖上取得明显成效，全市涌现一批千头猪场。彭泽上十岭、德安丰林、九江县良种猪场、市畜禽良种场等20个瘦肉型猪场形成商品肉猪出口基地，全年出口大中活猪2.83万头，比1993年增加4500头。2000年，畜产品价格长时间处于低谷，效益低下，挫伤农民养猪积极性。各地结合当地实际，引导农民进行畜牧品种结构调整，“三元”杂交猪比例达到30%。2005年，市政府从农业发展资金中拿出100万元，专门用于扶持生猪生产，并转发瑞昌市《关于加快我市生猪生产发展的决定》。5月，在瑞昌市召开全市生猪生产现场会，学习瑞昌南义镇以大户带小户模式形成各自生猪养殖体系，每个体系中有近200个农户参与，少的养猪100多头，多的上千头，带动全镇年出栏生猪近5万头。现场会后，修水、瑞昌、永修、彭泽、九江县等县(市)出台一系列发展生猪生产优惠政策。2006年，全市新建生猪原种场1个，验收通过二级良种猪扩繁场4个，共增加原种母猪870头，全年可为农户提供二元杂交母猪6000多头，良种仔猪达10多万头，良种仔猪供给率提高8个百分点。2007年，国家实行能繁母猪饲养补贴和保险政策。经过登记造册，全市能繁母猪4.62万头，9177个养殖户共获得补贴资金231万元，全市80%以上能繁母猪参加保险。2008年年初，畜牧业生产遭遇严重低温冰雪灾害，因灾死亡生猪3.36万头，倒塌栏舍8.2万平方米，整个畜牧业直接经济损失近8000万元。市争取到省科技厅“规模猪场粪污处理新技术示范与推广”项目和省农业厅“生猪标准化规模养殖场生态养殖技术推广”项目，在全市建立16个畜禽清洁生产示范点，开展生物发酵床养猪试验、猪场“三改两分离”与废物厌氧发酵综合利用等清洁生产新技术示范和推广。当年，全市能繁母猪8.2316万头获补贴资金823.16万元，国家开始实施生猪标准化规模养殖场(小区)建设项目。2009年，全市有7个原种猪场、一级种猪繁育场，9个二级种猪繁育场。在全市开展畜禽清洁生产行动。2010年，生猪生产组织化程度不断提升。全市有畜牧业合作社330家，其中58家合作社年养生猪在5000头以上。有各级种猪良种场34个，其中二级种猪扩繁场33个，全市新增4个万头猪场，分别是星子百世腾育种有限公司和御景生态农业有限公司、永修永恒昌农牧开发有限公司、都昌赣农生态开发有限公司，万头猪场达11个，有一定实力大公司通过多种方式，把公司发展同农民养殖致富紧密联系在一起，构建起畜牧产业化模式。

**养殖规模** 1991年，全市生猪出栏153.15万头，至1995年，达到年出栏234.03万头。1998年，市遭受特大洪涝灾害侵袭，农业和农村经济受到重大损失，畜牧业产量大减，年出栏下降到174.83万头，后由于生猪市场价格低迷，养殖方式由散养模式到规模养殖过渡，至2003年，生猪出栏144.7万头，后由于国家政策扶持和规模养殖兴起，生猪生产有所恢复。2010年，全市生猪出栏198.94万头。全市有17个年出栏万头以上规模猪场，34个年出栏5000~10000头规模猪场，20个年出栏3000~5000头规模猪场，186个年出栏1000~3000头规模猪场，410个年出栏500~1000头规模猪场。

1991~2010年全市生猪养殖情况一览

表16-3-1　　单位:万头、万吨

| 年份 | 生猪出栏 | 猪肉产量 | 生猪年末存栏 | 年份 | 生猪出栏 | 猪肉产量 | 生猪年末存栏 |
|---|---|---|---|---|---|---|---|
| 1991 | 153.15 | 9.55 | 205.88 | 2001 | 165.85 | 11.64 | 127.87 |
| 1992 | 157.42 | 10.90 | 203.57 | 2002 | 164.12 | 11.88 | 125.24 |
| 1993 | 167.91 | 11.76 | 209.15 | 2003 | 144.70 | 10.61 | 113.74 |
| 1994 | 212.38 | 14.98 | 221.45 | 2004 | 149.76 | 10.88 | 111.72 |
| 1995 | 234.03 | 16.22 | 225.27 | 2005 | 160.51 | 11.92 | 110.58 |
| 1996 | 229.80 | 16.41 | 217.87 | 2006 | 158.72 | 11.50 | 103.35 |
| 1997 | 253.60 | 17.85 | 229.55 | 2007 | 159.62 | 12.17 | 102.43 |
| 1998 | 174.83 | 12.37 | 161.32 | 2008 | 171.64 | 12.83 | 106.82 |
| 1999 | 170.67 | 11.90 | 145.79 | 2009 | 189.59 | 14.92 | 109.33 |
| 2000 | 172.53 | 12.00 | 137.34 | 2010 | 198.94 | 15.87 | 118.48 |

## 二、牛

20世纪90年代初,多数农户养的是耕牛。通过放牧,自然交配,实现自然繁殖,地方品种有鄱阳湖滨湖水牛。随着市场经济体制建立、牛肉消费需求不断增加和农机化推广,牛的役用功能减弱,逐渐向以肉为主、役肉兼用转变。2002年,永修县吴城镇利用天然草洲养殖肉牛,年出栏近3000头,养牛10头以上有120户,其中有7户养牛超过100头,该县立新乡1养牛专业户建成存栏100多头养牛示范场,养牛年收入5万多元,并免费为周边农户提供配种、饲养等技术支持,带领10多户农民养牛致富。2005年,彭泽县志和畜牧场建成投产,肉牛养殖规模达1000头。2009年8月,永修县滨湖水牛繁育场通过验收,作为鄱阳湖滨湖水牛保种、繁育基地,开展滨湖水牛研究和推广工作。

## 三、羊

修水、武宁、瑞昌山区农民有养殖山羊传统,品种主要有小尾寒羊、波尔山羊、南江黄羊、美利努羊和萨福克羊、成都麻羊和修水黑山羊等。1991年,全市年末存栏0.98万只。1994年,启动省"百万山羊发展计划",在全省选择养羊基础好14个县市为实施点,武宁县、修水县名列其中。1995年,畜牧业产业结构调整,草食动物发展较快,山羊饲养量达11.6万头,比1994年翻了一番多。1996年,修水县实施"百万山羊工程",武宁县实施"牛羊工程"。1997年,涌现出武宁、修水等饲养量10万头以上重点县。武宁县财政、信贷、自筹共1000多万元用于发展养羊。2000年,修水县开始实施国家级秸秆养羊示范县项目,大面积推广养羊实用技术,引进、改良羊种上万只,帮扶示范养羊户1000余户,使该县山羊生产水平和饲养总量有较大提高,农民人均养羊增收超过100元。至2003年年末,全市山羊存栏达到37.07万只,创历史最高水平,其后由于市场波动等原因,至2010年年末存栏下降到13.8万只。

## 四、兔

1991年,全市出笼兔500只,此后出笼量起伏较大,年出笼数千只到3万只之间。品种主要有新西兰兔、比利时兔、日本大耳兔、安哥拉兔以及兼用型金星獭兔。2003年,九江县引导农民养兔致富成效显著,仅城郊和团结、永安等地就有上万只。2005年,永修县江上镇陈俊勇采取"家兔野养"的方式,利用荒山养殖肉用比利时兔、日本白兔1万多只,年收入10余万元。2006年4月,瑞昌市高丰建立獭兔养殖基地,以江西瑞丰兔业发展有限公司为龙头,公司位于瑞昌市高丰镇永丰村,占地5.3公顷。是一家集良种繁育、饲养及后加工于一体的大型农业科技综合企业。公司前期投资800万元，在瑞昌高丰兴建“獭兔良种繁育养殖基地”“精饲料加工供应基地”及“草饲料种植示范基地”。拥有养殖车间15栋，总笼位10000个，每年可繁育优良獭兔种兔5万多只。精饲料加工厂年产1万吨，坚持“公司+基地+农户”运作模式，与瑞昌市永盛兔业专业合作社及广大农户签订“五包”养殖合同，实行包供种、包养殖技术培训、包防疫、包精饲料供应、包保护价回收，为獭兔养殖农户提供产前、产中、产后一站式全程服务，确保农户无风险养殖。公司现已带动规模在5000只以上养殖基地4个，带动瑞昌、九江、彭泽、武宁等县(市)养殖农户共2079户。2007年，出笼商品獭兔20万只以上，实现销售额1200余万元，利润110万元，农户从事獭兔养殖增加收入300多万元。2010年，出笼量达9.18万只。

## 第二节 家禽养殖

20世纪90年代，全市家禽规模养殖始起步，先后建有星子隘口百万肉鸡、都昌和合百万蛋鸭、德安丰林百万蛋鸡等示范基地。品种主要有引进的伊沙蛋鸡、罗曼蛋鸡、罗斯蛋鸡、海兰蛋鸡、海赛克斯蛋鸡、爱拔益加肉鸡、艾维茵肉鸡、樱桃谷肉鸭、瘤头鸭、吉安红毛鸭。地方品种有修水乌鸡、彭泽“东升”豚、修水番鸭等。彭泽东升豚是一种高蛋白、高营养价值食用水禽，原是野生物种，因在彭泽县东升镇有悠久驯养历史而得名。修水乌鸡，又名黄坳黄羽乌鸡，主要分布在修水县黄坳乡境内，而黄坳乡又以九龙、朱砂、丁桥3个行政村饲养最为集中，该鸡鸡冠红色，下端肉髯黑色，公鸡冠形较大，呈深红色，毛形为片羽状，有部分鸡羽毛外翻，毛色以黄色为主，夹杂有少量的白羽毛或黑羽毛。羽毛紧凑，色泽光亮，体型纤巧，成年母鸡一般体重为1000~1500克，成年公鸡为2000~2500克，主要特征是：乌皮、乌舌、乌肉、乌骨、乌爪。修水番鸭又称“洋鸭”，已有千年历史，该鸭经过长期本土驯养，已成为优势突出地方特色品种，主要分布在山口等乡镇。该鸭全身黑色，冠及脸部有红色肉瘤，体型较大，耐粗饲，生长快，6月龄体重可达3公斤，脂肪低，瘦肉率高，肉质鲜美，食性温平，营养丰富，具有滋阴补肾之功效。1992年初，省委、省政府提出要把畜禽水产业当作全省农村经济又一突破口，市业务主管部门立即成立“鹅鸭工程”实施领导小组，推广“一口塘、一棚鸭、一塘鱼、一亩水面、一百羽鸭”主体养殖模式。以高产蛋鸭、蛋鸡和优质肉鸡为主，家禽业快速发展成为全市牧业结构调整一个新亮点。继湖区水禽生产取得突破性发展后，以德安蛋鸡、星子肉鸡养殖基地为代表优质家禽生产发展势头迅猛，逐步向专业化养殖小区模式发展，并朝周边地区辐射，示范效应明显，仅德安县城郊就有90多户养鸡户，存笼超过50万羽，家禽生产成为畜牧业新的增长点，为农民增收发挥着越来越大作用。90年代中末期，开始出现一批饲养蛋鸡专业户，以专业户为主体的适度规模经营快速发展，规模养殖场户不断涌现，同时一大批像德安县宝塔乡牌楼村蛋鸡场、湖口县马影蛋鸡场等乡村办畜牧场正在兴起。1995年，随着国家收购价格调整和粮食价格回落，农民畜牧养殖积极性提高，全市把发展畜牧业作为农村经济的突破口之一，在发展规模养殖上取得明显成效，“百万羽蛋鸡养殖工程”开展实施，全市有30万羽蛋鸡养殖规模。

2002年，由市县农业部门共建都昌和合蛋鸭规模生产示范基地，选准市场适销优良品种，推广大棚养鸭的模式化操作技术，迅速发展壮大，辐射到周边沿湖多个乡镇，小水禽成为当地农民增收一个大产业。德安县在丰林镇泗溪村开展种草养鹅试点，种草近百亩，养鹅3万多羽，每只鹅至少可获纯利6元，多则10元，许多农民加入种草养鹅致富行列。2004年，德安蛋鸡小区建设成效显著，有7个初具规模、年存笼60多万羽优质蛋鸡生产小区，在全省名列前茅。全国爆发高致病性禽流感疫情，江西部分地区出现疫情，家禽及产品流通受阻，此次疫情虽得到及时有效控制，但受市场需求等因素影响，养殖数量下降明显，产业发展受阻。2007年7月，永修县艾城镇养鸭合作社成立，合作社始终坚持“政府引导、能人领办、入社自愿、退社自由、利益共享、风险共担”原则，发展鸭苗孵化和肉鸭、蛋鸭养殖。合作社正式社员

168名,其中党员11名,养殖户达300多户,建立养殖小区17个,覆盖区域涉及永修10多个乡镇及德安、星子、武宁、新建、高安等县市。合作社的鸭苗除供应本省外,还远销安徽、湖北、湖南、贵州、四川等6省区,生产的优质成品鸭成为江西煌上煌集团公司首选原料,并建立长期供销合作关系。2007年,合作社年孵化鸭苗达到200万羽,生产商品鸭200多万羽,总产值4000万元,社员户均收入3.2万元。2008年,家禽生产产业化发展迅速,大场大户和加工企业不断涌现。以合作社为载体标准化生产不断深入。都昌县东大禽业养殖合作社采用公司加农户形式,每年出笼三黄鸡30万羽,年创纯利40万元。瑞昌市武蛟溢香禽类专业合作社以禽蛋加工厂为核心,社员41人,带动农户500多户,占地0.8公顷,厂房3000平方米,生产出来的"溢流香"禽蛋产品有皮蛋、咸蛋两个系列共27个品种,年加工能力1500万枚,年产值1000万元。通过批量收购鲜蛋,既解决加工厂原料来源,又解决蛋鸭养殖户卖蛋难问题,该厂先后取得"全国工业产品生产许可证"、市"无公害农产品标志"、市"农业产业化经营市级龙头企业"、瑞昌市"优秀农村专业合作社"、优秀"农副产品加工企业"称号。德安县丰林镇蛋鸡养殖专业合作社推行五个统一,其中就有统一进行标准化生产,投资改造标准养鸡设备改善饲养条件,严格按无公害准则进行标准化生产,建立好健康养殖档案,同时为确保鸡蛋品质和安全,加强兽药管理,共同创建丰林鸡蛋品牌;合作社还统一进行技术指导和疫病防治,通过聘请专家进行技术培训和养殖户多年养殖经验相互交流,成功地探索出以"品种、防疫、饲料、管理"八字方针为核心内容蛋鸡生产技术规程,同时成立蛋鸡疫病诊断室,制定科学免疫、消毒、防治方案,使蛋鸡死亡率控制在10%以下。

2010年,全市家禽出栏1709.6万羽,禽蛋产量5.8万吨,产值6.12亿元,占畜牧业产值17%。全市家禽业发展以德安蛋鸡、都昌水禽和永修肉鸭为依托,重点发展具有比较优势地方优质肉禽和水禽。水禽生产基本形成环湖水禽优势产业区。环湖以蛋鸭养殖为主要特色。

# 第四章 农 垦

## 第一节 农垦农业生产

### 一、发展模式

1991年以来,农垦农业坚持市场导向和都市型农业示范目标,突出农场增效和农工增收两个重点,不断加强农业基础建设,深化农业改革,调整农业结构,推进农业产业化和农业农村现代化进程,促进农业稳步发展。至2010年,农垦农业发展由传统模式向现代农业、都市农业、高效农业、外向型农业转变。逐步缩小粮棉传统农业的比重,重点发展设施农业、品牌农业、绿色农业和旅游休闲农业等。重点优化品质结构,提高优质农产品比重;优化区域结构,提高特色农产品比重;优化功能结构,提高观赏休闲农产品比重;优化产业结构,提高精深加工农产品比重。结构调整坚持都市型,大力发展特色农业和特色经济,创名优产品,打特色品牌,以质取胜、以特取胜,不断提高农业生产档次和农产品高科技含量,增加农工收入。构筑具有特色畜牧、水产、林果、茶叶等支柱产业,现代高效农业初具雏形。优质农产品生产区域趋于集中。建成以上十岭、共青为代表生猪养殖基地,以云山、共青柑橘、水蜜桃为主果业生产基地3456.9公顷,建成以庐山场、云山集团等为主有机茶叶基地817.7公顷,以芙蓉农场、赛城湖场为代表水产养殖基地11468.2公顷,在规模、效益上都有较大提升,改变以粮棉油占主导地位农业格局。20年中,按照市场导向和效益优先原则,大力实施农业精品战略,提升农产品品位,增强农产品市场竞争力。创建

“云居山”牌水蜜桃、“鹤问”牌水产品、“彭蠡”生猪、“芦花”牌彭泽鲫鱼、“米粮铺”柑橘等农产品精品，同时农垦系统总共有4家企业20个产品获得有机产品认证证书，5家企业9个产品获得绿色食品A级产品认证证书。创建“全国农垦现代化农业示范区”2个，“全国农垦无公害产品生产基地”2个，“农业部水产健康养殖示范场”5个，“农产品质量追溯系统企业”3个。

## 二、基地建设

20世纪90年代始，按照“立支柱、壮龙头、建基地、扩市场”思路，大力推进种养加、贸工农一体化经营，建有市场开发能力和带动能力强，能与农户联结形成利益共同体龙头企业。通过对外引进、合资、嫁接改造等途径，壮大龙头企业。2010年全垦区共创建国家级农业产业化龙头企业1个（江西共青鸭鸭（集团）有限公司），省级龙头企业5个（江西共青鸭鸭（集团）有限公司、江西云山集团畜牧水产良种公司、彭泽县牧业有限公司、江西鄱湖水产股份有限公司、彭泽县德润油脂有限责任公司）、市级龙头企业12个（彭泽县芳湖米业有限公司、江西陶令酒业有限公司、江西云居山米业有限公司、九江县新洲长发棉花工贸有限公司、九江县新洲垦殖场棉业有限公司、共青宝山畜牧场、共青板鸭有限公司、共青宝山纺织有限公司、江西国纺纺织有限公司、共青林森牧业有限公司、共青兴龙实业有限公司、江西锦兴纺织品有限公司）。共青鸭鸭、鄱湖水产、上十岭牧业、德润油脂、云山荣祺、七娃等加工型龙头企业，形成以为纺织服装主体，食品饮料、粮油以及畜禽、水产、果蔬加工等多条龙头型经济链。围绕支柱产业和重点产品，农垦系统共青、云山、恒丰、上十岭等场还相继成立果业合作社、畜牧养殖合作社等专业合作组织25个，建设有规模、有批量、有市场的农副产品生产基地，蔬菜设施园艺基地，供港外销菜生产基地，名特水产品生产基地，以生猪、甲鱼和肉牛为主的畜禽生产基地、林果基地等基本形成区域化布局、专业化生产、集约化经营、社会化服务格局。至2010年，农垦以庐山、云居山、耀邦陵园、桃红岭梅花鹿国家级自然保护区为依托，利用连片桃、梨、无核柿、山水园林等田园风光，把开发自然景观、人文景观与人造景点结合起来，观光旅游和休闲旅游结合起来，重点开发共青会展旅游产业、庐山垦殖场生态休闲文化旅游、凤凰山桃花园、上十岭生态游等，带动旅游、交通运输、餐饮娱乐、商业贸易等行业的发展，生态旅游农业逐步成为提高农业效益，促进农工致富的重要产业，农垦集农业开发与观光旅游于一体的现代农业综合区正在形成。

## 三、现代化进程

1991年以来，在推进农业农村现代化进程中，共青垦殖场、云山、恒丰、芙蓉、赛湖、上十岭等农垦企业全力推进农业基本建设、农业机械化、农业科技、劳动者素质、产业结构以及乡村城镇化等，整体水平高于当地其他农村地区。2010年农垦农业机械总动力8.3万千瓦，较1991年增长4倍，拖拉机及配套机械1345台，14451千瓦，较1991年分别增长7.7倍和4.4倍；排灌动力机械2616台，26620千瓦，较1991年分别增长8.1倍和3.8倍；联合收割机156台。农田水利建设水平从2005年加大投入以来得到显著提升，做到挡得住、排得出、灌得进、提得上；农业作业的主要环节耕整、排灌、运输、收割、脱粒、植保基本实现机械化或半机械化，综合机械化水平达60%以上；优良新品种、“三高”模式面积占耕地总面积90%以上；共青、云山、恒丰、赛湖等卫星城镇或中心集镇初具规模。2010年，全系统农业总产值10.2亿元。主要农作物生产面积23784公顷，总产量7.9万吨；生猪当年出栏26.79万头，年终存栏数14.96万头，年出栏数较1991年增长10倍；水产品总产量2.11万吨，较1991年增长19倍；果业种植面积3456.9公顷，产量18820吨，较1991年增长18.4倍和15倍。

## 第二节 农垦企业

### 一、企业规模

1990年,九江农垦工业产值就达到5.96亿元,占农垦工农业总产值91%,占全市工业产值14%。其后随着市场经济进一步深化,农垦体制不顺、国有成分单一、企业经营机制不活、社会包袱沉重等弊端逐渐显现,大部分场办工业企业处于停产、半停产状态,农垦经济也陷入低谷。2003始,农垦系统一方面坚持“国退民进”,做到工业企业能改就改,能租就租,通过拍卖、兼并、靠大连强,积极盘活存量资产。另一方面加强招商引资,利用农垦资源优势,优化投资环境,主攻民营经济,狠抓重大项目,快速实现农垦经济总量规模扩张。到2010年底,全市农垦工业产值达105.92亿元,占工农业总产值91%,比1991年翻四番多,销售收入达76.68亿元,出口商品总额7.1亿元,比1991年翻近两番。规模以上工业企业397家个,其中销售收入超亿元企业11家,超5000万元31家,工业从业人员3.6万人。形成纺织服装、食品加工、饮料、医药、造纸、化工等门类较为齐全工业体系。农垦工业发展,加速城镇化进程,增强农垦经济实力,2010年九江农垦国民生产总值在3000万元以上的场有10家,全系统共实现利润1.48亿元,上缴税金2.9亿元,是1991年6.9倍和16.9倍。

### 二、第三产业

1991年以来,农垦第三产业发展较快。2010年,农垦商贸和餐饮服务业共有独立核算企业和营业单位271个,固定资产值2.97亿元,从业人员7767人,第三产业总产值占农垦国内生产总值比重11.2%。同时,商贸业营业范围进一步延伸,逐步形成大商业、大流通格局,连锁店、专卖店等一些新商业业态逐步发展。除商贸服务等传统第三产业行业外,旅游业、装饰装潢业、物流通信业等一些新兴第三产业,也得到迅速发展。

# 第五章 管 理

## 第一节 产业化推进

### 一、产业基地建设

20世纪90年代,市内相继在油菜、棉花、水产等主导产业上逐年实施突破,产业结构不断优化。1991年,棉花播面6.26万公顷,比1990年增2.5万公顷,总产135万担,增长79.1%,占全省总产61.9%。经过2年努力,1993年水产品总量12.64万吨,比1991年增109.1%,特种水产品4000吨,增长3倍。1995年,国家批准德安、修水、武宁、都昌、永修5县为商品粮基地县;彭泽、九江、永修、都昌、德安、湖口6县为商品棉基地县。1996年,中共第七次市党代会提出“用抓工业的办法抓农业,推动农业向规模化、产业化发展”工作思路,在特色农业上,全面实施12个百万农业开发工程;在常规农业上,实施“422”和“433”工程。1998年、1999年特大洪灾后,全市发展避洪农业,沿湖耕地实行避洪种植。2000年,种植田藕、芡实等水生作物4666.7公顷,低洼田改鱼池1000公顷。调减棉花2万公顷、粮食2.07万公顷。发展特色农业,发展香椿、反季节蔬菜等5333.3公顷;药材4666.7公顷;蚕桑4000公顷。修水把蚕桑作为入世后主导产业来抓，全县36个乡镇100个村种桑养蚕，蚕农增收2000万元，成为全省最大蚕桑基地。

2001年，实施“1248”目标，即各县发展一个超过粮棉主导产业；农民人均收入跨过2000元；提高四个比重；发展8个新兴特色产业。全市有8个县特色产业超粮食产值。实现养殖业产值首次超过种植业产值和经济作物播面首次超过粮食作物。2003年，山区发展蚕桑、药材；湖区主攻水产、水禽和水生作物；城郊重点发展蔬菜；两路（京九、昌九）沿线发展优质水果和花卉苗木，构成四大板块产业格局。围绕区域布局逐步建立六大特色农产品基地。同时实施绿色工程。庐山茶科所34公顷茶园获有机茶园称号。武宁放心茶和九江永安放心菜基地农产品经权威机构检测，达到无公害标准。全市有省级无公害基地50个。

2005年6月，彭泽县被中国水产流通与加工协会授予“中国鲫鱼之乡”称号；都昌县授予“中国淡水珍珠之乡”称号，2006年养殖珍珠2000公顷，产量170吨，产值2.4亿元，产量占全国淡水有核珍珠70%市场份额，并获全省养殖业先进县称号。2007年，按照省委“希望在山、潜力在水、重点在田、后劲在畜、出路在工”方针，实施两个65%结构调整。全市提升粮棉油传统产业，主攻水产、林果、畜牧、蚕桑、茶叶、蔬菜6个特色产业，形成“三花（金花、银花、梨花）烂漫河鲜美，六畜兴旺桑茶香”产业格局。高效经济作物稳中有升。油菜播面比上年减1.9%，总产9.94万吨，增7%；棉花总产7.14万吨，增6.6%；蚕桑面积6933.3公顷，总产4711吨，增8.2%，产量属历史最高年份；早熟梨1.53万公顷；茶叶、蔬菜、花卉苗木等面积扩大效益提升。高效经济作物占种植业比重71.5%。养殖产业逐步提高。全市建成德安蛋鸡、永修肉鸭、瑞昌生猪等一批养殖小区和基地。水产品总量33万吨，增长11.1%，其中特种水产品9.1万吨，增21.2%；养殖业占农业总产值比重59%。2008年，全市新建农产品基地111个，培植“一村一品”360个，主导产业呈现区域化布局。修水漫江宁红蚕桑、星子泽前柑橘、永修宏康出口蔬菜、修水大椿茶叶、瑞昌严坪山药、德安博阳葡萄、九江博莱生态良种猪、武宁澧溪高产油茶、瑞昌下脚湖小龙虾、彭泽太泊湖彭泽鲫等被评为全市十佳农产品基地。都昌、永修被国家列为“新增百亿斤优质商品粮工程”基地县。都昌、永修、彭泽、九江4县荣登全省水产十强县。2010年，以鄱阳湖生态经济区建设为契机，实施“十百千”（十个万亩高产示范区、百个千亩示范片、千个50亩以上种养示范户）示范工程，构建高产、优质、高效、生态、安全现代农业生产体系。整合各项农业资金5.24亿元，建设万亩示范区11个；千亩示范片107个；培育50亩以上种养大户1032个。示范园区内农民人均收入高于全市22%。农业产业化工作进入全省先进行列。九江县获全省农业产业化发展先进县称号。14名专业大户受到省表彰。

## 二、龙头企业培育

1991年，各地依托主导产业培育一批县乡农业企业。修水新办茶厂、缫丝厂等。1992年，彭泽建成棉花、油菜籽加工厂，其中脂肪酸加工企业将棉油下脚料深加工成化工产品，年产值1000万元。1998年4月，市委、市政府《关于加快发展农业产业化经营的决定》下发后，各地依据“宽、新、强、高、改”5字要求，高起点发展新型龙头企业。全市培育水产品、油脂、蔬菜、果品、茶叶、畜禽、饲料、棉花8大精深加工龙头企业。

2000年，经过2年农产品精深加工攻坚战，全市农副产品加工企业销售收入26.67亿元，上缴税金1.23亿元。其中规模以上加工龙头企业24家，建基地3.35万公顷，带动农户10万余户。初步形成龙头带基地、基地连农户产业化格局。2002年，根据“2116”奋斗目标，全市新上2家销售超亿元，各县新上2家过千万元的龙头企业。市农办编辑《九江市农业产业化经营50例》引导龙头企业加快发展。12月，全市有彭泽上十岭良种猪场等9家认定为省级龙头企业。同年，全市产业化组织661个。龙头企业270家，其中规模以上56家，年销售过亿元2家。龙头企业固定资产13.2亿元，销售收入12.1亿元，税金7069万元，净利润10254万元。带动农户49.2万户，农户从事产业化经营增收44011万元，户均增收893元。

2003年,修水宁红集团下连10万茶农,年创产值1.1亿元,利税1000多万元,认定为国家级龙头企业。2004年1月,根据市委、市政府《关于加快培育农业产业化市级龙头企业的意见》,经市农业产业化领导小组审查,都昌开源食品有限公司等14家认定为第一批市级龙头企业。2005年7月,江西仙客来生物科技有限公司等12家重新认定为省级龙头企业。2005年10月,江西绿冬丝科有限公司等57家认定为第二批市级龙头企业。龙头企业与农户建立多种形式利益联结机制。全市主要有四种:①买卖关系,企业季节性收购,农户按市价交售,占45.6%;②合同关系,占20%;③建立股份合作方式,按股分红,占18.9%;④按利润返还,占15.5%。2005年,龙头企业法人代表1人当选全国劳模,5人当选省劳模,6人当选市劳模,10人评为全市最佳龙头企业标兵。

2006年,全市龙头企业参加北京中国国际农博会、新加坡国际食品展销会等,签订农产品销售合同3.7亿元。在全国大中城市设立销售窗口1200个,年销售额20亿元。九江浔阳蔬菜批发大市场被农业部定为全国农产品定点信息采集发布市场,年货流量3.7万吨,交易额4.3亿元。2006年11月,江西美庐乳业有限公司等8家企业新增为省级龙头企业。2007年,市委、市政府《关于加快推进农业产业化发展的意见》出台后,全市每年制订农业产业化工作方案和考评办法。加大政策扶持力度,发展壮大龙头企业。2007年实施"1121"工程;2008年实施"2323"工程;2009年实施"3525"工程;2010年实施"4545"工程(培育4个过10亿、5个过5亿、40个过亿元龙头企业,50个龙头企业连接基地)。连续四年工程实施效果明显。2010年,共青鸭鸭、九江博莱、美庐乳业、浔阳蔬菜4家龙头企业年销售额超过10亿元;九江浔城粮食贸易等6家超过5亿元;71家过1亿元;56家连接基地。2008年,修水五星制丝有限公司等106家认定为市级龙头企业。2009年,江西共青鸭鸭(集团)有限公司认定为国家级龙头企业。2010年,市嘉盛粮油工业有限公司等44家认定为省级龙头企业;修水晨光果菜有限公司等133家认定为市级龙头企业。

2010年,决战工业2000亿,做出突出贡献的中粮油工业(九江)有限公司等10家评为全市优秀龙头企业。共青鸭鸭和嘉盛粮油评为全省优秀龙头企业。当年,全市产业化组织4824个,比2005年增加2701个;龙头企业614家,增91家;其中规模以上农业企业334家,增94家;年销售过亿元81家,增72家;国家级2家,增1家;省级44家,增32家;市级133家,增75家。龙头企业固定资产107.5亿元,比2005年增长36.4%;销售收入377.2亿元,增6.6倍;税金4.2亿元,增223.5%;净利润27.8亿元,增5.2倍;带动农户102.1万户,农户从事产业化经营增收251639万元,增111.3%;户均增收2463元,增47%。

### 三、优质品牌开发

1999年,全市以农副产品精深加工为重点,实施精品战略。江西共青羽绒厂成功获得"鸭鸭"牌国家驰名商标。2000年,全市选择名优特新农产品,改进工艺,加大宣传,培植和塑造有竞争力的名牌产品。宁红牌茶叶、浔阳牌奶粉等获得省级著名商标。2000年10月26日,中国九江首届农副产品精品展,全国8省市和全市各县34个展团3000多种农产品参展。市农产品受到展会欢迎,60个农产品评为优质产品奖。2001年,无公害农产品生产起步。武宁春赐福集团加工小山竹笋等天然无公害食品,成为出口免检产品,畅销日、欧、美等地。2001年11月23日,江西优质农产品展示展销会在上海国际农业展览中心举行。九江121个农产品参展。上海市民对瑞昌山药、庐山灵芝、都昌豆参、修水红薯粉丝、彭泽东升豚等评价很好,诸多展品销售一空,展会总销售额达34.4万元。2002年11月26日,中国九江第二届农副产品精品展。全国26个省市区44个展团2300多种农产品参展,市70多个农产品获得优质产品奖,永修易家河柑橘等两个农产品获得"中华名果"称号。2004年11月20日,全省首届农业产业化成果展在南昌举行。九江选送176个优质农产品参展,参展精品供不应求,现场零售45.5万元。为此,市获一等奖;修水县获唯一县级优秀奖。2005年,省农业产业化办公室连续2年对九江鄱阳湖大闸蟹、庐山有机茶、彭泽鲫、瑞昌山药、都昌青虾、赣北早熟梨、星子金边瑞香等7个优质品牌(全省共有20个)进行扶持,下达项目资金446万元。至2006年,开发优质品牌连续5年列为县域经济主要指标进行考评,品牌创建扎实推进。庐山云雾茶、修水神茶获原产地认证。欢叶牌云雾茶列入“中国有机茶”名录,填补江西茶类产品空白。九江仙客来牌食用菌系列产品,评为绿色食品和江西名牌,被北京烹饪协会推荐为人民大会堂国宴专供产品。2007年11月,《九江市关于加快发展绿色食品产业的意见》下发后,绿色食品产业健康推进。美庐牌乳业等8大优质品牌不断做强做大,品牌农业占农业总产值比重达20%。2009年,市委、市政府表彰全市十佳农产品品牌:绿冬牌蚕丝被(中国名牌)、鸭鸭牌羽绒服(驰名商标)、独一枝牌山药(江西名牌)、仙客来牌食用菌(著名商标)、美庐牌牛奶制品(著名商标)、鄱湖舟牌醉鱼(著名商标)、霞杰牌茶叶(著名商标)、芦花牌彭泽鲫(著名商标)、愚哥牌酒糟鱼(江西名牌)、海杰牌大米、鸡蛋(江西名牌)。2010年,全市开发优质品牌成果显著。有驰名商标2个;著名商标19个;中国名牌2个;江西名牌10个;农产品地理标志登记产品3个;国家著名商标2个;有机食品57个;绿色食品85个;无公害农产品62个;无公害农产品基地86个。鸭鸭牌羽绒服饰、绿冬牌蚕丝绸制品、庐山云雾茶等品牌产品畅销全国。

## 四、产业项目建设

1998年后,市财政每年安排特色农业资金200万元、农业开发资金200万元作为市级农业产业化经营专项发展资金。1999年,市农业产业化办公室、市财政局联合下发《九江市农业产业化经营项目及资金管理暂行办法》。年度产业化资金主要实施昌九两路林业绿化苗木工程、引进美国大口胭脂鱼种等主导产业和基地建设项目。2001年,全市开展项目年活动。引进农业项目254个,实际进资2.9亿元。项目和资金为5年来最多年份。都昌引进江浙等6省11市县40多位客商投资1800万元,开发水面养殖青虾、河蟹、珍珠、彭泽鲫等,浙江客商方贤廷首次投入600万元,养蟹800公顷,网围长达35千米。2002年,农业引资项目219个,进资4.72亿元,种植面积7406.7公顷,养殖水面10820公顷,带动农户9.35万户。2004~2005年,实施农业产业化项目101个,总投资5991万元。其中国家项目20个,资金4334万元;省级项目30个,812万元;市级项目70个,800万元。全市1000万元以上项目2个,100万元以上项目7个。全市产业化项目多、建设快,推进龙头企业、产业基地不断提档升级。2007年,两岸农业开放开发取得进展。全市引进农业项目115个,进资10.3亿元。庐山台湾农民创业园、台湾农民果业示范园、台湾高科技农业示范园等一批重大项目相继落户九江。2009年,全市把项目建设放在推进农业产业化经营的重中之重来抓。新上3000万元以上农业项目80个,进资30.7亿元。2010年新上3000万元以上续建和开工项目114个(其中亿元以上48个)。进资41.5亿元。全市三分之一农业项目建成投产,嘉盛粮油等一批亿元项目投产,博莱集团100万头生猪屠宰项目建成和九江连锁店营业,强力推动主导产业发展。2010年,市县两级财政安排农业产业化专项资金4000万元,比2009年增加600万元,其中市本级700万元,增加100万元。同时协调整合涉农资金,重点投向龙头企业和农业“十百千”工程,为农业产业化经营注入生机和活力。

## 第二节 结构调整

1991~1997年,全市传统农业仍以“金花”(油菜)和“银花”(棉花)为主,在全省甚至全国都享有盛名。其间棉花种植面积超百万亩,总产皮棉超百万担。1999年,由于国家取消棉花指令性计划,全市棉花种植面积回落到38266公顷。2004年后,逐渐恢复到种植面积40000公顷以上,2010年,种植面积61262公顷。油菜1995年达到历史最高峰,全市种植面积12.13万公顷,总产13.01万吨。全市油菜种植面积从1998年开始滑坡,至2007年连续10年逐年减少,2007年,全市油菜种植面积减至7.21万公顷,比1997年减少4.58万公顷,总产比1997年减少1万吨。2008~2010年,油菜生产出现恢复性发展,种植面积达到10.27万公顷,总产14.7万吨。对于棉花、油菜调减下来面积,农业部门提出重点发展高效经济作物。如水果、蔬菜、花卉苗木、药材等。1996年以来,全市蔬菜生产得到长足发展,面积逐年扩大,产量不断增加,到2001年全市蔬菜复种面积达到65066公顷,总产1010010吨。2000年,按照全省“南桔北梨”果业发展规划,开始实施早熟梨工程,大力发展九江水梨(早熟梨)事业,到2010年,九江早熟梨种植面积达18000公顷。

与此同时,着力发展畜牧、水产业,促进农业协调发展。畜牧业规模化进程加速。农村劳力大量外出务工,散养户锐减,但在国家惠农政策扶持下,规模养殖场蓬勃发展,至2010年年底,年出栏500头以上的生猪场达410家,规模养殖比率达70%,畜牧总产值达35亿元。渔业生产方面,加大资源开发力度,调整优化结构,发展现代渔业,实现渔业又好又快发展。2010年,全年完成放养面积7.97万公顷,完成水产品产量36.93万吨,实现渔业产值40.92亿元,渔民人均收入8033.36元。养殖业总产值超过农业总产值的一半。

至2010年,庐山区花卉苗木,修水桑茶,湖口药材,武宁吊瓜,瑞昌生猪,都昌、彭泽水产,永修、共青水禽,德安蛋鸡,九江县蔬菜,星子菊花等形成一定生产规模,全市基本形成山区重点发展蚕桑药材、湖区重点发展特种水产、城郊重点发展蔬菜、京九沿线重点发展优质果和花卉苗木的四个经济板块。

## 第三节 标准化及无公害生产

### 一、农产品产地认证

2002年始,开展无公害农产品产地认定工作。当年,种植业产地认定数量9个,认定规模3266.6公顷;水产产地认定数量8个,认定规模60921.4公顷。2003年,种植业产地认定数量18个,认定规模5639.9公顷;畜牧产地认定数量4个,认定数量9.4万头(羽);水产产地认定数量13个,认定规模17274.8公顷。2004年,种植业产地认定数量15个,认定规模10336.8公顷;畜牧产地认定数量3个,认定规模48万头(羽);水产产地认定数量3个,认定规模1120公顷。2006年,种植业产地认定数量9个,认定规模2136.8公顷;畜牧产地认定数量1个,认定规模10万头(羽)。2007年,种植业产地认定数量12个,认定规模2310.1公顷;畜牧产地认定数量2个,认定规模21万头(羽)。2008年,种植业产地认定数量22个,认定规模3074.3公顷;畜牧产地认定数量2个,认定规模3万头(羽);水产产地认定数量6个,认定规模9223公顷。2009年,种植业产地认定数量10个,认定规模1057.03公顷;畜牧产地认定数量1个,认定规模10万头(羽);水产认定数量13个,认定规模16359.87公顷。2010年,种植业产地认定数量24个,认定规模4267.93公顷;畜牧产地认定数量6个,认定规模45万头(羽);水产认定数量7个,认定规模2272.4公顷。

### 二、农产品产品认证

2003年始,开展无公害农产品产品认证工作。当年,认证水产品4个,获证单位4家。2004年,认证种植业产品5个,获证单位5家;水产品6个,获证单位6家。2005年,认证种植业产品6个,获证单位6家,产量12543吨;畜牧业产品3个,获证单位3家,产量8400吨;水产品4个,获证单位3家,产量1280吨。2006年,认证种植业产品4个,获证单位4家,产量9800吨;畜牧业产品1个,获证单位1家,产量10000吨;水产品8个,获证单位5家,产量7700吨。2007年,认证种植业产品10个,获证单位7家,产量80675吨。2008年,认证种植业产品23个,获证单位20家,产量26181吨;畜牧业产品2个,获证单位2家,产量1003吨;水产品4个,获证单位2家,产量1730吨。2009年,认证种植业产品7个,获证单位7家,产量1913.8吨;畜牧业产品1个,获证单位1家,产量1000吨;水产品5个,获证单位4家,产量4640吨。2010年,认证种植业产品32个,获证单位25家,产量88989吨;畜牧业产品6个,获证单位6家,产量33080吨;水产品20个,获证单位12家,产量10309吨。

## 第四节 农产品市场体系建设

### 一、配送中心

1991年,农产品配送中心处起步阶段,全市农产品配送中心共2个,年营销额700万元。2000年,全市发展到9个,年营销额1530万元。2010年,全市共有农产品配送中心30个,是1991年的15倍;年营销额153万元,是1991年的2.18倍。

### 二、专业市场

1991年,全市共有农产品专业市场43个,年营销额21410万元,到2000年发展到84个,增长195.3%;年营销额65940万元,增长307.9%。2010年增加到117个,比1991年增长272.1%;年营销额238910万元,比1991年增长1115.8%。市主要农产品批发市场有3家,分别为浔阳蔬菜批发大市场、九江鲜活水产品批发市场、九江水果批发市场。浔阳蔬菜批发大市场于1996年1月建成投入运营,1997年被农业部命名为定点鲜活农产品中心批发市场。市场位于九江市长虹北路15号,占地面积3.33公顷,投资3000万元;拥有钢棚场地1.4万平方米,固定门点100多间,招待所500多平方米,以蔬菜、家禽批发为主,兼营禽蛋、粮油、副食等。2010年,交易额14.16亿元,交易量39.1万吨。批发市场带动农户15000户。九江鲜活水产品批发市场于2001年由浔阳区白水湖街道办事处三里村投资1500万元兴建,2002年投入运营,注册资金300万元。是农业部渔业局“全国水产品定点信息采集单位”、省农业厅“农产品定点批发市场”、市“农业产业化市级龙头企业”,是政府“菜篮子”工程。市场位于庐峰东路,占地面积1.1万平方米,经营门面57间,钢制交易大棚1800平方米,交易场地7000平方米。市场配有制冰、供氧、信息、安全监控、发电机组等水产品交易市场专用设施。主要经营淡水鲜活水产品、特种水产品批发、收购、转运、信息服务等业务。2010年,交易量40531吨,交易额4.9545亿元。市场产品供应城区、星子、庐山、湖口、彭泽、都昌、九江、瑞昌等县(市)及景德镇、鄱阳、湖北黄梅小池镇、安徽东至、浙江、江苏、广东、福建、山东、辽宁、吉林、黑龙江等地。九江水果批发市场于2003年11月建成投入运营,占地4公顷。年交易量6.8万吨,年交易额102030万元,带动农户120户。

### 三、民间流通协会

1991年,全市共有农村民间流通协会832个,年营销额36290万元。2000年,农村民间流通协会发展到899个,增长8.1%;年营销额62842万元,增长73.5%。2010年,农村民间流通协会1264个,比2000

年增长40.6%;年营销额157120万元,比2000年增长150%。

## 四、经纪人

1991年,全市共有农产品经纪人568人,年销售额48774万元。2000年发展到737人,比1991年增长29.6%;年营销额91758万元,比1991年增长88.1%。2010年,农产品经纪人发展到1161人,比2000年增长57.5%。

## 五、互联网销售

2000年开始起步,全市共有4个点,年销售额1860万元。2010年发展到78个,比2000年增长1950%;年销售额91480万元,比2000年增长4918.3%。

## 六、直销点

1991年,全市共有农产品直销点603个,年销售额18750万元。2000年发展到674个,比1991年增长11.8%;年销售额34170万元,比1991年增长82.2%。2010年达801个,比2000年增长18.8%;年销售额86660万元,比2000年增长53.6%。2001年1月,市政府农办和市农村民间流通协会联合编印《九江市农副产品流通百例》,全书15万字,录入协会经营型15例、政府服务型10例、产供销一体化型26例、个体经营型25例、联合经营型9例、中介经纪型8例、出口创汇型7例。

# 第十七篇

# 林　业

# 第十七篇 林 业

1991 年始，全市开展以“消灭荒山”为目标植树造林运动，至 1994 年，累计完成荒山荒地造林 13.14 万公顷，基本实现消灭荒山目标。“灭荒”期间，利用世界银行贷款和林业贴息贷款发展优质速生丰产林 2.04 万公顷，为森林培育树立典范。此后，市委、市政府根据省委、省政府“山上再造一个江西”部署，启动九江“山上再造”工程，把林业工作着力点转移到综合开发山地，发展山区经济，促进农民致富上来，形成一股山地开发热潮，至 1998 年，全市营造特色经济林 2.77 万公顷。

1998 年九江遭特大洪水侵袭后，全市实施“跨世纪绿化工程”，由传统林业迈向现代林业，以生态环境建设为先，实现生态、社会和经济效益综合发展。全市先后实施长江流域防护林工程、中德合作长江中上游生态防护林体系造林工程(以下简称中德合作长防林工程)、防沙治沙工程、血防林工程、退耕还林工程、平原绿化工程等一批重点林业工程。2003 年起，九江民营林业企业、造林大户、林农依托工程项目、优惠政策，积极参与林业建设。2004~2007 年，各县(市、区)开展以“明晰产权，减轻税费，放活经营，规范流转”为主要内容集体林业产权制度改革，更加激发林农营林积极性，非公有制林业得到迅速发展。至 2010 年，非公有制经济体共造林 15.45 万公顷。同时，所实施跨世纪绿化系列工程亦成效显著。中德合作长防林工程完成造林 2.11 万公顷，长防林工程完成造林 2.36 万公顷，退耕还林工程完成造林 7.59 万公顷，平原绿化工程完成造林 4.1 万公顷，造林绿化工程完成 9.83 万公顷。

20 年间，全市林业行政管理、森林资源保护、林业法制建设和生态公益林建设等方面的工作取得新成就。全市造林面积达 45.53 万公顷，保存面积 22.45 万公顷，四旁植树 26161.66 万株；生产商品材 355.83 万立方米、竹材 2765.91 万根。以生态效益为先，以培育森林为主体，以木竹加工与林产化工为两翼的林业生态体系和产业体系正在形成。

# 第一章 资源培育

## 第一节 生态公益林建设

2001年,国家启动生态公益林建设。6月,市林业局根据《九江市人民政府办公室关于印发九江市国家公益林认定工作方案的通知》,在1999年森林区划成果基础上,组织260名工作人员,历经3个月,对全市森林资源重新进行区划,划定生态公益林面积51.29万公顷,其中国家重点公益林面积为33.14万公顷、地方公益林面积18.15万公顷。当年,财政部和国家林业局将江西列入全国森林生态效益补助资金试点省,市除湖口县外,其他县(市、区)均被列入试点范围,成为中央财政补助资金补助对象,承担国家重点公益林(包括重点防护林、特种用途林)保护和管理职责。市国家重点公益林建设试点面积为19.24万公顷。2002年,根据《江西省森林生态效益补助资金试点实践方案》和市2001年森林区划国家生态公益林界定结果,市林业局按统一规划,突出重点,集中连片与尊重林权所有者和经营者意愿原则,将全市生态区位最重要、生态环境最脆弱、水土流失最严重地区划入公益林试点范围,涉及11个县(市、区、山)163个乡(镇、场),13244个小班,总面积19.24万公顷,其中河流源头汇水区和河流沿岸水源涵养林12.48万公顷,占64.88%;生态脆弱、坡度36°以上水土保持林2.76万公顷,占14.33%;防风固沙林2206.67公顷,占1.15%;国防林813.33公顷,占0.42%;自然保护区3.70万公顷,占19.22%。各试点县(市、区)根据辖区内实际情况,按照区划图、分户登记卡、小班卡、现场界定书和实地山场相统一原则进行公益林界定和实施方案编制工作。同期,各试点县(市、区)制定各项管理措施和办法。具体做法:对国家公益林的管护实行政府领导负责制和责任追究制;公益林分布区设置永久性宣传牌,标明公益林的山场位置、保护内容、小班个数、生态区位、责任人等内容(全市设立永久性宣传牌189块,非永久性宣传牌720块);制定管护措施,落实管护责任;制定补助资金管理办法。

2006年,全市新增国家重点公益林面积8.63万公顷、省级补偿公益林7.83万公顷,至此,市实施中央财政补偿和省财政补偿资金生态公益林总面积35.70万公顷。2007年,新增省级公益林面积6.29万公顷,全市重点生态公益林面积达41.99万公顷,其中享受中央财政生态公益林补偿资金面积达27.87万公顷,享受省财政生态公益林补偿资金面积达14.12万公顷。当年11月2日,省财政厅和省林业厅联合下发《江西省生态公益林补偿资金办法》。该办法将省级生态公益林补偿资金与中央森林生态效益补偿基金称谓进行整合,统称为生态公益林补偿资金,实行统一规定、统一管理、统一操作。《办法》规定,生态公益林补偿资金补偿对象为生态公益林的林权所有者及管护者。补偿资金包含管护支出和项目支出两部分。2007年补偿资金标准提高到每亩6.5元,其中6元用于管护支出,用于生态公益林林权所有者及管护者的补偿费和管护费;0.5元用于项目支出,用于生态公益林区的森林火灾预防与扑救、林业有害生物监测与防治、林区道路维护和改造、森林资源定点监测、基层林业执法能力建设及生态公益林管理经费。同时规定,林农个人的生态公益林补偿资金纳入地方财政"一卡通"账户管理,实行一户一折一号,按标准统一发放,不得层层转拨、代签代领。专职护林员管护工资由财政部门或林业部门在金融机构开设个人账户,将管护工资直接打入护林人员银行卡上。当年,全市生态公益林补偿资金共支出3931.72万元,其中管护支出3779.52万元、项目支出152.20万元。2008年,中央和省财政生态公益林补偿资金标准为每亩8.5元,其中管护支出为每亩8元,项目支出每亩0.5元。同年,全市生态公益林补偿资金共支出5239.77万元,其中管护支出为4969.77万元、项目支出为270万元。

2009年,中央和省财政生态公益林补偿金标准为10.50元,其中管护支出为每亩10元(国家重点公益林管护支出补偿标准为每亩4.75元,缺口部分由省财政补齐),项目支出每亩0.50元。当年,省林业厅对市内国家、省级生态公益林做出调整,市重点生态公益林享受补偿资金面积41.82万公顷,其中享受中央财政补偿资金面积29.51万公顷,享受省财政补偿资金面积12.31万公顷,共支出管护资金6272.80万元,其中中央财政补偿2102.81万元、省财政补偿4169.99万元(其中国家重点公益林补差2324.09万元、省级公益林补偿1845.90万元)。当年,生态公益林补偿资金项目支出经费由省统一安排,不再按面积平均分配,经费主要用于森林防火、林区公路维护和修建、基层执法能力建设、森林资源监测与管理、林业有害生物防治。省财政厅共下拨市项目支出经费共375万元,其中中央财政补偿资金114万元,用于修水、武宁、永修、德安、九江县及庐山区、庐山生物防火林带建设60万元,庐山管理局扑火装备建设10万元,修水、武宁、永修、星子县及瑞昌市生态公益林监督管理44万元;省级公益林补偿资金261万元,用于彭泽、星子、修水、武宁、九江县林区公路建设55万元,修水、武宁、永修、德安、都昌、彭泽、星子、九江县及市直的林业基层执法能力建设60万元,林业有害生物防治146万元。2010年,中央和省财政生态公益林补偿资金标准不变,仍为每亩10.50元,但中央财政对集体和个人所有的国家重点公益林管护支出补偿标准提高至每亩9.75元。当年,全市共支出管护资金6272.80万元,其中中央财政补偿3848.09万元(国有国家重点公益林补偿444.82万元,集体和个人国家重点公益林补偿3403.27万元)、省财政补偿2424.71万元(其中国有重点公益林补差491.58万元,集体和个人重点公益林补差87.23万元,省级公益林补偿1845.90万元);共支出项目资金174万元(中央财政补偿5万元,省财政补偿169万元),其中,用于修水、武宁、永修、星子、九江县及庐山的森林防火专业队营房和生物防火林带建设60万元,修水、武宁县的林区公路建设45万元,修水、武宁、永修、德安、都昌、星子县林业基层执法能力建设54万元,修水、武宁、九江县生态公益林管理15万元。

至2010年,全市国家和省生态公益林补偿资金共支出31402.88万元,其中管护支出29094.72万元、项目支出2308.16万元。

## 第二节 苗木培育

1991~1994年,全市开展“消灭荒山”造林绿化运动,面积大,苗木用量大,为满足造林需要,各县(市、区)加大苗木培育力度,全市每年平均新育苗266.67公顷以上,秋季播种培育湿地松容器苗750万~850万株,集体育苗占46%,国营育苗占38%。期间,修水、武宁县实施世界银行贷款国家造林项目营造速生丰产林,杉苗全部由湖南、广西、贵州等地优良种源区引进良种所培育,湿地松苗全部采用芽苗切根移栽培育,2县5年为该项目共培育优良苗木4803.70万株,其中培育杉木优良无性系苗314.70万株。1995年始,除武宁等少数县进行“灭荒”扫尾工作外,其他县(市、区)均着手贯彻执行“山上再造”战略,着力发展特色林业和生态林业,营造果木经济林和生态经济林。为此,全市苗木培育发生两大变化:以国营和集体育苗为主格局被打破,开始形成以专业户育苗为主新格局;以培育杉、松苗为主逐渐转变成以培育果树、经济林树木和阔叶树苗木为主。是时育苗面积亦逐年下降。至1996年,全市共新育苗313.33公顷。1997年,启动中德合作长防林工程苗木培育工作,为1998年项目正式实施准备苗木。当年,完成项目育苗面积39.38公顷,培育针、阔叶树苗木18种,39.38公顷面积育苗事宜均以定产包销形式与育苗户签订合同。从此,市造林苗木培育经营开始走向市场。至2000年,中德合作长防林工程项目永修、德安、九江、湖口、彭泽、瑞昌6个实施县、市共为项目培育湿地松、杉木、南酸枣、香椿、泡桐、木荷、枫香、池杉、杜仲、板栗、刺槐等30余种树苗121.87公顷。2001年,中德合作长防林工程项目造林进度加快,为保证项目顺利进行,当年,该项目育苗64.1公顷,其中永修县育苗10.87公顷、德安县育苗8.67公顷、九江县育苗4.53公顷、瑞昌市育苗21.33公顷、湖口县育苗6.67公顷、彭泽县育苗12.03公顷。

2002年,全面实施退耕还林、长防林二期等国家重点工程造林项目,对苗木培育提出数量充足、质量优良、树种对路要求,各地种苗部门按国家林业局要求逐步实行订单制度,采用合同订购苗木生产供应方式,定点育苗、定向供苗,以保证国家重点工程项目造林顺利进行。当年,全市新育苗面积449公顷,其中项目育苗323公顷,苗木总产量为10169.65万株,育苗面积和苗木产量骤增。2003年苗木培育,大体上分社会育苗和项目育苗两类,实行分类管理。社会育苗遵循市场规律,自主生产、自主经营、自负盈亏,林业主管部门给予指导服务,并依法管理;项目育苗则紧扣数量充足、质量优良、品种对路三项指标,运用法规、经济、技术三种手段,推行招投标和合同制管理,满足各项林业工程建设对苗木的需求。各地林业主管部门和种苗管理机构均把主要精力和工作重点放在项目育苗上,按当年未完成任务数和下一年计划任务数合并计算,大体上按100公顷造林任务培育1公顷苗比例落实项目育苗面积,对合同育苗户育苗全过程进行技术指导和质量监督,并对苗木实行优质优价政策,对芽苗移栽实行加价,拉开Ⅰ、Ⅱ级苗差价,利用价格杠杆控制和保证苗木质量。当年,全市新育苗895公顷、产苗31173.70万株,其中工程项目育苗393.47公顷、产苗8202.9万株,合格苗木产量6951.50万株,为有史以来培育苗木面积最大、产苗量最高一年。2004年,为退耕还林等工程项目新育苗219.33公顷,产苗5000余万株。当年,退耕还林工程项目造林任务调减,苗木大量过剩,造成2005年各育苗户大幅度减少工程育苗面积,全市工程造林新育苗仅为86.67公顷,其中意大利杨苗的培育面积占33.33公顷。育苗面积少,加之所育苗木品种不对路,2006年,工程项目造林出现苗木紧缺现象。2007年,全市各地项目新育苗115.67公顷,产苗3833.65万株,其中意大利杨30.47公顷、泡桐40公顷,均系培育优良无性系苗;修水县、瑞昌市培育油茶优良无性系嫁接苗4公顷,产苗230万株,其中容器育苗80万株。同年10月,全市为发展早熟梨,分别在彭泽、德安、星子、修水、都昌、瑞昌等地指定9家育苗户培育梨树嫁接苗16.67公顷,每亩给予500元补助,引导早熟梨苗木市场有序发展。2008年,全市有各类苗木面积3653.33公顷,当年新育苗305公顷,完成项目育苗231.13公顷、项目育苗用种9.81万公斤,其中省林业厅发放种子1858.5公斤,育苗27.33公顷;容器育苗用种72.5公斤,育苗0.5公顷。同年,全市产苗5000万株,其中培育杨树无性系苗96.67公顷、产苗291万株,培育泡桐无性系苗69.33公顷、产苗208.4万株,培育早熟梨苗161.7万株。

2009~2010年,省林业厅有关单位在湖口、永修、修水、都昌、武宁、瑞昌5县1市对杨树、油茶等树种推行定点育苗,以确保苗木品质优良。市林木种苗管理站加大对省林业厅主推树种定点育苗户、灾后重建分配林木种子育苗户和市造林苗木重点培育户监督、检查和指导工作力度,以保证各项林业重点工程造林用苗。期间,全市共新育苗1386.67公顷,平均年有各类苗木面积4226.67公顷,年平均产苗12793.44万株;共产合格造林苗15277万株,其中,杨树1619.72万株、泡桐1490万株、红心杉268.10万株、光皮树712.30万株、油茶2763.68万株。

## 第三节 植树造林

### 一、荒山荒地造林

至1991年春,全市已造林3.45万公顷。此后,各地在注重荒山大户乡村、速生丰产林基地、长江防护林工程和推行工程管理模式造林和实行国营、集体、部门、个人一齐上基础上,重点发展以乡村林场为主体集体造林,鼓励和支持国营林场和乡村林场向集体和农户租赁山地,实行联合造林。同时,采取秋收冬种之前9月发动群众挖山整地,12月底回填表土,春节前后由专业队伍完成栽植统一行动、统一标准、集中时间、集中劳力、速战速决方法和大兵团垦山整地形式,展开以“消灭荒山”为目标植树造林运动。每年9~10月,垦山高峰时,全市日有40万~50万人进行整地大会战。至1994年春,连续4年全市共完成荒山造林13.14万公顷,其中,国营造林1.34万公顷,集体造林10.66万公顷,国乡合作造林0.29万公顷,个体造林0.85万公顷。基本实现消灭荒山目标。在“灭荒”期间,利用林业项目贴息贷款和世界银行贷款营造速生丰产林基地2.13万公顷,其中国家造林项目0.82万公顷,林业项目贴息贷款1.07万公顷,意大利杨基地项目0.12万公顷,其他项目0.12万公顷。1991年,修水县在全国造林绿化表彰大会上被授予“全国造林绿化先进县”称号。1995年,省政府授予都昌县“省林业先进县”称号。

1995 年始，在巩固“灭荒”成果基础上，根据省委、省政府“山上再造一个江西”战略部署，转换经营机制，把林业工作着力点转移到综合开发山地，发展林业经济上来，调整林种结构，大力营造果木林、经济林。至 1998 年，全市共造林 6.42 万公顷，其中营造板栗、毛竹、银杏等果木林、经济林 2.77 万公顷。

1998 年，九江遭特大洪水侵袭后，遵照省委、省政府实施“跨世纪绿色工程”精神，把林业发展目标锁定在发挥林业的综合效益上，林业开始走上以生态环境建设优先，生态、社会和经济效益综合发展道路。当年始，全市除继续实施长江流域防护林造林工程外，还相继实施中德合作长防林、林业血吸虫防治、防沙治沙、退耕还林、平原绿化等一批重点林业造林工程。

至 2010 年，实施重点林业工程项目共造林 29.31 万公顷。实施重点林业工程期间，特别是退耕还林工程全面启动和林权制度改革后，市委、市政府相继出台《关于加快林业改革发展的若干意见》《关于加快山水开发的有关政策意见》《关于和谐创业、全社会办林业的若干意见》，制定一系列优惠政策，并依托林业重点工程造林政策和资金，在政策支持、创业平台、资金扶持、技术服务等方面为非公有制林业的发展提供保障，大力引导、鼓励民营企业和林农参与林业开发。林业投资主体日趋多元化，社会资本、技术、劳动力等资源要素纷纷加入林业建设。造林企业、造林大户和农户借助优惠政策和林业重点工程建设资金，发展工业原料林、油茶、毛竹、以早熟梨为主的果树和生物质能源林。2003~2010 年，全市非公有制经济体共造林 15.45 万公顷，占全市荒山荒地造林面积 17.38 万公顷的 88.93%，其中，营造意大利杨、桤木、泡桐、枫香、湿地松等工业原料林 5.54 万公顷、油茶林 1.15 万公顷、早熟梨 1.02 万公顷。20 年间，全市累计造林 45.53 万公顷。

### 1991~2010 年全市植树造林情况一览

表 17-1-1　　　　单位：公顷

| 年份 | 合计 | 庐山区 | 九江县 | 瑞昌市 | 武宁县 | 修水县 | 永修县 | 德安县 | 星子县 | 都昌县 | 湖口县 | 彭泽县 | 共青城 | 市直 | 庐山 |
|---|---|---|---|---|---|---|---|---|---|---|---|---|---|---|---|
| 1991 | 34533.33 | 800.00 | 1133.33 | 1466.67 | 5600.00 | 11933.33 | 2600.00 | 2000.00 | 1533.33 | 2533.33 | 1133.33 | 3800.00 | | | |
| 1992 | 36266.67 | 600.00 | 1200.00 | 3333.33 | 4600.00 | 11133.33 | 4000.00 | 2733.33 | 1000.00 | 2733.33 | 1133.33 | 3800.00 | | | |
| 1993 | 25466.67 | 266.67 | 1466.67 | 1266.67 | 4200.00 | 7066.67 | 1866.67 | 1800.00 | 400.00 | 2666.67 | 1000.00 | 3466.67 | | | |
| 1994 | 35166.67 | 740.00 | 1853.33 | 2046.67 | 4766.67 | 9100.00 | 2333.33 | 2446.67 | 733.33 | 3253.33 | 1986.67 | 5900.00 | | 6.67 | |
| 1995 | 13246.67 | 246.67 | 640.00 | 1066.67 | 3780.00 | 280.00 | 1666.67 | 1973.33 | 213.33 | 1546.67 | 140.00 | 1613.33 | 80.00 | | |
| 1996 | 16006.67 | 293.33 | 200.00 | 966.67 | 2473.33 | 5246.67 | 233.33 | 2766.67 | 373.33 | 1973.33 | 833.33 | 406.67 | 233.33 | 6.67 | |
| 1997 | 22580.00 | 206.67 | 573.33 | 153.33 | 13420.00 | 4133.33 | 733.33 | 640.00 | 386.67 | 800.00 | 266.67 | 1226.67 | 33.33 | 6.67 | |
| 1998 | 12353.33 | 233.33 | 820.00 | 1533.33 | 2000.00 | 2753.33 | 1166.67 | 553.33 | 480.00 | 1020.00 | 606.67 | 1166.67 | 20.00 | | |
| 1999 | 5740.00 | 66.67 | 546.67 | 400.00 | 1346.67 | 1313.33 | 433.33 | 353.33 | 133.33 | 180.00 | 273.33 | 580.00 | 113.33 | | |
| 2000 | 5666.67 | 106.67 | 280.00 | 406.67 | 1346.67 | 1166.67 | 413.33 | 453.33 | 140.00 | 360.00 | 533.33 | 360.00 | 100.00 | | |
| 2001 | 8900.00 | 13.33 | 746.67 | 1333.33 | 673.33 | 606.67 | 1180.00 | 1333.33 | 133.33 | 760.00 | 580.00 | 1466.67 | 73.33 | | |
| 2002 | 21873.33 | 6.67 | 500.00 | 4300.00 | 3333.33 | 193.33 | 1913.33 | 2906.67 | 2000.00 | 2320.00 | 293.33 | 4106.67 | | | |
| 2003 | 33366.67 | 666.67 | 2446.67 | 4033.33 | 4166.67 | 6666.67 | 3113.33 | 2000.00 | 2000.00 | 2000.00 | 2000.00 | 2940.00 | 1333.33 | | |
| 2004 | 12660.00 | | 666.67 | 666.67 | 3333.33 | 4006.67 | 1440.00 | | 0.00 | 1686.67 | | 860.00 | | | |
| 2005 | 8200.00 | | 666.67 | 400.00 | 1133.33 | 1666.67 | 1066.67 | | 866.67 | 1733.33 | | 666.67 | | | |
| 2006 | 3826.67 | 33.33 | 66.67 | 400.00 | 346.67 | 2186.67 | 133.33 | 133.33 | | 133.33 | 126.67 | 266.67 | | | |
| 2007 | 24746.67 | 433.33 | 1800.00 | 3333.33 | 3253.33 | 4133.33 | 1426.67 | 1733.33 | 1400.00 | 2933.33 | 460.00 | 3533.33 | 206.67 | 0.00 | 100.00 |
| 2008 | 36433.33 | 1086.67 | 3700.00 | 4686.67 | 4620.00 | 1000.00 | 4833.33 | 2000.00 | 1566.67 | 5486.67 | 2140.00 | 4666.67 | 646.67 | 0.00 | 0.00 |

续表 17-1-1

| 年份 | 合计 | 庐山区 | 九江县 | 瑞昌市 | 武宁县 | 修水县 | 永修县 | 德安县 | 星子县 | 都昌县 | 湖口县 | 彭泽县 | 共青城 | 市直 | 庐山 |
|---|---|---|---|---|---|---|---|---|---|---|---|---|---|---|---|
| 2009 | 64273.33 | 2073.33 | 3513.33 | 5460.00 | 8500.00 | 9640.00 | 11393.33 | 3346.67 | 2700.00 | 6286.67 | 2986.67 | 7373.33 | 506.67 | 413.33 | 80.00 |
| 2010 | 33980.00 | 1266.67 | 2420.00 | 2793.33 | 4933.33 | 5366.67 | 4013.33 | 1926.67 | 1913.33 | 3700.00 | 1840.00 | 3073.33 | 300.00 | 393.33 | 40.00 |
| 合计 | 455286.67 | 9140.00 | 25240.00 | 40046.67 | 77826.67 | 89593.33 | 45960.00 | 31100.00 | 17973.33 | 44106.67 | 18333.33 | 51273.33 | 3646.67 | 826.67 | 220.00 |

说明:“市直”一栏 2009 年、2010 年的数据为“九江开发区”2009、2010 年的数据

## 二、用材林建设

1991 年始,修水县国营林场实施世界银行贷款国家造林项目,在上奉镇、何市镇、黄港镇、黄沙镇、黄坳乡、义宁镇、山口镇、征村乡、竹坪乡设立分场组织实施。采取一方出山,另一方实施造林,山权不变,林权共有“林场+乡村、农户”经营形式,开展联营造林。当年,项目造林 1473.33 公顷,其中营造杉木林 880 公顷、国外松林 400 公顷、阔叶树林 193.33 公顷。同年 12 月,省林业厅同意武宁县利用世界银行贷款营建速生丰产用材林基地,并签订世界银行国家造林项目转贷协议书。协议书计划 5 年共营造 3000 公顷速生丰产用材林,其中营造杉木林 1300 公顷、湿地松林 1446.67 公顷、阔叶树林 253.33 公顷。1992 年,武宁县营造速生丰产林面积 1006.67 公顷,其中营造杉木林 366.67 公顷、湿地松林 640 公顷。同年,修水、武宁、永修、德安、都昌、彭泽、星子县还利用林业项目贴息贷款发展速生丰产林。为保证造林质量,以上县均建立目标管理、责任承包制,把造林效果与个人收入(工资、奖励)相挂钩,与投资标准挂钩。7 县采用优良种源共营造速生丰产林 13153.33 公顷,其中修水县 4933.33 公顷、武宁县 1573.33 公顷、永修县 1066.67 公顷、德安县 553.33 公顷、都昌县 2200 公顷、彭泽县 2466.67 公顷、星子县 360 公顷。完成营造防火林带 305 千米,修建林道 275 千米等配套工程建设。共投入资金 2162.89 万元,其中贷款 989.69 万元,自筹 1173.20 万元。

至 1995 年,修水、武宁县共造速生丰产林 9033.33 公顷,其中营造杉木林 4353.33 公顷(其中修水县建立优良杉木无性系样板林 256.8 公顷)、国外松林 3593.33 公顷、马尾松林 40 公顷、阔叶树林 1046.67 公顷。完成总投资 2899.50 万元,其中世界银行贷款 1606.70 万元,省、市配套 264.40 万元,县级配套 278.30 万元。2 县在利用世界银行贷款营造速生丰产林期间,所用杉木种源均来自湖南会同、广西南丹和融水、贵州锦屏等优良种源区及武宁杉木种子园,并大量使用优良无性系扦插苗,良种使用率达 100%。国外松均采用芽苗切根移栽。

1991~1995 年修水、武宁县利用世界银行营造速生丰产林一览

表 17-1-2　　单位:公顷

| 年 份 | 修水县 | 武宁县 | 总 计 |
|---|---|---|---|
| 1991 | 1473.33 | | 1473.33 |
| 1992 | 1706.67 | 1006.67 | 2713.33 |
| 1993 | 1400.00 | 1006.67 | 2406.67 |
| 1994 | 526.67 | 1066.67 | 1593.33 |
| 1995 | 413.33 | 433.33 | 846.67 |
| 合 计 | 5520.00 | 3513.34 | 9033.33 |

1996 年,湖口、德安、武宁、彭泽、都昌县共营造以杉木、湿地松为主速生丰产林 453.33 公顷。武宁、修水、永修、都昌县共营造速生丰产毛竹林 1746.67 公顷。

1998 年始,市贯彻省委、省政府“山上再造”林业战略思想,着力发展特色林业经济,速生丰产林营造面积大幅度减少。

2003~2008 年，新时期林业政策和国家多项林业重点工程实施，社会资本、技术、劳动力等资源要素纷纷加入九江林业建设，发展工业原料林，造林企业和专业大户共造以杨树、桤木、枫香为主纸浆原料林 2.40 万公顷，湿地松化工原料林 0.47 万公顷。其中印尼金光集团、新加坡三河华林、上海大亚集团、上海新高潮、江西远景、武汉凯迪生物能源控股有限公司、晨鸣纸业公司等企业在修水、瑞昌、武宁、都昌、九江、德安等县市造林 1.3 万公顷。

2009~2010 年，全市造林企业、林业大户和农户借助林业血防、长江防护林等工程建设政策和资金，营造意大利杨、泡桐、湿地松、光皮树等工业原料林约 3 万公顷。

1991~2010 年全市用材林营造面积一览

表 17-1-3　　单位：公顷

| 年份 | 合 计 | 庐山区 | 九江县 | 瑞昌市 | 武宁县 | 修水县 | 永修县 | 德安县 | 星子县 | 都昌县 | 湖口县 | 彭泽县 | 共青城 | 市直 |
|---|---|---|---|---|---|---|---|---|---|---|---|---|---|---|
| 1991 | 29666.67 | 733.33 | 1000.00 | 1333.33 | 5000.00 | 10066.67 | 2333.33 | 1733.33 | 733.33 | 2333.33 | 933.33 | 3466.67 | | |
| 1992 | 21466.67 | 466.67 | 800.00 | 2333.33 | 3866.67 | 4866.67 | 2466.67 | 1400.00 | 266.67 | 1000.00 | 933.33 | 3066.67 | | |
| 1993 | 17933.33 | 133.33 | 1200.00 | 800.00 | 3333.33 | 4933.33 | 666.67 | 733.33 | 200.00 | 1933.33 | 733.33 | 3266.67 | | |
| 1994 | 25053.33 | 413.33 | 1600.00 | 993.33 | 3953.33 | 5273.33 | 1740.00 | 1486.67 | 293.33 | 2200.00 | 1526.67 | 5566.67 | | 6.67 |
| 1995 | 8006.67 | 120.00 | 580.00 | 406.67 | 2180.00 | 233.33 | 1260.00 | 1226.67 | 146.67 | 546.67 | 33.33 | 1226.67 | 46.67 | |
| 1996 | 6446.67 | 240.00 | 173.33 | 306.67 | 1786.67 | 1320.00 | 113.33 | 1220.00 | 100.00 | 753.33 | 66.67 | 300.00 | 60.00 | 6.67 |
| 1997 | 14813.33 | 113.33 | 400.00 | 80.00 | 11913.33 | 1080.00 | 406.67 | 200.00 | 13.33 | 240.00 | 26.67 | 320.00 | 13.33 | 6.67 |
| 1998 | 3113.33 | 53.33 | 453.33 | 473.33 | 400.00 | 593.33 | 393.33 | 113.33 | 160.00 | 160.00 | 40.00 | 253.33 | 20.00 | |
| 1999 | 1866.67 | 13.33 | | 160.00 | 426.67 | 313.33 | 353.33 | 93.33 | 80.00 | 13.33 | 40.00 | 340.00 | 33.33 | |
| 2000 | 1680.00 | 53.33 | 46.67 | 233.33 | 666.67 | 100.00 | 306.67 | 120.00 | 6.67 | 26.67 | 46.67 | 46.67 | 26.67 | |
| 2001 | 1286.67 | | | 200.00 | 160.00 | 0.00 | 0.00 | 620.00 | | | 100.00 | 206.67 | | |
| 2002 | 1400.00 | 6.67 | | 1340.00 | | | | | | | 53.33 | 0.00 | | |
| 2003 | 6153.33 | 466.67 | | 960.00 | | | | 746.67 | | 420.00 | 493.33 | 3066.67 | | |
| 2004 | 5180.00 | | | 333.33 | | 3533.33 | | | | 1166.67 | 0.00 | 146.67 | | |
| 2005 | 4120.00 | | | 193.33 | 733.33 | 300.00 | | | 826.67 | 1733.33 | 0.00 | 333.33 | | |
| 2006 | 1353.33 | | | | | | | | | | | | | |
| 2007 | 16853.33 | 306.67 | 400.00 | 3333.33 | 2253.33 | 2500.00 | 960.00 | 1733.33 | 666.67 | 1600.00 | 120.00 | 2800.00 | 180.00 | |
| 2008 | 19586.67 | 526.67 | 3080.00 | 1740.00 | 2160.00 | 133.33 | 3200.00 | 1333.33 | 353.33 | 2200.00 | 646.67 | 3866.67 | 346.67 | |
| 2009 | 19760.00 | 260.00 | 720.00 | 2266.67 | 5666.67 | 1060.00 | 2186.67 | 1606.67 | 1806.67 | 1620.00 | 846.67 | 1613.33 | 106.67 | |
| 2010 | 15786.67 | 366.67 | 540.00 | 926.67 | 3393.33 | 1406.67 | 1906.67 | 1606.67 | 700.00 | 860.00 | 1000.00 | 2880.00 | 200.00 | |
| 合计 | 221526.67 | 4273.33 | 10993.33 | 18413.33 | 47893.33 | 37713.33 | 18293.33 | 15973.33 | 6353.33 | 18806.67 | 7640.00 | 32766.67 | 1033.33 | 20.00 |

说明：2006 年各区县数据缺失

## 三、经济林建设

1991 年，武宁县政府提出 2 年内在全县范围实施“5311”果业工程：乡办果园 33.33 公顷，村办果园 20 公顷，户办果园 0.07 公顷，县直机关办果园 66.67 公顷。规定县直各部门全面实行“二包”，即包办 1 个单位果园、1 个蹲点村果园；乡村集体果园，要按有场地、有房屋、有人员、有牌子、有制度“五有”标准建场。当年，修水县营造油茶林 953.33 公顷。同年始，全市经济林营造由油茶、油桐转向以发展果树为主，实施果业工程。1991 年冬至 1992 年春，全市营造以果树为主经济林 1.3 万公顷。

1995年,贯彻执行省委、省政府“山上再造一个江西”战略部署,把林业工作着力点转移到发展林业经济上来。至1996年,2年营造果树经济林1.25万公顷。当年10月,在武宁召开全市“山上再造”工作会议,市委、市政府做出“主攻板栗、毛竹,发展银杏、桃、梨、柿,改造枣、李、茶,稳定柑橘”和“三年(1997~1999年)发展30万亩板栗”的决定。1997年,完成以板栗为主经济6960公顷造林任务,其中营造板栗林2466.67公顷。修水县对此前已营造3933.33公顷板栗林中的实生板栗林逐年进行高接换冠改造。从湖北麻城、江西农业大学引进优良板栗“大红袍”“毛板红”等接穗300余万枝,在溪口、港口、四都等乡镇进行板栗实生林高接换冠改造766.67公顷。武宁县从湖北麻城、南昌等地引进板栗优良品种接穗,建立采穗圃30余公顷,在巾口乡北栎村和南市乡桐林村进行板栗品种改造。

1998年,各县(市、区)把发展特色经济林作为实现“山上再造”工程突破口,加快特色经济林发展速度,全市营造经济林8233.33公顷,其中,营造板栗林4800公顷,银杏林360公顷,修水县营造油茶林1020公顷,中德合作长防林工程营造经济林40公顷。2000年,永修县柘林镇易家河新村组在荒山荒坡上大力发展柑橘生产,带动周边乡村农户种植柑橘,形成年产500万公斤生产规模,获得全国绿化委员会颁发“造林绿化千佳村”称号。2001年,该村选送柑橘品种获江西省名优特产品金奖。

2002年始,一些林业企业和专业造林大户,借助中德合作长防林工程、退耕还林工程建设的政策和资金,发展翠冠、清香、黄花等品种的早熟梨(九江水梨)。2003年,市场对茶油的需求量逐渐增加,各地加大对油茶林培育力度。至2007年,全市营造优良无性系油茶林2166.67公顷,其中修水县953.33公顷、武宁县400公顷、永修县200公顷、庐山区200公顷、共青开发区153.33公顷,进行油茶低产林改造面积8120公顷。2008年始,国家财政安排中央财政专项资金用于江西油茶产业示范县建设,同年安排建设资金2400万元。经省政府同意,省林业厅确定武宁县为省2008年8个油茶产业示范县之一。武宁县按照省财政厅、省林业厅《关于抓紧做好2008年全省油茶产业示范县建设实施工作的通知》,在全县范围内启动油茶产业示范项目工程建设,由中国林科院亚林中心指导,在澧溪、新宁、鲁溪3乡镇分别建立“百亩油茶示范基地”。县政府出台新造1亩油茶林,补助150元的鼓励政策,全县使用油茶优良无性系嫁接苗造林1300公顷。同年,全市新造油茶林1886.67公顷。2009年,武宁、九江县被列入省油茶产业示范县,建设内容为新造高产油茶林666.67公顷,中央财政每亩补助200元,省财政每亩补助50元。6月,省发改委、省林业厅联合批复修水县、瑞昌市为2009年国家油茶产业发展试点县,计划共新造高产油茶林1533.33公顷。2010年,武宁、永修、九江、湖口县列入示范县,计划分别新造或更新重造高产油茶林533.33公顷、466.67公顷、400公顷、333.33公顷。至2010年,全市共造经济林9.59万公顷。除新营造梨1.15万公顷外,还新营造板栗林4800公顷、银杏360公顷、药材兼用林493.33公顷、日本甜柿1333.33公顷、香椿森林蔬菜1333.33公顷、油茶林7486.67公顷。

**1991~2010年全市经济林营造面积一览**

表17-1-4　　单位:公顷

| 年份 | 合计 | 庐山区 | 九江县 | 瑞昌市 | 武宁县 | 修水县 | 永修县 | 德安县 | 星子县 | 都昌县 | 湖口县 | 彭泽县 | 共青城 |
|---|---|---|---|---|---|---|---|---|---|---|---|---|---|
| 1991 | 4333.33 | 733.33 | 66.67 | 133.33 | 600.00 | 1333.33 | 266.67 | 266.67 | 200.00 | 200.00 | 200.00 | 333.33 | |
| 1992 | 12999.97 | 133.33 | 200.00 | 933.33 | 733.33 | 5533.33 | 1533.33 | 1333.33 | 533.33 | 1133.33 | 200.00 | 733.33 | |
| 1993 | 6200.00 | 133.33 | 200.00 | 266.67 | 866.67 | 1333.33 | 1200.00 | 1000.00 | 200.00 | 600.00 | 266.67 | 133.33 | |
| 1994 | 8313.33 | 53.33 | 200.00 | 720.00 | 693.33 | 3826.67 | 260.00 | 960.00 | 353.33 | 653.33 | 460.00 | 133.33 | |
| 1995 | 4433.33 | 113.33 | 46.67 | 513.33 | 1600.00 | 46.67 | 406.67 | 746.67 | 13.33 | 666.67 | 26.67 | 226.67 | 26.67 |
| 1996 | 8106.67 | 53.33 | | 380.00 | 686.67 | 3406.67 | 86.67 | 1546.67 | 273.33 | 680.00 | 766.67 | 60.00 | 166.67 |
| 1997 | 6960.00 | 93.33 | 80.00 | 33.33 | 1506.67 | 2720.00 | 326.67 | 440.00 | 300.00 | 426.67 | 226.67 | 786.67 | 20.00 |
| 1998 | 8233.33 | 180.00 | 73.33 | 1000.00 | 1600.00 | 2120.00 | 613.33 | 440.00 | 80.00 | 820.00 | 473.33 | 833.33 | |

续表 17-1-4

| 年份 | 合 计 | 庐山区 | 九江县 | 瑞昌市 | 武宁县 | 修水县 | 永修县 | 德安县 | 星子县 | 都昌县 | 湖口县 | 彭泽县 | 共青城 |
|---|---|---|---|---|---|---|---|---|---|---|---|---|---|
| 1999 | 2933.33 | 53.33 | 153.33 | 40.00 | 920.00 | 946.67 | 80.00 | 253.33 | 33.33 | 120.00 | 133.33 | 120.00 | 80.00 |
| 2000 | 3173.33 | 53.33 | 140.00 | 33.33 | 680.00 | 1026.67 | 106.67 | 206.67 | 126.67 | 293.33 | 333.33 | 100.00 | 73.33 |
| 2001 | 2013.33 | 13.33 | 186.67 | 266.67 | 513.33 | 586.67 | 13.33 | 26.67 | 106.67 | 26.67 | 200.00 | | 73.33 |
| 2002 | 3206.67 | | 180.00 | 860.00 | 333.33 | 126.67 | 266.67 | 533.33 | 400.00 | 400.00 | 40.00 | 66.67 | |
| 2003 | 5186.67 | 133.33 | 453.33 | 800.00 | 246.67 | 1320.00 | 720.00 | 160.00 | 400.00 | 286.67 | 413.33 | 53.33 | 200.00 |
| 2004 | 780.00 | | | | 80.00 | 333.33 | 300.00 | | | 46.67 | | 20.00 | |
| 2005 | 966.67 | | | | 200.00 | 666.67 | 60.00 | | 40.00 | | | | |
| 2006 | 753.33 | | | | | | | | | | | | |
| 2007 | 2433.33 | 53.33 | | | 400.00 | 1000.00 | 466.67 | | 133.33 | | 213.33 | 133.33 | 33.33 |
| 2008 | 6546.67 | 560.00 | 620.00 | 1220.00 | 600.00 | 333.33 | 966.67 | | 200.00 | 620.00 | 593.33 | 800.00 | 33.33 |
| 2009 | 3793.33 | 113.33 | 120.00 | | 480.00 | 400.00 | 1093.33 | 333.33 | 100.00 | 620.00 | 400.00 | 53.33 | 80.00 |
| 2010 | 4486.67 | 546.67 | 800.00 | 533.33 | 666.67 | 660.00 | 300.00 | 166.67 | | 166.67 | 340.00 | 206.67 | 100.00 |
| 合计 | 95853.29 | 3020.00 | 3520.00 | 7733.33 | 13406.67 | 27720.00 | 9066.67 | 8413.33 | 3493.33 | 7760.00 | 5286.67 | 4793.33 | 886.67 |

## 四、通道绿化工程

1993 年,实施九江至南昌公路林果带建设工程。当年,完成公路两侧荒山造林 1920 公顷,占应造林面积 56%,沿线封山育林面积达 4000 公顷,新建和扩建国营、乡村集体林果场 101 个,经营总面积达 7600 公顷。1998 年,完成京九铁路九江段两侧 2 千米范围内植树造林 7073.33 公顷。根据全国绿化委员会(以下简称绿委)、省绿委安排部署,重点对境内京九铁路、九江至南昌(以下简称昌九)及九江至景德镇(以下简称九景)高速公路等绿色通道工程建设进行规划。规划总任务:1999~2005 年完成绿化面积 3.98 万公顷,其中造林绿化、抚育改造 2.1 万公顷,封山育林 1.88 万公顷。逐步形成布局合理、结构完整、功能完备的绿色生态屏障,使绿色通道与生态环境、城乡绿化美化融为一体。

1999 年,市委、市政府重视昌九及九景高速公路“两路”九江段通道绿化工作,把其作为示范路段实施,并从“两路”绿化和山地资源开发需要出发,本着开发山地、绿化“两路”、调整结构、富裕乡村原则,确定在“两路”沿线山场,大力实施“百里翠竹工程”。力争用 3 年时间,对沿线残次林彻底改造,见缝插针,补植笋用竹和毛竹,把“两路”建成以翠竹为主百里绿色长廊。10 月,成立市“百里翠竹工程”领导小组,沿线各县亦相应成立领导小组,各级领导亲自组织,亲自参与绿色通道建设,通道沿线乡、镇干部群众以义务植树方式参与绿化工程建设。至 2001 年,共完成绿色通道建设 2.59 万公顷,其中造林绿化、抚育改造 1.19 万公顷,封山育林 1.4 万公顷。至此,主要公路、铁路,昌九高速公路九江段,京九铁路九江段两侧山地基本绿化,九景高速公路九江段部分绿化。昌九和九景高速公路、京九铁路共完成造林绿化 1753.33 公顷。市政府在 4 年实施通道造林绿化中共安排资金 118 万元,各县亦采取“财政挤一点,乡镇财政投一点,林业主管部门拿一点,群众集一点(主要投劳),挂钩联营单位助一点”的办法,解决建设资金不足。

2004 年,市林业局在组织实施退耕还林、中德合作长防林、国债长防林重点工程项目的过程中,优先安排通道两侧造林绿化。当年,昌九和九景高速公路、京九铁路等通道两侧造林 4800 公顷。全市道路、河渠堤防绿化 1121 千米,面积 1.2 万公顷。2005 年,通道绿化建设继续延伸,全市道路绿化总长度 329 千米,植树 23.3 万株。其中铁路 103 千米,植树 10 万株;公路干线 116 千米,植树 6.80 万株;县乡公路 110 千米,植树6.50 万株。完成昌九公路、京九铁路沿线荒山造林 215.47 公顷,星子县在新建环庐山公路的 38 千米路段植树 10 万余株。

2007年2月,全面启动昌九绿色长廊工程,市直单位和昌九沿线7个县(区、山)历时近2个月,至4月20日止,在百公里路段栽植绿化树种66.22万株,其中夹竹桃10.16万株,乔木林带6.41万株,景观点植树45.70万株,两侧荒山植树3.95万株。建景观点4处,绿化面积21公顷,绿化荒山荒坡41.13公顷,对6670公顷有林地实施全面封禁。永修、德安、九江县和庐山区获得省绿色通道建设发奖代补资金40万元,市绿化委员会也投入昌九沿线苗木和以奖代补资金80万元,县级投资300万元。当年,环庐山公路种植行道树大苗7万株,栽植灌木25.86万株,沿路房前屋后植树2.10万株,荒山造林1.70万株;南昌铁路局九江桥工段投入3500万元,在市境内160千米的京九铁路、武九铁路两侧植树570万株;市公路局把平原绿化与主要干线绿化相结合,栽植杜英等行道树13.20万株,投入建设资金100万元,艾城镇至修水县城、蔡岭镇至都昌县城公路基本绿化。同年9月,全国政协人口资源环境委员会"京九绿色长廊"调研组在省、市领导陪同下,对九江铁路、环庐山公路、共青城以及市级绿化点绿化现场进行检查后,对市通道绿化工作给予充分肯定。

2008年冬至2010年春,全市以通道绿化为重点,全力打造百里昌九绿色走廊和高速公路连接线,提升通道绿化水平,建设昌九高速公路、修水县修武高速公路及其连接线、瑞昌市瑞南线、庐山区10千米樟树走廊、星子县环庐山公路、武宁县70千米的焦武线等一批绿化精品工程。全市共完成高速公路、国省道、县乡道绿化面积计7366.67公顷。

## 五、平原绿化工程

1993年,九江县被列入省平原绿化工程项目县,当年完成人工造林面积200公顷,国家投资1.50万元。2000年,九江、星子、彭泽县共完成平原绿化工程项目人工营造防护林面积433.33公顷,其中九江县完成333.33公顷,星子县完成6.67公顷,彭泽县完成93.33公顷;共完成中幼林抚育面积633.33公顷,总投资55万元。

2000年3月至2001年10月,根据国家林业局植树造林司、防治荒漠化管理中心《关于开展对"三北防护林"等国家"十大"重点林业生态工程检查总结工作的通知》及《江西省平原绿化达标检查验收办法(试行)》精神,为核实九江、湖口、彭泽、星子、永修县平原绿化成效,市林业局组织技术人员,在自查基础上,先后对5县进行全面核查,并对每县森林覆盖率,农田林网和农林间作控制农地面积,村庄绿化率,道路、河岸、渠道、堤坝绿化率,平原部分宜林地绿化率,山区、丘陵山地绿化率进行计算和评估,经综合评定,5县均达到国家林业局所制定南方平原绿化标准。

2005年,市林业局针对九江宜林荒山剩留面积不大情况,决定拓宽造林领域,充分利用"四旁"闲置土地和荒地,发展平原林业。当年完成平原绿化面积5066.67公顷。2006年,省政府要求九江市在2006~2010年"十一五"期间,提高森林覆盖率4.26个百分点。12月20日,市政府出台《九江市平原绿化实施意见》,决定通过3年努力,完成53360公顷平原绿化任务,到2010年,全市林木绿化率提高4.26个百分点,达到54.66%,努力把九江打造成中国生态名城。《意见》把平原绿化工作纳入对各县(市、区)人民政府工作考核重要内容,建立县、乡、村"三长"抓平原绿化和"政府推动、部门配合、市场引导、企业带动、群众参与"机制。12月21日,市政府和各县(市、区)政府签订2006年度平原绿化责任状,明确奖惩。月末,市林业局对全市53360公顷平原绿化任务进行分解:通道绿化1.09万公顷,村庄绿化2.31万公顷,滩涂绿化1.31万公顷,农田林网建设0.62万公顷。提议西部地区以发展竹类、油茶、茶叶为主以及以桤木为主工业原料林;东部地区发展以意大利杨和泡桐为主工业原料林;中部发展以湿地松为主工业原料林和果木经济林;环庐山周边发展苗木花卉和阔叶风景林。同时,各地出台系列鼓励发展平原林业优惠政策:修水县造林专业户除享受退耕还林优惠政策补助外,县财政每亩给予补助500元(其中250元为有偿);德安县实施工业反哺农业政策,县财政每年拿出300万元扶持农林发展,对发展小山竹新移栽集中连片50亩以上者,每亩补助50元,对新造经济林50亩以上者,无偿提供苗木,每亩安排有偿资金200元;都昌县对农户自发造林50亩以上者,每亩奖励50元;湖口县无偿提供苗木,发展早熟梨。

2007年,全市完成平原绿化造林面积1.97万公顷。同年9月10日,市绿化委员会以《关于加快推进全市平原绿化步伐的通知》形式，向各县（市、区）下达2008年度平原绿化造林20010公顷总任务。2008年春，全市完成平原绿化造林面积2.13万公顷，昌九绿色长廊工程完成植树造林325.02万株，其中林带植树29.23万株、景观带植树285.22万株、公路两侧荒山植树10.57万株。

## 六、义务植树

1990~1992年，市委、市政府、市人大、市政协、市纪委、九江军分区班子成员每年于植树节前后与市直机关、企事业单位干部和职工、部队官兵在马祖山市委、市政府绿化点参加义务植树，3年共造湿地松林400公顷，补植稀疏林约300公顷，保存率85%以上，建成万亩义务植树示范林。在市委、市政府绿化点示范带动下，各县（市、区）、乡（镇、场）办绿化点236个，造林1.67万公顷，市直180个包乡单位亦从1990年始，3年内各自在包乡所在地办千亩以上绿化点1个，该做法有效推动全市义务植树运动开展，全市参加义务植树人数达585万人次，植树2740万株。1992年，九江市获江西省领导干部造林绿化点达标城市。

1993年，市委、市政府要求领导办造林绿化点做法坚持下去，各级党政主要负责人要亲自挂帅，身先士卒，办好绿化点。县委、县政府绿化点面积要求达到333.5公顷以上，乡（镇）党委、政府绿化点应在66.7公顷以上，通过抓点带面，发挥示范效应和典型引路作用。至2000年，全市共创办领导绿化点741个，建立义务植树基地47个，其中市委、市政府兴建马祖山、螺子山烈士陵园、市林科所西瓜垅、二电厂曹家山、九江县黄老门岳家塘和马回岭镇张家山、庐山区莲花镇排山7个绿化点和义务植树基地。马祖山义务植树基地连续5年以义务植树形式，共营建667.87公顷森林，成为融义务植树、旅游休闲为一体国家级森林公园，2000年，被全国绿化委员会评为“全国义务植树示范基地”。九江各地领导绿化点和义务植树基地持续建设，带动群众性义务植树开展，并使全民义务植树向基地化、规范化和科学化方向迈进。在开展义务植树中，市绿委、团市委和市妇联等单位还发动和组织社会各界开展多种形式群众性植树活动，营造“青年林”“三八”林等，1998年，共青羽绒厂营造“巾帼林”、共青总场党团组织营造“青年林”，总面积达90余公顷。1999年，市绿委和团市委为响应共青团中央“保护母亲河行动”号召，联合组织由2000余名厂矿青年、大中专毕业生参加“保护母亲河”义务植树活动。

2001~2004年，进一步深化全民义务植树运动，普遍推行义务植树与林业生态工程建设、新农村建设、城镇绿化建设、绿色通道建设和“四旁”绿化相结合。市直机关结合环庐山防火林带建设；永修县、德安县、共青城结合绿色通道工程建设；都昌县、彭泽县、永修县结合沙地治理；修水县、武宁县结合林业重点工程项目造林和山区经济发展开展义务植树活动。期间，全市义务植树3736万株。2005年，市绿化委员会在全市推行义务植树登记考核卡和履行情况通报制度，对全市14个县（市、区）近5000个单位、市直属近千个单位进行登记，对已履行义务单位公开发文表彰，对拒不履行义务单位通报批评，通过媒体曝光并移交法院强制执行。当年，全市参加义务植树尽责人数达204.70万人次，义务植树973.20万株。2006年，市绿化委员会在改进完善义务植树登记考核制度基础上，制定表彰奖励制度和《实施全民义务植树法律程序》，并对未履行义务50个单位作出行政处罚决定，被上级领导肯定，并在全省范围内推广。

2007年，在全省率先开展“植树团拜”大型义务植树公益活动。当年2月25日，市、县、乡党政军三级领导干部上下联动，在各自义务植树基地与干部群众一道参加“植树团拜”活动。全市10余万人参加活动。九江“植树团拜”活动产生良好社会效应，引起多家媒体关注报道。此后，凡春节节后上班之日，全市范围均开展“植树团拜”活动。

2010年2月20日，市4套班子成员在九江开发区城西港区发展大道两侧与1000余名市直干部职工一道参加“植树团拜”活动，各地同步开展此项义务植树活动。全市共有1万余人参加活动，共栽植樟、杜英、雪松、含笑、枫香等树大苗5万余株。3月11~20日，九江学院等10余个单位及团市委、市妇联、九江交通广播台等社团组织和植树志愿者共2000人在城西港区忠字河北岸参加义务植树，共植杨树6000余株。当年，市参加义务植树或以资代劳尽植树义务人员达205万人，共植树605万株，尽责率达82.90%。2005~2010年，全市义务植树累计5517万株。

# 第四节 生态工程建设

## 一、防风固沙林营建工程

1992年,彭泽、星子、都昌、湖口、永修县共造固沙林500余公顷。1993年,实施治沙一期工程,都昌、星子、湖口、彭泽县共完成治沙造林466.67公顷。

1995年始,彭泽县将沙地所有权和经营权剥离分开,采取租赁、承包、联户和股份合作等形式,推行“谁造林、谁经营、谁受益”政策,吸引社会力量兴办林场,涌现许多治沙造林大户,承包经营面积达1600公顷。与此同时,该县按照“因害设防,突出重点,统一规划,分步治理”原则,探索防沙治沙有效模式。至1996年年底,彭泽、星子、都昌、湖口县共完成治沙造林面积1593.33公顷。1998年,省林业厅在总结南昌县岗上镇农村治沙经验基础上,启动都昌县防沙治沙示范工程,利用国债资金实施大规模工程治理,在充分保护现有沙山植被前提下,采用苦楝、湿地松+木槿、蔓荆子+百喜草造林模式,营造固沙示范林43.33公顷。尔后,此造林模式在省其他沙区推广使用。

2001年始,星子县确定“以生态治沙为原则,以招商引资为渠道,以林业项目作扶持,以长远创收为目的,大办发展社会造林”防沙治沙思路,并按照“谁投资,谁受益”原则出台优惠政策,吸引社会资金治理沙区。同年,彭泽县实现沙化土地造林800公顷。因治沙成绩突出,2002年6月,被国家林业局、全国绿化委员会和人事部联合授予全国防沙治沙先进单位。至2002年底,都昌县共完成沙化土地治理面积1640公顷,其中造固沙林666.67公顷,封沙育林973.33公顷。

2003年,彭泽县投入资金24.76万元(其中中央财政投入20万元),采用刺槐、湿地松、木槿、意大利杨、枫杨等树种,营造固沙林113.33公顷。2004年,星子县引进江西远景林业开发有限公司落户沙区,营建工业原料林基地。同年3~8月,全市组织63名技术人员组成8个外业调查组、1个质量检查组和1个内业组开展全市沙化土地监测工作。监测结果:全市共有沙化土地面积1.63万公顷,其中流动沙丘13.33公顷,半固定沙丘1293.33公顷,固定沙丘8826.67公顷,沙改田地6200公顷。据各沙区县、区统计,至当年底,全市沙区造林、封育保存森林面积累计达3653.33公顷,其中已成林乔木林、经济果木林3046.67公顷。当年,都昌、湖口、彭泽、永修、星子县和庐山区列入《江西省防沙治沙及沙化土地治理规划(2004~2010年)》范围中,其中,规划彭泽县综合开发试验区项目规模4006.67公顷。当年,彭泽县投入30.72万元,完成治沙造林面积160公顷;都昌县投入29.22万元,完成治沙造林面积133.33公顷、封沙育林面积133.33公顷;星子县投入36万元,完成治沙造林面积86.67公顷;湖口县投入24.84万元,完成治沙造林面积140公顷。

2005~2006年,江西远景林业开发有限公司投入资金500余万元,在星子县沙区营造针阔混交林1000公顷。同时,该县采取政府补贴,公司出苗,群众出劳形式,引导沙区周边群众在村庄居住区域栽种意大利杨、湿地松、刺槐等树种,在林间套种西瓜、花生、芝麻等经济作物,以林促农,以农养林,仅套种经济作物一项,沙区群众从中人均年增收120元。2006年2月,国家林业局批准彭泽县在定山镇东光沙区建立全国防沙治沙综合示范区,示范区面积1533.33公顷。该县强化组织、政策、法制、资金保障,狠抓治理质量,通过创建速生丰产型、植被覆盖型、生态经济型、封沙育林型治理模式,建立刺槐阔叶林、湿地松针叶林、葛藤护坡林、沙改旱地、沙改水田等多种试验,实行乔、灌、草配置,山、水、林、田、路结合,生态新区与经济发展新区结合,进行综合治理。同年,星子县引进香港永高投资有限公司,投资5000万元,开发沙滩浴场、沙滩竞技、沙滩疗养等旅游休闲项目。至2007年,彭泽县全国防沙治沙综合示范区共完成沙荒治理面积1333.33公顷,其中营造防护林和封沙育林866.67公顷。2008年止,该县共完成沙荒治理面积4613.33公顷,其中营造以意大利杨、刺槐、湿地松和蔓荆子为主固沙林和封沙育林3220公顷,沙改田地1400公顷。

2009年,都昌县营造固沙林220公顷,栽植湿地松、刺槐等55万株。

## 二、林业血吸虫防治工程

1991年，林业部和卫生部联合下达“八五期间”江苏、安徽、湖南、湖北、江西、上海5省1市重点攻关项目“兴林灭螺”综合治理与开发“三滩”(江滩、湖滩、荒滩)，在位于长江与鄱阳湖水口交汇处江中滩地的九江县新洲垦殖场钉螺滋生区设立试验区，尔后，九江县在永安乡长江堤外滩营造“兴林抑螺”示范林33.33公顷。1992~2000年，瑞昌市在码头、桂林、高丰、范镇、武蛟、横港、夏畈等乡镇和赛湖农场8个乡(镇、场)、都昌县在22个乡镇累计营造“兴林抑螺”林1753.33公顷。2005年，都昌县选择血吸虫病发生较严重万户镇美塘村鄱阳湖滩地，营造兴林抑螺示范林20公顷，为即将实施的林业血防工程造林积累经验，以期全面推广。2006年，江西省被确定为全国7个林业血防工程实施省份之一，启动工程建设县10个，星子县、瑞昌市、都昌县、永修县被列入启动县。2007年1~4月，营造意大利杨、池杉、杂交柳为主抑螺防病林2853.33公顷，其中都昌县1333.33公顷、星子县400公顷、永修县453.33公顷、瑞昌市666.67公顷。总投资2140万元，其中国家财政投资642万元。

2007年，星子、湖口、九江、永修、都昌、瑞昌6县(市)和庐山区被列入工程建设项目县(市、区)。2008年1~4月，营造以意大利杨、池杉、杂交柳、桤木、重阳木、湿地松、泡桐、早熟梨、油茶等植树为主抑螺防病林4766.67公顷，其中星子县666.67公顷、湖口县1000公顷、瑞昌市666.67公顷、九江县666.67公顷、永修县666.67公顷、庐山区366.67公顷、都昌县733.33公顷。共投入建设资金3600万元，其中国家财政投入1080万元，省、市、县三级地方财政投入1080万元，项目建设单位投劳折抵1440万元。

2008年5月7日、12月10日，市发改委和市林业局根据省发改委、省林业厅安排，联合下发《关于下达2008年林业血防工程中央预算内资金投资计划的通知》《关于下达2008年九江市林业血防工程第二批中央预算内投资计划的通知》，彭泽、武宁、都昌、九江、永修、湖口、星子、瑞昌8县(市)和庐山区、浔阳区列入林业血防工程项目县(市、区)。血防林Ⅰ、Ⅱ期计划营建抑螺防病林总面积9580公顷，其中彭泽县1666.67公顷、武宁县753.33公顷、都昌县1333.33公顷、九江县1293.33公顷、永修县1600公顷、湖口县733.33公顷、星子县400公顷、瑞昌市733.33公顷、庐山区400公顷、九江开发区666.67公顷。计划共投入建设资金7168万元，其中中央财政投入2156万元，地方配套5012万元。2009年5月，市森林资源监测中心根据省林业厅对营造林重点工程项目管理要求，组织技术人员对2008年度林业血防工程的建设情况进行全面核查。全市2009年共完成2008年度血防林Ⅰ、Ⅱ期面积7713.33公顷，合格面积6513.33公顷。其中完成血防林Ⅰ期面积3873.33公顷，合格面积3306.67公顷；完成血防林Ⅱ期面积3840公顷，合格面积3206.67公顷。

2009年，省林业厅下达市年度林业血防工程建设任务8620公顷，当年冬至2010年春，全市项目县(市、区)共营造湿地松、意大利杨、泡桐、油茶等树种血防林8360公顷，合格面积为7893.33公顷，其中，武宁县合格面积为286.67公顷、瑞昌市180公顷、星子县1000公顷、九江县886.67公顷、庐山区353.33公顷、都昌县1646.67公顷、湖口县1000公顷、永修县786.67公顷、彭泽县1753.33公顷。

## 三、长江流域防护林工程

1991年，国家为从根本上扭转长江流域生态环境恶化状况，启动长江中上游防护林(以下简称长防林)体系一期工程建设。1993年，瑞昌市被列为该项工程建设县，年底，完成长防林工程建设造林面积1333.33公顷，国家投资6万元。至1996年，瑞昌市共完成长防林工程建设造林面积7366.67公顷，封山育林面积6866.67公顷，中幼林抚育1.76万公顷，总投资312.10万元，其中国家投资22.50万元，国内贷款84万元。1997年后，都昌、彭泽、九江、永修、德安、湖口被相继列入长防林一期工程项目县。1993~2000年，全市在长防林一期工程建设中，共完成造林面积1.13万公顷，新增封山育林面积2.28万公顷，中、幼林抚育面积2.86万公顷，迹地更新面积86.67公顷，低产林改造面积633.33公顷。总共投资1387.10万元，其中国家投资136.50万元。

2001年，全市以保护、恢复森林植被、遏制水土流失为中心，以提高森林质量，调整现有林分结构为重点，采用各种营林手段，以修河、鄱阳湖、大中型水库周围、沙区及主要交通干线两侧为重点，开展长防林二期工程建设。当年,瑞昌市、都昌县共完成国债长防林造林面积1466.67公顷,其中,用材林313.33公顷、经济林33.33公顷、防护林1120公顷(其中固沙林666.67公顷),封山育林2366.67公顷,共投入国债资金108万元。2002年,修水、永修、都昌、彭泽县和共青城实际完成各类长防林工程项目造林1420公顷,封山育林3360公顷,低效林改造60公顷。总投资397万元,其中国家投资382万元。

2003年初,市为加强长防林工程项目管理,确保工程质量,提高国债资金使用效益,在总结长防林一期工程实施经验的基础上,制订《九江市长江防护林工程项目管理实施方案》。规定从2003年始,长防林工程投资计划安排实行招标制,作业设计应由具有乙级以上资质林业设计单位承担,推行工程经营主体和施工队伍招投标制,验收结果作为造林补贴发放的依据和工程资金实行专账核算、审计管理。同年,永修、武宁和九江3县承担防护林工程建设任务。永修县完成国债长防林造林面积340公顷,封山育林合格面积566.67公顷;武宁县和九江县共完成小型生态公益林荒山造林面积333.33公顷。至2010年止,全市完成长防林二期工程建设造林面积1.22万公顷、封山育林1.08万公顷、低效林改造260公顷。

2010年,市承担长江中上游防护林工程建设任务10个项目县(市、区)及共青城市累计完成长防林工程营造林面积8.67万公顷,其中人工荒山造林2.35万公顷、火烧迹地人工更新造林86.67公顷、低效林改造893.33公顷、封山育林3.36万公顷、中幼林抚育2.86万公顷,国家共投资2852.5万元。

## 四、中德合作长防林工程

1994年8月,省林业厅同德国政府合作,编制《中德江西九江长江中上游生态防护林体系造林工程项目建议书》,并与省计划委员会、省对外贸易厅联合行文向国家计划委员会、对外贸易经济合作部、林业部申报《关于江西省九江长江中上游生态防护林体系造林项目申请德国政府无偿援助的报告》。10月16日,国家计委批复《报告》,批复项目总投资9900万元人民币,其中德国政府赠款1200万马克(折合人民币6600万元),国内配套资金由江西省自筹解决。规划瑞昌、彭泽、湖口、九江、德安、永修5县1市5年内营造3万公顷长江中上游生态防护林,其中,人工造林1万公顷、封山育林1万公顷、疏林补植1万公顷,以改善长江九江段及鄱阳湖区生态环境。

1995年3月8日,市中德合作九江长江生态防护林工程项目领导小组成立。3月,省林业勘察设计院受省林业厅和市林业局委托,完成《中德合作江西九江市长江中上游生态防护林体系造林工程项目可行性研究报告》。6月,中德合作长防林工程项目正式通过德方签约立项。至此,中德合作长防林工程项目进入接受德方专家技术考察、社会经济考察和正式评估、签约阶段。6月21日,省林业厅在市区主持召开德援项目全面踏查情况汇报及德方专家到赣考察前的准备工作会议,对各项准备工作进行具体部署。8月21~31日,省林业厅和市林业局对德援项目进行模拟考察。1996年6月24日,由德国复兴银行(KFW)委派德国GITEC公司项目可行性考察组到市,开始对市中德合作长防林工程项目长达36天考察。4名国外专家和6名国内专家分成技术、基础设施、社会经济3个考察组,对省林业厅《中德合作江西九江市长江中上游生态防护林体系造林工程项目可行性研究报告》进行考察论证,先后考察九江市及6个项目县(市)项目治理区苗圃、林场、乡、村、组以及各类对照山场,召开各种类型座谈会百余次,参加座谈会和接受调查县、乡、村、组(农民)各级各类人员1000余人。考察结束时,考察组称"中方对本次考察的配合工作非常出色,翻译和省、市、县的项目官员及工作人员的工作值得称赞"。8月7日,中德双方正式签署九江市中德合作造林项目《备忘录》。1997年3月4~10日,德国复兴银行认定考察组亚太局处长温泽尔、项目官员鲁德娜、顺纳瓦德、高级林业官员格罗特胡期一行4人对九江工程项目区进行认定考察。3月9日,林业部、省林业厅和德国复兴银行代表在南昌市草签《中德合作造林项目会议纪要》,10日,林业部与德国复兴银行正式签订《中德江西造林项目会议纪要》,确定在九江市所辖和九江、湖口、彭泽、德安、永修、瑞昌5县1市项目区营造林3万公顷(其中混交林1.45万公顷、经济林0.05万公顷、疏林补植0.5万公顷、封山育林1万公顷)建设总规模。8月,中德合作九江长江防护林造林工程项目《财政协议》正式签订。1998年,中德合作长防林建设工程项目实施,完成造林实施面积433.33公顷,合格面积120公顷。同年5月,制定关于项目实施期1998~2002年5年《执行计划》。6月,制定项目《参与式营造林规划》和《土地利用规划指南》。8月,项目技术顾问Bohlander制定《江西省中德造林项目营造林指南》和《江西省中德项目抚育指南》。在《江西省中德造林项目营造林指南》中,提出"参与式"项目管理新的基础概念。同年秋,组建项目质量监测中心,设置《监测评估办法》,制定计算小班号新系统,进行信息汇总和处理,对项目实施情况结果进行严格监测评估和报告。同年,为提高工程项目建设质量,并符合上述《计划》和《规划》要求,市中德合作长防林项目办公室共组织县、乡项目技术人员和农民代表分别举办"造林模式选定",或以"土地利用规划",或以"项目执行计划",或以"造林质量检查",或以"造、封、补合同"为内容培训班6期,参加培训人员220人次,每期培训时间3~4天,共22天。项目区6县(市)亦分别举办各类培训班52期,3960人次。11月,中德双方对《项目计划》做出修订。修订后指标为营造防护/用材林1.45万公顷、经济林0.05万公顷、疏林补植0.3万公顷、封山育林1.2万公顷。1998~1999年,市连续2年遭受特大洪涝灾害侵袭,各项目县(市)均在滨湖地区,受灾严重,财政处于极度困难、项目配套资金一时难以到位,加之项目实行"自下而上"参与方式和"先实施后报账"方式,项目施工资金需先垫付,增加项目实施难度。2年仅完成营造林合格面积8406.67公顷,其中造林606.67公顷、疏林补植13.33公顷、封山育林7786.67公顷。

2000年1月20日,市政府针对中德合作长防林项目进展缓慢、项目区各县(市)配套资金不到位情况,召开永修、德安、九江、瑞昌、湖口、彭泽6个项目县(市)长和财政局局长参加的中德合作长防林项目工作会议。会议期间,市政府分别与项目区县(市)长和财政局局长签订中德合作造林项目责任状,承诺及时提供项目规定地方配套资金。2000年,市政府与各项目县(市)签订造林总任务为2086.67公顷,实际完成1933.33公顷,完成责任状任务92.65%。完成封山育林面积4253.33公顷,疏林补植10.67公顷。2001年,经省项目监测中心检查验收,造林合格面积5866.67公顷。10月,德方专家进行质量检查,所检小班全部通过验收,并要求辽宁省项目办公室到九江学习。当年项目造林保存合格面积5293.33公顷。至12月31日止,德方支付项目资金计人民币2507.71万元,其中,造防护用材林支付1355.27万元,造经济林支付102.82万元,疏林补植支付2.43万元,封山育林支付84.13万元,购置设备支付77.81万元,购置车辆支付242.64万元,咨询(国内外咨询专家)支付622.05万元,生物多样性奖励20.56万元。2002年2月18日,德国复兴银行同意江西各项营造林总目标进行扩展。扩展后,项目总计划面积为3.7万公顷(比原计划增加0.7万公顷),其中防护用材林1.6万公顷,经济林0.3万公顷,疏林补植33.33公顷(比原计划减少2966.67公顷),封山育林1.8万公顷(比原计划增加0.6万公顷)。考虑苗木生产成本增加,同意尚未实施之8620公顷防护用材林苗木单价由650元/公顷提高到800元/公顷;造林总单价为3300元/公顷,其中,德方承担2550元/公顷,中方配套435元/公顷,农民劳务折抵315元/公顷;新增封山育林6000公顷,其单价定为250元/公顷,其中德方承担190元/公顷,中方配套60元/公顷。当年,项目造林保存合格面积(含2001年补植)9906.67公顷(防护用材林8240公顷、经济林1666.67公顷),封山育林6000公顷。德方无偿投资总额为1700万马克。至2003年,全市累计完成中德合作造林项目面积(各年度第一次报账面积)3.71万公顷。其中,完成防护用材林造林面积1.67万公顷、经济林造林面积0.24万公顷;完成封山育林面积1.8万公顷;完成疏林补植面积26.67公顷。2005年6月,根据德国复兴银行要求,正式启动中德合作长防林项目后续计划,后续计划内容包括火烧迹地重造773.33公顷,防护用材林抚育4500公顷,封山育林改造2500公顷,总投资1386.30万元。至2007年,中德合作长防林项目后续计划实际完成火烧迹地重造合格面积1200公顷;防护用材林抚育合格面积3920公顷;封山育林改造合格面积1200公顷。2008年6月21~24日,德国复兴银行中德合作长防林项目终期检查评估团一行5人到市检查项目执行情况,肯定该工程项目。

## 五、退耕还林工程

2002年2月28日,省发展计划委员会、省财政厅、省林业厅、省粮食局联合下发《关于下达我省2002年退耕还林任务计划的通知》,下达全市2002年退耕还林任务1.53万公顷,其中退耕地造林0.77万公顷、荒山荒地造林0.76万公顷,涉及6个项目县(市),武宁县为0.33万公顷,瑞昌市为0.33万公顷,彭泽县为0.27万公顷,德安县为0.2万公顷,都昌县为0.2万公顷,星子县为0.2万公顷。按政策规定,每亩退耕地造林每年补助粮食(稻谷)150公斤,还经济林补助5年,还生态林补助8年。3月,市启动退耕还林工程各项工作。4月10日,市政府召开全市退耕还林电视电话会议,按照退耕还林目标部署到县、任务落实到县、资金分配到县、粮食补助到县、责任明确到县"分级负责、分级管理"原则,就退耕还林工程项目进行动员部署,并专门为工程建设拨付工作经费。同期,成立由主管副市长任组长,市纪委、农业办公室、计委、财政、审计、林业、农业、土管、水电、粮食、农业发展银行等部门负责人为成员退耕还林工程项目建设领导小组,各项目县(市)、乡(镇)亦成立相应机构。6~7月,6个项目县(市)相继召开乡镇长、村主任、造林大户会议,宣传、动员,布置退耕还林工作。同期,市林业局和项目县(市)先后共举办12期退耕还林工程项目作业设计培训班,共有2240余人次参加培训。当年,6个项目县(市)完成省政府下达1.53万公顷退耕还林任务,其中退耕地造林0.77万公顷,配套荒山荒地造林0.76万公顷,应兑现退耕户补助粮食1725万公斤,实际兑现937.5万公斤,完成林业投资1730万元。当年,工程资金总计1939万元,其中国家预算内资金1929万元(国债资金1463万元、中央财政专项资金96万元)。2003年,退耕还林工程全市全面铺开。1月8日,省发展计划委员会、省财政厅、省林业厅、省粮食局4部门联合发文下达年度退耕还林任务3.2万公顷,其中退耕地造林1.6万公顷,配套荒山荒地造林1.6万公顷,涉及九江市12个县(市、区)、190个乡镇、1461个村、62700户农户,其中修水县0.67万公顷,武宁县、瑞昌市各0.4万公顷,永修、彭泽县各0.27万公顷,德安、九江、星子、都昌、湖口县各0.2万公顷,共青开发区0.13万公顷,庐山区0.06万公顷。2003年退耕还林工程项目在上年6个县(市)试点工作基础上,按照"统筹规划、分步实施、突出重点、形成特色、注重实效"原则,统一规划设计、统一技术标准,坚持与生态环境建设相结合,与调整农业产业结构相结合,采取对水土流失地区、交通要道两旁荒山荒地优先安排,同时又兼顾农民增收和地方经济发展策略,选用樟、枫香、香椿、酸枣、桤木、杜英、马褂木、意大利杨、杉木、马尾松、湿地松、吴茱萸、杜仲、黄柏、厚朴、果树等27个树种,大力推广南京林业大学选育95杨、895杨,基因桃,日本甜柿,"农桑12号"桑,"九家种"板栗,"东魁"杨梅等优良品种。推行针阔混交、阔阔混交、林药混交、木竹混交、经济林和果林等造林模式,逐步形成西部山区以桑、木本药材、竹类、桤木为主林业产业带,滨湖地区以意大利杨为主工业原料林产业带,丘陵地区以湿地松、阔叶树和经济林为主产业带,环庐山周边地区以风景林、苗木花卉为主产业带,着力培育特色林业基地。4月下旬,市人大常委会就退耕还林工作开展为期4天调研,于5月20日,在十一届常委会第三十一次会议上,听取市政府关于退耕还林工程建设实施情况汇报;市政协把退耕还林工程建设列入视察日程,开展调研活动。为使退耕还林政策家喻户晓,深入人心,项目建设领导小组利用九江电视台、《九江日报》等媒体向社会进行宣传,在九江人民广播电台"百姓热线"直播栏目向群众直接宣传退耕还林政策,释疑解惑。市政府按照退耕还林工程"目标、任务、资金、粮食、责任"到项目县(市、区)以及地方政府负总责要求,与各项目县(市、区)政府签订责任状,形成一级抓一级,一级对一级负责管理机制。各地在项目实施过程中严格实行责任包干制,明确奖罚目标,把退耕还林工作列为主要考核指标,并与干部提拔任用挂钩;实行失职追究制,对在工作中玩忽职守者,追究责任;实行责任监督制,由地方组织和监察部门对工程进行监督。至当年年底,全市退耕还林工程项目造林3.2万公顷,其中,退耕地造林1.6万公顷,配套荒山荒地造林1.6万公顷,当年营造生态林面积1.35万公顷。应供退耕还林户补助粮食5307万公斤(原粮),实际兑现1429.675万公斤(包括2002年欠供的750.6万公斤),兑现现金(指生活补助费,下同)240万元,累计兑现现金377万元,粮、款兑现涉及11328户农户;完成林业投资5014万元,其中,粮食折资1667万元、种苗费2400万元、粮食调运费113万元、其他费用834万元;工程资金总计5263万元,其中,2002年结余249万元、国家预算内资金3110万元(国债2400万元,中央财政专项资金710万元)、其他1904万元。

2004年,全市完成省发展改革委员会、财政厅、林业厅、粮食局4部门联合发文下达年度退耕还林任务1.04万公顷,其中,退耕地造林0.13万公顷,配套荒山荒地造林0.91万公顷。当年应供退耕户补助粮食5532万公斤(原粮),实际兑现536.38万公斤,兑现现金430.50万元,应兑现粮食改为兑现现金6552.75万元,粮、款兑现涉及90832户农户;完成林业投资6716万元(属国家预算内资金4844万元),

其中粮食折资 5634 万元、种苗费 325 万元、其他费用 757 万元。

至 2010 年,全市共完成退耕还林任务 8.1 万公顷,其中,退耕地造林 2.77 万公顷,配套荒山造林 4.82 万公顷,无林地和疏林地封山育林面积 0.51 万公顷。完成中央总投资 77310.71 万元,其中种苗费(国债资金)7033 万元、现金补助 6110.83 万元、粮食补助 64166.88 万元。

# 第二章 资源保护

## 第一节 有害生物防治

### 一、预测预报

1991 年,市森林病虫害防治检疫站根据江苏、安徽 2 省 15 个市、县发生松材线虫病疫情和九江市发现松褐天牛害虫情况,制定《九江市松材线虫病监测实施方案》,在彭泽、湖口县以及瑞昌市、庐山区建立 4 个松材线虫病监测点,监测松林面积 833.33 公顷,以及时了解松褐天牛活动和松树生长变化情况,发生疑点立即上报,并取样送检。1992~1994 年,全市累计完成病虫害监测面积 34.97 万公顷,测报准确率在 85%以上,共举办测报培训班 22 期。1995 年,市森林病虫害测报点增至 127 个,完成病虫害监测面积 14.27 万公顷,测报准确率达 85%。1996 年,市新建测报点 23 个,共设测报点 150 个,完成病虫害监测面积 13.78 万公顷。至 1998 年,全市累计完成病虫害监测面积 52.89 万公顷,测报准确率 85%以上;共举办测报培训班 60 期,参加培训人员 840 人次。

2000 年,全市病虫害测报点增至 176 个,其中危险性病虫害监测点 4 个、中心测报点 1 个,专项测报点 7 个,一般测报点 164 个;有测报员 176 人,其中专职测报员 12 人,兼职测报员 164 人,完成病虫害监测面积 13.33 万公顷,其中,松毛虫监测面积 11.87 万公顷,竹蝗 0.32 万公顷,毛竹枯梢病和萧氏松茎象等 1.14 万公顷,共发布预报 22 次、411 份,测报准确率 85%。2002 年,根据森林病虫害发生情况对测报网点进行适当调整,设立测报点 181 个,实施监测面积 13.66 万公顷,并重点对松毛虫越冬代恢复取食期虫情进行核查,收集、汇总病虫情报,分析预测,发出预报 42 次 913 份,测报准确率达 85%。

2008 年 5 月 27 日,市林业局、市气象局遵照"信息共享、合作研究、优势互补、平等互利、联合发布、服务林农"原则,合作开展林业有害生物监测预报工作,签订《林业有害生物监测预报合作协议》。2009 年 2 月 20 日,市林业有害生物防治检疫局(原市森防检疫站,以下简称市林防局)制定《九江市 2009 年林业有害生物测报方案》,测报病害主要以松枯梢病、毛竹枯梢病、油茶炭疽病和软腐病、板栗疫病、杨树病害为主,虫害以松褐天牛、松材线虫、萧氏松茎象、马尾松毛虫、杨扇舟蛾、杨小舟蛾、桑天牛、星天牛、茶毒蛾、黄脊竹蝗、一字竹象、金龟子等为主。全市设置监测网点 307 个,11 个县(市、区)使用 PDA 数据采集器监测病虫动态,并设置 33 台杀虫灯、164 块调查标准地对杨树病虫害进行监测。当年,全市有害生物监测面积 282.04 万公顷次,发布预报 196 期,8202 份,预报有害生物发生面积 2.53 万公顷,实际发生面积 2.25 万公顷,预报准确率为 88.87%。2010 年,市有害生物监测对象主要以松、杨病虫害为主。全市共设置专项监测点 353 个,悬挂诱虫杀虫灯 36 台,监测结果每月逐级上报 1~2 次。8 月,全面开展松材线虫病监测排查工作。当年,全市有害生物监测面积 289.62 万公顷次,发布预报 187 期,6430 份,预报有害生物发生面积 3.13 万公顷,实际发生面积 2.76 万公顷,预报准确率为 88.20%。至 2010 年年底,全市在湖口、永修县(2006~2008 年设在共青城)各建有 1 个国家级中心测报点,监测对象以松褐天牛、马尾松毛虫为主;在各县(市、区、山)建有 11 个省级重点测报点和 12 个市级系统测报点。全市建有一般测报点 267 个,拥有测报人员 335 人,其中专职测报员 71 人,兼职测报员 264 人。

## 二、防治工程

1991年,全市如期完成1986年始第一期松毛虫综合防治林工程9860公顷。1992年,省森防检疫站安排九江市建设第二期松毛虫综防林6666.67公顷,市、县配套4140公顷,共计1.08万公顷。九江市本着集中连片原则,重点安排昌九公路沿线永修、德安、星子、九江县进行综防林建设。1993年,全市完成第二期松毛虫综防林1.08万公顷,其中,都昌县1686.67公顷、星子县1620公顷、九江县2233.33公顷、德安县2333.33公顷、永修县1600公顷、湖口县1333.33公顷。1994年,省森防检疫站对第二期松毛虫综防林6666.67公顷实施工作进行检查验收后,复又规划建设第三期松毛虫综防林8000公顷。1995年开始第三期松毛虫综防林实施工作,至1996年,完成9333.33公顷(1996年增加1333.33公顷)综防林建设任务。

1997年,在巩固原有综防林3万公顷基础上,重新制定1997~2000年建设1.33万公顷综防林规划。1998年,全市新建综防林0.53万公顷。2000年,省森防检疫站安排都昌县建设0.67万公顷松毛虫治理工程。1991~2000年,星子、湖口、德安、永修、九江、都昌等县4.2万公顷松毛虫综防林采取全面封山育林、适度补植阔叶树种、小面积林相改造、加强监测、坚持早治原则、加大生物防治力度以及实施联防联治等措施,综防林松毛虫发生基本保持低虫口状态,星子、德安连续15年处于有虫不成灾势态中。2004年,彭泽县上十岭垦殖场、瑞昌市龙口源分别建立国家公益林病虫害综合防治示范点。彭泽县上十岭实施以防治松毛虫为主, 防治竹蝗为辅的综合防治示范点400公顷; 瑞昌市龙口源实施以防治松毛虫为主,防治松褐天牛为辅的综合防治示范点500公顷;永修县实施松象虫防治体系基础设施一期工程,工程总投资19万元,用于工程建设的仪器设备购置、安装和维修。

## 三、防治作业

1991年起,全市采取各项营林措施重点建设松毛虫综合防治林,同时加强监测工作,坚持早治原则,实施联防联治措施,加大生物防治力度,广泛开展林业有害生物防治工作。1991~2003年,全市林业有害生物发生面积累计4.98万公顷,防治作业面积累计4.84万公顷,其中,使用白僵菌等进行生物防治累计面积1.79万公顷。

2005年5月、6月、9月、10月,彭泽县、湖口县、浔阳区、庐山区分别发生松材线虫病疫情,发生面积0.31万公顷,引起省、市政府重视。6月底,市政府成立重大林业有害生物灾害防治指挥部,11月7日,制订《九江市松材线虫病预防与除治总体工作方案》,12月13日, 向4个疫情县区下达松材线虫除治任务,除治作业全面铺开。2006年1~3月,市政府重大林业有害生物灾害防治指挥部办公室连续下发《关于印发松材线虫病除治有关工作制度的通知》《关于印发〈九江市松材线虫病疫木除治工作管理办法〉的通知》《关于实现倒计时安排除治工作的通知》 等13个文件, 部署和指导松材线虫病预防和除治。至2006年3月31日止,全市共组织176支除治专业队,清除枯死和濒死松树45.94万株,其中烧除疫木31.35万株,安全利用14.59万株,根除浔阳区疫情,基本拔除庐山区疫点。此后,全市有害生物防治作业主要围绕松材线虫病、杨树病虫害和油茶病害等进行。在彭泽、湖口、都昌3县以及庐山区、庐山设置诱捕器、诱木和无纺布,进行松褐天牛综合防治。其中,2006年,设置松褐天牛诱捕器325个、诱木520株、施挂无纺布9000条, 诱杀和人工捕捉松褐天牛成虫7995只;2009~2010年, 设置松褐天牛诱捕器362个、诱木1117株、施挂无纺布4.60万条。同时,普遍推广使用噻虫啉进行防治。庐山施放都昌县白僵菌厂生产培养花斑花线寄甲线虫1万只、卵100万粒防治松褐天牛。各地尝试应用白僵菌防治杨树虫害,效果明显,还组建社会化防治服务公司(专业队)11家,有害生物防治开始步入市场。至2010年,5年间全市林业有害生物发生面积累计12.98万公顷,其中,病害2.15万公顷、虫害10.83万公顷。防治面积10.15万公顷,其中,生物防治2.4万公顷、仿生防治0.46万公顷、化学防治0.11万公顷、人工防治2.57万公顷、营林措施等其他防治4.61万公顷。2006年10月至2009年11月,清除感染松材线虫病而枯死和濒死松树97.54万株,其中,安全利用50.78万根和1.68万吨。全市在2009年、2010年防治中,使用白僵菌粉炮10万个、仿生农药11.79吨,施放天敌昆虫2.50万只,投入防治经费2432万元。

## 四、植物检疫

**检疫对象普查和专项调查** 1992年7~9月，市森防检疫站组织人员在全市范围内进行一次松枯梢病专项调查。调查范围涉及全市295个乡(镇、场、圃)，调查松树(包括马尾松、湿地松、火炬松、黄山松、黑松、华山松、桐棉松)林12.17万公顷，其中马尾松10.71万公顷、国外松1.45万公顷、其他松树93.33公顷；设立调查点5490个、标准地1661块，调查总样木16.88万株，采集标本1106份，制作临时玻片328块。经室内鉴定，从病株标本分析出仅有松色二孢菌，或松色二孢菌与多毛孢并存，或松色二孢菌与松梢螟危害并存三种情况。全市松枯梢病总为害面积202.13公顷(其中为害严重63.33公顷)，发生率0.17%，其中为害国外松141.4公顷，发生率0.97%；为害马尾松51.07公顷，发生率0.05%。主要分布在武宁县石渡、罗溪，九江县新合、城门、狮子、马回岭、黄老门、沙河、岷山林场，瑞昌市白杨、武蛟、高丰、南义、范镇、乐山、肇陈、南阳、夏畈、码头镇、流庄和横立山，彭泽县浩山、龙城镇、马路口苗圃，星子县白鹿、隘口、泽泉，永修县滩溪，湖口县三里林场29个乡(镇、场、圃)。1997年，根据省林业厅通知，开展萧氏松茎象和板栗疫病2项专项调查，调查发现修水、武宁2县有萧氏松茎象分布，为害面积793.33公顷；板栗疫病仅在永修县有小面积的分布。1998年10月始，根据国家林业局和省林业厅有关文件精神，抽调科技人员组成27个普查工作组，在全市范围内(包括省属云山垦殖场17个应施检疫的树种)开展森林植物检疫对象普查工作，至1999年年底完成。此次普查，踏查2261个行政村，设立调查点5971、标准地198块，普查森林面积20.45万公顷，采集标本729号。查出全国森林植物检疫对象3种：板栗疫病(Cryphonectria parasitica(Murr) barr)，分布于永修、彭泽、修水3县，分布和发生面积19公顷；冠瘿病(Agrobacterium tumefaciens Smith and Townsemd Conn)，为害李树，分布于彭泽县，分布和发生面积20公顷；柑橘溃疡病(Xanthomonas citri(Hasse) Dowson)，分布于修水、永修2县，分布面积195.33公顷，发生面积138.8公顷。查出省补充森检对象松枯梢病1种，为害湿地松、马尾松，分布于彭泽、星子、九江3县以及瑞昌市和庐山区，分布面积122.47公顷。其他危险性病虫5种：萧氏松茎象，为害湿地松、马尾松，分布于永修、武宁、庐山区，分布和发生面积1313.33公顷，其发生严重面积553.33公顷；拟松材线虫(Buraphelenchus mucronatus)，为害马尾松、华山松、黄山松，分布于德安、彭泽、湖口3县以及瑞昌市、庐山区、庐山自然保护区、共青城，分布面积400公顷，发生面积73.33公顷，其中发生严重面积9.4公顷；栗红天牛(Erythus bonringii pascoe)、桑白盾蚧(Psendanlocaspis pentagona Targionlloxxetti)、栗链蚧(Neoasterodiaspis Castaneoe Poussell)均分布于彭泽县，发生面积分别为2公顷、5.33公顷、12公顷。1990年进行疫情调查时发现的毛竹枯梢病、杨树溃疡病在此次普查中未发现其为害。

**无检疫对象苗圃建设** 1995年，市开始进行无检疫对象苗圃建设工作，至1998年，共建无检疫对象苗圃10个，2005~2010年，全市建无检疫对象苗圃46个(户)，面积192.53公顷。

**森林植物检疫** 1992年，市正式开始进行苗木产地检疫工作，开具产地检疫证书，作为换领森林植物调运检疫证依据。1997年，省、市森防检疫站对市政府从日本引进3000株日本樱花进行复检，查出检疫对象根瘤病，并按规定予以销毁。至2000年，9年全市实施产地检疫苗木面积606.67公顷、林木种子2.99吨、苗木19726.26万株、木材34.19万立方米、毛竹165.83万根、小山竹2675.36万吨、花卉20万株、茶叶12吨；调运检疫林木种子32.54吨、苗木505.76万株、木材73.10万立方米、毛竹327.92万根、小山竹5178.67吨、花卉0.50万株、果品3006吨、小竹笋12吨、中药材216.68吨；复检林木种子2.20吨、苗木100万株、木材1.25万立方米、毛竹7万根。2000年年底，市有检疫员153人，其中专职检疫员45人、兼职检疫员108人。绝大多数国营林场、林业工作站、国营苗圃、木材检查站配有兼职检疫员，重点边界木材检查站配有专职检疫员。2001年，市出入境检验检疫局在入境货物木质包装箱松木材中截获松材线虫病。2002年8月下旬，按照国家林业局要求，在全市范围内开展森林植物检疫大检查和复检工作，共抽查苗木156批次，木材383批次，其中木材加工户67家计212批次，火车站、码头和木材市场抽查木材171批次，发现有49批次无检疫证书木竹，并严格按有关规定对其进行补检处理。当年，实施产地检疫苗木498公顷、检疫率95%。调运检疫木材10.13万立方米、竹材85.60万根、林木种子2.40吨、苗木143.90万株、药材5吨、小山竹7420吨、竹笋642吨，复检木材265立方米、竹材39.20万根。市出入境检验检疫局在货物木质包装材中截获印缅乳白蚁、小杆线虫、滑刃线虫。2003年7月9日,出入境检验检疫局工作人员在对江西泰丰轮胎有限公司从泰国进境的10个标准集装箱天然橡胶的木质包装材料实施现场检疫时,发现有2种长蠹活体昆虫,经取样培养鉴定并送国家权威检测机构昆虫专家复核为双刺长蠹和国家禁止入境二类有害生物双钩异翅长蠹,该局采取紧急措施对集装箱进行熏蒸无害化处理,对木质包装材料集中焚烧销毁,并跟踪监控,避免疫情扩散。

2010年,市加强检疫登记管理力度,共登记种苗繁育、木竹加工和使用木竹包装材料企业370家。继2009年德安县、九江县建立检疫实验室之后,市和10县(市)、庐山区均建有检疫实验室,拥有专职检疫员56人、兼职检疫员105人。当年,实施产地检疫苗木面积3073.33公顷、林木种子3.03吨、花卉2.06万株;调运检疫林木种子1.73吨、苗木398.02万株、木材17.61万立方米、毛竹119.30万根、小山竹7.16吨。复检苗木817.89万株、木材0.93万立方米、毛竹1.86万根。至同年底,全市累计实施产地检疫林木种子17.83吨、苗木面积1.5万公顷、木材34.19万立方米、毛竹165.83万根、小山竹2675.36万吨、茶叶12吨、花卉46.95万株;调运检疫林木种子45.18吨、苗木4540.78万株、木材189.63万立方米、毛竹1045.68万根、小山竹12630.02吨、花卉686.74万株、果品3744.50吨、中药材225.68吨、竹笋654吨;复检苗木2760.94万株、木材5.08万立方米、毛竹48.75万根、花卉2.30万株、林木种子3.60吨。

## 第二节 森林防火

### 一、制度建设

1991年起,市及县(市、区)森林防火指挥部办公室和林业局机关工作人员在冬、春2个森林防火期间,执行24小时值班和领导带班制度,保持上下信息畅通,指导调度准确及时。1994年,全市各级森林防火指挥部办公室建立森林火灾报告制度、主任工作责任制和值班人员工作责任制,进一步完善各项规章制度和森林防火目标管理考评办法、并制作森林资源分布图、森林火险等级区划图,森林防火设施建设分布图、森林火灾发生图,以利森林防火指挥调度工作。1995年,实行森林防火目标管理制度,市森林防火指挥部与各县(市、区、山)森林防火指挥部签订森林防火责任状,各县(市、区、山)与所辖乡(镇)、乡(镇)亦与所辖村签订责任状。市县2级森林防火指挥部成员单位实行森林防火包片制度,加强对基层防火工作指导、检查与督促。1996~1997年,在继续实行森林防火目标管理制度,完善森林防火指挥成员单位包片制度的同时,推行林业部门领导负责制,把防火责任层层落实到各林权单位领导和护林员身上。1998年3月31日,市森林防火指挥部发出《关于建立庐山地区森林防火联防区的通知》,要求九江县、星子县、庐山区、庐山管理局建立森林防火联防区,成立联防组织,本着“自防为主、积极联防、团结互助、保护森林”原则,制定联防办法,开展联防活动。遵照省政府部署,庐山开展森林防火综合整治工作,市政府在全力抓好庐山地区森林防火综合整治工作的同时,把森林防火作为全市农村工作一项重要内容进行全面部署,要求市森林防火指挥部成员单位在春防期间“春耕、备耕”,冬防期间“冬种、冬修、冬造”中分片负责,加强对各地森林防火工作检查、督促和指导。9月28日,市森林防火指挥部根据市政府领导指示精神,发出《关于建立防火联户联防责任制的通知》,要求各地务必在林区建立、落实联户联防责任制,把各项防火措施落实到基层和广大人民群众身上,真正实现群防群治。1999年为庐山区域开展森林防火综合整治关键年,2月3日,市森林防火指挥部印发《市委、市政府领导对庐山区域森林防火分片负责人名单的通告》,同时,进一步落实各县(市、区)领导对乡(镇)森林防火分片负责制和庐山区域各乡(镇、场)领导对各村森林防火分片负责制,以加大森林防火工作领导力度。

2000年,全市推行森林防火行政首长负责制,按照行政区划、属地管理和行政首长负责制原则,进一步明确县(市、区)及乡(镇、场)各级领导防火责任,确立市、县、乡3级领导森林防火分片负责制,落实森林防火年度目标管理责任制,并对1999年获得森林防火目标管理优胜单位庐山管理局、彭泽县、星子县、武宁县进行表彰奖励。2001年,市政府把森林防火工作列入市林业局年度工作考核的重要内容,并与市林业局全体干部职工年终奖挂钩,市林业局亦将森林防火工作列入各县(市、区)林业局年度目标管理考核重要内容,各地分别与所辖乡(镇、场)、各乡(镇、场)与所辖村签订森林防火责任状。2002年,市在执行森林防火行政首长负责制的基础上,重点建立森林防火责任追究制。修水、武宁、永修、彭泽、都昌县亦出台各自森林防火责任追究制度。

2005年始,逐步推行森林防火"由部门行为向政府负总责、相关部门齐抓共管转变;由重大火灾扑救向扑、防并举,以积极防御为主转变;由群众扑火向专群结合,以专业、半专业队伍扑火为主转变;管理由短期行为向建立长效机制转变"4个转变,以实现群策群力,群防群治目标。12月30日,市人民政府制定《九江市处置重大森林火灾应急预案》。2009年,市森林防火指挥部对往年出台各项防火制度整合出领导负责制、领导分片负责制、巡山员制度、督导制度、责任追究制度五项森林防火基本制度。2010年,市政府出台《九江市森林防火重点乡镇管理办法》,在全市范围内实行森林防火重点管理乡镇制度,凡被列入重点管理的乡镇,森林防火工作第一责任人和主要责任人,执行"一票否决"制度。

## 二、宣传教育

1991年起,全市于每年2月25日至3月25日开展春季森林防火"宣传月"活动。1996年,全市除在春防期间,针对元旦、春节、元宵、清明节日用火特点,开展宣传月活动外,还确定每年10月为森林防火宣传月,并做出全面开展"10月森林防火宣传月"活动部署,同时加强宣传月活动督促检查。九江各地充分采用广播、电视、报纸、宣传栏、宣传车、宣传牌等形式开展森林防火宣传教育活动。期间,修水、庐山管理局定期编发《森林防火简报》,通报防火工作情况,修水县层层召开冬季森林防火动员会,宣讲防火重要性和防火常识,并出动宣传车40余次,印刷"禁火令"12.5万份,在各乡、镇、场,交通要道广为张贴及分发林区农户手中;武宁县出动宣传车18次,召开防火座谈会5次,印发森林防火小册子3000余本;星子县、瑞昌市召开乡、镇、场、村干部群众大会,宣传动员森林防火工作;庐山管理局在交通要道、景点景区增设永久性宣传牌200块,并在中小学开展"致家长一封森林防火公开信"活动;九江县举办以宣传森林防火为主题的文艺晚会。此后,全市各地每年例行组织开展"春季森林防火宣传月"和"十月森林防火宣传月"活动。

进入21世纪,全市森林防火宣传教育活动形式更为灵活多样,内容更为丰富,宣传教育面更为广泛,"山火预防,重在宣传教育"已在广大干部群众中形成共识。2001年,市森林防火指挥部制订森林防火宣传月活动实施方案,有针对性地开展"十月森林防火宣传月"活动。市、县2级成立以政府主管领导为组长的宣传教育活动领导小组。此次宣传月活动,全市共印发森林防火宣传年画3.1万份、小册子1900余份、禁火令18.2万份,书写森林防火标语2.8万条,制作及翻新各类防火宣传牌5000余块,其中永久性宣传牌1900块,出动宣传车230辆次,电视宣传森林防火330余次,其中各级领导发表电视讲话70余次,九江、湖口等县还举办文艺专场演出,武宁、修水等县在林区放电影、幻灯片等,营造森林防火群防群治的浓厚氛围。2002年后,各地根据省有关部门统一部署或本地实际情况,在进行常规宣传月活动基础上,开展各具特色宣传教育活动。市编印《中小学生森林防火辅导材料》,对林区中小学校普遍开展一次森林防火教育,各地以上一堂森林防火知识课,致学生家长一封森林防火公开信,组织一次森林防火主题班会,写一篇森林防火为内容的作文,出一期森林防火板报等形式,以提高中小学生森林防火知识,增强中小学生及其家长森林防火意识。此外,各地还形成登门拜访向村民进行宣传制度;2003年,星子、修水、湖口、瑞昌、武宁等县市利用森林火灾典型案件,召开群众大会,采取公捕、公判、鸣锣示警等方式进行宣传教育,警示教育群众;2004年,市森林防火指挥部将庐山周边各重点地段森林防火责任人在《九江日报》公布,接受社会各界监督,营造全社会参与森林防火的氛围。同时,组织10余万干部群众、中小学生参加"森林防火万人签名活动";2006年,市森林防火宣传教育围绕"十查三确保"活动,加大力度,扩大范围开展各项工作。2007年,与支赣森林警察部队在庐山周边地区分别开展"军地携手共创平安春节""确保清明防火安全"等大型宣传、拉练活动。2008年,市组织进行"县级森林防火指挥部指挥长在当地电视台发表一次森林防火讲话;每个乡(镇)组织一辆森林防火宣传车巡回宣传;每个行政村召开一次森林防火村民大会;每个林区中小学校组织一堂森林防火宣传教育课;每个自然村落实1名森林防火宣传员开展鸣锣宣传;张贴一批森林防火宣传标语;每个自然村至少确定1名巡山员开展巡山活动;每个进山路口落实1名守山人员严防死守;每个行政村落实一支半专业森林消防队,做好早打火、打小火的准备;每个县组织一个暗访巡查组,对野外火源管理落实情况进行明察暗访”的“十个一”活动。省森林防火指挥部,省森林武警部队与九江市联合开展警民携手共创“平安冬季”森林防火行动,深入永修、德安、九江、星子等县及庐山区、庐山开展宣传教育。至2010年,10年间全市在森林防火宣传教育中,共出动宣传车3.36万辆次,张贴、散发宣传年画、宣传单、小册子、公开信、刷写标语等727.88万份(条),张贴《禁火令》《紧急通告》118.32万份,设置、翻新宣传牌1.39万块,建警示牌2462块,开展森林防火教育的林区学校1626所,发送森林防火“温馨提示”手机短信593.49万条。

## 三、野外火源管理

1991年,市启动“消灭荒山”植树造林运动,普遍采用炼山方式进行垦山整地。各地本着“顾全大局,防火第一”原则,严格执行造林整地炼山用火审批制度,并设立炼山用火领导责任制,凡跑火的,要追究领导责任。瑞昌市九源乡下源村因炼山跑火,县乡有关部门对负有领导责任乡武装部部长、村支书予以党、政纪处分,罚款400元,书写悔过书200份,在有关乡村张贴。武宁县查处违章用火110余人。修水、武宁、庐山等地对火灾隐患单位出具“森林火灾隐患整改通知书”共500余份,以消除隐患。高火险期(10~11月),市森林防火指挥部对庐山发布封山戒严令,并在主要上山路口设卡戒严,严禁一切野外用火,庐山管理局在各主要景点设立13个防火检查站,并关闭三叠泉景区,当年,庐山未发生大的森林火灾。1993年后,市森林防火指挥部相继发出《关于切实加强春季森林防火工作的通知》《关于清明节前后禁止一切野外用火的通告》《庐山地区封山戒严通告》《关于营运车辆司乘人员上下庐山一律禁止吸烟的通告》《在庐山各景点地区及修水、武宁等林区防火重点期严禁野外用火的通告》等一系列文件,要求各地在森林防火重点期间,严格执行野外用火规定。采取针对性防范措施,控制野外火源。各地森林防火指挥机构亦发出针对本地实际的紧急通知、电传和通告等,出台不同时期、不同地区野外火源具体管理措施。防火重点期,市森林防火办派出巡逻车到庐山地区林区检查、督促查处违章用火行为,消除火灾隐患;各地派出人员,加强野外巡护,并在林区主要通道设岗设卡,对进山车辆、人员实行检查,严禁火种进入林区,对重点地段、高火险区域派出专人日夜守护;庐山适时封闭一些景区;庐山区域各县(区)、乡派出工作组深入林区村组,实行包村、包组、包户、包人防火责任制;星子县将有烧炭传统习惯的乡村劳力集中修路;修水县杨家坪林区对出入机动车辆增挂防火罩具;武宁“九一四”林区禁止外来人员和车辆进入;庐山管理局组织森林防火纠察队、庐山区海会镇组织森林防火稽查队,专门查处违章用火行为;修水、武宁、都昌等县派出检查组,深入林区督促、检查落实各项防火措施。1999年,全市禁止在造林整地施工中炼山,违禁者一律按森林火灾案件查处。2003年2~3月、7~8月、10~12月和2004年1~3月,全市相继出现持续干旱天气,森林火险等级始终维持五级,防火形势严峻,市委、市政府相继召开市委常委会、书记办公会、市长办公会等会议,就森林防火工作进行研究部署。市委、市政府和市森林防火指挥部发出《内部明电》7次,发出《禁火令》《戒严令》和《紧急通知》12次。全面实行“五禁止”:禁止林区一切野外用火;禁止携带火种进入山林;禁止林区野外吸烟;禁止林区烧荒、烧田埂草、烧火粪、烧稻草;禁止林区上坟烧纸、燃放鞭炮。对野外随意用火者,将依法从快从严查处。各地亦发出《禁火令》或《戒严令》,并从实际出发,完善乡规民约,建立巡山责任制和督导责任制,派出工作组深入林区包村驻点,在火灾易发地段、主要路口巡逻检查,设立岗卡,严加防范。环庐山区域各乡、村聘请146名当地责任心强、有威望的老党员、老村干部专职负责巡山,严格控制野外火源。2006年,全面落实巡山责任制,全力防范野外火源,各地按此要求,组建防火巡查队伍,落实巡山员,佩戴统一森林防火袖标,在林区主要路口、墓地等山火易发地段巡查、宣传,同时设岗设卡,严禁火种进入林区。庐山区域县、乡2级在2004年的基础上,专职巡山员增至252人,控制野外火源效果明显。此后,各县(市、区)每年依据“五个禁止”的内容,结合当年各自的实际情况制定野外火源管理办法,坚持森林防火包片责任制、责任追究制、首问负责制、督促检查制、联户联保责任制、巡山设卡责任制等制度,采取疏、堵、封结合方式,引导群众有序用火、禁火。高火险期间特别是清明节前后，全市禁止一切野外用火，庐山周边各进山路口、重点地段设立检查站、哨卡1000余处，每天有近5000人参与巡查、检查，严禁上坟祭祀时焚香、烧纸、燃放鞭炮，纸、香、鞭炮等易燃品一律收缴，野外禁火力度逐年加强。

2010年，春节、清明、国庆节等森林高火险天气期间，市森林防火指挥部开展野外火源集中整治活动，下发《关于清明期间森林防火督导工作的通知》和《关于开展森林防火专项督查的通知》等文件，督查各地野外火源管理等各项防火工作落实情况。同时，对存在火灾隐患、防火难度大区域，特别是庐山风景名胜区、云居山——柘林湖风景名胜区、桃红岭梅花鹿自然保护区、贺嘉山公墓区以及靠近山边村庄、房屋等敏感和易发山火地带，开展野外火源大排查活动，清理枯枝杂草，提前开设防火隔离带。市委、市政府、市人大和市政协四套班子领导结合新农村建设分片挂点，督促指导各地开展森林防火工作。各地各级党政主要领导亦深入一线督查和解决森林防火工作中的困难和问题。高火险期间，星子县委要求16位副县以上负责人分别下到各自责任区进行督导，并组织县、乡、村干部每天清晨6时前到达所有进山路口进行登记检查，收缴燃烧物和燃具。各地林区乡、村按责任制要求，组织专门的防火巡查队伍、巡山员、护林员佩带防火袖标，在进山主要路口、墓地、人员活动频繁区域巡查，设岗守卡，检查追记，严禁火种进山，消除森林火灾隐患。

## 四、基础设施建设

1991年，市森林防火办公室在庐山建立超短波大区转信台2座，同气象部门建立森林火警预测预报网络；有计划推广采用火烧的方法形成防火隔离带技术，推广和运用风力灭火机灭火技术，并对二号工具进行改进。1992~1993年，市共投入资金488万元，建瞭望台8座，修建、垦复各类防火隔离带1152千米，建防火林带28千米，添置扑火工具2022件，其中风力灭火机21台，市森林防火办公室设立无线电通信设备服务站，为基层防火通信设备提供维护等服务。此后，市、县根据实际情况，每年投入资金为市巡警应急扑火队、乡镇场各类扑火队伍配备、添置、检修各类扑火机具和完善各级防火通信网络设备。1997年，市森林防火办公室建立林火卫星监测终端系统。1999年，省计委下拨森林防火资金85万元，在庐山区域建立森林防火指挥中心1座、瞭望台5座，维修瞭望台7座。

2001年，市编制《庐山重点火险区综合治理项目可行性研究报告》。2004年8月12日，国家林业局同意庐山森林重点火险区综合治理项目的建设。该项目建设范围包括庐山区、星子县、九江县及庐山，面积7.1万公顷；建设内容为：新建气象站(80平方米)1座、物资库和车库4座(800平方米)，建设视频监测及信息指挥系统，购置通信、信息及交通运输、扑火机具等设备设施。总投资704万元，其中中央预算内林业非经营性基本建设投资422万元，地方配套282万元。当年，启动环庐山生物防火林带建设项目，营造防火林带56.78千米，至2010年，共营造环庐山生物防火林带126.30千米。2007年，在庐山区域重点防火单位安装无线通信中继台4套、基地台30台、车载台10台、对讲机100余部，全面恢复完善庐山周边地区森林防火无线通信网络系统。2008年，庐山重点火险区综合治理项目竣工，庐山区域林火监控系统、信息指挥系统和通信保障系统全面完成。实现省、市、庐山区域监控、信息指挥和通信三级联通。庐山区域各有关单位森林防火基础设施明显改善，综合预防和控制林火能力得到提升。

至2010年，全市共营造生物防火林带1162.30千米。主要扑火装备有运兵车35辆、指挥车18辆；有灭火机、油锯、割灌机、水枪、水泵、水雾喷射器以及二号工具等扑火机具和服装61104(台、把、套)，其中风力灭火机238台。森林防火通信设备有固定转信台8台，移动转信台3台，基地台42台，车载台29台，对讲机271部。有瞭望台28座，林火监控探头6个。办公设备有电话24部、电脑27台、传真机15台，打印机14台、复印机6台。

## 五、消防队伍建设

**乡镇村扑火队伍** 1993年，九江军分区司令部制定民兵扑火预案，各级人武部组建民兵扑火应急分队。修水、武宁2县林业系统单位，星子县东牯山林场，九江县岷山林场，庐山莲花林场，德安县彭山林场等一些重要林区均组建一支30~50人林业职工扑火队，扑火队防火期相对集中，发生火情及时参加扑火行动。1994 年 11 月 28 日，市森林防火指挥部向省森林防火指挥部申报兴建消防林场，第一批申报消防林场单位有庐山林场、星子县东牯山林场、修水县黄沙港林场、武宁县九一四采育林场和新峰林场。1996~1997 年，市森林防火指挥部协助九江军分区、市公安局组建市公安干警、巡警、武警应急扑火队，配备扑火工具及通信设备。各县(市、区)在巩固充实乡村群众扑火队伍的基础上，重点组建乡、镇、场职工扑火队伍，以应对山火突发事件。修水、武宁、永修、德安、彭泽等县还组建林业部门机关、企事业单位职工扑火队。庐山组建庐山武警消防大队、庐山植物园、庐山林场 3 支半专业扑火队和 18 支由 420 人组成的义务扑火队。此后，各地进一步组建、充实以干部职工为主体应急扑火队和城镇厂矿、企事业单位、乡镇民兵应急扑火队，以及国有林场、林业基层单位专业、半专业扑火队，并为其配备各类扑火机具，进行扑火技能和安全知识培训。

2009 年，各县(市、区)重点林区乡镇均组建半专业扑火队，村组建扑火应急队伍，并为其配备基本扑火机具，集中培训。彭泽县上十岭垦殖场有一支 50 人扑火队，队长由场武装部部长兼任，重点防火期，集中在林场吃住、训练，发现火情及时行动，有效控制火势蔓延，达到“打早、打小、打了”效果。至年底，全市有乡镇半专业扑火队 206 支，队员 5622 名，村应急扑火队 1852 支，队员 28667 名；其他应急队 913 支，队员 10150 名，护林员 4958 名。建立村级“三防”(防火、防盗、防病虫)协会 4738 个，参与农户数 27.13 万户。各地根据实际情况为这些扑火组织配备宣传锣、风力灭火机、二号扑火工具等。2010 年，市森林防火指挥部根据《江西省半专业扑火队标准化建设实施方案》精神，结合民兵应急队伍建设，推进全市半专业扑火队伍标准化建设，按照人员、营房、装备标准化建设要求，逐项落实。当年，修水、武宁、德安、彭泽 4 县以及瑞昌市、庐山区、庐山初步完成标准化建设，并提交申请验收报告，经抽查，大多数乡镇半专业扑火队基本达标。

**森林消防专业队伍** 2004 年 3 月 18 日，市森林防火指挥部决定在全市各县组建森林消防专门队伍，制定下发《九江市森林消防队建队方案》，对组建县级森林消防专业队提出建队标准和要求。5 月 10 日，市森林防火指挥部决定由庐山管理局、庐山区、星子县、九江县各组建 1 支 30 人以上森林消防大队。5 月 15 日，庐山区域 4 支森林消防大队在武警九江支队教导队举行成立仪式，市长为 4 支森林消防专业队授队旗。8 月底，修水、武宁、瑞昌、永修、德安、湖口、彭泽、都昌 8 县(市)亦相继组建森林消防专业队，全市森林消防专业队伍达 12 支，队员 370 人，各队均配备防火通信器材和扑火机具。修水县、永修县、彭泽县、都昌县、九江县、庐山管理局、庐山区 7 支森林消防专业队配备运兵专车，各地通过划拨、新建、维修改造等形式为森林消防队配备营房、生活设施及培训场地，以保障森林消防队在高火险期集中食宿和训练。9 月 17~21 日，市森林防火指挥部组织修水、瑞昌、星子、庐山区 4 支森林消防专业队 58 名消防队员，通过短期集训后，代表九江市参加全省森林消防演练。11 月 22 日，市森林防火指挥部印发《九江市森林消防专业队跨区调动扑救森林火灾实施方法》，明确跨区调动原则、程序、要求和补偿办法。12 月 15 日，在市体育馆举行九江市森林消防专业队检阅仪式，省林业厅、省森林防火总指挥部办公室、市直四套班子领导、市森林防火指挥部成员及市林业工作会议代表 300 余人检阅全市 12 支森林消防专业队，市委书记授予“九江市森林消防专业队”队旗，受阅 261 名队员进行宣誓。从此，全市森林火灾扑救工作迈入“专群结合、以专为主”轨道。

2005~2008 年，市森林防火指挥部编制《九江市森林消防专业队伍制度建设汇编》，实施消防专业队伍规范化、制度化建设和达标建设，加强培训和训练，并通过实施《扑火应急预案》，跨区或调动实施扑火，进行实战演练，以加强队伍锻炼，提高其快速反应能力。各森林消防专业队在营房、装备、物资储备等基础设施建设得到普遍加强，对队员实行定编不定人体制，工资待遇全部由所在县(市、区、山)财政统一拨款支付。武宁县、庐山区、永修县 3 支专业队列为全省专业森林消防机动队，省森林防火指挥部每年给每支机动队拨专款 40 万元，地方财政每年下拨配套资金 30 万元。各森林消防专业队在森林防火重点期内，实行准军事化集中管理，集中食宿，集中待命，坚持每天晨跑，强化体能锻炼和扑火技能等训练。全市森林消防专业队共出动扑火 24 次，参加人数 721 人，其中跨市县扑火 9 次，人数 193 人，渐成山火扑救主力军。2009~2010 年，市政府按“编制，人员，装备，经费”四到位要求，出台《关于加强专业森林消防队标准化建设的意见》,将2009年定为标准化建设达标年。各地根据标准化建设要求,在通信设备、扑火机具、队员装备、运兵车辆等基本设施设备方面对各专业消防队给予补充完善。武宁县政府在该县专业森林消防队原有队员30人的基础上增加20人,添置运兵车。湖口、彭泽、德安等县政府为专业消防队购置运兵车和其他装备。同时,各地加强专业森林消防队队员培训、训练和演练,扑火应急能力迅速提升。

至2010年,全市12支森林消防专业队共设编520人,实有队员456人。备有运兵车35辆、超短波基地台13个、车载台23个、对讲机126部、GPS定位仪79部、风力灭火机228部、风水灭火机34部、油锯72把、割灌机67台、灭火水枪261支、水泵44台、水雾喷射器12部、阻燃服774套、训练服794套、头盔494顶、头灯350个、扑火鞋574双、扑火手套454双。

## 第三节 动植物保护

### 一、珍稀植物保护

修水县黄沙港林场占地100公顷乐家山树木园,以三尖杉、红豆杉、黄山松、香果树、银杏等自然分布种为基础,从庐山植物园、地区林科所引植金钱松、水松、落羽杉、福建柏、穗花杉、柏乐树、花榈木、罗汉松等珍贵树种,至2010年共收集栽培树种500余种。

市林科所占地20余公顷珍稀濒危植物种质资源库,至2010年止,建有木兰园、松柏园、樟楠园、山茶园、藤本园、竹种园和珍稀植物收集园7个园区,共收集珍稀植物计69科146属365种,其中有国家重点保护植物水杉、银杉、珙桐、金花茶、华木莲、秃杉、金钱松、福建柏、叉叶苏铁、水松、银杏、篦子三尖杉、普陀鹅耳枥、天目铁木、伯乐树、夏蜡梅、长蕊木兰、云南拟单性木兰、连香树、鹅掌楸、香果树、伞花木、观光木、红豆杉、穗花杉、天竺桂、红椿、香木莲、宝华玉兰、闽楠、水曲柳、旱莲木、永瓣藤、舟山新木姜子等116种,并进行繁殖试验研究和推广工作。

2006年8月,瑞昌市林业局在该市肇陈镇大禾塘村建立红豆杉群落保护区,对1000余株红豆杉进行编号、建档等,加以保护。2010年,修水县在油岭、黄荆、九龙,德安县在彭山建立红豆杉自然保护区。全市在建立植物园、树木园、珍稀植物种质库、保护区,开展保护、引种和繁育工作同时,依据《野生植物保护条例》《江西野生植物资源管理办法》,结合市实际情况,2001年2月15日,市林业局制定并下发《关于加强我市野生植物资源管理的通知》,对采集植物种类、规格、数量、地点和期限,以及办理采集证、运输证明、经营许可证和野生植物资源保护管理费收缴做出具体规定,以制止乱采滥挖、非法经营运输野生植物现象。

### 二、古树名木保护

2002年,市绿化委员会办公室组织科技人员进行全市古树名木普查。2005年1月2日《江西省古树名木保护条例》施行后,市开展古树名木的保护宣传教育活动;举办由各县(市、区)绿委办工作人员参加古树名木保护培训班;组织专业技术人员为老病古树实施救治;给古树名木悬挂统一标准保护牌;查处危害古树行为等系列保护工作。随着古树名木保护工作的深入,人们对保护古树名木意识逐渐增强。2006年,上海一富商先后出价150万元、200万元、250万元欲购买位于星子县白鹿镇詹家崖村1株东晋时代栽植树龄逾1600年古罗汉松,均被该村村民谢绝。

### 三、野生动物保护

**宣传教育活动** 1995年,全市各县(市、区)成立野生动植物保护管理站后,“爱鸟周”和野生动物保护宣传月活动形式和内容丰富多样。1996年市“爱鸟周”期间,星子、都昌、永修、湖口、修水等县分别在各自县有线电视台播发讲话,并播放有关鸟类保护宣传标语。11月野生动物保护宣传月期间,全市在省、市、县报刊发表有关野生动物保护文章26篇,出动宣传车21辆次,深入车站、码头、集市、重点林区、乡村进行宣传,印发宣传资料1700份,刷写标语1200条,出墙报专栏35次、简报8次。修水县林业局与县委宣传部联合在县城广场宣传橱窗内设置野生动物保护专栏。同时,野保部门会同媒体单位,结合案例和群众主动救治、献送野生动物的事例进行跟踪报道,全市野生动物放归大自然专题报道共15次,其中,省电视台报道5次、中央电视台报道3次。此后,每年均采取电视播放标语,出动宣传车,张贴宣传动画、图片、布告,悬挂横幔,散发宣传资料,刷写标语,专题报道等多种形式,广泛开展“爱鸟周”和野生动物保护宣传月活动。至2002年,全市“爱鸟周”和“宣传月”活动期间,累计在各级电视台播放宣传标语285余条,出动宣传车125辆次,张贴布告830余份,刷写标语4500余条,悬挂横幔125幅,散发宣传资料3000余份。此外,市野生动植物保护管理站、各县林业主管部门和社会团体还经常组织专题宣传教育活动。2004年4月6日,市野保站、永修县林业局、永修县团委在县中心广场开展以“人人爱鸟护鸟,共创生态文明”为主题系列宣传教育活动,共展出鸟类图片200余幅,发放《江西省野生动物资源保护管理有关规定须知》等宣传资料3000余份,同时向该县中小学生和居民发出“爱护鸟类、珍惜生命,从现在做起、从自己做起,保护环境、爱护地球,同在蓝天下、人鸟共家园”倡议书。同年11月,彭泽县野保站组织以“爱护动物、关注动物”为主题保护野生动物的宣传教育活动,并结合开展野生动物经营市场清理整顿。2006年7月5日,共青团省委、江西农业大学团委、永修县团委、江西农业大学绿源协会共同组织实施以“共护美丽鄱阳湖,建设绿化新江西”为主题的鄱阳湖湿地保护项目活动启动仪式在永修县林业局举行。7月,组织青少年深入鄱阳湖湿地保护区进行社会调查,了解湿地保护和当地农民生活现状,为当地“人与自然和谐与共”提出可行性意见和建议。2008年4月和2009年4月,市野保站与都昌、永修、星子县野保站在鄱阳湖区周边中小学开展为期一周宣传教育活动,散发资料8000余份,受教育的中小学生共达5万人。2010年4月2日,庐山自然保护区在牯岭街开展“保护鸟类,从我做起”万人签名活动。

**案件查处和专项整治** 20世纪90年代,市林业部门与有关部门联合参与野生动物保护活动日趋频繁。1996年1月,沿鄱阳湖区各县政法委、公安局、检察院、人民法院、工商局、渔政部门组成执法检查组,对源头、流通领域、经营市场破坏野生动物资源行为进行查处。7~9月,市、县人大城建委、政府法制局、林业、公安、工商部门联合在全市范围内开展为期100天以野生动物保护为重要内容专项行动。10月,市公安局、市林业局在永修县联合召开专项整治动员大会,市、县公安、林业、野保部门组成专项整治领导小组,制定行动方案,开展为期4个月专项整治,打击非法猎杀、毒杀、贩卖、走私珍禽候鸟犯罪行为。在系列专项整治活动中,全市共查处破坏野生动物资源违法案件45起,其中取缔无证经营户24户;查处非法贩卖蛇类案16起;查处非法捕捉、毒杀野生动物案件5起;判刑2人,收缴猎枪、土铳120余支,没收无证贩运蛇干1750千克,林政罚款5万元。1997年,候鸟来湖之际,市政府组织公安、林业、渔政等部门领导,由分管副市长带队,对辖内鄱阳湖地区开展专项整治活动,收缴湖区捕鸟“丁字网”1300余张。11月5日,鄱阳湖自然保护区召开第七届联保会,会后,星子、永修等湖区县分别组织专门队伍深入湖区巡护,确保候鸟越冬安全。此后,全市每年开展“野生动植物法律法规执行年”“候鸟保护行动”“猎鹰行动”等活动,下发《关于开展保护鄱阳湖越冬候鸟专项整治行动的通知》《关于开展全市保护野生动物执法检查活动的通知》等文件,各级林业、公安、工商、渔政等部门联合开展打击非法猎捕、经营和利用野生动物行为的专项整治,采取水上清理收缴捕鸟网、陆地巡查、公路设卡堵截、市场整顿等手段,对湖区集贸市场、宾馆餐厅、运输车辆等执行野生动物保护法规的检查。

2003年6月5~20日,市林业执法部门、森林公安机关和工商行政管理部门,针对违法猎捕和经营野生动物行为开展“飓风”行动。全市出动执法人员852人,共查处野保行政案件11起,清理餐馆269家,集贸市场80个,收回野生动物经营许可证31本,捣毁非法经营场点11个,收缴野生动物15137只。

2009年,市有关执法部门在全市范围内开展为期3个月“夏季全市野生动植物保护专项整治行动”,重点打击餐饮业、集贸市场、药店、药材市场等非法收购、加工、出售野生动植物及其制品行为。当年,全市收缴野生动物4138只(头)。

2010年11月20日,人民网报道新建县天网捕杀天鹅事件后,引起市沿湖各县执法部门重视,出动300余人次清除5千米捕鸟“天网”。至2010年,在专项整治和其他执法行动中,全市林业等执法部门共查处各类为害野生动物案件351起,收缴土铳猎枪120余支,其他猎捕工具660付,收缴并烧毁“丁字网”“天网”“定置网”等捕杀鸟类工具2981张,收缴野生动物22866只(头、条),没收蛇干3600余千克,蛤蚧干200余千克、其他动物3520余千克。

**人工驯养繁殖** 1996年始,市贯彻"护、养、猎"发展野生动物产业方针,坚持保护和合理利用野生动物资源原则,对有技术、资金和种源驯养单位和个人积极扶持,开展野生动物人工驯养繁殖工作。同时按照凭证狩猎,凭证驯养,凭证经营原则,开展野生动物猎捕、驯养以及经营证件审查、核发、年检、注销、建档等工作。1996~1997年,都昌、湖口、九江、瑞昌、庐山区等地共核发野生动物驯养证24家。此后,驯养户有增有减。

2000年,修水县渣津镇1驯养户20万元起家,开办果子狸驯养场,野保部门给予扶持,并为其解决有关困难。2010年,拥有百万资产,果子狸经繁殖达1500余只。2001年,武宁县江西光大特种养殖发展有限公司引进灰雁、鸿雁及白鹇,投资百万元进行驯养,成功繁殖第二代灰雁、鸿雁。至2002年,全市有野生动物驯养单位11家,养殖野生动物有果子狸、蓝孔雀、梅花鹿、野鸡、野猪、白鹭、苍鹭、草鹭、金丝猴、猕猴、鳄鱼、大雁、鹧鸪、蛇类等,其中以武宁县江西光大特种养殖发展有限公司规模为大。2003年,"非典型性肺炎"流行期间,市一些与疫病传播有关野生动物驯养户关闭或停止驯养活动。修水县渣津果子狸驯养户关闭其养殖场,武宁县亦关闭3家驯养户。2007年,新办具有较大规模野生动物驯养繁殖企业5家,至年底,全市共有野生动物的驯养繁殖企业(户)10家,驯养野生动物40余种,5万余头(只),其中观赏动物有白鹤、东方白鹳、东北虎、鳄鱼、小天鹅、白颈长尾雉、猕猴等30余种;供食用药用动物有梅花鹿、野猪、华南兔、鸿雁、斑嘴鸭、绿头鸭、蛇类等10余种,产值超千万元。2008年,市林业局根据区域特点引导野生动物驯养业发展,拟在山区构建以彭泽万鹿源生态发展有限公司和桃红岭保护区梅花鹿繁育中心为龙头的野生兽类驯养繁殖业;湖区构建以永修县吴城候鸟保护区为技术支撑野生雁鸭类驯养繁殖业;城市及中心区域结合生态旅游,发展观赏动物的驯养业。同年,彭泽县黄花乡5农户联合成立梅花鹿养殖合作社,永修县吴城西庄村22农户联合成立斑嘴鸭养殖合作社,庐山区成立七彩山鸡、孔雀养殖合作社。2009年,市根据省野生动植物保护管理局《关于进一步规范当年野生动物证件管理工作的紧急通知》要求,对全市野生动物驯养繁殖单位进行全面清理,共收回野生动物驯养繁殖许可证7份,并经审查重新核发驯养证13份。至2010年年底,野生动物驯养繁殖企业(户)增至19家。

**珍贵鸟兽放归** 20世纪90年代后,全市干部群众保护野生动物意识逐渐增强,主动把从集市收购或山林、湿地救获珍贵鸟兽交送林业部门放归大自然。1996年6月7日,都昌县土塘镇冯家村村民从洪水中救获1只苏门羚,谢绝商贩出价1万元收购,主动交给县林业局。11月15日,修水县渣津镇司前村1村民救获1只迷路白鹤后,捕捞河蚌200余公斤饲养月余,白鹤增重500多克,拒绝高价收购,主动交送林业部门。当年,全市群众主动献送林业部门珍贵动物共计60只(头),其中白鹤3只、兀鹫1只、苏门羚2只、鸳鸯3只、穿山甲11只、猴面鹰35只、雕鸮1只、白鹇1只、豹猫3只,全部放归大自然。1998年6月10日,都昌县野保站在该县汪墩乡查处浙江义乌唐某网捕画眉鸟违法行为时,收缴画眉200余只,全部放飞大自然。

2006年6月19日,永修县野保站会同有关执法部门在捣毁该县虬津镇、立新乡2处非法收购野生动物窝点时,收缴猴面鹰、白鹭、夜鹭等10余种85只珍贵鸟类,野生蛇200余条,20日,全部放归大自然。2008年11月24日,市林业综合行政执法支队、市野保站的执法人员在长江大桥查获安徽客车非法运输珍贵候鸟红骨顶180余只,于当日下午在市胜利公园全部放飞大自然。

至2010年,15年间全市林业部门将群众献送和林业执法部门查获各种野生动物放归大自然共2032只(头、条)。

**候鸟环志** 2002年1月9~13日,市野保站为研究监测候鸟迁徙路线及其活动规律,邀请全国鸟类环志中心博士钱法文、江红星来九江考察,培训候鸟环志工作专业人员,指导冬候环志工作。经请示省林业厅批准,9~12日,在野保工作人员和森林公安民警监督下,网捕用于环志冬候鸟,12日,市野保站,湖口、九江县野保站9名工作人员在钱法文演示、指导下,成功环志小天鹅1只、秋沙鸭1只、草鸮1只。同月,市野保工作人员在九江县赛城湖调查时发现佩有红底白字颈环志号2110、2180、2190的小天鹅3只。6月,市野保站再次邀请钱法文来湖口鞋山指导夏候鸟苍鹭环志工作。

# 第三章　森林工业

## 第一节　木竹生产

1991年始,市国营、集体林场于20世纪60~70年代所营造人工林先后进入采伐期,各地政府对森林采伐按照“全额管理”原则,既管严、管全,又从实际出发,分类指导,分项控制,确保不突破采伐限额,各林区木材生产指标由林业主管部门核发,在林权不变前提下,以村民小组为单位,实行统一采伐,木材统一由林业公司及所属经营单位统一收购。当年,全市木材生产性采伐总量21.7万立方米,其中,商品材采伐量14.96万立方米,自用材采伐量6.74万立方米。毛竹生产性采伐量184.23万根,其中商品竹采伐量101.15万根,自用竹采伐量83.08万根。1991~1997年,全市共生产商品木材129.29万立方米,其中主要产材县武宁县41.38万立方米,修水县69.69万立方米;毛竹679.49万根,其中武宁县239.63万根、修水县108.14万根,永修县87.58万根。

1998年,省制订天然林保护工程实施方案,逐步减少和尽快停止天然林采伐,特别是停止天然阔叶林采伐。1999年初,市政府下发《关于下达全市1999年度森林采伐限额的通知》,指出,根据天然林保护工程需要,1999年度阔叶树采伐限额大幅度调减。同时禁止在修河源头、河流两岸第一层山脊、大型湖泊、水库周围采伐阔叶树;禁止在自然保护区、自然保护小区、风景林、母树林、革命纪念地、旅游胜地等特种用途林内采伐阔叶树;禁止在主要交通干道、公路、铁路两侧500米以内采伐天然阔叶树;禁止采伐分布在坡度25度以上生态脆弱地区阔叶树。1999年下达木材生产限额24.07万立方米,其中阔叶树材生产限额为0.85万立方米。当年,生产商品材20.52万立方米,商品竹80.66万根。1998~2001年,全市生产商品材73.81万立方米,商品竹344.07万根。

2002年8月8日,市林业局、经贸委、工商局、乡镇企业局联合下发《关于进一步开展木材经营加工单位清理整顿工作的通知》,规定不允许对阔叶树林进行商品性采伐。2003年10月,市林业局出台《规范森林采伐中判卖集体山林行为的四条规定》,规定判卖集体山林,必须先进行公示;必须经过专业技术认定;必须实行招标拍卖;必须严格按规程办事,切实维护农民利益。2004年,随着森林分类经营管理深入和林业产权制度改革,国营森工企业木材生产量逐步减少,村及村以下各级组织和农民个人生产木材逐步增大。当年,全市商品木材产量为18.17万立方米,其中,林业系统内各种经济类型单位生产木材0.05万立方米,占总产量0.3%;林业系统内国有林场、事业单位生产木材2.87万立方米,占总产量15.8%;系统外企、事业单位生产木材0.46万立方米,占总产量2.5%;乡镇集体企业及单位生产木材1.64万立方米,占总产量9.0%;村及村以下各级组织和农民个人生产木材13.15万立方米,占总产量72.4%。竹材产量为208.92万根。2002~2004年,全市生产商品木材47.40万立方米,其中,林业系统内各种经济类型单位生产木材1.80万立方米,林业系统内国有林场、事业单位生产木材6.61万立方米,系统外企、事业单位生产木材1.53万立方米,乡镇集体企业及单位生产木材12.18万立方米,村及村以下各级组织和农民个人生产木材25.28万立方米,占总产量53.33%。竹材产量为503.43万根。

2005年8月15日,市林业局下发《关于和谐创业,全社会办林业的若干意见》,彻底放活商品林经营,进一步优化木竹采伐政策。允许企业自主依法编制森林经营方案,自主选择采伐方式,自主确定采伐年龄;对非林地上营造林木,取消采伐限额管理和木材生产计划管理,符合条件即申即批;全面推行和完善木竹采伐公示制。当年,全市商品木材产量为19.14万立方米,其中,林业系统内各种经济类型单位生产木材0.21万立方米,占总产量1.1%;林业系统内国有林场、事业单位生产木材2.80万立方米,占总产量14.6%;系统外企、事业单位采伐自营林地木材0.57万立方米,占总产量3.0%;乡镇集体企业及单位生产木材1.94万立方米,占总产量10.2%;村及村以下各级组织和农民个人生产木材13.61万立方米,占总产量71.1%。竹材产量为154.97万根，其中，村及村以下各级组织和农民个人生产竹材139万根，占竹材总产量89.7%。2006年5月10日，“九江市2006年度商品木材生产计划安排”在《九江日报》上进行公示。5月22日，市政府下发《关于加快建设生态名城步伐，加强森林资源培育保护利用的若干意见》，对全市范围内天然阔叶林实行全面禁伐，严禁非法移植天然阔叶大苗进城，停止下达阔叶树木材生产计划。2007年，全省集体林权制度主体改革结束，森林采伐指标层层分解到林区的村、组，再将指标落实到户，并张榜公示，林业部门对伐区进行作业设计，伐后派员到砍伐现场清点伐蔸，不许超量采伐。

2009年4月11日，武宁县被列为省森林采伐管理改革试点县之一，开展为期2年改革试点。通过改革，形成管理公正透明、经营科学有序、管理与经营相协调森林采伐管理新机制，逐步建立以森林分类经营为主线，县级森林经营规划为指导，森林经营方案为载体，小班经营为单元森林可持续经营新体系，最终实现森林采伐由指标控制向森林可持续经营管理转变。当年，武宁县林业主管部门安排2万立方米木材生产计划专门用于小片皆伐试点。同年，全市商品材采伐量14.32万立方米，农民自用材采伐量4.38万立方米，毛竹采伐量184.71万根，篙竹采伐量46.08万根，小杂竹采伐量2.45万吨。

2010年8月13日，市林业局印发《全市林业系统进一步优化创业环境实施方案》，要求各地积极推进林木采伐管理改革：实行森林采伐限额放活管理；实行木材生产计划备案制；实行分类排序落实采伐指标；实行采伐指标分配两榜公示；实行林木采伐审批程序简化。至2010年，全市累计生产商品木材355.83万立方米，商品毛竹2765.91万根。

### 1991~2010年全市商品木竹生产情况一览

表17-3-1　　　　单位：万立方米、万根

| 年份 | 市直 | | 九江县 | | 武宁县 | | 修水县 | | 永修县 | | 德安县(共青) | | 星子县 | | 都昌县 | | 湖口县 | | 彭泽县 | | 瑞昌市 | |
|---|---|---|---|---|---|---|---|---|---|---|---|---|---|---|---|---|---|---|---|---|---|---|
| | 木材 | 毛竹 | 木材 | 毛竹 | 木材 | 毛竹 | 木材 | 毛竹 | 木材 | 毛竹 | 木材 | 毛竹 | 木材 | 毛竹 | 木材 | 毛竹 | 木材 | 毛竹 | 木材 | 毛竹 | 木材 | 毛竹 |
| 1991 | 14.96 | 101.15 | 0.34 | | 4.35 | 24.6 | 6.5 | | 1.9 | 22 | 0.3 | | | | 0.29 | | 0.14 | | | | 0.16 | |
| 1992 | 19.4 | 108.2 | 0.2 | 7.1 | 6.9 | 31.3 | 11.3 | 21.8 | 0.2 | 16 | 0.1 | 0.5 | | 1.3 | 0 | 11 | | | 0.6 | 14 | 0.1 | 2.6 |
| 1993 | 20.2 | 117.7 | 0.3 | 6.2 | 8.4 | 39.2 | 10.9 | 30 | 0.1 | 11.4 | 0.1 | 0.9 | | 3 | 0.1 | 7.3 | | 0.2 | 0.2 | 14 | 0.1 | 4.9 |
| 1994 | 20.16 | 88.93 | 0.46 | 5.34 | 6.66 | 30.5 | 11.1 | 14.8 | 0.15 | 9.54 | 0.5 | 0.8 | 0.03 | 5 | 0.41 | 3 | 0.06 | 0.5 | 0.58 | 15.8 | 0.17 | 2.65 |
| 1995 | 15.72 | 112.03 | 0.3 | 5.99 | 6.3 | 51 | 7.3 | 19.3 | 0.31 | 11.4 | 0.07 | 0.88 | 0.05 | 5 | 0.47 | 5.1 | 0.04 | 0.8 | 0.43 | 8.9 | 0.39 | 2.6 |
| 1996 | 15.92 | 87.57 | 0.34 | 4.61 | 4.77 | 31.79 | 8.59 | 13.04 | 0.1 | 10.94 | 0.21 | 0.68 | 0.17 | 2 | 0.66 | 5.75 | 0.02 | | 0.69 | 11.9 | 0.33 | 5.72 |
| 1997 | 23 | 67.3 | 1 | 5.22 | 4 | 31.24 | 14 | 9.2 | | 6.3 | 1 | 1.01 | | | 1 | 3.71 | | 1 | 1 | 6.46 | 1 | 2.78 |
| 1998 | 22.06 | 65.2 | 0.72 | 3.18 | 4.15 | 34.5 | 13.82 | 8.97 | 0.5 | 4.86 | 0.28 | 1.18 | 0.04 | | 0.7 | 3.59 | 0.04 | 1 | 0.91 | 6.74 | 0.84 | 1.02 |
| 1999 | 20.58 | 80.83 | 0.85 | 3.37 | 4.95 | 47.13 | 9.98 | 8.16 | 0.53 | 6.4 | 0.39 | 2.97 | 0.04 | 1 | 1.11 | 2.5 | 0.03 | 0.2 | 1.49 | 7.83 | 1.09 | 0.93 |
| 2000 | 17.43 | 78.07 | 0.85 | 4.23 | 4.53 | 39.5 | 9.07 | 9.24 | 0.52 | 7.81 | 0.36 | 1.98 | 0.03 | 1 | 0.42 | 0.8 | 0.02 | | 0.48 | 11.27 | 0.97 | 2.24 |
| 2001 | 14.13 | 120.47 | 0.53 | 4.91 | 3.36 | 70 | 6 | 20 | 0.3 | 7.5 | 0.53 | 0.95 | 0.04 | 0.8 | 0.68 | 2 | 0.18 | | 1.38 | 11.91 | 0.71 | 1.9 |
| 2002 | 14.2 | 97.15 | 0.86 | 1.37 | 4.47 | 58.6 | 5.05 | 20 | 0.73 | 6.75 | 0.43 | 0.91 | 0.05 | 0.56 | 0.91 | 1.5 | 0.27 | | 0.46 | 6.83 | 0.83 | 0.55 |
| 2003 | 15.19 | 197.8 | 0.66 | 5.3 | 4.22 | 90 | 5.1 | 40 | 0.68 | 23.5 | 0.48 | 1.2 | 0.07 | | 1.05 | 16 | 0.13 | 1 | 1.58 | 15 | 1.04 | 5 |
| 2004 | 18.25 | 208.92 | 0.65 | 1.2 | 5.4 | 132.2 | 6.21 | 28 | 1.27 | 20.4 | 0.42 | 0.87 | 0.09 | 0.05 | 0.72 | 9.3 | 0.17 | 0.52 | 1.9 | 11.38 | 1.26 | 5 |
| 2005 | 19.3 | 155.47 | 1.25 | 3.25 | 5.16 | 81.93 | 4.6 | 25.06 | 1.62 | 21.04 | 0.92 | 0.2 | 0.12 | 0.02 | 1.9 | 8 | 0.19 | 0.4 | 1.32 | 14.58 | 1.89 | |
| 2006 | 18.13 | 158.26 | 1.33 | 5.2 | 5.46 | 65.9 | 3.36 | 22.47 | 1.44 | 16.8 | 0.63 | 1.1 | 0.06 | 0.13 | 1.66 | 20 | 0.43 | 0.6 | 1.91 | 8.97 | 1.66 | 16 |
| 2007 | 14.31 | 329.75 | 1 | 5.35 | 4.39 | 151.5 | 1.4 | 57.89 | 1.75 | 34.42 | 1.2 | 1.25 | 0.1 | | 1.17 | 52 | 0.25 | 0.2 | 1.49 | 9.16 | 1.39 | 18 |
| 2008 | 19.37 | 290.71 | 1.36 | 8.39 | 4.78 | 151.3 | 5.44 | 45.78 | 1.26 | 38.33 | 1.36 | 4.5 | 0.12 | | 1.72 | 19 | 0.27 | | 1.67 | 13.35 | 1.35 | 10.05 |
| 2009 | 14.55 | 231.6 | 0.66 | 7.72 | 3.55 | 123 | 4.73 | 14.56 | 1.39 | 4.8 | 0.77 | 6.49 | 0.01 | 0.4 | 0.71 | 19 | 0.13 | | 1.2 | 38.81 | 0.95 | 15.2 |
| 2010 | 20.46 | 129.53 | 0.67 | 2.21 | 5.36 | 51.23 | 6.57 | 22.1 | 1.25 | 28.6 | 1.38 | 1.63 | 0.1 | 0.44 | 1.35 | | 0.13 | | 2.35 | 6.03 | 0.93 | 17.3 |
| 合计 | 357.32 | 2826.6 | 14.33 | 90.14 | 101.2 | 1336 | 151 | 430.4 | 16 | 308.8 | 11.43 | 30 | 1.12 | 20.7 | 17.03 | 189.6 | 2.5 | 6.42 | 21.64 | 232.9 | 17.16 | 114.4 |

## 第二节 木竹经营

1991年2月,市林业工业公司开始实行第二轮责任承包经营,在总结上轮承包经验与教训基础上,完善企业承包经营责任制,实行"责任到集体"承包方式,不搞个人承包和招聘制,当年,全市国营森工企业销售木材10.59万立方米,毛竹21.37万根,锯材3133立方米,主营业务收入4793万元,实现利润42万元。1993年,全市国有森工企业采取"包死基数、确保上交、多劳多得"新承包经营方式,消除"吃大锅饭"弊端,提高职工工作积极性。国有森工企业(除九江县外)销售木材10.30万立方米,毛竹20.53万根,锯材2687立方米,实现利润333万元,上缴税金469万元。市直和修水、武宁、永修等县6家森工企业盈利587.70万元,定额上缴所得税360.80万元,折算税率达61.4%,所得税严重超过国家规定标准,其中修水县国有森工企业当年实现利润186万元,上缴县财政180万元,同时,国有森工企业"一家进山收购木材"政策难以实施,制约国有森工企业发展,加之森工企业经营机制不灵活,应变能力不强,全市国有森工企业开始出现连年亏损局面:1994年,全市国有森工企业经营效益下滑,亏损99万元。1995年,全市国有森工企业销售木材9.55万立方米,其中,杉原木6.98万立方米,松木1.79万立方米,杂木0.26万立方米,杉原条0.27万立方米,销售锯材0.25万立方米,销售毛竹22.22万根。实现销售收入4831万元,上缴税金343.80万元,亏损598.9万元,市林业工业总公司有4个直属企业资不抵债,全公司总负债1960万元,当年亏损146万元,都昌、彭泽2县林业工业公司停止木竹经营业务;1996年,全市国有森工企业亏损440.9万元,上缴税金290.9万元,湖口县国有森工企业停止木竹经营业务。1997年年初,省林业厅再次强调"一家进山收购木材"政策,以求摆脱国有森工企业困境,但国有森工企业经济困难积重难返,无力收购木材,当年,全市国有森工企业亏损827万元。1999年,市林业工业总公司对全市森工企业现状进行调查,11个县级林业工业公司有职工6747人,其中下岗职工3680人、离退休1567人,在岗职工(包括轮岗、内退人员)1500余人,总负债1亿元以上,职工退(离)休金和工资难以按时足额发放,企业处于停业或半停业状态,全市国有森工企业陷入困境。2000年,全市国有森工企业完成总产值805万元,其中,木竹采运主业643万元,机械制造和修理业162万元。销售木材4.76万立方米,毛竹26万根,生产收购木材5.03万立方米,销售收入1843万元,上缴税金238万元,亏损213万元。除修水、武宁、永修尚有主营业务外,其他县(市、区)基本停止木材经营业务。当年底,全市国有森工企业在岗职工1134人,离、下岗职工2804人,离退休职工1270人,在岗职工年均工资3342元,离岗、下岗职工年均生活费387元。2001~2003年,全市国有森工企业销售木材18.09万立方米,销售收入4678万元,上缴税金393万元,亏损501万元。随着国有森工企业退出和新政策出台,从事木竹经营加工的民营企业发展迅速。以落户瑞昌江西立信园艺制品有限公司,落户武宁江西艺邦木业有限公司,江西修水万顺特艺有限公司等为龙头大型民营企业相继出现。

2004年起,全市集体林区进行林业产权制度改革,在其配套改革中,取消木竹产销之间中间环节,允许林权所有者自产木竹可以随行就市进入市场自主销售,形成产(林农)销双方直接交易格局,此后,木竹经营由以国营森工企业为主体经营方式转变为以林权所有者为主体的国有企业、民营企业和林权所有者自主经营方式。

1991~2010年全市国有森工企业木竹销售情况统计一览

表 17-3-2　　　　单位:万立方米、万根

| 年份 | 市直 | | 九江县 | | 武宁县 | | 修水县 | | 永修县 | | 德安县 | | 星子县 | | 都昌县 | | 湖口县 | | 彭泽县 | | 瑞昌市 | |
|---|---|---|---|---|---|---|---|---|---|---|---|---|---|---|---|---|---|---|---|---|---|---|
| | 木材 | 毛竹 | 木材 | 毛竹 | 木材 | 毛竹 | 木材 | 毛竹 | 木材 | 毛竹 | 木材 | 毛竹 | 木材 | 毛竹 | 木材 | 毛竹 | 木材 | 毛竹 | 木材 | 毛竹 | 木材 | 毛竹 |
| 1991 | 0.51 | | 0.35 | | 3.95 | 3.28 | 4.82 | 2.21 | 0.3 | 15.84 | 0.06 | | 0.03 | | 0.12 | | 0.14 | | 0.15 | | 0.17 | 0.05 |
| 1992 | 0.45 | 0.63 | 0.35 | | 8.45 | 0.9 | 5.82 | 5.24 | 0.29 | 30.53 | 0.07 | | | | 0.11 | | 0.29 | | 0.1 | | 0.24 | 0.16 |
| 1993 | 0.33 | 0.09 | | | 4.21 | 1.72 | 4.68 | 5.54 | 0.2 | 18.73 | 0.1 | | 0.03 | | 0.14 | | 0.34 | | | | 0.11 | |
| 1994 | 0.23 | 0.04 | | | 3.24 | | 6.26 | 1.23 | 0.19 | 18.25 | 0.03 | | 0.1 | | 0.1 | | 0.27 | | | | 0.02 | |
| 1995 | 0.07 | 0.01 | | | 3.27 | | 5.69 | 3.31 | 0.23 | 18.9 | 0.03 | | 0.06 | | | | 0.14 | | | | 0.06 | |
| 1996 | | | | | 2.91 | | 3.91 | 5.61 | 0.11 | 13.26 | 0.03 | | 0.07 | | | | | | | | 0.02 | |
| 1997 | | | | | 2.23 | | 4.51 | 7.52 | 0.14 | 10.69 | 0.03 | | 0.07 | | | | | | | | 0.01 | |
| 1998 | 0.02 | | | | 2.29 | 2.09 | 4.31 | 1.16 | 0.12 | 9.71 | 0.04 | | 0.05 | | | | | | | | 0.01 | |
| 1999 | 0.01 | | | | 2.01 | | 3.16 | 6.19 | 0.08 | 10.95 | 0.05 | | 0.03 | | | | | | | | 0.03 | |
| 2000 | | | | | 2.14 | | 2.52 | 2.37 | 0.07 | 23.64 | | | | | | | | | | | 0.02 | |
| 2001 | | | | | 2.14 | | 2.8 | 4.87 | 0.07 | 22.17 | | | | | | | | | | | | |
| 2002 | | | | | 2.51 | | 3.05 | 5.46 | 0.05 | 13.57 | | | | | | | | | | | | |
| 2003 | | | | | 2.75 | | 4.67 | 2.2 | 0.06 | 20.38 | | | | | | | | | | | 0.01 | |
| 2004 | | | | | 1.64 | | 3.45 | | 0.03 | 17.89 | | | | | | | | | | | 0.01 | |
| 2005 | | | | | 0.52 | | 2.66 | | 0.04 | 16.6 | | | | | | | | | | | | |
| 2006 | | | | | 0.56 | | 2.24 | | 0.01 | 11.62 | | | | | | | | | | | | |
| 2007 | | | | | 0.1 | | 2.89 | | 0.02 | 2.04 | | | | | | | | | | | | |
| 2008 | | | | | 0.46 | | 0.13 | 8.53 | 0.01 | 1.4 | | | | | | | | | | | | |
| 2009 | | | | | 0.28 | | 0.15 | 1.99 | | 4.65 | | | | | | | | | | | | |
| 2010 | | | | | 0.46 | | 0.17 | 0.94 | 0.01 | 5.28 | | | | | | | | | | | | |
| 合计 | 1.62 | 0.77 | 0.7 | | 46.12 | 7.99 | 67.89 | 64.37 | 2.03 | 286.1 | 0.44 | | 0.44 | | 0.47 | | 1.18 | | 0.25 | | 0.71 | 0.21 |

说明:1993年,九江县国有森工企业停止木竹经营;1995年,都昌、彭泽2县国有森工企业停止木竹经营;1996年,湖口县国有森工企业停止木竹经营;2000年,德安、星子2县和市直国有森工企业停止木竹经营;2006年,瑞昌市国有森工企业停止木竹经营

# 第三节　木竹加工

1991年,市木竹加工制造业(包括藤棕草制品业、木竹藤家具和工艺品制造业)主要产品产量为锯材700立方米、人造板6600立方米、家具15.19万件,实现总产值8953万元,销售收入1.50亿元,上缴税金826万元,实现利润314万元。1993年,全市木竹加工(经营)企业主要产品产量为锯材6.37万立方米,人造板2.23万立方米,家具52.64万件。全年销售收入3.02亿元,上缴税金1272万元,实现利润1006万元。同年,修水县纤维板厂被市委、市政府授予经济工作红旗单位。1995年,全市木竹加工(经营)企业主要产品产量为锯材16.31万立方米,人造板1.53万立方米,家具77.42万件。销售收入2.99亿元,上缴税金1297.4万元,实现利润-613.7万元,亏损主要是国营企业经济效益下滑所造成。1998年,全市木竹加工企业共600多家,加工制造总产值2.12亿元。主要产品产量为锯材3.16万立方米,人造板0.61万立方米,木地板8.81万平方米,家具2.66万件。规模以上加工企业销售收入9253万元,上缴税金404

万元,实现利润-125万元,其中国有企业亏损353万元,非国有企业实现利润228万元。

2002年,全市木竹加工制造业总产值1.27亿元,主要产品产量为锯材1.32万立方米,人造板1.88万立方米,家具2.23万件。规模以上企业总销售收入6410万元,上缴税金387万元,国有企业亏损232万元,非国有企业实现利润225万元。2004年,全市林产工业总产值为7.43亿元,加工制造业是林产工业主要经济增长点,其中木竹加工及木、竹、藤、棕、草制品业产值为3.61亿元;木、竹、藤家具制造业产值9369万元。非木制林产品加工制造业和林化产品制造业等占据小头。主要产品产量为锯材13.52万立方米,人造板4.42万立方米,木地板41.72万平方米,家具1.01万件。2006年,全市林产工业总产值8.92亿元。木竹藤家具制造业发展较快,产值达到1.74亿元。产品产量比上年普遍增长,其中增长较快有胶合板,其产量为16315立方米,木地板产量48.44万平方米。2007年,都昌县林业局引进绿峰木业有限公司,利用原北炎扎花厂房,创办松疫木(感染松材线虫病)加工厂,年加工能力1万余立方米。当年,生产胶合板2400立方米,产值720万元。同年,市规模以上加工企业销售收入4.63亿元,销售收入5.54万元,上缴税金936万元,实现利润2976万元。2008年,都昌县引进江西裕丰木业有限公司,在蔡岭原扎花厂创办汕都疫木板厂,年加工能力8000立方米。当年,生产胶合板3100立方米,产值1023万元。生产木片1100立方米,产值47万元,其他产值40万元。8月,德安县首家林木加工合作社在彭山国营林场挂牌成立,该县31个林木加工企业主加盟成为合作社成员。当年,全市林产加工制造业总产值12.07亿元。主要产品产量:锯材12.52万立方米,人造板10.41万立方米,其中胶合板3.18万立方米,占人造板总量的30.54%,刨花板4.30万立方米,占总量的41.32%,其他人造板(细木工板等)2.93万立方米,占总量28.14%;木地板44.13万平方米,其中,实木地板15.19万平方米,占总量34.4%;竹地板5.08万平方米,占总量11.5%。市规模以上加工企业销售收入7.49亿元,上缴税金1746万元,实现利润4390万元。各项生产和经营效益指标均超历史同期。

2010年2月,广西东正集团在九江县赤湖产业区设立江西省东正木业有限公司。该公司投资1.97亿元,建设一条年生产15万立方米中、高密度纤维板生产线。当年,全市林业产业总产值123.01亿元,其中林产工业18.69亿元。林产加工(经营)企业635家,主要产品产量:锯材10.59万立方米、木片3400立方米(实积)、人造板16.05万立方米、实木地板6.22万平方米、竹地板5.68万平方米、卫生筷4843标准箱、木竹园艺产品75万件。规模以上加工企业销售收入25.04亿元,其中,国有企业收入3999万元,非国有企业收入24.64亿元;实现利润2.41亿元,其中,国有企业利润35万元,非国有企业利润2.41亿元;上缴税金6418万元,其中,国有企业58万元,非国有企业6360万元。

## 第四节　林产化工

1991年,林业部、国家工商局联合下发《关于颁发〈松香产品运输管理办法〉的通知》,实行松香产品凭证运输。当年,全市松香总产量1154吨。1992年,市林业工业公司下发《关于调整松香收购、调销计划的通知》,把市联合林化厂调销松香250吨调整为150吨,由省林业工业公司直接收购;武宁县石渡林化厂调销松香250吨调整为300吨,其中200吨由省林业工业公司收购,100吨由市林业工业公司收购;修水县黄沙港松香厂调销松香300吨调整为350吨,其中150吨由省林业工业公司收购,200吨由市林业工业公司收购。当年,全市松脂总产量为1768吨,其中,武宁县667吨,修水县880吨,永修县125吨,德安县1吨,湖口县60吨,彭泽县35吨。1993年,全省取消林化产品省内凭证运输规定,虽然对林化产品流通起到一定积极作用,但随之出现乱采滥割松脂、破坏森林资源现象。1993~1994年,全市松脂产量2909吨,其中,武宁县1368吨,修水县874吨,永修县230吨,德安县5吨,湖口县81吨,彭泽县351吨。1996年,省林业厅为保护森林资源,维护松香等林化产品生产经营正常秩序,贯彻林业部等有关部门"凡取消松香产品运输凭证的地区,应予立即恢复"精神,决定从当年10月1日起恢复执行林化产品省内凭证运输。1997年2月,市林业局为规范林产化工生产资源管理,实行林产化工资源总量控制,凭证运输,有偿使用制度,同时对生产企业进行检查、整顿,对合格企业颁发生产经营许可证,不合格予以整顿或取缔。同年,全市生产松脂1835吨。1995~1997年,全市生产松脂4420吨。1998年,全市核发林化产品生产许可证3家,办理300余吨松香、松节油运输放行凭证。当年,全市生产松脂1373吨。1999年起,市松脂采割实行凭证管理,采脂需具备资格证和许可证。同年,省内运输松脂不实行凭证运输规定,全市松脂产量为1589吨。

2003年6月25日,市林业局为贯彻国家部委、省林业厅有关文件精神,下发《关于加强松脂采集、林化产品生产运输和木材经营加工管理的通知》,要求进一步落实松脂采集凭证采割制度,对松香生产按1县1厂布局,必须采用蒸汽法生产工艺且年生产规模要求在1000吨以上。并委托市林业工业总公司对松脂采割、林化产品生产运输进行管理。同月27日,市林业工业总公司下发《关于进一步加强松脂采集的补充通知》,通知规定,凡需采脂林权单位,在每年3月底前将本年度的采脂计划和采脂申请报告、作业设计及林权证复印件等材料报当地林业主管部门审查后,再报市林业工业总公司审核,合格后方予办理"采脂许可证",次年需连续采脂的松林,于次年3月底前凭当地林业主管部门核发"割区验收证明",申请办理"采脂许可证",松脂采割人员必须经市林业工业总公司培训,考核合格后,颁发"松脂采割资格证",从业人员必须持证上岗。当年,全市松香产量1200吨,松节油产量187吨。同年底,引进松安林化发展有限公司落户德安县宝塔工业园,采用蒸汽法生产松香、松节油,设计年生产能力1万吨,2004年建成投产。2004年6月2日,市林业局为对全市林产化工企业实行统筹规划,合理布局,促进林产化工行业规范、有序、持续健康发展,根据有关法律法规和产业政策,下发《关于清理整顿林化产品加工企业的通知》,通知规定,关闭采用滴水法生产工艺加工松脂林化企业和年生产规模在1000吨以下松香生产企业。通过清理整顿,全市共关闭违法设立,生产工艺落后,资源消耗大的林化产品加工企业2家,取缔无照林化加工企业8家,形成以松安林化发展有限公司为龙头松脂加工业新局面。当年,全市松香产量678吨,松节油类产品143吨,林化产品制造业产值1168万元。2005年,市对林产化工市场进行清理整顿,林化资源得到优化配置,重点扶持生产规范、加工工艺先进大企业,林化产品产量增长迅速,当年全市松香产量达6717吨,松节油类产品102吨。2006年6月9日,国内松香市场价格大幅上涨,有些地方不顾相关法律法规、林业产业政策及本地资源承受能力,争相投资建设松香加工厂,乱采滥割松脂,严重破坏和浪费松林资源,为此市林业局下发《关于加强松脂采集和经营加工管理的通知》,要求各地对非法采脂、违规采脂、无证加工等现象进行严厉打击。6月21日,市林业局、市发改委、市环保局、市工商局联合下发《关于印发〈九江市林产加工企业清理整顿工作实施方案〉的通知》中亦规定,对技术水平低、浪费资源和破坏环境的松脂加工企业,要坚决关停并转。当年,全市松香产量为4478吨,松节油产量796吨。2007年,全市松香产量377吨,松节油11吨。2008年冰雪灾害后,省林业厅下发《关于加强灾后松脂采集管理的通知》,都昌县被列入湿地松重灾县,年内禁止采集松脂。当年,全市松香产量1400吨。2009年,松香产量243吨,松节油产量230吨。

2010年5月14日,市林业局印发《关于加强松脂采集管理的通知》,强调各地应严格执行采脂人员持证上岗规定和省《松脂采集技术规程》。明确规定自然保护区、生态公益林、重点防护林、风景林、实验林、母树林禁止采脂;高速公路、国道、铁路两旁各100米和省道两旁各50米范围内禁止采脂;禁止全林采脂和采割幼林。6~7月,市森林工业局组织人员对修水、武宁、永修、德安、九江、星子、都昌、湖口、彭泽和共青城松林采脂情况进行检查,并对各地违法违规采脂行为进行查处。当年,全市松香产量为2830吨,松节油产量622吨。

# 第四章　林业科技

## 第一节　计划项目

### 一、科研计划

1996 年，市林业局制定《九江市林业科技发展“九五”计划和 2010 年规划纲要》。提出 1996~2000 年通过攻克林木良种基地建设、优良阔叶树种良种选育、经济林高产优质高效配套技术、防沙治沙工程技术、森林病虫害防治技术 5 项关键技术研究，推广杉木优良无性系、油茶优良无性系、杉和松树大径材定向培育、优质竹类纸浆用材林丰产栽培、天然针阔次生林定向改造技术、森林病虫害防治 6 项先进成熟配套技术，促进科技进步对林业经济增长贡献率达 40%~45%，成果转化率达 55~60%，培养和造就一批跨世纪人才，形成较完善成果管理和奖励制度。

1997 年为全国“农业科技推广年”，市林业局根据省林业厅下达推广项目，结合全市林业生产实际，从中选出十大推广项目，制订《九江市十大林业科技推广项目“九五”实施计划》。10 项科技推广项目是：杉木、马尾松大径材培育技术；杉、松人工林间伐及加工技术；阔叶次生林定向培育技术；短周期工业原料林定向培育技术；竹林丰产培育技术；油茶优良无性系推广；优良经济果木林高产培育技术；优良森林药材高产培育技术；松树增脂剂及松香加工技术；百喜草、籽粒苋推广。

至 2005 年，市林业局根据《九江市“八五”林业科技发展纲要》《九江市林业科技发展“九五”计划和 2010 年规划纲要》和《九江市十大林业科技推广项目“九五”实施计划》，共下达科研项目 98 项，其中研究项目 70 项，推广项目 28 项，共计下达科研经费 145.3 万元。

### 二、科研项目

**种苗技术研究和推广**　1991~2005 年，全市共开展种苗技术研究和推广项目 26 项。其中，2000~2002 年市林科所进行花卉植物组织培养技术研究中，利用快繁技术，为德安县河东乡花卉种植户生产非洲菊组培苗 40 余万株。

1991~2005 年全市种苗技术研究和推广项目一览

表 17-4-1

| 项目名称 | 下达年份 | 下达单位 | 项目承担单位 |
|---|---|---|---|
| 胡柚采穗圃的营造技术 | 1991 | 市林业局 | 市林科所 |
| 杉木无性系育种技术的研究 | 1991 | 市林业局 | 市林业技术指导站 |
| 马尾松(桐棉松)无性系繁育技术的研究 | 1992 | 市林业局 | 市林业技术指导站、修水县国营林场、武宁县桐林苗圃、瑞昌市林科所 |
| 银杏优良类型的繁育 | 1992 | 市林业局 | 瑞昌市林科所 |
| 意大利杨树新品种引种试验研究 | 1996 | 市林业局 | 彭泽县林业局承担 |
| 刺梨引种繁殖技术研究 | 1997 | 市林业局 | 彭泽县马路口苗圃 |
| 美国薄壳山核桃繁殖技术研究 | 1997 | 市林业局 | 湖口县三里林场 |
| 杉木优良种源的保存及采穗圃高产试验 | 1997 | 市林业局 | 修水县杭口苗圃、瑞昌市中心苗圃、瑞昌市青山林场、彭泽县马路口苗圃 |
| 杉木优良无性系选育 | 1997 | 市林业局 | 修水县国营林场 |

续表 17-4-1

| 项目名称 | 下达年份 | 下达单位 | 项目承担单位 |
|---|---|---|---|
| 杉木优良种质资源的测定和保存 | 1998 | 市林业局 | 瑞昌市青山林场、彭泽县马路口苗圃、修水县杭口苗圃、修水县国营林场 |
| 香椿种质资源调查和收集 | 1998 | 市林业局 | 瑞昌市林业局、瑞昌市林科所 |
| 泡桐优良无性系的引种 | 1999 | 市林业局 | 修水县杭口苗圃 |
| 樱桃新品种的引种 | 1999 | 市林业局 | 修水县国营林场竹坪分场 |
| 竹类新品种的引种 | 1999 | 市林业局 | 市林业技术指导站 |
| 全光喷雾扦插育苗技术研究 | 2000 | 市林业局 | 瑞昌市林科所 |
| 植物组织培养研究及应用 | 2000 | 市科委<br>市林业局 | 市林科所 |
| 桂花无性繁殖技术研究 | 2001 | 市林业局 | 九江县林业技术推广站 |
| 无核柿采穗圃的营造技术研究 | 2001 | 市林业局 | 湖口县林业技术推广站 |
| 植物组织培养技术在木本植物中应用研究 | 2003 | 市林业局 | 市林科所 |
| 乐东拟单性木兰繁育技术研究 | 2003 | 市林业局 | 市林科所 |
| 长蕊木兰繁育技术研究 | 2003 | 市林业局 | 湖口县双钟镇 |
| 苦槠等阔叶树育苗技术研究 | 2003 | 市林业局 | 市林木种苗站 |
| 峨眉拟单性木兰繁育技术研究 | 2004 | | 市林科所 |
| 虎舌红组织培养技术 | 2004 | 市林业局 | 市林科所 |
| 耐寒赤桉品系的选育 | 2005 | 市林业局 | 都昌县林木种苗站 |
| 红豆杉、红楠、红花木莲育苗技术研究 | 2005 | 市林业局 | 市林木种苗站 |

**造林技术研究** 1991~2005年,全市开展造林技术研究和推广项目38项。

**1991~2005年全市造林技术研究和推广项目一览**

表 17-4-2

| 项目名称 | 下达年份 | 下达单位 | 项目承担单位 |
|---|---|---|---|
| 荒山绿化生态经济模式 | 1991 | 省林业厅<br>市林业局 | 修水县林业局 |
| 笋用竹林丰产栽培技术研究 | 1991 | 市林业局 | 庐山区林业局 |
| 南方型杨树纸浆原料示范林营建技术研究 | 1991 | 市林业局 | 永修县林业局 |
| 油茶优良无性系推广 | 1991 | 市林业局 | 市林科所、湖口县三里林场、都昌县林业局 |
| 阔叶树容器苗示范林营建 | 1991 | 市林业局 | 星子县林业局、瑞昌市林业局 |
| 棕榈丰产示范林营建 | 1991 | 市林业局 | 瑞昌市林业局 |
| 绞股蓝种质资源库的营建及其丰产栽培技术的研究 | 1992 | 市林业局 | 九江县黄老门乡林场 |
| 木本蔬菜椿矮林促萌丰产示范林营建技术 | 1992 | 市林业局 | 彭泽县黄乐林场 |
| 猕猴桃丰产栽培技术 | 1992 | 市林业局 | 湖口县三里林场 |
| 银杏优良品种的引种、选育及栽培技术研究 | 1994<br>1995<br>1997 | 市林业局 | 武宁县桐林苗圃、彭泽县马路口苗圃、德安县彭山林场 |

续表 17–4–2

| 项目名称 | 下达年份 | 下达单位 | 项目承担单位 |
|---|---|---|---|
| 苏柳优良无性系的推广 | 1995<br>1996<br>1997 | 市林业局 | 九江县林业局、市林业技术指导站、彭泽县马路口苗圃、彭泽县林业局 |
| 板栗优良品种丰产栽培模式及贮藏保鲜技术的研究 | 1997 | 市林业局 | 德安县林业局 |
| 森林蔬菜香椿芽丰产技术研究 | 1997 | 市林业局 | 瑞昌市林业局 |
| 长江中上游生态防护林阔叶树种选择、营造技术组装及推广 | 1997 | 市林业局 | 永修、德安、九江、湖口、彭泽、瑞昌 5 县及市林业局 |
| 苦槠林的定向培育技术研究 | 1998 | 市林业局 | 都昌县林业局 |
| 银杏果、叶、材用林丰产栽培技术推广 | 1998 | 市林业局 | 彭泽县中心苗圃 |
| 美国薄壳山核桃早产丰产技术研究 | 1998<br>2001 | 市林业局 | 庐山区种竹园、彭泽县中心苗圃、德安县林业技术推广站 |
| 柳树防浪、用材兼用示范林的营建技术 | 1998<br>1999 | 市林业局 | 彭泽县林业局、彭泽县中心苗圃 |
| 意大利杨新品种短期工业原料林定向培育 | 1998 | 市林业局 | 修水县国营林场、彭泽县中心苗圃 |
| 苦槠林的营造技术研究 | 1999 | 市林业局 | 都昌县武山林场 |
| 泡桐优良无性系繁殖和丰产栽培技术推广 | 2000 | 市林业局 | 修水县林业技术推广站、永修县林业技术推广站 |
| 油茶高产技术推广 | 2000 | 市林业局 | 修水县林业技术推广站 |
| 栓皮栎栽培技术研究 | 2000 | 市林业局 | 市林科所 |
| 刺梨的引种栽培技术 | 2000 | 市林业局 | 永修县林业技术推广站 |
| 黑皮柳丰产栽培技术研究 | 2001 | 市林业局 | 永修县林业技术推广站 |
| 淡竹笋材两用林丰产示范林项目和毛竹、雷竹、桂竹丰产栽培技术 | 2002<br>2002 | 市林业局 | 瑞昌市林业技术推广站、武宁县林业技术推广站 |
| 沙化地治理树种适应性选择试验 | 2003 | 市林业局 | 都昌县林业技术推广站 |
| 淡竹笋材两用林丰产技术推广 | 2003 | 市林业局 | 瑞昌市林业技术推广站 |
| 南方丘陵地区困难立地育林技术区域性示范造林技术研究 | 2003 | 市林业局 | 瑞昌市林业技术推广站 |
| 栓皮栎、光皮树栽培试验 | 2004 | 市林业局 | 彭泽县林业技术推广站、彭泽县中心苗圃 |
| 红豆杉造林地域研究 | 2004 | 市林业局 | 市林木种苗站、彭泽县中心苗圃 |
| 林业技术综合示范基地建设 | 2004 | 市林业局 | 市林木种苗站、九江县林业局 |
| 无核柿示范基地建设 | 2004 | 市林业局 | 彭泽县黄花乡大塘村 |
| 毛竹速生丰产示范林 | 2005 | 市林业局 | 湖口县林业技术推广站 |
| 栓皮栎造林技术推广 | 2005 | 市林业局 | 彭泽县中心苗圃 |
| 速生工业原料林示范基地建设 | 2005 | 市林业局 | 九江县林业技术推广站 |
| 沙山绿化树种推广 | 2005 | 市林业局 | 星子县林业技术推广站 |

**森林经营技术研究** 1994~2005年，全市开展森林经营技术研究和推广项目6项。

**1994~2005年全市森林经营技术研究和推广项目一览**

表17-4-3

| 项目名称 | 下达年份 | 下达单位 | 项目承担单位 |
|---|---|---|---|
| 人工林采伐迹地更新技术研究 | 1994 | 市林业局 | 瑞昌市青山林场、九江县岷山林场、九江县天波林场 |
| 阔叶次生林定向更新改造技术推广 | 1999 | 市林业局 | 彭泽县林业技术推广中心 |
| 水竹、淡竹残次林的更新改造技术研究 | 1999 | 市林业局 | 武宁县林业技术推广站、瑞昌市林科所 |
| 马尾松纯林改造技术研究 | 2003 | 市林业局 | 修水县林业技术推广站 |
| 低丘毛竹低产林改造技术研究 | 2004 | 市林业局 | 湖口县林业技术推广站 |
| 板栗高位嫁接换冠技术推广 | 2005 | 市林业局 | 德安县林业技术推广站 |

**珍贵、稀有、濒危植物研究** 1991年，市林业局下达珍稀、古树调查课题，由市林业技术指导站承担调查研究任务。1996年，市林业局下达珍贵、稀有树种调查课题，由市林学会承担调查研究任务。

**森林病虫害防治技术研究** 1995年，市林业局下达经济林病虫害调查和防治研究课题，由市森防站承担。1996年，市林业局下达金龟子新种调查研究项目，由星子县林业技术推广站承担。2002年，市林业局下达笋用竹虫害综合防治技术项目，由庐山区林业技术推广站承担。2003年，市林业局下达萧氏松茎象防治试验项目，由市森防站、修水县森防站共同承担。2004年，此项目增添永修县森防站为承担单位。

**森林动物、植物研究** 1997年，市林业局下达阔叶树工业原料林树种资源调查课题，由市林业技术指导站承担。1998年，市林业局下达庐山山南森林植物景观调查研究，由星子县林业局承担。1999年，市林业局下达庐山杉枞种群生态与种质资源调查和庐山山南古树名木的调查2项目课题，均由星子县林业技术推广站承担。

2000年，市林业局下达杉枞生物学特性及其球果败育机理的研究项目，由星子县林业技术推广站和市林业技术指导站共同承担。2003年，市林业局下达GGR和ABT生根粉系列产品在林业上的推广应用和生物肥料在林业生产上应用项目，2个项目均由彭泽县林业技术推广站承担。2006年8月，市森林防火指挥部办公室、省华宇软件开发有限公司、江西安定防盗设备有限公司联合进行"九江市森林防火指挥辅助决策系统"项目研制。该项目由市森林防火指挥部主持，2008年8月完成项目全部研制任务。研制开发森林防火指挥辅助系统集森林防火信息管理、监控指挥扑救、预测预报和灾后处理为一体，提供多要素的林相图、地形图、防火专题图等数字地图的信息查询和管理，具有地图快速查找、森林热点定位、距离面积量算、火灾损失计算、GPS对讲机跟踪、单兵定位和图像传输、火险等级预测预报等功能，同时，系统还构建林火远程自动监控网络系统、林火识别报警系统和林火定位模块。该系统除在市森林防火部门使用外，还在省森林防火办公室以及南昌、上饶、景德镇、吉安、鹰潭、湖南韶山市、安徽省、天津蓟县、广西桂林市等森林防火办相继投入使用。该系统具有用户界面良好、功能实用灵活、操作简便、图像清晰、运算速度快、林火识别精度高、运行稳定的特点。

## 第二节 研究成果

1992年，省林科所与市林科所合作完成"竹类种质资源开发研究"成果通过省级鉴定，获1992年度省科技成果三等奖。1994年年初，市林业技术指导站完成"杉木优良无性系研究及推广"研究成果通过省级鉴定，达国内领先水平，同年获省农业科技人员突出贡献三等奖。1995年，获省科技进步二等奖，1996年，获市科技进步二等奖、省林业厅科教兴林贡献二等奖。1997年6月10~11日，市林科所主持完成"珍稀濒危植物迁地保护的研究"成果通过省级鉴定，国家环保局、中华环保基金会、南昌大学、省环保局、江西农业大学、庐山植物园、省科学院、省自然保护区办公室、市环保局、市林业局专家、学者一致认为该研究对生物多样性保护、珍稀濒危植物的保存具有科学意义和实践价值;该工作在长江中下游地区引种珍稀濒危植物和物种保护具有典型性和示范性作用,在全国同类研究中达到领先水平。同年,修水县林业公司完成“赣西北石灰岩山地林业生产经济模式研究”成果通过省级鉴定,获市科技进步二等奖。

2000年,市森林资源监测中心完成“市森林分类区划调查”并通过市级鉴定,获市科技进步三等奖。2002年,庐山植物园完成“庐山干花植物资源制作技术及开发利用”成果,获市科技进步三等奖。2004年,市野生动植物保护管理站完成的“野生植物标本收集与馆藏研究”成果获市科技进步二等奖。2006年,庐山植物园和江西省亚热带植物资源保护与利用综合实验室共同完成“杜鹃属植物的引种驯化研究和专类园建设”成果,获市科技进步二等奖。2009年6月,市森林防火指挥部办公室、省华宇软件开发有限公司、江西安定防盗设备有限公司完成“九江市森林防火指挥辅助决策系统”成果,获市科技进步三等奖,12月,获省林业科技二等奖。同月,市野生动植物保护管理站完成“野生植物标本收集和馆藏研究”成果、瑞昌市林业技术推广站范方礼、范承芳等完成“南方丘陵地区困难地育林技术推广”成果,分别获得省林业科学技术一、三等奖。

## 第三节　科技示范

1996年6月4~5日,市林业局在市林科所召开全市科教兴林大会。大会要求各县(市、区)林业局坚定不移贯彻落实“科学技术是第一生力,经济建设必须依靠科学技术”思路,全面实施科教兴林战略,把林业建设切实转移到依靠科技进步和提高劳动者素质的轨道上来。并确定1996年为“科教兴林”年。6月17日,市林业局成立科教兴林领导小组。6月18日,印发《九江市林业局科教兴林的若干意见》《九江市科教兴林目标考核实施办法》《关于广泛深入开展科教兴林活动的通知》等文件,指导、督促全市各县(市、区)科教兴林工作开展,以推动全市林业科教事业进步。1997年,党中央、国务院确定该年为“农业科技推广年”。市林业局围绕建设高效、特色林业,以科技服务和科技成果推广为重点,开展科教兴林活动,广泛动员和组织科技人员到林业生产第一线开展系列林业科技推广活动,编写科普技术资料,举办技术培训班,开展技术服务和技术咨询,建立科技示范基地。当年全市共组织2845人次科技人员送科技下乡;举办各种类型技术培训班169期,培训人员达24510人次;编印发放科技资料、技术小册子共53150份(册);建立科技示范点476处、示范户915户;乡、村级示范基地182个,各级领导示范点294个。同期,各地根据各自特点和条件,在市林业局《十大林业科技推广项目“九五”实施计划》中选出适合本地区项目进行推广。修水县重点推广菌草、林药栽培技术,板栗高位换冠技术,油茶低产林改造技术;武宁县重点推广毛竹低产林改造技术、阔叶次生林定向培育技术、板栗低产林改造技术;九江、德安、永修3县和庐山区重点推广笋用竹、银杏、经济林、果木林丰产培育技术。各地相应建立一批具有代表性科技示范基地。修水县建立板栗高位换冠示范基地80公顷、油茶低产林改造示范基地200公顷;武宁县建立板栗丰产示范基地46.67公顷;瑞昌市建立板栗丰产示范基地366.67公顷、香椿森林蔬菜示范基地13.33公顷;德安县建立板栗、笋用竹丰产示范基地133.33公顷;九江县、庐山区建立笋用竹丰产示范基地33.33公顷;永修县建立高效林业基地276.67公顷,其中银杏26.67公顷、雷竹5.33公顷、毛竹33.33公顷、板栗48公顷、其他果木林163.33公顷;彭泽县建板栗嫁接试验林13.33公顷。1998年,全市继续实施十大林业科技推广项目,采取技术咨询、技术服务、技术培训、赠送科技资料、建立科技示范基地等形式开展科教兴林活动。当年共组织1070人次科技人员送科技下乡进户,举办各种类型技术培训班81期,培训人员达23667人次;编印发放科技资料12820份,建立科技示范户637户,各级建立示范林基地311个、面积达6053.33公顷。彭泽县林业局把科教兴林工作与林业建设紧密结合,一方面鼓励科技人员下乡承包荒山,另一方面结合板栗、银杏产业化项目和中德合作造林项目,支持科技人员实施技术承包,全面负责项目造林技术服务指导,实施“定山场,定面积,定质量,定任务,一包到底,年底总评,达标有奖”承包制度,当年建立高产银杏160公顷、板栗133.33公顷、毛竹666.67公顷、无核柿66.67公顷。同时,彭泽县林业局创办以培育良种壮苗、引种驯化、新品种筛选和技术培训为一体综合科技示范基地,向农户、专业户推广高密植栗园栽培技术、低产高枝换种技术、化学除草技术、优化配方施肥技术,建科技示范户200余户,经营面积1000余公顷。庐山区林业局以种竹园为龙头,在1997年建立高垅、莲花2乡(镇)4个笋用竹示范基地基础上,同年在威家乡星德村建立以农户为主的笋用竹为主示范基地5户,以推动笋用竹产业发展,全区笋用竹林达100公顷。1999年,市在科技兴林活动中,共组织科技人员984人次进行送科技下乡活动,印发科技资料1.5万余份(册),举办培训班44期,培训林农1.2万余人次,建立各级科技示范基地311处,科技示范户900余户。武宁县林业局根据生产小山竹竹笋和茶油的传统,对罗溪乡666.67公顷低产小山竹林进行改造,发展小山竹竹笋;对温汤、南岳、船滩乡800公顷低产油茶林进行改造,发展油茶生产。

2000~2002年,全市在送科技下乡活动中,发放各种实用林业技术资料22万余份,举办各类林业技术培训班300余期,受训人员达4.40万人次。市林业局组织的ABT生根粉推广工作受到中国林科院表彰。此后,全市各级林业部门每年根据当年林业生产实际情况,开展形式多样送科技下乡活动。2010年10月21日,市林业局组织造林、种苗、林业有害生物防治、野生动植物保护、油茶培育等方面专家在共青城江益镇荷塘村开展送科技下乡活动,以现场咨询和开办培训班形式,向基层林业工作站技术人员和林业大户共300家进行技术指导和服务,散发各类科技资料1万余份。

# 第五章 林业管理

## 第一节 资源管理

### 一、森林采伐管理

1991年起,全市各级政府在大力开展保护森林宣传教育同时,不断增强森林限额采伐,强化管理工作意识,注重林木采伐管理,坚持凭证采伐制度,严格控制自用材消耗,对各类木材消耗量在管严、管全基础上,从实际出发,进行分类指导,分项控制,同时,加强伐区检查,开展木竹经营、加工企业清理整顿,确保不突破采伐限额;各林区采伐指标,由林业部门核发,在林权不变前提下,以村民小组为单位,实行统一采伐、统一更新管理、统一分配收益,木材统一由林业公司及所属经营单位收购和销售,坚决制止乱采、乱收、乱卖。1999年后,各级林业主管部门根据市政府《关于加强林政资源管理工作的通知》精神,加强林业法律法规宣传教育,严格执行凭证采伐、凭证运输和征占用林地审批等制度,对年度森林采伐限额执行情况进行检查监督,对乱砍滥伐林木、乱征滥占林地、非法收购及非法运输木材违法犯罪行为开展打击,整治林区秩序。2002年,相继2次对森林采伐限额执行情况进行监督检查,发现并及时处理林木采伐过程中出现问题。2003年,市林业局先后下发《森林采伐管理百问》《森林资源采伐公示制》《判卖集体山林的四条规定》等文件,完善森林管理制度,规范执法行为,组织执法检查,打击毁林犯罪活动,防止破坏森林资源行为发生。2004年始,从规范森林资源管理着手,加大依法治林力度,普遍推行林木采伐公示制度,增加其透明度,防止林木采伐"暗箱操作",并加强采伐过程中各环节监督检查,强化森林采伐源头管理工作,以制止无证采伐、超指标采伐事件发生。2009~2010年,武宁县作为省12个试点县之一,进行森林采伐管理改革试点,以期通过改革试点,形成管理公正透明,经营科学有序,管理与经营相协调的森林采伐管理新机制。

### 二、林地保护

1998年,根据省林业厅统一部署,全市各级林业主管部门开展毁林开垦和非法征占用林地专题调查研究和清查,共组织专业人员800余人,历时1个多月,清理出1949~1998年先后开垦和征占用林地面积达4.99万公顷,其中1992~1998年非法征占用林地0.17万公顷,共需退耕还林面积2.07万公顷。为制止毁林开垦和非法征占用林地,市政府先后下发《关于实施封山植树、退耕还林的通知》《关于将林地保护管理工作纳入领导干部保护森林资源任期目标责任制考核内容的通知》,进一步重申和明确林业主管部门管理林地职责和征占用林地审核审批办法。2002年始,实行"发现非法征占用林地行为须向上级林业主管部门报告;发出补办审核手续函、实地勘察、对逾期不办理手续的用地单位作出行政处罚决定"林地管理"一报告、三部曲"制度。市林业局、土管局、监察局、公安局制订《关于开展制止乱征滥占林地违法行为专项整治工作方案》,联合开展非法征占用林地专项整治活动,直接查处典型案件,林地管理工作取得突破性进展。同年,全市共办理征占林地手续16宗,面积109.67公顷,收缴森林植被费100余万元。至2004年共办理征占用林地手续240宗,收缴森林植被恢复费2134.55万元。2005年后,市林地征占用管理逐渐完善和规范,建立征占林地申报、审核、现场查验、编制可行性报告等办证程序。2006~2010年,全市共依法办理征占用林地手续822宗、面积3786.67公顷,上缴森林植被恢复费18104万元。

## 第二节　流通管理

### 一、凭证运输管理

1992年,为治理公路、水路"四乱",省政府批准撤销永修县云山、杨柳津、附坝林业检查站,撤销武宁县盘溪、长坪凹、严阳林业检查站,撤销九江县狮子林业检查站、瑞昌市城关综合检查站,撤销修水县县城、三都综合检查站及庙岭、雅洋、潭溪林业检查站。永修县新基林业检查站并入永修县虬津木材检查站。1994年6月3日,省林业厅为加强木材流通管理,严格木材运输证核办程序,维护木材运输秩序,保护森林资源,制定并发布《江西省木材运输证管理暂行规定》。"出省木材运输证"由林业部统一印制,盖有林业部和江西省木材运输管理专用章,省林业厅委托市林业行政主管部门办理。"省内木材运输证"由省林业厅统一印制,盖有江西省木材运输管理专用章,省林业厅委托市、县2级林业行政主管部门办理。"县内木材运输证"由市林业行政主管部门统一印制,盖有市林业行政主管部门木材运输管理专用章,市、县2级林业行政主管部门委托到直属林业行政主管部门管理的乡、镇林业工作站办理。对"出省木材运输证"和"省内木材运输证"办证人员须经市、县林业行政主管部门推荐,经省林业行政主管部门培训后,由省林业行政主管部门核发聘任书,方可上岗。"县内木材运输证"办证人员须经县级以上林业行政主管部门培训,聘任后,方可上岗。1995年12月7日,九江所属公路综合检查站,均更称为木材检查站。1998年1月9日,为加强木材运输管理,维护木材运输秩序,保护合法流通,控制森林资源消耗,省政府发布施行《江西省木材运输管理办法》。规定凡运输木材(包括标准、行业标准、省定企业标准所列的全部木材;木制成品和半成品、商品柴、炭、原竹、篙竹、竹片、竹篱笆板、竹跳板及消耗木竹为原料产品),必须持有林业行政主管部门签发木材运输证。出省木材运输,使用林业部印制的出省运输证,由省林业行政主管部门或其委托的单位办理;省内的木材运输,使用省林业行政主管部门印制运输证,由市、县2级林业行政主管部门办理;县内木材运输,使用县林业行政主管部门印制运输证,由县林业行政主管部门或其委托单位办理。办理木材运输证需凭有效林木采伐证或购材时运输证(或林业部门证明),或凭进口材调拨证明,森林植物检疫证和林业规费交纳凭证办理。公路和水上运输木材实行1车1证,1船(排)1证,货证同行。木材水上运输在装运前检查外,途中一般不再检查,出省由湖口木材检查站验证检查。

2002年7月15日,省政府批准,撤销武宁县大洞木材检查站,成立市长江大桥桥头木材检查站。2004年7月1日,《江西省木材运输监督管理办法》施行。该办法规定凡运输木材(各类木、竹及其半成品和大宗制品),必须持有县级以上人民政府林业主管部门签发运输证。省内运输木材,使用省政府林业主管部门统一印制"江西省木材运输证",由起运地县级以上人民政府林业主管部门核发;运输木材出省,使用"出省木材运输证",由省政府林业主管部门或者其委托的设区市政府林业主管部门核发。办理木材运输证需提交林木采伐许可证或购材时的运输证或野生植物采集证、森林植物检疫证和规费凭证,经营、加工木材还需提交经营、加工许可证。公路运输实行1车1证,水路运输1船(排)1证,铁路运输1

车皮1证,零担1批1证,集装箱1箱1证。水路和铁路运输木材,应在装运前向所在地林业主管部门或者木材检查站报检。县级以上人民政府林业主管部门可以进入承运木材的车站、码头、货场以及林区道路对木材运输进行监督检查。运输木材途经木材检查站时,必须接受检查,木材检查站工作人员依照检查规程进行检查,对无证运输的,使用伪造、涂改运输证的,运输证示加盖经过的木材检查站验讫章的,运输木材数量超出运输证核准的数量的,运输木材树种、材种、规格与运输证不符又无正当理由的,发货单位、地点、运输方式与运输证规定不符又无正当理由的,拒不接受检查强行运输的木材可以暂扣,查实后依规定进行处罚。2007年6月,市为加强木材流通监督管理,市木材检查站更名为市木材流通监督管理局,2009年,增挂市木材运输流动巡查执法支队牌子,赋予其流动巡查职责,2010年,全市所有木材检查站经编办批准均增挂"木材运输流动巡查大队"牌子,负有流动巡查职责,并按照《江西省木材运输流动巡查工作规范》要求开展工作。至此,全市木材运输检查始形成"固定检查为主,流动巡查为辅"格局。

## 二、非法运输检查处理

南方集体林区开放木材市场前,市违章运输木材主要表现形式有:无证运输、超装夹运、借证运输等。木材市场开放后,超装、伪装夹运、涂改伪造运输证件、货证不符、无证冲关等非法运输木材案件增多,并出现强行冲关、逃避检查情况,为此,市各级林业主管部门加强木材检查人员岗位培训,提高其政治素质和业务水平,加大查处非法运输木材案件力度。1995~2010年,全市共查处非法运输木材案件49285起,处罚木材385355.54立方米,竹材3460149根,补交更改、育林资金,没收木材折款和罚款共计7189.72万元。其中2001~2010年,全市共检查147666辆(船)车(只)次,木材12047291.2立方米,竹材43639946根。

## 三、木材市场管理

1994年5月19日,省林业厅发出《关于对全省木、竹经营加工单位统一实行许可证制度的通知》,规定凡是从事木竹经营、加工单位(包括国营、集体、三资企业、个体等),都必须办理由省林业厅统一印制、县级以上林业行政主管部门核发"江西省木竹经营许可证"或"江西省木竹加工许可证"。并规定对从事倒卖和贩运木材个体经营者不予办理"江西省木竹经营许可证"。未取得许可证单位,所经营、加工木材及成品、半成品,不得给予办理木材运输证。市统一实行许可证制度后,各级林业行政主管部门加强木竹经营、加工单位的监督管理,普遍对当地木材经营和加工单位进行一次认真、全面、严格的审查和处理。1999年,市政府要求各地加强对以阔叶树为原料木材加工企业管理。3月,各县(市、区)对本地区木材加工企业进行全面清理整顿,关停并转一批耗材大、效益差、产品附加值低加工企业,其中彭泽县取缔无证加工点8个。

2001年,市林业局为清查木材经营、加工许可证制度落实情况和木材经营、加工单位木材来源情况,以县为单位对本辖区内木材经营、加工单位进行全面清查。2002年,根据国家林业局、经贸委、农业部、工商行政管理局《关于开展木材经营(加工)单位清理整顿工作的通知》精神,由市林业局牵头,会同市经贸委、工商行政管理局、乡镇企业局联合发文,开展木材经营、加工单位清理整顿。关闭和取缔非法设立木材经营、加工单位;规范、整顿木材经营加工环境。同年,修水县在为期20天清理整顿工作中,取缔非法经营、加工点11个,清查非法收购木材8103立方米,查封锯板机247台。2003年3月24日,市林业局下发《关于加强木材经营加工管理的通知》,要求各地继续落实2002年省、市4家单位联合下发有关文件精神,无证或只经林业、工商两家单位其中一家单位批准(登记注册)而设立木材经营、加工单位,均属非法设立,应予以坚决取缔或关闭。各地林业主管部门根据本地资源现状,统筹规划,控制木材加工单位数量和规模,对所有加工用材必须依照年度采伐限额纳入限额管理,申报年度用材计划,建立木材来源凭证及收购、销售台账,各地林业主管部门要帮助、指导、监督其建立台账,并定期检查。8月22日,市林业局又下发《关于全面清理整顿全市木材经营、加工市场的紧急通知》,指出:木材经营(加工)市场虽然经过几次清理整顿,管理混乱情况略有好转,但无证经营、无证加工、收购来源不明木材的现象仍十分普遍。很多地方为实现短期经济效益,不顾资源承受能力盲目大量引进低水平以木竹资源为原料林产品加工项目,造成森林资源浪费。为保护好森林资源,促进木材加工企业合理布局,实现林业可持续发展,决定在全市范围内对木材经营、加工市场进行全面清理整顿。在此次清理整顿工作中,全市共取缔非法木材经营(加工)户231户,处罚2家经营(加工)户,6户列入“黑名单”。2004年2月4日,市林业局为加强木材加工企业管理,规范木材加工市场秩序,下发《关于加强对木材加工企业管理的通知》,规定不论新建木材加工企业规模大小,市、县两级一律暂停审批。新上木材加工企业审批权一律上交省林业厅。确需上马新木材加工企业,由企业申请,县林业主管部门审查后报市林业主管部门审核,审核同意后再报省林业厅审批。各地不得擅自越权批准上马新木材加工企业,一经发现坚决取缔。对有令不行、有禁不止者追究有关责任单位责任人责任。4~9月,根据市木材、林化产品经营(加工)清理整顿领导小组下发《关于木材、林化产品加工企业清理整顿的通知》精神,对全市487家木材加工企业进行检查和清理整顿,期间,共取缔非法从事木材经营(加工)企业8家,对予以保留的企业进行规范化管理。8月27日,省委、省政府发布《关于深化林业产权制度改革的意见》,提出“打破木竹垄断经营和地区封锁,允许林权所有者自主销售木材。各级政府和有关部门不得制定任何限制林权所有者自主经营的政策措施,已经制定的必须坚决取消”。提倡林区建立木竹交易市场,从此,全市只允许林业部门企业一家进山收购木材格局被打破,在不突破采伐限额前提下,木材市场实现真正意义上放活经营。

2006年6月21日,根据省林业厅、省发改委、省环境保护局、省工商行政管理局联合印发的《江西省木材加工企业清理整顿工作实施方案》精神,为推进产业结构调整和优化升级,科学规划,合理布局木材加工项目,市林业局、市发改委、市环保局、市工商行政管理局联合下发《关于印发〈九江市林产品加工企业清理整顿工作实施方案〉的通知》,要求6月10日至10月31日在全市范围内开展木材加工企业清理整顿工作。8月17~29日,由市林业局林政科、市森工局、市森林公安局、市木材检查站、市开发区农林局、庐山区林业局组织人员21人,分成4个行动小组,分别对市区毛纺厂木材市场、华东木材市场、赣北木材市场、七里湖木材市场进行清理整顿。在此次清理整顿中,全市1141家林产加工企业和加工点保留加工企业329家、非商品材加工点302家,关闭和取缔510家,取缔沿江沿湖非法设立的水运码头木材交易市场4处,处罚193人,罚款24.67万元,捣毁收缴加工机械39台,收缴木材422立方米;完成修水、武宁、瑞昌等9县(市、区)第一批共287家合法企业木材经营(加工)许可证核发换证,并在“九江林业网”上予以公布,接受社会监督。11月21日,市林业局下发《关于印发〈九江市木材经营加工管理办法(试行)〉的通知》,该办法规定:木材经营加工单位实行商品材经营加工企业和非商品材加工点分类管理制度,商品材经营加工企业指收购来源合法商品材进行加工和销售企业;非商品材加工点指以村民利用自用材等有合法来源木材加工少量家具、农具、修建房屋等进行来料加工,仅收取来料加工费单位和个人;设立(包括新建、扩建、改建)木材经营加工项目,实行项目核准和颁发许可证相结合的管理制度,省、设区市发改委负责对项目核准,省、设区市林业主管部门负责对项目预审,并颁发经营加工许可证。2007年,市及各县(市、区)林业主管部门根据省森林工业局《江西省木材经营加工单位清理检查工作实施方案》,在2006年木材加工企业清理整顿基础上,对本辖区木材经营加工单位进行拉网式清查。2008年4月2日,省林业厅、省工商行政管理局联合下发《关于开展全省木材加工企业清理整顿检查验收工作的通知》,11月4~6日,省市联合检查组对市木材加工企业清理整顿工作进行检查验收。检查组最终认定,全市保留木材加工企业532家,并对532家加工企业进行重新注册登记,换发木材加工许可证。

2009~2010年,按照“统一规划,合理审批,规范经营、依法监管”原则,制定《九江市木材经营许可证审批管理办法》《关于规范木竹加工剩余物利用指标的审批管理办法(试行)》,在控制木材加工企业数量同时,严控耗材量。期间,全市审批新办木材加工企业31家。为整合规范全市城区木材市场,市林业局在九江开发区新建阎家渡木材市场,将城区分散小木材市场加工户集中到该市场,2010年年底,有78家木材加工企业经审批发证后,进入该市场经营。

# 第十八篇

# 渔　业

# 第十八篇 渔 业

全市有水域面积342341公顷，均为淡水面积，占全省总水域面积20.5%；可养水面103674公顷，占全省已养水面24.4%。水面占全市国土总面积17.5%。长江在九江境内长度为152千米，全国第一大淡水湖鄱阳湖在九江境内面积（湖口水位吴淞高程21.71米时）为198212.2公顷（占通江湖体总面积60.03%）。共有鱼类118种，分隶于25科(其中鲤科为主，占64种)；贝类55种(其中以瓣鳃纲为主，占50种)。珍稀水生动物和名贵水产品有中华鲟、中华鳖、中华绒螯蟹、中华米虾、银鱼、栉虾虎、棘胸蛙、胭脂鱼、长吻鮠、凤鲚、刀鲚等。全市水生维管束植物有38科102种。

20世纪90年代，渔业科学技术有效推广应用，渔业资源保护、权属调处和渔政队伍建设进一步加强。1991年，全市水产品总量达60708吨，首次跃居全省第一位。1992年比1991年增长50.0%，1993年再增长38.8%，两年翻一番，渔业开始成为九江农业支柱产业。至1996年，水产品总量连续6年位居全省第一。此后九江水产开始注重结构调整，大力发展特种水产，实现产量稳定增长，产值不断增加。2001年后，加大对水产品加工扶持和招商力度，分别新建年加工水产品6000吨、3000吨江西鄱湖水产股份有限公司和九江美佳食品有限公司，并逐步扶强扶大，成为省级农业产业化龙头企业。至2010年，全市水产品加工企业发展到26家；相继开发糟鱼制品、冷冻制品、鲜活制品、熟食制品、罐头制品、鱼糜制品、盐干制品、工艺制品8个系列近30个品种。同年，全市水产品出口1880吨，创汇955万美元，比2009年增长183.04%；全年水产品加工3.5万吨，比2009年增长23.1%。投资过1亿元都昌鄱湖国际珠贝城项目开工建设，成为都昌珠贝产业发展新的里程碑。至2010年，全市水产品总量达36.93万吨，产值40.2亿元，占农业总产值的比重达24.4%。渔业为农民增收，农业、农村发展发挥着不可替代的作用。

# 第一章 资 源

## 第一节 水 面

### 一、天然捕捞水面

全市所辖的天然捕捞水面有鄱阳湖、长江、修河(含潦河)、博阳河等,其面积达23.8万公顷,占全市总水面积69.7%。其中鄱阳湖九江所辖面积湖口水位吴淞高程21.71米时为198212公顷(占通江湖体总面积60.03%)。鄱阳湖沿岸13个县、区,其中属市所辖7个,即庐山区、星子、德安、共青、永修、湖口、都昌县,为市捕捞业主要场所和重要生产基地。20世纪90年代初,国家渔业部门曾对鄱阳湖鱼类进行调查,共有158种,2008年普查时,只有122种,消失30多种鱼类。像鲥鱼、中华鲟、胭脂鱼等鱼类正濒临灭绝。不仅如此,"四大家鱼"产量也越来越少。

长江渔产丰富,共有鱼类260多种,种类约占全国淡水鱼类一半。长江平均每千米淡水鱼捕捞产量约为黄河3倍,黑龙江7倍,居于全国所有河流第一位。长江鱼类生长速度快,鲢鱼、三角鲂、翘嘴红鲌、鲤鱼种群,一年达到的体长,相当于黑龙江种群生长2年的体长,青鱼、鳡鱼相当于黑龙江种群生长3年的体长,草鱼是黑龙江种群生长4~5年的体长。

九江市管辖长江江段,长152千米(约合面积1.67万公顷)。既是沿江渔民捕捞场所,也是天然鱼苗产地。每年4月底至5月初长江鱼苗发江,一直延伸到7月底都是捞苗生产季节。尤以5~6月份所生产鱼苗(称头江水花)成色好,体质壮,产量高。由于沿江湖泊出口修堤建闸、工矿废水以及酷渔滥捕,鱼苗产量逐年下降,20世纪70年代年均捞苗3.1亿尾,80年代不足2亿尾,2010年前后每年仅500万尾左右。

### 二、可养殖水面

据2009年水产普查统计,全市有可养殖水面103674公顷,占总水面30.3%,比1982年6.95万公顷增加3.42万公顷,增长49.15%。其中:池塘2.14万公顷(精养池塘6467公顷),增加1.054万公顷;湖泊3.52万公顷,增加8913公顷;水库3.89万公顷,增加1.11万公顷;河沟3793公顷,增加2287公顷;农渔两用田1340公顷(原无);其他水面3053公顷,增加2453公顷。增加原因主要是开挖池塘和修建水电站(如修水县抱子石水电站)。

## 第二节 水产资源

### 一、鱼 类

经调查鉴定,全市现有可捕捞鱼类118种,隶属于12目、25科、77属。从118种鱼类组成成分来看,以鲤科鱼类最多,计64种,占54.2%;其次为鮠科,有14种,占11.80%;鳅科6种,占5%;鮨科、塘鳢科各4种,各占3.4%;银鱼科3种,占2.5%;鳀科、鳢科、攀鲈科、舌鳎科各2种,各占1.8%。其他种类,如鲟科、白鲟科、鲱科、胭脂鱼科、平鳍鳅科、鲱科、鲶科、胡子鲶科、鳗鲡科、合鳃科、刺鳅科、针鱼科、鲥鱼科、虾虎鱼科、鲀科等均为1种,各占0.84%。

从鱼类来源看,鄱阳湖是中国第一大淡水湖,位于长江中下游交接处,接纳江西五大河流之水,且与长江相通。因此,在鱼类组成上具有长江中下游湖泊的特点,种类除定居鲤、鲫、鳊、鲌类、鲶、鳜、乌鳢、黄颡鱼等湖泊种类为主外,还来源于以下三方面:一是由长江入湖的江河半洄游性鱼类,如青、草、鲢、鳙、鳡鱼等;二是海河洄游性鱼类(由半淡咸水的水域上溯经长江入湖的鱼类),如长颌鲚、舌鳎、鲟科、鳗鲡、弓斑圆鲀等;三是由赣、抚、信、饶、修5河随水降河入湖的山溪性鱼类,如月鳢、江鼠、胡子鲶、马口鱼、鲃亚科鱼类、中华切胸鮡等。

从经济意义来看，鄱阳湖和长江中主要经济鱼类有鲤、鲫、鳊、青、草、鲢、鳙、鳡、鳜、蒙古红鲌、黄尾密鲴、鳍、短颌鲚、银鱼等。除短颌鲚、银鱼生产季节集中外，其余鱼类一年四季均有生产。其中以鲤、鲫鱼产量最高，占捕捞总产量40%~50%，是捕捞主要对象。一般经济鱼类有：翘嘴红鲌、红鳍鲌、戴氏红鲌、鲶鱼、乌鳢、鮠科鱼类、赤眼鳟、尖头鳡、黄鳝、鳗鲡、逆鱼、鲌鱼类、铜鱼属、鳘条鱼属、长颌鲚、鱤鱼等。这些鱼在鄱阳湖产量比重也不少，亦属捕捞对象。主要养殖鱼类有青、草、鲢、鳙、鲫、鳊、鳜、翘嘴鲌、黄鳝、鳗鲡、乌鳢、黄颡鱼等。

## 二、甲壳动物及软体动物

**虾类** 主要有沼虾和米虾。沼虾属长臂虾科，体色青绿，又称青虾，具有较高经济价值。米虾亦称草虾，体小，难以形成生产能力，经济价值不及沼虾。虾类广泛分布在鄱阳湖各个水域、内陆各类型湖泊、河沟港汊及沿江滨湖地区池塘。

**蟹类** 主要有食用价值、经济价值高的中华绒螯蟹，又称河蟹，是九江特产。天然河蟹主要出产在彭泽县太泊湖、芳湖，湖口县黄茅堤，九江县赛城湖、赤湖，浔阳区八里湖等通江湖泊。每年5~6月份，幼蟹从长江口上溯进入沿江通江湖泊生长育肥，第二年9月性腺成熟后开始从湖泊进入长江，返回原籍产卵孵苗。因此蟹成熟季节即是捕捞河蟹时节。上述湖泊未建闸前，河蟹产量较高，每年约在25~50吨。20世纪60年代建闸后，隔断河蟹洄游入湖通道，湖泊中河蟹资源逐年减少，现主要靠人工投放蟹苗养殖。

**软体动物** 市内有经济价值软体动物主要是贝、螺类。全市大小湖泊、河港湖汊、水库和池塘等水域中都有分布，而且蕴藏量大，产量高，品种较多。据农业资源区划调查鉴别，属瓣鳃纲50种，属腹足纲5种。

贝、螺类肉味鲜美，营养丰富，大都是良好副食品；在渔业上又是青鱼、鲤鱼等底层鱼类主要食料；贝壳可制成各种贝扣、工艺美术品以及珍珠核，畅销国内外市场；三角帆蚌是人工培育珍珠主要蚌种；贝壳上的珍珠层是医药重要原料。

## 三、水生浮游生物

**浮游植物** 计有7门，25种，66属。其中蓝藻门3科，13属；绿藻门12科，33属；矽藻门6科，13属；金藻门1科，1属；黄藻门2属；甲藻门12科，3属；裸藻门1科，1属。

鄱阳湖浮游植物以绿藻居多，占总数50%，蓝藻和矽藻次之，各占总数20%。而绿藻中以鼓藻科占绝对优势，卵囊藻科次之。蓝藻中以蓝球藻最多，颤藻和念珠藻次之。矽藻中以母形矽藻最多，带列矽藻次之。金藻、甲藻和裸藻类较少。调查资料表明，各种浮游植物出现，都有一定规律性。总之，鄱阳湖浮游植物相当丰富，其优势种类有微囊藻、蓝球藻、颤藻、鱼腥藻、束丝藻、纤维藻、板星藻、圆丝鼓藻、螺带鼓藻以及带列矽藻、舟形矽藻、放射矽藻、丝状矽藻等，这些种类，不但分布广，且出现率高。

**浮游动物** 计有原生动物22属33种，腔肠动物1属1种，轮虫类11科25属33种，枝角类6科18属39种，桡足类4科11属19种。

鄱阳湖浮游动物在种类组成上，以原生动物中矽壳虫最多，占原生动物总数15%。轮虫类以臂尾轮虫最多，占轮虫类总数43.50%。枝角类中的盘肠蚤科占总数47.60%，蚤科占28.20%，象鼻蚤科占13.00%。桡足类以剑蚤科最多，占桡足类总数57.90%；镖蚤科次之，占总数26.30%。此外尚有许多桡足类六肢幼体。鄱阳湖浮游动物分布很广，随着季节不同，在鄱阳湖区出现种类和频率也不一样。一般靠近湖岸，水流平缓水区以原生动物、轮虫类较多。敞水带则以在大型枝角类、桡足类较多。

## 四、水生植物

天然水域水生植物主要有水生维管束植物。鄱阳湖中，已调查到水生维管束植物计有38科102种，其常见且分布广、数量较大品种有苦草、芦苇、轮叶黑藻、马来眼子菜、苔草、聚草等，全湖均有分布，其中苔草、芦苇以永修吴城一带，星子县沙湖山、蚌湖等地较多。修河有水生维管束植物19科24属31种，其中挺水（含湿生）植物有17种，漂浮植物1种，浮叶植物3种，沉水植物10种。赤湖水草丰富全国罕见，有26科37属53种,其中挺水植物有18种,漂浮植物7种,浮叶植物13种,沉水植物15种。马来眼子菜、轮叶黑藻、苦草和野菱为优势种。

# 第二章 捕捞

## 第一节 捕捞产量

市内渔业捕捞场所、主要是鄱阳湖、长江和4条内河(修河、潦河、博阳河、长河),面积约23.8万公顷。产量集中捕捞场所一般就是鱼类产卵场所或越冬场所。20世纪90年代,由于捕捞工具不断革新,捕捞方法不断改进,捕捞产量增加很快,曾形成一个历史高峰。1991年为16357吨,到1998年达到84151吨。进入21世纪,由于天然资源减少,环境因素影响,国家休渔、禁渔政策实施,以及对外劳务输出增多,捕捞渔民数量减少等因素,2001~2009年稳定在6万吨以下,2010年为69792吨。

## 第二节 捕捞工具

主要采用挂桨机、木筏、渔盆等捕捞渔船。采用丝网、拖(拉)网、围网、流网、罩网、旋网、刺网、扒网、布网、敲网、簺网、麻网、千里网、滚(挂)钩、沉钩、浮钩、流钩、趟钩、搏钩、梭钩、卡子(钩)、蚌扒、鱼叉、虾笼、鸬鹚等捕捞工具。柘林水库及东津水库仍保持罾捕、网捕、钩捕、鸬鹚等传统捕捞方式,新采用发电机供电、竹排扳罾灯光诱捕或双船拖网捕捞方式用于银鱼、鲌鱼、鳘条鱼等捕捞。

# 第三章 养殖

## 第一节 基地建设

1991年前,全市建设大型养殖基地主要有城郊养殖基地、商品鱼基地、“2799”项目区和十大湖配套工程,共建设精养鱼池2423.5公顷。

1991~2008年,通过农业综合开发、血防工程以及其他项目资金建设一批养殖基地。主要有德安牛角湾水产场,彭泽太泊湖开发区和芙蓉农场水产养殖基地,永修立新水产场,都昌周溪镇水产场,瑞昌官田湖、鲁家湖养殖基地等,共建设精养鱼池约2000公顷。这些基地精养池塘大部分按10:2面积比例配套建设青饲料基地。

2008~2010年,为支持江西省现代农业发展,中央财政连续3年安排现代农业生产发展专项资金,其中渔业主要是支持环鄱阳湖区水产——现代渔业发展项目。全市共有都昌、永修、彭泽、九江、德安、湖口、星子7县2260公顷精养鱼池和3个良种场纳入现代渔业精养鱼池改造及良种场改扩建项目,中央财政共计投入资金4825万元,加上地方配套、项目单位自筹,整个项目共计投资约13000万元。

## 第二节 苗种培育

1990年,全市鱼苗产量64608万尾,其中人繁63158万尾,鱼种产量15846.5万尾、2777吨。1991年始,受全市快速发展水产养殖业拉动,以青、草、鲢、鳙、彭泽鲫、鳊、鳜为主鱼苗繁殖进入快速发展期。到2010年,全市共有苗种生产单位22家,其中国家级水产原良种场2家:九江彭泽鲫良种场、瑞昌长江四大家鱼原种场；省级良种场2家：彭泽县彭泽鲫良种场、江西鄱阳湖甲鱼良种场；国家投资建设规模良种场4家：都昌三角帆蚌良种场、都昌青虾良种场、德安翘嘴鲌良种场、永修鳜鱼良种场。年苗繁能力达到40亿尾以上。当年，鱼苗实际产量为39.84亿尾。

20年间，全市先后引进过福寿鱼、罗氏沼虾、南美白对虾、河鲀、匙吻鲟、史氏鲟、美国青蛙、斑点叉尾鮰等品种，经过市场淘汰，迄2010年底，仅斑点叉尾鮰、史氏鲟、美国青蛙、南美白对虾尚有少量养殖。

## 第三节 特种养殖

### 一、养殖基地

1991~2010年，市内特种水产养殖品种，主要有河蟹、甲鱼、鳜鱼、鲈鱼、翘嘴鲌、黄鳝、泥鳅、鳗鲡、乌鳢、鲶鱼、鮰鱼、黄颡鱼、青虾、克氏原螯虾、银鱼、史氏鲟、蛙类、珍珠等。20年间，结合渔业结构战略调整，逐年加大发展特种水产力度，积极推进"一县一品、数县一板块"战略布局，特色渔业加速发展，结构进一步优化。基本形成以珍珠、虾蟹为主东南湖区渔业板块，以鳜鱼、甲鱼、翘嘴鲌为主中部昌九沿线渔业板块，以银鱼和网箱养殖为主库区渔业板块。2010年全市特种水产养殖面积达3.56万公顷，占养殖面积44.47%，基本建立环鄱阳湖渔业产业六大养殖基地。其中以彭泽县为主养的3333公顷彭泽鲫主养基地；以都昌为重点4760公顷珠鱼混养养殖基地；以瑞昌市、九江县为龙头9907公顷小龙虾养殖基地；以沿江滨湖为依托1.864万公顷湖泊河蟹养殖基地；以永修县为主体万亩鳜鱼养殖基地以及德安县千亩翘嘴鲌养殖基地。特种水产品产量达12.36万吨。

### 二、名优品种

**彭泽鲫鱼** 彭泽鲫，常栖于湖泊芦苇丛中，体侧有5~7条灰黑色芦苇状斑纹（池塘中饲养一段时间后，斑纹会逐渐消失）而被称为芦花鲫，以个体大著称（产自彭泽县马垱镇丁家湖1尾个体体重达6.5千克），被称为彭泽大鲫。彭泽鲫肉味鲜美，肉质嫩爽，营养丰富，含人体所必需的8种氨基酸，儿童食用健脑益智、促进生长，成人食用体质健壮，老人食用益寿延年，尤其是对产妇催乳和产后体质恢复效果更佳。彭泽鲫原产于彭泽县丁家湖、太泊湖、芳湖、芸湖等天然水域，1973年市水产研究所开始试养，1983年彭泽鲫鱼选育研究课题列为省科委一级课题，1986年被列为国家"七五"攻关项目，1989年通过部级鉴定，1990年获农业部科技进步二等奖，至1990年，经过6代选育筛选出优良品种，有生长快、体型好、肉味鲜、群体产量高等特点。自1990年起，该良种被列为农业重点推广品种，1991年起大面积推广，至2010年，在全国20多个省（市、自治区）推广养殖，成为中国鲫鱼品种中生产量最多、推广面最大的品种之一，走俏国内外市场。

**鄱阳湖银鱼** 鄱阳湖银鱼是省内特色水产品，形如玉簪、洁白透明、肉质细嫩、肉味异常鲜，营养价值很高，每100克银鱼干中，含蛋白质72.1克、脂肪13克、碳水化合物0.5克，还含有钙、磷、铁等，具有益脾、润肺、补肾、去虚等功能，适宜脾胃虚弱者食用。鄱阳湖银鱼与太湖等地银鱼不同，全属定居型一类，不是洄游型。主要分布在都昌县境内南峰、芗溪、万户、西源、周溪等乡所属酬池湖、撮箕湖、石牌湖内。

**武宁棍子鱼** 武宁棍子鱼又称马头鱼，是一种头大、吻扁、唇厚的小型鱼类，最大个体也只能长到20多厘米长。生活在江河湖泊下层，虽杂食，但偏重觅食动物性食物，如底栖水生物、幼虫等。这种鱼腹腔较小，肠道短，内脏部分比例小，武宁县民间谓其"只有一根肠"，易于清洁，可食部分比例大。肉质坚实，肌间刺少，味道鲜美，红烧、辣烩均可，是武宁县湖区一道特色菜。

**鄱阳湖大闸蟹** 鄱阳湖螃蟹以青背、白肚、金爪、黄毛为显著特点，以大、肥、鲜、甜而闻名于世。唐代韩驹有《谢江州陆签判寄糖蟹》诗二首；宋代苏轼诗云："不到庐山辜负目，不食螃蟹辜负腹"，曹彦约《望庐山》诗："暮年秋色恋江乡，酒熟鱼肥蟹著黄。"

**柘林湖鳜鱼** 柘林湖水质好，无污染，所养殖鳜鱼属淡水类最上等佳品。体扁、口大、鳞细、肉嫩味鲜，每百克含蛋白质19.3克，脂肪3.5克、钙145毫克，营养丰富，价廉物美，既可登大雅之堂，又可进寻常百姓家,深受城乡居民青睐。

## 第四节　病害防治

### 一、病害种类

市内流行常见鱼病种类,按感染病原来分,主要有4种,即病毒性鱼病:草鱼出血病、病毒性出血性败血病等;细菌性疾病:细菌性败血症、烂鳃病、肠炎病、赤皮病、白头白嘴病、白皮病、疖疮病、烂尾病等;真菌性疾病:水霉病、鳃霉病等;寄生虫类疾病:隐鞭虫病、斜管虫病、小瓜虫病、车轮虫病、纤毛虫病、指环虫病、三代虫病、鱼蛭病、舌型绦虫病、腹口吸虫病、毛细线虫病、中华鳋病、锚头鳋、鱼虱、鱼怪病等。

### 二、流行季节

春、冬季主要有水霉病真霉类发生;夏、秋季主要是细菌性鱼病、病毒性鱼病和寄生虫性鱼病。

### 三、防治方法

彻底清塘消毒;鱼种下塘前消毒;经常观察鱼类活动情况;及时调节水质;及时清除残杂物和死鱼;定期药物预防;责任到人,定期巡塘,及时处理鱼塘发生事故。防治过程一般坚持"预防为主,无病先防,有病早治"方针,并采用土洋结合、中草药防治及生态防治等方法。推广生物生态防治鱼病技术和采用泼洒生物制剂及生石灰清塘消毒等措施,改良水域环境。

### 四、鱼病监测

2007年,正式水生动物鱼病防治监测机构开始建设。农业部投入资金建设监测站,列入国家投资建设。第一批建设有都昌、彭泽、九江、武宁4县;第二批建设有湖口、永修县。其他县(市、区)在陆续建设之中。每个防治站农业部投入资金90万~130万元,主要用于购置防治站点仪器设备和防疫仪器。

## 第五节　产品产量

全市养殖品种主要有青、草、鲢、鳙、鲤、鲫、鳊、鳜、鲈鱼、黄鳝、泥鳅、鲶鱼、鮰鱼、鳗鲡、乌鳢、黄颡鱼、青虾、克氏原螯虾、河蟹、珍珠等,水产品产量由1991年60708吨增至2010年369373吨,其中养殖产量由44351吨增至299581吨。2010年,主要养殖品种产量分别为:青鱼7483.8吨、草鱼37719吨、鲢鱼47606吨、鳙鱼42777吨、鲤鱼15468吨、鲫鱼42995吨、鳊鱼10386吨、鳜鱼10458吨、黄鳝5706吨、泥鳅3461吨、鲶鱼7320吨、鮰鱼5608吨、鳗鲡1650吨、乌鳢5767吨、黄颡鱼7064吨、青虾12961吨、克氏原螯虾30953吨、河蟹4174吨、珍珠551吨。

**1991~2010年全市渔业产量一览**

表18-3-1　　　　单位:吨、万元

| 年份 | 水产品总产量 | 养殖 | 捕捞 | 产值 |
|---|---|---|---|---|
| 1991 | 60708 | 44351 | 16357 | 26343 |
| 1992 | 91054 | 68826 | 22228 | 39500 |
| 1993 | 126414 | 99615 | 26799 | 65418 |
| 1994 | 151560 | 119663 | 31897 | 75818 |
| 1995 | 181697 | 136208 | 45489 | 101518 |
| 1996 | 212521 | 157383 | 55138 | 121062 |
| 1997 | 230392 | 17623 | 58769 | 133679 |

续表 18-3-1

| 年 份 | 水产品总产量 | 养 殖 | 捕 捞 | 产 值 |
|---|---|---|---|---|
| 1998 | 216829 | 132678 | 84151 | 129460 |
| 1999 | 217039 | 147869 | 69170 | 126987 |
| 2000 | 224987 | 162734 | 62253 | 130026 |
| 2001 | 230304 | 172292 | 58012 | 139596 |
| 2002 | 242942 | 185394 | 57548 | 162199 |
| 2003 | 253015 | 195398 | 57617 | 191093 |
| 2004 | 266154 | 209753 | 56401 | 228734 |
| 2005 | 288013 | 227338 | 60675 | 266936 |
| 2006 | 297756 | 241893 | 55863 | 278438 |
| 2007 | 330773 | 271422 | 59352 | 315127 |
| 2008 | 357057 | 297970 | 59087 | 343608 |
| 2009 | 349139 | 293570 | 55569 | 365700 |
| 2010 | 369373 | 299581 | 69792 | 402088 |

# 第四章　渔业科技

## 第一节　技术推广应用

### 一、品种引进推广

20 世纪 90 年代以来，全市在加大推广彭泽鲫良种和河蟹养殖同时，先后引进史氏鲟、匙吻鲟、暗纹东方鲀、太湖短吻银鱼、罗氏沼虾、美国大口胭脂鱼等新品种，开发翘嘴鲌、黄颡鱼、克氏原螯虾、翘嘴鳜、斑鳜等地方品种。20 年间，市内重点推广养殖主要品种有：

彭泽鲫，属九江选育出的养殖品种，有生长快，体型好，肉味鲜，群体产量高等特点。其亲本芦花鲫来自彭泽县马当镇丁家湖，发现最大个体为 6.85 千克。1991 年起大面积推广，除市内各类水面均有放养外，2010 年在全国 20 多个省（市、自治区）推广养殖，成为中国鲫鱼品种中生产量最多、推广面最大品种之一。

黄颡鱼，属地方性品种，2001 年由市水产研究所等单位试养成功，并且还在人工繁苗，池塘驯化、苗种培育等方面研究也获得成功。因市场前景好、价格高，成为市内池塘养殖主要品种之一。

翘嘴鳜和斑鳜，原为野生凶猛鱼类。2001 年开始作为养殖对象，永修县最先在县内开展池塘主养鳜鱼和网箱养殖鳜鱼，并自行攻克人工繁育苗种技术，使得该品种得以形成养殖规模化并出口韩国，成为九江市鳜鱼养殖产量最大基地和重要出口创汇水产品之一。

翘嘴红鲌，亦属野生凶猛鱼类。2005 年始，德安县农业局与省水产研究所、南昌水产研究所、九江市水产研究所等单位合作，共同完成人工繁苗技术研究工作，该品种成为省主推池塘养殖和网箱养殖主要品种之一。

克氏原螯虾，原系庐山区从江苏省引进，其产品主要是靠天然捕捞获取。2005 年以后，瑞昌市渔民最先利用小型湖泊、沼泽养殖成功。2008 年，市水产研究所利用厂房育苗获得成功，随后成为各地热门养殖品种。

### 二、大水面“三网”养殖

“三网”养殖即利用网箱、网围、网拦养鱼。该项技术最先源于江苏、湖北等地,20世纪90年代初期引入市内。1991年开始,市水产研究所和赤湖河蟹养殖公司共同向省科技厅申报“大型湖泊的网围鱼蟹混养技术开发项目”,同年该项目被列为省级京九沿线农业开发项目,后又转为国家级星火项目。经过3年多努力,于1994年获得成功,该项目为江西省大水面河蟹养殖开发做出示范。

网箱和网栏养殖在永修和武宁柘林水库区及都昌县内鄱阳湖区有较大的发展，特别是网箱养殖斑点叉尾鮰、网箱养斑鳜及加州鲈都形成较大的规模。仅2008年,全市网箱养鱼面积就达118.85万平方米,产量达1800多吨,成为水产养殖主要形式之一。

### 三、水库银鱼养殖

20世纪90年代中期，由江苏常熟长江养殖公司引种数亿尾银鱼受精卵，逐步形成优势种群和产量,2009年,永修和武宁2县就在水库捕捞银鱼320余吨。该项技术成功实施,为湖泊、水库大水面开发起到引导作用。

另外,由市水产研究所、市水产技术指导站及修水农业局等单位联合,于1998~2001年在修水东津水库2000公顷水面中,成功实施太湖银鱼移殖试验,取得总产10吨好收成。该项目获得市级科技成果一等奖。

### 四、名特优鱼类繁殖

美国大口胭脂鱼,为美国引进品种,可自行繁殖,1992~1993年在市水产研究所和部分县区场养殖过,优点是生长速度较快,属滤食性鱼类,但也可食人工饲料,缺点是易患病,成活率不高,所以未能推广开来。

暗纹东方鲀,属溯河洄游性鱼类。2001年由天洋公司从江苏省引进试养,经过越冬和养殖亦初获成功。

匙吻鲟,为国外品种,2004年庐山区水产科研所在天洋公司利用鱼种套养获得成功,单产达到20公斤,个体达到0.65千克,为淡水池塘养殖增加新的养殖对象。

史氏鲟,为北方冷水性养殖品种,其个体大,饲料易解决。2009年武宁县在柘林水库开始网箱养殖,2010年养殖规模达200箱。

### 五、淡水鱼类工厂化育苗

2005年始,逐步兴起通过利用淡水鱼类工厂化育苗配套厂房等设施建设方法,达到对工厂化育苗过程中各种理化因子全人工控制,以避免气候、水质等因素对育苗生产影响,提高受精率、孵化率和单位水体育苗量,最终实现淡水鱼苗规模化生产、供应,解决因气候恶化影响育苗技术问题。2010年,市天洋公司、市水产科学研究所都建有类似厂房,很好解决黄颡鱼人工繁殖、小龙虾人工繁苗、彭泽鲫水花鱼苗规模化生产等问题。

## 第二节　获奖项目

1991~2010年,获得市级以上科技成果奖31项,其中部级二等奖3项、三等奖2项;省级一等奖1项、二等奖2项、三等奖2项;省厅级三等奖8项;市级一等奖1项、二等奖3项、三等奖9项。

## 1991~2010 年全市水产科研成果获奖情况一览

表 18-4-1

| 课题名称 | 获奖类型 | 等 级 | 主要完成单位 | 完成人 | 时 间 |
|---|---|---|---|---|---|
| 池塘鱼蟹混养试验 | 省农业厅科技进步奖、 | 三等奖 | 市水科所 | 王建民、刘金炉、汤学林、潘 武 | 1991 |
| 稻田养鱼 | 省级技术推广奖 | 一等奖 | 修水县水产站 | 周培金 | 1991 |
| 九大湖水生生物资源调查 | 通过市级鉴定 | | 市水科所 | 廖亚明、汤学林、潘 武 | 1992.12 |
| 中华绒毛蟹人工半咸水二级育苗技术 | 市科技进步奖 | 二等奖 | 市水科所、庐山区蟹苗站 | 王建民、潘 武、柳胜、胡龙生、熊祖洪 | 1992.09 |
| 四大家鱼群选育 | 省农业厅技术改进奖 | 三等奖 | 市水科所、瑞昌四大家鱼原种场 | 刘金炉、汤学林、廖亚明、刘常春 | 1993 |
| 中小湖泊河蟹养殖推广 | 省农业厅技术改进奖、市科技进步奖 | 省三等奖、市三等奖 | 市水科所 | 王建民、傅企武、刘金炉 | 1993 |
| 河蟹集团开发 | 省级星火奖 | 二等奖 | 市水科所 | 王建民、傅企武、刘金炉 | 1993 |
| 8 万亩湖泊养殖综合增产技术 | 全国农牧渔丰收奖 | 三等奖 | 市及县有关水产部门 | 孙维钢、卢象贤、王烈华等 | 1993 |
| 都昌 8000 亩连片池塘模式化养殖增产技术 | 全国农牧渔丰收奖 | 二等奖 | 都昌县水产局 | 刘圣吉 | 1994 |
| 彭泽鲫鱼规模开发 | 省农业科教人员突出贡献奖 | 应用类三等奖 | 市水产技术指导站 | 黄金球、邱吉华 | 1994.08 |
| 4000 亩池塘养鱼高产优质高效综合养鱼技术 | 农业部丰收计划 | 三等奖 | 九江县水产局 | 杨家义等 | 1995 |
| 网围鱼蟹混养试验 | 省农业厅技术改进奖、市科技进步奖 | 省农业厅技术改进三等奖、市科技进步二等奖 | 市水科所、赤湖河蟹公司 | 王建民、刘金炉、梁先稳 | 1995 |
| 湖泊野生优质鱼人工增殖技术 | 省农牧渔业技术改进奖 | 三等奖 | 市水产技术指导站 | 傅企武、黄金球、王建民 | 1995.01 |
| 彭泽鲫鱼规模开发 | 市科技进步奖 | 一等奖 | 市水产局 | 黄金球、张万豪、邱吉华 | 1998.12 |
| 彭泽鲫国家标准 | 通过农业部函审鉴定 | | 市水科所 | 刘金炉、傅永进 | 1999.10 |
| 青虾养殖技术推广 | 省农牧渔业改进奖 | 三等奖 | 市水产局 | 黄金球、邱吉华 | 2000.11 |
| 国家级九江市彭泽鲫良种场建设项目 | 通过部级专家验收 | | 市水科所 | 刘金炉、柳进峰、陈世明 | 2001.02 |
| 东津水库银鱼增养殖试验 | 市科技进步奖 | 一等奖 | 市水科所、市水产局、修水水产中心 | 廖亚明、黄金球、傅企武、王建民、高小平、欧阳剑锋、戴凤翔 | 2001 |
| 湖泊网围鱼蟹混养大面积开发 | 市科技进步奖 | 三等奖 | 市水科所、赤湖河蟹公司 | 王建民、刘金炉、梁先稳 | 2001 |
| 暗纹东方鲀池塘苗种培育技术及高产养殖模式研究 | 市科技进步奖 | 三等奖 | 市天洋公司 | 张德虎、柳 胜 | 2003.04 |
| 黄颡鱼池塘套养试验示范 | 市科技进步奖 | 三等奖 | 市水产局 | 黄金球、邱吉华 | 2003.04 |
| 黄颡鱼人工繁养殖技术研究 | 市科技进步奖 | 三等奖 | 市水科所 | 王建民、晏有水、曹 烈 | 2003 |

续表 18-4-1

| 课题名称 | 获奖类型 | 等 级 | 主要完成单位 | 完成人 | 时 间 |
|---|---|---|---|---|---|
| 淡水池塘 80:20 养殖新技术研究与推广 | 全国农牧渔业“丰收”奖 | 三等奖 | 省水产技术推广站九江市水产技术指导站、永修县水产技术推广站 | 戴银根、卢传志、邱吉华、汤学林 | 2003.10 |
| 鄱阳湖翘嘴鳜规模化育苗及健康养殖技术示范推广 | 全国农牧渔业“丰收”奖 | 二等奖 | 南昌市水科所永修县白莲湖鱼种场、都昌县水技站 | 涂彭文、凌继忠、陈修筑 | 2004.09 |
| 鄱阳湖区河蟹产业开发新技术研究与推广 | 省科技进步奖 | 三等奖 | 九江市、彭泽县、都昌县三水技站 | 黄金球、洪小明、张宝明 | 2004.08 |
| 南美白对虾池塘养殖技术研究 | 市科技进步奖 | 三等奖 | 市渔业局 | 黄金球、邱吉华、高小平 | 2004 |
| 鄱阳湖翘嘴鳜规模化育苗及健康养殖技术示范推广 | 省政府科技进步奖 | 三等奖 | 南昌市水科所永修县白莲湖鱼种场 | 涂彭文、凌继忠、陈修筑 | 2005.04 |
| 斑鳜人工繁育技术研究 | 市科技进步奖 | 三等奖 | 永修县白莲湖鱼种场 | 凌继忠、张 君、卢传志等 | 2005.04 |
| 池碟繁育育珠技术研究与推广 | 全国农牧渔丰收奖 | 二等奖 | 都昌县水产局推广站 | 张宝明、洪显泉 | 2005 |
| 鄱阳湖青虾(日本沼虾)生物学及选育技术研究 | 省科技进步奖 | 三等奖 | 都昌县水产局都昌东湖水产场 | 陈修筑、曹春玲 | 2006 |
| 翘嘴红鲌人工繁养殖技术研究 | 市科技进步奖 | 三等奖 | 市水科所 | 王建民、曹 烈、高小平、欧阳剑锋、陈 颖 | 2007 |
| 池塘珍珠养殖集成技术示范研究与推广 | 市科技进步奖 | 二等奖 | 都昌县水产局推广站 | 张宝明 | 2009 |
| 翘嘴红鲌规模化育苗关键技术研究开发 | 南昌市科技进步奖 | 二等奖 | 省水科所、南昌市水科所、德安县水产站 | 涂彭文、王烈华、夏向前 | 2010 |

# 第三节 科研单位

## 一、市水产科学研究所

1991 年,位于浔阳区南湖公园。1994 年以该所为基础,成立市彭泽鲫良种场,总编制 45 人(其中良种场编制 20 人),实行两块牌子一套人员,合署办公。1998 年 8 月,迁至庐山区虞家河乡芳兰湖新场区。良种场建设期间,农业部投入近 200 万元,于 2001 年正式通过部级验收。迄 2010 年有员工 30 人,其中科技人员 16 人,高级工程师 4 人,工程师 7 人,助工 5 人;具有大学本科学历 7 人,大专学历 6 人,技术工人 14 人。场区占地面积 16 公顷,内建有鱼池 8 公顷,育苗厂房 1000 平方米,综合办公楼 1 栋 2050 平方米,内设有资料室、标本室、化验室、招待所等设施,内设机构有办公室,科研所,市场科,生态资源科,游钓部 5 个部门。隶属市农业局管辖。是一所集应用研究、科研开发、良种选育、保种和供种为一体市级独立性科研机构,也是农业部确定第一批国家级水产原良种场。

自建所以来,承担国家、省、市(省厅)级科研和推广项目 40 余项,其中:农业部 3 项(国家“七五”项目 1 项),省级星火项目 3 项,省厅级、市级推广和科研项目 34 项。1991 年以来获得的科研成果 6 项;其中部级 2 项(1 项二等奖,1 项通过鉴定),省级星火二等奖 1 项,省厅三等奖 3 项,市级成果 9 项;其中获奖 8 项,一等奖 1 项,二等奖 2 项,三等奖 5 项。

## 二、市水产科技指导站

2010 年有员工 16 人,其中科技人员 5 人(高级工程师 3 人,助工 2 人),其余 11 人为技工。其主要任务是承担部分省厅和市级下达推广项目;引进和推广新技术、新品种;培训各类水产从业人员;宣传和普及科学养鱼技术和知识;指导渔民做好治病防病工作,为水产生产单位和个人提供技术咨询和服务。

建站以来,共承担部、省和市级推广项目10余项,其中获农业部丰收三等奖1项,省级科技进步三等奖1项,省厅改进三等奖3项,市级科技进步一等奖2项、三等奖1项。

2010年全市水产科技人员构成一览

表18-4-2　　　　单位:人

| 县别 | 人数 | 性别 | | 学历 | | | | | | 职称 | | | |
|---|---|---|---|---|---|---|---|---|---|---|---|---|---|
| | | 男 | 女 | 研究生 | 本科 | 大普 | 大专 | 中专 | 其他 | 高级 | 中级 | 助理 | 技术员 |
| 九江市局 | 11 | 8 | 3 | | 6 | 1 | 4 | | | 5 | | 2 | |
| 庐山区 | 7 | 4 | 3 | | 3 | 1 | 1 | 2 | | 2 | 5 | | |
| 九江县 | 10 | 9 | 1 | | 3 | | 2 | 5 | | | 2 | | |
| 德安县 | 4 | 4 | | | 1 | | 3 | | | | 3 | | |
| 永修县 | 7 | 6 | 1 | | 4 | | 2 | 1 | | 1 | 4 | 2 | |
| 星子县 | 5 | 3 | 2 | | 1 | | 1 | 3 | | | 5 | | |
| 修水县 | 5 | 5 | | | 3 | | 1 | | 1 | | 5 | | |
| 武宁县 | 6 | 6 | | | 2 | | | 4 | | | 3 | 3 | |
| 湖口县 | 10 | 10 | | | 1 | | 5 | 4 | | | 7 | 3 | |
| 都昌县 | 13 | 12 | 1 | | 1 | | 9 | 3 | | 2 | 2 | 9 | |
| 彭泽县 | 6 | 6 | | 1 | 2 | 1 | 2 | | | 1 | 4 | 1 | |
| 瑞昌市 | 12 | 9 | 3 | | 2 | | 8 | 2 | | | 4 | 8 | |
| 共青城 | 2 | 2 | | | | | 1 | 1 | | | 2 | | |
| 水科所 | 15 | 11 | 4 | | 7 | | 6 | 2 | | 3 | 7 | 3 | 2 |
| 合　计 | 113 | 95 | 18 | 1 | 36 | 3 | 45 | 27 | 1 | 14 | 53 | 31 | 2 |

# 第五章　渔 政

## 第一节　资源保护

### 一、禁渔期实施

2002年始,农业部对长江流域有关江段湖区实行禁渔期管理制度,范围是云南德钦县以下至长江河口(南汇嘴与启东嘴连线以内)长江干流;汉江、岷江、嘉陵江、乌江、赤水河等一级通江支流以及鄱阳湖区和洞庭湖区。禁渔时间鄱阳湖每年3月20日至6月20日中午12时;长江九江段(亦即江西段)每年4月1日至6月30日中午12时。

### 二、保护区成立

2007年12月,农业部渔业局批准鄱阳湖鳜、翘嘴红鲌国家级水产种质资源保护区成立,保护区范围在湖口、星子、永修、都昌等县水域,主要保护对象是鄱阳湖鳜、翘嘴红鲌等经济鱼类,类型种质资源分布面积11483公顷,具体地理坐标北纬28°25′32″~29°28′37″、东经115°58′53″~116°38′35″。

2009年4月，农业部渔业局批准柘林水库鳜鱼国家级水产种质资源保护区成立，保护区总面积21800公顷,其中核心区面积5433公顷,实验区面积16367公顷。核心区特别保护期为4~7月。保护区位于江西省武宁县的东南部,东邻永修,南连靖安,西接修水,北与湖北、江西瑞昌毗邻。范围在北纬28°51′~29°34′、东经114°28′~115°26′之间。东以磨刀口为起点,向南经武宁县与修水县的县界,往南到长陵山,经扬州、西坑、半边河、中黄、壁田、养鱼场、庙山、黄沙岭、凤口到武宁大桥,然后往北,经过七里垅、燕子山、猪滩嘴、王埠、东红、巾口码头、八里棚、鸦雀山,最后回到磨刀口。核心区南从养鱼场至半边河,北从巾口码头到八里棚,范围在北纬29°14′25″~29°19′05″、东经115°14′43″~115°19′41″之间。实验区包括两部分,分别位于核心区的东西两边,西边部分从武宁大桥南岸到养鱼场,从武宁大桥北岸到巾口码头,范围在北纬29°15′00″~29°19′22″、东经115°06′′40″~115°14′14″之间;东边部分从半边河到长陵山,八里棚到磨刀口,范围在北纬29°12′01″~29°19′19″、东经115°20′25″~115°23′20″之间。主要保护对象为鳜,其他保护物种包括桃花水母、鳜、蒙古红鲌、似鮈等。

2009年4月，农业部渔业局批准太泊湖彭泽鲫国家级水产种质资源保护区成立，保护区总面积2134公顷,其中核心区面积566公顷,实验区面积1568公顷。核心区特别保护期为3月1日至7月31日。保护区位于彭泽县太泊湖水域,范围在北纬29°58′16.05″~30°02′19.55″、东经116°40′52.21″~116°45′48.81″之间。核心区范围在北纬29°58′16.05″~30°00′08.58″、东经116°40′52.21″~116°42′47.48″,边界线为场部——花亭堤——亭子坎——新红新村——周家埠——赵家村——杨树下——文陇——新屋周——场部。实验区范围在北纬29°59′06.14″~30°02′19.55″、东经116°41′28.04″~116°45′48.81″之间,边界线为周家埠——赵家村——金家榜——新屋——蛤蟆墩大堤——董家垄——牯牛岭——青苗咀——永红——杵山——沈家畈——周家埠。主要保护对象为彭泽鲫,其他保护物种包括短颌鲚、青鱼、草鱼、鲢、鳙、翘嘴鲌、鳜等。

## 三、原种场建设

1995年农业部立项投资建设瑞昌长江四大家鱼原种场,1998年批准为国家级水产原种场。瑞昌渔民捕捞四大家鱼鱼苗始于唐代,盛于宋朝,延续至今已有1300多年历史。捞苗场所位于码头镇梁公堤范围内狗头矶至老鼠尾江段,此江段宽阔、水缓、岸平,极适合长江四大家鱼幼苗生长,是理想捞苗场所,历史上长江流域渔民称此江段为"金不换"。捞苗方法仍然是古代传下来的,适用于浅水作业,方法是在江边浅滩处设定置网具,待鱼苗自然游入其中取出,经筛选除野后运到培育基地培育。设定置网具体办法是将9米长大毛竹浮于水面(与岸边垂直),两端系上绳子固定在木桩上,每个捞棚设20~30根大毛竹,每根大毛竹间距20米左右。每根毛竹挂2个簗网,簗网口朝上游,簗网尾朝下游,簗网尾部挂1个小网箱,且用木框架张开浮于水面。捞苗工人定时对网箱巡视,发现杂物及时捞起,待鱼苗达到一定数量时进行收集,盛产时需设5~10个捞棚。

鱼类繁殖受季节影响,一年一次,为每年5~7月份,因此,捞苗时间在5月上旬至7月上旬。

## 四、珍稀物种保护

**江豚**　2004年4月30日,省政府批准鄱阳湖长江江豚省级自然保护区成立。保护区位置位于鄱阳湖老爷庙、龙口水域和长江江西段八里江水域,由老爷庙小区、龙口小区和八里江小区3个保护小区组成,涉及星子、都昌、湖口、九江等县水域。保护区总面积6800公顷,其中核心区面积2700公顷。主要保护对象是长江江豚及其栖息自然生态环境。2009~2011年,中国科学院水生生物研究所在鄱阳湖都昌水域组织开展大规模捕豚科研活动。对捕获江豚进行形态测量、常规体检、注射个体识别PIT标记和科研样品采集,对受伤个体进行处理后重新放回鄱阳湖。鄱阳湖是长江江豚重要栖息地之一,生活着约450头江豚。

**中华鲟**　中华鲟主要栖息地松门山水域,洄游通道在松门山水域至湖口。2004年11月30日,武汉渔民张某在长江九江段湖口流泗龙潭口水域误捕1条受重伤国家一级保护动物中华鲟，该中华鲟长3.24米、胸围1.42米、重260多公斤,有创口长34厘米、宽19厘米、深15厘米伤口,省渔政管理局、市

渔政管理局、市水产科学研究所、湖口县渔政分局和湖口县人民医院共同进行救治并放回长江。2008年3月10日，永修县吴城镇松丰村渔民范某兄弟，在鄱阳湖松门山后山水域捕鱼时，误捕1条中华鲟幼体，体长42厘米、体重约1000克。同年7月13日，都昌县和合乡水产村渔民詹某在鄱阳湖南山港水域捕鱼时，误捕1条中华鲟幼体，体长63厘米、体重1200克。7月26日，都昌县和合乡渔民詹某在鄱阳湖误捕2条中华鲟幼体，均长约40厘米、重约4000克。9月9日，星子县大塘村渔民张某在鄱阳湖星子县南门港水域捕鱼时，误捕1条中华鲟幼体，体长46厘米、胸围13厘米、体重450克。2009年7月4日，彭泽县芙蓉墩镇渔民方某在长江意外捕获1条中华鲟幼仔，体长66厘米、重1100克，该幼鲟身上有标志牌(编号是B9884)，系武汉水生生物研究所放流。2010年2月28日，星子县南康镇蓼池村渔民张某在鄱阳湖南门港水域用挂钩捕鱼时，误捕1条中华鲟，体长1.2米、胸围0.4米、体重9900克。同年11月10日，湖口县渔民张某在湖口公路桥附近水域正常捕捞作业时，意外捕获1条中华鲟幼体，体长34厘米，重约300克。上述误捕中华鲟全部放归大自然。

**桃花水母** 1997年在柘林水库武宁水域上游沙田港发现桃花水母。2006年，江西生物科技职业学院教授杨春、萧秀兰、李达一行在柘林水库边罗坪镇碧田库湾进行武宁鲌人工繁殖课题研究时，发现桃花水母，并采集标本，2007年7月17日《九江日报》予以专题报道。

**胭脂鱼** 胭脂鱼主要栖息地赣江、大汊湖水域，洄游通道在赣江、大汊湖至湖口。2003年12月，中国第一个对野生胭脂鱼进行专门救护机构——江西长江胭脂鱼救护中心项目获农业部批复，2008年12月通过竣工验收并投入使用。该机构归浔阳区发改委管理。

## 第二节 权属调处

赤湖为跨行政区域(瑞昌市、九江县)适于养殖湖泊，吴淞高程16.5米时，面积约5000公顷。经常发生权属争议，市政府曾多次进行调处。2000年3月17日、18日，瑞昌市、九江县分别向市政府报告，要求调处赤湖开发管理中的有关问题。10月30日市政府做出决定：一、赤湖水面属国家所有。二、市政府有权对赤湖行使统一规划和管理权，再次重申市府办发《关于印发赤湖渔业开发会议纪要的通知》和市府发《关于加强赤湖渔政管理和治安秩序的通告》是依法制定的规范性文件。三、赤湖水面养殖使用证由市政府统一核发。凡开发和利用赤湖的单位和个人必须依法定程序申办养殖使用证，确认使用权后，方可受法律保护，并须向市渔政管理局提出申请，经所在乡(镇)、赤湖水产场、县(市)渔政部门及其派出机构复核后，报经市政府批准发给水面养殖使用证，确认使用权。水面养殖证每年审核一次，未经年审的养殖使用证，视为自动放弃养殖使用权。此前未按程序领取养殖证的，按上述程序重新申报领证。赤湖渔业污染事故的调查处理，依照《中华人民共和国水污染防治法》有关规定执行。四、为便于规划管理，划分开发养殖范围，依法发证，将赤湖水面划分为3个管理责任区。赤湖水产场在大山、中山、小山、许家洲、绣球墩现围栏水面约733.3公顷不变，该水域为赤湖水产场责任区；从瑞昌市赤丰村万家咀与九江县刘仓村上保徐之间坝闸口中点向东北方向延至840米处的点，再从此点延伸至赤湖绣球墩20点高程处，经大山、中山、小山到九江县春光村沈家湾为管理责任区分界线，分界线以东、北方为九江县责任区，西、南方为瑞昌市责任区。其中洪塘湖水面划分：万家咀与上保徐家坝闸口中点至绣球墩设航道宽20米，航道以东为九江县管理责任区，以西为瑞昌市管理责任区。从小山至沈家湾，从大山至赤湖老闸口设主航道宽50米。责成市渔政局及其市赤湖渔政站在分界点制作永久性标志。水面划分后，九江县约有水面1893.3公顷(含市政府安排外地开发水面493.3公顷)，其中洪塘湖约占163.3公顷(已扣除100公顷受污染水面)；赤湖场约占733.3公顷(含大山、中山、小山、许家洲面积40公顷)。五、各有关县(市、场)乡(镇)，应按所划分湖区水面管好责任区，要加强对本县(市、场)、乡(镇)渔(农)民群众法律法规宣传教育，及时处理好渔政和治安案件，今后管理责任区内纠纷矛盾由县(市、场)调处，管理责任区间争议和治安案件，分别由市渔政局、市赤湖渔政站、市公安局及其水上公安分局和2县(市)公安机关负责具体调处。赤湖开发只限低坝网栏和网围养殖，并按要求放足苗种，不得荒芜养殖水面。对不按市人民政府统一规划要求开发和投入苗种的,依据《中华人民共和国渔业法》第40条规定由发证机关吊销水面养殖使用证,收回使用权。六、瑞昌市、九江县政府及其有关部门必须严格遵守法律、法规和市政府上述决定,按《九江市预防和调处群众性纠纷械斗工作责任制》要求做好工作,绝不能发生群众性纠纷械斗,必须确保农村社会安定团结。如有因违法或违背本决定或工作失职导致纠纷械斗,造成社会危害,影响安定团结的将依法依纪追究有关当事人的责任;情节严重构成犯罪的,移送司法机关追究刑事责任。

2003年11月20日,市国营赛湖农场向市政府提出确权申请,要求确定赛湖水面使用权归其所有。2004年10月28日市政府做出行政处理决定:一、赛城湖(赛湖)水域属国家所有,由九江县政府依法统一管理;二、赛城湖(赛湖)水域东至九江县阎家渡,南至九江县刘家咀、周家垄、汪家咀、大城门口等湖汊,西至长河口内侧毛家沟(长河北岸从瑞昌市与九江县行政区划界线处向南横切长河、至长河南岸九江县新塘乡紫荆村毛家沟麦西湖排涝站沿湖堤往西约100米处),北至九江县九瑞路以南的大堤由国营九江县赛城湖综合垦殖场依法享有水面养殖使用权。

## 第三节 渔政队伍

1991年3月,省政府给市配备"渔政36201号"监督船1艘,市编委核定市渔政监督船事业编制8人。1994年1月,经省政府同意,都昌、湖口、星子、永修县分别成立鄱阳湖渔政管理分局,实行省渔政管理局和县政府双重领导,以省渔政管理局为主。

2002年12月11日,机构改革,渔政管理在市水产局内设职能科,挂市渔政管理局牌子。2009年6月,在渔政管理科增挂行政许可服务科牌子,增配副科职数1名。2010年4月,机构改革,市水产局由政府组成部门降格为副处级行政单位,更名为市渔业局,隶属市农业局,渔政管理科为内设正科级职能科。2010年7月21日,市政府办公厅"三定"方案确定市渔业局(市渔政管理局)两块牌子一套人员。

2007年8月,市渔政监督船改名为市渔业行政执法支队。更名后,机构性质、级别、人员编制维持不变;2009年5月,市编办批复支队配备领导职数为支队长1名,副支队长2名。

2009年5月,市赤湖渔政站配备领导职数为站长1名,副站长2名。九江县1987年设立九江县渔政管理局,与水产局合署办公,两块牌子一套人员。九江县水产局渔政监督管理站变更为九江县渔政管理局渔政监督管理站。1991年年底,按照渔政管理职能要求,九江县赛城湖渔政管理站更名为九江县渔政局赛城湖渔政管理站,由渔政局和赛城湖双重领导。1997年渔政管理股为县水产局内设机构设置。2002年县乡机构改革,水产局与农业局合署办公,保留人员和水产局牌子,撤销人秘股,保留生产管理股、渔政管理股。2010年10月,机构改革,撤销县水产局,保留渔业局(渔政局),为农业局内设机构,副科级。

20世纪90年代初,永修县渔政监督管理站设在县水产局内,为正股级事业单位,定编4人。2002年5月,成立县渔政管理局,挂靠县水产局,实行两块牌子一套人员。2010年7月,机构改革,永修县水产局挂靠县农业局,改称县渔业局,正科级,内设办公室、水技站、渔政站,编制10人。都昌县2010年机构改革,县水产局改为县渔业局,副科级单位,工作职责不变,隶属县农业局,内设办公室、生产站、水技站、渔政管理站,主管全县内湖水域渔政事务。武宁县渔政管理总站2000年4月成立,副科级事业单位,与县公安局水上分局合署办公,实行二块牌子一套人员,下设2个分站。德安县1988年5月成立渔政管理局,与县水产局合署办公,实行二块牌子一套人员,原湖港管理站改为渔政管理站。2002年,机构改革"三定"方案水产局内设2个职能股,即人秘股和综合股,综合股的职能由水产技术指导站和渔政站共同行使。2010年6月,机构改革,德安县水产局与德安县农业局合并,原水产局人员和职能归入农业局,设渔业股,渔业股为股级行政单位,管理全县渔业和渔政工作。湖口县1996年7月成立县渔政管理站,股级事业单位,隶属县水产局,共青城市2005年成立渔政管理局。

# 第十九篇

# 水　利

# 第十九篇 水 利

九江地处长江中下游南岸，岸线长152千米，境内沿江滨湖地区占70%以上，是国务院首批公布的全国25个重点防洪城市之一。1991年长江中下游地区出现洪水，国家加大城市防洪资金投入，1996年完成九江城区防洪堤工程建设。其间，沿江所有县、乡也加大江堤湖圩治理力度。1998年、1999年连续2年发生特大洪水，长江九江站最高水位高达23.03米，沿江滨湖人民生命财产安全受到严重威胁。中共中央、国务院站在可持续发展高度，着眼于改善生态环境、整治江河湖泊、加强防洪设施建设、根治水患，提出“封山植树、退耕还林；平垸行洪、退田还湖；以工代赈、移民建镇；加固干堤、疏浚河道”32字方针。为贯彻这一方针，国家安排资金对长江干堤九江段进行整治，对鄱阳湖区(二期)重点圩堤进行加固，对沿江滨湖非干(非重点)圩堤实行平垸行洪、退田还湖巩固工程建设。

2001年后，除传统的防洪抗旱、农田灌溉外，水利更加注重民生问题。围绕构建现代水利、可持续发展水利，从治水理念和治水实践上不懈探索。在治水思路上，从与水抗争、控制洪水转变到尊重自然规律，给洪水出路，做到人水和谐；在治水实践中，着力推进“三个转变”，即从农村水利向统筹城乡水利发展转变，从主要治理洪涝灾害为主向统筹水安全、水资源、水环境综合治理转变，从主要依靠工程性措施向统筹工程性措施与非工程性措施有机结合转变。提高水利工程防洪减灾能力，提高水资源优化配置能力，提高水环境改善和保护能力，提高水利事业可持续发展能力。至2010年12月，全市解决130多万农村人口饮水不安全问题，治理血吸虫疫区160多万平方米，年均恢复和新增灌溉面积5336余公顷，改善灌溉面积1万余公顷，完成97条小流域综合治理，修建塘坝池等小型蓄水保土工程2885座，实施生态修复面积19607.29公顷，治理水土流失面积2.7万公顷。

# 第一章 防汛抗旱

## 第一节 防汛抗洪

### 一、防洪体系

**全市防洪体系** 全市共有大小水库1240座,总库容99.34亿立方米。重点圩堤402座,堤线长度1008.27千米,保护面积17.64万公顷,保护耕地9.88万公顷,保护人口189.83万人。排灌机械13.2万台,共计18.7万千瓦。其中固定机电排灌站设备2688台,10.8万千瓦。沿江滨湖各类水闸866座,重点堤防防洪标准20~50年一遇,长江干堤达到抗御1954年型洪水标准。由此构成全市基本防洪体系。

**城区防洪体系** 城区长江干堤:市城区长江干堤上起赛城湖闸下至乌石矶,长17.46千米,设计洪水标准为可抗御1954年洪水,设计堤顶高程25.25米(吴淞,下同),设计洪水位23.25米,历史实测最高洪水位23.03米。

内湖堤防:市城区内湖堤为向阳堤、八里湖堤、新开河堤,全长9.38千米,十里河长8.8千米,设计洪水频率50年一遇,向阳堤、八里湖堤顶高程23米,新开河堤顶高程22米,八里湖堤设计水位为20.85米,历史实测最高洪水位21.53米。

城区排涝工程:城区共有固定泵站21座,总装机容量10810千瓦,独立涵闸7处。

堤防通道闸:九江市城区堤防通道闸59处,闸底高程20.29~24.00米。

### 二、组织指挥

**防汛队伍** 1991年始,市政府及各县(区、市、山)均成立防汛抗旱指挥部(简称"防指"),指挥长由行政首长担任,指挥部成员单位有30~50个。指挥部下设防汛抗旱办公室(简称"防办")。市及各县(市、区、山)均建立巡逻队、抢险队、机动后备队等防汛队伍。2004年,市成立机动抢险专业队,隶属市防汛抗旱指挥部。机动抢险专业队下设技术组、舟桥分队、潜水分队、工程抢险队,共有抢险队员67人。2007年,全市223个乡镇建立防汛指挥机构,由乡镇行政首长任指挥长,下设防汛办公室。2010年7月,市防汛办公室升格为副处级单位。至当年,全市共有1052支抢险队伍,抢险队员34041人。

**经费与物资** 1991年起,专项防汛抗旱经费在每年60万元基础上逐年调整,至2010年达到300万元。防汛物资储备充足,橡皮船、防汛抢险舟、机动救生船、救生衣救生圈、草袋、麻袋、编织袋、编织布、无纺布等均库存备用。工程单位储备防汛物料主要存放在大中型水库和重点圩堤,实行专人管理。

**防洪保安基金** 1995年10月9日,省政府印发《江西省征集防洪保安资金暂行规定》(以下简称规定),明确从1996年1月1日起对各类企业、金融机构、城乡个体工商户、在职职工以及非农业建设新征占用耕地的单位和个人征收防洪保安资金。1998年3月5日省政府印发《江西省水利建设基金筹集和使用管理办法》,明确从各级政府收取的政府性基金(收费、附加)中提取3%及从城区征收的城市维护建设税中划出15%的资金,用于城市防洪建设,并把防洪保安资金纳入水利建设基金。全市1996~2010年共征收防洪保安资金2.2亿元。

**通信联络** 1991~1996年,市防办与省防办、各县防办之间通过无线电超短波系统进行通信,主要应用于水库报汛。1996年始,市防指开始防汛计算机网络建设,租用X.25(64K)专线与省防办相连,各县(市、区、场)防汛办通过拨号上网方式与市防办服务器联网。2004年始,市防办凭借省鄱阳湖区防汛通信预警系统,筹建连接全市各县(市、区)防汛部门2兆光纤高速网。2007年完成与各县(市、区、山)水利(水务、水保)局、水文局和大型水库共18个网络节点光纤主干网建设,实现数据、语音通信。2005年,建立省、市防汛视频会议系统。2010 年,市防办配合省项目办建设完成 12 个县(市、区)防汛视频会商系统。

1991~2010 年长江流域九江段最高水位一览

表 19-1-1 单位:米

| 年 份 | 出现日期 | 最高水位 | 年 份 | 出现日期 | 最高水位 |
|---|---|---|---|---|---|
| 1991 | 7.20 | 20.60 | 2001 | 6.28 | 17.51 |
| 1992 | 7.11 | 20.98 | 2002 | 8.28 | 20.77 |
| 1993 | 7.11 | 20.48 | 2003 | 7.18 | 20.03 |
| 1994 | 6.27 | 19.83 | 2004 | 7.28 | 18.10 |
| 1995 | 7.09 | 22.20 | 2005 | 9.07 | 19.44 |
| 1996 | 7.23 | 21.78 | 2006 | 6.22 | 16.89 |
| 1997 | 7.26 | 19.94 | 2007 | 8.07 | 19.00 |
| 1998 | 8.02 | 23.03 | 2008 | 9.10 | 18.23 |
| 1999 | 7.21 | 22.43 | 2009 | 8.14 | 17.68 |
| 2000 | 7.12 | 18.81 | 2010 | 7.18 | 20.63 |

## 三、典型年份抗洪

**1995 年抗洪** 1995 年汛期气候异常,1 月至 7 月上旬,全市平均降雨量达 1500 毫米,比历年平均总值多 350 毫米。6 月至 7 月上旬,全市连续 33 天暴雨和大雨,导致山洪暴发,江、河、湖、库水位急剧上涨,6 月 25 日柘林水库最大入库流量达 7491 立方米/秒,最大泄流量只有 3680 米/秒,全市 20 座中型水库有 11 座超蓄,174 座小(一)型和 906 座小(二)型水库 80%以上泄洪调洪。长江九江各站和鄱阳湖各站水位从 6 月 4 日至 7 月 5 日,日平均涨幅 0.3 米左右。与此同时,各内湖均超过历史最高水位。5 月下旬自修、潦河发生洪水后,永修山下渡 4 次超过警戒线,持续 22 米以上高水位的时间达 18 天。面临暴雨和洪水,全市 10 万干部、100 万群众上前线,投入抗洪物资草袋 260 万条,化纤袋 440 万条,块石 12.6 万立方米,卵石 15.2 万立方米,土方 100 万立方米,木材 1200 立方米,元钉 5.8 吨,铁丝 21 吨,土工布 1 万平方米,化纤布 5000 平方米,耗资 7000 多万元,历经 36 天,处理滑坡、渗漏等各类险情 4 万多(个)处,实现省委、省政府所提出确保九江市城区、棉船、江洲大堤安全度汛要求,保住24 座万亩圩堤无一溃决,20 座中型水库无一垮坝,保住 62 座千亩和 185 座百亩坪堤安全,九江防汛指挥部先后受到省委、省政府和省防汛抗旱总指挥部通电表彰并获"全国抗洪抢险先进单位"称号。

**1996 年抗洪** 1996 年 6 月下旬开始,市沿江一带连降大到暴雨,持续时间长,部分地区雨量集中。彭泽县 6 月 28~30 日,3 天降雨量 413.9 毫米,7 月 9 日 23 时至次日凌晨 3 时,5 小时降雨 198 毫米,7 月 13 日以后又连降 345.9 毫米,降雨总量超过历年平均值将近一倍。受八号强台风影响,8 月 2~3 日庐山 42 小时降雨 416.2 毫米。给市区八里湖防洪带来很大压力。长江、鄱阳湖水位在 7 月 8 日开始每天以 20~30 厘米速度上涨,到 7 月 23 日 15 时最高达 21.78 米,超过警戒线 2.28 米,长江实测量大流量 74800 立方米/秒,鄱阳湖湖口、星子、都昌站 23、24 日分别超过警戒水位 2.24 米和 2.01 米。由于汛期降雨不均衡,高水位期间圩堤内外落差普遍在 6~7 米,对圩堤带来很大压力,泡泉、渗漏、散浸、裂缝、滑坡等险情陆续发生。两次灾害叠加,全市有 297 个乡、镇,1286 个行政村,130.78 万人口受灾。受灾农作物 54952 公顷,成灾面积 40960 公顷,绝收面积 15994 公顷,毁坏农田 1297 公顷。倒塌民房 2640 间,损坏民房 11360 间,冲毁、损坏公路桥、山塘堰坝、机电泵站 554 座,损坏输供电线路 528 杆,76.9 千米,损坏堤防 313.02 千米,总经济损失将近 8.86 亿元。在洪水、台风面前,全市 70 万干部群众在县、乡、村党政领导带领下,做压台,压泡泉,打外帮,开沟导渗,堤身铺盖。防汛期间,共搬运土方71万立方米,石块13.7万立方米,砂卵石16.8万立方米,使用草袋160万条,化纤编织袋334.7万条,麻袋3.71万条,木材942立方米,三色布和塑料布50650米,油布19160平方米。确保长江沿岸大堤、沿湖大堤和中小型水库安全渡汛,最大限度减少千亩以上圩堤溃决。

**1998年抗洪** 1998年,长江发生继1954年以来又一次全流域性特大洪水,九江是抗洪形势最严峻、受灾最严重地区之一。7月出现降雨量超历史、鄱阳湖出入湖流量超历史、水位日涨幅超历史、各站水位极值超历史、高水位持续时间超历史的“五超历史”特异汛情。受“厄尔尼诺”现象影响,全市天气异常,“两度入梅”。6月12日8时至27日8时,九江平均降雨409.6毫米,比历年同期偏多5成至1倍。7月17~31日,平均降雨463.6毫米,是历年同期1.1~4.3倍。都昌等县雨量达700毫米,是平常年降雨总量3/5。两次长历时、大强度降雨,鄱阳湖5河入流和长江中上游来水相遭遇,外洪内涝夹击。6月23日,鄱阳湖湖口、都昌、星子站相继突破警戒线。24日20时,长江九江站超出警戒水位。7月中旬开始,长江九江站和鄱阳湖各站水位再次迅猛复涨,江、河、湖洪水不断遭遇,洪峰叠加,致使长江九江站和鄱阳湖水位长时间、大幅度超过历史最高水位。7月31日,修河永修站在柘林水库削峰、错峰的情况下,水位仍高达23.48米,超历史最高水位0.58米,鄱阳湖湖口站洪峰水位22.59米。超历史最高水位0.79米。8月2日,长江九江站再次攀高,洪峰水位高达23.03米,超历史最高水位0.83米。长江九江站和鄱阳湖湖口站超历史最高水位时间分别达42天和29天,超警戒水位时间长达94天。由于洪水量级大,涉及范围广,持续时间长,给全市工农业生产和人民生命财产造成重大损失。灾后核实,全市12个县(市、区)253个乡镇,348.25万人口不同程度受灾。4308个村庄、106.3万人被洪水围困;市开发区及德安、湖口、星子3座城区进水受淹,彭泽、瑞昌、都昌、永修、庐山区等县(市、区)部分城区积水受涝;损坏房屋49.78万间,倒塌房屋33.627万间;公路中断218条次,九湖及九瑞公路中断累计90天和59天;损坏输电线路1713千米,中断供电74条次;损坏通信线路647.4千米;13797个工矿企业被迫停产和半停产;损坏各类水利工程设施4107处,损坏堤防1427.8千米,冲毁塘堰坝17836座;市有5座万亩圩堤、3座血防工程、188座百亩圩堤、63座千亩圩堤漫顶或溃决。农作物受灾面积26.45万公顷,成灾面积19.54万公顷,冲毁耕地1.4万公顷,因灾造成直接经济损失114.7亿元,其中水利工程设施直接经济损失12.1亿元。罕见汛情发生后,中共中央、国务院、中央军委对九江抗洪工作非常重视,给予极大关怀和支持,在抗洪抢险斗争关键时刻,9月4日,中共中央总书记江泽民到九江视察防洪大堤,称赞九江军民堵口成功“创造了人间奇迹”。并发表重要讲话,提出著名的“九八”抗洪精神,即:万众一心,众志成城,不怕困难,顽强拼搏,坚韧不拔,敢于胜利。

国务院总理朱镕基、全国政协主席李瑞环、国务院副总理李岚清深入市境抗洪抢险第一线视察慰问军民,指导工作,国务院副总理兼国家防总总指挥温家宝5次到浔指挥防汛抗洪。国家各部委、全国各地,从物资到精神对九江全方位支援,4万余解放军、武警官兵紧急驰援九江,以严防死守、决战决胜英雄气概,在保卫长江干堤、抢堵九江决口、转移江洲受灾群众、保卫京九铁路等一系列重大战斗中,承担一次又一次急、难、险、重任务,成为抗洪抢险中的中流砥柱。在危急时刻和生死关头,各级党组织充分发挥战斗堡垒作用,组织带领群众投入抗洪抢险斗争。各级干部以身作则、身先士卒、义无反顾。百万群众组成浩浩荡荡的抗洪大军,日夜奋战在抗洪阵地上,抗御一次又一次洪水袭击,保住九江主要城区、京九铁路、鄱阳湖重点圩堤和各类水库的安全,及时封堵城防大堤4~5号闸间决口,取得抗洪史上奇迹般的胜利。

**1999年抗洪** 1999年汛期,全市各地气候反常,雨带活跃,日降雨量、旬降雨量、月降雨量三超历史。受高空低槽和九号台风外围影响,8月下旬、9月上旬长江中下游又出现中到大雨、局部连续暴雨。受大范围强降雨影响,江河湖库水位两度急剧上涨。长江九江站超警戒水位两次累计达67天。修河高沙站水位达到95.34米,超警戒线3.84米。4月25日,全市20座中型水库中有10座水库超过汛限水位。9月5日,有7座水库超过汛末限制水位。由于洪水袭击和连续2年高水位长时间浸泡,各种水利工程险情频发。全市圩堤发生散浸、泡泉、脱坡、漏洞等各类险情1945处，其中万亩以上及重点河堤出现险情331处。漫顶溃决圩堤115座，其中百亩圩堤102座，千亩圩堤13座。损坏中型水库10座，小型水库161座，塘坝3622座，堤防1213处长345千米，水闸173座，灌溉设施1506处，机电泵站552座，水电站10座。全市受灾县(市、区、场)13个，乡镇250个，受淹县城4个，受灾人口305.91万人，受灾农作物面积20.5万公顷，直接经济损失达38.18亿元，其中水利工程损失3.02亿元。在洪水面前，九江人民依靠现有水利设施，与洪水进行2个多月抗争，终于夺取防洪斗争重大胜利。当年，全市投人防汛人员48万人，防汛经费4377万元。组织巡逻队4173个5.8万人，抢险队1401个8.1万人。投入储备防汛物资草袋181万条，麻袋15.4万条，编织袋880万条，砂石料袋35.8万条，编织布10万平方米，土工布13.6万平方米，预备土石66万立方米，木材1800立方米，毛竹23.5万根，铅丝121吨，油料1081吨，钢材5.56吨，车辆1.4万辆，船只1300艘。

**2010年抗洪** 进入汛期后，降雨明显增多。1~7月平均降雨量1296毫米，是历史同期均值120.3%，汛期，全市先后经历4月10~15日、5月15~18日、6月19日、7月11~15日等14轮强降雨过程。6月中旬后，受长江中上游来水和全省降雨共同影响，长江、鄱阳湖、修河水位不断攀升。长江九江站于6月26日至7月2日和7月13日至8月6日，两次超警戒水位，累计时间长达32天。鄱阳湖星子站自6月22日超警戒水位后，直到8月11日才退下警戒水位，累计超警戒时间长达51天。修河永修站于6月20~21日、6月24日至7月2日和7月14日至8月5日，三次超警戒水位，累计时间长达34天。全市汛期共有41座小型水库出险，损坏小型水库83座，堤防1336处119.91千米，护岸612处，水闸275座，塘坝623座，灌溉设施1530处，机电泵站197座。12个县(市、区)197个乡镇出现不同程度洪涝灾害，受灾人口共计158.65万人，农作物受灾面积9411公顷，成灾面积5138公顷，绝收面积1448公顷。面对严峻防汛抗洪形势，市指挥部对不同时期汛情态势进行分析，确定防范重点，超前部署，保证防汛抗洪工作有序有力有效进行。全市共投入防汛抢险人数100.74万人次，投入防汛抗洪资金17710万元，其中省级以下资金10023万元、群众投劳折资7687万元；共减淹耕地2092公顷，减免粮食减收7.60万吨，减少受灾人口43.47万人。洪水期间，全市共转移群众8.4万人，解救洪水围困群众7953人，转移人员8.37万人，实现减灾经济效益6.93亿元。

## 第二节 抗旱

### 一、组织指挥

**旱灾地域** 全市分为东部平原干旱区、中部丘陵干旱区和西部山区干旱区。因地理位置不同，旱灾形成的原因不同。东部平原干旱区包括彭泽、星子、湖口、都昌等县及九江、永修2县大部分和德安县东部平原，此区降雨量较少，虽邻近长江、鄱阳湖，可利用过境客水，但水利条件较差的岗地，农作物供水不足。中部丘陵干旱区包括九江县、德安县、永修县西部，瑞昌市大部及武宁县东部丘陵地区，此区还有相当一部分“望天丘”和“跑水田”，一旦遇到干旱，损失较大，人畜饮水也发生困难。西部山区干旱区包括武宁县西部和修水县丘陵山区，此区虽部分山上林木茂密，植被良好，夏秋多雷阵雨，但一部分地区因植被差，土壤水分含量少，出现干旱概率大，干旱也较严重。

**抗旱组织** 1994年市、县两级同时成立农田水利基本建设指挥部，实行“防汛、抗旱、冬修三位一体”，同属市防汛抗旱指挥部领导。除传统村、队、户为单位群众抗旱队伍外，1996年起，全市各县(市、区)相继组建起抗旱服务队，由专业人员和设备实行流动性抗旱有偿服务。抗旱服务队分为调度组、后勤组、抗旱服务队，实行一把锄头放水，小旱以户为战，大旱则以乡、村、组为单位集中连片作战。至2010年，全市有县级抗旱服务组织12个，乡级抗旱服务组织200个，抗旱协会327个，抗旱从业人员3780人，抗旱机械设备17780台，总功率达到89400千瓦。其中都昌的动力机达9720台，湖口的小型离心水泵达6080台。

**冬修除险** 1991年始,每年进行水利冬修期间,全市组织20万~30万人上工地,高峰年曾达100(次)余万人。年完成各类工程数万座(处),土石方2亿立方米以上。2001年始,机械化施工技术推广,每年约有3000台(套)各类机械投入施工,上工劳力相对减少,施工进度提高。同时,通过建立和完善社会化抗旱服务体系,编制抗旱预案,对现有的中小型水库、塘坝、水井等水源工程进行除险加固和维修、改扩建工程建设,恢复原设计水资源存量。对机电泵站、灌溉设施等进行更新改造、修复,在有条件地域兴建骨干灌溉泵站,增加工程抗旱能力。至2010年,完成各类工程60余万座(处),土石方43亿立方米以上,除险加固病险水库527座,更新改造机电泵站7个。

### 二、典型年份抗旱

**1992年抗旱** 当年入汛以后,全市各地久晴不雨,旱情严重。在市委、市政府领导下,十几万名群众奋战在抗旱第一线,各级各部门紧密配合,大力支援,抗旱抢插二晚,确保棉苗。全市共开动柴油机4127台53611马力,电动机1083台47359千瓦,人力车25968部,已抗面积达4.3万公顷,占受旱总面积69.5%。地处丘陵受旱严重的都昌县,出动县直机关210名干部,到抗旱一线组织和推动抗旱。武宁县组织30多个委、办、局级干部到抗旱难度大乡村,蹲点包干,实行包组织抗旱劳力、抗旱机器、抗旱物资、抗旱面积四包责任制,收到明显效果,全县受旱面积8000公顷,就有6533公顷及时浇灌"救命"水。沿长江瑞昌、九江、湖口、彭泽县及庐山区5地为广开水源,从长江开闸放水达4200多万立方米,抗旱保苗。靠修河、潦河下游重点产粮区永修县,县农行、商业、供销、物资、供电、农机等部门纷纷出人出物出钱,投入抗旱,全县完成二晚栽插面积4000公顷。

**2009年抗旱** 当年1~9月全市平均降雨1148.5毫米,比历年同期均值偏少11%。江、河、湖各月水位均低于历史同期均值,水情变化相对平稳。7月2~23日,持续高温无雨,旱情凸显并出现蔓延态势,各类农作物因旱受灾,至7月20日,全市共引进外江、外湖水1.67亿立方米。8月6日至9月1日,出现4次较大降水过程,有效缓解旱情,山塘水库蓄水量也有所回升。但自9月2日起近20天,全市再次进入高温少雨天气,有的地区滴雨未下,造成河库水位偏低,江河湖库抗旱蓄水明显不足,不少提灌站外河港已无水可抽,部分山塘水库干涸见底,小溪流也基本断流,下游农田无水可灌。全市农作物受旱面积1011公顷,受灾面积9689公顷,其中成灾7205公顷,绝收1141公顷;减少生产粮食11.79万吨,经济作物损失2.99亿元;林业受灾面积27706.2万公顷,经济损失2785万元;水产养殖因旱减产1495.9万吨,经济损失1795万元;减少发电10048万千瓦时。其中都昌、九江、星子、修水、永修等县受旱尤为严重。抗旱期间,全市共投入抗旱人数77.17万人,抽水泵站1011座,机动抗旱设备4.93台(套),抗旱资金3819.2万元,抗旱用电1200万千瓦时,抗旱用油1234吨,使5967公顷的受旱面积得到有效灌溉,临时解决人饮困难22.24万人,把旱灾损失减少到最低限度。

# 第二章　堤防建设

## 第一节　圩堤建设

### 一、长江圩堤

**梁公堤** 位于瑞昌市码头镇境内,全长5.6千米,堤顶高程26~26.5米,堤身高7~8米,堤顶宽8米,内外坡比1:3,穿堤建筑物有:小河口排灌两用闸(2×2米),梁公电站抗旱用穿堤涵管(直径0.7米),码头渡口交通闸(宽10米)。1998年7月13号梁公堤(桩号2+000)梁公电站穿堤涵管断脱,江水通过穿堤涵管涌入堤内。1998年7月19号梁公堤(桩号4+020)出现6~8厘米管涌。1998年7月12号梁公堤(桩号

0+000~5+605)由于白蚁危害严重,全长4700米因蚁患造成堤身空洞19处,泡泉11处。1999年、2000年、2001年经省长江干流整治加固工程指挥部除险加固后基本未出现异常情况。

**赤心堤** 位于九江县城子镇境内,全长4.95千米,堤顶高程25.3~25.5米,堤身高6~7米,堤顶宽8米,内外坡比1:3,穿堤建筑物有九江县王家村抗旱用穿堤涵管(直径0.7米)。1998年7月12号赤心堤(5+605-10+555)堤脚全线渗漏,渗漏长度1500米,泡泉7处。2010年7月18号赤心堤(桩号5+905)出现散浸。1999年、2000年、2001年经省长江干流整治加固工程指挥部除险加固后基本未出现异常情况。

**赛湖大堤** 从瑞昌市内赛湖农场丁家咀开始,经赛湖螺丝港水闸、长河闸,至桂林桥两河口止,总长15.6千米。由二道堤、赛湖堤螺丝港水闸至长河闸段、长河堤三部分组成。二道堤起于赛湖丁家咀,止于螺丝港水闸,全长4.2千米,有防洪能力20.5米。有节制闸1座,南湖水闸过水断面4平方米,最大过流量每秒9立方米。赛湖堤螺丝港水闸至长河闸段,起于螺丝港水闸,止于长河闸,全长4.3千米,有防洪能力20.5米。有穿堤涵闸1座,螺丝港水闸过流断面共5.5平方米,最大过流量每秒12立方米,堤内建有电力排涝站3座,共计装机1905千瓦/10台,排涝流量每秒19立方米,主要承担城东及赛湖部分的排涝任务。长河堤起于长河闸,止于桂林桥(又名两河口),全长7.1千米,有防洪能力21.5米,有穿堤涵闸1座,长河水闸过流断面21平方米,过流量每秒51.2立方米,堤内建有排涝站1座,总装机2490千瓦/12台,排涝流量每秒24立方米,主要承担城西的排涝任务。城防堤堤顶高程22.5~26米,堤高5~7米,堤顶宽5米,内外坡比1:2.5~1:3.0。

**永安堤** 东接八里湖、南接赛城湖、西接赤心堤。长江永安大堤全长15.14千米,西起桩号17+710,东至桩号32+850,设计高程25~25.5米(吴淞),内外坡比1:1.3,设计防洪标准23.25米。永安大堤警戒水位20.00米,历史最高水位出现在1998年8月2日,达到23.03米。保护范围上至瑞昌市,下至市城区。圩内面积38.67平方千米,人口2.7万人。1998年7~8月,永安大堤浴港险段(桩号29+000~30+500)发生重大险情,渗水严重,经军民昼夜抢险,大堤终转危为安。2000年3月,永安大堤王以珍险段(23+890~24+070)岸滩出现滑坡现象。2000年4月,采用减载排水、抛填充砂管袋等新技术进行护脚、护岸应急处理。1998年,永安大堤的加固整治按照防御1954年型洪水的设计标准进行设计,历时4年,对上起瑞昌梁公堤,下至赛城湖闸,全长15.14千米的永安大堤进行全面加固整治。2002年工程竣工验收。

**市城防堤** 位于长江中游右岸, 地处市区境内, 属国家Ⅰ级堤防, 上起赛城湖闸下至乌石矶,长17.46千米,设计洪水频率50年一遇,设计堤顶高程25.25米(吴淞),设计洪水位23.25米。保护市区及九江经济开发区,保护区内人口近90万人。1998年,市城防堤在经受44天超警戒水位和14天超历史水位的浸泡后,因基础渗漏造成塌陷,于1998年8月7日13时30分在城区以西4千米处、长江九江段4~5号闸之间,决口40余米。经军民三昼夜的奋战,10日堵口围堰合龙。1998年九江城防堤的加固整治按照一级堤防抗御1954年型洪水的设计标准进行设计,概算造价3.4亿元。2002年10月,完成城区上起赛城湖闸,下至乌石矶粮库,全长17.46千米的长江干堤与江岸加固整治工程,通过国家、省、市专家组验收。

**八里湖堤** 位于市城区西南方,全长3.52千米,设计洪水频率50年一遇,八里湖堤顶高程22~23米,堤顶宽6米,内二坡台宽30米,外二坡台16米宽,保护九江开发区及庐山区。2005年9月1日20时“泰利”台风开始影响九江地区,9月2日晚至9月3日凌晨时分,由于庐山暴雨强度大,山上特大暴雨形成的山洪凶猛地涌入八里湖,造成两座公路桥被冲垮,约2平方千米城区一度被淹。水位超过设计标准0.03米,达到20.88米。从2004年开始,市政府利用30亿日元贷款启动城市防洪项目工程,对八里湖大堤全面拓宽加固。八里湖堤按50年一遇大水的标准设计,2007年经市水利部门单位工程验收合格。

**济公联圩** 位于庐山区新港镇,全长5.5千米,堤顶高程24.5~22.5米,堤面宽6~8米,最高堤高7米,保护耕地767公顷,人口1.22万人。

**江新洲堤**　位于赣鄂皖3省交界长江中心。地理坐标北纬29°47′、东经116°07′。保护堤内1镇1场,18个行政村(场),耕地面积6000公顷,常住人口4.37万人。江新洲大堤全长41.36千米,其中江洲镇34.56千米,新洲场6.8千米,建有涵闸7座,排涝泵站8座,堤顶高程23.0~24.0米(吴淞高程,以下同),堤面宽4~6米,坡比1:2.5~1:3,是九江县重点堤防之一,属国家三级堤防。1998年8月4日21时,江新洲堤在长江九江站水位22.95米时,洲头段(桩号13+500至13+800)发生溃决,决口长度300米,全洲淹没,造成重大经济损失。1996~1997年国家每年投资江堤治理资金在50万元左右。1998年中央追加特大防汛补助费320万元用于复堤堵口,5月底堵口工程全面完成。同时江新洲被中央列入江岸治理工程,由省长江干堤治理指挥部负责治理。1999年国家又投入资金对江新洲南岸和洲头北岸进行治理,江岸治理1000余米,完成投资900余万元。2001年国家对江岸进行治理,治理长度18.45千米。2010年,江新洲大堤被列为省重点应急防渗处理的8座圩堤之一。

**芙蓉联圩**　位于彭泽县境西部芙蓉墩镇,地处长江与芳湖之间。堤线全长12.3千米,堤顶高程23.8米,平均堤身净高8米,堤顶宽8米,迎水边坡和背水边坡均为1:2.5,总保护面积7000公顷,其中耕地5000公顷,可养殖水面2000公顷。联圩内有千亩圩堤6座,百亩圩堤4座,百亩之下圩堤19座。2010年,全圩区有外闸(向长江排水)5座,排水能力385立方米/秒,大小内闸(向河湖排水)45座,固定排涝机站13座,总装机容量3160马力/115千瓦。

## 二、鄱阳湖圩堤

**新妙湖圩**　原名北庙大坝,位于都昌北山乡、多宝乡,横跨湖区南北两岸。流域面积432.5平方千米。该圩经多次修缮,至2010年,坝长达2千米,高12米,顶宽4.5米,高程23.5米,堤身内外坡均用块石护砌,堤顶还设有1米高防浪墙,坝南端建2孔3.5×3.5米孔水闸1座,坝北设3孔3×3米1孔3.7×4.0米水闸1座。湖区有8个乡132个村镇3180公顷农田受益。圩内有水面3693公顷。

**三角联圩**　联圩区域涉及永修县三角乡、永丰垦殖场和新建县大塘坪乡。圩堤位于永修县东南部、修河尾闾;北临修河干流,东临鄱阳湖,南隔蚂蚁河与新建县相邻,为一封闭圩区,堤线长33.57千米(其中永修县31.77千米,新建县1.8千米)。圩堤保护面积56.28平方千米、农田3353公顷(其中永修县3220公顷,新建县133公顷)、人口6.38万人。1998年,新建县大塘坪乡管辖堤段溃口2处,致使全圩直接经济损失达2.6亿元。鄱湖二期防洪工程第五个单项三角联圩除险加固工程自2005年开工建设,至2010年,完成其中21千米堤段除险加固。

**九合联圩**　隶属永修县,由九合乡和恒丰企业集团分堤段管辖。圩堤位于永修县东部修河尾闾地区。圩区东临鄱阳湖,南临修河干流,西有支流王家河,北有支流杨柳津河,为四面临水封闭圩区。堤线全长42.8千米(其中九合乡28.4千米,恒丰企业集团14.4千米)。圩堤保护面积42平方千米,保护农田3373公顷、人口2.47万人,圩区出产以粮、油、棉作物为主,素称粮仓。1998年特大洪水给整个堤防造成严重损坏,危及大堤度汛安全。鄱阳湖区二期防洪工程第六个单项九合联圩除险加固工程于2009年开工建设,实施恒丰管辖段10千米除险加固,其中九(1)标6千米堤段除险加固建设工程已完成。

**双钟圩**　属新建堤防,位于鄱阳湖出口与长江交汇处,湖口县城上、下石钟山之间,全长1.36千米,保护人口5.4万。鄱阳湖1999年12月二期治理工程开工,2000年4月堤身曾发生滑塌。工程审定总投资3012.25万元。至2010年12月,实际下达除险加固资金2679万元,其中国家投资2223万元;共完成投资3376.72万元;完成土方填筑45万立方米、抛石固脚5.41万立方米、混凝土护坡0.78万立方米、高喷处理面积0.6万平方米、堤基处理(黏土截渗墙)0.5千米、深层搅拌1.93万平方米、加固重建建筑物6座。

**矶山联圩**　位于都昌县城南郊,1998年10月纳入鄱阳湖二期工程开工,至2010年底,共下达除险加固资金3630.12万元,其中国家投资2077万元;共完成投资4061.53万元,完成土方填筑92.26万立方米、混凝土护坡1.34万立方米、干砌块石护坡0.66万立方米、射水造墙3.26万平方米、加固重建建筑物5座。

**南康堤** 位于星子县城内，全长3.692千米，保护耕地613公顷、人口3.96万人。1998年10月纳入鄱阳湖二期治理工程开工，至2010年12月，共下达除险加固资金259.91万元，其中国家投资1677万元；共完成投资1898.83万元，完成土方填筑52.8万立方米、混凝土护坡0.57万立方米、堤基处理0.1万平方米、防洪墙0.12千米、加固重建建筑物4座。

**永北联圩** 长19.062千米，保护耕地713公顷、人口3.94万人，为永修县城及京九铁路的防洪屏障。1999年9月纳入鄱阳湖二期治理工程开工，至2010年12月，共下达除险加固资金6139.72万元，其中国家投资4753.98万元；共完成投资4901.51万元，完成土方填筑88.83万立方米、抛石固脚3.43万立方米、混凝土护坡1.42万立方米、防洪墙3.72千米、堤基处理（黏土截渗墙）面积0.98万平方米、加固重建建筑物26座。

**郭东联圩** 位于永修县，长9.1千米，保护耕地500公顷、人口1.1万人，为京九铁路和昌九高速公路防洪屏障。1999年1月纳入鄱阳湖二期治理工程开工，至2010年12月，共下达除险加固资金2687.72万元，其中国家投资1495万元；共完成投资1830万元，完成土方填筑76.4万立方米、填塘固基35万立方米、抛石固脚0.48万立方米、混凝土护坡0.4万立方米、加固重建建筑物6座。

**2010年市境长江干流河段各圩堤设计水位一览**

表19-2-1 单位：米（黄海）

| 堤 名 | 设计洪水位 | 设计枯水位 | 堤防等级 |
|---|---|---|---|
| 梁公堤 | 22.61~22.43 | 9.11 | II |
| 赤心堤 | 22.29~21.97 | 9.11 | II |
| 八赛隔堤 | 21.97~21.51 | 9.11 | II |
| 九江市堤 | 21.51 | 14.61 | II |
| 济益公堤 | 21.31~21.51 | 8.11 | I |
| 东升堤 | 21.06~20.86 | 7.81 | II |
| 建设堤 | 20.61 | 7.61 | V |
| 天灯堤 | 20.54~20.50 | 7.43 | V |
| 牛脚芜堤 | 20.60~20.38 | 7.36 | V |
| 黄茅堤 | 20.28~20.27 | 7.17 | V |
| 长眠堤 | 20.19~20.15 | 7. 17 | V |
| 砂洲堤 | 20.15~20.11 | 7.02 | V |
| 红光堤 | 20.11~20.02 | 6.98 | V |
| 棉洲堤 | 20.02~19.87 | 6.67 | V |
| 芙蓉堤 | 20.02~19.87 | 6.67 | IV |
| 马湖堤 | 19.86~19.72 | 6.67–6.61 | IV |
| 辰字堤 | 19.70~19.60 | 6.46 | V |
| 大坂跃进堤 | 19.58 | 19.49 | V |
| 马垱堤 | 19.43 | 19.41 | V |
| 杨柳船行堤 | 19.37~19.30 | 6.11 | V |
| 江新洲堤 | | 7.18 | V |
| 棉船洲堤 | | 6.16 | V |

## 第二节 河道整治

市内有修、潦等大河及各级中小河流。流域面积在10平方千米以上河流350条,其中流域面积在1000平方千米以上河流有修河、博阳河、潦河、武宁水、东津水5条;流域面积在500~1000平方千米河流有长河、宋溪水、巾口水、渣津水4条;流域面积在100~500平方千米河流有39条。这些河道多弯曲,支汊众多,有些河段水流紊乱,行洪不畅,常泛滥成灾。1991年以后,各地结合防洪排涝建设,分流改道,裁弯取直,疏通河道。

1992年6月至1997年年底,根据城市防洪规划,对市区龙开河开发治理,主要内容为:回填龙开河,造地44.13公顷,在河底埋设1条长3860米、断面2×2米的双孔钢筋混凝土排水箱涵;新开1条1.1千米、过水能力458立方米每秒河道,建1座3孔5×6.5米的水闸,经闸排水入长江;在新河口、龙开河口和国棉一厂处分别新建1座装机为3×1000千瓦、6×155千瓦和6×180千瓦的电力排涝站。该项工程总投资8700万元,至1997年年底共完成土石方193.85万立方米、混凝土及钢筋混凝土3.98万立方米、浆砌石及干砌石4.66万立方米。工程缩短防洪堤线8.4千米,可有效控制八里湖水位,提高城市防洪标准,并在回填的龙开河河道上建成一条2.3千米长街道。

2000年后,全市列入国家中小河流治理规划项目共43个,规划治理河道长度429.4千米,规划投资97000万元。分为3期实施,其中2009年后实施试点项目5个,分别为湖口文桥、修水大桥、彭泽浩山、共青江益、修水白岭共5个乡镇河道防洪工程。综合治理河道长度50.5千米,加固堤防40.1千米,护坡护岸53.4千米,疏浚河道43.6千米,新建堤防12.4千米。

2009年始,市委、市政府坚持河道治理与防洪排涝工程建设及生态景观建设相结合原则,通过工程与非工程措施,对十里河、濂溪河实施治理,主要由河道整治工程、截污工程、景观工程三部分组成。河道整治工程设计洪水标准采用防洪50年一遇。十里河中下游6千米段进行重点整治,主要进行清淤疏浚、护坡护岸、道路及景观建设。其中确保下游4千米段河道常年形成水面,并与八里湖水面联通;中游2.0千米采用分段新建4座钢坝的人工措施形成立体水面体系;十里河上游2.8千米按50年一遇防洪标准,濂溪河全段5.2千米按50年一遇防洪标准设计、暂按20年一遇防洪标准实施进行疏浚整治。新建桥梁7座、拦水堰4座、抬水钢坝4座、游船码头1座。河道两岸设置截污管道,接入市政排污干管,将雨水、废水、污水引至八里湖污水处理厂,以改善河流水质。共埋设截污管道18.47千米,新建检查井380个,接收井151个。十里河整治景观工程采用带头和点状相结合,以生态植物措施为主方式,重点治理段沿河两岸建设生态休闲景观带,一般治理段根据人居环境要求建设景观点。修建景观道路8.85千米、路灯5.75千米;新建生态休闲公园33万平方米,栽种乔木2.39万平方米、草皮23.8万平方米。

2009年3月26日,十里河综合整治工程开工,2010年5月1日,主体工程全面完工。累计完成河道清淤35.3万立方米,土石方开挖126.8万立方米,土方回填84万立方米,混凝土4.15万立方米,浆砌块石1.95万立方米,混凝土预制块护坡7.1万立方米。景观工程共完成新建水体岸线12千米,其中十里河7.8千米,濂溪河4.2千米,共完成投资6614万元。2010年8月8日工程通过竣工验收。

同年12月始,湖口县文桥镇、修水县大桥镇防洪工程开工。

## 第三节 涵闸工程

### 一、赛城湖闸

赛城湖闸是长江干堤最大堤系建筑物,位于九江县境内永安堤下游端阎家湾,具有挡水和排水等功能。闸以上集雨面积997平方千米,沿湖百亩以上圩堤20余座,保护耕地4000公顷。因原闸年久失修,且设计标准偏低,1998年特大洪水之后在原址附近重建新闸。

赛城湖闸为二级建筑物,6孔涵洞式水闸,闸室段长26米,泄流净宽5米,闸孔高8米,设计排水流量1060立方米每秒。外江设计洪水位22.01米,闸底板高程9.61米。上下游翼墙为钢筋混凝土悬臂式挡土墙,上游侧引渠总长138.57米,下游侧引渠总长240.5米。

经公开招标,由中国水利水电第一工程局承建赛城湖闸易址重建工程。2000年10月开工,2001年汛前完成主体工程。累计完成工程量:土方开挖21.44万立方米、土方回填6.07万立方米、混凝土1.84万立方米、钢筋927吨。共完成投资2150万元。

### 二、芙蓉闸

位于彭泽县境内长江堤上。因原闸设计标准低,且年久失修,经长江水利委员会和省水利厅批准,决定建设新闸。新闸内集水面积516平方千米,设计排水量450立方米每秒;闸为箱涵式,6孔,单孔断面尺寸为4×3.5米;箱涵长50米,闸底设计高程10米,外江设计水位为21.95米(吴淞高程),相应内湖水位为18.0米。内湖蓄水设计标准选择外江水位低于10米,内湖为16.5米。

重建工程于1995年12月开工,先期做基础处理,1996年4月完工;上部建筑物于1998年12月开工,2001年4月底基本完工。完成主要工程量:混凝土及钢筋混凝土6877立方米,挖填土方13.14万立方米,干砌块石2885立方米,深搅桩(双搅)12463.8米,高喷桩682米,钢筋制造安装404吨,闸门及埋件制造安装54吨。共完成工程投资1093万元,其中水利基建投资643万元,市防洪保安资金100万元,县财政拨款330万元,以工代赈20万元。

### 三、赤湖闸

地处九江县赤心堤彭家湾。20世纪50年代所建旧闸工程老化,1993年,市水利局上报省水利厅和水利部长江水利委员会,获准重建新闸,总造价442万元。1995年,新赤湖闸建成并投入使用,其断面及结构方式与原闸相同。

### 四、八里湖闸(新开河闸)

地处市城区阎家渡。1992年12月由市水利电力规划设计院设计,1994年由市防洪公司施工。投资575.23万元。该闸兼有防洪、泄水双重任务:外挡长江水,内泄八里湖洪水。是市防洪总体方案一个重要组成部分。控制排水面积320平方千米,设计排水量460立方米/秒,根据八里湖防洪标准,当长江水位达17.12米,内湖相应发生50年一遇洪水达18.9米时,新开河道最大流速为1.62米/秒。水闸过水净空设计为15.00米,分3孔,每孔断面5.0×6.50米。共3扇闸门,每扇闸门重10吨,闸身长20米,底板高程13.10米。闸为箱涵式。

## 第四节 平垸行洪工程

1998年长江大水之后,市政府根据上级批复计划,在鄱阳湖区、长江沿岸及其内湖四周实施平垸行洪、退田还湖、移民建镇的工程。1999年始,在沿江滨湖圩区有计划、有步骤开展外迁开发或高地安置移民建镇工作,全市鄱阳湖区、长江沿岸及其内湖四周共实施平垸行洪、退田还湖圩堤254座,实际移民建镇圩堤295座,其中第一期105座,第二期26座,第三期59座,第四期105座。涉及9个县级行政区和共青垦殖场,移民总户数为111783户,迁移人口总数为457591人(其中,第一期为45738户186213人,第二期为15040户62571人,第三期为26427户107171人,第四期为24578户101636人)。新建滚水坝15座,高水位时增加还湖面积522平方千米,增加还湖容积27亿立方米。

在移民建镇基础上共实施254座圩堤。分平、退2种方式运行,“平”的圩堤(亦称双退圩堤)采取“平圩清障,外迁移民,开发安置,还河还湖”,此类圩堤65座。“退”的圩堤(亦称单退圩)采取“低水种养,高水行洪”,全市的平退工程大多为单退,达191座。圩堤设防、行洪水位标准,按照《江西省“平垸行洪、退田还湖”规划》规定,鄱阳湖万亩以下圩堤还湖水位为20.50米,1万~5万亩圩堤还湖水位为21.68米。

## 第五节 鄱阳湖二期工程

鄱阳湖区二期防洪工程包括双钟圩、南康堤、永北联圩、郭东联圩、矶山联圩5个单项工程。1999年始,实施(第四个单项)沿湖重要城镇堤防工程建设,先后对保护都昌县城矶山联圩、湖口县城双钟圩、星子县城南康堤、永修县城永北圩及保护京九铁路郭东堤共5座堤防进行除险加固。至2003年12月,以上工程项目全面完成,工程总投资2.05亿元,其中国家投资1.72亿元;完成土石方480万立方米,砼及钢筋砼7.12万立方米;加固堤线总长36.83千米,新建和改造涵闸、泵站43座。沿湖重要城镇22.5万人口、近3333公顷耕地及京九铁路(永修段)免受洪涝灾害。2005年始,市实施(第五个单项)沿湖重点堤防工程建设,对保护德安县城附城联圩、共青开发区共青联圩、永修县三角联圩共3座堤防进行除险加固,至2010年12月,共完成工程总投资1.37亿元,其中国家投资1.132亿元;完成土方200万立方米,砼及钢筋砼4.85万立方米,加固堤线长24.4千米,新建和改造涵闸24座,使3个重点圩区20.38万人口、6670公顷耕地免受洪涝灾害。

**1991~2010年市境鄱阳湖区重点圩堤建设一览**

表19-2-2　　单位:千米

| 圩堤名称 | 所在县市 | 所在河流 | 堤线长度 | 建设项目 |
|---|---|---|---|---|
| 南康堤 | 星子县 | 鄱阳湖 | 3.69 | 二期防洪工程第四个单项 |
| 永北联圩 | 永修县 | 修　河 | 19.06 | 二期防洪工程第四个单项 |
| 郭东圩 | 永修县 | 修　河 | 9.10 | 二期防洪工程第四个单项 |
| 矶山联圩 | 都昌县 | 鄱阳湖 | 5.86 | 二期防洪工程第四个单项 |
| 附城联圩 | 德安县 | 搏阳河 | 5.73 | 二期防洪工程第五个单项 |
| 三角联圩 | 永修县 | 修　河 | 33.85 | 二期防洪工程第五个单项 |
| 共青联圩 | 共青城市 | 鄱阳湖、搏阳河 | 18.35 | 二期防洪工程第五个单项 |
| 九合联圩 | 永修县 | 修　河 | 42.80 | 二期防洪工程第六个单项 |
| 南北港圩 | 湖口县 | 鄱阳湖 | 2.39 | 单退 |
| 新妙湖圩 | 都昌县 | 鄱阳湖 | 2.00 | 单退 |
| 双钟圩 | 湖口县 | 长江、鄱湖交汇 | 1.36 | 单退 |

# 第三章 水库塘坝

## 第一节 大型水库

### 一、柘林水库

属大(1)型水库,主坝长590.7米,坝顶宽6.0米,基宽63.5米,坝顶高程73.5米,加上高1.7米的防浪墙,坝顶高程达75.2米,最大坝高63.6米。水库设计洪水位71.3米,相应库容71.71亿立方米,正常蓄水位65.0米,相应库容50.17亿立方米,相应水面面积为308平方米,汛前限制水位64.0米,防洪库容24.53亿立方米,死水位50.0米,相应库容15.73亿立方米,水库总库容79.2亿立方米。柘林水库是具有发电、灌溉、防洪、水产养殖和旅游开发等综合效益的大型水利枢纽工程。灌区从水库第三副坝引水隧洞引水，灌溉修河下游左岸永修、德安、共青及云山农场军山分场、恒丰农场的丘陵及滨湖区农田，设计灌溉面积 2.14 万公顷，有效灌溉面积 1.12 万公顷。

### 二、东津水库

属大(2)型水库，坐落在修水县修河支流东津水上，下距修水县城 37 千米，坝址控制流域面积 1080 平方千米，主坝轴线长 326 米，水库正常蓄水位 190 米，相应库容 5.608 亿立方米，死水位 165 米，相应库容 1.749 亿立方米。大坝坝顶高程为 200.5 米，最大坝高 85.5 米，总蓄水库容 7.95 亿立方米。该蓄水工程于 1998 年通过竣工验收，2000 年通过大坝安全鉴定，1995 年下闸蓄水开始运行，主要以发电为主，设计无防洪要求，但可兼以防洪和养殖增效。电站总装机 2×30 兆瓦，设计发电保证出力 11.2 兆瓦，多年平均发电量 1.16 亿千瓦时。

## 第二节　中型水库

### 一、大港水库

位于都昌县大港镇谢汉村境内，坐落于鄱阳湖水系西河支流，距都昌县城 46 千米。坝址以上控制流域面积 58.4 平方千米，水库正常蓄水位 76.88 米，总库容 4716 万立方米，设计灌溉面积 3733 公顷，电站装机 3×320 千瓦，是一座以灌溉为主，兼有发电、养殖等综合效益的中型水库。2005 年 11 月，省水利厅鉴定大港水库大坝属三类坝。2007 年 8 月，经水利部大坝安全管理中心确认，大坝安全类别综合评定为三类坝。同年 11 月水利部长江水利委员会对由市水利电力规划设计院编制大港水库除险加固工程初步设计报告进行复核，核定工程总投资为 2696.40 万元。2008 年 7 月，省发改委批复大港水库除险加固工程初步设计工程总投资 2685.91 万元。水库除险加固工程于2008 年 3 月动工，2010 年 6 月完工，完成投资 2254.74 万元，其中中央补助资金 1686 万元，省级补助资金 455 万元，地方政府债券 464 万元。

### 二、张岭水库

位于都昌县蔡岭镇东平村境内，坐落于鄱阳湖水系新妙湖支流徐埠河上游，距都昌县城 35 千米。坝址以上控制流域面积 19.3 平方千米，水库正常蓄水位 80.20 米，总库容 1302 万立方米，设计灌溉面积 2367 公顷，电站装机 165 千瓦，是一座以灌溉为主，兼有发电、养殖等综合效益中型水库。2004 年 9 月，省水利厅鉴定大坝属三类坝。2007 年 4 月，除险加固工程开工。2008 年 4 月，经水利部大坝安全管理中心确认，大坝安全类别综合评定为三类坝。2008 年 8 月水利部长江水利委员会对由市水利电力规划设计院编制张岭水库除险加固工程初步设计报告进行复核，核定工程总投资为 2999.70 万元。2008 年 12 月，省发改委批复张岭水库除险加固工程初步设计工程总投资 3686.87 万元。2010 年 10 月除险加固工程完工，完成投资 2649.58 万元，其中中央补助资金 2400 万元，省级补助资金 273 万元。

### 三、长垅水库

位于都昌县狮山乡长垅村境内，坐落于鄱阳湖水系平池湖支流双溪湖上游，距都昌县城 42 千米。坝址以上控制流域面积 14.4 平方千米(其中引流面积 10.1 平方千米)，水库正常蓄水位 40.00 米，总库容 1137 万立方米，设计灌溉面积 1867 公顷，是一座以灌溉为主，兼有养殖等综合效益的中型水库。2004 年 9 月，省水利厅鉴定大坝属三类坝。2008 年 2 月，经水利部大坝安全管理中心确认，长垅水库大坝安全类别综合评定为三类坝。11 月水利部长江水利委员会对由九江市水利电力规划设计院编制的长垅水库除险加固工程初步设计报告进行复核，核定工程总投资为1976.15 万元。12 月，省发改委批复长垅水库除险加固工程初步设计工程总投资 2328.11 万元。水库除险加固工程于 2009 年 9 月开工，2010 年 7 月完工，完成投资 1699.63 万元，其中中央补助资金 1580 万元，省级配套资金 180 万元，地方政府债券 184 万元。

## 四、浪溪水库

位于彭泽县浪溪镇浪溪村境内，坐落于长江水系太泊湖支流浪溪河下游，距彭泽县城25千米。坝址以上控制流域面积209平方千米，水库正常蓄水位25.50米，总库容5990万立方米，设计灌溉面积4207公顷，电站装机3台共1580千瓦，是一座以灌溉为主，兼有发电、养殖等综合效益的中型水库。2007年6月，省水利厅鉴定大坝属三类坝。2008年4月，经水利部大坝安全管理中心确认，大坝安全类别综合评定为三类坝。10月，水利部长江水利委员会对由九江市水利电力规划设计院编制浪溪水库除险加固工程初步设计报告进行复核，核定工程总投资为3639.85万元。12月，省发改委批复浪溪水库除险加固工程初步设计工程总投资4143.96万元。2009年9月除险加固工程开工，2011年8月完工，完成投资3570.21万元，其中中央补助资金2180万元，省级补助资金662万元，地方政府债券728万元。

## 五、余家堰水库

位于彭泽县芙蓉墩镇湖山村境内，坐落于长江芳湖水系余家堰河上游，距彭泽县城21千米。坝址以上控制流域面积35.24平方千米，水库正常蓄水位44.12米，总库容3691万立方米，设计灌溉面积2333公顷，电站装机2×250千瓦，是一座以灌溉为主，兼有发电、养殖等综合效益中型水库。2004年9月，省水利厅鉴定大坝属三类坝。2008年2月，经水利部大坝安全管理中心确认，大坝安全类别综合评定为三类坝。9月，水利部长江水利委员会对由市水利电力规划设计院编制余家堰水库除险加固工程初步设计报告进行复核，核定工程总投资为1972.45万元。12月，省发改委批复水库除险加固工程初步设计工程总投资2407.65万元。2007年7月水库除险加固工程开工，2010年12月完工，完成投资1936.32万元，其中中央补助资金1180万元，省配套资金360万元，地方政府债券396万元。

## 六、殷山水库

位于湖口县付垅乡殷山村境内，大坝拦截南北港水系上游来水，距彭泽县城20千米。坝址以上控制流域面积8.55平方千米，水库正常蓄水位65.15米，总库容1350万立方米，设计灌溉面积1467公顷，是一座以灌溉为主，兼有养殖等综合效益的中型水库。2007年3月，除险加固工程开工。2007年6月，省水利厅鉴定大坝属三类坝。2008年4月，经水利部大坝安全管理中心确认，大坝安全类别综合评定为三类坝。10月，水利部长江水利委员会对由九江市水利电力规划设计院编制殷山水库除险加固工程初步设计报告进行复核，核定工程总投资为2497.64万元。11月，省发改委批复殷山水库除险加固工程初步设计工程总投资2984.26万元。2010年8月除险加固工程完工。共完成投资2340.47万元，其中中央补助资金1495万元，省级补助资金456万元，市级配套资金502万元。

## 七、红旗水库

位于修水县四都镇埚头村境内，坐落于修河支流彭姑河上游。坝址以上控制流域面积10.9平方千米(其中引流面积2.5平方千米)，水库正常蓄水位152.68米，总库容1231万立方米，设计灌溉面积760公顷，电站装机200千瓦，是一座以灌溉为主，兼有防洪、发电、养殖等综合效益中型水库。2005年9月，省水利厅鉴定大坝属三类坝。2008年2月，经水利部大坝安全管理中心确认，大坝安全类别综合评定为三类坝。8月，除险加固工程开工。12月，水利部长江水利委员会对由市水利电力规划设计院编制的水库除险加固工程初步设计报告进行复核，核定工程总投资为2708.51万元。2009年2月，省发改委批复红旗水库除险加固工程初步设计工程总投资2729.49万元。2010年12月，除险加固工程完工，完成投资2687.26万元，其中中央补助资金2165万元，省级补助资金248万元，市级配套资金272万元。

## 八、源口水库

位于武宁县万福经济开发区源口村境内,坐落于修河支流凤口水中上游,距武宁县城10千米。坝址以上控制流域面积96.8平方千米,水库正常蓄水位136.10米,总库容3861万立方米,设计灌溉面积466.7公顷,电站装机2500千瓦,设计年供水能力730万立方米,是一座具有灌溉、防洪、发电、供水、养殖等综合效益中型水库。2007年6月,省水利厅鉴定大坝属三类坝。2008年3月,经水利部大坝安全管理中心确认,大坝安全类别综合评定为三类坝。2008年10月,水库除险加固工程动工,12月,水利部长江水利委员会对由市水利电力规划设计院编制的源口水库除险加固工程初步设计报告进行复核,核定工程总投资为2068.52万元。同月,省发改委批复源口水库除险加固工程初步设计工程总投资2177.09万元,2009年10月完工。

## 九、高泉水库

位于瑞昌市范镇镇余家桥村境内,坐落于横港河支流高泉水上,距瑞昌市城区25千米。坝址以上控制流域面积20.82平方千米,水库正常蓄水位239.50米,总库容1095万立方米,设计灌溉面积666.7公顷,电站装机2380千瓦,是一座具有灌溉、防洪、发电、养殖等综合效益的中型水库。2002年12月,瑞昌市水利局组织专家对水库大坝进行安全鉴定,并经市水利局审定,大坝属三类坝。2004年9月,经水利部大坝安全管理中心确认,大坝安全类别综合评定为三类坝。2006年8月,水利部长江水利委员会对由九江市水利电力规划设计院编制高泉水库除险加固工程初步设计报告进行复核,核定工程总投资为2728.92万元。2005年5月,省发改委批复水库除险加固工程初步设计工程总投资2875.05万元。2008年8月,水库除险加固工程开工。2010年完工,完成投资2514.69万元,其中中央补助资金1365万元,省配套资金621万元,市级配套资金682万元。

## 十、横港水库

位于瑞昌市横港镇繁荣村境内,坐落于长河支流横港河上游,距瑞昌市城区28千米。坝址以上控制流域面积20.5平方千米,水库正常蓄水位114.00米,总库容1115万立方米,设计灌溉面积1933.3公顷,电站装机400千瓦,是一座以灌溉为主,兼有防洪、发电、养殖等综合效益的中型水库。2007年6月,省水利厅鉴定水库大坝属三类坝。2008年2月,经水利部大坝安全管理中心确认,大坝安全类别综合评定为三类坝。9月,水利部长江水利委员会对由市水利电力规划设计院编制的横港水库除险加固工程初步设计报告进行复核,核定工程总投资为1988.54万元。12月,省发改委批复横港水库除险加固工程初步设计工程总投资2501.16万元。2009年11月,水库除险加固工程开工,2010年12月完工,完成投资1994.74万元,其中中央补助资金1190万元,省级补助资金364万元,地方债券市级配套资金399万元。

## 十一、石门水库

位于瑞昌市南阳乡熊家村境内,坐落于长江水系南阳河上游,距瑞昌市城区35千米。坝址以上控制流域面积45.5平方千米,水库正常蓄水位64.45米,总库容2240万立方米,设计灌溉面积3866.7公顷,电站装机500千瓦,是一座以灌溉为主,兼有防洪、发电、养殖等综合效益的中型水库。2007年6月,省水利厅鉴定大坝属三类坝。2008年3月,经水利部大坝安全管理中心确认,大坝安全类别综合评定为三类坝。同月,水库除险加固工程开工。9月,水利部长江水利委员会对由市水利电力规划设计院编制的除险加固工程初步设计报告进行复核,核定工程总投资为2012.59万元。12月,省发改委批复石门水库除险加固工程初步设计工程总投资2517.62万元。2010年9月,除险加固工程完工,完成投资1995.06万元,其中中央补助资金1205万元,省级配套资金368万元,市县配套资金404万元。

### 十二、云山水库

位于永修县滩溪镇潦河支流的龙安河中游,距永修县城24千米。坝址以上控制流域面积172平方千米,水库正常蓄水位54.00米,总库容5934万立方米,设计灌溉面积4991.3公顷,电站装机640千瓦,是一座以灌溉为主,兼有防洪、发电、养殖等综合效益中型水库。1993年除险加固、扩建,国家投资1000万元,进行溢洪道续建,并安装弧形闸门。但因资金不足,工程仍带病运行。2001年9月,省水利厅组织专家对云山水库大坝进行安全鉴定,鉴定大坝属三类坝。2002年7月,经水利部大坝安全管理中心确认,大坝安全类别综合评定为三类坝。12月,省发计委批复水库除险加固工程初步设计工程总投资2730.22万元。2004年2月,水利部长江水利委员会对由省水利规划设计院编制水库除险加固工程初步设计报告进行复核,核定工程总投资为2752万元。2007年11月,水库除险加固工程开工,2010年12月完工,投资2320.86万元,其中中央补助资金1376万元,省配套资金616万元,市级配套资金271万元。

### 十三、林泉水库

位于德安县林泉乡林泉村境内,坐落于鄱阳湖水系博阳河支流洞霄水上游,距德安县城17千米。坝址以上控制流域面积20.8平方千米,水库正常蓄水位65.80米,总库容1502万立方米,设计灌溉面积1333.3公顷,电站装机100千瓦,是一座以灌溉为主,兼有防洪、发电、养殖等综合效益的中型水库。2005年11月,省水利厅组织专家对水库大坝进行安全鉴定,鉴定大坝属三类坝。2007年9月,水库除险加固工程动工,2008年2月,经水利部大坝安全管理中心确认,林泉水库大坝安全类别综合评定为三类坝。6月,水利部长江水利委员会对由市水利电力规划设计院编制的水库除险加固工程初步设计报告进行复核,核定工程总投资为2042.27万元。2009年2月,省发改委批复林泉水库除险加固工程初步设计工程总投资2042.27万元。2010年12月,除险加固工程完工,完成投资2026.76万元,其中中央补助资金1630万元,省配套资金187万元,市配套资金206万元。

### 十四、观音塘水库

位于星子县温泉镇西洲村境内,坐落于博阳河水系长垄涧上游,距星子县城21千米。坝址以上控制流域面积4.88平方千米,水库正常蓄水位81.97米,总库容1122万立方米,设计灌溉面积1133.3公顷,是一座以灌溉为主,兼有防洪、供水、养殖等综合效益的中型水库。2005年9月,省水利厅组织专家对水库大坝进行安全鉴定,鉴定大坝属三类坝。2007年8月,经水利部大坝安全管理中心确认,大坝安全类别综合评定为三类坝。11月,水利部长江水利委员会对由市水利电力规划设计院编制的水库除险加固工程初步设计报告进行复核,核定工程总投资为2950.25万元。2008年7月,省发改委批复观音塘水库除险加固工程初步设计工程总投资2939.76万元,8月,水库除险加固工程开工,2010年12月完工,完成投资2920.20万元,其中中央补助资金1760万元,省配套资金537万元,市县配套资金590万元。

### 十五、马迹岭水库

位于湖口县大垅乡联丰村境内,坐落于长江水系芳湖支流,距湖口县城32千米。坝址以上控制流域面积9.8平方千米(其中引流面积3.8平方千米),水库正常蓄水位122.50米,总库容1123万立方米,设计灌溉面积2800公顷,是一座以灌溉为主,兼有防洪、养殖等综合效益的中型水库。1991~2010年间多次续建加固。

### 十六、白沙水库

位于彭泽县太平关乡白沙村境内,坐落于长江水系芳湖支流太平港上游,距彭泽县城28千米。坝址以上控制流域面积10.16平方千米,水库正常蓄水位58.10米,总库容1088万立方米,设计灌溉面积1533.3公顷,电站装机100千瓦,是一座以灌溉为主,兼有发电、养殖等综合效益的中型水库。1991~2010年间多次续建加高加固。

## 十七、马头水库

位于九江县马回岭镇马头村境内,坐落于鄱阳湖水系博阳河支流观口河,距九江县城27千米。坝址以上控制流域面积32.9平方千米,水库正常蓄水位94.40米,总库容1567万立方米,设计灌溉面积1666.7公顷,电站装机160千瓦,是一座以灌溉为主,兼有发电、养殖等综合效益的中型水库。1991~1993年,国家投资234万元,进行大坝心墙、二号隧洞维修。

## 十八、湖塘水库

位于德安县邹桥乡杨坊村境内,坐落于鄱阳湖水系博阳河上游,距德安县城40千米。坝址以上控制流域面积144平方千米,水库正常蓄水位65.80米,总库容4700万立方米,设计灌溉面积1333.3公顷,电站装机765千瓦,是一座以灌溉为主,兼有防洪、发电、养殖等综合效益中型水库。2000年12月,省水利厅组织专家对湖塘水库大坝进行安全鉴定,鉴定水库大坝属三类坝。2001年3月,省水利厅对由市水利电力规划设计院编制的湖塘水库除险加固工程初步设计报告进行复核。7月,经水利部大坝安全管理中心确认,大坝安全类别综合评定为三类坝。12月,省发计委批复湖塘水库除险加固工程初步设计工程总投资1795万元。2002年3月,水库除险加固工程动工。2003年3月完工,完成投资1055万元,其中中央补助资金900万元,省配套资金45万元,地方自筹资金110万元。

## 十九、盘溪水库

位于武宁县石渡乡盘溪村,坐落于修河支流罗溪水中上游,距武宁县城19千米。坝址以上控制流域面积327平方千米,水库正常蓄水位142.00米,总库容9690万立方米,设计灌溉面积100公顷,电站装机3×4000千瓦,是一座以发电为主,兼有防洪、灌溉、养殖等综合效益的中型水库。水库大坝为变圆心砌石双曲拱坝,坝顶高程143.60米,最大坝高68.8米,坝顶宽4米,坝顶弧长273.4米,右岸重力墩长56.5米,在河床中部,设溢流坝段,对称布置在拱寇处,溢流堰共5孔,每孔净宽10米,由5扇弧形闸门控制,堰顶高程134.00米。引水隧洞洞径3.8米,洞口高程116米,轴线长264.88米。

## 二十、抱子石水库

位于修水县四都镇六都村境内,坐落于鄱阳湖水系修河干流上,距修水县城5千米,坝址以上控制流域面积5343平方千米,正常蓄水位93.50米,总库容5270万立方米,电站装机容量3×20兆瓦,是一座以发电为主,兼有防洪、养殖等综合效益的中型水库。2001年12月由江西赣能股份有限公司投资34169万元兴建,2004年建成并投入使用。

## 二十一、郭家滩水库

位于修水县杭口镇高段村境内,坐落于鄱阳湖水系修河干流上,距修水县城14千米,坝址以上控制流域面积2581平方千米,正常蓄水位107.50米,总库容2620万立方米,电站装机容量2×5兆瓦,是一座以发电为主,兼有防洪、养殖等综合效益的中型水库。2003年8月由江西颐杰鸿方实业发展有限公司投资6000万元兴建,2005年建成并投入使用。

## 二十二、石咀水库

地处修水县东部汤桥乡,灌溉为主,兼顾防洪、发电。大坝拦截安溪水黄水港分支径流。水库流域面积155平方千米,大坝为黏土心墙坝,坝高37米,坝顶长132.7米,坝顶宽6米,正常水位272.31米,相应库容1095万立方米,校核洪水275.67米,输水涵洞进口高程241.7米,洞长205米,直径1米,涵洞最大泄量8.52立方米/秒,灌溉流量1.0立方米/秒,溢洪道为开敞式,下泄量118立方米/秒。工程效益为灌田133.3公顷(自流灌溉),一级电站装机160千瓦×2台,年发电量80万千瓦时;二级电站于1990年建成,装机125千瓦×2台,年发电量为60万千瓦时。年产鲜鱼1.5万公斤。水库枢纽工程共完成土方107万立方米,石方39万立方米,混凝土及钢筋混凝土3446立方米,国家投资233万元,群众自筹123

万元。

### 二十三、幸福水库

位于瑞昌市南义镇大港下村,地处德安县博阳河最上游,拦截小坳河与峨嵋溪两条水系,集水面积48平方千米,是一座以灌溉为主综合利用的水库,总库容1700万立方米。2001年,国家投资200万元,进行溢洪道改建工程。

### 二十四、下坊水库

地处武宁县澧溪镇。位于修河与澧溪河汇合口的修河干流上。2007年引进北京新华水利水电投资公司资金4.6亿元,拟于2011年4月正式投产运营。

### 二十五、小山口水库

地处修水县庙岭乡,控制流域面积218平方千米,总库容1375万立方米,总装机4000千瓦,最大坝高45米,2001年12月建成。

### 二十六、淹家滩水库

地处修水县渣津乡,总库容2315万立方米,装机总容量4000千瓦,混凝土重力坝高50米。2007年8月建成运营,民营性质。

### 二十七、龙潭峡水库

地处修水县山口乡,库容1323万立方米,2006年建成投产,以发电为主,总装机4800千瓦,混凝重力坝,坝高12米。民营性质。

## 第三节　小型水库

### 一、小(一)型水库

2010年全市有小(一)型水库190座,总库容37501万立方米,兴利库容27862万立方米。

1991~2010年全市小(一)型水库一览

表19-3-1　　单位:米、万立方米、平方千米

| 水库名称 | 所在地点 | 主坝坝型 | 最大坝高 | 总库容 | 集雨面积 |
|---|---|---|---|---|---|
| 芦林湖 | 庐山风景名胜区管理局 | 砌石重力坝 | 33.80 | 112.0 | 2.0 |
| 如琴湖 | 庐山风景名胜区管理局 | 土石混合坝 | 16.20 | 120.0 | 1.3 |
| 将军河 | 庐山风景名胜区管理局 | 混凝土重力坝 | 35.00 | 68.0 | 1.8 |
| 南城 | 庐山区赛阳镇南城村 | 均质坝 | 17.00 | 138.6 | 2.1 |
| 梅山 | 庐山区莲花镇妙智居委会 | 均质坝 | 21.70 | 106.0 | 4.7 |
| 枧洼 | 庐山区威家镇积余村 | 土石混合坝 | 30.52 | 120.0 | 1.6 |
| 石牛山 | 庐山区海会集镇 | 土石混合坝 | 19.00 | 102.0 | 11.0 |
| 岷山 | 九江县新塘乡岷山村 | 心墙坝 | 25.20 | 442.8 | 10.3 |
| 螺山 | 九江县新合镇利民村 | 心墙坝 | 39.00 | 565.6 | 8.4 |

续表 19-3-1

| 水库名称 | 所在地点 | 主坝坝型 | 最大坝高 | 总库容 | 集雨面积 |
|---|---|---|---|---|---|
| 代山 | 九江县涌泉乡铁炉村 | 心墙坝 | 31.00 | 431.0 | 13.0 |
| 朗山 | 九江县狮子镇朗山村 | 均质坝 | 19.00 | 396.2 | 5.7 |
| 雨淋 | 九江县狮子镇雨淋村 | 均质坝 | 18.40 | 137.0 | 1.3 |
| 立新 | 九江县沙河开发区石门村 | 均质坝 | 12.80 | 104.0 | 0.7 |
| 毛桥 | 九江县沙河开发区毛桥村 | 心墙坝 | 18.00 | 106.9 | 2.2 |
| 陈溪垅 | 九江县新合镇址坊村 | 均质坝 | 16.00 | 101.0 | 1.9 |
| 群英 | 九江县岷山乡红峰村村 | 均质坝 | 16.40 | 102.4 | 1.6 |
| 王文里 | 九江县岷山乡中岭村 | 心墙坝 | 21.50 | 118.0 | 0.9 |
| 冯家山 | 九江县岷山乡通田村 | 心墙坝 | 16.56 | 174.0 | 4.1 |
| 杨家垅 | 九江县岷山乡株岑村 | 心墙坝 | 16.50 | 177.6 | 1.5 |
| 永红 | 武宁县大洞乡鲁桥村 | 心墙坝 | 20.50 | 118.9 | 6.1 |
| 红旗 | 武宁县泉口镇楼下村 | 心墙坝 | 22.50 | 681.0 | 4.8 |
| 新源 | 武宁县横路乡新溪村 | 心墙坝 | 27.00 | 173.0 | 8.1 |
| 双坑 | 武宁县鲁溪镇双溪村 | 心墙坝 | 25.00 | 234.0 | 3.8 |
| 五星 | 武宁县鲁溪镇岭背村 | 心墙坝 | 19.87 | 187.0 | 4.0 |
| 刘淮 | 武宁县鲁溪镇北屏村 | 心墙坝 | 30.36 | 119.0 | 4.0 |
| 万福桥 | 武宁县宋溪镇田段村 | 心墙坝 | 21.10 | 157.7 | 12.1 |
| 龙峰 | 武宁县甫田乡甫田村 | 心墙坝 | 26.90 | 1113.0 | 33.7 |
| 大源 | 武宁县澧溪镇大源村 | 浆砌石重力坝 | 36.46 | 269.0 | 45.0 |
| 半源 | 武宁县澧溪镇排楼村 | 心墙坝 | 25.65 | 267.0 | 5.2 |
| 邓家源 | 武宁县船滩镇石坑村 | 心墙坝 | 25.00 | 376.0 | 4.8 |
| 双港 | 武宁县东林乡桥头村 | 心墙坝 | 22.00 | 217.0 | 10.7 |
| 大田 | 武宁县清江乡大田村 | 心墙坝 | 26.40 | 538.0 | 79.8 |
| 王莲坑 | 武宁县石渡乡官田村 | 心墙坝 | 29.93 | 147.2 | 17.7 |
| 关门咀 | 武宁县新宁镇茗洲村 | 浆砌石坝 | 24.30 | 110.0 | 81.9 |
| 徐坑 | 武宁县石门楼镇河垅村 | 心墙坝 | 26.50 | 183.5 | 7.0 |
| 大寺里 | 武宁县新宁镇烟溪村 | 心墙坝 | 49.8 | 818.0 | 49.6 |
| 龙源 | 瑞昌市桂林庆丰 | 心墙坝 | 21.90 | 647.0 | 7.5 |
| 下雷 | 瑞昌市桂林栗畈 | 斜墙坝 | 16.50 | 114.0 | 5.4 |
| 大壤 | 瑞昌市高丰永丰 | 心墙坝 | 19.50 | 548.0 | 16.5 |
| 木梓湾 | 瑞昌市高丰大冲 | 均质坝 | 23.00 | 131.0 | 5.0 |
| 红 旗 | 瑞昌市花园茅竹 | 心墙坝 | 31.00 | 355.1 | 5.0 |
| 水段二库 | 瑞昌市肇陈华坊 | 心墙坝 | 21.50 | 161.5 | 2.0 |
| 东 垅 | 瑞昌市洪一朱湾 | 心墙坝 | 25.70 | 610.0 | 6.0 |
| 芦 泉 | 瑞昌市范镇八都 | 均质坝 | 14.80 | 305.0 | 5.0 |
| 长 青 | 共青城甘露镇双桥村 | 均质坝 | 10.00 | 275.3 | 2.7 |
| 官塘垅 | 共青城甘露镇双桥村 | 均质坝 | 14.00 | 128.0 | 2.2 |

续表 19-3-1

| 水库名称 | 所在地点 | 主坝坝型 | 最大坝高 | 总库容 | 集雨面积 |
|---|---|---|---|---|---|
| 茶子岗 | 修水县征村乡茶子岗 | 砼重力坝 | 16.00 | 566.2 | 1264.0 |
| 山　口 | 修水县山口镇赛滩 | 浆砌石重力坝 | 18.00 | 224.0 | 889.0 |
| 湘　竹 | 修水县义宁镇湘竹 | 浆砌石重力坝 | 20.50 | 128.0 | 426.0 |
| 车联堰 | 修水县征村乡车联堰 | 支墩平板坝 | 13.50 | 303.0 | 412.0 |
| 东　红 | 修水县全丰镇 | 心墙坝 | 37.50 | 240.0 | 17.6 |
| 上　游 | 修水县白岭镇桃树 | 心墙坝 | 18.75 | 227.0 | 2.8 |
| 洞　上 | 修水县黄龙乡白桥 | 心墙坝 | 18.72 | 194.0 | 2.2 |
| 跃　进 | 修水县路口乡路口 | 心墙坝 | 15.40 | 258.0 | 6.9 |
| 张　源 | 修水县渣津镇杨坊 | 心墙坝 | 17.50 | 268.0 | 3.0 |
| 红　色 | 修水县上杉乡谢园 | 均质坝 | 27.00 | 385.0 | 23.9 |
| 万　祥 | 修水县大桥镇山口 | 心墙坝 | 18.80 | 194.0 | 1.2 |
| 徐家垅 | 修水县大桥镇刘冲 | 心墙坝 | 15.40 | 125.0 | 1.0 |
| 五宝洞 | 修水县大桥镇沙湾 | 均质 | 18.80 | 159.0 | 2.3 |
| 立　新 | 修水县渣津镇渣津 | 心墙坝 | 23.50 | 250.0 | 6.1 |
| 正　港 | 修水县东港乡 | 堆石 | 23.40 | 110.0 | 19.6 |
| 卫　红 | 修水县东港乡 | 心墙坝 | 28.50 | 297.0 | 59.6 |
| 泉　丰 | 修水县渣津镇泉坑 | 心墙坝 | 20.80 | 113.0 | 1.2 |
| 河　洞 | 修水县马坳镇白土 | 心墙坝 | 24.20 | 143.0 | 3.7 |
| 乐　源 | 修水县上杭乡下坑 | 心墙坝 | 22.00 | 120.0 | 3.7 |
| 官　塘 | 修水县马坳镇火马 | 均质坝 | 14.00 | 110.0 | 3.6 |
| 横　源 | 修水县新湾乡饭坑 | 心墙坝 | 28.60 | 238.0 | 2.7 |
| 南　茶 | 修水县新湾乡暗坑 | 心墙坝 | 27.50 | 945.5 | 54.1 |
| 泉仑山 | 修水县溪口镇田仑 | 心墙坝 | 23.50 | 126.0 | 0.9 |
| 关　山 | 修水县山口镇高坪 | 心墙坝 | 22.00 | 415.0 | 2.9 |
| 北　坑 | 修水县山口镇上桃 | 心墙坝 | 22.00 | 113.5 | 8.5 |
| 沈　坊 | 修水县竹坪乡沈坊 | 心墙坝 | 27.70 | 150.0 | 20.9 |
| 祥　云 | 修水县上奉镇乐湾 | 斜墙堆石坝 | 26.50 | 198.3 | 4.7 |
| 峡　颈 | 修水县黄港镇犊坑 | 心墙坝 | 21.90 | 275.0 | 6.8 |
| 河　坑 | 修水县何市镇干桥 | 心墙坝 | 23.90 | 128.0 | 6.7 |
| 卫　东 | 修水县何市镇下田铺 | 心墙坝 | 25.00 | 134.0 | 2.3 |
| 红　源 | 修水县四都镇清水 | 心墙坝 | 24.30 | 255.0 | 2.3 |
| 金　坑 | 修水县四都镇六都 | 斜墙堆石 | 35.60 | 118.8 | 3.4 |
| 下　坑 | 修水县三都镇杨梅渡 | 均质坝 | 23.00 | 124.0 | 4.3 |
| 先　锋 | 修水县三都镇西坳 | 心墙坝 | 22.70 | 276.0 | 5.1 |
| 建　新 | 修水县三都镇平段 | 心墙坝 | 16.50 | 120.0 | 1.4 |
| 东　风 | 修水县三都镇平段 | 均质坝 | 17.20 | 262.0 | 2.9 |
| 高　峰 | 修水县三都镇农科所 | 均质坝 | 14.00 | 288.0 | 1.3 |

续表 19-3-1

| 水库名称 | 所在地点 | 主坝坝型 | 最大坝高 | 总库容 | 集雨面积 |
|---|---|---|---|---|---|
| 北坑电站 | 修水县溪口镇北岸 | 浆砌石重力坝 | 11.00 | 150.0 | 420.0 |
| 塘港电站 | 修水县马坳镇塘港 | 浆砌石重力坝 | 5.00 | 110.0 | 1126.0 |
| 白竹平 | 修水县征村乡洲上 | 心墙坝 | 15.30 | 110.0 | 2.28 |
| 双港口电站 | 修水县何市镇双港口村 | 浆砌石重力坝 | 43.60 | 987.0 | 128.0 |
| 茅坪电站 | 修水县黄港镇柘坑村 | 钢筋砼重力坝 | 39.00 | 680.0 | 78.1 |
| 燕子岩电站 | 修水县何市镇上田铺村 | 浆砌石重力坝 | 8.20 | 235.0 | 390.0 |
| 垅港电站 | 修水县黄港镇月山村 | 浆砌石拱坝 | 48.00 | 700.0 | 62.4 |
| 大坪电站 | 修水县黄沙镇大坪场 | 浆砌石拱坝 | 19.00 | 370.0 | 382.3 |
| 彭桥电站 | 修水县黄沙镇彭桥林场 | 浆砌石重力坝 | 12.66 | 184.8 | 400.0 |
| 龙泉电站 | 修水县义宁镇西坪村 | 浆砌石重力坝 | 9.00 | 130.0 | 459.0 |
| 小联电站 | 修水县大椿乡大港村 | 浆砌石重力坝 | 12.00 | 180.0 | 90.0 |
| 杨坑电站 | 修水县山口镇杨坑村 | 砌石拱坝 | 27.00 | 285.0 | 46.35 |
| 苏区堰电站 | 修水县渣津镇板坑村 | 浆砌石重力坝 | 15.57 | 105.0 | 344.0 |
| 石门堰电站 | 修水县渣津镇石门堰 | 浆砌石重力坝 | 15.00 | 122.0 | 178.4 |
| 排河岭电站 | 修水县溪口镇排河岭 | 浆砌石重力坝 | 15.00 | 120.0 | 253.5 |
| 东　山 | 德安县宝塔乡东山村 | 心墙坝 | 23.00 | 377.2 | 6 |
| 红　桥 | 德安县吴山乡红桥村 | 心墙坝 | 24.00 | 530.6 | 11.8 |
| 蔡山垅 | 德安县吴山乡樟树村 | 心墙坝 | 20.00 | 140.0 | 5.5 |
| 新　田 | 德安县磨溪乡新田村 | 心墙坝 | 25.90 | 963.7 | 9.0 |
| 城　门 | 德安县车桥镇城门村 | 浆砌石重力坝 | 20.20 | 135.3 | 4.1 |
| 上　易 | 德安县车桥镇昆山村 | 心墙坝 | 17.80 | 129.3 | 2.5 |
| 枹　桐 | 永修县梅棠镇大塘村 | 心墙坝 | 33.00 | 631.5 | 9.6 |
| 朱家山 | 永修县柘林镇河桥村 | 心墙坝 | 27.00 | 245.5 | 2.0 |
| 安　城 | 永修县滩溪镇安城村 | 均质坝 | 15.00 | 282.4 | 7.3 |
| 燕　山 | 永修县云山集团林业公司 | 砼拱坝 | 12.00 | 194.2 | 35.4 |
| 新　屋 | 永修县云山集团军山水厂 | 均质坝 | 11.90 | 176.1 | 1.1 |
| 马　湾 | 永修县艾城镇马湾村 | 均质坝 | 4.35 | 730.0 | 21.0 |
| 曲尺湾 | 星子县白鹿镇玉京村 | 浆砌石重力坝 | 40.73 | 146.0 | 23.7 |
| 姜家垅 | 星子县白鹿镇玉京村 | 均质坝 | 31.00 | 199.0 | 28.1 |
| 胡家垅 | 星子县白鹿镇 | 均质坝 | 17.00 | 112.5 | 4.4 |
| 饶家山 | 星子县温泉镇板桥山村 | 均质坝 | 20.10 | 125.9 | 3.2 |
| 谢家山 | 星子县温泉镇隘口村 | 均质坝 | 21.81 | 163.2 | 2.2 |
| 清水垅 | 星子县蓼花镇仕林村 | 均质坝 | 13.00 | 136.0 | 2.0 |
| 叶家垅 | 星子县蓼花镇三角垅村 | 均质坝 | 16.80 | 187.0 | 1.2 |
| 金山垅 | 星子县华林镇繁荣村 | 均质坝 | 17.50 | 131.0 | 2.2 |
| 华　林 | 星子县蓼花镇翻身村 | 均质坝 | 15.40 | 128.0 | 1.1 |
| 白石嘴 | 星子县华林镇虎口冲村 | 均质坝 | 21.30 | 153.0 | 2.0 |

续表 19-3-1

| 水库名称 | 所在地点 | 主坝坝型 | 最大坝高 | 总库容 | 集雨面积 |
|---|---|---|---|---|---|
| 石家垅 | 星子县横塘镇故里垅村 | 均质坝 | 18.80 | 133.0 | 3.0 |
| 龚家垅 | 星子县华林镇共同村 | 均质坝 | 13.00 | 109.0 | 21.0 |
| 登　山 | 彭泽县黄花镇光辉村 | 心墙坝 | 21.32 | 149.0 | 4.2 |
| 桃花岭 | 彭泽县黄花镇大塘村 | 心墙坝 | 19.00 | 131.0 | 2.7 |
| 铁　笼 | 彭泽县黄花镇黄坂村 | 心墙坝 | 15.70 | 138.0 | 2.2 |
| 丰　科 | 彭泽县浩山乡海形村 | 心墙坝 | 24.00 | 247.0 | 11.5 |
| 马家冲 | 彭泽县浩山乡乔亭村 | 心墙坝 | 19.00 | 105.0 | 4.7 |
| 南　阳 | 彭泽县龙城镇南阳村 | 心墙坝 | 10.00 | 280.0 | 3.2 |
| 聂家山 | 彭泽县黄岭乡聂山村 | 心墙坝 | 20.70 | 418.6 | 8.3 |
| 三　畈 | 彭泽县黄岭乡三畈村 | 心墙坝 | 18.70 | 327.0 | 4.8 |
| 七房洞 | 彭泽县天红镇武山村 | 心墙坝 | 16.60 | 122.0 | 2.5 |
| 冯　山 | 彭泽县天红镇冯山村 | 心墙坝 | 15.00 | 177.5 | 5.2 |
| 乱石湾 | 彭泽县天红镇团结村 | 均质坝 | 18.00 | 395.0 | 13.8 |
| 操家垅 | 彭泽县浪溪镇丰岑村 | 心墙坝 | 18.00 | 118.0 | 2.1 |
| 林　冲 | 彭泽县马当镇和团村 | 心墙坝 | 18.50 | 105.0 | 5.6 |
| 新屋垅 | 彭泽县东升镇桃红村 | 心墙坝 | 15.00 | 240.0 | 4.6 |
| 石　岭 | 彭泽县东升镇东升村 | 心墙坝 | 21.50 | 166.0 | 5.4 |
| 利　冲 | 彭泽县东升镇松林村 | 心墙坝 | 17.50 | 180.0 | 2.6 |
| 椿　树 | 彭泽县杨梓镇椿树村 | 心墙坝 | 16.00 | 279.5 | 4.2 |
| 铜　铃 | 彭泽县杨梓镇邻都村 | 心墙坝 | 15.00 | 125.0 | 2.3 |
| 洞　坞 | 彭泽县杨梓镇马桥村 | 心墙坝 | 15.50 | 144.0 | 1.8 |
| 西　峰 | 彭泽县杨梓镇西峰村 | 心墙坝 | 25.50 | 560.0 | 6.8 |
| 红　光 | 彭泽县上十岭秋林分场 | 心墙坝 | 18.50 | 145.0 | 2.2 |
| 大　沙 | 都昌县大沙镇百通山 | 心墙坝 | 19.65 | 182.0 | 2.7 |
| 阳　光 | 都昌县大沙镇西舍村 | 心墙坝 | 17.00 | 135.0 | 1.7 |
| 永　丰 | 都昌县大树乡参岭村 | 心墙坝 | 27.00 | 640.0 | 4.5 |
| 洞陂山 | 都昌县大树乡大埠村 | 均质坝 | 12.00 | 110.0 | 2.2 |
| 梅　溪 | 都昌县大港镇梅溪村 | 心墙坝 | 25.40 | 245.0 | 5.9 |
| 寒　林 | 都昌县徐埠镇杨岭村 | 心墙坝 | 21.00 | 142.0 | 1.8 |
| 杨　岭 | 都昌县徐埠镇杨岭村 | 心墙坝 | 22.00 | 243.0 | 2.8 |
| 环　山 | 都昌县蔡岭镇凤凰村 | 心墙坝 | 12.30 | 113.0 | 3.8 |
| 宝　山 | 都昌县蔡岭镇宝山村 | 心墙坝 | 19.00 | 263.0 | 3.4 |
| 东　安 | 都昌县蔡岭镇太平村 | 心墙坝 | 19.50 | 107.3 | 1.6 |
| 田　民 | 都昌县蔡岭镇田民村 | 心墙坝 | 23.00 | 238.0 | 6.5 |
| 向　东 | 都昌县苏山乡徐港村 | 心墙坝 | 20.74 | 153.0 | 1.3 |
| 向　阳 | 都昌县苏山乡合岭村 | 心墙坝 | 12.00 | 115.0 | 1.3 |
| 虎　山 | 都昌县土塘镇官洞山村 | 心墙坝 | 22.50 | 151.0 | 2.8 |

续表 19-3-1

| 水库名称 | 所在地点 | 主坝坝型 | 最大坝高 | 总库容 | 集雨面积 |
|---|---|---|---|---|---|
| 东边冲 | 都昌县土塘镇辉煌村 | 心墙坝 | 21.30 | 249.0 | 3.1 |
| 加 劲 | 都昌县土塘镇佛子岭 | 心墙坝 | 22.00 | 105.0 | 1.3 |
| 自 泉 | 都昌县土塘镇曹店村 | 心墙坝 | 18.00 | 107.0 | 1.3 |
| 来 垅 | 都昌县左里镇源树村 | 心墙坝 | 20.30 | 108.0 | 2.3 |
| 春 山 | 都昌县左里镇林山村 | 心墙坝 | 15.90 | 104.5 | 1.4 |
| 陶家冲 | 都昌县左里镇清辉村 | 心墙坝 | 23.33 | 166.4 | 1.8 |
| 苏 山 | 都昌县左里镇清辉村 | 心墙坝 | 30.70 | 495.0 | 5.5 |
| 横 凤 | 都昌县春桥乡杨家庙村 | 心墙坝 | 18.60 | 138.0 | 0.9 |
| 繁 荣 | 都昌县阳峰乡黄梅村 | 心墙坝 | 20.00 | 249.0 | 1.7 |
| 凤凰山 | 都昌县阳峰乡株桥村 | 心墙坝 | 20.28 | 147.0 | 1.4 |
| 泉水垅 | 都昌县汪墩乡清水村 | 心墙坝 | 17.00 | 103.0 | 1.4 |
| 七 角 | 都昌县汪墩乡古岭村 | 心墙坝 | 19.00 | 207.0 | 2.1 |
| 土 安 | 都昌县汪墩乡土安村 | 心墙坝 | 21.00 | 172.0 | 2.6 |
| 杨 储 | 都昌县汪墩乡阳储村 | 心墙坝 | 20.00 | 282.0 | 3.6 |
| 战 备 | 都昌县汪墩乡林丰村 | 心墙坝 | 20.76 | 152.5 | 1.6 |
| 向 民 | 都昌县汪墩乡杨坞村 | 心墙坝 | 27.00 | 193.0 | 2.4 |
| 双 桥 | 都昌县中馆镇刘山村 | 心墙坝 | 14.00 | 153.0 | 1.8 |
| 陈家山 | 都昌县中馆镇中馆村 | 均质坝 | 11.00 | 177.0 | 2.7 |
| 冯家山 | 都昌县鸣山乡九山村 | 心墙坝 | 19.30 | 134.2 | 1.4 |
| 幸 福 | 都昌县三汊港镇铸山村 | 心墙坝 | 21.00 | 205.0 | 1.6 |
| 多 宝 | 都昌县多宝乡昭兴村 | 心墙坝 | 16.80 | 397.0 | 1.7 |
| 金沙庵 | 都昌县多宝乡长平村 | 心墙坝 | 12.00 | 125.0 | 1.2 |
| 小岭涧 | 湖口县双钟镇莲湾村 | 均质坝 | 14.00 | 103.0 | 1.1 |
| 莲 花 | 湖口县流泗镇莲花村 | 均质坝 | 13.61 | 335.0 | 8.5 |
| 龙潭涧 | 湖口县武山镇武山村 | 均质坝 | 24.72 | 218.0 | 6.2 |
| 邹家山 | 湖口县武山镇埠堰村 | 均质坝 | 10.23 | 149.0 | 2.0 |
| 邹厂涧 | 湖口县武山镇武联村 | 均质坝 | 16.40 | 113.9 | 2.1 |
| 九房涧 | 湖口县城山镇横山村 | 均质坝 | 16.10 | 121.0 | 2.1 |
| 亭子涧 | 湖口县张青乡泉水村 | 均质坝 | 21.50 | 109.9 | 1.2 |
| 泉水垅 | 湖口县张青乡泉水村 | 均质坝 | 21.50 | 347.0 | 2.3 |

### 二、小(二)型水库

2010年,全市有小(二)型水库1021座,总库容20644万立方米,兴利库容16958万立方米。

## 第四节 山塘堰坝

1991年,全市有塘堰51547座,蓄水3.12亿立方米,灌田2.84万公顷。其中数量最多是湖口县,达1.1万口塘;其次是都昌县,有1.08万口塘;最少是瑞昌市,只有1112口山塘。而灌田数量最多是修水县和都昌县,均在5000公顷以上。2010年12月,全市塘坝总数为50715座,蓄水量32754万立方米,有效灌溉面积近3万公顷。

# 第四章　农田水利

## 第一节　农田水利基本建设

### 一、提水工程

**机械排灌**　20世纪90年代,机械排灌少数站被改建或废弃。至2010年,机械(内燃机)41014台,装机容量41.37万千瓦。

2010年全市机械排灌设施一览

表19-4-1　　单位:兆瓦、公顷

| 设施保有量 | | 排灌效益 | | |
|---|---|---|---|---|
| 台 数 | 装机容量 | 纯机灌面积 | 纯机排面积 | 排灌结合面积 |
| 9760 | 75.5 | 13373 | 3393 | 340 |

**电力排灌**　2010年,全市有固定式和流动式电力排灌设施54 772台,总装机容量97.79万千瓦,纯电灌面积达到26.36万公顷。

2010年全市电力排灌设施一览

表19-4-2　　单位:兆瓦、公顷

| 设施保有量 | | 排灌效益 | | |
|---|---|---|---|---|
| 台 数 | 装机容量 | 纯电灌面积 | 纯电排面积 | 排灌结合面积 |
| 3222 | 110.35 | 37540 | 26133 | 6453 |

### 二、引水工程

**瑞昌市境内**　石土堰,属长河水系,集雨面积267.6平方千米。引水流量0.5立方米/秒,干、支渠道9条共7.3千米,灌田66.67公顷。刘陂堰,属石山水系,集雨面积225平方千米,引水流量1立方米/秒,干、支渠道11条,共21.5千米,灌田140公顷。长春堰,属长河水系,集水面积178平方千米。流量0.6立方/米,干渠2条共4.1千米,灌田84.47公顷。水陆堰,属长河水系,集水面积185平方千米,灌田66.67公顷。永丰堰,属长河水系,集水面积222.6平方千米,总干渠1条2.5千米,灌田66.67公顷。谈家堰,属南阳水系,集雨面积76平方千米,流量1立方米/秒,干渠1条3千米,与石门水库共灌。芭茅堰,属长河水系,集雨面积66平方千米,总干渠2条共5千米,灌田66.67公顷。东外堰,集雨面积85平方千米,引流量1立方米/秒。渠道2条6千米,灌田73.33公顷。

**修水县境内**　双港堰,集雨面积257平方千米,引流量0.5立方米/秒,灌田240公顷。黄坊堰,集雨面积116.5平方千米,引流量1.2立方米/秒,灌田158.67公顷。幸福堰,集雨面积50.1平方千米,引水流量1立方米/秒,灌田98.67公顷。刘家堰,集雨面积31.2平方千米,引水流量1立方米/秒,灌田98.67公顷。至2010年12月,修河流域开挖渠道1815条,总长2653.56千米,控灌面积18195.2公顷。

**武宁县境内** 晏上大堰，属石门水系，集雨面积 72 平方千米，引水流量 0.4 立方米/秒，渠道长 2 千米，灌田 100 公顷。辽背堰，属阳新水系，集雨面积 40 平方千米，引水流量 1 立方米/秒，渠道长 5 千米，灌田 100 公顷。吉田堰，属南岳水系，集雨面积 50 平方千米，引水流量 1 立方米/秒，渠道长 3 千米，灌田 66.67 公顷。罗坪堰，属长墅水系，集雨面积 80 平方千米，引水流量 1 立方米/秒，渠道 4 条共长 11 千米，灌田 133.33 公顷。

## 第二节 小农水工程

### 一、第一批工程

**都昌小农水** 2009~2010 年，通过小型农田水利重点县建设，总体完成对大港、张岭、永丰 3 座中型灌区末级渠道和向民等 193 座万亩以下 200 亩以上灌区改造任务。渠道达标长度 12430.57 千米，防渗衬砌长度 3075.95 千米，改造建筑物 19124 座。建设总投资为 20318.94 万元，其中中央财政资金2850 万元，省级财政资金 2850 万元。2009 年完成渠道改造总长度 733 千米，其中渠道衬砌长度 246 千米，新建或改造建筑物 317 座。新增有效灌溉面积 4440 公顷，改善灌溉面积 1620 公顷。争取中央财政资金 950 万元，省级财政资金 950 万元。至 2010 年，完成渠道改造总长度 367 千米，其中渠道衬砌长度 208 千米，新建或改造建筑物 241 座。新增有效灌溉面积 2380 公顷，改善灌溉面积 2853 公顷。争取中央财政资金 950 万元，省级财政资金 950 万元，县级财政配套资金 475 万元。

**修水小农水** 2009~2010 年，通过小型农田水利重点县建设，基本构建完善修水县农田水利灌溉体系。总体建设任务完成 10 座 667~3333 公顷中型灌区和 104 座 13.33 公顷以上小型灌区配套和改造。新建或加固引水堰闸 202 处，渠道整治 1011 千米，其中渠道衬砌 678 千米，新建或改造渠系建筑物1256 座，新建或改造机电泵站 17 座，陂坝建设与除险加固 202 座。项目总投资 17501.45 万元，其中中央财政资金 2850 万元，省级财政资金 2850 万元。2009 年完成渠道改造总长度 309.24 千米，其中渠道衬砌长度 307.58 千米，新建或改造建筑物 218 座。新增有效灌溉面积 1433 公顷，改善灌溉面积 3047 公顷。争取中央财政资金 950 万元，省级财政资金 950 万元。2010 年完成渠道改造总长度 355.91 千米，其中渠道衬砌长度 233.06 千米，新建或改造建筑物 158 座。新增有效灌溉面积 2020 公顷，改善灌溉面积 3353 公顷。争取中央财政资金 950 万元，省级财政资金 950 万元，县级财政配套资金 475 万元。

### 二、第二批工程

**德安小农水** 2010 年始，实施小型农田水利重点县建设，总体任务完成大、中、小型灌区末渠系 1409 条灌溉渠道整治，干、支渠道达标长度 1173.93 千米，防渗衬砌长度 1058.16 千米，渠系建筑物改造 1871 处。项目总投资 8093.39 万元，其中中央财政资金 1950 万元，省级财政资金 1950 万元。2010 年完成渠道改造总长度 319.69 千米，其中渠道衬砌长度 244.23 千米，新建或改造建筑物 1262 座。改善灌溉面积 1920 公顷。争取中央财政资金 650 万元，省级财政资金 650 万元，县级财政配套资金 400 万元。

**永修小农水** 2010 年始，实施小型农田水利重点县建设：总体任务要完成对柘林灌区三溪桥、梅棠、白槎、燕坊、八角岭、云山、虬津、恒丰、艾城、公司墩、红光、九合 12 个灌溉片的末级渠系(流量小于 1.0 立方米/秒)，三角灌区、云山水库灌区、抱桐灌区末级渠系(流量小于 0.5 立方米/秒)，马口镇荆湖灌区(由大港头、岭坎、河头、樟树、洋洲 5 个小型灌区组成)渠系改造的任务。渠道改造总长度 1589.791 千米（其中防渗衬砌长度 1253.3 千米，渠道达标 336.491 千米），新建与改造建筑物 5020 座。总投资为 16520.21 万元，其中中央财政资金 2700 万元，省级财政资金 2700 万元。2010 年完成渠道改造总长度 331.08 千米，其中渠道衬砌长度 316.19 千米，新建或改造建筑物 1502 座。改善灌溉面积1253.3 公顷，争取中央财政资金 900 万元，省级财政资金 900 万元，县级财政配套资金 450 万元。

**湖口小农水** 2010 年始,实施小型农田水利重点县建设,基本完成县域内各灌区的农田水利工程配套改造,其中 4 座中型灌区末级渠系、222 座 13~667 公顷小型灌区改造任务,共改造灌溉面积1.66 公顷。完成改造末级渠系 1056.76 千米,改造或新建渠道建筑物 3203 座,整治塘堰 467 座,改造维修提水电灌站工程 69 座,装机容量 2744 千瓦。总投资为 13950.8 万元,其中中央财政资金 2400 万元,省级财政资金 2400 万元。2010 年完成渠道改造总长度 373.5 千米,其中渠道衬砌长度 224.7 千米,新建或改造建筑物 1144 座。新增有效灌溉面积 100 公顷,改善灌溉面积 2773.3 公顷。争取中央财政资金 800 万元,省级财政资金 800 万元,县级财政配套资金 400 万元。

**星子小农水** 2010 年始,实施小型农田水利重点县建设,对县域内 3 座中型灌区的末级渠系(流量小于 0.5 立方米/秒)和 65 座 667 公顷以上的小型灌区进行改造任务。改造渠道长度 1584.3 千米,整治达标长度 532.22 千米,衬砌渠道 1052.06 千米,改造渠系建筑物 3043 座,改造塘坝 1618 座,小型引水堰 78 座,更新改造电力提灌站 143 座 5210.5 千瓦,机耕道 497.5 千米。总投资 17065.2 万元,其中:中央财政资金 2100 万元,省级财政资金 2100 万元。2010 年完成渠道改造总长度 381.4 千米,其中渠道衬砌长度 307.5 千米,新建或改造建筑物 640 座。改善灌溉面积 3546.7 公顷。争取中央财政资金700 万元,省级财政资金 700 万元,县级财政配套资金 400 万元。

## 第三节 农田灌区

### 一、大型灌区

柘林灌区,位于修河流域柘林水库下游修河北岸,京九铁路和昌九高速公路东西两侧的广大丘陵坡地及圩区滨湖平原,地势西北高,东南低,波浪起伏,变化较大,为自流引水式灌区。灌区受益范围有永修县(含恒丰农场和云山企业集团军山分场)、德安县、共青城市等共 17 个乡、镇(场)。控制面积 710 平方千米,耕地总面积 2.86 万公顷。柘林灌区系柘林水电站配套工程之一。1999 年始,柘林灌区被列入全国大型灌区续建配套与节水改造计划,项目计划总投资 140000 万元,其中争取中央国债资金 7000 万元,并连续 9 年下达投资计划。柘林灌区续建配套与节水改造工程于 2000 年开工建设,2009 年 8 月完工,共完成总投资 9046.88 万元。主要建设内容为:渠道整治改造与衬砌,总干 41.106 千米、分干 35.99 千米;加固或改建总、分干渠各类建筑物 273 座;改建金鸡垅排水干沟(泄洪渠)1 条,长度1.05 千米,护坡衬砌 1.05 千米;新建和改造管理用房 1700 平方米。项目实施后,总干渠安全输水能力由实施前的 16 立方米提高到每小时 25 立方米,供水保证率由 73%提高到 86%。柘林灌区有效灌溉面积由项目实施前的 1.07 万公顷增加到 1.47 万公顷,恢复灌溉面积 4020 公顷,并改善灌溉面积 3000 公顷。

### 二、中小型灌区

全市中、小型灌区共 3245 座,加上纯井灌溉 48 处,总数为 3293 座,总灌溉面积 16.6 万公顷。其中万亩以上中型灌区有 44 座,总灌溉面积 6.5 万公顷;万亩以下小型灌区有 3201 座。3333~20000 公顷重点中型灌区有 14 座,2009 年列入全市农业综合开发中型灌区规划有 12 座,主要分布在都昌县、湖口县、彭泽县、永修县、九江县、星子县、瑞昌市;667~3333 公顷一般中型灌区有 30 座,其中修水县红旗、月塘和大桥 3 座一般中型灌区于 2009 年、2010 年实施节水配套与续建配套改造,争取国家资金 530 万元。

## 1991~2010年全市5万~30万亩重点中型灌区(部分)基本情况一览

表19-4-3　　单位:立方米/秒、公顷、千米、座

| 县(市)名称 | 灌区名称 | 主要水源名称 | 取水方式 | 取水能力 | | 灌溉面积 | | 现渠系水利用系数 | 干支渠沟长度 | | 干支渠沟建筑物 | |
|---|---|---|---|---|---|---|---|---|---|---|---|---|
| | | | | 流量 | 水量 | 设计 | 有效 | | 设计 | 实有 | 设计 | 实有 |
| 都昌县 | 张岭灌区 | 张岭水库 | 蓄 | 5.00 | 2160 | 3867 | 1600 | 0.46 | 160.40 | 160.40 | 126 | 82 |
| | 大港灌区 | 大港水库 | 蓄 | 7.00 | 2450 | 4333 | 1933 | 0.45 | 191.32 | 191.32 | 1215 | 855 |
| 彭泽县 | 浪溪灌区 | 浪溪水库 | 蓄 | 6.00 | 6184.53 | 3467 | 3067 | 0.45 | 65.15 | 65.15 | 39 | 28 |
| | 棉船灌区 | 长江 | 引、提 | 5.00 | 1626.64 | 3427 | 1793 | 0.45 | 231.00 | 231.00 | 220 | 219 |
| 湖口县 | 马迹岭灌区 | 马迹岭水库 | 蓄 | 5.30 | 3275.2 | 3520 | 2373 | 0.5 | 43.78 | 43.78 | 235 | 174 |
| 九江县 | 马头灌区 | 马头水库 | 蓄 | 5.20 | 3800 | 3360 | 2267 | 0.49 | 181.00 | 181.00 | 179 | 179 |
| | 江新洲灌区 | 长江 | 提 | 7.00 | 4200 | 4400 | 3333 | 0.49 | 161.00 | 161.00 | 239 | 239 |
| 永修县 | 云山灌区 | 云山水库 | 蓄 | 6.00 | 3906 | 3740 | 1680 | 0.5 | 94.36 | 94.36 | 392 | 174 |
| | 三角灌区 | 修河 | 提 | 6.00 | 3000 | 3811 | 1320 | 0.5 | 103.00 | 99.85 | 309 | 215 |
| 星子县 | 观音塘灌区 | 观音塘水库 | 蓄 | 5.13 | 2977 | 3353 | 2487 | 0.52 | 293.30 | 293.30 | 633 | 624 |
| 瑞昌市 | 石门灌区 | 石门水库 | 蓄 | 5.50 | 2632.96 | 3420 | 2347 | 0.44 | 409.20 | 409.20 | 380 | 348 |
| | 横港灌区 | 横港水库 | 蓄 | 6.00 | 3699.02 | 3867 | 2927 | 0.44 | 483.00 | 483.00 | 490 | 451 |

## 1991~2010年全市1万~5万亩一般中型灌区基本情况一览

表19-4-4　　单位:立方米/秒、公顷、千米、座

| 县(市)名称 | 灌区名称 | 主要水源名称 | 取水方式 | 取水能力 | | 灌溉面积 | | 现渠系水利用系数 | 干支渠沟长度 | | 干支渠沟建筑物 | |
|---|---|---|---|---|---|---|---|---|---|---|---|---|
| | | | | 流量 | 水量 | 设计 | 有效 | | 设计 | 实有 | 设计 | 实有 |
| 都昌县 | 永丰灌区 | 永丰水库 | 蓄 | 2.00 | 820 | 1033 | 687 | 0.45 | 132.10 | 132.12 | 3895.00 | 3691.00 |
| 湖口县 | 殷山灌区 | 殷山水库 | 蓄水 | 2.13 | 1417 | 1720 | 1193 | 0.45 | 103.24 | 103.24 | 474.00 | 426.00 |
| | 龙滩洞灌区 | 龙滩洞水库 | 蓄水 | 1.00 | 940 | 1400 | 953 | 0.45 | 74.83 | 74.83 | 349.00 | 315.00 |
| | 九二房涧灌区 | 九二房涧水库 | 蓄水 | 0.50 | 284 | 733 | 493 | 0.45 | 36.99 | 36.99 | 130.00 | 117.00 |
| 彭泽县 | 余家堰灌区 | 余家堰水库 | 蓄水 | 2.50 | 2766 | 1333 | 1100 | 0.44 | 56.15 | 56.15 | 2000.00 | 5.00 |
| 修水县 | 渣津灌区 | 立新水库等 | 蓄、引、提 | 2.10 | 1880 | 1387 | 960 | 0.42 | 67.70 | 61.50 | 140.00 | 108.00 |
| | 南茶水库灌区 | 南茶水库等 | 蓄、引、提 | 1.20 | 834 | 853 | 427 | 0.42 | 156.50 | 142.25 | 413.00 | 318.00 |
| | 大桥中型灌区 | 五宝洞水库等 | 蓄、引 | 1.40 | 1251 | 940 | 640 | 0.42 | 141.40 | 128.50 | 304.00 | 234.00 |
| | 月塘灌区 | 张源水库等 | 蓄、引 | 1.10 | 894 | 673 | 453 | 0.42 | 45.20 | 41.10 | 164.00 | 126.00 |
| | 高峰灌区 | 高峰水库等 | 蓄、引、提 | 1.40 | 1419 | 900 | 720 | 0.42 | 195.40 | 177.60 | 39.00 | 30.00 |
| | 红旗水库灌区 | 红旗水库等 | 蓄、引、提 | 1.60 | 1314 | 1053 | 667 | 0.42 | 98.90 | 89.90 | 147.00 | 113.00 |
| | 山口赛滩堰灌区 | 北坑水库等 | 蓄、引、提 | 2.00 | 1950 | 1387 | 993 | 0.42 | 53.30 | 48.45 | 31.00 | 24.00 |
| | 石咀水库灌区 | 石咀水库等 | 蓄、引 | 1.10 | 693 | 673 | 353 | 0.42 | 29.20 | 26.56 | 26.00 | 20.00 |
| | 上奉灌区 | 祥云水库等 | 蓄、引 | 2.70 | 2288 | 1827 | 1167 | 0.42 | 130.20 | 118.40 | 120.00 | 92.00 |

续表 19-4-4

| 县(市)名称 | 灌区名称 | 主要水源名称 | 取水方式 | 取水能力 | | 灌溉面积 | | 现渠系水利用系数 | 干支渠沟长度 | | 干支渠沟建筑物 | |
|---|---|---|---|---|---|---|---|---|---|---|---|---|
| | | | | 流量 | 水量 | 设计 | 有效 | | 设计 | 实有 | 设计 | 实有 |
| 武宁县 | 大田灌区 | 修河清江河 | 自流 | 1.20 | 856 | 700 | 547 | 0.50 | 32.18 | 33.68 | 19.00 | 52.00 |
| | 沙田灌区 | 修河沙田河 | 引水 | 1.20 | 982 | 727 | 660 | 0.50 | 68.60 | 55.50 | 89.00 | 244.00 |
| 永修县 | 枹桐灌区 | 大坪水 | 蓄 | 1.40 | 1095.8 | 887 | 287 | 0.45 | 58.20 | 45.50 | 389.00 | 134.00 |
| 德安县 | 林泉灌区 | 林泉水库 | 蓄 | 2.40 | 1200 | 1300 | 873 | 0.41 | 252.50 | 240.60 | 792.00 | 600.00 |
| | 红桥灌区 | 红桥水库 | 蓄 | 1.60 | 780 | 900 | 413 | 0.41 | 146.70 | 143.20 | 304.00 | 260.00 |
| 九江县 | 岷山灌区 | 岷山水库 | 蓄 | 1.20 | 1373 | 820 | 580 | 0.49 | 100.00 | 91.00 | 295.00 | 295.00 |
| | 代山灌区 | 代山水库 | 蓄 | 1.30 | 1293 | 833 | 560 | 0.49 | 65.00 | 63.00 | 155.00 | 155.00 |
| | 螺山灌区 | 螺山水库 | 蓄 | 1.20 | 1370 | 793 | 500 | 0.49 | 70.00 | 68.00 | 232.00 | 232.00 |
| | 永安灌区 | 长江 | 提 | 3.50 | 3505 | 2253 | 1867 | 0.49 | 270.00 | 265.00 | 1367.00 | 1367.00 |
| | 洗心桥灌区 | 长江 | 提 | 2.50 | 2123 | 1553 | 967 | 0.49 | 130.00 | 119.00 | 282.00 | 282.00 |
| | 朗山灌区 | 朗山水库 | 蓄 | 3.50 | 3723 | 2227 | 1433 | 0.49 | 160.00 | 153.00 | 331.00 | 331.00 |
| 星子县 | 白鹿灌区 | 姜家垅水库 | 蓄 | 2.10 | 1186 | 1160 | 833 | 0.45 | 513.80 | 513.80 | 406.00 | 406.00 |
| | 苏家垱灌区 | 浆潭泵站 | 提 | 2.47 | 1466 | 1667 | 1367 | 0.45 | 139.35 | 139.35 | 142.00 | 142.00 |
| 瑞昌市 | 大壤灌区 | 大壤水库 | 蓄 | 1.50 | 867 | 920 | 640 | 0.44 | 320.00 | 320.00 | 1056.00 | 960.00 |
| | 幸福灌区 | 幸福水库 | 蓄 | 1.80 | 1506 | 1053 | 993 | 0.44 | 601.00 | 601.00 | 1983.00 | 1803.00 |
| | 赛湖灌区 | 赛湖 | 引、提 | 1.20 | 783 | 693 | 467 | 0.44 | 212.00 | 212.00 | 700.00 | 636.00 |

## 附:重点灌区例介

**修水灌区** 2005~2006 年，修水县投入 380 万元，对全县 6 大灌区进行维修改造，改造灌溉面积 466.7 公顷，新增灌溉面积 213.3 公顷。至 2009 年，修水县引水灌溉小型堰坝 3125 座，有效灌溉面积 8426.7 公顷；提灌站 56 座，电排站 188 座，水轮泵站 8 座，有效灌溉面积 3.15 万公顷。

**永修灌区** 柘林灌区设计灌溉能力达 2 万公顷，60%以上的受益者是永修县农田。云山灌区实际有效灌溉面积 2567 公顷，改善灌溉面积 900 公顷。此外，永修县兴建灌溉百亩以上的小型引水灌区110 座，总灌溉面积 21200 公顷。其中小(一)型水库灌区 6 座，设计灌溉面积 2147 公顷；小(二)型水库灌区 56 座，灌溉面积 2468 公顷；灌溉百亩以上的引水工程 48 座，灌溉面积 16585 公顷。

**大田灌区** 武宁县境内，共建有 2 个中型灌区和 233 个灌溉面积 14 公顷以上小型灌区，有效灌溉面积 12640 公顷。大田灌区是武宁的重点，位于武宁县清江乡。引用大田水库水源，灌溉大田、汉桥、毛田、墩上、樟潭、清江、罗洞 7 个村，有效面积 700.7 公顷。灌区内小(一)型水库 1 座蓄水 538 万立方米；引水堰坝 17 座、山塘 57 座，蓄水 20 万立方米，提水站 6 座，装机 86 千瓦。开挖干渠 1 条，长 6.68 千米，支渠 10 条长 19.4 千米，农渠 18 条，长 43.4 千米。

**渣津灌区** 干渠主要有苏区堰东西干渠、黄坊堰干渠、莲花堰五里圳干渠、立新水库干渠、大源水库干渠、长泥坑水库干渠 6 条，全长 61.5 千米，其中衬砌 3.6 千米。渠道整治总长度 58.4 千米，规划衬砌 46.7 千米，设计灌溉面积 957 公顷。

**月塘灌区** 由张源水库、玉前寺水库、南冲水库，猫古咀山塘、青垅山塘、塘埚山塘、象平山塘、横源山塘、上扬山塘、渣家山塘、新屋山塘、秧田垅山塘、二伏垅山塘、干垅山塘、金星山塘、棉花山塘，汉下、彭龙、下草坪、来湾、双港、大河、青源等干渠共 29 条组成，渠道全长 35.1 千米，衬砌 4.35 千米，控灌面积

402 公顷。干渠整治长度 33.3 千米，规划衬砌 26.6 千米，设计灌溉面积 663 公顷。

**观音塘灌区**　由中型水库 1 座(观音塘水库)，小(1)型水库 3 座(橡山水库，浇家山水库，石家垅水库)。小(2)型水库 15 座，山塘堰坝 252 座，提水泵站 30 座，主干渠 3 条，分干渠 22 条，支渠 93 条，斗农渠 651 条等组成，干渠渠系建筑物 760 座，主干渠总长 24.07 千米，分干渠总长 27.79 千米，支渠总长 94.60 千米，支渠以下总长 256 千米，设计灌溉面积 3353.3 公顷。

### 三、节水增效示范项目

"十五"和"十一五"期间，中央安排九江节水灌溉增效示范项目 3 个。至 2010 年 9 月，累计下达年度实施计划 7201.7 万元，其中中央投资 3350 万元；累计建设节水灌溉总面积 566.7 公顷，实际完成投资 7201.7 万元，其中中央投资 3350 万元，省级财政 1120 万元。

**2001~2010 年全市节水增效示范项目一览**

表 19-4-5　　单位：万元

| 年份 | 县名 | 项目名称 | 实施内容 | 工程投资 | | |
|---|---|---|---|---|---|---|
| | | | | 合计 | 中央补助 | 地方自筹 |
| 2001 | 全市 | | | 550 | 550 | 0 |
| 2001 | 武宁县 | 黄沙岭果木场 | 喷灌 66.7 公顷 | 70 | 70 | |
| 2003 | 都昌县 | 张岭水库 | 渠道防渗 5.66 千米改善灌溉面积 333.3 公顷 | 287.35 | 100 | 187.35 |
| 2008 | 共青城 | 万年湖灌区 | 园田化 166.7 公顷 | 200 | 100 | 100 |

## 第四节　机电排灌工程

### 一、泵站建设

1991~1992 年，全市机电排灌站建设处于农业强市发展阶段，市委、市政府做出"学湖北仙桃，超湖北天门"决策，发展棉花生产，搞"水改旱"，大兴棉田抗旱工程，市政府从省市财政借贷资金 1300 万元，主要用于都昌、彭泽、湖口、九江、永修等县棉田抗旱工程建设。其间新建 80 余座一级、二级、三级抗旱工程，总装机 105 台，5715 千瓦。1998 年、1999 年，全市遭受大洪水，部分滨湖地区圩垸漫顶溃决，造成排涝泵站被淹，洪水之后各地将泵站修复纳入当地水利建设重要项目实施。2005、2006 年，省政府从财政安排 2 亿元资金用于沿江沿鄱阳湖地区机电排涝泵站更新改造。全市有 68 座分站、水泵、电机、变压器以及部分配套设施进行更新，改造装机 31135 千瓦，争取省级投资 2875.6 万元。进入 21 世纪，全市工业化、城镇化发展速度加快，九江经济开发区、城西港区、县(市)工业园区应运而生。2009 年，市区、开发区、九江县 8 座泵站捆绑为大型泵站更新改造项目立项，投资 2793 万元，部分项目于 2010 年 12 月完成。都昌县融资 6000 余万元，异址新建矶山湖排涝泵站 4 台 3120 千瓦，改扩建两湖排涝泵站 4 台 1120 千瓦；瑞昌市连续几年提高城区工业园区防洪标准，新建排涝泵站 3 座，装机 3800 千瓦，其中 1 座装机 1680 千瓦；湖口县工业园区新建扩建 2 座泵站，装机 1560 千瓦，投资 2000 余万元。

2010 年底，全市共有泵站 2333 座。其中，1 千瓦以上的中型泵站 24 座；1000~500 千瓦小(1)型泵站 288 座；500~50 千瓦小(2)型泵站 354 座；50 千瓦以下微型 1667 座。以上泵站中，与排水闸结合使用的 149 座。全市列入重点管理的泵站 666 座(微型泵站除外)，总装机流量 10848 立方米/秒，装机总功率 136732.5 千瓦，其中排水 245 座，供水 367 座，供排结合 54 座。

### 二、城区泵站

**新开河电力排涝站** 位于市区新开河入长江处的城防堤0号桩附近,属新建项目,1993年12月开工,1996年5月竣工。装机3台共3000千瓦,设计排涝流量40立方米每秒,所承担排涝面积320平方千米。工程总投资1400万元。

**河西电力排涝站** 位于市城区西部九瑞路口城防堤上,属新建项目,1993年9月开工,1994年4月竣工。装机5台共900千瓦,设计排涝流量6.25立方米每秒,所承担排涝面积1.03平方千米。工程总投资510万元。

**龙开河口电力排涝站** 位于市城区龙开河入长江处城防堤27~28号闸口之间, 属新建项目,1994年12月开工,1995年6月竣工。装机6台共930千瓦,设计排涝流量8立方米每秒,所承担排涝面积15.35平方千米。工程总投资490万元。

**琵琶湖电力排涝站** 位于市城防堤72号闸口上游100米处,属新建项目,1999年2月开工,同年6月竣工。装机4台共1040千瓦,设计排涝流量10.35立方米每秒,所承担排涝面积11.3平方千米。工程总投资453万元。

**八里湖排涝总站** 装机3000千瓦,设计排涝流量47.1立方米/秒。八里湖汛期控制水位16.0米;内湖起排水位18.5,具体操作按1997年批准的《八里湖洪水调度方案》,由城区防汛指挥部调度。

**河口排涝泵站** 位于市区龙开河路1号,装机930千瓦,设计排涝流量8立方米/秒。当外江水位低于泵站前池最高水位17.2米时,开闸自排;当外江水位高于泵站前池水位17.2米时,关闭河口自排闸;当外江水位高于泵站前池水位17.2米,龙开河管道又有来水时,开机排水,具体操作按1997年批准的《南湖、河口泵站供水调度方案》。泵站与南湖新闸统一由城区防汛指挥部调度。

## 第五节 农村饮水工程

### 一、饮水解困工程

2001年底,全市农村饮水解困工程起步,至2005年共5批次。第一批次始于2001年10月,市水利局编制《江西省九江市2001年解决农村人口饮水困难项目可行性研究报告》,解决困难人数10.81万人,总投资2702.5万元,其中中央国债投资1081万元,主要工程项目为机井、压水井、泵站扬水和自流引水。2002年10月,第二期人饮解困工程开始动工,即第二批次:国家批准概算资金为625万元,其中国债资金为250万元,共解决困难人数6.2万人。第三批次:2003年4月,国家批准概算为595万元,其中国债资金240万元,共解决困难人数2.4万人。第四批次:2003年10月,国家批准概算为325万元,其中国债资金130万元,解决困难人数1.3万人。第五批次:2004年4月,国家批复概算为403.4万元,其中国家债资金160万元,省基建资金3.4万元,共解决1万人口饮水困难。

**2010年全市农村饮水集中供水工程一览**

表19-4-6 单位:立方米/吨、万人

| 县(市、区)名称 | 设计供水规模 20立方米/吨以下 | | | 设计供水规模 20~200立方米/吨 | | | 设计供水规模 200~1000立方米/吨 | | | 设计供水规模 1000立方米/吨以上 | | |
|---|---|---|---|---|---|---|---|---|---|---|---|---|
| | 处数 | 总规模 | 受益人口 | 处数 | 总规模 | 受益人口 | 处数 | 总规模 | 受益人口 | 处数 | 总规模 | 受益人口 |
| 瑞昌市 | 84 | 1032 | 1.1672 | 152 | 6551 | 6.3639 | 4 | 1445 | 0.8755 | 3 | 3900 | 1.8335 |
| 庐山区 | 33 | 374 | 0.3239 | 49 | 1857 | 1.5241 | – | – | – | – | – | |
| 九江县 | 26 | 318 | 0.2684 | 142 | 6095 | 5.4658 | 0 | 0 | 0 | 2 | 6000 | 1.4588 |

续表 19-4-6

| 县(市、区)名称 | 设计供水规模 20 立方米/吨以下 | | | 设计供水规模 20~200 立方米/吨 | | | 设计供水规模 200~1000 立方米/吨 | | | 设计供水规模 1000 立方米/吨以上 | | |
|---|---|---|---|---|---|---|---|---|---|---|---|---|
| | 处数 | 总规模 | 受益人口 | 处数 | 总规模 | 受益人口 | 处数 | 总规模 | 受益人口 | 处数 | 总规模 | 受益人口 |
| 修水县 | 220 | 2929 | 3.0327 | 353 | 12679 | 13.666 | 2 | 440 | 1.1081 | 8 | 11600 | 6.7912 |
| 德安县 | 95 | 1167 | 1.1402 | 32 | 1316 | 1.1576 | 7 | 2047 | 1.518 | 4 | 14200 | 4.4842 |
| 湖口县 | – | – | – | 30 | 4278 | 3.76 | 4 | 3788 | 3.1308 | – | – | |
| 星子县 | 0 | 0 | 0 | 2 | 45 | 0.1 | 1 | 500 | 0.25 | 7 | 33000 | 5.1 |
| 永修县 | 1 | 15 | 0.0125 | 43 | 1755 | 1.7526 | 24 | 8635 | 5.0937 | 4 | 10200 | 3.5087 |
| 武宁县 | 95 | 1181 | 1.3877 | 47 | 2149 | 2.3103 | 5 | 1617 | 0.9295 | 0 | 0 | 0 |
| 彭泽县 | – | – | – | 14 | 1300 | 0.9512 | 15 | 8300 | 3.5373 | 9 | 2100 | 4.2878 |
| 开发区 | – | – | – | 3 | 250 | 0.31 | – | – | – | – | – | |
| 都昌县 | 63 | 831 | 1.0572 | 164 | 6779 | 8.3702 | 0 | 0 | 0 | 2 | 2320 | 1.2624 |
| 共青城 | 1 | 19 | 0.0118 | 6 | 310 | 0.1937 | – | – | – | – | – | |
| 总 计 | 618 | 7866 | 8.4016 | 1037 | 45364 | 45.9254 | 62 | 26772 | 16.4429 | 39 | 83320 | 28.7266 |

## 二、饮水安全工程

2005 年始，启动全市农村饮水安全工程，当年投资 0.18 亿元，其中中央投资 831.8 万元，地方配套 0.1 亿元。2006~2009 年，全市农村饮水安全工程投资 3.48 亿元，其中中央投资 1.84 亿元，地方配套1.59 亿元。2010 年，全市农村饮水安全工程投资 1.043 亿元，其中中央投资 0.708 亿元，地方配套 0.287 亿元，社会融资 492 万元。至 2010 年 12 月，全市农村饮水安全工程投资 3.66 亿元，其中中央投资 1.92 亿元，地方配套 1.69 亿元，社会融资 492 万元。建成农村饮水安全工程 4223 处（其中集中式供水工程 1532 处，分散式供水工程 2691 处），农村饮水安全和基本安全人数达 189.38 万人，全市综合普及程度达 50.71%。其中自来水受益人数达 108.76 人，综合普及率 29.12%。

### 2010 年全市农村人口饮水安全普及程度一览

表 19-4-7　　　　单位：万人

| 县(市、区)名称 | 农村总人口 | 不安全饮水人口 | 其中：自来水供水人数 | 自来水普及率% | 安全饮水普及率% |
|---|---|---|---|---|---|
| 瑞昌市 | 32.65 | 6.53 | 1.53 | 4.70 | 73.75 |
| 庐山区 | 11.25 | 3.77 | 7.47 | 66.43 | 66.43 |
| 庐山管理局 | 1.30 | 0.88 | 0.42 | 32.31 | 32.31 |
| 九江县 | 29.38 | 10.65 | 7.19 | 24.47 | 25.20 |
| 修水县 | 68.95 | 25.55 | 35.68 | 51.75 | 57.75 |
| 德安县 | 11.98 | 2.99 | 8.06 | 67.29 | 69.96 |
| 湖口县 | 22.55 | 7.86 | 4.06 | 18.00 | 18.00 |
| 星子县 | 21.33 | 12.22 | 5.1 | 23.91 | 42.71 |
| 永修县 | 30.12 | 11.92 | 5.9 | 19.59 | 60.16 |
| 武宁县 | 31.17 | 11.25 | 4.88 | 15.65 | 15.67 |
| 彭泽县 | 31.08 | 9.08 | 16.8 | 54.05 | 54.05 |
| 开发区 | 4.80 | | 0.26 | 5.42 | 5.42 |

续表 19-4-7

| 县(市、区)名称 | 农村总人口 | 不安全饮水人口 | 其中:自来水供水人数 | 自来水普及率% | 安全饮水普及率% |
|---|---|---|---|---|---|
| 都昌县 | 69.71 | 20.69 | 10.69 | 15.34 | 70.32 |
| 共青城 | 7.14 | 3.44 | 0.71 | 9.98 | 51.80 |
| 市农科所 | 0.06 | 0.06 | 0.00 | - | - |
| 市种畜场 | 0.02 | 0.02 | 0.00 | - | - |

## 第六节　水利血防整治工程

### 一、规 划

1991 年 7 月,市水利局编制《彭泽县芳湖流域规划》,重点治理规划区内钉螺分布面积 503.3 公顷。感染生病人数 17068 人。采取先内湖,后江滩及山岳重疫区;先上游后下游,先孤立有螺场所,后治理成片有螺场所。水利工程措施有:河道整治、渠道硬化、开荒排涝、水库扩建。同年 7 月,市水利局编制《九江市血防(结合水利工程措施治理)规划》“八五规划”,规划灭螺面积 8693.3 公顷,工程总投资 14851.25 万元。同年,市水利局编制《九江市血防(结合水利工程措施治理)规划》“九五规划”,全市灭螺面积 1360 公顷,工程总投资 694.25 万元。

2001 年,编制《江西省九江市水利发展“十一五”规划》。2004 年 8 月,市水利局编制完成《江西省九江市水利血防近期及中长期(2004—2015)规划报告》,其规划目标、任务纳入《全国血吸虫病结合治理水利专项规划(2004—2005)》,涉及都昌、湖口、彭泽、瑞昌、庐山区、九江县、星子、德安、永修共 8 个县(市、区),规划总投资 3.456 亿。

2006 年,编制《九江市水利发展和改革“十一五”规划》,主要建设内容:人畜饮水工程 6095 处,河(湖)整治总长 150 千米(含涵闸改造 73 处),节水灌溉渠道硬化总长 544 千米,小流域治理微水工程 361 处,总投资 17.32 亿,其中中央投资 9.1 亿元。同年 12 月 12 日,水利部在星子县召开水利血防、大型排涝泵站更新改造项目工作会议,就水利血防等前期工作、审批立项、投资计划等进行部署。

2008 年 5 月,市水利局编制并上报《2005—2015 年水利血防工程规划》,规划河道堤防、灌区节水改造、农村饮水安全和水利事业血防 4 大类项目共 80 个,规划总投资 15.25 亿。

2009 年 9 月市水利局编制《赛湖等四座湖泊水利血防可研报告》。

“十二五”期间,市水利血防规划范围为血吸虫病尚未控制的 6 个县(市、区)32 个乡(镇、场)及血吸虫病只达到传播控制标准的 4 个县(市、区)24 个乡(镇、场)。血吸虫病尚未控制的县(市、区)有:瑞昌、永修、星子、都昌、彭泽和共青城。只达到传播控制标准的县(市、区)有庐山区、开发区、德安县和湖口县。

“十二五”期间规划灭螺总面积为 12166.7 公顷,其中通过水利工程灭螺 9446.7 公顷,江湖洲滩垦种 1900 公顷,机耕垦种 460 公顷,造林 360 公顷,受益人口 93.61 万人。规划工程总投资 15.13 亿元,资金来源为中央投资 7.86 亿元、地方配套 7.02 亿元、其他资金 0.26 亿元。

**1991~2010 年全市水利血防工程规划一览**

表 19-4-8　　　　单位:公顷、万元

| 所在县(区) | 规划灭螺面积 | | | | | 总投资 | | | |
|---|---|---|---|---|---|---|---|---|---|
| | 合 计 | 水利工程 | 江湖洲滩垦种 | 机耕垦种 | 造 林 | 合 计 | 中 央 | 地 方 | 其 他 |
| 瑞昌市 | 420.93 | 420.93 | | | | 29620 | 12640 | 16980 | |
| 永修县 | 6333.33 | 5466.67 | 360.00 | 306.67 | 200.00 | 5260 | 2630 | 2630 | |

续表 19-4-8

| 所在县(区) | 规划灭螺面积 | | | | | 总投资 | | | |
|---|---|---|---|---|---|---|---|---|---|
| | 合 计 | 水利工程 | 江湖洲滩垦种 | 机耕垦种 | 造 林 | 合 计 | 中 央 | 地 方 | 其 他 |
| 湖口县 | 2200.00 | 800.00 | 1400.00 | | | 2631 | 1315 | 1315 | |
| 德安县 | 53.33 | 53.33 | | | | 1718 | 860 | 515 | 343 |
| 彭泽县 | 633.33 | 292.20 | 99.73 | 133.40 | 108.00 | 23894 | 16725 | 7168 | |
| 星子县 | 520.00 | 520.00 | | | | 53287 | 26644 | 26644 | |
| 都昌县 | 1308.87 | 1308.87 | | | | 23634 | 11817 | 11817 | |
| 共青城 | 11.00 | 11.00 | | | | 1592 | 955 | 637 | |
| 庐山区 | 300.00 | 300.00 | | | | 9040 | 4520 | 2260 | 2260 |
| 开发区 | 226.67 | 113.33 | 40.00 | 20.00 | 53.33 | 660 | 450 | 210 | |

## 二、工程实施

2001~2002 年,省政府先后在都昌周溪的鄡阳圩、柴棚圩和星子的浆潭联圩进行水利血防工程试点,各圩堤国家投资 200 万~250 万元不等,进行圩堤边坡硬化,建造子堤、涵闸等工程。

2005 年开始,按照《全国血吸虫病综合治理水利专项(2004—2008 年)规划》,国家下达全市河道堤防治理、灌区节水改造、农村饮水安全三类水利血防工程总投资 13232 万元。其中河道堤防 10 座,国家补助 4563 万元,灌区节水改造项目 11 座,国家补助资金 4221 万元,解决农村血吸虫疫区25.508 万人饮水问题,补助资金 4448 万元。

10 个县(市、区)按照规划,委托有资质的勘测设计部门编制可行性研究报告,经长江水利委、省发改委、水利厅分别审查后,编制具体实施方案。

按照国家基建工程规程规范要求,项目县成立领导机构,工程建设项目部严格按项目法人制、招标投标制、施工监理制和合同管理制执行。市发改委和市水利局根据中央财政部下达的《2007 年中央预算内专项资金水利建设项目管理办法》下达《九江市中央预算内专项资金(国债)水利血防工程建设项目管理办法》以及有关规定,市水利局组织专家分别对各项目县施工图进行审查批复。

2010 年底规划内中央投资计划全部完工,各县(市、区)分标段进行验收。

### 2006~2010 年全市实施水利血防工程一览

表 19-4-9　　单位:万元、千米、座

| 项目名称 | 中央投资 | 治理河流长度 | 护坡长度 | 涵闸及沉螺池 |
|---|---|---|---|---|
| 星子县冰玉涧、流泗港河道整治水利血防工程 | 147 | 4 | | |
| 瑞昌市长河等五条河流治理工程 | 789 | 26 | | 14 |
| 湖口县泊洋湖等两座湖堤整治水利血防工程 | 245 | | 3 | |
| 彭泽县芳湖及杨乐水系河道整治水利血防工程 | 713 | 55 | 31 | |
| 彭泽县太泊湖水系河道整治水利血防工程 | 549 | 54 | 33 | |
| 彭泽县爱民圩等 6 座垸堤整治水利血防工程(五群) | 446 | 12 | 12 | |
| 九江县江洲大堤等 19 座堤防整治水利血防工程 | 100 | | | 19 |
| 九江县忠于河、沙河等 18 条河道整治水利血防工程 | 741 | 120 | 87 | 12 |
| 庐山区蔡家湖等 11 座垸堤整治水利血防工程 | 224 | 6 | 6 | 14 |
| 瑞昌市城防堤等 4 座圩堤整治水利血防工程 | 609 | 17 | | 12 |

续表 19-4-9

| 项目名称 | 中央投资 | 治理河流长度 | 护坡长度 | 涵闸及沉螺池 |
|---|---|---|---|---|
| 星子县饶家山等 15 座灌区水利血防工程 | 336 | 56 | | 5 |
| 都昌县大港灌区水利血防工程 | 639 | 57 | 13 | 7 |
| 永修县荷溪等灌区改造工程 | 315 | 6 | | 4 |
| 瑞昌市横港灌区水利血防工程 | 590 | 59 | | 19 |
| 瑞昌市石门灌区水利血防工程 | 651 | 67 | | 8 |
| 瑞昌市大壤灌区水利血防工程 | 187 | 22 | | 20 |
| 德安县紫荆排灌渠水利血防工程 | 134 | 9 | | 15 |
| 湖口县殷山灌区水利血防工程 | 240 | 32 | 1 | 7 |
| 彭泽县浪溪灌区水利血防工程 | 587 | 95 | 2 | 164 |
| 九江县永安等十座灌区水利血防工程 | 296 | 67 | | 11 |
| 庐山区梅山等四座灌区水利血防工程 | 246 | 20 | 40 | 8 |

# 第五章　水土保持

## 第一节　水土流失

### 一、水土流失范围

1996 年,省水土流失现状遥感成果表明,全市水土流失面积 4385.13 平方千米,其中轻度流失面积 1628.2 平方千米,中度流失面积 1476.4 平方千米,强烈流失面积 637.73 平方千米,极强烈流失面积 162.6 平方千米,剧烈流失面积 480.2 平方千米。2000 年,江西省第三次土壤侵蚀遥感调查资料表明,全市仍有水土流失面积 4166.25 平方千米,其中轻度流失面积 1529.25 平方千米,中度流失面积 1489.84 平方千米,强烈流失面积 591.55 平方千米,极强烈流失面积 192.2 平方千米,剧烈流失面积 363.41 平方千米。水土流失面积呈逐年减少趋势。

水土流失遍布全市各县(市、区),其中以修水、武宁两县最为严重。修水县水土流失面积 1180.76 平方千米,占其土地总面积 27.24%,居全省各县之首。

市境内水土流失类型以水力侵蚀为主,局部地区存在滨湖风力侵蚀和以崩岗为主要表现形式的水力、重力混合侵蚀。水力侵蚀分布于市内各种成土母质和土壤上,主要表现形式有面蚀、沟蚀等;水力、重力混合侵蚀主要发生于花岗岩、石灰岩、变质岩地区和江河湖岸,主要形式有崩岗、滑坡、滑塌,其中以崩岗最为严重。2005 年崩岗普查,全市崩岗共计 5703 处,分布在修水、武宁、星子、瑞昌、湖口等县,其中修水县崩岗 5457 处,占 95.7%。风力侵蚀发生于滨湖地区沙丘地,主要分布在都昌县多宝、星子县蓼花等地。

### 2000年全市各县(市、区)水土流失面积分布一览

表 19-5-1　　单位:平方千米

| 行政区 | 境内总面积 | 合 计 | 其 中 | | | | |
|---|---|---|---|---|---|---|---|
| | | | 轻 度 | 中 度 | 强 度 | 极强度 | 剧 烈 |
| 全市合计 | 18823.64 | 4166.25 | 1529.25 | 1489.84 | 591.55 | 192.2 | 363.41 |
| 庐山区<br>浔阳区 | 605.39 | 133.26 | 66.44 | 48.24 | 1.3 | | 17.28 |
| 九江县 | 905.86 | 77.87 | 54.67 | 18.86 | 4.15 | 0.14 | 0.05 |
| 德安县 | 926.92 | 161.07 | 66.26 | 81.09 | 10.76 | 0.77 | 2.19 |
| 永修县 | 2023.16 | 376.68 | 75.66 | 193.49 | 70.11 | 7.48 | 29.94 |
| 星子县 | 727.79 | 129.25 | 41.54 | 74.17 | 5.23 | 3.58 | 4.73 |
| 修水县 | 4333.92 | 1180.76 | 379.94 | 307.65 | 190.14 | 136.02 | 167.01 |
| 武宁县 | 3680.21 | 1127.79 | 457.05 | 311.7 | 210.13 | 25.93 | 122.98 |
| 瑞昌市 | 1424.03 | 348.52 | 135.35 | 153.76 | 38.85 | 5.51 | 15.05 |
| 湖口县 | 671.19 | 117.7 | 36.92 | 60.91 | 15.96 | 3.8 | 0.11 |
| 都昌县 | 1982.53 | 273.11 | 86.75 | 168.37 | 16.62 | 1.37 | |
| 彭泽县 | 1542.64 | 240.24 | 128.67 | 71.6 | 28.3 | 7.6 | 4.07 |

说明:依据江西省2000年第三次土壤侵蚀遥感调查成果

### 2005年全市崩岗调查一览

表 19-5-2　　单位:座、公顷

| 行政区 | 数 量 | 面 积 | 行政区 | 数 量 | 面 积 |
|---|---|---|---|---|---|
| 星子县 | 46 | 5.21 | 湖口县 | 29 | 6.95 |
| 修水县 | 5457 | 1888.50 | 都昌县 | 141 | 24.82 |
| 瑞昌市 | 30 | 15.34 | | | |

### 2010年全市风力侵蚀分布一览

表 19-5-3　　单位:公顷

| 行政区 | 面 积 | 主要区域 | 行政区 | 面 积 | 主要区域 |
|---|---|---|---|---|---|
| 庐山区 | 61.33 | 姑塘镇 | 湖口县 | 13.88 | 流泗镇 |
| 永修县 | 4200 | 吴城镇 | 都昌县 | 3484.46 | 多宝乡、苏山乡、都昌镇 |
| 星子县 | 1400 | 蓼花镇、蓼南乡 | | | |

## 二、水土流失成因

九江属亚热带湿润季风气候区,地处南方红壤丘陵侵蚀区,雨量充沛,降雨集中且年际分配不均,多年平均降雨量1430毫米,暴雨次数多,强度大,年最大降雨量达2165.7毫米(1945年),年最小降雨量768毫米(1898年),3~8月降雨量占全年72%,4~6月占全年40%~50%。当植被遭到破坏,土壤受地表径流的冲刷,极易产生严重的水土流失。人为活动如滥伐森林、陡坡开荒、矿山开采以及开发建设等活动扰动地表,破坏生态环境,加剧人为水土流失。

# 第二节 综合治理

## 一、治理措施成果

1991年以来,全市坚持以小流域为单元进行综合治理,山、水、田、林、路统一规划,工程措施与植物措施相结合。工程措施突出小型水利水保工程,特别是坡面雨水集蓄工程在拦蓄径流、减少泥沙下泄方面的作用。植物措施采取乔、灌、草相结合,高、中、低搭配,针阔混交等方式恢复植被,改善生态环境。水土保持经济开发结合当地产业发展规划,重点培育当地优势产业,如油茶、茶叶、水梨等。同时,开展生态修复工作,发挥大自然自我修复能力。

1997~2010年,全市累计治理水土流失25.17万公顷,其中基本农田0.65万公顷,营造水土保持林6.74万公顷,经济林3.41万公顷,种草0.45万公顷,封禁治理10.73万公顷,保土耕作等其他治理措施3.19万公顷。落实治理成果管护面积9.27万公顷,修筑塘坝池等小型蓄水保土工程3784座,修建坡面水系工程2303千米,实施生态修复面积9.28万公顷。累计投入资金28131.83万元。其间,将修水、德安、瑞昌、星子、武宁、湖口、彭泽、永修、都昌、庐山区等县(市、区)先后列入长江中下游水土保持重点治理、国家农业综合开发水土保持项目和国债水土流失治理项目。至2010年,全市共完成99条小流域综合治理,共治理水土流失面积7.42万公顷,总投资12277.15万元,其中中央投资5806.94万元,地方投资3085.48万元,群众自筹3384.73万元。

## 二、重点治理工程

**鄱阳湖一期水土保持工程** 1998~2000年,全市先后有修水、永修、德安、瑞昌、武宁、星子、浔阳区7县(区)列入国家财政预算内专项资金鄱阳湖一期水土保持工程项目县。至2010年12月,累计治理小流域13条,治理水土流失6140.3公顷,总投资908.67万元,其中中央投资346万元,地方投资352万元,群众自筹210.67万元。

**长江上中游水土保持重点治理工程** 2000~2002年,修水、德安2县列入长江上中游水土保持重点防治工程县。至2010年12月,累计治理小流域4条,治理水土流失7076.77公顷,总投资1395.08万元,其中中央投资692.21万元,地方投资327.87万元,群众自筹375万元。修水县累计治理小流域2条,治理水土流失3600公顷,总投资1008万元。其中中央投资504万元,地方投资252万元,群众自筹252万元。德安县累计治理小流域2条,治理水土流失3476.77公顷,总投资387.08万元。其中中央投资188.21万元,地方投资75.87万元,群众自筹123万元。

**国家农业综合开发水土保持项目** 2003~2010年,先后有修水、德安、星子、武宁县列入国家农业开发水土保持项目县,累计治理小流域65条,治理水土流失49957.97公顷,总投资7769.22万元,其中中央投资3446.12万元,地方投资1647.39万元,群众自筹2675.71万元。

修水县白沙岭项目区、大桥项目区、渣津项目区于2003~2010年先后开展国家农业综合开发水土保持重点治理,累计治理小流域25条,治理水土流失28483公顷,总投资4908.23万元,其中中央投资2290.23万元,地方投资1198万元,群众自筹1420万元。2003~2005年,白沙岭项目区治理小流域11条,治理水土流失12074公顷,总投资1571.99万元,其中中央投资725.23万元,地方投资483万元,群众自筹363万元。2006~2008年,大桥项目区治理小流域9条,治理水土流失9862公顷,总投资1570万元,其中中央投资785万元,地方投资393万元,群众自筹393万元。2009~2010年,渣津项目区治理小流域5条,治理水土流失6547公顷,总投资1766万元,其中中央投资780万元,地方投资322万元,群众自筹664万元。

德安县博阳河项目区于2003~2005年开展国家农业综合开发水土保持重点治理，累计治理小流域

28 条，治理水土流失 9176.97 公顷，总投资 312.41 万元，其中中央投资 56.36 万元，地方投资 61.59 万元，群众自筹 194.46 万元。

星子县滨湖项目区和中垅项目区于 2006~2010 年先后开展国家农业综合开发水土保持重点治理，累计治理小流域 8 条，治理水土流失 9173 公顷，总投资 1902 万元，其中中央投资 809.53 万元，地方投资 242.8 万元，群众自筹 849.67 万元。2006~2008 年，滨湖项目区治理小流域 4 条，治理水土流失 5068 公顷，总投资 758.02 万元，其中中央投资 400 万元，地方投资 83.95 万元，群众自筹 274.07 万元。2009~2010 年，中垅项目区治理小流域 4 条，治理水土流失 4105 公顷，总投资 1143.98 万元，其中中央投资 409.53 万元，地方投资 158.85 万元，群众自筹 575.6 万元。

武宁县金水河项目区于 2008~2010 年开展国家农业综合开发水土保持重点治理累计治理小流域 4 条，治理水土流失 3125 公顷，总投资 646.58 万元，其中中央投资 290 万元，地方投资 145 万元，群众自筹 211.58 万元。

**部管水土保持小流域综合治理试点工程** 1993 年 3 月，德安县陈湾水小流域被列为水利部管长江流域水土保持小流域综合治理试点。至 1998 年 12 月，完成水土流失治理面积 666.25 公顷，累计投入资金 109.14 万元，其中国家补助 28 万元，县配套资金 11.14 万元，群众投劳折款 70 万元，治理程度达到 98.12%。其中营造经济果木林 39.68 公顷，用材林 12.23 公顷，水保林 8.8 公顷，薪炭林 196.13 公顷，疏林补植 34.63 公顷，封禁治理 361.24 公顷，改造坡耕地 44.96 公顷，改造塘坝 3 口，开挖渠道界沟 1266.2 米，架设低压配电线 500 米，建立基地管理房 4 幢，建筑面积 460 平方米，修公路 200 米。2000 年 11 月 28 日，陈湾水小流域水土保持小流域综合治理试点通过长江委组织的验收，后被列入“十百千”工程，2001 年 7 月 31 日被水利部、财政部命名为“全国水土保持生态环境建设示范小流域”。

**“十、百、千”示范工程** 1999 年，全国开展水保生态建设“十、百、千”示范工程创建活动(10 个城市，100 个县，1000 个小流域)，修水、武宁 2 县参加创建活动。修水县在古市镇河桥小流域组织实施，经过 2 年综合治理，高标准完成治理面积 707 公顷，中央投资 50 万元。2001 年 4 月，水利部、财政部将该流域命名为全国水土保持生态建设“十百千”示范小流域。武宁县在新宁镇沙田小流域组织实施，治理水土流失面积 517 公顷。2002 年 8 月通过省级验收，达到合格标准，列入全国水土保持生态建设“十、百、千”示范工程。

**中央预算内投资水土保持重点治理项目** 2000 年开始，永修、星子、都昌、湖口、彭泽、瑞昌、庐山、修水县(市、区)先后开展中央预算内投资水土保持重点治理项目。至 2010 年 12 月，全市治理小流域 14 条，治理水土流失 9176.16 公顷，崩岗 25 处，总投资 2045.04 万元，其中中央预算内投资 1244.61，地方投资 747.08 万元，群众自筹 53.35 万元。

星子县 2000 年开始利用中央预算内投资对 7 条小流域进行水土流失综合治理，治理水土流失 4112 公顷，总投资 532.5 万元，其中中央投资 349 万元，地方投资 136 万元，群众投资 47.5 万元。2000 年，沙山小流域治理水土流失 517 公顷，总投资 43 万元，其中中央投资 31 万元，地方投资 12 万元。2001 年，老池口小流域治理水土流失 600 公顷，总投资 46 万元，其中中央投资 28 万元，地方投资 18 万元。2002 年，长岭小流域治理水土流失 645 公顷，总投资 47 万元，其中中央投资 30 万元，地方投资 17 万元。2003 年，玉京山小流域治理水土流失 600 公顷，总投资 44 万元，其中中央投资 30 万元，地方投资 14 万元。2004 年，洋泗湖小流域治理水土流失 600 公顷，总投资 45 万元，其中中央投资 30 万元，地方投资 15 万元。2009 年，东牯岭小流域治理水土流失 750 公顷，总投资 152.5 万元，其中中央投资 100 万元，地方投资 5 万元，群众投资 47.5 万元。2010 年，沙湾小流域治理水土流失 400 公顷，总投资 155 万元，其中中央投资 100 万元，地方投资 55 万元。

永修县 2001~2003 年对 2 条小流域进行水土流失综合治理，治理水土流失 54.16 公顷，总投资 142.35 万元，其中中央投资 95.61 万元，地方投资 40.89 万元，群众投资 5.85 万元。2001 年，雾山小流域治理水土流失 22.66 公顷，总投资 25.5 万元，其中中央投资 25.5 万元。2003 年，雷山小流域治理水土流失31.5公顷,总投资116.85万元,其中中央投资70.11万元,地方投资40.89万元,群众投资5.85万元。

都昌县2008年对多宝沙山小流域进行水土流失综合治理,治理水土流失1200公顷,总投资150万元,其中中央投资150万元。

湖口县2008年对流芳港小流域进行水土流失综合治理,治理水土流失1200公顷,总投资301.94万元,其中中央投资150万元,地方投资151.94万元。

瑞昌市2008年对青山小流域进行水土流失综合治理,治理水土流失1300公顷,总投资400万元,其中中央投资200万元,地方投资200万元。

彭泽县2009年对芳湖小流域进行水土流失综合治理,治理水土流失750公顷,总投资205.95万元,其中中央投资100万元,,群众投资105.95万元。

庐山区2010年对长岭小流域进行水土流失综合治理,治理水土流失500公顷,总投资155万元,其中中央投资100万元,群众投资55万元。

修水县2010年对路口项目区崩岗进行综合治理试点,治理崩岗25座,治理水土流失60公顷,总投资157.3万元,其中中央投资100万元,地方投资57.3万元。

## 第三节　预防监督

### 一、体系建设

1991年以来,市政府根据《中华人民共和国水土保持法》《中华人民共和国水土保持法实施条例》《江西省实施〈中华人民共和国水土保持法〉办法》,先后制定《九江市城市水土保持暂行规定》《关于加强水土保持工作的通知》《关于加强修河流域生态环境保护和建设的决定》等一系列法规和规范性文件。各县(市、区)分别制定《实施〈中华人民共和国水土保持法〉细则》,发布《关于划分水土流失重点防治区的公告》。全市12个县(市、区)均设立水土保持机构,其中修水县为科级单位,星子县、瑞昌市、武宁县、德安县、庐山区为副科级单位。2010年,全市有水土保持监督(管护)人员1707人,其中专职水土保持监督员296人,兼职水土保持监督员375人,管护员1036人,初步形成市、县、乡、村四级水土保持监督执法网络。全市还形成水土保持方案编制、水土保持监测技术服务体系,2010年有水土保持方案编制乙级资质单位2家、丙级资质单位11家,水土保持监测乙级资质单位3家。

### 二、监督监测

2006年,市水土保持方案审批工作经市政府批准,列入市行政服务中心建设项目审批运行表。在水土保持监督执法工作中,全市坚持依法行政,创新工作机制,通过省、市、县三级联动,加强对矿山开采、修路、城市新区、工业园区等生产建设项目监督检查,强化水土保持监督管理。2007年,成立市水土保持监测站,是全省6个监测分站之一,在修水县白岭镇建立国家级水土保持监测点,承担修河上游水土保持监测任务。至2010年,全市累计审批生产建设项目1316个,对900多个生产建设项目进行水土保持设施专项验收,征收水土保持补偿费1141万元。

## 第四节　城市水土保持

2000年,九江市被列为全国第二批城市水土保持试点城市,2003年通过水利部验收,被授予“全国城市水土保持先进集体”,建成市区滨江中路堤防绿化、环南湖路绿化、庐峰小区绿化、九江学院绿化等一批水土保持生态示范工程。

2005年,修水、武宁2县在全省率先开展县级城市水土保持试点工作。通过试点工作,2县加大对城市新区水土保持监督管理和生态保护力度。修水县修建总长度6.9千米的修河南、北两岸绿化带,城区净增绿化面积247.87公顷,累计投入城镇水土保持工程建设资金1.123亿元;2006年获“省级园林绿化城市”称号。武宁县修建长 9.6 千米的庐山西海北、西、东防洪堤岸绿化带，完成城区绿地面积 308 公顷，人均公共绿地面积达到 16.1 公顷，绿地率 15.83%，绿化覆盖率 40%以上；全县共投入城市水土保持资金 2683.6 万元。

# 第六章 水利科研

## 第一节 工程设计

### 一、设计程序

1991 年始，水利工程设计产品工作程序是上级下达设计任务 — 编制可研报告 — 审批 — 初步设计 — 审批 — 施工图设计。根据工程规模大小审批权限不同，国家级重点项目由水利部或委托长江水利委员会审批，一般大中型项目由省发改委及水利厅审批，小型项目由市水利局审批。

**1991~2010 年全市水利工程设计项目一览**

表 19-6-1

| 时 间 | 设 计 项 目 |
|---|---|
| 1991 年 5 月 | 长江大堤九瑞路口堤段设计报告 |
| 1991 年 9 月 | 市柘林灌区加固配套工程初步设计 |
| 1992 年 4 月 | 市柘林灌区加固配套工程初步设计补充设计 |
| 1992 年 7 月 | 市城市防洪工程、死水港排水系统整治设计报告 |
| 1993 年 7 月 | 市城市防洪工程八里湖排涝泵站初步设计 |
| 1993 年 8 月 | 武宁县盘洒水电站初步设计 |
| 1996 年 11 月 | 市长江堤岸马湖段复堤设计 |
| 1998 年 12 月 | 九江县江洲大堤复堤初步设计 |
| 1999 年 5 月 | 九江县赛城湖闸除险加固工程初步设计 |
| 1999 年 5 月 | 市长江干流江岸与堤防加固整治工程马湖堤除险加固初步设计报告 |
| 1999 年 5 月 | 长江干流江岸与堤防八赛、土桥、江洲、建设、沙洲、红光、棉洲、马湖堤除险加固工程初步设计报告 |
| 1999 年 5 月 | 长江干流江岸与堤防马湖堤除险加固工程初步设计报告 |
| 1999 年 5 月 | 长江干流江岸与堤防加固整治工程建设堤初步设计报告 |
| 1999 年 8 月 | 长江干流江岸堤防加固整治工程初步设计 |
| 1999 年 10 月 | 长江干流江岸与堤防加固整治工程济益公联圩土桥除险加固初步设计报告 |
| 1999 年 10 月 | 长江干流江心洲江岸堤防加固整治工程初步设计 |
| 1999 年 10 月 | 长江干流东升堤、芙蓉堤、棉船堤江岸堤防加固整治工程初步设计 |
| 1999 年 10 月 | 长江干流江岸与堤防加固整治工程初步设计报告 |
| 1999 年 12 月 | 长江干流江岸与堤防加固整治工程砂洲、红光堤除险加固初步设计报告 |
| 2000 年 4 月 | 长江干流江岸与堤防加固整治工程棉洲堤除险加固初步设计报告 |
| 2000 年 8 月 | 长江干流江岸与堤防加固整治工程天灯、牛脚芜、黄茅、永和、长棉堤除险峰加固初步设计报告 |

续表 19-6-1

| 时　间 | 设 计 项 目 |
| --- | --- |
| 2000 年 11 月 | 马湖堤江岸加固工程初步设计 |
| 2000 年 12 月 | 长江干流江岸与堤防加固工程初步设计报告 |
| 2002 年 5 月 | 平垸行洪、退田还湖工程湖口县南北港单退圩堤初步设计报告 |
| 2002 年 6 月 | 长江干流江岸与堤防加固工程水土保持措施技施设计报告 |
| 2002 年 6 月 | 长江干流江岸与堤防加固整治工程天灯、牛脚芜、黄茅、永和、长棉堤工程地质图集 |
| 2002 年 6 月 | 长江干流江岸与堤防加固整治工程天灯、牛脚芜、黄茅、永和、长棉堤工程地质勘察报告 |
| 2002 年 8 月 | 宛行洪退田还湖湖口县南北港单退圩堤初步设计报告 |
| 2002 年 9 月 | 修河流域武宁县城区防洪工程设计报告 |
| 2002 年 11 月 | 九江发电厂污水排放整改工程初步设计报告 |
| 2003 年 7 月 | 长江中下游干流河道九江段采砂项目可行性论证报告 |
| 2003 年 7 月 | 长江干流江岸堤防加固整治工程初步设计 |
| 2003 年 10 月 | 马湖堤干砌石和堆石工程设计 |
| 2003 年 10 月 | 市城区两湖治理引水工程初步设计 |
| 2003~2007 年 | 1070 座中、小水库大坝安全鉴定报告和病险库除险加固初步设计(施工设计)报告 |
| 2004 年 3 月 | 市农村饮水安全应急项目可行性研究报告 |
| 2004 年 4 月 | 长江中下游干流河道西段采区采砂论证报告 |
| 2004 年 8 月 | 永修县金鸡垅水电站初步设计 |
| 2004 年 8 月 | 永修县柘林灌区大坪渡槽施工设计 |
| 2004 年 8 月 | 永修县柘林灌区虬津枢纽工程初步设计 |
| 2004 年 8 月 | 永修县柘林灌区旭光渡槽施工设计 |
| 2004 年 9 月 | 永修县金鸡垅水电站施工设计报告 |
| 2004~2007 年 | 527 座中、小水库大坝安全鉴定报告和病险库除险加固初步设计(施工设计)报告 |
| 2005 年 6 月 | 市“十一五”农村饮水安全工程规划典型工程设计报告 |
| 2005 年 6 月 | 市龙开河改道整治工程(水利部分)初步设计报告 |
| 2005 年 8 月 | 市血防区窕村饮水安全工程建设第一期项目可行性研究报告 |
| 2005 年 8 月 | 市出口加工区河道整治工程初步设计报告 |
| 2005 年 9 月 | 九江顺缘码头改造工程可行性研究报告 |
| 2005 年 9 月 | 湖口县南北港平退工程设计报告 |
| 2005 年 10 月 | 都昌县新妙湖单圩堤巩固工程设计报告 |
| 2005 年 11 月 | 都昌县大港灌区水落石出利血防工程初步设计报告 |
| 2005 年 12 月 | 长江干流江新洲、棉船洲崩岸治理方案 |
| 2005 年 12 月 | 星子县饶家山等 15 座灌区水利血防项目初步设计报告 |
| 2006 年 1 月 | 星子县冰玉涧水利血防项目初步设计报告 |
| 2006 年 5 月 | 鄱阳湖区二期防洪工程第五个单项附城圩除险加固设计报告 |
| 2006 年 6 月 | 市袁家湖，姬公庵泵站改造工程设计 |
| 2006 年 6 月 | 瑞昌市乌石河等五条河流治理水利血防工程设计报告 |
| 2006 年 10 月 | 市城市总体规划设计 |

续表 19-6-1

| 时 间 | 设计项目 |
|---|---|
| 2006 年 10 月 | 瑞昌市赛湖大堤地震灾害应急工程设计报告 |
| 2006 年 12 月 | 市浔阳酒肆、琵琶亭景区扩建工程对城市防洪工程的影响评价报告 |
| 2006 年 12 月 | 长江委九勘队八里江水位自计台工程施工设计报告 |
| 2007 年 6 月 | 星子县冰玉涧、流泗港河道整治水利血防工程初步设计报告 |
| 2007 年 6 月 | 瑞昌市横港灌区水利血防工程初步设计报告 |
| 2007 年 6 月 | 瑞昌市石门灌区水利血防工程初步设计报告 |
| 2007 年 6 月 | 瑞昌市长河等五条河道治理水利血防工程初步设计报告 |
| 2007 年 6 月 | 市庐山区蔡家湖等 11 座圩堤整治水利血防项目初步设计报告 |
| 2007 年 6 月 | 彭泽县五联等圩堤水利血防工程初步设计报告 |
| 2007 年 6 月 | 彭泽县芳湖及杨乐水系河道整治理水利血防工程初步设计报告 |
| 2007 年 6 月 | 彭泽县太泊湖水系河道整治理水利血防工程初步设计报告 |
| 2007 年 6 月 | 彭泽县浪溪灌区水利血防工程初步设计报告 |
| 2007 年 6 月 | 市庐山区梅山等 4 座灌区水利血防项目初步设计报告 |
| 2007 年 6 月 | 湖口县泊洋湖等两湖堤整治水利血防工程初步设计报告 |
| 2007 年 7 月 | 瑞昌市大壤灌区水利血防工程初步设计报告 |
| 2007 年 7 月 | 湖口县殷山灌区水利血防项目初步设计报告 |
| 2007 年 7 月 | 永修县水利血防节水灌溉工程荷溪等灌区改造工程初步设计 |
| 2007 年 7 月 | 德安县紫荆排灌渠水利血防工程初步设计报告 |
| 2007 年 12 月 | 市城西港区景观河工程设计报告 |
| 2008~2010 年 | 81 座中、小水库大坝安全鉴定报告和病险库除险加固初步设计(施工设计)报告 |
| 2008 年 1 月 | 市长江渔港建设项目初步设计报告 |
| 2008 年 4 月 | 市庐山如琴湖水库除险加固工程初步设计报告 |
| 2008 年 4 月 | 市棉科所堤一号、二号泵站工程初步设计报告 |
| 2008 年 4 月 | 省越盛油库码头防洪工程初步设计 |
| 2008 年 4 月 | 市建设局琴湖大道排水箱涵工程初步设计 |
| 2008 年 6 月 | 鄱阳湖骑士山庄旅游码头工程防洪安全影响评价报告 |
| 2008 年 7 月 | 长江公路大桥南岸引道工程防洪影响评价报告 |
| 2008 年 10 月 | 市琴湖大道排水箱涵过水能力深度分析报告 |
| 2009 年 1 月 | 郊区八赛排灌总站工程分析报告 |
| 2009 年 2 月 | 市城西港区防洪治涝忠子河一期治理工程施工设计 |
| 2009 年 3 月 | 市城西港区防洪治涝工程初步设计 |
| 2009 年 4 月 | 市十里河整治工程初步设计报告 |
| 2009 年 6 月 | 乐平市乐北排涝总站更新改造工程初步设计 |
| 2009 年 7 月 | 市十里河整治工程二期施工设计报告 |
| 2009 年 10 月 | 中国石油江销售分公司九江湖口油库码头护岸工程初步设计 |
| 2009 年 12 月 | 市庐山区东升堤弯段一期加固工程防洪评价报告 |
| 2009 年 12 月 | 庐山芦林湖水库大坝安全评价报告 |

续表 19-6-1

| 时 间 | 设 计 项 目 |
|---|---|
| 2010 年 5 月 | 龙达(江西)差别化化学纤维有限公司穿堤建筑物设计方案 |
| 2010 年 6 月 | 市十里河综合整治工程竣工验收设计报告 |
| 2010 年 7 月 | 永修县农业综合开发云山灌区节水配套改造项目设计报告 |
| 2010 年 8 月 | 市城东港区沿江工业基地啤酒厂排涝工程施工设计 |
| 2010 年 9 月 | 市八里湖蛟滩水利综合治理工程初步设计 |
| 2010 年 11 月 | 共青城南湖圩堤整治水利血防工程初步设计报告 |
| 2010 年 12 月 | 市开发区向阳沟排水管道新建工程初步设计 |
| 2010 年 | 81 座中、小水库大坝安全鉴定报告和病险库除险加固初(施)设报告 |
| 2010 年 | 市八里湖蛟滩水利综合治理工程初步设计报告 |

### 二、材料检测

20 世纪 90 年代前,市水利设计院无专业材料检测部门。90 年代中期,不断购买设备,技术力量稍微加强,检测产品有土工材料专项检测。2008 年,实验室改为市利海工程质量检测有限公司,是依法成立的工程质量检测机构,独立法人,主要任务是满足业主、监理及施工单位委托"建筑工程材料、结构实体检测",并提供技术服务。公司建立包括水泥、混凝土、砂浆、钢筋、岩土类试验等检测。2008 年,拥有固定资产约 32 万元,仪器设备 47 台,同年,建立建筑工程质量智能检测信息系统,实现中心检测办公自动化。

### 三、水利设计奖

1991~2010 年,有 10 项水工建筑物设计获省、市优秀设计奖。市水电规划设计队与武宁县水电设计室联合设计源口水电站圬工双曲拱坝,获市优秀设计一等奖和省优秀设计鼓励奖。修水县水电设计室设计山口水电站,获市优秀设计二等奖。修水县水电设计室设计湘竹电站模拟式集中配电设备,获市优秀设计三等奖。湖口县水电设计室设计长岭三铰肋拱式渡槽,获市优秀设计二等奖。九江市水电规划设计院设计彭泽县芙蓉闸除险加固工程, 获市优秀设计三等奖。市水电规划设计院设计柘林灌区渠首水电站,获市优秀设计三等奖。

## 第二节 水利勘测

### 一、勘测工程

2000 年始,市勘测进入全面发展阶段。2003 年,完成南昌市安义县侯家水库工程、长江堤防工程、市水资源综合规划、日元贷款工程、大小病险水库除险加固工程 252 项。共完成土工试验 2000 多组,渗透变形试验 34 组,击实试验 30 多组,岩石试验 60 多组;完成各类比例尺工程地质测绘 837 平方千米,钻探总进尺 1158.22 米,各类控制测量约 1500 千米,全站仪水准测量约 800 千米,纵横断面测量 400 多千米及比例尺地形图约 400 平方千米。2004 年,完成 13 座省重点小(一)型水库、3 座中型水库除险加固工程,还有城市规划、供水、引水工程,涉河工程,水利电力工程。2005 年,完成修水祥云,武宁红旗、刘准,瑞昌下雷,九江县冯家山,湖口莲花,星子谢家山、姜家垅,都昌繁荣、东安,德安县林泉 11 座水库安全鉴定勘察及初步设计阶段地质勘察工作;完成市出口加工区道路勘察、市拟建垃圾处理场选址勘察、九江县爱国村顺缘码头勘察、九江县龙盛物流码头勘察、市城市防洪日元贷款项目官牌夹泵站勘察、葛洲坝集团上海长兴船闸连续墙抽芯质量检查以及武汉兰陵新天地基坑防渗工程。2006年，完成彭泽太泊湖、浪溪水系灌区，庐山区梅山4灌区，瑞昌石门、大壤、横港灌区，永修水利，都昌大港等血防工程勘察；彭泽白沙水库、星子观音塘水库、德安林泉水库地质勘察；安徽水阳江工程、湖南临湘铁路工程、星子县看守所工程、市企业家大厦工程、市日元贷款老鹳塘及赛城湖堤泵站、市水产局新建码头工程。2007年，完成彭泽、瑞昌、武宁等县市5座中型水库(电站)和星子、都昌、彭泽、德安、永修、武宁、庐山区等县区小(一)型水库34座，彭泽、瑞昌、湖口、庐山区、德安、星子、永修等县市区14个灌区水利血防工程和工民建勘察项目。完成新港镇沿江工业基地陈家新屋复迁址勘察工程、江西科茵格15万吨/年改性沥青和6万吨/年改性乳化沥青勘察工程、德安县自来水公司鸭子塘勘察、市琴湖大道箱涵勘察、新港镇太平村拆迁复建勘察工程、市城西港区防洪排涝勘察工程。此外，完成地基处理施工项目有庐山植物园水库坝基除险加固工程；特别是在黄石公路大桥5-4桥墩防渗加固工程时，在长江河道中，水下20米且水流急速，砂层20米的工况下，采用单、双管高压灌浆联合作业技术，取得可喜经济和社会效益。2008年，完成新港镇沿江工业基地陈家新屋复迁址勘察二期工程、太平村拆迁复建工程、九江洗心圩勘察、九江县新洲节水改造工程、鄱阳湖5个县区采砂勘察工程、日贷办赛城湖堤防质检勘察、新港镇汪家湾拆迁复建工程、庐山区芳兰湖联圩勘察、庐山芦林湖大坝安鉴勘察、市消防特勤中队营房和训练基地勘察、市城西港区防洪排涝勘察工程、湖口县泊洋湖和造湖圩堤勘察、武宁县关门咀和双港2座水库勘察、瑞昌市横港水库隧洞补充勘察、礁石和金溪高喷、江苏宜兴铁路勘察工程。2009年，完成瑞昌市长河堤整治、彭泽县铁笼水库和十里河整治、瑞昌市5灌区节水改造、都昌县苏山水库等33个工程勘察；完成庐山仰天坪水库、永修县双喜房地产有限公司采砂、庐山区中学濂溪河截湾取直、万年县新建水库、省创捷物流公司码头、安义县侯家水库等16个工程的勘察任务。2010年，完成瑞昌市长河堤整治、瑞昌市赛湖等4座湖泊水利血防、永修县修河和潦河采砂规划、星子县松树湾圩等堤防水利血防整治、湖口县南港河等河道治理水利血防、都昌县周溪等4座圩堤水利血防、德安县橡胶坝高喷、德安县蔡山垅和上易水库高喷、安义县关边水库涵管套管和市八里湖蛟滩水利综合治理等26个工程的勘察任务。

### 二、勘察设备

1991年，测量设备主要是以经纬仪和全站仪为主，勘察用钻机设备普遍为给把式钻进、合金钻头或钢粒钻头，压水试验止水方式采用双层管，岩芯采取率低、钻进速度慢、工艺繁琐，工期较长。2000年始，测量采用GPS全球定位测量设备。钻机得到改良，全部采用液压行程钻孔，使用金刚石钻头、复合片钻头，虽然造价较高，可钻进速度提高，岩芯采取率上升。压水试验止水方式采用钻杆给水纯压式，工艺简化，工期大幅度缩短，工程项目进度提高。

## 第三节　工程规划

### 一、防洪工程规划

1991~1995年，对全市201座圩堤进行防洪工程规划，总投资12385.43万元。1996~2000年，对全市276座圩堤进行防洪工程规划，总投资4860.75万元。

## 二、治涝工程规划

1991~1995 年，规划全市 260.24 平方千米易涝区，工程投资 2076.74 万元。1996~2000 年，规划全市 981.69 平方千米易涝区，工程投资 2190.77 万元。

## 三、灌溉工程规划

1991~1995 年，规划全市排水泵站装机容量 34037 千瓦，改善排涝农田 1.62 万公顷，工程总投资 2052.64 万元。1996~2000 年，规划全市排水泵站装机容量 16376.8 千瓦，改善排涝农田 1.24 万公顷，工程总投资 1346.8 万元。

1991~1995 年，规划全市合计库容量 4.825 亿立方米灌溉蓄水工程，总投资 6254.31 万元。规划全市灌溉引水工程渠系建筑物 6908 座，续建渠线长度 1429.8 千米，灌溉面积 4.85 万公顷，总投资 7034.19 万元。规划全市灌溉提水工程，装机容量 34509 千瓦，总投资 2946.4 万元。1996~2000 年，规划全市合计库容量 1.9594 亿立方米灌溉蓄水工程，总投资 9970.12 万元。规划全市灌溉引水工程渠系建筑物 416 座，续建渠线长度 940.3 千米，灌溉面积 2.97 万公顷，总投资 5826.05 万元。规划全市灌溉提水工程，装机容量 22852 千瓦，总投资 1999.5 万元。

## 四、小水电及电网规划

1991~1995 年，编制《九江市小水电和电网工程规划》，小水电工程装机容量 39002 千瓦，年发电量 12503.2 万千瓦时，总投资 8815.04 万元。电网工程 141250 千伏安，总投资 2331.07 万元。1996~2000 年，规划全市小水电工程装机容量 34636 千瓦，年发电量 10303 万千瓦时，总投资 10662.45 万元。电网线路长度 1384.9 千米，总投资 1830 万元。电网工程 111200 千伏安，总投资 1507.30 万元。

## 五、渍害田治理规划

1991~1995 年，制定《九江市渍害田治理规划》，规划治理面积初治 1.04 万公顷，高治 0.22 万公顷，工程投资 1144.72 万元。1996~2000 年，规划治理面积初治 0.71 万公顷，高治 636 公顷，工程投资 1976.99 万元。

## 六、水土保持小流域综合治理规划

1991~2000 年，制定《九江市水土保持小流域综合治理规划》，全市规划治理面积 6.96 万公顷，其中，“八五”治理 3.24 万公顷，“九五”治理 3.72 万公顷。“八五”总投资 4151.57 万元，其中国家扶助 1245.10 万元；“九五”总投资 4186.35 万元，其中国家扶助 1256.04 万元。

## 七、人畜饮水及乡镇供水规划

1991~1995 年，制定《人畜饮水及乡镇供水规划》。全市规划用水人群 74.95 万人，大牲畜 11.57 万头，小牲畜 76 万头，工程措施采打井 35140 处，蓄水工程 248 座，提水工程 2392 千瓦，总投资 2107.5 万元。1996~2000 年制定《人畜饮水及乡镇供水规划》。全市规划用水人群 40.8 万人，大牲畜 6.475 万头，小牲畜 16.875 万头，工程措施采打井 21355 处，蓄水工程 330 座，提水工程 3536 千瓦，总投资 1661.6 万元。

1991~1995 年，制定《九江市乡镇供水规划》，规划水塔 53 处，管路 32440 米，总投资 911.69 万元；1996~2000 年，制定《九江市乡镇供水规划》，规划水塔 86 处，管路 46170 米，总投资 1367.6 万元。

## 八、水利综合经营规划

1991~1995 年，总投资 1800 万元。1996~2000 年，总投资 1750 万元。

## 九、水利工程灭螺规划

1991~1995 年，全市总计灭螺面积 8693 公顷，总投资 14851.25 万元。1996~2000 年，全市总计灭螺面积 1360 公顷，总投资 694.25 万元。

### 十、市水利发展“十五”规划

防洪工程规划总投资 64.2822 万元。水资源开发利用工程总投资 7.1448 万元。灌溉与节水工程总投资 15.333 万元。水土保持及水资源保护工程总投资 7.0013 万元。水电工程总投资 5.7517 万元。基础工作与管理总投资 1.5572 万元。

## 第四节 科研成果

1991~2010 年，市水利科学研究所完成水资源研究、防灾减灾、水利水电工程等课题研究和科研试验 100 多项。1991 年“沥青过水土坝试验研究”获水利部科技进步四等奖；1995 年“鄱阳湖修河尾闾整治研究”获省科学技术成果三等奖、国家科技进步二等奖。1997 年“TTV-1 电测探测仪”获省农业科教人员突出贡献奖；2010 年“砼 1 小时测定强度技术在工程施工中的试验与应用”获省赣鄱水利科学技术三等奖。

**1991~2010 年市水利科学研究所主要科研设备一览**

表 19-6-2

| 设备名称 | 型 号 | 主要功能 |
|---|---|---|
| 电测仪 | TZY-201 | 堤坝隐患测量 |
| 压力试验机 | JYL-300 | 测定水泥、砖及石块等建筑材料抗压强度 |
| 压力试验机 | JYL-2000D | 砖、石、水泥及混凝土等建筑材料的抗压强度试验 |
| 水泥混凝土标准养护箱 | HBY-40A | 水泥、混凝土、水泥制品等试样进行强度、定性凝结时间的标准养护 |
| 自动切石机 | SCQ-1A | 各类非金属固体切割、取样 |
| 地基承载力现场检测仪 | WG-VI | 现场快速原位测试 |
| 混凝土数显渗透仪 | HS-4S | 混凝土抗渗试验 |
| 微机屏显式液压万能试验机 | WEW-600B | 金属材料和非金属材料的拉伸、压缩、弯曲等试验 |
| 双端面磨平机 | SCM200 | 各类矿石、混凝土等非金属固体进行力学测试的标准样本制作 |
| 表面振动压实仪 | YSY-1 | 无粘性粗粒土和巨粒土的最大干密度测定 |
| 土工合成材料综合测定仪 | TZY-1 | 土工合成材料本身的力学性能试验、土工织物相互作用摩擦性能试验 |
| GPS GNSS RTK | V30 | 工程测量 |
| 全数字超声波探伤仪 | PXUT-350+ | 金属焊缝探伤 |

## 第五节 水利普查

2010 年 9 月，成立市第一次水利普查领导小组，下设办公室（设市水利局内），制订《九江市第一次全国水利普查实施方案》。各县成立相应机构。市第一次全国水利普查对象为市境内所有流域面积 50 平方千米以上的河流和常年水面面积 1 平方千米以上的湖泊；水库、水电站、水闸、泵站、引调水、堤防、农村供水、塘坝、窖池、陂坝、灌区和地下水取水井等 12 类工程；城乡居民生活，工业、建筑业及第三产业用水单位，灌区、规模化畜禽养殖场及公共供水企业等取用水户；河湖取水口、地表水水源地、入河湖排污口、有治理保护任务的河流与湖泊；水蚀区域及主要水土保持措施；水利行政机关、事业、企业、社团、乡镇水利管理单位。以 13 个建制县（市、区）为县级普查单元，以 13 个街道办事处，113 个乡，102 个镇为乡、镇级普查单位,以 2246 个村为村级普查区,层层登记,填表普查。完成清查对象 473005 个数据采取、录入及审核,完成空间标绘各类对象 6881 个。共发放、填报、回收正式普查表 20149 份。全市水利普查专职工作人员共计 85 人,技术支撑单位参与人数 53 人,选聘普查员 2570 人(其中普查指导员 664 人),全市普查专项工作经费 1154 万元。

### 第六节　科研队伍

#### 一、市水利电力规划设计院

1991 年,市水利电力规划设计院下设设计室、办公室、测量队和地勘公司,共有专业技术人员 29 人,其中高级工程师 8 人、中级工程师 11 人、助理工程师 10 人。2010 年,市水利电力规划设计院下设办公室、财务科、经营科、设计一室、设计二室、测量队、地勘公司和总工办,共有专业技术人员 35 人,其中高级工程师 11 人、中级工程师 13 人、助理工程师 11 人。主要专业有测量、地质、水文水能、水工建筑、水力机械、电气、金属电工程设计,具备乙级勘察、丙级测量、三级水电基础工程施工及建筑工程、送变电工程设计等资质。

#### 二、市水利科学研究所

1991 年,全所有专业技术人员 7 人,其中高级工程师 3 人、工程师 4 人。2009 年,研究所内设办公室、财务室、科研试验室、科研设计室和科研咨询室。2010 年,全所有专业技术人员 12 人,其中高级职称 3 人、中级职称 6 人、初级职称 3 人。

## 第七章　管理监督部门

### 第一节　工程管理

#### 一、市县乡防汛指挥机构

1991 年,市防汛抗旱指挥部由市政府主要行政首长任指挥,市水利局局长及政府、军分区首长等人员任副指挥,指挥部成员由发改委、财政局、建设规划局、交通局、农业局、林业局、国土资源局、卫生局、气象局、公安局等 30 多个部门主要领导组成。下设办公室作为常设机构,负责指挥部日常工作。办公室机构设在市水利局,同时也是市水利局的职能科室。各县(市、区)防汛抗旱模式与市本级相同。汛期,各乡、各重点水利工程均成立防汛指挥所或指挥组,由党委书记或农业书记任指挥长,村、组分别成立防洪抢险大队、中队,并在危险地段派出巡逻队、突击队和材料运输队。2007 年 3 月,根据省防总《关于贯彻省政府办公厅赣府厅发〔2007〕6 号文加强防汛抗旱指挥部办公室能力建设的通知》和市防汛抗旱指挥部《关于进一步贯彻省政府办公厅、省防总加强防汛抗旱指挥部办公室能力建设做好防汛工作的通知》要求,各乡(镇)陆续建立健全防汛抗旱指挥部,由乡(镇)主要领导担任指挥长,指挥部下设办公室,分管领导兼任办公室主任,水利员任常务副主任,在汛期配备 1~2 名具体工作人员,明确防汛工作职责,落实乡镇防办硬件配置,逐步规范乡镇防汛指挥机构建设。同年起,全市各乡镇防汛抗旱办公室相继挂牌,为常设机构。至2010 年,全市共有 223 个乡镇成立防汛指挥机构,配备工作人员 562 人。

### 二、市县乡工程管理机构

1991 年,全市共有中型水库 20 座,管理人员 670 名;小(一)型水库 161 座,管理人员 421 名;小(二)型 758 座,管理人员 662 名。国家管理的工程 41 座,共有 1124 名专职管理人员。2010 年 12 月,全市共有中型水库 23 座,管理人员 710 名;小(一)型水库 184 座,管理人员 184 名;小(二)型 861 座,管理人员 861 名。国家管理的工程 35 座,共有 911 名专职管理人员。

### 三、市县乡水管站

1991 年,全市共有乡镇水管站 226 个。其中湖口县 12 个,德安县 18 个,九江县 16 个,彭泽县 20 个,永修县 12 个,星子县 11 个,都昌县 30 个,庐山区 9 个,修水县 36 个,武宁县 23 个,瑞昌市 29 个,共青未设水管站。2010 年,全市共有乡镇水管站 187 个。其中湖口县 12 个,德安县 15 个,九江县 12 个,彭泽县 15 个,永修县 12 个,星子县 11 个,都昌县 24 个,庐山区 9 个,修水县 36 个,武宁县 20 个,瑞昌市 21 个,共青未设水管站。

### 四、市城区泵站管理处

1996 年,称市城区排水枢纽工程管理处,2005 年 10 月,更名为市城区泵站管理处,为纯公益性事业单位,具体负责泵站电气设备、机械设备、液压设备的维修养护和运行管理工作,负责 2.2 千米新开河堤维修养护、八里湖大闸等水工建筑物运行和养护工作。2002 年,市堤防管理处撤销,所属人员划入市城区泵站管理处。2010 年,市城区泵站管理处负责管理八里湖、河西、河口、河东、庐山路、白水湖、开发区、荷花塘、老鹳塘、李家山 10 座泵站,2.2 千米新开河堤以及八里湖大闸等 6 座涵闸, 泵站总装机容量 6419 千瓦,属于大中型三级泵站工程管理单位。

### 五、市柘林灌区管理局

1991 年,为差额拨款事业单位,下设柘林、大坪、燕坊、军山 4 个管理段和渠首水电站,内设办公室、计财科、工管站、信息中心、水政科。2010 年,管理局增设水利经营管理站,全局有专业技术人员 15 人,其中高级工程师 2 人、工程师 3 人、助理工程师 10 人。

### 六、市水利电力建筑公司

1991 年,公司下设 4 个工区,采取一级管理、二级核算方式,设有工程、技术、质检、实验等专业科室。1992 年 5 月被核定为国营二级施工企业。2007 年核算方式合并为公司统一核算。2010 年,公司有专业技术人员 120 人,其中高级工程师 26 人、工程师 33 人,固定资产 3650 多万元。

## 第二节　执法监督

### 一、水土保持监测站

2007 年,市水土保持监测站成立,是全省 6 个监测分站之一。水土保持监测站在修水县白岭乡建立省级水土保持监测点,承担修河上游水土保持监测任务。2008 年始,对 30 余个大中型开发建设项目进行水土保持监测。

## 二、水政监察支(大)队

1991 年 1 月,受水利部委托,省水利厅和长江水利委员会等部门对都昌县建立水行政执法体系试点工作进行检查,认为达标合格同意验收。1998 年 6 月,市水政监察支队成立,与市水利局水政水资源科合署办公。2004 年,各县(市、区)分别成立水政监察大队。

## 三、工程质量监督站

1994 年,成立市水利工程质量监督站。各县(市、区)水利(水务)局亦成立质量监督站。业务上均受省水利厅质量中心监督站指导。主要职责为对全市范围内水利工程实行政府监督，并参与工程验收工作。1994~2010 年,共对 300 余座工程实施有效监督管理。

# 第二十篇

# 石油化工业

# 第二十篇 石油化工业

1991年10月，九江炼油厂更名九江石油化工总厂，实现企业升格。当年，跻身国内500强之列，居全国500家最大工业企业第六十位、同行业第二十位、省工业企业第三位。1992年，原油加工量突破200万吨。1999年，原油加工量突破300万吨。

2000年，企业加大改革力度，实施减员增效。根据中国石油化工集团公司重组改制整体上市要求，成立中国石油化工股份公司九江分公司。经过改革，九江石化主业更加突出，实现轻装上阵。2004年销售收入突破100亿元。2005年仪征—长岭原油管线投用。2006年100万吨/年焦化、120万吨/年加氢等5套新装置开车一次成功，同年原油加工量突破400万吨。2008年，500万吨/年Ⅰ套常减压装置完成扩能改造并投产成功。同年，九江—南昌—樟树成品油管线投用，为生产经营提供有力保障。2009年12月，中国石油化工集团公司与江西省政府签署战略合作协议，双方同意积极推进九江石化800万吨/年油品质量升级改造工程，九江石化从此踏上新一轮大发展征程。2010年，九江石化炼油加工量473万吨，再创历史新高，销售收入突破200亿元，达到236亿元，实现历史性突破；化肥成功关停，产业结构得到更好优化和调整。

20年来，九江石油化工固定资产原值与投产初期相比增长近17倍，达到74亿元，形成500万吨/年炼油综合加工能力和30万吨/年合成氨、52万吨/年尿素、10万吨/年聚丙烯生产能力；累计加工原油6362万吨，生产尿素620万吨、聚丙烯129万吨，为确保江西省及周边地区成品油市场供应、发展农业生产、壮大石油化工产业提供有力支撑；累计实现销售收入1800亿元，利税近202亿元，上缴税费一直位居省工业企业前列。

# 第一章 炼油

## 第一节 炼油装置

### 一、装置建设

1991年,完成装置建设投资800万元。同年6月24日,气体分馏装置竣工验收,12月13日,加氢重整装置通过国家竣工验收。九江石化建成投产设计加工原油能力为250万吨/年。1991年年底,已经形成固定资产原值4.5亿元,全厂占地面积332万平方米,主要装置有250万吨/年常减压,120万吨/年催化裂化,15万吨/年催化重整,40万吨/年加氢精制,12万吨/年气体分馏,10万吨/年氧化沥青以及配套"三废"处理,油品储运,检维修系统和水、电、汽、风系统,厂内铁路专用线,沿江自备油品码头,2台1.2万千瓦发电机组热电站。1992年炼油基建投资1436万元。全年完成小炼油装置建设和污油加工装置投料试车。省批复同意建设常减压装置加工进口原油配套设施工程和重整装置配套芳烃抽提项目工程。1993年1月11日,小炼油装置一次投料试车成功。7月26~27日,MTBE装置设计审查会举行。10月21日,中国石化总公司工程部批准建设2万吨/年MTBE装置初步设计。11月20日,省经贸委、省石化厅批复同意10万吨/年芳烃抽提装置初步设计。12月31日,2万吨/年MTBE装置开工。1994年炼油基建投资3735万元。6月,10万吨/年芳烃抽提装置设备基础完成。8月,2万吨/年MTBE装置土建交付安装。10月,0.3万吨/年油浆重油芳烃抽提装置投料生产。12月,150万吨/年常减压装置桩基完工。1995年8月,2万吨/年MTBE装置投料试车成功。11月,10万吨/年芳烃抽提装置投料试车成功产出苯、甲苯、6号、120号溶剂油等新产品,填补江西省内的空白,为炼油向化工延伸创造条件。12月26日,100万吨/年重油催化裂化装置破土动工。年底,150万吨/年常减压装置土建完工,设备除常压塔外全部安装完成。

1996年3月8日,1万吨/年聚丙烯装置中交,4月16投料试车成功,生产出合格产品。7月10日,150万吨/年第二套常减压装置中交。9月14日,第二套硫黄回收装置产出硫黄。11月11日,7万吨/年聚丙烯装置可行性研究报告得到中国石化总公司批复。1997年5月17日和9月28日,"二次创业"主要装置Ⅱ套常减压装置、Ⅱ套催化裂化装置实现一次投料试车成功,生产出合格产品。两套装置的建成,使九江石化一次加工原油能力达到400万吨以上,二次加工能力达到220万吨以上,"一厂变两厂"成为现实。同年,16万吨/年气分装置完成中交。1998年完成装置建设投资28579万元。当年2月25日,16万吨/年气分装置一次投料试车成功,3月4日,产出合格产品。5月18日,7万吨/年聚丙烯工程及配套工程中交。6月22日,化工投料一次成功,产出合格产品。2000年基建投资1000万元。8月,完成脱盐水装置的中交,年底40万吨/年加氢精制装置开工建设。2004年建设投资30383万元。6月14日,"三次创业"主装置100万吨/年延迟焦化和120万吨/年柴油加氢精制装置建设获批。11月8日,100万吨/年延迟焦化装置开工奠基。12月18日,120万吨/年柴油加氢精制装置开工奠基。4月5日,偏三甲苯装置中交,12月30日竣工验收。6月23日,溶剂脱沥青装置实现投料试车一次成功,生产出合格脱油沥青和脱沥青油。2005年建设投资60250万元。2006年建设投资18548万元,"三次创业"五套新建装置全部一次开车成功。1月13日,单塔污水汽提装置投料开车一次成功。3月11日,PSA装置投料开车一次成功。3月20日,120万吨/年加氢精制装置投料开车一次成功。3月21日,硫黄装置投车一次成功。3月22日,100万吨/年延迟焦化装置投料开车一次成功。

2007年11月,第二电源正式投用。2008年3月11日,Ⅰ套常减压装置节能扩建完成中间交接,17日产出合格产品。Ⅰ套常减压1980年投产,设计能力250万吨/年,经过近30年的运行,装置寿命已到末期,公司规划就地改造为500万吨/年的常减压装置。主要改造内容有新建塔4座,新建炉2座,更新电脱盐罐 2 台,冷换设备新增 59 台,空冷器新增 24 片,机泵新增 40 台,共计投资 2.9 亿元。同年 9 月 3 日,炼油装置低温热系统节能改造项目投入运行。2009 年 2 月 25 日,90 万吨/年汽油加氢装置工程开工奠基,工程总投资 1.67 亿元。6 月 10 日,450 万吨/年生活污水处理及回用装置正式投用,处理后的生活污水将替代新鲜水作为装置循环水补水使用,每年节约新鲜水 260 万吨,增加经济效益 3000 万元。4 月 5 日,10 万吨/年催化油浆减压拔头装置开工建设,6 月 15 日建成投用,总投资 477.95 万元,年均实现净利润 7800 余万元。9 月 3 日,九江石化煤焦代油改造项目获中国石化集团公司批复,项目总投资 4.93 亿元。同年 12 月 6 日,省政府与中国石化集团公司签署战略合作协议,双方同意积极推进九江石化油品质量升级改造工程,形成 800 万吨/年炼油综合配套加工能力。

2010 年,实施 3 套装置建设。90 万吨/年汽油加氢装置建设总投资 16726.44 万元,1 月 15 日实现中交,1 月底一次开车投产成功。150 万吨/年柴油加氢装置建设总投资 33700.09 万元,12 月底完成桩基工程建设。120 万吨/年连续重整装置建设总投资 102950 万元,12 月底开工建设。同年油品质量升级改造工程列入国务院颁布执行的《鄱阳湖生态经济区规划》和省重点建设工程。项目使用土地 60.21 公顷,总投资 619340 万元(不含增值税)。项目投产后,九江石化原油综合加工能力由 500 万吨/年扩至 800 万吨/年。4 月 12 日,项目申请上报国家发改委。6 月 7~8 日通过中国国际工程咨询公司专家组评估。9 月 1 日,国家发改委委托省发改委核准九江石化油品质量升级改造项目。11 月,项目获得省发改委核准。

至 2010 年年底,九江石化拥有固定资产原值 74.44 亿元(含化肥),占地面积 420 公顷。主要炼油生产装置有常减压、催化裂化、焦化、催化重整、加氢精制、气体分馏、沥青、甲基叔丁基醚(MTBE)、芳烃抽提、硫黄、聚丙烯及配套的供水、排水、动力、储运等。

## 二、检修改造

1991 年停工检修、项目改造投资 1577 万元。全年投用主要技术改造项目有常减压初常顶工艺流程改造,改造后增加常减压装置加工轻质原油的能力,常压塔改造生产出新品种 200 号溶剂油,全年产约 5000 吨;催化提升管出口改为三叶蝶形空分,提高气固分离效率,油浆浓度由上年同期 6~8 克/升降到 4 克/升以下;提升管底部“Y”型结构改造,改造后系统每小时耗汽量由上年同期 17 吨降到 12 吨;分馏顶增加新型折流杆换热器, 每小时回收分馏塔顶油气余热约 300 千克标油;1515 主风机引进集散型微机控制系统后彩电液单动滑阀,方便操作并提高仪表可靠性。1992 年,炼油技措和停工检修投资 5275 万元。主要完成常减压节能改造、吸收稳定改造、一联合仪表改造、动力厂燃油系统改造、原油污水池改造和催化低温热利用工程。1993 年 4 月 20 日,全厂停工大检修,历时 23 天,共完成检修项目 1194 项,投资 5082 万元。完成主要项目:常减压装置压塔盘改为条形浮阀塔盘,改造后提高日处理量,在单炼阿曼油的条件下日处理量达到 7500 吨;催化裂化装置提升管更换 LPC-1 型喷嘴,改造后降低生焦,提升加工负荷,催化裂化装置日加工能力达到 3200 吨,并可使装置适应多品种进口轻质原油。1994 年 11 月,全厂停工大检修,历时 45 天,完成技措、大修项目投资 5143 万元。主要项目有催化装置烟机主风机改造、轻烃回收设施、重油装车出厂设施异地改造及医院污水处理改造。其中催化装置烟机主风机改造后可提高 10%以上装置加工量。1995 年,完成检修改造项目 719 项,主要项目有精丙烯回收、105 罐更换、10000 立方米气柜修复、碳酸钠装置拆除、A/O 二期改造提高污水处理场总排合格率、完成生产 90 号汽油的脱臭技术改造。

1996 年,检修改造投资 25242 万元,完成检维修项目 757 项,工程合格率 100%。主要完成催化待生滑阀阀杆断裂抢修、小芳烃装置检修、4 座凉水塔改造、加氢炉管修复、Ⅰ联合及生活区采通系统改造等项目。1997 年 3 月 15 日,炼油主装置在运行 2 年零 3 个月后首次停工检修。检修期间,完成工程项目 2049 项,主要项目有:11 台塔器动改检修、6 台加热炉检修、190 台冷换设备检修、6 台大型机组检修、17 台机泵更换、14 台容器制造安装等。1998 年技措、检修投资 6613 万元。全年实施Ⅰ套催化、Ⅰ套气分、Ⅱ套常减压、Ⅱ套催化余热锅炉、加氢装置的停工检修。完成第二油品码头水域施工,液化气公路出厂的改造,氮氧站扩能改造,重油罐区及重油泵棚改造等。1999 年,实施停工检修的装置有聚丙烯、重整、芳烃、Ⅱ套催化等,完成检修项目 1128 项。抢修生产装置有聚丙烯、Ⅰ套常减压、Ⅰ套催化、Ⅰ套气分,完成抢修任务 730 项。

2000 年,技改投资 14627 万元。全年完成Ⅰ套催化装置停工检修,并对反—再系统、三旋及吸收稳定系统进行改造。第二油品码头及系统配套工程 7 月中交;低压瓦斯改造 10 月投用;粉煤灰砖厂 10 月中交。110 千伏配电网改造Ⅱ套主变投用等一系列技改检修项目亦同期展开。2001 年技改投资 6894 万元,项目 26 项。主要有消防水系统改造二期,二甲苯汽车装运设施等。2002 年Ⅱ套系列装置 3 月 20 日停工检修,4 月 19 日开工,检修时间 30 天。此次停工检修涉及的装置有Ⅱ套常减压、Ⅱ套催化裂化、加氢、重整、聚丙烯、气分等,完成检修项目 973 项。主要有大型机组检修 12 台、冷换设备抽芯清洗 165 台、塔器容器检修 30 台、工艺管线检修 3000 米、压力容器检测 306 台、安全阀调校 300 台、工艺管道检测 531 项、水冷器腐蚀调查 35 台、机泵检修 46 台。重点项目有Ⅱ套催化裂化装置取热器抽芯,更换取热管;Ⅱ套催化裂化主风机、气压机解体大修;气分丙烷压缩机解体大修;常压塔塔盘更换及常顶空冷腐蚀更换;原油 001-1、001-2 线更换。装置改造有加氢仪表、重整扩能、聚丙烯扩能和催化精制改造,以及催化 MGD 技术改造等。2003 年炼油Ⅰ套系统 3 月 10 日停工检修,检修时间 26 天。停工检修涉及装置有Ⅰ套常减压、Ⅰ套催化裂化、聚丙烯、气分、锅炉、发配电、空分、二联合、三联合、供水、排水、沥青等 14 套装置,完成检修项目 1091 项。主要检修工作有工艺管道更换 7032 米;机泵更换 28 台,机泵大修 25 台,机组检修 6 台;换热器抽芯清洗 154 台;两器更换衬里 350 平方米;压力容器检测 203 台,工艺管道检测 25132 米,安全阀调校 88 个。技改项目 10 项:常压塔更新;主风机—烟机机组更新;Ⅰ套催化装置 MGD 改造;脱硫精制系统改造;聚丙烯挤压造粒机改造等。2004 年 3 月 28 日,炼油Ⅰ套系统停工检修,4 月 9 日开车生产。检修主要任务有Ⅰ套催化气压机节能改造、解压塔更换、Ⅰ套催化液态烃脱臭系统改造、泵 309 管线改造、硫黄炉改造等。6 月 20 日,炼油Ⅱ套系统停工检修,7 月 23 日产出合格产品。Ⅱ套系统主要检修改造项目有Ⅱ套催化 MIP-CGP 技术改造、Ⅱ套气分装置扩容改造、烟机及入口管线改造等。2005 年 3 月 10 日,二联合装置停工检修,23 日开工,完成换热器抽芯清洗和设备检测等工作。10 月,溶剂脱沥青装置停工检修,检修期 20 天,检修项目 53 项。

2007 年 11 月,炼油Ⅰ套系统 14 套装置停工进行改造和设备检修。主要任务有工艺管道更换 8750 米、机泵更换 20 台大修 45 台、机组检修 8 台、换热器抽芯清洗 204 台、压力容器检测 544 台、工艺管道检测 67660 米、安全阀调校 335 个。2009 年 2~4 月部分炼油装置停工检修。检修以Ⅱ套催化装置为主线,涉及Ⅰ套催化污水汽提和氨精制装置、溶脱装置、Ⅰ套气分装置、Ⅱ套气分装置、硫黄装置、聚丙烯装置以及配套设施 604 项任务。2010 年主要实施煤焦代油改造项目、Ⅰ套催化装置节能改造和Ⅱ套催化装置停工检修。煤焦代油改造项目,4 月 26 日进行初步设计审查,9 月 26 日获中国石化集团公司批复,项目投资 51745.89 万元。11 月 22 日,Ⅰ套催化装置节能改造项目通过可研评估。12 月 6 日,Ⅱ套催化装置停工进行 MIP-CGP 改造及装置检修改造。

## 第二节　产品产量

20 世纪 90 年代初,国家赋予中国石化和中国石油成品油 9%、原油 5%自销权,1993 年,成立上海石油交易所。石油流通出现计划流通和市场流通并存局面,价格也经历计划内平价、计划内高价和市场价,以及 2 档 4 类价等过程。市场因素增多,促进石油工业发展。价格“双轨制”客观上难以确保市场的公平和稳定。

1991 年,组织原油进厂面临困难。自海湾战争爆发,进口原油骤减直至终止,国内资源除西部和海洋有新油田试产外,东部油田开发时间较长,产量已逐年减少,国内原油产量远不能满足各炼厂需求。当年九江石化原油加工量目标为 170 万吨,仅获 79.77 万吨原油计划,原油资源不足;原油运输难度大,全年管道进厂油仅42.3万吨，海进江油达157.9万吨。运输船况差、运输船数量少，难以满足原油加工需求计划；原油价格涨幅大，全年平均21美元/桶，最高时达26.5美元/桶。九江石化在北京、天津、大庆、长沙、广州、浙江、山东等地联系客户，“找米下锅”，争取来料加工资源，同26家签订原油加工合同，兑现90多万吨。全年组织进厂200.2万吨原油资源，其中计划内原油79.3万吨，计划外原油101.676万吨。管道油42.3万吨，海进江油达到157.9万吨，进口原油有阿曼油及印尼的米纳斯、卡塔帕、威杜里4种。全年加工原油180.976万吨，生产汽油、煤油、柴油合计124.6503万吨，精丙烯13670吨，液化气53744吨。1992年加工原油突破200万吨达到208万吨，其中计划内原油70万吨，自营原油33万吨，进口原油105万吨。全年避开热门和高价油源，开拓国外原油市场，发掘出边缘的、新开发的加拿大平和油、阿联酋穆尔本油、巴新库吐布油、也门马内布油、安哥拉卡宾达油、澳洲吉普斯兰油和沙特的贝里油等9种。1993年引进国外原油达13种。1994年，国务院发布《国务院批转国家计委、国家经贸委关于改革原油、成品油流通体制意见的通知》，调整石油价格，取消“双轨”制，改为国家统一定价，其中原油、成品油出厂价格和35个中心城市成品油零售价格均由国家计委统一制定，35个中心城市成品油批发价格和其他地区批发、零售价格，由国家计委规定作价原则，各省市的物价部门具体核定；严格控制石油流向，国家计委对国内生产和进口原油、成品油实行统一配置，石油天然气总公司生产的原油除油田自用和合理损耗，以及国家计划内出口外，全部安排给石化总公司组织各炼油厂加工，油田不再以油换电、换物，也不再直接向地方提供原油资源，炼油企业一律不准搞各种形式的国内原油来料加工，也不得直接向市场销售成品油；确定“一统、一主、二辅体制”，即石油分配、生产统一由国家(计委、经贸委)管理，成品油销售主渠道是中石化，辅助渠道是中石油和地方炼厂。5月1日，国家采取宏观调控，原油、成品油实行统一配置，取消任何形式的代加工，并严格限制进口原油。当年，九江石化全年加工原油206.3万吨。1995年加工原油230.5586万吨。加工原油品种达21种，其中：管道、埕北、黄岛、绥中、西江等重质油占32.36%，特轻原油如塔比斯、巴丁、马里布等占7.7%。首次加工曹妃店、西江、塔比斯、福卡多斯、马吊拉、帕兰卡、瓦里欧、沙哈林等原油。制定7日加工计划办法，根据所加工原油性质确定加工量、加工方法及产品方案，“吃干榨尽”性质好的原油，获取最佳经济效益。

1996年，九江石化总厂安装原油美联社终端信息网，走近市场，为谈判参考提供依据。1998年，伴随着石油工业重组改制，中国对原油和成品油价格形成机制进行重大改革。改革后，中国石油天然气集团公司和中国石化集团公司购销的原油价格由双方协商确定，两个集团公司内部油田与炼油厂之间原油价格由集团公司自主制定。购销双方协商基本原则是，国内陆上原油运达炼厂的成本与进口原油到厂成本基本相当。购销双方结算价格(不含税)由原油基准价格和贴水(或升水)两部分构成。原油基准价格由国家发展计划委员会根据国际市场相近品质原油离岸价加关税确定。贴水(或升水)由购销双方原油运杂费负担和国内外油种的质量差价以及市场供求等情况协商确定。九江石化分析国内国际市场趋势，停止进口原油的保值，直接买现货，全年采购进口原油18.22万吨，平均单价14.94美元/桶，为集团公司系统内采购价格最低，将重点放在优化海洋油和大庆油的采购成本。1999年加工原油突破300万吨达到305.91万吨。采购原油资源317万吨，其中原油291.5万吨，原料油25.5万吨，通过原油套期保值、提前提货、外采原料油等降低原油采购成本3300万元。全年生产汽油78.8524万吨、柴油109.8925万吨、燃料油45.6558万吨、液化气16.1357万吨、航煤1.831万吨。

2005年12月，仪长管线投用后，管道进口原油采取总部集中采购、企业代表参与的管理模式。企业自采的水运原油方式不变。2006年原油加工量突破400万吨达到415.49万吨。采购原油410.03万吨，其中进口油占16.75%，管输原油占73.9%，海洋原油占9.3%。生产汽油86.9万吨，柴油179万吨，三苯6.67万吨，液化气25.26万吨。2008年国际原油价格一路飙升，7月达到最高147.27美元/桶，使得国内成品油价格严重倒挂，九江石化出现前所未有的巨额亏损，生产经营压力空前。九江石化坚决执行集团公司“提负荷、调结构”的要求，千方百计，不惜代价，开足马力，主要生产装置在安全的前提下超负荷运行，炼油日加工量最高达到1.47万吨，保证市场的成品油供应。1~10月，按零利润测算，九江石化向社会让利近30亿元,切实履行国有大企业政治责任和社会责任。同年,发生年初冰雪灾害,5.12汶川特大地震,8月举办奥运会,全球性金融危机爆发。面对严峻形势,九江石化全面贯彻落实党中央、国务院各项方针政策和集团公司重大部署,全力以赴、积极应对。在战胜冰雪灾害的过程中,在保证企业安全生产前提下,尽量保社会用电、保民生,九江石化用柴油、重油发电,推迟主要装置1#常减压改造建设时间,关闭部分厂区和生活区照明。地震发生后,九江石化迅速高效组织货源,紧急装运40节车皮的93#汽油支援四川抗震救灾。冰雪灾害和特大地震造成铁路运力紧张,影响生产经营,部分产品出厂线路中断。九江石化调整产品销售计划和出厂流向,加大水路出厂量,保证生产后路畅通,完成市场油品稳定供应的任务。

2010年,加工原油(原料油)473.19万吨。采购原油470.95万吨,其中海进江原油9.1万吨。进厂原油结构为管输原油和海进江原油,管输原油平均进厂价格为3736.31元/吨,海进江原油进厂价格平均为3889.64元/吨。生产汽油、煤油柴油289.92万吨,其中,汽油108.07万吨,柴油190.85万吨,化工轻油产量14.04万吨。

**1991~2010年九江石化总厂原油加工量情况一览**

表20-1-1　　单位:万吨

| 年 份 | 加工量 | 年 份 | 加工量 | 年 份 | 加工量 | 年 份 | 加工量 |
|---|---|---|---|---|---|---|---|
| 1991 | 180.976 | 1996 | 253.56 | 2001 | 309.86 | 2006 | 415.49 |
| 1992 | 208.00 | 1997 | 275.35 | 2002 | 310.00 | 2007 | 403.08 |
| 1993 | 230.32 | 1998 | 275.35 | 2003 | 328.74 | 2008 | 431.21 |
| 1994 | 202.32 | 1999 | 305.91 | 2004 | 367.00 | 2009 | 453.54 |
| 1995 | 231.46 | 2000 | 336.05 | 2005 | 370.53 | 2010 | 473.19 |

**2003~2010年九江石化总厂主要产品产量情况一览**

表20-1-2　　单位:万吨

| 品 名 | 2003年 | 2004年 | 2005年 | 2006年 | 2007年 | 2008年 | 2009年 | 2010年 |
|---|---|---|---|---|---|---|---|---|
| 97号汽油 | – | – | 4.76 | 2.91 | 3.29 | 4.97 | 3.62 | 6.35 |
| 93号汽油 | 18.73 | 33.23 | 54.93 | 60.68 | 66.20 | 71.18 | 83.44 | 92.58 |
| 90号汽油 | 58.38 | 46.51 | 26.41 | 23.27 | 11.84 | 10.27 | 9.50 | 9.14 |
| 柴 油 | 115.73 | 137.13 | 132.53 | 179.04 | 166.86 | 182.85 | 187.47 | 190.85 |
| 煤 油 | 5.08 | 5.34 | 4.67 | 1.57 | 1.25 | 0.07 | – | – |
| 3号航煤 | 2.20 | 2.11 | 1.70 | 0.50 | 0.43 | – | – | – |
| 燃料油 | 52.10 | 58.94 | 39.53 | 20.00 | 15.76 | 18.50 | 22.07 | 20.89 |
| 溶剂油 | 3.30 | 3.72 | 3.20 | 3.16 | 2.28 | 0.96 | 1.47 | 1.80 |
| 烷基苯料 | 2.20 | – | 0.4 | – | 1.7 | 1.20 | 0.18 | – |
| 液化气 | 19.79 | 21.91 | 26.90 | 25.27 | 24.25 | 25.12 | 22.75 | –24.27 |
| 沥 青 | 1.06 | 1.10 | 18.33 | 19.87 | 19.02 | 18.40 | 21.64 | 28.65 |
| 苯 类 | 5.83 | 6.43 | 6.38 | 6.67 | 5.01 | 5.55 | 4.51 | 3.97 |
| 石油焦 | – | – | – | 18.90 | 26.02 | 28.72 | 30.78 | 31.17 |

## 第三节 产品销售

1991年,成品油销售实行双轨制,九江石化成品油资源91%交中国石化总公司配置销售,另9%的资源自销。1991年国民经济计划体制处于由单一的计划经济向市场经济过渡时期,国内成品油市场较为混乱,市场一度出现较为罕见的疲软。根据全国成品油市场宏观缺口大实际情况,抓住石油经营单位希望有比较稳定供货商心理,实行年签意向合同,月签正式合同经营方法,措施上实行"走出去、请进来",派出70多人次,到15个省市了解行情。全年共销售产品174.77万吨,其中计划内57.66万吨,自营79.9万吨,代加工37.21万吨。全年销售自营汽油、煤油、柴油62.4万吨,比计划内37.5万吨多销售24.9万吨。在销售工作中,努力为新开发的200号溶剂油开拓市场,产品由滞销到畅销京、赣、鄂、闽、浙、湘、云、贵等省市。全年销售收入15.29亿元,实现利税1.503亿元。1991年产品出厂合格率百分之百,全面质量管理通过省级复评验收达到一级标准。在保持70号汽油、10号军用柴油、10号建筑沥青省优、部优同时,新创90号汽油和工业硫黄2个省优产品。1992年销售收入20.76亿元,实现利税1.6亿元。全年派出98人次到四川、湖南、福建等地区开展促销工作26次,改变"一月一价"单一定价制度,采取"价格随行就市"的灵活策略,使全年成品油运输量达189.6万吨,共1420航次和9434车次,其中水路运输量149万吨。当年6月17日与省石油总公司签订石油产品产销协议。1993年产品销售突破200万吨达到216万吨,其中:汽油81.27万吨、柴油74万吨、重油38.8万吨、沥青1.68万吨、气体产品7.65万吨,产品销售率达到99.89%,其中支农柴油3万吨,军柴2.3万吨。全年实现销售收入24.14亿元,利税2.027亿元。1994年产品出厂181万吨,其中汽油58.22万吨、柴油59.75万吨、重油40.79万吨、石脑油1.32万吨、-10号军柴1.08万吨、烷料2.84万吨、200号溶剂油1.75万吨、10号沥青2.08万吨、100号沥青1.40万吨。全年实现销售收入23.52亿元,利税总额6.33亿元。当年国家出台税制改革、成品油统配销售等政策,组织销售人员9批40多人次到供应区内的省、市石油公司(主要在江西、湖南、湖北境内)协调落实计划、推销成品油。在确保配置计划优先供给前提下,直供系统内油品达29.37万吨,缓解产销矛盾。全年在销售主产品同时,扩大销售高附加值小产品,小产品出厂5.29万吨,为企业赢得效益。1995年销售各类油(气)产品198.5万吨,其中汽油60.66万吨,柴油77.75万吨,灯油2.03万吨,重油35.36万吨,沥青4.56万吨,化工轻油6.62万吨,200号溶剂油1.62万吨,液化气及丙烯9.53万吨。年度销售收入30.32亿元,实现利税7.46亿元。全年拓展93号高标号汽油的销售市场,销售7.9万吨;开发苯类、6号抽提油、120号溶剂油等新产品销售市场,为汽油升级打下基础。1996年,取消双轨制,成品油资源全部交总部配置销售,出厂价格由总部制定,对配置计划单位结算。全年销售各类油(气)产品214.9万吨,产销率大于98%,销售收入33.91亿元,实现利税6.34亿元。1996年成品油销售受进口油冲击市场极为疲软,全年销售0号柴油87.19万吨、-10号柴油0.93万吨、+5号柴油0.4万吨、90号汽油32.19万吨、70号汽油25.77万吨、93号汽油1.71万吨、灯油4.02万吨、190号溶剂油7.19万吨、90号溶剂油0.64万吨、200号溶剂油1.23万吨、石脑油3.83万吨、分子筛料2.81万吨、重油24.94万吨、三苯两剂2.89万吨、液化气8.08万吨、10号沥青2.86万吨、100号沥青2.38万吨、精丙烯3.04万吨,其中三苯产品首次销售出厂。1997年销售各类产品213.5万吨,销售收入37.74亿元,实现利税7.57亿元。1998年大量油品走私进入国内,导致成品油供需严重失衡,成品油价格大幅度下滑,九江石化建立信息系统和营销策略调整机制。同年因特大洪水灾害,九江石化丢失50%的传统销售市场份额,九江石化全力稳住江西省市场,积极开拓省外市场,江西、湖北、湖南、福建、四川、铁路交通军队直供和其他地区的份额分别为44%、30%、13%、1.5%、2.2%、7%、2.3%。全年销售油品245万吨,销售收入37.45亿元,利税8.1亿元。1999年销售油品223.8万吨,液化气16.17万吨,产销率100%。全年销售收入49.01亿元,利税6.67亿元。清理历年产品欠款近2亿元。2000年3月,中国石化成品油资源实行统一管理,成品油资源由大区公司按中石化销售公司下达的配置计划收购。九江石化成品油按配置计划全部交由中国石化销售公司华东公司销售,对华东公司统一计算。全年销售油品产品264.9万吨,销售收入75.3亿元,实现利税总额5.16亿元,利润亏损1.55亿元。全年销售柴油125.72万吨,汽油82.49万吨,其中加大销售高附加值的高标号产品 93 号汽油 14.43 万吨、-5 号柴油 9.39 万吨、-10 号柴油 3.17 万吨，多创效益 1300 多万元。另外销售煤油 4.46 万吨、石脑油 2.73 万吨、烷料 1.18 万吨、重油 34.81 万吨、芳烃类 6.44 万吨，产销率 100%。

2001 年，销售油品 282.6 万吨。2002 年销售油品 221 万吨，销售收入 54.89 亿元，炼油板块效益打了“翻身仗”，实现利润 4364 万元。液化气销售 18.07 万吨，销售收入 4.7 亿元。全年增加销售高附加值的 93 号汽油、烷料和炉用煤油，增效近 700 万元。2003 年销售油品 241.8 万吨，销售收入 68.2 亿元，液化气销售 19.78 万吨，销售收入 5.95 亿元。全年拓展江西省外销售高标号汽柴油的市场，销往湖南、湖北、福建、浙江等石油公司的高标号汽柴油占出厂量 50%，增加效益 3130 万元。2004 年销售各类油品 270.78 万吨、液化气 21.72 万吨，销售额突破 100 亿元达到 100.7 亿元。全年拓展高标号汽柴油和三苯的销售量，增加销售收入 1.4 亿元。2005 年 8 月，聚丙烯、苯、甲苯、二甲苯等产品由自销售改由中国石化化工销售华东分公司统一销售。全年销售油品 277.2 万吨，销售收入 92.61 亿元，做到全产全销，资金回笼率 100%。“江海”牌液化气销售 26.82 万吨，实现销售收入 10.25 亿元，平均价格 4311 元/吨为沿江企业第一。当年九江石化被铁道部批准为铁路重点大客户，全年销售产品铁路运输出厂 191 万吨，36700 车次，占出厂总量 50%以上。2006 年，销售油品突破 300 万吨达到 313.16 万吨，销售收入 142.52 亿元，液化气销售 25.15 万吨收入 12.26 亿元，做到全产全销，货款回笼 100%。同年，随着焦化装置投产，新增石油焦产品出厂。2007 年 1 月，江西、安徽两省成品油资源和市场由华东公司调至华中公司管理，九江石化成品油按配置计划全部交由中石化销售公司华中公司销售，对华中公司统一计算。全年销售各类油品(气体)313.62 万吨，其中汽油 81.27 万吨、柴油 165.86 万吨、石脑油 10.01 万吨、重油 6.45 万吨、溶剂油 2.31 万吨、苯类 5.09 万吨、石油焦 25.62 万吨、液化气 24.24 万吨。2008 年销售汽油 86.49 万吨(其中高标号汽油 76.21 万吨)、柴油 183.16 万吨、石脑油 12.04 万吨、烷基苯料 1.2 万吨、液化气 25.11 万吨、石油焦 27.79 万吨。全年实现销售收入 175.96 亿元，上缴税金 6.7 亿元。2009 年炼油销售收入 170.66 亿元，盈利 4.7 亿元，上缴税金 46.61 亿元。全年销售汽油 96.05 万吨、柴油 187.19 万吨、石脑油 11.6 万吨、烷基苯料 0.18 万吨、石油焦 32.05 万吨、液化气 22.74 万吨。全年发掘高标号汽油、船用燃料油、5 号专用橡胶软化料、重交沥青等利益增长点，多增效益近 2 亿元。

2010 年，销售收入突破 200 亿元达到 236 亿元，其中炼油销售收入 217.07 亿元。全年销售汽油 107.8 万吨、柴油 188.53 万吨、石脑油 14.4 万吨、航煤组分油 0.84 万吨、重油 0.83 万吨、船用燃料油 16.73 万吨、沥青 18.15 万吨、石油焦 23.15 万吨、液化气 28.76 万吨等。1 月石油焦、沥青产品由自销交由中国石化上海沥青销售分公司统一销售。7 月重油、船用燃料油产品由自销交由中国石化燃料油销售有限公司统一销售。至 2010 年，销售主要的产品有汽油、煤油、柴油、燃料油、沥青、液化气、苯类、溶剂油、焦炭等 42 个品种、60 多个牌号。

# 第二章　化 肥

## 第一节　工程建设

### 一、前期准备

**文本准备**　1990 年 12 月 26 日，九江大化肥可行性研究报告经国务院批准。1991 年，九江大化肥项目部开始编写《九江大化肥招标书》《审查修改招标书》《发标、澄清招标书》《评议投标书》及“合同”的谈判工作。合成氨项目由日本东洋工程公司承包，尿素项目由意大利斯纳姆公司承包。同年 4 月 13 日至5 月 13 日，九江大化肥工程对外技术交流会在北京举行。通过这次会议，九江大化肥项目指挥部了解和掌握当时国际上以渣油为原料的合成氨工艺及尿素生产工艺的最新生产技术。7 月，招标文件上报机电部、化工部、国务院机电设备进口审查办公室审查。9月7日,国审办批准,同意引进合成氨、尿素两套装置。9月13日,分别送达中国技术进出口总公司和日本海外协力基金会北京办事处。11月26日,日本海外协力基金会审查意见返回,同意发标。1992年1月5日,《人民日报(海外版)》《中国日报》刊登九江大化肥工程项目国际招标广告。1993年1月14日,九江大化肥项目引进部分合同签字仪式在北京人民大会堂举行,国务院、江西省、中国石油化工总公司、中国技术进出口总公司和九江石化总厂的负责人,以及合成氨装置承包商日本东洋工程公司,代理商三井物产株式会社,尿素装置承包商意大利斯纳姆公司,代理商日本丸红株式会社等出席签字仪式。2月16日,合同正式生效。12月29日,九江大化肥动力区建筑工程招标结束,省第二建筑工程公司中标。大化肥各主要工程招标工作结束,主要工程的建筑和安装队伍确定。

**土建准备** 1991年4月,九江大化肥工程建设领导小组成立。6月,中国石油化工总公司下达九江大化肥工程1992年基本建设投资16138万元,其中利用外资8515万元,中石化建贷2920万元,江西省地方投资4703万元。7月26~28日九江大化肥工程建设领导小组召开小组会,商定工程建设总进度和1991~1992年建设计划的安排,确定工程建设领导小组和工程建设指挥部的职责和工作制度,确立工程招标的原则和工作方案。8月12日,市政府召开第一次征迁领导小组会议,到1995年11月6日,整个征迁工作全面结束。完成征地总面积747760平方米,其中耕地405026.7平方米,山地203580平方米,水面(含湖叉)113880平方米,宅基地11666.7平方米,其他13606.7平方米。完成拆迁面积12260.23平方米,搬迁村民57户,拆迁乡村企业2户,拆迁农用电话线路5千米,拆迁农村照明线2000多米,动力线1500多米。清点各种经济树木17400多棵,迁坟2376座。用地征迁工作完成后,确立九江大化肥项目地理位置处在九江石化总厂西南部。主要装置位于纬九路以南琵琶湖工业编组站环引路以北,经三路南段以西,经五路南段以东。即北邻九江石化气体分馏装置和沥青车间,南邻琵琶湖工业编组站,东邻九江石化炼油厂仓库,西靠污水处理场。11月,省审计局对九江大化肥项目进行开工前审计,出具开工审计证明。1992年2月,受国家建设银行总行委托,建设银行省分行组织市支行和当地开户行对九江大化肥项目进行建行贷款评估。3月,国家计委重点项目开工检查小组到九江大化肥建设现场检查,经过实地考察和座谈汇报,认为九江大化肥工程具备开工条件。5月28日,国家计委批准九江大化肥工程为当年新开工项目。7月,承担各项设计任务的设计院开始供图,当月工程的地形测量和地质勘查也基本结束,具备施工条件。8月,中国石油化工总公司同意九江大化肥工程1992年三季度开工建设。下半年,国内配套工程陆续开工,7月15日,大化肥净水厂土建工程破土动工;8月7日,大化肥厂前区域(化肥厂厂部办公楼、合成氨综合楼、仪表维修车间、中心化验室、小车库等)工程破土动工;10月21日,大化肥尿素散装仓库破土动工;11月铁路线下工程、码头、外招开工建设。年底完成“三通一平”的施工工作。

## 二、装置建设

1992年12月23日,九江大化肥工程举行开工典礼。1993年工程完成投资17886万元。当年施工及完成主体工程合成氨综合楼,生产准备人员进入现场办公;合成氨界区内国内设计循环水系统10间凉水塔土建开工;独立柱基完成;水池及泵房土方开挖;尿素成品后处理系统全面开工;动力区主干道贯通;输煤系统土建开工;装置区地下管网大口径卷管开始预制。辅助工程:中心化验室、仪表修理、机械维修、综合仓库土建完工。厂外公用工程:铁路铺设完成1.4千米;码头3号、4号墩台建成,陆域工程成品仓库、配电间、综合楼土建完成主体;净水厂土建交付安装;机修、电修、环保、消防、通信改扩建工程建成。行政生活设施有厂前办公楼及附属小车库、浴室建成。生活区建设有:方格网内的39万平方米土方及施工水电9月中旬完成,A组团15000多平方米9栋住宅8月开工建设,B组7栋10月开工。1994年工程国内投资完成24400万元,外资139.76亿日元。2月25日,九江石油化工总厂工程建设指挥部生产准备处更名为九江石油化工总厂大化肥筹备处。同年9月14~15日,江西省计委和中国石油化工总公司工程部共同主持召开九江大化肥工程调整概算审查会,审查核定九江大化肥工程调整后概算为

280607.5 万元,其中外资 213.57 亿日元(折合人民币 140855.85 万元),内资 139751.65 万元。当年主体工程建设完成合成氨装置设备、电气室、主控制室、压缩机厂房基础,实现大件设备到场快速吊装目标;尿素装置年底完成副框架的安装,造粒塔 12 月 26 日主体滑膜结束;动力区 6 千伏配电间内外装修、110 千伏开关框架现场浇注完成,输煤系统现场浇注工程完成钢构件吊装。当年 8 月 27 日,工程的第一批国外设备运抵现场,包括合成氨装置饱和塔、热水塔、汽提塔在内 17 台大件设备共计 2079 个箱件,总重 4960.7 吨,大部分完成商检。配套工程中循环水、脱盐水和中间罐区全面完成安装;厂外铁路具备验交条件,厂内铁路进厂线开始铺轨;化肥码头工程收尾,达到中交条件;化肥生活区建成投用。1995 年,合成氨装置土建工程基本完成,全面交付安装;空分冷箱钢结构完成;精馏塔组对焊完成;4 台大压缩机安装就位。尿素装置土建竖向工程收尾;造粒塔主体内平台钢结构及刮料层、防腐完成;尿素后处理系统自造粒塔后到散装库、运转栈桥、包装厂房、袋装仓库等土建完成;皮带机开始安装。主控制室、主电气室内的变压器、电气盘柜及控制盘柜、DCS 全部就位,内部电缆敷设完成,达到受电条件。动力区总降变电所 8 月中旬中间交接;输煤系统机械、电气、自控等安装完成,卸煤、上煤单机试运行;1 号锅炉本体水压测试合格,主蒸汽及烟、风、煤等管道安装就位;2 号锅炉钢结构地面组合完成;电控楼电气及热控盘柜全部就位调试;汽轮机厂房行车交用,汽轮发电机组已发运。国内配套工程共 161 主项完成,其中:原料油罐区设备安装全部完成;仪表空压站设备安装完成具备试车条件;净水厂和脱盐水装置实现联动试车;化肥成品出厂码头中间交接;铁路 2 股卸煤线完成,3 股化肥装车线即将完工。1996 年 6 月 30 日,九江大化肥工程实现高标准中交,整个工程全面建成。同年 1 月 19 日 22 时 45 分,九江大化肥 1 号锅炉点火成功;4 月 29 日 12 时 40 分,2 号锅炉点火一次成功;8 月 13 日 22 时 52 分,气化炉 A 炉试投料成功,九江大化肥进入投料试车阶段。同年 8 月 14 日,九江大化肥尿素装置实物造粒获得成功;8 月 25 日,2.2 万千瓦汽轮发电机正式并网发电;9 月 23 日 1 时 30 分,合成氨装置打通全流程,生产出浓度在 96%以上氨;10 月 1 日 23 时 05 分,尿素装置投料试车成功;10 月 4 日 17 时 07 分,化肥装置流程全部打通,尿素装置产出尿素。

## 第二节　生产运行

### 一、作业机构

1996 年 3 月 12 日,九江石化大化肥有限责任公司发起人协议书在北京签字。6 月 19 日,九江石化化肥有限责任公司正式挂牌。1997 年 12 月 28 日,九江大化肥工程建设领导小组召开第六次会议,宣布解散九江大化肥工程建设领导小组及九江大化肥工程建设指挥部。1998 年 12 月 18 日,九江石化承债式兼并九江化肥有限责任公司,注销化肥公司营业执照,取消企业法人资格。12 月 30 日,九江化肥有限责任公司注销,成立九江化肥厂,隶属于九江石化总厂。

2003 年,九江石化总厂化肥厂合成车间和尿素车间组成化肥作业部。

### 二、员工选培

1993 年 10 月定员 800 人(另雇用临时工 300 名)。大化肥装置拥有先进的技术、先进的设备,加之采用新厂、新机制、新模式,要求生产人员具有较高文化、技术、思想素质。占人员总数 25%左右生产技术骨干主要从中国石化总公司和江西省化肥系统有关企业选调及九江石化总厂相关单位调配,占 61%青工主要是江西省技校生和九江石化总厂技校生。当年上半年,九江石化总厂和工程建设指挥部组织人员到山西化肥厂、中原化肥厂、大庆石化总厂、湖北化肥厂、安庆石化总厂、贵溪化肥厂、江西二化、江西氨厂等单位进行人员选调。选调骨干分别于当年 6 月和 1994 年 1 月进厂,共计 200 名。技术骨干中有主操、班组长,中、高级技术人员及副科级以上中层领导干部,专业分布在工艺、设备、仪表、电气、分析、企管、热工等。

同年9月至1994年1月，聘请大连理工大学教授为260余名专业技术骨干和新进厂的青工授课。分别举办生产装置、辅助装置等专业理论培训班，技术骨干和青工掌握新装置工艺流程、熟悉设备结构和原理，为生产实习打下基础。1994年，招收江西省技校、九江石化总厂技校生352名，分配到合成氨、尿素、动力、水处理、成品、燃运、机电、仪表、化验各车间实习。3月，首批派出技术骨干和操作人员110余人到镇海、齐鲁、中原化肥厂进行厂外生产实习，7月，派出350人次到以上培训点开始生产实习。到1995年4月，各专业厂外培训人员达500余人，进行185~280天的实习。根据“厂外培训与场内培训、就近培训相结合”的原则，安排动力、机械维修、水处理、化验等车间150余人进行场内对口单位的培训和仿真培训。1995年5~7月，九江大化肥工程建设指挥部派出6个培训、考察团(组)前往日本、英国、德国培训与考察。7月，九江大化肥人员准备工作基本就绪。

## 三、产品产量

1996年，共进煤18万吨，开工用氨2300吨，合成催化剂160.04吨，生产尿素11875吨。1997年2月1日，日本东洋工程公司九江项目组与九江石化总厂在《九江大化肥合成氨装置合同工厂验收证书》上签字，九江大化肥合成氨装置通过性能考核，达到满负荷生产。当年5月27日，九江化肥有限公司因市场原因停产化肥装置，10月3日恢复生产，停产时间130天。致全年化肥装置累计运行153天，生产尿素21万吨，生产合成氨13万吨。当年公司安全生产形势严峻，全年发生事故15起，其中设备事故5起，工艺生产事故4起，人身伤害事故2起。8月21日，因操作工违规操作发生“8·21”1号锅炉炉膛闪爆事故，上报中国石油化工总公司。1998年装置累计运行310天，生产合成氨26.74万吨，生产尿素44.28万吨，包装尿素43.53万吨；全年有净水厂、循环水、脱盐水、成品、燃运5套装置实现达标，设备完好率98%；平均合成氨耗能58.5吉焦/吨，氨耗渣油782.9千克/吨，尿素耗液氨600.6千克/吨，各项经济技术指标大幅好转，环保合格率趋于稳定。当年12月10日，化肥装置开始首次停工大检修。1999年生产尿素50.7万吨，产量达到设计能力。全年合成氨、尿素、动力最长运行时间分别为137天、83天、203天；合成氨、尿素非计划停工分别同比下降15%和50%，且合成氨无一次操作责任事故；吨氨耗渣油、吨尿素氨耗、吨蒸汽标煤耗分别为732千克、585千克、121千克，分别同比下降26千克、15千克、13千克；合成氨综合能耗47.61吉焦/吨纯氨，纯氨综合能耗75.41吉焦/吨纯氨，分别同比下降22.7%、4.38%；主要设备合格率大于96%，静密封点泄漏率小于0.04‰。11月，公司“江海牌”尿素荣获年度国际农业博览会金奖。2000年生产合成氨18.10万吨，尿素30.69万吨，发电9862万千瓦时，产蒸汽181.77万吨，包装尿素31.34万吨；合成氨、尿素装置累计运行188天、177天；尿素等级品率146.04%，国家质量监督检查和行业抽检产品优级品率100%；蒸汽煤耗114千克/吨，氨渣油耗734千克/吨，尿素氨耗587千克/吨；合成氨综合能耗48吉焦/吨，纯氨综合能耗76吉焦/吨。当年8月15日装置全面停工检修。

2001年，化肥厂合成氨装置累计运行256.9天，生产合成氨23.53万吨，尿素装置累计运行241.4天，生产尿素40.35万吨。化肥厂锅炉长周期运行165天，创投产后最好纪录，在保障化肥生产的供汽供电外向炼油厂提供蒸汽33.28万吨，送电2993.38万千瓦时。主要技术经济指标进步明显，三大消耗和两大能耗比2000年有较大降低：煤耗110.4千克/吨；氨渣油消耗749千克/吨；尿素氨耗582.2千克/吨；合成氨综合能耗47.57吉焦/吨，纯氨综合能耗71.64吉焦/吨。2002年，化肥装置保持“安满长”的运行。3月23日，“江海”牌尿素被国家质检总局评为2001年度国家免检产品。全年有9个月尿素产量在5万吨以上，最高月产量达5.65万吨。当年产合成氨34.88万吨、尿素60.36万吨、脱盐水403.67万吨、蒸汽290.42万吨，创中国石化集团公司六套化肥装置当年产量最高，位居全国大化肥装置年产量前三名。设备长周期运行，合成氨和尿素装置分别累计运行352天、344天，运转率同比提高19.91%、21.36%；合成氨装置连续运行达202天，超过国内同类装置连续运行146天最好纪录；1号、2号锅炉分别连续运行230天、326天。技术经济指标大幅提升，尿素氨耗577.65千克/吨，同比降低4.55千克/吨，节约氨2746.4吨；氨渣油消耗729.31千克/吨，同比降低19.29千克/吨，节约渣油6700吨；蒸汽耗标煤109.69千克/吨，同比降低 4.46 千克/吨;合成氨综合能耗 38.2 吉焦/吨,纯氨综合能耗 65.46 吉焦/吨,同比分别降低 9.37 吉焦/吨和 6.18 吉焦/吨;两台煤锅炉在保证化肥生产用汽的前提下,累计向炼油厂送蒸汽 31.68 万吨,创造价值 1964.2 万元;尿素平均现金操作成本 335.23 元/吨,同比下降 35.39 元/吨。九江化肥厂生产的尿素市场占有率稳步提升,市场口碑持续向好。2003 年 8 月 17 日,化肥装置停工大检修,检修项目 600 余个,检修时间 38 天。全年化肥装置生产合成氨 31.44 万吨,尿素 55 万吨,其中有 7 个月产量超过 5 万吨。合成氨装置运转率 98.14%,尿素装置运转率 96.16%。尿素耗渣油 412.53 千克/吨,尿素耗石脑油 3.4 千克/吨,吨尿素耗中压蒸汽 1.14 吨,吨尿素耗氨 575 千克,纯氨综合能耗 65.25 吉焦/吨。同年 12 月 26 日"江海"牌尿素获江西省用户满意产品称号。2004 年,生产尿素 55 万吨,合成氨 31.47 万吨。全年合成氨装置运行 317.95 天,运转率达到 95.4%,尿素装置运行 306.6 天,运转率达到 91.5%,各项技术经济指标较上年有较大进步。2005 年,全年生产合成氨 25.8 万吨,生产尿素 44.68 万吨;合成氨装置运行 281.4 天,尿素装置运行 272.2 天;氨耗渣油 725.3 千克/吨,合成氨综合能耗 43.92 吉焦/吨,尿素耗氨 574.5 千克/吨。当年 10 月 10 日至 11 月 21 日,化肥装置进行停工检修。2006 年,生产合成氨 33.2 万吨,完成计划的 102%;生产尿素 55.5 万吨,完成年计划的 100.9%;合成氨装置运行 365 天,尿素装置运行 356 天。2007 年,生产合成氨 27.2 万吨,生产尿素 44.7 万吨。合成氨能耗 43.75 吉焦/吨,尿素耗氨 539.97 千克/吨。2007 年上半年化肥市场低迷,装置维持低负荷运行。

2008 年,合成氨装置运行 326.21 天,累计生产合成氨 26.48 万吨,向加氢装置送氢 2780 吨,装置运转率 89.13%。尿素装置全年运行 306.95 天,累计生产尿素 42.9 万吨,装置运转率为 83.87%。生产的液氨产品质量控制达到优质产品, 纯度合格率 100%;$CO_2$ 产品合格率为 97.78%; 尿素优级品率为98.28%。2009 年,合成氨装置全年运行 316.9 天,累计生产合成氨 26.53 万吨,完成年计划 102.18%,向加氢装置累计送氢 3077 吨,装置运转率为 86.28%。尿素装置全年运行 315.44 天,累计生产尿素 46.68 万吨,完成年计划 103.74%,装置运转率 86.42%。

2010 年 1 月化肥装置进行 10 天检修,3 月因 1 号皮带电机损坏造成装置非计划停工两次。当年化肥作业部合成氨装置全年运行 232.97 天,装置运转率为 85.34%,生产合成氨 12.97 万吨。尿素装置运行 229.85 天,装置运转效率 84.19%,生产尿素 22.56 万吨。

**1996~2010 年九江大化肥产品产量一览**

表 20-2-1　　单位:万吨

| 年 份 | 合成氨 | 尿 素 | 年 份 | 合成氨 | 尿 素 | 年 份 | 合成氨 | 尿 素 |
|---|---|---|---|---|---|---|---|---|
| 1996 | | 1.19 | 2001 | 23.53 | 40.35 | 2006 | 33.20 | 55.50 |
| 1997 | 13.00 | 21.00 | 2002 | 34.88 | 60.36 | 2007 | 27.20 | 44.70 |
| 1998 | 26.74 | 44.28 | 2003 | 31.44 | 55.00 | 2008 | 26.48 | 42.91 |
| 1999 | | 50.70 | 2004 | 31.47 | 55.00 | 2009 | 26.53 | 46.68 |
| 2000 | 18.10 | 30.69 | 2005 | 25.80 | 44.68 | 2010 | 12.97 | 22.56 |

## 四、装置关停

2009 年,受金融危机蔓延、国家关税政策影响,尿素价格一路下滑,最低跌至 1400 元/吨。进入 10 月后价格维持在 1600 元/吨左右,生产尿素没有效益。8 月,中国石化集团公司在湖北枝江召开化肥企业扭亏脱困工作会上表示,2015 年之前, 中国石化要退出化肥业务, 没有实际效益的化肥企业必须尽快停产。九江石化在 20 世纪 80~90 年代所建大化肥当年产 52 万吨,而新上马大化肥都是达到年产 200 万吨以上,规模效益的优势尤为凸显;九江石化化肥原料路线在高油价的环境下没有出路,化肥装置自建成投产 14 年以来,一直处于亏损状态,至2009 年年末,累计账面亏损达 26.54 亿元,2009 年末资产负债率达 240%。1987 年设计时原油价格 15 美元/桶,折合人民币 465 元/吨,尿素价格 1950 元/吨,在当时的价格体系下是有效益的，而2009年原油价格80美元/桶左右，折合人民币4549元/吨，尿素价格1500~1600元/吨，已经没有效益可言。九江大化肥建设投资总额达28.78亿元，利息与折旧成为沉重负担。2009年吨尿素完全成本是2843.94元/吨，全年平均价格是1712元/吨，实际亏损5.4亿元。自投产以来，累计生产尿素610万吨，消耗重油260万吨左右，炼油向化肥合计让利约14亿元，账面亏损26.54亿，则真正亏损额约为45亿~47亿元。原料价差将近3000元/吨，满负荷生产，炼油需向化肥让利6亿元以上，加上预算中的2亿亏损，2010年的亏损达8亿元。化肥装置建成投产运行至2010年，装置设备新度系数只有0.33，属于风险区装置，更新改造投入没有可行性，有些仪表与设备备件已被淘汰，安全生产困难日益凸显。化肥扭亏无望，停工退出尿素业务是九江石化必然选择。

2010年4月，中国石化集团公司决定九江石化退出化肥业务，九江石化围绕做好停产化肥工作，成立工作领导小组和8个专业工作组，负责综合协调、生产运行与优化、设备维护、人员安置、改制企业业务协调、项目推进、信访稳定和治安保卫等工作。建立例会制度，确定工作目标，实行定期检查督促机制。开展形势任务宣讲，停产化肥工作得到职工群众和社会的理解与支持。4月，装置开始单系列低负荷运行，8月底化肥全面停产。停产化肥导致炼油生产面临氢源不足、重油难平衡等困难，九江石化采取氢源优化、溶脱深拔、催化掺渣以及PSA改造等多项措施，确保生产满负荷，汽柴油质量合格出厂。面对边生产、边安置清退人员的特定情况，针对出现的新的不稳定因素，九江石化积极向中国石化集团公司及省和市汇报沟通，争取帮助和支持，并在企业内部开展艰苦细致说服教育工作，经过努力，平稳安置正式工200余人，清退劳务工700余人，同时调整受到严重影响改制企业业务，实现企业生产稳定、队伍稳定和改制企业稳定，做到加工量基本不减、经济效益明显增加。化肥在8月底停产后，股份九江分公司炼油化工整体效益明显提升，总实现增效6400万元。

## 第三节　产品销售

1996年10月4日生产出合格尿素，10月5日尿素装车出厂。化肥产品全部由省农资公司包销。1997年1月，按照省政府指示，尿素由省农资公司九江大化肥经营处全部收购。到5月底，农资公司累计收购尿素8.9万吨，占产量64%，没有按照实际生产量完成收购任务，致使库存积压4.5万吨，其中2.3万吨袋装尿素露天堆放，时值梅雨季节，损失巨大。自此，根据省物价局“若省农资公司销售确有困难，难以收购，则暂由化肥公司自销”精神，化肥公司自省农资公司停止收购起，派出15批次促销队伍到湖北、安徽、湖南及江西省内等40多个地、市、县33个基层供销社、农场、垦殖场进行产品宣传和市场调查，开展推销工作，同时为建立自销渠道奠定基础。5月，因市场大幅下滑，省农资公司不再包销九江化肥，九江石化自销产品。6月，九江石化在全省各地市设立1~2个化肥直销点，在省外的黄冈、金华、周口、商丘等地设立总代理商。全年销售尿素20万吨，其中省农资公司收购9万吨，化肥公司自销11万吨，实现销售收入1.81亿元。1998年，九江石化总厂对九江化肥公司进行承债式兼并后，努力开拓“江海牌”尿素市场。当年化肥销售部门与全国13个省市县级以上的30余家农资公司建立业务关系，在确保省内市场占有率情况下，较短时间占领沿京九、沿长江，辐射两广、浙江、福建等多个县市。当年销往省外尿素20多万吨，其中6家总代理点销售尿素128399吨，货款回笼率95%以上，并清收上年货款45万余元。全年销售尿素39.21万吨，亏损2.74亿元。1999年，取消化肥产品总代理制，与省内外经销商合作销售。全国化肥市场低迷，销售尿素41.66万吨。2000年销售尿素477063吨，销售量同比增长14.5%。其中省销售30万余吨，占销售量62.9%；省外销售17.7万余吨，占销售量37.1%。全年销售额51100万元，尿素平均价格1071元/吨，价格同比下滑156元/吨，下降幅度为12.7%，低于全国20%的平均水平，货款回笼率98%以上。

2001年,销售尿素42.19万吨,实现销售收入4.65亿元。货款回笼率100%,实现历史突破。当年,工业用尿素销往广州,首次开拓出工业用肥市场。2002年,化肥销售在销售价格和销售量实现双突破,超额完成"销售50万吨、均价1130元/吨、货款回笼率100%"目标。正品尿素销售价格达到1198元/吨。当年,化肥销售部门完成农用化肥销售的工作外继续拓展工业用肥市场,在浙江工业用肥市场打开局面。全年销售尿素58万吨,实现销售收入6.95亿元。2003年,尿素首次出口到越南、马来西亚等东南亚国家12900吨,"江海牌"尿素走向国际市场。全年销售尿素56.89万吨,销售收入7.4亿元,"江海牌"尿素全年平均价格首次超过镇海。2004年,"江海牌"尿素累计出口4万吨,其中9月3日首次出口美国1万吨。全年销售尿素60.09万吨,其中工业尿素4万吨。2005年,销售尿素45.08万吨,其中销售工业用尿素4.6万吨,多创效益460多万元。2006年,销售尿素53.82万吨,销售额8.85亿元,平均单价1645元/吨。全年清收历年销售欠款1050万元。2007年,销售尿素46.38万吨,清收历史欠款336万元。2008年,销售尿素45.82万吨,其中销售正品45.05万吨、次品0.57万吨、粉末0.20万吨。全年销售均价1725元/吨,产销率100%,均创历年最高。2009年,销售尿素45.02万吨,其中出口至东南亚1.3万吨。全年实现销售收入77088万元,销售均价1712元/吨。

2010年,全年销售尿素24.7万吨,全年均价1732.4元/吨。年内化肥销售部门采取淡储旺销策略,多创效益240万元。

**1996~2010年九江石化总厂化肥厂尿素销售量一览**

表20-2-2　　单位:万吨

| 年 份 | 销售量 | 年 份 | 销售量 | 年 份 | 销售量 |
|---|---|---|---|---|---|
| 1996 | | 2001 | 42.19 | 2006 | 53.82 |
| 1997 | 20.00 | 2002 | 58.00 | 2007 | 46.40 |
| 1998 | 39.21 | 2003 | 56.89 | 2008 | 45.80 |
| 1999 | 41.66 | 2004 | 60.09 | 2009 | 45.02 |
| 2000 | 47.70 | 2005 | 45.08 | 2010 | 24.70 |

# 第三章　化工产品生产

## 第一节　聚丙烯生产

### 一、前期工作

九江石化总厂"九五规划"建设7万吨/年聚丙烯装置,1995年根据中国石化总公司《关于九江石化总厂7万吨/年聚丙烯装置项目建议书》批复文件立项。1996年,中国石化总公司批准项目可行性报告。6月4日,九江石化总厂与中国石化北京石化工程公司在九江签订《7万吨/年聚丙烯装置工程建设总承包合同》。12月,7万吨/年聚丙烯装置破土动工建设。聚丙烯装置以炼厂丙烯为原料,采用海蒙特专利工艺和先进的DCS、ESD控制技术,是一套能生产6大类25种牌号均聚产品的大型现代化化工装置。

### 二、装置建设

北京石化工程公司为总承包单位,中国石化二公司、中化第三建设公司、江西省二建公司等建设施工单位,经过17个月施工建设,于1998年5月18日实现装置高标准中交,比计划提前4个月。1999年6月装置通过竣工验收。7万吨/年聚丙烯装置总投资为61978.81万元(含外汇1425.13万美元),其中主装置投资为52762.33万元(含外汇1392.05万美元);辅助设施投资为7422.70万元(含外汇33.08万美元)。主装置占地面积约3.12公顷,建筑面积26003平方米。工艺设备232台套;钢筋2330吨;工艺管线49.76千米;钢结构1290吨;电气设备465台件;木材650立方米;电缆32.95千米;仪表设备988台件,桥架380吨,各种阀门5050个。该工程采用国产化的环管工艺,节省外汇200万美元;关键设备环管反应器国产化,节省50%费用;低温设备全部改为国内制造,节省20%的设备费用。被评为国家优级工程。

## 三、生产运行

1998年6月22日投料一次成功,从中交到出合格产品仅用32天,创造全国同类装置开工的"生产准备时间最少、建设周期最短、开工最安全、中交到投料时间最短、中交水平最高"5项最优成绩,比预投料提前6天,比原协议投料时间提前5个月。9月,首次采用国产N型催化剂进行工业化生产,获得成功,使每吨聚丙烯产品的成本下降110元/吨。当年共计生产5种PP产品共34014吨,完成年计划118%,实现当年试车,当年达标。之后生产过10余种聚丙烯牌号产品。

2000年11月,"国产环管聚丙烯工艺成套技术"被授予国家科技进步一等奖,"聚丙烯装置实施极限操作法"被评为中国石化集团公司2000年度管理现代化成果一等奖。2001年,九江石化总厂聚丙烯车间内操岗获集团公司和共青团中央颁发的"全国青年文明号"称号。2002年4月,投资400万元实施装置扩能改造,产能从7万吨/年提高到10万吨/年,属国内同类型装置首家改造,此后中国石化系统内装置仿效进行扩能改造,大幅增加经济效益。2002年以后,随着市场需求的变化,聚丙烯装置产品牌号结构发生较大的变化。2004年以后,BOPP(双向拉伸薄膜)专用料产量超过5万吨/年,成为装置主导产品牌号。

1998~2010年九江石化聚丙烯装置经济技术指标一览

表20-3-1

| 年 份 | 产 量(吨) | 丙烯单耗(千克丙烯/千克聚丙烯) | 催化剂单耗(千克催化剂/吨聚丙烯) | 能耗(千克标油/吨聚丙烯) | 专用料比例% |
|---|---|---|---|---|---|
| 1998 | 34014 | 1.045 | 0.045 | 162.44 | 9.36 |
| 1999 | 70901 | 1.023 | 0.033 | 154.00 | 12.00 |
| 2000 | 85713 | 1.0163 | 0.0354 | 136.25 | 19.95 |
| 2001 | 97502 | 1.0169 | 0.035 | 125.00 | 22.06 |
| 2002 | 103631 | 1.018 | 0.035 | 120.60 | 18.07 |
| 2003 | 111738 | 1.016 | 0.034 | 117.49 | 32.45 |
| 2004 | 113005 | 1.0148 | 0.035 | 114.81 | 55.90 |
| 2005 | 126525 | 1.0142 | 0.0388 | 97.93 | 71.50 |
| 2006 | 115543 | 1.0144 | 0.0338 | 101.50 | 76.40 |
| 2007 | 113428 | 1.0148 | 0.0409 | 98.41 | 78.90 |
| 2008 | 113268 | 1.015 | 0.0353 | 99.88 | 76.00 |
| 2009 | 103078 | 1.008 | 0.0388 | 98.07 | 79.50 |
| 2010 | 96948 | 1.008 | 0.0429 | 99.39 | 84.00 |

说明:1998年6月22日投产,2002年4月扩能改造

# 第二节 其他产品生产

## 一、小聚丙烯

1995年,8月18日开始筹建1万吨/年聚丙烯,简称“818”装置。采取职工集资3000元/人,其他单位参股等融资方式合资建设,由九江石化化工有限责任公司管理。装置采用间歇式小本体湿式氧化工艺生产技术,1996年4月投产,主要生产聚丙烯粉料。

精丙烯自采量减少,聚丙烯价差缩小,利润减少,加上小本体装置维修用料及维修成本较大,2005年10月停工,全年共开工165天,生产聚丙烯855吨。

## 二、炭 黑

特种导电炭黑产品由改制企业九江鑫乐石化公司下属九江亚米特石化有限公司利用九江石化化肥装置炭黑水作为原料生产而成。2006年3月,3000吨/年导电炭黑产品生产线投产。产品广泛用于导电塑料、导电橡胶、抗静电、阻燃等行业,为全国最大且唯一的特种导电炭黑生产商,产品全国市场占有率超过50%。2010年8月,九江石化化肥装置关停,特种导电炭黑生产装置随之停产。炭黑生产线自投产至停产,累计生产特种导电炭黑3500吨。

## 三、偏三甲苯

2004年4月,偏三甲苯装置建成并一次投产成功,装置投资2300万元,装置规模年加工原料5万吨。原料为二联合装置塔底抽余油。主要产品包括生产偏三甲苯、8号芳烃、9号芳烃、10号芳烃、粗二甲苯、混合甲乙苯、混合芳烃等。产品市场主要在华东、华南等地区。偏三甲苯主要用于合成偏苯三酸酐(简称偏酐),少量用于异构化、烷基化生产均三、均四甲苯等化工产品。偏酐(TMA)可以合成很多高附加值的精细化工产品,如偏苯三酸三辛酯、聚酰胺-酰亚胺和聚酯酰亚胺醇酸树脂、固化剂等,分别用作耐热增塑剂、高级绝缘材料、醇酸树脂涂料等。8号芳烃、9号芳烃、10号芳烃、粗二甲苯、混合甲乙苯、混合芳烃用作化工原料。2007年,九江石化华庐公司改制成立九江华庐石化有限公司,偏三甲苯装置由九江华庐石化有限公司经营管理。2010年产量3.6万吨。

## 四、混合碳四

混合碳四综合利用项目由九江石化改制企业九江三鑫石化实业有限公司、市石化塑业有限公司、九江华庐石化有限公司(出资800万元,占股本17.20%)、九江鑫乐石化有限公司、市石化力源劳务有限公司,以及九江石化长乐综合服务有限公司、上海浦浔石化有限公司7家企业现金出资建设。成立的九江齐鑫化工有限公司,注册资本为4350万元,其中九江三鑫石化实业有限公司出资2450万元,占股本56.32%。2009年10月,与中国石化股份公司九江分公司签订《混合碳四综合利用项目框架协议》,利用中国石化股份公司九江分公司生产液化气进行深加工,生产清洁化工产品。碳四综合利用项目为油气伴生资源综合利用,属于“《产业结构调整指导目录》(2005年本)”中鼓励类项目,包括5万吨/年甲基叔丁基醚、5万吨/年醋酸仲丁酯、5万吨/年高纯叔丁醇等化工装置及配套罐区、循环水场、化验室、汽车出厂装车等设施。同年10月25日,一期5万吨/年甲基叔丁基醚及公用工程开工,2010年6月,实现工程中交,2010年7月23日投产,实际投资5720万元。

# 第四章　辅助设施

## 第一节　公用工程

### 一、动力系统

1991年，九江石化动力系统包括锅炉、发配电、供水、空分、维修、电修等业务，向各生产装置提供除盐水、工业水、循环水、电、3.5兆帕蒸汽、1.0兆帕蒸汽、净化风、非净化风、氮气、氧气等产品供给。主要装置有2台产汽量为130吨/时、2台产汽量为65吨/时的中压燃油锅炉，1台产汽量为12吨/时催化余热锅炉；2台功率为12兆瓦的汽轮发电机组；2台16兆伏安有载调压主变压器；I、II套除盐水装置，150型空分装置（氮气产量600立方米/时）和空压（6台5L–48/8–1型空压机）装置。当年，动力系统生产除盐水96.91万吨、3.5兆帕蒸汽102.92万吨、压缩风5787.82万标立方米、发电95659.44兆瓦·时。1992年5月，配套建设化肥公用工程系统开工建设。1995年7月，化肥厂动力装置1号锅炉通过水压试验。11月首列煤车进库，燃运卸煤系统投用。12月化肥动力装置1号锅炉化学清洗。增加1台离心式空压机，排气量为158立方米/时。1996年1月，化肥公用工程1号锅炉点火一次成功。5月，2号锅炉首次启动。装置担负向化肥装置输送合格的脱盐水，循环水、SX、SH、SM、SL4个压力等级蒸汽以及电力，负责50万吨/年煤炭的卸、转、配、制和优化。化肥动力装置规模为2台额定蒸发量170吨/时的高温高压煤锅炉，1台22兆瓦抽凝式汽轮发电机组，1套输送煤炭能力为50万吨/年燃运装置，1套精制水能力为520吨/时二级脱盐装置，1套外供水量41000吨/时循环水装置，1座容量31500千瓦×2变电站，涵盖机、炉、电、燃运、水处理5大专业。1997~1998年，热电装置增加3台离心机。1998年增加1套空分设备，采用深度冷冻法生产氮气与氧气，氮气供全厂装置作生产保护气，氧气供全厂检修用。1998年11月，2000立方米/时氮氧站扩建工程开工投产一次成功。1999年，新建设计流量为220吨/时Ⅱ套除盐水装置，分A系列和B系列，属逆流再生双室浮动床。2000年2月，2台锅炉实施扩能改造，额定蒸汽量由170吨/时扩大到190吨/时。

2001年1月，化肥动力装置1号、2号锅炉改造后投用，向炼油厂供汽、供电。2005年，热电装置更换3号、4号空压机，新上1台排气量为200立方米/小时离心式空气压缩机，空压非净化风供全厂吹扫与动力用风，净化风供全厂仪表用风。2007年11月，九江石化第二电源顺利投用，新建港石线110千伏高压变电站，2台容量为31500千伏安的变压器，九江石化首次实现双电源、双回路供电，结束单一电源供电历史。2008年11月，化肥动力装置1号煤粉锅炉实施掺烧石油焦试验。当年化肥动力装置经济技术考核指标首次全面达标，并在中国石化集团公司年度热电专业竞赛中获评小规模电站优胜单位。

2010年8月，化肥装置停产，动力装置全面进入停工检修和保养阶段。9月，化肥动力和炼油动力系统整合，成立动力运行部，涵盖锅炉、汽机、电气、化水、空分、空压、燃运6大专业。装置按照生产职能大体划分为炼油动力装置和化肥动力装置两大部分，担负着全厂水、电、汽、风的供给。全年化肥热电装置累计耗煤34.6万吨；2台煤锅炉产蒸汽190.05万吨，汽轮发电机组累计发电量0.79亿千瓦时，供热469.6万吉焦，消耗燃气1.11万吨，燃料油消耗4928吨；炼油动力装置完成受电31874万千瓦时，生产蒸汽67万吨，压缩风20773万立方米，除盐水206万吨，生产氮气1151万立方米、氧气94万立方米，能耗80千克标油/吨。

### 二、供水系统

1991年，供水系统包括全厂生产、生活和消防用水，主要任务是保证装置生产水、生活水和循环水的平稳供给。拥有水源泵房、净水场、循环水场3套生产装置，钳工、管工2个维修班，循环水、净水2个化验室。全年累计供应原水3546.27万立方米、净水1088.06万立方米、循环水6829.53万立方米,炼油装置加工吨油取新水量3.02吨。水源泵房为固定式岸边取水泵房,位于长江九江段岸边,设计能力为7000吨/时。净水场为原水预处理系统,有生产和生活两套净水系统。其中生产水系统设计处理能力为2500吨/时,生活饮用水系统设计处理能力为860吨/时。取长江水,源水水质标准按GB3838-88《地面水环境质量标准》执行。生活水管网末梢水质达到国家有关标准。生产水主要用于炼油装置循环水系统的补充水、制作除盐水、空压站冷却水、常减压装置溶解药剂用水、催化裂化装置润滑油冷却器冷却水、化学药剂和储运系统轻质油灌区喷淋冷却水的补充水及消防用水等。生活水主要用于九江石化社区食堂、浴室、医院、招待所、友邻单位的生活用水以及东、西区生活用水等。厂区消防水采用生产水,生活区消防水采用生活水。循环水以新鲜水(生产净水)作为补充水,送往各生产装置换热器,循环往复。炼油一循主要供Ⅰ套常减压、Ⅰ套催化、二联合、Ⅰ套气分、沥青、三联合等生产装置水冷器和部分机泵的冷却之用。循环水处理能力为10000吨/小时,有8台离心泵、7台轴流风机、1台真空泵、1台排污泵、1台加氯机。

1994年12月,第二循环水场建成,设计处理规模7800吨/时,次年5月正式投用。1995年10月,净水二场正式投用,设计处理规模1800吨/时。1997年10月,第三循环水场建成并投用,设计处理规模10000吨/时,向Ⅱ套催化装置、聚丙烯装置供水。

2002年,一循3号、4号、5号、6号过滤罐滤板进行改造。净水场生活加速澄清池扩能改造后投用,水处理量提高1.6倍,制水比提高5%。2003年4月,在抗击"非典"期间,沉淀水合格率达97%,出厂水合格率100%,上级行政监督部门抽检合格率100%。2005年,一循自动加药系统投用。二循3组过滤罐滤帽进行改造。LMS系统成功上线,实现水质数据信息化管理。2006年,一、二、三循11组旁滤池实施节水改造,共安装11套WJ系列水控式自动控制阀。三循自动加药系统开发投用。2008年,源水1号、2号管线改造投用。1号、2号新源水DN800管线双线运行。净水二场反冲洗、排泥水回用水池建成投运。2009年,一循8台循环水泵应用三元流新技术进行节能改造。

2010年,拥有水源泵房、净水一场、净水二场、一循环水场、二循环水场、三循环水场6套生产装置。净水一场实现DCS集中控制,循环水场实现自动加药和DCS集中控制。水源泵房设计能力为7000吨/时,实际运行处理量为1100~2500吨/时。净水一场生产水实际生产量为700~1300吨/时,生活水实际生产量为400~700吨/时。净水二场随化肥装置停工。一循循环水主要供Ⅰ套常减压、Ⅰ套催化、二联合、Ⅰ套低温热利用、Ⅰ套气分、Ⅱ套气分、溶脱、沥青、三联合、硫黄、八罐区、MTBE和油浆抽提等生产装置水冷器和部分机泵的冷却之用。一循处理量为13000吨/时。三循设计冷却水处理能力为10000吨/时,包括2套循环水系统,一套至聚丙烯、偏三甲苯装置;另一套至Ⅱ套催化、Ⅱ套低温热利用、空压站离心机、Ⅱ套常减压装置、单塔污水汽提冷却水。三循实际运行处理量为5600~8500吨/时。管网系统包括全厂循环水管网、源水及厂外生产生活输水管网、全厂生产新鲜水管网、全厂高压消防水管网。全年生产源水1380.24万立方米、净水1307.84万立方米、循环水15603.86万立方米,净水能耗为137千克标油/立方米,循环水能耗58千克标油/立方米,炼油装置加工吨油取新水量0.63立方米。

## 第二节 油品储存

### 一、罐区库容

**罐区建设** 1991年,油品罐区分原油罐区、中间罐区、成品油罐区和液化气罐区。原油罐区有4台3万立方米原油储罐,总库容为12万立方米;中间罐区有轻、重污油罐,库容为6000立方米,蜡油罐库容1.5万立方米;成品油罐区有汽油、柴油、灯油和渣油罐,其中汽油以90号汽油为主;液化气罐区有球罐14台(液化气),库容6600立方米。增建并投用90号汽油装船出厂线、精丙烯管输磷肥厂专用线。2010年,九江石化共有各类储罐120台,总库容量67.7万立方米。其中,原油储罐(001~007罐)7台,库容量27万立方米;重油储罐(703~714罐)12台,库容量6.2万立方米;蜡油储罐(107~110罐、112罐)5台,库容量2.5万立方米;汽油储罐(302~304罐、310罐、314~318罐)9台,库容量7万立方米;柴油储罐(401~

414罐)14台,库容量6.5万立方米;军柴储罐(307~309罐)3台,库容量7000立方米;航煤储罐(501~506罐)6台,库容量1万立方米;灯油储罐(507~509罐)3台,库容量9000立方米;溶剂油储罐(209~213罐)5台,库容量5000立方米;三苯储罐(601~606罐)6台,库容量5000立方米;液化气球罐(801~803罐、806~830罐)27台,库容量2.2万立方米。

**原油库容** 1991年9月,5万立方米的005罐投用,当年原油库容17万立方米。1992年9月,5万立方米的006罐投用,12月,5万立方米的007罐投用,原油库容27万立方米。1998年,油品中转站一期工程3台3万立方米原油罐投用。2010年,原油库容27万立方米。

**渣油库容** 1991年10月,1万立方米的713罐投用,当年渣油库容4.5万立方米。1995年9月,5000立方米的714罐投用,渣油库库容5万立方米。2010年,渣油库库容5万立方米。

**油浆库容** 1991年,油浆库容7000立方米。1998年9月,704罐扩容3000立方米。2001年3月,703罐扩容4000立方米。2010年,油浆库容1.2万立方米。

**蜡油库容** 1991年,蜡油库容1.5万立方米。1993年7月,5000立方米的108罐投用。1995年4月,5000立方米的112罐投用,蜡油库容2.5万立方米。2010年,蜡油库容2.5万立方米。

**汽油库容** 1991年,汽油库容4万立方米。2005年7月,303罐扩容至1万立方米。2006年11月,304罐扩容至1万立方米。2007年2月,新增容积7500立方米的317和318罐,302罐扩容至1万立方米,汽油库容达7万立方米。2010年,汽油库容7万立方米。

**柴油库容** 1991年,柴油库容4.8万立方米;1995年7月,增设5000立方米的413罐和1万立方米的414罐。2004年12月,401罐扩容至5000立方米,柴油库容达6.5万立方米。2010年,柴油库容6.5万立方米。

**液态烃库容** 1991年,液态烃库容6600立方米,有5000立方米的湿式瓦斯气柜-1。1995年2月,新建815~818罐4台400立方米的液化气球罐。12月,新增1台1万立方米的湿式丙烯气柜-2。1996年6月,增设822~824罐3台1000立方米的丙烯球罐。1997年10月,增设819~821罐3台1000立方米的液化气球罐。1999年4月,增设825、826罐2台1000立方米的液化气球罐;2000年6月,增设827、828罐2台2000立方米和829罐1台1000立方米的气分原料罐。2008年11月,增设830罐1台2000立方米的氨罐。2010年,液态烃库容量为2.2万立方米。柜-1更新为2万立方米干式气柜。

### 二、新装置配套

1997年7月,新建航煤生产系统,包括6台内浮顶罐(总容量1万立方米)、4台泵、6台过滤器及加剂泵房。1997年11月,新建Ⅱ常配套,包括新敷设原油006线(DN200)至Ⅱ常,轻油罐区敷设配套工艺管线。2000年7月,新建Ⅱ码头配套泵房。2004年1月,新建焦化配套泵房。2005年4月,新建溶脱配套泵房。2006年2月,新建Ⅲ加氢配套泵房。2008年1月,新建九樟成品油首站配套泵房。

## 第三节 油品运输

### 一、铁路运输

1991年,铁路设计运输能力可满足年加工原油250万吨的成品油及固体产品出厂运输。九江石化铁路承担成品油、沥青、硫黄、聚丙烯、化肥、焦炭等物资装车所需空车和装完重车以及进厂原材料、煤等物资在琵琶湖站与九江石化机运站间的取送车作业和由此产生的编组、解列等调车作业工作,厂区铁路通过厂牵出线成之字形在DK6+958.36千米处与琵琶湖站接轨。共有铁路线路26股,线路全长11.261千米,配有内燃机3台,分别为东方红5型1台,东方红7型2台,功率均为790千瓦,负责产品及原材料进出厂运输。配有内燃机车库1座,能进行简易机车修理和机车整备作业。1991年新建投用精丙烯铁路装车线。1992年,铁路发车9383节,输送成品油40.48万吨,占成品油出厂总量的21.46%。1994年,配合大化肥建设新增东方红5B型内燃机车1台,功率920千瓦。1995年9月,煤1、煤2线投用,全长

0.68 千米,满足化肥用煤铁路进厂需要。1996 年 2 月,化 1、化 2、化 3 线投用,全长 1.8 千米,满足化肥铁路出厂需要。

2001 年 12 月,丙烯线投用,全长 0.148 千米,满足丙烯铁路进出厂需要。2002 年,铁路进出运输总量 120.03 万吨。2003 年,铁路进出运输总量 139.273 万吨、43019 节车。2004 年,铁路进出运输总量 158.6 万吨,31483 节车。2005 年,铁路进出运输总量 157.45 万吨、31166 节车。2006 年 3 月,焦化线投用,全长 0.131 千米,满足焦炭铁路出厂需要。全年铁路进出运输总量 263.6 万吨、48580 节车。2007 年,铁路进出运输总量 242.44 万吨、44681 节车。2008 年,铁路进出运输总量 248.02 万吨、47533 节车。2009 年 12 月,投用铁路车号自动识别系统,提高铁路运输管理水平。全年铁路进出运输总量237.821 万吨、45771 节车。

2010 年,九江石化共有铁路线路 33 股,线路全长 14.02 千米,共有 4 台内燃机车,日常运用 2 台,备用机车 2 台。分液态品种及固态品种 2 个作业区,2 台机车可同时在 2 个作业区平行作业,其中,1、2、丙烯线、3、4、5、6、7、8、Ⅸ、10、11、12 及仓库线为液态品种作业区,13、14、15、16、17(走行线)、固 1、固 2(走行线)、固 3、固 4、煤 3 为固态品种作业区。厂区线路除Ⅸ、10、11、12 道油台前面线路道岔区有 1.5‰,仓库前面有 160 米 2.5‰的纵向坡度外，其他线路均无纵向坡度。全年铁路进出运输总量 214.787 万吨，41855 节车。

**1991~2010 年九江石化总厂铁路进出厂运量一览**

表 20-4-1 单位:万吨

| 年 份 | 运 量 | 年 份 | 运 量 | 年 份 | 运 量 | 年 份 | 运 量 |
|---|---|---|---|---|---|---|---|
| 1991 | | 1996 | 55.8 | 2001 | 149.2 | 2006 | 263.6 |
| 1992 | 40.5 | 1997 | 110.0 | 2002 | 120.0 | 2007 | 242.4 |
| 1993 | 46.1 | 1998 | 101.0 | 2003 | 139.3 | 2008 | 248.0 |
| 1994 | 40.1 | 1999 | 128.6 | 2004 | 158.6 | 2009 | 237.8 |
| 1995 | 52.4 | 2000 | 143.2 | 2005 | 157.5 | 2010 | 214.8 |

## 二、码头装卸

1991 年,九江石化码头所在地属长江“B”级航区,距入海口 822 千米,港区总面积 36.4 万平方米。其中陆域 9.32 万平方米,水域 27.08 万平方米,码头岸线长度 826 米。共有原油、成品油等 3 个油品专用码头,设 5000 吨级泊位 5 个,配有 1200 匹马力拖轮 2 艘,码头总吞吐能力达 500 万吨/年。1991 年,原油进厂量 186.8 万吨。1992 年 6 月 12 日,九江石化油品专用码头通过国家口岸对外开放验收。全年接卸原油进厂 207.84 万吨,涉及原油品种 15 种。1993 年 9 月 1960 匹马力的九石化 1901 拖轮运抵码头。

1996 年 10 月,俄罗斯“杰努瓦卡”号油轮装载 5000 吨原油从库页岛抵达九江石化油品专用码头,油品码头首次对外接卸原油进厂。1997 年 1 月,化肥码头建成投用,有 500 吨级固体产品泊位 1 个。码头岸线长度 159 米,可停靠 500 吨以下(含 500 吨)的各种货(轮)驳,年设计出厂 7.8 万吨/年。1999 年九炼 1201 轮转让。2000 年,第二油品码头建成投用,设 5000 吨级成品油泊位 1 个,增加 1960 匹马力九石化 1902 轮 1 艘。第二油品码头位于长江南岸九江长江大桥下游约 5 千米处,所在地属长江“B”级航区,码头岸线长度 832 米,其中陆域面积 7158 平方米。主要用于产品水路出厂,可停靠 5000 吨以下(含 5000 吨)的各种油(轮)驳,成品油出厂设计能力为 150.5 万吨/年。

2001 年 5 月,九炼 1202 轮转让。2002 年化肥码头经系统性改造,年出厂能力达 10 万吨/年以上。2004 年 10000 吨“江海”牌尿素通过长江航运起运,首次销往美国。2005 年 12 月 16 日,原油仪长线正式投用,码头水路原油接卸量开始逐年减少。

2008 年 8 月,九樟成品油首站 1 号码头配套系统改造完成正式投用,成品油码头水路出厂量开始减少,首次开启成品油码头接卸上岸。2009 年化肥码头港区改建煤码头 1 个,设计能力 50 万吨/年。2010 年,九江石化码头有第一油品码头、化肥码头和第二油品码头 3 个港区,码头岸线总长度 1817 米,5000 吨级泊位 7 个,500 吨级泊位 1 个,工作泊位 2 个,消拖两用轮 2 艘,总吞吐能力可达 700 万吨以上。

20年间，码头共承接上百种原(料)油以及97号汽油、93号汽油、90号汽油、0号柴油、军柴、灯油、石脑油、MTBE、重油、重交沥青、甲醇、尿素、聚丙烯等十几种成品油、化工产品和原料等进出厂装卸任务。

**1991~2010年九江石化总厂码头吞吐量一览**

表20-4-2 单位：万吨

| 年份 | 吞吐量 | 年份 | 吞吐量 | 年份 | 吞吐量 | 年份 | 吞吐量 |
|---|---|---|---|---|---|---|---|
| 1991 | | 1996 | | 2001 | 416.4 | 2006 | 257.5 |
| 1992 | | 1997 | 248.0 | 2002 | 397.8 | 2007 | 191.9 |
| 1993 | | 1998 | | 2003 | 411.0 | 2008 | 107.8 |
| 1994 | | 1999 | | 2004 | 479.8 | 2009 | 83.7 |
| 1995 | 344.7 | 2000 | 496.8 | 2005 | 463.4 | 2010 | 84.5 |

### 三、管道运输

2005年12月建成投用仪长原油管线黄梅—九江支线，管线管径457毫米，全长51千米，设计年输入能力400万吨，至2010年底累计输入原油1907.7万吨。

2007年，九江—南昌—樟树成品油管线建成，全长226千米，设计年输出能力330万吨，到2010年底累计输送成品油365.2万吨。

## 第四节 环保减排

1991年，外排废水合格率为73.75%，比1990年的52.67%提高21%。全年排污费用5.6万元，比1990年19.2万元少缴13.6万元；通过摸底调查绘制完成全厂准确、全面的污染源图；新建1座3000立方米均质罐，缓解水质、水量变化对污水处理场的冲击，提高生化开工率和总排合格率；三联合车间投用中和池，缓解酸碱水对污水场冲击。1992年外排废水合格率为92.38%。4月全厂停工期间，耗资70万元更换污水汽提装置仪表；投资90万元新建1座5000立方米含硫污水原料罐，减少不合格净化水对污水场冲击；投资25万元对原油罐区污水池改造，投用后做到清污分流，避免对农田污染；投资40万元对使用多年的火炬进行更新，改善火炬燃烧效果，减轻大气污染。1993年外排废水合格率为94.46%。全年未发生一起污染大气事故；完成常减压塔顶不凝气直接高空排放的环保隐患治理，消除污染源；环保项目A/O工程竣工投用，使全厂废水监测点上移，确保污水外排合格率达标。1994年外排废水合格率为99.64%。污水处理场的"A/O无剩余活性污水处理炼油废水"装置投用取得良好效果，COD去除率46.9%，生化出水经装置处理后综合排放率提高31.04个百分点。1995年外排废水合格率为98.64%，处理炼油废水330.22万吨，回收污油3529吨，回收废气中硫黄1309吨，回收可燃气46416吨。全年未发生扰民污染事故，生活区大气质量常年达国家环境大气一级标准，被国家环保局授予"1995年度全国环境保护先进企业"。

1996年，外排废水达标率为89.62%，全年处理炼油污水331.35万吨，回收污油3386吨；利用工艺废气回收硫黄1438吨，回收可燃气体52115吨；利用碱渣11215吨，回收环烷酸135吨。当年1月，A/O二期工程投用，对外排水达标起到把关作用。生活区内空气质量常年达到国家一级标准。1997年外排水达标率90.09%。全年处理炼油加工废水361.39万吨，回收污油3857吨；利用工艺废气回收硫黄1759吨，利用可燃气57766吨；利用碱渣11168吨，回收环烷酸149吨。1997年，因特大暴雨发生琵琶湖污染，事故发生后组织力量消除污染，及时向当地政府和群众报告、通报情况，解决受影响群众的补偿问题，并制定整改措施使问题得到解决。1998年炼油工业外排废水综合合格率为94.84%。全年处理炼油污水375.07万吨，回收污油3650吨；回收减排废气硫黄3506吨，利用可燃气93544吨；处理碱渣7084吨，回收环烷酸200吨。1998年的特大洪水期间保持排水系统通畅，达到长时期分洪没有污染环境的目标。1999年,炼油工业外排废水综合合格率94.22%。

1991~1999年市境石油化工生产环保各项指标一览

表20-4-3　　单位:千克、吨

| 年 份 | 污水场出口达标率% | 总排放口达标率% | 万元产值排放COD量 | 外排污水COD总量 | 有控废水达标率% | 废渣处理利用率% |
|---|---|---|---|---|---|---|
| 1991 | 17.52 | 73.75 | 6.81 | 604.50 | 100 | 97.00 |
| 1992 | 57.93 | 92.36 | 3.40 | 361.80 | 100 | 98.40 |
| 1993 | 69.07 | 94.46 | 2.95 | 348.10 | 100 | 99.40 |
| 1994 | 71.91 | 99.64 | 2.72 | 263.10 | 100 | 112.30 |
| 1995 | 78.33 | 98.64 | 2.50 | 252.00 | 100 | 96.10 |
| 1996 | 89.62 | | 1.77 | 203.74 | 100 | 101.95 |
| 1997 | 90.90 | | 1.98 | | 100 | 96.14 |
| 1998 | 94.84 | | 1.90 | | 100 | 101.84 |
| 1999 | 94.22 | | 1.64 | | 100 | 105.65 |

2000年,炼油工业外排废水综合合格率为96.04%。当年5月22日组队参加省环境保护局、省委宣传部、省人大环资委联合举办的“美孚杯”环保知识竞赛获第三名。全年,新建第二油品码头,粉煤灰制砖厂有效控制新污染;投资200多万元完善化肥污水治理设施;对医院病毒污水处理设施、医院固废焚烧炉进行改造;对排污口实施规范化整理,在总排口安装流量计和自动取样设施,设置环保图形标志牌。9月22~23日,市环境监测站到厂对外排废水和大气污染源进行24小时连续监测,监测结果全部达标,10月19日,省环保局进行环保达标验收,认定全厂实现环保达标排放。2001年,完成环保治理项目有配置环保在线检测仪器仪表;完善化肥污水处理设施;石化医院污水治理设施改造;新建1座5000立方米污水均质罐。2002年完成环保治理项目有:投用1台烟机在线监测仪、1台水质自动采样器、2台在线COD监测仪、3台在线PH计等环保在线仪器。全年投资236.06万元对化肥锅炉干灰及渣灰回收设施改造,5月改造二套电脱盐由注脱盐水改为注净化水,从而使净化水会用率达到60%。2003年新建环保设施、设备相继投用,新建固废填埋场经九江市环保局验收投入使用,排水车间压滤机、4台浮选机实验改造投入使用,水处理车间新增2台水流量计。全年推进清洁生产工作,实施方案72个,取得经济效益2490.8万元,大幅提高污水汽提净化水回用,回用率达60%,废水排放量下降36.62万吨/年,固废削减7214吨/年。2004年建成碱渣缓和湿式氧化装置,更新硫黄反应炉,改善大气环境质量;更换斜板隔油池斜板,提高除油效果;新建1座5000立方米含硫污水罐,增加含硫污水储存能力;炭黑回收装置开工;化肥污水处理场二沉池改造,提高出水水质;增设装置油气回收装置。2005年炼油工业外排废水综合合格率为96.19%;工业废水排放量589.12万吨,比2004年减排44.69万吨;COD排放总量303.67吨,比2004年减排73.25吨;危险废物妥善处理率100%;污水回用率31.19%;建设项目“三同时”合格率100%。4个项目获得省、市“三废”综合利用认证证书,全年利用粉煤灰63.95万吨,可燃气11.20万吨,生产硫黄5942吨,回收污油3774吨,生产出环烷酸521.90吨、粗粉108吨,实现产值1714.18万元。2006年,完成中国石化集团公司“十五”期间重点攻关的吸附法成套油气回收技术开发,建成国内首套国产化工业装置,油气回收率95%以上,环境中总烃达到国家环保要求。溶脱联合车间开好建成投产的3万吨/年硫黄装置的尾气处理装置,尾气焚烧炉烟囱SO2控制在600毫克/立方米,使SO2排放量大大削减。全年利用粉煤灰18.87万吨、可燃气15.30万吨,生产硫黄15632吨、环烷酸1421吨、粗粉53吨,回收污油5102吨、中性油4058吨,实现产值3000多万元。全年固废处置率100%。2007年结合自身地形地貌并按装置分布情况和排水情况,在装置雨水沟系统设立5个分流封堵点,确保事故状态下不会对下流饮用水取水口

造成影响。当年环保隐患治理 4 项，投资 2060 万元。全年环保设备完好率98%、开工率 95%以上，固废处置率 100%。2008 年炼油工业外排废水达标率为 96.20%，工业外排废水 515.15 万吨，COD 排放总量 407.4 吨，危险废物妥善处理率 100%，有控废气达标率 100%，生产用新鲜用水 910 万吨，工业水重复利用率 97.59%。2009 年炼油工业外排废水达标率为 96.69%，工业外排废水 489.47 万吨，COD 排放总量 409.38 吨，危险废物妥善处理率 100%，有控废气达标率 100%，项目建设“三同时”合格率 100%，生产用新鲜用水 903 万吨，工业水重复利用率 97.59%。当年新建 450 万吨/年生活污水处理及回用装置和 150 吨/小时达标污水回用装置投入运行，减少外排污水和新鲜水用量。通过建设完善管网，基本实现清污分流、污污分流，从源头上减少“三废”排放。

2010 年，炼油外排废水达标率 97.54%，同比提高 0.84 个百分点；工业废水排放量 459.16 万吨，同比减排 25.32 万吨；吨原油外排废水量 0.53 吨，同比下降 0.02 吨；用水量减少 200 万吨；外排工业废水 COD 排放总量 373.38 吨，同比减排 35.23 吨；工业水重复利用率 98.2%；二氧化硫排放总量 4687 吨，同比减排 1352 吨；危险废物妥善处理率 100%。同年，中国石化集团公司下达环保隐患治理 2 项，污水处理场恶臭和环境下线检测仪安装，投资 500 万元。通过健全的生产污水管网实现未受污染的雨水和清净下水全部进入清净下水系统，含硫、酚等高浓度的废水均有独立排水系统和单独处理设施。进一步完善事故废水的区域性隔离和分流措施，将异常情况下进入明沟系统污染物隔离在区域内或切入到污水管网引入污水处理场。全年有 18 套装置开展一次清洁生产，进行低温热互供减少能源使用，实施装置间直接互供料减少水、电、汽等使用，减少非计划停工降低加工损失。通过这些措施减少废物排放，有效改善环境。

# 第五章　企业管理

## 第一节　管理机构

### 一、中国石油化工总公司九江石油化工总厂

1991 年 8 月，成立九江石油化工联营公司，具有法人资格。10 月将“中国石油化工总公司九江炼油厂”更名为“中国石油化工总公司九江石油化工总厂”。1999 年 8 月，中国石化九江石油化工总厂更名为中国石化集团九江石油化工总厂。

### 二、中国石油化工股份公司九江分公司

2000 年 3 月，根据中石化集团公司重组改制整体上市要求，成立中国石油化工股份公司九江分公司(上市部分)及九江石化(非上市部分)。2003 年 3 月，实行扁平化管理，撤销炼油厂、化肥厂、化工厂 3 个二级厂，23 个车间整合为 4 个作业部和 11 个车间，由“三级管理”转变为“二级管理”。扁平化后总厂直属单位 30 个，分公司直属单位 35 个。至 2010 年 12 月，中国石油化工股份公司九江分公司下辖 16 个职能处室、7 个职能中心和 1 个支队、9 个车间、3 个作业部。中国石化集团资产经营管理有限公司九江分公司下辖 2 部及 6 个单位。实行两个分公司一个党委一套班子的组织机构模式。

### 三、中国石油化工集团资产经营管理有限公司九江分公司

2006 年 12 月设立中国石化集团资产经营管理有限公司九江分公司，2007 年 8 月注销九江石油化工总厂。资产分公司承接原九江石油化工总厂人员和资产，下设 2 个机关处室 6 个直属单位。

## 第二节 生产管理

### 一、管理体系

**质量管理体系** 1997年,九江石化开始贯彻1994版ISO 9000标准,实施质量管理体系。1999年4月,通过北京三星九千认证中心认证。2003年通过2000版转换认证。

**计量管理体系** 1997年九江石化依据GB/T 19022.1-1994 IDT ISO 10012:1992《测量设备的质量保证要求 第一部分:测量设备的计量确认体系》建立计量检测管理体系,当年通过国家级计量检测体系认证。2002年通过2000版换证审核。

**HSE管理体系** 石化企业生产具有高温高压、易燃易爆、有毒有害的特点,为满足现代企业管理要求,实现与国际市场接轨,2001年8月九江石化开始依据中国石化Q/SHS 0001.1-2001《中国石油化工集团公司安全、环境与健康(HSE)管理体系》、Q/SHS 0001.3-2001《炼油化工企业安全、环境与健康(HSE)管理规范》企业标准,建立具有石化行业特色的HSE管理体系。2002年7月九江石化HSE管理体系正式运行并对外发布。

**企业标准体系** 2001年,国家标准化管理委员会全面推进国内企业标准体系建设,对1995年版GB/T15496-15498等3项国家标准进行修订,并增加GB/T19273-2003《企业标准体系评价与改进》国家标准,2003年10月1日起实施。2003年九江石化启动重建企业标准体系工作。2005年10月,九江石化获国家"标准化良好行为企业AAAA"级最高认证。

**集约型一体化管理体系** 2006年,九江石化提出整合管理体系的思路。2007年6月,全面启动一体化管理体系建设工作。创建体系,共整理1278项国家法律法规及总部规章制度,896项公司内部管理制度,1222项部门岗位工作标准,462项企业技术标准等。2008年10月,九江石化集约型一体化管理体系文件发布试运行,历时16个月,融合6个国家级体系标准(质量、环境、职业健康安全、测量、标准化、危化品从业)、4个中国石化标准(HSE、内控、三基、ERP),涵盖企业党群工作要求在内的高度集约的一体化管理体系整合工作完成文本梳理、整合、修订和完善工作,转入试运行阶段。2009年,北京三星九千认证中心和中企江西分中心通过两个阶段的审核,确认九江石化集约型一体化管理体系覆盖的质量管理、环境管理、职业健康安全管理、HSE、测量管理符合相关认证标准要求,并颁发认证证书。同年,3项管理现代化创新成果获奖,其中《石化企业基于ISO 9000族标准的一体化管理体系的构建与实施》获全国第十六届二等奖、集团公司第十八届一等奖、省第十一届一等奖。2010年6月,九江石化组织企业内部专家根据实践经验编撰《集约型一体化管理体系创建与实践》(ISBN 978-7-5114-0546-3)一书,由中国石化出版社出版。一体化管理体系当年通过认证机构的监督审核。

### 二、管理制度

**"三基"工作** 基层建设、基础工作、基本功训练是继承大庆优良传统的基础上发展演变而来。2005年九江石化承担中国石化"三基"工作系列标准Q/SH2.2-2006《基层单位"三基"工作基本要求第2部分:炼油化工企业》标准编写。2006年,九江石化按照中国石化新的"三基"工作标准要求,进一步加强"三基"工作管理。2007年,制定《九江石化"三基"工作检查评价管理办法》。2008年,将"三基"工作、一体化管理体系内审、双文明建设、岗位责任制大检查等各项要求融为一体。

**经济责任制考核** 2009年制订《九江石化内部经济责任制考核管理办法》《九江石化内部经济责任制考核评价手册》,设置和分解集团公司下达指标,并与所属基层单位签订《目标任务责任书》。

## 三、内部控制管理

中国石油化工股份公司在香港、上海、纽约、伦敦上市。2003 年,遵循美国颁布的《萨班斯-奥克斯利法案》,开展内部控制的制度设计和体系建设,借鉴美国 COSO 报告提出的内部控制框架,在对公司经营、财务等有重大影响的关键环节进行全面风险评估的前提下,制定统一的《内控手册》,2004 年 12 月实施。2010 年,根据中国石化统一部署,九江石化整合上市、非上市内控管理职能,调整内部控制领导小组,实现内控一体化管理。同年,6 项管理现代化创新成果获奖,其中《石化企业全面合规风险管理》获全国第十七届二等奖、集团公司第十九届二等奖、省第十二届一等奖。

## 四、信息化管理

1991 年,全面推广现代化电算技术。全厂共有微机 56 台,自行开发工资调整信息管理、办公大楼综合信息服务系统、运销管理系统、人事系统及计划管理系统。1999 年,1 项管理现代化创新成果获集团公司第八届三等奖。2005 年 2 月,CECA 国家信息化测评中心授予九江石化 “中国企业信息化 500 强”证书。2006 年 6 月,九江石化全面预算管理系统及生产经营监控系统(TBM)上线运行。2007 年荣获“江西省十五制造业信息化重点示范企业”称号。

**ERP 应用** ERP(Enterprise Resources Planning,企业资源计划)是由不同功能模块组成的软件包,采用计算机和网络通信技术,对企业的多种资源进行计划和实现物流、资金流、信息流(“三流”)统一的操作平台和管理信息系统。2005 年 4 月,九江石化启动 ERP 系统建设工作,9 月成功上线。2006 年 1 月,实现单轨运行,10 月 ERP 项目通过集团公司专家测试和验收。主要包括生产计划(PP 模块)、物料管理(MM 模块)、财务会计与成本核算(FI-CO 模块)、工厂维护(PM 模块)、销售(SD 模块)、物资供应(MRO 模块)、PS 项目管理、HR 人力资源管理、AIS 审计等模块。

**MES 应用** MES 系统为 PCS(过程控制系统)与 ERP(企业资源计划)之间建立桥梁,利用信息化手段,使各项生产业务在生产调度层面汇聚,提升炼化企业生产管理水平和管理效率。

2006 年 4 月,九江石化作为中国石化 MES 系统首批推广应用企业,启动 MES 系统应用工作。2007 年 6 月,MES 系统实现单轨运行。2008 年 4 月,通过中国石化 MES 系统项目专家组测试和验收。

**LIMS 实验室信息系统** 2005 年,实施实验室信息管理系统(LIMS),所有原料、半成品、成品的检验计划、检验结果等质量数据都通过网络发布,为分公司的生产质量控制和质量信息管理提供全面、准确、快速的分析数据。

**实时数据库应用** 2006 年,建立 INFOPLUS 实时数据库,实现 28 套主要装置生产数据上网,生产管理人员实时了解生产装置的生产情况,查询生产历史数据,分析工艺状况。

**先进控制系统应用** 2004 年,在催化重整装置、芳烃抽提装置实施先进控制系统(APC),装置应用先控技术,增强装置抗干扰能力、提高装置生产的平稳性,减轻操作人员工作负荷,实现主要生产指标和质量指标卡边控制,提高产品收率,降低能耗,提高经济效益。

**网络及信息基础设施** 1999 年开始建设企业网络,通过网络一、二期工程,敷设光纤超过 80 千米。2003 年,网络安全建设配置网络管理系统、加密机、杀病毒软件,实施网络安全项目,建立入侵检测、防火墙、漏洞扫描、存储备份系统。2005 年,网络提升建设,骨干网带宽达到 1000 兆,主要网络设备采用 CISCO 6509 和 3550/2950 等中高档交换机,主要办公楼敷设超 5 类双绞线,联网微机超过 1500 台,网络出口采用硬件防火墙,网管软件采用 hp 公司产品。2007 年部署实施应用 BIGFIX 公司的 BES 桌面安全管理系统。

1999~2010 年九江石化总厂管理创新成果一览

表 20-5-1

| 年份 | 国家级 | 江西省 | | | 集团公司 | | | 累计 |
|---|---|---|---|---|---|---|---|---|
| | 二等奖 | 一等奖 | 二等奖 | 三等奖 | 一等奖 | 二等奖 | 三等奖 | |
| 1999 | | | | | | | 1 | 1 |
| 2000 | | | | 2 | | 1 | 5 | 6 |
| 2001 | | | | | 1 | 1 | 4 | 6 |
| 2002 | | | | 1 | 1 | 1 | 4 | 6 |
| 2003 | | 1 | | 2 | | 1 | 4 | 5 |
| 2004 | | 1 | | 1 | | 1 | 2 | 3 |
| 2005 | | | 1 | 2 | | 1 | 3 | 4 |
| 2006 | | | 2 | 1 | | 1 | 3 | 4 |
| 2007 | | | 3 | | | 1 | 2 | 3 |
| 2008 | | | 1 | 1 | | | 1 | 2 |
| 2009 | 1 | 1 | 2 | | 1 | | 2 | 3 |
| 2010 | 1 | 2 | 4 | | | 1 | 2 | 6 |

# 第三节　技术管理

## 一、技术经济指标管理

1991 年,轻质油收率 67.71%,综合商品率 91.95%,全年单位能耗 83.56 千克标油/吨。1995 年轻质油收率 68.64%,综合能耗 75.87 千克标油/吨。1996 年轻质油收率 71.06%,综合商品率 90.02%,综合自用率 8.53%,原油损失率 1.19%,加工损失率 0.87%。

2002 年,轻质油收率 65.89%,综合商品率 90.7%,加工损失率 1.10%,综合能耗 81.75 千克标油/吨(含原料油),液化气收率 17.39%。2006 年轻质油收率 68.47%,综合商品率 91.29%,原油加工损失率 0.99%,吨原油综合耗能 82.98 千克标油/吨,原油综合损失率 1.59%,产品合格率 100%。2008 年完成高附加值产品收率 76.36%,轻质油收率 68.82%,综合商品率 92%,综合能耗 78 千克标油/吨。原油储运损耗 0.45%,其中:原油途耗完成 0.25%,原油储耗完成 0.20%。2009 年高附加值产品收率 78.37%,轻质油收率 70.42%,加工损失率 0.78%,综合耗能完成 69.28 千克标油/吨。原油储运损耗 0.35%,其中:原油途耗 0.18%,原油储耗 0.17%。

2010 年,高附加值产品收率 79.27%,轻质油收率 72.07%,综合商品率 93.19%,加工损失率 0.68%,综合能耗 68.20 千克标油/吨。原油储运损耗 0.31%,其中:原油途耗 0.17%,原油储耗 0.15%。

1991~2010 年九江石化总厂石油化工生产主要经济指标完成情况一览

表 20–5–2　　单位：千克标油/吨

| 年 份 | 炼油综合商品率% | 全厂轻质油收率% | 炼油综合自用率% | 原油加工损失率% | 原油储运损失率% | 炼油综合能耗 |
|---|---|---|---|---|---|---|
| 1991 | 91.95 | 67.71 | | | | 83.56 |
| 1992 | 92.34 | 72.46 | | 0.67 | | 74.56 |
| 1993 | 93.16 | | | | 1.12 | |
| 1994 | 91.67 | 65.22 | 7.72 | 0.66 | | |
| 1995 | 90.86 | 68.64 | 8.19 | 0.86 | | 75.87 |
| 1996 | 90.02 | 71.06 | 8.53 | 0.87 | 1.19 | 75.91 |
| 1997 | 90.26 | 65.81 | 8.78 | 0.94 | 1.18 | |
| 1998 | 88.89 | 64.70 | | 1.20 | 1.22 | 89.98 |
| 1999 | 88.76 | 64.63 | 9.25 | 1.34 | | 83.68 |
| 2000 | 89.41 | 66.38 | 9.16 | 1.18 | 1.09 | 87.75 |
| 2001 | 89.57 | 62.52 | 9.22 | 1.06 | 0.89 | 88.95 |
| 2002 | 90.70 | 65.89 | 8.20 | 1.10 | 0.834 | 81.75 |
| 2003 | 90.60 | 64.59 | 8.25 | 1.08 | 0.857 | 79.63 |
| 2004 | 91.12 | 64.83 | 8.19 | 1.18 | 0.842 | 79.98 |
| 2005 | 90.65 | 63.13 | 8.14 | 1.04 | 0.837 | 79.50 |
| 2006 | 91.29 | 68.47 | | 0.99 | 0.60 | 82.98 |
| 2007 | 91.80 | 67.59 | 7.56 | 0.81 | 0.57 | 79.98 |
| 2008 | 92.00 | 68.82 | | 0.89 | 0.45 | 78.00 |
| 2009 | 92.37 | 70.42 | | 0.87 | 0.35 | 69.28 |
| 2010 | 93.19 | 72.07 | | 0.68 | 0.31 | 68.20 |

## 二、科技创新管理

1991 年，开展催化裂化使用助气剂实验，增收液化气 2%以上，汽油辛烷值提高 1~2 个单位；气分丙烯塔顶冷凝蒸发器采用铝多孔表面冷凝蒸发器，该技术在当年通过中国石化总公司发展部鉴定；动力站除气塔改为大气除碳，除碳率从 60%提高到 90%，同时降低碱耗约 35%，并节省蒸汽消耗；设计修改硫黄回收液储槽，解决池底硫黄不能回收难题，使总排合格率达到 60%~100%。1995 年，以催化油浆重芳烃抽提装置为龙头的科研中试为主要攻关项目。当年此套中式装置国内还无先例，无论在工艺和设备方面都无章可循，经过努力在 9 月 13 日生产出合格重芳烃产品，为催化柴油芳烃分离和利用进行研究和探索。在废机油再生工艺上找到最佳工艺途径，形成批量生产能力。1999 年，完成“奥秘系列裂化催化剂研究与运用”和“重油催化裂化汽油铜片腐蚀原因及对策”科研，两个项目获中国石化集团公司科技进步一等奖和三等奖。

2000 年，九江石化作为主要完成单位的“7 万吨/年环管法聚丙烯成套技术”获国家科技进步一等奖。2001 年，与石油大学合作开发“催化裂化汽油中硫醇的分离及结构、组成分析技术”，通过山东省科委鉴定，该课题在技术上达到国际先进水平；开发的粉煤灰砖用外加剂，成功解决应用化肥粉煤灰制砖存在的抗折强度不达标及粉煤灰砖后期强度下降的问题。2002 年，与华东理工大学和兰州设计院合作开发干气替代化肥渣油作气化原料新技术，达到节约渣油，提高经济效益的目的；引进“高倍放大技术直观监控催化裂化催化剂”“智能高温带压含湿含尘气体中颗粒采样技术”“X荧光分析技术在硫含量测定中的应用”等新技术,保障装置“安稳长满优”运行。2003年7月1日,车用无铅汽油新标准正式实施,九江石化对两套催化装置、重整装置实施技术改造和新技术应用,制定出“MGD工艺+降烯烃催化剂+原油品种调配+油品调和”决策,使出厂油品达到新标准要求。2005年,完成“汽油满足欧Ⅲ标准并增产液化气催化裂化工艺(MIP-CGP)”和“溶剂脱沥青—沥青制氨—脱沥青油进催化裂化组合工艺”项目。两个项目均被列入中国石化总部“十条龙攻关”,分别获中国石化总部科技进步一等奖和三等奖。项目投产后成为提高重油加工能力、降低化肥原料成本、汽油质量升级和提升高附加值产品产量的重要手段。2006年7月,与石油化工科学院共同承担的“加工高硫原油装置循环水漏料在线检测与处理技术”通过中国石化总部技术成果鉴定,该技术填补国内空白,整体达到国内领先水平;9月总部鉴定的“蒸馏装置原料油脱金属新技术研究与工业应用”获通过,该技术具有明显的经济效益和社会效益;采取“FRS新技术研究及工业应用”技术解决汽油质量和企业效益损失的问题;实施“炼油循环水水控式自动控制技术”项目,取得明显效果,每天节水200立方米左右。2007年完成“焦化装置掺炼污油技术攻关”,实现罐区污油回炼,解决常减压污油出路问题;采用“焦化装置甩油全回炼”技术提高焦化装置液收率,降低油品损失,同时可以改善工厂环境;开发“汽油降硫技术”确保汽油出厂质量合格;研发“增产柴油技术”提高柴油收率1.5个百分点。2009年完成高软化点脱油沥青气化工业试验,以长江水质为原水的炼化外排污水回用技术开发,承担掺炼焦化蜡油的抗碱氮重油裂化催化剂的开发、焦化原料配伍优化和提高液收抑制生焦技术工业开发、超声波—脉冲组合脱盐技术、催化汽油脱硫醇尾气排放膜法控制与回收技术及工业应用,开展提高延迟焦化液体收率工业试验,成功申报“轻质石油馏分及轻质石油产品中元素硫定性和定量的分析方法”等5项专利。

2010年9月27日,破土动工建设国内首套150万吨/年上进料的柴油液相循环加氢工业装置。该装置采用上进料的柴油液相循环加氢技术(SRH),由中国石化抚顺石油化工研究院、洛阳石油化工工程公司与九江石化、长岭炼化共同开发,属中国石化“十条龙”攻关项目。该技术申报国家专利30件,具有催化剂利用率高、高压设备少、热量损失小等突出优点,达到国际先进水平。与传统滴流床加氢技术相比,可降低装置能耗50%以上,具有明显经济效益和社会效益。全年完成中国石化集团公司委托开发的高效FCC再生烟气硫转移剂、高拔出率劣质脱油沥青气化烧嘴研制攻关等6项开发项目,经工业试验及应用均达到开发目标。组织9件发明专利申报,成功申报“沥青气化—沥青调和组合工艺”“一种镍基负载型催化剂的制备工艺及其制备的催化剂” 等3项发明专利,“一种回收轻质烃类氧化脱硫醇尾气装置”“一种膜回收汽油脱硫醇尾气装置”2件专利获实用新型专利授权。至2010年专利申请量达到34件。

## 三、产品质量管理

1991年,出厂产品合格率100%,杜绝质量事故。全厂馏出口合格率98.40%,优级产品产值率达52.51%,优质品品种率33.33%。生产90号汽油符合《中国石化总公司石油产品赶超国际水平技术条件》,工业硫黄纯度居江西省第一。1992年,出厂产品合格率100%。全厂馏出口合格率99.05%,优质产品产值率55.54%。0号柴油经国家检测中心抽查达到优级产品标准,名列中国石化总公司抽查的23个0号柴油中第一名。1993年,出厂产品合格率100%。全厂馏出口合格率99.12%,优质产品产值率55.34%。90号汽油经国家燃料油检测中心突击性抽检,质量过硬全部指标达到国家标准。1994年,出厂产品合格率100%。全厂馏出口合格率99.10%, 产品等级品率70.18%。军用柴油、90号无铅车用汽油优级品率100%。1995年,出厂产品合格率100%,产品等极品率81.72%,装置馏出口合格率99.14%。全年柴油一级品与优级品占总量95.13%,90号以上汽油占汽油总量13.26%。国家技术监督局对5个主导产品进行抽检全部符合国家标准,其中-10号军用柴油、0号柴油、90号无铅车用汽油达到优级品标准。新出产品6号溶剂油和120号橡胶溶剂油经国家燃料中心检验,质量分别达到一级品和优级品。苯、甲苯、二甲苯的质量达一级品以上,为新产品打开市场创造条件。1996年,出厂合格率100%,生产出28种34个牌号产品。全产馏出口合格率98.55%，等级品率达92.44%。90号无铅车用汽油占汽油总量62.9%，被江西省评为名牌产品。国家技术监督部门抽检7个产品(0号柴油、-10号军柴、液化气、精丙烯、10号建筑沥青、100号甲道路沥青、90号无铅车用汽油)，抽检合格率100%。1997年，出厂产品合格率100%，国家技术监督局产品抽检合格率100%。炼油装置馏出口合格率98.16，炼油产品等级品率99.38%。90号汽油、轻柴油、道路沥青3个产品经多次抽检合格，被省授予"免检产品"称号。生产的液化气C5含量控制在3%以下，脱硫、脱臭工艺良好，液化气质量在用户中享有盛誉，被称为"九江石化正宗液化气"。1998年，出厂产品合格率100%，国家抽检4个产品全部符合质量标准要求，抽检合格率100%。5个产品(汽油、柴油、6号溶剂油、120号溶剂油、道路沥青)被省授予免检产品称号，其中车用无铅汽油被授予"名牌产品"称号。1999年，出厂产品合格率100%，生产30种近50个牌号产品，汽油全部为90号以上高标号无铅汽油，实现"2000年以前消灭70号汽油"的目标。国家技术监督部门抽检0号柴油、6号溶剂油、10号沥青、尿素4个产品，合格率100%。4月6日ISO9002质量认证现场审核获准通过，取得质量认证证书。2000年，全厂出厂合格率100%。炼油产品等级品率122.79%，其中优级品率57.82%。国际技术监督部门抽检90号汽油、0号柴油、10号建筑沥青3个产品，抽检合格率100%。90号汽油、0号柴油被评为省重点保护产品。

2001年，产品出厂合格率100%，国家技术监督部门抽检合格率100%。炼油产品等级品率122.32%，其中优等级品率55.69%；化肥产品等级品率144.57%，其中优等品率90.50%；化工产品等级品率131.93%，其中优等品率70.48%。一次性通过ISO9002质量管理体系年度监督审核和换证复评。2002年，产品出厂合格率100%，国家技术监督部门抽检合格率100%。炼油产品等级品率140.48%，尿素优级品率98.62%，聚丙烯产品一级品率100%。"江海牌"产品获3个省级以上荣誉称号，尿素获国家质量免检产品称号，液化气、聚丙烯获省名牌产品称号。2003年，出厂产品合格率100%，国家技术监督部门抽检合格率100%。全年各装置馏出口合格率99.28%。车用无铅汽油和液化气获省名牌产品称号。"江海"牌商标被确定为省著名商标。2004年，出厂产品合格率100%，国家技术监督部门抽检合格率100%。全厂装置馏出口合格率99.16%，炼油产品等级品率110.55%，尿素优级品率99.01%，聚丙烯优级品率94.13%。尿素和聚丙烯获得省名牌产品称号，尿素再次获得国家免检产品称号。2005年，出厂产品合格率100%，国家技术监督部门抽检6种产品合格率100%。汽油实现质量升级，生产汽油硫含量不大于500ppm，符合国家标准。

2006年，出厂产品合格率100%，国家和行业质量监督部门抽检合格率100%。轻柴油获省"名牌产品"称号，至此九江石化旗下"无铅汽油、轻柴油、液化气、尿素、聚丙烯"5种主导产品均获得省"名牌产品"称号，其中尿素为国家免检产品。2007年，出厂产品合格率100%，国家技术监督部门抽检合格率100%。无铅汽油获省"重点名牌产品"称号。2008年，出厂产品合格率100%，国家技术监督部门抽检合格率100%。生产36个品种、60多个牌号产品，主导产品质量达到国际水平。"江海"牌90号以上无铅汽油、轻柴油、道路沥青、6号抽提溶剂油和橡胶工业用溶剂油5个产品被省授予"重点保护产品"称号。2009年，出厂产品合格率100%，国家技术监督部门抽检合格率100%。2010年，出厂产品合格率100%，国家技术监督部门抽检合格率100%。送检汽油、柴油、-10号军柴、尿素、聚丙烯、70号重交沥青均达质量要求，产品抽检合格率100%。未发生一起质量事故。

## 四、新产品开发管理

1991年，新开发95号无铅汽油、200号溶剂油、精丙烯、丙烷等5个产品。其中试产的5000吨95号无铅汽油首次进入国际市场，200号溶剂油填补省内空白。1992年，完成试制2号软麻油、3号软麻油和油墨溶剂油。1993年，完成无味煤油试制，经鉴定达到化妆用油标准。生产食用添加剂硫黄通过省石化厅鉴定，被列为1993年度省新产品。1994年，生产出合格100号道路沥青，填补省内空白。1995年，研制橡胶芳烃油通过厂家工业试用，效果良好，可以取代国内同类产品。1996年，开发出230号油墨溶剂油、

150号溶剂油、乳化沥青等新产品。1997年,试生产出3号航煤2700吨,并通过国产航空燃料鉴定委员会鉴定。1999年,新产品烟用溶剂油开发成功。2000年,开发出蓄电池壳、包装吹膜、汽车保险杠、洗衣机内筒等聚丙烯专用料;与省农科院合作研制出水稻、油菜、果树等专用复合肥,并通过省技术监督局审核,取得临时生产许可证;完善160号溶剂油生产工艺,12月16日通过省重点新产品鉴定,填补省内空白。

2002年,与天津大学合作开发出新型耐高温树脂——高耐热自润滑型重芳烃树脂。2003年,研制成功医用透明聚丙烯专用料,通过省药检所的溶血毒性、急性全身毒性、皮内刺激、氧化物等生化指标检测,是可替代国外同类产品的医用专用料。2004年,研制成功聚丙烯改性专用料。4月23日,生产出合格偏三甲苯新产品。2007年11月,"透明聚丙烯专用料生产新技术的研发"通过市科技局鉴定,产品的透明性、耐热性达到同类产品国内先进水平,产品耐辐射性处在国内领先水平。避光聚丙烯专用料研发成功,主要用于加工一次性医用无菌避光注射器。2009年,新建10万吨/年催化油浆减压拔出装置生产出合格重交沥青,实现不受原油品种限制稳定生产重交沥青。2010年,研制出实验室熔喷聚丙烯专用料,熔喷聚丙烯是一种技术含量高、附加值高的纤维级聚丙烯。利用溶脱装置胶质线油提高重交沥青质量,生产出90号、70号重交沥青。

# 第二十一篇

# 有机硅化工业

# 第二十一篇 有机硅化工业

江西星火有机硅厂是国家重点国防化工和有机硅化工生产企业,1991年以来, 其产品产能及消费量以每年百分之十几乃至百分之二十几的速度向前推进。所生产产品广泛应用于航空航天、电子、汽车、石油、化工、建筑等领域。1996年加盟中国蓝星(集团)总公司,成为拥有20万吨/年有机硅单体、7.5万吨/年烧碱等生产装置企业,其中主导产品有机硅产能为亚洲第一,世界四强。企业通过ISO9002质量体系认证,主要产品质量均达到国内和国际标准,部分有机硅产品出口欧、美、东南亚、日本、韩国等国家和地区。2006年,有机硅甲基环体被国家名牌战略推进委员会授予中国名牌产品称号,有机硅系列产品被省名牌战略推进委员会授予省名牌产品称号。2009年,星火厂在中国化工500强中排名三百九十二位,是省30强企业之一。至2010年,有机硅产品年产值占全厂总产值91%以上,顺利实现"军转民"根本转变。当年,星火厂被江西出入境检验检疫局授予出口产品一类企业,被省质量技术监督局授予省质量信用"AAA级企业"。20年来出厂产品合格率均为100%,从未发生产品质量事故。2010年始,星火厂进一步扩建厂区,增加投入,为打造国际硅都,力争有机硅产能世界首强而拼搏。

# 第一章　装置设备

## 第一节　主体装置

### 一、1万吨级试验装置

1991年6月开始单机、联动、冷模、热模分阶段试车。同年12月，合成流化床第一次物料试车，连续反应303小时，获得第一批混合单体。至此，万吨级规模甲基单体合成及分馏流程打通，相关中间体技术也基本掌握，从而实现中国有机硅工业化规模生产新突破。1991~1995年，进行28次试车。其间，针对装置存在流化床内部结块、原材料质量问题以及部分配套装置能力不足造成运行周期短等问题，先后请清华大学、浙江大学相关专家会诊，并在每次试车前进行检修与整改。工程决算实际投资完成总额21316.5万元。1994年，化工部进行考核验收；1995年3月，进行国家鉴定验收。该工程建成9套工艺装置，采用11项新技术，这些技术在国内都是第一次使用。鉴定认为："工程质量总体合格，资金使用合理，生产装置基本达到正常运行，产品质量达到或超过设计指标，技术经济指标已基本达到设计要求。该装置采用新型流化床反应器等11项新技术，具有工艺可靠、流程合理、生产效率高、成本低、环境污染小的优点。该项目已较好地完成了工业性试验任务，达到了项目规定的要求。该试验装置工艺先进，规模在国内最大，并已形成生产能力，是科技转化为生产力的一次成功的实践。"该装置建成试车，为扩大生产规模奠定了技术基础。

万吨级有机硅试车生产中，暴露出原材料质量差、流化床内部结块等问题。此外，该工程实际投资超过批准设计概算98.7%。在超概算资金得不到补充的情况下，大量占用该厂生产流动资金。1995年年底，资金枯竭，企业负债率达117%，陷入严重困境，生产与试车难以维持，1996年被迫全面停产。同年11月13日，化工部针对星火厂严重困难，派出中国蓝星化学清洗总公司总经理任建新为组长的企业管理与改革工作组进入星火厂解困。12月12日，化工部批准中国蓝星总公司对星火厂实行"承担债务式"有偿兼并。工作组带领星火厂实施"再创业工程"，注入资金1亿多元，组织设备大检修，召回流失生产技术骨干，并在全厂实施转变员工观念，打破旧的管理模式，建立新的管理机制，精干主业，分离辅业，减员增效，开辟经济增长点；改革用人用工制度，实施干部聘任制，工人全员劳动合同制；转换内部经营机制，实行"模拟法人""倒逼成本"管理；通过加强技术改造，进行技术创新；加大市场营销力度，积极抢占市场等一系列深化改革措施，有效调动全厂职工积极性。同时开展"再创业工程"第一、二两次战役。至1997年1月9日，军品、甲胺、烧碱等老装置全面恢复生产。4月9日，重建的氯甲烷装置一次开车成功，突破有机硅长周期生产的原料瓶颈。5月9日，在组织百名专家会诊后，经过改造和检修的万吨有机硅主体装置开车成功，当年，星火厂年产值第一次过亿元，创该厂历史最好纪录。4月12日，化工部部长顾秀莲第二次到厂视察，鼓励干部职工要"乘胜前进，进一步研究制定扩大有机硅装置的新规划，迈向新的目标"。

### 二、2万吨级装置

1998年，星火厂抓住机遇，利用较少资金，依靠自有技术将万吨有机硅装置扩建到年产2万吨甲基单体，烧碱装置同时由1万吨扩大到2万吨。1999年，两个"2万吨"技改工程完工，初步形成有机硅规模生产。年产值第一次接近3亿元。当年，实现利润587万元，结束长达8年亏损历史。

## 三、5 万吨级年装置

2000 年 5 月，以江西星火有机硅厂为主体的蓝星化工新材料股份有限公司发行“星新材料”股票在国内 A 股成功上市，为星火厂注入活力，也给该厂有机硅产业快速发展提供强大资金支持。同年，在 2 万吨/年有机硅单体工艺技术基础上，进一步改进、提高技术水平和装置装备水平的 5 万吨/年有机硅扩改工程项目通过立项审批，组织工程招投标、热电站扩建等前期准备工作后，于 2001 于 12 月建成投产，12 月 20 日生产出合格产品。2006 年，该厂 5 万吨/年有机硅单体生产新技术及装置开发研究被授予国家科学技术进步二等奖、省科学技术进步一等奖。该装置是当时国内规模最大，具有自主知识产权的有机硅单体生产线。这一新技术及装置的研究开发成功，标志着中国彻底打破西方国家对中国有机硅技术的多年封锁与市场垄断。实现大规模生产有机硅单体技术和设备国产化，使国内有机硅生产整体水平得以提高，有机硅生产综合经济、技术水平跻身于世界先进行列。

## 四、“七扩十”装置

2002 年，江西星火有机硅厂就 5 万吨/年有机硅装置扩大到 7 万吨/年项目进行可行性研究。2003 年，该项目先后完成氯甲烷、二甲恒沸酸水解、裂解及环体精馏、硅粉加工、产品包装等配套设施与装置建设。2004 年，有机硅“七扩十”(即有机硅 2 万吨和 5 万吨装置扩大到 10 万吨/年)也同时开工建设。2005 年，装置建成投产。同年，该项目被省政府评为年度优秀技术改造项目。

## 五、10 万吨级装置

2004 年 12 月 16 日，全国最大的有机硅单体装置——10 万吨/年有机硅项目在江西星火有机硅厂奠基。2005 年 3 月，该项目初步设计得到批准。星火厂与中石化宁波工程有限公司签订承包合同。同时，该厂成立“10 万吨有机硅工程项目部”。当年项目整体进度达到 35%，其中设计进度累计 70%，采购进度 50%，现场施工进度 20%，累计完成建设投资 39.68%。2006 年，项目配套铁路专用线改造、机械管井工程、马湾取水泵房改造工程先后竣工并交付使用。主装置于当年 12 月 19 日建成，进入试车程序，其中分馏单元、氯甲烷单元、二甲水解裂解单元分别于当年 12 月 19 日、28 日、30 日投料试车，打通流程。2007 年一季度试车生产，4 月 14 日生产出合格有机硅粗单体。该装置应用大量新工艺、新技术，其中部分新工艺、新技术国内首次采用。发挥一线技术人员和生产骨干积极性，解决技术难题，使装置生产能力在不断完善中逐步得到发挥。同年，该厂还组织该项消防、档案、工业卫生、安全设施 4 个单项的竣工验收工作并顺利通过。环保设施验收亦完成现场监测工作。2009 年 7 月 30 日通过省环保厅环保验收。同年 12 月 11 日，10 万吨有机硅单体工程顺利通过中化集团公司验收委员会正式验收。该工程在第四届优秀工程项目管理和优秀工程总承包项目评奖中获工程总承包银钥匙奖。

## 六、一体化项目

2006 年，中国化工集团总公司兼并法国 1 有机硅生产企业——BSI 公司。兼并后，对有机硅产业进行组合布局，引进国外有机硅生产先进技术，对国内有机硅装置进行扩大改造，以增强有机硅产业国际竞争力。2009 年 5 月 1 日，中国化工集团公司确定原在天津落户年产 40 万吨有机硅单体及 24 万吨有机硅下游系列产品，投资总额达 80 亿元有机硅一体化项目搬迁至永修。该项目引进法国 BSI 先进生产技术建设，分两期建成：第一期项目投资 45 亿元，建设 1 套年产 20 万吨有机硅单体及 12 万吨有机硅下游系列产品；第二期项目投资 45 亿元建 1 套 20 万吨/年有机硅单体、12 万吨/年有机硅下游系列产品。建成后，星火厂有机硅单体生产能力可达到 60 万吨/年，下游有机硅产品超过 24 万吨/年，年产值超过百亿元，为打造世界硅都，在全球拥有强大竞争实力和话语权战略目标实现奠定基础。项目第一期工程占地面积 13332 平方米，建设工期为 18 个月；其中上游项目包括硅粉加工、氯甲烷合成、甲基单体合成、单体分馏、二甲水解、裂解及环体蒸馏等套装置,还包括烧碱改造;下游项目以 BSI 成熟技术为基础,设置 8 个车间,有 26 条生产线,共 500 多个品种规格有机硅产品。项目实施得到省、市及永修县各级政府及相关部门支持,仅用 1 个月就完成项目土地使用规划、安评及环境评估与审批工作。同年 6 月 3 日,顺利通过环境评审;6 月 6 日,有机硅下游产品工程用地开工。8 月 9 日,一体化项目在杨家岭举行开工仪式,中化集团公司总经理任建新、江西省省长吴新雄等出席签字仪式;8 月 20 日,12 万吨下游产品项目工程有机硅 2A 车间一期工程开工。9 月底基本完成现场土地平整,挖、填土方约 210 万立方米,清淤量约为 12 万立方米。至 2009 年 12 月,下游生胶装置建筑施工、下游循环水基础施工、上下游管道施工、甲醇贮罐施工、新项目围墙施工、110 千伏电缆沟施工等各项工作全面铺开。

2010 年 12 月,上游项目土建工程完成混凝土工程量约 4.8 万立方米,累计完成混凝土结构工程量超过 85%;钢结构安装累计完成 81.3%。12 月 22 日上游项目开始进入设备安装阶段。同月,下游项目 1、3、6、7、8、9 车间开工,其中 6、9 车间主装置基础施工当月完成。下游首个投产项目 2 车间 25000 吨/年生胶项目于 9 月 21 日生产出合格产品,产品质量达到国际先进标准。

## 第二节　辅助装置

### 一、氯甲烷装置

1991~1996 年,千吨级氯甲烷装置试车。1997 年 4 月,开车成功,达到年产万吨级规模。1998~2001 年,装置工艺继续调整。

2001 年,"一扩二"进一步扩大反应釜,氯甲烷年生产能力达 5 万吨。2002 年,5 万吨氯甲烷年装置实现连续化生产,生产能力扩大。2003 年,"二扩五",反应釜由 2 台换成 4 台。脱吸塔新增一个塔。5 万吨氯甲烷装置年产量增加 35%。2004 年,经过工艺调整,脱吸塔最大进酸量进一步调整,5 万吨氯甲烷装置年产量比 2002 年增加 60%。2005 年,5 万吨氯甲烷装置年产量比 2002 年增加 85%。2006 年新增一套年产 10 万吨氯甲烷装置和两酸提浓装置。新装置合成有 3 台反应釜生产。2007 年 3 月 6 日,稀盐酸提浓装置第一次试车取得良好效果。4 月合成一次性试车成功。2008 年,稀硫酸提浓试车。由于原料杂质多而停车。2010 年 4 月始,C 釜更换分布管,完成 3 个反应釜分布管全部更换,加大氯甲烷产量。

### 二、氯碱装置

1991 年,江西星火化工厂老厂 3000 吨/年氯碱装置被淘汰,原水银电解制碱装置拆除,在杨家岭新建一套万吨级隔膜电解工艺制碱装置。同年 8 月 16 日,万吨烧碱装置顺利开车。氯碱装置生产设计能力 1 万吨烧碱/年,共有 24 台电解槽,主要工序有一次盐水、隔膜电解、氯氢处理、盐酸合成、冷冻液化、蒸发。1992 年开车周期 298 天,开车率 89.2%,全年进行 90 余次技术改造。1993 年开车周期 252.6 天,开车率 76.5%。1994 年开车周期269.9 天,开工率 73.9%。1998 年 11 月 25 日,烧碱生产突破万吨大关;同年,增加 20 台隔膜电解槽,隔膜月日碱装置生产能力达到 2 万吨/年。

2003 年,增建年产 2.5 万吨离子膜碱装置 1 套,采用北京机械化工厂低电密电解槽和日本旭化成离子膜。建成后,江西星火有机硅厂氯碱装置实现 2 万吨隔膜碱和 2.5 万吨离子膜碱 2 套系统。离子膜电解装置采用 DCS 控制操作,氯氢处理、盐酸合成可进行 DCS 监控。离子膜碱采用矿盐或海盐为原料,盐水精制后可直接电解成大于 32%离子碱,不需要经过蒸发工序,相较于隔膜碱,离子膜碱有直流电耗低、碱浓度高、碱中含盐低优势。为保证盐水质量达到离子膜碱需要,一次盐水工序中砂滤器改为戈尔膜过滤器。氯气处理纳氏泵改为透平氯压机。2005 年,增建 2 台高电密离子膜电解槽,离子膜装置生产能力达到 5.5 万吨/年。同年,为提供卡博特公司用氢气,增建氢压机装置 1 套。

2009~2010年,将2台低电密电解槽淘汰,更换为2台高电密膜极距电解。另外2台高电密电解槽经电解槽厂家改型为高电密膜极距电解槽。离子膜装置年产量达7万吨/年,直流电耗比未改型前降低,离子膜碱生产成本降低。

1991~2010年江西星火化工厂烧碱、液氯年产量一览

表21-1-1　　单位:吨

| 年份 | 烧碱年产量 | 年份 | 烧碱年产量 | 年份 | 烧碱年产量 | 年份 | 烧碱年产量 |
|---|---|---|---|---|---|---|---|
| 1991 | 3100 | 1996 | 908 | 2001 | 24528 | 2006 | 65300 |
| 1992 | 7130 | 1997 | 10355 | 2002 | 24300 | 2007 | 76570 |
| 1993 | 6339 | 1998 | 10895 | 2003 | 30695 | 2008 | 74840 |
| 1994 | 7000 | 1999 | 15004 | 2004 | 42300 | 2009 | 67300 |
| 1995 | 5830 | 2000 | 22600 | 2005 | 48200 | 2010 | 67000 |

## 第三节　公用工程

### 一、锅炉系统

1991年6月,2台额定蒸发量35吨/小时链条锅炉一次点火试车成功并投入运行。同时,外送80吨/小时去离子水水处理装置投入正常运行。1992年10月,与2台锅炉配套6000千瓦抽凝汽轮机组开工建设。1993年2月完工,3月一次试车成功并网发电。

2001年7月,新增开工建设2台额定蒸发量35吨/小时链条锅炉、1台6000千瓦背压汽轮机组。2002年4月,2台锅炉先后一次点火试车成功。2002年5月,背压汽轮机组并网发电。2003年8月,将一号链条锅炉改造成循环流化床炉。2003年12月,一次点火试车成功。2004年4月,将二号链条锅炉改造成循环流化床炉,2004年11月一次点火试车成功。2006年1月~2007年11月,新增2台额定蒸发量75吨/小时循环流化床锅炉、1台6000千瓦背压汽轮机组项目开工建设。2007年11月,锅炉项目一次点火试车成功。12月,汽轮机组并网发电,同时外送200吨/小时去离子水装置投入运行。2010年,动力共有4台额定蒸汽量35吨/小时锅炉、2台额定蒸发量75吨/小时锅炉、3台额定发电量6000千瓦/小时汽轮机组。

### 二、供电系统

1991年3月,与万吨级有机硅生产装置配套星火35千伏变电站工程竣工投运,按35千伏单母线分段设置,站址选在厂区西北角,配有SJL-3200/35和SJL-3150/35主变压器各1台。双回35千伏输电线路,其中1回LGJ-120、35千伏军杨输电线路,电源取自军山110千伏变电站35千伏出线319间隔,线路全长5.3千米;另1回LGJ-70、35千伏杨星输电线路,电源取自柘林电厂35千伏出线312间隔,线路全长39千米。生产初期,2号主变SJL-3150/35启运。同年8月,35千伏整流所2台ZH-1900/35整流变压器启运,同年9月,35千伏变电站1号主变SJL-3150/35启运。至此,供电变压器容量10150千伏安,用电负荷平均5000千瓦。同年,根据赣经能《关于下达1990年第二批节能技术改造专项贷款项目的通知》所建设的1号6000千瓦热电联产抽凝式发电机组投运,发电负荷6000千瓦。1999年7月,有机硅生产装置扩改至2万吨,35千伏整流所第3台ZH-1900/35整流变压器启运。与九江供电公司结算35千伏变压器容量升至12050千伏安,用电平均负荷7500千瓦。

2002年7月,根据《关于江西星火有机硅厂扩建两台35T/H锅炉和一台6000千瓦发电机组可行性研究报告的批复》建设的2号背压式发电机组投运,发电负荷4000千瓦。同年11月1日,江西省经贸委就1号6000千瓦热电联产抽凝式发电机组下达“热电联产电厂(机组)认定证书”。2003年1月1日,与5万吨有机硅生产装置配套的星火110千伏变电站工程竣工投运,按110千伏单母线分段建设。变电站配有2台主变压器,其中1号主变SSZ9-M-31500/110,2号主变SSZ9-M-25000/110,1回LGJ-240、110千伏星青输电线路,电源取自共青220千伏变电站110千伏出线间隔,线路全长15.6千米。2号主变投用,1号主变备用。用电负荷19000千瓦。同日,星火35千伏变电站退出运行。

同年8月,1号主变启用,用电负荷25000千瓦。年用电量18132万千瓦时。2004年用电负荷升至35000千瓦,年用电量21542万千瓦时。2005年年用电量23084万千瓦时。2006年年用电量29439万千瓦时。2007年1月1日,第2回LGJ-240、110千伏星青输电线路投运,星火110千伏变电站具备双回路供电。是月,根据《关于蓝星化工新材料股份公司江西星火有机硅厂年产10万吨有机硅单体工程可行性研究报告的批复》建设的3号6000千瓦背压式发电机组投运,发电负荷6000千瓦。3月3日,取得江西省经贸委“热电联产电厂(机组)认定证书”。当年,用电负荷升至49000千瓦,年用电量37388万千瓦时。2008年用电负荷升至53000千瓦,年用电量41917万千瓦时。2009年用电量38376万千瓦时。

2010年用电量39393万千瓦时。同年7月23日,与新建20万吨/年有机硅单体、12万吨/年有机硅下游产品、3万吨/年离子膜烧碱产品扩改一体化项目配套的110千伏星火Ⅱ站开工建设。变电站按110千伏单母线分段设置,Ⅰ期安装1台主变SSZ9-M-50000/110。双回LGJ-300、110千伏杨星输电线路,电源取自杨家岭220千伏变电站110千伏113、114出线间隔,每回线路架空线路长3.1千米,厂区入地电缆YJLW03-500　110千伏,长1.6千米。

### 三、供水系统

1991年,杨家岭新区供水系统包括新区生产、生活和消防用水,主要任务是保证装置生产水、生活水和循环水平稳供给。拥有马湾水源泵房、441净化水系统、451循环水系统、442二次水系统4套生产装置,1个水车间化验室。441净化水系统为原水预处理系统,有生产和生活2套净水系统。其中生产水系统设计处理能力1450吨/时,生活饮用水系统设计处理能力600吨/时。451循环水系统设计处理能力2400吨/时,442二次水系统计处理能力800吨/时。马湾水源泵房为固定式岸边取水泵房,设计能力为2000吨/时,取修河水源,水质标准按GB3838-88《地面水环境质量标准》执行。生活水主要供给杨家岭厂区和生活区生活用水、锅炉用水、化验室用水、生活区消防用水,生活设施学校、食堂等用水。生活水管网末梢水质达到国家生活水饮用标准。生产水主要用于有机硅装置循环水系统补充水、空分空压冷却水、甲胺装置冷却水、氯碱装置冷却水、生产区消防用水等。循环水主要供给有机硅生产装置:合成、分馏、中间体、氯甲烷和223大冷冻站生产装置。循环水系统在循环使用过程中不断补充新鲜水,同时加入缓蚀阻垢剂维持水质稳定,防止设备、管道结垢腐蚀。同年7月,631循环水装置建成投用,设计处理规模900吨/时。1992年6月,马湾源水泵房取水头部被泥沙掩埋,固定取水改为浮筒取水。9月,450循环装置建成并投用,设计处理规模2400吨/时,向电站1号发电机组供水。1997年5月,供水系统属动力分厂供水车间管理。

2001年10月,453循环水装置建成投用,设计处理规模6300吨/时。循环水主要供给5万吨有机硅生产装置:合成、分馏、中间体、氯甲烷生、80单元产装置。同时451循环水装置更新改造,主要供给3万吨有机硅生产装置:合成、分馏,223大冷冻站1号、2号机组。马湾源水泵房取水头部增加一组取水软管。2001年11月,450循环水装置新增向电站2号机组供水。同月,专项建成1套稳高压消防水系统,作为生产装置救火灭火专用水,设计供水压力1.0兆帕,最大供水量1000吨/时。2003年3月,459循环水装置建成投用,设计处理规模2000吨/时,主要供给离子膜生产装置、盐酸合成、冰机压缩、离子膜电解、废氯处理。2006年3月,441二次利用水装置因甲胺装置拆除而拆除。2007年5月,新建1套430生活水系统,采用地表水,建造成1号、2号近井取水,设计处理规模400吨/时。同时对441净化水系统进行改造,新建1座虹吸滤池,设计处理规模1000吨/时。同年9月,300循环水装置建成投用,设计处理规模12000吨/时。循环水主要供给10万吨有机硅生产装置:合成、分馏、中间体、氯甲烷、焚烧生产装置。10月,450循环水装置更新改造新增向电站3号机组供水。451循环水装置更新改造新增向大冷冻站3号机组供水。同期,马湾源水泵房取水头部增加第三组取水软管,并更换马湾2号泵为KQSN30-M9/445;稳高压消防水系统更换改造,设计供水压力1.2兆帕,最大供水量1400吨/时。2008年3月,300循环水装置向107胶装置供水。2009年3月,300循环水装置改造,不再向10万吨氯甲烷供水,另建成一套800吨/时的循环水装置单独向10万吨氯甲烷供水。

2010年4月,300循环水装置向氨基硅油装置供水。9月,441净化水系统老虹吸滤池实施更新改造,采用全塑复合气水反冲洗滤砖代替水泥滤板。至年底,供水系统拥有马湾水源泵房、441净化水系统、451循环水系统,631循环水系统、450循环水系统、453循环水系统、459循环水系统、300循环水系统、稳高压消防水系统、430生活水系统9套生产装置。马湾水源泵房设计能力2100吨/时,实际运行处理量为900吨/时~1000吨/时。441净化水系统生产水实际生产量为900吨/时~1300吨/时;451循环水系统实际生产量为2000吨/时~2300吨/时;631循环水系统实际生产量为800吨/时~1300吨/时;450循环水系统实际生产量为2800吨/时~3200吨/时;453循环水系统实际生产量为5800吨/时~6200吨/时;459循环水系统实际生产量为1900吨/时~2100吨/时;300循环水系统实际生产量为9000吨/时~13000吨/时。全厂供水管网有:1号供水管网,主要供生活用水、锅炉用水、化验室用水;2号、3号、6号供水管网,主要供生产一次用水;7号供水管网,主要供低压循环水,使用生产装置有3万吨有机硅合成、分馏、冷冻压缩、电站岗位:8号供水管网,主要供高压循环水,使用生产装置有3万吨有机硅中间体、氯甲烷生、大冷冻站、80单元产岗位:XJD供水管网,主要供离子膜循环水,使用生产装置有:盐酸合成、冰机压缩、离子膜电解、废氯处理、老焚烧、含氢硅油;X1供水管网,主要供低压循环水,使用生产装置有5万吨有机硅合成、分馏、冷冻压缩:X3供水管网,主要供高压循环水,使用生产装置有5万吨有机硅中间体、氯甲烷生、冷冻压缩、80单元产岗位;CWS供水管网,主要供10万吨有机硅循环水,使用生产装置有:合成、分馏、冷冻压缩、中间体、氯甲烷、焚烧、107胶装置、生氨基硅油装置。

## 四、空分空压系统

1991年,有空气压缩机3台,每台空气量为1200立方米/小时。1992~1993年上半年,空分装置产氮气量共1200立方米/小时,为有机硅生产做准备;生产空气量共3600立方米/小时,为全厂仪表提供气源。有机硅生产空分装置氮气量不够,1993年下半年,从星火老厂搬迁1套150型空分装置。年底,该装置安装完毕并试车成功,生产出合格氮气。当时氮气产量为600立方米/小时,暂时缓解有机硅用氮气需要。由于各生产装置不断扩大,氮气需求量不断增加,遂对空分本身自用氮气进行改造。改造后,为厂节约300~500氮气立方米/小时。1997下半年,有机硅装置从1万吨扩改为2万吨和5万吨,使用氮气量不断增加;新上1套720型制氮装置。1998年,该装置安装调试一次试车成功,生产出合格氮气。1999年,有机硅装置扩大,生产系统使用氮气量增大,造成氮气供应量紧张。2001年,又因星火片区空分设备经常出现故障,严重影响“752”生产,从杨家岭片区搬迁1套150型空分装置至星火片区。

2004年,新增加1套1000变压吸附制氮装置。2005年下半年,设备就位。同年,10万吨有机硅装置开工建设,并根据10万吨有机硅生产需要大量氮气,为满足10万吨有机硅生产需要,新上2套1500变压吸附制氮机。当年设备安装完毕,下半年试车,生产出合格氮气。同年,1000变压吸附制氮装置安装完毕,生产出合格氮气。

2010年年底,空分装置生产量5600立方米/小时;生产空气量8600立方米/小时,供全厂系统仪表工艺等需求。同年,扩建20万吨有机硅装置。因新装置扩建。需要用大量氮气作为保障。为保证氮气供应,再次新增制氮设备,新购3套18000立方米/小时制氮设备。

**五、冷冻系统**

1991年2月,大冷冻与万吨有机硅配套工程建成。制冷设备有8台国产50万大卡螺杆压缩机,3台箱式蒸发器及3台立式冷凝器和3台盐水输送泵,总制冷量为400万大卡;盐水输送量300立方米/小时,设计盐水温度为-15℃。用冷单位有合成、分馏、氯甲烷、水解、含H硅油、烧碱、空分等用户。制冷剂为氨,载冷剂为氯化钙。设计压缩机六开两备。1992年6月,冷冻系统正式开车送冷,有机硅及烧碱全面开车时,4台压缩机运转制冷,至1995年基本上能满足用冷需求。1996年,因国际经济形势制约,有机硅生产不佳,6月,全厂停产。11月,蓝星兼并星火化工厂,大冷冻经过2个月检修,于1997年1月5号开车制冷并输送冷量;9日,烧碱、有机硅合成陆续全面开车,冷冻运转正常,满足全厂用冷需求。1998~1999年,有机硅扩产用冷量剧增,制冷机开至6~7台,还是难以满足生产需要,用冷较紧张。

2000年,有机硅5万吨建成,烧碱5万吨开工,大冷冻整体从烧碱区域搬迁至动力分厂。2001年8月,大冷冻新厂房开工。2002年3月,新冷冻正式开车制冷。同年4月1日,老冷冻(烧碱区域)全面停车拆除。2日,新冷冻一次开车成功并向全厂用冷单位送冷。结束手工操作制冷历史,实现制冷全面自动化操作。新冷冻制冷机组为整套全自动化螺杆压缩机组,共2套,由德国进口,每台制冷量为180万大卡,电机功率为1250千瓦/小时,蒸发器为封闭式;3台变频式输送泵,输送功率为700立方/小时.每台。制冷剂为F22。载冷剂为乙二醇。整个操作过程用电脑控制无需手动操作。制冷过程全联锁。安全系数提高,操作人员由原每班4人减至每班1人。2003年,随着有机硅产能不断扩大,用冷量增加;同年9月,第三套制冷机组也开始制冷,增强全厂用冷保障。

2006年6月,通过改用冷媒作载冷剂,增加1套压滤机对载冷剂进行过滤,去除载冷剂中大量杂质及浮物,严格控制冷媒pH值8~9,经过过滤澄清,提高传热效率和载冷剂输送量,同时节约电费20%以上。2008年8月,7万吨合成用冷改用大冷冻供应,2010年,基本满足生产需要。

# 第二章　产品产量

## 第一节　中间体

1991年,万吨级有机硅装置进入试车阶段。1996年底加盟蓝星。中间体车间投入运行,并将装置扩大到2万吨/年。

2001年,中间体扩建成5万吨/年装置。新增1套恒沸酸水解及1套5万吨/年裂解装置。2002年,浓酸水解开始引进,并进行小试。2005年,老装置安装1套年产2万吨级浓酸水解生产线,并开始试车。2006年,建成10万吨/年中间体装置。老装置再建1套5万吨/年浓酸水解生产装置。2007年,水解物精制一期改造工程开始,采用滤油机过滤法操作。2008年,水解物精制二期改造取得进展。2009年5月11日,氯化氢精制项目开始安装,8月17日,氯化氢精制试车成功。2009年6月10日,开始水解物精制第三期改造。技改项目采用BSI提供技术,提升水解物品质,可满足107胶生产要求。10月,裂解技改项目在BSI支持下成立。11月,对其中1套裂解系统进行技术改进。

2010年2月,第二套裂解系统技改完成,产品质量有所提高。

## 第二节 硅产品

### 一、硅 油

**甲基硅油** 甲基硅油(H47)20万cs~150万cs系列产品,有1500吨/年卫生级硅油装置和500吨/年特种硅油装置,1991年建成1500吨/年的卫生级硅油装置，该装置是国内唯一的1套卫生级硅油装置,产品获食品级生产许可证、卫生级许可证,满足国内卫生保健、食品、医药等需求,取代国外进口产品。2008年,卫生级硅油扩产至3000吨/年。

**氨基硅油** 2008年,与法国BSI合作,利用BSI先进技术,建成1500吨/年的氨基硅油生产装置,该产品主要针对国内高端纺织品印染市场。2010年,将1500吨/年的装置扩产至3000吨/年。

**含氢硅油** 含氢硅油(H68)分别有500吨/年低含氢硅油装置和2500吨/年高含氢硅油装置。2010年,将2500吨/年高含氢硅油装置改造为无溶剂法含氢硅油装置,减少职业危害,降低环境污染。无溶剂法含氢硅油主要出口美国、日本、欧洲等国家和地区。

### 二、硅橡胶

**室温胶** 1991年,建成500吨/年室温胶装置;1995年,与法国罗地亚合资建成1800吨/年建筑密封胶生产装置。1997年,建成1500吨/年室温胶装置,为国内单釜生产能力最大生产装置;2004年,建成10000吨/年室温胶装置,产品品种涵盖2000cs~100万cs;2010年,建成20000吨/年室温胶装置。

**高温胶** 1991年,建成国内首套连续法高温胶1000吨/年生产装置。2004年,建成间隔法3000吨/年高温胶生产装置。2008年,建成10000吨/年高温胶生产装置。

**混炼胶** 1991年,建成国内首套500吨/年混炼胶装置;2004年建成1000吨/年混炼胶装置。

### 三、硅烷偶联剂

1991年，星火厂开展以劳养武形式，利用本厂研究所提供技术，建成1套氨基硅油实验性装置。2001年,该装置经过改造,新建1套500吨/年的装置。2002年5月,新装置试车生产。2005年停产。

### 四、硅树脂

**甲基三乙氧基硅烷、耐高温树脂** 1991年,拥有1套生产能力为100吨/年装置。1992~1993年,经过技术改进,装置能力扩大为500吨/年。

**耐高温树脂** 1991年,建成1套生产能力为60吨/年装置。2002年停产。

### 五、硅产品开发

20世纪90年代初,江西星火厂坚持“对内强化管理,对外放开搞活”经营方针,在抓紧老装置生产和万吨有机硅建设同时,争取国家政策支持,开展招商引资,利用外资开发有机硅下游产品,延长有机硅产业链,为单体生产拓宽市场。1992年,省政府批准在昌九工业走廊成立星火高新技术产业开发区,给予开发区外商投资项目审批权和在土地、工商、税收等方面优惠政策。此后,江西星火厂以开发区名义与美、日、德、法等多国有机硅外商接触、洽谈。1995年,与法国罗纳普朗克公司合资成功,投资244万美元,建设年产1800吨有机硅密封胶项目,并于当年12月建成投产。

1996年中蓝公司实施兼并以后,江西星火有机硅厂对外合作开发有机硅产品工作进入一个新的历史阶段。2000年6月,经批准,永修县政府以星火厂为龙头和核心,创建星火工业园。园区规划面积5.3平方千米，引进和创办包括美国卡博特公司合资4800吨/年气相二氧化硅项目在内的有机硅产品制造企业32家,开发DMC、D4、甲基硅油、硅烷偶联剂、室温硫化硅橡胶、107硅橡胶、气相白炭黑等下游产品60余种,实现水、电、路、蒸汽、排水、通信、有线电视和土地平整“七通一平”,并在园区内建有物流、物业、包装生产等配套企业。该园区先后获得“国家火炬计划有机硅材料产业基地”,省山江湖可持续发展试验区和全省产业经济“十百千亿工程”重点工业园区等一系列称号。2003年2月2日,在中化集团公司领导下,江西星火有机硅厂与美国卡博特公司合资合作建设4800吨/年气相二氧化硅项目在北京中化集团总部正式签约,2006年8月12日竣工投产。该项目投资3000万美元,达产达标可实现销售收入3亿元,上缴利税5000万元,还可每年消化有机硅附产物—甲基三氯硅烷1.2万吨左右,回收废酸用于再生产,实现循环经济发展。2007年,星火工业园成为全省唯一获批的国家第二批循环经济试点单位。

2009年,法国BSI公司加盟中化集团公司后,江西星火有机硅厂在中化集团总公司安排下,与BSI公司进行有机硅领域广泛技术合作,BSI公司派出有机硅专家和生产技术骨干到该厂帮助10万吨有机硅项目、20万吨有机硅以及12万吨硅产品项目建设和开车,星火厂有机硅生产水平和管理水平得以有效提高。

## 第三节　其他化工产品

### 一、混合甲胺

1990年始,星火厂随着杨家岭万吨有机硅、万吨烧碱装置基本建设进度加快,决定将地处深山的燎原甲胺装置搬迁到杨家岭新区。至1991年2月,完成甲胺主体装置搬迁和安装任务。同年3月底进行化工投料试车,4月上旬出合格产品,当月生产合格甲胺550吨。

1996年,因资金短缺等原因,工厂被迫停产。1997年1月9日蓝星公司实施兼并后,在化工部管理与改革工作组领导下恢复生产,当年生产混合甲胺4522吨。1998年,甲胺装置经过技术改造以后,产量达到6000吨/年。2005年,由于市场甲胺竞争加剧,根据企业产品转型的需要,星火甲胺生产装置停止生产,全部拆除。

1997~2004年江西星火有机硅厂甲胺产品产量一览

表21-2-1　　单位:吨

| 年份 | 产量 | 年份 | 产量 | 年份 | 产量 |
|---|---|---|---|---|---|
| 1991 | 2420 | 1996 | 275 | 2001 | 6265 |
| 1992 | 4240 | 1997 | 4522 | 2002 | 6098 |
| 1993 | 1480 | 1998 | 4254 | 2003 | 5000 |
| 1994 | 734 | 1999 | 3637 | 2004 | 3560 |
| 1995 | 790 | 2000 | 5312 | | |

### 二、氯化聚乙烯

1991~2000年,星火厂氯化聚乙烯装置设计能力为1000吨/年。生产工艺曾获化工部科技攻关二等奖。2001年,利用原机修铆焊厂房和现有工艺技术,建成1套2600吨/年氯化聚乙烯装置。新装置采用自控仪表操作,不仅扩大生产规模,实现连续化生产,同时,消除因热料包装带来的结块现象,产品黑黄点明显减少,质量提高一个新等级。

2010年,因该装置未达到规模效益,加上市场原材料价格上涨等因素而停止生产。

1991~2010 年江西星火有机硅厂氯化聚乙烯产量一览

表 21-2-2 单位:吨

| 年 份 | 年产量 | 年 份 | 年产量 | 年 份 | 年产量 | 年 份 | 年产量 |
|---|---|---|---|---|---|---|---|
| 1991 | 302 | 1996 | 138 | 2001 | 952 | 2006 | 2230 |
| 1992 | 450 | 1997 | 472 | 2002 | 1500 | 2007 | 1640 |
| 1993 | 462 | 1998 | 647 | 2003 | 1830 | 2008 | 748 |
| 1994 | 329 | 1999 | 730 | 2004 | 2088 | 2009 | 502 |
| 1995 | 72 | 2000 | 831 | 2005 | 2100 | 2010 | |

# 第三章 供应销售

## 第一节 原料供应

### 一、物 流

**铁路运输** 1991 年,负责铁路运输及铁路专用线管理及运营部门为杨家岭转运站,隶属于经营部供应科,铁路专用线共有 4 股道,全长 4.28 千米。1999 年,转运站更名为铁运科并归属于新成立的储运处。2003 年,储运处更名为物流中心并延续原储运处管理职能。2005 年,对铁路专用线进行改造,新增 2 股道,并对牵出线进行延长。至此,铁路专用线共 6 股道,全长 6.64 千米,年吞吐能力为 107 万吨。

**汽车运输** 1991 年,负责全厂公路运输部门为星火车队。1997 年,成立星火汽运公司,延续星火车队职能。2003 年,汽运公司解体,公路运输交由社会上 3 家物流公司分区域承包。

### 二、仓 储

1991 年,仓库分为综合库和产品库,综合库隶属于供应科;产品库隶属于销售科。1999 年,成立储运处,综合库与产品库划归储运处管理。2003 年,储运处更名为物流中心并延续储运处管理职能。2004 年,配合铁路专用线改造,拆除并新建综合库。2006 年,新建产品大棚 2 座。至此,综合库共有 9000 平方米,产品库共有 6000 平方米。

### 三、供应体系

1991~1994 年,设置供应科,与销售科隶属于经营部,为经营部下属部门之一,负责全厂物资采购到物资收、分、发、管(即仓储保管工作)。1995~1996 年,供应科与销售科从经营部分出,另成立供销中心,供应科隶属于供销中心,其职责未变。1997~1999 年,供应科从供销中心分出,更名为供应公司,人员增加,工作职责未变。

2001 年,供应公司工作职责从采购和仓储保管变更成专门物资采购,仓储职能从供应公司分离出去,另成立仓储部,供应公司人员减少。全年节约采购资金约 2000 余万元。2002 年,成立蓝星化工新材料股份有限公司江西星火化工厂, 与蓝星化工新材料股份有限公司江西星火有机硅厂物资采购工作分开,分别划分成两个厂区的供应公司,各自负责其物资采购,随着 5 万吨有机硅装置建成投产,采购任务更加复杂,5 万吨项目库存物资、项目管理经验等实行资源共享,扩大零库存采购范围;依据各自业务节约额和降价幅度,给予奖罚。2003 年,全国性的煤、电、运紧张,给采购工作带来许多困难。但当年采购原、辅料保证生产所需。2004 年,完成“七扩十”及“离子膜二期”项目设备、材料采购工作,盘活库存物资金额6万余元。建立健全ISO9001、ISO14001、OSHMS180013个管理体系。2005年,在采购生产物资同时,完成“七扩十”、3万吨离子膜、锅炉改造等项目改造所需材料采购工作。盘活库存物资330万余元。2006年,完成生产所需原材料采购,同时保证“10万吨有机硅项目”所需原、辅料及时供应。通过对大宗原料招标采购,共节约采购资金1398.7余万元,盘活库存物资额491.39万元。2007年,通过招标采购,供应公司共节约采购资金1398.7万余元,盘活库存物资598.54万元。

2008年,蓝星总公司成立战略采购部,将所有采购物资划分为12个类别,分别为:有机一、有机三、厂房厂务、运输、备件、催化剂、有机二、无机一、金属和非金属、能源、无机二、辅助材料,旨在满足蓝星总公司下属企业采购需求,及时、准确从国内或国际市场采购与其需求相一致的产品,尽最大可能获取最优惠合同条款,为企业节约成本。实行总公司CP系统订单、合同上线采购工作流程,进一步推进采购工作规范化和流程化。在其指导下,采购物资招标节约金额1378.7万元,盘活库存及废旧物资224.89万元,并完成项目技改采购计划共计209份。2009年,战略物料采购收益为2566.09万元,另外,设备、材料、备件询比价采购节约金额约126.08万元,招标节约金额524.29万元,盘活库存及废旧物资464.284万元,完成项目技改采购计划共计158份。

2010年,接收常规SAP-ERP系统生产采购计划4951项,临时采购计划1281项,共计6232项。全年取得采购收益3545.97万元,一般物料通过密封比价和招标采购共节约972.54万元,盘活库存及处理废旧物资372.26万元。被蓝星总公司评为“2010年优秀类别采购团队”。

## 第二节　产品销售

### 一、市场环境

2003年,受国际有机硅厂商价格打压,国内有机硅主产品DMC价格下跌近40%,给中国有机硅单体企业带来巨大压力。2004年,江西星火有机硅厂联合国内其他两家单体厂,成功对国际有机硅厂商在中国有机硅环体销售行为发起反倾销调查。2006年1月16日,商务部发布有关公告,做出终裁决定,原产于日本、美国、英国和德国的进口初级形态二甲基环体硅氧烷存在倾销。自2006年1月16日起,对原产于日本、美国、英国和德国的进口初级形态二甲基环体硅氧烷征收反倾销税(税率为13%至22%),实施期限自2006年1月16日起5年。2007年,星火厂联合国内有机硅单体厂对来自韩国和泰国的有机硅产品发起反倾销调查。2009年5月28日起,商务部发布公告,对进口自韩国和泰国的进口该产品征收5.4%至25.1%不等的反倾销税,期限为5年。

反倾销工作为中国有机硅单体生产企业赢得公平竞争机会。2006年中国有机硅总产能突破20万吨,2007年突破40万吨,2008年总产能突破60万吨,2009年总产能突破120万吨,2010年总产能突破170万吨。产能过快增长,造成产能严重过剩,市场价格再度出现大幅下滑。

### 二、销售机构

1991~1996年,星火厂有机硅产品一直处于试车状态,有机硅销售长期处于试销。企业主要销售收入来自于“902”、甲胺、氯碱、CPE等产品。销售工作由供销科负责。1996年加盟中国蓝星集团后,销售工作从供销科分离出来成立单独的销售公司。1997年1月1日,江西星火有机硅厂销售公司挂牌运营,当年依托中国蓝星集团兰州、北京、上海3个办事处开展业务。1998年,星火厂在广州、常州、杭州、武汉、山东、福建、沈阳、西安、石家庄设立办事处,着手开展出口业务。2002年,增设深圳业务办事处。2004年,对办事处进行整合,在全国设立常州、杭州、广州、深圳4个销售部。2006年,设立综合销售部,负责华中地区和有机硅副产品销售。2007年,成立外贸部,开展国际业务。2009年,成立市场部,负责产品及市场规划工作。

2010年,规划成立营销公司,下设市场部、销售部、技术支持部、销售管理部。销售部撤销综合销售部,新增江西销售部、成都销售部和山东销售部。

### 三、硅产品销售

1997年5月9日,有机硅单体装置恢复开车,当年销售额突破亿元大关。同年销售硅氧烷产品、107胶等201硅油。2003年装置实现满产满销。1999年,开始销售202硅油。

2006年,建成3000吨/年生胶装置,当年销售生胶。

2008年,与法国BSI公司合资建成3000吨/年氨基硅油装置。2009~2010年,销售保持良好势头。

### 四、新项目销售准备

2009年8月,江西星火有机硅厂采用BSI技术,开工建设年产20万吨有机硅单体及年产12万吨下游一体化项目。2010年9月,首个车间——25000吨/年生胶项目投产,当年销售新线生胶产品价格比国内同类产品高出1000元/吨。

# 第四章 企业管理

## 第一节 管理机构

### 一、化工部星火化工厂

1991年,省轻化厅所属星火化工厂归化工部直接管理,隶属于化工部二局,为部属中央直属企业,称"化工部星火化工厂"。星火厂分散于星火、燎原、杨家岭3个片区,片区之间分别相距各30~40千米。厂内机构几经变动,总体上按地域分为星火(厂总部所在地)、燎原(甲胺生产装置所在地)、杨家岭(万吨有机硅建设新开发地区)3个大的管理区(或称为分部)。1991~1995年,职工人数最高时约3400余人,其中各类专业技术人员约700余人。

### 二、蓝星星火化工厂

1999年3月4日,化工部星火化工厂经国家工商行政管理局核准,名称变更蓝星星火化工厂。2006年,蓝星星火化工厂根据全国企业兼并破产和职工再就业工作领导小组《关于下达九江船用机械厂等201户企业破产项目的通知》,列入政策性破产计划;2008年12月17日,根据全国企业兼并破产和职工再就业工作领导小组办公室《关于同意河北宣化化肥集团有限公司等4户企业进入破产程序的通知》,正式启动破产程序。2010年10月12日,市中级人民法院判决,终结破产程序。10月27日,蓝星星火化工厂在永修县工商行政管理局注销登记注册。破产涉及职工130人,离退休职工1029人。

### 三、江西星火有机硅厂

1999年,中国蓝星(集团)公司将下属无锡树脂厂和星火化工厂部分优良资产进行重组,成立星辰化工新材料股份有限公司,同年5月31日在北京市海淀区注册成立。星辰化工新材料股份有限公司江西星火有机硅厂作为股份公司下属的一个分支机构,于同年8月23日在永修县工商局注册登记。2002年9月, 星辰化工新材料股份有限公司江西星火有机硅厂名称变更为蓝星化工新材料股份有限公司江西星火有机硅厂。2006年2月,江西星火化工厂并入江西星火有机硅厂运行,星火分部按分部运行。同年4月,将江西星火化工厂有机硅深加工产品生产部分划归江西星火有机硅厂管理,江西星火化工厂更名为江西星火航天新材料有限公司,专业从事军品902和民品氯化聚乙烯生产和管理。

# 第二节 安全环境与健康管理

## 一、安全管理

1991年,开展安全生产基础工作和现场安全标准化建设项目工作,建立健全27种安全台账和8种票证,先后成立安全生产委员会、安全防火委员会、劳动保护监察委员会和医务劳动鉴定委员会。组织安全知识竞赛,在甲胺、烧碱、有机硅试车前,对操作进行上岗前安全教育和考核。全厂干部、工人进行一次安全卫生知识教育和考试,参加考试人员达98%。同时,开展创安全合格班组活动,每个班组每星期至少进行一次安全活动,经厂安全生产委员会按《化工安全合格班条件》对全厂209个班组进行评比,有180个班组达到安全合格班组,占班组总数86%。2月20日发文规定,在杨家岭片区二道门内禁止吸烟。每月4日、14日、24日对全厂进行综合性安全检查,当年共进行27次。检查中,查出并制止违章作业人员46人次。开展月安全生产竞赛活动,全厂48个车间获奖,共发放奖金4000元。5月20日,109车间被评为全国无吸烟先进单位。5月27日,厂安全生产委员会主办《安全简报》创刊。6月30日,被省政府评为1989、1990年度安全生产先进单位,1名员工获全国安全生产先进个人称号。当年,共对360多名新进厂人员进行厂级安全教育。建立一80平方米安全教育室,共有800多人次前往安全教育室参观学习或进行班组安全活动。1993年1月,开展"安全月"活动,规定每年1月为安全活动月。成立"安全月"活动领导小组。"安全月"活动中,全厂进行一次安全自查。安全环保科播放"安全生产四十一条禁令""居安思危"等录像片。1994年,开展以"勿忘安全,珍惜生命"和"三不伤害"为主题的第四次安全生产周活动。下发《关于化学事故应急救援的规定》。厂成立应急救援指挥部,对化学事故发生后的报告程序,救援分工,事故调查和善后处理,及其他规定如培训、演练等做出详细规定。当年,针对车间排污经常超标情况,与各车间签订环保责任状,明确规定各车间排污口控制指标,安环处每周监测4次,凡超标1次扣10元,使环保工作得到明显改善。同时,加强工业卫生和文明生产工作。开展全厂工业卫生监测工作,对噪音、粉尘、有毒气体浓度等项进行监测和控制,对全体职工开展健康体检,受检率达95%以上。1996年,成立氯气、甲胺泄漏事故工程抢险队。1997年,在全厂开展创建安全合格班组活动,拟定安全合格班组条件,设立活动领导小组,确定参赛单位、实施办法、奖惩办法。当年7月21日,命名首批安全合格班组;10月3日,命名第二批安全合格班组;同年出台《进一步加强班组建设,班组建设、达标、升级办法及考核细则》,加强班组建设工作。1998年,全厂各单位层层签订安全责任状,定期组织检查评比,实行"两个一票否决"制度,奖惩与工资挂钩,增强全员安全意识。各单位及时查找事故隐患,整改、控制污染源,全年实现"一杜绝、九消灭、两降低",千人负伤率降为0.22‰。同年,下发《关于违章违纪行为的处罚规定》,重新修订星火化工厂事故管理制度。在全厂开展创"无泄漏"和"红旗"设备活动。1999年,在全厂开展"安康杯"安全生产竞赛活动,竞赛主题为消除隐患、确保安全、保障稳定、促进发展。

2001年,下发《蓝星星火化工厂液氯钢瓶充装安全管理规定》。6月,制订《化学事故应急救援预案》。2002年1月19日,制定《蓝星星火化工厂监控化学品管理规章制度》,下发《蓝星星火化工厂监控化学品设施代表及有关责任人员职责的通知》,加强对监控化学品有效监管。2月18日,下发《关于成立〈禁止化学武器公约〉监控化学品领导小组的通知》,规范监控化学品管理。2月20日,下发《违章违纪行为处罚规定》,加大对违章违纪行为处罚力度。2月25日,向江西省禁止化学武器公约办公室报送《关于蓝星星火化工厂杀虫双生产装置永久性报停的报告》。遵照中共中央宣传部、国家安全生产监督管理局、全国总工会、共青团中央共同决定,从当年起,将每年5月开展的"全国安全生产周"活动改为"安全生产月"活动,时间在每年6月进行。当年活动主题为"安全责任重于泰山"。成立活动领导小组,提出活动要求，并对具体活动进行安排。8 月 9 日，下发《关于开展创建优秀班组的通知》，在原安全合格班组基础上，在全厂开展创建优秀班组活动。出台考核办法与奖惩办法，下发《安全合格班组考核细则》。同月 26 日始，以 100 天为一轮，经班组自查，分厂复查，活动领导小组验收合格后，以班组长姓名命名为安全合格班组称号，连续四次被评为安全合格班组的，可以评为优秀班组，班组长享受初级技师待遇。要求各分厂当年底 60%以上班级建成安全合格班组。2003 年，建立职业健康安全和环境管理体系。在体系咨询公司指导下，编制健康安全和环境管理手册及程序文件。体系试运行开始时间为当年 11 月 19 日。当年，全厂安全管理员 14 人参加省安全生产监督管局组织的注册安全主任培训，有 3 人取得高级注册安全主任资格，11 人取得中级注册安全主任资格。安全管理人员做到持证上岗。2003 年年底 100%班组建成安全合格班组。2004 年 11 月 22~23 日，GB/T28000 职业健康安全管理体系和 ISO 14000 环境管理体系通过第二阶段外审；职业健康安全和环境两套体系取得认证证书。2006 年，投入 33 万元新建厂消防队营房，招聘 20 名消防队员（合同工）。当年，开展创建安全标杆企业活动。全厂 215 个班组有 185 个安全生产达标，班组达标率 86%。

2007 年，建立远程视频监控系统，修订员工安全行为管理规定，印发《开展危险化学品从业单位安全标准化工作的实施方案》；下发《关键装置和重点部位（岗位）的通知》；重新任命质量、职业健康安全和环境管理体系管理者代表；重新发布质量方针、职业健康安全方针和环境方针。同年，实施危险化学品安全标准化。成立安全标准化领导小组和工作小组，对全厂各单位进行安全标准化知识培训，下发危险化学品安全标准化实施方案，增加部分危险化学品管理规章制度、职业健康安全和环境管理制度。2008 年，根据《中华人民共和国劳动合同法》要求，修订职业健康安全和环境管理制度（A/1 版）；印发厂职业健康安全和环保委员会工作职责，全员缴纳安全风险抵押金。2009 年，下发《星级安全员考核职业组织评定考核办法》并开始考评，经业务考核和德、能、勤、绩评定及资质考核后，14 名专职安全员为一星级安全员。当年，获中化集团公司授予“千日安全生产企业”称号。

2010 年，首次推行 Qenos 公司 SHE 体系，全面推行 Qenos SHE 体系，涉及 5 个要素的 SHE 体系文件经厂长批准下发，并于当年 5 月 19 日生效实施，进行中层干部、员工、承包商 SHE 体系文件培训 1046 人次。要素管理员按检查计划进行现场指导与检查，在保证安全前提下提高工作效率。在总公司检查之后，对体系文件进行修订。同年，危险化学品标准化工作经 11 月省安全生产监督管理局现场考评，获二级证书。

## 二、环保减排

1991 年，制订《酸碱污水中和处理工作标准》，4 月 1 日批准，5 月 15 日生效。同年下发《继续创建清洁文明工段、车间、科室的规定》，开展创清洁文明活动。5 月 16 日，通过节能管理升国家二级企业复审。10 月，晋升为国家节能二级企业。1992 年，下发《关于实行工业卫生监测和环境监测的通知》，根据工业卫生和健康监护领导小组会议精神，第一职工医院职业病防治科、中心化验室和安全环保科成立专门调查组，深入现场调查，健全毒物档案，重新确定作业场所中有害因素监测方法、监测点和监测周期，对环境监测点作重新调整。决定监测任务由检验科承担，要求在当年 3 月前，全面开展监测工作。5 月 13 日，厂举行环境保护演讲比赛。12 月，1 人获省环境保护演讲比赛三等奖。1 人获“全国化工环境保护先进工作者”称号。1995 年，1 人获“八五”期间全国化工系统节能先进个人。1999 年 3 月始，在全厂开展 5S（整理、整顿、清扫、清洁、素养）活动。宣传贯彻 GB/T24000—ISO 14000 系列标准，建立环境管理体系。

2000 年，通过省环保局“一控双达标”验收。2003 年，建立职业健康安全和环境管理体系。在体系咨询公司指导下，编制健康安全、环境管理手册及程序文件，11 月 19 日开始按管理体系运行。同年，对全厂各排污口酸性污水采用石灰石进行预处理，以减轻污水处理站处理负荷，取得较好效果。2004 年 11

月22~23日,GB/T28000职业健康安全管理体系和ISO 14000环境管理体系通过第二阶段外审,职业健康安全和环境两套体系取得认证证书。当年,有机硅一分厂低沸向排污沟排放进行改造,将低沸排放单独作为一个排放点,避免高温季节污水管线中因低沸浓度过高而发生爆鸣安全事件,同时对低沸排放安排专人进行综合处理,做到污水达标后排放。污水总排pH值通过35次(每周一次)监测,有32次达到标准要求,达标率为91.43%。2006年,成立节能减排领导小组,下设6个专业组,定期专项对节能减排工作开展情况进行汇总,督促各项工作开展。江西星火有机硅厂每小时需用新鲜水0.15万吨。2007年,通过技术改造将水循环利用,每小时只需新鲜水0.12万吨,全年可节约水费近千万元。同年,实施职业健康安全和环境管理制度(A/1版)。安装废水排放和烟气排放在线监测设施。在新建10万吨/年有机硅项目中,专门投资500多万元,用于污水站改造。2008年,完成老锅炉烟气在线监控装置。通过改造细煤灰排放方式,对锅炉车间链条炉直接排放冲渣沟细煤灰进行回收,每年为企业增收54万元。投资600余万元对清污分流系统进行改造完善及5000立方米事故槽建设。2月底对排污口设置28块环保标识牌,按要求办理规范化排污口登记证。同年,下发《深入开展文明工厂建设活动指导意见》,厂将落实"5S"管理工作与文明工厂建设工作进行合并,以强化贯彻落实"5S"管理为平台,以文明工厂建设为载体,以现场标准化建设为起点,以班组建设为基础,以科技创新为支撑,全面提升企业核心竞争力,逐步实现"工作环境美好化、工作内容指标化、工作要求标准化、工作步骤程序化、工作考核数据化、工作管理系统化",努力提升企业内在管理水平,塑造良好外部形象,加快步入现代企业发展轨道。

2009年4月,利用自主知识产权建设的高沸裂解装置二期一次性开车成功,年处理有机硅副产物高沸1万吨,一年可增加销售收入2080万元,实现利润1689万元。利用旧设备,投资不到50万元,建成第三期高沸裂解装置,每月可新增高沸处理能力160吨,年创利500万元。在消化有机硅副产物同时,注重能源综合利用。星火厂利用报废冷却器,回收锅炉停炉、并汽对流水的热量加热锅炉用的软水,每年节约蒸汽400多吨,节省费用4万余元。当年,通过由省环保局、经贸委、发改委和市环保局、经贸委以及省环境保护科学研究院共同组成专家组清洁生产审核,并获备案批复。被授予省主要污染物总量减排先进企业称号。有机硅副产物含H单体直接销售每吨亏损4500元,制成含氢硅油后每吨盈利4500元。10月,开展无溶剂法制作含氢硅油中试,第一批6.8吨无溶剂含氢硅油产品通过报检全部合格。

至2009年,星火厂万元工业产值能耗由1.7吨标准煤下降到1.01吨标准煤,3年下降40.61%,累计节能量81727吨标准煤,提前完成"十一五"节能目标。2008~2009年,企业SO2减排821吨,经市、县环保部门共同监测,"三废"排放监测结果达标。2010年2月,利用原年产800吨含氢硅油装置厂房,改扩建年产3000吨无溶剂含氢硅油生产装置,并于3月份投产。该装置试车成功后,生产产品可大量转入出口市场,产品价格每吨达到22000元,比国内产品价格每吨增加8000元。同年3月,省政府授予星火厂2009年度全省节能减排先进单位称号,并奖励150万元。当年,针对原隔膜电解装置直流电耗及蒸汽单耗较高,造成氯碱装置长期亏损情况,采用北化机最新膜极距电解槽技术,对装置进行改造,使能耗大幅度下降,比原离子膜装置电耗每吨降低325千瓦时,比隔膜装置电耗每吨降低365千瓦时。

### 三、职业健康

1991年4月2日17时26分,烧碱车间电解停车,结束水银电解生产20年历史。5月8日,厂工业卫生、健康监护领导小组下发《关于进一步加强工业卫生和化工健康监护工作的意见》,规定"八五"期间重点开展健康监护,使工业卫生工作达到管理系统化、技术规范化。6月10日,被省劳动厅职业安全卫生监察处订为定点安全监察单位。当年在工业卫生与职业病防治工作中,健全工业卫生管理体系,开展"三级预防"和化工健康监护,保障全厂职工身心健康和生产发展。重新调整工业卫生与健康监护领导小组,建立毒物档案和重新确定作业场所有害因素监测种类、监测点和监测周期,由58个点增加到134个监测点。搞好工程控制和尘毒治理,改善作业环境,建设项目中执行“三同时”制度,万吨烧碱生产装置以隔膜电解代替水银电解,氯甲烷系统改掉汞压力计工艺,原电解厂房进行封闭处理。使汞害彻底得到根除。当年58个尘毒监测点点监测率84.5%,样品监测率84.2%,点合格率97.9%,均达到一级劳动环境和清洁文明工厂要求。开展职业病防治,除完成汞作业职工219人检查和善后处理外,对全厂336名女职工进行妇科普检,开展疾病登记和信息管理,印制4000本监护册和16种所有健康监护表册。1992年,下发《关于调整保健标准的通知》,对1989年7月1日执行的保健制度标准进行重新调整。同年,下发《职工劳动保护补充规定》,对部分劳动保护规定作适当补充和调整。下发《关于实行工业卫生监测和环境监测的通知》。重新确定作业场所中有害因素监测方法、监测点和监测周期,环境监测点亦做出重新调整。下发《关于接触有毒有害作业人员体检的通知》,对主要有毒有害岗位职工约1263人(包括家属工87人、民工8人),进行健康体检,体检率达95%上。1995年,开展毒物登记工作。化学毒物登记实行一毒一档,档案完成之后由职工医院总院负责保管。各车间对岗位毒物周知卡进行管理。1998年,成立工会劳动保护监督检查委员会。

2002年9月11日,转发《使用有毒物品作业场所劳动保护条例》。2003年,建立职业健康安全和环境管理体系,11月19日开始运行。在体系咨询公司指导下,编制健康安全和环境管理手册及程序文件。

## 第三节　生产管理

### 一、质量管理体系

1997年始,宣传贯彻94版ISO 9000标准,并按ISO 9002标准要求建立质量体系,当年通过上海质量体系审核中心认证注册。

2001年,按2000版ISO9000标准进行改版,发布D/0版质量手册。2003年,改由北京兴国环球认证有限公司认证,于7月18日通过再认证。2005年,星火厂将“三标”管理体系进行整合,发布A/0版管理手册。2007年,对“三标”管理体系文件进行修改,发布A/1版管理手册。2009年,随着江西星火有机硅厂的发展和内部组织机构及人事调整,以及GB/T 19001-2008标准发布,再次对“三标”管理手册进行修改。发布A/2版管理手册。

### 二、管理制度

相继制定《物资抵债管理办法》《江西星火有机硅厂与星火工业园有协作关系企业的管理规定》《积压及废旧物资处理管理办法》《统计和经济核算管理办法》《生产经营管理办法》一系列管理制度。

### 三、内部控制管理

2000年4月起,以江西星火有机硅厂为主要生产企业成立蓝星化工新材料股份有限公司,并在沪交所成功上市。上市公司成立以来,严格遵循国家证监会有关规定,实施企业内部管理控制制度。经过广州正中珠江、信永中和、普华永道等会计师事务所审计,在内控制度方面顺利通过审计。每年根据情况制定企业生产经营管理办法、内部管理费用及价格细则、考核及分配办法。2008年,推行总公司一系列先进管理理念。以精益六西格玛为主,持续改进工作。

2010年,引进职业经理人,推行BWCM(蓝星世界级工厂制造)项目。同时,借助总公司机构网络平台,引进总公司战略物资采购,加大产品销售出口力度。

## 四、信息化管理

**网络基础设施建设** 1999年始,推广信息化应用技术。当时,全厂仅办公室、销售、财务5台计算机,利用信息应用软件实现部分办公自动化;利用软件技术,实现财务成本电算化。2000年后,信息化工作进入全面发展阶段。至2003年,完成星火厂主要管理部门的网络基础设施建设,敷设光纤10千米,配合完成ERP系统基础网络建设;2004~2007年,完成星火厂至各生产分厂网络建设,进一步扩大网络覆盖面,敷设光纤30千米,实现全厂电子文件信息全面共享;2008~2010年,对前阶段网络线路从多模升级为单模,对网络整体架构进行优化,使骨干带宽达到1000兆,核心设备采用高端双热备交换机,扩大网络吞吐能力,满足日益增加的网络应用需求,联网计算机近1000台。

**ERP管理系统应用** ERP(Enterprise Resources Planning,企业资源计划)是满足企业业务管理需要的综合应用软件系统,通过计算机和网络通信技术,实现对企业内外部的物资流、资金流、信息流统一管理的信息化应用平台。2002年5月,星火厂与上海神州数码管理系统有限公司合作,应用"易飞"ERP系统,11月上线并通过验收。主要包括"采购管理""销售管理""库存管理""财务管理""应收管理""应付管理"、"报表管理"等模块,为企业实现经营管理部门信息化应用。2009年4月,由中国化工集团公司统一安排,星火厂作为集团公司推广企业应用SAP ERP系统,当年9月1日成功上线。主要包括生产计划模块(PP模块)、物料管理模块(MM模块)、财务会计与成本核算模块(FI/CO模块)、工厂维护模块(PM模块)、销售与分销模块(SD模块)、质量管理模块(QM模块)、职业健康与环境模块(EHS模块)、人力资源管理模块(HR模块)。

**自动化办公软件应用** 2008年,开始应用自动化办公软件(OA软件)系统,应用范围覆盖全厂各单位及基层班组,成为企业上情下达、信息共享重要手段,主要功能包括专栏新闻、邮件系统、职工论坛、工作流审批等功能,实现大量工作无纸化办公,提高工作效率。

**保密管理应用** 星火有机硅系列技术被国家认定为国家级保密项目。2009年始,在企业内部开展一系列信息化应用措施,建立覆盖全厂保密软件系统、视频监控系统、门禁管理系统,为企业内部保密体系运行建立技术保障。

**安全管理应用** 2010年,建立数字广播系统,利用计算机网络以生产调度为中心,将IP广播终端接入全厂重要控制室,实现集中统一指挥,生产指令迅速下达。

**1991~2010年江西星火有机硅厂生产主要经济指标完成情况一览**

表21-4-1

| 年份 | 二甲收率 | 年份 | 二甲收率 | 年份 | 二甲收率 | 年份 | 二甲收率 |
|---|---|---|---|---|---|---|---|
| 1991 | | 1996 | | 2001 | 69.81 | 2006 | 77.24 |
| 1992 | 47.35 | 1997 | 54.51 | 2002 | 72.88 | 2007 | 76.03 |
| 1993 | 43.30 | 1998 | 54.80 | 2003 | 73.99 | 2008 | 73.19 |
| 1994 | 57.14 | 1999 | 50.70 | 2004 | 72.11 | 2009 | 79.70 |
| 1995 | 58.01 | 2000 | 65.45 | 2005 | 77.77 | 2010 | 81.14 |

说明:1991年试产、1996年停产

# 第四节　技术管理

## 一、创新成果管理

1991 年,中国第一套 1 万吨/年有机硅单体生产装置建成投产。该装置采用 9 项新技术,其建成投产使有机硅单体生产水平与国外差距明显缩小。1999 年,投入 4600 万元,半年完成从 1 万吨/年到 2 万吨/年技术改造,形成国内第一套 2 万吨/年有机硅单体生产装置。并于当年 6 月投入生产。

2000 年 6 月始,江西星火有机硅厂 5 万吨/年有机硅单体技改工程建设施工,投资约 2.8 亿元有机硅单体装置于 2001 年年底建成并一次投料试车成功,率先建成国内最大规模的 5 万吨/年有机硅单体生产线,打破国外的技术与市场垄断,首次在国内实现有机硅单体规模化工业生产,使中国有机硅生产跻身于国际有机硅行列。产品质量达到国际先进标准,可替代进口产品,解决国内有机硅供不应求局面。整体技术水平达国内领先,部分技术达国际先进水平。项目建成投产后,产品成本普遍下降 10 个百分点以上,充分显示装置规模效益,体现装置显著经济效益。该项目共申请 8 个专利,全部授权,发表论文 1 篇。自星火厂 5 万吨/年有机硅单体装置试车成功后,许多技术已被同行厂家相继采用。由星火厂自行开发的工艺软件包获得国外专业设计公司认可鉴定,可用于 10 万吨/年有机硅单体生产装置设计。该项目相继获省科技进步一等奖、国家科技进步二等奖。

2003 年,开展二甲基二氯硅烷连续水解工艺研发,2004 年建成中试装置。年底,10 万吨/年有机硅单体项目开工建设。2005 年,星火厂完成有机硅单体"七扩十"技改项目建设,使有机硅单体产能达到 10 万吨/年。同年,建成年产 21000 吨水解物生产装置。该连续水解新工艺申报发明专利。2006 年,开展高沸裂解工艺研究课题。同年底,10 万吨/年有机硅单体项目完工并正常运行。该工程在自有技术基础上,经过放大,形成 10 万吨/年的完整技术,该工程综合技术水平属国内领先,部分技术指标接近或达到国外先进水平。在第四届优秀工程项目管理和优秀工程总承包项目评优活动中获工程总承包银钥匙奖。2008 年,高沸裂解工艺研究课题经科技规划处评审合格后交由工程处进行装置工程设计及施工监督管理。同年 9 月,该装置在有机硅分厂建成并一次试车成功。该高沸裂解装置总处理能力达 20000 吨/年,实现综合利用,变废为宝。

2009 年,江西星火有机硅厂有机硅研究所、工程处和有机硅分厂共同协作,对 3 套合成装置进行跟踪、分析、调整,对流化床结构进行优化改进。经过近一年努力,年二甲含量累计平均达 84.17%。同年,开展甲基三乙酰氧基硅烷(MTAS)交联剂研制课题研究。开始 1000 吨/年甲基三乙酰氧基硅烷项目设计、采购及施工。开展甲基三乙酰氧基硅烷分析方法研究,该课题采用 GC/MS 对甲基三乙酰氧基硅烷中各组分定性定量,找出色谱峰与质谱对照,确定每个组分的出峰位置,为工艺研究提供可靠依据。

2010 年,1000 吨/年甲基三乙酰氧基硅烷项目建成投产。开展 X 射线荧光光谱法分析硅粉中微量元素方法研究,以保障有机硅合成装置高活性高选择性连续生产。当年,该方法即应用于生产,并形成企业标准。至当年底,江西星火有机硅厂累计申请专利 37 项,全部得到受理,有 12 项专利得到授权,其中发明专利 6 项。

## 二、产品质量管理

1997 年 2 月始,星火厂宣传贯彻 1994 版 ISO 9000 标准,按 ISO 9002 标准要求建立质量体系,发布 A/0 版质量手册。1997 年 12 月,通过上海质量体系审核中心认证注册,并颁发体系认证证书,证书有效期3 年。在证书有效期内,每年要接受认证机构监督审核。

2000 年 7 月,星火厂质量体系第一次通过复评,重新颁发体系认证证书,认证机构为上海质量体系审核中心。2001 年 7 月,质量体系按 GB/T 19001-2000 标准要求进行转版,发布 D/0 版质量手册。通过上海质量体系审核中心转版认证。2003年,重新选择认证机构——北京兴国环球认证有限公司,7月,星火厂质量体系第二次通过复评。同年,国家标准化管理委员会下达《一甲基三氯硅烷》《八甲基环四硅氧烷》《二甲基硅氧烷混合环体》3项国家标准起草任务。至是年底,星火厂连续3年被省评为质量管理先进单位,并授铜牌。有机硅中间体产品——八甲基环四硅氧烷(D4)被省名牌战略推进委员会授予省名牌产品称号。2004年,星火厂独家起草《一甲基三氯硅烷》《八甲基环四硅氧烷》《二甲基硅氧烷混合环体》3项国家标准报批稿通过国家标准委员会审查。2005年3月,星火厂被中国中轻产品质量保障中心授予的质量、信誉双保障示范单位。是年,将"三标"管理体系进行整合,发布A/0版管理手册。2006年,国家质量监督检验检疫总局、国家标准化管理委员会批准发布《一甲基三氯硅烷》《八甲基环四硅氧烷》《二甲基硅氧烷混合环体》3项国家标准,于当年11月1日实施。是年,有机硅甲基环体(D4、DMC)被国家名牌战略推进委员会授予中国名牌产品称号,有机硅系列产品被省名牌战略推进委员会授予省名牌产品称号。

2007年,有机硅产品再次被省名牌战略推进委员会授予江西重点名牌产品称号。同年,星火厂开始引进国际先进质量管理方法——精益六西格玛。当年,对"三标"管理体系文件进行修改,发布A/1版管理手册。2008年,国家标准化管理委员会下达《室温硫化甲基硅橡胶》国家标准起草任务。星火厂独家起草《八甲基环四硅氧烷》国家标准被国家质量监督检验检疫总局、国家标准化管理委员会授予中国标准创新贡献奖三等奖。2009年,星火厂起草《室温硫化甲基硅橡胶》国家标准报批稿通过国家标准委员会审查;参加起草制定《甲基乙烯基硅橡胶》国家标准工作;星火厂独家起草《一甲基三氯硅烷》国家标准被国家质量监督检验检疫总局、国家标准化管理委员会授予中国标准创新贡献奖三等奖。同年,GB/T 19001-2008标准发布,再次对"三标"管理手册进行修改。发布A/2版管理手册。

2010年,星火厂被江西出入境检验检疫局授予"出口产品一类企业"。被省质量技术监督局授予省质量信用"AAA级企业"。获蓝星持续改进优秀管理二等奖。至2010年,20年来出厂产品合格率均为100%,国家质量技术监督部门抽检产品合格率均为100%。从未发生产品质量事故。

# 第二十二篇

# 轻 化 工 业

# 第二十二篇 轻化工业

市轻工业包括一轻工业(含化工业)和二轻工业(手工业)。1991年,一轻工业系归口管理的包装机械、日用机械、轻工装备、印刷、日用化学制品、化工原料、酒类饮料食品等行业,企业性质为全民所有制企业,企业主管部门为市轻化工业局。二轻工业系市政府授权主管的塑料制品、五金家电制品、家用电器、家具、工艺美术品、橡胶制品、日用杂货品等行业,企业性质为集体所有制企业,企业主管部门为市第二轻工业局与手工业联社。

“八五”期间,纺织和食品行业发展较快,成为全市支柱产业,共青羽绒服、修水宁红茶、湖口糟鱼在省内外较有名气,轻工业略高于重工业,1994年完成工业总产值77.24亿元,占全市工业总产值51.4%。“九五”期间,市轻工业主导行业纺织、服装、羽绒业在竞争中充满生机和活力,食品、饮料行业增长较大。2000年,全市轻工业企业711户,全部从业人员7.41万人,完成工业总产值51.94亿元,占全市工业总产值37.78%。“十五”期间,轻工业稳步发展,占全市工业总量比重下降,2001年全市规模以上轻工业企业223户,从业人员5.19万人,完成工业总产值35.65亿元,占全市规模以上工业总产值26.3%。2002年8月,根据《九江市党政机构改革实施方案》,市轻化工业局转体为集团公司。第二轻工业局行政职能划入市经济贸易委员会,与转体后的轻化工业局合并,组建市轻化集团公司。2005年全市规模以上轻工业企业236户,从业人员6.43万人,完成工业总产值95.77亿元,占全市规模以上工业总产值27%。“十一五”期间,轻工业稳步增长,2006年全市规模以上轻工业企业254户,从业人员6.32万人,完成工业总产值120.39亿元,占全市规模以上工业总产值24.6%,2010年,全市规模以上轻工业企业441户,从业人员13.16万人,规模以上工业企业总产值517.74亿元,占全市规模以上工业总产值34.57%。

# 第一章　塑料制品生产

## 第一节　行业规模

20世纪90年代初,市属省最大塑料制品工业基地,主要企业有江西塑料制品厂、市塑料制品一厂、市塑料三厂、市塑料四厂、市塑料五厂、江西同心塑料包装有限公司等,主要产品有塑料薄膜、塑料棒管材、塑料编织袋、日用塑料制品等,产品运销全国25个省市自治区。1991年,全市塑料制品工业全民所有制工业企业完成工业总产值(当年价格)515万元,集体所有制工业企业完成工业总产值(当年价格)5580万元;全民所有制工业企业销售收入405万元,集体所有制工业企业销售收入4289万元;全民所有制工业企业利税总额37万元,集体所有制工业企业利税总额109万元;全市塑料制品工业企业31个,其中全民所有制工业企业4个,集体所有制工业企业27个,全市从业人员2100人,其中全民所有制工业企业60人,集体所有制工业企业2040人;全市塑料制品产量6760吨,占省13.6%。1994年,全市塑料制品工业企业28个,其中全民所有制工业企业3个,集体所有制工业企业25个;从业人员2118人,其中工程技术人员170人;全市塑料制品产量5547吨。1999年,全市塑料制品工业企业29个,其中国有企业7个,民营企业22个;全市从业人员671人,其中国有企业63人,民营企业608人;塑料制品产量3014吨。

2007年,全市塑料制品工业企业15个,其中国有企业1个,民营企业14个,全市从业人员678人,塑料制品产量11530吨。2010年,全市塑料制品工业总产值(当年价格)161720万元,其中民营企业完成工业总产值(当年价格)161720万元;销售收入167163万元,其中民营企业销售收入167163万元,利税总额19922万元。

**1991~2010年全市塑料制品工业产销完成一览**

表22-1-1　　单位:万元

| 年 份 | 工业总产值 | 销售收入 | 完成利税 |
|---|---|---|---|
| 1991 | 6095.00 | 4694.00 | 146.00 |
| 1992 | 6447.70 | 5503.50 | 470.00 |
| 1993 | 6485.00 | 6048.00 | 160.00 |
| 1994 | 8487.00 | 7137.00 | 222.00 |
| 1995 | 5567.30 | 5250.30 | -142.00 |
| 1996 | 4723.10 | 3337.40 | -454.70 |
| 1997 | 5774.80 | 4289.20 | -612.20 |
| 1998 | 5031.00 | 5621.00 | 250.00 |
| 1999 | 4652.00 | 4398.00 | 310.00 |
| 2000 | 3164.00 | 3532.00 | 122.00 |
| 2001 | 3607.00 | 3626.00 | 37.00 |
| 2002 | 3797.00 | 6200.00 | 573.00 |
| 2003 | 16056.00 | 19086.00 | 1571.00 |
| 2004 | 19760.00 | 20768.00 | 1526.00 |

续表 22-1-1

| 年 份 | 工业总产值 | 销售收入 | 完成利税 |
|---|---|---|---|
| 2005 | 27929.00 | 21819.00 | 681.00 |
| 2006 | 29771.00 | 27221.00 | 1867.00 |
| 2007 | 65480.00 | 66092.00 | 4109.00 |
| 2008 | 87593.00 | 88854.00 | 5611.00 |
| 2009 | 91040.00 | 91108.00 | 7075.00 |
| 2010 | 161720.00 | 167163.00 | 19922.00 |
| 合 计 | 563179.90 | 561747.40 | 43434.10 |

# 第二节 主要企业

## 一、江西塑料制品厂

系集体所有制企业，是第三个五年计划期间经国家批准的重点建设项目。厂址位于市十里铺刘家塘,占地面积15万平方米,固定资产2000万元,拥有8条生产线,其中70%的设备从日本、意大利、奥地利进口,生产7大类200多个品种,年生产塑料制品12000多吨,产品销往全国25个省、市、自治区,是轻工总会定点生产塑料制品的重点企业和全国五百家最大塑料制品企业之一,1991~2001年,隶属市二轻工业局,2002年后隶属市轻化集团公司。

1991年,职工人数1041人,全厂塑料制品产量5860吨,产量占全省比重50%。上缴税收148万元。同年,新开发的PVC压延烟膜、扣式聚丙烯快餐盒被评为省级新产品,PVC压延粮膜获优秀新产品奖。1992年职工1125人,塑料制品产量6699吨,占省比重50%,是建厂以来产量最高的一年。上缴税收221万元。1993年职工人数1031人,全厂塑料制品产量4779吨,产量占全省比重50%。上缴税收246万元。PVC盐膜获省新产品奖。当年企业推行三项制度改革,完成年工业总产值5003万元,实现利税总额135万元,分别比1992年增长18.8%和14.4%,职工收入自1991年以来逐步递增,固定资产由初创时期的500多万元发展到2000余万元。被国家统计局评为中国500家最大塑料制品企业之一。1994年职工人数1080人,全厂塑料制品产量3146吨,产量占全省比重的40%。上缴税收284万元。PVC压延绝缘膜获省优秀新产品奖。1994年2月,市场技术监督局授权为九江塑料制品质量监督检验站。1996年塑料行业民营经济迅猛发展,企业设备及产品老化,技术人才流失,无新产品投放市场,竞争优势弱化,市场销售量大幅下降,年产量1684吨,企业无资金再进行生产经营运作,年末停产。1997年企业重启生产,产品产量1265吨,占全省塑料制品产量10%。1998~2000年,企业生产经营一直处于艰难维持状态,无力摆脱困境,2000年全面停产。

至2010年,企业仅在为退休及下岗职工做服务工作。

**1991~1997年江西塑料制品厂产销完成一览**

表 22-1-2　　单位:万元

| 年 份 | 工业总产值 | 产品产量 | 上缴税收 |
|---|---|---|---|
| 1991 | | 5860.00 | 148.00 |
| 1992 | | 6699.00 | 221.00 |
| 1993 | | 4779.00 | 246.00 |

续表 22-1-2

| 年 份 | 工业总产值 | 产品产量 | 上交税收 |
|---|---|---|---|
| 1994 | 5003.00 | 3146.00 | 284.00 |
| 1995 | | 5860.00 | 177.00 |
| 1996 | | 1684.00 | 72.00 |
| 1997 | | 1265.00 | 21.00 |
| 1998 | | 1282.00 | 33.00 |
| 1999 | | 447.00 | 8.00 |
| 合 计 | 5003.00 | 31022.00 | 1210.00 |

### 二、市塑料制品一厂

位于浔阳区大中路593号。1991年,该厂合并市塑料制品六厂、塑料制品七厂,总投资68万元,职工人数220人,下设软管车间、硬塑车间、拉丝车间。主要产品有学生用品、各种规格学习用三角尺、各种规格软管、鞋底、羽毛球、台灯、食品包装袋、PVC食品包装盒、塑料绳等。1992年,企业因产品老化、设备陈旧、技术人员流失而步入困境,全面停产。至2001年,企业隶属市二轻工业局,2002年后隶属市轻化集团公司。

# 第二章 家具制造

## 第一节 行业规模

20世纪90年代初,市家具制造业得到很大的发展,由单一木家具发展成为钢家具、钢木家具和软体家具,从业人员1557人。九江家具制造业主要企业有市家具总厂、江西福德来家具有限公司、市贝特家私有限公司、九江富豪家具厂、市华强家私厂、市东志家具厂等,主要产品有全木家具、钢家具、钢木家具、软体家具等。1991年,全市家具制造企业完成工业总产值(当年价格)2692万元,其中全民所有制独立核算工业企业完成工业总产值(当年价格)899万元,集体所有制独立核算工业企业完成工业总产值(当年价格)1793万元;销售收入2115万元,其中全民所有制独立核算工业企业销售收入696万元,集体所有制独立核算工业企业销售收入14193万元;利税总额76万元,其中全民所有制独立核算工业企业利税总额115万元,集体所有制独立核算工业企业利税总额39万元;全市家具产量15.19万件;全市家具制造企业50个,其中全民所有制独立核算工业企业5个,集体所有制独立核算工业企业45个;全市从业人员1557人,其中全民所有制工业企业352人,集体所有制工业企业1205人。

2007年,全市家具制造企业完成工业总产值(当年价格)28963万元,其中民营企业完成工业总产值(当年价格)28077万元;销售收入28377万元,其中民营企业27498万元;利税总额2374万元,其中民营企业2330万元;全市家具制造企业8个,其中民营企业7个;从业人员共562人。2008年,全市家具制造企业完成工业总产值(当年价格)41339万元,民营企业完成工业总产值(当年价格)41339万元;销售收入40422万元,民营企业40422万元;利税总额2791万元,民营企业2791万元;全市家具制造企业7个,均为民营企业;从业人员486人。2009年,全市家具制造企业完成工业总产值(当年价格)51082万元,销售收入50045元,利税总额4059万元;全市家具制造企业7个,从业人员733人。

2010年，全市家具制造企业完成工业总产值(当年价格)112372万元，销售收入118019万元，利税总额12366万元；全市家具制造企业17个，从业人员722人。

1991~2010年全市家具制造业产销完成一览

表22-2-1　　单位：万元

| 年份 | 工业总产值 | 销售收入 | 实现利税 |
|---|---|---|---|
| 1991 | 2692.00 | 2115.00 | 76.00 |
| 1992 | 3079.70 | 2254.10 | 239.00 |
| 1993 | 3423.00 | 2833.00 | -57.00 |
| 1994 | 3617.00 | 2441.00 | 25.00 |
| 1995 | 2151.30 | 2703.70 | 66.90 |
| 1996 | 3520.40 | 2710.6 | 76.50 |
| 1997 | 4206.10 | 4455.00 | -309.00 |
| 1998 | 2424.00 | 2291.00 | 97.00 |
| 1999 | 2275.00 | 1873.00 | -27.00 |
| 2000 | 1940.00 | 1685.00 | -2.00 |
| 2001 | 1407.00 | 894.00 | 183.00 |
| 2002 | 3286.00 | 2415.00 | -68.00 |
| 2003 | 180.00 | 104.00 | 4.00 |
| 2004 | 229.00 | 157.00 | -254.00 |
| 2005 | 352.00 | 318.00 | -11.00 |
| 2006 | 3916.00 | 3828.00 | 178.00 |
| 2007 | 28963.00 | 28377.00 | 2374.00 |
| 2008 | 41339.00 | 40422.00 | 2791.00 |
| 2009 | 51082.00 | 50045.00 | 4059.00 |
| 2010 | 112372.00 | 118019.00 | 12366.00 |
| 合计 | 272454.50 | 269940.40 | 21807.40 |

## 第二节　主要企业

### 一、市家具总厂

位于市区塔岭北路58号，隶属市轻化集团公司，主要产品有木家具、钢家具、钢木家具和软体家具。1991年职工人数530人(其中在职职工432人，退休职工98人)，固定资产净值104万元，工业总产值374万元，销售收入400万元，实现利税25.5万元。当年企业生产的折叠旅游桌获省优秀新产品奖，11月该产品参加第二届北京国际博览会获得好评。1992年职工人数524人(其中在职职工414人，退休职工110人)，固定资产净值101万元，工业总产值389万元，销售收入414万元，实现利税23万元。同年投入资金20万元，购制钢木生产线设备，产销量得到进一步提高。1993年职工人数423人(其中在职职工316人，退休职工107人)，固定资产净值90万元，工业总产值316万元，销售收入276万元，实现利税26万元。1994年职工人数422人(其中在职职工313人,退休职工109人),固定资产净值91万元,工业总产值360万元,销售收入253万元,实现利税2.3万元。1995年职工人数421人(其中在职职工310人,退休职工111人),固定资产净值117万元,工业总产值423万元,销售收入239万元,实现利税3万元。当年加大生产力度,产品供大于求。1996年职工人数417人(其中在职职工307人,退休职工110人),固定资产净值117万元,工业总产值414万元,销售收入266万元,实现利税8.8万元。1997年开始出现亏损。1998年职工人数401人(其中在职职工289人,退休职工112人),固定资产净值112万元,工业总产值25万元,销售收入25万元,实现利税-76万元。当年夏季,企业连遭两次洪水内涝浸泡,无资金恢复生产,停产停业。

2002年5月,与江西鹰潭万福房地产公司联合开发,分得自有产权门面42间,计1742.72平方米,小仓库2间,计26.74平方米,总面积1769.46平方米。

**1991~1998年市家具总厂产销完成一览**

表22-2-2　　单位:万元

| 年 份 | 工业总产值 | 销售收入 | 实现利税 |
| --- | --- | --- | --- |
| 1991 | 374.00 | 400.00 | 25.50 |
| 1992 | 389.00 | 414.00 | 23.00 |
| 1993 | 316.00 | 276.00 | 26.00 |
| 1994 | 360.00 | 253.00 | 2.30 |
| 1995 | 423.00 | 239.00 | 3.00 |
| 1996 | 414.00 | 266.00 | 8.80 |
| 1997 | 410.00 | 117.00 | -78.00 |
| 1998 | 25.00 | 25.00 | -76.00 |
| 合 计 | 2711.00 | 1990.00 | -65.40 |

## 二、江西福得来家具有限公司

2000年创办中外合资九江福得来家具有限公司,2006年3月变更为江西福得来家具有限公司,注册资金900万元。公司引进国内外先进技术和设备,生产和销售各类高中档实木家具、台球桌及其配件、各种竹木制品及石制品、各种文体用品及运动器材等。公司位于德安县宝塔工业园西区,昌九高速公路西侧,距九江货运码头40多千米,距南昌70千米,交通便利。公司占地近3公顷,厂房面积10000平方米,有员工200多人,其中大中专院校毕业生30多人,取得专业技术职称人员20人。公司年产值4000万元人民币,出口创汇300多万美元,产品主要销往美、韩、加拿大、澳大利亚等国及东欧等地,同时开辟拓展国内市场,形成密集、稳定的销售网络。

2000年与韩国投资人共同在永修县成立中外(韩)合资九江福得来家具有限公司,职工人数120人,固定资产净值300万元,生产各类高中档实木家具、台球桌等,产品销往韩国、美国等地,当年工业总产值330万元,销售收入305万元。2001年公司由省出入境检验检疫局评定为《检验检疫一类出口企业》当年工业总产值380万元。销售收入412万元。2005年韩方撤资,公司在德安县工业园购地2668平方米,兴建10000平方米厂房,撤销中外合资九江福得来家具有限公司,成立江西福得来家具有限公司,当年工业总产值1360万元,销售收入1340万元。2006年3月位于德安工业园的新厂房建成,公司迁厂至德安工业园,注册资金900万元,固定资产1270万元,当年工业总产值620万元,销售收入565万元。2008年,德安县遭受特大冰雪灾害,厂房、设备、产成品、半成品损毁大半,直接经济损失1000万元,同年8月新厂房建成并投入生产,实现工业总产值1330万元,销售收入1305万元,固定资产1426万元。2009年,企业工业总产值1602万元,销售收入1554万元,固定资产2043万元。

2010年,公司进一步挖潜改造,开拓市场,工业总产值2680万元,销售收入2251万元,固定资产340万元。

2000~2010年江西福得来家具有限公司产销完成一览

表22-2-3　　　　单位:万元

| 年 份 | 工业总产值 | 销售收入 | 产品产量(实木家具、台球桌)(柜) |
|---|---|---|---|
| 2000 | 330.00 | 305.00 | 30.00 |
| 2001 | 412.00 | 380.00 | 39.00 |
| 2002 | 570.00 | 561.00 | 60.00 |
| 2003 | 635.00 | 620.00 | 69.00 |
| 2004 | 905.00 | 890.00 | 90.00 |
| 2005 | 1360.00 | 1340.00 | 120.00 |
| 2006 | 620.00 | 565.00 | 42.00 |
| 2007 | 1130.00 | 1089.00 | 101.00 |
| 2008 | 1330.00 | 1305.00 | 124.00 |
| 2009 | 1602.00 | 1554.00 | 160.00 |
| 2010 | 2680.00 | 2551.00 | 267.00 |
| 合 计 | 11574.00 | 11160.00 | 1102.00 |

# 第三章　工艺美术品制造

## 第一节　行业规模

市工艺美术制造业20世纪90年代末已成为具有九江特色的产业。主要企业有:市工艺美术厂、市刊刻厂、江西鄱阳湖华艺珍珠有限公司、江西鄱湖珍珠有限公司、江西新生贝类有限公司、江西开创玻璃工艺有限公司等。主要产品有国画、瓷像、刊刻、牛角、玻璃、标牌、珍珠制品等。从业人员1280人。

1991年,全市工艺美术品制造业企业完成工业总产值(当年价格)1732万元,其中全民所有制独立核算工业企业完成工业总产值(当年价格)525万元,集体所有制独立核算工业企业完成工业总产值(当年价格)1207万元;销售收入1421万元,其中全民所有制独立核算工业企业销售收入523万元,集体所有制独立核算工业企业销售收入898万元;利税总额153万元,其中全民所有制独立核算工业企业利税总额55万元,集体所有制独立核算工业企业利税总额98万元;全市工艺美术品制造业企业36个,其中全民所有制工业企业2个,集体所有制工业企业34个,从业人员1280人。1992年,全市工艺美术品制造业企业完成工业总产值(当年价格)2349.1万元,其中全民所有制独立核算工业企业完成工业总产值(当年价格)474万元,集体所有制独立核算工业企业完成工业总产值(当年价格)1875.1万元;销售收入1997.6万元,其中全民所有制独立核算工业企业销售收入466元,集体所有制独立核算工业企业销售收入 1531.6 万元;利税总额 240 万元,其中全民所有制独立核算工业企业利税总额 71 万元,集体所有制独立核算工业企业利税总额 169 万元;全市工艺美术品制造业企业 29 个,其中全民所有制工业企业 2 个,集体所有制工业企业 27 个,从业人员 943 人。

2003 年,全市工艺美术品制造业企业完成工业总产值(当年价格)1080 万元,销售收入 949 万元,利税总额 68 万元,全市工艺美术品制造业企业 2 个,均系民营,从业人员 2405 人。2004 年,全市工艺美术品制造业企业完成工业总产值(当年价格)4494 万元,销售收入 3974 万元,利税总额 285 万元。全市工艺美术品制造业企业 3 个,从业人员 2303 人。2005 年,全市工艺美术品制造业企业完成工业总产值(当年价格)14639 万元,销售收入 13954 万元,利税总额 632 万元。制造业企业 5 个,从业人员 1472 人。2006 年,全市工艺美术品制造业企业完成工业总产值(当年价格)38902 万元,销售收入 37795 万元,从业人员 2470 人。2007 年,全市工艺美术品制造业企业完成工业总产值(当年价格)89280 万元,销售收入 88140 万元,利税总额 7185 万元。制造业企业 10 个,从业人员 2061 人。2008 年,全市工艺美术品制造业企业完成工业总产值(当年价格)82139 万元,销售收入 80065 万元,利税总额 7463 万元。制造业企业 10 个。2009 年,全市工艺美术品制造业企业完成工业总产值(当年价格)112386 万元,企业 14 个,从业人员 1849 人。2010 年,全市工艺美术品制造业企业完成工业总产值(当年价格)192894 万元,销售收入 198904 万元,利税总额 28277 万元。制造业企业 19 个,从业人员 2015 人。

**1991~2010 年全市工艺美术品制造业产销完成一览**

表 22-3-1　　　　单位:万元

| 年 份 | 工业总产值 | 销售收入 | 实现利税 |
|---|---|---|---|
| 1991 | 1732.00 | 1421.00 | 153.00 |
| 1992 | 2349.10 | 1997.60 | 71.00 |
| 2003 | 1080.00 | 949.00 | 68.00 |
| 2004 | 4494.00 | 3974.00 | 285.00 |
| 2005 | 14639.00 | 13954.00 | 632.00 |
| 2006 | 38902.00 | 2592.00 | 3795.00 |
| 2007 | 89280.00 | 88140.00 | 7185.00 |
| 2008 | 82139.00 | 80065.00 | 7463.00 |
| 2009 | 112386.00 | 113160.00 | 10143.00 |
| 2010 | 192894.00 | 198904.00 | 28277.00 |
| 合 计 | 539895.10 | 505156.60 | 58072.00 |

# 第二节 主要企业

## 一、市工艺美术厂

位于市区浔阳路334号,企业拥有一批国家级的高级、中级和初级工艺美术职称的专业绘画和装裱人才,产品远销美国、日本、芬兰、西班牙、马来西亚等国家和中国香港、台湾地区,是省唯一一家手工绘制中国画出口企业,为国家创汇100多万元美元,主要工艺有国画、瓷像、装裱等,从业人员78人。隶属市轻化集团公司。

1991年全厂职工人数78人。企业在产品装裱上进行革新,将传统的中国画采取装配画框的方式出口,在传统的卷轴装裱上取得新的突破,赢得市场,在5月广州春季进出口产品交易会上与西班牙、芬兰的客户签订30万元出口订单。1992年,市二轻局与开发商筹建市工艺美术大楼并于当年10月破土动工。1993年5月在广州春季进出口产品交易会上与韩商签定3万把中国古代仕女宫扇(扇面丝绢上绘有山水、人物、花鸟)以及100多幅传统的山水、花鸟中堂等产品,销售额40多万元。1994年秋季广州进出口产品交易会中,与日本东洋三宝株式会社通过中国海关以来料加工的方式签订长达10年的绘制佛画协议。1995年广州春交会,与日本东洋三宝株式会社就上届交易会意向性协议进入实质性的操作,产品深得日商信赖。同年7月企业搬进新竣工的工艺美术大楼。在同东洋三宝株式会社的合作中,画师们绘制的佛画逐渐达到艺术品标准,作品五百罗汉图、阿弥陀佛圣众来迎图、释迦金棺出现图,以及单幅的佛、菩萨、明王、罗汉等,被日本东大寺、西福寺、金刚峰寺购买收藏。销往国内产品也得到市场认可。2001年派专人到辽宁沈阳学习机器装裱技术,在同行业竞争中保持领先地位。

2009年,由于专业人才相继退休和市场因素的影响,企业全面停产。

**1991~2008年市工艺美术厂产销完成一览**

表22-3-2　　单位:万元

| 年 份 | 产 品 | 工业总产值 | 销售收入 | 利 税 |
|---|---|---|---|---|
| 1991 | 中国画、框画 | 35.10 | 33.00 | 4.29 |
| 1992 | 中国画 | 27.50 | 28.10 | 3.59 |
| 1993 | 中国画、宫扇 | 42.60 | 41.00 | 5.30 |
| 1994~2008 | 中国画、宗教佛画 | 310.20 | 301.50 | 18.09 |
| 合 计 | | 415.40 | 403.60 | 310.27 |

## 二、市刊刻厂

位于市区大中路398号,主要加工生产各种原子印章产品。从业人员70人,隶属市工艺美术工业公司。20世纪90年代,刊刻行业逐步由纯手工向半机械化和机械化发展。1991年,企业派人到北京、上海、南昌等地对引进原子印章生产线进行考察、论证。经市经委批复立项进行技术改造,引进原子印章生产线。1992年设备全面更新完毕,正式投产生产原子印章,基本达到半自动化生产。职工人数56人,固定资产净值13.00万元。工业总产值41.00万元。销售收入117.68万元,实现利税3.10万元。成为全市公章刊刻生产唯一厂家。1994年,企业深化内部改革,加强第三产业发展,开拓新市场。当年职工人数60人,固定资产净值16.20万元,工业总产值32.78万元,销售收入97.13万元,实现利税2万元。1996年,企业在"原子印章"的基础上进行新的技术改造,加强原子印章的防伪技术,起到杜绝伪造公章不法行为的效果,通过相关部门的论证验收后投入防伪原子印章生产。当年职工人数62人,固定资产净值18.30万元,工业总产值30.84万元,销售收入88.50万元,实现利税1.52万元。

1998 年,企业在“防伪原子印章”的基础上进行新型激光雕刻技术改造,引进神工 1200 型、神工 1200B 型和神工 1200C 型激光雕刻机,刊刻水平处于省内和长江中下游一带领先地位。

**1991~1997 年市刊刻厂产销完成一览**

表 22-3-3　　单位:万元

| 年 份 | 工业总产值 | 销售收入 | 实现税金 | 上交利润 |
|---|---|---|---|---|
| 1991 | 40.00 | 110.50 | 2.80 | 3.70 |
| 1992 | 41.00 | 117.68 | 3.10 | 4.10 |
| 1993 | 36.33 | 103.00 | 2.20 | 3.20 |
| 1994 | 32.78 | 97.13 | 2.00 | 1.13 |
| 1995 | 37.91 | 108.09 | 2.46 | 1.91 |
| 1996 | 30.84 | 88.50 | 1.52 | 1.07 |
| 1997 | 44.73 | 127.00 | 3.50 | 4.30 |
| 合 计 | 263.59 | 751.90 | 17.58 | 19.41 |

### 三、江西鄱阳湖华艺珍珠有限公司

位于都昌县芙蓉山工业园区新妙湖大道 7 号,1998 年始建, 注册资本 118 万元, 流动资本 300 万元,总投资 1200 万元,是省珍珠行业中的龙头企业,并是具有独立法人资格的市级民营科技企业,占地面积 6666.7 平方米,生产厂房 3500 平方米,有员工 100 人。主要生产加工珍珠贝壳、首饰等工艺品。1998 年企业开始大规模养殖及加工,1999 年产品在省乡镇企业名优特新产品展销会上获 “名优特新产品金奖”,2000 年获“中国九江首届农副产品精品展优秀产品奖”;2002 年获“中国九江第二届农副产品精品奖”;2006 年被授予市“全市当好主力军,建功‘十一五’,和谐奔小康”竞赛创新示范岗称号,2007 年市首届特色旅游商品研发设计大赛中获优秀商品奖。公司研发贝壳马赛克墙面装潢、高档家具装饰面板等产品,符合国际环保标准要求。2010 年,初步进入国内外市场,深受广大用户赞赏。

# 第四章　包装机械生产

## 第一节　行业规模

20 世纪初,市专用食品包装机械企业有江西轻工机械厂和都昌陶瓷机械厂。主要生产食品罐头机械和日化设备。到 21 世纪初,形成一批具有一定规模食品包装机械企业。主要有市益鑫机械有限公司、市永信制罐设备厂、九江高新包装机械有限公司、大唐实业制罐有限公司等,主营收入超亿元。

## 第二节　主要企业

### 一、江西轻工机械股份有限公司

位于市区十里铺刘家塘,前身是江西轻工机械厂,占地面积 119295 平方米,建筑面积 62969.8 平方米,主要产品有:马口铁制罐包装机械、饮料机械、日用化工机械、系列食品蒸煮杀菌的压力容器制造,系轻工业部定点生产食品罐头机械的专业骨干企业。拥有职工 1167 人,各类专业技术人员 256 人,曾实现工业总产值987万元,实现利润93.54万元,多次被评为省、市经济效益先进单位。1991年被轻工部授予“质量管理先进企业”称号。

1992年,提出“转换经营机制,开拓营销市场,推进科技进步,增强企业活力”方针,工业总产值1648万元,增长48.2%;产量1018台套,增长57.5%;销售收入1800万元,增长32.6%,实现利税220万元。国家级新产品激光焊接薄板对接输送装置获北京第二届国际发明博览会金奖,有5个QC成果获得省市一等奖。1993年,与轻工部杭州研究所合作开发出啤酒用皇冠盖生产线,填补国内空白。完成新产品无气罐装机(适用于酒类、果蔬饮料灌装)。1994年,企业在省、市政府支持下进行建立现代企业制度改革试点,推进股份制改造。同年6月18日成立江西轻工机械股份有限公司,6月26日挂牌营业。公司技术协会被中华全国总工会评为“职工技协先进集体”,“方圆”牌皇冠盖生产线通过部级鉴定,被省市经贸委推荐全省首批名牌产品。1996年,与清华大学合作开发“食品真空冷冻干燥生产线”,试制出的真空冷冻干燥食品“佛跳墙”汤料在北京展览会亮相,深受用户和食品专家好评。1997年,食品真空冷冻干燥生产线获得省技术一等奖。1998年,公司三大指标没有完成一级目标,拖欠工资、拖欠三金、拖欠水电费,退休职工不能按时领到养老金,银行停止贷款,被列为市政府推进改革的重点企业。

2002年企业全面停产。2005年,公司进行政策性破产改制申报。2008年,公司依法进行破产程序。2009年,公司全面完成政策性破产改制任务。2010年6月24日,公司破产程序依法终结。

**1991~2000年江西轻工机械股份有限公司产销完成一览**

表22-4-1　　单位:万元

| 年 份 | 工业总产值 | 销售收入 | 实现利税 |
|---|---|---|---|
| 1991 | 850.00 | 1350.00 | 260.00 |
| 1992 | 1648.00 | 1800.00 | 220.00 |
| 1993 | 2000.00 | 3000.00 | 400.00 |
| 1994 | 3007.00 | 2856.00 | 283.00 |
| 1995 | 3000.00 | 3500.00 | 300.00 |
| 1996 | 1029.00 | 2039.00 | 135.00 |
| 1997 | 1603.00 | 1536.00 | 110.00 |
| 1998 | 2400.00 | 2600.00 | 160.00 |
| 1999 | 3000.00 | 3000.00 | 200.00 |
| 2000 | 2000.00 | 2000.00 | 100.00 |
| 合 计 | 20537.00 | 23681.00 | 2168.00 |

## 二、市益鑫机械有限公司

位于市区濂溪大道中段58号,占地2000平方米,新型民营股份制企业,中国包装技术协会会员单位,2008年创立。建有生产车间,办公楼、综合楼、食堂等配套设施,建筑面积9500平方米,厂区按园林化布局,绿树成荫、绿草如茵。公司集科研、生产、经营为一体,拥有先进生产设备近50台套,主要有:18L方罐生产线、2–5L小方罐生产线、方便捅生产线、10–20L大园罐生产线、1–5L圆罐生产线,主要产品:GT1B5B圆刀剪板机、RA5A–500自动成圆机、后进料缝焊机、YX–18LC方罐罐身成形一体机、YX–18LF

方罐罐身翻边机、GT4A28Q 气动抱罐封罐机等 60 多个品种近千台,年产值 5000 万元。拥有高素质员工 120 余人,专业技术、设计、研发人员 10 人。公司坚持"以人为本,诚信服务,质量第一"的宗旨,为广大客户提供设计先进、性能精良、品种齐全、质量稳定、配套完善、价格适宜的制罐、香皂加工设备及模具配件产品,并根据客户提供的图纸,样品或构想,进行针对性的设计、加工、制造,为客户提供设备安装、调试维护、操作培训、配件供应等优质技术服务。公司生产经营的产品应用在国内 30 多个省市自治区的罐头、食品、医药、皂化、日化等企业,并远销马来西亚、泰国、新加坡、越南等国际市场,深受国内外客户的好评。先后获省政府"企业规模奖""外贸出口企业创汇奖"、省工业和信息委员会"讲诚信重质量企业"等殊荣。

# 第五章 印刷包装

## 第一节 行业规模

1991 年,市印刷包装企业有九江印刷总厂、修水县印刷厂、九江县印刷厂、瑞昌市印刷厂、都昌县印刷厂、彭泽县印刷厂、湖口县印刷厂、庐山风景名胜管理局印刷厂、市印刷包装厂、湖口县包装厂等 40 家,其中国有企业 13 家,集体企业 27 家,在职职工 2342 人。当年,全市印刷、包装业完成工业总产值(当年价格)2365 万元,其中全民所有制独立核算工业企业完成工业总产值(当年价格)1843 万元,集体所有制独立核算工业企业完成工业总产值(当年价格)522 万元。1995 年,全市印刷业企业 49 个,其中国有企业 19 个,民营企业 30 个;全市从业人员 2553 人,其中工程技术人员 92 人,管理人员 409 人。完成工业总产值(当年价格)3353.7 万元,其中国有企业完成工业总产值(当年价格)2805.7 万元,民营企业完成工业总产值(当年价格)548 万元。

2000 年,全市印刷业企业 31 个,其中国有企业 14 个;从业人员 1424 人,其中国有企业 1282 人。完成工业总产值(当年价格)5771 万元,其中国有企业 5419 万元。

2005 年,全市印刷业企业 7 个,其中国有企业 5 个;全市从业人员 760 人,其中国有企业 686 人。

2010 年,全市印刷业企业 6 个,其中民营企业 5 个;从业人员 719 人,其中国有企业 521 人,民营企业 198 人。完成工业总产值(当年价格)57860 万元,其中国有企业完成工业总产值(当年价格)5244 万元,民营企业完成工业总产值(当年价格)52616 万元。

1991~2010 年全市印刷包装业产销完成一览

表 22-5-1 单位:万元

| 年份 | 工业总产值 | 销售收入 | 完成利税额 |
|---|---|---|---|
| 1991 | 2365.00 | 2378.00 | 170.00 |
| 1992 | 2682.70 | 2671.20 | 190.00 |
| 1993 | 3568.00 | 3057.00 | 165.00 |
| 1994 | 4351.00 | 3356.00 | 247.00 |
| 1995 | 3353.00 | 3016.30 | 253.80 |
| 1996 | 4394.70 | 3094.80 | 285.60 |
| 1997 | 6632.60 | 5038.10 | 478.40 |
| 1998 | 5060.00 | 3313.00 | 185.00 |
| 1999 | 5647.00 | 3963.00 | 34.00 |
| 2000 | 5771.00 | 4297.00 | 329.00 |
| 2001 | 7247.00 | 5246.00 | 337.00 |
| 2002 | 6175.00 | 5652.00 | 657.00 |
| 2003 | 7065.00 | 5009.00 | 570.00 |
| 2004 | 6577.00 | 4550.00 | 301.00 |
| 2005 | 8661.00 | 6462.00 | 365.00 |
| 2006 | 8306.00 | 8159.00 | 571.00 |
| 2007 | 15325.00 | 16109.00 | 1059.00 |
| 2008 | 28004.00 | 21694.00 | 1751.00 |
| 2009 | 33415.00 | 36048.00 | 4857.00 |
| 2010 | 57860.00 | 61910.00 | 6980.00 |
| 合计 | 222460.00 | 205023.40 | 19785.80 |

## 第二节 主要企业

### 一、江西新华九江印刷有限公司

1991 年称九江印刷总厂,位于市区甘棠北路 70 号,1992 年与江西新华印刷三厂合并,成立江西新华九江印刷总厂,2009 年企业转体改制,成立江西新华九江印刷有限公司。从业人员 1000 余人,主要印刷加工各种高、中档包装装潢,书刊画册,会计账表,单据凭证,塑料封套等,拥有一批先进的双色平、凸印,双面轮转,海德堡凸印,激光照排等印刷设备。该公司系国家级书刊印刷定点企业和九江市指定印刷商业票据单位,是赣北地区最大的综合性国有全资印刷企业,隶属江西省出版集团公司。

1996~2010 年江西新华九江印刷有限公司产销完成一览

表 22-5-2　　单位:万元

| 年 份 | 销售收入 | 利 润 | 年 份 | 销售收入 | 利 润 |
|---|---|---|---|---|---|
| 1996 | 702.30 | 10.10 | 2004 | 171.70 | 3.50 |
| 1997 | 1000.00 | 109.80 | 2005 | 187.50 | 50.60 |
| 1998 | 2222.10 | 6.90 | 2006 | 210.20 | 55.80 |
| 1999 | 2664.90 | -76.80 | 2007 | 335.50 | 60.30 |
| 2000 | 2814.70 | -22.60 | 2008 | 403.80 | 65.10 |
| 2001 | 229.30 | -28.10 | 2009 | 486.30 | 131.10 |
| 2002 | 281.50 | -22.60 | 2010 | 500.30 | 3303.40 |
| 2003 | 186.10 | 2.10 | 合 计 | 12396.00 | 3648.60 |

### 二、江西鸿豪印刷有限公司

1999 年 11 月创办。位于九江县沙城工业园,距高速公路出口 80 米,与九江市综合工业园、出口加工区相毗邻,是经省新闻出版局批准的出版物、包装装潢、其他印刷品印刷企业,也是赣北规模最大、综合实力最强一类书报刊民营印刷企业。有员工 50 余人,公司占地 1.76 公顷,建有生产车间、办公楼、食堂、员工宿舍等,建筑总面积 3500 平方米,绿地面积 6600 多平方米。公司下设鸿豪印刷公司、鸿豪传媒公司、鸿豪数码快印分公司、鸿豪文印分公司。公司印刷设备有:五色彩印、多面多开等胶印机;三面刀、折页、胶装、骑马订联动机;电脑排版、激光照排、彩色打样、彩喷、写真等先进设备,年生产能力达 8000 万元。

# 第六章　饮料生产

## 第一节　行业规模

20 世纪 90 年代初期,市饮料业主要企业有:市封缸酒厂、市啤酒厂、赤湖啤酒厂、修水酒厂、共青酒厂、湖口啤酒厂、都昌酒厂、省宁红有限责任公司、修水神茶实业有限公司、九江汇源食品饮料有限公司、江西七娃食品有限公司等 95 家企业。其中全民所有制企业有 21 个,集体所有制企业 74 个,从业人员 2672 人,实现工业总产值(当年价格)10697 万元(国企:9631 万元,集体企业:1066 万元);销售收入:9099 万元(国企:8300 万元,集体企业:799 万元);利税总额:941 万元(国企:836 万元,集体企业 105 万元);全市饮料产品 49055 吨(啤酒 36681 吨、白酒 3892 吨、无酒精类饮料 5570 吨、精制茶 2622 吨)。随着改革开放深入和市场经济的繁荣发展,“民进国退”成为历史发展的潮流。21 世纪初,北京汇源饮料集团在九江办厂后,民营企业发展迅猛。全市饮料制造业 12 家,全系民营企业。2010 年,完成工业总产值(当年价格)122835 万元,销售收入 124197 万元,利税 14149 万元,饮料、酒产量 353149 吨(啤酒 44260 吨、白酒 2546 吨、无酒精饮料 299312 吨,精制茶 7031 吨)。

1991~2010 年全市饮料业产销完成一览

表 22-6-1 单位：万元

| 年 份 | 工业总厂值 | 销售收入 | 实现利税 |
|---|---|---|---|
| 1991 | 10697.00 | 9099.00 | 941.00 |
| 1992 | 15821.10 | 14585.30 | 1602.00 |
| 1993 | 24102.00 | 24209.00 | 3593.00 |
| 1994 | 32153.00 | 22800.00 | 3309.00 |
| 1995 | 29093.20 | 27488.30 | 3707.40 |
| 1996 | 34060.10 | 28718.00 | 4797.00 |
| 1997 | 37938.30 | 31414.90 | 4249.30 |
| 1998 | 23174.00 | 21783.00 | 2280.00 |
| 1999 | 26310.00 | 18018.00 | 361.00 |
| 2000 | 24178.00 | 14391.00 | 639.00 |
| 2001 | 19018.00 | 13627.00 | 1422.00 |
| 2002 | 13445.00 | 9395.00 | 1073.00 |
| 2003 | 26468.00 | 20752.00 | 2959.00 |
| 2004 | 25196.00 | 22343.00 | 2005.00 |
| 2005 | 26289.00 | 24033.00 | 1970.00 |
| 2006 | 26402.00 | 27781.00 | 3262.00 |
| 2007 | 45445.00 | 45821.00 | 5237.00 |
| 2008 | 61006.00 | 60832.00 | 3455.00 |
| 2009 | 82815.00 | 82425.00 | 8154.00 |
| 2010 | 122835.00 | 124197.00 | 14149.00 |
| 合 计 | 706445.70 | 643712.50 | 69164.70 |

## 第二节 主要企业

### 一、市啤酒厂

前身为九江油脂化学厂，地处市区滨江路 259 号，占地 16 公顷，系以啤酒生产为主体，与啤酒配套和相关产品为辅的国家大(二)型企业。在册职工 1329 人，其中各类专业技术人员 103 人，中高级职称人员 37 人，固定资产 14478 万元。主要品种有 8°、10°啤酒及庐山冰啤等 7 个系列产品，注册商标为“庐山”“三叠泉”。隶属市轻化集团公司。

20 世纪初，企业年产啤酒 5000 吨。1992 年 8 月，3 万吨/年啤酒扩建工程投入试生产，当年产啤酒 2986.28 吨，实现工业总产值 1050 万元，实现销售收入 1300 万元，实现利税 784 万元。1995 年企业升格为一级法人，与九江油脂化学厂实行二块牌子、一套人员管理体制。1998 年，引进 24000 瓶/小时灌装生产线 1 条，灌装产能可达 6 万吨/年至 8 万吨/年。当年啤酒产量达到 48000 吨，实现销售收入 6500 万元，上缴税收 858 万元。1999 年 9 月，对糖化技术进行改造，糖化产能达 8 万吨/年至 10 万吨/年。2000 年，“庐山”“三叠泉”牌啤酒产品获部、省、市优质品牌称号，“庐山”牌啤酒出口日本。2005 年，企业实现全面改制。

1991~2004 年市啤酒厂产销完成一览

表 22-6-2　　单位：万元

| 年 份 | 固定资产 | 销售收入 | 利税总额 | 上交税金 |
|---|---|---|---|---|
| 1991 | 2845.00 | 1447.00 | | |
| 1992 | 2761.00 | 1300.00 | 784.00 | |
| 1993 | 8982.00 | 3218.80 | 452.83 | |
| 1994 | 13661.00 | 3984.30 | 1250.00 | 162.90 |
| 1995 | 14478.00 | 4573.00 | 1510.00 | |
| 1996 | 9549.00 | 4677.80 | 1333.88 | |
| 1997 | 11407.00 | 6276.00 | 1500.00 | |
| 1998 | 12103.00 | 6500.00 | | 858.00 |
| 1999 | 12453.00 | 4196.00 | | 1358.00 |
| 2000 | 13056.00 | 5267.00 | 1518.00 | |
| 2001 | 13197.00 | 4163.00 | 1523.00 | 153.00 |
| 2002 | 13153.00 | 4369.00 | 1423.00 | 279.90 |
| 2003 | 12719.00 | 4857.40 | | 301.00 |
| 2004 | 10853.00 | 4353.20 | | 310.39 |
| 合 计 | 151217.00 | 59182.50 | 11294.71 | 3423.19 |

说明：数据来自于历年职代会工作报告、破产改制方案及历年财务年报

## 二、市封缸酒厂

位于市区塔岭北路 60 号，占地面积 3.62 公顷，建筑面积 27867 平方米，其中生产使用建筑面积 23785 平方米，隶属市轻化集团公司。20 世纪 90 年代初职工人数 398 人，固定资产净值 879.10 万元，主要生产设备 265 台(套)。主要产品有黄酒、白酒、饮料，年产量合计 4122.6 吨。1991 年投资 73 万元，建成省内首家以植物蛋白为原料的豆奶饮料生产线，4 月，在第二届北京国际博览会上，陈年封缸酒获金奖。1993 年，企业开发的白酒新产品“糯谷酒”销量达 201 吨，市场反响良好。1994 年，新增年产 6000 吨高档白酒生产线 1 套。新开发投产的高档白酒“陶里流霞”，黄酒“兰桥风月”等 5 个新产品取得较好经济效益。黄酒“兰桥风月”获中国酿酒工业协会黄酒行业优秀新产品奖。1997 年，企业饮料生产列入国家“九五”技改项目，拟投资扩建 1 条年产 1500 吨饮料灌装生产线。同年，黄酒“兰桥风月”获中国国际食品博览会国际名优奖，企业获“科技之星”称号。1998 年，职工人数 475 人，固定资产净值 2134 万元，各种白酒、黄酒、饮料产量 3069.7 吨。1999 年，企业因产品结构老化、无新产品投放市场，资金紧张，市场营销大幅下降。

2000 年，经市政府批准列为市三类特困企业。2003 年，企业全面停产。2005 年，启动申请国家政策性破产，2007 年 11 月 1 日列入国家政策性破产名单，2009 年 4 月向市中级人民法院申请启动破产程序，2009 年 10 月经法院裁定宣告破产，2010 年 6 月市中级人民法院裁定终结破产程序。

1991~2003 年市封缸酒厂产销完成一览

表 22-6-3　　单位：万元

| 年 份 | 工业总产值 | 销售收入 | 利 税 | 产品产量 |
|---|---|---|---|---|
| 1991 | 827.90 | 937.55 | 129.16 | 4122.16 |
| 1992 | 923.30 | 850.80 | 109.20 | 4852.40 |
| 1993 | 1201.00 | 1254.60 | 157.20 | 5514.10 |
| 1994 | 1876.00 | 1801.00 | 191.40 | 7827.70 |
| 1995 | 1789.40 | 1796.80 | 132.20 | 6896.10 |
| 1996 | 1180.40 | 1560.90 | 154.30 | 4154.30 |
| 1997 | 1003.10 | 1172.40 | 69.90 | 3766.58 |
| 1998 | 1001.00 | 826.10 | 114.40 | 3069.70 |
| 1999 | 427.00 | 580.80 | 162.70 | 1803.20 |
| 2000 | 130.00 | 130.90 | -130.70 | 577.70 |
| 2001 | 47.90 | 35.90 | -100.40 | 469.50 |
| 2002 | 66.50 | 60.60 | -72.90 | 322.50 |
| 合 计 | 10473.50 | 11008.35 | 916.46 | 43375.94 |

## 三、九江汇源食品饮料有限公司

外商独资企业，位于市国家出口加工区汇源路 01 号，系北京汇源饮料食品集团 10 家上市公司之一，占地 14.67 公顷，注册资本 2 亿元，总投资 4 亿元，职工 200 名。主要产品有 550 毫升纯净水、320 毫升易拉罐、1.5 升橙汁饮料、500 毫升果汁果乐、250 毫升花生牛奶。

2001 年 2 月 8 日，修水县政府招商引资引进北京汇源集团项目，经市政府批准同意北京汇源集团与修水宁红集团在浔合作办厂，同年，北京汇源集团在九江选址建厂，从意大利 SIG 公司引进 PET 无菌灌装生产线，2003 年正式投产，产能 3.6 万瓶/小时，年产果汁 20 万瓶。2005 年 3 月 29 日，省对外贸易局经济合作厅批准成为外商独资企业。2010 年，引进 1 条 PET 生产线。

2007~2010 年九江汇源食品饮料有限公司产销完成一览

表 22-6-4　　单位：万元

| 年 份 | 工业总产值 | 销售收入 | 实现产量 |
|---|---|---|---|
| 2007 | 5319.00 | 5166.00 | 1481.00 |
| 2008 | 4833.00 | 5143.00 | 20893.00 |
| 2009 | 4127.00 | 3871.00 | 16032.00 |
| 2010 | 7789.00 | 6677.00 | 21549.00 |
| 合 计 | 22068.00 | 20857.00 | 59955.00 |

## 四、修水神茶实业有限公司

1991 年创办省青健茶精制厂。运用传统中医理论和现代科学制备方法，以修水青钱柳嫩叶为主要原料，配入优质修水高山茶叶，辅以各种各类中药材，配制青健茶（神茶），其制备方法获得国家发明专利，专利号：891000232。厂址在修水县三都垦殖场。1992 年在上海市锦江饭店举行神茶推介新闻发布会。1993 年 3 月 18 日，兼并修水县农机二厂，成立省神茶集团公司（国有），厂址迁至修水县城东门路 50

号(原农机二厂厂址)。同年7月,神茶集团与美国商人合资,成立江西神茶实业公司。1998年,由于受亚洲金融危机影响,公司严重资不抵债,处于破产状态。

2004年依法申请破产,2005年公司资产公开拍卖,由北京东方科技发展有限公司以450万元买下,修水神茶集团更名为修水神茶实业有限公司,注册资金1000万元。2007年,公司成为市农业产业化经营市级龙头企业,同年10月,公司获得全国工业产品生产许可证(QS)证书。2008年,成为省农业产业化经营省级龙头企业,并获得省农业产业化经营品牌培植奖励资金10万元。

1993~2010年修水神茶实业有限公司产销完成一览

表22-6-5　　单位:万元

| 年 份 | 工业总厂值 | 完成产量 | 实现利税 |
|---|---|---|---|
| 1993 | 540.00 | 75.00 | 100.00 |
| 1994 | 640.00 | 90.00 | 100.00 |
| 1995 | 1450.00 | 208.00 | 100.00 |
| 1996 | 788.00 | 113.00 | 100.00 |
| 1997 | 3016.00 | 433.00 | 150.00 |
| 1998 | 2088.00 | 300.00 | 80.00 |
| 1999 | 255.60 | 22.30 | 10.00 |
| 2000 | 357.20 | 31.60 | 30.00 |
| 2001 | 344.20 | 47.85 | 30.00 |
| 2002 | 567.00 | 90.00 | 50.00 |
| 2003 | 832.70 | 168.00 | 85.40 |
| 2004 | 1180.00 | 200.00 | 84.70 |
| 2005 | 829.00 | 85.00 | 110.00 |
| 2006 | 391.00 | 121.00 | 39.00 |
| 2007 | 332.00 | 31.00 | 40.00 |
| 2008 | 179.00 | 27.00 | 18.00 |
| 2009 | 300.00 | 30.00 | 30.00 |
| 2010 | 350.00 | 350.00 | 35.00 |
| 合 计 | 14439.70 | 2422.75 | 1192.10 |

## 五、宁红有限责任公司

前身是修水县茶厂,隶属中国茶叶公司、省外贸,系属中国八大出口红茶基地之一,从事红茶、绿茶、乌龙茶、砖茶的生产和销售。1991年,修水茶厂和上海中医营养食疗研究会联合开发宁红保健茶Ⅰ号(减肥)等系列产品,1992年宁红保健茶Ⅰ号(减肥)投放北京、上海等市场,在上海淮海中路劲松大药房顾客排队竞相购买,在北京、上海等地方出现批发商、零售商为抢到货源在宁红减肥茶货车未进城之前已早早等候在路上卸货的现象,当年销售达2000万元。此时,宁红减肥茶茶包(称为老鼠包)属手工制作。同年该厂和日本隆华株式会社签订合资协议,分别持股25%和75%,组建中日合资企业江西宁红保健茶有限公司(以下简称合资公司),引进日产茶叶自动包装机2台。1993年3月1日,合资公司挂牌成立,为全市最早的中外合资公司。公司出口宁红减肥茶到印尼、墨西哥等国家和中国香港地区。同年公司红茶车间失火,整栋厂房倒塌,从此转向以生产保健茶为主。1994年9月,合资公司更名为省宁红集团公司。

1998年,开发新产品“康视明口服液”和“瘦身合片”,因产品质量问题,销售急剧下降,2000年生产经营陷入瘫痪,濒临破产,进行股份制改造,建立股份制公司省宁红有限责任公司,2001年3月,责任公司挂牌成立。2010年,责任公司投资1000万元建设漫江茶叶生态园,利用5~10年时间以生态园基地+红茶馆连锁式模式做大做强宁红茶产业。

1992~2010年宁红集团有限责任公司产销完成一览

表22-6-6 单位:万元

| 年份 | 产品名称 | 销售额 |
|---|---|---|
| 1992 | 宁红保健茶I(减肥) | 2000.00 |
| 1993 | 宁红保健茶I(减肥) | 5000.00 |
| 1994 | 宁红保健茶I(减肥) | 4000.00 |
| 1995 | 宁红新效减肥茶 | 7000.00 |
| 1996 | 宁红新效减肥茶 | 9000.00 |
| 1997 | 宁红新效减肥茶 | 11000.00 |
| 1998 | 宁红新效减肥茶、瘦身含片 | 4000.00 |
| 1999 | 宁红新效减肥茶、瘦身含片 | 4000.00 |
| 2000 | 宁红新效减肥茶 | 1000.00 |
| 2001 | 宁红新效减肥茶 | 700.00 |
| 2002 | 宁红新效减肥茶 | 800.00 |
| 2003 | 宁红新效减肥茶 | 900.00 |
| 2004 | 宁红新效减肥茶 | 1000.00 |
| 2005 | 宁红一杯清、减肥茶 | 1200.00 |
| 2006 | 宁红一杯清、减肥茶 | 1200.00 |
| 2007 | 宁红一杯清、减肥茶 | 800.00 |
| 2008 | 宁红一杯清、减肥茶 | 900.00 |
| 2009 | 宁红一杯清、减肥胶囊 | 1000.00 |
| 2010 | 宁红新效减肥茶、减肥胶囊 | 1000.00 |

# 第七章 食品生产

## 第一节 行业规模

20世纪90年代初,市国有食品加工企业起主导作用。1995年左右,国有食品加工企业经营机制不活,管理落后,资金短缺,设备陈旧,产品单一,人才匮乏等现象普遍存在,企业发展受阻,生产和经营日渐萎缩,不少企业被迫停产,不得不实行改制。市浔阳醋厂1995年停产歇业,之后一直靠资产租赁经营;市酱菜制品厂曾生产过榨菜、冰姜、酱姜、五香萝卜、糖醋荭头、兰花萝卜、红豆腐乳、芝麻酱、豆瓣酱、麻辣酱、豆豉等20余种酱菜和调味品,对丰富居民“菜篮子”起到重要作用,产品深受市民好评。尤其是所产“特制酱油”“虾子酱油”曾在全省酱油质量评比中夺冠,1996年亦停产,1999年2月被九江东方能源贸易公司兼并;市食品厂所产桂花酥糖、桂花茶饼多次被评为省优、部优产品,远销香港、北京、上海、湖北、安徽、河南等地,其中桂花酥糖被列为全省四传统名糕点之一,也多次陷入停产状态,2001 年 1 月被市委、市政府列为重点特困企业试点改制单位,2003 年 6 月底完成改制,企业注销。

1995 年后,全市从事食品加工民营企业、股份制企业日益发展壮大。

## 第二节　主要企业

### 一、市肉类联合加工厂

简称市肉联厂,位于市区小校场 1 号,占地面积 1.63 公顷。至 2009 年,资产总额评估价值1844.87 万元,企业职工 457 人。主要生产和经营项目:生猪屠宰、速冻食品、冷饮产品等,是国家商检局注册猪肉食品出口生产厂家。1992 年,市肉联厂向商业部、省商业厅、市政府融资 400 万元,在厂内兴建 1 座 3600 平方米 4 层现代化食品加工大楼。内设出口分割肉生产线和西式烟熏食品生产线各 1 条,另设有生产所需结冻间、冷却间,配建 1 座 500 吨果蔬储存高温库,冷库总吨位达 2000 吨,产品品质和冷库容量得到提升。此后,该厂以冷库为依托,投入技改资金建造低温库,进而组建冷冻食品交易批发市场,使之成为赣、鄂、皖 3 省毗邻地区最大冷冻食品交易批发市场和物流中心,年交易额突破亿元,企业每年从中获 100 多万元营业收入。1993 年,市肉联厂所产冷饮产品和肉食制品向国家商标局成功注册“浔阳楼”牌商标。1999 年,市肉联厂被省商业厅授予市城区生猪定点屠宰厂。

2004 年,由于该厂地处市中心,生猪屠宰所产生废水废气和噪音影响到市民正常生活,将屠宰任务转移至庐山区恒生集团肉联厂,与市肉联厂联合经营。2007 年,市肉联厂各项主营业务逐渐衰退,加上人员和债务包袱,企业被迫停产。2007 年 11 月 1 日,经全国企业兼并破产和职工再就业工作领导小组批准,市肉联厂破产。破产工作于 2008 年启动,2009 年 12 月底全面完成。

### 二、市豆类厂

又称市合作豆类厂,位于市区小校场 82 号。1991 年,有下属分厂 6 个,固定销售网点 62 个,流动板车点18 个,生产及从业人员 420 人。产品以白豆腐、酱干为主,另有传统产品千张皮、豆元、豆条、素饼、素花卷、臭干、兰花干等。供应范围为市城区和郊区内机关、厂矿、学校、宾馆、饭店、农贸市场、人口密集社区。20 世纪 90 年代后,相继开发鲜浓豆浆、腐竹、豆乳、素鸡、素火腿、素爆鱼、素果、罗丝干、油炸豆腐、油炸臭干以及真空包装多味茶干等 10 多个新产品。1998 年洪水、2008 年冰雪等灾害性气候发生期间,在市区蔬菜供应受到影响的情况下,该厂以系列豆制品替代部分蔬菜,缓解市场紧张局面,为确保市场稳定,防止价格波动起到积极作用。

### 三、市清真牛羊禽蛋加工厂

原称市牛羊加工厂,位于市区老马渡,系为回民服务厂家。1992 年投资 40 万元改造饲养加工设备。2000 年,投资 50 万元改造生产车间,生产经营一直稳步上升,经济效益扭亏为盈。

2005 年更名为市清真牛羊禽蛋加工厂。2006 年 11 月,该厂在九江经济开发区九瑞大道南侧开工建新厂,总投资 476 万元,设计年生产量 18000 头。2008 年 4 月 9 日,该厂迁往新厂生产。2001~2010 年间,年平均屠宰量 6000 头。2007 年,该厂产品被国家民族委员会编入国家“十一五”期间民族贸易和民族特需商品汇编集(江西仅 8 家)。2010 年年底,企业固定资产达 1200 万元,职工总人数 51 人,其中少数民族职工 40 人。同年 10 月,该厂与全市国有商业企业同步完成改制。考虑其民族商品特性,主管部门依据《全民所有制工业企业承包经营责任制暂行条例》,同意该企业改制后实行承包经营。

### 四、九江博莱肉类食品有限公司

公司是九江博莱集团旗下集生猪屠宰、肉类终端产品研发、生猪下游产品开发为一体产业化企业。2008年4月,在九江县马回岭镇征地46.67公顷,5月奠基动工,总投资4000万元。设计年屠宰量100万头,深加工能力1.75万吨。

2009年5月,“博莱放心肉”投放市场。除鲜肉外,深加工产品有火腿、腊肉、香肠、肉松、血豆腐等。肉品销售以专卖店、商场超市为经营主体,销售范围以九江市到省会及周边地区。深加工产品销往全省及湖北、江苏、上海等省市。至2010年12月,共屠宰生猪14万头。

### 五、市清真梁义隆食品有限公司

前身为市清真梁义隆饼店,由回民梁义德创办于1937年。1958年停产,1997年1月恢复生产。

2008年10月9日,市梁义隆饼店更名为市梁义隆食品有限公司,拥有生产厂房4000平方米,员工89人。该公司所产“梁义隆”茶饼,1999年被中国保护基金会推荐为“诚信产品”;2002年被中国焙烤协会授予“全国优秀饼店”;同年又被中国保护消费者基金会推荐为“诚信产品”。2003年,“梁义隆”商标被省工商局授予省“著名商标”及“AAA”企业。2006年11月7日,“梁义隆”被商务部认定为“中华老字号”企业(同期省只有2家企业)。2009年2月,“梁义隆”被中国商业联合会“中华老字号”工作委员会评定“中国改革开放30年中华老字号传承创新优秀企业”。2010年4月,省商务厅烹饪餐饮饭店行业协会评选“梁义隆桂花茶饼”为“江西名小吃”,6月,省政府公布“清真梁义隆桂花茶饼制作技艺”为省级非物质文化遗产。2010年,公司年总产量近800万吨,品种100余个。年产值保持在2200万元,年利润280万元,上缴税收73万元。

### 六、市金樱食品发展有限公司

为专业从事九江茶饼等传统名优特产传承、研发、生产和推广企业。成立于2004年3月,位于庐山区生态工业园,总投资3000万元,建成占地面积近万平方米现代化生产基地。设计年生产能力2000吨,属市内同行业规模最大、发展速度最快企业之一。公司在全市首家参照国际食品GMP工厂标准设置,实现标准化工业生产。2010年,公司有员工200名,其中大专以上学历占30%。引进同行业高级管理、高级技师,成立品管、企划等特别部门,与南昌大学、江西农大、九江学院等高等院校合作,建立相应人才储备机制,为产品高科技投入注入强大技术支持。所研发“浔阳楼”品牌之茶饼、酥糖、糍粑、片片糕、中秋月饼、西点6大系列产品成功进驻北京华联、沃尔玛、大润发、家乐福、上海农工商、新一佳等大型商场超市,并与各大零售企业建立战略合作关系。产品畅销北京、天津、上海、济南、哈尔滨、青岛、杭州、合肥等各大城市。年销售额逐年增长30%。

# 第八章　化工产品生产

## 第一节　行业规模

20世纪90年代初期,市化学工业企业主要有九江化工厂、九江氮肥厂、九江磷肥厂、庐山乳胶厂等,其中全民所有制企业14个,集体所有制企业22个,从业人员13745人,实现工业总产值(当年价格)22245万元(国企20828万元,集体企业1417万元);销售收入20778万元(国企19605万元,集体企业1173万元);利税总额:2266万元(国企2135万元,集体企业131万元)。全市主要化工产品产量:烧碱26442吨,电石16504吨,氮肥2696吨,磷肥10296吨。

2010年,全市规模以上化工企业有76个,从业人员14631人,实现工业总产值1058576万元,销售收入1026246万元,利税总额113569万元。全市主要化工产品产量:烧碱88474吨,氮肥110320吨,盐酸16.47万吨,合成氨12.97万吨,纯苯9207吨。

## 第二节 主要企业

### 一、九江氮肥厂

1991年,有职工558人。厂区面积15公顷,建筑面积18637平方米,其中生活建筑面积10332平方米。固定资产1662.78万元。主要产品为化肥碳氨。具备年产碳氨1.5万吨能力。

因经营严重亏损,1996年11月8日,经市中级人民法院裁定破产。重组后企业更名为九江化工原料厂。2009年12月31日完成企业改制,分流安置职工608人,其中身份置换202人,退养147人,已退休职工259人,改制职工中离休干部5人。公有经营性房屋、运输工具等资产合计952.274万元及工业划拨用地移交给市国资公司。

### 二、九江磷肥厂

位于市区滨江东路。1991年,有职工934人,其中工程技术人员141人。厂区面积24.58公顷。主要产品有年产12万吨钙镁磷肥生产线1条、年产1.5万吨聚丙烯粉料生产线1条、年产塑料编织袋100万条生产装置1套、年产3万吨复混肥生产装置1套。固定资产3687万元。1992年,企业由"九江磷肥厂"更名为"江西赣北化工厂",并获国家中(二)型企业称号。投入800万元资金对复混肥产品生产线进行改造,生产能力达年产11万吨。1993年,被化工部评为"清洁文明工厂",并获全国"五一劳动奖状"。1994年,投资1208万元,从德国德罗斯巴赫公司引进双壁波纹管生产线,年生产能力为3500吨。1995年,投资79万元建成1条20万标方/年普氢生产线。1996年,投资23万元把聚丙烯造粒装置改造成电缆料生产线。同年,企业由国家中(二)型一跃成为国家大(二)型企业。1997年,投资220万元,自行设计,自行施工,对聚丙烯装置进行扩产3000吨改造,一次并网成功,形成年生产1.8万吨能力。1998年,投资近100万元,采用高效催化剂的新工艺进行聚丙烯生产。至1999年,企业在册正式员工1199人,固定资产17492万元,以聚丙烯产品为龙头,拥有双壁波纹管、复混肥、钙镁磷肥、编织袋、电缆料、普氢等7产品。

2000年,由于资金原料缺口矛盾突出,企业处于半停产状况,亏损严重。2001年全面停产,列入市三类特困企业。2005年,经省石化集团公司同意,开始启动申请国家政策性破产。2007年,经国务院、全国企业兼并破产和再就业工作领导小组批准,列入国家政策性破产名单,按市委、市政府统一部署,向市中级人民法院申请启动破产程序,2008年12月17日,法院裁定宣告破产,2010年3月24日,市中级人民法院裁定终结破产程序。

1991~2001江西赣北化工厂产销完成一览

表22-8-1　　单位:万元

| 年 份 | 工业总产值 | 销售收入 | 利 税 |
|---|---|---|---|
| 1991 | 6984.76 | 8128.34 | 774.86 |
| 1992 | 7277.15 | 8546.23 | 801.52 |
| 1993 | 7168.74 | 8358.59 | 781.96 |
| 1994 | 7492.35 | 8966.53 | 826.31 |
| 1995 | 10383.50 | 14535.31 | 1449.02 |

续表 22-8-1

| 年 份 | 工业总产值 | 销售收入 | 利 税 |
|---|---|---|---|
| 1996 | 11217.88 | 14577.36 | 815.51 |
| 1997 | 11124.00 | 13984.24 | 512.31 |
| 1998 | 10801.30 | 1102.54 | 438.34 |
| 1999 | 10902.70 | 1132.64 | 487.27 |
| 2000 | 10607.30 | 1251.99 | 303.16 |
| 2001 | 8795.75 | 10382.00 | 187.36 |

## 三、九江化工厂

位于市区长虹北路 11 号,西有一条 230 米长的自建铁路专用线,与京九和沙大铁路线相接,北靠长江,有 1 个 1500 吨级泊位自备码头。厂区占地面积 62.26 公顷,1991 年,职工 4100 余人,拥有固定资产 1.25 亿元。主要产品有烧碱、聚氯乙烯、电石、液氯、盐酸、漂白粉、氧气、氮气、氢气、高纯氢等 10 多种。1991 年经国家经委批准为大(二)型企业,成为全国氯碱行业 22 家重点企业之一,是省内最大氯碱化工厂。

至 1992 年 7 月累计潜亏 7000 余万元,亏损额名列江西省榜首。同年 9 月,省石油化学工业厅根据省政府决定,对九江化工厂生产建设实行总承包。1993 年,实现当年承包当年扭亏为盈,各方面工作都有新的突破。当年,被省经委授予"扭亏先进单位"和"节能先进单位",省石化厅授予"经济效益先进单位",市委、市政府授予"利税超千万以上企业""重合同,守信用企业"和"扭亏增盈贡献奖"。1994 年,烧碱产量突破 3 万吨,超过设计能力,结束 15 年徘徊不前局面。聚氯乙烯、电石产量创历史最高水平,产品质量持续稳定,销售产值 1.8 亿元,销售收入(不含销项税)1.52 亿元,产销率和资金回收率双双达到 100%。同年,省经委、省总工会授予"节能降耗百厂竞赛优胜企业",省质量管理协会授予"江西省 QC 小组活动优秀企业",化工部授予"档案管理先进单位",市委、市政府授予"突出贡献奖"和"清资挖潜盘活存量优胜单位",职工教育、重点工业污染源监测、环境监理、共青团工作等也获省、市主管部门授予各种先进称号。20 世纪 90 年代后期,因企业全额举债,投入 8 亿多元基建项目,形成巨额债务,资产成本每年高达亿元,导致企业陷入困境,累计明潜亏 14.55 亿元,无法维持正常生产经营;其次,因市城市发展,九化已由建厂初期的城郊地带变为市中心地带,化工生产易爆的高危性对整个市区形成严重安全隐患,市政府多次向上级反映要求九化搬迁,退城进郊,但因九化资产、人员较多,唯有破产才能实现搬迁。

2006 年 8 月,经国务院全国企业兼并破产和再就业工作领导小组批准,九化列入国家政策性破产名单,2007 年 5 月,省政府批复同意九化进入破产程序,2007 年按照市委、市政府统一部署,向市中级人民法院申请启动破产程序,同年 11 月法院裁定宣告破产。按照国家政策性破产职工安置办法及相关政策,于 2009 年 9 月全面展开职工身份置换及职工安置经济补偿,办理距法定正常退休年龄不足 5 年职工提前退休 309 人,办理连续工龄男满 30 年、女满 25 年职工离岗退养 591 人,办理身份置换职工 1546 人,其中大多数安置在九江新康达化工有限公司,少数自谋职业,整个企业改制工作于当年 12 月底基本结束。2010 年 6 月市中级人民法院裁定终结破产程序。

## 四、庐山乳胶厂

位于庐山区妙智铺。1991 年有职工 269 人,固定资产原值 330 万元、净值 270 万元。具备年产输血管 30 万米、手套 20 万双能力。

1996 年底破产后更名为市天然香料厂,生产香芹酮精油等产品,因资金不足无法运作,1997 年停产,2009 年改制。该厂参加改制人员共 227 人,其中退休 95 人,退养 67 人(含丧失劳动能力 3 人),置换身份65人,所欠社保养老金、医疗金、水费、电费由改制时纳入改制资金,由市政府承担,其余少量欠款由主管局协调解决。

# 第九章 服装制造

## 第一节 行业规模

20世纪90年代初期,市服装业主要有市华浔服装有限公司、市服装三厂、市绣品制衣厂等53家企业,其中全民所有制企业9个,集体所有制企业44个,从业人员32163人,实现工业总产值(当年价格)40096万元(国企32624万元、集体企业7472万元),销售收入24811万元(国企20727万元、集体企业4084万元),利税总额2560万元(国企2455万元,集体企业105万元),全市服装产品产量493万件。

随着改革开放深入和市场经济的繁荣发展,2010年完成工业总产值(当年价格)1199886万元,销售收入1168231万元,利税总额88621万元,服装产量21514万件(梭织服装11009万件,针织服装6387万件)。

## 第二节 主要企业

### 一、市服装三厂

位于市区大中路西门口。1991年有职工132人,主要生产毛呢服装及来料加工业务。1997年11月,因资金短缺、设备陈旧和老化、产品积压无销路而关停并转。即设备低价处理,还清债务,职工下岗,由生产企业转变为商业经营,同年更名市二轻商业有限公司。

### 二、市绣品制衣厂

1991年,有职工303人。厂区面积0.27公顷,建筑面积7216平方米。具有年加工绣花产品30万件能力。1996年全面停产,至2010年,停产阶段企业资产包括厂房设备500余万元、欠银行债务700余万元(利息未计)未作处置。职工全部下岗无生活费,但均已参加困难企业医疗、养老保险。

### 三、九江华浔服装有限公司

1991年,有职工911人。公司占地面积1.52公顷,建筑面积14053平方米。生产设备900台。具备年产出口中高档服装150万件能力。1996年全面停产,至2010年企业资产包括厂房设备1000余万元、欠银行债务980万元(未计利息)未作处置。职工全部下岗无生活费,但均已参加困难企业医疗、养老保险。

# 第二十三篇

# 纺织羽绒业

# 第二十三篇 纺织羽绒业

九江是江西纺织产业基地，也是纺织品出口基地，纺织业一直是传统支柱产业。1995年，根据全国全省纺织工作会议精神，对资不抵债、接近破产、产品滞销、经营亏损企业实行兼并。其中九江第三棉纺织印染厂兼并棉织厂，九江针织内衣总厂兼并内衣厂，九江针织内衣三厂兼并九江第二毛纺织厂。九江第一棉纺织厂、九江第三棉纺织印染厂、九江第二棉纺织厂、九江针织内衣总厂改为独资公司。1996年，列入全国优化资本结构试点城市，市政府对资不抵债的九江市棉织厂、九江第四棉织印染厂、九江针织公司实行政策性破产。依法关闭曙光针织厂，利用原有土地进行置换，全部用于安置在职和退休人员。市纺织经销公司负债900万元，通过削价变卖库存商品，安置员工、离退休人员、下岗工人共231人。至20世纪90年代末，全市系统内纺织企业完成工业总产值按1990年不变价格计算，为72560万元，同比增长2.59%，按现价计算为72712万元，同比下降4.35%。工业产品产销率100.72%。预算内国有工业企业亏损2057万元，按可比口径减亏38.85%，产成品资金占用同比下降22.42%。

2000年7月，由青岛新海扬公司对九江第一棉纺织厂、九江第二棉纺织厂破产后实行资产收购，妥善安置分流2家破产企业员工，承接被破产企业遗留全部债务。2004年，全市纺织企业达19家，其中棉纺企业7家，印染企业4家，丝绸企业6家，化学纤维2家。当年，全市棉纺锭85万锭，剑杆织机114台，坯布生产能力9000万米，针织内衣430万件，缫丝18700绪，年缫丝能力400吨；羽绒企业近百家。市直纺织羽绒企业大力发展自营出口和对外贸易加工业务，全年出口交货值达33027万元，创汇464.41万美元。2010年，纺织行业执行市政府“两区互动、强工兴城”，大力招商引资，实施退城进园，承接沿海产业转移。促进产业结构调整、产业升级，纺织产业得到快速发展。随着国有企业改制，联合重组及众多纺织服装项目落户九江，全市纺织产业集群效应逐步凸现，形成三大产业基地。即以彭泽和德安为主的棉纺织产业基地，以庐山区东港及湖口金沙湾为主的印染、化纤基地和以共青城为主的羽绒基地。市纺织行业经各企业转轨改制，建立社会主义商品经济新格局，参与WTO与世界经济接轨，走出困境。

# 第一章 棉纺织业

## 第一节 行业规模

1991 年,全市棉纺织企业 24 个,其中大型企业 1 个,中型企业 2 个,获省先进企业称号 2 个,纺织品重点出口企业 3 个。全行业占地面积 109.86 公顷,建设面积 37.12 万平方米。员工 20926 人,其中高级专业职称 15 人。固定资产原值 12977.3 万元。全市纱锭 212192 枚,其中系统内 188024 枚;气流纺机 4400 头;布机 3578 台,其中宽幅布机 1387 台。因原材料不断涨价,部分纺织品生产出现困难。当年为国务院所定“质量、品种、效益年”,全市棉纺行业深入开展质量教育工作,建立现代工序管理制度,实行系统群控、关键点控,贯彻省纺织质量评分细则,狠抓质量攻关和产品创优工作,开发新产品。全年年产棉纱 25671.79 吨,占全省总产量 31.95%;棉布 6203.58 万米,占全省 20.5%;出口棉纱 2156 吨,棉布 350 万米,出口产值 12556 万元。1992 年,纺织系统开展扭亏增盈活动,不仅扭转连续三年经济下滑局面,而且比 1991 年有所增长。通过目标管理和劳动竞赛评出九江第一棉纺织厂、九江第二棉纺织厂、德安棉纺厂为优胜单位。当年,九江举办国际龙舟赛和经贸洽谈会,市纺织经销公司利用商品展示馆展示所有地方名优产品,共设 29 个业务洽谈处,展出棉纺、棉织、毛纺织、化纤 4 大系列,共 1100 多个品种,实现成交额 1.27 亿元,超过预定计划 2.32 倍,并签署一批订货合同或订单。1993 年,棉纱增加高支密纱和精梳纱的比重,棉布向高支细密方向发展,增加产业用布的开发。在结构调整方面,发展服装行业,一业为主、多种经营,大力开发流通、信息、咨询、饮食、房地产等第三产业,突破纺织行业范围兴办非纺织实业。1994 年,根据全国纺织工作会议精神,九江纺织集团以建立现代企业制度为目标,深化完善企业各项改革,将九江第一棉纺织厂改制为“国有独资公司”,并借租外地 3 个小棉纺厂。九江第二棉纺织厂推行全员劳动合同制和岗位技能工资制。

1995 年,贯彻中共十四届五中全会精神,抓住机遇,内抓管理,外争宽松,打好“调整、改革、改造”三位一体攻坚战。实现利润 4600 万元。质量稳定提高率达 83%,物质消耗降低 80%。技术改造投资达 5000 万元,将压锭与改造相结合。当年,九江第二棉纺织厂压锭 1.5 万锭,从日本引进 60 台喷气织机,从意大利进口 2 台自动络筒机;九棉一厂引进沿海 1.5 万锭并安装投产。同年九江第二棉纺织厂改制为“独资有限公司”。1996 年,新棉提价 40%,生产成本猛增,产销率仅 79.72%,部分企业面临停产。针对这种局面,开展“一开拓、二帮扶、三破产、四剥离、五招商、六管理”活动,即开拓市场、促销压库;一棉帮曙光、二棉帮羊毛衫厂;对资不抵债的棉织厂、九江第四棉织印染厂、九江针织公司实行破产;将九江第三棉纺织印染厂子弟小学剥离;招商引资;抓成本管理,使成本下降 25%,资金周转天数缩短到 105 天。1997 年,九江一棉公司与九纺公司组建“九江纺织印染集团”。同年,国务院发布《关于城市试行国有企业破产和职工再就业通知》,市列为全国 111 个城市国有企业破产的行列。1998 年,全市遭遇特大洪灾,九江第一棉纺织厂受灾严重,车间浸水 60 厘米,全厂停产 3 个月。此间,经常停电,加之各厂均有防洪值班任务,纺织企业多数停工停产。1999 年,全纺织行业开展“大力拓展市场、提高营销水平、努力深化改革、激活企业机制、排难推进技术进步”活动,提高装备水平,强化企业管理。使产销率达 101.24%,制成品比重同比增长 38.4%,系统内纺织企业共完成出口交货值 19240 万元,同比增长 48.35%。新增电子清纱器 22 台,使电子清纱器台数达 66 台,装备率达 61.6%。同时,以提高产品附加值为目标,开发新产品,其中 4 项新产品通过省级鉴定。九江一棉开发新产品 23 个,占总值 14.5%,创利 160 余万元。

2000 年 7 月 10 日,江西(上海)招商引资项目洽谈会签署《产权转让合同》,由青岛新海扬公司对九江一棉公司、九纺公司破产后实行资产收购,妥善安置分流 2 家破产企业职工,承接被破产企业遗留全部债务。2001 年 7 月 29 日,青岛新海扬公司(民营企业)注册成立九江海扬纺织有限公司,介入托管生产经营。从此,市主要棉纺企业九江第一棉纺织厂、九江第二棉纺织厂退入民营企业,实行资产重组。由于强化营销、生产经营全面增长,全市系统内纺织企业(含县属重点企业)完成工业总产值 8.85 亿元,比上年增长 1.6%。工业增加值 7807 万元,比目标增长 27.98%,比上年增长 27.34%;现价值 33423 万元,比目标增长 3.97%,比上年增长 12.13%;产销率 100.73%,比目标提高 3.73 个百分点;实现利润 9.4 万元,比上年减亏 51%;实现利税 953 万元。2002 年,为中国加入 WTO 第一年,市纺织行业乘势崛起,加快设备更新改造步伐,含棉纺前纺设备、无梭织机电控箱、电子清纱器、空捻和自动络筒等改造。推进产品开发创新,以高档面料为主题,以升级换代打造企业品牌为目标,重点抓无结头疵纱、精梳纱、无梭布、纯棉高支密烫布、混纺交织高面料开发,全年实现工业总产值 8400 万元,利润持平,利税合计 800 万元。同年,九江第一棉纺织厂子弟学校剥离,交属地浔阳区文教局管辖;九江第二棉纺织厂子弟学校剥离,交属地庐山区文教局管辖。2003 年,全市纺织企业 134 家,拥有棉纺锭 80 万锭,织机 2100 多台,纱线加工能力 6900 万米,江西海扬纺织集团开发新产品 77 个,其中 16 个投入规模生产,新产品销售额达 1350 万元,占全年销售收入 5.15%,全年税收 20.37%。2004 年,全市棉纺锭 85 万锭,剑杆织机 111 台,坯布生产能力 9000 万米。大力发展自营出口和对外贸易加工业务,全年出口交货值达 33027 万元,创汇 464.41 万美元。其中,江西海扬纺织集团全年上缴税收 977.4 万元,占市直企业 69.08%。2005 年市直纺织企业销售收入达 62480.3 万元,比上年同期增长 58%,实现税金 2008 万元,同期增长 16.6%。2006 年,高水平承接沿海发达地区纺织服装产业转移,立足抓大项目,促进纺织工业园建设;抓产业集群,促大纺织链的形成,服务上水平。当年台湾远东纺织、福建凤竹纺织、深圳华孚色纱进入纺织工业园。全年工业总产值 75 亿元,棉纺 85000 万元;工业增加值 18.5 亿元,棉纺 22800 万元;销售收入 73 亿元,棉纺 84000 万元;实现税收 3 亿元,棉纺 3500 万元。2007 年为项目建设年,江西凤竹棉纺织有限公司落户市工业园,佳号(江西)轻纺有限公司落户庐山区十里工业园。当年全市纺织企业 400 家,从业人员 9 万余人,其中棉纺拥有 150 万锭、织机 6000 台、坯布 1.8 亿米。纺织品产品由中档偏下向中档以上产品发展,技术装备加强,新设备比重扩大,产业布局向园区集中。

2008 年,受全球金融危机影响,下行趋势明显,全市 2/3 纺织企业平均利润仅 1%,近半数企业亏损。12 月中旬,棉纺企业开工率 80%,部分企业关停,年初从业员工 9 万余人减至年底 5 万多人。2009 年,国务院颁布《纺织工业调整和振兴计划》,中共九江市委九届十二次会议做出"两区互动、强工兴城、科学发展、奋起赶超"部署,全市 19 个重大项目全部竣工投产,其中棉纺业有杭州达佳棉纺有限公司投资 2 亿元瑞昌黄金工业园的江西华孚纺织有限公司四期竣工投产。三兴棉纺织有限公司及江西锦兴纺织品有限公司投产,并建立德安棉纺基地。

2010 年,市政府部署"两区互动、强工兴城、决战工业 2000 亿",做好产业集聚、企业做大、抓发展机遇、创新发展理念、大力招商引资、实施退城进园,承接沿海产业转移,促进产品结构调整,推动产业集群发展。至年底,全市纺织服装企业 480 家,规模以上企业 217 家,棉纱 47.47 万吨,坯布 28187.6 万米,出口货物总值 15008.65 万美元。现价工业增加值全年累计 59.14 亿元,工业增加值累计增长 30.9%,拉动 4.07 个百分点,贡献率 18.14%。

## 第二节　产品产量

1991 年前,市棉纺业沿袭计划经济模式,县以下都不批准办棉纺厂,全市各县区棉花集中在市区的九江第一、第二棉纺织厂加工成棉纱或棉织产品。1991 年打破这一禁区。棉产区各县相继开办大、小不等规模棉纺厂。由于体制变化,县以下棉纺企业生产产值产量难以统计,棉纺织业产值产量统计数据只能用九棉一厂数据来表示。2001 年 7 月九江海扬公司重组九江第一、第二棉纺织厂,此后统计数据以海扬公司为主。

**1991~2010 年九棉一厂(九江海扬纺织公司)主要产品产量一览**

表 23-1-1　　单位:吨、万米

| 年 份 | 棉纱产量 | 棉布产量 | 牛仔布 |
|---|---|---|---|
| 1991 | 11436.41 | 1073.95 | |
| 1992 | 12011.14 | 1129.44 | |
| 1993 | 11579.93 | 1142.29 | |
| 1994 | 11864.70 | 981.43 | |
| 1995 | 12241.02 | 606.60 | |
| 1996 | 11837.05 | 727.84 | |
| 1997 | 11833.14 | 729.42 | |
| 1998 | 12392.47 | 832.46 | |
| 1999 | 10216.92 | | |
| 2000 | 12662.41 | | |
| 2001 | 3786.12\6865.74 | 1297.34 | |
| 2002 | 21891.28 | 2552.15 | |
| 2003 | 19431.17 | 2682.53 | |
| 2004 | 19289.17 | 2689.37 | |
| 2005 | 18430.96 | 1724.50 | 207.38 |
| 2006 | 14351.43 | 1562.77 | 633.35 |
| 2007 | 15740.35 | 1743.79 | 444.09 |
| 2008 | 12078.43 | 2064.75 | 4922.62 |
| 2009 | 12172.72 | 2199.08 | 5915.17 |
| 2010 | 16895.86 | 1875.85 | 10060.80 |

说明:2001 年 7 月前,为九棉一厂产量,2001 年 7 月后为海扬公司产量

## 第三节　主要企业

### 一、九江第一棉纺织厂

简称九棉一厂,位于浔阳区官牌夹,占地面积 50.44 公顷,总建筑面积 14.72 万平方米,生产设备有纱锭 7.5 万枚,线锭子 2.2 万枚,气流纺 2000 头,布机 440 台,是省建厂最早的棉纺企业。1991 年始,推进技术进步,加快技改步伐,1.5 万锭改造项目于当年第一季度全部投产,牛仔布生产线投产。1992 年评

为市纺织企业目标管理优胜单位。1993年优化产品结构增加高支密纱和精梳纱的比重,棉布向高支细密方向发展,增加产业用布开发。1994年,建立现代企业制度为目标,改为九棉一厂独资公司,并在外地租借3个小棉纺厂,投资500多万元合资开发火车站站前黄金地段,开发滨兴街道四合里商住楼。1995年压锭1.5万锭,引进沿海1.5万锭安装投资。1996年纺织企业全面亏损时,市纺织公司部署带曙光针织厂。1997年九棉一厂与九纺公司组建九江纺织印染集团。1998年8月9日,厂区被洪水淹没,全厂职工在人民解放军协助下将棉花、棉纱全部转移到城东603汽车队和市第七中学教室内。12日下午,厂区内涝深达60厘米,全厂停电、停产。抗洪期间,安全转移汽油16吨,棉纱1000余吨,坯布250万米,牛仔布73万米,马达935台,电脑100余台,电路板500块。1999年,建立以销促产机制,全面实行接单生产,产销率达101.24%。同年,改革用人制度,企业用工水平有所提高,新增电子清纱器22台,使电子清纱器台数达66台,装备率达到61.6%,开发新产品23个,占总值14.5%,创利160余万元。

2000年7月,江西(上海)招商引资项目洽谈会签署《产权转让合同》,宣告九棉一厂独资公司破产,由青岛新海扬公司对九棉一厂独资公司破产后实行收购,并妥善安置破产企业员工,承接企业遗留全部债务。

## 二、九江第二棉纺织厂

简称九棉二厂,位于市南郊十里铺。全厂占地面积21.17公顷,建筑面积14.10万平方米,厂房面积3.17万平方米。1991年有员工6655人,生产工人4915人,管理人员524人,其中专业技术人员351人。同年,贯彻省纺织质量评分细则,开展质量攻关和产品创优工作,引进国外先进设备。1992年,第一季度改造项目全部投产。制定《九棉二厂实施工资分配制度改革意见办法》。企业扭亏增盈,被全系统评为目标管理、劳动竞赛优秀单位。1993年,增加高支密纱和精纱比重,棉布向高支细密方向发展,增加产业用布的开发。同时采取一业为主,多种经营,大力开发流通、信息、咨询、饮食、房地产第三产业发展,突破纺织行业范围,兴办非纺织实业。1994年,贯彻《全国纺织工作会议精神》,建立现代企业制度,推进全员劳动合同制和岗位技能工资制。1995年,压缩纱锭1.5万锭,从日本引进60台喷气织机,从意大利进口2台自动络筒机。同年改为九江纺织独资有限公司(简称九纺公司)。1996年,全市国有企业全面性亏损,市纺织工业局部署九纺公司帮扶九江羊毛衫厂。1997年,由市政府部署,九棉一厂与九棉公司组建“九江纺织印染集团”。并以市场为导向,大力发展适销对路新产品,开发中高产品。1998年,九江遇大洪灾,全厂员工投入防洪,工厂经常停电,抽调大批职工防洪,生产处半停滞状态。1999年,企业用工水平有所提高,加大分配制度改革力度,改革经营方式,实施压锭,同时申报破产,争取靠大重组列入国家第三批计划。

2000年7月,江西(上海)招商引资项目洽谈会签署“产权转让合同”,由青岛新海扬公司对九棉一厂独资公司和九纺公司破产资产实行收购,并妥善分流安置两家破产企业职工,承接破产企业遗留全部债务,注册成立“九江海扬纺织有限公司”,介入托管生产经营,实现“平稳过渡”,办理1547名压锭和破产前退休人员有关手续。九棉二厂(九纺公司)结束国有企业体制,走上民营企业轨道。

## 三、江西海扬纺织集团

江西海扬纺织集团有2处厂区,其中原九棉一厂占地面积50.44公顷,总建筑面积14.72万平方米。原九纺厂占地面积21.17公顷,建筑面积14.1万平方米,厂房面积21.17万平方米。原九棉一厂、九纺公司及浔润公司由青岛新海扬实业有限公司收购重组棉纺企业。

2001年7月,青岛新海扬公司(民营企业)注册成立“九江海扬纺织有限公司”,由原九棉一厂、九纺公司、浔润公司重组为“江西海扬纺织集团”,介入托管生产经营,实现国退民进。2002年,对原九棉一厂子弟学校予以剥离交浔阳区,九纺学校予以剥离交庐山区属地管理。2003年,海扬公司进行浆染工作改造,建成高档薄型弹力牛仔布服装面料,生产线年产822万米生产能力,增加税收422万元。注入资金226万元进行纺部纱线扩锭工程改造,新增FA507细纱6台,A631捻线机15台,新增能力2520锭。开发新产品77个，其中16个投入生产，新产品销售额1350万元，占全年销售收入5.15%，全年税收20.37%,产品销往美国、日本、韩国、俄罗斯、非洲等20个国家与地区。

2010年,投资3亿元兴建新海扬顺达纺织有限公司,选用国内领先设备,形成紧密纺5万锭高端纺纱生产线。

### 四、佳号(江西)轻纺有限公司

创建于2004年,位于庐山区生态工业城。注册资金600万美元,项目总投资1.9亿元人民币,是当年省重点招商引资项目和九江20个重点项目之一。2008年投产,员工350人,年产棉纱6万锭,成为市52家重点工业企业之一。当年12月,公司通过ISO 9001及ISO 14001环保质量论证。2010年5月20日投资兴建二期项目进行开工庆典仪式。该项目规划总投资5亿元,占地面积13公顷余,总建筑面积近5万平方米。公司主要生产纯棉高配差别化棉纱和有机差别化棉纱。

### 五、江西华孚纺织有限公司

是华孚集团属下股份制企业。2001年11月16日于彭泽县挂牌成立。公司占地约33.33公顷,投资额1亿港元,注册资金5425万港元,固定资产总额2.5亿元,员工1800人,主营业务收入2010年3.7亿,年产色纺纱达1100吨。产品远销欧美、日韩、东南亚等国家和中国香港等地区。

### 六、江西锦兴纺织品有限公司

成立于2007年9月28日,位于共青城青年创业基地,占地面积20公顷,注册资本8666万元,企业员工120人。

公司从瑞士立达引进10万锭全流程、全自动化、全电脑控制卡摩纺项目,设备总投资28365万元,该机可纺出世界上最高纱支380支,且耐磨,易耗品少,自动化程度高,工人劳动强度低。用工量与国产设备相比可减少90%,万锭用工20人。产品COM4卡摩纱,具有很强市场竞争力和开发潜力。

# 第二章　印染业

## 第一节　行业规模

九江是省印染业对外贸易供货基地,产品远销美、日、韩、俄罗斯等20多个国家与地区。1991年,全民所有制印染企业有九江第三棉纺织印染厂、九江第四棉织印染厂。两家企业占地面积33.14公顷,生产建筑面积0.07万平方米,印染专业生产线7条,主设备134台,印染布产量4157.64万米,实现工业总产值10109.78万元,全员劳动生产率22426元/人(两厂平均)。集体所有制印染企业亦有2家,分别为共青印染厂(德安县境内)和修水县棉针织印染分厂。同年,因原材料不断涨价,加之产品销售市场疲软,印染企业生产面临困难。国家为扶持纺织企业,规定对外购棉纱、涤纶纱生产的棉坯布、棉色织布等减征50%增值税。九江第三棉纺织印染厂引进外销产品生产丝光机R-ROX蒸箱2台投产,棉纺真丝生产线和灯芯绒以窄改宽项目完成。1992年,市纺织系统开展扭亏增盈活动,九江第三棉纺织印染厂评为全系统目标管理和劳动竞赛优胜单位。同年该厂制定《实施工资分配制度改革意见办法》。1993年,加大调整幅度,优化产业结构,着重在印染特殊处理后下功夫,生产仿毛、仿丝、防皱等特殊功能产品投放市场。同时采取一业为主,多种经营,大力开发流通、信息、咨询、饮食、房地产等三产业。同年,九棉三厂充分利用出口权,拓展扩大国际市场占有率。3月25日,市政府取消九江色织分厂,将原色织厂土地有偿转让使用权,将转让土地全部资金用于安置人员。市委同意九棉四厂脱困复苏方案。1994年,九江第三棉纺织印染厂改制称“九江捷成印染责任公司(简称捷成公司)”,推行全员劳动合同制和岗位技能工资制,实行工资挂钩。九江第四棉织印染厂抓住闲置厂房出租，与房地产开发公司联合开发十里大道土地。1995年，抓住机遇加快调整，内抓管理、外争宽松，提高经济运行质量，实现全行业稳定发展，产销率100%，实现利税稳住上年实际水平。出口交货值大大提高。同年，捷成公司高支密印染线设备部分安装。捷成公司仿蜡花布、大提花布，九针总厂产品喷胶棉睛棉簿绒T/C簿绒毛圈布批量投入市场。为建立现代企业制度，捷成公司改为“独资公司”。1996年，根据国务院把九江列为全国优化资本结构试点城市相关政策，对资不抵债的九江第四棉织印染厂实行破产，捷成公司子弟学校剥离交属地浔阳区文教局。1997年，根据国务院“优化资本结构”政策，对捷成公司实行破产，冲债务1.5469亿元，实行重组。由九江纺织印染集团公司收购原捷成公司破产后资产，银行债务1.3359亿元，捷成公司2229名员工实行委托管理。1998年，对原九江第四棉织印染厂重组后的九江恒泰染织厂采取盘活资产，开发三产创收，下岗分流，再就业工程，安置好在职1409人，离退休801人。全面停产关闭。1999年，捷成公司由九江纺织印染集团托管后，大力提高产品附加值，推进科技进步生产省优质产品：“麻棉纱长柔软整理”产品和“纯棉丝鸣大提花”产品。完善“模拟私营承包”“分块搞活”，开拓非洲市场，印染布产量达4200万米，税收超过500万元。

2003年，全市规模较大印染企业4家，印染生产线8条，印染能力6000万米。捷成公司自筹资金60万元，改造更新印染后整理设备。开发剑杆剪花、色织大提花、涤棉点阵套色3个系列新产品。2004年，浙江宁波维科收购捷成公司生产经营权，投资1000万元注册成立“九江维科印染公司”，新增1条印染生产线。2005年，实现当年改制，各种经济指标超历史。当年实现利税1200万元，增强维科集团投资的信心和决心。同年，九江维科印染项目退城入园，进入九江城东港区。2009年，完成恒泰染织厂改制任务，2033名员工得到妥善安置。同年，全市印染企业改制善后工作如期完成。

2010年5月11日，九江维科纺织服装产业园开工建设。

## 第二节　产品产量

1991年，九江第三棉纺织印染厂工业总产值13060万元，印染布产量3354.34万米；至2010年，全市纺织印染企业拥有印染线8条，生产能力达1亿米。

县属集体所有制企业共青印染厂和修水棉织针织印染厂2家在1991年实现工业总产值3787.46万元(80年不变价)，其中共青3770万元，修印17.46万元，印染布产量1032.00万米，其中共青1000万米，修印32.08万米。

**1991~2010年九棉三厂(捷成公司、印染集团)生产经营主要指标一览**

表23-2-1　　　　单位：万元、万米

| 年份 | 工业总产值 | 印染布产量 | 销售收入 | 利税 |
|---|---|---|---|---|
| 1991 | 13060 | 3354.34 | 10723 | 212 |
| 1992 | 15500 | 4400.85 | 11600 | 257 |
| 1993 | 20168 | 4511.01 | 20890 | 524 |
| 1994 | 20018 | 3428.54 | 20068 | 145 |
| 1995 | 18900 | 3280.92 | 19300 | 126 |
| 1996 | 10008 | 1792.64 | 10028 | 80 |
| 1997 | 破产清算 | | | |

续表 23-2-1

| 年 份 | 工业总产值 | 印染布产量 | 销售收入 | 利 税 |
|---|---|---|---|---|
| 1998 | 7005 | 1072.30 | 5180 | 亏损 |
| 1999 | 9137 | 1551.54 | 7808 | 亏损 |
| 2000 | 23240 | 2932.00 | 21018 | 亏损 |
| 2001 | 26119 | 4211.00 | 20518 | 亏损 |
| 2002 | 28326 | 3800.00 | 15561 | 亏损 |
| 2003 | 15440 | 1980.00 | 13662 | 亏损 |
| 2004 | 25981 | 3718.00 | 15813 | 130 |
| 2005 | 31568 | 4368.00 | 27226 | 1199 |
| 2006 | 23018 | 3570.00 | 21931 | 651 |
| 2007 | 31674 | 4705.60 | 31494 | 772 |
| 2008 | 39732 | 5001.00 | 39603 | 1072 |
| 2009 | 33000 | 5200.00 | 34000 | 1250 |
| 2010 | 36144 | 4980.00 | 37303 | 1248 |

## 第三节 主要企业

### 一、九江第三棉纺织印染厂

简称九棉三厂，为以印染为主，兼业织布、服装的全民所有制中型企业。位于市区东门口，占地面积18.69公顷，建筑面积58605.3平方米。固定资产原值3970万元。1991年，有职工2394人，专业技术人员291人(其中高级职称7人，中级职称64人)，占职工总数12%，厂内设棉织、印染2个分厂，动力机修2个车间以及销售处后勤服务部门。同年，推进技术进步，加快技改步伐，利用余热发电项目投产。外销产品有宽幅丝光机R-ROX蒸箱2台投产。人棉仿真丝绸生产线和灯芯绒以窄改宽项目完成。1992年，被纺织公司评为"目标管理和劳动竞赛"优胜单位。同年制定《分配制度改革意见办法》。1993年，印染方面着重在印染的特殊后处理上下功夫，生产仿毛、仿丝、防皱等特殊功能产品投入市场。

1994年，九棉三厂改制后，改称捷成印染公司，推行全员劳动合同制和岗位技能工资制，性质为国有独资公司。1995年，强化销售决策，拓宽外销业务，产销率达100%。同年引进高支密印染线设备安装完毕，人棉布、仿蜡花布、大提花布、喷胶棉、腈棉薄绒、T/C簿绒毛圈布批量投放市场。1996年，捷成子弟学校剥离交属地浔阳区文教局。1997年，根据国务院优化资本结构原则，对捷成印染公司实行破产，冲债务1.5469亿元，银行债务1.3359亿元，由九棉一厂与九纺公司组建的"九江纺织印染集团"收购原捷成公司破产后的资产。1998年，通过减员增效，实施再就业工程，捷成公司2229名职工实行由"九江纺织印染集团"托管。1999年，建立以销促产机制，全面实行按单生产，产销率达101.249%。2001年，完善企业内部"模拟私营承包""分块搞活"办法，开拓非洲市场。使印染布产量达4200万米，税收超过500万元，自营出口创汇610万美元。2003年，自筹资金60万元，改造更新印染后整理设备，开发剑杆剪花、直系色织大提花、涤棉点阵套色3个系列新产品。2004年，浙江宁波维科收购原捷成公司生产经营资产，改称九江维科印染公司，投资1000万元新增1条印染生产线。2005年，完成印染布4367万米，比上年同期增长17.71%，实现当年改制，当年经济效益超历史，当年实现税收1200万元。

2010年5月11日，九江维科印染公司退城进园，于九江城东九江维科纺织服装产业园开工重建。

### 二、九江第四棉织印染厂

简称九棉四厂，是一家以织布、染整为主，兼生产服装和羽绒制品的中型棉织印染企业，经营类型为全民所有制(含集体)。厂区位于市区十里大道和长虹大道交叉处。占地面积19.45公顷，建筑面积18000平方米。1991年，有职工2592人(包括集体所有制工人618人)，其中专业技术人员236人。1992年9月14日，到广西玉林设纺织经营部。同年，实施《工资分配制度改革意见办法》。1993年3月25日，市政府撤销原色织分厂，并入九棉四厂织造分厂，将原色织厂土地有偿转让使用权，转让土地资金、房屋交费税，缓交2年，停办厂子弟学校。同年，市委同意《九棉四厂脱困复苏方案》。1994年，推行全员劳动合同制和岗位技能工资制，实行工效挂钩。1996年，九江市已列入全国优化资本结构试点城市，九棉四厂资不抵债，实行破产退二进三，重组恒泰染织厂。出租原有厂房给闽浔建材城，下岗分流，实施再就业工程。1998年，恒泰染织厂盘活资产，开发三产创收，原职工下岗分流，安置好在职140人、离退休801人。1999年春节之后，与福建晋江投资者联合开发市“闽浔建材城”，同年7月开张营业。

2009年，纺织集团公司完成恒泰染织厂改制任务，2033名职工得到妥善安置。

# 第三章　针织业

## 第一节　行业规模

1991年，针织内衣企业有市属4家，县属2家，其中全民所有制4家，集体所有制2家。市郊乡镇有针织内衣企业6家。系统内主要设备162台车。棉毛车98台，经编机15台，纬编机21台，总产量针织内衣667.13万件，工业总产值3591.04万元(现行价)。市属九江针织内衣总厂、九江针织内衣三厂员工总数共1851人。同年，在省旅游产品“滕王阁杯”评比中，九江针织内衣总厂圆领电脑绣花、九江床单厂棠花丝光床单均获“优秀产品奖”。国税局对九江针织内衣总厂、九江针织内衣三厂等单位单织坯布减半征收增值税，减轻企业负担。1992年，贯彻省经委《关于进一步深化企业内部人事劳动分配制度改革意见》，制定本企业《实施工资分配制度改革意见办法》。1994年，贯彻全国纺织工作会议精神，推行全员劳动合同制和岗位技能工资制，曙光针织厂实行工效挂钩，市羊毛衫厂试行拍卖。通过结构调整，九江针织内衣总厂、九江针织内衣三厂成衣出口比重上升，服装加工能力有长足进展。同时，乡镇企业小服装厂蓬勃发展。同年，出口服装制成品占出口交货值29%，比1993年提高8.8%。1995年，九针公司、曙光针织厂强化销售决策，拓宽外销业务，产销率均达100%，九针公司与省外贸建设万锭专纺项目有7000锭投入生产。九江针织服装有较快发展，其中服装、复制成品出口上升20.5%，喷胶棉腈棉簿绒T/C薄绒毛圈布批量投入市场，完成九江针织内衣总厂对内衣厂，九江针织内衣三厂对九江第二毛纺织厂兼并。向美国输出针织工人62名。1996年，市列入全国优化资本结构试点城市，对资不抵债的九江棉织厂、九针公司实行破产，九江曙光针织厂依法关闭。1997年，九江针织内衣总厂破产后，与农垦系列九江国棉五厂组建九江针织服装集团，九江兴华服装公司改制为九江兴华纺织有限责任公司。1998年，市政府要求规范破产的曙光针织厂恢复整治人民路门面、开发置换土地，兴办第三产业。九江羊毛衫厂破产后盘活现有资产，安置员工116名，退休人员50名，利用固定资产56万元将现有120平方米门面、130平方米办公楼、3000平方米空地出租，实行收入公开。同年，市遭遇百年未遇大洪灾，各企业经常停电，职工到防洪第一线抗洪，企业处于半停产状况。1999年，实施以销促产，全面实行按单生产，产销率101.249%，服装制成品产量399.9万件，同比增长38.4%。九针服装集团开发CVC细绒系列产品。

2001年,九江针织服装集团主动开拓国际市场,特别是美国市场,自营出口创汇610万美元,占全市出口创汇额1/5。新添缝纫设备,扩大成衣生产能力。开发晴涤麻灰仿牛仔以及双色面料等新产品。2002年,争取国家技改扶持政策重点扶持印染骨干企业。努力提高产品质量与档次。同年,对曙光针织棉织厂实行分流安置及部分职工置换身份,九江针织服装集团改为九江针织有限公司,政府对京九羊毛衫厂、九江福利厂给予特困补助。2003年,全市有针织制造业9家,可生产针织内衣430万件,具备服装加工能力1500万件。另有民营企业65家,集体3家。九江市针织服装三厂投资40万元改造高温高压染色装置。九江针织有限公司投资50万元,改造台车喂纱装置。2004年,服装加工能力9000万件,九江针织有限公司产品出口美国、日本、韩国、俄罗斯等20多个国家与地区。2005年,完成服装加工263.60万件,比2004年同期增长9.3%。

2008年,宁波维科集团与九江针织有限公司重组为九江维科印染公司,退城进园入驻庐山区姑塘镇,产能扩大1倍,装备更加精良。凌珂针织投资过亿元,产业集群发展增添活力。2009年,企业改制,善后工作如期完成,全市纺织企业全部“国退民进”,实现民营化。

## 第二节 产品产量

市针织业产值产量以九江针织集团数据为代表。1991~1999年,对比工业总产值增加2854.42万元。销售收入增加2848.68万元,其中出口销售收入增加3122.54万元,税金增加144.39万元,资产总额增加423.9万元。2000~2010年,工业总产值增加989.59亿元,商品布增加453.56吨,员工人数减少1653人,全员劳动生产率从人均2.4885万元增加到人均8.9万元。通过机制体制改革,减员增效、技术创新、设备更新、科学管理,使市针织业工业总产值高速度增长,全员劳动生产率人均增加6.4115万元。

**1991~2010年九江针织总厂经济指标一览**

表23-3-1 单位:万元、吨、人、元

| 年份 | 工业总产值 | 工业增加值 | 服装总产量 | 商品布 | 纱 | 年末职工总数 | 销售总收入 | 其中:出口销售收入 | 税金 | 利润 | 资产总额 | 利息支出 | 职工年平均收入 |
|---|---|---|---|---|---|---|---|---|---|---|---|---|---|
| 1991 | 3206 | | 356 | | | | 3073 | 1461 | 55 | –70 | 2511 | | 1610 |
| 1992 | 2423 | | 181 | 777 | | 1370 | 3242 | 1626 | 68 | –60 | 2563 | 214 | 1870 |
| 1993 | 4001 | | 287 | 981 | | 1525 | 4160 | 2386 | 101 | –97 | 2642 | 557 | 2040 |
| 1994 | 4313 | | 286 | 599 | | 1815 | 4527 | 2746 | 176 | –39 | 6147 | 564 | 2730 |
| 1995 | 4570 | | 260 | 570 | | 1805 | 4985 | 3745 | 178 | –29 | 6181 | 706 | 3000 |
| 1996 | 5129 | 16 | 176 | 482 | 1248 | 1971 | 5305 | 3867 | 215 | –93 | 6355 | 850 | 3034 |
| 1997 | 6000 | 1075 | 184 | 422 | 1506 | 2270 | 5568 | 4143 | 184 | 30 | 6669 | 72 | 4100 |
| 1998 | 6015 | 1298 | 166 | 325 | 1822 | 2226 | 4749 | 3576 | 251 | 7 | 6750 | 49 | 3648 |
| 1999 | 6061 | 1371 | 239 | 479 | 1916 | 2265 | 5922 | 4584 | 200 | 20 | | | 3758 |
| 2000 | 5492 | 1564 | 215 | 356 | 1975 | 2207 | 6081 | 3484 | 331 | 10.30 | 59378 | 475 | 4153 |
| 2001 | 5544 | 160 | 224 | 230 | 2333 | 1715 | 7036 | 5235 | 407 | 30.30 | | 597 | 6380 |
| 2002 | 7219 | 1650 | 167 | 136 | 2809 | 1646 | 8135 | 5450 | 450 | 2.50 | | 556 | 7150 |
| 2003 | 7185 | 1674 | 156 | 490 | 2670 | | 7484 | 4900 | 124 | 20.66 | 6100 | 415 | 7300 |
| 2004 | 8352 | 1700 | 133 | 1067 | 2957 | 1246 | 8354 | 4280 | 109 | 22.00 | 5955 | 354 | 8070 |

续表 23-3-1

| 年份 | 工业总产值 | 工业增加值 | 服装总产量 | 商品布 | 纱 | 年末职工总数 | 销售总收入 | 其中：出口销售收入 | 税金 | 利润 | 资产总额 | 利息支出 | 职工年平均收入 |
|---|---|---|---|---|---|---|---|---|---|---|---|---|---|
| 2005 | 9332 | 1984 | 142 | 829 | 3028 | 1192 | 9339 | 4836 | 627 | 25.89 | 6237 | 479 | 9204 |
| 2006 | 10781 | 2333 | 167 | 1131 | 3272 | 1179 | 10751 | 6719 | 766 | 30.61 | 7143 | 684 | 11217 |
| 2007 | 11094 | 3110 | 156 | 1118 | 3243 | 1189 | 10709 | 6064 | 642 | 61.83 | 6982 | 720 | 11872 |
| 2008 | 5477 | 1500 | 44 | 879 | 1824 | 910 | 5368 | 882 | 463 | 233.49 | 5510 | 88 | 9307 |
| 2009 | 4934 | 1153 | 55 | 696 | 1581 | 685 | 4929 | 1897 | 285 | -183.63 | 4905 | 273 | 11962 |
| 2010 | 4502 | 856 | 39 | 809 | 1477 | 554 | 4678 | 1112 | 331 | -209.10 | 4239 | 140 | 1207 |

## 第三节　主要企业

### 一、九江市针织内衣总厂

系全民所有制企业，位于市区浔阳东路立交桥旁，占地面积 7.74 公顷，建筑面积 50240 平方米。该厂是一家中型全民企业，设有织布、漂染、裁剪、成衣 4 条生产线，主要产品为纯棉卫生衫裤、棉毛衫裤、汗衫背心 3 大类。1991 年有职工 1306 人，固定资产原值 2469.90 元。当年，省旅游产品“滕王阁杯”圆领电脑绣花评为优秀产品奖。1997 年破产后，与原农垦系列九棉五厂组成九江针织服装集团，1999 年产销率达 101.249%，2002 年改制为九江针织有限公司。

2008 年，九江针织有限公司与浙江宁波维科集团共同组成九江维科印染公司，入驻庐山区姑塘镇。

### 二、九江市曙光针织厂

位于市区人民路 54 号，系以生产毛巾、袜子产品为主的中小型集体所有企业。占地面积2.11 公顷，建筑面积 9842 平方米。1991 年，有员工 502 人，主要产品毛巾、枕巾、浴巾、沙发巾、纯棉袜、尼龙袜、弹力棉丝袜等 30 个品种。1992 年，制定《实施工资分配制度改革意见办法》。1994 年，实行工效挂钩。1996 年，市列入全国优化资本结构试点城市，市政府对资不抵债的九江织厂、九棉四厂、九江针织有限公司、曙光针织厂实行政策性破产。1998 年，安置好员工 340 人，退休人员 230 人，利用现有布机 56 台，资产 136 万元，占地 6000 平方米，已拆厂房 4900 平方米，整治人民路 23 个间门面，庐山路北侧新建门面 22 套，取得租金 25.2 万元。利用开发区 6666.7 平方米土地置换 85 万元，解决在建资金；庐山南路北片 9000 平方米，开发大市场兴办第三产业，庐山南路指挥部拨付企业 85 万元。

2009 年，企业改制善后工作如期完成。

### 三、九江针织内衣三厂

位于市区十里大道，占地面积 1.22 公顷，建筑面积 8136 平方米。是市针织内衣主要企业之一，为多品种、多结构，以出口创汇为主的外向型针织出口骨干企业。1991 年，有员工465 人，拥有织造、漂染、成衣 3 条生产线，各类设备 109 台(套)，年生产能力为各类成衣 400 万件。1992 年，产值达 1600 万元，产品远销美、日本、法国、澳大利亚、新西兰、巴拿马、西班牙、东欧等国家和中国香港地区。纯棉产品有人工和机械印花、电脑绣花、绒布类，以腈棉 T/C 为主。1993 年，成立市针织专用纺纱厂，隶属九江针织内衣三厂，单独核算，计划单列。1994 年，开展“转机制、抓管理、练内功、增效益”活动。1995 年，成立九江三针有限责任公司，开发柔暖系列产品，填平补齐专用纺纱厂设备，兼并九江第二毛纺织厂。1996 年，九江三俐针织有限公司兼并天鹅羽绒服装厂。1998 年，对服装厂机构设置进行调整。1999 年，对三针公司内的苇编厂、染整厂、服装一厂、服装二厂机构进行调整，实施染色污水处理方案。

2000年,开展“大战七十天,拿下九百万”出口创汇劳动竞赛,YO系列产品中,客户满意率达到最高水平,交货及时,产量提高40%。2001年,开展“大战四个月完成YO系列产品出口任务”劳动竞赛,成立企业产权改革领导小组。2002年,请求解决技改资金,进口4台高温高压染色机。2003年,抓“四创”劳动竞赛活动。2004年,评为浔阳区文明单位。2005年,成立物业管理部,建立“经理议事会”管理制度。被认定为2005年度守合同重信用AA企业。2007年,按照集团公司要求,承担国有资产管理及下岗、退休人员各项物业管理工作。中骏公司租赁九江针织内衣三厂、羽绒厂房屋、设备。2008年,对九江针织内衣三厂进行清产核资。2009年,对九江针织内衣三厂、羽绒厂企业改制,做好行政管理,劳动、人事、下岗及退休人员等日常性管理工作。

2010年,九江针织内衣三厂员工总数449人,身份置换161人(含工伤4人,完全丧失劳动能力1人),已签协议161人。女满40岁,男满50岁,女工龄满25年,男工龄满30年职工共127人。有124人签协议。退休人员161人按规定全部发放到位。通过企业改制,九江针织内衣三厂扣回员工欠企业款27098.50元,扣回员工欠企业代缴两保费用214979.84元,改制工作圆满完成。

**四、九江维科针织有限公司**

是中国维科精华集团的下属企业,位于庐山区姑塘镇化纤纺织工业园。占地6.67公顷,投资1.5亿元。公司拥有针织、编织、染色、成衣缝制综合生产能力,专业从事开发和生产高档针织面料高档针织服装。产品主要销往美国、日本等国家和中国香港地区,年总产值3亿元。至2010年,公司有员工500人。

# 第四章　丝纺织业

## 第一节　行业规模

1991年,全市仅有修水丝纺织业3家,职工1346人。缫丝机120台,3400绪,丝织机275台,全行业固定资产净值520.5万元,工业总产值576.33万元(按1980年不变价),出口创汇76.69万美元,实现利税276.5万元。当年,修水县丝绸公司在2400绪基础上番翻增加到4800绪生产能力,年产量达80吨。第一丝绸厂在修水丝绸公司车间旁扩建第三缫丝厂。同年,修水在渣津坪上(原267队)筹建该县第二丝绸厂,最高产量达100余吨。1992年,修水丝绸公司20/22部白丝被评为省优质产品。1994年,修水丝绸公司生产能力达10560绪,有职工1840人,年产白丝162吨。1995年,丝绸市场疲软,白丝产量逐年减少。同年,修水县棉丝服装厂停业。1996年,修水丝织厂年产50万米丝织品的厂家被迫停产。同年,修水绿终寝具有限公司创办。1997年,修水县第一丝厂引进台湾产仿德造大园机3台,糟筒机2台,同年,修水县平绒厂(民营企业)创办,有织机68台。1998年,受国际金融风暴影响,各企业资本周转十分困难。1999年,修水第一丝厂、修水县纺织厂、修水县绒布厂停产关闭。

2003年,修水县平绒厂(民营企业)入驻芦塘工业区,产品有白棉布、双层金丝平绒、单层金丝平绒等品种,年产量达50万米。2004年1月,修水县平绒布厂投产。5月,修水实业有限公司创办,入驻芦塘工业区,占地面积1.2公顷,建筑面积8000平方米,引进先进蚕丝被生产配套设备,安排就业人员200人。2004年,九江凯达服装织造有限公司入驻修水芦塘工业区。2006年,修水县平绒厂生产能力达100万米,安排就业人员110余人。2008年,九江凯达服装织造公司实现产值7000万元。2010年,达到年加工100万件丝织品服装生产能力。

## 第二节 产品产量

市丝纺织业主要集中在修水县境内,1991 年,企业规模均较小,抗御金融风景能力较低。1995~1999 年,弱小企业相继倒闭。2004 年后,随着沿海及发达地区产业转移,及民营经济崛起,给该县丝绸业带来新的转机与活力。

**1991~2010 年修水县丝绸行业主要产品产量一览**

表 23-4-1　　单位:吨(白厂丝)、万米(丝织品)

| 年 份 | 白厂丝 | 丝织品 | 年 份 | 白厂丝 | 丝织品 |
|---|---|---|---|---|---|
| 1991 | 42.00 | 682.00 | 2001 | 25.00 | |
| 1992 | 78.48 | 83.00 | 2002 | | |
| 1993 | 171.00 | 90.00 | 2003 | | |
| 1994 | 224.00 | 716.78 | 2004 | 315.00 | |
| 1995 | 172.00 | 801.00 | 2005 | | |
| 1996 | 92.00 | 897.74 | 2006 | 285.00 | |
| 1997 | 92.00 | 573.20 | 2007 | | |
| 1998 | 89.48 | | 2008 | | |
| 1999 | 77.00 | | 2009 | | |
| 2000 | 89.48 | | 2010 | | |

## 第三节 主要企业

### 一、修水县丝绸公司(修水县丝绸厂)

位于县义宁镇安平村,占地面积 7.21 公顷,建筑面积 15300 平方米。1991 年在 2400 绪上番翻增加到 4800 绪生产能力,年产达到 80 吨。1992 年 20/22 部的白厂丝被评为省优质产品,在 4800 绪车间旁新建第三缫丝厂,5640 绪生产线,员工 1840 人,当年产白厂丝 162 吨。1995 年始,因国际金融风暴影响,资金周转困难,于 2001 年 11 月停产歇业。先后分别租给县众鑫制丝公司、县五星制丝公司、县雨制丝公司等。

### 二、修水县丝织厂

位于县安坪港,占地面积 2 公顷,生产车间 1 栋。初期生产规模 14 台(145 型 K74)织机。1995 年,有员工 226 人,织机发展到 104 台。产品有电力纺、特美绉、化纤被面、真丝被面、五彩被面、双波缎、真丝围巾、涤纶华达呢、丝绸等几十个品种,年产丝织品 50 余万米。1996 年,因市场疲软、资金周转困难,企业亏损严重,被迫歇业。

### 三、修水县华珍平绒厂

系民营企业,位于县城南崖路 5 号,是一家生产平绒、帆布、灯花绒等棉纺织系列产品企业,有织机 68 台,产品有白棉布、双层金丝平绒、单层金丝平绒,年生产量达 50 余万米。该项目总投资 600 万元,占地面积 1 公顷,于 2003 年 1 月入驻芦塘工业区,2004 年 1 月投产。2005 年创造工业产值 805 万元,上缴税收 52 万元。2006 年生产能力达到100 万米,可实现销售收入近 2000 万元,安排就业人员 110 余人。2009 年由于纺织品贸易配额减少,出口受限,转向生产玻纤布。

# 第五章　毛纺织业

## 第一节　行业规模

1991年,全市有毛纺织企业3家,即九江长江毛纺织有限公司、军山毛纺织总厂、九江第二毛纺织厂。有精锭10000枚,粗纺锭1536枚,绒线锭4784枚,形成从洗毛、制条、纺纱、织呢、染整、服装到羊毛衫配套完成生产线,具有年产精纺呢绒120万米,粗纺呢绒50万米,年洗毛制条2000余吨生产能力。全行业拥有产业工人4714人,其中专业技术人员309人。九江长江毛纺织有限公司毛麻涤、薄花呢系列产品获纺织工业"七五"期间优秀新产品二等奖。11月,九江长江毛纺织有限公司首先出现利润负数,此后利润连连下滑,生产资金周转链无法正常运转,企业走入向银行借贷度日困境,由于生产设备缺乏更新改造资金,银行贷款无力偿还,产品品种与市场供需脱节,经济包袱越背越重,企业失去市场竞争能力。1992年,九江第二毛纺织厂筹资250万元,扩大毛纺织和染织生产线,结束依赖江浙历史,形成年产值1000万元生产能力。同年4月,九江长江毛纺织有限公司开始半停产。6月3日,九江长江毛纺织有限公司首批发往欧洲17万米呢绒,也是该厂最后一次对外出口。1995年,九江针织内衣三厂对九江第二毛纺织厂实行兼并。

2006年12月29日,九江长江毛纺织有限公司获得全国企业兼并破产和职工再就业工作领导小组批准,实施政策性破产。2009年破产工作结束。此后,市内无毛纺织业。

## 第二节　主要企业

### 一、长江毛纺织有限公司

位于市茅山头垦殖场胡家村瓦窑垅。占地面积46公顷,建筑面积126448平方米,有员工3194人,专业技术人员273人,高级专业技术人员12人。主要产品有全毛华达呢、金毛花呢、马裤呢、女衣呢、凡立丁、派力司、毛麻涤等9大类、200多个花色品种,其中毛纱产品进入国际市场。1991年11月,公司首次出现利润负增长。1997年3月,公司首次月经营亏损千万元。2002年4月,公司因生产量不饱和,出现半停产或减少运转班次。2003年,公司全面停产,职工停发工资,自谋职业。

2004年6月,公司向南昌铁路局九江客运段输送劳务工人,首批400人,并签订《劳动合作协议书》。2006年,长江毛纺织有限公司拟定企业政策性破产预案,报上级部门审批。2007年3月,长江毛纺织有限纺公司政策性破产,职工安置方案拟定。11月30日,公司七届职代会通过《职工安置方案》。2009年4月16日,市政府下达《关于对九江长江毛纺织有限公司政策性破产予以资金托底的批复》,对长江毛纺有限公司实施破产,员工安置分流。2009年5月26日,九江市中级人民法院申报企业政策性破产启动法律程序,告示企业破产时间并刊登破产公告。2009年12月,政策性破产工作基本结束。

### 二、九江第二毛纺织厂

位于市西南郊七里湖畔,占地面积2.55公顷,建筑面积3250平方米,生产厂房2500平方米,1991年有粗梳毛纺设备2台套,纱锭480枚,1515M型织布机22台。1992年筹资250万元,扩大毛术织生产线,结束染色靠江浙的历史,形成年产值1000万元生产能力。1995年,九江针织内衣三厂对九江第二毛纺织厂实行兼并。

# 第六章　化纤业

## 第一节　行业规模

化纤业是市纺织主要产业之一,主要产品有棉浆粕、粘胶短纤维、粘胶长丝等。1992 年,九江化纤厂在国家统计局利税总额排序中获“中国行业百强企业”。1995 年 2 月,九江化纤厂获国务院发展研究中心、国家统计局工业交通统计司颁布中国化学纤维制造业 100 家最大工业企业、省 100 家最大工业企业、省 100 家最佳经济效益工业企业和国家统计局颁布中国行业一百强等称号。1996 年 5 月,九江化纤厂粘胶长丝压洗新工艺项目被省科技进步奖评审委员会授予 1995 年度省科技进步二等奖。10 月,高强力粘胶短纤维获 1996 年度国家级新产品称号。同年,九江化纤成功挂牌上市。1997 年 1 月,高强力粘胶短纤维获省新产品称号,市科技进步一等奖。3 月,该厂评为市文明单位。年底,高强力粘胶短纤维又获省优秀重点新产品证书、省科技进步三等奖,该厂被评为省优秀企业;高白度粘胶短纤维获国家重点新产品、省科技进步三等奖。九江化纤厂亦被市政府授予年度纳税超 2000 万元贡献大户称号,名列全市企业第三。1999 年 4 月,九江化纤厂高白度粘胶短纤维获国家科技火炬高技术产品开发中心颁发《国家级火炬计划项目证书》。6 月,粘胶高效研磨机专利技术获得省科委、省经贸委、省人事厅、省专利局颁发省第五届专利金奖。12 月,自行开发研制新产品消光高白度粘短纤维,获年度国家重点新产品证书。

2000 年 1 月 6 日, 九江化纤股份有限公司长丝分厂所生产 60D/18F 粘胶人造丝、300D/18F 消光人造丝通过省级新产品鉴定, 其中 60D/18F 粘胶人造丝填补省内空白,300D/18F 消光人造丝填补国内空白。4 月,九江化学纤维股份有限公司消 75D/18F 细旦粘胶人造丝项目,获市科技进步二等奖。公司获市财政收入贡献大户、出口创汇先进单位称号和全省质量管理先进单位。2001 年 5 月,九江化纤股份有限公司 300D/60F 下滑光粘胶人造丝、60D/18F 粘胶人造丝以及九江化学纤维厂消光高白度粘胶短纤维被省科技厅评为优秀重点新产品。120D/44F 有光无捻粘胶连续纺人造丝通过省级鉴定并获省重点新产品称号。2002 年 7 月,九江化纤股份有限公司 120D/44F 有光无捻粘胶连续纺人造丝获科技部、国家税务总局、对外贸易经济合作部、国家质量监督检验检疫总局、国家环境保护总局联合颁发国家重点新产品证书。2003 年,独资企业赛得利(江西)化纤 6 万吨差别化粘胶短纤维工程在姑塘镇落户,同年 3 月奠基投产。至此,化纤企业发展至 2 家。化学纤维新产品不断开发,占全市纺织品新产品 60.95%。9 月,九江化纤股份有限公司被评为省优秀企业,所产鹿牌粘胶长丝产品被评为省名牌产品。2004 年,又获企业科技先进单位。2005 年 6 月,九江白鹿化纤有限公司获省优秀企业称号。2006 年,赛得利(江西)粘胶生产线扩建项目完成。2007 年,全市化纤企业粘胶纤维产量 15 万吨。

2010 年 12 月,九江恒生化纤有限公司以收购股权方式控股河南威尔特化纤新乡郎润洋化纤、镇江万发化纤、九江金源化纤、河南海洋化纤有限公司旗下的化纤子公司。整合后,九江恒生化纤有限公司合并总资产 17 亿元,净资产 9.6 亿元,员工数 4800 多人,棉浆粕生产能力达到 19 万吨/年,成为全国最大棉浆粕商品浆生产企业集团之一。庐山区姑塘镇化纤工业园内有金源化纤有限公司、九江恒生化纤有限公司、金鹰赛得利(江西)化纤有限公司、江西龙达差别化纤维有限公司,构成九江化纤制造产业集群。同年 5 月 8 日,33 万吨差别化纤维龙达(江西)有限公司在湖口投产。金鹰赛得利(江西)二期 9 万吨在四季度投产。江西力得公司扩能延伸产业链,投资亿元开发化纤(POV)涤粘胶纤维 60 万吨木浆项目于 11

月上旬签约。经所有制结构不断优化,非国有经济已成为行业发展主导力量,产业集群发展增添活力,九江化纤产业承接沿海产业转移条件日趋成熟,金鹰赛得利(江西)化纤厂、九江恒生化纤公司抓住机遇,大力发展差别化功能化纤产品。

## 第二节 产品产量

1991~1999年,有九江化纤厂,2000年改称九江化纤股份有限公司。2006年后,实行租赁经营。主要产品为粘胶短丝、粘胶长丝、连续纺工程、棉浆粕等。

九江化纤名优产品名录较多,多项产品获省级、国家级新产品奖,国家级科技进步奖,省专利金奖,并被国家授予"实用新型专利证书",被科技部、国家税务总局、国家外经贸委、国家质检局颁发国家重点新产品证书。

1991~2010年间若干年份九江化纤厂产量一览

表23-6-1 单位:吨

| 粘胶短丝 | | 粘胶长丝 | | 连续纺工程 | | 棉浆粕产品 | |
|---|---|---|---|---|---|---|---|
| 年份 | 数量 | 年份 | 数量 | 年份 | 数量 | 年份 | 数量 |
| 1991 | 20000 | 1991 | 3000 | 1993 | 2800 | 1991 | 15000 |
| 1999 | 25000 | 1993 | 3500 | 1996 | 4200 | 2003 | 18000 |
| 2006 | 27000 | 2002 | 2800 | 2002 | 2800 | 2008 | 32000 |
| 2010 | 40000 | 2004 | 4500 | 2004 | 亏损停机 | | |
| - | - | 2006 | 4500 | | | | |
| - | - | 2010 | 7309 | | | | |

1991~2010九江化纤名优产品一览

表23-6-2

| 年份 | 生产单位 | 产品名称 | 审批单位 | 获奖项目等级 |
|---|---|---|---|---|
| 1993 | 九江化纤厂 | 250D/60F、300D/60F有光粘胶人造丝 | 江西省 | 省级新产品 |
| 1993 | 九江化纤厂 | 250D/60F、300D/60F有光粘胶人造丝 | 江西省 | 江西科技进步三等奖 |
| 1994 | 九江化纤厂 | 白鹿牌粘胶短纤维 | 省质量管理协会 | 江西省用户满意产品 |
| 1995 | 九江化纤厂 | 白鹿牌粘胶短纤维 | 江西省 | 江西省名牌产品 |
| 1996 | 九江化纤厂 | 粘胶长丝压洗衣新工艺 | 江西省 | 江西科技进步二等奖 |
| 1996 | 九江化纤厂 | 白鹿牌粘胶短纤维 | 江西省 | 用户满意产品 |
| 1997 | 九江化纤厂 | 高强力粘胶短纤维 | 江西省 | 省新产品 |
| 1997 | 九江化纤厂 | 高强力粘胶短纤维 | 江西省 | 科技进步二等奖 |
| 1997 | 九江化纤厂 | 高强力粘胶短纤维 | 九江市 | 科技进步一等奖 |
| 1998 | 九江化纤厂 | 高强力粘胶短纤维 | 九江市 | 优秀重点新产品 |
| 1998 | 九江化纤厂 | 粘胶短纤维新型组合喷丝头研制项目 | 江西省 | 科技进步三等奖 |
| 1998 | 九江化纤厂 | 高白度粘胶短纤维 | 江西省 | 重点新产品奖 |

续表 23-6-2

| 年份 | 生产单位 | 产品名称 | 审批单位 | 获奖项目等级 |
|---|---|---|---|---|
| 1998 | 九江化纤厂 | 75D/18F 粘胶长丝 | 江西省 | 重点新产品证书 |
| 1999 | 九江化纤厂 | 高白度粘胶短纤维 | 江西省 | 科技进步三等奖 |
| 1999 | 九江化纤厂 | 高白度粘胶短纤维 | 江西省 | 国家级火炬计划项目证书 |
| 1999 | 九江化纤厂 | 粘胶高效研磨机 | 省科委、省经贸委、省专利局 | 江西省第五届专利金奖 |
| 1999 | 九江化纤股份有限公司 | 60D/18F 粘胶人造丝 | 江西省 | 新产品证书 |
| 1999 | 九江化纤厂 | 消光白度粘胶短纤维 | 江西省 | 国家重点新产品证书 |
| 2000 | 九江化纤股份有限公司 | 60D/18F 粘胶人造丝 300/18F 消光人造丝 | 江西省 | 填补省内空白填补国内空白 |
| 2000 | 九江化纤股份有限公司 | 75D/18F 细旦粘胶人造丝 | 九江市 | 科技进步二等奖 |
| 2000 | 九江化纤股份有限公司 | 300D/18F 消光粘胶人造丝 | 科技部、国家税务总局、外经贸委、质检局 | 国家重点新产品证书 |
| 2001 | 九江化纤股份有限公司 | 粘胶长丝生产浆粥压力控制器 | 国家知识产权局 | 实用新型专利证书 |
| 2001 | 九江化纤股份有限公司 | 300D/160F 滑光粘胶人造丝、60D/18F 粘胶人造丝 | 省科技厅 | 优秀重点新产品 |
| 2001 | 九江化纤股份有限公司 | 120D/44F 有光无捻粘胶连续仿人造丝 | 江西省 | 江西省重点新产品证书 |
| 2001 | 九江化纤厂 | 60D/18F 粘胶人造丝 | 江西省 | 江西省优秀新产品三等奖 |
| 2002 | 九江化纤股份有限公司 | 120D/44F 有光无捻粘胶连续仿人造丝 | 科技部、国家税务总局、外经贸委、质检局 | 国家重点新产品证书 |
| 2002 | 九江化纤厂 | 300D/60F 消光粘胶人造丝 | 江西省 | 江西省优秀新产品二等奖 |
| 2003 | 九江化纤股份有限公司 | 120D/44F 有光无捻粘胶连续纺人造丝 | 九江市 | 科学技术进步二等奖 |
| 2003 | 九江化纤股份有限公司 | 300D/60F 下消光粘胶人造丝 | 九江市 | 科学技术进步三等奖 |
| 2003 | 九江化纤股份有限公司 | 白鹿版粘胶长丝产品 | 江西省 | 江西名牌产品 |

## 2002~2010 年九江化纤技改投资一览

表 23-6-3

单位：万元

| 年份 | 投资单位 | 技改项目 | 余额 |
|---|---|---|---|
| 2002 | 九江化纤 | 2800 吨/年连续纺二期工程 | 16000 |
| 2003 | 九江化纤股份有限公司 | 长丝生产线双锭纺技术改造 | 171.60 |
| 2003 | 九江化纤股份有限公司 | 连续纺毛雷尔单丝机全面技改 | 300 |
| 2006 | 九江金源化纤 | 设备维修 | 6000 |
| 2010 | 九江金源化纤 | 60 万吨溶解浆 40 万吨粘胶扩能技改 | 102000 |
| 2010 | 九江恒生化纤 | 6 万锭/年纺纱厂 | 3500 |
| 2010 | 九江恒生化纤 | 短丝生产线修复 | 1650 |

# 第三节 主要企业

## 一、九江化学纤维厂

位于庐山区姑塘镇。1991年,有职工3822人,占地面积70公顷,固定资产19182.6万元(不含短丝工程项目, 年总产值达3400万元)。从事棉浆粕和粘胶长丝生产设备及辅助车间的设备共9000多台(套),其中包括国产机212台,从瑞士引进压洗装置,自投产累计生产棉浆粕147610吨,糊缪长丝9652吨,卫生纸5009吨,脱脂棉2752.81吨,油毡纸、纸板合计1004.67吨,总产值37660.5万元。1992年列入中国500家最大工业企业、行业百强。1993年晋升为国家计量"二级企业"。1995年对瑞士毛雷尔2000T/Y粘胶短纤维生产线进行国产化改造。

1996年,对粘胶长丝项目的原液车间、酸站车间、纺炼车间、冷冻空压站、辅助车间设备、厂房、经营性资产、相关债项进行重组,称九江化纤股份有限公司。12月10日"九江化纤"A股票在深圳证券交易所挂牌上市。1997年总股本增至7800万股,同时2800吨/年连续工程项目破土动工。1998年短丝2万吨扩2.5万吨技改工程完工投料生产,实现开机一次成功。公司总股本增至8562万股。1999年自行开发的新产品"消光高白度粘短纤维"获国家年度重点新产品证书。2000年公司总股本增至11116.80万股。

2001年,与浙江富阳康盛化纤电镀有限公司合资兴建短丝丝东生产线,全面联动带料运行,取得一次成功。2002年债转股,成立九江白鹿化纤有限公司,2800吨/年连续纺二期工程成为第十二批股债贴息项目,国债贴息投资1.6亿元。2003年省纺织集团撤销九江化学纤维厂,成立九江化学纤维总厂。2004年省国资委及省纺织集团公司进行清产投资工作。2005年2月5日,对九江化纤资产重组工作全面启动。10月30日资产重组未按预期完成,资金断链,年度计划完成后停机。2006年租赁经营,3月10日,九江白鹿化纤有限股份有限公司相继召开董事会、股东会议,九江白鹿化纤有限公司、河南海洋科技纺织(集团)公司《租赁合同》签字仪式同时举行,标志着河南海洋科技纺织集团公司租赁经营白鹿化纤正式启动。9月始,按省劳动和社会保障厅所核准《九江化纤股份有限公司职工分流安置方案》进行改制。2009年8月底,九江化纤总厂职工安置工作结束。

## 二、九江恒生化纤有限公司

位于庐山区姑塘镇,租赁原化纤厂厂房,有职工1000人。2005年11月15日,九江恒生化纤有限公司成立。2006年,投入启动资金,对短丝和浆粕生产线进行设备检修,恢复短丝、浆粕生产。安置员工1000人上岗,成功实现租赁经营、国退民进。2007年10月10日,短丝7500T/年扩改项目竣工投产。

## 三、九江金源化纤有限公司

2006年7月28日, 河南海洋化纤集团有限公司注册成立九江金源化纤有限公司, 注册资本3000万元人民币。与九江化纤总厂、省纺织集团公司签订《资产重组协议》,一次性投入6000万元资金用于设备维修,安置职工重组及原九江化纤股份有限公司(上市公司)相关生产线资产。2007年7月5日原化纤员工身份置换工作启动。2009年8月,安置工作全部结束。九江新元实业公司交金源化纤有限公司代管。

## 四、赛得利(江西)化纤有限公司

位于庐山区姑塘观山。2002年8月,新加坡金鹰集团落户九江,注册成立独资赛得利(江西)化纤有限公司,员工754人,大学学历42%,注册资本7166万美元,总投资3.5亿美元,为2002年江西最大招商引资项目。2003年,6万吨差别化粘胶短纤维工程投产。2004年2月23日,赛得利(江西)化纤有限公司B线正式投产。3月31日A线正式投产。2005年12月,获市环保局颁发2004年度工业污染环境统计检查工作先进单位称号。2006年,获省统计局颁发省地产最畅销商品称号。同年9月,被授予全国百家明星侨资企业称号。12月,发改委核准年产3万吨差别化(高白)粘胶纤维扩建项目。

2007年1月,通过英国劳氏认证公司ISO 9001质量体系认证。8月10日,举行二期6万吨差别化粘胶短纤维工程奠基仪式。2008年年初,获市政府颁发2007年度外贸出口先进单位。9月,获省环保先进单位。2009年2月,获省红十字会抗洪、抗震救灾先进单位。同时,获市环境科学学会2008年先进理事单位。2010年1月,被评为2006~2008年全国百家明星侨资企业。C线、D线投产。当年化纤总产量达79.89吨,销售收入1317099.323元,税收105546.671元。同年,二期9万吨差别化粘胶短纤维投产。

# 第七章　羽绒业

## 第一节　行业规模

羽绒业主要集中于共青城。1991年7月11日,共青羽绒厂与黑龙江省商贸进出口公司达成协议,向苏联易货贸易13万件男、女羽绒大衣,男、女、儿童镶色羽绒服。1992年9月,共青羽绒厂在全国羽绒行业中,被国务院发展研究中心、《管理世界》杂志社、中国工业企业评估中心、国家统计局工业交通统计司首个列入全国500家最大行业企业。10月30日,国家登山队穿上鸭鸭羽绒服登上珠峰7782米南迦巴瓦峰接受严寒质量检验。1995年,中央电视台早间气象预报服务节目增加共青城预报点,并在其栏目中首次叠加鸭鸭企业形象广告。1997年4月,共青羽毛厂与共青羽绒厂全面合并,统一经营管理。2000年3月2日,江西共青羽绒厂改制为江西共青鸭鸭有限公司。同年,相继新建深昌、森达、永昌、发达、羽新、宏大6家羽绒制衣企业。2001年,新建深傲、雪世界、富贵鸭、雪斯莱、赛威、雪狐、耀华、星宇、天骏、帝星制衣服装厂10家羽绒服装企业。2002年,新建冬梦、世耀、温特莱、华远、春江、鸿泰、南阳、亮林8家企业。2003年,新建雄姿、坦尼森、冰雪梦、旭东、祥盛、天元、万羽春、登峰、春蕾、北国春、万权、金阳、长青、盛达、亿明、倚顿、飞牛、共利、俊华19家企业。2004年,新建祥海、靓彩、逐豹、俊盛、有成、永捷、宏嘉、嘉欣、康宝、和平、金源、奥博、古登依、羽贝尔14家企业。

2005年,江西共青鸭鸭有限公司提出"一年打基础、二年促发展、三年实现再跨越"发展目标,决定以市场经济为导向,以名牌战略为统领,以技术创新为灵魂,扩大生产经营,统一"鸭鸭"专卖形象,重视产品技术创新,加大企业基础设施,企业规模及公益事业投入,全力恢复国内市场份额。同年新建吕鸿、华兴、凯禧瑞、羽冠源、乔伊芙、建晟、昌乐、博利斯克、红锦鑫、莉莱、宇坤、翔宇12家企业。2006年,投资500万元建设共青城鸭鸭服装技术服务有限公司。创建共青城羽绒服装产业基地。同年,新建飞翔、日升、树坤、雪羽、帛园5家企业。2007年2月,共青鸭鸭集团与上海大学巴黎国际服装学院结成战略合作伙伴,双方互定技术交流基地。同年新建民盛、羽博、裕隆、翔达、海派、富民、越文、锦衣郎、国纺、诚民、和盛、亿峰、锦兴等16家企业。2008年,佛缘、吉利人、三联兴、森森、华顺、佰盛6家企业投入生产。当年11月鸭鸭羽绒服全国销量日均达50000多件,零售金额突破1500万元,创历史新高。2009年,新建企业有法蒂诗、好福来、洋和、华林、玳玳、虎妞、永和、深鑫、耀锦、圣洁雅、鸿翔、新同乐、维嘉、瑾新、春英冬焕童、宝山、森泰等18家。

2010年1月1日,鸭鸭产业创新基地生产主楼封顶。25日,经国家工商总局核准,江西共青鸭鸭(集团)有限公司更名为鸭鸭股份公司;共青鸭鸭集团更名为鸭鸭集团。5月2日,鸭鸭股份公司两款羽绒服以中国名牌产品名誉入选上海世博会江西馆,作为参展产品。同年,共青城森宇、奔颖、乾钰、华龙、鑫隆、欣越、忠君、龙盛、唐人、豪娜思、逐雅、永林12家企业投入生产。至此,共青城羽绒服装业形成产业集群,以羽绒服装为主导,各类服装、原辅材料生产与加工、面料生产与加印花加工、床上用品门类齐全的服装加工体系,成为中国羽绒生产名城。

# 第二节 产品产量

1991~1997 年,九江共青城羽绒服装业仅有共青羽绒厂。1998~2002 年,发展 27 家羽绒服装企业。2003~2010 年,扩充发展 89 家。至 2010 年,共有羽绒服装企业 147 家。

1996~2010 年,共青城羽绒服装企业注册资本 82663 万元。

**2010 年共青城主要羽绒服装企业生产能力一览**

表 23-7-1　　单位:万件、亿

| 企业名称 | 生产能力 | 产 值 | 员工人数 |
|---|---|---|---|
| 鸭鸭集团 | 1000 | | 6000 |
| 深傲集团 | 300 | 4 | 1200 |
| 回圆集团 | 260 | | 1837 |
| 丑小鸭 | 100 | 5000 | |
| 昌 乐 | 300 | | |
| 富 邦 | 60 | | |

**2004~2010 年鸭鸭股份公司生产效益一览**

表 23-7-2　　单位:万件、亿元、万元、元

| 年 份 | 产 量 | 主营收入 | 上缴税金 | 职工人均收入 |
|---|---|---|---|---|
| 2004 | 150 | 1.3 | 480 | 8000 |
| 2005 | 220 | 1.7 | 1340 | 10000 |
| 2006 | 290 | 2.6 | 1480 | 12000 |
| 2007 | 300 | 3.4 | 1500 | 14000 |
| 2008 | 300 | 4.3 | 1680 | 17000 |
| 2009 | 388 | 5.6 | 2080 | 20470 |
| 2010 | 443 | 8.0 | 2380 | 28090 |

**1991~2010 年共青羽绒制品交易会分布一览**

表 23-7-3

| 届 别 | 年 份 | 地 点 | 届 别 | 年 份 | 地 点 | 届 别 | 年 份 | 地 点 |
|---|---|---|---|---|---|---|---|---|
| 9 | 1991 | 共青城 | 16 | 1998 | 南昌市 | 23 | 2005 | 九寨沟 |
| 10 | 1992 | 九江市 | 17 | 1999 | 昆明市 | 24 | 2006 | 张家界 |
| 11 | 1993 | 厦门市 | 18 | 2000 | 九江市 | 25 | 2007 | 太原市 |
| 12 | 1994 | 共青城 | 19 | 2001 | 西安市 | 26 | 2008 | 宁波市 |
| 13 | 1995 | 哈尔滨市 | 20 | 2002 | 海口市 | 27 | 2009 | 武夷山 |
| 14 | 1996 | 石家庄市 | 21 | 2003 | 共青城 | 28 | 2010 | 厦门市 |
| 15 | 1997 | 井冈山市 | 22 | 2004 | 桂林市 | | | |

# 第三节 主要企业

## 一、鸭鸭股份公司

前身为江西共青羽绒厂。占地面积10公顷,总资产规模7.2亿,企业员工近6000人,拥有各种专业生产设备4000多台(套)和国内先进的CAD设计打版系统,年生产能力达1000万件,3000余个销售网点遍布全国各地,产品远销80多个国家和地区。有70多位党和国家领导人到公司视察。

鸭鸭股份公司始终坚持"人文、科技、绿色、环保"生产经营理念,自主开发与设计国家"全封闭脱卸式羽绒服生产专利"产品。此外,每年自主开发新款300多个,新产品产值率达到96%以上。2000年始,相继通过ISO 9001质量管理体系、ISO 14001环境管理体系和中国环境标志产品认证,进一步夯实企业基础管理。2005年以来,构建强大销售网络,保持男装优势,扩充女装和童装市场。以名牌战略统领全局,走产业化、市场化、国际化、品牌化发展之路。2008年,鸭鸭集团在工业园工业大道东侧建设产业创新基地,占地20万平方米。

2010年,经国家工商总局核定,更名为"鸭鸭股份公司"。创业新基地总投资3亿元,先进设备6000多台(套),可容纳7000多人生产生活,年生产能力1000万件,实现单件耗成本降低22%,单件产品价值提高8%。

## 二、江西深傲服装有限公司

2001年2月始创,注册资金1166万元,总资产6.7亿元,占地面积6公顷,国际标准厂房3.5万平方米,各类先进缝纫专用设备1000余台(套),标准生产流水线26条,企业员工1200余人,是集科研、设计、生产、销售于一体,享有自营进出口权的现代化羽绒服生产企业。被中国服装协会羽绒及制品专业委员会评定为羽绒服制品行业优良合格品牌。2002年,获羽绒制品行业优良合格品牌称号,产量、产值、销售收入增长200%以上。2003年,又获得羽绒制品行业优良合格品牌称号,被中国服装协会评定为第二届中国羽裳杯银奖产品。2004年,获中国服装协会评定为第三届中国羽裳杯银奖产品、中国著名品牌、中国市场产品质量过硬、消费者公认十佳知名品牌。一次性通过ISO9001:2000国际质量体系认证。2005年,加大服装研发技术资金投人,建成设计中心,运行CAD系统,带动江西省整个行业技术水平提升,再获第四届中国羽裳杯银奖、中国名优产品殊荣。2006年,省质量技术监督局确定为省重点保护产品、省名牌产品、省著名商标。2007年,被中国服装协会羽绒服装及制品专业委员会评为优等品,获上海羽博会最佳销售奖等荣誉。

2008~2009年,科学运用各种当代先进科技,积极导入ERP管理系统,能在最短时间内抓住市场每一个信息,壮大内部管理,紧抓外部信息,始终走在适应社会发展前列,获省行业技术中心称号。至2010年,拥有专业营销人员120余人,全国设销售网点及专营店1000余家;公司年产羽绒服300万件,产值4亿多元,年创利税680余万元,成为区域内羽绒服装领域龙头企业,跻身全国羽绒行业前列。

## 三、江西回圆服饰有限公司

1995年创办,位于共青大道南侧,占地面积1.78公顷,厂房面积20957平方米,办公面积2368平方米。1997年,"回圆"商标在国家商标总局注册。1999年,被中国羽绒工业协会准予使用羽绒制品信誉保证标志;并连续4年获中国羽绒服装行业优良合格品牌。

2004年,公司通过ISO 9001质量管理体系和ISO14001环境管理体系论证。2005年,成立技术中心,引进国家尖端全套服装电脑设计、电脑排版CAD系统,积极利用服装高科技手段,不断提升公司设计、制作技术水平。2006年,有5项新产品获得省新产品证书,其中塑身背心及功能性羽绒服装被评为年度省优秀新产品二等奖。2007年,新增加2车间。产品被评为中国驰名商标、羽绒行业最具有影响力品牌。2009年,增设3车间,实行服装研发、设计、生产、销售于一体现代化管理模式,为共青城将ERP管理系统引入企业管理之第一家。同年,被认定为省级技术中心,有2项设计获得国家专利。

2010年,被国家工商总局授予守合同、重信用AAA企业。列为中国服装行业百强。至年底,全公司有员工2130人。

### 四、共青城丑小鸭服饰有限公司

占地面积0.74公顷,总建筑面积6000平方米,有先进服装生产设备280台(套)。公司集服装研发、设计、生产、销售于一体,年生产能力100万件(套),年产值达5000万元。“圣鹅”羽绒服是自产自销品牌产品,先后获中国著名品牌、中国名优品牌、中国羽绒服十佳品牌,企业通过ISO 9001:2000国际质量管理体系论证。将羽绒服推向俄罗斯市场。

### 五、江西共青昌乐制衣有限公司

为市享有自营进出口权百强民营企业,拥有各种先进生产设备1200多台,企业员工1500余人。公司年产各类服装300万件(套)。

### 六、富邦制衣厂

位于共青城市北峰区,2005年创办,占地面积0.3公顷,企业员工400余人。有高精尖缝纫、检测设备300多台(套),年产能力60万件。2010年投资100万元建成1条设备更加完备、技术力量雄厚的服装生产线,企业产量增长60%。

# 第二十四篇

# 船舶汽车制造业

# 第二十四篇　船舶汽车制造业

1991年前，现代船舶制造即已形成中小结合、军民结合、修造结合，以及船舶制造、配套设备研制的生产和研发体系，涉及内河和近海船舶制造、各类船舶配套领域，但很多关键技术尚依赖引进和外部支持，自主研发能力相对薄弱。部分产品居于国内一流水平，总体发展处于行业中游。1991年以来，市船舶行业深化体制改革，推行现代企业管理制度、品牌和质量优先理念，建立以中船集团所属九江船舶工业公司“五厂一所”为龙头的导航系统、特种装置、消防系统、耐火舱室4种产品等配套体系，通过新建扩建、技术改造和破产重组，组建以江西江州联合造船有限公司、九江同方江新造船有限公司等为主体的船舶制造基地。1992年，开始制造出口船舶。1996年，省船舶行业完善质量管理，取得ISO 9002质量体系认证和军工产品质量体系认证证书。2006年，全系统开始广泛采用计算机辅助设计和管理，从依赖外部技术为主向自主设计制造转变。2007年，全行业开始推广板材无余量下料、分段无余量上船台等新工艺，大量使用自动角焊机、自动垂直焊机，以及艉部上层建筑分段在船台组装、内装等，船舶建造船台周期缩短16%，下水后舾装和系泊试验周期缩短37%。2008年，省船舶行业开始进入玻璃钢豪华游艇和铝合金快速艇市场。2010年，省船舶工业全面推行职业健康安全管理体系建设，取得OHSAS 18000体系认证等。21世纪初，省船舶企业先后取得挪威船级社(DNV)、美国船级社(ABS)、德国船级社(GL)、法国船级社(BV)、中国船级社(CCS)等船级社认可，实现从内河进入近海、远洋船舶制造和配套的跨越。

汽车制造业则是九江新兴产业，1996年始选点建线，1998年正式成立九江昌河汽车有限责任公司，2004年成立昌河铃木九江分公司。至2010年，已达到年产汽车36855辆、汽车发动机7.04万台生产能力，成为九江经济新的增长点。

# 第一章　船舶制造

## 第一节　生产规模

### 一、船舶生产规模

**江西江州联合造船有限责任公司生产规模**　20世纪90年代初，江州造船厂具备设计生产20000吨级以下船舶能力，年生产能力1~2艘，载重吨4万吨左右。为扩大造船能力，工厂曾开始大闸口内闸建设。并完成内闸闸首工程及大闸门等设计施工。1991年，开始大闸口外闸施工建造，到1995年11月，外闸工程完工，闸门宽度36米，顶标高20米，底标高5.7米，工程总造价约2240万元。大闸口内、外闸工程完成，使工厂全年船舶出湖时间由3~4个月增加到全年不少于10个月水平，提高建造能力。1996~1998年，工厂基本完成湖内舾装码头建设工作，该工程总长300米，配备25吨高架吊车1部，总投资约800万元。

2005年重组后，公司生产能力大大提高，分段生产能力为每月80~100个。分段二次涂装能力每月80~120个。船台合拢周期由100多天缩短为75天。船舶下水后的生产周期由120多天缩短为90天。船舶下水后7~10天，发电机即可发电试验。2007年11月始，在湖内300米舾装码头基础上，实施舾装码头延长工程，延长码头160余米，宽13.45米，配备30T、45T高架吊车各1台，工程总投资1620多万元。2008年8月，工程完工。当年完成新建20000吨级露天船台2座，船台长290米，宽37米，各配备150吨门式吊车2台，投资总额6977.4万元，使公司船台由1座增加到3座。同年，还新建管子预装场1个，长400米，宽150米，工程投资499.3万元。新建11万伏变1万伏总变电站1座，装有16000千伏安、8000千伏安、6300千伏安变压器各1台，项目总投资2915.9万元。新建钢板堆场1个，长145米，宽60米，配备40吨门式吊车2台，20吨门式吊车1台，10吨门式吊车2台；更新钢材预处理线1套，总投资2687.7万元。同年10月，投资2361.9万元，新建二次涂装房1座，长180米，宽51.25米。该工程配备冲砂车间1个，喷涂车间3个，能同时进行4个分段喷砂，12个分段油漆喷涂，月分段二次涂装处理达到80个。2009年1月，新建设备仓库1座。设备仓库长120.73米，宽49.15米，配备32吨、15吨行车各1台，用于存放进口设备，工程总投资740.3万元。投资138万元新建管子预装厂房1座，该厂房长84.48米，宽20.57米，配有5吨电动葫芦吊车2台。同月，开始新建江边舾装码头工程，码头总长360米，宽37米，基础设施投资5888万元。配有45吨、30吨高架吊车各1台，配备变电站、空压站、现场办公设施等，工程总投资约1亿元，江边作业条件和环境得到改善。

2010年，新建203-1小组装厂房1座，用于分段小组装，该车间长103.26米，宽61.57米，配有20吨行车2台，10吨电动葫芦吊车2台，工程总价702.8万元。至此，生产设施、设备配套齐全，作业流程顺畅，工艺技术手段日臻完善，能承接2万吨及以下各类船舶的建造任务。由于采用无余量上船台、机舱区域盆舾装、上层建筑整体吊装、两岛或多岛式船台搭载等新工艺、新技术，船舶生产效率提高，加上技术改造，及年末，公司生产能力跨越发展，年生产20000吨级船舶能力达12~15艘，总载重吨达24~30万吨，是江西最大造船企业，造船量占全省总量80%~90%。各项指标综合在全国规模以上船厂名列50位前。

**同方江新造船有限公司生产规模**　1991年，设有钢质船舶、玻璃钢船舶及制品、铝合金高速船舶3条生产线，拥有完整的修造船设备，可满足国家标准《船舶生产企业生产条件基本要求及评价方法》一级Ⅱ类企业要求。至2010年，公司拥有室内船台（90×30米）3座，室外船台1座，斜船架等下水设施满足3000吨级以下各类船舶下水，浮动囤船（95.2×15.5米）满足系泊试验需要；新建158×30米半干式船坞1

座（配2台160吨门吊），185×18米舾装码头1座，可供20000吨级以下船舶下水和码头系泊；拥有60000平方米分段建造场地（配1台100吨门吊和6台5吨门吊）等，能满足载重2万吨级以下各类远洋和近海钢质船舶生产建造，具备年建造船舶10万吨以上能力。

公司拥有造船和辅助设备共计1500余台套，满足公司造船需要，具有数学放样、数控切割、钢板冷热加工、机加工、钢结构装配等生产加工能力。主要设备有新型钢材表面预处理线设备1套；数控切割机4台；160吨、400吨、800吨油压机各1台；6000×16毫米三辊弯板机1台；冷弯能力为250吨的程控肋骨冷弯机1台；剪切厚度为13毫米的剪板机1台；1200×80毫米刨边机，1250×1000毫米龙门铣床，Φ110数显镗床，1250×12000、1600×6000毫米龙门刨床，1000×11000毫米普通车床多台；龙门吊、塔吊、汽车吊等各型起重设备30多台，最大起吊能力达320吨；平板运输车、叉车、货车等各类运输设备50多台；26×16×10米新型喷涂设备（一喷二涂）1套；弯管机8台；88米斜架小车和横移车各1套；电焊机500余台等。

其中心试验室共有检测、计量设备（器具）4000多台（件），主要设备（器具）有OMT大型工具显微镜、YDY-型万能测长仪、百分表及千分表检定仪、MGX-C型钳形电表校验器、UJ-33A直流电位差计等计量设备（器具）；布氏和洛氏硬度计、WE-30万能材料试验机、LJ-500拉力试验机、JB36/15冲击试验机、标准硬度块等理化试验设备（器具）；JX2005型探伤X光机、CTS-22型超声波探伤仪、XXG-2505 X射线探伤机、PXUT-320C超声波探伤机、MODEL MY-2磁粉探伤机、激光经纬仪、准直望远镜等。

## 二、船用机械生产规模

**九江海天设备有限公司生产规模**　1991年以来，共进行过XX工程-Ⅰ研制保障条件项目、国债批产技术改造项目、军品生产能力调整项目、926船研制保障条件建设项目、XX二期工程和重点武器装备生产能力建设项目5次军品技术改造项目建设。

2000年，国防科工委批复厂XX工程-Ⅰ研制保障条件项目，总投资为3088万元，其中，中央预算内投资2850万元，企业自筹238万元。该项建设为XX型系统研制顺利完成提供保障。2002年，国防科工委下达九江船用机械厂XX工程批生产技术改造项目，总投资2267万元，其中，中央预算内专项资金1018万元，银行贷款1245万元，企业自筹4万元。通过改造项目建设，工厂具备纲领任务生产能力。2005年，国防科工委批复九江船用机械厂军品生产能力调整项目实施方案，调整费用为2119.55万元。该项目资金均为中央预算内专项资金。同年，国防科工委下达926船研制保障条件建设项目，总投资600万元，全部为中央预算内基本建设投资。

2009年，国防科工局下达九江船用机械厂“XX二期工程”初步设计批复，批复总投资16845万元，其中国拨9560万元，即该公司九江新区建设项目。通过该项目建设，理顺军品生产线，提升公司“以军为主、军民融合”保军能力和市场竞争力。

**江西朝阳机械厂生产规模**　1991年年初，工厂开发船用整体式卫生单元系列产品。同年6月，九江船舶公司组织武汉船检局、上海沪东造船厂、大连造船厂、广州文冲造船厂、福建马尾船厂等33个单位的专家和代表进行评审，认为该产品对缩短造船周期，提高船舶舾装水平起到重要作用。同年开展舰船轻质板研制工作。在701所、西北工业大学等单位协作下复合轻质板、轻质门试验成功。1993年8月，所研制船用整体式卫生单元系列产品在上海通过船舶总公司主持的鉴定会，认为达到同期国际水平，填补了国内耐火卫生单元空白。

进入2000年以来，工厂加速海洋平台工程防火系列产品开发和研制，投放海洋平台高性能、超大型产品有A0级以上超大型双开门、A60级超大型双开防火门、H120级防火门及A60级超大型防火窗等。随着工厂不断技术创新，开发研制，2010年，已形成防火门系列、复合岩棉板系列、复合轻质板和整体式卫生单元系列的新型船舶内舾装产品，该系列产品不仅用于各种舰艇、远洋船舶及海洋平台，还广泛用于陆用净化厂房、高层建筑分隔和国防工程。

至2010年，除地方和小型船舶配套未统计外，先后为国内大中型船厂舾装配套万吨级以上船舶900多艘(其中出口船舶474艘)，军船舾装配套300多艘。以及湛江中美生物所、武汉同济医院、深圳MAC彩电工程、河北石家庄制药厂等陆用洁净工程以及多项国家重点工程、国防工程提供优质产品。

**江西船用阀门厂生产规模** 1992年3月15日，江西船用阀门厂向中国船舶工业总公司规划局递交《关于呈报〈工厂“八五”规划设想分析及对策〉(草案)的报告》;1992年4月14日和7月18日再次向中国船舶工业总公司呈报《关于6502厂整体技术改造的项目建议书》《关于6502厂液压遥控阀和灭火装置两条生产线技术改造的项目建议书》,开始九江新厂区的扩建工程。1993年4月2日,中国船舶工业总公司和九江船舶工业公司会同省、市有关单位召开江西船用阀门厂技术改造项目初步设计审查会。会后,中国船舶工业总公司于4月19日向江西船用阀门厂下达《关于江西船用阀门厂技术改造项目初步设计的批复》。同意新征土地6.27公顷,总投资2257万元,新增主要设备48台(套),新增职工216人,建设期限为1993~1995年。1994年5月28日,江西船用阀门厂联合厂房开工,工程造价为360万元。建筑总面积6269平方米。结构类型由主厂房和生活间组成,主厂房为单层装配式钢筋混凝土结构,跨度18米,长150米,共2跨;生活间为3层砖混结构。同年6月20日,江西船用阀门厂综合楼开工,工程造价为459万元。建筑总面积8943平方米。1995年1月31日,江西船用阀门厂联合厂房竣工。1996年12月28日,综合楼竣工。

2002年2月,XX工程建设项目正式开工,2004年10月完工。该项目实际完成总投资693.3万元,实际完成新增工艺设备23台(套),其中引进设备1台(套)。2004年12月19日,中船集团公司在九江召开6502厂XX工程建设项目竣工验收会,至此,工厂XX工程建设项目按批复的建设内容完成建设。2005年3月,工厂就XX工程建设上报中国船舶工业集团公司。4月,中船集团公司批复进行XX工程建设,通过XX工程建设,达到年产船用灭火系统2000瓶组,船用特种阀门3万组生产能力。9月26日,中国船舶工业集团公司批复新增固定资产总投资3561万元,建筑工程579.3万元,设备工程2493.3万元。其中新购进设备72台(套),包括进口设备2台(套);改建面积12676.1平方米。2006年12月21日,工厂制定XX项目竣工验收滚动计划。计划提出竣工验收申请时间为2007年9月。

## 三、船用仪表生产规模

**江西航海仪器公司生产规模** 公司在瑞昌厂区占地面积43.83公顷,主要生产、试验、办公等设施42栋共2.58万平方米。2005年,公司于庐山区生态工业城购地62991平方米,新建军品研发中心、总装总调车间、精密制造车间、机械加工车间、钣金车间、燃烧器试验车间、型式试验站、集中站房等设施,新厂区竣工验收建筑面积19331平方米。新区建成后,基本完善九江厂区工艺路线,实现公司从瑞昌厂区向九江厂区搬迁,科研生产重心外移,进一步改善科研生产工作条件,稳定职工队伍。

2008年5月,中国船舶工业集团公司批准公司实施公司制改革,更名为江西中船航海仪器有限公司。公司分3批搬迁至庐山区生态工业城。8月8日企业公司制改制挂牌,成立江西中船航海仪器有限公司,在庐山区工商行政管理局注册登记,注册地址为庐山区安平路1007号,注册资本6791.39万元,为国有独资公司,隶属中国船舶工业集团公司。2010年,中船集团公司追加投资200万元,使注册资本达6991.39万元。公司主营业务范围包括导航仪器、锅炉燃烧器及相关产品,兼营电子计算机、电机、电器、机械制造等,与改制前经营范围未发生变化。

**九江中船仪表有限责任公司生产规模** 1991年12月，中国船舶工业总公司批准将位于庐山区莲花洞的工装模具分厂人员建制和设备全部搬迁下山在十里铺地区重建。1994年11月18日,中国船舶工业总公司批准工厂对洗衣机电机生产线进行技术改造。项目投资700万元,其中工商银行贷款560万元,工厂自筹140万元。改造后形成60万台生产能力。1995年1月10日,中国船舶工业总公司批准《关于上报“XX”工厂保障条件建设可行性研究的报告》,同意工厂承担“XX”后续舰XX—自动操舵仪的研制任务,并投资805万元进行该产品研制、生产条件的建设和技术改造。2月21日,中国船舶工业总公司批准工厂新建部分厂房和液压试验室,添置部分精密加工设备。总投资 1100 万元,贷款总额 800 万元。同年 8 月 23 日,中国船舶工业总公司批准工厂《关于'XX'工程保障条件建设项目的初步设计》。规定期限为 1995~1997 年。1999 年 1 月 14 日,国家重点军工专项"XX"工程保障条件建设项目财务决算由京洲审计事务所进行审计,核定完成总投资 687.3 万元,新增主要设备 19 台套,新增建筑面积 1029 平方米,扩建面积 207 平方米,无尾工工程。

2001 年 7 月,省国防科工委下达《关于"XX 工程-I"船舶四四一厂建设项目可行性研究报告(代初步设计)的批复》,核准 7 月正式启动实施。同月,省国防科工委《关于船舶四四一厂 XX 自动操舵仪等军品生产线建设改造项目可行性研究报告的批复》,核准"XX 工程-Ⅱ"建设内容和项目 52 项(其中设备 48 项),总投资 1257 万元,其中,中央预算内专项资金 540 万元、建设银行贷款 660 万元、企业自有资金 57 万元。2003 年 12 月,工厂提出《XX 工程-I 项目设备调整申请报告》。集团公司和省国防科工委分别批复工厂报告。调整后共有建设项目(设备)40 项。至 2004 年 11 月 30 日,工厂"XX 工程-I"研保技改计划所有 40 个项目全部完工。该项目总投资 1500 万元。通过本建设项目的实施,能够满足 XX 舰操舵系统,XX 型陀螺罗经等研制(改进)的需要。此项目与 12 月 1 日通过集团公司档案验收。12 月 5 日通过京洲会计师事务所的财务审计。同年 12 月 19 日,中国船舶工业集团公司 XX 工程项目验收组到厂检查验收,认为建设项目符合国防科工委《国防科技工业固定资产项目竣工验收实施细则》。2005 年 10 月"XX 工程-Ⅱ"完工。根据中国船舶工业集团公司《关于下达 2005 年固定资产投资项目竣工验收计划的通知》的安排,11 月由中船集团公司、省国防工办共同组织对工厂的自动操舵仪等军品生产线技改项目按现状进行验收合格。通过本技改工程实施,解决 XX 艇自动操舵仪和 XX 艇高速舵角限制器批生产部分瓶颈问题。

2010 年,根据生产布局调整以及减排降耗要求,公司投入 200 多万元用于厂房、办公楼及厂区环境整治, 投入 100 多万元购置 2 台数控车床、1 台数控加工中心、1 台数控镗铣床、2 台数控中走丝线切割机床和 1 台数控快走丝线切割机床。

**九江中船消防有限责任公司生产规模** 1994 年,汽车空调电磁离合器生产线技术改造项目开工建设。1995 年,XX2 工程保障条件建设项目开工建设。1996 年,XX 工程保障条件建设项目建成验收,累计投资 364 万元,改善设计与生产设施。1997 年,汽车空调电磁离合器生产线技改项目建成验收,累计投资 1200 万元,新增 400T 冲床、数控车床、电泳线、驱动盘生产线等设备。

2001 年 12 月,厂消防系统生产线技术改选项目开工建设。2003 年 12 月,XX 工程-Ⅰ建设项目开工建设。2005 年 3 月,生产能力结构调整项目开工建设。同年 10 月 XX 工程-Ⅰ建设项目建成验收,累计投资 1654 万元,新增工艺设备 27 台(套),除改善设计、生产和试验手段外,还建成工厂历史上的第一条贴片生产线。2007 年 11 月,生产能力结构调整项目建成验收,累计投资 1533.98 万元,实现工厂军民分立、异地搬迁,建立公司制战略构想。同年 11 月,XXX 研制保障条件建设项目开工建设,2009 年 12 月建成验收,累计投资 961.55 万元,新增工艺设备 7 台(套),主要技术装备为三综合试验系统,同时进一步完善消防系统基础科研条件,为产品理论研究创造条件。2009 年 5 月,厂消防系统生产线技术项目建成验收,累计投资 2315 万元,新增工艺设备 50 台(套),主要技术装备有数控铣床、数控车床、多功能综合老化系统、皮带轮输送线、插件生产线等,同时建成在国内具有先进水平消防系统仿真试验中心,为提升消防系统基础科研能力奠定基础。

# 第二节　生产技术

## 一、船舶制造技术

1991 年，江西江州造船厂研发 2300 吨江海直达型货船，同年，依靠厂内技术力量决定同时研发 230TEU 集装箱船和 16000 吨油轮。1993 年,2300 吨江海直达型货船获中国船舶工业总公司科技进步三等奖和省科技进步奖。1994 年,研发 4800 吨多用途船,该船为出口德国并与德国著名设计公司合作研发,具有较高附加值,标志该厂造船水平又上一个新台阶。1995 年,装备工程兵部队特种舟桥通过鉴定,该船为该厂所研发新一代能在长江进行架桥或直接承载重型军事装备渡江河装置。同年,根据中国船舶工业总公司第二次转模工作会议安排,开始建立现代造船模式尝试,实行按区域造船。同年,230TEU 船获中国船舶工业总公司科技进步二等奖。成为中国第一个建造出口船和建造万吨级以上船舶的内河船厂。1997 年,4800 吨多用途船获中国船舶工业总公司科技进步一等奖。

2001 年,引进 $CO_2$ 气体保护焊技术,在全厂推广高效焊接技术获得成功。2002 年,开始推行分段无余量上船台,并获得成功。

2006 年,推广 $CO_2$ 气体保护自动角焊技术应用于分段小组装获得成功。同年,开始研发 12000 吨多用途船,被评为 2007 年省优秀科技新产品、优秀新产品二等奖和 2009 年省第一批自主创新产品。2007 年,推广 $CO_2$ 气体保护自动垂直焊技术应用于分段大合拢获得成功。同年,引进 SB3DS 造船生产设计软件,公司生产设计开始实施三维建模,提高生产设计深度及正确性。同年,开始研发 16500 吨成品油/化学品船。2008 年公司开始研发具有更高科技含量船舶,能一次起吊重达 800 吨大型装备 14000 吨重吊船成为首选。同年推行分段精度建造,引进 DACS 造船精度解决方案成套系统,分段精度建造及搭载获得初步成功。

2009 年 3 月,16000 吨化学品船交付首制船，该船被英国皇家海事建筑学会评选为 2009 年度世界 50 艘重要船舶。同年,实施分段中组和上层建筑整体吊装技术获得成功,有效缩短分段在船台合拢周期。

2010 年,实施 PSPC(压载舱涂层新标准),经过精心组织,首制试验船舶涂层破坏率平均达 0.7%左右,涂层破坏最大舱室也只有 1.5%,全面达到标准要求,处于国内领先水平。同年,实施机舱盆舾装技术获得初步成功。实施船台二大段建造合拢技术获得成功。

## 二、船用机械技术

1991 年始江西船用阀门厂逐步加大技术装备投入。

2002 年,开发 HD-I 型七氟丙烷灭火系统,该系统是参照美国国家标准 NFPA2001-1996《洁净气体灭火系统设计规范》技术指标和要求所开发新产品。是新一代环保型产品,具有清洁、低毒、电绝缘性好、灭火效率高等特点。用于扑救电气火灾、液体火灾、可熔化固体火灾以及固体表面火灾。主要适用于数据中心、通信中心、电脑中心、控制中心、档案馆、图书馆、银行、发电厂、化工厂、地铁、机场及办公大楼重要机房、变配间等。广泛用于电力、通信、石化、地铁、机场、办公大楼重要机房等行业,是工厂经济和社会效益主导产品之一。同年,工厂自主研制开发 KF-Ⅰ型混合气体 IG-541 灭火系统。IG-541 灭火系统是参照美国国家标准 NFPA2001-1996《洁净气体灭火系统设计规范》技术指标和要求所开发新产品。该系统具有清洁、低毒、电绝缘性好、灭火效率高等特点。用于扑救电气火灾、可燃液体火灾或可熔化固体火灾、可燃气体火灾以及固体表面火灾。主要适用于数据中心、通信中心、电脑中心、控制中心、档案馆、图书馆、银行、发电站、化工厂、地铁、机场及办公大楼重要机房、变配电间等。广泛用于电力、通信、石化、地铁、机场、办公大楼重要机房等行业，是工厂经济和社会效益主导产品之一。当年始，还逐步改进完成船用各类阀门，主要包括 CB596-90 外螺纹钢制直角截止阀、CB596-90 带底部法兰的钢制直角截止阀、CB587 黄铜潜艇通海阀。改进鉴定后阀件在防渗漏、扭矩变小、防腐蚀、阀头（盘）松动、阀杆传动螺纹损伤等方面有优越性能。大量装配潜艇，是工厂经济和社会效益主导产品之一。7 月，在研制开发 HD-Ⅰ型 68L 七氟丙烷灭火系统基础上，相继开发 90L、100L、120L、150L、180L 共 5 种大容量七氟丙烷灭火系统，形成系列化，满足不同顾客要求。自主研发船用七氟丙烷灭火装置通过中国船级社武汉分社现场认可，并交付用户使用。10 月，自主开发完成舰船用钛合金阀门与铝合金阀门新产品。钛合金阀门与同类钢质阀门相比，重量轻、耐腐蚀、强度高、耐压性好，性价比与相同强度级别钢质阀门相比高得多，从而延长其寿命、减少维护费用、提高设备使用率，广泛用于各种舰艇。钛合金阀门作为军用产品，国内独家供应快艇使用。铝合金阀门与同类钢质阀门相比，则具有重量轻、流动性好、线收缩小，热裂倾向小，强度和塑性高。铸件致密性好，耐蚀性能，无应力腐蚀倾向，从而延长其寿命、减少维护费用、提高设备使用率。铝合金阀门开发后，国内独家供应快艇使用。

2004 年 11 月，工厂自主开发民用产品 GWM-Ⅰ型固定式局部水基灭火系统。GWM-Ⅰ型细水雾灭火系统是参照美国国家消防标准 NFPA750-2000《细水雾灭火系统标准》《1974 年 SOLAS 公约 2000 修正案》和 MSC/Circ.913《适用于 A 类机器处所的替代固定式局部水基灭火系统认可导则》技术指标和要求，因其在灭火效能、工程造价、释放后二次灾害、对人员安全性、电绝缘性、稳定性等方面占有明显优势，逐步在船舶消防上应用。其最具特色的是不需要关闭发动机、撤离人员或对所保护处所进行封舱。适用于扑救船舶主推进器内燃机、发电内燃机、燃油锅炉和煅烧炉、加热燃油净化器具及易于安装燃气管道和排气管道等处所。2005 年进入市场，通过几年市场销售，成为工厂新的经济增长点。7 月，工厂开发民用产品高倍数、低倍数泡沫灭火系统。PDM-Ⅰ型低倍数泡沫灭火系统和 PGM-Ⅰ型高倍数泡沫灭火系统分别依据是参照美 GB50151-92《低倍数泡沫灭火系统设计规范》、GB50196-93《高倍数、中倍数泡沫灭火系统设计规范》和 GBXXXX-20XX《泡沫灭火系统及部件通用技术条件》技术指标和要求，自主开发研制新产品。低倍数泡沫灭火系统成为生产、加工、储存、运输和使用甲、乙、丙类液体场所首选灭火系统，如油田、炼油厂、化工厂、油库、铁路槽车鹤管栈桥、加油站、汽车库、飞机场及燃油锅炉房等场所，是甲、乙、丙类液体储罐区及石油化工装置区易于泄露处等场所最主要灭火系统。高倍数泡沫灭火系统是继低倍数泡沫灭火系统发展起来新泡沫灭火技术。不受保护面积和空间大小限制，在矿井及石油化工场所得到广泛应用。不仅具有灭火作用，还具有排除烟气和有毒气体功能。且高倍数泡沫液无毒，是一种洁净、绿色环保型灭火剂。高倍数泡沫灭火系统可用于扑救 A 类火灾、B 类火灾、封闭的带电设备场所火灾、控制液化石油气、液化天然气流淌火灾。研发成功以来，成为工厂又一新的经济增长点。11 月，在 70L 的 IG-541 混合气体基础上，相继开发 80L 和 90L 系统大容积灭火系统，扩大该产品规格。

与江西船用阀门厂改进船用机械同时，江西朝阳机械厂也经过生产线技术改造和武器装备生产能力建设，相继建成复合岩棉板系列产品生产分厂、防火门系列产品生产分厂、整体式卫生单元系列产品生产分厂、新产品试制及型材构件和检修门窗生产分厂、产品配套包装发运服务分厂，建立江西省级科研技术中心，即形成生产、配套、发运、服务安装、技术科研为一体生产技术管理体系。通过引进、改造，添置 PVC 贴塑生产线、涂装生产线、滚压生产线、纵切生产线等，拥有各种设备 595 台（套）。薄板加工、PVC 贴塑加工、表面涂装加工、机械加工等生产能力较强。能满足船陆及海洋工程配套产品生产。

### 三、船用仪表技术

1991~2010 年,江西航海仪器公司相继组建计算机辅助设计系统,配置产品数据集成管理系统,设计工具软件、仿真分析软件,实现产品数据在各工艺环节实时共享,以提高设计质量,缩短研制周期。购置高低温恒温恒湿试验箱、电动振动试验台、碰撞台、三轴转台、双轴转台、光学转台、电子经纬仪、电磁兼容性预测试设备等试验设备,建设大地坐标网点、步入式汽车淋雨试验装置等试验设施。公司现有各类生产加工设备 147 台,其中,瑞士产卧式光学坐标镗床、苏联产立式光学坐标镗床、美国产立式加工中心、法国产高精度车床以及卧式加工中心、数控铣床、数控车床、数控线切割等一批自动化程度高设备 34 台;主要检测试验设备 57 台(套),其中,三轴转台、双轴转台、光学转台、电动振动试验系统、碰撞台等关键、重要设备 13 台(套)。

公司有主要计量检测设备 35 台(套),包括三坐标测量机、三维数显转台、光学分度头、比长仪、圆度仪等工程参数精测设备;电动振动试验系统、机械振动台、碰撞台等冲击、振动的试验与测量设备;数字集成电路测试系统、模拟集成电路测试系统、分立器件测试系统、可编程高低温交变试验箱等电子器件试验与测试设备;金属材料理化性能试验设备等。其中 14 台达国际、国内先进水平。公司还有用于量值传递的量块、角度块、环规、平面平晶、平行平晶、精密压力表、直流电位差计、直流电阻箱、多功能校准仪等标准计量器具 24 套。

## 第三节　生产企业

### 一、江州联合造船有限责任有限公司

中国船舶工业集团公司(CSSC)下属江西江州造船厂破产重组股份制现代造船企业,地处长江中游瑞昌市境内。江西江州造船厂具有 40 多年造船历史,自 1969 年建厂以来,按照中国船级社(CCS)、美国船级社(ABS)、英国劳氏船级社(LR)、法国船检验局(BV)和德国劳氏船级社(GL)等船级社的规则和规范要求,成功建造 200 多艘船舶。1992 年,在国内众多中型船厂中率先承接出口船舶(230TEU 集装箱船)建造合同,并成功按期交付船东,开创国内中型船厂建造出口船舶先河。2000 年 9 月,工厂顺利地通过 ISO 9002 质量体系认证,2004 年 ISO 9002 顺利过渡到 2000 版。

2006 年,重组为香港主板上市公司“中海船舶重工集团有限公司”(上市代码 HK0651)全资子公司。公司陆路距九江 50 千米,距昌北机场 170 千米,交通便利。占地面积 127 公顷,天然湖泊面积142 万平方米,厂房建筑面积 15 万平方米,建有 10000 平方米大型厂房 4 座、2 万吨级船台 3 座、500 米湖内舾装码头、360 米长江舾装码头、配有 6500 吨举力浮船坞、1250 吨油压机、数控肋骨冷弯机、数控液压弯管机、等离子切割机、150 吨平板车等主要生产设备 1000 多台(套)。重组后,公司投入 4 亿多元进行现代化船舶生产线技术改造,产能得到很大提升,年造船能力从 8 万载重吨提升到 24 万载重吨。成功地建造 12000 吨多用途,14000 吨重吊多用途,16500 吨Ⅱ、Ⅲ成品油/化学品等技术含量高、附加值高的船舶 30 余艘,2008 年,被评为“江西优秀企业”。为省船舶制造基地,全省造船龙头企业。

至 2010 年,公司有员工 1100 余人,其中各类专业技术人员和管理人员 100 余名。设有设计工艺研究所、材料试验室、焊接试验室、计量室等科研部门,具有设计建造 20000 载重吨以下各类船舶能力。

### 二、同方江新造船有限公司

同方股份有限公司控股中型造(修)船企业,中国船舶工业集团公司成员之一,中国船舶工业协会会员单位。公司前身为江西江新造船厂,位于湖口县城,占地面积 33 公顷。2006 年改制,加盟清华同方股份有限公司。至 2010 年,有员工 600 余人,其中高中级专业工程技术人才及高级技术工人 350 余人。

## 三、九江中船仪表有限责任公司

2006年由国防科工委批准组建,承担原九江仪表厂军、民品科研、生产和服务职责。公司前身为九江仪表厂,是中国船舶工业集团公司所属大型综合性舰船导航仪器仪表重点生产企业。2009年4月,改制为国有控股有限责任公司。公司地处市区十里铺,占地面积为13.96公顷。至2010年,公司实有资产总额14410万元,其中固定资产5879万元,流动资产7820万元。有职工548人,其中工程技术人员110余人,其他专业技术人员50余人,技术工人300余人。公司具有集机、电、液一体产品开发、设计能力和铸焊热处理、电镀、油漆、表面处理、精密机械加工、电子装配等综合加工制造能力。拥有数控车床、数控铣床、数控加工中心、数控外圆磨床、数控镗床等先进加工设备和各种试验、计量检测设备。公司计量室为国防三级计量站,拥有计量标准11项。

## 四、九江中船长安消防设备有限公司

原称江西船用阀门厂,由原六机部"五七"干校创建,主要产品是为核潜艇配套的阀门。1993年,经中国船舶工业总公司批准,并列入国家经贸委技改项目计划,江阀厂在九江开发区进行遥控阀和灭火系统生产线异地改造,有湖口和九江两个厂区。湖口厂区占地面积14.34公顷,建筑面积32540平方米;九江厂区占地面积5.67公顷,建筑面积16460平方米。2006年8月,经中船集团公司批准并投资,成立九江中船长安消防设备有限公司,主要承担江西船用阀门厂军工科研生产及重要民品生产经营工作。经过几年运行,江阀厂各类资质、产品检测证书等实现到新组建九江中船长安消防设备有限公司的过渡。2007年,江阀厂正式列入军工企业政策性破产改制建议名单,2010年12月6日,江西船用阀门厂正式进入破产司法程序。

公司凭借军工企业人才、技术、设备优势,从建厂初期单一的船用阀门发展为"军民结合、船陆通用"舰船特种阀门、消防灭火系统、阀门遥控系统三大系列,船用产品、消防、柴油机零件、钢结构和模具五大配套业务格局,在北京、上海、海南等地成立20余家分公司,形成集设计、铸锻、机械加工、工程安装、调试、服务于一体网络体系。公司在船陆用消防领域出色完成多个国家高新工程专项、国家或省重点科研任务,获得总装备部、国防科工委和省有关单位的表彰。所开发七氟丙烷灭火系统、40兆帕高压空气阀、电液动和电气动阀门遥控系统等新产品获省部级技术进步奖和优秀新产品奖,并被国家专利局授予实用新型专利。公司通过ISO 9000质量管理体系认证和海军第二方认定,通过环境/职业健康安全管理体系认证,取得军工科研生产二级保密资格,武器装备科研生产许可证和国家消防专业施工壹级资质和消防设施设计甲级资质。公司技术中心被认定为省级企业技术中心,经省科技厅批准,依托九江中船长安消防设备有限公司组建省消防工程技术研究中心,2010年被科技部批准为国家高新技术企业。

## 五、九江中船消防设备有限公司

九江中船消防设备有限公司位于市经济技术开发区,占地面积1.02公顷,建筑面积1.38万平方米。是中国船舶工业集团公司所属国有独资企业,是国防科技工业中舰艇船(陆用)综合消防系统专业保军单位,军工代号458。

公司前身为江西浔阳电子仪器厂,1991后逐步形成以冰箱空调温控器、汽车空调离合器、火灾报警控制器为主导三大支柱产品。2003年12月,按国防科工委批复,江西浔阳电子仪器厂实施军民品分立,将军品科研生产部分从江西浔阳电子仪器厂剥离出来,组建九江中船消防设备有限公司,沿用国营第458厂代号,作为中国船舶工业集团公司全资子公司,承担保军责任。同时,江西浔阳电子仪器厂实施政策性破产改制。2004年12月,九江中船消防设备有限公司正式登记注册,注册地址位于市九瑞大道79号,注册资金595万元,主导产品为舰艇船(陆用)综合消防系统。江西浔阳电子仪器厂于2008年4月宣布进入破产司法程序,于2010年10月实现破产司法终结。当年资产总额为6745万元,其中固定资产净值为2929万元,所有者权益5703万元,负债总额为1042万元,资产负债率为15.45%。

至2010年,在职职工142人,其中研究员级高工2人,高级职称4人,中级、初级职称60人,技师3人、高级工34人。

## 六、九江海天设备制造有限公司

为国有独资公司,隶属于中国船舶工业集团公司。主要从事船舶特种装置、船用陆用锅炉及船舶配套产品设计、制造、安装等业务。1991年称九江船用机械厂,军工代号491,位于瑞昌市夏畈镇境内。

2003年,九江船用机械厂作为国家152家保军单位进行军民分立改制,2004年12月9日,按照国家“军民分立,民品破产”要求,分别设立军民品公司。军品公司“九江海天设备制造有限公司”注册成立,保留491厂代号,2005年1月17日挂牌正式运行;九江船用机械厂作为民品部分进行破产改制,2008年4月九江船用机械厂进入破产司法程序。5月,国防科工局批复491厂“XX二期工程”九江新区建设项目立项,2009年7月,批复项目初步设计。该公司九江新区位于九江市城西港区工业园内,北临港城大道,东临赣江路。9月21日,该公司九江新区项目奠基,进入项目建设阶段。该公司生产经营主体转移至九江新区,老厂区为九江海天设备制造有限公司制造基地,作为生产能力补充。该公司占地32.1公顷,其中老厂区19公顷,九江新区13.1公顷;总建筑面积10.5万平方米,其中老厂区6.5万平方米,九江新区4万平方米;固定资产原值9283万元,净值4952万元;拥有各类设备526台套,总装机容量1.7万千瓦,装备复杂系数8308;2010年年末,在册职工614人,各类专业技术人员202人(正高3人;高职29人,其中工程类23人;中职63人,其中工程类41人;助理级68人,其中工程类54人),技术工人201人(其中技师18人,高级工134人)。该公司军民分立时全部保留并优化九江船用机械厂优质资源与能力,具有中国新时代认证中心军/民品质量管理体系认证证书;国防科工委《武器装备科研生产许可证》;国家质检总局颁发A2级压力容器设计许可证;A1/A2级压力容器、A5级医用空气加压氧舱、A/B级直流锅炉制造许可证;医用空气加压氧舱医疗器械生产企业许可证和注册证;同时还取得CCS、LR、GL、ABS、DNV、BV、RINA等船级社船用产品工厂认可证书等资质。

公司自成立时始,经济发展呈平稳上升趋势,经济运行质量良好。改制后至2010年,6年间实现营业收入分别为5100万元、5200万元、8800万元、12900万元、12300万元、8800万元;实现利润头年持平,此后5年分别为100万元、114万元、713万元、1271万元、717万元。

## 七、江西朝阳机械厂

为中国船舶工业集团公司下属企业。是生产船舶及海洋平台金属复合岩棉板耐火舱室系统和陆用建筑防火分隔系统产品内装材料专业厂。注册商标为“CYMP”。

工厂位于彭泽县龙城镇,占地面积45公顷,建筑面积10万多平方米。至2010年,有职工800多人,其中研究员级高工20人,中级技术职称21人,初级职称103人;高级技师、技师12人。拥有各种设备543台套,设计、检测设备72套;其中引进具有国际先进水平生产线3条;自制涂装生产线1条;滚压生产线2条。通过高新技术改造后,薄板加工、PVC贴塑加工、表面涂装加工、机械加工等生产能力进一步得到提高,相继建成复合岩棉板系列、整体式卫生单元系列、防火门系列产品3个生产区和1个新型下料配送中心,具备较强船舶及海洋石油平台复合岩棉板耐火舱室系统产品生产能力。

# 第四节 产品产量

## 一、船舶产量

1991年，完工船舶4艘，其中23000吨江海直通货轮2艘、1442千瓦拖轮1艘、100KH采金船1艘。1992年，完工船舶2艘，均为2300吨江海直通货轮。1993年，完工船舶4艘，其中23000吨江海直通货轮3艘、230TEU船1艘。1994年，完工船舶7艘，其中2300吨江海直通货轮3艘、230TEU船1艘、16000吨简易油轮1艘、168客位长江旅游船2艘。1995年，完工船舶1艘，为635C海道测量船。1996年，完工船舶4艘，其中168客位长江旅游船1艘、3000吨供水船1艘、4800吨多用途船2艘。1997年，完工船舶3艘，均为4800吨多用途船。1998年，完工船舶1艘，为4800吨多用途船。1999年，完工船舶10艘，其中168客位长江旅游船1艘、GZQ111推船5艘、GZQ111渡船4艘。2000年，完工船舶6艘，其中GZQ111推船2艘、GZQ111渡船4艘。2001年，完工船舶4艘，均为GZQ111趸船。2002年，完工船舶2艘，均为670TEU船。2003年，完工船舶3艘，其中670TEU船2艘、"帝王号"旅游船1艘。2004年，完工船舶3艘，均为12000吨散货船。2005年，完工船舶1艘，为12000吨散货船。2006年，完工船舶1艘，为12000吨多用途船。2007年，完工船舶4艘，均为12000吨多用途船。2008年，完工船舶1艘，为12000吨多用途船。2009年，完工船舶4艘，其中12000吨多用途船2艘、16500吨化学品船2艘。2010年，完工船舶6艘，其中12000吨多用途船3艘、16500吨化学品船3艘。

2004年以前造船吨位大多在3000~5000吨级，属一般船型。2006年以来，开始从一般船型向较高技术含量船型过度。至2010年，共完工交船71艘。

## 二、配套产品产量

1991年以来，九江地区船舶配套企业发展迅速，各配套厂产品产量均有大幅增长。江西朝阳机械厂复合岩棉板20年间增长11倍。中船航海仪器有限公司所产燃烧器及相关产品虽随市场变化有所波动，但总趋势仍处上扬态势，2005年达建厂以来顶峰。

**1991~2010年江西朝阳机械厂主要产品产量一览**

表24-1-1　　单位：平方米、扇、套

| 年份 | 复合岩棉板 | 防火门 | 卫生单元 | 年份 | 复合岩棉板 | 防火门 | 卫生单元 |
|---|---|---|---|---|---|---|---|
| 1991 | 42100 | 1608 | 2 | 2001 | 201287 | 4114 | 230 |
| 1992 | 58455 | 1704 | 8 | 2002 | 202213 | 4991 | 271 |
| 1993 | 86348 | 2084 | 34 | 2003 | 223875 | 6277 | 373 |
| 1994 | 92452 | 2876 | 97 | 2004 | 245309 | 5551 | 429 |
| 1995 | 107674 | 1606 | 81 | 2005 | 281644 | 6764 | 631 |
| 1996 | 123560 | 1646 | 14 | 2006 | 373634 | 8349 | 804 |
| 1997 | 148498 | 2640 | 110 | 2007 | 401700 | 11270 | 1121 |
| 1998 | 175175 | 3385 | 339 | 2008 | 393700 | 11242 | 1937 |
| 1999 | 180386 | 3511 | 192 | 2009 | 421641 | 10266 | 2846 |
| 2000 | 183551 | 3724 | 247 | 2010 | 495226 | 12808 | 3351 |

## 1991~2010年江西中船航海仪器有限公司主要产品产量一览

表24-1-2　　单位:台/套

| 年份 | 燃烧器及相关产品 | 年份 | 燃烧器及相关产品 |
|---|---|---|---|
| 1991 | 10 | 2001 | 41 |
| 1992 | 11 | 2002 | 38 |
| 1993 | 13 | 2003 | 78 |
| 1994 | 16 | 2004 | 137 |
| 1995 | 54 | 2005 | 182 |
| 1996 | 96 | 2006 | 175 |
| 1997 | 94 | 2007 | 144 |
| 1998 | 78 | 2008 | 124 |
| 1999 | 80 | 2009 | 61 |
| 2000 | | 2010 | |

## 1991~2010年九江海天设备制造有限公司主要产品产量(不含军品)一览

表24-1-3　　单位:台、个、只、台、台套

| 年份 | 液化气贮罐 | 钢瓶 | 空气瓶 | 水泥罐 | 锅炉 | 氧舱 | 吊机部套 |
|---|---|---|---|---|---|---|---|
| 1991 | 82 | 9750 | | | | 2 | 1 |
| 1992 | 124 | 16120 | | | 9 | 2 | 2 |
| 1993 | 75 | 4000 | | | 17 | 5 | 5 |
| 1994 | 41 | 7500 | | | 13 | 2 | 7 |
| 1995 | 42 | 1640 | | | 18 | 3 | 3 |
| 1996 | 26 | | | | 24 | | 4 |
| 1997 | 43 | | | | 11 | 2 | |
| 1998 | 27 | | | | 3 | 1 | 1 |
| 1999 | 29 | | | | 1 | 4 | 1 |
| 2000 | 42 | | | | 2 | | 2 |
| 2001 | 18 | | 39 | | 4 | 7 | 1 |
| 2002 | 9 | | 69 | | 5 | 6 | 2 |
| 2003 | 21 | | 71 | | 8 | 1 | 0 |
| 2004 | 34 | | 107 | | 10 | 4 | 0 |
| 2005 | 12 | | 190 | 17 | 15 | 2 | 3 |
| 2006 | 3 | | 231 | 69 | 20 | | 5 |
| 2007 | 3 | | 330 | 107 | 16 | 1 | 5 |
| 2008 | | | 328 | 100 | 25 | | 11 |
| 2009 | 3 | | 360 | 128 | 15 | 1 | 5 |
| 2010 | 25 | | 321 | 31 | 20 | | 2 |

### 1991~2010年九江中船长安消防设备有限公司主要产品产量一览

表24-1-4　　单位：万元、组、套

| 年份 | 销售收入 | 利润总额 | 实现税金 | 主要产品产量 | |
|---|---|---|---|---|---|
| | | | | 阀门 | 灭火系统 |
| 1991 | 892 | 163 | 17 | 21321 | 1772 |
| 1992 | 1129 | 172 | 28 | 22664 | 1892 |
| 1993 | 1843 | 181 | 97 | 23111 | 1921 |
| 1994 | 1966 | 52 | 81 | 22797 | 3631 |
| 1995 | 2042 | 47 | 83 | 24142 | 2422 |
| 1996 | 2128 | 38 | 3 | 23632 | 2061 |
| 1997 | 3045 | 2 | 16 | 38786 | 2707 |
| 1998 | 2650 | 3 | 37 | 6065 | 3639 |
| 1999 | 2031 | –75 | 85 | 5723 | 1914 |
| 2000 | 1771 | –270 | 79 | 1550 | 5244 |
| 2001 | 2235 | 3 | 160 | 2132 | 5690 |
| 2002 | 2602 | 119 | 236 | 201 | 4668 |
| 2003 | 3205 | –9 | 243 | 3147 | 1266 |
| 2004 | 2846 | –4 | 179 | 4788 | 1877 |
| 2005 | 4075 | –3355 | 253 | 6193 | 4404 |
| 2006 | 6300 | –51 | 249 | 4880 | 9013 |
| 2007 | 6589 | –546 | 476 | 1637 | 7329 |
| 2008 | 7486 | –209 | 468 | 1056 | 9246 |
| 2009 | 10226 | –316 | 637 | 3450 | 8130 |
| 2010 | 10429 | –1160 | 732 | 5294 | 8378 |

### 1991~2010年九江中船仪表有限公司(原九江仪表厂)主要产品产量一览

表24-1-5　　单位：万元

| 年份 | 总产值 | 军品 | 民品 | 年份 | 总产值 | 军品 | 民品 |
|---|---|---|---|---|---|---|---|
| 1991 | 5580 | 439 | 5141 | 2001 | 4312 | | |
| 1992 | 6312 | 1066 | 5246 | 2002 | 4204 | | |
| 1993 | 8436 | 1345 | 7091 | 2003 | 4534 | | |
| 1994 | 9228 | 1993.8 | 7234.2 | 2004 | 4780 | | |
| 1995 | 9519 | 967 | 8552 | 2005 | 7091 | | |
| 1996 | 8579 | | | 2006 | 9050 | | |
| 1997 | 7046 | | | 2007 | 10974 | | |
| 1998 | 6566 | | | 2008 | 10138 | | |
| 1999 | 4836 | | | 2009 | 10165 | | |
| 2000 | 4912 | 1274 | 3638 | 2010 | 8488 | 7329 | 1059 |

# 第五节 研究院所

## 一、科研机构

九江精密测试技术研究所，位于市开发区，隶属中国船舶工业集团公司，是国防科技工业重点保军科研院所，专门从事精密测试、精密加工、精密测(计)量和试验技术、精密敏感和特种连接技术、精密仪表工艺和先进制造技术研究开发，产品广泛应用于航空、航天、船舶、兵器、民用等领域。原为国防科技工业、军队提供装备保障和技术服务科研单位。

研究所有科研区、试验试制区、老所区，总占地面积32公顷。其中科研区、试验试制区占地9.28公顷，总建筑面积约30000平方米，资产总值2.26亿元。至2010年，有职工450人，其中入选省部级各类人才工程人选8人，获得省部级突出贡献专家荣誉3人，高级专业技术人才60余人，有13人享受国务院政府特殊津贴。2010年全所完成销售收入12270万元。

该所始终坚持导航精密测试的技术研究和产品设计开发，形成机、电、液压、计算机为主的多种专业科技队伍。以惯性导航测试、运动仿真、振动与动平衡、精密测量、精密敏感、特种连接技术和精密机械加工等多专业技术为研究方向，形成相关领域较为完备科研、开发、试制、检测和计量等能力。

至2010年累计完成科研项目170余项，共获国家、省(部)、市级科技成果62项；拥有16项专利和3项计算机软件登记。是省优秀高新技术企(事)业单位，中国船舶工业精密机械产品检测中心，省环保产品认定检验中心，市制造业信息化示范企业。通过ISO9000质量体系认证和安全质量标准化国家二级企业审核；检测和校准实验室通过国防科技工业实验室认可委员会认可。取得武器装备科研生产许可证、国家二级保密单位资格。连续五届获"省文明单位"，2006年获省国防科技工业"十五"科技创新先进单位、2007年获省国防科技工业计量工作先进单位，2008年第二研究中心海军基地三轴仿真转台项目组获集团公司"劳动竞赛优秀班组"，2009年精加工段获被省国防科工办认定省国防工业系统"工人先锋号"，装配工段荣获集团公司先进班组称号，2010年获省国防科技工业先进单位。

## 二、科研成果

1996年，九江精密测试技术研究所自主研发"惯测组合标定转台"，为某军事基地等单位配套产品，从1997年开始为二炮部队提供产品。

2000年，该所研制"××××××滑环组件"，被中国航天集团公司第八研究院"九二一工程"用于"神舟号"试验飞船电源系统。2003年获中国人民解放军总装备部921工程办公室颁发中国首次载人航天飞行荣誉纪念奖，2006年获省国防科工办颁发的"神舟"贡献奖。2003年，该所研制的"动力调谐陀螺激光去重平衡设备"，获省重点新产品奖和省科技进步奖。该设备较好解决动力调谐陀螺调整中动平衡和漂移误差调整关键工艺问题，其研制成功填补国内技术和设备的空白。2004年该所科研项目《××××××测试技术研究》获国防科技进步三等奖。

2007年，该所自立科研项目"CCD双轴自准直仪的研制"获省科技进步奖。该设备是一种高精度角度计量仪器，具有精度高、使用方便、仪器小和便于携带等优点，广泛应用于计量检定、精度机械加工和惯性测试设备的测试领域。其研制成功，将解决国内惯性测试设备的测试、计量室角度标准等方面的高精度要求，对保证武器装备的精确度，满足军工生产需要和提高部队战斗力有很好的社会效益。2009年7月，该所研制CPT-100型稳定平台，装备在"大洋一号"科考船上，经过10天连续运转，各项性能指标稳定正常。该稳定平台主要用于控制"大洋一号"科考船摇摆，为船上雷达天线及GPS等设备提供一个稳定基准，以接收卫星电视和卫星云图信号。

2010年，自主科研项目"智能关节坐标测量机"在原理样机阶段突破结构、误差修正和补偿等关键技术，经过产品样机试制，其主要功能和技术指标达到国外同类产品先进水平，并获省科学技术进步奖。

同年,该所研制“高精度 PWM 直流有刷电机伺服系统”,是针对国内精密电机控制行业发展需要而研究开发的高新技术产品,产品广泛应用于军工项目。经市科技局鉴定,主要指标达到国内先进水平,获市科技进步二等奖。为二炮部队共提供“惯测组合标定转台”70 多台,产值 7000 多万元。

### 1991~2010 年九江精密测试技术研究所主要科技成果一览

表 24-1-6

| 成果名称 | 获奖情况 | | |
|---|---|---|---|
| | 获奖年份 | 等级 | 奖励类别 |
| GZT 双轴位置转台 | 1991 | 二等 | 国家科技进步奖 |
| 三轴惯导测试转台精密导电滑环组件 | 1991 | 三等 | 国家发明奖 |
| 卧轴多齿分度台 | 1991 | 三等 | 总公司科技进步奖 |
| 1000KN 二等标准测力机控制台 | 1992 | 三等 | 总公司科技进步奖 |
| PX-1 型盘类成型干燥生产线 | 1993 | 二等 | 总公司科技进步奖 |
| LED 大屏幕电子显示屏 | 1995 | 三等 | 九江市科技进步奖 |
| 大型凸轮自动检查仪 | 1996 | 三等 | 总公司科技进步奖 |
| 船用三向液压振动台 | 1996 | 三等 | 总公司科技进步奖 |
| 光学经纬仪全功能检定仪 | 1997 | 二等 | 九江市科技进步奖 |
| 三轴模拟台关键技术研究 | 1999 | 二等 | 总公司科技进步奖 |
| 光学经纬仪全功能检定仪 | 1999 | 三等 | 总公司科技进步奖 |
| 空间精密导电滑环组件 | 2000 | 一等 | 九江市科学技术进步奖 |
| 光学经纬仪全功能检定仪 | 2001 | 优秀奖 | 江西省重点新产品奖 |
| 空间精密导电滑环组件 | 2001 | 三等 | 国防科学技术进步奖 |
| 空间精密导电滑环组件 | 2001 | 二等 | 中船工业集团科技进步奖 |
| WDFT-360 密珠型高精度多齿分度台 | 2001 | 二等 | 中船工业集团科技进步奖 |
| ZDFT-720 程控多齿分度台 | 2001 | 三等 | 中船工业集团科技进步奖 |
| WDFT-360 密珠型高精度多齿分度台 | 2001 | 三等 | 江西省科技进步奖 |
| SZY-99 型数显自准直仪 | 2001 | 三等 | 江西省科技进步奖 |
| 动力调谐陀螺激光去重平衡设备 | 2002 | 一等 | 九江市科技进步奖 |
| SBR 法滗水器 | 2002 | 三等 | 九江市科技进步奖 |
| 动力调谐陀螺激光去重平衡设备 | 2003 | 优秀奖 | 江西省重点新产品奖 |
| 动力调谐陀螺激光去重平衡设备 | 2003 | 二等 | 江西省科技进步奖 |
| 静电陀螺测试系统研究 | 2004 | 三等 | 中国船舶工业集团公司科技进步奖 |
| 静电陀螺测试系统研究 | 2004 | 三等 | 国防科学技术奖 |
| CCD 双轴自准直仪 | 2006 | 二等 | 江西省科技进步奖 |
| CCD 双轴自准直仪 | 2006 | 一等 | 九江市科技进步奖 |
| 智能关节坐标测量机 | 2008 | 三等 | 集团公司科技进步奖 |
| 智能关节坐标测量机 | 2008 | 自主创新金奖 | 中国国际科学仪器及实验室装备展览会 |
| 智能关节坐标测量机 | 2009 | 二等 | 江西省科技进步奖 |
| 高动态微波导引姿态模拟系统 | 2010 | 三等 | 国防科技进步奖 |

# 第二章　汽车制造

## 第一节　行业规模

### 一、选点定位

1993年9月，昌河飞机工业公司制定《“八五”后期产品出口及在海内外设点办厂规划和设施办法》,提出要增强对外开发和外向经营意识,加大改革开放力度,加快引进外资步伐,大力发展公司本部生产基地,以此为依托,向沿江、沿海地区辐射。1996年4月,公司总经理、副总经理首次到九江实地考察,并开始与市机械局进行接触。16日,建线指挥部等各有关单位负责人组成九江选址论证考察小组赴九江考察。随后,又经公司主管领导几轮考察,于5月19日,公司领导及考察小组进行讨论,综合各方意见,形成在九江建线初步意向。5月22日,公司领导一行到市召开常务会,初步确定选点市螺丝山或西二路开发区一带。6月16日,建线指挥部论证小组根据多次实地勘察,提出《组建九江分厂厂址选择评价意见的报告》,对6个选择地域面积、水文地质、地形地貌、交通、环境、动力给排水6个方面的情况和数据进行详细分析、论证、比较后,向总经理部推荐邬家垅和通畔垅、西二路开发区、茅山头3地为重点选择地域。随后,又经几轮考察,于7月中旬基本确定在邬家垅、通畔垅一带建线,并开始与市政府及有关部门广泛接触,商洽在九江市组建汽车分厂事宜。此举得到市政府重视,并表示提供相关优惠政策和待遇。1997年2月,公司编制完成《昌河飞机工业公司九江公司可行性研究》和《昌河飞机工业公司在九江市组建九江公司需提供优惠政策和待遇的意见》,一并呈报市政府。公司组建九江公司的主要规划构想为按照一次规划、分步实施、滚动发展、边建设、边生产、快投入、快产出原则,在九江邬家垅、通畔垅一带新建微型车冲压线、焊装线、涂装线、总装(检测)线及销售、仓储、动力供应等生产辅助设施,形成新的昌河汽车生产基地,并逐步形成配套职工商品住宅小区、生活服务、集体福利等设施。九江公司产品结构由公司拟开发的新型微型车和多功能汽车两大系列组成,产品配套项目中,除发动机外供和公司自行小批量进口零件组装以外,均贯彻就地就近、多家配套生产的布点原则和质优价廉优先采用的市场竞争原则,重新选择布点,利用九江地理条件和工业基础等优势,形成较为完善配套体系,与汽车开发同步统一规划,带动九江地区汽车零配件工业建设、改造、发展。2月13日,市委、市政府做出《关于同意昌河飞机工业公司组建九江公司的复函》,对公司在市设立对外窗口,充分利用九江区位优势和立体交通枢纽有利条件,开拓新市场,表示欢迎和支持。2月16日,公司与市经贸委再次就昌河飞机工业公司九江公司建设、生产期间、市政府在政策上给予优惠待遇及其相关问题进行协商。公司总经理与市经贸委主任分别代表双方签订《协议书》,市经贸委负责协助公司办理建设项目立项、批准手续。市政府以划拨方式无偿提供土地使用权;将原九江微型电机厂的资产、人员和土地约29.9公顷划归昌河九江公司,连同该厂铁路以北12公顷土地、围墙以西约10公顷土地共22公顷土地一并由公司规划为生活基地,其土地征收直接费用和全部劳动力安置补偿费由公司承担;在昌河九江公司建设期内,免征固定资产投资方调节税、土地契税、城市配套费等向地方缴纳的相关税费,投产期所得税继续给予相应优惠;市政府完善相关城市道路和配套设施建设,完成昌河九江公司项目建设前的“三通一平”工作;提供项目建设期相应贷款，投产后提供九江港口一个泊位供物流进出；市政府负责解决迁入昌河九江公司职工及家属人口指标,并享受市区市民同等生活福利待遇。25日,市政府做出《关于同意昌河飞机工业公司、九江市经贸委协议书的批复》,并要求市直各有关部门对昌河九江公司项目要全力支持,高速度、高效率地为昌河九江公司项目创造一个最佳建设环境。同日,市政府下文成立以常务副市长徐明华为组长、副市长余秉绶为副组长、市经贸委主任等市政府各有关部门负责人为成员的昌河飞机工业公司九江公司项目协调服务领导小组,配合昌河九江公司项目的实施。3月初,公司委托审计法规处、计划处、人劳处、财会处、机动处等单位7人,组成接受摸底小组,对九江微型电机厂依法破产后由公司整体接收的有关法律问题,以及该厂职工基本情况、破产财产现状和债务等问题进行全面摸底、核实。市机械工业局亦于3月12日做出承诺:全力协助公司做好破产企业九江微型电机厂的整体接收工作,并签订整体接收协议;负责协调处理该厂破产前有关生产、经营及管理中遗留的问题,包括协调处理该破产案件中未知债务,并承担相应责任。

九江微型电机厂系市地方国有企业,其资产、人员等均由市政府委托市机械工业局管理。该厂始建于1958年6月,自70年代后期几乎连年亏损,至1996年11月,在册职工346人,离退休职工71人,账面资产总额为462万元,负债总额1362万元,其中外债1256.6万元,内债96.4万元。由于资不抵债,不能清偿到期债务,11月27日,九江微型电机厂依法申请破产;29日,市中级人民法院依法宣布其破产;经对其破产资产和财务进行评估和审计,12月16日，市中级人民法院裁定终结该厂破产还债程序;23日,九江微型电机厂依法办理工商注销登记。4月27日,公司将整体接受的原九江微型电机厂重组后,成立昌河飞机工业公司九江电器厂,为车间建制,自主经营,自负盈亏,独立核算,主要生产汽车、机械电器及配件。4月,市工商行政管理局向九江电器厂颁发《企业法人营业执照》。5月21日,公司与市机械局就原九江微型电机厂破产后整体接受有关事宜进行协商,公司法定代表人、总经理杨金槐与市机械局法定代表人、局长梅家根分别代表双方签订《原九江微型电机厂破产后整体接受协议》:公司整体接收隶属于市机械局的破产企业原九江微型电机厂，其中对原九江微型电机厂评估和审计确认的破产资产5874113.16元、符合具备公司提出的接受和安置条件注册人员和原厂29.9万平方米土地使用权进行接受,并负责补发原厂拖欠职工工资。九江电器厂成立后,即组建党委和厂领导班子,下设厂办、生产供销科等9个科室和电机车间、模具车间等7个车间,安置就业职工331名,离退休人员76名。1998年,九江电器厂先后开发并批量生产CH1010和CH1018备胎架、各种工位器具、刮水器总成、CH1010斜拉杆总成、横直拉杆总成、中间摇臂总成、转向轴管组件、塑料件等10几种零部件。其中塑料件产品的开发,从厂房修缮改造,设备安装调试,产品试制到批量供货,前后仅4个多月。经全厂职工共同努力,当年完成产值800多万元,扭转亏损局面。

## 二、工程建设

**2号工程**　1997年3月初,在操作兼并九江微型电机厂的同时,公司抓紧实施九江微型车生产线技术改造工程(即2号工程)的论证和实施。通过多次论证,公司制定九江微型车冲压线、焊装线、涂装线、总装线项目可行性研究方案,并呈报省经贸委。4月,省经贸委和机械厅联合行文批复,同意公司各条生产线技改方案。九江微型汽车生产线技术改造按年产10万辆一次规划,一期工程先按年产5万辆进行建设。随后,微型车生产线进入紧张建设施工阶段,在短期内完成简易建筑拆迁后,即开始平整场地。各施工单位连续奋战,克服困难,千方百计争时间、抢速度,1997年年底完成“三通一平”工作。

**厂房建设** 为实施建线计划，1997年年初，公司成立昌河九江公司筹建办公室，由公司2位副总经理负责，副总工程师任办公室主任。同年8月8日，经过专业技术人员周密勘察、设计、调研和论证，土方工程破土动工。12且10日，昌河九江公司汽车冲压厂房招标大会在市建筑交易市场举行。招标大会由公司工程招标领导小组组织，省投招标办、市政府等单位领导参与、指导、监督，应邀前来竞标的4个施工单位均为国家一级施工企业，中建八局二公司夺标成为冲压厂房土建工程建设承建单位。12月18日，昌河九江公司举行奠基仪式。1998年5月28日，公司招标工作领导小组在市举行九江公司焊装厂房土建工程开标会，来自省内外7家建筑企业参加工程招标。中建八局二公司夺标。焊装厂房、联合动力站房亦相继开工建设。6月1日，省长舒圣佑、副省长朱英培一行参观昌河九江公司建设工地，了解工程进展情况。随后，省政府领导在九江召开昌河九江项目现场办公会。舒圣佑在听取公司领导关于九江项目情况汇报后，现场落实解决九江项目发展中所遇到的问题和困难，并强调省政府对昌河发展要支持到底，提供全方位服务。市政府也将此项工程列为“市长工程”。随即省政府办公厅印发《支持昌河飞机工业公司加快发展现场办公会议纪要》：将昌河九江项目工程列为省重点工程，要求省政府有关部门和九江市政府密切配合，共同做好该重点工程服务工作，尽快完成昌河九江项目立项报批、解决用地报批及免缴有关规费、完善进出厂区道路等。6月，联合站房、焊装厂房进入施工阶段后，出现百年不遇特大洪水，造成交通中断，长江九江段溃口，建筑材料价格上涨。此时工程建设正处于室外基础阶段，施工地段地质结构复杂，时常塌方，加上其他诸多因素影响，工程建设开工后即进入最困难状态。直到同年9月才基本恢复正常施工建设速度，致使整个工程建设按原计划滞后8~10个月。虽然工程建设遇到自然界造成的巨大困难，但筹建办全体人员在市政府支持、配合下，团结拼搏，最大限度减少自然灾害损失，千方百计加快工程建设速度、保证建筑工程质量。在工程质量管理上，主要工程项目聘请省监理公司、中航总第三设计院监理公司进行工程建设全过程监理，明确发包、承建、监理三方质量管理责任，完善质量管理体系，加大现场管理力度，使工程质量管理取得明显效果。为工程建设争创省优工程打下良好基础。同时，以资金管理为重点，节约资金，降低成本，通过招标，为工程建设节约大量资金，仅场平土石方工程，招标后单价从12元/立方米降低到6.07元/平方米，节约资金近900万元，创造九江地区土石方工程历史最低价。年底，九江工程建设已完成土建工程建设投资3860万元；冲压厂房即将全面竣工，C线设备亦进入全面安装；焊装厂房立柱开始吊装，进入网架安装阶段。

2000年3月9日，省委副书记步正发，在市委书记刘上洋、市长刘积福等陪同下，专程到九昌公司参观考察。公司总经理杨金槐、党委书记吴全、九昌公司总经理姚秀灿等陪同。参观考察中，步正发与市委、市政府领导均表示，今后对九昌公司乃至整个昌河建设与发展，将一如既往地给予大力支持，全方位地配合昌河谋求更大的发展。同年，联合动力站房、焊装厂房土建工程相继建成。7月22日，投资最大、工艺最复杂的涂装厂房开工。8月18日，日本铃木株式会社会长铃木修、冈谷钢机株式会社社长冈谷笃一在中航第二集团公司车辆部部长和公司领导陪同下考察九昌公司，现场了解工程建设总体规划。

**冲压车间投产** 2000年，九昌公司建设中，由于冲压A、C生产线分别由1台2000吨、3台1000吨、3台400吨共9台冲压床组成，设备自重3000吨，单件设备最大起吊重量187吨，其中2000吨打头A生产线全国仅有6家。为保证这些超重超大设备运输安装到位，九昌公司工程技术人员制订方案，精心组织，历时半年，终于以最少投入保质保量完成安装任务。3月15日，九江昌河汽车有限责任公司冲压车间A线正式试模投产。该车间面积10080平方米，建设共分两期工程进行。3月中旬，第一期工程结束。其整体布局由毛料生产准备区、冲压生产区、包边焊接区、模具存放区、模具维修区、检验夹具存放区以及冲压件存放区、冲压件返修区、废料处理区等组成。A 线由 5 台冲床组成，最大吨位为 2000 吨，全线总吨位为 5800 吨，为全国仅有的 6 条拥有 2000 吨冲床的冲压生产线之一，年生产能力可达 15 万件。3 月 20 日，由九江昌河汽车有限责任公司冲压车间生产的 CH1018 系列微型车高顶棚在昌铃公司、合昌公司同时进行试装，试装质量比国内其他厂家所供的高顶棚质量要高，与日本进口件相比毫不逊色。结束昌河不能自己生产微型车高顶的历史，推进微型车国产化进程。根据公司要求，九江昌河汽车有限责任公司冲压车间树立产成品核算意识，紧紧围绕车间正常生产保证体系，强化车间"供应链"整合，加强采购、设备、模具、质量、安全、物流配送成本管理，按昌铃公司、合昌公司生产计划合理组织生产，克服计划不准、任务不饱满、品种变化多样等不利因素，积极推行"精益生产管理方式"，减少和降低生产环节的浪费，压缩在制品零件库存。安全生产方面，开展"日巡查、周小结、月通报"表格看板管理工作，实行"违章操作"曝光制、制定《冲压车间安全生产奖惩条例》；在产品生产上，树立"质量是企业的生命，生命只有一次"思想，实行工段、班长、操作工"三检"制度，对全员进行质量培训工作，职工质量意识和责任意识进一步提高，全年冲压零件报废率降低到 0.1%。当年，九江昌河汽车有限责任公司冲压车间共生产高顶棚 44128 台(套)，昌铃公司引申件 5 种 24998 台(套)，CH1011A 零件 10 种共计 4794 台(套)，有力支持公司微型车生产快速发展。

2001 年上半年，昌铃公司冲压车间 1300 吨冲压床等主要设备相继出现故障，车间克服自身生产任务十分紧张的困难，承担起昌铃公司 4 个 CH1018 引申件生产并出色完成任务。

**生活区建设**　九江工程建设伊始，公司就将生活区规划建设提上议事日程。根据工程建设生活区配套规划，1999 年 11 月，九江昌河汽车有限责任公司开始兴建生活区住房 101~102 栋，每栋 6 层，总建筑面积 4825.67 平方米。2000 年 6 月，2 栋共 96 户，单套建筑面积为 95 平方米的住宅楼投入使用。

## 第二节　技术设备

### 一、发动机生产线

**铸造生产线**　承制发动机缸盖、缸体、左变速箱壳体(YD2)、右变速箱壳体(YD2)、油底壳(YD2)5 个零件毛坯铸造。

**机械加工生产线**　进行发动机缸盖、缸体、变速箱壳体(左、右)、油底壳、曲轴、凸轮轴 6 种零件机械加工。

**装配生产线**　完成发动机分装和热磨合测试、变速箱的分装和测试、发动机与变速合装任务。

### 二、汽车生产线

**冲压生产线**　分冲压 A 线和冲压 C 线，冲压 A 线主要用于大型外覆盖件生产，冲压 C 线主要生产中小型内覆盖件和结构件。

**焊装生产线**　主要完成车身立壳组焊，共有设备及工装 480 台套，其中机器人 43 台分布在车身地板焊接线、车身总成焊接线和车身总成补焊线，生产自动化程度较高，大部分设备直接与 ERP 相连，实现程控运行，可有效实现准时化生产、保障产品质量。

**涂装生产线**　由前处理、中涂、面漆等工序组成，面漆工序采用性能最优良的澳洲鸵鸟毛擦净机，同时采用 ABB 自动喷涂机，调输漆系统可自动调出 9 种漆色，从而能满足用户个性化需求。

**总装生产线** 主要分为一次内饰底盘线、二次内饰装配线、动力总成合装线、车门装配线、整车性能检测线等,适合生产4.5米以下的轿车或其他乘用车。

## 第三节 生产企业

### 一、九江昌河汽车有限责任公司

1998年7月,昌河飞机工业公司与50家企业及社团法人于九江友好协商,在平等互利、共图发展基础上,本着投资主体多元化、共同投资、共担风险、自主经营、自负盈亏、一次规划、分步实施、少投入、快产出原则,拟定共同出资设立江西昌河汽车有限责任公司,并签订《关于共同投资组建江西昌河汽车有限责任公司协议》和《江西昌河汽车有限责任公司章程》。

经市政府批准后,12月17日,市工商局核准颁发九江昌河汽车有限责任公司企业法人营业执照。同月,市城建局颁发《中华人民共和国国有土地使用证》,确定土地使用面积为816960.67平方米。20日,九江昌河汽车有限责任公司第一次股东大会在湖北武汉召开。公司主要领导以及来自全国各地50家股东单位代表参加会议。全体股东代表以等额记名投票方式,选举杨金槐等13人为九江昌河汽车有限责任公司董事会董事,选举杜明华等7人为九江昌河汽车有限责任公司监事会监事,通过筹建报告中关于组织形式变更等6项重大事项的说明。会议期间召开的首届一次董事会和首届一次监事会,分别选举杨金槐为首届董事会董事长、杜明华为首届监事会主席。在《九江昌河汽车有限责任公司第一次股东大会决议》中,确认将公司名称定为“九江昌河汽车有限责任公司”,会议通过修改《关于共同出资组建九江昌河汽车有限责任公司协议》和《九江昌河汽车有限责任公司章程》,认同土地评估机构对公司在拟投入九江昌河汽车有限责任公司土地785239平方米的评估结果,并同意公司首期以货币及部分土地使用权折价出资。

九江昌河汽车有限责任公司由公司与陕西华兴航空机轮公司等50家企业和社团法人共同出资64500万元,在原昌飞九江公司基础上组建,其中公司出资38750万元,占股比60.0775%,公司工会出资5000万元,其他48家股东共出资20750万元。公司出资方式为无形资产、土地使用权及货币资金,其他股东均以货币资金出资。九江昌河汽车有限责任公司地处九江市城市规划区内。生产区位于九江市庐山区十里乡通畔垅村,东至昌九公路转盘沿长江南路西侧道路红线向北延至前进西路,南自昌九公路转盘与昌九公路距离50米向西平行延伸1200米,西自昌九公路转盘向西与昌九公路平行延伸1200米,南北直线连接,北至前进西路区菜科所、环卫疗养所、通畔垅村村部后围墙向西延至铁路货场小路东侧西转至西线,占地面积785239平方米。

至此,九江昌河汽车有限责任公司正式成立,下设工程处、综合管理处、财务处、冲压车间。

### 二、昌河铃木九江分公司

2004年12月26日昌河铃木第6次董事会审议通过,于2005年2月26日批准成立昌河铃木九江分公司。同年建成投产,总投资30亿元人民币(含后续技改投资),是昌河汽车轿车和发动机生产基地。

公司总体规划为年产汽车20万辆、发动机30万台,一期投资按年产汽车10万辆、发动机7.5万台建设(双班)。生产区占地面积89.1公顷,生活区28.3公顷,有员工1480人,其中,一线员工1241名,占83.13%,技术人员113名,占7.95%,管理人员126名,占8.87%,具有高级职称的40人,中级职称的80人。

公司通过 ISO 14001、ISO 28001、ISO 19001 体系认证，并获得国家电动车生产资质。

“十二五”期间，公司将实现整车年产 20 万辆，发动机年产 30 万台，产值 100 亿元，职工收入翻一番的目标，为地方经济和社会发展贡献力量。

# 第四节 产品产量

## 一、主要产品

**利亚纳轿车** 2004 年，启动利亚纳轿车研制，2005 年 11 月 25 日，三厢利亚纳轿车上市，2006 年 3 月 23 日两厢利亚纳上市，并搭载日本铃木最新世界战略中型发动机 M16A(含变速箱)。2007 年，LIANA (利亚纳)车被中国消费者基金会推介为消费者认可的“优质信誉产品”，并在 C-NCAP(中国新车安全评价规程)碰撞安全性能测试中荣获“四星级”，在同类车型中排名第一。2009 年，利亚纳车推出 1.8 升运动版。

2010 年 10 月，为响应国家节能环保政策要求和适应市场需求，研制出 1.4 升利亚纳，受到市场较大关注，获网易汽车“2010 年度最具性价比紧凑型轿车”奖，延伸 LIANA 车的产品线，为 LIANA 整个车型后续成长奠定较好基础。

**福瑞达微型车** 2008 年，福瑞达单双排货车生产线由合肥昌河搬迁至九江分公司，9 月正式开始搬迁，11 月正常生产。

2009 年，推出加长版，提升承载能力。在长安—昌河双品牌战略合作项目指引下，2010 年 5 月，推出长安星卡 C2 福瑞达单双排系列。

**发动机系列** 主要产品 K14B 发动机是日本铃木公司为适应中国汽车市场需求而专门开发的、性能优越的小排量发动机，排气量 1372CC，最大功率 57 千瓦，百千米油耗 4 升，具有实用性、可靠性、耐久性、低油耗、静音性优秀品质，成功入围博格华纳杯“中国芯”2007 年十佳发动机名单。

2010 年 4 月，新开发的 K12B-A 发动机实现量产，并获 2010 年“中国芯”十佳发动机称号。搭载到浪迪和加长版福瑞达，使 K 系列发动机品种更为丰富。

## 二、生产经营

2005 年 6 月底，九江分公司发动机生产线正式投产，汽车生产线于同年 9 月投产，至 2010 年，已达到年产发动机 7.04 万台，汽车 3.68 万辆生产能力。

**2005~2010 年九江分公司发动机产量一览**

表 24-2-1　　单位：万台

| 年 份 | 产 量 | 同比增长 | 年 份 | 产 量 | 同比增长 |
|---|---|---|---|---|---|
| 2005 | 1.60 | - | 2008 | 5.50 | 5.8% |
| 2006 | 3.10 | 93.8% | 2009 | 6.94 | 26.2% |
| 2007 | 5.20 | 67.8% | 2010 | 7.04 | 1.4% |

2005~2010 年九江分公司汽车产量一览

表 24-2-2　　单位:辆

| 年 份 | 产 量 | 同比增长 | 年 份 | 产 量 | 同比增长 |
|---|---|---|---|---|---|
| 2005 | 1000 | - | 2008 | 5418 | -37.5% |
| 2006 | 13000 | 1200% | 2009 | 22891 | 322.5% |
| 2007 | 8667 | -33.3% | 2010 | 36855 | 61.0% |

## 三、产品质量

2007 年,利亚纳车被中国消费者基金会推介为消费者认可“优质信誉产品”,并在 C-NCAP(中国新车安全评价规程)碰撞安全性能测试中获“四星级”,在同类车型中排名第一;新利亚纳车以其优良性价比,获网易汽车“2010 年度最具性价比紧凑型轿车”大奖。K14B 发动机入围博格华纳杯“中国芯”2007 年十佳发动机名单。K12B 发动机获 2010 年“中国芯”十佳发动机称号。2010 年,K14B-A 发动机与景德镇工厂制造的 CH6391 浪迪系列车 2 个项目共同获得省级新产品一等奖。

2007 年、2009 年,公司先后获得市政府颁发的“优秀工业企业贡献奖”。2010 年获全国总工会“模范职工之家”称号,

# 第二十五篇

# 建 材 业

# 第二十五篇 建材业

20 世纪 90 年代,建材工业作为全市经济支柱产业地位进一步确立。至 1995 年,全市建材工业总产值达 5.0761 亿元。1996 年,全市水泥产量突破 100 万吨大关,达 105 万吨。

2001 年 1 月,九江玻璃纤维厂更名为中国化建巨石九江工厂,投入 4000 多万元,对 160 台代铂炉生产线大规模技术改造,玻璃纤维年生产能力达 2.5 万吨,实现产量 1.75 万吨,产值 2.05 亿元,上缴税金 273 万元。同年,由于亚东水泥有限公司加盟,市水泥产量突破 200 万吨大关,达 258.79 万吨。随着庐山海螺水泥有限公司、江西三环水泥有限公司、九江鑫山水泥有限公司、九江兰丰水泥有限公司相继诞生与加盟,全市水泥行业生产力格局发生重大变化,九江水泥工业不失时机融入全国新型干法水泥建设热潮。2003 年,全市水泥产量 470.23 万吨。同年,巨石集团投资新建无碱池窑拉丝生产线建成投产,填补省没有玻璃纤维池窑拉丝的空白。2005 年 12 月,巨石集团又投资 3.1 亿元,新建 1 座年产 3 万吨玻璃纤维池窑生产线。此间,江西长江化工有限公司与杭州华正电子材料有限公司、上海南亚覆铜箔板有限公司合资组建江西长江玻璃纤维有公司,共谋电子玻纤业发展。以传统高能耗、高污染、低效率玻璃纤维行业向技术密集、资源节约、自动化水平高、生产效率高新型产业快速发展。2009 年 6 月,总投资 9300 万美元九江诺贝尔陶瓷有限公司一期工程正式点火投产。

2010 年末,全市建材企业 1100 余户,从业人员 5 万余人。其中规模以上建材企业 121 户,现价工业增加值全年累计 69.28 亿元,主营业务收入 136.5 亿元。九江建材工业以前所未有的活力阔步前进。

# 第一章　水泥生产

## 第一节　行业规模

1991 年,全省机立窑水泥综合节能技术改造样板示范企业德安水泥厂,采用窑体扩径、保温层改造、生料配方调整、煅烧操作技术改进等 14 项新技术,在全省率先进行机立窑技术改造,取得良好效益。水泥年产量比改造前净增 1.1 万吨,熟料净增 1.6 万吨,节约标煤 1097 吨,节电 139 万千瓦时,新增税利 173 万元。该厂"三环牌"普通硅酸盐水泥获省优质产品称号,并通过国家质量认证。1992 年 5 月,国家建材局在德安水泥厂召开机立窑综合节能技改示范项目验收现场会,认定项目完成与设计标准基本符合,综合节能效益明显,技改投资回收期 1.3 年。省建材局确定该项目在全省机立窑水泥企业中大力推广。

当时,全市县办水泥厂大多土法上马,从小到大逐步发展起来,普遍存在工艺水平、生产技术和企业管理水平相对落后;水泥窑热效率低,熟料质量差,生产不稳定,装备不配套,粉尘污染严重,劳动生产率低等许多急需解决问题,通过机立窑综合节能技术改造,针对性解决存在问题,取得显著成效,有力推动水泥生产上一个新台阶。这一时期,水泥市场基本是供不应求,德安水泥厂乘势而上,兴建年产 20 万吨道路水泥生产线,使产能扩张到 23 万吨/年,九江县水泥厂生产能力也由原来 8.8 万吨/年扩大到 15 万吨/年。1995 年,全市水泥产量 96.05 万吨,比 1990 年将近翻一番,水泥企业平均年产量由 4.1 万吨增长到 8.7 万吨;平均年产值 1268 万元,比 1990 年增长 1.7 倍;425# 以上水泥占水泥总量 94%,比 1990 年提高 16 个百分点。回转窑水泥占水泥总量 29%。水泥产品国家抽检合格率 100%。

"九五"期间,水泥市场供求关系发生逆转,供大于求格局形成。1996 年,全市水泥产量首破 100 万吨大关,达到 105 万吨。修水水泥厂、德安水泥厂、九江县水泥厂、彭泽水泥二厂等企业被评为为全市工交企业学邯钢示范企业。全市水泥行业技术改造步伐继续迈进,修水水泥厂扩建 10 万吨水泥生产线项目基本建成;星子水泥厂 4.4 万吨节能改造项目破土动工;九江县水泥厂、德安县水泥厂、瑞昌市水泥厂、永修县水泥厂、彭泽县水泥二厂变频调速电机应用进展顺利,取得良好效益。1997 年是全市水泥企业"改革闯关、改制创新"年,减员增效,竞争上岗,完善企业内部三项制度改革;按照"三个有利于"标准,以制度创新为核心, 加快建立适应市场经济体制的现代企业制度。县以上水泥企业普遍进行公司制改革,组建成立有限责任公司。武宁水泥厂在县委、县政府支持下,成功兼并武宁林业水泥厂,组建成立武宁水泥有限责任公司,通过资产重组,以增量盘活存量,使武宁林业水泥厂起死回生。同年,台湾远东集团亚洲水泥股份有限公司与江西省投资集团公司共同组建合资企业——江西亚东水泥有限公司落户瑞昌市码头镇,一期工程年产 150 万吨新型干法窑外分解水泥生产线开工兴建。

1998 年,按照市委、市政府要求,结合企业实际,制定和实施国有企业三年脱困目标。庐山水泥有限责任公司强化管理,当年减亏 560 万元。同年,该公司抓住九江灾后重建、水泥需求量增加历史机遇,生产水泥 40.2 万吨,实现自 80 年代二次技改以来首次达产达标(超出设计能力 9 万吨),上缴税金 780 万元,居全市工业企业之首,被评为市工业企业生产先进单位。2000 年,生产水泥 38 万吨,继续保持盈利。该公司在全省百家企业质量承诺活动中,获评为信得过单位。主导产品 425# 普通硅酸盐水泥被国家建材工业协会确定为跨世纪向建筑工业用户及消费者推广产品。425#、425R、525# 水泥被省技术监督局确定为省重点保护产品。湖口县水泥厂各项经济指标不断刷新,成为湖口县骨干企业,先后获评为湖口县十强企业、湖口县税利大户和湖口县先进单位称号。德安县水泥厂、九江县水泥厂、修水鼎立集团公司、九江盛秀水泥有限公司、武宁水泥有限责任公司生产稳步发展、市场不断拓宽、经济效益大增,受到当地政府表彰。2000 年,全市水泥产量达到 154.5 万吨,比 1995 年增长 49.09%。

21世纪，全国水泥行业结构调整力度进一步加大，新型干法窑外分解水泥蓬勃发展，“上大关小”，淘汰落后产能步伐加快，企业兼并、收购，重组，集团式异地发展模式开始出现。2000年7月，江西亚东水泥有限公司一号窑工程竣工，在瑞昌成功点火投产。这是全省第一条拥有自主知识产权、具有国际先进水平新型干法窑外分解水泥生产线，与成本高，耗能大，污染严重的机立窑水泥相比，新型干法水泥具有低成本、高品质、高效率、高环保显著优势。该公司“洋房牌”水泥上市，让人感受到高新技术对传统产业强大冲击力。2001年，由于亚东加盟，九江水泥年产量达到258.79万吨，比2000年增长100多万吨。同年，庐山水泥有限责任公司与安徽海螺水泥股份有限公司谋求资产重组，2002年1月，安徽海螺水泥股份有限公司承债式收购庐山水泥有限责任公司，组建成立庐山海螺水泥有限公司，通过企业资产重组和改制，依托海螺的品牌、资金、管理优势，对原有生产线进行技术改造，公司产能规模扩大到50万吨。同年，江西亚东水泥有限公司通过ISO 90001质量体系认证，“洋房牌”525RⅡ型硅酸盐水泥共9个品种获国家质检部门颁发“国家产品质量免检”殊荣。台湾亚洲水泥公司常务董事长张才雄，就选中投资江西瑞昌，归结原因为当地矿石资源易开采、品位高，按2条线300万吨年产量计，可持续开采50年；厂区紧靠长江，水路四通八达，可降低水泥运输成本，铁路、公路交通也很便捷；中央有关部委及省政府优惠政策服务到位。新世纪新型干法水泥发展良好开端，在市委、市政府支持下，德安、彭泽、九江、修水、湖口等地，充分发挥区位优势，通过招商引资和企业资产重组，加速新型干法水泥发展，不失时机地推动全市水泥产业结构优化升级。

2003年，是全市水泥行业生产力格局发生重大变化一年，由浙江客商杨志明投资2.4亿元，兴建江西三环水泥有限公司落户德安县宝塔工业园。九江鑫山水泥有限公司在九江县成立，总投资3.5436亿元，一期兴建日产2500吨新型干法水泥熟料生产线，年产水泥100万吨。九江兰丰水泥有限公司与彭泽县政府签约，分二期投资8.4亿元，建设日产10000吨新型干法水泥熟料生产线。庐山海螺水泥有限公司新建年产150万吨新型干法水泥粉磨生产线和专用码头，水泥年产能扩大到190万吨。全市水泥总产量470.23万吨。且从2003年始，全市水泥产量以每年100万吨速度递增。

随着新型干法水泥快速发展，全市淘汰落后水泥产能工作稳步推进。德安县水泥厂、瑞昌水泥厂等县办水泥企业，陆续进行国有企业改制，机立窑水泥逐步退出水泥生产行列。2006年，江西亚东水泥有限公司3号窑开工兴建，江西三环水泥有限公司、九江鑫山水泥有限公司、九江兰丰水泥有限公司亦陆续建成投产，转入正常运营。全市水泥产量723万吨。2009年10月，江西修水南方水泥有限公司成立，总投资2亿元，一期工程100万吨新型干法水泥开工兴建。2010年，江西亚东水泥有限公司第五、六条生产线扩建工程完成征地拆迁，正式转入基础设施建设阶段。项目总投资28亿元，被列入江西省重点调度工程项目，设计建设两条日产6000吨新型干法水泥生产线并配套余热发电系统，扩建工程建设工期为18个月。这两条生产线建成后可实现年产水泥600万吨，江西亚东水泥年产能可达1400万吨。同年，湖口万年青水泥有限公司总投资1亿元，年产130万吨新型干法水泥粉磨站也开工兴建。九江成为全省最大水泥生产基地。

2010年，全市水泥产量777.2万吨，比1991年增长15.5倍。其中新型干法水泥产量608.78万吨。占水泥总量比重87.3%。达到全国先进水平。

**1995年全市水泥企业一览**

表25-1-1　　单位：万吨/年、万吨

| 企业名称 | 地 址 | 开工年份 | 隶属 | 经济类型 | 生产窑型 | 生产能力 | 注册商标 | 产量 |
|---|---|---|---|---|---|---|---|---|
| 庐山水泥厂 | 庐山区高垅乡 | 1962 | 市 | 国有 | 回转窑湿法 | 31 | 庐山牌 | 26.7 |
| 德安县水泥厂 | 县城五里墩28号 | 1975 | 县 | 国有 | 机立窑 | 23 | 三环牌 | 18.08 |
| 九江县水泥厂 | 县城双瑞路134号 | 1970 | 县 | 国有 | 机立窑 | 15 | 九江牌 | 14.0 |

续表 25-1-1

| 企业名称 | 地 址 | 开工年份 | 隶属 | 经济类型 | 生产窑型 | 生产能力 | 注册商标 | 产量 |
|---|---|---|---|---|---|---|---|---|
| 湖口县水泥厂 | 湖口县 | 1973 | 县 | 国有 | 机立窑 | 4.4 | | 3.8 |
| 彭泽县水泥厂 | 彭泽县 | 1970 | 县 | 国有 | 机立窑 | 8.8 | | 7.8 |
| 彭泽水泥二厂 | 彭泽县 | 1972 | 县 | 国有 | 机立窑 | 4.4 | | 3.6 |
| 星子县水泥厂 | 星子县 | 1975 | 县 | 国有 | 机立窑 | 4.4 | | 3.5 |
| 永修县水泥厂 | 永修县城 | 1970 | 县 | 国有 | 机立窑 | 8.8 | | 7.8 |
| 瑞昌市水泥厂 | 瑞昌市 | 1970 | 县 | 国有 | 机立窑 | 8.8 | | 7.5 |
| 武宁县水泥厂 | 武宁县城 | 1972 | 县 | 国有 | 机立窑 | 4.4 | | 3.2 |
| 修水县水泥厂 | 修水县三都镇 | 1970 | 县 | 国有 | 机立窑 | 8.8 | | 8.0 |

**2010 年全市水泥企业一览**

表 25-1-2　　单位:万吨/年、万吨

| 企业名称 | 地 址 | 开工年份 | 经济类型 | 生产方式 | 生产能力 | 注册商标 |
|---|---|---|---|---|---|---|
| 江西亚东水泥有限公司 | 瑞昌市码头镇 | 2000.07 | 合 资 | 新型干法 | 800 | 洋房牌 |
| 江西庐山海螺水泥有限公司 | 庐山区高垅乡 | 2002 | 股份公司 | 新型干法熟料 | 190 | 海螺牌 |
| 江西三环水泥有限公司 | 德安县宝塔工业园 | 2004.09 | 民 营 | 新型干法 | 100 | 三环牌 |
| 九江鑫山水泥有限公司 | 九江县沙河街 | 2004 | 民 营 | 新型干法 | 200 | |
| 九江兰丰水泥有限公司 | 彭泽县 | 2004.09 | 股份公司 | 新型干法 | 100 | |
| 修水鼎立水泥有限责任公司 | 修水县 | 1970 | 股份公司 | 机立窑 | 20 | |
| 修水南方水泥有限公司 | 修水县 | 在建 | 股份公司 | 新型干法 | 100 | |
| 湖口万年青水泥 | 湖口县 | 在建 | 股份公司 | 新型干法熟料 | 130 | |

# 第二节　主要产品

## 一、水泥产品

九江水泥行业主导产品有硅酸盐水泥、普通硅酸盐水泥和复合硅酸盐水泥。硅酸盐水泥具有早期强度高,抗冻性和耐磨性较好,适用于配制高标号混凝土等特点,大多用于重点工程和高层建筑。普通硅酸盐水泥具有强度高、凝结时间正常、抗冻性好、干缩性小等特点。适用于工业、民用建筑、道路、铁路、轻轨、桥梁、隧道。复合硅酸盐水泥为环保经济性水泥,具有水化热低、良好的抗渗性、良好的和易性等特点。适用于一般工业民用建筑及装饰装修施工、水下及大体积工程。

20 世纪 90 年代初期有少量矿渣硅酸盐水泥。325# 水泥因价格便宜有一定市场。1995 年通过机立窑综合节能技术改造,全市 425# 以上水泥占水泥总量比重达到 94%。

水泥生产过程实行严格检测、检验,确保出厂水泥合格率 100%。20 世纪 90 年代初开展群众性 QC小组活动,实行全面质量管理。1995 年,全国第二次发放水泥生产许可证,全市县以上水泥企业全部领到生产许可证。水泥产品国家抽检合格率 100%。2001 年后实施国家水泥新标准。水泥生产、使用、质检等进一步规范。采用新型干法水泥工艺生产企业均通过 ISO 质量体系认证、企业质量管理体系和产品质量认证。

是时,水泥仍为紧俏商品,销售旺季,水泥厂常见等待提货车队长龙。随着生产发展,到 1995 年供需矛盾基本缓和。此后,尽管建材市场疲软,水泥产销基本平衡。2001 年后,采用新型干法水泥工艺生产硅酸盐、普通硅酸盐和复合硅酸盐水泥市场占有率逐年提高,水泥销售半径不断扩大。产品价格随行就市。

## 二、生产流程

**矿山采运** 市水泥灰岩资源水泥用硅质材料黏土、页岩、砂岩、千枚岩均可就地取材。水泥企业大多自备矿山，机械化开采。大型水泥企业还备有矿石采运的铁路和水运码头。

**生料制备** 与所采用的煅烧窑型有关。县办水泥厂大多为节能型塔式机立窑，生料制备更趋完善，将石灰石、黏土、煤、铁粉、萤石等经破碎、烘干（均化）分别装入贮存库，采用微机配料送入生料磨，再经均化后，预加水成球。

庐山水泥厂采用湿法回转窑，生料制备工艺正规，将原材料按一定比例配合，从联合贮存库中用行车运至磨头仓，进入圆盘喂料机与水送至生料磨，然后进磨尾料浆池，用料浆泵打入料库备用。

新型干法水泥以悬浮预热器和窑外分解技术为核心，采用新型原料、燃料均化和节能粉磨技术及装备，全线采用计算机集散控制，实现水泥生产过程自动化。其生料制备工艺为：破碎后的石灰石、黏土和其他辅助原料各自从堆场由皮带输送机送往磨头喂料仓，经配料计量后，定量喂入原料磨进行烘干并粉磨。烘干磨的热气体由悬浮预热器排出的废气供给，开启时则借助热风炉供热风。粉磨后的生料用气力提升泵送入两个连续性空气均化库进一步用空气搅拌均化生料和储存生料。

**熟料煅烧** 县办水泥厂机立窑是机械加料、机械卸料，连续操作。经窑体扩径、保温层改造、生料配方调整、煅烧操作技术改进等14项新技术应用，水泥窑热效率低，熟料质量差，生产不稳定，装备不配套状况得到改善，在优质、高产、低消耗和安全生产方面明显进步。

庐山水泥厂湿法回转窑工艺是从料浆生料库入搅拌池，配料搅拌打入料浆库，经喂料小仓、喂料机送入回转窑煅烧成熟料，再经冷却机转入破碎机破碎后进入联合贮存库。

新型干法水泥工艺是将均化库中的生料经卸料、计量、提升、定量喂料后由气力提升泵送至窑尾悬浮预热器和分解炉中，预热分解后物料进入回转窑煅烧成熟料。回转窑和分解炉所用燃料煤由原煤经烘干兼粉磨后，制成煤粉并储存在煤粉仓中供给。熟料经冷却机后，由裙板输送机、计量秤、斗式提升机分别送入熟料库内储存。

**水泥制成** 将熟料、石膏、与混合材按比例混合研磨至一定细度即为水泥成品。新型干法水泥工艺是将熟料、石膏经定量喂料机送入水泥磨中粉磨。水泥磨与选粉机一起构成圈流水泥磨，粉磨时也可根据产品要求加入适量混合材料与熟料、石膏一同粉磨，生产不同种类、标号水泥。粉磨后的水泥经仓式空气输送泵送至水泥库储存。

**成品装运** 各水泥厂库存水泥经包装机包装为袋装水泥，经汽车、船或火车运输出厂，部分水泥由散装水泥专用车、船运输出厂。

**1991~2010年全市水泥产量一览**

表25-1-3　　　　单位：万吨、%

| 年 份 | 产 量 | 增加减少 | 年 份 | 产 量 | 增加减少 |
|---|---|---|---|---|---|
| 1991 | 50.00 | +20.3 | 2001 | 258.79 | +67.6 |
| 1992 | 62.30 | | 2002 | 281.42 | +12.0 |
| 1993 | 78.60 | | 2003 | 470.23 | +73.4 |
| 1994 | 81.20 | | 2004 | 525.98 | +12.4 |
| 1995 | 90.06 | | 2005 | 618.00 | +15.7 |
| 1996 | 105.00 | | 2006 | 723.00 | +19.6 |
| 1997 | 95.46 | –5.34 | 2007 | 769.00 | +6.4 |
| 1998 | 102.50 | | 2008 | 764.20 | –0.1 |
| 1999 | 124.53 | | 2009 | 838.20 | |
| 2000 | 154.50 | +19.4 | 2010 | 777.20 | –7.9 |

# 第三节 主要企业

## 一、江西亚东水泥有限公司

位于瑞昌市码头镇,厂区占地面积44.93公顷,矿山占地面积228.53公顷,其余黏土矿区及港口占地107.93公顷。石灰石储量3.35亿吨。该公司由台湾远东集团旗下的亚洲水泥股份有限公司转投资江西并与省投资集团公司共同成立的合资企业,也是省最大中外合资企业之一,总投资额约4亿美元。

江西亚东水泥有限公司一期建厂工程于1997年破土动工,2000年7月一号窑建成功投产。该公司有4条现代化水泥生产线,采用世界一流的水泥生产上工艺及设备,生产全程自动化控制。年水泥生产能力达到800万吨。该公司于2002年2月通过ISO 9001质量体系认证;2005年5月通过ISO 14001环境管理体系认证;2008年3月通过OHSAS18001职业健康安全管理体系认证,2008年5月成功于香港联交所挂牌上市。水泥销售网络遍布长江中下游及沿海地区。该公司秉持远东企业集团“诚、勤、朴、慎”立业精神及企业文化,致力于建造一个高环保、高品质、高效率、低成本所谓“三高一低”的大型现代化环保水泥厂。

2010年11月,该公司第五、第六条(6000T/D)生产线扩建工程完成征地拆迁,转入基础设施建设阶段。这一项目总投资28亿元,被列入省重点调度工程项目,设计建设两条日产6000吨新型干法水泥生产线并配套余热发电系统,扩建工程建设工期为18个月。这两条生产线建成后可实现年产水泥600万吨。

## 二、江西庐山海螺水泥有限公司

位于庐山区高垅乡,北距市中心20千米,南经星子可直达南昌。2002年1月,安徽海螺水泥股份有限公司承债式收购庐山水泥有限责任公司,组建成立庐山海螺水泥有限公司。公司成立后,实行企业资产重组和改制。公司下设矿山、水泥、制造3个分厂和公司办、组织人事处、生产品质处、机动处、供应处、销售处、财务处7个处室,有在岗职工540人。2003年,公司加大技术改造和扩大产能建设,投资8500万元新增2台φ3.8×13米磨机,组建新型干法水泥熟料粉磨生产线和企业专用码头。公司产能规模由50万吨提升到190万吨。

该公司生产的“海螺”牌PO42.5水泥和PC32.5水泥获得省“重点产品”“国家免检产品”称号,被用于九江长江大桥、九景高速、京九铁路等国家重点工程项目,远销南昌,湖北武汉、黄冈及湖南岳阳等地。公司还先后通过ISO质量体系认证、企业质量管理体系和产品质量认证。2007年获市地方税收纳税十强企业荣誉称号。2008年获国家新产品认证证书。2009年获市企业年度贡献奖。

## 三、江西三环水泥有限公司

位于德安县宝塔工业园西区南端,民营股份制企业。2003年4月,浙江兰溪客商杨志明出价800万买断原德安水泥厂10年经营权,并投资2.2亿元新建1个新型干法水泥厂,组建成立江西三环水泥有限公司。2004年9月23日,该公司日产2500吨新型干法回转窑水泥生产线点火投产,年生产能力120万吨,加上由原德安水泥厂改组的控股子公司——德安双鹰水泥有限公司年30万吨产能,公司年总产能达150万吨。

公司拥有设备先进的水泥生产设备和工艺,主磨机采用φ4.6×(10+3.5)m生料磨,φ4.2×13m水泥磨,φ4×60m回转窑,φ1400×1700mm液压机,关键设备有引进瑞士ABB公司Dcs集散自动控制系统及过程仪表设备,德国菲斯特公司的计量设备,日本椿本公司提升机和美国喷雾系统有限公司的除尘冷却喷雾设备等,技术装备达到国内同行业领先水平,主导产品“三环”牌P.O 52.5、P.O 42.5R、P.O 42.5、P.O 32.5R、P.O 32.5普通硅酸盐水泥,实施“ISO 9001:2000”国际质量管理体系,并通过质量管理体系认证和国家产品质量认证。产品质量稳定,早期强度高,富裕强度大,一等品合格率100%,优等品合格率

100%,被列为省重点保护产品,广泛用于高层建筑,高等级公路,水库大坝等基础设施和重点工程建设。在南昌、九江等周边地区有很高的知名度,成为众多重点工程及广大消费者的首选品牌。

## 四、九江鑫山水泥有限公司

位于九江县沙河街(镇),占地26.66公顷,民营股份制企业。该公司成立于2003年8月,总投资35436万元,2004年第一条日产2500吨新型干法水泥生产线建成投产。2009年又扩建1条同等规模的生产线,年水泥生产能力达到200万吨。公司有职工290余人,其中大中专以上文化程度及专业技术人员65名。先后获市诚信企业;市优秀企业;市百强民营企业;农行资信AA级信用单位;全省同行业地产最畅销产品;省重点保护产品等荣誉。

公司采用新型干法水泥生产工艺,生产线关键设备均采用国内外较为先进的装备。为保证产品质量的稳定,对各大宗原燃材料,如石灰石、黏土、燃煤等均设置大型的均化库,使大宗原燃材料质量更为稳定,为熟料及水泥质量的稳定提高创造良好的条件;生料和水泥配料均采用高精度的微机电子秤计量,计量精度达到0.5%,保证配料的准确度;水泥库采用多料流式均化库,均化效果处于领先水平,保证出库水泥的进一步稳定;整个生产工艺采用智能化中央控制系统,生产及设备的信息处理方便、快捷,使产品质量更加稳定。

在质量管理上,提出"立足顾客创市场,铸造名牌抓质量,与时俱进争效益"的质量方针,确定企业质量目标:出厂水泥合格率、富裕强度合格率、水泥袋重合格率均达到100%;顾客满意度大于85%。制定严于国家标准的内部质量指标。公司设有独立的化验室,配有分析、物检、质量控制组,各种检验、计量器具齐全,可满足从原燃材料进厂到水泥出厂的整个生产线的质量控制检验要求,并具备一定的试验研究、开发能力。公司依托具有国内先进水平的水泥生产线的硬件优势,融入先进的管理理念,不断提升企业管理水平,严格按照ISO 9001:2000标准质量管理体系对企业实施质量管理,取得ISO 9001:2000质量管理体系认证和水泥产品质量认证。

公司生产主要水泥品种有普通硅酸盐水泥42.5和32.5、复合硅酸盐水泥32.5级水泥。公司利用优质原材料,先进生产工艺,生产出的熟料和水泥产品质量稳定,性能优良,具有低碱、低热,早期强度高,后期强度稳定,耐久性好等特点,适用于桥梁、高速公路、大型水利工程,以及各种民用工程。是生产出口水泥熟料的优选基地。产品自投放市场以来,畅销于上海、南京、安徽、湖北、湖南、江西等地区。历年来国家各级质量监督抽查均合格,无产品质量投诉,具有较高的市场信誉。

## 五、九江南方水泥有限公司

位于彭泽县,占地面积38.33公顷,民营股份制企业。公司的前身是九江兰丰水泥有限公司,成立于2003年9月,总投资8.4亿元,建设二条日产2500吨新型干法水泥生产线。于2006年1月正式投产,2008年实现工业总产值31256万元,销售收入32478万元,实际上交税金2141万元。主要产品525#普通硅酸盐水泥,销往沿江及周边省、市。

2009年,九江兰丰水泥有限公司加盟中国建材集团旗下江西南方水泥有限公司,更名为九江南方水泥有限公司。拟投资4.9亿元建设1条年产150万吨水泥生产线,并利用窑头窑尾的余热,建设1套装机容量7.5MW的纯低温余热电站,年新增销售收3.6亿元,实现利税8000万元。

## 六、江西修水南方水泥有限公司

位于修水县四都镇,是中国建材集团旗下江西南方水泥有限公司全资子公司。公司创立于2009年10月,属修水县招商引资重点工程,总投资20000万元,采用国际先进的新型干法水泥生产线,一期工程建设生产100万吨水泥熟料粉磨站,预计2011年5月竣工投产,达产达标后,可实现年销售收入4亿元,年纳税2000万元以上,解决就业200余人。

### 七、江西湖口万年青水泥有限公司

位于湖口县金砂湾工业园,为江西万年青水泥股份有限公司(000789)的控股全资子公司,成立于2010年,总投资1亿元,建设年产130万吨新型干法水泥熟料粉磨站,计划2011年建成投产。达产达标后年生产能力为130万吨水泥及矿渣微粉,能消化电厂、钢厂废渣资源,提高企业竞争力。

### 八、江西庐山水泥厂

江西省最早生产大水泥(湿法回转窑)企业,厂区占地面积45.5公顷,建有一条捷克式 ф3.1×2.7×95M 和一条 ф3.5×145M 国产华新回转窑,2台 ф3×9M 水泥磨,是省建厂最早的水泥企业,省建材行业的骨干企业,自建厂初期始至21世纪初隶属于国家建工委、国家建材总局、庐山管理局、省建材局、市建材工业局管理。主要生产"庐山牌"525#、425#普通硅酸盐水泥和复合硅酸盐水泥。1998年3月,庐山水泥厂更名为江西庐山水泥有限责任公司,2002年1月,以资产重组方式进行国有企业改制,由安徽海螺水泥股份有限公司承债式收购。

### 九、江西德安水泥厂

位于德安县五里墩28号,距京九铁路德安站2千米,昌九公路依厂而过,厂码头可停靠百吨级货船,经鄱阳湖入长江,占地面积13.65公顷,隶属县经委管辖,国有中二型企业。产品注册商标"三环牌"。20世纪90年代初开始进行机立窑综合节能改造,被列为全省机立窑示范企业。1993年新建一条年产20万吨道路水泥生产线,企业总产能达到23万吨/年。该厂生产的"三环牌"425#普通硅酸盐水泥再次荣获省优产品称号,并获得国家质量认证。90年代是德安县经济效益显著的骨干企业。

2003年进行国有企业改制,被创办江西三环水泥有限公司的浙江客商买断经营权,成为该公司全资控股子公司。

### 十、九江县水泥厂

位于九江县沙河镇,县办国有企业。原生产规模无熟料水泥2000吨/年。20世纪90年代进行机立窑综合节能改造,生产再上新台阶,曾创造连续8年保持盈利的佳绩。为县骨干企业和全市税利大户。2001年后进行企业改制。

# 第二章　水泥制品生产

## 第一节　行业规模

20世纪90年代,水泥制品能替代钢材、木材,具有原材料来源广、耗能少、使用寿命长、维修费用低等独特优点,依然是国家重视、推广应用建材产品。市水泥制品业生产工艺和技术更为成熟,产品品种不断增加,产品质量显著提高,推广应用也更为普遍。水泥制品成为全市建材行业主要建材产品,除了九江水泥船试验厂、市水泥压力管厂、瑞昌水泥压力管厂及九江县水泥制品厂4家骨干企业外,许多建材厂、水泥厂及建筑施工单位、交通、电力部门也都办有水泥制品厂及生产车间,还有乡镇办、村办及个体私营企业,也加入水泥制品生产经营行列。市水泥制品业许多产品在研制时间及生产工艺、技术等方面,均走在全省前列,尤其是水泥船研制和生产,在全国具有深远影响。

90年代初,建设投资带动需求持续增加,全市水泥制品产销呈增长态势,但市场竞争更为激烈。特别是原材料计划分配指标减少直至价格并轨,国有企业不再具有低价原材料低成本优势,且受制于体制弊端缺制约,很难应对机制灵活非国有企业市场争夺。90年代中、后期,因建材市场疲软生产有所下降,促使国有骨干企业在产品档次、品种、工艺、质量上下功夫,挖掘内部潜力,以求生存发展。瑞昌水泥压力管厂发挥国家建材定点生产厂家和省级先进企业优势,不断巩固发展该厂拳头产品“长江”牌三阶段预应力水泥压力管、钢筋混凝土排水管,环形预应力水泥电杆。1994年,该厂大口径预应力水泥压力管生产线投产,生产直径1000毫米、1200毫米和1400毫米3种规格的水泥压力管获省新产品奖、水电部技术进步奖,被省水利厅供水开发公司指定为产品专供厂家。市水泥压力管厂根据市场需求,主攻优势产品钢筋混凝土排水管系列,该厂采用悬辊成型方法生产水泥排水管通过省级鉴定,填补省内空白。1996年,该厂瞄准市场需求,在全市率先开发生产直径1.5米大口径钢筋混凝土排水管。1999年,瑞昌水泥压力管厂完成工业总产值1300万元, 比1998年增长23.3%, 实现销售收入1350万元, 比1998年增长20%。成为全省同行业佼佼者。该厂产品被中国水泥制品工业协会、中国建筑业协会评为重点工程推荐产品;2000年“长江”牌商标获评省著名商标;2000年7月,在全国同行业中首批通过ISO 9002-1994质量体系认证。

随着企业改革不断深入,国有骨干企业经营机制和所有制开始发生重大变化。1995年,九江水泥船试验厂被九江钢厂兼并,主导产品改为钢绞线。部分职工先以承包经营方式,后改为股份制,兴办九江长江水泥船有限公司、江南水泥船有限公司、长江船舶设计所等企业,继续进行水泥船设计与生产。1997年九江市水泥压力管厂改为股份合作制企业, 更名为九江浔庐水泥压力管有限公司,2000年, 该公司“退二进三”,利用厂区位于市中心优势,以出让土地使用权形式,引进浙江客商创办华东装饰材料大市场,从而退出水泥制品生产。瑞昌水泥压力管厂于2005年整体改制,结束水泥压力管生产。

随着“国退民进”乡镇集体企业改制民营,促使部分小水泥制品企业扩规升级,个体私营企业也有进一步发展。2000年以后,由于建筑业施工方法不断进步,促使水泥制品更新换代。城市电缆改为地下铺设,水泥电杆生产基本终结。水泥排水管逐步被复合材料管替代。特别是商品混凝土兴起,使水泥预制构件产品基本被淘汰。2010年,全市从事水泥制品生产基本上是民营企业,生产适销对路产品,以满足市场需求。

## 第二节　主要产品

### 一、水泥船

九江为国内最早水泥船研发生产基地之一。水泥船主要产品有钢丝网水泥船和钢筋混凝土船二大类,品种有小农船、农业多用船、驳船、客轮、囤船、水泵船、导航船、打桩船、浮船坞、汽车轮渡、大型工作船、水上水厂船等数十种,产品远销江苏、浙江、福建、江西、湖北、四川、广西、广东、辽宁等地,广泛用作趸船、内河及沿海中小型机动货船和内河驳船、农用船、渔船及海军基地码头等。并为用船地区提供技术服务,极大推动全国水泥船推广应用。

1991~1993年,九江水泥船试验厂共生产水泥船7艘,共计排水量500吨,实现工业总产值2019.61万元,实现利润299.95万元。1995年,九江水泥船试验厂被九江钢厂兼并后,部分职工兴办九江长江水泥船有限公司、江南水泥船有限公司、长江船舶设计所等企业,继续进行水泥船的设计与生产,并根据客户要求,到福建、广东、北京等地现场施工。产品有水泥泵船、水泥囤船、水泥导航船,以及新型水上浮体工程系列水上跑车、水上游泳池等水泥船延伸产品。

### 二、水泥排水管

水泥排水管是以水泥胶凝材料制成的无压非金属管材,具有耐腐蚀、使用寿命长、输送能力强、可大量节约金属材料等优点。缺点是自重大,抗冲击能力差。主要用于不承受内压的排水管道。

水泥排水管产品规格有100~1500毫米(内径),长度一般为800毫米和1000毫米,圆形,按省设计标准规定,一般内径在600毫米以上,均需配纵、环形钢筋,接口形式分为平口与承插口,而600毫米以下的多为无筋素混凝土管,接口为平口。

1991年5月,市水泥压力管厂采用悬辊成型方法生产水泥排水管可节约原材料费用20%,电耗下降30%,煤耗下降38%,节省脱模剂70%,提高工效2.5倍,而且产品强度高、质量好。经省级鉴定,在全省推广应用。

1995年,全市生产水泥排水管企业7家,其中县及县以上3家,乡镇企业3家,其它1家。年生产水泥排水管26.2千米。20世纪90年代末,因国有企业改制,个体私营企业兴起,以及建筑施工监理不严等,水泥排水管市场曾一度比较混乱,时有以铁丝代替钢筋的偷工减料行为和劣质产品埋进土里变形,导致工程报废返工的事情发生。2010年全市从事水泥排水管生产基本为民营企业。

## 三、水泥压力管

水泥压力管是以水泥胶凝材料制成的能承受一定压力的非金属管材,有自应力水泥压力管和预应力水泥压力管2种,主要用于城市自来水供水管道及农田水利建设的有压排灌、中小型水力发电站的压力管道,也是代钢代铁的主要管材之一。具有耐腐蚀、使用寿命长、输水性能好等优点。缺点是自重大,抗冲击能力差。

水泥压力管曾是国家建材部大力推广的水泥制品。全省有4家水泥压力管生产企业,九江就占2家,分别是市水泥压力管厂和瑞昌水泥压力管厂。市水泥压力管厂最终未能形成生产能力。瑞昌水泥压力管厂生产的直径400毫米和500毫米三阶段预应力水泥压力管获省优产品称号,成为市唯一能批量生产三阶段预应力水泥压力管的厂家。

三阶段预应力水泥压力管有直径400毫米至1400毫米共6种规格,管长均为5米,接头为圆形截面橡胶圈承播式。生产工艺比较成熟。瑞昌水泥压力管厂采用辊射法专用工具制作保护层,改善劳动条件,提高产品产量和质量。

## 四、水泥电杆

水泥电杆又称钢筋混凝土电杆,分为普通钢筋混凝土电杆和预应力钢筋混凝土电杆,用于输电、通信线路的支撑、架设。代替木质电杆,不仅经久耐用,而且可以节省大量的木材。

最早从事水泥电杆生产的基本上都是水电部门的所属单位,均为自产自用,产品未进入商品市场。20世纪90年代初,水泥电杆生产仍有较大发展,除了专业生产厂家,不少水泥制品生产企业也先后开发水泥电杆生产。生产工艺和技术也有很大提高。九江县电杆厂、市水泥压力管厂、瑞昌水泥压力管厂、武宁县水电建设公司预制厂等,都具备一定规模的水泥电杆生产能力。

1995年全市共有水泥电杆生产企业8家,其中县及县以上6家,乡镇企业2家,年生产电杆0.72万根。90年代末,农村电网改造,市场需求又一次推动水泥电杆生产热。此后,由于城市供电、通信线路改为地下埋设以及国有企业改制退出生产等原因,水泥电杆生产逐年减少。

水泥电杆按截面形状,分为环形、矩形、工字形、双肢形等,而环形电杆中又有锥形与等径之分。长度规格有6~15米共5种。水泥电杆基本上是按需生产,产品价格随行就市。

预应力钢筋混凝土电杆比普通钢筋混凝土电杆可节省钢材40%、节省混凝土20/%,经济效益更为显著。

## 五、混凝土预制构件

混凝土预制构件也称水泥预制构件,是以混凝土为基本材料预先在工厂制成的建筑构件,然后运到工地进行施工装配。为适应建筑行业加快施工进度,提高建筑质量,降低建筑造价及降低劳动强度而兴起。是建筑行业工业化物质基础。

混凝土预制构件是全市出现最早、生产厂家最多、应用最广泛的水泥制品。由于国家大力提倡,城市、农村建设需要和建筑施工方法改进,在20世纪80~90年代发展更为迅速。除了比较专业水泥制品企业生产外,很多建筑施工单位、水泥厂、建材厂等也都办起混凝土预制构件厂或生产车间。1995年全市有生产企业53家,其中县及县以上企业19家,乡镇企业31家,其他3家。其中年生产规模在2000立方米以上的企业有九江县建筑公司预制构件厂、市一建公司预制构件厂和德安县彭林预制品厂。

混凝土预制构件产品品种繁多,有民用建筑用的门窗、檩条、多孔板、砌块、农房构件等;工业建筑用的厂房的梁柱、桁架及大型屋面板等;交通运输部门用的桥隧预制件、大型管桩等。

混凝土预制构件的生产场地多在露天,自然养护,生产受气候季节的影响,预应力多孔板的生产则以长线台座为多。混凝土浇筑成型采用手拖平板振捣、振捣台振捣等,九江建材厂最早使用多孔板挤压成型机,大大提高生产效率和产品质量,后基本普及。至于大型工业厂房或高层建筑所采用的钢筋混凝土、预应力钢筋混凝土梁、板、柱、桁架及吊车梁、形板、天沟等,均系建筑工程公司下属的预制加工厂按设计图纸加工生产,多不作单独的产品经济核算,也少有进入市场。

## 第三节 主要企业

### 一、九江水泥船试验厂

位于市九瑞路245号,系国有中二型企业。是国内最早专业性研制生产各种钢筋混凝土工作船和其他特种钢筋混凝土工程船厂家。始建于1959年8月,当时试验能替代钢材混凝土船,具有重要战略意义,因此,该厂的创建与发展受到国家领导人和国家多个部委关注和支持。从成功建造中国第一条自行研制、生产的水泥船,一直到20世纪90年代中期,为水泥造船业发展和水泥船推广应用,都做出很大贡献。

该厂先后研制生产多种类型水泥农用船,不同规格钢筋混凝土工作船,日泵水1000至5万吨水上水厂船,40至400马力钢丝网混凝土拖轮,以及起重、挖泥、打桩等工程船,还有水上乐园、水上宿舍、浮式防浪堤、浮式导航堤等新型水上浮体工程等。该厂曾获国家科技发明奖、全军科技发明奖和全国科学大会奖。为全国众多水泥船生产企业提供施工图纸、施工技术和相关服务。

20世纪90年代初,经市政府同意,九江水泥船试验厂增设“江浔造船厂”,以发展其他船舶的生产。1991~1993年,共生产水泥船7艘。1995年,九江水泥船试验厂被九江钢厂兼并,改产钢绞线。

1998年,长江流域发生特大洪水。8月8日,九江长江大堤4-5号闸口决口,就在九江水泥船试验厂厂区内。大堤堵口成功及1998年抗洪胜利后,经市政府决定,大堤决口处改建成为九江抗洪广场。2006年,企业获准政策性破产。

### 二、市水泥压力管厂

位于市区十里大道(转盘)79号,占地面积6公顷。创办于1964年9月,主要经营砂石加工。

1992年10月,更名为九江华盛实业有限公司,主营混凝土排水管、混凝土排电杆、混凝土预制构件,兼营砂石、商场、餐馆等。

1995年,实现工业总产值(按1990年不变价格)69万元,利润总额4.5万元。固定资产原值225万元,固定资产净值118.2万元。年平均职工人数151人,人均年工资2880元。

1997年,改名为浔庐水泥压力管有限公司,主营混凝土排水管,兼营建材大市场。1999年招商引资,以全部土地出租的形式,引进浙江客商,创办华东大市场。从而退出水泥制品的生产,职工全员下岗,发放基本工资或生活费,保留少数留守人员办理企业的事务。2008年开始进行企业改制,2010年完成改制。

### 三、瑞昌水泥压力管厂

位于瑞昌市荆林街192号,厂区占地面积9.33公顷。创办于1975年7月,为水利专业施工队,从事小水电及中型水库混凝土框架工程,并生产10米混凝土电杆。

20世纪90年代发展成为全省最大水泥制品企业。主要生产“长江”牌三阶段预应力水泥压力管、钢筋混凝土排水管,环形预应力水泥电杆。有管道生产线3条,可生产φ200~φ1400毫米9种口径规格压力管及排水管,年生产能力60千米;电杆生产线1条,可生产各种规格锥形杆和等径杆,年生产能力2万根。生产要素配置较完善,生产设备较先进,曾获水利部科技进步奖。开发的φ1000~φ1400毫米口径压力管获省新产品二等奖。填补省φ1000毫米以上口径水泥压力管空白。产品主要销往江西、湖北、安徽、福建、江苏等地,水泥压力管系列产品获省优质产品称号,市场信誉好,在全国同行业知名度较高。

该厂系中国水泥制品工业协会理事单位,水泥压力管产品1999年被中国水泥制品工业协会、中国建筑业协会评为重点工程推荐产品;2000年“长江”牌商标获省著名商标;2000年7月在全国同行业中首批通过ISO9002-1994质量体系认证;2002年12月8日通过ISO 9001:2000版转换,取得ISO 9001:2000版质量体系认证证书。2001年,“长江”牌预应力混凝土输水管被省技术质量监督局确定为重点保护产品。2004年,开始进行企业改制。

# 第三章　散装水泥与商品混凝土业

## 第一节　散装水泥业

推广和使用散装水泥是国家建材工业一项重大技术经济政策。九江是全省最早推广和使用散装水泥地市,进入20世纪90年代,全市推广使用散装水泥事业得到进一步发展。

1991年,全市有散装水泥运输车20多辆,散装水泥流动罐70多个,储存能力800多吨。全市主要水泥生产企业年综合发放散装水泥能力6万吨,并具备机械化发散能力。

“八五”期间全市累计推广散装水泥33.9万吨,为“七五”的3.3倍,年递增26%,比“七五”高出3个百分点。专项资金收缴和散装水泥设施建设也取得很好的成绩。推广和使用散装水泥已成为社会共识。

“九五”期间,贯彻国务院《进一步加快发展散装水泥的意见》和省政府《江西省散装水泥发展和管理办法》,使全市散装水泥的推广走上法制化、规范化轨道,上一个新台阶。5年累计推广散装水泥45.22万吨,保持全省先进水平。

2002年,全市推广散装水泥专项资金收取进入政府收费大厅。2003年,因机构改革,市散装水泥办公室由市经贸委接管。全市推广散装水泥事业进一步发展。

## 第二节　商品混凝土业

商品混凝土简称商业砼业,也称预拌混凝土,是散装水泥发展高级阶段和散装水泥产业链延伸,促进散装水泥走向深加工、实现社会化有效途径。1994年,市第一座预拌混凝土搅拌站—建搅拌站成立,配备50型生产线2条,年生产能力15万立方米。

2006年,市政府印发《九江市散装水泥和预拌混凝土管理办法》,同年,市散装水泥和预拌混凝土管理办公室编制出台《九江市预拌混凝土搅拌站布点方案》,该年,市建成投产预拌混凝土搅拌站2家,建有预拌混凝土生产线120型4条(各2条),共有预拌混凝土搅拌车21辆,各类泵车8台,年生产能力60万立方米。

2008年5月,省第十一届人民大会常务委员会第二次会议通过《江西省促进散装水泥和预拌混凝土发展条例》,同年10月15~16日,市经贸委召开关于贯彻落实《江西省促进散装水泥和预拌混凝土发展条例》工作座谈会,会后印发《县(市)投资兴建预拌混凝土生产企业申报核准暂行办法》和《九江市预拌混凝土搅拌站布点方案》,市预拌混凝土事业蓬勃发展。至2008年7月,全市共有预拌混凝土生产企业7家,其中市区内4家,瑞昌市、九江县、湖口县各1家。共有预拌混凝土生产线180型4条,150型1条,120型9条,混凝土运输车125辆,各类泵车33辆,预拌混凝土生产能力350万立方米。

2009年9月27日,市经贸委印发《九江市预拌混凝土生产企业布点申报办法》,同年9~10月,市经贸委联合市质量技术监督局联合开展对市预拌混凝土生产企业质量联合专项检查。至该年底,市共有预拌混凝土生产企业11家,建有预拌混凝土生产线180型10条,120型10条,共有预拌混凝土搅拌车180余辆,各类输送车44台,预拌混凝土年生产能力达460万立方米。

2010年4月,市经贸委印发《关于修订调整九江市混凝土搅拌站布点方案的通知》,针对市预拌混凝土发展情况拟对全市预拌混凝土搅拌站布点方案进行修订调整,同年5月,市工业和信息化委员会印发《九江市预拌混凝土搅拌站布点方案》,进一步规范和完善全市预拌混凝土搅拌站布点工作。至同年底,市共有预拌混凝土成产企业21家,建有预拌混凝土生产线240型4条,180型2条,120型11条,共有预拌混凝土搅拌车300辆,各类混凝土泵车79台,预拌混凝土年设计生产能力达1830万立方米。城市规范区预拌混凝土使用率达95%,重点工程和房地产开发项目达98%。同时,各县(市)预拌混凝土生产企业也从无到有,2010年,湖口县、九江县、瑞昌市、永修县、德安县、修水县已设立预拌混凝土搅拌站并已投入生产。

预拌混凝土生产工艺为由水泥、集料、水以及根据需要掺入外加剂,矿物掺合料等组合,按一定比例,在搅拌站经计量,拌制后出售的并采用运输车,在规定时间内运至使用地点的混凝土拌合物。其采用先进电子技术自动控制物料称量和进料选择合适配比、测试砂含水量并调整材料用量,显示储仓料位、生产系统联动互锁和故障报警等。混凝土集中搅拌有利于采用先进的工艺技术,实行专业化生产管理,设备利用率高,计量准确,将配合好的干料装入混凝土搅拌输送车,因而产品质量好、材料消耗少、功效高、成本较低,又能改善劳动力条件,减少环境污染。

**2010年全市预拌混凝土企业一览**

表25-3-1　　　　单位:条、万/立方米、万吨/年

| 企业名称 | 地址 | 成立时间 | 生产线型号(数量) | 年生产能力 | 年使用散装水泥量 | 主要产品 |
|---|---|---|---|---|---|---|
| 九江奥华混凝土有限公司 | 浔阳区滨江路108号 | 2004.12 | 120型2 | 60 | 3 | C10–C50 |
| 江西江程新材料有限公司(原一建搅拌站) | 浔阳区城东工业基地-1 | 2005.01 | 120型1<br>240型2 | 150 | 18 | C10–C60 |
| 九江市凯榕混凝土有限公司 | 九江县河道局江边货场 | 2007.04 | 180型2 | 90 | | C10–C50 |
| 九江市百川混凝土有限公司 | 庐山区虞家河乡大桥村七组 | 2007.12 | 120型2<br>240型1 | 120 | 14 | C15–C50 C60等商品混凝土 |
| 江西赣基集团混凝土有限公司 | 开发区汽车工业园 | 2007.12 | 180型3 | 135 | 15 | 商品混凝土 |
| 九江市润豪混凝土有限公司 | 九江县赛城湖玉兔路388号 | 2008.01 | 180型2 | 90 | 11.5 | C10–C60 |

续表 25-3-1

| 企业名称 | 地址 | 成立时间 | 生产线型号(数量) | 年生产能力 | 年使用散装水泥量 | 主要产品 |
|---|---|---|---|---|---|---|
| 江西德丰混凝土有限公司 | 浔阳区滨江东路 85 号 | 2008.04 | 120 型 2<br>240 型 1 | 120 | 30 | C15–C6 普通商砼<br>P6–P12 抗渗商砼 |
| 湖口中凯混凝土有限公司 | 湖口县金砂湾工业园 | 2008.05 | 120 型 1<br>180 型 1 | 75 | 8 | C15–C45 等<br>混凝土 |
| 九江金厦混凝土有限公司 | 瑞昌市瑞沙公路南 | 2008.07 | 180 型 1 | 45 | 8.5 | C10–C60 商品混凝土 |
| 都昌县大红商品混凝土有限公司 | 都昌港河西码头 | 2009.09 | 180 型 2 | 90 | | C10–C60 |
| 江西新江山建材有限公司 | 德安县工业园西区 | 2010.01 | 120 型 2 | 60 | 5.6 | C10–C60 |
| 德安三九粤赣混凝土有限公司 | 德安县工业园西区 | 2010.01 | 180 型 2 | 90 | 1 | C10–C60 |
| 修水县德信混凝土有限公司 | 修水县城南新区 E5 块西北角 | 2010.02 | 180 型 2 | 90 | 5.5 | C10–C60 |
| 九江国庄混凝土有限公司 | 湖口县双钟镇 | 2010.02 | 120 型 1<br>180 型 1 | 75 | | C10–C60 |
| 瑞昌市鸿丰混凝土有限公司 | 瑞昌市人民北路金鸡岭 | 2010.05 | 180 型 2 | 90 | 3.5 | C10–C60 |
| 九江长基建材有限公司 | 九江县狮子镇朗山村 | 2010.05 | 120 型 2 | 60 | 1 | C10–C50 |
| 江西科晟混凝土有限公司 | 九江县狮子镇朗山村 | 2010.07 | 180 型 2 | 90 | | C10–C60 |
| 九江市粤鑫混凝土有限公司 | 庐山区赛阳镇 | 2010.08 | 180 型 2 | 90 | | C10–C60 |
| 江西德荣混凝土有限公司 | 庐山区工业园 | 2010.08 | 180 型 2 | 90 | | C10–C60 |
| 九江华力商品混凝土有限公司 | 浔阳区琴湖大道中段 | 2010.09 | 180 型 1 | 90 | 4 | 混凝土 |
| 永修县生源混凝土有限公司 | 永修县艾城镇 | 2010.09 | 180 型 2 | 90 | | C10–C60 |

## 第三节　主要企业

### 一、九江金厦混凝土有限公司

2007 年 11 月成立，位于瑞昌市瑞沙公路南侧。总投资 2800 多万元，有混凝土搅拌车 12 台，37 米天泵和 40 米天泵各1 台，拖泵 1 台，装载机 1 台，槽罐运输车 1 台，年总产量 30 万立方混凝土，获预拌混凝土三级资质证书。

### 二、百川混凝土有限公司

2007 年 12 月成立，位于市庐山大道旁，占地面积 1.6 公顷。公司预计投产 1.5 亿，新建商砼和预拌干粉砂浆项目，一期投资 4000 余万元，流动资金达 3000 万元，有员工 200 余人。公司配备国内先进生产设备和搅拌楼，精良的制造工艺和齐全的检测设备，可生产强度为 C60 以下的预拌混凝土；拥有两条 120 主机生产线和新增一台 4 方主机生产线；37~50 米天泵车 5 台；车载地泵 3 台、拖地泵 1 台，搅拌运输车 30 辆。年生产能力可达 80 万立方米。

### 三、江西赣基混凝土有限公司

2007 年 12 月成立，位于九江经济开发区汽车工业园内，是省首家全封闭、现代化、环保科技型混凝土生产企业。配备有专业混凝土运输车和泵送车辆，包括混凝土运输车辆 30 台，31 米泵车 1 台，37 米泵车 1 台，40 米泵车 1 台，48 米泵车 1 台，52 米泵车 1 台，车载泵 2 台。年设计生产能力 80 万立方米。

### 四、江西德丰混凝土有限公司

2008年4月成立，位于市区滨江东路85号，占地面积2.7公顷，总投资6000多万元，年生产混凝土能力超过60万方。搅拌站采用全国知名企业中联重工全套先进设备：HZS120生产线2条、HZS240生产线1条，混凝土搅拌运输车30辆、天泵7台、车载泵3台、拖泵2台、散装水泥运输车2辆，并拥有与之相配套的现代化检测仪器的实验室和信息管理系统等。

### 五、湖口中凯混凝土有限公司

2008年5月成立，位于湖口县金沙湾工业园。占地面积1.32公顷，配备HZS120与HZS90的搅拌楼各1座，搅拌运输车10辆，天泵3台，固定泵1台，随着混凝土市场管理规范化，公司还将引进一批与混凝土相关的配套设施。设备齐全，基本达到市同行企业领先水平，可以满足客户多方面需求。2010年，公司有员工70多人。

### 六、九江华力商品混凝土有限公司

2010年9月成立，位于城东港区琴湖大道，占地面积3.8公顷，总投资1.2亿元。公司引进意大利HZS180生产线2条，日产量6000立方米，配有先进混凝土泵送及输送设备，运输车辆32辆，各种泵车8辆等，输送车配备齐全。公司有员工200多人。

# 第四章 玻璃纤维及制品生产

## 第一节 行业规模

玻璃纤维(简称玻纤)、玻璃钢制品是市建材工业强项，总量占全省90%以上。1991年全市共有玻纤生产企业11家，年产量7000余吨。玻璃钢制品企业8家，年产量3000余吨。九江玻璃纤维厂和江西长江化工厂(5727厂)为省最早研制和生产玻璃纤维、玻璃钢制品企业，也是国内同行业骨干企业。

玻璃钢是以玻璃纤维及其制品为增强材料，以树脂为粘结剂，经过一定工艺制作而成复合材料。因此有一定规模玻纤生产企业同时兼营玻璃钢制品，而主营玻璃钢制品规模企业也拥有玻璃纤维生产线。九江玻璃纤维厂是全市玻纤行业龙头企业，玻纤产能占全市60%以上，在玻璃钢及其制品研发方面也有建树，生产EW300A-100、EWF180-105、EC13-64x75、EC5.5-6X1X25100、3240环氧酚醛层压板分别获国家金、银奖和省优质产品称号。江西长江化工厂是全省唯一集玻璃钢复合材料科研、生产于一体综合性企业，有60多个产品分获国家科技进步奖、国家发明奖。1991年在国内率先完成7628电子级无碱玻纤布研发并投入生产。1991年11月28日起，该厂球窑连续作业20个月零12天，创全国玻纤行业窑龄最长纪录。

“八五”期间，市玻璃纤维、玻璃钢制品生产保持全国同行业先进水平。拥有多种较先进生产线，形成从原材料备制到产品深加工综合性生产能力，有玻璃原料球、玻璃纤维纱和玻璃纤维布、玻璃钢系列制品、不饱和聚脂树酯4大类100多个品种及规格的产品。其中获国优金、银奖产品各1个，部优产品3个，省优产品7个。产品行销全国各地，远销欧、美、东南亚等10多个国家和地区。面对日益激烈市场竞争，九江玻璃纤维、玻璃钢制品行业加大技术改造、扩张总量力度。九江玻璃纤维厂投资370万元新增1900吨无碱玻璃纤维纱产能；投资1960万元完成大排孔新工艺拉丝节能新技术工程；投资2790万元建成年产1800吨玻璃纤维短切毡项目。1995年该厂生产玻璃纤维纱5987吨，玻璃纤维布697万米，实现工业总产值(按1990年不变价格)5473万元，利税总额608万元。并创造从1991年起，连续6年“生产年年长、房子年年盖、工资年年加”业内佳话。江西长江化工厂从美国、法国、德国和捷克引进喷气式织布机、整浆机等先进设备,建成7628电子级无碱玻纤布生产线,年生产能力300万米。通过技术改造,新增2台1500吨压力机等设备,使该厂拳头产品覆铜板板面扩大10倍,生产效率提高8倍,产能增加50万平方米/年,并进入国际市场。同时还开发出覆铜箔酚醛层压板和32F板(国际上通称FR4板)。该厂研制聚酰铜挠性板通过部级鉴定,填补国内一项空白,再次将玻璃钢层压成型技术推向高科技领域。1994年在总后军需装备研究所协助下,该厂研制防弹头盔达到国外先进水平。

“九五”初期,面对原燃材料涨价,建材市场疲软以及企业机制不活等不利因素,市玻璃纤维、玻璃钢制品行业加强企业内部管理,节能降耗,坚持走内涵发展道路,不断深化企业改革,努力在困境中求发展。1999年8月,九江玻璃纤维厂进行改革,组建九江玻璃纤维有限责任公司,成立玻璃纤维分厂,辞退临时工300多人,下岗500人,机关仅保留28人,7大车间60%辅工共500人裁到一线;剥离所有后勤部门,通过系列措施,月减亏150万元,做到”四个不欠”(水电费、银行利息、“三金”、员工工资),尽管如此,企业依然难以走出困境。其中一个根本原因就是全国玻纤行业结构调整、产业升级加快,具有自主知识产权池窑拉丝技术与主要装备打破国外垄断迅速发展,成为国内玻纤工业技术升级换代、生产高速增长强大动力。池窑拉丝玻纤产量急剧增加,以规模、质量、低成本及价格赢得市场,使传统坩埚法玻纤生产受到严重冲击,全行业重新洗牌。2000年11月26日,《中国化学建材股份有限公司承债式收购九江玻璃纤维厂资产协议》在九江签订。市主要领导称之为市国企改革样板工程。

1997年江西长江化工厂处于半停产状态,依照国家政策由成都光明器材厂兼并。1998年工厂实施国企三年走出困境目标,注入资金1640万元,加快7628无碱玻纤布、覆铜箔层压板、挠性覆铜板生产线技术改造。确定7628无碱布、挠性覆铜板和几项军品项目为生产、科研开发重点。其中,试生产挠性覆铜板经测试,技术性能指标达到美国军用MIL标准和国际电工委员会IPC标准,具有20世纪90年代国际先进水平。1999年,与成都光明器材厂一起划归中国兵器装备集团公司,2000年完成国企3年走出困境目标,结束企业连续6年亏损局面,开始实现良性增长与发展。

2001年1月8日,九江玻璃纤维厂正式定名为中国化建巨石九江工厂。巨石集团投入4000多万元,对九江工厂原有的160台代铂炉生产线进行大规模的技术改造,拆除360余台套旧设备,安装和改造154台套新设备,重新布局和调整5大生产车间的工艺流程。对19幢厂房和9条厂区马路进行整修翻新。工厂千余名职工分批进行培训。集团提出“五带一不带”(带技术、带管理、带观念、带产品、带市场、不带一个人)工厂管理原则,完全依靠原领导班子管理工厂。企业当年改制当年获益,玻纤生产能力达到2.5万吨/年。2001年实现产量1.75万吨,产值2.05亿元,比上年增长253%,实现利润65万,上缴税金273万;2442名员工都得到安置,人均月收入由300余元提高到800余元。

2002年中国化建巨石集团收购九玻全部资产,巨石九江工厂更名为巨石集团九江有限公司。巨石集团投资1.4亿元,新建年产1.6万吨的无碱池窑拉丝生产线,应用美国和德国池窑方面最为先进技术,于2003年建成投产,从破土动工到正式点火,仅用183天时间,创造世界同等规模池窑建设速度之最,改写江西省没有玻璃纤维池窑拉丝历史。2005年12月,巨石集团投资3.1亿元,在九江公司新建一座年产3万吨玻纤纱的池窑生产线,2006年7月建成投产。从2001年至2008年,巨石集团先后投资5个多亿,在九江公司改造1条生产线,建造2座万吨以上池窑,年产能由0.6万吨提高到8万余吨,累计生产玻纤纱38.5万吨,实现利润3.1亿元,上缴税金2.1亿元。稳居国内玻纤行业第四位。

2008年年初,市委主要领导“三赴巨石”,与巨石集团高层进行广泛深入洽谈,经过认真考察和科学论证,达成巨石集团九江公司“退城进园”,整体搬迁的意向。九江经济开发区积极跟进,主动对接。5月23日,巨石集团与市政府签订《关于巨石集团在九江经济开发区兴建30万吨无碱池窑拉丝项目》合同。新厂区占地33.86万平方米,总投资47.3亿元、远景规划年产玻纤35万吨。分2期建设,一期工程年产17万吨池窑拉丝生产线于2008年10月28日破土动工。新厂区建设与老厂搬迁同步进行。2009年5月开始,巨石集团九江公司老厂的160台代铂炉、1.6万吨池窑和3万吨池窑3条生产线相继停产拆迁。2000多名员工用400多天时间,完成整厂搬迁工作。投资20亿元新厂区建设顺利完成。2010年7月11

日，巨石集团九江公司“退城进园”一期工程投产典礼举行。

2001年11月2日，中国兵器集团公司西南地区部党组决定江西长江化工厂从成都光明器材厂分立出来，直属于中国兵器装备集团公司管理。2004年2月江西长江化工厂投资1299万元，利用原玻纤一分厂场地转产7628电子级无碱玻璃纤维布，建设周期仅用6个月，生产能力翻一番多，达到1800万米/年。2004年6月28日，江西长江化工厂控股的江西长江玻璃纤维有限公司，经工商注册成立。根据兵器装备集团公司关于实现投资主体多元化要求，与杭州新生电子材料有限公司、上海南亚覆铜板有限公司合资，组建江西长江玻璃纤维有限公司，形成产品战略合作联盟，实现从产品联合到资本联合。2004年12月，江西长江化工厂自筹资金528.67万元，南方资产管理公司投入1057.34万元，分别收购香港华兴公司10%和20%股权。2005年7月，江西长江玻璃纤维有限公司投资949.88万元，完成1400吨G75纱扩产改造项目，缓解由于G75纱供应紧张，限制公司发展矛盾，降低产品成本，优化产品结构，提升7628无碱布市场竞争力。2006年12月4日，依据国家债转股政策，经中国兵器装备集团公司批准，江西长江化工厂和中国华融资产管理公司共同组建江西长江化工有限责任公司。2006年12月20日，江西长江化工有限责任公司经工商注册后成立。该公司是由江西长江化工厂整体改制、经国务院国资委批复实施债转股、并经中国兵器装备集团公司批准组建的，公司注册资本为19.798亿元。2007年是实施兵器装备集团公司制定“622”战略第二步发展目标第一年。公司实现主营业务收入2.109亿元，实现利润总额1302万元，实现集团公司下达的经济责任目标。主营业务收入、专用产品销售收入、利润等经济指标均创建厂以来最好水平。2008年，该公司研发出新一代淀粉型单经单纬电子纱生产电子级无碱玻璃纤维布工艺技术，项目被列入国家火炬计划。2009年应对全球金融危机冲击影响，保持公司生产经营稳定发展。2010年，围绕集团公司“211”战略目标，推进“七个调整”，实施“1354”工程，加快经济增长方式转变，不断提升企业核心竞争力，全面完成集团公司下达目标，实施“211”战略首战告捷。公司主营业务收入2.845亿元，实现利润1489万元。创造自2000年以来连续11年盈利佳绩，主营业务收入比2000年增长7.13倍。

在巨石集团九江有限公司和江西长江化工有限责任公司发展同时，全市玻璃纤维、玻璃钢制品行业抓住发展机遇，突破常规，创新、转型、升级发展。市委、市政府把玻纤工业作为全市支柱产业，从政策导向、资金扶持、发展空间等方面采取积极举措，专门规划庐山区东城玻纤基地用于发展玻纤产业。以高起点、高标准、合理布局、突出特色的理念，科学规划和打造集玻纤产品开发、生产加工为一体的产业集群，构筑良好平台，引进玻纤企业前来投资。同时，政府还积极为企业解决难题，通过联系银行，创造良好融资环境；想方设法，解决企业招工难问题；缩短手续办理时间，促进项目开工建设；搞好服务，创造良好外部环境等一系列政策出台和实施，吸引不少企业落户九江，原有企业也纷纷扩大生产规模，特别是民营企业的突起，使九江玻纤产品产量在全国占有的市场份额及产业规模不断提升。2008年，被列为省玻璃纤维基地。并申报国家级玻璃纤维及复合材料高新技术产业化基地。

2010年，全市从事玻璃纤维生产加工具有一定规模企业有40余家，其中玻纤拉丝企业20余家，玻纤复合材料及制品企业20余家，产业工人11000余人。总资产110亿元。2010年玻璃纤维产量16万吨，实现主营业务收入20亿元，利税1亿元。产业集群逐渐显现。九江正逐步成为中西部地区最大的玻璃纤维及其复合材料集散中心。

# 第二节　主要产品

## 一、玻璃纤维

**池窑拉丝产品与工艺**　巨石集团九江有限公司是采用池窑拉丝玻璃纤维生产企业，主要产品有无碱玻璃纤维直接纱、合股纱、短切原丝和粉(乳)剂短切原丝毡等，是替代钢材、木材、塑料等理想新型材料。产品经巨石集团销售网络面向全球销售，广泛应用于制造各类型材、管道、压力容器、船体、风力发电叶片、汽车部件、卫浴器具、运动器具、电气设备、印刷电路板等领域。

池窑拉丝是将矿物原料磨细，经配制后送入单元窑，用重油燃烧加热熔化物料、澄清、均化后，直接拉制成玻璃纤维原丝。具有产量高、质量稳、能耗低等特点。2002年、2005年九江公司兴建2座池窑，吸收美国和德国池窑方面最为先进技术。2008年在新厂区建造年产15万吨无碱玻璃纤维双池窑拉丝生产线，采用国际领先水平大型池窑生产工艺与技术，同时建有年产2万吨节能环保废丝池窑拉丝生产线，生产力布局更为科学、高效。

年产15万吨无碱玻璃纤维双池窑拉丝生产线由7万吨和8万吨两座池窑组成。拥有巨石的大型池窑生产线设计制造、大功率电助熔、天然气纯氧燃烧、废气余热利用等多项自主知识产权。生产线由总控室→成型区→烘箱区→立体库→络检区等构成，附加有离线短切工序和后道短切毡生产线。科技含量和自动化程度达到国内领先水平。

2条池窑生产线应用多项自主专利技术，并采用国内外首创窑炉及通路纯氧燃烧技术、作业通路玻璃液温度自控技术、大漏板多分拉多分束技术、生产现场总线控制系统、全自动物流输送系统、窑炉和通路余热利用技术和装备、废丝回用技术、自动化包装等，使得生产线具有自动化程度高、能耗低、玻璃熔制质量好、生产效率高、产能大、综合成本低、满足多规格品种需要等一系列优异特性。2010年8月，该生产线获评为省高新产业化重大项目。

**球法坩埚拉丝产品与工艺**　球法坩埚拉丝是将自制或从市场购买玻璃球清洗后加入坩埚中，经过电加热熔化后，通过铂铑合金漏板拉制成玻璃纤维原丝。

最早使用是陶土坩埚拉丝，原丝产量和质量都不理想。后采用铂金坩埚拉丝，产量、质量大大提高。铂金坩埚能耐高温且能制成干净纯净的玻璃纤维，但造价昂贵。20世纪70年代，国内自行研制并实现代铂坩埚法生产工业化。全市除巨石集团九江有限公司外，其他玻纤企业都是采用球法坩埚拉丝。

玻璃纤维原丝是生产玻璃纤维纱的主要原料，玻璃纤维纱是由若干股连续玻璃纤维原丝加工而成，按成分和性能分为无碱和中碱，按加工和用途分为无捻和有捻。玻璃纤维纱织造成为玻璃纤维布，也有无碱和中碱、无捻和有捻之分。玻纤产品的生产过程大致可划分为制球、拉丝、原丝加工、织造等几个主要环节。

1991年11月28日，长江化工厂球窑连续作业20个月零12天；1997年9月18日，九江玻璃纤维厂球窑连续作业3年零10天，分别创当时全国窑龄的最长纪录。1995年，全市共有玻纤企业11家，代铂坩埚拉丝炉170台。2010年，全市共有坩埚拉丝法生产玻纤及复合材料企业40余家，固定资产27亿元。有玻璃原料球、玻璃纤维纱和玻璃纤维布等上百个品种(规格)产品。

## 二、玻璃钢制品

**层压产品**　采用层压成型生产玻璃钢制品统称层压产品，主要品种有覆铜箔层压板、各种型号的绝缘板等。

覆铜板是长江化工有限责任公司生产历史悠久的拳头产品，品种、规格齐全。20世纪90年代初，通过技术改造，新增2台1500吨，产能增加50万平方米/年。同时还开发出覆铜箔酚醛层压板和32F板(国际上通称FR4板)。该公司生产的覆铜板在全国各行各业及高新技术领域得到广泛应用。并进入国际市场。该公司研制聚酰铜挠性板通过部级鉴定，填补国内一项空白。采用层压成型的产品还有B、F、H、C等各种型号的绝缘板。

九江玻璃纤维厂生产的EW300A-100、EWF180-105、EC13-64x75、EC5.5-6X1X25100、3240环氧酚醛层压板分别获国家金、银奖和江西省优质产品称号。

**卷制产品**　采用卷制成型工艺生产的玻璃钢制品，统称卷制产品。主要品种有输油管、防潮筒、包装筒、发射筒、建筑用落水管等。

长江化工有限责任公司研制的输油管为军需产品，曾获全国科技大会奖励，创省优、部优和国优。后转向民用，先后被大庆、中原、胜利油田采用。累计生产玻璃钢输油管420多万米。

防潮筒、包装筒主要用于部队弹药存放保管，曾获国家科技进步一等奖。发射筒即单兵反坦克火箭弹玻璃钢发射装置，曾获国防科工委和全国科学大会奖及兵器工业部科技进步一等奖。

建筑用落水管为民用产品，具有重量轻、强度高、耐热耐寒、不渗漏、使用寿命长、维修保养方便等特点。

**模压产品**　采用模压成型工艺生产的玻璃钢制品，统称模压产品，主要品种有头盔、枪炮配件、包装筒底盖、手榴弹柄、自动步枪托、迫击炮炮盘、防爆灯罩、导弹发射药管、避弹衣等，均为长江化工有限责任公司研制和生产的系列军用品。

**糊制产品**　采用糊制成型工艺生产的玻璃钢制品，统称糊制产品。主要品种有储油罐、巡逻艇、波形瓦、贮藏罐、汽车、摩托车配件及车外壳等。

玻璃钢糊制成型工艺是用玻璃纤维及其制品作增强材料，涂上粘合济，按一定的模具外形成型固化而成。生产工艺简单，投入少、产出快，得到广泛的推广应用，又以波形瓦最为常见。

**卷制缠绕产品**　采用卷制缠绕成型工艺生产的玻璃钢制品，统称卷制缠绕产品。主要品种有防腐管道，耐温管道、氧气瓶、反坦克导弹发射器等。

全省复合材料卷制缠绕技术源于长江化工有限责任公司。这种成型方法是将浸有树脂的连续玻璃纤维用缠绕机在模具或预制的塑料或玻璃钢内层上，经固化成型。适用于对强度要求高的产品。

20世纪90年代初，长江化工有限责任公司研制成1台自动化程度更高的大型缠绕机，在大口径玻璃钢防腐管道和耐温管道生产上发挥重要作用。为自贡盐矿、安福煤矿、贵溪冶炼厂等用户提供千米大口径玻璃钢防腐管。其中耐高温玻璃钢管采用耐高温树脂，以玻璃纤维布、毡和纱作增强材料，用卷缠成型工艺制造，强度高、绝缘、耐腐蚀、使用寿命长、压力损失小、安装维护费用低，能在155摄氏度条件下长期使用。

## 第三节　主要企业

### 一、巨石集团九江有限公司

位于九江出口加工区，占地面积33.86公顷。2001年1月8日，中国化学建材股份有限公司巨石集团承债式收购九江玻璃纤维厂，组建中国化建巨石九江工厂，2002年，巨石九江工厂更名为巨石集团九江有限公司。

2001~2008年，巨石集团投资5亿多元，改造1条生产线，建造2座池窑，年产能由当初0.6万吨提高到8万余吨，累积生产玻纤纱38.5万吨，实现利润3.1亿元，上缴税金2.1亿元。

2008年，响应市政府“退城进园”的号召，在九江开发区出口加工区占地33.86万平方米，计划投资47亿元建设35万吨玻纤基地。一期工程15万吨大型无碱池窑生产线和2万吨环保池窑生产线和相关的备套设施，在不到2年时间建设完成，2010年7月全面投产。有资产27亿元，员工2000多人。成为省玻纤产业龙头企业和高新技术企业。

## 二、江西长江化工有限责任公司

位于市南郊十里铺,占地面积5.2公顷,其中建筑面积1.6万平方米。始建于1958年,是中国兵器工业总公司唯一驻赣军工企业,也是国内第一批兴建集玻璃钢复合材料科研、生产于一体的综合性企业,全省第一根玻璃纤维纱、第一米玻璃纤维布均诞生于此。

1991年厂名为长江化工厂,又称5727厂。主要从事玻璃钢复合材料的科研与生产,拥有复合材料从矿石进厂到玻璃钢制品全套生产手段,其中包括玻璃纤维生产,有年产280万米中碱玻璃纤维布生产线和年产400万米无碱玻璃纤维布生产线。1991年引进国外先进设备,建成年生产300万米7628电子级无碱玻璃纤维布生产线。1994年,开始研制印刷电路用挠性覆铜箔层压板及覆盖膜,1995年完成研制任务。该产品主要应用于电子通信(手机等)、汽车电子、航空航天以及办公(家用)电器(照相机、液晶电视、打印机等)等领域。1997年江西长江化工厂处于半停产状态,依照国家政策由成都光明器材厂兼并。1998年工厂实施国企三年走出困境目标,注入资金1640万元,加快7628无碱玻纤布、覆铜箔层压板、挠性覆铜板生产线技术改造。1999年,与成都光明器材厂一起划归中国兵器装备集团公司,2000年完成国企3年走出困境目标,结束企业连续6年亏损局面。

2001年11月2日,江西长江化工厂从成都光明器材厂分立出来,直属于中国兵器装备集团公司管理。2006年12月4日,依据国家债转股政策,经中国兵器装备集团公司批准,江西长江化工厂和中国华融资产管理公司共同组建江西长江化工有限责任公司。2006年12月20日,江西长江化工有限责任公司经工商注册后成立。该公司是由江西长江化工厂整体改制、经国务院国资委批复实施债转股、并经中国兵器装备集团公司批准组建的,公司注册资本为19798万元人民币。2001~2010年,公司迅速发展,创造连续10年盈利佳绩,主营业务收入从4000多万元/年增至2.845亿元/年,实现盈利由2万元/年增至1489万元/年。

## 三、江西长江玻璃纤维有限公司

江西长江玻璃纤维有限公司是由江西长江化工有限责任公司控股,与杭州新生电子材料有限公司、上海南亚覆铜箔板有限公司共同组建的合资公司。

主要从事玻璃纤维纱、布及其制品的生产与服务,拥有2条完整的现代化印制线路板用玻璃布生产线,主要设备均来自欧洲厂商。由法国ICBT捻线机、德国HACOBA整经机、德国SUCKER浆纱机、比利时PICANOI喷气织机和捷克喷气织机组成的一条龙生产线,加上严密的质量保证体系和十余年生产经验,使公司的主导产品——印制线路板用玻璃布(7628及2116布)的年生产能力达1800万米,产品质量达到国外同类产品的ASTM7628标准。其他主要产品印制线路板用玻璃布(7628F)、纺织型电子级玻璃纤维纱、纺织型玻璃纤维粗纱等均达到国内同类产品水平。

## 四、九江鑫星玻纤材料有限公司

位于庐山区,1998年6月成立,民营(独资)企业,企业总资产2400余万元,有员工800余人。年生产玻璃纤维5000余吨,产值6000多万元。主要产品有玻璃纤维纱、玻璃纤维布及玻璃钢制品。通过科技攻关,先后开发并生产出市场需求的45号以下无碱细纱、电子细布及80支以上高支无碱系列产品。企业商标经国家商标局注册,企业质量管理获得ISO 9001:2000"质量管理体系认证证书",并被吸纳为全国玻纤协会成员单位。公司多次获省、市奖励,历年被评为庐山区纳税大户。

2005年,在前进东路莲花镇东城村新征用地7.2公顷,总投资1.2亿元,新建年产玻璃纤维20000吨、绝缘材料板3400吨、覆铜板80万张的生产线项目。

### 五、九江振华玻璃纤维有限公司

位于庐山区,成立于2003年10月,2004年3月正式投产。主要生产无碱玻璃纤维高支纱和云母基布等系列产品。采用碱金属氧化物含量不大于0.5%的铝硼硅酸盐玻璃控制而成的玻璃纤维原纱。原纱采用特殊的浸润剂,其含量不大于2.2%。原纱经退解、并捻工序形成40支、80支、160支、250支、360支、600支等系列高支纱产品,再经过织造工序形成0.025、0.030、0.035、0.040、0.06等一系列云母基布。质量标准均达到国家标准,公司通过ISO 9001:2008质量管理体系认证。产品行销上海、江苏、浙江、广东、湖南、湖北、山东、河南、江西等地,并批量出口。

### 六、九江玻璃纤维厂

位于市南郊十里前进东路44号,始建于1958年。工厂占地面积2.41公顷,其中建筑面积0.93万平方米。国有大二型企业,全国16家大中型玻璃纤维企业之一。先后归建工部和省建材工业局管辖,1985年下放九江市管辖,隶属市建材工业局。

1991年,拥有年产4000吨中碱玻璃球、5000吨无碱玻璃纤维、2400吨玻璃纤维复合材料的生产能力。主要产品有中碱玻璃球;无碱、中碱玻璃纤维纱和布;3240层压板等60多个品种,产品注册“石松牌”商标。EW300A-100、EWF180-105、EC13-64x75、EC5.5-6X1X25100、3240环氧酚醛层压板分别获国家金、银奖和省优质产品称号。产品销往全国各地,从1985年起开始出口,远销新加坡、印度、韩国、美国、德国及台湾地区等。

1993年12月,总投资370万元、年产1900吨无碱玻璃纤维纱工程竣工投产。同年,总投资1960万元大排孔新工艺拉丝节能新技术工程开工建设。1995年12月,总投资2790万元,年产1800吨玻璃纤维短切毡项目建成。1995年,企业拥有坩埚炉位130个,拉丝机149台,捻丝机38台,整经机10台,织布机288台,1500吨液压机1台,中碱球窑1座,三辊筒制球机3台。全年生产玻璃纤维纱5987吨,玻璃纤维布697万米,实现工业总产值(按1990年不变价格)5473万元,利税总额608万元。万元产值综合能耗3.6吨标煤。固定资产原值6679万元,固定资产净值4734万元。全年职工平均人数2664人。

90年代后期,企业因市场、机制及设备老化等原因陷入困境。2001年1月,在全市国有企业中率先改制,靠大联强,由中国化学建材股份有限公司承债式收购。被誉为市国有企业改制样板。

# 第五章 建筑陶瓷制造

## 第一节 行业规模

建筑陶瓷以高岭土(高岭石、瓷石、瓷土)为主要原料,配以长石、石灰石、石英、和硼砂等,经过原料配制、成型、焙烧而制成。主要品种有外墙面砖、内墙面砖、地砖、陶瓷锦砖、陶瓷壁画等。20世纪90年代初,正是中国现代建筑陶瓷工业发展时期,九江建筑陶瓷业乘势而上,成为全市建材行业一大亮点,受到市委、市政府重视和支持。

1991年市内最早生产建筑陶瓷企业彭泽建材厂,年产40万平方米釉面砖分厂建成投产不久,生产的“龙宫牌”釉面砖创“省优”品牌,畅销省内外,供不应求。经国家建材局批准,九江建材厂投资1774.60万元,(其中国家贷款1018万元,外汇租赁403万元,企业自筹70万元)。引进意大利唯高公司年产50万平方米彩釉墙地砖生产线,也是刚刚建成投产,生产“庐山牌”彩釉墙地砖行销全国20多个省市,连夺3个全国性新产品展评会大奖,并获省优产品称号。

同年,九江建材厂又与香港意鑫建材股份有限公司合资兴建年产200万平方米玻化砖生产线,组建成立全市首家中外合资企业——江西常鑫瓷质砖有限公司。玻化砖工程总投资9707万元,其中中方出资70%,港方出资30%,从意大利引进全套具有90年代国际先进水平自动化生产线,主要设备有液压自动压砖机、立式干燥机、单层辊道窑、抛光机和实验检测设备等。该工程1992年动工兴建,并被列为当时全市重点工程,1993年8月竣工投产。产品质量达到欧盟CEN-176标准,合格率95.8%,一级品率85.7%。产品行销全国各地,并出口到澳大利亚、越南等国家。同年,该厂还贷款600万元对先前引进的彩釉墙地砖生产线进行技术改造,改产外墙砖,年生产能力扩大到70万平方米。

“八五”末,全市建筑陶瓷产量达273万平方米,比1990年增长7.6倍,年均增长51.6%。在生产工艺上采用大吨位自动压机、喷雾干燥、辊道窑等新装备。全市建筑陶瓷业装备、产能及生产技术,都有明显进步。“九五”末至“十五”初期,由于建筑陶瓷市场竞争激烈,产品更新换代步伐加快,现代物流和建材大市场推动产品流通加快,以及企业经营机制与内部管理等诸多方面原因,使九江本土建筑陶瓷企业陷入困境,逐一退出建筑陶瓷生产。

“十一五”期间,国内建陶制造从华东和佛山等中高档建陶集中产区向全国迁移;优质建陶企业通过产业迁移加快产业区域性布局,带动新建陶产区由低档建陶生产向中高档建陶生产提升。全国范围内建筑陶瓷产业转移、扩张、重新布局推动新一轮建陶发展热潮。九江具有原材料资源丰富,水、陆交通运输便捷,劳动力成本低等符合建筑陶瓷产业发展有利条件,加之招商引资优惠政策和全力支持外来投资企业做大做强热忱,成为吸引外地陶瓷企业纷至沓来的一方热土。

2007年12月,国内陶瓷行业的领军企业——杭州诺贝尔陶瓷集团与庐山区政府签订投资15亿元,兴建30条高档陶瓷生产线的合同。该项目分三期完成,一期先建8条现代化抛光砖生产线。整个项目占地86.7公顷,其中一期占地40公顷。诺贝尔陶瓷项目全面建成后,可年产高档瓷砖3000万平方米,实现销售收入30亿元。2009年6月,总投资9300万美元的九江诺贝尔陶瓷有限公司一期工程正式点火投产。

由杭州仲原陶瓷有限公司投资,作为九江诺贝尔瓷砖生产配套的港杭燃气和仲元工贸2个项目也正式落户庐山区新港沿江工业基地。投资4889万元的港杭燃气工程项目主要是为九江诺贝尔有限公司配套生产所需的燃气供应,建设内容为一期设置16台两段式煤气发生炉,并配套除尘、除焦、脱硫等净化设施,年供煤制气为9.13亿Nm3,该燃气工程项目的七源站位于九江诺贝尔陶瓷有限公司厂区南部,占地总面积83786平方米。投资3000万元的仲元工贸项目为九江诺贝尔有限公司的配套工程,主要是在现东海造船下游约150米长江岸线上建设年吞吐量2000万吨的散货码头,为九江诺贝尔提供生产原材料运输中转服务。

与此同时有多家大型陶瓷企业与瑞昌市洽谈,欲落户瑞昌市,佛山简一陶瓷有限公司决定投资10亿元在瑞昌市建设12条陶瓷生产线。佛山欧文莱陶瓷集团也与瑞昌市签订10亿元,新上12条陶瓷生产线的协议。瑞昌市全力打造用地规模1万亩,投资规模约100亿,总规划100条生产线,实现年度销售收入100亿的码头工业区新型建材工业基地。庐山区新引进的骆应陶瓷项目,落户永修、投资6.8亿元的江西安拿度瓷业项目,落户星子、投资5亿元的维鑫陶瓷项目等。

## 第二节　主要产品

### 一、釉面砖

俗称“白瓷板”,20世纪90年代初广泛应用于民用和公共建筑物装饰装修。属精陶质釉面砖,采用2次烧成工艺制作而成。产品规格为150×150毫米,正方形。主要生产企业彭泽建材厂,年产40万平方米,注册商标“龙宫牌”,并获省优产品称号。90年代中后期基本停产。

## 二、彩釉墙地砖

90年代初面世新型装饰陶瓷产品,主要用于地面和墙面装饰装修,可以制作成各种图案花纹和色彩。生产过程可分为原料制备、成型、印花施釉、烧成和成品包装。产品规格为200×200×7毫米。主要生产设备有破碎机、球磨机、干燥机、喷雾干燥塔、液压自动压砖机、施釉、印花机、辊道窑及包装设备等。主要生产企业九江建材厂,年产70万平方米,并获省优产品称号。90年代后期基本停产。

## 三、玻化砖

20世纪90年代初开发出来的新型建筑装饰材料,经过抛光,玻化砖表面亮度可与花岗石板材比美,且耐磨性能好,投放市场后曾风靡一时。玻化砖生产过程与彩釉墙地砖大致相同,但玻化砖不施釉、不印花,其色彩为化工原料着色,生产工艺流程及使用的主要设备与彩釉墙地砖相同。产品品种有玫瑰红、米黄、茄色、淡绿色等,规格为400×400×7毫米、300×300×7毫米等。主要生产企业九江建筑陶瓷工业总公司,年产200万平方米。90年代后期租赁给私人承包经营。

## 四、诺贝尔陶瓷

杭州诺贝尔集团有限公司生产的"诺贝尔"陶瓷,为国内高档瓷砖领导品牌。该公司采用世界一流的生产线,意大利宽体进口窑炉、高能压机、ROTOCOLOR、ROLLFEED和意大利Kerajet数码喷印等代表世界领先技术的生产设备和工艺技术,依据完善的ISO 9001质量管理体系、ISO 14001环境管理体系及ISO10012.1计量检测体系,为瓷砖的品质提供有力的保证。主要生产完全玻化抛光砖、亚光砖、欧式复古砖、微晶玻璃陶瓷复合板、陶质釉面墙地砖、瓷质釉面墙地砖及其各种装饰配件等"诺贝尔"和"塞尚·印象"系列产品。

诺贝尔建陶产品,已相继获得中国建筑装饰装修材料学会评定的"无毒害(绿色)室内装饰装修材料""百安居B&Q最佳服务奖""中国行业十大影响力品牌""十大网友喜爱的家居品牌""中国环境标志产品认证证书""消费者最信赖的首选品牌""中国行业最具价值品牌"等多项荣誉。

# 第三节 主要企业

## 一、九江建筑陶瓷工业总公司

位于市西郊九瑞路。九江建筑陶瓷工业总公司前身是九江建材厂,始建于1952年,建厂初期以生产黏土砖瓦为主。至80年代末发展成为以生产砖瓦为主,兼营水泥、水泥预制品、建筑涂料和玻璃钢制品等综合性的建筑材料厂。经过几十年的生产,该厂的黏土资源接近枯竭,决定开发新产品,1988年报经国家建材局批准,引进彩釉墙地砖生产线,于1990年建成投产,当年获利73.14万元。1993,又建成年产200万平方米玻化砖生产线。

因该厂建筑陶瓷生产发展很快,规模较大,1993年6月经市政府批准,撤销九江建材厂,成立九江建筑陶瓷工业总公司,下设8个分公司和1个砖瓦厂。固定资产原值1.1亿元,建筑陶瓷年生产能力270万平方米。1995年,该公司生产玻化砖125万平方米,外墙砖61万平方米。实现工业总产值6520万元,实现税利600万元,全员实物劳动生产率2242.70平方米/年.人。

1998年后,因建筑陶瓷市场竞争激烈,产品更新换代加速,使企业陷入困境,生产难以为继,二条生产线均租赁给私人承包经营。2006年公司获准政策性破产。

## 二、九江诺贝尔陶瓷有限公司

位于市城东港区,占地86.66公顷。2007年12月,由国内陶瓷行业的领军企业——杭州诺贝尔集团有限公司和香港宏诚股份有限公司共同投资建设。项目总投资15亿元,分三期共建设30条高档陶瓷生产线,实现年销售收入30亿元。2009年6月,九江诺贝尔陶瓷有限公司一期工程8条现代化抛光砖生产线建成投产,二期项目也在规划建设中。2010 年全年,九江诺贝尔瓷砖产量为 890 万平方米,产值 4.3 亿元,实现利税2500 万元。

九江诺贝尔陶瓷有限公司通过引进世界领先技术的生产设备和工艺技术,保证公司产品致密度高、机械强度好、生产效率高、产品品质稳定、产品花色好和装饰效果独具特色,做到高起点、高标准,从而保证产品的质量、满足环保以及高端消费群体的要求。

# 第六章　墙体屋面材料生产

## 第一节　行业规模

墙体屋面材料包括传统黏土砖瓦和新型墙体屋面材料二大类,是建筑物主体材料。

20 世纪 90 年代,轮窑、隧道窑、烘干室等砖瓦生产先进装备、技术得到普遍推广应用。楼板砖、拱梁砖、空心砖、承重空心砖等新产品出现,使砖瓦品种更加丰富,特别是利用粉煤灰等工业废渣生产煤渣、煤灰砖(俗称"内燃砖)问世,因良好经济与社会效益受到政府鼓励支持。

随着砖瓦生产快速发展,县以上国有砖瓦企业面临土源枯竭情况,而原燃材料涨价、建材市场疲软、产品滞销困扰,也使大多数国有砖瓦企业另谋生路。乡镇(集体)砖瓦企业迅速崛起,毁田烧砖现象时有发生,引起社会关注和政府重视。

1992 年,最早砖瓦生产企业九江建材厂拆除隧道窑和烘干室,与香港意宝建材股份有限公司合资,兴建年产 200 万平方米瓷质砖生产线,组建成立江西常鑫瓷质砖有限公司。加上该厂 50 万平方米彩釉墙地砖生产线,成为全市最早退出砖瓦生产国有企业。

1993 年 12 月,省政府颁发《江西省鼓励发展新型墙体材料暂行办法》。1994 年,市墙体材料革新办公室成立,在市政府领导重视和相关单位协助、支持下,全市墙体材料革新起步发展。

为满足城乡建设需要,传统黏土砖仍维持生产。1995 年全市乡及乡以上砖瓦企业 153 户,其中县以上砖瓦企业 27 户。按所有制:国有企业 19 户,集体 129 户,私营、联营企业 5 户。全市年产砖 19.44 亿块,瓦 6.33 亿片。九江茅山头建材厂产能 1.03 亿块/年,为全省之最。此后,由于墙体材料革新与建筑节能政策推动,全市砖瓦总量逐年减少。

"九五"期间,全市墙体材料革新步伐加快,在有关政策法规制定与实施、专项资金收取、新型墙体材料生产、推广、应用等方面,均取得明显成效。新型墙体材料生产企业发展到 20 余户,新型墙体材料占墙体材料总量 20%,达到省墙体材料革新办公室制定"九五"全省(城市)墙体材料革新计划目标。

随着企业改革深入,国有砖瓦企业改制后纷纷退出市场,民营企业迅速发展,出现一大批新型墙体材料生产企业。这些新墙材企业产品在市区内的各类建筑工程使用率迅速提升到95%以上。

2010 年,贯彻《中华人民共和国土地管理法》《江西省促进发展新型墙体材料条例》等法律,全市各县(市、区)关闭城市规划区内实心黏土砖企业工作全面开展。

## 第二节　主要产品

### 一、传统黏土砖瓦

为市建材行业生产企业最多的建筑材料。产品比较单一,20 世纪 90 年代,大多实现机械化半机械化生产。彭泽马当砖瓦厂产品曾获省优。

### 二、新型墙体屋面材料

空心砖、承重空心砖及利用粉煤灰等工业废渣生产煤渣、煤灰砖被列为新型墙体材料，得到政府重视支持，享受减免税收等优惠政策。发展的新型墙体材料主要有混凝土砌块和标砖类、加气砌块和标砖类以及页岩产品3个类型近10个产品。混凝土砌块和标砖产品在2005年后尤其是瑞昌地震后，由于灾后重建急需大量墙材，在全市各地迅速涌出一批混凝土类墙材企业，企业多达40余家，遍布全市各县市区。但这种产品质量不够稳定、产品比重大、产能较小，短短几年间被市场淘汰，至2010年，全市还在维持生产的企业仅有几家。而加气类产品和页岩类产品迅速崛起，很快得到市场认可，尤其是页岩产品，遍及全市各县市，企业多达20余家。至2010年年底，全市生产新墙材企业40余家，年产各类新墙材折合标砖30多亿块。市区建筑工程使用新墙材占墙体材料总量比例97%。

## 第三节　墙体材料革新

1994年，贯彻省政府颁发《江西省鼓励发展新型墙体材料暂行办法》，全市墙体材料革新起步发展，成立市墙体材料革新领导小组，下设办公室，由市建材工业局负责，办理全市墙体材料革新具体事务。

2002年，市墙体材料革新专项资金收取进入政府收费大厅。2003年全市机构改革，市建材工业局改为市建材集团公司，市墙体材料革新办公室由市经贸委接管。

## 第四节　主要企业

### 一、江西长夏建材有限公司

位于九江长江大桥铁路桥引桥南端东侧，占地2公顷，注册资本800余万元，成立于2000年4月，主要产品为粉煤灰加气砌块。该公司是省首家生产粉煤灰蒸压加气混凝土砌块新型节能环保型墙材企业，2010年，资产总值超1600余万元，年生产能力10万立方米。年产值2000万元。

### 二、九江君安建材有限公司

位于市大化肥西侧炼油厂粉煤灰厂内，企业占地1公顷。公司建于2005年，利用九江炼油厂工业废料和锅炉尾汽，主要生产粉煤灰加气砌块，年生产能力10立方米，年产值近2000万元。

### 三、九江元庄新型墙体材料厂

位于庐山区虞家河乡民生村泉水垅，是全市第一家页岩墙材企业。该厂第一条生产线于2007年年初建成投产，产品原料主要利用荒山页岩资源，产品有页岩标准砖、页岩空心砖、页岩砌块，产品规格分别为240×120×60、240×115×90、240×115×106、240×180×106等。2010年第二条生产线建成投产，年总产能达到1.2亿块(折合标砖)，产值近5000万元。

# 第七章　玻璃与新型建材生产

## 第一节　平板玻璃制造

全市最早生产平板玻璃企业是九江玻璃纤维厂玻璃制品分厂，为解决玻璃纤维生产过程中废丝问题，变废为宝，净化环境，该厂曾建有玻璃熔炉1座，利用玻璃纤维废丝为原料，生产日用玻璃瓶。后又投资6万元建成一条压花玻璃生产线，不仅填补全省平板玻璃品种的一项空白，获利140余万元/年，并彻底解决废丝问题。1991年玻璃制品分厂拥有固定资产原值340万元，玻璃熔炉1座，专用设备15台(套),平拉工艺生产线1条,年产平板玻璃15万重箱。1993年9月,由于采用“格法”技术,产品质量有很大的提高。后由于市场变化以及技术、管理方面问题,生产出现亏损,于1994年5月停产。

全省最大平板玻璃生产企业江西平板玻璃厂位于永修县,1986年6月竣工投产,为省属企业。至1991年8月停产,共生产平板玻璃48.1万重箱,工业总产值1156.8万元。1994年8月,在省政府关怀支持下,贷款600万元对窑炉进行冷修和改造,于同年底点火烘窑生产。1995年,平板玻璃产量34.1万重箱,达产达标并超过设计能力。

该厂是全省唯一规模较大,采用垂直引上工艺生产平板玻璃企业,占地面积36.43万平方米,建筑面积6.61万平方米,拥有固定资产原值2784.7万元,职工720余人。年生产能力普通平板玻璃和蓝色玻璃窗33万重箱。

2009年,江西平板玻璃厂整体下放永修县政府管理,纳入永修县国有企业改制。厂职代会以87%的票数讨论通过企业改制方案和职工安置方案。至2010年,职工全部妥善安置。

## 第二节　新型建材生产

新型建材是在传统建材基础上产生的新一代建筑材料，主要包括新型墙体材料、新型保温隔热材料、新型防水密封材料和装饰装修材料。1979~1998年,是中国新型建材发展重要历史时期。2000年以后,随着产业转移加速和招商引资热兴起,国内许多新型建材企业看好九江投资兴业价值,纷纷移师九江,有力推动市新型建材产业发展。

2003年8月,市综合工业园第一个破土动工项目,就是九江一男新型建材有限公司工业园。项目总投资6000万元,一期占地3.87公顷,包括8栋标准厂房、综合办公楼及附属设施,总建筑面积2万平方米。该公司集设计、生产、安装为一体,以承建轻钢结构工程为主,兼营生产压型彩色钢板,彩色涂层复合板等新型建筑材料。

“十一五”计划时期,彭泽、瑞昌、九江、德安、永修、庐山区等县(市区),把建材工业列为支柱产业,通过招商引资,引进一大批投资过亿元新型建材生产厂家。

## 第三节　主要企业

### 一、彭泽华天玻璃有限公司

位于彭泽县钓鱼台工业区。2009年8月签约,项目占地3.3公顷,总投资1亿元,由江西信达工业玻璃有限公司投资兴建。2010年7月,该项目一期工程竣工投产。彭泽华天玻璃有限公司以生产工业玻璃和高档商用玻璃为主导。一期工程年生产能力35万平方米。二期工程预计明年2011年7月建成,项目全部建成后,年产值可达1亿元,实现税收2000万元。

### 二、江西思科防水新材料有限公司

位于九江沙城工业园东区,公司规划用地面积5公顷,一期工程占地约2万平方米,总投资1亿元,于2010年6月开工兴建集防水材料科研、生产、销售、施工和技术服务于一体、专业化新型高新技术防水新材料项目。

该公司目前拥有国际先进水平的多功能全自动防水卷材生产线及各类生产设备,年产SBS/APP改性沥青防水卷材500万平方米,自粘聚合物改性沥青防水卷材300万平方米,预铺、湿铺防水卷材200万平方米等。EDPM高分子防水卷材300万平方米，聚氨酯防水涂料1000吨,JS聚合物水泥防水涂料1000吨,同时还生产弹性沥青防水膏,快速堵漏剂,道路桥涵、高速铁路等专用防水材料等系列产品,以及辅助材料系列产品等。

## 三、江西东正木业有限公司

位于九江县赤湖工业园，占地11.66公顷，总投资5亿元，全套引进国际先进纤维板连续压机生产线和工艺技术，全程实现计算机集中控制，能生产多种规模的中高密度纤维板，可满足市场多样化的需求。该公司成立于2009年12月1日，是广西东正集团旗下现有6家中高密度板生产企业之一。2010年底，第一条年产15万立方米中高密度纤维板生产线基本竣工，达产达标后，预计可实现年产值3亿元，上缴税收过千万元。

## 四、江西海祥钙质品有限公司

位于德安工业园。总投资18200万元，2008年1月开工建设，2010年6月建成，年产40万吨氧化钙。

## 五、江西安拿度磁业有限公司

位于云山经济开发区。总投资68000万元，2008年8月开工建设，2010年12月建成，主营高档环保陶瓷。

## 六、九江天诚实业有限公司

位于瑞昌工业园。总投资12000万元，2008年6月开工建设，预计2012年12月建成，主营新型建材。

## 七、九江金凤凰装饰材料有限公司

位于云山经济开发区。总投资13000万元，2009年9月开工建设，2010年12月建成，主营纳米微晶建材。

## 八、彭泽汇森木业有限公司

位于彭泽县上十岭。总投资15000万元，兴建20条空心板材生产线。2008年3月开工建设，2010年10月建成投产。

## 九、九江金巢彩涂钢板有限公司

位于九江县沙城工业园。由上海舜杰建筑集团投资13000万元，兴建年产8万吨彩钢板生产线。2008年11月开工建设，2010年4月建成。

## 十、江西衡达化工有限公司

位于九江县沙城工业园。总投资15000万元，2009年3月开工建设，2010年4月建成，年产20000吨PVC波纹管。

## 十一、江西敏辉集团有限公司

位于九江县沙城工业园。总投资12000万元，2009年1月开工建设，2010年4月建成，年产PVC管100万米。

## 十二、江西双欧节能科技有限

位于庐山区。总投资15000万元，2010年1月开工建设，2010年11月建成，年产100万平方米防火保温节能复合板。

## 十三、江西华琛钢构有限公司

位于九江县沙城工业园。总投资10000万元，2010年1月开工建设，2010年10月建成，主营重型、普通钢构、秀钢瓦。

## 十四、江西雄基建设集团有限公司

位于九江县沙城工业园。2009 年 6 月 22 日，江西雄基建设集团有限公司正式与九江县签订钢结构生产项目。项目落户赤湖产业区，主要从事高层钢结构、网架及轻钢厂房等建筑工程的制造和安装。项目规划用地 21.53 公顷，总投资为 3.5 亿元，其中固定资产投资 3 亿元，建设周期为 5 年，首期固定资产投资 3500 万元人民币，于 2009 年开工建设，2010 年建成投产。

# 第二十六篇

# 机械电子业

# 第二十六篇 机械电子业

1991年,全市机械行业企、事业单位39个。其中市属工业企业14家、县属工业企业22家、贸易流通企业2家、事业单位1个;按经济性质分,国有企业35家,集体企业3家,事业单位1个。全市电子工业企业14家。其中省属企业1家、市属企业7家、县属企业3家、贸易服务企业3家;按经济性质分,国有企业10家,集体企业4家。20世纪90年代初期,随着经济体制改革不断深入和社会主义市场经济体系建立,机械电子行业中各企业逐年由生产型向生产经营型转轨变型,从而走出计划体制和产品经济旧模式。90年代中、后期,机械行业市场环境急剧变化,销售状况出现萎缩;同时,原材料价格调整使得生产成本提高而陷入困境。电子工业领域则因产品规模集成化完全替代分单元器件组装,更新换代日新月异,企业先后处在限产、停产状态。1996年始,一些产品落后、技术含量低、经济效益逐年下滑、包袱重的企业,先后实行政策性破产。累计化解债务6628.51万元。

2002年10月,根据市委、市政府《九江市党政机构改革实施方案》,市机械工业局转体为集团公司,市电子工业总公司(市电子工业局)与转体后的机械工业局(集团公司)合并,成立市机械电子集团公司。管理市直属企事业共25家。2003年,根据市委、市政府《关于推进国有企业改革的实施意见》,在全市机械电子系统因企制宜,分类指导国企改革。并在稳妥推进国企改革同时,做好企业解困维稳工作。至2009年,全市机械电子行业国企改革工作全面完成。通过政策性破产核销豁免不良债务31117.81万元、依法破产核销债务2929.92万元、一次性买断银行债权化解金融债务19083万元。分流安置职工总人数10250人(其中离、退休职工4741人),改制费用累计4.1亿元。

企业经改制重组而脱胎换骨,全系统正常生产骨干企业经济运行提速增效。2010年实现工业总产值59437万元,工业增加值15967.6万元,主营收入59363.52万元,年增长均达16%以上;实现利税6441.43万元,年增长118%,其中实现利润3299.57万元,全行业扭亏为盈。

# 第一章 普通机械制造

## 第一节 行业规模

### 一、生产厂家

20世纪90年代初期,全市普通机械制造企业有庐山木工机械总厂、江西庐山砂轮厂、江西锻压机床厂3家市属企业,前2家为国有企业,后1家为集体企业;有江西仪表机床厂、都昌县机械厂、武宁砂轮厂3家行业归口管理的县属企业,前2家为国有企业,后1家为集体企业。

2002年年末,尚有庐山木工机械总厂、庐山砂轮石英制品厂、江西锻压机床有限责任公司3家市属企业。职工总人数约1700人。主要从事木工机械、锻压机械、磨料磨具、耐火材料、石英制品等制造。

1991~2010年九江普通机械制造业产销完成情况一览

表26-1-1 单位:万元

| 年份 | 工业总产值(90不变价) | 工业增加值 | 销售收入 | 实现利税 | 其中:实现利润 |
|---|---|---|---|---|---|
| 1991 | 1339 | 462.9 | 1131.47 | 70.88 | 9.53 |
| 1992 | 1451 | 499.3 | 1132.09 | 53.60 | -1.20 |
| 1993 | 2056 | 704.5 | 1447.07 | 83.65 | 22.50 |
| 1994 | 1646 | 562.5 | 1316.45 | 77.30 | 30.30 |
| 1995 | 1528 | 519.5 | 1212.39 | 86.40 | 22.10 |
| 1996 | 1076 | 357.4 | 748.39 | -8.60 | -26.80 |
| 1997 | 639 | 210.9 | 478.00 | -14.40 | -16.00 |
| 1998 | 456 | 150.5 | 378.60 | -18.50 | -18.50 |
| 1999 | 108 | 35.7 | 47.60 | -5.20 | -8.00 |
| 2000 | 87 | 27.7 | 40.00 | -16.70 | -16.70 |
| 2001 | 15 | 5.0 | 13.70 | -4.50 | -4.50 |
| 2002 | 8 | 2.6 | 4.60 | -0.30 | -0.30 |
| 2003 | 9 | 3.0 | 5.60 | -1.20 | -1.20 |
| 2004 | 8 | 2.6 | 5.80 | -1.40 | -1.40 |
| 2005 | 10 | 3.2 | 6.50 | -0.80 | -0.80 |
| 2006 | 10 | 3.3 | 6.80 | -0.60 | -0.60 |
| 2007 | 11 | 3.7 | 7.60 | -0.40 | -0.40 |
| 2008 | 13 | 4.2 | 8.50 | -0.50 | -0.50 |
| 2009 | 12 | 3.8 | 7.70 | -0.70 | -0.70 |
| 2010 | 12 | 4.0 | 8.50 | -0.30 | -0.30 |
| 总计 | 10493 | 3566.2 | 8007.36 | 297.73 | -13.47 |

说明:列入统计的企业改制前均为国有企业

## 二、企业改制

1996年,江西庐山砂轮厂实行政策性破产后更名为九江市庐山砂轮石英制品厂;1997年,江西锻压机床厂实行经营机制转换后更名为江西锻压机床有限责任公司。

随着国企改革的推进,江西锻压机床有限责任公司于2003年实施企业改制;庐山木工机械总厂、九江市庐山砂轮石英制品厂于2009年实施企业改制。

2003~2009年九江普通机械制造业企业改制职工分流安置一览

表26-1-2　　单位:人

| 企业名称 | 改制时间 | 职工总人数 | 置换身份人员 | 25/30、40/50人员 | 离休人员 | 退休人员 |
|---|---|---|---|---|---|---|
| 庐山木工机械总厂 | 2009 | 574 | 134 | 146 | 4 | 290 |
| 庐山砂轮厂 | 2009 | 450 | 182 | 61 | 2 | 205 |
| 江西锻压机床厂 | 2003 | 437 | 211 | 76 | 2 | 148 |
| 合 计 | | 1461 | 527 | 283 | 8 | 643 |

说明:25/30、40/50人员系指工龄满25年的女职工、工龄满30年的男职工和年龄满40周岁的女职工、年龄满50周岁的男职工

# 第二节　主要企业

## 一、庐山木工机械总厂

位于市区三里街58号,以生产木工机械为主。隶属市机械工业局。

20世纪90年代初,自行设计、生产国内领先木工机械MB106B压刨,MJ317、318、319、3110.3210等系列木工带锯。90年代中期,为拓宽市场,又自行开发、研究设计制造搅拌机、XD-001香皂出条机、打印机等一系列轻工机械产品,年产值1000多万元,年销售收入800多万元,产品远销印度尼西亚、新加坡等国家。

1998年年底始,因国家对森林限量开伐,使木工机械限量生产,加之企业老、负担重,举步维艰。1999年经市政府批准列为三类特困企业,绝大部分职工相继下岗。2000年以来,完全靠现有资产出租,以租赁收入来支付企业职工的养老、医疗保险及最低生活费。

2009年,企业进行全面改制,12月31日全部改制完毕。

1991~2010年庐山木工机械总厂产销完成情况

表26-1-3　　单位:万元

| 年 份 | 工业总产值(90不变价) | 工业增加值 | 销售收入 | 实现利税 | 其中:实现利润 |
|---|---|---|---|---|---|
| 1991 | 289.8 | 95.63 | 268.6 | -44.4 | -44.4 |
| 1992 | 424.6 | 140.12 | 364.7 | -11.9 | -11.9 |
| 1993 | 765.0 | 252.45 | 423.7 | 26.3 | 26.3 |
| 1994 | 686.4 | 226.50 | 468.7 | 29.3 | 29.3 |
| 1995 | 760.0 | 250.80 | 535.8 | 18.9 | 18.9 |
| 1996 | 968.0 | 319.44 | 572.0 | -20.6 | -26.0 |
| 1997 | 639.0 | 210.90 | 478.0 | -14.4 | -16.0 |
| 1998 | 456.0 | 150.50 | 378.6 | -18.5 | -18.5 |
| 1999 | 108.1 | 35.70 | 47.6 | -5.2 | -8.0 |

续表 26-1-3

| 年 份 | 工业总产值(90 不变价) | 工业增加值 | 销售收入 | 实现利税 | 其中:实现利润 |
|---|---|---|---|---|---|
| 2000 | 87.0 | 27.70 | 40.0 | -16.7 | -16.7 |
| 2001 | 15.0 | 5.00 | 13.7 | -4.5 | -4.5 |
| 2002 | 8.0 | 2.60 | 4.6 | -0.3 | -0.3 |
| 2003 | 9.0 | 3.00 | 5.6 | -1.2 | -1.2 |
| 2004 | 8.0 | 2.60 | 5.8 | -1.4 | -1.4 |
| 2005 | 9.6 | 3.20 | 6.5 | -0.8 | -0.8 |
| 2006 | 9.8 | 3.30 | 6.8 | -0.6 | -0.6 |
| 2007 | 11.2 | 3.70 | 7.6 | -0.4 | -0.4 |
| 2008 | 12.5 | 4.20 | 8.5 | -0.5 | -0.5 |
| 2009 | 11.5 | 3.80 | 7.7 | -0.7 | -0.7 |
| 2010 | 12.0 | 4.00 | 8.5 | -0.3 | -0.3 |
| 总 计 | 5290.5 | 1745.14 | 3653.0 | -67.9 | -77.7 |

## 二、九江市庐山砂轮石英制品厂

原名省庐山砂轮厂,位于庐山区莲花路 58 号,生产区面积 3.39 公顷,厂劳动服务公司占地 2260 平方米,还有厂属梅山林场 26.7 公顷山林(坐落在庐山区莲花镇),隶属市机械工业局。

该厂主要生产磨料磨具、石英制品、耐火材料。其中碳化硅磨料制炼属省内首家,其碳化硅(SiC)耐火材料远销日本等国,受到国内外用户一致好评。磨料可生产 8#--320# 成品砂、磨具可生产 Φ0.5~Φ600mm 各种规格的砂轮,且产品质量省内一流,国内上等,享誉国内市场。生产规模达磨料耐火材料年产 2000 吨;成品碳化硅磨料年产 1000 吨;磨具(砂轮)成品年产 1500 吨。

1996 年 12 月底实施政策性破产,核销、豁免金融单位等各类外债 775 万元(负债总额 1530 万元,含欠工资、社保等未核销)。1997 年 1 月 21 日企业重组,更名为九江市庐山砂轮石英制品厂。2009 年 7 月实施企业改制。

## 三、江西锻压机床有限责任公司

原名江西锻压机床厂,位于市区滨江路 175 号,1995 年 10 月,整体搬迁至九江经济技术开发区长江路中段,生产区占地面积 1.75 公顷,建筑面积 10803.97 平方米。1997 年 6 月,企业实行经营机制转换改为股份合作制企业,更名为江西锻压机床有限责任公司。属原机械工业部在江西生产锻压机械设备专业厂,集体所有制,隶属市机械工业局。

该厂主要产品有 JB23-80、JD23-80、JD23-35、J23-16 等系列压力机,Q11-6.3×2000 剪板机和 W67Y-80 液压板料折弯机等六大系列 16 个品种,取得机械部颁发的“工业产品生产许可证”和机械部、国家商检局颁发的“出口产品质量许可证”,年生产整机(配件)能力 300 台套。

1996 年,企业全部职工人数 470 人(其中退休职工 66 人),企业处于半停产状况,全年工业总产值 267 万元(现行价),销售收入 264.4 万元,上缴利税 34.1 万元。1998 年 8 月,特大洪水侵袭九江,整个厂区在近 4 米深洪水中浸泡 3 个月,所有机床设备仓库物资被淹没,仓库墙壁坍塌,经济损失惨重。洪水退后,企业积极组织清理整顿环境,修复设备,在 8 个月未发工资的困难条件下,依然努力恢复生产,开展自救。2000 年,企业下岗(内退)职工近 300 人。2003 年企业全部职工人数 436 人,留岗36 人。2003 年 5 月,根据九江开发区招商引资项目的需要,北京汇源集团选中该公司厂房、土地,并要求转让,经市政府批准,同意该公司将厂房及土地使用权转让给汇源集团,同时实施企业改制。2005 年 7 月,企业有效生产性资产在省产权交易所挂牌上市并出让。企业离、退休职工养老、医疗保险关系仍由原企业管理。

# 第二章 专用设备制造

## 第一节 行业规模

### 一、生产厂家

20世纪90年代初期，市专用设备制造企业有九江动力机厂、江西油嘴油泵厂、庐山水泵厂、庐山齿圈厂、九江轴承厂、九江电影机械厂、九江微型电机厂7家市属企业（均为国有企业）和九江县油泵修理厂、九江食品包装机械厂、九江玻璃磨具厂、华东刀剪厂（瑞昌通用机械厂）、瑞昌矿山机械厂、德安内燃机配件厂、德安制动器厂、星子机械配件厂、都昌内燃机配件厂、都昌铸造型砂厂、永修农机厂、武宁农机厂、修水柴油机厂、湖口县内燃机配件厂14家行业归口管理县属企业（前13家为国有企业，后1家为集体企业）。

2002年末，系行业归口管理的县属企业没有再进行联系，尚有九江动力机厂、江西油嘴油泵厂、庐山水泵厂、九江庐山飞轮齿圈有限责任公司、九江轴承厂、九江电影机械厂6家市属企业。职工总人数4700人。主要从事动力机械、汽车和农机配件、油嘴油泵、滚动轴承、石英钟机芯系列产品等制造。

**1991~2010年九江专用设备制造业产销完成情况一览**

表26-2-1　　单位：万元

| 年份 | 工业总产值(90不变价) | 工业增加值 | 销售收入 | 实现利税 | 其中：实现利润 |
|---|---|---|---|---|---|
| 1991 | 8619 | 3011.0 | 7363.40 | 423.12 | 225.99 |
| 1992 | 9952 | 3466.7 | 8884.50 | 457.05 | 260.32 |
| 1993 | 9068 | 3096.5 | 9250.91 | 661.75 | 421.95 |
| 1994 | 10205 | 3502.8 | 11613.46 | 641.49 | 414.02 |
| 1995 | 11997 | 4079.2 | 12072.51 | 854.45 | 605.38 |
| 1996 | 7859 | 2639.5 | 8146.38 | 440.71 | 189.83 |
| 1997 | 4505 | 1576.9 | 3820.00 | 58.04 | -113.66 |
| 1998 | 4564 | 1597.4 | 3003.00 | 52.90 | -104.69 |
| 1999 | 4613 | 1614.7 | 2795.00 | 117.10 | -86.40 |
| 2000 | 3854 | 1348.7 | 3153.00 | 163.18 | -28.20 |
| 2001 | 3158 | 1105.2 | 2669.00 | 2.90 | -219.00 |
| 2002 | 3215 | 1125.3 | 4978.00 | -96.00 | -182.00 |
| 2003 | 4465 | 1562.8 | 2807.70 | 229.48 | 48.20 |
| 2004 | 5937 | 2078.0 | 3562.24 | 29.33 | -108.26 |
| 2005 | 5416 | 1895.6 | 3226.64 | 311.49 | 100.42 |
| 2006 | 5919 | 2071.7 | 4378.14 | 324.54 | -3.86 |
| 2007 | 7450 | 2607.4 | 4947.13 | 373.55 | 10.30 |
| 2008 | 8659 | 3030.8 | 5794.41 | 583.06 | 260.86 |
| 2009 | 12096 | 4233.5 | 10043.03 | 1502.69 | 686.59 |
| 2010 | 17258 | 6040.3 | 12651.50 | 2386.72 | 1302.17 |
| 总计 | 148809 | 51684.0 | 125159.95 | 9517.55 | 3679.96 |

说明：列入统计的企业改制前均为国有企业

## 二、企业改制

1996 年,九江微型电机厂实行政策性破产,1997 年被昌河公司兼并。1997 年 12 月,庐山齿圈厂实施政策性破产后更名为九江庐山飞轮齿圈有限责任公司。

2002 年,江西油嘴油泵厂实施企业改制,改制后新企业“江西汇尔油泵油嘴有限公司”为民营企业,原企业由生产型过渡到社区行政管理和退休职工的管理以及不良资产、债权债务管理;九江庐山飞轮齿圈有限责任公司于 2003 年实施企业改制;庐山水泵厂、九江电影机械厂、九江轴承厂于 2009 年实施企业改制;九江动力机厂 2009 年实施政策性破产。

**1996~2010 九江专用设备制造业破产核销、豁免债务一览**

表 26-2-2　　单位:万元

| 企业名称 | 实施破产时间 | 实施破产类型 | 核销、豁免金融单位等各类外债 | 负债总额 |
|---|---|---|---|---|
| 九江微型电机厂 | 1996 | 政策性破产 | 1251.60 | 1349.60 |
| 庐山齿圈厂 | 1997 | 政策性破产 | 994.35 | 1068.27 |
| 九江动力机厂 | 2009 | 政策性破产 | 5220.24 | 16241.94 |
| 九江电影机械厂 | 2010 | 依法破产 | 2929.92 | 4963.76 |
| 合 计 | | | 10396.11 | 23623.57 |

说明:负债总额中含欠工资、社保等未核销

**2002~2009 九江专用设备制造业企业改制职工分流安置一览**

表 26-2-3　　单位:人

| 企业名称 | 改制时间 | 职工总人数 | 置换身份人员 | 25/30、40/50 人员 | 离休人员 | 退休人员 | 其他人员 |
|---|---|---|---|---|---|---|---|
| 江西油嘴油泵厂 | 2002 | 797 | 353 | 171 | 6 | 249 | 18 |
| 庐山齿圈厂 | 2004 | 162 | 104 | 18 | 1 | 39 | |
| 九江动力机厂 | 2009 | 1629 | 523 | 177 | 6 | 923 | |
| 庐山水泵厂 | 2009 | 654 | 202 | 101 | 2 | 349 | |
| 九江电影机械厂 | 2009 | 241 | 95 | 59 | | 87 | |
| 九江轴承厂 | 2009 | 424 | 183 | 104 | | 137 | |
| 合 计 | | 3907 | 1460 | 630 | 15 | 1784 | 18 |

说明:1. 25/30、40/50 人员系指工龄满 25 年的女职工、工龄满 30 年的男职工和年龄满 40 周岁的女职工、年龄满 50 周岁的男职工。2. 其他人员含工伤 1~4 级、丧失劳动能力、提前退休、病残、待安置领导人等

# 第二节　主要企业

## 一、九江动力机厂

位于十里大道 1889 号,占地面积 15.53 公顷(其中生产用地 10 公顷,生活用地 5.53 公顷),建筑面积 9.08 万平方米,国有中二型企业,隶属市机械电子集团公司(原市机械工业局)。主要生产小型柴油机等机械产品。2008 年年底,职工总人数 1803 人,各类专业技术人员 375 人,工程技术人员 135 人,拥有各种金切加工设备 800 余台,各种自动流水生产线 12 条,还建有省一流的发动机试验室,计量和理化试验中心,设有铸造、热处理和表面处理,板焊冲压、机修、工模具、机械加工、装配试验 8 个分厂。

企业主导产品庐山牌 S195 柴油机获机械工业部颁发的 “节能级产品证书”,2 次评为国家银质奖,全国单缸系列“双十佳”金马奖,全国S195 行业十大名牌产品,“江西省新产品奖”。相继开发出 TY1100、

S1100、N285、JD385Q、LL465 等多种系列的柴油机型新品种，其中 S195B-1，TY1100 获省优秀新产品奖，N285 柴油机于 1991 年通过部级鉴定，获江西省优秀新产品一等奖，被国务院经贸办列入国家重点新产品试产计划。1992 年开发的 JL1508W，JL1508D 及 LS908A4 种型号的农用运输车同年通过省级鉴定。自行研制出 JL1508X 厢式农用运输车，于 1994 年通过省级鉴定。陆续研制和开发 B-1 型，M 电启动，MB 型、C-1 冷凝式，A2 滚动轴承式 95 系列的多种变形产品。1991~1993 年实现利税 100 万元以上，1991~1995 年，年产量 3 万台以上；不仅在省内市场优势，而且畅销河北、山东、河南、湖南、广东等 11 个省的 32 个地区，并小批量出口到东南亚一些国家。

20 世纪 90 年代中后期，由于市场因素影响，加之企业产品单一，开发的新产品又几度失落，生产规模上不去，企业后劲匮乏，资不抵债，1997 年全面停产。2009 年 3 月 13 日实施政策性破产。

1991~1996 年九江动力机厂产销完成情况一览

表 26-2-4 单位：万元

| 年 份 | 工业总产值(90 不变价) | 工业增加值 | 销售收入 | 实现利税 | 其中：实现利润 |
|---|---|---|---|---|---|
| 1991 | 3525 | 1233.7 | 3568.15 | 175.80 | 155.09 |
| 1992 | 4383 | 1534.2 | 4515.31 | 181.69 | 159.24 |
| 1993 | 3527 | 1234.5 | 4574.10 | 431.12 | 408.28 |
| 1994 | 4418 | 1546.3 | 6801.88 | 441.08 | 415.28 |
| 1995 | 4918 | 1721.3 | 6066.45 | 552.68 | 547.80 |
| 1996 | 2311 | 808.9 | 3338.00 | 198.00 | 197.00 |
| 总计 | 23082 | 8078.9 | 28863.89 | 1980.37 | 1882.69 |

说明：自 1997 年全面停产

## 二、江西汇尔油泵油嘴有限公司

原名江西油嘴油泵厂，为市属国有企业。位于瑞昌市赤乌中路 58 号，占地面积约 11 公顷，建筑面积 4 万平方米。是省唯一油泵油嘴及发动机零部件专业生产厂家，为中国油泵油嘴行业骨干企业。隶属市机械工业局。

2000 年，有员工 880 人，工程技术人员 100 余人，拥有固定资产 6000 万元，设备 600 多台套。2001 年企业通过 1509002 国际标准质量体系论证，2002 年 BQ 系列喷油泵通过汽车论证。当年，共完成工业总产值 2519 万元，实现销售收入 2840 万元，实现利润-169 万元，上交国家税收共计 111.44 万元，在岗职工年收入 6000 元。2002 年 11 月，按照市委、市政府"国退民进"战略部署，作为市经济运行较好企业，列入市首批改制 5 家企业之一，进行国有资产产权转让和职工国有身份置换，改制为民营企业，更名为江西汇尔油泵油嘴有限公司。主要产品有 BQ 多缸喷油泵、1 号系列单缸泵及多缸喷油泵、1 号加强系列多缸中成药油泵；喷油器总成；喷油嘴、柱塞、出油阀 3 对精密偶件及摩托车配件等近 1000 余种。公司产品配装在柴油机上，广泛应用于汽车、船舶、农业机械、工程机械、发电机组的 65 至 110 系列柴油机、铃木摩托车。主要配套厂家有：玉柴股司、全柴动力、华源莱动、浙江四方、潍柴华丰、南昌凯马、马恒达(中国)、洛阳一拖、江门大长江公司等 40 多家主机厂，产品畅销全国 20 多个省、市、自治区，部分产品销往国外，用于北汽福田、江淮汽车、东安黑豹、长安跨越等汽车厂和豪爵铃木摩托车。

2003 年，为该企业由国有转向民营第一年，各项经济技术指标刷新原江泵厂的历史记录，全年共完成工业总产值 4314 万元，比上年同期增长 36%，实现销售收入 3285 万元，比上年同期增长 18%，多缸泵达到每月生产 5000 台的能力，上交国家税收 181.82 万元。获市委、市政府授予"百强民营企业"、市"工业生产先进企业"，市经贸委授予"优秀企业"；市经贸委、企业联合会、企业家协会授予"优秀企业"；省机械行业授予"优秀企业"；获瑞昌市委、市政府授予"企业税收贡献奖"。

2004年3月，公司开展以“竭诚工作，确保产出”为主题的生产大会战，确保及时、优质、足量按订单产出，提出“保八争九奔一万，管理质量上台阶”(指月产油泵8000~10000台)的目标，从此喷油泵产量一直持续增长。当年获市委、市政府授予“百强民营企业”、市“工业生产先进企业”、市经贸委“优秀企业”；省机械行业协会授予“江西省先进私营业企业”；市经贸委、企业联合会、企业家协会授予“优秀企业”称号；市民营企业工程领导小组授予“诚信企业”称号。2005年11月26日，瑞昌市发生里氏5.7级地震，震后第三天就恢复正常生产，受到市领导一致好评。面对市场变化，先后开发完成BQ泵系列化工作，使BQ泵有2.3、4、6缸，FT6调速器、两缸M泵、BQ2000泵、PM泵、2JQ泵、汽车用的柱塞偶件、出油阀偶件及P系列喷油嘴偶件等产品。有3项获得国家新型专利(2005年3月柴油机喷油泵负校正装置；2006年4月柴油机双缸分列式喷油泵；多功用柴油机喷油泵调速器)。2008年公司与北京理工大学合作开发电控高压系统，给企业进一步发展空间。同时，从抓生产能力和设备能力的提升入手，积极进行设备的购置和数控化的改造，购置近百台数控、配磨、试验台等较为先进的设备，共计投资750多万元。

2009年，获市委、市政府2009年度“工业企业贡献奖”。

2010年，投资近40万元新建1座1OOT/D热处理废水治理设施；先后新建面积约8000平方米的新试验车间，油泵机加工车间，热处理电镀车间，出油阀、油嘴车间裙房等项目，投资达650多万元，使油泵、汽配型柱塞、出油阀偶件的生产实现量的飞跃。生产能力为：年产高压喷油泵总成40万台，喷油器总成25万只，喷油嘴、柱塞、出油阀三对偶件500万副。至年底，油泵月产量达30000多台，同类多缸喷油泵居全国同行第三位。完成工业总产值1.75亿元，实现销售收入1.45亿元，上缴国家税收1085万元，在岗员工年收入25000元。获瑞昌市委、市政府决战工业“企业年度贡献奖”。

**1991~2010年江西汇尔油泵油嘴有限公司产销完成情况一览**

表26-2-5　　　　单位：万元

| 年 份 | 工业总产值(90不变价) | 工业增加值 | 销售收入 | 实现利税 | 其中：实现利润 |
|---|---|---|---|---|---|
| 1991 | 3252 | 1138.2 | 2611.3 | 171.42 | 25.80 |
| 1992 | 3520 | 1232.0 | 2806.7 | 184.46 | 28.26 |
| 1993 | 3685 | 1289.8 | 2928.3 | 190.78 | 30.62 |
| 1994 | 3760 | 1316.0 | 3018.6 | 169.31 | 18.68 |
| 1995 | 4138 | 1448.3 | 3320.9 | 217.17 | 33.52 |
| 1996 | 3807 | 1332.5 | 3048.1 | 189.47 | 20.83 |
| 1997 | 3516 | 1230.6 | 2809.0 | 165.04 | 4.64 |
| 1998 | 3264 | 1142.4 | 2720.0 | 161.90 | 10.30 |
| 1999 | 2881 | 1008.4 | 2528.0 | 185.10 | 7.60 |
| 2000 | 3714 | 1299.9 | 3055.0 | 194.18 | 6.80 |
| 2001 | 3101 | 1085.4 | 2611.0 | 32.90 | –188.00 |
| 2002 | 3163 | 1107.1 | 4978.0 | –83.00 | –169.00 |
| 2003 | 4353 | 1523.6 | 2807.7 | 244.48 | 63.20 |
| 2004 | 5816 | 2035.6 | 3562.2 | 44.33 | –93.26 |
| 2005 | 5283 | 1849.1 | 3226.6 | 329.49 | 118.42 |
| 2006 | 5808 | 2032.8 | 4378.1 | 343.54 | 15.14 |
| 2007 | 7302 | 2555.7 | 4947.1 | 387.55 | 24.30 |

续表 26-2-5

| 年 份 | 工业总产值(90 不变价) | 工业增加值 | 销售收入 | 实现利税 | 其中:实现利润 |
|---|---|---|---|---|---|
| 2008 | 8520 | 2982.0 | 5794.4 | 598.06 | 275.86 |
| 2009 | 12050 | 4217.5 | 10043.0 | 1528.70 | 712.59 |
| 2010 | 17258 | 6040.3 | 12652.0 | 2407.70 | 1323.20 |
| 总 计 | 108191 | 37866.9 | 83845.0 | 7662.60 | 2269.50 |

### 三、庐山水泵厂

位于庐山区莲花镇,占地面积 7.72 公顷(其中生产用地 4.53 公顷,生活用地 3.20 公顷),至 1995 年 6 月,职工总人数 747 人,工程技术人员 76 人,其中中、高级技术人员 14 人。企业资产总额 1114.4 万元,其中固定资产 377.7 万元。隶属市机械工业局。

主要产品为解放系列 (CA、CA-10、CA-10B)、X 系列 (X2105、X4105 系列、X6105 系列、X6110 系列)、6135 系列、洛拖东方红系列、硅油风扇离合器系列(广泛应用于从小器汽车到工程车的各种车型、J85 系列(285、485、495 系列)、丰收系列等 11 个系列 60 多个品种,年总产量 9 万台。

1997 年,受大环境影响,企业逐渐处于半停产状态,8 月全面停产。2009 年 7 月实施企业改制,进行职工分流安置,各类人员安置费用 3028 万余元。

### 四、九江庐山飞轮齿圈有限责任公司

原名庐山齿圈厂,位于庐山区威家镇,占地面积约 1.5 公顷,(其中生活用地约 0.83 公顷),职工总人数 169 人。主要从事飞轮,齿圈等工业机械配件的加工制造。隶属市机械工业局。1997 年,被九江电影机械厂兼并托管,12 月,实施政策性破产后更名为九江庐山飞轮齿圈有限责任公司。2003 年 7 月,由九江东友实业有限公司(台资)整体承债式收购,于 2004 年 7 月企业全部人员进行分流安置身份置换。

### 五、九江轴承厂

位于九江县沙河街双瑞西路 3 号,为生产 G、E、D 级精度的“8”类系列中、小型推力球轴承为主专业化工厂,是省轴承联合公司和上海经济区轴承联合公司成员单位,隶属市机械工业局

工厂占地面积 3.26 公顷,其中生产区占地面积 2.17 公顷,职工总人数 426 人,专业技术人员 38 人,注册资金 240 万元,固定资产原值 803 万元,净值 341 万元。拥有各类专、通用设备 118 台,1993 年,完成产量 143.66 万套,工业总产值 879.48 万元,全员劳动生产率 2.594 万元,上缴利税 86.91 万元。

该厂所产“庐山牌”8204 单向推力球轴承 1991 年 10 月,获机械工业部颁发的“优质产品奖”。1994 年 9 月底在蒙古国国家产品博览会获“金奖”。

1995 年 4 月企业由国有体制转换为“国有民营”体制,1997 年 1 月恢复国有体制。

20 世纪 90 年代中、后期,企业经济效益逐年滑坡,于 1997 年年底企业生产经营活动全面停止,职工全员下岗。自 1998 年 1 月后,进入留守解困和维稳状态。2009 年 12 月,企业整体改制工作完毕,职工全员进行分流安置和身份置换,社会化事务全部移交属地管理。

### 六、九江电影机械厂

位于市区庐峰路 50 号,占地面积 0.55 公顷(其中生产用地 0.21 公顷,生活用地 0.34 公顷)。1991 年,企业在册职工 241 人,资产总额 2116 万元。隶属市机械工业局。主要生产旅游产品。同年始,企业产品转型,重点开发石英钟机芯系列产品和工业仪表产品。新产品投放市场后,迅速占领福州“瑞达”、青岛“康巴斯”等厂家配套市场,摩托车仪表与吉利汽车公司配套。1994 年,企业作为市第一批国有民营试点单位。1996 年,工业总产值突破 1800 万元,职工年人均工资收入超过万元。

1997年始,企业进入第二轮租赁承包经营。当年兼并托管庐山齿圈厂。1998年8月,与上海永久股份有限公司合资组建"上海永久助力车九江有限公司。"

由于大气候影响,经济形势急剧变化,加上对外招商基础不牢,技改后劲不足,自1999年始,企业主导产品市场萎缩,经济效益急剧滑坡。其后,陷入库存积压、资金短缺、连年亏损困境。2001年企业全面停产,职工下岗。2009年8月企业进行全面改制。12月,职工分流安置顺利完成。

# 第三章 电气机械及器材制造

## 第一节 行业规模

### 一、生产厂家

20世纪90年代初期,市电气机械及器材制造企业有九江电瓷厂、九江电线电缆厂2家市属企业(均为国有企业)和江西微分机厂、湖口电机厂、武宁水轮机厂、彭泽电动工具厂、星子电控设备厂5家行业归口管理县属企业(均为国有企业)。

2002年年末,原系行业归口管理的县属企业未再进行联系,仅九江高压电瓷厂、九江电线电缆厂2家市属企业。职工总人数约1230人。主要从事电站和线路高、低压电瓷、电线电缆等制造。

**1991~2010年全市电气机械及器材制造业产销完成情况一览**

表26-3-1　　单位:万元

| 年 份 | 工业总产值(90不变价) | 工业增加值 | 销售收入 | 实现利税 | 其中:实现利润 |
|---|---|---|---|---|---|
| 1991 | 1184 | 296.9 | 1092.47 | 89 | 16 |
| 1992 | 1264 | 289.0 | 1166.20 | 56 | 10 |
| 1993 | 1121 | 257.1 | 847.00 | 46 | 9 |
| 1994 | 1214 | 300.9 | 1114.00 | 45 | 10 |
| 1995 | 1772 | 372.1 | 1814.00 | 40 | 5 |
| 1996 | 1559 | 249.0 | 1529.53 | 20 | -2 |
| 1997 | 1008 | 160.0 | 782.00 | 10 | |
| 1998 | 818 | 96.0 | 482.00 | -11 | -18 |
| 1999 | 881 | 57.0 | 556.00 | 5 | 1 |
| 2000 | 926 | 98.0 | 662.00 | 11 | |
| 2001 | 822 | 77.0 | 559.00 | 12 | |
| 2002 | 645 | 43.0 | 425.00 | -13 | -20 |
| 2003 | 431 | 46.0 | 329.00 | 13 | -20 |
| 2004 | 590 | 45.0 | 402.00 | 4 | -6 |
| 2005 | 544 | 89.0 | 450.00 | 14 | -2 |
| 2006 | 992 | 124.0 | 810.00 | 13 | |
| 2007 | 1253 | 122.0 | 1099.00 | 18 | -12 |
| 2008 | 1271 | 120.0 | 1008.00 | 30 | |

续表 26-3-1

| 年 份 | 工业总产值(90 不变价) | 工业增加值 | 销售收入 | 实现利税 | 其中:实现利润 |
|---|---|---|---|---|---|
| 2009 | 1193 | 207.0 | 1049.00 | 90 | 46 |
| 2010 | 1719 | 331.0 | 1358.00 | 204 | 157 |
| 总 计 | 21207 | 3380.0 | 17534.20 | 696 | 174 |

说明:列入统计的企业改制前均为国有企业

## 二、企业改制

1996 年,九江电瓷厂宣布政策性破产后更名为九江高压电瓷厂。2009 年,九江高压电瓷厂、九江电线电缆厂实施企业改制。

2009 年市电气机械及器材制造业企业改制职工分流安置情况一览

表 26-3-2　　单位:人

| 企业名称 | 改制时间 | 职工总人数 | 置换身份人员 | 25/30、40/50 人员 | 离休人员 | 退休人员 |
|---|---|---|---|---|---|---|
| 九江电瓷厂 | 2009 | 663 | 44 | 151 | 4 | 464 |
| 九江电线电缆厂 | 2009 | 176 | 35 | 46 | | 95 |
| 合 计 | | 839 | 79 | 197 | 4 | 559 |

说明:25/30、40/50 人员系指工龄满 25 年的女职工、工龄满 30 年的男职工和年龄满 40 周岁的女职工、年龄满 50 周岁的男职工

# 第二节　主要企业

## 一、九江高压电瓷厂

原名九江电瓷厂,位于市区甘棠北路,是生产电站和线路高、低压电瓷的专业厂,隶属市机械工业局。1991 年,有职工 862 人(其中工程技术人员 44 人),厂区面积 3.6 公顷。

1991 年始,由于企业产能不足,经济效益滑坡。1993 年始,企业处于半停产阶段,开始分流职工下岗,当年分流职工 230 余人,按工资 60%发给基本生活费。1994 年,与裕华房地产公司达成协议,整体出让厂东区。同时与三星物业公司达成协议,出让厂西区。1996 年,经市政府批准,九江电瓷厂宣布政策性破产,所承担的银行债务因破产而放弃权利,核销、豁免金融单位等各类外债 1280.75 万元(负债总额 1808.04 万元,含欠工资、社保等未核销)。同年,该厂更名为九江高压电瓷厂。原企业职工由新企业接管。2001 年根据政府文件,企业 288 名合同制工人置换身份,为市国企改革置换身份第一例。2009 年,九江高压电瓷厂实行企业全面改制。

## 二、九江电线电缆厂

位于市区人民路 92 号,占地面积 0.42 公顷(其中生产用地 0.39 公顷,生活用地 0.03 公顷),是生产漆包、塑料圆铜线和光纤电缆专业厂,隶属市机械工业局。

1991 年,有职工 168 人(其中工程技术人员 14 人)。1996 年被市机械工业局评选为 1995 年度“振兴九江机械工业杯”优胜单位。1998 年 12 月,企业 31 名富余人员下岗,进入市职工再就业服务中心。2001 年,该厂生产的铜芯聚氯乙烯绝缘电缆、聚酯漆包圆铜线获省标准化协会颁发“产品达标证书”。2003 年,聚氯乙烯绝缘无护套电缆电线、聚氯乙烯绝缘护套电缆产品获中国质量认证中心颁发“中国国家强制性产品认证证书(即 CCC 认证书)。2004 年,漆包线生产线因在生产过程中产生空气污染,市政府责令漆包线停止生产。2009 年 9 月,经市国企改革领导小组批准,实施企业改制,2010 年,被分流安置和置换

身份人员的档案以及离退休职工档案全部进行移交;社会化服务事项按属地管理原则向社区进行移交。

1991~2010 年九江电线电缆厂产销完成情况一览

表 26-3-3　　单位:万元

| 年 份 | 工业总产值(90 不变价) | 工业增加值 | 销售收入 | 实现利税 | 其中:实现利润 |
|---|---|---|---|---|---|
| 1991 | 650 | 110 | 468 | 47 | 4 |
| 1992 | 674 | 112 | 565 | 17 | 1 |
| 1993 | 585 | 107 | 260 | 14 | 1 |
| 1994 | 761 | 165 | 618 | 16 | 4 |
| 1995 | 1380 | 274 | 1391 | 15 | 1 |
| 1996 | 1388 | 208 | 1388 | 15 | |
| 1997 | 1008 | 160 | 782 | 10 | |
| 1998 | 818 | 96 | 482 | -11 | -18 |
| 1999 | 881 | 57 | 556 | 5 | 1 |
| 2000 | 926 | 98 | 662 | 11 | |
| 2001 | 822 | 77 | 559 | 12 | |
| 2002 | 645 | 43 | 425 | -13 | -20 |
| 2003 | 431 | 46 | 329 | 13 | -20 |
| 2004 | 590 | 45 | 402 | 4 | -6 |
| 2005 | 544 | 89 | 450 | 14 | -2 |
| 2006 | 992 | 124 | 810 | 13 | |
| 2007 | 1253 | 122 | 1099 | 18 | -12 |
| 2008 | 1271 | 120 | 1008 | 30 | |
| 2009 | 1193 | 207 | 1049 | 90 | 46 |
| 2010 | 1719 | 331 | 1358 | 204 | 157 |
| 总 计 | 18531 | 2591 | 14661 | 524 | 137 |

# 第四章　电子及通信设备制造

## 第一节　行业规模

### 一、生产厂家

20 世纪 90 年代初期,市电子及通信设备制造企业有江西无线电厂(713 厂)1 家省属国有企业,九江整流器厂、江西庐山电子仪器厂、江西庐山无线电厂、九江电子材料厂、市无线电一厂、市无线电三厂 6 家市属企业(其中,后 2 家为集体企业),市无线电二厂、九江等离子喷涂厂、九江电子电镀厂、九江贝德电器有限公司 4 家行业归口管理的企业(其中,后 1 家为集体企业)。

2002 年末,原系行业归口管理的企业没有再进行联系,尚有九江整流器厂、九江庐山电子仪器设备厂、九江庐山电控设备厂、九江电子材料厂、市无线电一厂、市无线电三厂 6 家市属企业。职工总人数约

1900人。主要从事整流装置、广电器材、电子部件、仪器仪表、给料设备、电解铜箔制造。

1991~2010年全市电子及通讯设备制造业产销完成情况一览

表26-4-1　　单位：万元

| 年 份 | 工业总产值(90不变价) | 工业增加值 | 销售收入 | 实现利税 | 其中：实现利润 |
|---|---|---|---|---|---|
| 1991 | 4216 | 997.0 | 4278.67 | 478.81 | 186.43 |
| 1992 | 4104 | 935.5 | 4445.91 | 471.21 | 176.72 |
| 1993 | 5052 | 887.2 | 4422.80 | 398.80 | 122.10 |
| 1994 | 4027 | 863.6 | 4479.70 | 398.00 | 115.80 |
| 1995 | 4076 | 808.3 | 5297.72 | 387.36 | 134.50 |
| 1996 | 3893 | 765.9 | 5194.50 | 381.10 | 123.80 |
| 1997 | 4224 | 708.9 | 4975.00 | 403.80 | 95.40 |
| 1998 | 6352 | 815.8 | 5221.39 | 474.98 | 102.40 |
| 1999 | 8394 | 1301.8 | 6562.08 | 564.90 | 144.40 |
| 2000 | 6139 | 1056.7 | 7382.92 | 803.36 | 371.20 |
| 2001 | 5315 | 1015.4 | 6409.59 | 814.24 | 47.44 |
| 2002 | 4460 | 550.6 | 7222.69 | 547.16 | 187.24 |
| 2003 | 8631 | 1266.8 | 7093.32 | 4763.63 | 360.72 |
| 2004 | 7880 | 823.1 | 11638.15 | 775.32 | 421.11 |
| 2005 | 13022 | 865.7 | 11851.72 | 606.65 | 317.68 |
| 2006 | 21055 | 2548.2 | 19536.25 | 931.89 | 583.75 |
| 2007 | 41774 | 2786.9 | 38035.91 | 1340.21 | 670.74 |
| 2008 | 35020 | 2362.8 | 31595.3 | 2260.30 | 841.56 |
| 2009 | 14862 | 1981.1 | 21069.78 | 1903.47 | 621.86 |
| 2010 | 21555 | 2979.7 | 27722.52 | 2513.01 | 1142.70 |
| 总 计 | 224051 | 26321.0 | 234435.92 | 21218.20 | 6767.55 |

说明：列入统计的企业改制前均为国有企业

## 二、企业改制

1996年庐山无线电厂实行政策性破产后更名为庐山电控设备厂。庐山电子仪器厂1996年实行政策性破产后于1997年1月更名为庐山电子仪器设备厂。1997年江西无线电厂(713厂)被清华同方兼并。

随着国企改革的推进，九江电子材料厂于2002年实施企业改制，改制后新企业九江德福电子材料有限公司为民营企业；市无线电三厂于2003年实施企业改制；九江整流器厂、九江庐山电子仪器设备厂、九江庐山电控设备厂于2009年实施企业改制。2010年9月，九江整流器厂整体产权转让后更名为九江九整整流器有限公司。

**1996~1997 年全市电子及通讯设备制造业企业破产核销、豁免债务情况一览**

表 26-4-2　　单位:万元

| 企业名称 | 实施破产时间 | 实施破产类型 | 核销、豁免金融单位等各类外债 | 负债总额 |
|---|---|---|---|---|
| 庐山无线电厂 | 1996 | 政策性破产 | 1072.35 | 1211.85 |
| 庐山电子仪器厂 | 1996 | 政策性破产 | 2506.06 | 2633.56 |
| 江西无线电厂(713 厂) | 1997 | 政策性破产 | 11516.00 | 11940.00 |
| 合 计 | | | 15094.41 | 15785.41 |

说明:1.负债总额中含欠工资、社保等未核销。2.江西无线电厂政策性破产后由清华同方兼并

**2002~2010 年全市电子及通讯设备制造业企业改制职工分流安置情况一览**

表 26-4-3　　单位:人

| 企业名称 | 改制时间 | 职工总人数 | 置换身份人员 | 25/30、40/50 人员 | 离休人员 | 退休人员 | 其他人员 |
|---|---|---|---|---|---|---|---|
| 九江电子材料厂 | 2002 | 295 | 252 | 14 | | 29 | |
| 九江整流器厂 | 2009 | 450 | 182 | 61 | 2 | 205 | |
| 庐山无线电厂 | 2009 | 303 | 111 | 58 | | 134 | |
| 庐山电子仪器厂 | 2009 | 253 | 18 | 74 | | 161 | |
| 九江无线电三厂 | 2002 | 49 | 47 | 2 | | | |
| 九江无线电一厂 | 2010 | 217 | 35 | 59 | | 122 | 1 |
| 合计 | – | 1567 | 645 | 268 | 2 | 651 | 1 |

说明:1.25/30、40/50 人员系指工龄满 25 年的女职工、工龄满 30 年的男职工和年龄满 40 周岁的女职工、年龄满 50 周岁的男职工。2.其他人员含工伤 1~4 级、丧失劳动能力、提前退休、病残、待安置领导人等。

## 第二节　主要企业

### 一、九江九整整流器有限公司

原名九江整流器厂,位于市区湖滨路 40 号,占地面积 3 公顷,建筑面积 19091 平方米。是国内大功率智能化整流装置主导厂家,为中国电器工业协会、中国氯碱协会、全国电力电子学标准化委员会等会员单位,ISO 9001:2008 国际质量体系认证企业。隶属市电子工业局

主要产品有大功率变流装置及其自动化监控系统,电力电子半导体器件及整流系列无功补偿和电子谐波治理装置,其中大功率变流装置单机组容量为:ZES–2X45KA/1000V、KES–2X50KA/1500V。其研发生产的 KP5A/1000V 晶闸管被应用在“510 工程”,即中国首颗人造卫星“东方红一号”的地面控制设备。

20 世纪 90 年代初,企业逐步涉足整流装置产品的设计及制造领域,主要产品有电解电化、直流传动、高压静电、电镀、牵引、串调等变流装置,其中电解电化装置单机组容量达到 ZES–63KA/220V,可控容量达 KES–63KA/120V,KHS–6KA/400V、KHS–25KA/250V。职工人数 400 余人,固定资产 510 万元,实现工业总产值 964 万元,年创利税总额 79.5 万元。

1997 年,公司投入 20 多万元用于推广应用 CAD 技术,实现产品设计“甩图板”工程,提高企业信息化水平,并获得“省 CAD 应用工程示范企业”,同年被省评定为“省级(区外)高新技术企业”。通过与华中科技大学等多所高校合作研制出单片机数字控制技术,并应用在该厂主导产品(大功率晶闸管整流装置)的触发系统以及监控系统上,使产品在技术上登上一个台阶,实现整流装置智能化功能,亦使用户整流所的微机化管理水平得到实现以及提高。完成 71.5 万千瓦年装机容量,装置产量曾连续 3 年列于全行业之首。自主研发大容量晶闸管整流装置,被列入国家火炬计划项目及国家高新技术产品。

1998年企业成功参与平果铝业公司“320KA超大电流铝电解直流供电系统的研发与开发”(国内最大电流系统)改造项目,项目获2002年中国有色金属工业科学技术会颁发的技术进步一等奖。

2004年，企业总价61万元整流装置产品顺利在越南拜棚造纸厂交货投产，实现产品出口零的突破。2007年完成销售产值2.7亿元。

2008年5月28日,该厂申请的“一种新型大容量整流装置”获得建厂40年以来第一个专利授权证书,在科技创新和维护知识产权之路迈出最关键一步。

2009年9月,企业进行改制,191名职工完成职工国有身份置换工作,重新签订劳动合同。2010年7月,采用整体产权转让方式,经江西省产权交易所以总价值7079.39万元公开挂牌,由瑞华赢投资控股有限公司和嘉善华瑞赛晶电气设备科技有限公司组成的联合体取得受让资格,同年9月,企业正式更名为九江九整整流器有限公司。同年,经市政府同意实施“退城进园”,项目投资总额5亿元,拟分3期建成。

2010年,公司成为集设计、开发、生产、销售、服务为一体的高新技术股份制企业。注册资本7079.39万元,固定资产1140.7万元,职工226人。拥有成套设备进出口贸易许可证。产品遍布全中国,并远销东南亚、中东及非洲等国家和地区。

**1991~2010年九江九整整流器有限公司产销完成情况一览**

表26-4-4　　单位:万元

| 年 份 | 工业总产值(90不变价) | 工业增加值 | 销售收入 | 实现利税 | 其中:实现利润 |
|---|---|---|---|---|---|
| 1991 | | | 621.67 | 87.11 | 52.73 |
| 1992 | | | 877.91 | 101.21 | 58.72 |
| 1993 | 1000 | 20.2 | 904.80 | 54.20 | 17.50 |
| 1994 | | | 1003.70 | 67.80 | 12.20 |
| 1995 | | | 1800.02 | 47.00 | 16.24 |
| 1996 | | | 1859.50 | 68.50 | 27.30 |
| 1997 | | | 1360.40 | 80.70 | 3.00 |
| 1998 | 1379 | 33.7 | 972.39 | 70.28 | |
| 1999 | 2538 | 438.6 | 1559.08 | 111.50 | 1.80 |
| 2000 | | | 2131.92 | 150.36 | |
| 2001 | | | 1861.59 | 125.44 | -40.56 |
| 2002 | | | 3404.69 | 153.76 | 8.24 |
| 2003 | 4866 | 800.9 | 3867.32 | 89.43 | 10.62 |
| 2004 | | | 4894.15 | 144.22 | 14.91 |
| 2005 | 5045 | | 5026.72 | 131.65 | 5.98 |
| 2006 | 6589 | 841.9 | 7165.25 | 177.99 | 10.55 |
| 2007 | 21973 | 695.3 | 21103.11 | 312.31 | 35.04 |
| 2008 | 16818 | 56.0 | 16021.80 | 866.10 | 91.06 |
| 2009 | | | 8355.78 | 932.37 | 100.66 |
| 2010 | | | 9270.52 | 729.01 | -135.00 |
| 总 计 | 60208 | 2886.6 | 94062.32 | 4500.94 | 290.99 |

## 二、九江市庐山电控设备厂

原名江西庐山无线电厂。地处市南郊的莲花镇,厂区占地面积2.8公顷,是原机电部高频感应加热设备、电磁振动给料设备生产的骨干企业。隶属市电子工业局。有从业人员320人,其中工程技术人员

31人(高级职称4人),机加设备32台(套),产品销售涉足29个省、市、区。1991年年底,固定资产净值105万元,工业总产值221.7万元,利润总额9.2万元,上缴税金5.4万元。

该厂生产“华星”牌洗衣机、“豪迪”牌半导体系列收音机等产品。由于体制问题企业后期亏损,1996年实行政策性破产,破产后更名为九江市庐山电控设备厂。1998年企业恢复小规模生产,从业人员32人,研制生产超声波清洗机、电火花真空检测仪、灯管烤消流水线等产品,工业总产值74万元,上缴税金2.8万元。2009年底完成企业改制,实行资产重组。

## 三、九江市庐山电子仪器设备厂

原名江西庐山电子仪器厂。地处市区人民路550号,占地面积1.13公顷,厂房建筑面积近7000平方米。是专业生产各种弱信号检测仪器及高、低频信号发生器、应用仪器以及其他各种型号有线广播机的国有企业。隶属市电子工业局。

1991年,企业总人数370人,其中各类专业技术人员70余人,技术工人100人,具有一定的技术力量和工艺水平。产品性能稳定、功能齐全,质量优良,部分产品曾多次获奖。1996年12月,企业实行政策性破产,化解各种债务2000多万元,1997年1月,成立市庐山电子仪器设备厂。2001年底,利用市政府有关下岗职工优惠政策,对86名青工、合同工实行身份置换;2009年12月,全面完成企业改制。

## 四、九江德福电子材料有限公司

原名九江电子材料厂,为市属国有企业。位于市区十里大道(花园畈)97号,厂区占地面积5.4公顷,有职工142人(其中工程技术人员12人),总资产6667万元,固定资产原值3684万元。主要从事电解铜箔生产及销售。隶属市电子工业局。

1991年,实施年产450吨卷状电解铜箔生产线技改项目,1993年5月竣工投产,当年生产电解铜箔150吨,产值503万元,利税26.6万元;同年35微米粗化电解铜箔被评为省优秀新产品一等奖,并填补省工业产品一项空白。1994年实施第一次填平改造项目,1995年改造完毕, 年产能力由450吨增加到800吨。1996年实施第二次填平改造,1998年改造完毕,年产能力增加到1200吨,产品由单一品种增加到70、35、25、18微米等系列产品;同年被省科委认定为省级高新技术企业。1999年通过ISO质量体系认证。2000年,生产电解铜箔1351吨,实现工业总产值6116万元,销售收入5049万元,利润181万元,上缴税金387万元。同年,“琥珀”牌电解铜箔被评为江西省名牌产品,企业被评为江西省优秀企业。2001年,新建700吨/年18微米电解铜箔生产线投入使用,至此,企业拥有21台电解机列,3条表面处理机列,年产能力达到2000吨。2002年10月实施国企改革,改制为民营企业,更名为九江德福电子材料有限公司。2004年、2006年两次被评为市百强民营企业。2008年12月与九江经济技术开发区签订铜箔项目合同书,正式启动退城进园工程,企业整体搬迁至九江经济开发区汽车工业园,拟建年产10000吨(一期6000吨)高档电解铜箔生产线。2009年9月,扩建项目土建工程破土动工。2010年7月,进入部分设备安装阶段。至年底,有从业人员251人(其中工程技术人员26人),总资产22645万元,固定资产原值5915万元,生产电解铜箔2681吨,实现工业总产值2.17亿元,销售收入1.82亿元,利润387万元,上缴税金940万元。

1991~2010年九江德福电子材料有限公司产销完成情况一览

表26-4-5　　单位:万元

| 年 份 | 工业总产值(90不变价) | 工业增加值 | 销售收入 | 实现利税 | 其中:实现利润 |
|---|---|---|---|---|---|
| 1991 | 3505 | 579 | 2996 | 296 | 103 |
| 1992 | 3484 | 577 | 2978 | 290 | 98 |
| 1993 | 3473 | 581 | 2969 | 276 | 90 |
| 1994 | 3519 | 573 | 3008 | 271 | 92 |
| 1995 | 3670 | 603 | 3142 | 291 | 108 |

续表 26-4-5

| 年 份 | 工业总产值(90 不变价) | 工业增加值 | 销售收入 | 实现利税 | 其中:实现利润 |
|---|---|---|---|---|---|
| 1996 | 3520 | 587 | 3012 | 276 | 95 |
| 1997 | 3930 | 597 | 3361 | 283 | 87 |
| 1998 | 4705 | 683 | 4021 | 376 | 105 |
| 1999 | 5599 | 762 | 4786 | 429 | 147 |
| 2000 | 5907 | 961 | 5049 | 633 | 378 |
| 2001 | 5282 | 982 | 4515 | 690 | 96 |
| 2002 | 4419 | 509 | 3777 | 400 | 185 |
| 2003 | 3711 | 411 | 3172 | 4678 | 353 |
| 2004 | 7819 | 761 | 6683 | 636 | 410 |
| 2005 | 7932 | 820 | 6780 | 483 | 319 |
| 2006 | 14420 | 1660 | 12325 | 759 | 578 |
| 2007 | 19744 | 2034 | 16876 | 1034 | 641 |
| 2008 | 18098 | 2200 | 15469 | 1400 | 754 |
| 2009 | 14788 | 1906 | 12640 | 976 | 525 |
| 2010 | 21361 | 2782 | 18258 | 1792 | 1282 |
| 总 计 | 158886 | 20568 | 135817 | 16269 | 6446 |

### 五、九江市无线电一厂

原厂址位于市区滨江路 150 号,1994 年整体搬迁到开发区西三路 17 号,占地面积 0.59 公顷。是以生产 WS 有机实芯电位器为主导产品的市属集体企业,隶属市机电集团公司(原市电子工业局)。有职工 230 人,其中工程技术人员 16 人,固定资产 320 万元。

1995 年前,企业生产及销售较为稳定,每年产值均在 180 万元之间,销售收入 120 万元左右。1995 年,将产品升级换代,新上 1 条厚膜电路生产线。1996 年,因主导产品产销严重下滑,企业资金不足等诸多原因,于 1997 年年初停止投入跟进。1997 年二季度进行职工分流安置,但企业改制未果。1998 年洪水侵入,损失惨重,致使停产。1999 年上半年市财政调资金 30 万元,部分产品恢复启动,维持至 2001 年 9 月,终因资金枯竭,无法运行而全面停产。2010 年企业实施全面改制。

### 六、九江市无线电三厂

原厂址位于庐山区莲花镇,1996 年搬迁至九江开发区西三路 19 号, 占地面积 1.3 公顷。是以生产 WH 型碳膜直滑式电位器、电子浆料和薄膜开关等产品的市属集体所有制企业, 隶属市电子工业局。1998 年遭遇特大洪水侵袭,企业停产。2003 年开始实施企业改制。

# 第五章 锅炉及压力容器制造

## 第一节 行业规模

### 一、生产厂家

市锅炉及压力容器制造企业有江西制氧机厂、九江柴油机厂 2 家(均为国有企业)。职工总人数约 2100 人。主要从事空分设备、冷藏干货钢质集装箱、罐式集装箱、特种改装车、工业电炉、高频电炉制造。

1991~2010 年全市锅炉及压力容器制造业产销完成情况一览

表 26-5-1 单位:万元

| 年 份 | 工业总产值(90 不变价) | 工业增加值 | 销售收入 | 实现利税 | 其中:实现利润 |
|---|---|---|---|---|---|
| 1991 | 6256 | 2189.5 | 5770.70 | 448.27 | 196.11 |
| 1992 | 6589 | 2306.0 | 6419.60 | 493.58 | 201.24 |
| 1993 | 7022 | 2457.8 | 7048.10 | 418.78 | 117.30 |
| 1994 | 7173 | 2510.6 | 6706.60 | 415.69 | 98.70 |
| 1995 | 7539 | 2638.5 | 7217.80 | 351.65 | 51.20 |
| 1996 | 7433 | 2601.4 | 6908.60 | 363.65 | 50.80 |
| 1997 | 7952 | 2783.3 | 7363.20 | 370.97 | 40.27 |
| 1998 | 7812 | 2734.3 | 7346.20 | 358.05 | 38.15 |
| 1999 | 6883 | 2409.1 | 6198.16 | 210.48 | |
| 2000 | 7255 | 2539.1 | 5785.22 | 146.02 | |
| 2001 | 6750 | 2362.5 | 5018.90 | 189.31 | |
| 2002 | 7460 | 2751.8 | 5759.12 | 202.50 | |
| 2003 | 10275 | 3596.1 | 10014.30 | 290.19 | |
| 2004 | 10278 | 3597.4 | 9457.27 | 334.65 | |
| 2005 | 10935 | 3827.3 | 10203.60 | 393.26 | |
| 2006 | 10204 | 3571.4 | 8236.00 | -5.00 | -159.00 |
| 2007 | 12484 | 4369.4 | 12918.00 | 288.00 | -98.00 |
| 2008 | 16205 | 5671.8 | 13916.00 | 879.00 | 449.00 |
| 2009 | 10172 | 3560.2 | 12688.00 | 1211.00 | 456.00 |
| 2010 | 18893 | 6612.6 | 17623.00 | 1338.00 | 698.00 |
| 总 计 | 185569 | 65090.0 | 172598.00 | 8698.05 | 2139.77 |

说明:列入统计的企业改制前均为国有企业。

## 二、企业改制

随着国企改革推进,江西制氧机厂于 2006 年实施企业改制,改制后更名为江西制氧机有限公司。九江柴油机厂 2009 年宣告政策性破产。

2006~2009 年全市锅炉及压力容器制造业企业改制职工分流安置情况一览

表 26-5-2 单位:人

| 企业名称 | 改制时间 | 职工总人数 | 置换身份人员 | 25/30、40/50 人员 | 离休人员 | 退休人员 |
|---|---|---|---|---|---|---|
| 江西制氧机厂 | 2006 | 1026 | 472 | 136 | 10 | 408 |
| 九江柴油机厂 | 2009 | 1110 | 465 | 151 | 3 | 491 |
| 合 计 | - | 2136 | 937 | 287 | 13 | 899 |

说明:1.25/30、40/50 人员系指工龄满 25 年的女职工、工龄满 30 年的男职工和年龄满 40 周岁的女职工、年龄满 50 周岁的男职工。2.其他人员含工伤 1~4 级、丧失劳动能力、提前退休、病残、待安置领导人等

# 第二节　主要企业

## 一、江西制氧机有限公司

原名江西制氧机厂，位于庐山区莲花路101号，占地面积为20.6公顷，建筑面积4.6万平方米。隶属市机械工业局。

2006年12月实行国有企业改制，杭州杭氧股份有限公司、宁波华瑞投资有限公司共同出资整体收购原江西制氧机厂生产经营性资产，改制后的江氧厂更名为江西制氧机有限公司，为国有控股企业。公司注册资本3000万元。

江西制氧机公司是设计和制造一、二、三类压力容器，各类改装车，罐式集装箱以及中小型空分设备的专业厂家。具有国家质量监督检验检疫局所颁发A1、A2、C1、C2设计、制造许可证书、取得美国机械工程师协会"ASME"授权证书及"U"钢印和"U2"钢印，中国船级社(CCS)颁发的罐式集装箱认可证书，并通过国家民用改装车产品强制性认证(即CCC认证)和ISO 9001质量管理体系认证。公司是全国压力容器标准化委员会、移动式压力容器技术委员会成员和中国气体分离和液化设备标准化委员会成员单位。

企业产品由1991年的四大类60余种发展到四大类160余种，主导产品有各类低温贮罐、汽车槽车、各类罐式集装箱、中小型空分设备和配件、各类大型非标容器。公司生产的用于液氧、液氨、液氩、液态二氧化碳和液化天然气等低温贮罐、槽车被国内众多用户所认同。产品行销国内各省市、自治区，并出口到美国、以色列、日本、巴布亚新几内亚、孟加拉、越南、印尼等国。

2010年7月，实施退城进园，落户市经济技术开发区城西港区，总投资6亿元。

1991~2010年江西制氧机有限公司产销完成情况一览

表26-5-3　　单位：万元

| 年份 | 工业总产值(90不变价) | 工业增加值 | 销售收入 | 实现利税 | 其中：实现利润 |
|---|---|---|---|---|---|
| 1991 | 4108 | 1437.7 | 3896.70 | 237.60 | 87.5 |
| 1992 | 3860 | 1350.9 | 4010.60 | 252.62 | 92.3 |
| 1993 | 4290 | 1501.6 | 4307.10 | 257.81 | 67.6 |
| 1994 | 4213 | 1474.6 | 4107.60 | 228.81 | 50.6 |
| 1995 | 4524 | 1583.3 | 4607.80 | 160.35 | |
| 1996 | 4328 | 1514.6 | 4268.60 | 170.53 | |
| 1997 | 4672 | 1635.3 | 4653.20 | 190.60 | |
| 1998 | 4862 | 1701.8 | 4766.20 | 187.05 | |
| 1999 | 5013 | 1754.6 | 4518.16 | 210.48 | |
| 2000 | 5947 | 2081.3 | 4805.22 | 146.02 | |
| 2001 | 5600 | 1960.0 | 4208.90 | 189.31 | |
| 2002 | 6250 | 2187.5 | 4899.12 | 202.50 | |
| 2003 | 9095 | 3183.1 | 9234.33 | 290.19 | |
| 2004 | 9378 | 3282.4 | 8849.27 | 334.65 | |
| 2005 | 10935 | 3827.3 | 10203.60 | 393.26 | |
| 2006 | 10204 | 3571.4 | 8236.00 | -5.00 | -159.0 |
| 2007 | 12484 | 4369.4 | 12918.00 | 288.00 | -98.0 |

续表 26-5-3

| 年份 | 工业总产值(90不变价) | 工业增加值 | 销售收入 | 实现利税 | 其中:实现利润 |
|---|---|---|---|---|---|
| 2008 | 16205 | 5671.8 | 13916.00 | 879.00 | 449.0 |
| 2009 | 10172 | 3560.2 | 12688.00 | 1211.00 | 456.0 |
| 2010 | 18893 | 6612.6 | 17623.00 | 1338.00 | 698.0 |
| 总计 | 155032 | 54261.2 | 146717.00 | 7162.78 | 1644.0 |

## 二、九江柴油机厂

又名江西工业电炉厂,位处市区十里大道,属国家中二型企业,隶属市机械工业局。企业占地面积约13.33公顷(其中职工生活用地约6.67公顷)。原为生产S195型柴油机为主农机行业,后转产YSP-15型、YSP-50型等系列庐山牌液化石油气钢瓶。最高年产量达22万只,实现工业产值3000多万元,年上缴利税100万元以上。企业职工总数1140人,其中专业技术人员76人,高级职称人员8人,中级职称人员33人,固定资产4526万元。

1992年"全国质量万里行"国家技术监督局的国家级监督抽查中,"庐山牌"钢瓶在全国同类31种产品中为最好最优,1993年、1995年被评为省用户满意企业。

企业投资1000多万元,形成自行设计、制造各种系列的标准和非标准型工业电炉的生产能力,其中RX3系列950oc节能电炉曾获省级优秀新产品和国家级新产品称号。1995年自行设计制造的TG92-105钢带热处理生产线出口电炉经专家评审认定为国家级新产品,1996年出口至中东地区的固化炉,空气循环炉系列产品质量获殊荣。

1998年年底,企业因各种因素所致出现停产状态,亏损越来越严重,职工相继下岗,2000年,企业将生产场地等有效资产租赁经营,租赁资金用于企业职工的养老保险和医疗保险,2009年8月被批准国家政策性破产,核销、豁免金融单位等各类外债6501.46万元(负债总额8250.79万元,含欠工资、社保等未核销)。

**1991~2004年九江柴油机厂产销完成情况一览**

表 26-5-4　　单位:万元

| 年份 | 工业总产值(90不变价) | 工业增加值 | 销售收入 | 实现利税 | 其中:实现利润 |
|---|---|---|---|---|---|
| 1991 | 2148 | 751.8 | 1874 | 210.67 | 108.61 |
| 1992 | 2729 | 955.2 | 2409 | 240.96 | 108.94 |
| 1993 | 2732 | 956.2 | 2741 | 160.97 | 49.70 |
| 1994 | 2960 | 1036.0 | 2599 | 186.88 | 48.10 |
| 1995 | 3015 | 1055.3 | 2610 | 191.30 | 51.20 |
| 1996 | 3105 | 1086.8 | 2640 | 193.12 | 50.80 |
| 1997 | 3280 | 1148.0 | 2710 | 180.37 | 40.27 |
| 1998 | 2950 | 1032.5 | 2580 | 171.00 | 38.15 |
| 1999 | 1870 | 654.5 | 1680 | | |
| 2000 | 1308 | 457.8 | 980 | | |
| 2001 | 1150 | 402.5 | 810 | | |
| 2002 | 1210 | 564.4 | 860 | | |
| 2003 | 1180 | 413.0 | 780 | | |
| 2004 | 900 | 315.0 | 608 | | |
| 总计 | 30537 | 10828.8 | 25881 | 1535.30 | 495.77 |

# 第二十七篇

## 冶金煤炭业

# 第二十七篇 冶金煤炭业

20世纪90年代,为全市冶金煤炭工业大发展时期。1991年,全市冶金煤炭国有企业21个,其中市属企业4个,县属企业17个。另有中央、省属国有企业和一批乡镇、民营矿冶企业。随后九江冶煤工业进入改革时代,呈现多元化发展,但发展不平衡。煤炭工业受全国煤炭行业关井(矿井)压产(原煤产量)、结构调整影响,发展困难,但1997年6月编制中长期《九江市煤炭工业发展规划》时,仍规划新矿井39对,新增原煤产量83万吨,占用煤炭储量1568万吨,煤炭生产能力达到年产100万吨以上。黄金工业受国际金价两次大起大落影响,生产不正常,加上"八五"期间黄金工业超常发展,一些新建、扩建矿山在"九五"期间已无资源可采,影响发展。铁矿亦因文物保护而关停。只有有色金属工业和具有优势资源的非金属矿业发展较快,钨矿及深加工产品,锑矿及纯锑和非金属矿业产量都有较大增长。钨矿作为市有色金属的优势资源之一,发展较快。2000年,全市开发矿产达40种,开采矿区90处,有矿山企业903家,其中大型矿山企业3家,中型矿山企业8家,小型矿山企业892家,矿山从业人数26728人。年产矿石总量2864.72万吨,采选业产值4.25亿元,矿业总产值13.79亿元,占全市国内生产总值的6.56%,占工业总产值10%。其中铜采选能力100万吨/年,年产矿石量88.11万吨,生产铜精矿含铜1.2万吨;钨矿采选能力48.2万吨/年,年产矿石量37.65万吨,产钨精矿3000吨,部分加工成仲钨酸铵;花岗石年开采量9万立方米,部分加工成板材和装饰品;板岩年开采量为8万立方米,主要产品为饰面用石材。全市矿山占地总面积75.03平方千米。至2010年,原煤产量达到61万吨,创历史最高水平。

# 第一章　金属矿采选及冶炼加工

## 第一节　采选

### 一、铁矿采选

**开采**　瑞昌铜岭铁矿开采:矿体产于奥陶系白云质灰岩与志留系粉砂岩接触带,矿体呈漏斗状出露地表。其底板标高+40~70米,最深为-34米,呈似层状产出,矿体一般厚12~25米,最厚为75米,整体呈EW走向和S倾向自然尖灭。矿体松散,矿石结构为土状、胶状、葡萄状和放射状、缀密块状、皮壳状、多孔状构造。褐铁矿原矿品位为39.86%,地质储量254万吨,工业储量194万吨。另有铜金属量储量0.898万吨。

该矿曾由群众土法地表露天挖采。从+104米标高开始,实行采矿生产技术改造,实行山坡露天开采。+84米以上开采首先全部利用人工作业,尔后改窄轨人工推矿车,用电铲装运工艺。至+74米台阶后,转入深凹露天,采用公路开拓,汽车运输,总出入沟布置在采场北端+84米标高处。矿石运往选厂,废石运往东部及西部废石场,采装工作沿矿体走向布置,采取自矿体下盘向上盘推进方式开采。

采装运工作主要采用YQ-100型潜孔钻机、Q-502型电铲、东风4吨自卸汽车和移山-80型推土机等设备。采用机械化凿岩爆破、电铲装矿、自动翻斗汽车运输为主,辅以人力板车运输生产方式。

开采边界及采剥工程量。+74米台阶为人车沟长144米,工程量1.2万立方米。开段沟长300米,工程量2.5万立方米。矿石量40.45万吨,剥离量18.9万立方米。

公路等级为Ⅲ级,采用双车道运输,最小曲率半径15米,主回头曲线最小半径为12米,辅回头曲线最小半径为20米,插入直线长度最小不小于10米。回转式车场,其路面外缘直径为28米,最大纵坡8%(包括曲线折减)竖曲线最小半径凸型250米,凹型100米,运输平台宽度10米。

矿山废石(土)排弃工作。由于运距短,地形有利,多系采用人力板车运输,部分采用汽车运输。排土场3个1号排土场,即西部尾砂库上部;2号排土场容量小;3号排废(土)场较远,要用汽车运输,因受地形和树木影响库容不大。

矿区水文地质简单,暴雨水量集中时,+64米台阶出现集水坑,采用引水坑、沟和移动排水泵排水。

该矿初期采矿生产以满足炼铁炉能力为主,年采矿量1.9万吨左右。转为以铁矿石为主要产品生产后,年采矿量上升到10万~12万吨。台阶下降速度为2.67米/年。

20世纪90年代后期,生产基本处于停产状态。随着铜岭古铜矿遗址于2000年列为省级重点保护单位,尤其2001年5月国务院公布为国家重点文物保护单位后,省人大文卫委提出明确保护意见和要求,据此,铁矿山全面停采。

九江城门山铁矿开采:该铁矿系城门山铜矿的铁帽矿山,因铁精矿含硫高而停采。经地质部门勘探,查明铁帽中含有具工业价值的黄金,转而开始金矿开采。

**选矿**　铜岭铁矿石选矿初期为干选简易流程。为提高选矿回收率,江西有色冶金研究所对铜岭铁矿选矿进行试验,采用湿式强磁选工艺、反浮选工艺、摇床选别工艺3种不同方式选别,均获得较好试验结果指标,为改扩建选厂提供依据。选厂技改采用碎矿不磨矿的洗矿脱泥简易工艺,获得品位大于50%的精矿(含小于12毫米至0毫米部分)和回收率60%的生产技术指标。为延长矿山寿命,提高选矿回收率,先后对尾砂进行测定分析和磁选试验,终因试验效率较差,经费来源困难而未能继续下去。

### 二、铜矿采选

**开采**　九江列石山铜硫矿开采:列石山矿段地质条件较复杂,矿体围岩中部及东侧为花岗闪长斑岩,北部为志留系中统泥质页岩,西南两侧为志留系上统砂岩,岩体 NEE 走向 330~350 度,倾向 SE 60~80 度,倾角 70~80 度,主要金属矿物为辉铜矿、黄铁矿、闪锌矿等。矿体中铜硫分布较均匀,主要工业矿石为含铜黄铁矿、含铜斑岩、含铜高岭土等,平均品位:含铜 1.26%,含硫 25.32%。

整个矿段开拓,窿口设计在列石山以南,标高为+60 米,以主斜井配盲斜井为提升运输系统。分别至 25 米中段和-5 米中段,中段高 30 米,每个中段设有调车场。在矿体中盘设有主运输巷道。

沿矿走向掘一条脉外运输道,垂直矿体走向每间隔 10 米布置一条穿脉巷道,在穿脉巷道端部掘一条切割道。采取由上到下,由远到近分层进行。采矿方法采用分层崩落块石充填法,即巷道采矿法。

回采进路段面高 2.7 米,宽 2.4 米;凿岩机采用 YT-24 型气腿式;钢钎采用直径 22~25 毫米 ZKT8 碳素钢钎及直径 40~43 毫米硬质合金一字型钎头;凿眼深 1.5 米左右,孔数 10~15 个,孔眼距 0.5 米左右,爆破采用硝铵炸药,装完炸药后,每孔置一支 6 号雷管和 1 米长导火索,经爆破、支护、装矿、提升等工序将原矿石运往选厂原矿仓。每采完一条进路后,都要进行铺底。先在采空区铺 50 毫米厚混凝土,在上面用直径 6.5 毫米钢筋按 200×200 毫米网度编网铺设。在矿体中开采另一端边界时, 再左右两边横向回采,回采宽度为 2 米。到相邻穿脉道时,便进行铺底,铺底完成后进行充填。充填后再后退式,回采相邻矿体,回采完又铺底、充填,循环往复,直到采完整个分层矿体为止。以后又延伸盲斜井 2.5 米左右开采下一分层,直至采完整个中段矿体。

铺好底后,经养护 24 小时便进行充填,充填料在附近采石场取用,人工堆砌,与顶板相接。

矿区采用混凝土支护和棚式支架两种,有些地段采用锚杆支护,工作面使用金属摩擦支架和进行过锚喷以及砖砌支护。支护形状一般有三心拱和梯形 2 种,在梁腿接口处与顶帮围岩之间需用角楔楔紧,在支柱间两边各需加 1 根横撑。

井下某些地段,采用自然通风,大部分采用抽出对角轴流式局扇通风,所需负压为 53.5 毫米水银柱,所需风量为 45 立方米/秒,选用电机为 95 千瓦。

压风机房根据井下作业班组多少,对井下实际供风,压风机有 10 立方米/秒和 20 立方米/秒两种,风机为 5 公斤/平方厘米,电动机功率为 250 千瓦,所产生高压通过专门管路输送到井下各工作面供打钻凿岩用。

地面水泵房通过专用管路输送到井下各工作面,以供井下打钻、降尘所用。

供电由九江输送 3.5 千伏高压电,经矿变电站降压后输送到坑口,再经降压供井下照明、电机以及地面电机、照明用。

井下打钻所产生污水及岩石渗透水,经排水沟流至-5 米中段,开凿容积为 100 立方米的水仓(25 米中段的水暂时利用斜井流至-5 米中段),正常日均水量为 100~150 吨,井下装有 30KSB×9 耐酸水泵,排水量 25.2~39.6 立方米/时,扬程 85.5~112.5 米,电机为 55 千瓦的 JQ-61-2 型,吸水管径 100 毫米,专用排水管为 75 毫米,通过专用管路抽到地面进行污水处理。

铁门坎铜金矿开采:1992 年正式投入生产,属城门山矿区 1 号矿体一部分,为含铜黄铁矿型。矿体厚大,埋藏浅,距地表约 14 米,铜平均品位约 2%,硫品位 35%,并伴生金、银,地表铁帽含金 1~3 克/吨。适宜露天开采。但是该矿位于城门湖畔,矿体朝湖心方向倾斜延伸。防水、治水及污水治理是采矿面临主要课题之一。至 1998 年底,围堤 340 米,剥离土石方 16 万立方米。设计将废石作围堤土石方,含金铁帽矿石送九江县铁门坎金矿堆浸黄金。开采场地首先选择在 1 号矿体西端勘探线 7~9 线富矿段,采场上部长 260 米,宽 150 米,底部标高为-30 米,采场深 45 米,为典型浅部凹陷露天采矿。在露天境界内,设计采出铜金属量 9573 吨,硫 129300 吨。开采用折返式公路开拓,汽车运输,初期生产能力 100 吨/日,矿石运至九江铜硫矿选厂处理。

**选矿** 九江铜硫矿及铁门坎铜金矿均为含铜黄铁矿型铜硫矿床,铜硫原矿品位高,无尾矿。铜氧化率较高。

产品铜精矿。由于铜硫矿系共生类型矿床,原矿性质较复杂,与铜可浮性相近的矿物较多,影响铜精矿品位的提高,使铜精矿品位一直在12%左右,符合大于B112-82的最低十五级标准。销往铜冶炼厂。

产品硫精矿。因原矿品位在通常情况下达30%左右,故选铜后尾矿直接作精矿,选厂也未设尾矿库。此外,当含锌较高原矿产出时,因其数量少且分布不匀,故选厂未安排硫锌分离流程。而是直接将这部分高锌硫作硫精矿销售。

## 三、黄金矿采选

**开采** *砂金矿开采*:修水县西部砂金矿床为冲积矿床,按矿体在水系中富集部位不同,有河床砂金矿、河漫滩沙金矿和阶地沙金矿3种。其中阶地沙金矿按高出河漫滩高度不同,又分为Ⅰ、Ⅱ、Ⅲ级阶地,0.5~2米为Ⅰ级阶地,2~6米为Ⅱ级阶地,6~10米为Ⅲ级阶地。

矿床类型不同,采矿方式也不同,分述如下:

河床砂金矿用采金船开采。采金船由平底船和上层建筑两部分组成。50升采金船平底船长18米,宽10米,高1.2米,上装链斗挖掘机、圆筒筛、典瓦跳汰机、固定溜槽和尾砂排弃用的皮带运输机,从而构成一条完整流水生产线。

矿床用初坑开拓法,采矿方法为上、下行单工作面纵向开采法,船体移动由船上横移机(即绞车)和固定在岸边绳窝组成装置来实现,动力车由岸上供给。为减少采金船挖掘量,开采之前用推土机剥采,推掉水面以上覆盖层(多在枯水季节剥离)再行船采,一船是每班(12小时)回采一个步距(1.5米)。

河漫滩砂金矿上部一般覆盖有农田,剥离量大,开采成本高,除非确知其含金品位高、效益好值得开采外,一般不轻易开采,开采方法与河床砂金矿类似,但采后要复田,所以剥离植土时要堆放好以便于复田。

阶地砂金矿主要由金农个体开采,其采矿方法随阶地高度不同而不同,对于覆盖层薄的阶地金采用露天方法,即先剥离后采矿,若覆盖层厚就采用坑采方法,打小立井到含金层后再采出矿砂淘洗。《义宁洲志》上就有记载:“小斗岭上有数小洞,深不见底,名曰淘金洞。”此洞即小立井。

*岩金矿开采*:岩金矿种类有铁帽、石英脉和硫化物3种类型。铁帽形金矿床均赋存在地表,全为露天开采。因矿石结构疏松,大多已风化成土状,开采容易,除个别土块或土质坚硬地方需破碎松动外,一般就直接运走。高丰、吴家、铁门坎、港南及丁家山(洗心桥)5个铁帽型金矿山均为人工开采,用人挑,板车或手扶拖拉机搬运。瑞昌市探明黄金远景储量达80吨,均为铁帽型金矿,储量在2吨以上矿量有7个,且埋藏浅,品位高(5.38g/T左右),不易选。瑞昌市政府在洋鸡山金矿、吴家金矿、高丰金矿投资开发,年产金80公斤左右。20世纪90年代初实现万两产金县,名列全国万两生产黄金县第30位,使九江市生产黄金列居全国万两黄金地市第22位。

吴家金矿储量较大,按勘探报告有108吨,100米标高以上为山坡露天开采,台阶高8米,各台阶高依次是142米、134米、126米……。矿体走向长2700米,倾向东南,倾角70度,自顶盘向底盘开采,凿岩设备有YH—24型露天钻车和7655型凿岩机。全汽车运输时是用ZL-300型装载机铲装。

九江县铁门坎金矿与九江市铁门坎铜金矿同在城门山铜矿Ⅰ号矿体内开采,其中0米标高以上剥离的氧化矿石即铁门坎金矿的矿石。施工队伍是由承包铁门坎铜金矿采剥工程的一家市农机公司承担,矿石运到堆场每吨运价6元。

土龙山金矿,含金石英脉矿床,矿体倾角85~90度,采用地下开采,采矿方法是巷道采矿,根据矿体走向,先掘进穿脉运输巷道,达到矿体后,沿脉掘进,直到矿体尖灭,然后向上挑顶回采,凿岩用7655型凿岩机,炸药为2号岩石炸药,火雷管起爆。地下水靠自流排出,自然通风,动力为柴油机发电。土法选冶,采矿采取先崩落围岩排到废石场后再崩落矿石,装入塑料编织袋,人工挑到选厂加工。

洋鸡山金矿,主井井底标高-50米,开拓有+22米和-50米3个回采中段,对角式通风。由两翼向10线回采,采矿方法为不留矿柱水平分层块石混凝土充填采矿方法。日采矿能力为70~80吨。主、副斜井提升机功率及卷筒直径分别为50千瓦、1.2米和22千瓦、0.8米。露天采矿则是陡帮开采,台阶高8米,穿孔用金-80 型钻机,铲装用 0.5 和 1 立方米电铲或柴油铲,全汽车运输,日采矿能力 250 吨。坑采企业成本为 45.42 元/吨。露天车间成本 56 元/吨左右。

**1991~2001 年全市成品金产量一览**

表 27-1-1 单位:公斤

| 年份 | 洋鸡山 | 古市 | 土龙山 | 高丰 | 铁门坎 | 吴家 | 备注 |
|---|---|---|---|---|---|---|---|
| 1991 | 242.34 | 7.34 | 80.20 | 51.60 | 22.50 | 45.30 | 另,九江县乡镇产黄金:1991 年产成品金 15.99 公斤 |
| 1992 | 155.94 | 12.46 | 77.20 | 16.16 | 31.75 | 60.439 | |
| 1993 | 5.819 | 15.00 | 86.74 | | 28.749 | 2.90 | |
| 1994 | | 18.00 | 83.99 | | 37.041 | 24.00 | |
| 1995 | | 6.30 | 55.41 | | 27.40 | 36.00 | |
| 1996 | | 10.54 | 50.22 | | 25.27 | | |
| 1997 | | 26.00 | 50.00 | | 37.17 | | |
| 1998 | 3.657 | 20.70 | 17.00 | | 10.00 | | |
| 1999 | 2.35 | 7.00 | | | | | |
| 2000 | | 2.00 | | | 62.515 | 19.077 | |
| 2001 | | | | | 23.172 | | |

**选矿** 九江黄金矿山选矿方法,根据矿石性质不同,有重选、浮选、氰化浸出、混汞法等。在氰化浸出法中,按其浸出方式又分为渗滤法的堆浸和池浸及搅拌浸出法。浸出金液的置换法有锌丝置换法和炭吸附法。金的现有选矿方法在九江全部采用。

## 四、钨矿采选

**开采** *武宁钨矿和修水县昆山钨矿开采*:两矿区均为高中温热液充填石英脉以黑钨为主的多金属矿床,矿脉赋存于燕山期片麻状花岗岩与震旦纪双桥山系变质砂页岩接触带的内缘、围岩以花岗岩为主,其次为黑云母与石英、长石等,岩石成间互条带排列,一般呈厚层状,倾角 60°~80°,岩浆与矿液均有脉动的多次性,武宁矿区大小矿石脉 87 条,修水昆山矿区 18 条。

建平巷掘进,采用梭式列车—矿车运输方式。巷道以自然通风为主,机械通风为辅。

*都昌钨矿开采*:本区含矿斑岩包括表部风化壳型白钨矿体及原生钨钼矿体两部分。全区钨含量储量 C+D 级近 5 万吨,钼含量近 1.6 万吨。对风化壳进行人工挖掘,水力冲洗的方式,进行露天开采。由于矿山属山坡丘陵谷地,利用地形将剥离土方输送至山下的尾矿坝,挖出的矿石随即用人工长槽淘洗后,将粗精矿挑运至山下精选。

*修水香炉山钨矿开采*:是一个大型矽卡岩白钨多金属矿体,钨储量在 20 万吨左右,富矿段平均钨品位 0.828%,属全国最高值,铋品位 0.05%左右,也属全省最高值,铜品位达 0.13%,铋、铜均达回收的工业品位。属山坡型矿床,开采技术条件简单。该矿区已完成 560 米中段的主要平窿运输道,560~620 米斜井,560~620 米主溜井,620 米中段已开拓部分穿脉和运输道,已获升级 B 级地质储量矿石量 97 万吨,金属量 12276 吨。设计采矿方法用全面法。

**选矿** *武宁钨矿选矿*:精选厂年处理粗精矿 600~800 吨,精选钨回收率 93%。

*修水昆山钨矿选矿*:以手选为主,有 150×150 毫米颚式破碎机 1 台,400×150 毫米对滚机 2 台,6-S 摇床和磁机各 1 台,进行间断性精选,获得 65%三氧化二钨品位的合格钨精矿,并还采选黄金 1.8 公斤。

*都昌钨矿选矿*:是单一白钨矿类型。由于原矿是一风化壳,除含大量的泥质外,还含有微量的磁铁矿,钨精矿质量容易达到,但微细粒级量大的钨难回收,原矿品位低,仅 0.18%,从而采用重选+磁选流程

仅获得30.14%的实验室回收率指标,生产指标还要低。1990年12月,由九江矿冶设计事务所为其提供都昌钨钼矿扩建初步设计,采用人工粗选、精矿送破碎+筛分分级+摇床+磁选的机械化精选的工艺流程。

*修水香炉山钨矿选矿*:该矿是一个矽卡岩型白钨矿床,且又含有回收工业价值的硫化矿物辉秘矿和黄铜矿等矿物。选用全浮选工艺流程。

### 五、锑矿采选

**开采** *德安锑矿开采*:矿区位于彭山"S"形构造与梓坊东南向构造的复合部位,矿化比较普遍,但强度不大,矿化不集中。锑矿床属岩浆晚期低温热液充填交替矿床,矿区内已知锑矿体59个,主要矿体4个(1~4号),均呈现透镜状产于寒武系观音堂组破碎带中,走向延长一般50~160米,厚度为4~10米,延长20~80米,含锑平均品位为4.2%,金品位为1.08克/吨。金属矿物有辉锑矿、砷黄铁矿、毒砂。脉石矿物有石英、方解石等,矿石伴生有益成分金,有害成分砷含量在0.25%~0.76%。探明矿石储量中,锑金属量1.38万吨,金(估计)158公斤,对金铁赋存状态尚未查明。

露天采矿采用纵向采矿法,爆破下来矿石,依靠自重溜到略高于矿车的装矿平台,然后用手推车或人工装小矿车运出。坑采采取平巷和天井沿脉掘进,沿下盘接触线在矿体内掘进,采用浅眼崩矿法进行开采,为降低矿石损失,不留底柱和间柱,整个矿体一次采完,回采工作从下部沿脉平巷开始,自下而上进行。回采工作面结束后,再将暂时留在采空区内的矿石全部运出。处理采空区时,实行隔绝封闭或崩落围岩。年采矿能力1.5万吨。

地面采用汽车和矿车轨道运输。经过手选后的块精矿或外地矿石采用汽车运输,井下矿石及废石采用矿车运往选厂或废石场。井下全部采用人工矿车轨道运输,矿车用0.5~0.75立方米的U型翻斗车。

坑采矿井通风以自然通风为主,独头掘进工作采用局部通风,井下防尘采取喷雾洒水的办法降低粉尘浓度,放炮后加强通风防尘,装岩过程中,经常洒水,洒透为止。

*武宁锑矿开采*:该矿区主要有大门下、童家、上段、界上坪、驼背洞5个矿点。该矿区由群众自行开采,矿山分片收购民采块富矿(经手选后的)作为冶炼原料。由于无计划的开采,矿山已不便组织正规开采。

**选矿** 德安锑矿在最初几年采矿专采25%以上的高品位锑原矿,直接(只经手选)出口或销往外地。后采用两段一闭路碎矿流程,一段闭路磨矿流程和分支串联的一次粗选、二次粗选、二次扫选的浮选流程。

**1991~2010年全市有色金属采选产值产量一览**

表27-1-2 单位:万元、吨

| 年 份 | 产 值 | | | 产 量 | | |
|---|---|---|---|---|---|---|
| | 当年价 | 不变价 | 钨精矿(折合) | 铜 | 硫铁矿 | 锑 |
| 1991 | 10994 | 11652 | 1146 | 4128 | 144400 | |
| 1992 | 11305 | 12059 | 1227 | 4382 | 164600 | |
| 1993 | 14746 | 13373 | 642 | 5127 | 101000 | |
| 1994 | 18607 | 15771 | 1817 | 6227 | 123800 | |
| 1995 | 22548 | 15939 | 1161 | 34100 | 123400 | |
| 1996 | 18157 | 13870 | 1156 | 34.6 | | 4362 |
| 1997 | 25750 | 19632 | 961 | 3.4 | | 2648 |
| 1998 | 10942 | 9330 | 408 | 5604 | 155000 | |
| 1999 | 13269 | 12516 | 771 | 1090 | 131000 | |

续表 27-1-2

| 年份 | 产值 | | | 产量 | | |
|---|---|---|---|---|---|---|
| | 当年价 | 不变价 | 钨精矿(折合) | 铜 | 硫铁矿 | 锑 |
| 2000 | 13033 | 14888 | 1561 | 6255 | 150000 | |
| 2001 | 16362 | 15174 | 4869 | 4735 | 168909 | |
| 2002 | 23652 | 24580 | 9004 | 6206 | 190030 | |
| 2003 | 24464 | 25554 | 9422 | 6979 | 216178 | |
| 2004 | 56891 | 55688 | 11356 | 4265 | 277455 | |
| 2005 | 77820 | 76387 | 9234 | 2672 | 212317 | |
| 2006 | 182093 | 177589 | 11722 | 2442 | 327310 | |
| 2007 | 248010 | 245632 | 6481 | 5042 | 145505 | |
| 2008 | 254600 | 253477 | 6066 | | | |
| 2009 | 287407 | 286535 | 12244 | | | |
| 2010 | 317494 | 312000 | 5726 | | | |

# 第二节 冶炼加工

## 一、黑色金属

**冶炼** 1991 年,黑色金属由九江钢厂冶炼。1992 年,该厂改组为九江钢铁公司。同年,九江冶煤局向省冶金厅汇报用电炉上短流程,拟建 30~50 吨电炉,于“九五”出钢。省冶金厅派员视察该厂二轧改造进度后,批复二轧改造报告。市政府同意该厂与外商合资,批复 50 吨电炉项目。正停产改造同期,企业深化改革,随着“国退民进”“抓大放小”改革推进,1995 年职工下岗,2004 年最终实施职工置换措施。

**1991~1993 年九江钢厂(钢铁公司)产量一览**

表 27-1-3 单位:吨

| 厂名 | 1991 年 | 1992 年 | 1993 年 | 合计 |
|---|---|---|---|---|
| 九江钢厂(钢铁公司) | 14000 | 17000 | 30000 | 61000 |

九江钢铁公司停产后,九江一度无黑色金属冶炼业。直至 2003 年,福建来乐集团公司由奉新移入金砂湾工业园,恢复黑色金属冶炼,2005 年形成年产钢 35 万吨规模。2006 年,该厂为萍钢收购,9 月 21 日重组为江西萍钢实业股份有限公司九江分公司。一期技改投资 10 亿元,使产能由原 35 万吨提高到 100 万吨;二期投资 65 亿元,实施“以新代旧、综合利用”技改工程,于 2009 年建成 150 万吨线材生产线和 150 万吨板材生产线,使产能达 400 万吨。2010 年 8 月再投资 25 亿元,对一期项目进行升级改造,使产能再增加 150 万吨。总投资达 100 亿元,实现年产钢材 550 万吨,其中线材 400 万吨、板材 150 万吨。是集钢铁冶炼、轧制于一体的钢铁冶金联合企业。

2006~2010 年萍钢实业股份有限公司九江分公司主要经济指标一览

表 27-1-4　　单位:万元

| 年 份 | 主营业务收入 | 利税总额 | 产 值 |
|---|---|---|---|
| 2006 | 55125 | 2885 | 60959 |
| 2007 | 210470 | 10025 | |
| 2008 | 372105 | 6585 | |
| 2009 | 842870 | 48565 | |
| 2010 | 1545461 | 91077 | |

## 二、有色金属

**冶炼**　铜冶炼:九江除铜岭古铜矿遗址发现过铜冶炼外,至 20 世纪 90 年代还无铜冶炼工业。因硫化铜冶炼、环保、工艺复杂,历来是以铜精矿送外地冶炼。

1990 年采用湿法冶炼,将手选高品位氧化铜原矿石,经破碎后,加硫酸锅煮,形成硫酸铜溶液进行电解,获得高纯度电解铜板产品。60 个电解槽可年获电解铜 100 吨。

黄金冶炼:全市 3 个产金县,由于技术引进地区不同,金泥处理方法也不相同。修水土龙山金矿师承两广(广东、广西),九江县铁门坎金矿引进的是河南南阳技术,瑞昌县高丰、洋鸡山两矿学的则是灵湖、诸暨金矿冶炼技术,表现在金泥酸洗上使用的酸及条件不相同,修水县用稀硫酸、常温处理。金的熔炼均用火法。铁门坎、土龙山采用煤炭、木炭作燃料,高丰、洋鸡山、吴家等矿采用电炉加温。

尾矿处理,洋鸡山、高丰、土龙山 3 矿含氰化物尾矿一般是掺漂白粉搅拌后再排往尾矿库曝光稀释,然后经溢流管外排,基本能达到工艺排放标准。

锑冶炼:德安锑矿冶炼厂采用竖炉挥发焙烧——反射炉原料熔炼及粗炼工艺,处理含锑 10%~20%锑块矿,处理能力为 1.5~2.4 吨/平方米·日。采用反射炉精炼工艺,将三氧化锑还原成金属锑,还原所得粗锑尚含有铁、硫、砷、铅、钙等杂质,需予以精炼,精炼也在反射炉内进行。

武宁锑矿冶炼所用原料为手选块锑精矿,平均品位 15%左右,但矿石中脉石含二氧化硅较高,采用竖炉焙烧一反射炉还原熔炼及精炼生产流程。日处理矿石量 18.23 吨/日。

冶炼车间除化验室外,生产过程中用水主要供烟气冷却用,不构成污染。

**加工**　铜金属加工:九江铜硫矿属地方小有色矿山,铜精矿产品送冶炼厂加工后,按 90%铜含量折回铜材,由矿方处理。过去将铜材作铜的原材料卖出,未考虑深加工。于 90 年代初购进生产范围为 0.3~0.7 毫米直径的漆包机 1 台,进行漆包线生产,达到年产 123.7 吨水平。

锑金属加工:德安锑矿曾开发铅锑合金系列产品,主产加工铅锑合金。利用各种废旧杂铅进行再生铅的生产,产出精铅则根据不同需要配入适量锑、锡等。产品铅锑合金,广泛用于印刷、蓄电池、轴承制造等行业,取得较好的经济效益,年生产能力达 300 吨。

另外,将铅锑合金进行加工,生产印刷用铅锑合金条和活铅字,年加工能力为 50 吨。除产出 2 号、3 号、4 号精锑和中砷锑等精锑产品及三氧化二锑、锑精矿外,其他加工的铅锑合金品种有铸字合金、巴氏合金、极板合金、对开铅条、四开铅条、八开铅条、铅字等。

20 世纪 90 年代初,随着企业改制,锑金属加工停产。

钨金属加工:2001 年,江西修水湘赣有色金属有限公司,在芦塘工业区建厂加工仲钨酸铵(APT)。

2004 年 5 月香炉山钨业有限责任公司与修水县矿业公司、南昌硬质合金有限公司联合创建赣北钨业有限责任公司,从事钨矿产品深加工的研制开发。

至 2008 年全县新建钨矿矿产品加工企业有赣北钨业公司、湘赣金属公司,分别生产钟钨酸铵等产品。

钼金属加工:2007年3月，省稀有稀土金属钨业集团有限公司与省修水湘赣有色金属有限公司合资办江钨钼业有限公司,在修水三都杨梅山工业项目区建立生产厂房,加工生产钼丝、铜板、铜条、钼电极、铜钼合金、钨钼合金、铼钼合金、钼高级催化剂、钼阻燃剂、钼精细化学品等钼系列产品,投资14500万元,占地面积10000平方米,年产钼酸铵5000吨,2008年4月竣工试产。

稀土镁硅合金加工:20世纪90年代初,有湖口流泗合金厂从事稀土镁硅铁合金加工。1993年年产650吨。产值870万元。产品由稀土镁硅铁合金单一品种,拓展镧系基稀土镁硅铁合金、稀土镁铜合金、硅锶合金、硅钡合金、硅锆合金、硅铝钙钡合金、硅钙钡合金等系列产品,畅销省内、福建、广东、浙江、江苏、山东、湖北等省市区,并销往台湾省。

1997年企业进行股份合作制改造,由个人收购。2009年合金厂(石钟铸造公司)固定资产原值400万元、产值1300万元、上缴税金100万元、利润100万元。

## 第三节 企业选介

### 一、国有市县企业

**九江钢铁公司** 原名九江钢厂,位于市区滨江路211号,主业轧钢。1992年改组成立九江钢铁公司,拟进行二轧改造,新上50吨电炉项目。1993年年轧钢3万吨。因企业深化改革,“国退民进”“抓大放小”,1995年职工下岗,企业停产。2004年实施职工置换,厂区转让房地产开发。

**九江冶金总厂** 原名江西铜岭钢铁厂,简称铜岭厂,位于瑞昌市夏畈乡三眼桥。为保护古采铜遗址,20世纪80年代后期,上级政府及文物保护部门对铁矿开采产量和范围进行限制,该厂处半停产状态,为转产解困,1991年5月,试产白云石1000吨。1992年,生产石灰石,并于6月下旬,市冶煤局、江西铜岭钢铁厂和省冶金厅进出口公司共同与日本新日铁株式会社谈判出口白云石商务。日商对铜岭白云石质量反映好,铜岭厂同时启用矿山尾砂坝工程。市政府批准江西铜岭钢铁厂开采白云石项目立项。年底,市政府批准铜岭厂上石灰石10万吨/年项目。

同年4月,该厂与相关方签订1992年2万吨白云石销往日本。1993年下半年开始,因国内生铁市场不断看好,为确保生铁资源的可持续开采,经上级批准,1994年恢复13立方米小高炉炼铁。终因小高炉成本高,抗风险能力差,一年后被迫停产。

1995年9月,该厂编制金属镁项目可行性报告,年底赴贵阳铝镁设计院获取金属镁项目建议书和镁试验两个报告书,共投入5万元。

1996年初,市冶煤局向省冶金厅汇报铜岭厂金属镁项目,10月到邳州进行金属镁项目招商工作。11月该厂开始破产工作,清算组进厂,年底市中级人民法院发布江西铜岭钢铁厂破产终结裁定。并于1997年1月,在原址重组为九江冶金总厂(简称九冶厂)。由于企业破产行为程序和清理债权债务等诸因素,致使企业本在维持的生产销售行为中断,基本处于停产状态。

2000年省政府公布铜岭古采矿遗址为省级重点文物保护单位;2001年5月，国务院公布其为国家重点文物保护单位,同月,省人大教科文卫委员会根据相关法律对铜岭古采矿遗址提出明确的保护意见和要求。据上级指示精神,同年6月16日九冶厂全面停产。2007年8月,市政府同意九冶厂整体关闭,职工搬迁至瑞昌市区安置。

## 1991~2001 年九江冶金总厂基本情况一览

表 27-1-5　　单位:人、万元、元/年

| 年份 | 职工总数 | 在岗人数 | 离退人数 | 干部 | 当年产值 | 当年利润 | 人均工资 |
|---|---|---|---|---|---|---|---|
| 1991 | 626 | 563 | 63 | 69 | 414 | 19.6 | 1734 |
| 1992 | 614 | 547 | 67 | 68 | 559 | 26 | 1856 |
| 1993 | 604 | 534 | 70 | 65 | 450 | 17.8 | 1872 |
| 1994 | 588 | 515 | 73 | 65 | 270 | 59.9 | 2076 |
| 1995 | 574 | 498 | 76 | 63 | 341 | -51 | 2275 |
| 1996 | 572 | 494 | 78 | 63 | 280 | -33 | 1873 |
| 1997 | 560 | 478 | 82 | 57 | 210 | -105 | 3280 |
| 1998 | 558 | 474 | 84 | 48 | 70 | -80 | 4526 |
| 1999 | 551 | 462 | 89 | 46 | 98 | -37 | 6720 |
| 2000 | 548 | 445 | 103 | 46 | 260 | -21 | 6850 |
| 2001 | 547 | 431 | 116 | 45 | 162 | -40 | 5630 |

**九江矿冶总公司**　1992 年 11 月,市委、市政府决定将九江铁门坎铜金矿同九江铜硫矿合并,从市冶煤局直属企业划出,重组为九江矿冶总公司(直属市经委)。累计投入自筹资金 1.5 亿元,完成九江铁门坎铜金矿露天采矿场剥离 700 万平方米,建成 600×400×深 100 米、生产规模达 1000 吨/日湖底露天采矿场,使之成为矿冶公司主要铜硫金矿生产基地。1993 年 3 月矿山投入运营,同年 12 月《九江矿冶公司铁门坎铜金矿 1000 吨/日采选可行性研究报告》由北京有色金属设计研究总院编制完成。

1995 年 10 月,为在铁门坎铜金矿统一开发,利于安全、利于管理,市政府现场解决九江县金矿铁门坎分矿人、财、物全部移交给矿冶公司统一生产经营。

2003 年,市经贸委批准矿冶公司建设硫酸厂项目,计划投资 3 亿元,建设年产硫酸 40 万吨,磷铵 150 万吨项目,经九江县政府准许,厂址选在赤湖水产场坪头山分场江边村,当年 9 月 9 日奠基开工。

2004 年底始,由于矿冶公司铁门坎铜金矿开采许可证申请问题,省政府指示江西铜业集团公司就九江矿冶公司退出城门山矿区有关问题,与市政府举行多次协商会谈。会商结果,市政府与江西铜业集团公司签订《九江矿冶公司退出城门山矿区有关问题的协议书》,确定矿冶公司在当年 3 个月内全面退出城门山矿区,江西铜业集团公司支付 4000 万元补偿九江矿冶公司,用于退出城门山矿区安置费用,同时省铜业集团公司承诺城门山铜硫生产的硫精矿在同等条件下将优先供应给九江矿冶公司硫酸厂。

2007 年 2 月,矿冶公司经行政诉讼,终以《九江县金丰矿业有限公司退出丁家山矿段开采与之相关的权利和义务,移交九江矿冶总公司继承》结案,依法取得丁家山金铜硫矿采矿权。

2008 年 3 月,市政府决定同意将九江铜硫矿所有职工社会养老保险关系,从九江县社保局转移到市社保局。至 6 月底,矿冶总公司全面完成职工分流安置工作,共安置职工 789 人(其中身份置换 392 人,退养 107 人,离退休 290 人)。2009 年 5 月,市政府办公厅批复矿冶总公司将所属九江铜硫矿和丁家山金铜硫矿采矿权及硫酸厂用地权过户合资企业九江矿冶有限公司,作为市国有资产经营有限公司出资入股。12 月,九江矿冶总公司完成改制。

1991~2007 年矿冶公司矿石产量、经济效益一览

表 27-1-6　　　　单位:吨、万元

| 年 份 | 采矿量 | 产铜量 | 产硫量 | 产值(1990 年不变价) | 销售收入 | 实现利税 | 上缴利税 |
|---|---|---|---|---|---|---|---|
| 1991 | | | | | | | |
| 1992 | | | | 1020 | 1124 | 173 | |
| 1993 | | | | | | | |
| 1994 | 25100 | 729 | | 1758 | 1828 | 135 | 202 |
| 1995 | 28000 | | | 2101 | 3176 | 235 | 254 |
| 1996 | | | | 2320 | 3263 | 108 | 342 |
| 1997 | 65000 | | | 2500 | 3070 | 178 | 238.4 |
| 1998 | | | | | 3220 | | |
| 1999 | | | | 2567 | | 133.2 | 157.5 |
| 2000 | 81000 | | 77000 | 3156 | 3117 | 123.7 | 175.5 |
| 2001 | 94000 | | 11000 | | 2831 | 129 | 191 |
| 2002 | | | 120000 | 3100 | 3031 | 185.5 | 184 |
| 2003 | | | | 3237 | 2909 | | 199.1 |
| 2004 | | | | 5049 | 4072 | | 450.1 |
| 2005 | 100000 | | 180000 | 5725 | 5595 | 605.9 | 609.4 |
| 2006 | 280000 | | 280000 | 8467 | 9323 | 1335 | 1150 |
| 2007 | 550000 | | | 198000 | 223000 | 6000 | 4000 |
| 合 计 | 1223100 | 729 | 668000 | 239000 | 269559 | 9341.3 | 8153 |

**武宁县钨矿**　位于武宁县东南隅,地跨石门、罗溪 2 乡交界处,北距武宁县城 75 千米,西距修水县城 63 千米,地处九岭山脉中段,矿区在海拔 1480~1780 米之间,固定资产 320 万元,职工 207 人,主要产品黑钨精矿。矿区占地面积 18.7 平方千米。含狮尾洞、大务塘、大岭上、石门寺 4 个工区,20 多个矿点。属高中温热液充填石英脉钨钼铜锡多金属矿床,黑钨工业储量 8244 吨、铜 2560 吨、钼 162.37 吨、锡 815.35 吨。为小型多金属矿山。

至 1996 年,该矿共开采钨精矿 4455.6 吨,累计创利税 365.3 万元。

1997 年 1 月起,县钨矿由武宁县翔鸿有色金属有限公司出资托管。2005 年 2 月进行企业改制,该矿 254 名职工置换身份,与企业解除劳动关系或供养关系,支付改制经费 400 万元。县钨矿整体拍卖。

**修水香炉山钨矿**　位于修水县港口乡洞下村东南 1.5 千米处,东南距修水县城 70 千米,矿区面积 3.3 平方千米。已探明中矿段 560 米以上地质储量为 C 级矿石量 418 万吨,金属量为 37633 吨,钨的总储量 23 万吨,平均品位 0.68%,为江西第一大白钨矿,2003 年 4 月前,属分散经营状态,采矿秩序混乱,资源浪费大,经济效益低。同年 5 月,县政府对该矿进行集中整顿和规范经营,引进中国五矿集团对该矿进行资源整合,成立香炉山钨业有限责任公司,收购该矿原 3 个矿权 7 个经营主体,实现"一矿一证",形成集约化规模经营,矿区开采秩序好转,资源利用率提高,经济效益大幅度增长。至 2006 年,该矿采矿回采率达 86%,选矿回收率 78.3%,综合利用率 68%;上缴税收 1.8 亿元,比整顿和规范经营前增长 15 倍。

### 2004~2010 年修水县香炉山钨矿主要经济指标一览

表 27-1-7　　单位:万元

| 年 份 | 主营业务收入 | 利税总额 | 产 值 |
|---|---|---|---|
| 2004 | 22733 | 14127 | 21104 |
| 2005 | 55816 | 42014 | 55410 |
| 2006 | 65690 | 53653 | 74890 |
| 2007 | 71524 | 40539 | |
| 2008 | 37511 | 21330 | |
| 2009 | 47755 | 10538 | |
| 2010 | 87762 | 22631 | |

### 1993~2008 年修水县钨精矿产量一览

表 27-1-8　　单位:吨

| 年 份 | 产 量 | 年 份 | 产 量 | 年 份 | 产 量 | 年 份 | 产 量 |
|---|---|---|---|---|---|---|---|
| 1993 | 149 | 1997 | 574 | 2001 | 4869 | 2005 | 7745 |
| 1994 | 255.5 | 1998 | 408.5 | 2002 | 9041.5 | 2005 | 8570 |
| 1995 | 265 | 1999 | 472 | 2003 | 8980 | 2007 | 6074 |
| 1996 | 909 | 2000 | 1595 | 2004 | 4000 | 2008 | 5110 |

**都昌钨矿**　位于都昌县以东 35 千米阳储岭上，海拔最高点 463.69 米。矿区有 9 千米单行简易公路,与都昌至九江公路连接,矿区至都昌 42 千米,至九江市 98 千米。占地面积 7.8 平方千米,主要有 5 个矿带,属高——中温热液充填交代和斑岩型钨钼矿床,分风化型白钨矿及原生钨、钼矿床两部分。矿物共生组织简单,工业矿物仅有白钨矿和辉钼矿,有害杂质少。共探明储量 4.7 万吨。

20 世纪 90 年代初,县政府做出《进一步开发阳储山钨钼矿的决定》,并成立开发指挥部,委托市矿冶设计所编制 100 吨/日规模风化壳型钨矿采选初步设计。县财政拨款 90 万元,征收 0.8 平方千米矿区土地,建设 2 座尾砂库,2 个容量为 400 吨及 2 个容量为 300 吨蓄水池和 1 个精选车间。1992 年投产。同年 12 月更名为都昌钨钼矿。主要产品为特级白钨精矿。

**武宁县锑矿**　位于武宁县清江乡驼背山地区。矿区面积 4 平方千米,地处修河两岸,矿区至县城有 48 千米直达公路。探明矿石储量 146.2 万吨,平均品位 2.59%,锑金属量为 2.79 万吨,属中型锑矿。

1994 年,县政府开放锑矿开采权,矿石由县矿统一收购冶炼,同时投资 140 万元对冶炼厂进行技术改造,当年生产锑锭 303 吨。创产值 751.6 万元,利润 60.4 万元,入库税金 136.4 万元。1994 至 1998 年 9 月,共生产锑锭 1398 吨,上缴税利 475.53 万元。1998 年 10 月,县锑矿由民营明星锑业有限公司租赁。2005 年 9 月县锑矿改制,支付改制经费 300 万元,致使 105 名职工身份置换与企业解除劳动关系或供养关系,后整体拍卖。2006 年底,全县有色金属采选及冶炼企业 3 个,年产精锑、氧化锑等锑产品 3079吨。

### 1993~2003年武宁锑矿纯锑产量一览

表 27-1-9　　单位:吨

| 年 份 | 产 量 | 年 份 | 产 量 | 年 份 | 产 量 | 年 份 | 产 量 |
|---|---|---|---|---|---|---|---|
| 1993 | 200 | 1996 | 321 | 1999 | 460 | 2002 | 2500 |
| 1994 | 303 | 1997 | 140 | 2000 | 670 | 2003 | 2600 |
| 1995 | 354 | 1998 | 140 | 2001 | 790 | | |

**德安县锑矿** 位于德安县城西北12千米，有公路向东与南浔铁路中段德安站及105国道接通，向西与306国道相连接。矿区属构造剥蚀之低缓丘陵地形，以宝山山峰最高，海拔322.6米，最低博阳河一带，海拔28.4米，相对高度294.2米，已探明大小矿体59个，主矿体4个，均呈透镜状，产于寒武系观音堂组破碎带中，矿石平均含锑品位为4%，并伴生金，平均品位为1.089克/吨，探明锑金属量1.38万吨。

该矿主要生产“凤尾牌”精锑、锑精矿和锑合金。经过浮选出的锑精矿用直井炉处理，前后进行五次冶炼技术改造均未成功，因此锑精矿主要销往湖南锡矿山。矿石锑含量大于15%，采用直井炉生产焙烧。反射炉精炼工艺出精锑。

1993年进入市70家工业企业税利大户行列。1994年生产能力大幅提高。选矿能力由50吨/日提高到200吨/日，选矿回收率达85%，冶炼能力($Sb_2O_3$)回收由70%提高到91%。该矿至2000年累计生产锑精矿3013吨，纯锑2571吨，产品销售收入7458万元。2001年因矿源贫乏，县政府决定该矿改制，将选冶整体分两次转让给私人经营，第一次为2002年1月至2006年2月，转让金为152万元。第二次为2006年2月转让金为220万元。在转让期内保留锑矿法人资格。至2006年，该矿尚有资产69.9万元。

1991~1998年德安锑矿纯锑产量一览

表27-1-10 单位：吨

| 年 份 | 产 量 | 年 份 | 产 量 | 年 份 | 产 量 | 年 份 | 产 量 |
|---|---|---|---|---|---|---|---|
| 1991 | 138 | 1993 | 290 | 1995 | 155 | 1997 | 45 |
| 1992 | 170 | 1994 | 200 | 1996 | 102 | 1998 | 37 |

**瑞昌洋鸡山金矿** 瑞昌市政府投资创办，初期规模为100吨/日生产能力斜井开拓采选矿山，1998年7月改制为股份合作制，成立九江金锋集团有限公司(简称金锋集团)。1998年3月金矿采矿车间成立金锋集团采矿有限公司独立核算。2000年6月投资120万元与省黄金管理局合资，成立赣金冶炼有限公司。至2000年底，累计产金2721.29公斤。产值为18294.29万元，实现利润4314.46万元，上缴税金960万元，上缴所得税及国有资产收益1355.55万元。由于矿山露采达到设计边界，2001年9月全面停产，原矿区剩余资源，以300万元一次性租赁给福州益风养鳗场经营。2004年4月2日，重新设立瑞昌市洋鸡山金矿，隶属金锋集团管理。2005年1月企业改制，除3人留守外，568名职工身份置换。

**吴家金矿** 由瑞昌市与省属武山铜矿联营创办。已探明黄金远景储量2吨左右，平均金矿品位5克/吨。矿山建立200吨/日生产线，服务10年，有员工120人。投产后年产黄金40公斤左右，累计产黄金达500公斤。2003年，因经营不景气，转为承包经营，加强管理，产量提高，最高年产黄金达90余公斤，产值近千万元。2008年后，因矿石品位下降，剥采比达1:15，且采区接近武山铜矿区，资源不足，生产量逐年下降，到2010年黄金产量不足30公斤。矿区保有矿量8万吨，金含量60公斤。

**高丰金矿** 位于瑞昌高丰镇境，探明金储量为1吨左右，露天开采，规模为30~50吨/日，平均金矿品位8克/吨，最高金品位可达20克/吨，最高年产黄金78公斤。1993年资源枯竭，矿山处于半停产状态，年产黄金仅2公斤，到1995年完全停产。

1991~2010年瑞昌市黄金企业历年黄金产量一览

表27-1-11 单位：公斤

| 年 份 | 洋鸡山金矿 | 高丰金矿 | 吴家金矿 | 港南金矿 | 竹林塘金矿 | 试验回收 | 宏益公司 |
|---|---|---|---|---|---|---|---|
| 1991 | 286.78 | 17.42 | 17.42 | 6.44 | | | |
| 1992 | 243.50 | | 3.00 | 0.15 | | | |
| 1993 | 164.89 | 4.74 | 1.20 | 0.48 | | | |
| 1994 | 227.14 | 4.50 | | 3.28 | 4.27 | | |
| 2004 | 49.00 | | 85.70 | | 2.10 | 31.00 | |

续表 27-1-11

| 年 份 | 洋鸡山金矿 | 高丰金矿 | 吴家金矿 | 港南金矿 | 竹林塘金矿 | 试验回收 | 宏益公司 |
|---|---|---|---|---|---|---|---|
| 2005 | 65.80 | | 82.30 | | 5.00 | 10.80 | 3 |
| 2006 | 70.00 | | 73.00 | | 4.00 | 3.00 | 123 |
| 2007 | 68.00 | | 54.00 | | 6.40 | | 345 |
| 2008 | 185.00 | | 37.22 | | 13.20 | | 162 |
| 2009 | 83.00 | | 42.30 | | 8.00 | | 7 |
| 2010 | 49.00 | | 27.18 | | 14.00 | 25.20 | |

说明:1995~2003 年统计数字缺失

## 二、国有中央、省属企业

**九江有色金属冶炼厂** 对外称 806 厂,位于市东郊城东港区鄱阳湖畔。是省钨业集团有限公司重点骨干企业和 T、I、C(国际钽铌研究中心)主要成员。亦是中国规模最大钽、铌及稀土荧光粉综合冶炼加工基地之一。工厂与资源基地——宜春钽铌矿(亚洲最大的钽铌矿)一同规划,配套建设,同属中国五矿集团控股江西钨业集团有限公司。2000 年 7 月,全国有色行业体制改革,企业下放地方,归属江西稀有稀土金属钨业集团公司管理(2002 年 12 月,中国五矿集团与江钨集团共同组建江西钨业集团有限公司,九江有色金属冶炼厂划为其下属企业之一)。2010 年 12 月完成政策性破产改制,改称九江钽铌有限责任公司。

公司总资产 1.65 亿元,注册资金 5800 万元。员工人数 600 人,其中各级各类专业人员 180 人,教授级高级工程师 2 人、高级工程师 8 人、工程师 40 人。全厂总居住人口约 2300 人。公司占地面积 80 万平方米,其中生产区工业用地 44 万平方米。

主要从事钽铌、稀土等稀有金属的冶炼加工。钽铌及其合金由于具有熔点高、耐腐蚀、足够的强度和刚度及优良的冷加工性能等特征,在电子、汽车、通信、机械、化学、航空航天、原子能、超导以及国防军事工业等领域得到广泛应用,对国民经济和国防军事等尖端技术的发展有着不可或缺的重要作用。有钽铌矿石冶炼处理能力 2000 吨/年,居国内首位。主要产品有钽铌氧化物、碳化物、金属加工材和稀土荧光粉等三大系列 84 种规格, 产品 70%出口国外市场。主要产品均属国家四部委认定的高技术产品范畴,有 16 个产品被省科技厅认定为高新技术产品,技术含量高,市场应用前景广阔。

工厂具备较强科研、新产品开发和技术创新能力,拥有先进的完善的分析检测设备和技术。2001 年被省科技厅认定为省高新技术企业。到 2010 年共完成 159 项科研课题(其中 1991 年后 84 项),获得国家级奖励 6 项,省部级科技成果奖 42 项。工厂先后承担有国家火炬计划项目 3 项,国家级重点技改项目 4 项,国家高新技术产业化示范工程项目 1 项,国家级重点新产品 4 个,国防科工委军工配套项目 10 余项。实施技术改造工程 12 项,获得实用新型发明专利一项,制修订国家(行业)标准 7 项。2009 年获市科技"十佳"创新企业;2009 年 9 月入选"省第二批优势科技创新团队"。

公司的的主产品钽铌高纯氧化物曾获国家质量金奖, 工艺技术和产品质量已达到国内或国际先进水平。2000 年通过 ISO9002 国际质量标准体系认证,2010 年 2 月取得"质量管理体系认证""环境管理体系认证""职业健康安全管理体系认证"三体系证书。公司多次被评为市出口创汇先进单位、诚信纳税企业、银行信用等级优质企业。

1991~2010 年有色金属冶炼厂主要经济指标一览

表 27-1-12　　　　单位：万元

| 年 份 | 主营业务收入 | 利税总额 | 产 值 |
| --- | --- | --- | --- |
| 1991 | 3074.0 | 279.0 | 3468 |
| 1992 | 2266.6 | -172.4 | 3396 |
| 1993 | 3167.0 | -282.0 | 2684 |
| 1994 | 3771.0 | 178.0 | 4162 |
| 1995 | 3855.9 | 82.9 | 3780 |
| 1996 | 3237.8 | -341.6 | 3678 |
| 1997 | 3746.1 | -65.7 | 3323 |
| 1998 | 5202.0 | -248.0 | 5688 |
| 1999 | 6262.0 | 213.0 | 6680 |
| 2000 | 12156.0 | 1084.0 | 12723 |
| 2004 | 11001.0 | 683.0 | |
| 2005 | 8815.0 | -597.0 | |
| 2008 | 16429.0 | 1663.0 | |
| 2009 | 12437.0 | 2489.0 | |
| 2010 | 19619.0 | 2190.0 | |

说明：2001~2003、2006~2007 年缺数据，2000~2010 年产值数未统计

**江西铜业股份有限公司武山铜矿**　位于瑞昌市武蛟乡吴家、白杨畈两村境内，东临赤湖，西接瑞(昌)码(头)公路，2002 年进入江铜股份公司，名为江铜股份有限公司武山铜矿，总资产 33597 万元。下属单位有：采矿车间、选矿车间、机电车间。有职工 3500 余人，其中高级职称人员 40 余人，中级职称人员 190 余人，中级职称以下人员 220 余人。

该矿主要产品有铜精矿、标硫。生产规模为 3000 吨/日，年产铜金属量 10000 吨，标硫 25 万吨，金 140 公斤，银 10 吨，产值 1.7 亿元，税收 1904 万元。2004 年 12 月 22 日正式开工实施 5000 吨/日生产能力扩建工程，建设期为 3 年，工程总投资 2.6 亿元。至 2010 年，实现年产铜金属量达 12000 吨，标硫 40 万吨，金 200 公斤，银 15 吨，实现产值(市场价)10 亿元以上，税金近亿元。

该矿主要矿石类型为含铜黄铁矿、含铜高岭土、含铜砂岩，矿体稳定性较差，矿体上盘呈松散状，矿体下盘为砂岩比较稳固。该矿北矿带设计采用分段崩落法开采。选矿采用浮选法为主，辅以重选法获得铜硫混合精矿，再进行铜硫分离的工艺流程。特点是原矿含铜、硫品位较高，含高岭土、泥质也较高，致使脱泥、洗矿成为首要问题。经过在粗碎后增加洗矿流程，将擦洗脱泥后的矿石再进中细碎，洗矿溢流则经浓缩后送磨矿回路，改进后流程，基本得到畅通。为提高硫的回收率，将难浮的硫辅以重选法——螺旋溜槽扫洗一次，取得明显效果。

**江西铜业集团公司城门山铜矿**　位于九江县城门乡和赛城湖垦殖场境内。距沙河街 26 千米，南有沙河至城门乡公路可直达，北濒城门湖有小船可与九(江)瑞(昌)公路相衔接，交通甚便利。

1991 年 3 月 18 日，江西铜业集团公司成立城门山铜硫矿建设前期领导小组，行使公司建设指挥部职权，全面负责城门山铜硫矿的前期准备和施工准备工作。1997 年 1 月 18 日，城门山铜矿举行起步工程全面建设开工典礼。1999 年 10 月 1 日，城门山铜矿 1200 吨/日起步规模恢复建设。2000 年 7 月 1 日，投料试车。2002 年 6 月 7 日，城门山铜矿采矿场成立。当年，城门山铜矿采选日平均处理矿石 1115.6 吨，最高日处理矿石达 1547.1 吨，生产能力基本达到设计规模。2003 年，首次实现内部利润 1350 万元。2004 年 10 月 28 日，提前完成年内部利润 3400 万元。2005 年完成内部利润 8834.86 万元。

**彭山锡矿** 位于德安县吴山乡镇内,矿区占地面积85.5公顷,全矿建筑面积5.4万平方米。是省冶金工业厅(后改为江西冶金工业总公司、省冶金集团公司)直辖全民所有制企业,也是华东地区已建成唯一一座锡矿山。

20世纪90年代初年工业总产值(1980年不变价)211.1万元,生产锡金属235.8吨。1994年2月,由于市场诸方面原因,经省冶金厅批准停止采选生产,保持经营开发项目。2008年10月锡矿行政划转移交给德安县政府管理,划转账面资产总额3842.35万元,负债总额4098.52万元,所有者权益-256.17万元。人员划转:划转国有企业在职职工603人,离退休人员399人,政府接收彭山锡矿后,负责组织实施企业改制重组工作。

## 三、合资民营企业

**江西萍钢实业股份有限公司九江分公司** 位于湖口县金砂湾工业园, 占地133.4余公顷,2003年,福建来乐集团公司由奉新迁至湖口。2005年形成年产钢35万吨规模。2006年由萍钢收购,9月21日重组为江西萍钢实业股份有限公司九江分公司。一期技改投资10亿元,使产能提高到100万吨/年;二期技改,投资65亿元,实施“以新代旧、综合利用”工程,于2009年建成150万吨线材生产线和150万吨板材生产线,使产能达到400万吨/年。2010年8月,再投资25亿元,对一期项目进行升级改造,使产能再增加150万吨,实现年产钢材550万吨,其中线材400万吨,板材150吨,实现主营业务收入220亿元,税收10亿元。

**九江矿冶有限公司** 2008年8月,原九江矿冶总公司改制重组,注册资本1.25亿元,分别由北京创盈集团和四川容达集团各出资4375万元,各占总股本35%,市国有资产经营有限公司以九江市矿冶总公司九江铜硫矿和丁家山金铜硫矿采矿权及硫酸厂用地暂予估2000万元作为国有股本出资(待评估后调整)。占总股本之16%,九江矿冶工贸有限公司以出资1750万元,占总股本之14%。

2009年1月,市政府依法解决矿冶公司与九江中浔矿业有限公司解除九江铜硫矿(列石山矿段)租赁合同,由矿冶公司支付九江中浔公司1920万元补偿费,使其交给九江铜硫矿生产经营权。

**江西联达金砂湾冶金有限公司** 由萍乡湘东联达有限公司投资1.1亿元兴建,占地13.33公顷。于2006年9月落户金砂湾工业园。该公司是九钢的上游产业链配套项目,生产炼铁高炉炉料球团。2010年实现主营业务收入7.7亿元,上缴税金766万元,安排就业312人。

**九江欣嘉锐实业有限公司** 总投资5.6亿元,年产40万吨钢坯、70万吨铁精粉,属钢厂配套项目。2010年实现主营业务收入4.79亿元,上缴税金4354万元,安排就业75人。

**江西晨晖机械制造有限公司九江分公司** 2007年落户金砂湾工业园,占地3.33公顷,总投资3500万元,分两期进行,进行机械制造加工,属于钢厂配套项目。达产后可实现主营业务收入1亿元,上缴税金400万元,安排就业100人。

**九江金砂湾金城实业有限公司** 2007年落户金砂湾工业园,占地1.33公顷,总投资3000万元,主要从事耐火材料的生产,属于九江钢厂配套项目。2010年实现主营业务收入3189万元,上缴税金158万元,安排就业130人。

**湖口众邦实业有限公司** 2006年落户金砂湾工业园,总投资5000万元,主要从事机械制造加工,属于九江钢厂配套项目。2010年实现主营业务收入2276万元,上缴税金173万元,安排就业201人。

**九江市英翔矿产有限公司** 2008年落户金砂湾工业园,总投资1.5亿元,主要从事日产活性钙石灰700吨及附加产品,专供九江钢厂三期炼钢炼铁使用。达产后可实现主营业务收入1.2亿元,上缴税金500万元,安排就业200余人。

**九江健友耐火材料有限公司** 2007年落户金砂湾工业园,占地1.2公顷,总投资3000万元,属于九江钢厂配套项目。达产后可实现主营业务收入4000万元,上缴税金150万元,安排就业50余人。

**九江远大金属制品有限公司** 总投资2.5亿元,主要产品为金属铁铜棒,属钢厂配套项目。2010年实现主营业务收入2991万元,上缴税金3.1万元,安排就业76人。

**九江中冶环保资源开发有限公司** 由北京中冶京诚有限公司投资5.44亿元兴建,对钢厂钢渣热闷处理,实行循环利用,属钢厂配套项目。2010年实现主营业务收入2862万元,上缴税金114万元,安排就业75人。

**湖口长江炉料有限公司** 总投资1.2亿元,年产60万吨矿粉,达产后可实现主营业务收入6亿元,上缴税金2000万元,安排就业200余人。

**九江博林高新材料有限公司** 总投资2亿元,年产60万吨矿渣粉末,达产后可实现主营业务收入1.5亿元,上缴税金500万元,安排就业100余人。

**九江赣弘矿粉建材有限公司** 总投资1.2亿元,年产60万吨矿渣微粉,达产后可实现主营业务收入1.5亿元,上缴税金500万元,安排就业100余人。

**永修县江西华正实业有限公司** 该公司原名江西鸿发轧钢企业有限公司,2003年11月由客商总投资1.5亿元创办,2006年投产。建筑面积2.9公顷,固定资产投资6000万元,职工50人,主要产品:普线、贝氏体钢、型钢、钢材生产与销售。2008年实现销售收入2506万元,实现利税100万元。

**江西巨通实业有限公司** 2005年6月,北京巨典公司与武宁县翔鸿有色金属有限公司联营整体收购武宁县钨矿,并成立江西巨通实业有限公司,注册资本7000万元。在县工业园征地33.33万平方米,动工兴建年产APT(仲钨酸铵)5000吨生产线。

**2006~2010年江西巨通实业有限公司主要经济指标一览**

表27-1-13 单位:万元

| 年 份 | 主营业务收入 | 利税总额 | 产 值 |
| --- | --- | --- | --- |
| 2006 | 26365 | 2974 | 27020 |
| 2007 | 11980 | 1470 | |
| 2008 | 21217 | 5353 | |
| 2009 | 16783 | 2954 | |
| 2010 | 21510 | 3578 | |

**武宁县明星锑业有限公司** 1992年3月创办清江锑产品加工厂,生产氧化锑、马蹄锑等产品,1998年10月,租赁县锑矿后更称明星锑业,为民营有限公司。经过引进资金、技术、人才,改造冶炼设备和改进工艺,逐步发展为年产5000吨锑系列产品生产复合型企业,并在陕西丹凤和湖北郧西各有一家分公司。"鑫仁"牌锑产品通过ISO 9001国际质量体系认证,畅销欧美、亚洲及港台地区。企业先后获农业部"全面质量管理先进单位","省先进私营企业"和"市百强民营企业"等称号。2004年,公司经理吴和福被农业部授予"第五届全国乡镇企业家"。2006年,完成工业产值5509.6万元,利税总额1261.2万元,拥有资产总值6800万元,员工400人。

**2004~2010年明星锑业有限公司主要经济指标一览**

表27-1-14 单位:万元

| 年 份 | 主营业务收入 | 利税总额 | 产 值 |
| --- | --- | --- | --- |
| 2004 | 4032 | 944.0 | 4442.0 |
| 2005 | 4674 | 1052.0 | 5010.0 |
| 2006 | | 1261.2 | 5509.6 |
| 2007 | | | |
| 2008 | 4401 | 317.0 | |
| 2009 | 2352 | 265.0 | |
| 2010 | 3313 | 144.0 | |

**武宁华源锑业有限公司** 2005年9月北京巨典投资有限公司整体收购武宁县锑矿,组建民营华源锑业有限公司,注册资本3000万元。2006年开采锑矿石50000吨,生产锑锭311.8吨,硫化锑粉金属量547.2吨,资产总额8000余万元,从业人员476人。

**瑞昌市自强铸造有限公司** 主要生产铸造、壁炉、铸铁管、围栏杆等铁构件系列产品。远销美、英、加拿大、澳大利亚等国和地区,年出口创汇300万美元。2005年实现产值4000万元,创利税300万元。

**瑞昌市恒泰铜铅锌矿业有限公司** 位于瑞昌市白杨镇武山坳,投资910万元,2003年7月投产,年产铅精矿、锌精矿、硫精矿3万吨规模。2005年实现工业产值达1200万元,销售收入1000万元,上缴税金60万元。

**瑞昌市宏益冶炼有限公司** 2004年11月落户于瑞昌黄金工业园,投资1.5亿元,建冶炼厂。2005年12月开始生产,实现工业产值3832万元,销售收入3689万元。2006年产金123公斤,2007年产金345公斤,2008年产金162公斤,2009年产金7公斤。

**九江中伟科技化工有限公司** 由苏、港、粤3地4家投资在湖口创办,占地10公顷,注册资金2000万元。主导产品为硫酸、黄金、白银、电解铜、氧化铁等。2010年实现主营业务收入3.4亿元,上缴税金195万元,安排就业450人。

**江西赛瓷材料有限公司** 由江西微亿高科技材料有限公司和香港诚信拓展有限公司合资兴建,2005年注册资本1500万元,占地2.53公顷,主要生产超细、高活性、高分散性纳米级氧化锆系列产品,用于光纤通信、航空航天、燃料电池等高科技领域。2010年实现主营业务收入753万元,上缴税金16.8万元,安排就业30人。

**江西铜业铅锌金属有限公司** 江西铜业集团公司投资50亿元,其中一期投资30亿元,于2009年6月在湖口县金砂湾工业园开工建设,2011年底建成投产。该项目达产后年产铅20万吨、锌20万吨、硫酸56万吨。副产品有酸性浸出渣、铅渣、锌电解阳极泥和铜渣等。厂区占地66.7公顷。采用国际成熟常规湿法炼锌工艺。

**九江英华发展有限公司** 总投资1.1亿元,年产1万吨硫酸锌,实现主营业务收入1.5亿元,上缴税金500万元,安排就业80余人。

# 第二章　煤炭工业

## 第一节　煤炭资源

市内含煤地层有两组,即早二叠纪王家铺煤系(又称梁山煤系)和晚二叠纪龙潭煤系(又称乐平煤系)。其特点是:规模小结构复杂,俗称“鸡窝煤”,不利于规模化开采和机械化生产;煤质较差,多为中高灰分含硫较高,对冶炼和环保都不利;分布面广,含煤总面积968.6平方千米,分布于武宁、瑞昌、德安、修水、九江、彭泽、湖口、星子、庐山区。王家铺煤系煤质较好,但形态很不稳定,乐平煤系虽较稳定,但煤层薄,煤质较差。两组煤系均为单一煤层,多赋存于向斜构造中,且多为急倾斜。王家铺煤层有自燃倾向,如武宁泉坪井,瑞昌南田井的局部块段曾发生自燃灾害。煤尘具爆炸性,如瑞昌南田井曾有过煤尘瓦斯混爆矿灾。断层水和岩溶水以及煤层瓦斯构成煤层开采隐患。

1990年,曾对334.15平方千米含煤地层进行钻探等勘探方式地质工作,累计探明储量1.7亿吨,其中可采储量2600万吨。矿山保有储量仅400多万吨。但其中深部和65.5%含煤地层尚未进行地质勘探工作,为九江煤炭工业潜力所在。

市煤炭工业是应20世纪60年代“大炼钢铁”热潮而兴起的。当时国营、集体煤矿遍布武宁、德安、瑞昌、修水、九江、彭泽等县,各级政府管理机构也应运而生。改革开放以后,群众采煤积极性高,小煤窑遍地开花,仅武宁、德安、瑞昌片区小煤窑达数百座,原煤产量达30万吨左右。20世纪90年代以来,国家基于煤矿生产安全、资源合理开发利用等目的，对全国小煤矿进行全面整顿改造，至2010年，市内数百座小煤矿缩减至21座，年产煤量达到88.2万吨，走上稳健发展之路。

## 第二节 煤炭矿区

### 一、武宁矿区

位于赣鄂两省边界，地处武宁县鲁溪、泉口两乡镇北部。呈近于东西向展布，矿区东西长约23.5千米，自西向东有武宁县煤矿、罗坑煤矿，并有乡镇及私营小煤矿数十个。煤层位于北屏山——塘山向斜西端，区内有二叠系下统梁山(王家铺)煤组和二叠系上统龙潭(乐平)煤组。各煤矿主要是开采梁山煤组。因其变质程度低，多为烟煤且煤质较好，属中灰、高硫肥焦二号——肥煤二号。20世纪90年代以后，个体私营煤矿大量涌现，仅泉口乡就有小煤井108个。1994年全县共产原煤20.75万吨，其中乡镇小井11.95万吨。1996年后国家开始压产整顿，共关停小井130余个。2006年全县持证煤矿有16个，从业人员为1330人。2009年年底全县有持证煤矿10个，其中国有煤矿2户，私营煤矿8户，共产原煤69.42万吨。

### 二、德安矿区

位于德安县城西北部。矿区为一平缓开阔，西宽东窄的向斜盆地构造，轴向近东西。区内含煤两层，即乐平煤组和梁山煤组。地处付山乡和爱民乡境内的付山煤矿，乐平煤系储量为300万吨，平均厚度为0.7米，发热量为5100大卡；梁山煤系平均厚为1.5米，发热量为7760大卡，但地质情况复杂。

### 三、修水矿区

位于县境东北部太阳升乡至清水岩乡，西起东岭、东至下泉坑，面积约4.5平方千米。处于修水复式向斜次一级三都向斜北翼，轴线近乎东西向，断层甚为发育。向斜北翼有上缓下陡趋势，南翼浮土掩盖，产状不清。由于南北向压应力不均，致使地层走向自东而西构成一个中间向南突出弧形构造。含有地层是二叠系上统龙潭煤系和下统梁山煤系。龙潭煤系地层极薄，含煤一层，厚0~0.3米，无开采价值。梁山煤系为本区主要煤系，含煤4层，煤系厚度与煤层厚度无一定关系。

至20世纪90年代初因资源枯竭停止采掘。

### 四、瑞昌矿区

位于瑞昌市西南、德安县西北部。矿区属一中高山构造剥蚀和卡斯特地貌单元。矿区位于淮阳山字型构造体系前弧外缘，由于受南北向水平挤压和北东向剪切应力作用，区内地质构造复杂，褶皱、断层发育，多呈东西向、北东向展布，表现为早期东西构造被晚期北东向构造切割改造，叠加。故对煤层有较大破坏作用，该煤层连续性差，给生产布局带来困难。区内民间采掘历史悠久，早在明代即已采掘。区内各矿主要开采王家铺煤系，乐平煤系次之。

### 五、彭泽矿区

位于彭泽县东北马垱镇，为一走向北偏东，向南倾斜倒转单斜构造，区内断层发育，以近南北走向张扭性断裂为主。由于后期火成岩(闪斜煌斑岩)呈岩床状顺层侵入煤系地层及煤系附近岩层中，将部分煤层烧掉，更加造成煤层形状复杂性，且使煤质变差，储量大大减少。至20世纪90年代初，乡、村办煤井全部停产关闭。

### 六、九江矿区

位于九江县新塘乡境内，为一向斜盆地，即由南之岷山，北之长山构成新塘铺盆地。矿区总面积114.7万平方米，属小型煤田，其下二叠统王家铺煤系因煤层极薄(0.2~0.4米)且不连续不可采，其上二叠统乐平煤系较连续，煤层平均厚度1.24米。由于区内水文地质情况极其复杂，含水层除第四系外，煤层底板为茅口灰岩，顶板为长兴、大冶灰岩，皆有大量裂隙溶洞作为储水和地下水通道。原开采多年国营东风煤矿于20世纪80年代因穿水淹井,伤亡惨重而被迫关井。

## 第三节　煤炭开采

### 一、采掘方式

九江2个煤系均呈近东西展布,煤层出露标高是西高东低。武宁、德安、瑞昌煤层露头多在当地百米以上山腰。到九江县新塘、城门一带则渐潜入地表,故煤层开拓因地形变化而异。武宁、瑞昌、德安一带小井多依地势自高而低,分段平硐开拓,渐近基准面。再深入向地表以下,则采用暗斜井、斜井,进而多级下延。到九江县一带,因无选择平硐位置余地,各小井只能采用斜井开拓,而彭泽、修水皆因煤层出露较低,小平硐只是初期过渡,主要用斜井开拓。立井开拓,仅有瑞昌煤矿赤岗立井一例,由于井筒遇到断层水而无法前进,最终半途而废。开拓掘进手段,不管是平硐、斜井,一律采用传统而简单打眼放爆方法,逐步推进延伸。

尚在开采的武宁、瑞昌各矿多沿用"小分段走向短壁采煤法",其走向长度,工作面斜长,均随所采煤包(窝)大小而定。走向约50~200米,斜长约7~26米。分段平巷(顺槽)间距依煤层软、硬,电钻纤杆长短而变,一般为5米左右。工人在较安全顺槽内向上、下、左、右打眼,放爆落煤即可,然后依次循环后退。工作面的下端顺槽与运输大巷之间有溜煤眼贯通。工作面原煤依自重经溜煤眼至煤仓装车,再用机车运至地面。当煤厚在4米左右时,回采率在90%以上。超过4米时,底帮煤一次爆不下,回采率则在50%或更低。为提高回采率,可在顺槽的同一水平再增开一条平行顺槽。这种应变措施虽可提高回采率,但多有偶然性。此采煤方法优点在于灵活性大,适应多变煤层;而采掘比过大,采准时间长,采煤成本偏高是该法不足之处。

### 二、安全管理

**顶底管理**　煤层的顶底板都是坚硬的石灰岩,不易随采随落,而煤层厚薄不一,每一采空区的尖灭带就是顶板卸压剪切带,故顶板是顺其缓慢下沉,未作人工处理。

**提升运输和排水**　由于煤层倾角大,煤依自重流经溜煤眼装车,或经溜槽进入井下煤仓装车,再经斜井绞车提升至平硐,最后编列由电机车运至地面煤场。当平硐采上山煤时,矿井水亦由平硐自排出井。采下山煤时,则用水泵排至平硐(或地表),其水泵多用耐酸多级泵。井下运输提升和排水,九江各矿水平较高,基本上与大矿同步。

**矿井通风**　20世纪90年代始,所有矿井均进行技术改造,实现机械通风。掘进工作面用局扇通风,矿井"全负压"通风。改善井下作业环境,冲淡和排放矿井瓦斯及其他有害气体。

**1991~2010年全市煤炭开采产值产量一览**

表27-2-1　　单位:万元、万吨

| 年份 | 产值 | | 煤炭产量 |
|---|---|---|---|
| | 当年价 | 不变价 | |
| 1991 | 1868 | 1528 | 27.79 |
| 1992 | 2311 | 1990 | 29.38 |
| 1993 | 5093 | 4236 | 49.76 |
| 1994 | 5661 | 4543 | 41.03 |
| 1995 | 3958 | 2025 | 41.43 |
| 1996 | 3521 | 2126 | 36.12 |
| 1997 | 6075 | 5299 | 40.3 |
| 1998 | 4403 | 3929 | 26 |

续表 27-2-1

| 年 份 | 产 值 | | 煤炭产量 |
| --- | --- | --- | --- |
| | 当年价 | 不变价 | |
| 1999 | 3351 | 1842 | 22.1 |
| 2000 | 3840 | 2171 | 15.1 |
| 2001 | 699 | 2002 | 15.5177 |
| 2002 | 716 | 2218 | 14.5249 |
| 2003 | 2115 | 2551 | 13.1041 |
| 2004 | 3832 | 3832 | 12.9803 |
| 2005 | 15074 | 14945 | 13.6015 |
| 2006 | 19015 | 19040 | 60.6294 |
| 2007 | 24222 | 24222 | 80.0318 |
| 2008 | 44025 | 44025 | 76.8945 |
| 2009 | 36012 | 36012 | 59.66 |
| 2010 | 45831 | 45796 | 88.2 |

## 第四节 企业选介

### 一、武宁县煤矿

1991 年,县煤矿有生产井 3 对:前进井、泉坪井、争光井。1997 年县派工作组入驻煤矿,动员全员参股,股额为 3000~6000 元/股,不参股者作自动下岗处理。1997~2000 年间,因市场疲软,共亏损 57.77 万元。2003 年 6 月煤矿职工以民营股份形式集股 650 万元,取得生产经营权,668 名职工经身份置换与煤矿解除劳动关系。从业人员为 460 人,资产总额 3800 万元,核定年产能力为 16 万吨,2003~2006 年共产原煤 31.75 万吨,上缴利税 2477.8 万元。

武宁的民营煤矿由于资源、经营、安全等原因,至 2006 年,有持证民营煤矿 14 个,2009 年剩 8 个,同年生产原煤 14 万吨,利税总额 1001.1 万元。

**2006 年武宁民营煤矿基本情况一览**

表 27-2-2　　单位:吨、万元、人

| 企 业 | | 投产时间 | 核定年产 | 销售收入 | 利税总额 | 从业人数 |
| --- | --- | --- | --- | --- | --- | --- |
| 鲁溪 | 樟山煤矿 | 2002 | 2 | 3500 | 797.1 | 96 |
| | 鲁石脚弯 | 1998 | 2 | 800 | 124.6 | 75 |
| | 小泉 | 1998 | 1 | 1600 | 270.0 | 47 |
| | 黄山咀 | 1998 | 1 | 800 | 110.9 | 38 |
| | 烟烟山矿 | 1996 | 1 | 800 | 171.8 | 65 |
| | 张岭 | 1997 | 2 | 800 | 111.7 | 80 |
| | 三扁担 | 2000 | 1 | 800 | 100.0 | 46 |
| | 坪靴 | 1997 | 1 | 1000 | 157.3 | 54 |
| | 养麦锅 | 1999 | 1 | 800 | 100.0 | 51 |
| | 大磨垅 | 2002 | 1 | 1000 | 106.5 | 32 |
| | 北屏罗坑 | 1980 | 1 | 600 | 155.3 | 42 |

续表 27-2-2

| 企业 | | 投产时间 | 核定年产 | 销售收入 | 利税总额 | 从业人数 |
|---|---|---|---|---|---|---|
| 泉口 | 泉口电站煤矿 | 1997 | 2 | 600 | 107.2 | 71 |
| | 丰田煤矿 | 1974 | 3 | | 107.5 | 52 |
| | 周边煤矿 | 1994 | 1 | 600 | 59.2 | 37 |

2009 年武宁民营煤矿基本情况一览

表 27-2-3　　单位:吨、万元、人

| 企业 | | 投产时间 | 核定年产 | 销售收入 | 利税总额 | 从业人数 |
|---|---|---|---|---|---|---|
| 鲁溪 | 张岭煤矿 | 1997 | 4 | 5.17 | 2628 | 191.5 |
| | 横山咀 | 1998 | 4 | 4.87 | 2439 | 259.5 |
| | 小泉煤矿 | 1998 | 4 | 10.92 | 6354 | 350.9 |
| | 烟烟山矿 | 1996 | 4 | 10.02 | 7330 | 307.4 |
| | 内樟山矿 | 2002 | 4 | 8.92 | 4636 | 163.0 |
| | 石脚弯煤矿 | 1998 | 4 | 4.47 | 2274 | 200.6 |
| 泉口 | 泉口电站 | 1997 | 4 | 4.00 | 2043 | 391.0 |
| | 丰田煤矿 | 1974 | 4 | 3.85 | 1957 | 256.7 |

## 二、罗坑煤矿

罗坑井原是开采北屏山——塘山向斜北翼瑞昌罗坑境内的煤层,而其对应向斜南翼有地形优势,利于生产、安全和运输经营。故组成武宁、瑞昌 2 县联营国有罗坑煤矿,并协商为两县轮换经营。1995 年前由武宁承包,共产原煤 12.08 万吨。1996~2003 年由瑞昌承包。2004 年下半年起轮由武宁承包,当年 8 月,有 40 名职工经身份置换,与矿解除劳动关系。2005 年 6 月罗坑煤矿由中外合资南昌恒利源实业有限公司租赁经营,租期为 8 年,核定生产能力为 4 万吨/年。2009 年生产原煤 3.2 万吨,利税总额为 550 万元。

## 三、瑞昌市煤矿

1991~1996 年,全市有乡镇煤矿 86 个,年产原煤 11 万吨。1997 年发展到 149 个,年产 19.7 万吨。1998 年起,对证照不全、不符合生产安全要求煤矿进行关停整顿,至 2000 年,全市有 73 座小煤井被关闭取缔。

2001 年根据国务院《关于关闭国有煤矿办小井和乡镇煤矿停产整顿的紧急通知》,瑞昌市开展大规模安全生产整顿工作,对非法开采、独眼井生产、矿井布局不合理、事故隐患多、无机械通风、排风系统不全、在国有煤矿井田范围内各类小井一律实施关闭。对通风系统不完整、瓦斯检查不正常、特种作业人员未取得操作证、存在水患、矿井内外无电话通信的实施停产整顿。通过整顿,全市共依法关闭煤矿 65 个,停产整顿 11 个,即范镇双峰垅、高泉煤矿、横港苏家垅、青华煤矿、南义一号井、六号井、和平门前煤矿、峨嵋钟家煤矿、岩下煤矿、乐园洋东、阳坡煤矿,经过整顿验收后,上述矿依次恢复生产。

到 2010 年瑞昌保留煤矿 8 个,即双峰龙、高泉、南义一号和六号、峨嵋钟家煤矿、岩下煤矿、洋乐矿、阳坡矿。

## 四、德安付山煤矿

地处原付山乡和爱民乡境内, 该矿开采乐平煤系的爱民平井和开采梁山煤系的吴家岩井一直保持正常生产。20 世纪 90 年代初,该矿与县政府签订承包合同,原煤产量年产 3 万~4 万吨,实现利润 25 万元,由每年吃财政补贴变成盈利上缴企业。该矿在安全第一预防为主方针推动下,按照煤炭部颁发《井下安全标准管理规定及细则》强化安全意识，强化“一通三防”(通风、防火、防瓦斯、防煤尘)。1992年国家能源部正式授予德安付山煤矿爱民平井为安全通风“甲级井”称号，是全省3家甲级井之一。1993年盈利达40万元。1994年4月，在城郊五星街办起一个石材加工厂，投资60万元，同年8月与省煤炭厅合作，开采塘山罗家坟煤矿，采掘3年，因地下水渗透厉害，排水困难而停产。

2002年5月，德安县经委将付山煤矿(爱民井、吴家岩井)采矿经营权租赁给私人经营，租赁期限为10年，即从2002年6月至2012年5月租赁总金额325万元，实行“国有私营”。

# 第三章　非金属矿开采加工

## 第一节　石煤开采加工

### 一、石煤开采

石煤开发利用历史，可溯至清代以前。数百年来，民间多利用石煤烧砖瓦、石灰。明清时期石灰窑址，在修水县城郊、杭口、马坳、渣津等地甚多，此应用沿袭至今。因其资源多，用量较少，且发热量、含钒量品位不均，多为山坡露天开采，有“吃富弃贫”现象，采矿分散未成规模，不够规范。打眼、放炮是其常规使用手段。

### 二、石煤加工

主要是通过冶炼从石煤中提取钒(V2O5)和钒制品。20世纪90年代至今，修水、永修、彭泽等县民营企业，开始提炼石煤中的钒(V2O5)，并达到一定规模。

## 第二节　萤石开采加工

### 一、萤石开采

只有德安葛洪山萤石矿1家，矿山基地在吴山乡红桥村，占地2.03平方千米，有4个矿区，2个萤石颗粒冲选场和1个浮选厂。葛洪山区是丘陵地带，系幕阜山系之一部分，矿体产于属奥陶系的碳酸钙岩层间。自西向东分四个区段，分布于洪溪畈、五如和沙溪畈附近，属低温热液充填交替型矿床。矿体形态复杂多样，呈囊状网状、条带状。风化矿为红色松散土状。萤石呈绿、浅绿、紫色或白色，结晶较粗，在-5~+3毫米粒级中，有92.65%单体。脉石矿物为石英、高岭土，伴有少量黄铁矿、闪锌矿，矿石还含有1.045%轻稀土。原矿石储量638.84万吨，含氟化钙平均品位25.54%，粗颗粒单(体)品位高达98%。矿石裸露于表层属山坡型矿床，风化矿又松散，宜于露天开采。粗粒萤石易于简单重选方法而获得。

20世纪90年代初，与日本补偿贸易，引进日本矿山采掘、运输等设备60套及零配件，其中矿山设备有小松产挖掘机2台，小松产装载机4台，小松产推土机4台，三菱牌8吨吊车2辆，日野8吨油车1辆，日野8吨自卸车20辆，日野8吨货车20辆等，新增固定资产402万元，机械化生产能力提高年产20万吨矿石。

### 二、萤石选矿

德安萤石矿由于矿石组成简单，萤石结晶较粗，颜色分明，且以钙质矿物为主(占60%)，石英占36%，因此，经洗矿—脱泥—分级—跳汰，能获得部分结晶较粗粒状精矿。

1992~1994年改扩建选区，新增设备22套，扩大浮选能力，生产由日处理矿石250吨，增至400吨，年产萤石精粉由原2万吨增至3.5万吨。多年来，该公司是省出口创汇先进企业。至2000年，共产萤石52万吨(其中：精矿粉37万吨，颗粒矿15万吨)，氢氟酸1264吨，氟里昂1712吨，产品收入25.3亿元

(其中出口销售收入2.2亿元)。

2003年8月,该公司所有采矿生产经营权和土地等全部资产以1700万元拍卖给福建永飞矿业公司。

### 三、萤石加工

20世纪90年代初,为提高萤石附加值,经多年考察加工氢氟酸,氟利昂产品可行性。正式试产并获成功,产出无水氢氟酸、氟利昂(FFR22、(FR12),其中氢氟酸(AHF)为一级品:氟利昂(FFR22、(FR12)为优质品。填补省空白。开创江西萤石深加工先例。

1993年生产厂由星晨氟化公司复归县萤石公司。1997年5月单列县氟化总厂(原为萤石公司下属化工厂),总投资1800余万元。该厂形成年产无水氢氟酸4500吨,有水氢氟酸3000吨,氟苯1000吨,二氯氟苯1000吨和氟化氢铵1500吨生产能力。氟里昂按国际协议精神而停产。1999年该厂由创安化工公司租赁经营。2002年7月,该厂以350万元将生产性设备全部转让给浙江中萤有限责任公司。

**1996~2000年主要经济指标一览**

表27-3-1 单位:万元

| 年 份 | 主营业务收入 | 利税总额 | 产 值 |
|---|---|---|---|
| 1996 | 3011.5 | 350.8 | 3507 |
| 1997 | 1331.2 | 117.6 | 2400 |
| 1998 | 597.0 | -287.0 | 709 |
| 1999 | 1299.0 | -37.0 | 1490 |
| 2000 | 1183.0 | 12.0 | 1504 |

## 第三节 白云石、石灰石开采加工

### 一、白云石开采加工

**白云石开采** 1991年5月铜岭钢铁厂试产白云石1000吨。6月下旬市冶煤局、江西铜岭钢铁厂和省冶金厅进出口公司共同与日本新日铁株式会社谈判出口白云石商务,日商对铜岭白云石质量反映好。市政府批准江西铜岭钢铁厂开采石灰石项目立项,白云石项目待与日商签合同后再批。1992年4月铜岭厂与相关方签约2万吨白云石销往日本。

**白云石加工** 1995年9月,铜岭厂编制金属镁项目可行性报告,年底赴贵阳铝镁设计院获取金属镁项目建议书和镁试验两个报告书,共投入5万元。1996年年初,市冶煤局向省冶金厅汇报铜岭厂金属镁项目,并在10月到邳州进行金属镁项目招商工作。

### 二、石灰石开采加工

**石灰石开采** 市内石灰石储量丰富,仅湖口县建筑用石灰岩1.3亿立方米。1991年5月铜岭钢铁厂生产石灰石,设计规模年产10万吨。年底,市政府批准铜岭厂上石灰石10万吨/年项目。另有大量民营企业开采石灰石。

**石灰石加工** 主要是制粉和水泥生产。

## 第四节 石材开采加工

### 一、大理石开采加工

**大理石开采** 市内大理石储量,仅瑞昌夏畈乡大理石储量就有5000万立方米。就其色泽之别有:汉白玉、墨玉、玛瑙红、景秋灰和斑纹等。大理石开采方法是采用人工凿岩,嵌锲劈逐渐形成裂纹。开采工艺由原始的手工作业,逐渐发展为使用空压机、火焰切割机、桅杆吊等较先进设备开采。将大理石破成大块毛石——俗称荒料,这种荒料就是采石场产品,用车装运至大理石加工厂。修水县饰面用大理石板材主要产地在四都镇,2003 年全县矿区整顿之前,该镇从事此项开采企业数家,开采秩序混乱,严重影响矿区生态环境。通过整治,至 2008 年,该镇仅西坑大理石矿 1 家开采,年生产量 1 万立方米,工业总产值 100 万元,实现利润 10 万元。

**大理石加工** 主要是通过板材切割、磨光、包扎等工序,把大理石加工为各种型材。天然大理石板材加工设备,主要有双向园盘切割机、对割机、倒边机等。

生产工艺:荒料—切割(锯板)—对剖—截断—倒边—磨光,手工包扎。

生产能力、成材率取决加工设备能力,一般成材率为 1 立方米荒料加工成材约 18~22 平方米合格板材。

## 二、花岗石开采加工

**花岗石开采** 市内花岗岩资源丰富,星子县是主要生产县,矿山占地 1000 余公顷,开采储量达 10 亿立方米,主要有白色、灰色、黑色、绿色四大系列 10 多个品种。其中 G1902 芝麻白有 1000 多年开采历史,曾在日本名古屋举办的国际石材展销会上评为第二名。G1901 芝麻白、庐山青、竹叶青是近 30 年来开采之新品种。

20 世纪 90 年代初期,星子县花岗岩开采加工发展速度缓慢,只有星子石材联营公司、星子石制品公司、星子花岗岩开发公司、江西花岗石厂等几家国营企业。改革开放后,一时间各类花岗石开采、加工企业如雨后春笋般在星子涌现。县委、县政府积极支持这一传统优势产业,于 1996 年做出建立“中国石材城”决定,提出“办千家企业,纳万名员工,创千万税利,达亿元产值”目标,2003 年,县委、县政府又决定成立“金鹿石材城”工业园,将分散在公路边、县城及居民周边厂家全部集中进园,形成产业规模。经招商引资,全县石材开采、加工企业达 300 多家,从业人员 20000 多人。九江晨光石材有限公司、九江晨晖石材有限公司 2006 年度被评为中国石材百强企业。

花岗石开采由手工开采、炮采、火焰切割开采发展为机械圆盘锯开采,圆盘直径达 3 米,开采率提升到 90%以上。生产各种规格荒料。星子县花岗石主要分布在东牯山一带,至 2005 年开采企业 21 家,年产荒料 1.77 万立方米。修水县花岗石开采主要分布在黄龙(上水山)、古市(张垅)、全丰乡镇。都昌县花岗石开采则集中在苏山乡。

**花岗石加工** 花岗石加工主要采用机械加工方式,主要设备有车床、多片锯、红外线切机、多头自动磨机,成材率达到 80%以上。1993 年星子县石材加工企业有 20 多家。1996 年成立石材企业集团总公司,建设中国石材城。2001 年县规范金鹿石材城建设,将中国石材城内企业迁入该城。至 2005 年年末,全县有花岗石加工企业 122 家,加工品种 100 多个,产值达 7000 多万元。

## 三、板岩开采加工

**板岩开采** 板岩即青石,主要分布于星子、修水 2 县,其开采类似大理石、花岗石开采。

星子县分布在横塘、华林玉泉山箬岭、董头尖、丫髻山、石子山等 20 多个矿点。1995 年台商张荣士在横塘投资 150 万元美元创建“士荣(九江)实业有限公司”,经营青石开采、加工,成为该县板岩支柱企业。2005 年星子县有开采企业 18 家,年产青石荒料 1.77 万立方米。

修水县饰面用青石板岩主要产区为竹坪乡与征村乡储量大, 加工品种多, 为修水特色的非金属矿产。2008 年,全县 5 家企业从事饰面用青石板岩开采,从业人员 126 人,年产量 4.65 万立方米,工业总产值 482 万元,利润总额 87 万元。

**板岩加工** 板岩(青石)的加工主要以手工为主,用以制作砚台、立门、槛脚、水缸、墓碑、椁、桥板等。

2005 年,星子县板岩加工企业达 401 家,年产值 1.3 亿元,其中横塘镇 152 家,华林镇 69 家,蛟塘 12 家,隘口 6 家,兼营企业 162 家。注册资金多达 200 万元,最少亦有 3000 元。规模以上企业(销售收入

500万元)17家,均分布在横塘。

## 第五节　型砂及其他非金属矿开采加工

### 一、型砂开采加工

型砂分布在长江和鄱阳湖流域,储量巨大,主要集中于都昌、永修、湖口等县,仅湖口硅砂储量即8000万吨。主要采用采砂船开采。型砂主要加工成擦洗砂、水洗砂、树脂砂等产品。都昌县型砂厂曾为全国著名江南型砂基地

### 二、钾长石开采加工

原为农民农闲时副业,由星子县砂石公司收购销往景德镇和全国陶瓷企业。该县蓼花、华林、温泉、白鹿等社队办集体所有制石粉厂,改革开放后均发展成为民营,至2005年有11家企业。

修水长石主要分布在白岭、白乔、黄龙、水源等地。2008年,黄龙长石矿与水源丁家山长石矿两家开采长石矿,从业人员分别为10人、5人,年生产能力分别为0.6万吨、0.5万吨,年工业总产值分别为40万元、20万元,利润总额分别为20万元、60万元。

### 三、水晶开采加工

集中在星子华林镇枭木山。1995年有201家开采,加工企业5家,均属乡办。1997年以后,全部改制为民营,到2005年,全县有专兼营企业17家。

### 四、石英开采加工

修水石英资源,主要分布在山口、水源、全丰等地。1990年修水县石英制品厂成立,投资865万元,1994年竣工投产,建成采选、熔炼、加工一条龙生产线。生产电熔石英、石英铸口砖、石英粉。因石英熔炼系高耗能产品,生产成本高,从1994年投产至2000年的7年中累计亏损1004.7万元,导致企业停产关闭。从2000年起,通过招商引资,先后引进8户私营企业在山口、湘竹等地兴办熔炼石英厂,从业人员114人,生产350目以下的普通玻璃砂、精制玻璃砂、酸洗玻璃砂、高纯石英砂、熔融石英砂、硅微粉等产品,年产石英制品5000余吨,工业总产值108万元,利润总额35.62万元。

### 五、高岭土开采加工

修水主要分布广于桃里、黄坳、黄沙、何市、上奉、白岭、古市、路口、黄龙等地,除部分供本县陶瓷工业企业加工外,大部分做原料卖与外地。2008年,6家矿山企业开采,从业人员41人,开采量为8.4万吨,工业总产值53万元,利润总额5万元。

星子也有高岭土出产。

## 第六节　企业选介

### 一、石材企业

**星子县金鹿石材城**　位于星子秀峰港两岸、东牯山麓,2001年县投资建设,将原"中国石材城"石材企业迁入此城,由白鹿镇管理。城内有花岗石加工企业80家,主产石狮、石桌、石凳、石佛、十二生肖雕塑品及板材,从业人员2000余人,创总产值1.2亿元,利税800万元。较大民营企业有九江晨光石材有限公司、九江晨晖石材有限公司、江西石材有限公司、四星石材厂、文建石材厂、福星石材有限公司。

**星子县中国石材城**　位于星子秀峰大道中段公路两侧。1996年1月县政府兴建,由县石材总公司实施。2001年入驻石材企业110多家,员工2000余人。主要产品有花岗石荒料、建筑板材和传统花岗石工艺品石狮、石人、石佛、石桌、墓前灯等。2002年县政府决定搬迁至金鹿石材城,2004年迁完。

**星子县横塘青石工业区** 地处星子横塘镇，沿归宗—横塘和横塘—钱家墩公路两侧建青石加工工业区。乡政府投资400万元实行水、电、路“三通”,2002~2004年园区共占地50.67公顷,地面建筑21.5万平方米,入园企业328家,从业人员4800余人,固定资产4880万元。主要产品有各种规格板材、石碑、石刻、台球桌面、蘑菇石、屋面板等。工业总产值8128万元,增加值3752万元,创利税1360万元,纳税700万元。有6家民营企业获得出口自主权。其中千万元以上企业2家、年产值800万~999万元企业3家,其余产值均在800万元以下。

**星子县华林青石工业区** 在星子华林镇吉山村莲花庄。2002年，镇政府在原青石区扩建投资100万元,开展基础设施建设。占面积10.33公顷,主要生产多种青石制品及板材。2005年区内有青石开采加工企业73家,年开采青石量4420立方米,产值2880万元,创税利120万元,从业人员1600多人。重要企业有赣北板材厂、花桥青石厂、华林昌源天然石材厂等。

**都昌县苏山石材工业集中区** 位于都昌县苏山乡,占地77.87公顷。该乡辖区内分布着40平方千米中粒黑云母花岗石,储量达4.4亿立方米,国际贸易编号为“G1904”,是长江中下游地区最大石材储藏地。已开采矿山28个。至2010年,石材工业集中区入驻石材加工厂47家。新引进水泥空心砖厂、废渣处理加工厂各1家,彩瓦厂1家。工业年总产值达18000万元,年创税收322余万元,解决劳动力就业8200多人(其中本地4680人)。基本形成板材加工、工艺品精深加工、尾石再利用、废渣废料利用、机械设备维修和水陆两路运输等较为完善体系。人流、物流和信息流相对集中,已成为全省乃至长江中下游较大石材工业基地和交易市场。

**修水县石材企业** 至2008年,四都镇有西坑大理石企业1家,生产大理石板材;黄龙乡、古市镇各有花岗石企业1家,均生产饰面用花岗石板材;竹坪乡、征村乡共有5家青石板岩企业,从事饰面用青石板岩开采、加工。

**湖口县九景石材厂** 1996年创建,2000年实施产权转让改制,安置职工80人。

## 二、型砂企业

**九江鑫汇型砂实业公司** 位于湖口柘矶。主要产品为硅砂。原称湖口县型砂场。矿砂分为40/70目、50/100目、70/140目规格,耐火度达到1700℃,含硅量达92%~94%,质量优良,适应工业铸造、玻璃原料制瓶等,运输便利。畅销于浙江、上海、武汉、四川、北京、河南、河北等19个省市,年生产能力达30万吨。1992年公司实行改革,实行工资浮动加奖金制,同年实现利润33.8万元。1993年流泗砂矿并入公司,更名为县矽砂集团公司。2006年年产量达36万吨,工人年平均工资突破2万元。2007年规划工业园,由江西联达收购,改组为九江鑫汇型砂实业公司,固定资产20万元,产值600万元,上缴税金10万元,利润18万元。至2008年,总产值超过2000万元,上缴利税累计700万元,平均年产量15万~17万吨。

**永修县矽砂矿** 位于永修吴城镇。厂区占地1.5公顷，主要设备有干湿型砂擦洗工艺流程1套，6135发电机组1台套,30米皮带输送机2台,吊机、车库、钻床、刨床各1台,小型自卸运输车5辆。固定资产净值440万元。主要产品有干擦砂、湿型砂。年生产能力干擦沙4万吨、湿型砂10万吨。2000年有职工108人。因流动资金短缺而处于半停产状态。2006年企业改制后,转为股份制企业。2007年主营业务收入6.88亿元,2008年主营收入突破9亿元。

**都昌型砂厂** 位于都昌多宝乡,以老爷庙为起点东至多宝范垅,西至蒋公岭,旁湖由南往北横移三千米,矿区总面积为18平方千米。其开采面积为0.9平方千米。2000年经都昌县人民政府批准,将企业整体租赁给新世纪造型材料公司,租赁期8年。2008年续租20年。同年,经县人民政府批准企业改制,企业职工全部置换身份,解除劳动合同。改制时,有职工935人(在册职工642人;退休职工293人),固定资产账面反映原值1322.6万元,净值760.2万元。主要产品为铸造适用水洗砂,擦洗砂,树脂砂,年生产能力30万吨。

1991~2010 年都昌型砂厂主要经济指标一览

表 27-3-2　　单位:万元、万吨

| 年 份 | 产 值 | 产 量 | 销售额 | 税 收 |
|---|---|---|---|---|
| 1991~2000 | 12750 | 170.0 | 11350 | 1125 |
| 2001~2010 | 96500 | 52.1 | 8830 | 879 |

**星子县非金属矿产品公司**　1992 年型砂矿与中国铸造材料总公司合资,组建成星子铸造材料有限公司。2001 年,县决定非金属矿产公司进行“两个转换”改制,职工身份置换 77 人,提前退休 168 人,正式退休 34 人,处置固定资产 632.6 万元,流动资金 428.2 万元,土地 64.4 万元。

**湖口长宏精致硅砂有限公司**　主要对硅砂进行加工处理,年产硅砂 1000 吨。2010 年实现主营业务收入 1214 万元,上缴税金 55.9 万元,安排就业 82 人。

## 三、石英、长石、高岭土企业

**修水县石英制品厂**　1994 年竣工投产,建成采选、熔炼、加工一条龙生产线。从 1994 年投产至 2000 年的 7 年中累计亏损 1004.7 万元,导致企业停产关闭。

2000 年通过招商引资,先后引进 8 户私营企业在山口、湘竹等地兴办熔炼石英厂,从业人员 114 人,生产 350 目以下的普通玻璃砂、精制玻璃砂、酸洗玻璃砂、高纯石英砂、熔融石英砂、硅微粉等产品,年产石英制品 5000 余吨,工业总产值 108 万元,利润总额 35.62 万元。

**修水县黄龙长石矿、水源丁家山长石矿**　从业人员分别为 10 人、5 人,年生产能力分别为 0.6 万吨、0.5 万吨,年工业总产值分别为 40 万元、20 万元,利润总额分别为 20 万元、60 万元。

**修水县高岭土企业**　至 2008 年,有 6 家企业,从业人员 41 人,开采量为 8.4 万吨,工业总产值 53 万元,利润总额 5 万元。

**星子华林枭木山石英矿**　创办于 2000 年 11 月,民营,注册资金 150 万元。厂房占地 0.5 公顷,建筑面积 150 平方米。2005 年,开采石英石 550 吨,工业产值 110 万元,上缴利税 33 万元,其中纳税 11 万元,有固定资产总值 250 万元,其中生产设备 170 万元,员工 58 人。

## 四、石煤企业

**修水县江西仁天钒矿、下南岭钒矿、大椿钒矿**　都在开采石煤提炼钒。2007 年 8 月仁天矿业公司投资 1.2 亿元,落户溪口北岸,新建年产 1000 吨(V2O5)冶炼厂,2008 年 12 月投产。

**永修县梅棠钒矿**　该矿前身为县联营钒矿,位于梅棠镇阳岭山脚,后由梅棠镇与上海冶炼二厂联营,双方共投入股金 180 万元,有固定资产 250 万元。产品为 98%(V2O5)、98%高纯偏钒酸铵、粗品偏钒酸铵等 12 个品种。生产最好年份为 1996 年,生产产品 59 吨,创产值 480 万元,实现税金 68 万元,2000 年有职工 103 人,其中技术人员 8 人,年末创产值 380 万元,实现税金 32 万元。

2003 年 10 月,梅棠镇政府引湖北 1 企业家进行租赁承包,投资 300 万元,注册资金 54 万元。矿区占地 0.4 公顷,有职工 116 人。主要生产(V2O5),2000 年实现销售收入 1050 万元,实现利税 210 万元。该矿连年评为“全县民营企业纳税大户”“市级百强企业”和“市级诚信企业”。

**彭泽县马桥上横山铁钒多金属矿**　2010 年,已完成 1 个块段详查,钒金属量达 6 万吨左右,矿山采、选工艺设计及前期基建已完成。

**彭泽县天红李家山钒矿**　由江西裕同实业有限公司投资建设,地质详查预计提交钒金属量达 10 万吨。该公司已着手矿山前期建设工作。

# 第二十八篇

# 工业管理与园区建设

# 第二十八篇 工业管理与园区建设

1991年以来，九江工业跨越“八五”至“十一五”共20年建设发展期，历经由计划经济全面转向市场经济继而进入经济全球一体化的重大变革；历经工业企业从经营机制到产权全面改革深化过程。在建设有中国特色社会主义理论指导下，优化工业所有制结构，发展“三资”等其他经济类型工业企业；调整轻重工业结构，培植和发展有优势的拳头产品，实施名牌推进工程，做好中小企业管理；坚持工业强市战略，工业经济保持健康快速发展。

1993年，工业总产值首次突破100亿元(现价，下同)，1995年突破200亿元，2003年突破300亿元，2006年突破500亿元，2008年突破1000亿元，2010年突破1500亿元，达1722.91亿元，是1990年的31.1倍。规模以上工业增加值2003年首次突破50亿元，2006年突破100亿元，2008年突破200亿元，2010年突破300亿元，达360.61亿元。规模以上工业主营业务收入2005年首次突破300亿元，2007年突破500亿元，2009年突破1000亿元，2010年突破1500亿元，达1549.37亿元。规模以上工业利税总额2003年首次突破10亿元，2005年突破20亿元，2007年突破50亿元，2009年突破100亿元，2010年突破150亿元，达163.85亿元，是1990年全市独立核算企业利税总额的48.15倍。

20年来，非公有制工业等多种经济成分的比重快速上升，2010年，九江非公规模以上企业完成增加值244.95亿元，占全部规模工业增加值67.9%，成为九江工业经济的主导力量。工业化进程全面提速，工业化率大幅提升，在九江历年生产总值构成中，工业比重1991年为30.2%，2010年46.4%，比1990年增加17.1个百分点。

20年来，相继建成工业园区14个，其中国家级开发区1个，省级工业园区11个，形成1个国家级产业基地及7个省级产业基地。基本形成以沿江临港产业为先导，以现代制造业为基础，突出区域优势的新型工业体系。加速形成企业集中布局、产业集聚发展的工业格局。

# 第一章　工业结构

## 第一节　所有制结构

### 一、全民所有制

“八五”期间，全民所有制工业占主导地位，1991年，全市全民所有制企业524家，占全市工业企业总数26%，乡以上全民工业企业实现工业总产值48.27亿元(现价，下同)，占全市乡以上工业总产值83.46%。1992年，全市共有大中型企业47个，除江西塑料制品厂是集体企业外，其余全部为全民所有制企业。1995年，全市全民所有制企业739个，比1990年增205个，占全市工业企业总数28.3%，乡以上全民所有制工业企业实现工业总产值93.29亿元，占全市乡以上工业总产值78.12%，比1990年下降6.27个百分点。

“九五”期间，各类经济结构发生较大变化，全民所有制工业企业数逐步减少，但其主导地位稳定，1996年，全市全民所有制工业企业694家，占全市工业企业总数28.96%，比1995年减少45家，乡以上全民所有制工业企业实现工业总产值99.87亿元，占全市乡以上工业总产值78.87%。2000年，全市独立核算全民所有制工业企业386家，比1995年减少192家，占全市独立核算工业企业总数25.11%，实现工业总产值124.84亿元，占全市独立核算工业总产值80.26%。全市独立核算国有控股工业企业466家，实现工业总产值136.99亿元，占全市独立核算工业总产值88.07%。“九五”末，已形成以公有制企业为主体、大中型工业企业为骨干、乡镇企业、三资企业迅速发展新格局。

“十五”期间，加大招商引资、企业深化改革和主攻民营经济力度，全市企业所有制结构进一步发生变化，国有资本逐步退出国有工业企业，2001年，全市规模以上国有工业企业337家，比2000年减少49家，实现工业总产值105.21亿元，占全市规模以上工业总产值77.47%；全市独立核算国有控股工业企业355家，比2000年减少111家，实现工业总产值117.43亿元，占全市独立核算工业总产值86.47%。2005年，全市规模以上国有工业企业102家，比2000年减少284家，实现工业增加值17.80亿元，占全市规模以上工业增加值19%；全市规模以上国有控股企业124家，实现工业增加值44.25亿元，占全市规模以上工业增加值47.26%。

“十一五”期间，国有企业改制进一步深化，国有工业企业比重进一步下降，2006年，全市规模以上国有工业企业82家，比2005年减少20家，实现工业增加值19.02亿元，占全市规模以上工业增加值13.97%，比2005年下降5.03个百分点；全市规模以上国有控股企业131家，比2005年增加7家，实现工业增加值60.41亿元，占全市规模以上工业增加值44.56%。2010年，全市规模以上国有工业企业46家，比2005年减少56家，实现工业增加值24.71亿元，占全市规模以上工业增加值6.85%，比2005年下降12.15个百分点；全市规模以上国有控股企业78家，比2005年减少46家，实现工业增加值109.78亿元，占全市规模以上工业增加值30.44%。比2005年下降16.82个百分点。

### 二、集体所有制

“八五”期间，集体所有制工业企业数量多，所占比重大，1991年，全市集体所有制工业企业1484家，比1990年减少6家，占全市工业企业总数73.83%，乡以上集体所有制工业实现工业总产值9.54亿元，占全市乡以上工业企业总产值16.5%。1995年，全市集体所有制工业企业1707家，比1990年增加217家，占全市工业企业总数65.3%，乡以上集体所有制工业实现工业总产值17.41亿元，占全市乡以上工业总产值14.58%。

“九五”期间，集体所有制工业企业数减少，集体所有制工业总产值比重有较大幅度下降，1996年，全市集体工业所有制企业1365家，占全市工业企业总数56.97%，乡以上工业实现工业总产值18.67亿元，占全市乡以上工业企业总产值14.75%。2000年，全市独立核算集体所有制工业企业832个，比1995年减少700个，占全市独立核算工业企业总数54.13%，实现工业总产值10.8亿元，占全市独立核算工业6.94%。

"十五"期间，集体所有制规模以上工业企业数量逐步减少，2001年，全市规模以上集体所有制工业企业15家，比2000年减少5家，占全市规模以上工业企业总数3.46%，实现工业总产值2.73亿元，占全市规模以上工业总产值2%。2005年，全市规模以上集体所有制工业企业10家，比2000年减少10家，占全市规模以上工业企业总数2%，实现工业总产值3.98亿元，占全市规模以上工业总产值1.1%。

"十一五"期间，集体所有制规模以上工业企业数量保持平稳，占全市规模以上工业总产值比重进一步下降，2006年，全市规模以上集体所有制工业企业12家，比2005年增加2家，占全市规模以上工业企业总数2.07%，实现工业总产值9.1亿元，占全市规模以上工业总产值1.86%。2010年，全市规模以上集体所有制工业企业12家，占全市规模以上工业企业总数1.32%，实现工业总产值7.92亿元，占全市规模以上工业总产值0.07%。

## 三、其他经济类型

"八五"期间，"三资"等其他经济类型工业企业呈现出蓬勃发展状态，1991年，全市其他经济类型工业企业2家，比1990年增1家，实现工业总产值279万元，占全市乡以上工业企业总产值0.05%，1995年，全市其他经济类型工业168家，比1990年增加167家，乡以上其他经济类型工业企业实现工业总产值8.70亿元，占全市乡以上工业企业总产值7.28%。

"九五"期间，其他经济类型工业企业数迅速上升，1996年，全市其他经济类型工业企业337家，比1995年增加169家，乡以上其他经济类型工业企业实现工业总产值8.08亿元，占全市乡以上工业企业总产值6.38%。2000年，全市其他经济类型独立核算工业企业319家，比1995年增加155家，实现工业总产值19.91亿元，占全市独立核算工业总产值12.8%，比1995年增加5.52个百分点。

"十五"期间，非公有制经济发展迅速，成为工业增长最具活力的亮点，形成以民营、股份制、混合工业经济为主导的所有制结构，2001年，全市规模以上其他经济类型工业企业82家，比2000年增加32家，实现工业总产值27.87亿元，占全市规模以工业企业总产值20.52%。2005年，全市规模以上其他类型企业383个，比2000年增加333个，增加7.66倍，占全市规模以上企业总数的77.33%。实现工业增加值74.38亿元，占全市规模以上工业增加值79.44%。

"十一五"期间，非公有制经济发展进一步提速，工业呈现多种经济成分竞相发展格局。2006年，全市规模以上其他经济类型工业企业484家，比2005年增加101家，实现工业增加值114.25亿元，占全市规模以上工业增加值83.94%。比2005年上升4.5个百分点。2010年，全市规模以上其他经济类型工业企业846家，比2005年增加463家，占全市规模以上工业企业总数93.58%，实现工业增加值334.30亿元，占全市规模以上工业增加值92.7%。比2005年上升15.37个百分点。

### 1991~2000年全市多种所有制工业企业构成一览

表28-1-1　　单位：个

| 年 份 | 工业企业单位数 | | | |
|---|---|---|---|---|
| | 总 数 | 国 有 | 集 体 | 其 他 |
| 1991 | 2010 | 524 | 1484 | 2 |
| 1992 | 1923 | 499 | 1420 | 4 |
| 1993 | 1848 | 501 | 1318 | 29 |
| 1994 | 1832 | 498 | 1292 | 42 |
| 1995 | 2614 | 739 | 1707 | 168 |

续表 28-1-1

| 年 份 | 工业企业单位数 | | | |
|---|---|---|---|---|
| | 总 数 | 国 有 | 集 体 | 其 他 |
| 1996 | 2396 | 694 | 1365 | 337 |
| 1997 | 2149 | 512 | 1459 | 178 |
| 1998 | 1816 | 418 | 1125 | 273 |
| 1999 | 1554 | 396 | 876 | 282 |
| 2000 | 1537 | 386 | 832 | 319 |

2001~2010 年市多种所有制规模以上工业企业构成一览

表 28-1-2　　单位：个

| 年 份 | 规模以上工业企业单位数 | | | |
|---|---|---|---|---|
| | 总 数 | 国 有 | 集 体 | 其 他 |
| 2001 | 434 | 337 | 15 | 82 |
| 2002 | 453 | 309 | 18 | 126 |
| 2003 | 379 | 168 | 15 | 196 |
| 2004 | 555 | 254 | 14 | 287 |
| 2005 | 495 | 102 | 10 | 383 |
| 2006 | 578 | 82 | 12 | 484 |
| 2007 | 607 | 52 | 8 | 547 |
| 2008 | 641 | 49 | 11 | 581 |
| 2009 | 757 | 50 | 10 | 697 |
| 2010 | 904 | 46 | 12 | 846 |

## 第二节　轻重工业结构

### 一、轻工业

“八五”期间，改革开放给市轻工业注入新的生机和活力，纺织和食品行业发展较快，成为全市支柱产业，共青羽绒服、修水宁红茶、湖口糟鱼在省内外较有名气，轻工业略高于重工业，1994 年，完成工业总产值 77.24 亿元，占全市工业总产值 51.4%。

“九五”期间，九江轻工业主导行业纺织、服装、羽绒业在竞争中充满生机和活力，食品、饮料行业增长较大，2000 年，全市轻工业企业 711 户，全部从业人员 7.41 万人。完成工业总产值 51.94 亿元，占全市工业总产值的 37.78%。

“十五” 期间，轻工业稳步发展，占全市工业总量比重下降，2001 年全市规模以上轻工业企业 223 户，从业人员 5.19 万人，完成工业总产值 35.65 亿元，占全市规模以上工业总产值 26.3%，2005 年，全市规模以上轻工业企业 236 户，从业人员 6.43 万人，完成工业总产值 95.77 亿元，占全市规模以上工业总产值 27%。

“十一五”期间，轻工业稳步增长，2006 年，全市规模以上轻工业企业 254 户，从业人员 6.32 万人，完成工业总产值 120.39 亿元，占全市规模以上工业总产值 24.6%，2010 年，全市规模以上轻工业企业 441 户，从业人员 13.16 万人，规模以上工业企业总产值 517.74 亿元，占全市规模以上工业总产值 34.57%。

## 二、重工业

“八五”期间，重工业中钢材、发电量、原油加工量、煤、水泥等一些关系国计民生的产品总量不断迈上新台阶，1994年，全市有重工业企业888户，完成工业总产值72.91亿元，占全市工业总产值48.6%。1995年开始，由于石化、电力、化工、建材行业发展速度加快带动重工业发展，九江轻重工业结构发生历史性变化，从“轻工业领头”发展逐步转向“重工业领头”发展趋势，重工业比重首次高于轻工业，全市轻重工业结构比重为47.1:52。

“九五”期间，重工业主导产品则进一步加快发展，重工业比重逐年上升，2000年，全市重工业企业826户，从业人员9.47万人，完成工业总产值101.83亿元，全市轻重工业结构比重为37.78:62.22。

“十五”期间，重工业快速增长，随着亚东水泥、巨石集团、星火化工等一批重点企业顺利投产和成功改制，形成新的生产力，成为带动重工业发展新的增长点，推动九江进入以重化工业为主导的经济增长期。2005年全，市规模以上重工业企业259户，完成工业总产值259.37亿元，实现工业增加值62.13亿元，占全市规模以上工业增加值66.4%；实现主营业务收入254.71亿元，占全市规模以上工业主营业务收入75.32%；实现利税22.39亿元(其中税金14.85亿元)，占全市规模以上工业利税总额92.59%，是全市税收主要来源。全市轻重工业结构比重为27:73。

“十一五”时期，随着萍钢重组九钢以及其他重化企业扩产，促进九江工业呈现新一轮重工业化发展趋势，以石油化工、钢铁、建材等行业为代表的重化工业，为促进工业经济保持快速发展做出贡献，2006年，全市规模以上重工业企业324户，从业人员7.02万人，完成工业总产值368.82亿元，占全市规模以上重工业总产值75.4%。2010年，全市规模以上重工业企业463户，从业人员11.80万人，完成工业总产值980亿元，实现工业增加值238.07亿元，占全市规模以上工业增加值66.02%；实现主营业务收入1031.48亿元，占全市规模以上工业主营业务收入66.57%；实现利税113.5亿元，占全市规模以上工业利税总额69.27%。全市轻重工业结构比重为34.57:65.43，重工业比重比1990年上升16.33百分点。

**1991~2010年市轻重工业结构一览**

表28-1-3　　单位：亿元、个

| 年份 | 轻工业产值 | 重工业产值 | 比重% | |
|---|---|---|---|---|
| | | | 轻工业 | 重工业 |
| 1991 | 31.09 | 30.00 | 50.90 | 49.10 |
| 1992 | 38.60 | 37.40 | 50.80 | 49.20 |
| 1993 | 52.90 | 54.00 | 49.50 | 50.90 |
| 1994 | 77.24 | 72.91 | 51.40 | 48.60 |
| 1995 | 47.31 | 53.13 | 47.10 | 52.90 |
| 1996 | 46.70 | 57.60 | 44.80 | 55.20 |
| 1997 | 55.07 | 61.61 | 47.20 | 52.80 |
| 1998 | 50.13 | 64.83 | 43.60 | 56.40 |
| 1999 | 50.85 | 81.48 | 38.40 | 61.60 |
| 2000 | 51.94 | 101.83 | 37.78 | 62.22 |
| 2001 | 35.65 | 100.16 | 26.30 | 73.70 |
| 2002 | 36.47 | 106.87 | 25.40 | 74.60 |
| 2003 | 43.10 | 144.75 | 22.90 | 77.10 |
| 2004 | 75.93 | 201.29 | 27.39 | 72.61 |
| 2005 | 95.77 | 259.37 | 27.00 | 73.00 |

续表 28-1-3

| 年 份 | 轻工业产值 | 重工业产值 | 比 重% | |
|---|---|---|---|---|
| | | | 轻工业 | 重工业 |
| 2006 | 120.39 | 368.82 | 24.60 | 75.40 |
| 2007 | 189.31 | 463.10 | 29.02 | 70.98 |
| 2008 | 235.65 | 619.67 | 27.60 | 72.40 |
| 2009 | 317.98 | 735.87 | 30.17 | 69.83 |
| 2010 | 517.74 | 980.00 | 34.57 | 65.43 |

说明:1.2000 年以前是全部工业企业总产值，按 1990 年不变价计算;2.1995 年工业总产值按工业普查原规定计算，1996 年以后按第三次工业普查新规定计算;3.从 2001~2010 年是规模以上工业企业总产值,按现价计算

## 第三节 行(产)业结构

“八五”期间,全市已建成工业门类比较齐全的工业体系,共分布在 36 个子行业中,有 10 个行业具有较大规模,为市工业主要行业,即以九江炼油厂为主的石油加工业;以九江发电厂为主的电力供应业;以九棉一厂、二厂为主的纺织业;以共青羽绒厂加工为主的服装缝纫业;以九江化工厂、星火化工厂为主的化学工业;以江西武山铜矿为主的有色金属矿采选业;以九江建筑材料厂、庐山水泥厂为主的建材业;以人民机械厂、江西制氧机厂为主的机械行业;以江州造船厂、江新造船厂为主的交通运输设备制造业;以九江油脂化学厂、修水宁红集团公司为主的食品饮料业。随着工业的快速发展,产业集中度不断提高,石油化工、纺织服装、机械电子、冶金建材等支柱行业不断壮大,在工业总产值中所占比重达 80%以上。

“九五”期间,执行国家产业政策,大力调整经济结构,淘汰落后产能,壮大支柱产业,按照国家经贸委第 6、14、16 号令,针对部分传统行业出现结构性过剩问题,采取控制总量、限产压库措施,依法关闭部分质量低劣、浪费资源、污染严重、不具备安全生产条件“五小”企业 253 户,完成纺织行业压锭任务。这一时期,石化、纺织、建材、机械四大支柱行业在工业经济中比重逐年提高,1999 年,占全市工业总产值比重提高到 85%。

“十五”期间,全市工业优势产业不断强化,一批重点企业落户九江,一批技改扩产项目竣工投产,全市形成石油化工、纺织服装、冶金建材、汽车制造、电子电力、食品加工六大支柱行业。2003 年,六大行业完成工业增加值 40.96 亿元,增长 24.70%,其中,建材行业实现工业增加值 4.06 亿元,增长 74.59%。2004 年,六大行业完成工业增加值 66.31 亿元,占全市规模以上工业增加值 90.7%,增长 38.9%。2005 年石油化工、纺织服装、机械电子、冶金建材、电力能源、食品加工六大支柱产业共完成工业增加值 87.55 亿元,占全市规模以上工业增加值 93.51%。其中:冶金建材行业完成增加值 22.63 亿元,排位第一;纺织服装行业完成增加值 21.79 亿元,排位第二;石油化工行业完成增加值 17.97 亿元,排位第三,石油化工一家独大局面开始改变,出现多种产业竞相发展格局。产业集群发展加快,石油、化工、建材、纺织成为全省最大产业集群。

“十一五”期间,全市支柱产业呈交替冲刺发展态势,形成一批新的经济增长点。萍钢重组九钢后发展加速;昌河九江分公司汽车批量生产;水泥业产能迅猛扩张;船舶制造业异军突起,一跃成为市工业支柱产业。2006 年,全市石油化工、冶金建材、纺织服装和以汽车制造、船舶及浮动装置制造等五大支柱产业蓬勃发展,全年完成工业增加值 100.58 亿元,占全市规模以上工业增加值 73.9%。在五大支柱产业中,冶金建材产业完成工业增加值 38.51 亿元,成为比重最大的产业;纺织服装产业完成增加值 26.96 亿元,排第二大产业;石油化工产业完成工业增加值 24.16 亿元,排第三大产业;石油化工一枝独秀的产业结构明显改善,出现汽车、船舶、有色金属冶炼、建材等多种产业齐发展良好局面。到 2008 年,形成石油化

工、冶金建材、电力能源、纺织服装和交通运输设备制造业五大支柱产业快速发展新格局,五大支柱产业完成工业增加值175.86亿元,占全市规模以上工业增加值7.11%;全市炼钢能力由100万吨提升到250万吨;全市船舶制造业迅速发展,年设计制造能力由2007年的38万载重吨增至96万载重吨,船舶工业总产值与主营业务收入都比上年增长1倍以上。2010年,石油化工、冶金建材、纺织服装、电力能源、交通运输设备制造业五大支柱产业全年完成工业增加值268.74亿元, 占全市规模以上工业增加值74.52%,实现主营业务收入1181.3亿元,占全市规模以上工业比重为76.24%,实现利税总额为125.50亿元,占全市规模工业利税总额76.6%。在五大支柱产业中,工业增加值前三位是石油化工、冶金建材、纺织服装业,分别为91.25亿元、81.28亿元、59.14亿元,主营业务收入前三位是冶金建材、石油化工、纺织服装业,分别为411.45亿元、347.72亿元、257.24亿元。利税总额前三位是石油化工、冶金建材、纺织服装业,分别为50.35亿元、44.82亿元、24.97亿元。

这一时期,产业集聚步伐加快,全市培育六大产业群,即:以九江石化、蓝星星火为代表的石油化工产业群;以修水白钨、武山铜矿、亚东水泥、九江钢厂为代表的冶金建材工业产业群;以江西华孚、九江海扬、凤竹纺织、共青鸭鸭为代表的纺织服装工业产业群;以九江发电厂、柘林水电公司为代表电力能源产业群;以昌河铃木为代表的汽车工业产业群;以九江银星、江州联合为代表的船舶制造工业产业群。形成以共青经济开发区的全国羽绒服装产业基地,以瑞昌、湖口、彭泽为主的省船舶制造业示范基地;庐山区的省玻纤产业基地和省化纤纺织产业基地; 武宁的省节能灯具产业基地; 永修的省有机硅材料产业基地;湖口的省新型钢铁产业基地;九江经济技术开发区的省光伏产业基地。同时,抓住发展机遇,培植一批新兴产业,引进以航空航天、风力发电、光伏、绿色照明、新型节能系统为主的新能源产业,改造提升有机硅、玻纤、汽车、船舶、电子信息产业等新兴产业,形成旭阳雷迪、蓝星星火有机硅、巨石玻纤、江州造船、佳能数码、赛龙手机等一批新兴产业龙头企业。新能源、航空航天、汽车等新兴产业从无到有,以新兴产业为主的高新技术快速发展,有力地促进产业结构调整,2010年,全市高新技术产业增加值达57.48亿元,占全市规模以上工业增加值15.94%。

**2010年市规模以上工业企业分行业主要经济指标一览**

表28-1-4　　单位:个、万元

| 指 标 | 企业单位数 | 工业总产值 | 工业增加值 | 主营业务收入 | 利税总额 |
|---|---|---|---|---|---|
| 总 计 | 904 | 14977463 | 3606100 | 15493652 | 1638450 |
| 煤炭开采和洗选业 | 10 | 45831 | 16900 | 45796 | 1150 |
| 黑色金属矿采选业 | 1 | 8065 | 1841 | 8065 | 530 |
| 有色金属矿采选业 | 17 | 317494 | 91121 | 332002 | 81345 |
| 非金属矿采选业 | 23 | 249763 | 60157 | 250590 | 29482 |
| 农副食品加工业 | 45 | 398375 | 81943 | 416936 | 27797 |
| 食品制造业 | 13 | 234156 | 51710 | 237953 | 33896 |
| 饮料制造业 | 12 | 122835 | 38852 | 124197 | 14149 |
| 纺织业 | 100 | 1201345 | 237709 | 1224733 | 133535 |
| 纺织服装、鞋、帽制造业 | 103 | 1199886 | 255104 | 1168231 | 88621 |
| 皮革.毛皮.羽毛(绒)及其制品业 | 9 | 51402 | 14628 | 54963 | 5313 |
| 木材加工及木、竹、藤、棕、草制品业 | 17 | 130762 | 32826 | 132428 | 18195 |
| 家具制造业 | 17 | 112372 | 25008 | 118019 | 12366 |
| 造纸及纸制品业 | 20 | 188268 | 51462 | 188048 | 17976 |
| 印刷业.记录媒介的复制 | 7 | 57860 | 21019 | 61910 | 6980 |

续表 28-1-4

| 指 标 | 企业单位数 | 工业总产值 | 工业增加值 | 主营业务收入 | 利税总额 |
|---|---|---|---|---|---|
| 文教体育用品制造业 | 4 | 134213 | 38491 | 124849 | 8531 |
| 石油加工、炼焦及核燃料加工业 | 6 | 2432484 | 583414 | 2450901 | 389896 |
| 化学原料及化学制品制造业 | 76 | 1058576 | 243532 | 1026246 | 113596 |
| 医药制造业 | 26 | 264779 | 76757 | 272876 | 22820 |
| 化学纤维制造业 | 5 | 326818 | 40381 | 304478 | 22229 |
| 橡胶制品业 | 2 | 25062 | 6015 | 23694 | 1447 |
| 塑料制品业 | 18 | 161720 | 38846 | 167163 | 19922 |
| 非金属矿物制品业 | 99 | 1110510 | 257132 | 1149710 | 144211 |
| 黑色金属冶炼及压延加工业 | 10 | 1285593 | 242050 | 1716448 | 109613 |
| 有色金属冶炼及压延加工业 | 31 | 352589 | 40521 | 393004 | 48706 |
| 金属制品业 | 23 | 270957 | 63110 | 264667 | 34275 |
| 通用设备制造业 | 37 | 408483 | 97688 | 412054 | 33266 |
| 专用设备制造业 | 14 | 124198 | 28095 | 121886 | 12161 |
| 交通运输设备制造业 | 37 | 996334 | 221589 | 971258 | 47562 |
| 电气机械及器材制造业 | 41 | 593628 | 164504 | 584733 | 78996 |
| 通信设备、计算机及其他电子设备制造业 | 14 | 225404 | 48426 | 223982 | 25586 |
| 仪器仪表及文化.办公用机械制造业 | 13 | 156934 | 41632 | 160398 | 17344 |
| 工艺品及其他制造业 | 19 | 192894 | 54510 | 198904 | 28277 |
| 废气资源和废旧材料回收加工业 | 4 | 54937 | 12997 | 68620 | 6962 |
| 电力、热力的生产和供应业 | 20 | 449658 | 136698 | 451982 | 5005 |
| 燃气生产和供应业 | 2 | 6968 | 2982 | 10810 | 1107 |
| 水的生产和供应业 | 9 | 26312 | 11014 | 31117 | -4368 |

## 第四节　产品结构

### 一、主导产品

“八五”期间，培植和发展特种压力容器、羽绒服装、瓷质砖、宁红茶、冷藏集装箱等一批比较有优势的拳头产品，主要产品产量增长较快。1995 年，纱 3.44 万吨，比 1990 增长 30.8%，发电量 43.23 亿千瓦小时，比 1990 年增长 71.8%；原油加工量 230.56 万吨，比 1990 年增长 48.7%；化学浆粕 1.4 万吨，比 1990 年增长 1 倍；水泥 97.13 万吨，比 1990 年增长 99.6%；饮料酒 10.96 万吨，比 1990 年增长 1.49 倍。

“九五”期间，优势产品比重上升，原油加工量、化纤、聚丙烯、水泥、烧碱等主要工业产品产量迅速增长。2000 年，原油加工量 327.4 万吨，比 1995 年增长 42%，化学浆粕 1.82 万吨，比 1995 年增长 30.4%；水泥 154.5 万吨，比 1995 年增长 59.1%；烧碱 6.74 万吨，比 1995 年增长 67.1%。

“十五”期间，伴随着产品结构优化，形成有机硅、水泥、化纤、玻纤、纺织、汽车等一批有市场竞争力的拳头产品。烧碱、原油加工、饮料酒等主要产品稳定增长，纱、发电量、水泥大幅增长。2005 年，纱 9.28 万吨，比 2000 年增长 1.07 倍，发电量 83.25 亿千瓦小时，比 2000 年增长 1.17 倍；水泥 618.16 万吨，比 2000 年增长 3 倍。

"十一五"期间，在壮大支柱产品的同时，培植钢铁、造船、光伏、瓷质砖、佳能数码、赛龙手机等一批新兴拳头产品，船舶、汽车、水泥、服装等主导产品大幅增长。2010 年与 2005 年比较，原煤增长 5.49 倍、原油加工增长 28.3%；水泥增长 25.7%；汽车增长 37.1 倍，民用钢质船舶增长 1.8 倍；纱增长 4.1 倍，布增长 7.9 倍；服装增长 2.4 倍，其中羽绒服 3.2 倍；化学纤维增长 71.3%。

1991~2010 年市工业主要产品产量一览

表 28-1-5　　　　单位：万吨、亿千瓦小时

| 年 份 | 纱 | 发 电 | 原油加工 | 烧 碱 | 原 煤 | 水 泥 |
|---|---|---|---|---|---|---|
| 1991 | 2.82 | 28.06 | 180.98 | 2.64 | 27.79 | 55.55 |
| 1992 | 3.10 | 34.32 | 208.82 | 2.87 | 29.83 | 67.34 |
| 1993 | 3.15 | 41.32 | 230.52 | 3.21 | 49.76 | 76.66 |
| 1994 | 3.50 | 42.99 | 202.32 | 3.75 | 41.03 | 84.40 |
| 1995 | 3.44 | 43.23 | 230.56 | 4.03 | 41.43 | 97.13 |
| 1996 | 3.55 | 42.44 | 234.37 | 3.59 | 36.13 | 103.54 |
| 1997 | 4.16 | 38.17 | 246.52 | 4.00 | 40.28 | 107.23 |
| 1998 | 4.28 | 40.46 | 248.29 | 5.16 | 25.68 | 100.69 |
| 1999 | 4.00 | 40.35 | 280.33 | 5.51 | 22.12 | 133.13 |
| 2000 | 4.47 | 38.36 | 327.40 | 6.74 | 15.12 | 154.50 |
| 2001 | 3.38 | 35.20 | 297.00 | 7.21 | 15.52 | 258.80 |
| 2002 | 4.86 | 40.70 | 296.80 | 7.27 | 14.52 | 281.42 |
| 2003 | 6.42 | 74.42 | 311.90 | 8.89 | 13.10 | 470.23 |
| 2004 | 7.83 | 81.34 | 361.10 | 10.03 | 12.98 | 525.28 |
| 2005 | 9.28 | 83.25 | 364.88 | 10.90 | 13.60 | 618.16 |
| 2006 | 12.31 | 86.90 | 415.49 | 12.76 | 60.63 | 722.52 |
| 2007 | 19.16 | 79.49 | 394.26 | 15.08 | 80.03 | 769.00 |
| 2008 | 24.97 | 69.21 | 409.16 | 15.12 | 76.89 | 764.20 |
| 2009 | 35.00 | 74.73 | 450.07 | 11.90 | 59.66 | 858.39 |
| 2010 | 47.47 | 75.26 | 468.43 | 8.85 | 88.20 | 777.20 |

## 二、名牌产品

"八五"期间，创名优产品取得成效。1995 年，"鸭鸭牌羽绒制品""宁红牌宁红保健茶""白鹿牌粘胶纤维"分别获省名牌产品。

"九五"期间，实施名牌战略，制订《九江市"九五"期间创名牌产品培植计划》，重点培育"康顺牌高温耐热陶瓷煲""庐山牌无铅车用汽油""石松牌玻纤产品""琥珀牌电解铜箔"等一批省名牌产品。1999 年 12 月，"鸭鸭"羽绒服获国家"驰名商标"。

1995~1999 年市工业产品获省名牌产品一览

表 28-1-6

| 产品名称 | 商 标 | 生产企业 | 评定年份 |
|---|---|---|---|
| 羽绒制品 | 鸭鸭 | 江西共青羽绒厂 | 1995 |
| 粘胶纤维 | 白鹿 | 九江化学纤维厂 | 1995 |
| 宁红保健茶 | 宁红 | 江西修水宁红集团公司 | 1995 |

续表 28-1-6

| 产品名称 | 商 标 | 生产企业 | 评定年份 |
|---|---|---|---|
| 高耐热陶瓷煲 | 康顺 | 江西修水康顺高耐热陶瓷集团公司 | 1996 |
| 无铅车用汽油 | 庐山 | 中国石化九江石油化工总厂 | 1996 |
| 玻纤产品 | 石松 | 九江玻璃纤维厂 | 1997 |
| 电解铜箔 | 琥珀 | 九江电子材料厂 | 1999 |

“十五”期间，市实施名牌推进工程，成立名牌战略推进委员会，坚持以名牌产品为龙头，促进产业结构调整。2002 年 9 月，江西共青鸭鸭集团有限公司“鸭鸭”牌羽绒服评为中国名牌产品，实现九江“中国名牌”零的突破。2005 年，武宁县明星锑业有限公司“鑫仁”牌锑锭、江西永胜铝型材有限公司“新泳”牌铝合金型材、江西回圆服饰有限公司“回园”牌羽绒服被评为省名牌产品。

“十一五”期间，市品牌、名牌培育取得明显成效，全市获中国名牌产品 2 个，获省名牌产品企业 17 个；有 22 家企业产品评为省著名商标，其中“美庐”奶粉等产品连续被评为省著名商标。

2006 年，蓝星化工江西星火有机硅厂“蓝星”牌有机硅环体被评为中国名牌产品。中国石油化工股份有限公司九江分公司“江海”牌车用无铅汽油、轻柴油、石油液化气、江西三环水泥有限公司“三环”牌水泥、江西亚东水泥有限公司“洋房”牌水泥、江西深傲服装有限公司“深傲”牌羽绒服、江西大嘴鸭服装有限公司“大嘴鸭”牌羽绒服、江西美庐乳业有限公司“美庐”牌奶粉被评为省名牌产品。

2007 年，江西绿冬丝科实业有限责任公司“绿冬”牌蚕丝被评为中国名牌产品。江西航海仪器厂“火神”牌工业燃油燃气燃烧器、中国石油化工股份有限公司九江分公司“江海”牌尿素、聚丙烯、江西驰耐得轮胎有限公司“弗亚得”牌轮胎、江西开成纸业有限公司“绮玉”牌高档生活用纸、江西省修水神茶实业有限公司“梅山”牌神茶系列产品、九江啤酒有限责任公司“烟水亭”牌啤酒、江西仙客来生物科技有限公司“仙客来”牌食用菌被评为省名牌产品。

2008 年，奥盛(九江)钢线钢缆有限公司“OSSEN”牌高性能预应力钢丝、华林特钢集团有限公司“华林特”牌模具钢、江西朝阳机械厂“CYMP”牌防火门、江西共青鸭鸭(集团)有限公司“鸭鸭”牌羽绒被、内衣被评为省名牌产品。

2009 年，全市有 13 家企业评上省著名商标。

2010 年，全市有 9 家企业评上省著名商标。

## 2002~2007 年市获中国名牌产品企业一览

表 28-1-7

| 企业名称 | 商 标 | 产品名称 | 评定年份 |
|---|---|---|---|
| 江西共青鸭鸭(集团)有限公司 | 鸭鸭 | 羽绒服 | 2002 |
| 蓝星化工江西星火有机硅厂 | 蓝星 | 有机硅环体 | 2006 |
| 江西省绿冬丝科实业有限责任公 | 绿冬 | 蚕丝被 | 2007 |

## 2005~2008 年市获省名牌产品企业一览

表 28-1-8

| 企业名称 | 商 标 | 产品名称 | 评定年份 | 行 业 |
|---|---|---|---|---|
| 武宁县明星锑业有限公司 | 鑫 仁 | 锑锭 | 2005 | 有色 |
| 江西永胜铝型材有限公司 | 新 泳 | 铝合金型材 | 2005 | 建材 |
| 江西三环水泥有限公司 | 三 环 | 水泥 | 2006 | |
| 江西亚东水泥有限公司 | 洋 房 | | 2006 | |

续表 28-1-8

| 企业名称 | 商 标 | 产品名称 | 评定年份 | 行 业 |
|---|---|---|---|---|
| 奥盛(九江)钢线钢缆有限公司 | OSSEN | 高性能预应力钢丝 | 2008 | 建材 |
| 华林特钢集团有限公司 | 华林特 | 模具钢 | 2008 | |
| 江西回圆服饰有限公司 | 回 圆 | 羽绒服 | 2005 | 纺织 |
| 江西大嘴鸭服装有限公司 | 大嘴鸭 | | 2006 | |
| 江西深傲服装有限公司 | 深 傲 | | 2006 | |
| 市雪林制衣有限公司 | 雪 林 | | 2007 | |
| 江西共青鸭鸭(集团)有限公司 | 鸭 鸭 | 羽绒被、内衣 | 2008 | |
| 中国石油化工股份有限公司九江分公司 | 江 海 | 车用无铅汽油、轻柴油、石油液化气 | 2006 | 石化 |
| 中国石油化工股份有限公司九江分公司 | 江 海 | 尿素、聚丙烯(复评) | 2007 | |
| 江西驰耐得轮胎有限公司 | 弗亚得 | 轮胎 | 2007 | |
| 江西美庐乳业有限公司 | 美 庐 | 奶粉 | 2006 | 食品 |
| 九江啤酒有限责任公司 | 烟水亭 | 啤酒 | 2007 | |
| 江西仙客来生物科技有限公司 | 仙客来 | 食用菌(复评) | 2007 | |
| 修水神茶实业有限公司 | 梅 山 | 神茶系列产品 | 2007 | 保健 |
| 江西航海仪器厂 | 火 神 | 工业燃油燃气燃烧器 | 2007 | 机械 |
| 江西开成纸业有限公司 | 绮 玉 | 高档生活用纸 | 2007 | 轻工 |
| 江西朝阳机械厂 | CYMP | 防火门 | 2008 | |

## 2009~2010 年市企业获省著名商标一览

表 28-1-9

| 企业名称 | 商 标 | 产品名称 | 新评或续评年份 |
|---|---|---|---|
| 江西共青鸭鸭(集团)有限公司 | 鸭 鸭 | 羽绒服、羽绒被、衬衣、内衣、家纺 | 2009 |
| 江西共青中成服饰有限公司 | Menghaote 梦浩特 | 服装、羽绒服 | 2009 |
| 市金樱桃食品发展有限公司 | 浔阳楼 | 酥糖、糕点、茶饼 | 2009 |
| 修水县万顺特艺有限公司 | 图 形 | 梳、蓖子、衣服支撑架、化妆用具 | 2009 |
| 修水县大椿茶厂 | 霞 森 | 茶 叶 | 2009 |
| 九江啄木鸟服装公司 | PLOVER 图 | 西装上衫、西裤、衬衫、领带、夹克 | 2009(续评) |
| 德安县丰林粉丝厂 | 峰 岭 | 粉 丝 | 2009(续评) |
| 江西宁红集团公司 | 宁 红 | 茶叶、保健茶 | 2009(续评) |
| 江西生成卫生用品有限公司 | 生 成 | 纸餐巾、纸垫、纸尿布、湿纸巾 | 2009(续评) |
| 江西驰耐得轮胎有限公司 | 锐 驰<br>弗亚得 | 汽车轮胎、车轮胎 | 2009(续评) |
| 江西开成纸业有限公司 | 绮 玉 | 卫生纸 | 2009(续评) |
| 江西美庐乳业有限公司 | 美 庐 | 牛奶制品 | 2009(续评) |
| 市共青板鸭有限公司 | 共 青 | 板 鸭 | 2009(续评) |
| 江西回圆服饰有限公司 | 回 圆 | 羽绒服 | 2010 |
| 江西名派光电科技有限公司 | MIPAI | 节能灯、节能灯管、照明电器 | 2010 |
| 江西钟山药业有限责任公司 | 蒲可欣 | 人用药 | 2010 |

续表 28-1-9

| 企业名称 | 商 标 | 产品名称 | 新评或续评年份 |
|---|---|---|---|
| 江西深傲服装有限公司 | 深 傲 | 羽绒服 | 2010 |
| 九江金凤凰装饰材料有限公司 | 百鸟之王 | 大理石 | 2010 |
| 德安县矮子板鸭厂 | 雁 塘 | 板 鸭 | 2010 |
| 修水县裕发河粉厂 | 广裕发 | 米粉、粉丝(条) | 2010 |
| 修水神茶实业有限公司 | 梅 山 | 茶叶、保健茶 | 2010 |
| 江西九岭酒业有限公司 | 九仙岭 | 白 酒 | 2010 |

### 三、免检产品

2001~2007 年，实行国家免检制度，市先后有中国石油化工股份有限公司九江分公司、江西亚东水泥有限公司、江西共青鸭鸭(集团)有限公司、江西回园服饰有限公司、江西三环水泥有限公司、江西庐山海螺水泥有限公司 6 个企业的产品获国家免检产品资格。

## 第五节 企业组织结构

“八五”期间，市工业企业数量随着工业发展逐年增加，起举足轻重作用的大中型企业数量逐年上升。1993 年，全市大中型企业 49 个，新增九江面粉厂、九江橡胶厂 2 个中型企业。1994 年，国有大中型企业发挥主力军作用，为九江工业增产增效和财政增收做出贡献，企业利税排前 10 名者为：九江石油化工总厂 62720 万元、九江供电局 21488 万元、九江化学纤维厂 3968 万元、共青羽绒厂 2398 万元、共青酒厂 1366 万元、九江九纺有限责任公司 1328 万元、九江一棉纺织有限责任公司 1112 万元、九江市油脂化学厂 1089 万元、九江化工厂 1080 万元、九江水泥厂 1038 万元。1995 年，全市工业企业单位数 2614 个，其中大型企业 15 个，中型企业 43 个；大中型企业占全市工业企业 2.2%，小型企业 2556 个；占企业总数 97.8%。全市大中型企业完成工业产值(按普查后规定)88.62 亿元，占全市工业总产值 53.2%，实现利税 8.31 亿元，占全市乡及乡以上独立核算企业利税总额 84.8%，年利税排前十名的是：九江石化总厂、九江化纤厂、九江供电局、九江发电厂、共青羽绒厂、九江油脂化学厂、九纺有限责任公司、赣北化工厂、九江化工厂、德安水泥厂。

“九五”期间，市企业总数逐年减少，大中型企业数量有所增加，1996 年，由中型企业升为大型企业的有：九江针织有限责任公司、九江捷成印染有限责任公司、九江一棉有限责任公司、国营 713 厂 4 家，星火化工厂升为大一型企业；新增中型企业有：湖口钟山玻璃厂、湖口县油脂化学厂、九江电子材料厂、瑞昌市洋鸡山金矿、江西宁红集团公司、江西微分电机厂、九江针织内衣三厂 7 家企业。2000 年，全市共有独立工业企业 1537 个，其中：大型企业 19 个，中型企业 46 个，大中型企业占全部独立核算工业企业 4.2%，小型企业 1472 个，占全部独立核算工业企业 95.8%。全市大中型企业完成工业总产值 116.1 亿元，占全市独立核算工业总产值 74.6%，实现工业增加值 19.6 亿元，占全市独立核算工业增加值 61%，实现产品销售收入 118.22 亿元，占全市独立核算工业产品销售收入 77.8%，实现利税总额 5.43 亿元，占全市独立核算工业利税总额 76.26%。

“十五”期间，全市大中型企业数量和结构发生变化，部分原大中型企业因市场、经营和改制等原因退出，而部分小型工业企业历经市场洗礼逐步做大做强，企业规模迈上新台阶。2001 年年底，经省统计局和省经贸委对全市大中型企业进行联合审定，全市大中型工业企业 58 个，其中，大型工业企业 20 家、中型工业企业 38 个。在这次审定中，九江有色金属冶炼厂升为大二型企业；江西亚东水泥有限公司、九江化纤股份有限公司、九江中宏油脂有限公司 3 家企业，由小型企业升为大二型企业；江西新华印刷总厂由小型企业升为中一型企业；九江石化化工有限责任公司、九江石化总厂制袋厂、九江福莱克斯有限公司3家企业由小型企业升为中二型企业。被核销的原大中型企业有九江一棉纺织有限责任公司、九江九纺有限责任公司、九江玻璃纤维厂、宝钢集团人民机械厂、九江橡胶厂、江西塑料厂、江西微分电机厂、铁道部大桥局船舶工业工程总公司、九江动力机械厂、江西工业电炉厂、九江水泥船厂、江西轻工股份有限责任公司、瑞昌苎麻纺织总厂、中国核工业总公司724矿14家企业。九江巨石集团、九江海扬纺织分司、湖口蓝天玻璃厂、庐山海螺水泥公司等一批大中型企业通过资产重组重新焕发生机；九江针织集团公司、九江电子材料厂、江西油嘴油泵厂等一批企业通过改制"国退民进"激发活力。2004年，全市41户重点企业完成工业总产值183亿元，同比增长32.1%；实现销售收入173.84亿元，占全市规模工业的64.8%，增长35.77%；实现利税12.88亿元，占全市规模工业的69.9%，同比增长19.45%。九江石化、亚东水泥、香炉钨业、九江发电厂4户企业实现利税过亿元，九江石化销售收入首次过百亿元。2005年，全市规模以上企业495个，根据国家统计划分新标准，大型企业2个，中型企业62个，大中型企业占全市规模以上企业12.9%，小型企业431个，占全市规模以上企业87.1%。全市大中型企业完成工业总产值253.4亿元，占全市规模以上企业工业总产值的71.4%；实现工业增加值56.12亿元，占全市规模以上工业59.9%；实现主营业务收入244.41亿元，占全市规模以上工业72.3%；实现利税17亿元，占全市规模以上工业70.3%。

"十一五"期间，现代企业制度建立和投、融资体制改革深入，企业基本建立以资产为纽带的资本运营机制，一批具有较强市场竞争力企业不断发展壮大，组织结构优化，竞争力提高，涌现出一批大型骨干企业和企业集团，成为市国民经济的中流砥柱。通过改制重组，招商引资，拥有全国工业500强之一的九江石化总厂、全国最大的有机硅基地星火化工厂、华东最大的火力发电企业九江发电厂、全省最大的台资企业亚东水泥公司、全省最大的粘胶纤维生产企业九江赛得利化纤有限公司，还有高新技术企业清华同方713厂、中化建巨石集团九江分公司、昌河铃木九江分公司、修水香炉山钨业有限责任公司等大中型企业集团，尤其是近两年"强工兴城"，三年决战工业2000亿的强力推进，涌现出江西萍钢九江分公司、江西旭阳雷迪、九江思麦博运动器材、中粮粮油工业九江分公司、共青城赛龙通信等新的大型企业集团，实现规模效益，提升工业企业竞争力和工业经济发展水平。2010年，市规模以上工业企业904户，其中：大型企业5个，中型企业75个，大中型企业占规模以上企业8.85%；小型企业824个，占规模以上企业91.15%。全市大中企业完成工业增加值178.26亿元，占规模以上工业49.43%，实现主营业务收入761.26亿元，占规模以上工业49.13%，实现利税总额76.61亿元，占规模以上工业46.76%。

# 第二章　中小企业管理

## 第一节　管理服务

2002年4月，中共九江市第八次代表大会提出"民营经济在九江率先崛起挑大梁"发展要求。7月，出台《九江市人民政府关于进一步加快发展民营经济的若干实施意见》。2003年，市委、市政府进一步提出民营经济"三年半壁江山、五年主体财源"奋斗目标。当年市财政注资500万元成立"九江市中小企业信用担保有限责任公司"，拉开全市中小企业信用担保体系建设序幕。2004年，全市将"优化投资环境，主攻民营经济"作为全局中心工作加以开展，将年度定为"主攻民营经济年"，4月，出台《中共九江市委关于优化投资环境，主攻民营经济的决定》。当年，市政府被省政府评为发展非公有制经济先进设区市政府。

2005年,市委、市政府提出以工业为突破口,带动民营经济全面发展;以园区为依托,加快产业聚集,在更高层次上发展民营经济;不断催化经济因素裂变,促进民营经济产业结构自觉调整,为民营经济质的提升打下坚实基础。2006年,市委、市政府确立"政治平等,政策公开,法律保障,放手发展"指导思想,提出"以科学发展为指导,以政策支持为关键,以融资担保为重点,以全民创业为基础,以强化服务为抓手,不断促进民营经济实现又好又快发展"工作思路。2007年,下发《九江市人民政府关于加快非公有制经济发展的实施意见》,继续推进公平竞争,破除体制障碍,加大政策支持、改善融资条件、强化服务力度、指导企业发展。就放宽市场准入、加强财税支持、完善社会服务、提高企业素质、科学合理指导等方面做出详细规定。

2008年,市政府提出发展中小企业(民营经济)思路为"促进民营经济跃升发展,大力培育九江的创业文化"。9月,市委常委会决定,市政府以新闻发布会形式正式对外公布《中共九江市委、九江市人民政府关于推动全民创业,加快富民强市若干意见》,共6个方面,28条措施,就继续解放思想、壮大创业队伍、拓宽创业空间、构建服务平台,实施科学指导、加强组织领导等方面制定出更为细致、全面和优惠规定。2009年,市委、市政府提出"两区互动、强工兴城、科学发展、奋起赶超"目标,在"决战工业"发展战略强力推动下,全市中小企业(民营经济)迎来加快发展新阶段。产业结构不断优化,工业化水平不断提高,发展质量和发展水平产生根本性转变。

2010年,全市主攻工业战略深入推进和项目建设力度不断加大,全市中小企业(民营经济)呈现大项目多、产业集聚度高、科技含量提升等特点,在全市经济发展中基本形成"三分天下有其二"格局。至当年底,全市中小(民营)企业户数和注册资金分别为2002年5.3倍、12.2倍;中小企业(民营经济)上缴税金为2002年12.5倍,占财政收入比重增加33.6个百分点;就业人数增加43万人;规模以上民营工业企业户数、完成增加值和主营业收入分别增长32、30.5、37.2倍;中小企业(民营经济)产业结构由"三二一"倒梯形逐步转变为科学合理"二三一"结构。

## 第二节　中小企业规模

### 一、发展总量

2002年,中小(民营)企业累计登记3438户,安排就业24万人,注册资本32.05亿元,实现销售收入145亿元,完成增加值30.2亿元。2003年企业累计登记4641户,安排就业27万人,注册资本45.3亿元,同比分别增长34.9%、12.5%和40.6%;实现销售收入177.3亿元,增加值39.3亿元,同比分别增长22.1%和30.1%。2004年,企业累计登记5853户,安排就业29万人,注册资本64.7亿元,同比增长26.1%、7.4%和42.9%;实现销售收入223.4亿元,增加值50.1亿元,同比分别增长26%和28.2%。2005年,企业累计登记6418户,安排就业33万人,注册资本96亿元,同比增长9.7%、13.8%和48%;实现销售收入263.7亿元,增加值64.7亿元,同比分别增长17.9%和29.5%。2006年,全市中小(民营)企业7500户,注册资金119.91亿元,增幅分别为16.8%和24.8%。中小企业(民营经济)完成销售收入372.3亿元,增加值109.9亿元,同比分别增长41%、69.8%。2007年,全市中小(民营)企业9448户,注册资金263.5亿元,分别比上年增长25.9%、119.7%。全市中小企业(民营经济)实现销售收入530.3亿元,完成增加值147亿元,同比分别增长42.6%、33.8%。2008年,中小(民营)企业首次突破1万户,达11652户,注册资金208.2亿元,同比分别增长23.3%、23.6%;中小企业(民营经济)实现销售收入723.6亿元,完成增加值204亿元,增幅分别为36.4%、38.7%。2009年,全市中小(民营)企业达14349户,注册资金266.1亿元,同比分别增长23.1%、27.8%;全年,中小企业(民营经济)实现销售收入1091.4亿元,同比增长51.1%,实现增加值288亿元,同比增长41.2%。2010年,全市一大批重大项目相继开工、建设和投产,中小企业(民营经济)发展步伐进一步加快,发展水平和整体实力进一步提升。当年,中小(民营)企业户数18262户,注册资金389.05亿元,分别比上年增长27.3%、46.2%;实现销售收入1493.6亿元,同比增长37%,实现增加值360.7亿元，同比增长25.8%。至当年底，9年来全市中小(民营)企业户数、安排就业、注册资金、销售收入、增加值5项指标年均增幅分别为23.2%、13.7%、36.1%、33.8%、36.4%。

2002~2010年全市中小企业(民营经济)总量指标一览

表28-2-1　　　　单位：个、万人、亿元

| 年份 | 企业户数 | | 安排就业 | | 销售收入 | | 增加值 | | 销售收入过千万企业 |
|---|---|---|---|---|---|---|---|---|---|
| | 总量 | 增幅% | 总量 | 增幅% | 总量 | 增幅% | 总量 | 增幅% | |
| 2002 | 3438 | | 24.00 | | 145.00 | | 30.20 | | 69 |
| 2003 | 4641 | 34.9 | 27.00 | 12.5 | 177.30 | 22.1 | 39.30 | 30.1 | 119 |
| 2004 | 5853 | 26.1 | 29.00 | 7.4 | 223.41 | 26.0 | 50.01 | 28.2 | 193 |
| 2005 | 6418 | 9.7 | 33.00 | 13.8 | 263.73 | 17.9 | 64.74 | 29.5 | 234 |
| 2006 | 7500 | 16.8 | 36.00 | 9.0 | 372.30 | 41.0 | 109.90 | 69.8 | 245 |
| 2007 | 9448 | 25.9 | 42.00 | 16.6 | 530.30 | 42.6 | 147.00 | 33.8 | 260 |
| 2008 | 11652 | 23.3 | 49.40 | 17.6 | 723.60 | 36.4 | 204.00 | 38.7 | 381 |
| 2009 | 14349 | 23.1 | 58.30 | 18.0 | 1091.40 | 51.1 | 288.00 | 41.2 | 503 |
| 2010 | 18262 | 27.3 | 68.00 | 16.6 | 1493.60 | 37.0 | 360.70 | 25.8 | 716 |

## 二、财税贡献

2002年，全市中小企业(民营经济)上缴税金5.34亿元，占财政总收入比重为22%，对财政增长贡献率达23%。2003年，上缴税金7.63亿元，同比增长42.9%，占财政总收入26.7%，提高4.7个百分点，对财政增长贡献率达29%。2004年，上缴税金为11.58亿元，比上年增长51.8%，占财政总收入33.1%，提高6.4个百分点，对财政增长贡献率达36%。2005年，达到13.65亿元，同比增长17.9%，占全市财政收入34.3%，提高1.2个百分点，对财政增长贡献率达到44%。2006年，中小企业(民营经济)上缴税金17.47亿元，同比增长28.03%，占全市财政总收入37.3%，对财政增长贡献率达54.4%，中小企业(民营经济)税收占地方财政收入67.2%。

2007年，中小企业(民营经济)上缴税金全年达23.48亿元，同比增长34.4%，占财政总收入40.8%，对财政增长贡献率达51.4%。2008年，受金融危机影响，企业生产经营遭遇冰冻寒冷期，面临需求不足、成本上升、资金紧张等运行困难，中小企业(民营经济)发展呈现增速放缓趋势。中小企业(民营经济)上缴税金30.58亿元，同比增长30.2%，；上缴税金占财政总收入46.2%，财政增收8.64亿元中，中小企业(民营经济)占5.22亿元，贡献率达60.4%。

2009年，企业融资、流动资金、货款拖欠等情况有所改善，中小企业(民营经济)进入危机后恢复性发展阶段。全年，中小企业(民营经济)共上缴税金43.16亿元(其中国税23.37亿元，地税19.79亿元)，同比增长41.1%，高出同期财政增长10.8个百分点，占财政总收入50.1%，对财政增长贡献率达71.2%。2010年，企业家信心指数和企业生产景气指数提升，中小企业(民营经济)运行质量提高，经济贡献加大。全年中小企业(民营经济)共上缴税金67.28亿元(其中国税38.47亿元，地税28.81亿元)，同比增长55.9%，高出同期财政增长20.5个百分点；占全市总税收74.8%，占财政总收入57.6%，对财政增长贡献率达79.1%。至当年底，9年来全市中小企业(民营经济)上缴税金年均增幅为37.2%，占财政收入比重年均增长12.6%，对财政增长贡献率年均增长16.7%。

2002~2010 年市中小企业(民营经济)上缴税金指标一览

表 28-2-2　　　　单位:亿元、个

| 年 份 | 上缴税金 | | 占财政总收入比重% | 对财政增长贡献率% | 税收过百万元企业 |
|---|---|---|---|---|---|
| | 总量 | 增幅% | | | |
| 2002 | 5.34 | | 22.0 | 23.0 | 41 |
| 2003 | 7.63 | 42.9 | 26.7 | 29.0 | 76 |
| 2004 | 11.58 | 51.8 | 33.1 | 36.0 | 148 |
| 2005 | 13.65 | 17.9 | 34.3 | 44.0 | 173 |
| 2006 | 17.47 | 27.9 | 37.3 | 54.4 | 195 |
| 2007 | 23.48 | 34.4 | 40.8 | 51.4 | 201 |
| 2008 | 30.58 | 30.2 | 46.2 | 60.4 | 160 |
| 2009 | 43.16 | 41.1 | 50.1 | 71.2 | 332 |
| 2010 | 67.28 | 55.9 | 57.6 | 79.1 | 405 |

## 三、工业增加值

2002 年,全市规模以上中小(民营)企业创造工业增加值 8.02 亿元,对全市工业增长贡献率为 52%,拉动全市工业经济增长 16 个百分点。2003 年全市规模以上中小(民营)企业完成工业增加值 12.5 亿元,增幅 42%;对全市工业增长贡献率为 59%,拉动全市工业经济增长 19 个百分点。2004 年,规模以上中小(民营)工业企业完成增加值 23.4 亿元,增幅为 87%,占全市总量 36%,对全市工业增长贡献率为 67%,拉动全市工业经济增长 22 个百分点。2005 年,全市规模以上中小(民营)企业创造工业增加值 40.16 亿元,增幅 74%,高于全市平均水平11.28 个百分点,对全市工业增长贡献率为 61.19%,拉动全市工业经济增长 16 个百分点。2006 年,规模以上中小(民营)工业企业达 347 户,占全市规模以上工业企业七成,完成工业增加值69.1 亿元,同比增长 41.4%,高于全市平均水平 12.73 个百分点,对全市工业增长贡献率 67.9%,拉动全市工业增长 19.5 个百分点。2007 年,规模以上中小(民营)工业企业达 479 家,完成工业增加值 119.1 亿元,增幅 48.8%,高于全市平均水平 20 个百分点,对全市工业增长贡献率为 90.4%,拉动全市工业经济增长近 26 个百分点。2008 年,全市规模以上中小(民营)工业企业 591 户,占全市规模以上工业 92%,完成工业增加值159 亿元,增幅 26.2%,比 2006 年绝对值总量翻一倍,平均增长速度高于全市 5.9 个百分点,对全市工业增长贡献率达 92.3%,拉动全市工业增长 18.7 个百分点。2009 年,“强工兴城”战略深入实施,全市中小企业(民营经济)工业化水平进一步提高。当年,规模以上中小企业(民营经济)工业企业完成增加值 210.7 亿元,同比增长 27.7%,高于全市平均水平7.02 个百分点,对全市规模以上工业增长贡献率达 96.14%,拉动全市工业增长 19.85 个百分点。

2010 年,实施“中小企业成长工程”,中小企业规模不断扩大。全市企业规模以上中小(民营)工业企业达 794 户,占全市总数 87.8%,完成工业增加值 244.9 亿元,同比增长 27.5%,高于全市平均水平 5.14 个百分点,对全市规模以上工业贡献率达 72.05%,拉动全市工业增长 16.17 个百分点。中小企业(民营经济)完成规模以上工业主营业收入 1121.2 亿元,增长 51.75%。至当年底,全市中小企业(民营经济)工业化率达到 50.6%,比 2002 年提高 17.3 个百分点,工业主导地位凸显。中小企业(民营经济)产业结构稳定呈现“二三一”布局,形成工业制造业领跑中小企业(民营经济)发展格局。三次产业比重由 9.2:57.7:33.1 调整为 4.9:60.8:35.3,一产比重下降 4.3 个百分点,二产比重上升 2.1 个百分点,三产比重上升 2.2 个百分点。尤其是规模以上中小企业(民营经济)工业发展更为迅速,对全市工业拉动逐步增强。

### 四、创业基地

2002年始，鼓励支持创新创业相关优惠举措落实，形成创业带动就业良好局面。全市建设一批功能较为完善小企业创业基地，有效解决城区下岗职工再就业和农村富余劳动力就业问题。全市共有小企业创业基地18个，其中10家被评为省级小企业创业基地。全市小企业创业基地共入驻企业562家，销售收入27亿元、上缴税金6200万元、从业人员2.2万人，孵化入园企业120家。至2010年，全市有17.2万人投资创业，占人口总数3.7%；中小企业（民营经济）累计提供就业岗位18.7万个。

# 第三章　园区布局

## 第一节　总体框架

九江有152千米长江岸线优势资源，沿江区域包括市开发区、浔阳区、庐山区、九江县、瑞昌市、湖口县、彭泽县7县（区），总面积5136平方千米，占全市27.32%，以城西、城东、金砂湾、码头、马当、赤湖6板块为重点；昌九工业走廊全长161.4千米，九江境内有100千米，包括永修县、德安县、共青城、九江县。“七五”末期，全市工业形成以市区为中心，以交通干线为轴向，辐射城镇为核点的基本布局框架。1991年初，近六成大中企业集聚在市区。拥有工业企业330个，共完成工业产总值25.79亿元，占全市工业总产值54.48%；大中型企业26个，占全市大中型企业59.1%。

1992年7月，成立九江经济开发区，拉开企业向园区集中布局序幕，2001年，全市各县（区、市）陆继建立各具特色工业园区，加快企业向园区集中步伐，随着中心城区扩展建设，市政府出台市区工业企业“退城进园”政策，巨石玻纤、德福电子、维科印染、维科针织、杭氧股份、九江化工等企业成功实施“退城进园”，加速企业向园区集中进程。全市以国家关于鄱阳湖生态经济区功能划分，按照“一核、两轴、六板块”总体布局，着力打造沿江（长江）、沿路（昌九工业走廊）、沿湖（河）3个地域产业板块。至2010年，全市已经建成1个国家级、11个省级工业园和2个工业基地，工业布局实现以市区为依托向以工业园区为依托转变，形成企业向工业园区集中，产业发展沿江、沿路、沿湖集聚的T字形特色格局。

## 第二节　板块构成

### 一、中心城区板块

1991年，全市有大中型企业44个，其中25个大中型企业建在市区即浔阳、庐山2区内。市区工业企业完成工业总产值29.32亿元，占全市工业总产值54.99%。1994年，全市大中型企业53个，市区有大中型企业30个，市区工业企业完成工业总产值44.17亿元，占全市工业总产值44.3%。1995年，市区工业企业完成总产值86.32亿元，占全市总值59.9%。1996年，全市大中型企业有65个，市区有33个。1999年，全市大中型企业65个，市区有34个。2000年，全市大中型企业65个，市区有31个。

2010年，全市规模以上企业904个，中心城区（浔阳区、庐山区）173个，全市列入重点30个企业，市中心城区占有14个，分别是中石化九江分公司、九江发电厂、九江赛得利化纤公司、九江昌河汽车公司、九江金源纺织化纤公司、巨石集团九江公司、江西无线电厂、庐山海螺水泥公司、九江财兴五金机电厂、九江维科印染公司、江西海扬纺织集团、江西长江化工厂、江西江氧有限公司、九江针织集团公司。中心城区14个工业企业，2010年主营业务收入完成317.76亿元，占全市30户重点企业主营业务收入51.94%。

## 二、沿江产业板块

**九江经济技术开发区** 围绕“一区四园”,着力发展新能源、新型材料、汽车及零配件制造、电子信息、食品保健产业。出口加工区着力打造成为出口加工企业密集区、特色产业示范区、区内区外产业配套及工业物流互为联动试验区,重点引进电子、光学仪器、精密机械、新型材料、成套设备高附加值产业;汽车工业园依托昌河铃木汽车及发动机规模不断扩大,着力引进机械加工、汽车电子、汽车内外饰件等汽车配套产业;科技园重点培育通信、数字视听、IT为主高新技术产业;综合工业园以发展高新技术产业为主,重点发展生物医药、仪器仪表、机械制造等产业。

**庐山区工业集中区** 着力打造四个产业区,生态工业区以机械汽车零部件及食品加工为主;东城玻纤区以新型复合玻纤材料、电子绝缘材料产业为主;姑塘化纤区以发展差别化粘胶纤维及化工为主;城东港区以生物高科技循环经济项目为主。

**湖口金砂湾工业园区** 重点发展钢铁冶金及配套与深加工、船舶制造、精细化工。

**彭泽工业园区** 围绕棉纺、建材、生态化工、船舶制造四大产业,做大产业规模。

**瑞昌工业园区** 重点发展机械加工、鞋业伞业、矿冶为主的产业,码头工业城重点发展水泥、船舶等沿江产业。

**九江赤湖工业园区** 主要发展化工、生物能源、新材等产业。

**浔阳城东工业基地** 主要发展电石油化工、电力能源、物流仓储。

## 三、沿昌九工业走廊板块

**永修云山经济开发区** 围绕“一区三园”,形成发展特色。星火工业园以氟硅循环产业为依托,着力发展有机氟、有机硅单体及其下游产品开发、高分子多元醇等精细化工产品;云山工业园以生物制药、有机食品为主导产业;县城工业园重点发展机械、电子、办公文具、服装、家用电器、物流仓储等劳动密集型产业。

**共青经济技术开发区** 重点发展鸭鸭品牌服装系列化产品及其他服装品牌,着力发展纺织服装、电子电器、新能源、新材料。

**德安工业园区** 重点发展纺织、服装、食品以及以电子温控器为主的电子产业。

**九江沙城工业园区** 重点发展冶金建材、纺织服装、医药食品、电子机械。

**九江经济开发区出口加工区** 重点发展玻纤新材料、光伏新能源、机械制造、食品饮料、彩印包装、环保设备等国家产业政策鼓励的加工制造业项目。

## 四、沿湖(河)产业板块

**都昌工业园区** 重点发展矿产资源深加工和新型材料、电子信息、新型能源、汽车零配件及农副产品精深加工。

**修水工业园区** 重点发展钨产品深度加工、茧丝服装、食品加工、精细化工。

**武宁工业园区** 重点发展节能灯具、医药胶囊、玻璃饰品等特色产业。

**星子工业园区** 重点发展船舶制造、运动器材、机械制造。

2010 年全市工业园区(基地)工业布局一览

表 28-3-1　　　　单位:平方千米、个

| 工业园名称 | 创建时间 | 实际开发面积 | 投产企业数 | 主导产业 |
| --- | --- | --- | --- | --- |
| 江西九江经济开发区 | 1992.07 | 160.00 | 186 | 新能源、新型材料、电子信息、汽车及零配件产业 |
| 浔阳区浔东工业基地 | 2007.09 | 2.10 | 24 | 石化配套、物流、机械制造 |
| 庐山区工业集中区 | 2002.07 | 7.60 | 66 | 五金建材、化工、化纤 |
| 江西九江沙城工业园区 | 2002.09 | 3.61 | 120 | 冶金建材、电子科技、纺织服装、食品加工、医药化工 |
| 江西德安工业园区 | 2002.08 | 6.95 | 156 | 纺织、服装、电子、食品 |
| 江西永修县云山经济开发区 | 1992.07 | 8.40 | 82 | 精细化工、机械电子、绿色食品、生物制药、纺织服装、物流仓储 |
| 江西星子工业园区 | 2003 | 2.81 | 79 | 造船、运动器材、机械制造 |
| 江西修水工业园区 | 2001.03 | 4.51 | 107 | 有色冶金、茧丝服装、竹木、食品、精细化工 |
| 江西武宁工业园区 | 2001.08 | 7.50 | 185 | 玻璃饰品、节能电器、矿产加工、纺织服装、医药胶囊 |
| 江西湖口金砂湾工业园区 | 2003 | 16.20 | 39 | 钢铁冶金、精细化工、船舶制造 |
| 江西都昌工业园区 | 2002.09 | 3.90 | 69 | 汽车零部件、农副产品精深加工、电子信息、新型能源、轻工纺织、矿产资源精深加工 |
| 江西彭泽工业园区 | 2003 | 3.80 | 30 | 纺织、建材、造船、化工 |
| 江西瑞昌工业园区 | 2001.03 | 5.00 | 134 | 节能电器、玻璃饰品、矿产加工、医药胶囊、纺织服装 |
| 江西共青城经济开发区 | 1992 | 7.00 | 82 | 电子电器、新能源、新材料、纺织服装 |

# 第四章　市经济技术开发区

## 第一节　园区设置

1992 年 4 月 30 日,市委、市政府决定设立九江开放开发区,选址于八里湖畔,成立开放开发区管理委员会。管委会作为市政府派出机构,统一领导、管理、指挥、协调开放开发区内行政、开发建设、经济工作和社会事务。5 月 12 日,开放开发区管理委员会正式挂牌办公。5 月 15 日,市政府第五十次常务会议确定:开发区控制面积 52 平方千米,规划面积 9.8 平方千米,第一期规划开发 4.5 平方千米。2003 年 3 月 28 日,市政府决定将市综合工业园、汽车工业园、石化工业园以及将要组建的化纤工业园划归开发区统一管理。2005 年 6 月 3 日,国务院批准在九江开发区内设立江西九江出口加工区。2006 年,区党委、管委会决定设立科技工业园管理办公室,对开发区本部(起步区)实施单独管理。2007 年 4 月 10 日,市委、市政府做出《举全市之力加快沿江开发的决定》,从市直相关部门和九江县抽调一批干部,启动城西港区开发建设,做到规划设计、征地拆迁、基础设施、项目引进和融资建设同步实施。2009 年 1 月 23 日,市委、市政府做出《关于调整城西港区管理体制的决定》,将城西港区划归开发区管理。实行“三区(开发区、出口加工区、城西港区)合一”“一区多园”管理体制,合称市经济技术开发区。

至2010年底,市经济技术开发区区域管辖范围150平方千米。当年,全区实现生产总值73.1亿元,完成工业主营收入223.75亿元、财政总收入7.59亿元、固定资产投资77.87亿元。全区进出口总额5.45亿美元,其中出口2.6亿美元,实际利用外资1.2亿美元,此三项在全市园区均位列第一,在全省工业园区位列前茅。当年获国务院批准升级为国家级经济技术开发区,获“全省先进工业园区”“全省国家级开发区开放型经济先进单位”等称号。

1992~2010年九江经济技术开发区主要经济指标一览

表28-4-1　　单位:平方千米、万元、个、人

| 年 份 | 开发面积 | 基础设施投入 | 工业总产值 | 产品销售收入 | 利税总额 | 入园企业 | 从业人员 |
|---|---|---|---|---|---|---|---|
| 1992 | 52 | 400 | 820 | 1200 | 150 | 2 | 420 |
| 1993 | 60 | 2200 | 9600 | 9600 | 956 | 17 | 1260 |
| 1994 | 72 | 2500 | 15680 | 15680 | 1516 | 24 | 1920 |
| 1995 | 73 | 3200 | 21952 | 21952 | 1901 | 57 | 5130 |
| 1996 | 85 | 4600 | 27440 | 27440 | 2185 | 67 | 11286 |
| 1997 | 86 | 6486 | 72533 | 72533 | 2491 | 80 | 15927 |
| 1998 | 86 | 1500 | 48504 | 48504 | 1729 | 82 | 18816 |
| 1999 | 87 | 3100 | 50756 | 50756 | 1032 | 86 | 18830 |
| 2000 | 89 | 4574 | 63246 | 63246 | 2543 | 88 | 23660 |
| 2001 | 93 | 26330 | 65491 | 65491 | 1916 | 89 | 24686 |
| 2002 | 95 | 36171 | 82202 | 82202 | 2191 | 92 | 22686 |
| 2003 | 120 | 266987 | 158600 | 158600 | 3290 | 102 | 25177 |
| 2004 | 124 | 224558 | 204652 | 204652 | 10532 | 121 | 23768 |
| 2005 | 130 | 270607 | 249474 | 249474 | 5438 | 113 | 22827 |
| 2006 | 135 | 130921 | 378239 | 378239 | 21989 | 112 | 23492 |
| 2007 | 141 | 234743 | 774352 | 774352 | 27081 | 149 | 24539 |
| 2008 | 145 | 355281 | 1053724 | 1053724 | 43156 | 158 | 22270 |
| 2009 | 159 | 551508 | 1552009 | 1552009 | 42505 | 189 | 35622 |
| 2010 | 160 | 778729 | 2237542 | 2237542 | 65402 | 186 | 44704 |

## 第二节　产业定位

2009年2月11日,开发区党政联席会议从加快实现开发区跨越发展和着眼未来产业发展方向角度出发,科学定位,提出开发区要重点发展“新能源、新材料、电子电器、汽车及零部件”四大工业产业。会议确立从用工、融资、土地、争资争项、工业发展奖励等多方面出台政策措施,加快产业发展。之后,出台《开发区“五个一”产业招商工作机制》《鼓励区内工业企业尽快做大做强实施办法》《开发区融资担保实施办法》《开发区重点企业用工配送服务办法》等措施,集中资源、集中力量,培育和壮大“四大产业”,打造成推动开发区跨越发展主引擎。

按照“龙头企业—产业链—产业集群”发展思路,围绕“新能源、新材料、电子电器、汽车及零部件”四大产业,扶优扶强龙头,引进产业配套项目,加速产业集聚发展步伐。至2010年,形成以旭阳雷迪为龙头的新能源产业,以巨石玻纤为龙头的新材料产业,以铨讯电子、志高空调为龙头的电子电器产业,以昌河汽车为龙头的汽车及零部件产业四大产业体系。

## 第三节 入园企业

### 一、企业规模

至2010年,累计引进项目575个,投资总额1022.14亿元,实际利用资金总额224.9亿元,其中利用外资38600万美元。以旭阳雷迪为龙头的新能源产业,聚集旭阳光电、超日光伏、润扬切割液等20余个产业链项目,基本形成“硅片—电池片—电池组件—应用系统”产业链条;以巨石玻纤为龙头的新材料产业,聚集德福电解铜箔、盛祥电子布、华祥线路板、明阳线路板等项目,形成玻纤—电解铜箔—覆铜板—印制电路板上下游产业链条;以铨讯电子、志高空调为龙头的电子电器产业,聚集尚诺电子、瀚森科技、万电液晶显示器等项目,形成电子元器件、液晶电视、视听产品等相关联产业链条;以昌河汽车为龙头的汽车及零部件产业,聚集汽车整车、系列发动机、欣兴汽配、汇瑞机械等一批项目,形成集整车制造、关键零部件生产、汽车服务贸易业为一体汽车产业链条。此外,还有赛翡蓝宝石、绿晶光电、正展光电等企业,形成衬底材料—外延片制造—芯片封装—应用新兴产业链条。入园企业中,投产307家,累计实现工业总产值707亿元、工业增加值163亿元。

1992~2010年九江经济技术开发区投产主要工业企业一览

表28-4-2 单位:亿元、公顷、人

| 企业名称 | 投产年份 | 投资总额 | 占地面积 | 主要产品 | 年收入 | 就业人数 |
|---|---|---|---|---|---|---|
| 九江精密测试技术研究所 | 1992 | 1.20 | 31.9 | 精密工艺技术及设备的研究与制造 | 1.2 | 525 |
| 九江正大饲料有限公司 | 1992 | 0.68 | 6 | 畜禽、水产饲料生产与销售 | 0.9 | 115 |
| 九江海天设备制造有限公司 | 1992 | 2.00 | 13.3 | 船舶配套产品、压力容器 | 0.9 | 620 |
| 九江恒通自动控制器有限公司 | 2000 | 3.00 | 8 | 自动控制器生产及销售 | 2.6 | 1200 |
| 江西海扬纺织集团有限公司 | 2001 | 1.02 | 23.9 | 纱线、坯布、纺织品、生产销售 | 2.1 | 2995 |
| 省绿冬丝科实业有限责任公司 | 2003 | 0.68 | 7.3 | 丝绸家纺生产经营 | 2.1 | 125 |
| 江西赣北公路材料有限公司 | 2004 | 0.34 | 0.5 | 公路建设用乳化沥青生产 | 3.3 | 55 |
| 赛得利(江西)化纤有限公司 | 2004 | 25.00 | 40.5 | 粘胶纤维 | 13.2 | 840 |
| 九江汇源食品饮料有限公司 | 2004 | 2.00 | 13.5 | 果蔬汁及饮料等系列食品生产 | 4.2 | 233 |
| 昌河铃木九江分公司 | 2005 | 20.00 | 85.7 | 汽车、发动机 | 21.1 | 1477 |
| 九江圣乔西服饰有限公司 | 2005 | 0.80 | 1.3 | 专业制服、西服生产与销售。 | 0.9 | 291 |
| 九江九洲节能环保工程有限公司 | 2006 | 0.40 | 8.4 | 管(板)式蒸发器生产 | 1.7 | 152 |
| 市现代钢结构工程有限公司 | 2006 | 0.75 | 0.9 | 钢构件,钢材料加工 | 1.7 | 84 |
| 九江中船长安消防设备有限公司 | 2006 | 0.33 | 19.7 | 船用阀门及消防设备 | 0.9 | 446 |
| 市宇龙纺织有限公司 | 2006 | 0.30 | 2.3 | 针棉织品加工 | 1.6 | 700 |
| 志高空调(九江)有限公司 | 2006 | 10.00 | 20 | 家用空调生产 | 2 | 67 |

续表 28-4-2

| 企业名称 | 投产年份 | 投资总额 | 占地面积 | 主要产品 | 年收入 | 就业人数 |
|---|---|---|---|---|---|---|
| 九江华星技术有限公司 | 2007 | 0.48 | 2.2 | 传动机械及汽车轴瓦 | 1.1 | 202 |
| 江西赣基混凝土有限公司 | 2007 | 0.40 | 2.9 | 全自动混凝土生产线 | 2.3 | 656 |
| 瀚森科技(江西)有限公司 | 2008 | 0.42 | 5.7 | GPS 导航仪、车充器 | 1.7 | 653 |
| 市皖江棉业有限公司 | 2008 | 1.50 | 1.8 | 棉花加工、真空棉被加工 | 1.9 | 178 |
| 九江德福电子材料有限公司 | 2008 | 2.60 | 9.8 | 电解铜箔生产线 | 1.9 | 253 |
| 江西旭阳雷迪高科技股份有限公司 | 2009 | 60.00 | 24.8 | 多晶硅产品的开发、生产 | 20.1 | 4473 |
| 九江尚诺电子有限公司 | 2009 | 0.42 | 11.1 | 车载音箱 | 1.2 | 1112 |
| 长怡科技(九江)有限公司 | 2009 | 1000万港元 | 5.1 | 液晶显示器、电视 | 1.3 | 50 |
| 江西广通电缆有限公司 | 2009 | 0.60 | 3 | 低压电缆 | 0.8 | 61 |
| 九江七所精密机电科技有限公司 | 2009 | 1.02 | 5.7 | 过滤器、船舶液压等 | 3.2 | 230 |
| 江西欣兴汽车零部件有限公司 | 2009 | 0.35 | 2.7 | 汽车沙发、仪表盘、顶棚等 | 0.5 | 104 |
| 九江欧威实业有限公司 | 2009 | 0.37345 | 4 | 红外感应灯具、防盗监控器 | 0.5 | 312 |
| 万电科技(九江)有限公司 | 2009 | 1000万港元 | 1.7 | 液晶显示器、液晶电视 | 2.1 | 106 |
| 巨石集团九江有限公司 | 2010 | 15.66 | 34 | 无碱中粗玻纤、玻璃纤维生产 | 4.3 | 1928 |
| 市旭阳光电科技有限公司 | 2010 | 1.80 | 11.6 | 太阳能电池片、电池组件的研发、生产 | 0.7 | 302 |
| 九江绿晶光电科技有限公司 | 2010 | 8000万美元 | 0.8 | 图像处理模组开发 | 3.4 | 235 |
| 九江铨讯电子有限公司 | 2010 | 2375万美元 | 2.7 | 数码相机 | 0.2 | 1807 |
| 同方电子科技有限公司 | 2010 | 7.20 | 10.5 | 卫星导航定位终端产业化及 IC 芯片组开发 | 4.1 | 1473 |
| 九江乐得士生物科技有限公司 | 2010 | 4980万美元 | 12.5 | 种子经营、油料加工和销售 | 0.4 | 85 |
| 江西美凯宝包装有限公司 | 2010 | 1.20 | 4.7 | 各类金属包装、塑料包装 | 0.3 | 186 |

## 2010 年九江经济技术开发区在建重大工业项目一览

表 28-4-3　　单位:亿元、公顷

| 项目名称 | 签约年份 | 投资总额 | 占地面积 | 投资单位 |
|---|---|---|---|---|
| YV5 轿车、新 K14B 发动机 | 1997 | 4.4 | 1.1 | 昌河铃木九江分公司 |
| 空调生产基地(一期) | 2006 | 3.9 | 20.0 | 志高空调(九江)有限公司 |
| 新林食品 | 2006 | 0.5 | 3.2 | 新林科技(江西)有限公司 |
| 酶制剂生产线 | 2007 | 1.3 | 5.9 | 九江中星联医药科技有限公司 |
| 汽车园欧威实业新建项目 | 2007 | 1.5 | 4.0 | 九江欧威实业有限公司 |
| 直升机项目 | 2007 | 4.8 | 8.4 | 九江红鹰科技发展有限公司 |
| 年产十五万吨池窑生产线 | 2008 | 19.7 | 19.9 | 巨石集团九江有限公司 |
| 5 万吨环保池窑拉丝生产线 | 2008 | 7.8 | 1.3 | 巨石集团九江有限公司 |

续表 28-4-3

| 项目名称 | 签约年份 | 投资总额 | 占地面积 | 投资单位 |
|---|---|---|---|---|
| 三诺电子工业园 | 2008 | 12.0 | 12.0 | 九江尚诺电子有限公司 |
| 新建厂房 | 2008 | 3.4 | 12.5 | 九江乐得士生物科技有限公司 |
| 海天设备制造项目(一期) | 2008 | 3.6 | 13.1 | 九江海天设备制造有限公司 |
| 电解铜箔项目 | 2008 | 1.5 | 9.8 | 九江德福电子材料有限公司 |
| 年产 1.5GW 多晶硅硅片生产项目(一、二期) | 2008 | 61.0 | 14.3 | 江西旭阳雷迪高科技股份有限公司 |
| 光伏项目 | 2009 | 15.0 | 20.0 | 九江中辉特光伏科技有限公司 |
| 天然气分输站及门站项目 | 2009 | 1.3 | 2.4 | 九江市天然气有限公司 |
| 新建年产 40 万套汽车零部件生产线 | 2009 | 0.5 | 1.4 | 九江市汇瑞机械有限公司 |
| 高功率 LED 项目(租房一期) | 2009 | 1.3 | 0.8 | 九江联辉光电有限公司 |
| 电子配套产业园(汽车工业园) | 2009 | 1.8 | 14.9 | 区电子配套产业园建设领导小组办公室 |
| 电磁离合器 | 2009 | 1.0 | 2.7 | 九江己瑞科技发展有限公司 |
| 家电配件产业园 | 2009 | 1.5 | 8.0 | 九江恒通自动控制器有限公司 |
| 自控仪器生产线 | 2009 | 2.0 | 8.0 | 九江核地科技发展有限公司 |
| 汽车排气消声系统 | 2009 | 0.4 | 1.6 | 江西江隆汽车消声器有限公司 |
| 电线电缆项目(购新钻塑厂房) | 2009 | 1.0 | 2.9 | 江西广通电缆有限公司 |
| 焊管生产线 | 2009 | 3.0 | 6.7 | 江西方圆钢管有限公司 |
| 兆瓦级风力发电机组项目 | 2009 | 20.0 | 33.4 | 江西长能风电科技有限公司 |
| 汽车零部件产业园一期项目 | 2009 | 5.0 | 19.3 | 江西长能风电科技有限公司 |
| 出口加工区生产线 | 2009 | 2.1 | 1.7 | 瀚森科技(江西)有限公司 |
| 瀚森科技园正轩远红外纳米家电制造 | 2009 | 2.0 | 4.0 | 瀚森科技(江西)有限公司 |
| 瀚森科技园昇利电子元件 | 2009 | 1.7 | 1.7 | 瀚森科技(江西)有限公司 |
| 新建年处理 40 万吨五金产品电镀集控区项目 | 2010 | 1.2 | 10.5 | 万利通(九江)金属表面处理技术有限公司 |
| 科研大楼 | 2010 | 0.3 | 0.3 | 同方电子科技有限公司 |
| 新建年产 100 兆瓦太阳能电池生产线 | 2010 | 4.0 | 10.9 | 上海超日(九江)太阳能有限公司 |
| 新建年产 30 万套家具生产线 | 2010 | 0.3 | 1.0 | 九江意欧家具有限公司 |
| 年产 300MW 太阳能组件及 120MW 电池片生产线 | 2010 | 1.5 | 11.6 | 九江市旭阳光电科技有限公司 |
| 来恩家电新建年产 120 万只瓷质电热水壶 | 2010 | 0.6 | 1.3 | 九江市来恩电器制造有限公司 |
| 新建年产 600 万支电子雾化器生产线项目 | 2010 | 0.6 | 1.0 | 九江市慧瑶机电科技有限公司 |
| 健身器材 | 2010 | 0.3 | 1.1 | 九江市迪比特高科技有限公司 |
| 新建一期年产 800 万台数码相机生产线项目 | 2010 | 1.6 | 2.7 | 九江铨讯电子有限公司 |
| 汽车空调电磁离合器项目 | 2010 | 0.3 | 1.3 | 九江启元机电仪器有限公司 |
| 新建芯片检测及封装项目 | 2010 | 19.4 | 0.8 | 九江绿晶光电科技有限公司 |
| 联玉盛电子 | 2010 | 5.4 | 11.6 | 九江联玉盛电子有限公司 |
| 新建果蔬汁饮料生产线项目 | 2010 | 1.5 | 1.0 | 九江汇源食品饮料有限公司 |
| 地质科技园 | 2010 | 1.3 | 2.9 | 九江赣西北地质科技工业有限公司 |
| 城西港区标准房 | 2010 | 1.1 | 11.5 | 九江富和建设投资有限公司 |

续表 28-4-3

| 项目名称 | 签约年份 | 投资总额 | 占地面积 | 投资单位 |
|---|---|---|---|---|
| 出口加工区第三期标准厂房工程 | 2010 | 0.7 | 11.7 | 九江富和建设投资有限公司 |
| 汽油清洁剂生产线(一期) | 2010 | 0.5 | 1.6 | 九江波涛消防科技有限公司 |
| 旭阳雷迪三期 1.2GW 多晶硅硅片 | 2010 | 30.0 | 43.2 | 江西旭阳雷迪高科技股份有限公司 |
| 切割废砂浆再生回收利用项目 | 2010 | 0.8 | 1.3 | 江西旭阳雷迪高科技股份有限公司 |
| 环保监测仪表及相关设备生产(一期) | 2010 | 0.3 | 0.7 | 江西摩威环境科技有限公司 |
| 绿色包装项目 | 2010 | 1.0 | 4.7 | 江西美凯宝包装有限公司 |
| 新建工程机械再制造 | 2010 | 0.5 | 2.3 | 江西柳工机械设备有限公司 |
| 220KV 变电站 | 2010 | 2.3 | 1.0 | 江西九江供电公司 |

## 二、重点企业

**江西旭阳雷迪高科技股份有限公司** 2008 年 6 月成立,位于出口加工区锦绣大道,主要从事多、单晶硅片、太阳能电池组件研发、生产和销售。公司一、二期总投资 60 亿元人民币,占地 24.8 公顷。三期在建,位于城西港区,占地 43.2 公顷。公司所属全资子公司旭阳光电主要从事屋顶光伏发电项目开发。2009 年 5 月,一、二期投产,当年实现营业收入 1 亿元,2010 年达 20 亿元。有员工 3000 人,为省内建设规模最大光伏企业之一。

**巨石集团九江有限公司** 为中国玻纤股份有限公司控股全球最大玻璃纤维制造商—巨石集团全资子公司。2008 年,进入九江出口加工区,占地 34 公顷。2010 年 7 月,年产 15 万吨无碱玻璃纤维双池窑拉丝生产线、2 万吨节能环保废丝池窑拉丝生产线建成投产。主要生产无碱玻璃纤维直接纱、合股纱、短切原丝和粉(乳)剂短切原丝毡等产品,广泛应用于制造各类型材、管道、压力容器、船体、风力发电叶片、汽车部件、卫浴器具、运动器具、电气设备、印刷电路板等领域,是替代钢材、木材、塑料等理想新型材料,具有良好市场与发展前景。当年,实现年销售收入 7 亿元。

**昌河铃木九江分公司** 位于开发区汽车工业园,是昌河汽车与日本铃木公司合资企业,也是昌河汽车轿车和发动机生产基地。1997 年动工建设,总投资 30 亿元,规划年产汽车 20 万辆、发动机 30 万台。占地面积 85.7 公顷,有员工 1477 人。2005 年,汽车生产线、发动机生产线相继建成投产,至 2010 年,累计生产汽车 12.71 万辆、发动机 36.72 万台。

**九江铨讯电子有限公司** 为台湾股票上市企业—佳能企业股份有限公司之全资子公司,隶属全球主机板市占率第一名及笔记型计算机全球第四名的华硕集团(ASUS Group)旗下。2010 年,在九江出口加工区内建立生产基地,第一期厂房 26000 平方米,总产能下用工需求 3300 人,最大月产能 130万台数码相机。当年获省政府颁发先进企业奖。

**上港集团九江港务公司** 2008 年 2 月,引入上海港务集团参与九江港港口整体改制所成立新公司,其集装箱分公司位于城西港区。集装箱分公司码头总投资 4.47 亿人民币,当年 12 月 27 日竣工,2009 年3 月运营。集装箱分公司码头岸线长 295 米,可常年同时停靠 2 艘 5000 吨级船舶作业,年通过能力 30 万标准箱。库场面积 130463 平方米,4 个箱区可容纳 8375 标准箱。为客户承办海陆多式联运等国际、国内货物装卸、运输、代理业务。

**志高空调(九江)有限公司** 为广东志高空调有限公司投资独立法人子公司。2006 年,志高集团总部将内销空调生产基地由广东内迁九江,位于汽车工业园区。2008 年 12 月正式开工建设,占地面积 20 公顷。是以空调、钣金、喷涂、换热器、塑料件、电机、微电子控制器、变频控制器自制配套生产企业。

**同方电子科技有限公司** 原名江西无线电厂,为研制、生产信息化装备(通信、技侦、电子对抗、卫星导航、频谱管理及应用信息等装备)企业。1998年,加盟清华同方股份有限公司,2010年,更名同方电子科技有限公司,是省高新技术企业、国家火炬计划重点高新技术企业。公司注册资金1.6亿元,有员工近1300人。

**九江绿晶光电科技有限公司** 位于九江出口加工区内,为台商独资企业。项目总投资8000万美元,其中一期投资总额3500万美元,二期投资4500万美元。2010年9月1日绿晶光电正式投产。同年12月,成立九江绿翔光电科技有限公司,注册资本6000万美元。绿晶、绿翔生产区总占地面积11025平方米,有员工220人。

**九江七所精密机电科技有限公司** 位于科技工业园, 前身为中船重工集团公司第707研究所九江分部技术开发中心,是中国船舶重工股份有限公司全资子公司。主要从事流体介质污染控制与工业计量控制产品研发和制造。主要产品有各种高中低压油液过滤器及滤芯、烟草等行业用工业电子皮带秤。产品广泛应用于工程机械、船舶、航空、机车、冶金、烟草、石化、电力等行业。先后推出高精过滤产品、YT8P系列电子皮带秤及工业自动化控制系统等一系列新品,获得国家重点新产品1个,省重点新产品2个,省自主创新新产品3个,专利10项(含发明专利1项)。负责起草和参与10项有关过滤器国家标准编写工作。公司占地面积5.7公顷,建有总面积30000平方米民品产业化和军品加工基地,员工241人,20年间获科研成果奖励70余项,其中,国家科技进步一等奖2项、国防科委科技进步二等奖1项、国家科学大会奖4项、省部级科技进步奖63项,并连续8年获省优秀高新技术企业。

**九江精密测试技术研究所** 位于开发区科技园,隶属中国船舶工业集团公司,是国防科技工业重点保军科研院所,从事精密测试、精密加工、精密测(计)量和试验技术、精密敏感和特种连接技术、精密仪表工艺和先进制造技术研究开发为主业,产品应用于航空、航天、船舶、兵器、民用等领域。为国防科技工业、军队提供装备保障和技术服务科研单位。所内有科研区、试验试制区、老所区(东区、西区),总占地面积320000平方米,资产总值2.26亿元。员工450人,高级专业技术人才60余人,有13人享受国务院政府特殊津贴。"十一五"期间,新签合同、销售收入与"十五"末期2005年相比,年均增长都达到20%,双双超亿元。

**九江德福电子材料有限公司** 2002年10月成立,注册资本1000万元,是一家具有高度自主知识产权高科技民营企业。2008年12月退城进入汽车工业园,占地面积9.8公顷,建筑面积近5万平方米,设计机列48台(套),表面处理线6条。一期投资2.6亿元,建成后产能达1万吨/年。公司专业从事电子铜箔研发、生产与销售业务,产品电子铜箔有规格105、70、35、25、18、12、8微米等,运用于电子、电器基础产业以及新兴能源产业,是电子、电器制造基础材料。公司有员工260人。曾获省优秀企业、百强民营企业、优秀高新技术企业多种称号。

**瀚森科技(江西)有限公司** 为正翰集团投资设立外商独资高科技项目企业,位于九江出口加工区。占地面积5.7公顷。2007年11月成立,总投资1200万美元,注册资本600万美元。项目资金全部由投资方MAXCOMM HOLDINGS LINITED(麦克尔控股有限公司)以自有资本、境外融资和瀚森科技营运获利滚动投入等方式自筹解决。主营业务为GPS导航设备及配件产品。2008年5月投产,当年出口额1200万美元,2009年出口额1500万美元,2010年出口额1800万美元,属区内主要创汇企业。

**九江恒通自动控制器有限公司** 为民营股份制企业, 位于城西港区,2000年11月成立, 总资产3亿元,占地8公顷。主要产品为温控器、水泵、毛细管。产品应用于冰箱、冷柜、饮水机、家用空调、汽车空调、环保空调、油炸锅、电热水器、烤箱、洗衣机、洗碗机等家用电器。年产值达2亿。获市百强民营企业等称号。

**九江汇源食品饮料有限公司** 为北京汇源饮料食品集团有限公司控股公司, 汇源集团上市公司之一。2001年2月8日,修水县政府招商引资引进汇源集团,经市政府批准同意北京汇源集团与修水宁红集团在浔合作办厂。九江汇源有员工200余名。公司有从意大利SIG公司引进PET无菌冷灌装生产线

(生产能力为3.6万瓶/小时)、纯净水、易拉罐、果汁果乐生产线。属世界先进生产工艺,与传统热灌装相比,更大程度上保留果汁原汁原味和营养物质。2004年正式投产,产品主要有500毫升果汁果乐、500毫升和1.5升真系列、1.25升水果丽人系列、320毫升易拉罐及550毫升纯净水等40多个品种。

**九江海天设备制造有限公司** 隶属于中国船舶工业集团公司,为国有独资公司,注册地开发区九瑞大道79号。主要从事船舶特种装置、船用陆用锅炉及船舶配套产品设计、制造、安装。公司占地32.1万平方米,总建筑面积10.5万平方米,拥有各类设备526台套,总装机容量1.7万千瓦,装备复杂系数8308,资产总值3.9亿元,有员工600余人,各类专业技术人员202人。主要产品有一、二、三类压力容器、5~100立方米液化石油气贮罐、医用高压氧舱、船用陆用锅炉、船用空气瓶、海洋水泥罐、石油化工容器及其非标设备、冶金矿山等行业大型非标设备、门座式起重机等民品。军品主要为海军装备现代化服务。在焊接、大型钢结构件制作、机械加工方面具有良好设备优势与技术工艺能力。

**九江赛翡蓝宝石科技有限公司** 2010年成立,由苏州盛康新能源投资管理中心和深圳市迪凯特电池科技有限公司投资建设,位于出口加工区外东外环路1号,占地16.53公顷。公司注册资金5.3亿元,计划总投资30亿元,是一家使用国际先进技术进行蓝宝石晶体产品研发、生产和销售三位一体高科技企业。所生产蓝宝石晶体产品以供应LED产业为主,同时其相关产品可广泛应用于航空航天、精密仪器、特性窗口等高科技行业。公司生产流水线采用全套国际领先加工生产线,量产2吋、4吋、6吋晶棒。

**九江九洲节能环保工程有限责任公司** 2004年入驻出口加工区,项目注册资金1800万元人民币,占地面积8公顷,建有生产厂房3万余平方米,总资产1.5亿元人民币。有员工152人,各专业工程技术人员53人。是集工业节能及污染治理技术研发、装备设计制造、工程承包、工程设计、设备成套、技术服务为一体综合性高新技企业。

**九江中船消防设备有限公司** 隶属中国船舶工业集团公司,系由原九江中船消防设备有限公司(代号458厂)和原九江中船长安消防设备有限公司(代号6502厂)重组国有独资企业,2004年12月,向公司制转型,是国防制造业重点单位之一。公司位于科技园内,总面积19.7公顷。2007年建成投产,总投资9560多万元,形成遥控阀年产20套、灭火装置10000瓶生产能力。有员工446人。

**三诺集团九江尚诺电子有限公司** 隶属于三诺集团三诺电子有限公司旗下。1996年成立,占地面积11.13公顷,3栋厂房总面积17000平方米。主要以生产多媒体音箱产品为主。公司多媒体音频产品主要目标市场依次为个人计算机、DVD、便携式数字音乐压缩播放器(如IPOD、MP3、手机等)、家庭影院、电视机、组合音响、游戏机、其他多媒体设备、汽车等配套多媒体音频产品及多媒体周边设备。

**九江恒盛科技发展有限责任公司** 位于科技园长城路中段、八里湖东北侧。成立于2004年,有员工30余人,是一家综合性专业地产运营公司,主营科技信息服务与科技创业项目咨询、中小企业创业辅导、房屋租赁与转让、物业管理及服务等。依托开发区战略优势、区位优势,以最高效率,最少资源占用量,为入园企业提供全方位、多角度有效服务。

**上港物流(江西)有限公司** 隶属上港集团旗下全资物流公司。组建于2008年年初,2009年6月进驻城西港园区,2010年始运营。公司总资产2.5亿元,占地面积15.07公顷。主要设施有普通仓库1.45万平方米,危险化学品仓库2100平方米,堆场3.6万平方米,重型运输车辆22台;为九江城西港区新建30万标准箱吞吐能力现代化集装箱码头提供配套服务,增强港口辐射能力。公司年设计综合通过能力为集装箱货物129万吨,非集装箱货物86万吨。

**茅山头企业集团公司** 1992年,在原市茅山头综合垦殖场基础上成立(保留"国营九江市茅山头综合垦殖场"牌子)。集团公司主要生产经营针织服装和针织用纱、呢绒加工、三极管、电阻、水产养殖及加工、市场贸易、客运服务和建筑业、房地产开发等。

**九江富和建设投资有限公司** 2005年6月成立,直属九江经济技术开发区管理委员会,是国有独资有限责任公司。2007年后,随着沿江开发战略实施,开发区基础设施建设逐渐向城西港区转移,先后投资建设城西港区光电产业园、城西港区安置小区、赛城湖公园、港城学校等一批生产生活设施,以及九码快速通道、港城大道、滨湖大道等一批基础设施项目。陆续建设两个污水处理厂和一栋综合服务大楼。投资1.9亿元在汽车工业园建设16.6万平方米电子产业园。至2010年底，富和公司已为开发区基础设施等项目投入资金近100亿元。

# 第五章 县(市、区)工业园

## 第一节 浔阳区工业园

### 一、园区设置

2002年6月，为发挥石化工业下游产品资源优势，成立市金鸡石化工业园建设领导小组，在浔阳区下设九江金鸡石化工业园管理委员会，注册成立市金鸡工业园建设有限公司。同年11月，市政府同意在浔阳区建立工业园，并将市金鸡石化工业园更名为九江石化工业园即浔阳区工业园一号园。2007年8月27日，市委、市政府召开浔阳、庐山2区重大项目开发建设办公会议，同意建设浔阳区城东工业基地管委会，下设办公室，为浔阳区工业园三号园。2010年12月13日，浔阳区政府召开政府第28次常务会议通过，正式合并1、3号园，成立浔阳区工业园。

工业园位于浔阳区东部工业区内，属九江经济发展区沿江6板块的金安组团。由九江规划设计院和南昌大学规划设计院进行布局设计，先后经过调整，依据地理位置分为1号地和3号地(2号地被炼油厂800万吨石化扩能改造项目用地征用)，总占地约2.1平方千米，其中工业用地1.2平方千米，商业用地0.3平方千米，仓储、码头、公共设施、道路绿化等用地0.6平方千米。至此，工业园形成"一园两区"发展格局。基础设施完善，配套功能齐全。园区"七通一平"，除基础建设配套设施全部到位外，规划建设写字楼、员工公寓、幼儿园、农贸市场等项目建设。

自2010年项目陆续竣工投产企业7家，完成工业生产总值约8.88亿元，实现税收858.8万元，工业增加值3.09亿元。

**2010年浔阳区工业园主要经济指标一览**

表28-5-1　　单位：平方千米、亿元、万元、个、人

| 年 份 | 开发面积 | 基础设施投入 | 工业总产值 | 产品销售收入 | 利税总额 | 入园企业 | 从业人员 |
|---|---|---|---|---|---|---|---|
| 2010 | 2.1 | 3 | 8.8 | 11 | 858.8 | 24 | 1392 |

### 二、产业定位

工业园明确两大产业定位。即依托石化、国电发展石化关联产业，依托石化总厂下游产品延伸产业链，招商引进一批精细化工大项目落户；依托沿江、码头，发展现代物流。

### 三、入园企业

工业园入驻工业企业，发展至2009年，有入园项目12家，2010年增至24家，主要行业为石化关联产业项目、大型物流项目和科技制造项目等。

## 2008~2010年浔阳区工业园投产主要工业企业一览

表28-5-2　　单位:公顷、亿元、人

| 企业名称 | 投产年份 | 投资总额 | 占地面积 | 主要产品产量 | 年主营业务收入 | 就业人数 |
|---|---|---|---|---|---|---|
| 江西德丰混凝土有限公司 | 2008 | 1.20 | 3.3 | 商品混凝土 | 1.2 | 100 |
| 江西金鑫有色金属有限公司 | 2009 | 1.20 | 2.1 | 氧化钽,氧化铌 | 5 | 65 |
| 九江中煜程塑业有限公司 | 2010 | 1.68 | 6.7 | PE管材 | 3 | 85 |
| 九江鸿利达复合材料制造有限公司 | 2010 | 1.00 | 2.2 | 防静电耐高温板、FR4阻燃绝缘板 | 1.2 | 50 |
| 九江齐鑫化工有限公司 | 2010 | 6.60 | 18.9 | 甲基叔丁基醚、叔丁醇和醋酸仲丁酯 | 16 | 62 |
| 九江华新混凝土有限公司 | 2010 | 1.50 | 3.1 | 商品混凝土 | 2 | 115 |
| 市九星运动用品有限公司 | 2010 | 1.00 | 1.3 | 木制运动器材 | 1 | 50 |
| 江西广灵医药有限公司 | 2010 | 1.10 | 1.6 | 中药饮片 | 1.4 | 35 |
| 中铁九桥工程有限公司 | 2010 | 1.20 | 3.7 | 大型工程机械、盾构机 | 1.5 | 800 |
| 江西鑫国立医药有限公司 | 2010 | 1.00 | 1.3 | 牵引床、牵引椅 | 1.5 | 30 |

## 2010年浔阳区工业园在建重大工业项目一览

表28-5-3　　单位:亿元、公顷

| 企业名称 | 签约年份 | 投资总额 | 占地面积 | 主要产品 | 预计年主营业务收入 | 预计年税收 |
|---|---|---|---|---|---|---|
| 江西德丰混凝土有限公司 | 2009 | 1.00 | 1.3 | 磁性材料 | 0.50 | 0.12 |
| 九江新雪域置业有限公司 | 2009 | 10.00 | 12.5 | 经营冷冻食品和仓储物流 | 50.00 | 0.38 |
| 市琵琶湖农产品物流有限公司 | 2009 | 2.25 | 10.1 | 经营蔬菜、鲜活水产和禽蛋批发等 | 28.00 | 0.10 |
| 九江恒达精密金属加工有限公司 | 2010 | 1.05 | 1.2 | 家用电器恒温控制器和零部件及汽车金属精密冲压件 | 1.00 | 0.30 |
| 九江钒宇新材料有限公司 | 2010 | 1.00 | 2.0 | 钒氮合金 | 1.28 | 0.06 |
| 九江杰尼新材料有限公司 | 2009 | 1.50 | 4.7 | 硬质合金粉末 | 2.00 | 0.08 |
| 江西津晶城实业有限公司 | 2010 | 3.00 | 6.4 | 高新技术企业孵化基地 | 2.00 | 0.15 |
| 金旺达石化有限公司 | 2010 | 3.80 | 10.0 | 液化气芳构化 | 12.00 | 0.78 |
| 九江长东物流有限公司 | 2010 | 2.58 | 10.0 | 物流 | 0.40 | 0.08 |
| 江西新立基沥青有限公司 | 2010 | 2.00 | 7.3 | 生产润滑油、燃料油、沥青 | 10.00 | 0.10 |
| 市旭日电子有限公司 | 2010 | 0.60 | 1.3 | 线缆、塑胶制品 | 0.80 | 0.02 |
| 浔阳区工业园综合码头 | 2010 | 0.50 | 2.2 | 航道综合码头 | | |

# 第二节 庐山区工业园

## 一、园区设置

**庐山区生态工业城** 区工业园区由“一城二基地”组成:即庐山区生态工业城、城东港区化纤工业基地、城东港区沿江工业基地(含五里循环经济产业园)。

庐山区生态工业城前身为市汽车工业园,成立于2002年7月,占地面积3.3平方千米,最初按省级工业园区标准设计规划,方案由同济大学完成,计划建成为市首个以汽车工业为主导产业先进工业园区,是庐山区第一个工业发展平台。2004年,市成立经济技术开发区,行政区划变更,原属汽车工业园区大部分地域被划归到开发区范围内,园区范围减少为1.7平方千米,庐山区政府对地块进行重新规划调整,成立生态工业城,以机械制造、电子仪器、纺织服装、食品加工为主要支柱。2007年,全面完成主干道建设和平整项目用地;2008~2010年,陆续完善项目区基础设施建设,完成园区绿化、辅道、路灯等设施建设。

**城东港区化纤纺织工业基地** 2007年底,在姑塘镇项目区开工兴建。拥有8千米鄱湖岸线,水、陆交通便捷。2008年7月,城东港区化纤纺织工业基地获省发改委“九江化纤纺织产业基地”批复。基地总规划面积20平方千米,其中工业集中区12.5平方千米,商贸居住区1.5平方千米,生态走廊6平方千米。至2010年,建成道路10条和供水管网,园区日处理8万吨污水处理厂一期(日处理2万吨)工程和日供天然气60万方天然气站。基地配套建设1.3平方千米集商贸、居住、休闲等功能于一体滨湖新城和12万平方米公租房、学校、医院、公园等生活配套设施。

**城东港区工业园沿江基地** 1997年4月设立,名为庐山区油化工产业基地,1998年10月,改为庐山区沿江工业基地,2010年,更名城东港区工业园沿江基地。基地拥有长江深水岸线15千米,鄱阳湖岸线32千米。港区总规划面积125平方千米,规划开发42平方千米。至2010年,基础建设完成投资9.8亿元,园区开发11平方千米,建成10条道路26千米,形成六纵四横整体路网格局;铺设供、排水管道55.1千米,日处理10万吨污水处理厂一期2.5万吨亦投入试运行;3个5000吨级泊位码头投入使用。此外,配套2平方千米临港新城区投入资金4亿元,重点推进行政、服务、商业、安置四大中心建设,公租房、便民服务中心、文体中心、学校、医院等15个项目陆续启动或已竣工。

**2005~2010年庐山区工业园生态工业城主要经济指标一览**

表28-5-4 单位:平方千米、亿元、个、人

| 年份 | 开发面积 | 基础设施投入 | 工业总产值 | 产品销售收入 | 利税总额 | 入园企业 | 从业人员 |
|---|---|---|---|---|---|---|---|
| 2005 | 1.7 | 0.70 | 1.21 | 1.08 | 0.0542 | 7 | 985 |
| 2006 | 1.7 | 0.60 | 2.09 | 1.98 | 0.0937 | 16 | 1327 |
| 2007 | 1.7 | 0.80 | 3.13 | 2.91 | 0.14 | 38 | 1884 |
| 2008 | 1.7 | 0.36 | 7.50 | 7.12 | 0.30 | 54 | 3963 |
| 2009 | 1.7 | 0.15 | 11.00 | 10.30 | 0.426 | 53 | 5020 |
| 2010 | 7.6 | 5.33 | 109.00 | 102.90 | 3.44 | 66 | 11800 |

## 二、产业定位

**庐山区生态工业城** 初步形成机械加工(以财兴五金、新联传动为代表)、电子仪表(以山水光电、精达检测为代表)、纺织服装(以佳号纺织、啄木鸟服装为代表)、食品加工(以金帆食品、金樱食品为代表)四大产业为主导的产业群。

**城东港区化纤纺织工业基地** 建设以来,基本形成“三个产业、一主两副”,即以化纤纺织为主导,精细化工和机电电子为补充的产业格局。

**城东港区工业园沿江基地** 经过数次调整,逐步形成4个区域:工业聚集区、码头物流区、临港新城区、生态旅游区。至2010年,有666.7公顷左右待开发工业用地。

## 三、入园企业

**庐山区生态工业城** 2002年,入驻企业5家。2003年,入驻企业13家,投产6家,规模以上企业2家。2008年,入驻企业46家,其中投产企业38家,规模以上企业7家。2009年,入驻企业50家,其中投产企业49家,规模以上企业9家。至2010年年底,共有签约入园企业56家,另有租赁厂房生产企业14家,其中亿元以上项目4家,投资5000万元至1亿元项目2家,园区企业投产率达99%。

**城东港区化纤纺织工业基地** 至2010年,入驻工业企业18家,其中百亿项目1个,即九江恒生大化纤项目;5亿元以上企业5家,亿元以上企业7家;已投产企业7家,累计实现税收过1亿。

**城东港区工业园沿江基地** 至2010年,入园企业15家。

2003~2008年庐山区工业园投产主要工业企业一览

表28-5-5　　单位:亿元、公顷、人

| 企业名称 | 投产年份 | 投资总额 | 占地面积 | 主要产品产量 | 年主营业务收入 | 就业人数 |
|---|---|---|---|---|---|---|
| 九江财兴卫浴实业有限公司 | 2003 | 1.5 | 8.3 | 五金卫浴配件120万件 | 4.0 | 1200 |
| 九江新联传动机械有限公司 | 2006 | 0.7 | 1.3 | 传动机械2万件 | 0.6 | 140 |
| 江西科茵格沥青有限公司 | 2007 | 1.2 | 10.0 | 乳化沥青 | 7.8 | 45 |
| 佳号(江西)轻纺有限公司 | 2008 | 1.9 | 10.2 | 6万锭棉纱 | 2.0 | 350 |
| 江西中船航海仪器有限公司 | 2008 | 1.1 | 8.6 | 船舶用燃烧器 | 1.0 | 340 |
| 九江精达检测技术有限公司 | 2008 | 0.8 | 5.5 | 精密测试仪器 | 1.0 | 150 |
| 江西山水光电科技有限公司 | 2008 | 1.0 | 2.0 | 光电通信设备 | 0.8 | 150 |
| 九江恒泰自动控制器有限公司 | 2008 | 0.8 | 2.7 | 温控器20万件 | 0.6 | 210 |
| 九江天然气有限公司 | 2009 | 1.0 | 0.7 | 天然气供气 | 3.0 | 20 |
| 九江诺贝尔陶瓷有限公司 | 2009 | 20.0 | 100.0 | 陶瓷 | 30.0 | 1544 |
| 九江展宏纸塑制品有限公司 | 2009 | 1.0 | 3.1 | 纸箱和泡沫塑料 | 1.5 | 80 |
| 江西省天然气有限公司 | 2010 | 0.5 | 0.4 | 天然气供气 | 4.0 | 13 |
| 赛得利江西化纤有限公司 | 2010 | 27.0 | 45.3 | 差别化粘胶短纤维 | 38.0 | 840 |
| 金源化纤有限公司 | 2010 | 4.5 | 80.0 | 差别化粘胶长短纤维 | 8.0 | 2100 |
| 九江嘉盛粮油有限公司 | 2010 | 2.7 | 8.7 | 粮油 | 20.0 | 185 |
| 中粮粮油九江有限公司 | 2010 | 7.0 | 10.5 | 粮油 | 25.0 | 320 |

## 2010年庐山区工业园在建重大工业项目一览

表28-5-6　　单位:亿元、公顷

| 企业名称 | 签约年份 | 投资总额 | 占地面积 | 主要产品 | 预计年主营业务收入 | 预计年税收 |
|---|---|---|---|---|---|---|
| 江西大唐化学有限公司 | 2007 | 5.50 | 20.0 | 氢氟酸、有机无机氟化工产品 | 5.00 | 0.37 |
| 信安实业有限公司 | 2009 | 1.00 | 1.0 | 挖掘机械设备制造、维修及零部件加工 | 0.85 | 0.08 |
| 江苏康扬化工储运有限公司 | 2009 | 5.00 | 30.0 | 化工储运项目。 | 100.00 | 0.40 |
| 江西天石电子股份有限公司 | 2009 | 2.00 | 1.0 | 双多面线路板 | 3.80 | 0.50 |
| 九江贝特尔机电有限公司 | 2009 | 6.75 | 30.0 | 重型机械制造 | 10.00 | 0.75 |
| 九江精达精密仪器测试技术有限公司 | 2009 | 1.20 | 5.5 | 主要生产制造精密仪器 | 0.80 | 0.04 |
| 九江财兴五金机电厂 | 2009 | 1.30 | 6.4 | 技改项目。五金加工项目卫浴配件毛坯 | 2.00 | 0.12 |
| 九江诺贝尔陶瓷有限公司 | 2009 | 5.00 | 46.7 | 技改项目。中高档瓷砖生产(二期) | 10.00 | 0.50 |
| 深圳欣达电子科技有限公司（美凯宝包装） | 2009 | 0.35 | 0.5 | 主要经营各种录放机、DVD视盘生产及加工罐状包装物 | 1.80 | 0.31 |
| 市佑美医药有限公司（替换万达玻纤项目） | 2009 | 0.35 | 0.5 | 医药物流 | 0.80 | 0.05 |
| 九江东诚玻纤有限公司 | 2009 | 0.50 | 1.6 | 玻纤制品 | 1.00 | 0.08 |
| 九江华兴玻璃纤维厂 | 2009 | 0.38 | 1.3 | 玻纤制品 | 0.80 | 0.05 |
| 江西双欧科技有限公司 | 2010 | 1.50 | 2.3 | 新型环保防火隔热保温建材 | 2.00 | 0.20 |
| 九江润泽源粮油发展有限公司 | 2010 | 1.00 | 2.0 | 主要生产精炼米糠油,压缩板 | 2.00 | 0.02 |
| 九江维科印染有限公司 | 2009 | 3.20 | 13.4 | 技改、退城进园项目。维科印染退城进园 | 5.00 | 0.16 |
| 九江维科针织有限公司 | 2009 | 2.00 | 6.7 | 技改、退城进园项目。生产高档针织服装及面料 | 4.00 | 0.10 |
| 温州市农产联控股有限公司 | 2010 | 1.20 | 6.7 | 技改、退城进园项目。九江啤酒厂生产退城进园 | 1.80 | 0.034 |
| 市金鼎投资有限公司 | 2010 | 1.00 | 3.3 | 主要从事五金制品的制造销售 | 1.00 | 0.08 |
| 威海泓泰电子科技有限公司 | 2010 | 1.50 | 2.0 | 主要为昌河汽车生产配套产品 | 2.00 | 0.16 |
| 九江东顺实业有限公司 | 2010 | 3.66 | 5.3 | 生产珠宝展柜展台、珠宝道具、模具及配套生产车间和展示大厅,配套商住商铺建设 | 26.00 | 0.30 |
| 九江华力商品混凝土有限公司 | 2010 | 1.20 | 3.3 | 九江华力商品混凝土 | 1.50 | 0.15 |
| 佳号(江西)轻纺有限公司 | 2010 | 1.50 | 10.2 | 技改项目。新上6万绽紧密纺项目,配套建设仓储有限公司、纺织品贸易有限公司、物流公司和商务中心 | 10.00 | 0.50 |
| 省科院生物技术有限责任公司（年初列为计划开工项目,目前已正式开工） | 2010 | 5.00 | 18.0 | 省科学院L-乳酸高新技术产业项目 | 0.5056 | 0.1443 |
| 九江百盛金属电子材料有限公司 | 2010 | 0.30 | 0.3 | 温控器配件 | 0.50 | 0.06 |

# 第三节 九江县工业园

## 一、园区设置

工业园由沙城工业区和赤湖工业区组成,规划总面积50平方千米。其中,沙城工业区于2002年9月经市政府批准成立,总规划面积10平方千米;赤湖工业区,总规划面积40平方千米。2009年5月赤湖产业区纳入沙城工业园管理,创设"一办两局"模式。至2010年,实际总体开发面积6平方千米。

2002~2010年九江工业园主要经济指标一览

表28-5-7　　单位:平方千米、亿元、万元、个、人

| 年 份 | 开发面积 | 基础设施投入 | 工业总产值 | 产品销售收入 | 利税总额 | 入园企业 | 从业人员 |
|---|---|---|---|---|---|---|---|
| 2002 | 0.29 | 0.814 | 0.87 | 0.85 | 501 | 6 | 560 |
| 2003 | 0.67 | 2520 | 3.10 | 3.02 | 987 | 20 | 1500 |
| 2004 | 1.13 | 3.350 | 6.90 | 6.79 | 3259 | 40 | 3000 |
| 2005 | 1.57 | 3400 | 8.90 | 8.90 | 3820 | 50 | 4500 |
| 2006 | 1.90 | 3025 | 12.80 | 11.56 | 6080 | 20 | 6050 |
| 2007 | 2.22 | 2132 | 22.10 | 22.20 | 2379 | 85 | 8100 |
| 2008 | 3.00 | 2421 | 31.20 | 30.50 | 6325 | 100 | 9500 |
| 2009 | 3.35 | 2575 | 42.50 | 43.90 | 2905 | 110 | 10538 |
| 2010 | 3.61 | 4591 | 55.00 | 70.20 | 4652 | 120 | 18758 |

## 二、产业定位

工业园区围绕轻工制造(重点发展皮制品和纺织服装产业)、高新科技(重点发展太阳能光伏光电产业)、新型材料、精细化工、绿色食品五大产业,全力以赴抓招商,延伸产业链条。

## 三、入园企业

2003年始,先后引进投资2.8亿元江西博莱大药厂、投资1亿元江西创银电子科技有限公司,2005年,加大开发赤湖工业园区力度,入园企业增加到50家。2008年,入园企业突破100家。至2010年,入园企业120个,其中已投产79个。

2003~2010年九江县工业园投产主要工业企业一览

表28-5-8　　单位:亿元、公顷、人

| 企业名称 | 投产年份 | 投资总额 | 占地面积 | 主要产品产量 | 年主营业务收入 | 就业人数 |
|---|---|---|---|---|---|---|
| 江西博莱大药厂 | 2003 | 2.8 | 6.7 | 兽 药 | 1.2 | 120 |
| 江西创银电子科技有限公司 | 2003 | 1.0 | 4.0 | 变压器 | 1.5 | 336 |
| 江西仙客来生物科技有限公司 | 2004 | 1.2 | 2.0 | 食用菌 | 0.8 | 105 |
| 九江鑫山水泥有限公司 | 2005 | 5.0 | 16.7 | 水 泥 | 3.5 | 120 |
| 华林特钢集团有限公司 | 2005 | 3.5 | 6.6 | 特殊钢 | 2.5 | 210 |
| 九江达佳棉纺织有限公司 | 2005 | 1.2 | 2.7 | 棉 纱 | 3.1 | 853 |
| 九江江南生物能源有限公司 | 2008 | 1.5 | 2.7 | 生物柴油 | 1.0 | 60 |

续表 28-5-8

| 企业名称 | 投产年份 | 投资总额 | 占地面积 | 主要产品产量 | 年主营业务收入 | 就业人数 |
|---|---|---|---|---|---|---|
| 江西创基管桩有限公司 | 2009 | 2.5 | 7.5 | 建筑管桩 | 1.2 | 100 |
| 九江博莱肉类食品有限公司 | 2009 | 1.2 | 3.3 | 肉类食品 | 0.5 | 50 |
| 江西衡达化工有限公司 | 2010 | 1.5 | 4.0 | 塑化材料 | 1.0 | 60 |
| 九江沃鑫化工有限公司 | 2010 | 1.2 | 2.7 | 医药中间体 | 0.5 | 50 |
| 九江金巢彩涂钢板有限公司 | 2010 | 1.2 | 3.3 | 彩涂钢板 | 0.7 | 40 |
| 九江安正再生资源有限公司 | 2010 | 1.0 | 3.3 | 再生原料油 | 0.6 | 60 |

## 2010 年沙城工业园在建重大工业项目一览

表 28-5-9　　单位：亿元、公顷

| 企业名称 | 签约年份 | 投资总额 | 占地面积 | 主要产品 | 预计年主营业务收入 | 预计年税收 |
|---|---|---|---|---|---|---|
| 江西达佳纺织有限公司 | 2009 | 2.0 | 3.3 | 棉 纱 | 2.0 | 0.10 |
| 江西东正木业有限公司 | 2009 | 5.0 | 7.0 | 中/高密度板 | 6.0 | 0.30 |
| 江西衡达化工有限公司 | 2009 | 1.5 | 4.0 | 塑化材料 | 1.0 | 0.03 |
| 江西华琛玻璃纤维有限公司 | 2010 | 0.5 | 1.3 | 玻璃纤维 | 1.0 | 0.06 |
| 江西信尔诚动物药业有限公司 | 2010 | 1.6 | 3.3 | 生物制药及配套彩印项目 | 2.0 | 0.12 |
| 江西雄基建设集团有限公司 | 2009 | 5.0 | 8.5 | 建筑钢架及钢结构 | 6.0 | 0.20 |
| 九江安正再生资源有限公司 | 2009 | 1.0 | 3.3 | 再生原料油 | 0.6 | 0.05 |
| 九江邦利益康科技有限公司 | 2009 | 8.0 | 10.0 | 绿色除菌日化用品 | 5.0 | 1.00 |
| 九江长基建材有限公司 | 2010 | 0.8 | 2.0 | 商品混凝土 | 1.5 | 0.08 |
| 九江丰德汇机械制造有限公司 | 2010 | 1.0 | 3.3 | 空调压缩机缸体及配件 | 1.2 | 0.10 |
| 九江海源化工有限公司 | 2009 | 1.0 | 2.7 | 塑化化工制品 | 0.6 | 0.06 |
| 九江恒兴泰机械制造有限公司 | 2009 | 0.5 | 1.7 | 用电增容变压器 | 0.6 | 0.03 |
| 九江华廷实业有限公司 | 2010 | 1.0 | 1.7 | 电表电器生产 | 1.0 | 0.05 |
| 九江汇泉生物工程有限公司 | 2009 | 6.0 | 7.3 | 食用酒精 | 3.0 | 0.10 |
| 九江金巢彩涂钢板有限公司 | 2010 | 1.2 | 3.3 | 彩涂钢板 | 0.7 | 0.05 |
| 九江欧陆建筑材料有限公司 | 2010 | 0.6 | 2.0 | 混凝土及管桩 | 1.0 | 0.05 |
| 九江胜达金属制品有限公司 | 2009 | 0.6 | 2.7 | 金属制品 | 1.0 | 0.04 |
| 九江思科防水有限公司 | 2010 | 1.0 | 2.0 | 高分子防水材料 | 0.5 | 0.06 |
| 九江沃鑫化工有限公司 | 2009 | 1.2 | 2.7 | 医药中间体 | 0.5 | 0.03 |
| 九江污水处理厂 | 2009 | 0.5 | 1.3 | 日处理污水 | | |
| 九江县新合工业集聚区有限公司 | 2008 | 2.0 | 6.7 | 标准厂房 | 3.0 | 0.15 |
| 九江益君桃源酒店有限公司 | 2010 | 1.2 | 1.3 | 酒店经营管理 | 2.0 | 0.15 |
| 九江远东艳雨有限公司 | 2010 | 1.0 | 2.7 | 高密度纤维板 | 0.6 | 0.05 |
| 威发国际(香港)公司 | 2010 | 5.0 | 6.7 | LED 节能灯项目 | 2.0 | 0.08 |

## 第四节　德安县工业园

### 一、园区设置

原称德安县宝塔工业园区，位于德安县南部，地处昌九高速公路和105国道交汇处，京九铁路依园区而过。2006年3月，被省政府批准为省级工业园区，更名江西德安工业园区。同年被省科学技术厅批准为省级民营科技园，纳入省产业经济“十百千亿工程”。工业园区以昌九高速公路为轴，分东、西两区，总体规划面积2010年调整为20平方千米，按工业化、城市化要求进行设计。园区自创建以来，县委、县政府始终把建设园区作为加快县域经济发展的“一号工程”来抓，产业快速集聚，特色鲜明，形成纺织、服装、电子、食品四大支柱产业。2010年，被列为省级生态工业园区创建试点单位。

**2002~2010年德安工业园区主要经济指标一览**

表28-5-10　　单位：平方千米、亿元、万元、个、人

| 年 份 | 开发面积 | 基础设施投入 | 工业总产值 | 产品销售收入 | 利税总额 | 入园企业 | 从业人员 |
|---|---|---|---|---|---|---|---|
| 2002 | 0.60 | 0.40 | 0.02 | 0.02 | 218.6 | 10 | 300 |
| 2003 | 0.99 | 0.72 | 2.14 | 2.10 | 3778.0 | 40 | 4600 |
| 2004 | 1.40 | 1.60 | 11.42 | 11.20 | 12999.0 | 86 | 13166 |
| 2005 | 1.86 | 2.40 | 17.96 | 17.62 | 17168.0 | 103 | 15936 |
| 2006 | 1.86 | 2.90 | 25.95 | 25.44 | 21380.0 | 121 | 17360 |
| 2007 | 2.80 | 0.90 | 40.63 | 39.80 | 28197.0 | 125 | 14562 |
| 2008 | 2.80 | 2.30 | 40.61 | 39.80 | 26770.9 | 136 | 14426 |
| 2009 | 6.95 | 1.25 | 54.85 | 53.60 | 28349.0 | 142 | 16572 |
| 2010 | 6.95 | 1.10 | 81.70 | 81.20 | 64573.0 | 156 | 21810 |

### 二、产业定位

园区以纺织服装(医用敷料)、五金建材、机械电器、食品医药“四大产业”定位发展。纺织服装(医用敷料)产业以塑丽龙纺织、新鑫城纺织、立峰纺织、欣宁制衣、美宝利为龙头，纺织规模达100万纱锭，服装年加工能力达3000万(件)套；精密五金产业以庆腾五金、正通铭公司、有德五金为龙头，其中庆腾五金年产1.5万吨园林工具及园林机械，已被列为省100个投资亿元以上重点项目之一；机械电器产业以妙士酷实业、通达电器、东洋电器为龙头，年产电子温控器2600万余只，是全国温控器重要生产基地之一；绿色食品产业以上好佳食品、鸿立食品为龙头，其中上好佳食品是国内外知名企业，产品远销国内外。

### 三、入园企业

**2002~2010年德安县工业园投产主要工业企业一览**

表28-5-11　　单位：亿元、公顷、人

| 企业名称 | 投产年份 | 投资总额 | 占地面积 | 主要产品 | 年主营业务收入 | 就业人数 |
|---|---|---|---|---|---|---|
| 江西天下实业有限责任公司 | 2002 | 0.50 | 1.2 | 服 装 | 6.10 | 870 |
| 江西新明纺织有限公司 | 2003 | 0.36 | 1.5 | 棉 纱 | 0.84 | 318 |
| 江西达晟纺织有限公司 | 2003 | 0.44 | 3.6 | 棉 纱 | 0.98 | 390 |

续表 28-5-11

| 企业名称 | 投产年份 | 投资总额 | 占地面积 | 主要产品 | 年主营业务收入 | 就业人数 |
|---|---|---|---|---|---|---|
| 九江鑫城纺织有限公司 | 2003 | 15.4 | 15.2 | 棉 纱 | 0.83 | 390 |
| 江西通达电器有限公司 | 2003 | 0.50 | 0.7 | 温控器 | 3.20 | 392 |
| 江西欣宁制衣有限公司 | 2004 | 0.24 | 2.5 | 棉 纱 | 3.30 | 608 |
| 江西百胜纺织有限公司 | 2004 | 2350 | 1.3 | 棉 纱 | 6.13 | 645 |
| 德安华丰纺织有限公司 | 2004 | 0.24 | 1.0 | 棉 纱 | 6.56 | 580 |
| 市恒丰喷胶棉织造有限公司 | 2004 | 0.60 | 3.0 | 喷胶棉 | 5.87 | 380 |
| 江西利和电器有限责任公司 | 2004 | 0.80 | 0.7 | 温控器 | 5.06 | 387 |
| 九江东洋空调离合器有限责任公司 | 2004 | 0.50 | 0.5 | 温控器 | 2.80 | 286 |
| 九江鸿立食品有限公司 | 2004 | | 0.3 | 姜制品 | 4.89 | 438 |
| 德安京昌电气有限公司 | 2005 | 0.60 | 1.2 | 温控器 | 0.67 | 518 |
| 江西亚西尔电器有限公司 | 2005 | 1.10 | 1.4 | 空调配件 | 5.73 | 325 |
| 江西永华纺织有限公司 | 2006 | 0.30 | 1.2 | 棉 纱 | 7.17 | 416 |
| 江西上好佳食品工业有限公司 | 2006 | 0.50 | 7.8 | 膨化食品 | 1.63 | 455 |
| 江西立峰纺织有限公司 | 2008 | 0.80 | 6.7 | 棉 纱 | 0.52 | 221 |
| 德安义门陈针织实业有限公司 | 2010 | 0.20 | 0.7 | 服 装 | 2.22 | 162 |
| 德安县塑丽龙纺织有限公司 | 2010 | 9.60 | 12.8 | 生物蚊帐 | 0.29 | 230 |

**2010 年德安县工业园在建重大工业项目一览**

表 28-5-12　　单位：亿元、公顷

| 企业名称 | 签约年份 | 投资总额 | 占地面积 | 主要产品 | 预计年主营业务收入 | 预计年税收 |
|---|---|---|---|---|---|---|
| 九江海杰实业有限公司 | 2008 | 1.10 | 29.4 | 蛋粉加工 | 2.00 | 1.10 |
| 九江妙士酷实业有限公司 | 2009 | 1.20 | 28.7 | 汽车配件 | 1.00 | 0.60 |
| 正通铭金属(江西)有限公司 | 2009 | 1.20 | 55.4 | 铜铝材加工 | 1.00 | 0.70 |
| 九江松星电器有限公司 | 2009 | 1.20 | 24.0 | 五金朔模 | 0.90 | 0.50 |
| 江西隆世光伏电源科技有限公司 | 2010 | 1.10 | 29.4 | 太阳能路灯 | 0.90 | 0.45 |
| 九江新鑫城纺织有限公司 | 2010 | 1.70 | 83.6 | 棉 纱 | 1.10 | 0.70 |
| 江西上好佳彩印包装有限公司 | 2010 | 1.60 | 53.0 | 彩印包装 | 1.00 | 0.60 |
| 九江有德五金有限公司 | 2009 | 1.20 | 100.0 | 五 金 | 0.80 | 0.50 |
| 江西柳林机械有限公司(二期) | 2010 | 5.20 | 30.4 | 收割机 | 0.70 | 0.40 |
| 江西爵士鹰服装有限公司 | 2010 | 1.20 | 24.9 | 服 装 | 0.80 | 0.40 |
| 九江庆腾五金有限公司 | | 5.00 | 109.0 | 园林工具 | 6.00 | 3.10 |
| 德安恒通纺织有限公司 | 2010 | 1.50 | 20.3 | 棉 纱 | 0.90 | 0.50 |
| 德安盛源科技有限公司 | 2009 | 1.00 | 30.6 | 防盗门 | 0.80 | 0.40 |
| 江西南方矿山机械有限责任公司 | 2009 | 1.10 | 44.5 | 矿山设备 | 0.80 | 0.60 |
| 江西趣美滋巧食品有限公司 | 2010 | 1.20 | 35.8 | 巧克力 | 0.90 | 0.40 |
| 德安塑丽龙纺织有限公司 | 2009 | 11.0 | 128.2 | 蚊 帐 | 12.00 | 9.00 |

续表 28-5-12

| 企业名称 | 签约年份 | 投资总额 | 占地面积 | 主要产品 | 预计年主营业务收入 | 预计年税收 |
|---|---|---|---|---|---|---|
| 德安大地红酒业有限公司 | 2009 | 1.20 | 36.4 | 黄　酒 | 1.50 | 0.75 |
| 江西美宝利医用敷料有限公司(二期) | 2009 | 1.20 | 16.0 | 纱　布 | 1.40 | 0.75 |
| 江西俞乐玻璃有限公司 | 2009 | 1.10 | 10.1 | 玻　璃 | 0.90 | 0.40 |
| 江西天禧电器有限公司 | 2009 | 0.45 | 18.8 | 家用生活电器 | 0.50 | 0.05 |
| 江苏南通兴利恒特种变压器有限公司 | 2009 | 0.60 | 20.0 | 变压器 | 0.49 | 0.05 |
| 九江东洋精密机械有限公司 | 2009 | 0.60 | 13.2 | 离合器 | 0.50 | 0.05 |
| 德安三九建材有限公司 | 2010 | 0.60 | 10.0 | 建　材 | 0.50 | 0.05 |
| 江西瑞春电力设备有限公司 | 2009 | 0.60 | 15.3 | 电线电缆 | 0.50 | 0.05 |
| 江西多元乐食品有限公司 | 2010 | 0.95 | 11.0 | 生姜制品 | 0.80 | 0.60 |
| 德安三九赣粤混凝土有限公司 | 2010 | 0.50 | 13.0 | 商品砼 | 0.50 | 0.05 |

## 第五节　永修县工业园

### 一、园区设置

园区前身为江西星火高新技术开发区和云山经济技术开发区。云山经济开发区主要沿福银高速公路和京九铁路之间开发建设，南距南昌 40 千米、昌北机场 18 千米，北至九江 70 千米、九江出口加工区 60 千米，京九铁路、昌九高速公路、105 国道、316 国道绕区而过，修、潦水系直达长江，地理位置优越，交通运输便利，面积 46 平方千米。2006 年 5 月 9 日，经国家发改委和省政府审核批准，与星火高新技术开发区整合，冠名为江西永修云山经济开发区(加挂江西永修星火经济开发区牌子)，享受省级开发区管理权限。永修云山经济开发区下设星火工业园、云山工业园和城南工业园，形成“一区三园”格局。

2008~2010 年永修县工业园主要经济指标一览

表 28-5-13　　单位：平方千米、亿元、万元、个、人

| 年　份 | 开发面积 | 基础设施投入 | 工业总产值 | 产品销售收入 | 利税总额 | 入园企业 | 从业人员 |
|---|---|---|---|---|---|---|---|
| 2008 | 5.10 | 0.40 | 633845 | 613812 | 74617 | 69 | 11155 |
| 2009 | 7.10 | 3.20 | 826807 | 824559 | 91934 | 77 | 12272 |
| 2010 | 8.40 | 7.60 | 1182783 | 1181039 | 132394 | 82 | 18078 |

### 二、产业定位

园区初步形成“五大龙头，五大产业”格局，即以江西星火有机硅厂为龙头的非金属新材料(有机硅)产业，以九江金凤凰装饰材料有限公司为龙头的新型建材产业，以江西银河表计股份有限公司为龙头的新型电子产业，以江西泽晖纸业有限公司为龙头的新型特种纸产业，以江西中科合臣实业有限公司为龙头的新型仿生制药产业。在空间格局上，每个工业园产业定位各有特点：星火工业园以打造氟、硅产业基地和国家级循环经济示范园区为目标，立足产业招商，重点发展以有机硅单体及其相关联上下游化工产业；云山工业园重点发展有机食品、生物制药、纺织服装、新型建材等产业；城南工业园重点发展机械电子、办公文具、仓储物流等产业。

2009 年，全县新开工亿元项目 10 个，新开工 3000 万元以上项目 25 个，新投产 3000 万元以上项目 13 个。2010 年，全县新开工亿元项目 13 个，新开工 3000 万元以上项目 20 个，新投产亿元项目 9 个，

3000万元以上项目9个。

## 三、入园企业

2009年,园区入园企业112家,其中投产企业83家,规模以上企业50家,在建企业14家。2010年,园区入园企业增至124家,其中投产企业88家,规模以上企业57家,在建企业27家。

### 2002~2010年永修县工业园投产主要工业企业一览

表28-5-14　　　　单位:亿元、公顷、人

| 企业名称 | 投产年份 | 投资总额 | 占地面积 | 主要产品 | 年主营业务收入 | 就业人数 |
|---|---|---|---|---|---|---|
| 蓝星化工新股份有限公司江西星火有机硅厂 | 2002 | | 279.3 | 有机硅单体 | 14.20 | 2004 |
| 江西众心药业有限公司 | 2002 | 0.50 | 6.4 | 小儿氨氛黄那敏、小儿感冒片、妇炎净片 | 0.52 | 291 |
| 江西天虹纸业有限公司 | 2002 | 0.30 | 13.3 | 机制纸 | 0.46 | 288 |
| 江西星火狮达科技有限公司 | 2002 | 0.23 | 3.0 | 2#防水剂、甲基硅酸一甲、含H单体 | 3.20 | 289 |
| 江西昌宁化工有限责任公司 | 2002 | 1.10 | 10.0 | 高效汽油抗爆剂 | 0.59 | 194 |
| 江西三木制造有限公司 | 2004 | 0.40 | 6.1 | PP办公用品 | 0.21 | 176 |
| 江西七娃食品有限公司 | 2004 | 0.46 | 4.0 | 混合果汁饮料、果奶 | 0.74 | 382 |
| 江西虹润化工有限公司 | 2004 | 0.50 | 8.9 | 有机硅混合单体、含氢硅油 | 3.20 | 252 |
| 江西星火化工有限公司 | 2004 | 0.10 | 6.7 | 生胶、混炼硅橡胶 | 2.80 | 183 |
| 九江远宏新兴建材实业有限公司 | 2005 | 0.20 | 1.6 | 新型建材 | 1.10 | 133 |
| 江西天合化工有限公司 | 2005 | 0.30 | 2.2 | 铜粉、苯基单体、铜催化剂 | 2.80 | 173 |
| 江西华园轻工制品有限公司 | 2006 | 0.30 | 3.3 | 木制品及金属综合制品 | 0.63 | 296 |
| 江西珀尔农作物有限公司 | 2006 | 0.30 | 2.0 | 农　药 | 0.56 | 47 |
| 江西华永实业有限公司 | 2006 | 0.30 | 1.5 | 空调配件 | 1.13 | 131 |
| 江西鼎升钢结构净化工程有限公司 | 2006 | 0.50 | 3.3 | 钢结构EPS发包夹心板 | 1.77 | 46 |
| 九江金凤凰装饰材料有限公司 | 2006 | 0.35 | 4.1 | 凤凰玉石 | 1.81 | 291 |
| 卡博特蓝星化工(江西)有限公司 | 2006 | 2950万美元 | 4.8 | 气相二氧化硅 | 4.7 | 173 |
| 永修县恒联油脂有限责任公司 | 2007 | 3.85 | 1.6 | 精炼油(棉籽油) | 0.29 | 83 |
| 江西星蓝化工有限公司 | 2007 | 0.30 | 2.7 | 氯化锌 | 2.23 | 186 |
| 方圆塑胶彩印(江西)有限公司 | 2007 | 397万美元 | 4.6 | 文件夹、文件袋 | 0.69 | 175 |
| 江西金枫玉石有限公司 | 2007 | 0.50 | 7.3 | 微晶石 | 2.16 | 259 |
| 江西闵盛实业有限公司 | 2007 | 1.20 | 6.7 | 线　材 | 1.38 | 178 |
| 江西永兴彩印包装有限公司 | 2007 | 0.30 | 3.3 | 印刷、包装 | 0.5 | 126 |
| 江西泽晖纸业有限公司 | 2007 | 3.00 | 3.0 | 珠光纸、彩烙纸 | 1.24 | 700 |
| 江西中科合臣实业有限公司 | 2008 | 0.80 | 4.0 | 医药化学制剂 | 1.36 | 179 |
| 江西晶维石材有限公司 | 2008 | 0.28 | 2.7 | 石英原料,石英板材 | 0.76 | 85 |
| 江西安拿度磁业有限公司 | 2010 | 6.00 | 52.0 | 安拿度环保建筑陶瓷 | 5.58 | 231 |

2010年永修云山经济开发区在建重大工业项目一览

表28-5-15　　单位:亿元、公顷

| 企业名称 | 签约时间 | 投资总额 | 占地面积 | 主要产品 | 预计年主营业务收入 | 预计年税收 |
|---|---|---|---|---|---|---|
| 江西星火有机硅厂 | 2009 | 21.9737 | 133.33 | 有机硅单体 | 10.00 | 1.50 |
| 江西星火有机硅厂 | 2009 | 15.00 | 133.33 | 有机硅下游产品 | 5.00 | 0.20 |
| 江西金凤凰纳米微晶有限公司 | 2009 | 1.30 | 13.33 | 微晶石板 | 1.00 | 0.20 |
| 江西星火有机硅厂 | 2010 | 1.00 | 3.33 | 抗氧剂 | 0.80 | 0.08 |
| 江西星火有机硅厂 | 2010 | 1.20 | 3.33 | 902航天材料 | 1.20 | 0.02 |
| 江西永修云居山茶油有限公司 | 2010 | 1.10 | 4.00 | 茶　油 | 1.20 | 0.07 |
| 卡博特蓝星化工(江西)有限公司 | 2010 | 3.13 | 5.00 | 白炭黑 | 5.00 | 0.30 |
| 江西三木制造有限公司 | 2010 | 1.00 | 1.00 | 削笔机 | 1.20 | 0.08 |
| 江西省储备粮永修有限公司 | 2010 | 3.00 | 17.00 | 粮、油 | 8.00 | 0.40 |
| 江西星火有机硅厂 | 2010 | 2.40 | 3.00 | 白炭黑 | 3.00 | 0.03 |
| 江西星火有机硅厂 | 2010 | 1.20 | 3.33 | 金属硅还原剂 | 1.20 | 0.08 |
| 江西东林春益有限公司 | 2009 | 3.60 | 13.33 | 不锈钢拉丝 | 11.95 | 0.20 |
| 永修县生源混凝土有限公司 | 2010 | 1.00 | 1.33 | 混凝土 | 1.50 | 0.06 |
| 江西星火有机硅厂 | 2010 | 2.50 | 6.00 | 污水处理厂 | 2.50 | 0.08 |
| 南京隆盛设备(江西)有限公司 | 2010 | 0.30 | 0.70 | 化工设备 | 0.42 | 0.03 |
| 九江嘉力科新材料有限公司 | 2007 | 0.30 | 0.70 | 密封胶 | 0.45 | 0.012 |
| 永修赣宇有色金属再生公司 | 2006 | 0.40 | 2.00 | 有色金属回收 | 0.38 | 0.02 |
| 江西信富手袋有限公司 | 2010 | 0.50 | 1.13 | 手　袋 | 0.60 | 0.03 |
| 江西芳喜不锈钢有限公司 | 2009 | 0.32 | 1.33 | 不锈钢产品 | 0.30 | 0.02 |
| 江西新嘉懿新材料有限公司 | 2010 | 0.50 | 3.33 | 硅油硅树脂 | 0.50 | 0.03 |
| 江西华永空调配件有限公司 | 2010 | 0.50 | 3.33 | 空调配件 | 0.50 | 0.045 |
| 江西泽晖纸业有限公司 | 2010 | 0.86 | 1.33 | 鲜花纸 | 0.86 | 0.02 |
| 九江金凤凰装饰材料有限公司 | 2010 | 0.65 | 2.00 | 人造大理石板 | 0.68 | 0.02 |
| 江西福泰通达物流有限公司 | 2010 | 0.30 | 2.53 | 物　流 | 0.30 | 0.038 |
| 江西兄弟玻璃科技有限公司 | 2010 | 0.80 | 1.33 | 特种玻璃 | 0.80 | 0.05 |
| 江西龙之丞实业有限公司 | 2010 | 0.50 | 3.33 | 空调配件 | 0.50 | 0.02 |
| 永修赛固鞋业有限公司 | 2010 | 0.30 | 1.33 | 鞋 | 0.30 | 0.006 |

## 第六节　星子县工业园

### 一、园区设置

工业园区坐落于星子县白鹿镇,北依庐山,南临鄱阳湖距昌九高速18千米,园区码头连接鄱阳湖,并直通长江黄金水道,有良好陆路和水上交通条件。始建于2003年9月,原称星子县金鹿工业园,2006年3月8日,经省政府《关于设立江西瑞昌工业园等7个省级开发区的批复》批准为省级开发区,园区更名为江西星子工业园区,核准面积1.3平方千米。

星子县不断加大基础设施资金投入，按照“六通一平”（通电、通水、通路、通电话、通天然气、通电视至企业大门外规划地点，项目用地平整）高标准做好园区基础设施建设。至2010年，“三纵六横”路网和污水管网全面拉开，园区对接主城区的神灵湖大桥建成并投入使用，园区主干道绿化、亮化和人行道建设逐渐改善，启动110千伏星北输变电站和园区污水处理厂等配套设施建设。园区承载能力大幅增强，总建筑面积96900平方米的标准厂房（金鹿科技园）建成投入使用，园区实际开发面积由2006年1.5平方千米发展到2010年2.81平方千米，5年累计投入基础设施资金4.3亿元，园区主营业务收入、利润总额、税金总额分别从2006年1.58亿元、0.04亿元、0.14亿元增加到2010年37.45亿元、2.87亿元、0.86亿元，从业人员由2006年1928人增加到2010年的12291人。

2006~2010年星子县工业园主要经济指标一览

表28-5-16　　单位：平方千米、亿元、个、人

| 年 份 | 开发面积 | 基础设施投入 | 工业总产值 | 产品销售收入 | 利税总额 | 入园企业 | 从业人员 |
|---|---|---|---|---|---|---|---|
| 2006 | 1.50 | 0.31 | 5.48 | 1.58 | 0.18 | 30 | 1928 |
| 2007 | 1.50 | 0.40 | 8.19 | 7.93 | 0.43 | 46 | 2697 |
| 2008 | 2.00 | 0.41 | 15.60 | 15.28 | 0.94 | 46 | 4639 |
| 2009 | 2.60 | 1.00 | 19.13 | 19.06 | 1.92 | 48 | 7650 |
| 2010 | 2.81 | 2.1757 | 37.94 | 37.45 | 3.73 | 79 | 12291 |

## 二、产业定位

逐步形成以船舶制造、体育用品、清洁能源、新型线缆、汽车配件、纺织等为主要产业的发展格局。

## 三、入园企业

2003年始，先后引进投资2.5亿元九江银星造船有限公司、投资1亿美元的九江思麦博运动器材有限公司、投资12亿元的江西中盛陶瓷有限公司、投资4000万美元的香港勤德伞业有限公司、投资2.1亿元的九江伍州线缆有限公司等多个亿元以上项目。至2010年，入园企业79个，其中已投产49个。

2003~2010年星子县工业园投产主要工业企业一览

表28-5-17　　单位：亿元、公顷、人

| 企业名称 | 投产年份 | 投资总额 | 占地面积 | 主要产品产量 | 年主营业务收入 | 就业人数 |
|---|---|---|---|---|---|---|
| 九江银星造船股份有限公司 | 2003 | 2.50 | 16.0 | 船舶制造 | 14.45 | 1150 |
| 星子银瑞棉麻有限公司 | 2006 | 0.25 | 1.3 | 棉花收购、加工 | 0.61 | 55 |
| 星子启宏纺织有限公司 | 2007 | 0.80 | 4.5 | 纺织加工 | 0.61 | 188 |
| 九江艺晶水钻饰品有限公司 | 2008 | 0.12 | 0.7 | 水　钻 | 0.25 | 30 |
| 九江思麦博运动器材有限公司 | 2008 | 1亿美元 | 62.7 | 篮球、足球、排球、橄榄球等国际体育比赛用球的生产 | 10.21 | 7223 |
| 江西华业精工有限公司 | 2008 | 0.50 | 5.7 | 铍青铜棒、板、管、线、丝、型材等 | 0.35 | 38 |
| 星子宏祥釉料有限公司 | 2008 | 0.50 | 3.3 | 精加工长石原料 | 0.45 | 70 |
| 九江泰盛汽车部件有限责任公司 | 2009 | 0.50 | 1.0 | 汽车配件 | 0.48 | 102 |
| 江西嘉鸿食品有限公司 | 2009 | 0.50 | 2.0 | 面制品 | 0.75 | 80 |
| 九江金盛汽车零部件有限公司 | 2009 | 0.15 | 1.0 | 汽车配件加工 | 0.51 | 42 |
| 九江鑫康医用仪表有限公司 | 2009 | 0.50 | 1.3 | 玻璃体温计 | 0.34 | 106 |
| 九江嘉鹏矿业有限公司 | 2009 | 0.30 | 1.7 | 瓷土加工 | 0.53 | 38 |

续表 28-5-17

| 企业名称 | 投产年份 | 投资总额 | 占地面积 | 主要产品产量 | 年主营业务收入 | 就业人数 |
|---|---|---|---|---|---|---|
| 江西浦泾燃油化工有限公司 | 2009 | 0.12 | 5.3 | 高清洁醇醚汽油 | 0.34 | 20 |
| 江西友道药业有限公司 | 2010 | 0.50 | 1.3 | 药　品 | 0.6 | 42 |
| 星子鸿顺实业有限公司 | 2010 | 0.60 | 1.2 | 水表外壳 | 0.25 | 32 |
| 江西康达科技有限公司 | 2010 | 0.50 | 2.7 | 汽车检测 | 0.40 | 28 |
| 九江伍州线缆有限公司 | 2010 | 2.10 | 6.7 | 漆包线 | 1.80 | 144 |
| 勤德伞业有限公司 | 2010 | 4000万美元 | 12.3 | 各类晴雨伞具的设计、生产、销售及外贸出口 | 3.00 | 513 |

2010 年星子县工业园在建重大工业项目一览

表 28-5-18　　单位:亿元、公顷

| 项目名称 | 签约年份 | 投资总额 | 占地面积 | 主要产品 | 预计年主营业务收入 | 预计年税收 |
|---|---|---|---|---|---|---|
| 江西华康实业有限公司 | 2008 | 1.0 | 4.1 | 臭氧产品的研发、生产 | 1.50 | 0.75 |
| 江西中盛陶瓷有限公司 | 2009 | 12.0 | 33.4 | 陶　板 | 45.00 | 7.80 |
| 九江市新恒汽车零部件有限公司 | 2009 | 0.3 | 1.3 | 汽车配件 | 0.50 | 0.05 |
| 九江市正杰工贸有限公司 | 2009 | 0.4 | 1.2 | 正杰工贸 | 0.30 | 0.15 |
| 星子嘉陶无机材料有限公司 | 2009 | 0.5 | 1.2 | 硅酸盐无机材料加工 | 0.49 | 0.05 |
| 九江常友实业有限公司 | 2010 | 1.0 | 5.3 | 环保陶瓷原料精加工 | 1.00 | 0.10 |
| 江西中巨新能源科技有限公司 | 2010 | 2.3 | 4.0 | 无铅催化醇醚汽油 | 27.00 | 1.50 |
| 江西盛鸿仪表机床有限公司 | 2010 | 0.5 | 2.0 | 数控车床;普通车床;普通仪表车床 | 0.50 | 0.05 |
| 江西凌云电缆股份有限公司 | 2010 | 6.8 | 33.4 | 电线电缆、加热电器制造、加工、销售 | 20.00 | 1.76 |

# 第七节　修水县工业园

## 一、园区设置

2001 年,县委、县政府决定创办修水工业园,并决定在九江市区创办修水工业园区。2005 年年底,报经国家发改委批准,修水工业园列为省级工业园;2006 年,省政府批准列为全省 94 家工业园之一。

工业园由“一园四区”组成:芦塘项目区、吴都项目区、太阳升项目区、修水(九江)工业园(位于九江市区)。2010 年开始新建何家店劳动密集型产业园。

工业园启动建设后,按照“水、电、路、气”先行原则,县政府投资 16 亿元,全面开展园区基础设施建设,实现工业园区“七通一平”,除基础建设配套设施全部到位外,规划建设写字楼、员工公寓、幼儿园、农贸市场等项目建设。

工业园规划总面积 9 平方千米,其中,芦塘项目区 1.2 平方千米,吴都项目区 1.5 平方千米,太阳升项目区 6.3 平方千米。

### 2006~2010年修水县工业园主要经济指标一览

表28-5-19　　单位：平方千米、亿元、个、人

| 年份 | 开发面积 | 基础设施投入 | 工业总产值 | 产品销售收入 | 利税总额 | 入园企业 | 从业人员 |
|---|---|---|---|---|---|---|---|
| 2006 | 2.13 | 0.72 | 14.32 | 12.91 | 6.76 | 53 | 7515 |
| 2007 | 2.13 | 1.58 | 20.01 | 22.20 | 2.55 | 56 | 9799 |
| 2008 | 2.46 | 2.95 | 24.42 | 25.12 | 2.53 | 61 | 10050 |
| 2009 | 2.46 | 0.90 | 31.69 | 33.30 | 7.45 | 70 | 12550 |
| 2010 | 4.51 | 3.29 | 52.50 | 51.00 | 10.80 | 107 | 17389 |

## 二、产业定位

通过10年项目建设，工业园初步形成矿产、化工、木竹、食品、茧丝绸服装“五大产业”为主导的产业群，成为修水工业经济主体。县委、县政府对园区工业企业产业布局经数次调整，按产业类别对各项目区定位：芦塘项目区承接以服装、鞋帽、五金电子、饰品加工一类项目，为劳动密集型主要项目区；吴都项目区主要承接木、竹加工、食品、医药、五金、饰品为主一、二类项目；太阳升项目区承接以矿业、化工等三类项目为主，兼容一、二类项目，成为修水工业发展重心；九江（修水）高新产业园以承接高新技术项目为主；何家店劳动密集型产业园是返乡创业园区。

## 三、入园企业

2007年，入驻企业56家，其中投产43家，规模以上企业19家。2008年，入驻企业61家，其中投产48家，规模以上企业29家。2009年，入驻企业70家，其中投产59家，规模以上企业39家。至2010年，入驻企业共107家，其中投产81家，规模以上企业50家。

### 2004~2010年修水县工业园投产主要工业企业一览

表28-5-20　　单位：亿元、公顷、人

| 企业名称 | 投产年份 | 投资总额 | 占地面积 | 主要产品产量 | 年主营业务收入 | 就业人数 |
|---|---|---|---|---|---|---|
| 九江凯达服装织造有限公司 | 2004 | 0.52 | 2.67 | 年100万件出口服装加工 | 0.6075 | 750 |
| 江西宁远化工有限公司 | 2004 | 0.30 | 0.25 | 年120吨聚烯烃热稳定剂 | 0.15 | 75 |
| 修水一家实业有限公司 | 2004 | 1.20 | 1.0 | 白厂丝丝棉被 | 0.30 | 80 |
| 修水神龙化工有限公司 | 2005 | 0.74 | 0.2 | 工业氯化铵 | 0.80 | 124 |
| 修水森源电子有限公司 | 2005 | 0.57 | 0.3 | 压电陶瓷点火器 | 0.15 | 250 |
| 江西经源赣北石英科技发展有限公司 | 2006 | 1.50 | 0.3 | 石英拉管 | 0.23 | 101 |
| 江钨赣北钨业有限公司 | 2007 | 0.96 | 2.1 | 钼酸铵 | 1.95 | 128 |
| 修水昌盛耐高热瓷制品有限公司 | 2007 | 0.87 | 1.5 | 年100万件耐高热瓷 | 0.31 | 288 |
| 江西金瞬化工有限公司 | 2007 | 0.71 | 1.2 | 502胶粘剂 | 0.91 | 117 |
| 江西仁天矿业有限公司 | 2007 | 1.20 | 1.7 | 五氧化二钒 | 0.87 | 132 |
| 江西久木木业有限公司 | 2008 | 2.30 | 1.4 | 木工板 | 0.63 | 325 |
| 民辉化工有限公司 | 2008 | 1.30 | 1.7 | 硫铁尾矿剥酸 | 0.46 | 285 |
| 江西修水湘赣有色金属有限公司 | 2008 | 1.20 | 6.7 | 仲钨酸铵硬质合金 | 4.09 | 380 |
| 民辉化工有限公司 | 2009 | 1.50 | 1.7 | 年10万吨硫酸 | 0.58 | 302 |
| 江西康顺耐热瓷有限公司 | 2009 | 0.50 | 1.7 | 陶　瓷 | 0.36 | 285 |
| 江西华伟矿业有限公司 | 2009 | 0.30 | 1.3 | 矿渣处理 | 0.15 | 104 |
| 九江黄圆木业有限公司 | 2010 | 0.70 | 2.3 | 红酒包装箱 | 0.33 | 102 |

2010年修水县工业园在建重大工业项目一览

表28-5-21　　单位:亿元、公顷

| 项目名称 | 签约年份 | 投资总额 | 占地面积 | 主要产品 | 预计年主营业务收入 | 预计年税收 |
|---|---|---|---|---|---|---|
| 江西久木木业有限公司 | 2006 | 0.73 | 1.4 | 木工板 | 0.5 | 0.03 |
| 修水裕发河粉有限公司 | 2008 | 0.90 | 3.0 | 大米加工 | 0.3 | 0.03 |
| 江西山谷泉酒业有限公司 | 2009 | 1.00 | 0.1 | 白　酒 | 0.5 | 0.10 |
| 江西中节能高新材料有限公司 | 2009 | 1.23 | 17.3 | 石英开发 | 0.5 | 0.03 |
| 抱团返乡创业人事 | 2010 | 1.20 | 6.7 | 工艺饰品 | 2.0 | 0.30 |
| 雪人针织制衣有限公司 | 2010 | 1.86 | 11.5 | 服　装 | 2.0 | 0.30 |
| 江西合协织带有限公司 | 2010 | 1.00 | 2.5 | 织　带 | 0.1 | 0.015 |

# 第八节　武宁县工业园

## 一、园区设置

工业园区创立于2001年8月,始称武宁县万福工业园。2003年2月获市政府批准。9月,县政府将原南市乡辖区与万福工业园合并,设立武宁县万福经济技术开发区,2004年2月,被省科技厅认定为省级民营科技园,2006年5月,经省政府批准、国家发改委批复为省级开发区,更名江西武宁工业园区。园区位于武宁县城东郊(原南市乡),东界罗坪镇申明司,南至源口坝下、樟古岭一线,西至新宁镇竹湾村,北临庐山西海。园区由上海同济大学和九江城乡设计院规划设计,规划面积为13.3平方千米,分二期规划。首期批准规划面积2.67平方千米,2009年以前基本开发完成。主要落户节能照明、矿产加工、医药胶囊、纺织服装、矿产品加工等项目;二期规划面积10.67平方千米,重点开发桐林、源口、巨通三大新区。园区累计投资13.42亿元,实施征地拆迁、土地平整、道路建设、河道改造、绿化亮化和辅助设施等六大工程,新建3.5万伏万福变电站和11万伏南市变电站,新建日处理万吨污水处理厂,通信基站13处。2009年始,启动园区新市民公寓建设。到2010年年底,一、二期已建成投入使用,安排入住人员2500余人。

通过近10年发展,园区基本形成节能电器、矿产加工、纺织服装、生物医药、玻璃饰品5大支柱产业,其企业占园区企业总数85.4%。

2001~2010年武宁县工业园主要经济指标一览

表28-5-22　　单位:平方千米、亿元、个、人

| 年份 | 开发面积 | 基础设施投入 | 工业总产值 | 产品销售收入 | 利税总额 | 入园企业 | 从业人员 |
|---|---|---|---|---|---|---|---|
| 2001 | 0.6 | 0.02 | 0.4 | 0.4 | 0.06 | 3 | 186 |
| 2002 | 1.1 | 0.05 | 2.2 | 2.2 | 0.36 | 12 | 485 |
| 2003 | 1.5 | 0.11 | 3.8 | 3.8 | 0.56 | 22 | 934 |
| 2004 | 2.3 | 0.23 | 5.6 | 5.6 | 0.89 | 36 | 3024 |
| 2005 | 3.6 | 0.42 | 9.2 | 9.2 | 1.20 | 49 | 5210 |
| 2006 | 4.2 | 0.52 | 15.9 | 15.2 | 2.03 | 85 | 8032 |
| 2007 | 4.8 | 0.47 | 32.2 | 31.3 | 3.79 | 106 | 10702 |
| 2008 | 5.1 | 0.58 | 44.5 | 43.8 | 5.25 | 115 | 14978 |
| 2009 | 6.3 | 1.65 | 53.2 | 56.3 | 9.25 | 147 | 17377 |
| 2010 | 7.5 | 2.88 | 79.5 | 83.1 | 12.70 | 185 | 21168 |

## 二、产业定位

**节能照明产业集群** 2003年,第一家节能灯企业——江西晨阳灯业有限公司入园。2008年,县委、县政府出台《关于大力发展节能灯产业的实施意见》,产业集聚效应凸显,企业数量增多,成为园区龙头产业。到2010年末,该产业类企业达107家(其中亿元以上22家),占入园企业总数57.83%,3年净增75家,其中:毛管生产企业41家,整灯生产企业21家,芯柱、灯饰生产和包装生产企业各4家,玻管、塑件、气体生产、电子元件组装企业各3家,钨丝、天然气、设备制造、金属灯头、荧光粉、导丝等配套生产企业19家,产业规模从单一节能灯毛管生产发展到生产玻管、毛管、整灯等,形成完整产业链,产业配套率达85%以上;投产企业66家,占到园区投产企业总数47.14%,产品以紧凑型荧光灯(CFL灯)为主,包括:U型灯、螺旋灯、PL灯等,部分企业已涉足绿色照明最前沿的LED灯,年产整灯5亿只,毛管年生产量达10亿只,其毛管品种规格达130余种。2010年,节能照明产业实现主营业务收入35.3亿元,实现利税6.12亿元,安排就业10500人。

**矿产加工产业** 为园区传统产业,以金属加工、机械加工、木艺加工为主,对武宁县境内特色资源特别是矿产品进行深加工,有投产企业20家。2010年,实现主营业务收入22.6亿元,实现利税3.4亿元,安排就业1864人。

**纺织服装产业** 主要集中在园区中心区,服装企业26户,其中规模以上纺织服装企业16户,主要有江西索芙蓝实业、江西奇烽纺织实业、九江利佳织造、菲宁(江西)轻工、宏展制衣等企业,其生产的纱布、棉纱、针梭织服装、鞋类全部外贸出口,2010年,实现主营业务收入19.1亿元,创造利税2.1亿元,安排就业4023人。

**医药胶囊产业** 投产企业9家,其中规模以上企业5家,主要有江西生成卫生用品、九江昂泰胶囊、武宁林全胶囊、江西昂泰医药、江西一领药业等企业,主要生产家庭园林、宠物清洁护理、个人护理系列产品、医用胶囊、医药用品,2010年,实现主营业务收入5.8亿元,创造利税1.2亿元,安排就业2068人。

**玻璃饰品产业** 投产企业11家,其中规模以上企业7家,主要有九江赛利得水晶,江西丽钻水晶玻璃制品等企业,生产水钻饰品企业,2010年,实现主营业务收入4.98亿元,创造利税1亿元,安排就业2115人。

## 三、入园企业

2003年,园区企业24家,其中投产企业16家。到2006年,园区落户企业85家,其中投产企业61家,规模以上企业35家。生成卫生、晨阳灯业、江中饮片、昂泰胶囊、巨通实业、索芙蓝实业、华源锑业、宏丰塑胶、永辉纺织、天元金属、千色颜料11个5000万元项目相继建成投产;2007年,入园企业106家,其中投产企业84家,规模以上企业42家。新增艺邦木业、海燕纺织、康华灯业、江西精钻饰品4家5000万元项目投产;2008年,园区企业115家,其中投产企业92家,规模以上企业44家。洁思博钻业、江西宝迪光电(投资3.5亿元)等5000万元项目相继建成投产,节能电器已成为园区龙头产业,有相关配套企业32家。2009年,园区企业141家,其中投产企业107家,规模以上企业55家。至2010年,园区企业185家,其中投产企业140家,规模以上企业71家,园区净增企业70家,其中江西丽钻水晶、江西名派光电、江西祥达光电(集团公司)、九江赛利得水晶、江西耀宇光电、江西恒光照明、九江世明玻璃(投资10亿元)、江西远球电器、明星光电、铭洲饰品、远洲电器、广隆科技、众和饰品等亿元以上项目相继建成投产。基本形成节能电器、矿产加工、纺织服装、生物医药、玻璃饰品5个支柱产业,其中节能照明产业类企业达到107家,投产企业达到63家,产业链条日臻完善,配套率稳步提升,产业集群发展势头强劲。

2004~2010年武宁县工业园投产主要工业企业一览

表28-5-23　　单位:亿元、公顷、人

| 企业名称 | 投产年份 | 投资总额 | 占地面积 | 主要产品产量 | 年主营业务收入 | 就业人数 |
|---|---|---|---|---|---|---|
| 九江鑫顺照明电器有限公司 | 2004 | 0.60 | 0.9 | 节能灯毛管 | 2.3 | 315 |
| 江西巨通实业有限公司 | 2005 | 2.00 | 33.3 | 钨矿石 | 2.1 | 352 |
| 江西索芙蓝实业有限公司 | 2005 | 2.20 | 9.9 | 坯 布 | 3.1 | 360 |
| 江西奇烽纺织实业有限公司 | 2006 | 0.85 | 2.5 | 纱 锭 | 1.9 | 352 |
| 江西生成卫生用品有限公司 | 2006 | 1.20 | 3.0 | 卫生功能湿巾 | 2.2 | 310 |
| 武宁县润通灯业有限公司 | 2007 | 1.20 | 1.3 | 节能灯毛管 | 2.4 | 620 |
| 江西艺邦木业有限公司 | 2007 | 1.00 | 3.3 | 细木工板 | 2.8 | 380 |
| 武宁县康华灯业技术有限公司 | 2007 | 1.18 | 1.4 | 节能灯毛管 | 1.5 | 430 |
| 江西宝迪光电科技有限公司 | 2009 | 3.50 | 13.3 | 整 灯 | 1.2 | 290 |
| 江西名派光电科技有限公司 | 2009 | 1.08 | 4.8 | 整 灯 | 1.2 | 300 |

2010年武宁县工业园在建重大工业项目一览

表28-5-24　　单位:亿元、公顷

| 项目名称 | 签约年份 | 投资总额 | 占地面积 | 主要产品 | 预计年主营业务收入 | 预计年税收 |
|---|---|---|---|---|---|---|
| 江西祥达光电科技有限公司 | 2009 | 5.00 | 19.7 | 整灯LED线路板 | 8 | 0.3 |
| 江西恒光照明科技有限公司 | 2010 | 1.06 | 2.7 | 螺旋节能灯 | 2 | 0.1 |
| 九江世明玻璃有限公司 | 2010 | 10.0 | 20.0 | 节能灯 | 12 | 0.5 |
| 九江祥盛实业有限公司 | 2010 | 1.00 | 3.3 | 纸箱彩印 | 2 | 0.1 |
| 江西东红光电科技有限公司 | 2010 | 1.02 | 4.0 | 节能灯 | 2 | 0.1 |
| 武宁县千色新型无机材料有限公司 | 2010 | 1.10 | 6.4 | 陶瓷颜料 | 2 | 0.1 |
| 江西远球电器科技有限公司 | 2010 | 1.20 | 3.3 | 节能灯毛管及整灯 | 2 | 0.1 |
| 武宁明星光电科技有限公司 | 2010 | 1.18 | 3.3 | 节能灯毛管配件及整灯 | 2 | 0.1 |
| 江西高源光电科技有限公司 | 2010 | 1.00 | 4.0 | 节能灯毛管及整灯 | 2 | 0.1 |
| 江西广隆科技有限公司 | 2010 | 1.08 | 3.5 | 电动车及配件 | 2 | 0.1 |

## 第九节　瑞昌市工业园

### 一、园区设置

原名瑞昌市黄金工业园,2001年动工建设;2005年基本建成并通过国家开发区专项整顿验收。2006年3月经国家发改委核准,省政府批准升级为省级开发区,更名江西瑞昌工业园区。园区分城区板块和沿江板块,沿江板块位于城区板块北去20千米码头镇境内,按照“统一规划、分步实施、配套建设、滚动发展”原则,园区建设逐步发展,其中城区板块建成面积5平方千米,沿江板块一期规划面积12.06平方千米,完成开发面积5.7平方千米。

2002~2010年瑞昌市工业园主要经济指标一览

表28-5-25　　　　单位：平方千米、亿元、个、人

| 年 份 | 开发面积 | 基础设施投入 | 工业总产值 | 产品销售收入 | 利税总额 | 入园企业 | 从业人员 |
|---|---|---|---|---|---|---|---|
| 2002 | 1.80 | 0.53 | 4.3253 | 3.7396 | 0.6739 | 19 | 1226 |
| 2003 | 1.80 | 0.82 | 10.6839 | 10.4392 | 1.7316 | 61 | 3648 |
| 2004 | 1.84 | 0.80 | 15.0432 | 11.9847 | 1.9928 | 73 | 6242 |
| 2005 | 1.84 | 0.81 | 19.1232 | 18.9670 | 2.4565 | 76 | 7846 |
| 2006 | 1.84 | 0.66 | 31.7890 | 28.9902 | 2.7334 | 87 | 16336 |
| 2007 | 1.84 | 0.64 | 41.6327 | 41.2480 | 4.9255 | 101 | 18563 |
| 2008 | 2.51 | 0.95 | 74.2986 | 70.0297 | 8.6513 | 112 | 19084 |
| 2009 | 5.00 | 1.90 | 91.1797 | 92.0668 | 8.7757 | 116 | 22494 |
| 2010 | 5.00 | 7.59 | 132.5154 | 140.3412 | 20.3675 | 134 | 29890 |

## 二、产业定位

园区产业结构基本形成建筑材料、纺织服装、船舶机械、化工冶炼、造纸纸品、新能源6个支柱产业，其中城区产业区以纺织服装等轻工产业为主导，沿江产业区以建筑材料、船舶制造和造纸化工产业为主导。建筑材料产业以亚泥为龙头，共18家；纺织服装产业以凤竹棉纺为龙头，共27家；机械加工业以江洲联合造船为龙头，共20家；造纸纸品、化工产业以理文造纸为龙头，共18家。2010年，支柱产业完成主营业务收入125亿元，占园区主营业务收入总额89.8%。亚东水泥、江联造船、凤竹纺织、华瑞化纤、汇尔油泵等一批重点企业是园区经济发展的主要支撑。投资过100亿元的理文造纸及投资60亿元的理文化工等一批重大项目正在建设中。

## 三、入园企业

2001年前，园区企业有5家。2001年增至9家。2002年增至19家。2003年园区企业61家，其中1000万元以上5000万元以下项目有29个，5000万元以上项目3个，1亿元以上项目3个。2004年园区企业73家，其中1000万元以上5000万元以下项目44个，5000万元以上项目4个，1亿元以上项目3个。至2010年，园区企业134家，其中投产企业有98家，在建企业28家。

1997~2010年瑞昌市工业园投产主要工业企业一览

表28-5-26　　　　单位：亿元、公顷、人

| 企业名称 | 投产年份 | 投资总额 | 占地面积 | 主要产品产量 | 年主营业务收入 | 就业人数 |
|---|---|---|---|---|---|---|
| 江西亚东水泥有限公司瑞昌分公司 | 1997 | 41.00 | 44.9 | 水泥及熟料 | 8.27 | 1152 |
| 江西亚利运输有限公司 | 1999 | 0.10 | 2.0 | 运　输 | 3.07 | 310 |
| 九江亚联环保包装有限公司 | 2000 | 0.20 | 2.6 | 编织袋 | 3.36 | 344 |
| 瑞昌市源泰纺织有限公司 | 2001 | 0.15 | 2.0 | 2万锭棉纱 | 3.92 | 281 |
| 宝龙纺织实业有限公司 | 2001 | 0.20 | 1.6 | 6万锭化纤纺 | 3.92 | 292 |
| 九江金三秒实业有限公司 | 2001 | 0.18 | 1.4 | 化学用品 | 2.88 | 230 |
| 九江华亨皮塑有限公司 | 2002 | 0.20 | 7.3 | 狗咬胶2000吨饼干375吨 | 5.58 | 398 |
| 瑞昌市华东刀剪制造有限公司 | 2002 | 0.05 | 0.6 | 剪刀2.2万袋 | 3.42 | 132 |
| 江西瑞昌市齿轮齿圈有限公司 | 2002 | 0.07 | 0.6 | 齿圈11.46万个 | 2.71 | 214 |

续表 28-5-26

| 企业名称 | 投产年份 | 投资总额 | 占地面积 | 主要产品产量 | 年主营业务收入 | 就业人数 |
|---|---|---|---|---|---|---|
| 九江奥斯陆油嘴油泵有限公司 | 2002 | 0.1 | 2.2 | 油 阀 | 3.74 | 337 |
| 九江市锦丽卫生用品有限公司 | 2002 | 0.11 | 1.2 | 一次性卫生用品 | 4.49 | 409 |
| 江西昌龙食品饮料有限责任公司 | 2002 | 0.05 | 1.1 | 水制品 100 万吨 | 4.56 | 319 |
| 江西瑞昌荣昌包装有限公司 | 2002 | 0.12 | 1.3 | 纸板 15 万平方米 | 2.99 | 293 |
| 江西兴海床具有限公司 | 2003 | 0.05 | 0.3 | 沙发床垫 | 2.69 | 235 |
| 瑞昌市金宇铜业有限公司 | 2003 | 0.15 | 0.4 | 铜制品 1000 吨 | 4.02 | 213 |
| 瑞昌市鸿达纺织有限公司 | 2003 | 0.60 | 3.3 | 棉纺 1 万锭 | 4.81 | 387 |
| 江西赫力木业发展有限公司 | 2003 | 0.26 | 1.3 | 细木工板 15 万片 | 2.79 | 324 |
| 瑞昌市恒丰纺织有限公司 | 2003 | 0.15 | 2.6 | 3000 锭棉纱 | 2.63 | 278 |
| 江西玫瑰纺织有限公司 | 2003 | 0.60 | 5.4 | 3 万锭棉纱 | 5.02 | 702 |
| 江西立信园艺制品有限公司 | 2003 | 0.6 | 7.4 | 户外花园用品 | 2.97 | 307 |
| 九江意善环保有限公司 | 2003 | 0.08 | 1.3 | 环保材料 | 1.50 | 148 |
| 九江三钻机械有限责任公司 | 2003 | 0.80 | 8.0 | 氧气瓶 15 万个 | 3.91 | 202 |
| 瑞昌市人民冲压有限公司 | 2003 | 0.20 | 2.7 | 冲压件 | 2.52 | 240 |
| 江西汇尔油泵油嘴有限公司 | 2003 | 0.30 | 8.3 | 油泵油嘴 | 2.88 | 399 |
| 江西瑞昌市铸造厂 | 2003 | 0.12 | 1.3 | 铸件 1500 吨 | 1.15 | 303 |
| 瑞昌市贝特家私有限公司 | 2004 | 0.12 | 0.5 | 沙发办公用品 | 1.55 | 163 |
| 江西博达阳光板有限公司 | 2004 | 0.10 | 2.0 | 阳光板 10 万平方米 | 1.85 | 283 |
| 瑞昌市新绅服饰有限公司 | 2004 | 0.05 | 0.7 | 服装 30 万件 | 1.59 | 219 |
| 江西华瑞化纤有限公司 | 2004 | 2.00 | 14.7 | 8 万锭化纤纺 | 6.88 | 2 014 |
| 瑞昌市宏益冶炼有限公司 | 2004 | 2.00 | 12.3 | 铜 1400 吨硫酸 3.7 万吨 | 5.97 | 593 |
| 九江登峰塑业有限公司 | 2004 | 0.14 | 2.3 | 编织袋 | 2.01 | 263 |
| 新诺石九江建材有限公司 | 2004 | 0.60 | 5.1 | 大理石材 1400 万平方米 | 5.20 | 440 |
| 江西得康管业有限公司 | 2004 | 0.10 | 1.3 | 排水给水管 | 3.07 | 333 |
| 九江金恒利制衣有限公司 | 2004 | 0.16 | 1.7 | 针织服装 40 万件 | 4.81 | 459 |
| 九江梅花伞业有限公司 | 2004 | 4.00 | 2.3 | 雨伞 10 万打 | 3.57 | 690 |
| 瑞昌盛达水泥有限公司 | 2004 | 0.20 | 8.2 | 水泥制品 | 2.75 | 285 |
| 九江鼎升机械有限公司 | 2005 | 0.04 | 0.1 | 高压容器配件 | 2.19 | 192 |
| 九江灵宝生物有限公司 | 2005 | 0.10 | 0.8 | 500 万支软膏 550 万瓶洗液 | 1.70 | 106 |
| 九江尔莎特纺织有限公司 | 2005 | 0.08 | 0.7 | 3000 锭棉纺 | 1.88 | 170 |
| 九江天鑫门业有限公司 | 2005 | 0.04 | 1.1 | 防盗门 | 2.99 | 344 |
| 瑞昌市沙鑫制衣有限公司 | 2005 | 0.15 | 0.3 | 服 装 | 1.40 | 220 |
| 江西高信园艺制品有限公司 | 2005 | 0.30 | 4.2 | 木制品 20 万件 | 3.63 | 418 |
| 江西风竹棉纺有限公司 | 2005 | 6.00 | 17.3 | 5 万锭棉纺 5 万锭卡摩纺等 | 6.03 | 810 |
| 江西江洲造船联合有限公司 | 2005 | 7.00 | 75.2 | 造 船 | 3.69 | 255 |
| 瑞昌市恒信漂染有限公司 | 2005 | 0.40 | 3.7 | 漂 染 | 3.61 | 389 |

续表 28-5-26

| 企业名称 | 投产年份 | 投资总额 | 占地面积 | 主要产品产量 | 年主营业务收入 | 就业人数 |
|---|---|---|---|---|---|---|
| 瑞昌市银泰纺织有限公司 | 2005 | 0.10 | 4.3 | 3000 锭棉纺 | 2.33 | 274 |
| 瑞昌市东涛铜材有限公司 | 2006 | 0.10 | 0.4 | 铜材加工 | 4.00 | 596 |
| 九江信安金属有限公司 | 2006 | 0.08 | 2.0 | 钢结构部件 | 1.40 | 209 |
| 九江葆莳鞋业有限公司 | 2006 | 1.10 | 7.6 | 制鞋制衣 | 4.64 | 603 |
| 瑞昌市胜达苎麻纺织有限公司 | 2006 | 0.12 | 2.5 | 3000 锭麻纺 | 3.60 | 447 |
| 瑞昌市鑫丰纺织品有限公司 | 2007 | 0.12 | 1.0 | 1000 锭棉纺 | 1.40 | 147 |
| 江西弘茂服装工贸有限公司 | 2008 | 1.20 | 3.3 | 服装 150 万件 | 4.80 | 654 |
| 江西立信企业控股集团股份公司 | 2008 | 0.60 | 13.7 | 园艺制作 | 4.72 | 305 |
| 瑞昌宝元鞋业发限有限公司 | 2009 | 0.35 | 5.3 | 鞋 业 | 4.07 | 2811 |
| 江西凌珂针织有限公司 | 2009 | 6.00 | 20.0 | 针织服装 50 万件 | 2.74 | 541 |
| 瑞昌市达茂绣花鞋材有限公司 | 2010 | 1.00 | 0.5 | 鞋材 2000 万双 | 1.11 | 136 |
| 瑞昌市依美纺织有限公司 | 2010 | 1.20 | 9.6 | 3 万锭棉纺 | 3.41 | 306 |

2010 年瑞昌市工业园在建重大工业项目一览

表 28-5-27 单位：亿元、公顷

| 签约年份 | 项目名称 | 投资总额 | 占地面积 | 主要产品 | 预计年主营业务收入 | 预计年税收 |
|---|---|---|---|---|---|---|
| 2010 | 理文造纸 | 100 | 64.7 | 高档包装纸生活用纸 | 100 | 15 |

# 第十节 湖口县工业园

## 一、园区设置

2001 年，湖口县委、县政府确定设立台山工业园区和柘矶工业开发区。8 月 18 日，省政府批准湖口设立台山工业园区。台山工业园区即进行基础建设。2003 年 3 月 20 日，成立柘矶工业园区。8 月，报请省政府批准，改称金砂湾工业园区。园区按照“一园三区”(金砂湾园区、银砂湾园区、轻工业物流园区)开发建设。位于湖口县城东 2 千米处，规划面积 24 平方千米，紧靠长江，水运条件得天独厚。九景高速、彭湖高速、铜九铁路和规划中的九景衢铁路傍园而过，水陆联运优势突出。2004 年，金砂湾园区被省环保局命名为省级生态工业建设示范园区。2006 年，被省政府批准为省级开发区，2007 年，被列为全省“十百千亿工程”重点园区和市沿江开发重点园区，并连续 4 年被评为全省先进工业园。2010 年，被省科技厅列为省级民营科技园。当年，11 平方千米金砂湾园区开发完毕，8 平方千米银砂湾园区和 5 平方千米轻工业物流园区启动建设。园区基础设施水、电、路、讯一应俱全，已建成主干道路 30 余千米(金砂大道、发展大道、工业大道、长江大道、柘矶大道、通站大道、银砂湾入园道路等)，电力、通信、给排水管网各 20 余千米，天然气、有线电视、宽带网络实现全覆盖。园区已建成和正在建设的专用变电站 4 座，总容量达 133 万千伏安。投资 300 余万元建成全省首家县级工业园区环境监控中心，对园区企业排污状况进行全天候 24 小时在线监控，确保企业达标排放；由政府投资 1.3 亿元污水处理厂一期即建成投入运行。

2003~2010年湖口县工业园主要经济指标一览

表28-5-28　　单位:平方千米、亿元、个、人

| 年 份 | 开发面积 | 基础设施投入 | 工业总产值 | 产品销售收入 | 利税总额 | 入园企业 | 从业人员 |
|---|---|---|---|---|---|---|---|
| 2003 | 2.1 | 1.05 | 1.3004 | 1.19122 | 0.1190 | 10 | 3585 |
| 2004 | 2.4 | 1.27 | 2.4679 | 2.2381 | 0.2627 | 18 | 3180 |
| 2005 | 6.6 | 2.075 | 7.6209 | 6.7441 | 0.3577 | 18 | 4016 |
| 2006 | 6.6 | 2.2915 | 14.0327 | 12.5641 | 0.6538 | 20 | 4816 |
| 2007 | 13.2 | 0.24 | 31.4780 | 31.3955 | 2.0489 | 27 | 7832 |
| 2008 | 13.2 | 0.28 | 50.4068 | 50.0977 | 1.9329 | 29 | 8013 |
| 2009 | 13.2 | 3.50 | 107.5376 | 106.5303 | 5.8311 | 37 | 12370 |
| 2010 | 16.2 | 4.42 | 156.6771 | 195.8411 | 10.2812 | 39 | 14121 |

## 二、产业定位

形成钢铁冶金,船舶制造,精细化工、新型能源等主导产业。其中,金砂湾和银砂湾园区突出发展原料产品运量大、高投入高产出、产业链衔接配套重化工业,轻工业物流园区按照“亦园亦城”标准进行建设,突出发展投资规模较大、成长性较好、科技含量较高环保型项目。

## 三、入园企业

金砂湾工业园区2003年实际入园投产企业10个,2004~2005年,实际投产企业18个,2006年,实际投产企业20个,2007年,实际投产企业27个,2008年,实际投产企业29个,2009年,实际投产企业37个,2010年,实际投产企业39个。

1999~2010年湖口县工业园竣工投产主要工业企业一览

表28-5-29　　单位:亿元、公顷、人

| 企业名称 | 投产年份 | 投资总额 | 占地面积 | 主要产品产量 | 年主营业务收入 | 就业人数 |
|---|---|---|---|---|---|---|
| 江西蓝天玻璃制品有限公司 | 1999 | 1.34 | 12.7 | 玻璃制品 | 1.10 | 636 |
| 江西浔朋化工有限公司 | 2002 | 0.36 | 10.0 | 2500吨苯 | 0.56 | 180 |
| 九江富达实业有限公司 | 2003 | 1.20 | 13.9 | 染料中间体 | 1.84 | 530 |
| 乔旭九江企业有限公司 | 2003 | 0.10 | 3.3 | 硫氢化钠 | 0.20 | 48 |
| 九江中伟科技化工有限公司 | 2003 | 0.70 | 8.0 | 硫酸及金银铜 | 3.40 | 450 |
| 江西康泰包装印务有限公司 | 2003 | 0.50 | 8.0 | 包　装 | 0.04 | 36 |
| 九江三本化工有限公司 | 2004 | 0.18 | 1.0 | 工业磷酸及磷酸盐 | 0.40 | 33 |
| 九江中天药业有限公司 | 2004 | 0.25 | 3.3 | 双水杨酸脂三氯吗嗪 | 0.20 | 65 |
| 湖口县海山管件厂 | 2004 | 0.04 | 0.7 | 水泥预制件 | 0.02 | 20 |
| 九江市正大金属制品有限公司 | 2005 | 0.20 | 3.3 | 金属制品 | 0.30 | 76 |
| 湖口新康达化工实业有限公司 | 2005 | 5.00 | 70.0 | 离子膜烧碱液氯 盐酸 | 0.72 | 292 |
| 九江中星医药化工有限公司 | 2005 | 2.00 | 11.7 | 医药中间体 | 0.77 | 250 |
| 江西钟山药业有限责任公司 | 2005 | 0.40 | 3.3 | 药　品 | 0.20 | 218 |
| 江西书柏科技网业发展有限公司 | 2005 | 0.85 | 2.7 | 蚊　网 | 0.10 | 22 |
| 江西赛瓷材料有限公司 | 2005 | 0.30 | 2.5 | 纳米级氧化锆 | 0.08 | 30 |

续表 28-5-29

| 企业名称 | 投产年份 | 投资总额 | 占地面积 | 主要产品产量 | 年主营业务收入 | 就业人数 |
|---|---|---|---|---|---|---|
| 江西华雄化工有限公司 | 2005 | 0.30 | 3.0 | 硅 胶 | 0.06 | 35 |
| 江西劲农化工有限公司 | 2005 | 0.75 | 7.1 | 农 药 | 0.36 | 57 |
| 江西萍钢实业股份有限公司九江分公司 | 2006 | 100.00 | 148.6 | 550 万吨钢 | 161.00 | 7 122 |
| 江西联达金砂湾冶金有限公司 | 2006 | 1.20 | 15.3 | 铁球团 120 万吨 | 7.70 | 312 |
| 同方江新造船有限公司 | 2006 | 2.60 | 12.0 | 船 舶 | 5.70 | 839 |
| 九江力山环保科技有限公司 | 2006 | 5.00 | 8.7 | 油酸硬脂酸 | 2.09 | 178 |
| 诺贝尔九江高新材料有限公司 | 2006 | 2.50 | 8.5 | 三氯氢硅有机硅烷偶联剂 | 0.96 | 145 |
| 湖口县众邦实业有限责任公司 | 2006 | 0.50 | 4.0 | 机械制造加工 | 0.23 | 201 |
| 江西安利达化工有限公司 | 2006 | 0.20 | 2.3 | 含氟农药中间体 | 0.20 | 48 |
| 江西和强玻璃制品有限公司 | 2006 | 0.15 | 1.0 | 玻璃拉管 | 0.20 | 66 |
| 九江永达精细化工有限公司 | 2006 | 0.20 | 0.2 | 氟化钾 | 0.20 | 160 |
| 江西科塑化工有限公司 | 2006 | 0.15 | 1.9 | 医药中间体 | 0.09 | 32 |
| 龙达江西差别化化学纤维有限公司 | 2007 | 30.00 | 69.2 | 33 万吨差别化化纤 | 6.80 | 818 |
| 江西华东船业有限公司 | 2007 | 6.50 | 36.2 | 船 舶 | 0.30 | 500 |
| 九江宏科化工实业有限公司 | 2007 | 0.60 | 3.3 | 一氯丙酮和环氧氯丙烯 | 0.12 | 75 |
| 九江市金砂湾金城实业有限公司 | 2007 | 0.30 | 1.3 | 耐火材料 | 0.32 | 132 |
| 江西合昌水泥有限公司 | 2007 | 0.30 | 3.7 | 微粉水泥 | 0.16 | 69 |
| 湖口双隆新能源有限公司 | 2007 | 0.10 | 1.1 | 甲醇汽油 | 0.16 | 10 |
| 九江天赐高新材料有限公司 | 2007 | 10.00 | 20.5 | 锂电池电解液和动力电池材料 | 0.54 | 200 |
| 江西晨晖机械制造有限公司九江分公司 | 2007 | 0.35 | 3.3 | 机械制造加工 | 0.35 | 50 |
| 九江健友耐火材料有限公司 | 2007 | 0.30 | 1.2 | 耐火材料 | 0.27 | 76 |
| 九江中冶环保资源开发有限公司 | 2008 | 5.50 | 13.3 | 矿渣水泥 | 0.28 | 75 |
| 九江英翔矿产有限公司 | 2008 | 1.80 | 6.7 | 高钙石灰 | 0.82 | 65 |
| 九江顺龙物流有限公司 | 2008 | 0.30 | 0.4 | 物 流 | 2.00 | 30 |
| 江西铜业铅锌有限公司 | 2008 | 50.00 | 137.3 | 铅锌硫酸金银等冶炼 | 6.37 | 821 |
| 九江欣嘉锐实业有限公司 | 2009 | 5.60 | 18.7 | 废钢回收加工 | 4.79 | 75 |
| 九江德龙化工实业有限公司 | 2009 | 1.20 | 4.0 | 橡胶促进剂 | 0.13 | 60 |
| 中国石油天然气股份有限公司九江油库 | 2009 | 2.60 | 6.4 | 石油仓储 | 20.00 | 30 |
| 九江恒利达实业有限公司 | 2009 | 1.10 | 1.3 | 二硫化碳 | 0.11 | 20 |
| 江西湖口万年青水泥有限公司 | 2009 | 1.10 | 5.6 | 水 泥 | 0.87 | 123 |
| 九江博林高新材料有限公司 | 2009 | 2.00 | 3.7 | 矿渣水泥 | 0.55 | 486 |
| 九江健诚电子电器有限公司 | 2009 | 0.60 | 1.1 | 电子设备 | 0.03 | 83 |
| 九江中凯混凝土有限公司 | 2009 | 0.38 | 1.3 | 混凝土 | 0.05 | 46 |
| 湖口福盛物流有限公司 | 2009 | 0.10 | 0.3 | 物 流 | 0.5 | 20 |

续表 28-5-29

| 企业名称 | 投产年份 | 投资总额 | 占地面积 | 主要产品产量 | 年主营业务收入 | 就业人数 |
|---|---|---|---|---|---|---|
| 九江赣弘矿粉建材有限公司 | 2010 | 1.20 | 3.3 | 矿渣水泥 | 0.40 | 600 |
| 湖口长江炉料有限公司 | 2010 | 1.20 | 4.0 | 铁精粉 | 15.00 | 50 |
| 九江丰钰混凝土有限公司 | 2010 | 0.20 | 0.8 | 商品混凝土 | 0.01 | 40 |
| 九江永红机电有限公司 | 2010 | 1.20 | 3.3 | 机电维修安装 | 0.02 | 26 |

**2010 年湖口县工业园在建重大工业项目一览**

表 28-5-30　　单位:亿元、公顷

| 项目名称 | 签约年份 | 投资总额 | 占地面积 | 主要产品 | 预计年主营业务收入 | 预计年税收 |
|---|---|---|---|---|---|---|
| 湖口恒运物流有限公司 | 2007 | 0.50 | 8.7 | 物　流 | 2 | 0.10 |
| 九江弘达石油化工有限公司 | 2008 | 2.00 | 3.3 | 石油仓储 | 10 | 0.50 |
| 江西攀森新材料有限公司 | 2009 | 50.00 | 121.7 | 金属镍 | 100 | 5.00 |
| 九江天盛化工有限公司 | 2009 | 2.00 | 5.5 | 复合铅 | 5 | 0.25 |
| 九江英华发展有限公司 | 2009 | 0.50 | 1.3 | 硫酸锌 | 项目未落户 | |
| 湖口永恒科技实业有限公司 | 2009 | 0.80 | 1.7 | 邻对甲苯胺 | 项目未落户 | |
| 九江铭铉净化设备科技有限公司 | 2010 | 0.50 | 1.8 | 医疗净化设备 | 5 | 0.25 |
| 九江荣泰化工有限公司 | 2010 | 1.30 | 4.0 | 二硫化碳 | 项目未落户 | |

## 第十一节　都昌县工业园

### 一、园区设置

工业园区由“一园三区”组成,即芙蓉山工业集中区、蔡岭工业集中区、苏山石材加工区。2001 年,县委、县政府利用县城万里大道以北、芙蓉山以西万里大道建设征用取土区为基础,启动都昌工业园建设。2002 年,省对外经济技术合作办建议依托蔡岭紧邻高速公路区位优势发展工业园区,县政府决定成立江西省对外经济合作(蔡岭)示范区。2006 年,省政府批准都昌县蔡岭示范区为省级开发区,更名江西都昌工业园区。同年,县委、县政府出台《关于加速发展工业园区的若干意见》,对工业发展相对集中的县城芙蓉山、蔡岭、苏山 3 个板块进行整合,确立工业园区”一园三区”格局。经过近 10 年发展,园区总规划面积 20.43 平方千米,已开发面积 4.2 平方千米。

园区着力利用农副水产品资源优势和人力资源优势创办本地特色企业和劳动密集型企业，初步构建服装鞋帽、汽车零部件、珍珠加工、农副产业精深加工工业发展格局。

2005~2010 年都昌县工业园主要经济指标一览

表 28-5-31 单位:平方千米、亿元、个、人

| 年 份 | 开发面积 | 基础设施投入 | 工业总产值 | 产品销售收入 | 利税总额 | 入园企业 | 从业人员 |
|---|---|---|---|---|---|---|---|
| 2005 | 2.6 | 0.23 | 4.25 | 4.18 | 0.47 | 38 | 5517 |
| 2006 | 2.6 | 0.32 | 6.03 | 5.98 | 0.43 | 48 | 7439 |
| 2007 | 2.6 | 0.33 | 11.38 | 11.26 | 0.99 | 52 | 7525 |
| 2008 | 2.6 | 0.42 | 18.20 | 17.90 | 1.24 | 55 | 10076 |
| 2009 | 2.7 | 0.59 | 25.02 | 24.82 | 2.15 | 56 | 11710 |
| 2010 | 3.9 | 1.11 | 43.42 | 43.38 | 2.73 | 69 | 15453 |

## 二、产业定位

**汽车零部件产业** 为传统优势产业,龙头企业有生产汽车钣金为主九江金昌汽车零部件有限公司,生产汽车轴承轮毂为主江西新裕隆汽车零部件有限公司,生产汽车刮水器为主九江亚达实业有限公司,生产汽车空调为主嘉俊汽车空调有限公司。以上企业关联带动作用突出,上下游企业合作互利产业链条可有效延伸。2010 年,该产业实现年产值、上缴税金、投资总额、安置就业人数分别占园区总数 37%、29%、40%、27%。

**服装鞋帽产业** 龙头企业有鑫步鞋业、景程实业、富德士服装、豪维顿服饰和九江三兴纺织实业有限公司等。2010 年,该产业实现年产值、上缴税金、投资总额、安置就业人数分别占 38%、48%、23%、51%。

**珍珠加工产业** 是都昌地方特色传统产业,基础较好,龙头企业有江西省鄱湖华艺珍珠有限公司、江西鄱湖珍珠实业有限公司等。2010 年,该产业实现年产值、上缴税金、投资总额、安置就业人数分别占 6%、5%、4%、4%。

**农副产品精深加工产业** 主要开发利用该县丰富农副水产品资源。入驻龙头企业有鄱湖水产、开源食品、春天食品、康嘉冻干等。2010 年,该产业实现年产值、上缴税金、投资总额、安置就业人数分别占 12%、12%、14%、11%。

## 三、入园企业

2005 年,入园投产企业 58 家,2006 年,入园投产企业 68 家,2007 年,入园投产企业 56 家,2008 年,入园投产企业 55 家,2009 年,入园投产企业 56 家,2010 年,入园投产企业 69 家。园区重点企业有三兴纺织、景程实业、富德士服饰、金昌汽车零部件、新裕隆汽车零部件、亚达汽车零部件、鄱湖水产食品、润田饮料、鄱湖珍珠等。

2005~2010 年都昌县工业园投产主要工业企业一览

表 28-5-32 单位:亿元、公顷、人

| 企业名称 | 投产年份 | 投资总额 | 占地面积 | 主要产品 | 年主营业务收入 | 就业人数 |
|---|---|---|---|---|---|---|
| 江西九都泵业有限公司 | 2005 | 0.18 | 1.0 | 各类水泵 | 0.20 | 80 |
| 江西景程实业有限公司 | 2005 | 0.80 | 1.7 | 服装\船舶涂料 | 2.20 | 3200 |
| 江西鄱湖都昌水产有限公司 | 2005 | 0.50 | 2.4 | 水产品加工 | 0.40 | 260 |
| 九江春妙米业有限公司 | 2005 | 0.20 | 1.2 | 农副产品加工 | 0.50 | 110 |
| 九江科华照明电器实业有限公司 | 2005 | 0.20 | 1.0 | 节能灯具 | 0.50 | 130 |
| 江西新裕隆汽车零部件有限公司 | 2005 | 0.40 | 2.0 | 汽车配件 | 0.80 | 90 |
| 江西鄱湖实业有限公司 | 2005 | 0.20 | 1.0 | 珍珠工艺品 | 0.36 | 50 |

续表 28-5-32

| 企业名称 | 投产年份 | 投资总额 | 占地面积 | 主要产品 | 年主营业务收入 | 就业人数 |
|---|---|---|---|---|---|---|
| 江西金芝实业有限公司 | 2006 | 0.30 | 1.5 | 农副产品加工 | 0.30 | 36 |
| 九江金昌汽车零部件有限公司 | 2006 | 0.60 | 3.0 | 汽车配件 | 0.80 | 80 |
| 江西康嘉冻干食品有限公司 | 2006 | 0.35 | 2.0 | 农副产品加工 | 0.60 | 60 |
| 江西欧博轻工有限公司 | 2007 | 0.20 | 1.2 | 打火机 | 0.40 | 100 |
| 九江华艺珍珠有限公司 | 2007 | 0.12 | 0.7 | 珍珠工艺品 | 0.23 | 60 |
| 都昌广祥实业有限公司 | 2008 | 0.10 | 0.5 | 钢材加工 | 0.20 | 30 |
| 九江业达汽车零部件有限公司 | 2008 | 0.50 | 1.3 | 汽车配件 | 0.80 | 130 |
| 九江金达实业有限公司 | 2008 | 0.15 | 1.3 | 服装加工 | 0.32 | 120 |
| 九江顺祺实业有限公司 | 2009 | 0.20 | 2.1 | 纺织品 | 0.40 | 100 |
| 九江昌龙电机有限公司 | 2009 | 0.12 | 0.5 | 小微电机 | 0.30 | 80 |
| 江西富德士服装有限公司 | 2010 | 0.30 | 1.3 | 服　装 | 0.80 | 500 |
| 九江豪维顿服装有限公司 | 2010 | 0.16 | 1.1 | 服　装 | 0.40 | 300 |
| 江西润田矿泉水有限公司 | 2010 | 1.00 | 3.3 | 矿泉水 | 1.00 | 80 |
| 九江三兴纺织实业有限公司 | 2010 | 6.00 | 12.0 | 纺　纱 | 0.90 | 400 |

2010 年都昌县工业园在建重大工业项目一览

表 28-5-33　　单位:亿元、公顷

| 项目名称 | 签约年份 | 投资总额 | 占地面积 | 主要产品 | 预计年主营业务收入 | 预计年税收 |
|---|---|---|---|---|---|---|
| 九江永强实业有限公司 | 2010 | 3.2 | 2.0 | 功能性服装 | 4.0 | 0.8 |
| 九江顺信鞋业有限公司 | 2010 | 0.6 | 1.3 | 鞋 | 1.2 | 0.2 |
| 江西洁驰清洁设备有限公司 | 2010 | 2.6 | 3.3 | 清洁设施 | 5.0 | 1.0 |
| 江西金鼎钨钼矿业有限公司 | 2010 | 6.0 | 13.3 | 金属钨等 | 15.0 | 1.0 |

# 第十二节　彭泽县工业园

## 一、园区设置

工业园成立 2003 年 3 月,地处县城附近沿江带。2006 年 3 月,被省政府批准为省级开发区。工业园依江而布,按照不同产业布局,形成“一园三区”发展格局,即:城郊综合工业区、矶山生态工业区和彭湖湾工业区。彭泽有 46.54 千米黄金长江岸线,是全省沿江岸线三分之一,其中一、二级岸线就达 33 千米。故彭泽成为全省沿江开放开发主战场,被省市定位为“九江沿江最具发展潜力的增长极,江西省新兴的临港产业基地”。至 2010 年年底,园区内投产企业 30 家,在建企业 38 家。

2003~2010 年彭泽县工业园主要经济指标一览

表 28-5-34　　单位：平方千米、亿元、个、人

| 年 份 | 开发面积 | 基础设施投入 | 工业总产值 | 产品销售收入 | 利税总额 | 入园企业 | 从业人员 |
|---|---|---|---|---|---|---|---|
| 2003 | 0.44 | 0.33 | 1.28 | 1.19 | 0.15 | 8 | 2370 |
| 2004 | 0.44 | 0.37 | 2.46 | 2.08 | 0.37 | 11 | 2921 |
| 2005 | 0.44 | 0.63 | 4.38 | 4.01 | 0.42 | 19 | 3781 |
| 2006 | 0.44 | 0.64 | 5.50 | 5.02 | 0.74 | 19 | 4260 |
| 2007 | 1.49 | 0.41 | 11.37 | 11.29 | 0.81 | 13 | 4309 |
| 2008 | 2.60 | 0.45 | 21.27 | 14.99 | 0.91 | 15 | 4546 |
| 2009 | 3.50 | 0.97 | 27.01 | 26.06 | 1.43 | 24 | 5743 |
| 2010 | 3.80 | 6.50 | 44.05 | 45.06 | 2.52 | 30 | 7764 |

## 二、产业定位

工业园是九江长江开发“一核、两轴、六板块”的六大板块之一，重点发展新能源、船舶制造、棉纺服装、医药制造、钢铁冶金、港口物流等临港产业。经过近 10 年建设，至 2010 年，已形成纺织服装、船舶制造、精细化工和建材矿产四大支柱产业。

## 三、入园企业

2003 年，以原彭泽棉纺厂、彭泽水泥厂等 8 家企业为基础招商引资建设工业园区。至2006 年，先后有 19 家企业入园。当年，启动矶山生态工业区建设，先后引进之江化工、禾益化工、常宇化工和华孚纤维等多家精细化工企业。2007 年，启动钓鱼台工业区建设，先后引进翔升造船、英皇制衣、展达制衣、华天玻璃和三德服饰等，2008 年，以定山回乡创业园为基础，启动定山工业区建设，先后引进科为薄膜、六小龙服饰、亚航锻铸、亿来丰复合肥等企业。至 2010 年，入园企业 52 家，其中建成投产 30 家。

2001~2010年彭泽县工业园投产主要工业企业一览

表 28-5-35　　单位：亿元、公顷、人

| 企业名称 | 投产年份 | 投资总额 | 占地面积 | 主要产品产量 | 年主营业务收入 | 就业人数 |
|---|---|---|---|---|---|---|
| 江西华孚纺织有限公司 | 2001 | 5.00 | 29.2 | 色纺纱 | 4.80 | 1600 |
| 彭泽永加纺织有限公司 | 2003 | 1.00 | 5.8 | 棉　纱 | 1.88 | 230 |
| 彭泽银海纺织有限公司 | 2003 | 0.80 | 2.3 | 棉　纱 | 1.20 | 265 |
| 九江南方水泥有限公司 | 2005 | 5.00 | 38.5 | 水泥熟料及成品 | 7.75 | 320 |
| 江西力得纺织有限公司 | 2006 | 1.00 | 8.4 | 棉　纱 | 2.38 | 320 |
| 九江之江化工有限公司 | 2006 | 1.50 | 13.3 | 农药中间体 | 2.58 | 169 |
| 九江丹尼尔针织有限公司 | 2006 | 0.50 | 5.1 | 针织布 | 0.60 | 65 |
| 九江英皇制衣有限公司 | 2007 | 1.00 | 5.6 | 品牌服装 | 0.60 | 310 |
| 江西禾益化工有限公司 | 2007 | 2.50 | 26.5 | 农药医药中间体 | 2.81 | 180 |
| 九江翔升造船有限公司 | 2007 | 5.00 | 34.9 | 船　舶 | 15.00 | 750 |
| 江西鑫鸿矿业有限公司 | 2009 | 1.50 | 4.0 | 铁矿粉 | 1.67 | 65 |
| 江西鸿硅新能源科技公司 | 2009 | 1.00 | 1.3 | 硅　片 | 1.74 | 80 |
| 江西科为薄膜新型材料有限公司 | 2009 | 1.00 | 5.1 | 汽车防爆膜 | 2.50 | 150 |

续表 28-5-35

| 企业名称 | 投产年份 | 投资总额 | 占地面积 | 主要产品产量 | 年主营业务收入 | 就业人数 |
|---|---|---|---|---|---|---|
| 九江六小龙服饰有限公司 | 2009 | 1.20 | 4.7 | 服 装 | 1.16 | 210 |
| 九江展达成衣有限公司 | 2010 | 1.00 | 4.8 | 登山用品 | 0.81 | 370 |
| 九江华孚纤维有限公司 | 2010 | 2.50 | 20.3 | 染色棉 | 3.01 | 300 |
| 彭泽兴达化工有限公司 | 2010 | 1.80 | 8.7 | 染料中间体 | 1.80 | 150 |

**2010 年彭泽县工业园在建重大工业项目一览**

表 28-5-36 单位:亿元、公顷

| 项目名称 | 签约年份 | 投资总额 | 占地面积 | 主要产品 | 预计年主营业务收入 | 预计年税收 |
|---|---|---|---|---|---|---|
| 江西仁明医药化工有限公司 | 2009 | 3.00 | 15.00 | 医药中间体 | 3.00 | 0.40 |
| 彭泽县三德服饰有限公司 | 2009 | 0.50 | 2.00 | 服 装 | 0.50 | 0.05 |
| 九江金佰利防护服有限公司 | 2010 | 2.00 | 6.13 | 防护产品 | 2.00 | 0.15 |
| 九江紫聚化工有限公司 | 2010 | 1.25 | 3.33 | 化工新材料 | 2.28 | 0.15 |
| 彭泽环球精细化工有限公司 | 2010 | 2.40 | 11.1 | 医药中间体 | 5.00 | 0.20 |
| 九江常宇化工有限公司 | 2010 | 1.20 | 7.27 | 医药中间体 | 1.20 | 0.12 |
| 九江亚航锻铸有限公司 | 2010 | 5.00 | 3.33 | 端头板 | 5.00 | 0.30 |
| 九江计行塑胶有限公司 | 2010 | 1.00 | 4.00 | PVC 压延膜 | 1.50 | 0.10 |
| 九江逸达造船有限公司 | 2010 | 6.00 | 27.4 | 船 舶 | 5.00 | 0.50 |
| 江西同禾化工有限公司 | 2010 | 1.50 | 3.24 | 医药、农药中间体 | 1.50 | 0.20 |
| 江西众力化工有限公司 | 2010 | 1.00 | 3.36 | 医药、农药中间体 | 1.50 | 0.10 |
| 江西科苑药业有限公司 | 2010 | 1.10 | 7.60 | 抗生素 | 1.50 | 0.15 |

# 第十三节 共青城工业园

## 一、园区设置

2007 年,为响应省委、省政府"建设昌九工业走廊"战略,共青城开放开发区党委、管委会决定在高速公路以西 20 平方千米区域内创建工业新区,聘请新西兰(U&R)规划与设计有限公司、武汉钢铁设计院本着环保生态理念对新区进行 20 平方千米控制性规划,当年正式开工建设。8 月,为进一步快速推进共青城发展,将工业新区规划面积拓展为 60 平方千米。又委托美国龙安建筑规划设计有限公司,按照"创新创业、集约高效、绿色生态"示范园区要求,依据共青城城市总体规划发展定位,对 60 平方千米共青城工业新区进行整体规划提升。

2008 年 10 月,省发改委与省电力公司共同支持,工业用电价格每度较周边地区低 0.1 元。2009 年 4 月,覆盖面积达 10 平方米的 3.5 万伏变电站启用。至 2010 年年底,共青工业新区完成征地 1333.3 公顷,投入基础设施建设资金 5 亿多元,20 平方千米基础设施全部完善到位,道路、电力、管网等基础设施完善:南北有长 12 千米、宽 32 米工业大道贯穿基地,南至永修军山、北至德安县工业园;东西有 40 米宽西大道连接,东至共青城主城区、西至永修燕坊 105 国道;内有若干支路完成硬化,立体路网框架基本成型。11 万伏扩容改建完毕。供水管网,电信、移动、广电等弱电管网、污水处理厂等基地配套设施完善。工业用地价格在中部地区最低，凡进入工业新区省重点工业企业项目均可享受优先供地。

2008~2010 年共青城工业园主要经济指标一览

表 28-5-37　　单位：平方千米、亿元、个、人

| 年 份 | 开发面积 | 基础设施投入 | 工业总产值 | 产品销售收入 | 利税总额 | 入园企业 | 从业人员 |
|---|---|---|---|---|---|---|---|
| 2008 | 2 | 2.00 | 35 | 32.53 | 2.3 | 36 | 10741 |
| 2009 | 2 | 4.79 | 50 | 47.78 | 2.6 | 62 | 11787 |
| 2010 | 7 | 45.29 | 83 | 80.50 | 5.5 | 82 | 15868 |

## 二、产业定位

园区以电子电器、新能源、纺织服装三大环境友好型产业聚集成势。

## 三、入园企业

至 2010 年底，工业新区有共晶光伏、赛龙通信、金淞电器、挪宝电器、超群电子、华航新能源、盛宏永实业、锦兴纺织、拼牌服饰、鸭鸭产业园等 85 家企业入驻，其中电子电器 48 家，新能源 5 家，纺织服装 17 家，其他型产业15 家。

2008~2010 年共青城工业园投产主要工业企业一览

表 28-5-38　　单位：亿元、公顷、人

| 企业名称 | 投产年份 | 投资总额 | 占地面积 | 主要产品产量 | 年主营业务收入 | 就业人数 |
|---|---|---|---|---|---|---|
| 江西共青爱高服装有限公司 | 1994 | 0.05 | 1.45 | 羽绒服 21.7 万件 | 0.48 | 226 |
| 江西回圆服饰有限公司 | 1996 | 0.05 | 1.03 | 羽绒服 448 万件 | 13.00 | 1986 |
| 江西共青金羽服饰有限公司 | 1998 | 0.01 | 0.28 | 羽绒服 11.5 万件 | 0.20 | 67 |
| 江西大嘴鸭服装有限公司 | 1998 | 0.05 | 0.21 | 羽绒服 17.1 万件 | 0.20 | 30 |
| 江西共青中羽制衣有限公司 | 1998 | 0.05 | 0.24 | 羽绒服 61.15 万件 | 0.42 | 420 |
| 江西昌乐制衣有限公司 | 1999 | 0.0743 | 0.11 | 羽绒服 56.7 万件 | 0.81 | 350 |
| 江西共青中成服饰有限公司 | 1999 | 0.0516 | 1.33 | 羽绒服 9.43 万件 | 0.08 | 120 |
| 共青城丑小鸭服饰有限公司 | 1999 | 0.01 | 0.74 | 羽绒服 25.85 万件 | 0.22 | 105 |
| 江西共青鸭鸭集团有限公司 | 2000 | 0.80 | 20.00 | 羽绒服 739 万件 | 25.00 | 2803 |
| 江西共青宝山纺织有限公司 | 2000 | 0.05 | 1.20 | 棉纱 4036 吨 | 0.75 | 385 |
| 江西共青深昌制衣有限公司 | 2000 | 0.005 | 0.29 | 羽绒服 12.6 万件 | 0.26 | 142 |
| 江西深傲服装有限公司 | 2001 | 0.1166 | 0.80 | 羽绒服 340.7 万件 | 11.44 | 698 |
| 江西雪斯莱服饰有限公司 | 2001 | 0.05 | 1.88 | 羽绒服 27.9 万件 | 0.66 | 70 |
| 江西雪世界服饰有限公司 | 2001 | 0.05 | 0.62 | 羽绒服 10 万件 | 0.15 | 51 |
| 江西天骏印染有限公司 | 2001 | 0.05 | 4.00 | 印染布 348 万平方米 | 0.35 | 171 |
| 共青城赛威登服装有限公司 | 2001 | 0.01 | 0.37 | 羽绒服 22.8 万件 | 0.21 | 210 |
| 九江共青供电有限公司 | 2002 | 2.10 | 0.67 | 用电量 11485.4 万千瓦时 | 0.84 | 219 |
| 江西共青东升包装有限公司 | 2002 | 0.01 | 1.46 | 纸板加工 500 万平方米 | 0.43 | 86 |
| 江西天元纺织有限公司 | 2003 | 0.068 | 2.67 | 棉纱 3010 吨 | 0.71 | 276 |

续表 28-5-38

| 企业名称 | 投产年份 | 投资总额 | 占地面积 | 主要产品产量 | 年主营业务收入 | 就业人数 |
|---|---|---|---|---|---|---|
| 江西共青统百利彩印包装有限公司 | 2003 | 0.05 | 6.00 | 纸板加工 550 万平方米 | 0.48 | 106 |
| 江西春蕾服饰有限公司 | 2003 | 0.01 | 6.60 | 羽绒服 22.9 万件 | 0.42 | 275 |
| 九江华达医用材料有限公司 | 2004 | 0.50 | 1.53 | 医用材料 100 万吨 | 0.93 | 406 |
| 江西亮林服饰有限公司 | 2004 | 0.0518 | 2.00 | 羽绒服 25.8 万件 | 0.46 | 107 |
| 共青城宏旺彩印包装有限公司 | 2004 | 0.02 | 0.56 | 纸板加工 419 万平方米 | 0.42 | 62 |
| 共青城兴龙实业有限公司 | 2004 | 0.01 | 0.46 | 羽绒 116 吨 | 0.24 | 40 |
| 江西港湾木业有限公司 | 2005 | 0.01 | 1.33 | 各类板材 269 万平方米 | 0.29 | 43 |
| 江西长江啤酒有限公司 | 2006 | 2.00 | 13.33 | 啤酒 39419.5 千升 | 0.62 | 310 |
| 江西雪羽服饰有限公司 | 2006 | 0.0168 | 0.49 | 羽绒服 29.5 万件 | 0.48 | 110 |
| 江西共青帛圆纱业有限公司 | 2006 | 0.05 | 6.67 | 棉纱 2446 吨 | 0.19 | 162 |
| 共青城雪狐服饰有限公司 | 2006 | 0.05 | 0.98 | 羽绒服 20 万件 | 0.33 | 510 |
| 江西挪宝电器有限公司 | 2007 | 1.50 | 27.00 | 地源热泵空调 10 万台 | 1.79 | 70 |
| 共青焕利实业有限公司 | 2007 | 0.05 | 1.00 | 羽绒服 74.3 万件 | 1.18 | 332 |
| 江西共青乘风纺织有限公司 | 2007 | 0.10 | 2.37 | 棉纱 6229 吨 | 1.13 | 460 |
| 江西诚民纺织有限公司 | 2007 | 0.03 | 1.33 | 棉纱 1081.7 吨 | 0.17 | 340 |
| 江西国纺纺织有限公司 | 2007 | 0.0668 | 2.00 | 棉纱 1883.6 吨 | 0.39 | 258 |
| 江西启维光伏科技股份有限公司 | 2007 | 0.30 | 10.00 | 太阳能组件 1.63 兆瓦 | 0.63 | 99 |
| 江西联洲研磨科技有限公司 | 2008 | 0.075 | 3.33 | 各型砂轮 2000 万片 | 0.71 | 150 |
| 江西羽博服饰有限公司 | 2008 | 0.05 | 5.33 | 羽绒服 13.5 万件 | 0.2 | 110 |
| 共青翔宇织造染整有限公司 | 2008 | 1.50 | 2.40 | 印染布 2027.5 万平方米 | 0.25 | 135 |
| 九江尚鸿服装织造有限公司 | 2009 | 0.01 | 0.34 | 羽绒服 305 万件 | 0.80 | 410 |
| 市银盛服装织造有限公司 | 2009 | 0.01 | 0.41 | 羽绒服 182 万件 | 0.74 | 208 |
| 共青城赛龙通信技术有限责任公司 | 2010 | 12.00 | 40.00 | 手机 2850000 台 | 4.14 | 560 |

## 2010 年共青城工业园在建重大工业项目一览

表 28-5-39　　单位:亿元、公顷

| 项目名称 | 签约年份 | 投资总额 | 占地面积 | 主要产品 | 预计年主营业务收入 | 预计年税收 |
|---|---|---|---|---|---|---|
| 江西共晶光伏科技有限公司 | 2010 | 80 | 100.0 | 电磁片、太阳能组件、铸锭、拉棒、切片等 | 15 | 0.3 |
| 江西省嘉洲针织有限公司 | 2010 | 13 | 40.0 | 毛衫、服装及全自动电脑编织横机生产 | 13 | 0.6 |
| 共青赛龙通信技术有限责任公司 | 2010 | 12 | 33.3 | 建设手机配套产品生产基地 | 6 | 0.3 |

# 第二十九篇

# 商贸供销业

# 第二十九篇 商贸供销业

20世纪90年代初，九江仍处于计划经济向市场经济转型的初始阶段，国有和民营商业都在寻找各自的发展机遇和途径。1992年，市委、市政府下发《关于发展个体私营经济若干规定》。1993年，国家取消计划分配，物资供应双轨制结束。1994年，市委、市政府下发《关于进一步加快个体私营经济发展的决定》。短短3年间，市委、市政府共出台扶持个体私营经济发展优惠政策15项。90年代中期，国有商业企业共投资5亿多元，改建和兴建大中大商厦等一批新型商业网点。90年代后期，民营企业联盛集团公司、派拉蒙集团公司和步步高等外来知名企业登陆九江。

2003年，药品经营向社会全面放开。至此，除食盐、烟草仍为国家专营、专卖商品，其余商品经营大多转为民营。

至2010年，通过招商引资和争资争项，建成京九农副产品批发市场等各类大中型专业批发市场155个；其中年交易额超亿元的17个。实施菜蓝子富民工程，推进规模化集约化蔬菜基地建设；在市城区建设和改造标准化菜市场19个。

2005~2010年，在“万村千乡市场工程”建设中，建设村级标准化农家店1513个、乡级标准化农家店139个，覆盖率分别达到75%和91%；建立县级商品配送中心11个；健全农村流通网络建设，改善购物环境。

2009~2010年，全市12个县(市、区)全面启动家电下乡工作，建立1200个家电下乡产品销售网点，销售各类家用电器60多万台，销售金额13.99亿元。

20年间，完成各类成品油销售4064390吨，销售金额116670万元。供销系统年平均销售化肥18万余吨，农药1500余吨，农药器械2500百架，农用薄膜129吨；收购皮棉120万担，苎麻1000吨，农副产品及土特产品60652万元；供应日用消费品141175万元。食盐、烟草专营专卖亦产生重大社会效益和经济效益。金属材料、机电车辆、轻化建材销售，废金属回收，二手车市场管理有序进行。对外贸易规模持续扩大，提升九江经济的外向度。

至2010年年底，市直国有商业全面完成改制任务，并成立相关管理部门，经营和管理国有商业资产，处理改制企业遗留问题。

# 第一章 市场

## 第一节 集贸市场

### 一、市场建设

1991 年,国家采取一系列启动市场政策措施逐步到位,农贸市场建设与改造出现回升趋势,各地扩大农贸市场建设规模,改马路市场为室内市场,改简易结构为永久结构。扩建 14 座农贸市场,拆除 26 座狭小破旧市场,年末全市共有集贸市场 256 座,全年成交额 10.11 亿元。1992 年,市委、市政府对市区集贸市场建设出台免征公建配套费、市场建设投资方向调节税、出售商品营业税、新市场 3 年收益所得税等优惠政策, 当年全市集贸市场增至 265 个, 总面积 22.46 万平方米。其中有顶棚市场 199 个, 面积 10.33 万平方米;室内市场 13 个,面积 8.01 万平方米。拥有货台 1.4 万米,已形成大、中、小综合与专业、批发与零售相结合,国有、集体、个体商业企业和农民个人参与共同经营的新格局。全年成交额 10.9 亿元,成交商品总量 47.5 万吨。其中猪肉 4.69 万吨、鲜蛋 1.63 万吨、水产品 2.01 万吨、牛肉 0.36 万吨、蔬菜 23.39 万吨。在 13 个室内市场中,有湖口县大岭农贸市场、永修县白槎农贸市场、星子县星赣农贸市场和九江县柴桑农贸市场。随后 2 年间各地投资 4642 万元兴建与扩建 43 个市场,面积达 23.42 万平方米。其中有市区规模最大,面积达 7000 平方米的江州农贸市场、长虹小区农贸市场、金鸡坡农贸市场、大王庙综合市场、瑞昌市白龙综合市场、永修县山下渡市场、星子县城北市场、九江县农贸城,同时淘汰 23 个露天市场。1994 年末,全市各类集贸市场增至 285 个,面积 40 万平方米。其中城镇 74 个、农村 211 个,全年成交额 17.39 亿元,提供税收 8908 万元。成交粮油、肉禽蛋、水产品、蔬菜达 34.16 万吨。市区浔阳楼市场交易额突破 2 亿元,成为长江中下游干菜农副产品集散地之一。1995 年,各地集贸市场规模不断扩大,设备日趋完善,市场交易活跃。全市集贸市场有 283 个,市场成交额达 22.33 亿元,比 1994 年增长 28.41%,占全市消费品零售总额 48.56%。其中城市成交额 13.81 亿元,农村成交额为 8.36 亿元,分别比 1994 年增长 39.42%和 13.43%。集贸市场成为商品流通重要渠道、成为城镇居民购买蔬菜、肉食品和生活必需品的主要场所。集贸市场竞争激烈,经济成分多种多样,在市场经营者中,有国营企业、集体企业、民营企业、个体工商户和农民个人。从全市集贸市场销售结构看:农民个人占 29.34%,国营、集体企业占 6.39%,私营和个体工商户占 49.24%。

1996~2000 年,各地继续调整集贸市场结构,淘汰占路为市露天市场,投资新建规模大、设施全、或楼层、或室内棚顶市场。市区有月亮湾、柴桑、塔岭北路、利江、双峰路、莲花池、三里街等农贸市场。各县区有九江县洗心桥农贸市场;庐山区新港、威家农贸市场;瑞昌市南义镇、黄金镇、码头镇、赤湖水产场农贸市场;修水县白岭、渣津、大桥、三都农贸市场;武宁县泉口、鲁溪、宋溪农贸市场;都昌县中馆、蔡岭农贸市场;湖口县鄱阳湖、双钟镇、流泗镇、五里乡农贸市场;彭泽县芙蓉镇、马当镇农贸市场。2000 年末,全市共有集贸市场 262 个。其中楼层、室内或有棚顶集贸市场 258 个,占总数 98.5%;露天市场 4 个。全市形成以市区为中心,以县城为骨干,以乡镇为基础,以边际为窗口,大中小相结合集贸市场网络。年末市场成交额达到 38.14 亿元。其中城镇 91 个集贸市场成交额达 21.68 亿元,市区最大江洲农贸市场成交额达 1.8 亿元。2000 年,全市集贸市场成交量稳步增加,肉禽蛋、水产品、蔬菜分别比 1999 年增长14.8%、14%和 10.2%。

2001~2002 年,全市采取“谁投资、谁管理、谁受益”办法,多方筹集资金,用于市场改造和建设。市场档次进一步提升,市场规模进一步扩大,商品成交活跃,仅 2002 年,全市集贸市场成交额 64.14 亿元,比 2001 年增长 58.6%,城镇成交额达 45.13 亿元,比 2001 年增长 1.06 倍,农村成交额达 19 亿元,比 2001

年增长 2.3%，规模优势日趋明显，全市 6 个 1 亿元以上市场成交额达 24.7 亿元，比 2001 年增长 121.8%，占全市集贸市场成交额的比重由 2001 年 31.8%上升至 44.9%。投入使用的有市糖酒副食品总公司同地产商联合改造扩建龙开河农贸市场、湖滨农贸市场和沙子墩农贸市场。

2003~2005 年，加强市场建设规划，严格把握市场建设准入，鼓励市场建设投资主体多元化，商品市场设施进一步完善，更加趋向规模化和专业化。市豆类制品一厂利用所处良好位置，自筹资金 10 万元，将闲置车间和空场地改造成 1000 平方米塔岭综合农贸市场。共设置门面 12 个，肉菜摊位 80 个。全市年成交额超亿元商品市场有 16 个，市区江州农贸市场成交额 2 亿元；湖口县鄱阳湖大市场 1.8 亿元；修水县中心农贸市场 1.8 亿元；德安县农贸市场 1.5 亿元。2005 年起，市商业管理办公室根据商务部和省内贸办要求，通过对不同经济成分大型农贸市场的粮油、肉禽、糖、蔬菜等 14 种城市生活必需品的供应、销售、价格等情况进行监测报告。

2006~2010 年，按照市委、市政府“打造区域商贸中心”战略部署，围绕“政府引导、营造环境、市场导向、企业运作”发展思路，加大推进以赣北、鄂东南、湘东北、皖西南为辐射区的大市场建设。同时结合“农改超”要求加快农贸市场升级改造，市商业管理办公室组织市区农贸市场业主，到杭州、上海、厦门等地考察学习农贸市场标准化改造经验，先后完成万家农贸市场、新一菜场等标准化农贸市场建设。为加快全市农贸市场建设步伐，通过招商引资共建设中心城区 6 个农贸市场(万家农贸市场、万众农贸市场、庐山区莲花中心农贸市场、庐山区中心农贸市场、城西港区临江大市场、庐山区五里陶洼小区农贸市场)，建设改造 12 个标准化菜市场，项目投资 3362.2 万元，新增营业面积 7741 平方米，新增摊位 627 个，年交易量 2580 万公斤。经过改造标准化菜市场，购物环境、商品经营管理水平、食品消费安全均有改善和提高。

**1991~2002 年全市城乡集贸市场发展一览**

表 29-1-1　　单位：个、万元

| 年 份 | 市场总数 | 其 中 | | 市场年成交额 | 其 中 | |
|---|---|---|---|---|---|---|
| | | 城镇市场 | 农村市场 | | 城 镇 | 农 村 |
| 1991 | 256 | 67 | 189 | 101098 | 55542 | 45556 |
| 1992 | 265 | 71 | 194 | 109021 | 58142 | 50879 |
| 1993 | 271 | 75 | 196 | 123235 | 64931 | 58304 |
| 1994 | 285 | 74 | 211 | 173892 | 100154 | 73738 |
| 1995 | 283 | 84 | 199 | 223278 | 138082 | 83610 |
| 1996 | 284 | 122 | 162 | 268890 | 168115 | 100275 |
| 1997 | 286 | 88 | 198 | 337605 | 221302 | 116303 |
| 1998 | 292 | 87 | 205 | 343926 | 215082 | 128844 |
| 1999 | 302 | 91 | 211 | 362960 | 208004 | 154956 |
| 2000 | 262 | 91 | 171 | 381429 | 216833 | 164596 |
| 2001 | 257 | 82 | 175 | 404296 | 218444 | 185852 |
| 2002 | 215 | 77 | 138 | 641357 | 451339 | 190018 |

## 二、重点市场

**市江洲农贸市场**　江洲农贸市场源于沿双峰路、丁官路、庾亮南路呈三角地带露天双峰市场。由于占道经营，1992 年 10 月，市工商局结合当地房地产开发，旧城改造而建设。市场位于浔阳区庾亮南路 38 号，是市区中心农贸市场。2001 年，由民营企业九江三源贸易有限公司投资 1000 万元收购，市场占地

8600平方米,营业面积5600平方米。分肉品、水产品、禽蛋、干菜、调味品、蔬菜、豆制品7个大类,摊位623个,经营户212户(其中蔬菜经营户51户、豆制品8户、水产品42户、禽类20户、肉品47户、干菜8户、统货36户);门面经营户26户,商品种类达300余种,年成交量360万公斤,年交易额3亿元。该市场2000年获"全国文明市场"称号,多次获省"文明市场"称号。

**市新一菜场** 由塔岭农贸市场升级改造而建设,位于市中心城区八角石,处市区主干道浔阳路、大中路、甘棠南路、甘棠北路、塔岭南路、塔岭北路交汇点。人口稠密,商圈繁华成熟。菜场升级改造以上海、杭州两大城市菜场为版本,以超市购物环境为标准,由省菜场标准化建设项目基金30万元和新一菜场农贸发展有限公司自筹资金300万元共同改造,2008年5月18日重新开业。改造后实际经营面积4600平方米,比改造前增加2100平方米,门面和摊位280个。近20个经营大类,1000多个经营品种,日人流量10000人次,比改造前增加6000人次,从业350人,其中安排企业下岗30人。主要经营品种有蔬菜、肉禽蛋、水产品、豆制品、干菜和本地特色农副产品。该菜场年成交额1亿元。

## 第二节 批发市场

### 一、市场建设

1991年,引进内资2187万元、外资8121万美元,改建、新建市场和商场400多个。1992年,全市投资9595万元兴建57个批发市场,总面积2.98万平方米。1993年,兴建生产资料等6个专业批发市场和服装、小商品4个摊点群。1995年,新建、扩建浔阳楼批发市场、浔阳蔬菜批发市场、修水金城大厦、彭泽龙城集贸市场、都昌水果批发市场、星子中心大市场与星赣市场。1996年,浔阳楼、锁江楼、琵琶亭滨江仿古街,万家广场小百货批发市场,马狮小百货批发市场,九江生产资料中心批发市场,京九农副产品中心批发市场(2个市场均为国家级),九江市火车站商城。各县兴建一批大中型市场项目,其中较大的有德安县德安大市场、都昌县天隆市场和都昌商城集贸市场、彭泽县龙城大市场等。1997年,市区江州、浔阳楼、京九小商品、京九副食品、京九蔬菜5个批发市场竣工开业。都昌县天昊商城、彭泽县水果批发市场建成运营。

2000年,市区陶瓷建材市场、浙赣联兴商城、久久商城等批发市场竣工开业。同年,相继兴建国家级京九农副产品中心批发市场和较大规模棉花批发市场、粮油批发市场、蔬菜水产品批发市场、工业品批发市场、小商品批发市场、服装市场、建材市场、竹木市场、水果批发市场、机动车辆与配件专业市场等。2004年,由多方投资共同开发新建的九江国际汽车城、九江柴桑大市场、九江果品批发交易大市场、福建商城、京九天马建材家具城等大型专业化市场相继建成开业。新增市场建设面积33万平方米,全市商品市场呈现出"规模大、层次高、专业化"特点。2009年,琵琶湖水产品交易市场启动建设,2010年9月底投入运营。果品批发交易大市场投资400万元,提升改造冷库冷链系统、废弃物处理中心、水电消防与附属工程等。12月9日,美吉特小商品市场落户九江市区,投资20亿元、固定资产15亿元、占地面积约3333.35平方米。

**2010年全市批发、专业市场营业面积、营业额一览**

表29-1-2　　　　单位:平方米、万元

| 名称 | 业态 | 营业面积 | 营业额 | 主营 |
|---|---|---|---|---|
| 九江市华东装饰材料市场 | 专业市场 | 160000 | 78800 | 建材 |
| 京九副食批发市场 | 专业批发市场 | 155800 | 400000 | 副食品 |
| 浔阳蔬菜市场 | 农产品批发市场 | 45900 | 29000 | 蔬菜 |
| 九江市果品批发交易大市场 | 农副产品批发市场 | 40000 | 30000 | 蔬菜 |
| 广源废旧物资交易市场 | 废旧物资市场 | 40000 | 1000 | 旧货交易 |

续表 29-1-2

| 名 称 | 业 态 | 营业面积 | 营业额 | 主 营 |
|---|---|---|---|---|
| 天马建材城 | 建材市场 | 33300 | 8000 | 建材 |
| 闽浔建材城 | 建材市场 | 30000 | 10000 | 瓷砖 |
| 黄氏干菜批发中心 | 农产品批发市场 | 24000 | 110000 | 干菜 |
| 九江河鲜产品批发市场 | 农产品批发市场 | 11000 | | 生鲜蔬菜 |
| 五金市场 | 专业批发市场 | 10000 | 5000 | 五金 |
| 鞋料、塑料市场 | 专业批发市场 | 10000 | | 塑料 |
| 九江市浔庐汽车服务中心 | 专业市场 | 7000 | 7590 | 钢材 |
| 中百站小商品批发市场 | 综合批发市场 | 8200 | 5500 | 日用、小百货 |
| 上海大众汽车服务中心 | 专业市场 | 6670 | 4000 | 汽车 |
| 裕华百货市场 | 综合批发市场 | 6000 | | 百货 |
| 柴桑北路 | 专业市场 | 5200 | 4290 | 服装 |
| 九江汽配城 | 专业市场 | 4000 | 10000 | 汽车配件 |
| 万家广场 | 小商品市场 | 4000 | | 百货 |
| 南方粮食交易市场 | 专业批发市场 | 3850 | 150000 | 粮食 |
| 城南综合市场 | 综合批发市场 | 3000 | 3100 | 日用、百货 |
| 太平洋电脑城 | 专业批发市场 | 2000 | 2000 | 家电 |
| 区工商局钢材市场 | 生产资料批发市场 | | 12000 | 钢材 |

## 二、批发网点

1991 年，国有二级批发站经营批发业务。年底，工业品批发机构 526 个，从业 4871 人。1992 年年底，仅有 2 个直属零售商场（久久商城、购物中心）兼营批发业务。至 1993 年，大部分有条件的零售企业兼营批发业务，当年从事批发业务企业 2491 家，批发额达 29.27 亿元、利润总额 3465 万元、从业 23270 人。各类经济类型批发网点中，个体批发业网点占整个批发网点 31.5%，尤其食品、百货行业市场占有率越来越高。批发网点中销售额达到 2000 万以上的大中型企业 28 个。

1996 年，兴建万家广场小百货批发市场、马狮小百货批发市场。当年，全市批发销售额达 49.16 亿元，批发网点 5221 个，从业人员 3.88 万人，批发业利润总额 4857 万元。1997 年，市商业市场在买方市场格局下呈现稳定、活跃、平缓增长态势。零售市场货丰价廉，稳步增长。批发企业购销下降，库存增加，资金周转不灵，全市大中型批发零售贸易企业亏损 1.03 亿元。1998 年的特大洪涝灾害使市场销售受到影响，居民购买力下降，商品供过于求，买方市场特征更加明显。市场销售低迷，批发市场略好于零售市场。经过市场整顿，取缔一些违规，扰乱正常市场秩序不法小商户、摊点，批发业呈现更具专业化、规范化、多样化发展趋势，其商品价位低、品种齐全、挑选方便、经营方式灵活，深受广大消费者青睐。批发业由原有国营二级批发站向专业批发市场转型基本完成。当年消费品综合市场 229 个、工业品消费市场 27 个、生产资料市场 8 个。

至 2000 年，市场规模不断扩大、成交活跃、发展迅速，已成为商品流通的主要渠道。当年全市有商品交易市场 262 个，其中消费品市场 252 个、生产资料市场 10 个。2002 年，全市继续加大市场建设投资力度，采取“谁投资、谁管理、谁受益”办法，成交额增加，消费品市场成交额达 55.06 亿元，生产资料市场成交额达 9.07 亿元。其中全市 6 个年销售额超 1 亿元以上的消费品市场成交额达 24.7 亿元。2004 年，全市各类批发交易市场（包括综合批发市场、小商品批发市场、专业批发市场、农产品农贸批发市场、生产资料批发市场等）面积 744385 平方米。有销售数据的批发网点面积 631280 平方米，年销售额 896588 万元。2007 年,全市超 1 亿元市场 16 座,其中果品批发交易大市场年成交额 6.14 亿元;华东装饰材料市场年成交额 14.98 亿元。

至 2010 年,全市已有经营各类商品批发企业 525 个,从业 20325 人,市消费品市场增产幅度大,年成交额在 1 亿元以上的商品交易市场 93 家,全年实现成交额 1232.4 亿元。

**2010 年全市规模以上批发交易市场一览**

表 29-1-3　　　　单位:个、平方米、万元

| 汇总分类 | 统计对象 | 批发网点 | | | |
|---|---|---|---|---|---|
| | | 数 量 | 营业面积 | 年交易额 | 摊位数 |
| 网点分布 | 浔阳区 | 34 | 398355 | 769749 | 6206 |
| | 庐山区 | 29 | 249410 | 129608 | 1968 |
| | 开发区 | 4 | 88320 | 30000 | 1890 |
| | 九江县 | 2 | 8300 | 8790 | 218 |
| | 小 计 | 69 | 744385 | 938147 | 10282 |
| 营业面积 | 20000 平方米以上 | 8 | 529000 | 666800 | 3544 |
| | 20000 以下至 10000 平方米 | 8 | 104320 | 29058 | 2363 |
| | 10000 平方米至 5000 平方米 | 7 | 47170 | 39438 | 880 |
| | 5000 平方米至 1000 平方米 | 27 | 55871 | 195983 | 2829 |
| | 1000 平方米以下 | 19 | 8024 | 6868 | 666 |
| | 小 计 | 69 | 744385 | 938147 | 10282 |
| 年交易额 | 10 亿元以上 | 3 | 183650 | 660000 | 2279 |
| | 10 亿元以下至 5 亿元 | 1 | 160000 | 78800 | 600 |
| | 5 亿元以下至 1 亿元 | 7 | 138200 | 129000 | 611 |
| | 1 亿元以下至 0.5 亿元 | 4 | 64300 | 25590 | 1116 |
| | 0.5 亿元以下至 0.1 亿元 | 16 | 93151 | 34249 | 1693 |
| | 0.1 亿元以下 | 38 | 105084 | 10508 | 3983 |
| | 小 计 | 69 | 744385 | 938147 | 10282 |
| 交易商品品种 | 小商品及日用品 | 3 | 16200 | 1290 | 450 |
| | 农贸烟酒 | 36 | 74105 | 41559 | 3257 |
| | 农副产品 | 6 | 122700 | 188650 | 387 |
| | 旧货交易 | 2 | 40460 | 1360 | 71 |
| 交易商品品种 | 建 材 | 2 | 63300 | 18000 | 700 |
| | 生产资料/钢材 | 1 | 1000 | 12000 | 4 |
| | 其 他 | 19 | 426620 | 675288 | 5413 |
| | 小 计 | 69 | 744385 | 938147 | 10282 |
| 交易方式 | 批零兼营 | 11 | 197100 | 118940 | 1299 |
| | 批 发 | 9 | 295050 | 703348 | 3213 |
| | 零 售 | 45 | 163915 | 85859 | 3880 |
| | 其 他 | 4 | 88320 | 30000 | 1890 |
| | 小 计 | 69 | 744385 | 938147 | 10282 |

续表 29-1-3

| 汇总分类 | 统计对象 | 批发网点 | | | |
|---|---|---|---|---|---|
| | | 数 量 | 营业面积 | 年交易额 | 摊位数 |
| 商品流向 | 本地产品本地销售 | 41 | 75045 | 61689 | 3215 |
| | 本地产品外地销售 | 1 | 40000 | 1000 | 60 |
| | 外地产品本地销售 | 23 | 541020 | 845458 | 5117 |
| | 外地产品外地销售 | | | | |
| | 其 他 | 4 | 88320 | 30000 | 1890 |
| | 小 计 | 69 | 744385 | 938147 | 10282 |

## 三、专业市场

**蔬菜、水产品批发市场** 市蔬菜批发市场始建于20世纪80年代初，位于市区龙王墩码头对面，时由市蔬菜公司一菜场几名职工承包经营，先后迁至滨江路和庐山路交汇处江边、柴桑路两旁经营。1991年，将批发场地延伸至九江自来水厂以西滨江路两侧，面积从1350平方米扩大到3000平方米，成为九江城区和各县、市(区)蔬菜集散地和批发交易中心。1993年，市蔬菜公司争取商业部贴息贷款150万元，自筹资金100万元，开发建设位于前纬路81号市区第一个室内蔬菜副食品批发市场。共有房屋178间、交易门店139间，集交易、办公、住宿、餐饮为一体，总面积4000平方米，因场地狭小，未被启用。

1998年，由江西凯胤公司投资3000万元，在长虹北路17号兴建江西唯一大型干菜批发市场——九江黄氏干菜批发市场。1999年10月开张营业。市政府利用该市场规模优势，成功举办"中国九江首届农副产品精品展销会"，吸引大批省内外客商参展，到会人数达21万人，现场交易5000万元。

2010年，由九江市浔阳蔬菜批发大市场和九江鲜活水产品批发市场共同投资2.25亿元，在琵琶湖筹建占地10.67万平方米，以蔬菜、水产、家禽交易为主的现代化农贸综合批发市场。

**市浔阳蔬菜批发大市场** 该市场由内贸部投资，筹建于1995年。位于长江水道和京九铁路交汇点，紧邻九江长江大桥南端，正面为福银高速公路，处在交通枢纽部位。以蔬菜、家禽批发交易为主，是省农业厅定点农产品批发市场，农业部定点"菜篮子"工程鲜活农产品中心批发市场，农业部农产品信息网信息采集点。该市场占地面积3.3万平方米、经营面积1.14万平方米、总投资1200万元，有蔬菜交易区3个、家禽交易区1个、总摊位300多个，批发商100多户，2010年交易额14.16亿元，交易量39.1万吨。该市场功能齐全，建有蔬菜农药残留检测中心，监控中心、客户服务中心、交易结算中心、司磅服务中心五大功能。工商、公安、金融等部门在市场统一协调下开展各项服务工作，为客户提供了安心、放心的交易环境。连续10年被农业部授予信息采集点先进单位，是江西农业产业化经营省级龙头企业、全国农产品批发市场信息采集重点区域百家市场之一。

**2001~2010年浔阳蔬菜批发大市场交易额及税收一览**

表 29-1-4 单位：亿元、万元

| 年 份 | 交易额 | 上缴税收 | 年 份 | 交易额 | 上缴税收 |
|---|---|---|---|---|---|
| 2001 | 1.92 | 38.00 | 2006 | 5.81 | 97.96 |
| 2002 | 2.10 | 36.30 | 2007 | 6.80 | 105.22 |
| 2003 | 2.90 | 36.04 | 2008 | 10.37 | 116.53 |
| 2004 | 3.69 | 55.49 | 2009 | 12.10 | 162.48 |
| 2005 | 4.59 | 99.01 | 2010 | 14.16 | 161.05 |

**市鲜活水产品批发市场** 位于浔阳区庐峰东路东端,紧邻九江长江大桥南出口,是农业部渔业局全国水产品定点信息采集单位,省农业厅农产品定点批发市场、政府“菜篮子”工程的组成单位。市场占地面积1.1万平方米,2001年由浔阳区白水湖街办三里村投资1000万元兴建。有经营门面57间、钢制交易大棚1800平方米、交易场地7000平方米、从业300人。市场配有制冰、供氧、信息、安全监控、发电机组等水产品交易市场专用设施。主要经营淡水鲜活水产品、特种水产品的批发、收购、转运、信息服务等业务。该市场2002年1月开业,已形成一个完整的聚产地、经纪人、市场、信息网络、营销网络及物流系统为一体产业链。市场辐射到全市各县(市)区及景德镇、鄱阳、南昌等地,还远销到湖北、安徽、浙江、江苏、广东、福建、山东、辽宁、吉林、黑龙江等省份。白鲢、鳙鱼在浙江、福建部分地区有很高市场占有率;已成为长江中下游具有一定影响力区域性水产品专业批发市场。

**2002~2010年全市鲜活水产品批发市场交易额及税收一览**

表29-1-5　　　　单位:万元

| 年份 | 交易额 | 上缴税收 | 年份 | 交易额 | 上缴税收 |
|---|---|---|---|---|---|
| 2002 | 24600 | 39.6 | 2007 | 34800 | 81.3 |
| 2003 | 27900 | 44.3 | 2008 | 43000 | 92.4 |
| 2004 | 29000 | 51.4 | 2009 | 44600 | 104.3 |
| 2005 | 30200 | 62.8 | 2010 | 49500 | 112.6 |
| 2006 | 32000 | 70.6 | | | |

**京九副食品批发市场** 1996年11月,由浙江永康粮油集团投资兴建,位于浔阳区庐峰北路和长虹北路交汇处,市场占地面积40964平方米。以副食品批发为主,从业1500余人。2010年年交易额达182406万元。10余年来先后被评为“全国农副产品批发业五十强市场”和商务部颁发的“双百市场”等荣誉称号。

**九江果品批发大市场** 2002年,市海德地产开发有限公司投资4800万元兴建,位于市区九瑞大道114号,占地4公顷、铺面284套、建筑面积32000平方米,2003年11月建成运营。是赣、鄂、皖、湘4省交汇处最大果品大市场;国家相关部委及全国供销总社重点支持的全国重点农产品批发市场;省政府十百千亿工程重大市场;全国供销总社和市政府重点农业产业化经营的龙头企业。市场货源来自全国近20个省市,果品销售到全国16个省市。2010年,市场实现交易额14.8亿元,共建果业基地1.2万余亩,带动农户1.8万余户。设有农民自产自销交易区,果品市场称为绿色环保企业。2009年,商务部将市场列为全国“双百工程”市场、并给予奖励;国家以奖代补资金200万元,重点建设市场垃圾中转环保工程和冷库改造工程。

**九江华东装饰材料市场** 位于市区十里大道827号,创建于2000年5月,投资规模3亿多元。至2010年,、经营面积近20万平方米,经营商户800多家,年交易额达20多亿元,年纳税3600多万元。从业4000多人。有商品30大类、2600多个品牌(其中679个驰名品牌),经营品种5万多个,是赣北及周边地区规模大、品种全、功能强、辐射广的现代大型建材专业市场。省政府授予“省产业经济十百千亿工程突出贡献奖”,中国建材联合会授予“全国五星级建材市场”“全国百强建材市场”。

**龙开河小商品批发市场** 1993年10月1日,百货纺织品公司筹资改造兴建赣北工业品贸易市场运营。位于浔阳区大中路、庐山路、湓浦路、滨江大道交汇点,占地面积1万平方米,分4个营业大厅。内设网架式营业间和分隔式营业单间1000个,经营百货、服装、针织、文化、五金、家电、副食、日杂、陶瓷、装潢、建材等批发、零售业务。招待所、餐厅、停车场、仓库、储蓄所等配套设施俱全。为市面积最大、经营最广、设备最全的大型(日用消费品)综合贸易市场。2003年,百货纺织品总公司利用外资2100万元对原有的龙开河小商品市场进行升级改造,改造后营业面积8200平方米、正规门面220个。2010年销售额5000多万元,创收100多万元。

## 第三节 商场超市

### 一、商场超市规模

2001年9月29日,市第一家联盛集团八角石超市开业,率先引进生鲜食品,主要品种有肉、禽、蛋、蔬菜、水产、水果,超市面积2000平方米,坐落于浔阳区浔阳东路11号(原一菜场位置)。2002年3月和12月,派拉蒙集团老马渡店和万家超市相继开业。2003年1月26日,上海农工商集团九江生鲜超市开业。经营生鲜商品场地面积1000平方米。同年派拉蒙集团星子超市、联盛广场超市相继开业。2004年10月21日,全市最大超市"安美达购物广场"开业,经营面积2800平方米,3200多种商品。随后,联盛、派拉蒙、农工商等连锁超市调整经营结构,商品经营面积均在1000平方米以上。2005年5月1日,联盛集团第一家社区超市湖滨店开业,总面积2000平方米。同年9月派拉蒙翠湖超市开业,总面积1200平方米。12月31日,联盛集团类别最齐全、品种最丰富城西大卖场开业。随后城区马狮、步步高、天外天、九九隆、家家乐、沃尔玛和太平洋超市等相继开业。2007年,为推进农改超,进行农贸市场升级改造和超市改造提升,完成塔岭、万家两个标准化菜场和联盛老马渡、浪井两个超市改造工程并交付经营,上述4个菜场和超市共增加经营面积10000平方米。同年11月派拉蒙投资1128.8万元,建成十里超市开业。2008年年初,联盛集团增加九江学院店、庐峰店、修水店。派拉蒙投资70.63万元,增加三马路店,面积960平方米。同年11月,经营面积达2000平方米的洪客隆超市开业。年末市区新增超市面积10000平方米。2009年1月15日,国际连锁沃尔玛超市建成营业,总投资2.3亿元。同年,派拉蒙投资714.78万元,建成浔阳江畔店、湖滨店、永修店、横塘店和城西港店,总面积5620平方米。联盛集团增加金鸡坡店和西一路店开业,总面积7800平方米。2010年,派拉蒙投资1576万元兴建开发区店、德安店、老车站店和新湖店,总面积13421平方米。全市超市分布在市区主要街道,共有69家。

### 二、商场超市选介

**市新潮商厦** 1991年,职工133人,固定资产188万元,流动资金787万元。其中自有资金7.7万元,营业用房6878平方米,机器设备2台(套)。1993年,变卖所得款同市蔬菜食杂品公司共筹资2000多万元,在浔阳区庾亮北路原第二菜场、食品第二商店和东风饭店部分楼房基础上,新建楼高8层、面积12700平方米大楼。1995年1月建成开业,名新潮商厦,隶属商业局管理,下辖百货、服装、鞋帽、针纺织品、家用电器、文化体育用品、糖酒烟副食品、日用化妆洗涤用品8个经营部。职工349人,流动资金总额1621万元(扣除流动资产负债2047万元,实际亏损426万元),固定资产52万元。1996年9月,由商品经营转为资产经营,各经营机构10月停业撤销。年底职工386人、流动资金1204万元(扣除流动资产负债1787万元,实际亏损583万元),固定资产60万元。1997年,商厦除部分面积办公外,出租给私商营业,到2010年国企改制结束。

**九江百货大楼** 1991年,隶属市百货纺织品公司管理。1992年2月,归商业局管理,职工314人,流动资金和自有流动资金分别为478万元、46万元,固定资产447万元。1994年,投资兴建新光商城,11月28日竣工开业,1997年5月歇业撤销。2000年,职工443人、流动资金3082万元(扣除流动资产负债4287万元,实际亏损1255万元),固定资产1871万元。出租经营资产维持运转,到2010年国企改制结束。

**九江世纪联盛超市有限公司** 成立于2001年,是联盛实业集团有限公司旗下子公司。有11家生鲜超市,主要经营生鲜食品及日常用品。联盛超市坚持"真诚永远、实惠天天"经营理念,引进绿色无公害产品,严格质量和价格监督。2005年5月1日,第一个社区生鲜超市湖滨店开业。12月31日,超市生鲜大卖场城西店开业。2007年创立联盛绿色农业开发有限公司和联永信果品有限公司。2010年成立绿盛蔬菜有限公司,先后建立蔬菜、水果、肉食品、禽蛋等采购基地。在九江县永安乡、湖口县舜德乡等地建立蔬菜生产供应基地。联盛超市经营蔬菜、水果、豆制品、肉禽蛋、水产品、面包熟食9大类,1000多个品种。生鲜食品占超市销售额30%。

**派拉蒙生鲜超市** 派拉蒙百货有限公司经营实体,有超市25家。其中生鲜超市17家。总面积49881平方米,经营生鲜食品面积4132.26平方米。总投资6377.29万元,安置就业人数1064人,配送中心仓库7000平方米。2007~2010年,25家超市总销售额118029.73万元,其中17家生鲜超市销售生鲜13685.71万元、蔬菜3608.03万元、肉品4077.24万元、家禽179.36万元、蛋品336.19万元、水产品667.27万元、豆制品250.68万元、水果4566.94万元。秉承"诚信致远,达济天下"创业理念,打造派拉蒙商业品牌,履行企业社会责任。

# 第二章 日用品经营

## 第一节 零售网点

### 一、网点建设

1991年,全市有商业零售网点32846个,从业84112人;其中,个体网点27783个,从业50470人。到1996年底,全市商业零售网点43041个,从业109530人;其中,个体网点40539个,从业85660人,比1991年分别增长46%和70%。

2001年始,国有商业企业大批职工下岗流向个体或私营企业,非国有经济得到快速发展,社会消费品零售额快速增长。至2010年,全市商业零售网点74414个,从业268563人;个体网点68675个,从业148315人。分别比1991年增长126%和219%;个体网点148%和194%。

1991~2010年全市商业零售机构一览

表29-2-1 单位:个、万元

| 年份 | 机构数 | | | | | | | | | | | | | | |
|---|---|---|---|---|---|---|---|---|---|---|---|---|---|---|---|
| | 零售商业 | 零售网点 | 全民 | 供销 | 集体 | 农村代销店 | 个体 | | 私营 | | 联营 | 股份 | 有限责任 | 合营 | 其他 |
| | | | | | | | 户数 | 注册资金 | 户数 | 注册资金 | | | | | |
| 1991 | 32846 | | 997 | 2388 | 1631 | 47 | 27783 | | | | | | | | |
| 1992 | 37776 | | 1284 | 2530 | 1557 | | 32405 | | | | | | | | |
| 1993 | 32650 | 35993 | 228 | | 227 | | 30015 | | 2 | | 1 | | | 1 | |
| 1994 | 36225 | 38923 | 279 | | 2483 | | 33262 | | 182 | | 1 | 1 | | | 17 |
| 1995 | 40254 | 45330 | 286 | | 316 | | 39590 | | 58 | | 1 | 3 | | | |
| 1996 | 41716 | 43041 | 376 | | 225 | | 40539 | 85660 | 563 | 18533 | 1 | 11 | | 1 | |
| 1997 | 46386 | | | | | | 45700 | 20080 | 686 | 20027 | | | | | |
| 1998 | 35597 | | | | | | 34835 | 18308 | 762 | 33195 | | | | | |
| 1999 | 38527 | | 11 | | 1 | | 37792 | 23930 | 722 | 69742 | | | 1 | | |
| 2000 | 32857 | | 11 | | 1 | | 32150 | 20271 | 693 | 67661 | | 1 | 1 | | |
| 2001 | 31630 | | 16 | | 1 | | 30898 | 24538 | 713 | 80806 | | 1 | 1 | | |
| 2002 | 34560 | | 20 | | 1 | | 33523 | 36595 | 1013 | 107304 | | 1 | 1 | | 1 |
| 2003 | 40967 | | 19 | | 1 | | 39685 | 52155 | 1260 | 135438 | | 1 | 1 | | |

续表 29-2-1

| 年份 | 机构数 | | | | | | | | | | | | | | |
|---|---|---|---|---|---|---|---|---|---|---|---|---|---|---|---|
| | 零售商业 | 零售网点 | 全民 | 供销 | 集体 | 农村代销店 | 个体 | | 私营 | | 联营 | 股份 | 有限责任 | 合营 | 其他 |
| | | | | | | | 户数 | 注册资金 | 户数 | 注册资金 | | | | | |
| 2004 | 45786 | | 17 | | | | 44052 | 80617 | 1707 | 186847 | | 1 | 8 | | 1 |
| 2005 | 48055 | | 17 | | 1 | | 46210 | 90547 | 1816 | 169501 | | 2 | 8 | | 1 |
| 2006 | 49738 | | 13 | | | | 47475 | 101876 | 2239 | 223192 | | 2 | 7 | | 2 |
| 2007 | 51476 | | 12 | | | | 48614 | 106716 | 2840 | 301259 | | 3 | 7 | | |
| 2008 | 49292 | | 10 | | 2 | | 45817 | 216073 | 3450 | 369626 | | 3 | 10 | | |
| 2009 | 58677 | | 12 | | 2 | | 54196 | 294313 | 4459 | 478311 | | 2 | 6 | | |
| 2010 | 74414 | | 4 | | 6 | | 68675 | 301312 | 5713 | 795827 | | | 14 | | 2 |

说明：自 1994 年起统计年鉴口径为法人机构、附营机构、网点、人员 4 类。1995~1997 年个体为网点数。1997 年起零售网点改为交易市场。1998 年起未含餐饮业数据

## 1991~2010 年全市零售商业人员一览

表 29-2-2　　单位：人

| 年份 | 人员数 | | | | | | | | | |
|---|---|---|---|---|---|---|---|---|---|---|
| | 零售商业 | 全民 | 供销 | 集体 | 农村代销店 | 个体 | 私营 | 股份 | 有限责任 | 其他 |
| 1991 | 84112 | 11026 | 7939 | 14628 | 48 | 50470 | | | | |
| 1992 | 99652 | 13036 | 8316 | 13625 | | 64675 | | | | |
| 1993 | 91407 | 13784 | 6138 | 11665 | | 59820 | | | | |
| 1994 | 100501 | 14557 | 1680 | 13876 | | 70388 | | | | |
| 1995 | 104067 | 13745 | | 12640 | | 75426 | 2256 | | | |
| 1996 | 109530 | 16892 | | 8547 | | 85660 | 1569 | | | |
| 1997 | 100968 | | | | | 100968 | | | | |
| 1998 | 69264 | | | | | 69264 | | | | |
| 1999 | 96627 | 2056 | | 26 | | 85435 | 8784 | | 326 | |
| 2000 | 81679 | 1805 | | 26 | | 69947 | 9411 | 122 | 368 | |
| 2001 | 68934 | 1277 | | 18 | | 57661 | 9652 | | 326 | |
| 2002 | 80399 | 1923 | | 18 | | 63735 | 14147 | 69 | 207 | 300 |
| 2003 | 79638 | 1717 | | 18 | | 60183 | 17444 | 69 | 207 | |
| 2004 | 118587 | 975 | | 4 | | 89451 | 26454 | 138 | 1271 | 294 |
| 2005 | 134237 | 1022 | | 428 | | 91448 | 40091 | 142 | 927 | 179 |
| 2006 | 147601 | 738 | | | | 102811 | 43122 | 77 | 661 | 192 |
| 2007 | 123671 | 721 | | | | 106940 | 14116 | 926 | 968 | |
| 2008 | 199018 | 434 | | 182 | | 97074 | 99591 | 930 | 807 | |
| 2009 | 234889 | 484 | | 180 | | 120408 | 112169 | 876 | 772 | |
| 2010 | 268563 | 288 | | 299 | | 148315 | 118469 | | 1048 | 144 |

说明：自 1994 年起统计年鉴口径为法人机构、附营机构、网点、人员 4 类。1995~1997 年个体为网点数。1997 年起零售网点改为交易市场。1998 年起未含餐饮业数据

## 二、国有网点布局

1991~2000年,市政府发展赣北大市场商贸流通战略,前5年上规模、后5年上台阶,争外援,挖内潜,改老区,拓新区,统筹规划、合理布局、拉开骨架、分步实施。共投资5亿多元,拆除陈旧、小型门店324个,兴建总面积20多万平方米网点428个。其中市直各商业企业共投资3亿多元,拆除144个陈旧小型门店,兴建百货批发大楼、九江百货大楼、九九商城、购物中心、十里铺百货大楼、龙开河工业品批发市场、浔城商厦、大中大商厦、西门口五交化商场、华盛昌商场、糖酒副食品批发大楼、都天巷副食品商场、华联商厦、新潮商厦、燃料综合大楼等19个大中型网点,300平方米以上网点72个,总面积近12万平方米。13个县(市、区、山)国有商业共投资近2亿元,拆除180个陈旧小型门店,兴建九江县柴桑商厦、修水县服装商城、湖口县商贸大厦、瑞昌市商业大厦、都昌县食品综合大楼、星子县沿湖综合服务大楼、彭泽县大众街网点、德安县综合商场、永修县综合服务楼等15个大中型网点,200平方米以上网点350个,总面积达7万多平方米。1991年,全市商品零售网点381个、从业5679人,其中各县区网点152个、从业2935人;市直网点120个、从业2607人。在全市381个零售网点中,有烟酒副食店119个、针纺织品店3个、百货店77个、五交化商品店42个、煤炭店29个、综合商场45个,其中市区有烟酒副食店46个、百货店25个、五交化商品店13个、煤店11个、综合商场13个。

改造城区网点同时,开拓农村市场,批发网点下伸到农村集镇,其中湖口、都昌、星子县百货、副食品、五交化、煤炭公司分别在流泗镇、三汊港镇、蓼花镇,下伸百货纺织品批发店6个、副食品批发店11个、五交化商品批发店3个、煤炭销售店2个。1991年,全市国营商业经营性用房330720平方米、仓库212442平方米、冷库容量3101吨、酒池酒罐体积2379立方米、货场28296平方米、各种机械1121台、各种营业用汽车128辆/374吨。其中市直商业营业用房76380平方米、仓库65093平方米、冷库1510吨、货场13994平方米、各种机械358台、各种营业用汽车53辆/155吨。

1992年,九江百货大楼投资1200万元,扩建后营业大楼为8层、1.1万平方米;永修县五交化公司投资60万元,改造5层、2000平方米营业楼房;市百货纺织品公司投资1500万元,利用原第三百货商场与第三菜市场旧址,兴建17360平方米、楼高5层九九商城(后装潢和购置电梯、空调、消防设备等,实际共投资2960多万元);市五交化公司投资1450万元,装修九江五交化大厦(即浔城商厦);彭泽县百货公司投资148万元,改建为楼高6层、面积2400平方米综合营业大楼;彭泽县副食品公司投资90万元,拆除惠民商店改建楼高5层、面积2600平方米副食品综合经营大楼;市外轮供应华侨友谊公司投资90万元,装修添置友谊大楼货物升降电梯、货架、柜台等;市燃料公司、市工业品贸易中心,浔阳区、庐山、瑞昌市、九江县、修水、武宁、都昌等地国营商业企业投资新建营业面积达1万多平方米中小型门店50多个。当年,全市国营商业投资3600多万元,拆除31个陈旧小门店,新增57个、面积达29836平方米商业门店。商品批发与零售网点984个,从业14482人。其中县区网点301个,从业6729人;市直网点232个,从业6110人。1993年,市五交化总公司投资4200万元,兴建9层、2.7万平方米大中大商厦。市百货纺织品总公司投资1800万元,改建10层、35125平方米十里铺百货大楼;投资380万元,兴建7000平方米赣北工业品批发市场;投资180万元,兴建5层1300平方米食品总汇;投资120万元,改建面积5000平方米九江购物中心。市糖酒副食品总公司投资600万元,兴建面积9000平方米万客隆超级市场。市燃料总公司投资600万元,改建8层9000平方米的燃料综合大楼。市商业局在蔬菜二店、食品二店旧址基础上,投资2200万元,兴建楼高8层12700平方米新潮商厦。全市国营商业投资1.58亿元,改造旧网点,兴建大中型商场。彭泽县百货公司投资300多万元,改建购物中心、东岭小商品市场、五交化家电大楼和百货商场等6个门店,营业面积4000多平方米。市百货纺织品总公司投资230万元兴建1200平方米鞋帽世界;市糖酒副食品公司投资460万元兴建1700平方米天外天商场等陆续竣工投入营业。同年,瑞昌市百货、五交化、副食品3家公司,共投资650万元,改造与新建百货大楼、五交化商场、瑞昌商厦等总面积达2万多平方米12个中型商业服务网点。彭泽县百货公司改建购物中心于12月18

日竣工开业,当天销货 11 万元。修水县副食品、百货、五交化 3 公司共投资 500 多万元兴建赣北商城、百家汇商业街、金城大厦等大中型商场。当年,全市拆除 43 个、总面积 16451 平方米小型、陈旧商业网点,兴建网点 61 个,总面积 32867 平方米。商品批发、零售和饮食服务网点 1057 个,从业 15706 人。其中县区网点 335 个,从业 7386 人;市直网点 243 个,从业 6699 人。

1994 年,市直百货公司、五交化公司和百货大楼等单位共投资 9561 万元,改建与兴建建筑面积 6 万平方米十里铺百货大楼, 建筑面积 6000 平方米西门口五交化中心商场,1400 平方米华盛昌商场,8000 平方米综合经营大楼,2400 平方米赣北副食饮料大楼、3000 平方米长江大厦,1 万平方米的新光商城等 15 个网点。瑞昌市、庐山、武宁、德安、星子、湖口、彭泽等县百货、副食品、五交化等公司共投资 1956 万元改造商业网点,共拆除陈旧门店 36 个,总面积 17245 平方米;改建新建商业网点 42 个,总面积 53724 平方米。其中彭泽县投资 500 多万元改造糖酒副食品大楼,庐山区商业局投资 800 万元兴建 8 层 5000 平方米长虹商业大楼。当年,全市商业网点 1101 个、从业 17455 人,营业面积 35.44 万平方米;商办工厂 53 个,从业 3321 人。其中市直零售网点 483 个,含烟酒副食店 161 个,针纺织品店 26 个,百货店 94 个,五交化商品店 82 个,煤店 26 个,综合性商场 49 个,其他网点 71 个,从业 8583 人。县区网点 310 个,从业 8657 人,营业用房面积 18.63 万平方米;商办工厂 15 个,从业 1225 人。其中零售网点 124 个、从业 4791 人;其他经营网点28 个、从业 3012 人。县区 124 个零售网点中,烟酒副食店 39 个,针纺织品店 1 个,百货店 25 个,五交化商品店 21 个,煤店 2 个,综合商场 18 个,其他网点 6 个。

1995 年,市百货纺织品总公司投资 2000 万元,改造市区购物中心,建筑面积 12000 平方米。市外轮供应华侨友谊公司投资 1250 万元,对华联商厦进行装修;九江振兴房地产开发公司联合开发改造原第五百货商场,投资 1850 万元,面积 9000 平方米,集休闲、购物、餐饮、娱乐、健身为一体的九江友谊俱乐部。星子县商业局投资 780 万元,在大众街兴建 12306 平方米集商贸、娱乐、住房为一体的星子综合商厦。年底,全市经营网点有 1082 个,从业 17970 人。其中零售网点 640 个,从业 9359 人。市区零售网点 107 个,从业 4201 人;市直零售网点 70 个,从业 3808 人。1996~1998 年,市糖酒副食品总公司投资 70 万元,改造湓浦路 13 号副食品仓库为九江市龙开河副食品农贸市场,与市百货纺织品总公司所建龙开河工业品批发市场合并称九江龙开河大市场。市五交化总公司、市百货纺织品总公司、市糖酒副食品总公司分别投资 1000 多万元,对大中大商厦内部设施、十里铺百货大楼配套设备、糖酒副食品大楼装潢工程与消防设备等进行技术改造。浔阳区商业局投资 867 万元,兴建营业面积 8400 平方米浔阳商厦(京九大市场)。星子县商业局投资754 万元,在秀峰大道与白鹿大道交汇处兴建 7 层 6000 平方米集商贸、娱乐、住房为一体的星秀商厦等。到 1999 年底,全市国营商业经营网点总数为 881 个,从业 14567 人,其中零售网点 575 个,从业10013 人。

2000 年,全民所有制商业共投资 5 亿多元,拆除 324 个旧的小型门店,改建、扩建、兴建商业网点 428 个,营业面积 20 多万平方米。同年,市直国有商业企业陆续以出租经营场所收取租金维持。到 2010 年 12 月,国企改制工作全部结束。各单位仅留有少量人员处理改制后遗留问题。

**1991 年市区重点零售商业企业主要指标一览**

表 29-2-3　　单位:平方米、个、人、万元、次、元

| 项　目 | 九江百货大楼 | 九江市第二百货商场 | 九江市第四百货商场 | 浔城商厦 | 九江市西门口副食品商场 |
|---|---|---|---|---|---|
| 年末营业面积 | 3000 | 768 | 960 | 1800 | 1320 |
| 经营商品品种 | 15000 | 6500 | 5700 | 7000 | 1000 |
| 商店全部职工年末人数 | 290 | 97 | 142 | 155 | 63 |
| 商店全部职工年平均人数 | 277 | 93 | 143 | 155 | 62 |
| 年末固定资产原值 | 311 | 15 | 8 | 260 | 93 |

续表 29-2-3

| 项 目 | 九江百货大楼 | 九江市第二百货商场 | 九江市第四百货商场 | 浔城商厦 | 九江市西门口副食品商场 |
|---|---|---|---|---|---|
| 年末固定资产净值 | 280 | 11 | 5 | 247 | 84 |
| 商品销售总额 | 2306 | 606 | 717 | 780 | 472 |
| 商品销售毛利 | 353 | 89 | 113 | 80 | 82 |
| 商品流通费 | 182 | 40 | 60 | 60 | 32 |
| 实现利润总额 | 80 | 23 | 24 | 5 | 25 |
| 资金周转次数 | 4.7 | 5 | 6.4 | 3.2 | 11.8 |
| 平均每一职工销售额 | 83249 | 65161 | 50140 | 50323 | 76129 |

## 三、民营网点布局

1992 年、1994 年,市委、市政府发出《关于发展个体私营经济若干规定》《关于进一步加快个体私营经济发展的决定》,1994 年、1997 年召开个体私营经济工作会议,出台 15 项优惠扶持政策,全市个体、民营商业每年均以 7%以上幅度递增。

1996 年,全市个体私营商业服务业网点、人数、营业额分别增至 62539 户、154108 人、20.52 亿元,比 1995 年 57127 户、116194 人、16.05 亿元分别增长 9.5%、32.6%、27.9%。同年,联盛实业集团新建营业面积 1 万多平方米联盛百货商场开业。开元、马狮、万家、浔海等大型综合性商场相继开业。1998 年,全市个体私营商业网点、人员持续增加,由 1997 年的 64292 户、146484 人增为 69301 户、159207 人,占全社会商业网点 95%以上。注册资金和营业额由 1997 年 6.13 亿元、22.58 亿元增为 7.48 亿元、24.14 亿元。

2000 年,发展到 51508 家、从业 129230 人(其中投资者 3652 人,员工 14598 人、个体经营 110980 人)、注册资金 11.44 亿元,全年营业额 25.03 亿元。其中 1012 家私营商户平均每户注册资金 80 多万元,年营业额 6.34 亿元。2005 年,商业部实施万村千乡市场工程。改造、兴建并经检查验收合格村级百货农家店 1513 个,乡级百货农家店 139 个,县级商品配送中心 11 个;村级农资农家店 170 个,乡级农资农家店130 个。2010 年,全市农家店乡镇覆盖率达 91%,行政村覆盖率达 75%,吸纳国家政策性补贴资金 2000 多万元。至 2010 年,全市个体、私营商业 68675 户,从业 148315 人,注册资金 301312 万元;其中私营 5713 户,从业 118469 人,注册资金 795827 万元。成为市国民经济重要组成部分。

1991~2010 年全市工商注册各类零售企业情况

表 29-2-4 单位:户

| 年 份 | 食品糖酒类 | 日用百货类 | 五金交电化工类 | 年 份 | 食品糖酒类 | 日用百货类 | 五金交电化工类 |
|---|---|---|---|---|---|---|---|
| 1991 | 60 | 40 | 5 | 2001 | 180 | 1800 | 10 |
| 1992 | 170 | 125 | 120 | 2002 | 80 | 130 | 10 |
| 1993 | 230 | 180 | 50 | 2003 | 100 | 130 | 8 |
| 1994 | 150 | 130 | 20 | 2004 | 109 | 130 | 8 |
| 1995 | 100 | 70 | 6 | 2005 | 60 | 160 | 10 |
| 1996 | 160 | 140 | 19 | 2006 | 90 | 160 | 4 |
| 1997 | 150 | 130 | 9 | 2007 | 90 | 70 | 2 |
| 1998 | 180 | 150 | 20 | 2008 | 100 | 54 | 4 |
| 1999 | 130 | 90 | 6 | 2009 | 130 | 180 | 4 |
| 2000 | 100 | 120 | 10 | 2010 | 120 | 200 | 6 |

# 第二节 日用品销售

## 一、国有企业商品销售

1991~1995 年,日用品销售由国营经营零售门店经营。货源主要来源于市内二级站,商品种类单一。1995~2000 年,大、中型商场建成,出现仓储式、开架式销售,商品种类齐全。

1991~2010 年全市国有商业企业商品经营购、销、存总值一览

表 29-2-5 单位:万元

| 年份 | 商品购进 | | | 商品销售 | | 商品库存额 | 利税额 |
|---|---|---|---|---|---|---|---|
| | 总额 | 其中:农产品 | 其中:工业品 | 总额 | 其中:零售额 | | |
| 1991 | 28828 | 5844 | 22984 | 27873 | 23717 | 17190 | 174 |
| 1992 | 28345 | 3377 | 24968 | 31569 | 27275 | 15958 | 207 |
| 1993 | 34899 | 2853 | 32046 | 37448 | 32596 | 18546 | 1451 |
| 1994 | 31904 | 2842 | 29062 | 41252 | 40914 | 17699 | 644 |
| 1995 | 37965 | 5189 | 32776 | 49892 | 48233 | 20140 | 548 |
| 1996 | 37948 | 8051 | 29897 | 48127 | 46804 | 17850 | 630 |
| 1997 | 31379 | 10531 | 20848 | 44149 | 43189 | 14473 | 541 |
| 1998 | 25784 | 11602 | 14182 | 38847 | 37885 | 10710 | –106 |
| 1999 | 24080 | 11109 | 12971 | 35129 | 34737 | 9590 | 88 |
| 2000 | 24807 | 14166 | 10641 | 35373 | 35094 | 8987 | 473 |
| 2001 | | | | 2234 | | | 14.75 |
| 2002 | | | | 1831 | | | 27.84 |
| 2003 | | | | 1326 | | | 26.47 |
| 2004 | | | | 1227 | | | 27.67 |
| 2005 | | | | 733 | | | 10.46 |
| 2006 | | | | 146 | | | 5.56 |
| 2007 | | | | 104 | | | 3.12 |
| 2008 | | | | 158 | | | 2.35 |
| 2009 | | | | 65 | | | 46.2 |
| 2010 | | | | 61 | | | 0.38 |

说明:1.1991~2000 年,全市商品纯购进总额 30.59 亿元,平均每年 3.1 亿元。10 年全市商品纯销售总额 38.97 亿元,平均每年 3.9 亿元;2.1998 年全市国营商业企业经营亏损 720 万元,纳税 614 万元;3.2001~2010 年国营商业经营亏损 2200 万元,平均每年亏损 220 万元;纳税 164.8 万元,平均每年纳税 16.5 万元;4.2001 年起未含蔬菜.食品两公司经营数据及县(市)国营商业企业数据

## 二、民营企业商品销售

2000 年后,日用品销售逐步由个体、私营商业所替代,专业店、连锁店、超市、综合性经营在工商登记逐月递增,种类繁多,数量保证,消费品零售总额不断增大。

1991~2010 年全市社会消费品零售总额一览

表 29-2-6　　单位:万元

| 年份 | 社会消费品零售总额 | 国有零售企业 | 个体 | 私营 |
|---|---|---|---|---|
| 1991 | 199532 | 87069 | 49827 | |
| 1992 | 229519 | 101893 | 57135 | |
| 1993 | 297007 | 110521 | 81868 | 3083 |
| 1994 | 382094 | 124737 | 120890 | 2956 |
| 1995 | 459807 | 149128 | 141829 | 7632 |
| 1996 | 533102 | 153480.3 | 186052 | 14481 |
| 1997 | 571297 | 144563.7 | 203197 | 20604 |
| 1998 | 549112 | 118507 | 207459 | 31799 |
| 1999 | 589259 | | 197787 | |
| 2000 | 631791 | | 202462 | |
| 2001 | 681423 | 31153.9 | 108772 | 15572 |
| 2002 | 756438 | 30793 | 150609 | 12576 |
| 2003 | 856179 | 51308.3 | 141491 | 53502 |
| 2004 | 1063303 | 27036 | 203639 | 188280 |
| 2005 | 1212484 | 26857 | 207364 | 155439 |
| 2006 | 1395570 | 34855.2 | 237923 | 56117 |
| 2007 | 1637763 | 35549 | | 57064 |
| 2008 | 2019440 | 25812 | | 151564 |
| 2009 | 2405051 | 31585 | | 109056 |
| 2010 | 2840826 | 33898 | | 235017 |

说明:2000~2001 九江统计年鉴未作个体、私营划分

# 第三节　企业选介

## 一、九江联盛实业集团有限公司

1996 年创办,是商贸经营、商业地产、绿色农业、旅游投资为实体的综合性企业集团。2007 年 12 月 19 日,成立联盛商业连锁股份有限公司。2010 年,联盛集团总资产 12 亿元,百货购物广场 3 家,连锁超市 11 家,从业近 5000 人。年销售收入从 2006 年的 4.8 亿元到 2010 年的 12.9 亿元;年上缴税收从2006 年 733 万元到 2010 年 3647 万元。经营规模、网点建设、经营管理和效益水平取得显著成效。“联盛”商标为省著名商标。获“省模范职工之家”“省劳动保障诚信等级 AAA 级单位”“省守合同重信用 AAA 企业”“省模范劳动关系和谐企业”称号,连年评为“纳税大户”,是九江商业品牌企业。

联盛百货经营黄金珠宝、名表、流行化妆品、精品男女鞋、精品箱包、时尚淑女装、潮流配饰、优雅淑女装、经典男装、男士商务休闲装、时尚运动装、专业户外用品、床上用品、婴幼儿童系列、时尚家电等 3 万多种商品。

联盛超市经营生鲜、食品、洗化、日用百货、家用电器、文体用品等。坚持真诚永远,实惠天天经营方针,严格质量和价格监督,竭力提供品质保证,维护顾客基本权益,满足顾客不同需求。

### 二、九江派拉蒙百货有限公司

1995年8月创办,2009年成立九江派拉蒙集团实业有限公司。集房地产开发、物业管理、农产品流通、冷链物流、天然矿泉水生产、国内外贸易为一体的综合性集团公司。下有派拉蒙百货有限公司、新大中大百货有限公司、太平洋购物广场、派拉蒙房地产开发有限公司、庐山三叠泉天然矿泉水有限公司、墨西哥PRICEMART公司、聚德祥物业管理有限公司、秀玉红茶坊、味道书屋、新湖实验幼教中心和九江新雪域物流有限公司等10余家企业。到2010年,员工2000余人,百货超市25家,分布在市区及星子、都昌、永修、德安等县,经营面积约82000平方米,配货中心仓库面积约7000平方米。总资产9.4亿元,年销售额7.8亿元。

2005年8月,派拉蒙集团承租九江华联商厦,创建太平洋购物广场,2006年1月开业。2006年,商务部批准派拉蒙为万村千乡市场工程试点企业,农村网点覆盖5个县18个乡镇55个行政村,共75个。

至2010年,先后获"省优秀连锁企业""市优秀私营企业""市百强民营企业""省扶贫龙头企业""市十大诚信企业""市纳税大户""青年文明号"、国家级"守合同、重信用AAAA企业"等称号。

# 第三章 蔬菜食品经营

## 第一节 蔬菜食品销售

1991年来,市蔬菜副食品总公司每年组织采购鲜、干、酱菜、调味品、豆制品供应市场,组织所属豆类一厂和豆类二厂共投资50万元进行技术改造,开发鲜干腐竹、内酯豆腐等新产品投放市场;市浔阳蔬菜批发大市场100多户批发业主从外省组织调运大批蔬菜投放市场。1998年8月,全市遭受特大洪涝灾害。市政府安排市商业局组织市蔬菜副食品总公司和食品总公司调运"菜篮子"相关食品供应市场。市肉类联合加工厂派出人员和运输车辆多次到永修县立新乡、三角乡和其他县重灾区,收购灾民急待出售的生猪,为灾民解决"卖猪难"和应急资金。当年春节前夕,组织调运加工4000头生猪限价批发上市,保证灾年节日市场供应秩序,该厂全年共宰杀生猪4万头。面对灾情,市商业管理办公室首先启动生猪活体储备机制,召开生猪批发行和大型超市负责人会议,动员其降低成本,让利销售,为政府分忧。市蔬菜副食品总公司紧急调运黄豆12.5万公斤,加大豆制品生产。

2003年4月,当全国多数省市部分地区发生非典型肺炎疫情期间,市商业管理办公室成立"防非"物资保障工作领导小组,组织市区大中大商厦、联盛、派拉蒙超市,京九农产品批发市场和江洲市场等大中型生鲜网点,建立起对粮油、盐、肉、菜、糖、蛋和卫生清洁用品8大类商品以及中小包装粳米、小包装富强面粉、桶装色拉油、青菜、白萝卜、西红柿、青椒、土豆、鲜猪肉、鸡蛋、白砂糖、食盐、药皂、洗涤液14种城市居民生活必需品市场检测报告制度。

2005年,全市特色蔬菜发展迅速,瑞昌山药从133.3公顷扩大到1200公顷,产品除供应本地外,远销上海、广州、深圳,价格稳定在10元/千克,100公顷收入达15万元以上。产品在上海、浙江、安徽等地供不应求。武宁县野生山露菜经加工后,出口到日本,销往中国台湾等地。市蔬菜除满足市场供应外,还销到广东、深圳、武汉、南昌等地,永修县菜心外销到深圳、香港,莲藕外销到广州、深圳、武汉、南昌,瑞昌高山辣椒、大白菜、莴笋销到武汉、南昌等地。

九江县美佳食品有限公司CAP标准化蔬菜生产基地生产蔬菜出口欧盟,实现蔬菜种植技术新突破。

2009年5月,市博莱肉类食品有限公司生产加工博莱放心肉投放市场,经过一年市场运作,2010年博莱集团总销售额达12亿元,屠宰生猪20万头,肉品遍布全市各大生鲜超市、农贸市场及周边地区。

**1991~2010 年全市区百户居民家庭人均主要菜篮子食品消费量和消费额一览**

表 29-3-1　　　　单位:公斤、元

| 年份 | 鲜菜 | | 猪肉 | | 牛羊肉 | | 家禽 | | 鲜蛋 | | 鱼 | |
|---|---|---|---|---|---|---|---|---|---|---|---|---|
| | 数量 | 金额 | 数量 | 金额 | 数量 | 金额 | 数量 | 金额 | 数量 | 金额 | 数量 | 金额 |
| 1991 | 113.37 | 82.4 | 22.4 | 121.02 | 1.85 | 12.9 | 3.37 | 20.86 | 5.11 | 25.34 | 9 | 40.67 |
| 1992 | 106.7 | 80.59 | 23.16 | 138.76 | 1.47 | 10.55 | 3.91 | 23.27 | 6.64 | 31.82 | 9.66 | 46.33 |
| 1993 | 109.34 | 104.49 | 22.32 | 174.05 | 1.42 | 11.91 | 4.2 | 28.27 | 7.46 | 42.68 | 9.84 | 54.37 |
| 1994 | 105.81 | 139.52 | 23.62 | 242.91 | 1.79 | 21.04 | 5.36 | 51.39 | 7.28 | 55.32 | 10.4 | 54.37 |
| 1995 | 110.83 | 202.82 | 25.54 | 314.75 | 0.85 | 14.48 | 4.4 | 51.28 | 8.28 | 73.05 | 11.29 | 93.13 |
| 1996 | 109.02 | 201.61 | 23.33 | 307.75 | 1.49 | 25.74 | 4.09 | 54.43 | 8.06 | 78.3 | 10.44 | 111.99 |
| 1997 | 103.82 | 176.04 | 23.38 | 342.62 | 2.27 | 31.62 | 4.6 | 59.6 | 8.48 | 66.99 | 11.94 | 123.26 |
| 1998 | 103.18 | 186.06 | 21.09 | 271.47 | 1.58 | 22.4 | 4.05 | 49.2 | 7.88 | 60.8 | 13.13 | 118.43 |
| 1999 | 102.69 | 182.95 | 21.33 | 233.4 | 1.57 | 20.23 | 3.97 | 43.54 | 7.88 | 58.87 | 11.08 | 87.62 |
| 2000 | 105.09 | 160.43 | 20.41 | 242.09 | 1.25 | 15.88 | 4.83 | 42.48 | 8.35 | 53.21 | 12.91 | 109.43 |
| 2001 | 98.77 | 153.28 | 19.71 | 239.63 | 1.53 | 19.03 | 5.41 | 51.53 | 7.75 | 51.46 | 13.5 | 114.11 |
| 2002 | 120.48 | 225 | 21.48 | 254.28 | 0.84 | 13.32 | 5.52 | 61.92 | 6.84 | 47.4 | 11.28 | 79.92 |
| 2003 | 120 | 245.64 | 22.68 | 279.84 | 0.96 | 15.24 | 6 | 70.68 | 6.96 | 46.8 | 11.52 | 78.96 |
| 2004 | 118.39 | 250.83 | 21.71 | 316.35 | 0.89 | 15.41 | 4.98 | 68.57 | 6.9 | 54 | 10.69 | 90.9 |
| 2005 | 95.05 | 219.24 | 23.56 | 338.01 | 1.22 | 23.12 | 6.48 | 93.64 | 6.68 | 55.63 | 12.15 | 105.96 |
| 2006 | 114.73 | 296.38 | 21.81 | 296.41 | 1.51 | 30.16 | 6.12 | 90.51 | 6.8 | 57.8 | 13.53 | 152.1 |
| 2007 | 107.43 | 299.66 | 19.81 | 389.5 | 1.42 | 30.47 | | 128.34 | | 64.89 | 11.52 | 104.94 |
| 2008 | 120.55 | 403.5 | 21.88 | 462.34 | 1.87 | 45.18 | | 182.39 | | 72.14 | 13.25 | 153.81 |
| 2009 | 119.77 | 435.89 | 22.07 | 539.44 | 1.32 | 69.76 | | 202.19 | | 81.08 | 13.39 | 179.75 |
| 2010 | 108.31 | 477.17 | 21.5 | 452.89 | 1.97 | 73.74 | 8.66 | 200.17 | 6.93 | 83.78 | 12.78 | 173.85 |

## 第二节　菜篮子工程

### 一、工程建设

1991~1993 年,庐山区、九江县、瑞昌市、永修县政府实施菜篮子富民工程。瑞昌市经过 3 年,建成青山逆时令西红柿、峨眉逆时令黄瓜、乐山逆时令茄子、和平逆时令辣椒等 10 多个反季节蔬菜基地,投放市场辣椒 750 万公斤,西红柿 150 万公斤,山药 350 万公斤。1994 年,市政府成立市菜篮子工程领导小组,实行县(市、区)长负责制,明确职责、落实经费,按照城镇发展规划、人口不断增长实际,选择土地肥沃、集中连片、交通方便的近郊,发展常年蔬菜基地。市区在九江县永安乡、江洲镇建立 400 公顷基地;在长江对岸湖北省黄梅县小池镇 15 个自然村中建立菜地 267 公顷,市区蔬菜基地达 1067 公顷。市政府规定,列入商品蔬菜基地面积做到不撂荒、不改种、不随意占用、征用;确属城市规划建设需要,严格审批手续,征用单位按规定缴纳菜地开发基金,实行征一还二和先开发后征用,保证蔬菜种植面积不被侵占。农业部门加强对菜农技术指导,做好产前、产中、产后服务。市蔬菜办公室组织菜农举办各类学习培训班 11 期。当年大、中棚菜地面积比 1993 年增加 49.5%,地膜覆盖和小棚栽培大力推广,占整个蔬菜基地 35%。本着抓"菜篮子"先建"菜园子"指导思想,各地政府把落实蔬菜基地面积作为"菜篮子"工程重要任务来抓,全年蔬菜产量比1993年增加5.6万吨,蔬菜商品率达39.1%。

1996年,市政府召集相关单位举行蔬菜产销现场会,总结推广九江县反季节蔬菜工程、湖口县蔬菜生产产业化工程、星子县南棉北菜工程、瑞昌市与修水县高山蔬菜扶贫工程、永修县棉菜套种工程典型经验,研究落实蔬菜生产基地。市郊由1995年的657.47公顷扩增到1107.8公顷,各县(市、区)城郊由1511.07公顷扩增到1802.67公顷。各地增加农业开发间作套种蔬菜百万亩工程面积,采用加强基地建设,发展高山种菜,增加科技含量,建立生产扶持、价格调节与商品储备三项基金,兴办2个大中型蔬菜批发市场,与农村集镇组成公司加农户销售实体等五项措施。同年,市蔬菜办公室所属生产技术服务站深入实地指导蔬菜生产,现场传授技术和良种、产销信息,为菜农提供良种、农药、农地膜等农资服务,分别到修水、都昌、永修、德安、湖口、九江县等地举办蔬菜科技讲座,解答菜农疑难问题,全年接待咨询800人次。

2005年,全市特色蔬菜发展迅速,瑞昌山药从133.3公顷扩大到1200公顷,湖口黄花从27公顷扩大到270公顷,地方特色品种有永修火葱、修水百合、瑞昌香椿、都昌紫蒜。彭泽县利用水资源,发展藜蒿生产,野生藜蒿面积达13.3公顷;庐山区发展荠菜、野芹菜。

2007年,全国生猪价格大幅度上涨,市政府考察5个规模养殖场,择优4个万头猪场作为储备基地,签订协议,组织外地猪源,引导生猪交易市场。同年,蔬菜新品种种植增加。叶菜类39%,瓜菜类10%,块根块茎类17.8%,茄果类10%,葱蒜类5%,菜用豆类9.9%,水生菜类3.5%,其他4.8%。政府引导,农民自愿,大户牵头。年底,全市成立蔬菜专业合作组织14个,蔬菜主产区35%以上农户参加专业合作组织。永修宏康公司出口蔬菜基地面积100公顷;永修荣祺公司蔬菜加工以藠头、生姜为主,增加特色蔬菜加工;香港3名客商在瑞昌赛湖农场承租200公顷土地种植蔬菜。2008年初,各地遭受冰雪灾害,市政府把新扩建蔬菜基地1万亩作为为民办10件实事之一,新增菜地面积676.5公顷。其中蔬菜大棚新增67.6公顷。城西港区建设,城郊153.3公顷大棚征用,为此各级政府继续重点扶持,鼓励新扩蔬菜大棚。九江县、庐山区、瑞昌市财政对蔬菜大棚给予每公顷4500元至7500元补贴。年末,基地县新增大棚67.6公顷,非基地县也对蔬菜大棚给予适当补贴,新增大棚17.3公顷,全市新扩大棚面积84.9公顷。各地实施蔬菜“1亩1万元”高效栽培技术,采用蔬菜反季节栽培与露地栽培相结合,科学合理安排茬口方法,提高土地单位收益,以示范点为核心,向周边辐射,带动其他蔬菜专业村,专业乡镇蔬菜种植效益提高,这种高效栽培模式得到省农业厅表彰奖励。各地外向型蔬菜蓬勃发展,全市供港蔬菜基地面积466.67公顷,居全省第一。同年,全市在工商部门登记蔬菜专业合作社34个,搭建蔬菜基地与市场、生产与销售桥梁。九江博莱农业集团在九江县马回岭镇征地46.67公顷,同年5月,生态示范园项目一期工程如期奠基开工。全市规模猪场标准化建设项目已经完成投资782.5万元,占总体计划的82%,争取国家投资300万元的在建畜禽良种扩繁场建设项目进展顺利。

2009~2010年,通过招商引资引导返乡农民工创业,吸引本地农民企业家投资等多种形式,推进蔬菜产业发展,规模化集约化蔬菜基地逐年增多,全市6.67公顷以上蔬菜基地有13个,66.7公顷以上有5个。新增年出栏500头以上养猪专业户20多家,其中3000头以上大户15家,1万头以上猪场4家,生猪规模养殖出栏量占总出栏量67%,市外资金投入以生猪为主畜牧产业资金超过5000万元,新办种猪场和万头猪场5个。社会资金和老养殖户扩群增养投入不少于6000万元,形成多渠道融资、多种经济成分参与发展现代化规模畜牧业新格局,新增畜禽标准化生产基地28个。九江博莱集团、彭泽上十岭、艾格菲等一批大型畜牧企业正朝产业化经营,集团化发展。承包经营池塘3.3公顷、湖泊水库13.3公顷或网箱50个以上养殖大户1396个。全市具备一定生产能力的原良种繁育场19家,国家级良种场2家,省级良种场3家,规模型水产加工企业32家,固定资产总额12119.7万元,年加工能力33095吨,规模水产品营销组织133家,其中渔业专业合作社46家,协会5家,贩运大户63家,鱼行及企业20家。

## 二、工程收效

1991年,全市蔬菜基地种植面积分别在895公顷到5173公顷之间,最大的是修水县5173公顷,市区(包括浔阳区、庐山区、九江县、开发区、庐山管理局)1604公顷,全市共有蔬菜基地25444公顷;肉禽蛋产量各地维持在0.43万吨到2.52万吨之间,全市肉禽蛋总产量达12.56万吨;水产品临江、临湖水面多的县域产量大,都昌县1.85万吨,修水县0.16万吨,全市水产品总产量6.07万吨。1992年年初,市区及周边县域遇大雪天气,气温多日持续零下7~8℃,市郊冻毁蔬菜5500吨和塑料大棚内越冬夏菜苗932万株,菜农雪前存放在地窖中待售的大白菜、萝卜、芹菜等大部分烂掉,造成春菜大量减少,夏菜推迟上市。市政府扩展市郊一线菜地,发展二线菜地。年末,全市蔬菜基地增加到28007公顷,比1991年增长10.1%;肉禽蛋产量13.44万吨,比1991年增长7%;各地利用水域资源,优化品种,实行全方位开发养殖,水产品产量9.11万吨,比1991年增长50%。

1993年,城市建设扩展,市政府不失时机抓好外围和周边蔬菜基地建设。年末,全市蔬菜基地31480公顷,比1992年增长12.4%,蔬菜产量达68.55万吨,比1992年增加5.61万吨,增长8.9%,其产值达25625万元,比1992年增长52.4%;肉禽蛋总产量14.58万吨,比1992年增长8.48%;水产品产量12.64万吨,比1992年增长38.8%。1994年,蔬菜基地31129公顷;彭泽上十岭、德安丰林、九江县良种猪场、九江市畜禽良种猪场等20多个瘦肉型商品肉猪出口基地投产,全年肉禽蛋总产量18.07万吨,比1992年增长23.94%;水产品产量达15.15万吨,比1992年增长19.9%。

1995~1997年,全市蔬菜种植面积分别是31314、37609、41008公顷;畜牧业生产大幅增长,势头稳定。湖口县商业畜禽公司养猪场投资扩建1.5万头商品猪饲养基地,社会饲养量和肥猪出栏量均处于历史最高水平,3年肉禽蛋总产量59.42万吨;水产品开发由资源优势向产业优势转换,产量逐年增加,3年产量62.46万吨,为全省之冠,是1990年3倍,永修、湖口、彭泽3年间,每年产量超过2万吨,都昌县5.45万吨。1998年,遭遇特大洪灾,蔬菜基地和畜牧水产生产受到影响。年末,全市有蔬菜基地37439公顷,比1997年下降8.7%,肉禽蛋总产量14.37万吨,比1997年下降32.22%,水产品总产量16.89万吨,比1997年减少6.15万吨,下降35.4%。1999年,全市蔬菜种植面积39178公顷,比1997年增长4.64%。根据实际,及时调整畜牧业结构,因地制宜确定"东牛西羊中禽、生猪全面发展"整体布局,肉禽蛋总产量14.20万吨;水产品19.24万吨,比1997年增长14%。

2000年,全市蔬菜种植和畜牧水产业通过恢复和调整,稳中有升,以优取胜。年末全市蔬菜基地面积40125公顷,比1999年增长2.42%,肉禽蛋总产量14.36万吨,比1999年增长1.13%,水产品总产量19.68万吨,比1999年增长2.3%。2001年,各地蔬菜种植基地面积有突破性发展,年末全市蔬菜基地面积65066公顷,比1999年增长62.16%,全市肉禽蛋总产量14.08万吨,比1999年下降1.95%,全市水产品总产量23.03万吨,比1999年增长17.1%。

2002年,各地畜禽结构进一步优化,生猪品质稳步提升,年末全市肉禽蛋总产量14.54万吨,比2001年增长3.27%,水产品经农业结构调整,已发展为农村经济中主导产业,全市水产品总产量为24.3万吨,比2001年增长5.5%,品种向名、特、新发展。彭泽鲫增产28.2%,黄颡鱼增产235.3%,鳜鱼增产35%,河蟹增产80.8%,青虾增产16.1%,新引进的河豚、匙吻鲟、鮰鱼、南美对虾养殖成功。该年蔬菜种植基地除共青城、星子县外,各地都有大幅度回缩,全年共有蔬菜基地43347公顷,比2001年下降33.38%。2003年,全市蔬菜播种面积达43385公顷,与2002年基本持平,总产量76万吨,比2002年减少8万吨。蔬菜品种一般在60~80个,一些西洋菜、特种菜也摆上百姓餐桌。该年畜牧业生产总体呈现"三增一平两提高"运行态势,即牛、羊禽业出栏数同比有一定幅度增长,分别达到2万头、26万头、1100万羽以上,增幅都超过10%。生猪出栏170万头,与2002年基本持平。全市肉禽蛋总产量13.42万吨,比2002年下降7.7%。水产品产业化经营形成一县一品产业格局,全市水产已有1个省级和6个市级龙头企业,七大特种水产品基地建设都有扩大,无公害水产品基地17个,面积4.8公顷,占全省41%。

2004~2006年,全市蔬菜产量3年共达234.31万吨,面积保持在42854公顷。全市各地畜牧业生产按照湖区主攻水禽、山区做大牛羊、全面提高生猪品质总体要求,畜牧业生产呈现价升、量增、效益好运行态势。3年共出栏生猪493.48万头,肉禽蛋总产量达45.59万吨。水产品立足资源优势,狠抓结构调整,实现渔业产值78.83亿元,完成水产品总产量85.33万吨。

2007年,形成各具特色蔬菜种植区域格局,九江县永安乡利用城郊优势,形成1000公顷蔬菜基地,主要有辣椒、西红柿、大白菜,并获得农业部无公害农产品认证。瑞昌市山药栽种面积1333公顷。永修县100公顷菜心生产基地,九江县港口镇200公顷莲藕生产基地,湖口县267公顷黄花基地,武宁县和修水县133公顷山露菜基地,沿鄱阳湖各县区篱蒿、茭白等水生蔬菜都形成区域特色。该年畜牧业生产出现好转,生猪出栏159.26万头,家禽出笼1440万羽,比2006年增长5.61%,全年完成养殖面积7.35万公顷,比2006年增长7.95%,完成特色水产品9.11万吨,实现渔业产值31.51亿元。2008年,各地蔬菜种植、畜牧业养殖业遭遇冰冻灾害考验,仍可保证常规品种的基本供给。全市生猪出栏185.4万头,家禽出笼1491.9万羽,畜牧业总产值达35亿元。特种水产品产量10.5万吨,实现渔业产值34.36亿元。

市郊蔬菜基地生产和供应已逐步形成外销与内销互补,生产与加工互动的格局。永修建立出口蔬菜基地133.3公顷,年产蔬菜4000吨,瑞昌市赛湖三分场新建199.8公顷,食用菌"竹荪"生产基地,每亩纯收入达2000元。该年畜牧业生产总体保持平稳较快发展势头,年末,全市生猪出栏203.2万头,家禽出笼1608万羽,畜牧业产值超30亿元。

1991~2010年,湖北省黄梅县部分乡镇对九江市城区蔬菜供应给予支持和帮助,市蔬菜办公室成立之初便与小池镇建立横向联系,扶持小池镇发展蔬菜生产,使小池镇蔬菜生产从小到大、从少到多、从粗到细,面积从最初不足66.67公顷,扩大到近3333.33公顷。进入到21世纪,蔬菜生产逐渐从小池镇延伸到分路、孔垄、蔡山等乡镇,成为九江市城区蔬菜市场不可缺少的菜源基地。

2010年,蔬菜种植基地稳步增长,比2009年增长1.5%;畜牧业发展加快,肉禽蛋总产量24.77万吨,比2009年增长0.81%,生猪出栏198.94万头,增长4.9%,生猪存栏118.48万头,增长8.4%;水产品比2009年增长5.8%,其中特种水产品产量12.36万吨,比2009年增长7.3%。

**1991~2010年全市蔬菜基地及蔬菜、肉禽蛋、水产品产量一览**

表29-3-2 单位:公顷、吨

| 年份 | 蔬菜基地 | 产量 | | |
|---|---|---|---|---|
| | | 蔬菜 | 肉禽蛋 | 水产品 |
| 1991 | 25444 | | 125583 | 60708 |
| 1992 | 28007 | 629400 | 134429 | 91054 |
| 1993 | 31480 | 685500 | 145786 | 126414 |
| 1994 | 31129 | | 180698 | 151560 |
| 1995 | 31314 | | 191286 | 181697 |
| 1996 | 37609 | | 190922 | 212521 |
| 1997 | 41008 | | 212044 | 230392 |
| 1998 | 37439 | | 143680 | 168880 |
| 1999 | 39178 | | 141955 | 192439 |
| 2000 | 40125 | | 143640 | 196790 |
| 2001 | 65066 | | 140766 | 230304 |

续表 29-3-2

| 年 份 | 蔬菜基地 | 产 量 | | |
|---|---|---|---|---|
| | | 蔬菜 | 肉禽蛋 | 水产品 |
| 2002 | 43347 | 840000 | 145381 | 242942 |
| 2003 | 43385 | 760000 | 134236 | 253015 |
| 2004 | 42874 | 743276 | 143454 | 267654 |
| 2005 | 42237 | 785054 | 159056 | 288013 |
| 2006 | 42854 | 814845 | 153289 | 297755 |
| 2007 | 40110 | 816864 | 161963 | 330773 |
| 2008 | 41767 | 842278 | 169097 | 347059 |
| 2009 | 38789 | 746215 | 245662 | 349139 |
| 2010 | 39373 | 757482 | 247743 | 369373 |

### 三、“三绿”工程

20世纪90年代来,实施“三绿”工程,提倡绿色消费,培育绿色市场,开辟绿色通道。1992年3月,市政府推行上市肉品执行定点屠宰、集中检疫、统一纳税、分散经营管理办法,由市食品公司所属肉类联合加工厂、牛羊肉加工厂和人民路、国棉一厂2处屠宰场统一屠宰,统一收税费,统一办理食品检疫。明确商贩不准贩运白条肉进城销售,不准经营未经检验或检疫不合格肉品。

1996年,市区生猪定点屠宰点确定为5个,国营肉类联合加工厂、金鸡坡食品公司、十里食品公司、庐山区食品公司,11月,市恒生养殖有限公司(私营)参与屠宰生猪。12月16日,市政府在永修县召开全市生猪屠宰管理工作会议,组建市生猪定点屠宰稽查队,全市244个乡镇有半数以上集镇规范管理,当年全市定点屠宰生猪14.36万头。市商业局颁发《九江市生猪定点屠宰厂(场)验收基本标准》,组织各地开展对生猪定点屠宰厂(场)整顿验收。1996~1998年,全市各地国营食品公司所属肉类联合加工厂和屠宰厂全面承担当地城镇生猪定点屠宰任务。

1999年5月,市政府同意将市生猪定点屠宰稽查队改名为市商业行政稽查执法支队,率先在全省商业部门实行执法着装、文书、证件三统一。各县(市)区相继成立商业行政执法稽查大队,形成全市统一商业行政执法组织体系。8月,市政府组织市商业局,对市区豆制品市场进行全面清理整顿,确保市场销售豆制品绿色无公害,整顿中,对市场生产经营点调查登记、分类排队,取缔20多个违法经营、卫生环境极差豆制品作坊,收缴其生产经营工具和产品,同时划定市区10个生产点和60个经营点为合法豆制品生产经营单位。12月,对全市城区生猪定点屠宰规范3方面管理。2000年2月,市生猪定点屠宰管理办公室制作图片展板,组织实物标本与音像,在市区烟水亭广场和主要农贸市场举办贯彻《生猪屠宰管理条例》图片、标本展览,派出2辆宣传车巡回市区各主要街道与农贸市场,宣传并散发7000份宣传资料,宣传生猪屠宰管理政策法规和肉品绿色无公害知识,开展肉品卫生咨询活动,在《九江日报》和电视台公开曝光私屠滥宰典型窝点和公开集中销毁病害猪肉实况。

2001年6月,市商业、工商、物价、农业、技术监督局联合颁发《九江市(城区)生猪肉品流通管理办法》,进一步规范肉类市场秩序,在224个乡镇中已有79个实行定点屠宰管理,永修、德安、彭泽等县级乡镇定点屠宰率达到90%以上。庐山区自10月对唯一尚未实行定点屠宰的赛阳镇实行定点屠宰后,全区10个乡镇实行生猪定点屠宰管理,对所有肉品批发行、站、农贸市场零售肉案全面检查登记。2002年,市蔬菜副食品总公司列为全省“三绿”工程试点单位,开展组建蔬菜行业协会和市场准入机制工作,以公司加农户模式引导菜农正确使用化肥、农药,实行对蔬菜从农田到餐桌全过程质量监控,建设绿色无公害蔬菜基地,建立蔬菜批发市场检测中心室和市区10个大型农贸市场监测点,确保市民买到绿色无公害蔬菜。11月,同市区双峰农副产品超市共同投资305万元,在市区庾亮南路66号占地2450平方米室内市场中,创建九江市绿色无公害蔬菜食品示范市场。

2003年,蔬菜种植首推绿色无公害品牌,九江县永安乡200公顷获省级无公害蔬菜基地和农业部科学安全用药示范基地。2004年,九江县永安乡辣椒、西红柿、白菜被农业部认定为无公害农产品,德安县磨溪辣椒、黄瓜被农业部认定为无公害农产品,注册商标。年末,全市被省农业厅认定为无公害农产品基地11个,被农业部认定为无公害经济作物产品11个。2005年,针对部分地区发生禽流感和猪链球菌疫情,下发《关于做好控防猪链球菌疫情,加强生猪屠宰管理和市场供应工作紧急通知》,督促各地做好疫情防控工作,保证全市肉品市场安全。经省农业厅认证无公害蔬菜基地21个,经农业部认定无公害蔬菜产品7个。

2007年,九江县永安乡1000公顷蔬菜全部获得农业部无公害产品认定。2008年,各地建立新品种新技术示范区,严格执行无公害蔬菜生产技术规程,禁止使用高毒、高残留农药,推广物理和生物防治方法,在九江县永安乡爱民村建立市无公害蔬菜生产示范区和新品种试种区33.3公顷,其中新品种试种区1.33公顷,选择10个示范户,引进10个新品种。主推振频杀虫灯病虫害物理防治技术,及性诱剂诱杀虫害生物防治技术,减少农药使用。

2010年,对全市生猪定点屠宰厂(场、点)进行清理整顿和验收,县以上15个生猪定点屠宰厂(场、点)发牌发证,82家农村小型生猪定点屠宰场通过检查验收。

## 第三节 企业选介

### 一、市肉类联合加工厂

位于市区小校场1号,注册资金261.2万元,中一型企业,总面积2.21公顷,其中生产性用地1.63公顷、生产区建筑面积1.48万平方米。1991年初,全厂职工350人,生产车间7个,冷库容量1660吨,班屠宰生猪能力1000头,生产经营品种有保温鲜肉、分割肉、精炼油和各种卤、腊、烘、烤、腌制肉品及旅游快餐、蛋制品。该厂生产香肠、金凤条肉、蝙蝠头皮、枣肠、西式灌肠远销上海、东北各省及港、澳市场。1992年,向商业部、省商业厅、市政府融资400万元兴建一座楼高4层、建筑面积3600平方米现代化食品加工车间,增设出口分割肉生产线和西式烟熏食品生产线,配备有生产所需结冻间、冷却间,配建1座500吨储存果蔬高温库,冷库总吨位增加到2000吨。1993年,筹资建起"三明治"和"火腿肠"生产线。同年,肉食制品在国家商标局成功注册"浔阳楼"牌商标。1999年,被省商业厅授予九江地区生猪定点屠宰加工厂家,担负全市居民"放心肉"供应任务,并筹资70万元对废弃多年屠宰生产线进行更新改造,确保猪肉市场食品安全。

2000年,全年屠宰生猪21.9万头,产鲜冻猪肉3540吨、香肠等肉品570吨、饮料677吨、高级精炼油1100吨,销售收入4265.61万元,销售利润77.11万元。2004年,将生猪定点屠宰项目迁至庐山区"恒生肉联厂",原址屠宰线停止使用。2009年7月,根据《中华人民共和国企业破产法》,市肉类联合加工厂启动实施企业破产程序。企业职工457人,在册职工232人,离退休人员225人。按照政策性破产政策,完成分流安置职工,全厂政策性破产工作于2009年年底结束。

### 二、市清真牛羊加工厂

隶属市食品总公司,1991年有职工38人,年产值与销售收入由1990年184万元与168万元升至234万元与175万元,上交利、税由1990年负5万元转为正2万元,由1990年亏6.5万元转为持平。年末固定资产由1990年15万元增至22万元。1992年投资40万元改造饲养加工设备。

1993年,年产值和销售收入均增至297万元,上缴利、税增至3万元,盈利0.2万元,年末固定资产增至27万元。1995年销售收入达到515万元,名列全省164个独立核算商办工厂的第26位。1996年,年产值与销售收入350万元和345万元,上缴利税再增至34万元、盈利3万元,年末固定资产达103万元。1999年,改革经营机制、精简富余人员,尚有职工33人,产值与销售收入均为265万元,年末固定资产增至104万元。当年加工上市鲜牛羊肉199吨。

2000年初,投资50万元改造厂区与生产车间后,生产经营一直稳步上升,经济效益好转。年屠宰量3000头,向市场提供牛羊肉253吨。该厂职工多为回民,屠宰加工的牛羊肉多数供应市区回民,并按回民信奉伊斯兰教的习俗,由"阿訇"屠牛放血。2007年,该厂被国家民族委员会指定为江西省唯一的一家少数民族特许商品肉食品生产企业,同年被民族出版社编入国家"十一五"期间民族贸易和民族特许商品。

2001~2010年,平均每年屠宰量6000头。

2010年12月,根据市政府统一部署,该厂随九江市食品总公司同步改制完毕。

## 三、市豆类一厂

隶属市蔬菜副食品总公司,占地面积0.39公顷,厂房面积2355平方米。

1991年,市政府财政取消对豆制品生产销售的各项补贴,加上个体作坊发展迅速,市场竞争激烈,生产销售滑坡。1992年,该厂加大投入,调整结构,生产销售得到恢复,年末豆制品产量697吨,产值和销售收入均为204万元,创利税11万元,固定资产116万元。

1995年,先后投资40万元兴建腐竹生产线和开发旅游豆制品:包装鲜汁豆浆、内酯豆腐、五香酱干等新产品,年末有职工136人,生产各类豆制品669吨,产值和销售收入均为151万元,创利税21万元,年末固定资产120万元。1996年,该厂陆续筹资100万元,改造车间和仓库,扩大生产规模。1998年,与信华集团联合开发厂区大门口一排平房,改造为6个门店,美化厂区环境,生产和经营保持稳定发展态势。1999年末,有职工132人,生产各种豆制品192吨,产值与销售收入均为95万元,创利税2万元,年末固定资产115万元。

2003年,利用所处的良好商业位置,自筹资金10万元,将闲置车间和空地改造成1000平方米的塔岭综合市场,共设门店12个,摊位80个。同年,实行个人承包生产加工豆制品,承包人每月上交5000元管理费,一直延续到2010年底。20年间,为扩大市场占有率,除生产传统豆制品外,增加豆皮、素花卷、素饼、香味臭干、多味茶干、素香肠、素口条、素火腿、素鸡、素果等26种新产品,所开发的鲜浓汁豆浆和软包装豆奶成为市区居民"早餐工程"主要饮品,所产素饼、素果、素花卷在皖、鄂、赣3省8市商办工业产品评比会上获四等奖。

## 四、市豆类二厂

隶属市蔬菜副食品总公司。由甘棠北路、金鸡坡、三里街、十里铺、坝围里5个分厂和豆类门市部组成,占地面积0.33公顷,厂房4500平方米。

1991年,为提高市场竞争力,投资10万元改造老设备,增加26种豆制品花色品种生产,开发腐竹、鲜浓汁豆浆、软包装豆奶,全年生产投入黄豆656.4吨,产值和销售收入均达到122万元,创利税15万元。其中利润4万元,年末固定资产40万元。

1995年,有职工48人,全年生产投入黄豆621.12吨,产值和销售收入均达到120万元,创利税31万元,其中利润7万元。1997年,新增鲜浓豆浆生产线和腐竹生产线各一条,全年生产投入黄豆569.91吨,创利税7.1万元,其中利润3.5万元。1998年,抗洪抢险期间,城区主要蔬菜基地九江县永安乡被淹,周边蔬菜紧缺,该厂加班加点,加量生产豆制品,以此替代蔬菜供应,缓解市场供应紧张的局面。全年生产投入黄豆523.63吨。1999年,为配合市政府对豆制品市场整顿,投入33万元翻新厂房,改造设备,新增瓶装豆腐乳生产线,增加花色品种达14个,全年生产投入黄豆533.11吨。

1991~2010 年，经过技改，设备逐年更新，基本达到全国同等行业先进水平。在城区和郊区各农贸市场设有固定销售网点 50 个，生产从业人员 300 余人，销售人员 70 人，生产投入黄豆共 103202.4 吨，产品销售覆盖市区。

# 第四章　成品油经营

## 第一节　经营体制

1994 年 4 月，市政府转发国务院和省政府文件，国务院批转国家计委、国家经贸委《关于改革成品油流通体制意见》。成立有经贸委、工商、税务、公安、技术监管、物价、计委、石油公司等单位参加的成品油市场整顿领导小组，对全市成品油市场进行整顿。同年 5 月 1 日起，取消成品油购销价格双轨制，成品油出厂和销售一律实行国家定价，九江地区70# 汽油、0# 柴油和灯用煤油平均零售价(市与各县间均不同价)分别是 2824 元/吨、2379 元/吨和2352 元/吨。1997 年，九江石油公司分别在交通路与十里大道交界处、小校场(体育馆)设立流动加油车。市区和各县相继出现数十辆个体流动加油车辆，给餐馆、旅店、矿山、工地配送燃料柴油，赚取批零差价和运输费，形成安全隐患。随着鄱阳湖采砂作业船增多，燃料用油和砂泵动力用油猛增，在市采砂办公室统筹协调下，由长江燃料公司与石油公司划分和承担鄱阳湖采砂船柴油供应。1998 年后，成品油购销价格由石油经营企业根据国家定价原则，制定并报国家计委批准后下达执行。1999 年 10 月国家计委发出通知，从 10 月 5 日起，汽油、柴油零售中准价调整后，可在上下 5%幅度内制定和公布零售价格。根据这一规定，将全国各省以省会城市为中心划定 4 个价区，九江执行一价区。10 月 5 日，执行一价区的九江地区 90# 无铅汽油与 0# 柴油的零售中准价和市场执行价分别是 2895 元/吨和 3040 元/吨、2480 元/吨和 2604 元/吨。

2000 年 2 月、5 月、6 月，国家连续 3 次提高国内成品油出厂和零售中准价。同年 6 月，执行一价区的九江汽柴油 90# 无铅汽油与 0# 柴油的零售中间价和市场执行价分别是 3480 元/吨、3654 元/吨和 2885 元/吨、3029 元/吨，市场执行价在中准价上上浮幅度保持 5%。2001 年 11 月，国内成品油价格“挂钩联动”机制进一步完善，改单纯依照新加坡一地市场油价定价为以新加坡、鹿特丹、纽约 3 地市场一揽子价格加权平均值为基础，根据基本杂费、国内关税以及国家确定的成品油流通费用形成由国家计委制定的国内成品油零售中准价，并可以在中准价上下 8%幅度内浮动。

2008 年 12 月，按照国务院《关于实施成品油价格和税费改革的通知》，对成品油税费进行改革，进一步完善成品油价格形成机制，既坚持与国际市场接轨，保持“三地成品油定价法”基本内核，又考虑企业成本和国内市场供求关系以及石油资源状况和社会承受能力，采取以布伦特、迪拜、米纳斯3 地原价格平均值为基准，兼顾炼油成本和适当利润空间以及国内关税、成品油流通费等，综合形成国内成品油零售最高价格，并在国际市场原油连续 22 个工作日移动平均价格变化超过 4%时，可以相应调整国内成品油价格。同时，九江由原来一价区调整为中心城市价区。在这个成品油价格机制形成下，第一次调整成品油零售价时，九江地区最高零售限价 90# 汽油 6355 元/吨、93# 汽油 6736 元/吨、97# 汽油7118 元/吨、0# 柴油 5745 元/吨、-10# 柴油 6090 元/吨。新的成品油价格机制形成后，发生国际金融危机，原油市场剧烈震荡，价格波动频繁，国内成品油价格持续频繁调整。2009 年 11 月至 2010 年 2 月中旬，国际市场油价相对稳定，国内油价连续几个月未作调整，九江地区成品油市场价格相对稳定。

2010年4月14日始,成品油价格再次进入频繁波动期。市政府按照既定价格补贴政策,对粮农、林业、城市公交和农村道路客运给予补贴,对出租车行业给予临时补贴。

## 第二节 经营规模

### 一、消费量

1991年是成品油价格“双轨制”阶段。这一阶段后期,随着改革开放与国家经济建设的发展,成品油销售价格除平价外,还有高价、议价、计划外价3种。成品油购销调存高度计划性一直延续至20世纪90年代中期,计划内成品油基本价格就是平价,在平价油之外补充市场供应不足就是计划内高价油和议价油。成品油计划由政府计划委员会编制下达,这一时期,九江成品油流通量持续增长,当年全市汽油、柴油、煤油3个品种成品油总消费3.7万吨,1994年总消费约5.1万吨,增幅达37%。1994年5月1日开始,取消成品油购销价格双轨制。实行国家核定成品油出厂价和销售价,敞开供应,企业自主经营。各成品油企业在确保市场稳定前提下,满足九江成品油消费需求。

2000年、2005年、2010年,全市工业企业汽油、柴油、煤油消费总和分别为12338吨、39970吨、94294吨,10年间增长6.6倍,平均年增长66.4%。

计划经济时期的成品油经营严格按照计划执行,油品供应范围从属于计划编列区域,改革开放后,成品油经营企业组织大量油品进行外购外销和外购内销,主要流向是沿长江从上海、南京、安庆在九江石油分公司金鸡坡油库码头登陆和九江炼油厂管道输入金鸡坡油库,再经过金鸡坡油库陆路通过罐车向全市县乡(镇)配送,水路通过船舶沿鄱阳湖向江西省内陆地区转输。

2008年,中国石化江西省境内建成第一条成品油输送管道——九江—南昌—樟树成品油管道,金鸡坡油库成为管道首站,通过金鸡坡首站向全省转(运)输。

2010年,九江石油公司金鸡坡油库水陆吞吐成品油400万吨,占中国石化江西石油分公司(全省石油公司系统)年销量50%。

**1991~2010年全市成品油消费量一览**

表29-4-1　　单位:吨

| 年份 | 汽油 | 柴油 | 煤油 | 燃料油 | 液化石油气 |
|---|---|---|---|---|---|
| 1991 | 21964 | 14430 | 523 | 54977 | - |
| 1992 | 21759 | 12586 | 359 | 78384 | - |
| 1993 | 27490 | 20678 | 558 | 114862 | 23256 |
| 1994 | 24300 | 25982 | 352 | 97447 | 312 |
| 1995 | 24598 | 25757 | 764 | 112629 | 654 |
| 1996 | 23174 | 27356 | 254 | 130401 | 947 |
| 1997 | 7703 | 25645 | 129 | 212078 | 70 |
| 1998 | 5217 | 12978 | 241 | 299165 | 767 |
| 1999 | 3413 | 9409 | 79 | 98922 | 562 |
| 2000 | 3073 | 8657 | 608 | 226502 | 368 |
| 2001 | 2786 | 7149 | 111 | 287542 | 321 |
| 2002 | 2132 | 9181 | 1322 | 333919 | 392 |
| 2003 | 2147 | 19402 | 61 | 260183 | 815 |
| 2004 | 6318 | 13222 | 844 | 295490 | 1471 |

续表 29-4-1

| 年 份 | 汽 油 | 柴 油 | 煤 油 | 燃料油 | 液化石油气 |
|---|---|---|---|---|---|
| 2005 | 2184 | 37747 | 39 | 71659 | 2075 |
| 2006 | 2490 | 86915 | 10 | 112034 | 4217 |
| 2007 | 3197 | 110852 | 135 | 68561 | 5148 |
| 2008 | 2867 | 115125 | 129 | 76290 | 5154 |
| 2009 | 2862 | 114545 | 151 | 59969 | 3846 |
| 2010 | 4896 | 89342 | 56 | 26126 | 8622 |

## 二、经营网点

1992 年,九江开始有非石油系统企业和个体投资建设加油站,少数兼有成品油批发,如九江炼油厂二级企业、其他经济体联合体、个体商贩都参与石油经营。

2001 年,中国加入世贸组织,成品油市场零售对内先于对外开放,九江非石油系统其他经济体和个体建设加油站形成一个高潮,九江城区长江大桥南金虹大桥加油站、开发区加油站、通浔加油站、长虹加油站、九江县长雄运输公司加油站(4 座)都是当时大型或较大型加油站。2002 年,中国石油天然气股份有限公司进入九江市场,设立中国石油天然气股份有限公司江西九江分公司,参与九江成品油批发、零售经营。成品油批发企业还有九江炼油厂下属的三鑫石化公司、修水石化贸易公司。有规模成品油零售企业有长江燃料有限公司和九江石化三鑫公司。九江长江燃料公司是长江九江段上下航行的船舶用柴油零售供应企业,由中国石化控股后,改称中国石化长江燃料有限公司九江分公司。

2006 年,中国石化内部改革,停止九江石化三鑫公司成品油批发零售业务,将其零售加油站内部划转入九江石油分公司,同时,省石油公司(2000 年上划重组改称中国石化江西石油分公司)停止修水石化贸易公司成品油经营业务。2010 年 12 月止,工商登记成品油零售加油站点 152 座。

**2010 年度全市成品油零售企业一览**

表 29-4-2 单位:户

| 地市名称 | 成品油零售企业基本情况 | | | | | | | | | | | |
|---|---|---|---|---|---|---|---|---|---|---|---|---|
| | 数量情况 | | | | | 所有制情况 | | | | | | |
| | 零售企业总数 | 加油站 | 加油点 | 加油船 | 其他 | 中石油 | 中石化 | 中海油 | 中化 | 其他国有 | 民营 | 外资企业 |
| 九江城区 | 18 | 15 | | 3 | | 1 | 13 | | | | 4 | |
| 都昌县 | 36 | 33 | | 3 | | 2 | 18 | | | | 16 | |
| 共青城市 | 3 | 3 | | | | 1 | 1 | | | | 1 | |
| 九江县 | 18 | 15 | 3 | | | 3 | 12 | | | | 3 | |
| 瑞昌市 | 26 | 23 | | 3 | | 1 | 18 | | | 1 | 6 | |
| 湖口县 | 21 | 19 | | 1 | 1 | 1 | 8 | | | 1 | 11 | |
| 星子县 | 24 | 18 | | 5 | 1 | 7 | 12 | | | | 5 | |
| 永修县 | 20 | 16 | 1 | 2 | 1 | | 15 | | | | 5 | |
| 武宁县 | 26 | 25 | | 1 | | 4 | 11 | | | | 11 | |
| 庐山局 | 1 | 1 | | | | | 1 | | | | | |
| 彭泽县 | 25 | 20 | | 4 | 1 | 3 | 10 | | | | 12 | |
| 庐山区 | 15 | 13 | | 2 | | | 13 | | | | 2 | |

续表 29-4-2

| 地市名称 | 成品油零售企业基本情况 | | | | | | | | | | | |
|---|---|---|---|---|---|---|---|---|---|---|---|---|
| | 数量情况 | | | | | 所有制情况 | | | | | | |
| | 零售企业总数 | 加油站 | 加油点 | 加油船 | 其他 | 中石油 | 中石化 | 中海油 | 中化 | 其他国有 | 民营 | 外资企业 |
| 德安县 | 16 | 15 | | | 1 | | 12 | | | | 4 | |
| 修水县 | 51 | 51 | | | | | 14 | | | | 37 | |
| 合 计 | 300 | 267 | 4 | 24 | 5 | 23 | 158 | | | 2 | 117 | |

# 第五章 供销合作

## 第一节 农业生产资料经营

### 一、化 肥

1991 年来,化肥品种有尿素、碳酸氢氨、复合肥、钾肥、磷肥、氨水等。九江市是省粮棉重要产区,化肥需求数量较大,除省、市厂家货源外,还需到外省采购填补不足。1994 年前,由市计委及省级公司按照农作物种植面积进行分配。1994 年 8 月后,国务院下达《关于改革化肥等农业生产资料流通体制的通知》,明确提出化肥流通渠道实行“一主两辅”政策。即省、市、县农资公司和基层社为化肥流通主渠道。而农业“三站”(土肥站、农技站、植保站)和化肥生产厂家为化肥销售辅渠道,同时允许农垦、林业、烟草、军队在本系统销售化肥,不再由农资公司一家专营。1998 年国务院《关于深化化肥流通体制改革的通知》,对化肥经营提出进一步放开意见。2002 年年底,化肥经营渠道彻底放开,除供销社农资公司外,农业、林业、化肥生产企业都可以自主经营化肥。

1991~2010 年,市供销社系统供应化肥 360 万吨。

1991~2010 年全市供销系统化肥销售一览

表 29-5-1　　单位:吨

| 年 份 | 销售量 | 年 份 | 销售量 | 年 份 | 销售量 | 年 份 | 销售量 |
|---|---|---|---|---|---|---|---|
| 1991 | 165987 | 1996 | 13686 | 2001 | 145735 | 2006 | 281297 |
| 1992 | 164192 | 1997 | 143264 | 2002 | 143683 | 2007 | 280789 |
| 1993 | 158785 | 1998 | 140749 | 2003 | 151872 | 2008 | 276834 |
| 1994 | 151335 | 1999 | 126130 | 2004 | 156242 | 2009 | 285984 |
| 1995 | 97577 | 2000 | 178702 | 2005 | 276092 | 2010 | 286173 |

### 二、农药、农药器械

**农药**　1995 年以前,农药销售供销社属于主渠道,农业"三站"(土肥站、农技站、植保站)及其他部门也有少量零星销售。农药实行专营以后,供销统一农药供应。国家规定实行计划管理的品种有 12 个。1995 年农药实行专营后,计划管理品种增至 20 个。具体品种为敌百虫、甲胺磷、敌敌畏、乐果、氧化乐果、甲基 1605、乙基 1605、呋喃丹、速灭威、混灭威、叶蝉散、水胺硫磷、敌虫菊酯、三环唑、多菌灵、甲基托布津、百菌清、2.4D 丁酯、灭旱丹、丁草胺。另有 22 个品种实行指导性计划。农药实行计划分配,由省、市计委下达年度总计划，省、市供销农资部门根据企业具体交货情况按季分配到县社各级农资公司组织供应。1991~2010 年全市共组织供应农药 31684.6 吨，最多年份达2364 吨。

1991~2010 年全市供销系统农药销售一览

表 29-5-2　　单位：吨

| 年份 | 销售量 | 年份 | 销售量 | 年份 | 销售量 | 年份 | 销售量 |
|---|---|---|---|---|---|---|---|
| 1991 | 1917 | 1996 | 1910.6 | 2001 | 817.5 | 2006 | 1341 |
| 1992 | 2078.8 | 1997 | 2002 | 2002 | 1034 | 2007 | 1563 |
| 1993 | 1915 | 1998 | 1668.4 | 2003 | 1231 | 2008 | 1371 |
| 1994 | 2364 | 1999 | 1170 | 2004 | 1546 | 2009 | 1640 |
| 1995 | 2115.6 | 2000 | 718.7 | 2005 | 1750 | 2010 | 1532 |

**农药器械**　1991 年前，农药械由县(市、区)级农资公司自行采购，基层供销社农资门点到上级公司采购调拨。种植面积小的农户多采用手动喷雾器以及肩负式喷雾器。种植面积大的农户、专业户选用机动喷雾器。1991 年，全市共销售农药械 1299 百架，1992 年，销售 1209 百架。迄 2010 年，平均年销售农药械 2500 百架上下。病虫害发生严重年份(1995 年)曾销到 3740 百架。随着农业产业化改革深入，农药械机动程度提高，预防病虫害措施推广，全市农药械销售呈逐年下降趋势。

### 三、农用薄膜

1991 年来，农膜分地膜、大棚膜、微膜、输水膜、有色膜等。地膜用量最大，一般用于棉花、花生、西瓜、蔬菜等地面覆盖，起到控温作用。大棚膜主要用于蔬菜大棚和拱棚覆盖，少量用于覆盖猪、牛栏、鸡舍、柴房等。其他农膜属于新品种膜范畴，大多属专膜专用。1991~1994 年，农膜属于农资公司专营商品，到 1995 年流通体制改革，农膜市场开始放开，除农资部门外，生产厂家、农业主管企业以及个人均可经营农膜。1994 年以前农膜实行专营期间，执行国家指令计划，市场放开后不再实行计划管理。1991~2000 年销售农膜 1130 余吨，最多年 246.4 吨。

1991~2000 年全市供销系统农膜销售一览

表 29-5-3　　单位：吨

| 年份 | 销售量 | 年份 | 销售量 | 年份 | 销售量 |
|---|---|---|---|---|---|
| 1991 | 116.0 | 1995 | 236.4 | 1999 | 63.0 |
| 1992 | 124.8 | 1996 | 23.8 | 2000 | 56.4 |
| 1993 | 109.0 | 1997 | 200.5 | | |
| 1994 | 246.4 | 1998 | 123.6 | | |

说明：2000 年后未统计

## 第二节　农产品经营

### 一、棉 花

1991 年来，市棉花产量和收购量占全省三分之二以上，棉花质量、纤维长度在全国名列前茅，是国家优质棉基地和重要产区。彭泽、九江、瑞昌、永修、湖口、德安、瑞昌等县市，都属优质高产棉区，皮棉单位亩产量达 100 公斤以上。最高 1994 年总产量达 219.9 万担，平均年产量都在 120 万担左右。1998 年 11 月前，供销社棉麻公司独家经营。棉花调拨销售由省、市计委下达调拨计划，直接下达到纺织厂家，由棉麻公司按计划调拨。11月28日,国务院发出《关于深化棉花流通体制改革的决定》,规定"供销社及棉花企业、农业部门所属的良种棉花加工厂和国有农场,经资格认定的纺织企业,均可以直接收购、加工和经营棉花。个体棉贩及其他任何未经资格认定的单位,一律不得收购、加工棉花"。棉花经营体制开始朝市场经济方向转变,这种方式维持1年左右。

2001年7月31日,国务院《关于进一步深化棉花流通体制改革的意见》"决定放开棉花收购,鼓励公平竞争;实行社企分开,加大棉花企业改革力度;实行棉花经营和储备分开,确保储备棉优质安全、经济合理;加强和改进对棉花市场的宏观调控;加强对棉花市场管理和质量监督;改进棉花信贷资金管理;大力推进棉花产业化经营",结束棉花企业独家经营局面,市场经济将左右棉花价格和流通渠道。棉花价格高时2万~3万元/吨,低时1.2万~1.5万元/吨。棉产区遍布全市12个县(市、区),1992年全市有收棉站153个,最多年160个左右,1991~2010年,平均有收棉站115个。棉花加工厂(轧花厂)1992年43个,最多年份59个。1991~2010年,平均有轧花厂41个,均属大型锯齿加工厂。除此以外,还有少量的零星皮辊棉加工厂。

1991~2010年全市棉花种植面积、产量、收购一览

表29-5-4　　单位:万担、万亩

| 年 份 | 总产量 | 收购量 | 面 积 | 年 份 | 总产量 | 收购量 | 面 积 |
|---|---|---|---|---|---|---|---|
| 1991 | 135.00 | 108.0 | 93.98 | 2001 | 100.4 | 86.0 | 63.70 |
| 1992 | 163.28 | 131.1 | 104.14 | 2002 | 91.0 | 74.0 | 52.66 |
| 1993 | 171.88 | 138.3 | 116.76 | 2003 | 106.0 | 85.0 | 67.70 |
| 1994 | 219.90 | 176.0 | 124.40 | 2004 | 116.7 | 93.6 | 63.70 |
| 1995 | 136.22 | 107.0 | 101.39 | 2005 | 117.4 | 95.1 | 64.40 |
| 1996 | 150.55 | 117.6 | 85.00 | 2006 | 133.0 | 107.0 | 70.30 |
| 1997 | 157.94 | 121.4 | 80.26 | 2007 | 142.7 | 116.2 | 72.70 |
| 1998 | 65.70 | 50.0 | 59.00 | 2008 | 165.0 | 134.7 | 72.00 |
| 1999 | 65.50 | 49.0 | 57.40 | 2009 | 182.3 | 148.1 | 84.00 |
| 2000 | 78.58 | 66.3 | 58.90 | 2010 | 192.0 | 153.6 | 88.60 |

## 二、苎 麻

种植苎麻已有2200多年,是省重点产区。传统产区有瑞昌、九江、都昌、武宁、修水、德安6县(市)。九江苎麻有纤维长、支数高、光泽好、拉力强、经久耐用等特点,尤其瑞昌市产"细叶绿"品种,丝纯细匀、洁白如银、无伤无斑、麻长干燥,单支纤维支数高达1800~2100支,含胶量为19.7%,曾获东南亚国际麻展优质奖,多次评为全国优质农产品、名优特产奖。苎麻一年收三季,产量也依据季节不同各有高低,一般头麻占40%,二麻占35%,三麻占25%。收麻季节民间有头麻见秧(夏至前)、二麻见糠(立秋前)、三麻见霜(霜降前)说法。1991年,苎麻收购属供销社棉麻部门专营,当年苎麻收购量1546吨。1992年收购量1510吨。此后由于政策调整,麻纺市场萎缩,销路受阻,棉麻公司停止苎麻收购。

## 三、土特产品

**蚕茧**　养蚕业早在唐宋年间便有记载。主产区为修水、武宁2县。故志书上有"唐宋纳赋,多贡丝绸"之说,宋儒张商英数次旅经修水,咏有"迢迢一水绕千山,桑柘阴阴聚落宽"诗句。清光绪年间修水养蚕已具规模,年产达500余担,产品主要运往苏、沪一带。1991年,修水在国家扶贫开发、老区建设政策扶植下,养蚕有了更大进展,全县桑园面积2666.7公顷,蚕茧收购量达到1026吨。1992年,桑园面积扩大到5333.3公顷,蚕茧收购跨入全国万担茧县行列。国家规定蚕茧由供销社统一收烘,干茧由省计划调

拨(收购按鲜茧计算,销售调拨、库存按干茧统计);禁止私商收购蚕茧和土丝。为便于蚕农交售鲜茧,供销部门大力扩充收购网点,增加收购技术人员。全市设有蚕茧收购点58个,收购员1800多名。采取定村、定时、定票的方法,划片分组,预约轮收。全市蚕茧主产修水、武宁两县,年平均收购量2250吨。蚕茧收购已成为修水县大宗收购品种。1993年,蚕茧收购6万担,价值达4800万元。

**蜂蜜** 养蜂采蜜是丘陵山区的生产传统,自引进外地先进养蜂技术后,蜂蜜产量曾达到455.5吨历史最高。后因全国蜂蜜产量过剩,蜂农积极性受阻,产量逐年下滑。1991年,收购28吨,1992年,收购47吨。1992~1999年,共收购蜂蜜517吨,2000年后,经营市场放开。

**芒杆** 芒杆是优质造纸原料,各县资源丰富。为调拨芒杆,全国各地造纸行业采购员常住各县,高峰时有百人之多。芒杆主要产地为瑞昌市、武宁、永修、德安、九江、星子、彭泽等县。收购量最高年(1994年)达298149吨,平均年收购量10万吨以上。1995年后因纸业市场萎缩,价格随之下滑,导致芒杆收购量下降,2000年后基本停止收购。

**小山竹** 小山竹蔓生在各县丘陵山区,亦是优质造纸原料,又是生产篾器用品、种植蔬菜及建筑行业不可缺少的材料。历史最高年(1992年)收购量达53007吨,平均年收购量15000吨左右。1999年后因市场影响,收购量逐年下滑,2002年后市场经济,全社会经营。

**桐油** 桐油是传统特产,产区多在市西南各县,修水、武宁为主要产区。桐油是重要油漆原料,亦是木器、农具、家具防腐材料。1991~1992年,收购213吨,1992~1999年,平均年收购150吨左右,1994年,收购419吨,1999年后,市场放开,供销部门停收。

## 四、日用杂品

**夏凉用品** 夏凉用品中,大小数十个品种,主要有凉席、扇子、枕席、竹床等。草席是市大宗品种,一般年销量在1万条以上。市收购草席是自引进席草以后,开始生产加工草席,最多年收购量达10.62万条。1991年后锐减至1.6万余条。草席销售最多年2.6万余条。外销平均年4万条左右。1992年后席草种植减少,改种棉花,业务逐渐淡出市场。

**塑料制品** 塑料制品是20世纪80年代后产物,自塑料脸盆、水瓢、水桶、筲箕等生活日用品进入市场后,逐渐取代搪瓷制品。1991~2010年,20年销售110万个,最多年达6万个,平均年销5万个以上。

**厨房用品** 厨房用品主要包括炊事器械、铁锅、日用瓷等。随着时代进步,厨房革命,科技创新,切菜机、揉面机、烤箱、洗碗机、微波炉、电磁炉、厨房组合用品层出不穷。1992年销售炊事械具91900元,1994年249200元,1995年1002600元。1992年销售铁锅15181只,1994年112836只,1995年114904只。随着电饭煲和高压锅的出现,铁锅销量逐年减少。

**小杂品** 日用陶瓷销售,1991~2010年销1200万件,平均年销68万件。其中,1992年5288900件,1995年3966500件,1996年193940件。塑料、不锈钢制品出现,市场放开,陶瓷制品转向私营。

**烟花鞭炮** 烟花鞭炮归属杂品公司经营。春节鞭炮销量最大,占全年销量75%以上,其次是婚丧喜庆、新居乔迁以及特定节日喜事会燃放鞭炮。1992年全市销售鞭炮156909万响,1994年51471万响,1995年55860万响,1996年57315万响。平均每年销售都在50000万响左右。

## 五、茶叶果品

**茶叶** 市是省茶叶重点产区,各县(市区)均产茶叶。绿茶以“庐山云雾”为最,红茶以“宁红”最佳。九江茶叶大量出口,最高年965.5吨(1973年)。供销部门收购量,1992年281.8吨,1994年355.2吨,1995年77.72吨,2000年64.3吨。以后市场放开,社会经营。

**果品** 市鲜果供应主要品种有:苹果、梨、柑橘、香蕉、桃、李、沙果、枣、瓜等。市场放开后,大量外地产果品以及进口果品均有供应。1992年,全市供应苹果49.3吨,柑橘77.2吨。1994年,苹果113.2吨,柑橘53.7吨。1995年,苹果111吨,柑橘85.2吨。2003年11月,九江果品大市场投入运营后,除传统苹果、梨、柑橘、香蕉四大项外,国内优质名果以及进口果品,市场都有销售,价格便宜实惠。每日平均进出大市场水果运输车300多辆,高峰日2000余辆。

**炒货** 炒货主要为瓜子、花生之类。1991年扩大生产规模,开发佳美、陈皮梅、阿里山、巧克力、话梅5个新品种,年产525吨,产值169.5万元。产品销往北京、武汉、南昌、安庆、景德镇、香港等地。近年来由于个体炒货业壮大发展,炒货厂逐年产量下滑。

## 第三节 主要企业

### 一、市棉麻总公司

市棉麻总公司是棉花、苎麻收购加工、销售职能公司,市供销社直属企业,集体所有制,注册资本711万元,总资产5153万元,占地面积46667平方米,位于市区柴桑路25号。总公司下辖棉麻棉花有限责任公司、棉麻棉机器材公司、棉麻综合贸易公司、棉麻经济贸易公司、棉麻絮棉经销公司、棉麻仓储运输公司、棉麻纺织原料公司、棉麻银丰实业公司、棉麻经销储备公司、棉麻棉花原料公司10家分公司。2001年12月,棉麻总公司改制,在职员工208人,离退休人员62人,经置换身份、退养和内部分流后,留下员工84人。2006年12月,总公司下辖棉麻絮棉经销公司、棉麻棉花公司、棉麻综合贸易公司、棉麻仓储运输公司4个分公司。2010年,职工56人,离退休人员78人。

### 二、市农业生产资料总公司

市农业生产资料总公司是化肥、农药、农膜、农药械采购、调拨、销售职能公司。注册资金346.4万元,兼营农业机械及配件、饲料、建筑材料、化工产品等业务。公司下设化肥、农药等职能科室及复合肥厂。公司位于市区孤溪埂20号。原有员工147人,置换身份138人后,仅留职工9人。2008年改制后公司投资控股市新浔农资连锁有限公司,继续从事农资业务。返聘原职工11人。至2010年,有职工20人。

### 三、市土产公司

市土产公司是土特产品收购、调拨、销售职能公司,员工400余人。主要经营杂木棍、小山竹、竹木制品、桐油、生漆、芒杆、棕片、皮张、畜产品、花生和瓜子炒制品等。公司位于市区大中路72号。1992年,公司下设土特产品贸易中心、贸易货栈及金属科、调剂科、废旧物资回收科、交电科、建设科、劳动服务公司。当年,市体制改革委员会批准公司分设为再生资源公司、共茂建筑装潢公司、共茂工业品公司、共茂交电炊具公司、土产公司5个公司。土产公司下辖满口香饭店、土特产品贸易中心、贸易货栈、丰乐批发部、满口香炒货厂。全公司包括离退休人员共150名员工。2005年企业改制,83人置换身份,27人下岗进入社保,留下3人处理遗留问题,企业停止经营。

### 四、市日用杂品总公司

市日用杂品总公司是经营烟花爆竹、陶瓷、日用杂品、炊事用品、夏凉制品、塑料制品、卫生制品职能公司,是1992年机构改革由土产公司分离出的经营公司。内设5个行政科室,9个业务部门,16个零售门市部,员工455人。公司位于市区庐山路46号。2009年10月改制,保留杂品总店3个门市部,主要经营烟花鞭炮及杂品。设财务、人事、保卫科和花炮日杂总店。部分职工置换身份,现有职工99人。其中退休51人,返聘16人。

### 五、市茶叶副食品公司

市茶叶副食品公司是经营茶叶、干菜类、酒类的职能公司。位于市区大中路131号。1993年,市茶果副食品总公司一分为三,分设为九江市冷藏储运公司、九江市果品公司、九江市茶叶副食品公司。新茶叶副食品公司成立后,经营乏力,连年亏损,业务处于停止状态。2003年5月15日,市供销社改革领导小组对公司提出“关门走人”改制意见,处置企业资产,筹措改制成本,实行两个置换,处理债权债务,离退休人员办妥“社保”,企业完全退出市场。原有职工95人,改制后,48人置换身份,45人退休,保留2人处理遗留问题。

## 六、市果品公司

市果品公司是从事果品、干菜及酒类职能公司。位于市区大中路125号。1993年,从原茶叶副食品公司分离组建。成立不久,茶叶果品受到市场经济冲击,自有资金不足,银行贷款受限,连年亏损,暂停经营。1994年,职工陆续下岗回家待业。2009年,按市政府改制文件要求,60人全部置换身份,留2人清理外债,处理公司遗留问题。

## 七、市再生资源总公司

1992年7月,由土产公司分离出而成立的公司,专事废品、废金属、再生资源利用、废旧物资回收、报废汽车回收等业务。位于市区甘棠北路44号。下设再生金属回收公司、再生物资调剂公司、浔阳典当行、正兴拍卖公司、再生资源物资回收公司、再生资源物资利用材料公司、线材厂、共茂报废汽车有限公司、长虹废旧物资回收公司、旧货交易市场、再生物资利用公司11个二级公司。1993年5月,更名为市再生资源总公司。2001年4月,下属二级公司市再生金属回收公司变更为市废旧金属交易市场。2005年11月,成立市广源废旧物资交易市场有限公司。2006年1月,成立市沙子墩农贸市场。2009年4月,"报废汽车回收"业务被主管部门注销,公司此项业务退出市场。到2010年底,总公司下属二级公司有废旧金属交易市场、再生资源调剂公司、浔阳典当行有限公司、正兴拍卖有限公司、旧货交易市场、沙子墩农贸市场、广源废旧物资交易市场有限公司7个单位。总公司原有职工311人。其中离退休131人,置换身份88人,退养90人,2人未参加改制。至2010年,有员工12人。

## 八、市冷藏储运公司

市冷藏储运公司是干鲜果品、干鲜食品、蔬菜副食品集冷藏、仓储、保鲜为一体的职能公司。下设果品冷库、储运分公司和铁路专用线。位于市区九瑞路14号。果品冷库占地3.6公顷,库容量2500吨,果品大市场经营商90%鲜果、干菜市场经营商60%干果、干菜基本上都储存于此。投资150余万元的铁路专用线,全长200多米,一次可同时停靠6节车皮,从建成投入运营,平均每年转运货物达800个车皮左右。原有职工110人。其中离退休14人。置换身份57人,退离休39人。为发挥冷库和铁路专用线效能,返聘22名员工,继续开展业务。

## 九、市供销社工业品公司

市供销社工业品公司是从事百货、针纺织品、五金交电、摩托车等经营职能公司。注册资金69.2万元,职工92人。位于市区大中路229号。1995年后,在市场经济冲击下,资金短缺,经营乏力,亏损严重,全员下岗。2007年,92名职工全部置换身份。

## 十、市交电炊具公司

1993年6月成立,是经营炊事机械、炊事用具、日用杂品、汽车、摩托车配件、水暖器材等职能公司。下设:家电、炊具、交电、五金化工、建材、储运科;汽车维修部、家用交电维修中心、家电商场、炊具商场9个业务科室和4个行政科室。干部职工180人,其中退休20人。固定资产300万元。位于市区大中路621号。1992年,销售总额2300多万元,盈利100多万元。随后由于经营场地减少等客观因素,营业逐年下滑,利润随之减少至20万元。2000年,后市场竞争日趋激烈,加上金融危机影响,市场萎缩,亏损逐增,2003年停止营业,人员下岗。至2010年,54名职工置换身份,46名职工退休,15名职工退养办妥社保,58名职工下岗待置换。

## 十一、市果品批发交易大市场有限公司

为从事果品批发市场管理运营的职能公司。位于市区九瑞路114号。2003年11月,果品大市场建成投入试运营。市果品批发交易大市场第一期投资3000万元,建筑面积40000平方米,现有固定门面248

套。市场建成以后,全国20多个省市果品进入市场,销往全国16个省市。平均日进出车辆300多辆,最多时达2000余辆。2010年实现交易额14.8亿元,建成果业基地1.2万平方米,带动1.8万余户农民,平均年增收1000元以上。安排近千人就业,其中安排200余名下岗职工再就业。公司主要组织国内外名特优干鲜果品进场交易,提供物业管理、停车、信息咨询,经营秩序维护、卫生环境监督等项服务。公司原有职工25人,至2010年,有22人置换身份。

## 十二、九江商厦

1996年12月九江商厦建成,1998年1月16日开业。是市供销社直属大型综合商场。位于市区大中路339号。从事日用百货、针纺织品、鞋帽、副食品、小家电等销售,后因经营不畅,2000年零售业务停止,改为楼层对外租赁,先后与百姓鞋业、信达鞋业、天心快餐、川王餐饮有限公司、联通公司有过合作。2004年8月,市新合作商贸有限公司成立,开拓连锁经营网络建设,从事日用消费品及农副产品的流通。2008年10月与派拉蒙集团公司签订合作协议,发挥供销社系统紧密联系农村及点多面广优势,实行“农超对接”。由供销社从农村农副产品专业社,将鲜活食品蔬菜直接送往派拉蒙各超市门点。建立256家专业社农副产品信息库,采集500多个农副产品样品,为全市50余家连锁超市提供货源。2008年12月至2009年12月,销售鲜活农副产品273530元,2010年,全年销售349106元。供销社与派拉蒙集团联合投资400余万元,在九江县永安乡建立蔬菜基地33.3公顷。九江商厦原有职工94人,2009年年底完成改制,退休16人,退养42人,置换身份34人,留2人处理历史遗留问题。

## 十三、轧花厂

1991年,全市有社办轧花厂35个,此后为便于籽棉深加工,有20个棉花加工企业进行技术更新,完成400吨液压打包、轧花、取样、出包、接包、套包、计量、输送、书写条形码全自动装置。到2010年有59个。其中,80片锯齿机厂11个,120片锯齿机厂28个,400吨液压机厂20个。当年税利420.18万元。2003年,随着全市供销社系统改制,轧花厂随之转换经营体制,部分厂成为民营和股份制企业。

**1991~2010年全市供销社轧花厂分布一览**

表29-5-5　　　　单位:个

| 单位 | 80片锯齿机厂 | 120片锯齿机厂 | 400吨液压机厂 | 合计 |
|---|---|---|---|---|
| 瑞昌市 | 1 | 3 | | 4 |
| 彭泽县 | | 2 | 11 | 13 |
| 都昌县 | 3 | 7 | 1 | 11 |
| 湖口县 | | 3 | 1 | 4 |
| 星子县 | 2 | 1 | | 3 |
| 九江县 | 3 | 5 | 4 | 12 |
| 永修县 | | 2 | 2 | 4 |
| 德安县 | 1 | 2 | 1 | 4 |
| 修水县 | 1 | | | 1 |
| 武宁县 | | 1 | | 1 |
| 庐山区 | | 1 | | 1 |
| 共青城 | | 1 | | 1 |
| 合计 | 11 | 28 | 20 | 59 |

### 十四、棉纺厂

1991 年,全市供销系统有棉纺厂 4 家,年产值 2.95 亿元,税利 42.7 万元。2003 年,随着全市供销系统改制,棉纺厂相继宣告破产或改制。

**1991~2010 年全市棉纺厂情况一览**

表 29-5-6　　　　单位:万纱锭、万元

| 单 位 | 企业名称 | 生产规模 | 总产值 |
|---|---|---|---|
| 彭泽县 | 彭泽县棉纺厂 | 5 | 16000 |
| 九江县 | 九江县第一棉纺厂 | 2 | 8000 |
| 九江县 | 九江县第二棉纺厂 | 1 | 3000 |
| 永修县 | 永修县第二棉纺厂 | 1 | 2500 |
| 合 计 | | 9 | 29500 |

除棉纺厂外,还有其他社办厂 181 个。其中食品厂 56 个,职工 1156 人。1991 年税利 69.4 万元,较 1990 年增长 5.23%。1992 年税利 72.3 万元

# 第六章　物 资

## 第一节　物资管理

### 一、供应双轨制

自 20 世纪 80 年代经济改革和 1987 年推行物资体制改革以来,按指令计划供应的物资大幅缩减,不足物资供应量 30%,而从市场组织供应销售的物资占 70%以上。物资经营企业可根据市场和生产企业需求情况,对计划内和计划外物资作适量调剂串换销售。对于计划内品种不对路和滞销积压的物资,经营企业按照物资供应管理权限提出申请,报经市物资局批准,并报送市物价局备案后,可将计划内物资转入市场按市场价销售。同时在市场上寻求和组织生产企业需要的适销对路物资品种,转入计划内按计划内价供应销售,补充计划内物资的不足。

计划内外物资串换销售发生的价差收入单独记账,经物价部门年审核实后,不得计入企业利润,由物资经营企业在串换交易中滚动使用,用于补偿计划外物资转计划内供应发生的价差,不能挪作他用。计划内外物资调剂串换的价差,在年内要求保持平衡,出现结余时,在次年串换时补贴使用。

市政府目标管理要求,主要有销售收入、销售利润、利润总额、流转费用水平、定额流动资金周转天数、全员劳动效率、社会经济效益 7 项指标。各县(市、区)物资局和市直经营企业根据市物资局下达的计划,逐层分解到所属各业务科、站或分公司,分别负责执行,年终进行考核。

1991~1992 年,物资供应方式为计划内分配和计划外调节双轨制。计划分配物资由省计委分配为 11 种:钢材、水泥、生铁、铜、铝、铅、锌、锡、铜材、铝材、废次钢材和边角料;由省物资局分配为 7 种:硫酸、硝酸、烧碱、纯碱、橡胶、轮胎、火工产品。

根据产业结构和产品结构调整需要,计划内物资分配向基础工业、效益好、产品销路畅、产品结构对路企业倾斜,优先保证其需要。对乡镇企业、老区建设亦作相应安排。对市直属企业计划分配物资,由市计委直接将物资指标分配给各生产企业;物资局管理物资,则根据《关于局管计划物资分配管理的暂行办法》,按计划和倾斜政策进行综合平衡后直接分配给各生产企业,同时将分配文件抄送有关县(市、区)

物资局及市直有关主管局。

1991~1993 年全市物资系统经济效益计划一览

表 29-6-1　　单位:万元、天、万元/人

| 年 份 | 销售收入 | 销售利润 | 利润总额 | 费用水平% | 周转天数 | 社会经济效益 | 全员劳动生产率 |
|---|---|---|---|---|---|---|---|
| 1991 | 34400 | 522 | 505 | 5.1 | 40 | 535 | 28 |
| 1992 | 43800 | 522 | 481 | 5.1 | 38 | 630 | 33 |
| 1993 | 73000 | | 550 | 5.0 | 28 | | |

## 二、行业市场化

1993 年,取消物资计划分配,物资价格随行就市,由市场调节供应。同年,省地方资源全部取消指令性计划,国家分配资源大部分取消,如主要计划内物资钢材,分配到市的指标,由每年2 万多吨削减到不到 4 千吨。物资行业由双轨制经营转向市场化经营。1994 年,市物资集团把每年下达的物资系统经济效益计划改为全市物资系统主要经济指标计划。当年商品销售收入 9 亿元,利润总额550 万元,商品流转费用水平 5%。

随着市场经济放开,经营难度增大,经营企业持续亏损,1996 年后,集团公司主要经济指标计划改为减亏限亏计划。

1996~1999 年全市物资经营减亏限亏计划一览

表 29-6-2　　单位:万元

| 年 份 | 销售收入 | 费用水平% | 减亏数 | 限亏数 |
|---|---|---|---|---|
| 1996 | 62250 | 9.88 | 911 | |
| 1997 | | | | 835 |
| 1998 | 21000 | | 450 | |
| 1999 | | | | 248.7 |

2000 年,物资部门行业管理重点为旧机动车、报废汽车。同年,进行培训专业旧车交易评估人员,建立健全旧车交易管理制度,制定各县农用车、摩托车交易管理办法,全市 12 个县(市、区)报废汽车市场进行整顿规范,取缔非法报废回收点。2004 年,制定《九江市旧机动车经营管理办法》《九江市报废汽车拆解管理办法》。2005 年,根据国家《二手车流通管理实施细则》和省实施意见,制定《九江市二手车流通管理实施细则》。2006 年,根据全国市场监测工作会议关于以市场运行监测为主要内容的城乡市场信息服务体系,是商务信息体系建设重要组成部分,按照省内贸行业管理办公室工作意见,对全市汽车、化肥、水泥 3 种重要生产资料经营情况进行调研,将监测统计数据按月上报省内贸行业办,为国家职能部门掌握生产资料市场发展变化趋势、宏观调控和管理决策提供依据。

# 第二节　物资经营

## 一、金属材料

**购进**　黑色金属为钢材、生铁;有色金属主要为铜、铝、铅、锌、锡、铜材、铝材。资源渠道分国家计划分配和市场购进两部分。1991~1992 年为物资供应双轨制阶段。计划分配金属材料只占供应总量20%~30%,经营企业从市场组织购进占 70%~80%。1993 年,取消物资计划分配后,金属材料主要货源基地有江西、南昌、新余、萍乡、武汉、鄂州、鄂州“八一”、马鞍山、本溪、杭州、合肥、柳州、石家庄、唐山等钢铁厂。

1991~1995 年全市计划分配金属材料数量一览

表 29-6-3　　单位:吨

| 年 份 | 钢材 | 生铁 | 铜 | 铝 | 铅 | 锌 | 锡 | 铜材 | 铝材 | 废次钢材 |
|---|---|---|---|---|---|---|---|---|---|---|
| 1991 | 21893 | 6691 | 183 | 268 | 17 | 31 | 3.9 | 27 | 21 | 2052 |
| 1992 | 22217 | 6909 | 217 | 281 | 7 | 31 | 0.7 | 38 | 40 | 2052 |
| 1993 | | | | | | | | | | |
| 1994 | 3950 | 4105 | 300 | 103 | | | | 300 | 300 | 850 |
| 1995 | 3950 | 4105 | 300 | 118 | | | | 18 | 20 | 850 |

**供销**　计划供应:1991 年,分配市计划钢材指标 21893 吨。实际供钢材 16555 吨;计划分配生铁指标6691 吨,实际供 2326 吨;计划分配有色金属指标 550.9 吨,实际供 367.1 吨。其中铜 173 吨,铝锭 158 号,锌锭 20 吨,铜材 11 吨,铝材 4.6 吨,锡 0.073 吨。对生产厂让利销售钢材 22 万元,先供货后收款销售钢材担付利息 13 万元。

1992 年,计划分配钢材指标 22217 吨,实际供 18620 吨;计划分配生铁指标 6909 吨,实际供 2131 吨,计划分配有色金属指标 614 吨,实际供 381 吨。

调剂串货供应:1991 年,计划内转计划外串换调剂销售钢材 9245 吨,按用户需求,从市场组织转计划内供应钢材 3100 吨。

市场化供销:20 世纪 90 年代,随着市场经济发展,从市场购销计划外钢材,由对计划内钢材供应起调节补充作用,发展成为钢材供销主要方式;由主要供应本地市场发展到外购外销、远购远销、内购外销。

1991 年和1992 年全市计划内外钢材销售比重一览

表 29-6-4　　单位:吨

| 年 份 | 销售总量 | 计划内销售 | 计划内比重 | 计划外销售 | 计划外比重 |
|---|---|---|---|---|---|
| 1991 | 75006 | 21893 | 30% | 53113 | 70% |
| 1992 | 110003 | 22217 | 20% | 87783 | 80% |

1991 年,分配九江建筑钢材计划指标 400 吨,不能满足市场需求,经从市场组织货源调剂,实际供应2186 吨。为市轻机厂啤酒罐投产,实行进销送供货配套承包,供应 16m/m 中板 120 吨;为大桥五处供应8m/m 建桥中板 50 吨。全年供应计划外钢材 53113 吨。1992 年,钢材合同兑现率大幅下降,计划钢材指标继续削减,加强市场经营,全年销售钢材 11 万余吨,其中计划外钢材 87783 吨。

1993 年 1 月 12 日,省物资局转发冶金工业部、国家物价局自 1993 年 1 月 1 日起放开钢材价格通知,钢材价格全面放开,进入市场化经营。上半年,市场升温,钢材需求旺盛,钢材经营企业开展外购外销、远购远销,巩固、稳定及新建资源基地,扩大购销渠道,下半年,市场急剧降温,钢材销售由热转冷,由旺转疲,调整经营思路,改外购外销为主为占据本地市场为主,改大进大出为稳进稳出,以销定进,避免压库,增加市内经营网点。全年销售钢材 110980 吨。1994 年,竞争激烈,市场走软,金属材料大幅下跌。1993 年结转库存过大,以增加经营网点,加强服务、批零结合、减少中转环节、占据本地市场方法,加强销售,减少库存 1000 多万元。以与马钢、新钢、鄂钢等联营企业代销、联销方式销售钢材 1 万余吨。为九江炼油厂急用钢板寻求马钢安排生产,并送货到厂。为九江京九铁路工程供应一批特需钢材。全年销售钢材 94785 吨。当年钢材经营首次出现全面亏损。1995 年,顺应市场发展,加强建立以代销联销为主的新型工贸关系。参与南京区域物资协作关系,与首批国有流通企业代理经销试点单位南京市金属材料总公司开展联合经营。在市区外和铁路、码头设立经营点,减少周转。全年销售钢材 49726 吨。

1996 年,经营利润下降,实行货源统进分销,控制进货规模、品种、时机。代销联销线材 10715 吨、螺纹钢 5850 吨、板材 2303 吨。全年销售钢材 4 万余吨。

1998 年,九江长江大堤决口,紧急调运钢板、螺纹钢、元钢、钢丝绳等各种钢材 45 吨,封堵大堤决口。经营继续下滑和亏损,此后每年钢材经销量仅 2 万~3 万吨,至 2001 年停止经营。

## 二、机电车辆

**机电产品和车辆购进** 1991 年,机电产品市场完全放开,由市场调节供应。1991~1992 年,每年计划分配载重汽车 50 余辆,1993 年取消计划分配。

车辆进货渠道,1993 年前,上海市汽车拖拉机工业公司是主要供货单位。之后上海大众汽车所属的上海汽车工业供销公司是主要供货单位。1994 年,市机电设备总公司与其联营,成立省内首家汽车销售联营公司"上海汽车工业九江销售公司",专营桑塔纳轿车,每年获供百余辆第一手车源。其他货源基地有中国一汽、中国二汽、江西五十铃汽车制造厂、昌河汽车制造公司、长安汽车制造公司、北京吉普车制造有限公司、广西柳州五菱汽车制造厂、黑龙江松花江汽车制造厂、重庆建设机械厂等 30 余家汽车生产企业。

机电产品进货渠道,机械类主要是沪产系列,与上海机床公司、上海仪表公司、上海日产电动工具厂、上海电焊条总厂、杭州水泵厂等企业有稳定供销关系。市机电公司是上海电焊条总厂九江总经销商。20 世纪 90 年代,该厂生产的电焊条是市重点工程重点供货品种。上海机床厂和沈阳、齐齐哈尔、济南重要机床生产企业,是机床、钻床、铣床等大型机电设备主要货源基地。轴承类以哈尔滨、瓦房店、洛阳 3 地品牌生产厂供货为主,河北和江西南昌、宜春等地亦有进货。工具、量具、刃具的进货主要是四川成都量具厂和河北、江西南昌生产企业。电机电器进货渠道 90 年代初期以上海产品为主,之后进货范围扩大,1995 年与中德合资南京扬巴公司及其他生产企业建立业务关系。电线、电缆供货商较多,以江苏南京、湖北和九江本地产品为主。

**机电产品和车辆销售** 计划供应:1991~1992 年,载重汽车有少量计划供应。机电产品虽有少量计划指标,因与市场价非常接近,企业基本不需要。1991 年计划分配载重汽车 54 辆,因省机电公司少供,实际供应 45 辆;1992 年计划分配 55 辆,实际供应 47 辆。

市场化供销:市场放开后,经营单位不断增加,市场竞争激烈,物资部门经营供销主渠道受到冲击和削弱,一些产品经营出现明显萎缩。如摩托车和机床,市场在扩大,经销量却下滑。

1991~1992 年,面对市场竞争,对经营思路进行调整,细化经营分工,实行专业化经营。把原 3 个经营部门细分为汽车、摩托车、机床、机械、仪表、轴承、工具量具等经营分公司,以细分经营占领市场。1991 年销售汽车 1235 辆,较 1990 年增长 33%;机电产品销售量较 1990 年增长 49%。1992 年销售摩托车 1200 余辆,辐射到邻近湖北、安徽 2 省。与四川望江机械厂建立产销协作关系,独家经营其望江牌三轮摩托车基本垄断九江市场。摩托车销售量较 1991 年翻番。机床销售翻 6 番。销售桑塔纳、标志轿车100 余辆,上海电焊条 120 吨。年销汽车 1472 辆。1993 年,转换经营机制,拓展经营业务,增设经营网点,达成进口贸易 89410 美元。在十里大道建立首个市汽车交易市场。全年销售汽车 1619 辆。年销售额超 2 亿元,创历史最高销售业绩。1994 年,销售下降经济效益滑坡,处理滞销积压产品百万元。开展代理经销,与上海汽车工业销售公司联营,双方各投资 100 万元成立上海汽车工业九江销售公司,为江西省首家桑塔纳轿车经营代理商,当年销售桑塔纳 86 辆。与东风武汉轻型汽车厂联营,设立九江销售点。与宜春、萍乡、南昌、上海厂商建立供销关系,销售轴承 10 万余套。为广西柴油机厂供应 10 万套轴承产品,价值120 万元。为九江京九铁路供应发电机组 4 台,电动机组 12 台,破碎机 4 台及空压机、皮带机等 80 万元设备。年销汽车 974 辆。首次出现年经营亏损。

1995 年,面对激烈市场竞争,实行代理制为主经营方式,强化配送服务,利用参与南京区域物资协作关系,与国家首批国有流通企业代理经销试点单位南京市机电设备总公司联营,开展汽车代理业务。与生产企业联营代销,或做地区总经销。作为地区销售代理,分别与上海汽车工业销售总公司、昌河汽车厂、松花江汽车厂,签订桑塔纳汽车 390 辆、昌河汽车 132 辆、松花江汽车 100 辆供销合同。年销售桑塔纳轿车 374 辆、昌河和松花江微型车 260 辆。与东风汽车工业联营公司郑州轻型汽车制造厂联营,设立九江代销点,对九江二电厂开展物资供应配套服务,供应 200 万元机电设备,为九江炼油厂大化肥工程和昌九公路工程供应 50 万元机电设备。用“以销压库”“串换利库”方法消化处理 40 万元积压线缆和电气产品。投资 5 万多元在市长虹大道建立面积 4000 平方米汽车交易中心,年销汽车 1537 辆,摩托车2435 辆。

1996 年,需求不足,市场清淡,加强与扬子石化总厂、九江石化总厂、船舶工程公司、市供电局、九江二电等 10 余家大中型企业供销合作关系,加强配送服务,滚动销售产品,年销售 400 万元机电产品。设立长安铃木有限公司九江销售代理店,代销奥拓汽车。针对兴起的出租车热,批量经销昌河微型车,年销 150 辆。面对市场出现竞相低价抛售桑塔纳轿车市况,上海汽车工业九江销售公司开展以保本微利为目标的宣传联销活动,年销桑塔纳轿车 200 辆,基本达到预期目标。处理积压产品,变现资金 90 万元。年销汽车 480 辆。1997 年, 机电产品经营销售基本与 1996 年持平。向九江铁路部门销售 11 万元装载机 1 台,为其提供 40 万元汽车和机床类配套产品。发展与中德合资南京扬巴公司业务,由点件供货发展到配送成套供货,年配送供销金额 65 万元。向南昌吉泰公司、九江县轻机厂、九江国棉一厂、九江船管处等单位, 年供 113 万元轴承产品。年销售摩托车 2000 辆, 其中与重庆建设机械厂联营销售的建设摩托车 1500 辆。年销汽车 347 辆。

1998 年,紧急调用价值 9.7 万元机电设备,用于抗洪救灾。以后,经营继续下滑亏损,每年汽车销售量 300~400 辆。2001 年仅销售 288 辆。经营难以为继,2002 年停业。

**1991~2001 年全市物资系统汽车销售数量一览**

表 29-6-5　　单位:辆

| 年 份 | 销 量 | 年 份 | 销 量 | 年 份 | 销 量 |
|---|---|---|---|---|---|
| 1991 | 1235 | 1995 | 1537 | 1999 | 411 |
| 1992 | 1472 | 1996 | 480 | 2000 | |
| 1993 | 1619 | 1997 | 347 | 2001 | 288 |
| 1994 | 974 | 1998 | 395 | | |

## 三、轻化建材

**轻化建材购进**　轻化建材物资主要经营品种有水泥、玻璃、轮胎、橡胶、沥青、硫酸、盐酸、硝酸、纯碱、烧碱等。1991 年,轻化建材市场基本放开,只有少部分计划分配指标,1993 年完全取消。进货渠道除省轻化建材公司外,水泥主要从庐山水泥厂购进,玻璃主要从江西平板玻璃厂、河南洛阳玻璃厂购进,橡胶产品主要从海南购进,沥青主要从九江石化总厂、安庆石化总厂购进,纯碱、烧碱主要从九江化工厂、青岛碱厂购进,硫酸、盐酸、硝酸主要从九江化工厂购进。

**1991 年和 1992 年全市部分轻化建材物资分配计划一览**

表 29-6-6　　单位:吨、箱、套

| 年 份 | 聚乙烯 | 聚丙烯 | 聚氯乙烯 | 电石 | 沥青 | 烧碱 | 纯碱 | 硫酸 | 浓硫酸 | 橡胶 | 轮胎 | 玻璃 |
|---|---|---|---|---|---|---|---|---|---|---|---|---|
| 1991 | 396 | 31 | 3000 | 150 | 390 | 3100 | 820 | 2400 | 40 | 80 | 12300 | 16600 |
| 1992 | | 40 | 3000 | 150 | 274 | | | | | | | 33300 |

**轻化建材供销**　1991 年,物资局对局管计划物资,如硫酸、烧碱、纯碱等,按企业需求实行切块分配,直供到厂。全年销售水泥 23144 吨,硫酸 14600 吨。1992 年,开拓外地市场销售本地产品,在市龙舟赛物资交易活动中,加强经营,销售本地产水泥22000 吨,全年销售水泥 29333 吨,硫酸 15200 吨。1991 年和 1992 年均超额完成各项计划供应物资。1993 年后,市场完全放开,转换经营机制,强化竞争意识,

建立稳固进销渠道,与江西冶炼厂、九江石化总厂、九江化工厂、庐山水泥厂、九江化纤厂等生产企业逐步建立新型工贸合作关系。1994 年,在市场硫酸资源不足情况下,为九江化纤厂多方联系组织货源,确保供应其当年全部生产用酸。在购销庐山水泥厂水泥同时,帮助厂家回收水泥包装纸 500 吨。全年销售水泥 28875 吨,硫酸16000 吨,工业用盐 2000 吨,轮胎 7002 套,玻璃 8916 重量箱,化纤短线 1500 吨。1995 年,巩固原有业务关系,加强拓展和建立省外资源渠道,与山东青岛碱厂、湖北鄂州化建总公司、福建青州纸厂等省外单位建立互惠互利工贸关系。全年销售水泥 27930 吨,硫酸 14000 吨,聚乙烯80 吨,青岛黄海牌轮胎 2200 套。1996 年,市场竞争多元化,经营资金短缺。加强门点销售,开展代购代销、联营联销、联购分销等多种经营方式扩大销售。对有限经营资金采取集中管理,统一调度,提高资金周转使用率。全年销售水泥29600 吨,硫酸 7000 吨。1997 年,随着农业生产发展和市场对氰化钠需求逐步增大,农药、医药和黄金行业氰化钠需求吃紧,申请氰化钠进口配额 200 吨,实际购销 180 吨。全年销售水泥 10668 吨,硫酸 6000 吨,轮胎 560 套,内胎 400 条。1998 年,面对市场竞争,除少数品种外,经营不断萎缩,当年销售水泥 21237 吨,1999 年销售水泥44997 吨,2000 年销售水泥 10000 余吨,2001 年停业。

**民爆物品经营**　民爆物品属特殊危险性商品,国家历来实行特种经营管理,严格执行指令性计划。民爆物品在轻化建材类物资中又称火工产品,历年来一直由物资部门轻化建材公司或民爆器材公司专门经营。经营主要品种有铵梯炸药、铵油炸药、乳化炸药、胶质炸药等硝铵类混合炸药和工程雷管、导火索、导爆索、硝酸铵等。经营企业凭计划指标到吉安民爆产品生产厂进货。物资部门每年制定民爆器材产品分配计划,购买单位持公安机关签发的“爆炸物品购买证”按分配计划采购,并将购买合同副本送交公安部门备案。如需要增减购买数量,需另行申请,严禁自由买卖,自购自销。2000 年,民爆物品经营管理权由物资集团转至市国防科工办。

**1991~1999 年部分年份全市民爆器材产品计划供应量一览**

表 29-6-7　　　　单位:吨、万发、万米

| 年 份 | 硝铵类混合炸药 | 工程雷管 | 导火索 | 导爆索 |
|---|---|---|---|---|
| 1991 | 585 | 59 | 60 | 1 |
| 1994 | 1000 | 100 | 83.5 | |
| 1995 | 815 | 109 | 85 | 2 |
| 1998 | 730 | 81 | 56 | |
| 1999 | 1840 | 183 | 100 | 3 |

## 四、废金属回收

**回收体制**　1991~1992 年,实行计划经济和市场经济相结合双轨制时期,省物资局和市计委每年下达指导性废钢铁回收上交计划,1993 年,实行市场经济后,不再下达上交计划。市供销社物资再生资源利用总公司成立报废汽车回收利用公司,形成两家竞争格局。

国家对报废汽车回收行业进行过多次整顿。随着城市汽车拥有量增加,报废汽车回收业务量不断发展扩大。1998 年,重新核定经营报废汽车回收企业经营资质,物资集团报废汽车回收公司是省第一批获国家批准从事报废汽车回收资格的 13 家单位之一。

2001 年 6 月 16 日,国务院发布《报废汽车回收管理办法》,进一步整顿规范报废汽车回收管理工作。市对报废汽车回收拆解点进行清理整顿,取缔 20 多个非法汽车回收拆解点。根据整顿要求,地级市只能成立一家报废汽车回收拆解企业。2002 年 6 月,物资集团报废汽车回收公司与供销社报废汽车回收利用公司合并重组,成立市报废汽车回收拆解中心,物资集团报废汽车回收公司持 65%股份,供销社报废汽车回收利用公司持 35%股份。2007 年,物资集团报废汽车回收公司出资 185 万元收购供销社报废汽车回收利用公司 35%股份,重新成为市唯一一家经国家资格认定经营管理报废汽车回收拆解业务

企业,公司在市属11个县(市)设有回收拆解点,统一管理经营报废汽车回收拆解业务。

**废金属回收** 1991年3月,省物资局转发物资部办公厅《关于与商业部有关物资再生利用行业管理和经营分工若干情况的说明》文件,明确生产性废旧金属回收利用由物资部门经营管理。市计委下达年度回收生产企业废钢铁计划4080吨,实际回收企业废钢铁4881吨。全年共回收报废汽车1480辆,废钢铁8681吨。

1992年,按照省物资局转发的《江西省人民政府关于整顿废旧金属市场的通知》,清理整顿废金属回收市场。全国废旧汽车更新改造领导小组等6部门下发《关于重申老旧汽车报废标准的通知》,规定载重汽车行驶50万千米或使用满14年,矿石特种车行驶40万千米或使用满10年,客车、轿车行驶70万千米或使用满14年,其他车辆行驶满50万千米或使用满13年,及其他检修达不到规定标准的车辆应予以报废。同时重申不能使用自制、复制的报废车辆回收证明,全省必须使用统一的"报废汽车车辆回收证明",并自8月1日起,全省统一使用加盖有"江西省废旧汽车更新改造领导小组办公室"印章的"报废车辆回收证明"。市计委下达年度回收生产企业废钢铁计划4000吨,实际回收企业废钢铁4560吨,全年回收报废汽车131辆,废钢铁9155吨。1993年,实行市场经济,不再下达指导性废钢铁回收计划。市场竞争激烈,废钢铁回收下降,全年回收废钢铁4127吨。市供销部门成立报废汽车回收利用公司,车辆管理部门亦参加联营,形成两家竞争,经营受到冲击,全年回收报废汽车71辆。1994年1月25日,公安部发布《废旧金属收购业务治安管理办法》。经济调控,继续信贷压缩,资金紧张,经营困难,开拓建立新的购销市场,与九江炼油厂、赣北化工厂合作,建立互惠互利工贸合作关系。密切与九江水泥船厂、九江柴油机厂、江西制氧机厂等本地厂矿业务关系,加强废钢铁回收工作。灵活经营,用炉料与生产企业串换生铁沫,回收企业报废锅炉3台。全年回收报废汽车102辆,废钢铁2101吨,首次出现经营全面亏损。

1995~1998年,废钢铁回收站点不断增加,竞相争购经营,每年废钢铁回收量2000吨左右。报废汽车回收数量逐年递增,1995年到1998年分别为201辆、315辆、435辆、659辆。1999年3月25日,公安部发布《机动车修理业、报废汽车回收业治安管理办法》,规定报废机动车回收企业回收报废机动车应如实登记报废车车主姓名、送车人姓名、居民身份证号码,凭公安交管部门出具的机动车报废证明登记车牌号、车型、发动机号、车架号码、车身颜色、收车人姓名。严禁非法收购拆解、拼装倒卖非法机动车和无公安交管部门出具机动车报废证明的机动车,不准利用报废机动车拼装整车。物资回收企业针对市场经济不断发展,废金属回收业竞争日趋激烈,资金不足,调整经营思路,以有限的资金确保报废汽车和主要重点企业废钢铁回收。全年回收报废汽车374辆,废钢铁1200吨。

2000年,以减亏增效为目标,加强经营,年回收报废汽车468辆,废钢铁2070吨。2001年,国务院发布《报废汽车回收管理办法》,对报废汽车回收实行特种行业管理,经营报废汽车回收企业实行资格认定制度。物资部门对报废汽车拆解回收工作进行自查整顿,停止对各县报废汽车回收拆解委托工作,进行清理整顿。会同工商等部门取缔20多个非法报废汽车回收拆解站点,制定新的报废汽车回收拆解工作规范。全年回收报废汽车596辆,废钢铁2310吨。2002年,根据整顿要求,制定新的县级报废汽车回收拆解点计划。改委托经营为直接设点专营,在都昌、彭泽、湖口县各设1家报废汽车回收专营点,实行系统管理,针对报废汽车回收、拆解、零件管理每个环节建立岗位责任制,制定报废汽车回收拆解流程表,建立报废汽车回收管理档案,对报废汽车发动机、方向机、车架、变速箱、前后桥5大总成予以拆解报废处理,严禁外流。取缔非法回收点,打击改装车、拼装车、收车不拆解、卖报废整车违规违法行为,规范九江市报废汽车回收市场。全年回收报废汽车762辆,废钢铁2800吨。2003年,国家经贸委和财政部出台报废汽车补贴办法。印刷下发2000份宣传单,宣传补贴政策加强报废汽车回收。设立武宁、修水、永修县报废汽车回收专营点。全年回收报废汽车528辆,废钢铁6900吨。2004年,设立星子县、德安县、瑞昌市、九江县报废汽车回收拆解点。针对重新出现非法回收拆解报废汽车现象,及时向职能管理部门反映汇报,提供整顿方案,配合整治,取缔非法报废车拆解点。会同相关部门出台省第一个报废车行业管理办法《九江市报废汽车回收拆解管理办法》。加强对县级回收拆解点管理,下发《县报废汽车回收点管理办法》。改革用工制度,实行全员聘用,责任到人,工资保底,超量提成。市场废金属回收竞争激烈,政策优势难以体现，工作重点转向报废汽车回收专营。全年回收报废汽车2367辆，废钢铁675吨。2005年，设立共青城报废汽车回收点，至此，市属11个县（市）均设立回收点。面对非法个体户拆车厂违规高价收购倒卖报废汽车、非法拼装报废车现象，一面向有关部门反映，一面加强内部管理，坚持经济效益与社会效益并重，规范经营。年回收报废汽车1600辆，废钢铁487吨。2006年，深入企事业单位，掌握报废车辆资源信息。与车辆管理职能部门加强联系沟通，防止报废车辆外流。年回收报废汽车442辆，废钢铁582吨。2007年，钢材价格上涨，推动废钢铁收购价上涨，非法回收拆解报废汽车现象死灰复燃，配合公安、工商部门取缔2家非法机动车回收点，收缴非法回收东风翻斗汽车1台。全年回收报废汽车703辆，废钢铁389吨。2008年，取消对废旧物资回收经营单位免交增值税规定。全年回收报废汽车684辆，废钢铁550吨。2009年回收报废汽车422辆，废钢铁498吨。

2010年，一次性收购市公交公司报废客车117辆。投资200万元对市县12个回收拆解点进行升级改造，扩大经营规模，提升营业设施。全年回收报废汽车1447辆，废钢铁525吨。

**1991~2010年全市废钢铁、报废汽车回收量一览**

表29-6-8　　单位：吨、辆

| 年份 | 废钢铁 | 报废汽车 | 年份 | 废钢铁 | 报废汽车 |
|---|---|---|---|---|---|
| 1991 | 8681 | 1480 | 2001 | 2310 | 596 |
| 1992 | 9155 | 131 | 2002 | 2800 | 762 |
| 1993 | 4127 | 71 | 2003 | 6900 | 528 |
| 1994 | 2101 | 102 | 2004 | 675 | 2367 |
| 1995 | 2080 | 201 | 2005 | 487 | 1600 |
| 1996 | 1972 | 315 | 2006 | 582 | 442 |
| 1997 | 1760 | 435 | 2007 | 389 | 703 |
| 1998 | 1870 | 659 | 2008 | 550 | 684 |
| 1999 | 1200 | 374 | 2009 | 498 | 422 |
| 2000 | 2070 | 468 | 2010 | 525 | 1447 |

**加工利用与销售供应**　根据国家开展资源综合利用规定，对于回收的废金属、报废机械设备和报废汽车，按照先利用后回炉、先升值后处理原则进行加工升值处理。把有利用价值的成型钢材和零配件进行切割加工处理，列入门市销售，供应小型用料、中小农具、小五金生产及生产维修所需，提高废金属利用率。不能升值利用的废料进行氧割、剪切、压饼，对难以打包的钢刨花、钢铁屑投入加工炉内加热处理，使材料受热由硬变软后进行压块打包。加工后的材料分成重型废料、轻薄废料、桶料、炉料，销售供应给厂矿企业做工业再生原料。

1991年，市计委下达上交废钢铁计划数4084吨，实际上交国家钢厂废钢铁4881吨，其中省钢厂3630吨，省外钢厂1251吨。另供应当地厂矿和乡镇企业再生利用材料4349吨。1992年，市计委下达上交废钢铁计划数4000吨，实际上交国家钢厂废钢铁4560吨。供应当地厂矿和乡镇企业再生利用材料4173吨。1993年实行市场经济后，不再下达上交计划，由企业自行购销。回收的废钢铁经加工分类，依据市场行情销售，除供应当地生产企业外，主要销售到黄石大冶钢厂、江苏新城钢厂和上钢三厂、上钢五厂。随着市场竞争加大，废钢铁、报废设备收购量减少，废钢铁加工量和销售量同步下滑。市场竞争激烈，政策优势弱化，至2004年后，不再经营生产性废金属回收加工，专营报废汽车回收拆解，废金属加工销售量减少为每年几百吨。

2010年，受益于国家汽车以旧换新、振兴汽车产业规划政策，经济效益上升。报废汽车回收拆解中心经营面积36000平方米，在原已配置吊机、拖车、运输车辆、剪切机、氧割机、地磅等设施基础上，投入45

万元购置大型拖车，投资145万元提升信息管理系统和营业场地设施。全年加工销售废钢铁390吨。

## 五、二手车市场

**体制** 1991年，对二手车市场（旧机动车交易市场）实行专营。旧机动车交易由物资局生产资料服务公司经营。1992年12月8日，省物资局、省工商局、省公安厅联合发布《江西省旧机动车辆交易管理办法（试行）》，要求地（市）设立旧机动车辆市场。1993年3月，在旧车市场基础上成立市旧机动车辆交易市场，经营管理全市旧机动车辆交易。1996年8月，省生产资料市场管理小组下发《关于规范管理旧机动车辆交易市场的意见》，规定旧车市场经同级政府批准，由物资部门负责开办；地（市）只能开办一家旧车市场，旧车市场纳入特种行业管理。1997年1月23日，市生产资料市场管理领导小组下发《关于规范管理旧机动车辆交易市场的意见》，规定旧车市场由物资、工商、公安3部门共同管理。物资部门职责为办理旧车交易，制定管理制度，配合市场监管；工商部门职责为核发营业执照、市场登记证，核查、开具、验证交易票据、凭证，查处违规违法交易；公安部门职责为核发特种行业许可证，审核旧车来源，办理旧车安全检测及转籍过户，负责治安管理。3月，按照规范管理要求，市旧车市场申办工商营业执照，成立独立法人单位，根据《江西省特种行业治安管理条例》，报经公安部门审核批准，领取经营特种行业许可证。旧车市场由市生产资料总公司代管。1998年3月9日，国内贸易部发布《旧机动车管理办法》，规定旧机动车交易中心是以企业经营活动为依托，辅之以必要的政府协调功能，具有旧机动车评估定价及旧机动车收购、销售、寄售、代购、代销、租赁、拍卖、检测、维修、配件供应、美容及信息服务等功能，并为客户提供过户、上牌、保险等服务的经济实体。10月，根据旧机动车管理办法规定，市旧机动车交易市场更名为市旧机动车交易中心。1999年7月20日，省物资局批复市旧机动车交易中心为市唯一旧机动车经营单位，确认继续经营旧机动车交易业务资格。

2001年年初，市物资集团为加强旧机动车交易中心经营发展，收回其管理权，加强经营措施，成立市机动车评估事务所。2003年，拓宽经营范围，新增汽车修理和美容业务，成立市平正拍卖有限公司，将旧机动车及其他资产纳入拍卖经营范围。2004年4月，市旧机动车交易中心更名为市二手车市场。8月16日，商务部发布《商务部办公厅关于规范旧机动车鉴定评估管理工作的通知》。2005年10月25日，省内贸行业办等5部门联合转发商务部等部门发布的《二手车流通管理办法》。市物资集团与职能部门协商，草拟《九江市二手车流通管理实施细则》。2007年，市二手车市场被省内贸行业办确定为省首批5家重点二手车交易市场之一。2008年，引资1000万元对二手车市场进行股份制改造和扩建。2009年1月，体制转换和扩建工作完成，成立市二手车有限公司。投资方持64%股份，物资集团持36%股份。二手车市场总经营面积10530平方米，建筑面积2800平方米，交易大厅520平方米，展示场地日均展示待售车辆200多辆。市场内设有二手车鉴定评估公司、拍卖公司，公安车辆管理部门入驻市场办公，负责办理二手车转移过户及相关变更手续，使二手车交易实现检测、销售、过户“一站式”完成。具有评估、代办、寄售、拍卖等功能，能为客户提供过户、上牌、年检、保险、纳税等服务，经营规模、管理水平、展场面积、服务项目等综合功能位列全省前列。2010年，结合国际汽车城扩建改造，二手车市场有限公司投资1000万元对国际汽车城内二手车市场进行改造升级，完工后拥有场地面积25000平方米，建筑面积4500平方米，交易大厅600平方米，展示场地可展售车辆1000余辆。

**交易管理** 1993年，成立市旧机动车辆交易市场，所有旧机动车交易一律进入旧车市场。交易车辆范围为旧汽车、旧农用运输车、旧拖拉机和旧摩托车。所有交易车辆须先经公安车辆管理所检验，开具检验合格证明，才能进入市场交易。成交的旧机动车辆由旧机动车交易市场开具交易凭证，凭交易凭证和盖有工商行政管理机关验证章的旧机动车销售发票，到公安车管所办理转籍过户手续。进入市场交易的旧机动车辆销售价格根据车辆技术质量、使用年限、行驶里程、收藏价值等，按质论价、自由协商、议价成交。完成交易的旧机动车、旧拖拉机按成交价格收取3%手续费，旧摩托车及其他旧机动车按成交价收取4%手续费。1997年，联合对市场进行整顿。对不进入市场交易、不按规范程序办理交易手续、逃避监督检查的旧车和监督执法部门直接办理旧车交易手续、转籍过户手续的行为予以查处。严禁各种走私、盗窃车辆进入旧车市场交易。按照市《关于规范管理旧机动车辆交易市场的意见》,旧车交易双方均为本市的在本市旧车市场办理交易手续;旧车交易双方为不同地(市)的由卖方所在地旧车市场办理交易手续;外省(市)旧车进入省内交易的,应在省旧车市场办理交易手续,为方便用户也可本着就近就地原则,在买方所在地旧车市场办理交易手续。

2000年,旧车市场改进服务环境,提升营业设施,在市区长虹路开设2000平方米交易营业场地。2001年5月,公安、工商、稽征等部门联合开展旧车市场整顿工作,打击旧车场外交易、违规交易现象,取消德安县违规设立的德安旧机动车交易市场。制定各县农用车、摩托车交易管理办法,规范县属农用车、摩托车交易行为。成立旧机动车评估事务所进行鉴定评估,面向社会,对进行转让、抵押、偿债、变卖的机动车客户提供服务。8月,设立经营信息部,开展购销信息咨询、代办车辆过户年检等服务项目。交通稽征部门对拒交欠费扣缴车辆进行集中拍卖。2003年,随着城市汽车拥有量不断增加,二手车交易量同步增长。物资集团投资40万元在长虹大道国际汽车城扩建二手车市场,打造区域性二手车交易中心市场。10月11日,省经贸委等3部门联合发布《江西省旧机动车交易管理规定》。2004年4月,二手车市场扩建完工开业,市旧机动车交易中心更名为市二手车市场。扩建后的二手车市场集旧车交易和拍卖、查证、检测、鉴定评估、维修美容、配件供应、信息发布、租赁拍卖多功能为一体,8家二手车经销企业进入市场营业。与银行、法院、保险公司联合,对违约按揭车辆进行拍卖处理。6月份,结合对二手车市场的治理整顿,会同职能管理部门制定《九江市旧机动车经营管理办法》,建立二手车市场长效管理机制。9月份,对商务部下发的《二手车流通管理办法(征求意见稿)》提出书面意见。年交易量和经营规模跃居全省前列,受到省内贸行业好评。2005年4月,市政府明确九江只设1家二手车市场,规范市场交易行为和经销企业经营范围,扭转无秩序经营现象。10月1日,新二手车流通管理办法施行。物资集团追加投资30万元扩建市场经营门点,将市场规模扩大一倍,经营面积1万平方米,年底入场经营二手车企业增至12家。2006年,相关部门对新管理办法理解不一致,市场监管未跟上,出现无资质经营和超范围经营现象。物资集团与职能部门协商合作加强监管,对市场进行整顿。11月9日,省内贸行业办等5部门根据商务部新发布的《二手车交易规范》制定印发《江西省二手车交易规范实施细则》,明确规定二手车交易操作规程,统一经营行为。2007年,在省内贸行业办和省国税局主导下,筹备与全省各地二手车市场实施二手车网上开票系统。新增3312平方米经营场地,入场经销二手车企业17家。2009年1月,市二手车市场有限公司正式运营,提升信息化管理,在九江新闻网开设九江二手车市场网站,搭建信息平台,及时公告二手车有关信息。9月,一次性收购庐山管理局下线营运客车89辆。入场经销企业增至20家。

2010年6月17日,省商务厅等6部门联合发布《关于进一步规范二手车经营行为促进二手车市场发展的意见》,严格二手车交易市场和经营主体准入制度,规范二手车交易市场、二手车经销企业、二手车经纪机构、二手车拍卖企业和二手车鉴定评估机构经营行为,建立联席会议制度,加强对二手车流通行业管理和协调服务。各部门明确职责,加强对市场监督管理。根据此意见精神,物资集团征求汇集各方意见,草拟《九江市二手车行业发展规划(2011~2015)》。

**交易量** 1991~1995年,每年旧车交易量200~400辆。1995年以后二手车交易量增长加快,至1997年二手车交易量增至800余辆。2000年交易量1410辆,2006年交易量4023辆,至2010年成交量突破1万辆,交易规模居全省前列。

### 1997~2010 年全市二手车成交数量一览

表 29-6-9 单位：辆

| 年 份 | 成交量 | 年 份 | 成交量 | 年 份 | 成交量 |
|---|---|---|---|---|---|
| 1997 | 817 | 2002 | 1600 | 2007 | 5454 |
| 1998 | 921 | 2003 | 1987 | 2008 | 6451 |
| 1999 | 1160 | 2004 | 3375 | 2009 | 8092 |
| 2000 | 1410 | 2005 | 2357 | 2010 | 10355 |
| 2001 | 1682 | 2005 | 4023 | | |

### 2006~2010 年全市不同车型成交数量一览

表 29-6-10 单位：辆

| 年 份 | 合 计 | 乘用车 | 商务车 | 挂 车 | 低速载货汽车、三轮车 | 摩托车 | 其他车型 |
|---|---|---|---|---|---|---|---|
| 2006 | 4023 | 2193 | 1434 | 101 | 0 | 259 | 36 |
| 2007 | 5454 | 3405 | 1659 | 97 | 21 | 252 | 20 |
| 2008 | 6451 | 4199 | 1842 | 55 | 93 | 202 | 60 |
| 2009 | 8092 | 5431 | 2266 | 164 | 27 | 166 | 128 |
| 2010 | 10355 | 7044 | 2652 | 328 | 3 | 163 | 165 |

## 六、仓储管理

**仓储设施** 1991 年，物资部门有各类物资仓库 9 个。

南径路金属材料仓库（又称官牌夹仓库），占地 0.94 公顷。平房砖木结构库房 1 栋，面积 1200 平方米。钢架轨道货棚 1 个，面积 600 平方米。露天货场 6000 多平方米。库内配置 30 吨地磅一台。

塔岭北路金属材料仓库，占地 0.81 公顷。平房砖木结构有色金属材料库房 1 栋，面积 1913 平方米，配 3 吨铲车 1 辆。钢筋水泥结构车库 1 栋，面积 485 平方米，露天货场 4000 多平方米。

江边机电仓库，占地 0.48 公顷。两层钢筋水泥结构库房 2 栋，面积分别为 569 和 379 平方米。平房砖木结构库房 2 栋，面积分别为 1045 和 244 平方米。钢架货棚 1 个，面积 368 平方米。库内配有 3 吨铲车 1 辆。

江边轻化建材仓库，占地 0.48 公顷。平房砖木结构库房 4 栋，面积 2565 平方米。两层砖木结构库房 2 栋，面积 710 平方米。库内配 3 吨铲车 1 辆。

德安化工仓库（火工产品库），占地面积 2.18 公顷。平房砖木结构库房 3 栋。其中面积 157 平方米 2 栋，面积 56 平方米 1 栋。

赛城湖化工仓库，占地面积 5.21 公顷。平房砖木结构库房 2 栋，面积 2409 平方米。

老马渡仓库，占地面积 0.63 公顷。分为机电公司库、轻化建材公司库、生资公司库 3 个库区。机电库面积 2000 平方米，平房砖木结构库房 2 栋，面积分别为 504 和 178 平方米。货棚 1 个，面积 370 平方米。轻化建材库区面积 3925.5 平方米，平房砖木结构库房 3 栋，面积共 1200 平方米。货棚 1 个，面积200 平方米。生资库区为库房和经营用房，面积共 350 平方米。

三里街生资仓库，占地 0.42 公顷。平房砖木结构库房 1 栋，面积 294 平方米。平房砖木结构库房1 栋，面积 294 平方米。砖混结构库房 1 栋，面积 325 平方米，露天货场 3506 平方米。

三里街废金属仓库，占地面积 3.47 公顷，平房砖木结构库房 3 栋，面积 912 平方米。车库 1 栋，面积 350 平方米。货棚 2 个，面积各 600 平方米。露天货场 14842 平方米。20 吨地磅 1 个。加工设备有250 吨卧式液压机 1 台，100 吨液压打包机 2 台，另有氧割机、剪切机若干台。1992 年，三里街废金属仓库新装

30 吨地磅 1 台。于十里大道购置 3300 平方米土地,兴建九江市汽车市场。于塔岭北路金属仓库兴建上为住宅底层为仓库库房 1 栋,面积 389 平方米。1996 和 1997 年,在金属仓库建同类结构库房 3 栋,面积分别为 154、145 和 162 平方米。1998 年,三里街废金属仓库建钢筋水泥结构库房 400 平方米。

**运装设施** 1991 年,物资部门有运输货车 18 辆,起重吊车 3 辆,铲车 3 辆。1992 年,物资再生公司更新 5 吨载重汽车 1 辆。2000 年后,运输车辆基本报废和处理。

**1991 年全市运装车辆一览**

表 29-6-11 单位:吨/辆

| 单 位 | 货 车 | 双排座 | 起重吊车 | 铲 车 |
|---|---|---|---|---|
| 合 计 | 87.5/13 | 12.5/5 | 20/3 | 9/3 |
| 金属材料公司 | 46/4 | 2.5/1 | 15/2 | 3/1 |
| 机电设备公司 | 5/1 | 7.5/3 | | 3/1 |
| 轻化建材公司 | 15/3 | | | 3/1 |
| 生资服务公司 | | 2.5/1 | | |
| 物资再生公司 | 21.5/5 | | 5/1 | |

**物资入出管理** 物资入库,必须在托收承付期内,按照物资进库凭证的品名、规格、数量及时验收完毕,填写物资验收单,送交财务科和业务科,据以登账和付款。如遇物资数量短少、坏损或质量问题,须及时作上报处理。

入库物资分类堆码,要求合理规划使用库容,提高库容利用率。堆码物资须整齐、牢固、安全,标明货号、品名、规格,码单记录清楚,便于发货和盘点。进出库物资及时登销账,每月填报进、销、存报表。每月或每季与财务和业务部门对账,核对账物是否相符。年底对当年进出库物资全面盘点,要求账物两清,进出平衡。

物资出库凭业务部门开具的物资调拨提货单,按调拨单所列物资的品名、规格、数量计量发货。物资进出库磅差误差率有色金属每批不得超过±1‰,钢材、金属制品和电解铜不得超过±2‰;生铁不得超过±5‰。

物资局内设经济民警中队。1991 年,物资部门经济民警 31 人,局机关设有经济民警中队,与保卫科为两块牌子一套班子。下属 5 家物资专营公司各设 1 个分队。当年破获三里街废金属仓库废紫铜被盗积案 1 起。1993 年,协助公安部门破获赛城湖仓库氰化钠被盗案 1 起。1996 年,经营萎缩,职工下岗,经警队伍人数逐年减少,自行解散。

## 七、资产处置

1994 年,德安火工仓库因库旁修建公路,不能再存放火工产品,遂将仓库出售,库存物资另租库存放。1995 年,生产资料总公司以三里街仓库为抵押,向九江工商银行贷款。因经营亏损无力还贷,2007 年九江工商银行将仓库土地权证交市国土局,由国土局收储,抵冲工行贷款。1996 年,利用老马渡仓库土地筹建市物资配送中心。1998 年,集团公司与开发商联合建设配送中心工程开工兴建,2001 年竣工,部分房产交归九江农村信用社,抵冲原轻化总公司企业改制后遗留贷款。物资配送中心未能如期开办。同年,化工轻工总公司和建筑材料总公司筹措企业改制资金,将滨江路轻化建材仓库拍卖。

2005 年,市政府修建官牌夹污水处理站,征收南径路金属材料仓库。以仓库土地抵冲金属材料总公司所欠九江工商银行贷款。2006 年,集团公司将原轻化建材总公司赛城湖仓库交物资再生利用总公司经营使用。2009 年,物资配送中心房产因企业筹资改制拍卖。2010 年,市国资委拨付物资集团下属5 家企业改制资金,赛城湖仓库、塔岭北路金属仓库、滨江路江边机电仓库、三里街废金属仓库产权上交市国资委。

# 第七章　医药经营

## 第一节　经营体制

1991年,全市药业由市医药总公司专营。政企合一,实行人、财、物、产、供、销统一计划经济管理体制。1995年,医药商业由于药价上调,销量增加1.28亿。仅市医药总公司平均销售额7000多万元,年平均盈利100万元。1999年,市医药管理局对医药流通体制进行改革,逐步实现医药经营集约化、流通网络完善化、流通手段现代化和市场机制健全化战略性变革。

2001年8月,医药市场初步形成以公有制为主体,多种所有制经济共同发展医药流通新格局。国有大中型医药流通企业建立产权清晰、权责明确、政企分开、管理科学的现代企业制度,使企业真正成为自主经营、自负盈亏、自我发展、自我约束的法人实体和市场主体,实现产权多元化,2002年1月,市药品监督管理局成立,行业管理职能移交市药品监督管理局,从此政企分开。药品经营逐步向社会放开,全市医药批发企业24家。2003年5月1日,药品零售市场全面放开,社会药店纷纷开业。2010年,全市国有医药批发企业全部完成改制。年底,全市药品批发企业30家(其中非法人分公司13家)、体外诊断试剂批发企业3家、药品零售连锁企业2家。

## 第二节　经营规模

### 一、经营网点

1991年,市医药总公司统一管理,实行专营。各县医药公司及市公司各业务站、科全面实行经营责任制。同年8月,引进内部竞争机制,先后成立药品经营部、赣北药品综合经营部,开始筹建医药大厦。1997年9月,市医药总公司与市医药管理局为两块牌子一个班子。1998年3月,省、市医药公司重组。2001年2月,国家颁布《中华人民共和国药品管理法》,依法实行医药行业管理。2002年,市医药行政管理职能由市医药公司移交市药品监督管理局。

**1991~2001年全市医药批发企业一览**

表29-7-1

| 企业名称 | 企业类别 | 企业地址 |
|---|---|---|
| 市医药总公司 | 二级站 | 浔阳区浔阳路338号 |
| 九江县医药公司 | 三级站 | 浔阳区庐峰北路24号 |
| 湖口县医药公司 | 三级站 | 湖口县双钟镇大中路29号 |
| 德安县医药公司 | 三级站 | 德安县永兴路10号 |
| 武宁县医药公司 | 三级站 | 武宁县朝阳路7号 |
| 永修县医药公司 | 三级站 | 永修县新城大道 |
| 修水县医药公司 | 三级站 | 修水县义宁镇鹦鹉164号 |
| 星子县医药公司 | 三级站 | 星子县大众街88号 |
| 都昌县医药公司 | 三级站 | 都昌县解放路1号 |
| 瑞昌市医药公司 | 三级站 | 瑞昌市西正街72号 |
| 彭泽县医药公司 | 三级站 | 彭泽县龙城镇解放路75号 |

说明:本表企业经营范围为化学原料药、中药材、中成药、生物制品、医疗器械

2010年全市药品批发企业一览

表 29-7-2

| 企业名称 | 类 别 | 企业地址 |
| --- | --- | --- |
| 市医药有限公司 | 法 人 | 浔阳区甘棠北路69号 |
| 江西金太阳药业有限公司 | 法 人 | 浔阳区庐山区生态工业园金鑫路1号 |
| 九江佑美医药有限公司 | 法 人 | 浔阳区庐山区莲花镇东城玻纤工业基地 |
| 江西广灵药业有限公司 | 法 人 | 浔阳区浔阳区城东工业基地3号园 |
| 江西鑫国立医药有限公司 | 法 人 | 浔阳区浔阳区城东工业基地 |
| 都昌医药有限公司 | 法 人 | 都昌县解放路1号 |
| 江西钟山同生药业有限公司 | 法 人 | 湖口县双钟镇洋港路14号 |
| 江西双龙药业有限公司 | 法 人 | 彭泽县解放路75号 |
| 江西南华医药有限公司庐山公司 | 法 人 | 庐山牯岭正街802号 |
| 九江成龙医药有限公司 | 法 人 | 星子县白鹿大道东侧 |
| 瑞昌市医药有限公司 | 法 人 | 瑞昌市老正街234号 |
| 江西永昌药业有限公司 | 法 人 | 永修县城工业集中区 |
| 江西昂泰医药有限公司 | 法 人 | 武宁县东渡工业区曙光路30号 |
| 江西久鑫医药有限公司 | 法 人 | 修水县城南崖路58号 |
| 江西修江药业有限公司 | 法 人 | 修水县渣津镇创业小区 |
| 江西同德医药有限责任公司 | 法 人 | 德安县工业园西区 |
| 九江开心人大药房连锁有限公司 | 法 人 | 浔阳区大中路273号 |
| 市九九健康医药连锁有限公司 | 法 人 | 浔阳区庐峰东路南侧 |
| 省黄庆仁栈华氏大药房有限公司九江市总店 | 非法人 | 浔阳区浔阳路338号 |

## 二、药品经营

1991~2001年,市区国有零售药店有朝阳、甘棠、浔阳、十里、向阳等10家,实行经理负责制,向社会作出质量、物价、服务承诺,公布举报电话,接受群众监督,从业180余人。2002年,市药品监督管理局成立,依法履行零售药店开办许可审批职能。药品经营逐步向社会放开,全市268家药品零售企业开展换发新证。2003年5月,全市药品零售市场全面放开,社会药店纷纷开业,全年受理审批开办药店216家。推进农村药品供应网络建设,57个零售药店空白乡镇开办药店,全市乡镇以下药店由原来141家发展到267家(其中村级药店26个),占全市零售药店总数58.5%,乡镇药店覆盖率由69.2%上升至100%。2004年,全市12家法人药品批发企业有10家通过GSP(《药品经营质量管理规范》,简称认证),同年1月,国家药监局颁发《药品经营许可证管理办法》,全市药业国营、民营、股份制等企业在相互竞争中加快发展,呈现出企业数量增加、产销扩大态势。2005年,农村药品供应网络建设和农村零售药店实施GSP认证工作列入市政府100件"惠民实事",全市农村药品配送率达到100%、农村100%零售药店实施GSP。2006年,开展诚信药店评比活动。2007年,市食品药品监督管理局规范药品销售人员管理,药品零售企业实行分级管理,全市32条城区街道为城区商业主干道,并向社会公布。统一分级管理药品零售企业标识,标识内容有企业名称、药品零售企业级别、经营类别和投诉举报电话等。2009年,百家农村示范药店列入市《政府工作报告》93项为民办实事项目之一。到2010年底,全市单体药店发展到682家,连锁门店78家。

1991~2000 年全市药品销售一览

表 29-7-3　　单位:万元

| 年 份 | 中 药 | 成 药 | 西 药 | 药 厂 |
|---|---|---|---|---|
| 1991 | 2760 | 2520 | 4680 | 720 |
| 1992 | 2820 | 2570 | 4780 | 720 |
| 1993 | 2890 | 2640 | 4890 | 750 |
| 1994 | 2920 | 2660 | 4940 | 760 |
| 1995 | 2960 | 2700 | 5020 | 790 |
| 1996 | 2550 | 2330 | 4320 | 600 |
| 1997 | 2390 | 2120 | 4450 | 530 |
| 1998 | 2340 | 2080 | 4370 | 540 |
| 1999 | 1620 | 1540 | 3080 | 380 |

### 三、医疗器械经营

2002 年,全市 79 家医疗器械经营企业完成资格认可现场审查。2003 年,《九江市避孕器械经营管理办法》出台,67 家避孕器械经营企业申请开办。其中 11 家获得“医疗器械经营企业许可证”。2006 年,新开办医疗器械经营企业 17 家。2008 年,新开办医疗器械经营企业 16 家。2009 年,受理换、发经营企业许可证 44 个。2010 年,49 家企业换发医疗器械经营企业许可证,全市医疗器械经营企业 178 家。

1991~2000 年全市医疗器械销售一览

表 29-7-4　　单位:万元

| 年 份 | 器 械 | 生化试剂 | 玻璃仪器 | 年 份 | 器 械 | 生化试剂 | 玻璃仪器 |
|---|---|---|---|---|---|---|---|
| 1991 | 720 | 360 | 240 | 1996 | 710 | 350 | 220 |
| 1992 | 740 | 370 | 250 | 1997 | 760 | 380 | 220 |
| 1993 | 750 | 380 | 250 | 1998 | 750 | 370 | 210 |
| 1994 | 760 | 380 | 250 | 1999 | 620 | 310 | 150 |
| 1995 | 790 | 360 | 260 | 2000 | 600 | 300 | 150 |

# 第八章　对外贸易

## 第一节　出口贸易

### 一、出口规模

1991 年,外贸出口由市属国有外贸公司垄断经营,收购商品出口。当年,全市出口商品收购总额 36825 万元。1994 年,始有商品直接出口。

1995~2004 年,外贸进出口总额累计12.7 亿美元,其中外贸出口 4.5 亿美元。

### 1991~1994 年全市出口商品收购一览

表 29-8-1　　　　单位:万元

| 项 目 | 1991 年 | 1992 年 | 1993 年 | 1994 年 |
|---|---|---|---|---|
| 出口商品收购总额 | 36825 | 42873 | 50472 | 31211 |
| 粮油食品类 | 5059 | 7637 | 5336 | 1058 |
| 纺织品类 | 14489 | 14192 | 14994 | 4768 |
| 土畜产品类 | 7407 | 3685 | 8132 | 6398 |
| 轻工产品类 | 1684 | 2071 | 3605 | 13136 |
| 工艺品类 | 694 | 1318 | 599 | 2081 |
| 五金矿产品类 | 2220 | 1709 | | |
| 化工产品类 | 1915 | 968 | 117 | 9 |
| 机械类 | 1563 | 1132 | | 1382 |
| 医药保健类 | 104 | 118 | | |
| 有色金属类 | 1690 | 810 | | 1723 |
| 工贸联营 | | 9233 | | |
| 废金属矿产及石油类 | | | 643 | |
| 工农运输工具类 | | | 5028 | 503 |
| 中西药品类 | | | 547 | 68 |
| 仪器仪表类 | | | 256 | |
| 其他类 | | | 11215 | 85 |

### 1995~2004 年全市外贸出口一览

表 29-8-2　　　　单位:万美元

| 年 份 | 出口额 | 年 份 | 出口额 | 年 份 | 出口额 |
|---|---|---|---|---|---|
| 1995 | 5039 | 1999 | 1946 | 2003 | 5000 |
| 1996 | 4959 | 2000 | 3449 | 2004 | 8678 |
| 1997 | 5828 | 2001 | 3288 | | |
| 1998 | 2898 | 2002 | 3925 | | |

2005 年,出口总额达 1.2 亿美元,外贸出口始高速发展。6 月 3 日,经国务院批准,“江西九江出口加工区”设立。10 月,九江大桥山桥钢梁制造有限公司中标承建港深西部通道后海湾大桥钢箱梁制造项目,钢梁出口达到 1451 万美元,是市第一家外经带动外贸的企业。2006 年,进出口总额达到 2.4 亿美元。全市有出口实绩企业达 120 家,首次突破100 家。九江财怡五金制品有限公司出口 2049 万美元,成为市第一家出口突破 2000 万美元的企业。2007 年,进出口总额突破 3 亿美元,出口总额突破 2 亿美元。赛得利(江西)化纤有限公司出口6085 万美元,是市第一家出口额突破 5000 万美元的企业。2009 年,全市有出口实绩企业 201 家,首次突破 200 家。

2010 年,出口总额达到 12.1 亿美元。3 月,九江银星造船有限公司出口 1802 万美元,市船舶制造企业首次实现自营出口。

2005~2010年全市外贸出口一览

表29-8-3 单位:万美元

| 年份 | 出口额 | 年份 | 出口额 | 年份 | 出口额 |
|---|---|---|---|---|---|
| 2005 | 11768 | 2007 | 24816 | 2009 | 46228 |
| 2006 | 14746 | 2008 | 26352 | 2010 | 121237 |

## 二、出口主体

1999年以前,出口由国有外贸公司经营。随着外贸体制改革深入,外贸经营权逐步放开。2000年,市出口主体中开始出现外资企业和民营企业。2004年,市出口主体形成国有企业、外资企业和民营企业三分天下局面。出口总额达8678万美元。其中,国有企业出口3068万美元,占出口总额35.3%;外资企业出口4226万美元,占出口总额48.7%;民营企业出口1385万美元,占出口总额16%。外资企业已经取代国有企业成为出口主力军,民营企业迅速壮大,为出口后劲提供有力保证。同年,巨石集团九江有限公司出口1518万美元,是九江市第一个出口额突破1000万美元的企业。

2005年,全市有出口实绩企业99家。国有企业出口5049万美元,占出口总额42.9%;外资企业出口4423万美元,占出口总额37.7%;民营企业出口2285万美元,占出口总额19.4%。出口主体始由国营企业占主导地位过渡到民营企业占主导地位。

2010年,国有企业出口10012万美元,占出口总额8%;外资企业出口35509万美元,占出口总额29%;民营企业出口75316万美元,占出口总额63%。

## 三、出口市场

1995年,全市商品出口到28个国家和地区,亚洲是第一出口市场,欧洲第二。中国香港是九江市最大出口地区,当年达2200万美元,占全市出口总额43.6%。其他主要出口国家,日本962万美元,比利时582万美元,韩国509万美元,俄罗斯339万美元。

2004年,与80个国家与地区建立外贸关系,商品出口到74个国家和地区,亚洲仍是第一出口市场。当年对亚洲出口4778万美元,占出口总额55.1%。经过外贸出口市场多元化战略的实施,意大利、墨西哥、德国、西班牙等新兴国家市场已占据较大比重。2005年,全市出口国别和地区有80个,2010年上升到137个,覆盖亚洲、欧洲、北美洲、拉丁美洲、非洲、大洋洲。同时,开拓"金砖国家"、中东、东盟、南美等新兴市场。出口市场靠前的国家是美国、斯里兰卡、新加坡、日本、马来西亚、伊朗、德国、阿联酋、意大利等。

2010年全市出口国别和地区一览

表29-8-4 单位:万美元

| 出口市场 | 出口额 | 出口市场 | 出口额 | 出口市场 | 出口额 |
|---|---|---|---|---|---|
| 中国香港 | 15405 | 日 本 | 4285 | 阿联酋 | 2566 |
| 美 国 | 13274 | 马来西亚 | 3787 | 意大利 | 2491 |
| 斯里兰卡 | 5933 | 伊 朗 | 3443 | 其 他 | 62461 |
| 新加坡 | 4675 | 德 国 | 2919 | | |

## 四、出口商品

1991年,由省外贸公司垄断经营,收购商品出口,出口前五位的商品为纺织品类、土畜产品类、粮油食品类、五金矿产类与有色金属类。1994年始有商品直接出口,出口商品类别渐有变化,出口前五位的商品为轻工产品类、土畜产品类、纺织品类、工艺品类、有色金属类。1995年,出口前五位的商品是纺织服装、石材、化工、食品、植物农产品。2004年,出口前五位的商品是纺织服装、石材、机电、化工、皮革。其中,最显著的变化是机电产品的比重提高到21%,比1995年提高13个百分点。同时,纺织服装比重下降3.5个百分点。

2005~2010年,全市出口商品结构进一步优化,体现在传统出口商品比重不断下降,纺织服装比重从2005年29.7%下降到2010年14%;贱金属及制品比重从2005年20.9%下降到2010年8.7%;石材比重从2005年15.3%下降到2010年7.3%;机电产品出口比重不断提高,从2005年10.8%提高到2010年31.4%。表明出口商品结构不断优化,出口商品从低附加值、初级产品为主格局向高附加值、高技术含量方向发展。

**2005~2010年市各类别商品出口额一览**

表29-8-5　　单位:万美元

| 项目 | | 2005年 | 2006年 | 2007年 | 2008年 | 2009年 | 2010年 |
|---|---|---|---|---|---|---|---|
| 第一类 | 活动物;动物产品 | 50 | 108 | 405 | 347 | 498 | 954 |
| 第二类 | 植物产品 | 114 | 188 | 333 | 610 | 408 | 733 |
| 第三类 | 动、植物油、脂及其分解产品;精制食用油脂 | | | | | 142 | |
| 第四类 | 食品;饮料、酒及醋;烟草及其制品 | 348 | 378 | 809 | 2134 | 1053 | 1252 |
| 第五类 | 矿产品 | 84 | 157 | 60 | 35 | 140 | 224 |
| 第六类 | 化学工业及其他相关工业产品 | 969 | 1358 | 2489 | 3294 | 3134 | 8107 |
| 第七类 | 塑料及其制品;橡胶及其制品 | 148 | 276 | 268 | 435 | 2705 | 6472 |
| 第八类 | 生皮、皮革、毛皮及其制品;鞍具及挽具等 | 392 | 493 | 150 | 2 | 1168 | 4284 |
| 第九类 | 木及木制品;木炭;软木及软木制品;稻草、秸秆等 | 55 | 111 | 107 | 93 | 121 | 367 |
| 第十类 | 木浆及其他纤维状纤维素浆;纸及纸板废碎品等 | 34 | 40 | 60 | 75 | 410 | 2127 |
| 第十一类 | 纺织原料及纺织制品 | 3503 | 528 | 10577 | 6644 | 9979 | 17015 |
| 第十二类 | 鞋、帽、伞、杖、鞭及其零件;已加工羽毛制品等 | 293 | 336 | 378 | 168 | 1291 | 3957 |
| 第十三类 | 石料、石膏、水泥、石棉、云母及类似材料制品等 | 1800 | 2261 | 4038 | 3457 | 3170 | 8869 |
| 第十四类 | 天然或养殖珍珠、宝石或半宝石、贵金属等 | 7 | 2 | 1 | 12 | 195 | 1108 |
| 第十五类 | 贱金属及其制品 | 2470 | 1509 | 1084 | 2415 | 3479 | 10558 |
| 第十六类 | 机器、机械器具、电气设备及其零件等 | 761 | 1687 | 3315 | 5340 | 6939 | 22209 |
| 第十七类 | 车辆、航空器、船舶及有关运输设备 | 433 | 27 | 184 | 482 | 4322 | 13590 |
| 第十八类 | 光学、照相、电影、计量、检验、医疗等仪器 | 81 | 115 | 93 | 139 | 597 | 2317 |
| 第十九类 | 杂项制品 | 254 | 271 | 465 | 777 | 6472 | 17053 |
| 第二十类 | 艺术品、收藏品及古物 | | | | | 5 | 41 |
| 第二十一类 | 特殊交易品及未分类商品 | | | | | | |

## 五、出口方式

1991年,由省外贸公司收购商品出口。1995年,外贸出口以一般贸易为主,当年一般贸易出口3434万美元,占出口总额68%;加工贸易出口1615万美元,占出口总额32%。随着招商引资力度加大,引进一批“两头在外”的外贸型企业,加工贸易业务不断发展,对外贸易方式发生很大变化。2004年,加工贸易出口2853万美元,比1995年增长76.7%。2005年后,还是一般贸易与加工贸易双翼齐飞,但是加工贸易比重逐渐上升。同年,一般贸易出口7747万美元,占出口总额65.8%,加工贸易出口4019万美元,占出口总额34.2%。至2010年,一般贸易出口42821万美元,占出口总额35.3%,加工贸易出口41315万美元，占出口总额34.1%，差距逐渐缩小，得益于承接沿海地区产业转移，引进一大批出口潜力大、市场前景好、产业带动强的加工贸易企业，如九江思麦博运动器材有限公司、九江铨讯电子有限公司、江西赛得利化纤有限公司、九江瀚森科技有限公司等，均成为出口大户。

### 六、出口基地

2009年，省商务厅认定市为省级船舶出口基地，认定庐山区为省级出口基地。2010年，认定星子县为省级出口基地，认定九江经济技术开发区为省级产业出口基地。

## 第二节　进口贸易

### 一、进口规模

1991~1995年，进口总额累计4.7亿美元，年均增长132%。其中：1991年为4772万美元，1992年为2133万美元，1993年为13165万美元，1994年为9145万美元，1995年为18018万美元。

1996~2003年，进口总额累计5.5亿美元，年均增长52.8%。其中，1996年为3650万美元，1997年为3133万美元，1998年为2202万美元，1999年为4307万美元，2000年为5698万美元，2001年为3449万美元，2002年为13012万美元，2003年为19185万美元。

2004~2010年，全市进口总额累计14.4亿美元，占20年累计进口总额58.5%，年均增长45%。

**2004~2010年全市各类型企业进口额一览**

表29-8-6　　单位：万美元

| 项　目 | 2004年 | 2005年 | 2006年 | 2007年 | 2008年 | 2009年 | 2010年 |
|---|---|---|---|---|---|---|---|
| 国有企业 | 5452 | 1251 | 2774 | 1361 | 4211 | 2353 | 10474 |
| 外资企业 | 3801 | 6040 | 5483 | 8238 | 11731 | 16028 | 31232 |
| 民营企业 | 463 | 319 | 682 | 1739 | 5634 | 6351 | 18561 |

### 二、进口主体

1991年，进口主体为国有外贸企业。1996年，外贸体制大变革，外贸经营权逐步向生产型企业、外资企业和民营企业放开。1999年，外资企业开始经营对外贸易。2002年，民营企业开始经营对外贸易。2003年，国有企业进口10014万美元，外资企业进口6878万美元，民营企业进口1292万美元。国有企业占进口总额53.9%，外资企业占进口总额37%，民营企业占进口总额9.1%。

### 三、进口市场

1999~2003年，进口国家主要为瑞士、日本、德国。

1999~2003 年市进口国别前八位一览

表 29-8-7 单位:万美元

| 1999 年 | | 2000 年 | | 2001 年 | | 2002 年 | | 2003 年 | |
|---|---|---|---|---|---|---|---|---|---|
| 国别地区 | 进口额 | 国别地区 | 进口额 | 国别地区 | 进口额 | 国别地区 | 进口额 | 国别地区 | 进口额 |
| 日 本 | 752 | 荷 兰 | 487 | 日 本 | 863 | 瑞 士 | 5514 | 瑞 士 | 47639 |
| 美 国 | 501 | 意大利 | 394 | 巴 西 | 359 | 德 国 | 1763 | 德 国 | 30719 |
| 法 国 | 291 | 日 本 | 357 | 西班牙 | 357 | 意大利 | 871 | 意大利 | 8975 |
| 南 非 | 265 | 加拿大 | 289 | 马来西亚 | 259 | 日 本 | 640 | 加拿大 | 8715 |
| 马来西亚 | 237 | 南 非 | 286 | 美 国 | 240 | 美 国 | 602 | 新加坡 | 7799 |
| 阿根廷 | 228 | 西班牙 | 203 | 加拿大 | 175 | 印度尼西亚 | 350 | 美 国 | 6948 |
| 西班牙 | 197 | 马来西亚 | 136 | 尼日利亚 | 160 | 巴 西 | 220 | 西班牙 | 4777 |
| 加拿大 | 139 | 韩 国 | 93 | 法 国 | 159 | 西班牙 | 153 | 日 本 | 4396 |

20 世纪 90 年代初,外经贸领域实施市场多元化战略,九江开拓国际市场取得重要进展。在对美国、日本、欧盟、中国香港、中国台湾等国家和地区传统市场进行拓展,同时,开拓非洲、拉美、东盟、中东欧等国家重点市场与新兴市场,发生外贸进口关系往来的国家和地区从 2004 年 33 个扩大到 2010 年 54 个。

2004~2010 年市进口市场前八位国别一览

表 29-8-8 单位:万美元

| 2004 年 | | 2005 年 | | 2006 年 | | 2007 年 | | 2008 年 | | 2009 年 | | 2010 年 | |
|---|---|---|---|---|---|---|---|---|---|---|---|---|---|
| 国别地区 | 进口额 | 国别地区 | 进口额 | 国别地区 | 进口额 | 国别地区 | 进口额 | 国别地区 | 进口额 | 国别地区 | 进口额 | 国别地区 | 进口额 |
| 加拿大 | 18180 | 巴西 | 28890 | 巴西 | 19968 | 巴西 | 3431 | 巴西 | 3044 | 巴西 | 3814 | 德国 | 8773 |
| 德国 | 16655 | 瑞典 | 6629 | 南非 | 14647 | 加拿大 | 1285 | 日本 | 1767 | 日本 | 2630 | 瑞士 | 6350 |
| 日本 | 11966 | 美国 | 3558 | 英国 | 5566 | 印度尼西亚 | 1171 | 韩国 | 1698 | 德国 | 2586 | 巴西 | 5699 |
| 巴西 | 7674 | 瑞士 | 3412 | 瑞典 | 4599 | 日本 | 1008 | 德国 | 825 | 美国 | 1606 | 韩国 | 4058 |
| 南非 | 7256 | 德国 | 2854 | 印度尼西亚 | 3997 | 韩国 | 614 | 加拿大 | 600 | 瑞士 | 1588 | 美国 | 3874 |
| 瑞典 | 2746 | 日本 | 2742 | 卢旺达 | 3258 | 挪威 | 426 | 美国 | 520 | 波兰 | 1455 | 日本 | 2362 |
| 美国 | 2292 | 意大利 | 2612 | 日本 | 2854 | 俄罗斯联邦 | 412 | 印度尼西亚 | 513 | 韩国 | 975 | 印度尼西亚 | 2159 |
| 澳大利亚 | 1639 | 韩国 | 1985 | 俄罗斯 | 2600 | 德国 | 371 | 瑞典 | 378 | 挪威 | 929 | 瑞典 | 1920 |

## 四、进口方式

1995~2003 年, 全市加工贸易业务开始起步,1999 年, 加工贸易进口 1190 万美元, 占进口总额 30%。2003 年,外资企业设备投资进口 5521 万美元,占进口总额 30%,一般贸易进口占进口总额 65%,加工贸易进口占进口总额 5%。

2004~2010 年,进口方式以一般贸易为主,加工贸易为辅,外资企业设备投资为补充。随着经济形势的发展和结构调整需要,出现加工贸易进口设备、保税仓库进出境货物、保税区转口货物、出口加工区进口设备等多种进口形式。

## 五、进口商品

1991 年，主要从国外进口先进技术设备和短缺资源，1995 年，机械设备进口 13279 万美元，占全市进口总额 73.7%。至 2003 年，全市进口商品种类从塑料、钢材、铜废碎料、化学木浆以及钛钽铌矿等再生资源和矿产资源产品为主转向以先进机械设备为主。机器设备进口比重从 2000 年 10%提高到2003 年 39%。

2004~2010 年，进口商品结构进一步优化，进口机电产品占比逐年提高，比重从 2004 年 4.8%提高到 2010 年 49.3%。

**2004~2010 年市商品进口额及类别情况一览**

表 29-8-9　　　　单位：万美元

| 项 目 | | 2005 年 | 2005 年 | 2006 年 | 2007 年 | 2008 年 | 2009 年 | 2010 年 |
|---|---|---|---|---|---|---|---|---|
| 第一类 | 活动物；动物产品 | 124 | 194 | 40 | 60 | 4 | 2 | 318 |
| 第二类 | 植物产品 | 3 | | | | | | 78 |
| 第三类 | 动、植物油、脂及其分解产品；精制的食用油脂 | | | | | | | |
| 第四类 | 食品；饮料、酒及醋；烟草及其的制品 | 23 | | | 7 | 9 | 9 | 41 |
| 第五类 | 矿产品 | 336 | 312 | 945 | 1150 | 2534 | 1625 | 4628 |
| 第六类 | 化学工业及其他相关工业的产品 | 95 | 119 | 140 | 290 | 501 | 647 | 1039 |
| 第七类 | 塑料及其制品；橡胶及其制品 | 1450 | 421 | 348 | 638 | 2136 | 1793 | 3248 |
| 第八类 | 生皮、皮革、毛皮及其制品；鞍具及挽具等 | 34 | 37 | 2 | 5 | 58 | 103 | 386 |
| 第九类 | 木及木制品；木炭；软木及软木制品；稻草、秸秆等 | | 3 | | | | 9 | |
| 第十类 | 木浆及其他纤维状纤维素浆；纸及纸板的废碎品等 | 2967 | 4377 | 4178 | 6757 | 6420 | 4768 | 12221 |
| 第十一类 | 纺织原料及纺织制品 | 587 | 452 | 539 | 777 | 425 | 610 | 591 |
| 第十二类 | 鞋、帽、伞、杖、鞭及其零件；已加工的羽毛制品等 | | | | | | | 1 |
| 第十三类 | 石料、石膏、水泥、石棉、云母及类似材料制品等 | | 1 | | 26 | 100 | 172 | 155 |
| 第十四类 | 天然或养殖珍珠、宝石或半宝石、贵金属等 | | 43 | 1881 | | | | 7353 |
| 第十五类 | 贱金属及其制品 | 3612 | 505 | 107 | 81 | 275 | 428 | 447 |
| 第十六类 | 机器、机械器具、电气设备及其零件等 | 393 | 1014 | 637 | 1447 | 8229 | 12177 | 25035 |
| 第十七类 | 车辆、航空器、船舶及有关运输设备 | 11 | | | | 131 | 1707 | 211 |
| 第十八类 | 光学、照相、电影、计量、检验、医疗等仪器 | 65 | 115 | 90 | 77 | 716 | 619 | 4473 |
| 第十九类 | 杂项制品 | 23 | 21 | 165 | 24 | 37 | 65 | 42 |

# 第三节　企业选介

## 一、市粮油土产品进出口公司

经营粮油食品、生猪、活家禽、土产品、中药材、茶叶、畜产品，直接为省各专业进出口公司组织和提供货源。在省公司满足的情况下，为上海市相关进出口公司提供货源。2003 年 7 月 16 日，市国有企业改革领导小组批复同意市粮油土产品进出口公司改制立项。2007 年 12 月，完成企业改制清产核资、企业改制方案、企业职工身份置换分流安置方案、社会保险费用清算工作。2008 年 3 月,市粮油土产品进出口公司召开职工大会,签订身份置换协议,领取安置费用;6 月,浔阳区人民法院立案受理市粮油土产品进出口公司破产案,11 月 14 日,破产终结。2009 年 12 月 28 日,完成所有企业职工国有企业社区移交属地管理工作。至 2010 年,公司整体移交市国有资产管理公司。

## 二、市五金矿机械化工产品进出口公司

经营五金、矿产、机械、化工、医药、轻工工艺品、工艺美术品。后分出市轻工工艺品进出口公司。2003 年 7 月 16 日,市国有企业改革领导小组批复同意公司改制立项。2009 年 9 月,公司召开职工大会,签订身份置换协议,领取安置费用;12 月 28 日,公司完成所有企业职工国有企业社区移交属地管理工作。至 2010 年,公司等待破产。

## 三、市纺织品进出口公司

经营棉纱、棉布、针棉织品、服装。后分出市针棉织品进出口公司。2003 年 7 月 16 日,市国有企业改革领导小组批复同意公司改制立项。2009 年 9 月,市纺织品进出口公司召开职工大会,签订身份置换协议,领取安置费用;12 月 28 日,公司完成所有企业职工国有企业社区移交属地管理工作。至2010 年,公司等待破产。

## 四、市对外经济技术贸易公司

经营劳务合作、技术进出口、国际援助、建筑工程。后更名为市对外经济合作公司。2003 年 7 月16 日,市国有企业改革领导小组批复同意公司改制立项。2007 年 12 月,公司完成企业改制清产核资、企业改制方案、企业职工身份置换分流安置方案、社会保险费用清算工作。2008 年 3 月,公司召开职工大会,签订身份置换协议,领取安置费用。2009 年 12 月 28 日,公司完成所有企业职工国有企业社区移交属地管理工作。至 2010 年,公司整体移交市国有资产管理公司。

## 五、市畜产品进出口公司

与市畜产品制革厂两块牌子,一个领导班子。经营畜产品收购、加工,按省专业公司要求进行调拨业务。后由省专业公司收回。

## 六、市外贸储运站

经营外贸出口商品的储存、转运业务。后更名为市外贸储运公司、市八方外贸储运公司。2003 年 7 月 16 日,市国有企业改革领导小组批复同意公司改制立项。2007 年 12 月,公司完成企业改制清产核资、企业改制方案、企业职工身份置换分流安置方案、社会保险费用清算工作。2008 年 3 月,公司召开职工大会,签订身份置换协议,领取安置费用。2009 年 12 月 28 日,公司完成所有企业职工国有企业社区移交属地管理工作。至 2010 年,公司关闭并整体移交市国有资产管理公司。

## 七、市外贸商品销售公司

经营多口岸供货,拓展国内贸易和出口商品转内销业务。1994 年更名为市花纱布进出口公司。专营花纱布出口和国内销售业务。2003 年 7 月 16 日, 市国有企业改革领导小组批复同意公司改制立项。2007 年 12 月,公司完成企业改制清产核资、企业改制方案、企业职工身份置换分流安置方案、社会保险费用清算工作。2008 年 3 月,公司召开职工大会,签订身份置换协议,领取安置费用;6 月 12 日,浔阳区人民法院立案受理公司破产案;11 月 14 日,公司破产终结。2009 年 12 月 28 日,公司完成所有企业职工国有企业社区移交属地管理工作。至 2010 年,公司破产终结。

## 八、市外贸冷冻加工厂

1991 年,该厂经营禽、蛋、水产品收购、加工、冷藏、中转和调拨业务,以供出口为主,次级产品内销。

后由省专业公司收回。

### 九、市进出口公司

1992年9月9日,对外经济贸易部《关于同意成立江西省九江市进出口公司等三家外贸公司的批复》同意成立市进出口公司,核准公司章程和进出口商品目录。市进出口公司是市首家获准独立经营进出口业务企业,主要从事粮油食品、土畜产品、非金属矿产品、服装、化工类、轻工业品、纺织品、机械设备、医药品的出口业务和机械设备、仪器仪表、化工类、纺织品、轻工业品的进口业务。2004年6月8日,市国有企业改革领导小组批复同意公司改制立项。2007年12月,公司完成企业改制清产核资、企业改制方案、企业职工身份置换分流安置方案、社会保险费用清算工作。2008年1月19日,市政府收回九江进出口公司位于市区八里湖21.93亩土地,交由市国土局挂牌出让,筹集资金1776.33万元,用于市粮油土产品进出口公司、市花纱布进出口公司、市八方外贸储运有限公司、市进出口公司、市对外经济合作公司改制。同年3月,公司召开职工大会,签订身份置换协议,领取安置费用。2009年12月28日,公司完成所有企业职工国有企业社区移交属地管理工作。至2010年,公司正在破产中。

### 十、市轻工工艺品进出口公司

经营轻工业产品、工艺品、国画业务。2003年7月16日,市国有企业改革领导小组批复同意公司改制立项。2009年9月,公司召开职工大会,签订身份置换协议,领取安置费用;12月28日,公司完成所有企业职工国有企业社区移交属地管理工作。至2010年,公司等待破产。

### 十一、市外贸实业有限公司

接受各地出口服装订单加工和内销业务。2003年7月16日,市国有企业改革领导小组批复同意公司改制立项。2009年9月,公司召开职工大会,签订身份置换协议,领取安置费用;12月28日,公司完成所有企业职工国有企业社区移交属地管理工作。至2010年,公司关闭并整体移交市国有资产管理公司。

### 十二、县级对外经济贸易公司

1991年,九江县、德安县、永修县、星子县、修水县、武宁县、湖口县、都昌县、彭泽县、瑞昌市10个县级对外经济贸易公司,经营本县(市)出口商品,为省、市专业进出口公司提供货源。后相关职能先后划入县级商务主管部门。

# 第九章　食盐专营

## 第一节　专营管理

### 一、市场监管

1991年,在修水大桥、白岭,永修县城设立检查点。修水县公司把查处私盐重点放在省际交界的白岭、大桥、溪口等地。湖口县公司16名职工骑自行车,到都昌、湖口50个乡村巡回查私盐、设网点、占市场、增销量。1992年4月,贯彻落实《中华人民共和国盐业管理条例》及《江西省盐业管理实施办法》等相关法规,经省政府批准,在湖口、彭泽、德安、修水4县盐业公司机构上增设县盐务局,确定各盐务局为辖销区盐业行政主管部门,赋予盐业行政管理职能,具体管理辖区盐业工作,市盐务局负责管理九江行政区盐业全面工作。分县盐务局将盐政稽查重点放在省际边界,修水县公司主抓湘鄂毗邻地区,湖口县公司主抓滨湖地区查稽。1993年,强化制订盐政管理措施,实行领导和业务部门分片包干、责任到人,盐政工作与奖金挂钩。各级领导和职工,尤其是盐政管理人员发扬下得去、蹲得住、抓得细、查得实作风,常年在盐政管理第一线。同年,市盐务局与市中级人民法院联合成立盐政管理稽查室。1995年,依靠当地政府,理顺关系。在政府机构改革时,确定盐管理协调部门,协调处理盐业管理中出现的问题;结合实际,制定当地政府盐业管理办法,使盐政稽查层层有章可循,查处私盐有力、有理、有节。未设盐业公司的县则由政府指定专营单位,划分销区,理顺关系,责、权、利明确;发挥乡、镇基层政府部门管好一方的作用。1996年5月,国务院颁布《食盐专营办法》,对碘盐实行法制化管理。1997年,建立市、县、乡镇三级盐政管理网络,健全县级盐政稽查室6个,明确管理职责和范围。以市、县盐务局为主,协调公、检、法、卫生、铁路、水运等部门齐抓共管,有效堵住私盐冲销市场。1998年,坚持统一小包装、统一防伪标志、统一食盐批零许可证购销制度。管制批发,方便零售。建立食盐销售档案,定进货渠道、定销售范围、定销量、定销售折让。1999~2000年,突出重点,加强省际边界食盐市场和车站码头、江湖水面稽查力度,内联外查,有效地堵住铁路、水路私盐贩运活动。以查证补证为重点,对食盐市场进行全面检查,从面上发现问题。坚持月报制度,掌握全销区网点销售情况,发现问题找出原因,重点稽查,责任到人。2001年3月,市政府下发《关于对全市盐业市场进行专项检查与整顿的通知》。其间,由政府牵头,协调公安、工商、物价、技术监督、卫生防疫、盐业等部门,重点稽查江湖水面与城乡结合部车站、码头和大型农贸集散地,重点打击制假、贩假、售假私盐窝点的涉盐违法行为和将工业盐当食盐销售、进行食品加工的单位和个人。当年,对辖销区食盐市场采取以城市带农村的检查方法,进一步净化城乡市场。同年11月,在市举办湘赣边界盐政管理会议,湖南、江西2省总公司主要负责人员参加会议并达成共识。

2002年4月,组织机关科室20名职工分4个组,对市城区食盐销售重点地域(农贸市场、工厂、商店、学校、宾馆),进行地毯式排查。了解单膜盐社会库存,打击售假、用假行为,遏制单膜盐在城区市场销售。九江公司探索改坐商为行商,改顾客上门为送货上门方式,开展城区食盐配送。形成"定时划片,电话预约,宣传与检查相结合"配送理念,培植"以五大片区为龙头,十大菜场为骨干,十所学校为重点,五大超市近600个零售店为基础"城区食盐网络。同年5月,在市筹办鄂、赣两省边界盐政联席会。2003年,结合盐政执法、市场稽查,启动消除碘缺乏危害健康教育,开展"三进"活动,深入农村、城乡和学校,走村到户,把盐政执法与普及食用碘盐,科学补碘,宣传教育结合起来,达到既增强群众法制观念和自我保护意识,又直接从盐罐子发现问题,提高碘盐覆盖率和食用率。2004年,为防止劣质私盐流入,对全市主要道路、水面及省际边界进行查堵,适时调整辖销区批零网点,整顿盐业市场,保障居民都能吃上合格碘盐。市局领导分片挂点包干,深入基层,了解市场销售情况、网点建设情况,针对薄弱环节及时督导工作。2005年起,九江公司每年长期在《浔阳晚报》公布举报电话,对稳定市场,震慑私盐贩子起到积极作用。对加工用盐、工业盐加强管理,价格到位,有效防止加工用盐、工业盐冲销食盐市场。

2006年9月,为整体提高盐政人员执法水平和办案能力,市盐务局利用双休日期间,举办盐政学习班,组织各县局长、分管盐政工作副局长、盐政稽查大队大队长以及未参加过培训的新队员参加学习,授课人员来自一线,所授内容为日常工作中遇到的问题,着重解决执法中常见的共性问题。2007年,为加强对小工业盐规范管理,市盐务局加强盐政支队上门考察,核定计划用量;食盐专营部重新签订销售合同;配送中心凭证供应等工作方式。规范碘盐加工、批发、零售许可经营和食品加工用盐碘盐供应秩序。并对一般工业用盐单位购进、运输、使用非碘盐过程进行严厉监控,防止杜绝工业盐倒流情况发生。通过对餐饮、行业用盐,特别是全市炒货市场突击检查,有效规范食盐经营户经营行为,保障合格加碘盐供应和有序流通,进一步净化辖区食盐市场。2008年,为提高广大盐政执法人员依法行政能力,巩固行政执法和盐政执法理论知识。市盐务局支队采取分5个片区方法,组织盐政人员进行盐政业务培训。在省第二届盐业法规知识竞赛中,以扎实的基本功夺得第三名。同年,修水分公司加强对工业用盐跟踪走访,登记注册,建立服务台账,实现监管到位。对工业盐用量较大的矾矿进行驻厂跟踪服务,防止湖北盐产品非法侵入。2009年4月,市盐务局派出工作小组调查走访赣皖、鄂、湘边界市场。在边界市场,走访大小超市及副食零售店,收集客户信息资料、配送记录,掌握销售淡旺季市场供应情况,听取食盐零售商对配送网络建设意见和建议。同年,在专项整治月活动中,市盐务局坚持因地制宜、分类监管、打防并举、综合治理工作方针,对全市进行拉网式大检查。在检查中利用张贴发放宣传册和面对面交谈形式,提高食品加工业主和餐饮业主以使用合格食盐为荣,使用私盐违法为耻的认识,确保食品加工业和中小型餐饮使用合格食盐。同年,在市召开江西、浙江、福建3省边界盐政联席会,中国盐业协会秘书长宋占京参加。

2010年,市盐务局组织盐政执法人员,采取边稽查边宣传方式,对全市大街小巷、边远乡村及各种食盐零售网点、饭店、社区、村委会进行宣传。同年5月15日,盐政支队会同浔阳区疾控中心医务人员,走进浔阳区工业园,把预防碘缺乏病宣传材料送进园区,向工人、居民群众介绍真假盐识别方法,解释碘缺乏病,让更多人认识碘缺乏对人体的危害,掌握碘缺乏病防治知识和科学补碘方法。同月,消除碘缺乏病省级达标验收专家检查组在彭泽县对全市实现消除碘缺乏病省级达标工作进行现场考评验收。专家检查组一行通过听取市政府工作汇报;查看碘缺乏病健康教育、碘盐销售网络建设相关资料;到学校、食盐零售网点、居民家庭,进行问卷调查、尿碘抽样和食用碘盐抽样调查,对市区及彭泽县在实现消除碘缺乏病中所做工作给予肯定,市顺利通过实现消除碘缺乏病省级达标验收。

## 二、盐政稽查

九江毗邻湖南、湖北、安徽3省,省际边界线长达562千米,交通发达,是堵住外省私盐源头的重要门户之一。1991年,下基层1800余人次,查处私盐385.85吨,罚款10595元。1992年,查获私盐网点549个,捣毁私盐窝点9个,下乡1683人次,扩大网点389个,办理案件444起,缉没私盐534.5吨,罚款3738元,所涉违法金额23余万元。1993年5月,市盐务局在武宁县成立盐政管理稽查室。湖口、德安、修水县公司都与检察院、法院成立盐政管理稽查室,联合办案,使盐政管理工作逐步走上法制轨道。全市形成举报网络,德安、湖口、修水县公司和永修批发部均有盐政管理举报网点。当年,查获大小案件156起,查处劣质私盐181吨,揭毁地下加工厂、走私贩运等窝点25处。1994年,查处案件38起,结案100%,查缉私盐237.95吨,罚没收入19407元,缴获假塑料袋33000只,查扣私盐运输车辆11辆。1995年,市、县盐务局与公、检、法、卫生等部门联手执法,依法查处不法盐贩。全市与检察院建立盐政稽查室10个,与法院成立盐政执行室4个。市盐务局与公安部门联合发文,要求公安系统参与稽查私盐和保护盐政执法人员的人身安全。当年,查处私盐案件69起,端掉私盐窝点21个,查处私盐366吨,处理不法盐贩和违法经营者1172人次,罚没收入4.8万元。1996年,盐政稽查形成以独立办案为主,联合办案为辅态势。独立办案做到程序合法,取证及时,手续完备,定性准确;联合办案做到打击力度大,起到“打击一个、教育一片、管好一方”效果。当年,出动盐政稽查2968人次,端掉私盐窝点10个,查处私盐679.14吨。1997年,出动盐政稽查2460人次,盐政执法查处办理案件69起,查处私盐482吨。同年7月11日,德安县盐务局在鄱阳湖水域查扣江苏省大丰盐场发往南昌电化厂盐船1艘,盐产品65吨。查扣理由是:船主仅凭一张同年1月江苏省大丰盐场与南昌电化厂签订的供销合同复印件运输盐产品。合同主要内容是江苏省大丰盐场当年销给电化厂工业盐1.5万吨,每月1000~15000吨。7月14日,德安县盐务局以相同理由查扣江苏省大丰盐场3艘船原盐,计360吨。7月15日,南昌电化厂1供销人员称该盐是其厂购进的两碱生产用盐,故省盐务局电告德安县盐务局予以放行。7月17日,盐船到达南昌后,工业盐并未运进电化厂,而是转给一码头承包人张某,其中54吨工业盐灌进“江西盐矿精制食用碘盐”袋,被南昌盐务局当场查获。另一部分盐加价转销给南昌农药厂,还有一部分下落不明。7月18日,省盐务局即向德安县盐务局通报此案,要求在鄱阳湖水域加强稽查,发现该批盐,立即查处。7月24日,截获江苏省大丰盐场2船计255吨盐产品。同年9月16日,德安县盐务局做出盐政处罚决定:认定江苏省大丰盐场有将工业盐冲销江西省食盐市场行为,违反《食盐专营办法》第16条第2款,及“严禁将工业盐作为食盐销售”规定。依据《食盐专营办法》第23条“将非食用盐作为食盐销售的,由盐业主管机构责令停止销售,没收违法所得,可以并处违法所得5倍以下的罚款”的规定,决定处以没收盐产品255吨,并按盐产品价值(265元/吨)的3倍罚款,计20.27万元。10月5日江苏省大丰盐场向市盐务局申请行政复议。11月26日,市盐务局做出维持处罚复议决定。江苏省大丰盐场不服,于同年12月25日向德安县人民法院起诉。1998年

3月5日,德安县人民法院开庭审理。3月23日,德安县人民法院做出维持德安县盐务局对江苏省大丰盐场处罚的判决。江苏省大丰盐场不服,又向市中级人民法院上诉,但因逾期交纳诉讼费,而被视为自动撤诉。1999年7月20日,江苏省大丰盐场向市人民检察院提出申诉,同年9月2日市人民检察院立案审查,11月26日向市中级人民法院发出“行政抗诉书”。2000年2月18日,市中级人民法院指令:“德安县法院另行组成合议庭,进行再审,再审期间,中止原判决的执行。”3月22日,德安县人民法院组成合议庭开庭再审,检察机关也派出人员出庭抗诉。4月7日,德安县人民法院再次维持一审判决。该案是一起复杂而又典型的涉盐违法案件,前后历时2年9个月,经过听证(原告放弃)、行政复议、行政诉讼、行政抗诉等法律程序,最后以德安县盐务局胜诉而结案。为经历法律程序最全的涉盐违法案件。1998年,会同公安、工商等部门攻难点、端窝点,深入基层2747人次,端掉私盐窝点10个,查处涉盐违法案件50起,查获私盐120吨。出动宣传车20台次,发放宣传单1万张,宣传袋3000只。1999年起,开设盐业行政执法和罚没款收支两条线银行专户。当年,深入稽查3168人次,查处涉盐违法案件95起,查处私盐42.5吨,罚款3595元。

2000年,查处私盐49.352吨,罚款7009元。2001年,出动盐政人员4356人次,车辆426车次,覆盖全市所有乡镇近400万群众,查获各类涉盐案件203起,拘留2人,行政处罚203人,罚款12135元,没收盐产品53.03吨,没收非法所得2244元,端掉私盐加工、销售窝点6个。2002年,针对九江铁路、水路、公路交通便捷,铁路、水路贩运私盐“大吨位,小批次”,公路贩运私盐“小吨位,多批次”特点,市盐务局将“三路”列为盐政稽查重点。主动和公安、港监、航监、高速公路等部门取得联系,联合执法,相互合作,优势互补。特别是成立省盐务局和南昌铁路公安局联合打击贩运私盐办公室后,市盐务局连续两次从铁路查获2车皮120吨私盐。同年10月20日,市盐务局召开九江铁路沿线公安派出所负责人联席会,下发会议纪要,铁路公安配合,值班民警把打击私盐贩运列为首要工作任务,重点核对来自产盐区货票和货物,检查有无涉货物,做好交接班记录。2003年,出动稽查5597人次,查处一般违法案件23起,端掉窝点5个,查处私盐101.18吨,罚款16230元。2004年,查处私盐0.12吨,罚款605元。2005年,出动1159人次,查处违法案件8件,查获私盐0.25吨。2006年4月,市盐务局在武九铁路瑞昌白杨站查获一起利用“元明粉”名称,贩运精制盐走私案件。在铁路公安配合下,全市盐政人员经过跟踪数站,一连3天3夜蹲守,破获一起涉盐达60吨特大案件。紧跟线索再次发现前期用同样方法涉盐案件,并再次没收未用完8吨盐产品,共封存扣押非法盐产品68吨,罚款5000元,没收非法所得15000元。同年7月,德安县盐政稽查大队在与星子县公安局治安大队进行市场联合执法检查时,查获罗某和黄某2人有贩运私盐嫌疑。当日即对2人进行刑事拘留,同年8月18日正式逮捕。经审理查明,2被告于同年7月2日晚,从南昌贩运10吨劣质盐及仿冒小包装袋和包装箱进入星子县,并在其租住屋内将劣质盐加工成仿冒“银洁”牌加碘食盐。然后分别在星子县蓼南、蓼花、华林、温泉等地销售。案发后,执法人员又从其租住房内查获劣质盐5.55吨。另据查明,被告人罗某、黄某还在2005年11月至12间,分3次从南昌贩运劣质盐约16吨。案件审讯过程中,犯罪嫌疑人对制售假冒盐业公司纸塑小包装食盐事实供认不讳。同年11月10日,星子县人民法院对被告人罗某和黄某贩运私盐一案进行判决。两被告人因倒卖私盐构成非法经营罪,法院依法判处罗某和黄某拘役5个月,各处罚金5000元。该案为全省第一起个人因涉盐违法获刑案例。当年,参加稽查人数6440人次,查处案件102起,其中一般案件15起,简易案件87起,查获非盐产品121.37吨,罚没款30760元,没收盐产品变价款14275.06元,捣毁窝点3个,判刑2人。2007年,出动盐政稽查6982人次,宣传车30台次,发放宣传单31000份,共查办简易涉盐案56起,一般程序涉盐案12起,捣毁窝点4个,共查缴私盐29.47吨,罚没款12280元。2008年,出动盐政执法人员6845人次,出动车辆1787台次,查处简易案件24起,一般案件10起,捣毁窝点1个,查获私盐76.20吨,罚款43000元。2009年,出动盐政执法人员5942人次,车辆1678台次,与相关部门联合检查市场4次,与省际单位联合行动4次,检查零售店5732家(次),检查用盐企业1116家(次),抽查饮食摊点、机关、学校食堂1814家(次),抽查居民灶台6967户(次),印制宣传材料2万份,发放宣传材料2.96万余份,张贴、悬挂宣传标语 50 幅，共查处盐业违法案件 17 起，查获私盐 4.8 吨，销毁 2 吨，罚款 9200 元。

2010 年 5 月，德安县盐务局在其辖区共青市场，发现某个体食盐销售户地下仓库内存放 4.6 吨(大袋装，每袋约 100 斤)假冒“中盐”新版盐。后在其市场扩大排查，在 6 家排档小食店又查获 400 余斤。没收非法所得 2700 元，罚款 25600 元。当年，出动盐政执法人员 4047 人次，车辆 1308 台次，检查零食盐经营户 12610 次，检查生产加工用盐企业 1189 次，抽查饮食摊点、机关、学校食堂次，抽查居民盐罐子 2980 户，发放宣传材料万余份，查处盐业违法案件 5 起，查获私盐 44.39 吨，罚款 32800 元，监管工业盐 6.9 万吨。

1991~2010 市盐务局盐政稽查情况一览

表 29-9-1　　单位：吨、元

| 年 份 | 查获私盐 | 罚没款 | 年 份 | 查获私盐 | 罚没款 |
|---|---|---|---|---|---|
| 1991 | 385.85 | 10595 | 2001 | 53.03 | 12315 |
| 1992 | 534.5 | 3738 | 2002 | 162.53 | 24256.24 |
| 1993 | 181 | 11242 | 2003 | 101.18 | 16230 |
| 1994 | 237.95 | 19407 | 2004 | 11.2 | 4042 |
| 1995 | 366 | 48000 | 2005 | 0.25 | 1320 |
| 1996 | 679.14 | 92279 | 2006 | 121.37 | 136007 |
| 1997 | 482 | 56235 | 2007 | 29.47 | 13000 |
| 1998 | 120 | 2460 | 2008 | 83.75 | 41613.3 |
| 1999 | 42.5 | 3595 | 2009 | 6.8 | 9200 |
| 2000 | 49.35 | 7009 | 2010 | 40 | 8700 |

## 第二节　盐业经营

### 一、盐产品购运

1991 年，按照国家指令性计划，省盐业公司九江公司所销售盐产品，95%以上是从江西盐矿、富达盐矿、新干盐矿计划购进。按照盐生产类型，分海盐、湖盐、井矿盐 3 大类。而江西属井矿盐区，樟树、新干、会昌都有丰富矿盐资源。九江公司不能生产盐产品，遂按国家指令性计划从省内外盐产地购入。九江公司及所属县公司多处在交通便利水路、铁路交通要道。从生产厂家到市盐业公司盐产品运输方式以水路船运、铁路货运为主，公路中转调拨为辅。2006 年后，修水、武宁等县区，开展公路直达业务。至2010 年，上述盐产品调运路线未变。

### 二、价格及销售模式

1991 年来，加碘食盐先后经历单膜、复合膜和纸塑包装等阶段。至 2005 年，小包装分装业务一直由各市、县公司分别实施，各市、县公司负责本辖销区所需加碘食盐小包装分装业务。2005 年底，省集团公司决定由生产企业直接加工小包装，取消市、县公司小包装分装业务。食盐价格实行政府定价。为保障居民生活必需品市场供应和价格稳定，盐价一直维持在较低水平。1991~1999 年，市场供应单膜包装 1000 克加碘食盐，零售价 1.2 元；1999~2005 年，市场供应复合膜包装500 克加碘食盐，零售价 1 元；2005~2010 年，市场供应纸塑包装 500 克加碘食盐，零售价 1.3 元。

1998 年始，为满足不同人群消费需求，陆续向市场投放加锌、加铁、加钙、加硒、低钠等多品种营养盐，此类多品种营养盐盐价略高于普通加碘食盐。绿色食品盐、腌制盐、蔬菜洗涤盐、洗浴用盐等新产品也在随后时间陆续上市,由于规格不一,价格高低不一。盐消费结构的变化,亦即小工业用盐比例的增加,一般反映一个地方工业化程度。盐是制碱、制酸、制药、玻璃染料、造纸等工业重要原料。除掉规模以上用盐单位,即为小工业用盐。到 2010 年,全市小工业用盐的总量达 12499 吨,占年销量 42.54%。市盐业公司是国家中型批发企业,专门从事盐产品批发业务。20 世纪 90 年代初,主要批发给国营商业企业和基层供销合作社销售。随着个体工商业迅猛发展,国营商业企业和基层供销合作社纷纷解体或改制,此后,批发的客户主要是个体经营商户。1991~2005 年,批发方式主要以坐等客户上门;2005~2010 年,全面实行食盐配送模式。

1991~2010 年全市盐业经营情况一览

表 29-9-2　　单位:吨、元

| 年 份 | 购 进 | 销 售 | 库 存 | 销售收入 | 上缴税利 |
|---|---|---|---|---|---|
| 1991 | 28053 | 2398 | 18518 | 13446840 | 1902192 |
| 1992 | 25748 | 25320 | 20361 | 13900948 | 1968156 |
| 1993 | 27339 | 28462 | 20844 | 15938734 | 849531 |
| 1994 | 18101 | 22424 | 16288 | 1438456 | 1291961 |
| 1995 | 22660 | 20846 | 17534 | 15861433 | 126693 |
| 1996 | 25082 | 23229 | 19702 | 17871528 | 1467190 |
| 1997 | 23226 | 25721 | 16814 | 20209719 | 1226238 |
| 1998 | 29512 | 27488 | 18631 | 21875319 | 1538818 |
| 1999 | 23860 | 27207 | 15204 | 22516919 | 2212876 |
| 2000 | 27053 | 29420 | 13439 | 25039954 | 2444502 |
| 2001 | 23134 | 25669 | 11703 | 23780806 | 2187557 |
| 2002 | 24125 | 21451 | 13962 | 26710144 | 1513972 |
| 2003 | 26894 | 24311 | 16514 | 30392676 | 1064533 |
| 2004 | 21785 | 26289 | 13104 | 32864796 | 1485677 |
| 2005 | 28345 | 36756 | 10900 | 33460058 | 2448344 |
| 2006 | 22896 | 31238 | 5361 | 40918463 | 3148568 |
| 2007 | 24953 | 25997 | 4565 | 42611528 | 6552859 |
| 2008 | 34416 | 33933 | 5135 | 47518954 | 7213678 |
| 2009 | 29368 | 26811 | 7659 | 40608549 | 1139855 |
| 2010 | 29338 | 29379 | 7616 | 43853695 | 2264854 |

## 第三节　运销管理

1991 年,省盐业总公司九江公司结合实际,进行盐斤标准化、规范化堆码,成功推出梯形“五五堆码工作法”,既稳定安全,又便于盘点和撤堆。此后,“五五堆码工作法”在全省盐行业得到推广。1992 年,九江公司运用均衡调运方法保障市场供应,在边界市场主要投放海盐,在内地市场则以销售矿盐为主。同年,鼓励职工“下海”经商,有 15 人办理停薪留职手续,自谋出路。1993 年,围绕销售环节,开展各项业务活动。在销售指导上,坚持以精矿盐、小袋盐为主原则;坚持国营、集体、个人多层次多渠道批发、零售网络,坚持以互利为原则,适应市场,适应转批机构的变化。同年,在完善劳动服务公司承包经营同时,成立鑫海开发公司,仓储中转机构,联办汽车修理厂和养殖业,多渠道、多层次地开展多种经营活动。1994年,贯彻省公司改革方案,结合企业实际,制定配套措施。坚持经理负责制,对干部实行聘任制。实行岗位技能工资制,优化组合,定岗定员,开展多种经营,分流人员,企业消肿等一系列改革措施。针对省盐价高于邻省特点,在销售策略上采取龟背型折让,即毗邻地区折让大,内地折让小,直到全价销售。采取灵活销售策略。在坚持以国营商业为主渠道同时,对不起主渠道作用国营商业,则选择实力强,信誉好的实行定点、挂牌批发;对亏损大户,则选择个体大户批零兼营,占领食盐市场。1995年,根据市场经济特点,采取灵活营销策略。对农村主要抓好有影响、有实力的批零大户,起到管好一个点覆盖一大片作用;对城镇大力开展小批发业务,不予销售折让,不搞多头批发;对边远和邻省毗邻地区则用好用活动销售折让,调动经营者积极性;对工业用盐则采取稳住大户,管住小户,发现新户,扩大销售。1996年,抓住全国盐价调整契机,召开全区盐业、物价、供销会议,合理平衡测算,统一安排城乡价差,做好各便捷销区价格衔接,避免各自为政,相互冲销现象发生。做到碘盐、防伪、小袋盐、批零价格四到位。1997年,抓合格碘盐供应,严把碘盐加工和供应关。对产区来盐每批次都要进行定性测试,配合卫生部门做好成品检测,不达标产品决不出售。根据食盐市场商品流向及邻省盐价实际,适时降低边界市场销售折让下浮额度。抓好仓储规范化管理,建立仓储人员责任制,建立销售档案管理制度,坚持统计、储会制度,每季度召开一次统计汇编分析会,年终在全区实行业务仓储、统计、储会打分评比,促进业务基础工作整体水平提升。1998年,以核发食盐批发许可证、换发食盐零售许可证为契机,规范进货渠道和批零行为,建立点面结合、以点管片、城乡一体食盐专营批零网络。

1998年,长江发生全流域特大洪涝灾害。市盐业公司受灾严重:8月7日,市城西4–5号闸口溃堤;湖口公司2000吨精盐被洪水浸泡90余天;德安县城两次进水。九江公司全体员工迎难而上,一手抓抗洪救灾,一手抓市场供应,并开展灾后重建,受到市政府和省总公司表彰。1999年,九江公司与基层社、各用盐单位签订供需合同,对完成任务好的单位进行奖励,完成差的上门走访。坚持服务优先、管理跟进办法,抓住大户、管住小户、联系老户、发现新户,并以合同形式建立购销关系,把购销权牢牢掌握在盐业部门手中。同年,抓好储运会计人员培训,整体素质得到提高。坚持"五五"规范堆码一次到位;坚持仓储管理制度,做到仓储管理制度化、程序化。在国家六个部委抽检中,市盐业公司储运会计职能核审和储会凭证、资料完善得到肯定。

2000年4月,九江公司投资4万多元新建100平方米食盐化验室。同年,以食盐专营网点固定化、网络化、明细化为抓手,形成以专营公司为龙头,兼营公司为体系,乡镇批零网点为骨干,覆盖全区食盐专营批零网络。以合同的形式定点、定量、定责、定销区,建立起利益共享、责任共担、市场共管批零管理体系。2001年,九江公司继续发挥"以专营公司为龙头,兼营公司为体系,乡镇批零网点为骨干",覆盖全区食盐专营批零网络作用,实施总体控制、局部调整、动态管理、优胜劣汰、进一步量化"定点、定量、定责、定销区"考核指标,明确"责任共担,市场共管,利益共享"工作职责。同年,在仓储堆码规范化、标准化、制度化基础上,又提出"科学化"要求,对仓库库容总体规划,局部精心组织安排;对污染、短少、残损等货损货差,及时组织索赔,责任到人;对仓库作业费用坚持标准,核实数量,检查质量"三级把关","三级审批"。2002年,投资2万多元添置电热蒸馏水器、分析天平、衡温干燥箱、箱式电阻炉、空调等化验室必备设施,使化验室硬件上档次,软件上水平,达到设计要求。5月,经省盐业产品质量监督检测站的验收,成为全省盐业系统第一个基层食盐质量监督检测内部机构。其间完成常量分析402批次(抽检302批次,送检100批次),参加国家(省级)质检中心及市相关部门定期不定期抽检123批次,检测准确率均在98%以上,出具有质量问题的检测建议报告22份(其中劣质盐10份)。同年,对计划实行目标管理,销量与科室职工奖金,与兼营公司的折让"双挂钩"。特别是坚持仓储"五五"规范堆码,坚持全区系统"统计、仓储、储会"三项基础工作综合竞赛,坚持来盐质检、跟踪,动态管理,使传统行业的业务仓储工作焕发青春。职工想工作,干好工作"驱动力"增强。投资近60万元,上一条小包碘盐全自动化生产线。达到"规范一流,装潢一流,设备一流"要求。全自动化生产线上马,改变手工包装劳动效率低,耗损大,计量不规范现代化,提高包装设备科技含量,增加小包盐日供应能力,减轻小包装加工生产管理难度。同年8月,市盐业公司抽调17名职工分4个片为期15天,对辖销67个乡镇开展以“深入农村,驻守边界,掌握实情,加大打私”为主题农村食盐市场大检查。2003年初,省盐业总公司转发《食盐批发企业管理质量等级划分及技术要求》国家标准。市盐业公司成立以经理为组长的企业达标领导小组。组织学习“国标”,钻研“国标”每项具体评分细则,结合九江公司具体情况进行整改。其间,省公司多次对市公司企业达标工作进行指导,提出建设性意见。九江公司领导小组成员走出去,参观学习兄弟公司一些好的做法,在软件和硬件上投入财力人力,在硬件设施总投入130万元,锁定AA级标准。对批发部内、外部环境加大投入,尤其在路面硬化,场地绿化,仓库和加工车间标准化建设加大资金投入,美化工作和生活环境。各项规章制度全面修订,围绕达标工作要求,一项一项抓落实。当年,市公司、湖口县公司、德安县公司被授予AA级食盐批发企业,修水分公司、彭泽县公司被授予A级食盐批发企业。同年3月中旬始,受非典型肺炎疫情影响,防治非典药品及相关物资涨价现象波及全市,部分抗病毒、抗感染、增强免疫类药品,中药制剂和消毒防护用品价格均有不同程度上涨。4月下旬,出现抢购食盐现象。一些不法商贩见利忘义,乘机囤积居奇、哄抬物价、牟取暴利,严重扰乱食盐市场供应秩序,加剧社会公众对“非典”恐慌心理。九江公司采取有效措施,专门成立应急小组,各级负责人到批发销售一线,组织指挥,对库存情况进行清查摸底,快速从就近产区调进食盐,充实库存。各级盐业公司全员上阵加班加点进行小包装生产,增设供应点,延长营业时间,控制大额销售,执行国家食盐价格。盐政执法人员深入城乡市场,维持食盐销售秩序,配合工商、物价、公安等部门打击不法商贩,平息抢购食盐风潮。同年11月25日,国家发展和改革委员会发布《关于促进食盐流通现代化的若干意见》,提出力争在3年左右,通过深化改革和结构调整,构建食盐流通现代化网络体系,实现食盐分装集中化,销售网络化、流通配送化、经营连锁化、管理信息化,逐步形成全国统一,集生产运输、分装配送、资金结算,信息处理为一体食盐流通体系。市公司贯彻“意见”精神,健全物流配送体系,整合和优化食盐供应链,实现盐政管理网络和食盐销售网络合二为一,提高物流管理水平。建立适应市场需求的“全天候、全方位、全过程、立体式”食盐配送客户服务体系。实行全部由盐政人员直接终端配送,做到边配送边稽查,直接掌控市场动态。采取规定线路、规定时间、核定数量进行食盐配送。通过对整个辖销区城乡大小批、零商店及加工用盐户进行清查梳理,进行多次拉网式排查,建立详实客户资料信息库。修水分公司采取全员参与市场管理和配送工作的方法,配送时对配送线路进行合理布局,先边界后内地,重点在省际边界,优化配送线路,减少路线重复配送现象,最大限度提高配送车利用率,降低运作成本。

2004年,采取“以管促销”方法,盐政人员和销售人员一起到大中小型宾馆、饭店、食品加工业等用盐企业,加大宣传力度,提供优质服务,规范购进渠道。市盐业公司不仅确保合格食用碘盐的生产、销售,在行业用盐和小工业用盐市场管理工作中,加大工作力度,开展配送业务探索,促进个体经济繁荣与稳定。2005年7月11日始,贯彻落实《江西省人民政府关于深化省属国有企业改革的若干意见》精神,按照集团公司《开展三项制度改革工作的通知》要求,市公司开展三项制度改革工作。整个改革分准备、方案实施,总结收尾三个阶段进行,历时28天。成立领导小组,从组织上保证改革顺利进行;利用行政会、职工大会、党员会、团员会等不同会议进行思想动员,营造改革气氛,使职工增强竞争意识,忧患意识和危机感;行成政策性强,便于操作的详细方案。经过6次修改,收集意见建议200多条,经职工大会通过,为最后顺利实施奠定基础;经过3天综合考评,公开竞聘,中层干部平均年龄为37.8岁,与以前相比,下降8.3岁;大专以上学历较以前提高35%;实现减员20%;职工按双向选择顺利择岗,并签订劳动合同。同底年,江西省取消市县公司小包装分装业务,统一由碘盐生产企业进行小包装分装。

2006年3月,市盐业公司化验室被国家轻工井矿盐质量监督检测中心评为全国井矿盐区质检工作先进集体。9月,创办《九江盐业信息》,与各单位、各部门互通信息,增进交流,促进全市盐务各项工作提高到一个新的水平。同年,湖口分公司在现代物流配送理念指引下,结合集团公司要求,将盐政稽查和配送服务有机结合,实行盐政、销售“两网并一网”举措,肩负市场稽查和终端配送两大职能,采用统一管理模式，围绕资源优化利用，节约费用开支。制订定时、定线路、定配送数量、定配送人员“四定”配送措施。2007年初，为适应流通现代化需要，在全市县区设立碘盐配送站，全部实行驻地办公经营；精简分公司部门和人员配置，将分公司原先的4个部门精简到综合部、盐政专营部2个部门，分公司仅设一正一副2个领导职务，人员全部倾斜到碘盐配送第一线。同年，市盐业公司以构建物流配送体系为目标，整合和优化食盐供应链，实现盐政管理网络和食盐销售网络合二为一。在全区总结推广湖口分公司配送工作经验。对达到要求的客户签订《食盐配送销售合同》，食盐配送实行定时、定量、定价配送措施。以提高物流速度、降低物流成本，完善食盐分销网络，建立适应市场需求的“全天候、全方位、全过程、立体式”客户服务体系。年底，市公司按照集团信息化领导小组工作要求，开展江盐NC系统学习培训及业务基础资料收集整理工作，克服时间紧，任务重等诸多不利因素，在较短时间内，基本完成基础资料收集工作，为2008年江盐NC系统全面上线打下基础。

2008年1月13日始，连续雨雪天气造成近50年来全市最大雨雪灾害。市盐业公司紧急调运一批食用盐和180吨化雪用盐充实库存；安排人员24小时值班，作好市场食盐配送和化雪用盐供应工作。至1月31日，市公司化雪用盐用尽。经过省集团公司与省抗冻救灾应急办公室紧急磋商，一次性安排10个车皮，共640多吨工业用盐，于2月2日凌晨抵达九江火车站。市配送中心、湖口、德安等分公司均在第一时间确保道路化雪用盐供应，为当地抗冰救灾工作作出贡献，被市政府授予抗冰救灾先进单位。同年10月，为确保完成全年各项工作任务，开展行政效能监察工作。采取一“听”、二“看”、三“查”、四“谈”、五“评”、六“综合”方法，实事求是地开展效能监察工作。帮助基层单位改进工作、提出整改措施，实现工作作风改变。2009年，提高对计划执行严肃性认识，将保证计划完成上升到防治碘缺乏病、提高民族素质高度，增强责任感和使命感。不断创新营销举措。搞好市场调研，建立用户台账。为全面掌握和满足各工业盐用户需求，组织人员到全市工业盐用户进行走访、调查、摸底，基本掌握用量、用途、品种和所在区域方位情况，建立用户档案，并根据用盐企业月购进量、购盐时间，进行需求台账登记，为营销工作顺利开展打下基础。业务人员与盐政稽查人员定期分析市场情况，密切配合，形成合力，实施动态监管，确保工业盐市场占有率。坚持服务至上，增强服务主动性。倡导“科学补碘，吃放心盐”理念，正确引导居民科学用盐，提升盐业形象。

2010年，市盐业公司组织各单位各部门学习集团公司制度汇编，结合公司自身特点，采取自上而下、自下而上工作方法，研究制订公司各项制度汇编。把严格劳动纪律和规章制度作为对每个干部职工的基本要求，牢记岗位职责、工作纪律。切实完善首问责任制、限时办结制和责任追究制等服务措施，推动机关工作规范、协调、高效、廉洁运转。同年，绿色食品盐推广上市。业务启动初期，开拓绿色食品盐销售渠道，精心部署、周密安排，把绿色食品盐销售工作与企业发展、自身利益联系起来，规范销售措施，提高员工销售积极性。绿色食品盐至6月份实现正常调运后，在全市顺利铺开。

## 第四节　盐务机构

### 一、主管部门

1991年，市盐务局、省盐业总公司九江公司隶属于省盐务局、省盐业总公司管理，为国家盐业行政管理和食盐专营两项职能一体的国有省属企业。挂两块牌子，一套人员，合署办公。内设行政办公室、劳动人事科、业务科、盐政科、财务科、劳动服务公司6个部门。其时，九江公司辖销区为市城区、九江县、永修县、瑞昌市及武宁县北部乡镇。对辖销区盐的产、运、销实行指令性计划管理。办公地址在市区大中路147号，1996年搬迁至十里大道469号。市其他区域盐业辖销则由省盐业总公司直辖之湖口、彭泽、德安、修水4县盐业公司(盐务局)管理。

2004年，省盐业总公司和江西盐矿合并成立省盐业集团公司，由省国有资产管理委员会代表出资人实行监管。省盐业集团公司成立后，实行一系列体制变革。2005年，省盐业总公司九江公司更名为省盐业集团公司九江市公司。同年,市公司按照省集团公司统一部署,实行劳动、人事、分配三项制度改革。三项制度改革后,公司(局)内设机构调整为行政办公室、党群人事部、食盐专营部、盐政稽查支队、财务部、市场经济部6个部门。2006年,随着湖口、彭泽、德安、修水4县盐业公司划归市公司管理,辖销区范围扩大到全市整个行政区域及上饶市鄱阳县响水滩、银宝湖、肖家岭3个乡镇。此后至2010年未产生变化。

### 二、下属机构

1991年,九江公司仅设九江批发部、永修批发部2个下属机构。九江批发部负责九江城区、九江县、瑞昌市及武宁县北部乡镇范围内盐的销售和市场管理;永修批发部负责永修县范围内盐的销售和市场管理。湖口、彭泽、德安、修水县4县盐业公司为独立法人机构,由江西省盐业总公司直接管辖。湖口县盐业公司辖销区为湖口县、都昌县以及上饶市鄱阳县响水滩、银宝湖、肖家岭3个乡镇;彭泽县盐业公司辖销区为彭泽县;德安县盐业公司辖销区为德安县、星子县、共青城市及修水县三都、南岭镇和武宁县南部乡镇;修水县盐业公司辖销区为修水县。

2006年,江西省盐业集团公司成立,湖口、彭泽、德安、修水4县盐业公司取消独立法人资格,划归市公司管理。自此,湖口、彭泽、德安、修水4县盐业公司均成为市公司报账制分公司,其辖销区均由九江公司全面接管和重新分配。2007年,市公司党委将各分公司的党组织关系从地方回收归市公司党委统一管辖。4县盐业公司收归市公司后,对机构和销区做了相应调整。即:增设都昌、瑞昌、武宁、星子配送公司。将都昌县和上饶市鄱阳县响水滩、银宝湖、肖家岭3个乡镇划归都昌配送公司。后因人员、配送等原因,武宁、星子配送公司于2010年年初撤销,其管理、销售配送职能划归德安分公司。

至2010年年底,共辖有湖口县分公司、彭泽县分公司、德安县分公司、修水县分公司、九江直属配送公司、永修配送公司、都昌配送公司、瑞昌配送公司8家下属机构。

# 第十章　烟草专卖

## 第一节　专卖管理

### 一、市场监管

1991年1月,根据省政府《关于开展烟草市场专项治理,加强烟草专卖管理的通知》,市烟草专卖局与有关单位协同查处违法经营行为。在专项整治过程中,市烟草专卖局(分公司)在市政府支持下召开各种专卖管理会议33次,发文54次,向报刊、电台投稿32份,组织专版、专播7次,放幻灯90余场,出动宣传车44台次,在城乡张贴宣传挂图260张、标语8300余份,发送烟草专卖法小册7000余册,宣传咨询活动11场次。1992年1月1日,《中华人民共和国烟草专卖法》颁布,市烟草专卖局认真执行,从严打击购销环节的不法活动。1993年年初,经省烟草专卖局(公司)批准,成立市烟草专卖局直属分局、省烟草公司九江市市区公司,继续加强与有关单位协同查处违法经营行为,当年12月,会同九江军分区后勤部、市工商局等部门,在市汽车站附近建立九江卷烟调剂交易市场,取缔以市区湓浦路为主的非法卷烟批发市场。1994年,响应省烟草专卖局(公司)号召,调动积极因素,全力扭亏增盈,经营户持证率得到提高,烟草市场得到净化。1995年,继续开展"三打击一整顿"活动,在网点设立烟草专卖管理所。3月17日,下发《关于清理卷烟市场"联营""承包"门店的通知》,撤销卷烟市场经理部,重新设立市场管理办公室,实行送货制度,开展连锁经营。1996年,拓宽经营渠道,着重抓网点建设、省产名优烟宣传、扩销和多种经营等方面工作,印发卷烟"防伪标识"664万枚,有效遏制地下渠道卷烟流入,县城以上市场经营户持证率和省产烟覆盖均达到85%以上。1997年,《中华人民共和国烟草专卖法实施条例》颁布,继续推动卷烟“防伪标识”工作,加强基层专卖所建设,同时加快卷烟交易中心萎缩消亡进程。1998年,抓住烟草专卖法颁布7周年和《江西省烟草专卖条例》出台时机,与政府有关部门配合,通过传媒和其他方式开展宣传,抓住重点案例,进行公开曝光,6次请电台、报纸记者到现场采、拍、制作5项专题报道,引起极大反响。

2001年,开展经营活动自查,加强对内部经营行为监督管理,规范地方烟厂供货渠道,停止各单位区内调剂省外烟行为,同时严肃价格纪律,纠正网内超量供货不规范行为。2002年,以提高市场控制力为重点,以户籍化管理为手段,全面加强对市场有效监管。2003年,市烟草专卖局(分公司)协作部门配合更加紧密,专卖信息化工作全面启动,在全市展开首批诚信等级示范户评选工作,卷烟市场秩序好转,市场净化率和市场占有率同比大幅提升。专卖管理各项规章制度进一步健全,在全市开展首批诚信等级示范户评选工作,“双诚信”活动进一步深入。始终保持打假打私高压态势,乱渠道卷烟得到有效遏制。

2004年,制定《九江市卷烟零售户合理布局实施办法》,首次举办零售户合理布局听证会,双诚信管理、合理布局工作及诚信小组工作取得进展,开展打击乱渠道卷烟和扩大主渠道卷烟市场占有率两大战役活动,卷烟市场秩序明显好转,市场控制能力有效提升。2005年,突出“管理、调控、指导、服务”,对专卖管理方式进行调整,把隶属于支队的直属大队划归直属分局管理,使中心市场、重点市场管理得到加强。以“打团伙、破网络、端窝点、抓首犯”为重点,先后开展卷烟百日打假、夏日风暴、金秋飓风专项打假行动,对制售假冒卷烟行为进行严厉打击。2006年,履行市场监管职能,加大法律法规宣传力度,结合诚信烟草年活动开展,在全市范围内统一开展以“消费与环境”“关爱健康,抵制假冒商标卷烟”为主题的大型宣传咨询活动。继续以“打团伙、破网络、端窝点、惩首犯”为重点,保持打假打私高压态势,与市公安局联合召开打击制售假烟网络年活动电视电话会,与市工商行政管理部门联合制定《协作工作机制实施办法》,开展专卖管理“责任落实年”活动和打击“大户控制小户”专项行动,全市排查出206户“大户”,其中185户转化为守法经营。及时做好无证户教育劝退工作,全市共有584户经审查合格予以办证。推进专卖社区化管理,在2005年39个的基础上增加32个,社区参与面达44%。加大专卖人员培训力度,组织专卖办案、法律法规、假烟识别和打击制售假烟网络案件培训班。2007年,市烟草专卖局(公司)与市公安局联合下发《关于开展“百日攻坚”打击制售假烟网络专项行动实施方案》,与湖南岳阳,湖北荆州、黄冈、黄石、咸宁5市烟草专卖局共同建立打假协作机制。举办《烟草专卖许可证管理办法》等相关法律法规和识别真假卷烟培训班。出台贯彻落实《烟草专卖许可证管理办法》指导意见,全市系统所有单位均完成《合理布局实施办法》听证工作,受到省局好评。召开专卖二季度督察结果分析会,提升专卖队伍发现问题,解决问题能力,市烟草专卖局连续两年获全省专卖执法案卷评审第二名。继续推进专卖内部监督管理工作和社区化建设。2008年,市烟草专卖局(公司)与市公安局联合开展打击制售假烟网络专项行动,在全市范围内开展卷烟市场专项整治活动,重点对货运部、托运部和宾馆、酒楼、网吧等娱乐场所进行整治,卷烟市场面貌得到改观。举办第一届专卖“双能”竞赛。出台专卖队伍准军事化管理实施办法,召开行政处罚自由裁量权调研会。2009年,开展“金网2号”打击违法经营卷烟大户专项行动和卷烟市场打假打私专项整治行动。进一步强化网络案件查办力度,针对上年延续办理网络案件继续展开调查,对涉案人员采取网上追逃、实地抓捕,并交由司法部门实施逮捕和追刑。开展“优秀县级局创建活动”,推行稽查中队“甲乙丙”三级评定标准。

2010年,继续围绕专卖管理三大任务和四个转变,突出“打源头、断网络、抓主犯”,以卷烟打假破网为主线,先后开展“金网3号”“金网4号”“打击利用互联网等信息平台非法经营烟草展卖品”“整治无证户”等专项行动。与公安局联合开展客户卷烟被盗案件侦破工作。加强湘鄂赣皖毗邻地区卷烟打假协作。开展创建优秀县级局及甲乙丙级中队创建工作。加强法规工作,首次设立专职法规科。加强专卖队伍的建设,先后举办真假卷烟识别技能培训、案件经营组人员办理制售假烟网络案件经营等专卖业务培训,推动市场监管能力不断提升。

### 二、烟草打假

1991年,查处违章案件5143起,其中大、要案39起,没收、收购卷烟10247件,其中进口卷烟2935条。收购烟叶37担,烟用丝束滤嘴棒29.4吨。同时,收缴、销毁假冒伪劣、霉变卷烟1587条,查封无证经营120户,铲除黑市交易市场7个,办理卷烟零售许可证818份、卷烟准运证575份,受理复议案件5起。1992年,查处各种违章案件2061起,没收和收购卷烟4002件。1993年,查处各种违章案件992起,没收和收购卷烟6386件。1994年,查处各种违章案件1551起,其中大要案43起,没收和收购卷烟238件,销毁假冒卷烟1380件,发放零售许可证9595份。1995年,查处各类案件1966起,查缴走私、假冒卷烟共2221.54件。1996年,查处违法违章案件1273起,其中大要案17起,收缴违禁烟2.5万条,假冒烟1.2万条,走私烟4100条。1998年,查处案件1307起,收购及没收卷烟1929件,其中走私烟70件,查获假冒商标卷烟529件,捣毁制假窝点3个、销假点27个,销毁假烟1900余件。

2001年,出动打假32323人次,查获假烟案1198起,收缴假烟812.94件。2002年,查处案件2046起,查获假冒等违法卷烟11758件,查缴卷烟885件,烟丝7000千克,捣毁非法卷烟仓库或制假窝点62个,有3人劳教,25人被刑拘,2人被追究刑事责任,其中都昌县局移交1件贩卖假烟案,为全市追刑案件首例。2005年,查处各类违法违规经营卷烟案件1136起,查获各类违法卷烟2370件,有11名不法分子被刑拘,11人被逮捕,6人被追究刑事责任,1人被劳教。社区化管理和诚信小组建设取得进展,共建立38个社区化管理点,成立607个诚信小组,有12053户卷烟零售户参加了诚信小组,占正常零售户65.4%。2006年,查获各类违法违规经营案件638起,其中符合国家局、省局制售假烟网络标准案件各1起,5万元以上案件13起,查获各类违法卷烟29490.9条,端窝点(仓库)13个,司法机关对违法分子判刑6人、刑事拘留15人、行政拘留3人、逮捕4人、劳教2人、留置1人。2007年,查获各类违法违规经营案件406起,其中5万元以上案件12起。破获制售假烟网络案件14起,其中符合国家局、省局制售假烟网络标准案件各1起。查获各类违法卷烟116372.7条,司法机关对违法分子刑事拘留15人,逮捕9人,追究刑事责任4人。2008年,查获各类违法违规经营案件1686起,其中制售假烟网络案件8起,5万元以上案件7起。查缴各类违法卷烟10.2万条,司法机关对违法分子判刑3人、劳教1人、逮捕7人、刑事拘留20人,提高市场管理效率。同时,解决历史遗留庐山区烟管所问题。2009年,查获各类涉烟案件1881起,查获各类违法卷烟8968.8条。分别破获国家局标准网络案件2起,省标2起。共有6名违法嫌疑人被拘留,9人被批捕,有8人被追究刑事责任。为卷烟上水平提供市场监管保障。

2010年,查获各类涉烟案件2191起,其中5万元以上大要案3起,案件结案率达99.66%。查获各类违法卷烟16000条。分别破获国家局标准网络案件2起,省标2起。共有24名违法嫌疑人被刑拘,转捕17人,9人被追究刑事责任。

## 第二节　卷烟营销

### 一、计划营销

1991年,系统外销售卷烟95684箱,完成年度计划的123.46%,省产卷烟调入55844.8箱,完成年度计划的100.08%,比1990年增长10.85%,实现销售总额39183万元,缴纳营业税款211.8万元,实现产品税3623.5万元,烟叶收购5438担,完成年度计划108.76%,收购金额达112万元,为地方财政实现产品税21万元。1992年,系统外销售卷烟89664箱,完成年度计划107.38%,实现销售总额50698.9万元,省产卷烟调入57505.2箱,比1991年增长2.97%,交纳营业税款243.1万元,实现产品调拨税4091.99万元,烟叶收购2660担,收购金额达37万元,为地方财政实现产品税10.6万元。1993年,系统外销售卷烟65575箱,实现销售总额5.3亿元,省产卷烟调入47643箱,其中,调入专销“烟水亭”卷烟1645箱、“浔阳楼”卷烟10846.6箱,省外烟调入36385箱,省外烟调出省外35324箱,缴纳营业税款360余万元,实现产品调拨税 3788.26 万元。1994 年,系统外销售卷烟 98805 箱,实现销售总额达 58826 万元,消化老亏挂 2462 万元,9 个亏挂单位有 6 个基本卸掉历史包袱。省产卷烟调入 45404.6 箱,调入专销烟 10145.8 箱,占省产烟调入总数 22.35%,省外烟调入 42886 箱(含调增计划烟),调出省外烟 36713 箱,实现产品调拨税 3503.27 万元,实现放开部分税金 1425.29 万元。1995 年,系统外销售卷烟 98828 箱,比 1994 年增长 1.04%,实现销售总额 8.95 亿元,比 1994 年增长 52.2%,直属烟厂省产烟调入 40651.72 箱(其中南昌烟厂调入 31107.92 箱,赣南烟厂调入 9543.8 箱),地方烟厂调入 2000 箱,实现直属烟厂调拨税 4082.42 万元,同比增长 16.53%。

1996 年,实现税收 1029 万元。完成直属烟厂调拨总值 9481.81 万元,完成计划数 116.06%,完成地方烟厂卷烟调拨 5000 大箱,完成计划数 133.33%。全年卷烟销售总额 5.4 亿元(含消化老亏挂 630.5 万元和调增省外烟计划的利润 1018.3 万元)。调销省产名优烟 1406.3 箱,实现省产烟毛利 480 万元,完成计划数 446.7%。1998 年,完成直属烟厂调拨总值 9431.87 万元,全年卷烟销售总额 73177 万元,实现税收 798 万元,调销省产名优烟 1940.9 大箱,其中金圣 792.9 大箱,中档名优烟 1148 大箱(庐山 200.8 大箱),全区调拨"浔阳楼"12910 大箱,"软包南方"10207 大箱。

2001 年,完成系统外销售 104240 箱,同比增长 7.21%,直属烟厂调拨 59272 大箱,同比增长 28.7%,完成计划 137.84%,数量、质量均为历史最高年份。实现税利 5837 万元,同比增加 3414 万元,增长 140.9%,超额完成年初市政府提出的税利翻番目标。缴纳各种税额 2627 万元,同比增加 963 万元,增幅 57.89%,各项经济效益指标均超历史最好成绩。2002 年,全市实现销售收入 110047 万元,较 20 世纪 90 年代末增长 57.4%。实现税利 8445 万元,完成直属烟厂调拨65541.3 箱。2003 年,市烟草专卖局(分公司)共完成卷烟系统外销售 112561.8 箱,完成年计划101.4%,同比增长 2.13%;完成直属烟厂调拨销售 70321.7 箱,完成年计划 108.52%,同比增长 7.29%;实现税利9336 万元,同比增长 10.55%。利润费用率低于省局规定 4.8 个百分点。全市系统所有者权益16413 万元,同比增加 4189 万元,增长 34.26%;平均资产负债率为 16.41%,同比下降 19.1%。2004 年,完成卷烟系统外销售 121338.6 箱,同比增长 7.8%;完成直属烟厂销售 76481 箱,同比增长 5.97%,完成 30 元/条以上卷烟 30273.2 箱,同比增长 27.34%;利润费用率 7.21%,同比下降 0.97 个百分点。2005 年,完成卷烟系统外销售 129245 箱,同比增长 6.5%;完成卷烟 83685 箱,同比增长 71.57%;上缴各种税收 9688 万元,同比增长 41.26%。2006 年,完成卷烟系统外销售 130519 箱,同比增长 0.99%;完成销售收入144131 万元,同比增长 14.2%;实现税利 24409 万元,同比增长 29.6%,上缴税收 12039 万元,同比增长25%。全市系统资产总额 40680 万元,同比增长 31.1%。国有资产保值增值率达 138%。2007 年,完成卷烟系统外销售13.38 万箱,同比增长 2.49%;完成金圣系列 1.79 万箱,同比增长 20.24%;完成百牌号卷烟 12.42 万箱,同比增长 12.3%;实现销售收入 16.8 亿元,同比增长 16.64%;实现税利 3.5 亿元,同比增长 44.76%,上缴税收 1.68 亿元,同比增长 38.97%。2008 年,实现系统外销售 131665 箱,累计人均条数7.2 条,在全省大地市中名列第二。销售金圣系列卷烟 20419.8 箱,单箱销售额全省第一。完成卷烟销售收入 182670 万元,同比增长 8.66%。累计实现税利 36267 万元,同比增长 5.4%。单箱物流费用 112.65 元,低于全省平均水平。

2009 年,销售卷烟 13.8 万箱,同比增长 4.88%;销售省产卷烟 90376 箱,同比增长 1.74%;销售省外卷烟 47718 箱,同比增长 11.39%;实现税利 46531 万元,同比增长 27.58%,上缴税收 24479 万元,同比增长 62.1%。2010 年,实现系统外销售 140390 箱,同比增长 1.66%。其中省外烟销量 53790 箱,同比增长 12.73%。金圣系列累计销售 25369 箱,同比增长 13.4%。累计实现人均条数 7.48 条,同比增长 0.12 条。实现销售收入 23.89 亿元,同比增长 14.42%。实现税利 5.77 亿元,同比增长 24.10%。上缴税收 3.06 亿元,同比增长 33.98%。

2001~2010 年全市卷烟营销年度计划指标一览

表 29-10-1　　　　单位:箱、万元

| 年 份 | 销售数量 | 纳税总额 | 年 份 | 销售数量 | 纳税总额 |
|---|---|---|---|---|---|
| 2001 | 104240 | 5837 | 2006 | 130519 | 12147 |
| 2002 | 160757 | 4724 | 2007 | 133800 | 16643 |
| 2003 | 112562 | 4960 | 2008 | 131665 | 15317 |
| 2004 | 121339 | 6858 | 2009 | 138095 | 24498 |
| 2005 | 129245 | 9906 | 2010 | 140390 | 33996 |

## 二、营销举措

1991 年,采取集中管理与发挥县公司积极性相结合,实行货源分配公开制度、“三自一帮”等方法,执行省公司跟踪到位规定,采取统销分利和按量补贴,减轻县公司负担,全年返利到各县达 400 余万元。开展“抓重点、抓难点”“搞活大县和边界县”活动,对任务重的都昌、修水 2 县公司,采取特殊措施,一方面向省公司反映其困难,争取支持,另一方面在资金、货源上给予适当倾斜,经努力,2 县调入省产烟合计 11916.6 箱,占全市调入总量 21.34%,2 县销售卷烟 14164 箱,为全市销量 24.31%。修水县在远离县城 70 千米边界集镇大桥设立卷烟批发点,9 月中旬,在全市烟草系统业务科长会议上,将修水经验推广至全市,到当年年底,全市农村有各种形式卷烟批发网点 26 个。与南昌烟厂多次举办“浔阳楼”牌卷烟评吸会,在闹市区树立宣传牌,制定《关于浔阳楼牌卷烟销售管理规定》,到年底,生产“浔阳楼”牌卷烟 985.4 箱,销售 730.4 箱。在全省相继放开外省烟和省产烟三级批发和零售价格时,控制特供品种烟数量和价格,并成立物价监督小组,防止低价竞销。1992 年,坚持以省产烟为主方针,用多项鼓励措施刺激省产烟调拨进度:7 月前,采取分等级奖励,按各单位调拨实绩,每箱甲级烟奖励 200 元,乙级烟奖励 150 元,丙级烟奖励 100 元;7 月始按调拨实数奖励,每箱奖励 100 元。全市省产烟调入 57505.2 箱,全年用于鼓励基层调拨省产烟奖励费用达 300 余万元。规定部分省产烟和专销牌号“浔阳楼”“烟水亭”烟最低保护价,5~6 月开展“省产烟宣传月”活动,6~7 月分区开展省产烟评吸会,12 月,在都昌召开“浔阳楼”烟评吸现场会。增设销售网点,在市区增设 2 个批零门点,在都昌、星子县城和乡镇设立批零门点,永修公司在边远重点乡镇建立联销点。在第六届全国“屈原杯”龙舟赛暨中国“庐山杯”国际龙舟邀请赛期间,举办九江烟草联谊会,邀请国家烟草局及兄弟省、市烟草系统领导和业务人员参加龙舟会。其间,赣南烟厂为九江市生产的“烟水亭”卷烟被评为龙舟赛标志产品,作为大赛期间主席台专用烟,并在主展馆陈列全部省产烟,展销结合,在龙舟赛期间卷烟销售额达 1000 万元。1993 年,坚持以省产烟为主,在南昌滕王阁卷烟交易中心设立“九江分公司南昌卷烟经销部”,以销售“浔阳楼”为主。成立专销烟工作领导小组,下设培育办公室和督察办公室,另成立业务一科,专门负责全市专销烟宣传、培育、协调工作。加强与烟厂衔接,以保证专销烟内在质量和生产计划实现。1 月,下发《关于加强专产专销卷烟营销管理工作的决定》,并下发《专销烟管理暂行规定》及三个情况通报。6 月,进行专销烟巡回检查,抽查湖口、都昌、星子、德安、永修 5 县 7 个城镇烟草市场。9 月 20 日至 10 月 10 日,展开一次专销烟宣传月活动,分两组下到各主要城乡集镇,以质量征询和直销方式进行宣传,星子、永修、修水、瑞昌等县还在当地电视台、电台和平面媒体上开辟“浔阳楼”烟专题栏目。7 月,举办“庐山之夏”卷烟边贸恳谈会,请与九江交界湘、鄂、皖、赣分县公司同仁共同品吸专销烟,征询意见。全年调入“浔阳楼”卷烟 10840.6 箱。疏通城乡渠道,增设农村批发网点,做好小批业务。参加全国卷烟计划衔接会,有选择购进省外烟,以云南烟为主。努力扭亏为盈,成立扭亏为盈领导小组,对经营部门实行目标管理,增强效益观念,压缩各项费用开支,实行牡丹卡结算制度,减少闲置资金占用。1994 年,制定《专销牌号卷烟营销管理办法》,规定非“专销烟定销点”不得擅自经销专销烟,不得擅自从外省购进与专销烟相抵触牌号卷烟,并采取收缩投放阶段性措施。4 月,

下发《关于二季度深入开展宣传、扩销专销牌号卷烟的通知》。利用报纸、电视、宣传车等宣传“浔阳楼”卷烟，在机关抽人组成3个组分片到各县检查、指导、帮助各县公司开展宣传活动，编制《各地动态》及时宣传各分公司经验。9月底，针对主要市场“浔阳楼”卷烟价格出现下滑现象，在封冻卷烟库存前提下，指定“控制总量、制约流向、稳定价格、切实把握市场主动权”方针，控制下滑局面。设立131个省产烟直销点，更好引导市场消费，召开网点建设现场会，5月和12月，两次在都昌召开全市烟草系统局长(经理)会议，推广都昌网点建设经验。发挥省产名优烟经销点作用，经批准6个经销点共销售省产名优烟1623箱。参与期货交易，参加北京卷烟交易市场订货会。1995年，抓自营网点建章建制，对自营网点全面实行开票员、收款员、保管员、会计员岗位责任制，以及逐月进行省产烟销量考核和工资奖品挂钩等方法。所有网点都配置柜台、货架等营业设施，不少网点配置电话、电视、冰箱、床上生活用品等，解决网点工作人员后顾之忧。下发《关于开展全市系统网点建设检查情况的通知》和《关于开展全市自营网点评比检查的通知》，设置3面流动红旗，全年考评两次。在8月交叉检查评比中，德安县公司共青网点、都昌县公司蔡岭网点、彭泽县公司杨梓网点被评为优胜单位。实行送货制度，开展连锁经营，配备人力、物力，把“送货上门，服务上门”作为扩销省产烟主要策略。实行送货上门后，彭泽县公司农村网点全年销售卷烟5764件，比1994年增长108%，都昌县公司在建立和完善农村卷烟批发网点基础上，实行连锁销售，对各网点实行统一购货、统一存储、统一送货、统一定价、统一核算、统一管理“六统一”制度。在专销烟管理上，进一步加大宣传力度，通过抓好网点经营和有组织送货到工矿、农村同时，利用图片、宣传单讲解、品吸等不同方式进行宣传。采取统一调拨、限量供货、实行调拨令等方法，使“浔阳楼”价格得到回升。一年内，调入“浔阳楼”卷烟10057.8箱，销售“浔阳楼”卷烟10933箱。9月开始，开展省产名优烟宣传扩销工作，成立领导小组，由单位主要负责人任组长，召开全市烟草系统局长(经理)、书记工作会议，部署宣传扩销工作。在市区10大国有商场、宾馆建立卷烟直销点。配合厂家做好宣传，9~10月，市烟草专卖局(分公司)从机关抽调20人与南昌烟厂人员组成3个小组，分片下到各县公司检查、指导，帮助各县公司开展宣传、扩销活动，其间，共销售“金圣”25757条、“特淳南方”3220.8条、“明烟”836.8条。有效使用省外烟调整计划，省烟草专卖局(公司)下达九江的省外烟调整计划10200大箱，为此，成立专门销售队伍，业务科积极更换品种，随时注意销售动态，为整个计划增创毛利200万元，财务科落实资金和清理账务，真实反映经营成果，专卖管理办公室抽出专门人员办理准运手续，整个计划从执行到销售完毕仅用时100天。1996年，建立农村自营网点32个，其中千箱点达到6个，网点工作人员146人。网点人员充分发挥既是业务员，又是专管员两种职能，既能坚持送货到经营户，又查缴假冒违章卷烟。完善网点设施，到年底，全市系统有产权网点2个，配备送货车13辆，配装电话21台，保险柜32个，消防灭火器(栓、箱)76件(套)，生产生活设施齐全，均配有电视、灶具、阅读刊物等，总投资218.7万元。树立网点典型，在抓好老典型都昌蔡岭网点同时，又分别在星子、永修、修水召开各县公司负责人网点工作现场会，注重抓后进典型。强化考核工作，对县公司网点工作按照百分制考核，重奖重罚，制定《省产名优烟、专销烟营销管理办法》，规定奖惩措施。在市举办“庐山国际旅游节”之际，适时推出“庐山”烟，“精品庐山”烟在九江市场第一次投放后，在确保“金圣”“特醇南方”正常销售前提下，有计划加强“精品庐山”卷烟市场培育，制定先试点、小批量、严肃价格、保密量价、跟踪调查等销售策略。年底，在全市开展一次大型省产名优烟巡回宣传活动。1997年，市局(公司)从省局“保三争四“大局出发，以“一金两特”求效益，开展促销省产名优烟活动。6月，抽调部分人员下到各县协助宣传扩销。1998年，加强驻昌力量，强化品牌调控，对“金圣”系列实行一个龙头放水，加强“庐山”烟调控管理，将庐山烟调拨销售、调控权交给市区公司，从7月中旬采取此措施以来，月销量比之前大有增加，始终稳定在43元/条以上，有力地防止低价竞销现象。当年6月，根据洪水来势，市烟草专卖局(分公司)及时分析预测灾区货源情况，在都昌、湖口、彭泽3县被洪水围困2个多月后，同2烟厂协调，绕道运输，组织3船2车货源供应市场，解决市场需求。9月洪水渐退后，市烟草专卖局(分公司)对10个县拨款20万元，修复店堂，并专门给网点配置10辆微型机动送货车，使灾后经营供应得以正常运转。同时市烟草专卖局(分公司)继续搞好省产名优烟宣传、扩销工作，11月12

日,在部分县(市)巡回宣传极品金圣,12月15日,对"浔阳楼"进行为期1周全市12个县(市、区)大型巡回游行宣传活动。

2001年,确立"访销分离、先访后送、管销结合"网建模式,坚持"城网高标准,农网重实效"原则,访销、稽查、送货三线封闭运作,三层互控监督考核体系,进一步完善网络运行机制,基本实现商流、物流、信息流、资金流的分离。至年末,全市县城以上全部实行先访后送,农村实行同访同送,全面取消坐店经营。同年市烟草专卖局(分公司)加大清理品牌力度,全市从100多个品牌(系列)压缩到60余个品牌(系列),品牌集中度得到提高,"金圣"系列调销6100大箱,同比增长148%,"海鸟"系列调销17246大箱,成为九江卷烟销量第一大品牌。同时根据年初全市烟草工作会议提出的尽快建立覆盖全市信息网络要求,全市信息网络提前3个月与省局实现联网,省局大配送软件在九江烟草试点成功并顺利运行。由外挂大配送软件成功切换为正式版软件。2002年,按照省局部署,紧密结合九江烟草实际,大力加强两个网络建设,到同年底,"全面访销、集中配送"新网络运行模式基本形成,网络从业人员达759人,比1999年增加302人。当年,市场占有率94.12%,比1999年提高25个百分点。2003年,以"城乡一体、访送分离、集中配送、专销结合"为主的网建模式和以"电话订货、网上配货、电子结算、现代物流"为特征的现代营销运行体系取得进展,访送分离面达81%,一库式配送面达93%。营销人员全面进行培训,"双诚信"活动进一步深入。

2004年,资产负债率继续下降,顺应以分公司为主体经营管理模式,对营销、配送等机构进行调整,设立直属分局,分公司本级完全退出市场经营,初步实现网络建设管理、供应、服务等方面流程再造和职责细分。出台《九江烟草网络建设标准化管理》,全面实施对客户分级服务。电子结算取得一定进展,在分公司本级实行批量代扣基础上,湖口、都昌、修水县局先后启动移动POS结算。同年启动现代物流试点工作,新物流中心投入试运行。结合过程化管理要求,实行网建工作督查制度。强化客户服务,建设客户服务大厅,举办全市三级以上客户营销知识远程培训,先后开展卷烟出样评比、生日问候、客户回报等活动,《金叶周刊》成为传递信息、沟通交流平台。2005年,撤销县级局法人资格,县烟草专卖局主要职能为控制市场、培育市场、服务客户、带好队伍、国有资产监管。按程序化管理要求,对《九江烟草网络建设标准化管理》进行补充、调整和完善。加强电话订货集中管理,加大电子结算工作力度,推进物流集中管理,统一送货车型与标识,对县城以上客户全部采用物流周转箱送货。积极探索加盟连锁工作。全面强化客户服务,对上游客户进行评价,与红塔集团、南昌卷烟总厂签订工商战略联盟协议,对全市卷烟零售客户实行免费订货和送货服务。细分客户群,将客户重新划分为效益型、规模型、便利型3个客户群体,并根据群体的划分实行不同营销服务和品牌策略。推行PDCA循环营销法,营销技能和服务意识增强。继续实行客户回报。加强营销队伍建设,与九江广播电视报合办《金叶周刊》,架起与客户联系沟通的桥梁。制作统一经营柜台,免费赠送给全市困难经营户。通过821000和800免费投诉电话,建立对客户投诉快速反馈机制。围绕江西烟草2005年版销售软件的实施运用,配合研发单位和相关部门做好系统的完善工作,顺利通过国家局"一号工程"各项验收。2006年,加快体制改革工作步伐,制定《江西省烟草公司九江市公司建立母子公司体制实施方案》,完成送审报批、资产划转、营业执照、税务登记、名称变更等工作。通过理顺产权关系,构建总公司、省公司、市公司3级母子公司体制。围绕全面落实国家局《地市分公司卷烟销售网络业务规范》,对网建组织机构进行优化调整,设立督察中心。初步形成九江烟草订单供货基本操作模式。物流分拣线改造工作全面完成。诚信小组建设稳步推进,全市共成立卷烟诚信经营小组1080个,加入小组的客户17293户,占全市卷烟零售客户91.19%,其中三星级以上小组510个,占星级小组总数47.2%。开展"共同打造诚信烟草"公开承诺签名活动,创办诚信小组专用辅导刊物——《诚信红绿灯》。将800免费投诉电话与8210000订货服务电话两线合并,统一管理。电子结算取得积极进展,全市系统电子结算面达36%。总结提炼出"路长情更长"加盟服务理念,全市共成立11家"九江烟草卷烟加盟店"。2007年,全市有7个单位销量过万箱,6个单位实现税利过2000万元,10个单位实现利润过1000万元,4个单位实现税收过1000万元。同年底,全市系统资产总额56634万元,同比增长38.81%,国有资产保值增值率达 122%。围绕实施国家局《地市分公司卷烟销售网络业务规范》和省局 3 年网建规划及两年农村网建规划，确立“深耕市场、规范服务、管销协同、真诚快乐”农村网建工作基本方针，成立推进办公室。组织到山西学习农村网建经验。出台《九江市烟草专卖局机构设置及人员编制实施方案》。推进订单供货工作。加强配送中心建设与管理，优化送货线路、送货频次、送货形式。推进诚信经营小组建设，召开全市诚信经营小组评优评先表彰大会，组织实施“百组千户”价值提升工程。全面强化客户服务。切实按照国家局新客户分类识别办法，结合九江烟草客户分类标准，实施客户分类识别工作，狠抓营销队伍素质提升，举办 2007 度客户培训班。按月对客服人员进行应知应会测试。举办营销管理团队素养与技能提升训练班。继续与《今日家庭报》合办《金叶周刊》。实施客户回报工作。加强客户投诉处理，全年共受理客户及消费者投诉、咨询等 192 起，除 8 起匿名无法评估处理结果外，对处理结果满意136 起，基本满意 38 起，满意率达到 90.6%。2008 年，落实省局三年网建规划及两年农村网建规划，全面推进卷烟销售网络建设。加快农村网点设施完善和配套工作，统一农村网点 VI 设计。根据农村网建进展情况，立足零售客户经营特点、经营能力、服务范围等情况，细化、延伸各项服务举措，基本形成与订单供货相适应的营销工作体系。加快配送中心项目申报工作，报批工作基本就绪。完善物流信息化建设，认真做好国家局“三打二扫”工程组织实施工作。推进订单供货，确定“一点两翼”销售思路，出台市公司订单供货推广工作实施办法。加强工商协同营销，特别是冰雪灾害期间，与相关工业企业及时沟通，保障货源和供应。加强客户服务和营销队伍建设，进行及时客户识别。以提升客户销售能力为重点，加强对客户经营能力和管理能力的培训。推进诚信经营小组建设，继续实施“百组千户”价值提升工程。《金叶周刊》《诚信红绿灯》等刊物发挥服务内外客户作用。全面展开服务品牌试点工作，提高网建工作质量。2009 年，开展创建优秀县级分公司、基层网点(客户服务部)工作，为每个农村网点配备远程电话视频系统。推进订单供货，召开“按客户订单组织货源工作”业务培训会。加强工商协同营销，先后与江西中烟、川渝中烟等企业召开工商协调会，订单满足率达 85.8%。注重市场监测，建立内部员工市场监测信息点 30 个、零售客户信息点 1000 个、消费者信息点 200 个，市场监测系统软件顺利试运行。推进诚信小组建设，全市成立诚信经营小组 1179 个，加入诚信经营小组客户达 17302 户。物流建设、电子结算取得进展，配送中心项目报批工作全面完成，全市系统电子结算面、电子结算率均达 85%。推进“润”服务品牌建设，开展“润”服务品牌巡讲活动。全市系统成立 14 个“润心俱乐部”，公开选拔 13 位零售客户为服务品牌形象代言人，启动“润”服务形象店工程，推动终端服务上水平。

2010 年，在完善各客户服务部软件、硬件设施基础上，突出强化各客户服务部功能，配齐营销用车，重点解决农村偏远客户拜访和一、二级考评，营销工作跟踪问效，扩大农村网络覆盖面。全面推行网上订货前期相关工作。深入推进“两个流程一个模式”，按照省烟草专卖局《按客户订单组织货源业务工作流程》，对需求预测、货源组织、货源供应、品牌管理四大流程进行修改和完善。实行新《客户经理工作流程》，优化完成营销线路整合，实现全省系统统一“当日访、次日送”工作模式。落实“532”和“461”的品牌发展战略，立足把全国“双十五”品牌作为培育方向，进一步加强工商协同营销力度，坚持每半年组织一次有工业参加的市场调研活动。全面开展信息采集工作，注重市场信息的加工、整理、分析和运用，工商信息、客我信息对接质量有所提高。注重物流现场管理，卷烟配送工作及时、准确、高效。加强客户服务工作，全面开展县级分公司和基层(网点)客户服务部创建活动、“抓规范、稳价格、强基础、上水平”营销主题实践活动。严格执行省局严禁“批条烟”规定。“润”服务品牌在全省系统率先获得国家知识产权局外观设计专利。大力推进电子结算工作，与市工行合作推出电子结算牡丹联名卡，开展“润速”电子结算户抽奖活动，全市电子结算率达 96.22%，电子结算面达 96.44%。

# 第三节 营销机构

## 一、主管部门

1991年,市烟草专卖主管机构为市烟草专卖局,接受省烟草专卖局及市政府双重领导,并以省烟草专卖局领导为主。烟草经销机构称九江烟草分公司,与专卖局一套人员,两块牌子,独立核算,自负盈亏。市烟草专卖局(分公司)内设11个科室,1993年,并为7个,并新成立业务一科,负责全市专销烟营销管理。1994年,设立省烟草公司九江卷烟销售公司和九江分公司业务科,合署办公。1995年,成立稽查大队。1998年,增设业务二科。2001年,各县烟草专卖局(公司)设立3科1室,中层干部职数相对减少。

2004年,分公司取消法人资格,市烟草分公司变更为市烟草公司。仍与市烟草专卖局一套人员、两块牌子。

2010年,市烟草专卖局(公司)设置1室8科1组3中心,即办公室、综合计划科(督察考评中心)、专卖监督管理科(稽查支队)、法规科、内部专卖监督派驻组、财务管理科、审计科、人事劳资政工科、监察科、信息中心、营销中心、物流配送中心、安全保卫科。

## 二、营销网点

1991年年底,全市农村有各种形式批发网点26个,其中烟草公司直接下伸7个,烟草公司参与统购联销委批点19个。1992年年底,全市有委托代销点17个,1993年新增下伸网点11个。1994年,设立131个省产烟直销点,6个省产名优烟经销点。1995年,千箱网点达3个,在全市农村建立32个自营批发网点,实行“送货上门,服务上门”制度,在市区10大国有商场、宾馆建立卷烟直销点。1996年,建立农村自营网点32个,千箱点6个,网点工作人员146人。2001年,两个网络建设运行框架基本成型。2002年,市烟草专卖局(分公司)确立“巩固、调整、提高”网建方针,明确“全面访销、集中配送”网络运行模式,到年底,基本完成“全面访销,集中配送”组织实施工作。2004年,以“电话订货、网上配货、电子结算、现代物流”为主要特征的新一轮网建稳步推进。至2010年未有大的变更。

# 第三十篇

# 生 活 服 务 业

# 第三十篇 生活服务业

改革开放以来,市民生活服务业在保留传统业务基础上有新的发展。国有和集体生活服务企业面对激烈市场竞争,多方筹集资金,对老企业进行改造,使原有服务设施、服务环境得以改善,服务项目增加,服务质量提高。与此同时,由社会力量(主要是由个体与私营经济)兴办的生活服务业迅速发展,服务网点激增,服务领域扩大,服务档次逐步提升。

20世纪90年代,全市良好的投资发展环境,吸引各地饮食企业纷至落户经营,大众化消费成为市场主流。以个人和家庭为主体的大众化消费,特别是经营家庭小炒、乡村风味、有特色、质量好、价格大众化而服务上乘的食肆受到消费者青睐。家务劳动社会化和消费观念转变,使节日餐饮消费变得特别兴旺。进入21世纪,一些餐饮业已从单体经营向连锁式、集团化经营方向发展,餐饮业已形成多网点设置、多元化经营、多项目服务、多渠道销售的营销格局。

随着经济体制改革的深入开展,社会主义市场经济体制逐步建立,推动着全市生活服务业向市场化快步转型,渐次发展成为社会化、市场化程度最高的行业。在市场化转型中,传统服务业各行业业态发生深刻变化。1991年,全市城乡居民人均收入874元,人均消费601元;至2010年,全市城乡居民人均收入10676元,人均消费7743元,居民家庭生活质量普遍改善。市民对家庭生活服务、个人生活服务需求已经不仅仅限于衣、食、住、行等基本方面,出现信息咨询、中介代理、文化娱乐、休闲康体、专业美容美体以及家政劳务等更高层次和更多方面的服务需求,新兴服务行业和新的服务项目应时应需而产生,在不断完善中得到快速健康有序发展。

# 第一章 经营业态

## 第一节 行业网点

1991年,全市饮食、服务业共有服务机构(网点)14167个,比1990年13700个增长3.4%;从业人员37943人,比1990年35425人增长7.1%。按行业分布,旅馆业1226个,从业人员7699人,其中市区542个,从业5236人;县196个,从业1120人;县以下488个,从业1343人。理发业2236个,从业3469人,其中市区564个,从业1036人;县308个,从业616人,县以下1364个,从业1817人。浴池业4个,从业46人,其中市区1个,从业28人;县2个,从业8人,县以下1个,从业10人。洗染业17个,从业61人,其中市区9个,从业46人;县8个,从业15人。摄影业390个,从业911人,其中市区82个,从业295人;县54个,从业200人;县以下254个,从业416人。日用品修理业3272个,从业5548人,其中市区634个,从业1131人;县581个,从业979人;县以下2057个,从业3438人;其他服务业1013个,从业2167人;其中市区218个,从业745人;县136个,从业33人;县以下659个,从业1089人。1994年,餐饮业网点8478个,从业22670人,其中市区1805个,从业5608人;县2282个,从业6544人;县以下4391个,从业10518人。1996年,餐饮业网点9464个,从业2570人,其中市区1921个,从业7708人;县2249个,从业6672人;县以下5294个,从业11325人。1997年,城乡个体工商业的餐饮业网点7503个,从业18865人;日用品修理业6026个,从业1225人;旅馆业729个,从业1824人;娱乐服务业1120个,从业1942人。1998年,餐饮业网点5624个,从业15285人,其中城镇2487个,从业7566人;日用品修理业2737个,从业5302人,其中城镇1173个,从业2446人;旅馆业551个,从业1294人,其中城镇238个,从业594人;娱乐服务业885个,从业1760人,其中城镇489个,从业989人。

2006年,住宿、餐饮业网点6190个,从业15841人;居民服务和其他服务业8772个,从业20674人;文化、体育和娱乐业484个,从业2318人。2008年,住宿和餐饮网点6925个,从业1178人;租赁和商务服务业597个,从业9003人;居民服务和其他服务业6707个,从业3052人;文化、体育和娱乐业803个,从业3952人。

2010年,以个体工商业分组,住宿和餐饮业网点12546个,从业33815人,其中城镇8568个,从业22469人;租赁和商务服务业1138个,从业2471人,其中城镇607个,从业1108人;居民服务和其他服务业11450个,从业25028人,其中城镇7196个,从业14548人;文化、体育和娱乐业966个,从业2462人,其中城镇587个,从业1425人。以私营企业分行业,住宿和餐饮业390个,从业8656人,其中城镇167个,从业477人;租赁和商务服务业1334个,从业26061人,其中城镇553个,从业1186人;居民服务和其他服务823个,从业11056人,其中城镇305个,从业700人;文化、体育和娱乐业137个,从业2277人,其中城镇73个,从业192人。

## 第二节 经济成分

20世纪90年代起,全市生活服务业中国有、集体企业,经历改造、改革、转制过程,逐步从生活服务行业中淡出,形成以个体和私营经济为主的经济成分格局。

1991年,全民所有制经济的1331个,其中市区457个,县497个,县以下377个;供销合作社经济的2699个,其中市区141个,县150个,县以下2399个;其他集体所有制经济的2396个,其中市区1200个,县410个,县以下786个;合营经济的3个;农村代购代销的47个,其中县1个,县以下46个;个体经营的40503个,其中市区6897个,县6598个,县以下27008个。1994年,国有经济80个,其中市区30个,县49个,县以下1个;集体经济284个,其中市区70个,县27个,县以下187个;私营经济67个,其中市区1个,县12个,县以下54个;个体经济8045个,其中市区1702个,县2194个,县以下4149个;股份制经济2个。1996年,国有经济100个,其中市区41个,县55个,县以下4个;集体经济294年,其中市区128个,县22个,县以下144个;私营经济122个,其中市区120个,县2个;个体经济8945个,其中市区1630个,县2169个,县以下5146个;股份制经济2个;外商投资经济1个。1997年,城乡私营企业中,餐饮业52个,旅馆业26个,娱乐服务业16个。1998年,城乡私营企业中,餐饮业53个,日用品修理业5个,旅馆业14个,娱乐服务业9个。

2006年,私营企业分行业情况,住宿和餐饮业机构(网点)独资企业32个,合伙企业13个,有限责任公司118个;租赁和商务服务业独资企业9个,合伙企业13个,有限责任公司323个;居民服务和其他服务业独资企业42个,合作企业13个,有限责任公司147个;文化、体育和娱乐业独资企业16个,合伙企业15个,有限责任公司71个。星级住宿企业和限额以上餐饮业经营情况,住宿业按登记注册类型分组为:内资企业38个,港澳台商投资企业2个,外商投资企业1个;餐饮业按登记注册类型分组为:内资企业10个,外商投资企业1个。2008年,按登记注册类型分组的住宿和餐饮业企业,国有企业55个,集体企业13个,服从合作企业9个,有限责任公司15个,股份有限公司1个,私营企业144个,其他内资企业5个,港、澳、台商投资企业5个,外商投资企业6个。

2010年,私营企业分行业情况,住宿和餐饮业机构(网点)独资企业89个,合伙企业49个,有限责任公司252个,居民服务和其他服务业独资企业126个,合伙企业85个,有限责任公司612个;租赁和商务服务业独资企业58个,合伙企业40个,有限责任公司1236个;文化、体育和娱乐业独资企业26个,合伙企业11个,有限责任公司100个。星级住宿业和限额以上餐饮业经营情况,住宿业按登记注册类型分组为:内资企业37个,国有企业10个,有限责任公司9个,其他有限责任公司7个,私营企业12个,私营合伙企业4个,私营有限责任公司7个,其他企业2个,外商投资企业2个,外资企业2个。餐饮业按登记注册类型分组为:内资企业24个,国有企业1个,私营企业20个,私营独营企业7个,私营合伙企业4个,私营有限责任公司8个。

## 第三节　行业管理

### 一、扶持引导

1991年始,市委、市政府重视从政策上扶持和引导服务行业健康发展。市、县(区)工商行政机关相继设立个体科、股,负责个体工商户和私营企业服务行业登记管理。1992年,贯彻落实省委、省政府《关于继续鼓励个体私营经济发展的决定》,全市服务行业快速发展,从业人员增加。1994~1996年,市、县(区)政府相继成立"个体私营经济领导小组",负责协调领导服务行业发展工作;召开个体私营经济工作会议,使该项工作由"部门行为"转变为"政府行为"。2000年,市委、市政府印发《关于进一步加快发展个体私营经济的决定》,对全市"十五"期间个体私营经济发展提出总体思路和发展目标,个体私营经济中的服务行业成为全市经济重要组成部分和新的经济增长点。2001年,市工商部门印发《九江市工商局讲大局抓服务搞创新,发挥工商职能作用,力促九江经济发展》19条措施,为支持、引导国有、集体企业中的服务行业改制,促进其发展创造良好的政策环境。2002年,市工商部门创新举措,简化办照程序,为个体私营服务行业发展开辟"绿色通道";除国家法律、行政法规禁止以外,允许服务企业主自主选择经营范围和经营方式;对企业下岗人员从事服务行业经营,凭下岗证一次性免收登记注册费、各种书刊费及当年会费,个体工商户管理费免收3年;改进企业年检方式,简化年检手续;免费举办法律法规和现代经营管理培训班,为个体服务企业主提供市场经营及法律法规的指导服务。2003年,市工商局发出《关于认真贯彻落实下岗失业人员从事个体经营有关收费优惠政策的通知》《关于进一步加强下岗失业人员再就业优惠政策落实工作的通知》,采取多项措施,为下岗失业人员提供优质服务;成立市民营企业信用担保公司,为从事服务企业业主担保资金。2004年,市委、市政府做出关于“优化投资环境,主攻民营经济”决定,全市服务行业经济效益明显增长,社会效益提高。2005年,《关于全市工商系统推动全民创业加快富民兴赣的若干措施的通知》为服务行业发展提供25条突破性政策措施,对以个体、私营经济为主体的全市生活服务业的健康发展提供强有力的政策支持。2009年,根据《全省工商系统“万名干部服务下乡镇”活动实施方案》,全市开展为期一个半月的“万名干部服务下乡镇”活动,走访个体工商户5000户,为全市服务行业消费维权咨询2000件,调解消费纠纷140件。2010年,按照“巩固存量,扩大总量,提升质量”要求,实施个体私营经济中服务行业“扩量提质”,发展助推工程,促进服务行业持续、稳步、健康发展。

## 二、工商行政管理

1991年,市工商部门根据《城乡个体工商户管理暂行条例》《城乡个体工商户管理暂行条例实施细则》,对核准登记服务行业个体工商户营业执行验照贴花,由基层工商分局(工商所)负责受理验照工作;对服务业开展行业管理,强调企业要依规办照办证,接受年审,照章纳税,守法守规经营。1993年,按照《企业法人年度检验办法》,要求服务行业企业参加年检,年检内容包括企业法人登记事项执行和变动情况、投资情况、资产负责情况和投资者出资情况。1998年,执行修订后《企业年度检验办法》,确认企业继续经营资格的法定制度,据情在企业营业执照加贴A、B标记。2002年,按照省工商局《关于进一步开展取缔无照经营的通知》,开展取缔无照经营专项整治工作,全市清理无照经营5000户,引导补办营业执照4300户,查处取缔860户。2003年,由于服务行业市场化程度快速发展,决定将市工商局登记企业年检受理、审查、核准和收费4项职能下放给基层工商分局,由基层工商分局组织对企业进行年度检验。2007年,市政府办公厅印发《九江市清理无证无照经营工作实施方案》,成立市清理无证无照经营工作领导小组,部署清理无证无照经营专项行动清理范围、整治重点以及方法步骤、工作要求,使查处取缔无证无照经营工作由部门行为上升到政府行为。通过清理整治,全市城镇和农村无证无照经营率分别控制在2%和3%以下,亮证经营率达到100%。2009年,市工商局印发《关于贯彻〈建立查处取缔无证无照经营行为长效工作机制的实施方案〉的意见》,各县(区)政府结合当地实际,相继建立查处取缔无证无照经营行为长效工作机制意见(方案),成立查处取缔无证无照经营工作领导机构。

2010年,市工商局组织全市工商系统对辖区内部分服务企业无证无照经营行为开展为期1个月集中整治行动,检查经营户5000户,规范办证3900户,取缔无照经营600户。

## 三、经营行为整顿

1991年,在全市范围内开展打击卖淫嫖娼专项斗争,查获卖淫嫖娼案件215起。1993年,按照公安部《关于如何对待异性按摩、博彩等问题批复》,公安机关对于异性按摩场所一律不予批准;当年,完成全市首批21家涉外宾馆、饭店、招待所的审批工作。1994年,市公安局印发《关于加强典当拍卖、桑拿浴室治安管理工作的通知》,对全市3家典当业进行清理整顿;对桑拿按摩房间结构、照明要求、消防设施及营业时间做出具体规定;印发《关于加强涉外宾馆、饭店、招待所治安管理通知》,由市公安局核发“特种行业许可证”的涉外宾馆、饭店的治安管理工作归口市公安局治安科管理。1996年,市公安局再次下发《关于加强典当、拍卖、桑拿浴室治安管理工作的通知》,取缔按摩室20家。1997年,加强旅馆业治安管理工作,对部分旅馆单位进行检查验收,杜绝藏污纳垢现象。1999年,开展秋季禁娼禁赌专项行动,检查美容美发厅487家,取缔93家,整改114家。2001年,市公安局制定《市、城区娱乐服务场所专项整治行动方案》,开展娱乐服务场所整治扫除黄赌毒专项行动,重点查处有卖淫嫖娼和色情服务行为的桑拿按摩浴室、美容美发厅、歌舞厅、卡拉OK厅和传播淫秽物品的录像放映厅,查处赌博案件91起,有6家迪斯高舞厅停业整改;当年,印发《关于进一步清理整顿全市保安服务行业实施方案》,明确保安服务公司归口治安部门监管;按照属地管理原则,将市公安局直管的3家典当行移交浔阳公安分局管理。2002年,开展娱乐服务场所集中整治行动,全市收缴赌博机电路板35块,收缴赌博机60台;开展保安服务行业专项整顿工作,取缔“黑保安”以及以各种名义招聘的从事保安工作的各类人员,向全市娱乐场所派驻保安员。2007年,在全市娱乐场所专项整治行动中,检查娱乐休闲场所186家,责令整改89家,停业整顿2家,收缴各类赌博机370台;检查网吧99家,电脑学校3所,查处取缔无照经营网吧43家,收缴非法经营电脑278台;卫生监督机构对90家洗浴场所进行卫生状况检查,检查单项美发386家,单项美容221家,美容美发341家。2008年,卫生部门对794家住宿场所经营单位进行卫生状况检查,其中三星级以上宾馆饭店40家,经济型商务酒店宾馆110家,普通旅店、招待所624家,其他住宿场所20家。2009年,由市公安局直管的5家宾馆、酒店的治安管理权下放到辖区治安部门管理;全市旅馆治安管理信息系统安装率达100%。2010年,全市典当行均纳入特种行业管理;安装治安管理信息系统旅馆达1080家,当年管理系统有效报警150次;开展查处取缔黑网吧专项整治,查处取缔无照经营网吧10家,收缴非法经营电脑580台;卫生监督机构实施量化监督管理住宿业1464家、沐浴业68家、美容美发747家,卫生许可单位量化率住宿业达94.3%,沐浴业为55.4%,美容美发为49.3%。

# 第二章 生活消费服务业

## 第一节 餐 饮

### 一、行业规模

20世纪90年代,全市酒家、饭店高中档并举,有的经营夜宵。普遍装修较好,设厅房、大堂,厅房提供卡拉OK设备。在供应野味、海鲜及风味特色的同时,也保持大众化菜式,兼营筵席。至90年代中后期,由于竞争激烈,各类饭店(也有称食府、餐厅)争创特色菜,有些还以装修独特作招徕。全市民营和股份制餐饮企业得到快速发展,成为餐饮业主体。市区形成以浔阳路、九龙街、庐山南路、柴桑大市场和城郊威家、莲花洞餐饮市场,以及盛世川王、浔阳鱼味、信华大酒店、廖记河鲜城、浔阳鱼轩、福盛楼、浔阳十三香等大中型特色餐饮企业。各县(区、市)乡、镇村民根据本地特色,在自然环境优美、交通方便处开办各具特色的餐馆,或山庄式的集饮食、休闲、旅游、住宿为一体的服务业。进入21世纪,全市餐饮业经营日趋多元化,除传统的酒家、饭店以及各类型小吃、甜品店外,以外商投资、民营经济带动的快餐连锁业发展迅速。西餐酒廊、美食广场、茶艺馆、酒楼等经营业态相继崛起,经营方式更加多样化。

1991年,全市国营餐饮业营业额869万元,1995年1454万元。至2000年为1332万元,占全社会餐饮业营业总额68140万元的19.6%;全社会饮食网点发展到10876家,从业人员45314人,平均每410个城乡人口就有1家饮食店,每99个城乡人口就有1名餐饮从业人员。其中国营餐饮店70家,职工950人;市区国营饮食店17家,职工385人;归口市商业局(后改为市商业管理办公室)系统管理的集体经营餐饮店28家,从业人员234人。2008年,全市有餐饮业法人单位99个,从业人员3893人,资产总计1221万元,主营业务收入2.53亿元,比2004年增长52.3%。

2010年,全市餐饮实现社会消费品零售总额221.305万元。限额以上餐饮法人企业26家,正餐服务营业面积42056平方米,从业人员2415人,实现营业额18248万元。

## 1991~2000 年全市国营饮食业网点、人员、营业额一览

表 30-2-1　　单位:个、人、万元、元

| 年份 | 网点 | | 人员 | | 营业额 | |
|---|---|---|---|---|---|---|
| | 全市 | 市区 | 全市 | 市区 | 全市 | 平均每职工年劳动效率 |
| 1991 | 90 | 28 | 833 | 287 | 869 | 10023 |
| 1992 | 83 | 23 | 808 | 320 | 803 | 9793 |
| 1993 | 102 | 33 | 955 | 433 | 1091 | 12348 |
| 1994 | 95 | 34 | 886 | 431 | 1193 | 13000 |
| 1995 | 72 | 17 | 1015 | 427 | 1454 | 15305 |
| 1996 | 79 | 16 | 1038 | 406 | 1662 | 16199 |
| 1997 | 74 | 17 | 1014 | 426 | 1602 | 15614 |
| 1998 | 70 | 17 | 982 | 410 | 1283 | 12856 |
| 1999 | 70 | 17 | 873 | 398 | 1061 | 10860 |
| 2000 | 70 | 17 | 950 | 385 | 1332 | 13861 |

说明:表列网点.人员数不包括管理机构和人员

## 1991~2010 年全市餐饮业经营一览

表 30-2-2　　单位:万元、个、人

| 年份 | 社会消费品零售总额 | 限额以上餐饮业 | | |
|---|---|---|---|---|
| | | 法人企业单位数 | 从业人员数 | 营业额 |
| 1991 | 12139 | | | |
| 1992 | 14573 | | | |
| 1993 | 19544 | | | |
| 1994 | 26676 | | | |
| 1995 | 31824 | | | |
| 1996 | 48585 | | | |
| 1997 | 53060 | | | |
| 1998 | 50392 | | | |
| 1999 | 52261 | 1 | | 1032.5 |
| 2000 | 57023 | 5 | | 3702.0 |
| 2001 | 65063 | 4 | 1089 | 6544.4 |
| 2002 | 73224 | 12 | 7100 | 7099.8 |
| 2003 | 85325 | | | |
| 2003 | 116419 | | | |
| 2005 | 138779 | 12 | 1638 | 8211.6 |
| 2006 | 164111 | 11 | 2097 | 14314.0 |
| 2007 | 198730 | 9 | 1577 | 9667.0 |
| 2008 | 250887 | 13 | 1879 | 12381.0 |
| 2009 | 163263 | 12 | 1893 | 11905.0 |
| 2010 | 221305 | 26 | 2415 | 18248.0 |

说明:2009 年社会消费品零售总额数据为可比口径

1991~2010年全市餐饮业工商登记一览

表 30-2-3　　　　单位:个、万元

| 年 份 | 户 数 | 注册资金 | 年 份 | 户 数 | 注册资金 |
|---|---|---|---|---|---|
| 1991 | 11 | 5908.2792 | 2001 | 19 | 6131.7 |
| 1992 | 4 | 977.1 | 2002 | 24 | 7875.5 |
| 1993 | 2 | 2674.6 | 2003 | 30 | 3294 |
| 1994 | 3 | 1489.22 | 2004 | 45 | 20410.2 |
| 1995 | 5 | 2170 | 2005 | 32 | 65363.2 |
| 1996 | 2 | 10001 | 2006 | 35 | 7719 |
| 1997 | | | 2007 | 36 | 15194.89 |
| 1998 | 8 | 906.2 | 2008 | 29 | 16364 |
| 1999 | 12 | 2876 | 2009 | 38 | 9878 |
| 2000 | 19 | 47881.3 | 2010 | 52 | 16310 |

## 二、餐饮类别

**大排档**　20世纪90年代,个体饮食店档以大排档居多。大排档是指临街开设的店档,入夜占道经营,在长街中摆开一排桌椅,让顾客点火锅、品小菜、饮啤酒、吃夜宵,虽然饮食环境档次低,却可让食客无拘无束地边吃边聊,加上价格较酒家饭店便宜,故大受群众欢迎。90年代初期,部分大排档发展到相当规模,从个体户成为私营企业,店内装修上档次,成为饭店。大排档起初以经营羊肉煲、狗肉煲、炒田螺等风味菜式为多,至90年代中期,则可供应海鲜野味。随着整顿城市卫生、取缔占道经营,加上酒楼饭店推出低价菜式,大排档的生意不如从前。不过,由于大众化的经营,大排档仍是一般工薪阶层乐于光顾的食肆。市区大排档相对集中在京九路排档一条街夜市和柴桑大市场附近。小龙虾、炒螺丝、炒粉、清汤、麻辣鱼、修水哨子、武宁锅仔等皆有。如2010年5月创办的旺旺大排档,设有4家分店,员工100多名,以家常风味小吃吸引顾客。

**外埠菜**　1998年,盛世川王餐饮娱乐有限公司针对市民爱吃辣特点,第一个在甘棠湖畔创办川王火锅店,经过10余年的发展,至2010年已有6家连锁酒店。在经营服务上涵盖中餐各领域,老川王店以经营火锅为主,兼营本地特色炒菜。新川王大酒店以经营川菜为主,地方赣菜为辅。

阳光家园美食城主要经营全国各地的风味特色小吃,以及中式快餐。

阳光海岸大酒店以经营川菜、湘菜、赣菜等各地美食。先后获得"市餐饮名店""省餐饮名店""中华餐饮名店"称号。2008年10月19日,中国烹饪协会和商务部授予"中华金厨(团体)奖",是市唯一获此称号企业。

**农家乐**　进入21世纪,农家乐餐馆成为新兴旅游休闲形式,是农民向城市现代人提供的一种回归自然从而获得身心放松、愉悦精神的休闲旅游方式。农家乐业主利用当地农产品加工而成的菜肴,例如:味道醇厚的老母鸡,油而不腻的东坡肉,清爽可口的无公害蔬菜,深受游客青睐。市郊庐山区莲花镇,有农家乐餐馆20余家,由于地处好汉坡下,每日尤其是双休日,登山者成百上千,不少市民下山后都要到农家乐餐馆聚餐一次。

位于庐山北麓的庐山区威家镇"威家老母鸡"远近闻名。全镇有20多家农家乐餐馆,毫厘酒楼1991年1月创办,当时经营面积仅30平方米,由于生意红火,逐步发展壮大,酒店扩建为营业面积达2800平方米,可同时接待900多人就餐的特色餐饮酒楼,品牌地方菜肴"威家老母鸡"烹饪技法独具特色,肉嫩汤鲜,荤而不腻,酒楼代表菜肴:清炖老母鸡、烤椒翘嘴鱼、蚕丝迎宾虾、猪脚炖黄豆、干豆角烧肉、鱼仔虎掌、炒豆粑、马齿苋烧肥肠等。2003年,评为"九江地方特色餐饮店",2006年,评为"省地方风味特色店"。

**西式快餐** 2001年,市政府对外招商引资,由市商业管理办公室下属企业九江大中大(集团)股份有限公司与世界知名品牌西式快餐企业肯德基有限公司联营项目启动。当年8月,肯德基连锁店在市区浔阳路大中大华联商厦一楼开业,营业面积380平方米,年营业额1550万元,纳税100万元。之后,肯德基又在市区信华城市广场、庐山区十里大楼等处开设分店,扩大经营规模。

2010年,世界快餐名牌麦当劳等快餐企业陆续入驻九江,为不同年龄、层次和品味消费人群提供多样化选择空间。

**小食、快餐** 90年代,市内小食店普遍装修得窗明几净,供应品种包括粥粉面及甜品,有的还有炒螺、猪脚汤、萝卜粑、小笼汤包、炸油滋等风味小吃及炖品等。小食店的特点是客源流转快,似中式快餐店。原来的冰室,不少因80年代食品加工业以大量冷饮品占领市场导致生意大减,故几乎都改食店,兼营冷饮。21世纪初,麦当劳、肯德基等西式快餐店进入市内,经营炸鸡、薯条、汉堡包、意大利薄饼等西式食品,卫生、优质、快捷,特别受儿童、年轻人欢迎。在洋快餐的经营模式启发下,中式快餐店借鉴其优质食物与优质服务、清洁幽雅的环境与快捷的经营之道,脱颖而出,与洋快餐抗衡。快餐业的崛起是市场竞争激烈导致生活节奏加快的标志,既满足了不同层次顾客的需求,也丰富了市饮食文化内涵。

**酒吧、咖啡屋(厅)、茶馆** 90年代中期,酒吧、啤酒屋、咖啡店等西式吧房在市内出现。酒吧、啤酒屋供应的食品不多,一般有薯片(条)、炸鸡翼等西式食品,如凤舞九天酒吧等。顾客光顾是喜欢其环境和氛围,并不注重食品。咖啡屋(厅)以供应咖啡、奶茶、牛奶等西式甜品及西饼为主,消费者主要为追求浪漫的年轻人。此外,还有茶艺馆,以品茶特色吸引顾客,有的还设茶点心。2000年后,市区有秀玉茶坊、流金岁月、零点音乐、天鹅音乐、语情茶楼、福禄寿茶艺馆、烟雨轩等茶楼、茶馆;8月,成立九江茶友会,会员100余名。至2010年,市区茶楼茶庄茶座有濂溪茶缘、濂溪茶庄、华祥苑、秀玉茶楼、淑萍红茶坊、茶色会所、三和名茶、露语茶业、华福名茶、茗庐茶社、品香源茶庄、阿里山茶庄、天福茗茶、西园茶楼、大益茶、轩宜茶业、八马茶业、新九龙茶楼、皇冠茶楼、得月茶楼、龙凤茶楼、善德古茶、御园茶楼、东晋茶苑、辉煌盛世茶楼、金迪茶坊、浔庐茶社、松柏茶庄、开心茶庄及皇家雅士咖啡、中海咖啡、淑萍咖啡、两岸咖啡、上岛咖啡、紫晶咖啡、伯尼咖啡等。

**面包、饼店** 改革开放后,市内糕点生产改变生产、销售基本由食品公司所属工厂、商店和饮食店包揽状况,粮食系统、供销社系统、农工商系统及个体户都生产糕点,一些机关食堂也对外销售糕点。宾馆、酒家开设"超级饼屋",精美的西饼实行开架销售。与此同时,个体、私营的前店后厂(坊)、自产自销的糕点店配置搅拌机、打蛋机等设备,生产各种品牌糕点、面包。20世纪90年代后,市区出现以生产多种面包为主的面包屋。这些糕点厂(坊)、面包屋虽然占地不广,但由于生产流转快,饼食以"新鲜出炉"作招徕,故生意颇好,遍布于城区的大街小巷。

### 三、美食活动

20世纪90年代,作为市服务业之首的餐饮业步入快速发展轨道,举办饮食文化节、美食节,为餐饮企业提供展示佳肴、美点的场所以及交流烹饪技艺的平台,且已成为九江市旅游节庆活动的重要组成部分。1994年4月,新华出版社出版的《中国名菜词典》介绍九江地方传统美食"水浒肉""小乔炖白鸭";8月,在台湾出版的彩印餐饮杂志《吃在中国》推荐4款地方传统美食(菜)"小乔炖白鸭""水浒肉""五柳鱼""浔阳一品宴"。1995年《中国大百科全书烹饪篇》收录九江地方传统名菜"水浒肉""小乔炖白鸭",1998年6月,由市烹饪协会牵头,组织优秀厨师成立《鄱湖宴》系列菜谱研制小组。当年创制"浔阳鱼席"菜单:冷菜系列、热菜系列、汤羹系列、水果系列;"浔阳鱼席"四季时令宴会菜单:山水风光席、喜庆宴、福寿宴、春季席、夏季席、秋季席、冬季席。

2000年12月,在"江西省食品展销洽谈会"上,市商业局组织4个名优小吃摊位参展。展销修水哨子、脆奶、南瓜饼、萝卜粑、翡翠鱼饺、牛肉汤粉、香酥萝卜饼、美味腐皮卷等28种小吃。糯米鸡、哨子、千层饼、东亚大包、生仁软饮、居易相思肉、桂花地菜饼、薯茸香麻枣、麻仁萝卜丸子9种获省名优小吃称号。2003年10月,九江宾馆厨师创制一席“鄱湖鱼宴”,在“第十三届中国厨师节”上获得金奖,颁发“鄱湖鱼宴”为中国名宴的证书。2007年10月9~16日,由市政府主办、浔阳区政府和市商业管理办公室承办“九江2007浔阳鱼席金秋文化节”,共设展台30桌,特色小吃展位50个。浔阳区、庐山区、开发区各组织鱼席5桌、其他县(市)各组织鱼席1桌参展。浔阳鱼味大酒店创作的“浔阳鱼古韵味”获一等奖。2008年9月25日至10月2日,市第二届金秋饮食文化节在市区大中路特色小吃一条街举行,设浔阳鱼席展、特色小吃展。来自国内外68家、54个品种的特色小吃参展。修水哨子、九江茶饼受到好评。

2010年,《九江美食》整理出一批九江地方传统名菜,并从地理、物产、民俗、礼仪、养生、技艺及名菜、名点等各个角度对九江饮食文化进行介绍。九江10种地方经典名菜为蝴蝶鳝片、五柳鱼、小乔炖白鸭、大乔焖鸡、水浒肉、浔阳一品宴、咸菜烧野鸭、清蒸鲥鱼、烧杂烩、家乡豆腐。庐山美食有四星望月、三杯石鸡、石鱼香丸、石耳清蒸鸡、醋椒鲶鱼、石门涧竹筒饭、竹笋香菇荸荠汤、黄精炖鸡、凉拌鱼腥草。修水县美食有香芋包哨子、香艾糯米果、龙凤什锦汤、禾秆扣碗肉、金枪棍子鱼、雏凤孵金蛋、西乡荡粉皮、斋味豆猪肝、泰乡炒米粉、清水岩煎饺。武宁县美食有砂钵棍子鱼、干锅小鳜鱼、柴把鳜鱼、鲶鱼煮豆腐、干锅翘白鱼、农家黄丫角、闭月吐珠、石门红烧猪脚、石耳瘦肉汤、红米寒婆粑。瑞昌市美食有山药苡仁粥、羊肉山药汤、山药猪肝汤、砂钵山药炖排骨、山药炖腊肉、煮鱼面、山药炖鮰鱼。九江县美食有桃源仙境、东篱采菊、仙客醉酒、陶里鲥鱼、岳母教子、三牲奉李、鹤问财鱼、柴桑盘龙、仙菇迎客、姜王腌三辣、公孙献祺。永修县美食有东坡肉、吴城白鱼献英姿、柘林斑鳜展宏图、银海腾空鹏万里、柘林雨花汤圆、素炒罗汉菜、建昌和菜、罗汉菜蒸扣肉。德安县美食有金汤豆花鱼脑、芙蓉鱼、陶翁醉钓、御扇水晶卷五柳醉鳗、稻草粽子、德安烙饼、粉丝肉圆、德安糍粑。星子县美食有渊明豆腐、星子十大碗、扣肉、流浪鸡、桃源田舍茶席、桂花糊涂炒粉、杨氏烧蛋、薯粉汤。湖口县美食有煎烹凤尾鱼、民间三杯鸡。彭泽县美食有彭泽蒸米粑、清蒸鲫鱼、打鬼粑、豆粑、腊八粥、彭泽玫瑰排骨、宫门献鱼、彭泽古楼麻鱼、彭泽东升豚。都昌县美食有陶侃鱼、豆参鱼头、蚌吐明珠、南峰豆参、虾萎饺、凤还巢、乌龙戏莲、鱼米满仓归、鄱湖财鱼卷。庐山区美食有威家老母鸡、猪脚炖黄豆、马齿苋烧肥肠、豆粑、锅巴粥等等。当年,都昌县饺子米粑在全省名优风味小吃博览会被认定为“江西名小吃”。

## 四、企业选介

**盛世川王餐饮娱乐有限公司** 1998年创办,经十余年发展,公司旗下现有老川王酒店、新川王大酒店、阳光家园美食城、阳光家园大酒店、阳光海岸大酒店、盛世麒麟大酒店6家连锁酒店。集火锅、快餐、中式正餐和休闲4种业态于一体。公司注重品牌建设,2010年8月7日企业商标注册成功,建立开通企业网站,通过互联网宣传企业文化、概况、产品和服务品质,由在线客服系统及时了解和反馈信息。企业先后被评为“九江餐饮名店”“江西省餐饮名店”“中国烹饪协会团体会员”“全国绿色餐饮企业”“中华餐饮名店”等数十个国家与省、市级的荣誉称号和奖项,获得省经贸委等8家单位联合授予的“江西省诚信企业”和市“一级诚信企业”称号。

**万众餐饮业** 系市万众实业总公司旗下、由万众酒楼和万众佳园酒店组成的连锁餐饮企业。万众酒楼位于南市区十里岗亭旁,由万众实业总公司投资570万元,可容纳1200余人就餐。万众佳园酒店位于市区庾亮北路,由万众实业总公司投资460万元,可容纳900余人就餐,日营业额近5万元,年纳税45万元。万众餐饮业的两家酒店,曾获得“全国绿色餐饮企业”“中华美食名店”“江西省餐饮名店”“江西省诚信、承诺先进单位”和“九江餐饮名店”等称号。2003年,万众餐饮业投资600万元,在庐山三叠泉(庐山海会镇)兴建一家集餐饮、体育、文娱、休养、休闲于一体的高档次双休中心。

**信华酒店** 位于市区庐山南路88号,是九江信华集团投资建造的一家高档豪华餐饮企业,也是九江市唯一自主产权、准五星级酒店。经营面积3200平方米,于2003年1月开业。酒店一楼为宴会厅,二、三楼有各式中、高档豪华包厢24间,可容纳800人就餐。酒店代表菜肴有:珊瑚鳜鱼、浔阳豆花虾、兰花芙蓉鱼、干笋烧肉、荷花酥、本地土鸡、脆皮叉烧皇、干茶树菇焖兔、小笼肉包等。年营业额达1000万元,年上缴国家利税近100万元。曾获得“全国绿色餐饮企业”“九江重点保护企业”和“百姓诚信企业”等称号。2003年,在第十三届全国厨师节上,酒店行政总厨制作的珊瑚鳜鱼、浔阳豆花虾、脆皮叉烧皇、荷花酥等菜品获金奖,酒店被评为“省餐饮名店”。

**九江东亚快餐公司** 1993年成立。公司所辖东亚快餐城,位于市区交通路18号。至2010年,公司累计投入资金1800万元,分别在九江、南昌、合肥、南京等地设10家连锁分店,营业总面积达10000平方米,有员工500多人,年营业额4000万元,年上缴税费100万元。东亚快餐公司是改革开放后九江城区第一家走出九江、走出江西的餐饮企业。经营类型也由单一的快餐发展为以中式快餐与正餐相结合,由原始、粗放的快餐经营管理模式,转变为特色突出、风格鲜明、品质优良、品位高雅的“东亚”品牌中式快餐连锁经营店。东亚快餐开业以来,先后被安徽省合肥市消费者协会评为“消费者满意单位”;江西省烹饪协会评为“江西省餐饮名店”;安徽省工商局评为“安徽省工商诚实守信承诺单位”;安徽省消费者维权办公室评为“安徽省消费满意单位”。

**浔庐餐厅** 位于市区甘棠湖畔旅游景点烟水亭旁,系市饮食服务公司九江老字号餐厅。1991年,餐厅占地面积1198平方米,营业面积540平方米,固定资产20万元,流动资金3万元,职工70人,其中:特三级厨师1名、一级厨师7名,二级以上服务技师7名。餐厅内设营业厅、雅座厅、观湖楼,以及梅、兰、竹、菊雅座室和商品服务部,经营南北风味菜肴、面点小吃、名烟名酒、各种食品饮料和旅游商品等。其名菜有浔阳鱼席、水浒肉、三杯鸡、油炸鱼脯、石耳清蒸鸡、葫芦鸭、明月鱼、美人菜心、花酿鱼肚、双色葡萄等;名点有破花烧卖、叉烧包、萝卜酥饼、鲜肉大包等。1992年12月28日夜遭火灾被毁,后因城市建设规划需要拆除。

**浔阳鱼轩酒店** 位于市区九龙街金泰园C栋21~27号,赣菜知名企业,经营面积1100平方米,可同时容纳300人就餐。酒店在中国烹饪名师、餐饮业国家一级评委、省首批特级厨师熊禄桃领衔打理下,不断挖掘、创新,推出“浔阳鱼席”品牌。酒店经营具有九江地方传统特色河鲜菜肴:白浇雄鱼头、红烧甲鱼、土椒烧鳜鱼、九江鱼片、萝卜煮河虾、水晶鱼片等;同时,挖掘整理一批地方乡土菜肴:豆豉煨肉、干锅藕丸、煎虾渣等;酒店还自行开发研制招牌菜肴:老鸭煲、红烧臭鳜鱼、酸汤鲶鱼等,上述宴席和菜肴在经营服务中,得到各界宾客认可。

**廖记河鲜城** 位于市区九龙街,2006年4月开业,经营面积3500平方米,设大、中、小型包厢34间,豪华多功能包厢4间,另设中型雅座5间、小型时尚厅1间,大型宴会厅1间。酒店菜肴以长江河鲜和地方传统赣菜为主要特色,辅以粤菜、川菜等各色菜系,其代表菜肴有荷包鳜鱼、香酥刀鱼、红烧河豚、三杯鸡、银鱼涨蛋等。2008年8月,获市餐饮(烹饪)行业协会授予“九江地方特色餐饮店”和“九江市地方餐饮名店”称号,12月,被省烹饪协会评为“江西省地方风味特色店”。

**福盛酒楼** 位于市区九龙街,经营面积1100平方米,设大、中、小型包厢14间,豪华多功能包厢3间,大厅14桌,可同时容纳400人就餐。菜肴以地方传统菜品为主,主要经营长江、鄱阳湖水产品,如九江鱼块(浔阳鱼片)、蝴蝶鳝片、白浇鱼头、螺蛳鱼、芙蓉蟹羹、云雾虾仁等。

**鱼米之乡特色酒店** 位于市区三里街长虹立交桥旁,经营面积2500平方米,可容纳650人同时就餐,能承办各类宴席、团体及散客用餐,系市地方特色名店、江西省特色餐饮名店、经典赣菜推广酒店。食材与菜品烹调上多运用绿色谷蔬、禽畜原料,水产多选自长江、鄱阳湖、柘林湖等产地生态鱼类,鱼质好、无污染,活养、活宰、现烹。传统柴火菜肴有柴火红烧肉、柴灶米粉蒸肉(扣肉)、砂钵野生甲鱼、白浇雄鱼头、土法烧石鸡等,以及毛芋哨子、乡村萝卜粑、大锅饭、锅巴粥。

**毫厘酒楼** 位于庐山区威家镇,1991年4月创办。酒楼由创办时面积30平方米的小店,逐步发展壮大,改址扩建为营业面积达2800平方米、可同时接待900多人就餐的特色餐饮酒楼。品牌地方菜肴“威家老母鸡”烹饪技法独具特色,肉嫩汤鲜、荤而不腻。酒楼代表菜肴有清炖老母鸡、烤椒翘嘴鱼、蚕丝迎宾虾、猪脚炖黄豆、干豆角烧肉、鱼仔虎掌、炒豆粑、马齿苋烧肥肠等。2003年,被省消费者协会评为“消费者信得过单位”;被市餐饮(烹饪)行业协会评为“九江地方特色餐饮店”。2004年,被省政府评为

“全省先进个体工商户”。2006年,被省烹饪协会评为“省地方风味特色店”。

## 第二节 住 宿

20世纪90年代，住宿业纳入旅游业进行管理。1990年全市有旅馆住宿业经营单位310家。1996年,市党政机构改革方案实施,市旅游局下设直属单位市旅业公司,对旅馆住宿业进行行业管理。星级以上的酒店、宾馆、大厦等,纳入旅游基础资源,作为开拓旅游市场的基本设施进行建设,开展卫生、价格、治安、服务等方面的管理。尤以收费价格的业态变化最大,由原来的物价部门统一定价,转变为以市场供需原则实行“浮动价”“打折价”,基本上由经营单位自定价格,只在必要时实行市物价部门的最高限价。有些三级以下宾馆打破常规,开设“钟点房”服务、收费按小时计算。有的增设出租雨具、代售日用品、代购车船飞机票等服务项目。未纳入旅游业管理的小旅店、单位招待所等经营单位,则实行属地管理、单位自行管理,依规登记、照章纳税,执行公安、城管、卫生、工商等主管部门的有关规定,接受检查和年检。2008年,全市有住宿业法人单位154家,从业人员7890人,资产总计16.62亿元,主营业务收入4.81亿元,比2004年增长67.3%。据旅游部门提供的数据,纳入市旅游业统计的旅店(宾馆),至2010年发展到1080家;旅游系统以星级住宿和酒店统计,全市旅游星级酒店、宾馆、大厦增至87家,其中五星级1家、四星级12家、三星级48家、二星级25家、一星级1家。

据市工商局《个体工商业情况统计表2010年年报》,全市住宿餐饮业个体工商户12546家,从业人员33815人,资金总额6.33亿元。全市住宿餐饮业私营企业390家,注册资本70116万元;合伙企业49家,实缴出资金额6608万元;有限责任公司252家,注册资本53688万元。

**1991~2010年全市住宿业工商登记一览**

表30-2-4 单位:户、万元

| 年 份 | 户 数 | 注册资金 | 年 份 | 户 数 | 注册资金 |
|---|---|---|---|---|---|
| 1991 | 13 | 6258.4592 | 2001 | 16 | 6337.2 |
| 1992 | 12 | 3884.6 | 2002 | 25 | 12721.6536 |
| 1993 | 5 | 2230.6 | 2003 | 23 | 10183.5 |
| 1994 | 4 | 2323.7 | 2004 | 52 | 17338.6 |
| 1995 | 8 | 3200 | 2005 | 34 | 67422.9 |
| 1996 | 5 | 12790.96 | 2006 | 29 | 8158 |
| 1997 | 5 | 1294 | 2007 | 28 | 13133.89 |
| 1998 | 16 | 1902.7 | 2008 | 18 | 11250 |
| 1999 | 17 | 2354.2 | 2009 | 28 | 10794 |
| 2000 | 24 | 48196.9 | 2010 | 36 | 13890 |

## 第三节 摄 影

20世纪90年代以来,摄影业服务项目更趋多样化,服务技术档次明显提高,为市民提供个性化服务。随着科学技术的发展,摄影艺术和照相效果大大提高,由原来的黑白照到彩照,照相工具由原来的感光照相机发展到数码照相机、摄像机,更方便摄影的是手机。家用照相已走进千家万户。冲洗相片,由配制药水、暗室冲洗发展为智能自动冲洗照片,效果更优于老工艺。90年代中后期,服务项目扩展,出现婚礼全程摄影录像、庆典全程摄影、聚会摄影、商业活动摄影等服务。旧照片翻拍、旧照片修补翻新、主题相册设计制作、影碟制作、彩色扩印、快速照相冲印等服务相继推出。随着照相机进入普通百姓家庭,以专业扩印制作技术为支撑的服务项目日益增多，艺术层次较高的影楼开始出现。如市区影楼摄影有鱼摄影、米兰摄影、大师摄影、施华洛婚纱摄影、薇薇新娘婚纱摄影、浪漫婚纱摄影、欧尚婚纱摄影、卡罗古摄影、大风车儿童摄影、贵族宝宝摄影、鱼印象暖暖摄影、星月童话摄影等。

进入21世纪,摄影彩扩与结婚庆典相结合。九江婚庆网为九江具有一级域名婚庆网站,为青年男女提供婚礼信息指南。市区有红玫瑰、喜日、红喜、来卡、天地文化、爱尚等婚庆公司,仅在浔阳区工商局登记注册的摄影公司(店)36家,婚庆公司8家。从婚纱照、外景照、婚庆典礼制作一本影集,实行一条龙服务,价格从3000元至10000元不等。

## 第四节 洗染

20世纪90年代前,传统的洗染业以坯布染色为主要业务。90年代初,一批老牌洗染企业,因设备陈旧,经营困难,多数关停。洗染业务后又被衣物干洗和大件织品的水洗所代替。1998年,市内名牌服装专卖市场渐次形成,市民对干洗服饰需求增加,私营干洗“夫妻店”应运而生,网点分布于大街小巷的居民小区及高等院校附近,营业面积一般在20平方米左右。一些门店根据生产发展需要,添置甩干机、卷染机、不锈钢染锅、码布机、洗衣机等设备,提高染色加工质量和速度。随着生活水平的提高,人们衣着有很大改善,穿着毛料、皮料等高档服装和佩戴高档织品饰物的人渐多,防衣服褶皱变形、保持展挺成为着装爱美求美的需求;皮衣上光的服务需求也增多,干洗业务有了较快的发展。洗涤方式有服装整烫、高温消毒、低温烘干等;电热蒸汽发生器、真空抽湿机、干衣机、熨平机、折叠机等先进设备广泛采用。

家庭用大件织物,如床单、被罩、窗帘之类,则送洗衣店水洗,以减轻家务劳动。

洗染服务网点遍布城区,以合理的收费和优质的服务受到市民的普遍欢迎。

## 第五节 修理

20世纪90年代初,市区修理业的业态变化主要体现在修理项目和服务方式上。原修理项目主要是家庭日常用品,如家用木器、藤器、家具、门锁以及收音机、自行车、缝纫机等。90年代中后期,修理业发展为主要修理家用电器,如电视机、电冰箱、空调机、洗衣机、影碟机、音响设备、照相机、家用电脑以及煤气炉、抽油烟机等。随着人们生活水平的提高小汽车开始进入家庭,摩托车、电动车拥有量剧增。至2010年,全市有机动车84万辆,其中汽车50万辆,各种摩托车34万辆,促使机动车修理成为修理业中最兴旺的行业,汽车、摩托车修理门店大量增加,大街小巷都有分布。在修理业自然行业中,修锁配匙变为电子配钥匙;补鞋改衣只剩下街头巷尾的散档;随着城乡公共交通的改善,出行多乘坐公共汽车,自行车维修点也大为减少。

90年代以来,修理业的服务形式亦发生变化。原主要是设固定门店,由用户送物品维修。现发展为既有固定门店维修,也有上门服务,且上门维修的方式越来越普遍,维修项目逐渐增多;由商家或厂家负责维修的服务形式开始出现且发展很快,这种方式收费合理,质量可靠,用户放心,很受欢迎。固定维修门店散发名片、张贴小广告、公布联系电话;供货商场或生产厂家对购货客户办理维修卡(主要是大的家电设备、成套家具),无论是固定门店还是办理维修卡,用户均可能电话预约的方式,得到上门维修的服务。有些生产厂家不仅负责上门维修,还定期询问产品的使用情况,征求用户意见。

各地县城修理业围绕日常生活用品设置。主要有自行车、摩托车、家用电器、厨卫、钟表、手机、黑白铁、衣服、鞋、塑料制品、轮胎蒸补以及其他杂品的修补,使之物尽其用。服务方式有的设店修理,有的摆摊修理,有的上门修理。

## 第六节 理 发

20世纪80年代,市内挑担理发在街头巷尾仍有少数存在,“温州发廊”在九江初现。进入90年代,“温州发廊”鲜有,取而代之的是一些个性化的发廊“广州发廊”等。服务项目有洗发、染发、焗油、烫发、理发,价格5~10元。90年代后,理发业门店的店名多种多样,如发廊、发屋、发型设计中心、美容美发中心等。理发业经营业态发生大的变化,“理发”的称谓变为“美发”,由过去的“理发”变为“做头”。过去的“理发”只是把长发剪短的简单操作,而改称“做头”,则意味着头发已经变成一种“工程”,要用心设计好,下功夫“做好”。理发已经不仅仅是头发长了要剪短的概念,而是要通过“设计”和“做头”,提升人的形象。经营服务突破“剪、洗、吹”的传统手法,发展到冷烫、染色、做型和护理保护等技术性塑形求美服务,就连洗头也有干洗、湿洗、坐姿和平躺之分。发型由原来的传统发型发展到根据顾客的不同发质、头型、头发疏密程度而进行设计,提供多种多样国际及香港、温州等外地流行发式图片供选择,尤以女性发型的变化最大。有些门店还开展增发织发服务。乡村男性理发,仍以理发师上门为多。

美发业门店不仅数量多,而且分布广。大型高档次的门店、连锁店,一般分布在大街和商业旺地,小型低档次的一般发廊主要分布在背街小巷和城乡接合部地带,收费差异较大(90年代,低档次门店收费一般10~15元,高档次门店收费一般20~30元)。美发业门店各有相对稳定的消费群体,以不同的价格提供不同的服务。出现选择美发服务群体,经挑选后,他们“定门店、定师傅”,追求更符合个性需求的服务,多为形象美及休闲享受。

80年代,九江理发业开始有一般的美容服务,以此为开端,九江专业美容美体业开始兴起。90年代初,开展美容业务的多为美发厅,因其规模小、档次低,服务不规范而难以为市场接受。90年代中后期,高档次、较大规模的专业美容机构出现。美体则由美容延伸而来,深受爱美中青年女性的追求。专业美容收费有包月(每月几次)收费、单次收费之分,因使用化妆品和服务项目不同,收费差别较大。2009年10月,市总工会推荐30名美发美容师在广州进行美容美发等项目培训,通过技能考试,获得广州市职业技能鉴定指导中心颁发的职业资格证书。

至2010年,在市工商局登记注册以理发及面部清洁、面部按摩为基本服务项目,进而开展增白、补水、祛斑、防晒、防皱、丰胸、减肥、修眉、紧肤、脱毛等面部美容、皮肤护理、保养和美体服务的理发美容类企业50家,在浔阳区工商局登记注册个体美发店93家,实际门店数远大于此,仅市区南湖支路一长500米地段就有专业美发店4家,美容休闲店8家。市区知名美发门店为浔阳路的标榜发艺、阿云彩妆造型、纤手美发店、阿英美容美发会所、阿英造型、娇芙达美容美体、美凯琳美容会所、克丽缇娜国际美容SPA会所、名仕美发、盘子女人坊、柏斯特美发连锁机构等。美容师已经成为一种社会职业,不少女性客户以“定点、定时、定人”方式,固定美容门店、固定美容师,定时为自己提供个性化美容美体服务。

## 第七节 洗 浴

### 一、桑拿沐浴

传统的洗浴业以洗澡(冲凉)为主要业态,1990年,市区有国营浴室4家,职工58人。庐泉浴室,营业面积500平方米,座位166个,提供修脚、擦背服务;九江大浴室,营业面积2000平方米,提供池浴、盆浴、淋浴、桑拿等项服务。90年代中后期,新兴桑拿和沐足服务项目。桑拿浴是一种利用蒸汽排汗的沐浴方式。桑拿有干蒸(洒水于烧红的炭上产生蒸汽)和湿蒸(由锅炉产生蒸汽),使人置身于蒸汽中大量出汗,扩张血管,达到健身和轻松的目的。桑拿馆中多有按摩服务,有的还附设刮痧、拔火罐等中医理疗服务项目。沐足,也称足疗,俗称洗脚、泡脚,通过在热水中加入中草药物,浸泡双脚并进行足底穴位按摩,使人感到轻松。这两种服务项目也有人统称“水疗”。桑拿,多以“健身中心”“休闲中心”“保健中心”“休闲会馆”等名称开展经营;桑拿屋特殊服务行业,需经市公安机关特殊行业管理部门审查批准方可开办。沐足,多冠以“沐足中心”“沐足城”“洗脚房”等名称。一般情况下,桑拿经营场所都同时开设沐足服务,不少场所还附设棋牌室、网吧间、健身房、茶艺室等。有些场所分设男宾部和女宾部。

进入21世纪,市区及各县城区的按摩店、足浴城、休闲中心逐年增多。市区浔阳路、大中路、长虹大道等主干道分布较少,次干道、支路分布较多,如南湖支路不仅有经营面积达1000平方米以上的金色年代休闲中心,还有足浴按摩休闲中心8家。至2010年,全市登记注册的足浴店17家,实际上远不止此数。规模较大的有圣都国际休闲会所、龙脉尚水、豪都足浴、花容足道馆、皇家水馆、阿富足道、糊涂足道、一茶一足、枫叶休闲中心、凤荣休闲中心、江湖情足部按摩城、碧海蓝天休闲浴场、大富豪足浴保健休闲中心等。

### 二、温泉沐浴

温泉为地热资源,主要赋存在古老变质岩和花岗岩断裂带裂隙中。九江地热资源丰富,尤以庐山南麓星子县境温泉沿东西向构造成泉群出露,共有9组泉点,展布在长80米、宽20米的范围内。2000年,庐山温泉疗养院分建温泉宾馆和度假村。随之,向温泉周围和栗里扩展开发,陆续在东西两端兴建度假村和宾馆,成为旅游休闲和会务中心。

2002年7月,由南昌企业家黄平买断庐山温泉工人疗养院50年的经营权,由珠海百富辰投资有限公司投资8000万元,占地14.4公顷新建改造,更名“天沐温泉度假村”,于2003年9月28日正式对外营业,后又投资建成美庐荟。天沐温泉距星子县城15千米,位于庐山南大道南侧,天沐温泉度假村有30个园林式露天温泉池,有大型室内游泳馆、健身房、棋牌室;室外260米环形温泉漂流、波浪滑梯、310米巨蟒滑道及6大SPA水疗池。有休息厅、香熏屋、桑拿、波光浴、保健按摩、垂钓、烧烤、网球场和有热带风情温泉水上乐园,有400平方米水上舞台和大型水上温泉冲浪地。2003年,由星子县温泉镇郭代军投资1亿元,占地10.67公顷,在位于庐山南大道北侧、碎石涧旁建龙湾温泉度假村和龙湾公寓,于2005年正式对外营业。龙湾度假村有2万平方米北欧浪漫风情的温泉浴区,60个温泉浴池,蟠龙滑梯、露天儿童梦幻水域游乐场、激浪、漂流和水上健身房、水底按摩床、泡泡浴和音波喷射按摩浴。

至2010年,庐邑温泉、天恒温泉、醉石酒泉度假村相继对外营业。

## 第八节　娱　乐

### 一、棋牌

1991年前,市民的棋牌娱乐多局限在家里、巷道、空场,公益性的只有市工人文化宫或部分企业的职工活动室。市工人文化宫设棋牌项目活动,凭会员证借桌椅露天娱乐。1993年9月,市工人文化宫新大楼二楼设老工人活动厅,面积500平方米,增设项目有象棋、围棋、雀牌、麻将等,并实行收费。至此,棋牌面向社会服务。象棋平均每天开5桌,收费每副棋半日2元;麻将平均每天开10桌,收费为每半日每桌4元;雀牌每天开8桌,收费每半日每桌2元。1994年后,姚家洼等地居民区始设麻将室,多挂靠居民委员会。2004年后,市区及各县城一些宾馆和酒店为招揽生意,房间始有自动麻将机,实行收费服务,有的居民通过申报注册开办麻将室。收费标准每桌半日20~30元不等。2010年,市城区及县城各小区多设麻将室。市文化局始对辖地营业性棋牌进行审核发证,工商部门对棋牌服务颁发个体工商户营业执照。

### 二、歌厅舞厅

20世纪80年代初,歌厅舞厅以服务大众为主,以跳舞休闲为主要功能。1991年市区有歌厅舞厅37家,相继开办KTV娱乐所、夜总会、迪吧、带伴唱设施的茶楼等多种形式的娱乐场所。至2010年,全市歌舞厅发展到157家,其中投资1000万元以上的有“万紫千红”“东方银座”等3家,引入全国连锁的有2家。

## 三、电子游戏场所

20世纪80年代在九江兴起,随着电子产品快速发展,由初期电子游戏室发展为动漫城,由电子游戏发展为电子游艺。至2010年,全市登记在册电子游戏室为348家。

## 四、网络娱乐

**网络影院** 2009年始,随着因特网的逐步发展,一种新编码技术,将视频和音频数据进行压缩并传送至网上,后利用相应的解码软件接收数据并还原为声音和图像。于是速度快、高清晰的网络影院应运而生。2010年,市区居民平均日访网络影院用户达0.35万户,占全市网络用户的1.3%。

**网络电视** 2003年始,中国电信和中国网通将电信网、计算机网和有线电视网通过技术发行,提供包括语音、数据、图像等综合多媒体的通信业务。2005年,九江为通信业务试点城市。2008年,市区网络电视用户15.78万户,覆盖率达15%。2010年,用户达43.65万户,覆盖率达75%。

**网络游戏** 1998年,联众游戏世界通过东方网架设游戏服务器为市民上网用户免费提供围棋、中国象棋、跳棋等网络棋牌游戏服务。2000年,智冠传统三国题材网络游戏《网络三国》进入市区第一家网吧,游戏者85%是在校大学生。2005年始,《魔兽世界》游戏进入全市87家网吧,其中市区35家、县城52家。游戏人数1.35万人次。同时,家庭网络有联众游戏世界下围棋、象棋、跳棋、扑克,游戏者0.84万人次;QQ游戏者0.72万人次。2010年,全市有网吧507家,其中市区124家,县城及乡镇383家。在网吧游戏者5.17万人次;家庭网络游戏者1.37万人次。

**1991~2010年全市生活消费服务业一览**

表30-2-5 单位:个

| 年 份 | 中介类 | 淋浴理发、美容类 | 日用品、修理类 | 租赁类 |
|---|---|---|---|---|
| 1991 | | | | 3 |
| 1992 | | 2 | 40 | 9 |
| 1993 | 9 | 9 | 37 | 18 |
| 1994 | 12 | 5 | 30 | 10 |
| 1995 | 5 | 3 | 19 | 10 |
| 1996 | 10 | 17 | 36 | 13 |
| 1997 | 6 | 8 | 31 | 14 |
| 1998 | 11 | 23 | 51 | 10 |
| 1999 | 12 | 24 | 61 | 11 |
| 2000 | 12 | 12 | 28 | 38 |
| 2001 | 23 | 11 | 65 | 23 |
| 2002 | 32 | 12 | 25 | 48 |
| 2003 | 27 | 23 | 47 | 62 |
| 2004 | 44 | 26 | 51 | 68 |
| 2005 | 46 | 32 | 25 | 54 |
| 2006 | 71 | 13 | 41 | 44 |
| 2007 | 98 | 20 | 44 | 145 |
| 2008 | 62 | 28 | 54 | 68 |
| 2009 | 92 | 50 | 56 | 156 |
| 2010 | 100 | 50 | 61 | 202 |

# 第三章 社会服务业

## 第一节 社区服务

20世纪90年代初,随着社会保障制度改革及企业改革的深入,企业退休人员划归居住地管理,许多原来由企业管理的社会事务转向社区,由各级政府负责的社会福利也渐交由街道社区落实,许多原来的“单位人”变成“社会人”,如此客观变化,使行政街道的组织结构细分为若干个社区,设置社区居民委员会,进而催生“社区服务业”的产生和发展。各级政府和各社区重视社区服务建设,作为社会建设的重要组成和基础性工作。1991年,全市社区服务网点151个,1992年,浔阳区政府印发《浔阳区社区服务工作1992~1994年发展规划》,提出进一步充实和普及孤、老、幼、残、优为重点对象,面向全区居民开展老年人服务系列、医疗保健服务系列、民俗改革服务系列、妇女儿童服务系列和便民利民服务8系列,形成完善的社区服务体系。随着城区经济发展,社区服务对象从孤老残幼等特殊社会群体向一般居民扩宽,服务设施和项目渐趋完善,服务项目有重点的生活照料服务、孤寡老人收养优养服务、精神病的监护服务、文化娱乐健身服务、环境卫生服务、家政家务服务、婚姻系列服务、妇女儿童教育系列服务等。1993年全市社区服务网点217个。1995年6月,市委、市政府印发《九江市关于加强加快发展我市社区服务业意见的通知》,成立社区服务工作领导小组,目标到20世纪末建成市、区、街(道)、居(居民委员会)四级便民利民服务网络。主要对象是老年人、残疾人、优抚对象、康复保健、家庭劳动、便民利民、文化生活、儿童青少年、旧俗改革、计划生育服务等。1996年,新增服务网点617个,安置下岗工人4100人,全市服务网点1716个。1999年,改社区服务为社区建设。浔阳区开放老年人系列服务项目121个,残疾人服务项目33个,优抚对象服务项目258个,文化教育服务项目231个,医疗保险服务项目159个,殡葬系列服务69个,妇女儿童服务项目145个,便民利民服务项目1754个。

2000年始,各地挖掘社区资源,发展个体便民利民服务设施,动员辖区内机关、企业、事业单位和社会团体的福利和服务设施向居民开放,开展双向服务,充实服务内容;为待业青年、下岗职工、社会闲散人员、“两劳”(劳改、劳教)回籍人员解决就业问题。基本实现社会老有所养、幼有所教、孤有所抚、残有所助、贫有所济、难有所需的局面。兼顾社会和经济效益,走以业养业,自我发展路子,对民政对象实行无偿和低偿服务,对一般居民实行保本和微利服务。浔阳区甘棠街道龙山社区,湓浦街道濂溪、孤溪埂、慎德里社区,滨兴街道桥西社区,白水湖街道余家垅社区、金鸡坡街道石化总厂社区通过创办服务实体,收入达168.3万元,安排资金增设服务设施,开展新的服务项目。2001年,全市建立村落社区2368个,村村建有1个以上的村落社区示范点。在农村村落社区建设逐步发展的情况下,各地推进城乡统筹协调发展,从实现城乡优势互补,促进城乡融合的目标出发,探索和实践城乡社区建设对接、互动、交流与合作。6月,全市社区卫生服务试点工作启动,至12月31日,7个社区卫生服务站点完成健康处方发放6417份,建立健康档案2528份,发放宣传材料6203份,健康教育受益人数11200人次;开展儿童保健374人次,妇女保健240人次,老年人保健700人次,免疫接种133人次;慢性非传染性疾病管理239人次;门诊14692人次,其中入户医疗2555人次,康复治疗35人次,计划生育技术指导68人次。2003年,开展社区自助服务,包括服务的项目、内容、方式、队伍、联系方式等,带动社区志愿服务者,发展壮大社区志愿服务队伍,增强社区居民的自治意识,扩大社区参与。社区负起管理暑期青少年学生责任,街道、社区工关委组织活动,使“文化、法制、科普、环保、消防”走进校园。2004年6月,市民政局组织都昌县22个村落社区与浔阳区、庐山区以及都昌县城镇等10个城市社区启动城乡社区对接互动活动,交流社区服务经验。

2005年，浔阳区针对为老服务，成立“爱心服务社”，组建由“4050”失业人员组成的专业服务队，每年为100名孤寡、低保老人等“六类老人”发放政府埋单送小时服务卡，服务标准每人每年1080元；建立“爱心超市”，通过发卡方式，定量为特困家庭提供粮油衣被等急需生活服务保障；建立“爱心储蓄”，采取强帮弱、富帮贫的办法，相继帮助618户贫困户脱贫致富，帮助184名困难学生解决上大学的资金；建立“爱心捐赠”，捐赠资金达846万元。2007年，组建社区卫生服务夜校，自6月开始，对全市社区卫生服务人员进行社区妇幼保健、孕产妇管理、糖尿病、高血压病等慢性病防治和管理、社区精神卫生康复、合理用药等一系列技术培训，计举办11期，培训社区卫生技术人员1200人次。2008年5月，浔阳区8228890社区便民服务热线进驻区社区服务中心，整合便民服务、劳动就业、社会保障、帮扶救助、行政服务、党群事务、社会管理、计划生育、环境卫生和精神文明10功能，通过社会服务中心和8228890可办理婚姻登记预约、社保医保、行政审批等各类服务事项101个，吸收的137家加盟企业，涉及电器维修、管道疏通、家政服务、鲜花礼仪、婚纱摄像、社区卫生、交通旅游、购物消费、子女入学、教育培训等43个行业。社区便民服务热线接到咨询电话包括咨询低保、社保、医保相关政策、结婚离婚要带哪些证件，离婚财产纠纷，拖欠工资，房产纠纷等问题。2009年，瑞昌市、浔阳区、庐山区、开发区、庐山管理局计为70.97万社区居民建立电子健康档案502952人份，建档率70.8%；建立家庭健康档案116573份，建立以老年人为重点的六类人群健康档案232909份，建档率80.6%，价值915780元；提供社区卫生服务458487人次，价值5324296元。24765名城市居民纳入高血压、糖尿病等慢性病管理，440名城市社区精神病人纳入社区精神病监管。推广中医、康复等社区卫生适宜技术，增强社区卫生服务功能。

全市城区（含瑞昌市）共设有社区卫生服务机构96所，其中社区服务中心24所，社区卫生服务站72所。建立居民电子档案40万份，建档率66.7%，对高血压、糖尿病等主要慢性病实行规范化管理，为居民提供健康体检213727人次，建立档案8834份，规范化建档率30%以上。2010年，浔阳区依托行政服务中心，打造国家3A级婚姻登记服务中心，新增各项免费和有偿、低偿服务；在条件成熟的社区打造文化服务中心、物业服务中心、社区养老日间照料中心和社区卫生服务中心，提升群众生活质量。全区社会组织430家，涉及文化、体育、法律、家政等方面完善卫生服务体系，建成社区卫生服务中心7个，社区卫生服务站22个，“小病不出家门，大病及时救治”。美化社区环境，清理占道摊点8045个，拆除违章建筑7.8万平方米，整改餐饮酒店424家。

## 第二节 家政服务

### 一、行业状况

1991年后，市区始有为家政服务的专业搬家公司。自此以后，家政服务作为一项新型服务业态，有着规范经营和管理，引入先进服务理念和服务模式。随着城镇化建设加快，居民收入提高，家政服务进入需求旺盛期，发展空间广阔，成为吸纳就业的重要行业。全市家庭服务业项目涵盖3个层面10个种类，一即简单劳务型，如家庭保洁、护理员、保姆、钟点工等；二即专业技术型，如墙外清洗、空调养护、家电维修、高级管家等；三即中介服务型，如婚介、房介等信息中介服务。10个种类为家庭服务、医药咨询、法律服务、家电维修、人才招聘、导购配送、房屋售租、养老服务、物业管理、生活百事。

2009年，全市家政服务培训兴起，累计培训家政服务员2650名。通过理论知识与技能操作考试，对合格者颁发“家政服务工程”岗前培训合格证书。2010年，筹建家政服务业行业协会，江西昌港教育信息咨询公司为牵头单位，九江顺、乐家、点通、百邦等家政公司为主要团体会员，开通协会网，为市民提供家庭、维修、养老、医疗、物业管理、社区导购、房屋售租、人才招聘、生活百事等各项服务。市民拨咨询电话，5分钟内即有服务单位与其联系。协会筹建期间，发挥行业自律作用，引导家政服务业健康发展。至2010年，全市从事家政服务企业和个体户500家，从业人员4万人，服务门类20多种200个服务项目。家政服务项目分月工制保姆、年工制保姆（综合性家庭劳务）；家务钟点工（主要是清洁工）；专项家务（接送小孩、护理老人陪伴老人、买菜做饭等);月嫂(照料产妇和婴儿)等。

## 二、服务类别

**搬家服务** 20世纪90年代初,随着居民住房条件的改善,乔迁新居、换房搬家成为不少家庭遇到的事情,多是找单位借车,找亲友、同事帮忙搬家。1991年,市区专业搬家公司成立,为市民提供搬家搬运、拆装空调、维修保洁、家电维修、长途搬迁等综合服务。搬迁公司拥有各种型号专业吊车、叉车等车辆;有各种进口搬运工具,专门从事机器设备搬迁、货柜拆装、精密设备、重型机器、工厂搬迁等服务。搬家公司配备工程技术人员,提供24小时一条龙服务。经过90年代的发展,市区搬家行业经营行为已比较规范,设有业务联系电话,客户可用电话预约搬家,公司派员上门查看物件及搬运条件(楼层、有无电梯等),议定价格、签订合约、确定时间,准时上门搬运。搬家公司可为客户代做家具组装打包,遵守如有损坏要按合约赔偿的行规。搬家公司都有自己的专业搬运工人,他们自带工具、车辆,普遍有很高的工作效率和良好的服务质量。搬家过程中如客户发现有违规情况,可向公司或消费者协会投诉。至2010年,市区有前进、蚂蚁、步步发、喜洋洋等专业搬家公司。

**保洁服务** 自20世纪80年代开始,家庭保洁服务从自请(或经人介绍)保姆帮助家务劳动开始,雇用和被雇用双方一般相对稳定。后来,用工方式多样,服务项目细化,家务用工劳务市场自发形成,进而产生中介性质的家政公司。2008年5月,由下岗职工创办的九江好日子家政服务部,置有管道疏通机、地下疏通剂等疏通设备,专业疏通厂矿、居家宾馆、门店的大小下水道、浴缸、马桶、地漏、组合式下水道、煤气管道,兼营化粪池清淤、工程打孔、防水补漏等业务。进入21世纪,市区及各县(区)以保洁为主营业务的家政保洁公司或服务中心快速发展,配有专业设备,既可为工厂厂区、办公大楼等高档场所外墙进行清洗、消毒、杀虫服务,也可为家庭提供地毯清洗、地板打蜡、单擦玻璃、地面清洗、定期保洁、涂料粉刷、管道疏通、防水补漏等业务。至2010年,市区有地毯清洗、沙发清洗、广告牌清洗、地面清洗、窗帘清洗、水箱清洗、家电清洗、地板打蜡、大理石翻新、家庭保洁等多家公司或服务中心。

**物业管理** 20世纪90年代起,市、县(区)开展创建卫生城(镇)活动,居民住宅区与办公楼物业管理逐渐重视。由户主或单位雇请勤杂(卫生)员管理住宅区、楼层间物品堆放(卫生)、水电供应和简易维修,按月给管理(卫生)员付出工资(每户5~10元不等,单位按面积计算)。2000年后,市、县城商品房迅速增加,专业物业管理机构顺时而生,从事住宅小区和单位物业管理,有的物业企业还承担会务接待等项工作。

**家教服务** 90年代后期,家政服务延伸至家庭教育服务。有条件的家政公司或自办或与有关学校联办,或吸纳有兴趣的大学生参加,兴办起家教机构或增设家教介绍业务。开展辅导学生课余学习、为学生课余补习功课、培训学生某项专长技能(如音乐、外语、数学等)等服务项目。2010年,依托九江学院九江家教网,吸纳注册教员1000余名,多为在校大学生。

## 三、企业选介

**江西昌港教育信息咨询有限公司** 位于市区浔阳路103号文化商业大厦,为市家庭服务业行业协会会长单位。2005年经工商注册成立,注册资金50万元,专业从事家政服务和信息咨询服务。有管理人员30人,注册登记家政员工和签订就业合同工1300余人。

公司设有政府有关部门认可培训、职业技能鉴定等机构,有实施培训的师资、场地、多媒体教学和自动化办公设备,有国家级职业技能鉴定高级考评员1人、考评员13人。作为九江市大型家政服务企业,配有可互通互联的企业内部信息管理系统,从2009年起就被商务部、财政部、全国总工会审定为全国家政服务培训基地。至2010年,共培训下岗、失业、农民工和准备从事家政服务的人员1346人,成为系统培训家政服务龙头企业。主要为社会提供母婴护理、定期保洁、幼儿看护、钟点服务、医院陪护、护理老人、全职保姆、会计代理、记账报税、清洗油烟机、通下水道、教育培训、职业技能鉴定等家庭服务项目。

**九江“红杜鹃”舒心月嫂家政服务中心** 位于市区浔阳路338号，为市家庭服务业行业协会理事单位。2007年经市工商局注册成立，是一家专业母婴护理服务机构，是九江首家月子护理中心，公司有一批具有家政职称的医护专家、幼儿教师和专业母婴护理人才。至2010年，为九江、德安、星子、湖口等县数千位妈妈送去舒心服务。

**九江百邦家政有限公司** 2010年4月成立，注册资金50万元，是市本土首家专业致力于清洁、家政服务及企事业单位日常保洁综合性服务公司，是市家庭服务业行业协会会员单位。百邦在全国范围内悉心精选最先进设备，绿色环保清洁用品，融合国外最先进家政服务理念和服务模式，为九江中高端家庭及企业、商务楼、商厦等提供专业、一流的品质服务。创业之初，公司便广泛吸纳周边农村剩余劳动力、下岗职工、低保户、残障人士，为这一批社会弱势群体提供一份稳定生活来源，开展各种培训，提升劳动技能。

百邦在专注市区市场开辟同时，按照国外规范化、标准化、专业化品质服务管理标准，将“全日制聘用—专业培训—上岗证上岗”员工签约服务体系和“360°客户满意度全程跟踪及反馈处理体系”完全克隆并复制至百邦公司星子县分部，为百邦公司“立足本土、全国品牌连锁”向外围拓展打下基础。

## 第三节　上门服务

20世纪90年代，上门服务项目越来越多，为居民家庭生活提供方便、快捷的服务。1991年后各地木器、加工厂及销售门市部开始实行送货上门，为顾客设计定做、上门结算、上门安装组合、电话预约服务，有的加工厂实行“商品保修卡”服务。90年代中期始，在各大商场或专业商店购买大型家电，如电视机、空调机、洗衣机、电冰箱等，实行由商家送货上门；罐装液化气、瓶装饮用水和牛奶由商家送货，购买家具和装修材料亦由厂家或商家送货上门。一些超市和快餐饭店，应附近住户的要求，按照预约，为顾客送商品和饭菜。网上购买的物品，也出现送货上门。购买火车票、飞机票由购票代办处代办，可送票上门；购买保险，可由业务员登门办理；有的医院设置家庭病床，上门为病人服务；出租车可预约服务，各种配货车辆在家门口提供物品运输服务。因自驾旅游和家庭游的兴起，出现了汽车租赁服务。

凡是送货上门的大件物品，如家电、家具，都负责安装和上门维修服务并以保修单形式预约维修，形成送货、安装及使用期内维护、维修的“一条龙”服务。随着家庭住宅装修日益专业化、个性化，装修公司上门实地设计，对住宅电路、供排水管路维修、改装以及家庭装修翻新的专业服务机构也以散发名片、在四处张贴告示的方式开展服务。

## 第四节　汽车美容

### 一、行业规模

进入20世纪90年代，随着汽车大量进入家庭，汽车美容养护业迅速崛起，发展成为服务业一个新兴支柱产业。汽车美容包括汽车洗车、汽车漆面美容(打蜡、封釉、镀膜、镀晶)、汽车内饰护理(内室清洁、内室桑拿、内室消毒)、汽车其他部件翻新(发动机翻新、轮毂翻新)等项目。1991年前，市汽车维修行业协会业已成立。至1996年，服务对象多是公务车；1997~2006年，服务对象仍以公务车为主，占车辆总数85%；2007年后，服务对象发生明显变化，私家车、公务车分占50%。汽车美容技术从车身、车室(地毯、皮革、丝绒、仪表、音响、顶棚、冷热风口、排档区等进行高压洗尘吸尘上光)、发动机(免拆清洗)、钢圈轮胎、底盘、保险杆、油电路等作整车处理，且对较深划痕可进行特殊快速修复。2008年，全市汽车维修行业117家。2010年，全市各种类型汽车达50万辆，汽车美容服务网点发展有汽车4S店、传统大中型维修厂、汽车维修路边店、汽车专项服务店、国际知名品牌快修美容装饰连锁店等形式，其在面积大小、设备投资、人员素质、地点便利性、服务质量、服务时间和收费标准等方面各有差异。随着市场的发展变化，其中又以汽车4S店、国际知名品牌快修保养美容连锁店为顾客看好。市区有诚信、福升、英田、宏运、新海、奔马电喷、海口USA、安顺、大众、江铃、光辉、浔运、华昌、久久、长江、顺隆、新小鸭、鑫圣及雪佛兰4S店、荣威4S店、福特4S店、九江帝豪4S店、九江新恒通奇瑞4S店、九江弘原奇瑞4S店、九江恒通昌河铃木4S店、九江新恒通昌河铃木4S店、广东巧手汽车服务有限公司、酷车汇国际汽车服务会所、胜手汽车服务、盛腾汽车服务中心等30多家汽车维修、美容企业。

### 二、企业选介

**上海大众汽车九江4S店** 位于市区九威大道车管所西侧，占地面积6667平方米。公司创建于1994年10月，是上海大众在九江设立的第一家特许经销商、特约维修站，具独立法人资格，独立经营。2005年7月，建集"整车销售、维修服务、配件销售、二手车置换"四位一体的4S汽车销售服务基地，针对客户不同要求，提供多样化的销售服务。公司全面实施计算机管理，维修设备精良，技术力量雄厚，有18个修理工位及进口烤漆房、VAS052电脑检测仪等各种高新设备及辅助设施200多套。有资产3300万元，年维修能力达18000台次。

**九江邦尼运通汽车服务公司** 1999年注册九江金桥旅行社有限公司，从事早点餐饮、洗车、旅游服务。2003年，经市工商局登记为市太平洋旅行社有限公司，注册资金30万元，各项业务同步运作，综合效益逐年提升。2010年12月，分作2个公司：市邦尼运通汽车服务有限公司和市邦尼运通商务宾馆。注册资金300万元。总公司位于市区长虹大道268号。市邦尼运通汽车服务有限公司是全国爱义行连锁店九江店，通过ISO 9001认证，集汽车美容、钣金喷漆、装饰、精品、电子、养护、检测、维修、配件所有售后服务，技术与产品处于国际领先水平。公司以爱人、爱车、爱生活为宗旨，倡导车美容、人健康用车理念，全方位经营，全车服务，精心为顾客打造汽车售后服务的行业品牌。

## 第五节　商品物流

### 一、专线物流

20世纪90年代初，民营及个体运输车辆相应增加，市主要交通干道旁出现私营立牌承办货运的服务点，为南来北往的车辆提供配货等服务，配货可到达全国各地。物流车辆，多在有一定规模的市场附近。随着物流业的发展，市物流业逐步形成建立停车场、物流配送中心，设有信息部，提供车辆、配送、货运、仓储、装卸等服务，从中取得经济效益。2000年后，九江物流企业一般以私营为主，分布在京九批发市场、十里大道果品市场等大型市场周边。物流配送车辆的载重量大的有60吨、30吨，小的有4.5吨、2.5吨、1.5吨不等。超载运输较普遍。2005~2009年，全市社会货运量从2540万吨增加到7331万吨，货运量平均增长速度为12.8%。货物周转量从15.45亿吨千米增加到141.38亿吨千米，货物周转量平均增长速度为16.7%。全市货运运力平均增长速度为17.9%。其中公路货运量占全社会货运量比重为56%。大宗货源主要是矿物性建筑材料、非金属矿石及水泥，3项合计占36.96%。2009年，全市粮、棉、油、猪、蔬菜、水果等大宗农产品物流量同比分别增长6%、10%、33%、18%、10%。

至2010年，经市工商系统登记物流企业有729户。其中，铁路货物运输4户、铁路运输辅助活动3户、道路货物运输251户、道路运输辅助活动13户、水上货物运输31户、远洋货物运输5户、水上运输辅助活动9户、货运港口12户、航空运输辅助活动3户、管道运输企业5户、运输代理服务70户；装卸搬运和其他运输服务业52户、仓储业48户、邮政物流企业192户、其他寄递服务36户。包括承接全国各地整车、零担货运、专线直达、往返运输、中转运输、仓储分装、门对门配送等第三方物流增值延伸服务；提供储存、分销、配送、信息服务、系统规划设计等供应链一体化的综合物流服务。

## 二、速递物流

进入21世纪，邮政企业开办国内外EMS邮政速递业务。速递业务以高速度、高质量为用户传递国内紧急文件资料及物品，并提供各种形式邮件跟踪查询服务，业务范围通达全国乡村。客户除在邮政局营业窗口交寄外，还可通过本地“1183”客户服务专用号，请专人上门收寄服务，并选择最迅速的交通运输方式传递，最终由专人专车将邮件投送收件人手中。同时，还重点为大中型企业量身定制、与其他供应链实行完全同步综合物流服务，办理订单处理、运输、配送到库存管理、流通加工、代理报送、信息服务、退货处理、代收货款等业务，实行物流、信息、资金“三流合一”的合同物流服务。

**1991~2010年全市商品物流业工商登记一览**

表30-3-1　　单位：个、万元

| 年份 | 户数 | 注册资金 | 年份 | 户数 | 注册资金 |
|---|---|---|---|---|---|
| 1991 | | | 2001 | 3 | 200 |
| 1992 | 1 | 210 | 2002 | 5 | 510 |
| 1993 | | | 2003 | 4 | 650 |
| 1994 | 1 | 600 | 2004 | 7 | 3010 |
| 1995 | | | 2005 | 21 | 1886 |
| 1996 | 1 | 63 | 2006 | 15 | 4113 |
| 1997 | 1 | | 2007 | 14 | 1001 |
| 1998 | | | 2008 | 28 | 19089 |
| 1999 | | | 2009 | 40 | 11511 |
| 2000 | 5 | 1065 | 2010 | 47 | 5090 |

**2000~2010年全市物流企业发展情况一览**

表30-3-2　　单位：个、万元

| 年份 | 当年发展数 | 其中分支机构 | 独资 | 合资 | 注册资本数 |
|---|---|---|---|---|---|
| 2000 | 1 | | | | 24.70 |
| 2001 | 3 | 1 | | | 200.00 |
| 2002 | 5 | 1 | | | 200.00 |
| 2003 | 7 | 5 | | | 2238.00 |
| 2004 | 19 | 4 | 2 | | 5365.00 |
| 2005 | 31 | 5 | | | 4908.45 |
| 2006 | 24 | 7 | | | 1753.00 |
| 2007 | 27 | 6 | | | 2123.00 |
| 2008 | 38 | 7 | | | 79691.00 |
| 2009 | 59 | 15 | 3 | 1 | 4161.00 |
| 2010 | 77 | 19 | 1 | 1 | 11074.00 |

2010 年全市主要物流企业一览

表 30-3-3　　　　单位:万元

| 企业名称 | 地 址 | 营业额 |
|---|---|---|
| 九江四方港务物流公司 | 市区九瑞路 231 号 | 1200 |
| 九江石化三鑫实业总公司 | 市区滨江东路 236 号 | 1526 |
| 九江市烟草物流中心 | 市区浔阳东路 238 号 | |
| 九江外轮代理公司 | 市区北经路 2 号(外贸码头) | |
| 中国外运九江公司 | 市区庐山路 191 号 | 2700 |
| 中海集运九江公司 | 市区浔阳路 2 号(外经贸大楼 11 栋) | 12000 |
| 九江中兴国际货运代理有限公司 | 市区环城路锦湖豪庭 A 栋 2605 室 | |
| 九江邮政物流分公司 | 市区长虹大道市政府斜对面 | |
| 中铁快运九江分公司 | 市区长虹大道 288 号 | |
| 九江长江物流有限公司 | 市区滨江路 37 号(金城公寓 1 栋) | 15.2 |
| 九江长远物流有限公司 | 市区长虹北路 19 号(天马建材城) | 121.3 |
| 九江华油运输有限公司 | 市区东盟城中城 B 栋 3502 室 | 月营业额 30 |
| 九江市富源物流配送有限公司 | | |
| 九江市顺恒物流货运代理有限公司 | 市区龙翔国贸大厦 8 楼 | 420 |
| 九江长丰集装箱运输有限公司 | 市区北经路 2 号(海关) | 700 |
| 上海海华国际货运有限公司九江分公司 | | |
| 九江和平物流配送中心 | 市区九瑞路 148 号 | |
| 中船闽赣物资公司 | 市区九瑞路 249 号 | |
| 九江公路货运配载公司 | 市区长虹北路 78 号 | 100 |
| 九江机场 | 九江县马回岭 | |

# 第四章　特种服务业

## 第一节　典　当

### 一、行业规模

1991 年,全市有典当行 3 家。1995 年 8 月,九江金威典当拍卖行成立。1996 年,典当机构 1 家,注册资金 500 万元;2000 年后,修水县金辉典当有限公司开展动产质押、房地产抵押、绝当物品变卖等典当业务,年均办理典当 400 余件,发放当金 1000 余万元。2002 年 1 家,注册资金 1500 万元;2003 年 1 家,注册资金 500 万元。

2004 年,国家机构改革,典当行业归口商务部管理。2005 年 2 月,商务部、公安部《典当管理办法》出台,完善管理体系,规范管理制度,为典当业提供发展环境。当年,典当机构 1 家,注册资金 500 万元。2007 年后,德安县、共青城、武宁县、修水县、瑞昌市分别开设典当行。

至 2010 年 12 月,全市典当公司(行)已发展到 9 家,注册资金 6000 万元,从业人员 100 名。2008~

2010年3年，年平均放款2亿元以上，实现利润200万元以上，为九江经济社会发展做出贡献。

### 二、企业选介

**九江市浔阳典当有限责任公司** 原名九江市典当拍卖服务商行，隶属市供销合作社下属市土产公司。1993年8月作为非银行金融机构，由中国人民银行监管，更名为九江市典当行。根据国家政策调整，2000年8月，监管职责从中国人民银行移交给商业部门监管，依据相关规定，2003年3月14日，更名为九江市浔阳典当有限责任公司，坐落于市甘棠北路48号，隶属于市再生资源总公司。注册资金500万元，从业人数18人。公司自成立至2010年12月底，累计放款额6000万元，上缴税费18万元，实现利润8万元。

**修水县金辉典当有限公司** 2010年2月经商务部批准成立，注册资金500万元。有工作人员6人。当年1~9月共办理各类典当业务217笔，典当金额500余万元。公司在当年度年检工作中，被省商务厅评为A级典当企业。

## 第二节 拍卖

### 一、行业状况

1999年，市第一家拍卖行成立。2001年，有拍卖企业3家，注册资金150万元；2004年，有拍卖企业2家，注册资金200万元；2006年，有拍卖企业2家，注册资金360万元；2007年，有拍卖企业2家，注册资金550万元。至2010年底，全市共有拍卖企业13家，企业员工151人，其中持有专业证书68人，拍卖师15人。业务范围涵盖文物珍宝、名人字画、房产土地、设备车辆、公共物品拍卖等。随着改革不断深入，市场经济快速发展，拍卖物范围逐渐扩大，从有形商品到无形商品，业务量不断提升。2008~2010年，平均每年拍卖场数稳定在150场以上，年成交额超过3亿元，上缴税金累计突破100万元。

### 二、企业选介

**江西泰华拍卖公司** 是经省商务厅批准，在市工商行政管理部门登记注册，具有独立法人资格、专业从事各类拍卖业务(不含文物)拍卖企业。是全市唯一一家“重合同守信用”AAA企业、唯一一家中国拍卖行业协会A级企业、唯一一家天津金融产权交易所会员、中国拍卖行业协会会员、省拍卖行业协会会员、省产权交易所会员。公司注册资本260万元，经营场所200多平方米，为自有产权。

公司员工13人，90%具有高等以上专业学历。有注册拍卖师2名，另聘请常年法律顾问3人。在项目作业上，遵循“公正、公平、公开”“价高者得”原则，真诚为委托人服务，并将服务延伸到起草文件、立项申请、部门联系函、请示报告、房地产过户办证、代收代缴税费等。2006~2010年累计召开拍卖会60场次，累计成交近5亿元，营业收入约200万元，上缴税收约10万元。

**江西浔城拍卖有限公司** 成立于2001年，是市成立最早的拍卖企业之一，主要从事国土部门、国资部门、法院委托业务，其范围涵盖房地产、车辆设备、企业产权、债权、股权等各种有形资产及无形资产拍卖。曾成功拍卖瑞昌市杭瑞高速公路处宗地，由220万元竞拍至3200万元，增幅达14.5倍。2010年5月，拍卖九江开发区长江大道与南海路附近宗地，拍出每亩823万元价，成交总价达6432.4万元，超出起拍价的3倍多。

**九江正兴拍卖有限公司** 2001年，由市政府机关事务中心与市再生资源总公司共同出资组建的专门从事拍卖业务拍卖公司，注册资金500万元。是中国拍卖行业协会会员、省拍卖行业协会副会长单位、省产权交易所会员单位、省商务厅和市政府指定公物拍卖企业，同时也是中国信达资产管理公司南昌办事处、中国银行股份公司九江分行、中国农业银行股份公司九江分行和市中级人民法院等单位拍卖业务入围机构。公司现有拍卖师2人，从业资格人员8人，经营场所300多平方米(内设拍卖厅一个)，曾成功举行300余场次拍卖会，拍卖成交金额达数亿元，被市工商局多次评为“守合同重信用”AA企业。

# 第三节 保 安

20世纪90年代始,市、县(区)一些机关团体、企事业单位招聘人员负责守护、门卫、巡逻等安防守护服务,承接金融单位现金流通、金库守护、保安护运服务,承接展览、展销、社会营业性文化活动场所有偿保安服务,亦有客户需要申请提出的保安服务。1996年11月,经省公安厅批复,市工商行政管理局注册登记,市保安服务公司成立。2001年5月,市保安服务公司更名市保安服务总公司。明确保安服务公司归口治安部门监管。根据《娱乐场所管理条例》,向全市娱乐场所派驻保安员,取缔非法保安培训机构,规范保安服装和标志管理。同月,根据公安部、中国人民银行《关于进一步加强金融保卫工作的通知》,市公安局保安武装押运大队成立。2002年5月,经省公安厅批复,市保安服务总公司保安押运分公司成立。保安押运分公司负责对全市金融机构以及证券交易所、保险公司、金银珠宝商店等单位的货币、有价证券、增值税发票、金银珠宝、贵重财物实行武装押运、守护和保管服务。2009年3月,据市公安局《关于实施九江保安服务统一管理工作会议纪要》精神,撤销庐山区保安服务分公司、浔阳区保安服务分公司、开发区保安服务分公司,权属归市保安服务总公司统一经营管理。4月,经省公安厅重新审核、登记,庐山区工商行政管理局注册登记,市保安押运分公司更名为市保安服务总公司保安护运分公司(非法人资质的管理分支机构)。2010年8月,据省公安厅《关于全省保安押运专用运钞警车号牌改换民用号牌的通知》要求,全市保安押运专用运钞车的警车号牌全部改换民用牌照。颜色和外观标识改为车身喷标准,文字为标准警蓝色;左右两边标有“武装押运”字样和保安徽标,后面标有“武装押运,请勿靠近”字样。至2010年年底,全市共有保安公司15家,保安人员1500人,年经营收入2600万元。有保安押运专用运钞车37台。

**至2006年全市基层保安服务公司设立时间一览**

表30-4-1

| 单 位 | 设立时间 | 单 位 | 设立时间 |
| --- | --- | --- | --- |
| 彭泽县保安公司 | 1989年03月 | 德安县保安公司 | 2003年01月 |
| 湖口县保安公司 | 1994年06月 | 九江县保安公司 | 2003年01月 |
| 庐山保安公司 | 1996年12月 | 武宁县保安公司 | 2003年03月 |
| 瑞昌市保安公司 | 1998年10月 | 永修县保安公司 | 2003年04月 |
| 市水上保安分公司 | 2002年03月 | 星子县保安公司 | 2003年07月 |
| 修水县保安公司 | 2002年07月 | 市东郊保安分公司 | 2005年03月 |
| 都昌县保安公司 | 2002年08月 | 市公交保安分公司 | 2006年10月 |
| 共青城保安公司 | 2002年09月 | | |

# 第三十一篇

# 粮油业

# 第三十一篇 粮油业

1991年,市政府下达《1991~1992年度粮食包干计划的通知》。自5月1日起,提高城镇口粮供应价格,实行食油购销同价。1992年,粮票停止使用。1993年,取消粮油平价供应,全市实行限价供应。粮食定购任务亦改为指导性计划,与农户签订收购合同,实行保护价政策。1994年,恢复对农民粮食订购任务。

随着平价粮油退出市场,粮食市场多种企业体制并存格局基本形成。粮食部门继续做好粮食仓储、粮油质量检查等工作。1995年,市政府对县(市、区)实行粮食定购、定销、定调、定存"四定"包干,粮食部门实行两线运行,其中政策性业务定代购、定代储、定代销、定代加工,给予定额代理费用,按量拨补,企业不承担政策性亏损;经营性业务则由企业自负盈亏。1996年,城镇居民粮食供应证亦退出历史舞台。

1998年,九江遭遇百年未遇特大洪涝灾害,全市粮食部门继续发挥主渠道作用,集并、调运、抢救水患粮油9292.8万公斤,整晒粮食84.2万公斤,安排灾供借销粮9202万公斤(原粮、下同),下发民政救济粮580万公斤,社会赈灾粮800万公斤,通过市场供应灾民口粮417万公斤,当年,继续深化粮食流通体制改革,国有粮食企业不再承担政府行政管理职能,转换经营机制,面向市场,成为独立核算、自主经营、自负盈亏经济实体。九江米市开业,入市粮食批发企业中非国有企业数量和交易量均超过国有粮食批发企业。1999年,取消粮食调拨,由市和各县(市、区)政府负责本地粮食供求平衡,粮食流通体制改革力度加大。

2004年以来,落实中央实施惠农政策,对种粮农民直接补贴,改变多年来补贴流通环节做法,让农民直接受益。2006年,废止《农业税条例》,农民彻底告别绵延2600多年种地缴纳"皇粮国税"的历史,农民种粮热情得到激发,至2010年,全市100亩以上种粮大户343户。收购粮食134372万公斤。自废止农业税以来,全市国有粮食企业5年中年均收购粮食22395.3万公斤,占粮食收购总量三分之二以上,在市场经济条件下,依然是搞活粮食流通、促进农民增收和服务粮食宏观调控重要力量。经多年改革,粮油流通体制则更为灵活多样,入驻九江米市的粮油批发行业达62家。

# 第一章 粮油收购

## 第一节 粮食收购

### 一、分类收购

**国家定购** 1990年,国务院将粮食合同定购改为国家定购,作为农民应尽义务,必须保证完成。粮食购销实行包干。1991年始,国务院对各省、自治区、直辖市粮食包干指标,按1990年度计划略加调整,执行两年。国家定购和“议转平”粮食的加价款,以及中央转地方进口粮食的补贴款,由中央财政对地方财政实行总额包干。同年3月,省政府下发《关于进一步加强粮食工作的通知》,决定1991~1992年省对地(市)、地(市)对县(市)实行粮食包干。包干指标按1990年度计划略加调整逐级下达,两年统算。包干计划内多购少销节余粮食归地方,少购多销粮食由地方自行购买议价粮弥补。全省粮食定购坚持“三个不变”,即:省对地(市)定购任务数不变;地县附加5%~7%机动比例不变;实行奖售化肥、柴油和发放预购定金“三挂钩”政策不变。

市政府根据省政府《批转省粮食局关于1991~1992年粮食年度继续实行粮食包干实施意见的通知》,下达各县(市、区)1991~1992年平价粮食包干计划,国家定购15108万公斤(贸易粮、下同)、销售26600万公斤、加工减量900万公斤。按照“钱粮结合,钱随粮走”原则,相应落实粮食财务包干计划,完善粮食财务管理体制和财务管理办法,明确各级政府不仅是粮食工作领导者、管理者、监督者,也是最终经济责任承担者,进一步打破粮食统收、统支、统盈、统亏传统管理办法,健全分级责任管理体制。

1991年,市政府根据省政府《关于认真做好夏粮收购工作的通知》精神,决定全市早稻收购按全年定购任务70%掌握。对完不成夏粮定购任务,秋粮又难以补上的农户和生产单位,要坚持收取可以买回同等数量粮食的差价款,并当季购买现粮如数补上。少数粮食比较紧缺的地方,农民愿意以钱折实抵交定购任务的,应该允许,但必须如数买粮转抵。完成收购任务(定购和专储)后,开放粮食市场,实行多渠道经营,价格随行就市。

全市粮食部门落实“三挂钩”政策,农户每交售定购粮50公斤稻谷,奖售平价化肥10.5公斤、柴油1公斤。化肥分2次发放,第一次在3月底前随定购任务通知书预发全年化肥票70%到农户或生产单位,8月底前供应年挂钩化肥70%,其余30%化肥票,待农户完成粮食定购任务后再据实发给。粮挂柴油发放与粮挂化肥相同,尊重农民意愿,要油给油,要钱给钱,平议差价由县政府确定。预购订金仍按定购粮价款总额20%发放,由粮食部门向农业银行承贷承还,时间为8个月。预购定金发放继续实行与挂钩化肥结合,即粮食部门办理借款手续后,将定金划给供销社,换取带资金化肥供应票证(在票证上加盖供销社印章),由农户持票到本地供销社领取化肥。对不按期归还预购定金的拖欠户和只有公粮任务农户,只发化肥、柴油票,不发预购定金,实行钱票分开。严格执行粮食收购政策,实行定购、专储、议购兼收。在收购中,克服资金不足、仓容紧缺等困难,1991年4~12月全市粮食收购总量23033万公斤,其中定购粮收购11472万公斤,占市核减到县(市、区)任务97.8%,剔除扩棉减购3375万公斤,较1990年增加469万公斤;议价收购6468万公斤,较上年同期增加4182万公斤;国家专储收购5093万公斤,较1990年减少5129万公斤。1992年收购19937万公斤,其中定购11027万公斤,议购8910万公斤。

**保护价收购** 1993年4月,省政府决定在全省放开粮食价格和经营,改国家定购为合同收购,实行收购保护价和“三挂钩”政策。改进粮食挂钩化肥、柴油兑现办法,对合同收购粮食实行价外加价,将利益直接付给农民。价外加价标准:每50公斤小麦4.20元,大米5.20元,大豆5.50元。预购定金继续由粮食部门与农民签订粮食收购合同时,按收购价格20%预付给农民。保护价和价外加价实施范围仅限于签订合同收购,合同以外的粮食一律随行就市收购。

同年,市政府确定全市粮食收购计划2亿公斤,其中,省下达合同收购1亿公斤,议购1亿公斤。保护价按照国务院统一制定基准价执行,即每50公斤早籼稻21元,中籼稻26元,晚籼稻28元,小麦31元。

由于当年全市遭遇历史罕见涝灾,早稻减产,晚稻平收。粮源不足,粮价上涨,粮食市场形势趋紧,收购艰难。为确保完成全年粮食收购任务,全市粮食部门从早稻收购开始,就立足多购,早稻收购不限比例,有多少收多少,特别是合同收购争取主动,但收购不理想。为此,市政府发出《关于做好秋粮收购工作的通知》明传电报,要求各地粮食部门全力以赴搞好秋粮收购。当年,全市合同收购1亿公斤贸易粮,议购4889万公斤贸易粮。

1994年,国家恢复农民粮食定购任务,同时停止发放粮食预购定金。农民春耕生产所需资金由农业银行、信用社发放贷款予以解决。7月,市政府根据省政府安排,确定全市粮食收购总量12535万公斤,其中:国家定购8735万公斤(含农业税征实,不含种子粮收购),市场收购3800万公斤。为争取工作主动,早稻收购按总量60%安排,早稻比较多的地方可以多收。以县为单位,在未完成国家定购任务前,停止多渠道收购。凡是没有粮食批发经营权的企业和个体粮商,一律不准到农村直接收购。定购粮食收购价格按省物价局《关于下达1994年粮食收购价格的通知》执行,实行优质优价。定购以外粮食收购价格随行就市。粮食收购资金按照省政府实行分级部门责任制要求筹措,确保收购不打“白条”。

为保证国家掌握粮源,全市执行国务院办公厅《关于加强粮食市场管理,保持市场稳定的通知》及省、市政府关于加强粮油市场管理有关规定。粮油收购由基层粮管所(站)统一收购,以县(市、区)为单位,在未完成国家定购和市场收购计划前,除承担国家粮油收购任务的粮管所(站)和具备规定资格并经核准的粮食批发企业外,任何单位和个人都不准到农村直接收购粮油。加强城乡议价粮油和集市价格监管,对违反国家规定抬价购销粮油,非法牟取暴利,掺杂使假等行为,严加追究,除没收其非法所得外,情节严重者依法惩处。

1995年,国务院对粮食实行“米袋子”省长负责制,要求各省、自治区、直辖市自行负责本地区粮食总量平衡,并出台两项优惠政策:国家专项储备粮费用补贴由贸易粮每0.5公斤6分改为稻谷每0.5公斤6分;将归房产部门所有的粮油零售网点房产权无偿划拨给粮食部门。省政府根据国务院文件精神和江西粮食工作实际,提出全省粮食“四定”包干责任制,粮食定购实行价外补贴。市政府对粮食实行市长、县长包干制,其主要措施是:定购、定销、定调、定库存“四定”包干,全市粮食定购0.92亿公斤(含农业税征实和种籽粮),必须保证完成。价格在国家定购价基础上,每50公斤稻谷价外补贴10元。以县为单位,粮食定购坚持由基层粮管所(站)统一收购,定购以外粮食按议价收购,价格随行就市。根据国家和省、市总量平衡需要,全市安排议价收购指导性计划1.5亿公斤,其中棉农口粮外购0.75亿公斤、小麦0.5亿公斤。当年,全市在大灾之年完成粮食定购4053万公斤,占省下达8700万公斤计划46.59%,完成市场收购9974万公斤,占省下达计划398.96%。

1996年,继续落实“米袋子”省长责任制。为补偿粮食生产成本,缩小粮食定购价格与市场价格的差价,调动农民种粮、售粮积极性,促进粮食生产长期稳定发展。国务院决定从当年新粮上市起提高粮食定购价格。4月,省物价局《关于下达1996年江西省粮食定购价格的通知》明确粮食定购价格实行中央指导下省政府定价,即根据国家下达粮食定购基准价和浮动幅度,由省级政府确定定购粮收购价格。当年全省粮食定购价格水平,在原粮食定购价格基础上提高15元,再上浮9.72%,同时取消省政府1995年确定的定购粮价外补贴。新的粮食定购价格从1996年新粮上市(7月1日)起执行,市本级和县(市、区)早籼稻每50公斤65.00元,晚籼稻每50公斤73.00元,质量为国标中等以上。当年省下达市粮食定购任务0.84亿公斤。为实现以丰补歉,弥补粮食收支缺口,确保全市定购任务完成,3月,市政府下发《关于下达1996年度国家粮食定购任务的通知》,安排全市粮食定购任务0.92亿公斤,其中农业税征实1750万公斤。同年粮食大丰收。粮食部门执行国家粮食收购政策,资金足额兑现,千方百计扩容装粮,全市共腾仓并容4700万公斤(稻谷、下同),集并和边收边调6747万公斤,扩容储粮8508万公斤,其中抢建并竣工仓库(棚)21座,储粮1795万公斤;租借社会仓库59座,储粮4548万公斤,在不危及仓库安全前提下超高超载多储粮1105万公斤,露天储粮堆垛14个,计485万公斤。修理改造废旧仓库12座,储粮575万公斤;结合开展“文明窗口”优质服务活动,实施一系列便民收购服务措施。至12月底,全市粮食收购入库20810万公斤(贸易粮,下同),较上年增加10218万公斤,增幅96.47%,其中完成定购9393万公斤,占省下达计划8700万公斤107.96%,较上年增加5663万公斤。为多年来定购任务完成最好的一年。议价收购4417万公斤,专储收购7000万公斤,没有向农民打一张白条,全市没有出现“卖粮难”。

1997年,国务院下发《国务院关于按保护价敞开收购议价粮的通知》,定购粮收购价格,按上年定购价执行,一律不得降低。定购粮收购任务完成以后,要按保护价敞开收购议价粮。议价粮收购保护价按定购粮基准价执行;对质量较差,不适销对路的早籼米和春小麦某些品种,其保护价可以比基准价略低,但下浮幅度一般不得超过5%,具体价格水平由省级人民政府确定。对农民留足口粮、种子粮、饲料用粮和必要储备粮外的余粮,要坚持做到按保护价敞开收购,不拒收、限收、停收、不打“白条”,不得代扣各项款项。要在粮食收购站(库)张榜公布定购粮价和保护价,挂牌收购。要坚持按质论价,不得压级压价。4月,市计委、市粮食局下发《关于调整1997年度国家粮食定购任务的通知》。根据省计委、省粮食局规定,结合九江市实际,经请示市政府同意,对当年全市国家粮食定购任务进行适当调整,主要调减库区、国家和省定贫困县、乡中尚未解决温饱贫困户粮食定购任务,以及国家和省重点工程建设用地所承担的粮食定购任务,以1996年下达数量为基数进行调减,全市调减920万公斤贸易粮,调减后定购任务为8095万公斤贸易粮,同时相应调整下达各地当年粮食“四定”包干计划。8月和10月,省物价局、省粮食局、省计委联合公布江西省早、晚籼稻定购价,一律按1996年定购价不变;议购价格执行全省统一规定的收购保护价,国标中等以上每50公斤早籼稻55元、晚籼稻66元。等级差按现行规定执行。

当年,全市粮食大丰收,总产达12.76亿公斤,较1996年增产1.33亿公斤。但粮食市场疲软,销调不畅,价格下滑,库存严重积压。为保护农民利益和维护农村经济稳定发展,全市粮食部门贯彻落实全市粮食购销工作会议精神,早稻定购按全年定购任务50%组织收购,农业税一律征实,议价粮按保护价挂牌敞开收购;多渠道解决仓容严重紧缺等矛盾,严格执行国家粮食收购政策,搞好收购服务,做到不拒收、不限收、不停收、不压级压价、不打“白条”,除农业税外不代任何单位扣款。全市收购入库粮食18658万公斤,其中国家定购8312万公斤,超额完成市下达计划;按保护价敞开收购议价粮10346万公斤。全市租借社会闲置仓库、厂房、车间等储粮点84个,仓库136座,储粮10401万公斤(混合量),其中玉米2043万公斤,小麦35万公斤。露天储粮300万公斤。腾仓并容、县内移库、所库集并、边收边调累计43723万公斤。

**1997年全市粮食(贸易粮)定购任务调整一览**

表31-1-1　　单位:万公斤

| 县(市、区)别 | 1996年任务 | 1997年调减数 | 1997年调后任务 |
|---|---|---|---|
| 全市合计 | 9015 | 920 | 8095 |
| 庐山区 | 312 | 32 | 280 |
| 九江县 | 400 | 50 | 350 |
| 德安县 | 260 |  | 260 |
| 永修县 | 1595 |  | 1595 |
| 星子县 | 373.5 | 73.5 | 300 |
| 修水县 | 2622 | 372 | 2250 |
| 武宁县 | 998 | 98 | 900 |
| 湖口县 | 520 | 70 | 450 |

续表 31-1-1

| 县(市、区)别 | 1996 年任务 | 1997 年调减数 | 1997 年调后任务 |
|---|---|---|---|
| 都昌县 | 945 | 85 | 860 |
| 彭泽县 | 223 | 23 | 200 |
| 瑞昌市 | 575 | 75 | 500 |
| 共青城 | 191.5 | 41.5 | 150 |

1998 年 6 月,执行国务院颁发《粮食收购条例》。市粮食部门大力宣传,印发《粮食收购条例》2200 份,张贴乡、镇、村和粮食收购点。同月,省物价局下发内部传真电报,公布当年早籼稻收购价格,国标中等定购价格每 50 公斤 57 元。议购保护价每 50 公斤 50 元。10 月公布中、晚籼稻收购价格,国标中等定购价每 50 公斤 64 元,议购保护价每 50 公斤 58 元。早、中、晚籼稻全省定购价、保护价,不分价区,一律按省定价格执行。优质稻收购价允许在省定价格基础上适当上浮,上浮权在县。10 月,市计委、市粮食局联合下发《关于下达 1998 年度定购粮食收购和调拨计划的通知》,确定全市粮食定购计划按省定原则,结合九江具体情况,在 1997 年基础上适当调整。全市调减定购粮 2600 万公斤贸易粮,调减后定购任务为 6513 万公斤贸易粮。早、晚稻收购比例 4:6;为减轻销区粮食调入负担,促进销区发展粮食生产,提高粮食自给平衡能力,市政府对销区县(市、区)不安排省内地间调入,粮食调出县按收支差安排调出,调入地区为未按计划调入粮食,产生的利息和费用由调入地区支付给调出地区;按粮食工作省长负责制、地(市)、县(区)长包干制要求,因调减定购粮调拨计划,各地城镇人口基本口粮供应出现缺口时,由各地自行解决或报省在省级储备粮中调剂解决,确保粮食定购任务和调拨计划完成。

按照国务院和省政府粮改工作部署,市政府提出“抓好敞开收购,打好顺价销售,确保收购资金封闭运行”,贯彻落实粮食收购质价政策,执行《粮食收购条例》,准备收购仓容,克服泥芽谷、高水分粮、农民惜售等诸多问题,坚持国家粮食质量标准,开展便民优质服务,保证收购资金按时足额到位,维护粮食收购市场秩序,粮食收购业绩比预期好。在全市遭受特大洪涝灾害情况下,到 12 月底,全市粮食收购入库总量 7145 万公斤,其中国家定价 4121 万公斤,占省下达计划 75.6%;按保护价敞开收购农民余粮 3024 万公斤,维护了灾年农民利益和农村稳定。

1999 年,省计委,省粮食局《关于下达 1999 年度定购粮食收购计划和调拨计划的通知》,下达市定购粮计划 5450 万公斤贸易粮。劣质和优质品种不纳入定购粮收购范围。全省粮食收购实行定购价与议购保护价统一执行加权平均收购价格,即:中等质量普通早籼稻加权平均收购价格为每 50 公斤 51 元;中等质量普通晚籼稻加权平均收购价格每 50 公斤 58 元;中等质量劣质早籼稻加权平均收购价格每 50 公斤 45 元。劣质早籼稻品种:浙福 802,红 410,威化 64,威优华联 2 号。8 月,市计委、市粮食局下发《关于下达 1999 年定购粮食收购计划的通知》,全市安排粮食定购计划 6513 万公斤,与 1998 年度不变。早、晚稻按省确定的 4:6 比例收购,劣质和优质品种不纳入定购粮食收购范围。原则上不安排市内县间定购粮调拨计划。对于产区应调出的定购粮仍按上年下达计划全部收归市掌握,统一安排。当年,全市粮食部门力争多购掌握粮源,为顺价销售创造有利条件。坚持优质优价,早开门、晚关门、随到随收,为农民提供各项便利优质服务。到 12 月底,全市收购入库原粮(下同)2.225 亿公斤,较 1998 年增收 1.31 亿公斤,其中按优质优价收购优质稻谷 1712 万公斤。

2000 年,国家粮食购销政策做出重大调整。省政府根据国务院办公厅《关于部分粮食品种退出保护价收购范围有关问题的通知》精神,决定全省早籼稻退出保护价收购范围,继续实行中晚籼稻定购价和保护价同价,保持收购价格总水平基本稳定,并完善粮食优质优价政策。普通中籼稻标准品定购价和保护价每 50 公斤均为 56 元,与上年持平,劣质品种允许下浮 1 元。普通晚籼稻标准品定购价和保护价每 50 公斤均为 58 元,与上年持平。按照国家计委关于秋粮质量标准推迟到 2001 年执行的规定,全省中晚籼稻继续执行 GB1350-1986 国家粮食质量标准。面对粮改带来的机遇和挑战,以及粮食市场持续低迷,顺价销售十分困难,秋粮生产又遭受严重干旱影响的形势,全市粮食部门坚持常年常时挂牌敞开收购,切实执行中晚稻保护价收购政策。针对早籼稻退出保护价收购,农业税征收矛盾较大,及时制定鼓励农民留早稻、交晚稻或以现金折征等措施,由农民自主决定。坚决执行优质优价收购政策,千方百计解决好收购仓容和收购资金,正确执行价格政策,坚持质量标准,严肃收购纪律,强化市场监管,努力搞好优质服务,力争多购。到12月底,全市收购粮食总量2.675亿公斤,较上年增长49%,其中定购6300万公斤,保护价收购1.83亿公斤,全面完成省、市下达的定购任务和收购目标。2001年,市继续执行早稻放开、中晚稻按保护价敞开收购政策。早稻和中晚稻收购全面执行原国家质量技术监督局1999年发布的稻谷、小麦和玉米等8项国家标准,并在收购所(站)公布收购政策、收购价格质量标准,配齐收购验质所需检测仪器,确保在收购中依质论价、优质优价,杜绝压级压价和收"人情粮"现象。中晚籼稻整精米率指标控制在不低于44%。当市场价高于保护价时,克服资金困难,主动按市场价收购,对已放开的早稻收购,按照"购得进、销得出、不亏损"原则,主动参与市场竞争,切实保护农民利益。全市收购粮食19120万公斤(贸易粮,下同),其中定购4364万公斤,保护价收购14756万公斤。

2003年上半年,市粮食局按照市政府部署,结合市粮食行业实际和发展趋势,提出"三个跳出求发展"(即跳出粮食主攻招商引资求发展,跳出补贴面向市场求发展,跳出困境主攻开发求发展)和"六个一块"(即稳一块,活一块,强一块,开发一块,联一块,放一块)的工作思路,把做好粮食购销,稳定粮食市场,维护社会稳定作为头等大事来抓。在粮食收购工作中,执行按保护价敞开收购中晚稻政策,全市当年收购粮食19926万公斤。

**最低收购价** 2004年3月,落实国务院对稻谷实行最低收购价等一系列措施,调动农民生产积极性。4月,国家发改委、国家粮食局、财政部、农业部《关于印发早籼稻最低收购价指定收购企业(库点)名单的通知》中明确,永修国家粮食储备库、永修县虬津粮管所、永修县吴城粮管所,修水国家粮食储备库、修水县三都粮管所、修水县渣津粮管所,都昌国家粮食储备库、都昌县周溪粮管所、都昌县张岭粮管所,武宁县粮食局直属粮库、武宁县船滩粮管所、武宁县石渡粮管所共12家为指定早籼稻收购企业,一旦国家批准启动执行预案,及时挂牌按每50公斤(国标三等质量标准)70元收购,预案启动前随行就市进行收购。

当年中晚籼稻(三等,下同)最低收购价格为每50公斤72元。粳稻(三等,下同)为每50公斤75元。在中晚籼稻市场价格高于每50公斤72元、粳稻市场价格高于每50公斤75元时,由取得收购资格的粮食经营企业按实际市场价格收购;在中晚籼稻市场价格低于每50公斤72元、粳稻市场价格低于每50公斤75元时,由国家委托能发挥主渠道作用国有粮食经营企业按最低收购价格收购。全市粮食部门贯彻执行国务院粮食最低收购价政策和全省中晚籼稻收购工作电视电话会议精神,按照市粮食局《关于积极组织好中晚稻收购工作的紧急通知》要求,主动入市,立足多购,充分发挥国有粮食购销企业主渠道作用;加强收购市场监管,维护正常收购市场秩序;坚持优质优价,确保粮农增产增收。全市粮食部门每50公斤平均收购价早籼稻72元、中晚籼稻74元,高于国家最低收购价,略高于周边地区收购价格。全市共收购11725万公斤贸易粮,仅此粮农较上年人均增收125元。

2005年,国家对重点粮食品种继续实行最低收购价政策。当年市场粮价低于国家粮食最低收购价。7月28日和10月20日,国家在江西省分别启动早籼稻和中晚籼稻最低收购价执行预案。全市早籼稻指定收购库点25个,中晚籼稻收购库点92个,收购延伸库点每个乡镇不少于1个。

预案执行期间,市粮食局组织5个督查组到乡镇向农民宣传国家粮食最低收购政策,翻印《江西省2005年早籼稻最低收购价执行预案宣传提纲》500份,在各收购点、各乡镇农村张贴;都昌县粮食局印发2万份《致粮农朋友的公开信》。市、县粮食局举办收购培训班,共培训粮食质检员200人次、保管员720人次。全市各指定收购库点、延伸收购库点,执行粮食最低收购价政策,一律按早籼稻(标准品)每50公斤70元,中晚籼稻(标准品)每50公斤72元,挂牌敞开收购。早开门、晚关门,中午不休息,符合质量标准的粮食随到随收随结算,保证粮农一手卖粮、一手拿到粮款;对不符合质量要求的粮食,为农民提供风车、整晒场地，积极搞好优质服务。瑞昌市粮食购销公司质检人员主动到农户家上门验质，减少粮农搬倒费用；都昌县左里粮食收购公司等单位在收购高峰还安排售粮农民午餐。广大农民拥护国家粮食收购政策，售粮热情空前高涨。全市国有粮食企业收购 14572 万公斤贸易粮。

至 2010 年，国家每年继续实行粮食最低收购价格政策，国家发改委等 6 部门印发早、晚籼稻最低收购价执行预案，公布早籼稻和中晚籼稻最低收购价格。

**2004~2010 年国家规定国标三等粮食最低收购价格一览**

表 31-1-2　　单位：元/50 公斤

| 年 份 | 早籼稻 | 中晚籼稻 | 粳 稻 |
|---|---|---|---|
| 2004 | 70 | 72 | 75 |
| 2005 | 70 | 72 | 75 |
| 2006 | 70 | 72 | 75 |
| 2007 | 70 | 72 | 75 |
| 2008 | 77 | 79 | 82 |
| 2009 | 90 | 92 | 100 |
| 2010 | 93 | 97 | 105 |

2006 年，国家在江西启动早籼稻和中晚籼稻最低价收购执行预案，起止时间：早籼稻为 7 月 23 日至 9 月 30 日。中晚籼稻为 10 月 20 日至 12 月 31 日。在最低收购价适用时间内，当市场粮价回升到最低收购价之上时，可停止预案的执行。为准确贯彻落实国家粮食收购政策，促进农民增产增收，全市执行最低收购价预案的 170 家收购企业执行粮食最低收购价政策，挂牌敞开收购，执行收购纪律，正确执行国家粮食质量标准，充分发挥国有粮食企业主渠道作用，同时全市粮食主管部门鼓励各种市场主体入市收购。当年全市共收购贸易粮（下同）18424 万公斤，其中国有粮食企业收购 13200 万公斤，占收购总量 71.6%。2007 年全省未启动国家粮食最低收购价执行预案。市各级粮食主管部门引导国有粮食企业挂牌敞开收购农民余粮，指导国有粮食企业不断创新收购方式方法，培育多种粮食收购主体和粮食经纪人队伍，活跃粮食收购市场。全市共收购原粮 26239 万公斤，其中国有粮食企业收购 20052 万公斤，占收购总量的 76.4%，全市早稻和中晚稻收购价平均每百公斤高于市场价 9 元，农民仅此增收 3500 万元。

2008 年，由于粮食市场收购价格高于国家粮食最低收购价，全省未启动最低收购价执行预案。为确保粮食增产，农民增收，市粮食局先后 3 次召开粮食收购工作会议，部署早稻和中晚稻收购工作。全市各级粮食部门执行国家粮食收购政策，发挥国有粮食企业主渠道作用，挂牌敞开收购农民余粮。粮食收购期间，开展“政策服务进农家，满意售粮在我局（库、所）”活动，向粮农做出“六个确保”服务承诺。设立 270 个固定收购点，同时设立流动收购点 80 个，确保每乡镇都有 1 个以上收购点，通过上门收购和预约收购，方便农民售粮。各收购点坚持 24 小时收购，做到不限收、不拒收，现金结算，不打白条。当年共收购原粮 29666 万公斤，其中国有粮食企业收购 23336 万公斤，占收购总量 78.7%。全市早稻和中晚稻收购价格较 2007 年收购价每 50 公斤分别高 12 元和 5 元，农民比上年售粮增收 3570 万元。

2009 年，国家再次在江西启动早籼稻和中晚籼稻最低收购价格执行预案，起止时间：早籼稻 8 月 1 日至 9 月 30 日，中晚籼稻为 10 月 28 日至 12 月 31 日。早、中晚籼稻收购质量执行国家标准 GB1350-2009《稻谷》，整精米率低于 38%的早、中晚籼稻不列入最低收购价范围，相邻等级差价每市斤 0.02 元。市早籼稻收购库点 75 个，中晚籼稻收购库点 85 个，每个乡镇设 1 个延伸收购库点。各收购库点和延伸库点准确执行预案，挂牌敞开收购农民余粮，组织人员帮助售粮农户卸车，对种粮大户采取预约收购和上门服务。武宁、永修等县对优质稻实行随行就市收购，确保优质稻种得下、卖得出，收入有增加。当年，全市共收购原粮 28427 万公斤，收购价格每 50 公斤较 2008 年提高 13 元，农民增收 3585 万元。《九江日报》先后3次对全市早稻和中晚稻收购工作进行报道。

2010年,受自然灾害和国际粮价等因素共同影响,市场粮价上涨较快,市早籼稻每50公斤95~96元,中晚籼稻每50公斤105~108元,均高于最低收购价,未启动最低收购价执行预案。为确保粮农增产增收,确保市场粮价基本稳定,维护正常收购秩序,市粮食局在早籼稻和中晚籼稻收购开秤之前,召开会议对全市粮食收购工作进行部署,全市国有粮食企业充分发挥主渠道作用,每个乡镇设1个收购点,挂牌敞开收购农民余粮,改进工作方式,优化服务措施,提升服务水平,方便农民售粮,鼓励多元市场主体入市收购。同时加强价格监测和市场信息采集,加强信息交流,提高对市场价格判断的准确性,通过九江粮食网及时发布价格信息。全市国有粮食企业发挥自身优势,采取以销定购、联合收购、合同收购、代收代储、代购代销。通过"二次结算""二次返利"落实订单收购,充分掌握粮源。当年全市共收购原粮23920万公斤,其中国有粮食企业收购16718万公斤,占收购总量的74.3%,农民增收4000多万元。

**1991~2010年全市粮食收购一览**

表31-1-3　　　　单位:万公斤

| 年份 | 合计 | 定购 | 合同收购 | 议购 | 国家专储收购 | 周转粮收购 | 代储库中央储备粮收购 | 最低价国家临时储存粮收购 | 国有粮食经营企业收购 | 国家委托收购 | 省级储备粮收购 | 市县储备粮收购 | 非国有粮食企业收购 |
|---|---|---|---|---|---|---|---|---|---|---|---|---|---|
| 1991 | 29374 | 11683 | | 9691 | 8000 | | | | | | | | |
| 1992 | 19937 | 11027 | | 8910 | | | | | | | | | |
| 1993 | 15050 | | 10000 | 4889 | 161 | | | | | | | | |
| 1994 | 11019 | 3521 | | 7498 | | | | | | | | | |
| 1995 | 14027 | 4053 | | 9974 | | | | | | | | | |
| 1996 | 21261 | 9492 | | 4769 | 7000 | | | | | | | | |
| 1997 | 18658 | 8312 | | 10346 | | | | | | | | | |
| 1998 | 8490 | 4419 | | 3968 | 103 | | | | | | | | |
| 1999 | 20047 | 6771 | | 13276 | | | | | | | | | |
| 2000 | 23340 | 4493 | | 18847 | | | | | | | | | |
| 2001 | 19120 | 4364 | | 14756 | | | | | | | | | |
| 2002 | 18863 | | | 18863 | | | | | | | | | |
| 2003 | 19926 | | | | | 18526 | 1400 | | | | | | |
| 2004 | 11725 | | | | | 11725 | | | | | | | |
| 2005 | 19497 | | | | | | | | 3779 | 10793 | | | 4925 |
| 2006 | 18494 | | | | | | | 7856 | 5344 | | | | 5294 |
| 2007 | 26239 | | | | | | | | 20052 | | | | 6187 |
| 2008 | 29666 | | | | | | 766 | 7557 | 15013 | | | | 6330 |
| 2009 | 28427 | | | | | | | 11566 | 10732 | | 550 | 300 | 5279 |
| 2010 | 23920 | | | | | | | | 16718 | | | 1150 | 6052 |
| 合计 | 397080 | 68135 | 10000 | 125787 | 15264 | 30251 | 2166 | 26979 | 71638 | 10793 | 550 | 1450 | 74067 |

说明:1.粮食品种1991~2006年为贸易粮,2007年以后为原粮;2.1991~2002年为粮食年度,2003年以后为日历年度

## 二、市场准入

2004年，根据《江西省粮食收购资格许可管理办法》，公布“粮食收购许可证”申办程序，发布《江西省粮食局关于在全省实行粮食收购许可管理制度的通告》，决定自2005年1月1日起，在全省实行粮食收购许可管理制度。2005年1月，市粮食局根据《粮食流通管理条例》和《江西省粮食收购资格许可管理办法》规定，启动粮食收购许可证审核发放工作。成立粮食收购资格许可受理、审批机构，落实办证地点和办证人员，在办公场所公示《江西省粮食收购资格管理办法》《粮食收购许可证申办程序》及流程图，将粮食收购资格申请、审批、发证等在《九江日报》刊发公告，并在市粮食局机关设立公示栏，公开办事程序、资格条件、岗位职责，公示申请企业，实行一次性告知和限时办结及行政审批办证零收费。市、县粮食局还通过办培训班形式，告知申请企业和个体工商户如何进行粮食收购许可资格申请。4月，市粮食局召开全市粮食收购资格行政许可办证工作座谈会，总结交流各地粮食收购资格审批办证经验，规范审批办证行为，确保粮食收购资格行政许可公平、公正、公开，操作规范、程序合法。经粮食经营者申请，市、县粮食局依法审核，当年全市共有306家粮食经营者取得粮食收购资格，并依法办理粮食收购许可证。

2006年，市粮食局制定《九江市粮食行政许可工作人员行为规范》《九江市粮食行政许可工作制度》，通过九江人民广播电台“行风热线”，解答粮食经营者办证具体要求和事项。向社会公开承诺3个工作日内完成材料审核、现场勘查等工作，较省规定时间缩短12个工作日。2009年，提出2个工作日内完成材料审核、现场勘查等工作。同时加强监管，对2年以上未开展收购业务，没有相应仓储设施或检验设备，不按规定报送相关报表以及在收购中违规违纪的收购主体，依法收回粮食收购资格许可证。2006~2010年，全市依法办理粮食收购资格许可证67家，其中国有粮食企业17家，民营企业19家，个体工商户31家；依法收回粮食收购资格许可证40家，其中国有粮食企业24家，原因是粮食流通体制改革撤所兼并。民营企业和个体工商户16家，原因是：无相应的仓储设施或检测设备，或转行不从事粮食收购业务。至2010年底，全市取得粮食收购资格333家，其中国有粮食企业188家，民营粮食企业63家，个体工商户82家。

2010年全市粮食收购市场准入一览

表31-1-4　　单位：个

| 县别 | 取得粮食收购资格数量 | 其中 | | |
|---|---|---|---|---|
| | | 国有粮食企业 | 民营粮食企业 | 个体工商户 |
| 合　计 | 333 | 188 | 63 | 82 |
| 浔阳区 | 28 | 13 | 15 | |
| 庐山区 | 11 | 8 | 1 | 2 |
| 九江县 | 22 | 13 | 3 | 6 |
| 德安县 | 12 | 8 | | 4 |
| 永修县 | 47 | 22 | 9 | 16 |
| 星子县 | 20 | 15 | 3 | 2 |
| 修水县 | 49 | 16 | 6 | 27 |
| 武宁县 | 18 | 12 | 2 | 4 |
| 湖口县 | 24 | 16 | 7 | 1 |
| 都昌县 | 34 | 28 | 2 | 4 |
| 彭泽县 | 40 | 23 | 6 | 11 |
| 瑞昌市 | 21 | 9 | 7 | 5 |
| 共青城 | 7 | 5 | 2 | |

## 三、订单经营

20世纪90年代后期，随着全国粮食等主要农产品由长期短缺向总量平衡、丰年有余的历史性转变，流通领域由卖方市场向买方市场转变，农产品不适应市场需要，粮食品质不优，产销不对路问题突出。农民种粮效益下降，粮食企业销售困难，粮食库存积压严重，直接影响种粮农民收入提高，又增加国家财政负担，制约农村经济持续健康发展。鉴于当时出售粮食仍是农民收入重要来源，调整粮食品种种植结构，按市场需要组织粮食生产，发展“订单粮食”，成为粮食部门一项紧迫任务。

2001年年初，市粮食局与农业部门联合召开全市订单粮食与产业化经营座谈会，开拓粮食产销经营新途径，抓住浙江等地购销市场放开的机遇，多次组织专门力量前往宁波等地考察调研，协商建立稳定的购销基地，达成长期合作意向，签订15.5万吨购销合同，有效解决全市早稻销售问题，同时就粳稻等优质品种产销，按订单模式进行探索，为全市调整粮食种植结构拓展思路。各县(市、区)粮食局按照市粮食局要求，从市场找准订单，以订单引导农民自主调整种植结构，为解决粮食流通中产销脱节等深层次矛盾作出努力。星子县沙湖山粮管所当年落实订单粮食面积166.75公顷，带动邻乡蓼花乡合作订单种植33.35公顷，按合同收购粮食120万公斤，仅此农民每0.07公顷增收50元；该所还通过创办大米精深加工，注册“天鹅湖”牌优质大米品牌，在上海全国消费品展销会上一举成名，销路扩大到重庆、武汉等地，实现农民增收、企业增效“双赢”。2002年，市粮食局尝试“公司加基地加农户”粮食产业化经营模式，成立加快粮食产业化经营步伐领导小组，建立局机关各科室服务联系点。支持市粮油总公司与赛湖农场合作创办九江绿健种植商贸有限公司。星子、永修、修水、德安等县粮食部门与乡村农户签订粮食种植合同，以市场为导向发展订单优质粮食。德安县粮食部门克服困难，签订订单粮食面积667余公顷。当年全市粮食企业与农民签订订单粮食7337公顷，按合同收购粮食3000万公斤，农民增收220万元，超额完成年初确定目标。

2003年，市粮食局在调研基础上，提出国有粮食企业要在粮食市场竞争日趋激烈形势下求得生存与发展，必须走粮食产业化经营之路。按照“培育一个龙头企业，打造一个强势品牌，组建一个企业集团”思路，坚持“落实订单是基础，搞好收购是前提，加工转化是关键，扩大销售是保证，提高效益是目的”原则，以市场为导向，因地制宜选择和创办适合本地区粮食产业化经营形式，加速发展和扶持龙头企业，加快粮食产业化规范化、制度化建设，加强粮食市场体系建设，粮食部门在粮食产业化经营中发挥主导作用。同年，全市粮食部门按照“公司加基地加农户”模式，把千家万户农民组织起来，培育龙头企业，以龙头企业带动粮食产业化。2004年4月，为贯彻落实全国、全省农业和粮食生产工作会议精神，促进农业发展、农民增收，市粮食局组成5个工作组，与县(市、区)粮食局一道，把各项惠农政策、粮食订单合同送到千家万户。各县(市、区)粮食局领导包片、机关科室包点、干部职工走村串户，将订单粮食品种、收购数量、收购价格、种植技术及田间管理知识告知农民，在农民自愿基础上签订粮食订单合同。武宁县粮食局为农民购买种子、化肥等生产资料垫付资金30余万元。公开“三项承诺”：保证按国家规定的最低收购价收购，当市场价高于最低收购价时，坚决按市场价随行就市收购；粮食质量按市场普遍接受标准，坚持做到买卖双方共同商定，做到优质优价；为农民提供周到优质服务，保证兑现合同。推行“二次结算”：粮农在售粮合同兑现后一定时间内，市场价高于现行收购价时，与粮农进行“二次结算”，让利于民，使农民在市场波动情况下，既增产又增收，吃“定心丸”。多种粮、种好粮在农民中达成共识，出现土地向种粮能手集中、多年撂荒良田得到复垦、粮食生产投入明显增加、粮食复种指数明显提高，涌现一批种植面积13.34公顷、33.35公顷、甚至66.7公顷种粮大户，全市形成早稻以金优402、金优974、先农5，晚稻以金优桂99、65002等主导品种优质稻区域化种植、规模化经营局面，实现粮食生产与市场有效衔接。德安县粮食局实施无公害生产技术，示范推广非化学防治和高效低毒、低残留农药等无公害水稻病虫害防治技术，开发和生产“绿色大米”，形成5个集中连片绿色大米生产基地，全力打造“博阳玉晶”绿色大米品牌。同年6月26日，《人民日报》一版以《九江承诺粮农增产增收》为题，报道市粮食部门抓好订单粮食做法。

当年全市落实订单粮食面积56695公顷，订单收购粮食1.2亿公斤，占粮食商品量48%。

2005年，“订单粮食”和“放心粮油”列入市政府惠民实事“三百工程”。市粮食局作为责任单位，把此项工作列为全系统民生工程，上下联动，强力推进，狠抓落实。成立“订单粮食”和“放心粮油”工作领导小组，印发《九江市粮食局关于做好2005年订单粮食工作的意见》，确立4项工作目标：订单面积6.67万公顷，订单收购粮食1.25亿公斤原粮；每个县(市、区)打造一个粮食品牌；组建一个有一定规模的国有或国有控股粮食产业化龙头企业；订单粮食收购履约率不低于70%，购销率达到95%以上，其中成品粮销售不低于60%。提出四项具体措施：做好产前、产中、产后各项服务工作，落实和兑现各项承诺，建立县、乡、村3级粮食订单服务网络，开拓省内外销售市场，并以任务书形式下达各县(市、区)粮食局，实行跟踪督查，年终考核评比。各基层粮食购销企业人员上门到户，签一份订单合同，送一份订单技术资料，做到政策宣传到户、合同签订到户、农资配送到户、技术指导到户，向粮农公开“三项承诺”，实行“二次结算”，引导粮农签订粮食订单合同。全市粮食部门先后出动宣传车51台(次)，张贴宣传标语614条，出墙报和板报169次，接受群众咨询11076人次，上门服务10余万人，代购良种11万公斤，垫付化肥款116万元，预付定金246万元，共有25.5万户粮农与粮食企业签订粮食订单合同，粮食订单面积75371公顷，为市政府下达任务53360公顷140%，粮食收购期间，市场粮价多次回落，全市粮食部门实现订单承诺，一律按最低收购价收购。由于粮食部门收购价高于市场价，农民售粮踊跃，全市合同收购粮食1.6亿公斤，履约率100%，仅此粮农增收2552万元。同时市粮食局探索产销联合路子，5月，市粮食局与浙江慈溪市政府建立长期稳定粮食产销合作伙伴关系在九江签约，每年由九江落实粮食生产基地1334公顷，为慈溪提供当年生产粮食600万公斤，价格随行就市。2006年，实施粮食品牌发展战略，修水县打好“红山牌”“香桥牌”，永修县打好“庄稼人牌”“春竹牌”，德安县打好“玉晶牌”，武宁县打好“翠柳牌”，都昌县打好“鄱湖牌”，市直打好“九九香牌”“金绿健牌”等粮食品牌。全市共扶持18家粮食产业化龙头企业。

永修县精制米厂经改制组建庄稼人粮食有限公司，生产“庄稼人牌”系列大米，获中国粮食行业协会颁发的“放心粮油”称号；修水县创办宁红食品工业城，共有各类粮油食品加工生产线10余条，粮食制品年产量达13万吨；永修县粮食局整合白槎、梅棠、柘林3个购销企业，兼并江西春竹米业有限公司，打造“春竹牌”，该品牌大米获省著名商标，并被省粮食行业协会授予“放心粮油”称号；都昌县鄱湖米业公司生产“鄱湖牌”大米，获农业部绿色产品证书；武宁县粮食局先后投入近300万元改造粮食加工设备，以县粮油工业公司为基础，组建翠柳米业集团，培育扶持“翠柳牌”大米系列；德安县粮食局全力打造“玉晶”绿色大米品牌。至2010年，全市共有市级粮食产业化龙头企业17家、省级粮食产业化龙头企业6家，一批粮食产业化龙头企业兴起，为发展订单粮食，促进粮农增产增收发挥重要辐射带动作用。

2010年，市粮食局继续抓好粮食订单经营，组织干部职工将惠民政策、粮食收购价格宣传到千家万户，印发《2010年优质稻谷品种市场购销信息》，引导农民按市场需求调整优化种植结构。全市优质稻规模化、集约化生产经营局面进一步形成，优质稻品种逐步成熟，都昌县丰优香粘、永修县923、修水县黄港粮油购销公司丰华粘等优质稻米赢得市场，进入外省和大型超市。农村土地流转政策促成种粮大户不断涌现，全市粮食种植面积6.7公顷以上的有343户，较上年增长43%，通过公开“三项承诺”，完善“二次结算”，落实粮食订单面积10.3万公顷。

2001~2010 年全市历年订单粮食面积一览

表 31-1-5　　单位:公顷

| 年 份 | 面 积 | 年 份 | 面 积 |
|---|---|---|---|
| 2001 | 3335 | 2006 | 47357 |
| 2002 | 7337 | 2007 | 74704 |
| 2003 | 10005 | 2008 | 88044 |
| 2004 | 56695 | 2009 | 101384 |
| 2005 | 75371 | 2010 | 103385 |

## 第二节　油脂收购

1991 年,市粮食局对油脂购销计划实行一年一定,油脂定购计划随同粮食定购任务一并落实到农户,不留缺口。省下达市油脂定购任务 580 万公斤。当年全市完成油脂收购入库 1511.82 万公斤,其中定购 616.12 万公斤、议购 895.7 万公斤。1992 年,省粮食局下达各地市油脂购销计划维持 1991 年度省下达计划不变。3 月,市粮食局《关于下达 1992 年度食油购销计划的通知》,全市食油定购 580 万公斤。5 月,省粮食局下发《关于食用植物油购销价格放开后有关业务处理的通知》,鉴于食油已退出定购,实行议购议销,因此,除全省核定 1000 万公斤平价食油库存外(九江市 100 万公斤),其余平价食油库存必须在 5 月底前全部划转为议价库存。6 月 1 日,省全面放开食油市场,放开食油经营,取消食油定购任务。同时明确,国有粮食部门要继续发挥主渠道作用,做好油脂油料收购工作,掌握油源,保证食油供应。当年全市收购油脂 1017.57 万公斤,其中定购 50.28 万公斤,议购 967.29 万公斤。

1994 年,由于食油紧缺,库存薄弱。为安排好市场供应,确保食油收支平衡,市政府下发《关于认真做好 1994 年油脂收购及调拨工作的通知》内部传真,全市油脂收购 2500 万公斤,所收购油脂,40%上调省、市用于安排市场供应,在春油上市前,如数落实到生产单位或农户,并签订收购合同,确保任务完成。为保持良好收购秩序,统一由基层粮管所(站)组织收购。市粮食部门根据中央和省、市政府有关油菜籽收购政策,积极做好油菜籽收购各项准备工作,落实资金。春油收购工作在非常困难条件下,仍取得较好成绩。全市春油收购 1062.36 万公斤,其中瑞昌市超额完成春油收购任务。1995 年,春油生产形势较好,油菜籽总产达 1.3 亿公斤。油菜籽收购是全年食油总量平衡主要油源。为切实做好油脂收购工作,4 月,市政府下发《关于下达 1995 年度油脂收购及调拨计划的通知》内部传真。下达油脂收购计划 2250 万公斤,其中菜油 1000 万公斤、棉油 1250 万公斤;油脂上调计划 900 万公斤,其中菜油 400 万公斤、棉油 500 万公斤。要求将收购计划逐级落实到乡、村、组、户。当年粮食部门油脂收购顶着高价负荷,坚决执行较市场价每 50 公斤高出近 20 元的油菜籽保护价格,全年收购入库油脂 1781 万公斤。1996 年,省粮食局安排市春油收购指导性计划 1000 万公斤,价格随行就市,不下达收购指导价格。全市按照“购得进、销得出、有合理利润”原则,坚持依质论价、优质优价,加强县间和邻省周边地区收购价格衔接,做到有序收购;及时落实收购资金,实行以料为主,料油兼收或收料退饼各计各价等办法,为农民交售提供优质服务。当年全市实际完成油脂收购 1129.63 万公斤,占省下达计划 113%。

2000 年以后,市粮食局加强油脂收购市场管理,维护正常收购秩序;鼓励多元市场主体积极入市收购,支持国有粮食企业继续发挥油脂收购主渠道作用,大力招商引资,先后引进中宏油脂、中粮集团到市投资建油厂。同时支持国有、民营企业家到市投资兴业。嘉盛粮油工业、宝利来油脂公司等一批民营油脂加工企业先后投产。促进全市油料油脂健康稳步发展,实现农民增产增收。

2010年,油菜籽市场价格走低,为保护农民利益,国家在江西启动油菜籽临时收购政策。全市粮食部门及时向农民发布相关信息,执行收购政策,使油菜籽市场价格稳定在国家临储幅度以内,全市收购油菜籽折油5061万公斤,仅此农民增收1500余万元。

1991~2010年全市油脂收购一览

表31-1-6 单位:吨

| 年份 | 合计 | 定购 | 市场收购 | 平价 |
|---|---|---|---|---|
| 1991 | 1511.82 | 616.12 | 895.70 | |
| 1992 | 1017.57 | 50.28 | 967.29 | |
| 1993 | 950.59 | | 950.59 | 0.5 |
| 1994 | 1062.36 | | 1062.36 | |
| 1995 | 1781.89 | | 1781.89 | |
| 1996 | 1129.63 | | 1129.63 | |
| 1997 | 862.30 | | 862.30 | |
| 1998 | 481.75 | | 481.75 | |
| 1999 | 386.87 | | 386.87 | |
| 2000 | 222.18 | | 222.18 | |
| 2001 | 232.81 | | 232.81 | |
| 2002 | 84.59 | | 84.59 | |
| 2003 | 55.61 | | 55.61 | |
| 2004 | 140.91 | | 140.91 | |
| 2005 | 93.41 | | 93.41 | |
| 2006 | 3.63 | | 3.63 | |
| 2007 | 128.44 | | 128.44 | |
| 2008 | 59.14 | | 59.14 | |
| 2009 | 2978.39 | | 2978.39 | |
| 2010 | 5151.91 | | 5151.91 | |
| 合计 | 18335.80 | 66 64 | 17668.90 | 50 |

# 第二章 粮油销售

## 第一节 粮食销售

### 一、市场供应

1990年12月3日,省政府下达《关于调整部分定量口粮标准,适当压缩平价粮销售的通知》。全市从1991年1月1日起,对城镇居民调整部分定量口粮标准,适当压缩平价粮销售;在实际粮食月定量基础上,机关、团体、企事业单位干部职工及其他脑力劳动者,人平调减1.5公斤;一般居民人平调减1公斤,其中待业青年实际粮食月定量在13.5公斤及以下的,原则上不作调减;对体力劳动者,在平均粮食月定量基础上,人平调减 1.28 公斤,其中特重体力劳动者人平调减 2.3 公斤,一般重体力劳动者人平调减 1.6 公斤,轻体力劳动者人平调减 0.8 公斤;军供(含武警)及大中专(含技校、中学)在校学生、少年儿童定量口粮均不调减,继续按原定标准供应。调整部分老区口粮销售,由省安排的老区口粮供应包干指标,省收回 40%,其余 60%用于解决尚有困难老区特困乡缺粮问题,其供应价格继续按统购价加调拨经营管理费执行。调整部分菜农口粮销售:菜农口粮,在原定 3 年包干指标基础上压缩 20%;县和县以下工矿区菜农口粮改供议价粮,相应收回包干指标。压销的指标,省收回 75%,其余 25%仍留给地方用于解决特殊困难。新增"农转非"人口实行新定量口粮标准。对新增"农转非"人口(不含计划内从农村招收的大、中专学生),采用新人新方法,执行新定量口粮标准:基本定量口粮标准分为五等,每等实行一个定量,不搞幅度;具体标准为体力劳动者 12.5 公斤,脑力劳动者 11.5 公斤,居民(含中小学生)11 公斤,4 岁以上不满 7 周岁儿童 7 公斤,不满 4 周岁儿童 4 公斤。执行基本定量口粮标准的范围和对象,除计划招收的农村大中(专)院校学生外,凡省计划内的"农转非"人口和随军家属"农转非"人员,都属于执行上述基本定量口粮标准的"农转非"人口。由于市场食品丰富,这次调减,市场平稳。

**3 个年份全市居民粮食月定量变化对比一览**

表 31-2-1　　　　单位:公斤

| 年份 | | 1985 年 | | 1990 年 | | 1990 年 | | |
|---|---|---|---|---|---|---|---|---|
| 项目 | | 粮食定量 | | 粮食定量 | | 调减数 | 新的农转非人口粮食定量 | |
| | | 平均水平 | 幅度 | 平均水平 | 幅度 | 工人人均调减 1.28 | | |
| 工人 | 特重体力劳动者 | 25.0 | 23–27.5 | 22.5 | 20.5–25 | –2.3 | 体力劳动者 | 12.5 |
| | 一般体力劳动者 | 20.0 | 18–22 | 18.5 | 16.5–20.5 | –1.6 | | |
| | 轻体力劳动者 | 16.5 | 14–17 | 15.5 | 13–16 | –0.8 | | |
| 机关干部、职工及脑力劳动者 | | 15.0 | 14–15.5 | 13.5 | 12.5–14 | –1.5 | 脑力劳动者 | 11.5 |
| 大、中学生 | | 16.5 | 15–17 | 16.5 | 15–17 | | | |
| 居民 | 居民及 10 周岁以上儿童 | 13.5 | 13–14 | 12.5 | 12–13 | –1.0 | 居民(含中小学生) | 11 |
| | 6 岁以上不满 10 周岁儿童 | 11.5 | 10–12 | 11.5 | 10–12 | | 4 岁以上不满 7 周岁儿童 | 7 |
| | 3 岁以上不满 6 周岁儿童 | 8.5 | 7–9 | 8.5 | 7–9 | | | |
| | 不满 3 周岁儿童 | 4.5 | 3–6 | 4.5 | 3–6 | | 不满 4 周岁儿童 | 4 |

说明:均为贸易粮

1992 年 1 月 1 日起,取消征收粮食专项基金办法,改变工种粮供应方法。4 月 1 日起,平价粮食实行购销同价,各企业不再缴纳粮食基金。7 月 1 日起,商品粮职工基本口粮仍由粮食部门按计划供应,超过基本定量口粮部分的工种粮改为议价供应,实行工种粮补贴由企业或单位负担。企业单位按照国家确定不同工种补贴标准,核定工种粮补贴数量并按平市粮食差价计算补贴发给职工,由职工自行购买粮食,对工种发生变化的职工,由单位及时调整工种粮补贴。工种粮平市价差价补贴标准,由各县(市)物价局和粮食局按照当地平市差价确定。工种粮补贴由单位随同工资按月发放,资金开支渠道,企业进入成本,列入"补助工资"项反映。改变工种粮供应方法后,省对地市、地市对县市相应调整 1992 年度粮食包干指标。

1993 年底至 1995 年,粮食涨价期间,重新启用"市镇居民粮食供应证",但只是在对购买平抑粮价而投放的专储粮中,有凭证购买规定。

1995 年 9 月 1 日始,城镇居民定量供应标准,除大中专院校学生每人每月 15 公斤定量标准外,其余城镇居民一律在原省核控制指标基础上每人每月调减 2.5 公斤大米,调减的粮食指标省不收回,由各地通过市场销售,将差价款按有关文件规定就地缴交财政。

2001 年 4 月 9 日,国家粮食局下达《关于取消〈市镇居民粮食供应转移证明〉的通知》,5 月 8 日,省粮食局下发文件规定:自 2001 年 5 月 1 日起,取消“市转证”。届时城镇居民户口在全国范围内迁移,以及农业户口转非农业户口,不再办理粮食“市转证”。

至此,平价粮油管理和供应退出历史舞台。

## 1991~2004 年全市粮食销售一览

表 31-2-2　　　　单位:万公斤

| 年 份 | 粮源性质 | 总数量 | 主要品种 | | | | | | | | | |
|---|---|---|---|---|---|---|---|---|---|---|---|---|
| | | | 分类合计 | 大米小计 | 早米 | 晚米 | 优质米 | 糯米 | 小麦 | 玉米 | 大豆 | 其他 |
| 1991 | 定购粮 | 94 047 | 31923 | 26009 | 12908 | 12928 | 10 | 163 | 5884 | 13 | 17 | |
| | 议价粮 | 19706 | 2544 | 1619 | 650 | 902 | 27 | 40 | 579 | 162 | 111 | 73 |
| 1992 | 定购粮 | 38329 | 9492 | 7518 | 4964 | 2554 | | | 1966 | 3 | 5 | |
| | 议价粮 | 20598 | 4 875 | 3802 | 2204 | 1450 | 35 | 113 | 1002 | 34 | 23 | 14 |
| 1993 | 定购粮 | 5101 | 5114 | 5108 | 2450 | 2658 | | | | 1 | 5 | |
| | 议价粮 | 37373 | 15988 | 14780 | 8095 | 6143 | 292 | 250 | 1141 | 10 | 33 | 24 |
| 1994 | 定购粮 | 333 | 333 | 298 | 142 | 156 | | | 33 | | 2 | |
| | 议价粮 | 16093 | 10158 | 7847 | 3877 | 3491 | 184 | 295 | 2117 | 129 | 33 | 32 |
| 1995 | 定购粮 | 24266 | 11926 | 10929 | 6458 | 4463 | 8 | | 1 | | | 996 |
| | 议价粮 | 22750 | 6424 | 4878 | 3054 | 1702 | 77 | 45 | 1452 | 57 | 26 | 11 |
| 1996 | 定购粮 | 10540 | 5975 | 5971 | 3365 | 2606 | | | 4 | | | |
| | 议价粮 | 18244 | 4787 | 3059 | 1442 | 1556 | 54 | 7 | 1674 | 6 | 16 | 32 |
| 1997 | 定购粮 | 3086 | 1589 | 1578 | 534 | 1044 | | | 11 | | | |
| | 议价粮 | 16428 | 3113 | 2474 | 991 | 1475 | 5 | 3 | 576 | 3 | 17 | 43 |
| 1998 | 定购粮 | 9428 | 2220 | 2218 | 630 | 1588 | | | 2 | | | |
| | 议价粮 | 21037 | 2947 | 2633 | 1349 | 1284 | 7 | 14 | 272 | 2 | 2 | 17 |
| 1999 | 定购粮 | 15045 | 9068 | 9068 | 3220 | 5848 | | | | | | |
| | 议价粮 | 20790 | 7112 | 6090 | 2114 | 3934 | | 42 | 955 | 67 | | |
| 2000 | 定购粮 | 9676 | 2821 | 2821 | 910 | 1911 | | | | | | |
| | 议价粮 | 37182 | 14204 | 8571 | 2705 | 5519 | 287 | 60 | 3923 | 1 698 | | 12 |
| 2001 | 定购粮 | 3562 | 1280 | 1280 | 178 | 1102 | | | | | | |
| | 议价粮 | 38154 | 18733 | 13474 | 3641 | 9833 | | | 2940 | 2307 | 100 | −88 |
| 2002 | 议价粮 | 55365 | 8873 | 6564 | 2991 | 3573 | | | 2309 | | | |
| 2003 | 周转粮 | 21676 | 17932 | 17488 | 2450 | 15038 | | | 444 | | | |
| | 高价位周转粮 | 16716 | 14234 | 14234 | 2458.4 | 11775 | | | | | | |
| 2004 | 周转粮 | 11793 | 10143 | 10126 | 1629 | 8497 | | | 17 | | | |
| | 高价位周转粮 | 1944.6 | 1617 | 1617 | 388.5 | 1228.5 | | | | | | |
| 总 计 | | 589262.6 | 225425 | 192054 | 75798 | 114259 | 986 | 1032 | 27302 | 4492 | 390 | 1166 |

说明:品种均为贸易粮。总数量为分类合计与系统内销售、加工减量、储备、出口等可能消耗粮食总量之和。下表同

**2005~2010 年全市粮食销售一览**

表 31-2-3　　　　单位:万公斤

| 年份 | 粮源性质 | 总数量 | 主要品种合计 | 销售与供应大米 | | | 小麦 | 玉米 | 大豆 | 其它 |
|---|---|---|---|---|---|---|---|---|---|---|
| | | | | 小计 | 早米 | 晚米 | | | | |
| 2005 | 国有粮企 | 10099 | 1211 | 1210 | 159 | 1051 | 1 | | | |
| | 其他经营企业 | 10649 | 1101 | 843 | 13 | 830 | 258 | | | |
| | 转化用粮企业 | 2144 | 2144 | 386 | 51 | 335 | 145 | 1255 | 358 | |
| | 合　计 | 22892 | 4456 | 2439 | 223 | 2216 | 404 | 1255 | 358 | |
| 2006 | 国有粮企 | 12986 | 822 | 820 | 147 | 673 | 2 | | | |
| | 其他经营企业 | 10179 | 2106 | 1384 | 241 | 1143 | 722 | | | |
| | 转化用粮企业 | 2698 | 2698 | 524 | 300 | 224 | 314 | 1474 | 386 | |
| | 合　计 | 25863 | 5626 | 2728 | 688 | 2040 | 1038 | 1474 | 386 | |
| 2007 | 国有粮企 | 15664.6 | 12287.1 | 12096.7 | 3806.6 | 8290.1 | 0.7 | 189.7 | | |
| | 其他经营企业 | 11111.8 | 8456.7 | 5094.6 | 1094.1 | 4000.5 | 1022 | 2340.1 | | |
| | 转化用粮企业 | 1964.2 | | | | | | | | |
| | 合　计 | 28740.6 | 20743.8 | 17191.3 | 4900.7 | 12290.6 | 1022.7 | 2529.8 | | |
| 2008 | 国有粮企 | 20390.3 | 15388.8 | 15150.8 | 4734.8 | 10416 | 35.7 | 202.3 | | |
| | 重点粮食经营企业 | 9873.5 | 7405.3 | 6559 | 1446.2 | 5112.8 | 846.3 | | | |
| | 重点转化用粮企业 | 1969.1 | 1969.1 | 291.2 | 27.3 | 263.9 | 480.9 | 945 | 252 | |
| | 合　计 | 32232.9 | 24763.2 | 22001 | 6208.3 | 15792.7 | 1362.9 | 1147.3 | 252 | |
| 2009 | 国有粮企 | 12953.5 | 10847.2 | 9649.5 | 3385.2 | 6264.3 | 0.7 | | | 1197 |
| | 重点粮食经营企业 | 9230.9 | 5989.9 | 5294.8 | 632.1 | 4662.7 | 695.1 | | | |
| | 重点转化用粮企业 | 1666.7 | 1444.1 | 90.3 | 35.7 | 54.6 | 18.9 | 1104.6 | 230.3 | |
| | 合　计 | 23851.1 | 18281.2 | 15034.6 | 4053 | 10981.6 | 714.7 | 1104.6 | 230.3 | 1197 |
| 2010 | 国有粮企 | 17775.1 | 13893.6 | 11149.6 | 4182.5 | 6967.1 | 6.3 | | | 2738 |
| | 重点粮食经营企业 | 10638.6 | 7577.5 | 6750.8 | 684.6 | 6066.2 | 826.7 | | | |
| | 重点转化用粮企业 | 4686.5 | 4686.5 | 378.7 | 305.9 | 72.8 | 407.4 | 3688.3 | 212.1 | |
| | 合　计 | 33100.2 | 26157.6 | 18279.1 | 5173 | 13106.1 | 1240.4 | 3688.3 | 212.1 | 2738 |
| 总　计 | | 166679.8 | 97003.2 | 76122.9 | 20972.7 | 55150.2 | 5350.1 | 10380 | 1215 | 3935 |

## 二、价格放开

1991 年始,国家多次提高粮食收购价格,粮食购销价格倒挂差额随之扩大。国家用于粮油的补贴逐年增加,财政负担渐重,影响到粮油流通和粮油企业正常经营,助长不合理消费。为此,省政府下发《关于调整粮油统销价格的通知》,要求从 5 月 1 日始适当提高统销价格;调整农村粮油供应价格,对职工给予适当提价补偿,在职工工资或其他补助中增加补贴 6 元或 4 元。

1992 年 4 月 1 日起,城镇人口粮食供应实行购销同价;定购价、统销价均有较大幅度提高。8 月 20 日,全面放开粮食经营(除粮食收购市场外),9 月 1 日起,全国通用粮票、江西省粮票在全市停止使用,市内《市镇人口粮食支拨证》不再开出和接收。9 月 9 日,放开面粉销售。

1993 年，取消粮食平价供应，全市实行限价供应，6 至 11 月，粮价上涨较快，市场上标一早、晚米每 0.5 公斤由 0.45、0.55 元上涨到 0.65、0.80 元，有的地方晚米高达 0.85 元，涨幅均达 44%以上。市动用专储晚谷 500 万公斤，加工后投放市场，最高限价(零售)1.56 元/公斤。

1994 年 3 月 9 日，市粮食局下发《关于继续做好粮油供应工作的通知》，明确要求定价专供国有粮店不得有货无价，不得有价无货。批零差保证在大米 0.10 元/公斤左右。11 月，在市区设立 9 个国家定价专供粮店，保障市场供给。其主要定价品种和价格为每公斤标一早米 1.76 元、标一晚米 1.96 元、二级菜油 9.60 元；供应方法：居民到 9 个定点粮店凭粮证登记购买。

1995 年 4 月，安排 6~8 月市场专供，拨交价为标一早米 0.81 元/公斤，标一晚米 0.91 元/公斤。9 月 1 日起，每公斤标一早米提高 0.32 元，标一晚米提高 0.34 元。

1996 年 6 月 1 日起，调整粮食销售价格。7 月 1 日出台销价，贯彻下浮出台价格应低于当地时下市场粮价原则，即一次定价，下浮出台，择机微调，逐步理顺。属于政策性经营城镇居民基本口粮、水库移民和农村贫困缺粮地区人口口粮等零售价全省进行调整，调整后，全市标一早、晚籼米平均价格分别为 129.17 元/50 公斤、140.25 元/50 公斤。经过此次调整，至 2010 年，均实行顺价销售。

## 三、市价平抑

1991 年，部分农村出现卖粮难，农民收入下降。1992 年后，大量农村劳动力进城打工，从事粮食生产劳动力减少，粮食生产商品率降低，而城市需求有所增加，加上国际稻谷减产，催生1993 年秋从中国南方开始的一轮粮价上涨，并很快波及全国。根据国务院关于加强宏观调控，稳定市场，平抑市场粮价，安排好灾区和贫困群众生活文件精神，省政府批准动用国家专储，投放市场，平抑粮价。当年，全市共投放专储 1152 万公斤，其中一部分以灾供形式投放。

1994 年，国内粮价比国外粮价高出约 20%，人民币汇率调整和贬值，刺激出口、制约进口，从而加剧粮价上涨。1 月，成立市调粮协调工作领导小组，确保调拨计划完成，确保粮食市场稳定。国有粮店执行粮油销售限价政策，不准卖大户，所有品种明码标价挂牌供应，发挥国有粮食企业在确保市场供应，平抑粮食价格主渠道作用。2 月，春节市场供应价格基本稳定。

**1994 年春节全市市场供应主要品种价格一览**

表 31-2-4　　单位：元/公斤

| 品 种 | 质量标准 | 批发价格 | 零售价格 | 货源供应单位 |
|---|---|---|---|---|
| 晚 米 | 标 一 | 1.42 | 1.56 | 市米厂加工 |
| 晚 米 | 标 一 | 1.44 | 1.52 | 修水调进 |
| 晚 米 | 标 一 | 1.34 | 1.44 | 原平抑市价 |
| “四喜粘”晚米 | 标 一 | 1.80 | 1.96 | 开发公司 |
| 面 粉 | 标 粉 | 1.16 | 1.20 | 市面粉厂 |
| 富强粉 | | 1.60 | 1.70 | |
| 富强粉玉线/玉带/特宽面条 | | 1.88 | 2.00 | 粮油食品厂 |
| 富强粉面条 | | 1.86 | 2.00 | 其 他 |
| 菜籽油 | 国标二级 | 6.20 | 6.40 | 油脂公司 |

当年春节后,居民可以持证在市区国有粮店,定点限价、定量购买所需口粮。5月6日,全市抛售专储700万公斤贸易粮,其中市区50、九江县50、永修35、武宁17.5、彭泽87.5、湖口63、瑞昌50、德安25、修水25、都昌175、星子50、庐山区25、郊区25万公斤。6月7日,动用4723万公斤稻谷;9月9日,动用专储250万公斤贸易粮,其中:市直属分局200万公斤,九江粮食储备库50万公斤。批发给粮店价格为1.82元/公斤,标一晚米零售限价为1.96元/公斤,此批粮食只能均衡投放,保证市区市场供应,不准销往外地,不准卖大户,不准转手贩卖。11月,标一晚米批发价在1周内,上涨接近20%,达75元/50公斤,标一晚米的零售价达到1.60元/公斤。经省粮食局、市政府同意,动用500万公斤国家专储晚谷,加工后投放市场,限定在国有粮店内销售,零售价以1.56元/公斤为最高限价。

1995年,全市遭受洪涝灾害,粮价延续上涨。省政府批准动用国家专储投放市场,以平抑粮价。6月1日,从专储中支出241万公斤贸易粮,用于初汛期市场供应;6~8月,投放150万公斤贸易粮用于市区专供,拨交价为标一早米81元/50公斤,标一晚米91元/50公斤,市场零售价分别在1.72元/公斤,1.92元/公斤左右。所有粮店凭证供应定价粮实行就近供应。

## 四、顺价销售

1991年5月1日起,国务院调整粮油统销价格。同年省粮食局下发《关于调整粮油销售价格的通知》,规定省对6种粮食(早籼米、晚籼米、杂优晚米、粳米、糯米、面粉)统销价格调整。中等质量标准品质粮食平均每500克提高0.125元。米面复制品统销价格相应调整。军供大豆销售价格按国家调整以后东北大米价格0.37元/500克执行。调整后,全省统一价格,不分城乡地区差价。因提高粮油统销价,市以发放补贴形式适当增加职工工资,补贴标准为国家机关、事业单位、企业单位在职职工,不分工资类别和工资级差,每人每月补贴6元;离退休人员每人每月补贴6元。定期发放生活费的优抚救济对象每人每月补贴6元。中小学生、民办教师每人每月补贴4元,普通高等学校、中等专业学校在校学生每人每月补贴4元。

**1991年全市粮食统销价格调整一览**

表31-2-5　　单位:元/50公斤

| 品名 | 等级 | 调前价格 | 调后价格 |
|---|---|---|---|
| 早籼稻 | 中等 | 9.50 | 17.40 |
| 晚籼稻 | 中等 | 9.80 | 17.90 |
| 杂优晚稻 | 中等 | 10.10 | 18.40 |
| 粳稻 | 中等 | 11.40 | 20.90 |
| 糯稻 | 中等 | 11.90 | 21.80 |
| 小麦 | 中等 | 13.00 | 20.60 |
| 早籼米 | 特二 | 16.30 | 29.50 |
| | 标一 | 14.80 | 26.80 |
| | 标二 | 14.2/13.8 | 25.00 |
| 晚籼米 | 特二 | 16.80 | 30.40 |
| | 标一 | 15.30 | 27.60 |
| | 标二 | 14.6/14.2 | 25.80 |
| 杂优晚米 | 特二 | 17.30 | 31.30 |
| | 标一 | 15.80 | 28.40 |
| | 标二 | 15.1/14.7 | 26.50 |

续表 31-2-5

| 品名 | 等级 | 调前价格 | 调后价格 |
|---|---|---|---|
| 粳米 | 特二 | 18.90 | 34.50 |
| | 标一 | 17.10 | 31.20 |
| | 标二 | 16.4/16.0 | 29.20 |
| 糯米 | 特二 | 20.70 | 37.90 |
| | 标一 | 18.80 | 34.30 |
| | 标二 | 18.00 | 32.10 |
| 面粉 | 标准 | 17.00 | 27.00 |
| | 赣一 | 20.00 | 32.00 |
| | 精制 | 24.00 | 38.00 |
| 面条 | 标粉 | 32.00 | 42.00 |
| | 赣粉 | 35.00 | 47.00 |
| | 精粉 | 39.00 | 53.00 |

说明:表内统销价中有二个价的(如:标二早米销价 14.2/13.8)前为地市销价,后为县城及县以下销价

1992 年 4 月 1 日,粮食购销价格调整。

### 1992年全市粮食购销价格调整一览

表 31-2-6　　单位:元/50 公斤

| 品名 | 等级 | 调前价格 | | 调后价格 |
|---|---|---|---|---|
| | | 定购价 | 统销价 | |
| 早籼稻 | 中等 | 22.10 | 17.40 | 24.50 |
| 晚籼稻 | 中等 | 22.80 | 17.90 | 27.50 |
| 杂优晚稻 | 中等 | 23.50 | 18.40 | 27.50 |
| 粳稻 | 中等 | 26.50 | 20.90 | 31.50 |
| 小麦 | 中等 | 24.50 | 20.60 | 30.40 |
| 早籼米 | 特二 | 37.50 | 29.50 | 43.00 |
| | 标一 | 34.00 | 16.80 | 39.00 |
| | 标二 | 31.80 | 25.00 | 36.00 |
| 晚籼米 | 特二 | 38.70 | 30.40 | 47.00 |
| | 标一 | 35.10 | 27.60 | 43.00 |
| | 标二 | 32.80 | 25.80 | 40.00 |
| 杂优晚米 | 特二 | 39.90 | 31.30 | 47.00 |
| | 标一 | 36.20 | 28.40 | 43.00 |
| | 标二 | 33.80 | 26.50 | 40.00 |
| 粳米 | 特二 | 43.70 | 34.50 | 53.00 |
| | 标一 | 39.60 | 31.20 | 48.00 |
| | 标二 | 37.00 | 29.20 | 45.00 |

续表 31-2-6

| 品名 | 等级 | 调前价格 | | 调后价格 |
|---|---|---|---|---|
| | | 定购价 | 统销价 | |
| 面粉 | 标准 | 32.00 | 27.00 | 40.00 |
| | 赣一 | 35.00 | 32.00 | 47.00 |
| | 精制 | 40.00 | 38.00 | 56.00 |
| 面条 | 标粉 | 45.00 | 42.00 | 56.00 |
| | 赣粉 | 48.00 | 47.00 | 63.00 |
| | 精粉 | 54.00 | 53.00 | 72.00 |
| 机制米粉干 | 标二晚米 | 52.00 | 44.00 | 63.00 |
| | 标一晚米 | 56.00 | 49.00 | 69.00 |
| | 标二早米 | 51.00 | 43.00 | 58.00 |
| | 标一早米 | 55.00 | 48.00 | 63.00 |

说明：原粮定购价各等级差价率按原规定不变

1995年9月1日起，每0.50公斤标一早米平均提高0.165元(如销售稻谷提高0.11元)。其中，标一早米提高0.16元，标一晚米提高0.17元。在部分粮食销售价格调整同时，对全市职工实行定向补贴。补贴范围为行政机关、事业单位、企业单位在职干部职工，离退休人员，以及享受国家规定定额生活困难补助的职工家属，标准每人每月补贴8元。企业和自收自支事业单位中属于补贴范围人员定向补贴由所在企业、自收自支事业单位负担，允许在成本中列出；差额拨款事业单位中属于补贴范围人员定向补贴由同级财政按差额拨补一部分，其余部分由所在事业单位负担；行政机关、全额拨款事业单位中属于补贴范围人员定向补贴，由同级财政部门拨补。对无力发放基本工资或最低生活费的停产、半停产企业，在停产半停产期间定向补贴由同级财政部门负责解决。同年由省财政拨出部分资金给予一次性定额补助。

1996年，国务院决定从当年新粮上市起提高定购粮食收购价格。从6月1日起，相应调整粮食销售价格。中央负责制定粮食销售价格基本政策，以及作价原则和作价方法，具体价格管理办法和价格水平由省级政府根据中央政策并结合当地实际情况确定。军粮销售价格不作调整，新增加的价差补贴办法按国家统一规定，另行下达。省物价局《关于下达1996年全省粮食定购价格的通知》，全省当年粮食定购价格水平在每50公斤提高15元的基础上，再上浮9.72%，同时取消省政府1995年确定定购粮粮价补贴。

属于政策性经营或城镇居民基本口粮、水库移民和农村贫困缺粮地区人口口粮等粮食销售价格，实行中央指导下省级政府定价。

按国家计委以粮食定购价格为核算基础，打紧费用，保本微利原则，对政策性粮食供应零售价格进行调整，调整后，全市标一早、晚籼米平均价格分别为129.17元/50公斤、140.25元/50公斤。

1996 年全市县区粮食零售价格一览

表 31-2-7　　单位:元/50 公斤

| 县 区 | 标一早籼米 | 标一晚籼米 |
|---|---|---|
| 全市平均 | 129.17 | 140.25 |
| 市区 | 132.00 | 144.00 |
| 庐山 | 133.00 | 145.00 |
| 修水、武宁 | 124.00 | 135.00 |
| 九江县、德安、瑞昌、星子、都昌、湖口、彭泽、永修 | 130.00 | 141.00 |

1996 年起,面粉及其制品的价格均按议价管理,实行提价申报,进行差率和利润率控制。在销售价格进行调整时,各地区采取及时组织抛售,发布指导价实行最高限价等措施,防止不法粮商乘机哄抬粮价。控制粮食提价连锁反应,对低收入居民实行定向补贴。省政府决定全年粮食销售价格调整后,对城镇优抚救济对象、在校大中专学生及其他生活确有困难的城镇低收入居民定向给予补贴。补贴标准为优抚救济对象和大中专院校学生每人每月 8 元,所需补贴款按隶属关系由各级财政负责解决,对其他生活确有困难的城镇低收入居民,由所在单位负责给予适当补贴。基本上实现顺价销售。即国有粮站、粮库(包括尚未实行独立核算的粮站、粮库所属加工厂)等国有粮食收储企业出售原粮及其他加工成品粮,按照保本微利原则销售,不得以任何方式向任何单位和个人低价或变相低价亏本销售,不准再发生新的亏损。顺价销售价格以原粮购进价为基础,加上当期合理费用和最低利润确定。

1998 年,执行国务院办公厅《关于进一步做好粮食购销和价格管理的补充通知》,贯彻敞开收购、顺价销售、收购资金封闭运行三项政策,加快国有粮食企业自身改革,提高市场竞争力。粮食零售市场继续放开搞活。对国有粮食收储企业以外其他实行自主经营独立核算的国有粮食加工、批发、零售企业所经营粮食的价格,按购得进、销得出原则自行确定,自负盈亏。6 月 6 日,国务院发布《粮食收购条例》和《粮食收购资格审核管理暂行办法》,为粮食顺价销售提供法规依据和保障。

## 五、票证停用

1992 年,根据《关于平价粮食销售价格放开后有关事项的通知》,从 9 月 1 日起,全国通用粮票、省粮票在市内停止流通。

1993 年 11 月 1 日,市粮食局向市政府报告,销毁省粮票和市粮油卷,根据省粮食局《关于做好粮食购销供应管理工作若干规定》,省粮票在省内城市停止流通使用,粮食部门停止发放,予以回收。并要求对 1972 年版省粮票、1985 年版江西省大面额粮票及 1978 年版面额在 1 市斤以下粮票全部销毁。对 1978 年版粮票实行定额管理,地、市级保留 25 万公斤,超过部分销毁。此次销毁粮票共计 29635290.10 公斤。其中 1972 年版省粮票 1716706.45 公斤,1978 年版 27881950.15 公斤,大面额粮票 280970 公斤;市粮卷 5902 公斤,外省粮票 261.5 公斤,市油卷 4971.65 公斤。

1995 年以前,市镇居民定量粮油供应管理方法是以使用“市镇居民粮食供应证”为主。当出现粮油供应关系发生变化,如:升入大中专院校,农村户口人员进入城镇长期生活等(即农业户口转为非农业户口),需要使用“市镇居民粮食供应转移证明”,凭“市镇居民粮食供应转移证明”再到所在的城镇办理粮油供应关系证明,即“市镇居民粮食供应证”,凭“市镇居民粮食供应证”在指定粮店或粮站购买所需粮油或粮油副食品。

粮油凭证供应使用至 1996 年春节,此后,使用 40 多年的“市镇居民粮食供应证”取消。2001 年 5 月 1 日以后,办理户口迁移时,停止办理粮油关系迁移。

## 六、救灾粮

1991 年起,省政府动用专储安排各地市灾供粮指标,由地市相对集中统一管理,视当年县市实际情况和因灾缺粮程度,区别不同情况,在指标内安排,年度间可调剂使用,但不得挪作他用。

1993年,省政府安排鄱阳湖区救灾粮中,九江1900万公斤贸易粮。同年安排多批次以工代赈资金和粮食的救济。仅9月9日安排市以工代赈资金910万元,其中粮食225万公斤,折款为238万元。

1994年1月,为解决库区移民、灾区和缺粮地区群众口粮,在摸清实情、灾情、荒情,登记造册情况下,本着公平、公开原则,供应救灾粮。此次供应量为450万公斤贸易粮,具体品种为标二早籼米或早籼谷,供应价格按省确定的中央储备粮结算价格(每50公斤标二早籼米52.86元,早籼谷37.00元)加费用(标一早籼米另加品质差价),标一早籼米不超过65元,早籼谷45元。各县区的数量为九江县35万公斤,永修75万公斤,德安15万公斤,修水50万公斤,都昌60万公斤,湖口50万公斤,武宁45万公斤,彭泽30万公斤,瑞昌25万公斤,星子50万公斤,庐山区15万公斤。

同年7月,动用专储1000万公斤贸易粮安排灾区生活,从各地专储粮中支出。价格由各县(市、区)以专储粮结算价加上缴中央款(5分、7分)再加合理费用原则确定。

1995年,全市先后遭遇地震、龙卷风、大暴雨和冰雹等自然灾害,尤其汛期粮价上涨,灾民缺少口粮问题严重,政府安排5批次救济粮供应,总量达3825万公斤,不包括平抑粮价投放的国家专储粮。

1998年,全市遭受特大洪涝灾害。二季粮食作物绝收面积12万公顷,绝收户45.5万户,191万人。全市安排借销原粮9202万公斤,与民政部门协作下发灾民救济粮580万公斤,社会赈灾粮800万公斤,通过市场供应灾民口粮417万公斤,因灾缺粮人口吃饭问题得到解决。

**1998~1999年度全市因灾缺粮一览**

表31-2-8　　单位:万人、万公斤

| 县(市、区) | 1998年8月至1999年7月 | | 其中需救济人口、粮数 | | | | 至8月15日粮食部门灾供粮量 | | |
|---|---|---|---|---|---|---|---|---|---|
| | 缺粮人口 | 缺粮数量 | 合计 | | 1998年8月至1999年3月 | 1999年4月至1999年7月 | 合计 | 借销 | 救济赈灾款购 |
| | | | 人口 | 数量 | | | | | |
| 合计 | 245.30 | 24322.5 | 178.10 | 20322.0 | 9572.0 | 10750.0 | 915.7 | 811.3 | 104.4 |
| 庐山区 | 7.62 | 947.5 | 4.12 | 611.0 | 275.0 | 336.0 | 14.7 | 14.7 | |
| 九江县 | 14.30 | 1000.0 | 13.44 | 955.0 | 475.0 | 480.0 | 3.25 | | 3.25 |
| 德安县 | 9.45 | 539.5 | 9.05 | 504.0 | 232.5 | 271.5 | 34.65 | 23.1 | 11.55 |
| 永修县 | 17.43 | 2658.5 | 16.23 | 2553.5 | 1196.5 | 1357.0 | 350.0 | 350.0 | |
| 星子县 | 19.80 | 2930.0 | 13.50 | 1946.5 | 876.0 | 1070.5 | 360.5 | 360.5 | |
| 修水县 | 35.00 | 3700.0 | 24.00 | 2677.5 | 1205.0 | 1472.5 | 52.5 | 52.5 | |
| 武宁县 | 27.50 | 3585.5 | 24.40 | 3188.0 | 1524.5 | 1663.5 | 17.5 | | 17.5 |
| 湖口县 | 10.64 | 710.5 | 9.49 | 669.0 | 301.0 | 368.0 | 31.5 | | 31.5 |
| 都昌县 | 53.00 | 3915.0 | 28.60 | 3515.0 | 1795.0 | 1720.0 | 15.05 | | 15.05 |
| 彭泽县 | 26.42 | 1938.0 | 13.16 | 1356.5 | 610.5 | 746.0 | 17.5 | | 17.5 |
| 瑞昌县 | 22.13 | 1983.0 | 20.10 | 1931.0 | 892.5 | 1038.5 | 8.05 | | 8.05 |
| 共青城 | 1.61 | 407.5 | 1.61 | 407.5 | 183.5 | 224.0 | 10.5 | 10.5 | |
| 开发区 | 0.40 | 7.5 | 0.40 | 7.5 | | 7.5 | | | |

灾供粮食价格一般采用专储结算价加合理费用,其中合理费用包括加工、调运、仓储费用及有可能出现的移库费用等。粮食供应部门基本保持“不赚不亏”原则,最终零售价均不高于国有粮店挂牌零售价。

2000年以后,由于洪涝灾害相对减少,各地抗御灾难能力增强,粮食供应完全市场化,未大规模动用国家专项储备粮进行救灾供应。

1991~2000年度全市因灾供粮一览

表31-2-9 单位:元/公斤、万公斤

| 时间 | 灾供对象 | 定价原则价格与最高限价 | 总数量 | 供应数量 |
|---|---|---|---|---|
| 1991-06-24 | | | 250 | |
| 1992-01-21 | | | 250 | |
| 1992-03-05 | | | 450 | |
| 1993-06-28 | 1、以工代赈<br>2、江河治理 | | 405<br>478.5 | 武宁42.5,湖口45,瑞昌40,德安22.5,彭泽15,九江县15,都昌12.5,永修7.5,星子2.5,共1044万元,其中工业品538万元,粮食478.5万公斤,折款506万元 |
| 1993-09-09 | | 早籼米:0.529 | 225 | (第六批)以工代赈资金与粮食,共910万元,其中粮食225万公斤,折款238万元,修水95,都昌73,星子57 |
| 1993-12-29 | 鄱阳湖区灾民过冬度荒专项无偿救济粮 | | 1900 | 武宁100,修水200,永修350,湖口175,德安50,都昌700,彭泽50,九江县150,郊区25 |
| 1994-01-26 | 重点:库区移民,灾区和缺粮地区群众口粮 | 专储结算价加合理费用。早米≤1.30,早谷≤0.90 | 450 | 武宁45,湖口50,瑞昌25,德安15、彭泽30,九江县35,都昌60,永修75,星子50,修水50,庐山区15 |
| 1994-04-22 | 灾区和重点缺粮销区口粮供应 | 专储结算价加合理费用。早米≤1.30,早谷≤0.90 | 1000 | 武宁25,修水50,永修75,德安150,都昌150,湖口75,彭泽125,瑞昌100,星子75,九江县75,庐山区25,市区25 |
| 1994-07-08 | 专项灾区生活安排 | 专储结算价加上缴中央款,加合理费用。每50公斤早籼米上缴款5元,晚籼米上缴款7元 | 1000 | 武宁35,修水150,永修75,德安50,都昌150,湖口75,彭泽100,瑞昌75,星子65,共青城30,九江县75,庐山区50,市直70 |
| 1995-01-25 | 第一批救灾粮:灾区,水库移民和贫困地区群众口粮 | 专储升值后的价格加合理费用 | 400 | 九江县40,都昌60,湖口30,武宁25,德安15,修水70,永修30,彭泽35,瑞昌35,星子25,共青5,庐山15,庐山区15 |
| 1995-07-27 | 第二批救灾粮 | 专储升值后的价格加合理费用,结合轮出,安排陈粮,水患粮。标二早籼米或早籼谷 | 1275 | (原省指标1786万公斤稻谷)九江县50,都昌350,湖口40,武宁150,修水125,永修300,德安40彭泽40,瑞昌40,星子100,共青20,庐山区20 |
| 1995-08-28 | 第三批救灾粮 | 专储升值后的价格加合理费用,结合轮出,安排陈粮,水患粮。标二早籼米或早籼谷 | 900 | 九江县110,都昌250,湖口50,武宁40,修水50,永修75,德安40彭泽150,瑞昌50,星子50,共青15,庐山区20 |

续表 31-2-9

| 时间 | 灾供对象 | 定价原则价格与最高限价 | 总数量 | 供应数量 |
|---|---|---|---|---|
| 1995-12-06 | 第四批救灾粮：早晚二季度绝收，经济困难，自筹粮源有困难的群众口粮 | 专储升值后的价格加收购储存费用 | 1000 | 九江县 100，都昌 200，湖口 70，武宁 100(包括官莲三坪 3.5)，修水 70，永修 100，德安 60 彭泽 100，瑞昌 60，星子 70，共青 50，庐山区 20 |
| 1995-6-10 | 安排接新前灾区人民的生活 | 结合轮换，使用专储，专储升值后的价格费用不超过国家挂牌价 | 250 | 武宁 30，修水 55，德安 10，都昌 35，湖口 15，星子 12，共青 5，庐山区 8 |
| 1996-5-07 | 早晚二季度绝收，经济困难，自筹粮源有困难的群众口粮 | 专储升值后的价格加收购储存费用 | 500 稻谷 | 原粮：稻谷<br>武宁 55，修水 50，永修 35，德安 30，都昌 75，湖口 60，彭泽 40，瑞昌 40，星子 30，共青 10，九江县 50，庐山区 25 |
| 1998 | | 借　销 | 3087 | |
| 1999 | | 平价供应：103<br>议价供应：4 | 104 | |
| 2000 | | 平价供应：51<br>议价供应：6 | 57 | |

## 七、军供粮

20 世纪 90 年代初，军粮供应按 1986 年颁布的《军粮供应与管理办法》执行。

1993 年 8 月 14 日，市粮食局下发《关于切实做好军粮供应工作的通知》，改变分散供应，实行集中供应，在市区设立市军粮供应站，根据供应量相应配备固定人员，搞好军粮供应。部队用粮单位持团级单位介绍凭证，经市粮油供应公司审核后，由军粮供应站办理供应。严格按照部队定量标准、品种，保质保量供应。超标准供应部分其差价款由供粮单位负担。8 月 22 日，邀请部队团以上后勤部门负责人共 20 余人，在驻浔海后武汉办事处召开军粮供应工作座谈会。9 月 1 日，市粮食局下发《关于转发军粮供应工作座谈会纪要的通知》。1994 年 6 月 1 日始，执行国家新《军粮供应与管理办法》。1986 年原商业部和总后勤部联合颁布的《军粮供应与管理办法》同时废止。5 月 11 日，市粮食局军粮管理站成立，负责全市军粮供应管理工作和军粮款结算、拨补以及协调处理工作中有关问题。全市共指定 17 个军粮供应点。

1996 年 3 月 18 日，总后勤部《关于收归军队建制的人民武装部军粮供应问题的通知》规定：从当年 4 月 1 日起收归军队建制的县(旗)、县级市、市辖区武装部军粮供应按《军粮供应与管理方法》规定供应。并执行全国统一军粮供应管理制度。“军粮供应证”和“军粮供应卡”由当地粮食部门和武装部上一级后勤部门核发，军用粮票按供应系统领报。12 月 20 日，省粮食局下发《关于军粮供应体制改革过渡时期军粮供应有关问题紧急通知》，规定 1997 年 1 月 1 日起，1971 年版“军用供给粮票”停止使用。部队伙食单位购买当年一季度粮食时，原则上由团级以上单位后勤部门出具借据。军供粮站按借据所列数量和新的军粮各品种统销价(早籼米 0.74 元/公斤，标一晚籼米 0.78 元/公斤，特一粉 1.06 元/公斤，特二粉 0.94 元/公斤)供应大米和面粉，同时在旧版“军粮供应证”和“军粮供应卡”上据实记载，购销双方互相在军粮供应证(卡)上签字。军供食油、大豆不再执行国家规定统销价，由部队按市价到粮食部门采购，并按市价支付货款，差价款由部队按供应系统下拨。军粮差价补贴款退发，由粮食部门改为部队按业务系统退发。

1998 年抗洪抢险救灾中，市粮食局从外地调运优质稻，日夜加工供应部队需要，还两次到部队伙食单位检查粮油质量和征求部队意见，尽全力保证供给。汛期 2 个月，军供粮油超过平常年份 1 年供应量，市粮食局尽力优质服务，被总后勤部、国家粮食储备局评为“全国军供先进单位”。1999 年，按《军供站资格审核认定暂行方法》要求，严格军供准入标准，规范军供企业行为，市、县国有粮食企业，仍是军粮供应主渠道。

2000年6月23日，成立市军粮供应服务中心。8月13日，省粮食局《关于现行军用粮票停止使用后有关问题的通知》规定：从8月15日起，大米、小麦粉的军用粮票停止使用。更换新版军用粮票。2003年，市军粮供应服务中心被国家粮食局、总后勤部评为军粮供应先进单位。2005年9月，制定《九江市粮油战时应急供应保障预案》。12月8日始，执行国家粮食局《关于印发军粮供应站资格认定的办法的通知》。2006年10月19日，全市9个军粮代供点通过资格认定。11月1日，军粮供应站实行资格认定。

至2010年，全市共有军粮供应站2个、军粮代供点12个。同年军供大米执行国家新颁布标准。

## 八、应急管理

2003年10月，市粮食局设立粮食应急管理办公室，下发《关于确保信息畅通，做好粮油市场供应工作的通知》，全市粮食部门加强粮油市场的监测和动态分析，发现粮油市场有较大变化要及时报告，确保在发生突发情况时，粮油商品能调得动、供得上，不断档，保证粮油市场基本稳定。2004年7月，市政府成立市粮食应急供应工作领导小组，办公室设市粮食局；同月，市政府批准《九江市市区粮食应急供应预案》。2005年12月，市政府根据《粮食流通管理条例》《国家粮食应急预案》《江西省人民政府关于实施江西省突发公共事件总体应急预案的决定》等法规，印发《九江市粮食应急预案》。2006年，市粮食局制发《九江市粮食局贯彻“九江市粮食应急预案”实施细则》《全市粮食市场监测工作制度》，在毗邻周边县建立7个粮食信息监测点，市区确立16个粮食供应点，4个粮食加工点，并对网点授牌。2007年，市粮食局印发《九江市粮食市场价格信息监测管理办法》，建立定期粮食市场价格监测报告制度，按照《九江市粮食应急预案》有关要求，对承担粮食应急工作任务供应、加工企业进行业务指导和监督检查。

2008年1月中旬，全市遭遇罕见雨雪冰冻灾害。全市粮食部门采取紧急措施，确保粮源充足、粮价稳定和市场秩序。在市区组织加工500万公斤成品粮，落实1000万公斤储备粮，确定7个加工点、22个销售网点，做到随时加工，随时投放市场。为防止不法商贩囤积居奇，哄抬物价，全市粮食部门联合工商、物价、公安等部门开展联合执法检查。全市粮食部门补贴费用达220多万元。灾情期间，没有发生缺粮现象，粮油市场价格稳定，市场秩序良好。

同年8月，市粮食局、市发改委印发《关于九江市城区粮食经营者最低和最高库存量的通知》，核定城区粮食经营者最高库存量5256吨和最低库存量5300吨。

**2008年市城区粮食经营者最低和最高库存量核定一览**

表31-2-10　　单位：吨

| 单位名称 | 最高库存量 | 最低库存量 |
|---|---|---|
| 江西九江国家粮食储备库 | 1000 | 1000 |
| 九江市粮食收储有限公司 | 500 | 500 |
| 九江市新港粮库 | 1500 | 1500 |
| 九江市粮油总公司 | 1000 | 1000 |
| 九江市金谷米业饲料有限公司 | 300 | 600 |
| 九江三超米业有限公司 | 150 | 300 |
| 九江九九香米业有限公司 | 200 | 400 |
| 九江粮食批发市场经营户 | 606 | |
| 合　计 | 5256 | 5300 |

# 第二节　油脂销售

## 一、平价销售

20 世纪 90 年代初,市油脂、油料市场放开,国营粮食部门及其他系统集体、个人经营者,形成竞争格局。除市镇居民口油(统销中的称谓,下同)、部分农业人口吃定销粮者口油、军供平价油,其他各项用油改为议价供应或市场调节。1991 年,根据省政府《关于调整粮油销售价格的通知》,市对油脂统销价格进行调整。

**1991 年全市油脂统销价格调整一览**

表 31-2-11　　　　单位:元/50 公斤

| 品　名 | 调前价格 | 调后价格 | 品　名 | 调前价格 | 调后价格 |
|---|---|---|---|---|---|
| 花生油 | 110.00 | 257.00 | 二级菜油 | 106.00 | 234.00 |
| 大麻油 | 114.00 | 263.00 | 一级菜油 | 124.00 | 263.00 |
| 精炼油 | 96.00 | 213.00 | 茶　油 | 144.00 | 287.00 |

供应量市区每人每月食油定量仍延续 1965 年 6 月标准,为 0.25 公斤,各县及县以下集镇非农业人口每人每月为 0.20 公斤。农业人口中吃定销粮者口油则根据其是否产油的实际情况而定,有的供统销价口油,有的没有口油指标,需自行解决。提供统销价口油供应量,根据具体情况有多有少。定量口油供应不受品种限制,在供应单位已有的品种中自行选择。1992 年 5 月 23 日,省粮食局《关于食用植物油购销价格放开后有关业务处理的通知》规定,除全省核定保留 1000 万公斤平价食油库存,其中九江 100 万公斤,其他划转为议价库存。同年 8 月 20 日,市取消城镇居民平价口油供应。至此,统销食用油除军供外,退出市场。

1993~1995 年,粮油涨价期间,曾重新启用《市镇居民粮食供应证》,但其价格不再是统销价,而是当时国家投放专储平抑粮价的临时性政策性限价,1994 年 11 月,二级菜油 9.6 元/公斤。

1996 年 12 月 14 日,市军供食用油退出统销。至此,统销价(平价)食用油取消。

**1991~2004 年全市油脂销售一览**

表 31-2-12　　　　单位:百公斤

| 年份 | 油性质 | 分类合计 | 销售与供应 | | | | | | | | | | |
|---|---|---|---|---|---|---|---|---|---|---|---|---|---|
| | | | 销售供应(主要是口油) | | | | | | | 系统内销售 | | 对其他单位和个人 | |
| | | | 销售供应小计 | 菜籽油 | 花生油 | 麻油 | 棉油 | 茶油 | 其他油 | 系统内销售 | 其中:省外 | 小计 | 其中:省外 |
| 1991 | 定购油 | 156144 | 26433 | 25370 | | 5 | 547 | 511 | | 42591 | | | |
| | 议价油 | 147210 | 29849 | 20492 | 446 | 923 | 6448 | 466 | 1074 | 52256 | 33008 | | |
| 1992 | 定购油 | 86303 | 2523 | 2506 | | | 2 | 15 | | 6439 | 4762 | | |
| | 议价油 | 241236 | 62391 | 49125 | 544 | 1367 | 9010 | 85 | 2260 | 84915 | 35503 | | |
| 1993 | 定购油 | 706 | 545 | 545 | | | | | | 50 | | | |
| | 议价油 | 264958 | 117393 | 85897 | 463 | 1833 | 28616 | 125 | 459 | 63662 | 22454 | | |
| 1994 | 定购油 | 538 | 203 | 203 | | | | | | | | | |
| | 议价油 | 185372 | 73766 | 47672 | 1316 | 992 | 19959 | 139 | 3688 | 48799 | 19350 | | |

续表 31-2-12

| 年份 | 油性质 | 分类合计 | 销售与供应 | | | | | | | | | | |
|---|---|---|---|---|---|---|---|---|---|---|---|---|---|
| | | | 销售供应(主要是口油) | | | | | | | 系统内销售 | | 对其他单位和个人 | |
| | | | 销售供应小计 | 菜籽油 | 花生油 | 麻油 | 棉油 | 茶油 | 其他油 | 系统内销售 | 其中:省外 | 小计 | 其中:省外 |
| 1995 | 地方储备 | 68 | 39 | 39 | | | | | | 29 | | | |
| | 议价油 | 299688 | 116583 | 91256 | 471 | 985 | 23306 | 26 | 539 | 34960 | 5976 | | |
| 1996 | 地方储备 | 100 | | | | | | | | | | | |
| | 议价油 | 246204 | 112105 | 67879 | 554 | 325 | 41262 | 40 | 2045 | 35920 | 5624 | | |
| 1997 | 地方储备 | 8600 | 8600 | 8600 | | | | | | | | | |
| | 议价油 | 224274 | 119711 | 89242 | 61 | 277 | 29543 | 33 | 555 | 34096 | 9714 | | |
| 1998 | 议价油 | 218017 | 75308 | 49235 | 6 | 291 | 25234 | 132 | 410 | 94359 | 5936 | | |
| 1999 | 议价油 | 154745 | 54967 | 37107 | 93 | 12 | 16814 | 47 | 894 | 52976 | 400 | 728 | |
| 2000 | 议价油 | 106495 | 42273 | 36247 | 2 | 22 | 5863 | 4 | 135 | 25335 | 1119 | 3083 | 3064 |
| 2001 | 议价油 | 88127 | 32677 | 29856 | | 40 | 2667 | 46 | 68 | 24120 | 6400 | 9121 | |
| 2002 | 议价油 | 20489 | 7793 | 7774 | | | –24 | | 43 | 8996 | 8833 | | |
| 2003 | 议价油 | 39741 | 24928 | 19641 | | | 5227 | | 59 | 13 | | | |
| 2004 | 议价油 | 8241 | 7886 | 7878 | | | | | 8 | | | | |

说明:2002 年及以前为粮食年度,以后为日历年度;分类合计的值是销售供应小计、系统内销售、对其他单位和个人销售、储备、加工原料付出等其他可能消耗油脂的各项总量之表。表 31-2-13 同

## 2005~2010 年全市油脂销售一览

表 31-2-13　　单位:百公斤

| 年份 | 油性质 | 分类合计 | 小计 | 菜籽油 | 花生油 | 麻油 | 棉油 | 茶油 | 其他油 | 其中:零售 | 其中:批发 | | |
|---|---|---|---|---|---|---|---|---|---|---|---|---|---|
| | | | | | | | | | | | 省外 | 省内国有粮食企业 | 省内其他批发企业 |
| 2005 | 议价油 | 71327 | 48157 | 6921 | | | | | 41236 | 48157 | | | 23000 |
| 2006 | 议价油 | 105473 | 104798 | 19188 | | | | | 85610 | 102732 | | | 2066 |
| 2007 | 议价油 | 131681 | 131542 | 15700 | | | | | 115842 | | 20000 | | |
| 2008 | 议价油 | 133013 | 132529 | 23270 | | | | | 109259 | | | | |
| 2009 | 议价油 | 1100425 | 870941 | 644746 | | | | | 226195 | 870941 | 500 | | |
| 2010 | 议价油 | 729913 | 728865 | 553773 | | | | | 175092 | | 308924 | | |

说明:由于不同时期的统计标准、精度有不同。如 2005 年的数据与以前存在不同的侧重点方向,如油脂的种类缺少明确的描述,其他油中,绝大部分是菜籽油或棉油

## 二、议价销售

20世纪90年代初,存在议价油销售,到1998年,工商行业用油、食品行业用油均到市场购买,退出统销范围。议价销售油脂包括本地区居民直接食用的口油、工商行业用油及外销到省内其他地市和外省的油脂。

油源初期主要为本地区出产,也有从湖北、安徽购进。随着经济繁荣,全市销售油脂中,一部分来自外省。其品种为菜籽油、棉油、茶油及少量花生油、芝麻油和棕榈油(主要源于广东)、色拉油、调和油、大豆油、玉米胚油等。

从事油脂批发企业单位,包括符合要求的经济成分企业。从事零售机构则包括粮油店、百货店、社区小百货店、大小超市等。所销售知名品牌主要有中粮食品有限公司"福临门"牌玉米油、调和油,山东鲁花集团有限公司"鲁花"牌花生油,益海嘉里食品营销有限公司"金龙鱼"牌、"香满园"牌调和油,湖南省巴陵油脂有限公司"道道全"牌调和油,九江市嘉盛粮油工业有限公司"好爱家"牌大豆油、山茶油和菜籽油等。

## 三、调出外销

1991年来,九江为油菜籽和棉花产区,正常年份都有油脂调出或外销。调出是指油脂统销时期(1991~1994年)的平价油脂,调拨到省内其他地市或省外;外销是指议价油脂以议价销售方式流通到省内其他地市或省外。

**1991~1995年全市油脂调出外销一览**

表31-2-14　　　　单位:百公斤

| 年份 | 品种 | 调出(平价) | | | 外销(议销) | | |
|---|---|---|---|---|---|---|---|
| | | 合计 | 省内 | 省外 | 合计 | 省内 | 省外 |
| 1991 | 年度小计 | 42591 | | | 52256 | 19248 | 33008 |
| | 花生油 | | | | 329 | 206 | 123 |
| | 菜油 | 41605 | | | 17511 | 17029 | 482 |
| | 麻油 | | | | 1427 | 28 | 1399 |
| | 棉油 | | | | 32336 | 1457 | 30879 |
| | 茶油 | 55 | | | 289 | 189 | 100 |
| | 其他油 | 931 | | | 364 | 339 | 25 |
| 1992 | 年度小计 | 6439 | 1677 | 4762 | 84915 | 49412 | 35503 |
| | 花生油 | | | | 435 | 126 | 309 |
| | 菜油 | 6282 | 1677 | 4605 | 54769 | 45159 | 9610 |
| | 麻油 | | | | 2896 | 1456 | 1440 |
| | 棉油 | | | | 26403 | 2321 | 24082 |
| | 茶油 | | | | 21 | 21 | |
| | 其他油 | 157 | | 157 | 391 | 329 | 62 |

续表 31-2-14

| 年份 | 品种 | 调出(平价) | | | 外销(议销) | | |
|---|---|---|---|---|---|---|---|
| | | 合计 | 省内 | 省外 | 合计 | 省内 | 省外 |
| 1993 | 年度小计 | 50 | 50 | | 63662 | 41208 | 22454 |
| | 花生油 | | | | 649 | 208 | 441 |
| | 菜油 | | | | 47970 | 35735 | 12235 |
| | 麻油 | | | | 2031 | 1536 | 495 |
| | 棉油 | | | | 12597 | 3493 | 9104 |
| | 茶油 | | | | 4 | 4 | |
| | 其他油 | | | | 411 | 232 | 179 |
| 1994 | 年度小计 | | | | 48799 | 29449 | 19350 |
| | 花生油 | | | | 28 | 19 | 9 |
| | 菜油 | | | | 27346 | 22864 | 4482 |
| | 麻油 | | | | 364 | 294 | 70 |
| | 棉油 | | | | 20537 | 5748 | 14789 |
| | 茶油 | | | | 5 | 5 | |
| | 其他油 | | | | 519 | 519 | |
| 1995 | 年度小计 | 29 | 29 | | 34960 | 28984 | 5976 |
| | 花生油 | | | | 3 | 8 | -5 |
| | 菜油 | | 29 | | 22248 | 17657 | 4591 |
| | 麻油 | | | | 1 | 1 | |
| | 棉油 | | | | 12379 | 10989 | 1390 |
| | 茶油 | | | | | | |
| | 其他油 | | | | 329 | 329 | |

## 1996~2010 年度全市油脂外销一览

表 31-2-15　　单位:百公斤

| 年份 | 品种 | 外销(议销) | | |
| --- | --- | --- | --- | --- |
| | | 合计 | 省内 | 省外 |
| 1996 | 年度小计 | 35920 | 30296 | 5624 |
| | 菜油 | | 26255 | 5390 |
| | 麻油 | | 6 | |
| | 棉油 | | 3841 | 234 |
| | 其他油 | | 194 | |
| 1997 | 年度小计 | 34366 | 24652 | 9714 |
| | 花生油 | 31 | 31 | |
| | 菜油 | | 21619 | 7320 |
| | 麻油 | | 567 | |
| | 棉油 | | 1422 | 2394 |
| | 其他油 | | 1013 | |
| 1998 | 年度小计 | 94359 | 88423 | 5936 |
| | 花生油 | | 280 | |
| | 菜油 | | 81763 | 32 |
| | 棉油 | | 3892 | 5859 |
| | 其他油 | | 2488 | 45 |
| 1999 | 年度小计 | 52976 | 52336 | 640 |
| | 菜油 | | 50097 | 640 |
| | 棉油 | | 65 | |
| | 其他油 | | 2174 | |
| 2000 | 年度小计 | 25335 | 24216 | 1119 |
| | 菜油 | 20486 | 20389 | 97 |
| | 棉油 | 4849 | 3827 | 1022 |
| 2001 | 年度小计 | 24120 | 17720 | 6400 |
| | 菜油 | | 17720 | 6400 |
| 2002 | 年度小计 | 8996 | 163 | 8833 |
| | 菜油 | | 162 | 8833 |
| 2003 | 年度小计 | 13 | 13 | |
| | 菜油 | | 13 | |
| 2006 | 年度小计 | 2066 | 2066 | |
| | 菜油 | | 2066 | |
| 2007 | 年度小计 | 131542 | 129542 | 2000 |
| | 菜油 | | 15700 | |
| | 其他油 | | 113842 | 2000 |

续表 31-2-15

| 年份 | 品种 | 外销(议销) | | |
| --- | --- | --- | --- | --- |
| | | 合计 | 省内 | 省外 |
| 2009 | 年度小计 | 870941 | 870441 | 500 |
| | 菜油 | | 644746 | |
| | 其他油 | | 225695 | 500 |
| 2010 | 年度小计 | 727817 | 418893 | 308924 |
| | 菜油 | | 251473 | 301972 |
| | 其他油 | | 167420 | 6952 |

说明:2004、2005、2008 没有油脂外销

# 第三章 粮油市场

## 第一节 市场建设

1990 年 12 月 8 日,九江粮食批发市场成立。属国内贸易部第一批批准成立的省级粮食批发市场,是全国八大粮食批发市场之一。1991~1993 年,“保量放价”政策出台,粮食统销体制解体,工商行业用粮改为市场调节,议价供应。随着平价粮油退出市场,粮食市场多种企业体制并存格局形成。

1998 年,市粮食批发市场现货市场——九江米市在滨江路开业,市区内从事粮食批发企业全部进场交易,部分油脂和面粉批发企业在浔阳楼对面原九江火柴厂仓库设有个体批发点,入市粮食批发企业中,非国有企业数量和交易量均超过国有粮食批发企业数量和交易量。2002 年 10 月,南方粮食交易市场成立,延续九江粮食批发市场粮食拍卖功能,拓展网上交易。

至 2010 年,九江米市从事粮油批发企业 62 家,其中,批发大米 51 家,批发油脂 5 家,批发面粉 6 家。当年,位于城东港区的九江现代粮食物流园区建设完成,按市政府规划,九江米市迁入该物流园区。

## 第二节 市场价格

### 一、收购价格

**粮食收购价** 1991 年、1992 年为国家定购价;1993 年 4 月,改国家定购为合同收购,其合同收购的粮食仍称定购粮,其价格仍称定购价;同时建立粮食收购保护价,建立粮食风险基金制度。当年收购保护价为早籼稻 21 元/50 公斤,中籼稻 26 元/50 公斤,晚籼稻 28 元/50 公斤,定购价、保护价价格均由省政府根据当地情况确定。粮食收购保护价在有些年份(如 1997、1998)为省政府确定的议购价,故收购保护价与议价收购价在有些年份是同一价格。

1999 年 7 月,省物价局规定在保留粮食定购制度和粮食定购形式不变的前提下,实行定购价和议购保护价统一执行加权平均价的收购价格,即定购价与保护价并轨。

2004 年,随着粮食收购市场放开,国家为保障粮农利益,稳定粮食生产,建立粮食最低收购价制度。

**油脂收购价** 1991 年来,油脂收购逐步市场化,价格由市场供求关系确定。

## 1991~2010年度全市粮油收购价一览

表31-3-1　　单位:元/50公斤

| 年份 | 品种 | 国家定购价 | 议价收购保护价 | 议购市场指导价 |
|---|---|---|---|---|
| 1991 | 早籼稻 | 22.1 | | 31~30 |
| | 晚籼稻 | 22.8 | | 34(专储36) |
| | 油菜籽 | | | |
| 1992 | 早籼稻 | 24.5 | | |
| | 晚籼稻 | 27.5 | | |
| | 油菜籽 | 64 | | |
| | 棉　籽 | 25 | | |
| | 小　麦 | 30.4 | | 34 |
| 1993 | 早籼稻 | | 21 | |
| | 晚籼稻 | | 26 | |
| | 中籼稻 | | 28 | |
| | 油菜籽 | | | |
| 1994 | 早籼稻 | 44 | | 市场价:52 |
| | 晚籼稻 | 51 | | 市场价:62 |
| | 中籼稻 | | | |
| | 油菜籽 | | | 135 |
| | 棉　油 | 370 | | |
| 1995 | 早籼稻 | 44 | | |
| | 晚籼稻 | 51 | | |
| | 中籼稻 | | | |
| | 油菜籽 | | | |
| 1996 | 早籼稻 | 65 | | 70~75 |
| | 晚籼稻 | 73 | | 80 |
| | 中籼稻 | | | |
| | 小　麦 | | | 80 |
| | 油菜籽 | | | 120 |
| 1997 | 早籼稻 | 65 | 55 | |
| | 晚籼稻 | 73 | 66 | |
| | 中籼稻 | | | |
| | 油菜籽 | | | 110 |
| 1998 | 早籼稻 | 57 | 50 | |
| | 晚籼稻 | 64 | 58 | |
| | 中籼稻 | 64 | 58 | |
| 1999 | 早籼稻 | 51 | 51 | |
| | 晚籼稻 | 58 | 58 | |
| | 中籼稻 | 56 | | |

续表 31-3-1

| 年 份 | 品 种 | 国家定购价 | 议价收购保护价 | 议购市场指导价 |
|---|---|---|---|---|
| 2000 | 早籼稻 | 退出定购 | | |
| | 晚籼稻 | 58 | 58 | |
| | 中籼稻 | 56 | 56 | |
| 2001 | 早籼稻 | | | 市场价:42 |
| | 晚籼稻 | | 47 | |
| 2002 | 早籼稻 | | | 市场价:44 |
| | 晚籼稻 | | 47 | |
| 2003 | 早籼稻 | | | 市场价:51 |
| | 晚籼稻 | | 55 | |
| 2004 | 早籼稻 | | 70 | |
| | 晚籼稻 | | 72 | |
| | 中籼稻 | | 72 | |
| 2005 | 早籼稻 | | 70 | |
| | 晚籼稻 | | 72 | |
| | 中籼稻 | | 72 | |
| 2006 | 早籼稻 | | 70 | |
| | 晚籼稻 | | 72 | |
| | 中籼稻 | | 72 | |
| 2007 | 早籼稻 | | 70 | |
| | 晚籼稻 | | 72 | |
| | 中籼稻 | | 72 | |
| 2008 | 早籼稻 | | 77 | |
| | 晚籼稻 | | 79 | |
| | 中籼稻 | | 79 | |
| 2009 | 早籼稻 | | 90 | |
| | 晚籼稻 | | 92 | |
| | 中籼稻 | | 92 | |
| 2010 | 早籼稻 | | 93 | |
| | 晚籼稻 | | 97 | |
| | 中籼稻 | | 97 | |

## 二、销售价格

**粮食销售价** 平价销售:1991 年、1992 年、1995 年,统销价价格经数次调整,主要品种价格见表 31-3-2。

**1991~1995 年全市粮油市场主要粮油品种统销(平价)销售价格一览**

表 31-3-2 单位:元/吨

| 年份 | 稻谷 | | 大米 | | | 菜油 | | 面粉 | |
|---|---|---|---|---|---|---|---|---|---|
| | 中等早籼稻 | 中等晚籼稻 | 标一早籼米 | 标一晚籼米 | 标一优质晚米 | 二级菜油 | 精炼菜油 | 标一面粉 | 特二面粉 |
| 1991 | 190 | 196 | 296 | 306 | 316 | 2120 | 2480 | 3400 | 4800 |
| | 348 | 358 | 536 | 552 | 568 | 4680 | 5260 | 5400 | 7600 |
| 1992 | 490 | 550 | 780 | 860 | 860 | | 5000 | 800 | 1120 |
| 1994 | | | ≤1300 | 1440 | | 6400 | | 1200 | 1700 |
| 1995 | | | 1620 | 1820 | | | | | |

说明:表中1991 年栏,上为 4 月 30 日前,后为 5 月 1 日后价格

议价销售:1991 年来,粮价一直呈上涨趋势。其中,1993~1995 年粮价涨幅较大。据九江粮食批发市场采集数据,早籼稻从 1990 年 442 元/吨上涨到 2010 年 2100 元/吨,晚籼稻从 1990 年 456 元/吨上涨长到 2010 年 2200 元/吨,均增长 4.8 倍。

**1992~1995 年全市粮油市场主要粮油品种市场销售价格一览**

表 31-3-3 单位:元/吨

| 年份 | 稻谷 | | 大米 | | | 菜油 | | 面粉 | |
|---|---|---|---|---|---|---|---|---|---|
| | 中等早籼稻 | 中等晚籼稻 | 标一早籼米 | 标一晚籼米 | 标一优质晚米 | 二级菜油 | 精炼菜油 | 标一面粉 | 特二面粉 |
| 1992 | | | 1560 | | | | | | |
| | | | | 1250 | | | | | |
| 1993 | | | 1060 | 1560 | | | | | |
| | | | 1340/1420 | 1800 | | 6200 | | 1160 | 1600 |
| 1994 | 760+费用 | | 1057+费用 | | | | | | |
| | | | | 1820 | | | | | |
| | | | 1760 | 1960 | | 9600 | | 1700 | |
| | | | 1620 | 1820 | | | | | |
| 1995 | 900~980 | | | | | | | | |
| | | | 1560 | | | | | | |

说明:表中 1993 年下栏为当年 11 月 4 日上调价;1994 年 4 栏分别为 1 月 12 日、26 日、9 月 1 日、10 月 1 日上调价;1995 年 2 栏分别为 6 月 5 日、24 日上调价

**2003~2010 年 全市粮油市场主要粮油品种批发价格一览**

表 31-3-4 单位:元/吨

| 年份 | 稻谷 | | 大米 | | | 菜油 | | 面粉 | |
|---|---|---|---|---|---|---|---|---|---|
| | 中等早籼稻 | 中等晚籼稻 | 标一早籼米 | 标一晚籼米 | 标一优质晚米 | 二级菜油 | 精炼菜油 | 标一面粉 | 特二面粉 |
| 2003.07 | 1100 | 1140 | 1420 | 1500 | 1560 | 6140 | | 1600 | 1520 |
| 2003.09 | 1030 | 1060 | 1460 | 1520 | 1680 | 6100 | | 1550 | 1480 |

续表 31-3-4

| 年 份 | 稻 谷 | | 大 米 | | | 菜 油 | | 面 粉 | |
|---|---|---|---|---|---|---|---|---|---|
| | 中等早籼稻 | 中等晚籼稻 | 标一早籼米 | 标一晚籼米 | 标一优质晚米 | 二级菜油 | 精炼菜油 | 标一面粉 | 特二面粉 |
| 2003.12 | 1220 | 1320 | 1800 | 1860 | 2300 | 6840 | 7360 | 2240 | 1700 |
| 2004.02 | 1400 | 1500 | 2000 | 2700 | 2800 | 7160 | 7760 | 2240 | 2040 |
| 2004.04 | 1660 | 1760 | 2400 | | 2800 | 7200 | 7600 | 2360 | 2280 |
| 2004.07 | 1600 | 1700 | 2300 | 2800 | 2880 | 6000 | 6200 | | |
| 2004.11 | 1640 | 1620 | 2280 | 2500 | 2700 | 6100 | 6400 | | |
| 2005.01 | 1600 | 1660 | 2240 | 2300 | 2900 | 6100 | 6400 | | |
| 2005.04 | 1600 | 1620 | 2280 | 2400 | 2880 | 5960 | 6120 | | |
| 2005.07 | 1480 | 1500 | | 2100 | 2500 | | 5560 | | |
| 2005.10 | 1440 | 1500 | 2200 | 2300 | 2700 | | 5600 | | |
| 2006.01 | 1440 | 1540 | 2200 | 2300 | 2760 | | 5600 | | |
| 2006.04 | 1440 | | 2060 | 2100 | | 5300 | | | |
| 2006.07 | 1460 | 1540 | 2040 | 2100 | | 5240 | | | |
| 2006.10 | 1500 | 1600 | 2220 | 2360 | | 6000 | | | |
| 2007.01 | 1600 | 1660 | 2360 | 1480 | 3000 | | 8000 | | 2200 |
| 2007.07 | 1500 | 1700 | 2320 | | | 8400 | | | |
| 2007.10 | 1600 | 1680 | 2400 | | | 9100 | | | |
| 2008.03 | 1680 | 1740 | 2500 | 2840 | 3080 | | 16200 | | |
| 2008.04 | 1680 | 1760 | 2420 | 2860 | 2960 | | 13800 | | |
| 2008.07 | 1780 | 1900 | 2500 | 3000 | 3120 | | 13000 | | |
| 2008.10 | | 1900 | 2600 | 2980 | 3100 | 9800 | | 2520 | |
| 2009.01 | 1860 | 1900 | 2640 | 2900 | | 8000 | | | |
| 2009.04 | 1880 | 1920 | 2760 | 3060 | 3120 | 7600 | | 2600 | |
| 2009.07 | 1880 | 1920 | 2720 | 2980 | | 7900 | | 2720 | |
| 2009.10 | 1880 | 1920 | 2800 | 3060 | | 7700 | | 2640 | |
| 2010.01 | 1990 | 1940 | 2800 | 3060 | | 8800 | | 2600 | |
| 2010.04 | 1960 | 2000 | 2840 | 3100 | | 8300 | | 2640 | |
| 2010.07 | 1980 | 2020 | 2840 | 3260 | | 8200 | | 2640 | |
| 2010.11 | 2100 | 2200 | 3200 | 3460 | | 9800 | | 3000 | |

**油脂销售价** 20 世纪 90 年代初，油脂销售放开，除 1991~1992 年的口油属平价供应外，其余为议价销售；主要是二级菜油，其他油脂所占市场份额较小。

二级菜油销售价格从 1990 年统销价每吨 2120 元增长到 2010 年每吨 9800 元，增长约 4.6 倍，最高达到 7.7 倍(1998 年最高价达 16300 元/吨)。

## 三、价格控制

1991 年来，市场异常变动时，国有粮企一直是粮油供应主要承担者，在保证粮食供应，稳定粮食市场中，始终起着主渠道作用。1993~1995 年粮食涨价中，全市国有粮食企业，确保市场供应品种丰富，尤其大宗粮油品种确保市民正常需要。国有粮店实行明码标价,有货有价。市直粮食部门粮油批发价格经粮食局批准,粮店供应价格按批发价加批零差确定。市区大米批零差5元/50公斤,成品油批零差10元/50公斤。

# 第四章 粮食仓储

## 第一节 仓库管理

### 一、队伍建设

1991年始,市粮食仓储面临储粮任务超历史,库外粮多、点多面广,新陈混装,仓库严重超载严峻形势。市粮食局决定每年5月10日至8月20日,在全市粮食系统开展"百日安全保粮社会主义劳动竞赛"活动,树典型,立标兵,评先进。市、县粮食局成立以局长挂帅百日安全保粮领导小组,印发倡议书,全市自上而下层层签订安全保粮责任状,建立安全保粮责任制,把安全保粮与职工奖金挂钩,做到勤检查、勤保管,见鼠堵洞,见雀添网,遇雨检盖,危粮限期处理,严把入库粮质关,推广应用科学保粮技术,做到六防(防火、防雨、防风、防虫、防霉、防鼠雀)一通(机械通风),开展清洁卫生综合防治,"仓内面面光、仓外三不留""仓内口吹无灰、手摸无尘"。涌现出一批爱岗敬业优秀保防人员和先进集体。1992年春,武宁县直属粮库、修水县三都粮管所保管员赵仕杰分别获商业部授予安全保粮先进集体和先进个人。

1994年,全市县级粮食局至少配备1名防化员,基层储粮单位视其仓容多少配备防检人员,1个所(库)有1名防检人员,可兼保管员,但不兼搞经营。防检人员一旦确定,不随意变换工种,确因工作需要变换工种,须经县粮食局储运部门同意。防检人员必须持有省粮食局颁发的"防化员证书"上岗。保管员的配备标准按照《江西省粮油企业人员配备定额管理试行办法》执行,即:储备库容量125万~150万公斤,商品库容量75万~100万公斤,中转库容量30万~50万公斤,杂品库容量20万~25万公斤配1人;分散小点,仓容量不足75万公斤的也配1人;油库大油罐(池)15万~25万公斤,小油罐10万~15万公斤,小油柜(篓)1.5万~2.5万公斤配1人。凡粮油仓库每座容量超过定员标准,如储备库容量125万~150万公斤配1人,而单座仓库容量为175万公斤也按1人定员。保管员承担"保好粮、管好库"的责任,不承担经营创利任务,其工资、奖金、劳保用品以及上级部门规定的待遇,保证及时发给,工资和奖金与其保管量和"一符四无"粮仓挂钩。市粮食局1994~1995年举办两期"防化员证书"培训班,聘请省内专家、专业技术人员授课,并进行现场技术操作练兵。经省粮食局理论考试和实践考核,140名学员全部获得省粮食局"防化员证书"。

1997年,市粮食局对全市在岗200名基层防化员进行储粮新技术、新知识强化学习,组织现场技术观摩。

1999年,全市粮食系统推行转岗分流,减员增效。保防人员较1998年减少396人,减幅18.8%,但业务技术熟练骨干比重提高,大中专毕业生占保防人员65.9%,通过专业培训和择优竞争上岗,保粮队伍素质进一步提高。

### 二、所库建设

1993年,市内少数地方和单位仓储管理出现滑坡,1994年初,市粮食局制定《九江市粮食局关于进一步加强粮油仓储工作确保国家粮油储存安全的决定》,就科学保粮、保粮队伍稳定、直接保粮费用标准、储备粮油管理、仓库管理等作出规定。每年年初,各县(市、区)粮食局按上年末库存(混合量)每万公斤64~70元标准,从财务指标中提出单列,70%~80%由县粮食局储运部门掌握使用,财会部门监督管理,主要用于科学保粮、购买粮食杀虫药剂和防化器材。基层储粮单位添置防化器材和薰蒸杀虫药剂,须事先书面报告县粮食局储运部门,经审定批准后实施;薰蒸杀虫应写出方案,县粮食局防化技术人员现场技术指导,严禁基层储粮单位自行薰蒸。为确保杀虫药剂质量和安全,全市杀虫药剂实行统一管理。

1995 年 6 月 20 日,市粮食局在武宁县直属粮库召开全市加强仓储管理及发展库区经济现场会。武宁县直属粮库、都昌县蔡岭粮库分别介绍经验,实地参观武宁县直属粮库仓储工作和库区经济(养鸡场和果园)。会议就国家粮食储备库和县直属粮库全面建设进行动员部署,并组织与会人员到宜春地区塔下粮油公司、上高镜山国家粮食储备库、宜丰县粮油综合开发公司参观学习。会后,全市 14 个国家粮食储备库和县直属粮库当年投入资金 311 万余元,完成仓库"五线"建设 139 座,容量 19980 万公斤,占 14 个大库仓库座数 81%,超额完成市粮食局当年下达的计划,有的单位仓库"五线"建设完成 100%;翻修仓库 64 座,容量 12505 万公斤,改造仓库 3 座、增容 200 万公斤;修理仓库地面 5 座、1922 平方米,粉刷白仓库外墙 121 座、容量 15390 万公斤,硬化库区道路 36613 平方米,绿美化植树 5063 棵、绿化带 9267 米。7 月,市粮食局下发《关于加强粮食杀虫药剂管理和使用的通知》,对粮食杀虫药剂的使用与管理进一步做出具体规定。仓储设施维修费用,各县(市、区)粮食局按上年末仓储设施固定资产总值 4%提取并单列,其中县粮食局储运部门掌握使用总额 70%以上,做到专款专用,使全市仓库完好率在 20 世纪末达到 90%以上。自同年始,全面加强粮管所(库)建设,改变库容库貌。重点抓好国家粮食储备库和县(市、区)直属粮库建设,建成全行业保粮一流、服务一流、效益一流、管理一流,库区绿化、环境美化、储粮规范化、科学化粮库。同年 12 月 13~24 日,市粮食局就"仓库五线建设、库区经济、'一符四无'粮仓建设、科学保粮、库容库貌、库区绿美化、国家储备粮油管理、仓库管理、安全防火"9 个方面对全市 14 个国家粮食储备库和县直属粮库进行检查评比,分项加减计分,以总分从高到低排名。都昌县蔡岭粮库、武宁县直属粮库、修水国家粮食储备库分别获第一、二、三名,九江、德安国家粮食储备库,瑞昌市第一粮库,星子、湖口国家粮食储备库获优胜单位。24 日,在都昌县蔡岭粮库召开总结表彰会。

1996~1997 年,市粮食局继续抓 14 个国家粮食储备库和县直属粮库建设,年末开展检查评比总结表彰活动,通过推动大库建设,在全市粮食系统起示范和带动作用。

## 三、"一符四无"粮仓

1991 年始,全市粮食系统落实《江西省粮油仓储管理办法(试行)》,加强粮油库存实物管理,严格粮油出、入库管理,粮油出、入库必须做到单据齐全,手续完备。保管员对粮油出、入库时间、品种、数量、质量、来源、去向均有详细记录,原始记录存档。对国家储备粮油、省级储备粮油和地方储备粮,执行"一符"(账实相符)、"三专"(专人管理、专仓储存、专账记载)、"四落实"(数量、质量、品种、地点落实)制度,未经国务院、省政府和地方政府授权的主管部门批准和履行规定的手续,任何单位或个人,一律不准动用。严格台账管理制度,分级建立实物台账,配备计算机,实行计算机网络管理。严格离任交接手续。承储单位负责人、分管负责人、保管人员,在工作调动或离任时按规定办理离任交接手续,经审计后方可离任。凡储存国家储备粮的仓库做到仓外有标牌,仓内有登记卡,详细写明库存性质、品种、数量、入库时间、原始粮质(出糙率、水分、杂质、黄变率等)、仓库容量及保管员姓名等。已挂牌国家粮食储备库,凡储存 3 年以上粮油,必须以仓(廒、垛)为单位,每年秋季扦样送市粮油质监站进行品质分析,作为储备粮油推陈储新质量依据,其他储存有国家储备粮油单位,由市粮食局委托有条件的县粮油质监站负责品质分析,并将结果报市粮食局备案。"四无粮仓"是"无害虫、无变质、无鼠雀、无事故";"四无油罐"是"无变质、无混杂、无渗漏、无事故"。同年,经全省春季、全市春秋两次和各县(市、区)4 个季度储粮(油)普查,全市储粮(油)安全无大事故。"四无库点"334 个,"四无粮仓"1094 座,"四无储粮(油)"46517 万公斤(混合量,下同),分别占被查库点、仓房、储粮总数 96%、98.1%和 97.5%。全市投资 56.64 万元,购置排风扇 384 台、密封槽管 56500 米、粮用薄膜 17900 公斤、涂塑布 200 米。全市机械通风储粮 19185 万公斤,"三低"或"双低"储粮 6905 万公斤,防护剂储粮 14903 万公斤,分别占库存总数 30.6%、11%、23.8%。

1994年3月,国家粮食储备局下发《"四无粮仓"和"四无油罐"评定办法的补充规定》,将"四无"粮仓活动改为"一符四无"粮仓活动。4月,市粮食局印发《九江市"一符四无"粮仓检查评比办法(试行)》,实行"以储粮仓、粮管所(库)、县粮食局为单位"三级考评。4月22日至5月12日,在全市范围内开展第一次"一符四无"粮仓大检查,并结合建立国家专储粮档案。经检查考核,全市"一符四无"粮仓884座,占被检查仓房总数89%,"一符四无"粮所(库)159个,占检查所(库)总数79%。11月8~23日,市粮食局对各地经全面自查达标的143个"一符四无"粮管所(库)进行全面检查验收,有132个粮管所(库)鉴定为1994年度"一符四无"粮仓达标单位,占全市申报粮管所(库)64%,其中九江县15个、德安县10个、永修县9个、修水县11个、都昌县26个、湖口县15个、武宁县14个、彭泽县12个、瑞昌市5个、星子县5个、庐山区4个、市直4个、共青城2个。同时,市粮食局从7个方面进行综合考评,评选出武宁县粮食局、九江县粮食局、湖口县粮食局、江西九江国家粮食储备库为全市仓储工作先进单位。

1997年,全市粮食库存、租借仓库储粮、库存专储玉米"三超"历史。国库储粮总量达到64497万公斤,较1996年增加10049万公斤,其中玉米专储库存2317万公斤。全市租借社会仓库、厂房、车间储粮136座(个),储粮10401万公斤,露天储粮300万公斤,其中市直粮食企业租借社会仓库、厂房、车间77座(个),储粮6980.32万公斤。全市开展以"六比六看"为主要内容的社会主义劳动竞赛。同年,为全市科学保粮活动年,重点推广磷化氢与二氧化碳仓外混合薰蒸技术、综合"三低"保粮技术、新型防护剂储粮技术、包装粮堆外帐幕磷化氢静态薰蒸技术等,要求科学保粮达到70%以上(其中"三低"或"双低"达40%以上,国家粮食储备库和县直属库100%)。各级粮食部门从每个环节做好安全保粮工作,实行安全储粮保证金制度。当年投入科学保粮经费105.7万元,购买粮用薄膜19.6吨、密封槽管1万米、排风扇255台、鼓风机20台、磷化氢与二氧化碳仓外混合薰蒸机4台,凯安保250公斤。全市消灭"三低"或"双低"保粮空白县。科学保粮48179万公斤,占库存总数74.7%。实现全年安全储粮无大事故。"一符四无"粮仓1301座,占仓房总数96.4%,"一符四无"储粮62046.15万公斤,占储粮总数96.2%;"一符四无"库点405个,占库点总数95.5%。

2010年,全市"一符四无"库点257个,"一符四无"粮仓849座,"一符四无"储粮35125万公斤,分别占被查库、仓房、储粮总数100%。

## 四、仓储技术

**农户储粮技术** 1991年11月至1993年4月,刘观明、张淑英等在九江县黄老门乡进行农户安全储粮技术试验研究,列入市1992年度重点科研项目,1993年,通过市科委组织的专家技术鉴定,认为此技术经济实效,易于推广,属国内农户储粮技术领先水平。获1994年省粮食系统科技成果三等奖和1995年市科技进步三等奖。

2009年始,推广农户科学储粮仓建设,即农村粮食产后减损工程。要求农户储粮仓型为优质彩钢板制作圆柱形仓,仓体上有加强筋,下层设出粮口,耐腐蚀,涂层寿命15~20年,每个仓装粮1000公斤。每套粮仓造价400元,其中中央补助30%、省财政配套30%,其余40%由农户出资。即农户购买1个小粮仓只需付160元。

同年12月,省财政厅、省粮食局下达都昌县和湖口县2009年农户科学储粮项目投资计划,都昌县农户6000户,总投资240万元,其中中央补助72万元;湖口县农户4000户,总投资160万元,其中中央补助48万元。

2010年,都昌县、湖口县实施农户科学储粮专项工程。当年,10000只储粮仓全部发放到农户手中,粮食部门无偿提供技术指导服务。同年11月19日,全省农户科学储粮仓发放仪式在都昌县举行。

**露天储粮技术** 1991年,李海水在考察总结九江县老马渡粮库、彭泽县太泊湖粮管所、瑞昌市码头粮库露天通风储粮技术基础上,借鉴外地经验,经征求意见修改,起草省内第一部《包装露天储粮技术规范(试行)》,发至全市各地执行。该规范便于操作掌握,既能通风、防鼠防雀,又能隔热防潮、熏蒸杀虫,还便于粮情检查。同年7月,市粮食局在瑞昌市码头粮库召开全市露天储粮技术研讨会。

同年8月,九江县老马渡粮库进行全市首次应用尼龙复合膜(外加尼龙绳网罩)露天堆磷化铝熏蒸杀虫试验获得成功,56万公斤露天储粮用磷化铝12公斤,布点350个,采用堆垛四周挂袋和风道埋包,密闭10天,杀虫效果100%。同月,都昌县北炎粮管所进行"包装露天储粮'四无'达标的试验研究",该课题列入江西省粮食局1991年科研攻关计划。经过一年试验,取得接近普通房式仓包装储粮效果,较好地解决露天储粮防虫、防鼠、隔热、降温等技术问题,达到省内领先水平。1992年12月,通过省粮食局组织专家技术鉴定,获市科技进步三等奖。

**虫害防治技术** *新型防护剂*:1990年9月至1991年10月,市粮食局、都昌县粮食局配合浙江省粮科所在都昌县北炎粮管所进行杀螟松与西维因混配全仓砻糠载体防虫开发试验,剂量为5ppm、10ppm、15ppm。经过一年的试验,3种剂量的防治效果均超过防虫磷30ppm防治效果,实现18个月无虫期,连螨类都未发现。

1992年9月至1994年5月,祝先进、李海水、江志坚在都昌县张岭粮管所1号仓进行马拉硫磷与溴氰菊酯合剂结合机械通风防治储粮害虫试验,新粮入库时,应用70%马拉硫磷与溴氰菊酯(乳剂)合剂20ppm全仓载体施药,气温下降季节,采用排风扇负压间歇通风降低粮温;气温回升季节,采用塑料薄膜密闭储藏,不用化学药剂熏蒸,可保持储粮20个月无虫,经济与社会效益显著,且操作简便,安全、经济,不需设备投入,是少用或不用磷化氢熏蒸处理一种方法,适合基层储粮单位,特别是一些气密性较差、熏蒸效果不好仓库应用。

1993~1994年,都昌县粮食局进行保粮安防虫试验,剂量10~20ppm,取得满意效果。张岭、北炎粮管所全仓谷壳载体,实现18个月无虫期,七角、新妙粮管所全仓喷雾1个月害虫全部死亡。1995年,德安县、星子县使用效果显著。

1994~1995年,都昌县粮食局在徐埠粮管所进行谷虫净拌粮防虫试验,剂量为1公斤谷虫净处理1000公斤粮食。施药方法为直接将谷虫净药粉拌入粮食中,分全仓拌、分层拌和表层拌3种。经过一年试验,效果显著。但由于谷虫净属固体粉剂,颗粒小,在拌入粮食时,操作不方便。

1998年10月14~19日在北京召开的第七届国际储藏产品保护工作会议上,祝先进等《马拉硫磷与溴氰菊酯合剂结合机械通风防治储粮害虫试验报告》被收入大会论文集,刊登在《粮油仓储科技通讯》2000年第五期。

2008年,市新港粮库在中转1号仓进行凯安保与磷化铝低剂量储粮试验。供试储粮为东北移库的中央储备玉米340万公斤,编织袋包装,1月始入库,3月底结束。粮质水分14%、杂质0.8%、不完善率5.6%,容重729克/升,色泽气味正常,无害虫。试验采用凯安保按1ppm,总用药量4.5公斤,分三次施药,每次1.5公斤(1瓶)加水49升混合均匀。入库前用喷雾器将配制好的凯安保溶液直接喷在事先铺垫在仓内地面的废麻袋上。入库粮堆7个包高时,按上述方法在粮包上喷1次。入库结束后再按上述方法在粮面上喷1次。4月中下旬用粮膜密封粮面。6月用磷化铝按4克/立方米计算总用药量22.5公斤。然后将22.5公斤磷化铝均匀施入粮堆(粮堆内环形风道和粮面各布250个施药点),密闭保管。2009年5月玉米出仓,品质良好,无害虫。成功解决玉米在南方安全度汛、度夏难题。

*熏蒸杀虫技术*:1991年10月,李海水、饶明泉在武宁县直属粮库利用排风扇进行机械环流熏蒸杀虫试验获得成功:51万公斤储粮,用磷化铝6公斤,环流9个小时,磷化氢浓度达0.93毫克/升,密闭10天,杀虫效果100%。接着利用排风扇机械通风降粮温、环流熏蒸杀虫(每百万斤储粮用磷化铝5公斤),地上笼仓外投药(每百万斤储粮用磷化铝1.5公斤),排风扇夏季通风降仓温"三低"保粮试验研究,到1992年10月结束,效果很好,保持1年无虫期,粮温即使在盛夏高温季节,也未超过28℃,达到保质、保鲜、保量的目的。该成果《综合利用机械通风设备进行安全储粮的试验研究》刊登在《江西粮油科技》1994年三、四期合刊。1994年,武宁县粮食局在武宁县黄墩粮管所1号仓进行磷化铝上下结合间歇熏蒸试验,50万公斤散装早籼稻,堆高3米,按粮堆3克/立方米用磷化铝3公斤,空间按0.2公斤/平方米,用敌

敌畏2公斤,磷化铝用300个药袋(粮堆、地上笼风道各150个,风道施药用拉绳法施入)分三次施药,每次1公斤,第一次密闭10天,第二次密闭12天,第三次密闭16天,实现一年无虫期。1996年10月至1997年10月,祝先进、李海水、饶明泉等在九江国家粮食储备库单跨3号仓应用自行研制水封式磷化氢发生器,对尼龙复合膜五面密闭包装粮堆进行磷化铝(剂量4.3克/立方米)堆外投药熏蒸杀虫试验,60万公斤储粮,用磷化铝4公斤,杀虫效果100%,不仅解决传统帐幕熏蒸操作人员直接进入粮堆内施药问题,而且减少操作人员50%,节约劳动时间95%,同时保持有效浓度熏蒸时间大为延长,熏蒸浓度区限变化较合理,CT值总量大为增加,提高对磷化氢抵抗力强的卵、蛹等杀灭效果,达到国内先进水平。1997年12月,通过省粮食局组织的专家技术鉴定,获1998年度市科技进步二等奖,1998年省科技进步三等奖,并在中国粮油储藏专业学会第四届学术年会上交流。该成果《吸湿式磷化氢发生器堆外投药杀虫研究》刊登在《粮食储藏》1998年第四期。1996年11月,修水县粮食局在修水国家粮食储备库308仓进行磷化氢与二氧化碳仓外混合气体熏蒸杀虫试验。该仓储粮144.7万公斤,1991年6月入库,散装杂优晚籼稻,粮堆高3.5米。用磷化铝7公斤,二氧化碳120公斤,粮面、门窗用塑料薄膜槽管严格双密闭,用仓外混合熏蒸机,将磷化氢和二氧化碳气体充分混合后,由管道输入仓内。熏蒸3天后进仓检查,害虫100%死亡,使该仓储存近6年粮食害虫多次不能彻底杀死问题得到有效解决,且粮温下降2~3℃,一次熏蒸仅需927元,较磷化铝常规熏蒸节药费用1038元,较磷化铝、氯化苦混合熏蒸节药费用1438元,且熏蒸效果明显优于后两种方法。该研究报告《仓外磷化氢与二氧化碳混合气体熏蒸研究及应用》刊登在《江西粮油科技》1997年第一期。

1997年,李海水针对谷蠹等储粮害虫在基层储粮单位采用磷化氢常规熏蒸出现抗药性增强和杀虫不彻底的现状,提出防治储粮害虫,突出一个"防"字,狠抓一个"改"字,即全面普及新型高效低毒的防虫磷、杀虫松等防护剂储粮,有效预防害虫的危害发生;储粮发生虫害,采用磷化氢与二氧化碳仓外混合熏蒸、排风扇环流熏蒸、仓房上下结合问题熏蒸等方法和日常有效管理措施,一次全歼害虫并巩固成果,该研究报告《储粮害虫防治对策之管见》刊登在《江西粮油科技》1997年第三期。

2003年6月29日,市新港粮库在本库007-02号仓进行环流机环流薰蒸杀虫试验。供试储粮344万公斤早籼稻,为2002年机械化入库,水分13.5%、杂质1%、出糙率75.8%,害虫密度10头/公斤,其中谷蠹5头/公斤、长角谷盗3头/公斤、玉米象2头/公斤;粮堆高6米,3个通风口、9条通风道。采用磷化铝(粮堆3克/立方米)环流机幕下环流。将19.5公斤磷化铝均匀用盛药器皿施入3个通风口,开启环流机环流72小时,磷化氢浓度平均为518.2毫克/升,7月7日磷化氢浓度平均为272.6毫克/升,7月13日平均为218.6毫克/升,7月18日平均为170.2毫克/升。7月19日进仓检查,粮情正常,害虫全部死亡,杀虫效果100%。为高大平房仓薰蒸杀虫探索有效途径。

**质量保护技术** 1991年,户才兴、李海水等《除氧剂脱氧储藏大米度夏技术探讨》先后收录《中国粮油学报》《中国技术成果大全》,出席同年10月在郑州举行的全国科技成果交流交易会,并获年度江西省粮食系统优秀科技成果三等奖。该成果经多年试验,确定每万公斤大米用6公斤除氧剂脱氧储藏,使成品粮安全度夏,既节约成本,又较好保持大米原始品质。

1993年,刘观明完成专著《粮油质量管理》。1994年8月,市科委邀请国内有关专家、学者召开鉴定会,认为该著作较全面系统总结粮油质量管理方面实践经验,对粮油质量管理有关理论作了较全面阐述,有一定实用价值和指导意义,可作为粮油质量管理工作者学习培训参考书,在省内处于领先地位,达到国内同类课题研究先进水平。获1996年市科技进步二等奖,省科技进步三等奖。

1991~2010年全市科学保粮一览

表31-4-1　　单位:万公斤

| 年份 | 机械通风 | | 三低或双低 | | 防护剂 | | 空调低温 | |
|---|---|---|---|---|---|---|---|---|
| | 数量 | 占库存总数% | 数量 | 占库存总数% | 数量 | 占库存总数% | 座数 | 储粮 |
| 1991 | 19185 | 30.6 | 6815 | 10.9 | 14903 | 23.8 | 3 | 343 |
| 1992 | 24029 | 35.2 | 8533 | 12.5 | 14198 | 20.8 | 3 | 300 |
| 1993 | 17688 | 26.4 | 5762 | 8.6 | 19698 | 29.4 | 1 | 157 |
| 1994 | 16800 | 46.9 | 1604 | 4.5 | 14830 | 41.4 | 1 | 92.7 |
| 1995 | 11129 | 39.4 | 6906 | 24.5 | 4837 | 17.1 | 1 | 93.0 |
| 1996 | 36829 | 46.7 | 22492 | 28.5 | 22833 | 29.0 | | |
| 1997 | 38681 | 50.7 | 33264 | 43.6 | 28000 | 36.7 | | |
| 1998 | 44377 | 57.5 | 10959 | 14.2 | 18775 | 24.3 | | |
| 1999 | 38299 | 59.6 | 26043 | 40.5 | 7213 | 11.2 | | |
| 2000 | 32091 | 52.4 | 36745 | 60 | 10181 | 16.7 | | |
| 2001 | 51184 | 63.3 | 32203 | 39.8 | 25730 | 31.8 | | |
| 2002 | 52754 | 70.2 | 27699 | 36.8 | 32441 | 43.2 | | |
| 2003 | 45683 | 76.5 | 24309 | 40.7 | 26283 | 44.0 | | |
| 2004 | 46350 | 80.3 | 24129 | 41.8 | 24705 | 42.8 | | |
| 2005 | 47815 | 82.5 | 25079 | 43.3 | 26475 | 45.7 | | |
| 2006 | 45305 | 82.1 | 25201 | 45.6 | 25892 | 46.9 | | |
| 2007 | 41234 | 76.3 | 27290 | 50.5 | 26657 | 49.3 | | |
| 2008 | 38060 | 81.2 | 24996 | 53.3 | 24941 | 53.2 | | |
| 2009 | 43334 | 84.2 | 29601 | 57.5 | 26595 | 51.7 | | |
| 2010 | 29171 | 69.0 | 23680 | 56.0 | 18637 | 44.1 | | |

## 第二节　储备粮管理

### 一、中央储备粮管理

**国储库挂牌**　1992年10月至1999年6月,市粮食中转储备库、永修县直属粮库、湖口县第一粮库、德安县直属粮库、星子县直属粮库、修水县直属粮库、都昌县蔡岭粮库、彭泽县第一粮库、瑞昌市第一粮库,分别命名挂牌国家粮食储备库。

1998年8月,国家计委、国家粮食储备局批准在共青新建共青中央粮库,2000年10月,共青中央粮库移交中国储备粮管理总公司垂直管理。

2009年12月,修水国家粮食储备库上收中国储备粮管理总公司垂直管理。

2010年12月,湖口国家粮食储备库上收中国储备粮管理总公司垂直管理。

**国储粮收转**　1994年6月,国家粮食储备局《关于调整"甲字"储备小麦储存地点的批复》,同意将储存在湖口国家粮食储备库"甲字"储备小麦318万公斤作为加工销售,同时将市滨江粮库同等数量符合国家粮食质量标准中等以上议价小麦转为"甲字"小麦储备。9月,市粮食局在湖口国家粮食储备库召开"调整甲字储备小麦储存地点交接会议",在移出、移入单位的努力下,整个移库工作于1995年6月

15 日结束,结算全部到位。

1997 年,为解决修水、武宁、永修 3 县夏秋粮收购仓容紧张问题,经市政府同意,报请省粮食局批准,从 3 县向市区移库国家专项储备粮 2500 万公斤稻谷(其中修水 1500 万公斤、武宁县 500 万公斤、永修县 500 万公斤)。至 1998 年,市共收购国家专项储备粮 15264 万公斤贸易粮,收购国家专项储备油 880 万公斤,从省内宜春、上饶、南昌等地市移入国家专项储备粮 8659 万公斤贸易粮,从黑龙江、吉林省移入国家专项储备玉米 2657 万公斤,其中 250 万公斤用于饲料生产,平抑饲料市场价格;接收中央进口小麦转国家专项储备粮 495 万公斤。

1999 年,省粮食局先后批准市轮换中央专储玉米 2313.5 万公斤,中央储备油 880 万公斤,至 9 月底,中央储备玉米已轮换 2147.6 万公斤未轮换 165.9 万公斤。原因为 1998 特大洪灾损失所致;分别为市饲料公司 154.7 万公斤、瑞昌市 11.20 万公斤;中央储备油已轮换 501.8 万公斤,未轮换 378.2 万公斤,原因是油源紧张,油价高涨等因素,分别是都昌县 20 万公斤、市白水湖油脂储备库 142.2 万公斤、九江中宏国家粮食储备库 216 万公斤。1997~1999 年中全市还完成省粮食局下达国家专储大米出口 15426 万公斤。

**国储粮保管** 20 世纪 90 年代初期,全市国家储备粮库存点多分散。1994 年,市粮食局明确县粮食局和基层粮管所(库)一把手为国家储备粮油库存管理第一责任人,对全市范围内国家储备粮油实行台账管理,承储单位每月核对账、实一次,每月报送台账和储存情况,健全专储粮出(入)库手续,做到收有凭、付有据,日清月结。不符合国标中等以上粮食不准入库,需要轮换,必须经有资质粮油质检部门检验判定后,写出书面报告,待批准后方可轮换。做到凡储存国家储备粮仓库,仓外有国家储备粮油标识牌,仓内有国家储备粮油登记卡。保管有账,并分仓(廒)建立国家专项储备粮台账(1 式 2 份,保管员、财务、统计、法人代表分别在台账上签字后,1 份存县粮食局,1 份存市粮食局),未经批准,不得随意变动仓(廒),不得擅自动用。

1998 年,根据国家粮食储备局和省粮食局部署,市粮食局对各县(市、区)储存国家专项储备粮 100 万公斤以下库点进行撤并,统一集中到所在县国家粮食储备库或直属粮库储存。市饲料公司、市贸粮公司、市油脂公司、市粮油工业开发公司、九江粮食批发市场、市中粮物资贸易公司储存的国家专项储备粮 2064 万公斤稻谷、655 万公斤玉米集中由直属分局、九江国家粮食储备库、市粮油总公司储备仓库管理。

1999 年,市粮食局对市区库存国家专储玉米,新体制 1081 万公斤划归九江国家粮食储备库,老体制 530 万公斤划归市粮油总公司储备仓库管理。市粮食部门按照国家粮油仓储规定,建立健全储粮普查等一系列规章制度,实行“四防”“三低”(即防虫害、防霉变、防鼠雀、防事故,低温、低氧、低药量),科学保粮 100%,“一符四无”库点、仓房、储粮 100%。同年,国家粮食储备局印发《中央储备粮承储资格审核办法(试行)》,实行承储中央储备粮油资格制。市、县粮食局成立申报领导小组,多次召开专门会议研究布置,确定申报单位,明确工作职责,各申报单位把这项工作作为企业大事来抓。

2000~2001 年,九江国家粮食储备库等 19 个储粮(油)单位,分别取得承储中央储备粮油一类或二类资格。同年,国家粮食局、中国储备粮管理总公司下发《关于中央储备粮管理移交的通知》,决定中央储备粮油(含原“甲字”“506”粮油)及其各项管理职能(计划、统计、财务、库存管理等)由原管理部门全面移交给中储粮总公司及其所属分公司。9 月,市、县粮食局根据省粮食局安排,做好中央储备粮实物台账管理移交各项准备工作。10 月经中储粮南昌分公司检查,市储存中央储备粮油账账、账实相符,实现“一符三专四落实”。11 月,省中央储备粮管理工作由省粮食局全面移交中储粮南昌分公司管理。全市粮食部门不仅完成中央储备粮库实物台账移交工作,还根据省计委、省粮食局、省财政厅、省农发行、中储粮南昌分公司统一部署,按时完成 0.99 亿公斤稻谷中央储备粮划转和共青中央粮库 4000 万公斤稻谷中央储备粮入库工作。

2001年后,市中央储备粮计划、财务、统计、库存管理等均由中储粮南昌分公司(后改为江西分公司)直接管理。此后,全市各代储中央储备粮企业严格执行中央储备粮管理各项政策措施,做到"一符三专四落实"。2010年年末,全市代储中央储备粮7444万公斤原粮。

## 二、省级储备粮管理

1995年,国务院对粮食实行"米袋子"省长负责制。9月27日,省政府决定建立9.6亿公斤贸易粮(下同)省级储备和0.1亿公斤食油省级储备,费用和利息由省财政在省级粮食风险基金中列支,并按季拨补到位。同年,市平价粮库存7631万公斤贸易粮全部转为省级储备粮,86万公斤平价食油全部转为省级储备油。按照省政府要求,市对省级储备粮油严格按计划实施管理。省级储备粮收购,在省粮食局下达计划后,组织储存单位收购定购粮解决,省级储备油按省油脂公司计划,组织议价油源解决;省级储备粮油出库按省出库计划,凭省粮食局签发出库通知书办理出库手续,任何单位和个人不得擅自出库;省级储备粮油视同国家储备粮油建立专账专卡,实行"一符(账实相符)、三专(专仓、专人、专账)四落实(数量、质量、品种、储存地点)"管理办法;省级储备粮油轮换须经省粮食局批准后组织实施。1999年,市完成轮换省级储备油38.7万公斤。

2003年2月,省粮食局印发《江西省省级储备粮承储资格审核办法(试行)》。市粮食局对现有承储省级储备粮油企业仓储设施、技术力量、管理水平和省级储备粮油库存实物等进行一次全面检查。经检查核实,全市省级储备粮统计账面数10898.9万公斤(原粮,下同),库存实物数10898.9万公斤,其中宜存109万公斤、不宜存1275万公斤、陈化9514.9万公斤;省级储备油统计账面数86万公斤,库存实物数82.4万公斤,差3.6万公斤,为永修国家粮食储备库经批准轮换,其中宜存50.9万公斤、不宜存29.4万公斤、陈化2.1万公斤,全市省级储备粮油账实相符。

2006年,经市粮食局上报、省专家现场考核评审,省粮食局批准,市新港粮库等26个储粮(油)企业取得承储省级储备粮油资格。

2008年6月,省粮食局、省财政厅、省农发行《关于划转部分商品粮库存为省级储备粮的通知》下达,全市从国有粮食企业现有商品粮库存中划转2007年生产、符合国标三等以上(含三等)早籼稻2270万公斤作为省级储备粮。划转结算价每50公斤早籼稻92元,月底前划转到位。保管费用和利息补贴从7月1日始,划转省级储备粮由省储备粮管理公司统一向农发行贷款。划转结束后,由省粮食局组织对入库粮食数量、质量和储存库点情况进行核查验收,验收合格的粮食,按验收时储存仓库实行定仓管理,未经省粮食局同意,不得擅自变动。年末,全市省级储备粮4050万公斤原粮。此后,省级储备粮油统计、财务和库存实物数量、质量检查以及轮换计划,均由省粮食局委托省储备粮管理公司管理。各承储单位按照省储备粮管理公司规定要求,实行"一符三专四落实"管理,储备规模达5800万公斤。到2010年年末,全市代储省级储备粮4600万公斤原粮。

**2010年全市省级粮食储备规模一览**

表31-4-2　　　　单位:万公斤

| 单位 | 数量 | 单位 | 数量 | 单位 | 数量 |
|---|---|---|---|---|---|
| 合计 | 5800 | 永修县 | 650 | 都昌县 | 850 |
| 市本级 | 1500 | 星子县 | 200 | 彭泽县 | 250 |
| 庐山区 | 150 | 修水县 | 550 | 瑞昌市 | 200 |
| 九江县 | 200 | 武宁县 | 500 | 共青城 | 200 |
| 德安县 | 100 | 湖口县 | 250 | 庐山 | 200 |

说明:均为原粮。

## 三、市县级储备粮管理

1998年10月,市政府《贯彻国务院、省政府关于进一步深化粮食流通体制改革决定的通知》,决定建立市、县两级储备粮,市、县储备粮粮权属同级政府,所需储备费用利息纳入同级财政预算。

2008年3月,市长办公会确定,市本级建立1500万公斤(原粮,下同)粮食储备规模。一季度落实500万公斤,其余1000万公斤分批落实。同月,市粮食局、市财政局、市农发行《关于下达2008年市本级粮食储备计划的通知》,规定从当年1月起,市本级粮食储备500万公斤,品种为2007年生产国标三等以上质量中晚籼稻,指定储存库点为市虞家河粮库250万公斤,市粮油总公司储备仓库250万公斤。收购入库成本结算价为每50公斤95.50元,所需资金由市农发行贷款解决,保管费用按每斤原粮每年0.04元标准给予补贴,贷款利息按农发行同期利率据实结算,轮换费用参照省级储备粮轮换费用标准执行。4月,市粮食局、市财政局、市农发行制定《九江市本级储备粮管理办法(试行)》,规定市级储备粮所有权和使用权属市政府,未经市政府批准,任何部门、单位和个人都不得擅自动用。市粮食局负责市级储备粮库存安全及行政业务管理;市财政局负责对市级储备粮费用、利息补贴审核拨付,并对资金使用情况进行监管;市农发行负责落实市级储备粮信贷资金,并对储备粮库存实施监管。承储市级储备粮必须是取得具有储备粮承储资格的国有粮食企业。市级储备粮出(入)库,承储单位必须按照市粮食局、市财政局、市农发行联合下达的品种、数量、质量、时限等要求组织储备粮出(入)库,不得以任何理由拒绝或拖延。承储单位要加强对市级储备粮质量管理,建立质量档案,发现问题及时处理,重大事故要边处理边上报,不得隐瞒。市级储备粮轮换实行计划管理,成本不变,实物轮换;轮换形式包括同品种轮换、异品种等量兑换、顶替轮换,轮换费用实行每斤原粮每年0.02元定额包干。8月,市粮食局、市发改委、市财政局、市农发行《关于下达市县粮食储备规模的通知》,建立市县两级地方粮食储备,以增强市县两级政府的粮食调控能力。省下达全市县粮食储备规模4500万公斤,安排市本级1500万公斤,县(市、区)3000万公斤。下达各地粮食储备规模为市下达最低规模,储备品种由各地根据本地实际情况和市场调控需要确定。各县(市、区)在年内将储备规模落实到位。当年瑞昌市300万公斤县级粮食储备落实到位。

2010年4月,市粮食局、市财政局、市农发行《关于下达2010年市本级储备粮轮换计划的通知》,安排当年轮出500万公斤晚籼稻,其中市粮油总公司储备仓库、市虞家河粮库各250万公斤,同时轮入同等数量2009年生产国标三等以上质量中晚籼稻,8月底前完成。轮换费用按每斤原粮0.06元定额包干。轮换结束,凭市粮油质监中心质检报告单验收。8月,市政府要求,在落实原市级储备粮计划基础上再落实市本级储备粮500万公斤,新增市本级储备粮贷款利息和保管费用补贴标准一年一定。当年暂按每斤0.10元由市财政拨付给市粮食局实行费用包干使用。10月,市政府发出《关于全市县级储备粮落实情况的通报》,至10月30日,已全面落实市下达县级储备粮规模有瑞昌市、德安县、九江县、永修县、武宁县、共青城市,部分落实有湖口县(60%)、星子县(50%)、彭泽县(40%)、庐山区(40%)。市政府要求已落实储备县(市、区)要尽快组织粮源,把实物做实,做好管理;部分落实储备县(市、区),要把数量落实到不低于市下达规模数;尚未落实县(市、区),要将此项工作提上议事日程,在年底前全面落实到位。市粮食局召开全市分管县(市、区)长和粮食局长参加的粮食工作会议,专门研究落实市、县粮食储备。至2010年年底,全市落实市、县粮食储备2050万公斤原粮。

**2010年全市县级粮食储备规模一览**

表31-4-3　　单位:万公斤

| 单位 | 数量 | 单位 | 数量 |
|---|---|---|---|
| 合计 | 4500 | 修水县 | 400 |
| 市本级 | 1500 | 武宁县 | 250 |
| 庐山区 | 250 | 湖口县 | 250 |
| 九江县 | 250 | 都昌县 | 400 |

续表 31-4-3

| 单 位 | 数 量 | 单 位 | 数 量 |
|---|---|---|---|
| 德安县 | 150 | 彭泽县 | 250 |
| 永修县 | 250 | 瑞昌市 | 300 |
| 星子县 | 200 | 共青城 | 50 |

## 1991~2010 年全市粮油库存一览

表 31-4-4　　单位：万公斤(粮)、百公斤(油)

| 年份 | 粮食库存 | | | | | | | | | | | | | | | | | 油脂库存 | | | | | |
|---|---|---|---|---|---|---|---|---|---|---|---|---|---|---|---|---|---|---|---|---|---|---|---|
| | 合计 | 平价 | 议价 | 国家专项储备 | | | 甲字小麦 | 定购粮 | 省级储备 | 周转粮 | 国家委托收购库存 | 市县储备粮 | 代储库中央储备粮 | 最低价及国家临时储存粮 | 国有粮食企业粮 | 重点粮食企业粮 | 重点转化用粮企业粮 | 合计 | 平价油 | 议价油 | 甲字油 | 专项储备油 | 省级储备油 |
| | | | | 合计 | 老体制 | 新体制 | | | | | | | | | | | | | | | | | |
| 1991 | 41087 | 5110 | 7495 | 28482 | | | | | | | | | | | | | | 161292 | 81409 | 79833 | | | |
| 1992 | 38118 | 4397 | 5239 | 28482 | | | | | | | | | | | | | | 120273 | 9833 | 110440 | | | |
| 1993 | 34379 | 8596 | 216 | 25249 | | | 318 | | | | | | | | | | | 58330 | 9177 | 45653 | 3500 | | |
| 1994 | 32624 | 9032 | 1006 | 22268 | | | 318 | | | | | | | | | | | 79396 | 8639 | 67257 | 3500 | | |
| 1995 | 37190 | | 5234 | 22928 | | | 318 | 1079 | 7631 | | | | | | | | | 200759 | | 160659 | 3500 | 28000 | 8600 |
| 1996 | 54665 | | 4564 | 28144 | | | 318 | 14008 | 7631 | | | | | | | | | 245166 | | 145066 | 3500 | 88000 | 8600 |
| 1997 | 70576 | | 10330 | 31550 | 26794 | 4756 | 318 | 20747 | 7631 | | | | | | | | | 196930 | | 96830 | 3500 | 88000 | 8600 |
| 1998 | 62233 | | 9641 | 24815 | 20059 | 4756 | 318 | 19828 | 7631 | | | | | | | | | 164648 | | 64548 | 3500 | 88000 | 8600 |
| 1999 | 54360 | | 15805 | 20034 | 12940 | 7094 | 318 | 10572 | 7631 | | | | | | | | | 160125 | | 60025 | 3500 | 88000 | 8600 |
| 2000 | 38223 | | 3865 | 16107 | 7915 | 8192 | 318 | 10302 | 7631 | | | | | | | | | 145392 | | 45292 | 3500 | 88000 | 8600 |
| 2001 | 69399 | | 24249 | 22024 | | | | 15495 | 7631 | | | | | | | | | 119540 | | 32940 | | 78000 | 8600 |
| 2002 | 35451 | | 10874 | 16946 | | | | | 7631 | | | | | | | | | 122955 | | 36355 | | 78000 | 8600 |
| 2003 | 28513 | | | 12849 | | | | | 7631 | 8033 | | | | | | | | 11178 | | 2578 | | | 8600 |
| 2004 | 28736 | | | 12758 | | | | | 7631 | 8347 | | | | | | | | 17050 | | 8450 | | | 8600 |
| 2005 | 23792 | | | | | | | | 7631 | | 10793 | | | | 3164 | 2027 | 177 | 14087 | | 5487 | | | 8600 |
| 2006 | 34786 | | | | | | | | 7631 | | | | 12669 | 9044 | 1172 | 4173 | 97 | 12724 | | 4124 | | | 8600 |
| 2007 | 34383 | | | | | | | | 3349 | | | | 18115 | 443 | 10199 | 2060 | 217 | 10206 | | 10206 | | | |
| 2008 | 32393 | | | | | | | | 4050 | | | 500 | 13124 | 7626 | 5318 | 1685 | 90 | 13644 | | 13644 | | | |
| 2009 | 50606 | | | | | | | | 4600 | | 7238 | 800 | 13721 | 18815 | 4171 | 1168 | 93 | 45300 | | 45300 | | | |
| 2010 | 37913 | | | | | | | | 4600 | | | 1750 | 7444 | 12154 | 9928 | 1421 | 316 | 140783 | | 140783 | | | |

说明：1.1991~2006 年库存品种为贸易粮，2007 年后为原粮；2.1991~2002 年为粮食年度，2003 年以后为日历年度

# 第三节　仓库建修

## 一、简易仓抢建

1991年8月,省粮食局《关于下达1991年新建简易粮食仓库和油罐计划的通知》,安排九江市新建粮食仓库容量3350万公斤,资金469万元;油罐容量250万公斤,资金100万元。11月,批准扩建瑞昌市码头镇国家粮食储备库,仓容1000万公斤,总投资324万元,其中商业部285万元,自筹39万元,投资分年下达。同年,都昌县粮食局在该县蔡岭镇征地5.3公顷,新建县第三粮库。九江县粮食局在县城郊征地1.47公顷,新建县粮食储备库。两县工程均当年开工。1992年,瑞昌市码头粮库在该市通江岭征地3.6公顷动工兴建。同年,永修县粮食局在县城南山经济开发区征地8公顷,新建白莲粮库。6月,省粮食局下达市新建简易油罐容量150万公斤,每万公斤容量包括必须附属设施平均造价4000元,总投资60万元。其中,彭泽县容量40万公斤,资金16万元;瑞昌市、都昌县各20万公斤,资金各8万元;九江县、庐山区各15万公斤,资金各6万元;德安、武宁、湖口、星子县各10万公斤,资金各4万元。同期下达市新建简易仓库容量1100万公斤,总投资220万元。其中市区锁江楼仓容、都昌县第三粮库仓容各250万公斤,资金各50万元;湖口县直属一库150万公斤,资金30万元;九江县直属粮库、修水县直属二库、庐山区赛阳粮管所、星子县直属粮库各100万公斤,资金各20万元;庐山西谷粮管所50万公斤,资金10万元。

1993年,瑞昌市粮食局在该市桂林路征地1.3公顷,新建1000万公斤粮库。同年,庐山区粮食局在十里前进西路通畔垄村征地1.3公顷,新建区直属粮库,工程当年开工。当年,九江县粮食储备库竣工,共建设钢混拱顶仓11座,容量1100万公斤。8月,省粮食局《关于提前安排使用简易粮食仓库贷款指标的通知》下达,仍按简易粮库标准每50万公斤仓容10万元安排,分配九江市新建简易粮食仓库容量1000万公斤,资金200万元。分库点为市区锁江楼仓容300万公斤,资金60万元;德安县直属库、修水县直属库、都昌县第三粮库、武宁县直属二库、彭泽县朝阳库、星子县直属二库各100万公斤,资金各20万元;九江县沙河街粮库50万公斤,资金10万元;庐山25万公斤,资金10万元。1994年8月,省粮食局追加瑞昌市桂林路新建1000万公斤简易仓建设投资60万元,该项目总投资达345万元。1995年,都昌县第三粮库竣工,共建仓库20座,仓容2600万公斤。同年,庐山区直属粮库工程竣工,共建仓库5座,仓容1250万公斤。

1996年5月,瑞昌市桂林路粮库竣工,共完成13个子项,新建仓库6座,仓容1000万公斤,实际总投资403.22万元。同年,彭泽县粮食局在县城渊明湖旁征地6.67公顷,新建直属粮库渊明湖库。9月,省政府决定,从当年国家专项储备粮费用补贴中,集中部分资金用于简易仓棚(库)建设,每万公斤仓棚(库)3万元,安排九江市扩建库容8050万公斤,资金290万元。分配为市区、永修县各建仓1250万公斤,资金各45万元;都昌县建仓850万公斤,资金30万元;修水县建仓800万公斤,资金29万元;德安县建仓750万公斤,资金27万元;湖口、彭泽县各建仓600万公斤,资金各21万元;瑞昌市建仓500万公斤,资金18万元;武宁县建仓450万公斤,资金15万元;星子县建仓400万公斤,资金15万元;九江县建仓300万公斤,资金12万元;共青城建仓150万公斤,资金6万元;庐山区建仓100万公斤、庐山建仓50万公斤,资金6万元。10月,市粮食局下发《关于抢建粮食简易仓棚(库)管理工作的通知》,要求各地建仓棚(库)资金必须专款专用,仓型可按一年棚、二年仓原则抢建,或选择双层拱顶钢筋混凝土屋面仓或钢板网屋面仓,建仓资金不足部分自行解决。因建正式仓库受资金限制,建仓数量可视情适当调减,但必须经市粮食局批准。10月31日前,各地须将建仓计划、资金、仓型落实到点情况上报。11月始,每月8日前定期上报抢建进度。

1997年3月,市粮食局对各地简易仓棚(库)建设组织验收,凡未经批准自行调减计划,按缺额收回投资,质量不合格通报批评。6月,省粮食局、省财政厅联合下达市抢建简易粮仓计划7000万公斤,总投资1120万元。市粮食局成立抢建简易粮仓领导小组,并与市财政局联合下达《关于抢建简易粮仓的通知》,对工程建设提出硬性要求。同年,武宁县粮食局在该县宋溪镇征地2.7公顷,新建县直属三库;湖口县粮食局在城郊芝麻塘征地1公顷,新建县第二粮库。工程均于当年开工。当年,全市粮食部门加快抢建新仓,多渠道解决资金,实际新建仓库容量11407.5万公斤,占省下达计划148.97%(超计划建仓4407.5万公斤)。改造仓库增容1350万公斤;维修仓库114座,容量11890万公斤,较好解决粮食收储仓容不足矛盾。1998年,武宁县新建直属三库工程竣工,共建钢筋混凝土双层拱顶仓3座,仓容625万公斤;湖口县第二粮库工程竣工,共建仓库7座,仓容1000万公斤。

**1997年全市抢建简易粮食基建计划分配一览**

表31-4-5　　单位:万公斤、万元

| 单位 | 建设规模 | 总投资 | 其中 | |
|---|---|---|---|---|
| | | | 省拨款 | 县、市自筹 |
| 合计 | 7000 | 1120 | 400 | 720 |
| 庐山区 | 350 | 56 | 20 | 36 |
| 九江县 | 450 | 72 | 25.7 | 46.3 |
| 德安县 | 350 | 56 | 20 | 36 |
| 永修县 | 550 | 88 | 31.4 | 56.6 |
| 星子县 | 350 | 56 | 20 | 36 |
| 修水县 | 1000 | 160 | 57 | 103 |
| 武宁县 | 500 | 80 | 28.5 | 51.5 |
| 湖口县 | 350 | 56 | 20 | 36 |
| 都昌县 | 550 | 88 | 31.4 | 56.6 |
| 彭泽县 | 350 | 56 | 20 | 36 |
| 瑞昌市 | 350 | 56 | 20 | 36 |
| 共青城 | 350 | 56 | 20 | 36 |
| 市直 | 1500 | 240 | 86 | 154 |
| 其中:分局 | 1000 | 160 | 57 | 103 |
| 总公司 | 500 | 80 | 29 | 51 |

## 二、仓库退城进郊

1993年6月,市政府根据外贸港二期工程建设需要,在第五十六次市长办公会议上决定,全部拆除位于市滨江路两旁的八一粮库、琵琶亭粮库,以及办公楼、宿舍等建筑设施。1996年,市计委批准市新港粮库建设项目立项,同年市政府批准该项目纳入市重点工程。1997年2月,省粮食局批准,拆除粮食仓库10座,容量1465万公斤,实行异地复建,拆一还一。9月,市计委《关于新港粮库建设可行性研究报告的批复》,同意新建新港粮库。10月,市粮食局成立新港粮库建设工程总指挥部。11月,在庐山区新港镇征地7公顷。12月17日项目破土动工。

1999年4月,因建设荷花垅环岛工程,市政府决定拆除市三里街粮库仓库9座,容量2000万公斤和1栋4层宿舍楼及附属建筑设施,实行异地复建。同年经市政府批准,在庐山区虞家河乡东光村征地1.9公顷,新建市虞家河粮库,工程当年年底开工。

2000年,因市区城市规划建设,拆除九江县老马渡粮库仓库5座,容量600万公斤。同年九江县粮食局在该县赛城湖玉兔山征地0.8公顷,复建双层拱板仓库3座,容量450万公斤。2001年市新港粮库工程正式竣工验收,共建高大平房仓4座,容量2500万公斤。日产精制大米25万公斤的加工厂一座以及附属设施。2002年市虞家河粮库竣工验收,共建仓库7座,容量1760万公斤。2003年,德安县城市规划建设,拆除德安县直属一粮库仓库7座,容量568万公斤。

2005年,根据市政府城市建设规划,位于市滨江路,占地0.8公顷市油脂公司被列入征用范围,拆除仓库2座、容量200万公斤,油罐14个、容量4300吨,以及办公楼、宿舍楼和附属设施。同年,武宁县建设沿湖大道,拆除县直属一粮库仓库2座、容量100万公斤。因城市规划建设需要,拆迁县直属二粮库仓库15座、容量1475万公斤,进行异地复建。经县政府批准,在县新宁镇宋家村益子垅征地5.5公顷,新建武宁县粮食储备库。2006年,德安县新建德安公园,拆除该县直属二粮库仓库6座、容量1344万公斤。

2008年10月,湖口县委第三十次常委会研究,将湖口县第二粮库(占地10005平方米、仓容1100万公斤)拆迁,重新在湖口县建设港饲料公司(占地18900平方米)建设相应规模的储粮仓库。2009年,武宁县粮食储备库破土动工,规划建设平房仓12座,容量3000万公斤。2010年,3月25日湖口新建第二粮库开工,规划新建仓库2座、容量600万公斤。

## 三、中央粮库建设

1998年9月,省计委、省粮食局《关于下达我省第二批中央直属储备粮库建设项目的通知》,批准在共青城新建共青中央储备粮库,新建5000万公斤小麦仓容规模拱板平房仓,总投资3749万元。同年11月16日工程正式开工。

2000年6月27日,共青中央储备粮库一期工程竣工验收。7月,共青中央粮库正式新库装新粮,入库粮食为1999年生产晚籼稻,质量符合国标中等以上和国家规定安全水分。市粮食局专门下发《关于加强新建中央粮库储粮管理工作的紧急通知》。8月,国家计委、国家粮食局批准扩建共青中央粮库项目立项,新建仓容3000万公斤,总投资1080万元,10月28日工程开工。同月,共青中央粮库移交中国储备粮管理总公司垂直管理。同年6月, 国家计委、国家粮食局批准建设市新港粮库项目立项, 建设规模2500万公斤小麦仓容及配套设施,总投资1435万元,工程于同年10月破土动工。2001年3月,永修国家粮食储备库、都昌国家粮食储备库扩建项目,经国家计委、国家粮食局批准立项。永修国家粮食储备库扩建规模1500万公斤小麦仓容以及配套建设项目,总投资825万元,工程于同年11月破土动工。都昌国家粮食储备库扩建规模1875万公斤小麦仓容,工程于同年12月破土动工。2002年3月,国家粮食局批准永修国家粮食储备新增仓容500万公斤。11月,市新港粮库工程竣工正式验收,共建双层拱顶仓长110米、宽21米,堆粮线高6米的高大平房仓3座、容量2500万公斤,铁路站台库2座、容量2000万公斤。12月,共青中央粮库扩建项目竣工验收。2003年9月,修水国家粮食储备库扩建项目经国家计委、国家粮食局批准立项,扩建规模1900万公斤小麦仓容以及配套建设项目,总投资825万元。工程于12月破土动工。同年10月,永修国家粮食储备库扩建项目竣工验收,新建拱板平房仓5座。12月,都昌国家粮食储备库扩建项目竣工验收。2004年5月,修水国家粮食储备库扩建项目竣工验收

2010年,国家发改委批准扩建市新港粮库项目,扩建规模2500万公斤小麦仓容,总投资1000万元,其中中央补助500万,企业自筹500万元,工程11月开工。同年底,共青直属库竣工,占地13.3公顷,粮食仓容0.8亿公斤,铁路专用线1.19千米,储油罐2万吨,粮食库存总量22万吨,油脂10141吨,同时还承担9个县(市、区)内的中央储备粮和政策性粮食的监管任务,实现中央储备粮贷款集中管理,成为以粮食经营为主,油脂经营为辅,集粮油储备管理与经营为一体多元化中储粮企业。

## 四、筹资建仓

2001年,经市发改委批准,市粮油总公司在乌石矶九江国家粮食储备库西征地5.3公顷,自筹资金新建储备仓库,工程当年开工。同年瑞昌市、都昌县等多渠道自筹资金400余万元,新建仓库容量1200

万公斤。

2003 年 7 月,市发改委《关于同意九江国家粮食储备库新建粮食仓库工程项目立项的批复》,同意九江国家粮食储备库新建长 110 米、宽 24 米跨预应力钢筋砼折线型屋架的散装粮仓 1 座,总建筑面积 5080 平方米,总投资 410 万元,资金来源为农发行简易建仓贴息贷款 350 万元,企业自筹 60 万元。

2004 年,市粮油总公司储备仓库竣工,共自筹资金 2000 万元,新建钢混拱板平房仓 3 座,容量2700 万公斤,钢棚 400 平方米。

2009 年,永修县粮食局在本县立新乡何家山征地 3.1 公顷,新建何家山粮食储备库,工程当年开工。同年,都昌县粮食局在本县蔡岭镇征地 16.7 公顷,新建集粮食仓储、加工、物流为一体的粮食物流中心,新建仓库 3 座、容量 3000 万公斤,2010 年完工。同年瑞昌市粮食局在瑞昌市粮食储备库火车站库区再征地 0.9 公顷,新建仓库 3 座、容量 276 万公斤,2010 年年底竣工。

2010 年 10 月,永修何家山粮食储备库竣工,共建高大平房仓 4 座,容量 2000 万公斤。

## 五、世行贷款建仓

1993 年 10 月, 国内贸易部对利用世界银行贷款改善江西省粮食流通项目可行性研究报告作总体批复,确定在市乌石矶粮食中转库扩建钢筋混凝土立筒库 2000 万公斤,3000 吨级码头 1 座、铁路专用线 4000 米及其他相关子项,国内贸易部核定总投资 7650 万元,其中世行贷款折合人民币 5355 万元,中央承担建行贷款资金 2295 万元。1994 年,市乌石矶粮食中转库经国家计委批准立项,列为全国储运中转粮库重点工程。

1995 年 4 月,省粮食局下达《关于永修县直属粮库世行贷款粮食流通项目初步设计的批复》,该项目总投资 342.4 万元人民币,其中世行贷款 9 万美元,折合人民币 78.3 万元(按 1 美元兑换人民币 8.7 元计算),国家开发银行贷款 10 万元,中央拨款 109.1 万元,地方配套 145 万元,由永修县粮食局自筹。建设规模 1250 万公斤仓容量拱板平房仓及附属设施。10 月,省利用世界银行贷款改善粮食流通项目协调领导小组办公室《关于按新汇率调整市乌石矶粮食中转库总投资的通知》,根据国内贸易部外贷办《关于按新汇率统一调整世行贷款粮食流通项目的通知》, 市乌石矶粮食中转库总投资调整为 12018 万元,其中世行贷款 1000 万美元(按 1 美元兑换人民币 8.7 元计算),折合人民币 8700 万元,国家开发银行贷款 1895 万元,国家建设银行贷款 700 万元,中央拨款 119.36 万元,地方配套资金 603.64 万元。

1998 年 4 月,省粮食局《关于调整永修县直属粮库世行贷款项目概算结构的批复》,同意追加世行贷款 5.8 万美元,并对各子项规模、投资进行调整,调整后该库总投资 391.94 万元,其中世行贷款 14.8 万美元,中央拨款 116.6 万元,农发行贷款 7.5 万元,地方配套资金 145 万元(其中省拨款 60 万元,永修县粮食局自筹 85 万元),总建设规模 1340 万公斤仓容。

2002 年 12 月 6 日, 乌石矶粮食中转库世行贷款项目通过国家总体竣工验收, 交付使用仓容 2000 万公斤立筒库 4 座,3000 吨级码头 1 座、5.17 千米铁路专用线 1 条、1.2 千米库外专用公路 1 条, 铁路、公路、水路接收、发放输送设施和其他附属工程及设备。

至 2010 年,全市粮食仓库容量由 1990 年容量 59171 万公斤增加到 132036 万公斤,其中有效仓容量 88697 万公斤,需大修、待报废仓容量 43313 万公斤。粮油库点由 1990 年 377 个减少到 297 个。20 年新建仓库容量 61138 万公斤,报废仓库容量 11727 万公斤。

**2010 年全市国有粮食企业仓储设施一览**

表 31-4-6　　　　单位:万公斤、个、米、台套

| 县别 | 所(库)个数 | 库点个数 | 仓库座数 | 有效容量 | 其中 | | | 油罐 | | 简易仓容量 | 需大修仓容量 | 待报废仓容量 | 铁路专用线 | 专用码头 | | 实现机械通风仓库 | | 装备环流熏蒸系统仓库 | | 装备粮情测控系统仓库 | | 进出仓设备 | | | | 检化验设备 |
|---|---|---|---|---|---|---|---|---|---|---|---|---|---|---|---|---|---|---|---|---|---|---|---|---|---|---|
| | | | | | 平房仓容量 | 浅圆仓容量 | 立筒仓容量 | 个数 | 容量 | | | | | 个数 | 总吨位 | 座数 | 容量 | 座数 | 容量 | 座数 | 容量 | 输送机 | 其他移动式设备 | 清理设备 | 汽车衡 | |
| 合　计 | 147 | 297 | 1029 | 88697 | 86177 | 34 | 2486 | 74 | 2301 | 26 | 41889 | 1424 | 5170 | 4 | 3055 | 630 | 94373 | 149 | 66129 | 193 | 53576 | 87 | 15 | 27 | 28 | 1281 |
| 庐山区 | 7 | 9 | 23 | 2210 | 2210 | | | | | | 641 | | | | | 6 | 1275 | | | | | | | | | 26 |
| 九江县 | 7 | 14 | 47 | 4335 | 4335 | | | | | | 1725 | | | | | 22 | 2610 | 4 | 360 | 11 | 1459 | 3 | | 2 | 1 | 79 |
| 德安县 | 8 | 18 | 70 | 7000 | 7000 | | | 5 | 50 | | 2000 | | | | | 70 | 7000 | 4 | 25000 | 12 | 4111 | 1 | | 6 | 3 | 47 |
| 永修县 | 21 | 27 | 88 | 11264 | 11264 | | | 2 | 15 | | 4811 | 172 | | 1 | 5 | 88 | 16248 | 8 | 4386 | 15 | 6358 | 12 | 3 | 6 | 2 | 100 |
| 星子县 | 12 | 12 | 66 | 5198 | 5164 | 34 | | 20 | 54 | 26 | 1393 | | | | | 46 | 3805 | 1 | 606 | 21 | 2850 | 2 | | | 1 | 101 |
| 修水县 | 15 | 67 | 191 | 11099 | 11099 | | | 16 | 390 | | 5321 | 807 | | | | 21 | 4801 | 20 | 4411 | 21 | 4801 | 9 | 2 | | 4 | 237 |
| 武宁县 | 8 | 33 | 114 | 5459 | 5459 | | | | | | 3422 | | | | | 103 | 8223 | 18 | 2518 | 18 | 2518 | 3 | | 1 | 2 | 196 |
| 湖口县 | 14 | 18 | 55 | 2762 | 2762 | | | 2 | 420 | | 3288 | | | 1 | – | 24 | 3985 | 24 | 4182 | 1 | 571 | 10 | – | | 2 | |
| 都昌县 | 25 | 54 | 160 | 10598 | 10598 | | | 10 | 152 | | 6434 | 445 | | 1 | 50 | 155 | 17032 | 27 | 6507 | 27 | 6507 | 11 | 2 | 3 | 4 | 353 |
| 彭泽县 | 16 | 24 | 106 | 6535 | 6535 | | | 15 | 780 | | 2464 | | | | | 23 | 3040 | 23 | 3040 | 23 | 3040 | 3 | | 1 | 1 | 45 |
| 瑞昌市 | 7 | 11 | 56 | 4732 | 4732 | | | | | | 2027 | | | | | 29 | 4950 | 3 | 672 | 23 | 4079 | 6 | 1 | | 3 | |
| 共青城 | 2 | 4 | 21 | 1593 | 1593 | | | | | | 1360 | | | | | 15 | 2117 | 2 | 500 | 2 | 500 | 1 | | | 1 | 1 |
| 庐　山 | 1 | 2 | 4 | 3128 | 3128 | | | | | | 500 | | | | | | | | | | | | | | | |
| 直属分局 | 2 | 2 | 16 | 6571 | 6571 | | | 4 | 440 | | 2150 | | | | | 16 | 8721 | 9 | 6961 | 9 | 6961 | 16 | 5 | 3 | 2 | 33 |
| 九江国储库 | 1 | 1 | 7 | 2713 | 227 | | 2486 | | | | 3353 | | 5170 | 1 | 3000 | 7 | 6066 | 1 | 2486 | 5 | 5321 | 5 | 2 | 3 | 1 | 22 |
| 总公司 | 1 | 1 | 5 | 3500 | 3500 | | | | | | 1000 | | | | | 5 | 4500 | 5 | 4500 | 5 | 4500 | 5 | | 2 | 1 | 41 |

## 第四节　调拨清仓

### 一、计划调拨

1991~1992 年,全市粮食部门在库存居高不下、仓容紧缺、资金不足等情况下,完成平价粮从市外调入 35844 万公斤(贸易粮,下同),同期完成国务院市场调节粮等调出 10067 万公斤。1993 年,省粮食局下达九江市从抚州、宜春、上饶 3 地区 11 县(市)调入合同收购调剂粮 1.25 亿公斤,当年 11 月,全市组织 8 个调粮工作组,分赴有关县(市),商量调粮事宜。但产区都以本身未完成任务,要补库存为由拒绝签订合同,为此市粮食局在请求省粮食局协调解决同时,于 11 月召开 3 次全市县(市、区)粮食局长会议,研究部署调粮工作,千方百计筹措调粮资金,把粮食调回来。但收效甚微,仅完成调入 2367 万公斤。

1994 年,省粮食局安排市粮食调入总计划为 8050 万公斤,其中专储粮移库 3500 万公斤、平价粮调入 1800 万公斤、市场调节粮 2750 万公斤。市政府把调粮工作纳入政府主要工作内容,实行县(市、区)长负责制;市、县粮食局分别成立调粮领导小组,指定专人负责,每 5 天上报一次调粮进度,及时协调解决调粮中出现的问题。在省粮食局和调出方支持下,铁路、公路、水路运输困难情况得到有效解决。粮食调入单位多次派出领导和业务骨干到调出方商谈调粮工作。都昌县、市粮油储运公司、市粮食中转储备库

等单位还派员常驻调出方发粮点,及时掌握进度,协调工作。尽管市、县粮食部门在粮食调拨中做了大量工作,但不尽人意。8个县(市)1~8月从市外6个县(市)调入国家专储粮、平价周转粮、市场调节粮共计6730万公斤(原粮,下同)中,虫粮5889.1万公斤,占87.5%,最高密度60头/公斤;黄变超国标粮1698.1万公斤,占25.2%,最高黄变率20%;杂质超国标粮3355万公斤,占49.9%,最高杂质含量4%;高水分粮2387.7万公斤,占35.5%,最高水分达20%;国标四、五等粮1685.7万公斤,占25.1%。同时费用过高,运费除省定50元/吨外,铁路加收联营费12元/吨、管理费2.7元/吨、篷布使用费30元/块;公路按每吨公里0.5元加收县内短途集并费;保管费由每吨加收10元涨到每吨30元;另外品种差价及包装费用增加。

1995年5月,为解决市销区粮食接新前市场供应粮源,市粮食局根据省粮食局安排,下发《关于1995年度粮食总量平衡中市场收购粮食调拨有关事项的通知》,全市10个县(市、区)和市直5~6月从南昌市4个县、上饶地区4个县、抚州地区5个县(市)调入市场收购粮2500万公斤贸易粮(下同)。车、船板调拨价早籼稻每50公斤70元、晚籼稻每50公斤75元(含1元助购费、1元逾期保管费)。8月,市政府《关于下达1995年度市内县间粮食调拨计划的通知》,按"四定"包干,从永修县调出485.5万公斤、修水县调出1580.5万公斤、武宁县调出448.5万公斤、共青城调出123万公斤,共调出2637.5万公斤,分别调至九江县199万公斤、德安县357万公斤、彭泽县100万公斤、瑞昌市635.5万公斤、庐山区25.5万公斤、庐山192万公斤、直属分局1128.5万公斤。12月,省粮食局《关于签订执行定购粮调入计划确保市场供应责任书的通知》,根据省对市粮食"四定"包干指标,安排定购粮调入计划10150万公斤,其中购销差调入5150万公斤,增加调入5000万公斤。

1996年1月,市粮食局下发《关于签订执行定购粮调入计划确保市场供应责任书的通知》,决定由调入县(市、区)粮食局签订责任书。今后凡因调粮计划执行不好,实物调拨不到位,造成当地粮食供应发生问题,由当地自行负责。鉴于上年度粮食调入进度缓慢,发出《关于抓紧粮食调运的紧急通知》明传电报,根据省粮食局通知,上年度粮食调拨计划至1996年3月底,过期作废。为此,市粮食局再次强调,各单位要派出强有力调粮队伍,组织运力,抓紧时间,把粮食全部调回来,确保市粮食正常供应和市场稳定。期限内,全市完成省内地间定购粮调入计划,但市内县间调拨仅完成337万公斤,占计划12.78%。1997年6月,市粮食局根据省粮食局《关于下达1997年度定购粮调拨计划的通知》,按照市计委、市粮食局联合下发的《关于下达1997年度粮食"四定"包干计划的通知》,安排彭泽县、瑞昌市、星子县和市直从上饶、抚州地区调入定购粮3736万公斤,九江县、德安县、湖口县、星子县、庐山区和市直从修水县、永修县、都昌县、武宁县、共青城调入定购粮2480万公斤。各县(市、区)根据年度定点调拨计划搞好衔接,按照均衡调拨的原则,分季度执行。市粮食局不再分季下达调拨计划。凡调入区未能按时调入或放弃调入计划,调出区自行处理。

1998年6月,为缓解修水县早稻收购仓容不足矛盾,市粮食局决定从修水县调出500万公斤原粮(下同),调入单位九江县早稻90万公斤、晚稻25万公斤,瑞昌市早稻50万公斤、晚稻25万公斤,德安县早稻50万公斤、晚稻25万公斤,直属分局晚稻160万公斤,九江国家粮食储备库晚稻50万公斤,庐山晚稻25万公斤。调拨价格,按修水县分年度欠调定购粮数量占欠调总量比例,以分年度调拨价格加权平均计算确定调拨价格为每50公斤:早稻56元、晚稻63.5元。调拨费用,车板前按每50公斤4元(大米、稻谷相同),由调入单位承付。质量必须是1996、1997年生产的国标中等以上,成品粮由调拨双方协商确定。9月,市粮食局安排从修水县调出定购粮350万公斤(贸易粮,下同),调入单位为九江国家粮食储备库250万公斤、庐山50万公斤、直属分局50万公斤。价格按当年调整后的国家定购粮价格执行,费用按有关规定执行,9月底以前完成调拨计划。10月,市粮食局《关于下达1998年度定购粮食调拨计划的通知》,安排直属分局从抚州6个县(市)、宜春5个县(市)调入2527万公斤,庐山从奉新调入73万公斤。此次调拨计划是根据年度包干差安排,价格按调整后的定购粮价格执行,费用按省有关规定执行。11月,市粮食局下达修水县156.5万公斤、武宁县79万公斤定购粮调出计划,调入单位为九江县,调拨事项按省、市有关规定执行。

1999年,鉴于粮食定购价与保护价并轨,各地市从粮食收购总量上已有能力做到收支平衡,因此,省不再安排省内地市间定购粮调拨计划。随后,市计委、市粮食局联合下发通知,当年原则上不安排市内县间定购粮调拨计划。对于产区应调出定购粮,仍按上年下达计划数全部收归市掌握,统一安排。至此,连续实施近 50 年粮食计划调拨结束。

**1991~1999 年全市粮油计划调拨完成情况一览**

表 31-4-7　　单位:万公斤(贸易粮)、百公斤(油脂)

| 年份 | 完成粮食计划调入 | | | | | 完成粮食计划调出 | | | | | 完成油脂计划调出 |
|---|---|---|---|---|---|---|---|---|---|---|---|
| | 合计 | 政策性粮食调入 | 国家专储粮 | | | 合计 | 政策性粮食调出 | 国家专储备粮 | | | |
| | | | 进口粮转 | 省内 | 省外 | | | 出口 | 省外 | 省内 | |
| 1991 | 22908 | 22908 | | | | 6306 | 6306 | | | | 42591 |
| 1992 | 12936 | 12936 | | | | 3761 | 3761 | | | | 4762 |
| 1993 | 2682 | 2682 | | | 315 | 2556 | 912 | | 1525 | 119 | |
| 1994 | 6087 | 374 | | | 5713 | 225 | | | | 225 | |
| 1995 | 3197 | 1595 | | 250 | 253 | 447 | 447 | | | | 29 |
| 1996 | 2738 | 50 | 495 | 1061 | 46 | 256 | 221 | | 35 | | |
| 1997 | 2738 | 50 | | 1256 | 1428 | 5332 | 50 | 1350 | 3932 | | |
| 1998 | 2219 | 1319 | | | 900 | 8570 | 935 | 6735 | 900 | | |
| 1999 | | | | | | 7789 | 448 | 7341 | | | |

## 二、清仓查库

2001 年 3 月,国务院召开全国粮食清仓查库工作动员电视电话会议,决定全国粮食查库工作 4 月 1 日全面展开。4 月,市政府成立市粮食清仓查库领导小组,市农业局、市财政局、市监察局、市审计局、市技术监督局、市统计局、市粮食局、市农发行领导为成员,下设办公室,办公室设市粮食局。根据国务院和省、市政府的安排部署,全市粮食清仓查库工作做到有仓必到、有粮必查,摸清家底,并通过清查进一步改进和提高全市粮食库存规范化管理。经省清仓查库,检查组清查核实,市账实相符,同时,市政府从统计局、农发行、粮食局、质监局、财政局等部门抽调 41 名干部,组成省粮食清仓查库工作组,4 月 6 日,九江工作组到吉安市开展粮食清仓查库工作,历时 20 天,完成省粮食清仓查库领导小组所交任务。

2009 年,按照国务院部署,再次开展粮食清仓查库工作。3 月,市政府成立市粮食清仓查库工作领导小组,市监察局、市发改委、市财政局、市农业局、市审计局、市质监局、市统计局、市农发行、市粮食局、中储粮江西分公司共青直属库为成员单位,下设办公室,办公室设市粮食局。此次粮食清仓查库工作分准备阶段、县级自查、市级普查、省级复查、国家抽查和汇总整改 6 个步骤,检查标准时间为 2009 年 3 月 25 日 24 时,检查范围:辖区内所有中央储备粮、国家临时存储粮、地方储备粮、国有及国有控股粮食企业库存商品粮,重点检查库存粮数量,库存粮食账务、库存粮食质量、中央和地方储备粮轮换管理情况,政策性粮食财政补贴资金拨补情况和重点非国有粮食经营及转化用粮企业执行统计制度情况。全市共有 274 家企业列入此次检查范围,涉及仓库 1147 座。

4 月 5 日,市粮食清仓查库领导小组从各县(市、区)粮食局、农发行等单位抽调 65 人,组成 13 个普查小组,按照"统一抽调、混合编组、集中培训、综合交叉、本地回避"原则,对全市范围内粮食进行普查,按照省政府统一要求,成立全市粮食清仓查库督查工作组,从市粮食清仓查库领导小组成员单位抽调 30 人,分成 10 个督查组,由成员单位分管领导带队,对全市粮食清仓查库工作进行全程监督。

经自查、普查、复查、抽查,全市粮食库存账实相符。当年 3 月 25 日 24 时,统计账面库存粮食 505596 吨,其中小麦 29893 吨、稻谷 440659 吨、玉米 35044 吨。检查时实际库存 506181 吨,其中小麦 29893 吨、稻谷44244 吨、玉米 35044 吨。实物比统计账面数多 585 吨,其原因系粮食入库未入账 711 吨,其中共青直属库已做销售 689 吨,九江国家粮食储备库实物未出库;都昌 7 吨、武宁 6 吨,实物已入库,统计未入账。粮食出库未减账126吨,其中共青城开发区105吨、永修21吨,在3月25日24时检查时点后销售。

# 第五章 粮油质检

## 第一节 质检网络

1991年,市、县(市、区)粮食局均成立粮食质监站,并通过省计量认证,粮油购销企业和粮油加工厂均设有粮油商品质量检验科或化验室,基层粮管所(库)配备专职或兼职质检员,全市粮食部门基本形成粮油商品质量检验三级监管体系。市粮食局加强对粮油质量监督检验员的培训考核。1994年,市粮油质监站通过省计量认证评审,取得计量认证合格证。同年7月,市粮油质监站编写《质量管理手册》,印发各县级粮油质监站和粮食企业,作为开展粮油质检工作所必需遵守的行为规范和操作规程。建立健全相关制度,包括《检测工作纪律规定》《检测工作质量管理制度》《样品扦取及管理制度》《原始记录及检测报告管理制度》《仪器、器具管理制度》《药品管理制度》《事故报告、分析和处理制度》《质量异议处理制度》等共计17项,对粮油商品检测的全过程进行规范,保证粮油商品检测工作具有科学性、公正性和权威性。实行岗位责任制,包括质监站长、质量负责人、技术负责人、检验员、计量仪器管理员、样品管理员、药品管理员、资料档案管理员等岗位责任制,明确各岗位职责范围,通过完善各项质检制度,促进全市粮食部门质检工作提高。

1999年,市粮油质监站通过省审查认可。当年,全市粮食部门共有460人取得国家粮食储备局核发的粮油质量监督检验员证书及粮油质量检验员资格证书,其中取得粮油质量监督检验员证书60人,取得粮油质量检验员资格证书400人。同年10月,市粮食局下发《关于成立九江市粮油质量监测中心的通知》,将市粮油质监站与市粮油科研所合并,成立市粮油质量监测中心(保留市粮油质监站牌子),隶属市粮食局,为全额拨款公益性事业单位,具有独立法人资格。其主要职责是贯彻执行国家粮油相关法律法规及政策,并根据国家相关法律法规和政策,制定市粮油质量标准化管理规章;负责各县(市、区)粮油质监站业务指导和全市粮食收购、储存、运输、流通及政策性用粮的质量监督、检验、技术指导和"放心粮油"的质量监管;组织并负责全市粮食收获质量调查、品质测报和原粮卫生调查;受理社会委托粮油品质检验和仲裁检验。负责全市粮油企业质检人员业务知识培训,推行质检员持证上岗制度;组织推广粮油质量检验有关新技术、新方法、新成果。

2000年,经国家粮食局专家组现场考核评审,市粮油质监中心取得国家技术监督局陈化粮鉴定资格,2人取得国家粮食局陈化粮鉴定资格证书。2004年3月,市粮油质监中心通过省计量认证和审查认可,同时取得省技术监督局计量认证和资质认可授权合格证书。

2008年1月,国家粮食局授权市粮油质监中心挂牌江西九江国家粮食质量监测站,其原隶属关系不变,人、财、物管理关系不变,相关业务工作接受国家粮食局粮食质量管理部门的监督指导。7月,市粮油质监中心通过省双认证复审。

至2010年年底,全市市、县粮油质监站共有工程师职称9人、助理工程师职称20人、技术员9人、技师2人、其他职称3人;有检测办公场地总面积2196平方米。市粮油质监中心共有工程师职称6人、助理工程师1人。有办公场所(包括检测室)600平方米,配有气相色谱仪、酶标仪、紫外分光光度计、罗维朋比色计、721型分光光度计、精密分析天平,以及小麦、面粉等各类检测仪器,能进行各种粮油及副产品物检、化检、卫检和成分分析,检验能力范围涉及6大类102个产品124个参数。

## 第二节 质检标准

1991~1999 年,市粮食部门对粮油收购、调运、储存、加工各环节粮油质量控制及不合格粮油处理,主要依据《中华人民共和国国家标准》。稻谷执行 GB1350-1986 国家标准,小麦执行 GB1351-1986 国家标准,玉米执行 GB1353-1986 国家标准,小麦粉执行 GB1355-1986 国家标准。

1999 年 5 月,市执行国家粮食储备局,国家质量技术监督局联合发布的《粮油储存品质判定规则》和国家质量技术监督局,国家发展计委,财政部,国家粮食储备局联合发布的《陈化粮鉴定管理办法》,陈化粮是指符合判定为“陈化”规定的,不宜直接作为口粮食用的粮食。粮食行政管理部门批准国有粮食购销企业销售陈化粮必须以鉴定报告为依据。11 月,国家质量技术监督局以质技监标批函〈1999〉181 号和 182 号文批准发布 GB1350-1999《稻谷》、GB1351-1999《小麦》、GB1353-1999《玉米》、GB/T17892-1999《优质强筋小麦》、GB/T17893-1999《优质弱筋小麦》、GB/T17890-1999《饲料玉米》、GB/T8613-1999《淀粉发酵工业用玉米》国家标准,自 2000 年 4 月 1 日起实施。

2004 年 3 月 15 日,国家发改委、国家粮食局、国家标准化管理委员会《关于印发稻谷和玉米储存品质判定规则的通知》。本规则自发布之日起实施。原《国家粮食储备局、国家质量技术监督局联合发布的《粮油储存品质判定规则》中有关稻谷、玉米的储存品质判定规则即行废止,其他粮油品种储存品质判定仍按原规则执行。

2006 年 11 月 2 日,国家质量监督检验检疫总局、国家标准化管理委员会发布《谷物储存品质判定规则》,将原来谷物品质判定“宜存、不宜存、陈化”修改为“宜存、轻度不宜存、重度不宜存”,并从 2006 年 12 月 1 日起实施。

2009 年, 国家质量监督检验检疫总局、国家标准化管理委员会批准发布 GB1350-2009《稻谷》、GB1353-2009《玉米》、GB/T21719-2008《稻谷整精米率检验法》国家标准,《稻谷》国家标准 2009 年 7 月 1 日实施,《玉米》国家标准 2009 年 9 月 1 日实施。

# 第六章 粮油加工

## 第一节 粮食加工

1991 年,市粮食行业有大米加工企业 31 家,面粉加工企业 6 家。另有以生产面条为主的市粮油食品厂,以生产粮食加工机械斗式提升输送机为主的市粮食机械厂各 1 家。

**1991年全市粮食加工企业一览**

表 31-6-1 单位:个、万元

| 地 区 | 碾 米 | 制 粉 | 完成产值 | 地 区 | 碾 米 | 制 粉 | 完成产值 |
|---|---|---|---|---|---|---|---|
| 全市合计 | 31 | 6 | 19978 | 武宁县 | 3 | | 785 |
| 市 区 | 2 | 1 | 5501 | 湖口县 | 1 | 1(车间) | 711 |
| 庐山区 | 2 | | 558 | 都昌县 | 2 | 1(车间) | 1284 |
| 九江县 | 2 | | 1832 | 彭泽县 | 2 | 1 | 2139 |
| 德安县 | 1 | | 919 | 瑞昌市 | 3 | | 7992 |
| 永修县 | 5 | | 1993 | 粮油食品厂 | | | 1312 |
| 星子县 | 2 | 1(车间) | 734 | 粮机厂 | | | 262 |
| 修水县 | 7 | 1 | 1504 | | | | |

说明:表中产值含油脂加工

1992 年,大米加工量 6.7 万吨,面粉加工量 4.47 万吨,面条、米制品加工量 2952 吨。

1997 年,大米加工量 8.03 万吨,面粉加工量 3.29 万吨,面条、米制品加工量 1100 吨。

1998 年始,大米加工企业和面粉、食品加工企业相继改制,职工身份置换。2008 年 7 月,市仙人面粉股份有限公司依法破产。至 2010 年底,全市有民营大米加工企业 62 家,其中国有控股 7 家,年末从业人员 882 人,处理原料加工能力达 4235 吨。

**2010 年全市大米加工企业一览**

表 31-6-2　　单位:个、吨

| 地 区 | 企 业 | 日处理原料能力 | 地 区 | 企 业 | 日处理原料能力 |
|---|---|---|---|---|---|
| 全市合计 | 62 | 4235 | 修水县 | 22 | 1100 |
| 市 区 | 2 | 400 | 武宁县 | 8 | 400 |
| 庐山区 | | | 湖口县 | 6 | 230 |
| 九江县 | 1 | 20 | 都昌县 | 4 | 525 |
| 德安县 | | | 彭泽县 | 2 | 200 |
| 永修县 | 4 | 110 | 瑞昌市 | 9 | 420 |
| 星子县 | 3 | 150 | 共青城 | 1 | 80 |

## 第二节　油脂加工

1991 年,全市油脂加工仅油料主产区 5 个县(市)有加工厂,即九江县、永修县、都昌县、彭泽县、瑞昌市。1992 年油脂加工量达 6548 吨。

1994 年 5 月,星子县油脂厂竣工,年处理能力 5000 吨。1995 年 5 月,修水县油脂厂竣工,年处理能力 5000 吨。同年,中外合资中宏油脂有限公司破土动工。1996 年,武宁县油脂厂竣工,年处理能力1 万吨。随着油脂加工厂增加,至 1997 年,全市油脂加工量达 1.43 万吨。

1998 年始,国有油脂加工企业进行改制,职工身份置换。

2009 年 7 月,中粮油工业(九江)有限公司兴建,2010 年 10 月 16 日开业运营,从事油菜籽、大豆、饲料蛋白等农产品深加工,日处理油菜籽 1000 吨,年生产能力 30 万吨,成为省菜籽加工龙头企业。

至 2010 年底,全市植物油加工企业 7 家,其中外商投资企业 1 家,其他为民营企业。

**2010 年全市油脂加工企业一览**

表 31-6-3　　单位:个、吨

| 地 区 | 企 业 | 日处理原料能力 | 地 区 | 企 业 | 日处理原料能力 |
|---|---|---|---|---|---|
| 全市合计 | 7 | 3190 | 九江县 | 2 | 480 |
| 市 区 | 1 | 1200 | 湖口县 | 1 | 50 |
| 庐山区 | 1 | 1000 | 彭泽县 | 2 | 460 |

## 第三节　饲料加工

1991 年,市配合饲料厂年生产能力 10000 吨。各县(市、区)均有饲料厂,其中 5000 吨 7 座,3000 吨 2 座,1 万吨鱼饲料车间 1 座。全市专业饲料厂合计生产能力 6.5 万吨,职工 613 人;另在粮油加工企业中,还有 24 个饲料加工车间,合计生产能力达 7.16 万吨。

### 1991 年全市饲料产量一览

表 31-6-4　　单位:吨

| 地 区 | 产 量 | 地 区 | 产 量 |
|---|---|---|---|
| 全市合计 | 95590 | 武宁县 | 5100 |
| 庐山区 | 4600 | 湖口县 | 5900 |
| 九江县 | 8800 | 都昌县 | 8500 |
| 德安县 | 9000 | 彭泽县 | 7000 |
| 永修县 | 10500 | 瑞昌市 | 8000 |
| 星子县 | 5800 | 市制米厂 | 6600 |
| 修水县 | 8700 | 市饲料厂 | 6500 |

同年,中外合资九江正大饲料有限公司投产,该厂为市粮食部门第一家与泰国正大集团合资企业。1996 年 5 月,九江正大饲料有限公司第二期扩建工程于市开发区竣工投产,占地 6 公顷,年生产能力 18 万吨。

1998 年始,国有饲料加工企业及粮食油脂加工企业中的饲料车间相继实行改制,职工身份置换。至 2010 年年底,饲料企业剩 4 家,均为民营企业,其中外商投资企业 1 家。

### 1997 年全市粮食系统办工业基本情况一览

表 31-6-5　　单位:个、万元

| 地 区 | 企 业 | | | | | | 工业总产值 | |
|---|---|---|---|---|---|---|---|---|
| | 碾 米 | 制 粉 | 植物油 | 饲 料 | 食 品 | 其 他 | 1990 年不变价 | 1997 年价 |
| 全 市 | 20 | 2 | 11 | 11 | 5 | 10 | 31178 | 56320 |
| 庐山区 | 1 | | | 1 | | | 586 | 1105 |
| 九江县 | 1 | | 1 | 1 | 1 | 2 | 1661 | 2082 |
| 德安县 | 1 | | 1 | 1 | | | 963 | 1654 |
| 永修县 | 5 | | 1 | 1 | | 1 | 2159 | 4537 |
| 星子县 | 1 | | 1 | 1 | | 2 | 1809 | 3216 |
| 修水县 | 1 | | 1 | 1 | 1 | | 2966 | 4337 |
| 武宁县 | 1 | | 1 | | | | 1301 | 1604 |
| 湖口县 | 1 | | 1 | 1 | 1 | | 1118 | 2243 |
| 都昌县 | 1 | 1 | 1 | 1 | 1 | 1 | 414 | 671 |
| 彭泽县 | 2 | | 1 | 1 | | 2 | 1856 | 3457 |
| 瑞昌市 | 2 | | 1 | 1 | | | 1601 | 1809 |
| 共青城 | 1 | | | | | | | |
| 市 直 | 2 | 1 | 1 | 1 | 1 | 2 | 14744 | 29605 |

# 第三十二篇

## 旅游业

# 第三十二篇 旅游业

1991年以来，开放景区景点130多处，其中AAAAA级旅游景区1处(庐山)，AAAA级旅游级景区3处(天沐温泉、龙湾温泉、西海温泉)；国家级风景名胜区2处(庐山风景名胜区、庐山西海风景名胜区)；国家级自然保护区2处(江西桃红岭梅花鹿自然保护区、鄱阳湖候鸟自然保护区)，全国汉传佛教保护寺庙3处(庐山东林寺、云居山真如寺、九江能仁寺)，国家级文物保护单位8处(星子观音桥、庐山白鹿洞书院、庐山会议旧址及别墅群、瑞昌铜岭铜矿遗址、云居山真如寺塔林、九江美孚洋行旧址、星子秀峰石刻群、修水中国工农革命军第一军第一师师部旧址)；国家森林公园7处(庐山山南、庐山马祖山、庐山三叠泉、九江天花井、鄱阳湖口、柘林湖、九岭山)。20年来，做好市、县级旅游规划和旅游市场开发；加强宣传推介、拓展旅游市场；提升旅游行业管理力度和旅游服务水平，旅游经济稳步持续发展，旅游产业链条得到延伸。全市有休闲高尔夫球场1个，旅行社88家，星级饭店80家，农家星级旅馆35家，规模以上各类乡村旅游点158家。旅游汽车公司5家，旅游汽车500多辆，导游3655人，直接从事旅游人数达3.5万人，间接从业人员超过14万。旅游品牌创建工作取得成效。九江已成为中国优秀旅游城市、中国魅力城市、中国十大特色休闲城市、最具国际影响力旅游城市、中国网民最关注十大旅游城市之一。2006~2010年，全市共接待入境旅游者92.51万人次，年均增长20.91%，实现旅游外汇收入3.19亿美元，年均增长27.63%；接待国内旅游者6963.04万人次，年均增长17.88%，国内旅游收入491.93亿元，年均增长18.71%；旅游总收入515.94亿元，年均增长18.84%。

# 第一章 旅游景区

## 第一节 庐山景区

### 一、牯岭景点

**牯岭** 位于庐山屋脊岭、大月山、猴子岭诸峰之中,亦名牯牛岭,其形宛如一条仰天长吼牯牛横卧,故名。在此凭栏放眼,白天可俯视深邃峡谷,夜晚可远眺九江灯火。每当云生雾起之时,牯岭街市若隐若现,故有“云中山城”之称。

**月照松林** 位于牯岭街西端牯牛岭山脊,绵延约1.5千米,原名“松树林”“万松林”。庐山“月照松林”与西湖“三潭印月”、苏州“石湖串月”等一起被列为国内中秋赏月“十大胜地”。

**小天池** 位于庐山东北、距牯岭2千米。小天池山海拔1213米。山顶小平地中,有一圆形水池。池中清泉澄碧甘冽,四季不涸不溢,民间传说此池为“小天女浴池”,简称“小天池”。

**诺那塔院** 位于小天池山,是藏传佛教宁玛派(红教)在内地唯一道场,始建于1935年,名“莲花生大殿”,简称“莲师殿”;1938年建成诺那塔、诺那精舍等建筑。诺那塔是藏传佛教密宗宁玛派莲花生大士第十七代传人普佑法师诺那·呼图克图活佛墓塔,该塔院为中国南方唯一对外开放密宗道场,特殊西藏喇嘛塔造型和塔院内所供奉藏密本尊、祖师、护法,在内地寺院中极为罕见。

**望江亭** 位于小天池西南,距牯岭街心公园1.25千米,为一伞顶圆亭,直径5.7米,高4.45米,建在高2.1米、有10级台阶的基座上。原名“烈灵台”,1946年9月为纪念抗日战争中牺牲的国民革命军第99师阵亡将士而建。亭旁原有庐山抗日将士纪念碑和牌坊,“文化大革命”中被毁,“烈灵台”改名为“望江亭”。

**飞来石** 庐山冰川遗迹,位于庐山西谷,距牯岭街心公园约200米。两块突兀叠立的巨石,宛如天外飞来,故名。底层桌形巨石长8.9米,宽6.1米,高4.5米;其上巨石则长5.6米,宽2.9米,高1.3米。

**花径** 位于庐山西谷,距牯岭街心公园约1.5千米,原为庐山大林寺旧址。1953年辟建为花径公园。园内有景白亭、赏桃亭、花卉厅、动物园等。

**锦绣谷** 位于庐山西谷、花径公园西侧,距牯岭街心公园约2千米。三面环山,唯西北豁然开朗,因谷中四时花开、灿如锦绣而得名。

**仙人洞** 位于牯岭街心公园东2.5千米锦绣峰,相传为“八仙”之一吕洞宾修道之处,是一个高、宽、深均约10余米天然石洞。顶部苍崖翠壁,参差如手,因名“佛手岩”。

**御碑亭** 位于仙人洞园门外左侧锦绣峰上,距牯岭街心公园2.5千米。峰上有1面积10多平方米台地,相传为周颠仙骑鹿升天之处,人称“白鹿升仙台”。台中有1石亭,正门门额刻有“御制”2字,门旁镌有两副对联:“姑从此处寻踪迹,更有何人告太平”;“四辟云山九江棹,一亭烟雨万壑松”。

**大天池** 位于庐山西部大天池山上,距牯岭街心公园4千米。池为长方形,比小天池略大,相传是文殊菩萨双指插石掬成,原为天池寺中放生池。池水澄碧,清澈见底,久雨不溢,久旱不涸;若池内冒起珍珠般气泡,山下即起层云,故有“泉涌云兴”之说。

**龙首崖** 位于庐山大天池西侧,距牯岭街心公园4.5千米。峭崖绝壁,拔地千尺,崖上一巨石破壁而出,横空挺出数米,下临深渊,岌岌若坠。崖上有“卧龙松”,虬枝苍劲,戟指云天。崖下怪石嶙峋,古松倒挂,龙须草迎风飘拂。

**铁船峰** 位于庐山西面,距牯岭街心公园5千米,与天池山对峙,中有石门涧。一说因峰顶有巨石,其形似船,其色如铁;铁船峰系距今七八亿年前震旦纪石英砂岩构成。

**芦林湖**　位于庐山东谷，距牯岭街心公园3千米，三面环山，前临黄龙峡，为第四纪冰川时期冰窖，冰雪融化后，遗留下宽大深邃凹地而蓄水成湖。

**毛泽东诗碑园**　1993年，为纪念毛泽东100周年诞辰而修建，位于芦林湖北端。该园占地面积4400平方米。由主碑亭、副碑亭、东西厢廊组构而成，均为石结构。主亭碑镌刻毛泽东当年在庐山作诗歌两首，副碑亭刻有李白、苏轼等历代诗人诗句。

**庐山博物馆**　位于庐山西谷，前临芦林湖，面对九奇峰，原系毛泽东庐山别墅，名"芦林1号"，建成于1961年7月，占地面积1公顷，建筑面积4500平方米。改为庐山博物馆后，仍保留毛泽东卧室陈设，供游客参观。庐山博物馆馆藏文物2700多件，有古代青铜器和陶瓷精品，字画类有王羲之、吴道子、颜真卿、柳宗权、米芾、唐寅、郑板桥、朱耷、徐悲鸿等历代名家真迹。最为珍贵的是国家一级文物《五百罗汉图》卷轴画、血书《华严经》和水晶佛珠。

**黄龙寺**　位于庐山东谷玉屏峰麓、黄龙峡中，距牯岭街心公园3千米。为明代高僧彻空禅师于万历年间建造，相传原系晋代高僧释昙诜修持处。寺后约200米处有赐经亭，坐北朝南，平面呈正方形，边宽3.8米，通高6米，歇山顶。石结构亭中立一白玉石碑，上刻明神宗《护藏敕》及《圣母印施佛藏经赞》。碑边饰雕双龙，工艺精湛。整个建筑造型简洁流畅，气氛庄严肃穆。省级文物保护单位。

**三宝树**　位于庐山东谷黄龙寺旁，距牯岭街心公园3千米，相传系晋代高僧释昙诜在此修持时所植。三宝树中，柳杉2棵，一棵高41米，另一棵高39米，胸围均超过6米，树冠面积都达到400多平方米；银杏1棵，树高30米，胸围近6米，树冠面积约500平方米。三棵古树连成一体，枝繁叶茂，蓊蓊郁郁，遮天蔽日，荫笼数亩，环境极为清幽。

**黄龙潭·乌龙潭**　位于庐山东谷黄龙峡中，距牯岭街心公园4千米。2潭相距约500米。黄龙峡溪水穿越涧中巨石，垂崖而下，跌入黄龙潭中。潭水呈暗绿色，幽深生寒。潭边古木葱郁，石壁耸立，有"龙泉""静听""痛饮黄龙"等石刻。乌龙潭地处将军河中，两岸绿树浓荫，石崖横亘河中，河水分5道(枯水时为3道)从石崖低凹处并排飞流而下，宛如五龙戏水。

**恭乾禅师塔**　位于庐山西南金竹坪，距牯岭街心公园4千米。墓塔由花岗石砌成，高3.5米。基座为仰覆莲承托圆形六角石鼓；石鼓上有仰覆莲承托六角石柱，柱六面分别刻有"皇图巩固、帝道遐昌，法轮常转、佛回增辉、阿弥陀佛"字样和梵文。柱上有葫芦形宝顶。省级文物保护单位。

**庐山植物园**　位于含鄱岭下幽谷之中，海拔1111米，距牯岭街心公园4千米。始建于1934年，面积290多公顷，是国内以创建早、规模大、品种全而闻名世界的亚热带高山植物园。

**含鄱口**　海拔1211米，位于牯岭街心公园南去6千米。五老峰耸立于左，九奇峰拱峙于右，含鄱岭横亘其间，中央豁然箕张，形凹如口，势欲含汲鄱阳湖，因而得名。

**五老峰**　东临鄱阳湖，西接含鄱岭，横排5座高峰，状若5位老者并肩而坐，姿态各异；最高峰(第四峰)海拔1357.2米，距牯岭街心公园9千米。五老峰上顶苍穹，下压彭蠡，势拔千仞，绵延数里，星聚层峦，影落明湖，为庐山诸峰最胜者。

**青莲谷**　位于五老峰与三叠泉之间，距牯岭街心公园10千米。山谷幽奥深邃，林涛与涧水相伴鸣响，奇岩与怪石参差嵯峨。南侧断崖绝壁，呈西北至东南走向，长约700米，相对高差220米，青褐色岩体层层叠起，宛如天然屏风，称"九叠屏"。

## 二、山南景点

**天合谷**　庐山山南国家森林公园组成部分，原名"寨口"。位于星子县白鹿镇境内庐山含鄱岭下，五老峰、太乙峰、汉阳峰三面环绕，南临鄱阳湖。是以"情爱庐山"为主题，以山水景观，度假休闲，风味餐饮为特色旅游景区。

**观音桥**　庐山世界文化景观组成部分，全国重点文物保护单位。位于星子县白鹿镇境内庐山第二大峡谷栖贤谷中。经环庐山旅游公路到达。距市区32千米。是以古代桥梁建筑为核心景观峡谷型旅游景区。

**天下第六泉** 位于观音桥东端。涓涓细流聚于石穴中,又名“招隐泉”。泉水清洌甘甜,被唐代茶圣陆羽品评为“天下第六泉”。

**玉渊潭** 位于观音桥上游约500米处。巨石色白如玉,涧水冲激成潭。石壁上有宋代张孝祥手书“玉渊”2字,另有民国将领冯玉祥书《墨子篇》等摩崖石刻。

**栖贤寺** 位于玉渊潭畔。南齐永明七年(489)始建,庐山五大丛林之一。镇寺之宝为清代许从龙绘制《五百罗汉图》,存庐山博物馆。

**太乙村** 庐山世界文化景观组成部分。位于星子县白鹿镇境内庐山南面太乙峰下, 上接含鄱口景区,有索道相连。经环庐山旅游公路转景区公路可到达。距市区35千米。是以民国名人别墅群为主体山岳型自然风景旅游区。

**秀峰** 庐山世界文化景观和庐山山南国家森林公园组成部分,国家重点文物保护单位。位于星子县白鹿镇境内庐山南面香炉峰下,环庐山旅游公路直达景区大门。距市区48千米。2006年5月,秀峰摩崖石刻被国务院公布为国家文保单位。属集峰峦、峡谷、瀑布、潭池、建筑和石刻于一体山岳型风景名胜区,自古就有“庐山之美在山南,山南之美数秀峰”之誉。

**第一山** 位于开先寺遗址前,原为寺庙山门。门额上“第一山”3字取自宋代书法家米芾刻于龙潭石壁手迹。

**李璟读书台** 位于双桂堂后。台前有南唐风格紫色石雕栏,台中是米芾手书石碑,台下有聪明泉和石凿洗墨池,传为李璟洗笔处。

**双桂堂** 原为秀峰寺藏经阁。院中有2棵金桂树,每到农历八月金秋时节,繁花满枝,清香四溢,有时一年中花开二度或三度。

**黄岩瀑** 庐山大型瀑布之一,亦称“李白瀑布”。唐代诗仙李白为此题咏《望庐山瀑布水》。

**黄岩森林公园** 位于双剑峰东麓。有唐代高僧智常禅师所创建黄岩寺和近代康有为所植北斗七星宝树、黄岩瀑布源头、四级泉、鼓子寨、迁莺谷等景点。

**温泉旅游度假区** 位于星子县温泉镇。环庐山旅游公路直达。距市区40千米。是集游览观光、会议商务、疗养康复、休闲度假为一体综合型旅游度假区。

**天沐温泉度假村** 位于星子县温泉镇。环庐山旅游公路直达。距市区40千米。2003年9月建成开业,2005年9月被国家旅游局批准为四星级旅游饭店。属大型日式露天温泉类休闲度假村。

**水上乐园** 有水上风情舞台、大型水上温泉冲浪池、环形温泉漂流、彩虹波浪滑梯、巨蟒滑道、6大SPA水疗池等项目。

**恩来楼** 1961年,国务院总理周恩来下榻之处,为四星级客房大楼之一,建筑风格高雅质朴,客房内部陈设保持当年原貌。

**恩来树** 为1961年周恩来亲手种植1棵五针松,迄今依然苍劲挺拔,郁郁葱葱。

**龙湾温泉度假村** 是集观光度假、休闲疗养、商务会议、特色美食、运动健身、生态教学与环保宣传等为一体大型综合度假村。

**桃花源** 庐山世界文化景观组成部分。位于星子县温泉镇境内庐山大汉阳峰下。东邻晋代文学家陶渊明“醉石”和栗里故居,西有陶渊明墓。经环庐山旅游公路或昌九高速公路、315国道均可到达。距市区35千米。20世纪90年代中期开始旅游开发,是以峰峦瀑泉、田园风光和历史文化为主体峡谷型风景名胜区。

**桃花源牌坊** 1998年建成,大理石结构,高16.33米,宽15.71米。正面题额“桃花源”3字为毛泽东手迹。

**问津亭** 原为山月轩旧址,取《桃花源记》中渔人问津之意。亭旁石碑分别刻有陶渊明画像及生平简介等。

**同心潭** 1944 年 8 月,美军飞行员杰姆等 7 人迫降于庐山垅峡谷中,由当地抗日游击队和老百姓照料养伤,共饮此水,故名。

**简寂观** 道教古迹。位于庐山南金鸡峰下。为南朝宋孝武帝大明五年(461)道士陆修静创建,南朝时为庐山最大道观,除正殿外,尚有礼斗石、道藏阁、听松亭、放生池、捣药臼、六朝松等建筑及名胜。

**白鹿洞书院** 庐山世界文化景观组成部分,全国重点文物保护单位。位于庐山南麓后屏山下。经环庐山旅游公路到达。距市区 30 千米。属书院建筑类文化旅游景区。国家重点文保单位。

**先贤书院** 白鹿洞书院内景点,由丹桂亭、碑廊、朱子祠等组成。朱子祠建于清康熙四十八年(1709),祠中立有朱熹自画像、《白鹿洞书院教规》等碑刻。

**棂星门院** 白鹿洞书院内景点,前后两进。棂星门于明成化二年(1447)由南康知府何濬所建,礼圣殿为宋淳熙九年(1182)朱熹出资修建。

**紫阳书院** 白鹿洞书院内景点,因朱熹别号"紫阳"而得名,门额为冯友兰题写。院内两侧为碑廊,有历代修建、洞规教义、游记诗文等内容。

**延宾馆** 白鹿洞书院内景点,始建于明成化五年(1469),有院门、憩斋、逸园、春风楼等建筑。院中立有朱熹铜像。

**独对亭** 白鹿洞书院内景点,位于延宾馆东南,明弘治十四年(1510),提学副使邵宝为纪念朱熹而建。亭四周有"圣泽之泉""风泉云壑"等石刻。

**三叠泉** 庐山世界文化景观组成部分,系国家森林公园。位于庐山东南九叠谷。经环庐山旅游公路可达。距市区 26 千米。是集险峰怪石、飞瀑流泉为一体山岳型自然风景旅游区。

**庐山东门** 位于景区入口,为仿古牌坊式彩绘门楼,门额为赵朴初手书。

**玉川门** 位于九叠谷口,两崖峙立,垒石如门,其石色白如玉,涧溪激流飞奔,若百川夺门而出。北崖有明代刘世扬手书"玉川门"石刻。

**铁壁精舍** 为南宋隐士黄石公居所遗址,距今约 700 余年。相传黄石公终年在此采药炼丹,为当地百姓行医看病。游人进入残存石门之中,则听不到外面的如雷涛声,最为称奇。

**天门潭** 潭水清澈晶莹,潭前有两块巨石相拱,宛似天然石门,故名;又称内龙潭、小三叠等。

## 三、山北景点

**碧龙潭** 庐山世界地质公园组成部分。位于庐山区海会镇境内庐山北面莲花谷王家坡。经环庐山旅游公路到达。距市区 20 千米。"王家坡 U 型谷"是庐山第四纪冰川"漏斗"遗迹,碧龙潭因此又名"王家坡双瀑",是以瀑泉景观为主体山岳型旅游景区。

**马祖山** 庐山世界文化景观组成部分,国家森林公园。位于庐山北面庐山区威家、姑塘 2 镇之间。经九威大道可达。距市区 15 千米。属集森林风光、宗教遗迹、民俗风情于一体山丘型旅游景区。

**马尾水** 位于庐山东北山腰。经九威大道、庐山北山登山公路到达。距市区 18 千米。是一处融山水风光、宗教建筑、妈祖文化于一炉山岳型旅游景区。

**濂溪墓** 北宋著名理学家周敦颐的墓葬。位于庐山区莲花镇周家后湾栗树岭。经濂溪大道可达。距市区中心 10 千米。占地面积 4000 多平方米,周围以石条砌成围墙,绿树成荫,环境清幽。

**莲花洞** 庐山世界文化景观组成部分。位于庐山区莲花镇境内的庐山北麓莲花峰下。经十里大道、105 国道(九莲段)到达,2 路公交车直达。距市区中心 12 千米。是由峰谷、森林、瀑泉等自然景观构成山岳型风景旅游区。洞门高丈许,藤萝交荫,昼日常暗,水源引自朝莲瀑,四季涓涓不竭。洞前有池,中有白莲,与洞旁所刻"爱莲说"互为映衬。

**百丈崖瀑布** 汇圭壁、锦绣、莲花 3 峰之水,落差约 40 米,悬瀑飞泻,如万斛玉珠自天而降,在阳光照射下七彩斑斓。

**法国教堂遗址** 为法国传教士樊体爱修建,1914年曾因“庐山狗头石租借地交涉案”轰动一时。

**东林大峡谷** 庐山世界地质公园组成部分。位于庐山区赛阳镇境内的庐山西北面群峰之中。经昌九高速公路、105国道和景区公路到达。距市区18千米。是峡谷型自然风景旅游区。

**乌龙潭瀑布** 有2瀑1跌水,下潭水中有巨石如砥,人称“拜龙石”。自晋代慧远和尚起,为东林寺历代僧人祭龙处。潭边有巨型冰川“漂砾”,上有摩崖石刻。

**道教第三十六福地** 周代隐士匡续(一名“匡俗”)修炼遗址。有小洞天、匡续祠、寿圣桥、飞升台等景观。庐山因匡续而得名“匡庐”。

**三叠飞瀑** 地处峡谷深处,地形极险极幽,三叠形仪各异,或柔或刚,总落差近百米。有观瀑台、观瀑亭,石阶沿峭壁通达瀑潭边。

**白居易草堂** 庐山世界文化景观组成部分。位于庐山区赛阳镇境内庐山西北面北香炉峰下,地处东林寺、东林大峡谷和石门涧三大景区中间。属建筑类人文风景旅游区。

**东林寺** 庐山世界文化景观组成部分、全国重点寺院。位于庐山区赛阳镇境内庐山西北面北香炉峰下。105国道通达寺旁,7路公交车直达。距市区16千米。属建筑类人文风景旅游区。

**虎溪** 流经东林寺山门前一泓碧水,上有“虎溪桥”。相传慧远“迹不入俗,影不出山”,潜心钻研佛学,送客不过虎溪桥。

**三笑堂** 寺内景点,相传慧远一次送陶渊明、陆修静出寺走过虎溪桥,护寺神虎随即吼叫提醒,三人相视大笑而别。后人称为“虎溪三笑”。

**十八高贤堂** 寺内景点,慧远与刘遗民、周续之、宗炳等123人共同结为“白莲社”,其中18人德高望重,时称“十八高贤”。

**神运宝殿** 寺内景点,相传慧远修建东林寺,有神明助运良木,故盖此殿以示纪念。为藏经阁,收藏佛教经典。

**聪明泉** 寺内景点,原称古龙泉。相传慧远择地建寺,在此以杖叩地,清泉随即涌出。后因慧远称赞江州刺史殷仲堪能言善辩“如此泉涌”而改名。

**西林寺** 位于庐山区赛阳镇境内的庐山西北面北香炉峰下、东林寺西侧,距市区16千米。属建筑类人文风景旅游区。

**石门涧** 庐山世界地质公园组成部分。位于庐山区赛阳镇境内庐山天池峰、铁船峰之间峡谷中,毗邻东林寺。经105国道到达。距市区20千米。是一处以奇峰怪石、瀑布溪流为景观主体自然风景区,尤以断层地貌最为明显。

## 第二节 浔阳景区

### 一、江边景点

**浔阳楼** 位于市区九华门外长江之滨。因九江古称浔阳,境内长江区段亦称浔阳江而得名。楼名最早见于唐代江州刺史韦应物“始罢永阳守,复卧浔阳楼”诗句,随后江州司马白居易又作《题浔阳楼》诗,而闻名天下则得力于清代施耐庵所著《水浒传》中精彩描写。1986年重建,属建筑类人文景观旅游区。

**锁江楼** 位于市区长江之滨回龙矶上,西邻浔阳楼,东望琵琶亭。有观鱼轩、锁江楼等主体建筑。属建筑类人文景观旅游区。

**琵琶亭** 位于市区滨江东路,南有琵琶湖,西侧依次是九江长江大桥、滨江生态景观园和锁江楼。属建筑类人文景观旅游区。

**浪井** 位于市区信华城市广场。“浪井涛声”明清时是九江十景之一。市级文物保护单位。2003年,信华集团对老城区西园进行拆迁改造,投资2200万元重建浪井文化景区。

**九江'98抗洪纪念广场** 位于九江长江大堤4~5号闸口处。距市区中心约4千米。2003年开始规划建设,2005年9月竣工。占地面积4.6万平方米,建筑面积6000多平方米,是全国最大的以纪念抗洪精神为主题的城市广场。

### 二、老城区景点

**能仁寺** 全国重点寺院。位于市区庾亮南路,毗邻南门湖。始建于南朝梁武帝年间(502~549),旧名"承天院",明弘治二年(1489)扩建时改为今名。唐大历、宋庆历、明洪武、清同治等年间多次重建,留存建筑多为清同治九年(1870)所建。新中国成立后多次修葺,为汉族地区佛教全国重点寺院。

**烟水亭** 位于市区中心甘棠湖中椭圆形孤岛上。是一组江南园林风格的古建筑群。景区总面积1800多平方米,建筑群坐北朝南,整体布局分东、中、西3个院落。常年陈列九江历史文物及周瑜战迹,举办各类高品位展览活动。

## 第三节 沙河景区

### 一、历史人物纪念建筑物景点

**陶渊明纪念馆** 位于九江县城东郊蔡家洼。经九景高速公路、105国道到达。是保护、展示和研究陶渊明历史遗迹与学术成果专题型纪念馆。景区总面积0.2公顷,包括陶渊明墓、陶靖节祠和纪念馆3部分。

**岳母墓** 位于九江县城西南3千米株岭山东北麓。墓冢面朝西北,纵9.1米,宽3.2米,封土高1.7米,外廓圆形拱顶,石灰石结构;墓碑中刻"宋岳忠武王母姚太夫人之墓",两侧为1962年刻制的《重修岳母墓碑记》;墓前有拜台和石制祭器,下有40级麻石台阶。岳母祠建筑面积300平方米,祠额为启功书写,大门楹联为"精忠报国惊环宇点点背花依稀宋史纵横斑斑犹渍英雄血,贤母义方树懿模煌煌彤管奕叶江州形胜赫赫长留姓氏香。"祠中陈列岳母教子历史资料以及历代题咏,为爱国主义教育基地。

**岳飞夫人李氏墓** 位于九江县城西南5千米处株岭山西北端太阳山下,毗邻岳母墓。经昌九高速公路转县内公路到达。墓冢坐北朝南,直径3.75米,封土高1.7米。外廓圆形拱顶,石灰石结构。墓碑直刻"宋岳忠武王夫人李氏之墓"。新中国成立后曾两度维修,并重修拜台及"声叙""封禁"二碑,墓周砌有围墙。

### 二、溶洞景点

**狮子洞** 位于九江县城西面5千米处狮子山。经昌九高速公路转县内公路到达。属典型喀斯特岩溶洞穴型景区。

**涌泉洞** 位于九江县涌泉乡伏船山。经昌九高速公路转县内公路到达。属由崩塌性和溶蚀性两种地质结构组合而成的岩洞型景区。

## 第四节 柘林湖景区

### 一、云居山景点

**真如寺** 全国重点对外开放寺庙、全国三大样板丛林之一。位于永修县云居山。真如寺总面积260公顷,其中水田旱地等近11公顷。寺院坐西朝东,占地面积3公顷,建筑面积1.5万平方米,有山门、天王宝殿、韦驮殿、伽兰殿、大雄宝殿、虚怀楼、云海楼、钟鼓楼、藏经楼、报恩堂、云水堂、禅堂、斋堂等,整体呈唐代建筑风格。

**真如寺塔林** 位于云居山。有文字记载僧墓塔91座,为唐代以来历代高僧墓地,其建筑设计堪称中国僧塔的典范。

**五龙潭** 由溪水连跌5级,把巨岩冲击成5个深圆若凿大潭。最下端即云居山大瀑布,落差120米、宽36米,颇为壮观。

**赵州关** 为唐代寺僧所建造关楼,高7米、宽11米,由花岗岩雕刻而成。

**佛印桥** 为北宋佛印和尚建造,又称"碧溪桥""鼻涕桥"。桥中央有一断痕,却历千年而不坍,堪称一绝。

**谈心石** 佛印桥旁1块近8平方米、形似床榻巨石,上刻苏东坡手书"石床"二字,是当年苏东坡和真如寺方丈佛印和尚促膝长谈之处。

### 二、西海景点

**民俗文化村** 位于柘林湖上,3岛相连,以荟萃傣、彝、瑶、满、苗、傈僳、蒙古等少数民族民俗风情而著称。

**海昏秀域** 位于柘林湖上,由外婆岛和孔雀岛连接而成,中有"外婆桥",是江南最长单挂钢索桥。

**观音岛** 位于柘林湖上,建有32米高石雕观音像,为世界之最,旁有34尊3米高观音化身法像。

**桃花溪漂流** 位于桃花尖山峰峡谷间,全程4千米,分为森林逍遥漂和峡谷勇士漂2区段。

**庐山西海温泉度假村** 位于柘林湖北岸,坐落在国家级森林公园、国家级重点风景名胜区、省级地质公园庐山西海风景名胜区内易家河村,AAAA级风景区。

**武陵岩** 位于武宁县杨洲乡九岭山森林公园内。经昌九高速公路、316国道到达。距市区约100千米。是一处集地貌景观、森林景观、水体景观于一体山岳型自然风景旅游区。

**鲁溪洞** 位于武宁县鲁溪镇境内幕阜山脉中段北屏山。经昌九高速公路、316国道到达。距离市区约110千米。属典型喀斯特地貌岩溶洞穴型景区。

**龙源峡** 位于云山经济开发区燕山管理区,由龙安河及其上游林彩源组成。景点有十里溪峡谷漂流、双燕海、三星岭、百禄湾、万寿山、千福滩、听籁亭、蝴蝶谷、帝王枫、周癫庙(遗址)等。

## 第五节 鄱阳湖长江景区

### 一、鄱阳湖自然保护区

世界A级自然保护区,国际重要湿地,国家级自然保护区。位于市南部鄱阳湖西岸。经京九铁路、昌九高速公路转县内公路或由鄱阳湖航道均可到达。保护区中心距市区120千米。是集水域风光、湿地草州、候鸟珍禽、名胜古迹为一体的湖泊型景区。1983年6月,成立省鄱阳湖自然保护区,1988年5月,国务院批准成立江西鄱阳湖国家级自然保护区。

### 二、吴城景点

**吴城镇** 系鄱阳湖自然保护区管理机构所在地,位居赣江、修河汇合处,是座建于秦汉、兴于南北朝、鼎盛于明清、衰落于民国的千年古镇,曾是江西古代"四大名镇"之一。有望湖亭、吉安会馆、湖南会馆、石堤、中山公园、跑马陵、珍禽候鸟博物馆、观鸟台等景点。

**望湖亭** 始建于晋太康年间(280~289)。相传元末农民起义军首领汉王陈友谅爱妃娄玉贞误认夫君兵败,于此投水自尽,故民间俗称"望夫亭"。

**吉安会馆** 建于清康熙年间,建筑面积900平方米,保存基本完好,是吴城古镇众多会馆中代表建筑。

**石堤** 位于古镇北面的护街堤,建于清代道光年间。

**珍禽候鸟博物馆** 建于1989年,内有珍禽候鸟标本和图文声像资料,是全国重要候鸟保护科普基地。

## 三、石钟山景点

**石钟山** 庐山世界文化景观组成部分，国家AAA级旅游景区。位于长江与鄱阳湖交汇处东南岸湖口县城区。经昌九高速公路或长江水道到达。距市区26千米。是由中石灰系石灰岩构成、喀斯特地貌出露地表独峰型景区。山上有怀苏亭、绀园、紫云廊、船厅、临湖塔、报慈禅林、昭忠祠、浣香别墅、太平楼、碑廊等20多处古建筑因势而构，和谐浑成；还有天河、桃花洞、观鱼池、石林、泛舟岩、石钟洞等自然景观。

**石钟亭** 位于石钟山上，亭内悬挂一块青灰色响石，敲击时会发出悦耳声音。石柱镌联："疏凿巨岩禹王伟绩，访敲双石李氏遗踪。"

**怀苏亭** 位于石钟山上，始建于清康熙四十七年(1708)，毁于清咸丰七年(1857)，新中国成立后重建。亭中石碑刻有苏轼画像、清翁方纲墨迹《石钟山记》

**昭忠祠** 位于石钟山上，清咸丰八年(1858)敕建，奉祀楚军水师提督萧捷三等阵亡将士。因其址原为太平军炮垒，新中国成立后曾易名"太平遗垒"。

**太平楼** 位于石钟山上，原名"飞捷楼"，清同治三年(1864)建成时，正值太平天国都城天京被清军攻陷，故名；新中国成立后改称太平楼。

**梅花厅** 位于石钟山最高处，又名"六十本梅花寄舫"，为清军将领彭玉麟建造。一楼为蝴蝶画展馆，二楼为"响石馆"。

**鞋山** 庐山世界文化景观、世界地质公园组成部分。位于石钟山南9千米处鄱阳湖中。是湖岛型旅游景区。

**孔圣亭** 位于鞋山，原名"眠云亭"，1996年由香港孔教学院院长汤恩佳提议改名。亭中"云眠"2字摩崖石刻，为宋代书法家米芾所书。

**大姑庙** 位于鞋山，鞋山神女民间俗称"大姑娘娘"，庙之名最早见于东晋干宝《搜神记》，至今有1600多年历史。

**禹王峰** 鞋山最高处，相传大禹治水时在此刻石纪功，故名。

## 四、龙宫洞景点

**龙宫洞** 庐山国家重点风景名胜区组成部分，国家AAA级旅游景区。位于彭泽县天红镇乌龙山麓。经九景高速公路、牛湖公路转定龙旅游公路到达。距市区60千米。号称"京九线上第一大溶洞群"，属典型喀斯特地貌溶洞型自然风景区。

**龙门** 高18米，宽6米，地质学称为"天生桥"，民间俗称"仙人桥"。两侧清泉汇聚"龙泉池"，池中有"鲤鱼跳龙门"雕塑。

**定海神针** 龙宫洞内景点，为高约6米，直径近1米钟乳石柱，在灯光映射下酷似东海龙王的镇海之宝——定海神针，故名。

**龙宫编钟** 龙宫洞内景点，由80多片垂挂厚薄不均石钟乳组成，宽9米，高6米，用石头敲打其不同部位，可发出高低不同响音。

**仙真岩** 位于玉壶洞旁狮子山上岩洞前，始建于汉建兴五年(227)，寺院大门匾额为赵朴初手书。寺前陡壁峭立，风景险峻秀丽。

**龙宫洞森林公园** 位于乌龙山丘陵山地，面积为669公顷，植被茂密，有野生梅花鹿、果子狸、大灵猫等珍稀动物。

## 五、桃红岭景点

**桃红岭梅花鹿自然保护区** 国家自然保护区。位于彭泽县中部。经九景高速公路、牛湖公路到达。距市区80千米。2001年6月，被国务院批准为国家级自然保护区。是以野生梅花鹿南方亚种为主要保护对象山岳型自然风景区。

**宗林寺** 供奉陶侃及其次子陶瞻。寺内冬暖夏凉,四季无蚊蝇。正殿神像座下有一口“神井”,传出流水鼓浪之声,颇为奇异。

**双色宝树** 为一棵双层双色古银杏树,高27.7米,干围3.35米,树龄约400年,上层树叶为深绿色,下层为黄绿色,果实与叶色相同。

**百步梯** 为桃红岭北山登山要道,一边为流水潺潺的深涧,一边为陡峭如削石壁,有“一夫当关,万夫莫开”之势。

**石灵龙井** 位于宗林寺北50米处,为天然形成的套状泉井。外井圆形,直径约3米,深1.5米;内井略呈三角形,直径约1.5米,深1.3米。

**千丈源·雷打石瀑布** 千丈源瀑布位于龙王殿遗址左侧50米处,高约20米,宽3米;雷打石瀑布位于殿右30米处,高约15米,宽7米。

## 六、共青城景点

**共青城** 全国农业旅游示范点、全国青少年教育基地。位于市南面鄱阳湖畔。经京九铁路、昌九高速公路、105国道到达,距市区50千米。1955年10月,98名上海青年志愿者在此垦荒创业。经过几代人50多年艰苦奋斗,在昔日荆棘丛生、荒无人烟滩涂野岭上,建起1座新兴城市。1992年5月,由省政府批准设立共青城开放开发区,1992年12月,被国家环保总局批准为首批国家级生态示范区,2005年1月,被国家旅游局批准为首批全国农业旅游示范点。

**庐山国际高尔夫球会** 位于共青城,2005年10月建成。有1个国际标准级18洞球场和1个90个打位双层练习场,球道总长6903码。开发总面积约333.5公顷,其中球场占地200公顷,配套房地产开发面积133.4公顷,规划配套中有五星级酒店、国际会议中心、高级别墅、风情购物街、温泉疗养馆、生态绿色基地、会员公寓住宅区和室外观景台等休闲度假设施。

## 七、江州义门陈景点

**江州义门陈风景区** 位于德安县车桥镇境内。江州义门陈氏自始祖陈旺开基以来,以忠孝节义为本,勤俭耕读传家,经15代、历时332年形成3900余口聚族而居,同炊共饮,击鼓传餐,百犬同槽,家无私财,人无贵贱,共同劳作,平均分配。成为中国封建社会中人口最多、文化最盛、和谐团结大家庭,演绎出一个真实桃花源仙境,构建出“大道之行,天下为公”古代和谐社会,成为人类社会文明历史典范。

**义门陈文史馆** 江州义门陈文史馆展出数百件在义门陈旧址出土的生产、生活用品和宋代砖、瓦、陈氏宗谱等实物。

**义门陈森林公园** 位于德安县邹桥乡、车桥镇,总面积1050公顷,其中山林面积740公顷,森林覆盖率71%。活立木蓄积量18万立方米,毛竹15万株。此处箭楼峰为全县最高峰,海拔630米,驾驭众山之间,森林公园集自然美景于一体,以峰、寺、溪、谷、湖和古朴自然的天然森林著称。

**东佳书院** 国内最早书院之一,创立于唐龙纪元年(889)前,发展到宋,成为江南著名书院,所藏书、帖号称天下第一。

## 八、湖畔景点

**鄡阳遗址** 位于都昌县周溪镇泗山大屋场村南60米湖洲上,面积约1平方千米,文化层堆积达1~2米,地表暴露有大量绳纹板瓦、绳纹筒瓦及汉砖。鄡阳建县于汉高祖六年(前201),系豫章郡18县之一。南朝宋刘裕永初二年(421)废,历时600余年。遗址尚存土筑城垣,为省级重点保护文物。

**老爷庙** 位于都昌县多宝乡龙头山首,与星子县隔湖相望。庙群总面积为600多平方米,分主庙、龙王殿、同仁堂、大小客厅、厨房6部分,附属建筑分布主庙两侧。庙内由上中下三部分组成,上部为正殿,中部为游楼,下部为万年台,庙内门窗梁坊雕刻花纹并涂以丹漆。殿内有“定江王”塑像。庙的两侧墙壁嵌有石碑 2 块，右为“鼎建左蠡元将军庙记”，左为“加封显应元将军庙记”。庙后有朱元璋“点将台”和“插剑池”遗址。庙左岩上有“水面天心”摩崖石刻，相传为明太祖朱元璋手迹。

**野老泉** 位于都昌城区南山山腰石壁之下，清澈见底，四季不涸。相传西汉有 1 老者隐居于此，汉武帝南巡闻其贤，欲请其出山，自谓野老，坚辞不就。宋苏东坡去筠州省弟过都昌，于石壁题“野老泉”3 字，遂定名。由此泉沿石壁上行 20 余米有古寺，始建于唐，并由唐玄宗赐名“清隐寺”。宋黄庭坚曾为之撰《清隐禅院记》。寺经历代重建，寺墙之上有苏东坡手书《过都昌》诗碑，碑长 1.35 米，宽 0.6 米。楷书，每字大 10 平方厘米。与野老泉所处南山隔水相望之西山，有陶侃母墓、陶公(侃)钓矶、谢灵运石壁等古迹。

**周瑜阅兵台** 位于鄱阳湖边星子县城，相传为三国东吴名将周瑜点将阅兵之处。

## 第六节 修河源景区

### 一、黄龙山九宫山景点

**黄龙山** 省级森林公园，位于幕阜山脉中部、修水县西部，为湘、鄂、赣 3 省天然屏障，距 3 省省会城市均 200 千米左右。黄龙山系幕阜山脉主峰，高 1511 米，其以山雄、景奇、林丰、水美自然景观，“一山藏二教”厚重历史文化底蕴而闻名于世。

**白岭温泉** 白岭镇太清温泉位于温泉村和下太清村交界处，距集镇约 5 千米。太清温泉历史悠久，湖南、湖北 2 省游客纷至此泉沐浴。太清温泉水质温度 70℃，矿化度 238 毫升/升，pH 值 8.5，属重碳酸钠型温泉，含有人体有益多种元素，泉水清澈无味，具有医疗保健功效。

**黄龙寺** 位于湘鄂赣 3 省交界幕阜山东麓修水县西北黄龙村境内，省级文物保护单位。宋代为江南佛教四大丛林之一，是中国佛教禅宗黄龙宗发源地。

**九宫山** 地处武宁县与湖北省通山县交界处武宁县上汤乡境内。其中，尤以小九宫为著。有“六石五潭三瀑布，二洞一山一天险；古宅古柏古驿道，九宫美景胜九天”之说。景观有吴楚古驿道，龙虎石、船石、仙女石，龙潭双瀑、滚石瀑等。

### 二、南崖 — 清水岩景点

**南崖—清水岩** 省重点风景名胜区。位于修水县境内双井村到杨梅渡村总长约 36 千米修河及沿岸地区。经昌九高速公路、316 国道到达。距市区 210 千米。是集山水、石林、溶洞和古迹于一体综合型旅游风景区。

**南崖** 有山谷祠、溪山自在楼、澄秋阁等建筑。

**清水岩溶洞群** 属典型喀斯特地貌，由两主洞与众多支洞组成。洞内涓水长流，钟乳石千姿百态。

**东岭石林** 面积达 16 平方千米。高低错落，指物造型。其间有千亩果林，桃红梨白，芬芳沁人。

**黄庭坚墓** 省文物保护单位。位于修水县杭口乡双井村。经昌九高速公路、316 国道到达。距市区 220 千米。墓坐北朝南，封土高 1.92 米，直径 2.76 米。墓前有 4 柱 3 碑，中刻“宋谥黄文节公之墓”，两旁刻其传略。

**陈门五杰** 修水县城建有“五杰广场”，以纪念陈宝箴、陈三立、陈衡恪、陈寅恪、陈封怀 5 位地方杰出名人。

**黄庭坚纪念馆** 为纪念宋代“江西诗派”创始人、书法“宋四家”之一的黄庭坚而建立的纪念馆。位于修水县县城南山崖。前身为修水县历史文物陈列室，1984 年筹建纪念馆，1985 年 11 月开馆，由全国政协原副主席、中国佛教协会会长赵朴初题写馆名，是省重点名人纪念馆和省级风景名胜区。

**兜率寺** 始建于隋开皇年间，是修水佛教传播最早的弘法道场。唐宋达到鼎盛时期，宋代为县六大禅院之一，历代高僧辈出。僧墓、古迹众多，2002 年，释法照禅师主持投入巨资重建梵宇。2007 年 9 月，由省民族宗教事务局授牌为“江西省重点寺院”。

# 第二章　旅游设施

## 第一节　旅行社

### 一、九江中国国际旅行社

中国国旅集团理事会成员单位,省旅游协会常务理事单位,简称“九江国旅”,前身是中国国际旅行社九江支社,位于浔阳区滨江路105号(四至七层)。至2010年,有6个业务中心,门市营业点遍布全市各个县(市、区),有各类职员200余人,是市内最早具备国家特许经营中国公民出境旅游组团资格的旅行社。业务范围包括:境内旅游、入境旅游、出境旅游、港澳旅游、会议会展服务、国内外商务考察、各国签证、国内国际航空机票及宾馆酒店预订等,是江西旅游对外宣传和推广示范企业。

### 二、九江天马国际旅行社

1995年成立,原名九江天马旅行社。1998年,企业进行股份制改革,成立市内第一家民营旅游股份制企业。2004年6月,经国家旅游局批准,升级为国际旅行社。办公地址为市区环城路106号兴业大厦812室。有员工100余人。多年来公司游客接待量及利税上缴排名始终处于全市同行前列,成为全国知名并享誉港澳台地区及东南亚专业旅游机构。公司下设组团运营中心、地接运营中心、入境运营中心、网络运营中心、资源中心、客户发展中心、出国留学咨询服务中心等专业机构。连续多年获“江西省十佳旅行社”“江西省明星企业”“九江市优秀旅行社”称号。2005年,被共青团省委评为“省级青年文明号”单位;2006年,被省旅游局评为“入境旅游接待先进单位”;2008年,被省旅游局评为“江西十强国际旅行社”;2010年,被中国旅游《榜中榜》、搜狐、网易等评为“江西五大地接社”“江西五大组团社”。

### 三、九江假日国际旅行社

简称九江假日国旅,1996年成立,位于市区莲花池路锦湖豪庭主楼A座四层。具备优质服务保障体系,在境外搭建多层次供应商平台,包括预订中心、酒店连锁集团、地接社、租车公司、免税店等,个性化定制业务包括团队观光旅游、休闲度假旅游、商务会展、会议奖励、完全自由行、顶级奢华旅游,是国内旅行一站式服务倡导者和领导者。

### 四、庐山招商旅行社

1999年1月成立,位于市区甘棠南路一支巷8号。经营范围有国内旅游业务、各种会议接待服务,会务代理服务;代订车、船、飞机票,旅游商品、日用百货销售。为客户提供导游服务、代订住房、代为设计旅游线路及商务考察等多项业务。2008年,开始承包经营庐山大口旅游风景区。年经营收入由最初400万元增长到2300万元,上缴税收由原来年缴纳4万增长到50多万元,员工24人。

### 五、九江庐山飞扬国际旅行社有限公司

2001年成立,位于市区庐峰东路57号信华城市花园二期106号门面。自成立以来,主要接待全国各地来赣旅游游客,先后获2002年度省十佳明星国内旅行社、省旅游局2003年度市优秀旅行社、市旅游局2004年度市旅游工作先进集体、省旅游协会2009年度读者强力推荐诚信旅行社、2009年3·15读者强力推荐诚信旅行社等称号。

## 2010年全市旅行社一览

表 32-2-1

| 旅行社名称 | 地 址 | 电话号码 | 注册号 |
|---|---|---|---|
| 九江中国国际旅行社 | 市区滨江路 105 号六楼 | 8111885 | L-JX-CJ00020 |
| 九江中国旅行社有限公司 | 市区金凤路(长途汽车站)65 号 | 8500020 | L-JX00413 |
| 庐山中国国际旅行社 | 庐山河西路 443 号 | 8282497 | L-JX00414 |
| 九江市风采旅行社有限公司 | 市区十里大道 412 号 | 8136602 | L-JX00415 |
| 九江鼎鸿旅行社有限公司 | 瑞昌皇家大酒店内 | 13870206399 | L-JX00416 |
| 武宁县山水旅行社 | 武宁县协和大道(旅游码头路口处) | 13803565890 | L-JX00417 |
| 九江市康泰旅行社有限公司 | 市区湓浦路 148 号金泰港湾 A 栋 | 13507928080 | L-JX00418 |
| 庐山汇通商务旅行社有限公司 | 市区环城路一支巷 6 号 D 栋 1-303 | 13707920956 | L-JX00419 |
| 九江市水务旅行社有限责任公司 | 市区十里大道 237 号新奥宾馆 602 室 | 13507068115 | L-JX00420 |
| 九江快乐国际旅行社有限公司 | 市区庐山南路 26 号阳光大楼 6 楼 | 13507927966 | L-JX00421 |
| 武宁县风光旅行社 | 市区甘棠南路一支巷 8 号 | 13907921163 | L-JX00422 |
| 九江市庐山假日旅行社 | 市区柴桑春天 2 区 49 栋 2 单元 604 室 | 13507060023 | L-JX00423 |
| 九江庐山招商旅行社 | 市区金凤路 65 号 304 室 | 13803556699 | L-JX00424 |
| 九江庐山梦之旅旅行社有限公司 | 市区浔阳路 103 号文化大厦 607 室 | 13907027755 | L-JX00425 |
| 九江市飞雁旅行社有限公司 | 市区庐峰南路 6 号 | 13907920590 | L-JX00426 |
| 九江庐山光大国际旅行社有限公司 | 庐山慧远路 35 号 | 13133644451 | L-JX00427 |
| 九江长运旅行社有限公司 | 市区湓浦路 14 号 | 13803558851 | L-JX00428 |
| 九江市庐山阳光旅行社有限责任公司 | 庐山路 46-48 号 4 楼 | 13907925917 | L-JX00429 |
| 九江市职工旅行社 | 瑞昌皇家大酒店内 | 13870206399 | L-JX00430 |
| 九江市金桥旅行社有限公司 | 武宁县协和大道(旅游码头路口处) | 13803565890 | L-JX00431 |
| 九江电力旅行社 | 市区滨江路 45 号九源招待所 301 室 | 8482308 | L-JX00432 |
| 九江环宇旅行社有限公司 | 市区长虹大道检测大楼四楼 | 8139773 | L-JX00433 |
| 九江庐山大众旅行社有限公司 | 市区十里大道 1500 号 | 8133918 | L-JX00434 |
| 九江港金达旅行社 | 市区滨江路 37 号客运大楼 | 8232194 | L-JX00435 |
| 九江市蓝天旅行社有限公司 | 市区人民路 230 号（半山美树苑雪松阁 2 单元 B-01） | 8122448 | L-JX00436 |
| 九江招商国际旅行社有限公司 | 市区长虹北路 22 号丰源克拉城 13 栋 B 单元 1706 号 | 8139967 | L-JX00437 |
| 庐山青年旅行社 | 庐山牯岭街 25 号 | 8285106 | L-JX00438 |
| 九江春之旅旅行社有限公司 | 市区十里大道 5 号 1 栋 2 单元 502 室 | 8235377 | L-JX00439 |
| 九江太平洋国际旅行社有限公司 | 市区滨江路 10 号百岁坊华亭 1 单元 1802 室 | 8137117 | L-JX00441 |
| 九江云海国际旅行社有限公司 | 瑞昌市人民南路柳湖公园大门北侧 | 4228819 | L-JX00442 |
| 九江龙之旅旅行社 | 市区双峰路 6 号江南大厦 201 室 | 8138667 | L-JX00443 |
| 九江运通旅行社有限公司 | 市区长虹大道 30 号测绘大楼 4 楼 | 8133009 | L-JX00444 |
| 江西共青城旅行社有限责任公司 | 共青城南茶山假日宾馆 | | L-JX00445 |

续表 32-2-1

| 旅行社名称 | 地 址 | 电话号码 | 注册号 |
|---|---|---|---|
| 九江国贸旅行社有限责任公司 | 市区金凤路63号旅游集散中心五楼 | 8223870 | L-JX00446 |
| 九江和平旅行社有限公司 | 市区长虹大道香榭丽舍1号门01号门面 | 2195081 | L-JX00447 |
| 九江市海外旅行社有限公司 | 市区长虹大道(七星大厦)一幢二单元801 | 8116944 | L-JX00448 |
| 九江远方旅行社 | 市委党校教学大楼4楼 | 8138700 | L-JX00449 |
| 九江假日国际旅行社有限公司 | 市区莲花池99号锦湖豪庭主楼栋401室 | 8216078 | L-JX00452 |
| 九江春秋国际旅行社有限公司 | 市区浔阳路103号文化商业大厦810室 | 8220277 | L-JX00453 |
| 九江中青国际旅行社有限公司 | 市区九龙街锦绣嘉园D栋2-301-302室 | 8219134 | L-JX00454 |
| 九江新华旅行社有限公司 | 庐山牯岭街 | 8287805 | L-JX00455 |
| 九江庐峰旅行社 | 市区长虹大道276号 | 8158826 | L-JX00456 |
| 九江教育旅行社 | 市区庾亮南路219号 | 8216222 | L-JX00458 |
| 九江神州行国际旅行社有限公司 | 市区庐峰路52、33-35号楼一单元 | 8213111 | L-JX00459 |
| 九江庐山神州国际旅行社有限公司 | 市区甘棠北路21号(滨江花园徐汇苑9B) | 8226822 | L-JX00460 |
| 九江青旅国际旅行社有限公司 | 市区滨江路111号 | 8228330 | L-JX00462 |
| 九江庐山环球国际旅行社有限公司 | 市区浔阳路新华宾馆 | 8131133 | L-JX00463 |
| 九江庐山山水旅行社 | 九江县庐山东路2号 | 6826780 | L-JX00464 |
| 九江庐山山南青年旅行社有限公司 | 星子县南康大道渊明酒楼 | 2676617 | L-JX00465 |
| 九江庐山虹桥旅行社有限公司 | 市区庐山南路26号 | 8233166 | L-JX00466 |
| 庐山康辉旅行社有限责任公司 | 庐山窑洼支路7号 | 8285074 | L-JX00467 |
| 九江庐山春天旅行社有限公司 | 市区金凤路旅游集散中心五楼 | 8120638 | L-JX00468 |
| 九江庐山三叠泉旅行社 | 市区长虹大道阳光康居1102室 | 8793826 | L-JX00469 |
| 九江庐山交通国际旅行社有限公司 | 市区长虹大道信华国际商务楼15楼 | 8581018 | L-JX00470 |
| 庐山邮电旅行社 | 庐山大月山路15号 | 8297666 | L-JX00471 |
| 九江庐山飞扬国际旅行社有限公司 | 市区滨江国际B座501室 | 8101599 | L-JX00472 |
| 九江庐山友好旅行社 | 庐山合面街15号 | 8287047 | L-JX00473 |
| 九江庐山华侨旅行社有限公司 | 市区柴桑春天三区2-10栋102室 | 8232761 | L-JX00474 |
| 九江天马国际旅行社有限公司 | 市区庐峰路6号天佑大厦3楼 | 8560619 | L-JX00475 |
| 庐山白云国际旅行社有限责任公司 | 庐山牯岭正街18号 | 8283570 | L-JX00476 |
| 九江中景假期旅行社 | 市区中景假期酒店东座7楼 | 8575811 | L-JX00477 |
| 彭泽县渊明旅行社有限公司 | 彭泽龙城大道830号 | 5671606 | L-JX00478 |
| 星子庐山秀峰山水旅行社 | 星子县秀峰大道紫阳路 | 2675699 | L-JX00479 |
| 九江市交通国际旅行社有限公司 | 市区浔阳路天强花园A栋405室 | 2173336 | L-JX00481 |
| 九江东方国际旅行社有限公司 | 市区南湖支路50-13号 | 8578652 | L-JX00601 |
| 九江庐山风光旅行社有限公司 | 市区甘棠北路21号滨江花园黄浦苑19层F座 | 8138640 | L-JX00602 |
| 江西青悠国际旅行社有限公司 | 九江学院濂溪宾馆二楼 | 2161891 | L-JX00603 |
| 九江康辉旅行社有限责任公司 | 市区滨江路37号金城公寓一单元501室 | 8235555 | L-JX00605 |
| 九江庐山石松国际旅行社有限公司 | 市区十里大道1460号 | 8252608 | L-JX00606 |
| 九江市东南国际旅行社有限公司 | 市区长虹大道312号 | 8137928 | L-JX00607 |

续表 32-2-1

| 旅行社名称 | 地 址 | 电话号码 | 注册号 |
|---|---|---|---|
| 九江庐山天马旅行社有限责任公司 | 庐山站站前庐山南路 150 号 | 6811966 | L-JX00608 |
| 九江庐山区江南国际旅行社有限公司 | 市区长虹阳光康居 70 号 | 8553037 | L-JX00609 |
| 九江庐山好时光国际旅行社有限公司 | 市区梅绽坡综合楼 1 栋 2 单元 401 室 | 8239100 | L-JX00610 |
| 九江市光大旅游有限公司 | 市区柴桑春天二区 31 栋 148 商铺 | 8222106 | L-JX00612 |
| 九江长轮假日旅游有限公司 | 市区环城路锦湖豪庭 B 栋 1203 室 | 8237200 | L-JX00739 |
| 九江风景国际旅行社有限公司 | 市区柴桑春天二区 50 栋 1-201 室 | 8131978 | L-JX00745 |
| 修水县可园旅行社有限公司 | 修水县义宁镇南桥村 | 7812666 | L-JX00765 |
| 九江市旅游集散服务中心有限公司 | 市区长途汽车客运站 | 8501880 | L-JX00770 |
| 九江祥和国际旅行社有限公司 | 市区浔阳东路 177 号三楼 | 8505001 | L-JX00781 |
| 九江庐山蓝天国际旅行社有限公司 | 市区庐峰东路信华城市花园 15 植 3-101 室 | 8139840 | L-JX00795 |
| 修水县修河源旅行社有限公司 | 修水县珠江大酒店商务中心 | 7611999 | L-JX00798 |
| 都昌县康辉旅行社有限公司 | 都昌县天昊商城 A 二栋 205 室 | 5211292 | L-JX00812 |

## 第二节　旅游饭店

### 一、九江远洲国际大酒店

由远洲集团全资兴建并经营管理的市内首家五星级大酒店。位于南湖之滨，有 421 套客房及聚仕轩中餐厅、西餐厅，阳光酒廊。还有东方天堂夜总会、东方帝湖桑拿、商务中心、网球场、篮球场及各式会议室等服务设施。自 2005 年 7 月试业以来，赢得市场好评。为更好地提高酒店服务质量，酒店通过举办“远洲十大微笑大使”“100%客人满意”等系列活动，突出“五星”酒店的品牌，通过开展有针对性的培训，逐步完善和提升酒店服务品质。

### 二、庐山西湖宾馆

隶属于铁道部南昌铁路局，前身为铁道部庐山疗养院，2001 年被评为庐山首家四星级旅游饭店，是一家具有欧式风格四星级旅游度假酒店，地处庐山大林路 113 号，面临如琴湖，背依牯牛岭，紧拥花径、仙人洞等风景区。宾馆有各类客房、商务套房 160 间，其中包括豪华行政套房。宾馆设有商务中心、电子阅览室、健身房、乒乓球室、医务室、休闲中心等配套服务设施；另有会议室 4 个，可同时接纳各类会议；餐厅可一次性容纳 350 人就餐，设有豪华包厢、宴会厅、多功能厅，是举办大型宴会、中西式酒会、餐舞会理想场所。

### 三、九江宾馆

由市委、市政府投资建造的政府接待型宾馆，位于南湖之滨。1994 年建成营业，2009 年重新装修。占地面积 16000 平方米，建筑面积 19000 平方米。宾馆有总统套房、豪华套房、豪华标准房、数码 E 房和棋牌房等各类客房共 111 余间(套)；餐饮包括贵宾包厢、中西餐厅、宴会厅及高品质自助早餐厅；会议中心提供大、中、小各类多媒体会议室 8 个，可满足多层次会务需要。宾馆配备消防全自动喷淋报警系统、全自动防盗监控系统、卫星电视、国内国际电话等系统设施。为满足宾客多层次需求，设有商场、商务中心、棋牌室等娱乐配套设施；另有 100 余车位停车场。九江宾馆在政务接待方面尤为突出，先后多次接待党和国家领导人。

## 2010年全市星级旅游饭店一览

表32-2-2

| 旅游饭店名称 | 星级 | 地址 | 电话 |
|---|---|---|---|
| 远洲国际大酒店 | 五星 | 市区南湖路116号 | 8888888 |
| 西湖宾馆 | 四星 | 庐山大林路719号 | 8285850 |
| 星河大酒店 | 四星 | 市区滨江东路45号 | 8532222 |
| 庐山天沐温泉度假村 | 四星 | 星子县温泉镇 | 2615888 |
| 龙湾温泉度假村 | 四星 | 星子县温泉镇 | 2612222 |
| 雅格泰大酒店 | 四星 | 市区长虹大道28号 | 8983888 |
| 国脉宾馆 | 四星 | 庐山大月山路15号 | 8282040 |
| 北戴河宾馆 | 四星 | 永修县柘林镇南岸 | 3068888 |
| 阳光温泉度假村 | 四星 | 星子县温泉镇 | 2616666 |
| 花旗假日酒店 | 四星 | 市区前进东路19号 | 2178877 |
| 金轩益君大酒店 | 四星 | 市区长虹大道 | 8907777 |
| 共青茶山假日酒店 | 预备四星 | 共青城共青大道1号 | 7728888 |
| 修水珠江大酒店 | 四星 | 修水县城南秀水大道1号 | 7833888 |
| 天翔商务大酒店 | 三星 | 市区新桥头九龙街口 | 8982222 |
| 永生现代宾馆 | 三星 | 市区长虹大道308号 | 8775289 |
| 707科技交流中心 | 三星 | 市区前进西路105号 | 8775115 |
| 天龙宾馆 | 三星 | 市区浔阳东路147号 | 8597888 |
| 花园大酒店 | 三星 | 市区庐峰路53号 | 8151888 |
| 瑞昌皇家大酒店 | 三星 | 瑞昌赤乌东路 | 4219888 |
| 庐山飞云宾馆 | 三星 | 庐山小天池116号 | 8299100 |
| 匡城宾馆 | 三星 | 庐山窑洼路36号 | 8287788 |
| 白云宾馆 | 三星 | 庐山窑洼路20号 | 8292639 |
| 太极宾馆 | 三星 | 庐山芦林路11号 | 8283007 |
| 庐山如琴湖饭店 | 三星 | 庐山大林路93号 | 8289933 |
| 庐山体育宾馆 | 三星 | 庐山河西路15号 | 8299300 |
| 庐山宾馆 | 三星 | 庐山河西路70号 | 8282060 |
| 夏都宾馆 | 三星 | 庐山河西路452号 | 8295888 |
| 新云天宾馆 | 三星 | 庐山窑洼路15号 | 8297890 |
| 庐山兴隆宾馆 | 三星 | 庐山慧远路186号 | 8289222 |
| 庐山工会宾馆 | 三星 | 庐山莲谷路11号 | 8282019 |
| 福泰118酒店 | 三星 | 市区长虹大道70号 | 8186818 |
| 信息宾馆 | 三星 | 市区交通路12号 | 8988999 |
| 黄金假日大酒店 | 三星 | 市区长虹大道436号 | 8966666 |
| 白鹿宾馆 | 三星 | 市区浔阳路133号 | 8980888 |
| 柴瑱宾馆 | 三星 | 市区甘棠南路111号 | 8989966 |
| 石钟山宾馆 | 三星 | 湖口县双钟镇建港路 | 6332595 |

续表 32-2-2

| 旅游饭店名称 | 星 级 | 地 址 | 电 话 |
|---|---|---|---|
| 明星大酒店 | 三星 | 武宁县豫宁大道南端 330 号 | 2786660 |
| 武宁景山大酒店 | 三星 | 武宁县豫林北路 3 号 | 2959855 |
| 醉酒湾大酒店 | 三星 | 永修县柘林镇沿河路 | 3060208 |
| 龙城大酒店 | 三星 | 彭泽县龙泉路 313 号 | 5625888 |
| 永修宾馆 | 三星 | 永修县委大院 | 3289555 |
| 德安宾馆 | 三星 | 德安县东风路 69 号 | 4336188 |
| 都昌大酒店 | 三星 | 都昌县东风大道 156 号 | 5238888 |
| 南康大酒店 | 预备三星 | 星子县南康大道 | 2669333 |
| 经纬宾馆 | 三星 | 庐山回龙路 2 号 | 8282080 |
| 牯岭饭店 | 三星 | 庐山河西路 7 号 | 8282780 |
| 电力宾馆 | 三星 | 庐山白云观 14 号 | 8281554 |
| 庐池宾馆 | 三星 | 庐山小天池 17 号 | 8282229 |
| 良璐宾馆 | 三星 | 庐山牯岭街 50 号 | 8288468 |
| 庐山鑫缔宾馆 | 三星 | 庐山环山路 1 号 | 8295630 |
| 新世纪宾馆 | 三星 | 庐山大林沟路 68 号 | 8282001 |
| 天山宾馆 | 三星 | 庐山牯岭街 51 号 | 8299898 |
| 庐山观云山庄 | 三星 | 庐山新建村 48 号 | 8282724 |
| 庐山云雾国际大酒店 | 三星 | 庐山大林沟路 58 号 | 8299988 |
| 庐山颐园宾馆 | 三星 | 庐山中十路 3 号 | 8281064 |
| 江虹宾馆 | 三星 | 市区长虹大道 268 号 | 8775166 |
| 星子现代商务宾馆 | 二星 | 星子县柳絮路 | 2613666 |
| 教育宾馆 | 二星 | 市区庐山南路 3 号 | 8989888 |
| 甲秀宾馆 | 二星 | 庐山河西路 459 号 | 8288216 |
| 船物宾馆 | 二星 | 市区浔阳路 15 号 | 8985000 |
| 益君宾馆 | 二星 | 市区长虹大道 208 号 | 7036999 |
| 濂溪宾馆 | 二星 | 市区前进东路 551 号 | 8311100 |
| 实力宾馆 | 二星 | 市区十里大道 1216 号 | 8261777 |
| 鲲鹏假日宾馆 | 二星 | 彭泽县龙城镇渊明路 98 号 | 5662453 |
| 金泰宾馆 | 二星 | 彭泽县龙城大道 200 号 | 5673456 |
| 名豪大酒店 | 二星 | 武宁县城内 | 2889999 |
| 柘林湖宾馆 | 二星 | 永修县柘林湖南岸 | 3068007 |
| 湖口金沙湾商务酒店 | 二星 | 湖口县台山大道 | 6329333 |
| 湖口鸿盛宾馆 | 一星 | 湖口县农民街 2 号 | 6321785 |

### 第三节 旅游交通

1991年来,九江境内庐山机场是赣北唯一航空港,可直飞北京、上海、厦门等地,南昌昌北国际机场距九江仅1小时10分钟车程;九江火车站是赣北最大交通枢纽,京九线、武九线、合九线、铜九线及昌九城际高铁等穿境而过;公路有福银、杭瑞、大广等高速公路和105、316国道穿境而过;水路上至武汉、重庆,下至南京、上海,贯穿于长江中下游流域及鄱阳湖、洞庭湖等湖泊,直至出海。

## 第三章 旅游市场

### 第一节 市场开发

1991年始,九江以其特有地理区位优势和市场区位优势,深受国内外旅游爱好者厚爱。境内庐山、长江、鄱阳湖以及浔阳古城共同架构成"一山独耸,二水合流"大尺度旅游空间和"山在城边、城在水边、水在城中"的独特城市风貌,蕴藏着数量丰富、品位高雅、特色鲜明的旅游资源,从而奠定九江旅游业发展基础。至2010年,九江具备成为主要旅游目的地和旅游中心城市发展潜力,同时对周边市场客源产生强大吸聚力。

境内旅游景区目标市场定位,主要锁定在九江城乡居民和周边县、市旅游爱好者,客源占整个客源市场55%;其次是各省(市、自治区)旅游爱好者,客源占整个客源市场30%;再次是中国港、澳、台市场及国外市场,港、澳、台市场占整个客源市场10%;国外市场占整个客源市场5%。

**2010年10~12月全市组织接待国内旅游情况一览**

表32-3-1

| 指标名称 | 人次数 | | 人天数 | |
|---|---|---|---|---|
| | 组织 | 接待 | 组织 | 接待 |
| 合计 | 63552 | 435628 | 207321 | 1465288 |
| 安徽 | 1490 | 18249 | 3691 | 46437 |
| 北京 | 4671 | 31271 | 22440 | 108172 |
| 福建 | 1496 | 4216 | 4886 | 12782 |
| 甘肃 | | 3706 | | 15625 |
| 广东 | 674 | 31172 | 4166 | 90544 |
| 广西 | 925 | 2301 | 2562 | 8388 |
| 贵州 | 29 | 1934 | 171 | 9561 |
| 海南 | 2518 | 1563 | 8963 | 6692 |
| 河北 | 5 | 11139 | 5 | 39245 |
| 河南 | 219 | 13050 | 1084 | 44553 |
| 黑龙江 | 83 | 1963 | 563 | 6248 |
| 湖北 | 1248 | 64359 | 2239 | 274469 |
| 湖南 | 443 | 27560 | 1529 | 77979 |
| 吉林 | | 2105 | | 6819 |

续表 32-3-1

| 指标名称 | 人次数 | | 人天数 | |
|---|---|---|---|---|
| | 组 织 | 接 待 | 组 织 | 接 待 |
| 江 苏 | 1206 | 50140 | 3995 | 145429 |
| 江 西 | 22438 | 27142 | 74953 | 62452 |
| 辽 宁 | 197 | 8002 | 935 | 23724 |
| 内蒙古 | 214 | 2348 | 1008 | 13535 |
| 宁 夏 | | 323 | | 1365 |
| 青 海 | | 1790 | | 11669 |
| 山 东 | 749 | 53578 | 3985 | 220747 |
| 山 西 | 102 | 4982 | 620 | 20657 |
| 陕 西 | 1292 | 3769 | 5363 | 16836 |
| 上 海 | 13971 | 21143 | 38017 | 60339 |
| 四 川 | 374 | 2297 | 2106 | 8711 |
| 天 津 | 423 | 6197 | 1723 | 26101 |
| 西 藏 | 115 | 384 | 486 | 1920 |
| 新 疆 | 446 | 2158 | 2006 | 11098 |
| 云 南 | 1991 | 1218 | 9470 | 2944 |
| 浙 江 | 6229 | 20183 | 10345 | 58980 |
| 重 庆 | 4 | 15386 | 10 | 31267 |

## 第二节 旅游线路

### 一、中国(江西)文化山水线路

为极品旅游线。从南昌出发,经庐山西海—庐山—景德镇—三清山—龙虎山—井冈山,然后返回南昌。其中大庐山线路编排为浔阳古城—世界文化景观庐山—庐山温泉—共青城—庐山西海—鄱阳湖风光。产品主题:饱览世界文化景观,体验天下山水经典。

### 二、赣北环鄱阳湖线路

为五彩精华旅游线。从南昌出发,经庐山西海—庐山—景德镇—婺源—三清山—龟峰—龙虎山,然后返回南昌。其中九江部分线路编排为庐山西海—云居山—共青城—庐山—庐山温泉—石钟山。产品主题:领悟东方山魂水韵。

### 三、京九名山大观线路

九江·庐山—庐山西海—南昌—井冈山。九江区域线路编排:浔阳古城—庐山—庐山温泉—共青城—庐山西海—云居山。产品主题:体验文化山水魅力。

### 四、赣北山湖瓷乡神韵线路

九江·庐山·庐山西海—石钟山·鞋山—景德镇—婺源。九江区域线路编排:庐山西海—共青城—浔阳古城—庐山—石钟山·鞋山。线路主题:饱览最美湖光山色。

## 五、赣西北山水休闲线路

南昌—庐山西海—武宁—修水。九江区域线路编排为庐山西海(西海湖光山色、西海湾、观音岛—西海温泉—桃花溪漂流、长墅源漂流—云居山真如寺)—武宁(神雾山、武陵岩漂流、鲁溪洞等景点)—修水(秋收起义纪念馆、黄庭坚纪念馆、东岭石林等景点)。产品主题:投身山水休闲之旅,享受健康快乐人生。

## 六、鄱阳湖珍禽观赏·湿地考察线路

南昌—新建南矶山—永修吴城—星子—石钟山·鞋山—都昌老爷庙—鄱阳湖国家湿地公园—白沙洲—余干康山—万年仙人洞·神农宫—南昌。九江区域线路编排:吴城(吉安会馆、望湖亭、观鸟台等景点)—共青城(富华山、高尔夫等景点)—星子(落星墩、爱莲池、周瑜点将台等景点)—石钟山—鞋山—都昌(老爷庙、骑士山庄、南山等景点)。产品主题:走进鄱阳湖,回归大自然。

## 七、红色旅游线路

**南昌起义策源地主题游** 英租界海关旧址、仙岩饭店、甘棠湖、叶挺指挥部旧址、马回岭火车站等。

**秋收起义修水策源地主题游** 山口统编纪念地、第一师师部旧址、第一团团部旧址、庄村旧址、上杉旧址、秋收起义纪念馆等。

**庐山红色之旅** 仙岩饭店、美庐别墅、周恩来纪念馆、邓小平别墅、庐山会议会址、芦林1号别墅、毛泽东诗碑园等。

**赣北革命胜地瞻仰游** 同文中学(方志敏早期革命活动纪念地)、锁江楼塔、'98抗洪纪念广场、中共江西省"二大"会址、岷山革命根据地遗址、"万家岭大捷"遗迹、共青陈列馆、胡耀邦陵园、云居山革命根据地遗址、柘林湖"柘林暴动"遗址。

## 附:九江特色旅游日程与线路参考方案

**九江精华游** 一日游:浔阳古城—登云雾庐山—泡庐山温泉。

二日游:线路一、朝天上云居—游梦幻西海—觅活力共青—逛浔阳古城;线路二、登云雾庐山(锦绣仙洞、含鄱吐日、五老听泉、白鹿书院、植物王国、花径觅春、美庐春秋、黄龙宝树、云中街市、龙崖天池)—泡庐山温泉。

三日游:线路一、能仁寺—浔阳楼—琵琶亭—爱莲池、濂溪墓—西林寺—东林寺;线路二、石钟山—庐山—庐山温泉;线路三、云居山—庐山西海。

四日游:线路一、能仁寺—浔阳楼—琵琶亭—八里湖—大千世界—白鹿洞书院;线路二、石钟山(鞋山)—陶渊明纪念馆—秀峰—庐山温泉;线路三、北山游客换乘服务中心—小天池—望江亭—花径—如琴湖—天桥—锦绣谷—仙人洞—芦林湖—博物馆—会址—老别墅的故事—美庐—周恩来纪念室—牯岭街;线路四、云居山真如禅寺—庐山西海。

**欢乐健康庐山世界文化景观游** 一日游:线路一、北山游客换乘服务中心—小天池—望江亭—花径—如琴湖—天桥—锦绣谷—仙人洞—芦林湖—博物馆—会址—老别墅的故事—美庐—周恩来纪念室—牯岭街;线路二、南山游客换乘服务中心—含鄱口—植物园—芦林湖—黄龙寺—三宝树—黄龙潭—乌龙潭—电站大坝—悬索桥—石门涧—龙首崖—大天池;线路三、含鄱口—植物园—五老峰—三叠泉—博物馆—会址—美庐—周恩来纪念室—牯岭街。

二日游:线路一、北山游客换乘服务中心—小天池—望江亭—花径—如琴湖—天桥—锦绣谷—仙人洞—大天池—芦林湖—会址—东谷名人别墅—美庐—周恩来纪念室—牯岭街(入宿);线路二、含鄱口—大口瀑布—植物园—五老峰—三叠泉。

三日游:线路一、北山游客换乘服务中心—小天池—望江亭—花径—如琴湖—天桥—锦绣谷—仙人洞—大天池—龙首岩—悬索桥—石门涧—铁船峰;线路二、含鄱口—大口瀑布—植物园—五老峰—三叠泉;线路三、牯岭街—周恩来纪念室—美庐—东谷名人别墅—博物馆—芦林湖—回龙路—黄龙寺—三宝树—黄龙潭—乌龙潭—电站大坝。

庐山高端旅游线路:庐山休闲度假天堂游、庐山宗教文化游、庐山名人别墅游、庐山商务会展游、庐山避暑胜地游、庐山地质遗迹游、庐山银发养生游等。

**欢乐健康庐山西海人间天堂游** 一日游:西海—水上乐园—动物世界—农耕文化展示区—桃花溪漂流—神雾山—庐山西海国际温泉度假村。

二日游:线路一、云居山—南洋寺—观音寺—圆通寺—真如禅寺—塔林—五龙潭—百花谷;线路二、西海—水上乐园—动物世界—农耕文化展示区—庐山西海国际温泉度假村。

三日游:线路一、西海—水上乐园—动物世界—农耕文化展示区—庐山西海国际温泉度假村;线路二、云居山—南洋寺—观音寺—圆通寺—真如禅寺—塔林—五龙潭—百花谷;线路三、平尧生态农业示范园—神雾山—黄庭坚纪念馆—秋收起义修水纪念馆。

**浔阳古城休闲游** 线路一、九江长江大桥—琵琶亭—浔阳楼—98抗洪纪念馆—烟水亭—甘棠公园—天花宫—能仁寺—南湖公园(庐山南路饮食文化一条街);线路二、烟水亭—浔阳楼—锁江楼—琵琶亭(美孚洋行购物休闲餐饮)—八里湖—大千世界。

**环庐山休闲修学养生游** 一日游:庐山三叠泉—白鹿洞书院—庐山秀峰—观音桥—庐山温泉。

二日游:线路一、陶渊明纪念馆—狮子洞—西林寺—东林寺—白鹿洞书院;线路二、秀峰石刻—观音桥—桃花源—东林大佛—庐山温泉。

三日游:线路一、秀峰石刻—观音桥—桃花源—东林大佛—庐山温泉;线路二、陶渊明纪念馆—狮子洞—西林寺—东林寺—白鹿洞书院—九江城区;线路三、义门陈—胡耀邦陵园—高尔夫球会—龙源峡。

**鄱阳湖风韵体验游** 一日游:胡耀邦陵园—庐山国际高尔夫球场—石钟山(鞋山)。

二日游:线路一、吴城—胡耀邦陵园—甘露寺—庐山国际高尔夫球场—九江城区;线路二、石钟山(鞋山)—老爷庙—南山—落星墩、火焰山。

**自驾游** 广州:大广高速—昌傅至泰和高速—樟树枢纽—梨温高速—福银高速—九江。

上海:沪渝高速—黄梅互通—福银高速—杭瑞高速—九江。

杭州:杭瑞高速—九江。

武汉:沪渝高速—福银高速—九江。

长沙:梨温高速—昌樟高速—昌九高速—福银高速—九江。

## 第三节 宣传推介

### 一、宣传品制作

1991年始,九江旅游图文宣传品逐渐形成规格统一、内容各异、制作精美的系列规模,具有旅游指南、艺术欣赏和收藏纪念价值,对景区景点的地理环境、历史沿革、文化内涵、美学特征以及旅游线路、交通条件、服务设施等进行详尽综合反映。印数较多、受到中外游客好评的有市旅游局《九江秀色可揽缬》《九江红色旅游》《九江十景精品旅游线路》《激情奥运年,带您游九江》《庐山天下恋,九江诗画游》《九江旅游一图通》《九江山水、宗教、文化》系列宣传折页等,此外,还印制2万份九江(庐山)风光扑克牌,烧制一批九江(庐山)旅游风光礼品陶瓷,编制《畅游九江》《庐山十景简介》《九江导游词》《魅力九江导游词》《庐山历代诗词全集》《石钟山金石录》宣传丛书,录制拍摄九江旅游主题歌《九江的邀请》以及编制刻录《庐山天下恋,九江诗画游》系列宣传光碟。

### 二、电视电影风光片制作

**电视风光片** 2008年7月,国家旅游局与日本朝日电视台合作拍摄《中国神秘之旅》,其中庐山风光片以《雾与森林的仙人传说的故乡》为题,2009年5月在日本播出。2009年5月,韩国国立电视台

KBS《山》栏目到庐山拍摄，把美丽庐山介绍给韩国观众，让更多韩国人了解庐山、喜爱庐山、游览庐山。专题片于当年5月30日在KBS电视台播出，片长60分钟。6月下旬，中央电视台《为您服务》栏目摄制组以九江特色餐饮小吃为切入点，报道市旅游资源，全面解读九江旅游吃、住、行、游、购、娱。7月22日晚18:55首播《九江旅游美食专辑》，7月23日2:19和10:30重播，以轻松导游形式，推介九江文化旅游资源。8月18日，中央电视台少儿频道《大风车》栏目编导摄制人员一行20余人到庐山，拍摄28集庐山诗歌节目。外景地有花经、锦绣谷、仙人洞、御碑亭、大天池、石门涧景区。全方位介绍庐山峡谷、瀑布、溪流、石刻等文化资源。9月7日，江西旅游整体形象广告在央视相关频道投放。整个形象宣传分为A、B、C、D4版。其中，30秒B版包含庐山、庐山西海、鄱阳湖等旅游资源、产品宣传广告；《朝闻天下》《经济半小时》《海峡两岸》3个栏目，采用A、B、C3个版本以1星期为周期轮流播放。同年12月，中央电视台军事频道《人民子弟兵》栏目组应德安县邀请拍摄大型纪录片《万家岭战役》。2010年6月，由庐山风景名胜区管理局与中央电视台联合摄制10集大型高清人文纪录片《庐山：人文圣山》，分别在中央电视台十套和央视高清频道播出，并于国庆节前夕在中央电视台四套、七套连续播出。

**电影风光片** 2009年12月，由中国电影家协会影视创作中心、江西省武宁县、九江牧风文化商务有限公司联合摄制数字电影《到山来》在武宁县开拍。电影首次将国家非物质文化遗产武宁锄山鼓搬上银幕。片中主题曲、音乐《到山来》以打鼓歌为主，贯穿整部电影。2010年5月19日，续写经典电影《庐山恋》新片《庐山恋2010》在庐山开拍。

## 三、大型节庆活动举办

**第十八届世界超级模特环球大赛中国总决赛暨中国九江庐山西海国际文化旅游节** 2007年9月16日，在庐山西海开幕，9月16日~28日，相继在市区及庐山、庐山西海举行。

**中国星子(庐山)温泉旅游节** 2007年9月26日，中国星子(庐山)温泉旅游节开幕式在星子举行，43名角逐世界旅游小姐的佳丽登台走秀。旅游节期间，星子县依托自身旅游资源和人文特色，推出与泉同生、万人同沐温泉，与美同在、人体摄影大赛获奖作品展等主题活动，邀请世界旅游文化使者、第二十八届艾美奖得主、世界旅游小姐海瑟斯密德现场演出。2008年11月5日，第二届中国星子(庐山)温泉旅游节在庐山温泉度假区开幕。旅游节以“璀璨星子，欢乐温泉”为主题，除《欢乐中国行》走进星子外，星子县还举行“桃源之星”中华古典诗文经典诵读大赛、“欢乐之星”温泉体验活动、“庐山之星”山南文化之旅、“希望之星”招商推介等一系列活动。2009年10月26~30日，第三届中国星子(庐山)温泉旅游节在星子县庐山温泉旅游度假区举行。旅游节以“美在星子·乐在温泉”为主题，由开幕式、第二十届世界超级模特环球大赛全球总决赛及颁奖晚会、“我爱温泉”全球网络媒体征文大赛、“我爱倩影”世界超模摄影大赛、“我爱星子”招商推介、闭幕式6个系列活动组成。2010年10月3日，第四届中国星子(庐山)温泉旅游节暨新大洲本田第二届中国摩托车节在星子县开幕。旅游节以“摩动山湖相约温泉”为主题，由星子县与中国摩托车迷网合作举办。共有来自全国25个省市自治区8500余名摩友和5200多辆顶级摩托车参加盛会。

**中国庐山世界名山大会** 2009年10月13日，由中国人民对外友好协会、中国风景名胜区协会和市政府主办，庐山风景名胜区管理局承办首届中国庐山世界名山大会开幕。来自10个国家12座名山代表以及国内外200多名嘉宾齐聚庐山。大会以“友谊、合作、发展”为主题，出席会议的有中国庐山、美国胡德山、欧洲山脉协会、澳大利亚卡纳文科·甘比尔山、奥地利埃森沃尔谨(阿尔卑斯山)、巴西阿拉里皮、中国泰山、德国贝尔吉施·奥登瓦尔德、菲律宾巧克力山、罗马尼亚科瓦斯那山、罗马尼亚盖那山、南非桌山、坦桑尼亚乞力马扎罗山等世界名山代表。大会受到国内外媒体的热切关注，境内外80多家媒体的110多名记者前来报道大会盛况。2010年10月12日，第二届世界名山大会在庐山开幕。世界各地24座名山代表到会，共同交流名山之间发展。大会主题是“环保、旅游、艺术”。与首届中国庐山世界名山大会相比，参会名山更多，国内外新闻媒体规模更大，扩充了世界名山之间友好交往框架，扩大了世界名山协会的规模和影响力。

**中国·庐山西海尚水文化旅游节暨中澳艺术滑水明星对抗赛** 2010年9月28日，首届中国·庐山西海尚水文化旅游节暨中澳艺术滑水明星对抗赛在庐山西海风景区开幕。国际滑联主席Kuno Richard，中国奥组委副主席崔大林、国家体育总局水上运动管理中心副主任刘刚，副省长谢茹，省体育局局长刘鹰及市相关部门领导参加开幕式，新华社、人民日报、中新社、中国青年报、中国江西网等国家级媒体和省内外40多家新闻媒体记者作现场报道。

### 四、旅游市场拓展

1991始，全市通过各种创建活动，不断提升城市品牌。1996年，庐山成功申报世界遗产；2001年，市成功创建中国优秀旅游城市；2004年，成功申报中国魅力城市。与此同时，全市旅游行业采取多种形式和手段，把庐山“世界名牌”推向国际国内旅游市场，参加国内外各项旅游交易活动，先后到日本、韩国、丹麦、瑞典、朝鲜、土耳其等境外40多个国家和地区以及国内北京、上海、哈尔滨、兰州等200多个城市进行市场拓展，邀请韩国、中国台湾、中国香港、北京等地知名旅行商和新闻媒体80多批次近4000人到九江考察踩线。

# 第四章 旅游管理

## 第一节 旅游规划管理

### 一、市级旅游规划

1991年，着重开发打造云居山——柘林湖风景名胜区。1992年九江长江大桥正式通车，成为九江一处新的景点。1995年，石门涧景区得到开发。2002年，市旅游局与中国人民大学区域经济研究所联合编制《九江市旅游发展总体规划(2003~2020)》，此外，按照五年发展计划要求，先后编制《庐山风景名胜区旅游发展总体规划》《1995~2000年九江旅游发展规划》《九江市旅游业发展“十五”计划和到2020年长远规划设想》《九江市旅游“十一五”发展规划(2006~2010)》。在较为完善规划体系指导下，一批新的旅游景点开发运营。同年，剪刀峡景区得到开发。2003年9月28日，天沐温泉度假村在原省庐山温泉工人疗养院基础上整合庐山地理位置资源、庐山温泉历史文化资源、独特的水质资源以及现代理疗保健资源，设计和开发系列产品后全面营业。2004年7月16日，天沐·江西庐山温泉度假村投资1800万的“温泉水上乐园”竣工营业。2005年，根据中共中央办公厅、国务院办公厅印发《2004~2010年全国红色旅游发展规划纲要》，市政府编制《九江市红色旅游发展规划》，成立市红色旅游发展领导小组，充分挖掘全市红色旅游资源，宣传推广境内红色旅游，扶持建设好一批重点红色旅游景点。修水县秋收起义纪念地系列景点被列为全国第一批红色旅游景点。1998抗洪精神教育基地、共青城创业史陈列馆、庐山会议旧址及领袖旧居群均申报为全国红色旅游二期经典景区。同年8月，总规划开发用地20公顷，总投资额逾亿元，建有露天温泉区、温泉主楼、温泉酒店、酒店附楼、餐饮楼、后勤宿舍区、停车场、温泉别墅、温泉会所的庐山龙湾温泉度假区正式对外营业；9月26日，占地面积4.6公顷1998抗洪纪念广场在九江堵口成功处竣工落成。2006年9月，庐山国际阳光温泉度假村正式营业。2007年，市标志性建筑胜利碑竣工，成为城区新的旅游景点。同年9月，庐山西海温泉度假村开业运营。此外，庐山马尾水、德安义门陈、武宁神雾山、修水黄龙山、永修龙源峡等一批新的景区点先后开发。

### 二、县级旅游规划

1991年来,武宁县编制《武宁县旅游业发展总体规划》;湖口县编制《湖口县旅游发展总体规划》;修水县编制《修水县旅游发展总体规划》《修水县旅游发展总体规划》《修河旅游风景区总体规划》《修河沿岸景观控制性详细规划》《山谷故里景区修建性详细规划》《秋收起义修水景区维修改造工程规划设计方案》和《秋收起义修水景区规划建设可行性报告》;永修县编制《吴城古镇旅游区总体规划》和《凤凰山桃花园总体规划》;星子县编制《环庐山百里休闲旅游走廊总体规划》和《温泉度假区控制性规划》;彭泽县编制《彭泽县旅游保护和开发总体规划》《龙宫洞景区的总规和详规》和《梅花鹿自然保护区详规》。瑞昌市编制《瑞昌市旅游发展总体规划》;九江县编制《旅游发展总体规划(2008-2020年)》。德安县编制《德安县旅游发展总体规划》;都昌县编制《都昌县旅游发展总体规划》。

## 第二节　旅游行业管理

### 一、旅游质量监督

1991~2010年,共受理旅游投诉305件,立案调查212件,结案率100%,为旅游消费者和旅游经营者挽回经济损失200多万元。

### 二、旅游安全管理

2008年,成立市旅游安全生产工作领导小组,制订《旅游安全生产工作方案》,开展旅游安全生产月活动,针对节假日等重点时段,联合市假日旅游协调办公室的有关成员单位进行旅游安全生产联合检查。2010年,针对世博会,制订《九江市2010年世博会期间旅游安全工作方案》,并在“五一”、世博会前,下发《关于加强“五一”“世博”期间旅游安全和市场秩序管理工作的通知》《2010年世博会期间星级饭店的安全管理工作要点》《2010年世博会期间旅行社的安全管理工作要点》《2010年世博会期间旅游景区的安全管理工作要点》等,制定《九江市2010年上海世博会涉旅突发事件应急预案》。在全市旅游行业集中开展“五一”“十一”节前安全大检查,并对“上海世博会”“中博会”期间旅游安全责任落实情况以及应对突发事件应急演练情况进行不定期检查,同时部署全市旅游系统安全生产工作。

### 三、旅游业务培训

**饭店岗位培训**　2010年5月20日,市旅游局与省旅游局联合举办全省旅游饭店管理人员岗位职务培训班。全省50余家饭店的总经理和部门经理共计75人参加培训。6月3日,组织市代表队参加“园中源”杯2010年全省旅游饭店服务技能大赛,其中,九江远洲大酒店员工获甲组中式铺床二等奖、甲组西餐宴会摆台三等奖、甲组中餐宴会摆台三等奖、鸡尾酒调制优胜奖;九江中景假期酒店员工获乙组中餐宴会摆台二等奖、乙组中式铺床三等奖。10月21日,在中景宾馆举行首届全市农民工职业技能大赛(客房服务和餐厅服务),选拔选手于11月15日,参加全省农民工服务技能大赛,取得客房服务第一名和第三名成绩。

**导游业务培训**　2003年4月,对2002年度取得导游资格证276人进行导游业务知识、现场导游服务技能、导游讲解技能等方面岗前培训;11月10日至12月13日,组织512名导游进行年审培训;11月29日至12月13日,组织70名景点导游进行年审培训。2004年3月,组织520人进行全市旅游景区点导游资格培训,最后录取362名;4月对2003年度取得导游资格证626人进行岗前培训;7月18日至10月15日,培训导游600余人;11月,对全市1100余名导游进行年审培训。2005年4月23~30日,举办四期岗前培训,共培训609人;10月17日至11月15日,举办四期导游年审培训,并以考评代培训形式分别对国导1420名、景导149名进行一、二、三、四级导游星级评定。2006年3月,对2005年未参加年审培训及年审培训不合格500余名导游进行两期补充培训;4月,对2005年度取得导游资格证486

人进行岗前培训;12 月 18 日至 12 月 24 日,分五批组织导游 1315 人参加岗前培训。2006 年,1 名九江导游获全国优秀导游称号,2 名导游获省模范导游称号,13 名导游获省优秀导游称号。2007 年 4 月,在中景宾馆对 2006 年度取得导游资格证 398 人进行导游基础业务、导游法规、导游讲解技巧、现场实地讲解等方面岗前培训;12 月 8~21 日,分六批组织导游 1510 人在中景宾馆和 1998 抗洪纪念馆参加年审培训。2008 年 4 月,取得导游资格证 367 人进行岗前培训;12 月 15~21 日,分七批组织导游 1714 人参加 2008 年度年审培训。2009 年 1 月 6~8 日,在外事旅游学校对 118 名景点导游进行旅游法规、医疗救护常识、导游业务、导游带团技巧和应变技巧等方面强化培训;3 月 9~10 日,对取得导游资格证 420 人进行岗前培训;10 月 20 日至 12 月 26 日,举办"九江导游讲九江"导游大赛,以赛代训方式培训导游 1000 余人。

2010 年 1 月 11~17 日,举办导游年审培训,分四批培训导游 1299 人;3 月 11~12 日,对未参加 2009 年度年审培训及年审培训不合格导游 320 人进行年审补训;4 月 11~12 日, 对 2009 年取得导游资格证 337 人进行岗前培训;10 月,在庐山西海举办江西省导游大赛,经过 2 个月培训,此次参赛 10 名导游选手共取得一等奖 1 名、二等奖 2 名、三等奖 1 名,并获得"全省旅游行业技术能手""青年岗位能手""全省巾帼建功标兵"等称号。同时 1 名导游在全省导游大赛中脱颖而出,代表省参加全国导游大赛并获得三等奖。12 月 18~22 日,年审培训导游 1566 人。2003~2010 年,共培训导游人员 16000 余人次。至 2010 年 12 月 31 日,全市在岗导游人员 3655 人。

**1991~2010 年全市旅游经济指标一览**

表 32-4-1

| 年 份 | 旅游接待 | | 旅游收入 | | 旅游总收入(亿元人民币) |
|---|---|---|---|---|---|
| | 入境游客(人次) | 国内游客(万人次) | 外汇收入(万美元) | 国内收入(亿元人民币) | |
| 1991 | 8651 | 265 | 41.68 | 0.93 | 0.9518 |
| 1992 | 12604 | 284 | 74.41 | 1.31 | 1.349 |
| 1993 | 11083 | 297 | 84.00 | 1.78 | 1.824 |
| 1994 | 12082 | 315 | 234.00 | 1.52 | 2.6838 |
| 1995 | 15792 | 402 | 437.00 | 3.22 | 3.5835 |
| "八五"累计 | 60212 | 1563 | 871.19 | 9.76 | 10.3921 |
| 1996 | 18685 | 311.29 | 635.54 | 10.45 | 10.9774 |
| 1997 | 26623 | 323.57 | 800.96 | 14.92 | 15.5847 |
| 1998 | 8565 | 272.1 | 199.16 | 14.57 | 14.7718 |
| 1999 | 20246 | 382 | 470.97 | 21.1 | 21.487 |
| 2000 | 30765 | 428.27 | 702.10 | 26.33 | 26.91 |
| "九五"累计 | 104884 | 1717.23 | 2808.73 | 87.37 | 89.7309 |
| 2001 | 41886 | 556.5 | 911.02 | 34.09 | 34.85 |
| 2002 | 50239 | 601.7 | 1160.96 | 37.87 | 38.83 |
| 2003 | 39091 | 605.16 | 978.80 | 38.10 | 38.91 |
| 2004 | 60443 | 667.82 | 1662.56 | 42.32 | 43.70 |
| 2005 | 80230 | 819.82 | 2357.45 | 52.43 | 54.38 |
| "十五"累计 | 271889 | 3251 | 7070.79 | 204.81 | 210.67 |
| 2006 | 117000 | 1011.1 | 3409.40 | 68.86 | 71.66 |

续表 32-4-1

| 年份 | 旅游接待 | | 旅游收入 | | 旅游总收入(亿元人民币) |
|---|---|---|---|---|---|
| | 入境游客(人次) | 国内游客(万人次) | 外汇收入(万美元) | 国内收入(亿元人民币) | |
| 2007 | 154615 | 1200.36 | 5565.89 | 84.35 | 88.88 |
| 2008 | 182994 | 1294.76 | 6158.00 | 91.58 | 96.50 |
| 2009 | 220010 | 1503.99 | 7760.98 | 110.52 | 115.95 |
| 2010 | 250467 | 1952.83 | 9046.93 | 136.62 | 142.95 |
| “十一五”累计 | 925086 | 6963.04 | 31941.20 | 491.93 | 515.94 |
| 年均增长 | 19.38% | 11.08% | 32.73% | 30.03% | 30.18% |

# 第三十三篇

# 经济综合

# 第三十三篇 经济综合

1991年，实行有计划的商品经济，指令性计划、指导性计划、市场调节并存，传统计划经济渐次淡化。1992年起，实行社会主义市场经济，以市场调节为主，加以宏观调控，扬弃计划经济，保留经济计划。全市先后制定“八五”(1991~1995)、“九五”(1996~2000)、“十五”(2001~2005)、“十一五”(2006~2010)计划，提出九江《国民经济和社会发展十年规划和“八五”计划纲要》《国民经济和社会发展第九个五年计划及2010年远景规划纲要》等；并从宏观管理角度，对工业计划、农业计划、社会事业、投资项目与重点工程等加强管理。

“八五”时期，全社会固定资产投资累计完成87.63亿元，比“七五”时期增长4.4倍，5年投资年均增长49.4%，比“七五”时期加快38.5个百分点，新增固定资产49.5亿元。“九五”时期，全市固定资产投资累计完成165.27亿元，相当于“八五”时期1.89倍，5年投资年均增长1.9个百分点，新增固定资产123.69亿元，同比增长1.5倍。“十五”时期全社会固定资产投资累计完成578.63亿元，总量是“九五”时期2.5倍，新增固定资产365.59亿元，同比增长1.96倍；第三产业投资占总投资的50%，民营企业户数年均增长23.9%，注册资本年均增长49.8%，上缴税金年均增长37.5%，民间投资在固定资产投资中的比重由10.2%上升到50.7%；利用内外资总量占全社会投资比重达66%，投资多元化趋势明显。“十一五”时期全社会固定资产投资累计完成2628亿元，比“十五”时期增长3.54倍，年均增长36.1%，其间新增固定资产1615.56亿元，同比增长3.42倍。在产业结构上，一、二、三产业结构由1990年43.3:33.7:23.0演变为2010年9.5:56.2:34.3。一产比重大幅下降，二产、三产比重进一步提高；二产优势产业地位更趋明显，支柱产业逐步形成。产品结构上，农业产品实现由单一化向多元化、自给半自给向规模化商品生产和产业化经营转变，农产品结构逐步优化；工业产品结构明显优化和升级，支柱产品和高新技术产品生产规模扩大；所有制结构上，逐步打破国有及集体企业一统天下的局面，呈现出以公有制为主体，多种经济成分共同发展多元化经济结构，非公有制经济特别是民间投资经济保持快速增长，成为推动全市经济增长的重要力量。

# 第一章　经济水平

## 第一节　地区国内生产总值

“八五”时期,全市累计实现生产总值443.75亿元,相当于“七五”时期的2.81倍。1994年地区生产总值首次突破100亿元,1995年生产总值达到143.08亿元,比1990年翻两番。国内生产总值增长呈现“倒V型”趋势,1991~1994年增幅逐年攀升,增速从1991年的9.8%到1994年的17.4%,1995年大幅回落到12.5%,5年年均增长14.1%,比“七五”时期加快9个百分点。1995年人均国内生产总值达到3372元,比1990年增长93.8%。

“九五”时期,1998年全市遭遇百年洪灾,经济遭遇重大挫折,然后迅速恢复,到2000年地区生产总值总量首次突破200亿元,达到213.12亿元,5年累计实现生产总值938.24亿元,相当于“八五”时期的2.11倍。经济增长基本保持稳定,除1998年由于洪灾原因经济增幅下降10.7%外,其余年份均达到2位数增长,5年年均增长7.4%,比“八五”时期回落6.7个百分点。2000年人均国内生产总值达到4717元,比1995年增长35.7%。

“十五”时期,全市经济迎来继“八五”后的又一个快速发展期,这一时期经济总量连续跨越2个百亿元台阶,2003年地区生产总值突破300亿元达到307.62亿元,2005年突破400亿元达到428.92亿元,5年累计实现生产总值1592.23亿元,相当于“九五”时期的1.7倍。地区生产总值增幅逐年攀升,由2001年的9.3%上升到2005年的15.4%,5年年均增长13.6%,比“九五”时期加快6.2个百分点。2005年人均国内生产总值达到9325元,比2000年增长83.8%。

“十一五” 时期, 全市经济继续快速发展。2010年国内生产总值总量首次突破1000亿元, 达到1032.56亿元,比2005年翻一番。5年累计实现生产总值3687.08亿元,相当于“十五”时期的2.32倍。地区生产总值连年保持稳定的两位数增长, 由2006年的13.7%提高到2010年的14.3%,5年年均增长13.7%,比“十五”时期加快0.1个百分点。2010年人均国内生产总值突破2万元,达到21862元,比2005年增长84.2%。

## 第二节　固定资产投资

### 一、投资规模

“八五”时期,固定资产投资经历快速、调控,平稳过程。全社会固定资产投资累计完成87.63亿元,比“七五”时期增长4.4倍,5年投资年均增长49.4%,比“七五”时期加快38.5个百分点,保持快速增长的态势。“八五”时期新增固定资产49.5亿元。1991年,固定资产投资比“七五”时期末明显回升,1995年投资突破30亿元,比1990年翻两番。全社会固定资产投资累计完成7.83亿元,比“七五”时期末的1990年增长74.39%。1993年,延续快速的发展态势,固定资产投资大幅度增长,完成全社会固定资产投资16.52亿元,比1992年增长100%。1994年、1995年宏观调控政策的效应逐步显现,两年分别完成全社会固定资产投资23.84亿元和31.19亿元,分别比1993年和1994年增长44.31%和30.83%,增速比1993年分别回落45.69个百分点和69.17个百分点。

“九五”时期,是1993年以来国家实行宏观调控政策后逐步见成效的时期。在坚持总量适度从紧的宏观大环境下,1996年,全市完成全社会固定资产投资36.7亿元,比1995年增长17.5%。1997年,全社会固定资产投资28.98亿元,比1996年降低21%。1998年,受宏观调控政策和洪涝灾害影响,全社会固定资产投资25.91亿元,比1997年降低10.59%。而1998年后,受亚洲金融风暴以及国内出现通缩的影响,国家采取积极的财政扩张政策,增发长期国债,加大基础设施建设,固定资产投资增长加快,成为拉动经济增长的重要因素。固定资产投资持续增长,全社会固定资产投资分别完成28.98亿元和44.77亿元,同比分别增长10.59%和54.49%。5年间,全市固定资产投资逐步升温,累计完成165.27亿元,相当于"八五"时期的1.89倍。5年投资年均增长1.9个百分点,增幅比"八五"时期回落47.5个百分点。

"十五"时期,是全市投资主体变化最大、投资规模扩张最快时期。固定资产投资由2000年44.77亿元增加到2005年190.20亿元;5年累计完成固定资产投资578.63亿元,比"十五"计划目标250亿元超过328.63亿元。年均递增33.6%,总量是"九五"时期3.5倍、"八五"时期6.6倍。

"十一五"时期,全市上下坚持以科学发展观为指导,战胜冰雪、洪涝等自然灾害侵袭,积极应对国际金融危机带来冲击。全社会固定资产投资累计完成2628亿元,比"十五"时期增长3.54倍,年均增长36.1%。固定资产投资由2006年228.63亿元增加到2010年的877.46亿元,增长2.84倍。

## 二、投资结构

"八五"时期,在固定资产投资完成额中,基本建设和更新改造投资40.11亿元,比"七五"时期增长2.03倍。房地产开发投资3.51亿元,较"七五"大幅增长。从产业来看,二、三产业快速增长。第一产业完成投资0.23亿元,第二产业完成投资59.6亿元,第三产业完成投资27.68亿元。三大产业投资比例为0.3:68.1:31.6。

"九五"时期,在城镇以上固定资产投资完成额中,建设和改造投资112.28亿元,比"八五"时期增长2.8倍;房地产开发投资7.81亿元,增长112.51%。三大产业快速增长,第一产业完成投资7.46亿元,比"八五"时期增长31.43倍。第二产业完成投资81.91亿元,增长37.43%,。第三产业完成投资67.26亿元,增长1.43倍。三大产业投资比例为4.8:52.2:43。

"十五"时期,在城镇以上固定资产投资完成额中,建设和改造投资185.19亿元,比"九五"时期增长64.94%;房地产开发投资37.8亿元,比"九五"时期增长3.84倍。三大产业快速增长,第一产业完成投资9.78亿元,比"九五"时期增长31.1%。第二产业完成投资295.27亿元,增长2.6倍。第三产业完成投资276.29亿元,增长3.11倍。三大产业投资比例为1.7:50.7:47.6。

"十一五"时期,在城镇以上固定资产投资完成额中,从管理渠道来看,建设和改造投资481.73亿元,比"十五"时期增长1.6倍;房地产开发投资276.17亿元,增长6.31倍。从产业来看,三大产业快速增长。第一产业完成投资37.9亿元,比"十五"时期增长2.88倍;第二产业完成投资1654.27亿元,增长4.6倍。第三产业完成投资856.66亿元,增长2.1倍。三大产业投资比例为1.5:65:33.5。

## 三、基础设施建设

"八五"时期,以公路设施为主体的交通运输邮电业累计投入7.31亿元。昌九公路复线、长江大桥连接线、金三角立交桥、马回岭机场一期工程及机场专用公路等一批重点工程项目竣工投入使用,城市面貌明显改观。

"九五"时期,以公用交通建筑为主体的交通运输通信业累计投入20亿元,是"八五"时期的1.74倍,京九铁路、九景高速等重点工程竣工,九瑞和大机二级公路、西二路立交桥先后竣工通车。

"十五"时期,282.9千米江湖大堤全面整治,移民建镇工程全面完工,安置沿江滨湖移民45万人。累计治理各类水库154座,综合治理水流域1112平方千米,建设国家级重点生态功能区1个,生态示范区2个,各级自然保护区24个。累计完成公路建设6344千米,环庐山、修武南线等公路和九武铁路复线建成通车。电力总装机容量从96万千瓦提高到200万千瓦,农村电网改造全面完成,实现城乡同网同价。市区基础设施建设累计投资18亿元,新增市区道路150万平方米,新增绿地186万平方米,新建九威大道、长江大道等10多条交通主干道,九江市被评为江西省第一个国家级"畅通工程二等城市",全面完成《九江市总体规划》修编工作,白水湖公园、滨江生态带等一批园林绿地的建成,两湖(甘棠湖、南门湖)治理,环湖的美化、亮化提升了城市品位。各县(市、区)城镇建设步伐加快,城区框架拉开。

“十一五时期”铜九铁路、昌九城际铁路(省第一条城际铁路)、武吉高速、彭湖高速、九瑞高速、沿江快速通道九瑞段建成通车;京九、武九铁路九江段电气化改造完成;城西港区年吞吐量30万标箱集装箱专用码头、九江钢厂配套码头建成投产;永武高速、九江长江二桥开工建设。环鄱阳湖风力资源得到有效开发,省第一个风电场在市投产发电,至2010年建成装机8.4万千瓦;九昌樟成品油管线投入使用,川气东送江西支线、西气东输二线九江段管道铺设完成;九江电厂四期前期工作推进顺利。其间,新建铁路195千米,电气化改造155千米,新建高速公路202千米,铁路和高速公路营运里程分别达到350千米和374千米。九江机场成功复航,开通至北京、上海、广州、厦门4条航线,旅客人次逐年增长,2010年达到8.3万人次。新增长江深水泊位19个,新增通过能力1280万吨、造船能力52万载重吨。改造国、省干线277.5千米,完成农村公路改造6000千米,实现100%的行政村通油(水泥)路,建成农村公路改渡建桥73座,78个农村渡口相继撤销,基本实现改渡建桥。淘汰落后发电装机26万千瓦,新建清洁能源及综合利用发电装机26万千瓦,电力装机规模达218万千瓦。在打造区域性综合交通枢纽和清洁能源基地方面迈出坚实的步伐。对全市527座病险水库开展除险加固,实施鄱阳湖二期防洪工程4座圩堤除险整治及667~3335公顷圩堤、中小河流治理,继续实施柘林灌区续建配套及节水改造,完成农村21个总站67个分站3.18万千瓦的中型排涝泵站更新改造。

## 第三节　经济效益

“八五”时期,面对资金紧缺、原材料价格上涨等不利因素,全面开展“管理上水平、效益上台阶”活动,落实扭亏增盈责任制,取得明显成效。全市乡及乡以上独立核算工业企业由1990年的2025家增长至1995年的2614家;企业资产总计由1990年的43.32亿元增长至1995年的135.49亿元。年末固定资产净值由1990年的26.52亿元增长到1995年的64.90亿元,产品销售收入也由1990年的41.52亿元增长至1995年的107.65亿元。1995年社会消费品零售总额为45.98亿元,比“七五”末期增长1.56倍。其中,批发零售贸易业由1990年的11.27亿元提高到1995年的29.28亿元,增长1.6倍。住宿餐饮业由1990年的0.98亿元提高到1995年的3.18亿元,增长2.24倍。制造业由1990年的1.75亿元提高到1995年的4.08亿元,增长1.33倍。

“九五”时期,工业生产平稳发展,工业化程度不断提高,总体实力不断增强。2000年,全市完成工业总产值153.77亿元,比1995年增长53.1%,年均增长11%;2000年,工业企业产品销售收入151.98亿元,比1995年增长42.84%;2000年工业企业资产合计151.11亿元,比1995年增长70%。2000年社会消费品零售总额为63.18亿元,比1995年增长37.4%。其中,批发零售贸易业由1995年的29.28亿元提高到2000年的40.17亿元,增长37.19%。住宿餐饮业由1995年的3.18亿元提高到2000年的5.7亿元,增长79.25%。制造业由1995年的4.08亿元提高到2000年的4.25亿元,增长5%。

“十五”期末,规模以上工业企业达到495家,比“九五”期末增加39家;企业资产总额累计351亿元,比“九五”期末增长34.89%;完成规模以上工业增加值93.63亿元,比“九五”期末增长2.22倍;实现主营业务收入338.19亿元,比“九五”期末增长1.36倍;实现利税扭亏为盈。随着改革开放和市场经济进一步发展,2005年社会消费品零售总额为121.25亿元,比2000年增长91.91%。其中,批发零售贸易业由2000年的40.17亿元提高到2005年的106.57亿元,增长1.65倍。住宿餐饮业由2000年的5.7亿元提高到2005年的13.88亿元,增长1.44倍。

“十一五”时期,工业快速发展,2010年规模以上工业企业达到904家,比2005增加409家;企业资产总额累计949.94亿元,同比增长1.71倍;完成规模以上工业增加值360.61亿元,同比增长2.85倍;实现主营业务收入1549.37亿元,同比增长3.58倍;实现利税82.19亿元,同比增长11.09倍。2010年社会消费品零售总额为284.08亿元,比2005年增长1.34倍。其中,批发零售贸易业由2005年的106.57亿元提高到2010年的亿元，增长1.27倍。住宿餐饮业由2005年的13.88亿元提高到2010年的41.67亿元，增长2倍。

# 第二章　经济结构

## 第一节　产业结构

### 一、第一产业结构

"八五"时期，第一产业在三次产业中的比重由1990年的43.3%逐步下降至1995年的31.0%。农林牧渔业总产值内部构成比例为51.9:4.9:27.9:15.3，与1990年比，农业下降16.4个百分点，林业下降0.1个百分点，牧业提高6.4个百分点，渔业提高10.1个百分点；粮经作物构成比例为17.2:82.8，与1990年比，粮食作物总产值所占比重下降15.9个百分点，多种经营总产值所占比重提高15.9个百分点。

"九五"时期，第一产业在三次产业中的比重由1995年的31.0%下降至2000年的20.2%。农林牧渔业总产值内部构成比例为48.6:5.2:20.1:26.0，与1995年比，农业下降3.3个百分点，林业提高0.3个百分点，牧业下降7.8个百分点，渔业提高10.7个百分点；粮经作物构成比例为20.9:79.1，与1995年比，粮食作物总产值所占比重提高3.7个百分点，多种经营总产值所占比重下降3.7个百分点。

"十五"时期，第一产业在三次产业中的比重由2000年的20.2%下降至2005年的16.8%。农林牧渔业总产值内部构成比例为37.2:6.1:17:39.7，与2000年比，农业下降11.4个百分点，林业提高0.9个百分点，牧业下降3.1个百分点，渔业提高13.7个百分点；粮经作物构成比例为18.5:81.5，与2000年比，粮食作物总产值所占比重下降2.4个百分点，多种经营总产值所占比重提高2.4个百分点。

"十一五"时期，第一产业在三次产业中的比重由2005年的16.8%下降至2010年的9.5%。农林牧渔业总产值内部4业构成比例为47.7:5.6:21.8:24.9，与2005年比，农业提高10.5个百分点，林业下降0.5个百分点，牧业提高4.8个百分点，渔业提高下降14.8个百分点；粮经作物构成比例为19.1:80.9，与2005年比，粮食作物总产值所占比重提高0.6个百分点，多种经营总产值所占比重下降0.6个百分点。

### 二、第二产业结构

"八五"时期，第二产业在三次产业中的比重由1990年的33.7%提高至1995年的40.7%。工业内部构成中重工业发展速度明显快于轻工业。1995年，工业总产值233.93亿元，按可比价比1990年增长2.6倍，年平均增长29.1%，其中重工业完成产值123.75亿元，年平均增长18.7%；轻工业完成产值110.18亿元，年平均增长18.1%；轻重工业之比由1990年的50.9:49.1调整为47.1:52.9，初步形成石化、纺织、电力、造船、机械、建材等重点产业为骨干的工业体系。其间，主要工业产品产量有升有降。1995年，发电量43.23亿千瓦小时，年平均增长11.4%；纱3.44万吨，年平均增长5.6%；布6027万米，年平均下降3.8%；原油加工量230.6万吨，年平均增长8.3%；水泥97.13万吨，年平均增长14.8%；化学浆粕1.4万吨，年平均增长14.9%；饮料酒10.96万吨，年平均增长20%。

"九五"时期，第二产业在三次产业中的比重由1995年的40.7%提高至2000年的45.0%。受亚洲金融危机、1998年特大洪涝灾害及企业体制改革等国际国内因素影响，工业经济规模总量进一步扩大，工业经济效益下滑。2000年，工业总产值227.35亿元，按可比价是1995年的1.65倍，年平均增长11.%，比"八五"期间年平均增速降低18.1%。重工业生产总值141.46亿元，轻工业生产总值85.89亿元，轻重工业之比由1995年47.1:52.9调整到37.78:62.22，化工、机电、建材、纺织等支柱产业所占比重逐年上升。期间，产品结构伴随着工业结构调整和产品的升级换代，技术含量高、附加值大的高新技术产品快速发展,工业新产品生产逐年增长,新产品所占工业产品比重不断提高,主要工业产品产量有增有减。2000年主要工业产品产量为:发电量38.36亿千瓦小时,年平均下降2.4%;纱4.67万吨,年平均增长5.4%;原油加工量327.4万吨,年平均增长7.3%;水泥154.5万吨,年平均增长9.7%;化学浆粕1.82万吨,年平均增长5.4%;饮料酒10.19万吨,年平均下降1.5%。

“十五时期”,第二产业在三次产业中的比重由2000年的45.0%提高至2005年的50.1%。工业经济总量、经济综合效益提高。2005年,规模以上工业实现增加值93.63亿元,比2000年增长2.2倍,年均增长23.1%。工业化率由2000年的32.4%提高到2005年的35.2%。2005年规模以上工业实现利税24.18亿元,比2000年增长2.71倍,年均增长30%。规模以上工业经济效益综合指数为135.7%,首次突破130点大关。其间主要工业产品产量有较大幅度提高。2005年主要工业产品产量为:发电量83.25亿千瓦小时,年均增长16.8%;纱9.28万吨,年均增长15.7%;原油加工量364.9万吨,年均增长2.2%;水泥618.2万吨,年均增长32%;化学浆粕1.97万吨,年均增长1.6%。

“十一五时期”,第二产业在三次产业中的比重由2005年的50.1%提高至2010年的56.2%。工业经济总量、工业经济效益不断提高,实现速度与效益的同步增长。2010年,完成工业总产值1722.91亿元,是2005年的3.6倍。全年实现工业增加值478.70亿元,是2005年3.17倍。规模以上工业实现增加值360.6亿元,实现主营业务收入1549.37亿元,实现利税总额163.85亿元,分别是2005年3.9倍、4.6倍和6.77倍,年均增速分别达到24.3%、35.6%和46.6%。其间随着经济发展,工业产品增长面扩大,原煤、化纤、纱、服装等行业产品产量大幅增长,主要工业产品增速较快,能源产品产量略有下降。2010年主要工业产品产量:发电量75.27亿千瓦小时,年平均下降1.91%;纱47.47万吨,年均增长82.3%;原油加工量468.43万吨,年均增长5.7%;水泥777.2万吨,年均增长5.1%。

## 三、第三产业结构

“八五”时期,第三产业在三次产业中的比重由1990年的23.0%提升至1995年的28.3%。一批大型综合商场和专业批发市场相继建成,旅游、金融、房地产、保险业繁荣活跃。1995年,第三产业社会从业人员达54.89万人,达总社会从业人员的24.7%。

“九五”时期,第三产业在三产中的比重由1995年的28.3%提升至2000年的34.8%。以旅游商贸为主的第三产业成为全市经济重要增长点。2000年,第三产业社会从业人员达89.99万人,达总社会从业人员的36.5%。2005年,第三产业社会从业人员达93.88万人,达总社会从业人员的32.4%。2010年,第三产业社会从业人员达106.45万人,达总社会从业人员的34.6%。

“十五”时期,第三产业在三次产业中的比重由2000年的34.8%下降至2005年的33.1%。零售业繁荣壮大。原有大型国有和集体零售商店(除石油公司、新华书店等)基本不复存在,取而代之的是改制后的股份有限公司;私营连锁零售企业市场活跃,如开心人大药房、联盛等连锁超市深入社区,取得很好的销售业绩。股份制及私营企业的大型商业企业(限额以上)商品销售额达到60.4亿元,比“九五”时期增加23.5亿元,增长63.7%,国有及集体企业达到35.2亿元,比“九五”时期减少0.7亿元,增长-1.9%。国有及集体企业、股份制及私营企业(含个体)、外资企业3种经济形式的大型商业企业(限额以上)的商品销售额所占比重,分别为58.3%、24%、1.7%,与“九五”时期相比,股份制及私营企业增加21.3个百分点,国有及集体企业下降39个百分点,外资企业上升1.7个百分点。

“十一五”时期,第三产业在三次产业中的比重由2005年的33.1%提升至2010年的34.3%。市委九届七次会议后,按照“两区互动、强工兴城、科学发展、奋起赶超”发展战略,全市在经济社会发展上取得新突破。私营连锁零售企业市场活跃,股份制及私营企业的大型商业企业(限额以上)商品销售额达到41.1亿元,比“十五”时期增加19.1亿元,增长86.8,外资企业达到1.2亿元,比“十五”时期增加0.2亿元,增长20%,国有及集体企业达到38.9亿元,比“十五”时期增加0.5亿元,增长1.3%。

## 第二节　所有制结构

“八五”时期，工业企业以建立现代企业制度为目标，推动国有企业改革，集体工业企业增长快于国有工业企业增长，市及市以下工业企业增长快于中央省属企业增长。1995 年，国有工业企业总产值 111.93 亿元，年均增长 23.1%；集体工业企业总产值 22.42 亿元，年均增长 35.7%。市及市以下工业企业年平均增长 19.1%，高于中央省属工业企业增长 6.8 个百分点。5 年内各种经济类型工业企业在总量和结构方面都发生相应变化，但公有制和国有工业企业仍占主体和主导地位。

“九五”时期，按照国家产业结构调整政策，推进国有企业改革、改组，公有制工业企业数逐步减少，非公有制经济增长快于公有制经济，但公有制经济主导地位稳定。2000 年，非公有制工业企业完成产值占全部规模工业比重 12.6%，非公企业销售收入占全市规模工业比重达到 12%。“九五”期末(2000 年)，全市工业形成以公有制企业为主体，大中型工业企业为骨干，乡镇企业、三资企业迅速发展格局。

“十五”时期，随着企业制度改革深入，企业所有制结构进一步发生变化，国有资本逐步退出国有工业企业，非公有制经济成为工业经济发展亮点。2005 年，非公有制工业完成产值 395 亿元，占全部规模工业比重 82.2%，比 2000 年上升 69.4%，非公企业销售收入占全市规模工业比重达到 80.5%，比 2000 年上升 68.5%。

“十一五”时期，国有企业改制深化，国有工业企业比重进一步下降。2010 年规模以上国有工业企业 46 家，比 2005 年减少 56 家，实现工业增加值 24.71 亿元，占全市规模以上工业增加值 6.85%，比 2005 年下降 12.15 个百分点；规模以上国有控股企业 78 家，比 2005 年减少 46 家，实现工业增加值 109.78 亿元，占全市规模以上工业增加值 30.44%，比 2005 年下降 16.82 个百分点。

## 第三节　投资结构

“八五”时期，全市实行全方位开放开发，一批国家、省、市重点工程项目开工建设，共实施省、市重点工程项目 32 个，总投资 85 亿元。1995 年固定资产投资总额 31.19 亿元，比 1990 年增长 5.9 倍，年均增长 46.0%，用于交通、通信、能源的投资 3.01 亿元，比 1990 年增长 1.4 倍，年均增长 19.4%。用于一、二产业的投资达到 20.95 亿元，比 1990 年增长 8.8 倍，年均增长 58.1%。国有单位固定资产投资 25.4 亿元，比 1990 年增长 31.5%，集体和其他经济固定资产投资 5.78 亿元，增长 27.8%。在全社会固定资产投资中，基本建设投资 18.5 亿元，增长 44.5%，更新改造投资 6.5 亿元，增长 20.6%，房地产投资 5.9 亿元，增长 13.5%，房地产投资增幅回落 136.5 个百分点。用于第一产业的投资 103 万元，下降 83.5%，用于第二产业的投资 20.9 亿元，增长 50.6%，其中能源、原材料工业投资达 17.05 亿元，增长 81.4%；第三产业投资 10.24 亿元，增长 3.7%。全社会固定资产投资财务资金总额为 29.9 亿元，比 1990 年增长 23%。其中，国家预算内资金 5545 万元，占资金总额的 1.9%；国内贷款 11.35 亿元，增长 14.4%；利用外资 7.05 亿元，增长 22.2%；企业及社会筹资 10.9 亿元，增长 30.2%，占资金总额的比重由 1990 年的 34.6%上升到 36.5%。

“九五”时期，招商引资力度不断加大，城市基础设施建设步伐不断加快，投资环境明显改善，重点工程项目进展顺利，全市固定资产投资年均增长 7.6%。2000 年全年完成固定资产投资 44.99 亿元，比 1999 年增长 55.4%，其中基本建设投资 32.29 亿元，增长 53.8%；更新改造投资 4.58 亿元，增长 6.7%；房地产开发投资 5.06 亿元，增长 23%。用于第一产业的投资 6.54 亿元，比 1999 年增长 44.6%；第二产业投资 21.44 亿元，增长 77.6%；第三产业投资 17.01 亿元，增长 37.2%。一、二、三产业投资的比重，由 1999 年的 15.6:41.7:42.7 调整为 14.5:47.7:37.8。其中，中央项目投资 13.83 亿元，增长 137.5%；地方投资项目投资 30.94 亿元，增长 33.8%；国有单位投资 27.41 亿元，增长 46.7%；集体及其他经济投资 17.37 亿元，增长 69.0%。

“十五”时期,固定资产投资年均增长36.6%,对经济发展的拉动作用明显增强。2005年完成城镇以上固定资产投资192.91亿元,比2004年增长36.1%,其中国有单位投资54.11亿元,增长25.3%,集体及其他经济投资138.8亿元,增长41.82%。全市固定资产投资中,新建投资120.79亿元,扩建投资36.91亿元,改建和技术改造投资22.49亿元;房地产开发投资23.92亿元,增长24.64%。第一产业完成投资2.53亿元,第二产业完成投资102.32亿元,第三产业完成投资88.06亿元;一、二、三产业投资比重由上年的0.37:46.79:52.84变化为1.3:53.04:45.66. 全年固定资产投资到位资金211.25亿元,其中国内贷款20.77亿元,增长41.97%;利用外资9.58亿元,增长50.15%;自筹资金143.12亿元,增长65.55%。

“十一五”时期,项目建设取得新成效,固定资产投资年均增长32.7%。通过向上争资推进一批重大基础设施项目;通过招商引资,推进一批重大产业项目;通过加大投入,推进一批民生社会事业项目;通过强化保障,加快项目推进步伐。2010年固定资产投资877.46亿元,比2009年增长34.1%。其中,城镇固定资产投资857亿元,增长33.3%。分产业看,第一产业投资7.27亿元,下降58.1%;第二产业投资618.04亿元,增长40.9%;第三产业投资252.15亿元,增长19%。非国有投资657.82亿元,增长35.1%,占固定资产投资的比重由2009年的73.9%上升到75%。全年房地产开发投资46.06亿元,下降6.0%。固定资产投资按登记注册的类型分,内资企业836.08亿元,港澳台企业29.46亿元,外商企业11.43亿元,个体企业0.49亿元。按经济类型分,国有投资219.64亿元,非国有657.82亿元,其中民间投资616.93亿元。按产业分,第一产业7.27亿元,第二产业618.04亿元,第三产业252.15亿元。

# 第三章　计划编制与执行

## 第一节　中长期规划及专项规划

### 一、“八五”计划

**发展目标**　市九届人大四次会议审议通过《九江市国民经济和社会发展十年规划和“八五”计划纲要》,确定全市在“八五”(1991~1995)及10年发展国民经济和社会事业的基本思路。对国民经济和社会事业的发展速度和综合指标做出安排:①国内生产总值、工农业总产值、地方财政收入,平均每年分别以7%、8%和9%~12%的速度增长。到2000年全市国内生产总值按可比价格计算比1980年翻2.6番。②每年投产新产品200个左右,其产值占工业总产值的比重达20%左右,高新技术产值在国内生产总值中比重占8%左右,科技进步贡献率达40%左右,万元国内生产总值能源消耗每年下降3%,社会劳动生产率每年提高4%,工业经济效益指标达到或略超全省平均水平,主要农作物单产超全省平均水平。③外贸出口商品供货平均每年递增12%左右,争取利用外资3000万美元,兴办“三资”企业40个左右,引进先进技术100项。“八五”期间,社会商品零售总额33亿元,平均每年递增10%左右。④市区和有条件的城镇基本普及九年制义务教育。城乡居民消费水平(扣除物价因素)年递增2.5%左右。1995年农村人均纯收入860元,年递增6%。城乡居住条件明显改善,城镇居民人均住宅面积12平方米,农民居住条件进一步得到改善。人民健康水平进一步提高,生活环境和劳动环境进一步改善。⑤深化经济体制改革,完成治理整顿任务,初步建立适应以公有制为基础的社会主义有计划商品经济发展的、计划经济与市场调节相结合的经济体制和运行机制。

**执行结果**　①经济总量,综合实力。国民经济实现历史大跨越,国民经济生产总值1994年突破100亿元,1995年达到143.208亿元,比1990年增长1.1倍,年平均增长15.6%,高于全国、全省平均水平。人均国内生产总值3372元,比1990年增长2.41倍。1995年财政收入达到13.28亿元,比1990年增长1.8倍,年平均增长22.9%。②农村经济,产业协调。1995年,农业总产值达到66.27亿元,比1990年增长

39.5%,年平均增长6.9%。非农产值的比重由1990年的37.4上升到68.8%。由于产业调整,粮食作物产量下降,经济作物产量有较大幅度增长,畜牧水产迅速发展。1995年粮食产量达到95.93万吨,比1990年下降30.5%,年平均下降7%;棉花产量6.8114万吨,比1990年增长84.4%,年平均增长13%;油料产量达到历史最好水平，达到14.7万吨，比1990年增长31.5%，平均每年增长5.6%；甘蔗年平均增长3.1%,烟叶年平均增长23.3%,蚕茧年平均增长35%;生猪出栏234.03万头,比1990年增长62.8%,平均每年增长10.2%;水产品产量18.17万吨,比1990年增长2.9倍,平均每年增长31.5%;5年来,全市共植树造林138736公顷,森林覆盖率达到43%,比1990年提高10个百分点。1995年乡镇企业总产值达到205.82亿元,比1990年增长11.8倍,平均每年增长66.4%,其中乡镇工业总产值122.87亿元,比1990年增长12.6倍,平均每年增长68.6%。③工业生产,经济效益。1995年,工业总产值达到233.93亿元,比1990年增长2.6倍,平均每年增长29.1%。轻重工业协调发展,集体工业增长快于国有工业增长。轻工业总产值平均每年增长18.1%,重工业总产值平均每年增长18.7%;集体工业总产值平均每年增长35.7%,高于国有工业增长23.1个百分点。工业经济效益不断改善。全市乡及乡以上独立核算工业企业中,工业总产值年平均增长10.2%,实现产品销售收入年平均增长21%;固定资产原值平均增长22.7%,实现利税总额年平均增长22.6%。④第三产业,市场流通。1995年,第三产业增加值达到37亿元,比1990年增长1.3倍,平均每年增长18%,占国内生产总值的比重提高到25%。赣北大市场建设得到加强,建成一批大中型零售商场、购物中心、批发市场、农贸市场,使市场规模迅速扩大,功能进一步完善。1995年,社会消费品零售总额达到44.8亿元,比1990年增长1.5倍。⑤对外开放,外向型经济。市以被列入国家沿江开放城市为起点,对外开放进入新阶段,开放层次和范围不断提高与扩大,对外经济发展步伐加快,八里湖、共青等开放开发区基本建成。5年来,累计引进外资2.1亿元,批准"三资"企业375家;1995年对外贸易出口供货完成5677万美元,比1990年翻一番,出口商品总值占国内生产总值的比重明显提高。⑥固定资产投资,重点工程建设,基础设施建设取得重大进展,城市综合功能明显增强。一批国家、省、市重点工程项目开工建设,全市共实施重点工程项目32个,总投资85亿元。基本建设投资平均增长46%,更新改造投资平均每年增长28.1%。5年累计完成固定资产投资87.63亿元,是"七五"时期的3.7倍。其中基本建设投资完成51.14亿元,是"七五"时期的5.9倍。房地产迅速发展,1995年完成投资5.9亿元,比1990年增长25.8倍,平均每年增长93.1%。⑦科教事业。5年来,通过"星火""丰收"等科技计划的实施,科技成果推广应用和技术改造不断加强，技术改造投入增长近3倍，科技对国民经济增长的贡献由1990年的30%提高到35%。基本普及初等教育,小学入学率、巩固率保持在99%以上。教育部门与社会相结合创办职业技术教育的格局已经形成。文化、卫生、体育、社会保险、广播电视、新闻出版等事业都有大发展。⑧居民生活。随着经济发展,居民生活水平明显提高,城市居民生活费收入3513元,比1990年增长2倍,农民人均纯收入1493元,比1990年增长1.3倍。

## 二、"九五"计划

**发展目标**　经市第十届人民代表大会第三次会议通过《九江市国民经济和社会发展第九个五年计划及2010年远景规划纲要》,确定国内生产总值以提前七年翻两番的基础上,实现再翻一番,到2000年人民生活总体达到小康水平,贫困地区人民在稳定解决温饱的基础上加速脱贫致富,对外开放进一步扩大,经济外向度明显提高,各项改革取得实质性进展,初步建立起社会主义市场经济体制,通过五年努力实现第二步战略目标,为跨入21世纪,迈向第三步战略目标奠定基础。①国内生产总值。平均每年增长14%,到2000年达到280亿元,其中,第一产业增加值50亿元,平均每年增长5.5%,第二产业增加值148亿元,平均每年增长1.65%,第三产业增加值82亿元,平均每年增长17%。②人民生活。到2000年人均国内生产总值达6000元,年均增长13%;城镇居民人均生活费收入达5400元,平均增长9%,农民人均纯收入达3000元,年均增长15%;城镇居民人均住房面积达12平方米以上,农民人均住房面积达20平方米,且住房质量有所提高;居民生活恩格尔系数50%以下;城镇居民人均拥有铺装道路面积10

平方米;农村85%以上的行政村通公路、9%以上农户装有电话机;人口综合素质增强,人口平均预期寿命超过72岁,婴儿死亡率降到2.1%以下;成人识字率达90%以上,扫除青壮年文盲;居民生活费用支出中,用于教育文化娱乐的比重达16%,城乡电视覆盖率达95%;森林覆盖率达45%,城市人均绿地面积12平方米;农村初级卫生保健目标达标率100%。③科教立市。提高国民经济总体素质。到2000年基本普及九年教育,扫除青壮年人文盲。主要工业技术和一些主要行业的技术水平达到20世纪80年代和90年代初水平,科技进步和经济增长的贡献率达到45%以上,每万元国内生产总值消耗的能源由1995年的2.5吨下降到2吨,平均每年节能率4.4%,全社会劳动生产率每年提高9%~10%。④到2000年,财政收入达到26亿元,平均增长17%以上。按照一要吃饭、二要建设和确保重点、兼顾一般的原则,继续严格控制支出,保持财政收支平衡。在中央统一货币政策指导下,大力发展银行各项储蓄存款,"九五"期末(2000年),存款余额力争达到180亿元,年均增长20%,平均每年增加20亿元,其中城乡储蓄余额达到140亿元,年均增长20%,平均每年增加17亿元。⑤扩大对外开放,发展外向型经济。到2000年,出口供货总额达到2.5亿美元,年均增长35%,出口商品总值占国内生产总值比重达到10%以上,经济外向度明显提高。5年内争取引进资金3亿美元,兴办"三资"企业200家左右,国外及港、澳、台到九江旅游人数达到30万人次。⑥建设大市场,发展大流通。到2000年社会消费零售总额达到110亿元,年均增长20%。基本形成以若干区域专业批发市场为主题的、市区为中心的赣北大市场布局框架和大流通格局。全市物价上涨控制在7%左右。⑦交通通信基础设施。2000年客运量17.4亿人,货运量0.7亿吨,年均增长率分别为19%和21%,邮电业务总量5.6亿元,年均增长30%。

**执行结果** "九五"期间,①工农业生产稳定发展,经济总量持续增长,以市场为导向,依靠科技进步,产业结构调整步伐加快。三次产业结构由1995年的31:41:28调整到2000年的19:45:36,第三产业发展速度明显加快,其比重由1995年的28%上升到36%。全市经济由一、二产业主导推动型向二、三产业主导推动型转变。各产业内部和产品结构不断优化。农业生产调减粮食特别是早稻面积23345公顷、棉花面积26680公顷,在调整粮棉的同时,扩大发展药材、蔬菜、水果等特色农业及大力提高养殖业在农业的比重,使整个农业结构更加适应市场需求。工业在加快技术改造和改组的过程中,压缩和淘汰部分落后的生产能力,使一批在市场占有优势的产品和高新技术产品加快发展。工农业生产在调整中稳定发展,经济综合实力持续增长。2000年,工业总产值达到13.06亿元,农业总产值达到62亿元。国内生产总值达到210亿元,比1995年增长46.85%,平均每年递增7.8%;人均达4600元,比1995年增长36.42%,平均每年递增6.5%;财政总收入20.5亿元,平均每年递增10%。②基础设施建设。累计完成固定资产投资达到200亿元,比"八五"时期增加1倍以上。水利、交通、电力、通信、城乡道路、城镇供水等工程建设取得明显进展,京九铁路、江湖堤防、九景高速公路等重点骨干工程建成,改善九江经济条件和投资环境。③对外开放。累计出口商品总值达4.2亿美元,实际利用外资2.38亿美元,分别比"八五"时期增长1.4倍和11.1%。④旅游事业增长,成为经济增长支柱产业之一,2000年在"五一""十一"等假日消费推动下,接待旅游客人43万人次,旅游总收入达26.9亿元,比1995年增长4.68倍。商品市场建设,市区国家级浔阳批发市场和建材、汽车、木材、服装、百货、家电、水果等专业批发、零售市场投入营业,县城及农村集镇、边界的市场规模扩大,为搞活流通、繁荣市场、扩大消费、支持生产发挥积极作用。2000年,社会消费品零售总额5318亿元,比1995年45.98亿元增长37.4%。⑤技术进步对经济增长的贡献率有所提高。教育"两基"任务基本完成。居民享有初级卫生保健目标基本达到。人口自然增长率由11‰降到10‰。城镇居民人均年可支配收入5081元,农民人均年纯收入1851元,年均增长率分别达到5%和4.5%。居住条件明显改善。职工养老、失业保险、城镇职工医疗保险覆盖率分别为86%、82%和82%。居民物质文化生活水平提高。

## 三、"十五"计划

**发展目标** ①主要综合经济指标。综合经济实力位居全省前列,国内生产总值年均增长率达到11%

以上，其中：一产年均递增3%~4%，二产年均递增12%~13%，三产年均递增13%~14%，为到2010年全市人均国内生产总值赶上全国平均水平奠定基础；全社会固定资产投资总额5年累计总规模250亿元左右；社会消费品零售总额年均递增8.5%；②所有制结构。非公有制经济比重力争达到50%以上，开放型经济进一步发展，经济外向度有较大提高；出口商品总值(按海关口径)5年累计1.5亿美元，平均每年递增11%左右；引进外资5年累计4亿美元以上，平均每年递增10%以上；③经济结构。初步形成具有地方特色的工业、旅游、商贸为主体的产业构架，实现经济增长方式的根本性转变。三次产业结构比例调整到13:47:40；城市化进程加快，城市化率达到40%左右；旅游业增加值占国内生产总值的比重提高到15%左右；④财政收支状况。初步建立起公共财政基本框架，财政总收入及地方一般预算收入年均增长10%以上；⑤教育科技、国民素质和产业素质。科技进步对经济增长贡献率达到45%左右，高新技术产业增加值占工业增加值15%左右；农村全面普及初中教育，城镇基本普及高中教育，小学适龄儿童入学率稳定在99.5%以上，初中阶段入学率达95%以上；⑥居民物质文化生活水平。居民收入水平年均提高6%左右。到2005年城镇居民人均可支配收入达6700元，农民人均纯收入2490元，城镇登记失业率控制在3.5%左右，人口自然增长率控制在10‰以内，森林覆盖率达51.5%，市区人均绿化面积6.5平方米，广播覆盖率90%，电视覆盖率95%；⑦精神文明和民主法制建设。文明程度和法制化水平明显提高。

**执行结果** 全市生产总值由213亿元上升到428.9亿元，实现翻一番，年均递增13.6%，比"十五"计划预期目标高2.6个百分点，比"九五"时期年均增速高出7.1个百分点。人均生产总值9230元，年均增长12.7%，实现翻一番。财政总收入由20.52亿元提高到39.81亿元，年均增长14.2%，其中，地方一般预算收入由10.5亿元提高到22.45亿元，年均递增16.4%。全市各县(市、区)财政收入全部实现超亿元，其中，浔阳区、修水县过3亿元。九江市进入全国综合实力百强城市。①改革开放。国有企业、农村税费、投资体制、国有资产管理体制、行政审批制度等方面的改革取得进展。出台深化改革、扩大开放措施60条，市属企业改制完成52户，县属企业改制基本完成。精简市级机构15个，撤乡并镇45个。农村税费改革累计减免农民负担3.15亿元，林权制度改革稳步推进。构建公共财政体制。卫生、教育、公路、粮食、住房、电力、科技等体制改革稳步推进。发展和利用资本市场取得初步成效，国家级区域性期货市场——中国南方粮食交易市场，实现网上在线交易，成为中国粮食期货交易三大主力市场之一，首次运用BOT方式建设老鹳圹污水处理厂。开放型经济格局基本形成。国务院批准在市设立出口加工区。5年共利用国外境外资金12亿美元，超过全市"十五"期间前利用外资总和。"三外"资金占固定资产投资比重超过80%，成为支撑经济快速增长的重要力量。日本铃木、新加坡金鹰、台湾远东、香港华孚、中国五矿、3T光电等一批知名企业落户境内。②经济结构。三次产业结构由"九五"末(2000年)的20.2:45:34.8演变为16.8:50.1:33.1。第二产业在经济总量中的比重上升到50%以上，提高5个百分点。2005年规模以上工业增加值90.39亿元，在全省设区市中排位第二，培植利税超亿元企业5户，石油、化工、建材、纺织成为全省最大的产业集群，原油加工能力从每年300万吨提高到500万吨，水泥产量从300万吨提高到1000万吨，棉纺从31万锭提高到100万锭。工业在国民经济中的主导作用开始显现，支柱产业和工业园区成为推动工业经济快速增长的重要力量。全市12个工业园区入园企业年均增长46.7%，实际进资年均增长13.8%，园区工业经济已占全市工业总量的四分之一。非公有制经济成为经济发展新亮点，2005年非公有制工业完成产值、销售收入分别占全部规模工业的82.2%、80.5%。九江作为全省加工制造业基地初具雏形，九江制造——"利亚纳"轿车、3T数字投影机、绿冬丝科寝具、美庐奶粉、汇源果汁等品牌进入超市和家庭，与消费者直接见面，改善市内缺少终端产品的状况。农业的基础地位得到巩固和加强，粮食总产量创历史最高水平。养殖业产值超过种植业产值，经济作物面积超过粮食作物面积。培育国家和省级农业龙头企业13家，创绿色食品品牌46个，建立省级无公害农产品基地71个。长江干堤加固整治、移民建镇工程全面完成，赣北早熟梨生产基地初具规模。传统服务业繁荣兴旺，现代服务业兴起，所有制结构逐步改善，民营经济成为经济发展的新兴力量。③发展环境，基础设施建设。新建高速公路93.3千米，鄱阳湖大桥，九景高速公路开通，环庐山公路、都蔡公路通车。武九复线扩能提速工程竣工，铜九铁路预期开工建设。完成农村公路建设里程5837千米,建成电力装机104万千瓦,占现有装机容量的一半多。九电三期建成投产,柘林电厂扩建改造工程完成,抱子石电站并网发电。农村电网改造、县城网改造工程全面竣工。九江国际水运中心通过扩能改造,集装箱通行能力达到10万个标箱。城市化步伐加快,城镇化率达到37.6%,城市化和工业化相互促进、共同发展成为经济发展的突出特征。生态环境得到保护,森林覆盖率达到50%以上。④投资结构,经济自主增长机制。累计完成固定资产投资578.63亿元,是"九五"期间的3.5倍。二产投资总量放大,占总投资近50%,三产比重明显增大。市场建设,5年培育成交额超10亿元的市场2个。加强对农村基础设施、公共卫生、基础教育等方面投资。民营企业户数年均增长23.9%,注册资本年均增长49.8%,上缴税金年均增长37.5%。民间投资在固定资产投资中的比重由5年前的10.2%上升到50.7%。投资多元化趋势明显,全市经济的自主增长机制逐步形成。⑤居民生活水平和质量。重视就业和再就业工作,城镇登记失业率连续5年控制在5%以内。城镇居民人均可支配收入和农民人均纯收入5年内分别增长71.5%和76.6%,高于"十五"计划目标,"两个确保"和城市"低保"得到落实,扶贫工作力度加大,异地搬迁扶贫超2万人。城市污水和垃圾处理能力提高。城市基础设施建设逐步完善,服务功能有效提升,公共管理更加规范,人居环境进一步优化。⑥各项社会事业。组织实施一批重大科技攻关项目,加快科技成果转化,加强科技创新能力建设。科技成果转化率比"九五"提高10.2个百分点,累计取得国际领先水平的科技成果5项,国际先进水平20项,获国家科技进步奖2次。九江市被列为"江西首批制造业信息化工程示范城市和国家重点联系城市"。全市"两基"工作全面达标。义务教育保障机制初步建立,为各类贫困学生减免学杂费8500万元,完成企业学校剥离和民师转编工作。教育投入力度加强,加快实施农村中小学危房改造,初步建成共青高校新园区,新建九江学院,结束九江市没有本科院校的历史,全市在校大学生8万人,教育文化等方面条件有较大改善,完成教育投资56.2亿元,新增校舍80.7万平方米,改造危房61万平方米。精神文明建设取得新进展,抗洪警示教育基地建成并对外开放。加快公共卫生体系建设,疾病预防控制体系基本建立,突发公共卫生事件医疗救治体系得到加强。一批公共事业项目相继建成和启动,完成市中心血站,启动市妇幼保健大楼及市体育中心、少儿活动中心、老年公寓等工程,开工建设市民休闲广场,市图书馆建成使用,庐山国际高尔夫球场基本建成。庐山被命名为世界地质公园,城市森林公园基本建成,九江市申报"中国魅力城市"一举成功。《九江市志》《九江年鉴》正式发行。人口保持较低增长速度,人口自然增长率为7.95‰,低于10‰的目标。市民张丽萍在第28届残奥会上打破世界纪录。⑦建立健全应对突发事件的应急机制。各级党委、政府和全市人民,在困难面前沉着应对,成功抗击SARS、禽流感、台风、暴雨、稻飞虱及松材线虫、"11·26"地震等自然灾害。2005年"11·26"地震发生后,市委、市政府迅速启动应急预案,开展抗震救灾和灾后重建工作。各级领导干部靠前指挥,及时妥善安置灾民和救治受伤人员,加强灾区物资供应和卫生防疫工作。全面开展灾后重建工作,保障灾民基本生活和灾区社会稳定。全市逐步建立健全应对各种突发事件的机制,保证经济社会的顺利发展。

## 四、"十一五"规划

**发展目标** 到2010年,基本实现工业化,完成全面建设小康社会的阶段性目标。全市生产总值年均递增14.0%,经济总量实现在"十五"基础上再翻一番,达940亿元,人均生产总值达2200美元,三大产业结构调整为9:55:36。工业增加值占全市生产总值的比重达48%,财政总收入年均递增16.0%,固定资产投资年均递增30%,社会消费品零售总额年均递增14%,实际利用外资年均递增15%,引进市外资金年均递增30%,外贸出口年均递增25%,价格总水平控制在3%左右。①充分利用独特的山水资源,挖掘深厚的文化底蕴,坚持人口、资源、环境协调发展,把九江打造成中国生态名城。努力实现中心城市建成区面积100平方千米,人口过百万的目标,城镇化率达到50%。城镇体系进一步完善,城镇等级规模结构更趋合理,中心城区和小城镇布局更加科学,发展水平全面提升。进一步优化行政区划,九江市区作为中心城市辐射力和带动力进一步增强,消除城乡二元结构的体制性障碍,建设社会主义新农村,保护生态环境,提升可持续发展能力。控制重点地区生态恶化和环境污染趋势,全市森林覆盖率52%以上,提高资源利用率和循环利用率,力争单位生产总值能耗降低20%,废弃物产生量减少,工业固体废弃物综合处治利用率达96%,城市生活污水集中处理率达70%,生活垃圾无害化处理率70%,中心城区空气质量达到国家二级标准。②统筹城乡发展,促进充分就业,城镇登记失业率控制在4%以内。扩大中等收入者的比重,提高低收入者收入水平,继续执行计划生育政策,提高人口素质,人口自然增长率控制在8‰以内,鼓励城乡居民增加资产性收入和智力收入。"十一五"期末(2010年),城乡居民人均收入分别达14000元和5265元。解决好关系广大人民群众切身利益问题,在经济更加发展的基础上,进一步完善养老、医疗、失业、工伤和生育保险制度,发展社会福利、社会救济、社会互助等救济事业,完善社会保障体系,社会保障综合覆盖率达80.0%。发展教育、卫生、文化、体育等各项社会事业,让广大人民群众共享改革发展的成果,高等教育毛入学率达25%,电视人口覆盖率达99%,城镇人均居住面积达30平方米,农村人均居住面积达40平方米,城乡居民恩格尔系数分别控制在35%和45%以下。③弘扬与人为善的传统美德,打造诚信友爱的人文环境,建立平等融洽的人际关系,形成团结互助的良好风尚,让全市人民在和睦相处中实现安居乐业,享受美好生活。5年新增城镇就业人数40万人;转移农村剩余劳动力40万人。正确处理改革、发展、稳定的关系,关注社会公平和正义,推进依法治市,加强社会治安综合治理,提高人民群众的安全感,全力谋求全社会的和谐稳定。④坚持社会主义发展方向,把握物质文明、政治文明和精神文明的关系,把为人民谋利益摆在一切工作的首位,不断解放和发展生产力,实现全市人民共同富裕。

**执行结果** ①2010年实现生产总值1032.06亿元,年均增长13.7%,比"十五"末(2005)翻一番。人均国内生产总值突破3000美元,跨入中等收入地区行列。财政总收入突破100亿元大关,达116.7亿元,年均增长24%,比"十五"时期提高9.8个百分点,总量增长1.93倍。其中地方财政收入71.07亿元,年均增长25.9%。产业结构进一步优化,三次产业比例由2005年的16.8:50.1:33.1调整为2010年的9.5:56.2:34.3,基本形成以新型工业经济为支撑,现代服务业和现代农业全面发展的现代产业体系。②农业综合生产能力增强,粮食生产实现连续7年增产,油菜生产实现连续8年增产,粮食、油菜总产、单产均创历史最高水平。农业种养结构进一步优化,粮食、棉花、水产、油菜、九江水梨、蚕桑、茶叶、蔬菜、畜禽、药材、特色瓜果等已成为农业经济重要支柱产业,发展速度加快。粮棉油高产创建辐射带动力增强,湖口县武山镇百亩连片棉花亩产籽棉过千斤,创造长江、黄河流域新纪录,水稻、棉花、油菜高产创建示范单产水平走在全省前列,基层农技推广服务体系改革与建设进入全国先进行列。农业规模经营提速,种养大户增加,规模化养殖加快,农民专业合作社已发展到1160多家,农业机械总动力达到358万千瓦,比"十五"末(2005)翻一番多。农业产业化进入加快发展时期,全市有规模以上农业企业279家,带动农户58万户。形成国家级龙头企业2家,省级龙头企业40家,市级龙头企业86家。农产品被评为有机食品品牌32个,绿色食品品牌66个。建立省级以上无公害、标准化农业基地92个,培育各种农产品生产基地140多个。农村现代化商品流通服务网络基本建成。5年全市农村共利用国家资金0.13亿元,实施万村千乡市场工程,累计改造建设乡、村两级连锁销售农家店1624家,县级连锁配送中心12家,覆盖96%的乡镇、60%的行政村,保障农民方便消费,放心消费。新农村建设取得成就,农村面貌明显改观,农民生产生活条件改善,全市有20万户110万农民实现"走平坦路、喝干净水、住整洁房、上卫生厕、用洁净能源"。③2010年工业增加值完成478.7亿元,占全市国内生产总值的比重达46.4%,比"十五"末(2005)提高11.2个百分点。2010年完成规模以上工业增加值360.6亿元,"十一五"年均增长24.3%,总量比"十五"末增长2.85倍。石油化工、冶金建材、纺织服装、交通运输设备制造(汽车、船舶及零部件)、电力能源5项支柱产业基本形成,实力不断增强;光伏、半导体照明、风能核电、金属新材料、非金属新材料5项新兴产业快速发展,成为工业发展的新亮点。工业骨干龙头企业规模发展壮大,"十一五"末,全市规模以上企业达904户,比"十五"末净增419户。其中,中石化九江分公司主营业务收入逾200亿元,九江钢厂主营业务收入过100亿元。工业园区实际开发面积82.4平方千米,比"十五"末净增38.1平方千米;创建国

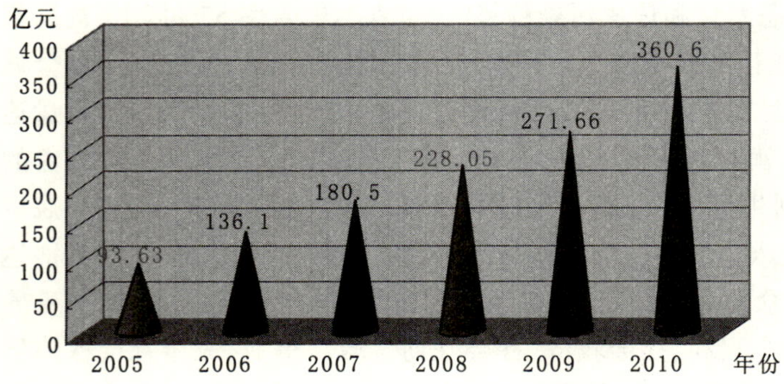


**图 33-3-1 “十一五”时期规模以上工业增加值示意图**

家级产业基地 4 个，省级产业基地 11 个，实现工业布局的优化和产业集聚。九江经济技术开发区的汽车、光伏、玻纤、电子 4 个产业集聚初具雏形，并升格为国家级开发区；金砂湾板块冶金、化工产业集聚效应日益显著；彭泽造船、棉纺产业发展迅速；共青城全国青年创业基地成功授牌；武宁节能灯产业已占全国十分之一的市场份额。④“十一五”期间，服务业增加值年均增长 14%，占国内生产总值比重由“十五”末 33.1%调整为 34.3%，提高 1.2 个百分点，成为拉动经济增长的重要力量。旅游业各项指标持续保持两位数的增长，5 年累计接待入境旅游者 92.46 万人次，接待国内旅游者 6090.21 万人次，旅游业增加值占国内生产总值的比重始终保持在 13%以上。九江先后获得“中国十大特色休闲城市”和“最具国际影响力旅游城市”等称号，庐山被评为国家 AAAAA 级旅游景区，庐山西海成为继庐山之后全市第二个国家级风景名胜区。上港集团成功参与重组九江港口集团，九江港集装箱吞吐量突破 12 万标箱，沃尔玛、国美、苏宁电器等国内外大型连锁企业和浦发银行、招商银行等股份制银行先后落户。⑤随着公路、铁路、港口、电力、水利、城市建设等基础设施项目快速推进，城乡基础设施条件得到改善。投资规模，“十一五”累计完成全社会固定资产投资 2628 亿元。铜九铁路、昌九城际铁路(省第一条城际铁路)、武吉高速、彭湖高速、九瑞高速、沿江快速通道九瑞段建成通车；京九、武九铁路九江段电气化改造完成；城西港区年吞吐量 30 万标箱集装箱专用码头、九江钢厂配套码头建成投产；永武高速、九江长江二桥开工建设。环鄱阳湖风力资源得到有效开发，省第一个风电场投产发电，累计建成装机 8.4 万千瓦；九昌樟成品油管线投入使用，川气东送江西支线、西气东输二线九江段管道铺设完成；彭泽核电、九江电厂四期前期工作推进顺利。“十一五”时期，新建铁路 195 千米，电气化改造 155 千米，新建高速公路 202 千米，铁路和高速公路营运里程分别达到 350 千米和 374 千米。九江机场复航，开通至北京、上海、广州、厦门 4 条航线，2010 年旅客达到 8.3 万人次。新增长江深水泊位 19 个，新增通过能力 1280 万吨、造船能力 52 万载重吨。改造国、省干线 277.5 千米，完成农村公路改造 6000 千米，实现 100%的行政村通油(水泥)路，建成农村公路改渡建桥 73 座，撤销 78 个农村渡口，基本实现改渡建桥。淘汰落后发电装机 26 万千瓦，新建清洁能源及综合利用发电装机 26 万千瓦，电力装机规模达 218 万千瓦。对全市 527 座病险水库开展除险加固，实施鄱阳湖二期防洪工程 4 座圩堤除险整治及 667~3335

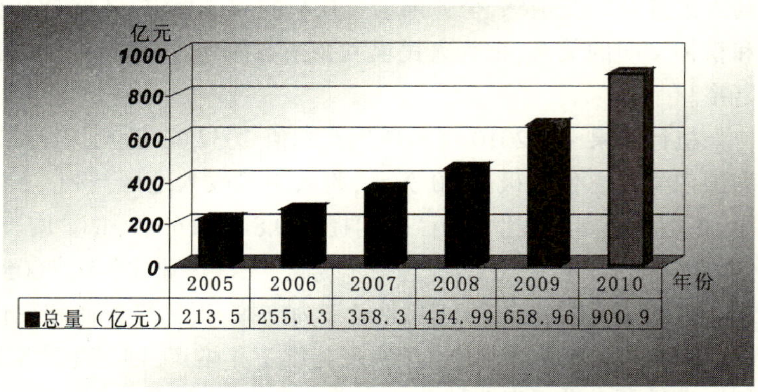


**图 33-3-2 “十一五”时期全社会固定资产投资示意图**

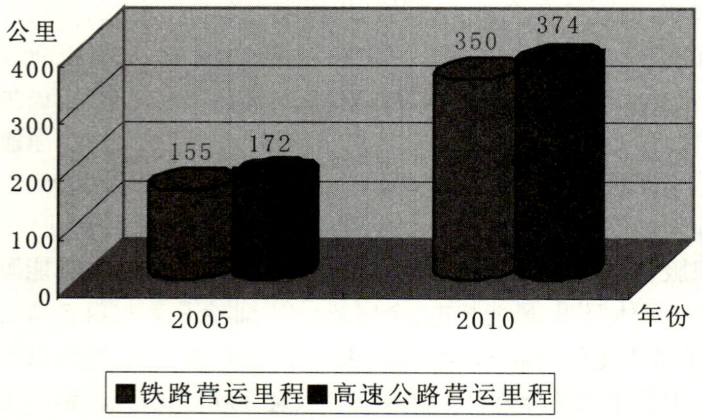


**图 33-3-3 “十五”末、“十一五”末辖区内铁路及高速公路里程示意图**

公顷圩堤、中小河流治理,继续实施柘林灌区续建配套及节水改造,完成农村21个总站67个分站3.18万千瓦的中型排涝泵站更新改造。⑥长虹西大道、八里湖大道、十里河综合整治等工程相继完工,八里湖生态新城初现雏形。老城区改造步伐加快,城市功能进一步完善,市民的归属感和自豪感增强。2009年市级新上41个城建项目,直接投资50多亿元,比2004~2008年的总和多1亿元。2010年确定中心城区城建3年投入200亿元,全市新建、续建、启动城建项目803个,总投资704亿元。中心城区面积达80平方千米、人口达73万。县城和重点镇城镇化步伐加快,城镇化率达46.5%,比"十五"末(2005年)提高8.9个百分点。共青城、德安相向发展加快。⑦全市有126户国有工业企业完成改制,8万多名职工得到妥善安置;非工七大系统(农垦系统除外)的98户企业完成改制,安置职工19222人。农村综合改革成效明显,投融资体制、城市管理体制、开发区和工业园区管理体制等改革有序推进。招商引资水平提高,对外贸易扩大。5年累计引进外资23.8亿美元,引进内资1170亿元,出口增长9.3倍。⑧全面完成集体林权制度主体改革,87.33万公顷集体林分山到户,得到国务院总理温家宝的肯定。开展林权制度配套改革,实施造林绿化"一大四小"工程建设,森林资源出现明显增长,森林覆盖率由50.4%提高到54.92%,累计综合治理水土流失面积13.37万公顷,生态环境进一步改善。总体环境质量好中趋稳,主要河流监测断面Ⅲ类以上水质达标率为100%,修河及源头保护区内监测断面水质全部达到Ⅱ类,鄱阳湖九江断面水质监测点位水质达标率为100%,饮用水源地水质达标率100%,全市16个县(市、区、山)环境空气质量均达到二级。11个县级污水处理厂建成并投入运行,新增污水处理能力12.5万吨/日,城镇生活污水集中处理率和城镇生活垃圾无害化处理率分别达到80%和42.8%。市第二生活垃圾处理场一期、省危险废物和九江医疗废物集中处置中心基本建成。农村沼气池保有量达21万户,农村"一池三改"基本到位。二氧化硫排放量和化学需氧量排放量等主要污染物指标均达到"十一五"规划确定目标。⑨"阳光工程"累计培训和转移就业农村劳力14万多人,城镇登记失业率控制在低水平。累计完成保障性住房投资15.37亿元,惠及34275户低收入住房困难家庭。投入资金620万元,完成农改超和农贸市场改造升级36家,有效缓解城乡居民买菜难、买菜贵的问题。义务教育不断巩固,高中阶段教育提升,职业教育和高等教育水平提高,文化体育事业发展,卫生事业进一步加强。基本医疗保障制度建设步伐加快,国家基本药物制度在政府举办的基层医疗机构实现全覆盖,基层医疗卫生服务体系建设加强,基本公共卫生服务逐步均等化。"十一五"以来,政府为民办实事313件,基本得到落实,民生投入50亿元。城乡居民收入增长,2010年城镇居民可支配收入15764元,农村居民人均纯收入5588元,"十一五"期间年均分别增长12.6%和11.3%。

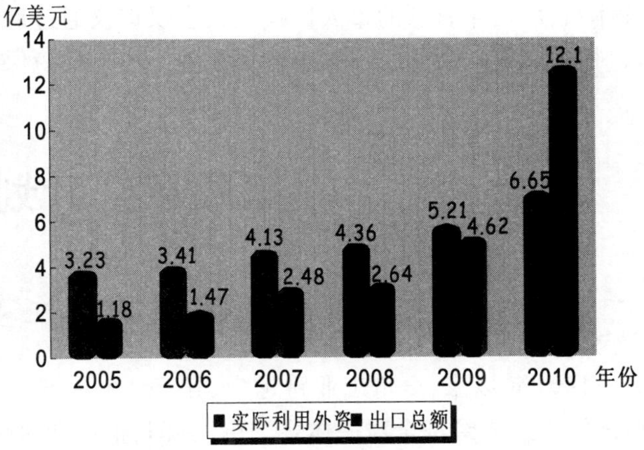

图 33-3-4 "十一五"时期实际利用外资及出口总额示意图

**长期规划** 长期规划有"专项长期规划"和"综合长期规划"2种。1991~2010年间,市政府出台多项专项规划,对城市发展方向、发展方式等方面起到指导和引领作用,对经济社会快速、有序发展起到促进作用。

编制的综合性长期规划主要有1993年完成的《中国江西省九江市综合开发规划调查》、1995年完成的《九江市国民经济和社会发展第九个五年计划及2010年远景规划纲要》、2006年完成的《九江市域城镇体系规划(2006~2020年))》、2009年完成的《九江城东港区发展规划纲要》

编制的专项长期规划主要有1991年完成的《九江市农村能能源建设十年规划和"八五"计划》、1992年完成的《昌九工业走廊总体规划》、2005年完成的《九江市历史文化名城保护规划》、2006年完成的《九江市土地利用总体规划》、2010年完成的《九江市中心城区排水专项规划》。

## 第二节 年度计划

1990~2000年,计划部门每年编制全市国民经济和社会发展计划,并提交当年人民代表大会审议后公布执行。年度计划指标有经济发展计划,含国内生产总值、工业产值、工业主要产品产量、财政收入、农业产值、农业主要产品产量、交通运输、商品调拨、对外贸易出口、利用外资、固定资产投资计划等。社会事业计划含教育招生、人口与计划生育计划和广播、环保、卫生、体育、劳动用工计划等。

2001~2010年,随着社会主义市场经济体制建立,市计委(发改委)不再向下分解下达各类生产计划,只在每年度初编制国民经济和社会发展主要指标计划,提交市政府作为全市经济和社会发展指标考核体系,由当年召开的市人民代表大会议审议通过后公布执行。主要计划指标有国内生产总值、财政收入、招商引资、人均收入、固定资产投资、人口、环境保护计划等。

# 第四章 计划与项目管理

## 第一节 工业计划管理

1991年以来,全市工业跨越“八五”至“十一五”共20年建设发展期,历经由计划经济全面转向市场经济继而进入经济全球一体化变革。其间,推进和深化企业经营机制、产权制度改革,促进企业加快发展内生机制逐渐形成,非公有制工业等多种经济成分比重加速上升。1993年,全市工业总产值首次突破100亿元(现价下同)。

2004年,根据国务院8部委通知,对开发区(工业园区)进行清理整顿。清理前,全市有4个省级开发区,14个市级开发区(工业园)。2005年,经国务院批准设立九江出口加工区。2006年,全市经国家发改委批准,设立12个省级开发区。当年工业总产值突破500亿元。2009年市委九届七次全会提出“强工兴城”战略,工业发展全面提速,产业聚集不断推进,工业经济总量不断攀升,工业在全市国民经济发展中主导作用更加凸显,主要经济指标在全省快速进位,为九江进一步发展奠定坚实基础。

2010年,工业总产值突破1000亿元。建成一批支撑长远发展重大工业项目,如:江西亚东水泥有限公司4条4200t/d生产线,昌河汽车有限公司年产10万辆整车、15万台发动机项目,蓝星化工集团星火有机硅厂30万吨有机硅单体扩建工程项目,巨石集团17万吨无碱玻璃纤维池窑拉丝项目,赛得利化纤12万吨差别化粘胶纤维生产项目,萍钢集团九江分公司年产450万吨钢项目,旭阳雷迪有限公司年产2.4G太阳能电池片生产项目,江铜集团20万吨铅、20万吨锌(一期)冶炼项目。至2010年,形成年产500万吨原油、10万吨聚丙烯、30万吨有机硅单体、450万吨钢铁、17万吨玻纤、2000万吨水泥、10万辆汽车整车、15万台汽车发动机、100万载重吨造船、30万吨化纤、2亿件服装生产能力;全市各类电力装机能量达到219.8万千瓦,其中火电装机147万千瓦,水电装机64.4万千瓦。非公规模以上企业完成增加值占全部规模工业增加值67.9%,成为九江工业经济主导力量。工业化进程全面提速,工业化率大幅提升,工业比重1991年为30.2%,2010年46.4%,比1990年增加17.1个百分点。当年九江经济技术开发区升级为国家级经济技术开发区。全市有国家级开发区1个,国家级出口加工区1个,省级工业园区11个。基本形成以沿江临港产业为先导,以现代制造业为基础,突出九江区域优势的新型工业体系。

## 第二节　农业计划管理

1991年,已由原指令性计划改为指导性计划。农业生产计划改为农村经济计划,职能主要是研究农村经济发展战略,衔接平衡农业、林业、水利等发展规划,监测和分析农业、农村经济发展动态,安排农业项目。1993年始,国家启动长江中上游防护林(简称长防林)体系工程建设。1998年洪水过后,国家投资19.5亿元,对长江九江段196千米沿江江堤进行全面整治,成为九江历史上最大的水利工程。另有鄱阳湖区二期防洪工程5个单项工程国家共投资2.852亿元。

2001年始,国家投资1861万元,解决农村饮水困难人口共21.71万人。2003~2010年全市共争取国家投资17544.57万元用于农村沼气建设,建设户用沼气147176户,资金13289.68万元;建设大中型沼气21处,资金2377万元;县级服务站1个,资金20万元。

2007年,中央财政支持3000万元在都昌、湖口、彭泽、九江4县建立优质油菜产业基地,改善4个县油菜生产基础条件。同年,开始实施生猪标准化规模养殖场(小区)建设项目。全市共有68家标准化规模猪场被列为项目实施单位,共争取中央资金2960万元,生猪生产呈稳步发展态势。

至2010年,全市粮食连续7年增产,单产、总产连创历史新高。当年,永修和都昌县被列为全国新增千亿斤粮食生产能力规划田间工程建设项目,中央财政安排项目资金1500万元。油菜生产出现恢复性发展,3年全市单产和总产均超历史。建设养殖小区208处,资金731.19万元。

同期,全市承担长江中上游防护林工程建设任务10个项目县(市、区)及共青城市累计完成长防林工程营造林面积8.67万公顷,其中人工荒山造林2.35万公顷、火烧迹地人工更新造林86.67公顷、低效林改造893.33公顷、封山育林3.36万公顷、中幼林抚育2.86万公顷,国家投资2852.50万元。共完成退耕还林任务8.1万公顷,其中,退耕地造林2.77万公顷,配套荒山造林4.82万公顷,无林地和疏林地封山育林面积0.51万公顷。完成中央总投资77310.71万元,其中种苗费(国债资金)7033万元、现金补助6110.83万元、粮食补助64166.88万元。共争取国家投资8201万元用于林业血吸虫防治工程。全市共建有各类水库1239座,山塘44052座。列入国家病险水库除险加固专项规划中型水库20座,小(1)型水库118座,小(2)型水库725座。国家还投资1.92亿元,解决农村饮水安全人口和基本安全人数达189.38万人。

## 第三节　社会事业管理

### 一、教育事业

1991年,全市有普通高校5所,根据1993年《中国教育改革和发展纲要》,从1994年开始,实行招生"并轨"、缴费上学和"自主择业"改革试点。至1997年,所有高校基本完成并轨招生,毕业生就业实行自主择业、双向选择,标志着高校招生就业制度从计划状态转变到市场状态。中小学招生计划由市教育局管理。1998年,国家实施积极财政政策,扩大内需,发行长期建设国债以来,全市相继实施农村中小学危房改造工程。2002年,九江师专、医专、财专和教育学院4校合并,组建九江学院,改变九江无本科院校的历史。至2005年,中央扶持4739万元,改造危房面积57.2万平方米。随后,全市相继实施农村寄宿制学校建设工程、优质高中建设工程、农村初中校舍改造工程和中等职业教育基础能力一期建设工程。都昌、修水、永修、星子、瑞昌5县(市)55所寄宿制农村中小学得到中央扶持3260万元,新建校舍6.84万平方米。7所县城省级重点中学实际完成投资3亿元。至2009年,4年中央扶持修水、武宁、瑞昌、德安49个乡镇初中建设生活设施项目4870万元。至2010年,上级扶持14个中职学校3535万元。同时九江外国语学校新校区一期工程建成;九江一中八里湖新校区和九江科技中专新校区主体工程基本建成。全市普通高校发展到8所。

## 二、医药卫生事业

1995年,九江成为国务院确定的全国最早2江(九江、镇江)医改试点城市之一,为全国医保体系改革做了有益探索。2008年始,相继启动市中医院南院和市一医院八里湖分院的建设。2009年6月,全市深化医药卫生体制改革工作启动。至2010年年底,按照“保基本、强基层、建体制”医改工作要求,基本医疗保障制度建设稳步推进,城镇职工和城镇居民参保率分别达95.1%、99.03%,超过当年省下达90%目标任务,新农合参合率97.8%,超过省下达92%目标任务;国家基本药物制度2010年12月1日在全市所有乡镇卫生院和政府举办的社区卫生服务机构实施;医改多渠道补偿机制进一步完善,市县两级两年财政配套医疗卫生补助资金3.04亿元;城乡卫生服务体系进一步完善。中央预算内资金和省基建安排建设资金3.16亿元,重点扶持2所市级医院、12所县级医院、28所中心乡镇卫生院、33所村卫生室、6个城市社区卫生服务中心项目;疾病预防控制体系、医疗救治体系、卫生监督体系建设得到完善加强;公共卫生服务逐步均等化工作有序推进。德安县人民医院作为全市公立医院改革试点相关工作取得突破。

## 三、劳动和社会保障

1991年以来,随着逐步打破企业“铁饭碗”制度,开始改革用工和就业制度,按市场规律配置劳动力,逐步取消指令性安置计划指标,下达指导性计划,实行控制失业率办法,简化求职登记手续,拓宽就业政策,城镇失业率控制在限度以下。1992年,全面贯彻落实国务院《关于做好劳动力就业工作的通知》,逐步建立起“国家宏观调控、城乡协调发展、企业自主用人、个人自己择业、市场调节供求、社会提供服务”就业新格局。2005年,市政府《关于印发进一步加强就业再就业工作实施意见的通知》颁布后,按照“坚持劳动者自主择业、市场调节就业、政府促进就业”方针,市、县、乡、村(社区)四级就业服务网络得到健全,政府将非公有制作为扩大就业主渠道。同时,通过不断加大工作力度和完善政策法规,养老保险、医疗保险、工伤保险、失业保险覆盖范围扩大。2010年年底,社保参保总人数比1990年翻两番,社会保险体系枢架基本形成。

## 四、文化、体育、计划生育事业

1991年以来,随着经济快速发展,市文化体育事业取得长足进步,基础设施条件大为改善。2004年,新市图书馆项目投入使用。自2007年开始,争取国家、省扶持资金2728万元,对覆盖全市171个乡镇文化站按照标准化要求进行建设。2010年9月,市体育中心建成。同年,市博物馆新馆开工,市文化艺术中心项目前期工作同期开展。至2010年末,所有乡镇文化站均建成投入使用。实施《全民健身计划纲要》,全民健身运动如火如荼。对人口自然增长率、新增人口等指标除继续实行指令性计划管理外,还实行计划生育“一票否决制”,有效地控制人口增长。

# 第四节　投资项目与重点工程管理

## 一、投资项目建设管理

“八五”计划时期,全市加大固定资产投资投入力度,5年累计完成固定资产投资87.6亿元,相当于1949年至1990年固定资产投资总和的近2倍。全市共实施国家和省、市重点工程项目32个,总投资85亿元,相当于整个20世纪80年代投资总和的3倍。京九铁路、武九铁路、九江长江大桥、昌九汽车专用公路、五千吨级外贸码头、新客运码头、民航机场等一大批交通骨干工程先后建成,建成二级公路、县乡油路217.5千米,实现县县通油路。九江电厂二期、东津电站、妙智、共青220千伏变电站等一批电力工程相继完工。星火化工厂万吨有机硅工程、九江啤酒厂3万吨啤酒工程、洋鸡山金矿、香炉峰钨矿等竣工投产。完成电信枢纽大楼、万门程控电话、数字微波和宁汉光缆一级干线以及到各县(市、区)的程控电话交换工程,邮电通信率先在全省实现“两化”和城乡并网升位。市区内大中大、九九、十里等大型商场项目相继建成,城市面貌明显改观,长虹大道、西二路、环城路等一批城市主干道扩改任务基本完成,一大批高层建筑拔地而起,旧城改造、新区开发进一步加快,城市骨架正在拉开,综合功能增强。

“九五”计划时期,全社会固定资产投资规模进一步扩大,5年累计完成固定资产投资165.3亿元,较“八五”计划时期增长88.6%。受亚洲金融危机、1998年特大洪水等不利因素影响,1997年、1998年全市固定资产投资有所放缓,分别出现10.45%和11.72%的负增长。1998年起,实施积极的财政政策,固定资产投资恢复快速增长。五年间,完成重点建设项目21个,工业技改项目196个。京九铁路九江段、九江新客站、民航机场一期、昌九公路复线、九瑞和大机二级公路、西二路立交桥、电厂二期、第三水厂、赣鄂50万伏输电线路、共青和市中22万伏变电站、共青国家粮食储备库、900兆移动通信、武宁盘溪和修水茶子岗电站等一批基础设施建设相继完成。浔阳蔬菜、粮食、京九等一批专业批发市场相继建成,台资亚东水泥一期及香港其士大酒店等外资项目投产运营。九景高速公路、湖口大桥、外贸码头二期、电厂三期、乌石矶粮库开工建设。加快县乡公路建设,改造等外公路482千米,新修油路330千米,实现县县通油路、139个乡镇通油路。投入城市基础设施建设资金17亿元,其中直接用于市政道路建设5.94亿元,市区新建、改造道路142万平方米,建成庐山南路和人民路立交桥,完成长虹大道、十里大道、滨江中路、长虹北路、庐山北路、环城北路、甘棠北路、庐峰北路、人民路等干道的拓宽,加快前进东路、西二路等路段的建设,初步形成市区环线道路网络。

“十五”计划时期,固定资产投资由2000年的44.77亿元增加到2005年的192.91亿元,年均递增33.6%,5年累计完成固定资产投资581.33亿元。二产投资总量放大,占总投资50.8%,三产比重明显增大,占总投资47.5%,民间投资在固定资产投资中的比重由10.2%上升到50.7%,利用内外资总量占全社会投资的比重达到66%,投资多元化趋势明显,标志着全市经济自主增长机制逐步形成。五年间,100个重大项目累计完成投资120多亿元,新建高速公路93.3千米,鄱阳湖大桥、九景高速公路开通,环庐山公路、都蔡公路通车,武九复线扩能提速工程竣工,铜九铁路开工建设,完成农村公路建设里程5837千米。建成电力装机104万千瓦,九电三期建成投产,柘林电厂扩建改造工程完成,抱子石电站并网发电,农村电网改造、县城网改造工程全面竣工。九江国际水运中心通过扩能改造,集装箱通行能力达到10万个标箱。10万吨有机硅、4600吨气相二氧化硅等项目开工建设,绿冬丝科、华林特种钢、昌铃汽车、铃木发动机、仪长原油管道九江段等项目竣工。城市化步伐加快,城镇化率达到37.6%。教育投入力度加强,加快实施农村中小学危房改造,初步建成共青高校新园区,新建九江学院,完成教育投资56.2亿元,新增校舍80.7万平方米,改造危房61万平方米。

“十一五”计划时期,抓住国家实施中部崛起战略和进入重化工业阶段历史机遇,不断加大投资力度,拉动全市经济快速增长。5年累计完成固定资产投资2627亿元,年均增长36.1%,5年增长3.67倍。完成交通设施投资300亿元,综合交通现代化进程加快,铜九铁路、昌九城际铁路和武吉、彭湖、九瑞高速建成通车,铁路和高速公路运营里程分别增加到350千米和374千米。改造316国道、柯龙线修水段等国(省)道277.5千米。新增3000吨级以上泊位12个,新增吞吐能力1280万吨,城西港区30万标箱集装箱码头建成投运。长江二桥开工建设,九江机场顺利复航。九昌樟成品油管线基本建成,“西气东输”“川气东送”九江段建成投运。都昌矶山湖、星子大岭、庐山区长岭等风电项目并网发电,彭泽核电前期工作进展顺利。改造农村公路5400千米,渡改桥73座,完成510座小(二)型以上病险水库除险加固,基本实现村村通油(水泥)路、通广播电视、通电话、通宽带,农村生产生活条件进一步改善。

## 二、重点工程建设管理

1996年,确定19项重点工程,分别是九江大化肥、九江电厂三期、九江安居工程、九江煤气工程、九江第三水厂、乌石矶粮库、龙开河开发工程、城市防洪工程、九威大道、九江新火车站广场、外贸码头二期、邮政枢纽工程、九江新火车站站房、九江民航机场候机楼、大机路、城区电网改造、西二路立交桥、省农资化肥仓库、九景公路等项目,项目总投资为121亿元,当年完成投资37.52亿元。

1997 年,确定 25 个新建、续建项目为市重点工程,其中,九江安居工程、九江新火车站广场、人民路立交桥、西二路立交桥、邮政枢纽工程、九江民航机场候机楼等工程先后竣工,投入使用。

2004 年,市政府下达 22 个重点建设项目,总投资 144.9 亿元,其中计划建成项目 4 个,续建项目 6 个,计划新开工项目 12 个,在 22 个重点建设项目中是省重点工程的有 6 个。22 个重点建设项目主要有抱子石水电站、赛得利金鹰集团、环庐山南山公路、九江学院教学用房、昌河九江微型车厂、昌河 k 系列发动机、武九铁路复线(江西段)、1998 年抗洪广场、湖口金沙湾钢铁、星火有机硅扩建单体生产线、亚东水泥三期、铜九铁路(九江段)等项目。

2005 年,市政府出台《关于开展 100 个重大项目实施意见》,通过着力推进 100 个重大项目会战,进一步夯实基础,加快发展,早日实现九江在江西率先崛起的目标。100 个重大项目中续建项目 36 个,新建项目 64 个,每个项目投资额均超过 5000 万元以上,其中工业项目全部超过亿元以上。工业项目个数 51 个,工业项目投资 166 亿元。

2006 年,市政府下达年度市重点建设项目和实施市区 100 个项目。市重点建设项目共 38 个,主要有武宁县下坊水电站、彭泽之江化工和翔升造船、瑞昌凤竹纺织和梅花伞业、都昌老爷庙风电、共青挪宝电器、星子思麦博运动用品、九江出口加工区、永修星火有机硅 10 万吨有机硅单体生产线和卡博特年产 4800 吨气相二氧化硅、铜九铁路、九瑞高速、昌九城际铁路、永武高速等项目。

2007 年,继续实施重大项目战略,全年安排 48 个重点建设项目,其中工业项目 28 个,基础能源项目 9 个, 其他项目 11 个; 总投资达 425.76 亿元, 其中工业项目投资 238.73 亿元, 基础能源项目投资 148.15 亿元,其他项目投资 38.88 亿元;工业项目主要有江洲联合造船有限公司、九江钢厂年产钢 400 万吨、金鸡窝银铜矿、鑫山水泥二期、立峰纺织十万纱锭、志高空调、红鹰飞机制造有限公司、赛得利(江西)化纤有限公司二期扩建工程等项目,基础能源项目主要有九瑞高速、中石化九江—南昌—樟树成品油管线工程、九江港阎家渡集装箱码头、铜九铁路、214 码头改(扩)建、316 国道改造等项目,其他项目主要有市医疗废物集中处理工程、市鹤问湖污水处理厂一期工程、市城市生活垃圾处理工程、柘林湖国际温泉度假村、市体育中心等项目。

2009 年,有 29 个项目列入省重点建设项目,其中计划建成投产项目有中电投长岭风电、国电投大岭风电等 3 个,续建项目有九瑞高速、彭湖高速、昌九城际铁路等 18 个,新开工项目有永武高速、九江长江公路大桥等 6 个,预备项目 2 个,项目总投资 462.62 亿元。

2010 年,有 25 个项目列入省重点建设项目,其中计划建成投产项目有九瑞高速、彭湖高速、昌九城际铁路等 8 个,续建项目有永武高速、九江长江公路大桥、江铜城门山二期扩建工程、江铜集团 40 万吨铅锌冶炼项目等 11 个,新开工项目有九江电厂“上大压小”1 台 60 万千瓦机组及外送配套电网工程,江西亚东水泥有限公司第五、六条生产线等 3 个,预备项目 3 个,项目总投资 993.94 亿元。

# 第三十四篇

# 招 商 引 资

# 第三十四篇　招商引资

20世纪90年代以来，投资成为拉动九江经济增长主要动力，招商引资则成为拉动投资促进经济发展有效手段。2009年，市委、市政府明确提出“强化重商之识、提高招商之效、打造安商之地，把招商引资作为经济建设的生命线来抓”。自此，九江以大开放为主战略，以工业化为核心，以招商引资为主抓手，以工业园区为载体，制定投资优惠政策、资金引进奖励政策，改善和优化投资环境；加强引资平台建设，利用境外资金和境内市外资金质量提升；加强对外经济技术合作；组织招商活动，广泛对接客商，积极洽谈项目，通过形式多样招商方法，取得显著成绩，促进产业集聚，企业做大。先后引进萍钢九江钢厂、旭阳雷迪、理文造纸、理文化工、星火有机硅、昌铃汽车、江铜铅锌冶炼、攀森镍粒合金、彭泽核电、佳能数码、赛龙手机等一批主营业务收入过百亿或有望过百亿大项目，初步形成钢铁、非金属新材料、石油化工、有色冶金、纺织服装、汽车船舶、电子信息、新能源、节能电器、绿色食品十大产业集群，有力促进九江经济发展。20年来，累计实际利用外资39.66亿美元。到九江投资有中国港、澳、台地区和美、英等50多个国家，遍及国民经济各个行业。累计引进市外内资合同项目15299个，实际引进资金1774.54亿元。对外投资亦达欧洲、非洲、南美洲、东南亚和中东等10多个国家和地区。

# 第一章　资金引进

## 第一节　政策措施

### 一、投资优惠政策

2002年,市政府印发《关于进一步鼓励外商投资的暂行办法》,规定税收优惠和用地优惠,凡在市内生产性外商投资企业,减按24%税率征收企业所得税。对经营期在10年以上的,从获利年度起,2年免交、3年减半征收企业所得税。国家鼓励类外商投资企业,在现行税收优惠政策执行期满后3年内,减按15%税率征收企业所得税。对产品出口企业在依照规定免征、减征企业所得税期满后,凡当年出口产品产值达到企业总产值70%以上,可继续减半征收企业所得税,但减半后税率不得低于10%。外商投资兴办先进技术企业,在规定减免企业所得税期满后,可延长3年减半缴纳企业所得税。对从事农、林、牧业的外商投资企业,在享受免征、减征企业所得税待遇期满后,经企业申请、省国税局批准后,可在以后10年内继续按应纳税额减征15%~30%企业所得税。对新开发荒山、荒地上生产农业特产品的,自有收入时起免税1~3年;对在新开发河滩、水面上生产农业特产品,自有收入时起免农林特产税1年。外商投资企业中国外投资者,将从企业取得利润直接再投资该企业,增加注册资本,或作为资本投资开办其他外资企业,经营期不少于5年的,经投资者申请,税务机关批准,可退还其再投资部分已缴纳所得税40%税款。若再投资举办、扩建产品出口企业或先进技术企业,可全部退还再投资部分已缴纳所得税税款。

2007年1月15日,市政府出台《关于进一步鼓励外商投资的意见》,从用地、税收、园区、用工、奖励等方面出台具体鼓励外商投资办法。2008年9月10日,市政府颁布《关于进一步鼓励投资促进开放型经济又好又快发展的若干意见》,从投资审批服务、投资者待遇、项目用地、劳动用工、税收优惠、规费减免、奖励措施等方面制定具体优惠政策。建立市投资服务绿色通道,组建市、县(区)两级客商投资代理服务中心,无偿代办相关行政审批手续。放宽市区和各县(市)城区入户条件,外商、管理人员和技术性骨干可根据国家有关政策在市区(城区)或城镇落户,经所在单位申请,允许其本人、配偶和未成年子女在市区(城区)或城镇落户,具有中专以上学历或中级以上专业技术职称人员,或市区(城区)各企业、事业单位引进具有初级职称以上各类科技、管理人员,允许其将户口落在市区。在市区连续营业半年以上、有固定住所的个体工商户,允许其本人、配偶和未成年人子女在市区(城区)落户。对新办石油化工业、船舶汽车及其他制造业、电力能源业、纺织服装业、冶金建材业等主导产业、高新技术产业和列入市以上重点工程工业项目,除国家、省规定收取的行政事业性规费以及证照工本费外,凡市政府有权减免的行政事业性收费一律减免收费。

### 二、资金引进奖励政策

**对引资者个人奖励政策**　2004年4月5日,市委、市政府印发《九江市利用外资项目引荐奖励办法》,规定凡境内外中国公民(含港澳台同胞)、外国公民、团体及中介组织,除本市公务员、项目投资外方股东及董事外,都可以作为本市可申领利用外资奖的引荐人。引荐外资投向《外商投资产业指导目录》鼓励类项目和《中西部地区外商投资优势产业目录》项目,由受益财政按实际投入固定资产部分(最多不超过注册资本)5‰给予奖励(除贷款外)。其他项目(房地产项目除外)由受益财政按实际投入固定资产部分(最多不超过注册资本)2‰给予奖励(除贷款外)。引荐外资投向《外商投资产业指导目录》鼓励类项目和《中西部地区外商投资优势产业目录》项目在1000万美元以上,由受益财政按实际投入固定资产部分(最多不超过注册资本)6‰给予奖励(贷款除外)。每笔奖金分二期发放,第一期在项目开工建设,厂房和设备安装完毕,引荐人提交全部有效材料后一个月内发放 50%,,其余在第一期奖金发放满一年并经复验后发放。复验时发现投资人抽资或撤资,引荐人必须退回多领的资金。2008 年 9 月,市政府颁布《关于进一步鼓励投资促进开放型经济又好又快发展的若干意见》,规定引荐外资投向《外商投资产业指导目录》鼓励类项目和《中西部地区外商投资优势产业目录》项目,由受益财政按实际投入固定资产部分 5‰给予奖励(除贷款外),除房地产项目外的其他项目由受益财政按实际投入固定资产部分 2‰给予奖励(贷款除外);引荐外资投向《外商投资产业指导目录》鼓励类项目和《中西部地区外商投资优势产业目录》项目在 1000 万美元以上,由受益财政按实际投入固定资产部分(最多不超过注册资本)6‰给予奖励(贷款除外);为工业园区引进社会资金和项目的单位或个人(不含公务员),在企业取得效益后,根据企业贡献大小,由受益财政按企业当年上缴税收地方所得部分 5%~8%给予一次性奖励;外商投资企业连续 3 年年实际纳税额达 200 万元人民币以上或企业当年实际纳税额达 500 万元人民币以上的,受益财政另给企业法人代表按所纳税额地方所得部分 1%给予奖励。

**对投资企业奖励政策**　2002 年 9 月,市政府印发《关于进一步鼓励外商投资的暂行办法》,规定对外商投资在 500 万美元以上新办工业企业,从投产当年起,其所缴纳增值税额地方留成部分前 3 年由受益财政按 50%奖给企业用于扩大再生产固定资产投资。2008 年 9 月,市政府颁布《关于进一步鼓励投资促进开放型经济又好又快发展的若干意见》,规定在九江投资企业,产品创省著名商标和省名牌产品的,由受益财政一次性奖励 5 万元;创国家驰名商标和中国名牌产品的,由受益财政一次性奖励 50 万元。当年获多项奖励按最高单项标准奖励。对新建立博士后流动工作站、省级和国家级实验室、技术中心的企业,经有关部门验收后,由受益财政一次性分别奖励 5 万元、10 万元和 20 万元,用于研发机构建设。在九江投资企业,按合同达产达标后,10 年内税收地方所得部分每增加 100 万元奖励 2 万元。

## 三、招商引资工作制度

2004 年,市委、市政府印发《关于进一步强化招商引资奖惩措施的若干实施办法》,对各县(市、区)及九江、共青开发区和市直目标责任单位招商引资实行年度考核奖励。对获综合考评前三名的县(市、区)和前三名的市直目标责任单位,由市财政一次性分别奖励 10 万元、9 万元、8 万元;获奖县(市、区)党政一把手和市直目标责任单位主要负责人,按获奖名次分别奖励 1 万元、9000 元、8000 元。对党群部门,市人大、市政协、九江军分区、市纪委机关和驻市中央、省属单位等未下达目标任务,但有招商引资实绩部门和个人参照奖励条例予以奖励。对各县(市、区、山)及九江、共青开发区和市直目标责任单位,将招商引资实绩作为考核干部重要依据,对未完成全年任务的县(市、区)和市直目标责任单位实行“三不准”:单位不准评优、单位主要负责人不准评先、市直目标责任单位不准发第十三个月的工资。各县(市、区)及九江、共青开发区实行目标考核管理。各县(市、区)明确 1 名党政主要领导侧重抓开放型经济工作。市外经贸委、市招商协作局每半年就各地招商引资情况进行考核,并将排位情况在九江电视台和九江日报上公布。年底对完成任务且排名前两位的县(市、区、山)和市直责任单位主要负责人,在九江电视台、九江日报上进行专题报道并介绍经验;未完成年度目标任务的县(市、区、山)党政主要领导和市直责任单位主要负责人,要向市委、市政府主要领导说明原因,排名最后两名的县(市、区、山)党政主要领导和市直责任单位主要负责人还要在九江电视上做出说明,并公布改进措施。2005 年 5 月,市政府印发《2005 年市六条线招商引资目标考核办法》,将重大基础设施领域、工业领域、农业领域、旅游商贸领域、科教文卫领域、涉外工作领域 6 条线纳入招商引资考核目标管理。2005 年 8 月,市政府印发《关于印发构建大开放实施方案的通知》,要求高扬和谐与发展两面旗帜,坚定不移地以经济建设为中心,大力发展开放型经济,坚持以大开放为纲,全面推进大工业、大物流、大旅游和城市大建设,千方百计招商引资,扩大外贸出口,不断开拓外经领域,实现全市开放型经济跨越式发展。方案提出具体目标任务:到 2010 年,利用外资年均递增 20%,达到 7.46 亿美元,累计达到 26.8 亿美元;实际利用市外 500 万元以上工业项目资金年均递增 20%;达 336 亿人民币,累计达 1206 亿人民币;外贸出口创汇年均递增 55%;达 10 亿美元以上,累计达25亿美元以上;对外劳务合作年均递增25%,合同额达1465万美元,营业额达1282万美元。同时明确进一步加强领导,健全工作机制。加强对招商引资工作领导,充分发挥开放型经济领导小组作用,各级政府和各有关部门主要领导要亲自会见和拜访客商,亲自参加洽谈项目,亲自督促项目开工,脚踏实地,切实解决招商引资中存在的问题。开放型经济工作部门要全力以赴抓招商引资,经济工作部门要集中精力抓招商引资,综合部门要做好招商引资的保障工作,真正形成全社会都来关心招商引资氛围,做大做强全市开放型经济。同时,建立重大项目推进机制。建立重大项目调度推进制度。由市开放型经济领导小组每月召开一次重大项目调度分析会,解决影响重大项目落户、开工以及急需解决的问题,以此推进重大项目建设;建立重大项目现场办公会制度,每个月召开一至两次重大项目现场办公会,及时解决企业在开工建设中遇到的各种问题;建立健全项目跟踪督查制度。加强对项目进度的跟踪和督查,促使项目早日落户。对于互相推诿、刁难设障、拖延时间、顶着不办的单位和责任人要通报批评,造成很坏影响的要追究责任,严肃处理。

## 第二节 投资环境优化

### 一、政策环境

1992年7月,设立九江经济开发区,2001年设立工业园区后,市委、市政府即向园区下放权力,理顺园区体制,使园区享有充分发展自主权,激发园区发展活力。给九江开发区松绑,下放浔阳区、庐山区工业集中区内规划和土地封闭运行权利,调动“三区”积极性。梳理市级审批权,对一些规模不大、对环境影响不大项目的环评审批权,安全危害性不明显项目的安评审批权,项目(工厂)区内的单体建筑规划权等,下放给县(市、区)和园区。树立政策扶持导向。2008年9月,出台《关于进一步鼓励投资促进开放型经济又好又快发展的若干意见》,涵盖投资审批服务、投资者待遇、项目用地、劳动用工、税收优惠、奖励措施等方面,全面规范市内招商引资优惠政策。制定《关于建立九江市重大项目绿色通道的意见》,免费负责投资客商需要代理服务的项目,真心诚意为项目、为客商服务。市级和各县(市、区)客商投资代理服务中心全部运行。出台园区落户产业扶持政策,引导关联产业落户相应园区。对按规定落户园区的产业给予扶持奖励,对违反政策和产业规划园区要实行制约手段。落实鼓励全民创业措施。营造创业氛围,制定鼓励全民创业政策。支持鼓励返乡创业,加大返乡创业成功人士先进典型宣传报道力度,完善帮扶返乡人员创业政策和举措,定期举办返乡创业人员交流活动,每年召开一次返乡创业先进典型表彰大会,对返乡创业的先进典型给予重奖。为企业减轻负担。加大财政扶持力度,在税收减免、贷款贴息等方面给企业实实在在的扶持,帮助企业度过时艰。深入调研,帮助符合政策条件企业在项目资金申请、发行企业债券、项目策划包装、推进上市融资等方面争取政策支持。

### 二、办事环境

1991年来,发挥行政服务中心作用。将各职能部门审批权限归集到行政服务中心窗口,实行首席代表制,确保各项审批事项在行政服务中心全部办结。改进完善项目审批机制,建立完善重大项目联审联批制度。对重大项目排好座次,由市、县领导分别召集相关部门会审,实行联审联批制度,减少中间环节,开辟重大项目落户绿色通道,当场办理,限时办结。加强对服务单位督察。制定《九江市开放型经济服务单位督察办法(试行)》,向服务单位下达责任书,明确服务标准,规范办事程序,缩短办事时间,提高办事效率。畅通政企沟通渠道。确保企业诉求能及时反映到领导层面,并得到妥善解决。在市商务局专门设立招商引资服务热线和信息热线,采取信件受理、网络受理、电话受理等方式,并在电视台、九江日报、浔阳晚报等媒体集中宣传。热线收集投诉意见形成专报,定期向市主要领导汇报。使投诉案能够得到及时处理,历年积案也得到妥善解决。强化政府与商会定期沟通机制。建立与九江6个商会沟通机制,每月定期上门征求意见,梳理问题,解决问题,使一些影响投资环境的人和事以及投资环境中存在的问题得到处理，畅通招商引资信息，发挥商会在九江经济建设和发展中的作用，促进商会资源与招商引资有效对接。

### 三、法制环境

**规范行政行为** 1991年来，市委、市政府相继出台《关于规范领导干部从政行为提高工作效能的若干规定》和《九江市招商引资环境建设工作有关规定（简称八不准）》，从治官场环节入手，为招商引资创造良好环境。

**规范市场行为** 1991年来，规范市场准入，限制恶性竞争，积极鼓励、支持使用本地企业产品，扶持帮助本地企业发展。出台《关于集中整治和规范市场经济秩序优化经济发展环境的意见》，用实实在在的整治效果来发动教育群众，惩治违法违纪人员，打击黑恶势力，打造统一开放、公平竞争市场环境。

**优化执法环境** 1991年来，加大对权力寻租和趋利执法现象打击力度，坚决查处办案不公、徇私办案等不法行为，完善行政权力运行机制，堵塞权力寻租和趋利执法的漏洞。对项目落户过程中相关职能部门收费，实行按最低收费标准减半征收，明码标价，对外公开，杜绝职能部门漫天要价、客商讨价还价的不良现象。建立入园检查批准制，相关职能部门到园区企业检查，必须首先告知企业服务责任单位，由责任单位报园区办审核，由分管园区的市（县）领导审批。对确无必要、擅自入园检查的部门，企业有权拒之门外。

## 第三节 引资平台建设

### 一、香港经贸活动周

2002年5月23~24日，市长王忠武率团在香港举办2002九江（香港）投资洽谈推介会。2003年8月1~3日，市委副书记、常务副市长李放率团出席九江（香港）招商引资项目推介会。2004年4月14~17日，常务副市长李放、副市长冯静率团在香港举行九江（香港）企业家恳谈会，其间签约项目19个，投资总额达8.52亿美元，其中合同外资6.7亿美元，协议外资1.82亿美元。2005年4月11~13日，副市长冯静出席九江（香港）文化旅游领域专题招商引资项目推介会，签约文化旅游项目3个，签约金额4800万美元。2006年6月26~30日，市长蔡晓明率团举办九江（香港）招商引资暨经贸合作活动周，共签约32个项目，投资总额7.5亿美元。2007年5月20~25日，市长王萍率团举办九江（香港）招商引资活动周，签约项目27个，签约金额14.72亿美元，其间还举办九江（香港）沿江开发、文化旅游发展新闻发布会暨项目签约仪式，与香港贸易发展局共同举办“透过香港，走向国际”九江企业家辅导班，49名九江企业家参加活动。2008年5月9~14日，市长王萍率团举办九江（香港）招商引资活动周，签约项目21个，签约金额8.1亿美元，并举办九江（香港）产业对接撮合会。2009年5月18~22日，市长曾庆红、市委副书记张学军和副市长熊永强率团举办九江（香港）招商引资活动周，签约项目27个，签约金额141.06亿元，并举行九江（香港）企业家座谈交流会。2010年5月24~28日，市委书记钟利贵、副书记张学军、副市长熊永强率团举办九江（香港）招商引资活动周，签约项目27个，签约金额24.05亿美元。

香港经贸活动周是省打造10年之久合作平台与增进了解的盛会，该活动成为九江坚持大开放主战略重要标志。通过连续10年不间断在香港开展“魅力九江”经贸交流活动，共签约项目114个，签约金额114.45亿美元。不仅引进理文造纸、勤得洋伞、奥特莱斯、华孚纺织、庆腾五金和庐山国际高尔夫球场等重大项目，而且九江良好投资环境和人文环境，让这些大公司纷纷追加投资、扩大项目规模。如香港理文在瑞昌投资100亿元建设造纸项目后，又投资60亿元建设理文化工项目。至2010年，香港投资企业共264家，占境外总投资项目53.5%；总投资23.2亿美元，占境外总投资51.9%。

## 二、赣台经贸合作研讨会

2003年以来,由国台办、省政府共同举办每年一次的赣台经贸合作研讨会,为大陆中部地区规模最大对台经贸交流盛会之一。2004~2006年连续3年由九江市在庐山承办,2004年赣台(九江·庐山)经贸合作研讨会邀请49个台商团组816名台商参会,参会总人数2000余人。2005年赣台(九江·庐山)经贸合作研讨会,中共中央政治局委员、国务院副总理吴仪到会并讲话。研讨会邀请57个台商团组1186名台商参会。台湾上市、上柜公司123家到会,其中排台湾前100名大企业主20多位。2006年赣台(九江·庐山)经贸合作研讨会,中共中央政治局常委、全国政协主席贾庆林出席会议并讲话。研讨会邀请100多个台商团组1756名台商参会,其中有148家为大公司、大财团董事长、总经理,台湾六大工商团体理事长均到会。落户九江的亚东水泥、金淞电器、正瀚电子、铨讯电子、思麦博运动器材等一批项目都是通过赣台经贸合作研讨会平台引进。通过这一平台,到市投资台湾企业101家,占比20.4%;总投资10.1亿美元,占比22.6%;实际利用外资5.4亿美元,占比21.1%。至2010年,实现营业收入29.5亿元,税收1.36亿元;用工约14000人。

## 三、新加坡"以球为媒"招商平台

2005年8月9~13日,市长蔡晓明率团到新加坡开展2005年中国·九江(新加坡)经贸活动。8月12日举办中国·九江(新加坡)招商项目推介会,邀请到会客商200余人,签约项目7个,合同外资1.9亿美元。并成功举办高尔夫球友谊赛,进一步加深与新加坡工商界人士洽谈合作。2006年6月16~18日,在九江共青城举办港澳台(九江·共青)高尔夫球邀请赛,邀请中国港澳台、日本以及东南亚等地区和国家40多名重点客商参加比赛。把邀请赛办成沟通港澳台友谊桥梁,并建立起九江与新加坡长效联系机制。2007年5月9~14日,市长王萍,常务副市长赵东亮,副市长张华、李伟率团到新加坡开展经贸交流活动,创新招商引资平台建设,采取以球会友、以球为媒形式,举办九江(新加坡)高尔夫球友谊赛,邀请48位新加坡工商企业界嘉宾参赛。并于5月12日在新加坡举行项目说明会,邀请260多位新加坡工商企业界嘉宾参会。新加坡经贸活动期间,达成27个意向性投资项目,其中工业类项目17个,农业类项目3个,基础设施类项目3个,旅游类项目4个。至2010年,新加坡到市投资企业14家,占外商投资总比2.8%;总投资4.17亿美元,占比9.3%;实际使用外资1.3亿美元,占比5.1%。至2010年,实现营业收入14亿元,税收2113万元;用工约1150人。

## 四、"北京会"

2002年起,通过北京会加强与央企和行业龙头企业合作对接,每年全国"两会"召开前夕在北京召开。2002年11月22日,市委书记刘积福,市长王忠武,市委副书记林兴富、副市长冯静率团在北京举办"九江之春——北京国际合作交流会",邀请世界500强、央企负责人100余人参会,推介项目17个。2003年3月2日,市委书记刘积福,副市长冯静率团参加省政府举行的"江西与全国政协港澳委员、知名企业家委员共谋发展联谊会",共签约项目5个,签约金额17.6亿元。2004年3月2日,市委副书记张华东率团对接北京地区民营企业家,签约项目6个。2005年3月3日,市委书记刘积福,市委副书记、常务副市长李放率团举办"2005九江(北京)知名企业家恳谈会",邀请世界500强、央企负责人183人参会,其中世界500强企业38家。2007年10月8日,市长王萍、副市长熊永强率团举办"2007九江(北京)大型国有企业对接会",邀请到会客商60余人。2008年3月2日,市长王萍、副市长刘建平率团举办九江(北京)重点产业招商项目推介会,省长吴新雄出席,并在会上推介宣传九江,邀请世界500强和知名企业共160余人参会,达成各类合同和意向项目22个,其中合同项目4个,总投资17.3亿元,意向项目18个,总投资42亿元。2009年3月2日,市长曾庆红,市委副书记张学军,副市长刘建平、熊永强率团举办九江(北京)重点产业招商项目推介会,邀请世界500强和驻京大企业、大集团知名企业近120多位客商到会。签约项目13个,签约金额31.9亿元。2010年3月2日,市长曾庆红,市委副书记张学军,副市长刘建平、熊永强在北京举办九江市服务企业投资座谈会，邀请世界500强和驻京大企业、大集团知名企业近200多位客商到会。共签约项目18个，合同资金95亿元。通过"北京会"招商活动平台，稳固与驻市中央企业关系，积极营造吸引中央企业投资九江良好环境。中电投矶山湖风电项目、长岭风电项目、大岭风力发电项目等环鄱阳湖区域风能项目，中粮集团年产30万吨植物油生产线及相关配套设施项目，化工集团投资80亿元永修40万吨有机硅单体和24万吨下游一体化项目，石化总厂800万~1000万吨炼油扩能项目，中信集团投资120亿元庐山西海国际休闲欢乐世界等项目落户九江。

## 五、区域经济合作平台

1991年前，九江市为长江沿岸中心城市经济协调会29个沿江成员市之一；南京区域经济协调会20个成员市之一；武汉经济协作区31个成员市之一。1996年6月，闽浙赣皖福州经济协作区成立，九江市成为14个成员市之一。

2003年，市相继承办南京区域经济协调会市长联席会、闽浙赣皖福州经济协作区市长联席会。10月，南京区域19城市在九江联席会议签订《南京区域十九城市(九江)旅游和约》。这是在全区域第一次推行无障碍旅游和一体化。2004年5月18日，市组团参加在福州市召开的中国(福州)海峡经贸交易会暨首届中国(福建)商品交易会。2005年5月30日，九江(上海)沿江产业带项目推介会在上海市召开。推介会由市招商协作局承办，沿江7个县市区和有关部门主要领导参加会议。同年，九江(北京)·知名企业家恳谈会在九江市召开。10月25日，大京九经济协作带第八届市长联席会在河南省商丘市召开，大会接纳九江市为大京九经济协作带17成员市之一。

2006年4月21日、7月7日，市政府副秘书长叶树国先后与到访的大京九经济协作带联络处主任路智超(山东菏泽)、第八届执行主席方河南省商丘市政府副秘书长谢为彦，协作带联络处秘书长宋益玺就开展大京九经济协作带成员市之间旅游合作进行商洽。8月30日，由省旅游局、省地矿局、市政府主办，港恒旅游发展(九江)有限公司承办的"庐山西海旅游新品牌及温泉开发利用推介会"在南昌举行。同日，副市长冯静率团在东莞国际大酒店举行九江(东莞)项目推介会，此次推介会共达成合同项目12个，项目总投资5.25亿元。9月，九江市参加在长沙举办第一届"中博会"。10月，九江市参加在武汉召开"文博会"。10月25日，长江流域商务协作会第四届年会暨商贸流通发展高层论坛在市远洲大酒店举办，会议秉承"友谊、交流、合作、发展"主题，邀请重庆、南京、武汉、南昌、合肥、扬州、景德镇、新余、宜春、宜宾、安庆等长江流域近50个城市商务局局长(商贸委主任)、部分知名流通企业家代表共150余名嘉宾参加会议。同月，九江市参加在湖北省黄冈市召开的大京九经济协作带第九届市长联席会。南京协作区文联会议在九江市召开。11月3~4日，闽浙赣皖福州经济协作区年度(宁德)市长联席会议在福建省宁德市召开，九江市组团参加。同月27日，市政府主办赣鄂湘皖毗邻区域协作浔阳恳谈会。27~28日，长江协调会第十三次会议在重庆召开，市组团参加。2007年4月28~30日，中国·南京重大项目投资洽谈会在南京市召开，市组团参加。同年，作为执行主席方承办武汉经济协作区第十二次市长联席会议。2008年3月27日，市政府代表团参加在安徽省芜湖市召开的南京区域经济协调会。会议就深化南京区域合作进行讨论，提出许多积极意见和建议。4月，市代表团参加年度中国南京重大项目投资洽谈会。10月，市政府代表团参加在武汉召开的长江沿岸中心城市经济协调会第十四次市长联系会。11月5~6日，参加在安徽省阜阳市召开的第十一届大京九经济协作带市长联席会。2009年5月5日，市政府代表团参加在安徽省马鞍山市召开的南京区域经济协调会。12月，大京九经济协作带暨淮海经济区成员市市政府秘书长(办公室主任)联谊会在亳州市召开。会议就两大经济区域如何创新合作方式、扩大合作领域、拓宽合作渠道，加快交通、旅游、能源、经贸和人才等方面互惠合作，努力提高区域经济整体竞争力进行探讨和交流。2010年，九江市政府组团、组织企业参加中国东西部合作与投资贸易洽谈会、中国乌鲁木齐对外经济贸易洽谈会、中国青海绿色经济投资贸易洽谈会、中国广州博览会、第六届泛珠三角区域合作经贸洽谈会、赣·黔·澳商业配对洽谈会、中国西部国际博览会和在厦门市举行的中国国际投资贸易洽谈会,通过互联网参加中国国际投资贸易洽谈会组委会开办的网上投洽会。同年4月,市政府代表团在湖北麻城召开的大京九经济协作带第十二届市长联席会议上就如何进一步推动大京九协作带旅游资源开发、区域合作、资源共享等议题与兄弟市代表展开研讨洽谈,会议同意组建“大京九经济协作带旅游工作委员会”。5月18~22日,第十二届海峡两岸经贸交易会在福州市举办,市组团参加。12月,市政府代表团参加在黄山市召开的闽浙赣皖福州经济协作区第十二次市长联席会议,会议通过修订后的《福州经济协作区章程》,签署加强服务业发展合作框架协议。

至2010年,市共加入5个经济协作区,分别是长江沿岸中心城市经济协调会、南京区域经济协调会、武汉经济协作区、闽浙赣皖福州经济协作区、大京九经济协作带。

## 第四节 招商方式创新

2005年8月,市政府印发《关于印发构建大开放实施方案的通知》,规定突出招商重点,提高招商引资质量。把握大工业、大物流、大旅游和城市大建设4个招商引资主战场,运用多种招商方式和渠道,加大重点招商领域工作力度。引进世界500强和行业龙头企业。对接美国沃尔玛集团、荷兰RDM集团、新加坡裕朗集团、新加坡港务集团、新加坡(金鹰)集团、日本铃木、韩国日进和台湾远东等世界500强及行业龙头企业,提升九江产业国际竞争力;争取国家大企业和大集团投资,争取国家各部委支持,盯住科技含量高、具有集聚效应的国家重点大项目,促使更多企业在浔落户,优化产业结构和产业升级换代;在引进民营100强企业上寻求突破。由于投资环境或投资成本变化,发达地区一批大型民营企业正在向外拓展,寻找新一轮发展空间。九江主动出击,研究其发展动态,结合自身特点,利用九江区位和资源优势,加大对大型民营企业招商引资力度,形成外商集群、产业集聚和项目在园区集中;加快培育大企业和大集团。从产业指导、政策扶持、优质服务等方面加大力度,加速形成大企业和大集团的快速成长机制。

充分利用四大招商平台,即园区招商平台,抓好工业园区建设,加快完善园区基础设施和服务体系建设,高标准完善园区功能布局,做好“筑巢引凤”文章;出口加工区招商平台,使出口加工区成为招商引资的主战场,吸引赣、鄂、皖加工贸易企业集聚;沿江产业带招商平台,实施沿江产业带规划,认真包装沿江产业项目,并对外进行招商;“昌九”工业走廊招商平台,加快“昌九”工业走廊的建设,延伸走廊产业链,优化走廊产业结构,扩大对外招商成果。坚持从节约资源、保护环境和循环经济中求发展。

改进招商方式,开展专业化招商、产业链招商,按照“专业、精干、高效”的原则,组成具有专业水平和较高素质的招商队伍,分专业包装好项目,开展针对性招商;在科学的产业规划指导下,把园区龙头企业和配套产业的招商作为重中之重,加快形成工业园区,特别是新设立的出口加工区的产业聚集效应,推动政策招商向产业招商的转变,扭转一些园区产业趋同和竞争乏力的局面。创新各项招商活动,尊重外商习惯方式和做法,形式多样,注重实效,突出重点。境外重点安排在欧洲、新加坡和中国台湾,境内重点放在长三角、珠三角、闽东南和北京等地区。做到大型活动和小分队相结合、境内和境外相结合、请进来和走出去相结合,形成外来投资集聚效应。

# 第二章 出口加工区建设

## 第一节 进出口规模

2005年6月3日,国务院批准在九江经济技术开发区内设立九江出口加工区,系省首家出口加工区。区内规划面积2.81平方千米,同年首期建成面积0.987平方千米;区外规划面积10平方千米,建成3.5平方千米。9月12日,九江出口加工区开工建设。2006年3月,完成监管工程和基础设施建设。6月20日,在全国同批次18个出口加工区中第一个通过国家八部委联合验收并封关运作。同年,九江出口加工区内入驻九江威尔实业有限公司、盖拉斯电子(九江)有限公司。同年12月11日,九江威尔实业有限公司首次出口9万美元。

2007年,实现进出口总额132万美元,同比增长1355%;其中出口92万美元,同比增长913%。

2008年,实现进出口总额2091万美元,同比增长534%;其中出口1395美元,同比增长1418%。

2009年,实现进出口总额4542万美元,同比增长117%;其中出口1646万美元,同比增长18%。园区共实现出口9526万美元。

2010年,九江铨讯电子有限公司、九江绿晶光电科技有限公司入驻,对外贸易额大幅增长,共实现进出口总额25143万美元,同比增长454%;其中出口14685万美元,同比增长792%。园区共实现出口18906万美元。

**2006~2010年市出口加工区进出口情况一览**

表34-2-1　　单位:万美元

| 年 份 | 进口货运值 | 出口货运值 | 年 份 | 进口货运值 | 出口货运值 |
|---|---|---|---|---|---|
| 2006 | | 9 | 2009 | 2896 | 9525 |
| 2007 | 40 | 92 | 2010 | 10458 | 18906 |
| 2008 | 1484 | 1791 | | | |

## 第二节 出口商品

九江出口加工区出口商品主要为数码相机、图形处理模组、单晶硅片、多晶硅片、服装等。

**2010年全市出口加工区重点企业出口情况一览**

表34-2-2　　单位:万美元

| 企业名称 | 主要出口产品 | 出口额 | 企业名称 | 主要出口产品 | 出口额 |
|---|---|---|---|---|---|
| 绿晶光电 | 图形处理模组 | 5126.2 | 众凯器材 | 康复用器材 | 4.5 |
| 铨讯电子 | 数码相机 | 6901.1 | 万利通包材 | 环保包装充气袋 | 6.9 |
| 瀚森科技 | GPS导航、车载充电器 | 1536.7 | 意欧家具 | 实木家具 | 8.6 |
| 长怡科技 | 液晶显示器 | 1035.4 | 威尔实业 | 服装 | 22.8 |
| 旭阳雷迪 | 单晶、多晶硅片 | 1830.4 | 逵阳纺织 | 服装 | 261.3 |
| 旭阳光电 | 太阳能电池组件 | 367.1 | 联辉光电 | LED灯 | 1.1 |
| 巨石玻纤 | 玻纤纱 | 1090.5 | | | |

# 第三章　境外资金利用

## 第一节　资金规模

1991年,九江市有外商投资企业4家。1992年6月,中共中央、国务院决定开放长江沿岸九江等5个城市,外商直接投资渐增。同年,全市批准外商投资企业88家,合同外资金额8761万美元,实际利用境外资金2544万美元,比1991年分别增长21倍、56.3倍和52.7倍。1993年,全市批准外商投资企业144家,合同外资金额14147万美元,实际利用境外资金3064万美元,比1992年分别增长63.6%、61.5%、20.4%。其间,利用境外资金质量得到提升,出现江西昌河铃木汽车有限公司、九江招商局道达尔石化有限公司等世界500强投资企业。1993年2月18日,省第一个中外合资基础设施企业九江浩华实业发展有限公司在九江设立。1997年9月20日,省第一个超亿美元企业江西亚东水泥有限公司在九江设立。

至1997年,市累计批准外商投资企业457家,合同外资金额55720万美元,实际利用境外资金24513万美元。

1997年下半年,亚洲金融危机爆发,对正在成长阶段中的九江市利用境外资金产生较大影响。1998~2001年,市批准外商投资企业数和合同外资金额陷入低谷,实际利用境外资金在一定幅度区间内徘徊。市外商直接投资在经过7年快速增长之后,发展势头开始放缓。1997~2000年,全市批准外商投资项目108个,合同外资8171万美元,实际利用境外资金18097万美元。

2001年12月,中国正式成为WTO成员国,伴随着中部崛起战略、鄱阳湖生态经济区规划等国家、省、市相关政策的出台,利用境外资金迎来第二个发展高潮。2002年,全市实际利用境外资金突破2亿美元,比2001年增长3.7倍。

2002~2010年,全市批准外商投资企业1142家,合同外资总额47.8亿美元,占20年累计外商直接投资合同外资金额总数88%,实际利用境外资金35.3亿美元,占20年累计实际利用外资总数89%。

2009~2010年,全市实际利用境外资金连续突破5亿美元和6亿美元。至2010年底,九江市累计批准外商投资企业1707家,合同外资金额54.23亿美元,实际利用境外资金39.66亿美元。全市运营参加年检的外商投资企业288家。2010年,实现销售收入122.7亿元,占全市生产总值11.9%;纳税总额5.9亿元,占全市税收收入5.74%;从业人数3.7万人,占全市在岗职工人数12%;进出口总额6.67亿美元,占全市进出口总额36.7%;出口3.5亿美元,占全市出口总额28.9%。

**1991~2010年市利用境外资金一览**

表34-3-1　　单位:个、万美元

| 年 份 | 项目数 | 合同外资 | 实际利用境外资金 | 年 份 | 项目数 | 合同外资 | 实际利用境外资金 |
|---|---|---|---|---|---|---|---|
| 1991 | 4 | 152.95 | 47.35 | 2001 | 26 | 1501 | 4336 |
| 1992 | 88 | 8761 | 2544 | 2002 | 51 | 23118 | 20338 |
| 1993 | 144 | 14147 | 3064 | 2003 | 90 | 28498 | 32815 |
| 1994 | 74 | 7101 | 3903 | 2004 | 181 | 33528 | 30808 |

续表 34-3-1

| 年 份 | 项目数 | 合同外资 | 实际利用境外资金 | 年 份 | 项目数 | 合同外资 | 实际利用境外资金 |
|---|---|---|---|---|---|---|---|
| 1995 | 60 | 6253 | 4208 | 2005 | 111 | 54555 | 32292 |
| 1996 | 45 | 5401 | 3747 | 2006 | 146 | 54182 | 34143 |
| 1997 | 42 | 13904 | 7000 | 2007 | 130 | 66785 | 41342 |
| 1998 | 24 | 1371 | 7002 | 2008 | 88 | 55774 | 43649 |
| 1999 | 19 | 2216 | 3728 | 2009 | 172 | 59012 | 52072 |
| 2000 | 39 | 3083 | 3031 | 2010 | 173 | 102966 | 66535 |

## 第二节 资金来源

1991 年来，全市吸收投资主要来自中国港、澳、台地区和美国、新加坡、日本、英国、澳大利亚、巴西等五大洲 50 多个地区和国家，遍及国民经济中的各个行业。来自亚洲的投资一直处于主导地位，进入 2000 年后，来自欧美等国家投资日渐增多，投资多源化趋势日趋明显。至 2010 年，累计对九江市投资排在前五位的是中国香港、台湾地区和新加坡、日本、美国。

**1991~2010 年市累计吸收直接投资来源前五位的地区和国家一览**

表 34-3-2　　单位：万美元

| 地区\国家 | 香 港 | 台 湾 | 新加坡 | 日 本 | 美 国 |
|---|---|---|---|---|---|
| 投资额 | 234895 | 59494 | 20202 | 14693 | 12820 |

## 第三节 投资方式

1991 年来，市吸收外商投资主要形式有中外合资、中外合作、外商独资、外商投资股份制。至 2001 年，外商对中国经济政策和市场情况了解较少，国家有关政策也在探索阶段，对外商投资领域有较大限制。这一时期吸收外商投资主要以中外合资和中外合作方式为主。

**1991~2001 年市吸收外商直接投资方式一览**

表 34-3-3　　单位：个、万美元

| 项 目 | 中外合资 | | 中外合作 | | 外商独资 | |
|---|---|---|---|---|---|---|
| | 项目数 | 实际利用境外资金 | 项目数 | 实际利用境外资金 | 项目数 | 实际利用境外资金 |
| 数 值 | 320 | 24019 | 32 | 617 | 213 | 17974 |
| 比 重 | 56.6% | 56.4% | 5.7% | 1.4% | 37.7% | 42.2% |

2002~2010 年，中国加入世贸组织，对外商投资贸易壁垒不断降低，开放领域逐渐扩大，引资政策不断优化完善。同时，外商投资企业更加了解中国市场，市吸收外商直接投资方式也随之发生明显变化，企业更愿意采取资本输入和并购方式，成为独资企业。2010 年 8 月 30 日，市首个股份制外商投资企业江西九乙生物科技股份有限公司设立登记，吸收外资方式进一步多元化。

2002~2010 年市吸收外商直接投资方式一览

表 34-3-4　　　　单位:个、万美元

| 项目 | 中外合资 | | 中外合作 | | 外商独资 | | 外商投资股份制 | |
|---|---|---|---|---|---|---|---|---|
| | 项目数 | 实际利用境外资金 | 项目数 | 实际利用境外资金 | 项目数 | 实际利用境外资金 | 项目数 | 实际利用境外资金 |
| 数值 | 136 | 29869 | 20 | 10308 | 984 | 313817 | 2 | 0 |
| 比重 | 11.9% | 8.4% | 1.7% | 2.9% | 86.2% | 88.7% | 0.2% | 0 |

## 第四节　资金投向

1991~2001 年,外商投资主要涉及制造业、房地产业、住宿和餐饮、农、林、牧、渔等行业,一、二、三产占这一时期实际利用外资比重分别为 1.7%、63.5%、37.8%。其中房地产业比重为 30.5%。

1991~2001 年市吸收外商直接投资产业一览

表 34-3-5　　　　单位:万美元

| 项目 | 第一产业 | 第二产业 | 第三产业 |
|---|---|---|---|
| 实际利用外资 | 688 | 27076 | 14846 |
| 比重 | 1.7% | 63.5% | 37.8% |

2002~2010 年,市外商投资产业结构开始调整优化,先后培育石油化工、钢铁、有色冶金、纺织服装、汽车船舶、电子信息、新能源、非金属新材料、节能电器、绿色食品等产业,大型项目明显增加,引进理文造纸、赛得利化纤、铨讯电子、思麦博运动器材等一批大型项目落户。一、二、三产业占这一时期实际利用境外资金比重分别为 6.5%、80.9%、12.6%,其中房地产业占这一时期比重下降至 3.5%,较上一时期下降 27 个百分点。外商投资产业结构得到进一步改善。

2002~2010 年市吸收外商直接投资产业一览

表 34-3-6　　　　单位:万美元

| 项目 | 第一产业 | 第二产业 | 第三产业 |
|---|---|---|---|
| 实际利用外资 | 23102 | 286258 | 44634 |
| 比重 | 6.5% | 80.9% | 12.6% |

## 第五节　重大项目

**江西亚东水泥有限公司**　1997 年 9 月引进,是省内第一个超亿美元企业。由台湾远东集团在瑞昌市投资 5.28 亿美元建设,注册资本 2.21 亿美元,主要从事水泥用石灰岩、砂岩开采,生产销售水泥熟料、各种标号水泥及制品等。项目第一期建厂工程在 1997 年动土,2000 年 7 月第一条日产熟料 4200 吨新型干法水泥生产线成功点火投产。公司于 2004 年 11 月动工兴建总装机容量为 18500 千瓦的纯低温余热发电站,2006 年 3 月成功投入运转。至 2010 年底,建成 4 条水泥生产线,年产熟料 600 万吨以上,年产各型水泥约 800 万吨。

**赛得利(江西)化纤有限公司**　2002 年 8 月引进,由新加坡金鹰国际集团在庐山区投资 3.4 亿美元建设,注册资本 1.14 亿美元,主要产品为差别化粘胶纤维、高强纤维及无纺纤维等。2004 年 2 月,赛得利(江西)化纤项目顺利竣工投产。2010 年,公司实现营业收入 13.7 亿元,在岗职工 814 人,产品出口土耳其、印尼、巴基斯坦等国家。

**九江思麦博运动器材有限公司** 2005年12月引进，由台湾思格瑞公司在星子县投资5000万美元建设，注册资本5000万美元。公司主要生产包括国际著名品牌“阿迪达斯”在内的篮球、足球、排球、橄榄球等国际体育比赛用球。2010年，公司实现营业收入5亿元，在岗职工15000余人。

**江西大唐化学有限公司** 2007年3月引进，由日本大金工业株式会社和中国中萤集团有限公司在庐山区共同出资3269万美元建设，注册资本1307万美元。主要从事氢氟酸及其他氟化工产品的生产、销售、委托生产和研究开发等。

**九江诺贝尔陶瓷有限公司** 2007年12月引进，由杭州诺贝尔有限公司和香港宏诚股份有限公司在庐山区共同出资8100万美元建设，注册资本2700万美元，主要生产经营高级建筑瓷砖及相关产品。建成8条生产线，瓷砖月产量达120万平方米。至2010年，实现营业收入4.3亿元，在岗职工2000余人。

**中粮粮油工业(九江)有限公司** 2009年7月引进，由中粮控股油脂(香港)第一有限公司在庐山区投资9000万美元建设，注册资本3000万美元。项目于2010年7月建成投产，主要从事生物饲料、蛋白饲料的开发、生产与销售，菜籽、大豆、小麦、玉米、稻谷、花生、棉籽、棕榈油等农产品加工及副产品的深加工和销售。当年实现营业收入9.6亿元。

**江西理文造纸有限公司** 2010年12月引进，由香港理文集团出资100亿元人民币在瑞昌市投资建设，该项目是香港理文集团在大陆投资筹建的第五家造纸生产基地。计划分两期建设200万吨高档包装板纸项目、年产50万吨涂布纸板纸和30万吨生活纸项目、江西理文物流公司项目。一期投资总额3亿美元，注册资本1亿美元，主要生产牛皮纸、瓦楞纸、涂布板纸等高档包装纸和高档生活用纸。

## 第六节 审批权限

1992年2月，省对外经济贸易合作厅下发《关于下放外资企业审批权限的通知》，将投资总额500万美元(含500万美元)以下外资企业审批权限下放到九江市。

1996年11月，省政府下发《江西省人民政府转发国务院关于扩大内地省、自治区、计划单列市和国务院有关部门等单位吸收外商直接投资项目审批权限的通知》，对符合国家《指导外商投资方向暂行规定》和《外商投资产业指导目录》，中方投资和建设、生产经营条件以及外汇需求地市可自行平衡解决的外商投资生产性项目，将投资总额3000万美元以下外资企业审批权限下放到九江市。

2007年7月，省对外经济贸易合作厅下发《关于进一步下放外商投资企业合同、章程审批权限的通知》，将投资总额(包括单次增资)5000万美元以下(不含5000万美元)的国家鼓励类、允许类外商投资企业和台港澳侨投资企业合同、章程审批权下放到九江市。

2008年9月，省对外经济贸易合作厅下发《关于进一步下放外商投资企业合同、章程审批权限的通知》，将投资总额(包括单次增资)3000万美元以下(不含3000万美元)的国家鼓励类、允许类外商投资企业和台港澳侨投资企业合同、章程审批权下放到九江市经济技术开发区管委会、共青城开放开发区管委会。

2009年2月，省对外经济贸易合作厅下发《关于进一步下放外商投资企业合同、章程审批权限的通知》，将投资总额(包括单次增资)1亿美元以下(不含1亿美元)的国家鼓励类、允许类外商投资企业和台港澳侨投资企业合同、章程审批权下放到九江市。

2010年10月，省商务厅下发《关于进一步下放外商投资企业审批权限的通知》，将投资总额3亿美元以下及单次增资3亿美元以下(不含3亿美元)国家鼓励类、允许类外商和台港澳侨投资企业设立和变更事项审批权以及投资总额1亿美元及单次增资1亿美元以下国家鼓励类、允许类外商和台港澳侨投资商业企业设立和变更事项审批权限下放到九江市。

# 第四章 境内市外资金利用

## 第一节 资金规模

1991~2004 年,全市累计引进境内市外资金项目 10245 个,实际进资 429.98 亿元(利用境内市外资金工作初级阶段,项目投资规模小,按全口径统计)。其中 1996~1998 年,受经济危机影响,落户境内市外资金项目下降 70%。

2002 年,市政府强化境内市外资金招商职能,专门组建市招商协作局,引进境内市外资金项目大幅增加,超过前两个年度引进项目总数 1.16 倍。

2005~2007 年,累计引进境内市外资金项目 4002 个,实际进资 592.38 亿元(为体现招商选资导向,自 2005 年始,统计口径上调为固定资产投资 500 万元以上,2006 年始,市外资金投向的房地产项目不再纳入统计)。

2008 年,市政府下发《关于进一步鼓励投资促进开放型经济又好又快发展的若干意见》,引进境内市外资金快速发展,至 2010 年,累计引进市外合同项目 1052 个,实际进资 752 亿元(由总量招商发展至产业招商阶段,自 2008 年始,统计口径上调为固定资产投资 3000 万元以上)。

2001~2010 年,累计引进境内市外合同项目 10018 个,实际进资 1717.28 亿元,分别是 1991~2000 年全市引进项目个数的 2 倍,实际进资总额 30 倍。自"八五"开始,至"十一五"时期末,5 年全市利用境内市外资金增幅达 2.83 倍。

至 2010 年,20 年间,全市累计引进境内市外资金合同项目 15299 个,实际利用境内市外资金 1774.54 亿元,实际利用境内市外资金年均增幅 46.86%,均高于全市同期生产总值增速。

**1991~2010 年市引进境内市外资金一览**

表 34-4-1　　单位:个、亿元

| 年 份 | 项 目 | 实际进资 | 年 份 | 项 目 | 实际进资 |
|---|---|---|---|---|---|
| 1991 | 391 | 0.22 | 2001 | 630 | 28.40 |
| 1992 | 423 | 0.55 | 2002 | 1222 | 58.90 |
| 1993 | 444 | 0.74 | 2003 | 1536 | 126.40 |
| 1994 | 686 | 1.56 | 2004 | 1576 | 159.02 |
| 1995 | 846 | 2.55 | 2005 | 1132 | 132.60 |
| 1996 | 926 | 7.06 | 2006 | 1484 | 209.98 |
| 1997 | 580 | 8.24 | 2007 | 1386 | 249.98 |
| 1998 | 274 | 7.72 | 2008 | 269 | 184.40 |
| 1999 | 292 | 10.82 | 2009 | 336 | 241.42 |
| 2000 | 419 | 17.80 | 2010 | 447 | 326.18 |

说明:2005 年项目统计由全口径调整为固投 500 万元以上;2008 年项目统计口径调整为固投 3000万元以上

# 第二节 资金来源

1991年起，市利用境内市外资金来源地集中在浙江、福建、广东、江苏、上海等东部沿海发达省市。至2004年，累计引进来自以上5个地区的境内市外资金项目3242个，实际引进资金213.15亿元，分别占同期引进市外资金项目和进资总数31.64%、49.57%。随着国内新一轮产业转移，来自以上地区的市外资金项目呈现井喷式发展，当年落户新开工项目1161个，实际进资98.69亿元，分别占同期引进市外资金项目数和进资总数73.67%、62.06%。

**1991~2004年市来自沿海5省市资金项目数量一览**

表34-4-2　　单位：个

| 年份 | 项目 | 年份 | 项目 | 年份 | 项目 |
|---|---|---|---|---|---|
| 1991 | 83 | 1996 | 196 | 2001 | 138 |
| 1992 | 90 | 1997 | 123 | 2002 | 399 |
| 1993 | 94 | 1998 | 58 | 2003 | 424 |
| 1994 | 145 | 1999 | 61 | 2004 | 1161 |
| 1995 | 178 | 2000 | 92 | | |

2005~2010年，引进以上地区境内市外资金项目2913个，实际进资804.04亿元，分别占同期引进市外资金项目数和进资总数57.64%、59.8%。其中，引进浙江省投资项目939个，实际进资198.61亿元，占全市实际进资总量14.78%；引进福建省投资项目766个，实际进资241.66亿元，占全市实际进资总量17.98%；引进广东省投资项目641个，实际进资151.67亿元，占全市实际进资总量11.28%；引进江苏省投资项目396个，实际进资147.58亿元，占全市实际进资总量10.98%；引进上海市投资项目171个，实际进资64.52亿元，占全市实际进资总量4.78%。

至2010年，20年间全市累计引进以上地区项目6155个，实际引进资金1017.19亿元，占同期落户的市外资金项目数和进资总数40.23%和57.32%。

**2005~2010年市引进沿海五省市项目个数和资金一览**

表34-4-3　　单位：个、亿元

| 地区 | 2005年 | | 2006年 | | 2007年 | | 2008年 | | 2009年 | | 2010年 | | 合计 | |
|---|---|---|---|---|---|---|---|---|---|---|---|---|---|---|
| | 项目 | 实际进资 | 项目 | 实际进资 | 项目 | 实际进资 | 项目 | 实际进资 | 项目 | 实际进资 | 项目 | 实际进资 | 项目 | 实际进资 |
| 上海 | 34 | 11.2 | 46 | 15.77 | 62 | 10.12 | 7 | 6.22 | 11 | 12.03 | 11 | 9.18 | 137 | 53.32 |
| 浙江 | 237 | 29.3 | 292 | 44.85 | 292 | 56.89 | 59 | 35.44 | 32 | 15.88 | 27 | 16.25 | 702 | 169.31 |
| 福建 | 178 | 21.5 | 210 | 37.37 | 186 | 27.15 | 23 | 20.1 | 68 | 59.03 | 101 | 76.51 | 588 | 220.16 |
| 广东 | 167 | 16.8 | 158 | 34.61 | 199 | 24.19 | 37 | 25.81 | 27 | 23.01 | 53 | 27.25 | 474 | 134.87 |
| 江苏 | 51 | 11.9 | 90 | 17.54 | 106 | 15.16 | 25 | 17.21 | 47 | 31.57 | 77 | 54.2 | 345 | 135.68 |
| 合计 | 667 | 90.7 | 796 | 150.14 | 845 | 133.51 | 151 | 104.78 | 185 | 141.52 | 269 | 183.39 | 2246 | 713.34 |

# 第三节 资金投向

1991~1996 年，全市利用境内市外资金投向第二产业的项目数逐年递增，累计落户工业项目 1949 个，年均增幅 18.74%，第二产业吸收利用境内市外资金总数 6.37 亿元，占同期全产业项目实际进资数 50.24%。

1997~1999 年，受经济危机影响，全市利用境内市外资金整体规模减小，其中投向第二产业项目数也递减 30%。1999 年开始回升，全年累计落户工业项目 601 个，第二产业吸收利用境内市外资金 13.5 亿元，占同期全产业项目实际进资数 50.41%。

2000~2010 年，全市利用境内市外资金投向第二产业项目数迅速增长，累计落户工业项目 7110 个(2005 年、2008 年两次上调项目投资规模统计口径)。第二产业吸收利用境内市外资金 1299.89 亿元，占同期产业项目实际进资数73.25%。

**2000~2010 年市利用境内市外资金投向第二产业的项目资金一览**

表 34-4-4　　单位：亿元

| 年 份 | 金 额 | 年 份 | 金 额 | 年 份 | 金 额 |
|---|---|---|---|---|---|
| 2000 | 8.98 | 2004 | 107.17 | 2008 | 144.96 |
| 2001 | 15.51 | 2005 | 88.48 | 2009 | 200.14 |
| 2002 | 35.68 | 2006 | 151.86 | 2010 | 284.89 |
| 2003 | 87.94 | 2007 | 183.26 | 合 计 | 1308.87 |

2010 年，全市利用境内市外资金中工业项目的进资比重进一步加大，当年共引进市外资金固投 3000 万元以上合同项目 447 个，实际进资 326.18 亿元；其中引进市外 3000 万元以上工业合同项目 375 个，实际进资 280.26 亿元，分别占全市项目数和进资总数 83.89%、85.92%；同期，引进市外资金亿元以上合同项目 172 个，实际进资 197.24 亿元，其中固投亿元以上工业合同项目 155 个，实际进资 183.91 亿元，分别占全市引进亿元项目数和进资数 90.12%、93.24%。

**2010 年市主要产业利用境内市外资金一览**

表 34-4-5　　单位：个、亿元

| 产业类别 | 项 目 | 实际进资 | 产业类别 | 项 目 | 实际进资 |
|---|---|---|---|---|---|
| 石油化工 | 26 | 35.11 | 新能源 | 13 | 23.54 |
| 有色冶金 | 22 | 20.05 | 纺织服装 | 59 | 21.05 |
| 钢 铁 | 10 | 21.26 | 非金属新材料 | 15 | 28.07 |

20 年间，全市第一、二、三产业利用境内市外资金比为 10:65:25。投向第二产业的境内市外资金主要集中在石油化工、钢铁、有色冶金、纺织服装、汽车船舶、电子信息、新能源、非金属新材料、节能电器和绿色食品等 10 大产业集群。

1991~2010 年市利用境内市外资金投向第二产业项目数量一览

表 34-4-6　　单位：个

| 年 份 | 项 目 | 年 份 | 项 目 | 年 份 | 项 目 | 年 份 | 项 目 |
|---|---|---|---|---|---|---|---|
| 1991 | 206 | 1996 | 486 | 2001 | 171 | 2006 | 1101 |
| 1992 | 220 | 1997 | 304 | 2002 | 284 | 2007 | 1081 |
| 1993 | 233 | 1998 | 144 | 2003 | 912 | 2008 | 226 |
| 1994 | 360 | 1999 | 153 | 2004 | 979 | 2009 | 271 |
| 1995 | 444 | 2000 | 220 | 2005 | 929 | 2010 | 377 |

## 第四节　重大项目

1991~1995 年，按可比价格指数，累计引进固投 500 万元以上重大项目 633 个，占同期项目总数 22.69%。1996~2000 年，按可比价格指数，累计引进固投 1000 万元以上重大项目 564 个，占同期项目总数 22.64%。2001~2005 年，按可比价格指数，累计引进固投 3000 万元以上重大项目 422 个，占同期项目总数7%。

2006~2010 年市引进境内市外资金亿元以上项目一览

表 34-4-7　　单位：个

| 年 份 | 亿元以上项目 | 5 亿元以上项目 | 10 亿元以上项目 |
|---|---|---|---|
| 2006 | 38 | 2 | 0 |
| 2007 | 40 | 3 | 0 |
| 2008 | 47 | 14 | 6 |
| 2009 | 94 | 22 | 11 |
| 2010 | 172 | 46 | 18 |

2006 年，新开工境内市外资金重大项目有由广东仁天矿业公司投资 1.5 亿元落户修水县北岸的钒矿项目；由上海宝矿集团投资 2 亿元的九江物资集团 214 码头改造项目；由福建凤竹纺织科技股份有限公司投资 7 亿元落户瑞昌市的江西凤竹棉纺有限公司；由河南海洋纺织科技有限公司投资 2 亿元落户庐山区的九江恒生化纤项目；由中船重工集团投资 1 亿元落户九江开发区的精密仪器生产线项目；由福建长乐客商投资 1.2 亿元落户湖口县的联达冶金炉料配套项目；由福建晋江客商投资 1.5 亿元落户共青城市的翔宇染整项目。

2007 年，新开工境内市外资金重大项目有：由福建泉州客商投资 5 亿元落户共青城市锦兴纺织项目；由北京中国电力投资集团公司投资 3.55 亿元落户庐山区长岭风电场建设项目；由福建长乐客商投资 3 亿元落户德安县江西立峰纺织有限公司；由浙江瑞安华林特殊钢公司投资 2 亿元落户九江县九江华林特殊钢二期工程项目；由温州三联集团投资 1.2 亿元落户永修县江西泽晖纸业有限公司。

2008 年，新开工境内市外资金重大项目有：由浙江龙达集团投资 30 亿元落户湖口县年产 11 万吨差别化化学纤维项目；由萍乡钢厂投资 28 亿元落户湖口县年产 150 万吨线材钢项目；由杭州诺贝尔陶瓷有限公司投资 15 亿元落户庐山区年产 4000 万平方建筑瓷砖项目；由上海国际港务(集团)股份有限公司投资 9 亿元落户九江开发区 2 个 5000 吨级集装箱码头、2 个 5000 吨级散装货码头项目；由深圳凯隆有限公司投资 7 亿元落户九江开发区旭阳雷迪多晶硅切片一期建设项目；由蓝星集团投资 6 亿元落户永修县有机硅 20 扩 30 万吨单体配套生产项目；由九江海天设备制造有限公司投资 6 亿元落户九江开发区海天船舶压力容器装备制造项目；由上海宝迪电器有限公司投资 3.5 亿元落户武宁县年产3700

万支节能灯整灯生产项目。

2009年,新开工境内市外资金重大项目有:由江西铜业集团投资30亿元落户湖口县20万吨铅锌冶炼项目;由福建厦门客商投资15亿元落户九江开发区的中辉特光伏科技单晶硅拉棒项目;由中国化工集团投资13亿元落户永修县的新建年产12万吨有机硅下游产品项目;由福建长乐客商投资10.3亿元落户德安县的联合国卫生组织专用防疫蚊帐生产项目; 由上海浦鑫石化有限公司投资6.6亿元落户浔阳区的齐鑫化工碳四综合利用项目; 由北京中冶工程技术有限公司投资5.5亿元落户湖口县的年处理250万吨钢渣循环经济项目; 由广西东正集团有限公司投资5亿元落户九江县的年产15万立方米中/高密度纤维板项目。

2010年,市委、市政府印发《关于做强"百亿"骨干企业、培育十大产业集群的意见》,开始突出招大引强和产业招商,新引进172个投资规模亿元以上项目,同比增长83%,其中引进固投5亿元以上重大项目46个,10亿元以上项目18个。当年新开工境内市外资金重大项目有:落户九江经济技术开发区的投资80亿元旭阳雷迪光伏三期项目和投资20亿元江西长能风电装备制造项目; 落户共青城开放开发区的投资80亿元共晶光伏项目和投资12亿元赛龙通信终端设备生产项目;落户湖口县的投资50亿元攀森年产30万吨硅锰合金项目和投资20亿元九江新康达化工生产项目;落户武宁县的投资20亿元九江世明玻璃生产项目;落户星子县的投资10亿元江西凌云新型电缆生产项目;落户浔阳区的投资10亿元新雪域物流综合园区建设项目。

20年间,全市累计引进境内市外资金合同项目15299个,实际进资1774.54亿元,按可比价格指数,全市累计引进境内市外资金重大项目2010个,占同期项目总数13.14%。

# 第五章　对外经济技术合作

## 第一节　对外经济技术合作规模

1991年,对外经济合作与对外贸易、利用外资一起构成九江市对外经济贸易的三大组成部分。1997年,经对外贸易经济合作部批准,市对外经济合作公司获得对外劳务输出权,开始承接外派劳务业务,九江市逐步开始对外经济技术合作。到2010年,形成以对外承包工程和境外资源开发为重点,对外投资办厂、加工贸易、境外营销网络、对外劳务合作、对外援助、国际经济技术交流等多形式、多层次、宽领域全面发展格局。

2010年底,全市共设立境外投资企业7家,中方协议投资额476万美元。共有对外承包工程经营企业4家,对外劳务合作经营企业1家,劳务输出人员共计6553人(含工程类公司派出劳工及其他公司在九江招收的对外劳工)。对外工程承包企业具备承揽房屋建筑、桥梁建设、公路工程、市政工程等各类工程施工和设计监理咨询能力,在马来西亚、越南、缅甸、阿曼等多个国家完成国外建设工程项目。对外投资有欧洲、非洲、南美洲、东南亚和中东10多个国家和地区。

## 第二节　境外投资与合作开发

2008年始有企业境外投资,当年共批准境外投资企业4家,中方协议投资额340万美元。同年,九江啄木鸟服装有限公司投资香港设立啄木鸟(集团)有限公司,注册资本20万美元,协议投资额40万美元,主要经营类别为纺织品服装,是市第一家境外投资企业。同年,九江华亨皮塑有限公司投资200万美元在美国设立进出口贸易公司,是市第一家投资美国的企业。

2010年,共批准境外投资企业3家,中方协议投资额136万美元。至2010年年底,全市共有境外投资企业 7 家。同年，九江金彭贸易有限公司在意大利、葡萄牙、西班牙累计投资 136 万美元，主要经营服装行业，是九江市第一家投资欧洲的企业。

1991~2010 年市主要境外投资企业一览

表 34-5-1　　单位：万美元

| 境内企业 | 境外企业 | 组织形式 | 注册地 | 经营类别 | 注册资本 | 中方协议投资额 |
|---|---|---|---|---|---|---|
| 九江啄木鸟服装有限公司 | 啄木鸟(集团)有限公司 | 独资 | 香　港 | 纺织品 | 20 | 40 |
| 九江啄木鸟服装有限公司 | 九江啄木鸟贸易公司 | 独资 | 阿联酋 | 纺织品 | 30 | 50 |
| 九江啄木鸟服装有限公司 | 阿里阿尔撒夫贸易公司 | 独资 | 阿联酋 | 纺织品 | 30 | 50 |
| 九江华亨皮塑有限公司 | 华亨美国有限公司 | 独资 | 美　国 | 进出口贸易 | 200 | 200 |
| 九江金彭贸易有限公司 | 佛罗伦斯金帝服饰批发有限公司 | 合资 | 意大利 | 纺织品 | 80 | 16 |
| 九江金彭贸易有限公司 | 波尔图金帝服装批发有限公司 | 独资 | 葡萄牙 | 纺织品 | 100 | 100 |
| 九江金彭贸易有限公司 | 许诺进出口贸易有限公司 | 合资 | 西班牙 | 纺织品 | 80 | 20 |

## 第三节　对外工程承包

2003 年，商务部批准中铁九桥工程有限公司对外承包桥梁建设工程，境外承接项目主要有孟加拉桥、港深西部通道香港后海湾大桥、越南顺福桥、马来西亚柔佛州桥和缅甸帕克库公铁两用桥、马里共和国综合项目部钢梁等。累计营业收入 3848 万美元。

2005 年，商务部批准九江市第一建筑工程公司对外承包房屋建筑工程。当年在阿曼承包 100 万元人民币的住房工程项目。同年，商务部批准江西赣北公路公司为公路工程一级总承包。

2010 年，省商务厅批准九江信华建设集团对外承包房屋建筑工程。至当年底，全市共有对外承包工程经营企业 4 家，均具备承揽房屋建筑、桥梁建设、公路工程、矿产冶金、市政工程、机电消防等各类工程施工和设计监理咨询能力，在马来西亚、越南、缅甸、阿曼等国家完成国外建设工程项目。虽中铁九桥工程有限公司、九江市第一建筑工程公司、江西赣北公路公司和九江信华建设集团 4 家企业获得境外承包工程资质，并实际承揽工程，但境外直接承包工程程序复杂，前期投标费用巨大且竞争激烈，故九江企业对外工程承包基本上是“借船出海”，依靠集团公司或其他大型公司做“二手”订单，未能独立竞标。

## 第四节　对外劳务合作

1991 年前，全市有对外劳务合作经营企业 1 家，即九江市对外经济合作公司，1986 年成立，注册资本 499.8 万元人民币。1997 年，经对外经济贸易合作部批准，开始享有外经、进出口贸易经营权。随着国外劳工事故增多，对外劳务合作日趋谨慎，普通劳工出境务工逐渐减少。2005 年，市对外经济合作公司向日本输送纺织工 24 人，为首次以一手单向日本市场直接输出研修生。

至 2010 年底，全市共输出各类劳务人员 6553 人(含工程类公司派出劳工及其他外经公司在九江招收的对外劳工)。全市劳务输出除 2009 年受全球金融危机影响外，整体呈上升趋势。市对外劳务输出目的地主要有美国塞班岛、日本、约旦、安哥拉、蒙古、俄罗斯、毛里塔尼亚、利比亚、委内瑞拉、莫桑比克、阿联酋、新加坡等国家和中国香港地区。工种以纺织工、建筑工及家政工为主。

1990~2010 年市劳务人员输出一览

表 34-5-2　　单位:人

| 项 目 | 1990~2004 年 | 2005 年 | 2006 年 | 2007 年 | 2008 年 | 2009 年 | 2010 年 | 合计 |
|---|---|---|---|---|---|---|---|---|
| 人 数 | 3879 | 96 | 120 | 573 | 659 | 357 | 869 | 6553 |

## 第五节　国际援助

1991 年以来,市对外经济技术援助较少,多为接受国际援助。

1998~2005 年市接受国际援助项目一览

表 34-5-3　　单位:万日元、万元

| 年 份 | 援助方 | 被援助方 | 援助金额 | 援助项目 |
|---|---|---|---|---|
| 1998 | 日本驻华大使馆 | 修水县 | 1000 | 上杭乡公路建设项目 |
| 2000 | 日本驻华大使馆 | 都昌县 | 1000 | 大沙乡大沙中学建设项目 |
| 2002 | 澳大利亚 | 德安县 | 38 | 吴山乡扶贫发展项目 |
| 2003 | 澳大利亚 | 修水县 | 30 | 上杉乡中心小学重建项目 |
| 2005 | 澳大利亚 | 修水县 | 30 | 征村乡洲上中心小学项目 |

# 第三十五篇

# 财　政

# 第三十五篇 财 政

1991年以来，市财政工作以经济建设为中心，履行财政职能，促进经济发展，创新财政体制，推进财政改革，规范财政管理，加强国有资产管理，确保财政收入稳定增长，促进全市国民经济和社会事业快速、持续、健康发展。全市国民生产总值逐年稳步增长，财政总收入大幅度增加，从1991年4.78亿元增加到2010年116.70亿元，年均递增19.3%。县级财政总收入占全市财政总收入比重，由1991年69.22%上升到2010年70.85%。2010年各县财政收入均超3亿元，其中，湖口县、浔阳区过10亿元，瑞昌市过9亿元，修水县、庐山区过7亿元。财政支出保障水平不断提升，由1991年4.88亿元，增长到2010年166.52亿元，年均递增19.91%。

1994年，实行分税制后，市财政逐步加快改革步伐，形成较为完善财政管理机制，理顺中央与地方、省与市、县之间分配关系；农村税费改革实现农民合同内"零"负担；部门预算、收支两条线、政府采购、国库集中支付、政府收支分类、"乡财县代管、村账乡代理"等改革，进一步规范财政收支管理。20年来，市财政监管确保财政机制有效运行，为同时期财政改革和管理提供有力服务保障。其间，加强对政府投资财政评审工作，开展大额资金绩效考评，财政监管手段呈现多样化，初步构建事前、事中、事后全过程监管体系。按照"创新、规范、勤廉、高效"要求，打造一支政治素质强、业务技能精干部队伍，为做好全市财政工作打下坚实基础。

# 第一章　财政体制

## 第一节　分级包干制

1991年,实行"划分税种、核定收支、分级包干"财政管理体制。市收入基数12051万元,支出基数11134万元。市留成比例92.4%;收入上解比例7.6%。当年,各县(市、区)财政具体上解、定额补助情况分别为:九江县163.6万元,星子县186.2万元,修水县266.6万元,武宁县62.7万元,瑞昌市115.2万元,湖口县115万元,都昌县289.1万元,彭泽县25.9万元,庐山管理局97万元。

乡镇财政管理,按同年12月财政部《乡镇财政管理办法》实施。市内主要实行收支挂钩、超收分成、收支包干办法,即"定收定支、收支挂钩、总额分成、一年一定或一定几年";"定收定支、收入上缴、超收分成(或增长分成)、支出下拨、超支不补、结余留用、一年一定";县财政对乡镇财政划分一定收支范围,确定收支基数后,计算上缴或补助数额,一次包死,一年一定或一定几年不变3种办法。

分级包干制执行到1993年底。

**1991~1993年省补助市及市上解省收入一览**

表35-1-1　　　　单位:万元

| 年 份 | 省补助 | 上解支出合计 | 递增上解 | 结算上解 |
|---|---|---|---|---|
| 1991 | 11674.4 | 6673.6 | 6283.5 | 390.1 |
| 1992 | 10594.5 | 6274.8 | 6821.1 | -546.3 |
| 1993 | 8271.3 | 8561.4 | 8165.8 | 395.6 |

## 第二节　统一分税制

### 一、市级财政

1994年始,国家实施"分税制"财政管理体制,按税种划分中央与省市收入。

省财政对市采取以下规定:中央财政对地市县税收返还增量省集中1/3,即中央对省税收返还按1:0.3系数实行增量返还,省对市县税收返还按1:0.2系数实行增量返还;原实行总额分成地区,按1993年实际上解数为基数,以后每年按5%比例递增上解,从2003年起,以2002年上解基数11307万元固定上解省,不再递增;对城镇土地使用税、房产税、印发税、土地增值税、资源税、省与地方共享,从2003年起,以2002年为基数,5个共享税省级40%增量部分全部下放给县,省不再分成,收入平时仍按原缴库办法入库,超基数部分年终结算返还,2010年始,5个共享税上划省级40%,增量部分就地缴入当地国库,省财政分成的2002年基数部分通过年终结算固定上交省财政;城建税上解以1994年上解数为基数,从1995年起每年按10%递增上解省财政;教育附加市级及浔阳区上解省15%;除储蓄存款利息所得和博彩所得个人所得税外的个人所得税,地方分享部分平时就地缴入国库,年终剔除核定基数后结算上解地方所得40%;2003年起,凡省直接引进、安排以及中央和省属企业跨市、县(市、区)投资新建大中型企业(不含电力企业、省冶金集团所属企业)所缴纳增值税25%部分,省分成10个百分点,其他投资新建大中型企业省分成5个百分点(2007~2008年省财政返还省分成5个百分点收入并奖励10%给市县区);2003年始,以2002年为基数,电力企业增值税和企业所得税地方分成增量部分,省与市、县五五分成,省得部分分市县核算,结算上交。

1994年市分税制财政管理体制基数核定一览

表35-1-2 单位:万元

| 项目 | | 金 额 | 项 目 | | 金 额 |
|---|---|---|---|---|---|
| 一、转入消费税增值税收入 | | 41.8162 | 三、中央和省级下划收入 | | 11.8460 |
| 其中 | 消费税 | 9.9336 | 四、省照顾地市基数 | | 0.1434 |
| | 增值税 | 31.8826 | 五、税收返还基数 | | 23.4309 |
| 二、上划收入 | | 35.1329 | 六、定额递增上解基数 | | 7.6530 |
| 其中 | 上划中央消费税(100%) | 9.9330 | 七、固定补助(+)或上解(-)基数 | | 1.1752 |
| | 上划中央增值税(75%) | 23.9120 | 其中 | 定额补助基数 | |
| | 上划中央地方非银行金融企业所得税 | 0.0481 | | 其他固定补助(+)或上解(-)基数 | 1.1752 |
| | 上划省级8种共享收入(40%) | 1.2398 | 八、返还冶金企业收入基数 | | 0.0183 |

1994~2010年省补助市及市上解省收入一览

表35-1-3 单位:万元

| 年 份 | 上级补助合计 | 其 中 | | | 上解支出合计 | 其 中 | |
|---|---|---|---|---|---|---|---|
| | | 返还性收入 | 专项补助 | 结算补助 | | 递增上解 | 结算上解 |
| 1994 | 42564 | 26992 | 8601 | 6971 | 8729 | 8036 | 693 |
| 1995 | 42329 | 27716 | 8792 | 5821 | 10281 | 8438 | 1843 |
| 1996 | 44411 | 28429 | 12817 | 3165 | 10547 | 8860 | 1687 |
| 1997 | 45049 | 28742 | 12087 | 4220 | 10199 | 9303 | 896 |
| 1998 | 77867 | 28817 | 36988 | 12062 | 10915 | 9768 | 1147 |
| 1999 | 157137 | 29002 | 117666 | 10469 | 11360 | 10256 | 1104 |
| 2000 | 98203 | 29790 | 47506 | 20907 | 12806 | 10769 | 2037 |
| 2001 | 177659 | 29251 | 103439 | 44969 | 14182 | 11307 | 2875 |
| 2002 | 196431 | 31732 | 93037 | 71662 | 15295 | 11307 | 3988 |
| 2003 | 179031 | 34469 | 60683 | 83879 | 15560 | 11307 | 4253 |
| 2004 | 228758 | 35572 | 73729 | 119457 | 19792 | 11307 | 8485 |
| 2005 | 356823 | 35582 | 144436 | 176805 | 25423 | 11307 | 14116 |
| 2006 | 358717 | 36381 | 120026 | 202310 | 26051 | 11307 | 14744 |
| 2007 | 522579 | 34455 | 179121 | 309003 | 27355 | 11307 | 16048 |
| 2008 | 710117 | 34145 | 316528 | 359444 | 34231 | 11307 | 22924 |
| 2009 | 905846 | 44291 | 386254 | 475301 | 53296 | 11307 | 41989 |
| 2010 | 1022684 | 46607 | 459350 | 516727 | 65692 | 11307 | 54385 |

## 二、县级财政

**收支范围划分** 支出划分:1994年始,市与县(市、区)支出划分除理顺部分专款外,支出划分范围不作大的调整。具体是市级财政支出为市级企业挖潜改造资金、支援农村生产支出;市级农口各部门事业费、工交商部门事业费、城市维护和建设费、文教科学卫生事业费、其他部门事业费、抚恤和社会救济费;市级行政管理费、公检法支出、价格补贴支出、环境保护补助支出、其他支出;市集中安排的城建资金、扶助贫困县支出。县(市、区)财政支出为县(市、区)级企业挖潜改造资金、支援农村生产支出、农口各部门事业费、工交商部门事业费、城市维护和建设经费、文教科学卫生事业费、其他部门事业费、抚恤和社会救济费、行政管理费、公检法支出、价格补贴支出、环境保护补助资金和其他支出。

收入划分:市级固定收入为营业税(不含铁道、银行、保险集中缴纳营业税)、增值税25%部分(不含省冶金工业总公司所属企业缴纳的增值税)、市级企业所得税(不含地方、外资银行及非银行金融企业所得税)、固定资产投资方向调节税、城市维护建设税(不含铁道、银行、保险集中缴纳其他收入及市区范围内中央、省属企业交纳收入);县(市、区)固定收入为营业税、增值税25%部分、县(市、区)级企业所得税、固定资产投资方向调节税、城市维护建设税(均不含同上)、车船税、屠宰税、农林特产税、农业税、耕地占用税、契税、县(市、区)属企业事业单位缴纳其他收入;省、市与县(市、区)共享收入为除中央与地方共享收入外,其他资源税、土地使用税、印花税、土地增值税、个人所得税、房产税、遗产税等税种省分享40%、市分享10%、县(市、区)分享50%,证券交易税省分享20%、市分享5%、县(市、区)25%,市级分享部分不列入基数,每年列入年终结算上解。

开发区收支划分为市开发区在1993年收入范围基础上增加2区划入后按市对县分税制财政体制总数测算口径,统一测算税收返还收入和地方固定收入基数,支出基数以庐山区划转支出基数和开发区1993年实际可用财力(另加20万元个人工改增资和中餐补助)计算,收支相抵,定额上解市财政。共青开发区收支划分则为以德安、永修县划转共青1993年收入决算数,按市对县(市、区)分税制财政体制基数测算口径,统一测算税收返还收入和地方固定收入基数,税收返还基数和共青每年补给德安县100万元一并定额上解市财政,地方固定收入基数每年递增上解市财政,支出基数为零。

**税收返还处理** 市对县(市、区)税收返还数额,以1993年实际收入、税制改革和收入划分来核定县(市、区)净上划收入数额(即上划中央消费税加上划中央75%增值税加上划省、市其他资源税、个人所得税、房产税40%减中央和省下划的收入)。1993年县(市、区)净上划收入全额返还县(市、区),保证既得财力,并以此作为市对县(市、区)税收返还基数。1994年后,税收返还额在基数上逐年递增,递增率定为1:0.2,即省对市税收返还增长1%,市对县(市、区)税收返还也增长1%,如果上划收入达不到基数,省扣减返还基数,市相应扣减县(市、区)返还基数。

**上解补助核定及结算** 实行分税制后,原体制为定额补助,继续按原数给予补助(1994年已摘帽取消定补),原体制为总额分成上解,按1993年实际上解数递增上解,递增率5%;原体制估算事项中有关收入基数和补助县上解9%中央借款,按照体制上解办法处理,即以1993年为基数,实行递增比率上解,递增率5%,其中九江县赤湖酒税超收市级分成5%体制免于上解,同时,从1996年起,取消定额补助,浔阳区结算上交市级批发营业税,以后年度改按8%递增上交;原体制有关结算补助和上解事项,县(市、区)1993年承担的20%出口税以及其他年度结算上解和补助项目相抵后,确定一个数额,作为一般上解或一般补助处理,以后年度按此定额结算。

## 三、城区财政

市本级收入为中央、省、市属工业企业及其所属企业(含改制)税收;金融保险企业(原由区征管农业银行、农发行、农村信用合作社除外)税收;原由市本级征管其他企业税收;中央、省驻市及市属行政事业单位及其下属单位发生的各项税收;中央、省、市投资及市本级征管企业发生的建筑安装项目税收(特别项目个案处理);城区范围内存房交易税收(个别项目个案处理);新购应税未税机动车辆,当年车船税及保险机构代收代缴车辆税;市本级负责征管行政事业单位、企业非税收入;城区范围内土地出让收益,其中浔阳区、庐山区每年300万元继续通过市财政结算补助,若以后年度土地出让收益增加则适当增加区补助收入,根据市政府决定,开发区土地出让收益全部返还,专项用于开发建设。

区级收入为区属企业及其所属企业(含已改制)税收;应由区征管其他企业税收;区属行政事业单位及其下属单位发生各项税收;区属地区内(除市本级征收项目外)建筑安装项目税收;区负责征管行政事业单位、企业非税收入。

共享收入为除工业、金融保险企业外其他原由区征收中央、省、市属企业(如邮政、电信、烟草、石油、交通运输、农业银行、农发行、农村信用合作社等)税收,以2006年超2005年税收60%,为2007年区上解市财政基数,2008年始,区财政按上年实际上划数每年递增20%上解市财政,征收入库渠道不变,由区征收入库,市得部分年终结算划转;房地产开发企业(含房地产开发项目)税收征管渠道不变,市地税局对房地产税收实施一级稽查,查补收入归市本级,市本级适当集中部分财力,以2006年房地产业实际入库营业税20%,为2007年区上解市财政基数,2008年始,区财政按上年实际上划数每年递增10%上解财政,市得部分年终通过财政结算划转;城区范围内契税由市级财政统一征收,市财政局契税征收管理所分别在城区范围设立2个契税征收管理站,以2006年市本级与各城区总的契税比重,适当保留调控比例后确定市区分享比例,2007年始,市与区实行比例分享,年终市财政按市本级、浔阳区、庐山区、开发区75:7:9:9分享比例结算划转;新增企业(不含房地产开发和金融保险企业)税收实行税收分成政策;退城进园进行异地改造原市本级和市辖区企业税收由园区税务机构负责征收缴入区库,自企业投产之日起,以该企业退城进园前一年实际缴纳地方税收收入为基数(当年未达到基数的按实际入库数),3年内每年递增10%,第四年按原基数加连续3年增长10%作为固定基数,由园区所在区财政通过年终结算补助给企业迁出地财政,超出部分全部留给园区所在区;原由市本级(区)负责征管单位、企业参股、合资合作联营企业发生各项税收由原征收税务机构负责征收,按股权、资金或协议分成比例年终通过财政结算划转;2007年始,区与区之间因划转调整或企业、单位搬迁,税收由调整或迁入地征收,同时以调整或搬迁前一年地方收入为基数,基数部分归原受益财政,超基数部分留调整或迁入地财政,自企业投产之日起,基数部分年终通过市财政结算划转;通过市政府及有关部门协调,促使企业总部经济或结算中心落户市区范围,实现税收由市本级征收,市本级与引入项目县(市、区)实行7:3分成,县(市、区)得部分年终通过财政结算划转,新落户开发区总部经济或结算中心实现税收由开发区征收,市本级与开发区实行6:4分成,市得部分年终通过财政结算划转。

**2004年实行分税制全市财政基数核定一览**

表35-1-4　　单位:万元

| 单位 | 转入消费税增值税收入 | 上划收入 | 中央省下划收入 | 照顾县市基数 | 税收返还基数 | 定额上解基数 | 固定补助或上解基数 | 返还冶金企业收入基数 |
|---|---|---|---|---|---|---|---|---|
| 全市合计 | 41816.2 | 35133.5 | 11846.0 | 143.4 | 23430.9 | 7653.0 | 1175.2 | 18.3 |
| 市　级 | 20930.0 | 18356.2 | 10476.9 | 8.4 | 7887.7 | -191.1 | 950.7 | 9.0 |
| 浔阳区 | 3005.8 | 2415.5 | 234.1 | | 2181.4 | 3934.6 | 58.6 | |
| 庐山区 | 1322.6 | 1053.1 | 61.8 | | 1002.3 | 1108.4 | 128.9 | |
| 九江县 | 1270.9 | 1075.2 | 36.1 | 15.0 | 1054.1 | 39.3 | 224.1 | |
| 星子县 | 672.9 | 524.0 | 41.9 | 15.0 | 497.1 | 49.8 | 303.4 | |
| 德安县 | 1953.5 | 1656.2 | 56.2 | 10.0 | 1610.0 | | 37.0 | 9.3 |
| 修水县 | 1310.4 | 1044.1 | 50.3 | 10.0 | 1003.8 | 78.1 | 358.8 | |
| 武宁县 | 1252.3 | 979.9 | 43.8 | 15.0 | 951.1 | 66.8 | 76.4 | |
| 瑞昌市 | 1477.8 | 1212.2 | 96.7 | 10.0 | 1125.5 | 111.3 | -30.2 | |
| 永修县 | 3111.2 | 2436.8 | 549.2 | 10.0 | 1897.6 | 1365.5 | 70.0 | |
| 湖口县 | 948.8 | 766.6 | 28.0 | 15.0 | 753.6 | 52.8 | 125.6 | |
| 都昌县 | 980.4 | 791.4 | 45.7 | 20.0 | 765.7 | 63.3 | 549.6 | |
| 彭泽县 | 1452.6 | 1147.1 | 52.3 | 15.0 | 1109.8 | 93.1 | -51.7 | |
| 共青城 | 1368.7 | 1038.8 | 24.5 | | 1014.3 | 861.6 | -1114.3 | |
| 庐山局 | 198.5 | 185.7 | 24.1 | | 161.6 | 19.5 | 129.0 | |
| 开发区 | 559.8 | 450.7 | 24.4 | | 415.3 | | -625.7 | |

## 第三节 省直管县制

2005年始,省选择21个扶贫开发重点县进行财政“省直管县”改革试点,修水县列为试点县。

2007年,“省直管县”财政体制改革试点范围扩大,将38个转移支付县(市)纳入改革试点范围,以加大对县一级财力性补助,财力分配进一步向县一级倾斜,市内有都昌县、武宁县、永修县、九江县、湖口县、彭泽县、星子县列入。

2009年,“省直管县”财政体制改革试点县(市)扩大到80个,瑞昌市、德安县列入。至此,全市所有县(市)全部纳入改革试点范围,实行“省直管县”财政体制。

**1991~2010年全市财政总收入总支出一览**

表35-1-5 单位:万元

| 年 份 | 总收入 | 总支出 | 年终结余 | 年 份 | 总收入 | 总支出 | 年终结余 |
|---|---|---|---|---|---|---|---|
| 1991 | 47837 | 54451 | -6614 | 2001 | 200438 | 252977 | -52539 |
| 1992 | 44147 | 54686 | -10539 | 2002 | 231861 | 318483 | -86622 |
| 1993 | 53050 | 61750 | -8700 | 2003 | 286023 | 310578 | -24555 |
| 1994 | 110336 | 73024 | 37312 | 2004 | 350802 | 383258 | -32456 |
| 1995 | 132630 | 96706 | 35924 | 2005 | 398130 | 521068 | -122938 |
| 1996 | 155655 | 116257 | 39398 | 2006 | 458538 | 579964 | -121426 |
| 1997 | 172237 | 125397 | 46840 | 2007 | 575186 | 778332 | -203146 |
| 1998 | 169542 | 145880 | 23662 | 2008 | 661678 | 1044200 | -382522 |
| 1999 | 187147 | 228771 | -41624 | 2009 | 861943 | 1346264 | -484321 |
| 2000 | 205150 | 207506 | -2356 | 2010 | 1167006 | 1665230 | -498224 |

# 第二章 财政收入

## 第一节 农业税收

### 一、农业税收入

1991年,农业税仍实行地区差别比例税制,全省平均税率为12.31%,九江市为11.37%。当年,省分配市农业税额为稻谷5089.5万公斤。折征代金2250万元。1994年,对1987~1993年7年间所批准国家建设用地情况,全市核减面积1515.89公顷,核减基数为稻谷30万公斤。其中核减面积最多为修水县,588.8公顷,核减基数达11.65万公斤稻谷,其次为庐山区,268.0公顷,核减基数达5.3万公斤稻谷。当年,全市计征稻谷5059.5万公斤,折征代金4594万元。

2002年,农村税费改革,常年产量,税率作调整,由2001年12.37%调整为6.83%。2004年,为贯彻落实中共十六届三中全会决定和中央农村工作会议精神,继续推进农村税费改革,减轻农民负担,调动农民种粮积极性,保障粮食安全,中央决定降低农业税率和在部分粮食主产区进行免征农业税改革试点,其中全省降低农业税税率3个百分点,即对每个农户,按其《农民负担监督手册》确定的农业税任务(含附加)调减43%,重新核定农业税任务。当年,市农业税税率为3.91%,计征稻谷7625.5万公斤,折征代金8245万元。

2005 年，国家决定取消农业税。

1991~2004 年全市农业税征收一览

表 35-2-1

单位：万公斤、万元

| 年 份 | 依率计征税额 | | | 减免税额 | | 应征税额 | | 实征税额 | |
|---|---|---|---|---|---|---|---|---|---|
| | 税 率 | 稻 谷 | 金 额 | 稻 谷 | 金 额 | 稻 谷 | 金 额 | 稻 谷 | 金 额 |
| 1991 | 11.37 | 5089.5 | 2250 | 626.5 | 277 | 4463.0 | 1972 | 4595.0 | 2031 |
| 1992 | 11.37 | 5089.5 | 2555 | 1027.0 | 516 | 4062.5 | 2039 | 4392.0 | 2205 |
| 1993 | 11.43 | 5089.5 | 2555 | 1027.0 | 664 | 3762.5 | 1891 | 3796.5 | 1906 |
| 1994 | 11.41 | 5059.5 | 4594 | 756.5 | 687 | 4303.0 | 3907 | 4368.0 | 3966 |
| 1995 | 11.44 | 5059.5 | 4665 | 1660.5 | 1530 | 3399.0 | 3135 | 3423.0 | 3156 |
| 1996 | 11.44 | 5059.5 | 6739 | 1041.5 | 1387 | 4018.0 | 5352 | 4113.0 | 5479 |
| 1997 | 11.4 | 5061.5 | 6744 | 882.0 | 1175 | 4181.0 | 5569 | 4241.5 | 5650 |
| 1998 | 11.45 | 5063.0 | 6197 | 2320.0 | 2840 | 2743.0 | 3357 | 2818.0 | 3449 |
| 1999 | 11.48 | 5062.5 | 5589 | 1990.5 | 2197 | 3072.0 | 3392 | 3161.0 | 3490 |
| 2000 | 11.53 | 5062.5 | 5184 | 957.5 | 982 | 4105.0 | 4202 | 4201.5 | 4302 |
| 2001 | 12.37 | 5062.5 | 5184 | 2973.0 | 3045 | 2089.5 | 2139 | 2153.5 | 2205 |
| 2002 | 6.83 | 12986.5 | 14025 | 2352.0 | 2540 | 10634.5 | 11485 | 10884.5 | 11755 |
| 2003 | 6.74 | 13048.5 | 14084 | 2656.0 | 2867 | 10392.5 | 11217 | 10664.5 | 13403 |
| 2004 | 3.91 | 7625.5 | 8245 | 699.0 | 756 | 6926.5 | 7489 | 7313.0 | 7907 |

## 二、农业特产税收入

1991 年，征收范围主要包括园艺收入、林木收入和水产收入。市农业特产税各品种税率按计税收入 50%计征，加上地方附加，共计按 5.5%一并征收。至 2003 年，全市共征收农业特产税 31713 万元。

2004 年始，国家决定取消除烟叶外农业特产税，九江停征该税。

1991~2003 年全市农业特产税征收一览

表 35-2-2

单位：万元

| 年 份 | 征收任务 | 实征税额 | 实征占任务% | 实征税额中 | | | | |
|---|---|---|---|---|---|---|---|---|
| | | | | 园艺产品 | 水产品 | 林木产品 | 三项小计 | 占总额% |
| 1991 | 337 | 519 | 154.0 | 116 | 140 | 198 | 454 | 87.5 |
| 1992 | 425 | 633 | 148.9 | 144 | 174 | 237 | 555 | 87.7 |
| 1993 | 700 | 770 | 110.0 | 210 | 183 | 277 | 670 | 87.0 |
| 1994 | 1200 | 1300 | 108.3 | 108 | 403 | 552 | 1063 | 81.8 |
| 1995 | 1777 | 2024 | 113.9 | 403 | 745 | 746 | 1894 | 93.6 |
| 1996 | 2032 | 2560 | 126.0 | 367 | 969 | 926 | 2262 | 88.4 |
| 1997 | 2538 | 2885 | 113.7 | 398 | 1041 | 1133 | 2572 | 89.2 |
| 1998 | 3051 | 2943 | 96.5 | 477 | 968 | 1217 | 2662 | 90.5 |
| 1999 | 3149 | 4278 | 135.9 | 590 | 1799 | 1161 | 3550 | 83.0 |
| 2000 | 4010 | 4824 | 127.2 | 652 | 1973 | 1450 | 4075 | 79.9 |
| 2001 | 4305 | 4705 | 115.2 | 578 | 1868 | 1563 | 4009 | 80.9 |
| 2002 | 1503 | 1839 | 123.2 | 289 | 688 | 639 | 1616 | 87.3 |
| 2003 | 1589 | 1892 | 119.1 | 550 | 720 | 375 | 1645 | 86.9 |

### 三、耕地占用税收入

1991 年,该税尚依据 1987 年《中华人民共和国耕地占用税暂行条例》和《江西省征收耕地占用税实施办法》征收,对全市各县(市、区)占用每平方米耕地面积平均税额,在 3.5~5.5 元范围内核定,修水县 3.5 元,都昌县、武宁县、湖口县、星子县 4 元,九江县、瑞昌市、永修县、彭泽县、德安县 4.5 元,庐山区 5.5 元。30%上交中央,70%留地方,省规定留地方 70%,省集中 10%、地(市)集中 10%,县(市、区)50%。2003 年后,国务院决定不分成,全留地方。

2008 年 12 月,省核定税额为修水县、武宁县、湖口县、都昌县 20 元,九江县、瑞昌市、永修县、德安县、星子县、彭泽县 22.5 元,庐山区 25 元。

**1991~2010 年全市耕地占用税收征收一览**

表 35-2-3　　单位:公顷、万元

| 年 份 | 批准占用耕地 | | 耕地占用税征收 | | |
|---|---|---|---|---|---|
| | 面 积 | 占用面积 | 实际征收 | 解库税额 | 占实征% |
| 1991 | 47.09 | 41.22 | 253 | 240 | 94.9 |
| 1992 | 120.06 | 110.52 | 528 | 503 | 95.3 |
| 1993 | 78.97 | 67.77 | 265 | 252 | 95.1 |
| 1994 | 132.93 | 114.86 | 531 | 505 | 95.1 |
| 1995 | 580.96 | 565.55 | 505 | 481 | 95.2 |
| 1996 | 161.01 | 134.67 | 425 | 405 | 95.3 |
| 1997 | 87.78 | 53.89 | 969 | 921 | 95.0 |
| 1998 | 483.91 | 440.69 | 897 | 868 | 96.8 |
| 1999 | 68.30 | 48.02 | 520 | 499 | 96.0 |
| 2000 | 1036.65 | 326.23 | 136 | 129 | 94.9 |
| 2001 | 492.51 | 121.13 | 586 | 558 | 95.2 |
| 2002 | 68.90 | 39.15 | 236 | 235 | 99.6 |
| 2003 | 117.86 | 33.15 | 458 | 458 | 100 |
| 2004 | 173.02 | 43.56 | 577 | 577 | 100 |
| 2005 | 694.75 | 157.21 | 3038 | 3038 | 100 |
| 2006 | 770.05 | 19.88 | 3638 | 3638 | 100 |
| 2007 | 1279.37 | 224.78 | 5629 | 5629 | 100 |
| 2008 | 1069.73 | 142.14 | 20204 | 20204 | 100 |
| 2009 | 2778.99 | 463.23 | 46007 | 46077 | 100 |
| 2010 | 2908.19 | 176.09 | 67620 | 67620 | 100 |

### 四、契税收入

1994 年 1 月 20 日,市政府制定《关于对商品房征收契税的公告》,规定凡购买商品房单位和个人,均为依法纳契税义务人。并对 1991 年 1 月 1 日前发生的商品房交易,组织一次性大清查,全市追缴补商品房契税达 600 余万元。1998 年,市政府制发《关于进一步明确契税纳税事项加强契税征管的通知》,就征管工作做出规定。2004 年 4 月,市财政局成立契税征收管理所,并设立办税大厅,当年征收入库契税 804 万元,比 2003 年增长 16%。2007 年、2008 年、2010 年,市财政局、市地税局先后就房地产二级市场计税依据及税收征管作出具体规定。至 2010 年,20 年间全市征收契税 194162 万元,其中市本级征收契税 81239.4 万元。

## 1991~2010年全市契税征收一览

表 35-2-4　　　　单位：万元

| 年份 | 征收任务 | 实征税额 | 占任务% | 市本级征收 | 年份 | 征收任务 | 实征税额 | 占任务% | 市本级征收 |
|---|---|---|---|---|---|---|---|---|---|
| 1991 | 15 | 20.0 | 133.3 | 7.5 | 2001 | 2313 | 2186 | 100 | 1180 |
| 1992 | 18 | 33.6 | 186.7 | 13.7 | 2002 | 3306 | 3150 | 100 | 2150 |
| 1993 | 74 | 45.7 | 61.8 | 8.7 | 2003 | 4689 | 4689 | 100 | 2604 |
| 1994 | 100 | 113.4 | 113.4 | 46.7 | 2004 | 8275 | 8275 | 100 | 4000 |
| 1995 | 100 | 149.6 | 149.6 | 46.0 | 2005 | 13712 | 13712 | 100 | 7000 |
| 1996 | 132 | 446.7 | 338.4 | 265.8 | 2006 | 17121 | 17121 | 100 | 10028 |
| 1997 | 261 | 369.0 | 141.4 | 157.0 | 2007 | 21612 | 21612 | 100 | 10081 |
| 1998 | 299 | 677.0 | 226.4 | 300.0 | 2008 | 23859 | 23859 | 100 | 12181 |
| 1999 | 738 | 1315.0 | 178.2 | 695.0 | 2009 | 33455 | 33467 | 100 | 14364 |
| 2000 | 1375 | 1667.0 | 121.2 | 804.0 | 2010 | 60983 | 60983 | 100 | 24200 |

## 1991~2010年间若干年份农业四税占财政总收入比重一览

表 35-2-5　　　　单位：万元

| 单位 | 1991年 | | 1995年 | | 2000年 | | 2005年 | | 2010年 | |
|---|---|---|---|---|---|---|---|---|---|---|
| | 财政总收入 | 其中四税收入 | 财政总收入 | 其中四税收入 | 财政总收入 | 其中四税收入 | 财政总收入 | 其中四税收入 | 财政总收入 | 其中四税收入 |
| 全市合计 | 47837 | 2743 | 132630 | 5365 | 205150 | 10922 | 398130 | 16750 | 1167006 | 128603 |
| 市本级 | 14726 | 14 | 64932 | 46 | 106380 | 804 | 131429 | 7000 | 235196 | 24200 |
| 浔阳区 | 5024 | 40 | 9137 | 44 | 12706 | 6 | 33052 | 67 | 100260 | 5516 |
| 庐山区 | 2154 | 174 | 4326 | 360 | 6520 | 388 | 16331 | 443 | 72399 | 6922 |
| 九江县 | 1878 | 196 | 5077 | 416 | 6136 | 699 | 15610 | 812 | 50169 | 4600 |
| 德安县 | 3926 | 100 | 5060 | 187 | 4604 | 295 | 14382 | 681 | 45979 | 8407 |
| 永修县 | 3804 | 255 | 6346 | 421 | 9268 | 983 | 26167 | 702 | 67216 | 11523 |
| 星子县 | 1265 | 114 | 2230 | 215 | 3988 | 661 | 11422 | 458 | 41743 | 7556 |
| 修水县 | 2931 | 552 | 6223 | 1091 | 11213 | 2291 | 30695 | 1220 | 75046 | 11505 |
| 武宁县 | 2403 | 247 | 3869 | 478 | 8013 | 891 | 20038 | 922 | 54371 | 6606 |
| 瑞昌市 | 3294 | 218 | 6399 | 540 | 10424 | 697 | 28770 | 602 | 93630 | 9600 |
| 湖口县 | 1427 | 183 | 3635 | 356 | 5745 | 761 | 13416 | 343 | 100518 | 4926 |
| 都昌县 | 2255 | 429 | 4137 | 741 | 7357 | 1607 | 17503 | 1574 | 46490 | 8018 |
| 彭泽县 | 2088 | 221 | 5063 | 419 | 5341 | 801 | 12607 | 761 | 46056 | 4525 |
| 共青城 | | | 2797 | 26 | 1480 | 6 | 6042 | 536 | 35022 | 9187 |
| 庐山局 | 662 | 0.3 | 1479 | 3 | 3323 | 2 | 10001 | 29 | 27011 | |
| 开发区 | | | 1921 | 32 | 2652 | 30 | 10665 | 600 | 75900 | 5512 |

说明：1.1991年全市财政收入未包括社保基金6991.9万元；1994年后财政收入包括上划中央、省税收总收入。2.2004年停征农业特产税，2005年停征农业税，故四税收入栏2005年始只含耕地占用税、契税

# 第二节　工商税收

1991年,全市工商税收入35 173万元(不含上划中央、省税和企业所得税收入,下同),占同期财政86.1%。1991~1995年第八个五年计划时期,全市工商税收199986万元,占同期财政79.3%。1996~2000年第九个五年计划时期,全市工商税收302218万元,占同期财政收入66.4%;2001~2005年第十个五年计划时期,全市工商税收463559万元,占同期财政收入58%;2006~2010年第十一个五年计划时期,全市工商税收1176691万元,占同期财政收入54%。均占一半以上。2010年,全市完成工商税收3900992万元,是1991年11.1倍,年递增13.5%。

**1991~2010年全市工商税收入一览**

表35-2-6　　单位:万元

| 年份 | 不含企业所得税 | | 含企业所得税 | |
|---|---|---|---|---|
| | 工商税收入 | 占同期财政收入% | 工商税收入 | 占同期财政收入% |
| 1991 | 35173 | 86.1 | 34509 | 72.0 |
| 1992 | 37742 | 85.5 | 36832 | 83.4 |
| 1993 | 48513 | 91.4 | 46145 | 86.9 |
| 1994 | 34384 | 68.0 | 36361 | 71.9 |
| 1995 | 44174 | 69.3 | 47105 | 73.9 |
| 1996 | 50843 | 65.6 | 55036 | 70.9 |
| 1997 | 57929 | 65.0 | 62244 | 72.4 |
| 1998 | 58908 | 69.3 | 60563 | 71.2 |
| 1999 | 64993 | 66.0 | 67286 | 68.3 |
| 2000 | 69545 | 66.2 | 72711 | 68.9 |
| 2001 | 66850 | 61.9 | 74724 | 69.2 |
| 2002 | 77747 | 61.6 | 81633 | 64.6 |
| 2003 | 90293 | 59.0 | 94326 | 61.6 |
| 2004 | 108446 | 57.7 | 115230 | 61.2 |
| 2005 | 120223 | 53.5 | 130720 | 58.2 |
| 2006 | 133009 | 51.1 | 150825 | 57.9 |
| 2007 | 175005 | 54.6 | 203147 | 63.3 |
| 2008 | 205437 | 53.5 | 241062 | 62.7 |
| 2009 | 272248 | 53.9 | 303639 | 60.1 |
| 2010 | 390992 | 55.0 | 443432 | 62.3 |
| 合计 | 2142454 | 58.0 | 2357260 | 63.8 |

说明:表中工商税收入均不含上划中央和省税

1991~2010年若干年份全市工商税收入分税种收入一览

表35-2-7 单位:万元

| 项 目 | 1991年 | 1995年 | 2000年 | 2005年 | 2010年 |
|---|---|---|---|---|---|
| 产品税 | 7256.5 | | | | |
| 增值税 | 9828.3 | 13375 | 18567 | 34033 | 81482 |
| 营业税 | 10864.2 | 16824 | 29050 | 56392 | 200095 |
| 工商统一税 | 95.0 | | | | |
| 企业所得税 | 4781.5 | 3688 | 3166 | 10497 | 52440 |
| 企业所得税退税 | –3444.4 | –752 | –270 | | |
| 个人所得税 | 1.1 | 902 | 4256 | 8966 | 16394 |
| 其他工商税 | 1190.9 | | | | |
| 资源税 | 2.8 | 168 | 221 | 2658 | 9387 |
| 固定资产投资方向调节税 | 587.9 | 3220 | 1146 | | |
| 城市维护建设税 | 1667.5 | 5853 | 9275 | 11255 | 27420 |
| 房产税(建筑税) | 308.4 | 958 | 2030 | 2497 | 8389 |
| 印花税 | 235.0 | 139 | 516 | 947 | 5142 |
| 城镇土地使用税 | 674.3 | 758 | 1520 | 2164 | 17746 |
| 土地增值税 | | 7 | 11 | 799 | 20754 |
| 车船使用和牌照税 | | 118 | 159 | 512 | 4183 |
| 屠宰税 | | 1122 | 2794 | | |
| 工商税收款滞纳金罚款收入 | 458.4 | 725 | | | |
| 筵席税 | 1.1 | | | | |
| 全市合计 | 34508.5 | 47105 | 72711 | 130720 | 443432 |
| 其中市本级 | 10848.2 | 15792 | 27767 | 30893 | 41599 |

说明:企业所得税1991~1993年含集体企业所得税、城乡个体工商业户所得税、私营企业所得税、外国企业所得税、国营企业所得税、国营企业调节税、国营企业上交利润、国营企业奖金税、国营企业工资调节税、事业单位奖金税、集体企业奖金税

# 第三节 非税收入

## 一、政府性基金收入

**散装水泥专项资金** 1991年,凡市内从事袋装水泥生产企业,使用袋装水泥单位,均按规定缴纳散装水泥专项资金。当年104.84万元,占一般预算收入0.21%。至2010年,全市共征收散装水泥专项资金3872.02万元。2010年征收553.72万元,占当年一般预算收入0.07%,比1991年增5.28倍,比2009年增长30.2%。

**新型墙体材料专项基金** 1995年始,凡新建、扩建、改建建筑工程未使用新型墙体材料建设单位,应按规定缴纳新型墙体材料专项资金。1995年征收103.61万元,占当年一般预算收入0.16%。至2010年,全市共征收6748.38万元。2010年征收903.23万元,占当年一般预算收入0.12%,比1995年增长71.7%,比2009年减少822.5万元,减少47.6%。

**育林基金** 1996年始,为培育、保护和开发利用森林资源,维持林业再生产,开征育林基金及林业保护建设费。1996年,全市共征收育林基金726.36万元,征收林业保护建设费484.24万元。1997年,增

征森林植被恢复费，当年，征育林基金 667.68 万元、林业保护建设费 445.12 万元、森林植被恢复费 11.7 万元。2004 年，停征林业保护建设费。到 2010 年，全市共征收育林基金 23262.74 万元。森林植被恢复费 21003.05 万元。其中，2010 年征收育林基金 2730.44 万元，比 1996 年增 3.75 倍；征森林植被恢复费 5229.17 万元。

### 1996~2003 年全市育林基金及林业保护建设费征收一览

表 35-2-8　　单位：万元

| 项目 | 1996 年 | | 1997 年 | | 1998 年 | | 1999 年 | | 2000 年 | | 2001 年 | | 2002 年 | | 2003 年 | |
|---|---|---|---|---|---|---|---|---|---|---|---|---|---|---|---|---|
| | 基金 | 建设费 | 基金 | 建设费 | 基金 | 建设费 | 基金 | 建设费 | 基金 | 建设费 | 基金 | 建设费 | 基金 | 建设费 | 基金 | 建设费 |
| 全市合计 | 726.36 | 484.24 | 667.68 | 445.12 | 704.88 | 469.92 | 735.01 | 490.01 | 641.63 | 427.75 | 547.05 | 364.7 | 837.01 | 558 | 1110.5 | 78.60 |
| 庐山区 | 2.15 | 1.43 | 1.97 | 1.42 | 2.16 | 1.47 | 2.27 | 1.56 | 1.98 | 1.33 | 4.31 | 2.86 | 3.46 | 2.3 | 6.28 | 0.44 |
| 九江县 | 20.03 | 13.32 | 18.35 | 12.20 | 19.44 | 12.93 | 20.20 | 13.43 | 17.69 | 11.77 | 32.23 | 21.48 | 39.63 | 26.42 | 69.22 | 4.9 |
| 德安县 | 7.00 | 4.66 | 6.47 | 4.30 | 6.79 | 4.52 | 7.12 | 4.73 | 6.18 | 4.12 | 24.86 | 16.57 | 20.04 | 13.36 | 47.19 | 3.34 |
| 永修县 | 31.57 | 21.10 | 29.07 | 19.33 | 30.61 | 20.41 | 31.92 | 21.28 | 27.86 | 18.58 | 31.83 | 21.22 | 39.46 | 26.31 | 55.06 | 3.9 |
| 星子县 | 6.41 | 4.26 | 5.87 | 3.90 | 6.18 | 4.12 | 6.44 | 4.29 | 5.62 | 3.75 | 5.96 | 3.98 | 3.51 | 2.34 | 6.60 | 0.47 |
| 修水县 | 358.90 | 239.27 | 329.91 | 219.94 | 348.29 | 232.19 | 363.18 | 242.12 | 317.03 | 211.36 | 187.16 | 124.77 | 380.44 | 253.62 | 435.75 | 30.84 |
| 武宁县 | 209.07 | 139.38 | 192.18 | 128.12 | 202.89 | 135.26 | 211.56 | 141.04 | 184.68 | 123.12 | 164.24 | 109.49 | 210.69 | 140.46 | 291.50 | 20.63 |
| 瑞昌市 | 31.70 | 21.13 | 29.13 | 19.42 | 30.75 | 20.50 | 32.07 | 21.38 | 27.99 | 18.66 | 26.62 | 17.75 | 40.78 | 27.19 | 64.20 | 4.55 |
| 湖口县 | 5.26 | 3.51 | 4.84 | 3.23 | 5.10 | 3.41 | 5.33 | 3.56 | 4.65 | 3.10 | 7.16 | 4.78 | 5.49 | 3.66 | 13.47 | 0.95 |
| 都昌县 | 20.03 | 13.35 | 18.41 | 12.27 | 19.43 | 12.95 | 20.26 | 13.51 | 17.69 | 11.79 | 28.91 | 19.28 | 33.47 | 22.31 | 55.70 | 3.94 |
| 彭泽县 | 34.24 | 22.83 | 31.48 | 20.99 | 33.24 | 22.16 | 34.66 | 23.11 | 30.26 | 20.17 | 33.53 | 22.36 | 60.04 | 40.03 | 65.53 | 4.64 |
| 庐山局 | | | | | | | | | | | 0.24 | 0.16 | | | | |

### 2004~2010 年全市育林基金征收一览

表 35-2-9　　单位：万元

| 项目 | 2004 年 | 2005 年 | 2006 年 | 2007 年 | 2008 年 | 2009 年 | 2010 年 |
|---|---|---|---|---|---|---|---|
| 全市合计 | 1919.84 | 2049.27 | 2072.20 | 3446.99 | 2791.96 | 2281.92 | 2730.44 |
| 市本级 | 403.35 | 359.10 | 398.58 | 693.94 | 653.98 | 451.72 | 463.70 |
| 庐山区 | 10.46 | 14.03 | 10.89 | 50.52 | 9.41 | 5.25 | 16.71 |
| 九江县 | 74.45 | 86.21 | 104.73 | 100.45 | 103.64 | 58.57 | 54.29 |
| 德安县 | 49.38 | 67.19 | 97.73 | 124.02 | 164.08 | 87.00 | 148.00 |
| 永修县 | 101.08 | 73.83 | 82.53 | 185.37 | 174.81 | 117.50 | 101.44 |
| 星子县 | 32.67 | 10.44 | 22.50 | 23.52 | 30.00 | 18.00 | 40.24 |
| 修水县 | 2.00 | 442.57 | 348.04 | 580.79 | 550.38 | 456.42 | 707.21 |
| 武宁县 | 554.17 | 613.35 | 587.13 | 828.88 | 385.33 | 515.08 | 621.89 |
| 瑞昌市 | 201.91 | 143.03 | 135.12 | 345.01 | 135.96 | 212.52 | 207.08 |
| 湖口县 | 24.70 | 20.40 | 24.52 | 27.20 | 18.05 | 11.68 | 23.84 |
| 都昌县 | 109.39 | 87.98 | 126.25 | 172.17 | 182.28 | 107.50 | 107.69 |
| 彭泽县 | 356.28 | 130.12 | 132.14 | 313.68 | 383.00 | 235.00 | 235.00 |
| 共青城 | | 0.30 | | | | 5.68 | 2.06 |
| 开发区 | | 0.72 | 2.04 | 1.44 | 1.04 | | 1.29 |

### 2002~2010 年全市森林植被恢复费征收一览

表 35-2-10　　　　单位：万元

| 项 目 | 2002 年 | 2003 年 | 2004 年 | 2005 年 | 2006 年 | 2007 年 | 2008 年 | 2009 年 | 2010 年 |
|---|---|---|---|---|---|---|---|---|---|
| 市本级 | 53.27 | | | 6.21 | | 38.14 | 100.56 | 138.94 | 353.43 |
| 浔阳区 | | | | | | | 59.25 | 102.22 | 6.03 |
| 庐山区 | 6.05 | 435.62 | 112.85 | 49.74 | 314.30 | 31.95 | 280.05 | 360.47 | 435.98 |
| 九江县 | 28.48 | 51.10 | 27.10 | 142.96 | 150.36 | 89.66 | 485.76 | 54.28 | 375.28 |
| 德安县 | | 10.30 | 23.90 | | 23.43 | 141.54 | 190.10 | 30.74 | 513.14 |
| 永修县 | 7.98 | 9.90 | 162.68 | 147.26 | 211.49 | 121.88 | 219.50 | 1574.90 | 376.55 |
| 星子县 | | | 328.10 | 18.17 | 58.67 | 205.38 | 95.5 | 31.00 | 214.48 |
| 修水县 | 5.10 | 47.00 | 129.40 | 28.91 | 54.40 | 225.75 | 112.60 | 156.13 | 133.88 |
| 武宁县 | 5.12 | 11.70 | 67.56 | 39.31 | 82.32 | 176.75 | 158.32 | 2468.30 | 539.50 |
| 瑞昌市 | | | 328.10 | 18.17 | 58.67 | 205.38 | 95.50 | 31.00 | 214.88 |
| 湖口县 | | 11.03 | 3.10 | 12.95 | 16.80 | 10.93 | 16.58 | 43.49 | 237.48 |
| 都昌县 | | 52.18 | 58.40 | | 25.19 | 83.51 | 55.58 | 222.12 | 239.43 |
| 彭泽县 | | 4.00 | 23.66 | 1.24 | 22.80 | 18.60 | 568.00 | 283.59 | 142.55 |
| 共青城 | | 15.00 | 4.40 | 29.26 | 77.52 | 81.40 | 698.05 | 799.85 | 567.40 |
| 庐山局 | | | | 0.89 | 0.43 | | 10.00 | 10.00 | |
| 开发区 | | | 17.60 | 51.81 | 146.96 | 74.50 | 80.24 | 313.76 | 497.69 |

**地方水利建设基金**　1999 年始征收，当年征收 145 万元。至 2010 年，共征收 17773 万元，其中市本级征收 16979 万元。2010 年当年征收 3313 万元，比 2009 年增长 16.7%，比 1999 年增长 22.8 倍。

### 1999~2010 年全市地方水利建设基金征收一览

表 35-2-11　　　　单位：万元

| 年 份 | 金 额 | 年 份 | 金 额 | 年 份 | 金 额 | 年 份 | 金 额 |
|---|---|---|---|---|---|---|---|
| 1999 | 145 | 2002 | 623 | 2005 | 2083 | 2008 | 2423 |
| 2000 | 28 | 2003 | 1148 | 2006 | 1223 | 2009 | 2839 |
| 2001 | 298 | 2004 | 1241 | 2007 | 2409 | 2010 | 3313 |

**残疾人就业保障金**　2003 年始征收，当年征收 105 万元。至 2010 年，共征收 3886 万元，其中市本级征收 1405 万元。2010 年当年征收 1105 万元（其中市本级征收 401 万元），比 2009 年增长 84.1%，比 2003 年增长 10 倍。

### 2003~2010 年全市残疾人就业保障金征收一览

表 35-2-12　　　　单位：万元

| 年 份 | 金 额 | 年 份 | 金 额 | 年 份 | 金 额 | 年 份 | 金 额 |
|---|---|---|---|---|---|---|---|
| 2003 | 105 | 2005 | 261 | 2007 | 386 | 2009 | 600 |
| 2004 | 143 | 2006 | 413 | 2008 | 878 | 2010 | 1105 |

**国有土地使用权出让金**　1991 年，根据《中华人民共和国城镇国有土地使用权出让和转让暂行条例》征收，由土地使用者向国家支付。当年该项收入 11.55 万元。2007 年市政府出台《城区土地资金管理

暂行办法》。至2010年,共征收2442254.96万元。2010年当年征收1102715万元,比2009年增长2.35倍。

1991~2010年全市土地出让收入财政实收一览

表35-2-13　　单位:万元

| 年份 | 全市合计 | 其中 | | 年份 | 全市合计 | 其中 | |
|---|---|---|---|---|---|---|---|
| | | 县(市、区) | 市本级 | | | 县(市、区) | 市本级 |
| 1991 | 11.55 | 11.55 | | 2001 | 5624.45 | 2697.95 | 2926.50 |
| 1992 | 67.65 | 67.65 | | 2002 | 5144.89 | 4347.89 | 797.00 |
| 1993 | 43.94 | 43.94 | | 2003 | 23613.27 | 16904.27 | 6709.00 |
| 1994 | 80.97 | 80.97 | | 2004 | 42121.71 | 27530.71 | 14591.00 |
| 1995 | 165.85 | 165.85 | | 2005 | 79761.05 | 50177.05 | 29584.00 |
| 1996 | 211.79 | 149.19 | 62.60 | 2006 | 175232.71 | 103719.31 | 71513.40 |
| 1997 | 341.61 | 208.33 | 133.28 | 2007 | 229821.82 | 155151.82 | 74670.00 |
| 1998 | 579.78 | 278.07 | 301.71 | 2008 | 306306.29 | 193805.29 | 112501.00 |
| 1999 | 661.70 | 354.38 | 307.32 | 2009 | 468679.47 | 374504.47 | 94175.00 |
| 2000 | 1069.45 | 366.36 | 703.09 | 2010 | 1102715.01 | 949253.01 | 153462.00 |

## 二、专项收入

**排污费**　1991年,凡直接向环境排放污染物单位与个体工商户,均应依法缴纳排污费,具体分污水排污费、废气排污费、固体废物及危险废物排污费、噪声超标排污费。当年征收495.9万元,占同期一般预算收入1.0%。至2010年,共征收32287.8万元,分阶段情况为1991~1995年征收2537.8万元;1996~2000年征收3197万元;2001~2005年征收6807万元;2006~2010年征收19746万元。2010年当年征收4801万元,占同期一般预算收入0.67%。

**水资源费**　1992年始征,凡在本行政区域内直接从地下、江河、湖泊、水工程取水单位和个人,均应按相关规定交纳。1992~2010年全市共征收水资源费1063.1万元,其中1992年征收59.8万元,2010年征收72万元。

**教育费附加**　1991年,该项收入指以各单位和个人实际缴纳消费税、增值税、营业税税额为计征依据,按3%附加率征收教育经费资金。当年全市征收692.27万元,占同期一般预算收入1.44%。至2010年,全市共征收90819.7万元,分阶段情况为1991~1995年征收6691.7万元;1996~2000年征收14640万元;2001~2005年征收20465万元;2006~2010年征收49023万元。2010年征收14403万元,占同期一般预算收入2%,比2009年11090万元,增长29.8%。

**探矿权采矿权价款**　2006年始市内开征,指国家将其出资勘查形成探矿权出让给探矿权人,按规定向探矿权人(采矿权人)收取的价款。2006~2010年全市共征收7837万元,其中2006年征收30万元,2007年征收2114万元(其中市本级329万元),2008年征收673万元(其中市本级148万元),2009年征收765万元(其中市本级149万元),2010年征收4255万元(其中市本级682万元),占当年同期一般预算收入0.59%。

## 三、行政事业性收费收入

1994年始收取,当年决算反映,全市行政事业性收费收入177万元,占当年一般预算收入0.5%。至2010年,17年全市行政事业性收费收入共226726万元。2010年当年收取31733万元,占当年一般预算收入4.4%。其中:公安行政事业性收费收入1071万元(其中市本级185万元);法院行政事业性收费收入1204万元(其中市本级691万元);司法行政事业性收费收入1189万元(其中市本级94万元);财政行政事业性收费收入117万元(其中市本级108万元);税务行政事业性收费收入27万元;人口和计划生育行政事业性收费收入9890万元;人防办行政事业性收费收入3363万元;文化行政事业性收费收入53万元;教育行政事业性收费收入2119万元;发展与改革(物价)行政事业性收费收入59万元;国土资源行政事业性收费收入3544万元(其中市本级696万元);建设行政事业性收费收入2213万元(其中市本级630万元);环保行政事业性收费收入60万元;农业行政事业性收费收入38万元;林业行政事业性收费收入69万元;水利行政事业性收费收入1395万元;卫生行政事业性收费收入2229万元;民政行政事业性收费收入24万元;人力资源和社会保障行政事业性收费收入399万元(其中市本级352万元);其他行政事业性收费收入2670万元。

### 四、罚没收入

1991年,指政府部门依法处理罚款和没收品收入,以及依法追缴的赃款和赃物变卖收入。当年决算反映全市罚没收入为1968万元,占当年一般预算收入4.1%。至2010年,罚没收入共计236332.7万元。其中分阶段情况为1991~1995年11166.7万元;1996~2000年29464万元;2001~2005年66193万元;2006~2010年129509万元。2010年30513万元(其中市本级8684万元);占当年一般预算收入4.2%,分别为公安罚没收入116463万元(其中市本级4992万元);检察院罚没收入2814万元(其中市本级1253万元);法院罚没收入528万元(其中市本级120万元);税务部门罚没收入48万元;食品药品监督罚没收入8万元;卫生罚没收入30万元;交通罚没收入673万元(其中市本级224万元);审计罚没收入1452万元(其中市本级300万元);交强险罚没收入4万元(其中市本级4万元),其他一般罚没收入13310万元(其中市本级1791万元)。

### 五、国有资本经营收入

1998年市内始征收,为各级政府及其部门、机构履行出资人职责的企业所上交国有资本收益,包括按规定上交国家的利润、股利、股息收入、产权转让收入等。1998~2010年全市国有资本经营收入共48879万元。其中1998年1801万元,占当年一般预算收入2.1%;2010年1536万元,占当年一般预算收入0.2%。其他年份分别为1999年2300万元,2000年2354万元,2001年1812万元,2002年2057万元,2003年2094万元,2004年4681万元,2005年8148万元,2006年9480万元,2007年5432万元,2008年635万元,2009年6549万元。

### 六、国有资源(资产)有偿使用收入

2007年,指有偿转让国有资源(资产)使用费而取得的收入,包括场地和矿区使用费收入、利息收入等。当年征收9041万元,占一般预算收入2.85%。2010年征收46083万元,占当年一般预算收入6.4%。其他年份分别为2008年20442万元,2009年28012万元,4年全市国有资源(资产)有偿使用收入共103578万元。

## 第四节 社会保险基金收入

### 一、基本养老保险基金收入

1991年来,基本养老保险基金收入主要包括基本养老保险费收入、利息收入、财政补贴收入、转移收入、上级补助收入、下级上解收入、其他收入等,至2010年,此基金收入全市累计792108万元。

### 二、失业保险基金收入

1991年始征收,主要包括失业保险费收入、利息收入、财政补贴收入、转移收入、上级补助收入、下级上解收入、其他收入等。当年征收204.12万元。至2010年,此基金收入全市累计45989.44万元。

## 三、基本医疗保险基金收入

1993年始征收,主要包括基本医疗保险费收入、利息收入、财政补贴收入、转移收入、上级补助收入、下级上解收入、其他收入等。至2010年,此项基金全市累计收入400528万元。

## 四、工伤保险基金收入

1993年始征收,主要包括工伤保险费收入、利息收入、财政补贴收入、转移收入、上级补助收入、下级上解收入、其他收入等。至2010年,此项基金全市累计收入9150万元。

## 五、生育保险基金收入

1994年始征收,主要包括生育保险费收入、利息收入、财政补贴收入、转移收入、上级补助收入、下级上解收入、其他收入等。至2010年,全市共收入1687万元。

## 六、新型农村合作医疗基金收入

2005年始征收,至2010年,全市新型农村合作医疗基金累计收入134455万元。

## 七、城镇居民基本医疗保险基金收入

2007年始征收,以家庭缴费为主,政府给予适当补助,至2010年,全市城镇居民基本医疗保险基金累计收入31843万元。

## 八、新型农村社会养老保险基金收入

2009年始征收,由个人缴费、集体补助、政府补助构成,至2010年,全市新型农村社会养老保险基金累计收入8491万元。

**1991~2010年全市社会保险基金收入一览**

表35-2-14 单位:万元

| 年份 | 基本养老保险基金 | 失业保险基金 | 基本医疗保险基金 | 工伤保险基金 | 生育保险基金 | 新型农村合作医疗基金 | 城镇居民基本医疗保险基金 | 新型农村社会养老保险基金 |
|---|---|---|---|---|---|---|---|---|
| 1991 | 7754 | 204.12 | | | | | | |
| 1992 | 9390 | | | | | | | |
| 1993 | 11044 | | 67 | 38 | | | | |
| 1994 | 12820 | | 157 | 73 | 8 | | | |
| 1995 | 14416 | | 8494 | 104 | 37 | | | |
| 1996 | 18192 | | 10505 | 120 | 80 | | | |
| 1997 | 15983 | 287.84 | 9975 | 105 | 84 | | | |
| 1998 | 18862 | 756.44 | 11011 | 95 | 107 | | | |
| 1999 | 19070 | 1389.23 | 12040 | 128 | 110 | | | |
| 2000 | 24759 | 1458.70 | 10608 | 118 | 98 | | | |
| 2001 | 27292 | 1960.63 | 16091 | 147 | 223 | | | |
| 2002 | 28859 | 2238.58 | 17625 | 146 | 162 | | | |
| 2003 | 33709 | 2622.33 | 19642 | 149 | 97 | | | |
| 2004 | 38666 | 3639.41 | 22809 | 154 | 82 | | | |
| 2005 | 41709 | 3625.63 | 26258 | 205 | 67 | 1738 | | |
| 2006 | 52731 | 4044.92 | 30469 | 555 | 59 | 6674 | | |
| 2007 | 69521 | 4793.83 | 35603 | 1163 | 107 | 11167 | 1836 | |

续表 35-2-14

| 年 份 | 基本养老保险基金 | 失业保险基金 | 基本医疗保险基金 | 工伤保险基金 | 生育保险基金 | 新型农村合作医疗基金 | 城镇居民基本医疗保险基金 | 新型农村社会养老保险基金 |
|---|---|---|---|---|---|---|---|---|
| 2008 | 88442 | 5315.05 | 45284 | 1444 | 131 | 29385 | 6308 | |
| 2009 | 125374 | 7084.16 | 58891 | 1816 | 116 | 34174 | 11085 | 583 |
| 2010 | 133515 | 6568.57 | 64999 | 2590 | 119 | 51317 | 12614 | 7908 |
| 合 计 | 792108 | 45989.44 | 400528 | 9150 | 1687 | 134455 | 31843 | 8491 |

## 第五节 债务收入

### 一、国内债务收入

1991 年 3 月，市政府批准市财政设立国债服务部，原市财政局国库券兑付点业务并入国债服务部，5 月 1 日搬至人民影剧院门点办公。当年全市国库券推销任务 2265 万元，实际完成 2327.30 万元。1994 年始，星子、永修、修水、武宁、德安、湖口、彭泽等县财政局相继设立国债服务部，开设专柜，办理国库券推销兑付业务。至 1998 年年底，全市国债服务部 8 个。1999 年，国债发行走向市场化，推销工作不再由财政部门承担，改由银行证券交易部门发行。当年，符合条件的财政国债中介机构转为证券经纪公司或转让，并入其他证券经营机构。至 2000 年年底，全市共推销国库券 22242.89 万元，占省下达任务 22180.59 万元 100.28%；推销特种国债 773 万元，占省下达任务 735 万元 105.12%；推销特种定向债券 3420 万元，占省下达任务 3420 万元 100%。

1991~2010 年全市国债销售一览

表 35-2-15　　单位：万元

| 年 份 | 国债种类 | 任务数 | 完成数 | 单位完成数 | 个人完成数 |
|---|---|---|---|---|---|
| 1991 | 国库券 | 2265.00 | 2327.30 | | 2327.30 |
| | 特种国债 | 735.00 | 773.00 | 773 | |
| 1992 | 国库券 | 4500.00 | 4500.00 | | 4500.00 |
| 1993 | 国库券 | 6300.00 | 6300.00 | | 6300.00 |
| 1994 | 国库券 | 4100.00 | 4100.00 | | 4100.00 |
| | 特种定向债券 | 690.00 | 691.00 | 690 | |
| 1995 | 国库券 | 2800.00 | 2800.00 | | 2800.00 |
| | 特种定向债券 | 630.00 | 630.00 | 630 | |
| 1996 | 国库券 | 900.00 | 900.00 | | 900.00 |
| | 特种定向债券 | 690.00 | 690.00 | 690 | |
| 1997 | 国库券 | 760.00 | 760.00 | | 760.00 |
| | 特种定向债券 | 460.00 | 460.00 | 460 | |
| 1998 | 国库券 | 555.59 | 555.59 | | 555.59 |
| 1999 | 特种定向债券 | 500.00 | 500.00 | 500 | |
| 2000 | 特种定向债券 | 450.00 | 450.00 | 450 | |
| 合 计 | | 26335.59 | 26436.89 | 4193 | 22242.89 |

## 二、国外债务收入

20世纪90年代以来,全市利用世界银行、亚洲银行、日本银行贷款加速经济建设,由市政府或市财政担保,从上级主管部门转借外资,用于农业、林业、教育、卫生方面资源开发或引进高新科技设施,促进市经济建设和教育、卫生等事业发展,至2010年12月31日,共利用境外贷款折合人民币61902.49万元,其中世界银行贷款36381.41万元,亚洲银行贷款477.36万元,日本银行贷款25043.72万元。贷款项目15项,其中农业类5项,卫生类4项,教育类2项,交通、城防等其他类4项。上述贷款还款期限最短10年,最长30年,项目建设年限最短2年,最长7年,宽限期一般为5年。

**2010年年底止全市国际金融组织贷款一览**

表35-2-16　　单位:万元

| 项目 | 协议金额 | | | 实际贷款RMB | 行业 | 还款期及利率 | 已归还款RMB |
|---|---|---|---|---|---|---|---|
| | SDR | USD | 折合RMB | | | | |
| 卫Ⅲ | 8036720 | | 9010.98 | 8931.07 | 卫生 | 1995~2009年(15年)0.75% | 8931.07 |
| 卫Ⅴ | 2142500 | | 2402.23 | 1912.38 | 卫生 | 2002~2011年(10年)0.75% | 1589.20 |
| 贫Ⅱ | | 233.00 | 1928.61 | 1823.94 | 教育 | 2000~2013年(15年)0.75% | 1102.87 |
| 粮食 | | 14.80 | 122.50 | 105.45 | 粮食 | 1999~2008年(10年)浮动利率0.7 | 86.00 |
| 红壤 | | 200.00 | 1655.46 | 1443.80 | 农业 | 2000~2014年(15年)2% | 1129.39 |
| 吉湖 | 760000 | | 852.15 | 831.08 | 农业 | 1995~2009年(15年)2% | 831.08 |
| 种子 | | 10.00 | 82.77 | 114.25 | 农业 | 1985~2005年 | 114.25 |
| 国家造林 | 1798400 | | 2016.43 | 2160.62 | 林业 | 1999~2015年(17年)人民币4%,外币3% | 1125.33 |
| 长江洪灾 | 4782744 | 659.95 | 10825.13 | 10937.68 | 卫教交城 | 2004~2018年(15年)0.5%+世行浮动利率 | 4862.03 |
| 师资Ⅱ | 648900 | | 727.00 | 747.76 | 教育 | 1998~2008年(10年)1.5% | 747.76 |
| 已关账项目小计 | | | 29623.26 | 29008.03 | | | 20518.98 |
| 亚贷-农村能源 | | 70.00 | 579.00 | 477.36 | 农业 | 2008~2027年(20年)浮动利率 | 11.47 |
| 公共卫生(结核病) | | 21.00 | 174.00 | 87.54 | 卫生 | 2010~2022年(12年)2% | |
| 综合农业现代化 | | 1066.00 | 8824.00 | 7285.84 | 农业 | 2009~2024年(15年)浮动利率 | 437.82 |
| 日贷城市防洪 | | 日元30亿 | 20647.00 | 23126.72 | 城防 | 2014~2044年(30年)0.75% | 438.03 |
| 公共卫生基础建设 | | 240.00 | 1986.00 | 1917.00 | 卫生 | 2010年始还款,设备利率1.5%,培训利率0.75% | |
| 合计 | | | 61833.26 | 61902.49 | | | 21406.30 |

# 第六节 转移性收入

## 一、返还性收入

1994 年,分税制后中央对地方的一项补助。当年始,部分净上划中央数,按保地方既得财力原则,当年应全部由中央财政返还地方。1994 年返还性收入全市 26992 万元,2000 年 29790 万元,2010 年 46607 万元。1994~2010 年返还性收入共计 561973 万元。

## 二、一般性转移支付收入

1994 年,分税制后政府间财政资金转移,是中央政府支出部分,亦是地方政府预算收入。当年,全市一般性转移支付收入 6971 万元,2000 年 20907 万元。2010 年 516727 万元。1994~2010 年共计 2423172 万元。

## 三、专项转移支付收入

1994 年分税制后,下级政府因承担上级政府委托事务或政府间共同事务,所享受上级政府补助资金,又称有条件补助或专项拨款。1994 年,专项转移支付收入 11674.4 万元,2000 年 47506 万元,2010 年 459350 万元。1994~2010 年共计 2211600.2 万元。

## 四、政府性基金转移收入

1997 年后,政府性基金收入转入预算内收入。当年,政府性基金转移收入 718 万元,2000 年 500 万元,2010 年 60737 万元。至 2010 年年底,共计 197798.7 万元。

1991~2010 年全市转移性收入一览

表 35-2-17　　单位:万元

| 年 份 | 返还性收入 | 一般性转移支付收入 | 专项转移支付收入 | 政府性基金转移收入 | 上年结余收入 | 调入资金 | 债券转贷收入 |
|---|---|---|---|---|---|---|---|
| 1991 | | | 11674.4 | | 5462.0 | | |
| 1992 | | | 10594.5 | | 8312.1 | | |
| 1993 | | | 8271.3 | | 7829.5 | | |
| 1994 | 26992 | 6971 | 8601.0 | | 5984.0 | 4588 | |
| 1995 | 27716 | 5821 | 8792.0 | | 21942.0 | 2238 | |
| 1996 | 28429 | 3165 | 12817.0 | | 22644.0 | 3053 | |
| 1997 | 28742 | 4220 | 12087.0 | 718.0 | 20087.0 | 2176 | |
| 1998 | 28817 | 12062 | 36988.0 | 422.0 | 18693.0 | 1500 | |
| 1999 | 29002 | 10469 | 117666.0 | 151.0 | 26323.0 | 578 | |
| 2000 | 29790 | 20907 | 47506.0 | 500.0 | 42399.0 | 2354 | |
| 2001 | 29251 | 44969 | 103439.0 | 202.0 | 26655.0 | 917 | |
| 2002 | 31732 | 71662 | 93037.0 | 189.0 | 45322.0 | 2313 | |
| 2003 | 34469 | 83879 | 60683.0 | 2125.0 | 35434.0 | 1042 | |
| 2004 | 35572 | 119457 | 73729.0 | 3310.0 | 41225.0 | 1308 | |
| 2005 | 35582 | 176805 | 144436.0 | 9285.7 | 55139.0 | 3915 | |
| 2006 | 36381 | 202310 | 120026.0 | 8270.0 | 92781.0 | 4523 | |

续表 35-2-17

| 年 份 | 返还性收入 | 一般性转移支付收入 | 专项转移支付收入 | 政府性基金转移收入 | 上年结余收入 | 调入资金 | 债券转贷收入 |
|---|---|---|---|---|---|---|---|
| 2007 | 34455 | 309003 | 179121.0 | 30006.0 | 109386.0 | 4290 | |
| 2008 | 34145 | 359444 | 316528.0 | 31114.0 | 150493.0 | 809 | |
| 2009 | 44291 | 475301 | 386254.0 | 50769.0 | 166046.0 | 11890 | 30000 |
| 2010 | 46607 | 546727 | 459350.0 | 60737.0 | 28120.0 | 11658 | 35000 |

# 第三章 财政支出

## 第一节 基本建设支出

### 一、城市基础设施建设支出

1991年来,包括城市园林绿化建设、公共服务设施建设、交通基础设施建设。其中重要投资建设项目有1992年于原黄老门空军机场基础上改造兴建九江民航机场,共投资13541.5万元;1995~1999年兴建九江新火车站,投资17400万元;2008年兴建鹤问湖污水处理厂及配套管网,投资1.33亿元;同年,市区建设浔阳东路、塔岭路人行地下通道,投资600万元;各县(市)进行污水处理厂和配套管网建设,投资56900万元。

### 二、公共交通事业支出

2001~2008年,每年安排10万元用于老年人免费乘坐公交及公交车辆保险;2009年始,每年为弥补公交公司价格倒挂造成政策性亏损,从价格调节基金中安排300万元;为公益性补贴和车辆保险,从城市维护费中安排100万元;为实施中心城区公交枢纽、首末站、公交综合场站建设,安排200万元。当年为建设智能调节系统和营运信息多媒体综合查询系统,一次性安排补贴100万元;为贷款新购车辆,安排资金贴息3年,贴息资金按实际贷款额、时间和同期利率据实计算。2009~2010年,财政实际拨付资金1701.5万元,其中补贴2008~2010年新购173辆公交车辆贴息资金401.5万元。

### 三、防洪基础工程支出

1993年10月始,市中心城区龙开河改造工程动工,总投资9200万元。1998年年底始,为兴建九江城防工程,中央投资24763万元(其中国债补助20113万元、国债转贷4650万元)、地方配套投资500万元;同年,为兴建鄱阳湖二期防洪工程,含永修县郭东圩、永北圩,星子县南库圩,湖口县双钟圩,都昌县矶山圩等,总投资达18687万元(其中国债资金4242万元)。

## 第二节 农林水事务支出

### 一、农业支出

**种粮农民补贴** 1991年来,农业支出反映财政用于种植业、畜牧业、渔业、兽医、农机、农垦、农场、农业产业化经营组织、农村和垦区公益事业、农产品加工等方面支出,至2002年,此项支出包含在支援农村生产支出和农林水利气象等部门事业费中。2003~2010年,全市农业支出381866万元。2004年始,中央出台对种粮农民进行补贴政策,市内实施情况为:2004~2010年,农业生产资料补贴资金45639万元,其中2010年11870万元为2004年3173万元3.74倍;2004~2010年农作物补贴(包括粮食直补、农资综合补贴以及水稻、棉花、玉米、小麦、油菜等作物良种补贴)118279.5万元,其中2010年24040万元为2004年6873万元3.50倍;2010年始,实施农机购置补贴,全市支出2946万元。

**基础设施建设补贴** 2004年始,全市实施农村公路建设补贴为每千米油(水泥)路2万元、砂石路1万元,至2009年,累计改建、续建农村公路里程9041.2千米,共计补贴资金15610.37万元。

2004~2009年全市农村公路建设补贴资金一览

表35-3-1 单位:千米、万元

| 年 份 | 油(水泥)路 | | 砂石路 | | 补贴资金合计 |
|---|---|---|---|---|---|
| | 里程 | 金额 | 里程 | 金额 | |
| 2004 | 656.37 | 1312.74 | 458.00 | 458.00 | 1770.74 |
| 2005 | 1376.90 | 2753.80 | 240.00 | 240.00 | 2993.80 |
| 2006 | 1117.70 | 2235.40 | 440.43 | 440.43 | 2675.83 |
| 2007 | 1147.60 | 2295.20 | 970.90 | 970.90 | 3266.10 |
| 2008 | 1465.30 | 2930.60 | | | 2930.60 |
| 2009 | 805.30 | 1610.60 | 362.70 | 362.70 | 1973.30 |
| 合 计 | 6569.17 | 13138.34 | 2472.03 | 2472.03 | 15610.37 |

其间,全市改渡建桥73座,其中16座桥梁于2007年由省全额补助到位。至2009年底,又完工24座,拨付市补贴资金122.36万元,另有33座在建,配套资金2686.48万元。

**强农惠农政策支农资金** 2008年,全市粮食、水产6个大县获中央财政扶持资金1345万元。2009年,全市获中央财政扶持资金3495万元,建成高标准农田2668公顷,标准鱼池460公顷,新增油茶林1334公顷。2010年,共下拨扶持资金5680万元,其中水稻2460万元、水产2700万元、油茶520万元。

## 二、林业支出

1991年,林业支出包括林业行政事业单位基本支出、森林培育、技术推广、资源管理监测与生态补偿,动植物、湿地保护、执法与监督,森林防火及森林救灾等项支出。至2002年,此项支出包含在支援农村生产支出和农林水利气象等部门事业费中。2003年单列,至2010年,全市林业支出98862万元。其中2010年22521万元,比2003年4111万元增加18410万元,增长447.8%。

2003~2010年全市林业支出一览

表35-3-2 单位:万元

| 项 目 | 合 计 | 2003年 | 2004年 | 2005年 | 2006年 | 2007年 | 2008年 | 2009年 | 2010年 |
|---|---|---|---|---|---|---|---|---|---|
| 管理费 | 34243 | 1837 | 2528 | 3198 | 4481 | 4696 | 5569 | 5653 | 6281 |
| 森林培育 | 10269 | | | | | 378 | 957 | 5582 | 3352 |
| 技术推广 | 1067 | | | | | 31 | 61 | 265 | 710 |
| 资源管理监督 | 542 | | | | | 16 | 138 | 231 | 157 |
| 生态效益补偿 | 28396 | 1507 | 953 | 795 | 3294 | 3499 | 5154 | 6543 | 6651 |
| 森林救灾 | 1534 | 69 | 203 | 271 | 991 | | | | |
| 动植物保护 | 347 | | 41 | | | 57 | 56 | 105 | 88 |
| 退耕还林 | 3274 | 456 | 989 | 980 | 849 | | | | |
| 湿地保护 | 1341 | | | | | 1323 | 18 | | |
| 执法监督 | 1999 | | | | | 787 | 778 | 207 | 227 |

续表 35-3-2

| 项 目 | 合 计 | 2003 年 | 2004 年 | 2005 年 | 2006 年 | 2007 年 | 2008 年 | 2009 年 | 2010 年 |
|---|---|---|---|---|---|---|---|---|---|
| 森林防火 | 3926 | | | | | 521 | 996 | 1024 | 1385 |
| 有害生物防治 | 1672 | | | | | 438 | 641 | 293 | 300 |
| 防沙治沙 | 357 | 58 | 71 | 40 | 58 | | 20 | 110 | |
| 林业产业化 | 710 | | | | | | 480 | 200 | 30 |
| 林区公共支出 | 55 | | | | | | 51 | 4 | |
| 林业贷款贴息 | 502 | | | | | | 23 | 154 | 279 |
| 造 林 | 315 | 44 | 133 | 74 | 64 | | | | |
| 其 他 | 8313 | 140 | 98 | 183 | 196 | 224 | 3044 | 1367 | 3061 |
| 总 计 | 98862 | 4111 | 5016 | 5541 | 9933 | 12016 | 17986 | 21738 | 22521 |

## 三、水利支出

1991 年,水利支出包括水利行政及附属事业单位基本支出,含业务管理、工程建设维护、执法监督、水土保持、水资源管理与保护、水质监测、水文测报、防汛抗旱、农田水利等项。至 2002 年,此项支出含在支援农村生产支出和农林水利气象等部门事业费中。2003~2006 年,全市水利支出 27806 万元,分别为水利行政管理 9480 万元,防汛抗旱及岁修 10177 万元,水文测报、水质监测、水资源保护 495 万元,水利建设 6783 万元,另含气象支出 871 万元。2007~2010 年支出 180400 万元,其中 2010 年 50333 万元,是 2003 年 3201 万元 15.7 倍。

2007~2010 年全市水利支出一览

表 35-3-3　　单位:万元

| 项 目 | 合 计 | 2007 年 | 2008 年 | 2009 年 | 2010 年 |
|---|---|---|---|---|---|
| 行政运行 | 11382 | 2986 | 2345 | 2420 | 3631 |
| 管理事务 | 908 | 162 | 189 | 206 | 351 |
| 业务管理 | 2852 | 458 | 829 | 500 | 1065 |
| 水利工程建设 | 66371 | 5727 | 12956 | 38351 | 9337 |
| 水利工程维护 | 3743 | 885 | 973 | 787 | 1098 |
| 水土保持 | 2055 | 295 | 777 | 609 | 374 |
| 防 汛 | 5427 | 737 | 1110 | 749 | 2831 |
| 抗 旱 | 2674 | 497 | 259 | 1727 | 191 |
| 农田水利 | 55906 | 2300 | 15694 | 11063 | 26849 |
| 移民后期扶持 | 12053 | 4184 | 7460 | 17 | 392 |
| 水资源费支出 | 541 | 197 | 247 | 71 | 26 |
| 砂石资源费支出 | 419 | 267 | 105 | | 47 |
| 其 他 | 16069 | 4496 | 3170 | 4262 | 4141 |
| 总 计 | 180400 | 23191 | 46114 | 60762 | 50333 |

## 四、扶贫支出

1991~2006 年，全市支援不发达地区支出 48566 万元。2007 年始，改设于农林水事务中单列扶贫支出。至 2010 年，4 年共支出 45807 万元，年年超 1 亿元。

2007~2010 年全市扶贫支出一览

表 35-3-4　　单位：万元

| 项 目 | 合 计 | 2007 年 | 2008 年 | 2009 年 | 2010 年 |
|---|---|---|---|---|---|
| 行政运行 | 1398 | 456 | 320 | 246 | 376 |
| 管理事务 | 355 | 26 | 128 | 108 | 93 |
| 农村基础设施建设 | 25165 | 5430 | 7546 | 7458 | 4731 |
| 发展生产资金 | 9959 | 4965 | 1579 | 1702 | 1713 |
| 社会发展资金 | 1630 | 6 | 104 | 660 | 860 |
| 扶贫贷款奖补和贴息 | 473 | 70 | 129 | 153 | 121 |
| 扶贫事业机构经费 | 73 | | 4 | 31 | 38 |
| 其 他 | 6754 | 1451 | 861 | 856 | 3586 |
| 总 计 | 45807 | 12404 | 10671 | 11214 | 11518 |

## 五、农业综合开发支出

1991 年，农林综合开发支出包括中央和地方立项土地治理和产业化经营等项目支出。至 2010 年，全市此项支出 69433 万元，其中 2010 年 11438 万元，是 1991 年 369 万元 31 倍，是 2001 年 2958 万元 3.86 倍。

2007~2010 年全市农业综合开发支出一览

表 35-3-5　　单位：万元

| 项 目 | 合 计 | 2007 年 | 2008 年 | 2009 年 | 2010 年 |
|---|---|---|---|---|---|
| 机构运行 | 723 | 81 | 200 | 190 | 252 |
| 土地治理 | 24358 | 4753 | 4827 | 6734 | 8044 |
| 产业化经营 | 9022 | 1714 | 1814 | 2859 | 2635 |
| 贷款贴息 | 885 | 60 | 50 | 379 | 396 |
| 科技示范 | 15 | 3 | | | 12 |
| 其 他 | 387 | 140 | 111 | 37 | 99 |
| 总 计 | 35390 | 6751 | 7002 | 10199 | 11438 |

## 六、农业综合改革支出

2002 年，市农村综合改革启动，初期围绕取消农业税，规范涉农收费，优化农村义务教育网点，进行乡镇机构改革。2005 年后，工作重心方转移到综合改革，围绕因农民减负相应形成乡村资金缺口，各级财政加大转移支付。2002~2006 年，全市在其他支出（类）中补助村委会、村党支部支出 27955 万元。2007~2009 年，在农业事务支出中对村级一事一议补助支出 463 万元，对村委会村支部补助 34145 万元。2010 年共支出 27222 万元，其中减轻农业用水负担补助 900 万元，对村委会村支部补助 13267 万元，对村级一事一议补助 11587 万元，对国有农场分离办社会职能改革补助 864 万元，其他支出 604 万元。

**1991~2010 年全市农林水事务支出一览**

表 35-3-6　　　　单位:万元

| 年 份 | 合 计 | 支援农业生产 | 农业综合开发 | 农林水利气象部门事业费 | 支援不发达地区 | 农 业 | 林 业 | 水 利 | 扶 贫 | 其 他 | 农村综改 |
|---|---|---|---|---|---|---|---|---|---|---|---|
| 1991 | 6396 | 2907 | 369 | 2637 | 483 | | | | | | |
| 1992 | 5700 | 2316 | 466 | 2751 | 167 | | | | | | |
| 1993 | 7249 | 2910 | 771 | 3096 | 472 | | | | | | |
| 1994 | 7919 | 2925 | 637 | 3799 | 558 | | | | | | |
| 1995 | 11046 | 3762 | 1184 | 5065 | 1035 | | | | | | |
| 1996 | 12515 | 3811 | 1332 | 6038 | 1334 | | | | | | |
| 1997 | 12635 | 4099 | 1120 | 5593 | 1823 | | | | | | |
| 1998 | 20468 | 3259 | 1456 | 12353 | 3400 | | | | | | |
| 1999 | 13511 | 2757 | 1694 | 7041 | 2019 | | | | | | |
| 2000 | 13731 | 2509 | 1704 | 6833 | 2685 | | | | | | |
| 2001 | 17625 | 2834 | 2958 | 8328 | 3505 | | | | | | |
| 2002 | 19422 | 2259 | 2560 | 10835 | 3768 | | | | | | |
| 2003 | 26028 | | 3004 | | 5932 | 9780 | 4111 | 3201 | | | |
| 2004 | 34912 | | 3603 | | 6885 | 15528 | 5016 | 3880 | | | |
| 2005 | 46511 | | 5803 | | 7831 | 17936 | 5541 | 9400 | | | |
| 2006 | 55226 | | 5382 | | 6669 | 21917 | 9933 | 11325 | | | |
| 2007 | 108380 | | 6751 | | | 53521 | 12016 | 23191 | 12404 | 497 | |
| 2008 | 155386 | | 7002 | | | 72134 | 17986 | 46114 | 10671 | 1479 | |
| 2009 | 208994 | | 10199 | | | 101024 | 21738 | 60762 | 11214 | 4057 | |
| 2010 | 221972 | | 11438 | | | 90026 | 22521 | 50333 | 11518 | 8914 | 27222 |
| 总 计 | 1005626 | 36348 | 69433 | 74369 | 48566 | 381866 | 98862 | 208206 | 45807 | 14947 | 27222 |

说明:在支援农业生产支出中,包含 1991~2002 年粮食生产专项资金支出 6399 万元

# 第三节　教科文体支出

## 一、教育支出

1991~1995 年,全市教育总支出 75505 万元。其中教育支出 69677 万元,未列明细;教育费附加支出 5828 万元。1996~2000 年,教育费支出 147547 万元。2001~2005 年,教育费支出 328739 万元。2006~2010 年,教育费支出 926204 万元。“十一五”期间支出是“八五”期 12.27 倍,分别占同期财政总支出 5413990 万元 17.1%和财政总支出 1204996 万元 6.3%。

### 1996~2010 年全市教育事务支出一览

表 35-3-7 单位：万元

| 年 份 | 合 计 | 普通教育 | 职业教育 | 成人教育 | 广播电视教育 | 特殊教育 | 教师进修和干部继教教育 | 教育附加支出 | 教育管理支出 | 其他教育支出 |
|---|---|---|---|---|---|---|---|---|---|---|
| 1996 | 23864 | 18947 | 949 | | 45 | 35 | 279 | 2805 | | 804 |
| 1997 | 25477 | 20593 | 1011 | | 45 | 25 | 337 | 2446 | | 1020 |
| 1998 | 29432 | 24590 | 1151 | | 52 | 25 | 338 | 2337 | | 939 |
| 1999 | 33423 | 26952 | 1413 | | 53 | 29 | 410 | 3261 | | 1305 |
| 2000 | 35351 | 29720 | 1397 | | 71 | 68 | 326 | 2723 | | 1046 |
| 2001 | 44617 | 38291 | 1186 | | 76 | 63 | 392 | 2833 | | 1776 |
| 2002 | 57928 | 50941 | 1188 | | 77 | 317 | 398 | 3354 | | 1653 |
| 2003 | 61614 | 55283 | 1564 | | 82 | 46 | 499 | 2857 | | 1283 |
| 2004 | 72764 | 64507 | 1883 | | 89 | 63 | 605 | 3875 | | 1742 |
| 2005 | 91816 | 81773 | 2313 | 31 | 91 | 51 | 453 | 5504 | | 1600 |
| 2006 | 111290 | 98878 | 2918 | 41 | 97 | 95 | 511 | 6071 | | 2679 |
| 2007 | 156002 | 135724 | 7009 | | 139 | 224 | 1783 | 6916 | 3423 | 784 |
| 2008 | 187331 | 161086 | 9286 | 21 | 125 | 809 | 2519 | 8626 | 3863 | 996 |
| 2009 | 231897 | 200729 | 14703 | | 148 | 675 | 2278 | 8766 | 3831 | 767 |
| 2010 | 239684 | 203307 | 14118 | | 146 | 2243 | 2503 | 11752 | 4614 | 1001 |
| 总 计 | 1402480 | 1211321 | 62089 | 93 | 1336 | 4768 | 13631 | 74126 | 15731 | 19395 |

说明：2007 年始，党群干部培训事业费列入教育支出，此前 1996~2006 年教育费附加支出数，不含 1996~2006 年党群干部培训事业费

## 二、科学技术支出

1991 年，该项支出列于文卫体事业费中。2003 年始，增加科学技术普及和其他科学事业费支出。2007 年始单列。至 2010 年，该项支出 34777 万元。其中“十一五”期间 25285 万元，是“八五”期间 2047 万元 12.35 倍。此外，2007 年始，原“科技三项费用”并入科学技术支出。

### 1991~2010 年全市科学技术支出一览

表 35-3-8 单位：万元

| 年 份 | 合 计 | 自然科学 | 科协管理费用 | 科技管理费 | 社会科学 | 科技普及 | 技术研究开发 | 基础研究 | 应用研究 | 科技条件与服务 | 其 他 |
|---|---|---|---|---|---|---|---|---|---|---|---|
| 1991 | 321 | 290 | 31 | | | | | | | | |
| 1992 | 340 | 296 | 44 | | | | | | | | |
| 1993 | 435 | 380 | 55 | | | | | | | | |
| 1994 | 541 | 503 | 38 | | | | | | | | |
| 1995 | 410 | 351 | 59 | | | | | | | | |
| 1996 | 459 | 394 | 65 | | | | | | | | |
| 1997 | 497 | 410 | 87 | | | | | | | | |

续表 35-3-8

| 年 份 | 合 计 | 自然科学 | 科协管理费用 | 科技管理费 | 社会科学 | 科技普及 | 技术研究开发 | 基础研究 | 应用研究 | 科技条件与服务 | 其 他 |
|---|---|---|---|---|---|---|---|---|---|---|---|
| 1998 | 512 | 420 | 92 | | | | | | | | |
| 1999 | 574 | 484 | 90 | | | | | | | | |
| 2000 | 627 | 522 | 105 | | | | | | | | |
| 2001 | 779 | 674 | 105 | | | | | | | | |
| 2002 | 834 | 725 | 109 | | | | | | | | |
| 2003 | 872 | 721 | | | 10 | 121 | | | | | 20 |
| 2004 | 1069 | 899 | | | | 122 | | | | | 48 |
| 2005 | 1222 | 898 | | | | 147 | | | | | 177 |
| 2006 | 1451 | 1004 | | | | 281 | | | | | 166 |
| 2007 | 4270 | | | 1010 | 7 | 253 | 1449 | 73 | 595 | 34 | 849 |
| 2008 | 5715 | | | 1178 | | 391 | 1669 | 20 | 556 | 113 | 1788 |
| 2009 | 6033 | | | 1561 | | 578 | 2675 | 20 | 865 | 37 | 297 |
| 2010 | 7816 | | | 1522 | | 722 | 4233 | 20 | 800 | 2 | 517 |
| 总 计 | 34777 | 8971 | 880 | 5271 | 17 | 2615 | 10026 | 133 | 2816 | 186 | 3862 |

## 三、文化体育与传媒支出

1991年来,文化体育与传媒支出,反映用于文化、文物、体育、传媒方面支出。至1995年,含于文教卫生事业费中。1996~2006年,含于文体广播事业费中,此后单列。至2010年,全市此项支出共计109223万元。

**1991~2010年全市文化体育与传媒支出一览**

表 35-3-9　　单位:万元

| 年 份 | 合 计 | 文 化 | 文 物 | 新闻出版 | 体 育 | 广播电视电影 | 其 他 |
|---|---|---|---|---|---|---|---|
| 1991 | 1257 | 515 | 68 | | 225 | 314 | 135 |
| 1992 | 1454 | 583 | 84 | | 266 | 384 | 137 |
| 1993 | 1712 | 581 | 86 | | 418 | 433 | 194 |
| 1994 | 1637 | 737 | 136 | | 259 | 388 | 117 |
| 1995 | 1912 | 747 | 165 | | 333 | 466 | 201 |
| 1996 | 2054 | 846 | 178 | | 252 | 595 | 183 |
| 1997 | 2405 | 972 | 167 | | 532 | 546 | 188 |
| 1998 | 2054 | 837 | 204 | | 297 | 542 | 174 |
| 1999 | 2249 | 1006 | 208 | | 271 | 558 | 206 |
| 2000 | 2586 | 1206 | 283 | | 224 | 631 | 242 |
| 2001 | 3291 | 1363 | 308 | | 367 | 974 | 279 |
| 2002 | 3585 | 1636 | 358 | | 327 | 1035 | 229 |
| 2003 | 3738 | 1716 | 432 | | 373 | 961 | 256 |
| 2004 | 4641 | 2046 | 522 | | 505 | 1188 | 380 |
| 2005 | 5919 | 2851 | 571 | 12 | 501 | 1427 | 557 |

续表 35-3-9

| 年 份 | 合 计 | 文 化 | 文 物 | 新闻出版 | 体 育 | 广播电视电影 | 其 他 |
|---|---|---|---|---|---|---|---|
| 2006 | 7776 | 3422 | 890 | 15 | 977 | 1919 | 553 |
| 2007 | 10693 | 5586 | 911 | 334 | 1003 | 2585 | 274 |
| 2008 | 13132 | 5830 | 1520 | 559 | 1516 | 3216 | 491 |
| 2009 | 16814 | 7794 | 1957 | 617 | 2070 | 3268 | 1108 |
| 2010 | 20314 | 9951 | 2481 | 1446 | 1707 | 3494 | 1235 |
| 总计 | 109223 | 50225 | 11529 | 2983 | 12423 | 24924 | 7139 |

# 第四节 社会保障和就业支出

## 一、人力资源和社会保障管理事务支出

2007 年始，列此支出项目，含行政运行、机关服务、业务管理、劳动保障监察、就业和社会保险事务、劳动关系和维权、公共就业和职业技能鉴定等。2007~2010 年全市共支出 14548 万元。其中 2007 年 2796 万元，2008 年 3589 万元，2009 年 4051 万元，2010 年 4112 万元。

## 二、民政管理事务支出

1991 年，在抚恤和社会福利救济支出类下列为其他民政支出。1991~2006 年共支出 6404 万元。2007 年始单列，至 2010 年，共支出 13239 万元，其中 2007 年 2621 万元，2008 年 3203 万元，2009 年 3552 万元，2010 年 3863 万元。

## 三、财政对社会保险基金补助支出

1999 年始，财政对社会保险基金进行补助，至 2010 年，共支出 384645 万元。

1999~2010 年全市社会保险基金补助一览

表 35-3-10　　单位：万元

| 年 份 | 合 计 | 养老保险 | 医疗保险 | 失业保险 | 工伤保险 | 新型农村养老保险 | 其 他 |
|---|---|---|---|---|---|---|---|
| 1999 | 1863 | 1863 | | | | | |
| 2000 | 5767 | 4755 | 1012 | | | | |
| 2001 | 6831 | 6531 | 225 | 6 | | | 69 |
| 2002 | 14245 | 12439 | 239 | 689 | | | 878 |
| 2003 | 15231 | 13916 | 362 | 51 | | | 902 |
| 2004 | 18117 | 17751 | 335 | 5 | | | 26 |
| 2005 | 19101 | 18609 | 357 | | | | 135 |
| 2006 | 36339 | 35228 | 881 | 110 | | | 120 |
| 2007 | 41688 | 37640 | 1242 | 175 | | | 2631 |
| 2008 | 63502 | 54591 | 7521 | 175 | 19 | | 1196 |
| 2009 | 66918 | 64738 | 682 | 125 | 61 | | 1312 |
| 2010 | 95043 | 84343 | 3185 | 140 | 240 | 5438 | 1697 |
| 总 计 | 384645 | 352404 | 16041 | 1476 | 320 | 5438 | 8966 |

## 四、行政事业单位离退休费支出

1997年始单列反映。1997~2010年,共支付155677万元,其中行政单位离退休费64496万元,事业单位离退休费90256万元。

1997~2010年全市行政事业单位离退休费支付一览

表35-3-11 单位:万元

| 年份 | 合计 | 行政单位 | 事业单位 | 其他 |
|---|---|---|---|---|
| 1997 | 2007 | 1018 | 989 | |
| 1998 | 3009 | 1410 | 1599 | |
| 1999 | 3526 | 1450 | 2076 | |
| 2000 | 5742 | 2434 | 3308 | |
| 2001 | 7270 | 3095 | 4175 | |
| 2002 | 9344 | 3721 | 5589 | 34 |
| 2003 | 9892 | 3791 | 5880 | 221 |
| 2004 | 9144 | 3662 | 5473 | 9 |
| 2005 | 10491 | 4198 | 6293 | |
| 2006 | 11889 | 4981 | 6871 | 37 |
| 2007 | 17628 | 7148 | 9943 | 537 |
| 2008 | 18336 | 7294 | 11017 | 25 |
| 2009 | 22404 | 9404 | 12995 | 5 |
| 2010 | 24995 | 10890 | 14048 | 57 |

## 五、企业改革补助支出

2002年始,对企业改革进行补助。2002~2010年,财政用于企业改革补助5009万元,其中2002~2007年1995万元,2008~2010年3014万元。

## 六、就业补助支出

1999年始市内启动。1999~2010年,全市就业补助支出91194万元。其中1999~2006年,市财政用于企业改革补助15332万元,2007~2010年达75862万元,是前8年4.9倍。

## 七、抚恤支出

1991~2010年,抚恤费支出61483万元,其中对烈士纪念建筑物建设维修支出2000万元,对光荣敬老院改造维修支出1760万元。

## 八、退役安置支出

1991年,包括退伍回乡义务兵一次性建房补助,符合条件城镇退役士兵、转业士官安置费,军队转交政府离退休人员安置支出和管理机构经费开支,至2010年,全市共支出23121万元。

## 九、社会福利支出

1991年,社会福利反映对儿童、老年提供福利服务、假肢矫形支出,财政对殡仪事业单位补助和社会福利事业单位支出及补助。至2010年,全市该项支出18832万元。

## 十、残疾人事业支出

1998年单列,残疾人事业包括行政运行、管理、服务和残疾人康复、就业以及残疾人扶贫等方面。至

2010 年,残疾人事业支出 5671 万元。此外,2003~2006 年,全市支出残疾人就业保障金 686 万元。

## 十一、城镇居民最低生活保障支出

2003 年市内启动,反映财政对城市居民最低生活保障对象救济支出,至 2010 年共支出 92469 万元。

## 十二、其他城镇社会救济支出

2007 年单列,反映财政对生活无着落流浪乞讨人救助和用于城镇临时救济,归侨、外侨人员生活救济以及救助管理机构经费开支。至 2010 年全市共支出 3393 万元。

## 十三、自然灾害生活救助支出

1991 年支出,反映解决灾民吃、穿、住等困难救济费和发生自然灾害时抢救、转移、安置、治疗等支出,以及救灾物资储备采购资金和用于自然灾恢复重建补助支出。至 2010 年全市用于自然灾害救助支出 98276 万元。

## 十四、农村最低生活保障支出

2007 年启动,反映财政对农村最低生活保障对象救济支出,至 2010 年,全市共支出 41432 万元。

## 十五、其他农村社会救济支出

2003 年市财政启动,反映用于农村五保供养对象救济和其他农村社会救济支出。至 2010 年全市共支出 35601 万元。

## 十六、保障性住房支出

2009 年市财政启动,反映用于购建、改建、租赁廉租房和发放租赁补贴支出,以及棚户改造、农村危房改造等方面支出,当年全市支出 15062 万元。其中廉租住房支出 13076 万元,修水县农村危房改造 738 万元,其他保障性住房支出 1248 万元。2010 年未支出。

## 十七、其他社会保障和就业支出

1998 年支出,反映上述项目外其他用于社会保障和就业方面支出。至 2005 年,全市补助国有企业下岗职工 31194 万元;2007~2010 年,全市除社会保障和就业支出 15849 万元外,另就红十字事业支出 265 万元。

**1991~2006 年全市抚恤和社会救济福利一览**

表 35-3-12 单位:万元

| 年 份 | 合 计 | 抚恤费 | 安置费 | 城市最低生活保障 | 农村及其他社会救助 | 社会福利 | 其他民政 | 残疾人事业 | 自然灾害生活救助 |
|---|---|---|---|---|---|---|---|---|---|
| 1991 | 1551 | 378 | 164 | | | 381 | 103 | | 525 |
| 1992 | 1736 | 417 | 205 | | | 379 | 98 | | 637 |
| 1993 | 2104 | 433 | 210 | | | 381 | 154 | | 926 |
| 1994 | 1867 | 432 | 298 | | | 453 | 177 | | 507 |
| 1995 | 3561 | 585 | 314 | | | 509 | 177 | | 1976 |
| 1996 | 3454 | 626 | 241 | | | 550 | 221 | | 1816 |
| 1997 | 3119 | 694 | 243 | | | 530 | 326 | | 1326 |
| 1998 | 7599 | 583 | 271 | | | 575 | 384 | 68 | 5718 |
| 1999 | 4772 | 773 | 297 | | | 760 | 366 | 84 | 2492 |

续表 35-3-12

| 年 份 | 合 计 | 抚恤费 | 安置费 | 城市最低生活保障 | 农村及其他社会救助 | 社会福利 | 其他民政 | 残疾人事业 | 自然灾害生活救助 |
|---|---|---|---|---|---|---|---|---|---|
| 2000 | 4146 | 1152 | 432 | | | 1011 | 315 | 174 | 1062 |
| 2001 | 5438 | 1299 | 477 | | | 1485 | 555 | 158 | 1464 |
| 2002 | 9389 | 2136 | 610 | | | 4580 | 499 | 213 | 1351 |
| 2003 | 12433 | 2812 | 847 | 5461 | 857 | 381 | 533 | 223 | 1319 |
| 2004 | 15769 | 2734 | 1317 | 5882 | 3254 | 528 | 803 | 254 | 997 |
| 2005 | 65587 | 3961 | 1414 | 6899 | 4133 | 602 | 847 | 280 | 47451 |
| 2006 | 24458 | 5444 | 1750 | 7906 | 5979 | 587 | 846 | 463 | 1483 |
| 累 计 | 166983 | 24459 | 9090 | 26148 | 14223 | 13692 | 6404 | 1917 | 71050 |

## 1998~2006 年全市社会保障补助支出一览

表 35-3-13　　单位:万元

| 年 份 | 合 计 | 社会保险基金补助 | 就业补助 | 国企下岗职工补助 | 企业改革补助 | 社保经办机构 | 其 他 |
|---|---|---|---|---|---|---|---|
| 1998 | 2901 | | | 2671 | | | 230 |
| 1999 | 5079 | 1863 | 8 | 2622 | | 336 | 250 |
| 2000 | 13304 | 5767 | 10 | 6939 | | 569 | 19 |
| 2001 | 11494 | 6831 | 77 | 3335 | | 743 | 508 |
| 2002 | 20369 | 14245 | 24 | 4568 | 468 | 920 | 144 |
| 2003 | 23640 | 15231 | 1844 | 5925 | 2 | | 638 |
| 2004 | 26333 | 18117 | 2784 | 3381 | 501 | 1262 | 288 |
| 2005 | 27892 | 19101 | 5041 | 1753 | 30 | 1440 | 527 |
| 2006 | 45294 | 36339 | 5544 | | 994 | 1880 | 537 |
| 累 计 | 176306 | 117494 | 15332 | 31194 | 1995 | 7150 | 3141 |

说明:表 35-3-12、35-3-13 反映 2007 年前社会保障和就业支出未单列前相关情况

## 2007~2010 年全市社会保障和就业支出一览

表 35-3-14　　单位:万元

| 项 目 | 合 计 | 2007 年 | 2008 年 | 2009 年 | 2010 年 |
|---|---|---|---|---|---|
| 人力资源和社会保障管理事务 | 14548 | 2796 | 3589 | 4051 | 4112 |
| 民政管理事务 | 13239 | 2621 | 3203 | 3552 | 3863 |
| 财政对社会保险基金补助 | 267151 | 41688 | 63502 | 66918 | 95043 |
| 行政事业单位离退休费 | 83363 | 17628 | 18336 | 22404 | 24995 |
| 企业改革补助 | 3014 | 171 | 122 | 1330 | 1391 |
| 就业补助 | 75862 | 11892 | 15677 | 18903 | 29390 |
| 抚恤费 | 37024 | 6463 | 8501 | 10340 | 11720 |
| 退役安置 | 14031 | 3303 | 3185 | 3383 | 4160 |

续表 35-3-14

| 项 目 | 合 计 | 2007 年 | 2008 年 | 2009 年 | 2010 年 |
|---|---|---|---|---|---|
| 社会福利 | 5140 | 839 | 842 | 1586 | 1873 |
| 残疾人事业 | 3754 | 468 | 1299 | 805 | 1182 |
| 城市居民最低生活保障 | 66321 | 10633 | 16859 | 18887 | 19942 |
| 其他城镇社会救济 | 3393 | 323 | 2130 | 564 | 376 |
| 自然灾害生活救助 | 27226 | 2738 | 9157 | 4732 | 10599 |
| 红十字事业 | 265 | 31 | 55 | 80 | 99 |
| 农村最低生活保障 | 41432 | 3295 | 9474 | 14084 | 14579 |
| 其他农村社会救济 | 21378 | 5408 | 4710 | 6077 | 5183 |
| 保障性住房支出 | 15062 | | | 15062 | |
| 其他社会保障和就业支出 | 15849 | 1227 | 7865 | 3518 | 3239 |
| 累 计 | 708052 | 111524 | 168506 | 196276 | 231746 |

## 第五节 社会保险基金支出

### 一、养老保险基金支出

1999 年始，市内实施补贴。1999~2010 年，财政补贴养老保险基金 352404 万元。至 2010 年年底，全市参加养老保险职工达 65.23 万人。养老保险基金支出 1060711 万元，结余 96992.72 万元。

### 二、失业保险基金支出

2001 年始市内实施补贴。2001~2010 年，财政补贴失业保险基金 1476 万元。2010 年，失业保险金发放标准为每人每月 280~340 元。至 2010 年年底，全市参加失业保险单位 3262 家，参加失业保险人数 33 万人。失业保险基金支出 20504.55 万元，结余 26819.91 万元。

### 三、医疗保险基金支出

2000 年始市内实施补贴。2000~2010 年，财政补贴医疗保险基金 16041 万元。至 2010 年年底，全市参加医疗保险人数 55.18 万人。医疗保险基金支出 319418 万元，结余 113201 万元。

### 四、工伤保险基金支出

2008 年始市内实施补贴。2008~2010 年，财政补贴工伤保险基金 320 万元。至 2010 年年底，全市参保职工 29.17 万人。支出工伤保险基金 4506 万元，结余 6646.36 万元。

### 五、生育保险基金支出

2002 年始市内实施生育保险，至 2010 年底，全市参保职工 2.53 万人，生育保险基金支出 666 万元，结余 734 万元。

### 六、新型农村合作医疗基金支出

2005 年始，市新型农村合作医疗在修水县试点，2008 年全市铺开。至 2010 年年底，全市参加新型农村合作医疗人数 342.02 万人，参合率 97.82%，个人缴费 124108 万元，财政补贴 108390 万元。新型农村合作医疗基金支出 113398 万元，结余 21100 万元。

### 七、城镇居民基本医疗保险基金支出

2007年始，在浔阳区试点,2010年，全市实行城镇居民医疗保险金市级统筹。筹资标准为成年人220元/人,未成年人150元/人,其中,财政补助120元/人,余由个人缴纳。但困难居民和高校大学生个人不缴费,全由财政负担。至2010年年底,全市城镇居民基本医疗保险参保人数79.84万人,个人缴费9374万元,财政补助金额24363万元。该保险基金支出15897万元,结余17840万元。

### 八、新型农村养老保险基金支出

2009年在修水县、2010年在庐山区相继试点,该基金由个人缴费、集体补助、政府补贴构成,个人缴费以每人每年100元为1档,分100元/人~500元/人5个档次,省、县(市区)对参保人每年定补30元/人,重度残疾人不缴费,由政府为其代缴全部100元/人·年,中央财政按每人每月55元支付新农保基金基础养老金,至2010年底,参加新型农村养老保险人数230975人,领取养老金人数75294人,支付金额5433万元,结余3058万元。

## 第六节　医疗卫生支出

### 一、医疗卫生管理和服务支出

1991~2006年,全市医疗卫生管理和服务累计支出138435万元。2007年始,此支出项目一分为三,为医疗卫生管理、公立医院和基层医疗卫生机构支出,2007~2010年,医疗卫生管理和服务支出147273万元。

### 二、公共卫生支出

2007年始设项,为反映卫生部门疾病防控、卫生监督、妇幼保健、精神卫生、应急救治、采供血和其他专业公共卫生机构支出,及公共卫生服务和应急处理等方面支出。2007~2010年,共支出82779万元。

### 三、医疗保障和其他医疗卫生支出

**医疗保障支出**　1991~2006年,全市支付行政事业单位公费医疗费50222万元。2007年始,设医疗保障支出科目,至2010年累计支出217076万元。

**2007~2010年全市医疗保障支出一览**

表35-3-15　　单位:万元

| 项目 | 合计 | 2007年 | 2008年 | 2009年 | 2010年 |
|---|---|---|---|---|---|
| 行政单位医疗 | 16218 | 3616 | 3465 | 4276 | 4861 |
| 事业单位医疗 | 11739 | 2583 | 3140 | 3064 | 2952 |
| 公务员医疗补贴 | 323 | 301 | 10 | 7 | 5 |
| 优抚对象医疗补助 | 2661 | 687 | 655 | 798 | 521 |
| 城市医疗救助 | 11565 | 1647 | 3061 | 3238 | 3619 |
| 新型农村合作医疗 | 102179 | 8341 | 24107 | 28125 | 41606 |
| 农村医疗救助 | 17718 | 3047 | 3456 | 5527 | 5688 |
| 城镇居民基本医疗保险 | 21446 | 95 | 4086 | 8837 | 8428 |
| 其他医疗保险 | 33227 | 3688 | 1727 | 19071 | 8741 |
| 累计 | 217076 | 24005 | 43707 | 72943 | 76421 |

**中医药支出** 1991~2010年共支出15894万元，其中1991年支出153万元,2010年支出2798万元,是1991年52.8倍。

**食品和药品监督管理事务支出** 1999年始设此支出科目,2007年改为卫生监督。1999~2010年,累计支出3537万元。

**其他医疗卫生支出** 1997年列此科目支出13万元,2007~2010年共支出2076万元。

**1991~2010年全市医疗卫生支出一览**

表35-3-16 单位:万元

| 年 份 | 合 计 | 卫生事业费 | 中医药事业 | 公费医疗 | 卫生监督 | 公立医院 | 基层医疗卫生 | 医疗保障 | 公共卫生 | 其 他 |
|---|---|---|---|---|---|---|---|---|---|---|
| 1991 | 4200 | 2937 | 153 | 1110 | | | | | | |
| 1992 | 4880 | 3435 | 206 | 1239 | | | | | | |
| 1993 | 5162 | 3621 | 175 | 1366 | | | | | | |
| 1994 | 7177 | 5322 | 323 | 1532 | | | | | | |
| 1995 | 8055 | 5083 | 352 | 2620 | | | | | | |
| 1996 | 9205 | 5960 | 443 | 2802 | | | | | | |
| 1997 | 9896 | 6385 | 489 | 3009 | | | | | | 13 |
| 1998 | 9640 | 6303 | 571 | 2766 | | | | | | |
| 1999 | 11373 | 7509 | 612 | 3217 | 35 | | | | | |
| 2000 | 11703 | 8096 | 822 | 2738 | 47 | | | | | |
| 2001 | 13113 | 8851 | 754 | 3453 | 55 | | | | | |
| 2002 | 14542 | 9764 | 802 | 3888 | 88 | | | | | |
| 2003 | 15328 | 10322 | 720 | 4236 | 50 | | | | | |
| 2004 | 18370 | 12689 | 947 | 4734 | | | | | | |
| 2005 | 24286 | 17437 | 1373 | 5463 | 13 | | | | | |
| 2006 | 32025 | 24721 | 1240 | 6049 | 15 | | | | | |
| 2007 | 67292 | 2839 | 482 | | 584 | 11659 | 12510 | 24005 | 14546 | 667 |
| 2008 | 86785 | 3294 | 887 | | 628 | 12339 | 10096 | 43707 | 15483 | 351 |
| 2009 | 142216 | 3593 | 1745 | | 794 | 20298 | 22065 | 72943 | 20575 | 203 |
| 2010 | 162057 | 4001 | 2798 | | 1228 | 24782 | 19797 | 76421 | 32175 | 855 |
| 总计 | 657305 | 152162 | 15894 | 50222 | 3537 | 69078 | 64468 | 217076 | 82779 | 2089 |

说明:1.公费医疗费2007~2010年含在医疗保障栏内;2.卫生支出2007~2010年分设为医疗管理(留在卫生事业栏内)、公立医院和基层医疗卫生支出;3.基层医疗卫生包括农村卫生和社区卫生服务;4、公共卫生包括疾病预防控制和妇幼保健

## 第七节 环境保护支出

2007年,环境保护支出科目始单独设立,原分散在各类科目中列支。1991~2006年,全市在专项支出中列项排污支出16269万元,城市水资源费支出704万元,矿产资源补偿等支出1324万元。2002~2006年,在农林水利事业费列项退耕还林支出3367万元。2007~2010年,全市环境保护支出131382万元,2010年46077万元为2007年8689万元5.3倍。

2007~2010 年全市环境保护支出一览

表 35-3-17　　单位:万元

| 年 份 | 合 计 | 管理事务 | 监测与监察 | 污染防治 | 自然生态保护 | 退耕还林 | 能源管理事务 | 能源节约利用 | 污染减排 | 可再生资源 | 能源综合利用 | 其 他 |
|---|---|---|---|---|---|---|---|---|---|---|---|---|
| 2007 | 8689 | 1472 | 1556 | 4012 | 91 | 1555 | | | | | | 3 |
| 2008 | 35786 | 1944 | 62 | 20065 | 147 | 9673 | | 2388 | 891 | | | 616 |
| 2009 | 40830 | 1820 | 328 | 15275 | 777 | 15331 | | 1268 | 1064 | 4540 | 400 | 27 |
| 2010 | 46077 | 2212 | 782 | 25032 | 403 | 14154 | 41 | 1546 | 1827 | | 80 | |
| 总 计 | 131382 | 7448 | 2728 | 64384 | 1418 | 40713 | 41 | 5202 | 3782 | 4540 | 480 | 646 |

# 第八节　交通运输支出

## 一、公路水路运输支出

2004 年前该项支出在预算外。2004~2006 年,累计支出 3976 万元,其中 2004 年 1062 万元,2005 年 1344 万元,2006 年 1570 万元。2007~2010 年,共支出 117031 万元(从 2009 年起取消其中公路水路运输管理费,实行中央转移支付)。

2003~2010 年,公路规费支出 93048 万元。其中公路局经费与国、省道养护费 70857 万元,农村公路养护 1081 万元,县乡道路及农村公路建设 10594 万元。

2004~2010 年,累计拨付虎山、黄段、三都、马当 4 个二级收费站和威家、隘口 2 个一级收费站补贴资金 16183 万元。2009 年起,取消政府还贷二级收费站,实行中央补助,至 2010 年,共拨付补助资金 11189 万元。

## 二、其他交通运输支出

2007~2010 年,其他交通运输支出 12411 万元,分别为铁路运输支出、民用航空运输支出、石油价格放开对交通运输补贴支出、邮政业支出和其他杂项支出。

2007~2010 年全市交通运输支出一览

表 35-3-18　　单位:万元

| 项 目 | 合 计 | 2007 年 | 2008 年 | 2009 年 | 2010 年 |
|---|---|---|---|---|---|
| 一、公路水路运输 | 117031 | 30546 | 23072 | 39113 | 24300 |
| 行政运行 | 7283 | 2703 | 1225 | 1547 | 1808 |
| 管理事务 | 382 | 20 | 26 | 96 | 240 |
| 公路新建 | 5440 | 2026 | 1907 | 799 | 708 |
| 公路改建 | 2872 | 870 | 1223 | 193 | 586 |
| 公路养护 | 2530 | 1643 | 190 | 231 | 466 |
| 公路路政管理 | 137 | 20 | 54 | 30 | 33 |
| 公路运输安全 | 193 | 4 | 29 | 55 | 105 |
| 公路还贷专项 | 950 | 337 | 196 | 236 | 181 |
| 公路运输管理 | 990 | 410 | 203 | 200 | 177 |
| 公路客货运输站建设 | 42 | | 5 | 21 | 16 |
| 公路运输管理费支出 | 3490 | 1510 | 1980 | | |

续表 35-3-18

| 项 目 | 合 计 | 2007 年 | 2008 年 | 2009 年 | 2010 年 |
|---|---|---|---|---|---|
| 车辆购置税支出 | 64840 | 19358 | 13948 | 25008 | 6526 |
| 港口建设 | 100 | | 100 | | |
| 航务管理 | 83 | | 83 | | |
| 内河运输 | 2744 | 748 | 831 | 531 | 634 |
| 海事管理(口岸建设) | 176 | | 26 | 150 | |
| 水路运输管理费支出 | 1165 | 200 | 170 | 230 | 565 |
| 取消政府还贷二级公路收费专项支出 | 10262 | | | 4530 | 5732 |
| 其他公路水路运输支出 | 13352 | 697 | 876 | 5256 | 6523 |
| 二、其他交通运输支出 | 12411 | 380 | 1146 | 3454 | 7431 |
| 铁路运输 | 40 | 40 | | | |
| 民用航空运输 | 4294 | | 1000 | 1696 | 1598 |
| 石油价格放开 | 5471 | | | 1448 | 4023 |
| 邮政业支出 | 143 | | | | 143 |
| 其他支出 | 2463 | 340 | 146 | 310 | 1667 |
| 累 计 | 129442 | 30926 | 24218 | 42567 | 31731 |

## 第九节 粮油商业流通事务支出

### 一、粮油事务支出

**粮食财务挂账利息补贴** 1991 年始，粮食财务分级管理原则运行，市财政配合其改革。当年，经清理省核定全市粮食年度财务挂账 21489 万元，其中政策性财务挂账 21288 万元，企业自补挂账 201 万元。市财政消化挂账资金，至 2000 年年底，共完成消化财务挂账 21288 万元，占政策性财务挂账 100%。2006 年省核定市国有粮食购销企业政策性粮食财务挂账截至 2004 年年底剥离控制数 139445 万元，并于 2006 年 3 月将其从国有粮食购销企业剥离到企业隶属县以上粮食行政管理部门。2005 年 1 月 1 日后发生的利息则由省财政直接拨付到省农业发展银行，但剥离债务至 2010 年未开始消化。

**储备粮油利息费用补贴** 2000 年始，对省级储备粮油利息费用进行补贴，到 2008 年共拨付补贴款 11693.99 万元。2008 年后，省级储备粮油收归省管。

**2000~2008 年省级储备粮油利息费用补贴一览**

表 35-3-19 单位：万元

| 年 份 | 拨付金额 | 年 份 | 拨付金额 | 年 份 | 拨付金额 |
|---|---|---|---|---|---|
| 2000 | 1488.00 | 2003 | 1434.00 | 2006 | 1489.00 |
| 2001 | 1488.00 | 2004 | 1439.00 | 2007 | 847.00 |
| 2002 | 1442.00 | 2005 | 1461.00 | 2008 | 605.99 |

2008 年始，设立市级粮食储备制度，储备原粮 500 万公斤。2010 年，新增 500 万公斤。2008~2010 年，共拨付市级储备粮利息费用补贴 4524 万元。

**储备粮油差价补贴** 2000~2010年，支持粮食企业加大大米出口，共拨付地方出口大米补贴7003万元,其中2000年2537万元,2001年4466万元。2002~2004年,共拨付高价位周转粮销售补贴6301万元,其中2002年3160万元,2003年2247万元,2004年894万元。

**储备粮油移库费用补贴** 2002~2010年,共拨付储备粮油移库费用补贴3259.15万元,其中2002年1439万元,2005年1374万元,2010年446.15万元。

**储备粮油库建设** 2002~2010年,共拨付储备粮油库建设补贴款3877万元。

**2002~2010年全市储备粮油库建设补贴一览**

表35-3-20　　单位:万元

| 年 份 | 拨付金额 | 年 份 | 拨付金额 | 年 份 | 拨付金额 |
|---|---|---|---|---|---|
| 2002 | 134 | 2005 | 146 | 2008 | 174 |
| 2003 | 143 | 2006 | 586 | 2009 | 485 |
| 2004 | 146 | 2007 | 352 | 2010 | 1711 |

**处理陈化粮补贴** 2002~2004年，共拨付陈化粮补贴1048.5万元，其中2002年196万元,2003年415万元,2004年437.5万元。

**粮食风险基金** 2000~2003年,共拨付粮食风险基金18572万元,其中2000年5744万元,2001年3999万元,2002年4452万元,2003年4377万元。2004年取消粮食风险基金，实行粮食直补政策,至2010年累计拨付粮食直补和粮食综合补贴资金86744.36万元。

**2004~2010年全市粮食直补和粮食综合补贴一览**

表35-3-21　　单位:万元

| 项 目 | 2004年 | 2005年 | 2006年 | 2007年 | 2008年 | 2009年 | 2010年 | 累 计 |
|---|---|---|---|---|---|---|---|---|
| 浔阳区 | 3.00 | 1.48 | 2.71 | 4.18 | 7.61 | 0.33 | 3.53 | 22.84 |
| 庐山区 | 74.86 | 77.69 | 161.19 | 234.8 | 429.00 | 353.09 | 339.64 | 1670.27 |
| 九江县 | 274.05 | 303.66 | 624.25 | 884.77 | 1669.10 | 596.87 | 589.61 | 4942.31 |
| 德安县 | 121.62 | 121.69 | 252.66 | 367.86 | 689.27 | 476.35 | 533.86 | 2563.31 |
| 永修县 | 412.71 | 438.82 | 924.34 | 1344.55 | 2617.36 | 2709.69 | 2985.02 | 11432.49 |
| 星子县 | 192.24 | 196.15 | 412.76 | 608.64 | 1155.21 | 933.60 | 957.05 | 4455.65 |
| 修水县 | 575.83 | 601.15 | 1281.21 | 1872.17 | 3509.93 | 3192.97 | 3239.98 | 14273.24 |
| 武宁县 | 287.60 | 297.82 | 620.22 | 904.62 | 1698.8 | 1507.05 | 1485.88 | 6801.99 |
| 瑞昌市 | 297.41 | 297.40 | 622.17 | 876.10 | 1619.63 | 843.82 | 869.29 | 5425.82 |
| 湖口县 | 304.09 | 312.95 | 671.86 | 987.62 | 1853.36 | 1456.77 | 1535.77 | 7122.42 |
| 都昌县 | 812.37 | 826.45 | 1751.66 | 2542.97 | 4934.69 | 4185.68 | 4215.62 | 19269.44 |
| 彭泽县 | 310.30 | 368.79 | 776.68 | 1141.66 | 2166.99 | 1236.72 | 1309.77 | 7310.91 |
| 共青城 | 36.69 | 37.08 | 76.29 | 108.64 | 215.59 | 235.23 | 283.16 | 992.68 |
| 庐山局 | | | | | 13.36 | 13.81 | 13.93 | 41.10 |
| 开发区 | 18.71 | 20.03 | 41.09 | 57.54 | 102.00 | 113.21 | 67.31 | 419.89 |
| 合 计 | 3721.48 | 3901.16 | 8219.09 | 11936.12 | 22681.90 | 17855.19 | 18429.42 | 86744.36 |

**最低收购价政策支出** 2005~2008年,共拨付最低收购价政策补贴支出265万元,其中2005年158万元,2006年97万元,2008年10万元。

**国有粮食企业改制支出** 2002~2005 年，共拨付国有粮食企业改制补贴资金 2520.6 万元，其中 2002 年 185 万元，2005 年 2335.6 万元。

2007~2010 年全市粮油商业流通事务支出一览

表 35-3-22 单位：万元

| 项 目 | 合 计 | 2007 年 | 2008 年 | 2009 年 | 2010 年 |
|---|---|---|---|---|---|
| 粮油事务 | 22356 | 4179 | 4581 | 6566 | 7030 |
| 商业流动事务 | 49868 | 2090 | 2698 | 12586 | 32494 |
| 物资储备 | 1409 | 322 | 357 | 362 | 368 |
| 旅游业管理和服务 | 24983 | 2452 | 4636 | 5705 | 12190 |
| 涉外发展服务 | 5290 | 441 | 3144 | 898 | 807 |
| 其他商业服务等事务支出 | 2819 | | | 1489 | 1330 |
| 累 计 | 106725 | 9484 | 15416 | 27606 | 54219 |

说明：粮油商业流通事务支出，具体包括粮油事务支出、商业流通事务支出、物资储备支出、旅游业和涉外发展支出等。1991~2006 年，流通部门事业费 17236 万元。本表反映数据为 2007 年粮油商业流通事务支出列项后数据

## 二、商业流通事务支出

**化肥储备支出** 2004 年始，全市建立市、县两级化肥储备体系，共 2 万吨实物，其中市级储备 8000 吨。2004~2009 年，市每年安排 30 万元，2010 年 60 万元，至 2010 年，共用于补贴资金 240 万元。

**旅游业管理服务支出** 2007 年前，含在其他部门事业费中。2007~2010 年共计 24983 万元。

2007~2010 年全市旅游业管理服务支出一览

表 35-3-23 单位：万元

| 年 份 | 合 计 | 行政运行 | 行政管理 | 旅游宣传 | 行业业务管理 | 其他管理和服务支出 |
|---|---|---|---|---|---|---|
| 2007 | 2452 | 679 | 106 | 523 | 53 | 1091 |
| 2008 | 4636 | 374 | 87 | 1167 | 103 | 2905 |
| 2009 | 5705 | 366 | 9 | 2004 | 66 | 3260 |
| 2010 | 12190 | 607 | | 5655 | 269 | 5659 |
| 累 计 | 24983 | 2026 | 202 | 9349 | 491 | 12915 |

## 三、涉外发展服务支出

2007 年支出，包括行政运行、管理和外经贸发展专项基金、外商投资环境建设补助资金、其他涉外发展等项。至 2010 年，全市涉外发展服务支出 5290 万元。

2007~2010 年全市涉外发展服务支出一览

表 35-3-24 单位：万元

| 年 份 | 合 计 | 行政运行 | 行政管理 | 机关服务 | 外经贸发展专项资金 | 外商投资环境建设补助资金 | 其他涉外发展支出 |
|---|---|---|---|---|---|---|---|
| 2007 | 441 | 164 | 9 | | 3 | 5 | 260 |
| 2008 | 3144 | 187 | | | 2418 | 1 | 538 |
| 2009 | 898 | 410 | 66 | 9 | 77 | | 336 |
| 2010 | 807 | 298 | 359 | | | 1 | 149 |
| 累 计 | 5290 | 1059 | 434 | 9 | 2498 | 7 | 1283 |

# 第十节 行政管理支出

## 一、一般公务服务支出

1991 年,项目反映政府提供一般公共服务支出,含人员经费和公用经费两大部分。按支出功能可分类 28 项之多。因系 2007 年始设立,此前均含于行政管理及其他部门事业费中支出。据此,至 2006 年全市行政管理支出 452925 万元,其他部门事业费支出 149277 万元。2007~2010 年,全市一般公共服务支出 645626 万元。

**2007~2010 年全市一般公共服务支出一览**

表 35-3-25　　单位:万元

| 项 目 | 合 计 | 2007 年 | 2008 年 | 2009 年 | 2010 年 |
|---|---|---|---|---|---|
| 人大事务 | 16277 | 4103 | 3731 | 3879 | 4564 |
| 政协事务 | 13836 | 3186 | 3362 | 3254 | 4034 |
| 政府各厅室事务 | 237817 | 40766 | 49736 | 62793 | 84522 |
| 发展与改革事务 | 13567 | 2498 | 3318 | 3360 | 4391 |
| 统计信息事务 | 6989 | 1176 | 1639 | 1611 | 2563 |
| 财政事务 | 56233 | 11979 | 13212 | 13996 | 17046 |
| 税务事务 | 45044 | 8795 | 10632 | 11772 | 13845 |
| 审计事务 | 10981 | 2703 | 2477 | 2547 | 3254 |
| 人力资源事务 | 10155 | 1927 | 2265 | 2464 | 3499 |
| 纪检监察事务 | 15803 | 2698 | 3425 | 4048 | 5632 |
| 人口与计划生育事务 | 66716 | 10847 | 13854 | 17768 | 24247 |
| 商贸事务 | 20984 | 4302 | 4270 | 5628 | 6784 |
| 知识产权事务 | 74 | 23 | 11 | 20 | 20 |
| 工商行政管理事务 | 121 | 14 | 6 | 23 | 78 |
| 食品药品监管事务 | 70 | 30 | 40 | | |
| 质量技术监督事务 | 405 | 41 | 131 | 88 | 145 |
| 国土资源事务 | 28859 | 5521 | 5825 | 5477 | 12036 |
| 测绘事务 | 152 | 47 | 35 | 35 | 35 |
| 地震事务 | 471 | 72 | 113 | 139 | 147 |
| 气象事务 | 1021 | 144 | 170 | 361 | 346 |
| 民族事务 | 82 | 8 | 25 | 22 | 27 |
| 宗教事务 | 912 | 114 | 217 | 311 | 270 |
| 港澳台侨事务 | 800 | 261 | 183 | 184 | 172 |
| 档案事务 | 2739 | 429 | 474 | 808 | 1028 |
| 共产党事务 | 63914 | 13785 | 13979 | 16112 | 20038 |
| 民主党派及工商联事务 | 2775 | 701 | 584 | 654 | 836 |
| 群众团体事务 | 9832 | 1839 | 2336 | 2469 | 3188 |
| 国债事务 | 230 | | 230 | | |
| 其 他 | 18767 | 2909 | 4597 | 4331 | 6930 |
| 累 计 | 645626 | 120918 | 140877 | 164154 | 219677 |

## 二、公共安全支出

2007年前,公检法司支出对应公共安全,2007年分类改革单设。1991~2010年,全市公共安全支出为513478万元。

### 1991~2010年全市公共安全支出一览

表35-3-26　　单位:万元

| 年份 | 合计 | 武警 | 公安 | 国家安全 | 检察 | 法院 | 司法 | 劳教 | 办案补助费 | 国家保密 | 其他 |
|---|---|---|---|---|---|---|---|---|---|---|---|
| 1991 | 1984 | | 1248 | | 224 | 352 | 160 | | | | |
| 1992 | 2460 | | 1503 | | 382 | 380 | 195 | | | | |
| 1993 | 2826 | | 1723 | | 417 | 490 | 196 | | | | |
| 1994 | 3678 | | 2267 | | 472 | 626 | 261 | | 52 | | |
| 1995 | 4627 | | 2618 | | 549 | 620 | 274 | | 566 | | |
| 1996 | 7120 | | 4889 | | 1165 | 745 | 321 | | | | |
| 1997 | 7354 | 22 | 5091 | 101 | 1068 | 754 | 318 | | | | |
| 1998 | 7396 | 22 | 4799 | 128 | 1045 | 880 | 342 | 180 | | | |
| 1999 | 9979 | 44 | 6632 | 149 | 1275 | 1286 | 436 | 157 | | | |
| 2000 | 12119 | 74 | 7861 | 183 | 1645 | 1508 | 566 | 282 | | | |
| 2001 | 16792 | 103 | 11259 | 45 | 2445 | 1920 | 758 | 262 | | | |
| 2002 | 18455 | 136 | 11919 | 8 | 2564 | 2728 | 829 | 271 | | | |
| 2003 | 22881 | 215 | 14720 | 10 | 3299 | 3441 | 907 | 289 | | | |
| 2004 | 26255 | 360 | 16890 | 11 | 3773 | 3935 | 960 | 326 | | | |
| 2005 | 34405 | 374 | 22389 | 10 | 5026 | 4988 | 1263 | 355 | | | |
| 2006 | 39339 | 353 | 26411 | 72 | 4485 | 6078 | 1579 | 361 | | | |
| 2007 | 57668 | 2200 | 34769 | 43 | 6649 | 10508 | 2514 | 440 | | 4 | 541 |
| 2008 | 64844 | 2812 | 39360 | 7 | 7790 | 11011 | 2717 | 663 | | 4 | 480 |
| 2009 | 74570 | 3214 | 45549 | 20 | 9452 | 11186 | 2931 | 524 | | 8 | 1686 |
| 2010 | 98726 | 4660 | 60959 | 25 | 11865 | 15775 | 4009 | 704 | | 9 | 720 |
| 累计 | 513478 | 14589 | 322856 | 812 | 65590 | 79211 | 21536 | 4814 | 618 | 25 | 3427 |

## 三、城乡社区事务支出

2007年始设此类支出,包括城乡社区管理事务、规划与管理、公共设施、住宅、环境卫生、建设市场管理与监督支出。至2010年,共支出320662万元。

### 2007~2010年全市城乡社区事务支出一览

表35-3-27　　单位:万元

| 年份 | 合计 | 管理事务 | 规划与管理 | 公共设施 | 住宅 | 环境卫生 | 市场管理与监督 | 其他 |
|---|---|---|---|---|---|---|---|---|
| 2007 | 46124 | 8216 | 811 | 27631 | 701 | 6404 | 82 | 2279 |
| 2008 | 57095 | 7795 | 1994 | 24072 | 5842 | 9475 | 446 | 7471 |
| 2009 | 96522 | 9651 | 1165 | 53962 | 5280 | 9613 | 377 | 16474 |
| 2010 | 120921 | 16732 | 668 | 69746 | – | 9909 | 485 | 23381 |
| 累计 | 320662 | 42394 | 4638 | 175411 | 11823 | 35401 | 1390 | 49605 |

## 第十一节　财政基金支出

1997 年,财政基金支出始单列。当年,将一般预算支出中列报教育附加费支出 2446 万元、排污费 610 万元、城市水资源费 51 万元、城市维护费 70 万元等专项支出作财政基金列报予以剔除,并入相关事务支出中反映。1997~2010 年,全市财政基金支出 2247948 万元。

**1997~2010 年全市财政性基金支出一览**

表 35-3-28　　　　单位:万元

| 项 目 | 合 计 | 1997年 | 1998年 | 1999年 | 2000年 | 2001年 | 2002年 | 2003年 | 2004年 | 2005年 | 2006年 | 2007年 | 2008年 | 2009年 | 2010年 |
|---|---|---|---|---|---|---|---|---|---|---|---|---|---|---|---|
| 地方教育附加费 | 1126 | 492 | 428 | 33 | 39 | 26 | 7 | | | | | 1 | 100 | | |
| 地方教育基金 | 14 | | | | | | | | | | | 14 | | | |
| 文化事业建设 | 734 | | 2 | 125 | 25 | 10 | 7 | 4 | – | 47 | 32 | 218 | 76 | 40 | 148 |
| 国家电影事业发展专项基金 | 9 | | | | | | | | | | | | | | 9 |
| 残疾人就业保障金 | 3282 | | | | | | | 65 | 134 | 207 | 280 | 381 | 613 | 686 | 916 |
| 大中型水库移民后期扶持基金 | 59129 | | | | | | | | | | | 5722 | 13954 | 16657 | 22796 |
| 小型水库移民后期扶持基金 | 425 | | | | | | | | | | | | | 183 | 242 |
| 土地有偿使用 | 104621 | | | | 258 | 895 | 447 | 7810 | 16064 | 39299 | 39848 | | | | |
| 国有土地使用权出让金 | 1809910 | | | | | | | | | | | 175623 | 298770 | 327535 | 1007982 |
| 新增建设用地有偿使用费 | 48523 | | | | | | | | | | | 6504 | 7711 | 13762 | 20546 |
| 国有土地收益金 | 121995 | | | | | | | | | | | 4175 | 6464 | 59404 | 51952 |
| 城市公共事业附加 | 2701 | | | | | | 300 | | | 1287 | 70 | 217 | 240 | 80 | 507 |
| 农村土地开发资金 | 20586 | | | | | | | | | | | 827 | 5555 | 8083 | 6121 |
| 育林基金 | 15292 | | | | | | | 1739 | 1734 | 1790 | 1907 | 2190 | 1961 | 1835 | 2136 |
| 林业基金 | 18 | | | | | | | | | | | | 18 | | |
| 森林植被恢复费 | 8274 | | | | | | | 71 | 663 | 417 | 738 | 1131 | 1016 | 1959 | 2279 |
| 中央水利建设基金 | 678 | | – | | | | | | | | | | 55 | 275 | 348 |
| 地方水利建设基金 | 29228 | 143 | 400 | 85 | 823 | 287 | 516 | 2291 | 2549 | 5150 | 1713 | 3780 | 3904 | 2171 | 5416 |
| 大中型库区基金 | 4098 | | | | | | | | | | | | | | 4098 |
| 散装水泥专项基金 | 1461 | | | | 49 | 45 | 92 | 87 | 100 | 81 | 218 | 458 | | 182 | 149 |
| 新型墙体材料专项基金 | 2642 | | | | | | | 35 | 69 | 134 | 204 | 743 | 294 | 525 | 638 |

续表 35-3-28

| 项 目 | 合 计 | 1997年 | 1998年 | 1999年 | 2000年 | 2001年 | 2002年 | 2003年 | 2004年 | 2005年 | 2006年 | 2007年 | 2008年 | 2009年 | 2010年 |
|---|---|---|---|---|---|---|---|---|---|---|---|---|---|---|---|
| 中央对外贸易基金 | 470 | | | | | | | | | | 80 | 157 | 216 | 17 | |
| 旅游发展基金 | 258 | | | | 12 | 3 | | | | | | | | 50 | 193 |
| 彩票公益基金 | 9815 | | | | | | | | | | | | 1896 | 3290 | 4629 |
| 农牧业税附加 | 625 | | 39 | 44 | 76 | 73 | 177 | 2 | 198 | 13 | 3 | | | | |
| 贴 费 | 27 | | | 8 | | 19 | | | | | | | | | |
| 廉租住房 | 1673 | | | | | | | | | | | | 189 | 1484 | |
| 其他基金 | 334 | | | | | | | 154 | | | | 111 | 61 | 1 | 7 |
| 累 计 | 2247948 | 635 | 869 | 295 | 1282 | 1358 | 1546 | 12258 | 21511 | 48425 | 45093 | 202252 | 343093 | 438219 | 1131112 |

说明：1.此表已剔除1997年教育附加费、排污费、城市水资源费、城市维护费支出数；2.2000~2006年土地有偿使用费和2007~2010年国有土地出让金、新增建设用地土地有偿使用费、国有土地收益金支出共2 085 049万元，未分年度或分项不一，具体为耕地开发专项支出25 805万元，征地拆迁补偿支出572 864万元，城市建设支出479 916万元，农业基础设施建设支出64 802万元，农业土地开发支出356 507万元，补助被征地农民支出43 501万元，廉租住房支出30 752万元，基本农田建设和保护支出3 266万元，土地出让业务支出9 395万元，土地整理支出24 256万元，其他支出473 985万元

## 第十二节　工业和信息产业等事务支出

1991~2006年，此项支出仅单列企业挖潜改造资金59583万元，此项支出其他多含在工交部门事业费之中。2007~2010年，全市工业和信息产业等事务支出150187万元。

**2007~2010年全市工业和信息产业等事务支出一览**

表35-3-29　　单位：万元

| 项 目 | 合 计 | 2007年 | 2008年 | 2009年 | 2010年 |
|---|---|---|---|---|---|
| 采掘业 | 930 | 182 | 472 | 146 | 130 |
| 制造业 | 11429 | 3998 | 2372 | 2291 | 2768 |
| 建筑业 | 829 | 197 | 121 | 120 | 391 |
| 电力监管 | 257 | 1 | 251 | 1 | 4 |
| 信息产业监管 | 317 | | 314 | | 3 |
| 金融业 | 2195 | 336 | 334 | 565 | 960 |
| 烟草事务 | 96 | 18 | 78 | | |
| 安全生产监管 | 5410 | 779 | 1476 | 1459 | 1696 |
| 国有资产监管 | 984 | 185 | 241 | 271 | 287 |
| 中小企业事务 | 74764 | 3466 | 10645 | 19762 | 40891 |
| 石油价格改革财政补贴 | 6373 | 1557 | 4816 | | |
| 其他工业和信息产业事务 | 46603 | 6871 | 9358 | 9641 | 20733 |
| 累 计 | 150187 | 17590 | 30478 | 34256 | 67863 |

## 第十三节 其他支出

**政策性价格补贴支出** 1991~2006年,共支出57 292万元。2007年后,未设此类支出项目。

1991~2006年全市政策性价格补贴支出一览

表35-3-30　　单位:万元

| 年份 | 合计 | 粮油加价补贴 | 利息补贴 | 储备补贴 | 居民肉价补贴 | 市场猪价补贴 | 市场菜价补贴 | 煤价补贴 | 地方粮油价外补贴 | 农资价差补贴 | 副食品风险补贴 | 石油价格补贴 | 其他 |
|---|---|---|---|---|---|---|---|---|---|---|---|---|---|
| 1991 | 7355 | 3542 | | 1344 | 604 | 15 | 45 | 383 | 574 | | | | 848 |
| 1992 | 7482 | 1322 | | 3500 | 618 | 19 | 38 | 406 | 1310 | | | | 269 |
| 1993 | 4356 | 706 | | 2733 | 525 | | 37 | 114 | 240 | | | | 1 |
| 1994 | 2954 | 148 | | 2707 | 12 | 5 | 49 | 5 | 27 | 1 | | | |
| 1995 | 478 | 123 | | 73 | 3 | 54 | 217 | 5 | 3 | | | | |
| 1996 | 2403 | 92 | | 1384 | | 47 | 4 | | | | 20 | | 856 |
| 1997 | 1116 | 60 | | 144 | 14 | 88 | | 5 | | | 170 | | 635 |
| 1998 | 425 | 56 | 175 | | | 32 | | | | | 130 | | 32 |
| 1999 | 681 | 3 | 394 | | | 23 | | | | | 120 | | 141 |
| 2000 | 11818 | 4712 | 6920 | | | 4 | | | 67 | | 5 | | 110 |
| 2001 | 3518 | 2465 | 1022 | | | 1 | | | | | | | 30 |
| 2002 | 2652 | 2237 | 213 | | | | | | 170 | | | | 32 |
| 2003 | 2379 | 2206 | | | | | | | | | | | 173 |
| 2004 | 2435 | 2364 | | | | | | | | | | | 71 |
| 2005 | 2680 | 2344 | | | | | | | | | | | 336 |
| 2006 | 4560 | 2360 | | | 338 | | | | 22 | 30 | | 672 | 1138 |
| 累计 | 57292 | 24740 | 8724 | 11885 | 2114 | 288 | 390 | 918 | 2413 | 31 | 445 | 672 | 4672 |

**住房改革支出** 1998年4月启动住房改革,1999年实施住房公积金制度, 至2010年,3年中在其他支出(类)列报住房改革支出25498万元,其中住房公积金支出23202万元,购房补贴150万元。

**简易建筑费** 1993~1998年单列,1999年始转为其他支出,1993~2006年,此项支出共计2115万元。

**防空地下室易地建设费支出** 2003年始列入其他支出(类)。2003~2006年,共支出6834万元。2007年始,转至国防支出中列支。

**补助村委会村党支部支出** 2002年始启动此项支出,在其他支出(类)中列报。2002~2006年,共支出27955万元。2007年始,转至农林水事务中列支。

# 第四章 国有资产管理

## 第一节 国有资产基础管理

### 一、产权登记

**企业产权登记** 1992年,全市开展企业产权初始登记。1997年,对全市1057户企业进行产权年度检查,并办理企业国有资产占有产权登记,核发《中华人民共和国国有资产产权登记证(境内企业)》,明确产权关系，维护国有资产权益。1998 年，全市企业产权年度检查户 1000 户，1999 年 690 户，2000 年 815户。

**行政事业单位产权登记** 1996 年，全市首次开展行政事业单位产权登记，审定颁发《中华人民共和国国有资产产权登记证(行政事业单位)》，全市初始登记户 1620 户。1997 年 8 月，市财政(国资)局印发《九江市行政事业单位国有资产处置管理实施细则》。当年年度检查户 1530 户，1998 年 1584 户，1999 年 1608 户，2000 年 1693 户。

1997~2000 年全市国有企业资产负债一览

表 35-4-1 单位：户、亿元

| 年 份 | 企 业 | 资产总额 | 负债总额 | 所有者权益 | 资产负债率% | 国有资产总额 |
|---|---|---|---|---|---|---|
| 1997 | | 121.46 | 104.49 | 16.97 | 86.06 | 17.38 |
| 1998 | | 121.95 | 108.64 | 13.31 | 89.09 | 13.75 |
| 1999 | 584 | 158.87 | 150.45 | 8.41 | 94.70 | 7.82 |
| 2000 | 601 | 151.79 | 145.04 | 6.75 | 95.55 | 21.64 |

## 二、国有资产统计

1995 年，国有资产统计第一次正式纳入国家统计体系。2010 年，市财政局为完善资产管理信息系统，使其更好发挥作用，开展对全市 2842 户行政事业单位资产统计，资产统计基准日为 2009 年 12 月 31 日。通过数据收集、统计、汇总、审核，建立全市行政事业单位国有资产数据库。

2009年全市行政单位资产一览

表 35-4-2 单位：亿元

| 项 目 | 资产总额 | 流动资产 | 固定资产 | | | | | | 对外投资有偿证券 | 无形资产 | 其他资产 |
|---|---|---|---|---|---|---|---|---|---|---|---|
| | | | 小计 | 土地 | 房屋构建物 | 汽车 | 单位 20 万元以上大型设备 | 其他固定资产 | | | |
| 合 计 | 31.29 | 12.78 | 17.51 | 0.42 | 9.29 | 4.57 | 0.13 | 3.10 | | | 1.00 |
| 一、行政小计 | 23.73 | 11.04 | 11.86 | 0.37 | 6.65 | 2.91 | 0.04 | 1.89 | | | 0.83 |
| 共产党机关 | 2.14 | 0.52 | 1.41 | 0.02 | 0.59 | 0.55 | | 0.25 | | | 0.21 |
| 政府机关 | 20.60 | 10.30 | 9.73 | 0.35 | 5.76 | 2.03 | 0.04 | 1.55 | | | 0.57 |
| 人大机关 | 0.47 | 0.08 | 0.37 | | 0.16 | 0.17 | | 0.04 | | | 0.02 |
| 政协机关 | 0.29 | 0.06 | 0.21 | | 0.07 | 0.11 | | 0.03 | | | 0.02 |
| 民主党派 | 0.05 | | 0.05 | | 0.02 | 0.02 | | 0.01 | | | |
| 群众团体 | 0.18 | 0.08 | 0.09 | | 0.05 | 0.03 | | 0.01 | | | 0.01 |
| 二、公检法司小计 | 7.56 | 1.74 | 5.65 | 0.05 | 2.64 | 1.66 | 0.09 | 1.21 | | | 0.17 |
| 公 安 | 4.07 | 0.78 | 3.20 | 0.03 | 1.32 | 1.03 | 0.08 | 0.74 | | | 0.09 |
| 检 察 | 1.34 | 0.39 | 0.92 | 0.02 | 0.48 | 0.24 | | 0.18 | | | 0.03 |
| 法 院 | 1.39 | 0.30 | 1.06 | | 0.58 | 0.28 | | 0.20 | | | 0.03 |
| 司法行政 | 0.27 | 0.10 | 0.17 | | 0.08 | 0.05 | | 0.04 | | | |
| 监 狱 | | | 0.00 | | | | | | | | |
| 劳 教 | 0.06 | 0.01 | 0.04 | | 0.02 | 0.01 | | 0.01 | | | 0.01 |
| 其 他 | 0.43 | 0.16 | 0.26 | | 0.16 | 0.05 | 0.01 | 0.04 | | | 0.01 |

说明：其他栏中含安全部门

2009 年全市事业单位资产一览

表 35-4-3　　　　单位:亿元

| 项 目 | 资产总额 | 流动资产 | 固定资产 | | | | | | 对外投资有偿证券 | 无形资产 | 其他资产 |
|---|---|---|---|---|---|---|---|---|---|---|---|
| | | | 小计 | 土地 | 房屋构建物 | 汽车 | 单位 20 万元以上大型设备 | 其他固定资产 | | | |
| 合 计 | 117.43 | 33.60 | 73.17 | 10.02 | 42.73 | 2.06 | 1.58 | 16.78 | 0.81 | 0.05 | 9.80 |
| 农林牧渔业 | 3.64 | 1.77 | 1.20 | 0.24 | 0.67 | 0.15 | | 0.14 | 0.11 | | 0.56 |
| 交通运输、仓储和邮政业 | 2.64 | 1.26 | 1.07 | 0.01 | 0.65 | 0.11 | | 0.30 | | | 0.31 |
| 科学研究技术服务和地质勘查业 | 0.71 | 0.35 | 0.34 | 0.02 | 0.21 | 0.02 | | 0.09 | 0.01 | | 0.01 |
| 水利、环境和公共设施管理业 | 18.80 | 8.49 | 6.46 | 0.01 | 5.32 | 0.43 | | 0.70 | 0.34 | | 3.51 |
| 教 育 | 51.37 | 7.22 | 41.25 | 9.41 | 24.74 | 0.30 | 0.04 | 6.76 | 0.21 | 0.05 | 2.64 |
| 卫生、社会保障和社会福利业 | 26.91 | 9.19 | 16.41 | 0.18 | 7.05 | 0.47 | 1.54 | 7.17 | | | 1.31 |
| 文化、体育和娱乐业 | 1.94 | 0.23 | 1.54 | 0.06 | 0.71 | 0.07 | | 0.70 | 0.06 | | 0.11 |
| 其 他 | 11.42 | 5.09 | 4.90 | 0.09 | 3.38 | 0.51 | | 0.92 | 0.08 | | 1.35 |

### 三、资产评估管理

**资产评估行业管理**　1992 年 11 月,九江资产评估公司成立,为省首家专职资产评估机构。至 1998 年年底,经国资局审批,全市获资产评估执行资格机构 13 家,其中获正式资格 4 家:九江资产评估公司、九江会计师事务所、九江华浔会计师事务所、九江审计事务所;获临时资格 9 家:星子、都昌、瑞昌、修水、永修、德安、湖口、九江县(市)、庐山区资产评估事务所。以上机构共有专职资产评估从业人员 165 人,其中经济类人员 105 人,工程技术类人员 57 人,具有高级技术职称 25 人,中级技术职称 99 人。1999 年,资产行业进行清理整顿,资产评估机构脱钩改制。至 2000 年,全市保留资产评估资格机构有九江华浔会计师事务所和九江浔城会计师事务所 2 家。

1996 年起,市国家国有资产管理局会同人事部门联合组织注册资产评估师资格全国统一考评。当年,全市合格人数 18 人。1997 年 14 人。1998 年后停考,上述合格人员有 18 人申请办理注册登记。

**资产评估立项确认**　至 1998 年底,全市资产评估批准立项 230 个,经审核确认 227 个,累计完成评估值 35.77 亿元,平均增值率 6.6%。1999 年,市直单位评估立项 8 个,确认 6 个;2000 年,立项 17 个,确认 13 个。2001 年根据财政部《关于改革国有资产评估行政管理方式和加强资产评估监督管理工作的意见》,取消政府部门对国有资产评估项目的立项确认审批制度,实行核准制和备案制。2007~2010 年,市直单位资产评估备案 18 宗,账面价值 747.23 万元,评估价值 1542.95 万元。

## 第二节　财产清查及清产核资

### 一、行政事业单位财产清查

1993 年 3 月始,全市各行政事业单位进行财产清查,经单位自查、主管部门联审和验收确认三个步骤,至 6 月结束。清查基准日为 1992 年 12 月 31 日。

**1992 年全市行政事业单位财产清查一览**

表 35-4-4 单位:户、亿元

| 项 目 | 清查户数 | 财产总量 | 比清查前账面数(+、-) | 增加率% | 其中固定资产 | | | 国有资产 | | |
|---|---|---|---|---|---|---|---|---|---|---|
| | | | | | 总量 | 比清查前账面数+、- | 增加率% | 总量 | 比清查前账面数+、- | 增加率% |
| 全市合计 | 2872 | 14.2 | +3.7 | 35.6 | 10.7 | +3.6 | 51.3 | 12.5 | +3.5 | 38.4 |
| 市 直 | 211 | 4.3 | +1.5 | 51.5 | 3.6 | +1.4 | 65.8 | 3.9 | +1.3 | 50.0 |
| 县(市、区) | 2661 | 9.9 | +2.2 | 29.2 | 7.1 | +2.2 | 44.8 | 8.6 | +2.2 | 33.7 |

说明:清查总户数中,行政单位 989 户、事业单位 1859 户、社会团体 24 户

1999 年 4 月,省财政厅、省国资局决定在全省范围内开展行政事业单位财产清查登记,清查盘存基准日为 1998 年 12 月 31 日。市财政(国资)局于 5 月转发省清查登记工作方案,召开动员大会,进行业务培训。9 月,完成清查登记工作,全市清查登记户 1874 户,清查申报确认资产总额 32.66 亿元,负债总额 6.54 亿元,净资产 26.12 亿元,较清查前账面数分别增加 5.49 亿元、0.77 亿元和 4.72 亿元。通过对账物盘点核实,盘盈资产 6.11 亿元,盘亏资产 0.62 亿元,盈亏相抵净增 5.49 亿元,净增比率 20.2%。

2006 年 12 月,财政部决定在全国范围内开展行政事业单位资产清查,清查基准日为当年 12月 31 日。2007 年 1 月,市委、市政府决定成立市行政事业单位工资制度改革、规范公务员收入秩序和国有资产、政府非税收入清查管理领导小组,下设市属行政事业单位国有资产清查和统一管理领导小组办公室。各县(市区)、市直各单位相应成立工作机构,组织实施资产清查工作。3 月,市政府召开全市行政事业单位国有资产清查动员会,近 1000 人参加。至同年 5 月,清查工作结束。

**2006 年全市行政事业单位财产清查一览**

表 35-4-5 单位:户、亿元

| 项 目 | 清查户数 | 资产总额 | 负债总额 | 净资产总额 | 资产盘盈 | 财产损失 | 出租出借资产 | 当年出租收入 | 对外投资 |
|---|---|---|---|---|---|---|---|---|---|
| 全市合计 | 1689 | 123.33 | 33.70 | 89.63 | 6.95 | 3.39 | 4.86 | 0.16 | 0.18 |
| 市 直 | 313 | 55.16 | 12.96 | 42.20 | 1.43 | 0.85 | 0.38 | 0.08 | 0.05 |
| 县(市、区) | 1376 | 68.17 | 20.74 | 47.43 | 5.52 | 2.54 | 4.48 | 0.08 | 0.13 |

## 二、国有企业清产核资

1993 年始,全市展开国有企业清产核资。当年,在 3 户企业试点。1994 年,扩大到 20 户企业试点。1995 年,全市 1235 户企业全面铺开。为搞好清查,全市共举办业务培训班 57 期,培训业务骨干 1245 人次,编发简报(动态)35 期,召开 4 次阶段工作会,抽调人员组成 15 个互检小组和 3 个重点检查小组,对各县(市区)和市直各企业进行抽查和检查。至同年 3 月 31 日,完成新中国成立以来第一次国有企业单位户数清理,第一次把国有土地使用权作为国有资产纳入国有企业资产负债表,摸清核实国有企业“家底”。全市参加清产核资国有企业 1258 户(市直 244 户,县区 1014 户),清产核资结果为,资产总额 102.9 亿元,负债总额 88.2 亿元,所有者权益为 14.7 亿元,资产负债率为 85.7%。

2005 年 8 月,市政府制订《九江市国有资产清产核资工作方案》,市国资委具体组织实施。9 月 22 日,市政府召开全市清产核资动员大会,随后市国资委举办 2 期清产核资工作业务培训班,培训企业主管部门和企业财务人员 200 名。为严格执行资产损失核销工作规定,防止国有资产流失,市国资委建立清产核资办公室初审,分管领导复审,国资委党政班子联席会再审的“三审制度”,严把损失核销关。2006~2010 年,市国资委累计批复企业清产核资资金核实报告 376 户,累计核销资产损失金额 5.73 亿元。至此,全市清产核资工作基本完成,为市属国有企业改制、资产处置、资产重组,资产归集统一经营管

理创造条件。

### 三、城镇集体企业清产核资

1996年,按照全国有计划开展城镇企业,单位清产核资要求,市政府于财政局设立全市城镇集体企业清产核资工作领导小组办公室,从有关部门抽调人员开展日常工作,当年展开小范围试点,试点企业31户。1997年,扩大到221户。1998年,全面铺开,企业单位592户。当年底,市清产核资办公室将前两年试点有关资料,按照国家统一规定和统一时间(1998年3月31日)进行数据衔接。全市844户城镇集体企业单位(不含城镇集体金融企业)清产核资结果为资产总额38.89亿元,负债总额36.45亿元,所有者权益2.44亿元,资产负债率93.7%。

## 第三节 国有资产监管

### 一、国有资产保值增值考核

1995年始,全市展开国有资产保值增值考核工作,通过考核,初步建立起政府对国有企业新的管理方式框架。

1998年,全市列入考核国有企业690户,核定年初国家所有者权益为13.6亿元,年末为12亿元,保值增值率为88%。

2000年,全市列入考核国有企业615户,其中保值企业148户,增值企业140户,减值企业327户。经考核确认,国家所有者权益年初为5.38亿元,年末为5.89亿元,增加0.51亿元。

### 二、国有资本金效绩评价

1996年11月,根据财政部、国家经济贸易委员会、人事部、国家发展计划委员会联合下发《国有资本金效绩评价规则》和《国有资本金效绩评价操作细则》,成立由市财政(国资)局牵头,市经贸委、市人事局参加的企业效绩评价工作组和专家评议组,进行企业效绩评价试点,按照全国《一九九八年企业效绩评价标准值》规定,分别对江西制氧机厂、九江电子材料厂进行定量、定性综合评价。评价结果为江西制氧机厂PRC-中,九江电子材料厂PRA-优。

2000年11月,扩大试点,按照全国《一九九九年企业效绩评价标准值》中规定,对12户(市直2户、县属10户)企业进行实地评价。评价结果:修水县鼎立集团公司为PRA+-优;九江电子材料厂为PRB+-良;永修县自来水公司、彭泽县食品公司、瑞昌市水泥压力管厂为PRB-良;九江县自来水公司、德安县水泥厂、武宁县罐头厂、都昌县内燃机厂、湖口县自来水公司、江西制氧机厂为PRC-中;江西仪表机床厂为PRD-低。

### 三、出资监管企业业绩考核

2006年6月,市国资委制定《九江市国有资产监督管理委员会所出资监管企业负责人经营业绩考核暂行办法》,对出资监管企业负责人进行考核。考核指标为基本指标和分类指标,基本指标包括年度利润总额和净资产收益率;分类指标根据企业特点确定,具体指标在目标考核责任书中明确。经过试行两年,至2008年,形成较完备的考核方案。制定《市国资委所出资监管企业负责人经营业绩考核办法》,将绩效薪酬与考核目标挂钩。2008年度,考核结果为A级的企业有沿江开发公司、长运集团,B级的有九江整流器厂,C级的有安居集团;2009年度,九江沿江开发公司、九江整流器厂、九江安居集团、九江市投资担保公司考核结果均为A级;2010年度,九江安居集团、九江市投资担保公司考核结果为A级。

### 四、企业改制资产处置

1996年,市国资局派员参与市直16户国有企业破产相关工作,开展破产清算、资产评估确认、剩余财产处置等。经资产清查和评估,16户企业资产额为2.4亿元,负债额为4.9亿元,所有者权益为-2.5亿元，资不抵债，资产负债率达204.2%。1997年，全市开展以建立股份合作制为主的企业改制工作。市国资局承担资产清查、产权界定、资产评估和确认、资产损失核定和审批、国有股权设置等工作。当年，改制企业408户，其中国有企业313户，集体企业95户；市直企业100户，县属企业308户。经评估确认，313户改制国有企业资产总额25亿元，负债总额24亿元，净资产1亿元，与改制评估基准日（1997年3月31日）账面数比较，净资产减少1.3亿元。通过改制，全市认购股31679股，购股金额3549万元。

### 五、行政事业单位国有资产处置管理

2006年12月，市财政局印发《九江市行政单位国有资产处置管理实施暂行办法》《九江市市级事业单位国有资产处置实施暂行办法》，明确规定市级行政事业单位对其占有、使用的国有资产进行产权转让及注销产权的处置程序、审批权限、账务处理及收入管理。2007年，全市资产处置审批3宗，账面价值30.22万元；2008年9宗，账面价值107.91万元；2009年10宗，账面价值803.14万元；2010年10宗，账面价值126.64万元。

## 第四节 债务化解及融资担保

### 一、企业债务化解

2005年，市国资委报请市政府批准，对啤酒厂实行破产试点。经过严格规范动作，啤酒厂破产重组，引进增量投资，使企业得以改制。2006年，市国有资产经营有限公司与中国信达资产管理公司签订九江发展建设公司、三棉印染有限责任公司、饮食服务公司等118户企业16302万元债权转让协议；与中国长城资产管理公司签订制氧机厂、金属材料总公司10户企业17396万元债权转让协议。上述2个资产包抵押土地632150.42平方米、房产42319.84平方米，机械设备48台，均进行解押，化解企业债务，顺利进入改制或资产重组。2007年，打包收购各资产管理公司所拥有港口集团、汽运公司、封缸酒厂等173户本息合计168900万元债务，并协助市商业系统回购所欠长城资产管理公司不良金融债务29987万元。2008年，市国资公司收购柯斯顿贝塔资产管理公司26户企业16942万元债权、长城公司11447万元债权、鞍山中置商贸公司153户32500万元债权。至同年底，累计收购债权本息合计近13亿元，帮助企业解除债务负担。2009年，市国资公司打包回购涉及德安、瑞昌等8县区101户企业3699.01万元债务。为解决九江宾馆债务，先后收购东方资产管理公司、长城资产管理公司及九江宾馆为九江耀华实业公司担保共计6700.37万元债权，使九江宾馆重新开业。

### 二、融资担保

2007年10月22日，成立市投资担保有限责任公司，由市国资委履行出资人职责，注册资本1亿元，为国有独资公司。市投资担保有限责任公司实行市场化运作，开展融资担保业务。2008年金融危机，给金源化纤公司造成较大影响，导致长丝停产，部分工人待岗。市投资担保公司及时为企业担保，办理1000万元流动资金贷款，使企业得以稳定，实现税收1500万元。2009年，市投资担保公司先后与市农业发展银行、市交通银行、市建设银行签订合作协议，为企业构建融资平台。7月14日，市投资担保公司在九江银行贷款12000万元，支持市属国有企业改制。2010年12月，市投资担保有限责任公司更名为市国资担保有限责任公司，至同年底，共为103户中小企业提供融资担保，担保金额7.3亿元，支持一批市属中小企业发展，实现财政收入2亿多元。

# 第五章　财政管理

## 第一节　预算管理

### 一、预算编制

1991 年,预算编制继续实行紧缩财政政策,本着量入为出,收支平衡,不打赤字预算一贯原则,对行政事业单位超编人员一律不安排公用经费。1992 年,根据市政府压缩 5%行政事业费要求,当年增人不再追加经费。1993 年,为鼓励行政事业单位创办经济实体,创收弥补单位经费不足,业务费暂留 1/3,对创办经济实体单位年底拨足,未办者原则不拨。

1994 年,按照"分税制"财政体制要求,重点保个人工资及调资增支,量力安排经济建设支出。公务费除市委、市政府、市人大、市政协、民主党派、公检法司等外,其他单位均压缩 5%以上。1995 年公务费继续实行大包干。1996 年建立各单位工资台账,强化财政支出管理。当年,重点确保工资性支出及支农、教育、科技支出。1997 年始,编制复式预算,市级财政支出预算安排中,经常性支出占 62%,建设支出占 38%。1998 年,执行"适度从紧"财政政策,在保证工资性支出前提下,优先安排农业、教育、科技等重点支出,合理安排政策性增支和社会保障经费、再就业工程经费,从紧安排其他各项支出。当年,测算可用财力比上年预算 18.8%,预算支出按可用财力安排,经常性支出比上年增长 9.6 个百分点。鉴于当年遭受百年不遇特大洪灾,经市人大常委会第三十一次会议批准,对市本级收支预算予以调整,调整后,收入预算为 27660 万元,支出预算为 36520 万元。1999 年,继续坚持按保工资保稳定要求安排预算。

2000 年,财政预算在保证工资性支出前提下,单位预算结合预算内、外资金统筹安排,实行综合预算管理。2001 年,市本级预算在财力保障上支持农村税费改革,对其他各项支出从严安排。2002 年,在市农业局、市科委、市教委、市劳动局 4 部门进行预算编制试点,统筹预算内外财力,实行综合财政预算,预算内外资金统筹安排。2003 年始,将日常公用经费支出预算按定额计算,标准如下:市委、市政府、市人大、市政协每人每年 5800 元,民主党派每人每年 4700 元,社会团体每人每年 4500 元,综合管理部门每人每年 4300 元,一般行政机关每人每年 3800 元,市委、市政府直属事业单位每人每年 2800 元,一般事业单位每人每年 2500 元,公检法司每人每年 7500 元(含罚没款返还,无罚没收入单位每人每年 5000 元)。2004~2008 年,进一步细化预算原则,缩小预算编制与预算执行差异,落实"收支两条线"规定。

2009 年,预算编制逐步建立控制财政供养人员增长机制,落实工资改革有关规定,规范部门津补贴管理,逐步完善公用经费分类定额标准,推进项目支出绩效考评试,认真编制政府采购预算,完善政府采购制度改革。2010 年,预算编制继续坚持巩固和完善财政供养人员控制增长机制,细化公用经费分类定额标准,提高部门预算编制质量,加强政府非税收入管理,增强收入预算编制完整性和准确性,压缩一般支出,降低行政运行成本,推进项目支出绩效考评工作,逐步扩大绩效考评试点范围,增强编制政府采购预算意识,逐步提高政府采购预算质量。

### 二、综合预算

**"上台阶"活动**　1991 年,根据省财政厅《关于开展创建先进财政所和乡镇财政收入上台阶活动的决定》,市财政局决定在全市范围开展创建先进财政所和财政收入上台阶活动,确定 1991 年、1993 年、1995 年上台阶规划和奖励办法,凡年度财政收入踏上一个台阶即给予表彰,并一次性借给生产发展资金,借款期限为两年,免收资金占用费。财政所可向使用该资金单位收取资金占用费,费率由财政所制定,一般不超过同期银行利率。按省财政厅规定,收取资金占用费由财政所支配使用。省财政厅借给生产发展资金标准为:上 50 万元台阶借给 5 万元;上 100 万元、200 万元、300 万元按当年收入 8%借给。借款来源由省、市财政各35%,县(市、区)财政30%。上150万元台阶按当年财政8%借给,市财政70%,县财政30%。1991~1993年,全市有93个乡镇上台阶,省市借给生产发展资金543.4万元,县(市、区)借给228.9万元。此后,该项活动未继续进行。至1998年,全市财政收入上100万元乡镇72个,300万元7个,500万元7个,1000万元2个。

**"3581"工程** 1991年,对县(市、区)财政提出"八五"时期实施"3581"工程,即要求"八五"期末,县(市、区)财政收入分别达到3000万元、5000万元、8000万元和1亿元规模。通过"3581"工程实施,全市财政收入在"八五"期间有较快增长,1995年,全市财政收入达到13.3亿元,为1991年财政收入4.08亿元306%,平均每年递增34.4%。全市县(市、区)财政收入不仅全部达到1000万元以上,年收入达3000万元有庐山区、都昌县、武宁县、湖口县;年收入达5000万元有瑞昌市、永修县、九江县、彭泽县、德安县;年收入达8000万元有浔阳区。乡镇级财政收入上100万元乡镇68个,占全市乡镇总数27%,上500万元3个。

**"摘帽子"工程** 1991年,全市继续1989年始实施的县(市、区)摘吃财政补贴"帽子"工程。1992~1994年,先后有瑞昌、湖口、武宁、彭泽4县(市)取消财政定额补贴共618.8万元。其中:瑞昌市1989年市财政将1990、1991年两年补贴230.4万元提前拨给,同时借给周转金170万元,于1992年起取消每年补贴115.2万元;湖口县1989年市财政将1990、1991年两年补贴230万元提前拨给,同时借给周转金170万元,1992年起取消每年补贴115万元;武宁县1990年市财政将1991、1992年补贴125.4万元提前拨给,同时借给周转金374.6万元,1993年起取消每年补贴62.7万元;彭泽县1991年市财政将1992、1993年补贴651.8万元提前拨给,同时借给周转金325.9万元,1994年起取消每年补贴325.9万元。此后,这项工作未再进行。

## 第二节 国库管理

### 一、规范账户管理

2003年7月,市财政局设立国库科。以按社会主义市场经济体制下公共财政基本框架要求,建立和完善以国库单一账户体系为基础,资金缴拨以国库集中收付为主要形式财政国库制度。2004年8月,市财政局会同市人民银行、市监察局、市审计局联合印发《九江市市级预算单位账户管理暂行办法》。同年10~12月,对市级预算单位银行账户进行全面清理。行政事业单位银行账户管理职能由综合科划入国库科管理。同年,预算执行旬月报财政总决算,各部门决算统一由国库科汇总上报。2005年5月,市财政局印发《九江市市级财政资金账户管理暂行办法》,财政专户由分散在财政局内各业务科室管理统一到国库科管理,各业务科不再保留账户。同年10月始,预算外专户管理职能归口国库科,同时,预算外支出管理由非税收入管理局划入各业务科室归口管理。在全市建立资金缴拨以国库集中收付为主制度。

### 二、建立国库单一账户体系

2005年始,市财政局先后印发《九江市市级财政国库管理制度改革试点资金支付管理暂行办法》《九江市市级财政国库管理制度改革试点资金银行支付清算办法》《九江市市级财政国库管理制度改革试点会计核算暂行办法》《九江市市级财政国库管理制度改革试点局内相关工作管理暂行规定》《九江市市级预算外资金实行财政国库管理制度改革试点会计核算暂行办法》,以确保财政国库管理制度实施,建立国库单一账户体系,即由市财政局在人民银行开设国库单一账户;在商业银行开设预算外财政资金专户、财政零余额账户、特设账户及清算备用金临时账户;在商业银行为各预算单位开设预算单位零余额账户。

### 三、规范支出拨付程序

2005年始,逐步规范支出拨付程序,按财政国库支付管理需要,将财政支出分为工资性支出、购买性支出、转移性支出和零星支出4类,对不同类型支出,分别实行财政直接支付和财政授权支付两种方式。坚持按财政预算、分月用款计划、项目进度和规定程序支付原则。

2008 年，会计集中核算和国库集中支付“两个制度”结合现场会在彭泽县召开，随后，彭泽、永修县率先实行国库集中支付改革试点。2010 年 4 月，市财政局印发《关于加快推进全市县级国库集中支付改革的通知》。当年，各县(市、区)启动改革试点，修水、武宁、瑞昌、九江、都昌等县(市)先行实行改革，其他县(区)逐步启动改革试点，实现会计集中核算和国库集中支付两个制度结合模式。

**2005~2010 年全市市直国库集中支付一览**

表 35-5-1　　单位：万元

| 年 份 | 合 计 | 按支付方式划分 | | | 按资金性质划分 | |
|---|---|---|---|---|---|---|
| | | 财政直拨支付 | 财政授权支付 | 直接支付占比% | 预算内支付 | 预算外支付 |
| 2005 | 2277 | 636 | 1641 | 27.9 | 2277 | |
| 2006 | 65094 | 30121 | 34973 | 46.3 | 52081 | 13013 |
| 2007 | 122314 | 68238 | 54076 | 55.8 | 99376 | 22938 |
| 2008 | 161400 | 97200 | 64200 | 60.2 | 133000 | 28400 |
| 2009 | 138868 | 80880 | 57988 | 58.2 | 111964 | 26904 |
| 2010 | 187382 | 110356 | 77026 | 58.9 | 155318 | 32064 |

### 四、推行公务卡制度

2009 年 1 月，据财政部、中国人民银行关于推广应用公务卡总体规划和要求，市财政局、中国人民银行市中心支行印发《建立公务卡制度实施方案》《九江市市级预算单位公务卡管理暂行办法》。全市建立公务卡制度采取积极稳妥推进办法，实行“先市级，后县(区)；先试点，后扩面”步骤。3 月起，在市人民防空办公室、市农垦局先行启动试点。2010 年 3 月，在市直所有预算单位分 3 组 8 个批次平行推进公务卡制度改革。至同年 10 月底，市直预算单位全面实施公务卡。纳入国库集中支付 250 户市直预算单位，有 243 户实行公务卡结算制度，共发放公务卡 4846 张。当年，修水、彭泽 2 县启动公务卡制度改革试点。

## 第三节　条法税政管理

### 一、条法工作管理

**财政法制宣传教育**　2001 年，市财政局成立普法领导小组，制定普法规划，开展财政、财会人员法制教育。2003 年始，先后举办财政违法行为处罚处分条例、行政许可法、行政处罚法等专题培训班，组织工作人员收看相关法制宣传教育片，参加全国财经法律法规知识竞赛和征文比赛，仅 2008 年全国财政法规网络知识竞赛，组织全市财政系统及各大专院校 9986 人参赛，占全省参赛人数 1/3，市财政局得到财政部表彰，获“全国财政法规网络知识竞赛”优秀组织奖。2009~2010 年，多次举办财政法制知识讲座，并邀请省政府法制办、省财政厅和市政府法制办专家授课。

**财政行政执法责任建设**　2002 年 8 月始，市财政局先后制定《九江市财政局法制宣传教育目标考核制度》《九江市财政局行政执法过错责任追究办法》《行政许可听证制度》等 21 项制度。2006 年 5 月，市财政局根据财政部《财政部门全面推进依法行政依法理财实施意见》，制订《九江市财政局推行行政执法责任制实施方案》，认真梳理市局机关执法岗位执法依据，分解执法职权，确定执法责任，健全行政执法主体资格制度，建立由局主要领导为第一责任人，各执法科室分工明确，执法人员责任清晰财政执法责任体系。规范和简化行政审批制度，严格清理行政审批事项。通过清理，市财政局行政许可审批项目由 11 项减少到 2 项。

**财政行政执法监督检查**　2006 年，开展全市财政系统行政执法大检查，重点对制度建设、执法质量(执法文书、执法程序、行政审批、行政收费、行政复议)、法规宣传、文明执法等方面进行检查督促。2007

年和2008年，对市财政局负责实施两项行政许可项目“会计从业资格证书核发”“会计代理记账机构审批”进行清理和自查，清查要点为行政许可依据、实施机关、办理期限、收费依据、收费标准、许可公文和事后监管，开展自查自纠。

### 二、税政工作管理

2001年始，市财政局相继开展全市企业所得税税源调查、全市重点产品国际竞争力调查、城建和房地产税费调查、昌河铃木和巨石集团所享受税收优惠政策调查、全市资源税税源调查、全市小水电税收调查、九江机场复航后各种税收缴纳情况调查、全市工业园优惠政策调查等。其间，还与相关部门联合展开一系列调研工作。

2005年，建立财政关税联络网络和企业关税联络员制度，加强与税务、海关、企业联系。2006年，加强关税宣传，在九江财政信息网上开辟《曼谷协定》宣传专栏，向社会宣传有关关税知识及优惠政策，帮助企业充分享受关税减免好处，促进市进出口贸易。2009年起，按再生资源增值税先征后返政策，开展对再生资源增值税退税初步审批工作。市县财政部门为初审机关，实行三级审核制。2009年、2010年，全市再生资源增值税退税额分别为6.73亿元和5.76亿元。

2010年，启动道路交通事故救助基金管理，成立市道路交通事故社会救助基金管理委员会，设立道路交通事故社会救助基金专户，及时对道路交通事故受害人实施救助，促进社会和谐。

## 第四节　会计事务管理

### 一、会计法制教育

1992年4月，《江西省会计管理暂行办法》出台，6月，召开市直单位动员会，单位领导及财政财会人员800余人参加。1993年7月，全国实施企业会计准则、企业财务通则及分行业新会计、财务制度。市财政局成立新制度培训工作领导小组，特聘专家讲课。1995年6月，举办全市会计法知识竞赛，各县(市区)和市直共16个代表队参赛。2000年1月，举办全市财政系统会计法师资培训班，对全市在职会计人员进行知识培训。6月，开展会计法宣传月活动，并与市委组织部、市监察局联合举办市直单位领导人会计法知识培训班。同年全国举办第二届会计知识大赛，九江代表队在9月省赛阶段获全省冠军。2006年，市财政局组织各县(市区)开展以会计法为主题会计学术论文征文活动。2007年，全国举办第三届会计知识大赛，全市参与第一赛程网上答题人达22487人，占持证会计从业人员76.7%，获奖人310人，并推荐3名选手参加第二程选拔赛，其中1人获全省第八名。2008年，全省上网学习人数达4078人。2010年，是实施新修订会计法10周年，市财政局采取各种措施宣传会计法，并在全市推荐会计工作成绩显著人员参评全国杰出会计工作者。

### 二、会计基础工作管理

1991年1月，成立会计工作达标考核小组，至年底，经考核验收，全市121户企业为会计工作达标单位。1996年8月，市政府印发《关于贯彻省政府〈关于整顿会计工作秩序，进一步提高会计工作质量的通知〉的通知》，成立以常务副市长为组长，市财政、审计、国税、地税、工商、监察、人行等部门负责人为成员的整顿会计工作秩序领导小组，召开全市整顿会计工作秩序大会。这次整顿，经宣传动员、单位自查、重点检查和总结整改四个阶段，全市4497户企事业单位和社会团体进行自查，自查面达100%。组织重点查984户，检查面21.9%。1998年1月，市财政局制定《九江市会计基础工作规范化考核评比标准》，编印《会计基础工作规范》单行本，发至全市在职会计人员，进行专业培训。该项活动至1999年6月结束。

2000年10月，成立市会计委派试点工作领导小组，批转市财政、监察局《关于实行会计委派制试点意见的通知》。此后，市直商业系统大中大集团总公司和市饮食公司均对下属公司实行会计委派；修水县成立会计事务管理局，对县直130多家行政事业单位实行财务集中核算；都昌县财政局成立会计管理中心，对公检法等8家行政事业单位实行会计委派。2001年，全市9个县(市)开展会计委派制试点。2002

年,庐山区设立会计核算中心;7个县(市)开展会计集中核算试点,纳入核算单位577个,会计人员由1126人缩减至692人。2005年,财政部会计从业资格管理办法和代理记账管理办法出台,市财政局把好会计从业资格准入关,依法做好会计从业资格管理;对代理记账机构的设立条件、内部管理、执业质量进行检查。2006年10月,九江首家代理机构——易兴科技财务咨询有限公司设立,此后,代理记账机构陆续设立。至2010年,市本级代理记账机构8家,县级代理记账机构3家。

## 三、会计人员管理

**会计证发放管理** 1991年6月,全市核发第一批现职会计人员会计证,发证人数11456人。1997年,财政部颁发《会计证管理办法》,按"办法"要求,对会计人员核发新证,至2000年底,全市发证人数15419人,其中高级职称32人,中级职称1369人;具有财经大专以上学历5761人,财经中学专业学历4665人。通过发证,同时建立会计人员业务档案。

2005年,根据财政部《会计从业资格管理办法》,实行"凡进必考",动员志愿从事会计行业人员报名参加会计从业资格全省统考。2005~2009年,考务工作由人事、财政部门共同管理,2010年始,由财政局直接管理。当年,全市报名考试人数7456人,参考人数7248人,合格人数2329人。参考率和合格率分别是97.2%和31.2%。至同年底,全市会计从业资格证持证人数47756人,其中市直21626人、浔阳区602人、庐山区527人、九江县1376人、德安县1525人、永修县3143人、星子县1215人、修水县2950人、武宁县2585人、瑞昌市2420人、湖口县1278人、都昌县1768人、彭泽县1595人、共青城2227人、庐山管理局527人、开发区347人。

**会计专业技术资格考试** 至1992年6月,通过历次评审,全市具有会计专业技术职称7074人,其中高级9人、中级409人、初级6656人。同年7月始,人事部、财政部决定,会计人员技术职称不再进行评审,实行国家考试制度,考试合格者发给相应资格证书,在全国范围内有效。为此,市人事、财政局成立市会计技术职务资格考试领导小组。11月,全国首次会计专业技术资格考试,全市报考人数达10721人,应考人数3495人。

**2001~2010年全市参加全国会计专业技术资格考试结果一览**

表35-5-2 单位:人

| 年份 | 合格人数 | | | 年份 | 合格人数 | | |
|---|---|---|---|---|---|---|---|
| | 初级 | 中级 | 合计 | | 初级 | 中级 | 合计 |
| 2001 | 672 | 101 | 773 | 2006 | 857 | 162 | 1019 |
| 2002 | 359 | 310 | 669 | 2007 | 1107 | 140 | 1247 |
| 2003 | 172 | 192 | 364 | 2008 | 318 | 136 | 454 |
| 2004 | 250 | 216 | 466 | 2009 | 1421 | 74 | 1495 |
| 2005 | 326 | 252 | 578 | 2010 | 1095 | 69 | 1164 |

2004年,高级会计师技术资格开始实行考评结合实施考试。2006年,市内始有人通过考试合格。

**2006~2010年全市高级会计师考试合格人数一览**

表35-5-3 单位:人

| 项目 | 2006年 | 2007年 | 2008年 | 2009年 | 2010年 |
|---|---|---|---|---|---|
| 国标 | 3 | 1 | 17 | | 1 |
| 省标 | 8 | 1 | | 8 | 4 |
| 合计 | 11 | 2 | 17 | 8 | 5 |

**会计人员继续教育** 1991年以来,全市依托中华会计函授学校、市财会职工中专、江西财经大学九

江函授站等会计教育机构,为在职会计人员开展成人学历教育。同时开办会计证培训班、职称考前辅导班、会计电算化知识培训班等,提高会计人员会计理论和业务能力。至2000年,成人学历教育共培养毕业生3791人,培训学员10081人。2006年起,依托厦门、北京、上海3家国家会计学院培养高级会计人才。2007年,开发会计人员网上继续教育系统。至2009年,全市本级接受继续教育持证会计人员9707人,其中集中面授3818人,网上继续教育5889人。

## 第五节 非税收入管理

### 一、非税收入征管

1994年3月,市财政局转发省财政厅《江西省行政事业性收费票据管理办法》《江西省行政事业性收费财务管理办法》。1996年12月,市政府为贯彻国务院《关于加强预算外资金管理的决定》和财政部《预算外资金管理实施办法》,印发《关于进一步加强预算外资金管理的决定》,要求各部门、各单位预算外资金按照"统一政策,分类管理,量入为出,政府调控"原则,全面纳入财政管理,实现预算外资金还所有权于国家、还调控权于政府、还管理权于财政。1997年7月,市政府在武宁县召开全市预算外资金管理工作现场会议,推广武宁县预算资金管理"统一票据,定点收费;核定收支,全额管理;以收定支,比例拨付;计划使用,综合平衡"经验。会后,各县(市、区)相继成立预算外资金管理机构,制定管理办法。1999年6月,市委、市政府办公室印发《九江市预算外资金管理实施细则》,市财政局印发《关于市直及中央、省驻市单位预算外资金征收实行"银行代收制"的通知》,明确预算外资金管理按照"统一政策、政府调控、分组分类管理、量入为出、预算内外资金综合预算安排"原则,实行"收支两条线"管理,征收实行收缴分离、票款分离"银行代收制"。8月,市政府召开全市预算外资金征管体制改革大会,10月起,市直预算外资金、行政性收费及罚没收入征管,均按"收支两条线、银行代收制"规定管理。

2004年7月,财政部下发《关于加强政府非税收入管理的通知》,市各级政府、财政部门认真贯彻,全市非税收入管理纳入规范管理轨道。2005年,市财政局将支出划转各业务科室管理。2006年,政府调控资金实行按收入比例征收政府调控资金,即财政全额拨款行政事业单位按收入总额25%调控;财政差额拨款事业单位按收入总额15%调控;自收自支事业单位按收入总额10%调控。当年9月,非税收入账户移交国库,年底,市政府出台《九江市政府非税收入管理暂行办法》,进一步明确非税收入管理范围和内容。至2007年,经过清理,收费项目共628项,其中纳入预算管理219项,纳入专户管理409项。同年,改进政府调控金调控方法,实行每季度调控一次,调控比例在原基础上相应提高5%,并实行超收分成,超收部分政府、单位实行"五五"比例分成;对部门预算安排结余资金由政府调剂集中30%,对经营性收入扣除经营成本后按比例调控。从2009年起,公务员单位及参照公务员管理单位津补贴发放由市财政统一安排,为筹措资金,此两类单位调控比例由30%调整为72%,其他单位调控比例不变。

### 二、票据管理

2008年,进行财政票据管理电子化改革,改革核心是"电子开票、自动核销、全程跟踪、源头控制"。至2010年,市、县、乡3级全面完成财政票据电子化管理,全市安装财政票据电子化管理软件单位3059个,实施站点3693个,安装率和运行率均达100%。2010年度,市本级此项工作在全省地市评比中获第一名,修水县在全省县区评比中获特等奖,彭泽、都昌、德安、武宁、湖口县分获一等奖。

### 三、非税收入稽查

2007年年初,按照市委、市政府统一部署,由财政、监察、审计部门抽调人员,组成14个重点检查组,对政府非税收入进行清查,摸清市属行政事业单位政府非税收入总规模、收入分类结构、单位财务收支情况、成本性支出、政府调剂、津补贴发放、票据使用、银行账户8个方面情况。通过清理,对少数单位存在问题进行纠正,规范其管理行为。至2010年,各年度均选择部分单位开展年度稽查,对存在违纪违规问题,及时依法依规进行处理,堵塞管理漏洞。

### 1991~1995 年全市预算外收支一览

表 35-5-4　　单位:万元

| 项目 | | 1991 年 | 1992 年 | 1993 年 | 1994 年 | 1995 年 |
|---|---|---|---|---|---|---|
| 收入合计 | | 12690 | 14888 | 19996 | 28790 | 33521 |
| 其中 | 地方财政部门收入 | 920 | 1592 | 1897 | 2455 | 5426 |
| | 事业行政单位收入 | 11770 | 13296 | 18099 | 26335 | 28095 |
| 支出合计 | | 11261 | 13590 | 16697 | 25422 | 30562 |
| 其中 | 固定资产投资支出 | 3879 | 4616 | 4008 | 4795 | 5390 |
| | 城市维护支出 | 562 | 589 | 967 | 1488 | 1931 |
| | 福利奖励支出 | 511 | 833 | 1046 | 1096 | 1276 |
| | 行政事业支出 | 4699 | 4851 | 6811 | 10377 | 14868 |
| | 转作抵支收入 | | | 796 | 1622 | 1682 |
| | 上缴国家能源交通基金 | 157 | 169 | 185 | 76 | 76 |
| | 上缴国家预算调节基金 | 114 | 137 | 107 | 44 | 64 |
| | 其他支出 | 1339 | 2395 | 2777 | 5924 | 5275 |

### 1996~1997年全市预算外收支一览

表 35-5-5　　单位:万元

| 项目 | | 1996 年 | 1997 年 |
|---|---|---|---|
| 收入合计 | | 82846 | 71952 |
| 其中 | 行政事业单位收入 | 37623 | 38290 |
| | 乡镇自筹统筹资金收入 | 4311 | 5612 |
| | 社会保障基金收入 | 35264 | 18041 |
| | 地方财政收入 | 5648 | 10009 |
| 支出合计 | | 77094 | 67156 |
| 其中 | 行政事业支出 | 26850 | 29683 |
| | 基本建设支出 | 6004 | 4197 |
| | 专项支出 | 2988 | 7167 |
| | 乡镇统筹自筹资金支出 | 2927 | 3347 |
| | 社会保障基金支出 | 30556 | 18378 |
| | 其他支出 | 7769 | 4384 |

## 1998~2006 年全市预算外收支一览

表 35-5-6　　单位：万元

| 项 目 | | 1998 年 | 1999 年 | 2000 年 | 2001 年 | 2002 年 | 2003 年 | 2004 年 | 2005 年 | 2006 年 |
|---|---|---|---|---|---|---|---|---|---|---|
| 收入合计 | | 54515 | 68206 | 90702 | 98432 | 104448 | 105121 | 100447 | 142402 | 141439 |
| 其中 | 行政事业性收费收入 | 35510 | 45010 | 63229 | 56813 | 50429 | 62085 | 70328 | 80368 | 105560 |
| | 政府性基金收入 | 4761 | 6483 | 4038 | 2514 | 2033 | 781 | 387 | 1782 | |
| | 主管部门集中收入 | 770 | 602 | 925 | 1565 | 1147 | 6876 | 5260 | 12665 | 5925 |
| | 乡镇自筹统筹资金收入 | 6057 | 7990 | 8500 | 12556 | 3949 | 3594 | 1336 | 2923 | 2305 |
| | 其他收入 | 7417 | 8121 | 14010 | 24984 | 46890 | 31785 | 23136 | 44664 | 27649 |
| 支出合计 | | 50273 | 66776 | 87383 | 95675 | 99599 | 95746 | 97950 | 129452 | 134310 |
| 其中 | 行政事业费支出 | 33815 | 44439 | 67993 | 64504 | 79259 | 79334 | 90154 | 110021 | 120632 |
| | 基本建设支出 | 4981 | 7739 | 3869 | 2295 | | 6751 | 3290 | 42 | 800 |
| | 城市维护支出 | 2822 | 2070 | 1903 | 3952 | 739 | 259 | 848 | | |
| | 乡镇统筹自筹资金支出 | 6115 | 8155 | 8468 | 12531 | 3774 | 3471 | 1836 | 2860 | 2279 |
| | 其他支出 | 2540 | 4373 | 5150 | 12393 | 15827 | 5931 | 1822 | 16529 | 10599 |

## 2007~2010 年全市预算外收支一览

表 35-5-7　　单位：万元

| 项 目 | | 2007 年 | 2008 年 | 2009 年 | 2010 年 |
|---|---|---|---|---|---|
| 收入合计 | | 121858 | 91082 | 90864 | 100471 |
| 其中 | 彩票资金收入 | 30 | 29 | | |
| | 行政事业性收费收入 | 75217 | 64803 | 68716 | 70658 |
| | 国有资源有偿使用收入 | 2577 | 1916 | 9625 | 3801 |
| | 其他收入 | 44034 | 24334 | 12523 | 26012 |
| 支出合计 | | 124079 | 91916 | 91408 | 96413 |
| 其中 | 一般公共服务 | 11378 | 11578 | 8445 | 17750 |
| | 外 交 | | | | |
| | 国 防 | | | 79 | |
| | 公共安全 | 2137 | 1851 | 1575 | 1256 |
| | 教 育 | 49486 | 27541 | 25711 | 25288 |
| | 科学技术 | 63 | 61 | 40 | 50 |
| | 文化体育与传媒 | 5726 | 5351 | 5226 | 5731 |
| | 社会保障和就业 | 2719 | 1955 | 2107 | 2015 |
| | 医疗卫生 | 21982 | 22492 | 24679 | 14004 |
| | 环境保护 | 403 | 649 | 527 | 599 |

续表 35-5-7

| 项目 | | 2007 年 | 2008 年 | 2009 年 | 2010 年 |
|---|---|---|---|---|---|
| 其中 | 城乡社区事务 | 9970 | 8740 | 8221 | 8966 |
| | 农林水事务 | 2828 | 2824 | 3859 | 2594 |
| | 交通运输 | 14174 | 6718 | 7946 | 11003 |
| | 工业商业金融等事务 | 2391 | 1934 | | |
| | 采掘电力信息等事务 | | | 331 | 427 |
| | 粮油物资储备管理等事务 | | | 1316 | 188 |
| | 商业服务业等气象 | | | | 340 |
| | 国土资源气象等事务 | | | | 1205 |
| | 住房保障支出 | | | | 2020 |
| | 其他支出 | 822 | 222 | 1346 | 2977 |

## 第六节　行政事业财务管理

### 一、财政统一发放工资

**市直工资统发**　2000 年 11 月，市政府办公室批转市财政局《九江市市本级实行财政统一发放工资暂行办法》，对列入第一批统发工资行政单位和学校单位编制、个人工资、应发工资数额进行清理核实。同月，对财政统发工资代发银行进行公开投标，市建设银行和市工商银行中标，建立统发工资网络系统。2001 年 1 月 1 日始，对市直所有行政单位和教师工资实行财政统发，至 2010 年未变。

**县区工资统发**　2000 年，都昌、星子 2 县进行“工资专户管理”试点。同年 9 月，星子县实行行政单位财政统发工资，至 2002 年年底，全市有 11 个县区实行财政统发工资，其中 8 个县区扩大到乡镇，大部分县把乡村教师工资收归县管，纳入县级工资统发。至 2003 年，除共青城，其他县区全面实行对行政单位人员工资财政统发。2005 年 8 月，共青城实行财政统发工资。至 2010 年未变。

### 二、政法机关经费保障

2000 年，瑞昌、湖口列为政法经费保障试点县。2001 年，实行中央政法补助专款项目管理办法，管理方式“三年一次规划，集中安排项目，分批下达资金，逐年分项实施”。2003 年，完善政法项目资金管理办法，将其中装备项目由省级统一采购下放到市级统一采购，缩短采购周期。2004~2005 年，分两批完成中央企业公安管理体制下划工作，财政部门核定财政基数，支持公安管理体制调整。2005 年，完善县级公安机关经费保障机制，规范县级公安机关公用经费开支范围为行政经费、公安业务费和特别业务费三部分。公用经费保障标准划为四类，庐山管理局执行一类标准，每人每年 2.6 万元；浔阳、庐山区、修水、武宁、永修、德安、九江县及开发区执行二类标准，每人每年 2.1 万元；瑞昌市、彭泽县、共青城执行三类标准，每人每年 1.9 万元；都昌、湖口、星子县执行四类标准，每人每年 1.7 万元。经历三个规划期，中央政法补助专款项目管理办法至 2009 年结束，各级财政共投入项目资金 1.15 亿元，其中中央专款 0.89 亿元，省级专款 0.15 亿元，市、县配套 0.11 亿元。

### 三、出差会议定点饭店招标

2007 年始，受上级财政部门委托，完成两轮中央国家机关出差和会议定点饭店招标工作。当年，开展第一轮（2007~2008 年）招标，对市区二星级以上宾馆实施采购招标，经过公开招标并报财政部审批，确定 4 家出差、会议定点饭店。2008 年开展第二轮（2009~2010 年）招标，将定点饭店采购范围扩大到庐山和云居山——柘林湖风景名胜区，经过公开招标并报财政部审批，确定 27 家出差、会议定点饭店，其中市本级6家,庐山局13家、云居山——柘林湖8家。

2010年,市纪委、监察局、财政局印发《九江市市直党政机关出差和会议定点管理办法(试行)》,从7月1日起,实行出差和会议定点管理。并开展第三轮招标,会议定点饭店7家,庐山局出差定点饭店8家,云居山——柘林湖出差、会议定点饭店3家,经上级财政部门批复,从2011年始执行。

### 四、经费支出压缩

2009年,按照省纪委、省监察厅、省财政厅《关于认真落实党政机关厉行节约各项要求的通知》,对全市党政机关2006~2008年因公出国(境)支出、车辆购置及运行费用和2008年公务接待费、会议费、差旅费等支出情况进行摸底调查,提出各项经费支出压缩、控制指标,上报省批复后,将2009年度六项经费支出控制数和压缩指标下达到各县区及市直各部门,要求各地各部门加强预算支出管理,严格按照下达经费压缩(控制)指标,安排好当年各项经费支出。2010年,市纪委、市监察局、市财政局继续向各地各部门下达年度"因公出国(境)"等八项指标压缩(控制)任务,要求各地各部门将任务层层分解落实。

## 第七节 企业财务管理

### 一、工交企业财务管理

**利润分配管理** 1991年12月,市财政局印发《国营公交企业第二轮工效挂钩的通知》,全市实行第二轮工效挂钩企业195户,其中预算内工交企业75户。1992年4月,企业工效挂钩实施"总持总提"和"分挂分提"办法,逐步取消"总持总提"办法。1993年7月始,施行《企业财务通则》《企业会计准则》,建立现代企业制度,国营企业利润分配制度改革不断深化,统一企业所得税率为33%,取消调节税;建立统一规范的所得税税基,规定固定资产借款本金一律用企业留用资金归还,允许部分行业或企业实行加速折旧,固定资产借款利息进成本,资金、研究开发费用等进成本;建立国有资产投资收益制度,国家采取"按股分红""按资分利""税后利润上缴"等形式收取国有资产投资收益。当年9月,企业工效挂钩实行"总挂分提"办法。1994年7月,市财政局印发《关于1994年企业工效挂钩有关问题的通知》,取消一切单项奖,改"总挂分提"为"总挂总提",改"环比"为"定比",即工效挂钩方案一定三年不变。2000年,市政府在电子材料厂、针织集团、长途运输公司实行厂长(经理)年薪制试点。当年,3家企业实现利润分别为560万元、18.4万元和106.7万元,上缴利税均比1999年增长30%以上,3位厂长(经理)年薪分别为20.6万元、2.2万元和5.18万元。

**固定资产管理** 1993年7月,实施《企业财务通则》和分行业财务制度,改革固定资产管理办法,尤其在折旧制度上作较大调整,简化折旧分类办法,将29大类简化为22大类,加速折旧速度,在原折旧年限基础上平均缩短20%~30%。

**流动资金管理** 1993年7月,实行资本保全原则,建立企业资本金制度。1995年7月,批准部分企业"拨改贷"资金本息余额转为国家资本金,解决部分国有企业资本金不足。1996年,经国务院批准,九江市列入"优化资本结构"比照试点城市之一,试点内容主要围绕"增资、兼并、破产、分离、分流"五个方面进行。市财政局对2户企业所借市本级财政借款1070万元转为国家资本金,其中赣北化工厂894万元,九江化工厂176万元。

**成本管理** 1993年7月,实施《企业财务通则》,实行制造成本法,改进成本、费用管理办法,建立坏账准备金制度,调整成本费用开支范围。1996~2000年,市直有20户企业破产,5户企业兼并,713厂、星火化工厂分别与北京清华同方、蓝星集团联营,石化总厂、化纤厂实施债转股,金额达23亿元。全市219户中小企业进行改制,改制面达70.4%。

**中央省属企业财务管理** 1991年,中央、省属企业财务管理由财政部驻江西省财政厅九江中央企业财政驻厂员组(简称中企组)和市财政局财政驻厂员管理科负责。1994年9月,中企组改建为财政部驻江西省财政监察专员办事处九江组(简称专员办),由省市双重管理改为省垂直领导派出机构。1998年撤销全国地市级财政专员办事组,九江专员办机构撤销,人员财产由市财政局接管。中央省属企业财务管理亦由市财政局负责。

## 二、商贸企业财务管理

**商业企业财务管理** 1991年11月,全市国营商业零售企业进行改革试点。1992年全面铺开,同时国营批发企业启动改革。1993年,推行国有民营、股份合作经营。至年底,全市726户国有商业实行国有民营,占企业总数82%。财政部门对1991年年底前亏损挂账,划清政策性亏损和经营性亏损,分别进行处理。

**粮食企业财务管理** 1991年以来,市县两级财政部门从资金、政策、财务管理上支持粮食企业改革,及时调整粮食财务管理体制,把企业亏损按隶属关系纳入同级财政预算管理。1994年,清理粮食财政挂账,以1991年粮食年度为限,核实挂账数额,实行新老账划断。经省政府核定,全市1991年粮食年度粮食挂账2.15亿元,其中政策性挂账2.13亿元,企业自补挂账0.02亿元。1996年市直粮食部门实行政策性业务和商业性经营两线运行,市财政局对1994年、1995年国家专储费用、利息及1995年定购粮价外补贴,历年粮油加价款、粮油比例价差款,省间调拨资金,进口粮差价款等进行清理和缴拨。1998年,市财政局在市农业发展银行开设“粮食风险基金”“财政拨补专户”“挂账利息补贴”3个专户。当年,配合审计部门对全市1992年4月1日至1998年5月31日期间粮食政策性新增财务挂账进行清理审计,共清理出新增财务挂账6.2亿元,生产性固定资金占用农发行贷款0.84亿元。1999年,市财政局实行粮食风险基金筹集和补贴包干,促使粮食补贴资金到位。至2000年年底,市财政部门筹集资金,共消化粮食财政挂账2.13亿元。2000~2003年,建立粮食风险基金1.86亿元。2004年取消粮食风险基金包干,实行粮食直补政策。2006年,经省核定,至2004年12月31日止,市国有粮食购销企业政策性粮食财务挂账剥离控制数为13.94亿元。同年3月,将政策性粮食财务挂账从国有粮食购销企业剥离到企业隶属县以上(含县)粮食行政管理部门,2005年1月1日后发生的利息,由省财政直接拨付到省农发行,至2010年年底,剥离债务仍未开始消化。实行粮食直补政策后,全市至2010年累计拨付粮食补贴和粮食综合补贴资金8.67亿元。

**供销企业财务管理** 1991~1996年,供销系统财务分别由财政、税务部门管理。1997年1月始,全市供销社财务由地方税务局划归财政局一家管理,财政部门负责审批汇编企业财务决算,从1998年起实行月报制。2000年1月,开展对全市供销合作社1993年1月1日至1998年12月31日历年财务亏损挂账清理,共清理出历年财务亏损挂账12.1亿元。2004年,对1992年年底前挂账和1993~1998年财务挂账进行分解落实,其中国家确认中央政策性财务挂账3.33亿元,地方政府政策性财务挂账1.14亿元,经营性财务挂账4.44亿元,至2010年年底,尚未开始消化。

**物资及其他企业财务管理** 物资企业财务管理:1996年,财政部门参与物资企业集团化改制,会同市物资局开展建章建制,建立财务管理制度,对全资子公司财务机构设置、职责范围、资金管理都做出详细规定,并对全资子公司财务负责人行使任免权。

外贸企业财务管理:1994年1月1日起,各县(市、区)外贸公司财务管理体制下放,纳入县(市、区)财政预算管理。1999年、2000年市财政拨付创汇奖励基金118万元和外贸补助款35万元。

**地方金融企业财务管理** 1998年,地方金融企业财务纳入地方财政管理,财政部门对全市城市信用社进行财务登记。1999年,筹建地方性股份制商业银行——九江市商业银行,地方财政出资3000万元,占该行注册资金29.83%。

# 第八节 农业财务管理

## 一、支农专项资金管理

**农作物良种补贴** 2004年始，对水稻实行良种补贴，随后逐步扩大补贴范围，包括水稻、油菜、玉米、小麦、棉花5种良种补贴。2007年7月前，补贴资金以存折形式发放，此后采取“一卡通”形式发放。

**农机购置补贴** 补贴标准总体不高于农机价款30%，购机者只需在购机补贴规定时间内，一次性付清扣除补贴全部价款即可提机。

**能繁母猪饲养补贴** 2007年始，实行该项补贴，补贴对象为能繁母猪饲养者，补贴标准每头50元，实行财政专户、专账管理，按照“政策公开、操作公开、直补到户”原则发放。

**农村劳动力转移培训阳光工程项目资金** 2006年起对参加培训者予以补助，标准人均230元，2007年增至280元，采用培训券补助方式直补给参加培训人员。

**森林生态效益补偿资金** 2006年补偿资金平均为每年每亩5元，2007年起，林农个人补偿资金纳入“一卡通”发放，专职护林员由财政或林业部门在银行开立个人账户，管护工资直接打入银行卡。2010年，补偿标准提高到每年每亩10.5元。

**退耕还林资金** 1991年来，采用3种方式发放，即向退耕户发放粮食折现补助，每年每亩210元；对退耕户现金补助，每年每亩20元；对退耕户提供种苗和造林费补助，每亩50元。凭每年林业部门检查验收凭证，由同级财政部门向退耕户一次性发放。2007年起，退耕还林资金个人部分全部纳入“一卡通”发放。

**小型农田水利建设专项资金** 1991年来，小型农田水利建设专项资金重点支持小型水源、渠道、机电泵站等工程设施修复、新建、续建和改造，不得用于人员补贴、购置交通工具和办公设备等支出。

**农村沼气项目资金** 1991年来，1个“一池三改”(沼气池与改圈、改厕、改橱同步建设)基本建设单位中央投资补助800元，使用范围包括沼气灶具及配件、主要建材购置，技术工人工资，对农户直接补贴以及国家规定开支的其他费用，专款专用，不得挤占、截留、挪用。

**农村饮用水安全工程资金** 1991年来，由中央补助和地方投资组成。地方投资由省、市、县及受益群众按3:2:2:3比例配套，县级财政部门设立农村饮用水安全项目资金专户，将中央专项补助资金和地方各级政府配套资金拨入专户，实行专户存储，专账核算。

**财政扶贫资金** 1997年以来，财政扶贫资金实行县级财政报账制，资金专项下达，封闭运行，专户管理，资金到村。项目安排和资金使用、项目建设全过程实行公示公告制。2003年始，实施深山移民搬迁扶贫，对移民搬迁户给予一次性资金补助，标准每人3500元，以户为单位发放，资金进入县级财政“扶贫资金专户”，专账核算，封闭运行。2006年始，实行贫困地区劳动力转移培训补助，补助资金可由培训单位统一报账后补贴给学员，也可通过培训券方式发放。此外，扶贫贷款贴息资金中扶贫到户贷款贴息资金，各县按规定贴息标准，扶贫到户贷款发放额度和贴息期限规定，经县扶贫办、县财政局共同审核后具实贴付；扶贫项目贷款贴息资金在项目贷款贴息期末从财政扶贫资金专户直接拨付到项目贷款单位。

## 二、新农村建设试点资金管理

2006年始，省政府开展新农村建设试点工作，实行省、市、县三级共建，试点资金中直接统筹配套资金由市、县新农村建设办公室会同财政局、扶贫办、发改委、交通局等部门负责管理，衔接统筹配套资金由相关资金管理部门各自负责管理。在保证项目资金用于试点村前提下，实行不改变资金使用性质、不改变资金下达渠道、不改变各部门管理职责，建立专账，专人负责，实行财务公开。当年，省下达新农村建设试点资金5638万元，市本级筹集1000万元，投向647个新农村建设试点村；2007年，省下达7468万元，市筹集3000万元，县(区)筹集5106万元，投向1801个新农村建设试点村；2008年，省下达6816万元，市筹集3000万元，投向1338个新农村建设试点村；2009年，省下达7884万元，市筹集3000万元，投向 1135 个新农村建设试点村;2010 年,省下达 5285 万元,市筹集 3100 万元,投向 1109 个新农村建设试点村。

### 三、农业综合开发项目资金管理

1992 年始,永修县被国家批准为全市第一个农业综合开发县。之后,星子、德安、九江、修水、彭泽、都昌、湖口、武宁县相继获批,并获农业综合开发资金享用权。该资金由中央财政投资,省、市、县地方财政配套资金和自筹资金组成。2004 年,中央与地方财政配套比例由 1:0.7 调整为 1:0.5,其中,省级总体承担 80%以上,市、县 20%以下,该资金严格按照"农民自愿,量力而行,民主决策,数量控制"和"谁受益,谁负担"原则筹集,并纳入村内"一议"范畴,实行专项管理。

## 第九节　乡镇财务管理

### 一、乡镇财政预算决算管理

1991 年前,乡镇共建财政所 250 个,占乡镇总数 255 个 98%。2004 年,深化农村税费改革。2005 年,全面免征农业税和农业特产税。2006 年,市财政局由向农民收钱的征管型转为向农民发钱的服务型。至 2010 年,全市乡镇财政全部转型,乡镇财政建立,改变县统收统支作法,实行一级政府、一级预算,政权、财权、事权相统一格局。

### 二、乡财县代管、村账乡代理管理

2005 年,彭泽、修水 2 县开展"乡财县代管,村账乡代理"试点。2006 年 4 月,全市乡财县代管,村账乡代理工作现场会在彭泽召开,推广 2 县试点经验,部署该项工作。至 2006 年,185 个乡镇,1734 个行政村全部实行乡财县代管、村账乡代理管理办法。

### 三、财政惠农补贴"一卡通"管理

2007 年 5 月,德安县在全省率先实行惠农补贴资金一卡通发放试点。当年,彭泽、武宁 2 县财政局获全省财政惠农补贴资金"一卡通"改革先进单位。至 2010 年,全市均实施"一卡通"管理。通过"一卡通"发放惠农补贴项目 22 个大项 56 个小项,应发资金 12.19 亿元,全部发放到位,受益农户 80 万户,惠及人员达 376 万。

### 四、乡镇财政资金监管

2007 年,各县(市、区)相继成立乡镇财政资金检查领导小组。各级政府安排和分配用于乡镇各种财政资金、乡镇组织部分集体收入等,全部纳入乡镇财政监管范围。

**2000 年全市乡镇财政基本情况一览**

表 35-5-8　　　　单位:个、万人、万元

| 项 目 | | 合 计 | 乡 | 镇 |
|---|---|---|---|---|
| 乡镇数 | | 227 | 125 | 102 |
| 乡镇财政机构数 | | 227 | 125 | 102 |
| 财政类型 | 上解乡镇数 | 98 | 39 | 59 |
| | 补助乡镇数 | 129 | 86 | 43 |
| 乡镇财政供养人口 | | 53169 | 30389 | 22780 |
| 其中 | 全额供给人数 | 7327 | 4627 | 2700 |
| | 差额补助人数 | 45842 | 25762 | 20080 |
| | 教师人数 | 35787 | 21245 | 14542 |

续表 35-5-8

| 项 目 | | | 合 计 | 乡 | 镇 |
|---|---|---|---|---|---|
| 赤字乡镇数 | | | 126 | 74 | 52 |
| 乡镇年末总人口 | | | 419.45 | 167.27 | 252.18 |
| 其中 | 农村人口 | | 356.23 | 161.13 | 195.1 |
| 财政总收入分档 | 100 万元以下乡镇 | | 101 | 76 | 25 |
| | 101~300 万元乡镇 | | 110 | 44 | 66 |
| | 301~500 万元乡镇 | | 6 | 1 | 5 |
| | 501~1000 万元乡镇 | | 6 | 2 | 4 |
| | 1000 万元以上乡镇 | | 4 | 2 | 2 |
| | 一般预算收入总计 | | 45100 | 22308 | 22792 |
| 其中 | 本年本级收入 | | 29701 | 14500 | 15201 |
| | 上级补助收入 | | 15959 | 8021 | 7938 |
| | 上年结余收入 | | –560 | –213 | –347 |
| | 一般预算支出总计 | | 45100 | 22308 | 22792 |
| | 其中 | 本年本级支出 | 32999 | 15920 | 17079 |
| | | 上解上级支出 | 10370 | 4270 | 6100 |
| | | 年终结余 | 1731 | 2118 | –387 |
| | | 净结余 | –1820 | –700 | –1120 |
| | 基金预算收入总计 | | 57 | 21 | 36 |
| 其中 | 本年本级收入 | | 44 | 18 | 26 |
| | 上级补助收入 | | 13 | 3 | 10 |
| | 基金预算支出总计 | | 57 | 21 | 36 |
| | 其中 | 本年本级支出 | 52 | 19 | 33 |
| | | 年终结余 | | | |
| 预算外收入总计 | | | 25548 | 12679 | 12869 |
| 其中 | 本年本级收入 | | 21821 | 10966 | 10855 |
| | 上年结余收入 | | 3727 | 1713 | 2014 |
| | 预算外支出总计 | | 25548 | 12679 | 12869 |
| | 其中 | 本年本级支出 | 25327 | 12608 | 12719 |
| | | 般性公共支出 | 16082 | 7508 | 8574 |
| | 年终结余 | | 216 | 69 | 147 |

说明：本表未含街道办有关数据

## 2010年全市乡镇财政基本情况一览

表35-5-9　　　　单位:个、万人、万元

| 项目 | | | 合计 | 乡 | 镇 | 街道办 |
|---|---|---|---|---|---|---|
| 乡镇数 | | | 199 | 86 | 100 | 13 |
| 乡镇财政机构数 | | | 210 | 88 | 96 | 26 |
| 财政类型 | 上解乡镇数 | | 84 | 28 | 51 | 5 |
| | 补助乡镇数 | | 115 | 58 | 49 | 8 |
| 乡镇财政供养人口 | 总　数 | | 27675 | 9401 | 16924 | 1350 |
| | 全额供给人数 | | 11349 | 4993 | 5676 | 680 |
| | 差额补助人数 | | 16326 | 4408 | 11248 | 670 |
| | 教师人数 | | 11988 | 4649 | 7339 | 0 |
| 赤字乡镇数 | | | 23 | 9 | 13 | 1 |
| 乡镇年末总人口 | 总　数 | | 437.18 | 136.66 | 252.73 | 47.79 |
| | 农村人口 | | 273.12 | 99.69 | 168.55 | 4.88 |
| 财政总收入分档 | 1000万元以下乡镇 | | 100 | 56 | 40 | 4 |
| | 1001万~3000万元乡镇 | | 79 | 28 | 47 | 4 |
| | 3001万~5000万元乡镇 | | 6 | 1 | 4 | 1 |
| | 5001万~10000万元乡镇 | | 8 | 1 | 6 | 1 |
| | 10000万元以上乡镇 | | 6 | | 3 | 3 |
| 一般预算收入总计 | 总　计 | | 318818 | 91190 | 185455 | 42173 |
| | 本年本级收入 | | 189922 | 50510 | 106701 | 32711 |
| | 上级补助收入 | | 121332 | 39407 | 74419 | 7506 |
| | 上年结余收入 | | 7564 | 1273 | 4335 | 1956 |
| | 一般预算支出总计 | | 318818 | 91190 | 185455 | 42173 |
| | 其中 | 本年本级支出 | 209799 | 72845 | 119607 | 17347 |
| | | 上解上级支出 | 97159 | 16629 | 58467 | 22063 |
| | 年终结余 | | 11860 | 1716 | 7381 | 2763 |
| | 净结余 | | 11860 | 1716 | 7381 | 2763 |
| 乡镇数 | | | 199 | 86 | 100 | 13 |
| 乡镇财政机构数 | | | 210 | 88 | 96 | 26 |
| 基本预算收入 | 总　计 | | 2544 | 209 | 669 | 1666 |
| | 本年本级收入 | | 1666 | | | 1666 |
| | 上级补助收入 | | 878 | 209 | 669 | |
| | 基金预算支出总计 | | 2544 | 209 | 669 | 1666 |
| | 其中 | 本年本级支出 | 2544 | 209 | 669 | 1666 |
| | | 年终结余 | | | | |
| 预算外收入 | 总　计 | | 10658 | 1367 | 5037 | 4254 |
| | 本年本级收入 | | 10315 | 1361 | 4947 | 4007 |
| | 上年结余收入 | | 343 | 6 | 90 | 247 |
| | 预算外支出总数 | | 10658 | 1367 | 5037 | 4254 |
| | 其中 | 本年本级支出 | 10634 | 1312 | 4947 | 4375 |
| | | 一般公共服务支出 | 9474 | 1312 | 4947 | 3215 |
| | 年终结余 | | 24 | 55 | 90 | -121 |

2010年全市财政总收入超1000万元乡镇一览

表35-5-10 单位:个

| 县(市、区) | 乡镇 | | 1001~3000万元乡镇 | 3001~5000万元乡镇 | 5001~10000万元乡镇 | 10000万元以上乡镇 |
|---|---|---|---|---|---|---|
| | 总数 | 超千万个数 | | | | |
| 庐山区 | 9 | 9 | 虞家河乡,海会、威家、赛阳镇 | | 新港、牯岭镇 | 莲花镇、十里、五里街道 |
| 九江县 | 14 | 7 | 岷山乡,马回岭、港口、狮子镇 | 城门乡 | | 沙河街镇、沙河开发区 |
| 德安县 | 13 | 7 | 宝塔、吴山、邹桥、林泉乡,丰林镇 | | 河东乡、蒲亭镇 | |
| 永修县 | 19 | 9 | 江上乡,柘林、艾城、虬津、三溪桥镇,云山、恒丰、永丰场 | 涂埠镇 | | |
| 星子县 | 10 | 9 | 苏家垱、蓼南乡,横塘、白鹿、温泉、南康、华林、蓼花、蛟塘镇 | | | |
| 修水县 | 37 | 7 | 港口、渣津、宁洲、太阳升、白岭、四都镇 | | 义宁镇 | |
| 武宁县 | 19 | 11 | 清江、甫田、石渡、杨州、横路乡,新宁、宋溪、澧溪、船滩、泉口镇 | | 鲁溪镇 | |
| 瑞昌市 | 21 | 14 | 黄金、武蛟、洪下乡,南义、横港、肇陈、高丰、范镇,赛湖场 | 夏畈镇、桂林街道 | 白杨镇、湓城街道 | 码头镇 |
| 湖口县 | 12 | 12 | 张青、流芳、文桥、大垅、舜德、付垅、凰村乡,马影、流泗、城山、双钟、武山镇 | | | |
| 都昌县 | 24 | 4 | 汪墩、大树乡,都昌镇 | 蔡岭镇 | | |
| 彭泽县 | 16 | 10 | 黄岭、浩山乡,龙城、马当、芙蓉墩、浪溪、棉船、杨梓、东升镇 | 定山镇 | | |

# 第十节 综合财政管理

## 一、国有土地出让收入征管

1996~1999年,土地使用权有偿出让收入由土地管理部门收取后,缴入同级财政专户,然后由同级财政再缴入国库。土地使用权有偿收入主要用于城市建设和土地开发。2000年,取消土管部门在银行开设的土地使用权有偿收入过渡户,土地使用权有偿收入直接由受让方缴入当地财政专户,财政部门清算后,将土地出让收益缴入国库。2007年,取消财政部门在银行所设土地收入财政清算专户,由财政部门在银行设立土地保证金代收代缴户,国有土地使用权出让收入由受让方直接缴入国库。土地出让收入使用范围包括征地和拆迁补偿支出、土地开发支出、支农支出、城市建设支出以及其他支出。同年3月,市政府办公厅下发《城区土地资金管理暂行办法》,规定国有土地资金严格执行"收支两条线"管理,土地出让收支金额纳入地方政府基金预算管理。2009年,市财政局向江西省行政事业资产集团有限公司借款11.7亿元,拨给市土地储备中心,专项用于闲置土地收储回购及整理开发项目。

1991~2010年全市国有土地出让收入一览

表35-5-11　　单位:万元

| 年份 | 财政实收数 | | | 财政支出数 | | |
|---|---|---|---|---|---|---|
| | 合计 | 市本级 | 县区级 | 合计 | 市本级 | 县区级 |
| 1991 | 12 | | 12 | 12 | | 12 |
| 1992 | 68 | | 68 | 62 | | 62 |
| 1993 | 44 | | 44 | 44 | | 44 |
| 1994 | 81 | | 81 | 71 | | 71 |
| 1995 | 166 | | 166 | 127 | | 127 |
| 1996 | 212 | 63 | 149 | 226 | 63 | 163 |
| 1997 | 341 | 133 | 208 | 326 | 133 | 193 |
| 1998 | 580 | 302 | 278 | 512 | 302 | 210 |
| 1999 | 661 | 307 | 354 | 639 | 307 | 332 |
| 2000 | 1069 | 703 | 366 | 600 | 253 | 347 |
| 2001 | 5624 | 2926 | 2698 | 3324 | 563 | 2761 |
| 2002 | 5145 | 797 | 4348 | 4262 | 387 | 3875 |
| 2003 | 23613 | 6709 | 16904 | 21221 | 5997 | 15224 |
| 2004 | 42122 | 14591 | 27531 | 33633 | 11008 | 22625 |
| 2005 | 79761 | 29584 | 50177 | 61912 | 27883 | 34029 |
| 2006 | 175232 | 71513 | 103719 | 167885 | 80293 | 87592 |
| 2007 | 229822 | 74670 | 155152 | 273222 | 55228 | 217994 |
| 2008 | 306306 | 112501 | 193805 | 312820 | 107611 | 205209 |
| 2009 | 468679 | 94175 | 374504 | 398877 | 63009 | 335868 |
| 2010 | 1102715 | 153462 | 949253 | 1048005 | 151086 | 896919 |

## 二、彩票公益金监管

2000年始,市财政部门开展彩票监督管理工作。至2010年,全市彩票公益金收入11800万元,用于社会福利事业3141万元,体育事业3407万元,青少年校外活动中心2105万元,敬老院、福利院、光荣院建设资金2449万元,基层健身场所572万元,农村医疗补助60万元,居家养老补助20万元,农村公益性墓地建设资金45万元。

2000~2010年全市彩票公益金收入一览

表35-5-12　　单位:万元

| 年份 | 合计 | 福利彩票 | 体育彩票 |
|---|---|---|---|
| 2000 | 540 | 540 | |
| 2001 | 120 | 120 | |
| 2002 | 692 | 639 | 53 |
| 2003 | 385 | 324 | 61 |
| 2004 | 711 | 586 | 125 |
| 2005 | 1010 | 878 | 132 |
| 2006 | 1025 | 520 | 505 |
| 2007 | 832 | 557 | 275 |

续表 35-5-12

| 年份 | 合计 | 福利彩票 | 体育彩票 |
|---|---|---|---|
| 2008 | 1060 | 676 | 384 |
| 2009 | 2946 | 1544 | 1402 |
| 2010 | 2479 | 1436 | 1043 |

## 三、公务员津贴补贴和事业单位绩效工资管理

**公务员津贴补贴管理** 2007年4月,市政府制定《九江市规范公务员津贴补贴实施方案》,本着"统一标准,逐步规范;削峰填谷,消除差距;适当分档,促进和谐;强化管理,严肃纪律"以及"下管一级"原则,规范全市公务员津贴补贴(俗称"阳光工资")。当年始,先市直,后县区,分步实施。经省政府批准,市直公务员津贴补贴标准为年人均15000元,县区级公务员津贴补贴调控线为年人均12000元。标准职级差为1.75倍,即正厅级标准是办事员级1.75倍,离休人员生活补贴标准比照同级在职人员标准执行,退休人员生活补贴标准按同级在职人员标准80%确定。所需资金由财政统一安排。2007年,市直实施"阳光工资",2008年,各县区全部实施"阳光工资"。2010年1月1日始,经省政府批准,提高市直公务员津贴补贴标准,由年人均15000元调至年人均18600元,离、退休人员生活补贴标准分别按同级在职人员标准95%和75%计算,至年底,执行新标准落实到位,所需资金由市财政统一安排解决。各县区级提高后标准为9县2市为15600元,2区为18600元,庐山管理局为21600元。

**2007~2010年市直机关人员津贴补贴月标准**

表 35-5-13　　单位:元

| 职级 | 机关工作人员 | | 机关离休人员 | | 机关退休人员 | |
|---|---|---|---|---|---|---|
| | 2007年7月1日执行 | 2010年1月1日执行 | 2007年7月1日执行 | 2010年1月1日执行 | 2007年7月1日执行 | 2010年1月1日执行 |
| 副省 | | | 2390 | 2815 | | |
| 正厅 | 2000 | 2480 | 2000 | 2360 | 1600 | 1860 |
| 副厅 | 1750 | 2170 | 1750 | 2060 | 1400 | 1630 |
| 正处 | 1540 | 1910 | 1540 | 1815 | 1232 | 1435 |
| 副处 | 1390 | 1725 | 1390 | 1640 | 1112 | 1295 |
| 正科 | 1290 | 1600 | 1290 | 1520 | 1032 | 1200 |
| 副科 | 1210 | 1500 | 1210 | 1425 | 968 | 1125 |
| 科员 | 1180 | 1465 | 1180 | 1390 | 944 | 1100 |

**事业单位绩效工资管理** 2009年始,实施事业单位绩效工资。实施工作分三步进行,第一批对象为义务教育学校教师,从2009年1月1日起,其绩效工资人均标准按照公务员津贴补贴人均标准执行;第二批对象为公共卫生和基层医疗机构工作人员,从2009年10月1日起,市直单位在职人员绩效工资基本标准线为年人均16000元,退休人员发放生活补贴,标准为年人均12000元,该年度实际发放绩效工资和生活补贴低于标准的,在单位不能自行平衡情况下,由财政总量补差;第三批对象为其他事业单位,自收自支事业单位可参照执行,经费由单位自行解决。从2010年1月1日起,市直单位在职人员绩效工资基本标准线年人均16000元,退休人员发放生活补贴,标准为年人均12000元。到2010年年底,其他事业单位实施新标准尚未到位。

## 四、财政投资评审管理

2007年始,市财政投资评审工作实施,当年评审城市建设类项目4个,核减金额269万元。2008年,

除开展对城市建设类项目评审外,还开展对国有土地成本类项目评审,全市共评审项目14个,核减金额1392万元。2009年,财政投资评审力度加大,共评审项目170个,核减金额19426万元。同年12月,市政府办公厅印发《九江市财政投资评审管理暂行办法》。2010年,共评审项目244个,核减金额18532万元。

**2007~2010年市直财政投资评审一览**

表35-5-14　　单位:个、万元

| 年份 | 评审项目 | | 送审金额 | | 审定金额 | | 核减金额 | | 核减率% | |
|---|---|---|---|---|---|---|---|---|---|---|
| | 城市建设类 | 土地类 | 城市建设类 | 土地类 | 城市建设类 | 土地类 | 城市建设类 | 土地类 | 城市建设类 | 土地类 |
| 2007 | 4 | | 612 | | 343 | | 269 | | 43.95 | |
| 2008 | 4 | 10 | 837 | 4083 | 496 | 3032 | 341 | 1051 | 40.74 | 25.74 |
| 2009 | 159 | 11 | 152894 | 15710 | 139916 | 9262 | 12978 | 6448 | 8.49 | 41.04 |
| 2010 | 213 | 31 | 204703 | 19667 | 190971 | 14867 | 13732 | 4800 | 6.71 | 24.41 |

## 第十一节　控购与政府采购管理

### 一、控制社会集团购买力管理

1991年,社会集团购买力控制继续采取"计划管理,指标控制,专项审批,定额供应"办法。强调加强指标管理,严格财务把关,设立辅助账加以控制,同时加强专项审批和定额供应管理。专控商品报批后,开给"准购证",单位凭证购买,严格按标准、定额供应,不得超过。同时征收社会集团购买专控商品附加费,专款用于地方教育事业,专控附加费按购买专控商品价款一定比例,由市、县分级征收。1993年7月起,执行专控附加费征收比例为小汽车10%~30%,其中单价10万元以下(含10万元,下同)10%,单价10万元以上至20万元以下15%,单价20万元以上至30万元以下20%,单价30万元以上30%。大轿车10%,摩托车10%~15%,其中边三轮10%,两轮15%,录像设备15%,空气调节器10%,音响设备15%,寻呼机和移动电话15%,照相机和放大机10%。1994年,开展全市社会集团违控购买小汽车专项检查,共查出违控购买小汽车120辆,处罚93辆,补交专控附加费104.2万元,处以罚款78.4万元,其中,市直单位违控购买小汽车39辆,处罚39辆,补交专控附加费91.5万元,处以罚款32.9万元。1999年,不再进行指标管理,只办专控商品审批,取消社会集团购买力年报。2000年1月,停止征收专控附加费。控购工作重心转向推行政府采购。

**1991~1998年全市社会集团购买力执行一览**

表35-5-15　　单位:万元、辆

| 年份 | 核定指标数 | 实际执行数 | 其中专控执行数 | 审批小汽车 |
|---|---|---|---|---|
| 1991 | 6600 | 6550 | 1035 | 93 |
| 1992 | 7400 | 7310 | 1516 | 51 |
| 1993 | 8800 | 8514 | 1573 | 29 |
| 1994 | | 10478 | 2411 | 35 |
| 1995 | 11000 | 10968 | 3155 | 132 |
| 1996 | 3700 | 7600 | 4017 | 109 |
| 1997 | 4200 | 5154 | 3045 | 102 |
| 1998 | 3000 | 2184 | 1821 | 77 |

## 二、政府采购管理

1999 年始，经市编委批复，同意市控制社会集团购买力办公室增挂市政府采购办公室牌子，并在全市推行政府采购制度。2001 年，设立市政府采购中心，隶属市财政局，主要负责市本级政府采购招投标工作。2002 年，对市直 30 个单位进行政府采购专项检查，共查出违规采购金额 3011.7 万元。2004 年，市直部门实行空调设备协议采购，以谈判方式，引入竞争机制。2005 年，全市行政事业单位公务用车定点保险、定点加油实行全省联动招标采购，并开发定点加油"政府采购 IC 卡"软件，全市共办理 IC 卡 4888 张，节约资金 23 万元，车辆保险节约资金 173 万元。2008 年，对市直 42 个单位及集中采购机构开展重点检查，共查出违规采购金额 479 万元。同年 8 月，市政府采购中心与市财政局脱钩，转入市公共资源交易中心，负责市本级政府采购计划实施，实现管采分离。2010 年，对经批复实行部门集中采购的 28 个单位进行监督检查，规范部门集中采购行为。至当年底，采购公开招标方式采购资金 1.45 亿元。

2001~2010 年全市政府采购一览

表 35-5-16 单位：亿元

| 年 份 | 采购预算资金 | 实际采购资金 | 节约资金 | 节约率% |
|---|---|---|---|---|
| 2001 | 0.08 | 0.07 | 0.01 | 12.50 |
| 2002 | 0.67 | 0.58 | 0.09 | 13.43 |
| 2003 | 1.67 | 1.45 | 0.22 | 13.17 |
| 2004 | 3.36 | 2.71 | 0.65 | 19.35 |
| 2005 | 17.98 | 14.68 | 3.30 | 18.35 |
| 2006 | 18.71 | 15.46 | 3.25 | 17.37 |
| 2007 | 20.52 | 17.07 | 3.45 | 16.81 |
| 2008 | 18.84 | 16.83 | 2.01 | 10.67 |
| 2009 | 23.97 | 21.44 | 2.53 | 10.55 |
| 2010 | 25.78 | 23.18 | 2.60 | 10.09 |

# 第十二节 财政监督

1991 年，继续实施税收财务物价大检查，全市一年一度 3 项检查于当年 10 月开始，至次年 3~4 月结束。检查分三阶段实施，第一阶段自查面 100%，第二重点检查阶段检查面不低于 30%，第三阶段整改建制，要求"自查从宽，被查从严，实事求是，宽严适度"。2001 年始，市开展一年一度会计信息检查。2009 年 5 月，全市开展"小金库"专项治理。2009~2010 年，全市党政机关和事业单位发现"小金库"53 个，社会团体和国有企业"小金库"6 个。至 2010 年年底，全市共收缴入库违纪资金 121.44 万元，其中补缴税款 53.15 万元，处理罚款 68.29 万元。

## 1991~1997年全市三项检查成果一览

表35-5-17　　　　单位:户、万元、人

| 年份 | 检查户数 | 违纪金额 | 应入库金额 | 已入库金额 | 处理人数 |
|---|---|---|---|---|---|
| 1991 | 3861 | 3104 | 2195 | 2172 | 3 |
| 1992 | 12279 | 2165 | 1775 | 1719 | 1 |
| 1993 | 16405 | 4103 | 3401 | 3365 | |
| 1994 | 152753 | 5329 | 4665 | 4555 | 3 |
| 1995 | 17864 | 5807 | 5530 | 4354 | |
| 1995* | | 550 | 313 | 58 | |
| 1996 | 15606 | 5066 | 4523 | 4445 | 5 |
| 1997 | 18127 | 4634 | 4225 | 4069 | 2 |
| 1997* | | 960 | 860 | 860 | |

说明:1995年第二栏为"小金库"专项检查;1997年第二栏为预算外资金专项检查。

## 2001~2010年市本级会计信息质量检查处理处罚一览

表35-5-18　　　　单位:户、万元

| 年份 | 实际检查户数 | 处理处罚户数 | 其中偷漏税户数 | 应入库金额 | | | | | 已入库金额 |
|---|---|---|---|---|---|---|---|---|---|
| | | | | 防洪保全资金 | 税金 | 罚款 | 其他 | 合计 | |
| 2001 | 14 | 9 | 5 | 0.00 | 20.06 | 35.95 | 49.37 | 105.38 | 105.38 |
| 2002 | 6 | 6 | 2 | 0.66 | 5.83 | 24.36 | 15.48 | 46.33 | 46.33 |
| 2003 | 16 | 14 | 6 | 1.56 | 13.56 | 31.96 | 33.55 | 80.63 | 80.63 |
| 2004 | 23 | 22 | 10 | 2.54 | 17.79 | 12.75 | 43.29 | 76.37 | 76.37 |
| 2005 | 4 | | | | | | | | |
| 2006 | 7 | 7 | 3 | 25.90 | 1.75 | 1.80 | 8.76 | 38.21 | 38.21 |
| 2007 | 25 | 21 | 10 | 7.43 | 12.00 | 5.00 | | 24.43 | 24.43 |
| 2008 | 21 | 21 | 15 | 17.93 | 53.64 | 6.30 | 22.40 | 100.27 | 100.27 |
| 2009 | 32 | 23 | 16 | 19.80 | 63.13 | 2.00 | 4.27 | 89.20 | 89.20 |
| 2010 | 37 | 26 | 20 | 4.56 | 38.84 | 23.21 | | 66.61 | 66.61 |

# 第三十六篇

# 税　务

# 第三十六篇 税 务

1993年12月前,市税务部门征收税种有产品税、增值税、营业税和盐税、资源税、城市维护建设税、集体企业和事业单位奖金税、车船使用税和房产税等32种。1994年1月,全面实行新税制,主要开征增值税、消费税、营业税、资源税、土地增值税、企业所得税等18种。1994年9月,为进一步理顺中央与地方财政分配关系,增强中央宏观调控能力,促进社会主义市场经济体制建立,实行分税制财政管理体制。九江市税务局分设为市国家税务局和市地方税务局。市国家税务局和地方税务局分别组建后,以组织税收收入为中心,以服务全市经济发展为己任,不断深化税收征管改革,全面推行规范化管理,实行收入目标责任制,严格考核,强化征管,搞好对重大型税源企业控管,大力清缴欠税,加大税务稽查力度,保证税收收入持续稳定增长。

市国家税务局连续9年超额完成税收收入任务。1994~2010年,全市国税系统累计为国家组织税收387.99亿元,收入规模在全省国税系统居第二位,仅次于南昌市,年均增长17.3%。为九江市提供地方财力304.46亿元,占市地方财力的48.14%。2010年,国税系统集体获厅局级以上荣誉或表彰达39个(次),获市各类荣誉及表彰79个(次),个人获市局级以上各类荣誉或表彰95人(次)。

至2010年年底,市地税系统共管理纳税户5.67万户,其中内资企业1.6万户,港澳台商投资企业263户,外商投资企业158户,个体工商户3.9万户,其他业户1165户。全市地税收入由1994年2.32亿元增加到2010年42.55亿元,年均增长19.9%,地税收入占地区生产总值比重由1994年2.1%增至2010年4.2%,占地方财政收入比重由1994年46%增至2010年59.9%。市地税局先后获全国模范职工之家、全省人民群众满意行政执法单位、全省服务非公有制经济先进单位、省五一劳动奖状、省文明单位(行业)等称号。

# 第一章　国家税务

## 第一节　税种税率

### 一、流转税类

**增值税**　20世纪90年代初,在部分地区、部分行业开始试行“价税分流购进扣税法”,1993年,实行购进扣税法。

1994年始,改革流转税制,实行增值税为主体,消费税、营业税并行,内外统一流转税制。1994年增值税制度与原增值税制度相比,在征税范围上扩大到生产、批发、零售和进口环节,包括加工、修理修配两项劳务;且实行价外计税办法和凭增值税专用发票注明税款进行抵扣制度;同时减少税率档次。

1991~2010年全市增值税重点税源征收一览

表36-1-1　　单位:万元

| 年份 | 增值税总计 | 主要税源合计 | 主要税源占增值税% | 其中:成品油 | 化工产品 | 电力 | 纺织品 |
|---|---|---|---|---|---|---|---|
| 1991 | 27294.8 | 17459.7 | 63.97% | 10435.4 | 1610.5 | 2300.7 | 3113.1 |
| 1992 | 28212.5 | 17626.4 | 62.48% | 9613.7 | 2858.1 | 2245.3 | 2909.3 |
| 1993 | 38621.5 | 22912.6 | 59.33% | 9781.5 | 3411.6 | 3941.1 | 5778.4 |
| 1994 | 52001.9 | 23655.0 | 45.49% | 15024.2 | 1145.4 | 3482.0 | 4003.4 |
| 1995 | 57087.2 | 27855.0 | 48.79% | 14074.4 | 2017.3 | 6011.5 | 5751.8 |
| 1996 | 53827.0 | 36230.0 | 67.31% | 24019.0 | 1644.0 | 5792.0 | 4775.0 |
| 1997 | 72298.8 | 42575.5 | 58.89% | 27295.4 | 2903.3 | 7264.1 | 5112.7 |
| 1998 | 63584.6 | 39282.4 | 61.78% | 23397.9 | 3231.1 | 8120.5 | 4532.9 |
| 1999 | 71635.0 | 42544.4 | 59.39% | 26198.1 | 3426.1 | 8223.1 | 4697.1 |
| 2000 | 75635.2 | 48672.0 | 64.35% | 28924.3 | 4895.1 | 8952.7 | 5899.9 |
| 2001 | 72314.2 | 43349.7 | 59.95% | 25200.4 | 5414.6 | 9013.4 | 3721.3 |
| 2002 | 90395.1 | 50848.8 | 56.25% | 27271.2 | 6902.3 | 10910.4 | 5764.9 |
| 2003 | 103918.4 | 62444.5 | 60.09% | 24582.9 | 6966.1 | 23744.5 | 7151.0 |
| 2004 | 126447.0 | 71346.0 | 56.42% | 26151.0 | 11410.0 | 25033.0 | 8752.0 |
| 2005 | 138299.0 | 68557.0 | 49.57% | 24256.0 | 15100.0 | 25305.0 | 3896.0 |
| 2006 | 140997.0 | 57510.0 | 40.79% | 5842.0 | 13518.0 | 32106.0 | 6044.0 |
| 2007 | 196605.0 | 80733.0 | 41.06% | 25148.0 | 14931.0 | 32772.0 | 7882.0 |
| 2008 | 193551.0 | 67677.0 | 34.97% | 11302.0 | 16005.0 | 32690.0 | 7680.0 |
| 2009 | 329779.0 | 118260.0 | 35.86% | 65638.0 | 15459.0 | 28221.0 | 8942.0 |
| 2010 | 441209.0 | 120744.0 | 27.37% | 68662.0 | 11489.0 | 28451.0 | 12142.0 |

## 1991~2010 年全市增值税征收一览

表 36-1-2　　　　单位:万元

| 年份 | 合计 | 直属局 | 浔阳区 | 庐山区 | 开发区 | 永修县 | 共青城 | 德安县 | 九江县 | 都昌县 | 湖口县 | 彭泽县 | 修水县 | 武宁县 | 瑞昌市 | 星子县 | 庐山风景区 |
|---|---|---|---|---|---|---|---|---|---|---|---|---|---|---|---|---|---|
| 1991 | 10111.7 | 3676.4 | 526.3 | 824.4 | | 998 | | 1339.2 | 322.3 | 250.7 | 260 | 450.9 | 226 | 395.1 | 599.8 | 240.6 | 2 |
| 1992 | 10774.5 | 3997.8 | 411.8 | 800.2 | | 881.9 | | 1409.1 | 362.8 | 289.1 | 368.9 | 529.2 | 333.6 | 337.1 | 700.1 | 349.4 | 3.5 |
| 1993 | 15384.5 | 6200 | 370.9 | 999.5 | | 1143.3 | | 1742 | 598.6 | 360.3 | 550.9 | 713.5 | 743.3 | 460.5 | 1057.9 | 432.6 | 11.2 |
| 1994 | 47257.3 | 23973.9 | 3764.2 | 1583.8 | 945.3 | 2481.4 | | 3431.9 | 1449 | 1180.2 | 1069.1 | 1776.3 | 1418.6 | 1352.6 | 1764.6 | 808.7 | 257.7 |
| 1995 | 53827.7 | 26527.6 | 4191.1 | 1848.1 | 1168.6 | 2889.6 | 1749.5 | 2226.3 | 1849.7 | 1376.6 | 1515.9 | 2013.3 | 1605.8 | 1574.4 | 2106.7 | 890.2 | 294.3 |
| 1996 | 66124 | 36104 | 5036 | 2080 | 1292 | 2374 | 1760 | 2680 | 2140 | 1722 | 1645 | 2301 | 1789 | 1508 | 2380 | 981 | 337 |
| 1997 | 72298.7 | 43679.6 | 4160.2 | 1430.9 | 1400.5 | 2311.8 | 1410.3 | 2329.5 | 2255 | 1813.8 | 1649.4 | 2445.3 | 1945.1 | 1592.5 | 2500.6 | 1020.5 | 353.7 |
| 1998 | 63584.7 | 39819.9 | 3436.2 | 1527.1 | 757.7 | 1817.1 | 910.3 | 1664.9 | 1487.4 | 1142 | 1014.5 | 1795.2 | 2383.5 | 1739.3 | 2742.1 | 1056.6 | 290.9 |
| 1999 | 71636.1 | 44429.6 | 3514.6 | 1700 | 1003.1 | 3225.2 | 1070.9 | 1829.4 | 1761.8 | 1499 | 1301 | 1480.1 | 2689.1 | 1827.3 | 2899.7 | 1100.7 | 304.6 |
| 2000 | 75644.7 | 45901.5 | 3967.6 | 1886.3 | 1224.5 | 4280.8 | 821.2 | 1791.2 | 1974.2 | 1598.2 | 1403 | 1572.6 | 2956.7 | 2089 | 3001.2 | 831.7 | 345 |
| 2001 | 72314.2 | 38374.4 | 4097.5 | 2038.9 | 1299.9 | 5193.8 | 1058.7 | 1924.7 | 2199.8 | 1754.4 | 1489.6 | 1719.9 | 3299 | 2433.2 | 4234.9 | 892.4 | 383.1 |
| 2002 | 90395.1 | 50889.1 | 4898.5 | 2509.9 | 1344.2 | 6413.1 | 1114.9 | 2156.6 | 2268.3 | 1997.4 | 1659.7 | 1968.5 | 3961.2 | 2431.1 | 5233.2 | 1119 | 430.4 |
| 2003 | 103918 | 53719 | 5612 | 2800 | 2754 | 8497 | 1304 | 3144 | 2663 | 1990 | 2176 | 2423 | 4749 | 3357 | 6959 | 1469 | 302 |
| 2004 | 126447 | 57516 | 7727 | 3797 | 4959 | 8213 | 1844 | 5141 | 3503 | 3051 | 3033 | 3124 | 5884 | 4759 | 11696 | 1840 | 360 |
| 2005 | 138299 | 49592 | 9578 | 4442 | 5171 | 12885 | 2945 | 4960 | 5099 | 2539 | 4126 | 3252 | 11374 | 5624 | 13854 | 2441 | 417 |
| 2006 | 140997 | 35383 | 13290 | 5967 | 5437 | 15773 | 3076 | 4401 | 7058 | 2459 | 5291 | 3768 | 13173 | 6788 | 16273 | 2869 | 291 |
| 2007 | 196605 | 72689 | 12901 | 7175 | 4835 | 15548 | 3553 | 5840 | 10613 | 3790 | 10948 | 4990 | 14359 | 7454 | 17465 | 4006 | 439 |
| 2008 | 193551 | 50133 | 15446 | 7455 | 5174 | 17479 | 3728 | 7137 | 10264 | 4913 | 18687 | 7350 | 10997 | 7961 | 21855 | 4413 | 559 |
| 2009 | 291975 | 64282 | 20703 | 9456 | 6649 | 27915 | 5727 | 14250 | 18042 | 6479 | 33271 | 14404 | 16124 | 13585 | 34444 | 6174 | 470 |
| 2010 | 441209 | 81044 | 30695 | 14556 | 15402 | 26441 | 12544 | 28161 | 27874 | 13266 | 52059 | 20589 | 26016 | 24340 | 45652 | 21883 | 687 |

1994 年 1 月 1 日始,增值税改对部分产品征收为对从事销售货物或者提供加工、修理劳务,从事进口货物单位和个人全面征收。增值税归国家税务局征收管理,为国税部门主要税种。增值税纳税人按照销售额规模大小划分为一般纳税人和小规模纳税人。增值税实行价外计征办法,设置 3 档税率,一档为13%低税率,适用粮食、食用植物油;自来水、暖气、热气、冷气、煤气、石油液化气、天然气、沼气、居民用

煤炭制品;图书、报纸、杂志;饲料、化肥、农药、农机、农膜及国务院规定的其他货物。5月,将农业产品、金属矿采选产品、非金属矿产采选产品和煤炭等货物税率由17%下调为13%。另一档为17%基本税率。除上述所列产品和提供加工、修理修配劳务外均适用17%税率。还有一档是零税率。除对出口的原油,援外出口货物,国家禁止出口的天然牛黄、麝香、铜及铜基合金、白金以及糖等外,纳税人出口货物实行零税率。小规模纳税人销售货物或者提供应税劳务的,按6%征收率征税。增值税起征点分别为,销售货物起征点为月销售额城市1000元,县城、镇800元,农村600元;提供应税劳务起征点为月销售额城市400元,建制镇300元,农村200元;按次纳税起征点为每次(日)销售额50元。增值税实行根据专用发票注明税额进行税款抵扣制度,5月1日起,一般纳税人外购和销售货物(固定资产除外)所支付运输费用,可根据套印有全国统一发票监制章运输费用结算单据(普通发票)所列运费金额,按10%计算进项税额抵扣。小规模纳税人标准为:从事货物生产或提供应税劳务的纳税人,以及以从事货物生产或提供应税劳务为主并兼营货物批发或零售纳税人,年应征增值税销售额(以下简称应税销售额)在100万元以下的;从事货物批发或零售纳税人,年应税销售额在180万元以下的。年应税销售额超过小规模纳税人标准的个人。非企业性单位,不经常发生应税行为的企业,视同小规模纳税人纳税。6月起,收购贩运生猪,每头按20元标准计征;收购屠宰上市销售猪肉或者直接屠宰上市销售猪肉,每头按30元标准计征,不重复缴纳。

1998年7月1日起,规定凡年应税销售额在180万元以下小规模商业企业,无论财务核算是否健全,一律不得认定为增值税一般纳税人,均应按照小规模纳税人规定征收增值税,同时将商业企业小规模纳税人增值税征收率由6%调减为4%。当月起,将扣除率由10%降为7%。1999年铁路运费准抵范围调整为仅限运输单位开具货票上注明的铁路货物运输运营费用和铁路建设基金。2000年扩大到临管铁路运费和新线运费。

2003年1月1日起,生猪增值税定额由收购贩运生猪每头20元调减为14元。收购生猪屠宰上市销售的增值税由每头30元调减为20元。并将销售货物起征点幅度由月销售额600~2000元提高到2000~5000元;将销售应税劳务起征点幅度由月销售额200~800元提高到1500~3000元;将按次纳税起征点幅度由每次(日)销售额50~80元提高到每次(日)150~200元;全市范围内按最高限额执行。2004年7月1日起,全市参加国家扩大增值税抵扣范围试点,装备制造业、石油化工业、冶金业、汽车制造业、农产品加工业、电力业、采掘业、高新技术产业8行业,实行扩大增值税抵扣范围试点,不包括船舶制造业和军品工业。从2007年7月1日至2008年12月31日,全市791户转型企业新增固定资产投资14.13亿元,应退还增值税进项税额19574.1万元。

2009年1月1日起,增值税一般纳税人购进(包括捐赠、实物投资)或者自制(包括改扩建、安装)固定资产发生进项税额,根据有关规定,凭增值税专用发票、海关进口增值税专用缴款书和运输费用结算单据从销项税额中抵扣。执行新修订的《中华人民共和国增值税暂行条例》及其实施细则。纳税申报期限从10日延长至15日。明确对境外纳税人如何确定扣缴义务人、扣缴义务发生时间、扣缴地点和扣缴期限的规定,至2010年底未变。

**消费税** 1993年,产品税改为增值税后,在少数消费品已征收增值税基础上再征收的税种,只对酒类产品征收消费税,当年全市征收消费税1324万元。年底,《中华人民共和国消费税条例》颁布,进一步明确消费税是对在中国境内生产、委托加工和进口应税消费品征收的税种。市内于1994年1月1日起开征。应税消费品有烟、酒及酒精、化妆品、贵重首饰及珠宝玉石、鞭炮焰火、成品油、汽车轮胎、摩托车、小汽车、高尔夫球及球具、高档手表、游艇、木制一次性筷子、实木地板14类。大部分应税消费品实行从价定率征收,烟、粮食白酒、薯类白酒实行复合计税办法,啤酒、成品油实行从量定额计税办法。税率有2种:一种是比例税率,10档,最低为3%,最高为56%;一种是定额税率,最低为每征税单位0.1元,最高为每征税单位250元。

2001年1月1日起,对"护肤护发品"税目中香皂停止征收消费税,对"汽车轮胎"税目中子午线轮胎免征消费税,对翻新轮胎停征消费税。5月1日起,对粮食白酒、薯类白酒消费税税率由比例税率调整为定额税率和比例税率:粮食白酒、薯类白酒定额税率为每斤(500克)0.5元;粮食白酒比例税率为25%,薯类白酒比例税率为15%,计税办法由从价定率计征调整为从量定额和从价定率相结合复合办法计征,即应纳税额=销售数量×定额税率+销售额×比例税率。每吨啤酒出厂价格在3000元(含3000元,不含增值税)以上的,单位税额250元/吨,3000元以下的,单位税额220元/吨,同时停止执行对小酒厂定额、定率双定征税办法,一律实行查实征收。

2006年4月起,执行国家消费税调整政策。新增高尔夫球及球具、高档手表、游艇、木制一次性筷子、实木地板5类应税消费品。汽油、柴油2税目取消,增列成品油税目。取消护肤护发品税目,属于护肤护发品征税范围高档护肤类化妆品列入化妆品税目。对白酒、小汽车、摩托车、汽车轮胎4个税目税率进行有高有低调整。2008年9月1日起,对乘用车消费税政策进行调整。调低小排量汽车消费税税率。2009年1月1日起,提高成品油消费税税率。无铅汽油消费税单位税额由每升0.2元提至1.0元;含铅汽油消费税单位税额由每升0.28元提至1.4元。柴油消费税单位税额由每升0.1元提至0.8元。石脑油、溶剂油和润滑油消费税单位税额由每升0.2元提至1.0元。航空煤油和燃料油消费税单位税额由每升0.1元提高到每升0.8元。至2010年底未变。

1993~2010年全市消费税征收数一览

表36-1-3　　单位:万元

| 年份 | 消费税总计 | 主要税源合计 | 主要税源占消费税% | 其中 | | | |
|---|---|---|---|---|---|---|---|
| | | | | 成品油 | 酒类产品 | 汽车轮胎 | 鞭炮烟火 |
| 1993 | | | | | 1324.0 | | |
| 1994 | 23327.9 | 22863.1 | 98.01% | 21859.0 | 865.3 | 127.0 | 11.8 |
| 1995 | 26907.4 | 26769.0 | 99.49% | 26047.7 | 626.5 | 85.4 | 9.4 |
| 1996 | 26204.0 | 26051.0 | 99.42% | 25519 | 532.0 | | |
| 1997 | 27583.5 | 27531.0 | 99.81% | 26965.1 | 558.9 | | 7.0 |
| 1998 | 34540.2 | 1394.9 | 4.04% | 600.0 | 794.9 | | |
| 1999 | 32222.8 | 32175.3 | 99.85% | 31753.3 | 421.1 | | 0.9 |
| 2000 | 38707.1 | 38687.0 | 99.95% | 38395.0 | 282.3 | 8.3 | 1.4 |
| 2001 | 33102.9 | 33082.0 | 99.94% | 32821.4 | 135.8 | 62.7 | 62.1 |
| 2002 | 30459.0 | 30405.1 | 99.82% | 30190.0 | 126.1 | 78.5 | 10.5 |
| 2003 | 38398.7 | 38373.2 | 99.93% | 38043.6 | 116.3 | 213.3 | |
| 2004 | 43213.0 | 43186.0 | 99.94% | 42747.0 | 193.0 | 246.0 | |
| 2005 | 36253.0 | 36210.0 | 99.88% | 35873.0 | 156.0 | 181.0 | |
| 2006 | 55248.0 | 50065.0 | 90.62% | 49784.0 | 165.0 | 116.0 | |
| 2007 | 49571.0 | 46246.0 | 93.29% | 46061.0 | 121.0 | 64.0 | |
| 2008 | 48149.0 | 46270.0 | 96.10% | 46077.0 | 111.0 | 82.0 | |
| 2009 | 282840.0 | 276003.0 | 97.58% | 275867.0 | 78.0 | 58.0 | |
| 2010 | 368371.0 | 355711.0 | 96.56% | 355545.0 | 103.0 | 63.0 | |

### 1994~2010年全市消费税入库一览

表36-1-4　　　　单位:万元

| 年份 | 合计 | 直属局 | 浔阳区 | 庐山区 | 开发区 | 永修县 | 共青城 | 德安县 | 九江县 | 都昌县 | 湖口县 | 彭泽县 | 修水县 | 武宁县 | 瑞昌市 | 星子县 | 庐山风景区 |
|---|---|---|---|---|---|---|---|---|---|---|---|---|---|---|---|---|---|
| 1994 | 22828.8 | 21731.8 | 64 | 3 | 3.3 | 157.6 | | 563.4 | 164.7 | 20 | 51.1 | 4.4 | 20.1 | 3.4 | 38.2 | 3.5 | 0.3 |
| 1995 | 26832.7 | 25822.3 | 354.7 | 0.4 | 3 | 80.3 | 288.9 | 96.5 | 70.2 | 12.9 | 50.4 | 2 | 15.4 | 0.7 | 33.5 | 1.5 | 0 |
| 1996 | 26204 | 25553 | 279 | 5 | | 100 | 117 | 9 | 70 | 8 | 60 | | 1 | 1 | 1 | | |
| 1997 | 27583.5 | 26931.9 | 219.8 | 0.1 | | 172.2 | 98.8 | 1.3 | 85 | 6.8 | 60.5 | | 3.3 | 2.2 | 1.2 | 0.4 | |
| 1998 | 34540.2 | 34136.4 | 170.2 | 0.3 | | 41.5 | 100.2 | 3 | 37 | 3 | 47 | 0.2 | 0.2 | 0.2 | 0.6 | 0.3 | 0.1 |
| 1999 | 32222.7 | 31611.9 | 386.1 | 0.4 | | 26.4 | 120 | 1.5 | 21.1 | 1.6 | 51.1 | 0.3 | 1.3 | | 0.7 | 0.3 | |
| 2000 | 38707.1 | 38131 | 364.3 | 1 | | 25.4 | 107.8 | 10.7 | 8.9 | 3.3 | 50.7 | 0.6 | 1.1 | 0.9 | 0.7 | 0.5 | 0.2 |
| 2001 | 33102.9 | 32474.7 | 398.1 | 0.5 | | 14.9 | 54.4 | 126.2 | 10.2 | 2.5 | 10.7 | 0.6 | 1 | 3.5 | 1.7 | 3.8 | 0.1 |
| 2002 | 30459 | 29950 | 254.9 | 0.6 | | 43.3 | 46.9 | 118.2 | 21.7 | 2.7 | 17.2 | 0.2 | 0.9 | 1.1 | 1.1 | | 0.1 |
| 2003 | 38399 | 37779 | 304 | | | 14 | 43 | 215 | | 2 | 39 | | 1 | 1 | 1 | | |
| 2004 | 43213 | 42612 | 168 | | | 47 | 76 | 247 | 16 | 3 | 40 | 1 | 1 | | 1 | 1 | |
| 2005 | 36253 | 35873 | 27 | | | 31 | 92 | 182 | | 3 | 40 | 1 | 1 | | 2 | 1 | |
| 2006 | 55248 | 54934 | 35 | | | 56 | 57 | 116 | | 4 | 36 | 3 | 3 | | 2 | 2 | |
| 2007 | 49571 | 49386 | 24 | | | 37 | 40 | 65 | | 5 | 2 | 6 | 2 | | 2 | 2 | |
| 2008 | 48149 | 47928 | 70 | | | 37 | 14 | 84 | 1 | 6 | 2 | 2 | 2 | | 1 | 2 | |
| 2009 | 54128 | 47958 | 6011 | 24 | | 44 | 8 | 60 | 4 | 10 | 2 | 2 | 2 | | 1 | 2 | |
| 2010 | 368371 | 355545 | 11916 | 65 | 721 | 29 | 6 | 68 | 1 | 7 | 2 | 4 | 2 | | 2 | 3 | |

## 二、所得税类

**居民所得税**　企业所得税:1991年分别征收个体业户所得税和私营企业所得税，到1992年底。1994年1月1日起,执行《中华人民共和国企业所得税暂行条例》,全市范围内企业(除外商投资企业)就其生产、经营所得和其他所得缴纳企业所得税,税率为33%。取消各种包税的做法。考虑到部分企业利润上交水平较低,作为过渡办法,增设27%和18% 2档照顾税率。1995年,企业所得税征收管理范围为中央各部门、各总公司、各行业协会、总会、社团组织、基金会所属的企事业单位以及上述企事业单位兴办的预算内、外的国有企业的所得税;金融保险企业所得税,军队(包括武警部队)所办的国有企业所得税。1996年始,市内中央与地方所属企、事业单位组成的联营企业、股份制企业所得税,调整由国家税务局负责征收管理。

2002年,所得税收入分享体制改革后,征收管理范围明确为2001年12月31日前国家税务局、地方税务局征收管理的企业所得税、个人所得税,以及按现行规定征收管理的外商投资企业和外国企业所得税,仍由原征管机关征收管理;2002年1月1日起,在各级工商行政管理部门办理设立登记的企业,在其他行政管理部门新登记注册、领取许可证事业单位、社会团体等,其企业所得税由国家税务局负责征收管理;此前已在工商行政管理部门和其他行政管理部门登记注册,但未进行税务登记企事业单位及其他组织,其企业所得税按原规定,由国家税务局、地方税务局分别征收管理;2001年年底前的债转股企业、中央企事业单位参股的股份制企业和联营企业,仍由原征管机关征收管理,不再调整;不实行所得税分享的铁路运输(包括广铁集团)、国家邮政、中国工商银行、中国农业银行、中国银行、中国建设银行、国家开发银行、中国农业发展银行、中国进出口银行以及海洋石油天然气企业,由国家税务局负责征收管理。2003 年，对企业所得税征管范围进行补充，规定原有企业整体转让出售(拍卖)，原有企业仍继续存在并具备独立纳税人资格的；企业采用吸收合并方式合并其他企业(被合并企业注销)而存续的；合伙企业改组为有限责任公司或股份有限公司，且改组时没有吸收外来投资的；按国家工商行政管理总局的规定应当办理变更登记的，仍由原征管机关征管。2007 年 3 月，统一内、外资企业所得税制度，2008 年 1 月 1 日起施行。

至 2010 年，新企业所得税法规定，企业、事业单位、社会团体以及其他取得收入的组织为企业所得税的纳税人。界定并规范"居民企业"和"非居民企业"的概念，居民企业承担全面纳税义务，就其境内外全部所得纳税；非居民企业承担有限纳税义务，一般只就其来源于中国境内的所得纳税。新企业所得税法法定税率为25%。

### 1994~2010 年市国税局企业所得税收入一览

表 36-1-5　　单位：万元

| 年份 | 市直属局 | 浔阳区 | 庐山区 | 九江县 | 武宁县 | 修水县 | 永修县 | 德安县 | 星子县 | 都昌县 | 湖口县 | 彭泽县 | 瑞昌市 | 共青城 | 合计 |
|---|---|---|---|---|---|---|---|---|---|---|---|---|---|---|---|
| 1994 | 6137.3 | 252.2 | 17.1 | 159.1 | 14.9 | 123.2 | 108.6 | 119.3 | 36.9 | 129.1 | 50.4 | 377.1 | 126.2 | | 7651.4 |
| 1995 | 10002.1 | 34.4 | 15.1 | 11.9 | 4.1 | 5.8 | 9.5 | 17 | 6.2 | 20.7 | 5.6 | 4.2 | 8.4 | 1.3 | 10146.3 |
| 1996 | 3855.3 | 424.2 | 4 | 7.3 | 8.6 | 11 | 5.5 | 19 | 4 | 23.9 | 8 | 6 | 5.1 | 2.3 | 4384.2 |
| 1997 | 4425.9 | 676.9 | 19.3 | 2.1 | 5.4 | 2.9 | 15.2 | 11.9 | 0.2 | 18.6 | 0.8 | 5.8 | 5.9 | 6.9 | 5197.8 |
| 1998 | 2340.3 | 526 | 5.3 | 6.1 | 3.6 | 10.2 | 13.4 | 15.3 | | 18 | 2.2 | 6.3 | 5.3 | 21.6 | 2973.6 |
| 1999 | 4022.4 | 270.8 | 7.4 | 1.9 | 4 | 11 | 8 | 38.4 | 3 | 9.1 | 1.9 | 21.3 | 19.1 | 3.4 | 4421.7 |
| 2000 | 1799.5 | 233.6 | 15.6 | 2.4 | 4.5 | 12.4 | 334.3 | 36.9 | 2.4 | 3.6 | 1.5 | 14.6 | 39.8 | 53.4 | 2554.5 |
| 2001 | 709.3 | 474.4 | 11.7 | 21.6 | 5.2 | 8.9 | 363.6 | 57 | 6.7 | 22.4 | 3.1 | 24.5 | 32.7 | 91.1 | 1832.2 |
| 2002 | 909.5 | 965 | 74.6 | 120.3 | 92.9 | 36.6 | 484.8 | 52.6 | 12.8 | 179.4 | 123.7 | 73.8 | 163.9 | 54.7 | 3344.6 |
| 2003 | 1032 | 1371 | 91 | 190 | 120 | 476 | 1090 | 51 | 49 | 314 | 173 | 123 | 96 | 41 | 5217 |
| 2004 | 3544 | 2488 | 198 | 192 | 220 | 1212 | 1300 | 110 | 250 | 251 | 155 | 377 | 195 | 62 | 10554 |
| 2005 | 1963 | 4753 | 109 | 216 | 425 | 675 | 641 | 305 | 360 | 283 | 605 | 441 | 508 | 71 | 11355 |
| 2006 | 6955 | 5065 | 52 | 370 | 496 | 875 | 1009 | 467 | 373 | 344 | 794 | 151 | 625 | 106 | 17682 |
| 2007 | 14295 | 7100 | 74 | 556 | 983 | 1203 | 3531 | 564 | 462 | 581 | 1751 | 318 | 765 | 99 | 32282 |
| 2008 | 20174 | 6327 | 1157 | 2005 | 1044 | 1504 | 2987 | 934 | 494 | 617 | 2755 | 963 | 1109 | 426 | 42496 |
| 2009 | 15357 | 4438 | 2117 | 1120 | 643 | 1551 | 1144 | 563 | 465 | 1037 | 4028 | 1296 | 2745 | 652 | 37156 |
| 2010 | 34076 | 5509 | 5399 | 1452 | 1282 | 1179 | 3635 | 1090 | 210 | 983 | 7520 | 1437 | 1605 | 382 | 65759 |

说明：市直属局含开发区、风景区企业所得税

外商投资企业和外国企业所得税：1991 年 7 月 1 日起，开征外商投资企业和外国企业所得税。新的外商投资企业和外国企业所得税同于原中外合资经营企业所得税，采用比例税率计征，税率不变。外资企业所得税优惠政策包括地区投资优惠、鼓励生产性投资优惠、基础产业税收优惠、再投资退税优惠以及预提所得税方面优惠等。

1994~1999 年，为 1994 年以前成立的老外商投资企业落实超税负返还税收优惠政策，共退还增值税 314 万元，营业税 57 万元。2000 年，减免外资企业所得税 44 万元。2001 年，减免外资企业所得税 309 万元。2002 年，减免外资企业所得税 324 万元。2003 年，减免外资企业所得税 1214 万元，购买国产设备抵免外资企业所得税 27 万元。2004 年，减免外资企业所得税 3595 万元，购买国产设备抵免外资企业所

得税 198 万元。2005 年,减免外资企业所得税 511 万元。2006 年,减免外资企业所得税 34978 万元。2007 年,减免外资企业所得税 36257 万元。2007 年 3 月 16 日,统一内、外资企业所得税制度,自 2008 年 1 月 1 日起施行至今。

### 1998~2007年全市外商投资企业所得税入库一览

表 36-1-6　　　　单位:万元

| 单 位 | 1998 年 | 1999 年 | 2000 年 | 2001 年 | 2002 年 | 2003 年 | 2004 年 | 2005 年 | 2006 年 | 2007 年 |
|---|---|---|---|---|---|---|---|---|---|---|
| 直 属 | 4.3 | 1.9 | 30.1 | 6.0 | 0.2 | 7 | 56 | 159 | 170 | 421 |
| 庐山区 | | | | | 2.9 | 37 | 32 | 41 | 357 | 443 |
| 浔阳区 | 0.4 | | | 133.8 | 170.4 | 54 | 150 | 11 | 22 | 18 |
| 共青城 | | | | | | | | 6 | 57 | 44 |
| 开发区 | 88.5 | 70.0 | 6.3 | 7.1 | 60.2 | 388 | 28 | 29 | 4 | 43 |
| 风景区 | | | | | | 145 | 239 | 266 | 212 | 248 |
| 九江县 | 30.0 | 33.0 | 36.3 | 360.0 | | 46 | 0 | 2 | 14 | 32 |
| 武宁县 | | | | | | 15 | 70 | 101 | 60 | 72 |
| 修水县 | | | | | | | | 2 | | 1 |
| 永修县 | 22.4 | | | 2.1 | 0.6 | | 55 | 58 | 162 | 285 |
| 德安县 | | | | | | 1 | 5 | | | |
| 星子县 | | | | | | | | | | |
| 都昌县 | | | | | | | | | | |
| 湖口县 | | | | 0.1 | 0.1 | | | | | |
| 彭泽县 | | | | | | 51 | 1 | 51 | 50 | 514 |
| 瑞昌市 | 5.5 | | | 34.3 | 16.5 | 25 | 41 | 385 | 38 | 121 |
| 合 计 | 151.1 | 104.9 | 72.7 | 543.4 | 250.9 | 769 | 677 | 1111 | 1146 | 2242 |

*居民储蓄存款利息所得个人所得税*:凡在储蓄机构存有人民币、外币并因此取得利息所得的个人,为储蓄存款利息所得个人所得税纳税义务人,对储蓄存款利息所得征收个人所得税,以结付利息的储蓄机构为扣缴义务人,实行代扣代缴。1994 年 1 月 1 日始,施行修改后的《中华人民共和国个人所得税法》,对储蓄存款利息所得项目仍保留原做法。

1999 年 11 月 1 日起,对储蓄存款利息所得税征收个人所得税,适用 20%的比例税率。根据不溯及既往原则,储蓄存款在 1999 年 10 月 31 日前滋生的利息所得,不征收个人所得税;储蓄存款在 1999 年 11 月 1 日后孳生的利息所得,应当按照规定征收个人所得税。同时,对个人取得的教育储蓄存款利息所得,免征个人所得税。

2007 年 8 月 15 日起,减按 5%税率征收个人所得税。2008 年 10 月 9 日起,暂免征收储蓄存款利息所得个人所得税。日前产生的储蓄存款利息仍然实行分段计算的方法征免个人所得税。

**1999–2010 年全市储蓄存款利息个人所得税收入一览**

表 36-1-7 单位:万元

| 单 位 | 1999 年 | 2000 年 | 2001 年 | 2002 年 | 2003 年 | 2004 年 | 2005 年 | 2006 年 | 2007 年 | 2008 年 | 2009 年 | 2010 年 |
|---|---|---|---|---|---|---|---|---|---|---|---|---|
| 直 属 | 3.8 | 690.6 | 1164.0 | 1126.7 | 1062 | 1085 | 1118 | 1804 | 2457 | 1705 | 699 | 66 |
| 庐山区 | 1.7 | 273.7 | 432.7 | 424.1 | 413 | 463 | 350 | 501 | 523 | 195 | 94 | 9 |
| 浔阳区 | 0.2 | 43.4 | 92.5 | 132.1 | 174 | 214 | 263 | 368 | 322 | 80 | | |
| 共青城 | 0.2 | 30.7 | 32.9 | 21.2 | 20 | 18 | 75 | 49 | 48 | 24 | 10 | 2 |
| 开发区 | 0.4 | 65.2 | 101.3 | 182.9 | 203 | 205 | 185 | 178 | 172 | | | |
| 风景区 | 0.2 | 69.2 | 105.2 | 110.6 | 113 | 119 | 111 | 136 | 149 | 73 | 27 | 2 |
| 九江县 | 0.6 | 117.6 | 209.4 | 231.7 | 237 | 234 | 253 | 376 | 420 | 252 | 107 | 17 |
| 武宁县 | 0.5 | 136.7 | 231.8 | 273.2 | 282 | 318 | 315 | 439 | 513 | 310 | 132 | 22 |
| 修水县 | 0.8 | 141.7 | 253.2 | 288.8 | 336 | 381 | 415 | 558 | 612 | 388 | 172 | 30 |
| 永修县 | 1.0 | 188.9 | 314.0 | 329.7 | 332 | 343 | 373 | 496 | 593 | 369 | 163 | 25 |
| 德安县 | 0.7 | 130.9 | 222.8 | 241.7 | 255 | 291 | 300 | 389 | 413 | 239 | 88 | 10 |
| 星子县 | 0.3 | 49.3 | 80.8 | 104.2 | 106 | 118 | 130 | 201 | 230 | 135 | 53 | 7 |
| 都昌县 | 0.3 | 154.0 | 288.9 | 301.4 | 346 | 380 | 468 | 644 | 810 | 528 | 259 | 60 |
| 湖县口 | 0.7 | 91.6 | 170.6 | 184.3 | 226 | 231 | 245 | 349 | 407 | 257 | 111 | 21 |
| 彭泽县 | 0.8 | 129.3 | 220.7 | 243.0 | 222 | 222 | 245 | 412 | 460 | 282 | 121 | 20 |
| 瑞昌市 | 0.4 | 151.7 | 259.4 | 278.0 | 300 | 309 | 342 | 545 | 582 | 340 | 140 | 22 |
| 合 计 | 12.6 | 2464.5 | 4180.2 | 4473.6 | 4627 | 4931 | 5188 | 7445 | 8711 | 5177 | 2176 | 313 |

**非居民所得税** 是指管理机构不在中国境内,但在中国境内设立机构、场所的,或者在中国境内未设立机构、场所,但有来源于中国境内所得企业。非居民企业所得税采用比例税率计征,税率 2 类。

非居民企业在中国境内设立机构、场所的,应当就其所设机构、场所取得的来源于中国境内的所得,缴纳非居民企业所得税,税率为 25%。

对在中国境内未设立机构、场所,但有来源于中国境内的股息、红利等权益性投资收益如利息、租金、特许权使用费所得、转让财产所得以及其他所得应当按规定缴纳非居民所得税,税率为 20%,减按 10%税率征收。

2009 年 11 月,市局成立国际税务管理科,负责全市非居民企业所得税管理、特别纳税调整管理、税收协定执行管理、"走出去"企业税收管理和大企业税收管理。

**2001~2010 年全市非居民所得税入库一览**

表 36-1-8 单位:万元

| 项 目 | 2001 年 | 2002 年 | 2003 年 | 2004 年 | 2005 年 | 2006 年 | 2007 年 | 2008 年 | 2009 年 | 2010 年 |
|---|---|---|---|---|---|---|---|---|---|---|
| 税 额 | 9 | 8 | 108 | 151 | 176 | 153 | 149 | 186 | 358 | 467 |

说明:1991~2000 年共入库 8 万元

## 三、特定目的税类

车辆购置税,是在交通部门征收的车辆购置附加费基础上通过"费改税"演变而来。2001 年 1 月 1 日起,开征车辆购置税取代车辆购置费。2005 年前,由交通部门代征。2005 年 1 月 1 日起,由国税局征收。

车辆购置税实行从价定率的办法计算应纳税额,车辆购置税实行比例税率,税率为10%。车辆购置税实行1车1申报制度。纳税人购置应税车辆,应向车辆登记注册地的主管税务机关申报纳税;购置不需办理车辆登记注册手续的应税车辆,应当向纳税人所在地的主管税务机关申报纳税。纳税人应当在向公安机关车辆管理机构办理车辆登记注册前,缴纳车辆购置税。纳税人购买自用的应税车辆,自购买之日起60日内申报纳税;进口自用的应税车辆,应当自进口之日起60日内申报纳税;自产、受赠、获奖和以其他方式取得并自用应税车辆的,应当在投入使用前60日内申报纳税。对2009年1月20日至12月31日购置1.6升及以下排量乘用车,暂减按5%的税率征收车辆购置税。对2010年1月1日至12月31日购置1.6升及以下排量乘用车,暂减按7.5%税率征收车辆购置税。

2005~2010年全市车辆购置税征收一览

表36-1-9　　　　单位:万元

| 单位 | 2005年 | 2006年 | 2007年 | 2008年 | 2009年 | 2010年 |
|---|---|---|---|---|---|---|
| 车购税分局 | 6189 | 8101 | 10202 | 12997 | 19043 | 29936 |
| 永修县 | 132 | 76 | 62 | 58 | 103 | 247 |
| 共青城 | 30 | 38 | 30 | 26 | 28 | 64 |
| 德安县 | 51 | 57 | 58 | 59 | 71 | 102 |
| 九江县 | 14 | 52 | 86 | 65 | 89 | 26 |
| 都昌县 | 60 | 84 | 100 | 120 | 205 | 439 |
| 湖口县 | 28 | 42 | 22 | 35 | 85 | 260 |
| 彭泽县 | 14 | 43 | 20 | 12 | 61 | 439 |
| 修水县 | 132 | 146 | 130 | 141 | 171 | 481 |
| 武宁县 | 127 | 128 | 460 | 664 | 1242 | 1602 |
| 瑞昌市 | 105 | 95 | 114 | 130 | 319 | 1075 |
| 星子县 | 57 | 82 | 85 | 85 | 93 | 97 |
| 合计 | 6939 | 8944 | 11369 | 14392 | 21510 | 34768 |

## 第二节　征收管理

### 一、征管模式

**统管模式**　1991~1993年,市税务局实行“一员进厂,各税统管”税收专管员模式,即一人进厂,各税统管,征、管、查合一。组织形式表现为税收专管员集征、管、查职能为一身,对纳税户进行专责管理,税款征收方式为税务人员上门催缴。

**分离模式**　1994年,国税系统组建之初,在基层税收征管中,根据税源分布及纳税人不同情况,实行税款征收、纳税管理、纳税检查相分离征管模式。征收人员审核纳税申报表、填开税票、收集整理资料等。管理人员办理税务登记、了解纳税户基本情况、促进生产培植税源等。检查人员查处偷税及其他税收违法案件、检查纳税户执行税收政策情况等。各自履行不同职责,初步形成既相互联系又相互制约的征管机制。

**“三位一体”模式**　1995年,省国税局实行纳税申报、税务代理、税务稽查“三位一体”征管模式的改革,市国税局成立征管改革领导小组,由局领导任组长、副组长,征管、计会、税政、教育、监察、办公室等部门负责人为成员,制订征管改革实施方案。

**"30字"模式** 1997年1月,随着税收征管改革全面展开,明确税收征管改革的任务是建立"以申报纳税和优化服务为基础,以计算机网络为依托,集中征收、重点稽查"30字的新征管模式,即"30字"模式。

**"34字"模式** 2003年,在"30字"模式基础上,加上"强化管理",形成"以申报纳税和优化服务为基础,以计算机网络为依托,集中征收,重点稽查,强化管理"的"34字"征管模式。2004年起,市国税系统不断完善征管体制,夯实管理基础,强化税源管理,优化纳税服务,使税收征管朝科学化、精细化管理方向发展。

## 二、征管方法

1991年,市税务局落实全国征管工作会议精神,按照集中税权、加强征管、强化监督原则,推行征管改革试点,选择瑞昌市、永修县、德安县税务局和市税务局直属分局进行试点。1993年1月1日起,施行《中华人民共和国税收征收管理法》。全市开展税法宣传,普及征管法,在湖口县实施试点,总结经验,完善制度,并推广湖口做法,制定从税务登记、申报入库、税务稽查到违章处理等18项征管工作规程。全市税务系统按照征管法规定程序办理延期缴纳税款和核定征收税款:纳税人、扣缴义务人因有特殊困难,不能按期缴纳税款的,经县以上税务局(分局)批准,可以延期缴纳税款,但最长不得超过3个月。纳税人依照法律规定可以不设置账簿的;规定应当设置但未设置账簿的;设置账簿,但账目混乱或者成本资料、收入凭证、费用凭证残缺不全,难以查账的;发生纳税义务,未按照规定的期限办理纳税申报,经税务机关责令限期申报,逾期仍不申报的,税务机关有权核定其应纳税额。11月,在全市换发全国统一式样税务登记证。

1994年,税收征管制度改革实施后,市国税局建立纳税申报制度,对不按期申报,不据实申报的,均视为偷税行为,依法严惩。推行税务代理制度,实行会计师事务所、律师事务所等社会中介机构代理办税制度。加速推进税收征管计算机化进程,在税收征管中采用电子计算机等先进技术手段,建立严密、有效的税收监控网络。建立税务稽查制度。大力压缩欠税:对各地下达压欠目标,要求各地发生欠税不能高于上年末数;由市局按月掌握各地欠税10万元以上企业欠税情况,对欠税大户制订压欠计划,限期清欠;强化执法力度,严格执行滞纳金制度;采取强制执行,通知银行部门从其账号中扣缴税款入库;争取政府领导支持,协调有关部门帮助国税部门作好清欠工作。全年收回欠税2000万余元。1995年,推行"纳税申报、税务代理、税务稽查"三位一体征管新模式,9月开始陆续运行。办税大厅、税务师事务所、稽查分局(所)逐步形成一个有机整体。全市设立办税大厅16个,配备工作人员213人,纳入大厅管理纳税户数36974户,企业主动申报面达95.4%,个体户申报面93.2%;成立税务师事务所13个,设代理部3个。从事代理人员151人,全面代理户数1656户,单项代理6811户次;进一步加大稽查力度,充实稽查力量,全市国税系统有稽查人员255人,全年对6808户纳税人进行审核或稽查,查处违章案件81起,查补税款10739万元,入库税款8000余万元。重视重点税源、重点企业在收入中主导作用。全市57户年纳"两税"100万元以上企业,共入库税款61587万元,占全市国税计划76.7%。同时注重零散税收的征管,对个体税负偏低的,适当地予以调整。

1996年,下发进一步深化征管改革意见,及时解决改革过程中遇到的情况和新问题。下发个体工商户税收管理暂行办法,6月起,在全市21500户个体工商户中全面采用"户籍式"管理,即每一个体工商业户进行税务登记后,使用集核定税款、纳税申报、购买发票、停歇业申请、税收入库记录、税务检查处罚为一体办税手册,纳税人每月凭册办理有关涉税事项。1997年,永修县局、星子县局、九江县局、庐山区局、直属分局等第三批征管改革试点单位试点工作改革到位。下发全市国税系统征管资料规范化管理试行办法,明确征管资料的搜集、整理、录入、归档、保管等要求。因地制宜,推行个体户建账建制工作,全市1702户建立简易账,607户建立复式账。1998年,坚持抓大促小,以小补大,对全市64户年纳"两税"100

万元以上企业税款入库情况按月通报,对九江石化总厂坚持专人驻厂征管,随时掌握其生产经营及市场情况。加大对个体私营企业征管力度,对全市16700余户个体户进行调整,一年增收税款856.75万元。1999年,建立以征管“十率”为主要内容征管质量考核制度,开展考核。全面清理整顿税务代理机构,实行五脱钩。切实加强对重点税源大户的管理,建立重点税源管理制度,完善监控网络和重点企业信息员制度。适时调整“双定”税额,全市重新核定税负1306户,调整定额8908户,其中调高7970户,平均幅度为7.12%,调整的税款每月增加187.73万元。加强集贸市场管理,重点放在大中型批发市场以及大型商场个体承租、承包户的管理上,实行单独发证,独立申报纳税,堵住漏洞。全市个体经济税收入库8983.09万元,同比增长15%,其中砖瓦窑税收增长41%,加油站税收增长77.6%。

2000年,以登记率、申报率、征收税款入库率、查补税款入库率、发票领用率、滞纳金加收率、处罚率“七率”考核指标,考核征管质量。2001年5月起,据新《中华人民共和国税收征收管理法》,市、县国税局不再审批延期缴纳税款,并从严把握上报省局审批申请材料。加强砂石行业、粮食加工、生猪、砖瓦窑、专业市场等行业征收管理,全年砂石行业入库税款200余万元。整顿和规范成品油市场,安装加油机税控装置,开展征管创新活动。全年安装加油机税控装置68台,另外对全市所有呆账税金进行重新分类确认并严格审查,共审批呆账税金466户,税款2.04亿元。2002年,重点抓特色行业税收管理。对砖瓦窑、石灰窑采取“测定窑容、核定产量、依据市价、按窑征收”管理方式,制定最低税负标准;对砂石税收采取成本倒挤、电耗测算等方法核定产量,确定计税依据;对建材行业加强税收控管,对销货方“出口”和施工单位“进口”进行“两极把关”。规范加油站税收管理。4月1日起,对全市136个加油站启用税控初始化管理系统进行管理,要求纳税人按税控装置读数申报纳税,并配合质量技术监督等部门做好税控装置和加油机的防爆检测工作。全市85户重点企业全年共入库“两税”94780万元,占全市“两税”收入82.1%。同时制定《集贸市场税收管理办法》,成立集贸市场专项整治工作领导小组。加强集贸税收管理。在瑞昌试点基础上,制定《九江市国税局农村零散税收委托代征管理办法》,规范委托代征对象、单位、范围、票证管理、资料管理等,并在全市推行。下发《九江市国家税务局欠税管理办法》,各单位制定清欠计划,实行欠税公告、欠税通报、欠税滞纳金加收和压欠责任追究制度,对欠税10万以上企业要求设立“税款过渡账户”,各单位成立压欠小组,全年清缴欠税3351万元,加收滞纳金61万元,依法冻结欠税企业存款1120万元,扣押汽车5辆。2003年,通过加强税源监控和开展纳税评估来创新税收征管手段。将全市年纳“两税”100万元以上100户企业纳入“重点税源管理系统(SDMS系统)”进行监控,建立梯级税收管理模式,100万元以上企业入库“两税”占“两税”总收入81.06%;对纳税申报真实性和准确性进行评估,实行事中防范;推行公开办税,“三公开,二统一”即“公开定税依据、公开定税税额、公开调整定额,统一定税程序、统一税负标准”。核定税款时,统一由各市场护税协税评税小组集体评议,再由国税部门集体审核通过,张榜公布。7月1日,中国税收综合征管软件(CTAIS V1.0)在市国税局正式上线;制订《九江市国家税务局关于深化税收征管改革的实施方案》,按照专业化原则对全市国税机构进行调整和专业分工,对市区各分局征管范围作部分调整。对全市15个县(区)国税局上报的征管改革具体实施方案进行修改和批复。于11月1日率先在全省实现CTAIS 2类5种文书流转,进一步规范CTAIS系统文书处理操作,明确岗位职责。

2004年,实行税源分类监控和完善税收征管信息系统。在税源管理上实行分类监控:对税源大且信誉等级良好重点税源企业,采取定期与日常相结合的一般性监控;对税源大而征管中发现问题较多企业,采取动静结合动态重点监控,开展纳税评估实行事中防范,对纳税申报的真实性和准确性进行评估;对税源较小企业,建立“异状预警”机制,分行业测算入库税款最低峰值。引入ISO国际质量标准管理体系理念,在彭泽县局试点基础上,将试点单位扩大到市局直属分局、浔阳区局和瑞昌市局,试点单位均通过认证,打造以“流程精简、标准精细、考核精确、体系精湛”为特点税收标准化管理体系,建立市国税执法和行政管理工作标准。制定《九江市国税局CTAIS系统运行管理办法》等4个办法和5个实施意见,巩固征管改革成果,确保综合征管软件平稳运行。运行“税收业务综合管理系统”,实现跨平台、跨县

(区)、跨应用系统的数据采集、分析和利用。开展欠税告知工作,市局制发统一的函件格式,下发告知函件73份,确认欠税税额4528万元,告知后纳税人主动清缴欠税120万元。全市全年累计清理欠税1373万元。2005年,规范税收综合征管软件(V1.1)管理推行省级集中版综合征管软件(V2.0)系统。针对综合征管软件(V1.1),建立相关数据录入审核制度,确保数据真实准确。组织编写《九江市国家税务局CTAIS业务操作规程》,规范操作程序。针对省级集中版综合征管软件(V2.0)系统上线,市国税局成立推广办,抽调业务技术骨干分别组成综合组、业务组和技术组,制订《九江市国家税务局省局集中版综合征管软件工作实施方案》《九江市国税局推行省级集中版综合征管软件工作集中办公实施方案》,按事项进行分工,成立系统初始化、文书工作流、岗责体系、数据并库等7个专题小组,建立工作例会通报制度、问题提交与解答制度、文档管理制度,周密组织清理、录入数据,以保证省级集中版综合征管软V2.0于2006年1月1日顺利上线。

2006年,推广纳税评估系统V2.0版和“双定户”定额测算系统:10月8日起,全市启用“双定户”定额测算系统,全年运用系统对5179户纳税人进行定额测算,通过人机结合定税,使税额核定工作更加公正、公平、公开和科学。11月1日起,纳税评估系统V2.0版在全市国税系统正式运行。全市纳入纳税评估系统的纳税户2801户,筛选出疑点户8238户次,人工案头审计4119户次,约谈举证853户次,实地核查170户次,移交稽查36户,补缴、查补的税款、滞纳金、罚款共计376.9万元。2007年,市局将省国税局考核的64个基础数据质量指标和32个征管质量指标分解到各相关责任部门,明确各部门工作职责,以文件形式明确数据及征管质量发布时间、频率,重申各项指标检测、监控措施、强化按日、按旬、按月监测制度,及时发现错误,进行修正。2008年,推广运用国家税务总局版个体工商户计算机定额核定系统。各县(市、区)国税局年初陆续成立纳税评估科,于4月底完成综合征管系统所需的税务机构和人员调整设置工作。彭泽县国税局采用“投入产出法”“能耗分析法”测算出企业详细而准确产品数据值;直属分局结合实际,探索性开展“项目评估”纳税评估方法,提高评估工作的精准性。全年共对1085户企业进行纳税评估,评估“两税”税款2986万元,调增应纳税所得额4317.03万元,滞纳金79.05万元,冲减留抵及可抵退税额1144万元。对管理较为成熟的非金属矿、小型电力、石材制品3个特色行业制定行业税收管理办法在全市进行推广。7月1日,全市正式运行纳税评估管理信息系统(V 3.0)版,同时推广运用国税总局版个体工商户计算机定额核定系统,进一步规范个体定税流程。2009年,全面落实小规模纳税人增值税征收率下调为3%政策,市局做好事前测算准备,事中督促落实,事后检查到位。下发《九江市国税局关于进一步加强酒类商品税收征管的通知》,推广修水县国税局加强酒类商品税收征管做法,进一步加强全市酒类商品税收征管。开展行业评估,提高行业征管质量。市国税局选送“纺织企业纳税评估模型”获得国家税务总局举办“百佳”行业纳税评估模型奖;选送部分案例参加省局开展的纳税评估案例评奖活动并获奖。

2010年,查找出征管业务风险点,将风险划分为高、中、低3个等级,实行分类施策、分级防控,对不同等级风险点,分别制定相应防控措施;加强对建安工程耗用材料涉税管理,实行工程项目备案管理制度和工程耗用材料发票审核查验管理制度,全年入库税收1200万元;对耗能企业实行“以电控税”和有针对性的评估,仅此就入库税收960万元;下发《九江市国家税务局纳税评估优秀案例评选方法》,规范评估案例评奖机制,规范案例格式、评分标准、入围标准和奖励标准。组织24户重点企业开展专项纳税评估,评估出税款1111.39万元。全年共评估企业665户,评估补税322户,评估入库收益4718.14万元,冲减留抵116.88万元,冲减可抵退税17.85万元,调减亏损企业所得税税额2183.65万元,入库滞纳金63.37万元。

## 三、征管信息化

**软件应用与开发** 软件应用:1991~1993年,全市税务系统信息化建设进入初步应用阶段,“征管、检查”分离和纳税人主动申报纳税征管模式使计算机成为税收征管辅助工具。1994年起,“分税制”财税体制改革后,建立以增值税为主体流转税体系。当年,市国税系统使用的软件有“税收会、统、票处理系统"1种。1996年开始,随着基层税收管理系统和防伪税控系统(单机版)试行和推广,征管软件种类和使用范围逐步扩大。2001年7月,金税工程二期在全市推广应用;2002年12月,办公自动化,公文处理系统在市国税系统运行。2003年7月1日,中国税收管理信息系统(英文缩写CTAIS1.0)在全市成功上线。2004年,防伪税控网络版软件和多元化电子申报纳税系统分别于3月、4月在全市开始推广。2007年6月,推广网络版财务管理软件V2.2,2008年1月1日起开始单轨运行。

2010年年底,市国税系统推广运行的征管和行政管理等软件共24种,使用征管软件的基层征收单位数17个。

软件开发:1994年后,市国税系统软件应用以上级推广为主。2003年起,市局机关杨复煦自行组织开发"金税工程数据采集预警系统""货运发票数据采集监控系统""二手车销售监控平台""增值税专用发票信息企业端采集系统"在全市国税系统应用,有的系统软件被推广到全省国税系统应用,并先后获省、市科技进步三等奖、一等奖。至2010年年底,市国税系统共自主开发各类应用软件4种。

**网络建设** 1995年起,对所属各县(市、区)国税局计算机局域网建设,1997年,全市16个县(市、区)级国税局和市局机关计算机局域网建设完成。

2001年,市国税局与县(市、区)局的计算机广域网全部开通运行,完成市局到各县(市、区)局联网,为增值税专用发票稽核与协查创造条件。2003年,5月,建成全市国税系统信息处理、数据中转和网络管理中心,市局到省局4M的SDH线路、市局到县局2M主线路和64K备份线路,市局到农村分局128K三级广域网体系,完全建成全市国税系统"信息高速公路",支持中国税收征管信息系统、防伪税控系统(网络版)、出口退税信息系统、公文处理系统等软件的信息传输。2004年,初步构建全市信息安全体系,架设市到省之间的联想网御防火墙、IDS(入侵检测系统)、市局集中管理的诺顿防病毒系统和NETVIEW网络管理系统。2006年,部署建设市局到省局、市局到县局三级税务网络视频会议系统,在全市14个基层单位开通运行。2007年,完成二期信息安全体系建设,增设市局与县局之间的防火墙,应用瑞星防病毒软件、WSUS和VRV桌面安全防护系统。

2009年11月,随着税收信息化建设工作不断深入,市国税局提高网络通信速率和质量,增强广域网通信线路的备份能力,对网络进行升级改造,实现从市局与县局两条2M带宽SDH线路连接。至2010年12月31日,全市国税系统投入运行的局域网45个,上网运行工作站1340个,计算机广域网联通节点45个,覆盖面由县级税务机关拓展到所有税务分局。

**数据管理** 市国税系统税收数据管理工作始于2002年。伴随金税工程发展,2002年3月出台《九江市金税工程数据安全管理办法》,明确数据管理内容主要包括数据管理权限,数据备份与恢复要求。2003年,中国税收管理信息系统(CTAIS 1.0)版在市国税系统上线运行。数据管理工作得到加强。同年印发《九江市国家税务局CTAIS系统运行管理暂行办法》,提出数据分类、数据管理采集、监控维护、应用4个环节。数据分析利用初见雏形。

2006年,中国税收管理信息系统(CTAIS 2.0)省局集中版在江西省国税系统上线运行。数据逐步集中到省级,防伪税控各子系统、出口退税审核系统、电子多元化申报系统、增值税专用发票稽核系统、增值税专用发票协查系统相继集中到省局。数据分析利用代替数据管理成为全市国税系统信息化建设方面重要工作。税收基础数据质量列入目标管理考核,考核指标内容根据省局要求每年进行调整和修订。成立市国家税务局税收基础数据与综合征管质量业务处理小组,加强对税收基础数据与综合征管质量各考核指标监管和协调。

2007年起,市国税局集中技术力量和业务骨干,由信息中心牵头开发《九江市国税局综合税收征管质量监控分析系统》。该系统整合增值税专用发票数据、"四小票"数据、防伪税控系统数据、涉外企业所得税系统数据、车辆购置税数据系统数据。对征管各率、发票监管、税源分布等情况按日监控分析。随着税收管理信息化逐步深入,市局侧重于将全市税收指标、财务指标、经济指标进行横向和纵向对比分析;分析重点税源企业纳税申报真实性和准确性,为纳税评估、税源管理、税务稽查提供疑点纳税人清单;分析当前税收工作中难点、焦点和热点问题,提出有针对性建议和措施。县级局税收分析侧重于对纳税人综合分析,分析税收征管中异常情况,为纳税评估、税务稽查人员提供详实案头分析资料,为税收管理员提供监控核查线索;分析基层人员工作量和执法质量,为目标考核提供依据。

## 四、征管制度

**税务登记** 1991 年 10 月至 1992 年春节前,市税务局依据国务院、省、市政府关于开展 1991 年税收、财务、物价大检查通知要求,在全市开展大检查,检查范围包括国营、集体企业,企业集团,行政事业单位和团体在 1991 年发生违反财经法规问题,以及 1990 年未检查、未纠正违反财经法纪问题,个别性质严重,情节恶劣违纪案件可追溯到以前年度。检查内容按照国务院通知规定的 10 个方面进行。全年自查和重点检查共入库税收 887 万元。组织对地方税和个体户税收专项检查,共查补地方税 366.5 万元,个体户税款 416.6 万元。

1992 年,全市税务系统个体税收和零散税收分别比 1991 年增收 617.5 万元和 924 万元,分别增长 15.3%和 24.8%。1993 年,对个体、集贸税收开展两次专项检查,共查补税款 362.78 万元,查出漏征漏管户 808 户,其中万元以上户 9 户,补罚税 38.75 万元。1994 年 3 月,开展税务登记证换证工作,全市换发税务登记证 37500 户,清理出 1000 余户漏管户和假国有、集体企业。1995 年,市国税局搞好零散税收征管,建立和完善零散税收征管措施,下达个体、集贸税收增长目标。针对一些行业个体户税负偏低情况,对个体户税负适当予以调整。全年清理漏征漏管户 6718 户,有效堵塞个体户和集贸税收的流失,全年个体、集贸税收分别入库 7218 万元和 3481 万元。1996 年,对全市外商投资企业和外国企业税务登记证进行年检。1997 年,对挂靠户、分支机构清理检查。全年个体户清查行动中,清理未办证户 2689 户,补税 19.4 万元,罚款 15 万余元。1998 年,开展漏征漏管户清查工作,全市共成立清查组 68 个,清理漏征漏管户 1482 户,补税 97.74 万元,罚款 28.01 万元。1999 年,市国税局探索"户籍式管理",在九江县试点,该县纳税户申报率 100%,入库率平均递增 3%,达到 99.9%。在全市推广武宁县对个体户实行"户籍式"管理经验,全市对 24688 个门店编制号码,其中国税征管户 13885 户,个体户实行"户籍式"管理后,经抽查,全市有 14 个征收单位的个体户税务登记率达到 100%。3 月和 7 月,组织全市国税系统对个体户进行清理,查出漏管户 467 户。

2000 年,下发《九江市国家税务局关于进一步加强税务登记管理的通知》,加强对特种行业税务登记、薄弱环节的管理力度及非正常户的监控管理。2001 年,扩大"户籍式"管理,将砂石行业和个体私营经济列入专项检查,入库砂石行业税款 200 余万元,个体私营经济税收 10057 万元。市局全年开展税务专项检查,清理漏征漏管户 1416 户,补税 72.5 万元。2002 年,市局成立集贸市场专项整治工作领导小组,全市共组织检查组 16 个,对 56 个集贸市场及城区个体户开展清理整顿,共清理漏征漏管户 514 户,调高业户定额 2101 户,调低 84 户,平均调整幅度为 9.8%,建账户数 972 户,查补税款、滞纳金及罚款合计 31.7 万元。2003 年,以加油站和集贸市场专项整治工作为重点,协调好与地税、工商、银行等部门的信息传递关系,从源头上加强税收控管,按照国家税务总局和省国税局对开展商品交易市场专项整治工作,专项整治期间,全市共组织检查组 17 个,检查人(次)165 人,共清理漏征漏管户 550 户,查补税款、滞纳金及罚款合计 43.422 万元。调整业户定额 5955 户,调整幅度为 13.8%。2004 年,对流动性较强个体税收和零散税收,建立税源管理联系机制,完善和规范户籍管理工作,组织力量按地段逐户清理登记,清理漏管户 1050 户,查补税款及滞纳金 14.4 万元,罚款 5.2 万元。完善国税、工商、地税联席制度,通过与工商信息交换,全市共比对出登记差异 2395 户,补办税务登记 334 户。2005 年,重视对市行政服务中心办证窗口管理工作。要求按月与地税办证窗口进行税务登记信息交换,每月把《中心办证汇总表》《地税办证而国税未办证情况表》及时发布在市局 FTP 网上,市区 4 个国税(区)分局按月清理核对,提高市区税务登记率。2006 年 8 月 1 日起,开展换发税务登记证工作,下发《关于做好统一换发税务登记证件工作通知》,就换证工作做具体安排。统计应换发登记证 25111 户,实际换发税务登记证 25110 户,其中发放税务登记证23316户。开展漏征漏管户清理,共清理漏征漏管户3347户,补税51.8万元,滞纳金1.04万元,罚款4.004万元。2007年,注重户籍管理,密切与工商、地税、技术监督等部门的配合。通过各种形式加强信息交流与传递,坚持税务登记信息比对制度,同时确保税务登记内容录入质量,切实把好税收管理源头入口。2008年,对集贸市场和有出租柜台大型商场个体工商户,已办理工商营业执照的,主管国税机关及时办理税务登记,纳入正常管理;对未办理工商营业执照的,主管国税机关及时将相关信息传递给同级工商部门。争取部门间的相互配合、相互支持,严格依法办事,减少漏征漏管户。2009年,制定《九江市国家税务局注销登记管理办法》,规范全市注销税务登记管理工作,推出京九黄氏批发大市场为集贸市场样板单位,以推动全市集贸市场税收管理。

2010年8月,与市地税局建立联合办证工作机制,实行国、地税联合办理纳税人税务登记,优化联合办证工作流程,实现联合办理税务登记"五统一、二降低、一提高"的目标。全年国、地税联合办证纳税户3615户,其中新办开业登记2290户,变更登记1325户,共为纳税人节约办证工本费53413元。

**2001~2010年市国税系统税务登记一览**

表36-1-10　　　　　　单位:户

| 项目 | | 2001年 | 2002年 | 2003年 | 2004年 | 2005年 | 2006年 | 2007年 | 2008年 | 2009年 | 2010年 |
|---|---|---|---|---|---|---|---|---|---|---|---|
| 合计 | | 32729 | 32378 | 24269 | 28085 | 30174 | 30260 | 30066 | 29841 | 28104 | 32969 |
| 内资企业 | 内资企业 | 1705 | 1500 | 1144 | 1055 | 1029 | 714 | 644 | 610 | 503 | 499 |
| | 集体企业 | 1982 | 1344 | 867 | 850 | 735 | 490 | 380 | 345 | 296 | 311 |
| | 股份合作企业 | 138 | 156 | 238 | 257 | 242 | 214 | 187 | 173 | 134 | 140 |
| | 联营企业 | 7 | 4 | 3 | 3 | 3 | 3 | 2 | 2 | | |
| | 有限责任公司 | 455 | 780 | 892 | 1218 | 1496 | 1896 | 2294 | 2706 | 2983 | 4361 |
| | 股份有限公司 | 279 | 81 | 103 | 123 | 138 | 176 | 169 | 198 | 207 | 218 |
| | 私营企业 | 519 | 915 | 1080 | 1314 | 1525 | 1764 | 1984 | 2192 | 2230 | 3019 |
| | 其他 | 14 | 39 | 56 | 77 | 102 | 71 | 95 | 99 | 96 | 81 |
| | 小计 | 5099 | 4819 | 4383 | 4897 | 5270 | 5328 | 5755 | 6325 | 6449 | 8629 |
| 港澳台商投资企业 | | 102 | 119 | 137 | 226 | 236 | 219 | 213 | 221 | 190 | 273 |
| 外商投资企业 | | 53 | 64 | 85 | 104 | 132 | 136 | 139 | 141 | 138 | 87 |
| 外国企业 | | | | | | | | 1 | 1 | | |
| 个体经营 | | 27446 | 27367 | 19662 | 22844 | 24526 | 24577 | 23956 | 23153 | 21313 | 23870 |
| 其他 | | 29 | 9 | 2 | 14 | 10 | | 2 | | 14 | 110 |

说明:均为年末数

**纳税申报**　1991年,市税务局在瑞昌市、永修县、德安县、直属分局进行征管改革试点,增强试点单位纳税人依法纳税意识,主动申报上门缴税面达到应申报户数95%。1992年,抓好主动申报纳税和上门缴税,继续推进征管改革。1993年1月起,实施《中华人民共和国税收征管法》。在城镇基层征收单位设立纳税大厅,在直属分局、浔阳区、庐山区、德安县等13个基层征收单位推广微机开票,全市纳税人按时申报率达100%,按期入库面达98%,按期入库率企业达95%以上,个体户达100%。

1994 年,市国税局规范固定工商业户到外县(市)销售货物或提供应税劳务行为,要求凡固定业户到外县(市)发生销售货物或提供应税劳务行为的,应向所在地主管税务机关申请开具《外出经营税收管理证明单》,回其所在地主管税务机关申报纳税。1995 年,推行“纳税申报、税务代理、税务稽查”三位一体征管新模式,逐步取消专管员管户制度。各地设立办税大厅 16 个,纳入大厅管理的纳税户数 36974 户,其中企业 15638 户,占城区企业总户数的 98.5%,个体户 21236 户,占城区个体户总数的 93%,企业主动申报面达 95.4%,个体户申报面 93.2%,通过大厅入库税款每月平均占总税款的 91.2%。改进申报方式,对所有纳税人实行“三色”申报,采用“蓝、黄、白”3 色申报表,进行动态管理。对使用蓝色申报表纳税人,可参加“纳税先进”评选,连续 3 年被指定使用蓝色申报表的,在税务稽查中不作为重点检查对象,一年只检查一次或免予检查;使用黄色申报表的,每年应检查一次以上;使用白色申报表的,应列入重点检查对象,每年至少检查两次。鼓励诚实纳税,建立激励机制。

1996 年,做好“三自办税”试点,推行“三色”申报,对纳税人逾期申报和纳税人的催缴工作。每月纳税期满后 3 日内,办税厅将逾期申报名单打印交催缴部门,当月催缴完毕后,反馈大厅,同时利用行政处罚手段,促使纳税人主动到办税厅纳税。1997 年,全市国税系统在农村分局试行分类申报方法:在分局所在地实行上门申报,在乡镇所在地实行定时定点征收,在乡镇外的偏远地区实行巡回结算式征收。1998 年,全市通过办税大厅的申报率得到提高,申报面达 90%以上。申报方式也呈多样化,IC 卡申报缴税,邮寄申报初步试行,同时全市农村分局也建立起办税大厅,基本实行上门申报纳税。1999 年,市局要求各县(市、区)局对照“十率”考评标准,提高申报率和入库率,建立动态考评机制,按期申报率超过省局标准。

2000 年,市国税与银行部门合作,开发出银行网络与基层税收管理系统实现数据转换软件,在浔阳区、开发区、庐山区国税局率先实行刷卡缴税。2001 年,全市实行上门申报、银行代收、委托代征等申报方式,推行刷卡申报,刷卡申报 8000 户,缓解征收期纳税人过度集中与征管人手不足矛盾。2002 年,印发《关于推行多元化电子申报缴税方式的实施意见》,从实施范围、总体目标、基本原则、申报方式及适用范围、技术要求、配套措施、实施步骤、相关问题处理意见等 9 个方面作全面规定,同时确定中国建设银行九江市分行及各县支行为合作单位,推进全市多元化电子申报缴税工作进程。2003 年 10 月 1 日,正式在全市国税系统全面启动税收“一窗式”管理服务。2004 年,依托综合征管软件,推行省级多元化电子申报缴税系统。6 月 1 日,电话语音、网点代扣成功运行,代表着多元化电子申报系统在全市正式启动,9 月 1 日网上报税开通。全年全市共发行多元化电子申报 6395 户,其中:电话语音 803 户,网点代扣 5398 户,网上报税 194 户,累计申报 19645 户次,扣缴税款 1519 万元。多元化申报缴税,在技术上实现纳税人、税务、银行、国库“四位一体”申报缴税电子信息管理;在业务上将银行、国库涉税电子信息与税务电子信息纳入一体化管理,提高涉税电子数据管理水平;在数据处理方式上实现申报数据实时转换、缴款数据实时入库、入库数据实时销号对账的在线处理功能。缩短纳税人报税时间,降低纳税成本。2005 年,继续推行多元化电子申报,税收征管信息化和纳税服务水平得到提升。尤其是网上报税实现,减少大厅纳税评估资料录入工作量。2006 年,推广多元化电子申报纳税方式。12 月底前,增值税一般纳税人计算机申报面达 50%以上;电话申报、银行网点申报及上门申报电子扣款 3 种方式推广面达 80%以上。2007 年,全市国税系统增值税一般纳税人计算机网上申报率达 81.69%,非增值税一般纳税人多元化电子申报率为 61.75%。2008 年,市局与市中国银行、工商银行、建设银行和农业银行联合发文,进一步明确银税部门职责,密切协作,推广多元化申报。2009 年,推广发行面,方便纳税人办税,市局要求凡新办税务登记纳税人均纳入多元化申报发行对象,并在开业 5 日内办妥多元化申报发行手续。

2010 年,全市 15485 户采用多元化电子申报方式,其中网上申报 3425 户,电话语音 4057 户,网点代扣 8003 户,2006~2010 年,通过多元化系统申报成功 38.76 万户次,扣款达 23.73 亿元。增值税一般纳税人计算机网上申报率达 94%,非增值税一般纳税人多元化申报率 59%。

**税务检查** 1991年,全市开展税收大检查和个体户专项检查,净化税收环境,组织企业、单位自查,当年共补报税款(基金)296万元,并对2278户企业单位进行重点检查,重点检查面达34%,查补税款(基金)882万元。

1992年,全市税务系统自查户数27070户,自查面100%,自查补税189.6万元,重点检查11525户,重点检查面达42.6%,查补税款825.8万元。1993年上半年,抓汇算缴清结算工作,各级稽查机构共对3157户企业进行所得税汇缴,查补所得税587.5万元,对1215户增值税企业进行结算,查补增值税615.2万元,"两金"174.1万元,对9户外商投资企业进行汇缴,全年征收工商统一税200万元。1994年9月,实行税制改革,分设机构,市税务局稽查大队更名为市国家税务局稽查分局,各县(市)局、直属分局成立县(市)国税局稽查分局(所)。同年,市局稽查分局围绕以组织收入为中心,参与各税汇算清缴,外查偷、逃、抗、骗税行为,内促征收管理,全年共查补偷漏税款268.5万元。1995年,建立健全各项规范化税务稽查及内部管理制度,实行"三审一会制",开展审计式稽查,通过对178户企业新税制执行情况的检查,对6起群众举报案件进行查处,共查补各项工商税款4501.48万元。1996年,税务检查的形式为日常检查、专项检查、专案检查。全市对6410户纳税人进行审计式稽查,查处违章案件121起,查补税款9634万元,加收滞纳金162万元。1997年,围绕强化税务稽查,突出"重中之重"。实行稽查工作流程四分离运行机制,把稽查工作重点放在对重点企业、重点行业、税负偏低商业企业、负申报企业与个体户专项检查上,加大对偷、抗税查处力度,规范稽查工作制度,提高微机选案的比重,开展税收大检查,不断优化税收执法环境。当年检查企业142户,查补税款1838.25万元,进行税务违章处罚96.46万元。1998年,在提高稽查"三率"上下功夫,全市国税稽查部门查补税款率、罚款率、入库率分别达3%、18.6%、94.4%。对重点税源大户和偷、骗、逃、抗税案进行查处,全市检查2871户企业,其中36户重点税源企业,占全市重点企业56%,共查补税款3015.4万元。同时,市局与公安部门的密切配合,加大打击力度,全市查处81起偷税案,补税86.5万元,罚款75万元。1999年,围绕稽查"六率",加大考核力度,建立大案、要案公告制度,设立稽查收入专户和税务案件举报奖励基金专户。重点开展对电力、金融保险、证券、商品出口供货等行业和企业进行专项检查,共检查企业114户,查补税款197万元,罚款15.4万元。

2000年,加大稽查考核力度,建立大案、要案公告制度,确保案件定性和处理准确。全市查补收入入库率、处罚率和滞纳金加收率分别为91.8%、25.1%、2.9%,各级稽查部门开展对烟草、证券、供电、金融、电信行业的专项检查。并根据省局要求,对"807""402"专案进行协助调查。2001年5月,市国税局稽查分局变更为市国税局稽查局后,充分发挥稽查内促征管,外堵偷漏职能。稽查部门着重查处九江华泰实业有限公司虚开和接受虚开专用发票案、九江创景经贸有限公司骗取专用发票和金税"两卡"案、涉及北京陈某特大倒卖虚开增值税专用发票案。查处杨某涂改专用发票并虚开偷税案,移送司法机关处理。同年,检查纳税户1885户,查补税款2818万元,罚款452万元,加收滞纳金60万元。2002年,以专项检查为重点,对烟草、证券、石化、加油站、酒类、电力和跨地区关联企业等行业进行专项检查,制订《查处重大涉税案件奖励办法》,兑现奖励。在省局稽查局指导和市局稽查局督办下,浔阳区国税稽查局利用金税工程协查系统及时发现并查处市对外贸易公司和市汇力贸易发展有限公司涉嫌虚开增值税发票案,查实两公司虚开和接受虚开增值税专用发票262份,税款398万元,移送司法机关,为国家挽回损失200多万元。全年检查1925户纳税人,查补税款1584万元,加收滞纳金560万元,移送司法机关11起,有2人被判刑。2003年5月,根据省局《税务稽查工作规程》,市国税稽查局先后制定《九江市国税稽查局税务稽查审理规程》《九江市国家税务局大案要案管理实施办法》《九江市税务稽查案件复查办法》《九江市重大税收违法案件督办制度》《九江市国家税务局查处大案要案奖励办法》等制度,规范执法行为,完善管理办法,调动办案稽查人员找案、办案积极性。

2004 年，推行“一级稽查”运行机制。查处德安华昌化建有限公司虚开增值税专用发票及偷税案，补税、罚款计 16.46 万元；查处九江天富安物资贸易有限公司虚开增值税专用发票及利用虚假海关完税凭证抵扣税款案，查实其接受虚假完税凭证 6 份，价税合计 422.82 万元，税金 61.43 万元，虚开增值税专用发票 39 份，价税计 431.09 万元，税金 62.63 万元。查处市金南科贸有限公司利用虚假海关完税凭证抵扣税款及虚开增值税专用发票偷税，查实其接受虚假海关完税凭证 23 份，价税计 1804.641 万元，税金 262.21 万元。虚开增值税专用发票 33 份，价税计 1819.03 万元，税金 264.3 万元，3 名涉税犯罪份子被刑拘，此案被国家税务总局列为督办。全年检查 686 户企业，查补总额 3402 万元(其中税款 2229 万元、滞纳金 100 万元、罚款 1073 万元)，比 2003 年同期增加 813 万元，增长 31.4%，其中，市本级查补税款总额 1855 万元，占查补总收入的 55%。查处大、要案 14 起，查补税款合计 1242 万元，8 起案件依法移送司法机关，6 名涉案人员被刑事拘留。2005 年，全市国税稽查部门提升稽查质量，查补税款 5983 万元，市本级检查 120 户企业，查补税款 2885 万元。同时保持协查系统高质量运行，累计按期回复率 100%，受托协查准确率 100%。2006 年，继续查处涉税案件、加大案件查处力度、规范大要案件报告及督办制度，重点打击涉税违法行为。1~10 月，检查 1318 户，立案 810 起，移送公安 3 起，刑拘 1 人，查补税款总额 5314 万元，其中税款 4042 万元，滞纳金 100 万元，罚款 1172 万元，同比增长 30.18%。同时，完善《查处重大涉税案件评选办法》《与管理局衔接办法》等 11 项稽查工作制度，补充完善《九江市国家税务局分级分类稽查实施办法》，进一步健全稽查工作体系。2007 年，实行“分级分类稽查”与“查管互动”机制。修改《市稽查局与市区管理局工作衔接办法》，继续将管理局向稽查局移送的案源件数作为一项硬指标列入《九江市国税局工作目标管理考核办法》，促进“分级分类稽查”与“查管互动”机制的良性发展。市局成立税收专项检查领导小组，对辖区内的食品、药品生产加工企业，中国银行下属企业，石油、石化行业，设备制造业等 14 个行业的 320 户企业进行专项检查，共计查补税款 5093.94 万元。2008 年，集中整治发票违法活动。在宣传发动、设立举报电话、全面清查辖区内小印刷厂等前期工作基础上，与市公安局、市地税局联合开展发票违法专项整治行动。市局与公安部门协作侦办案件 4 起，抓获犯罪嫌疑人 7 名，捣毁制售贩卖假发票窝点 2 个，打掉团伙 1 个，缴获各类真假发票 2675 份，追缴税款 132 万元。其中，市局稽查局查处九江市某物资贸易有限公司开具假发票案，于 11 月 25 日在中央电视台《东方时空》法治在线节目中播出。2009 年，坚持以税收专项检查和涉税案件查处为重点，大力整顿和规范税收秩序，促进各项工作科学发展。全年检查企业 477 户，查补入库税款 5176.58 万元，占省局分配计划任务数 105.64%。其中市本级检查企业 198 户，查补税款 3969.98 万元，占省局分配计划任务数 81.02%，充分发挥一级稽查作用。

2010 年，全市检查企业 193 户，组织 239 户企业进行自查，共计查补入库税款 1.446 亿元，首次突破亿元，占省国税稽查局下达年稽查收入任务 121.5%，比 2009 年全年增收 9286 万元，增长 179.4%。大要案件查处工作。立案查处税收违法案件 183 起；查处百万元以上税款案件 8 起，查补收入 4413 万元。共受理涉税举报案件 6 件，查补税款 12.55 万元；通过协查系统受托协查 106 户次，收到发票 1240 份，涉税金额 13331 万元，涉及税额 2243 万元，受托协查准确率及累计回复率达 100%。其中市国税局稽查局先后依法查处九江美能实业有限公司出口骗税案，取保候审 1 人，网上追逃 2 人，追回被骗税款 558 万元、银行贷款 600 万元，停止出口退税 1229 万元；查处常州“1.14 案”、江苏泗洪案，涉及九江 4 家企业接受虚开专用发票 597 份，价格 5878.6 万元，税额 999.3 万元；查处江西新都电子公司接受虚开黄金专用发票 6 份，价格 2188 万元，骗取抵扣税款 372 万元；查处省局督办的“603 专案”，查实该案涉及九江 13 户纺织企业，涉嫌虚开专用发票 125 份，价税计 2485.82 万元。

1991~2010年全市税收检查一览

表36-1-11 单位:万元、起

| 年份 | 检查成果 | | | | 移送案件 |
|---|---|---|---|---|---|
| | 合计 | 税款(基金) | 罚款 | 滞纳金 | |
| 1991 | 882.00 | 882.00 | | | |
| 1992 | 825.80 | 825.80 | | | |
| 1993 | 2376.58 | 2376.58 | | | |
| 1994 | 268.50 | 268.50 | | | |
| 1995 | 4501.48 | 4501.48 | | | |
| 1996 | 9796.00 | 9634.00 | | 162.00 | |
| 1997 | 1934.71 | 1838.25 | 96.46 | | |
| 1998 | 3090.40 | 3015.40 | 75.00 | | |
| 1999 | 880.37 | 821.57 | 58.80 | | |
| 2000 | 466.21 | 442.21 | 24.00 | | |
| 2001 | 3330.00 | 2818.00 | 452.00 | 60.00 | |
| 2002 | 2144.00 | 1584.00 | 560.00 | | 11 |
| 2003 | 3558.00 | 2677.00 | 804.00 | 77.00 | 2 |
| 2004 | 4494.00 | 2927.00 | 1416.00 | 151.00 | 9 |
| 2005 | 5983.00 | 3931.00 | 1896.00 | 156.00 | |
| 2006 | 17693.00 | 11590.00 | 5699.00 | 404.00 | 3 |
| 2007 | 8550.32 | 7849.80 | 597.07 | 103.45 | |
| 2008 | 5921.11 | 5145.64 | 279.48 | 495.99 | |
| 2009 | 5176.58 | 4969.83 | 157.42 | 49.33 | |
| 2010 | 14642.10 | 14455.30 | 146.13 | 40.75 | |

## 五、税收服务

**服务平台** *办税服务厅*:1993年1月1日起,市税务局在城镇基层单位设立办税大厅,至1995年9月,全市国税系统推行纳税申报、税务代理、税务稽查"三位一体"征管模式。设立县(区)局办税大厅16个,纳入大厅管理的纳税户数36974户,其中企业15638户,占城区企业总户数的98.5%,个体户21236户,占城区个体户总数的93%,企业单位申报面达95.4%,个体户申报面达93.2%,推行蓝、白、黄3色纳税申报制度,区别对待,奖优罚劣。县城以上城区征收分局全面实现纳税人进入办税大厅申报纳税,通过大厅入库税款每月平均占总税款91.2%。1998年,全市办税大厅基本实行局域网络管理,通过计算机处理纳税额占全市收入总额的80%以上, 全市申报面达90%以上。申报方式呈现出多样性,IC卡申报缴税、邮寄申报、电子申报初步试行。全市农村征收分局建立办税服务厅,基本上实行上门申报纳税,偏远地区实行定时定点征收和委托代征制度。

2003年,全市设立县(区)局办税服务厅16个,作为纳税人办理涉税事务和提供纳税服务的内设机构和专业场所。全面应用税收征管信息系统软件,首次确立以市级局为中心的信息集中处理模式。负责税务登记、纳税申报、防税税控认证、报税、稽核、监测和税款征收、税款解缴、欠税公告、票证管理、税法宣传及涉税申请等涉税事宜。2005年,由国税部门负责征收车辆购置税,全市办税服务厅增至17个。2006年1月1日,省级集中版综合征管软件顺利上线运行,确立以省级局为中心的信息集中处理模式。

至2010年底,全市直接从事纳税服务工作人员183人,县(区)局办税服务厅16个(不含车购税分局办税服务厅),农村分局办税服务厅12个。

*电子网络办税平台*:2002年起,市局印发《关于推行多元化电子申报缴税方式的实施意见》,确定中国建设银行市分行及各县支行为合作单位,推进全市多元化电子申报缴税工作进程。浔阳区局作为试点单位,在4000多户双定户中全面推行刷卡缴税,普及面达90%以上。2004年,制定《九江市国税局CTAIS系统运行管理办法》,依托综合征管软件推行多元化电子申报缴税。对纳税人信息实行一户式管理,实现跨平台、跨县(区)、跨应用系统的数据应用。6月1日电话语音、网点代扣成功运行,9月1日网上报税开通。纳税人可以通过选择电话语音、网点代扣、网上报税等申报方式进行纳税申报,全年全市共发行多元化电子申报6395户,其中:电话语音803户,网点代扣5398户,网上报税194户,累计申报19645户次,扣缴税款1519万元。2005年,推广多元化电子申报,有多元化电子申报4165户,其中电话语音783户、网点代扣3192户、网上报税190户;累计电子申报34008户次,扣缴税款3171万元。

2008年,市局将新办税务登记纳税人均纳入多元化申报发行对象,并在开业5日内办妥多元化申报发行手续。全市增值税一般纳税人计算机网上申报率达到90%以上,非增值税一般纳税人多元化申报率达到65%以上。

**服务方式** *一窗式管理*:2003年,推行税收"一窗式"管理服务,优化大厅窗口设置。推行公开办税,做到"三公开,二统一",即"公开定税依据、公开定税税额、公开调整定额,统一定税程序、统一定税标准",集体审核,张榜公布。11月,在全省率先实行部分文书流转。全年为纳税人办理开业登记505户,纳税申报20145户,认证1327户,抄报税1273户,发售各类发票14544本。2004年,市国税系统办税服务厅全面推行"一窗一人一机"模式,涉税事项实行"一窗式"受理、"一站式"办结、"一户式"查询、"一条龙"服务。在办税服务厅实行首问服务、预约服务、限时服务、提醒服务、延时服务等多种服务,同时不断创新服务形式,设置特色服务窗口推出特色服务项目。2007年,市局对办税工作流程、工作质量、内部管理等环节监控,合理简化办税环节,实行首问责任制、限时办结制、预约服务制、登记备案制等系列服务制度,提高服务质量与效率。2009年,全市国税系统统一大厅窗口设置,对不具备通过综合服务窗口来统一办理各类涉税事项的,分别设置3类窗口,即一个"综合服务窗口"、若干个"管理服务"窗口、一个"专用发票窗口",要求开通为纳税信用等级A级纳税人、重点税源企业、残疾人、下岗再就业、需应急办理涉税事项等纳税人提供优先办税畅通渠道。2010年,对全市国税系统办税服务厅统一窗口标识、统一办税流程、统一区域划分、统一形象标识;规定各县(市、区)国家税务局办税服务厅设置综合服务、发票管理两类窗口;有条件的可通过综合服务窗口统一办理各类涉税事项,为纳税人提供"一窗式"服务;工作人员或涉税业务类型较少的农村分局可只设综合服务窗口。办税服务厅中有车购税业务的,另设"车购税服务"窗口。

*政务公开*:2000年起,市国税系统积极推广文明办税八公开,并将"八公开"推行到农村分局,公平税负。2005年3月,市国税局联合地税局在《浔阳晚报》公告2004年全市纳税百强企业名单及全市百强民营企业缴税情况,倡导诚信纳税。通过政府电子政务服务平台公布税收动态、最新涉税法规、办税流程等,创新服务方式,提供个性化、人性化服务。健全纳税人权益保护制度,完善税收服务投诉、举报受理处理制度。2007年,市局利用内外网络、电子触摸屏、公开栏、税务简报等载体公开税收执法事项和50项行政管理事项。

*税收宣传*:1992年4月,市税务局首次开展税法宣传月活动,利用广播、电视、报纸、墙报、文艺演出、设立税务咨询点等多种形式进行税法宣传,向全社会普及税法知识。1993年,以税收宣传月为载体,贯彻实施征管法。1994年1月23日全国新税法宣传日,市局班子成员同税务干部一道走上街头宣传征管法。2000年4月,全市国税系统开展以"税收与未来"为主题的税收宣传月活动。2001年4月1日,开展第十个税法宣传月活动,市国税局、地税局联合在市烟水亭广场开展争做纳税好公民大型签名活动。宣传贯彻新征管法,发放"依法治税、强国富民"宣传材料。组织人员参加10月全省举行的新征管法知识

考试。2005年,市局税务学会主编的《九江税务》更名为《税收调研》,宣传税收政策、纳税服务理念。2007年,“九江市首个普通发票刮奖万元大奖颁奖活动”在江西卫视、九江电视台、《九江日报》《浔阳晚报》等媒体报道。2010年,全市国税系统开展“百名局长千名税干入万户送税法”主题系列活动,由市局局长带队,送税法到重点税源企业,座谈了解企业需求,解答涉税问题,诚恳征求意见和建议;市局印制《纳税人权利与义务公告》宣传册4000份,通过纳税服务场所和下企业宣传等方式向纳税人免费发放。

税收服务直通车:2009年,制定《九江市国税局重大投资项目审批绿色通道实施办法》,对重大投资项目办理涉税事项实行“三优先”,对全市18户支柱产业的龙头企业、重点税源企业开通“税收服务直通车”,市局班子成员分片分户开展走访服务,对企业提出的12条服务需求全部予以解决落实。2010年,开展税企联系服务点活动,从各地重点税源企业、行业龙头企业、重大招商引资企业或具有较大影响力的企业中选择39户企业为县局税企联系服务点对象,建立协调解决相关涉税问题的长效机制。

纳税信誉等级:2001年起,市局制定纳税信誉等级制度实施办法,评定出特级纳税信誉企业30家,一级纳税信誉企业81家。在领购发票、税务稽查、减免退税等涉税事宜上实行区别对待、分类管理。2004年,按照总局《纳税信用等级评定管理试行办法》,推行信誉等级制度。市国税局与市地税局召开联席会议,经过自下而上评审、公示、复审等程序,与市地税局联合评定2002~2003年度A级纳税信用企业6户,B级企业97户。2006年,与市地税局联合评定2004~2005年度A级纳税信用企业17户,B级企业115户。2008年,与市地税局联合评定2006~2007年度A级纳税信用企业56户,B级纳税信用企业134户。2010年,与市地税局联合评定2008~2009年度A级纳税信用企业67户,B级纳税信用企业121户。

专业化税收服务:2009年10月起,成立纳税服务部门及纳税服务工作领导小组,市局设立纳税服务科,各县(市、区)共设16个办税服务厅(纳税服务科),负责纳税服务的主要工作。从政务公开、服务行为、服务质量、窗口管理四个标准化方面着手,进一步加强和规范办税服务厅建设。全市3个单位被评为全省国税系统“税收服务双十佳先进单位”,10人被评为“税收服务百佳先进个人”。2010年,开展星级创建活动,评选出4个四星级办税服务厅,5个三星级办税服务厅。利用第三方调查等渠道,收集纳税人对税收服务、税务管理、税收执法和税收政策等方面的意见和建议,“走出去”主动服务企业。

**税务中介**　1994年10月,实施《税务代理试行办法》,推行税收征管改革,适应“三位一体”税收征管模式。1995年4月,成立市税务师事务所,下设浔阳区、庐山区、直属代理部。同时,成立九江县、瑞昌市、武宁县、修水县、德安县、永修县、星子县、都昌县、湖口县、彭泽县、庐山风景名胜区、共青城12个税务师事务所。税务师事务所属内设事业机构,从事代理办税业务。1996年,市局下发《进一步规范税务代理工作的若干意见》,对人员、经费管理、服务、代理队伍的建设、代理档案资料管理等工作进行规范。税务代理工作步入正常轨道,全市成立税务师事务所13个,设代理部3个,配备正式干部59人,全面代理户数1656户,单项代理户数6811户。1998年3月,设立市税务师事务所涉外代理部。首批72人参加注册税务师考试。5月,成立市浔阳区税务师事务所、市庐山区税务师事务所、市开发区税务师事务所、市直属税务师事务所、市涉外税务师事务所。市税务师事务所下辖浔阳代理部、庐山区代理部、开发区代理部、直属分局代理部和涉外分局代理部予以撤销。1999年10月,市局全面实行税务代理五脱钩。对税务师事务所全部进行清理整顿,由国税机关派出的在职公职人员全部返回国税机关工作。同时,以10月30日为基准日,对上述税务代理机构进行清产核资,资产由各县(市)国税局收回。嗣后,上述13家税务师事务所予以解散。因此而中止原签订代理协议,不再为被代理人履行代理服务人,并由各县(市)国税局告知代理人,按月份比例退还已收取代理费。

2000年4月,九江县银河税务师事务所成立。2002年11月,彭泽县渊明税务师事务所成立,分别为有限责任公司。2002年底,市金桥税务师事务所(市、区)成立,金桥下设8个代理分部(浔阳区、庐山区、开发区、重企、修水县、武宁县、永修县、共青城代理分部)。2008年6月,德安盛兴合伙税务师事务所成立,为普通合伙企业。上述4家税务代理机构均由经省注册税务师管理中心批准,报国家税务总局注册税务师管理中心备案,省工商部门注册,每年均进行注册税务师行业年度年检。其业务为税务登记、申报纳税、税务咨询及代建账等常规项目，开展部分法定纳税鉴证业务。

至2010年年底，九江县银河、彭泽县渊明、九江市金桥、德安县盛兴、九江诚达5家税务师事务所共有从业人员71人，执业注册税务师18人，占总从业人员的25%。35岁以下从业人员22人，占人员总数31%；36~50岁人员40人，占人员总数56%；51~60岁以上1人，占人员总数2%；60岁以上有8人，占人员总数11%。全市税务代理2076户，占总纳税户数6.4%；4家税务代理机构2009年、2010年合计营业收入分别为708万元、481万元。

## 第三节 减免退税

### 一、进出口减免退税

1994年，市进出口税收集中由省国税局管理，市(县、区)局主要是出口货物供货环节出口退税专用税票管理。对1993年12月31日前已批准设立外商投资企业，由于改征增值税增加税负的，由企业提出申请，国税机关审核批准，在已批准的最长不超过5年期限内，准予退还因税负增加而多缴纳的税款。同时，在黄金生产环节免征增值税。1994年1月1日以前，已征增值税税款退还纳税单位。出口退税政策是：外贸企业出口退税由企业向省局直接申报办理，外商投资企业出口货物免税，内资生产型企业出口货物绝大部分享受先征后退优惠政策，极少数实行免抵退税。出口供货税收政策是：实行出口退税专用税票管理，供货开票预征税款，由市局审核、审批多征税款退税。

2001年9月起，省局将出口退税管理权下放到市局管理。市出口企业登记49户，其中实行“免、抵、退”税方式36户，“先征后退”11户，免税2户。全年共办理出口退税750万元、免抵税额326万元。2002年，市出口企业90户，其中生产企业统一实行“免抵退”税管理。全年办理出口退税750万元，免抵税额1500万元。市局作为全省唯一试点单位完成出口退税审核子系统测试任务，当年启用出口退税审核子系统，同时市局设立网上电子信箱，建立税企联络平台。2003年，市出口企业94户，全年办理出口退税2817万元、免抵税额1022万元。实现出口退税信息化管理方式，出口退税申报、审核系统全面运行。九江针织服装集团批准为市唯一出口退税B类企业。2004年，市出口企业122户，全年办理出口退税3578万元、免抵税额3260万元，其中办理2003年度欠退税款1031.4万元，实现退税机制改革提出的“老账要还”目标。2005年，市出口企业170户，全年办理出口退税4507万元、免抵税额5719万元，退(免)税总量首次超亿元。健全出口退(免)税各项管理制度，开展纺织服装行业税收专项检查，实行退税服务公开承诺和一窗式服务，提出出口退税自受理正式申报之日起15个工作日审核完毕，核实的应退税款在退税指标下达后1周内退给出口企业。

2006年，市出口企业181户，全年办理出口退税7000万元、免抵税额6890万元。促成九江出口加工区落户并通过验收。实行退税管理员“一窗式、一站式、一户式、一条龙”服务，开辟出口退税“绿色通道”，对外贸出口企业实行全工作日敞开式申报制度。编写《出口货物退(免)税培训教材》，建立敞开式出口退税办税大厅，与商检部门建立出口货物原产地查验制度，按季实行《出口退税情况分析通报工作制度》，实行出口退税管理员A、B角交叉工作制，制定《九江市出口货物退(免)税税收管理员岗位职责及操作流程》。实现出口退税工作“基本情况清楚，基础数据准确，基本政策熟悉，基础资料完备，基本程序规范，基础制度健全”的六基目标。实现出口退税审核系统、综合征管软件、金税工程系统数据的有机融合。2007年，市出口企业185户，全年办理出口退税8300万元、免抵税额9400万元。对新办企业退税认定实行实地核查制。完善征退机关工作底稿制，将使用范围扩展到外贸企业。开展出口货物退税单证备案管理制度专项检查，推行退免税销售额考核。2008年，市出口企业227户，全年办理出口退税12000万元、免抵税额9200万元，退(免)税总量首次突破2亿大关。落实《江西省出口货物退(免)税评估管理办法(试行)》《江西省出口货物退(免)税工作规程》，运用出口退税函调系统开展函调工作。推广《江西省出口退税远程预申报系统》。2009年，全市出口企业266户，全年办理出口退税15400万元、免抵税额9900

万元。贯彻出口退税应对国际金融危机7次提高出口退税率新政策。为全市7户外商投资企业办理国产设备退税338.98万元。对8个县(市、区)局下放生产企业退税审核权限,建立重点出口企业联络员制度,扶持船舶出口企业,支持江西船舶工业发展。

2010年,市出口企业329户,全年办理出口退税24992万元、免抵税额14000万元,退(免)税总量首次达3亿元。免费发放“出口退税政策法规库”、《出口退税100问》《出口退税服务创业手册》,科学转变出口退税管理模式,实现市级集中管理向市、县二级共同管理模式的转变。至8月底,县(市、区)生产企业出口退税的审核权全面下放,下放面达到100%,通过退税评估和季度退税预警,核减九江思麦博运动器材有限公司2个抵减额691万元,核减退税235万元,补增免抵额260万元,对1户涉嫌骗税外贸出口企业,移送公安机关查处。

2001~2010年市国税局审批出口退税情况统计一览

表36-1-12　　单位:户、万元

| 年份 | 审批出口退税 | | 其中 | |
|---|---|---|---|---|
| | 户数 | 退(免)税额 | 免抵税额 | 退税额 |
| 2001 | 49 | 1076 | 326 | 750 |
| 2002 | 90 | 2250 | 1500 | 750 |
| 2003 | 94 | 3839 | 1022 | 2817 |
| 2004 | 122 | 6838 | 3260 | 3578 |
| 2005 | 170 | 10226 | 5719 | 4507 |
| 2006 | 181 | 13890 | 6890 | 7000 |
| 2007 | 185 | 17700 | 9400 | 8300 |
| 2008 | 227 | 21200 | 9200 | 12000 |
| 2009 | 266 | 25300 | 9900 | 15400 |
| 2010 | 329 | 38992 | 14000 | 24992 |

## 二、国际税收减免退税

2008年1月起,施行《中华人民共和国企业所得税法及实施条例》,在境内未设立机构、场所的,或者虽设立机构、场所但取得的所得与其所设机构、场所没有实际联系的非居民企业,适用税率为20%,减按10%征收非居民企业所得税。

2009~2010年,全市共为5户(次)非居民企业办理享受税收协定待遇优惠,减免非居民所得税64.7万元。

## 三、所得税减免退税

2004年,落实所得税优惠政策,为7户企业办理财产、呆账损失等税前扣除2764万元;为市农村信用社办理上交总机构管理费用税前扣除129万元;为中国建行九江分行上报省局审批呆账损失1547万元。落实财政部、国家税务总局和省文件精神,对2003年60户盈利企业和2004年76户农村信用社的免税资格进行审批认定,审批免税金额90.72万元。2005年,为12户企业办理财产、呆账损失等税前扣除1998万元;上报省局审批2户企业财产损失4559万元。落实省局文件精神,共为223户(次)农村信用社办理企业所得税减免。

2006年,为16户企业办理企业财产损失税前扣除事宜,税前扣除金额4174.41万元。由于农村信用社企业所得税实行征前减免,减免税期限延至2008年底。对农村信用社预缴的2006年一、二季度企业所得税税款,2006年10月31日前按规定予以退还。至12月底,为9户农村信用联社办理2006年度企业所得税征前减免,退还农村信用社一、二季度预缴税款249.43万元,使纳税人充分享受到国家税收优惠政策,扶持企业发展。2007年,为9户企业办理财产、呆账损失所得税前扣除事项的审批,税前扣除金额3048.86万元;办理10户农村信用社企业所得税征前减免。2008年,为9户企业办理财产损失税前扣除,税前扣除金额为2201.98万元;为13户农村信用社办理企业所得税征前减免。2009年,执行一系列所得税优惠政策,为8户企业办理财产损失2008年度税前扣除事项的审批,审批税前扣除金额1788.77万元。

2010年,为15户企业办理资产损失税前扣除事项的审批,审批税前扣除金额19586.28万元;全市有834户企业享受减、免、抵所得税优惠政策,累计减免税额8657万元;为12户企业办理加计扣除,加计扣除额为6389万元。

## 四、流转税减免退税

1991年,减免支持新产品开发工商税收1237.4万元;照顾企业生产经营困难减免税款1157.6万元;照顾民政福利事业减免税款24.6万元;照顾校办企业减免税款8.7万元;其他减免372.7万元。1992年,减免支持新产品开发工商税收1219.6万元;照顾企业生产经营困难减免税款598.1万元;照顾民政福利事业减免税款13.3万元;照顾校办企业减免税款7.4万元;其他减免1014.8元。1993年,减免支持新产品开发工商税收660.9万元;照顾企业生产经营困难减免税款313.6万元;支持新办企业减免税款156万元;照顾民政福利事业减免税款6.2万元;照顾校办企业减免税款0.3万元;其他减免928.4元。1994年,减免支持新产品开发工商税收57.6万元;支持外商企业生产经营减免税款29.7万元;支持新办企业减免税款1.1万元;照顾民政福利事业减免税款40.6万元;照顾校办企业减免税款10.2万元;农业生产资料减免税款0.2万元;其他减免289.7元。1995年,支持外商企业生产经营减免税款67.7万元;照顾民政福利事业减免税款58.9万元;照顾校办企业减免税款98.1万元;其他减免16.4元。

1996年,支持外商企业生产经营减免税款65.1万元;照顾民政福利事业减免税款63.4万元;照顾校办企业减免税款90.6万元;其他减免3214.1万元。1997年,支持涉外企业生产经营减免税款44.5万元;照顾民政福利事业减免税款108.1万元;照顾校办企业减免税款100.1万元;其他减免4812.8元。1998年,支持涉外企业生产经营减免税款49万元;照顾民政福利事业减免税款119.6万元;照顾校办企业减免税款105.3万元;其他减免3578.4元。1999年,支持涉外企业生产经营减免税款44.4万元;照顾民政福利事业减免税款122.9万元;照顾校办企业减免税款67.8万元;其他减免877.9元。

2000年,照顾民政福利事业减免税款56万元;照顾校办企业减免税款18万元;其他减免1333元。2001年,全年审批14户民政福利企业退还增值税税款21.78万元;校办企业15户,取消2户;确定21户废旧物资回收企业免税资格;审批森工企业6户,退还增值税74.28万元;资源综合利用企业5户,审核减免退增值税308万元。2002年,审批民政福利企业退税29户,退还增值税税款71.95万元;校办企业19户,免征增值税81.35万元;确定19户废旧物资回收企业免税资格,免征增值税91.27万元;审批森工企业6户,退还增值税97.96万元;11户饲料企业免征增值税395.51万元;89户国有粮食购销企业免征增值税1596.8万元;62户农业生产资料企业免征增值税2071.32万元;资源综合利用企业8户,审核减免增值税254.96万元。2003年,审批及上报森工企业退还增值税26.62万元;审批福利企业增值税先征后返增值税税款80万元;认定享受增值税优惠政策的校办企业23户,免征增值税89.87万元;认定软件产品企业2户,办理超税负退还增值税62.31万元;11户饲料企业免征增值税138.35万元;89户国有粮食购销企业免征增值税5872.61万元;67户农业生产资料企业免征增值税551.33万元;审批及上报建材行业资源综合利用企业退还增值税584.14万元;认定废旧物资回收经营单位25户享受免税资格,免征增值税 128.60 万元。2004 年,审批及上报 6 户森工企业即征即退增值税 28.1 万元;审批 28 户福利企业增值税先征后返税款 216.26 万元;认定软件产品企业 2 户,办理超税负退还增值税 80.20 万元;6 户饲料企业免征增值税 31.94 万元;67 户国有粮食购销企业免征增值税 2237.88 万元;67 户农业生产资料企业免征增值税 551.33 万元; 审批及上报建材行业资源综合利用企业退还增值税 310.71 万元;认定废旧物资回收经营单位 34 户享受免税资格,免征增值税 576.64 万元。2005 年,审批及上报 6 户森工企业即征即退增值税 19.97 万元;审批 28 户福利企业增值税先征收返税款 1138.41 万元;软件产品企业 1 户, 办理超税负退还增值税 57.75 万元;5 户饲料企业免征增值税 194.73 万元;47 户国有粮食购销企业免征增值税 1138.89 万元;42 户农业生产资料企业免征增值税 1147.90 万元;审批及上报建材行业资源综合利用企业减免退还增值税 602.09 万元;认定废旧物资回收经营单位 48 户享受免税资格,免征增值税 1731.9 万元;免征车辆购置税 41.43 万元。

2006 年,审批及上报 4 户森工企业即征即退增值税 7.26 万元;审批 31 户福利企业增值税先征后返税款 5015.81 万元;5 户饲料企业免征增值税 72 万元; 特殊教育学校 1 户免征增值税 11.17 万元;46 户国有粮食购销企业免征增值税 2305.35 万元;38 户农业生产资料企业免征增值税 1296.38 万元;审批及上报 11 户建材行业资源综合利用企业减免退还增值税 1409.9 万元;废旧物资回收经营单位 52 户享受免税资格,免征增值税 5664.81 万元;免征车辆购置税 159.37 万元。2007 年,审批 3 户森工企业即征即退增值税 58.71 万元;审批 32 户福利企业增值税先征收返和限额即征即退税款 5235.94 万元;6 户饲料企业免征增值税 83.85 万元;特殊教育学校 1 户免征增值税 12.40 万元;51 户国有粮食购销企业免征增值税 3812.66 万元;38 户农业生产资料企业免征增值税 514.55 万元;审批及上报 11 户建材行业资源综合利用企业减免退增值税 2530.39 万元; 废旧物资回收经营单位 52 户享受免税资格, 免征增值税 16081.95 万元;免征车辆购置税 231.42 万元。2008 年,审批 3 户森工企业即征即退增值税 192 万元;审批 32 户福利企业增值税限额即征即退税款 2830 万元;6 户饲料企业免征增值税 87 万元;51 户国有粮食购销企业免征增值税 5905 万元;37 户农业生产资料企业免征增值税 432 万元; 审批及上报 15 户建材行业资源综合利用企业减免退还增值税 3219 万元;废旧物资回收经营单位 69 户享受免税资格,免征增值税 23773 万元;免征车辆购置税 274.84 万元。2009 年,审批 2 户森工企业按 100%比例即征即退增值税 99.32 万元;审批 28 户福利企业增值税限额即征即退税款 1603.70 万元;6 户饲料企业免征增值税 115.96 万元;51 户国有粮食购销企业免征增值税 4954.99 万元;48 户农业生产资料企业免征增值税 372.48 万元;审批及上报 10 户建材行业资源综合利用企业减免退还增值税 1551.30 万元;免征车辆购置税 633.05 万元。

2010 年,审批 6 户森工企业 80%即征即退增值税 142.69 万元;审批 26 户福利企业增值税限额即征即退税款 1318.81 万元;6 户饲料企业免征增值税 457.17 万元;49 户国有粮食购销企业免征增值税 6200.32 万元;59 户农业生产资料企业免征增值税 430.78 万元; 审批及上报 13 户建材行业资源综合利用企业减免退还增值税 1309.63 万元;免征车辆购置税 955.72 万元。

## 五、再就业税收优惠

2003 年 1 月 1 日始,实施再就业税收优惠政策。12 月 4 日,下发《九江市国家税务局关于进一步做好和落实再就业税收政策的通知》,成立落实再就业税收政策领导小组。2004 年,组织人员督促检查再就业税收政策落实情况,推荐评选省、市表彰再就业工作先进单位及先进工作者,全市国税系统有 2 县局(分局)获市级再就业工作先进单位,有 1 人分别获得省、市级先进工作者。2005 年,全市确定 10 户企业、18 个社区(街道)和 140 户下岗失业人员为再就业工作联系点和帮护助困联系对象;印制《支持全民创业税收优惠政策》,向政府有关部门、人大代表、政协委员、下岗再就业人员及有关企业发放 1700 册。7 月 1 日始,再次提高增值税起征点,将销售货物的起征点幅度由月销售额 2000~3000 元提至 5000 元;销售应税劳务起征点幅度由月销售额 1500~2500 元提高到 3000 元;按次纳税的起征点幅度由每次 150 元提至 200 元。执行原再就业税收优惠政策情况:累计 2 户新办服务型企业吸纳下岗失业人员 6 人,减免企业所得税 179 万元；累计有 10 户主辅分离经济实体吸纳下岗失业人员 613 人，减免企业所得税 2433 万元。2003~2005 年，累计有 2246 户下岗失业人员办理个体经济减免税务登记工本费 89840 元。2003~2005 年未达增值税起征点减免增值税 2578 万元。

2006 年 1 月，根据财政部、国家税务总局的通知，对再就业税收优惠政策进行调整。2006 年 4 月，组织 6 户享受再就业优惠政策企业财务主管，参加省局举办免费再就业税收优惠政策培训班。8 月开展再就业税收优惠政策问卷调查，下发问卷 1673 份，通过反馈，95%纳税人对税务机关服务态度满意，100%纳税人认为再就业税收优惠政策能够起到扶持作用，其中 52%纳税人认为再就业税收优惠政策扶持作用大。2007 年 7 月，印刷《再就业税收优惠政策及其相关知识解答》2000 份，发至办税服务厅、社区、街道、企业等再就业联系点和下岗失业人员。2008 年，市局与劳动保障部门建立互通情况制度，每季度与劳动保障部门在季头、季中、季末互通情况 3 次，及时了解掌握下岗失业人员就业去向。执行新再就业税收优惠政策情况：累计 10 户主辅分离经济实体吸纳 1283 人，减免企业所得税 3181 万元。2006~2008 年累计有 1821 户下岗失业人员办理个体经济减免税务登记工本费 45280 元。2006~2008 年未达增值税起征点减免增值税 4938 万元，其中下岗失业人员个体经济未达增值税起征点减免增值税 303 万元。2009 年，继续执行鼓励下岗失业人员自谋职业、自主创业及对吸纳下岗失业人员的企业的优惠政策，审批期限为 2009 年 1 月 1 日至 12 月 31 日，主辅分离经济实体的优惠政策取消不再审批。全年累计 303 户下岗失业人员办理税务登记证减免工本费 6060 元。未达增值税起征点减免增值税 1239 万元，其中下岗失业人员个体经济未达增值税起征点减免增值税 115 万元。

2010 年，执行上级有关精神，优惠政策审批期限延长至 2010 年 12 月 31 日。全年为全市下岗失业人员办理个体经济 161 户，免办证工本费 3220 元；提高增值税起征点免征增值税额 1002 万元，其中下岗失业人员个体经济未达增值税起征点免征增值税 73 万元。

## 第四节 计统票证

### 一、税收计划

1991 年以来，在编制税收计划过程中，坚持从经济到税收、实事求是、积极稳妥原则，综合考虑影响税收收入政策性因素、征管因素和其他特殊因素，使税收计划具有客观科学依据。全市各级税务机关在对税源实地调查和实事求是预计基础上，对下年度税收收入情况进行预测，上级税务机关主要依据各地预测数确认各地税收计划。年度税收计划经批准下达后，就是指令性计划，各地迅速逐级分配，层层落实，分季分月做出具体安排。税收计划执行过程中，会受到经济税源、征收管理和计划管理变化等情况的影响，经常对税收计划执行情况进行检查、分析，确保税收任务完成。1993 年 7 月 18~23 日，在国家税务总局庐山会议上，确定九江市税务局为全国税务经济税源普查试点单位。

**1991~1994 年市税务局税收计划执行一览**

表 36-1-13　　单位：万元

| 年 份 | 税收计划 | 实际完成 | 完成计划% | 增长速度% |
|---|---|---|---|---|
| 1991 | 45400 | 45543 | 100.3 | 6.2 |
| 1992 | 48750 | 47973 | 98.4 | 5.3 |
| 1993 | 52700 | 60189 | 114.2 | 25.5 |
| 1994 | 63200 | 74060 | 117.2 | 62.7 |

说明：1994 年税收含国税收入

## 1995~2010年市国税局税收计划执行一览

表36-1-14　　单位:万元

| 年 份 | 税收计划 | 实际完成 | 完成计划% | 增长速度% |
|---|---|---|---|---|
| 1995 | 82900 | 84907 | 102.4 | 14.6 |
| 1996 | 86600 | 92544 | 106.9 | 9.0 |
| 1997 | 97800 | 99160 | 101.4 | 7.1 |
| 1998 | 101700 | 101793 | 100.1 | 2.7 |
| 1999 | 109500 | 109693 | 100.2 | 7.8 |
| 2000 | 115900 | 119638 | 103.2 | 9.1 |
| 2001 | 109600 | 109471 | 99.9 | -8.5 |
| 2002 | 1210000 | 123978 | 102.5 | 9.1 |
| 2003 | 131900 | 152077 | 115.3 | 24.2 |
| 2004 | 169900 | 185822 | 109.4 | 21.4 |
| 2005 | 192200 | 192206 | 100.0 | 3.4 |
| 2006 | 221500 | 231429 | 104.5 | 16.2 |
| 2007 | 258000 | 300780 | 116.6 | 30.0 |
| 2008 | 303766 | 303766 | 100.0 | 1.0 |
| 2009 | 331100 | 406943 | 122.9 | 34.0 |
| 2010 | 793700 | 910511 | 114.7 | 35.2 |

说明:1.增长速度均为同口径;2.1994年税制改革,口径与前三年不同;3.2002年开始储蓄存款利息个人所得税列入计划考核;4.2006年车辆购置税开始列入计划考核;5.2009年成品油价税费改革,2010年成品油新增“两税”列入计划考核

## 1994~2010年市国税收入及主要经济指标一览

表36-1-15　　单位:万元、万人、平方千米、元

| 年 份 | 税收收入 | GDP | 平均人口 | 面 积 | 人均国税收入 | 人均GDP | 国税收入占GDP比重(%) | 国税收入占财政收入比重(%) |
|---|---|---|---|---|---|---|---|---|
| 1994 | 74060 | 1107116 | 419.58 | 18823 | 176.51 | 2639 | 6.7 | 66.2 |
| 1995 | 84907 | 1430763 | 424.30 | 18823 | 200.11 | 3372 | 5.9 | 62.8 |
| 1996 | 92544 | 1700533 | 429.59 | 18823 | 215.42 | 3934 | 5.4 | 62.0 |
| 1997 | 99160 | 1929646 | 434.98 | 18823 | 227.96 | 4351 | 5.1 | 59.6 |
| 1998 | 101793 | 1701469 | 440.35 | 18823 | 231.16 | 3797 | 6.0 | 58.4 |
| 1999 | 109693 | 1919469 | 445.68 | 18823 | 246.13 | 4241 | 5.7 | 56.3 |
| 2000 | 122109 | 2131237 | 447.59 | 18823 | 272.81 | 4717 | 5.7 | 56.3 |
| 2001 | 113671 | 2326300 | 448.29 | 18823 | 253.57 | 5158 | 4.9 | 52.6 |
| 2002 | 123978 | 2633549 | 452.42 | 18823 | 274.03 | 5814 | 4.7 | 51.2 |
| 2003 | 153100 | 3067749 | 457.96 | 18823 | 334.31 | 6760 | 5.0 | 51.8 |
| 2004 | 185822 | 3567621 | 462.82 | 18823 | 401.50 | 7874 | 5.2 | 51.2 |
| 2005 | 199145 | 4289161 | 465.51 | 18823 | 427.80 | 9325 | 4.6 | 46.9 |

续表 36-1-15

| 年 份 | 税收收入 | GDP | 平均人口 | 面 积 | 人均国税收入 | 人均 GDP | 国税收入占GDP 比重(%) | 国税收入占财政收入比重(%) |
|---|---|---|---|---|---|---|---|---|
| 2006 | 231429 | 5062201 | 469.44 | 18823 | 492.99 | 10952 | 4.6 | 46.8 |
| 2007 | 300780 | 5925614 | 476.13 | 18823 | 631.72 | 12754 | 5.1 | 46.6 |
| 2008 | 303766 | 7248728 | 482.13 | 18823 | 630.05 | 15514 | 4.2 | 42.5 |
| 2009 | 673460 | 8313636 | 487.86 | 18823 | 1380.44 | 17699 | 8.1 | 42.7 |
| 2010 | 910511 | 10320647 | 494.48 | 18823 | 1841.35 | 21862 | 8.8 | 42.7 |

## 二、税收会计

1991 年 8 月，市税务局依照国家税务局《税收会计改革方案》和《税收会计核算试行办法》要求，将“收付记账法”改为借贷记账法。1992 年 7 月 8 日，全省税务系统 29 个试点之一的瑞昌市税务局微机开票工作通过省税务局验收。1996 年 1 月 1 日起，市局实行税收会计改革，全面推行新会计制度。2003 年 7 月 1 日，市局 CTAIS 系统成功上线，以综合征管系统（CTAIS 系统）为平台，以税收数据集中处理为载体，以各征收单位发生应征、征收、入库、减免、提退等数据为依据，以市局为税收会计核算主体“全市国税系统税收会计一级核算体系”基本构建；各项税收数据集中到市局处理、分析，实行一级核算，实现税款征收数据由分散处理向集中处理，使税收会计核算由简单统计汇总向分析决策运用、税源信息管理监控由事后间接监控向事前直接监控转变。2006 年 1 月 1 日，CTAIS2.0 在省国税局上线，实现税收会计省局一级核算。全省国税系统实行税收会计省局集中核算，即以省国家税务局为税收会计核算主体单位，统一设置账簿，统一记账，省、市、县三级根据账务处理结果分别生成税收会计、统计报表核算模式。共有税收会计科目 15 个，其中，资金占用类 11 个，资金来源类 4 个。

## 三、税务统计

1991 年以来，根据税收工作要求，按照统一制度和方法，从税收经济现象的数量方面反映税收活动及涉及的社会经济活动情况。税收统计要求做到资料完整、数字准确、口径统一、报送及时。至 2010 年年底，市国家税务局共有征收单位 17 个，其中，开发区局和共青城局分别于 1994 年和 1995 年成立，车辆购置税分局 2005 年成立，2006 年列入计划考核。

1991~1995 年市税务局各县、市税收入库一览

表 36-1-16 单位：万元

| 县(市) | | 1991 年 | 1992 年 | 1993 年 | 1994 年 | 1995 年 |
|---|---|---|---|---|---|---|
| 总 计 | 实际入库 | 45543 | 47973 | 60189 | 74060 | 84907 |
| | 计划完成% | 100.3 | 98.4 | 114.2 | 117.2 | 102.4 |
| 直属分局 | 实际入库 | 20699 | 21513 | 25459 | 45751 | 52464 |
| | 计划完成% | 98.2 | 96.8 | 110.5 | 123.0 | 103.3 |
| 开发区 | 实际入库 | | | | 1141 | 1327 |
| | 计划完成% | | | | 139.5 | 104.3 |
| 浔阳区 | 实际入库 | 4724 | 4383 | 5511 | 4322 | 4934 |
| | 计划完成% | 100.9 | 87.3 | 110.8 | 114.5 | 100.0 |
| 庐山区 | 实际入库 | 1951 | 2194 | 2695 | 1748 | 2006 |
| | 计划完成% | 103.0 | 104.7 | 110.1 | 116.0 | 100.1 |

续表 36-1-16

| 县(市) | | 1991 年 | 1992 年 | 1993 年 | 1994 年 | 1995 年 |
|---|---|---|---|---|---|---|
| 庐山风景区 | 实际入库 | 460 | 527 | 790 | 426 | 601 |
| | 计划完成% | 107.8 | 106.9 | 133.4 | 94.9 | 116.2 |
| 九江县 | 实际入库 | 1334 | 1479 | 2213 | 2048 | 2533 |
| | 计划完成% | 102.9 | 103.4 | 133.8 | 107.6 | 108.9 |
| 瑞昌市 | 实际入库 | 1963 | 2192 | 2698 | 2262 | 2327 |
| | 计划完成% | 85.1 | 102.9 | 109.7 | 130.9 | 86.0 |
| 武宁县 | 实际入库 | 1414 | 1378 | 1999 | 1473 | 1677 |
| | 计划完成% | 106.7 | 91.5 | 127.8 | 110.9 | 100.1 |
| 修水县 | 实际入库 | 1585 | 1766 | 2598 | 1958 | 1921 |
| | 计划完成% | 103.6 | 104.4 | 132.1 | 111.4 | 85.1 |
| 永修县 | 实际入库 | 3519 | 3580 | 4399 | 3035 | 3514 |
| | 计划完成% | 107.6 | 96.8 | 110.5 | 87.3 | 103.8 |
| 德安县 | 实际入库 | 3080 | 3520 | 4642 | 4382 | 2644 |
| | 计划完成% | 102.8 | 106.2 | 117.4 | 100.4 | 106.8 |
| 共青城 | 实际入库 | | | | | 2118 |
| | 计划完成% | | | | | 91.3 |
| 星子县 | 实际入库 | 736 | 856 | 1182 | 942 | 1091 |
| | 计划完成% | 108.2 | 109.0 | 124.7 | 112 | 101.5 |
| 都昌县 | 实际入库 | 1411 | 1575 | 1910 | 1388 | 1669 |
| | 计划完成% | 103.7 | 105.2 | 108.9 | 121.8 | 103.1 |
| 湖口县 | 实际入库 | 943 | 1077 | 1488 | 1242 | 1670 |
| | 计划完成% | 98.6 | 106.8 | 124.7 | 109.2 | 121.9 |
| 彭泽县 | 实际入库 | 1724 | 1933 | 2605 | 1942 | 2411 |
| | 计划完成% | 107.7 | 105.0 | 120.7 | 111.5 | 107.4 |

说明:1994 年含国、地税分设后国税收入

## 1996~2000 年市国税局各县、市税收入库一览

表 36-1-17　　单位:万元

| 县(市) | | 1996 年 | 1997 年 | 1998 年 | 1999 年 | 2000 年 |
|---|---|---|---|---|---|---|
| 总　计 | 实际入库 | 92544 | 99160 | 101793 | 109693 | 119638 |
| | 计划完成% | 106.9 | 101.4 | 100.1 | 100.2 | 103.2 |
| 直属分局 | 实际入库 | 61721 | 69079 | 75732 | 79925 | 87282 |
| | 计划完成% | 112.0 | 105.8 | 108.6 | 99.0 | 103.1 |
| 开发区 | 实际入库 | 1304 | 1438 | 978 | 1134 | 1350 |
| | 计划完成% | 100.4 | 103.5 | 64.3 | 117.4 | 114.0 |
| 浔阳区 | 实际入库 | 5323 | 4439 | 3651 | 4177 | 4566 |
| | 计划完成% | 106.7 | 77.6 | 78.6 | 93.9 | 100.3 |

续表 36-1-17

| 县(市) | | 1996 年 | 1997 年 | 1998 年 | 1999 年 | 2000 年 |
|---|---|---|---|---|---|---|
| 庐山区 | 实际入库 | 2095 | 1484 | 1801 | 1895 | 2079 |
| | 计划完成% | 100.6 | 70.3 | 113.3 | 107.9 | 103.6 |
| 庐山风景区 | 实际入库 | 338 | 378 | 323 | 364 | 390 |
| | 计划完成% | 103.7 | 107.7 | 82.8 | 100.6 | 112.1 |
| 九江县 | 实际入库 | 2216 | 2398 | 1621 | 1945 | 2104 |
| | 计划完成% | 103.1 | 102.2 | 64.0 | 107.9 | 100.3 |
| 瑞昌市 | 实际入库 | 2388 | 2602 | 2926 | 3055 | 3158 |
| | 计划完成% | 100.5 | 100.1 | 103.3 | 103.5 | 104.1 |
| 武宁县 | 实际入库 | 1509 | 1667 | 1862 | 1952 | 2196 |
| | 计划完成% | 86.4 | 104.5 | 103.4 | 101.0 | 106.9 |
| 修水县 | 实际入库 | 1820 | 2040 | 2486 | 2814 | 3072 |
| | 计划完成% | 100.1 | 105.4 | 111.2 | 105.4 | 103.8 |
| 永修县 | 实际入库 | 2486 | 2546 | 2124 | 3402 | 4785 |
| | 计划完成% | 74.5 | 95.4 | 78.3 | 106.6 | 126.6 |
| 德安县 | 实际入库 | 2705 | 2425 | 1804 | 2001 | 1932 |
| | 计划完成% | 103.4 | 84.8 | 70.2 | 108.3 | 97.1 |
| 共青城 | 实际入库 | 1883 | 1545 | 1091 | 1300 | 1005 |
| | 计划完成% | 83.0 | 78.9 | 66.9 | 102.0 | 74.8 |
| 星子县 | 实际入库 | 983 | 1050 | 1110 | 1152 | 857 |
| | 计划完成% | 100.0 | 102.2 | 99.6 | 100.1 | 71.5 |
| 都昌县 | 实际入库 | 1758 | 1859 | 1247 | 1593 | 1687 |
| | 计划完成% | 112.9 | 101.0 | 63.5 | 121.0 | 100.8 |
| 湖口县 | 实际入库 | 1709 | 1744 | 1145 | 1425 | 1524 |
| | 计划完成% | 105.0 | 99.9 | 64.1 | 120.2 | 105.3 |
| 彭泽县 | 实际入库 | 2306 | 2466 | 1892 | 1559 | 1651 |
| | 计划完成% | 102.3 | 100.9 | 71.5 | 80.1 | 106.2 |

## 2001~2005 年市国税局各县、市税收入库一览

表 36-1-18

单位：万元

| 县(市) | | 2001 年 | 2002 年 | 2003 年 | 2004 年 | 2005 年 |
|---|---|---|---|---|---|---|
| 总 计 | 实际入库 | 109491 | 123978 | 152077 | 185822 | 192206 |
| | 计划完成% | 99.9 | 102.5 | 115.3 | 109.4 | 100 |
| 直属分局 | 实际入库 | 72213 | 77443 | 93185 | 104725 | 88355 |
| | 计划完成% | 96.5 | 101.5 | 113 | 99.8 | 86.9 |

续表 36-1-18

| 县(市) | | 2001 年 | 2002 年 | 2003 年 | 2004 年 | 2005 年 |
|---|---|---|---|---|---|---|
| 开发区 | 实际入库 | 1420 | 1740 | 3479 | 5236 | 5623 |
| | 计划完成% | 104.1 | 112.3 | 182.8 | 134.3 | 98.6 |
| 浔阳区 | 实际入库 | 5104 | 6251 | 7451 | 10747 | 14632 |
| | 计划完成% | 107.7 | 105.9 | 109.4 | 133.3 | 119.9 |
| 庐山区 | 实际入库 | 2162 | 3062 | 3236 | 4490 | 4942 |
| | 计划完成% | 100.7 | 109 | 104.9 | 128.3 | 96.9 |
| 庐山风景区 | 实际入库 | 501 | 683 | 622 | 762 | 906 |
| | 计划完成% | 125 | 107.6 | 100.3 | 136.1 | 117.7 |
| 九江县 | 实际入库 | 2561 | 2663 | 3125 | 3945 | 5570 |
| | 计划完成% | 121.1 | 100.5 | 108.7 | 113.4 | 118 |
| 瑞昌市 | 实际入库 | 4388 | 5714 | 7333 | 12242 | 15091 |
| | 计划完成% | 114.2 | 108.8 | 117.2 | 141 | 102 |
| 武宁县 | 实际入库 | 2489 | 2817 | 3680 | 5367 | 6465 |
| | 计划完成% | 113.9 | 104.5 | 126 | 130.9 | 115.4 |
| 修水县 | 实际入库 | 3395 | 4373 | 5563 | 7478 | 12467 |
| | 计划完成% | 109.8 | 108.4 | 121.7 | 121.6 | 155.8 |
| 永修县 | 实际入库 | 5659 | 7326 | 9912 | 9958 | 13988 |
| | 计划完成% | 92.8 | 107.3 | 123.7 | 90.1 | 127.2 |
| 德安县 | 实际入库 | 2194 | 2570 | 3634 | 5794 | 5753 |
| | 计划完成% | 108.6 | 101.9 | 130.3 | 147.8 | 100.1 |
| 共青城 | 实际入库 | 1224 | 1282 | 1414 | 2000 | 3183 |
| | 计划完成% | 109.9 | 100.5 | 108 | 128.2 | 140.8 |
| 星子县 | 实际入库 | 962 | 1246 | 1601 | 2209 | 2932 |
| | 计划完成% | 111.2 | 108.3 | 118.6 | 133.9 | 117.3 |
| 都昌县 | 实际入库 | 1856 | 2500 | 2658 | 3685 | 3293 |
| | 计划完成% | 106.9 | 107.3 | 104.4 | 137.5 | 79.3 |
| 湖口县 | 实际入库 | 1575 | 2007 | 2614 | 3459 | 5016 |
| | 计划完成% | 103.3 | 112.7 | 126.5 | 124.4 | 125.4 |
| 彭泽县 | 实际入库 | 1788 | 2301 | 2570 | 3725 | 3990 |
| | 计划完成% | 108.4 | 107.5 | 109.4 | 130.7 | 100.3 |

## 2006~2010年各县、市国税税收入库一览

表36-1-19 单位：万元

| 县(市) | | 2006年 | 2007年 | 2008年 | 2009年 | 2010年 |
|---|---|---|---|---|---|---|
| 总计 | 实际入库 | 231429 | 300780 | 303766 | 406943 | 910511 |
| | 计划完成% | 104.5 | 116.6 | 100 | 122.9 | 114.7 |
| 直属分局 | 实际入库 | 98860 | 136226 | 111402 | 120258 | 447718 |
| | 计划完成% | 100 | 119.3 | 100 | 97.1 | 94.5 |
| 开发区 | 实际入库 | 5938 | 8009 | 12108 | 13500 | 37108 |
| | 计划完成% | 104.2 | 133.5 | 131.6 | 104.7 | 181 |
| 浔阳区 | 实际入库 | 18777 | 20365 | 22119 | 31790 | 48636 |
| | 计划完成% | 115.2 | 101.8 | 100 | 134.7 | 128 |
| 庐山区 | 实际入库 | 6877 | 8215 | 9903 | 12106 | 21431 |
| | 计划完成% | 132.3 | 117.4 | 106.5 | 112.1 | 133.9 |
| 庐山风景区 | 实际入库 | 706 | 899 | 943 | 630 | 802 |
| | 计划完成% | 100 | 119.9 | 104.8 | 63 | 123.4 |
| 九江县 | 实际入库 | 7870 | 11707 | 12588 | 19362 | 29458 |
| | 计划完成% | 126.9 | 130.1 | 100 | 141.8 | 138.3 |
| 瑞昌市 | 实际入库 | 17578 | 19049 | 23436 | 37650 | 48355 |
| | 计划完成% | 109.9 | 100.3 | 116 | 147.6 | 115.1 |
| 武宁县 | 实际入库 | 7611 | 9482 | 9979 | 15601 | 27248 |
| | 计划完成% | 107.2 | 111.6 | 100 | 143.8 | 160.3 |
| 修水县 | 实际入库 | 14755 | 16307 | 13033 | 18019 | 27708 |
| | 计划完成% | 109.3 | 101.9 | 100 | 127.8 | 149.8 |
| 永修县 | 实际入库 | 17572 | 20056 | 20930 | 29369 | 30375 |
| | 计划完成% | 111.9 | 108.4 | 100 | 132.3 | 102.6 |
| 德安县 | 实际入库 | 5430 | 6940 | 8453 | 15031 | 29431 |
| | 计划完成% | 100 | 119.7 | 108.4 | 164.3 | 178.4 |
| 共青城 | 实际入库 | 3353 | 4177 | 4218 | 6425 | 12997 |
| | 计划完成% | 103.8 | 112.9 | 100 | 140.9 | 180.5 |
| 星子县 | 实际入库 | 3527 | 4422 | 5129 | 6788 | 22200 |
| | 计划完成% | 117.6 | 117.9 | 102.6 | 122.5 | 277.5 |
| 都昌县 | 实际入库 | 3535 | 5286 | 6184 | 7990 | 14755 |
| | 计划完成% | 101 | 135.5 | 103.1 | 119.3 | 167.7 |
| 湖口县 | 实际入库 | 6512 | 13130 | 21736 | 37497 | 59863 |
| | 计划完成% | 122.9 | 164.1 | 120.8 | 154 | 144.2 |
| 彭泽县 | 实际入库 | 4427 | 6308 | 8608 | 15884 | 22488 |
| | 计划完成% | 108 | 128.7 | 114.8 | 169.9 | 128.5 |

### 2010年度全市纳税总额(国税收入)前30名企业排行一览

表36-1-20　　　　单位:万元

| 排名 | 纳税人名称 | 纳税总额 | 增值税 | 消费税 | 企业所得税 |
|---|---|---|---|---|---|
| 1 | 中国石油化工股份有限公司九江分公司 | 423630 | 68085 | 355545 | |
| 2 | 江西萍钢实业股份有限公司九江分公司 | 27749 | 22628 | | 5121 |
| 3 | 江西省烟草公司九江市公司 | 17604 | 3697 | 11760 | 2147 |
| 4 | 江西九江供电公司 | 10631 | 10629 | | 2 |
| 5 | 九江银行股份有限公司 | 8310 | | | 8310 |
| 6 | 九江新湖远洲置业有限公司 | 7206 | | | 7206 |
| 7 | 江西省修水香炉山钨业有限责任公司 | 7000 | 7000 | | |
| 8 | 江西旭阳雷迪高科技股份有限公司 | 6924 | | | 6924 |
| 9 | 江西铜业股份有限公司武山铜矿 | 6704 | 6704 | | |
| 10 | 江西柘林水电开发有限责任公司 | 5504 | 4904 | | 600 |
| 11 | 江西昌河铃木汽车有限责任公司九江分公司 | 5168 | 4447 | 721 | |
| 12 | 九江欣嘉锐实业有限公司 | 3994 | 3994 | | |
| 13 | 九江县联华工贸有限公司 | 3746 | 3745 | | 1 |
| 14 | 蓝星化工新材料股份有限公司江西星火有机硅厂 | 3700 | 3700 | | |
| 15 | 江西江州联合造船有限责任公司 | 3661 | 3606 | | 55 |
| 16 | 国电九江发电有限公司 | 3490 | 3490 | | |
| 17 | 江西亚东水泥有限公司瑞昌分公司 | 3341 | 3341 | | |
| 18 | 江西华孚纺织有限公司 | 2630 | 2387 | | 243 |
| 19 | 江西亚东水泥有限公司 | 2778 | 594 | | 2184 |
| 20 | 九江思麦博运动器材有限公司 | 2444 | 2444 | | |
| 21 | 九江财兴卫浴实业有限公司 | 2087 | 1450 | | 637 |
| 22 | 九江诺贝尔陶瓷有限公司 | 2000 | 1150 | | 850 |
| 23 | 汇天泽投资有限公司 | 2000 | | | 2000 |
| 24 | 江西康盈商贸有限公司 | 1954 | 473 | | 1481 |
| 25 | 卡博特蓝星化工(江西)有限公司 | 1940 | 1868 | | 72 |
| 26 | 中国国电集团公司九江发电厂 | 1930 | 1726 | | 204 |
| 27 | 九江检安石化工程有限公司 | 1850 | 1850 | | |
| 28 | 江西凤竹棉纺有限公司 | 1699 | 1291 | | 408 |
| 29 | 中铁四局集团第五工程有限公司 | 1632 | | | 1632 |
| 30 | 江西省景程实业有限公司 | 1632 | 1625 | | 7 |

## 四、税收票证

1991年,使用全国统一式样《固定资产投资方向调节税专用缴款书》。5月,根据《中华人民共和国外商投资企业和外国企业所得税法》对中外合资经营企业和外国企业所得税,原使用"中外合资经营企业所得税完税证(代缴款书)"统一改为"外商投资企业和外国企业所得税完税证(代缴款书)",其格式、尺寸、联别以及各联颜色,均与"外国企业所得税完税证(代缴款书)"相同。但其中滞纳金一栏中"千分之五”改为“千分之二”。

1993 年 1 月 1 日起，对生产销售出口产品征收产品税、增值税或工商统一税使用出口产品专用缴款书(以下简称专用税票)，出口企业持完税专用税票申请退税。专用税票由国家税务局印制，式样全国统一。8 月 1 日，市局推行 12 个县(市、区)局为开票机运用单位，经过征纳资料的录入，系统功能调试，正式对外开票机填开税票。1994 年，按照国家税务总局下发《国家税务局关于 1994 年按车船使用税完税、免税标志式样的通知》，全市按车船使用税完税、免税标志式样标准和设计要求印制。1994 年 9 月，国家税务总局制定全国统一税收票证式样共 21 种。各地国家税务局和地方税务局都使用统一式样的税收票证，划转由地税征收税种相关税票凭证国税不再使用。1999 年 7 月 1 日起，全市国税系统开始启用新版税收完税凭证。原使用的税收票证除“出口货物税收专用缴款书”“出口货物完税分割单”“税收限额完税证”“外经证”“代征手续费领据”和“税务提支奖金领据”6 种票证外，其他税收票证一律使用到 1999 年 6 月 30 日止。启用新票的种类有：“税收通用缴款书”“税收汇总专用缴款书”“税收收入退还书”“税收通用完税证”“税收罚款收据”“小额税款退税凭证”“税票调换证”“税收转账专用完税证”和“纳税保证金收据”共 9 种票证。其中：原由征管部门印制管理“纳税保证金收据”，根据新《税收票证管理实施办法》规定纳入税收票证统一管理。12 月，对外籍个人等缴纳储蓄存款利息所得个人所得税后需要开具完税凭证情况作出规定：即由纳税人持储蓄机构开具的载有储蓄存款利息所得个人所得税额利息结付清单，到当地主管税务机关换开“税收转账专用完税证”；2001 年 8 月起，启用新版采用压感水印纸印刷具有防伪措施出口货物专用税票，原版专用税票一律废止并上缴销毁；2003 年 1 月 1 日起，正式启用四联“代扣代收和代征税款手续费领款单”，原三联“代征税款手续费领据”同时作废；2005 年 1 月 1 日起，启用车辆购置税缴税凭证和退税凭证。2006 年启用三联“行政性收费专用收据”和六联“行政性收费专用缴款书”。

## 五、发票管理

1993 年 9 月，执行《中华人民共和国税收征收管理法》，发票由省政府税务主管部门指定的企业印制。1994 年 9 月起，市国家税务局发票管理所正式履行发票管理职责，重点是增值税专用发票管理。增值税专用发票(简称专用发票)，是记录纳税人销项税额和进项税额的合法凭证，由国家税务总局指定的企业统一印制，各级国税系统负责管理。市国税系统组建后及时建立、健全相关制度，对专用发票的保管做到“三专”(专人、专库、专柜)和“三防”(防火、防盗、防潮)，对专用发票抵扣联进行稽核。

1996 年 1 月 1 日，省国税局防伪税控系统试点工作在市内选择九江炼油厂、共青羽绒厂等 7 户大型企业进行；5 月，市局实施以票管税，重点以武宁县国税局发票管理经验为样板，对欠税和纳税态度欠佳的企业发票全部实行县(分)局代管监开，改正后方可重新发放发票。1998 年 12 月，全市国税系统增值税专用发票防伪税控系统试点户数达到 58 户，为全省之最。

2001 年 8~10 月，市局研制出具有国内领先水平的“金税工程数据采集预警系统”，在全省国税系统推行。2003 年 6~7 月，市局“金税工程数据采集预警系统”分获省、市科技进步奖。2004 年 3~11 月，市局研制出具有国内领先水平“货物运输发票数据采集监测管理系统”，在全省国税系统推行。8 月，“货物运输发票数据采集监测管理系统”获江西省科技进步奖；10 月，“发票管理所”更名为“票证中心”。2005 年 3 月，“货物运输发票数据采集监测管理系统”获市科技进步奖；9~10 月，研制出具有国内领先水平的“二手车销售监控系统”，在全省国税系统推行。

2006 年 7 月，市局下发《九江市国家税务局发票专用章管理办法》和《九江市国家税务局企业衔头发票印制管理办法》，规范发票专用章和企业衔头发票印制管理；8 月，下发《九江市国家税务局普通发票有奖管理办法》，启动普通发票有奖工作；12 月，下发《九江市国家税务局有奖发票专项资金管理办法》《九江市国家税务局授权企业委托金融机构代开普通发票规定》和《九江市国家税务局普通发票同城通购通缴实施办法》，规范有奖发票专项资金、授权企业委托金融机构代开普通发票和启动普通发票同城通购通缴工作。2007 年 3 月，转发《九江市人民政府办公厅关于印发〈税务普通发票“双奖”活动管理暂行办法〉的通知》，在全市范围内开展有奖发票工作，保障有奖发票工作顺利实施；7 月，“二手车销售监控系统”获省科技进步奖。2008 年 2 月，推行“增值税专用发票信息企业端采集系统”，3 月，“二手车销售监控系统”获市科技进步奖。2009 年 1 月，下发《关于修改普通发票限额管理的通知》，开启九江规范发票限额管理，而后完善修改；3 月，下发《九江市国家税务局发票违章举报奖励办法》和《九江市国家税务局普通发票鉴定证书》，规范全市发票举办管理和普通发票鉴定工作。

2010 年 12 月，转发《江西省国家税务局关于做好普通发票简并票种统一票样有关工作的通知》，全市国税系统推行通用机打发票系统工作。

## 第五节 执法监督

### 一、税务行政许可和税务行政集体审批

2004 年 7 月 1 日始，实行税务行政许可审批制度，各县(市、区)国税局建立“税务行政许可窗口”，实行“一窗受理，内部传递，一窗办结”，免收任何费用，免费提供表格。其中，申请防伪税控系统最高开票限额设为 100 万元增值税一般纳税人和指定印制发票企业由市国税局派人实地核查，进行许可审批；发票使用和管理、发票领购资格的审核、申请发行最高开票限额设为 10 万元(含 10 万元)以下的防伪税控开票系统、建立收支凭证粘贴簿、进货销货登记簿或使用税控装置等事项由各县(市、区)国税局进行许可审批。清理税务行政审批事项。组织人员对市国税局 1994 年至 2004 年 6 月发文，共 3061 份进行清理。2004 年 7~12 月，全市国税系统累计受理行政许可申请 1475 件，准予许可 1471 件。2005 年，下发《九江市国家税务局税务行政许可办理制度(试行)》。全市国税系统累计受理行政许可申请 3290 件，准予许可 3280 件。

2006 年，全市累计受理行政许可申请 3073 件，准予许可 3058 件。2007 年 9 月 1 日，由省、市国税局审批的增值税一般纳税人专用发票最高开票限额权限下放至各县(市、区)国税局，市国税局对审批权限进行监督检查。1~12 月，全市累计受理行政许可申请 2672 件，准予许可 2672 件。2008 年 9 月，执行《江西省国税局关于修订〈江西省国税系统税务行政许可实施办法〉的通知》，市国税行政许可项目精简调整为：指定企业印制发票(不包括增值税专用发票和增值税普通发票)；对发票使用和管理的审批，其中包括申请使用经营地发票，印制有本单位名称的发票；对增值税防伪税控系统最高开票限额的审批。将税务行政许可项目审批权限下放至各县(市、区)国税局。12 月，下发《九江市国家税务局税务行政集体审批工作规程》，在全市国税系统推行税务行政集体审批工作。全年累计受理行政许可申请 374 件，准予许可 370 件。2009 年，累计受理行政许可申请 713 件，准予许可 713 件。经集体审批的税务行政审批共 36 户次，审批金额 1.44 亿元。

2010 年，累计受理行政许可申请 994 件，准予许可 994 件。经集体审批的税务行政审批事项的共 53 户次，审批金额 3.69 亿元。

### 二、规范执法

2000 年 8 月始，执行《国家税务总局党组关于加强对税收执法权和行政管理权监督制约的决定》，把征收、管理、稽查、处罚 4 个环节作为税收执法权监督的重点。2002 年，向社会公开 19 项税收执法事项。2003 年 8 月，全市范围内的公民、法人或者其他组织等税务行政管理相对人可以对市各级国税机关做出的具体行政行为提出税收执法质询，市各级国税机关对税收执法质询在规定的时间内予以答复，并不收取任何费用。执行省国家税务局转发《国家税务总局关于印发〈重大税务案件审理办法(试行)〉的通知》，下发《九江市国家税务局重大税务案件审理办法》，重大税案审理的涉税金额标准为 50 万元(含)以上，并对重大税务案件审理的组织机构、审理标准、审理要求、审理程序、案件复查等提出要求，从制度上

进一步规范重大税务案件审理工作。10 月，制定税收规范性文件会签办法，明确市国税局税收规范性文件会签范围、内容、程序。市国税局所属各县（市、区）国税局制定的规范性文件报送市国税局备案，市国税局制定的规范性文件报送省国税局备案。全年全市重大税务案件审理数 36 户，达到立案数 27.1%，其中市本级审理户数 13 户，达到立案数 20.3%。2004 年 4 月，制定《九江市国家税务局个体户税额核定、调整听证办法（试行）》，对个体户税负调整、听证工作应遵循原则、方法、程序、范围等做明确规定，确保参与听证人员的广泛性和的代表性。

2006 年 2 月，依照《国家税务总局关于税务系统贯彻落实〈全面推进依法行政实施纲要〉的意见》，制定《九江市国税局关于贯彻落实〈全面推进依法行政实施纲要〉的意见》，对全局 2006~2010 年依法行政工作进行 5 年总体规划。2007 年 3 月，在全市国税系统实行税收政策执行情况反馈报告工作制度，明确相关部门工作职责。对税收规范性文件及其他涉税文件进行全面梳理，共制定税收规范性文件 176 份，提出保留的税收规范性文件 95 份，提出全文失效废止的税收规范性文件 73 份，提出部分失效废止的税收规范性文件 8 份。在全系统开展“依法行政示范单位”和“依法行政示范标兵”活动。2009 年，对实施的税务行政审批项目进行梳理，全年实施审批的税务行政审批项目 17 项。修订重大税案审理的涉税金额标准为 30 万元以上。1 月 1 日起，全市各级国税局（分局）和稽查局对税务当事人进行行政处罚行使自由裁量权时，适用《江西省国税系统税务行政处罚自由裁量权适用规则》和《江西省国税系统税务行政处罚自由裁量权参照执行标准》。2 月，市局印发《九江市国家税务局关于鼓励和支持返乡农民工就业创业的实施意见》。

2010 年 5 月，成立涉税法律调研组，推进涉税法律调研，印发《九江市国家税务局关于开展涉税法律调研活动组织方案（试行）》，对市局涉税法律调研组明确工作职能，提出工作要求。开展鄱阳湖生态经济区税收政策专题调研活动，共形成调研稿 18 篇。7 月 1 日起，根据国家税务总局《税收规范性文件制定管理办法》，税收规范性文件一律以公告形式发文。

## 三、税收执法检查

1994 年始，每年开展税收执法检查工作，并将此作为依法治税的重要手段之一。1995 年 2 月，在全市范围内按照省国税局制定 14 条开展“新税制执法检查”。2000 年 7 月，执行国家税务总局《税收执法检查规则》，对执法检查内容、形式、实施、处理进行规范。2001 年 10 月 25~29 日，对星子县、彭泽县、瑞昌市、开发区、浔阳区国税局 5 单位进行税收执法检查，发现个别县（市、区）政府仍在出台涉税违规事件，针对问题提出整改要求。

2002 年，开展重点税收执法检查，9 月对湖口、都昌、德安、九江 4 县国税局进行税收执法重点检查，对检查中发现的问题在全市进行通报。省国税局对市国税局机关、直属税务分局、瑞昌市国税局、湖口县国税局进行重点税收执法检查，发现 6 类共 30 个问题，受检单位按照《行政执法纠正通知（监察建议）书》进行整改。2003 年 7 月 23~30 日，国家税务总局执法检查(监察)组抽查市国税局机关、市国税局稽查局、浔阳区国税局、星子县国税局税收执法情况，共检查出 6 个方面问题。市局对相关责任人进行追究。过错责任追究 1 人，给予记过处分，扣发半年奖金；经济惩戒 15 人次，扣发岗位津贴和奖金 2800 元；辞退协税员 1 人，代征员 2 人。12 月 4~11 日，对全市 16 个县（市、区）局进行税收执法检查（监察）。共查出 6 大类 48 个问题，全市非税务机关制定违规文件数 1 件，纠正 1 件；违规少计滞纳金 13.5 万元，补缴滞纳金 12.7 万元；违规批缓税款 47.6 万元，补征数 47.6 万元；税务处理决定不规范数 18 件。2004 年 9 月，对开发区、庐山区、湖口县、德安县 4 县（区）在执行税收政策、日常税收管理、制度建设、税收法制建设、税务稽查及执法程序等方面进行税收执法检查（监察）。发现 6 个方面 21 个问题，督导进行整改。4 个被检查单位共给予行政惩戒 26 人（次），经济惩戒 29 人（次），经济惩戒金额 1530 元。2005 年，制定《九江市税收执法检查实施办法（暂行）》，进一步规范税收执法检查工作规程。开展重点执法检查(监察)工作，7 月组成 5 个检查组对都昌、彭泽、九江、永修县和共青城国税局 5 个单位进行综合性、审计式税收执法检查(监察)。对税收执法检查(监察)情况进行通报;对检查发现的5类26个方面问题,下发税收执法检查(监察)处理决定书,督促有关单位进行整改。5个被检查单位共给予经济惩戒19人次,经济惩戒金额达1700元。市局率先在全省国税系统开展税收执法检查评选活动,对开展税收执法检查较好单位进行通报表扬。9~11月,审计署武汉特派办对瑞昌市、开发区开展专项审计工作。

2006年,开展税收执法检查"回头看"活动。全市统一部署于4月对市国税局在2004、2005年开展的重点执法检查永修、德安、九江县和共青城国税局4个单位进行执法检查"回头看"督查工作。对于执法检查整改不到位的,进一步要求加强整改,督促落实。8月,组成5个检查组对修水、武宁、星子县、瑞昌市、浔阳区、庐山风景区国税局和直属分局7个单位进行综合性、审计式税收执法检查(监察)。及时通报检查情况;对检查发现5类44个方面问题,下发税收执法检查(监察)处理决定书,督促有关单位进行整改。7个被检查单位共给予经济惩戒52人次,经济惩戒金额2800元。9月,省国税局税收执法检查组对市国税局开展为期20天税收执法检查。2007年3月,对在2006年度省、市国税局重点执法检查(效能监察)的市国税局稽查局、直属分局、浔阳区、庐山风景区、瑞昌市、武宁、修水、星子县、庐山区国税局以及市国税局相关科室和部门,开展税收执法检查(效能监察)"回头看"。4月中旬,省局督查组对市国税系统开展执法检查"回头看"。市局组成6个检查组,于8月6~14日,对开发区、湖口、德安、彭泽、都昌县和共青城6个县(区)国税局在2006年至2007年6月底期间税收执法情况,开展税收执法检查和执法监察,对市国税局稽查局2007年查处的稽查案件所涉及的县(区)局进行案件复查。对检查发现32个问题,下发税收执法检查(监察)处理决定书,督促整改。6个被检查单位共给予经济惩戒39人次,经济惩戒金额1950元。

2008年,组成8个检查组,对各县(区)国税局在2007年至2008年6月底期间税收执法情况,开展税收执法检查和执法监察。发现5个方面92个问题,分别下达《税收执法检查(执法监察)处理决定书》。共追究责任人53人次,经济惩戒2350元。当年11月3日至2009年1月9日,审计署武汉特派办派出审计调查组,对市局2007~2008年的税收征管情况进行专项审计调查,审计反映出市局税收征管工作中尚存在7个方面问题,市局立即进行整改。

2009年8月17~29日,分别对直属、浔阳区、瑞昌市和九江、永修、湖口、彭泽、武宁县8个县(市、区)国税局2008年1月至2009年6月间税收执法情况,进行税收执法检查(效能监察),对2008年税收执法检查和效能监察工作的整改情况进行"回头看"。检查发现5类68个方面问题,下发税收执法检查(监察)处理决定书,督促整改。对55名责任人给予责任追究,其中经济惩戒29人次,金额1510元。10月,省国税局税收执法检查组对市国税系统开展为期10天的税收执法检查、效能监察。

2010年9月15~30日,分别对开发区、共青城、庐山风景区和星子、修水县5县(区)国税局2009年1月至2010年6月间税收执法情况进行税收执法督察。查出5类35个问题,提出相应整改意见,督促整改,对有关32名责任人给予经济惩戒1410元。

### 四、责任追究

2002年,市局下发《九江市国税系统税收执法责任制实际办法(县局级范本)》,对全市国税系统因过失或者故意造成税收执法过错行为的责任人进行税收执法责任追究,明确税收执法责任,岗位职责、岗位目标、工作规程和考核办法。2004年,依据《九江市国税系统税收执法责任制实施办法》和《江西省国税系统税收行政执法责任制度》,下发《九江市国税系统税收行政执法责任制考核评议补充规定》。2006年1月,对"1206"专案中的相关责任人进行责任追究,共追究23人,给予行政警告处分4人,经济惩戒和行政处理19人,金额36000元。对修水县国税局宁州分局违反委托代征规定涉及的税务干部进行过错责任追究,给予行政处分4人,经济惩戒14人,金额24000元。

2007 年 10 月，市局正式启动税收执法管理信息系统上线工作，制定《九江市国家税务局推行税收执法管理信息系统工作实施方案》。12 月 1 日，市国税局税收执法管理信息系统成功试运行。试运行期间，对 11 月份的数据进行模拟考核，考核期为 11 月，全市共有 651 条过错，比 10 月份模拟考核错误数据减少 500 条。在试运行阶段按照责任人申请、市局受理、下级调查、市局审批、市局销号的流程，全市共受理申辩申请单 64 人(次)，其中同意无过错调整 26 人(次)，不同意无过错调整 30 人(次)，同意责任人调整 6 人(次)，同意追加责任人 1 人(次)，同意不予调整 1 人(次)。12 月 19~21 日，省局对市局税收执法管理信息系统试运行情况进行检查指导。同月，系统试运行时全市执法过错数量 651 条。2008 年 1 月正式运行时下降到 5 条(申辩调整后)，下降 99%。1~12 月全市执法过错数量(申辩调整后)共 33 条，全市执法正确率每月均在 99.99%以上，累计扣分 105 分，罚款 1130 元，追究责任人 35 人(次)，批评教育 22 人(次)，12 月全市国税系统实现“零过错”的目标，在全省排名前列，其中庐山风景区国税局、共青城国税局、九江县国税局连续 12 个月实现执法零过错。

2009 年，全市国税系统申辩调整后共有 9 条执法过错，累计扣分 27 分，罚款 270 元，批评教育 3 人(次)，其中 8~12 月连续 5 个月全市零过错，执法考核系统运行质量在全省排名前列。

2010 年，全市国税系统共有 17 条执法过错，累计扣分 44 分，罚款 440 元，追究 12 人(次)，批评教育 6 人(次)。

### 2002~2010 年市国税局推进依法行政一览

表 36-1-21　　单位：项、次、人、人次、件、个

| 项目 | | | 2002 年 | 2003 年 | 2004 年 | 2005 年 | 2006 年 | 2007 年 | 2008 年 | 2009 年 | 2010 年 |
|---|---|---|---|---|---|---|---|---|---|---|---|
| 实施行政处罚情况 | 总数 | | | 185 | 996 | 2163 | 2509 | 3198 | 3792 | 3979 | 3159 |
| | 组织听证 | | | | | | | | | | |
| 实施行政执法责任制情况 | 建立行政执法责任制度 | | 1 | | | 1 | | | | | |
| | 梳理公布行政执法依据 | | 22 | 22 | 22 | 15 | 19 | 30 | 33 | 34 | 34 |
| | 建立行政执法评议考核制度 | | | | | | | | | 36 | 27 |
| | 考核所属行政执法人员 | | 1004 | 959 | 935 | 959 | 917 | 919 | 923 | 951 | 963 |
| | 组织行政执法案卷评查 | | | | | | | | | 36 | 27 |
| | 行政执法奖励 | | 262 | 23 | 30 | 60 | | | 1 | 6 | |
| | 行政执法责任追究 | 总数 | 200 | 155 | 140 | 114 | 219 | 129 | 57 | 12 | 18 |
| | | 执法部门 | | | | | | | | | |
| | | 执法人员 | 200 | 153 | 140 | 108 | 217 | 129 | 57 | 12 | 18 |
| | | 党纪、政纪处分 | | 2 | | 6 | 2 | | | | |
| | | 移送司法机关 | | | | | | | | | |
| 重大税务案件审理 | 立案数 | | 129 | 133 | 216 | 202 | 287 | 99 | 247 | 167 | 203 |
| | 重大案件审理数 | | 41 | 36 | 46 | 45 | 56 | 53 | 37 | 24 | 23 |
| 行政许可 | 受理许可 | | | | 1475 | 3290 | 3073 | 2672 | 374 | 713 | 994 |
| | 准予许可决定 | | | | 1471 | 3280 | 3058 | 2672 | 370 | 713 | 994 |

# 第二章 地方税务

## 第一节 税种税率

### 一、地方税类

**营业税** 1994年1月1日起,施行《中华人民共和国营业税暂行条例》,2009年1月1日起,施行国务院修订《中华人民共和国营业税暂行条例》和财政部修订《中华人民共和国营业税暂行条例实施细则》,征收对象为提供应税劳务、转让无形资产和销售不动产。涉及交通运输业、建筑业、金融保险业、邮电通信业、文化体育业、娱乐业、服务业、转让无形资产和销售不动产9个行业。税率为差别比例税率:其中交通运输业、建筑业、邮电通信业、文化体育业为3%,金融保险业、服务业、转让无形资产、销售不动产为5%,娱乐业为5%~20%的幅度税率。

**资源税** 1994年1月1日起,施行《中华人民共和国资源税暂行条例》,由地方税务局负责征收管理。征收对象为境内矿产品和盐。税率为定额税率。计税方法为从量定额征收,即按照应税产品的课税数量和规定的单位税额计算应纳税额。2011年11月1日起,施行新《中华人民共和国资源税暂行条例》,由原来的从量计征一种方式扩大为从量计征和从价计征2种方式。全市执行的税率有:建筑用石为1元/立方米,沙、粘土为0.5元/立方米,石灰石3元/立方米,大理石、花岗岩为5元/立方米,煤炭为2.5元/吨,锡矿石为12元/吨,钨为8元/吨,锑为0.6元/吨,瑞昌市武山铜矿为6.5元/吨,九江县城门山铜矿为5.5元/吨。

**企业所得税** 1994年1月1日开征,其中地方企业由地方税务局负责征收。征收对象为各类国内企业的应税所得额。税率分为3档:所得额在3万元(含)以下的税率18%,所得额在3~10万元(含)之间的税率为27%,所得额在10万元以上的税率为33%。2008年1月1日起,开始执行《中华人民共和国企业所得税法》和《中华人民共和国企业所得税法实施条例》,征收对象为各类企业的应税所得额;基本税率为25%,小型微利企业税率为20%,高新企业税率为15%。计税方法为以应纳税所得额为计税依据,按照规定的适用税率计算应纳税额,按季预缴、年终汇算清缴,多退少补。

**个人所得税** 1993年10月前,曾根据《中华人民共和国个人所得税法》,对外籍个人在中国取得工资、薪金所得,劳务报酬所得,特许权使用费所得,利息、股息、红利所得,财产租赁所得,以及经中华人民共和国财政部确定征税其他所得征收个人所得税。其中:工资薪金所得适用超额累进税率,税率为5%至45%;其他五项所得都实行比例税率,税率为20%。

1993年10月31日,根据第八届全国人民代表大会常务委员会第四次会议《关于修改〈中华人民共和国个人所得税法〉的决定》对个人所得税法进行第一次修正,将个人所得税、个人收入调节税和城乡个体工商业户所得税合并为统一的个人所得税,对外籍个人、中国公民及个体工商户税收统一纳入《中华人民共和国个人所得税法》。主要对取得工资、薪金所得,个体工商户的生产、经营所得,对企事业单位的承包经营、承租经营所得,劳务报酬所得,稿酬所得,特许权使用费所得、利息、股息、红利所得、财产租赁所得、财产转让所得、偶然所得以及经国务院财政部门确定征税的其他所得征收个人所得税。

2006年1月1日,根据《中华人民共和国个人所得税法》《中华人民共和国个人所得税实施条例》和《国家税务总局关于印发〈个人所得税自行纳税申报办法(试行)〉的通知》(以下简称《办法》)的有关规定,对年所得12万元以上的纳税人均应于纳税年度终了后3个月内向主管税务机关办理纳税申报。根据国家税务总局《关于试行税务机关向扣缴义务人实行明细申报后的纳税人开具个人所得税完税证明的通知》，以及省局关于统一开具个人所得税完税证明工作一系列文件规定，至2010年，已为全市262966人次开具个人所得税完税证明。

**房产税** 1994年分税制后由地税局负责征收管理。征收对象为城市、县城、建制镇、工矿区的房产。税率为比例税率，按房产余值计算的，年税率为1.2%；以房产租金收入计算的，税率为12%。计税方法为以房产余值或租金收入为计税依据，按照规定的适用税率计算应纳税额。

**城镇土地使用税** 1994年分税制后由地税局负责征收管理。征收对象为城市、县城、建制镇、工矿区的土地使用权。税率为4档差别定额税率，每平方米土地年税额：大城市0.5~10元，中等城市0.4~8元，小城市0.3~6元，县城、建制镇、工矿区0.2~4元。2007年起，九江市区执行4~8元差别定额税率，县城、建制镇、工矿区执行2.5~7元差别定额税率。计税方法以纳税人实际占用的土地面积为计税依据，按照规定的定额税率计算应纳税额。

**2007年全市城镇土地使用税税额标准一览**

表36-2-1 单位：元/平方米、年

| 单 位 | 税额标准 | | |
|---|---|---|---|
| | 一 级 | 二 级 | 三 级 |
| 九江市区 | 8 | 6 | 4 |
| 九江县 | 5 | 4 | 2.5 |
| 星子县 | 4 | 2.5 | |
| 永修县 | 5 | 4 | 2.5 |
| 武宁县 | 5 | 4 | 2.5 |
| 都昌县 | 5 | 2.5 | |
| 湖口县 | 5 | 3 | 2.5 |
| 修水县 | 5 | 4 | 2.5 |
| 彭泽县 | 4 | 2.5 | 2 |
| 德安县 | 4 | 2.5 | 2 |
| 瑞昌市 | 5 | 4 | 2.5 |
| 庐山风景区 | 7 | 6 | 4 |
| 共青开发区 | 4 | 2.5 | |

说明：1.九江县原三、四级合并为三级；2.庐山风景区按30%、30%、40%分3年到位；3.坐落在建制镇范围内的企业按当地最低一级税额标准执行

**车船税（车船使用税、车船使用牌照税）** 1994年，分税制后由地税局负责征收管理。征税对象为境内公共道路或者航道上行驶的车辆和船舶。计税方法为按照机动车、非机动车、机动船、非机动船，分别以辆、净吨位或载重吨位为计税标准，采取定额税率征税。2007年1月1日起，全市施行国务院2006年12月颁布《中华人民共和国车船税暂行条例》，对在中国境内车辆、船舶所有人或者管理人按定额税率征收车船税。

**城市维护建设税** 1994年，分税制后由地税局负责征收管理。征收对象为纳税人缴纳增值税、消费税、营业税。税率为3档差别比例税率：市区7%，县城5%，其他1%。计税方法为以纳税人实际缴纳增值税、消费税、营业税为计税依据，按照规定适用税率计算应纳税额。对外资企业2010年12月1日（含）之后发生纳税义务的增值税、消费税、营业税（以下简称"三税"）征收城市维护建设税和教育费附加；对外资企业2010年12月1日之前发生纳税义务的"三税"，不征收城市维护建设税和教育费附加。

**印花税** 1994年分税制后，由地税局负责征收管理。征收对象为经济活动和经济交往中书立、领受

凭证。税率:根据应税凭证的性质,分别采取比例税率和定额税率。2001年起,每2年对印花税票进行一次改版,并由国家税务总局负责监制,其票面金额以人民币为单位,分为壹角、贰角、伍角、壹元、贰元、伍元、拾元、伍拾元、壹佰元9种。

**印花税税目税率一览**

表36-2-2

| 税目 | 范围 | 税率 | 纳税义务人 |
|---|---|---|---|
| 购销合同 | 包括供应、预购、采购、购销结合及协作、调剂、补偿、易货等合同 | 按购销金额万分之三贴花 | 立合同人 |
| 加工承揽合同 | 包括加工、定作、修缮、修理、印刷、广告、测绘、测试等合同 | 按加工或承揽收入万分之五贴花 | 立合同人 |
| 建设工程勘察设计合同 | 包括勘察、设计合同 | 按收取费用万分之五贴花 | 立合同人 |
| 建筑安装工程承包合同 | 包括建筑、安装工程承包合同 | 按承包金额万分之三贴花 | 立合同人 |
| 财产租赁合同 | 包括租赁房屋、船舶、飞机、机动车辆、机械、器具、设备等 | 按租赁金额千分之一贴花。税额不足一元的按一元贴花 | 立合同人 |
| 货物运输合同 | 包括民用航空、铁路运输、海上运输、内河运输、公路运输和联运合同 | 按运输费用万分之五贴花 | 立合同人 |
| 仓储保管合同 | 包括仓储、保管合同 | 按仓储保管费用千分之一贴花 | 立合同人 |
| 借款合同 | 银行及其他金融组织和借款人 (不包括银行同业拆借)所签订的借款合同 | 按借款金额万分之零点五贴花 | 立合同人 |
| 财产保险合同 | 包括财产、责任、保证、信用等保险合同 | 按支付(收取)保险费金额千分之一贴花 | 立合同人 |
| 技术合同 | 包括技术开发、转让、咨询、服务等合同 | 按所载金额万分之三贴花 | 立合同人 |
| 产权转移书据 | 包括财产所有权和版权、商标专用权、专利权、专有技术使用权等转移书据 | 按所载金额万分之五贴花 | 立据人 |
| 营业账簿 | 生产经营用账册 | 记载资金的账簿,按固定资产原值与自有流动资金总额万分之五贴花。其他账簿按件贴花五元 | 立账簿人 |
| 权利许可证照 | 包括政府部门发给的房屋产权证、工商营业执照、商标注册证、专利证、土地使用证 | 按件贴花五元 | 领受人 |

说明:1.货物运输合同,单据作为合同使用的,按合同贴花;2.仓储保管合同,仓单或栈单作为合同使用的,按合同贴花;3.借款合同,单据作为合同使用的,按合同贴花;4.财产保险合同,单据作为合同使用的,按合同贴花;5.纳税人根据应纳税凭证的性质,分别按比例税率或者按件定额计算应纳税额。应纳税额不足1角的,免纳印花税。应纳税额在1角以上的,其税额尾数不满5分的不计,满5分的按1角计算缴纳

**土地增值税** 1994年1月1日起,按国务院1993年11月颁布《中华人民共和国土地增值税暂行条例》施行。由地方税务局负责征收管理。征收对象为纳税人转让国有土地使用权、地面建筑物和其他附着物所取得的增值额。税率为四档超额累进税率,分别为30%、40%、50%、60%。计税方法为转让土地使

用权、地面建筑物和其他附着物总收入扣除项目金额后土地增值额为计税依据;按照规定适用税率扣除相应速算扣除系数计算应纳税额。结合九江实际情况,对房地产开发企业土地增值税核定征收率确定为:普通标准住宅:统一按3%;非普通标准住宅和非住宅:统一按5%;商铺:市区按7%,各县(市)按6.5%。

**烟叶税** 2006年4月起,按国务院2006年4月28日颁布《中华人民共和国烟叶税暂行条例》开征,由地税局负责征收管理。征收对象为在境内依法收购烟叶。税率为20%比例税率。计税方法为以烟叶收购金额为计税依据,按照规定的适用税率计算应纳税额。全市无有权收购烟叶的烟草公司或者受其委托收购烟叶单位,暂未征收。

**屠宰税** 1994年分税制后由地税局负责征收管理。征收对象主要是屠宰生猪、菜牛、菜羊3种牲畜的行为。税率为定额税率,其中屠宰环节生猪、菜牛每头4元,菜羊每头0.5元;收购环节生猪、菜牛每头12元,菜羊每头2元。计税方法为以屠宰应税牲畜的头数为计税依据,按照规定的定额税率计算应纳税额。2001年1月1日起市境内停征。

**固定资产投资方向调节税** 1991年1月起,按国务院1991年4月颁布《中华人民共和国固定资产投资方向调节税暂行条例》开征,原建筑税停征。1994年分税制后由地税局负责征收管理。征收对象为用各种资金进行固定资产投资。税率为5档差别比例税率,分别为0%、5%、10%、15%、30%。计税方法为固定资产投资项目实际完成的投资额为计税依据,按照规定的适用税率计算应纳税额。2000年1月1日,九江市按照国家税务总局关于做好固定资产投资方向调节税停征工作有关文件,全市停征固定资产投资方向调节税。

## 二、各项基金(费)

**教育费附加** 1990年前,按照国务院《征收教育费附加的暂行规定》,对凡缴纳产品税、增值税、营业税的单位和个人,除缴纳农村教育事业费附加的单位外,征收教育费附加。以各单位和个人实际缴纳的产品税、增值税、营业税的税额为计征依据,教育费附加率为1%;1990年8月1日起,按照国务院文件要求,教育费附加率提高到2%;2005年1月1日开始,以各单位和个人实际缴纳的增值税、营业税、消费税的税额为计征依据,教育费附加率为3%,分别与增值税、营业税、消费税同时缴纳。2010年12月1日起,根据财政部、国家税务总局规定,对外资企业征收教育费附加。

**地方教育费附加** 2010年6月,省政府颁发《江西省地方教育附加征收管理办法》,在江西省行政区域内开征地方教育附加。市地税局从9月1日开始在全辖区范围内对缴纳增值税、消费税、营业税的单位和个人征收地方教育费附加,计征依据是各单位和个人实际缴纳的增值税、消费税、营业税税额,计征比率为2%。

**文化事业建设费** 1997年1月1日起,根据《国务院关于进一步完善文化经济政策的若干规定》,开征文化事业建设费,征收对象为营业性娱乐场所和广告媒介、广告经营单位及个人,征收标准为:娱乐场所按营业收入的3%,广告媒介单位和广告经营单位,按照营业收入的3%。

1999年1月,根据国家税务总局《关于广告代理业征收文化事业建设费问题的批复》精神,对纳税人从事广告代理业征收文化事业建设费。

**防洪保安资金** 1996年,按照《江西省征集防洪保安资金暂行规定》规定,对国有、集体、乡镇、股份、联营、私营企业及银行、保险、信托投资公司、证券公司、财务公司和城乡信用社代征防洪保安资金。征集标准是:银行(含信用社)及保险公司按上年利息(保费)收入的0.7‰征集;其他单位按上年销售收入或营业收入的1.2‰征收。1998年11月起,经国务院同意,防洪保安资金纳入地方水利建设基金。

**工会经费和工会筹备金** 2006年1月1日开始,根据省政府授权,市地税局及全市地税系统对全市已建立工会组织和自开办或设立之日起1年内尚未建立工会组织的各类所有制企业、事业单位(工会经费列入财政统一划拨单位除外)按照按全部职工工资总额的2%代征工会经费和工会筹备金。

**残疾人就业保障金** 2005年1月1日起,市地税局根据省政府办公厅《关于进一步加强扶助贫困残疾人工作的意见》要求,负责代征全市各类企业、经济组织的残疾人就业保障金。残疾人就业保障金按年征收,一次性缴纳,此后每年7月至9月地税机关依据同级残疾人就业服务机构提供的单位及金额代征上一年度残疾人就业保障金。

**大中型水库库区基金** 2009年1月1日起,根据省政府授权,市地税局代征大中型水库库区基金。需缴纳库区基金的大中型水库是指装机容量在2.5万千瓦及以上、有发电收入的水库和水电站。根据水库实际上网销售电量,征集标准是:每千瓦时8厘。征收期限是应缴纳库区基金的大中型水库和水电站,应在每月终了后7日内向主管地税机关申报缴纳。市征收此项基金的单位有江西东津水力发电有限公司、抱子石电站、柘林水电站。

**市场价格调节基金** 1994年,市政府制定《九江市市场价格调节基金征集管理办法》。1995年开始,市地税局受市价格调节基金领导小组委托,代征市场价格调节基金,征收范围为市区(含浔阳区、庐山区、九江经济技术开发区、庐山风景名胜区、庐山西海风景名胜区),征收对象为从事生产、经营、服务的单位,分不同行业按2%~2‰不等征收率征收。

## 第二节 组织收入

### 一、分年度收入

1994年以来,市地税局坚持以组织收入为中心,落实"依法征收,应收尽收,坚决不收过头税,坚决制止和防止越权减免税"依法组织收入原则,强化收入分析预测,深化税源管理,加强对重点税源的跟踪管理,规范对零散小额税种税收的管理,堵塞征管漏洞,有效克服税源变化、政策调整等影响,实现地税收入持续快速增长。全市地税收入由1994年2.32亿元增加到2010年42.55亿元,年均增长19.9%,地税收入占地区生产总值比重由1994年2.1%提高到2010年4.1%,占地方财政收入比重由1994年46%提高到2010年59.9%。尤其是2006~2010年"十一五"期间,市地税收入总量连跨20亿、30亿、40亿台阶,累计征收入库地方各税131亿元,收入总量是"十五"时期3.5倍,年均增收6.1亿元,增长28.8%,高于"十五"时期平均增幅13.9个百分点,分别高于同期全市财政收入、全省地税收入4.8个、2.0个百分点,为九江经济社会发展提供财力保障。

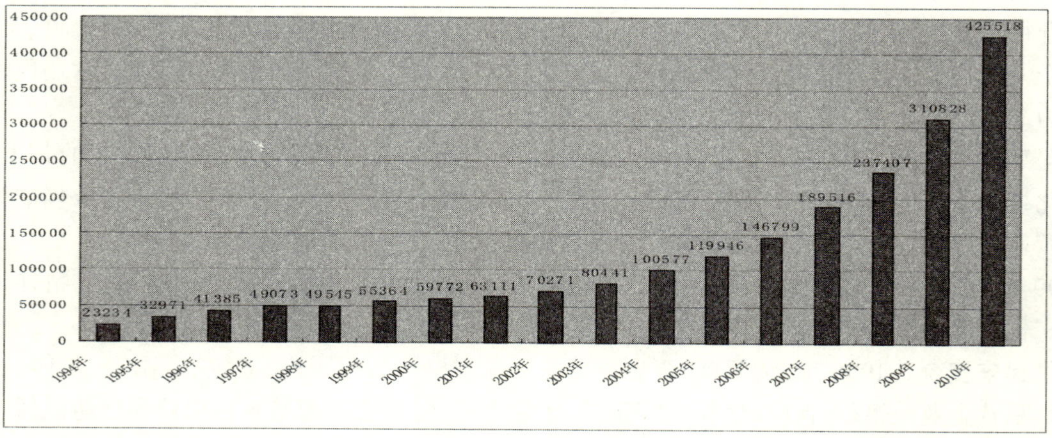


**图36-2-1 1994~2010年全市地税收入总量示意图**

### 二、分行业收入

随着经济发展,征管改革深化,地税收入占GDP、地方财政收入的"两个比重"逐年提高。1994年,两个比重分别为2.1%和46%,2010年,两个比重分别为4.1%和59.9%。

## 1994~2010 年全市地方税收“两个比重”情况统计一览

表 36-2-3　　　　单位:万元

| 年 份 | 生产总值(GDP) | | 财政总收入 | | 地方财政收入 | | 地税收入 | | 地税收入 | | |
|---|---|---|---|---|---|---|---|---|---|---|---|
| | 合 计 | 比上年增减% | 合 计 | 比上年增减% | 合 计 | 比上年增减% | 合 计 | 比上年增减% | 合 计 | 比上年增减% | 合 计 |
| 1994 | 1107116 | 18.6 | 110336 | 62.4 | 50530 | 54.0 | 23234 | | 2.1 | 21.06 | 46.0 |
| 1995 | 1430763 | 15.1 | 132630 | 20.2 | 63715 | 26.1 | 32971 | 41.9 | 2.3 | 24.86 | 51.7 |
| 1996 | 1700533 | 13.5 | 155656 | 17.4 | 77516 | 21.7 | 41385 | 25.5 | 2.4 | 26.59 | 53.4 |
| 1997 | 1929646 | 12.0 | 172237 | 10.7 | 89111 | 15.0 | 49073 | 18.6 | 2.5 | 28.49 | 55.1 |
| 1998 | 1701469 | −10.7 | 169542 | −1.6 | 85058 | −4.5 | 49545 | 1.0 | 2.9 | 29.22 | 58.2 |
| 1999 | 1919469 | 14.4 | 187147 | 10.4 | 98492 | 15.8 | 55364 | 18.0 | 2.9 | 29.58 | 56.2 |
| 2000 | 2131237 | 10.0 | 205150 | 9.6 | 105040 | 6.6 | 59772 | 7.9 | 2.8 | 29.14 | 56.9 |
| 2001 | 2326245 | 9.3 | 200460 | −2.3 | 107964 | 2.8 | 63111 | 0.1 | 2.7 | 31.48 | 58.5 |
| 2002 | 2633549 | 13.1 | 231861 | 15.7 | 126283 | 17.0 | 70271 | 11.3 | 2.7 | 30.31 | 55.6 |
| 2003 | 3067749 | 15.0 | 286023 | 23.4 | 152926 | 21.1 | 80442 | 14.5 | 2.6 | 28.12 | 52.6 |
| 2004 | 3567600 | 15.2 | 350802 | 22.6 | 188059 | 23.0 | 100577 | 25.0 | 2.8 | 28.67 | 53.5 |
| 2005 | 4289200 | 15.4 | 398300 | 13.5 | 224500 | 19.4 | 119946 | 19.3 | 2.8 | 30.11 | 53.4 |
| 2006 | 5062200 | 13.7 | 458500 | 15.2 | 260400 | 16.0 | 146799 | 22.4 | 2.9 | 32.0 | 56.4 |
| 2007 | 5925600 | 14.1 | 575185 | 25.4 | 320749 | 23.2 | 189516 | 29.1 | 3.2 | 32.95 | 59.1 |
| 2008 | 7006000 | 12.5 | 661678 | 15.0 | 384210 | 19.8 | 237407 | 25.3 | 3.4 | 35.88 | 61.8 |
| 2009 | 8313600 | 13.8 | 861984 | 30.3 | 505023 | 31.4 | 310828 | 30.9 | 3.7 | 36.06 | 61.5 |
| 2010 | 10320647 | 14.3 | 1167006 | 35.4 | 710634 | 40.7 | 425518 | 36.9 | 4.1 | 36.46 | 59.9 |

制造业、采矿业、建筑业、房地产业是地税收入来源主要行业,2001~2010 年,4 个行业累计收入 108.2 亿元,占同期地税总收入的 62%,其他行业仅占 38%。

## 2001~2010 年全市地税分行业收入一览

表 36-2-4　　　　单位:万元

| 项 目 | 2001 年 | 2002 年 | 2003 年 | 2004 年 | 2005 年 | 2006 年 | 2007 年 | 2008 年 | 2009 年 | 2010 年 |
|---|---|---|---|---|---|---|---|---|---|---|
| 第一产业 | 2022.1 | 65.5 | 2.6 | 28.2 | | 8 | 6 | 73 | 87 | 516 |
| 第二产业 | 27148.5 | 30400.0 | 32012.5 | 37737.8 | 52610 | 72373 | 83166 | 107389 | 156981 | 230963 |
| 采矿业 | 1963.0 | 1554.5 | 1900.3 | 3273.6 | 9693 | 16779 | 20282 | 24345 | 11615 | 11210 |
| 制造业 | 9396.7 | 11097.2 | 8656.7 | 11264.6 | 12227 | 14577 | 17191 | 23867 | 48871 | 65502 |
| 电力、燃气及水的生产和供应业 | 13255 | 1329.5 | 2971.3 | 2428.9 | 2436 | 2778 | 2520 | 2979 | 1987 | 2856 |
| 建筑业 | 14463.3 | 16418.9 | 18484.2 | 20770.7 | 28254 | 38239 | 43173 | 56207 | 94508 | 152395 |
| 第三产业 | 33889.1 | 39510.2 | 47778.9 | 62352.4 | 67019 | 73962 | 106039 | 129412 | 153128 | 194039 |
| 交通运输、仓储及邮政业 | 5898.1 | 6016.9 | 6397.3 | 11019.9 | 10381 | 12699 | 15908 | 22591 | 27202 | 39350 |
| 批发和零售业 | 7684.3 | 9535.2 | 6913.9 | 9095.6 | 4667 | 4291 | 5247 | 10081 | 11568 | 14424 |
| 金融业 | 4697.6 | 4553.6 | 5194.8 | 5015.3 | 5916 | 7906 | 11791 | 16260 | 21600 | 29282 |
| 房地产业 | 3254.4 | 5555.9 | 8167.4 | 11507.2 | 17924 | 24042 | 42681 | 43112 | 51024 | 66298 |

续表 36-2-4

| 项　目 | 2001 年 | 2002 年 | 2003 年 | 2004 年 | 2005 年 | 2006 年 | 2007 年 | 2008 年 | 2009 年 | 2010 年 |
|---|---|---|---|---|---|---|---|---|---|---|
| 租赁及商务服务业 | 5901.4 | 6994.1 | 7970.4 | 8907.5 | 14697 | 9124 | 7354 | 5413 | 6349 | 7474 |
| 其他行业 | 6453.3 | 6854.5 | 13135.1 | 16806.9 | 13434 | 15900 | 23058 | 31955 | 35385 | 37211 |
| 合　计 | 63111.0 | 70271.0 | 80441.0 | 100577.0 | 119946 | 146799 | 189516 | 237407 | 310828 | 425518 |

## 三、分经济类型收入

1994 年后，随着经济体制改革逐步深入，全市税收结构发生变化，由国有、集体企业提供的税收占居主导地位演变为以股份制企业为主，多种经济成分并存的格局。1995 年，国有、集体企业提供地税收入占总收入比重在 91.9%以上，其他经济成分提供的地税收入仅占 8.1%。2008 年，股份制企业提供的地税收入占总收入 50.7%，占据税收收入主导地位，国有、集体企业提供地税收入占总收入 22.2%，仍是地税收入重要来源，私营、个体地税收入占总收入 13.5%，成为地税收入的重要增长点。2010 年，国有、集体企业提供地税收入占总收入 18.4%，股份制企业地税收入占总收入 57.4%，私营、个体地税收入占总收入 17.7%。从 1995 和 2010 年两年征收数据对比来看，国有企业提供税收由 1995 年 22802 万元增加到 2010 年 58026 万元，增长 1.54 倍；集体企业由 7511 万元增加到 20274 万元，增长 1.70 倍；股份制企业由 102 万元增加到 244475 万元，私营企业由 354 万元增加到 30501 万元，个体经营由 1229 万元增加到 44561 万元，股份制企业、私营企业和个体经营税收增长速度加快。

1995~2010 年全市地税分企业类型收入一览

表 36-2-5　　　　单位：万元

| 项 目 | 国有企业 | 集体企业 | 股份制企业 | 联营企业 | 私营企业 | 涉外企业 | 个体经营 | 其他企业 | 合 计 |
|---|---|---|---|---|---|---|---|---|---|
| 1995 | 22802 | 7511 | 102 | 1 | 354 | 0 | 1229 | 973 | 32971 |
| 1996 | 25435 | 7832 | 235 | 8 | 322 | 321 | 6447 | 785 | 41385 |
| 1997 | 28500 | 8288 | 1378 | 22 | 325 | 371 | 9991 | 198 | 49073 |
| 1998 | 29694 | 5606 | 2964 | 16 | 298 | 200 | 10622 | 144 | 49545 |
| 1999 | 31493 | 5203 | 3146 | 16 | 453 | 560 | 14355 | 138 | 55364 |
| 2000 | 31383 | 5038 | 4334 | 29 | 910 | 762 | 17192 | 124 | 59772 |
| 2001 | 29617 | 6706 | 4987 | 51 | 1395 | 1299 | 18908 | 149 | 63111 |
| 2002 | 31635 | 6075 | 7074 | 53 | 2599 | 1886 | 20626 | 323 | 70271 |
| 2003 | 31557 | 6810 | 10063 | 15 | 4300 | 3247 | 21322 | 3128 | 80442 |
| 2004 | 34937 | 6248 | 18343 | 13 | 6113 | 3791 | 26516 | 4617 | 100577 |
| 2005 | 28402 | 8247 | 43359 | 80 | 6477 | 5165 | 26933 | 1283 | 119946 |
| 2006 | 30620 | 8226 | 63228 | 89 | 9641 | 7647 | 26125 | 1223 | 146799 |
| 2007 | 34950 | 10609 | 94624 | 91 | 10534 | 10757 | 25216 | 2735 | 189516 |
| 2008 | 40087 | 12683 | 120368 | 177 | 17156 | 14891 | 28192 | 3853 | 237407 |
| 2009 | 48864 | 15708 | 65707 | 113 | 21534 | 16014 | 37472 | 5416 | 310828 |
| 2010 | 58026 | 20274 | 244475 | 263 | 30501 | 18657 | 44561 | 8761 | 425518 |
| 累 计 | 538001 | 141064 | 684387 | 1037 | 112912 | 85567 | 335707 | 57084 | 2055759 |

## 四、分预算级次收入

2002 年前，地税部门组织的收入全部为省级和市级以下收入。2002 年后，中央参与企业所得税、个人所得税分成，地税部门开始组织中央级收入。2002~2010 年全市中央级收入完成 274549 万元；1994~2010 年省级收入完成 116908 万元；市级以下收入完成 1666841 万元，其中，市本级收入 347478.4万元，县区级以下收入 1319362.6 万元。

1995~2001 年，省级收入占总收入的比重逐年上升，由 1995 年的 5.9%上升到 2001 年的 10.4%。对所得税实行分成改革后，省级收入比重有所下降。

1994~2010 年，市级以下收入逐年攀升，所占比重逐年下降。2010 年，市级以下收入达 360796 万元，是 1994 年的 47 倍。2010 年市级以下收入占总收入比重为 84.8%，比 1995 年下降 9.3 个百分点。2010 年市级以下收入中，市本级收入占市级以下收入的 15.1%。县区级以下收入占市级以下收入比重为 84.9%。

**1994~2010 年全市地税分级次收入一览**

表 36-2-6 单位：万元

| 年 份 | 总收入 | 其中：中央级 | | 省 级 | | 市级以下 | | | | | |
|---|---|---|---|---|---|---|---|---|---|---|---|
| | | | | | | 小 计 | | 其中：市本级 | | 县区级以下 | |
| | | 金 额 | 占总收入比重（%） | 金 额 | 占总收入比重（%） | 金 额 | 占总收入比重（%） | 金 额 | 占市级以下收入比重（%） | 金 额 | 占市级以下收入比重（%） |
| 1994 | 23234 | 国税划转 15594 万元 | | | | 7640 | | 2328 | | 5312 | |
| 1995 | 32971 | | | 1960 | 5.9 | 31011 | 94.1 | 9854 | 31.8 | 21157 | 68.2 |
| 1996 | 41385 | | | 2596 | 6.3 | 38789 | 93.7 | 8656 | 22.3 | 30133 | 77.7 |
| 1997 | 49073 | | | 3194 | 6.5 | 45879 | 93.5 | 12714 | 27.7 | 33165 | 72.3 |
| 1998 | 49545 | | | 3871 | 7.8 | 45674 | 92.2 | 15323 | 33.5 | 30351 | 66.5 |
| 1999 | 55364 | | | 4943 | 8.9 | 50421 | 91.1 | 14698 | 29.2 | 35723 | 70.8 |
| 2000 | 59772 | | | 5703 | 9.5 | 54069 | 90.5 | 16458 | 30.4 | 37611 | 69.6 |
| 2001 | 63111 | | | 6558 | 10.4 | 56553 | 89.6 | 14373 | 25.4 | 42180 | 74.6 |
| 2002 | 70271 | 7826 | 11.1 | 3221 | 4.6 | 59224 | 84.3 | 16161 | 27.3 | 43063 | 72.7 |
| 2003 | 80442 | 10679 | 13.3 | 3444 | 4.3 | 66319 | 82.4 | 16158 | 24.4 | 50161 | 75.6 |
| 2004 | 100577 | 14793 | 14.7 | 4517 | 4.5 | 81267 | 80.8 | 16902 | 20.8 | 64365 | 79.2 |
| 2005 | 119946 | 22005 | 18.3 | 6043 | 5.0 | 91898 | 76.6 | 18123 | 19.7 | 73775 | 80.3 |
| 2006 | 146799 | 28110 | 19.1 | 7341 | 5.0 | 111348 | 75.9 | 20226 | 18.2 | 91122 | 81.8 |
| 2007 | 189516 | 35737 | 18.9 | 10259 | 5.4 | 143520 | 75.7 | 25053 | 17.5 | 118467 | 82.5 |
| 2008 | 237407 | 44998 | 19.0 | 15676 | 6.6 | 176733 | 74.4 | 32024 | 18.1 | 144709 | 81.9 |
| 2009 | 310934 | 45652 | 14.7 | 19582 | 6.3 | 245700 | 79.0 | 53878 | 21.9 | 191822 | 78.1 |
| 2010 | 425563 | 64749 | 15.2 | 18000 | 4.2 | 360796 | 84.8 | 54549 | 15.1 | 306247 | 84.9 |
| 累计 | 2055910 | 274549 | 13.4 | 116908 | 5.7 | 1666841 | 81.1 | 347478 | 20.8 | 1319363 | 79.2 |

说明：2009、2010 年合计数含省属企业所得税税款，其中 2009 年 106 万元，2010 年 45 万元，已划到中央和省级收入里面

## 五、分税种收入

1994~2010 年，全市地税部门共组织税收收入 2055759 万元。

### 1994~2010 年全市地税分税种收入一览

表 36-2-7　　　　单位:万元

| 年份 | 税收合计 | 营业税 | 企业所得税 | 个人所得税 | 城建税 | 资源税 | 房产税 | 土地使用税 | 印花税 | 土地增值税 | 车船使用税 | 屠宰税 | 固调税 | 滞罚收入 |
|---|---|---|---|---|---|---|---|---|---|---|---|---|---|---|
| 合计 | 2055759 | 965379 | 285094 | 240172 | 237063 | 48860 | 63746 | 82511 | 25172 | 57083 | 12650 | 14054 | 21863 | 2114 |
| 1994 | 23234 | 8358 | 2423 | 291 | 4423 | 313 | 1277 | 1192 | 167 | 1 | 64 | 509 | 3981 | 235 |
| 1995 | 32971 | 14070 | 4292 | 567 | 5681 | 275 | 1557 | 1265 | 227 | 13 | 78 | 1054 | 3219 | 673 |
| 1996 | 41385 | 19907 | 4594 | 2549 | 6044 | 298 | 1519 | 1601 | 271 |  | 139 | 1658 | 2014 | 791 |
| 1997 | 49073 | 22650 | 5458 | 3616 | 7342 | 267 | 1987 | 1780 | 290 | 45 | 119 | 1871 | 3233 | 415 |
| 1998 | 49545 | 24729 | 2251 | 4214 | 7071 | 273 | 2624 | 2214 | 334 | 21 | 123 | 1657 | 4035 |  |
| 1999 | 55364 | 25925 | 2591 | 5783 | 7869 | 403 | 3194 | 2359 | 602 | 17 | 120 | 2452 | 4050 |  |
| 2000 | 59772 | 29050 | 3091 | 7093 | 9275 | 369 | 3384 | 2533 | 859 | 19 | 159 | 2794 | 1146 |  |
| 2001 | 63111 | 30049 | 7315 | 9105 | 7071 | 749 | 2955 | 2411 | 1081 | 94 | 130 | 2004 | 146 |  |
| 2002 | 70271 | 35975 | 4620 | 11032 | 10372 | 980 | 3440 | 2494 | 743 | 396 | 126 | 55 | 39 |  |
| 2003 | 80442 | 43195 | 4345 | 13453 | 10662 | 1256 | 3714 | 2096 | 1019 | 525 | 176 |  |  |  |
| 2004 | 100577 | 52848 | 6925 | 17731 | 11335 | 2018 | 3952 | 3373 | 1059 | 892 | 445 |  |  |  |
| 2005 | 119946 | 56393 | 14266 | 22413 | 11254 | 4431 | 4159 | 3607 | 1579 | 1333 | 511 |  |  |  |
| 2006 | 146799 | 67488 | 26272 | 20579 | 13533 | 5338 | 4619 | 3561 | 2078 | 2752 | 579 |  |  |  |
| 2007 | 189516 | 86735 | 37007 | 22550 | 16599 | 5473 | 4847 | 4386 | 2447 | 8493 | 979 |  |  |  |
| 2008 | 237407 | 104224 | 48494 | 26498 | 17233 | 6440 | 5491 | 13900 | 3356 | 10009 | 1762 |  |  |  |
| 2009 | 310828 | 143689 | 44264 | 31714 | 39345 | 10590 | 6638 | 15993 | 3917 | 11720 | 2958 |  |  |  |
| 2010 | 425518 | 200094 | 66886 | 40984 | 51954 | 9387 | 8389 | 17746 | 5143 | 20753 | 4182 |  |  |  |

## 六、分单位收入

1994~2010 年,市本级组织地方税收收入 409644 万元,县(市、区)局共组织地方税收收入 1646443 万元。

### 1994~2010 年全市税收收入分县(市、区)完成情况统计一览

表 36-2-8　　　　单位:万元

| 年份 | 合计 | 市直 | 浔阳区 | 庐山区 | 九江县 | 瑞昌市 | 武宁县 | 修水县 | 永修县 | 德安县 | 星子县 | 都昌县 | 湖口县 | 彭泽县 |
|---|---|---|---|---|---|---|---|---|---|---|---|---|---|---|
| 合计 | 2056087 | 409644 | 322101 | 203060 | 94364 | 149481 | 119916 | 174049 | 114317 | 120584 | 73556 | 92326 | 99096 | 83645 |
| 1994 | 22540 | 7206 | 3161 | 1796 | 845 | 1215 | 606 | 1044 | 1395 | 1874 | 418 | 1034 | 634 | 1312 |
| 1995 | 30574 | 10005 | 4385 | 2610 | 1238 | 1601 | 870 | 1349 | 1863 | 1970 | 669 | 1361 | 1040 | 1613 |
| 1996 | 44038 | 11846 | 6168 | 3560 | 2598 | 2504 | 1506 | 2968 | 2747 | 3092 | 1356 | 1901 | 1650 | 2142 |
| 1997 | 50356 | 14902 | 7126 | 4354 | 2797 | 2765 | 2035 | 3238 | 2431 | 2397 | 1628 | 2095 | 1650 | 2938 |
| 1998 | 49025 | 16506 | 7351 | 4350 | 2003 | 2379 | 2412 | 3018 | 2036 | 2253 | 1450 | 1604 | 1400 | 2305 |
| 1999 | 55364 | 16020 | 8273 | 4967 | 2357 | 3897 | 2798 | 3097 | 2759 | 2454 | 1688 | 2646 | 2220 | 2188 |
| 2000 | 59776 | 18179 | 8841 | 5452 | 2614 | 3901 | 3053 | 3215 | 3008 | 2294 | 1661 | 2986 | 2320 | 2252 |
| 2001 | 63111 | 16259 | 10022 | 6623 | 2734 | 4052 | 3302 | 3629 | 3666 | 2444 | 1781 | 3736 | 2361 | 2504 |
| 2002 | 70271 | 18745 | 11910 | 7705 | 2787 | 4208 | 3101 | 4042 | 3906 | 2909 | 1792 | 4000 | 2508 | 2659 |
| 2003 | 80441 | 19004 | 14719 | 8166 | 3425 | 5211 | 3866 | 5002 | 4466 | 3725 | 2210 | 4606 | 3001 | 3046 |

续表 36-2-8

| 年 份 | 合 计 | 市直 | 浔阳区 | 庐山区 | 九江县 | 瑞昌市 | 武宁县 | 修水县 | 永修县 | 德安县 | 星子县 | 都昌县 | 湖口县 | 彭泽县 |
|---|---|---|---|---|---|---|---|---|---|---|---|---|---|---|
| 2003 | 80441 | 19004 | 14719 | 8166 | 3425 | 5211 | 3866 | 5002 | 4466 | 3725 | 2210 | 4606 | 3001 | 3046 |
| 2004 | 100577 | 20516 | 18467 | 10430 | 4530 | 7010 | 5508 | 7202 | 5697 | 5203 | 3103 | 5710 | 3601 | 3600 |
| 2005 | 119946 | 22241 | 21098 | 12019 | 5407 | 8550 | 7500 | 11500 | 6608 | 5983 | 4061 | 6297 | 4301 | 4382 |
| 2006 | 146799 | 24399 | 24280 | 14189 | 6529 | 10720 | 9000 | 18445 | 8300 | 7752 | 5406 | 6928 | 5301 | 5550 |
| 2007 | 189516 | 31058 | 30504 | 19144 | 8704 | 13502 | 12150 | 25003 | 11385 | 10365 | 6833 | 8016 | 6001 | 6851 |
| 2008 | 237407 | 40530 | 32676 | 23036 | 11577 | 18352 | 16000 | 27800 | 14300 | 13616 | 10000 | 9560 | 11601 | 8359 |
| 2009 | 310828 | 63615 | 41520 | 30331 | 14213 | 24600 | 20001 | 23130 | 17475 | 19952 | 13000 | 12028 | 18018 | 12945 |
| 2010 | 425518 | 58613 | 71600 | 44328 | 20006 | 35014 | 26208 | 30367 | 22275 | 32301 | 16500 | 17818 | 31489 | 18999 |

## 七、基金(费)收入

1994~2010 年,全市共组织征收基金费等其他收入 137422 万元。

### 1994~2010 年全市地税基金(费)收入一览

表 36-2-9　　单位:万元

| 年 份 | 合 计 | 其中:教育费附加 | 文化事业建设费 | 地税部门罚没收入 | 防洪保安资金 | 残疾人就业保障金 | 工会经费 | 地方教育附加 | 地方大中型水库库区基金收入 | 其 他 |
|---|---|---|---|---|---|---|---|---|---|---|
| 1994 | 42.4 | 42.4 | | | | | | | | |
| 1995 | 296.4 | 296.4 | | | | | | | | |
| 1996 | 2716.3 | 2716.3 | | | | | | | | |
| 1997 | 2799.0 | 2751.0 | 0.2 | | 48.0 | | | | | |
| 1998 | 2999.7 | 2971.5 | 1.3 | | 26.9 | | | | | |
| 1999 | 3090.2 | 3072.4 | 0.8 | | 17.0 | | | | | |
| 2000 | 3296.6 | 3262.6 | 0.5 | 8.1 | 25.4 | | | | | |
| 2001 | 3161.5 | 3159.5 | 0.4 | 1.6 | | | | | | |
| 2002 | 3008.8 | 3005.6 | 0.5 | 2.7 | | | | | | |
| 2003 | 3746.5 | 3743.0 | 0.5 | 3.0 | | | | | | |
| 2004 | 4426.6 | 4417.2 | 0.4 | 9.0 | | | | | | |
| 2005 | 6218.0 | 6143.0 | 8.0 | 4.0 | | 63 | | | | |
| 2006 | 9668.0 | 9362.0 | 38.0 | 16.0 | 2475.0 | 109 | 668 | | | |
| 2007 | 13102.0 | 8489.0 | 44.0 | 18.0 | 3105.0 | 178 | 1268 | | | |
| 2008 | 14243.0 | 8676.0 | 24.0 | 5.0 | 3553.0 | 202 | 1783 | | | |
| 2009 | 27080.0 | 19140.0 | 118.0 | 5.0 | 4032.0 | 256 | 2568 | | | 961 |
| 2010 | 37527.0 | 25068.0 | 161.0 | 7.0 | 4958.0 | 324 | 3183 | 2179 | 284 | 1363 |
| 合 计 | 137422.0 | 106315.9 | 397.6 | 79.4 | 18240.3 | 1132 | 9470 | 2179 | 284 | 2324 |

## 第三节　依法治税

1991 年以来,按照“内外并举,重在治内,以内促外”依法治税总方针和国家税务总局“法治、公平、文明、效率”治税思想,开展法制宣传教育,深化执法责任制,不断健全和完善依法治税的工作机制及执法监督机制,全力为纳税人营造公平、公正的税收法治环境。1994 年,国家新税制开始实施,社会大众对地税部门工作性质、管理范围、工作对象、工作职能不甚了解,市地税局以“税收宣传月”为契机,大力开展宣传辅导。1995 年 3 月,市地税局组织成立以来第一次税收执法检查,进一步维护新税制统一、完整及税法严肃性,强化地税机关内部自我监督。随后,每年组织开展各种类型税收执法检查和监察,查找税收执法过程中存在的问题和薄弱环节,研究制定有效措施,进行整改,有力推进全市地税系统执法行为规范运行。4 月,组织开展地税机构成立后第一个“税收宣传月”。之后,市地税局每年根据国家税务总局确定主题,结合全市地税工作重点,通过印发资料、文艺作品、举办座谈、培训等多种方式,借助广播、电视、网络等新闻媒体和科技手段,广泛宣传税收政策,营造征纳携手、共建和谐的税收环境。全市地税部门把握“依法治税,应收尽收,坚决不收过头税,坚决防止和制止越权减免税”组织收入原则,税收执法行为不断规范,依法行政能力不断增强,地税执法形象提升。

2001 年始,市地税局执行税收执法责任制,2002 年,市县两级地税机关成立重大税务案件审理委员会及办公室,办公室设在法规办(政策法规科),负责重大税务案件审理日常工作。同年,制定《九江市地方税务局重大税务案件审理办法(试行)》,明确重大税务案件审理程序及送审标准,加强对大案、要案查处力度。2003 年,市地税局印发《九江市地税系统规范性文件制定办法》,初步建立起全市地税系统规范性文件管理制度。同年 7 月,国家税务总局派出工作组对市局有关职能科室及所辖稽查局、浔阳区、庐山区、星子县地方税务局 2002 年以来的税收行政执法情况进行执法检查和执法监察,对推动全市各级地税机关税收法制建设产生积极影响。2004 年 8 月,为规范地税执法行为,市地税局对 1994~2004 年全市涉税规范性文件进行清理。

2007 年,制定《关于建立全市地税系统廉政预警工作机制的实施意见》,先后批转《房地产行业税收管理廉政预警机制》《稽查管理预警机制》《纳税评估预警机制》《内部经费管理预警机制》4 个预警制度,通过对地税工作情况分析设立指标体系,对超过或低于指标体系可能发生不规范行为提出警戒,对地税干部职工行为进行有效监督。同年 7 月,市地税局再次对 1994 年免税制改革以来制定税收规范性文件进行全面、系统清理。累计清理涉税规范性文件 512 份,其中市局单独制定文件 495 份,与其他部门联合发文 17 份,存在问题需要清理文件 125 份。2008 年 1 月,在系统内开展 2007 年度行政执法责任制评议考核工作,对提高地税行政执法人员的执法能力和执法水平起到积极作用。2009 年,市地税局开展对当年 2 月 28 日前税收规范性文件清理,及时提出废止、修改和完善税收规范性文件意见、建议,有效提高制度建设质量。

至 2010 年,市地税局共审理重大案件 85 起,查补税款 6064 万元,加收滞纳金 230.6 万元,罚款 2423 万元。

## 第四节 地税征管

### 一、征管范围

**国税与地税征管范围调整** 1993 年 12 月 9 日,《国务院办公厅转发国家税务总局关于组建在各地的直属税务机构和地方税务局实施意见的通知》明确国家税务局和地方税务局征收管理范围,具体划分地方税务局主要负责下列各税征收和管理 (不包括已明确由国家税务局负责征收的地方税部分): 营业税;个人所得税;土地增值税;城市维护建设税;车船使用税;房产税;屠宰税;资源税;城镇土地使用税;固定资产投资方向调节税;地方企业所得税(包括地方国有、集体、私营企业);印花税;宴席税;地方税的滞补罚收入;按地方营业税附征的教育费附加。

1996 年 3 月 19 日,市政府下发《批转市国税局、地税局关于调整税收征管范围报告的通知》。个体工商户税收征管范围的划分,按照收入归属原则,由国家税务局和地方税务局分别征收管理,即增值税、消费税由国家税务局负责征收管理,营业税、个人所得税和其他税收由地方税务局负责征收管理;关于涉外税收。增值税、消费税、外商投资企业和外国企业所得税由国家税务局负责征收管理,营业税、个人所得税及其他地方税种由地方税务局负责征收管理；教育费附加(铁道、银行总行、保险总公司缴纳的除外)由地方税务局负责征收管理。

2002年，所得税收入分享体制改革后，根据《国务院关于印发所得税收入分享改革方案的通知》精神，国家税务总局下发《关于所得税收入分享体制改革后税收征管范围的通知》，对国家税务局、地方税务局的征收管理范围进行规定。自2002年1月1日起，按国家工商行政管理总局有关规定，在各级工商行政管理部门办理设立(开业)登记企业，其企业所得税由国家税务局负责征收管理，但两个以上企业合并设立一个新的企业，合并各方解散，但合并各方原均为地方税务局征收管理的；因分立而新设立企业，但原企业由地方税务局负责征收管理的；原缴纳企业所得税的事业单位改制为企业办理设立登记，但原事业单位由地方税务局负责征收管理的；在工商行政管理部门办理变更登记企业，其企业所得税仍由地方税务局负责征收管理。2001年12月31日前已在工商行政管理部门和其他行政管理部门登记注册，但未进行税务登记企事业单位及其他组织，在2002年1月1日后进行税务登记的，其企业所得税按原规定征管范围，由国家税务局、地方税务局分别征收管理。除储蓄存款利息所得以外的个人所得税(包括个人独资、合伙企业的个人所得税)，仍由地方税务局负责征收管理。

2006年，根据国家税务总局《关于享受企业所得税优惠政策的新办企业认定标准的通知》和《关于缴纳企业所得税的新办企业认定标准执行口径等问题的补充通知》，对国家税务局、地方税务局的征收管理范围进行规定：凡按照国家法律、法规及有关规定在工商行政主管部门办理设立登记企业，不符合新办企业认定标准的，按照企业注册资本中权益性投资者投资比例(包括货币投资和非货币投资，下同)确定征管范围归属。即：办理设立登记但不符合新办企业标准企业，其投资者中，凡原属于国家税务局征管企业投资比例高于地方税务局征管企业投资比例的，该企业所得税由所在地国家税务局负责征收管理，反之，由企业所在地地方税务局负责征收管理；国家税务局征管企业和地方税务局征管企业投资比例相等的，由企业所在地地方税务局负责征收管理。企业权益性投资者全部是自然人的，由企业所在地地方税务局负责征收管理。现有企业新设立不具有法人资格的分支机构，不论其货币投资占多大比例，均不得作为新办企业，其所得税征收管理机关视现有企业主管税务机关确定：不具备独立核算条件的，由现有企业主管税务机关负责征收管理；现有企业主管税务机关是地方税务局的，由该分支机构所在地地方税务局负责征收管理；新办企业权益性出资人(股东或其他权益投资方)实际出资中固定资产、无形资产等非货币性资产的累计出资额占新办企业注册资金的比例一般不得超过25%。非货币投资占新企业注册资本比例超过25%的，其所得税由企业所在地地方税务局负责征收管理。

**市、县(市、区)地税征管范围调整** 市区征管范围：1995年6月21日，下发《关于进一步明确市区各分局征管范围调整的通知》，对市区各分局征管范围进行明确。直属分局征管范围：县(处)级国有工业企业及其所属国有企业，以及改变名称从原有部门分离出来的所属单位；金融保险系统：市农行系统、市区信用社、开发区金融保险业的征管不变，其他和新办的由直属分局征管；邮电通信业：市邮电局及下属单位的征管不变，其他和新办的由直属分局征管；铁路系统：铁四局五处、大桥船管处、大桥局五处征管不变，其他和新办的由直属分局征管；冶煤系统；电力系统；航空运输系统；九江宾馆、南湖宾馆、白鹿宾馆、匡庐宾馆、实华宾馆以及在宾馆内设立经营活动机构；部门兴办的经济实体。浔阳区、庐山区、开发区征管范围，原则上以各自的行政区划确定。

建筑安装企业的管理。市区的建筑安装企业由企业所在地税务机关征管，外来的省级(含)以上的建筑安装企业由直属分局征管，省级以下的按行政区划由建设项目所在地税务机关征管。

1997年6月6日，下发《关于市区各分局征管范围的通知》，对市区交通运输业、外资企业征管范围进行明确。交通运输业的征管：浔阳、庐山区交通稽查征费所代收的车船使用税分别向开发区、庐山区分局解缴；城区运管所、庐山区运管所及市货运配载中心代收的营业税、个人所得税分别按车辆的归属向浔阳、庐山区分局解缴。外商投资企业的征管：在开发区办理工商注册登记的三资企业，不论其机构是否设在开发区，均向开发区分局缴纳税款；除开发区分局征管的三资企业外，目前直属分局、浔阳分局、庐山区分局已征管的三资企业维持现状，相互不做调整；今后所办的合作、合资企业均由合作、合资的中方主管税务机关管理，外商独资企业原则上按照属地管理原则，由独资企业所在地的水雾机关管理。

1999年12月6日,市委、市政府下发《关于进一步明确市区税收征管范围的通知》对市区征管范围进一步明确：市区范围内各区税务局均按现行行政区划和属地原则进行征管。市直属分局不受地域限制,负责市属以上县团级、大中型工业企业、市直有关单位和部门及其出资兴办并派员管理的经济实体,以及除农业银行和农发行以外的金融保险企业的税收征管。企业经营场所跨两区的,根据企业占用各区地域范围比例,由占用土地多的区局负责征管。企业经营场所分两区的,由企业核算地所在区局负责征管。与企业实行统一核算的下属企业,由负责管理企业总机构的税务机关一并征管。已纳入财政预算基数的老企业,维持现状不变。由于机构分设、改制、搬迁,企业经营地点发生变化的暂不作调整,待财政体制变动后再考虑调整。对从事建筑安装的单位、个人(含外地)按项目所在地进行征管。中央、省、市新投资重点项目的建筑安装营业税由市直属分局征收。新办企业按谁投资、谁受益原则办理。

*九江石化总厂所属建安项目税收的征管范围*:2001年5月28日,下发《关于明确九江石化总厂等企业所属建安项目税收的征管范围的通知》,明确所有承建九江石化总厂、中石化集团股份有限公司九江分公司范围内的建筑安装工程项目税收由市直属分局负责征管。

*中国网通九江分公司的征管范围*:2001年9月29日,下发《关于中国网络通信有限公司九江分公司变更纳税地点的通知》,明确中国网通九江分公司由浔阳区地税局征管。

*九江经济技术开发区的税收征管范围*:2003年9月9日,为贯彻市委、市政府《九江经济技术开发区区域管理范围调整实施方案》,市地税局下发《关于九江市地方税务局开发区分局税收征管范围调整的通知》规定:根据市委、市政府确定的九江经济技术开发区区域范围,对划入开发区新区域实质性管理范围的所有纳税人(除市地税局直属分局管辖企业外)按照税收属地管理原则,由开发区分局负责税收征管;对划入开发区新区域进行松散型管理(虚管)范围的所有纳税人(除市地税局直属分局管辖企业外),仍由原管辖单位负责税收征管。

*市本级税收的征管范围*:2003年7月20日,下发《关于对市本级地税征管范围予以部分调整和明确的通知》,明确市土地储备中心等4个纳税人的税收由市本级征管,并规定凡在市本级征管范围内的市属以上企业招商引资、新办企业的所有税收均由市本级征管。

2007年3月6日,市政府印发《进一步完善九江市城区财政管理体制的暂行办法》,对市本级税收征管范围进一步明确:中央、省、市属工业企业及其所属企业(含已改制)税收;金融保险企业(原由区征管的农业银行、农发行及农村信用社除外)的税收;原由市本级征管的其他企业税收;中央、省驻市及市属行政事业单位及其下属单位发生的各项税收;中央、省、市投资及市本级征管企业发生的建筑安装项目税收;城区范围内的存量房交易税收;新购应税未税的机动车辆当年的车船税及保险机构代收代缴的车船税。

*财务集中核算企业的税收征管范围*:2003年以来,中国移动、电信、保险、铁通、联通、烟草、石油等单位陆续转换经营体制,采取集中核算方式管理。为进一步规范对全市集中核算企业地方税收的征收管理,2006年7月12日,市地税局下发《关于对全市集中核算单位税收征收管理有关规定的通知》,规定采取集中核算方式企业,不论其财务核算方式如何变化,其税收征管范围保持不变。

*九江县驻市区分局的征管范围*:2006年9月8日,市局对九江县局下发《关于九江县驻市区分局征管范围的批复》,对九江县驻市区分局的征管范围进行明确:在九江县驻市各单位原址上的房地产开发项目。如土地使用权证属于九江县土地管理部门颁发的,房地产开发及其建筑安装税收(企业所得税除外,企业所得税由机构所在地主管税务机关征收管理)由九江县地税局征管。九江县驻市各单位因改组、改制而在其原址上进行房地产开发后税收征管范围的确定。房地产开发结束后,如土地使用权证和房产证两证均在九江县办理的,其税收由九江县地税局征管。

2009年10月15日,市政府下发《关于进一步支持和做大做强区级财政、建立属地化税收征管体制的暂行办法》,自2009年1月1日起执行,从执行之日起不再执行《进一步完善九江市城区财政管理体制的暂行办法》文件,对市本级及市辖各区征管范围进行如下调整:

*市本级税收征管*:对城区范围内纳税1000万元以上的部分重点企业、特殊行业的中国石油化工股份有限公司九江分公司等16家企业、单位划入市本级征管;城区保险公司代征的车船税归市本级征管。

区级税收征管:对城区范围内纳税1000万元以上的巨石集团九江有限公司、江西昌河铃木有限责任公司九江分公司(含江西昌河铃木有限责任公司九江分公司、江西昌河铃木有限责任公司九江销售分公司和九江昌河铃木有限责任公司3个公司)下划开发区进行税收征管,收入归入市本级。

在市本级固定收入外其他企业、单位,按属地原则下划各区属地进行税收征管。

## 二、征管制度

**税收管理员制度** 1994年以来,稳步推进税收管理员制度建设,不断夯实税收征管基础,强化税源管理,有效解决"疏于管理,淡化责任"问题。2005年10月,制定《九江市地方税务系统税收管理员制度施行办法(试行)》,合理确定税收管理员岗位职责、工作程序、业务规范、管理标准,并严格监督检查,完善考核奖惩办法,建立考核评价机制,从机制上保障税收管理员岗位职责、目标标准、监督考核、过错追究"四落实"。2006年起,推行税收管理员工作手册,进一步规范和明确税收管理员的工作内容和要求。2006年8月,在全市30个基层分局(所)试点推行,2007年在全市全面推广,进一步规范税收管理员的日常管理工作,量化税收管理员工作标准,做到周有计划、日有安排、月季有小结、全年有总结。2009年在全市全面推广税收管理员平台,充实税源管理力量,选拔具有一定财会知识、熟悉税收业务、责任心强的干部担任税收管理员,并加强税收管理员政治思想、业务技能、职业道德培训。在2008年和2010年省地税局组织的优秀税收管理员评比中,全市有11名税收管理员获得"全省地税系统优秀税收管理员"称号。

**委托代征制度** 1994年以来,加强零散及异地缴纳地方税收管理,方便纳税人依法纳税,实行委托代征制度。2009年6月30日,制定《九江市地方税务局委托代征税收管理办法》,对委托代征的范围、原则、内容、程序,对受托单位应具备的条件与责任做出具体规定。

## 三、征管改革

**征管模式改革** 1994年,实行"一人进厂,各税统管"征管模式。1995年开始,围绕"以纳税申报和优化服务为基础,以计算机网络为依托,集中征收,重点稽查"征管改革模式,推行征管、稽查两分离。2001年推行征、管、查三分离,逐步建立征收、管理、稽查三位一体的征管格局。2004年,根据《江西省人民政府办公厅转发省地税局关于江西省地税系统新一轮税收征管改革方案的通知》精神,围绕建立和完善"以纳税申报和优化服务为基础,以计算机网络为依托,集中征收、重点稽查、强化管理"的新征管改革模式,深化征管机构改革,加强税收信息化建设,推进实施新一轮征管改革,实现科学化、规范化、精细化税收管理,征管质量不断提高。

**信息化建设** 1996年1月,制定《九江市地方税务局1996年征管改革工作意见》,全市全面建立办税大厅,推行计算机在征管工作中的应用。1998年,全市地税纳入计算机管理的纳税户29127户,固定纳税人的按期申报率由上年的82%上升到93%。2005年6月1日,新的税收征管业务软件成功上线运行,实现全市地税征管数据到省地税局的大集中。至2005年12月31日,全市上线户数35270户,当年按期申报率99%。2007年,制定实施《2007~2009年信息化建设规划》,完成发票管理系统上线和市区"同城办税"试点工作任务,确保市区"三区一局"同城办税全面运行。2008年10月,制定实施《九江市地方税务局网上办税及税库银横向联网工作实施方案》,辅导纳税人与银行签订授权划缴税款协议、办理CA认证。至2010年年底,全市有1975户重点企业实现网上申报纳税。2010年,以德安县局为主体,组织攻关开发应用资源税管理系统,并通过省局组织评估验收,市局于当年12月16日组织召开专题会议在全系统推广运行资源税管理系统,有效推进资源税税收管理。

## 四、征管方法

**"两个转移"** 1995年,为适应税收征管工作需要,按照国家税务总局提出的"把工作重点转移到征管,转移到基层"精神,下发《九江市"两个转移"工作实施意见》,确立"抓基层、促征管、带队伍、增收入"工作目标,1996年,制定全市地税发展三年规划和基层建设规划。坚持人、财、物向基层和征管倾斜,选好配齐基层领导班子和干部,筹措资金改善基层办公条件,开展文明创建活动,抓好基层建设"六好"达标工作。1995年9月,全省地税系统“两个转移”工作会议在九江市召开,总结推广九江县地税局落实“两个转移”工作经验。2007年,实现全市地税基层单位组织收入好、执法形象好、征管质量好、管理效能好、队伍素质好、基础设施好“六好”创建全面达标。

**以票控税** 1995年1月1日,结合九江市实际情况,按新税制规定全面换发江西省地方税务统一发票,同时,利用3个月时间,对使用地方税务统一发票单位和个人进行一次全面清理检查,通过检查,为全市地方税务机构分设以后发票管理工作打好坚实基础。1996年7月,为加强发票管理,实行以票管税,在城区饮食行业推行使用定额发票。1997年7月2日,市局设立正科级事业单位发票管理所。同年10月,为完善内部监控机制,明确门市税收征收单位和征收范围及门市发票的管理制度。1998年1月1日,在全市范围内全面启用饮食业定额发票、在服务业、住宿业启用剪额发票。1999年3月,制定《九江市地税局发票检查工作制度》,加强对发票检查力度。同年9月30日,市地税局、市交通局联合下发《九江市市区公路货运发票税收管理暂行规定》,加强市区公路运输业货运发票税收管理。同年10月25日,市政府下发《九江市建筑安装业税收发票管理办法》,对强化建筑安装业税收管理和理顺发票管理秩序,防止税款流失,打击偷、逃税犯罪发挥重要作用。

2000年9月,在九江市区、九江县、庐山风景区推行发票奖励制度,设立举报奖和索票摇奖两个奖项,2001年在全市范围内推行发票奖励制度。2002年1月,制定《九江市地方税务发票管理制度》,同时,实行发票自行报废制度。2003年2月,在全市范围内开展发票清理检查打击制售和购买假发票违法行为活动。3月,市地税局与交通运管部门联合发文,明确规定“三个统一”,即统一全市营运车辆定期定额税收最低标准,统一营运车辆非单独纳税资格由地税与运管部联合审定,统一全市营运车辆定期定额税收由交通运管部门代征代缴,进一步加强营运车辆的委托代征工作,实现税票与货运发票的一一对应。同年,市地税局与运管部门共同研发车辆税收代征软件,当年全市征收交通运输业营业税达3406万元,同比增长42.7%。2005年11月,全省货物运输业地方税收征管工作现场会在浔召开,市地税局货物运输税收管理及车辆税收代征软件因设计理念领先,得到省地税局的充分肯定,并在全省推广。

2006年1月1日起,在全市范围全面推行发票刮奖。7月,组织开展打击假发票专项检查,查纳税户1898户,收缴定额有奖发票102份、超过发票使用期限发票315份、收款收据12502份。11月,下发《关于加强集中印制单位名称发票管理的通知》,进一步加强和规范对电信、移动、银行、保险等单位发票管理。2007年7月,在市区范围内实现发票同城办理,方便纳税人。2008年1月,实行全省统一的发票“双奖”和发票举报奖励制度,2008年全市共兑付有奖发票奖励资金108.9万元,市局本级发票举报补缴税款10.05万元、罚款5550元,给予举报人奖励5020元。同年3月,制定《九江市地方税务局有奖发票奖励资金结算管理办法》,加强有奖发票奖励资金管理,规范资金结算。2010年4月,印发《全市地税系统普通发票简并票种统一式样工作实施方案》,部署新一轮发票改革。同年12月,在全市范围内推行使用发票领购卡,有效减轻税人负担,进一步提高工作效率,强化以票控税。

**纳税评估管理** 2006年,按照“规范管理、分类实施、因地制宜、人机结合、简便易行”原则,市地税局继续完善纳税评估管理,在制定《九江市地方税务局纳税评估工作规程》和纳税评估考核办法等配套制度基础上,制定房地产、建筑安装业的部分纳税评估预警值,全年共进行纳税评估3515户(次),其中有问题户数542户,补缴税款、滞纳金及罚款1817.2万元。2007年,建立健全市、县两级纳税评估案例库,全市有7个案例入选省地税局优秀案例库。2008年,全市完成评估2230户,占全市查账征收户数3279户的68%,评估入库税款5030万元,滞纳金及罚款14万元。2009年完成评估2315户,评估入库税款5644万元,滞纳金及罚款20万元,全市有8个案例入选省地税局优秀案例库。2010年共完成评估2566户,评估入库税款6189万元,滞纳金及罚款45万元,全市建立10个行业和两个单项税种纳税评估模型,有8个案例入选省地税局优秀案例库,形成“以评促改、以评促管、以评促查、以评促收”管理工作格局。

**房地产税收一体化管理** 2006年,按照“项目控税、行业管理、信息共享、部门协作”原则,市地税局提请市政府下发《九江市建筑业、房地产业税收征收管理办法》,建立以规范存量房税收管理为切入点,以契税征管为把手,与财政部门“统一窗口、联合验票、联合计价、联合稽查、分别征收”的房地产税收一体化管理新模式。2006年7月20日,时任国家税务总局总经济师董树奎在九江调研地税工作,对全市地税系统贯彻落实国家实施对房地产宏观调控政策、推行房地产税收一体化管理工作给予充分肯定。当年,全市房地产业累计入库地方税收2.4亿元,比上年同期增收6100万元,增长34%,其中,征收入库二手房交易地方税收1206万元,同比增收1100余万元,增长近70倍。

**大企业税收管理** 2010年,制定《九江市地方税务局大企业税收管理办法》和《九江市地税系统大企业税收管理绩效考核办法》,创新理念和方法,按照定标准、强管理、防风险、优服务的思路,积极探索和加强大企业税收管理。对大企业税收管理员选拔采取双向选择,竞争上岗,并对其税收管理工作要求进行细化,强化考核,实行激励管理,大企业税收管理水平有效提升,管理质效有效提高。2010年,全市征收大企业税收12.7亿,同比增长26%,占全市地税总量近三分之一。

**税务代理** 1994年以来,建立具有现代技术支持的征收、管理、检查相互制约、促进,申报、代理、稽查相互监督、配合,科学严密的税收征管体系总体要求,开展税务代理试点工作。

1995年,据国家税务总局和省地方税务局工作要求,报经省局批准《关于认定唐鹰等344名同志税务师资格的批复》,全市地税系统评审产生税务师344名。1997年,据省局《关于同意九江市成立税务代理机构的批复》,全市陆续成立13家税务师事务所,分别是:九江市振华税务师事务所、修水县华通税务师事务所、武宁县兴源税务师事务所、瑞昌市爱华税务师事务所、九江县兴财税务师事务所、德安县兴德税务师事务所、共青城第一税务师事务所、永修县税务师事务所、星子县金鹿税务师事务所、庐山风景名胜区牯岭税务师事务所、都昌县律政税务师事务所、湖口县税务师事务所、彭泽县双益税务师事务所。事务所按照国家税务总局、省地税局的规定开展代理业务。

1998年,全市地税系统的执业税务师通过参加全国注册税务师过渡考试,有33人通过考试取得注册税务师资格证书。1999年开始,按照人事部和国家税务总局制定的《注册税务师执业资格考试实施办法》规定,每年组织一次注册税务师执业资格考试,注册税务师队伍不断壮大。1999年,据国家税务总局《清理整顿税务代理行业实施方案》和《税务机关公职人员离职从事税务代理的意见》《税务代理机构脱钩改制中有关财产处理的意见》规定,对由全市地税机关兴办的13个代理机构,在编制、人员、财务、职能、名称5个方面进行脱钩改制。按照规定申请成立1个代理机构,即九江志诚税务师事务所。随后成立九江同惠合伙税务师事务所。在对税务代理机构的监管上,市地税局按照规定不断完善各项监管制度,督导税务师事务所规范内部管理,规范执业行为,提高执业水平,促进税务代理行业规范、健康发展。

2008年,自愿代理纳税人达11820户,税务代理工作步入正轨。

## 五、票证管理

1995年1月1日起,地区地方税务局机构启用"江西省地方税务局"新地方税收票证,除印花税票沿用外,新的有税收缴款书、固投税专用缴款书、税收汇总缴款书、税收完税证、税收限额完税证、屠宰税定额完税证、税收收入退还书、小额退税凭证、固投税零税率凭证、代征代扣税款凭证、印花税销售凭证、税收罚款收据、税收保证金收据、提支手续费领据、税票调换证、车船完税凭证、车船免税凭证等17种。1999年6月2日,市局下发《关于严格执行税收票证章戳管理规定的通知》。为加强税收票证,损失处理及核算缴销等票证工作的审批手续、责任及程序,市局成立税收票证领导小组,由市局领导、监察、人教、计财等科室共同组成。7月起,按照江西省地方税务局的统一部署在全区各县(市、区)局进行税收票证清点盘库。9月,市局由市局计财科、监察室牵头,抽调各县(市、区)局16人对全市地税系统税收票证进行一次全面税收票证自查、交叉检查,共检查全市地税系统16个县(市、区)局及市直属单位。从1998年12月至1999年6月期间税收票证填写及管理情况。2004年6月1日,按照省局通知,全面启用电脑版税收票据。2007年8月8日,全市地税系统开展全面税收票证检查,检查范围为2006年7月1日至2007年6月30日的税收票证使用管理情况和税款缴库情况。2009年6月,鉴于机构职责和人员变动,对市局税收管理领导小组成员进行调整。

## 六、纳税服务

2000年开始,探索多元化申报纳税方式,在浔阳区甘棠所刷卡纳税试点成功的基础上,在浔阳区、庐山区地税局推行刷卡纳税,3100户个体工商户实行刷卡纳税,占市区中小个体户的52%。2003年,市地税局对全市地税系统做出优化税收环境的“六公开、六不准”承诺。2004年,全市地税系统先后组建办税服务厅16个。2005年起,据《江西省地方税务系统办税服务厅规范化服务标准》,全市地税系统先后投入600余万元新建、改建各级办税服务厅,全面优化纳税服务环境。建立健全首问责任、限时办结、延时服务、一次性告知、预约服务等20余项制度办法并对社会各界进行承诺,推行“一窗式受理、一站式办结”纳税服务。同年,市局建立“九江地税”网站,设立政务公开、纳税辅导、征纳互动、文化在线等8大板块,下设40个子栏目,使纳税人能及时、准确了解最新的税收政策法规和办税事项,为纳税人提供完善的信息咨询服务。

2006年,相继推出“同城通办”“POS机刷卡”“办税厅自助申报缴税”等多元化申报缴税方式,2008年起,推行“网上办税”,进一步拓宽纳税人的申报渠道,推出“服务联系卡”“局长接待日”等服务项目,为特殊群体纳税人提供绿色通道,实现征管工作由“事后处罚”“监督打击”向“事前提醒”“优质服务”转变,促进纳税人满意度和税法遵从度不断提升。同年,在全省地税星级办税服务厅评比中,市地税系统的14个办税服务厅均获得星级称号,其中五星级5个,四星级5个。2009年,陆续在全市地税系统推行“免填单”和“后续补正承诺”服务。相继出台《九江市地方税务局大力支持全民创业建设新九江服务举措》80条、《九江市地方税务局服务项目建设若干意见》《鼓励支持返乡农民工就业创业税收优惠政策和服务措施 “20条”》《服务鄱阳湖生态经济区建设优惠政策100条》《支持鄱阳湖生态经济区建设服务措施30条》等服务举措,切实抓好国家宏观调控税收政策和税收优惠政策落实。同年7月,全省地税系统“服务企业保增长促发展”经验交流会在湖口县召开,总结推广湖口县局“五心五实”服务企业发展做法。2010年,全省地税星级办税服务厅评比中,九江获得五星级6个,四星级5个。

## 第五节　税务稽查

### 一、稽查机构

1994年9月,市地方税务局稽查分局成立,为市地税局正科级直属机构,下设综合审理组、检查执行组。稽查分局负责全市地税系统税务稽查工作组织、管理和业务指导;办理重大案件稽查具体事项;组织实施全市地方税务专项稽查;受理税收违法案件举报检查和奖励;跨区税务检查组织与协调。2000年5月,按照省地方税务局关于稽查机构设置和部门名称变更要求,市地方税务局稽查分局变更为市地方税务局稽查局,下设综合审理科、检查执行一科、检查执行二科。2002年,在市、县两级推行一级稽查模式,设立稽查局,使稽查机构独立于征收、管理部门,并与之形成制衡关系。市地税局撤销直属分局、开发区局、浔阳区局、庐山区局的稽查所,将原各区局稽查职能上收,在市区统一实行一级稽查。市稽查局结合工作实际,制定《九江市地方税务局关于市区实行一级稽查工作方案》,从机构设置和职责划分、稽查权限划分和稽查对象确定方法、稽查文书下达和查补税款催缴分工、稽查查补税款入库与会统核算、征收管理与稽查工作协调等方面作出规定,为市区一级稽查运作提供具体操作依据。本着内设机构职能相互分离原则,市地税稽查局下设办公室(综合业务科)、综合业务科(审理科)、稽查一科、稽查二科、稽查三科。办公室负责文秘财务、人教监察工作;综合业务科负责选案和审理工作;稽查科负责稽查和执行工作。县级稽查局下设综合业务股和稽查股两个职能股室等。综合业务股负责选案和审理工作,稽查股负责稽查和执行工作。稽查局内部各部门分工合理、职责明确,工作程序科学顺畅,一级稽查模式已基本形成。市稽查局由主要对内管理协调性的机关转变为直接从事税务检查与对县(市、区)地税局稽查局业务进行指导税务机构。2003年,市地税稽查局下设稽查科改名为检查分局。

### 二、业务建设

1994年9月以来,不断完善稽查机构,建立和完善一系列对内对外管理制度。1994年10月,下发《九江市地方税务局关于做好稽查工作的通知》,要求各县(市、区)稽查机构的设立、人员配备的比例,提出年度查补税款的奋斗目标。1995年,印发《九江市地方税务局稽查工作制度》,明确市地方税务局稽查局工作职责任务、工作程序方法、职权责任、工作要求。按照国家税务总局和省地税局印发的《全国统一税收征纳操作规程》,下发《九江市地方税务局关于稽查文书式样的通知》,统一选用稽查税务文书。1996年,印发《九江市地方税务局关于加强地方税稽查工作的意见》,按照“综合、检查、执行”职责设置内设机构,各县(市、区)结合实际,制定本地稽查工作操作办法和工作制度,全市地税稽查工作逐步制度化、规范化。1997年,市稽查局总结瑞昌市、湖口县局稽查工作经验,抓稽查工作规范,提出发挥“稽查一把刀”的作用,制定《1997年稽查工作目标管理考核办法》,强化对稽查工作的考核。1998年,根据《国家税务总局税务违法案件举报管理办法》《国家税务总局关于建立税务违法案件举报奖励基金的通知》,制定《关于税务违法案件举报奖励暂行办法》《九江市地税系统稽查工作目标考核办法》,对考评内容、标准、办法作详细规定。1999年,根据中国人民银行、财政部、国家税务总局联合下发的《关于税务稽查部门查补收入入库暂行规定的通知》,全市稽查部门实施“税务稽查收入”专户制度,各县(市)稽查机构在银行开设“税务稽查收入”专户,当年实现稽查查补税收收入全部缴入专户管理。实施“税务稽查收入”专户制度,排除地方保护主义的干扰,保证稽查查补收入及时足额入库和准确核算反映,强化执法监督。市地税局分别和市国税局、市公安局联合制定《九江市地税局、九江市国税局稽查机构联系工作制度》《全市打击涉税犯罪专项斗争工作方案》,建立地税、国税、公安联合检查、联合办案的合作机制。

2000年,根据省地税局大案要案报告制度要求,在全市实施《九江市地税系统稽查大案要案实行请示报告制度》,凡是达到向省地税局规定报告标准的,向市稽查局做出书面报告,并随时报告案件查处进度。2001年,根据国家税务总局《税务稽查工作规程》和《中华人民共和国行政处罚法》,制定《九江市地税局稽查局业务工作规程》。业务工作规程主要从程序上详细规定稽查4个环节上工作衔接及要求。业务工作规程制定,使稽查4个环节分工明确,职责清楚,可操作性强,促进稽查工作有序运作和公正、公开。2002年,制定《九江市地税稽查选案制度》,规定稽查系统严格执行税收检查计划制度,实行归口管理,将征收管理局检查列入稽查计划,统筹安排,避免不必要重复、多头检查,逐步推行“一家查账,多家认账”制度,对同一纳税人一年内原则上不安排2次检查。制定《九江市地税稽查检查实施制度》,贯彻以查促管、以查促收宗旨,加强内部管理,强化检查人员执法意识,规范执法行为。制定《九江市地税稽查执行制度》,执行案件必须及时准确,执行力度合法有效,充分彰显稽查部门查办案件威慑力和打击力度。制定《九江市地税局稽查局审理工作实施办法》,规定审理机构设置和职责划分,确定审理工作程序等有关事项,强化稽查审理,把好内部管理关口,充分发挥审理监督审查作用。

2006年,在原《九江市地方税务局稽查选案制度》基础上,制定新《九江市地方税务局稽查选案制度》,以征管系统作为稽查选案重要案件来源,直接设置选案条件,由计算机从纳税人数据库中随机抽取,节省人力物力,避免人情关系干扰,形成科学合理选案机制。2007年,建立《九江市地方税务局稽查局企(事)业单位地方税收自查制度》,扩大一级稽查覆盖面,提高纳税人自觉依法纳税意识,重点打击故意偷逃税行为。建立《九江市地方税务局稽查局查前告知制度》,实行稽查业务公开,在下达稽查通知时,将稽查办案程序和工作制度、纳税人权利和义务、投诉渠道,以书面形式一并告诉纳税人,营造公平、和谐税务检查环境。同年12月底,全市有76户稽查信息进入稽查模块生产环境运行,上线率和结案率排全省稽查局第一位。全省地税征管业务系统稽查模块在全市平稳运行。2008年,制定《九江市地税局稽查案件复查制度》,税务稽查案件复查工作由市稽查局具体组织实施,采取案头审查方式,对12个县(市)稽查局及市本级4个检查分局所查当年稽查案件进行复查,及时发现和纠正不当税务稽查行为,加强执法监督,维护税法权威。

## 三、专项稽查

1994年以来,市地税稽查局每年根据市地税局和省地税局稽查局专项检查工作要求,制定年度税收专项检查实施方案,确定重点检查行业和税种,规定重点检查内容及检查面,落实各行业检查牵头部门、协办部门和实施部门,统一检查时间,对当年专项检查工作进行部署和动员。2002年,结合全市地方税收执法现状,市地税局稽查局组织开展专卖店直销处、大型超市以及其他规模较大私营、个人独资、合伙企业和市地税局个人所得税监控对象个人所得税专项检查;继续开展房地产业以及建筑业、房屋出租业税收专项检查;重点查处利用做假账、两套账和账外经营专项检查;新兴行业专项检查。全市检查纳税户160户,查补税款、滞纳金、罚款891万元。2003年,组织开展高收入行业个人所得税、房地产建筑行业及旅行社企业所得税、车船使用税、金融行业、餐饮行业等5项税收专项检查,促进行业和税种征管,打击偷逃税行为,净化税收环境。全市共计查补税款、滞纳金、罚款600余万元。2004年,开展税收专项检查,整顿和规范汽车市场、货物运输、房地产及医药行业税收秩序。全市税收专项检查计检查纳税单位180户,查补税款1360万元,加收滞纳金26万元,罚款80万元。2005年,确定专项稽查范围为房地产行业、水泥生产企业、货物运输业、广告业、娱乐业、服务业、电力、烟草、电信、银行、证券、保险行业个人所得税,共检查147户,查补税款886万元,加收滞纳金12.8万元,罚款136万元。

2006年,确定专项稽查范围为服务娱乐业、房地产业及建筑安装业、邮电通信业、高收入行业(企事业单位)及高收入者个人(重点为医院、高校、个人独资和合伙企业)。全市检查83户房地产企业、66户高收入行业及个人的个人所得税,查补税款815.60万元,滞纳金9.8万元,罚款141.24万元。2007年,确定专项稽查范围为房地产业、建筑安装业、餐饮业、高收入行业(企事业单位)及高收入者个人(重点为医院、高校、个人独资和合伙企业)。检查纳税户136户,查补总额606万元。同年,市局以全面运行稽查软件为契机,优化征、管、查工作流程,与公安部门联合开展打击假发票专项治理活动,查处假发票案3起,收缴假发票822份。2008年,确定专项稽查范围为服务娱乐业、房地产业及建筑安装业、烟草行业、餐饮业及娱乐业、有色金属冶炼业、中介服务业。全市检查纳税户75户,查补总额795万元。2009年,把行业税收专项检查分为指令性检查项目和指导性检查项目,其中建筑安装业、大型连锁超市、房地产业作为指令性检查项目,服务业、娱乐业、中介服务业、连续3年亏损行业等作为指导性检查项目。各县相继成立税收专项检查领导小组,因地制宜制订本地的税收专项检查方案。全市计检查70户,组织企业自查补缴税款456.20万元,查补税款447.90万元。

2010年,确定房地产及建筑安装业、药品经销行业、交通运输业、非居民企业纳税情况、地方性银行(九江银行)作为指令性检查项目,营利性医疗及教育培训机构、年所得额12万元以上个人所得税自行申报纳税情况、企业所得税查账征收且屡亏不倒户作为指导性检查项目,专项检查79户,组织企业自查补缴税款2817.70万元,查补税款2300.90万元。

**2001~2010年全市地税稽查一览**

表36-2-10　　单位:万元

| 年份 | 检查纳税户 | 查补总额 | 其中 | | | 入库总额 | 入库率% |
|---|---|---|---|---|---|---|---|
| | | | 查补税额 | 加收滞纳金 | 罚款 | | |
| 2001 | 1659 | 4456 | 4041 | 127 | 288 | 4387 | 98 |
| 2002 | 1791 | 4726 | 4436 | 96 | 194 | 4569 | 97 |
| 2003 | 1839 | 6014 | 5778 | 95 | 141 | 5793 | 96 |
| 2004 | 1007 | 4781 | 4171 | 83 | 527 | 4507 | 94 |
| 2005 | 701 | 2918 | 2448 | 69 | 401 | 2801 | 96 |
| 2006 | 602 | 2014 | 1601 | 31 | 382 | 1859 | 92 |
| 2007 | 532 | 1466 | 1119 | 29 | 253 | 1466 | 100 |
| 2008 | 545 | 1759 | 1435 | 59 | 265 | 1747 | 99 |
| 2009 | 577 | 5781 | 5466 | 34 | 281 | 5781 | 100 |
| 2010 | 501 | 13799 | 13393 | 85 | 323 | 13786 | 99.99 |

# 第三十七篇

# 金　融

# 第三十七篇 金 融

1991~2010年，是全市金融业不断改革、发展和完善时期。中国人民银行市中心支行和中国银监会九江银监分局各司其职，加强监管与服务，引导推动全市金融业执行国家金融政策，支持地方经济发展。实现由“大一统”银行体系向多元化现代金融体系的历史性转变，政策性银行稳步发展，国有银行改革有序推进，地方法人银行机构、股份制银行不断壮大。至2010年，全市各类银行业金融机构24家，其中：政策性银行1家，国有商业银行5家，股份制商业银行2家，城市商业银行2家，农村合作金融机构11家(含市、县联社)，邮政储蓄银行1家，村镇银行2家，九江成为全省除南昌以外金融机构种类最为丰富设区市。此外，全市还有各类证券公司及营业部5家、期货公司1家、小额贷款公司5家、担保公司20余家。年末，全市金融机构本外币各项存款余额1090亿元，占全省9.2%。本外币各项贷款653亿元，占全省8.3%。存贷款均在全省排名第三位。2010年全市证券交易额822.5亿元，占全省4.7%。全市金融机构网点724个，金融从业人员16700余人(其中银行业8662人)。

20年间，全市保险业获得长足发展，保险业监管进一步规范，一个以国有制为主体，产寿险保险公司并存，多家保险公司公平竞争的多元化格局已初步形成。由最初独家经营发展到有保险机构23个，从业人员9170人，保险深度和保险密度分别达2.21%和461.42元。到2010年底，全市保险收入从1991年2558.11万元增长到22.14亿元，其中，人身险保费收入占总保费收入的71.66%。成为全市经济发展最快行业之一。

# 第一章 银行业

## 第一节 存款与贷款

### 一、单位存款

1991 年以来,全市金融机构树立“存款立行,存款兴行”理念,采取有效措施,增加存款总量,扩大信贷资金来源。对公存款主要种类有工商企业存款、机关团体存款、财政性存款、乡镇企事业存款,按照支取方式分为活期存款、定期存款和储蓄存款。其账户开设有基本存款户、一般存款户、临时存款户和专用存款户 4 种。各商业银行发挥整体功能,建立和推行银行内部分工协作、奖罚挂钩的对公存款责任制,加强资金归口管理。同时制定有效的对公存款监控系统,制定存款工作例会制度,建立存款大户台账,监控大笔资金流向;建立健全信息网络,对外聘请企业资金信息员,定期或不定期开展信息交流,推进电子化建设进程,改进服务手段。1992 年起,各行先后实行事后监督,进行全方位监控。1995 年起,各行电子汇兑先后开通,实现辖区业务联网,资金汇划及时到达,促进对公存款稳步增长。

2000 年年末,全市金融单位的企业存款余额 422095 万元,财政性存款余额 25462 万元,农业存款余额 29210 万元,分别比 1990 年增长 5.39 倍、0.73 倍、1.1 倍。

2010 年年末,全辖金融单位的企业存款余额 2618093 万元,财政性存款余额 220008 万元,农业存款余额 370813 万元,分别比 1990 年增长 38.6 倍、13.7 倍、25.6 倍。

### 二、储蓄存款

1991 年,各行先后开办代发工资、代收教育基金、通知存款、代收水费、电费、燃气费、学校报名费、交通违章罚没款等便民服务。同时发行有奖定期储蓄,增加定期存款额度。到年末全市储蓄存款余额为 138795 万元。

1995 年年末储蓄存款余额突破 60 亿, 比 1990 年增长 476%,1998 年末储蓄存款余额突破 100 亿元,比 1990 年增长 8.97 倍,2004 年年末储蓄存款余额突破 200 亿元,比 1990 年增长 18.8 倍。2010 年年末,全市储蓄存款余额为 5808405 万元,比 1990 年增长 54 倍,其中,工商银行 635342 万元,农业银行 854095 万元, 中国银行 565428 万元, 建设银行 542488 万元, 农村信用社 1587026 万元, 九江银行 740462 万元,交通银行 193317 万元。

至 2010 年,各金融机构开办的储蓄种类有:活期储蓄存款、整存整取、零存零取、存本取息、整存零取、定活两便、保值储蓄、教育储蓄等,存款利率执行中国人民银行公布的利率。存款余额达 1090 亿元。

**1991~2010 年全市各项存款年末余额一览**

表 37-1-1 单位:万元

| 年 份 | 合 计 | 其 中 | | | |
|---|---|---|---|---|---|
| | | 企业存款 | 财政性存款 | 城镇储蓄存款 | 农业存款 |
| 1991 | 268963 | 84567 | 1674 | 138795 | 15757 |
| 1992 | 346921 | 112112 | 2806 | 176227 | 21288 |
| 1993 | 448765 | 127269 | -1104 | 245552 | 38573 |
| 1994 | 581946 | 185307 | 18464 | 348693 | 5184 |

续表 37–1–1

| 年 份 | 合 计 | 其 中 | | | |
|---|---|---|---|---|---|
| | | 企业存款 | 财政性存款 | 城镇储蓄存款 | 农业存款 |
| 1995 | 926370 | 247542 | 14036 | 607593 | 20232 |
| 1996 | 1103776 | 284510 | 19747 | 753490 | 17969 |
| 1997 | 1321078 | 298287 | 16775 | 933031 | 16927 |
| 1998 | 1479410 | 323508 | 22912 | 1051612 | 18641 |
| 1999 | 1628175 | 445221 | 27380 | 1088459 | 18852 |
| 2000 | 1630560 | 422095 | 25462 | 1151526 | 29210 |
| 2001 | 1853249 | 466747 | 45883 | 1306546 | 32121 |
| 2002 | 2204376 | 536542 | 39171 | 1538930 | 42447 |
| 2003 | 2605515 | 642497 | 34552 | 1814321 | 53103 |
| 2004 | 3056725 | 742635 | 54193 | 2088485 | 51671 |
| 2005 | 3694514 | 851772 | 88275 | 2466409 | 64233 |
| 2006 | 4375673 | 998309 | 139705 | 2846791 | 108566 |
| 2007 | 5022582 | 1233524 | 184143 | 3092819 | 140880 |
| 2008 | 6311836 | 1554690 | 188920 | 3843254 | 191682 |
| 2009 | 8590574 | 2403503 | 228169 | 4863755 | 218003 |
| 2010 | 10864219 | 2618093 | 220008 | 5808405 | 370813 |

## 三、流动资金贷款

**工业贷款** 1991 年,全市工业贷款为 135189 万元,比 1990 年新增 13476 万元。1991~2000 年,工业贷款净增 366114 万元,其中 1996 年较 1995 年增长 32.5%,增幅最大,净增 95987 万元。1996 年工商银行工业贷款余额 292773 万元,比 1995 年增加 64584 万元,增长 28.3%,1991~2000 年工业贷款主要由市工商银行发放,2000 年底,工商银行工业贷款余额为 361415 万元,占全市工业贷款的比重为 72.1%。

2003 年年底,全市工业贷款余额 584106 万元,较 2002 年增加 70431 万元,增长 13.7%,较 2001 年增长 29.9%。2004 年年底,工业贷款余额 588409 万元,是继 1996 年之后又一个工业贷款增长速度较快一年。2005 年工业贷款余额为 303604 万元,比 2004 年减少 284805 万元,减少 48.4%。贷款大幅度减少,主要是工商银行该年划转和核销不良贷款因素所致。

2005~2009 年工业贷款净增 284138 万元,2009 年,工业贷款余额 587742 万元,比 2005 年增长 93.6%。

**商业贷款** 1994 年年末,商业贷款余额为 295645 万元,比 1991 年增加 116514 万元,增长 65%。2001 年年末,商业贷款余额为 622637 万元,比 1990 年增加 488398 万元,增长 3.64 倍。从 2006 年开始,商业贷款余额逐年下降,2006 年,商业贷款余额 371998 万元,比 2005 年减少 149503 万元,减少 28.7%。2009 年商业贷款余额 333950 万元。

**农副产品收购贷款** 1992 年年末,农副产品收购贷款余额 104121 万元,粮食收购贷款余额 57887 万元。1997 年 1 月,农发行市分行接受农行市分行划转农业政策性信贷业务。当年年末粮食收购贷款余额 145603 万元,比 1992 年增加 87716 万元,增长 1.52 倍,支持收购粮食 20000 万公斤。棉花收购贷款余额为 158005 万元,支持 119 家收购企业。2001 年,粮食收购贷款余额 72798 万元,支持收购粮食

21944 万公斤。棉花收购贷款余额 147915 万元,支持收购企业 42 家。2005 年,粮食贷款余额 28974 万元,年末棉花收购贷款余额 13891 万元。

**外贸企业贷款** 1992 年年末,外贸企业贷款余额为 17098 万元,1993 年年末,外贸企业贷款余额为 17101 万元。中国银行为支持外贸企业扩大收购,增加出口创汇,拓宽业务领域,增加贷款种类,如出口打包贷款、外贸联营股本贷款等,贷款效益明显提高。

**农业贷款** 主要由农行和农村信用社发放。1991 年, 农业贷款余额 56385 万元, 比 1990 年增长 20.7%。从 1996 年开始农业贷款大幅度增加,1996 年,农业贷款余额 124820 万元,比 1990 年增加 78116 万元,增长 1.67 倍。

1997 年 1 月,农村信用社与农业银行脱钩。1998 年,农业贷款余额为 192788 万元,比 1997 年增长 23.2%。

2001 年,人民银行市中心支行改进金融服务,合理资金流向,缓解农村信用社资金紧张,支持农村春耕生产,全年向农村信用社发放支农再贷款 7.1 亿元,比同期多增 1.9 亿元。在此基础上,农村信用社以“农业增效、农民增收”为目标,立足为“三农”服务的经营宗旨,提出农业投入力求体现“产品优质化、农业产业化、农村城镇化”的特点,在简化贷款手续的基础上,重点解决农民从事种植业、养殖业以及农副产品加工运输和农村消费信贷等方面的合理资金需求,贷款进度明显加快,农村信用社累计发放农业贷款 5 亿元,支农再贷款额新增 1.4 亿元。2001 年农业贷款余额 150403 万元,比 1990 年增长 2.22 倍。

2005 年,农业贷款余额 376096 万元,比上年增长 47%。2007 年,农业贷款余额 430887 万元,比上年增长 11.8%。2008 年,农业贷款余额 503695 万元,比上年增长 16.9%。2009 年,农业贷款余额突破 75 亿元,达到 751411 万元,比 1999 年增长 2.8 倍,比 1990 年增长 15.1 倍。当年,信用社农业贷款余额为 743853 万元,占全市农业贷款余额比重为 99%。

2010 年年底,农业贷款统计按区域分为境内贷款和境外贷款,按时期分为短期贷款和中长期贷款。

**乡镇企业贷款** 1991 年,乡镇企业贷款余额 10974 万元,比 1990 年增长 5.3%。此后基本处于缓慢增长,1995 年,乡镇企业贷款余额 54332 万元,比 1990 年增长 4.21 倍。此后处于快速增长。

1997 年,乡镇企业贷款余额 87317 万元,比 1996 年增加 19739 万元,增长 29.2%。为历年来最高。农业银行按照商业银行管理要求切实加强乡镇企业贷款管理,提高信贷资产质量和效益,支持乡镇企业持续、高效、健康发展。2000~2004 年,处于逐年下降态势。2004 年,乡镇企业贷款余额 61408 万元,占全部乡镇企业贷款余额 76.5%,。其中农村信用社 47003 万元,农业银行 14405 万元,占 23.5%。

2005 年,乡镇企业贷款余额 15123 万元,比 2004 年减少 46285 万元。

## 四、固定资产贷款

**基本建设贷款** 1991 年末, 全市基本建设贷款余额 42153 万元, 其中建设银行 37593 万元,占 89.2%,主要投向纺织、电力、石油、冶金等工业部门和交通运输业的基本建设项目。1998 年末,基本建设贷款 200658 万元,比 1990 年增加 175816 万元,增长 7.08 倍。1998 年,加大对长江堤岸和滨湖圩堤的整治力度,昌河汽车、亚东水泥等重点工程建设进展顺利。2000 年年末,基本建设贷款余额 147606 万元,2001 年末,基本建设贷款余额 145572 万元,为配合全市经济结构调整,各金融机构继续调整信贷结构,扶坚扶强,增加有效投入。贷款投入的对象主要是生产经营好、有市场、讲信誉的大中型企业。重点支持星火化工厂 5 万吨有机硅技改及配套流动资金 2.3 亿,亚东水泥 150 万吨二期扩建 3500 万元,电厂三期 1 亿元,九江电信局扩建 2500 万元,清华同方 713 厂计算机系列产品 1000 万元,化纤厂 1000 万元,806 厂 1000 万元,供电局 1000 万元等。

2002 年年末,基本建设贷款余额 329902 万元。支持 27 个重点工程项目,其中投资 19.02 亿元长江干堤全面竣工,九江电厂三期建成投产并网发电,柘林水电站扩建全部完成,抱子石电站投资进程加快,中央直属九江棉花储备库完工。

2003年年末,基本建设贷款余额360629万元,重点项目建设成效显著,昌河铃木发动机和整车项目全面动工,赛得利化纤建设加快,亚东水泥二期竣工投产,星火有机硅扩建规模不断增大,3T光电、环宇水泥、鑫山水泥、华奇纺织等26个报资过亿元项目相继开工上马,投资5000万元以上的项目36个。

2006年年末,基本建设贷款余额405955万元,比上年增长20.6%,全市31个超亿元重点项目完成投资57.6亿元,应急救援指挥中心、老年和少年活动中心、三水厂二期扩建、白水明珠会议中心、滨江生态园等一批公益性设施相继建成。

2008年年末,基本建设贷款余额534375万元,比2005年增加19775万元,增长58.7%。面对国际金融危机和国内经济下行压力,在国家扩大内需,刺激经济发展政策拉动下,九江推出261个重大项目,总投资额1920亿元。市金融机构高位对接地方经济,支持重大项目建设,市人行及时出台《九江市策应国十条信贷增长指导意见》,明确信贷重点,要求对"三农"、基础设施建设、节能减排和生态环境建设、中小企业、保障性住房建设、扩大消费信贷6个重点领域信贷支持。各家银行纷纷调整信贷制度,建立重大项目贷款绿色通道,据悉省建行在将来的5年内,向九江提供350亿到400亿金融支持。至年底,一批重大项目获得金融机构贷款支持,巨石化纤贷款5.5亿元,九江城西港贷款3.8亿元,亚东水泥贷款2.6亿元,公路局国道改造、九江华林物流各1亿元,都昌风电、彭泽核电、诺贝尔瓷砖各获贷款5000万,天沐旅游改造新增2000万元等,有力支持地方经济建设。

2009年年末,基本建设贷款910985万元,比2008年增加376610万元,增长70.5%。2009年金融机构累计对政府融资平台发放贷款67.7亿元，余额52.1亿元，比年初净增40亿元，占全部新增贷款24.7%。2009年,全市1亿元以上重大项目286个,比2008年增加130个,完成投资333.03亿元,增长20.8%。

**技术改造贷款** 1991年年末，全市技术改造贷款余额42051万元，其中工商银行27165万元,占64.6%。建设银行6622万元,占15.7%。主要支持工业、交通企业的技术改造。1991年,建设银行有效支持企业重点项目和大中型项目进行技术改造,如九江二电厂、庐山啤酒厂、武山铜矿、九江化纤厂、九江炼油厂、星火化工厂等。

## 五、个人消费贷款

**个人住房贷款与住房公积金贷款** 1993年始,建设银行、工商银行、农业银行、中国银行、交通银行相继承办此项委托贷款。1996年，建设银行发放安居工程贷款5640万元，其中专项贷款2400万元，1997年发放安居工程贷款5640万元。

**住房按揭贷款** 1997年始,由建设银行开办按揭贷款,由购房者以所购住房作抵押,并由售房房地产开发企业提供担保。

个人住房贷款从2005年开始发展比较迅速,2005年,个人住房贷款余额122250万元。2006年,为170235万元,比上年增长39.3%,全年累计发放81273万元。2007年,个人住房贷款余额305531万元,增加132332万元,增长79.4%,全年累计发放174183万元。2008年,个人住房贷款余额373401万元,增加73755万元,增长22.2%,全年累计发放128133万元。2009年,个人住房贷款余额610601万元,增加237201万元,增长63.5%,全年累计发放319404万元。2010年,个人住房贷款余额874538万元,增加263937万元,增长43.2%,全年累计发放376164万元。

**汽车贷款** 21世纪初,九江始开办汽车消费贷款。2006年末,汽车消费贷款余额5633万元,增加221万元,全年累计发放4897万元。2007年末,汽车消费贷款余额5629万元,增加191万元,全年累计发放4993万元。2008年末,汽车消费贷款余额4803万元,减少821万元,全年累计发放4346万元。2009年末,汽车消费贷款余额9432万元,增加4629万元,全年累计发放9113万元。2010年末,汽车消费贷款余额16582万元,增加7150万元,全年累计发放14876万元。

**教育助学贷款** 2004年始,全市实施教育助学贷款,各金融机构坚持"方便贷款,防范风险"原则,健全助学贷款管理体制,改革贷款审批和发放办法。2006年,教育助学贷款余额1996万元,增加614万元,发放贷款人数657人,发放贷款金额993万元。2007年,教育助学贷款余额2623万元,增加637万元,发放贷款人数1820人,发放贷款金额1298万元。2008年,教育助学贷款余额2917万元,增加133万元,发放贷款人数982人,发放贷款金额1612万元。2009年,教育助学贷款余额3325万元,增加408万元,发放贷款人数2628人,发放贷款金额2180万元。2010年,教育助学贷款余额5060万元,增加1736万元,增长52.2%,发放贷款人数4825人,发放贷款金额3557万元;贷款余额,发放贷款人数,发放贷款金额均为近年增幅最大。

**1991~2010年全市各项贷款年末余额**

表37-1-2　　单位:万元

| 年份 | 合计 | 其中 | | | | | | | |
|---|---|---|---|---|---|---|---|---|---|
| | | 短期贷款 | | | | | 中长期贷款 | | |
| | | 工业贷款 | 商业贷款 | 农业贷款 | 乡镇企业贷款 | 其他短期贷款 | 基本建设贷款 | 技术改造贷款 | 其他中长期贷款 |
| 1991 | 490626 | 135189 | 179131 | 56385 | 10974 | 11242 | 42153 | 42051 | 4181 |
| 1992 | 594107 | 169131 | 219446 | 67004 | 11895 | 14344 | 55769 | 48892 | 5443 |
| 1993 | 721857 | 200977 | 239348 | 82197 | 14429 | 17931 | 90442 | 57197 | 6378 |
| 1994 | 907330 | 246631 | 295645 | 64421 | 17211 | 22902 | 117120 | 72478 | 32733 |
| 1995 | 1335221 | 295625 | 402082 | 96969 | 54332 | 113357 | 144878 | 89997 | 50345 |
| 1996 | 1599969 | 391612 | 517345 | 124820 | 67578 | 67401 | 151425 | 115784 | 53448 |
| 1997 | 1941185 | 468625 | 589736 | 156526 | 87317 | 127819 | 194672 | 133112 | 58110 |
| 1998 | 2097693 | 500018 | 550142 | 192788 | 85035 | 177022 | 200658 | 125702 | 129265 |
| 1999 | 2039271 | 502744 | 607960 | 196512 | 84044 | 148640 | 138547 | 111168 | 150853 |
| 2000 | 1925760 | 501303 | 602934 | 137707 | 70534 | 162857 | 147606 | 74338 | 107144 |
| 2001 | 1982258 | 449546 | 622637 | 150403 | 67920 | 153523 | 145572 | 89215 | 139167 |
| 2002 | 2249377 | 513675 | 614649 | 183429 | 65360 | 168183 | 329902 | 23267 | 163297 |
| 2003 | 2425173 | 584106 | 553990 | 226662 | 66328 | 201082 | 360629 | 21769 | 203190 |
| 2004 | 2511166 | 588409 | 542361 | 255836 | 61408 | 166730 | 416509 | 20946 | 304303 |
| 2005 | 2250259 | 303604 | 521501 | 376096 | 15123 | 181126 | 336617 | 21258 | 329834 |
| 2006 | 2565751 | 395278 | 371998 | 385537 | | 223919 | 405955 | 35621 | 514349 |
| 2007 | 2949247 | 391715 | 370905 | 430887 | | 265148 | 502719 | 40584 | 769452 |
| 2008 | 3389695 | 351589 | 292841 | 503695 | | 268349 | 534375 | 46308 | 900143 |
| 2009 | 5008798 | 587742 | 333950 | 751411 | | 345423 | 910985 | 75238 | 1410995 |
| 2010 | 6380167 | | | | | | | | |

说明:2010年由于统计口径调整,故未按以上项目进行分类

## 六、人民银行贷款

**专项贷款**　1991年以来,人民银行市中心支行发放专项贷款主要有老少边穷发展经济贷款、地方经济开发贷款、外汇抵押贷款、金银专项贷款等。当年专项贷款余额1602万元,其中金银专项贷款余额1602万元。1992年,专项贷款余额9113万元,其中老少边穷发展经济贷款余额为1700万元,地方经济开发贷款余额3743万元,外汇抵押贷款余额2180万元,金银专项贷款余额1490万元。1993年,专项贷

款为历年来最高,余额突破亿元,为 11477 万元,其中老少边穷发展经济贷款余额 2537 万元,地方经济开发贷款余额 3841 万元,外汇抵押贷款余额 2180 万元,金银专项贷款余额 1533 万元。1997 年,专项贷款余额 7908 万元,其中老少边穷发展经济贷款余额 3190 万元。2004 年,专项贷款余额 1291 万元。2005 年,清收上缴黄金专项贷款 97 万元。

**再贷款** 1991 年,人民银行再贷款余额 181106 万元,主要是对国有商业银行贷款,1992 年,再贷款余额 228830 万元,其中年度性贷款余额 121225 万元,季节性贷款余额 106802 万元,日拆性贷款余额 803 万元。1993 年, 再贷款余额 254170 万元, 其中年度性贷款余额 115828 万元, 季节性贷款余额 136178 万元,日拆性贷款余额 2164 万元。从 1994 年开始,人民银行大幅收回再贷款,主要原因是转换人民银行职能,1994 年,再贷款余额 11924 万元,比 1993 年减少 242246 万元,减少 95.3%。1994 年对其他金融机构发放再贷款余额 1994 万元。

2004 年 7 月,将再贷款进行重新分类,包括:短期再贷款(简称头寸再贷款)、再贴现、对农村信用社再贷款(支农再贷款)、支持中小金融机构发展再贷款(简称发展再贷款)、紧急再贷款、金融稳定再贷款。

2005 年,人民银行累计发放支农再贷款 26 亿元,为市商业银行办理再贴现 12 笔,616 万元。

## 第二节 金融服务

### 一、经理国库

**机构和职能** 1994 年底,按照国家财政管理体制来设立,原则上一级财政设立一级国库。市、县人民银行分别设立国库科、国库股来经理中心支库和支库。人民银行市分行成立国库科,人员编制单列,业务实行垂直领导,国家金库市中心支库主任由人民银行市分行行长兼任。在没有人民银行分支机构的地方由人民银行委托商业银行代理国库业务。1995 年上半年,相继成立市开放开发区支库和共青城开放开发区支库。2006 年 7 月,云居山——柘林湖风景名胜管理区支库成立,由永修支库按照一级两库模式经理。至 2010 年底,全市国库机构发展到 17 个,市设中心支库 1 个,其他县(市、区、山)设支库 16 个,包含 4 个商业银行代理支库,其中,浔阳区支库由工商银行浔中支行代理,庐山区支库、开发区支库由农业银行八里湖支行代理,共青城开放开发区支库由农业银行共青支行代理,构建以人民银行为主导,商业银行、信用社为补充,较为完善的国库组织体系。

随着全市金融与经济发展,代理支库业务量以年均 34.7%的速度递增,占全市国库业务量的比例逐年增加。

**2008~2010 年代理支库业务量统计一览**

表 37-1-3　　单位:万笔、万元

| 年 份 | 代理业务笔数 | 代理业务金额 | 代理业务笔数占全市业务量比% | 代理业务金额占全市总金额比% |
|---|---|---|---|---|
| 2008 | 10.5 | 366764 | 23.3 | 14.4 |
| 2009 | 14.8 | 752090 | 27.9 | 19.7 |
| 2010 | 19.0 | 1889373 | 31.1 | 40.3 |

说明:代理国库业务包括预算收入收纳、预算支出、预算收入退付及更正

**国库会计体系** 1994 年分税制实施后,分设中央金库和地方金库两套账务,国库会计核算日趋规范。2000 年,开发推广《国家金库会计核算系统》(TBS)1.0 版,市中心支库在 2000 年下半年成功上线。

2002 年,市中心支库和县支库上线推广应用 2.0 版。2005 年 6 月,市中心支库加入中国现代化支付系统及省同城清算系统,基本实现国库资金汇划报解“零在途”。国库会计第一次真正拥有自己独立的结算渠道和结算方式,实现国库资金的实时清算市中心支库制订一系列国库会计业务操作实施细则,为全

市国库会计核算体系顺利运行提供有力制度保障。

2008年11月,各级国库、地税系统、银行机构成功上线运行财税库银横向联网系统,实现国库与税务、商业银行实时联网处理税收缴库业务,使纳税人足不出户就能缴纳税款。财、税、库、行横向联网广泛推行,实现国库收入缴库和支付凭证电子化,提高国库资金运行效率。

2009年,国库管理信息系统(TMIS)——凭证式国债子系统在各级人民银行、商业银行分支机构已正式上线运行。TCBS、TIPS、TMIS系统运行后,国库业务系统全面实现电子化、网络化、统一化、规范化。安全、高效、科学的现代化国库服务体系已形成。

2010年11月1日,人民银行市中心支行各级国库正式运行《全国国库会计数据集中系统》(TCBS)。此系统运行后变革传统国库会计核算处理模式,将预算收入业务"批量处理、多环节报解、逐级上划"的会计处理方式,变革为收入直达入库、支出实时到账、资金零在途、风险多环节控制,极大地提高国库工作效率。与此同时,国库管理信息系统(TMIS)成功上线运行。

**国库监管体系** 2006年,针对国库事后监督时间上滞后、风险防范延后难以有效达到防范资金风险情况,市中心支库,在业务操作环节介入事中监督,实施监督关口前移,得到央行副行长苏宁的批示,并获省人民银行系统创新工作项目三等奖。2008年,制定《财税库银横向联网管理操作规程》《国库直接支付政府性资金实施方案》《集中支付代理银行资金清算办法》《国库主任查库实施办法》等30多项制度,编写《江西省国库业务操作及监督指引》,获省人民银行系统创新工作二等奖。市中心支库研发《人民银行国库支拨信息管理系统》,通过对各单位财政预算收支指标余额、用途设定自动预警功能,实行对财政支拨事中控制。该系统的开发和应用获2008年省国库创新工作二等奖。2009年,制定《国库会计主管履职操作办法》《九江市中心支库岗位轮换、强制休假管理办法》《九江市财税库银横向联网、集中支付业务突发事件应急处置预案》《九江市财税库银横向联网、集中支付业务突发事件应急处置预案》,获省人民银行系统创新工作三等奖。据统计,自2001年以来,全市人民银行各级国库堵住超过8.4亿元的不合规预算收入、支出、退库业务,切实维护国家预算执行的严肃性和有效性,确保国家预算资金的安全。

**国债发行与兑付** 20世纪90年代,国债发行加快改革步伐,在期限、利率、品种等方面逐渐实现多样化。1994年,推出凭证式国债,改革国债发行方式,由过去的行政摊派改变为招标发行。

2008年,为解决无记名国债和国债收款单兑付难问题,全市人民银行国库部门推行直接办理无记名国债和国债收款单业务兑付,2008~2010年,全市共办理国债兑付本息合计36258元。

**国库收支** 1991~2010年,市人民银行国库部门经理国库收支连年递增,收入增长65倍,支出增长38倍。

**1991~2010年全市国库收支一览**

表37-1-4 单位:万元

| 年份 | 收入 | 支出 | 年份 | 收入 | 支出 |
|---|---|---|---|---|---|
| 1991 | 58566 | 78176 | 2001 | 498586 | 397149 |
| 1992 | 102592 | 80632 | 2002 | 510070 | 434679 |
| 1993 | 131161 | 97304 | 2003 | 574322 | 453095 |
| 1994 | 163261 | 99767 | 2004 | 714303 | 562674 |
| 1995 | 180563 | 90545 | 2005 | 985593 | 788424 |
| 1996 | 239457 | 152438 | 2006 | 1089533 | 829350 |
| 1997 | 183893 | 166306 | 2007 | 1431778 | 1131041 |
| 1998 | 179528 | 238710 | 2008 | 1823338 | 1533109 |
| 1999 | 191731 | 339799 | 2009 | 2448833 | 1758790 |
| 2000 | 318145 | 239452 | 2010 | 3801905 | 2975718 |

**国库服务领域** 自2005年九江突发5.7级地震后，全市各级国库本着救灾款特事特办、优先处置的原则，制订应急业务国库处理流程，建立救灾拨款"绿色通道"，确保各项资金及时拨付到位。为推动预算外资金和非税收入纳入国库核算和管理，方便纳税人一次申报即完成所有税款、基金(费)的缴纳，在全市推行工会经费国库集中划缴。2009年始，开展民生类资金国库直拨业务，至2010年年底，人民银行市中心支库和县支库先后开办五保户补贴资金、农村计划生育家庭特别扶助项目资金、失地农民养老金、边远山区教师特殊津贴、退伍军人生活补贴、城市低保补助金、"三支一扶"(支农、支教、支医和扶贫)大学生生活补贴、贫困家庭学生财政资金补贴、"家电下乡"补贴资金等近30项国库直接支付项目。市中心支库与市国税局等相关部门联合下发《九江市中心支库退库调库实施办法》，简化出口退税审批手续，有效提高退库工作效率。

## 二、会计与支付结算

**同城票据交换** 至2001年，市区参与票据交换行共有26家。2001年11月1日，颁发《九江市同城交换票据传递管理办法》，市区同城票据交换工作正式委托邮政速递局传递票据。2006年11月27日，九江与赣州、吉安、萍乡作为第三批地市推广江西同城清算系统，同时取消本地同城票据交换工作。

2007年1~6月，共交换票据275894笔，金额16.9亿元。2008年，交换票据619786笔，金额478.3亿元。2009年，交换票据699356笔，金额747.6亿元。2010年1~9月，交换票据514508笔，金额710.4亿元。

**手工联行** 1991年，市金融机构只有农业发展银行、工商银行、农业银行、中国银行、建设银行、交通银行、九江银行、农村信用联社、邮政局等。因此，大量资金汇划涉及单设机构，市汇往外地区单设金融机构资金，全部采取"先横后直"方式由人民银行市中心支行汇往对方人民银行，由对方人民银行转入金融机构。人民银行市中心支行代理单设机构银行汇票业务，亦通过全国联行来清算资金。1994年1月10日，九江开始推广电子联行系统后，分流一部分手工联行业务，但借记业务仍全部由手工联行办理。

2005年4月11日，中国现代化支付系统(大额支付系统)在九江推广。异地资金汇划主要由大额支付系统办理，联行业务集中由人民银行市中心支行核算中心办理。主要联行汇划业务由支付系统办理，手工联行仅办理借记业务等。

2006年3月27日，小额支付系统在九江正式上线运行。8月23日，全省各级人民银行支付业务(国库支付业务除外)必须全部通过大额和小额支付系统办理，但未明确是否正式取消手工联行。

2007年1月29日，人民银行市中心支行将"上年联行往账"和"已核对上年联行来账"两科目余额通过小额支付系统上划南昌中心支行营业部。从此，手工联行退出历史舞台，仅作为支付系统应急备用系统保留。

**电子联行** 1993年11月，人民银行九江分行作为全国第五批20个省(自治区)的63个人民银行二级分行之一，开始试运行电子联行系统。1994年5月，与前四批电子联行并网通汇。1993年12月，人民银行市分行正式成立省内第一家独立运作的电子联行管理机构——人民银行市分行资金清算分中心。1996年5月，九江辖内的人民银行瑞昌市支行C波段卫星小站参加全国第8批电子联行试运行，7月1日起和前7批电子联行并网运行。

2000年市"天地对接"项目建设完成，3月，九江清算分中心与营业部合并。11月15日，交通银行采用"点对点"的方式实现与人民银行电子联行"天地对接"，当日往账发出59笔，350万，接收来账1笔，70万。同年全国实施"天地对接"城市还有所有省会城市、业务量较大地(市)城市及东南部经济发达县(市)共137个城市，九江市榜上有名。2002年7月9日，建行金鸡坡支行、工行九江核算中心与人民银行电子联行"天地对接"，其中工行采用"点对网"方式。2002年1月15日，九江辖内其余10个县卫星小站项目建设完成，正式实施电子联行到县。至此，手工联行业务基本上都通过电子联行办理。

2002~2004 年市全辖电子联行往来业务量一览

表 37-1-5　　单位:万元

| 年份 | 数量 | | 金额 | |
|---|---|---|---|---|
| | 全市 | 其中:市区 | 全市 | 其中:市区 |
| 2002 | 154690 | 114328 | 4429674 | 3164589 |
| 2003 | 176178 | 124793 | 5804300 | 4352819 |
| 2004 | 220552 | 153680 | 9561925 | 7585698 |

**支付系统**　2005 年 4 月 11 日,大额支付系统在全市正式上线运行。直接参与者有人民银行市中心支行、国家金库市中心支库、九江银行、交通银行市分行。农村信用联社暂委托人民银行代理,2006 年 10 月开始,通过省农村信用联社接入支付系统。其他商业银行均为间接参与者,由其省分行接入支付系统。2006 年 4 月 12 日,交通银行市分行由直接参与者改为间接参与者。

2010 年年底全市各金融机构支付系统参与者数量一览

表 37-1-6

| 行别 | 参与者数量 | 行别 | 参与者数量 |
|---|---|---|---|
| 人民银行 | 4 | 交通银行 | 12 |
| 国库 | 12 | 邮政储蓄银行 | 23 |
| 农业发展银行 | 12 | 九江银行 | 32 |
| 工商银行 | 19 | 农村信用联社 | 12 |
| 农业银行 | 21 | 村镇银行 | 2 |
| 中国银行 | 13 | 农村合作银行 | 3 |
| 建设银行 | 35 | 其他银行 | 3 |

大额支付系统在九江上线时取消电子联行,人民银行手工联行保留。各参与者办理同城或异地跨行支付业务直接在本行行内业务系统中办理,只有上调、下拨资金业务需经人民银行柜台办理。

2006 年 3 月,九江辖内推广小额支付系统。先开通小额支付系统普通贷记、普通借记、定期贷记、定期借记和信息 5 种业务类型,实时贷记、实时借记业务暂未开通。

2010 年 1 月,《关于印发第二代支付系统及中央银行会计核算数据集中系统(ACS)建设领导小组成员名单的通知》下发,第二代支付系统建设已有实质性进展。

**账户管理**　1994 年 9 月,提出严格结算纪律"八不准",要求银行实行"三公开一监督"。1996 年 7 月 30 日至 8 月 9 日,为贯彻《江西省银行存款开户许可证管理办法》,对存款账户进行全面清理和检查验收,下达撤并通知书,限期撤并不合理多头开户 7150 户。1999 年 4 月,组织全辖银行存款账户大检查,对无证开户、重复开户、违规支取现金等行为进行查处。人民银行市中心支行于 2001 年推广支付结算与账户管理新系统。

2005 年 4 月,人民银行市中心支行成立"人民币银行结算账户管理系统项目领导小组",并成立"账户管理系统项目工程技术实施小组"和"账户管理系统项目工程业务实施小组",账户管理系统在九江顺利上线运行。5 月,人民银行市中心支行联合农发行、工行、农行、中行、建行、交行、九江商业银行、省联社九江办事处筹备组,制定《九江市银行业金融机构人民币银行结算账户清理核实公约》,开展账户清理工作。

2007 年 8 月,对省人民银行系统各分支机构以及与以上单位存在代管或挂靠关系学会、协会等社团组织及培训中心开立、变更、撤销人民币银行账户行为进行规范管理。

### 三、银行卡发放与管理

2002年，由人民银行市中心支行牵头，成立市银行卡联网通用工作领导小组，设立有市人民银行、银联商务、各金融机构参加的联席会议机制，每半年举行一次会议，听取各家金融机构银行卡联网通用工作进度，并于年底配合中国人民银行南昌中心支行、银联，对各家银行机房、ATM和POS机具、应用系统等进行实地检测，监测督促工程进度和质量，按时保质保量地完成全市银行卡联网通用工程。

2005年3月，分步实施《中国金融集成电路(IC)卡规范》(2.0版)。其间，人民银行大力推动标准化工作具体实施，规范银行卡发卡申请审批手续。

2008年始，随着第二代系统建设推广，银行卡应用领域与支付渠道日益丰富。涉及购物、缴费、票务、缴税、保险基金、彩票、数字产品和医院、学校等多个行业和领域，大大方便人民群众。

**2002~2010年全市各金融机构银行卡发放情况**

表37-1-7 单位：张

| 机构名称 | 贷记卡 | 准贷记卡 | 借记卡 | 小 计 |
|---|---|---|---|---|
| 工商银行 | 145368 | 5221 | 150506 | 301095 |
| 农业银行 | 47027 | 3671 | 1008336 | 1059034 |
| 中国银行 | 34882 | | 367178 | 402060 |
| 建设银行 | 23847 | 1318 | 604459 | 629624 |
| 交通银行 | 24238 | 169 | 191590 | 215997 |
| 招商银行 | | | 14882 | 14882 |
| 九江银行 | 1458 | | 267763 | 269221 |
| 邮政银行 | | | 1210025 | 1210025 |
| 农村信用社(各县联社) | | | 556692 | 556692 |

## 第三节 经营机构

### 一、中国农业发展银行九江市分行

1997年1月24日成立。1997年3月15日，举行开业典礼。3月18~31日，市所辖各县(市)支行相继开业。市分行开业地址设在浔阳路31号，成立之日即对外挂牌营业，隶属于农发行江西省分行。开业时全行284人，其中市分行机关28人。

农发行九江分行成立时内设办公室、人事、资金计划、信贷、稽核监察、财会6个部室，下辖11个支行和1个营业部。2005年4月，内设机构调整为办公室、资金计划处、客户处、信贷与风险管理处、内部审计处、人力资源处、财会信息处、监察室、结算中心。2006年12月，设立直营部，内部审计处和监察室合并为监察审计部，撤销结算中心。

2010年6月8日，内设机构中客户服务部拆分为客户服务一部、客户服务二部，其他部门在2006年调整基础上不变。

### 二、中国工商银行九江市分行

1991年，称中国工商银行市支行，1992年10月19日，更名为中国工商银行市分行，设办公室、劳动人事处、行政处、计划处、工业信贷处、商业信贷处、技改信贷处、对公存款处、会计出纳处、储蓄处、稽核处、监察室、保卫处、工会办事处、职工教育处、政工处、老干部管理处、房产基建科、金融研究所、调查信息处、国际业务部、牡丹信用卡部、干部学校、经济信息咨询公司、信托投资股份有限公司、房地产开发公司、劳动服务公司、计算机中心。2005 年 2 月,工商银行股份制改造后,市分行机关部室进行整合,共设人力资源部、个人客户部、办公室、监察室、内控监察部、会计结算部、财务资金部、法人客户部、信贷管理部、信息科技部、资产风险部、客户服务部、保卫部。机构网点由 1997 年最多时 215 个压缩到 2010 年 39 个,在职员工由 1995 年最多时 2002 人,精简到 2010 年的 890 人。到 2010 年末,市分行下辖 16 个一级支行、10 个二级支行、13 个分理处;市分行机关共设 11 个部室、3 个中心。

## 三、中国农业银行九江市分行

1991 年,称中国农业银行市支行。内设办公室、金融研究室、人事科、纪律检查组、计划科、会计出纳科、监察室、稽核审计科、保卫科、经济信息科、工商信贷科、农业信贷科、存款科、信用合作科、资金组织科、工会委员会、经济民警中队。直属机构有省信托投资公司九江办事处、市支行咨询服务公司、国际业务部。下设永修、德安、星子、武宁、修水、瑞昌、九江县、都昌、湖口、彭泽、庐山、分行营业部 12 个支行和共青、浔阳、云山、郊区 4 个办事处。

1992 年 6 月,成立中国农业银行庐山资金市场。1992 年 11 月更名为中国农业银行市分行。1993 年 1 月,成立市分行设备租赁公司、房地产开发公司。3 月,成立市分行融资租赁公司。6 月,省信托投资公司九江办事处更名为中国农业银行市信托投资股份有限公司。1996 年 12 月,中国农业银行市信托投资股份有限公司与农行脱钩。1997 年 1 月,农村信用合作社与市分行脱钩。3 月,农业发展银行从市分行分设出去,完成“一分一脱”改革任务。至 2004 年,直属机构全部撤销。2007 年,为配合总行股改上市,开始准备不良资产剥离。到 2008 年 11 月 27 日,剥离完毕。12 月,调整后内设公司业务部,农村产业金融部,个人金融部,农户金融部,资产处置部,信贷管理部,财务会计部,运营管理部,人力资源部,综合管理部,监察室,安全保卫部,信息技术管理部,内控合规部,工委办。2009 年 1 月 15 日,中国农业银行市分行更名为中国农业银行股份有限公司九江分行。2009 年底,经过整合,有支行 16 个,分别是修水、武宁、永修、共青、德安、瑞昌、都昌、湖口、彭泽、星子、九江县、庐山、浔阳、八里湖、九龙、白水湖,网点 71 个。2010 年 8 月,成立个贷业务集中经营中心,归属个人金融部,其他部门未变。2010 年末,共有员工 2481 人,其中,在岗员工 1492 人。

## 四、中国银行九江市分行

1991 年,中国银行市分行成立,归属省分行管辖,下辖支行 4 个、信用卡中心 1 个、分理处 3 个、储蓄所 8 个。1994 年,除星子县外,市分行在各县包括庐山、共青设立 11 个县级支行、9 个专柜、19 个分理处、14 个储蓄所。1995 年 2 月,星子县成立支行。1996 年 5 月,星子支行和彭泽支行撤销。2000 年 8 月,城区所有储蓄所全部升格为分理处。2001 年市内甘棠湖办事处升格为支行。2008 年 12 月,共青分理处升格为共青支行。2010 年 12 月,彭泽支行恢复成立。至 2010 年,市内朝阳、常兴、庐峰、庐山路、京九、长虹和各县支行管辖分理处除市内的官牌夹分理处外,统一升格为经营性支行。同时,对市内九炼、华侨、立交桥、希望、半月亭、九莲以及县区影前、迎宾、山下渡、萤石矿、城东、杨子、甘露等机构进行撤并或更名迁址。至此,市分行下辖市行营业部、公司业务部、个人金融部、国际结算部、银行卡部、财务管理部、风险管理部、综合管理部、人力资源部、监察保卫部、信息科技部共 11 个部门,11 个县支行共 34 个经营机构。

2010 年年底,市分行有员工 665 人,其中在岗员工 610 人。

## 五、中国建设银行九江市分行

1991年,中国人民建设银行市中心支行有88个营业网点,全市各县(市)均设支行,九江市区设一支行、二支行、金鸡坡支行。

1996年3月,中国人民建设银行市分行更名为中国建设银行市分行,启用新的企业形象标识。

至2010年底,建行市分行下辖营业机构35个,全行职工666人。全市有16个支行,其中市区有1个营业部、5个支行和15个分理处(储蓄所),除星子、共青城外各县(市)区均设有建设银行网点机构。分行内部设置机构有:综合管理部、人力保卫部、纪检监察部、国际业务部、计划财务会计部、资金结算部、营运管理部、电子银行与信息技术部、风险管理部、公司业务部、个人金融部、住房金融与个人信贷部、营业部。

## 六、交通银行九江分行

1993年11月12日,成立交通银行九江支行筹备组。交通银行九江支行隶属交通银行武汉分行管辖,人员主要来自财政、金融等专业部门。1994年12月28日,交通银行九江支行正式开业,为交通银行非独立核算的分支机构,不具有独立法人资格。在业务上接受人民银行九江市分行的领导、管理、协调、监督和稽核,下设办公室、计划信贷部、财务会计部、保险业务部、储蓄业务部、人事教育科、保卫科、稽核室、监察室、电脑部10个职能部门和喷泉储蓄所、陆山区分理处、东门分理处、兴通分理处4个营业网点。1995年,增设金安湖分理处、城西储蓄所、浔阳楼分理处3家营业网点。1997年,增设三中分理处。1998年喷泉储蓄所、文化宫储蓄所、城西储蓄所升格为分理处。增设信用卡部。1998年4月,交通银行九江支行开办银行卡业务。1999年增设市场营销部。

2002年8月29日,交通银行九江支行升格为交通银行九江分行,其主要业务是办理人民币存款、贷款、结算业务;办理票据贴现,代理发行金融债券;代理发行、兑付、销售政府债券;代理收付款项及代理保险业务。2003年,新晨分理处、金安湖分理处、浔阳楼分理处、东门分理处、城南分理处、三中分理处、庐山区分理处升格为支行。2004年,甘棠分理处、城西分理处、文化宫分理处升格为支行。同年11月,由交通银行武汉分行管辖正式划归交通银行江西省分行(原南昌分行)管辖。12月13日,经国家外汇管理局及交通银行总行批准,开办外汇业务。2005年6月23日,交通银行在香港联所正式挂牌上市。交通银行九江分行更名为交通银行股份有限公司九江分行。2007年,增设国际业务部。2008年,设立风险管理部。到2010年年底,交通银行九江分行下辖10个支行,1个营业部,13个职能部门,员工187名。

## 七、中国邮政储蓄银行九江市分行

2008年2月18日,中国邮政储蓄银行市分行开业,内设办公室、人力资源部、计划财务部、会计结算部、市场部、审计部、信贷业务部、综合业务部、营业部。2008年6月,撤销综合业务部,成立个人业务部和公司业务部。2009年2月,成立风险合规部;同月,合并原计划财务部和会计结算部,更名财务会计部。2009年3月,成立大客户服务中心。2010年年底有员工601人,内设11个部门,其中职能部门6个,生产经营部门5个。全市下设10个县支行,共有网点143个,其中一类网点34个,二类网点39个,代理网点70个,从分布区划分,城市网点11个,县城网点38个,农村网点94个。

## 八、九江市农村信用社联社

1991年,市农村信用社尚属农业银行市支行代管。

1996年9月,由市政府牵头,人民银行、农业银行、农业发展银行、农行信用合作管理部门协同,成立市农村金融体制改革领导小组,具体组织和领导市农村金融体制改革工作。

1997年1月,市农村信用社脱离与农业银行的行政隶属关系(简称“行社脱钩”)。2000年7月,市农村信用社联合社正式挂牌成立。

2004年5月,江西省农村信用社联合社九江办事处挂牌成立,市农村信用社联社被撤销。2005年6月,修水、武宁、永修、瑞昌、都昌5家联社成为第一批获准筹建统一法人单位,占全部法人单位45.45%。2006年6月,全市首家县级农村合作银行—德安农村合作银行获准筹建并举行挂牌仪式。至2009年4月,全市11个县级联社都完成产权制度改革,均由原来的二级法人单位变为一级法人单位。

从2004年5月起,省农村信用社联合社九江办事处行使对所辖法人单位的管理、指导、协调和服务的职能。九江办事处内设3个科室,具体负责全市农村信用社的人事、综合、业务、稽核监察和保卫工作。

到2010年底,全市共有法人单位11个,其中县级农村合作银行1个,县级联社10个。营业网点335个,其中营业部11个,信用社198个,分社72个,支行9个,分理处17个,储蓄所28个。具有贷款功能的营业网点共273个,覆盖全市各个乡镇。共有员工2734人。存贷款客户数318.16万户,占全市人口数80%。存款余额200.65亿元,贷款余额130.40亿元。

### 九、九江银行

2000年11月开业,初称市商业银行。2008年10月,更名为九江银行。

2007~2010年,九江银行连续4年被中国银监会评为良好银行。2007年综合竞争力排名列全国城商行第十二名;获得“全国银行业金融机构小企业贷款先进单位”“全国银行业小企业金融服务先进单位”“中国最佳中小企业银行”“中国最具竞争力30家金融机构”“企业文化建设先进单位”“金融支持地方经济发展突出贡献单位”等荣誉称号。2008年,成功引进兴业银行作为战略投资者。同年5月,正式进入上市辅导期,启动上市步伐。

2010年末,内设有办公室、人力资源部、计划财务部、公司金融部、个人金融部、审计部、授信审批部、风险管理部、运营管理部、信息科技部、保卫部、法律与合规部、共12部(室)。新设立合肥分行、宜春分行、景德镇分行、洪城支行、安福支行、崇仁支行。共设有跨区域分行6家、二级支行4家、九江辖区直属支行(部)32家,其中市区19家,县域13家,总共有营业网点41家。并发起设立修水九银、中山小榄、井冈山九银、北京大兴九银共4家村镇银行。共有员工875人。

### 十、浦发银行九江支行

上海浦东发展银行九江支行是省内股份制银行在异地开设的第一家支行。2008年9月28日开始试营业,10月29日在远洲大酒店举行正式开业仪式。至2010年,有营业网点1个,并设在行式自助银行设备2台,营业部设庐山南路3号。

开业之初,共有内设机构7个:综合管理部、业务管理部、公司金融一部、公司金融二部、公司金融三部、个人金融一部、营业部。2010年12月,内设机构6个:综合管理部、业务管理部、公司金融一部、公司金融二部、个人金融一部、营业部。开业时有员工36人。

### 十一、招商银行九江支行

2009年1月19日,招商银行九江支行成立开业,是招商银行南昌分行的直属一级支行。共有员工64人,其中正式工47人,劳务工17人。九江支行内设8个部门,其中职能部门是办公室、计划财务部、信贷管理部。生产经营部门是零售银行部、公司银行一部、公司银行二部、个人资产部、支行营业部。九江支行办公地点在三里街,附随行式自助银行,配备自动存取款机3台,自助查询机1台。

### 十二、南昌银行九江分行

南昌银行由南昌市地方财政发起于1997年12月成立。2008年8月6日更名为南昌银行股份有限公司。注册资本23.82亿元,南昌市财政局为第一大股东。2010年2月10日,南昌银行九江分行成立开业。

业务范围主要为:办理人民币、外币业务;吸收公众存款;发放短期、中期和长期贷款;办理国内结算;外汇业务;办理票据贴现;发行金融债券;代理发行、代理兑付、承销政府债券;买卖政府债券;从事同业拆借;提供担保;代理收付款项及代理保险业务;提供保管箱业务;办理地方财政信用周转使用资金的委托存贷款业务;经营中国银行业监督管理委员会依照有关法律、行政法规和其他规定批准的业务。

至2010年底,内设5部1室,分别为办公室、公司银行部、个人银行部、风险管理部、计划财务部、营业部。至2010年底,共有员工29人,均为正式合同工。

### 十三、村镇银行

**修水九银村镇银行**　由九江银行作为发起人银行,联合九江富和建设投资有限公司等12家企业出资参与,组建修水九银村镇银行有限责任公司。2007年12月28日,修水九银村镇银行有限责任公司正式开业,为江西省首家村镇银行。

修水九银村镇银行注册资本1500万元,营业地址设在修水县宁红南路123号。机构性质由自然人、企业法人和其他经济组织自愿入股,为依法享有独立法人地位的金融机构。组织形式为有限责任公司。

**九江共青村镇银行**　2009年12月31日开始筹建,至2010年6月21日,九江共青村镇银行开业。共青村镇银行由南昌洪都农村商业银行作为主发起人,共青城羽绒服装创业基地公共服务有限公司等11家法人及自然人共同出资组建的新型农村银行业金融机构,注册资金1亿元。总行位于共青城共青大道碧水华庭2号楼第一和第二层。

# 第二章　保险业

## 第一节　财产保险

### 一、机动车辆保险

1991年以来,机动车辆保险基本险一般分为车辆损失险、第三者责任险、车上人员险、盗抢险和机动车交通事故责任强制保险。机动车辆保险常用的附加险包括8项。

2006年,平安产险股份有限公司九江中心支公司根据中国保监会《机动车交通事故责任强制保险业务单独核算管理暂行办法》,将机动车辆商业保险和交通事故责任强制保险业务单独核算。

2010年平安产险九江中心支公司对于产险的规划和发展,实行渠道化改革,以渠道为单位发展,实行条线规划,垂直管理。电销发展模式步入正轨,打开一个全新的局面。2010年车险保费2483万元,赔款支出1246.2万元,赔付率为50.1%。

2010年,保产险市分公司应市场需要,大力推广机动车辆保险电话销售业务。用户只需拨打投保咨询电话,从开始的询价、疑问解答、到投保获得保单,都可在电话中完成。电话销售简化投保手续和流程,省去中介环节,降低运营成本和费用,方便客户,使消费者获得实惠。

**1991~2010年全市机动车辆保险业务情况(含第三责任险)**

表37-2-1　　　　单位:万元

| 年 份 | 保费收入 | 赔款支出 | 年 份 | 保费收入 | 赔款支出 |
|---|---|---|---|---|---|
| 1991 | 1094.30 | 642.80 | 2001 | 7510.12 | 3980.12 |
| 1992 | 1479.60 | 1356.90 | 2002 | 7982.31 | 4922.79 |
| 1993 | 1919.10 | 1465.20 | 2003 | 8247.16 | 6880.47 |
| 1994 | 5162.80 | 2498.31 | 2004 | 8766.25 | 7340.80 |

续表 37-2-1

| 年 份 | 保费收入 | 赔款支出 | 年 份 | 保费收入 | 赔款支出 |
|---|---|---|---|---|---|
| 1995 | 8323.10 | 4236.70 | 2005 | 9789.09 | 6711.15 |
| 1996 | 5939.60 | 2862.29 | 2006 | 12357.46 | 7740.04 |
| 1997 | 6563.00 | 3552.70 | 2007 | 17366.67 | 8486.50 |
| 1998 | 7054.26 | 3630.05 | 2008 | 19683.19 | 12170.21 |
| 1999 | 6868.30 | 3965.97 | 2009 | 29260.13 | 14632.05 |
| 2000 | 6918.95 | 4140.12 | 2010 | 45961.48 | 20788.85 |

## 二、企业财产保险

1991 年以来,企业财产保险在传统的火灾保险基础上演变发展,主要承保火灾以及其他自然灾害、意外事故造成的保险财产直接损失。企业财产保险常用险种包括基本险、综合险和一切险。

1991~2010 年全市企业财产保险业务情况

表 37-2-2　　单位:万元

| 年 份 | 保费收入 | 赔款支出 | 年 份 | 保费收入 | 赔款支出 |
|---|---|---|---|---|---|
| 1991 | 744.10 | 321.00 | 2001 | 1752.50 | 822.76 |
| 1992 | 1048.20 | 691.30 | 2002 | 1542.52 | 646.11 |
| 1993 | 1067.20 | 655.20 | 2003 | 1145.98 | 911.87 |
| 1994 | 900.23 | 628.14 | 2004 | 823.45 | 452.35 |
| 1995 | 1202.57 | 704.41 | 2005 | 1085.97 | 571.67 |
| 1996 | 1328.35 | 678.26 | 2006 | 1118.63 | 359.50 |
| 1997 | 1342.00 | 819.00 | 2007 | 1330.85 | 407.78 |
| 1998 | 1848.91 | 6529.40 | 2008 | 1253.29 | 3522.53 |
| 1999 | 2062.62 | 1083.65 | 2009 | 1763.67 | 504.78 |
| 2000 | 1687.75 | 902.39 | 2010 | 2154.16 | 3250.94 |

## 三、家庭财产保险

1991 年以来,家庭财产保险面向城乡居民家庭,以其住宅及存放在固定场所的物质财产为保险标的,属于火灾保险范围、强调保险标的的实体性和保险地址的固定性。具有覆盖面广、保费低廉、业务分布相对分散、理赔方式灵活等特点。

1991~2010 年全市家庭财产保险业务情况

表 37-2-3　　单位:万元

| 年 份 | 保费收入 | 赔款支出 | 年 份 | 保费收入 | 赔款支出 |
|---|---|---|---|---|---|
| 1991 | 120.40 | 111.20 | 2001 | 506.10 | 176.85 |
| 1992 | 48.60 | 115.40 | 2002 | 703.12 | 187.02 |
| 1993 | 187.10 | 263.50 | 2003 | 365.11 | 195.44 |
| 1994 | 150.05 | 192.74 | 2004 | 479.73 | 92.46 |
| 1995 | 216.56 | 255.50 | 2005 | 278.70 | 70.66 |

续表 37-2-3

| 年 份 | 保费收入 | 赔款支出 | 年 份 | 保费收入 | 赔款支出 |
|---|---|---|---|---|---|
| 1996 | 248.88 | 143.41 | 2006 | 115.91 | 93.28 |
| 1997 | 245.90 | 177.20 | 2007 | 61.81 | 38.39 |
| 1998 | 286.68 | 2022.89 | 2008 | 58.37 | 28.74 |
| 1999 | 373.08 | 368.03 | 2009 | 83.61 | 24.16 |
| 2000 | 316.43 | 188.31 | 2010 | 53.51 | 17.24 |

## 四、货物运输保险

1991 年来，货物运输保险以被运输货物作为保险标的，保险人依照合同对于在运输过程中可能遭受的各种自然灾害或意外事故所造成的损失承担赔偿责任。

**1991~2010 年全市货物运输保险业务情况**

表 37-2-4　　单位：万元

| 年 份 | 保费收入 | 赔款支出 | 年 份 | 保费收入 | 赔款支出 |
|---|---|---|---|---|---|
| 1991 | 234.70 | 98.50 | 2001 | 450.26 | 68.22 |
| 1992 | 270.00 | 121.70 | 2002 | 565.72 | 576.48 |
| 1993 | 294.30 | 89.50 | 2003 | 297.24 | 88.86 |
| 1994 | 309.38 | 149.78 | 2004 | 362.34 | 91.73 |
| 1995 | 646.90 | 203.99 | 2005 | 328.77 | 169.80 |
| 1996 | 310.00 | 303.63 | 2006 | 224.82 | 92.79 |
| 1997 | 445.60 | 281.70 | 2007 | 296.45 | 74.66 |
| 1998 | 300.50 | 94.47 | 2008 | 277.91 | 103.77 |
| 1999 | 475.19 | 77.05 | 2009 | 480.02 | 135.31 |
| 2000 | 484.18 | 123.63 | 2010 | 662.34 | 163.46 |

## 五、责任保险

1996 年来，责任保险以被保险人对第三者依法应承担的赔偿责任为保险标的。企业、团体、家庭和个人在各种生产活动或日常生活中，由于疏忽、过失等行为对他人造成人身伤亡或财产损害，依法应承担的经济赔偿责任，可以通过投保有关责任保险转移给保险人。责任保险以被保险人对第三者依法应负的赔偿责任为保险标的。

**1996~2010 年全市责任保险业务情况(不含机动车第三责任险)**

表 37-2-5　　单位：万元

| 年 份 | 保费收入 | 赔款支出 | 年 份 | 保费收入 | 赔款支出 |
|---|---|---|---|---|---|
| 1996 | 4.84 | | 2004 | 357.32 | 289.31 |
| 1997 | 136.70 | 104.7 | 2005 | 1158.13 | 416.06 |
| 1998 | 291.72 | 72.75 | 2006 | 1433.52 | 623.53 |
| 1999 | 194.40 | 66.52 | 2007 | 1592.84 | 829.14 |
| 2000 | 654.66 | 216.12 | 2008 | 1941.59 | 903.66 |

续表 37-2-5

| 年 份 | 保费收入 | 赔款支出 | 年 份 | 保费收入 | 赔款支出 |
|---|---|---|---|---|---|
| 2001 | 855.83 | 313.82 | 2009 | 2104.84 | 643.81 |
| 2002 | 1115.22 | 419.04 | 2010 | 2430.33 | 852.87 |
| 2003 | 578.23 | 616.14 | | | |

1991~2010 年全市财产保险业务情况

表 37-2-6　　单位:万元

| 年 份 | 保费收入 | 赔款支出 | 年 份 | 保费收入 | 赔款支出 |
|---|---|---|---|---|---|
| 1991 | 2558.11 | 1445.58 | 2001 | 11272.69 | 5849.83 |
| 1992 | 4379.50 | 3369.60 | 2002 | 12120.59 | 6883.92 |
| 1993 | 4908.10 | 3836.10 | 2003 | 12020.87 | 9108.40 |
| 1994 | 5963.81 | 5358.80 | 2004 | 11826.18 | 8823.54 |
| 1995 | 8323.10 | 4236.70 | 2005 | 15357.77 | 9666.65 |
| 1996 | 8014.27 | 4178.06 | 2006 | 19437.91 | 10911.42 |
| 1997 | 5901.50 | 5229.90 | 2007 | 24976.71 | 12184.94 |
| 1998 | 9869.80 | 12540.82 | 2008 | 29012.91 | 20457.41 |
| 1999 | 10159.59 | 5633.17 | 2009 | 38678.92 | 19202.59 |
| 2000 | 10254.59 | 5793.18 | 2010 | 61121.58 | 26848.41 |

## 第二节　人身保险

### 一、人寿保险

1991~1992 年,人保公司九江分公司是经营人寿保险业务唯一主体。1993 年,平安人寿在九江设立代办点。1996 年 5 月,太保公司九江办事处成立,两家公司均经营少量人寿保险业务。1996 年以前,原人保公司九江分公司人寿保险险种单一,主要是针对团体单位或个人少许储蓄性险种,保障范围十分有限,主要险种有简易人身险、村干部养老险、子女备用金险、团体人寿险等。1996 年 6 月,人保公司产寿险分业经营,移交中保人寿保险公司九江分公司总保费 2960 万元。2000 年 11 月,中国太平洋保险公司九江办事处分业经营。

1996 年 6 月,中保人寿保险公司九江分公司专业化经营寿险业务后,人寿保险业务获得发展。特别是随着多家寿险公司相继在九江开业,打破中国人民保险公司一家独揽格局,市场开拓由行政化逐步向市场化过渡。

1996 年年末至 1997 年年初,中保人寿九江分公司、平安人寿九江中心支公司、太平洋人寿九江中心支公司陆续引进营销机制,面向社会招聘营销员,组建营销队伍,深入千家万户,将业务发展重点确定在个人寿险营销业务上,陆续推出子女教育、养老、医疗等一系列人寿保险新险种,承保对象从单一的部分企事业单位职工,扩展到以个人为主的保险群体,缴费期有 1 年期、10 年期、20 年期、30 年期不等,为人民购买商业寿险提供多种选择。

1997 年,寿险营销业务成为全市发展重点和新增长点。中保人寿九江分公司加大个人寿险营销力度,全面组建个险营销队伍,成立组训队伍。各基层单位成立营销业务部,确定专职营销管理负责人,设立专门的营销场所,开展营销业务竞赛。同年 4 月、5 月,中保人寿九江分公司分别与中国银行九江分行、工商银行九江分行签订代理人寿保险协议,进一步扩大人寿保险的销售面。

2000年,中国人寿九江分公司抓住分红保险上市有利契机,在全市推广"投资理财知识讲座"整体销售新模式,共举办讲座24场,实现分红型保险保费630万元。同年,太平洋人寿九江分公司还推出投资联结保险。

2002年,平安人寿在九江恢复营业。2004~2010年,泰康人寿、太平人寿、人民人寿、新华人寿等7家公司先后进驻九江。各家公司在加强自身队伍建设的同时,拓展兼业代理渠道业务,均与九江各商业银行签订代理销售银行保险协议,银行保险业务增势迅猛。随着市场主体、代理渠道及寿险从业人员的增加,九江寿险市场得到进一步拓展,人寿保险业务获得长足发展,成为人身保险主要构成部分。至2010年末,全市人寿保险保费总量15.1亿元,在全市保费总量中达95%。

**1991~2010年全市人寿保险保费收入一览**

表37-2-7　　　　单位:万元

| 年份 | 中国人寿 | 太平洋人寿 | 平安人寿 | 泰康人寿 | 太平人寿 | 新华人寿 | 民生人寿 | 人民人寿 | 生命人寿 | 阳光人寿 | 合计 |
|---|---|---|---|---|---|---|---|---|---|---|---|
| 1991 | 261 | | | | | | | | | | 261 |
| 1992 | 359 | | | | | | | | | | 359 |
| 1993 | 1000 | | | | | | | | | | 1000 |
| 1994 | 1618 | | | | | | | | | | 1618 |
| 1995 | 1758 | | | | | | | | | | 1758 |
| 1996 | 2857 | | | | | | | | | | 2857 |
| 1997 | 5284 | 299 | | | | | | | | | 5583 |
| 1998 | 8450 | 467 | | | | | | | | | 8917 |
| 1999 | 10093 | 688 | 702.4 | | | | | | | | 11483 |
| 2000 | 11710 | 629 | 670.9 | | | | | | | | 13010 |
| 2001 | 14967 | 1753 | 695.7 | | | | | | | | 17416 |
| 2002 | 25311 | 5291 | 791.5 | | | | | | | | 31394 |
| 2003 | 45642 | 7696 | 2008.5 | | | | | | | | 55347 |
| 2004 | 48606 | 7074 | 1400.3 | 592 | | | | | | | 57672 |
| 2005 | 52030 | 7726 | 1389.2 | 1365 | 2204 | | | | | | 64714 |
| 2006 | 55187 | 6416 | 1366.9 | 1279 | 2186 | | | | | | 66435 |
| 2007 | 61556 | 7376 | 1333.9 | 2858 | 2987 | | | | | | 76111 |
| 2008 | 84153 | 8265 | 1519.6 | 5347 | 4548 | 409 | 1043 | 8784 | | | 114069 |
| 2009 | 76897 | 6964 | 1971.7 | 5838 | 4869 | 2391 | 4844 | 17269 | | | 121044 |
| 2010 | 94320 | 9895 | 2823.8 | 7531 | 6755 | 4279 | 4194 | 19731 | 1449 | 90 | 151068 |

## 二、养老年金保险

1991年来,养老年金保险分为个人年金和团体年金两大类。1999年6月,团体年金投放市场,专业为机关团体、企业、事业单位提供专业化的养老保险服务。

1996年,产寿险分业时,中保人寿九江分公司养老年金保险险种比较单一,主要有村干部养老保险、纯女户保险等。当年保费收入232.9万元,其中个人养老金保险126.69万元。

1997年起,中保人寿九江分公司全面推广寿险营销机制,陆续推出个人养老金、养老金还本、鸿寿养老、义务兵养老、松柏养老、松鹤养老、金色夕阳养老年金、团体年金、团体年金(补充养老型)等险种,均为固定利率传统型养老险。其中金色夕阳养老保险对象广泛,老少皆宜,交费灵活,定期给付,保障面宽,适合社会各个阶层消费者的心理和需求,投放市场后得到广大客户认同。国寿个人养老保险趸缴业务市场需求较旺盛,业务覆盖面广阔,具有较强市场竞争力。

自2001年起,分红型养老年金保险成为养老保险主流,即养老险金的多少和保险公司投资收益有一定关系。2001年,中国人寿九江分公司共实现养老年金保险2240万元,其中个人年金650万元,团体年金1590万元,补充养老52万元。12月,浔阳营业部在九江石化总厂签下第一份国寿永泰团体年金保险,到2002年9月11日,累计收取保险费1498.98万元。

中国人寿九江分公司陆续推出鸿寿年金保险、养老保险年金(分红型)、鸿禧年金保险分红(分红型)、福禄满堂养老年金保险(分红型)等多款个人养老年金保险险种,以及国寿团体年金分红保险、永泰团体年金分红保险等。新推出的养老保险具有多重保障功能,客户不但可在约定年龄定期领取养老金,还可在约定年满时一次性领取“祝寿金”,同时兼具投资理财功能,可每年参加中国人寿的经营红利。

2005年,中国人寿九江分公司加强与市计划生育部门合作,联合在全市推出“计生系列养老保险”,为符合政策的农村纯女户家庭办理养老保险,促进计划生育工作开展。至2010年,全市计划生育养老保险承保1930人,保费577.93万元。

2008年,中国人寿九江分公司签约九江检安石化工程有限公司、瑞昌市人民冲压有限公司、江西汇尔油嘴油泵有限公司、九江市社保移交、修水县社保移交等计生养老保险业务。

2009年,中国人寿九江分公司签约九江市飞达机械设备制造有限公司、江西纪风实业有限公司、彭泽县永加纺织有限公司、庐山龙湾温泉开发有限公司、庐山星龙索道有限公司、九江昂泰胶囊有限公司,到账基金259.3万元,完成账户管理112人。

2010年,签约江西美庐乳业有限公司、九江荣达制衣厂、鸭鸭股份公司,到账基金745.67万元,其中新增到账340.81万元,完成账户管理1483人。

## 三、意外伤害保险

1996年,中保人寿共实现意外险保费975.7万元,之后呈稳步上升趋势。1999年,达2328万元。2000年以前,中国人寿意外险多为团体类保险,主要涉及学生幼儿、建筑工程团体、机动车驾乘人员、住宿旅客平安保险、观光景点及娱乐场所等人群。其中7成以上为学生保险。

2000年,公司突破传统拓业观念,引入个险营销方式,发动营销员队伍,大力销售吉祥、全家福、鸿泰3种卡折式意外险。卡折式保险具有保险责任广,保障程度高,收费低,投保方便的特点,得到行政企事业单位干部职工、企业家、个体户接受。

2002年,中国人寿九江分公司大面积销售非学生险意外险,强势启动卡折式意外险,外出打工人员、建筑工、煤工、驾乘人员意外险,旅游险等。非学生险意外险以高出学生险200万元业绩,首次超出学生险6个百分点,意外险险种结构得到进一步调整与优化。2005年,中国人寿九江分公司大力推广行业代理意外险,主动与公安、计生、民政、农村信用社等部门取得联系,建立广泛行业代理制,拓宽意外险的销售渠道。如计划生育爱心系列保险、教职员工系列保险、卫生系统意外伤害、农村低保人员综合保险等。

2008年,推出以“平安卡”为主打产品农村小额意外伤害保险,该系列保险保障适度、保费低廉、保单通俗、理赔简单,在农村市场销售良好。全年实现小额意外险889.5万元,承保人数17万人次。

人民人寿九江中心支公司针对团体客户及个人客户分别推出意外伤害保险。其中为团体客户所推出的意外伤害保险保障范围不仅涵盖一般意外和公共交通意外,还包括旅游意外、住宿意外、工伤意外、借款人意外等意外伤害。为个人客户特别推出吉安卡、仁安卡等两种卡折式意外保险,主要保障意外伤害、意外住院医疗等方面,客户可按照所交保费对应保额的80%赔付。至2010年,全市意外险保费达3069万元。

1991~2010 年全市意外险保费收入一览

表 37-2-8 单位:万元

| 年 份 | 中国人寿 | 太平洋人寿 | 平安人寿 | 泰康人寿 | 太平人寿 | 新华人寿 | 民生人寿 | 人民人寿 | 阳光人寿 | 合 计 |
|---|---|---|---|---|---|---|---|---|---|---|
| 1991 | 183.6 | | | | | | | | | 184 |
| 1992 | 232 | | | | | | | | | 232 |
| 1993 | 321 | | | | | | | | | 321 |
| 1994 | 200.3 | | | | | | | | | 200 |
| 1995 | 446.2 | | | | | | | | | 446 |
| 1996 | 975 | | | | | | | | | 975 |
| 1997 | 1561 | | | | | | | | | 1561 |
| 1998 | 1879 | 3 | | | | | | | | 1882 |
| 1999 | 2328 | 28 | | | | | | | | 2356 |
| 2000 | 2758 | 40 | 14.20 | | | | | | | 2812 |
| 2001 | 2901 | 100 | 38.00 | | | | | | | 3039 |
| 2002 | 2949 | 67 | 7.31 | | | | | | | 3023 |
| 2003 | 1049 | 190 | 9.37 | | | | | | | 1248 |
| 2004 | 1784 | 273 | 10.39 | 5.62 | | | | | | 2073 |
| 2005 | 2142 | 311 | 9.94 | 27.78 | 15.09 | | | | | 2506 |
| 2006 | 2308 | 226 | 13.33 | 7.53 | 47.31 | | | | | 2602 |
| 2007 | 2514 | 240 | 13.14 | 9.76 | 70.64 | | | | | 2848 |
| 2008 | 2643 | 191 | 10.63 | 17.66 | 116.50 | 0.29 | 47.38 | 55.08 | | 3082 |
| 2009 | 2611 | 188 | 10.69 | 30.10 | 111.60 | 0.80 | 6.09 | 86.07 | | 3044 |
| 2010 | 2532 | 204 | 9.97 | 120.10 | 97.57 | 7.54 | 12.06 | 85.31 | 0.16 | 3069 |

## 四、健康保险

随着公费医疗体制深化改革和逐步推行,部分人员不再享受看病全额报销待遇。而自费医疗人也更难自行负担不断上涨医疗费用。越来越多的人投保商业医疗保险,以期化解和分散医疗费用支出所带来负担。2001 年,全市短期健康险达 233.7 万元,2004 年达 2701.9 万元,至 2010 年,全市短期健康险达 4278.5 万元。

1991~2010 年全市健康险保费收入一览

表 37-2-9 单位:万元

| 年 份 | 中国人寿 | 太平洋人寿 | 平安人寿 | 泰康人寿 | 太平人寿 | 新华人寿 | 民生人寿 | 人民人寿 | 生命人寿 | 阳光人寿 | 合 计 |
|---|---|---|---|---|---|---|---|---|---|---|---|
| 1991 | 6.0 | | | | | | | | | | 6.0 |
| 1992 | 15.0 | | | | | | | | | | 15.0 |
| 1993 | 28.5 | | | | | | | | | | 28.5 |
| 1994 | 144.8 | | | | | | | | | | 144.8 |
| 1995 | 35.0 | | | | | | | | | | 35.0 |

续表 37-2-9

| 年 份 | 中国人寿 | 太平洋人寿 | 平安人寿 | 泰康人寿 | 太平人寿 | 新华人寿 | 民生人寿 | 人民人寿 | 生命人寿 | 阳光人寿 | 合 计 |
|---|---|---|---|---|---|---|---|---|---|---|---|
| 1996 | 27.9 | | | | | | | | | | 27.9 |
| 1997 | 51.4 | | | | | | | | | | 51.4 |
| 1998 | 4.4 | 1.0 | | | | | | | | | 5.4 |
| 1999 | 0.0 | 28.0 | | | | | | | | | 28.0 |
| 2000 | 41.4 | 15.0 | | | | | | | | | 56.4 |
| 2001 | 203.7 | 30.0 | | | | | | | | | 233.7 |
| 2002 | 299.1 | 158.0 | 35.0 | | | | | | | | 492.1 |
| 2003 | 409.4 | 147.0 | 168.7 | | | | | | | | 725.1 |
| 2004 | 2310.0 | 140.0 | 223.8 | 28.2 | | | | | | | 2701.9 |
| 2005 | 2228.0 | 154.0 | 245.0 | 48.8 | 51.5 | | | | | | 2727.4 |
| 2006 | 2242.0 | 106.0 | 259.9 | 38.7 | 164.2 | | | | | | 2810.8 |
| 2007 | 2369.0 | 104.5 | 235.6 | 43.0 | 234.6 | | | | | | 2986.7 |
| 2008 | 2454.0 | 76.0 | 234.8 | 43.1 | 221.2 | 6.1 | | 62.1 | | | 3097.2 |
| 2009 | 2283.0 | 58.4 | 240.9 | 125.7 | 247.3 | 37.0 | 555.9 | 191.4 | | | 3739.6 |
| 2010 | 2293.0 | 43.2 | 247.9 | 124.3 | 236.1 | 92.8 | 755.5 | 263.8 | 4.2 | 217.8 | 4278.5 |

## 1991~2010 年全市人身保险保费收入一览

表 37-2-10　　单位:万元

| 年 份 | 中国人寿 | 太平洋人寿 | 平安人寿 | 泰康人寿 | 太平人寿 | 新华人寿 | 民生人寿 | 人民人寿 | 生命人寿 | 阳光人寿 | 合 计 |
|---|---|---|---|---|---|---|---|---|---|---|---|
| 1991 | 451 | | | | | | | | | | 451 |
| 1992 | 919 | | | | | | | | | | 919 |
| 1993 | 1965 | | | | | | | | | | 1965 |
| 1994 | 2508 | | | | | | | | | | 2508 |
| 1995 | 2572 | | | | | | | | | | 2572 |
| 1996 | 3861 | | | | | | | | | | 3861 |
| 1997 | 6897 | 299 | | | | | | | | | 7196 |
| 1998 | 10333 | 467 | | | | | | | | | 10800 |
| 1999 | 12421 | 688 | | | | | | | | | 13109 |
| 2000 | 14510 | 629 | 275 | | | | | | | | 15414 |
| 2001 | 18071 | 1753 | 696 | | | | | | | | 20520 |
| 2002 | 28558 | 5210 | 664 | | | | | | | | 34432 |
| 2003 | 47100 | 7696 | 996 | | | | | | | | 55792 |
| 2004 | 52700 | 7074 | 1400 | 625 | | | | | | | 61799 |
| 2005 | 56400 | 7831 | 1157 | 1442 | 2271 | | | | | | 69101 |
| 2006 | 59737 | 6416 | 1367 | 1326 | 2398 | | | | | | 71244 |

续表 37-2-10

| 年份 | 中国人寿 | 太平洋人寿 | 平安人寿 | 泰康人寿 | 太平人寿 | 新华人寿 | 民生人寿 | 人民人寿 | 生命人寿 | 阳光人寿 | 合计 |
|---|---|---|---|---|---|---|---|---|---|---|---|
| 2007 | 66439 | 7721 | 1334 | 2911 | 3292 | | | | | | 81697 |
| 2008 | 89250 | 8531 | 1520 | 5408 | 4885 | 415 | 1091 | 8901 | | | 120001 |
| 2009 | 81791 | 7210 | 1933 | 5993 | 5228 | 2329 | 5406 | 17546 | | | 127436 |
| 2010 | 99145 | 10142 | 1770 | 7775 | 7089 | 4379 | 4962 | 20081 | 1453 | 698 | 157494 |

说明:1991~1995 年,全市人身保险业务归属中国人民保险公司九江分公司

## 第三节 农村保险

1996 年 5 月产寿险分业前,中国人民保险公司九江分公司在全市各县主要乡镇设有 100 多个农村代办网点,有农村保险代办员 100 余人,基本上是一所一人,条件十分简陋,主要代办农村财产保险及人寿保险业务。分业后,保险代办员继续同时代办产、寿险业务。寿险业务方面主要为农村中小学校学生平安保险、村干部养老保险、纯女户保险等。

随着九江农村经济的发展和农民生活水平不断提高,广大农民对保险需求提上日程,农村市场潜力巨大。2001 年 5 月,中国人寿九江分公司成立农村网点部,正式启动农村寿险业务,配备网点管理干部,明确分管领导。按照“有牌挂牌,无牌挂靠”原则,增加新所,完善老所。至 2001 年年底,共有农村网点58 个,农村网点寿险从业人员突破 270 人。有瑞昌码头、都昌三汊港、修水渣津、庐山区威家和星子横塘5 个网点业务总量突破 100 万元。

2001 年 12 月 2 日,都昌县支公司在狮山乡举办全市首场农村投资理财知识讲座,到会农民 60余人,当场签单 50 余件,总额 11 万元。

2003 年,中国人寿九江分公司进一步加强农村销售体系建设,全年新增农村营销服务部 50 个,网点数增至 108 个,基本完成农村网布点工作。2004 年进行优化整合,精简合并为 77 个。至 2005 年底,全市共有农村营销服务部 85 个,网点人力 1147 人,实现总保费 5673 万元,网点辐射全市 179 个乡镇。

2007 年,中国人寿九江分公司拨出专项经费 102 万元,由各支公司配套部分经费,对农村营销服务部统一进行标准化职场建设,改变农村营销服务部办公和营业条件。2009 年,对农村网点进行收缩,整合为 52 个中心营销服务部。2008~2009 年,泰康人寿九江支公司积极探索“驻村代表”服务营业模式,陆续在都昌蔡岭、土塘,修水三都、渣津,彭泽棉船、杨梓和瑞昌肇陈设立农村营销服务部,拓展农村寿险业务。

至 2010 年年底,中国人寿九江分公司实现农村寿险保费 1.6 亿元,其中首年新单保费 4819 万元,短期意外险 468 万元,年末 AMIS 系统农村个人代理 1662 人。

## 第四节 经营机构

### 一、财产保险经营机构

**中国人民财产保险股份有限公司九江市分公司** 1991 年,称中国人民保险公司九江中心支公司。位于庐山路 132 号。下辖县级支公司 11 个和办事处 2 个,职工 282 人。业务专职代理网点 118 个,业务兼职网点 369 个,总资产 3998 万元。1991 年 11 月 12 日,城市业务科分设为财产险科和运输工具科。

1996 年,中国人民保险公司九江中心支公司分设为中保财产保险有限公司九江分公司和中保人寿保险有限公司九江分公司。

2003年,更名为中国人民保险股份有限公司市分公司,迁至长虹大道98号。2004年,下属机构更名为支公司,包括浔阳、八里湖、庐山区、庐山、都昌、修水、湖口、彭泽、永修、武宁、瑞昌、九江县、星子、德安、共青15家,永修支公司下设云山营业部。

2010年实现保费收入34955万元,同比净增12540万元,增长55.95%,完成省分公司年计划的133.82%。实收保费36646万元,同比净增13565万元,增长58.77%,完成省分公司年计划的139.75%,多项指标位列全省系统前列。全市系统综合费用率30.11%,同比下降2.33个百分点;综合赔付率62%,同比下降2.31个百分点。业务及管理费用4388万元,增长52.39%,低于保费增速3.56个百分点,综合成本率为92.11%,其中产品线综合成本率分别是:车险94.31%、财产险75.85%、责任意外险80.76%、农业险94.76%。全市经营活动现金净流量10747万元,同比净增3744万元;实现账面利润2484万元,超额完成省分公司下达的挑战目标。市场占有率继续保持上升态势,达到55.7%,同比上升1.49个百分点。全市11个营业单位市场份额同比上升。

**中国太平洋财产保险股份有限公司九江中心支公司** 1996年5月,由九江交通银行提出筹建申请,得到人民银行江西分行批准,名称为中国太平洋保险公司九江办事处。11月18日,在原市检察院租用一层楼正式挂牌开业,机关办公地点在新光商城内。当年的保费收入80万元。2002年,在武宁设立公司第一家分支机构武宁营销服务部。随后,先后在修水、瑞昌、永修、湖口、星子、都昌、九江县、浔阳和十里设立营销服务部。同年,投资500万元在长虹大道258号(原750号)兴建办公大楼,分由中国太平洋财产保险股份有限公司九江中心支公司和中国太平洋人寿保险股份有限公司九江中心支公司使用管理。2003年5月1日,迁至新楼办公。

2008年5月22日,在彭泽和德安同时设立支公司。同年6月25日,瑞昌、修水、武宁、湖口和星子营销服务部升格为支公司,浔阳营销服务部和永修营销服务部分别在2010年8月17日和2010年11月15日升格为支公司。2010年,保费增长达到8733万元,增速104.82%。

**中国平安财产保险股份有限公司九江中心支公司** 中国平安财产保险股份有限公司九江中心支公司2008年前办公地位于浔阳区2号经贸大厦15楼。2008年,迁至长虹大道280号信华国际商务中心9楼。2006年11月至2009年10月,分别设立瑞昌、湖口、彭泽、修水4个营销服务部。2010年12月,设立都昌支公司。

**安邦财产保险股份有限公司九江中心支公司** 2006年3月8日,安邦财产保险股份有限公司九江营销服务部成立。2008年1月23日,升格为安邦财产保险股份有限公司九江中心支公司。至2010年,分支机构有彭泽、瑞昌、都昌、八里湖、修水、永修、武宁、庐山区、星子9个营销服务部和湖口县1个支公司。

**中国大地财产保险股份有限公司九江中心支公司** 2005年4月22日开业,位于市区十里大道21号。2010年,分支机构有1个支公司、8个营销服务部、2个营业部。

**都邦财产保险股份有限公司九江中心支公司** 2008年3月7日开业,位于市区长虹大道58号。

**中国人寿财险** 中国人寿财险九江市中心支公司是中国人寿财险市级公司,位于市区长虹大道310号九江广播电视大楼2楼。下设9个区县级分支机构以及中国人寿保险股份有限公司下辖19个业务代理机构。

至2010年,完成保费收入5862.76万元,完成全年计划的109.58%,同比增长29.72%,在当地财险市场占有率为9.34%,位居九江财险市场三甲。全年共受理报案10364起,赔款支出2172.93万元。

## 二、人寿保险经营机构

**中国人寿保险股份有限公司九江分公司** 由原中国人民保险公司九江分公司分设而来，1996年6月分业经营，设址于市区长虹大道98号，专门经营人身(寿)保险业务。1999年4月，更名为中国人寿保险有限公司九江分公司。2003年10月更名为中国人寿保险股份有限公司九江分公司。2005年5月迁址于开发区长江大道395号。至2010年，分支机构有浔阳区、庐山区、庐山、彭泽县、都昌县、湖口县、星子县、九江县、德安县、永修县、瑞昌市、武宁县、修水县、共青、直属15个支公司。

**中国太平洋人寿保险股份有限公司九江中心支公司** 2000年11月从中国太平洋保险公司九江办事处分设经营，办公地点在市区滨江路粮食局八楼。2002年7月，相继设修水、武宁、瑞昌、永修、都昌、彭泽、湖口、星子、沙河和浔阳10个营销服务部。2008年10月，设立德安支公司。2010年12月，永修营销服务部改建为永修支公司。

**中国平安人寿保险股份有限公司九江中心支公司** 1993年，在九江设立代办点。1997年，正式成立中国平安人寿保险股份有限公司九江中心支公司，位于市区天佑大厦。1998年，因故暂时中断业务，2002年恢复营业。2003年，办公地点迁至兴业大厦8楼。2004年1月，设彭泽营销服务部。2006年7月，迁至龙翔国贸大厦5楼。2010年8月，设立九江县、永修县支公司。

**泰康人寿保险股份有限公司九江中心支公司** 2004年7月，泰康人寿九江营销服务部成立，位于市区浔阳东路11号(房产大厦3楼、8楼)。2007年8月，泰康人寿保险股份有限公司九江中心支公司成立。2008年5月，搬迁到龙翔国贸大厦6楼。分支机构有瑞昌、都昌、彭泽、修水、湖口5家营销服务部，永修、德安、武宁、共青4支公司。

**太平人寿九江中心支公司** 2005年4月正式开业，位于市区四码头工商银行浔东支行2楼。2009年，迁到长虹大道619号九江银行大厦9楼。分支机构有彭泽、湖口、德安3个营销服务部和永修县支公司。

**中国人民人寿保险股份有限公司九江中心支公司** 2008年2月4日正式开业，位于市区滨江路滨江花园大楼1~3层。下辖九江县、瑞昌市、永修县、湖口县、都昌县、修水县、彭泽县7家县支公司。

**民生人寿保险股份有限公司九江中心支公司** 2008年6月开业，位于市区长虹大道信华国际商务中心10楼。有瑞昌、彭泽营销服务部和都昌县支公司。

**新华人寿保险股份有限公司九江中心支公司** 2008年9月开业，位于市区浔阳区十里大道100号。有庐山、永修县2支公司。

**阳光人寿保险股份有限公司九江中心支公司** 2010年7月开业，位于市区滨江路164号五丰大厦2楼。

**生命人寿保险股份有限公司九江中心支公司** 2010年8月2日开业，位于市区环城路82号华强财富大酒店3楼。分支机构有瑞昌、都昌、彭泽3个支公司。

**2010年全市保险经营机构主要业务指标数据**

表37-2-11　　单位:万元

| 单 位 | 保费总量 | 利 润 | 赔付率 |
|---|---|---|---|
| 人保财险 | 34955.21 | 2483.06 | 62.00% |
| 太保财险 | 8733.67 | 217.55 | 32.92% |
| 国寿财险 | 5862.76 | 96.84 | 68.08% |
| 平安财险 | 2679.53 | 376.35 | 49.93% |
| 大地财险 | 1977.84 | -74.65 | 71.19% |
| 天安财险 | 1453.58 | -491.95 | 99.55% |
| 安邦财险 | 2626.09 | 10.31 | 63.66% |
| 华安财险 | 1371.16 | 28.85 | 72.54% |
| 阳光财险 | 1621.93 | -265.37 | 89.79% |
| 中银财险 | 725.23 | -438.23 | 156.17% |
| 渤海财险 | 311.39 | -15.66 | 113.00% |
| 都邦财险 | 171.12 | -128.02 | 104.88% |
| 永城财险 | 266.10 | -47.93 | 1.57% |
| 中国人寿 | 99353.00 | -7105.00 | 51.40% |
| 太平洋人寿 | 10064.00 | -531.00 | 49.17% |
| 太平人寿 | 7057.87 | 5.41 | 0.07% |
| 平安人寿 | 2824.00 | -744.50 | 4.04% |
| 泰康人寿 | 8231.69 | -1101.17 | 0.38% |
| 新华人寿 | 4379.37 | -252.31 | 0.26% |
| 民生人寿 | 4071.00 | -255.66 | 0.00% |
| 生命人寿 | 1453.00 | -127.35 | 0.00% |
| 阳光人寿 | 698.18 | -11.52 | 0.00% |
| 人保人寿 | 18719.61 | -1655.33 | 22.99% |

## 三、保险行业协会

2006年6月,贯彻《关于成立江西省设区市保险行业协会的指导意见的通知》,由中国人寿九江分公司牵头成立市保险行业协会筹建工作领导小组。7月4日和24日,江西保监局、市民政局相继批复同意成立市保险行业协会。8月8日,召开市保险行业协会成立暨第一届会员代表大会。参加会议的常务理事单位(市级公司)12家,一般会员单位(县级公司)68家,会员代表85人。会议审议通过《九江市保险行业协会章程》《九江市保险行业协会会费收缴管理办法》等6项管理制度。

2010年12月底,全市保险市场主体由成立协会时的12家增加到23家。

# 第三章 证券期货业

## 第一节 证券交易

证券交易品种丰富，包括A股、B股、港股、基金、债券、期货、创业板、融资融券等证券委托代理买卖，以及代办股份转让业务。委托方式多样，包括网上交易、现场委托、电话委托、易阳指手机炒股。资讯产品丰富，包括智博汇产品、大智慧服务软件等。

1995~2010年全市证券业务经营情况一览

表37-3-1 单位：户、亿元

| 年份 | 累计开户数 | | | | | | 交易额 | | | | | |
|---|---|---|---|---|---|---|---|---|---|---|---|---|
| | 合计 | 国泰君安九江甘棠路营业部 | 申银万国证券九江浔阳路证券营业部 | 世纪证券九江营业部 | 国盛证券九江市孤溪埂证券营业部 | 中航证券九江浔阳路证券营业部 | 合计 | 国泰君安九江甘棠路营业部 | 申银万国证券九江浔阳路证券营业部 | 世纪证券九江营业部 | 国盛证券九江市孤溪埂证券营业部 | 中航证券九江浔阳路证券营业部 |
| 1995 | | | | | | | 0.80 | 0.8 | | | | |
| 1996 | | | | | | | 7.40 | 7.4 | | | | |
| 1997 | 9424 | | 6973 | | 2451 | | 24.80 | 13.8 | 11.00 | | | |
| 1998 | 10726 | | 7638 | | 3088 | | 27.54 | 9.9 | 10.07 | | 7.57 | |
| 1999 | 12735 | | 8508 | | 4227 | | 60.70 | 16.0 | 16.00 | | 28.70 | |
| 2000 | 33400 | 18000 | 9274 | | 6126 | | 77.29 | 24.6 | 19.09 | | 33.60 | |
| 2001 | 45559 | 26000 | 12111 | | 7448 | | 43.39 | 18.0 | 10.72 | | 14.67 | |
| 2002 | 46072 | 26000 | 12428 | | 7644 | | 35.03 | 16.3 | 8.80 | | 9.93 | |
| 2003 | 48710 | 27000 | 12843 | | 8867 | | 40.31 | 18.4 | 13.62 | | 8.29 | |
| 2004 | 50257 | 28000 | 13151 | | 9106 | | 61.06 | 25.5 | 23.09 | | 12.47 | |
| 2005 | 48634 | 26000 | 13284 | | 9350 | | 42.18 | 19.2 | 13.18 | | 9.80 | |
| 2006 | 51013 | 27000 | 14000 | | 10013 | | 132.68 | 68.5 | 37.11 | | 27.07 | |
| 2007 | 81576 | 42000 | 22583 | | 16993 | | 819.49 | 391.8 | 240.08 | | 187.61 | |
| 2008 | 78927 | 36000 | 24110 | | 18817 | | 435.95 | 202.3 | 140.72 | | 92.93 | |
| 2009 | 88505 | 39000 | 25887 | | 20580 | 3038 | 791.48 | 359.3 | 246.58 | | 170.40 | 15.2 |
| 2010 | 93700 | 41000 | 26652 | | 22235 | 3813 | 809.37 | 344.7 | 233.09 | | 137.78 | 93.8 |

1995~2010 年全市证券业务经营情况一览

表 37-3-2 单位:万元

| 年份 | 总收入 | | | | | | 利润 | | | | | |
|---|---|---|---|---|---|---|---|---|---|---|---|---|
| | 合计 | 国泰君安九江甘棠路营业部 | 申银万国证券九江浔阳路证券营业部 | 世纪证券九江营业部 | 国盛证券九江市孤溪埂证券营业部 | 中航证券九江浔阳路证券营业部 | 合计 | 国泰君安九江甘棠路营业部 | 申银万国证券九江浔阳路证券营业部 | 世纪证券九江营业部 | 国盛证券九江市孤溪埂证券营业部 | 中航证券九江浔阳路证券营业部 |
| 1995 | | | | | | | –220.00 | –220 | | | | |
| 1996 | 622.00 | 622 | | | | | 158.00 | 158 | | | | |
| 1997 | 1669.99 | 1005 | 609.99 | | 55 | | 269.00 | 124 | 163.00 | | –18 | |
| 1998 | 1547.16 | 850 | 492.16 | | 205 | | 275.00 | 137 | 150.00 | | –12 | |
| 1999 | 1263.65 | 538 | 380.65 | | 345 | | 282.26 | 84 | 115.36 | | 83 | |
| 2000 | 2864.23 | 1229 | 970.23 | | 665 | | 868.00 | 347 | 327.00 | | 194 | |
| 2001 | 2035.27 | 932 | 634.27 | | 469 | | 133.18 | 150 | –5.82 | | –11 | |
| 2002 | 1488.20 | 758 | 420.20 | | 310 | | –2.00 | 187 | –99.00 | | –90 | |
| 2003 | 1401.52 | 682 | 383.52 | | 336 | | 11.00 | 200 | –203.00 | | 14 | |
| 2004 | 1812.34 | 863 | 497.34 | | 452 | | 564.49 | 382 | 57.49 | | 125 | |
| 2005 | 1343.91 | 653 | 359.91 | | 331 | | 323.79 | 287 | –37.21 | | 74 | |
| 2006 | 3437.73 | 1826 | 907.73 | | 704 | | 2192.13 | 1352 | 411.13 | | 429 | |
| 2007 | 17958.04 | 9087 | 4846.04 | | 4025 | | 14594.66 | 7511 | 3879.66 | | 3204 | |
| 2008 | 9631.40 | 4620 | 2687.4 | | 2324 | | 7142.07 | 3531 | 1861.07 | | 1750 | |
| 2009 | 15041.07 | 7175 | 4096.41 | | 3629 | 140.66 | 11518.81 | 6006 | 3012.89 | | 2589 | –89.08 |
| 2010 | 10591.17 | 4896 | 2850.46 | | 2175 | 669.71 | 7097.16 | 3793 | 1796.84 | | 1507 | 0.32 |

## 第二节 期货交易

1993 年,九江始有期货交易,但交易活动和交易场所不规范。1996 年,开始对期货市场进行治理整顿,九江期货业逐步走上正轨。2002 年 8 月 26 日,市首家期货交易场所“江西瑞奇期货经纪有限公司九江营业部”挂牌营业,给九江粮油、金属、建材、纺织、房地产、塑料、燃料油、煤炭、橡胶等行业工商企业,以及黄金、股票等各类机构投资者和个体交易者,提供一个大宗原材料商品和金融类衍生品交易、发现价格、规避价格波动风险、降低成本、套期保值、提升效益平台,也给九江粮棉油种植农户提供实现“订单农业”工具,为九江商品流通和金融类衍生品交易切入现代化模式。

2002 年 8 月 26 日,瑞奇九江营业部开始营业,交易国家所批准铜、铝、橡胶、大豆、豆粕、硬麦 6 个期货品种,全年交易量 3395 手。2003 年 3 月 31 日,国家批准交易强麦,全年交易量 21359 手,比上年增长 5 倍。2004 年,国家批准交易棉花、燃料油、玉米,全年交易量 47216 手,比上年增长 1 倍。2006 年,国家批准交易白糖、豆油、PTA(精对苯二甲酸),全年交易量 224954 手,比上年增长近 2 倍。2007 年,国家批准交易锌、菜油、聚乙烯塑料、棕榈油。2008 年,国家批准交易黄金。2009 年,国家批准交易螺纹钢、线材、早籼稻、聚氯乙烯塑料,全年交易量 956613 手,比上年增长 1.5 倍。2010 年,国家批准交易股指期货,改变九江股票市场缺乏做空机制历史,市场上可交易期货品种达 22 个:上海期货交易所铜、铝、锌、黄金、燃料油、橡胶、螺纹钢、线材;大连商品交易所大豆、豆粕、豆油、菜油、棕榈油、聚乙烯、聚氯乙烯;郑州商品交易所棉花、白糖、玉米、强麦、硬麦、PTA、早籼稻；以及上海金融交易所股指期货。全年交易量1578986手，比上年增长65%。

2002~2010年全市期货交易量一览

表37-3-3 单位：手

| 项 目 | 2002年 | 2003年 | 2004年 | 2005年 | 2006年 | 2007年 | 2008年 | 2009年 | 2010年 |
|---|---|---|---|---|---|---|---|---|---|
| 期货成交量 | 3395 | 21359 | 47216 | 76273 | 224954 | 286457 | 372626 | 956613 | 1578986 |

# 第三节 经营机构

## 一、期货机构

**江西瑞奇期货经纪有限公司九江营业部** 简称“瑞奇九江营业部”，位于市滨江路577号五丰大厦三楼，是江西瑞奇期货经纪有限公司属下营业部，也是全市唯一一家由中国证监会批准设立期货营业部，拥有现代化交易设施和先进通信设备，拥有文华财经等多个期货股票行情信息和交易系统，还有“掌上期货”手机看行情信息及交易系统，客户可以方便地根据各自特点选择便利下单方式。瑞奇九江营业部能为客户提供各类投资方案和交易技巧培训，与工行、建行、交行、农行、中行开通“电脑银期转账系统”，方便客户在全国各地存取期货交易的资金。2003年、2005年、2009年、2010年瑞奇九江营业部4次获江西省期货行业先进期货营业部称号。

## 二、证券机构

**国泰君安证券股份有限公司九江甘棠路证券营业部** 简称“国泰君安证券九江营业部”，1995年4月6日成立，时称国泰证券有限公司九江营业部。1999年8月，国泰证券有限责任公司和君安证券有限责任公司合并，更名为国泰君安证券九江甘棠路证券营业部。国泰君安证券九江甘棠路营业部坐落于市甘棠北路裕华广场A座，为市内首家自建约4000平方米营业大楼，在市区内拥有甘棠路营业部、十里大道营业部、滨江东路营业部3家营业网点。营业部自2000~2005年连续6年被省证券业协会评为“先进证券营业部”。

至2010年12月底，九江3个营业网点共计完成交易额约344亿元，客户数4万余户，上缴税金460余万元。

**申银万国证券股份有限公司九江浔阳路证券营业部** 简称“申银万国证券”，1997年6月成立。其前身是农业银行江西省信托投资公司九江证券部。根据国家“银证分立”政策规定，申银万国证券公司收购原农业银行信托投资公司九江证券部，成立申银万国证券股份有限公司九江浔阳路证券营业部，注册资金500万元。

申银万国证券股份有限公司九江浔阳路营业部可提供交易品种包括A股、B股、代办股份转让、权证、国债、公司债、封闭式基金和开放式基金、期货交易、融资融券等各种交易品种。2010年，营业部完成交易额233.09亿元，年底开户数26652户。

**世纪证券有限责任公司九江营业部** 省证券公司九江证券业务部成立于1997年12月，隶属于省证券公司，下属1个服务部。2002年，省证券公司九江业务部迁往北京市后，该服务部划归世纪证券有限责任公司南昌胜利路证券营业部管理，同时更名为世纪证券有限责任公司南昌胜利路营业部庐山区证券服务部。

2009年10月26日，世纪证券有限责任公司南昌胜利路营业部庐山区证券服务部注册地由庐山区蛤蟆石乡九江化纤厂工会大院内正式迁至市长虹大道2876号。11月10日，经江西证监局批复，世纪证券有限责任公司南昌胜利路证券营业部九江庐山区证券服务部核准为：世纪证券有限责任公司九江庐山区长虹大道营业部,于2010年1月18日正式开业。

营业部开展的业务为证券代理买卖,代理还本付息,证券代保管,签证、代理登记开户,基金销售业务。营业部投资者托管资产2010年末为2.5亿元人民币。

**国盛证券有限责任公司九江营业部** 其前身是1997年7月10日开业的江信国际信托投资公司九江证券营业部，原址在市庐山南路1号,2002年4月，改为国盛证券有限责任公司九江分支机构,于2006年10月8日迁孤溪埂76号三楼。营运资金500万元;营业范围为证券经纪;营业部交易品种包括A、B股交易、国债及国债回购、基金及开放式基金销售。

**中航证券有限公司九江浔阳路证券营业部** 中航证券有限公司九江营业部设于2009年1月9日,下属综合部、客户服务中心、营销部、财务部、电脑部5部门。

至2010年12月,九江营业部完成市场份额占比千分之0.165,达成率为150%,新增开户数6827户、引进资产3.07亿元,二级市场交易总量93.62亿元,基金专项任务达成率214.86%。

# 第四章 金融监管

## 第一节 市场管理

1991~1993年，中国人民银行市分行在管理银行间拆借市场与市场黄金业务同时，自办市资金市场,参与银行间拆借市场资金拆借业务;开办赣浔金店,经营黄金加工与黄金饰品业务;负责审批企业债券发行工作和管理信托市场工作。1993年后,随着人民银行职能转换,人民银行专职中央银行职能,市人民银行不再办理资金拆借业务、黄金经营业务、企业债券发行审批业务。2003年银监会成立之前,市人民银行继续负责管理银行类金融机构设立与变更、金融产品、高管人员任职资格、贷款业务合规、利率市场、同业拆借市场、信托市场等业务的审批、检查、管理工作。其间,在证监会和保监会成立之前,市人民银行还短暂代管过辖内证券市场和保险市场。2004年,人民银行与银监分设之后,市人民银行对辖内金融市场的管理主要集中在账户管理、支付结算管理、征信业务管理、人民币业务管理、反洗钱管理、国库资金管理、外汇业务管理、地方法人金融机构参与全国银行间拆借市场和债券市场准入管理等。

## 第二节 银行业监管

### 一、金融机构监管

1991~2003年,由中国人民银行市中心支行履行对全市银行业金融机构监管。2003年3月,金融监管体制进行重大改革。2004年1月,作为中国银监会的下属派出机构——中国银行业监督管理委员会九江监管分局(以下简称九江银监分局)正式成立,市银行业监管更加规范化、专业化。

2003年11月以来,全市新设银行业机构网点49家,升格机构网点92家、迁址(更名)机构网点336家,撤销设备老化、业务发展滞后网点140家,核发金融许可证141份。实现市场条件下网点资源优化整合,做到节约资源和社会服务两不误。银行业机构服务网点布局进一步科学、合理。至2010年末,全市有政策性银行1家,国有商业银行5家,股份制商业银行2家,城市商业银行2家,农村合作金融机构11家(含市县联社),邮政储蓄银行1家,村镇银行2家,共计24家。九江成为全省除南昌以外金融机构种类最为丰富设区市。

## 2010年全市银行业经营机构一览

表 37-4-1 单位:家

| 机构名称 | 市级行 | 县级行 | 营业部 | 办事处(信用社) | 分理处 | 储蓄所 | 营业所(信用分社) | 跨区域分行 | 跨区域支行 |
|---|---|---|---|---|---|---|---|---|---|
| 工商银行 | 1 | 16 | | 10 | 13 | | | | |
| 农业银行 | 1 | 16 | | | | | 71 | | |
| 中国银行 | 1 | 11 | 1 | | 12 | | | | |
| 建设银行 | 1 | 16 | 1 | | 15 | 15 | | | |
| 交通银行 | 1 | 10 | | | 8 | | | | |
| 农业发展银行 | 1 | 11 | | | | | | | |
| 九江银行 | 8 | 34 | | | | | | 6 | 4 |
| 浦东发展银行 | 1 | | | | | | | | |
| 招商银行 | 1 | | | | | | | | |
| 南昌银行 | 1 | | | | | | | | |
| 邮政储蓄银行 | 1 | 10 | 11 | | | | 132 | | |
| 农村信用合作联社 | | 20 | 11 | 198 | 17 | 28 | 72 | | - |

说明:1.农业合作银行即农村信用合作联社,2006年始改建;2.基层信用社纳入银行办事处栏、信用分社纳入银行营业所栏

## 2010年市银行业高管人员和从业人员一览

表 37-4-2

| 单 位 | 市级高管人数 | 县(市)级高管人数 | 乡镇级高管人数 | 从业人员总数 |
|---|---|---|---|---|
| 农业发展银行 | 4 | 11 | | 271 |
| 工商银行 | 4 | 27 | 2 | 1093 |
| 农业银行 | 5 | 29 | 2 | 1492 |
| 中国银行 | 5 | 32 | | 610 |
| 建设银行 | 5 | 17 | | 666 |
| 交通银行 | 4 | 10 | | 185 |
| 九江银行 | 8 | 50 | | 845 |
| 浦发银行 | 3 | | | 48 |
| 招商银行 | 3 | | | 64 |
| 南昌银行 | 2 | | | 29 |
| 邮储银行 | 5 | 16 | 2 | 601 |
| 农村信用社 | 2 | 45 | 207 | 2734 |
| 村镇银行 | | 4 | | 24 |
| 总 计 | 50 | 241 | 213 | 8662 |

## 二、市场准入监管

2004年,九江银监分局制定《九江市国有大型银行高级管理人员履职行为动态考核办法》,开展对辖区内所有银行业高管人员履职评价工作。下发《关于进一步规范农村中小金融机构高管人员任职资格审查中有关问题的通知》。对拟任高管人员进行任职资格考试、考核、谈话和民主测评,突出其品行、业绩和能力的考核。对不符合任职资格条件的人员,予以否决。对违法违规违纪的高管人员,取消其任职资格。2004~2010年,共审查高管人员562人次,其中,核准368人次,备案194人次;取消23名高管人员任职资格,对2名任职资格考试不合格的高管人员下发《暂缓任职资格通知书》;对一家分行未经核准擅自任命高管人员的违规问题进行处罚。组织高管人员考试150余场,参加考试的高管人员累计1200余人次。

九江银监分局对辖区内银行业金融机构设立、变更、终止亦进行严格的审查和管理,做到统一受理、统一规范、统一审核。先后审查并报批浦发银行、招商银行、南昌银行等股份制银行和城市银行在九江设立支行,加快股份制银行进驻步伐。为支持彭泽核电项目,九江银监分局创新监管,在机构总数不变条件下,同意建行九江石化分理处迁入彭泽县马当镇并升格为支行,协调工行、农行从异地向彭泽县马当镇迁入营业网点。对九江银行分支机构发展给予有力支持,该行获准增设南昌、抚州2个分行和吉安泰和县支行,在广东省中山市小榄镇设立村镇银行,安徽合肥分行也获准筹建。增设修水九银村镇银行和九江共青村镇银行。

## 三、信用风险监管

2004年始,九江银监分局充分利用现场检查监管手段,实地查阅和座谈询问银行业机构经营活动的账表、文件、档案等各种资料,对其风险性与合规性进行分析、检查、评价和处理。至2010年,依法开展对贷款新规执行情况、信贷资金流入股市及贷记卡业务风险、社保基金账户风险排查、大额对公存款账户、机构网点服务状况、银行信贷资金违规流入房市股市、邮政储蓄现金业务管理、农村信用社贷款五级分类偏离度等152项现场检查,共检查机构网点324个,投入工作量8246人次,检查发现问题927个,提出整改意见812条,取消高管人员任职资格16人,责成相关机构对违规人员实施行政处分22人,处罚违规机构10家,罚款26万元,提出其他处罚意见和建议28条。抽调20余名精干力量,组成5个检查组,分赴辖内8家银行业机构的16个网点,就客户反映比较强烈的服务设备不完善、网点和窗口设置不合理、服务方式欠佳等问题展开检查,发出110多份客户问卷。对检查中发现的问题及时发出监管意见书,要求各银行业机构从优化营业环境、实行弹性岗位制等5个方面进行改进,提高银行柜面服务水平,得到全社会好评。九江银监分局还对浔阳、彭泽、星子等联社开办房地产贷款情况进行现场检查,发现违规金额2715万元,及时提出监管意见。分局把不良贷款金额较大、不良贷款率较高农信社作为压降工作重点。在2004年现场检查发现李长根违规贷款问题后,两次下达监管意见并约见联社主要负责人,促使其收回违规贷款本息2400万元。修水九银村镇银行授信集中度指标严重超标,分局及时组织现场检查,收回政府融资平台贷款,有效遏制"垒大户"的冲动势头。在贷款偏离度检查中,学习并首次运用检查分析系统(EAST),为进一步在现场检查中推广使用EAST系统奠定基础。

在进行现场检查的同时,完善非现场监管组织体系和联络机制,建立大型银行不良贷款台账监测机制,督促大型银行及时清收不良资产。制订《九江市合作金融机构不良贷款监测考核办法》《九江市农村中小金融机构大额授信报备实施细则》《辖内农村合作金融机构防范和化解"六类风险"工作方案》《九江市银行业金融机构非现场监管工作考评暂行办法》《九江市银行业金融机构小企业监管报表统计制度》,按月编印《九江市主要经济金融指标手册》,完成分支机构非现场监管信息系统1500张报表数据入库和3600余张监管报表的生成任务。对辖内银行业机构462户1000万元以上贷款客户信息进行持续动态监测和预警,完成720户零售贷款违约信息的审核报送任务,共生成银监会"急用先行"报表、资本充足率报表等各类报表1000余张。编制《九江市主要经济金融指标》10册,监管统计年鉴表16张。每季末对

1000万元以上大额客户贷款、政府融资平台公司贷款、房地产贷款、零售贷款违约等进行筛选分析,及时召开经济金融形势分析会,增强基层银行对经济金融形势的研判能力,降低银行信贷风险。构建城商行异地分行联动监管机制,强化监管信息获取的对称性和监管策略的协调性。通过非现场监管,累计发现各类问题16条,下发监管意见书11份,约见高管和相关责任人员进行监管谈话30多次。针对国电九江发电有限公司存在较大风险隐患,向辖内各银行业机构发出风险警示,促使该公司增加资本金8340万元。针对辖内个人购房贷款快速增长的趋势,开展房地产贷款压力测试,推广使用银行国土信息查询系统,建立与房管、住建、国土等部门的长效联系机制,及时收集土地闲置和违法违规房贷企业名录,印发《关于定期报送有关商业性房地产贷款情况表的通知》,通报多头贷款房地产开发商名单,对辖内7家银行业机构商业性房地产开发贷款和个人住房贷款情况开展现场检查, 加大对房地产行业贷款风险管控力度,加强对该类贷款数据分析预警工作。特别是针对九江银行房地产贷款集中度高达42.24%问题,及时约见该行高管进行提醒谈话,发出风险提示,促使该行收回市土地储备中心虚构土地储备计划获得土地储备贷款0.8亿元、市国有资产经营管理有限公司挪用"国有改制资产置换"贷款0.3亿元和金安投融资有限公司财政性担保贷款0.5亿元,提取各项损失准备金5913万元,专项准备金4285万元,其专项拨备率为107.13%。构建全辖平台公司主体及项目档案、抵押物明细清单、现金流量监测表和待整改问题4个资料库,为平台公司贷款风险监测预警机制发挥作用提供信息支撑,平台贷款风险逐步化解。市政府对3家市级平台公司采取公司化管理,补充资本金15亿元。指导银行业剥离不良资产97.66亿元,使全市银行业不良贷款率逐年下降。

**2000~2010年市主要银行业不良贷款情况(五级分类)一览**

表37-4-3

| 年 份 | 不良率(%) | 年 份 | 不良率(%) | 年 份 | 不良率(%) |
|---|---|---|---|---|---|
| 2000 | 44.53 | 2004 | 38.85 | 2008 | 10.48 |
| 2001 | 46.43 | 2005 | 31.52 | 2009 | 6.00 |
| 2002 | 38.66 | 2006 | 23.64 | 2010 | 4.50 |
| 2003 | 45.52 | 2007 | 24.00 | | |

## 四、银行业案件治理

2004年始,九江银监分局针对银行业案件易发、多发、高发的严峻态势,制订《案件治理工作监管召见制度》,下发《关于切实遏制当前我市农村合作金融机构案件高发态势的紧急通知》和《关于进一步加大我市农村合作金融机构案件专项治理工作力度的通知》等文件,强调对于案发金额超过100万元的机构,取消高管人员任职资格,并按照"双线问责"和"上追两级"原则,建立完善赔罚、通报、移送、引咎辞职等措施,把案件治理与市场准入紧密挂钩,加强操作风险的防范。分局成立案防排查小组,多次派出案件治理督导检查组,对机构网点全面进行排查,发现违规问题和风险隐患80余个,提出整改意见130余条。对全市9家银行业机构338家营业网点印鉴密押、空白凭证、票据业务、授权卡或柜员卡、查询对账、轮岗休假、录像资料、金库管理、押运管理、枪支弹药管理、自助设备管理及守押外包业务安全管理等情况进行重点检查,检查面达到47%,发现风险隐患点356个。针对农行修水支行2005年发生一起内部员工挪用100万元储蓄和国债资金潜逃案件,分局领导及时深入现场,了解案情,分析原因,进行督导。取消1名高管人员任职资格,至2006年,挽回经济损失约976万元。从而有效减少银行业犯罪,遏止案发势头,维护金融稳定。2010年,全市银行业金融机构实现零案件。

## 五、非法集资处置

2004年,九江银监分局起草《关于进一步完善工作机制 推动我市打击和处置非法集资工作有序发展的建议》,配合江西银监局“处非办”做好对兴邦科技九江店的调查。协调市委宣传部和市政府金融办,利用《九江日报》《浔阳晚报》、九江政府网和九龙网等媒介开展处置非法集资宣传。建立九江市处置非法集资联席会议制度。对九江福元运通3家公司超营业范围发布非法金融广告、账户往来资金复杂等情况和对九江学院、萍乡钢厂涉嫌集资案进行调查了解,及时向江西银监局和九江市政府汇报。2008年,配合公检法查处安徽省亳州万物春科技开发有限公司涉嫌非法集资案,使2名涉案人员被判刑,挽回经济损失326万元,185名受害人得到赔偿。与此同时,九江银监分局从保护存款人及广大消费者利益出发,采取“送金融知识下乡”和开展公众教育服务日活动,加强宣传教育,增进公众对现代金融产品、服务和相应风险的识别和了解,增加公众金融知识,培养公众的信用意识和风险意识。2010年11月15~28日,在《九江日报》开辟“和谐金融美好生活——2010年九江银行业公众教育服务日系列活动”专栏。其间,《浔阳晚报》以“九江银监分局启动2010年银行业公众教育服务日活动”为题,报道活动背景、意义和作用。中国金融网、九龙网和九江新闻网都在显著位置进行相关报道。其间,共派出宣传人员100余人,接受各类咨询2500余人次,散发公益性宣传材料23000多份,为公众抵制非法集资、了解金融知识提供平台。

## 六、支持银行业改革

2004年1月始,中国银行、建设银行、交通银行、工商银行、农业银行先后实施股份制改革。九江银监分局按照“上下联动”原则,确保工商银行、中国银行、建设银行3行新体制、新机制有效运行和各项改革措施落到实处,支持国有商业银行股份制改造。与此同时,支持九江银行“走出去”到省外异地设立分行,到经济发达地区设立村镇银行。支持农信社产权制度改革,促使庐山区政府用3000万元一次性买断区、乡、村及区国有集体企业在浔阳联社不良贷款,开创江西省由地方政府“真金白银”置换农村信用社不良资产的先河。德安农合行改制工作也取得政府实物出资置换不良贷款3650万元帮扶。使全市农村信用合作社历史包袱初步化解,经营状况得到改善,支农力度进一步加大,改革取得阶段性重要成效。浔阳联社获得江西银监局验收,德安农合行正在申报筹建中。江西银监局先后批复同意浦发银行、招商银行、南昌银行在九江设立支行。批复9家联社定向募股方案,核定拟增资本2.96亿元。实地指导浔阳、湖口联社清产核资工作。使全市银行业金融机构业务规模不断扩大,存贷款快速发展,经济效益不断提高,税前利润屡创新高。至2010年,全市银行业机构资产总额1339.64亿元,负债总额1280.52元。本外币各项存款余额首次突破千亿元大关,达1070.71亿元。各项贷款余额653.24亿元,不良贷款余额29.59亿元,不良贷款率4.53%。实现账面利润13.42亿元,连续4年实现全行业赢利。

2000~2010年市银行业存贷款余额和利润变化情况一览

表37-4-4　　单位:亿元(本外币合计)

| 年 份 | 存款余额 | 贷款余额 | 利 润 | 年 份 | 存款余额 | 贷款余额 | 利 润 |
|---|---|---|---|---|---|---|---|
| 2000 | 164.11 | 192.58 | | 2006 | 441.97 | 271.48 | 2.96 |
| 2001 | 185.32 | 198.23 | | 2007 | 506.02 | 308.29 | 5.85 |
| 2002 | 220.44 | 224.94 | | 2008 | 638.19 | 352.53 | 4.43 |
| 2003 | 265.01 | 247.93 | | 2009 | 863.49 | 514.03 | 10.25 |
| 2004 | 306.81 | 371.93 | | 2010 | 1052.17 | 642.65 | 13.19 |
| 2005 | 374.13 | 241.82 | 0.65 | | | | |

## 七、支持地方经济发展

2004年始,分局成立小企业金融服务领导小组,印发《推动辖内小企业金融服务工作考核评价任务分解实施方案》,建立小企业金融服务与市场准入相应联动机制和小企业金融服务市场准入绿色通道。

全市银行业金融机构小企业授信户数 1.74 万户；小企业表内外授信总额 44.5 亿元；小企业贷款余额 39.98 亿元。由于"微小贷款"等国际化标准的成功引入和全市银行业机构灵活创新信贷模式满足中小企业贷款"小、频、快"资金需求，引起国内主流媒体广泛关注，新华社以"银行业'第三梯队'力保中小企业金融服务"为题，报道九江市小企业贷款工作。其中九江银行在广东设立中山小榄村镇银行，在小企业贷款方面做法，受到国务院副总理王岐山和广东省委书记汪洋的充分肯定，并在银监会"全面提升中小企业金融服务水平"电视电话会上进行经验交流。《金融时报》头版刊发《九江银行"真心相贷"助小微企业发展》，人民日报也对九江银行的小企业金融服务进行报道。在银行业支持下，全市经济持续稳健发展。2008 年 10 月，九江银监分局召开市"金融支持共青城发展座谈会"，促成 11 家银行业机构与锦兴纺织等 24 家企业达成授信协议 4.83 亿元，首期发放贷款 5850 万元。2009 年 3 月 17 日，经中国银监会九江银监分局争取，全省大型银行监管工作会在浔召开，5 家省级大型银行负责人参加，营造金融支持经济发展的良好氛围，构筑良好政银企合作平台。银行业机构向南昌大学共青学院等 90 家企业授信 8.25 亿元，分别向九江发电厂和中石化九江分公司投放 1 亿元；向星火有机硅、江西仁天矿业等劳动密集型企业累计发放贷款 10 多亿元；向九江沿江开发路网建设发放贷款 2.8 亿元；向城西港区集装箱码头建设发放贷款 2 亿元；向国家重点项目彭泽核电授信 5 亿元；向九江城西港区建设、城乡基础设施及路网建设等重点项目发放中长期贷款 9.2 亿元。此外，股份制银行(浦发、招商)进驻九江 1 年，信贷投入 21.03 亿元，重点支持制造、电力、水利环境和公共设施管理等行业。农信社创新支农方式，推广林权抵押贷款、存货抵押贷款、信用共同体贷款、商标权质押贷款，进一步激活支农能力。全市农信社农业贷款余额 12.88 亿元，支持信用共同体 49 个，累放信用共同体贷款 7356 万元；累计发放林权抵押贷款 1385 万元，林权抵押面积达 836.1 公顷。2010 年 9 月 27 日，市政府转发中国银监会九江银监分局《关于银行业支持县域经济又好又快发展的若干意见》。

## 第三节 货币政策执行

### 一、资金调剂

1993 年前，市、县两级人民银行都对市级、县级及市区专业银行办事处发放大量调剂资金，主要用于全市粮、棉、油收购。最高峰时，全市人民银行掌握调剂资金限额高达 24 亿元。1993 年，调剂资金被上收至总行，地市及县级人民银行不再办理调剂资金业务。在社会主义经济建设初级阶段，人民银行调剂资金在缓解地方经济发展资金不足，促进全市粮、棉、油生产方面发挥重要作用。

### 二、专项贷款

专项贷款是指人民银行委托工商银行、农业银行、中国银行、建设银行发放的用于中小企业固定资产投资和技术改造建设的中长期固定资产贷款。期限一般为 3~5 年，分老少边穷贷款、扶贫开发贷款、外商投资企业资本金贷款、金银专项贷款。发放方式有一般委托贷款和全权委托贷款，单户企业贷款一般不超过 1000 万元。1993 年人民银行职能重心调整改革，每年市、县两级人民银行都会根据需要发放一定数量专项贷款，当年，全市人民银行专项贷款余额约 1.5 亿元。同年，专项贷款业务基本停办，直至 1998 年农业发展银行九江市分行成立后，人民银行专项贷款全部划转至该行。

### 三、资金融通

1990 年 12 月 3 日，经省人民银行批复九江市资金市场成立，为人民银行直属独立核算事业单位。组织结构为会员制，当时会员 41 人，会员基金 4150 万元。业务范围主要包括会员票据交换、联行清算、同业拆借等。

1992 年 10 月 24 日，九江市资金市场更名为九江金融市场。金融市场设管理委员会为领导机构，由中国人民银行九江市分行、市各专业银行负责人组成。管理委员会设主任一名，由中国人民银行九江市分行行长出任,金融市场实行管理委员会领导下的经理负责制,经理负责管理日常工作。市金融市场接受中国人民银行九江市分行领导、管理、监督、稽核。

1993年12月8日,省资金融通中心九江办事处成立,与金融市场合为两块牌子一套人员,原九江资金市场会员基金全部退还。2003年4月7日,省融资中心九江办事处撤销。

## 四、专项票据改革

2003年6月27日,农村信用社专项票据改革。9月3日,中国人民银行下发农村信用社改革试点资金支持方案。其中包括中央银行票据操作方法、专项借款管理办法以及与其相配套的一系列操作性文件。九江市属于全国第一批参加农村信用社改革试点的省市之一,改革方式是用中央银行专项票据置换农村信用社不良资产。至2004年3月31日,首批9家农村信用联社获得2.085亿元专项中央银行票据。同年6月3日,第二批2家联社再次获得1.5148亿元专项中央银行票据,至此辖内信用社共获得中央银行专项票据35998万元,分别置换不良贷款27006.3万元和历年亏损挂账8991.7万元,占全部35998万元专项票据的75%和25%。第二阶段市农信社根据法人治理结构制度要求,对照银监会开业申报文件范本和省联社组建后下发有关规章制度,进一步完善法人治理结构和内部控制制度,按程序选举产生"三会"成员和对主任的聘任,2005年年末至2006年8家统一法人联社挂牌营业,作为省首批10家进行农村合作银行改革试点机构之一,德安县农村信用社也于2007年6月举行开业仪式,改革试点工作取得阶段性成效。到当年三季度,全市11家县级联社分四批提交兑付中央银行专项票据申请。12月6日,九江辖内11家法人农村信用合作金融机构全部通过专项票据兑付考核,共获得35998万元票据资金支持,兑付资金认购特种存款20624万元。

## 五、存款准备金管理

1991年,人民银行准备金管理做法是对金融机构存款分为"缴来一般存款"和"备付金存款"2个账户,市区各金融机构按旬调整一次,在旬后5日内办理;县区建设银行按旬调整,其他金融机构按月调整。

1998年3月24日,人民银行总行对存款准备金制度实施改革。按照改革要求,九江辖内人民银行1998年3月20日营业终了时的工行、农行、中行、建行、交行的"缴来一般存款"全部划走,只保留对城市信用社和农村信用联社等本地法人机构的准备金考核。

2003年12月,人民银行总行规定对金融机构法人法定准备金存款和超额准备金存款采取一个账户两种利率的方式进行会计核算。计息积数和利息计算由会计核算系统自动完成。

2009年底,九江银行经监管机构批准后,正式开办外汇业务,中国人民银行九江市中心支行开始将其纳入外汇存款准备金管理。九江银行是全省第二家办理外汇业务的地方性商业银行,也是首家交存外汇存款准备金的金融机构。其准备金交存范围由人民银行南昌中心支行核定,比照人民币存款准备金交存科目执行。九江银行在人民银行南昌中心支行开立外汇存款准备金美元户和港币户,由南昌中心支行办理调整和账务处理。按照属地管理原则,九江市中心支行负责对九江银行外汇存款准备金的报表审查、资金收缴和日常考核,并建立登记簿进行登记。按照制度规定,外汇存款准备金按月考核,人民银行对外汇存款准备金核算以美元、港币为记账币种。其他币种需折算成美元缴存,各种货币之间的折算率按每月国家外汇管理局公布的《各种货币对美元折算率》计算。对金融机构交存的外汇存款准备金,人民银行不计付利息。2010年6月3日,九江银行正式交存第一笔美元准备金7000美元,11月5日交存第一笔港币准备金330000港币。到2010年年底,九江银行交存款的外汇准备金存款余额分别达230000美元和570000港币。

# 第四节 货币发行与流通管理

## 一、货币发行

**货币发行机构** 1991年，全市共有货币发行库12个，其中市区设中心支库1个，11个县(市、山)各设支库1个。之后根据实际需要，分步完成辖内部分县支行发行库的撤并工作。2000年10月撤并九江县发行支库；2005年11月，撤并瑞昌市、彭泽县和星子县发行支库；2006年9月，撤并都昌县、永修县、德安县、湖口县和庐山发行支库。至2010年年底，共保留九江市中心支库、武宁县支库和修水县支库3个发行库。

**货币投放回笼** 2000年以前，九江全辖货币呈投放状态。自2001年起，全辖货币开始逐年回笼。

**残损人民币回收及销毁** 1991年来，人民银行市中心支行大力开展残损人民币的回收及销毁工作。2006年，停止在市内进行残损人民币销毁工作。

**1993~2010年全市货币投放/回笼及残损人民币销毁统计一览**

表37-4-5 单位：万元

| 年 份 | 投 放 | 回 笼 | 净投放(+)/回笼(-) | 残损人民币销毁 |
|---|---|---|---|---|
| 1993 | 184948 | 149322 | 35626 | 4139 |
| 1994 | 299023 | 264122 | 34901 | 13683 |
| 1995 | 403394 | 309266 | 94128 | 25667 |
| 1996 | 506403 | 351146 | 155256 | 64 044 |
| 1997 | 499534 | 460705 | 38829 | 97460 |
| 1998 | 543039 | 377315 | 165724 | 63361 |
| 1999 | 450580 | 328080 | 122501 | 125467 |
| 2000 | 392473 | 392007 | 466 | 167136 |
| 2001 | 420322 | 516113 | -95791 | 261070 |
| 2002 | 458305 | 606397 | -148092 | 204694 |
| 2003 | 604750 | 822561 | -217812 | 267338 |
| 2004 | 622946 | 965119 | -342173 | 330107 |
| 2005 | 669651 | 1022827 | -353176 | 82400 |
| 2006 | 575750 | 951889 | -376140 | 不宜公开 |
| 2007 | 539455 | 1022808 | -483353 | 不宜公开 |
| 2008 | 584757 | 1084785 | -500027 | 不宜公开 |
| 2009 | 602228 | 1027249 | -425020 | 不宜公开 |
| 2010 | 760191 | 1225078 | -464887 | 不宜公开 |

## 二、人民币管理

2000年5月，由人民银行市中心支行牵头组织，成立《中华人民共和国人民币管理条例》宣传月领导小组，组织全市金融机构参加宣传月活动。2001年5月，成立市《条例》执行情况检查领导小组，对全市办理存取款业务的金融机构进行检查。其后每年都依法依规对全市金融机构开展1~2次人民币流通管理检查，使人民币流通环境、银行服务质量得到进一步改善。

1996年，协调公安、工商、司法等部门，建立市政府反假币联席会制度。作为联席会议办事机构，负责日常工作开展及联席会议筹备,具体组织各项决定落实。反假币联席会议平均每年召开1~2次反假币联络员会议。金融系统反假币联络员根据工作需要随时可以召开会议。各成员单位贯彻反假币工作方针政策,健全反假币组织体系、开展反假币宣传教育、防范和打击各种类型假币犯罪活动。

2006年,市及辖内的九江县、瑞昌市与湖北、安徽、河南3省7个地市、15个县(市)建立“大别山区域反假币协作网络”,在湖北红安第一次年会上签署协议书,实现信息与资源共享,形成立体构建、联手协作,打防结合反假币长效机制。

2007年5月18日,成立市反假币宣传工作网络建设领导小组,讨论通过开展农村乡镇、城市社区2个反假币宣传网络建设实施方案。3年间,市中心支行共建立城市社区反假币工作站28个,聘请义务宣传员30名。建立农村反假币工作站点1805个,聘请义务宣传员1805个。基本达到在全市12个县(市、区)乡镇和百人以上行政村建立起相对固定、长效稳定反假币工作站(点),培养和聘用农村反假货币义务宣传员,使农村居民反假币知识知晓率达到65%以上;实现全市农村反假币宣传工作“乡镇有组织、村屯有人管、宣传经常化”的建设目标。

2009年9月1日,人民银行市中心支行正式启用新“假币”印章。

### 三、金银管理

1991~1995年,为全市7家黄金生产企业发放金银专项贷款,支持九江地区黄金生产。2004年,按照金银专项贷款维权和清理相关要求,人民银行市中心支行对全市辖内金银专项贷款的发放及债权维护情况进行调查清理,市辖内金银贷款借款单位为7家,分别是瑞昌市高丰金矿、洋鸡山金矿、港南金矿和吴家金矿,修水县土龙山金矿,九江县铁门坎金矿,彭泽县和团金矿,贷款共计28笔,金额总计6434万元,收回本金5255.95万元,实收利息679.24万元,未收回本金余额1178.05万元,应收未收利息1421.19万元。

2001年10月,工商行政管理机关和税务部门须凭人民银行核发“经营黄金制品核准登记证”办理营业执照、税务登记手续。人民银行市中心支行为全市12家企业核发“经营黄金制品核准登记证”。

2007年12月26日前,人民银行市中心支行将7家黄金生产企业197份金银专项贷款档案,移交汇达资产托管有限责任公司。

### 四、现金管理

2002年1月,中国人民银行市中心支行完成现金管理职责的调整、移交工作。加强培训,提高管理人员履职能力;依法履职,开展现金管理工作检查,并将检查结果向辖内各金融机构通报。2007年7月31日,中国人民银行市中心支行大额现金存取管理职责由货币金银科划转至会计财务科。

## 第五节　外汇管理

### 一、货物贸易外汇管理

1999年,在外汇局和各外汇指定银行安装进口付汇电子核查系统,进一步加强对进口付汇真实性核查。

2001年,“口岸电子执法系统”和“海关报关单核查系统”在全市成功运行。

2004,九江外汇管理局出台“市外汇市场信用体系建设”方案,明确重点扶持企业和重点监管对象,加强管理科学性和针对性。与国税部门签订合作备忘录,建立出口核销和退税合作机制,加快出口核销退税进度。

2005年,九江外汇管理局把出口核销单发放延伸至辖内人民银行各县支行,并在永修县支行、德安县支行和瑞昌市支行实行远程核销试点工作。在进出口收付汇核销上,对进出口企业实行分类管理,向省局争取4家出口量较大企业为出口收汇自动核销企业。同年,市出口加工区设立,市支局制定《九江出口加工区外汇管理实施细则》。

2007年,申请成立国家外汇管理局永修县支局。

2008年,对出口企业收结汇实行联网核查。申请成立国家外汇管理局瑞昌市支局、国家外汇管理局德安县支局,进一步扩大外汇服务覆盖面。

2009年,出台《关于外汇管理支持我市外向型经济发展的意见》,得到市政府肯定,并全文转发至各(市、县)人民政府、市直及驻市有关单位贯彻执行。多次组织船舶企业召开座谈会,撰写的《船舶工业调整和振兴规划》出台后,获国务院领导亲笔批示:"政策效果初显 配套措施亟待跟进"。

## 二、外资外债管理

1991年来,外资外债管理主要包括外商投资企业外汇登记、外汇账户办理、收结汇、出资、撤资、减资、转股、并股及外债登记、核准等内容。

1996年7月,外商投资企业纳入银行结售汇体系,完成对74家外商投资企业外汇账户申报、区分工作,重新开立83户外汇账户,清理外汇账户睡眠户和空户12户。为九江石化总厂向荷兰银行厦门分行引进外资400万美元,为中泰合资九江正大饲料有限公司向日本第一劝业银行上海分行引进资金300万美元。1998年,为九江石化总厂争取400万美元外债展期,对129家外商投资企业开展联合年检工作。1999年,对九江市三期水电、自来水、邮电局、化工厂、化纤厂、亚行九景高速公路贷款等外债项目进行跟踪调查,确保外债合规使用。

2004年,促成"九江三期发电外债置换"2.3亿美元,为企业减少利息支出折合3.4亿元,增加银行利息收入1.8亿元,向政府上缴税收1012万元。对外商投资企业赛得利(江西)化纤有限公司2000万美元直接外债进行登记。对工商营业执照吊销及2年以上未年检的外商投资企业进行清理,对39家企业外汇登记进行注销。2007年,对汇源集团九江分公司外债进行登记,实地检查其结汇资金使用情况,为赛得利(江西)化纤有限公司延期付汇办理外债登记手续。2008年,助推九江华亨皮塑有限公司、九江武钢铁流工贸有限公司两家企业进行境外投资,开拓海外市场、收购上游原材料企业,实现全市境外投资"0"的突破。

2010年,协助江西亚东水泥有限公司做好境外融资工作,批准其借入外债8500万美元,解决企业流动资金不足。全年现汇资本金流入30457.6万美元,资本金结汇26879万美元,全年外债余额23533万美元,外债发生额8520万美元,涉及外商投资企业407家。

## 三、个人外汇管理

2007年,九江外汇管理局组织各外汇指定银行开展《个人外汇管理办法》宣传。2010年,对私涉外收入3196笔,金额2713.76万美元,对私涉外支出2123笔,金额2066.55万美元。

## 四、国际收支统计

1996年,通过广播、电视、报刊等新闻媒体及在各外汇指定银行营业窗口张贴宣传材料宣传《国际收支统计申报办法》,向全市发放国际收支申报单1300份,收汇1274份,回收率98%。全市国际收支统计申报1274笔,金额1234.44万美元,涉外收入1228笔,金额1141.49万美元;涉外支出46笔,92.95万美元。

1997年7月,率先与省局进行国际收支联网,并于10月在全市范围内实现外汇指定银行同外汇局国际收支统计申报监测系统联网。1999年,全市汇兑业务统计实现联网申报。

2001年,把申报时效由25个工作日缩短为10个工作日,将按旬申报调整为逐日申报。2004年,对申报主体基本情况表进行全面清理,凡是关、停、并、转的单位进行停用,对正常运转单位补齐要求,建立对公单位基本情况表标准信息数据库,统一规范对公单位申报管理。2008年,印发《关于进一步加强国际收支和银行结售汇统计工作管理的通知》,加强国际收支和银行结售汇管理。2009年,配合省局做好外汇金宏系统推广上线工作,确保外汇金宏系统顺利切换运行。

2010 年，对 2 家外汇指定银行开展国际收支统计申报现场核查工作。全年涉外收入 11622 笔，金额 90253.71 美元；涉外支出 3919 笔，金额 47671.7 万美元。

### 五、外汇违规查处

1997 年，查处利用假报关单非法套取外汇案 1 起，金额 46.7 万美元。

1999 年，查处外汇指定银行对个人外汇账户违规境内划转和外币计价结算案 1 起，成功制止 1 家酒厂企图通过酒瓶夹带外币促销的非法使用外汇行为。

2001 年，查处企业在进口付汇中违规操作案 1 起。2003 年，对 4 家外汇指定银行在国际收支统计申报和结售汇等方面存在的违规问题进行查处。2005 年，发现假美元案件 1 起，及时向公安机关移交。成功堵截 1 起伪造外汇局资本项目核准件进行人民币利润再投资询证案件，引起总局高度重视，并以文件形式向全国转发通报。2007 年，与市公安局联合印发《关于查处和打击外汇领域违法犯罪活动工作协作机制》，查处未按规定进行年检案 1 起。2008 年，对 1 起已变更股东股权但未及时到外汇局办理外汇变更登记的外商投资企业进行立案查处。对 2 起私自改变外汇资本金结汇资金用途企业进行立案查处。特别是开展“11·15”和“12·28”专案检查，收缴罚没款共 1007.18 万元。

2010 年，查处未按规定办理年检案 1 起，查处未按规定办理贸易信贷登记案 1 起，查处出口收汇逾期未核销案 3 起。

## 第六节　征信管理

### 一、银行信贷登记咨询系统

1999 年 8 月 16 日，建立银行信贷登记咨询系统制度。2002 年，建成地市、省市和总行三级数据库体系，实现以地市级数据库为基础的省内数据共享。

从 2005 年 10 月到新系统正式运行期间进行数据切换，采取向新老系统同时报送数据办法进行过渡。至 12 月底，系统共收录借款企业 10878 户，人民币贷款余额 217.67 亿元，约占全市金融机构贷款余额的 99.93%。1~12 月系统月均查询 4187 次。2006 年 7 月，新系统正式上线运行。新老系统并行运行近 3 年后，老系统于 2009 年 5 月 22 日停止运行。

### 二、企业征信系统

**企业征信系统建立**　至 2010 年 12 月，企业信用信息基础数据库共接入金融机构 10 家，其中，政策性银行 1 家，国有商业银行 4 家，股份制商业银行 3 家，农村信用社 1 家，地方性商业银行 1 家。

**新老系统数据切换**　2006 年 7 月 28 日，全市实现新老系统的切换。系统切换后，停止老系统的贷款卡发放、管理和信息查询服务，启动新系统发放贷款卡，进行贷款卡管理，并通过新系统向所有联网单位提供信贷征信查询服务，九江所有数据上报机构实现 T+1 向新系统报送数据。

**建立中小企业信用档案**　市政府办公厅《关于进一步加强我市信用环境建设、优化金融生态的意见》，缓解中小企业融资难，促进中小企业健康发展，提高中小企业信用意识，增强信息透明度，扩大金融机构对中小企业支持力度。从 2007 年 7 月开始，人民银行九江市中心支行为全市所有未发放贷款卡中小企业建立信用档案。到 2010 年年末，为全辖中小企业建立信用档案 6004 户。

### 三、个人征信系统

2004 年，人民银行开始个人征信系统建设，个人征信系统也称个人信用信息基础数据库。2005 年 4 月，人民银行市中心支行组织地方性商业银行有关人员前往中国人民银行重庆营管部、中国人民银行绵阳市中心支行考察个人信用信息基础数据库接口程序；下半年，组织地方性商业银行开发信贷管理系统和个人信用信息基础数据库接口程序；10 月，中国人民银行市中心支行组织五大国有商业银行专业人员到人总行参加为期1周的个人征信系统业务培训。2006年1月1日,个人信用信息基础数据库正式联网运行。8月,个人征信系统正式上线运行。2010年1~12月,全市所有接入个人征信系统11家金融机构为个人办理信贷业务查询信用报告46.6万次,月均查询3.88万次。

### 四、贷款卡管理

2005~2007年,在辖内开展贷款卡执行情况检查,杜绝无卡和无效卡办理信贷业务行为。贷款卡实行集中年审制度,借款人必须在每年的3月至6月持贷款卡和有关材料到人民银行办理年审手续。2008年,由集中式年审改为滚动式年审。2009年4月,贷款卡管理分系统上线运行。同年,制定《中国人民银行九江市中心支行贷款卡业务网上申报指南》。

### 五、非银行信息采集

**住房公积金信息采集** 2007年9月,委托市国泰科技服务有限公司开发市住房公积金信息采集接口系统。2007年11月,在全省率先将市住房公积金信息加载进入人总行个人信用信息基础数据库。

**电信信息采集** 2008年7月28日,人民银行市中心支行与电信股份有限公司九江分公司达成《关于将个人电信欠费信息纳入征信系统的建议》。2008年9月,在全省率先将个人电信欠费信息加载进入人总行个人信用信息基础数据库。2009年2月1日,人民银行市中心支行申报的《创新个人电信欠费信息和个人养路费缴费信息采集方法和手段》获人民银行南昌中心支行创新项目鼓励奖。

**非银行信息采集** 2007年,人民银行市中心支行加大非银行信息采集力度,从2008年到2010年,先后将企业公积金信息、环保违法处罚信息、企业拖欠工资信息、电费缴费信息、养路费缴费信息、法院个人诉讼信息、企业诉讼信息、个人执行信息、企业执行信息、低保救助信息、自来水缴费信息、企业质检信息等12类非银行信息加载到企业和个人信用信息基础数据库,其中养路费缴费信息填补企业信用信息基础数据库空白。

### 六、企业信用评级

2009年,九江作为全省扩大企业信用评级试点工作城市之一。3月,人民银行市中心支行将企业信用评级工作列入征信管理工作重点,并制订《九江市企业信用评级方案》。4月,把企业信用评级工作列入人民银行县支行征信管理工作考评项目。5月,在全市银行业金融机构领导联席会议上,人民银行市中心支行对企业信用评级工作进行重点布置,要求各银行业金融机构配合人民银行开展工作。6月,人民银行市中心支行召开全市金融机构专题会议,就全市企业信用评级工作进行全面部署。9月,引进上海远东资信评估有限公司到市开展企业信用评级工作。由人民银行市中心支行负责全程监督管理。

至2010年年底,人民银行市中心支行完成信用评级企业61户,其中2009年完成20户,2010年完成41户。

## 第七节 反洗钱

### 一、制度建设

1991年来,市反洗钱工作归口人民银行市中心支行会计财务科,辖内县域反洗钱工作归口县级人民银行综合业务股。

2004年,人民银行市中心支行率先在省内制定市反洗钱联席会议制度、反洗钱工作报告制度和反洗钱工作联系人职责制度等。2007年,建立《反洗钱可疑交易报告备案及分析制度》《反洗钱内控制度(其他资料)备案登记簿》《可疑交易报告报送(备案)登记簿》《反洗钱档案管理登记簿》。制定《九江市金融机构反洗钱工作评价管理办法》和《九江市金融机构反洗钱保密制度》,其中《九江市金融机构反洗钱保密制度》,得到人民银行总行及南昌中心支行肯定,在全省人民银行系统推广。2009年,制定《九江市金融机构网上银行反洗钱工作指引》,制定《九江市金融机构反洗钱沟通与反馈暂行办法》,编印《反洗钱及账户管理宣传手册》。

2010年,制定《九江市金融机构执行可疑交易制度工作指导意见》,在省人民银行系统推广转发。

### 二、反洗钱监管

2004~2010年,人民银行市中心支行开展6次反洗钱现场检查。2004年,首次在全市范围内开展银行业金融机构的反洗钱现场检查。2007年,首次对市证券期货保险业进行反洗钱现场检查。6年来,人民银行市中心支行共对103家金融机构进行现场检查,依法对违反反洗钱规定的13家金融机构给予行政处罚。

### 三、可疑交易报告

2010年,人民银行市中心支行发现和接收可疑交易线索7起,其中辖内金融机构向人民银行报送的可疑交易报告5起,比上年同期下降13.5%,而转为人民银行调查线索的比例从上年的3%提高到6%。

### 四、打击洗钱及相关犯罪

2007~2010年,全市共受理金融机构报送的重点可疑交易报告36份,经审核、分析、筛除后上报人民银行南昌中心支行可疑线索9份,配合上级行开展行政调查6次,向公安部门移送线索5起。2008年,根据市工行、市农行报送的可疑交易报告向南昌中心支行报送"天网行动"和"雷霆行动"重要线索2起。

## 第八节　保险业监管

### 一、行业管理

**财产保险监管**　2006年7月,全市7家财产保险公司签订《关于规范机动车辆交强险、商业险承保自律暂行办法》,为九江保险业首个自律公约。同年9月15日,7家产险会员公司签订《九江市机动车辆保险自律公约》。2008年,随着保险市场主体不断增加,车险市场竞争秩序日趋恶化,原车险自律公约已不适应新市场变化。同年9月25日,11家产险会员公司重新签订《九江市保险公司机动车辆保险自律公约》。同年12月4日,江西保监局下发《关于进一步做好车险"见费出单"工作的紧急通知》,省行协于同年12月8日印发《江西省机动车辆保险"见费出单"自律公约》。市行业协会组织产险公司,动员各宣传媒介,开展宣传活动。车险"见费出单"制度实施,为车险市场走出恶性竞争局面起到决定性作用。自2009年底,根据江西保监局和省行协要求,各地市保险行业协会只能在省行协自律制度基础上加强、细化,不得违规违约。省行协先后印发《江西省机动车辆保险自律制度》(2009版)、(2010版)以及对公约相关补充、修改文件。市行协顺应各会员公司期待,结合九江车险市场情况,在省行协车险自律制度基础上,签订多项自律规则。2010车6月,市行协组织签订《关于执行中国保监会机动车商业险行业费率调整系数规定的意见》,为全省车险市场规范经营树立典范,使九江各产险公司车险经营扭转长期亏损局面。自2006年以来,市行协组织6次车险业务履约检查,先后对12家(次)公司进行违约通报和违约金处罚,有效震慑车险市场恶性竞争行为,九江车险经营步入历史最好时期。

**人身保险监管**　2008年11月,针对银行、邮政代理人身保险业务出现"销售误导、虚列费用、内控不严"问题,江西保监局下发《关于进一步规范我省银邮代理保险业务的通知》。2009年1月,省行协组织各省级寿险公司签《江西省银行邮政代理人身保险业务自律制度》。同月,市行协成立银邮代理人身保险业务履约稽查大队,对各保险代理网点进行日常巡查,严厉打击银邮保险市场违规违约行为。10月,市行协首次组织人寿保险公司开展为期25天银邮代理人身保险业务履约大检查。2010年1月,根据银代保险业务竞争中出现新情况,省行协重新组织签《江西省银行邮政代理人身保险业务自律制度》(2010

版)。市行协组织各寿险会员公司履行全省统一银代保险业务自律公约。对于配合保险监管部门的业务监管,维护保险市场正常经营秩序,促进银行邮政代理保险业务健康发展起到重要作用。

**从业人员业内流动管理** 2008 年 9 月 5 日,针对保险业内人员无序流动实际情况,全市 17 家产、寿险会员公司签订《九江市保险公司员工业内流动管理自律公约》。同日,会长办公会议决定,各会员公司统一执行省行协印发的《江西省保险公司营销员业内流动自律公约》。2006 年协会成立之初就建立例会制度。每年召开一次理事会,两次常务理事会和每季度一次会长办公会,为行业内部交流搭建起制度性平台,增强行业团结,营造行业和谐。2007 年 8 月,协会建立行业内部月报制。对业内各会员公司保费收入、理赔支出、社会贡献、人力资源、机构设置等指标设立月报表,在业内交流、供行业共享。2008 年以来,组织业内管理人员召开多场次专题报告会,请法律专业人员授课,提高从业人员经营水平和依法经营意识。

### 二、服务管理

**保险从业人员服务** 2006 年以来,随着九江保险市场主体增多,保险从业人员需求量与日俱增,为地方富余劳动力提供就业机会。同年 9 月,市行协创建九江保险代理人电子化移动考试点,为会员公司提供方便的保险代理人考务服务。九江考点制度完善,考务工作规范,考场纪律严明。2010 年 9 月,江西保监局和省行协同意由九江行协设立独立考试中心, 全面负责九江地区保险代理人和保险中介资格考试工作。到 2010 年年底,为全市 9258 人提供考试服务,通过资格考试的 5521 人取得就业岗位。

**交通事故"一站式"服务** 2010 年 9 月,市行协与市交管支队合作,在全市 23 家产险公司配合下,"一站式"服务中心处理物损交通事故 5200 余件,为方便市民处理交通故事起到重要作用。省委常委、政法委书记、公安厅厅长舒晓琴在市委书记钟利贵陪同下,到"一站式"服务中心考察工作,给予充分肯定。

**车船税代收代缴服务** 2008 年 8 月,组织 13 家产险公司全面接管全市车船税征收工作。各保险公司代收代缴车船税,不仅为地方财政增收税款 8902 万元,而且使这一零星分散、征管难度大的税种征管走上良性发展轨道。

### 三、受托承办行政许可事项

2007 年 10 月,江西保监局下发《关于委托保险行业协会协助办理行政许可等工作的通知》,将保险分支机构设立(升格、迁址)调查、保险业高管人员任职调查、保险合同投诉调查等行政许可事项委托协会办理。到 2010 年年底,共承办委托行政许可事项 116 件(次),其中代行保险分支机构开业调查 75 件;保险分支机构营业场所变更调查 7 件;保险高管人员任职调查 19 件;受托保险业务监管检查 5 次;委托承办保险合同投诉案件 6 件。

## 第九节 监管机构

### 一、中国人民银行九江市中心支行

1991~1992 年,市分行通过法定存款准备金率、再贷款、再贴现、贷款限额和存贷款利率等货币政策以及"窗口指导"等手段进行宏观调控,积极引导金融机构信贷投向,在支持昌九工业走廊建设、建立市资金市场、支持国有大中型企业、组建城市信用社等方面推出一系列举措,确立基层央行在支持地方经济发展方面应有的地位。

1993 年以后,职能转换,专司中央银行职能。市分行作为总行的派出机构,主要履行金融监管、调查统计分析、横向头寸调剂、经理国库、现金调拨、外汇管理和联行清算等职能,建立规范化金融监管组织体系,分别对银行、非银行金融机构、保险公司、城市信用社进行相应的监管,职能更加趋于专业化。

1998 年 12 月,市分行改为市中心支行,隶属武汉分行管辖,部分业务接受南昌中心支行管理。2004

年银监分设之后,市中心支行作为基层央行,其职责是贯彻执行货币政策、防范和化解金融风险和进一步提高金融服务水平。

至2010年末,市中心支行下辖11个县(市、山)支行、18个职能科室,在职480人。

## 二、中国银行业监督管理委员会九江银监分局

于2004年1月18日挂牌成立。分局下设派出机构有庐山区、九江县、德安县、永修县、星子县、修水县、武宁县、湖口县、都昌县、彭泽县、瑞昌市共11个监管办事处。九江银监分局具体履行7项职责:贯彻执行国家金融方针、政策、法规和基本制度;依照法律、行政法规规定的条件、程序及职责权限,审查批准九江银行业金融机构的设立、变更、终止以及业务范围;负责组织对辖区内银行业金融机构的现场检查和非现场监管,依法审查其资金来源、财务状况和诚信状况,依法查处其违法违规行为,依法查处辖区内非法银行业金融机构;按照职责权限审查辖区内银行业金融机构高级管理人员任职资格;根据江西银监局授权,会同有关部门提出辖区内存款类金融机构紧急风险处置的方案和建议;负责编制全市辖区内银行业金融机构数据、报表,并按照有关规定及时、准确上报,依据江西银监局授权进行信息披露;负责全辖系统内党的建设、干部管理和纪检监察工作,承办江西银监局交办的其他事项。到2010年底,工作人员总数81人。

# 九江市志

JIU JIANG SHI ZHI

（1991~2010）

## 第三册

九江市地方志编纂委员会 编

方志出版社
Publishing House of Local Records

**图书在版编目(CIP)数据**

九江市志:1991~2010 / 九江市地方志编纂委员会编.—北京:方志出版社,2016.2

ISBN 978-7-5144-1955-9

Ⅰ. ①九… Ⅱ. ①九… Ⅲ ①九江市-地方志-1991~2010 Ⅳ. ①K295.63

中国版本图书馆 CIP 数据核字(2016)第 046258 号

**九江市志(1991~2010)**

**编　　者**:九江市地方志编纂委员会

**责任编辑**:李志瑜

**出 版 人**:冀祥德

**出 版 者**:方志出版社

地址　北京市朝阳区潘家园 9 号(国家方志馆 4 层)

邮编　100021

网址　http://www.fzph.org

**发　　行**:方志出版社发行部

(010)67110555

**经　　销**:各地新华书店

**印　　刷**:南昌三联印务有限公司

**开　　本**:889×1194　1/16

**印　　张**:197

**字　　数**:5809 千

**版　　次**:2016 年 2 月第 1 版　2016 年 2 月第 1 次印刷

**印　　数**:0001~4000 册

ISBN 978-7-5144-1955-9　定价:680.00 元

**· 版权所有　翻印必究 ·**

2002 年 4 月 4~7 日，中国共产党九江市第八次代表大会隆重召开（孙仁贵 摄）

2006 年 11 月 26 日，中国共产党九江市第九次代表大会在白水明珠会议中心召开（孙仁贵 摄）

1999 年 1 月 19~25 日九江市第十一届人民代表大会在市人民影剧院举行

2004 年 2 月 27 日 ~3 月 3 日九江市第十二届人民代表大会在市人民影剧院举行

2006 年 12 月 5~8 日九江市第十三届人民代表大会在白水明珠会议中心举

2004 年 2 月 27 日 ~3 月 1 日中国人民政治协商会议九江市第十二届委员会第一次会议在市人民影剧院召开

# 重要会议

1994年1月28日，市委书记彭宏松在市十届人大一次会议上讲话

1994年1月24日，市长戚善宏在市十一届人大一次会议上作政府工作报告

1996年1月29日，市委书记熊承忠在市十届人大三次会议上

1999年1月25日，市委书记、市人大常委会主任刘上洋在市十一届人大一次会议上讲话

2002 年 4 月 23 日，代市长王忠武在市十一届人大四次会议上作政府工作报告。本次会议王忠武当选市人民政府市长

2005 年 3 月 1 日，市委书记、市人大常委会主任刘积福主持市十二届人大二次会议

2006 年 2 月 16 日，市长蔡小明在市十二届人大三次会议上作政府工作报告

2006 年 12 月 5 日，代市长王萍在市十三届人大一次会议上作政府工作报告。本次大会王萍当选为市人民政府市长

2009年2月25日，市委书记钟立贵在市政协十三届四次会议闭幕会上讲话

2009年2月23日，代市长曾庆红在市十三届人大四次会议上作政府工作报告。本次大会曾庆红当选为市人民政府市长

2009年6月10日，市委九届八次会议会场（孙仁贵 摄）

2004年4月6日，全市“优化投资环境，主攻民营经济”动员大会会场（孙仁贵 摄）

2009年7月3日，全市国有企业改革工作会召开（宋小勇 摄）

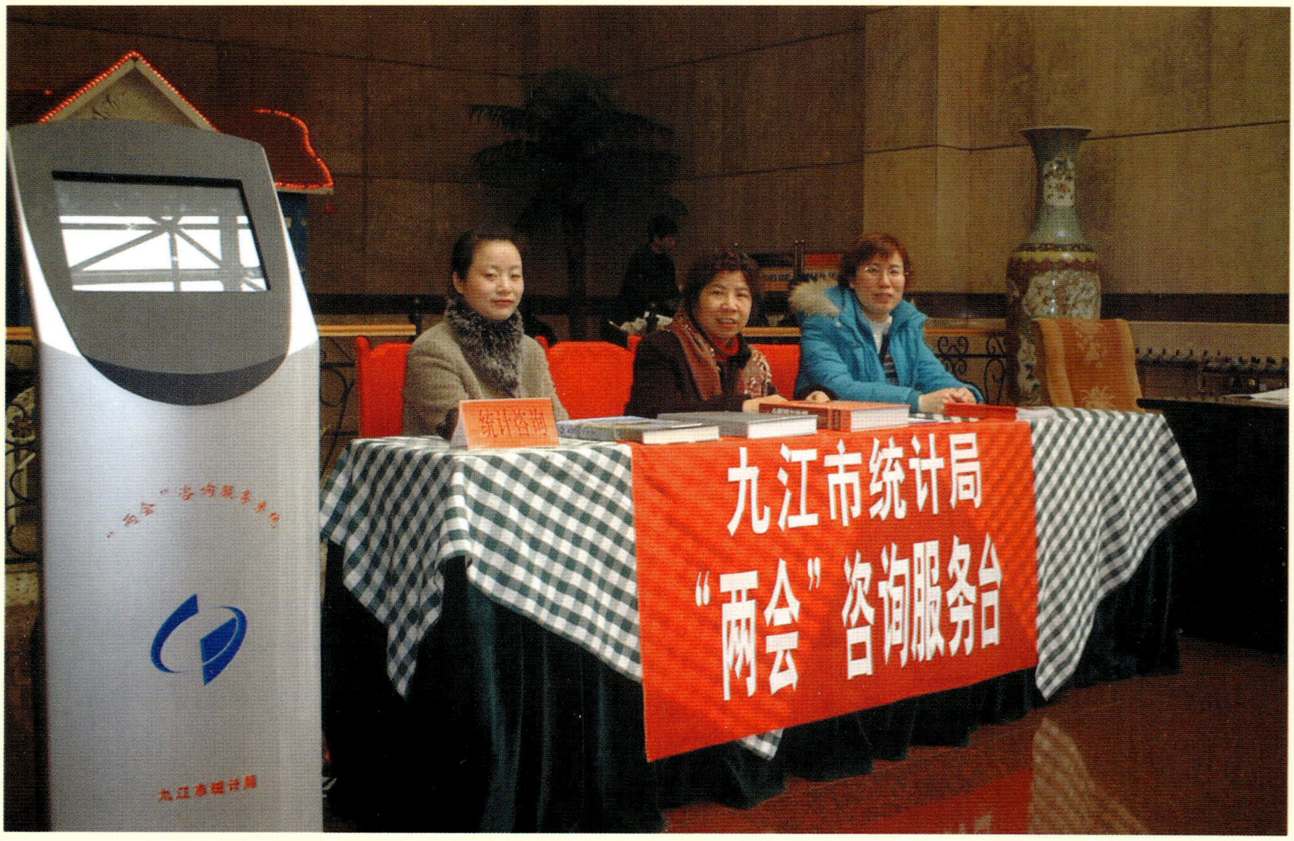


2001 年 1 月 10 日，九江市统计局在“两会”期间设咨询服务台

2005 年 12 月 4 日，九江市统计局开展统计法宣传日活动

2007 年 5 月 10 日，九江市无线电管理局工作人员查找不明无线电信号

九江市无线电管理局工作人员在进行火车站电磁环境测试

2006年7月5日，九江市工商行政管理局首艘执法公务艇下水

2007年1月25日，九江市浔阳区工商行政管理局工作人员整治菜霸

2006年7月28日，九江市工商行政管理局工作人员公开销毁假冒食品

2006年9月20日，九江市工商行政管理局工作人员销毁不合格电动车

2009 年 9 月 27 日，市城市管理执法局工作人员在市区庚亮路纠正车辆乱停乱放行为

市城市管理行政执法局工作人员清理违章占道经营

2009 年 6 月 25 日，市国土局开展国土资源宣传活动，在现场给居民代表颁发土地使用证

2009 年 8 月 11 日，九江市首届中心城区地产项目招商推介会现场

市人事局人才市场工作人员接受求职者咨询

2008 年 7 月 26 日，九江市考录公务员面试考场

九江海关开展“进园区，下企业，送政策上门”活动

2002年10月11日，市地税局办税大厅

浔阳区法院采用“圆桌审判”方式审理一起未成年人案件（马 骏 摄）

江西省法院系统十佳法庭庭长、九江县法院沙河法庭庭长涂国祥在审理一起民事案件（沈双武 摄）

修水县法院巡回法庭在当事人家门前屋场开庭（沈双武 摄）

2006 年 3 月 6 日，市中级法院女法官在烟水亭广场参加义务法律咨询活动

2004 年 1 月 1 日，九江第一支女子交警队正式上岗（宋小勇 摄）

2009 年 3 月 24 日，九江市公安局集中销毁赌博机

2009 年 9 月 20 日，九江市公安局 110 接处警摩托车在城区巡逻

2009 年 9 月 24 日，九江县公安局侦破杀人案通报会

2002 年 4 月 6 日，九江军分区组织医疗队到地震灾区义诊

2008 年 2 月 2 日，九江军分区在鄱阳湖大桥口给过往旅客送水、送饭

2010 年 7 月 14 日，九江军分区和都昌县人武部官兵到中馆镇等地转移受灾群众（杨 帆 摄）

2005 年 7 月 7 日，九江市国动委应急兵员动员集结演练

2002 年 12 月 26 日，九江铁路沿线民兵维护京九铁路线安全

2005 年 12 月 9 日，九江县民兵为地震灾民消除危房隐患

2008 年 2 月 15 日，武宁县民兵应急分队在抢修咸梦线 50 万千伏电路

2008 年 10 月 29 日，九江市大学生踊跃报名参军

1993 年 12 月，民革九江市委会召开第十一次代表大会

1998 年 11 月 19 日，民革九江市委会召开第十二次代表大会

2007 年 5 月 18 日，民革九江市委会召开第十四次代表大会

1992 年 12 月，农工党九江市第十一次党员大会召开

1998 年 11 月，农工党九江市第十二次代表大会召开

2003 年 12 月 6 日，农工党九江市第十三次代表大会召开

民进界别的市政协委员开展进社区活动（王小琴 摄）

民进 1% 工程开展献爱心活动（王小琴 摄）

中国民主同盟九江市第十四次代表大会

中国民主同盟九江市第十五次代表大会

民盟九江市委员会开展法制宣传活动

2005 年 6 月 19 日，“庆祝九三学社成立 60 周年纪念许德珩座谈会”在九江宾馆举行（宋小勇 摄）

2010 年 10 月 23 日，九三学社九江市第六届委员会第九次会议在九江学院濂溪宾馆召开

2010 年 12 月 8 日，九三学社九江经济技术开发区支社成立

民建九江市委企业家协会慰问太阳村儿童

民建九江市委捐资助学仪式

2010 年 3 月 7 日民建九江市委“ 三八 ”节组织女会员活动

2009 年 7 月 12 日，九江市总商会安徽商会举行成立庆典

2009 年 9 月 16 日，九江市中国特色社会主义建设者表彰大会在九江宾馆召开

市工商联举行十四届五次执委会暨“三百一创建”表彰大会

2010 年劳动模范合影

劳动竞赛动员大会

九江市总工会第二十五期下岗职工免费培训班

共青团九江市委学雷锋“爱心一助一”结对仪式

红领巾志愿者和交警一起指挥交通

九江市向希望工程捐赠课桌椅活动

市妇联开展“ 城乡儿童手拉手、互帮互助共成长 ”活动

2005 年，市妇联全面启动欧盟资助九江市下岗女工技能培训项目

2010 年 3 月 1 日九江市纪念“ 三八 ”国际劳动妇女节 100 周年暨市妇联建会 60 周年大会隆重举行

江西省第六届社科普及活动周在烟水亭广场启动

2000 年 1 月瑞昌市开展“名家进校园”活动

市收藏学会在和中广场组织纪念抗日战争胜利图片展

2008 年 11 月 17 日，九江市科协举办船舶工业创新与发展同舟论坛

2009 年 11 月 29 日，首届九江市科协学术年会举办

市文联文艺志愿团开展文艺扶贫 助学活动

2010 年 11 月 26 日，九江市民间文艺家协会常务理事会召开

2008 年 6 月 20 日，九江市首届素描艺术展

2008 年 11 月 21 日，九江市残疾人联合会第三次代表大会召开

2001 年 6 月，市聋人协会主席何盛华创办九江博爱聋校

2008 年 9 月 14 日，北京残奥会上九江选手张丽萍获得女子 75 公斤级举重铜牌

2007 年，九江市第五次“侨代会”大会合影

2008 年 12 月，九江市侨商会成立大会合影

2004 年，浔阳区侨联成立

2009 年 5 月 8 日，市红十字会召开抗震救灾表彰大会

2009 年 12 月 24 日，“ 帮助一名患者 拯救一个家庭 ” 为大病患者义演义捐活动

应急救护技能培训（徐 豹 摄）

# 对外交流

澳美德外籍教育访问湖口江桥中学（宋小勇 摄）

非洲友人到九江职业技术学院考察职业教育（田园 摄）

来自美国学生正与九江博爱学生交流（杨青 摄）

1993 年 9 月，市长戚善宏与澳大利亚沃拉戈尔市市长布莱恩 · 戴维斯在九江签署两市《建立友好城市关系意向书》

1998 年 7 月，波波郡郡长杰弗 · 戴维率团访问九江，与市长刘积福签署两市《会谈纪要》

2006 年 4 月，九江市与芬兰共和国卡亚尼市建立国际友好城市关系意向书签字仪式

# 对外交流

日本广岛九江会访问团
在 171 医院（孙仁贵 摄）

市人力资源和劳动保
障局专家局聘请外国专家
到九江服务（宋小勇 摄）

2006 年 5 月，中菲少儿
交流九江演唱会（宋小勇 摄）

# 《九江市志》总目

## 第一册



## 第二册



## 第三册



## 第四册

# 目录

## 第三十八篇　物价



## 第三十九篇　统计



## 第四十篇　审计

## 第四十一篇 工商行政管理



## 第四十二篇 质量技术监督



## 第四十三篇 中共九江市组织

## 第四十四篇　地方人民代表大会



## 第四十五篇　地方人民政府

## 第四十六篇　政治协商会议



## 第四十七篇　检 察

## 第四十八篇　审 判



## 第四十九篇　体制改革



## 第五十篇　民主党派　工商联

# 第五十一篇 人民团体



# 第五十二篇 公 安

## 第五十三篇　司法行政



## 第五十四篇　武　装

# 第三十八篇
# 物　价

# 第三十八篇 物 价

20世纪90年代,全市物价态势随着价格改革步伐加快,力度加大,发生深刻变化。1992年,修订《价格管理目录》,政府定价和收费项目大幅缩减;1994年,基本取消工业生产资料价格“双轨制”,实现多数商品和劳务价格由市场供求形成的价格形成机制,基本完成定价转换。这一时期,石油、粮食、棉花、化肥、医药等重要商品价格管理体制改革不断推进,价格结构性调整迈出重大步伐。多次调整能源、运输、重要农业生产资料和城市公共产品价格,使基础产业和公共产品定价偏低等一系列多年积累价格矛盾得以缓解和改善,1998年,《中华人民共和国价格法》颁布实施,全市因地制宜,适时加快和完善地方性价格管理制度,出台一系列有关价格监测、干预和紧急措施,价格调节基金、服务收费管理等规范性文件和有关规定,对群众反映较大的药价“虚高”、教育“乱收费”、医疗收费不合理等价格违法行为进行打击和整顿,维护群众利益,稳定价格秩序。同时,价格调控体系建设也在加快构建。

进入2001年,在多数商品和服务价格放开由市场形成情况下,利用经济、法律、行政手段加强对价格总水平调控成为改革重要内容。政府定价行为更加规范,并开始引入成本监审、听证、专家评审、集体审议和公示等相关制度,提高政府价格决策科学性和透明度。至2010年,全市价格主管部门职能发生转变,“定规则、当裁判、搞服务”职能定位得以确立和深化,价格改革更加注重保障民生,工作重心向民生转移,对涉农价格,涉企收费,教育、医疗收费、药品价格监管和查处也不断加大力度,进行常态化监管。为破解95%以上生活消费品和服务价格已放开的价格监管难题,首创“晒价”工程惠民生,定点定期将市区主要民生商品价格信息在主流媒体上公布,获得消费者和经营者好评。

# 第一章　商品价格

## 第一节　农产品价格

### 一、粮油价格

1991年,据省物价局《关于稳定议价粮油销售价格的紧急通知》,做好议价粮油销售价格稳定工作。放开豆腐(豆干)及其相关制品零售价格,由企业自主定价。至1992年,粮油购销价格属于政府定价"管理目录",两次提高粮食销售价格,基本解决粮食长期购销倒挂难题,以粮食为原料的加工产品,副食品价格购销倒挂亦得以解决。同时安排市区饲料销售价格。

1991年市区饲料销售价格一览

表38-1-1　　　　单位:元、公斤

| 品名、规格 | 计价单位 | 销售价格 |
|---|---|---|
| 208# 育肥猪料 | 元/50公斤 | 31.7 |
| 201# 育肥猪料 | 元/50公斤 | 34.5 |
| 218# 产蛋鹌鹑料 | 元/50公斤 | 58.0 |
| 蛋鸡115饲料 | 元/50公斤 | 44.3 |
| 杂交育肥108猪料 | 元/50公斤 | 33.6 |
| 制米取生产猪饲料 | 元/50公斤 | 11.2<br>(经销部代销价格为12.2元/50公斤) |

1993年,市内部分县(区)试点放开粮食购销价格。1994年提高粮食收购价格,幅度为90%。1995年,实行政策性购销和商业性购销业务分开,两线运行。1996年,再次以41%幅度提高粮食收购价格。根据市场粮食平均销价水平,经省物价局核批,安排市区粮食销售价格,标一早米每500克1.21元,标一晚米每500克1.34元。批准调整市面粉厂生产的"仙人牌"特一级面粉,出厂(批发)价格每吨2760元(含包装),零售价格每500克1.45元。1997年,粮油销售价格基本放开,执行市场定价。1998年,全市实行按保护价敞开收购余粮,国有粮食购销企业实行顺价销售,农业发展银行收购资金封闭运行,加快国有粮食企业自身改革为核心的粮食流通体制改革,粮油购销价格均由市场形成,粮食主产区执行保护价放开收购农民余粮政策。

2004年起,全面放开粮食收购市场,发挥市场机制在配置粮食资源中基础性作用,转换粮食价格形成机制,一般情况下,粮食收购价格由市场供求形成,国家在充分发挥市场机制作用基础上实行宏观调控,以保护农民利益和种粮积极性。同年,早稻三等最低收购价为每50公斤70元,中、晚稻三等最低收购价每50公斤72元,粳稻三等最低收购价每50公斤75元。2005年起,按2004年公布价格继续执行。2006年,小麦实行最低收购价政策,白小麦三等最低收购价为每50公斤72元,红小麦三等最低收购价为每50公斤69元。2008年,小麦、稻谷的最低收购价每50公斤比上年分别提高7元和4元;2009年,又分别提高11元和13元。

### 二、经济作物价格

**棉花价格**　1991年,棉花收购价格在经过3次提价,累计提价幅度达83.8%,标准级皮辊棉(327规格)收购价每50公斤300元。1993~1995年,提高棉花收购价格3次,提价幅度分别为10%、64.9%、

28.7%。1994 年，标准级皮辊棉(327 规格)收购价格每 50 公斤为 500 元，价外奖励改为每 50 公斤 44 元(只限等内棉，不分等级和纤维长度)。等内锯齿棉衣分亏损补贴每 50 公斤补贴 20 元。标准级皮辊棉供应价格：产地县棉麻公司统一执行每 50 公斤 607.67 元(含增值税)，产棉省产区二级站统一执行每 50 公斤 613.49 元(含增值税)，级内锯齿棉不分等级每 50 公斤另加 20.38 元衣分亏损补贴。1998 年，降低棉花收购价格，放开棉花销售价格。1999 年，建立政府指导下市场形成棉花价格机制，棉花收购、销售价格均由市场形成，政府主要通过储备调节和进出。调节等经济手段调控棉花价格。2008 年，棉花价格出现下跌“卖”难问题出现，采取临时性收储措施。

**蚕茧价格** 1995 年，执行国家计委关于整顿蚕丝价格的规定：桑蚕鲜茧收购价格由中央管理的政府定价改为中央指导下的省级政府定价，即由国家计委规定中准价及浮动幅度，具体收购价格由省级物价部门在规定幅度内指定。整顿后桑蚕鲜茧标准级 C 干壳量 9.2 克，上车茧率 100%，中准收购价格为每担 750 元，浮动幅度为上下不超过 10%。2005 年，桑蚕鲜茧标准级 C 干壳量 9.2 克，上车茧率 100%，收购价执行国家和省下达的收购中准价为每 50 公斤 700 元，上下浮动幅度 12%由各产县指定实行收购价。桑蚕秋茧指导收购中准价为每 50 公斤 850 元。上下浮动幅度 10%，由各产县制定实际收购价，并上报备案。

## 三、农产品成本调查

1991 年始，以政府价格主管部门与有关业务部门按照规定调查表式和方法，对农产品生产成本及相关经济指标进行调查、汇总得到社会平均成本行政调查活动。全市 13 个县(市、区、山)调查品种 26 个。1994 年，根据国家物价局要求，组织有农产品成本调查任务县(市)区，对农民种植意向，农业生产资料购买、农民负担、农户存粮、农产品收购价格、农业灌溉用水等情况进行专题调查。1997 年，执行国家计委《农产品成本调查管理办法》，以规范性文件形式明确调查性质，组织形式、管理体制、调查内容、方法和工作程序。

1998 年，全市农产品成本调查直报县减少为 5 个，调查品种减至 6 个(早稻、晚稻、棉花、油菜籽、生猪、桑蚕茧)。当年，调查年度开始实行新农产品成本调查方式之后，统一印发全国农产品成本调查登记簿，统一调查户原始台账，建立对农产品成本调查工作考核评分制度，明确考核指标和评分标准，并对农产品成本调查补助资金下达规范性专项资金使用管理办法。开展常规调查，选择当地有代表性主要农产品，调查实际产量、成本、收购价、收益。通过调查，探讨增减原因，得出影响收益各类因素主次作用，找到存在问题，提供对策建议。市内选择调查采用“一品三点九户”方式，确定武宁、修水、都昌 3 县，以产量为主要指标，每个品种确定上、中、下 3 个调查点，每点确定 3 个调查户，按全国统一登记簿，定点记账，年终核算。调查品种价定为 5 个，即早、晚稻、棉花、油菜籽，散养和小规模生猪饲养，分别展开调查。根据调查数据分析其产量、成本、价格、收益变化原因，当年生产特点及相关建议。开展专项调查，以一个时间段某方面情况为专题，对农产品成本、产量、价格、收益变化趋势做出预判。围绕种植意向，农户存粮、购买农资等 3 个方面。在种植意向上，调查种植面积数据，预测产量，供求趋势，价格走势及收益变化趋向。

2003 年，每户意向种植平均为 0.41 公顷，2007 年则增加到 0.52 公顷，2008 年以来，仍在继续扩大，国家一系列扶持粮食生产政策调动农民种粮积极性。

**2002~2010 年全市早籼稻生产成本收益统计一览**

表 38-1-2　　单位：公斤/亩、元/亩

| 项 目 | 2002 年 | 2003 年 | 2004 年 | 2005 年 | 2006 年 | 2007 年 | 2008 年 | 2009 年 | 2010 年 |
|---|---|---|---|---|---|---|---|---|---|
| 主产品产量 | 317.80 | 346.20 | 393.70 | 372.70 | 378.20 | 379.40 | 400.50 | 373.00 | 333.22 |
| 产值合计： | 302.88 | 343.00 | 565.77 | 515.77 | 574.87 | 566.50 | 753.61 | 708.87 | 688.04 |
| 主产品产值 | 290.90 | 332.03 | 558.48 | 510.92 | 537.05 | 546.37 | 725.61 | 689.60 | 656.63 |
| 副产品产值 | 11.98 | 10.97 | 7.19 | 4.85 | 37.82 | 20.13 | 28.00 | 19.27 | 31.41 |

续表 38-1-2

| 项　目 | | 2002 年 | 2003 年 | 2004 年 | 2005 年 | 2006 年 | 2007 年 | 2008 年 | 2009 年 | 2010 年 |
|---|---|---|---|---|---|---|---|---|---|---|
| 总成本: | | 397.34 | 402.17 | 410.54 | 435.58 | 482.54 | 411.59 | 631.14 | 484.75 | 573.77 |
| 生产成本: | | 363.11 | 369.69 | 377.98 | 403.84 | 376.04 | 357.34 | 556.14 | 416.75 | 505.77 |
| 物质与服务费用 | | 195.56 | 189.22 | 202.04 | 219.74 | 222.19 | 248.79 | 398.18 | 270.18 | 336.41 |
| 人工成本 | | 167.55 | 180.47 | 175.94 | 184.10 | 153.85 | 108.55 | 157.96 | 146.57 | 169.36 |
| 家庭用工折价 | | 158.51 | 165.00 | 155.15 | 156.62 | 153.85 | 108.55 | 157.96 | 146.57 | 169.36 |
| 雇工费用 | | 9.04 | 15.47 | 20.79 | 27.48 | | | | | |
| 土地成本: | | 34.23 | 32.48 | 32.56 | 31.74 | 106.50 | 54.25 | 75.00 | 68.00 | 68.00 |
| 流转地租金 | | 0.93 | 2.04 | 2.94 | 1.97 | 10.65 | 6.51 | 7.50 | 8.18 | 6.80 |
| 自营地折租 | | 33.30 | 30.44 | 29.62 | 29.77 | 95.85 | 47.24 | 67.50 | 59.84 | 61.20 |
| 净利润 | | −94.46 | −59.17 | 155.13 | 80.19 | 92.33 | 154.91 | 122.48 | 224.11 | 114.27 |
| 现金成本 | | 205.53 | 206.73 | 225.77 | 249.19 | 232.84 | 255.30 | 405.68 | 278.34 | 343.21 |
| 现金收益 | | 97.35 | 136.27 | 339.90 | 266.58 | 342.03 | 311.20 | 347.93 | 430.53 | 344.83 |
| 成本利润率 | | −23.77 | −14.21 | 37.79 | 18.41 | 19.13 | 37.64 | 19.41 | 46.23 | 19.92 |
| 每 50 公斤主产品 | 平均出售价格 | 45.77 | 47.95 | 70.93 | 68.54 | 71.00 | 72.00 | 90.60 | 92.44 | 98.53 |
| | 总成本: | 60.04 | 56.23 | 51.48 | 57.88 | 59.60 | 52.31 | 75.87 | 63.21 | 82.17 |
| | 生产成本 | 54.87 | 51.68 | 47.40 | 53.67 | 46.44 | 45.42 | 66.86 | 54.35 | 72.43 |
| | 净利润 | −14.27 | −8.27 | 19.45 | 10.67 | 11.40 | 19.69 | 14.72 | 29.23 | 16.36 |
| | 现金成本 | 31.06 | 28.90 | 28.31 | 33.11 | 28.76 | 32.45 | 48.77 | 36.30 | 49.15 |
| | 现金收益 | 14.71 | 19.05 | 43.62 | 35.43 | 42.24 | 39.55 | 41.83 | 56.14 | 49.38 |

**2002~2010 年全市晚籼稻生产成本收益统计一览**

表 38-1-3　　单位:公斤/亩、元/亩

| 项　目 | 2002 年 | 2003 年 | 2004 年 | 2005 年 | 2006 年 | 2007 年 | 2008 年 | 2009 年 | 2010 年 |
|---|---|---|---|---|---|---|---|---|---|
| 主产品产量 | 365.90 | 368.70 | 379.60 | 374.50 | 361.10 | 385.10 | 451.50 | 383.90 | 362.97 |
| 产值合计: | 439.99 | 447.08 | 488.70 | 521.32 | 576.39 | 652.79 | 810.16 | 729.43 | 870.15 |
| 主产品产值 | 418.59 | 437.28 | 474.50 | 509.32 | 541.67 | 641.28 | 782.83 | 710.71 | 853.67 |
| 副产品产值 | 21.40 | 9.80 | 14.20 | 12.00 | 34.72 | 11.51 | 27.33 | 18.72 | 16.48 |
| 总成本: | 369.84 | 378.60 | 410.23 | 422.87 | 456.94 | 452.60 | 532.79 | 519.70 | 608.63 |
| 生产成本: | 321.84 | 327.34 | 358.30 | 355.87 | 348.94 | 393.35 | 474.29 | 446.70 | 535.63 |
| 物质与服务费用 | 168.80 | 187.30 | 171.19 | 212.69 | 226.93 | 254.47 | 287.18 | 314.46 | 342.88 |
| 人工成本 | 122.01 | 140.04 | 187.11 | 143.18 | 122.01 | 138.88 | 187.11 | 132.24 | 192.75 |
| 家庭用工折价 | 122.01 | 47.26 | 187.11 | 69.51 | 122.01 | 138.88 | 187.11 | 132.24 | 192.75 |
| 雇工费用 | | | | | | | | | |
| 土地成本: | 48.00 | 51.26 | 58.50 | 67.00 | 68.00 | 59.25 | 71.30 | 73.00 | 73.00 |
| 流转地租金 | 4.98 | 6.12 | 6.57 | 8.76 | 10.80 | 7.11 | 5.85 | 8.76 | 8.76 |
| 自营地折租 | 43.02 | 45.14 | 51.93 | 58.24 | 97.20 | 52.14 | 52.65 | 64.24 | 62.24 |
| 净利润 | 70.15 | 68.48 | 78.47 | 98.45 | 119.45 | 200.19 | 277.37 | 209.74 | 261.52 |
| 现金成本 | 165.10 | 187.60 | 198.62 | 215.60 | 237.73 | 261.58 | 293.03 | 323.22 | 351.64 |

续表 38-1-3

| 项 目 | | 2002 年 | 2003 年 | 2004 年 | 2005 年 | 2006 年 | 2007 年 | 2008 年 | 2009 年 | 2010 年 |
|---|---|---|---|---|---|---|---|---|---|---|
| 现金收益 | | 271.39 | 259.78 | 317.51 | 308.63 | 338.66 | 391.21 | 517.13 | 406.21 | 518.51 |
| 成本利润率 | | 42.60 | 48.70 | 39.70 | 40.36 | 26.14 | 44.23 | 52.06 | 40.36 | 42.97 |
| 每 50 公斤主产品 | 平均出售价格 | 57.23 | 59.30 | 62.50 | 68.00 | 75.00 | 83.26 | 86.70 | 92.57 | 117.60 |
| | 总成本： | 41.26 | 48.76 | 50.17 | 51.48 | 59.46 | 57.73 | 57.02 | 65.95 | 82.26 |
| | 生产成本 | 39.35 | 41.75 | 43.58 | 47.24 | 45.40 | 50.17 | 50.76 | 56.69 | 72.39 |
| | 净利润 | 15.94 | 10.54 | 12.33 | 16.52 | 15.54 | 25.53 | 29.68 | 26.62 | 35.34 |
| | 现金成本 | 30.93 | 33.36 | 31.36 | 41.02 | 30.93 | 33.36 | 31.36 | 41.02 | 47.52 |
| | 现金收益 | 37.68 | 41.25 | 40.12 | 39.56 | 44.07 | 49.89 | 55.34 | 51.55 | 70.08 |

## 2002~2010 年全市棉花生产成本收益统计一览

表 38-1-4 单位：公斤/亩、元/亩

| 项 目 | | 2002 年 | 2003 年 | 2004 年 | 2005 年 | 2006 年 | 2007 年 | 2008 年 | 2009 年 | 2010 年 |
|---|---|---|---|---|---|---|---|---|---|---|
| 主产品产量 | | 88.40 | 93.00 | 80.80 | 84.90 | 80.70 | 117.20 | 121.30 | 102.50 | 86.76 |
| 产值合计： | | 922.31 | 1287.04 | 916.47 | 1125.09 | 1563.52 | 1836.41 | 1108.93 | 1780.57 | 2651.55 |
| 主产品产值 | | 858.18 | 1260.57 | 851.08 | 1003.07 | 1332.47 | 1737.89 | 906.12 | 1437.92 | 2325.63 |
| 副产品产值 | | 64.13 | 26.47 | 65.39 | 122.02 | 231.05 | 98.53 | 202.81 | 342.65 | 325.92 |
| 总成本： | | 663.70 | 612.65 | 790.12 | 902.96 | 1119.07 | 1251.75 | 1382.96 | 1402.79 | 1584.99 |
| 生产成本： | | 615.90 | 569.05 | 737.90 | 849.20 | 1066.57 | 1198.54 | 1307.96 | 1339.26 | 1544.99 |
| 物质与服务费用 | | 260.50 | 243.19 | 285.59 | 332.71 | 391.70 | 420.11 | 505.71 | 433.96 | 480.14 |
| 人工成本 | | 355.40 | 325.86 | 452.31 | 516.49 | 674.78 | 778.43 | 802.26 | 905.30 | 1064.85 |
| 家庭用工折价 | | 307.40 | 314.36 | 446.89 | 511.06 | 674.78 | 778.43 | 802.26 | 842.96 | 909.00 |
| 雇工费用 | | 48.00 | 11.50 | 5.42 | 5.43 | | | | 62.34 | 155.85 |
| 土地成本： | | 90.40 | 84.86 | 99.38 | 103.86 | 99.75 | 100.03 | 142.50 | 120.30 | 76.00 |
| 流转地租金 | | 47.80 | 43.60 | 52.22 | 53.76 | 52.50 | 53.21 | 75.00 | 63.53 | 40.00 |
| 自营地折租 | | 42.60 | 41.26 | 47.16 | 50.10 | 47.25 | 46.82 | 67.50 | 56.77 | 36.00 |
| 净利润 | | 258.61 | 674.39 | 126.35 | 222.13 | 444.45 | 584.66 | −274.03 | 377.78 | 1066.56 |
| 现金成本 | | 313.70 | 257.03 | 296.07 | 341.80 | 397.04 | 426.49 | 513.21 | 503.06 | 639.99 |
| 现金收益 | | 608.61 | 1030.01 | 620.40 | 783.29 | 1166.48 | 1409.92 | 595.92 | 1277.51 | 2011.56 |
| 成本利润率 | | 38.96 | 110.08 | 15.99 | 24.60 | 39.72 | 46.71 | −19.81 | 26.93 | 67.29 |
| 每 50 公斤主产品 | 平均出售价格 | 461.39 | 780.06 | 501.22 | 621.48 | 568.35 | 716.49 | 441.87 | 696.87 | 1340.27 |
| | 总成本： | 332.02 | 371.32 | 432.12 | 498.78 | 406.79 | 488.38 | 551.06 | 549.02 | 801.16 |
| | 生产成本 | 308.10 | 344.89 | 403.56 | 469.08 | 387.71 | 476.62 | 521.15 | 524.15 | 780.16 |
| | 净利润 | 129.37 | 408.74 | 69.10 | 122.70 | 161.56 | 228.11 | −109.19 | 147.85 | 539.11 |
| | 现金成本 | 156.93 | 155.78 | 160.92 | 188.80 | 144.33 | 166.40 | 204.49 | 196.88 | 323.49 |
| | 现金收益 | 304.46 | 624.27 | 339.30 | 432.68 | 424.03 | 550.09 | 237.37 | 499.99 | 1016.78 |

## 2002~2010年全市油菜籽生产成本收益统计一览

表38-1-5　　单位:公斤/亩、元/亩

| 项　目 | | 2002年 | 2003年 | 2004年 | 2005年 | 2006年 | 2007年 | 2008年 | 2009年 | 2010年 |
|---|---|---|---|---|---|---|---|---|---|---|
| 主产品产量 | | 84.60 | 98.90 | 112.30 | 108.90 | 137.30 | 102.80 | 136.00 | 128.66 | 93.44 |
| 产值合计: | | 152.90 | 224.18 | 327.11 | 279.27 | 288.51 | 553.01 | 469.90 | 525.28 | 379.74 |
| 主产品产值 | | 148.38 | 219.80 | 319.87 | 268.24 | 288.51 | 529.01 | 461.86 | 520.88 | 359.64 |
| 副产品产值 | | 4.52 | 4.38 | 7.24 | 11.03 | | 24.00 | 8.04 | 4.70 | 20.10 |
| 总成本: | | 217.39 | 220.24 | 231.21 | 234.74 | 219.96 | 342.67 | 327.15 | 393.11 | 297.64 |
| 生产成本: | | 189.15 | 184.02 | 200.56 | 207.72 | 181.24 | 267.67 | 270.90 | 318.11 | 262.64 |
| 物质与服务费用 | | 78.23 | 74.45 | 70.35 | 67.95 | 108.63 | 102.64 | 129.89 | 105.39 | 81.54 |
| 人工成本 | | 110.92 | 108.57 | 130.21 | 139.77 | 72.61 | 165.03 | 141.01 | 212.72 | 181.10 |
| 家庭用工折价 | | 105.91 | 106.48 | 130.21 | 139.00 | 72.61 | 165.03 | 138.23 | 212.72 | 175.94 |
| 雇工费用 | | 5.01 | 2.09 | | 0.77 | | | 2.78 | | 5.16 |
| 土地成本: | | 28.24 | 36.22 | 30.65 | 27.02 | 38.71 | 75.00 | 56.25 | 75.00 | 35.00 |
| 流转地租金 | | 1.29 | 2.68 | 3.60 | 2.27 | 3.87 | 7.50 | 5.63 | 7.50 | 3.50 |
| 自营地折租 | | 1.29 | 2.68 | 3.60 | 2.27 | 3.87 | 7.50 | 5.63 | 7.50 | 3.50 |
| 净利润 | | –64.49 | 3.94 | 95.90 | 44.53 | 68.55 | 210.34 | 142.75 | 132.47 | 82.10 |
| 现金成本 | | 84.53 | 80.22 | 73.95 | 70.99 | 112.50 | 110.14 | 138.29 | 112.89 | 90.20 |
| 现金收益 | | 68.37 | 143.96 | 253.16 | 208.28 | 176.01 | 442.87 | 331.61 | 412.69 | 289.54 |
| 成本利润率 | | –29.67 | 1.79 | 41.48 | 18.97 | 31.17 | 61.38 | 63.63 | 33.70 | 27.58 |
| 每50公斤主产品 | 平均出售价格 | 87.70 | 111.12 | 142.42 | 123.1 | 105.07 | 257.19 | 169.75 | 202.42 | 192.44 |
| | 总成本: | 124.68 | 109.17 | 100.67 | 103.52 | 80.11 | 159.37 | 118.18 | 151.40 | 150.84 |
| | 生产成本 | 108.49 | 91.22 | 87.32 | 91.61 | 66.01 | 124.49 | 97.86 | 122.51 | 133.10 |
| | 净利润 | –36.99 | 1.95 | 41.75 | 19.64 | 24.97 | 97.82 | 51.57 | 51.02 | 41.60 |
| | 现金成本 | 48.48 | 39.76 | 32.20 | 31.31 | 40.97 | 51.22 | 4.96 | 43.48 | 45.71 |
| | 现金收益 | 39.21 | 71.36 | 110.22 | 91.85 | 64.10 | 205.97 | 119.79 | 158.94 | 146.73 |

## 2002~2010年全市生猪生产成本收益统计一览

表38-1-6　　单位:公斤、元

| 项　目 | 2002年 | 2003年 | 2004年 | 2005年 | 2006年 | 2007年 | 2008年 | 2009年 | 2010年 |
|---|---|---|---|---|---|---|---|---|---|
| 主产品产量 | 102.00 | 101.00 | 98.20 | 105.20 | 100.30 | 115.60 | 102.80 | 110.00 | 114.00 |
| 产值合计: | 570.12 | 98.90 | 112.30 | 108.90 | 137.30 | 102.80 | 136.00 | 128.66 | 93.44 |
| 主产品产值 | 556.56 | 562.46 | 796.64 | 733.07 | 887.26 | 1292.59 | 1871.28 | 1320.00 | 1938.46 |
| 副产品产值 | 13.66 | 13.20 | 13.46 | 5.91 | 5.58 | 5.61 | 4.32 | 6.68 | 5.52 |
| 总成本: | 574.20 | 551.02 | 769.37 | 850.66 | 803.20 | 1332.81 | 1592.66 | 1332.81 | 1592.66 |
| 生产成本: | 574.20 | 551.02 | 769.37 | 850.66 | 799.35 | 1331.24 | 1591.48 | 1331.24 | 1591.48 |
| 物质与服务费用 | 459.18 | 438.84 | 605.66 | 704.92 | 788.13 | 1284.46 | 1489.47 | 1284.46 | 1489.47 |
| 人工成本 | 115.02 | 112.18 | 163.71 | 145.74 | 299.45 | 47.20 | 56.02 | 68.08 | 102.01 |
| 家庭用工折价 | 115.02 | 112.18 | 163.71 | 143.52 | 25.78 | 19.70 | 36.42 | 21.30 | 36.42 |

续表 38-1-6

| 项 目 | | 2002 年 | 2003 年 | 2004 年 | 2005 年 | 2006 年 | 2007 年 | 2008 年 | 2009 年 | 2010 年 |
|---|---|---|---|---|---|---|---|---|---|---|
| 雇工费用 | | | | | 2.22 | 3.67 | 27.50 | 19.60 | 46.78 | 65.59 |
| 土地成本: | | | | | | | 1.34 | 1.12 | 1.57 | 1.19 |
| 净利润 | | -4.08 | 24.64 | 40.73 | -111.68 | 90.12 | -34.61 | 282.94 | -6.12 | 351.33 |
| 成本利润率 | | -0.70 | 4.47 | 5.29 | -13.12 | 11.22 | -0.46 | 21.60 | -0.40 | 22.66 |
| 每 50 公斤主产品 | 平均出售价格 | 272.77 | 278.45 | 405.62 | 348.42 | 442.30 | 600.00 | 850.20 | 600.00 | 850.20 |
| | 总成本: | 274.72 | 266.53 | 385.23 | 401.08 | 397.67 | 602.77 | 696.55 | 602.77 | 696.55 |
| | 生产成本 | 274.72 | 266.53 | 385.23 | 401.08 | 395.85 | 602.06 | 696.03 | 602.06 | 696.03 |
| | 净利润 | -1.95 | 11.92 | 20.39 | -52.66 | 11.22 | -2.77 | 153.65 | -2.77 | 153.65 |

## 四、农产品生产成本

**早稻** 亩平均产量:1991 年,265.49 公斤;2010 年,332.32 公斤, 亩平均净增产 66.73 公斤, 增幅 20.2%,平均亩产最高年份为 2008 年,平均亩产 400.5 公斤。

平均出售价格:1991 年,50 公斤,25.64 元;2010 年,98.53 元, 每 50 公斤平均出售价格提高 72.89 元,增幅 284.2%。

亩平均总产值:1991 年,190.32 元;2010 年每亩平均总产值 688.04 元,每亩平均总产值增加 497.72 元,增幅 260.5l%,每亩平均总产值最高年份为 2008 年,每亩平均总产值 753.61 元。

亩平均净利润:1991 年,8.69 元;2010 年,114.27 元,每亩增加净利润 105.58 元,增幅 1214.9%。每亩平均净利润最高年份为 2009 年,每亩平均净利润为 224.11 元。

**晚稻** 亩平均产量:1991 年,373.3 公斤;2010 年,362.97 公斤,其 20 年间亩产基本稳定,最高年份为 2008 年,平均亩产达 451.50 公斤。

平均出售价格:1991 年,每 50 公斤 31.28 元;2011 年,117.60 元,每 50 公斤平均出售价提高 86.32 元,增幅 266%。

亩平均总产值:1991 年,375.41 元;2010 年,870.15 元, 每亩平均总产值增加 495.24 元, 增幅 131.9%。

亩平均净利润:1991 年,217.64 元;2010 年,261.52 元,每亩平均净利润增加 43.88 元,增幅 20.1%。

**棉花** 亩平均产量:1991 年,74.87 公斤;2010 年,86.76 公斤,每亩平均净产增加 11.89 公斤,增幅 15.9%。

平均出售价格:1991 年, 每 50 公斤 317.62 元;2010 年,1340.27 元, 每 50 公斤平均出售价提高 1022.65 元,增幅 322%。

亩平均总产值:1991 年,475.61 元;2010 年,1066.56 元, 每亩平均净利润增加 993.46 元, 增幅 1359%。

亩平均净利润:1991 年,73.10 元,2010 年,261.52 元,每亩平均净利润增加 43.88 元,增幅 20.1%。

**油菜籽** 亩平均产量:1991 年,51.37 公斤;2010 年,93.44 公斤, 每亩平均产量增加 42.07 公斤,增幅 15.9%。最高年份为 2008 年,每亩平均产量 136 公斤。

平均出售价格:1991 年,每 50 公斤 76.90 元;2010 年,192.44 元,每 50 公斤平均出售价提高 115.54 元,增幅 150.2%。平均出售价格最高年份为 2007 年,达 257.19 元。

亩平均总产值:1991 年,101.90 元;2010 年,379.74 元, 每亩平均总产值增加 277.84 元, 增幅 272.7%。最高年份为 2007 年,每亩平均总产值 553.01 元。

亩平均净利润:1991 年,6.53 元;2010 年,82.10 元,每亩平均净利润增加 75.57 元,增幅 1157.3%。最高年份为 2007 年,每亩平均净利润 210.34 元。

**生猪** 每头平均出栏净重:1991 年,95.63 公斤;2010 年,114 公斤,每头出栏平均净重增加 18.37 公斤,增幅 19.2%。

平均出售价格:1991 年, 每 50 公斤 209.60 元;2010 年,850.2035 元, 每 50 公斤平均出售价提高 640.6035 元,增幅 305.6%。

每头平均净产值:1991 年,471.65 元;2010 年,1943.989 元,每头平均净产值增加 1472.339 元,增幅 312.2%。

每头平均净利润:1991 年,27.89 元;2010 年,351.3263 元,每头平均净利润增加 323.4363 元,增幅 1159.7%。

## 第二节 工业消费品价格

### 一、糖、烟、酒、副食品价格

**食糖** 1998 年,据省物价局发布 1998 年跨 1999 年制糖期食糖价格,食糖一级白砂糖中准出厂价(含税)每吨 3700 元,生产企业在上下不超过 10%幅度内自主定价,产地中准批发价(含税)每吨 4352.9 元,批发企业可随厂价浮动相应浮动批发价格,销售价格由市物价局按规定差率进行核定。二级白砂糖中准出厂价格可按每吨不低于一级白砂糖中准价 50 元安排。省内其他销地一级甘蔗白砂糖最低销售价由市物价局参照南昌市最低从严核定。外省食糖进入市内市场,一级甘蔗白砂糖必须按南昌市最低销价每吨 3480 元,一级甜菜白砂糖每吨 3520 元加合理运杂费作为市场的食糖销价。

**副食** 1994 年,市物价局下发《关于加强中秋月饼价格管理的通知》规定:市内各月饼生产企业生产各类月饼,其出厂价格毛利率不得超过 40%~50%。经营企业销售本地产月饼零售价格不得超过出厂价格 25%(即厂零差率最高为 25%),经营企业销售外埠产月饼零售价格按进货价格顺加 30%以内综合进销差率制定,不得超过。

1996 年,下发《关于加强我市中秋月饼价格管理的通知》,规定市内产中秋月饼实行厂、销价格申报,市属企业向市物价局申报,其他企业(含个体作坊)按地域划分别向浔阳区、庐山区物价局申报。出厂价格按原材料成本顺加毛利率制定,毛利率控制在 45%以内。零售价格按出厂价格顺加厂零差率制定。厂零差率控制在 25%以内。如有批发环节,批发、零售二级的经营经之间不得超过厂零率。各经营企业销售外埠产中秋月饼,按规定差率顺加作价。批发价在购价基础上顺加 10%制定,市区只允许一道批发环节。零售价在批发价基础上顺加 20%以内批零差率制定,直接外购零售的在外购价基础上顺加 30%以内批零差率制定。

**酒类** 1991 年,据省物价局《关于制定陶坛装陈年封缸酒厂、销价格的批复》,核定九江市封缸酒厂生产 3.5 千克陶坛陈年封缸酒每坛出厂价 15.5 元,产地批发价每坛 17.05 元,零售价为每坛 19.10 元。同年,下发《关于制定 14 度庐山牌冬饮啤酒一次性试销价格批复》,制定 14 度庐山牌冬饮啤酒小批量(300 吨一次性试销中准出厂价格),净啤酒 640CC 瓶装每瓶 0.81 元。

**饮料类** 1991 年,市物价局《关于统一我市饮料系列产品作价办法的通知》规定:全市饮料系列产品属国家指导价,其出厂价格、批发价格、零售价格列入国家指导价范围,出厂价格按成本利润率办法定价,其批发价格、零售价格分别以出厂价格顺加进销差率 10%和以批发价格顺加批零差率 15%的办法制订,对外埠采购的饮料系列产品价格实行差率管理。同年 3 月 25 日,市物价局《关于制定“高蛋白速溶豆奶粉”等价格和同意优质加价的批复》核定,高蛋白速溶粉 250 克乙、丙烯复合包装每袋出厂价 1.90 元,批发价每袋 2.05 元,零售价每袋 2.30 元;25×10,乙、丙烯复合包装每袋出厂价 2.05 元,批发价每袋 2.21 元,零售价每袋 2.48 元,健尔美 250 克,乙、丙烯复合包装出厂价每袋 2.30 元,批发价每袋 2.48 元;零售价每袋 2.78 元;25×10,乙、丙烯复合包装每袋出厂价 2.45 元,批发价每袋 2.65 元,零售价每袋 2.97 元。6 月,市物价局《关于制定豆奶聚酯瓶装饮料的美酒产品试销价格的批复》核定,市封缸酒厂生产的豆奶200毫升玻瓶装(不含瓶价)出厂价每瓶0.394元,批发价每瓶0.43元,零售价每瓶0.50元;聚酯瓶雪的,0.5J,出厂价每瓶2.28元,批发价每瓶2.502元,零售价每瓶2.88元;1.25J,出厂价每瓶3.817元,批发价每瓶4.199元,零售价每瓶4.83元;聚酯瓶万饮可乐0.5J,出厂价每瓶2.385元,批发价每瓶2.624元,零售价每瓶3.02元;1.25J,出厂价每瓶4.023元,批发价每瓶4.425元,零售价每瓶5.09元。美酒:500克瓶装,出厂价每瓶1.14元,批发价每瓶1.254元,零售价每瓶1.44元。同时允许厂价在10%幅度内向上浮动。厂价上浮后,批发价、零售价同步同幅上浮,下浮不限。

此后,糖、烟、酒等各类副食品价格均全面放开,全部执行市场定价。

## 二、针纺织品价格

1991年,执行省物价局、纺织工业厅、商业厅《关于调整地方管价部分棉纺织品价格的通知》规定,调整部分棉纺织品产地价格水平。省管其他棉纺织品价格由市物价局会同有关主管部门根据分管权限和《江西省棉纺织、印染产品出厂价格计价依据暂行补充规定(修改稿)》《江西省针棉织品出厂价格计价依据暂行补充规定执行》。

省管价格棉织品,除59支及以下纱,线各坯布外,均实行国家指导价,允许生产企业在省订出厂价格的基础上浮动,上下浮动幅度为:针棉品10%,色布15%,花布、色织布20%,特殊情况下,市物价和有关主管部门可以适当扩大或缩小,并报上级主管部门备案,浮动权限原则上由企业掌握。

销售价格分管权限、销售差率、批零差率、综合差率、地区差率,系统内调拨扣率,工业企业自销产品区分不同对象作价。商业库存地方管价纺织品作价,出口纺织品作价有关规定和花色差价政策等,均仍按省物价局、省纺织工业局、省商业厅〔1990〕赣价工字182号《通知》有关规定执行。

**1991年全市部分棉纺织代表品产地价格调整一览**

表38-1-7　　单位:元

| 品名 规格 | 计量单位 | 出厂价 | 零售价 |
|---|---|---|---|
| 50/50维棉混纺21支普梳筒子纱 | 吨 | 13653 | |
| 纯粘纤30支普梳筒子纱 | 吨 | 17555 | |
| 纯腈纶32支普梳筒子纱 | 吨 | 15347 | |
| 纯粘纤本色细布(30×30、68×68、50′) | 百米 | 36980 | |
| 维棉粉袋布(21×21、60×50、25′) | 百米 | 23750 | |
| 纯棉宽幅本色平布(21×21、60×60、63′) | 米 | | 4.14 |
| 涤棉精梳中色水洗布(90cm、45×45、96×72) | 米 | | 5.02 |
| 浅棉色织条格布(32+21×32、80×68、36′) | 米 | | 5.42 |
| 42支精涤圆领90厘米男汗衫 | 件 | | 5.02 |
| 32支本色棉毛罗领90厘米男衫 | 件 | | 8.30 |
| 32支本色棉毛小开口90厘米男裤 | 件 | | 8.56 |
| HB8432六尺 彩条印泥床单 | 床 | | 29.90 |
| 20两特涤特白提花毛巾被 | 条 | | 41.40 |

市物价局《关于暂订4210细绒毛线批复》,对军山毛纺厂生产4120细绒毛线出厂价格核定为每公斤73.30元,对销地批发企业供应价每公斤76.23元,对产地零售企业供应价每公斤79.16元,产地零售价每公斤90.25元。

1992年11月,省物价局批复同意九江化纤厂生产的粘长丝在每吨出厂价格26400元基础上上浮10%~15%。

此后,全市纺织品产销价格全面放开,实行市场调节价。

## 三、食盐价格

### 1994年全市食盐城乡差价平衡一览

表38-1-8　　　　单位:元/500克

| 市场 | 城乡差价 | 市场 | 城乡差价 | 市场 | 城乡差价 | 市场 | 城乡差价 | 市场 | 城乡差价 | 市场 | 城乡差价 |
|---|---|---|---|---|---|---|---|---|---|---|---|
| **庐山区** | | 永安 | 0.025 | 江上 | 0.02 | 甫田 | 0.02 | 南丰 | 0.04 | **修水县** | |
| 五里 | 0.01 | 江洲 | 0.025 | 周田 | 0.02 | 罗溪 | 0.02 | 狮山 | 0.04 | 竹坪 | 0.01 |
| 十里 | 0.01 | 新洲 | 0.025 | 柘林 | 0.025 | 石渡 | 0.02 | 万户 | 0.04 | 庙岭 | 0.01 |
| 新港 | 0.015 | 团结 | 0.025 | 吴城 | 0.03 | 扬洲 | 0.02 | **湖口县** | | 黄沙 | 0.01 |
| 大桥 | 0.015 | **德安县** | | **瑞昌市** | | 官港 | 0.02 | 三里 | 0.01 | 三都 | 0.01 |
| 莲花 | 0.02 | 宝塔 | 0.01 | 桂林 | 0.01 | 巾口 | 0.02 | 凰村 | 0.02 | 四都 | 0.01 |
| 高垅 | 0.02 | 河东 | 0.01 | 洪岭 | 0.01 | 泉口 | 0.03 | 流泗 | 0.02 | 黄港 | 0.02 |
| 806厂 | 0.02 | 杨桥 | 0.01 | 白杨 | 0.01 | 大洞 | 0.03 | 马影 | 0.02 | 黄坳 | 0.02 |
| 化纤厂 | 0.02 | 高塘 | 0.015 | 武蛟 | 0.01 | 清江 | 0.03 | 张青 | 0.02 | 西港 | 0.02 |
| 海会 | 0.02 | 黄桶 | 0.015 | 西湖 | 0.01 | 石门楼 | 0.03 | 付垅 | 0.02 | 新湾 | 0.02 |
| 赛阳 | 0.02 | 米粮铺 | 0.015 | 范镇 | 0.02 | 船滩 | 0.04 | 大垅 | 0.02 | 杭口 | 0.02 |
| **星子县** | 0.02 | 金湖 | 0.015 | 九源 | 0.02 | 南岳 | 0.04 | 文桥 | 0.02 | 上杭 | 0.02 |
| 五里 | 0.015 | 江益 | 0.015 | 横港 | 0.02 | 上汤 | 0.04 | 江桥 | 0.02 | 山口 | 0.02 |
| 归宗 | 0.015 | 吴山 | 0.02 | 洪下 | 0.02 | 东林 | 0.04 | 武山 | 0.02 | 马坳 | 0.02 |
| 隘口 | 0.015 | 爱民 | 0.02 | 大德山 | 0.02 | **都昌县** | | 城山 | 0.02 | 征村 | 0.02 |
| 横塘 | 0.015 | 樟树 | 0.02 | 码头 | 0.02 | 大树 | 0.01 | 舜德 | 0.02 | 漫江 | 0.02 |
| 苏家垱 | 0.015 | 邹桥 | 0.02 | 夏畈 | 0.02 | 七角 | 0.01 | 流芳 | 0.025 | 白岭 | 0.03 |
| 泽泉 | 0.01 | 磨溪 | 0.02 | 黄金 | 0.02 | 春桥 | 0.01 | **彭泽县** | | 古市 | 0.03 |
| 沙湖山 | 0.01 | 车桥 | 0.02 | 南阳 | 0.02 | 北炎 | 0.01 | 马当 | 0.015 | 路口 | 0.03 |
| 蓼华 | 0.02 | 付山 | 0.03 | 横立山 | 0.02 | 张岭 | 0.01 | 泉山 | 0.015 | 复原 | 0.03 |
| 华林 | 0.02 | 塘山 | 0.03 | 乐山 | 0.03 | 大沙 | 0.02 | 芙蓉 | 0.015 | 溪口 | 0.03 |
| 蛟塘 | 0.02 | 白水 | 0.03 | 峨眉 | 0.03 | 和合 | 0.02 | 黄花 | 0.015 | 上奉 | 0.03 |
| 蓼南 | 0.02 | 聂桥 | 0.015 | 和平 | 0.03 | 阳丰 | 0.02 | 太平 | 0.02 | 大桥 | 0.03 |
| 新池 | 0.02 | **永修县** | 0.015 | 花园 | 0.03 | 三汊港 | 0.02 | 东升 | 0.02 | 何市 | 0.03 |
| **九江县** | | 马口 | 0.01 | 青山 | 0.03 | 徐埠 | 0.02 | 浪溪 | 0.02 | 布甲 | 0.03 |
| 赛城湖 | 0.01 | 三角 | 0.015 | 南义 | 0.04 | 多宝 | 0.02 | 和团 | 0.02 | 港口 | 0.03 |
| 狮子 | 0.02 | 艾城 | 0.015 | 乐园 | 0.04 | 左里 | 0.02 | 上十岭 | 0.02 | 渣津 | 0.03 |
| 新合 | 0.02 | 虬津 | 0.015 | 肇陈 | 0.04 | 汪墩 | 0.02 | 定山 | 0.02 | 石坳 | 0.03 |
| 新塘 | 0.02 | 军山 | 0.015 | 洪一 | 0.01 | 鸣山 | 0.02 | 黄岭 | 0.02 | 东港 | 0.03 |
| 城门 | 0.02 | 八角岭 | 0.015 | **武宁县** | | 西源 | 0.02 | 棉船 | 0.02 | 上衫 | 0.03 |
| 马回岭 | 0.025 | 燕坊 | 0.02 | 鲁溪 | 0.01 | 杭桥 | 0.02 | 湖西 | 0.02 | 黄龙 | 0.04 |
| 岷山 | 0.025 | 白槎 | 0.02 | 宋溪 | 0.01 | 土塘 | 0.02 | 太泊湖 | 0.02 | 全丰 | 0.04 |
| 黄老门 | 0.025 | 立新 | 0.02 | 黄埚 | 0.01 | 盐田 | 0.02 | 乐观 | 0.03 | 大桥 | 0.04 |
| 涌泉 | 0.025 | 三溪桥 | 0.02 | 严阳 | 0.02 | 大港 | 0.025 | 杨梓 | 0.03 | 余塅 | 0.04 |
| 长山 | 0.025 | 滩溪 | 0.02 | 罗坪 | 0.02 | 中馆 | 0.03 | 浩山 | 0.03 | 水源 | 0.04 |
| 港口 | 0.025 | 海棠 | 0.02 | 澧溪 | 0.02 | 芗溪 | 0.04 | 天红 | 0.03 | | |

1994 年,调整市区食盐零售价格。井矿真空精制盐零售价格调整为:散装每 500 克 0.50 元,小塑料袋 500 克包装,每袋 0.56 元,小塑料袋 1000 克包装,每装 1.11 元。其中,炼油厂、金鸡坡、大桥五处、3525 厂、九棉二厂副食品、蔬菜门市部、船管处、214 副食品门市部零售价格安排为:散装每 500 克 0.51 元,500 克塑料袋装每包 0.57 元,1000 克塑料袋装每包 1.13 元。

各种加工再制盐零售价格以办矿真空精制盐零售价格为基础分别加价，精优粉盐每 500 克加价 0.08 元,海、湖真空精制盐每 500 克加价 0.10 元。

激光全息防伪商标袋装盐每袋加价 0.03 元。

1994 年,市物价局安排食盐城乡差价的平衡意见。

庐山区按市区销价为基础,其余均以县城价格为基础。庐山管理局零售价格在市区零售价格基础上每 500 克加价 0.03 元执行。

1996 年,市物价局对全市自 4 月 1 日起食盐执行加碘加价后市区加碘井矿真空盐零售价格进行调整安排,1000 克塑料袋装加碘井矿真空盐调整安排为每袋 1.13 元。其他各种加价规定仍按 1994 年的标准不变。

2010 年,市物价局、盐务局印发《关于进一步加强我市食盐价格管理的通知》。原省制定省产绿色食品盐市场零售价由试行期每袋(400 克,复合膜包装)1.50 元降低为 1.10 元。批发价降低为每袋 9.19 元,配送结算价格降低为每袋 1.012 元。原省制定省产多品种食用盐试行期批发、零售价格相应降低。确保普通 500 克袋装加碘食盐(纸塑包装 500 克每袋零售价格 1.30 元)生产和供应。

**2010年全市多品种食盐暂定价格一览**

表 38-1-9　　单位:元

| 品 种 | 规 格 | 批发价 | 配送结算价格 | 零售价 |
|---|---|---|---|---|
| 锌强化营养盐 | 400 克/包 | 1.67 | 1.84 | 2.00 |
| | 400 克/罐 | 4.17 | 4.60 | 5.00 |
| 钙强化营养盐 | 400 克/包 | 1.67 | 1.84 | 2.00 |
| | 400 克/罐 | 4.17 | 4.60 | 5.00 |
| 高品质盐 | 400 克/包 | 2.08 | 2.30 | 2.50 |
| | 400 克/罐 | 4.17 | 4.60 | 5.00 |
| 绿色海盐 | 400 克/包 | 1.67 | 1.84 | 2.00 |
| | 400 克/罐 | 4.17 | 4.60 | 5.00 |
| 腌制盐 | 500 克/包 | 1.42 | 1.56 | 1.70 |
| 礼品盐 | 1750 克/盒 | 12.50 | 13.80 | 15.00 |
| 备 注 | 礼品盐每盒分为 5 小罐,每罐 350 克 | | | |

# 第三节　能源原材料价格

## 一、煤炭价格

1992 年 9 月,市物价局下发《关于调整市煤炭价格的通知》,明确市管价格煤炭为武宁煤矿计划上调上统一分配煤炭，市管煤炭价格上调每吨提价 10 元（其中 2 元作专项基金）；每吨煤炭出厂价格由

80.50元调整为90.50元(上车交货价),将价外征收维简费,材料差价补贴一并计入价格内计算。1993年3月,据省物价局《关于贯彻国家物价局"关于放开统配煤炭出厂价格"的通知》精神,明确"纳入省计划分配的地、县上调小窑煤矿指令性煤炭,除列入省统配计划的民用煤气用的精煤价格按现行价格继续执行外,全省发电用煤改按指导价管理,适当拉开质量差价,城市居民,各类学校,部队,武警的生活用煤改为指导价管理。化肥、农药、农膜生产用煤按保本的原则由物价部门制订协商作价","其他生产生活用煤出厂价格一律放开"。市场(含生活)用煤和工业用煤销售价格,按市物价局制定作价原则和作价办法,由煤炭经营企业自行制定具体价格。

1996年所有煤炭生活企业,供电力企业发电用煤出厂价均执行国家指导价,电煤国家指导价采用规定最高提价额度办法,即在1995年11月上中旬实际结算价格基础上,市内最高提价额度为每吨8元,具体电煤价格水平仍由供需双方在规定最高提价额度协商确定,自1996年2月1日起执行。

## 二、电力价格

1991年,尚执行国家确立指令性、指导性电价两种电价形式和两种电价形成机制,对集资兴建电厂实行还本付息电价,即新建成电力项目按照还本付息需要核定电价(一厂一价);实行"燃运加价"政策,即电价随着燃料、运输价格的调整而相应调整;出台"二分钱"电力建设基金。1993年,执行省物价局、电力局《江西电网售电价目表》。1994年,执行省物价局、电力局《1994年度江西电网售电价格价目表》售电价格,较1993年颁布的目录电价平均每千瓦时提高0.015元;多种电价中,带料加工电价每千瓦时提高0.015元,新电新价每千瓦时提高0.01元。1995年,执行省物价局/电力局新的江西电网售电价格。1996年、1997年,分别调整安排县(市区)售电价格。

**1997年全市各地售电价格一览**

表38-1-10　　单位:元

| 地区 | | 居民生活 | | 非居民照明 | 大工业 | 非普工业 | 农业生活 | 营业性用电 |
|---|---|---|---|---|---|---|---|---|
| | | 城镇 | 农村 | | | | | |
| 德安 | | 0.436 | 0.406 | 0.70 | 0.465 | 0.560 | 0.460 | 0.80 |
| 星子 | | 0.446 | 0.446 | 0.70 | 0.520 | 0.620 | 0.485 | 0.80 |
| 永修 | | 0.446 | 0.416 | 0.72 | 0.510 | 0.590 | 0.485 | 0.80 |
| 湖口 | | | 0.466 | | | 0.630 | 0.485 | 0.80 |
| 瑞昌 | | 0.446 | 0.416 | 0.72 | 0.510 | 0.590 | 0.485 | 0.80 |
| 武宁 | | 0.456 | 0.436 | 0.72 | 0.550 | 0.610 | 0.475 | 0.80 |
| 修水 | | 0.456 | 0.436 | 0.72 | | 0.520 | 0.400 | 0.80 |
| 恒丰 | | 0.700 | 0.470 | 0.72 | 0.520 | 0.620 | 0.505 | 0.80 |
| 渠首 | | | 0.430 | | | 0.580 | 0.460 | |
| 九江县 | 江洲 | | 0.416 | 0.72 | | 0.485 | 0.485 | 0.80 |
| | 港口 | | 0.406 | 0.72 | | 0.475 | 0.475 | 0.80 |
| | 新合 | | 0.466 | 0.72 | | 0.525 | 0.525 | 0.80 |
| | 永安 | | 0.486 | 0.72 | | 0.525 | 0.525 | 0.80 |
| 庐山区 | | 0.466 | 0.436 | 0.72 | 0.530 | 0.610 | 0.510 | 0.80 |

2000年，执行省物价局、省电力局转发国家计委《关于调整江西省电网销售电价有关问题的通知》和“江西省电网销售电价表”(分区开征和未开征城市公用事业附加地区两种)和江西省电网趸售电价。2001年，市物价局批复安排各县供电系统城网改造收取电能表以下部分设备材料费的收取标准：瑞昌市表后部分电力设备材料费每户85元。都昌县、武宁县每户160元。农村更换新电能表每户160元，不更换电能表每户100元。永修县农村每户100元。德安县表后部分电力设备材料费每户160元。共青城每户160元。农村更换新电能表每户160元；不更换电能表每户100元。

2003年，执行省计委《关于县城电网改造居民用户“一户一表”收费有关问题的通知》，规定县城电网改造中居民用电户“一户一表”改造其表后部分电力设施费按每户180元收取。“一户一表”改造中申请更换电能表的用户，按每户243元的标准收取。据省计委、省电力公司《关于江西省电网城市居民“一户一表”工程改造收费问题的通知》，对工程改造表前的费用由供电企业、设区市政府和委托改造单位各承担三分之一，工程改造的其他费用按一户一表改造每户400元的标准收取，低保户减半收取。自同年7月1日抄见电量起，全市农村与县城居民生活用电实行同价，标准为每千瓦时0.56元(含税)，省电网直供居民生活用电价格提高至每千瓦时0.51元。自2004年1月1日抄见电量起，全省实现城乡居民生活用电同价，同价标准为每千瓦时0.56元。2004年，据省发改委要求调整庐山水电厂上网电价，由原来上网电价每千瓦时0.20元，调整为0.25元。同年，据省发改委《关于理顺九江市各县级电网销售电价规范电价管理有关问题的通知》，理顺后电网销售价格和小水电上县级电网电量电价。

2006年，据省发改委《关于降低新评定三、四星级宾馆、饭店用电价格的通知》，庐山天沐温泉度假村(四星)，庐山宾馆(三星)，鑫帝宾馆(三星)，天翔商务大酒店(预备三星)共4家宾馆、饭店用电在现行商业电价标准基础上，每千瓦时降低0.106元。按照省发改委赣发改商价〔2006〕344号文规定，明确农村自来水用电价格为居民生活用电范畴。同年，增设瑞昌市电冶炼电价具体标准为：电度电价每千瓦时0.535元，基本电价仍按现行规定执行。都昌县工业园区销售电价标准：非工业、普通工业用电不满1千伏等级用电每千瓦时0.69元，1千伏及以上等级用电为每千瓦小时0.66元，大工业用电为每千瓦时0.59元。基本电价仍按现行规定执行。同年，据省发改委调整全省电价精神，江西电网统调燃机组上网电价、居民生活用电价格统一执行每千瓦时0.60元，非居民照明、商业用电价格统一执行每千瓦时0.98元，农业生产用电价格统一执行每千瓦时0.66元，农业排灌用电价格统一执行每千瓦时0.55元，贫困县农业排灌用电每千瓦时0.35元。中、小学校教学用电价格执行居民生活用电价格。

## 三、石油产品价格

1991年，执行国家对原油生产分配计划实行“平转高”政策，原油平均价格提高，加权平均出厂价格每吨546元，商品油市场多价并存，各自运行，既有计划内平价，又有计划内高价、市场议价、定向加价，最高限价等。1993年，将成品油的多种价格进行并轨，在全市统一执行高价价格。并转后高价价格，70号汽油出厂价每吨1250元，0号柴油每吨1120元。

其间，对九江石油分公司化工厂生产18种润滑油出厂价格作调整。产地批发价按出厂价顺加7%计算，产地零售价按批发价顺加10%计算。

### 1991~1992年九江石油分公司化工厂润滑油厂销价格一览

表 38-1-11 单位:元/吨

| 产品名称 | 现行出厂价 | 调整后出厂价 | 产品名称 | 现行出厂价 | 调整后出厂价 |
|---|---|---|---|---|---|
| 7 号机械油 | 1800 | 2100 | 11 号柴油机油 | 2190 | 2440 |
| 15 号机械油 | 1900 | 2150 | 14 号柴油机油 | 2260 | 2510 |
| 32 号机械油 | 1950 | 2250 | 13 号压缩机油 | 2400 | 2650 |
| 46 号机械油 | 2120 | 2400 | 19 号压缩机油 | 2600 | 2850 |
| 68 号机械油 | 2120 | 2450 | 18 号双曲线齿轮油 | 2420 | 2670 |
| 100 号机械油 | 2350 | 2600 | 30 号织布机油 | 2190 | 2450 |
| 10 号变压器油 | 2100 | 2500 | 85 瓦/9-3 普通车轮齿轮油 | 2650 | 2950 |

1994 年,执行国务院决定,改革原油、成品油流通体制,理顺油品价格,对成品油资源和厂、销价格实行计划内外并轨,成品油一律纳入国家资源配置计划,实行国家定价,取消石化总公司销售公司所属 6 个大区销售公司调拨职能,相应取销调拨价。执行省物价局对成品油价格改革具体规定。

成品油销售价格由省级物价部门按照国家规定的作价原则和作价办法核定;成品油出厂价格实行全国统一价,九江石化总厂成品油出厂价格安排为:70 号汽油每吨 2290 元,90 号车用汽油每吨 2415 元,0 号柴油每吨 1900 元,灯用煤油每吨 1955 元。减压重油每吨 775 元,常压重油每吨 920 元;成品油销售价格,各地(市)县市场的成品油销售价格由省物价核定安排。

### 1994 年各县(市、区)成品油标准品零售价格一览

表 38-1-12 单位:元/吨

| 单位名称 | 0# 汽油调整后零售价 | 70# 汽油调整后零售价 | 灯用煤油调整后零售价 |
|---|---|---|---|
| 湖口县 | 2810 | 2368 | 2438 |
| 彭泽县 | 2814 | 2378 | 2448 |
| 瑞昌市 | 2818 | 2378 | 2448 |
| 都昌县 | 2818 | 2368 | 2448 |
| 永修县 | 2828 | 2378 | 2448 |
| 武宁县 | 2854 | 2408 | 2478 |
| 修水县 | 2878 | 2428 | 2498 |
| 庐山区 | 2818 | 2378 | 2448 |

5 月,据省物价局《关于安排全省县以上市场成品油标准品价格的通知》规定,安排全市成品油零售价格,70 号汽油每吨 2794 元, 折合每公升 2.10 元,90 号车用汽油每吨 2934 元, 折合每公升 2.26 元,0 号柴油每吨 2348 元,折合每公升 2.04 元,-10 号柴油每吨 2512 元,灯用煤油每吨 2428 元。7 月,市物价局印发《关于下达我市煤、柴油城乡差价及零售价格的通知》规定,县、市、区以下市场成品油销售价格,汽油城乡一价,执行当地县城市场价格,煤油和柴油适当安排城乡差价,县以下农村市场煤、柴油规定城乡差价后零售价格执行。

1997年1月，执行省物价局《关于调整成品油出厂价格和销售价格的通知》，调整九江石化总厂成品油出厂价格分别为：0号柴油每吨2190元，70号汽油每吨2290元；90号无铅汽油每吨2515元，93号无铅汽油每吨2710元，灯用煤油每吨2055元，减粘重油（非化肥用）每吨1040元，化工轻油每吨1850元，-10号军用柴油每吨2410元，-10号柴油每吨2335元。

**1997年全市县市场成品油零售价一览**

表38-1-13　　单位：吨、元

| 单位名称 | 70#汽油调整后零售价 | 0#柴油调整后零售价 | 灯用煤油调整后零售价 |
|---|---|---|---|
| 九江市 | 2804 | 2723 | 2588 |
| 九江县 | 2824 | 2758 | 2598 |
| 瑞昌市 | 2828 | 2768 | 2608 |
| 都昌县 | 2828 | 2743 | 2608 |
| 星子县 | 2824 | 2743 | 2598 |
| 德安县 | 2838 | 2768 | 2608 |
| 永修县 | 2838 | 2758 | 2608 |
| 武宁县 | 2864 | 2798 | 2638 |

现行批零划分和批发起点不变，石油分公司对支公司调拨实行调拨倒扣率办法，视进货方距离远近按调出二级站的批发价倒扣2~4个百分点。

增加部分柴油价格品质比率，其中，-10号军用柴油品质比率为110%，-35号军用柴油品质比率为118%，-50号军用柴油品质比率为121%。

同年1月29日，市物价局《关于调整我市煤、柴油城乡价及零售价格的通知》对全市县以下农村市场的煤、柴油城乡差价的零售价格进行调整。

1998年，据国家《原油成品油价格改革方案》，对成品油价格形成机制进行重大改革，确立国内成品油价格与国际市场接轨的机制，汽、柴油的零售价格由政府定价改为政府指导价。按照省物价局《关于成品油作价原则和供军队国家储备用成品油出厂价格及有关问题的通知》规定：九江石化总厂灯用煤油出厂价为每吨1950元，化工轻油（石油每吨17502元，非化肥用重油中的船用重油每吨1340元，内燃机燃料油每吨1390元，减压重油每吨975元，常压重油每吨1120元，A重油每吨2150元。

1999年11月，对部分成品油价格进行调整，90号无铅汽油零售中准价为每吨2895元，0号柴油零售中准价为每吨2480元。

2000年，对汽、柴油销售价格又作调整，90号无铅汽油零售中准价为每吨2945元，零售价为每吨3092元，0号柴油零售中准价为每吨2580元，零售具体价为每吨2709元。5月，再次调整汽、柴油的销售价格，90号无铅汽油零售中准价为每吨3180元，0号柴油零售中准价为每吨2785元。

2001年10月，对成品油价格接轨办法做进一步完善，明确与之挂钩的国际市场汽、柴油月加权平均价格变动超过8%时，相应调整国内成品油价格，由国家计委公布零售中准价，具体零售价由石油、石化集团公司在规定浮动幅度内确定，浮动幅度由上下5%扩大为上下8%。

2003年以来，国际市场油价大幅上涨，对国内油价实行适度调控，成品油价格未同步调整。2005年始，国内成品油价格与原油价格出现倒挂，市场供应紧张，企业经营困难。

2006年，实施以完善石油价格形成机制，调节利益分配为中心的配套改革。当年，调整部分成品油价格，汽、柴油零售中准价每吨提高500元，成品油零售企业可在调后中准价基础上上下8%浮动幅度内自主制定具体零售价格。渔业船用柴油价暂不上浮。90号高标准清洁汽油零售价格每吨5660元，0号柴油零售价格每吨4975元。石化、石油集团公司供应系统外社会零售企业实行批零差率管理，批零差率不得小于5%。

同年起,汽、柴油零售实行最高零售价格,(由出厂价和流通环节差价构成)。

2008年12月,调整汽、柴油价格,90号汽油出厂价格为每吨5580元,0号柴油出厂价格为每吨4970元。

## 四、燃料制品价格

**液化石油气** 1994年,制定市年度计划内石油液化气零售价格。1~4月零售价每瓶(15公斤)33元,5~12月零售价每瓶(15公斤)28元(以上均含灌装费)。

1996年,调整计划内液化石油气销售价格,15公斤装每瓶零售价为36.5元(含灌装费)。市局《关于制定计划外液化石油气销售价格计价办法的通知》,对计划外液化石油气销售价格的计价办法:

批发价=实际出厂价×(1+16%)+出厂管输费+税金

零售价=实际出厂价×(1+25%)+出厂管输费+税金

批零划分:装槽车的,执行批发价,装小瓶的,执行零售价,零售价中含灌装费。

1998年,对汛期液化石油气零售价格每瓶(15公斤)不得超过31元的限价规定,以稳定汛期市场物价水平。

1998年12月,调整计划内民用液化石油气出厂价格,九江石化总厂每年供应省内计划内民用液化石油气出厂价由每吨1200元调整为每吨1400元。

2008年,为应对国际市场原油价格上涨而引起液化石油气上涨,改进作价办法,实行严格的控制措施,规定15公斤瓶装液化气从出厂到零售,进销加价不得超过8元。

**天然气** 2003年6月,市物价局批复安排市管道天然气试销价格,民用天然气价格为每立方米2.75元,商业用天然气价格为每立方米2.80元。试销期到2004年5月31日。

2005年10月,因供气气源改变而调整天然气销售价格,按临时价格安排,居民生活用气为每立方米3.20元,企业用气为每立方米3.30元,原核定天然气初装费每户800元,用户服务费每户1700元的收费标准仍沿用。

2006年,市物价局批复调整天然气销售价格:居民生活用气为每立方米3.45元,企业用气为每立方米3.65元。

2007年,分别两次调整工商企业用户天然气销售价格,7月由每立方米3.65元调整到每立方米3.96元,11月由每立方米3.96元调整到立方米5.39元。

2008年,市物价局批复调整天然气销售价格,居民生活用气为每立方米4.65元,企业用气为每立方米5.90元,城区低保户用气价格不作调整,仍按原价执行。

2010年,市物价局《关于核定川气东送天然气销售价格的通知》安排市城区管道天然气试销价格,居民生活用气为每立方米3.18元,非居民用气价格每立方米3.95元。

**生活用煤** 1996年,调整生活用煤价格:粉煤供应价格每吨250元(送货制),型煤(蜂窝煤)零售价格每吨为230元。

## 五、钢铁产品价格

1991年2月,执行国家物价局、冶金工业部《关于整顿,调整钢铁系列产品价格的通知》,对钢材产品制定I类价格和II类价格,统一出厂价,废除地区临时价格和调坯轧材价格,下调计划外钢铁产品最高限价,对镀锡板、冷轧硅钢板等品种实行计划内、外价格并轨等改革措施,钢铁产品计划内外价差逐步缩小。

9月28日,市物价局《关于制定1.2毫米冷轧薄板等钢材一次供应性价格的批复》;1.2毫米冷轧薄板,50.251吨,每吨供应价格2470元;5毫米中板,21.041吨,每吨供应价1700元;8毫米中板,30.613吨,每吨供应价1800元。

1992 年下半年,将原来钢材实行两类统一出厂的 I 类价格企业全部实行 II 类价格,原来执行 II 类价格企业改为实行国家指导价格,以 II 类价格为基础上下浮动 10%,对现行计划内外差价较小,国家重点发展,市场短缺及对钢铁产品价格总水平影响不大的产品,分批将计划内价格并入计划外价格,放开计划外钢铁产品,统一最高出厂价和销售限价不再实行价格验证,放开特钢企业生产的优质碳结钢,碳素工具钢和合金工具钢价格,由企业自主定价,再次对铁矿石、钢坯价格进行大幅度调整,对生铁、焦炭实行国家指导价允许上下浮动 10%。

同年 12 月,执行冶金工业部、国家物价局《关于放开钢铁产品价格的通知》决定,从 1993 年 1 月 1 日起放开钢铁产品价格(另有规定除外)。其具体规定,放开除指令性计划内的国防、军工、农业和农田水利(含救灾),以及铁路专用以外的执行国家统一定价的统配钢材价格(包括国家定价、国家指导价、并轨价);放开冶金系统内部焦炭、生铁、钢锭、钢坯、铁合金、耐火材料、碳素制品价格(包括国家定价、国家指导价)。

1994 年 5 月,执行国家计委《关于加强钢铁产品价格管理的通知》规定,对实行国家指导价格的螺纹钢、薄板等 10 种产品以及关联的焦炭、生铁、钢坯等 10 种重要钢铁产品实行企业调价备案制度,并下达"中准出厂价格"。

1996 年,对 10 种实行国家指导价格的钢材中准价进行调整。

**1996年市境 10 种钢材国家指导价格调整一览**

表 38-1-14 单位:元/吨

| 品 种 | 原中准出厂价 | 调整后中准价 | 浮动幅度±% |
|---|---|---|---|
| 热轧螺纹钢 | 3250 | 3100 | 5 |
| 热轧普碳园钢 | 3150 | 3000 | 5 |
| 普碳热轧中百板(不包括特宽特厚板) | 3200 | 3100 | 5 |
| 普碳热轧薄板(≥2 毫米)(含卷、带) | 3300 | 3200 | 5 |
| 普碳热轧薄板(<2 毫米) | 3300 | 3500 | 5 |
| 普碳冷轧板 | 4300 | 4300 | 10 |
| 镀锌板(带) | 4500 | 5900 | 10 |
| 镀锡板(带) | 4800 | 6200 | 10 |
| 热轧优质圆钢(≤45 号) | 3000 | 3800 | 5 |
| 热轧锡钢片 | 6200 | 6200 | 5 |

说明:不分规格

1998 年后,由于亚洲金融危机、全球钢材市场低迷,国内钢材市场出现供大于求的局面,不断加重生产经营企业竞相压价抢占市场,无序竞争,致使钢铁生产企业出厂价格轮番降价,甚至低于成本销售。执行国家计委、冶金部于 1998 年 9 月 24 日《制止低价倾销钢材的不正常竞争行为的暂行规定》,从而使市场信心和秩序得以恢复。钢材市场价格逐步稳定,回归正常。

## 六、建筑材料价格

1992 年 2 月,据国家建筑材料工业局、国家物价局《建筑材料工业价格管理办法(试行)》,明确"国家对建材工业价格采取直接调控和间接调控相结合管理办法,对少数商品实行国家定价,国家指导价,大多数商品实行市场调节价。4 月,普通硅酸盐水泥 425 号计划内出厂价为每吨 180 元,计划外出厂价为每吨 210 元,红机砖出厂价每块 0.10 元。6 月对市建材厂生产的红机砖出厂价作调整,一级红机砖中准价由每万块 1020 元,调整为每万块 1100 元,同时允许上下浮动 10%,二级品,等外品出厂价格由企业按现行比价自行制定。

1993 年 3 月,据国家建筑材料工业局,国家物价局《进一步改革统配水泥价格管理的通知》精神,市内属于“水泥定价权直接下放给企业,由企业根据产销情况自主决定水泥出厂价格”的地区。6 月,市物价局、市建材工业局公布省管水泥出厂指导价格。

**1993 年市境省管水泥出厂指导价格一览**

表 38-1-15　　　　单位:元/吨

| 产品名称 | | 出厂指导价格 | 产品名称 | | 出厂指导价格 | 产品名称 | | 出厂指导价格 |
|---|---|---|---|---|---|---|---|---|
| 硅酸盐水泥 | 625R | 280 | 普通硅酸盐水泥 | 525R | 252 | 矿查、火山灰、煤粉水泥 | 525R | 237 |
| | 625# | 270 | | 525# | 245 | | 525# | 230 |
| | 425R | 257 | | 425R | 242 | | 425R | 227 |
| | 425# | 245 | | 425# | 230 | | 425# | 220 |
| | | | | 325# | 220 | | 325# | 210 |
| | | | | | | | 215# | 203 |

说明:1.表中所列价格均为散装水泥价格,包装费用另加;2.允许企业根据市场供求变化、在表列价格基础上上下浮动25%

## 第四节　机械化工产品价格

### 一、机电产品价格

1991 年起,执行省物价局、物资局赣价工字〔1991〕第 20 号文规定,计划外机电产品销售价格,按目录规定价格顺加 3.5%的地区差率,计算公式为:市批发价(供应价)=目录批发价(供应价)×(1+3.5%);市零售价=目录零售价×(1+3.5%)。

### 二、农机具产品价格

1991 年 2 月,据国家物价局、机械电子工业部、物资部《农业机械商品销售价格管理办法》的规定:农机商品销售价格按照合理计费,保本经营的原则制定。销售价格由购进价格、管理费、运杂费和税金四个部分构成,即:购进×(1-管理费率+运杂费率-税率及其附加)÷(1-税率及其附加)。

农机商品分类及最高管理费率和省际最高调拨费率:

拖拉机、拖车、农用汽车人载重车、农用改装车、农用运输车、机动三轮车、加油车、推土机及装置、收获机械、扬场机、烘干机、机动脱粒机、机动插秧机、机动值保机械、农机检修试验设备、畜牧机械、林业机械、机耕船、包括农用船。

二类农机商品:农田排灌机械(包括电动机、内燃机、喷灌机、水泵及附件、电气设备等),大中小型机引农具(包括犁、耙、播种机、平耕机、平地机、开沟器、镇压器、联结器等),船用齿轮机、船用挂浆机、小型水力和风力发电设备(500 千瓦以下)柴、(汽)油发电机组,打办机具及油罐机等。

三类农机商品:小型机动脱粒机械(简式单脱粒机),扬场机(10 匹马力以下)小型农机试验检修设备,各种拖拉机配件(附件、液压装置及拆装工具),渔业机械、扎草机、小型水泵(0 径 6 寸及以下)和小型潜水电泵及其配件,各种水管、各种动力机械配件,各种机引农机具配件,船用齿轮箱及配件,各种农付产品加工机械及配件,维修轴承,半机械化农具及配件,传动带,三角带,大车和力车底盘及其配件(包括内外轮胎),农用汽车和拖拉机(包括拖车)轮船、标准件以及其他有关机具的配件,油桶等。

境内一类农机商品为6%,二类农机商品为8%,三类农机商品为13%。

最高费率中包括省际调拨费率,省际最高调拨费率统一规定为一类商品2.5%,二类商品3.5%。三类商品4.5%。

1992年12月,根据《农业机械商品销售价格管理办法》,对原"管理办法"中最高管理费率"改"中准管理费率,允许在此基础上上下浮动,上浮幅度不超过3个百分点,对出厂价格在30元(含30元)以下的农机小商品,放开其销售价格,由企业定价。

## 三、民爆器材价格

1994年、1996年,执行国家计委调整安排的民用爆破器材产品的出厂价格。

**1994年、1996年民用爆破器材出厂价格目录一览**

表38-1-16　　单位:元

| 产品名称 | 型号规格 | 1994年出厂价格 | 包装 | 1996年出厂价格 |
|---|---|---|---|---|
| 1号露天铵梯炸药 | 每卷100~200克 | 3190.0 | 纸箱包装 | 3860.0 |
| 2号露天铵梯炸药 | 每卷100~200克 | 3010.0 | 纸箱包装 | 3680.0 |
| 2号抗水露天铵梯炸药 | 每卷100~200克 | 3050.0 | 纸箱包装 | 3730.0 |
| 2号抗水露天铵梯炸药 | 每卷1~9公斤 | 2710.0 | 纸箱包装 | 3340.0 |
| 2号抗水露天铵梯炸药 | 每卷10~40公斤 | 2520.0 | 纸箱包装 | 3130.0 |
| 3号露天铵梯炸药 | 每卷100~200克 | 2920.0 | 纸箱包装 | 3570.0 |
| 3号露天铵梯炸药 | 每卷1~9公斤 | 2580.0 | 纸箱包装 | 3180.0 |
| 3号露天铵梯炸药 | 每卷10~40公斤 | 2390.0 | 纸箱包装 | 2970.0 |
| 2号岩石铵梯炸药 | 每卷100~200克 | 3360.0 | 纸箱包装 | 4060.0 |
| 2号岩石铵梯炸药 | 每卷1~9公斤 | 3020.0 | 纸箱包装 | 3670.0 |
| 2号岩石铵梯炸药 | 每卷10~40公斤 | 2830.0 | 纸箱包装 | 3460.0 |
| 2号抗水岩石铵梯炸药 | 每卷100~200克 | 3400.0 | 纸箱包装 | 4110.0 |
| 2号抗水岩石铵梯炸药 | 每卷1~9公斤 | 3060.0 | 纸箱包装 | 3720.0 |
| 2号抗水岩石铵梯炸药 | 每卷10~40公斤 | 2870.0 | 纸箱包装 | 3510.0 |
| 铵梯油炸药(新2号岩石铵梯炸药) | 每卷100~200克 | 3290.0 | 纸箱包装 | 3990.0 |
| 铵梯油炸药(新2号岩石铵梯炸药) | 每卷1~9公斤 | 2950.0 | 纸箱包装 | 3600.0 |
| 铵梯油炸药(新2号岩石铵梯炸药) | 每卷10~40公斤 | 2760.0 | 纸箱包装 | 3390.0 |
| 3号岩石铵梯炸药 | 每卷1~9公斤 | 3120.0 | 纸箱包装 | 3790.0 |
| 3号岩石铵梯炸药 | 每卷10~40公斤 | 2930.0 | 纸箱包装 | 3580.0 |
| 8号火雷管 | 金属壳 | 3650.0 | 木箱包装 | 3980.0 |
| 8号火雷管 | 非金属壳 | 2950.0 | 木箱包装 | 3280.0 |
| 8号瞬电雷管 | 金属壳、铁脚线2米 | 6250.0 | 木箱包装 | 6810.0 |
| 8号瞬电雷管 | 非金属壳、铁脚线2米 | 5540.0 | 木箱包装 | 6110.0 |
| 塑料导爆管 | 每万米 | 1700.0 | 纸箱包装 | 1900.0 |
| 导火索 | 每万米 | 4540.0 | 纸箱、筐篓包装 | 4880.0 |

2004年,民用梯思梯出厂各标准价格由每吨5900元调整为7500元,出厂价格浮动幅度由上下5%扩大为上下10%。

2005年,执行省发改委《关于调整民爆器材出厂价格的通知》。工业炸药类价格,在原国家计委规定出厂价格基础上每吨提高15%;工业雷管类价格在原国家计委(计价管〔1996〕288号)规定的出厂价格基础上每万发加价500元。

## 四、化肥价格

1991年,执行省物价局《关于微调省产中价尿素价格的通知》,调整后省产中价尿素销售价格每吨980元,农资经营企业的进销差价核定为每吨143元。核定"以进养出"进口尿素一次性供应价格,市外贸局进,尿素仓库交货价每吨1240元,直供用户。同年,市物价局、市供销社印发《关于改进和完善农资商品作价办法的通知》,实行综合作价的品种范围为:除国家统一分配平价化肥,省产中价化肥以外的销市内其他各种化肥、农药、农膜;参与综合作价的农资商品原则上每半年制定一次;作价公式:销售价格=(进货价格+实际合理运杂费)÷(1-省规定的地、市级综合差率),综合差率:农药4%,农膜5.1%。

1992年,调整计划内统配化肥销售价格。

1992年全市统配化肥销售价格调整一览

表38-1-17　　　　单位:元/吨

| 产品名称 | 规格 | 销售价格 | | 包装条件 |
|---|---|---|---|---|
| | | 现　行 | 调整后 | |
| 1.尿　素 | 含氮量≥46% | | | 麻袋、尼龙袋、编织袋 |
| 进　口 | 含氮量≥46% | 538 | 660 | 编织袋 |
| 2.硝酸铵 | 含氮量≥34.4% | 463 | 640 | 麻袋、尼龙袋、编织袋 |
| 3.三料过磷酸钙 | 含五氧化二磷43% | 470 | 540 | |
| 4.磷酸二铵 | 16%、48%含氮18% | 700 | 740 | |
| 5.复合肥 | 含氮15%含磷15%含钾15% | 538 | 538 | |
| 复合肥 | 含氮15%含磷15%含钾12% | 516 | 516 | |
| 复合肥 | 含氮11%含磷15%含钾15% | 494 | 494 | |
| 6.硫酸钾 | 含钾50 | 515 | 515 | |

说明:本表所列复合肥价格系代表品价格,其他规格复合肥含氮量含磷量、含钾量每增减1%,销售价分别增减11.07元,10.03元、7.33元。复合肥、钾肥仍按我省原定价格执行,表中所列为原省定价格

1993年,再次调整计划内统配化肥的销售价格。尿素(含氮量≥46%)粮棉挂钩每吨785元,救灾和其他专项每吨800元。氯化钾(含氮量≥46%)粮棉挂钩、救灾和其他专项每吨660元。硫酸钾(含钾量50%~60%)粮棉挂钩、救灾和其他专项每吨733元。硫酸钾(含钾量48%)粮棉挂钩、救灾和其他专项每吨755元。复合肥(含钾量50%~52%)粮棉挂钩每吨785元,救灾和其他专项每吨800元。复合肥(含氮、磷、钾各15%)粮棉挂钩每吨753元,救灾和其他专项每吨767元。

1994年,据省物价局《关于改革我省农业生产资料价格管理的通知》规定:减少流通环节,降低流通费用,省级调拨化肥、农膜、农药,由现行三级批发一级零售改为一级批发一级零售。整顿流通程序,加强市场管理。加强价格管理,出厂价格,按保本微利原则,调拨价格,省对县(市、区)化肥、农药、农膜的调拨价格由省物价局按进价加综合差率和合理运杂费制定,零售价格:化肥、农药、农膜零售价格实行全省统一经营综合差率,作价办法控制,农资经营综合差率及作价办法,大化肥综合差率为10%,其中省级3%,县级7%,县级经营小化肥综合差率为12%,农膜综合差率为12%,其中省级5%,县级7%,农药综合差率为16.5%,其中省级5%,县级11.5%。县级经营农药器械综合差率:整机为14%,零部件为20%,

作价公式零售价〔调拨价=进价×(1+综合差率)+合理运杂费〕。合理运杂费由县级物价部门安排。同年,调整赣北化工厂生产磷肥出厂价格,四级品钙镁磷肥双包装出厂价每吨由259元,调整为300元。

1997年,九江石化化肥有限责任公司尿素出厂价格,每吨出厂价格含税为1700元,工厂仓库交货。当年,调整化肥经营综合差率,县级农资经营企业经营优质化肥在进货价格基础上,顺加综合经营差率(不含运杂费)由7%提高到8%。同年,印发《完善农资价格备案制度的通知》,规定实行价格备案制度管理的品种为化肥、农药、农膜、改价格备案为价格及成本资料备案。

## 五、农膜价格

1991年,执行省物价局《关于调整省产农用塑料薄膜厂、销价格的通知》,省产农膜出厂价格每吨由5640元调整为6340元,销售价格每吨由6320元调整为7270元,商业经营倒扣综合差率调整为12%。1993年,调整省产农用塑料薄膜的出厂价格和销售价格:农膜的出厂价格由每吨6340元,调整为6560元,销售价格由每吨7270元调整为7430元;地膜出厂价格由每吨6564元调整为6700元,销售价格由每吨7500元调整为7630元;中膜出厂价格由每吨6440元,调整为6600元,销售价格由每吨7390元调整为7530元。

## 六、药品价格

1992年,执行省物价局、医药管理局《关于中成药价格管理有关问题的通知》中规定:市物价局、医药管理局共管品种未超过10个,具体品种由市确定;省外调入的中成药、实行综合差率控制,二级站对二级站和二级站对三级站一律实行调拨倒扣办法;作价原则和作价办法按全国统一规定,中成药实行产地省一价、销地省一价。省内产中成药作价办法。出厂价格:中成药生产企业所需原料应从国营医药公司进货、按正常、合理的生产成本加利润率制定。其中,利润率除放开小品种外,其余品种按片剂10%,针剂15%执行。销售价格、省产中成本药除各优产品有专项规定外,其余中成药一律在出厂价格基础上,顺加22%的进销差率制定批发价格,零售价格在批发价格基础上顺加16%的批零差率制定。调拨价格:按到扣作价、产地二级站对销地二级站侧扣16%,二级站对三级站侧扣7%。工业自销价格,销给二级站允许出厂价、销给三级站执行二级站对三级站的调拨价、销给卫疗卫生和零售企业执行批发价。省外调入中成药在市内销售作价办法:销售价格以产地批发价为基价加地区差率3.5%制定;药酒、糖浆类不加地区差率,只加实际运杂费。零售价格在批发价格的基础上,顺加16%的批零差率制定。1993年,市物价局、医药管理局印发《九江市医药行业价格管理办法(试行)》通知,规范全市医药,医疗行业的价格行为,统一和调控药品价格水平。

1994年,核定调整市妇幼保健院研制生产9种制剂及原有18种自制制剂院内使用销售价格。

**1994年市妇幼保健院研制药品内销价格一览**

表38-1-18　　单位:元

| 药 名 | 规 格 | 入库价 | 配售价 |
|---|---|---|---|
| 妇健合剂 | 200毫升/瓶 | 5.10 | 5.87 |
| 消症饮 | 200毫升/瓶 | 5.10 | 5.87 |
| 洁尔阴 | 200毫升/瓶 | 5.10 | 5.87 |
| 止咳合剂 | 60毫升/瓶 | 1.00 | 1.15 |
| 痱子水 | 100毫升/瓶 | 1.20 | 1.38 |
| 复方氟哌酸油 | 60毫升/瓶 | 5.10 | 5.87 |
| 口服补液盐 | 29.5克/瓶 | 1.00 | 1.15 |
| 胃蛋白酶合剂(消化合剂) | 60毫升/瓶 | 1.10 | 1.27 |

续表 38-1-18

| 药名 | 规格 | 入库价 | 配售价 |
|---|---|---|---|
| 加合剂 | 60 毫升/瓶 | 0.60 | 0.69 |
| 氨基化合林合剂 | 60 毫升/瓶 | 0.60 | 0.69 |
| 0.5%硫酸锌合剂 | 200 毫升/瓶 | 3.00 | 3.45 |
| 10%氯化钾溶液 | 60 毫升/瓶 | 0.60 | 0.69 |
| 10%氯化钙溶液 | 60 毫升/瓶 | 0.60 | 0.69 |
| 100%铬酸溶液 | 500 毫升/瓶 | 30.00 | 34.50 |
| 呋喃西林酒精溶液 | 500 毫升/瓶 | 4.00 | 4.60 |
| 洗必泰器械消毒液 | 500 毫升/瓶 | 2.60 | 2.99 |
| 炉甘石洗剂 | 60 毫升/瓶 | 0.70 | 0.80 |
| 20%氧化锌油 | 30 毫升/瓶 | 0.50 | 0.58 |
| 制霉菌素油 | 30 毫升/瓶 | 3.00 | 3.45 |
| 5%冰片鱼肝油 | 60 毫升/瓶 | 3.00 | 3.45 |
| 制霉菌素软膏 | 30 克/盒 | 4.30 | 4.90 |
| 10%碘化钾溶液 | 500 毫升/瓶 | 15.00 | 17.25 |
| 20%酚甘油(苯酚滴耳剂) | 10 毫升/支 | 0.60 | 0.69 |

核定市第一人民医院自行研制生产的“速效冻裂膏”内销价格:3.5 克盒装,入库价每盒 5.50 元,内销价每盒 6.35 元。

1996 年,印发《关于重申药品价格管理的通知》中再次明确规定,市区医药品经营的批零差率,化学药品为 15%,中成药为 16%,医疗器械 15%。1998 年,批复“强力霉素”等 3 种药品的一次性销售价格:100 克瓶装强力霉素一次性批发价,每瓶 13.23 元,一次性零售价每瓶 15.20 元;0.5 克瓶装氨苄青霉素,一次性批发价每瓶 0.82 元,一次性零售价每瓶 0.94 元;1 毫升 *2 盒装,阿拉明针剂,一次性批发价每盒 3.74 元,一次性零售价每盒 4.30 元。

2001 年,转发和执行《关于公布雷米普利等 53 种进日(进口分装)药品销售价格的通知》《关于核定来氟米特等部分国产药品零售价格的通知》《关于制定六味安消胶囊价格的通知》《关于暂定六味地黄丸价格的通知》《关于公布雷替斯等 12 种药品零售价格的通知》《关于促肝细胞生产素注射液零售价格的通知》《关于公布 42 种乙类化学药品价格的通知》《关于公布国家计委制定的 13 种中成药最高零售价格通知》《关于公布 36 种乙类中成药品价格的通知》《关于公布国家计委制定的 27 种化学药品补充剂型规格最高零售价格的通知》《关于公布 42 种乙类化学药品补充剂型,规格最高零售价格的通知》。同年,对市直医院招标药品最高零售价作批复核定。2002 年,执行省计委《江西省医疗机构集中招标采购及集中议价采购药品价格管理暂行办法》。2003 年,市物价局对招标采购 788 种药品核定最高零售价格。对省公布 88 种乙类中成药最主同零售价格,若招标最高零售价格高于省公布的最高零售价格按省公布的最高零售价格执行、若低于则按招标最高零售价格执行。转发和执行《公布国家计委制定的 92 种药品最高零售价格的通知》《公布省计委制定的 107 种乙类药品最高零售价格的通知》《公布省计委制定的 67 种中成药最高零售价格的通知》《公布 200 种乙类中成药最高零售价格的通知》《公布国家计委制定的 19 种中成药最高零售价格的通知》《公布 107 种乙类药品最高零售价格的通知》《公布国家计委制定的 67 种中成药最高零售价格的通知》。同年,据《江西省医疗机构价格公示实施办法》要求,全市医疗机构实行药品价格公示制度。2005 年,执行国家发改委公布制定颁发国家定价药品录和省发改委《关于公布江西省管定价药品目录的通知》。2006 年,公布市第 7 次集中招标采购中标的 2052 种药品最高临时零售价格。转发和执行国家发改委制定青霉素等99种抗微生物药品的最高零售价格;华蟾素注射液等32种中成药,肿瘤用药最高零售价格;阿霉素等抗肿瘤药品最高零售价格。

## 第五节　交通运输价格

### 一、铁路运输价格

2003年,根据国家发改委,铁道部文件精神,调整铁路货物运输价格,执行统一运价的国营正式营业线和运管临管线,货物运营价格每吨千米提高0.25分,即由平均每吨千米4.45,提高到4.7分。将新路新价均摊运费每吨千米0.11分并入货物运营价格。

**2003年市境铁路货物运价率一览**

表38-1-19

| 办理类别 | 运价号 | 基价1 | | 基价2 | |
| --- | --- | --- | --- | --- | --- |
| | | 单 位 | 标 准 | 单 位 | 标 准 |
| 整 车 | 1 | 元/吨 | 4.60 | 元/吨千米 | 0.0235 |
| | 2 | 元/吨 | 5.60 | 元/吨千米 | 0.0273 |
| | 3 | 元/吨 | 6.70 | 元/吨千米 | 0.0324 |
| | 4 | 元/吨 | 7.30 | 元/吨千米 | 0.0348 |
| | 5 | 元/吨 | 8.30 | 元/吨千米 | 0.0401 |
| | 6 | 元/吨 | 8.70 | 元/吨千米 | 0.0431 |
| | 7 | 元/吨 | 11.60 | 元/吨千米 | 0.0581 |
| | 8 | | | 元/轴千米 | 0.1783 |
| | 冰保 | 元/吨 | 8.30 | 元/吨千米 | 0.0466 |
| | 冰保 | 元/吨 | 9.80 | 元/吨千米 | 0.0686 |
| 零 担 | 21 | 元/10千克 | 0.087 | 元/10千克千米 | 0.000376 |
| | 22 | 元/10千克 | 0.104 | 元/10千克千米 | 0.000449 |
| | 23 | 元/10千克 | 0.125 | 元/10千克千米 | 0.000537 |
| | 24 | 元/10千克 | 0.150 | 元/10千克千米 | 0.000642 |
| 集装箱 | 1吨箱 | 元/箱 | 7.40 | 元/箱千米 | 0.03356 |
| | 10吨箱 | 元/箱 | 86.20 | 元/箱千米 | 0.39104 |
| | 20英尺箱 | 元/箱 | 161.00 | 元/箱千米 | 0.73040 |
| | 40英尺箱 | 元/箱 | 314.70 | 元/箱千米 | 1.43090 |

说明:运费计算办法:整车货物每吨运价=基价1+基价2×运价千米;零担货物每10千克运价=基价1+基价2×运价千米;集装箱货物每箱运价=基价1+基价2×运价千米;整车农用花费基价1为4.2元/吨、基价2为0.0213元/吨千米

### 二、公路运输价格

1994年,市物价局调整安排各主要路线客运票价。

## 1994年市境部分路线客运票价一览

表38-1-20　　单位:千米、元

| 行驶区间 | 类型等级 | 里 程 | 现行票价 | 拟定票价 |
|---|---|---|---|---|
| 九江至都昌 | 小型普通 | 95 | 18 | 21 |
| | 小型中级 | 95 | 20 | 23 |
| | 小型高一级 | 95 | 20.2 | 29 |
| | 中型普通 | 95 | 18 | 18 |
| | 中型中级 | 95 | 20 | 23 |
| | 中型高一级 | 95 | 20 | 27 |
| 九江至湖口 | 小型普通 | 27 | 6.5 | 7 |
| | 小型中级 | 27 | 7 | 8 |
| | 小型高一级 | 27 | 8.7 | 10 |
| | 中型普通 | 27 | 6.5 | 6.5 |
| | 中型中级 | 27 | 7 | 7.5 |
| | 中型高一级 | 27 | 7 | 9 |
| 九江至彭泽 | 小型普通 | 68 | 12 | 14 |
| | 小型中级 | 68 | 12 | 15 |
| | 小型高一级 | 68 | 13.9 | 20 |
| | 中型普通 | 68 | 12 | 12 |
| | 中型中级 | 68 | 12 | 15 |
| | 中型高一级 | 68 | 13.5 | 19 |
| 九江至星子 | 小型普通 | 40 | 7.5 | 6.5 |
| | 小型中级 | 40 | 7.5 | 8 |
| | 小型高一级 | 40 | 8.7 | 10 |
| | 中型普通 | 40 | 7.5 | 6 |
| 九江至星子 | 中型中级 | 40 | 7.5 | 8 |
| | 中型高一级 | 40 | 8.7 | 10 |
| 九江至沙河 | 中型普通 | 24 | 3 | 3.5 |
| | 中型中级 | 24 | 4 | 5 |
| 九江至德安 | 小型普通 | 66 | 10 | 14 |
| 〈长运〉 | 小型中级 | 66 | 11 | 17 |
| | 小型高一级 | 66 | 14 | 19 |
| 九江至德安 | 小型普通 | 56 | 10 | 12 |
| 〈南站〉 | 小型中级 | 56 | 11 | 13 |
| | 小型高一级 | 56 | 14 | 16 |
| 九江至马回岭机场 | 中型中级 | 38 | 6 | 7 |
| 九江至永修 | 小型普通 | 102 | 21 | 22 |
| | 小型中级 | 102 | 21 | 27 |
| | 小型高一级 | 102 | 21 | 30 |

续表 38-1-20

| 行驶区间 | 类型等级 | 里 程 | 现行票价 | 拟定票价 |
|---|---|---|---|---|
| 九江至瑞昌 | 中型普通 | 32 | 5.5 | 5.5 |
| | 中型中级 | 32 | 5.5 | 7 |
| | 中型高一级 | 32 | 6 | 9 |
| 九江至武宁 | 小型中级 | 130 | 25 | 28 |
| | 小型高一级 | 130 | 25 | 35 |
| | 中型中级 | 130 | 25 | 26 |
| | 中型高一级 | 130 | 25 | 33 |
| 九江至庐山 | 中型中级 | 36 | 7 | 7 |
| | 中型高一级 | 36 | 7.7 | 9 |
| 九江至修水 | 中型中级 | 211 | 38 | 41 |
| 〈长运〉 | 中型高一级 | 211 | 38 | 52 |
| 九江至修水 | 中型中级 | 211 | 38 | 41 |
| 〈西站〉 | 中型高一级 | 211 | 38 | 51 |
| 九江至共青 | 小型普通 | 77 | 15 | 16 |
| | 小型中级 | 77 | 15 | 20 |
| | 小型高一级 | 77 | 15 | 23 |
| 九江至景德镇 | 小型普通 | 142 | 28 | 32 |
| | 小型中级 | 142 | 35 | 36 |
| 九江至抚州 | 小型普通 | 259 | 40 | 49 |
| | 小型中级 | 259 | 47 | 57 |
| 九江至宜春 | 小型普通 | 345 | 60 | 66 |
| | 小型中级 | 345 | 63.5 | 75 |
| 九江至上饶 | 中型普通 | 349 | 55 | 61 |
| | 中型中级 | 349 | 65 | 7 |
| 九江至鄱阳 | 小型中级 | 159 | 37 | 37 |
| | 小型高一级 | 159 | 43 | 45 |
| 九江至新余 | 小型普通 | 296 | 60 | 63 |
| | 小型中级 | 296 | 61.5 | 71 |
| 九江至婺源 | 中型中级 | 228 | 五 | 五 |
| | | 中型高一级 | 228 | 52 |

说明:1.运价率:小型普通为 0.156、中型普通为 0.138、小中型中级为 0.183、小中型高一级为0.237;2.表列票价均含过桥、过路、过度费和保险费

1996 年,市物价局、市交通局就春运期间公路、水路客票价格做出规定。

## 1996年市区至各县(市)春运公路票价一览

表38-1-21　　　　单元:千米、元

| 县(市) | 路程 | 票价 | | | 县(市) | 路程 | 票价 | | |
|---|---|---|---|---|---|---|---|---|---|
| | | 普通大客 | 中级大客 | 中巴 | | | 普通大客 | 中级大客 | 中巴 |
| 九江县 | 24 | 3 | 3.4 | 4 | 彭泽县 | 71 | 9.3 | 9.6 | 10.6 |
| 瑞昌市 | 38 | 4.6 | 5.3 | 6 | 都昌县 | 102 | 11.6 | 13.4 | 14.9 |
| 湖口县 | 30 | 4.2 | 4.7 | 5.1 | 武宁县 | 132 | 15.2 | 17.6 | 19.3 |
| 星子县 | 41 | 4.5 | 5.2 | 6 | 修水县 | 213 | 21.5 | 25.6 | 28.5 |
| 德安县 | 62 | 7.9 | 9 | 9.5 | 南昌市 | 146 | 19.4 | 22 | 23.4 |
| 共青城 | 72 | 9.1 | 10.4 | 11.1 | 景德镇市 | 156 | 17.3 | 20.1 | 22.3 |
| 永修县 | 100 | 12 | 14.6 | 15.5 | | | | | |

说明:表列票价含过桥、过渡、过路费和保险费

## 1996年全市春运期间部分车型旅客运价一览

表38-1-22　　　　单位:分/人、千米

| 项目 | | 50千米及以下 | 50~200千米 | 201千米及以上 |
|---|---|---|---|---|
| 普通 | 大型 | 10.9 | 10.5 | 9.9 |
| | 中型 | 11.2 | 10.8 | 10.2 |
| | 小型 | 12.6 | 12.3 | 11.8 |
| 高级 | 大型 | 14.7 | 14.7 | 14.7 |
| | 中型 | 16.1 | 16.1 | 16.1 |
| | 小型 | 18.9 | 18.9 | 18.9 |

说明:1.过桥、过路、过渡等费用另加;2.运价中含保险费

九江至湖口,都昌至南昌,涂家埠至吴城的水路客运票价(白班宽座)分别为每票2.90元、11.10元、2.90元。

大、中专院校学生回家返校凭相关证明按票价70%优惠购票。

1996年,按照《江西省公路运输客货运价管理规定》调整市区至各县、市的公路客运票价、中级车票价。

## 1996年市区至各县(市)公路客运票价一览

表38-1-23　　　　单位:千米、元

| 县(市) | 路程 | 普通大客 | | | 中级大客 | | | 中级中客 | | |
|---|---|---|---|---|---|---|---|---|---|---|
| | | 运价 | 过路费 | 合计 | 运价 | 过路费 | 合计 | 运价 | 过路费 | 合计 |
| 沙河 | 24 | | 0.4 | 3.5 | | | 4.0 | | 0.4 | 4.0 |
| 瑞昌市 | 38 | 4.1 | 0.4 | 4.5 | | | 5.5 | | 0.4 | 6.0 |
| 湖口县 | 30 | | 1.0 | 4.5 | | | 5.0 | | 1.0 | 5.0 |
| 星子县 | 41 | 5.0 | | 5.0 | | | 5.5 | 6.0 | | 6.0 |
| 德安县 | 62 | 9.7 | 1.5 | 8.2 | 7.6 | 1.5 | 9.1 | 8.0 | 1.3 | 9.3 |
| 共青城 | 72 | 7.8 | 1.8 | 9.6 | 8.9 | 1.8 | 10.7 | 9.2 | 1.4 | 10.6 |
| 永修县 | 100 | 10.8 | 2.6 | 13.4 | 12.3 | 2.7 | 15.0 | 12.8 | 2.2 | 15.0 |
| 彭泽县 | 71 | 7.7 | 1.0 | 8.7 | 8.7 | 1.0 | 9.7 | 9.1 | 1.0 | 10.1 |

续表 38-1-23

| 县(市) | 路 程 | 普通大客 | | | 中级大客 | | | 中级中客 | | |
|---|---|---|---|---|---|---|---|---|---|---|
| | | 运 价 | 过路费 | 合 计 | 运 价 | 过路费 | 合 计 | 运 价 | 过路费 | 合 计 |
| 都昌县 | 102 | 11.0 | 1.0 | 12.0 | 12.6 | 1.0 | 13.6 | 13.1 | 1.0 | 14.1 |
| 武宁县 | 132 | 14.3 | 1.4 | 15.7 | 16.2 | 1.4 | 17.6 | 16.9 | 1.4 | 18.3 |
| 修水县 | 213 | 23.0 | 0.4 | 23.4 | 26.2 | 0.4 | 26.6 | 27.3 | 0.4 | 27.7 |
| 南昌市 | 146 | 15.8 | 4.6 | 20.4 | 18.0 | 4.6 | 22.6 | 18.7 | 3.9 | 22.6 |

说明：表列票价含旅客保险费、过路费(含过桥、过渡)费

高级车、卧铺车票价由运输企业提出意见上报，按批准票价执行。

1998 年，因汛期洪水淹没公路，九江市区至瑞昌、武宁、修水方向客运车辆绕道运营的情况，核定以上方向客运票价每人增加 4 元，即：九江至瑞昌，中级大客每票 9.50 元、中级中客每票 10.50 元；九江至武宁，中级大客每票 21.60 元、中级中客每票 22.30 元；九江至修水，中级大客每票 30.60 元、中级中客每票 31.70 元。

2001 年，九江至石钟山中级中巴客运票价每票 5.5 元，石钟山至龙宫洞、中级中巴客运票价每票 6 元。九江至湖口中级中巴每票 6 元，高级中巴每票 7 元。九江石彭泽中级中巴每票 12 元，高级中巴每票 13 元。九江至都昌中级中巴每票 19 元，高级中巴每票 20 元。2003 年，市物价局、交通局安排市汽车客运主要线路的春节期间客运票价，春运结束后则自行恢复正常客运票价。同年，执行《江西省汽车旅客运价实施细则》，对旅客基本运价按客车类型等级进行调整安排。2004 年，印发《关于调整我市主要路线公路客运票价的通知》。

### 2003 年市区至各县(市)春运公路客运票价一览

表 38-1-24　　单位：元/票

| 县(市) | 中型中级 | 中型高级 | 县(市) | 中型中级 | 中型高级 |
|---|---|---|---|---|---|
| 九江县 | 4.0 | 4.5 | 共青城 | 14.0 | 15.5 |
| 瑞昌市 | 6.5 | | 永修县 | 20.0 | 22.0 |
| 港口镇 | 3.5 | | 湖口县 | 7.0 | 7.5 |
| 码头镇 | 10.5 | | 彭泽县 | 14.0 | 14.5 |
| 武宁县 | 23 | 28.5 | 都昌县 | 20.5 | 22.5 |
| 修水县 | 35.5 | 43.5 | 景德镇 | 34.0 | 36.5 |
| 星子县 | 7.0 | 7.5 | 南昌市 | 39.5 | 32.5 |
| 德安县 | 11.5 | 12.5 | | | |

### 2003 年市区至各县(市)公路日常客运票价一览

表 38-1-25　　单位：元/票

| 县(市) | 中型中级 | 中型高级 | 县(市) | 中型中级 | 中型高级 |
|---|---|---|---|---|---|
| 九江县 | 3.5 | 4.0 | 共青城 | 12.0 | 13.5 |
| 瑞昌市 | 5.5 | | 永修县 | 17.5 | 29.5 |
| 港口镇 | 3.0 | | 湖口县 | 6.5 | 7.0 |
| 码头镇 | 9.0 | | 彭泽县 | 12.0 | 13.5 |
| 武宁县 | 19.5 | 25.0 | 都昌县 | 18.0 | 20.0 |
| 修水县 | 30.0 | 38.0 | 景德镇 | 30.0 | 32.5 |
| 星子县 | 6.0 | 6.5 | 南昌市 | 25.5 | 28.5 |
| 德安县 | 10.0 | 11.0 | | | |

说明：表列票价均含过路(过桥、过渡)费和保险费

## 2003 年全市汽车旅客运价一览

表 38-1-26　　　　单位:元/人·千米

| 项 目 | | 运 价 | 注 明 |
|---|---|---|---|
| 坐席客车 | 大型普通 | 0.09 | 基本运价 |
| | 中型普通 | 0.108 | 基本运价加成 20% |
| | 小型普通 | 0.12 | 基本运价加成 40% |
| | 大型中级 | 0.135 | 基本运价加成 50% |
| | 中、小型中级 | 0.153 | 基本运价加成 70% |
| | 大、中、小型高一级 | 0.207 | 基本运价加成 130% |
| | 大、中、小型高二级 | 0.27 | 基本运价加成 200% |
| | 大型高三级 | | 企业自主定价 |
| 卧席客车 | 普通 | 0.15 | 基本运价 |
| | 中级 | 0.195 | 基本运价加成 30% |
| | 高一级 | 0.24 | 基本运价加成 60% |
| | 高二级 | 0.30 | 基本运价加成 100% |
| | 高三级 | | 企业自主定价 |
| 夜班车旅客运价 | | 同类同级客车运价基础上加成不超过 15% | |
| 旅游车运价 | | 同类同级客车运价基础上加成不超过 10% | |
| 残疾军人及因公致残的 | | 按票价的 50%,凭“抚恤证” | |
| 计费行李包裹 | | 每 100 千克千米按座席基本运价的 2 倍计收 | |

## 2004 年市长运部分路线客运票价一览

表 38-1-27　　　　单价:元/票

| 行驶区间 | 类型等级 | 票 价 | 行驶区间 | 类型等级 | 票 价 | 行驶区间 | 类型等级 | 票 价 |
|---|---|---|---|---|---|---|---|---|
| 九江—都昌 | 小型普通 | 21.0 | 九江—景德镇 | 小型普通 | 32.0 | 九江—杭桥 | 小型中级 | 18.0 |
| | 小型中级 | 23.0 | | 小型中级 | 36.0 | | 小型高一级 | 22.0 |
| | 小型高一级 | 28.0 | 九江—抚州 | 小型普通 | 49.0 | 九江—化民 | 小型普通 | 16.0 |
| | 中型普通 | 18.0 | | 小型中级 | 57.0 | | 小型中级 | 18.0 |
| | 中型中级 | 23.0 | 九江—宜春 | 小型普通 | 66.0 | | 小型高一级 | 22.0 |
| 九江—都昌 | 中型高一级 | 27.0 | 九江—宜春 | 小型中级 | 75.0 | 九江—三汊港 | 小型普通 | 18.0 |
| 九江—湖口 | 小型普通 | 7.0 | 九江—上饶 | 小型普通 | 61.0 | | 小型中级 | 20.0 |
| | 小型中级 | 8.0 | | 小型中级 | 77.0 | | 小型高一级 | 24.0 |
| | 小型高一级 | 9.50 | 九江—波阳 | 小型普通 | 37.0 | 九江—阳峰 | 小型普通 | 18.0 |
| | 中型普通 | 6.50 | | 小型中级 | 45.0 | | 小型中级 | 20.0 |
| | 中型中级 | 7.50 | 九江—新余 | 小型普通 | 63.0 | | 小型高一级 | 25.0 |
| | 中型高一级 | 9.50 | | 小型中级 | 71.0 | | 中型普通 | 16.0 |

续表 38-1-27

| 行驶区间 | 类型等级 | 票 价 | 行驶区间 | 类型等级 | 票 价 | 行驶区间 | 类型等级 | 票 价 |
|---|---|---|---|---|---|---|---|---|
| 九江—彭泽 | 小型普通 | 14.0 | 九江—婺源 | 小型普通 | 51.0 | 九江—阳峰 | 中型中级 | 20.0 |
| | 小型中级 | 15.0 | | 小型中级 | 63.0 | 九江—西源 | 小型普通 | 19.0 |
| | 小型高一级 | 19.0 | 九江—蔡岭 | 小型普通 | 14.0 | | 小型中级 | 21.0 |
| | 中型普通 | 12.0 | | 小型中级 | 15.0 | | 小型高一级 | 26.0 |
| | 中型中级 | 15.0 | | 小型高一级 | 19.0 | | 中型普通 | 19.0 |
| | 中型高一级 | 19.0 | 九江—袁宜 | 小型普通 | 15.0 | | 中型中级 | 23.0 |
| 九江—星子 | 小型普通 | 6.0 | | 小型中级 | 17.0 | 九江—周溪 | 小型普通 | 20.0 |
| | 小型中级 | 7.50 | | 小型高一级 | 20.0 | | 小型中级 | 23.0 |
| | 小型高一级 | 9.50 | 九江—高桥 | 小型普通 | 16.0 | | 小型高一级 | 28.0 |
| | 中型普通 | 5.50 | | 小型中级 | 17.0 | | 中型普通 | 18.0 |
| | 中型中级 | 7.50 | | 小型高一级 | 21.0 | | 中型中级 | 23.0 |
| | 中型高一级 | 9.50 | 九江—新桥 | 小型普通 | 17.0 | 九江—大沙 | 小型普通 | 19.0 |
| 九江—德安 | 小型普通 | 14.0 | | 小型中级 | 19.0 | | 小型中级 | 21.0 |
| | 小型中级 | 16.0 | | 小型高一级 | 24.0 | | 小型高一级 | 26.0 |
| | 小型高一级 | 19.0 | 九江—七角塘 | 小型普通 | 18.0 | 九江—和合 | 小型普通 | 20.0 |
| 九江—永修 | 小型普通 | 22.0 | | 小型中级 | 21.0 | | 小型中级 | 23.0 |
| | 小型中级 | 25.0 | | 小型高一级 | 25.0 | | 小型高一级 | 28.0 |
| | 小型高一级 | 30.0 | 九江—大港 | 小型普通 | 16.0 | 九江—中馆 | 小型普通 | 17.0 |
| 九江—武宁 | 小型中级 | 28.0 | | 小型中级 | 18.0 | | 小型中级 | 19.0 |
| | 小型高一级 | 35.0 | | 小型高一级 | 22.0 | | 小型高一级 | 23.0 |
| | 中型中级 | 26.0 | 九江—土塘 | 小型普通 | 16.0 | 九江—南峰 | 小型普通 | 20.0 |
| | 中型高一级 | 33.0 | | 小型中级 | 18.0 | | 小型中级 | 23.0 |
| 九江—庐山 | 中型中级 | 7.0 | | 小型高一级 | 22.0 | | 小型高一级 | 28.0 |
| | 中型高一级 | 9.0 | | 中型普通 | 14.0 | | 中型普通 | 18.0 |
| 九江—修水 | 中型中级 | 41.0 | | 中型中级 | 17.0 | | 中型中级 | 23.0 |
| | 中型高一级 | 51.0 | 九江—杭桥 | 小型普通 | 16.0 | 九江—芗溪 | 小型普通 | 20.0 |

2006 年,春运期间客运票价适当上浮,上浮幅度未超过平时核定票价 20%。大、专院校在校学生在学生证注明乘车区间乘车不得上浮。重新核定修水、武宁到南昌、九江的公路营运里程和客运票,修水至南昌高一级车票价每票 62 元,春运票价每票 75 元;修水至九江,中型高一级车票价每票 55 元,春运票价每票 66 元。武宁至南昌,高一级车票价 43 元,春运票价每票 52 元。票价均含站务费和空调服务费。批复核实九江至星子汽车客运票价,中、小型车辆均在现浮票价基础上每票提高 1 元。

2007 年,重新核定都昌、修水、武宁、永修、瑞昌、共青至南昌的公路客运票价,核定车型均为高一级,具体票价分别为:都昌至南昌、每票 75 元,修水至南昌、每票 62 元,武宁至南昌、每票 43 元,永修至南昌、每票 16 元,瑞昌至南昌、每票 54 元,共青至南昌、每票 27 元,九江至武宁(直线)每票 43 元。

2008 年,核定批复各客运企业,市内各条客运线路加收燃油附加费,300~2000 千米,每票加收 8 元,200~300 千米,每票加收 6 元,100~200 千米,每票加收 4 元,50~100 千米,每票加收 2 元,50 千米以内,每票加收 1.20 元。

# 第二章 行政事业性收费

## 第一节 文化卫生教育收费

### 一、文化系统收费

**证照工本费** 1991年起,执行省物价局、省财政厅、市物价局、市文化局文件规定:放映管理费35毫米4元场,16毫米3元场;农村放映单位35毫米3元场,8.75毫米2元场。

2000年起,文化经营许可证、音像制品经营许可证、电影放映经营许可证、电影发行许可证每套20元、音像制品准放证工本费每张2元,营业性演出许可证、文化市场稽查证工本费每套5元,网络文化准营证工本费每套20元。2001年,娱乐场所审核合格证工本费每套20元。

**文化市场管理费** 1991年起,执行省物价局、省文化厅文件规定,市文化市场管理费标准:省内业余各民间职业表演团体(艺人)营业性演出每月100元;营业性各类游乐场所,按天总收入2%;营业性各类游艺活动按月总收入3%;营业性音像制品发行、批发、销售、出租、录像放映按月总收入3%;营业性的报刊书摊(店、亭)批发、经销,按销出额2%;营业性舞(会)厅、音乐茶(餐)座、卡拉OK娱乐活动,按营业总收入5%;营业性歌舞厅、音乐茶(餐)座、咖啡厅、酒吧等娱乐场所演出队成员,按个人实际收入5%;营业性的各类文化艺术展览(展销),按月总收入1%;营业性的时装或健美表演(比赛)、业余、民间举办各类文化艺术比赛活动,按月总收入5%;非演出单位及个人举行的营业性组台演出,按场总收入10%;字画裱贴销售,当地固定店面(柜台),按销售总收入1%;当地摆摊销售每月10元;外地流动摆摊每天1元;收取培训费的各类业余和民间文化艺术培训,按每期培训费5%;未列上述的营业项目,按营业额5%。

### 二、卫生系统收费

1991年,药品委托检验费,全检化学药品类原料、注射剂、其他制剂每批200元、每批120元;中药材、成药、制药每批100元,单项检验热原检验每批150元、无菌检查每批50元。医疗机械注册登记费100人以上80元,50~90人60元,20~49人30元,19人以下20元。1992年,证照工本费、医疗事故鉴定费地市级每例240元、县级每例180元,医疗事故尸检五周岁以内每具40元、五周岁以上每具90元。1993年,医疗机构执业许可证费每套10元。1994年,食品卫生许可证费:国有、三资企业每证10元,新发证单位加级一次性审查费50元;集体、私营企业每证8元,新发证单位加级一次性审查费30元;个体摊点每证4元,新发证单位加级一次性审查费20元;公共场所卫生许可证每证10元;食品行业人员健康合格证每证1.2元;放射工作人员证每证1.2元;食品公共场所等服务性从业人员健康体检每人每次2元;药品生产企业许可证每证10元、药品经营企业许可证每证10元、制剂许可证每证10元。资格审查费:药品生产企业200元、药品经营企业100元、医院制剂室100元。

### 三、教育系统收费

1993年起,高招办中招办报名费:普通高校报名考试费每人35元,普通中专报名、考试费每人30元、成人高校报名、考试费每人25元,成人中专报名考试费每人15元,研究生报名考试费每人50元、成人高校预科班报名费每人5元,外语口试费每人15元,高校、中专生体检费每人10元,统考试卷查询费每科3元,体育、艺术专业加试报名、考试、复核费每人20元,研究生复试费每人35元。

自学考试:报名费每人每科5元,考务费每人每科5元,毕业生审定费每人每科20元(含毕业证工本费),转移考籍手续费每人5元,办理免考课程审定费每科4元,补办准考证手续费每人8元,委托考试补助费中专每人每次10元,全年报考人次在3001人以上高校每人每次11元,全年报考人次在

2001~3000之间中专每人每次11元(高校12元/人、次),全年报考人次在1001~2000之间中专每人每次12元(高校13元/人、次),验收和认定学历考试补助费每人每次20元。

电视大学:通过普通高考招生的电大普通班学生,理工、医农、艺术、体育每人每学年3200元,文理兼收的每人每学年3000元,文科、财经、政法及其他每人每学年2800元。

电大大专全脱产学生:理工、医药、艺术、体育类每人每学年1100元,农村及文法财经类每人每学年900元。电大大专业余(含半脱产)理工、医药、艺术、体育类每人每学年800元,农村及文法财经类每人每学年700元。

电大中专全脱产:理工、医药、艺术、体育类每人每学年1100元,农村及文法财经类每人每学年900元。电大中专业余(半脱产)理工、医药、艺术、体育类每人每学年700元,农村及文法财经类每人每学年600元。

## 第二节 城建系统收费

### 一、城市占道费

1994年,市物价局批复市中心区内主、次干道路:日·平方米1元、基建与其他日·平方米0.3元,支区间道路:经营性日·平方米0.6元,基建与其他日·平方米0.3元。市中心区外主、次干道路:经营性日·平方米0.5元,基建与其他日·平方米0.2元,支、区间道路:经营性日·平方米0.4元,基建与其他日·平方米0.1元。

### 二、白蚁防治费

1992年起,执行国家物价局、财政部和市物价局规定,白蚁防治费收费标准为:等级宾馆、饭店、档案馆、大会堂、书店、图书馆、办公楼、医院、车站等人群聚集的房屋建筑每平方米0.9元,普通宾馆、饭店、民房住宅、宿舍等每平方米0.80元,印刷、木工车间、轻纺、服装、仓库等每平方米0.70元,重工业房、电子工业车间每平方米0.65元,砖木结构建筑每平方米0.70元,混合结构每平方米0.60元,框架结构每平方米0.35元,木结构门窗每平方米0.30元,混合结构每平方米0.20元,金属门窗每平方米0.15元。

白蚁灭蚁费,木板、砖泥土地面:浔阳区每平方米2.00元,各县区每平方米2.20元,市区私房每平方米1.60元,各县农村每平方米1.75元;水泥地面:浔阳区每平方米1.20元,各县区每平方米1.30元,市区私房每平方米0.60元,各县农村每平方米0.65元。

### 三、证书收费

1992年,建筑施工企业资质证工本费:正本每本10元、副本每本5元。监理单位资质证工本费每套18元。1993年,城市规划设计证书工本费每证38元。1997年,监理工程师证书费每套10元。2000年,排水许可证工本费每证40元。城市公共客运交通劳动证工本费每证5元、城市公共客运许可证工本费每证5元、城市公共客运服务资格证工本费每证3元、城市公共客运经营资格证工本费每证6元。

### 四、其他收费项目及标准

1993年,道路破挖修复费,按造价2~4倍收取。

2001年起,建设工程质量监督费,按建安工程量的1.80‰收取。房屋拆迁管理费,按拆迁补偿安置费用的0.42%。

2002年起,卫生服务费,每月每户1~3元。垃圾处理费,规定不超过每月每户1元。

## 第三节 林业农业系统收费

### 一、林业系统收费

**育林基金** 1991年以来,按实际销价10%,更改资金按实际销价8%收取。

**证照收费** 1992年起,木材运输证每证1.5元、植物检疫证每证1元。陆生野生动物资源保护管理费、特许猎捕证工本费每证5元,驯养繁殖许可证工本费每证10元。

**森工企业管理费** 1993年起,森工企业管理费:木材管理费每立方米1.2元;竹材管理费每根0.03元;松香、松节油按供应价格的2%收费。

### 二、农业系统收费

**农机维修点审定及修理工考核收费** 1991年,农村机械维修点技术合格证每证10元;农村修理工技术等级证书工本费每证1元;考核费每人每次20元(以上收费含框架)。

**国内植物检疫收费** 1991年,植物检疫收费,证书费0.30元,调运检疫收费:粮谷类按货值0.6%,经济作物类按货值0.7%,水(瓜)果类按货值0.8%。产地检疫收费:粮谷类按货值0.4%,经济作物类按货值0.45%,水(瓜)果类按货值0.6%。

**进出境动物检疫费** 1992年起,九江市进出境动物检疫收费依据国家物价局的收费标准。

微生物学检验。普通镜检每头(次)2元,特殊染色镜检每头(次)2元,普通培养镜检每头(次)5元,特殊培养镜检每头(次)15元,生化试验每头(次)10元,细菌分离鉴定每头(次)15元,细胞培养每头(次)30元,鸡胚培养每头(次)20元,支原体检查每头(次)50元,毒物(素)分析每项400元,动物接种每种15元,病毒分离鉴定每种300元。

显微光检查。病理切片检查每头(次)10元,电镜检查每头(次)120元,X光透视检查每头(次)5元,X光片每头(次)15元,低温超速离心每头(次)50元。消毒项目:外包装消毒每平方米0.30元。

皮张喷雾。大动物每张1.0元,中动物每张0.5元,小动物每张0.10元。

毛、蹄、骨、角每公斤0.05元,密闭薰蒸每立方米1.50元,车、船、机舱喷雾每平方米0.50元,场、舍、栏、台案等每平方米0.40元。

**兽医卫生条件审核、发证** 依据省物价局1992年规定的收费标准。种用动物饲养场每个200元,乳用动物饲养场每个(户)150元,动物饲养场每个(户)100元,屠宰厂每个200元,肉类联合加工厂每个(户)200元,屠宰场(点)每个(户)50元,其他动物产品加工每个(户)50元,动物产品经营每个50元,动物及其产品仓储每个50元,被委托检疫单位每个100元。

**兽医从事许可审查** 单位每个100元,个人每人50元。种畜种禽生产经营许可证每证1元,乡(镇)种畜种禽质量检查员每证0.5元。

**技术咨询服务费** 1992年起,执行省物价局规定:种公猪专业户每次10元,种公牛或种公羊专业户每次5元,种蜂、兔、鸽、鹁专业户每次30元,种鸡、鸭、鹅专业户每次60元,种畜(禽)原种场及一级良种繁殖场每次200元,二级良种繁殖场每次100元,省级种畜供精站每次200元。

**其他证照及技术咨询服务收费** 1992年起,根据省物价局、财政厅文件要求,种畜种禽生产经营许可证每证1元、乡(镇)种畜种禽质量检验员证每证0.5元。技术咨询服务费:种公猪专业户每次10元;种公牛或种公羊专业户每次5元;种蜂、兔、鸽、鹁专业户每次30元;种鸡、鸭、鹅专业户每次60元;种畜(禽)原种场及一级种繁殖场每次200元;二级良种繁殖场每次100元;省级种畜供精站每次200元。

## 第四节 公安系统收费

### 一、爆炸物品、管制刀具、枪支管理收费

1993年起,执行省物价局、省财政厅文件规定:爆炸物品收费,生产许可证(含检测费)每证60元、储存许可证(含勘察费)每证60元、使用许可证每证15元、销售许可证每证15元。爆破员作业证每证15元、烟花爆竹安全配方许可证每证30元、运输证(含危险物品)每证5元、购买证每证5元。特种刀具生产许可证每证15元、特种刀具购买证每证5元、匕首佩带证每证5元、特种行业许可证工本费每证

20 元、变更登记换证工本费每证 15 元。持枪证(包括军用、射击运动员枪支等)每证 5 元,猎枪证、气枪证每证 15 元,枪支弹药携运证每证 2 元,持枪通行证每证 2 元,气枪摆摊许可证每证 15 元。

## 二、户籍管理、居民身份证收费

1992 年起,根据省物价局、财政厅文件规定,居民身份证工本费每证 5 元、居民临时身份证每证 7 元、户口簿每证 2 元、公共户口页每证 1 元、户口迁移证(含防伪加密)每证 6 元、户口迁移每证 6 元、船民证每证 4 元、寄(暂)住证每证 10 元、管理微机打印每张 1 元、立户和落户打印每地(人、次)1.5 元、机关查询微机打印相片每人 8 元。船舶牌照每块 18 元、外省无编号船舶入赣临时牌每块 10 元、中华人民共和国边境管理区通行证每证 2 元。

## 三、出入境证件收费

1992 年起,执行省物价局、省财政厅规定,申请手续每人次 5 元;普通护照每证 100 元,加面、合订、加注、延期每项次 20 元;入出境通行证一次有效每证 20 元,二次有效每证 50 元/证,多次有效每证 100 元;往来港澳通行证每证 50 元,延期、加注每项次 20 元;前往港澳通行证每证 20 元;台湾居民来往大陆通行证:一次入出境签注、延期停留、暂住加注每证 20 元,多次入出境签注每证 100 元,一次有效台湾居民来往大陆通行证每证 50 元;台湾同胞定居证每证 50 元;华侨回国定居证每证 50 元;大陆居民往来台湾通行证每证 30 元,签证、加注、延期每项次 20 元。

## 四、非刑事案件检验鉴定费

1991~2010 年市公安系统非刑事案件检验鉴定收费执行省物价局文件规定。

法医检验尸体检验,每具 100~150 元;尸体局部解剖,每具 50~100 元;尸体系统解剖,每具 200~300 元;开棺检验,每具 300~500 元;活体检验,每人次 50~100 元;物证检验,样品 50~100 元。

文件检验经济案件按涉及金额的 5‰。

痕迹检验指纹、足迹、工具检验,每枚 100~200 元;验枪,每支 20~50 元。

理化检验,样品 50~300 元。

照相、录像检验:一般照相检验,每张 2~10 元;特种照相检验,每起 50~200 元;录像及制作(制成品),每分钟 50~100 元。

精神病司法鉴定,每人次 100~200 元。

## 五、非机动车管理收费

1991~2010 年市公安系统非机动车管理收费项目及标准执行省物价局的文件规定。非机动车行驶证,每证 1 元;自行车年检,每年每辆 1.4 元;自行车逾期年检,每天每辆 0.1 元;其他非机动车年检,每年每辆 3 元;非机动车异动变更,每辆每次 1 元。

## 六、机动车管理收费

1991~2010 年市公安系统机动车管理收费项目及标准执行省物价局的文件规定。汽车号牌(反光),每副 100 元;摩托车号牌(反光),每副 70 元;挂车号牌(反光),每面 50 元;临时行驶车号牌(纸牌),每张 5 元;机动车行驶证、临时行驶证,每本 10 元;号牌专用固封装置,每个 1 元;号牌架(含聘用人员安装费),铁质及同类产品每只 5 元,铝合金及同类产品每只 10 元;普通彩色照片(共 4 张),每套 4 元;机动车逾期年检,每天每辆 2 元;机动车异动登记,每辆每次 15 元;机动车改型改造审批,每辆每次 50 元;驾驶员年审,每人每年 5 元;驾驶员异动登记 5 元;机动车辆安全技术检测年检收费:机动车临时驾驶证,每本 10 元;驾驶员准考证,每本 2 元;机动车人工处检,每年每辆 15 元;驾驶员补考、增驾、复验费,每次 3 元;机动车辆改装改型、改选检验费,每次 10 元;驾驶员路考车辆费,每次每辆 12 元;加强场地考试车辆费,每次每辆 20 元;考场练车费,每人次 20 元;驾驶员考试场地费,每人 8 元。

初办轻便摩托车,每人100元;初办轮拖(包括农用运输车4个月),每人800元;初办手拖(3个月),每人350元。

### 七、交通事故处理费

1991~2010年市公安系统交通事故处理收费标准执行省物价局的文件规定。重大事故负全部责任,每宗800元;负主要责任,每宗600元;负同等责任,每宗400元;负次要责任,200元/宗;特大事故负全部责任,1000元/宗;负主要责任,每宗700元;负同等责任,每宗500元;负次要责任,每宗300元。

### 八、边防、消防收费

1991~2010年公安系统边防、消防收费项目标准执行省物价局的文件规定。航行港澳船舶证明书,每份5元;随船工作证,每份10元;船员登陆证,每份8元;台湾船员登陆证,每份8元;台湾同胞旅行证明,每份10元;定期登轮许可证,每份10元;临时登轮许可证,每份2元;停留许可证,每份5元;搭靠外轮许可证,每份10元;船员住宿证,每份8元;口岸以外的国内有关单位,每人每日50元;口岸以外的外国交通运输工具,每人每日80美元。

火因技术测定费,按实际开支核收;火因原因论证费,一般火灾每起100元,重大火灾每起200元;消防工程营业许可证,每证10元;建筑消防产品准销证,每证10元。

### 九、禁行线路通行证工本费

营业性、生产性车辆,每证6元;市内为公益事业服务的车辆,每证1元;三超通行证工本费,每证6元;厂矿交通车停靠证工本费,每证1元;交通道路占破许证工本费,每证1元;城市建设增容费省辖市,每人6000~8000元;县级市区、县城镇、开放区,每人4000元;其他建制镇、集镇不超过每人2000元。

### 十、其他收费

1991~2010年市公安系统其他收费项目有:计算机检测病毒检测服务费,每台30元;计算机病毒软盘费,每张50元;公派出国(境)人员培训费,每人次20元;国家秘密载体复制许可证,每证2元;专用包装、扎捆和铅封材料损耗费,按进价加1%;自行车定点停放停车费,每辆每年1.5元;营运人力车停放牌照,每套1.2元;营运人力车停车费,每车每月5元。

## 第五节　税务工商系统收费

### 一、税务系统收费

1991~2010年市税务系统收费执行省、市物价局的文件规定。税务登记证正本铝合金外框,每证25元;外商投资企业税务登记正本外框,每付15元;新版专用发票工本费,每付25元。

普通发票工本费,车船使用税完税、免税标志,每枚0.5元;税务咨询服务业务收费,提供依法遵章纳税,执行税收法规的咨询:工商企业小型30~100元,中型40~200元,大型50~300元;个体工商户10~100元;制订经济承包方案,提供甲、乙双方合法的税务设计:工商企业小型200~600元,中型500~1000元,大型800~1500元;提供加强经济核算,提高经济效益的建议和实施方案:工商企业小型400~1000元,中型1000~2000元,大型2000~4000元;个体工商户100~500元;辅导建账建制,代办财务审核、会计核算和决算:工商企业小型400~1000元,中型1000~2000元,大型2000~4000元;个体工商户5~400元;帮助企业进行经济可行性研究:工商企业小型500~1000元,中型1000~2000元,大型2000~4000元;个体工商户200~500元;代拟经济合同、协议、章程和其他经济文件:工商企业小型50~100元,中型100~200元,大型200~300元;个体工商户50~100元;为企事业单位和个体工商户推荐、招聘财会、经济管理人员:工商企业每人100~200元(成功后对被聘个人收费20元);接受有关部门委托,进行税收、财务审核、检查,工商企业按上级有关规定办理。

## 二、工商系统收费

**企业开业注册登记费** 1991~2010年，企业法人（含私营企业，下同，注册资金总额1000万以下，含注册资金超过部分），按注册资金总额1%按超过部分0.5‰；不具备法人条件的分支机构收300元；国家核拨部分经费事业单位和科技性社会团体从事经营活动或设立不具法人条件的企业收100元；筹建企业收50元；外商投资企业（包括港澳台企业和华侨、港澳台同胞举办的合资、合作、独资，下同）注册资本总额在100万元以下（含），按注资本总额1‰；注册资本总额超过1000万，按超过部分0.5‰；外商投资企业的分支机构、办事机构收300元；来货承包工程的外国（地区）以承包合同额计算，按外商投资企业注册标准收取；外国（地区）企业来华承包经营管理的，按年限累计的管理费5‰；外国（地区）企业在华设立常驻代表机构注册登记费收600元；延期注册登记费收300元；外国（地区）企业在华申请其名称注册收1000元；企业法人及其分支机构具备法人条件的企业收100元；国家核拨部分经费的事业单位、科技性社会团体从事经营活动或设立不具备法人条件的企业收20元；外商投资企业，外国（地区）公司合作开发、承包工程、承包经营管理及常驻代表机构收100元；企业法人和外商投资企业增加注册资本增加的部分与原资本之和未超过1000万的增加部分超过1000万的，其超过部分超过1亿元的，超过部分不收，增加部分按1‰、按0.5‰；年度检验费企业（包括合营企业）、外商投资企业和外国公司年度检验，每户50元；补（换）证、照及领取执照副本收费：企业因证遗失、损坏等原因，每份50元；企业需要领取企业法人营业执照副本或营业执照副本工本费，每份10元。

**个体工商户注册登记费** 开业登记费，每户20元；重新登记、换发营业执照，每户20元；变更登记费，每户10元；补发营业执照，每户10元；营业执照副本，每户3元。

**广告经营单位注册登记费** 广告经营单位注册登记收费：专营广告业务企业，按企业注册登记执行；兼营广告业务的事业单位，每户100元；省辖市级广告经营单位，每户50元；县级广告经营单位，每户20元。

**变更登记费** 兼营广告业务的企业，办理经营范围变更费，每户50元；举办临时性广告经营一次性登记费（含工本费），每户每次50元。

**经济合同仲裁费** 1991~2010年，案件受理费争议金额在10万元以下，5‰；争议金额10万–50万元，500元；加收超过10万元部分的4‰；争议金额在50万元以上的并加收超过部分的收2100元；最高不得超过1万元；案件处理费，按实际开支。

**经济合同鉴证费** 1991~2010年，购销、订货、建筑安装工程承包合同收取款或工程造价，万分之二；加工承揽、建设工程勘察设计、科技协作合作及其他经济合同，按价款或酬金千分之一。

**交易市场开业（变更）登记工本费** 商品交易市场开业（变更）登记工本费，每套30元；商品交易注册登记年度检验（证、表）工费，每套5元。

**广告管理费** 广告经营单位按单位营业额0.8%~1.2%；广告单位雇佣人员，按其收入0.8%~1.2%；张贴广告张贴一开张，每张0.3~0.4元；张贴二开张，每张0.2~0.3元；张贴四开张，每张0.1~0.2元。

**经济合同示范文本工本费** 八开装订本，每本4.50元（100页）；十六开装订本，每本2.60元（100页）；每年验照收取验证费，每证2元。

**私营企业（非法人企业）验证费** 每年验照收取验证费，每证5元；营业执照正本框架工本费，每人9元。

**工商事务所收费** 工商法规及有关政策咨询代企业起草登记文件文书，每人10~20元；协助企业催还业务欠款，50~100元；代办、代理企业登记费，按催还实际金额0.5%~1%（小型企业每户200~800元、中型企业每户500~1200元、大型企业每户1000~2000元）；代查企业档案资料，每户每次5元。

## 第六节　其他系统收费

1991年以来,其他收费系统有:经贸委、煤炭办、轻工办、计划生育、科协、民政、物价、财政、人事、劳动、统计、交通、水利、国土资源、人防、旅游、安全生产监督管理、药品监督管理、外贸(贸促会)、海关。1993年12月,取消收费项目68项,涉及18个部门。1994年7月,取消收费项目49项。11月,取消收费项目75项,涉及8个部门。1997年,降低收费标准22项,主要是相关部门的管理费。1999年,降低收费标准,涉及行政事业收费部门8个,收费项目14项。

2000年,公布《九江市涉及企业的行政事业性收费项目目录》,涉及相关收费部门52个,收费项目246项。市物价与市监察局联合在全市推行"交费登记卡"。2002年,公布国家计委、财政部将部分行政事业性收费转为经营服务性收费(价格)的通知。2003年,公布省行政事业性收费、政府基金项目及标准目录。2004年,转发省发改委、财政厅《关于转发国家计委、财政部、农业部〈关于涉及农民负担部分收费项目修改意见的通知〉》等3个文件。2005年,公布105项行政审批等收费项目。2006年,全市各县(市、区、山)施行《行政事业性收费统计报告制度实施细则》。2010年,市物价局、市监察局印制"九江市企业交费登记卡",发放给全市经营企业,接受社会和各有关部门的监督。

# 第三章　经营服务价格收费

## 第一节　邮政电信价格

1996年,执行《关于无线寻呼资费标准》,开户费每号100元(一次性收费);本地网用户服务费:数字机每月20元;汉字机每月40元;联网用户服务费:数字机每月25元,汉字机每月50元;自备机入网除按规定收取开户费外,另收取改频、验机费每部40元。

1997年,调整市(县、区、山)市话初装费标准:甲种用户(含居民安装的住宅电话、党政机关、财政拨款的中小学、幼儿园,每号调整为1500元;乙种用户(除甲种以外的用户)每号调整为2000元。

1999年,执行《国家计委关于调整邮政电信资费的通知》精神,降低部分电信资费标准,提高部分邮政资费标准,整顿邮电建设附加费。

## 第二节　医疗服务价格

1990年,执行省卫生厅,省物价、省财政厅《关于统一全省新增医疗项目收费标准的通知》精神,统一3430余项医疗项目的收费标准。

1996年,核定市中医院部分医疗项目收费标准:ZWG-B3型光量子透射治疗仪每人次35元。一次性腰突症手法复位每人次65元。XD280ZHE-NE激光血管治疗仪。中草药薰蒸治疗法每人次50元。同年,核定市一医院住院楼病房收费标准普通病房6人间每人每天6元,3人间每人每天8元,2人间每人每天10元,优质病房每人每天16元(卫生间、淋浴、空调、沙发、办公桌)。1997年,核定市妇幼保健院儿科特优病房收费标准:床位费每人每天256元,空调费每人每天10元,陪住费每天3元。1998年,根据国家关于加强和改进医疗服务收费管理的要求,对现行的医疗项目收费标准进行清理,通过调查测算,理顺卫生服务价格体系和内外比价关系为目标,降低药品收入占医疗机构收入的比重,重点提高门诊,住院、手术、常规检查,技术劳务收费标准,降低大型医疗设备检查治疗费,规范医疗服务行为,从当年4月30日起执行《江西省医疗项目收费标准》,凡与标准规定不一致的自行停止。

2000年,对市直医疗单位血透析治疗收费实行限价;首透每例570元,复透540元(均含治疗费10元)。核定九江医专附属医院(东院)新建住院大楼病床位费标准:凡参加医疗社会保险对象住院床位费:2人间每人每天15元,3人间每人每天10元,6人间每人每天8元;其他人员住院床位费:2人间每人每天30元,3人间每人每天25元,6人间每人每天18元; 空调费:2~3人间每人每天15元,6人间每人每天10元。不使用空调季节不得收取空调费。参加医疗保险对象空调费自付。批复市妇幼保健院优质产妇康复病房收费标准;每人每间每天收费120元(计11间),房内有卫生间,24小时热水,中央空调,电视机,电冰箱等。2001年,调整市第一人民医院心血管改造病床收费标准:1人间每人每天15元,3人间每人每天8元,6人间每人每天6元。2002年,审批市第三人民医院优质病房的住院床位费:套间每天40元,2人间每人每天20元,3人间每人每天15元,单人间每人每天30元。市中医院内科、肾1、肾2病区优质病房2人间每床每天35元(房内有空调、沙发、电视机和独立卫生间)。调整市中医院“血液透析”医疗服务项目的收费标准:首次透析收费标准维持原标准,每例570元;复透收费标准由原每人每例540元调整为480元(均含材料费、药品费和相关的治疗费)。对市妇幼保健装修后的7间家庭戒陪伴分娩单间产房(产房配备多功能产床,进口手术无影灯,新生儿辐射台,胎儿监护仪,超声多普功勒胎心仪等全套高档医疗仪器设备。全套导乐式陪伴分娩,整个(含待产和分娩过程)一对一专人服务,在单间分娩每人次280元(含床位费);等产经过导乐式陪伴,等产过程提供一对一专人服务分娩集中在分娩室进行,每人次160元(含术位费);提供等产单间,家属陪同,每日每床位费60元。2003年,审批市第一人民医院新增医疗服务项目收费:TEC型眼电生理检查仪每项50元;HUBT-01型幽门螺杆菌(D)测试仪每人次80元;KTP激光治疗机每人次270元;肛门指检每人次8元。多媒体远程会诊每人次300元。

2005年,执行《江西省医疗服务价格手册》标准,明确医疗服务价格管理形式:国家宏观调控与市场调节相结合的原则,对医疗服务价格实行政府指导价和市场调节价,取消政府定价。非营利性医疗机构提供的医疗实行政府指导价,收费水平与医疗机构服务质量挂钩。省、市、县或不同等级的医疗机构分别执行不同的收费水平,营利性医疗机构提供的医疗服务实行市场调节价。实行分等级计价:(一)省级(包括三级甲等)医疗机构执行《江西省医疗服务价格手册》三级指导价。(二)设医市级(包括三级乙等)医疗机构执行《江西省医疗服务价格手册》二级指导价。(三)县(市)级(包括其他等级)医疗机构执行《江西省医疗服务价格手册》一级指导价。(四)乡镇卫生院,城市社区卫生服务机构指导价格在不超过县(市)级医疗机构指导价格80%的前提下,由设区市价格主管部门会同卫生行政主管部门核定具体收费标准。市第一人民医院,九江学院附属医院、中医院、第三人民医院、第五人民医院,妇幼保健院、解放军第171医院按《江西省医疗服务价格手册》二级指导价格标准收费。2009年3月,市第一人民医院,九江学院附属医院调整为三级甲等医院。

2010年2月,市中医院,第三人民医院、第五人民医院、妇幼保健院、解放军第171医院调整为三级甲等医院,均按《江西省医疗服务价格手册》三级指导价格标准收费,县级医院医疗项目收费标准按《江西省医疗服务价格手册》一级指导价格标准收费。

## 第三节 教育收费

1991年,市物价局,教育局联合颁发《关于坚决制止中,小学乱收费的规定实施细则》,重申教育收费项目和标准。对学费、杂费、水电费、住宿费、搭膳费、班费、讲义资料费、借读费等做出规定。1992年,核定批复统一制作中、小学校校服收费标准。

### 1992 年全市中小学校服收费一览

表 38-3-1　　单位:厘米、元

| | | | | | | | | | | | |
|---|---|---|---|---|---|---|---|---|---|---|---|
| 小学 | 男生 | 规 格 | 116/58 | 123/61 | 130/64 | 135/67 | 140/70 | 145/73 | 150/76 | 155/79 | 160/82 |
| | | 单 价 | 10.70 | 11.00 | 11.30 | 11.68 | 11.90 | 12.20 | 12.50 | 12.80 | 13.20 |
| | 女生 | 规 格 | 116/58 | 123/61 | 130/64 | 135/67 | 140/70 | 145/73 | 150/76 | 155/79 | 特 号 |
| | | 单 价 | 12.50 | 13.00 | 13.50 | 14.00 | 14.50 | 15.00 | 15.50 | 16.00 | 17.00 |
| 中学 | 男生 | 规 格 | 150/76 | 155/79 | 160/82 | 165/85 | 170/88 | 175/91 | 180/94 | 特号 | |
| | | 单 价 | 18.10 | 18.60 | 19.10 | 19.60 | 20.10 | 20.60 | 21.10 | 22.10 | |
| | 女生 | 规 格 | 140/70 | 145/73 | 150/76 | 155/79 | 160/82 | 165/85 | 170/88 | 特号 | |
| | | 单 价 | 15.70 | 16.20 | 16.70 | 17.20 | 17.70 | 18.20 | 18.70 | 19.70 | |

1993 年,调整市区(含浔阳区、庐山区)及庐山管理局中小学学费、杂费的收费标准。调整安排市直职业高中每生每学期学费,杂费合计为 150 元、水电费、住宿费仍按原规定标准执行。核定批复中小学生春秋服装的价格。

1994 年,对各类幼儿园、托儿所收费标准进行清理整顿,报市幼托办批准后凭园所类别证书对号收费。财政拨给一定教育经费公立幼儿园不能收取管理费。

### 1994 年市区各类幼儿园、托儿所收费项目及标准一览

表 38-3-2　　单位:元/人

| 班级年龄 | | 一类园所 | | 二类园所 | | 三类园所 | | 三类以下园所 | |
|---|---|---|---|---|---|---|---|---|---|
| | | 管理费 | 保教费 | 管理费 | 保教费 | 管理费 | 保教费 | 管理费 | 保教费 |
| 大班 5 岁以上 | 全 托 | 15 | 48 | 15 | 42 | 15 | 38 | 15 | 35 |
| | 日 托 | 10 | 22 | 10 | 16 | 10 | 14 | 10 | 12 |
| | 简 托 | | | | | 8 | 11 | 8 | 10 |
| 中班 4~5 岁 | 全 托 | 15 | 50 | 15 | 45 | 15 | 40 | 15 | 38 |
| | 日 托 | 10 | 25 | 10 | 10 | 10 | 16 | 10 | 14 |
| | 简 托 | | | | | 8 | 13 | 8 | 11 |
| 小班 3~4 岁 | 全 托 | 15 | 55 | 15 | 50 | 15 | 45 | 15 | 40 |
| | 日 托 | 10 | 27 | 10 | 22 | 10 | 18 | 10 | 16 |
| | 简 托 | | | | | 8 | 16 | 8 | 13 |
| 1.5~3 岁 | 全 托 | 15 | 60 | 15 | 55 | 15 | 50 | 15 | 45 |
| | 日 托 | 10 | 32 | 10 | 26 | 10 | 22 | 10 | 18 |
| | 简 托 | | | | | 8 | 20 | 8 | 16 |
| 1.5 岁 | 全 托 | 15 | 70 | 15 | 65 | 15 | 60 | 15 | 50 |
| | 日 托 | 10 | 40 | 10 | 32 | 10 | 26 | 10 | 23 |
| | 简 托 | | | | | 8 | 25 | 8 | 20 |

说明:全托:每星期接送 1 次。日托:早送晚接,时中餐,在园所午休。简托:不午睡,按上下班时间接送

1996 年,根据省物价局、教委、财政厅《关于调整普通中、小学学杂费标准的通知》要求,适当调整全市中小学学杂费等收费标准。市物价局、教育局、财政局转发省物价、教委、财政厅《关于调整普通中专(中师),职业中专、职业高中收费标准的通知》,调整有关收费标准;根据省物价局、教委、财政厅《关于调整普通高中收费的通知》要求,相应调整普通高中的收费标准。1997 年,根据省物价局、教委、财政厅《关于调整普通中、小学、普通中专(中师)、职业中专、职业高中及高等学校收费标准的通知》,相应调整全市

普通中、小学、普通中专(中师)职业中专、职业高中及高等学校收费标准。市物价局、财政局批复规定“九江市中山业余学校”助学大学班,的收费标准,助学辅导费按每生每学期(4门课)350元标准收取,教材资料费按实际成本收取。1999年,市物价局,教委、财政局联合印发《关于制定九江市幼儿园、学前班收费标准及登记注册收费标准的通知》,对在本市范围内,由机关、部队、铁路、学校、厂矿、企事业单位、社会团体、城镇街道、居委会,农村村民委员会和公民个人举办的幼儿园,学前班,规定收费标准。

2001年,核定批复市职业中专、财贸职业高级中学的水电住宿、微机上机等项教育收费标准,调整批复中小学春秋学生服装和女生夏装价格。2002年,市物价局、教委、财政局、政府纠风办联合印发《关于进一步清理规范城乡义务教育加强收费管理的通知》,对农村义务教育收费、城市义务教育收费做出规定。2004年,市物价局、教育局、财政局联合行文,对市普通高中的收费项目和标准,择校生收费等教育收费进行规范和相应调整。2005年,核定批复全市小学初中“一费制:学生作业本价格,初中作业本70克书写纸封面,55克防近视纸内页16页,28开(150毫米×190毫米),每本0.26元,非防近视内页作业本每本0.25元。小学作业本:70克书写纸封面,55克防近视纸内页16页,36开(125毫米×175毫米),每本0.24元,非防近视内页作业本每本0.23元。2009年,鉴于全市中小学生作业本质量有所提高,生产成本增加等原因,核定批复中小学生作业本规格质量标准的价格。

县、区中小学按省统一规范的规格质量标准和价格执行,即:封皮70克白写纸(2页),55克防近视内页16页,28开(150毫米×190毫米,每本0.40元,36开(125毫米×175毫米),每本0.30元。市直学校:封面80克铜版纸2页,60克防近视纸内页16页,28开(150毫米×190毫米)作业本,每本0.43元,36开(125毫米×175毫米),作业本每本0.35元。高中学生作业本仍按每生每学期最高限额20元的规定执行。

## 第四节 城市公共服务价格收费

### 一、城市公共交通价格与收费

**城市公共汽车票价** 1992年,新设汽车站—医专—电影公司—南门口—南湖宾馆二部—东风饭店—朝阳电影院全长4.1千米环行专线公共汽车“一票制”票价为每人一票制0.20元。1993年,印发《关于调整市公共汽车票价的通知》:市区线路(1、2、5、12、13路)为0.20元起价乘坐三站超过三站后0.10元进制乘坐二站,以此类推。市郊线路(3、4、6、7、8、9、10、11、14路)为人千米0.063元(包括车辆附加费0.01元在内),实行全长里程计价,站站之间票价平衡收取。市区专线(含市内小环行)实行一票制,上车0.30元收取。月票价格市区一路线月票每人价15元,学生月票凭证明减半计价。

2002年,调整市公交4、5、16、21路票价,公交4、5、16、21路实行无人售票,票价为1元一票制。成人月票价格由每月每张25元调整到35元,学生月票价格由每月每张10元调整为15元。2003年,印发《关于市区公共汽车实行IC卡乘车收费标准(试行)的批复》,实行IC卡乘车收费规定:普通卡发放押金每张20元,乘客要求办理记名卡(即可挂失卡),另收手续费5元,乘客不再使用时,可办专理退卡退押金手续,对未损坏卡每使用满1个月,在押金中扣减1元的IC卡折旧费并退还剩余押金,手续费不退。学生卡为记名卡,发放除每张收取押金20元,另收取制作费每张5元。对遗失、损坏等原因,乘客要求补发IC卡的,记名卡补发时每张收取IC工本费15元,不再收手续费,学生卡补发时除每张收取IC卡工本费15元外,另收制作费15元;不记名卡不补发,重新办理。持卡乘车实行票价优惠:普通卡实行九折优惠,即每人次0.90元。各高中(职高)大、中专(技校)在校学生卡实行七折优惠,即每人次0.70元。义务教育阶段在校学生卡实行四五折优惠,即每人次0.45元。老年人乘车免费卡,收取IC卡成本费每卡15元,年乘车次数限1440次。

2006年,调整批复市内公交车票价。普通公交车,投币价格每人1元不作调整,只对IC卡票价作适当调整,普通卡、学生卡、义务教育学生卡每人次上调5分钱,即普通卡由每人次0.90元调整为每人次

0.95 元,学生卡由每人次 0.70 元调整到每人次 0.75 元,义务教育学生卡由每人次 0.45 元调整到每人次 0.50 元。空调车票价核定为每人次 2 元,IC 卡折扣率为:普通卡 0.8 折,学生卡 0.65 折、义务教育学生卡 0.45 折。制冷空调使用时间为每年 7 月 1 日至 9 月 30 日,不开空调按普通车票价执行。双层公交车,在原有基础上,票价由每人次 1.50 元调为每人次 2 元,IC 卡折扣率为:普通卡 0.80 折,学生卡 0.65 折,义务教育学生卡 0.45 折。

郊线公交 6 路、7 路、8 路、10 路、11 路票价上车起价 1 元;6 路线 (市工商局至 806 厂), 至九湖口站、长岭村站为 1 元,至新港站、细山站为 1.5 元,至 806 站为 2 元。7 路线(长途汽车站至通达)至江氧站、妙智站、彭家河站为 1 元,至太平宫站为 1.5 元,至双塔站、东林路口站、赛阳站为 2 元,至红星站为 2.5 元,至通远站为 3 元。8 路线(市工商局至高垅)至虞家河站、威家站、化纤厂路口站为 1 元,至新华站、九星村站为 1.5 元,至高垅站为 2 元。10 路线(市工商局至青山湖),至青山湖站为 2.5 元,11 路线(市工商局至化纤厂)至虞家河站、威家站、株桥站、化纤厂路口站为 1 元,至周岭中学站为 1.50 元,至化纤厂站为 2.0 元。

**旅游、出租车价格** 1993 年,市物价局、交通局印发《关于修订〈九江旅游出租汽车收费管理暂行规定〉的通知》,对旅游、出租车的收费标准做出安排规定。

**1993 年市旅游车费率一览**

表 38-3-3　　单位:元/千米

| 车型 | | 普通车 | 中级车 | 高级车 |
|---|---|---|---|---|
| 大型客车 31 座以上 | 费　率 | 0.080 | 0.096 | 0.120 |
| | 基本费率 | 0.043 | 0.053 | 0.070 |
| 大型客车 31 座以上 | 费　率 | 0.115 | 0.138 | 0.173 |
| | 基本费率 | 0.065 | 0.076 | 0.100 |

**1993 年市旅游汽车收费标准一览**

表 38-3-4　　单位:千米、分钟、元

| 旅游线路 | 车型 | 里程 | 停歇时间 | 普通车 | 中级车 | 高级车 |
|---|---|---|---|---|---|---|
| 九江至庐山单程(北山上、下) | 大客 31 座以上 | 36 | | 3.5 | 4.0 | 5.0 |
| | 中客 16~30 | | | 4.0 | 5.0 | 6.0 |
| | 6~15 座 | | | 5.0 | 6. | 7.0 |
| 庐山一线游含花径、大天池、大坝、博物馆、会址、总理活动室等 16 个景点 | 大客 31 座以上 | 23 | 420 | | | |
| | 中客 16~30 | | | 6.5 | 8.0 | 10 |
| | 6~15 座 | | | 8 | 9.5 | 12 |
| 庐山二线游含含鄱口、植物园、五老峰、三叠泉等景点 | 大客 31 座以上 | 26 | 390 | | | |
| | 中客 16~30 | | | 4.5 | 5.5 | 6.5 |
| | 6~15 座 | | | 5.5 | 6.5 | 8.0 |
| 九江至东林寺至狮子洞–涌泉洞至庐山(南山上) | 大客 31 座以上 | 133 | 270 | 11.8 | 14.2 | 17.9 |
| | 中客 16~30 | | | 14.2 | 17.0 | 21.3 |
| | 6~15 座 | | | 17.1 | 20.4 | 25.7 |

续表 38-3-4

| 旅游线路 | 车型 | 里程 | 停歇时间 | 普通车 | 中级车 | 高级车 |
|---|---|---|---|---|---|---|
| 九江至石钟山至龙宫洞至九江 | 大客 31 座以上 | 148 | 270 | 14.0 | 16.6 | 20.7 |
| | 中客 16~30 | | | 16.6 | 19.7 | 24.5 |
| | 6~15 座 | | | 19.8 | 23.5 | 29.3 |
| 九江至石钟山至龙宫洞至庐山北山上 | 大客 31 座以上 | 180 | 270 | 16.6 | 19.7 | 24.5 |
| | 中客 16~30 | | | 19.7 | 23.4 | 29.1 |
| | 6~15 座 | | | 23.5 | 27.9 | 34.8 |
| 九江至石钟山至龙宫洞至庐山南山上 | 大客 31 座以上 | 202 | 270 | 18.3 | 21.8 | 27.1 |
| | 中客 16~30 | | | 21.8 | 25.9 | 32.2 |
| | 6~15 座 | | | 26.0 | 31.0 | 38.6 |
| 庐山至白鹿洞至观音桥至秀峰至庐山(北下南上或南下北上) | 大客 31 座以上 | 124 | 200 | 10.8 | 13.0 | 16.3 |
| | 中客 16~30 | | | 13.0 | 15.6 | 19.5 |
| | 6~15 座 | | | 15.6 | 18.6 | 23.5 |
| 庐山至白鹿洞至观音桥至秀峰至庐山(南山下上) | 大客 31 座以上 | 148 | 300 | 12.7 | 15.3 | 19.2 |
| | 中客 16~30 | | | 15.3 | 18.3 | 22.9 |
| | 6~15 座 | | | 18.3 | 21.9 | 27.6 |
| 庐山至三叠泉至白鹿洞至秀峰(含观音桥)(北山下上) | 大客 31 座以上 | 90 | 350 | 8.70 | 10.5 | 13.3 |
| | 中客 16~30 | | | 10.5 | 12.6 | 15.8 |
| | 6~15 座 | | | 12.6 | 15.1 | 19.1 |
| 庐山至东林至秀峰至观音桥至庐山(南山下、北山上) | 大客 31 座以上 | 152 | 250 | 13.2 | 15.9 | 20.0 |
| | 中客 16~30 | | | 15.9 | 19.1 | 23.9 |
| | 6~15 座 | | | 19.1 | 22.9 | 28.8 |

## 1993 年市出租汽车临时租车收费标准一览

表 38-3-5

单位：千米、元、元/千米

| 车型 | | | 临时租车 | | |
|---|---|---|---|---|---|
| | | | 基价千米 | 起租基价 | 超千米租价 |
| 小轿车 | 超豪华型 | | 2 | 14.0 | 1.8 |
| | 豪华型 | | 2 | 12.0 | 1.6 |
| | 标准型(有空调) | | 2 | 10.0 | 1.4 |
| | 普及型 | 无空调 | 2 | 8.0 | 1.2 |
| | | 单门菲亚 | 2 | 5.0 | 1.0 |
| 小型客车 | 空调音响高级座椅 | 6~10 座 | 2 | 12.0 | 1.6 |
| | 空调音响 | 6~10 座 | 2 | 10.0 | 1.4 |
| | 无空调 | 6~10 座 | 2 | 8.0 | 1.2 |

### 1993年市出租汽车全日包车收费标准一览

表38-3-6　　　　单位:千米、元、元/千米

| 车型 | | | 临时租车 | | |
|---|---|---|---|---|---|
| | | | 基价千米 | 起租基价 | 超千米租价 |
| 中、小型客车 | 中央空调<br>高级音响<br>座椅可调 | 20~30座 | 350 | 3.5 | 21.0 |
| | | 11~10座 | 280 | 2.8 | 15.5 |
| | | 8~10座 | 170 | 1.8 | 11.0 |
| | 空　调<br>音　响 | 20~30座 | 280 | 2.8 | 17.0 |
| | | 11~10座 | 210 | 2.1 | 12.5 |
| | | 8~10座 | 150 | 1.4 | 9.50 |
| | 无空调 | 20~30座 | 230 | 2.3 | 14.0 |
| | | 11~10座 | 170 | 1.7 | 10.0 |
| | | 8~10座 | 130 | 1.2 | 8.50 |
| 大客车 | 中央空调<br>高级音响<br>座椅可调 | 41座以上 | 580 | 5.8 | 35.0 |
| | | 31~40座 | 480 | 4.8 | 29.0 |
| | 空　调 | 41座以上 | 450 | 4.5 | 27.0 |
| | | 31~40座 | 370 | 3.7 | 22.0 |
| | 无空调 | 50座以上 | 480 | 4.8 | 27.0 |
| | | 41~50座 | 880 | 2.8 | 23.0 |
| | | 31~40座 | 300 | 2.0 | 18.0 |
| 小轿车 | 超豪华型 | | 2 | 14.0 | 1.8 |
| | 豪华型 | | 2 | 12.0 | 1.6 |
| | 标准型 | | 2 | 10.0 | 1.4 |
| | 普通型 | | | | |

1995年,对《九江市旅游、出租汽车收费管理暂行规定》作补充安排,“面的”收费标准基价千米为2千米,起租价为5元,超千米租价为每千米1元。

2004年,调整安排市区客运出租汽车的收费标准。“昌河”类“面的”车起租价为2千米计价3元,超千米租价为每千米1元。“夏利”类普通型轿车起租价为每2千米计价5元,超千米租价为每千米1.2元。“普通桑塔纳”类轿车起租价为每2千米计价7元,超千米租价为每千米1.4元。2006年,调整安排市区出租汽车部分车型运价:“昌河”类“面的”出租汽车起步价由每2千米计价3元调整为3.4元,超千米价由每千米1元调整为1.2元。“桑塔纳”,“捷达”等排气量1.6升以上车型出租车起步价由每2千米计价7元调整为5元,超千米价由每千米1.4元调整为1.2元,出租车免费等待时间由10分钟调整为5分钟。

2009年,调整安排市区出租车运价;出租车起步价不变,每2千米计价5元,超千米价由原每千米1.2元调整为1.5元。

**停车收费**　1995年,对市饮食服务公司筹资金修建的中心停车场停车收费标准做出批复安排。调整市区停车场停车收费标准。

2000年,印发《九江市机动车停车收费管理暂行办法》市物价局负责全市机动车停车场等级标准制定和市城区内机动车停车场等级的评定及全市停车收费标准制定。至2010年,停车场收费一直实行等级管理。

2000~2010年市营业性机动停车场等级收费一览

表38-3-7　　单位:元/次、元/月

| 等级 | 车型 | 收费标准 | | | | |
|---|---|---|---|---|---|---|
| | | 6小时以内 | 超过6小时不足12小时 | 超过12小时不足18小时 | 超过18小时以上 | 包月标准 |
| 一级 | 二轮摩托车 | 2.0 | 1.8 | 1.6 | 1.4 | 30 |
| | 小型车 | 3.0 | 2.8 | 2.6 | 2.5 | 150 |
| | 中型车 | 4.0 | 3.6 | 3.3 | 3.0 | 180 |
| | 大型车 | 5.0 | 4.5 | 4.0 | 3.5 | 200 |
| 二级 | 二轮摩托车 | 1.0 | 0.9 | 0.8 | 0.7 | 30 |
| | 小型车 | 2.5 | 2.4 | 2.2 | 2.0 | 130 |
| | 中型车 | 3.5 | 3.1 | 2.8 | 2.5 | 150 |
| | 大型车 | 4.5 | 4.1 | 3.6 | 3.1 | 170 |
| 三级 | 二轮摩托车 | 0.5 | 0.4 | 0.3 | 0.2 | 30 |
| | 小型车 | 2.0 | 1.8 | 1.6 | 1.5 | 120 |
| | 中型车 | 3.0 | 2.7 | 2.4 | 2.1 | 130 |
| | 大型车 | 4.0 | 3.6 | 3.2 | 2.8 | 150 |

说明:1.以6小时为一次日进行计算,不足6小时按6小时计算,超过6小时不足12小时,按2次计算,以此类推;2.各类机动车辆包括声音查扣待及事故一辆辆,一律按上述收费标准执行

## 二、城市供水价格

1991年,市城区供水价格,行政事业单位、居民水价为每立方米0.16元,生产经营性水价为每立方米0.2元。1992年,行政事业单位、居民水价每立方米0.20元,生产经营水价为每立方米0.23元。1993年,行政事业单位、居民水价不变,另收发展基金每立方米0.10元,生产经营性水价为每立方米0.24元,另收发展基金每立方米0.14元。1994年,行政事业单位、居民水价每立方米0.25元,另收发展基金每立方米0.15元,生产经营性水价每立方米0.30元,另收发展基金每立方米0.20元。1995年,行政事业单位,居民水价每立方米0.30元,另收发展基金为每立方米0.15元,生产经营性水价每立方米0.35元,另收发展基金每立方米0.20元。1996年,行政事业单位,居民水价为每立方米0.54元,工业生产、基建、营业性用水每立方米0.64元。1997年,行政事业单位,居民水价每立方米0.60元,工业生产、基建、经营性水价每立方米0.70元。1999年,行政事业单位,居民水价每立方米0.65元,工业生产,基建用水水价每立方米0.80元,旅店、餐饮、理发、浴室等经营性用水水价每立方米0.85元。

2000年,开征城区排水设施使用费,行政事业单位,在1999年水价基础上居民按用水量每立方米征收0.15元,工业生产、基建按用水量每立方米征收0.20元,旅店、餐饮、理发、浴室等经营性按用水量每立方米征收0.30元。2001年,居民生活用水水价每立方米0.70元,行政事业单位用水水价每立方米0.75元,工业用水水价每立方米0.90元,宾馆、饭店用水水价与工业用水水价同价,基建、营业性用水水价每立方米1元,特种行业用水水价每立方米4元。2004年,城区综合水价每立方米0.99元,居民生活用水水价每立方米0.85元,行政事业单位用水水价每立方米0.90元,工业用水水价每立方米1.08元,宾馆、饭店水价与工业用水价同价。基建、营业性用水水价每立方米1.30元,特种行业用水水价每立方米4.30元。2006年,城区综合水价为每立方米1.21元。居民生活用水水价每立方米1.03元,行政事业单位用水水价每立方米1.30元,工业用水水价每立方米1.26元,宾馆、饭店用水水价与工业用水水价同价。基建、营业性用水水价每立方米1.85元,特种行业用水水价每立方米5.40元。

2010年,城区综合水价为每立方米1.38元。居民生活用水水价每立方米1.16元,非居民生活用水水价每立方米1.66元,(居民和特种行业除外),特种行业用水水价每立方米6元。

## 三、城市土地、房租与住宿价格

**土地收益金标准** 1998年始,城区划拨国有土地使用权出租土地收益金标准为:一类,每平方米每月5元;二类,每平方米每月4元;三类,每平方米每月3.50元;四类,每平方米每月2.50元;五类,每平方米每月1.20元。

**土地闲置费标准** 1998年始,城区划拨国有土地凡超过出让合同约定动工开发日期满1年未动工开发的,一律按土地出让金标准的15%,由开发单位一次性缴纳土地闲置费,此后,对超过开发期满1年未动工开发的,从期满之日起到动工兴建之日止,开发单位每月按土地出让金1.5%缴纳土地闲置费。

**房租价格** 1992年,实行《九江市城镇单位、个人出租各类房屋租金的暂行规定》。单位和个人出租非住宅用户可实行标准租金和协议租金。标准租金由基本租金和地段级差附加租金2部分组成,协议租金的租金标准由租赁双方协商议定。

各种租金的房屋建筑面积计算,无论何种租金标准,出租单位和个人都应按月向市房地产交易所交纳地段差附加租金。协议租金超过规定的标准租金时,超出部分由出租个人和单位按月分别向市房产交易所缴纳一定比例的超标费,超标费征收标准为:超过标准租金3倍以内,按超部分的10%收取;超过标准租金3~5倍(含5倍),按超部分的30%收取;超过标准租金5倍以上的,按超部分的50%收取。

1996年,市公示住房租金报经省审批同意,每平方米每月租金标准调整为0.86元。超标费征收标准为:超过标准租金3倍以内,按超部分的10%收取;超过标准租金3~5倍(含5倍),按超部分的30%收取;超过标准租金5倍以上的按超部分的50%收取。

**1996年市区出租非住宅、住宅租金地段划分一览**

表38-3-8

| 类区 | 路名 | 附加率 |
|---|---|---|
| 一类区 | 大中路:八角石广场起至庐山路口止(大中路75号起至550号止) | 60% |
| | 环城路:滨江路口至丁官路口止(环城路1号起至74号止) | |
| | 庾亮北路(自1号起至末号止) | |
| | 交通路(自1号起至末号止) | |
| 一类区 | 浔阳路(八角石广场起至新桥头止) | 60% |
| | 滨江路(34号起至145号止) | |
| 二类区 | 庐山路:新桥头起至三中门口止 | 30% |
| | 十里大道:三中门口起至十里百货大楼止 | |
| | 汽车站起至九江师专止 | |
| | 一、二、三马路环城路:丁官路口起至南门口止 | |
| 三类区 | 滨江路:五交化公司起至电厂止(滨江路146号以后其他各路号) | 10% |

## 四、城市环境卫生、排污收费

**环境卫生** 1991年,市物价、财政局对市区环卫有偿服务收费(即垃圾代运费、单位厕所清运和居民区保洁费、单位自运垃圾处理费等)标准做出安排。

1996年,调整安排环卫服务收费标准共11项,增加1项,维持原收费标准6项。取消"门前三包"管理费(经营性门面每年每平方米10元,非经营性每平方米每年4元)。

**污水排污** 1994年,印发《关于征收污水排污费有关规定的通知》规定:凡向水体排放污染物的各类企业,事业单位,团体经营者均应向环保部门按季缴纳排污费,其中:大、中、小学校(不含校办工厂、职业学校)幼儿园、托儿所、敬老院、医院等社会公共福利事业单位以及居民生活用水暂不征收排污费。

排污费的计征标准按每立方米污水0.05元计征。对企业、事业单位向水体排放污染物,已超出国家规定的污染物排放标准的,且已按照国家规定缴纳超标准排污费的,不再重复征收排污费。

1995年,印发《关于制订排水设施使用费标准的通知》规定,凡直接或间接向市区排水设施排放污水的企事业单位和个体经营者,应按规定的标准向市建设局缴纳排水设施使用费。排水设施使用费征收标准:排水设施使用费按排放单位生产(经营)用水总量(含自备水、矿井水)的60%计征,产品以水为主要原料的,应扣除产品含水量后按60%计征,征收按自来水每立方米0.04元,井水、自备地下水按每立方米0.02元。大、中、小学校(不含校办工厂、职业学校),幼儿园、托儿所,敬老院等社会公共福利事业单位和城市居民暂不征收。

2000年,印发《关于制定市城区排水设施使用费标准的函复》,调整核定排水设施使用费征收标准:机关、团体、部队、医院、学校和居民的生活用水,每立方米收取0.15元;工业生产、基建用水每立方米收取0.20元;旅店、餐饮、理发、浴室等营业性用水每立方米收取0.30元。

2009年,调整安排九江市城区污水处理费标准:居民生活用水由每吨0.20元调整为0.40元,行政事业性单位用水由每吨0.20元调整为每吨0.68元。工业企业用水由每吨0.25元调整为0.73元。经营、基建用水由每吨0.30元调整为0.75元,特种行业用水由每吨0.50元调整为0.9元。因特殊原因装分表计量用水按平均价由每吨0.24元调整为0.55元。

对城市低保对象,重点优抚对象及社会福利机构实行污水处理费减免,其中:城市低保常补对象,重点优抚对象,五保供养对象全免,城市低保非常补对象每户每月减免不低于5吨污水处理费,社会福利机构不高于减半缴纳污水处理费。

根据省发改委《关于县(市)污水处理征收标准的补充通知》,从6月1日起,开始预收污水处理费,各地根据各类交费对象的承受能力和用水结构测算具体收费标准,加权平均不得超过每吨0.60元。

## 五、有线电视收费、文化、娱乐价格

**有线电视收费** 1992年,安装费每户200元,收视费每户每月5元。1994年,安装费调整为每户240元。1996年,有线加密电视用户收视费每户每月4元。1997年,安装费调整为每户300元。

2003年,收视维护费调整为每户每月9元。2004年,有线模拟电视初装费每户为450元,收视维护费为每户每月15元。

**文化、娱乐价格** 1991年,市人民影剧院雅座录像票价,日场每票1.5元。批复安排市电影发行放映公司,周末通宵夜电影放映服务费,每票0.60元,人民影剧院包厢,每场电影收取服务费2.0元,(含茶水)。朝阳电影院包厢每场每票(双人)收取服务费2元,上、下2集同时放映,服务费则按两场收取。红旗电影院每场每票收取空气调节费0.10元。浔阳楼露天舞场全票价,每人次为1元,周末因时间延长,每人次为1.50元;琵琶亭露天舞场票价,每人次为1元;市群艺馆舞厅票价,每人次为3元。1992年,批复调整浔深乐园、南湖宾馆、实华宾馆舞厅票价。浔深乐园,正常时间每人次为6元;周末每人次为8元,法定节假日每人次为10元;厅内出售各类饮料、啤酒可适当收取服务费,做到明码标价。

## 六、老人代养、殡葬服务收费

**老人代养** 1992年,印发《关于代养费等试行收费标准的批复》,本着代养自愿,有偿服务的原则,试行收费标准。1998年,调整市社会福利院有关收费标准,对国内规定无偿收养以外的,调整自愿委托代养人员收取的有关费用的收费标准。床位费,单人间居住面积不低于10平方米,有卫生设施,配有床铺,床头柜等基本生活设备,每月每床收费50元;护理费,三级护理(对象为生活能基本自理者),提供洗被子等大件物品,打扫宅内外卫生等服务,每人每月收费10元。二级护理(对象为生活基本不能自理者),提供端水送饭洗衣服、打扫室内外卫生等服务,每人每月收费 30 元,一级护理(对象为生活不能自理者),提供端水、送饭、搓澡、喂饭、喂水、洗衣被、打扫室内外卫生等服务,每人每月收费 50 元。特级护理(对象为生活完全不能自理者),除提供一级护理服务内容外,需专人护理,陪伴、收费面议;管理费,每人每月收费 15 元,主要用于提供开水、热水、娱乐活动,水电杂费等公用设施及日常管理支出;残疾儿童特殊教育费;具备特殊教育条件,提供特殊教育服务的,每人每月收费 30 元;伙食费,按不盈利原则制定,公布账目,民主理财。

2001 年,批复市社会福利院“颐寿楼”“老年公寓”收费标准。

半护理老人:每人每月收费 480 元,其中床位费 150 元,伙食费 200 元,护理保健综合服务费 130 元;全护老人:每人每月收费 580 元,其中,床位费、伙食费同上,护理保健综合服务费为 230 元;特护老人:每人每月收费 700 元,其中床位费、伙食费同上,护理保健综合服务费 350 元。

2005 年,核定市福利院自筹资金新建老年公寓的收费标准。豪华平间:床位费每人每月 250 元,综合服务费每人每月 280 元,伙食费另计;标准间:床位费每人每月 180 元,综合服务费每人每月 280 元,伙食费另计;三人间:床位费每人每月 150 元,综合服务费每人每月 280 元,伙食费另计;半护理:床位费每人每月 150 元,综合服务费每人每月 510 元,伙食费另计;特别护理:床位费每人每月 150 元,综合服务费每人每月 600 元,伙食费另计;深度护理:面议。综合服务费包括洗、烘衣消毒费、水、电费、护理费。若使用空调、热水器则按表计价,由使用者另外支付。原“颐寿楼”收费标准中,适当提高综合服务费标准,即自理人员(原称半护)每人每月增加 60 元,调整后综合服务费每人每月 190 元,半护老人(原称全户)每人每月增加 120 元,调整后综合服务费每人每月为 350 元。特别护理老人(原称特护)每人每月增加 200 元,调整后综合服务费每人每月为 550 元。伙食费按不盈利原则另行收取。以上标准均为最高收费标准,可向下浮动,具体收费标准由委托人与代养方在委托代养服务协议中商定。

**殡葬服务** 1991 年,本着“收费适度,支出得当”的原则,批复安排市有关殡葬服务收费的标准:“安乐柜”出租,凡租用时间在 10 小时之内的,每次费标准为 100 元,超过 10 小时,每超 1 时加收 5 元,以此类推。“墓穴费”,每平方米收费 200 元。1993 年、1997 年、2000 年市物价局、财政局对市殡葬服务项目和收费标准进行 3 次调整。其中服务项目有所增减,服务内容和标准也有所变化。1998 年,核定安排“庐山华裔陵园”的试行收费标准。

**部分年份市殡葬服务收费标准一览**

表 38-3-9　　　　单位:元/具、元/次、元/天、元/穴、元/朵、元/个

| 收费项目 | | 收费标准 | | | 说 明 |
|---|---|---|---|---|---|
| | | 1993 年 | 1997 年 | 2000 年 | |
| 火化费 | 一 般 | 80 | 160 | 160 | 含抬尸、进炉、化尸出灰、丧盒等 |
| | 专用炉 | 100 | | | |
| 整 容 | 正常整容 | 20 | 30 | 30 | 含化妆、梳头、修面等、含包扎、缝合等 |
| | 特殊整容 | 300 | 300~400 | 100~300 | |
| | 整形处理 | | | | |
| 遗体接送 | 灵车运输费 | 60 | 100 | 80 | 市区外另议 |
| | 遗体搬运 | 20 | 20 | 40 | 上楼搬运每增加一层加收 5 元 |
| | 收殓费 | | | 60 | |
| 遗体冷藏防腐 | 正 常 | 60 | 80 | 80 | |
| | 非正常 | 80 | 120 | 120 | |
| 冷藏棺出租 | | 100 | 150 | 150 | 超过 24 小时按 5 元/小时计收 |

续表 38-3-9

| 收费项目 | | 收费标准 | | | 说 明 |
|---|---|---|---|---|---|
| | | 1993 年 | 1997 年 | 2000 年 | |
| 安 葬 | 骨灰寄存 | 5 | 5 | 5 | |
| | 墓地费 | 200 | | 250 | |
| 休息室租用费 | | 20~30 | | 30 | |
| 礼厅租用费 | 大礼厅 200 平方米 | 60 | | 150 | 含空调、音响、沙发等 |
| | 中礼厅 150 平方米 | 50 | | 100 | 含电扇、音响、沙发等 |
| | 小礼厅 70 平方米 | | | 80 | 含电扇、音响、沙发等 |
| 灵堂租用费 | 大灵堂 700 平方米 | | | 200 | 不足一天按小时计算 |
| | 中灵堂 50 平方米 | | | 180 | 含空调、客房等 |
| | 小灵堂 40 平方米 | | | 100 | |
| 花圈租用费 | | 5~15 | | 10 | |
| 小白花出售 | | | | 0.05 | |
| 黑纱出售 | | | | 0.5 | |

1999 年,“庐山华裔陵园”各项收费标准。墓地费:2 平方米以内(含 2 平方米),按每平方米 400 元收取;超过 2 平方米以上,超过部分按每平方米 500 元收取。墓园管理维护费(管理 20 年),每座 500 元(其中,绿化费 100 元)。造墓工程费:材料费按材料成本(材料进价加运杂费)加 15%综合费率计算;墓穴工时费按每座 80 元收取;坟面装饰工时费面议。

2003 年,贺嘉山陵园,墓地分低、中、高 3 个等级,低档(松柏墓)每座 1900 元,中档(青山墓)每座最高不得超过 9000 元高档墓(中华墓)具体价格由经营者与丧户面议。二次开穴,中、低档墓每次 300 元,高档墓每次 400 元。以上价格试行 1 年。2005 年,贺嘉山陵园墓位,低价墓,草坪墓每座 500 元,小卧碑每座 1180 元,松柏墓每座 1900 元;中档墓,青山墓位价格最高不得超过 9000 元;高档墓,中华墓,具体价格由经营者自主定价,其中特型墓价格由经营者与丧户面议。墓碑刻字及二次开穴等有关收费标准与试行期核定收费标准继续执行。

## 七、中介及其他服务收费

**人才交流** 2001 年,核定批复市人才市场服务收费试行收费标准。

**2001 年市人才市场收费标准一览**

表 38-3-10 单位:元/人·次、元/个·天、元/间·天

| 收费项目 | | 收费标准 | 说 明 |
|---|---|---|---|
| 人才招聘会 | 个人入场费(门票) | 5 | 门票只限人才招聘会(集市日),平时免费 |
| | 单位租摊费 | 100 | 一个摊位四个平方米 |
| | 高级人才洽谈室 | 200 | 洽谈室每间 8 个平方米 |
| 招聘(求职)信息发布费 | 单 位 | 50 | 资料入库、上网、在电视播 4 次,在晚服上刊登 1 次 |
| | 个 人 | 10 | |
| 信息查询费 | 单 位 | 30 | 每次查询限额 200 条 |
| | 个 人 | 10 | |

续表 38-3-10

| 收费项目 | | 收费标准 | 说明 |
| --- | --- | --- | --- |
| 人才素质测评费 | 单 项 | 50 | 由委托方付费。人才市场提供资料、设备 |
| | 综 合 | 50 | |
| 短缺人才委托培训(委托国内、外院校) | | 双方协商 | |
| 专场委托费 | | 双方协商 | |
| 高级人才中介费 | | 双方协商 | 人才带相关经营或科研项目 |
| 网上人才服务 | 软件开发服务费 | 双方协商 | |
| | 网上广告 | 双方协商 | |
| | 文凭鉴定费 | 10 | 重复鉴定不收费 |
| | 证书电子注册费 | 5 | |

2005 年,规范和调整市人才市服务收费项目和标准。2006 年,核定市人才市场的服务收费项目及标准。

**2005 年市人才交流市场服务收费标准一览**

表 38-3-11　　　　单位:元/次、元/人、元、元/套、元/年

| 收费项目 | | | 收费标准 | 说明 |
| --- | --- | --- | --- | --- |
| 代办人事服务 | 代办转正定级 | | 100 | 凡委托保存人事关系及档案人员不得收取该费用 |
| | 代办社保 | | 100 | |
| | 代办职业资格手续 | | 150 | |
| | 人办其他人事事宜 | | 150 | |
| 招聘、求职服务 | 个人入场门票 | | 10 | 门票只限人才招聘费,平时免费 |
| | 要才集市摊位 | | 200 | 1 个摊位 4 平方米 |
| | 交流叁会摊位 | | 300 | 1 个摊位 4 平方米 |
| | 交流会高级洽谈室 | | 500 | 洽谈室 8 平方米 |
| | 单位信息现场发布 | | 100 | 在信息栏公布,时间 10 天 |
| | 个人信息现场发布 | | 50 | |
| | 单位委托招聘 | | 50 | |
| 招聘、求职服务 | 专场委托招聘 | | 双方协商 | |
| | 租用场地面试 | | 双方协商 | |
| | 个人特别推荐 | 普通人才 | 手续费 15 | |
| | | | 成功 100 | |
| | | 中级人才 | 手续费 30 | |
| | | | 200 | |
| 人才培训服务 | 短缺人才委托培养(国内、外院校非学历教育) | | 双方协商 | |
| | 其他社会培训(自愿参加) | | 双方协商 | |

续表 38-3-11

| 收费项目 | | 收费标准 | 说 明 |
|---|---|---|---|
| 人才考试测评服务 | 结构化面试套题 | 500 | 每面试 1 人加收 50 元 |
| | 专业笔试试题 | 500 | |
| | 人才综合素质测评 | 100 | |
| | 人才单项素质测评 | 20 | |
| 网上人才服务 | 网站开发服务 | 双方协商 | |
| | 软件开发服务 | 双方协商 | |
| | 网上论证(注岗) | 20 | |
| | 文凭鉴定 | 20 | 重复鉴定不收费 |
| | 单位网上招聘 | 150 | 在网上发布一个月 |
| | 个人网上求职 | 50 | |
| | 招聘单位信息查询 | 50 | 每次查询限额 200 条 |
| | 网上广告 | 双方协商 | |
| 国际人才服务 | 出国留学 | 协商 | |
| | 出国考察培训 | 协商 | |
| | 出国劳务 | 协商 | |
| 人才会员服务 | 普通单位会员 | 1600 | |
| | 中级单位会员 | 4000 | |
| | 高级单位会员 | 6000 | |
| | 个人会员 | 800 | |
| 其他人才人事服务 | 电子人事档案 | 200 | |
| | 人才流动协调 | 100 | |
| | 集体户籍管理 | 150 | 一次性收费 |
| | 人才派遣 | 双方协商 | |
| | 人才租赁 | 双方协商 | |

**工商、价格事务** 2000 年,市旧机动车交易价格评估收费按评估标金额 1%~3%收取,收费起点为机动车辆每辆 100 元,摩托车每辆 50 元。

2002 年,市工商企业代理事务所有关工商查询服务收费标准,网络信息服务费,按每户每年 100 元(IC 卡)收取;企业电子影像全部档案查询费按每户 100 元收取;企业电子影像基本档案查询费按每户 50 元收取;电子档案,各类材料激光打印费每张 8 元收款。

**保安服务收费** 1999 年,市保安服务公司保安服务费(试行)收费标准:直接管理,长期聘用(3 个月以上),每人每月 600~700 元,临时聘用每人每天 25~35 元。委托管理,每人每月 100~150 元。保安公司可根据实际情况向下浮动收费不得上浮。

2002 年,根据保安工作发展和需要,核定市保安服务收费标准。进驻守卫、巡逻等,每人每月 600~800 元(不包括加班、夜餐费、节假日补助);临时性保安,每人每小时 20~40 元;委托管理,每人每月 150 元;大型展览、展销、文、体、娱乐、旅游等活动保安,每人每天 50~80 元;武装守库、贵重物品守护,每人每年 12000 元,每人每月 1000 元(不包括加班、夜餐费、节假日补助);武装押运点,每网点每年 24000 元,每网点每月 2000 元(不包括法定工作时间以外的夜市银行、上门收款押运服务);上门服务,每趟次 50 元(市内);途中武装押运,面议。

同年,市水上保安服务收费标准(试行):停靠码头的船只,长期的每月50元,临时的每天2元。经营砂石场、货场、码头、趸船每月200元。水上资源开采船、每天每吨0.40元。载运贵重财物和危险物的船只在公安机关指定的码头停靠和押运,每次按所载运财物价值的3%收款(特殊情况面议)。贵重物品、现金、有价证券的押运、押送,危险物品押运、押送,可面议。客户要求的其他保安服务,可参照陆上收费标准收取。

2007年,调整市保安服务收费标准。进驻守卫、巡逻等,每人每月800~1000元(不包括加班、夜餐费、节假日补助);临时性保安,每人每小时40~60元;委托管理,每人每月150元;武装守库、贵重物品守护,每人每年14000元,每人每月1200元(不包括加班、夜餐费、节假日补助);武装押运点,每网点每年29000元,每网点每月2000元(不包括法定工作时间以外的夜市银行、上门收款押运服务);上门服务,每趟次70元。

## 第五节 旅游景点参观价格

2000年,根据国家发改委《游览参观点门票价格管理办法》通知,对市内范围的所有游览参观点门票价格审批权作出规定:除已明确由省级价格管理部门管理游览参观点外,其他所有游览参观点门票价格由市物价局管理。门票价格制定与调整:游览参观点在县(市、区、山)的,由当地政府价格主管部门征求有关部门意见后提出方案报市物价局审批;市属游览参观点由管理单位提出意见经业务主管部门同意后报市物价局审批。

同年,核批星子县招商引资兴建的太乙村游览观光索道乘坐收费标准为;返回双程每人次40.00元,单程每人次25.00元。开发环庐山旅游客运专线,即九江客运港—威家—三叠泉—碧龙潭—白鹿洞书院—观音桥—星子县水上乐园—秀峰—温泉—桃花源—石门涧—东林寺—九江,全程140千米。陆续审批和调整龙宫洞、石门涧、能仁寺、桃花源、陶渊明纪念馆、岳母墓、涌泉洞、莲花洞森林公园、石钟山、观音桥、云居山、三叠泉、柘林湖景区门票价格和游览景点价格。

2001年,据省物价局《关于庐山风景区门票调整有关事宜的批复》:庐山风景区进山门票价格由每人次50元,调整为每人次85元;取消景区内花径公园门票。保留庐山景区内4个景点及白鹿洞书院门票。门票价格维持现行标准(植物园每人次10元、"美庐"别墅每人次15元、庐山博物馆每人次10元、庐山会议旧址每人次10元,白鹿洞书院每人次20元)。2002年,对龙宫洞、石门涧、秀峰、狮子洞、浔阳楼、锁江楼、观音桥、三叠泉等游览景点门票价格进行调整,柘林湖景区实行一票制,取消景区内各景点游览点门票。2003年始,在全市开展游览参观点门票价格年度审验工作,进行常态化规范管理。

2007年,执行《关于二轻局转发省发改委"关于进一步加强游览参观点门票价格管理工作的意见"的通知》,严格价格审核权限。除明确省审定价格景点外,凡市直属的游览参观点价格以及县(区、市)20元(含20元)以上价格景点门票均必须报经市物价部门审定;鉴于庐山风景名胜区游览范围较大,"一票制"范围之外小景点参观门票众多、管理权限分散紊乱现状,环庐山山体(除庐山大门票之外)所有景点,均须报经市物价局审批。从严控制调价幅度和调价频率。"同一门票价格上调频率不得低于3年,一次提价幅度(以旺季票价为准)为:50元以下(不含50元),一次提价幅度不得超过原票价的35%;50元(含50元)至100元的(不含100元)一次提价幅度不得超过原票价的30%;100元(含100元)至200元的(不含200元)一次性提价幅度不得超过原票价的25%,200元以上(含200元)一次性提价幅度不得超过原票价15%;遇有重大节假日应当提前2个月向社会公布。建立价格形成机制,重要景点召开听证会、论证会、听取各方面意见,以使价格形成逐步科学民主。对70岁以上老人、现役军人、残疾人、儿童等实行免票,对未成年人及学生等采取优惠措施。市各类博物馆、纪念馆、展览馆、烈士陵园等爱国主义教育基地对18周岁以下未成年人实行免费。2008年,印发《关于整顿和规范游览参观点门票价格的通知》,对现行门票价格标准,执行时间,批准相关文号,上年度各景区、点收支情况(包括游览人数、门票总收入、从业人员工资、福利和办公支出、建设维护费用)、门票收支管理方式以及各种团体票价折扣情况进行调查摸底,在成本监审的基础上重新核定门票价格和完善门票价格管理。

2010年,根据《关于整顿和规范游览参观点门票价格的通知》,审批天合谷、大口、碧龙潭、东林大峡谷参观点的门票价格,调整石钟山,石门涧、三叠泉、狮子洞等游览参观点的门票价格。审批安排部分景区漂流价格:三叠泉漂流每人次128元,碧龙潭漂流每人次128元,石门涧漂流每人次120元,东林大峡谷漂流每人次116元,桃花源漂流每人次111元,柘林湖桃花溪漂流每人次128元,柘林湖武陵岩漂流每人次80元,彭泽情人湖漂流每人次65元。

# 第四章 价格调控

## 第一节 价格监测

1992年,市政府通过监测数据每季将商品出售价格指数横向运行情况进行通报,对各县、区月环比指数在《九江日报》专栏中公布。使控价措施得到有效落实,如期完成省下达物价调控目标,同时也逐步形成和完善城市价格监测和预警系统网络,对42种居民生活必需品、农业生产资料、成品油建立定点、定时的长效采、报价制度和价格态势分析预测报告制度,通过《九江价格信息》《物价动态》等专刊向省物价局和市委、市政府领导,有关职能部门、价格信息网络协作单位和媒体发布。

由市价格事务所编撰《九江价格信息》,每月3期通过价格监测网络采集和上报实时价格数据,对时态进行分析和预测,报道市场物价重大事件,宣传物价政策法规,增强价格信息、法规的透明度,提高全民关注度,引导全社会对物价监督,规范企业价格行为和市场物价秩序。

1996年,国家计委将市纳入全国物价采报价点,每月向国家、省和南京、武汉2个经济合作区报价,品种达1000余种。

2000年起,按国家计委《价格监测规定》,建立重要商品、粮食、棉花、成品油、药品5类价格监测报告制度,编印《物价动态》专刊,向市委、市政府报告当前物价态势预期,向国家计委、省计委和3个价格信息协作网成员单位、市直部门和单位报送,交换价格信息,每月达1万余条。2004年起,国家和省下达的价格监测品种达11项,按月分析和通报当地物价指数纳入常务工作。监测报告制度得以强化和健全。2005年11月26日,市内发生地震灾害,启动抗震市场价格监测预案,对饮用水、食品、药品、防寒衣被、灾后重建物资等价格实行全面监控和检查,使灾后物价基本稳定,市场秩序井然。2006年,“市价格监测中心”成立。9月起,由《物价动态》发布的价格监测范围扩大到各县、区的食品类,市场粮、油、肉等类价格。

2008年,市物价局编撰《灾害重要商品价格快报》,每日向市政府专报,共42期,对重要突发价格变化和举措,及时通过电视、广播、报刊等新闻媒体向社会告示,市、县(区)2级成立15个价格监测预警组和94个监测点,对猪肉、大米、液化气、食用油、奶粉、化肥、成品油等民生价格,实行定时、定点、定项监测,对可能引起价格异常波动的因素进行分析,提前干预,及时预警,监测情况每日逐级上报,为各级政府调控灾期物价掌握主动权。同年“九江市价格监测局”成立。2009年,部署和调整价格实时监测网络体系,价格监测工作得到强化。创办《九江价格监测简报》周刊,在《浔阳晚报》上开辟《物价视点》专栏,适时报道民生商品市场价格信息,为民众所关心的价格问题排忧解难。

2010年7月,下达《关于在九江市城区实施部分民生商品“晒价”工作的通知》(以下简称“晒价工程”),选定5大超市、5大农贸市场、5大药店、5大医院、6大家电以及15家旅游景点周边客房等民生商品的价格定期在主流媒体上进行晒价,实行“货比三家”。“晒价”品种涉及粮油、肉禽蛋、水果、蔬菜、农产品、家电产品、药品等品种,其中常规品种相对固定,常年采集,定期发布。临时品种则根据各时段热点、不同季节,具体品种由物价监测部门下达,价格信息分别由定点单位报送和物价监测部门采集,以定点单位报送为基础,监测部门随机核查,在分析核查后汇编。实施“晒价工程”后,部分常用药品市场价格降幅达60%以上,市区居民生活消费支出减少在1000万元以上。

## 第二节　价格调节基金

1994年,市物价部门经过调研,对1989年颁发的“暂行办法”进行修改,市政府于9月24日颁发《九江市市场价格调节基金征集管理办法》,原《关于建立市场价格调节基金制度的暂行办法》同时废止。1995年,修订《九江市高层价格调节基金征集管理办法》部分条款,对原“住宾馆、旅店、招待所的过往旅客”按床拉收费标准分别按1元、2元、3元定额收取修改为“按床位收费金额的10%征收”。1996年,使用价格调节基金3万元用于市区回民牛肉补贴,使用价格调节基金2.5万元用于市区豆制品价格补贴,使用价调基金2万元用于市区蔬菜补贴。1997年,使用价格调节基金3.5万元、11万元分别用于市区回民牛肉补贴和猪肉补贴。1998年,使用价格调节基金35万元、15万元、2万元,分别用于市区猪肉、蔬菜和豆制品价格补贴。1999年,使用价格调节基金11万元给市肉联厂用于市区猪肉价格补贴,使用价格调节基金5万元用于市区蔬菜价格补贴, 使用价格调节基金2万元给市统计局城调队用于编制物价指数经费。

2001年,使用市场价格调节基金19.8万元,在浔阳区蔬菜批发市场建立大型彩色电子显示屏,使用市场价格调节基金16万元用扶持市庐山区无公害蔬菜基地建设。2002年, 使用市场价格调节基金35万元用于城区“低保户”液化气价格补贴。2003年,使用市场价格调节基金35万元用于市“低保户”液化价格气补贴,20万元用于举办2003年第八届全国名特优果品展销会。2004年,使用市场价格调节基金60万元用于市区“低保户”肉类等副食品价格补贴。2006年,使用市场价格调节基金80万元用于“低保户”液化气补贴。2007年,使用市场价格调节基金75.63万元用于“低保户”肉价补贴。2008年,使用市场价格调节基金153万元用于市区“低保户”补贴。2009年,使用市场价格调节基金145万元,用于城区“低保户”价格补贴。2010年,使用市场价格调节基金200万元,用于城区“低保户”价格补贴,农村市场价格调节基金100万~200万元作为旅游宣传促销专项资金。

## 第三节　价格认证

1991年12月,市价格事务所成立,挂靠市物价检查所。1994年,市政府制定《九江市赃物罚没物无主物纠纷财物价格估定试行办法》(以下简称《试行办法》),市物价局按《试行办法》印发《九江市赃物罚没物无主物纠纷财物价值估定工作规则》,使“四物”的价值估定工作得以规范和制度化。1995年,办理各类价格鉴证事务250起。1996年,在搞好“四物”评估同时,扩大到价格评估服务,动产、不动产、抵押物、房地产等领域,咨询服务全面展开。1997年,市价格事务所取得省级评估机构资质证,全市30名在岗人员获得评估资格证书。同年首次参与市区出租车经营权定额买授工作, 全年办理鉴证业务500余项。1998年,价格评估服务领域拓展到应税物品。1999年,价格评估服务扩展到降价销售商品,与公安交警部门联合开展事故车损评估,与商业部门联合开展餐饮业等定级鉴定,同年,新增调定价可行性认证和分析业务。

2000年,价格事务工作由建设价格信息网络,提供价格信息服务业务模式向价格鉴证、认证服务的业务模式转型,全市37名在岗人员获得价格鉴证师资格,鉴证专业队伍基本形成,工作职责、范围、对象明确,各项规章制度初步建立。2001年,市、县(区、山)价格事务所更名“价格认证中心”、全市90%以上价格认证中心取得国家发改委颁发的价格鉴证机构资质证书。价格认证扩展到涉案物品、动产抵押物、房地产、旧机动车交易、交通事故定损等系列的价格认证,调定价方案可行性认证,全市办理价格鉴证业务2284起。2003年3月15日,九江化工厂发生储气罐爆炸事故,市价格认证中心,逐户逐项评估定损,在1个月内出具受损住户财产损失鉴证报告。2005年,梳理和强化与公检法系统、纪检监察系统、工商行政管理系统、烟草专卖系统、交通管理系统涉案物品价格鉴证合作关系；派员进驻旧机动车交易市场参与现场价格评估工作；接受和承担市区公交票价、风景区门票价格、小水电上网价格、医疗单位自制药品制剂价格、医疗服务收费、管道天然气价格等29件调定价方案可行性认证工作。2006年，执行省发改委、省财政厅《江西省价格鉴证收费办法》通知，统一和规范市内价格鉴证收费。2008年8月，市价格认证中心在接受长虹购物广场改为市政府办证服务大厅资产评估委托价格鉴证项目中，做出准确、完整的鉴定报告，为市政府确定补偿和处理纠纷提供具有法律效力依据，减少补偿金300万元。2009年，全年办理各类价格评估认证业务1460起，标的5.6亿元。未发生1起失准评估、认证案件；完成50件调定价方案可行性认证。认证标的达15252万元，价格认证费收入39.9万元。同年，执行最高人民法院《关于人民法院委托评估、拍卖和变卖工作的若干规定》。

2010年，执行省发改委《江西省涉案财物价格鉴定操作规程》和省发改委、地税局《关于转发〈国家发改委、国家税务总局关于开展涉税财物价格决定工作的指导意见〉的通知》。价格认证工作发展自成体系，专业队伍稳定、专业素质提高，法规完善、规章制度健全，服务领域扩展公共服务窗口。

**2010年市价格鉴证收费项目和标准一览**

表38-4-1　　　　单位：元

<table>
<tr><th colspan="2">收费项目</th><th>计价方式</th><th>收费起点</th><th>收费标准</th></tr>
<tr><td rowspan="5">价格认证</td><td>调定价可行性价格认证</td><td>件</td><td>120</td><td rowspan="18">收取费率：<br>分5档，按差额定率累进分档计算，最后相加即为收费总额。具体标准为：①10万元以下(含10万元)2%~5%；②10万~100万元(含100万元)0.5%；③100万~1000万元（含1000万元)0.3%；④1000万~5000万元（含5000万元)0.08%；⑤5000万元以上0.03%</td></tr>
<tr><td>新产品价格认证</td><td>件</td><td>550</td></tr>
<tr><td>经济适用住房价格审验</td><td>宗</td><td>0.50%</td></tr>
<tr><td>监测商品价格认证</td><td>件</td><td>500</td></tr>
<tr><td>交易商品价格认证</td><td>件</td><td>300</td></tr>
<tr><td rowspan="13">价格鉴定</td><td>涉案物品价格鉴定</td><td>件</td><td>300</td></tr>
<tr><td>监审商品价格鉴定</td><td>宗</td><td>150</td></tr>
<tr><td>扣押、追缴、没收、无主物价格鉴定</td><td>宗</td><td>300</td></tr>
<tr><td>财物价格鉴定(含无形资产)</td><td>宗</td><td>300</td></tr>
<tr><td>招投标、工程造价价格鉴定</td><td>笔</td><td>500</td></tr>
<tr><td>破产、兼并、转让、租赁企业资产价格鉴定</td><td>宗</td><td>500</td></tr>
<tr><td>拍卖物、理赔物价格鉴定</td><td>起</td><td>150</td></tr>
<tr><td>金融、保险、贷款抵押物品价格鉴定</td><td>笔</td><td>300</td></tr>
<tr><td>应税扣押、抵税财物价格鉴定</td><td>起</td><td>300</td></tr>
<tr><td>鉴定价格复核裁定</td><td>件</td><td>500</td></tr>
<tr><td>公路及附属设施损坏价值鉴定</td><td>宗</td><td>300</td></tr>
<tr><td>交通事故车物损失价格鉴定</td><td>宗</td><td>300</td></tr>
</table>

续表 38-4-1

| 收费项目 | | 计价方式 | 收费起点 | 收费标准 |
|---|---|---|---|---|
| 价格服务 | 价格成本资料 | 次 | 200 | 双方协商 |
| | 价格政策法规 | 次 | 100 | |
| | 价格纠纷调解 | 次 | 200 | |
| | 市场价格行情 | 次 | 200 | 超过起点面议 |
| | 帮助企业价格自查 | 宗 | 500 | 双方协商 |
| | 提供价格咨询报告 | 宗 | 500 | |
| | 担当常年价格顾问 | 年 | 500 | |
| | 价格信用认证咨询 | 宗 | 1000 | |
| | 价格网络服务 | 甲类 | 360 元/年 | |
| | | 乙类 | 450 元/年 | |
| | | 丙类 | 1500 元/年 | |
| | 价格软件开发应用 | 车物定损 | 2000 | |
| | | 房地产 | | |
| | | 重要商品数据库 | | |

## 第四节 成本监审

1998 年起,实施价格法,制定政府指导价、政府定价。依据法定的程序、原则、方法和标准,对经营者成本进行调查、测算、审核,核定定价成本,为政府定价提供科学合理建议。

2002 年,根据国家计委《重要商品和服务价格成本监审暂行办法》,市、县(区)物价部门开始设置成本监审职能,建立制度。2006 年,根据国家发改委《政府制定价格成本监审办法》,进一步完善成本监审制度,规范政府定价程序,推进政府价格决策民主化、公开化。

2008 年,全市开展成本监审工作,2009 年,各级物价部门成本调查机构负责组织和实施本地区成本监审工作,对所有政府指导价、政府定价商品和服务价格列入《政府制定价格成本监审目录》,对重要商品和服务成本进行定期监审和调定价监审,对未进行成本监审的,不能进行调定价。同年,市产品成本调查队由市物价局下辖单位变更市物价局内设机构——价格成本监审科,完成市城区公共交通、旅游门点、出租车、城市供水、天然气、教育、药品、生活垃圾处理等关乎民生商品和服务价格、收费的定期成本监审和调定价监审,为政府调定价提供依据。其涉及政府调定价总金额 2.2 亿元,核减不合理成本金额 2200 万余元。

## 第五节 价格听证

1998 年 5 月起,实施《中华人民共和国价格法》制定关系群众切身利益公用事业价格、公益性服务价格、自然垄断经营的商品价格等政府指导价、政府定价,建立听证会制度,由政府价格主管部门主持,征求消费者、经营者和有关方面意见,论证其必要性、可行性。1999 年,依据价格法,举行调整市区自来水售价、市普通高中收费标准价格听证会。2001 年 8 月起,施行《政府价格决策听证暂行办法》。

2002 年 1 月起,实施省《政府价格决策听证实施细则》,实行政府指导价或政府定价,直接面向最终消费者的城市公共交通、有线电视、教育、医疗、主要游览景点、电力、自来水、管道煤气等商品和服务价格的制定实行价格决策听证;其他关系群众切身利益和区域性垄断经营其他商品和服务价格制定,政府价格主管部门认为有必要的,也实行听证。

2008 年 10 月,据国家发展和改革委员会发布第 2 号令,废止原国家计委第 26 号令,自 12 月 1 日起施行《政府制定价格听证办法》。

至 2010 年,市物价部门举行自来水调价、自来水“一户一表”改造费、栢林灌溉用水价格、污水处理收费、公交车票价、出租车收费、殡葬收费、中小学学杂费、市城区拆迁还房补偿标准、天然气价格等价格听证会 96 次。听取各方面意见,增强价格决策公正性和透明度,促进价格管理科学化、民主化和规范化。

## 第六节 价格协作网

### 一、全国部分城市价格协作网例会

1991 年前,12 省 12 个城市(湖北黄石、江西九江、福建三明、江苏无锡、吉林吉林、四川自贡、黑龙江佳木斯、湖南株洲、安徽铜陵、河北唐山、广东韶关、辽宁锦州)物价局共同发起,首建《全国部分城市价格协作网》;至 2010 年,增扩成员单位 12 个(四川广元和达州、河南开封、江苏苏州、浙江绍兴、陕西咸阳和宝鸡、山东泰安、湖北鄂州、广东清远、江西赣州、安徽马鞍山市物价部门)。“协作网”活动每年召开 1 次协作网成员单位例会,由成员单位轮流主持召集,会议主题以价格调控和监管为主,结合各时期物价工作的重点特点,交换信息资料,交流工作经验,探讨物价工作的新情况、新问题;建立成员单位间的业务协作关系和工作访问机制。共召开协作网例会(含特别会议)40 次,交流材料 996 份,汇编交流成果专辑 12 册。市物价部门在 1997 年 5 月、2010 年 10 月分别主办第二十次会议和第三十九次会议。

### 二、南京区域市场经济物价协调会

1990 年成立,至 2010 年,成员单位有苏、赣、皖 3 省 18 城市(南京、南昌、合肥、镇江、扬州、景德镇、九江、淮南、芜湖、马鞍山、安庆、滁州、池州、六安、黄山、巢湖、宣城、铜陵)物价部门。“协调会”通过年会形式,以经济区域为特点,加强物价工作的交流和协作,包括交流价格信息实行资源共享、衔接价格水平、推进监管协调、研究探讨物价工作的新思路新举措等形式,以推进区域成员单位物价事业的共同发展,“协调会”成为全国物价工作区域协调合作示范载体。至 2010 年,“协调会”召开年会 20 届,交流材料 325 份,汇编交流成果专辑 6 册。

### 三、长江流域价格政务信息网络城市物价局联席会

1993 年成立,成员单位有上海市、重庆市、武汉市、南京市、合肥市、安庆市、杭州市、南昌市、九江市、芜湖市、无锡市、常州市、扬州市、南通市、镇江市 15 个城市物价局,“联席会”以召开年会形式,以流域经济为特点进行物价政务的交流与协作。至 2010 年,举办 2 届 14 次会议,交流材料 195 份,汇编交流成果专辑 3 册。2010 年 10 月,市物价部门主办 2 届 7 次联席会。

## 第七节 价格指数

1991 年以来, 市居民消费品价格指数除 1999 年、2001 年、2002 年、2009 年 4 个年份下降外, 其余 16 个年份年均上升。价格上涨是市价格运行主流。其中,居民消费品价格指数上升 15%以上的有 3 年,即 1993 年上升 18.6%,1994 年上升 30.6%,1995 年上升 17.7%;连续 3 年上升。居民消费品价格指数上升在 5%~10%之间的有 4 年,即 1991 年、1992 年、1996 年、2008 年;其余 9 年居民消费品价格指数升幅均在 5%以内。

1993 年开始的连续 3 年居民消费品价格指数大幅上涨,其原因是价格改革进入体制转换和机制转轨的进程,价格改革的方式由“以调为主、调放结合”转变为“以放为主、调放结合”,市场调节价逐步成为价格的主体。这一时期,国家一方面加大农产品特别是粮食以及基础工业品价格调整的力度,调价频率

加快;另一方面积极大范围放开商品价格,从而在基础上推动价格上涨,价格体系不合理现状迅速改善。价格运行有政策推动特点,其影响也延续到这一阶段前后年份。

1998 年开始前后 4 年居民消费品价格指数下降,则与亚洲金融风暴、国际性通货紧缩,以及国内消费不振,产业结构和供求结构失衡等因素有关。

进入 21 世纪,市居民消费品价格指数处于平稳运行时期,说明价格结构性矛盾和不合理价格体系初步解决,显示价格调控能力有所加强。

从居民消费品价格指数的分类构成来看,凡指数涨幅过大的年份,均与食品类价格上涨过高有关,分类指数的走势也清晰地反映各时期经济体制和价格改革特点。如市 1993 年的“医疗制度”和“住房制度”改革,诱发医疗保健和居住类价格指数出现阶段性大幅上涨。

**1991~2010 年全市居民消费品价格指数(以上年价格为 100%)**

表 38-4-2

| 年份 | 消费价格总指数 | 食品类 | 烟酒及用品类 | 衣着类 | 家庭设备品及维修服务类 | 医疗保健和个人用品 | 交通和通信类 | 娱乐教育文化用品及服务 | 居住类 |
|---|---|---|---|---|---|---|---|---|---|
| 1991 | 106.3 | 106.9 | | 106.1 | 101.8 | 106.8 | | 99.7 | 115.0 |
| 1992 | 106.9 | 108.3 | | 103.7 | 100.6 | 108.8 | | 95.3 | 102.5 |
| 1993 | 118.6 | 117.8 | | 110.5 | 110.3 | 114.2 | | 102.8 | 129.5 |
| 1994 | 130.6 | 142.6 | | 116.3 | 112.8 | 118.3 | 106.2 | 108 | 110.5 |
| 1995 | 117.7 | 123.1 | | 114.0 | 105.1 | 113.7 | 101.0 | 108.8 | 104.5 |
| 1996 | 107.1 | 106.7 | | 106.6 | 104.1 | 104.6 | 102.6 | 120.8 | 101.4 |
| 1997 | 103.4 | 100.1 | | 102.0 | 101.0 | 104.0 | 97.0 | 101.5 | 120.7 |
| 1998 | 100.1 | 100.1 | | 102.8 | 98.5 | 101.2 | 86.2 | 96.7 | 102.8 |
| 1999 | 98.1 | 95.3 | | 101.3 | 99.2 | 99.2 | 99.6 | 99.6 | 102.6 |
| 2000 | 104.1 | 101.4 | | 102.8 | 98.6 | 98.4 | 91.5 | 102.1 | 105.4 |
| 2001 | 99.7 | 98.6 | 95.3 | 100.1 | 98.1 | 98.4 | 101.6 | 104.1 | 99.6 |
| 2002 | 98.9 | 97.4 | 100.9 | 100.3 | 97.5 | 95.4 | 98.1 | 101.2 | 101.8 |
| 2003 | 102.2 | 107.2 | 98.9 | 99.7 | 97.9 | 96.3 | 96.9 | 98.3 | 101.8 |
| 2004 | 103.4 | 107.0 | 101.7 | 99.8 | 99.0 | 98.5 | 97.5 | 100.1 | 106.1 |
| 2005 | 102.6 | 104.4 | 101.3 | 94.5 | 98.7 | 102.5 | 97.8 | 100.5 | 108.5 |
| 2006 | 100.4 | 99.8 | 100.7 | 94.1 | 99.5 | 101.7 | 98.4 | 101.5 | 104.7 |
| 2007 | 104.2 | 111.5 | 99.5 | 93.7 | 102.3 | 100.4 | 97.6 | 100.4 | 102.9 |
| 2008 | 105.7 | 113.3 | 100.9 | 95.4 | 104.8 | 102.7 | 98.2 | 100.2 | 104.4 |
| 2009 | 99.7 | 104.5 | 101.0 | 98.1 | 102.4 | 99.1 | 97.1 | 98.1 | 93.4 |
| 2010 | 102.1 | 104.6 | 99.6 | 99.2 | 97.1 | 103.8 | 91.5 | 101.6 | 106.8 |

# 第五章　价格监管

## 第一节　监管组织

### 一、政府价格监管机构

1991 年,市物价检查所及所属各县(市、区、山)物价检查所相继成立。2008 年,市物价检查所更名“九江市价格监督检查局”,各县(市、区、山)相应更名。市价格监督检查局内设检查一科、二科、三科、市场科、办公室、案审室和举报中心。

### 二、社会价格监督网络

1996 年,市区物价监督总站恢复,在 13 家大中型企业建立分站。农村价格监管服务网络开始构建,各县(市、区)建立和完善乡、镇物价监督管理站,配备专职物价监管人员。2001 年 4 月,各县(市、区、山)统一开通“12358”价格投诉举报电话计 14 部。2004 年,有乡、镇物价监督站在各行政村聘请物价监督员,价格监督工作覆盖城乡区域。

2009 年,在加强社会价格监督同时,推进价格监督与价格公共服务转变,利用城乡监督网络,开展价格公共服务。根据《江西省开展价格公共服务工作三年规划》和《2009 年价格公共服务计划》要求,成立市价格公共服务领导小组,制订和下发《九江市价格公共服务三年规划工作方案(2009~2011 年)》,开展以价格服务进农户、进企业、进景区、进社区、进医院、进学校、进商场为内容的“价格服务进万家”活动,价格公共服务领域不断拓展,价格服务网络逐步覆盖到全社会。向群众提供价格维权、价格政策、价格自律、价格信息、价格协调等全方位价格服务,化解价格矛盾,规范价格秩序。

## 第二节　监管检查

1991 年,根据国务院和省政府《关于开展一九九一年税收、财务、物价大检查的通知》,对公安、交通稽查征费、工商、土地管理,以及城建、劳动、教育、医疗等部门的收费情况进行检查处理。同时,安排 1990 年度棉花收购、调拨、销售价格执行情况检查;开展以农用柴油为重点农资价格检查;开展粮食行业价格检查;以及同人民群众关系密切基本生活必需品检查。随着价格改革深化,物价监督检查工作与各项价格改革方案出台和执行紧密配合,检查重点由原来商品价格逐步转向行政事业性和经营服务性收费项目。1992 年开始,先后组织对重要工、农业生产资料、粮油食品、医疗、教育、城市公用事业收费等系列行业性检查,对行政事业单位乱收费实行查处,稳定群众生活必需品价格,制止生产资料乱涨价,查处、制止一批违反价格法规、政策行为。重点检查铁路运价、邮电资费。1993 年,安排城乡用电价格检查、石油行业价格和民政、人事、劳动、公安和土管等部门收费检查。1994 年,安排旅游景点门票、公路客运票价检查。1995 年,围绕控制物价总水平,开展以粮油、猪肉、蔬菜等群众生活必需品价格和明码标价、价外加税为主要内容市场检查;开展以农资、粮、棉为主的专项价格检查,对 12 个县(市、区)所属 66 个粮食经营单位和 167 家农资经营企业进行检查;按照省政府 38 号令精神,强化提价申报制度检查;以医药、教育为重点收费检查。1998 年,以减轻企业、群众负担的行业价格检查和汛期市场检查为重点,开展以化肥、农药、农膜等农资价格及涉农收费的监督检查;配合国家药品价格和医疗收费改革,对药品价格和医疗收费进行检查,以及配合国家粮食流通体制改革,开展以粮食收购保护价格为主要内容粮食价格检查;在特大洪水防汛期间,对防汛物资、粮油、肉菜、食盐、车船票价、液化气等汛期市场进行检查。全市各级物价检查机构对各种哄抬物价和趁火打劫价格违法行为采取措施进行重点打击,出动检查人员 9165 人次,检查各类经营门点 34586 次,有力打击各种顶风涨价行为。同时,对税务收费和农村电价进行专项检查。全市全年共查处价格违法案件1323起，查处非法所得金额443.31万元，没收非法所得261.71万元，罚款14.28万元，退还用户31.85万元，上缴财政278.99万元，经济制裁总金额307.84万元。1999年，突出农民负担、垄断行业、政府职能部门收费和市场价格秩序4个重点。开展农业生产资料、灾区重建物资、农村电价、涉农收费监督检查；开展粮食、医药医疗、工商、税务、交通、外商投资等相关单位和行业价格及收费专项检查，查处、规范垄断行业企业和政府职能部门价格(收费)行为；依法查处低价倾销，配合有关部门开展啤酒市场整顿；开展汛期和节假日市场物价和旅游收费监督检查。结合全市行政事业性收费实行收支“两条线”工作，对乱收费单位拒交、拖欠罚没款的，实行从财政拨款扣缴，增强对乱收费查处力度。全市查处价格违法案件1326起，查出非法所得491.2万元，没收非法所得352.33万元，罚款13.19万元，上缴财政365.52万元，经济制裁金额395.76万元。

2002年，围绕政府关注、群众关心价格热点、难点、焦点问题，开展土地、教育、城建、环保、计划生育、工商行政、卫生防疫、药品医疗、出租车及路桥收费、航运管理、铁路货物运价等11项专项检查。对有关部门和单位自立项目、超标准和扩大范围收费等价格违法行为进行查处。开展涉企、涉农、涉外收费和涉及群众生活房租、水、电、气价格以及“五一”“十一”黄金周旅游价格、春运票价、明码标价监督检查。全年共查处价格违法案件1099件，查处违法金额2834.8万元，实行经济制裁1180.4万元，其中退还用户780.5万元，没收非法所得348.4万元，罚款51.2万元。2007年，开展交通、工商、技术监督、土管、房产等部门涉企收费专项检查；市、县联合开展农资、农村用电、农业用水、农民建房、农村中小学收费、农村有线电视等涉农价费检查；持续开展对涉及群众生活房租、水、电、气价格和黄金旅游价格、春运票价的监督检查，维护农民利益和群众价格权益。

2010年，加强对市场价格的监管和规范，组织开展涉及民生春运票价检查、医疗服务和药品价格专项检查，以及与群众生活密切相关教育收费、农业生产资料、电力、质量监督和检疫收费价格和收费检查，全年共查处价格违法案件1123件，查处违法金额1245万元，实行经济制裁735.3万元，其中退还消费者285万元，没收非法所得340.10万元。

**1991~2010年全市查处价格违法违纪案件和经济制裁情况一览**

表38-5-1　　单位：件、万元

| 年 份 | 查处价格违法案件数 | 查处违法金额 | 经济制裁 | | | | 上缴财政金额 |
|---|---|---|---|---|---|---|---|
| | | | 总金额 | 罚 款 | 退还用户 | 没收非法所得 | |
| 1991 | 805 | 875.32 | 436.81 | 11.10 | 114.31 | 311.40 | 322.50 |
| 1992 | 603 | 759.00 | 468.70 | 16.20 | 198.40 | 254.10 | 270.30 |
| 1993 | 720 | 1431.00 | 329.84 | 18.94 | 45.20 | 265.70 | 284.64 |
| 1994 | 2001 | | 440.49 | 11.94 | 167.88 | 260.67 | 272.61 |
| 1995 | 2602 | 3645.00 | 471.00 | 21.50 | 57.90 | 391.40 | 413.00 |
| 1996 | 3509 | 927.89 | 525.88 | 24.28 | 189.20 | 312.58 | 336.86 |
| 1997 | 2262 | 557.50 | 497.10 | 24.40 | 137.50 | 335.00 | 359.60 |
| 1998 | 1323 | 443.31 | 307.84 | 14.28 | 31.85 | 261.71 | 278.99 |
| 1999 | 1540 | 1326.00 | 395.26 | 13.19 | 30.24 | 352.33 | 365.52 |
| 2000 | 947 | 947.00 | 981.84 | 55.58 | 633.81 | 292.45 | 348.03 |
| 2001 | 1248 | 4556.31 | 1579.22 | | 977.87 | | 601.35 |
| 2002 | 1099 | 2834.80 | 1180.40 | 5.12 | 780.50 | 348.40 | |
| 2003 | 1380 | | 1560.00 | 52.00 | 905.00 | | 603.00 |
| 2004 | 1380 | | 992.00 | | | | |

续表 38-5-1

| 年 份 | 查处价格违法案件数 | 查处违法金额 | 经济制裁 | | | | 上缴财政金额 |
|---|---|---|---|---|---|---|---|
| | | | 总金额 | 罚 款 | 退还用户 | 没收非法所得 | |
| 2005 | 5980 | 2588.55 | 1960.82 | 120.11 | 918.60 | | |
| 2006 | 1998 | 4350.00 | 1089.00 | | 523.00 | 524.00 | |
| 2007 | 329 | 711.41 | 820.00 | 6.63 | 32.62 | 510.00 | 372.77 |
| 2008 | 1251 | 1350.00 | 820.00 | | 310.00 | 510.00 | |
| 2009 | 1096 | 1052.00 | 836.00 | | 216.00 | 620.00 | |
| 2010 | 1123 | 1245.00 | 735.30 | 110.20 | 285.00 | 340.10 | 450.30 |
| 合 计 | 33196 | 29600.09 | 16427.50 | 505.47 | 6554.88 | 5889.84 | 5279.47 |

说明：空白栏为资料缺失

## 第三节 明码标价制度

1991 年，全市继续推广统一明码标价工作，实行“三色”商品标价签，其中“红色”表示“国家定价”，“蓝色”表示“国家指导价”，“绿色”表示“市场调节价”，商品标价签包括品名、产地、规格、等级、计价单位、零售价格等内容，商品标价签统一由市物价检查所监制，全市零售市场所有出售商品统一使用由物价检查所监制的“三色”统一标价签，传统用式使用非统一监制的商品标价签者，均按价格违法行为查处。1994 年 2~3 月，执行国家计委《关于商品实行明码标价的规定》和《关于商品和收费实行明码标价规定实施细则》，废止 1990 年国家物价局《关于商品和收费实行明码标价制度的规定》，组织价格监管机构和社会监督网络组织，集中力量推行明码标价专项检查，对不执行明码标价或不规范执行明码标价者，给予警告，下达《限期整改通知书》，对未按规定整改，屡查屡犯者给予经济处罚。

2001 年，实施国家发改委《关于商品和服务实行明码标价的规定》，废止 1994 年的标价规定和实施细则。根据规定要求，借鉴外地经验，下发《关于商品零售实行三色标价签和服务收费实行价目表(牌)明码标价工作的通知》，对执行多年“三色”统一明码标价签作全面调整，重新定性，原来的“红、蓝、绿”改为“红、蓝、黄”，“红色”表示“可涨价商品”，“蓝色”表示“实价商品”，“黄色”表示“降价商品”，收费价目表(牌)统一为蓝色。随着市场规模和格局变化，市物价监管部门应有关专营行业，大型购物商场，连锁零售企业要求，审核同意使用各具特色专用明码标价签，如“联盛、派拉蒙超市、开心人大药房等”10 余家，各种类明码标价签仍由各级物价监管机构监制。2003 年，“非典”疫情期，对与人民生活相关的粮油和主要副食、抢险、救灾和灾害重点物资及卫生防疫用品、药品价格监督措施，严格明码标价制度，加大处罚力度。每逢传统节日，旅游旺季，春耕时期，价格监管部门和社会监督网络都会督促对明码标价制度的执行情况实行督促和例行检查，使制度落到实处。

2008 年，县(市、区、山)物价检查所更名为价格监督检查局后，则由各级物价检查所监制变更为各级价格监督检查局监制，商品标价签与收费价目表(牌)均注明监督电话为“12358”。

2010 年 6 月，市集中整治和规范市场经济秩序，优化经济发展环境领导小组办公室下发《关于在全市范围内开展“明码标价整治月活动”的通知》，明码标价工作由物价部门的职能行为改为多部门联合协作共同行为，成立整治活动领导小组，制订《九江市明码标价专项整治月活动方案》，新闻媒体跟踪采访报道，编印专刊，向市区 3 大集贸市场发放明码标价牌 1500 块，向农资经营者部门发放农资等专用明码标价牌 1620 块，浔阳区浔阳路作为明码标价示范街，物价部门组织动员人员进入经营企业，为企业员工宣讲物价政策，讲授业务知识，建立明码标价制度。

## 第四节　物价计量“双信”活动

1991 年,沿用 1987 年起每年由物价部门牵头,计量、商业等有关部门组成评选组织负责评选。

2006 年 5 月开始,“双信”活动改为“价格诚信单位”评选,每 2 年评选 1 次。同年,第一届市价格诚信单位名单:江西长江药业有限公司、市第一人民医院、市中医院、庐山含鄱口过道旅游公司、市新港水上加油站、市浔宝斋工艺品店、船物宾馆、农工商超市有限公司、市先达实业有限公司、市艺星家具工程有限公司、沃尔得超市购物中心、华东地质局二六七大队职工医院、太平洋百货购物广场有限公司、中石化江西九江石油分公司、江西移动通信有限责任公司共青分公司、盛世川王餐饮娱乐公司阳光家园酒店。

2008 年,第二届市价格诚信单位名单:市第三人民医院、市妇幼保健医院、派拉蒙百货有限公司南湖分公司、派拉蒙百货有限公司十里购物中心、美佛医院、先达实业有限公司、开心人大药房、船物宾馆、新港水上加油站、石油天然气股份有限公司江西九江销售分公司、开心人大药房天外天店、九江学院附属医院、市水务有限公司、仁爱医院、市中医医院、市艺星家具工程有限公司、盛世川王餐饮娱乐公司阳光家园酒店、中石化江西九江石油分公司、沃尔得超市购物中心。

2010 年,第三届市价格诚信单位名单:市第一人民医院、市中医院、太平洋购物广场、中国移动九江分公司、沃尔玛购物广场、联盛购物广场、中国联通九江分公司、市第五人民医院、中国电信九江分公司、开心人大药房、民生大药房湖滨店、西海温泉假日酒店、中石化江西九江石油分公司、九江学院附属医院、市妇幼保健医院、川王阳光家园大酒店、先达实业有限公司、派拉蒙百货有限公司南湖分公司、新太子杰世民大酒店、市水务有限公司、市第三人民医院、美佛医院、仁爱医院、华东地质局二六七大队职工医院。

## 第五节　价格投诉举报

1991~1999 年,市物价部门尚未单设价格举报工作机构,由市物价检查所受理和查处,举报渠道仅有来信、来访和举报电话 8224516,未设专职人员。

2000 年,市物价局价格举报中心成立,为市物价监督检查局内设机构,开始价格举报信息登记,管理系统建设,制定工作制度和办理程序。当年,受理投诉案件 104 件,调查处理 97 件,退还消费者金额 13.82 万元。2001 年 5 月 1 日前,全市开通全国统一的价格举报电话号码“12358”,开通举报电话 14 部,实行 24 小时受理消费者投诉。全市共受理群众投诉 188 起,立案查处 161 起,结案 160 起,退还消费者金额 232 万元。2002 年,发挥“12358”价格举报热线作用。价格投诉做到“有报必查,有查必果”,及时还给受害人公道。全市受理投诉案件 186 件,查处违法金额 400 万元,退还消费者 300 万元,上缴财政 30 万元。2005 年,强化“12358”举报电话联系群众纽带和窗口作用,市物价局对某学校超标准收取学杂费快查快办,举行仪式公开退款,在社会上引起反响。全市共受理价格投诉案件 456 起,查处违法金额 368 万元,退还消费者 215 万元。2006 年,建立举报电话上下联动快速反应机制,重大节假日实行 24 小时有人值班。全市共受理价格投诉案件 487 起,查处违法金额 331 万元,退还消费者 307 万元。2007 年,抓好价格举报案件的查处工作。全年共受理价格投诉案件 241 起,查处违法金额 26 万元,退还消费者 17 万余元,价格投诉案件查处率达 100%。2008 年,共受理价格投诉案件 1285 件,退还消费者 8.5 万元,上缴财政 9.6 万元。2009 年,按照热情服务,快速办理,妥善处理的要求,健全价格举报工作机制,保障服务对象的知情权、参与权、表达权、监督权和投诉权,开展 12358 价格举报维权服务。全市受理价格举报投诉案件 1107 件,退还消费者 11.5 万元,上缴财政 39.2 万元。

2010 年 5 月 11 日,市物价局在烟水亭广场开展以“解决问题、化解矛盾、促进和谐”为主题“12358”价格举报日现场咨询活动,解答有关价格政策法规,发放宣传材料 700 份,接受群众咨询 200 人次,当场受理价格举报 5 起。

# 第三十九篇

# 统　计

# 第三十九篇 统 计

1991年起,全市统计事业进入快速发展时期。为不断适应改革开放和地方经济发展需要,统计工作进行一系列改革,执行新报表制度和新统计手段。随着国民经济发展和社会进步,统计调查范围扩大,内容更趋充实。增加房地产开发、服务业、环境保护、能源、旅游、经济效益、高新技术产业、文化产业统计等,各专业统计内容亦有不同程度增加,统计报表报送体制和统计计算口径都进行一些调整。同时,规范抽样调查、普查、重点调查。其间,相继进行第五、第六次全国人口普查,第一、第二次经济普查,第一、第二次基本单位普查,第一、第二次农业普查,第三次全国工业普查;开展人口变动、劳动力、群众安全感、住房、投入产出、R&D资源、社情民意等专项调查。

1996年和2009年,通过贯彻全国人民代表大会常务委员会先后两次修订的《中华人民共和国统计法》,统计工作法律保障更加坚强。市人大、市统计局每年开展全市统计执法大检查活动,维护统计法氛围愈加浓厚,统计工作者法律意识得到强化;统计执法、统计资料整理、信息网络建设交流进一步健全、完善。

随着计算机技术在统计工作中应用,对统计人员掌握电脑知识要求愈高。市统计局电子网站开通,实现统计信息网上发布、统计信息资源共享及统计信息传递速度加快。2003年10月28日,市统计局实行办公室自动化管理,房地产、规模以上工业企业先后实行联网直报。并通过参加有关网络活动、交流统计资料、外出考察取经等形式,与全国多个中等城市建立联系。

# 第一章 统计报表制度

## 第一节 第一产业统计

1991 年,全市推行《农村统计一套表制度》,统计报表有农村乡(镇)场队组织情况,耕地面积,农业机械年末拥有量,主要农业机械按所有制分组,主要农业机械化项目水平,农村电气化及主要生产资料使用情况,有效灌溉面积,农作物面积和产量,茶叶、蚕茧、水果生产情况,林业生产情况,牧业主要产品产量,主要牲畜年末存栏情况,渔业生产情况,农业总产值和商品产值,农业净产值,农村社会总产值,农村非农产业基本情况,农村经济收入分配和效益,农村集体统一经营情况,农村固定资产结构,城市肉、蛋、奶、菜产销情况 21 种报表。1992 年,对农村统计一套表方法、制度作充实和修改,同时将 9 种乡镇企业统计年报和 1 种季节报表纳入农村统计一套表。1993 年,取消 13 种发至农村村、组全面调查报表和文化、卫生、教育等参考表。其中一些表格名称、内容及指标归类有所变化。农、林、牧、副、渔 5 业划分改为农、林、牧、渔 4 业划分,农业分为种植业和其他农业,取消农村社会总产值和现价农业总产值指标。

1997 年,取消乡村(国营挂钩集体)基础建设情况、农村固定资产结构、农村社会总产值、现价农村非农行业总产值 4 种报表。

2003 年,农业发展速度计算方法进行改革,由按 1990 年不变价计算改为按价格指数缩减法计算。2004 年,农村经济统计年报有非农户畜牧业生产情况、规模饲养农户畜牧业生产情况、农村基本情况、乡村户数人口及从业人员耕地面积变化情况、农村电气化化学化和燃料使用情况、农作物面积和产量、茶叶水果生产情况、林业生产情况、畜牧业生产情况、渔业生产情况、蔬菜及特种作物生产情况、农业机械化情况、农林牧渔业总产值和商品产值、农林牧渔中间消耗、农林牧渔业总产值和中间消耗计算表、乡镇抽样调查情况、乡镇社会经济基本情况、县市社会经济基本情况 18 种。农村统计定期报表有畜牧业生产情况、非农户畜牧业生产情况、农林牧渔业总产值、春收作物产量和春播作物面积、全年农作物播种面积、全年农作物产量预计、冬播作物面积 7 种。2006 年开始,停报农产量抽样调查季报和农经调查表。

2008 年起,开展主要畜禽监测调查工作,对规模饲养户和畜禽生产经营单位实行全面调查,对规模饲养户以外散养户实行抽样调查。规模饲养户分品种畜禽模临界点为生猪存栏 400 头以上、牛存栏 60 头以上、羊存栏 500 只以上、禽存笼 10000 羽以上。调查方式是对主要畜禽(猪、牛、羊、禽)存栏、出栏、产品产量及出售价格等情况每月调查一次,生猪生产按月,牛、羊、禽生产按季,在规定时间内报江西调查总队农业处。同年,农林牧渔业统计报表制度变动情况:“农作物面积和产量”中,删除再生稻和葛根 2 个指标;“茶叶、水果生产情况”中,细化其他水果所包含的猕猴桃、葡萄、红枣、柿子产量和面积;将“早稻产量预计”从畜牧业生产情况季报中单列出来;“全年农作物产量预计”中,增加蔬菜类、瓜果类 2 个指标;“畜牧业生产情况季报”中,增加羊毛产量 1 个指标;恢复“非农户农作物播种面积情况”,并删除市内没有的农作物指标。乡村社会经济调查制度:新增年报“农林牧渔业生产经营单位能源消费情况”,统计范围为抽中的农林牧渔业生产经营单位;对“乡、建制镇基本情况”中指标进行较大调整,调整后指标由原来 100 个减少到 81 个。农林牧渔业综合统计报表制度:删除“农林牧渔业总产值和商品产值”中按 1990 年不变价格计算的总产值;删除“农林牧渔业总产值和增加值”中按 1990 年不变价格计算的总产值和增加值,并对计算时期略作调整。2009 年始,非生猪大县生猪、牛、羊、禽生产情况全部按季调查上报。

2010 年,农业统计报表有农村基本情况和农业生产条件、农作物播种面积和产量、蔬菜及特种作物生产情况、设施农业生产情况、茶叶水果生产情况、林业生产情况、畜牧业生产情况、渔业生产情况、农林牧渔业总产值和商品产值、农林牧渔业中间消耗、农林牧渔业总产值年度计算表、乡镇社会经济基本情况、村基本情况、农林牧渔业生产经营单位能源消费情况 14 种。农业统计报表变动情况,则根据《统计用产品分类目录》调整有关报表产品目录;年报新增“设施农业生产情况”表;原“蔬菜及特种作物生产情况”表由定报改为年报;原定报“非农户农作物播种面积”表名称改为“农业生产经营单位农作物播种面积情况;恢复“村基本情况”年报表;年报“畜牧业生产情况”表指标顺序进行调整;“畜牧业生产情况”表、“乡镇社会经济基本情况”表、“村基本情况”表增加部分指标。

## 第二节 第二产业统计

### 一、工业统计

1991 年,执行工业统计年报分计算机汇总和手工汇总两种。计算机汇总报送软盘有全部乡及乡以上工业单位数和工业总产值,全部全民所有制独立核算工业企业主要经济指标,全部乡及乡以上集体所有制独立核算工业企业主要经济指标,全部其他经济类型独立核算工业企业主要经济指标,全部乡及乡以上独立核算工业企业主要经济指标,非独立核算工业生产单位数和总产值 6 种报表。手工汇总报表有全部工业企业单位数和工业总产值,工业企业主要工业产品产量,全部金属切削机床及锻压设备,分行业金属切削机床及锻压设备,动力设备,分月工业总产值 6 种报表。

1992 年,根据企业生产规模或生产用固定资产原值划分特大型、大型、中型、小型 4 个类型报表。1993 年 5 月 14 日,首次举行“九江工业企业 50 强”新闻发布会。6 月 25~26 日,按照全市工业生产形势分析会要求,召开乡镇“工业经济评价考核指标体系”培训会议,并从当年起,企业经济类型划分为国有经济、集体经济、私营经济、个体经济、联营经济、股份制经济、外商投资经济、港澳台投资经济、其他经济 9 种经济类型。

1995 年 11 月下旬,开展第三次工业普查宣传周活动,在九江电视台、九江有线电视台播放工业普查宣传口号,组织 10 个企业轮流出动宣传车。同年,第三次全国工业普查办公室对工业总产值计算方法进行修订,同时为与前年度相衔接,设置工业总产值(原规定)与工业总产值(新规定)2 个指标,其中工业总产值(原规定)与前年度计算方法和口径相同,工业总产值(新规定)对原规定在 4 方面予以改变:凡自备原材料,不论其加工繁简程度如何,一律按全价计算工业总产值;凡来料加工,加工企业一律按财务结算加工计算工业总产值;自制半成品、在制品期末期初差额价值不再区分生产周期是否 6 个月以上,而随其是否计入产成品成本而定;工业总产值按不含增值税价格计算。

1997 年 6 月 10 日,在《九江日报》发布《关于第三次工业普查主要数据的公报》。1998 年,工业定期报表统计范围,由按隶属关系划分改为按企业规模划分,工业月度统计口径由原乡及乡以上全部工业企业改为辖区内全部国有工业企业和年产品销售收入 500 万元以上非国有企业填报,并对总量指标分组进行调整。1999 年,“工业企业主要经济指标”月报开始实行超级汇总。

2000 年,对“工业产值总值及主要产品产量”月报实行超级汇总,并按季上报辖区内年销售收入 500 万元以下非国有工业企业工业总产值(当年价格)。2001 年,工业年报统计口径由原来全部乡(镇)及乡(镇)以上独立核算工业企业和年销售收入 500 万元以上村及村以下工业企业改为全部国有和年产品销售收入 500 万元以上非国有工业企业填报;主要工业产品销售量与库存量统计口径由全社会统计口径改为由国有和年产品销售收入 500 万元以上非国有工业企业填报,取消部分产品全社会统计口径。2002 年 3 月,市统计局、计委、经贸委联合发文,从 4 月起,在全市试行新的工业发展速度计算方法。2003 年 10 月,九江开发区区域管辖范围调整后实行“一区多园,一园多制”管理体制,开发区统计数据将按调整后统计范围,直报市统计局。10 月 17 日,市统计局、市民营经济服务局联合印发《关于进一步规范九江市工业园区统计工作的通知》,要求规范统计工作,口径一致,做到认真、及时、细致、准确、不虚报、瞒报、迟报、漏报。至年底,已建成工业园为 16 个。

2004 年,“月报”正式采用价格缩减法计算工业发展速度。省联网直报企业范围扩至辖区内全部大中型工业企业;国家联网直报制度增加“工业生产与经营预计完成情况表”月报和“主要工业技术经济指标”半年报2种报表。同年,上报工业年报有法人单位基本情况表,工业企业主要经济指标,企业技术创新情况,高新技术产品生产经营情况,主要产品产量和生产能力,园区工业企业主要经济指标,重点耗能工业企业能源购进、消费与库存,重点耗能工业企业能源生产、购进、销售与库存,工业企业现金流量主要指标,主要工业技术经济指标10种。定报有工业产销总量及主要产品产量,工业总产值和增加值汇总表,工业企业主要经济指标,主要工业产品销售与库存量,工业园区主要经济指标,工业企业主要能源消费与库存,工业产、销、存及订货情况,投资、科技开发及劳动情况,工业生产与经营预计完成情况9种。

2008年7月,根据《国家统计局关于进一步规范工业定期报表统计范围的通知》要求,进一步规范规模以上工业定期报表统计范围。

2010年,全市实行计算机汇总,报电子表格式:综合年报有规模以下工业主要产品产量、规模以上工业企业增减变动原因一览表2种,基层年报有法人单位基本情况、产业活动单位基本情况、工业企业成本费用、工业企业财务状况、主要工业产品生产能力、信息化情况主要指标6种,综合定报有地区工业增加值及其增长速度、规模以下工业主要能源产品产量、工业园区主要经济指标、工业园区招商引资项目表4种,基层定报有工业产销总值及主要产品产量、工业企业财务状况、主要工业产品销售库存订货、园区工业企业主要经济指标、重点工业企业生产效益情况及月度分析资料5种。

## 二、建筑业统计

1991年,年报实行全民、集体所有制建筑安装企业及自营施工单位“建筑业统计年报基层表”,定期报表综合表有建筑业生产完成情况、承包责任制推行情况、工程质量情况、财务成本情况4种。同年,试行建筑业增加值统计,完善企业总产值和财务资金统计,以适应建立新国民经济核算体系需要,主要变动有:将“建筑业净产值”表改为“建筑业净产值和增加值”,增加指标有大修理基金等5个。为准确反映建筑业生产活动成果,调整建筑业总产值计算范围,由原包括施工产值、建安附属生产产值、建安运输产值、其他产值4部分,修改为只包括施工产值、建安附属外销构件产值和建安附属勘察设计产值3部分。为完善建筑业财务统计和工程质量统计,将《固定资产和流动资金情况》年报表中期末流动资金占用额改为流动资金平均占用额,将大修理基金改为更新改造基金,在“产品销售收入、劳务收入”表中增加“拖欠工程款”指标,在“工程质量及工期情况”表中增加一次交验合格单位工程个数和房屋建筑竣工面积2个指标。“主要机械设备实有、完好情况”年报改为2年报送1次。

1992年,报表制度在围绕建立新的国民经济核算体系以及满足经济管理需要等方面进行修订:扩大建筑业统计范围,将独立核算全民和城镇集体所有制建筑装饰企业纳入建筑业统计范围;完善建筑业计算方法,对净产值中其他项进一步分解,并在支付给个人费用中增加“工地津贴”,作为增加值一部分。1993年,年报制度实施建筑企业一套表。建筑企业一套表能全面反映建筑施工企业基本情况,协调政府统计与部门统计、综合与专业统计及专业统计之间关系,促进统计分类标准化工作开展,推动企业统计基础工作规范化和计算手段现代化。实施范围包括除乡镇企业管理局以外的各种经济类型建筑业企业,即国有经济、城镇集体经济、私营经济、联营经济、股份制经济、外商投资经济、港澳台投资经济及其他经济建筑企业。建筑企业附营业务活动情况也由独立核算的法人企业组织附营单位填报。建企企业一套表有5种主营表和4种附营表。主营表有:“建筑业企业基本情况表”,指标有企业名称等10个;“企业生产情况表”,指标有产值等6个;“企业财务状况表”,指标有资本金等7个;“企业劳动情况表”,指标有从业人数等4个;“原材料、能源消耗与库存表”,指标有年初库存等3个。附营表“附营工业产品生产、销售、库存”“附营交通运输业运营情况表”“附营批发零售贸易业商品销售、库存”和“其他附营活动主要情况表”。

2002年,建筑业企业实行资质管理双轨过渡,统计范围由原资质等级四级及四级以上独立核算建筑企业,改为已经取得新建筑业资质等级和新资质申报资料已上报建设主管部门待批建筑企业。2003

年，建筑业年报统计范围改为辖区内具有建筑业资质的所有独立核算建筑业企业。2004年，统计范围统一为具有建筑业资质所有独立核算建筑业企业，包括施工总承包、专业承包和劳务分包建筑业企业。

2010年，建筑业综合定期报表有建筑业企业生产情况、建筑业企业财务状况、建筑业企业房屋建筑完成情况、劳务分包建筑业企业生产经营情况4种；建筑业基层年报有法人单位基本情况、产业活动单位基本情况、建筑业企业生产情况、建筑业企业财务状况、建筑业企业房屋建筑完成情况、劳务分包建筑业企业生产经营情况、信息化情况7种；建筑业基层定期报表有建筑业企业生产情况、建筑业企业主要财务状况、建筑业企业房屋建筑完成情况、劳务分包建筑业生产经营情况4种。主要变动有“建筑业企业主要财务状况”和“建筑业企业财务状况”，增加“养老保险和医疗保险费”；“劳务分包建筑业企业生产经营情况”取消“期末从业人数”下的“其中 管理人员”和“其中 工程技术人员”等指标。

# 第三节 第三产业统计

## 一、批发零售业和餐饮住宿业统计

1991年，批发零售业和餐饮住宿业编报“社会商业商品流转报表”，以社会商业（包括全民所有制商业、供销合作社商业、其他集体所有制商业、合营商业、个体商业）为总体计算商品纯购、纯销和库存，表名为“社会商业商品购销存总额报表”和“社会商业商品购销存数量报表”。总额表主要指标包括国内纯购进、国内纯销售、期末库存。分组为全民所有制、供销合作社、其他集体、合营以及个体等商业。商品表主要指标有：国内纯购进、国内纯销售、期末库存，填报40种主要商品数量。执行批发零售业和餐饮住宿业统计报表有社会商业商品购、销、存总额；社会商业商品购、销、存数量；社会商品零售总额；社会消费品零售购买力总表；非农业居民货币收支平衡表；农业居民货币收支平衡表；社会农副产品收购总额和收购量；工业部门对集体、个体商业商品销售和零售；全民所有制商业和供销合作社经济效益主要指标；其他全民所有制、其他集体所有制、合营商业商品购、销、存总额和数量；商业机构、人员；商业零售机构、人员；饮食业、服务业机构、人员13种表种。9月，市统计局联合市工商局，在全市范围开展5%个体有证商业户抽样调查。1992年，将全民所有制和供销合作商业经济效益主要指标半年报改为季报，停止上报商业、饮食业、居民服务业经营情况年报。

1993年，根据全国统计方法改革统一部署，制定新批发零售贸易业、餐饮业统计报表制度，统计制度有较大变化。1994年11月，市统计局、市工商行政管理局联合印发《关于开展统计调查单位清查登记的通知》。从年报起，不再分为国内商业、对外贸易业、物资供销业3张表，统一按批发零售贸易业进行汇总上报；将“批发零售贸易业商品销售、库存数量年报”和“批发、零售贸易、餐饮企业财务状况年报”改为“大中型批发零售贸易企业商品销售、库存年报”和“大中型批发、零售贸易、餐饮企业财务状况年报”，小型企业不再要求填报。1995年在月报中将“大中型批发零售贸易业企业商品购进、销售、库存总额表”和“大中型批发零售贸易企业商品分类销售、库存表”合并为“批发零售贸易业商品购进、销售、库存总额及类值月报表”，扩大到小型企业和附营单位填报。为取得小型贸易企业的数据，按照国家统计局的统一部署，进行小型贸易企业抽样调查。

1999年5月，市统计局，市经济贸易委员会、市工商行政管理局联合印发《关于开展全市商品交易市场快速调查的通知》。

2002年，增加“亿元以上商品交易市场成交情况”季报，由年成交额在亿元以上的商品交易市场上报。2003年，全市批发零售贸易业、餐饮业统计报表制度年报有11种。2004年，定报有13种。

2010年，批发零售贸易业、住宿餐饮业统计基本调查方法是对限额以上批发和零售业、住宿和餐饮业法人企业和个体经营户实施全面调查；对限额以下批发和零售业、住宿和餐饮业法人企业和个体经营户实施抽样调查；对其他行业法人单位附营的限额以上产业活动单位、成交额在亿元及以上商品交易市场、连锁经营企业实行全面调查。执行批发零售业和餐饮住宿业统计报表有综合定期报表有批发和零售业商品销售库存情况、住宿和餐饮业经营情况、社会消费品零售总额、重要商品购进销售和库存(成品油批发单位填报)、重要商品销售和库存(成品油零售单位填报)5种;基层年报表有法人单位基本情况。产业活动单位基本情况、限额以上批发和零售业商品购进销售和库存额、限额以上住宿和餐饮业经营情况、限额以上批发和零售业企业财务状况、限额以上住宿和餐饮业企业财务状况、亿元以上商品交易市场成交情况、批发和零售业连锁经营情况、批发和零售业连锁门店及配送中心分布情况、住宿和餐饮业连锁经营情况、住宿和餐饮业连锁门店及配送中心分布情况、批发零售业和住宿餐饮业个体经营户基本情况、限额以下批发零售业和住宿餐饮业样本单位基本情况、信息化情况主要指标14种;基层定期报表有限额以上批发零售业商品销售和库存额、限额以上住宿和餐饮业经营情况、限额以下批发和零售业样本单位调查表、限额以下住宿和餐饮业样本单位调查表、重点批发和零售业企业主要经济指标、重点住宿和餐饮业企业主要经济指标、重要商品购进销售和库存、重要商品购进销售和库存(成品油批发单位填报)、重要商品销售和库存(成品油零售单位填报)9种。

### 二、交通运输、邮电统计

1991年统计部门执行交通运输、邮电报表有民用车辆拥有量、民用运输船舶拥有量、社会客货运输(吞吐)量、非交通单位民用载货汽车抽样调查整体推算表、非交通系统的重点单位自有载货汽车运输量5种。

1996年,交通年报有民用车辆拥有量、民用运输船舶拥有量、全社会客货运输(吞吐量)、独立核算运输企业财务状况4种。定报有独立核算交通运输企业生产情况和主要财务指标1种。

2000年,恢复民用运输车辆拥有量年报。

2010年统计部门执行交通运输邮电报表有交通运输、邮电统计报年有民用车辆拥有量、邮电通信行业基本情况、全省公路里程年底到达数、公路水路运输情况、铁路主要技术指标、铁路营运基本情况、民航运输生产主要指标7种。交通运输邮电统计定报有运输邮电业务情况1种。

### 三、服务业统计

2006年前,服务业统计尚未单独设立。2007年3月,国务院出台《关于加快发展服务业统计的若干意见》,省政府出台《关于进一步加快服务业发展的实施意见》,对加强服务业统计工作提出明确要求。

2009年,按照省政府办公厅《关于加强服务业统计工作的通知》,实施全省统一服务业统计调查制度,实现对服务业全行业、全口径统计。服务业统计调查范围包括全部第三产业以及第一产业中农林牧渔服务业,具体为农林牧渔服务业,交通运输、仓储和邮政业,信息传输、计算机服务和软件业,批发和零售业,住宿和餐饮业,金融业,房地产业,租赁和商务服务业,科学研究、技术服务和地质勘查业,水利、环境资源与公共设施管理业,居民服务和其他服务业,教育,卫生、社会保障和社会福利业,文化、体育和娱乐业,公共管理和社会组织,国际组织。11月18日,召开全市服务业统计工作会议,学习《江西省服务业统计调查制度》,从思想上、组织上、业务上保证服务业统计工作开展,全市服务业统计工作有序推进,确立工作机制;对全市服务业单位进行全面清查;对限额以上企业进行界定,省统计局批准;建立服务业统计报表渠道,完成当年报表上报。

2010年,按照省统一部署,全市开展服务业统计调查,服务业统计工作自始走上规范化、制度化轨道。其间,服务业报表制度有所调整,更具操作性。12月,统计局成立服务业统计科,配备专职服务业统计人员。

## 第四节　能源统计

1991年,执行国家统计局制发能源统计报表制度,取消“重点工业企业主要产品能源消耗”报表,增加“主要工业产品单位产量综合能耗”季报。统计报表统计范围为辖区内年购入能源消费量1万吨标准煤以上工业企业。主要指标有企业单位数、报告期综合能源消耗量、去年同期综合能源消耗量、报告期产品产量、去年同期产品产量、报告期单位产品产量综合能耗、去年同期单位产品产量综合能耗。当年，能源加工转换表行业填报目录共有55个行业，比1985年增加44个。

1993年，根据全国统计制度方法改革统一部署，制定新能源统计报表制度，原材料、能源统计报表制度将原“物资统计报表制度”中“原材料、能源”部分和原“能源统计报表制度”合并，改为“原材料、能源综合统计报表制度”，制度中取消“重点工业企业能源消费”和“地区工业部门节能量”季报。列入1993年能源、原材料统计报表制度的能源报表，年报有“主要能源消费与库存”“主要能源按国民经济行业分组消费量”“能源消费与库存总值”“工业企业能源加工转换情况”“地区综合能源平衡(实物量)表”“地区综合能源(标准量)平衡表”“分行业能源消费量(实物量)”“分行业能源消费量(标准量)”等8种。定期季报报表有“能源消费与库存”“工业企业产值综合能耗”“工业企业能源库存和消费”3种。能源年报填报范围为除乡镇企业局管理企业以外各种经济类型独立核算单位，包括农业、工业、建筑业、运输邮电业、批发零售贸易业、饮食业、服务业企业和行政事业单位。能源定期报统计范围为除乡镇企业局管理的企业以外各种经济类型独立核算工业、建筑业和运输业企业。1994年根据国家统计局调整能源统计报表制度，年报统计范围改为县及县以上各种经济类型独立核算工业企业、建筑企业、运输邮电企业。定期报表改“能源消费与库存”季报为月报。能源消费指标分组由“主营活动用”和“附营活动用”改为“工业生产用”“建筑施工用”“运输邮电用”。主要统计指标为消费量：包括实物量和价值量能源消费指标，又分能源消费合计和综合能源消费指标。消费总量下分列“工业生产用”“建筑施工用”“运输邮电用”“能源消费总量”。按用途分，用于产品生产工艺流程过程中做原料、材料、燃料、动力使用能源。能源消费又按使用方向分，按地区分，按国民经济行业分16个门类，99大类，369个中类，845个小类。能源库存量包括实物量、价值量、标准量能源库存。按存放时间分期初、年初、期末、年末库存，库存又按存放空间、分地区库存、行业库存，还按流通环节分。能源库存合计由工业企业库存、建筑企业库存、运输邮电企业库存、批发零售贸易和餐饮企业经营用商品库存、工业产品库存指标构成。

2010年，能源统计变动的有“工业企业能源购进、消费与库存”，取消补充资料中“工业总产值”，调整填报目录，统计范围季报调整为年主营业务收入2000万元及以上，以及年主营业务收入2000万元以下、年综合能源消费量5000吨标准煤及以上工业法人企业，月报调整为年综合能源消费量5000吨标准煤及以上的工业法人企业；《工业企业能源购进、消费与库存附表》，将“炼油”改为“炼油及煤制油”，调整填报目录，统计范围调整同“工业企业能源购进、消费与库存”；“工业企业用水情况”，取消宾栏中的“上年同期”，取消补充资料中“废水处理达标水排放量”和“废水未处理或未达标排放量”，调整水的品种分类，统计范围调整为年主营业务收入2000万元及以上工业法人企业；《主要耗能工业企业单位产品能源消耗情况》，由月报改为季报，统计范围调整为年综合能源消费量5000吨标准煤及以上工业法人企业；“重点耗能工业企业能源生产、购进、销售与库存量”调整填报目录；增加“非工业重点耗能单位能源消费情况”季报，统计范围当年能源消费在5000吨标准煤及以上的建筑业和第三产业法人单位；“地区能源消费与单位GDP能耗”季报不再免报；《能源平衡表(实物量)》，调整能源品种、部分指标，增加补充资料。“分行业能源消费量(实物量)”和“分行业终端能源消费量(实物量)”，调整能源品种、部分指标；“能源平衡表(标准量)”和“分行业终端能源消费量(标准量)”，调整能源品种、部分指标，电力分别按照当量值和等价值计算，热力只按照当量值计算；执行新的《季度地区能源消费总量核算方案》。

同年，综合年报表有能源平衡表(实物量)、分行业能源消费量(实物量)、分行业能源终端消费量(实物量)、能源平衡表(标准量)、分行业能源终端消费量(标准量)、主要能源消费与库存6种。综合定报表有地区能源消费与单位GDP能耗、全社会用电量情况2种。基层年报表有重点耗能工业企业能源生产、购进、销售与库存量，工业企业能源购进、消费与库存，工业企业能源购进、消费与库存附表3种。基层定报表有工业企业能源购进、消费与库存，工业企业能源购进、消费与库存附表，工业企业用水情况，主要耗能工业企业单位产品能源消耗情况，非工业重点耗能单位能源消费情况5种。

# 第五节 投资统计

## 一、固定资产投资统计

1991年,根据建立国民经济核算体系和完善投资指标体系要求,将基本建设基层标准表中财务拨款与支出栏充实修改为资金来源与运用栏,系统反应项目资金落实情况,增加各项应付款合计、工程款、器材款3项指标。根据投资管理的有关规定,从年报起,将投资方向调节税计入投资完成额,在按构成分的其他费用中列其中数。1992年,基层标准表中取消按生产性建设、非生产性建设和住宅分组,变为按物质生产性建设、非物质生产性建设和住宅分组。1993年取消按物质生产性建设、非物质生产性建设和住宅分组,变为按第一产业、第二产业、第三产业和住宅分组。取消煤代油资金来源指标,增加股票、债券2个指标。1994年取消按第一产业、第二产业、第三产业和住宅分组,变为按农林牧渔业用、工业建筑业用、商业运输邮电业用、住宅和其他分组。随着经济体制改革不断深入,建设领域出现投资资金来源多元化的新情况。

1995年,根据国家统计局制度规定,"基本建设大中型项目一览表"由季报改为半年报,表中指标内容也作相应修改,增加7个项目资金来源指标。1998年,固定资产投资定报统计范围由原计划总投资5万元以上提高到计划总投资50万元以上。

2001年12月,在全市开展城镇私营、个体单位固定资产投资快速调查,调查主要指标是固定资产投资额、设备与器具购置、房屋和住宅面积、资金来源等。2004年,"城镇集体投资""城镇私营个体"和"城镇工矿区私人建房"报表报送率由季报改为月报。

2008年,实施《新开工项目报告》制度。按照国办发文件中规定的"八项条件"的内容,反映固定资产投资的规模、结构及变化趋势,制定《九江市固定资产投资统计数据质量及协调性评估方案(试行)》。方案使用的评估指标共11个,据此对各县(市、区)数据质量和协报"三千万元以上新开工项目信息表"。2009年2月,为全面了解、跟踪、反映中央扩大投资项目建设和保障性住房建设情况,开始建立《中央扩大投资和保障性住房建设情况跟踪统计制度》。全面实行《固定资产投资项目管理信息报送制度》。8月25日,首次固定资产投资项目管理信息报送工作顺利完成。

2010年3月,为提高全市各地固定资产投资统计数据质量,进行协调性评估,根据评估计算的结果,按月度对固定资产投资统计的核心主要指标进行数据修正。4月28日,根据省有关文件精神,结合近期全市实施固定资产投资统计数据质量及协调性评估工作的实际情况,制定《九江市固定资产投资统计数据质量及协调性评估方案(试行)补充规定》,增加"建筑业营业税增速加分项"。同年投资年报继续实行快报代年报。基层表为"固定资产投资统计基层标准表",取消补充资料;为编制2010年投入产出延长表,增加"固定资产投资构成"调查年报;"固定资产投资完成情况",取消"六十项目类别"。综合表取消"中央扩大投资计划下达情况"表;在"城镇固定资产投资完成情况"和"农村非农户固定资产投资完成情况"表中,取消"自年初累计完成投资"下的"其中:500万元以下项目完成投资"和"施工项目个数"下的"其中:500万元以下项目"。

所有正式开工建设计划总投资500万元及以上新开工项目。新开工的固定资产投资建设项目建设单位在项目开工后都应根据新入库项目管理制度要求,携带规定有关文件、材料及时向所在地统计局提出项目入库统计申报要求。对非本年开工尚未竣工但属新近申报拟入库统计项目,也属入库管理对象,同样执行新开工项目入库管理制度。

管理分工上,省统计局负责5亿元以上新开工项目和单纯购置项目入库管理(其中计划总投资20亿元及以上项目的入库管理权属国家统计局),市统计局负责1亿元以上新开工项目和单纯购置项目入库管理,县级统计部门负责所有500万元及以上新开工项目和单纯购置项目入库管理。各级统计局都必须按照新开工项目入库管理制度的要求做好入库项目管理工作,所负责项目必须做到先审核再准入。

20 亿元以上新入库项目(包括单纯购置项目)需提前报送国家统计局投资司审批,经投资司审批同意后才能入库,否则不能入库统计。计划总投资由 20 亿元以下调整到 20 亿元以上的项目也必须履行相应审批手续。20 亿元以下项目的入库程序应按照分级负责的原则,逐级审核后入库。新开工项目入库申请表,20 亿元及以上项目报送新开工项目入库申请表,20 亿元以下项目报送电子版 “新入库项目入库申请表”按项目填报,内容包括项目编码、项目名称、单位名称、单位法人码、申请入库时间、开工时间、材料份数、计划总投资、相关网址等指标。新入库项目证明材料,项目主要建设内容、与施工单位签订的施工合同、项目现场照片、项目立项审批、核准或备案文件、项目建设工程施工许可证、项目整体设计文件、项目可行性研究报告、国有土地使用权证(或合同)、项目规划许可手续、项目环评文件。单纯购置项目入库证明材料包括设备购置合同、付款凭证和设备到位照片,3 项齐全后才能申请入库。

同年,综合定期报表有部门固定资产投资管理信息情况、固定资产投资基层年报表、固定资产投资统计基层标准表 3 种。基层定期报表有固定资产投资完成情况、1 亿元以上新开工项目报告 2 种。

## 二、房地产开发投资统计

1991 年,首次执行商品房屋建设投资统计定期报表制度,月报“商品房屋建设投资统计表”,指标有商品房屋投资额、商品房屋销售额、商品房屋建筑面积、商品房屋销售面积,分别按合计、商品住宅、其他商品房填列。另,年报基层标准表中增加按计划资金管理部门分 7 个资金来源指标。1992 年,商品房屋建设统计年报由原填报 3 种标准表,改填 1 种标准表,取消商品住宅和其他商品房分表,增加商品房配套设施完成投资指标,商品住宅投资可从商品房投资额按用途分的住宅投资中取得。

1993 年,将商品房屋建设投资统计扩大到房地产开发统计,启用房地产开发统计名称,将土地开发投资列入房地产开发统计。房地产开发统计包括各种经济类型的房地产开发公司、商品房建设公司及其他房地产开发单位统一开发的商品住宅、厂房、仓库、饭店、宾馆、度假村、写字楼、办公楼等房屋建筑物和配套服务设施,以及土地开发工程,如道路、给水、排水、供电、供热、通信、平整场地等基础设施工程。但不包括单纯土地交易活动和房地产开发单位本身进行固定资产投资活动, 如房地产开发单位自建自用房屋、设备购置等,应分别列入基本建设、更新改造或其他投资统计范围。同时在定期报表中增加土地开发投资额和土地开发面积 2 个指标,采用基层表和综合表通用。1994 年,房地产开发投资统计年报和定期报表中,增加商品房屋竣工价值和商品房屋建设用途的细分组,即住宅、办公楼、商业营业用房和其他等指标。1995 年,把房地产作为产业来反映,增加反映资金情况、开发经营情况和销售及出租情况等指标,如别墅、高档公寓、安居工程、房地产经营收入等。为房地产开发单位单独设置“房地产开发统计基层标准表”,指标有概况、投资、土地开发、资金来源、开发经营、面积及价值、销售与出租和其他 8 部分,指标共计 140 个。

1999 年,按照全国重点房地产开发企业统计月报主要指标联网上报制度,上报内容有企业基本情况,房地产开发基本情况,房地产开发、销售、空置情况,房地产企业主要经济效益情况,问卷调查等5项。

2004 年 3 月 30 日,全国 5000 家房地产企业实行联网直报,九江市首次参与联网直报房地产企业 16 家。

2010 年,为保证指标名称的科学性和准确性,自 8 月起,按照国家统计局已将房地产开发统计报表制度中“空置面积”及相关指标的名称统一修改:空置面积更名“待售面积”;“空置 1~3 年(含 1 年)”更名“待售 1~3 年(含 1 年)”;“空置 3 年以上(含 3 年)”更名“待售 3 年以上(含 3 年)”;联网直报报表中“商品住宅空置面积”“商品住宅空置套数”分别更名“商品住宅待售面积”“商品住宅待售套数”;全国房地产开发景气指数(简称“国房景气指数”)中“商品房空置面积分类指数”更名“商品房待售面积分类指数”。当年,基层年报表有法人单位基本情况;产业活动单位基本情况;房地产开发企业(单位)财务状况;房地产开发企业(单位)资金和土地情况;房地产开发项目情况;房地产开发项目销售及待售情况 6 种。基层定期报表有房地产开发企业(单位)资金和土地情况;房地产开发项目情况;房地产开发项目销售及待售情况;重点房地产企业商品房销售及待售情况4种。

## 第六节　国民经济核算统计

1992年,执行《江西省国民经济核算年报制度》,包括9种报表,其中国民收入计算仍占较大比重,新增《国内生产总值及其使用表》。1993年,报表按新国民经济核算体系标准设置,由10种表组成,主要内容是围绕国民生产总值及其账户计算,填报单位为地、市、县统计局。1994年,延用1993年省统计局制发《江西省国民经济核算年报制度》。1995年10月,为在地、市逐步推行新国民经济核算体系过渡,将《资金流量表》作为年报布置地、市统计局填报。

2005年,省统计局开始建立地区GDP数据季度联审制度,审查地区GDP核算中存在问题,对有关数据进行必要修订。市统计局GDP数据需由省统计局经过联审确认后才能发布。2006年3月,省统计局对当年地区生产总值季度报表制度作如下修订,将《国家统计局关于布置2005年统计年报和2006年定期统计报表制度的通知》中规定的季度GDP核算划分19个门类修订为9个类别,具体分为农林牧渔业、工业、建筑业、交通运输仓储和邮政业、批发和零售业、住宿和餐饮业、金融业、房地产业、其他服务业。其中,其他服务业又细分为营利性服务业和非营利性服务业。将不变价增加值的计算以2000年为基期修订为以2005年为基期。3月,省统计局核算处下发《季度地区生产总值核算方案(修订版)》,方案从2006年二季度开始执行。市统计局制定《县级GDP核算数据质量审核评估控制办法(讨论稿)》,规定各县(市、区)季度及年度GDP数据在未经市统计局认定前,不得自行对外提供和发布。10月,为贯彻《江西省人民政府关于鼓励支持和引导个体私营等非公有制经济发展的实施意见》精神,为省政府考核各设区市及其各县(市、区)的非公有制经济发展情况,科学、合理确定非公有制经济表彰对象提供依据,依据省统计局《江西省非公有制经济统计制度》,全市自2006年开始向省上报全市、各县(市、区)非公有制经济统计报表。

2007年3月,省统计局核算处下发《江西省季度地区生产总值核算方案(试行版)》,方案从2007年二季度开始执行。根据省统计局核算处《季度国内生产总值核算方案(试行)》总体要求和测算方法,结合全市实际情况,制定县(市、区)级《季度地区生产总值核算方案(试行)》。方案自2007年一季度起开始执行。12月,根据省统计局《关于布置2007年统计年报和2008年定期统计报表制度的通知》要求,地区生产总值年报制度中,"按支出法计算的地区生产总值"及"居民消费水平",将"可比价格"改为"不变价格"。2008年6月,为进一步规范地区季度生产总值核算,保持地区生产总值核算方法连续性和核算数据可比性,根据国家统计局核算司《季度国内生产总值核算方案》和《江西省季度地区生产总值核算方案(2008修订版)》测算方法和总体要求,对原季度方案修订完善,自2008年二季度开始执行。根据国家统计局关于进一步规范地区GDP核算精神和《江西省统计局GDP核算下算一级改革方案》测算方法和总体要求,结合九江市GDP核算工作实际情况,制定《九江市县级季度生产总值核算操作流程(试行)》。规范各县(市、区)季度GDP核算方法,统一核算中涉及到缩减指数、权重、现价增加值、可比价增加值计算方法。

2010年3月,省统计局核算处对地区季度生产总值有关要求和规定进行统一和规范,对原季度方案作进一步修订和完善,制订《江西省季度地区生产总值核算方案(2010修订版)》,方案自2010年一季度开始执行。4月,根据国家统计局核算司《季度国内生产总值核算方案》和《江西省统计局GDP核算下算一级改革方案》测算方法和总体要求,对原季度方案作进一步修订和完善,制订《九江市季度地区生产总值核算方案(2010修订版)》。为提高全市各地区GDP数据质量,提高地区之间GDP数据可比性,制定《九江市县(市、区)GDP数据评估方法》。方案使用采用财政收入增幅、税收收入占财政收入比重、规模以上工业增加值增幅、固定资产投资增幅、在岗职工平均工资增幅、农民人均现金收入6项指标,对各县

(市、区)GDP 总量、可比增速数据质量和协调性进行评估,根据评估计算的结果,对县(市、区)核算数据进行修正。11 月,根据省统计局《关于布置 2010 年年报和 2011 年定期统计报表制度的通知》要求,从 2011 年定报起,地区生产总值不变价格基期由 2005 年改为 2010 年。

当年,地区生产总值年度报表有总产出、按当年价格计算的地区生产总值、地区生产总值构成项目、按可比价格计算的地区生产总值、按支出法计算的地区生产总值、按行业划分的资本形成总额、最终消费支出、居民消费支出 8 种;定期报表季度地区生产总值 1 种;资金流量核算年度报表有资金流量表(实物交易)、资金流量表(金融交易)2 种。

## 第七节　社会统计

### 一、劳动工资统计

1991 年 12 月 9 日,根据省统计局、计委、劳动厅、人事厅、财政厅、人民银行 6 厅、委、局联合签发《江西省劳动统计年报联合审核实施办法》,市统计局、计委、劳动局、人事局、财政局、中国人民银行九江市分行 6 家单位联合制定《九江市劳动统计年报联合审核实施细则》,对劳动工资统计年报实行联审。同年建立《城镇私营企业从业人员和个体劳动者人数》综合统计年报和定期报表,报表按国民经济 13 大行业分组,实施初期由统计部门负责布置,以后移交工商部门负责。当年执行的劳动工资统计年报表有全民所有制单位全部职工人数和工资、全民所有制单位计划外用工人数和工资、全民所有制工业全部职工人数和工资、全民所有制工业建筑业全部职工分类情况、全民所有制单位固定职工和合同制职工增加来源和减少去向变动情况、全民所有制单位全部职工工资总额构成情况、城镇集体所有制单位全部职工人数工资和个体劳动者人数、城镇集体所有制工业企业全部职工人数和工资、城镇集体所有制工业建筑业全部职工分类情况、镇集体职工增加来源和减少去向变动情况、城镇集体所有制单位全部职工工资总额构成情况、其他各种所有制单位职工人数和工资一览表、劳动力资源与分配平衡 13 种。1992 年,建立《职工个人收入》统计年报。

1993 年,执行国家统计局实施以"一套表"为主要特征新统计报表制度。制定劳动工资统计报表资料从工业、建筑业、交通运输业、批发零售贸易、餐饮业"一套表"中和从实施范围外按原渠道布置的企事业、行政单位劳动情况表中取得方案。经过集中、归口、统一,劳动工资统计年报由 1989 年 14 种压缩为 6 种,定期报表由 1989 年 5 种改为 2 种。综合统计年报为"全部职工人数和工资""工业、建筑业企业职工人数和工资""职工人数变动情况""其他从业人员人数和劳动报酬""附营活动从业人员及报酬""城乡劳动力资源与分配平衡表"6 种。综合定期报表为"全部职工人数和工资""职工人数变动情况"2 种,报表内容与年报一致。1994 年,执行省统计局、省人事厅联合颁发《关于调整我省机关、事业单位劳动工资统计范围的通知》精神,确定凡由人事部门进行工资调整及工资资金审批、执行机关事业单位结构工资制并受人事部门计划管理的单位,在填报统计部门劳动工资统计报表时,一律将其实有职工人数、工资总额等按有关规定填入机关、事业单位的相应栏目内,每年度的机关、事业单位的劳动工资统计,均由统计部门和人事部门实行联合审核。根据国家统计局决定,从同年起,劳动工资统计由原月报、半年报改为季报。

1995 年,执行的劳动工资统计综合年报有 5 种:"从业人员劳动报酬",指标有单位数、从业人员数、职工人数、正式职工、长期职工、合同制职工、从业人员劳动报酬、职工工资总额、奖金和计件超额工资、津贴和补贴等 24 项指标,按隶属关系分组有企业、事业、机关和国民经济 16 大行业分组;"工业、建筑企业职工人数和工资",指标有职工人数、平均人数、平均工资、职工工种类别(分 7 大类);按采掘业、制造业、电力、煤气和水的生产供应业分组;采掘业细分 7 小类、制造业细分 24 小类;"职工人数变动情况",指标有职工增加来源和减少去向指标;按经济类型分组为企业、事业和机关;"劳动力资源配置表",指标有 16 岁以上全部人口、经济活动人口、非经济活动人口;经济活动人口按就业身份、经济类型和国民经济行业分组;“职工个人收入情况”,指标有平均人数、职工个人收入总计、工资总额、工资外收入。基层统计年报为《劳动情况》,指标有从业人员年末人数、从业人员年平均人数、职工人数变动、从业人员劳动报酬、单位数。定期报表为“从业人员和劳动报酬情况”,指标有职工人数、合同制职工、长期职工、职工工资总额、奖金和计件超额工资、津贴和补贴。按经济类型分企业、事业、机关和国民经济16大行业,统计指标增加从业人员、其他从业人员、正式职工、长期职工、从业人员劳动报酬、其他从业人员劳动报酬、下岗人员、下岗人员生活费用等;取消计划外用工、固定工、肉食品物价补贴等。

1998年,执行国家统计局报表制度规定:职工人数和职工工资总额不包括下岗职工,因此所计算的职工平均工资不包括下岗职工生活费,一直沿用至今。填报范围包括辖区内全部城镇法人单位,不包括私营单位。主要内容包括法人单位从业人员、劳动报酬及从业人员变动等情况。执行的是年报和季报。

2007年以前,季报有单位从业人员变动情况,从2008年开始取消此表。城镇私营单位工资统计从2007年统计年报开始试行,调查范围为城镇辖区内全部城镇私营法人单位,包括企业法人单位和私人投资的不以赢利为目的的非企业法人单位。调查对象为在被抽中的调查单位工作并领取工资的全部就业人员,包括本单位聘用的港澳台和外籍人员。具体抽样方式是,就业人员100人以上的单位全部调查;就业人员20~99人抽10%的单位调查;就业人员20人以下的单位根据有关资料推算。

2010年,综合年报表有单位从业人员和劳动报酬情况(分国有、城镇集体和其他所有制三张表)、单位从业人员变动情况、城乡劳动力资源配置情况3种;综合定期报表有单位从业人员和劳动报酬情况1种;基层年报和基层定期报表均只劳动情况1种。

## 二、企业科技统计

2009年,统计范围为辖区内全部大中型工业企业。按照全国第二次R&D资源清查要求,统计对象是国民经济中R&D活动相对密集行业法人单位。涉及范围包括农、林、牧、渔业,采矿业,制造业,电力、燃气及水的生产和供应业,建筑业,交通运输、仓储和邮政业,信息传输、计算机服务和软件业,金融业,租赁和商务服务业,科学研究、技术服务和地质勘查业,水利、环境和公共设施管理业,教育,卫生、社会保障和社会福利业,文化、体育和娱乐业等。内容包括R&D活动人员数量、素质及其工作量情况;R&D经费支出、用途及来源情况;研发用仪器设备等固定资产拥有情况;各类研发机构的基本情况;R&D项目(课题)的研究类型、组织方式及社会经济目标等情况;专利等自主知识产权的拥有及使用情况;技术引进、消化吸收和技术改造情况;政府给予研发活动的税收减免情况等。

2010年,调查范围扩大到辖区内全部规模以上工业企业。基层单位年报调查表有大中型工业企业科技项目一览表和大中型工业企业科技活动情况2种。

## 三、高新技术产业统计

2008年,为收集高新技术产业产值、销售、出口、就业、科技等资料,全面反映江西省高新技术产业的发展状况,为省委、省政府制定产业政策和产业发展规划提供依据,满足各地区之间比较和省委、省政府对基层党委、政府考核的需要,依照《中华人民共和国统计法》的规定,制定《高新技术产业统计报表制度》。制度所定义的高新技术产业,以国家统计局《高新技术产业统计分类目录》所列示的行业为基础,根据江西工业发展的实际情况,适当增加一部分行业。

## 四、科技进步监测统计

1991年起,以科技进步的基本内涵为核心来确定监测目标,对各县(市、区)科技活动的发展水平和对经济社会环境影响程度,以各地区相互为参照进行宏观描述。基本原理是在建立科学合理监测指标体系基础上,采用各种统计调查方法取得计算指标所需基础数据,再运用一定数理统计和评价方法对数据进行无量刚处理,按照系统评价模型进行加权综合,最后根据综合得分对监测对象进行排序,评价出优劣,找出差距。

科技进步监测主要内容包括科技进步环境、科技活动投入、科技促进社会经济发展和科技活动产出、自主创新水平 4 部分。

一级指标 5 个:科技进步环境、科技活动投入、科技活动产出、自主创新水平、科技促进社会经济发展。二级指标 13 个:科技人力资源、科技物资条件、科技意识、科技活动人力投入、科技活动财力投入;科技活动产出水平、技术成果市场化、原始创新、集成创新、引进消化吸收再创新;经济增长方式、环境保护、社会生活设施改善。三级指标 31 个:每万人口中专业技术人员、平均受教育年限、R&D 活动人员人均 R&D 经费内部支出、科研与综合技术服务业平均工资占全社会平均工资的比重、发明实用新型专利申请量、发明实用新型专利率、万人 R&D 科学家和工程师数、企业 R&D 科学家和工程师占全社会 R&D 科学家和工程师比重、企业 R&D 人员占企业科技活动人员比重、地方财政科技拨款占地方财政支出的比重、企业 R&D 经费内部支出占产品销售收入的比重、高新技术产品销售收入占工业产品销售收入的比重、万名科技活动人员获国家级省级科技奖项数、高新技术产业增加值占 GDP 的比重、高新技术产业单位从业人员劳动生产率、万人技术合同成交额、R&D 经费内部支出占 GDP 比重、发明实用新型专利批准量、新产品销售收入占全部产品销售收入的比重、高新技术产品增加值占工业增加值的比重、企业 R&D 科学家和工程师占企业科技活动人员比重、大中型工业企业消化吸收和引进之比、人均 GDP、就业人员劳动生产率、主要农作物亩产值、农村经济活动人口人均农业增加值、亿元投资新增 GDP、环境污染治理指数。

## 五、妇女儿童发展纲要监测统计

20 世纪 90 年代以来,先后 2 次制定妇女儿童发展纲要("两纲"),妇女儿童纲要监测统计工作就是对两纲目标实施情况进行跟踪监测,对实施效果进行评估,总结经验,发现纲要实施过程中存在的问题,提出对策,为纲要目标实施服务,确保目标如期实现。1995 年起,妇儿工委办和统计部门作为监测牵头部门,每年开展年度监测,5 年中期监测,10 年终期监测。从领域、目标、时间、措施等方面做出明确规定,以确保妇女儿童事业发展具有可操作性。纲要分级制定,监测统计工作分级开展。2002 年,制定监测统计指标体系之后,全省先后开展省、市、县三级两纲监测。市级妇女儿童状况监测主要内容包括经济与人口、卫生保健、教育、就业与社会保障、妇女参政议政、法律保护和社会生活环境 7 个方面 92 个指标。

## 六、文化产业统计

2010 年 10 月始,根据省委、省政府《关于深化文化体制改革,加快文化事业和文化产业发展的决定》和省政府办公厅《关于做好全省文化产业调查工作的通知》,建立健全市文化产业调查体系,统计范围和对象包括辖区内所有从事为社会公众提供文化、娱乐产品和服务的活动,以及与这些活动有关联企业、行政事业单位和社会团体单位。执行的文化产业综合年报表有分层次文化及相关产业主要经营状况综合表、分行业文化及相关产业主要经营状况综合表、分部门文化产业主营业务收入及增加值综合表、分地区文化及相关产业经营状况综合表 4 种。

# 第二章 统计调查

## 第一节 人口普查

### 一、第五次全国人口普查

1998年6月,根据国务院《关于进行第五次全国人口普查的通知》和省政府的部署,从1998年8月开始,至2002年5月止,全市先后开展整顿城乡居民户口,综合试点,选调和培训普查队伍,划分普查区,编写地址码和行业码,普查宣传,调查摸底等前期工作,实施人口普查登记、复查、数据汇总、数据处理等中期工作,组织力量完成分析研究、工作总结、编印资料等后续工作。

普查结果显示,2000年,全市总人口440.12万人(包括外来人口,不包括外出人口),同1990年第四次人口普查相比,增加33.73万人,增长8.3%。其中城镇人口124.86万人,占总人口的28.4%(即为城镇化率),比1990年第四次人口普查的比重上升10.4个百分点;农村人口315.26万人,占71.6%。

### 二、第六次全国人口普查

2009年5月4日,按照《国务院关于开展第六次全国人口普查的通知》,以2010年11月1日0时为标准时间,进行第六次全国人口普查。全市229个乡(镇、街道)共划分为3763个普查区,18102个调查小区,选调普查员和普查指导员21865名。到2010年年底,培训、调查摸底、入户登记、复查、快速汇总、光电录入等各阶段工作全面完成。

普查结果显示,2010年11月1日零时, 全市常住人口总数472.88万人。其中城镇人口201.05万人,占总人口42.52%,比2000年第五次人口普查比重上升14.15个百分点;乡村人口271.83万人,占57.48%。

## 第二节 经济普查

### 一、第一次经济普查

2003年12月2日,国务院下发《关于开展第一次全国经济普查的通知》,普查标准时点为2004年12月31日,时期资料为2004年度。首次全国经济普查是一项集工业、建筑业、第三产业和基本单位为一体综合国情国力调查。是在以往工业普查、第三产业普查和基本单位普查基础上,增加建筑业、房地产业以及各类社会服务业等内容。普查对象含容所有从事第二产业和第三产业活动全部法人单位、产业活动单位和个体经营户,覆盖除农业外所有国民经济行业,指标齐全。按专业分,有工业企业、批零贸易业、建筑业、住宿餐饮业、房地产业、金融保险业和社会服务业等17套普查表,另加1张个体户调查表。按套表分,有规模以上和规模以下,资质以上和资质以外,劳务分包等。如工业企业、批零贸易业等分规模以上与规模以下2套表,建筑业也分多套表。企业经济类型涉及国有经济、集体经济、私营经济、涉外经济、合作经济、股份制经济。不仅涉及规模以上企业,还涉及个体经营户。

通过首次经济普查,从全局了解各个行业的产业结构和经济收入总量,为GDP准确核算提供重要依据;减少普查种类和次数,扩大调查范围,增设多个有价值指标,全面刷新与充实单位名录库及其数据库系统,为全市宏观调控与决策提供全面的信息,为推进国民经济核算与统计调查体系的综合配套改革发挥作用。

普查结果显示,2004年年末,全市从事第二、三产业的法人单位13791个。其中,企业法人单位6818

个,机关事业法人单位3804个,社会团体法人313个,其他法人2856个。产业活动单位19984个,其中,第二产业4243个,第三产业15741个。个体经营户89676户,其中第二产业11861户,第三产业77815户。

2004年末,全市第二、三产业就业人员689816人。其中,第二产业就业人员133276人,第三产业就业人员556540人。在就业人员中,单位就业人员513502人,占74.4%;个体经营人员176314人,占25.6%。在单位就业人员中,女性188700人,占36.7%。在单位就业人员中,制造业179240人,占34.9%;建筑业65004人,占12.5%;公共管理和社会组织60358人,占11.8%;教育50721人,占9.9%;交通运输、仓储和邮政业22487人,占4.4%。

### 二、第二次经济普查

2007年11月15日,根据《全国经济普查条例》规定,国务院决定2008年开展第二次全国经济普查。普查的标准时点为2008年12月31日,时期资料为2008年度。普查对象是在中国境内从事第二产业和第三产业全部法人单位、产业活动单位和个体经营户。普查主要内容包括单位基本属性、从业人员、财务状况、生产经营情况、生产能力、能源消耗、科技活动情况等。

通过普查,掌握全市第二产业和第三产业发展规模及布局,了解全市产业组织、产业结构、产业技术的现状以及各生产要素构成,摸清各类企业和单位能源消耗基本情况,建立健全覆盖国民经济各行业基本单位名录库、基础信息数据库和统计电子地理信息系统,为加强和改善宏观调控、科学制定中长期发展规划提供科学准确统计信息支持。

普查结果显示,2008年末,全市从事第二、三产业法人单位15661个,与2004年第一次全国经济普查相比,增加1870个,增长13.6%;产业活动单位21053个,增加1069个,增长5.1%;有证照的个体经营户73465户,增加4995户,增长6.8%。

2008年末,全市第二、三产业单位和有证照个体经营户从业人员773789人。其中,第二产业从业人员366681人,第三产业从业人员407118人。在从业人员中,单位从业人员610515人,占78.9%;有证照的个体经营人员163284人,占21.1%。在单位从业人员中,女性216015人,占单位从业人员的35.4%。在单位从业人员中,制造业241778人,占39.6%;建筑业74335人,占12.2%;公共管理和社会组织69017人,占11.3%;教育52731人,占8.6%;批发和零售业30025人,占4.9%。

## 第三节　基本单位普查

### 一、第一次基本单位普查

1996年4月30日,市政府办公厅印发《关于成立九江市第一次基本单位普查领导小组的通知》,市、县(市、区)人民政府先后成立第一次基本单位普查领导小组机构,各自对所管辖区开展第一次基本单位普查。经过总动员、业务培训、报表填报、数据处理等各项工作,进行数据质量抽查。抽查结果显示,全市漏报率、漏填率、错填率、录入差错率均在国家规定范围内。1998年6月,在《九江日报》发布《九江市基本单位普查公报》。

### 二、第二次基本单位普查

2001年8月29日,市政府办公厅印发《关于做好我市第二次基本单位普查工作的通知》。经普查,全市法人单位16075个,其中,单产业法人单位14618个,多产业法人单位1457个。从业人数531605人,其中,女性189739人。产业活动单位23459个。

# 第四节　农业普查

## 一、第一次农业普查

1996年,根据国务院《关于开展第一次全国农业普查的通知》,结合《江西省人民政府关于抓紧做好农业普查准备工作的通知》,实施全市农业普查。普查标准时点为1996年12月31日,时期资料为1996年度。

1997年1月1日开始,通过普查前期准备、现场登记、质量抽查、层层审核、数据评估及录入汇总等阶段工作,获得丰富翔实第一手资料。详细记录全市国民经济发展新时期农业和农村经济变化情况及农业资源和生产要素等基本数据。为国民经济宏观调控,建立和完善社会主义市场经济,制定和完善符合市情农业、农村发展战略,调整行业布局,监测农村经济运行状况,科学配置农村资源提供依据。

普查结果显示,1996年年末,全市农村住户总数72.51万户,其中从事生产经营活动农村住户70.29万户,占农村住户总数96.9%。在从事生产经营活动住户中,收入主要来源于农业户数占72.4%,来源于非农业户数占27.6%。非农村住户类农业生产经营单位2475个,其中国有281个,集体1999个,两者占总量的92.1%;私营、个体单位140个,占5.7%;联营单位51个,占2%;外商、港澳台单位4个,占0.2%。经营种植业为主单位432个,畜牧业为主单位126个,林业为主单位1560个,渔业为主单位357个。全市乡镇企业3110个,其中乡镇办1152个,村办978个,联户办和户办980个。乡镇企业从业人员78164人,平均每个企业从业人数25.1人。1996年年末,全市乡村从业人员195.11万人,其中从事农业人员135.37万人,占69.4%;从事非农业人员59.74万人,占30.6%。

## 二、第二次农业普查

2006年年底,国务院决定开展第二次全国农业普查。根据《江西省人民政府转发国务院开展第二次全国农业普查的通知》,普查的标准时点为2006年12月31日,时期资料为2006年度。普查结果显示,2006年末,全市共有农业生产经营户62.7万户,农业生产经营单位1356个。农村劳动力资源总量154.9万人,其中男劳动力占50.1%。农村从业人员138.5万人,占农村劳动力资源总量89.4%。农村外出从业劳动力77.1万人,男劳动力占59.4%。农村居民平均每户拥有住宅面积141.1平方米。99.6%的住户拥有自己的住宅。21.2%的住户使用管道水。79.6%住户炊事能源以柴草为主。平均每百户拥有彩电84.9台,固定电话58.9部,手机74.1部,电脑0.9台,摩托车34.8辆,生活用汽车2.0辆。

# 第五节　工业普查

1995年,根据《国务院关于进行第三次全国工业普查的通知》及省政府文件,实施全市工业普查工作。调查年度为1995年,调查范围为境内全部工业企业和附营工业单位。调查内容涉及企业基本情况,财务状况,劳动情况,主要工业企业产销率情况,能源、原材料消费与库存,能源加工转换,科技活动情况,技术经济指标,产品生产能力,主要工业生产设备拥有量、新旧程度及技术状况,主要工业产品质量和销售收支情况等方面。工业普查获取的资料,涵盖正常年报的统计范围和指标体系,增加年报未曾统计的内容,对深入研究工业经济的运行质量,制定长期工业发展规划,调整工业结构,提高工业经济效益,保持工业经济持续、快速、健康发展,具有重要意义。

普查结果显示,1995年年末,全市工业企业和工业生产单位25394个,从业人员37.91万人,工业总产值137.87亿元,工业产品销售收入125.37亿元,上缴税金10.24亿元;工业增加值33.65亿元,占地区生产总值23.5%;公有制工业主体地位未改变,国有工业总产值占全部工业总产值76.7%;轻重工业总产值比例为42.7:57.3。

# 第六节 抽样调查

## 一、人口抽样调查

1991年后，人口抽样调查包括年度人口变动抽样调查和1%人口抽样调查，逢10年份进行人口普查，逢5年份进行1%人口抽样调查，其他年份进行人口变动抽样调查。

人口变动抽样调查调查对象为抽中小区内具有中华人民共和国国籍的人。调查以户为单位进行，既调查家庭户，也调查集体户，调查时点是每年11月1日0时，抽样方法是以全省为总体，各设区为子总体，按照多阶段、分层、整群、概率比例的方法进行抽样设计，调查小区为最终样本单位。全市样本遍及12个县(市、区)，每年抽130个左右的调查小区，样本量4万人。

调查项目有《人口变动和劳动力调查表》和《死亡人口调查表》2张表。

《人口变动和劳动力调查表》按户填报的项目有户编号、户别、应在该户登记的人数、该户10月31日以前一年内出生人口和死亡人口。按人填报的项目有姓名、与户主关系、性别、出生年月、民族、户口性质、户口登记地、调查时点居住地、离开户口登记地时间、离开户口登记地原因、上一年常住地、是否识字、受教育程度、学业完成情况、婚姻状况、10月31日以前一年内生育情况、是否工作、工作单位类型、就业身份、签订劳动合同情况、是否寻找工作、当前能否工作、未工作原因或不能工作原因、行业、职业、参加社会保险情况、目前的主要生活来源共28个项目。

《死亡人口调查表》填报的项目有户编号、姓名、性别、出生年月、死亡月份。

## 二、劳动力调查

2004年起，开始劳动力调查。调查范围为辖区内的城镇和乡村16岁及以上人口。城镇是按国家统计局《关于统计上划分城乡的暂行规定》中划定的城市和镇，其余地域为乡村。调查对象为被抽中调查小区内的全部16岁及以上常住人口。调查以户为单位进行，既调查家庭户，也调查集体户。

应在被抽中户中登记的人是：住本户，户口在本乡、镇、街道(含户口在本户，外出不满半年的人)；住本户半年以上，户口在外乡、镇、街道；住本户不满半年，户口在外乡、镇、街道，离开户口登记地半年以上；户口待定。在调查时点前死亡人口，不调查。

调查项目分为按户填报的项目和按人填报项目。

按户填报项目有户编号、户别、本户常住人口数、本户常住人口中16岁及以上人口数、本户常住人口中16岁以下人口数5个项目。

按人填报项目有姓名、与户主关系、性别、出生年月、户口登记状况、户口登记地情况、户口性质、受教育程度、婚姻状况、是否为取得收入而工作、工作单位或经营活动类型、就业身份、是否签订劳动合同、未工作原因、是否寻找工作、当前能否工作、不能工作或未找工作的原因、行业、职业、参加社会保险情况、目前的主要生活费来源21个项目。

调查所要了解的是被调查者在调查时点前1周即调查周的就业与失业情况。二季度的调查时点为5月15日零时。四季度的劳动力调查与年度人口变动情况抽样调查结合进行，在人口变动情况调查样本点上同时进行劳动力调查，使用统一的人口变动和劳动力调查表收集有关劳动力的就业与失业情况，不再单独组织。

## 三、群众安全感调查

2001年起，开始群众安全感调查。调查对象为年满16周岁以上中国公民；调查的内容有：群众安全感受、影响安全感主要因素、群众对当前社会治安状况心理感受、群众对政法工作和队伍建设满意程度。样本点以每年国家点人口变动调查样本为载体，抽取样本，由调查员入户发放《群众安全感调查问卷》，由被调查人员填写,填写完毕负责收回。对于年龄较大或不识字的被调查人可采用调查员入户访问登记的方法。

群众安全感调查至2009年,2010年未实施。

## 四、规模以下工业抽样调查

1997年4月,开展工业统计定期抽样调查试点。12月,开展村及村以下工业和城镇合作经营者、个体工业年度抽样调查。1998年起,开展以省为总体规模以下工业抽样调查。由按隶属关系划分统计范围变革为按企业规模划分统计范围。工业企业按规模划分为规模以上企业和规模以下企业,规模以下工业即年产品销售收入500万元以下非国有工业企业。同年开始,对规模以下工业实行抽样调查。调查内容包括500万元以下非国有工业企业基本情况、人员与生产经营状况等,个体经营工业单位基本情况、人员及生产经营状况等,由企业调查队具体组织实施。

2001年6月,由市统计局组织,市国家企业调查队实施,开展全市规模以下工业企业及个体工业单位清查,建立全市规模以下工业企业名录和个体工业2级抽样框。同年开展以市为总体规模以下工业抽样调查。

2006年,开展以市为总体规模以下工业抽样调查。2007年,定报开始,把年主营业务收入500万元以下的国有工业企业从原来规模以上工业划归规模以下工业统计。规模以下工业统计口径变更为年主营业务收入500万元以下工业企业。规模以下2006年年报,维持原口径不变。

2010年,调查内容包括规模以下工业企业基本情况,如单位名称、地址、组织机构代码、登记注册类型、人员及企业资产与生产经营状况等;个体经营工业单位的基本情况、人员及生产经营状况等。调查分为年报和季报2种。季报包括一季度报表、二季度报表和三季度报表,调查表分为基层表和综合表2种。

## 五、服务业抽样调查

2003年10月24日,开展全市服务业抽样调查工作,调查范围为仓储业、计算机服务业、软件业、租赁业、商业服务业、科技交流与推广服务业、居民服务业、社会福利业、体育和娱乐业。由市企业调查队组织实施,抽查部分法人和个体户,调查从业人员、营业收入、人员工资、上缴税费、营业利润、固定资产等指标1~10月份数据。

服务业包括装卸搬运和其他运输服务业、仓储业、计算机服务业、软件业、租赁业、商务服务业、科技交流和推广服务业、居民服务业、其他服务业、体育和娱乐业11个行业大类和物业管理、房地产中介服务2个行业中类。2005年11月部分服务业抽样调查试点。

2006年起,开展部分服务业抽样调查。调查范围包括装卸搬运和其他运输服务业、仓储业、计算机服务业、软件业、租赁业、商务服务业、科技交流和推广服务业、居民服务业、其他服务业、社会福利业、体育和娱乐业12个行业大类的服务业企业和个体经营户。

2008年,部分服务业调查范围变更为装卸搬运和其他运输服务业、仓储业、计算机服务业、软件业、租赁业、商业服务业、科技交流和推广服务业、居民服务业、其他服务业、体育和娱乐业11个行业大类的服务业企业。

2010年,包括装卸搬运和其他运输服务业、仓储业、计算机服务业、软件业、租赁业、商务服务业、科技交流和推广服务业、居民服务业、其他服务业、体育和娱乐11个行业大类和物业管理、房地产中介服务2个行业中类。同年,年报开始对部分服务业企业实行联网直报。

## 六、统计监测

1997年,执行城市社会经济基本情况报表年报。1998年,执行企业景气调查报表,有基层年报表、基层定期报表2种。基层年报表为企业基本情况调查表;基层定期报表(季报)为工业企业景气调查问卷,建筑企业景气调查问卷,交通运输、仓储和邮政业企业景气调查问卷,批发和零售业企业景气调查问卷,房地产业企业景气调查问卷，社会服务业企业景气调查问卷，信息传输、计算机服务和软件业企业景气调查问卷，住宿和餐饮业企业景气调查问卷8种。当年，执行企业(集团)调查报表有基层年报表、基层定期报表2种。基层年报表为企业(集团)统计年报，企业(集团)调查问卷，成员企业(单位)统计年报3种。基层定期报表为企业(集团)统计半年报，成员企业(单位)统计半年报2种。

2006年，执行制造业采购经理调查问卷(月报)。2007年，执行非制造业采购经理调查问卷(月报)。2009年，取消企业(集团)调查报表，城市社会经济基本情况报表年报由国家统计局九江调查队移交市统计局。

## 第七节 专项调查

### 一、投入产出调查

1992年起，根据《国务院办公厅关于进行全国投入产出调查的通知》，每逢尾数为2、7的年份均要进行全国投入产出调查，12月20日，市投入产出办公室开始办公。

1998年1月3日，市统计局、市计划委员会、市经济贸易委员会、市财政局联合发文《关于认真做好1997年九江市投入产出调查工作的通知》。

2002年，开展全市第三次投入产出调查。

2007年8月，根据省《关于认真做好2007年全省投入产出调查工作的通知》，市统计局下发《2007年九江市投入产出调查选点通知》。要求各县(市、区)对辖区内抽中单位认真核实其关停、注销、企业更名情况。12月，根据省统计局、省发展和改革委员会、省经济贸易委员会、省财政厅、省国有资产监督管理委员会联合印发的《关于认真做好2007年全省投入产出调查工作的通知》，市政府办公厅印发《关于认真做好2007年全市投入产出调查工作的通知》，明确2007年投入产出调查单位名单。2008年2月，市投入产出办公室下发《关于召开全市2007年投入产出调查工作暨培训会议的通知》，于3月9、10日分2批对国家和省选定的全市249家调查单位进行投入产出调查业务培训。

### 二、住房调查

**第一次住房调查** 2006年，根据《建设部关于认真做好住房状况调查工作的通知》，市政府印发《关于认真做好住房调查工作的紧急通知》。8月下旬，在市区开展城镇居民基本住房状况抽样调查工作。调查涉及市区1.3万个住户，占市区城镇居民住户10%。

**第二次住房调查** 2007年11月9~22日，开展中心城区低收入家庭住房状况抽样调查工作。调查计划抽取样本1000个，实际调查样本1050个，其中有效样本1045个，有效样本率为99.52%。

调查结果显示，九江市中心城区低收入家庭住房状况有五类：

住房面积较小。低收入家庭户均建筑面积为37.57平方米，比2006年九江城区居民户均建筑面积低47.63平方米，其中浔阳区户均建筑面积36.21平方米，庐山区38.54平方米，开发区38.42平方米；人均建筑面积为10.47平方米，其中浔阳区人均建筑面积9.64平方米，庐山区11.14平方米，九江开发区10.95平方米。

建成年代较早。20世纪50年代及以前建成住房占9.96%，60年代及以前建成住房占24.03%，70年代及以前住房占45.18%，80年代及以前建成住房占72.45%，90年代及以后建成住房占被调查总数的27.55%。

住房损坏较为严重。被调查家庭现住房中，有11.67%房屋已经严重损坏，30.14%房屋属一般损坏，42.01%房屋基本完好，16.17%房屋设施、功能完好。住房完好率为58.18%。

自有产权比例较低。仅27.85%家庭拥有自有产权住房，比市区平均水平低48.53个百分点，且拥有住房面积较小，户均面积不足50平方米，52.64%家庭租住公房或私房，有12.25%被调查家庭在亲友家借住。

住房成套率低。在被调查家庭的现有住房的房屋类型中,高层住房占8.42%,多层住房占62.11%,平房占27.08%,独立式住宅占2.39%。被调查家庭住房成套率处在较低水平,不足5成家庭的住宅卫生间、厨房齐全,低收入家庭住宅成套率为45.55%,比市区居民平均水平低33.91个百分点。非成套率为54.45%,超过半数家庭住房是功能不齐老式住房。

在有住房需求家庭中,购买经济适用房为首选,所占比例高达80.13%;其次是租住廉租房,所占比例为11.52%;想购买经济适用房和租住廉租房两项合计高达91.65%,而打算购买商品房仅占2.69%。76.6%被调查人购(租)房面积意向集中在60~90平方米中小户型住房上。

**第三次住房调查** 2010年,为贯彻省住房和城乡建设厅《关于进一步加强住房建设规划工作的通知》精神,准确掌握城镇居民住房状况和需求,科学编制住房建设规划,经研究决定在市区范围内开展城镇居民住房状况抽样调查工作。

调查的标准时间:2010年4月30日零时,调查的现场登记工作时间为2010年5月26~28日。

调查的设计样本量共6000户。实际抽取样本6027个,其中有效样本6016个,涉及10个街道、60个社区,其中浔阳区5个街道、40个社区、3828个样本;庐山区2个街道、10个社区、1179个样本;九江开发区3个街道、10个社区、1009个样本。

调查结果显示:2010年4月底,中心城区人均拥有住房面积为30.61平方米,其中,浔阳区30.01平方米,庐山区32.13平方米,九江开发区31.06平方米。被调查人现住房住用状态,自有产权占74.15%,家庭租住占16.69%,借住占5.02%,住集体宿舍占3.54%,合伙租住0.6%。房屋性质,商品住房占30.62%,已购公房占29.57%,公有住房17.64%,原有私房占9.34%,集体土地上住宅占1.61%,经济适用房占2.66%,廉租房1.0%,其他7.56%。房屋建成年代,2000年以后建成住房比例为23.37%,20世纪90年代建成比例,占41.31%,80年代建成占17.74%,70年代建成占11.49%,60年代、50年代及新中国成立前建成分别占3.37%、1.89%和0.83%。

在6016户被调查住户当中有购房需求占51.58%;为改善居住条件而购房占需要购房80.57%。在居民购买住房价格意向中,91.48%居民希望能够在3500元/每平方米以下购买到多层住宅,92.86%的居民希望能够在5000元/每平方米以下购买到高层住宅。在住房需求面积意向中,60~90平方米/套占50.77%,90~120平方米/套占25.89%,两项合计比例达76.66%;在购房付款方式选择中,抵押贷款占51.81%,一次性付清11.5%,其他为36.69%。

## 三、社情民意调查

2007年,成立市社情民意调查中心,负责全市社情民意调查工作组织、领导和实施,倾听民声、反映民意、汇聚民情、集中民智,为市委、市政府及其有关部门开展多项调查。

2008年,引进计算机辅助电话访问系统(CATI),使全市社情民意调查工作初步形成以电话调查为主要手段,辅以问卷调查、暗访和座谈会等多种形式的完整民意调查体系。9月,CATI系统建设完成后,受中共九江市纪委的委托,开展全市15个县区、48个行政执法系统、行政管理系统、公共服务窗口共计720个单位的政风行风群众满意度测评,为推动政风行风建设,实现投资环境的根本性好转做出贡献。CATI系统建成后通过超大样本压力测试,一次性运转成功。2009年,完成市政府为民办实事、群众安全感等6项大型调查任务。

2010年,开展群众安全感、创业服务年群众满意度、市中心城区住房情况等6项大型调查。

## 四、城镇住户调查

1991年起,城镇住户调查内容包括家庭人口、就业、收入、消费、储蓄、耐用消费品和住房情况等。调查范围为居住在城镇区域范围内的常住户,采用住宅框选取调查户样本。数据收集方式为城镇居民家庭成员基本情况、城镇居民家庭基本情况采用问卷方式收集数据,每季度更新一次。城镇居民家庭非现金收入、城镇居民家庭现金收支、城镇居民家庭消费支出等内容采用日记账方式来收集。其中,现金收入和社会保障支出等内容按家庭成员分别记账,非现金收入和消费支出以家庭为单位记账。当年,执行的调查报表有居民家庭成员基本情况一览表、城镇住户基本情况和现金收支调查表、城镇住户购买食品情况调查表、城镇住户购买非食品情况调查表4种。

1992~1996年执行的调查报表有:居民家庭成员基本情况一览表,城镇住户基本情况调查表,城镇住户现金收支调查表,城镇住户消费支出调查表,城镇住户居住情况调查表,城镇住户不同收入水平家庭综合调查表,城镇住户实物收入调查表,城镇住户主要指标调查表8种。

2002~2006年执行的调查报表有城市居民家庭成员基本情况一览表,城市居民家庭住房基本情况调查表,城市居民家庭就业基本情况调查表,城市居民家庭主要消费品拥有情况调查表,城市居民家庭现金收支调查表,城市居民家庭消费支出调查表,城市居民家庭食品调查长表,城市居民家庭非现金(实物及服务)收入调查表8种。2006年起,消费支出调查数据采用细账和粗账2种方式收集。细账,指调查户需要详细记录消费支出内容,包括小类以下项目的消费数量与金额,细账调查户数量至少占总调查户数的30%。粗账,指调查户在消费内容上,主要记录中类及以上项目的消费金额,粗账调查户数量不高于总调查户数的70%。

2007~2010年执行的调查报表有城镇居民家庭成员基本情况调查表,城镇居民家庭基本情况调查表,城镇居民家庭现金收支调查表,城镇居民家庭消费支出调查表,城镇居民家庭非现金收入调查表5种。

## 五、价格统计调查

1991年,继续开展居民消费价格调查。城乡居民购买并用于日常生活消费商品和服务项目价格,根据全市城镇居民家庭消费支出调查资料,居民消费结构和消费习惯确定,按用途划分为8个大类262个基本分类,包括食品、烟酒、衣着、家庭设备用品及维修服务、医疗保健和个人用品、交通和通信、娱乐教育文化用品及服务、居住;商品零售价格调查。工业、商业、餐饮业和其他行业的零售商品以及农民对非农业居民出售商品的价格。包括食品、饮料烟酒、服装鞋帽、纺织品、家用电器及音像器材、文化办公用品、日用品、体育娱乐用品、燃料、建筑材料及五金电料等16个大类229个基本分类的商品零售价格;城镇低收入居民基本生活费用价格调查。城镇居民购买并用于日常基本生活消费、生存所必需的商品和服务项目的价格,不包括高档耐用消费品和享受类所用商品和服务项目。包括食品、烟酒、衣着、家庭个人用品及维修服务、医疗保健和个人用品、交通和通信、娱乐教育文化用品及服务、居住等8个类别84个基本分类。

1994年,进行方法制度改革,实施新的价格统计报表制度。改革内容主要包括分别编制消费领域和流通领域的价格指数,省级和全国价格指数汇总由价格法改为指数法。

2001年,对居民消费价格指数编制方法进行修改,包括采用新的计算公式,增加新的商品和新的服务项目,增加新的价格指数系列。2003年,实现消费、零售和农业生产资料3套指数1个程序编制方法。2006年,调整基期,更换商品基期和调查目录。

## 六、组织工作满意度民意调查

2008年始,执行由中组部和国家统计局布置在全国范围内开展组织工作满意度民意调查任务。

2010年起,列入国家统计局的常规调查,每年进行1次。

调查内容为对组织工作和组工干部的综合测评以及对组织工作的分项调查。

## 第八节　调查机构

### 一、市城市社会经济调查队(简称城调队)

市城调队为国家统计局抽中城市调查点,属省给编制和经费事业单位,业务归省城调队垂直管理,行政归市统计局领导。1991年,内设住户调查科、物价调查科。1999年6月,增设综合调查科。2005年3月,增设生产投资价格科。

### 二、国家统计局九江企业调查队(简称企调队)

1997年3月设立,业务归省企调队管理,经费省拨,行政归市统计局领导。1998年9月,设综合科、产业科、专项科。1999年4月,聘请县(市、区)29人为企调队调查联络员。

### 三、国家统计局九江调查队

2007年3月,将九江市城市社会经济调查队、国家统计局九江企业调查队合并组建。业务由省调查队管理,经费省拨,财务独立核算。设综合科、农业和商业调查科、住户调查科、工业和服务业调查科、价格调查科、统计监测科、办公室7个科室。

# 第三章　统计服务

## 第一节　统计执法

1992年9月24日,市统计局与市监察局联合印发《关于开展统计与法规执行情况检查的通知》,就检查范围、检查内容、组织领导、检查方法方面做出明确规定。10月19日,市统计局转发省统计局《关于发布江西省统计管理经济处罚细则通知》的通知。

1994年5月20日,市统计局、市监察局、市政府办公室联合印发《关于开展全市统计法规执行情况大检查的通知》,对检查的范围、内容、时间及重点做出明确要求。11月,开展统计调查单位清查登记。1995年4月21日,市统计局《关于印发九江市贯彻全国"二五"普法考核验收办法的实施意见的通知》,要求各地部门、单位在"二五"普法期间对统计普法工作进行验收。5月25日,印发1995年全市统计法制工作要点及量化评比办法。

1996年4月,重新申报统计检查员、特派员和派发新检查证;7月组织征订统计法学习宣传资料;安排全市统计检查员(特派员)培训工作;印发1996年全市统计法制工作量化评比办法;召开学习宣传贯彻统计法座谈会;在九江解放军企业干校召开全市统计法制工作会议。1997年4月,组织统计检查员参加全省统计检查员培训班。5月,印发1997年统计法制工作要点及量化评比办法。7月,开展统计法大检查部署全市大检查实施工作。9月,组织学习宣传贯彻江西省统计管理条例。召开全市统计法制工作会议。11月,对4家统计违法单位进行通报批评,即:关于执行九江市黄金汽车修理厂1997年1~7月工业月报拒报情况的通报;关于九江市第一人民医院1996年劳动工资瞒报情况的通报;关于华志电脑绣花服装有限公司1997年1~7月工业月报拒报的通报;关于江西佳浔有限公司1997年1~7月工业月拒报的通报。

1998年6月16日,印发1998年的统计法制工作要点及量化评比办法。12月3日,在九江京九宾馆召开全市统计法制工作会议,总结交流贯彻落实政办通知的检查情况,布置1999年统计法制工作。1999年4月,举办统计检查员培训班。5月,按照国家统计局、省统计局部署,从1999年开始,在全省实行统计人员持证上岗制度。9 月 29 日，印发 1999 年全市统计法制工作要点及量化评比办法。12 月，召开 1999 年全市统计法制工作会议，举办统计行政处罚听证培训班。

2000 年 1 月，对全市统计执行情况抽查。4 月，开展全市统计“三五”普法函授学习，转发省统计局《贯彻全国统计“三五”普法考核核验办法的实施意见》，召开全市统计局持证上岗工作会议。5 月，召开全市统计法制工作会议，印发 2000 年全市统计法制工作量化评比办法。8 月，迎接省、市人大开展《中华人民共和国统计法》执行情况检查。9 月，请示单独设立法规制度教育科。2001 年 6 月 4 日，市政府分管统计工作的副市长和市政府各部门、中央和省在浔企业负责人 60 余人，参加全国统计执法大检查电视电话会议。5 日，召集市统计局、市监察局、市司法局等部门联合部署统计执法大检查的实施工作。9 月，市统计法执行情况大检查领导小组办公室按照全国统一布置，开展对全市统计法和“两办通知”执行情况大检查。

2004 年 10 月，省人大财经委和省统计局负责人带队对九江统计执法进行大检查。全市统计执法检查单位 236 个，罚款单位 48 个，责令改正、警告、通报批评 41 个。2005 年，全市立案查处统计违法案件 97 件，其中罚款处罚 46 件，罚款金额 13.39 万元，责令改正 29 件，通报批评 19 件，违法警告 3 件。2006 年 5 月，市人大财经委，市统计局联合发文决定在全市范围开展统计执法大检查。全市统计执法检查单位 292 个，立案查处统计违法案件 52 件，其中罚款处罚 22 件，罚款金额 12 万元，通报批评 8 件。

2007 年，全市统计执法检查单位 296 个，立案查处统计违法案件 40 件，其中罚款处罚 8 件，罚款金额 4.5 万元，通报批评 12 件。2008 年 7 月，开展全市统计“五五”普法中期督导检查工作。9 月，省人大财经委、省统计局到市内开展贯彻执行统计法和《江西省统计管理条例》情况大检查。全市统计执法检查单位 298 个，立案查处统计违法案件 55 件，其中罚款处罚 13 件，罚款金额 5.6 万元，通报批评 22 件。4 月，开展统计巡查工作，重点巡查各县(市、区)统计局贯彻执行国家统计法律、法规、规章和依法行政、依法统计情况，依法保障统计数据及时性、真实性、坚持实事求是，反对统计上弄虚作假情况。

2009 年，全市统计执法检查单位 269 个，立案查处统计违法案件 32 件，其中经济处罚 6 件，罚款金额 1.5 万元，警告 19 件，通报批评 5 件。

2010 年 6 月，组织各县(市、区、山)政府、各统计调查单位负责人、政府统计机构工作人员收看全国统计执法大检查电视电话会议。6 月 13 日，市统计局与国家统计局九江调查队、市监察局、市司法局联合印发《关于联合开展统计法和统计违法违纪行为处分规定贯彻执行情况大检查的通知》。6 月 18 日，召开全市统计执法大检查工作会议。7 月 12 日~20 日，市统计局组成由局领导、中层干部和各专业统计员构成的 4 个统计巡查工作组，对全市各县(市、区、山)统计执法大检查贯彻情况进行统计巡查。2004~2010 年期间，每年在 12 月 8 日全国统计法制宣传日，开展各种形式的统计普法宣传，印发宣传单，在公众场所张贴宣传条文。

## 第二节 资料整理

### 一、统计分析报告

20 世纪 90 年代以来，统计分析报告有进度统计分析、综合统计分析、专题统计分析等，每年以《九江统计资料》编印各类统计分析 40 余篇。2007 年后，为进一步提升统计优质服务的水平，改革创新统计分析资料编印形式，每年编发《统计监测与分析》《决策内参》《要情专报》等 60 余篇。

### 二、年度统计资料

1991 年起，每年编印《九江统计提要》《九江统计年鉴》出版发行，反映年度国民经济和社会发展情况。《九江统计提要》收集九江市国民经济社会主要统计指标的快报数据。《九江统计年鉴》整理收集全市经济社会各专业年报数据，编入的数据有法令权威效力。

### 三、普查资料编印

1992年8月,市第四次人口普查办公室编印《江西省九江市1990年人口普查资料》1册。内容有概要、人口城乡分布、民族、年龄、文化程度、职业行业、婚姻、家庭、生育、死亡人数等。

2002年10月,市第五次人口普查办公室编印《九江市2000年人口普查资料》上、下册。内容有概要、年龄、受教育程度、家庭、生育、死亡、迁移人口、住房、行业、职业、婚姻等。

### 四、国民经济统计公报发布

1991年起,每年4~5月在《九江日报》公开发布《九江市国民经济和社会发展统计公报》。

## 第三节　信息网络建设交流

### 一、长江沿岸城市统计信息网络年会承办

1999年5月10~13日,第九届长江沿岸城市统计信息网络年会由市统计局承办,在九江召开。攀枝花市、宜宾市、泸州市、重庆市万州区、岳阳市、鄂州市、黄石市、安庆市、铜陵市、芜湖市、南京市、镇江市、南通市、九江市等14个城市、25名代表参加会议。上海市、马鞍山市、扬州市、重庆市涪陵区缺席。会议期间,各地代表围绕各地的统计工作及当前统计改革与发展问题进行交流和讨论,就有关统计信息资料的交换问题达成共识。

2006年5月25~28日,第十六届长江沿岸城市统计信息网络年会在九江召开。宜宾、泸州、宜昌、武汉、鄂州、黄冈、黄石、安庆、铜陵、马鞍山、芜湖、九江12个城市的统计局长、综合科长共30余人参加会议。重庆、涪陵、万州区、岳阳、南京、南通等市(区)缺席。市统计局局长介绍九江市统计工作开展情况并作《创新思路、强化措施,全力提升统计服务水平》的工作报告。与会代表围绕提高统计工作水平、统计制度方法改革、推进在地统计、提高数据质量、搞好统计服务和加强沿江城市统计信息合作等内容进行讨论和交流,达到长江沿岸各城市之间加深了解、交流经验、取长补短、促进工作的目的。会议还对《长江沿岸城市统计信息网络年会章程》进行修订。

### 二、大京九沿线城市统计信息网络年会承办

1999年4月26~30日,大京九沿线市地统计信息网络第四届年会由市统计局承办,在九江召开。出席年会的有深圳、惠州、河源、吉安、九江、黄冈、信阳、阜阳、商丘、濮阳、衡水、沧州、廊坊13个成员单位的37名代表。会议内容广泛,重点突出,达到沟通情况、交流信息、研究问题、开展协作预期目的。

# 第四十篇

# 审　计

# 第四十篇 审 计

1991 年,市审计机关向市委、市政府提出《关于加强和改进审计工作为振兴九江经济服务的几点意见的报告》,强化审计工作参与改革和服务经济建设意识,开展财政、金融、行政事业单位、企业及利用外资等专项审计等。至 1994 年,共审计单位 4788 个,查出违纪违规金额 17547 万元,查出损失浪费 1840 万元,应上缴财政 2528 万元,减少财政拨补 415 万元,归还原渠道资金 574 万元,调账处理 523 万元。

1995 年起,贯彻《中华人民共和国审计法》,审计工作法制化、制度化、规范化建设稳步推进。1996 年起受市政府委托向市人大常委会作审计工作报告,使审计工作得到有效监督。1999 年 5 月,开展领导干部经济责任审计。至 2005 年,共审计单位(项目)10394 个,查出违纪违规金额 172117 万元,查出损失浪费 1439 万元,管理不规范资金 299932 万元,应上缴财政 13243 万元,应减少财政拨补 439 万元,应归还原渠道资金 16884 万元,调账处理 13970 万元。同年 12 月,市审计局被人事部、国家审计署授予国家审计机关先进集体。

2006 年后,加大对县处级领导干部经济责任审计、企业改制审计、固定资产投资审计力度。至 2010 年,审计领导干部 1017 人次;实施企业改制审计项目 324 个;审计固定资产投资项目 2047 个,投资总额 441218 万元,完成 414454 万元,查出问题资金 64882 万元,核减工程造价 52487 万元。20 年间,全市实施审计项目 21666 个,查出违纪违规金额 330565 万元,损失浪费 4529 万元,管理不规范 1465052 万元,应上缴财政 27190 万元,已上缴财政 23855 万元,应减少财政拨款 5918 万元,应归还原渠道资金 43531 万元,调账处理 58778 万元,移送司法、纪检机关和有关部门处理案件 152 件,发挥审计监督作用,有力地促进九江经济建设。

全市内部审计机构,至 2010 年开展 11779 个单位(项目)审计,查出违纪违规金额 13528 万元,查出损失浪费 7940 万元,促进增收节支 9995 万元,提出合理化建议被采纳 4780 条,查出贪污贿赂案件 30 件,移送司法机关处理 20 人,建议给予行政处分 24 人。社会审计则是国家审计体系另一主要组成部分。仅至 1998 年,实施审计项目 36409 个,为委托单位挽回经济损失 478 万元,促进增收节支 524 万元。

# 第一章　国家审计

## 第一节　财政审计

### 一、决算审计

**县级财政决算审计**　1991年3月25日，根据省审计局《关于做好1991年财政监督工作的通知》，对永修、德安、湖口县及浔阳区4县(区)财政(含税收)决算进行审计，查出违纪金额178万元，应上缴财政33万元，应调增预算内收入132万元。1992年3~6月，对九江县、武宁县、瑞昌市、庐山区、庐山管理局1991年度财政决算(含税收)进行就地审计。结果显示5县(区、山)财政状况实现收支平衡、略有结余目标，查出违纪金额103万元。1993年2月中旬至4月中旬，分别对星子、彭泽、都昌、德安4县1992年度财政决算情况(含税收)进行审计，查出违纪违规金额435万元，应上缴财政8万元，应调整预算内收入298万元，应调减预算支出13万元。至1993年，市审计局连续3年对全市所属各县(市、区、山)财政决算进行审计，实现对下级财政决算审计全覆盖。1994年，对湖口、德安、永修县及浔阳区进行第二轮财政决算审计。审计金额45113.6万元，查出违纪违规金额64.96万元，处理上缴财政5.5万元，其他处理59.46万元；同时，对4县(区)财政信用资金进行审计调查，促进财税部门增收节支意识，健全财政制度，管好用好财政资金。1995年3月，先后对武宁县、瑞昌市、九江县、庐山区政府1994年度财政决算进行审计。

1996年始，为避免对所属县(区)财政决算审计出现漏审情况，采取2年审1次，1次审2年方法。当年，对浔阳区及湖口、都昌、星子、德安、永修县政府1994~1995年度财政收支决算进行审计，发现农业四税收入缴解入库不及时，应缴收入滞留过渡户较普遍；各地地税局对自身查补征收税款，扩大查补范围、超比例提退手续费；部分县(区)财政预算外收入中应缴交通能源重点建设基金和预算调节基金征集不到位；将变卖城镇户口增加收入，改称市容费、城建费，随意列支，未完全用于城镇基础建设。1997年，先后对彭泽县、瑞昌市、庐山区、武宁县、九江县1995~1996年和九江经济技术开发区1996年财政决算进行审计；并对5县(市、区)地税局进行执法审计，均发现收入不实现象；税务部门将“八小税”调入营业税之中；隐瞒土地出让金收入，减少上划资金700余万元；多提稽查税收提成等问题仍未得到遏制。对上述违规情况进行依法处理。1998年10月，对修水县、浔阳区1996~1997年度财政决算进行审计，发现修水县预算内资金存入银行所得利息未做收入，支出虚列等问题；浔阳区年终决算不实，违规列支预算科目和截留收入等问题，市审计局对此做出处理。1999年，对瑞昌市、庐山管理局、庐山区及德安、湖口、都昌、星子县1998年财政决算进行审计，查出违纪金额7659万元。处理上缴财政29万元。

2000年，对修水、武宁、永修、九江、彭泽县及浔阳区、九江经济开发区1999年财政决算审计，查出违纪违规金额842万元，处理上缴财政29万元。2001年8月，对庐山管理局、瑞昌市、星子县、湖口县、共青开发区等7县(市、区)2000年度财政决算审计，对存在的问题提出整改意见和建议。

2002年，对永修县、修水县、庐山区、彭泽县、浔阳区、九江县2001年财政决算进行审计，审计总金额59566万元，查出违反财政制度金额3353.76万元，审计处理253.93万元，要求纠正3099.83万元。2003年，市审计局对武宁、都昌、德安县及瑞昌市、庐山管理局2002年财政决算进行审计，查出问题金额6433.5万元。其中收缴14.3万元，要求纠正6419.2万元。2004年，对修水、永修、湖口、彭泽县及庐山区、九江开发区、共青开发区2002~2003年财政决算进行审计，查出财政收支不实，挤挖上级收入，虚收虚支等问题。向当地政府提出要加强监控，培植财源等建议。2005年，市、县两级审计机关加大上审下力度，完成对浔阳区、九江县、星子县、瑞昌市、德安县、武宁县、都昌县、庐山管理局8县(市、区、山)和42

乡镇财政决算情况审计，查出财政收入存在不真实、挤挖上级收入、虚支虚收等问题。相应进行处罚并提出整改意见。

2006年，对彭泽县2004~2005年财政决算进行审计，对存在问题提出处理意见。2007年，对修水县、浔阳区、九江开发区、共青开发区2005~2006年度，永修县、庐山区2004~2006年度财政决算进行审计。查出挤挖上级财政收入，超范围列支预算支出，财政收入反映不真实，以奖励名义实行税收返还，混淆预算科目，专项资金下拨不及时等问题资金81797.88万元，收缴财政金额35.04万元，并提出整改意见。2008年，对武宁、彭泽、德安、星子4县2007年财政决算进行审计。查出问题资金6347.95万元，收缴处罚金额18.94万元，调整账务728.62万元，要求纠正4563万元，促进专项资金到位1037.18万元。2009年，对都昌、湖口、九江县及浔阳区、庐山管理局5县(区、山)2008年度财政决算进行审计，查出问题资金18950.27万元，收缴处罚金额12.65万元，调账金额4610.58万元，要求纠正金额940.39万元，促进专项资金到位13386.65万元。

2010年，对德安县、永修县、瑞昌市2008年、2009年度财政决算进行审计，对云居山—柘林湖风景名胜区2006~2009年财政收入进行审计，对查出问题提出整改意见。

**乡镇财政决算审计** 1991年，市审计局组织县(区)审计局对13个乡镇1990年度财政决算进行审计，查出违纪违规全额39万元，应上缴财政6万元，已上缴财政6万元。1992年，武宁县对县属1991年18个乡(镇)政府财务收支、财政决算进行审计，查出违纪违规金额66.8万元。针对坐支截留罚没收入，截留应上缴税款，违规虚列支出等问题，县审计局向县政府提交审计报告，提出建议。永修县对涂埠镇、虬津镇镇政府财政情况进行审计。1993年，市审计局向全市11个县(市、区)下达开展乡(镇)财政收支审计的通知，各县(市、区)完成19个乡(镇)1992年度财政收支审计。审计结果表明各地财税部门在组织收入，节约开支，为振兴地方经济做了大量工作，取得成效，但也存在问题。查出违规金额504万元并进行处理，提出整改建议。1994年，都昌县对芗溪乡、徐埠镇1993年财政收支进行审计，查出应缴财政收入未缴库到位，拨付专项经费未到位，该支付款项未支付到位，乡镇财政管理和监督未全部到位等问题。县审计局向县政府做出审计报告，被批转全县，促进全县乡镇财政管理。

1995年，瑞昌市对高丰、码头、横港镇财政决算进行审计。都昌县对多宝、左里、杭桥、土塘、中馆、汪墩6乡镇1994年度财政决算进行审计。彭泽县对杨梓、马当、黄花3乡镇的财政决算进行审计。庐山区对海会镇进行财政决算审计。永修、德安分别对三角、燕坊乡进行财政决算审计。对所发现问题，相关县(市、区)审计机关依法做出处理。1996年，彭泽县对马当、浪溪、龙城镇财政决算进行审计；九江县对沙河、黄老门乡财政决算审计；星子县对南康、白鹿镇财政决算进行审计；瑞昌市对南义镇、桂林街道办事处、白杨镇、肇陈镇、夏坂乡财政决算进行审计；都昌县对南丰、万户、苏山、春桥、鸣山、西源、北山乡及三汊港镇、都昌镇9乡镇1995年财政决算进行审计。通过审计，普遍存在罚没收入未纳入财政统一管理；截留、坐支、挪用资金现象较严重；内部控制制度不健全等问题。各县(市)审计局对查出问题做出审计处理，提出加强财政管理，严肃财经纪律、健全核算建议。

1997年，修水县对古市镇、渣津镇、竹坪乡等9个乡镇财政财务收支进行审计，查出违纪违规金额147万元，增加财政收入14万元。瑞昌市对码头镇、湓城街道办事处、南阳乡、范镇4乡(镇、街道)实施财政决算审计，发现应上缴耕地占用费、农林特产税、屠宰税未及时上缴。九江县对永安乡、白华乡、城子镇、城门乡4乡镇1996年财政决算进行审计。审计发现普遍存在自筹资金未纳入乡财政管理，内控制度不健全，核算不规范，挪用专项经费等问题。审计后分别做出处理和提出改进意见。都昌县对化民、阳丰、新妙、七角、大港、大沙6个乡镇财政收支进行审计。彭泽县对棉船、芙蓉、泉山、定山、浪溪镇、太平关乡6个乡镇1996年财政决算进行审计，查处违纪违规金额32.8万元。庐山区对海会、莲花、周岭、五里4乡镇1996年财政收支进行审计，查出挤占挪用专款，财政预算外资金和有偿信用资金管理混乱问题，有针对性提出意见和建议。1998年，全市共完成35个乡(镇)财政决算审计，其中九江县4个，武宁县5个，湖口县4个，都昌县1个，彭泽县8个，德安县2个，庐山区6个。1999年，安排全市开展乡(镇)财政决算审计 56 个,实际完成 64 个,查出违规金额 561 万元,其中处理处罚 16 万元,要求纠正 54 万元。审计查出存在违纪减免税收、隐瞒转移财政收入、虚列支出、挪用财政专项资金、自立预算外资金项目、挪用财政周转金、违规提高费用标准等问题。2000 年,全市各县(市、区)审计机关共完成对乡(镇)政府 1999 年财政决算审计 46 个,查出违纪违规金额 267 万元(其中决定处理处罚 105 万元,要求纠正 162 万元)违规问题反映在:隐瞒转移财政收入 14 万元,虚列财政支出 30 万元,自行设立预算外资金 18 万元。审计后收缴 25 万元,其中罚款 4 万元。

2001 年,根据省审计工作计划,各县(市、区)开展对乡(镇)财政审计监督工作。至 12 月,全市共完成乡(镇)财政决算审计 53 个。查出违反财政制度金额 908.07 万元。审计处理 610.07 万元,其中:处理应上缴财政 13.64 万元,应减少财政支出 0.9 万元,要求纠正 595.53 万元。2002 年,各县(市、区)审计机关开展对所属乡(镇)财政决算审计 40 个,完成上级分配数 100%。审计总金额 12140 万元,查出违反财政制度金额 787.8 万元。审计决定处罚 68.6 万元,要求纠正 719.2 万元,收缴审计专户 6.4 万元。

2003 年,根据省审计厅要求,安排对 50 个乡镇 2002 年财政决算进行审计。各县(市、区)亦将乡镇领导干部任期经济责任审计同财政决算审计结合进行,实际完成审计项目 60 个。查出问题金额 2207.8 万元,其中收缴 28.7 万元,调账减少财政支出 24.2 万元,促进专项资金到位 24.7 万元,要求纠正 2130.2 万元。2004 年,全市 11 个县(市、区)对乡(镇)财政决算进行审计,共审计 61 个乡(镇、厂、处),查出有问题金额 2277.12 万元,审计处理金额 1877.10 万元,收缴处罚 62.64 万元,调账增加财政收入 10.61 万元,要求纠正 1823.54 万元。2005~2006 年,各县(市、区)继续开展对乡(镇)财政决算的审计工作。

2007 年,全市 10 个县(市、区)(不含修水县、浔阳区)分别对 66 个乡(镇、场、处)2006 年度财政决算进行审计,查出违反税收征管规定,少数乡镇存在垫税现象;财务管理不规范,违反现金管理规定;少缴税费、乱收费现象;票据管理不规范,虚开发票套取现金;挤占挪用专项资金,转移资金规避政府采购等问题资金 1515.61 万元,审计处理资金 1515.61 万元。其中,收缴财政金额 45.06 万元,调账增加财政收入 31.31 万元,调账减少财政支出 30 万元,促进专项资金到位 221.96 万元,指明要求纠正金额 1187.28 万元。2008 年,彭泽、星子、德安、永修、庐山区等县(市、区)分别对 23 个乡(镇、场、处)2007 年度财政决算进行审计,查出有问题资金 784.40 万元,审计处理资金 784.40 万元。其中收缴处罚金额 10.43 万元,调整账务金额 96.25 万元,促进专项资金到位 104.13 万元,要求纠正金额 573.59 万元,对查出问题提出整改意见。

2009 年,武宁、九江、彭泽、星子、都昌、德安县对所辖 20 个乡(镇)2008 年财政决算进行审计,发现少数乡镇存在垫资引税现象,违反税收征管规定;个别乡镇少缴税费,使用不合规发票;乡镇专项资金拨付不及时,存在滞留、挤占现象;少数乡镇存在乱收费现象;未按规定缴入预算;社会抚养费征收不到位,坐支抚养费。审计查出问题资金 1230.86 万元。处理 1260.86 万元,其中收缴处罚金额 16 万元,调整账务金额 615.76 万元,促进专项资金到位 343.14 万元,要求纠正金额 285.96 万元。

2010 年,全市 9 个县(市)审计局分别对 26 个乡(镇、街道)2009 年度财政决算进行审计。查出有问题资金 2567 万元,审计处理资金 2567 万元。查出部分乡镇存在垫税引税现象;专项资金拨付不及时,存在挤占挪用现象;少数乡镇存在少缴税费、乱收费现象;有的单位收入未按规定缴入预算,违反现金管理规定。审计依法做出处理。

### 二、预算执行审计

1994 年,市审计局派出审计组对星子县 1994 年 1~6 月财政预算执行进行审计,帮助分析上半年财政支大于收主要原因,同时对 1994 年财政收支平衡情况及全年预算执行结果进行预测,提出合理化建议。1995 年是《中华人民共和国审计法》实施第一年。根据审计法规定,对同级财政预算执行情况进行审计,并接受政府委托向本级人大常委会报告。面对新的工作要求,4 月,市政府召开全市财政预算执行审计工作会议,为全市开展对同级财政预算执行审计试审创造条件。10 月,修水、九江、都昌、星子、德安、永修、湖口、彭泽县及瑞昌市、庐山区、浔阳区对 1995 年 1~9 月本级财政预算执行情况实施试审。11 月，市审计局对全市 1995 年度财政预算执行情况开展同级审计。

1996 年，根据省审计厅部署，在上年试审基础上，制订审计方案。3~5 月，市审计局对全市 1995 年度本级财政预算执行情况进行审计，各县(市、区)亦对县本级 1995 年度财政预算执行情况进行审计。据统计，全市共派出审计工作组 51 个，实施审计工作日 3200 天，延伸审计预算执行单位 255 个，查处各种违纪违规问题资金 7480 万元，提出整改意见和建议 64 条。1997 年 3 月，市局对市本级财政 1996 年度预算执行情况进行就地审计，审计表明 1996 年完成收入任务，实现收支平衡，略有结余。各县(市、区)相继开展“同级审”工作。为做好全市财政预算执行审计，各级审计机关从实施方案到提交审计工作报告结束各个阶段，均进行精心组织。彭泽县政府主要领导专门听取审计局关于同级审工作安排，主持县有关部门参加会议进行部署和协调，顺利完成本级财政预算执行情况审计，查出违纪违规金额 219.8 万元。修水县成立财政审计领导小组，统一部署和分工，依据县财政状况，分别把税收收入、预算调整、预算外资金管理使用、专项资金、财政周转金、提返代征代扣手续费、财政部门在银行开户情况进行重点审计。通过对县财政及 9 个预算执行部门和单位审计，共查出违纪违规金额 1140 万元。都昌县重点对预算内收支账、基金账及财政周转金等内容进行重点审计同时，还延伸对县国库、公安局、检察院、法院、土管局、技术监督局、教育局、地税稽查总局、公路管理站、都昌镇财政所 12 个预算执行单位审计，查出 1 个违纪违规超过百万元单位。当年 7 月 29 日，市审计局受市政府委托，在市十届人大常委会第 18 次会议上作《关于对我市 1995 年度本级财政预算执行情况的审计工作报告》。

1998 年，市审计局制订《关于组织实施 1997 年财政预算执行情况审计的实施方案》，报请市政府同意后，转发各县(市、区)参照执行。各级审计机关主动向政府领导汇报工作，争取政府支持。全年全市审计机关投入人数 97 人，完成审计工作日 520 天，审计单位 110 个(其中财政部门 13 个)查出违纪违规金额 3055 万元，增加财政收入 336 万元，应减少财政支出 859 万元，罚款金额 14 万元。审计结果表明，全市财政预算执行情况较好，财政收入保持持续稳定增长。市局根据各县审计情况，向省审计局提交 1997 年财政预算执行情况综合报告。同年，市局根据市政府安排，对市财政局 1993~1996 年财政收支及其他财政资金进行 1 次全面审计。1999 年，市审计局向市政府报送《关于搞好 1998 年市本级财政预算执行情况审计的几点意见》，组织审计组对市本级财政预算执行情况开展全面审计，并延伸审计市地税局、市教委、市城建局、市水利局等预算执行单位。同年，全市开展财政预算执行情况审计，与往年不同点是通过对财政预算收支与历年比较审查其是否有重大遗漏或增项；通过方案确定延伸对象及开展项目审计中发现蛛丝马迹，采取回头核实办法。市局审计结果表明，预算执行中仍存在供电附加入库不及时，且未执行收支两条线规定，地税部门截留预算收入，市财政设置账外账，预算执行部门挤占事业费和专项资金等问题，共计查处违规金额 1516 万元。为此，市十一届人大常委会五次会议认为市审计局受托所做审计工作报告反映问题真实、客观，对促进政府各部门严格执行预算管理，维护财经秩序发挥积极作用；要求各地逐项检查、依法办理，并将办理情况向市人大常委会汇报。

2000 年 5~8 月，对市本级财政及各县(市、区)财政 1999 年预算执行情况进行审计，共审计单位 143 个。其中财税部门 26 个，延伸审计预算执行单位 117 个。各县(市、区)由于连续遭受洪涝灾害，经济上未完全好转，财政收支平衡困难，缺口较大。除湖口、武宁财政结余外，其余县区财政均现赤字。经过统计，县级财政赤字计 13538 万元。都昌、彭泽县及庐山区，赤字均在 2000 万元以上。1999 年预算执行中仍存在财政收入不实、虚列支出、挤占挪用专项资金等问题，尤其是县区财政赤字数额大，制约县区经济发展，审计结果引起市、县两级政府重视。2001 年，根据审计法规定和省审计工作计划安排，市审计局制订《对市本级 2001 年度预算执行情况及其他财政财务收支审计方案》，明确审计重点、范围和要求。经审计，全市 2000 年财政收入在非常困难的情况下仍保持稳定增长，财政支出基本保证国家政权建设和各级事业发展的需要，预算执行情况与经济运行基本相适应。2000 年滚存结余 25020 万元，其中，结转下年支出 52520 万元，净结余 –27130 万元，县级财政累计赤字 27810 万元。受市政府委托，在第十一届人大常委会第十七次会议上,市审计局作《关于〈中华人民共和国审计法〉执行情况的汇报》,与会委员们对审计机关在学习、贯彻执行审计法方面所作工作给予充分肯定。2002年,市、县(市、区)分别对所属本级财政预算执行情况及其他财政收支情况进行审计。参加审计79人,投入工作日713天,审计单位113个。查出违纪违规金额3713万元,其中市本级1558万元,12个县(市、区)2155万元,审计处理3439万元。其中,收缴财政70万元,调账增加收入1044万元,减少支出4万元,专项资金到位16万元,要求纠正2305万元。在总结经验基础上,做到摸清家底,重点突出,实现较高层次经济监督。2003年,市、县(市、区)分别对所属本级财政预算执行情况及其他财政收支情况进行审计。突出对重点领域、重点部门、重点资金的审计监督。全市共投入83名审计人员开展同级审,投入工作日1671天,审计188个单位。查出有问题金额6616.6万元,其中市本级747.9万元,各县(市、区)5868.7万元;审计处理金额6616.6万元,其中收缴处罚80.4万元,要求纠正6536.2万元。2004年,为树立"大财政审计"意识,探索"大财政审计"思路和方法。在延伸审计单位、投入人力上,在真实性与合法性基础上,市、县(市、区)对财政资金使用效益情况投入更多关注与尝试,取得初步成效。全市共投入111名审计人员开展"同级审",投入工作日1053天,审计211个单位,查出有问题金额12849.9万元。其中市本级3529.4万元,各县(市、区)9320.5万元。审计收缴处罚132万元。2005年,根据省审计厅通知,分别对市本级及各县(市、区、局)2004年度财政预算执行及其他财政收支情况进行审计。查出部分预算编制不科学、不规范;结转下年支出资金管理不规范,部分指标属历年结转;契税滞留,未及时缴库;政府采购管理工作滞后;挤占挪用专项资金现象存在;私设"小金库"和乱收费。全市共查出私设"小金库"535万元,查出乱收费683万元。

2006年,市、县(市、区)开展"同级审",投入审计人员105人,工作日1006天,审计单位170个。查出有问题资金59827.97万元,处理金额59827.97万元。其中收缴处罚金额1031.95万元,调账增加财政收入2039.38万元,调账财政支出389万元,促进专项资金到位金额663.3万元,要求纠正55704.34万元。2007年,按照省审计厅要求,市、县(市、区)分别对本级2006年度财政预算执行情况及其他财政收支情况进行审计。投入审计人员108人次,工作日1576天,审计单位125个。查出有问题资金59819.44万元,处理资金59819.44万元。其中收缴处罚金额58.29万元,调账增加财政收入3247.44万元,调账减少财政支出144.5万元,促进专项资金到位373.39万元,要求纠正金额55995.82万元。2008年3~10月,市、县两级分别对本级2007年度财政预算执行情况及其他财政收支情况进行审计。共投入审计人员98人次,工作日1038天,审计单位69个。查出有问题资金52915万元,处理资金52915万元。其中:收缴处罚金额230万元,促进专项资金到位1003万元,调整账务2524万元,要求纠正金额26558万元。2009年,市、县两级分别对本级2008年度财政预算执行情况及其他财政收支情况进行审计。投入审计人员181人次,工作日487天,审计单位62个。查出有问题资金83065.75万元,处理资金83065.75万元。其中收缴处罚金额136万元,促进专项资金到位62770.70万元,调整账务12123.42万元,要求纠正金额8035.63万元。审计发现存在预算编制不科学,缺乏约束力;专项资金拨付不及时;财政资金管理不规范;应缴、应征收入不到位;超范围支出预算内资金;社保资金监管不到位等问题,提出处理意见和建议。

2010年,市审计局对市本级财政预算执行情况进行审计。发现存在预算编制不合理;厉行节约"四项费用"部分费用未完成指标;挪用专项经费;会计处理不规范;预算外资金未完全实现收支两条线管理;地方税收、政府基金征管不到位等问题,提出处理意见和建议。市审计局受市政府委托,于9月28日向市十三届人大常委会第二十七次会议报告关于2009年度市本级预算执行及其他财政收支审计情况。

## 第二节 金融审计

1991年，根据省、市年度审计工作安排，市、县(市、区)先后对当地的金融保险机构开展定期性审计。全市审计单位68个，查出违纪违规金额582万元，应上缴财政158万元，调账处理15万元，归还原渠道资金33万元，上缴财政157万元。市审计局对市工商银行1990年财务收支情况审计结果表明，多数金融机构能贯彻国家金融政策，执行财经纪律。亦存在截留国家收入和利润，欠缴建筑税、奖金税和固定资产投资方向调节税，将基建工程款列入成本，擅自购置控购商品，乱挤乱摊各项费用等违纪违规问题。各县(区)对当地工商银行和建设银行审计，发现有挪用信贷资金搞基建；多补多收利息；违规发放钱物；乱挤乱摊成本；漏缴税款和"两金"；凭白条子入账；私设"小金库"等问题。市建设银行信托投资股份有限公司，因经办人员业务不熟，1990年收进的国库券、金融债券账务处理发生严重差错，是盈是亏，曾停业清理近一星期，仍未理出头绪，市审计局通过审计，本着"一审二帮三促进"原则，帮助其建立正规账册，并发现漏列1990年国库券、金融债券纯收益4万多元。

1992年5月，根据省年度金融审计工作安排，市审计局组织5个审计组，分别对中国银行市分行和永修、德安、瑞昌、湖口4县(市)支行1991年度财务收支情况进行审计。通过审计，市中行及下属县支行能执行规章制度，账务清楚，审批健全，各项支出未突破指标，存贷业务开展好，实现收入2620万元，支出2040万元，收支相抵盈利580万元。但也发现一些与中央规定不符的违纪现象。主要是挤占成本费用、隐瞒转移收入、账外发放钱物漏缴欠缴"两金"(能源基金和调节基金)。共查出违纪违规金额96万元，上缴财政14万元。同年，根据省审计局安排，市、县(市、区)对各级专业银行和保险公司1991年度财务收支情况审计。共审计金融保险机构(不含中行)54个，查出违纪违规金额1252万元，上缴财政157万元，应归还原渠道资金61万元，应调账处理49万元。从审计情况看，各专业银行和保险公司都能实现或超计划，实现上级所布置的收入和利润任务。修水县1991年各种灾害频发，县保险公司对保险户赔款支出大幅度上升，由于该公司不断加强各项管理，扩大业务领域，增加保险费收入，使财产保险亏损得到适当控制，人身保险盈利实现持续增长。为发挥审计宏观调控作用，市审计局对金融系统5家地市级分行和45家县级支行、保险公司及其所属机构财务收支进行审计。查出各金融保险机构存在挤占成本费用、隐瞒收入、漏缴税款等违纪问题，金额达609.7万元。各地对13家工商银行(含办事处)1991年度流动资金贷款情况进行审计，同时上门走访71家贷款户，审计贷款总额18.9亿元，查出违规贷款4184万元，发现因银行监管不严形成问题资金3.94亿元，提出加强信贷管理建议，引起金融主管部门重视。

1993年，为配合国务院整顿金融秩序，严肃财经纪律，保证国家各项经济政策贯彻畅通，全市各级审计机关，组织专门人员，加强对金融保险行业审计和调查，共审计各级金融保险机构83个，查出违纪金额1287万元。实施罚款55.61万元。并延伸信贷资金审计，审计信贷资金余额305752万元，查出超规模放贷2908万元，逾期贷款5973万元，呆账损失140万元。组织对市金融市场1991年、1992年度经营情况调查审计。对全市人民银行、工商银行、中国银行、建设银行、农业银行、保险公司、信用社等30多户金融保险机构贯彻执行中央关于整顿金融措施专项调查审计。事实表明，全市各级金融保险机构贯彻中央精神认真，自查自纠进行整改。但由于各种因素影响，仍存在尚需解决的问题和情况；如拆借资金18446.5万元，未能收回；违反利率政策，多收利息，提高存款利率多付利息或不及时收取下属兴办实体的贷款利息现象不同程度存在；违反结算纪律，压单压票时有发生，兴办经济实体遗留贷款数额较大，拨借资金未偿还，难脱钩等。1994年，继续加强对金融机构审计，全市全年共审计金融单位98家，查处违纪违规金额1354万元。

1995年,市审计局以及各县(市、区)审计局对中国银行、建设银行1994年度资产、负债及损益情况进行审计,对2家专业银行消费基金增长情况进行审计调查。九江县在对中国银行和建设银行财务收支审计同时,还对其减利潜亏和消费基金增长情况开展审计调查,全年共查出违纪资金12.2万元,上缴财政资金9.5万元,决定调账资金21.2万元。星子县在对县建行及城市信用社、农村信用合作社审计中,对擅自贴水,挤占成本等违纪问题做出相应处罚,处理收缴金额7万余元。瑞昌市对中国银行、建设银行1994年度资产、负债、损益情况进行审计,并对建行信贷部、工行信贷部1994年10月~1995年9月财务收支情况进行审计,查出挤占成本费用,白条列支,冲减支出,收入冲减费用,漏缴营业税,城市维护建设税,教育附加及多提贷款呆账准备金等违纪违规金额36万元,上缴财政金额8万元。同时对中国银行瑞昌市支行1994年度亏损情况进行审计调查,查出1994年度账面利润2.7万元,实际亏损14.6万元,潜亏10万元,共亏损21.9万元。彭泽县对县中国银行、建设银行以及20家信用合作社的资产、负债、损益审计,共查出违纪违规金额67.3万元,可增加财政收入15.2万元。庐山区对十里、七里湖、莲花、新港4家信用社财务收支和财经法纪执行情况进行审计,查出违纪金额9.49万元。1996年,市、县(市、区)共组成11个审计组,对10个县支中国银行、市分行进行审计。共查出违纪违规金额398.3万元,应上缴财政金额24.2万元。审计发现存在扩大、挤占营业费用,减少利润造成损益不实;漏缴、少缴各种税收;未办专控审批手续,购买专控商品,漏缴专控商品附加费等问题。

1997年,根据省审计厅要求,各县(市、区)分别对本县(市、区)农业银行有关机构1996年度资产、负债、损益的真实、合法和效益情况进行审计,发现存在逾期、呆滞贷款较多,存在潜在损失。武宁县支行1996年底各项贷款余额为12839万元,其中逾期贷款3901万元,占总贷款余额30%;呆滞贷款1941万元,占总贷款余额15%。应收未收利息比例偏高,存在潜在亏损。个别机构资产、负债结构不实,彭泽县支行马当营业所1996年12月31日把调减"其他活期存款"220万元,调减"定期储蓄存款"280万元,转到临时存款科目和内部存放款项科目中,造成负债结构不实。不同程度存在少缴、漏缴税金现象,瑞昌支行1996年在成本中多列支工资及工资性支出18947元,漏缴企业所得税10421元;德安县支行1996年房产租金收入33000元,漏缴营业税及附加和房产税计5742元;星子县支行1996年少缴固定资产投资方向调节税65000元。损益方面存在不实现象,彭泽县支行营业部1996年损益表反映利息收入298.3万元,经审计实际利息收入310.5万元,少报利息收入12.2万元。浔阳办事处1996年应收利息余额为1429.6万元,应付利息年末无余额,按其财务账表反映长期储蓄存款年末余额18734.5万元计算,其1996年度应提未提应付利息远远超出财务账表反映的年末应付利息余额,实际造成1996年度利润数虚增,形成潜亏情况;通过审计,处理金额103.4万元,应收缴金额为24.9万元。

1998年,市审计局对中保财险有限公司九江分公司1997年度资产、负债、损益情况进行审计,发现本年度基建新增投资38.92万元,未缴固定资产投资方向调节税1.95万元,应予以补缴。付职工递增养老保险费25.63万元,挂其他应收款,应作调账处理,由公司向员工收回。市审计局派出审计组对其下属营业部、营销部1997年度资产、负债及损益进行审计,发现违纪违规问题:欠缴契税2.44万元;应缴未缴固定资产投资方向调节税3.19万元;所提应缴税金5.45万元,未上缴,应及时上缴;收回还贷款4.77万元,未如实核减贷款数,应调账;根据省公司要求调整损益数字,从特种准备金划20万元虚增1996年的利润,其中营业部10万元,营销部10万元;营销部购空调2.58万元,未办理控购手续,应补办手续并缴纳控购附加费3870元。1999年5~9月,市局组织全市审计机关对中国工商银行(全辖)1998年度资产、负债、损益进行审计,历时3个月。对11个县支行,13个本级单位及城区办事处(支行)进行审计。应调增1998年利润1675.68万元,调减利润1727.43万元,净增加亏损51.75万元。应调增账内资产1637.6万元,调增账外资产325.43万元。账内外资产净调增130.75万元。审计发现存在少计收入、少计支出、多计收入、多计支出、高息揽存、设立账外资金等问题,审计对存在问题提出15条整改意见。

2002年,对农发行市分行(全辖)2001年度资产、负债、损益情况进行审计。根据《中国农业发展银行2001年度资产、负债、损益审计工作方案》和省审计厅布置安排,全市审计机关分别成立以分管财金审计领导为组长的审计组,对1个地级分行,11个县级支行及36个购销企业进行审计。由于审计前各单位已作自查自纠,未发现新的违纪违规问题,但还存在应缴未缴税款问题。2003年,市审计局根据省厅安排,对中国人寿保险公司九江分公司2002年度资产、负债、损益情况进行审计,查出违规资金1121.31万元。主要存在少计收入,支出不实,违规购建固定资产形成账外资产,违规经营保险业务等问题。审计对违规问题做出处理。

2006年,依据《江西省审计厅关于印发〈江西农村信用社系统2005年度资产负债损益的审计工作方案〉的通知》,下发《九江市农村信用社系统2005年度资产负债损益的审计实施方案》,组织各县(市、区)对全市农信社2005年度资产负债损益进行审计。除江西省农村信用社九江办事处、浔阳联社由市局直接审计外,其余各县(市、区)联社实行交叉审计。抽审信用社119个,占全辖284个基层信用社42%;抽审账面资产494959万元,占2005年末账面资产总额653982万元75.7%。审计发现存在的问题有:对农村信用社征收营业税按月给予等额补助,政策落实不到位;不良贷款占比高,信贷资产存在较大风险。浔阳联社、七里湖信用社、都昌县15家基层社(部)、瑞昌市联社不良贷款均高于银监会确定10%正常标准,最高达59%;贷款分散化比率高于银监会确定的正常标准,最高达192%,最大客户贷款金额320万元,占资本净额14.6%(规定在10%以下),最大10户贷款金额1376万元,占资本净额62.8%(规定在50%以下);贷款形态反映不实,隐瞒不良资产26385万元;混用贷款科目将其他贷款列作小额农户信用贷款;贷款归类不实,许多纯商业性贷款和个人消费贷款均归入农户贷款类别;将中长期贷款归入短期贷款;违规发放贷款,超越授信规模发放贷款;绕过授信控制、化整为零发放贷款且手续不全;抵押贷款他项权证过期,抵押物不足,担保、保证方式不合规,贷款手续不全等。

2007年6~7月,市审计局按照省厅安排,对中国农业银行市分行及下属的九龙支行、八里湖支行2006年度资产、负债、损益情况进行审计。审计发现该行存在将逾期3年不良贷款列入正常贷款;把可追回贷款列入损失类贷款,多列损失类贷款;可收回贷款未按规定比例收回;自营股票收入未冲减非信贷不良资产等。针对存在问题,审计提出3点改进意见。同年11~12月,市审计局对市商业银行2006年度资产、负债、损益情况进行审计。查出有问题资金73283万元,处理上缴财政69.65万元。审计查出主要存在漏缴个人所得税、企业所得税,多提呆账准备金,多计利息,超比例发放贷款,应收贷款未足额收缴到位等问题。2008年,市审计局根据省厅通知,对国盛证券有限公司市孤溪埂证券营业部2007年度资产、负债、损益情况进行审计。发现该部存在少缴个人所得税,少缴防洪保安基金,违规返还客户佣金,欠缴企业所得税等问题,审计处理收缴财政23.36万元。2009年9~10月,市审计局对九江银行(市商业银行)2008年度资产、负债、损益情况进行审计,发现存在多提呆账准备金,欠缴税费,多提年终奖,欠缴个人所得税,多计利息支出,超比例发放贷款,贷款发放、使用监管不严等问题。审计对查证的问题进行处理。同年,市审计局组织部分县(市、区)审计人员对瑞昌市、修水县、浔阳区、都昌县、九江县5家信用社2008年资产、负债、损益情况进行审计。查明存在少计和掩盖不良贷款,造成损益核实不真实;少提呆账准备金;违规债券投资,造成亏损;收取抵押贷款未变现造成资产损失;违规发放贷款;少计利息,欠缴税费等问题。审计依规做出处理,提出整改建议16条。

2010年6月,市审计局受上级委托对邮政储蓄银行市分行2009年度资产、负债、损益情况进行审计,查出有问题资金2280.68万元,管理不规范金额2291万元。主要存在违规发放贷款;乱列支出,少缴税费基金;违反现金管理规定大额支付资金;执行贷款通则不严,造成贷款风险等问题。针对存在问题,审计做出收缴税金19.84万元,调整相关账务处理,并提出4点整改建议。

## 第三节　行政事业单位审计

1991年,加强和改进行政事业单位定期审计,市审计局于年初召集各县(市、区)局总结交流1990年定期审计工作经验,研究部署1991年定期审计工作。彭泽、修水、都昌、瑞昌、九江等县(市)制定定期审计工作方案,对定期审计对象、审计内容、审计方法、时间安排及审计要求等问题做出具体安排。各县(市、区)审计局扩大对行政事业单位审计范围,深化审计内容,健全审计制度。审计重点放在经济监督部门和有预算外收入单位,把一级定期审计和二级定期审计有机地结合起来,采取报送审计和就地审计相结合,财务收支审计和专项调查审计相结合的办法。全市共对384个行政事业单位开展定期审计,查出违纪违规金额381万元,应上缴财政金额51万元,应减少财政拨款或补贴14万元,应追回侵占挪用资金8万元。财会工作基本合格单位由上年110个增至120个。1992年,加强和改进行政事业单位定期审计,在审计覆盖面、审计间隔期等方面做出改进,将"半年审"改为"年审",着重审查二级、三级核算单位。审计机关对全市工商行政部门1991年财务收支、罚没款项、规费收支等进行审计,查出应缴未缴款95万元。各地还对被审单位会计基础工作进行检查评比。都昌、星子、九江县、庐山区等县(区)分别向当地政府呈送定期审计综合报告,引起政府领导重视。都昌县政府向全县转发县审计局《关于对县直行政事业单位财务收支审计的报告》。全年全市各级审计机关共对428个行政事业单位开展定期财务收支审计,查出违纪违规金额417万元,应收缴财政409万元,上缴103万元。审计机关配合市政府财务、税收、物价大检查,共组织检查组27个,检查部门73个。1993年,审计重点放在经济执法部门,改报送审计为就地审计。主要检查有无乱收费、乱摊派、乱罚款、截留国家资金、挪用专项资金等问题。全市对234个行政事业单位进行审计,查出违纪金额397万元,应上缴财政金额115万元。其中,九江县对县34个行政单位进行审计,查出违纪金额92万元,追回预算外收入漏缴"两金"7万元,纠正乱收费12.9万元,促进政府部门带头遵纪守法和廉政建设。全年组织11个县(市、区)和市直116个行政事业单位固定资产审计,发现违纪违规单位82个,金额3000.63万元。

1994年,行政事业单位经常性审计由原强调审计覆盖面转变为对有资金分配权,有预算外收入,有罚没款收入单位。全市审计执法部门140家,审计资金总额6066万元,审计收费项目779个,查出违纪违规金额1819万元,审计处理金额306万元。全市开展行政事业单位经常性审计171个,审计总金额39693万元,查出违纪违规金额429.63万元。其中偷漏税费163.18万元、乱收费乱罚款51.56万元,截留挪用罚没收入56.96万元,其他157.93万元。审计处理调账96.89万元,追回挪用减少财政拨补179.45万元,应上缴财政153.28万元。市局完成行政事业单位经常性审计项目21个,审计总金额14028.6万元。查出违纪金额149.6万元,调账处理18.5万元,应上缴财政12.5万元,已上缴10.5万元。九江县对县路灯管理所财务收支审计中,发现路灯收入19.5万元,实际只用5.8万元,被主管部门挤占挪用13.7万元。对此向县政府报告,主要领导同意县审计局提出的划开经费,单独核算建议。全市审计机关对发现的财务管理混乱、资金体外循环、乱收费、乱罚款、漏缴税金等问题进行处理。同年,贯彻国家审计署《关于对全国部分公检法机关办案收费、罚没款物等财务收支进行审计的实施方案》精神,全市共审计市、县(市、区)公安机关17个,检察院、法院、司法机关13个,抽查基层公安派出所59个,检察室19个,法庭47个,司法所24个。审计资金总额6663.92万元,其中办案经费3998.35万元,罚没款物1480.44万元,追回赃物139.93万元,违纪金额1303.16万元,审计处理240.15万元,应上缴财政47.9万元,罚款4.2万元。审计中发现公检法司系统中除司法系统外,在财务管理上均存在收费罚没等收支未纳入单位统一财务核算问题;不同程度存在财产、财务管理制度不健全,固定资产管理不善等问题,80%单位未建固定资产账;1994年罚没款物总计1480.44万元,已上缴580万元,仅占39.2%;罚没票据管理使用混乱,某公安局1994年领用各类票据148本,仅收回4本;财经法纪观念淡薄,漏缴国家税费。某公安机关基建支出215万元,未缴纳固定资产投资方向调节税;门面租金收入未缴纳营业税,预算外收入未缴纳"两金";购专控商品未办理控购手续,未缴纳控购附加费等。

1995年,对全市公路检查站、收费站财务情况进行审计。被审计的36个站中,发现未经省政府批准木材检查站2个,收费站1个,至审计时已撤销站卡3个。针对问题,对乱收费、乱罚款、乱设卡行为提出处理意见。对全市38个乡镇(街道办)计划外生育费收支管理情况进行审计调查,重点抽查部分超生育户,审查账面资金1035.1万元,共查出违纪违规金额133.59万元,其中挤占挪用事业费和计划外生育费

43.38万元,贪污私分0.09万元,变卖计生药品1.2万元,违规收费1.4万元,使用非正规票据收费30.40万元,其他58.08万元。同年,完成行政事业单位经常性审计402个,查出违纪金额1814.05万元。1996年,对全市行政事业单位经常性财务收支审计项目345个,查出违纪违规金额964万元。主要反映在隐瞒截留应上缴财政收入80万元,挤占挪用预算资金336万元,违规改变资金用途104万元,乱收费、乱罚款、乱摊派70万元,其他问题374万元。同年,按照《江西人民政府批转省审计厅关于全省公、检、法、司机关办案收费、罚没款等财务收支情况报告的通知》精神,市局抽调45人,对市所辖范围内公、检、法机关采取上审下方式进行就地审计。审计公安机关17家,检察机关14家,法院14家,抽查基层派出所、检察室和法庭70个,审计资金总额9859.61万元,查出有问题金额4709.08万元,审计处理600.66万元。建议缴交当地政府544万元,罚款23.1万元。同时组织13个审计组对市邮电系统1987~1995年度省、市、县3级邮电附加费进行就地审计,查出中央邮电部门违纪违规金额410.17万元,其中挤占省、市、县3级邮电附加359.44万元,漏缴地方税费50.73万元。审计做出上缴财政处理278.5万元,责成调账131.67万元决定,有效遏制擅自侵占地方扶持邮电发展专项资金违规行为。

1997年,安排行政事业单位财务收支审计170个,实际完成524个,查处违纪违规金额1225万元。其中:隐瞒截留收入64万元,挤占挪用105万元,虚列支出104万元,“三乱”108万元,其他问题844万元。审计处理498万元,其中应缴财政372万元,已上缴409万元(含上年欠缴数),应减少财政拨款或补贴2万元,应归还原渠道资金95万元,应调账处理29万元。同年6月对全市13个市(直属分局)、县(市、区)工商行政管理局1996年财务收支(含行政事业经费、工商管理费、罚没款物、预算外收支等)情况进行审计,抽查48个工商所收费和罚没情况,查处违纪金额24.44万元,除督促自行清退解缴外,审计处理收缴财政9.01万元。有6个局(含市分局)欠缴应上缴市工商局工商收入82.72万元,营业执照保证金未清理完毕22.54万元;漏缴税费7.5万元,“两金”1.51万元。1998年,对338个行政事业单位实施财务收支审计,查出违纪违规金额2667万元。其中:应缴未缴财政收入11万元,挤占挪用1328万元,虚列支出40万元,少缴税费45万元,预算外资金未落实收支两条线31万元,“三乱”34万元,其他1178万元。审计处理金额875万元,应缴财政205万元,已缴财政173万元,减少财政拨补20万元,归还原渠道资金560万元,调账处理90万元。1999年,根据《江西省审计厅关于转发审计署办公厅〈审计检察院、法院财务收支的工作方案〉的通知》,市局从各县(市、区)审计局抽调业务骨干,采取县与县交叉审计方式,对各县(市、区、场、山)14家检察院、14家法院进行就地审计。查出违规金额962万元,其中检察院230万元,法院732万元。审计处理51万元,其中检察院23万元,法院28万元。上缴财政38万元,其中检察院18万元,法院20万元。审计认为,全市各级检察院、法院在执行财经纪律、建章建制、罚没款的执收执罚以及在使用、管理等方面仍存在执行“收支两条线”不彻底;存在乱收费,用白条不合规票据报销现象;固定资产建账不健全等问题。全年全市对572个行政事业单位实施财务收支审计,查出违纪违规金额2447万元。其中应缴未缴预算收入279万元,挤占挪用201万元,虚列支出3万元,少计少缴税收103万元,未按规定提取基金4万元,预算外收支未落实两条线管理82万元,乱收费、乱罚款、乱摊派136万元,其他问题1639万元。审计处理619万元,其中应缴财政412万元,已缴293万元,,归还原渠道资金164万元,调账处理43万元。

2000年,组织各县(市、区)审计局对全市工商行政管理部门1998~1999年度行政收费、罚没收入收缴管理情况及财务收支进行审计。查出违纪违规金额121.35万元,应上缴审计违纪款30.15万元。存在问题为证照收入未纳入预算管理,且收费无标准;部分工商局或所属单位存在漏缴税费问题,金额7.85万元;经费不足,超支过多;投资市场建设,形成沉重负债。全年全市共对527个行政事业单位进行审计,查处违纪违规金额4647万元。其中应缴未缴预算收入341万元,挤占挪用611万元,虚列支出58万元,少计少缴税收83万元,预算外收支未落实收支两条线管理132万元,乱收费、乱罚款、乱摊派797万元,账外资产214万元,其他2408万元。审计处理1120万元,其中,应上缴财政572万元(已上缴409万元),归还原渠道资金383万元,调账处理165万元。2001年,根据《江西省审计厅关于印发2000年度质量技术监督部门财务收支审计实施方案的通知》,5月始,对全市技术监督系统2000年财务收支和行政事业性收费、罚没收入、自身经费保障情况等进行审计,发现违反收支两条线规定,隐瞒、截留行政事业收费收入99.05万元,坐收坐支罚没收入42.47万元;巧立名目用非正规收费收据向有关单位收取费用;部分技术监督部门以"技术监督服务费、咨询服务费、管理费"等名目用非正规行政事业收费收据向有关单位和个人收取费用21.15万元;设立"账外账""小金库"。市计量所除正常单位财务账外,发现另有4套账目,严重违反财经纪律。内部控制制度不健全,财务管理不严密。上级主管部门缺乏对下级部门进行有效的监督和管理,以致财务管理上出现一些漏洞,账目不平衡,会计资料保管不全。全年全市共完成516个行政事业单位财务审计,查处违纪违规金额4946万元。其中应缴未缴预算收入506万元,挤占挪用1497万元,虚列支出295万元,少计少缴税收190万元,预算外收支未落实收支两条线管理26万元,未按规定提取基金114万元,乱收费、乱罚款、乱摊派87万元,其他问题2231万元。审计处理1026万元,其中应上缴财政354万元(已上缴249万元),应减少财政拨款补贴131万元,归还原渠道资金491万元,调账处理50万元。

2002年,对九江稽征分局机关及其下属浔阳区稽征所等13个基层所和九瑞站等3个收费站2001年度"四费一税"征管及财务收支进行审计,在稽查执法和内部控制制度上存在违规办理报亭;规费征收中开票员与出纳员由同一人担任;摩托车车辆购置附加税征收不到位;财务收支方面存在漏缴税金、账外固定资产等问题。全年全市共对487个行政事业单位开展财务审计,查处违纪违规金额7489万元。其中应缴未缴预算收入73万元,隐瞒截留财政收入327万元,挤占挪用1988万元,虚列支出127万元,少计少缴税收555万元,预算外收支未落实收支两条线管理资金1738万元,乱收费、乱罚款、乱摊派930万元,账外资产794万元,决策失误、管理不善造成损失浪费115万元,其他问题475万元。审计处理903万元,其中应上缴财政425万元(已上缴235万元),归还原渠道资金427万元,调账处理51万元。2003年,根据省审计厅部署,5~7月市局派出审计小组对都昌、修水、永修、瑞昌、彭泽、九江县及瑞昌市、浔阳区5县1市1区的公安机关(含交警)的2002年度财政财务收支进行审计,发现存在乱收费,超范围收费等问题。审计查出违纪违规金额995.4万元,其中公安机关违纪违规金额501.31万元,交警部门违纪违规金额494.09万元。应自行纠正和交地方财政544.7万元,应自行纠正和上缴上级部门规费426.4万元,应缴市财政24.3万元。2004年,全市审计行政事业单位和社会团体390个,查出违纪违规金额11787万元。主要反映在一些单位偷漏税费,违规收费,坐收坐支,私设"小金库",截留上级收入;会计核算、账簿设置不符合规定;违反规定使用现金结算,多头开立银行账户;违规发放补贴,报销假发票,固定资产不入账等财务管理方面问题。审计处理1960万元,其中应缴财政500万元(已缴464万元),归还原渠道资金1170万,调账处理299万元。

2005年3月,市审计局分别对市卫生局、市第一人民医院、第五人民医院2004年度财务收支进行审计,各县(市、区)对行政事业单位进行审计。全年全市对467个行政事业单位进行财务审计,查处违纪违规金额12279万元。其中应缴未缴预算收入654万元,挤占挪用2368万元,虚列支出881万元,少计少缴税收398万元,未按规定提取基金102万元,预算外收支未落实收支两条线管理724万元,乱收费、乱罚款、乱摊派1420万元,账外资金950万元,超标准、超计划开支1460万元,其他问题3322万元。审计处理2392万元,其中应上缴财政811万元(已上缴765万元),归还原渠道资金1219万元,调账处理362万元。2006年,对全市2005年度基础教育经费投入、拨付、管理、使用情况以及2003~2005年度农村中小学危房改造项目情况进行审计调查,对部分危改资金项目进行基建决算审计。全年全市对692个行政事业单位开展财务审计,查处违纪违规金额10230万元。审计处理5303万元,其中应上缴财政519万元(已上缴601万元),归还原渠道资金2846万元,调账处理1938万元。

2007年,对市直行政事业单位财务收支审计,发现市农业局、市发改委等4个市直部门漏缴个人所得税、营业税及附加14.01万元;市教育局、市建设局及所属单位试卷印刷及车辆购置未按政府采购目录规定实行政府采购,其中试卷印刷费108.6万元,购车费5.6万元;市林业局、市建设局等3个市直部门及所属单位违反《现金管理暂行条例》,超额超范围使用现金 245 万元;市经贸委将财政拨入技改专项经费 307.3 万元改变资金用途,用于 2005 年企业目标考评奖 60 万元,弥补机关经费 35 万元,2006 年特困企业春节补助 180 万元,优秀新产品开发补助 21.3 万元;市林业局滞拨林业专项资金 102.23 万元;市教育局及所属单位无据无证收费 3260 万元;市经贸委、市教育局及所属单位 134 万元未纳入单位财务统管,资金账外循环;市教育局未将教育附加费纳入部门预算,经市政府批准用于县(市、区)中小学的 884 万元,违反《征收教育附加费的暂行规定》中关于"地方征收的教育附加费主要留归当地安排使用"的规定;从教育附加费中安排给税务部门手续费 81 万元,违反《征收教育附加费的暂行规定》。全年全市各级审计机关共对 407 个行政事业单位开展财务审计,查处有问题资金 34809 万元。其中应缴未缴预算收、隐瞒截留收入 7175 万元,违规改变用途 2213 万元,少计少缴税收 938 万元,预算外收支未落实收支两条线管理 2152 万元,乱收费、乱罚款、乱摊派 2611 万元,账外资产 720 万元,超标准、超计划开支 2199 万元,其他问题 1652 万元。审计处理 5303 万元,其中应上缴财政 519 万元,归还原渠道资金 2846 万元,调账处理 1938 万元。

2010 年,根据《江西省审计厅关于 2010 年全省法院系统 2008、2009 年度经费保障及使用管理情况的审计工作方案》,市、县两级审计机关于 6~9 月对市中级人民法院及修水、彭泽、都昌、湖口县及庐山区、浔阳区 4 县 2 区人民法院 2008、2009 年度经费保障及使用管理情况进行审计,发现存在违规支付大额现金,库存现金过多,公款私存,挪用专项资金,违规乱收费,截留应上缴诉讼费收入,未落实收支两条线管理等问题,提出处理意见和建议。同年 11 月,市审计局对河道采砂管理领导小组办公室 2009 年至 2010 年 10 月财务收支情况进行就地审计,发现发放鄱阳湖河道采砂管理工作人员补贴、津贴等,未缴纳个人所得税 9.31 万元。全年全市共审计行政事业单位 401 个,查出违纪违规金额 7038 万元,处理应上缴财政 704 万元,已上缴财政 590 万元。

## 第四节　企业审计

### 一、财务审计

1991 年,全市审计重点企业 346 户,查出违纪违规金额 1977 万元,审计处理上缴财政 275 万元并查处违纪案件。在对 12 个粮油企业审计中,发现将结余粮作议价粮销售收入,乱挤乱摊成本费用,偷漏税款等违纪违规金额 282.5 万元。对市粮油加工厂财务收支审计,查出违纪违规金额 6.40 万元。武宁县审计局查出县粮油贸易公司原经理张某和主办会计杨某乘调动工作之机,将 8000 元公款借给私人做生意,在财务账上假设"预付江苏绿豆款",予以核销,而张某保留私人借条,从私人处追回欠款据为己有,此案移交司法部门处理。九江县在对县粮油购销公司财务收支审计,发现县粮油公司将上级分配奖励平价化肥 630 吨转为中价兑换稻谷和高价倒卖,非法牟利 9.30 万元。瑞昌市查出市棉麻公司 1990 年度挤占成本、多提专用基金,库存棉花升溢挂账,销售收入不入账和多结转销售成本等,违纪违规金额 196.88 万元,隐瞒利润 95.61 万元。审计查出的问题引起瑞昌市委、市政府重视并进行处理。1992 年,市政府针对全市粮食企业普遍亏损情况,专门研究决定,由市审计局牵头,对粮食企业财务状况进行全面清查,查出亏损原因。全市组织 20 个审计组对粮食企业进行财务审计,查出亏损原因主要是粮油销售收入锐减,成本费用增加,费用控制不严等。湖口县粮食企业 1992 年 1~9 月销售收入比上年减少 212 万元,费用比上年增加 110.44 万元。其中加罚利息达 40 万元。通过审计,市政府掌握粮食企业经营现状和亏损原因。在对粮食企业审计同时,市审计局还对企业中亏损大户进行重点审计,帮助企业找出"病因",对症下药,使企业重现生机。庐山水泥厂是市属建材企业大户,连年亏损,1990 年亏损 427 万元。市局对其一边审计,一边深入生产现场,了解工厂内部情况。经审计分析,对该厂内控制度、成本管理等方面提出 5 条针对性的措施,通过政府落实技改资金 90 万元,促进新上生产线配套完工,投入生产,仅 1 季度实现减亏 35.4 万元。1993 年,对粮食企业 1991 年年底累计财务挂账进行调查和 1992 年新增财务挂账与财务收支进行审计,审计8县(区)262户企业,审计211户,其中重点企业93户,占全部户数36.6%。审计查出挂账原因主要是经营管理不善,银行乱加罚息,国家提高利率,财政未拨补等原因,提出审计意见和建议。

1994~1995年,继续开展企业财务收支审计。九江县在对县造纸厂审计中,针对连年亏损,企业包袱沉重,资不抵债等问题,提出合理化建议。县政府予以采纳,决定由县供销社兼并,使造纸厂停产1年多后恢复生产,重现生机。永修县对县水泥厂、五洲电扇厂、虎山造纸厂进行财务收支审计,帮助企业加强财务管理。星子县在对企业财务收支审计中,由审计覆盖面向重点企业和亏损企业转变;由财务收支审计向资产、负债、损益和经济责任审计转变;由重条文向依法审计与实事求是转变。1994~1995年,全市共审计企业196家,查出违纪违规金额369万元。1996~1998年,由企业财务收支审计逐步转向企业收益和企业破产前期审计,企业财务收支审计减少。1999年,市审计局根据国家审计署关于深化国有企业审计要求和省审计厅开展企业财务真实性审计试点部署,对庐山水泥厂有限责任公司1998年财务真实性情况进行试点审计。按照审计署《审计机关企业财务审计准则》《企业财务审计操作指南》,制定审计实施方案,对该公司资产、负债、损益真实性做出认定。审计查明资产总额10839万元,较审计前调整减少911万元,差错率4%;负债总额10981.72万元,较审计前调增671.22万元,差错率6%;权益总额-142.72万元,较审计前调减2580.70万元;资产负债率101%,较审计前增加20%。查出财务真实性问题18个,对影响企业会计核算真实性及经营管理中存在6个方面问题进行分析评价,提出6点整改意见。

2000年,对九江化纤股份有限公司、九江化纤厂、九江整流器厂、市针织服装集团有限公司4家重点企业1999年度资产、负债、损益和财务收支情况进行就地审计,4家企业均存在资产、负债、损益不真实及不同程度亏损。查明市整流器厂亏损300.2万元,九针集团亏损21.6万元,九江化纤厂亏损7203万元。审计发现企业内部控制制度不健全,违反财经纪律,会计核算不规范等问题。对上述单位做出处理意见和决定。2001年,市局对九江巨能实业总公司2000年度财务收支审计时发现,该公司将某单位以房屋抵欠电力工程改造款45万元,售房后收入不入账,转入账外,用于发放职工奖金。修水县对县农资公司及其复合化肥厂审计,发现复合化肥厂主要领导、业务人员采取开假发票套取现金40万元,存入账外重大线索。通过内查外调,查清问题,对违纪款进行全额收缴。县纪检部门对相关责任人给予党纪政纪处分。全年全市审计企业81户,查出违纪违规金额5048万元。

2002年,对中石化股份公司九江石油分公司和中石化集团九江分公司及其所属支公司2001年度财务收支真实性、合法性、效益性进行审计,涉及独立核算单位13个,查出违规金额2715.81万元,应上缴财政30.74万元,调账处理2685.07万元。存在问题为漏缴防洪保安资金30.74万元;少转库存商品成本,不按会计制度规定,少反映亏损,存在调节利润行为;应提未提折旧;采取不同的费用挂账,虚增利润;应提未提各项准备基金;股份公司和集团公司关系未理顺;公款私存等。针对存在的问题提出整改意见。同时对瑞昌石油公司进行审计,对该公司资产、负债、损益真实性情况进行调整。当年,市局还对电信九江分公司进行财务收支审计,责令其补缴各种税费、基金共计89.99万元。2003年,对九江供电公司、柘林水电公司、九江发电厂、九江石化总厂等企业实施财务收支审计。在审计中,坚持以财务收支为基础,以企业资产、负债、损益真实性、合法性、效益为重点,与国企改革现状结合,探索企业审计新路子。审计查出九江化工厂私设小金库2433万元,偷漏税费51万元;查出该厂某财务人员涉嫌贪污公款75万元,移送检察机关处理。全市全年完成企业财务收支审计项目39个,促进企业改革和发展。2004年,对88家国有企业和国有控股企业开展财务收支审计,针对部分企业经济运行质量不高,效益低下,资产、负债、所有者权益不够真实等问题,进行分析,提出改进措施和建议。全年查出违纪违规金额7135万元,应上缴财政373万元。2005年,市审计机关参与省审计厅组织全省航务系统财务收支审计,查出九江航务管理局隐瞒2004年度经营收入利润12.07万元,发放奖金108.9万元未缴个人所得税等违纪违规问题。同年,配合粮食流通体制改革,对全市国有粮食购销企业1998年6月1日至2004年5月31日财务收支进行审计,发现新增财务挂账金额5485万元,客观真实地反映粮食购销企业经济状况。

2006年,全市共审计国有企业41家,查出违规金额393万元,管理不规范金额3578万元。发现存在资产疏于管理，财务管理和账务处理不规范，往来款结算、清理不及时，个人所得税、房租收入未按规定缴纳税金等问题。通过审计，引起被审计单位的重视，促进财务管理。

2008 年，市局对市粮食局及其下属企业 2006~2007 年度财务收支情况进行就地审计，查明市粮食局、市粮油总公司、市粮食职业中专等单位，不同程度存在未严格执行收支两条线，少缴企业所得税，滞留缓拨专项资金，租金收入未按规定入账，其他收入未纳入单位财务统一核算等问题。市局对此做出处理，责令其改正。2008 年以后，全市国有企业大多进入企业改制程序，对企业财务收支审计减少，转向企业改制终结审计。

## 二、破产改制审计

1996 年，市审计局按照市政府部署，对市属 14 户企业破产前期工作进行评估，在规定时间内完成审计任务，使企业及时进入破产流程。1997 年，对全市 180 多户企业改制工作进行指导、督促、验收；参与改制企业资产评估。1999~2003 年，全市审计机关参与企业改制情况调查和资产评估。

2004 年，针对部分企业存在经济运行质量不高，效益低下，企业改制不规范，资产、负债、所有者权益不真实等问题，进行深层次分析，提出改进措施和建议，为全市调整优化产业结构，促进经济升级，加强行业管理，改善企业发展外部环境做出贡献。在坚持经常性企业审计同时，市局完成对市水产公司、市食品厂、市汽车贸易公司等 7 家改制企业和市经贸委企业改制资金管理使用情况进行审计，查出 3 家企业超范围支付改制资金 42 万元，部分企业改制办对改制资金账目未及时登记账册、装订凭证等问题。对九江白鹿化纤有限责任公司债转股情况进行审计，查出该公司债转股相关运作未严格遵守国家有关规定，用生产性资金对外投资，公司中高层人员在控股的下属公司重复领取工资和白条报账等违规行为。2005 年，为加快企业改制，维护职工切身利益。根据市政府指示，对 2004 年度企业改制已终结的九江齿圈厂、九江港务管理局下属 6 家企业、九江纺织工业经销公司、九江江海运输公司等国有企业进行改制终结审计。共审计改制资金 4500 万元。审计表明，改制企业操作程序规范，收入入账及时。但存在账目管理混乱，资金未专户储存等问题，审计提出 5 条改进建议。2006 年完成市经济适用房发展中心的企业改制审计，向政府提交审计报告。

2007 年，全市开展对部分改制企业审计，发现部分改制企业改制资金管理使用存在会计核算不规范。部分改制企业的改制资金未单独设账，未专户存储，专户核算；少数改制企业未严格按照改制方案和职工分流安置方案管理和使用企业改制资金。一些用于单位改制和职工分流安置经费被用于非改制方面支出；有些改制企业未按改制方案要求及时缴纳社会保障资金；未改制彻底的企业存在隐患。市政府批准后的九江江海运输总公司改制成本共 1950 万元，至审计日，已经支出安置费用及改制费用 1010 万元，仍有 940 万元改制资金需要新企业承担。给政府和企业留下后遗症，易产生新的社会不安定因素。

2008 年，对市民政工业公司所属 10 户改制企业进行审计，查明企业利用土地使用权转让收入及其他资金于 2001 年、2004 年分两批进行改制，改制资金实际到位 2200 万元，未到位 373 万元。发现市劳动和社会保障局对第一批《职工分流安置实施方案》只审核备案，未正式批复，未列入《职工分流安置实施方案》99 名挂编人员、7 名土地协议工参加改制；评估后的第一批改制企业自行处置存货，机器设备用于日常开支，发放工资的支出未纳入改制成本；截至审计日还有 22 人未签订身份置换协议，影响改制工作进度；资金管理不规范，有的改制资金在市土地储备中心账上直接偿还债务，未按规定进入企业改制专户。2009 年，市局按照市委、市政府部署，组织审计人员完成 68 家企业改制“三项经费”审核和 23 家企业改制资金终结审计。

2010 年，对全市国有企业改制资金进行专项审计调查。至 2010 年 6 月末，市属国有工业企业完成改制 126 户，企业职工妥善安置，优质资产顺利重组，市属非工业企业 66 户基本完成职工身份置换工作。同年，市局完成 42 户改制企业改制资金终结审计及经营收支情况审计调查。存在问题：改制企业会计核算不规范，未按会计制度规定设置账户和明细科目，不能准确反映项目支出；出租厂房、门面的改制企业均未建立出租情况台账,不能全面反映出租的真实情况;改制企业留守处人员在2010年都未减少,人数在8~16人不等,实际上部分人员并未上班,且工资有所增加,工资发放标准不统一,从每月800元~2000元不等,个别超出3500元,有的还补发以前年度的工资;部分改制企业的流动资产(机械设备、材料、废品钢材)已清理,并经相关部门评估备案后存放在企业,企业派专人看管,看管成本大于材料价值;市国有资产管理中心虽对改制企业资产进行清查并将其划入中心管理,制作资产收益清查表,但租金收入仍由企业使用。各改制企业的招待费用开支普遍过高,个别改制企业办公用品、食品、礼品、汽油费、修理费过大;对已完成改制并成立留守处预留资金使用情况审计发现,有的单位未能按照预留资金项目使用,特别是办公经费超支,其中存在无项目使用资金,部分用于相关人员的补助,违反改制资金使用规定;部分改制企业和当地社区组建新社区,但部分人员、工资、经费未到位,仍由改制企业负担;社会中介机构对改制企业资产评估,实物资产大部分按15%~20%变现折扣率减值评估,往来款5年以上也均按账面值列为评估价值,有的资产、往来均按账面值列为评估值,评估有失公允。

## 第五节　经济责任审计

### 一、承包经营审计

1991年,市、县(区)审计机关为配合深化企业体制改革,在第一轮企业承包经营期(1988~1990)满时,先后对68个工商企业开展承包经营经济责任审计。审计发现:有30个单位未完成承包合同指标任务;有29个单位存在盈亏不实现象,金额达872万元。查出违纪违规金额197万元,查出损失浪费411万元。在对工商企业承包经营经济责任审计中,按照“分层次、划范围、各负其责”要求,市县审计机关除自身审计一部分企业外,还组织内审机构开展第一轮承包经营终结调查审计。市审计局对34户企业审计结果表明:第一轮承包经营责任制在确保国家财政收入,增强企业经营治理等方面取得一定成效,但也存在承包合同指标过于简单,内容不够完善;承包基数缺乏科学性、合理性;包盈不包亏,企业缺乏自负盈亏和自我约束机制;留利收益向个人倾斜;干部任免与承包经营制度不相适应;违纪违规现象较为普遍等问题。通过审计为政府领导决策提供较为全面和真实的依据。1992年,全市对32户工商企业开展承包经营经济责任审计,有18个单位未完成承包经营合同指标任务,7个单位不同程度存在虚盈实亏现象,盈亏不实金额达1046万元。查处违纪违规金额239万元,损失浪费金额1008万元,应上缴财政12万元。市审计局根据市政府安排,查出市交电商店账外私分公款28万元,交有关部门处理。修水县为开展承包经营经济责任审计工作,举办承包经营审计业务培训班。瑞昌市在1991年度承包经营企业审计报告中,提出6条针对性措施,得到市政府肯定。

1993年,市、县两级审计机关对部分企业承包经营进行经济责任审计。九江县对县水泥厂、县汽车修配厂承包经营审计,肯定企业实行经营承包经营责任制取得的效益,又对承包经营中存在的承包合同不完善,承包时财产清查不彻底;企业存在短期行为,急功近利,企业潜亏现象严重;企业缺乏激励机制,没有把经济效益与经营者、职工收入挂钩;企业内部控制制度不健全,两轮承包脱节等问题,向县政府写出专题报告。1991~1993年,全市共对104家企业进行承包经营责任审计。1994年,全市企业大多试行改革,向公司制运作推进,走向市场。审计机关对企业经营承包责任审计工作停止,转向对企业效益审计和企业负责人任期经济责任审计。

### 二、厂长(经理)离任审计

1991~1993年,全市对厂长(经理)离任经济责任审计尚未全面铺开,仅少数县(市、区)审计局根据当地委托安排,共审计6个单位(人)。彭泽县对县福利院花炮厂原厂长进行离任审计。该厂至1990年累计发生亏损53万元,其中该厂长任内发生额14万元,接任前发生额15万元。经审计,该厂长在任职期间,带领职工艰苦创业,加强企业管理,努力完成农场下达任务,取得一定成绩。任期发生亏损有较多的客观因素。给该厂长作了客观公正评价。瑞昌市对市洋鸡山金矿原矿长离任审计,核定原矿长在任职期间实现工业总产值4000万元,实现利润965万元。审计亦发现盈亏不实,虚列102万元;漏交能源交通基金和预算调节基金近1万元等问题。

1995年,星子县把企业厂长(经理)离任经济责任审计制度化,对3名企业负责人进行离任审计,根据审计结果,1名厂长被取消拟任局长安排,1名经理调外地工作,1名免职。1996年,都昌、星子县为考核企业厂长经理德、才、勤、绩,决定厂长(经理)离任时均进行经济责任审计,根据审计结果,决定企业负责人去向。都昌县先后对28名企事业单位负责人进行离任审计,4人被告诫,16人被免职。1998年,市局对九江国棉四厂原厂长任期6年进行经济责任审计,历时2个月,发现案件线索,配合市纪委对该厂存在问题进行专案调查,查出贪污案1起,金额3万元。

1999年,继续开展厂长(经理)离任经济责任审计。市审计局根据《国有企业及国有控股企业领导人员任期经济责任审计的暂行规定》,按照市委组织部安排,对江西轻机厂、市封缸酒厂、九江矿冶总公司原主要领导人任期内进行经济责任审计。同时,各单位内审机构开展对下属企业负责人离任经济责任审计,保证企业有序运行。2000年,市审计局对九江钢铁公司原任总经理任期内经济责任进行审计,摸清家底,分清责任,提交审计报告。九江县对县纺织厂原厂长1998年12月~2000年6月任期内经济责任进行审计,向县委组织部提交审计报告。同年,由市局起草,以市委、市政府名义下发《九江市党政领导干部和企业领导人任期经济责任审计的实施办法》,使厂长(经理)任期经济责任审计工作更加规范,依法进行。

2001年,市审计局对九江整流器厂原厂长进行任期经济责任审计,向组织部门提交审计报告。瑞昌市对市盛秀水泥公司原经理进行任期经济责任审计,查出该厂长任期内,财务管理制度不健全,费用报销不合理,大量销售货款不能收回等问题,向市政府提交审计报告,引起市委、市政府重视。2002年,德安县对县农机公司和县棉纺厂原主要负责人进行任期经济责任审计,发现两家单位租赁收入未作收入处理,而是直接冲减管理费用,存在漏缴税款、财务制度不健全等问题,并提出审计意见和建议。

2003~2006年,市审计局先后对九江钢铁公司原总经理、九江国棉五厂原厂长、九江建材集团原总经理、市农机公司原经理、庐山水泵厂原厂长等企业负责人进行任期经济责任审计,对企业经济活动、企业负责任人责任进行认真审计,做出公正评价,提出审计意见和建议。2007年,全市国有企业改制工作全面铺开,企业破产、改制、重组、撤并有序推进,审计机关投入企业破产审计,改制资金运用审计,改制终结审计。全市审计机关对企业负责人经济责任审计逐步减少。

### 三、领导干部任期审计

1999年5月,市审计局按照市委组织部要求,对市民政局原局长任职期间经济责任进行审计,写出审计报告。市长批示要求民政局对审计评价及建议进行整改,亦为全市开展对领导干部经济责任审计提供借鉴。1999年,全市完成乡(镇)长、党委书记,行政、企事业单位主要领导任期经济责任审计288个,其中乡(镇)长、党委书记任期经济责任审计192项、行政企事业单位主要领导任期经济责任96项,查出有严重经济问题进行处理或移交纪检监察部门立案查处7起。2000年,全市对领导干部任期经济责任审计69项,查出贪污或有严重经济问题4起。为完善规范领导干部任期经济责任审计,把开展经济责任审计作为反腐败、抓源头一项重要工作。由市审计局起草,以市委、市政府名义向各县(市、区)以及市直各部门单位、国有企业下发《九江市党政领导干部和企业领导人员任期经济责任审计的实施办法》;由市纪委、组织部、监察局、人事局、审计局联合召开经济责任审计工作联席会,建立制度,明确职责。从审计成果看,各级党委、政府重视任期经济责任审计,未审已离现象在缩小,不审不离在加强。彭泽县对电视台台长进行审计时,查出电视台小金库10多万元,台长被免职;查出防疫站长经济问题,被调离。

2001年,加大对领导干部任期经济责任审计工作力度,制度上更加规范。全市各县(市、区)建立经济责任联席会议制度。年初审计部门与组织部门相互商量协调定计划,由组织部门下达委托书,按照具体时限和要求开展领导干部任期经济责任审计。市委领导强调,今后干部任用不经审计,不谈话,不提拔。根据市委组织部通知及审计工作计划,市局全年完成对九江整流器厂、市水产局、市农业局领导干部任期经济责任审计。2002 年,受市委组织部委托,市局分别对湖口县原县长、封缸酒厂原厂长、九江宾馆原经理、科委原主任,共青开发区管委会原主任进行任期经济责任审计。首次开展对县长的任期经济责任审计。根据市委组织部委托书,市局派出审计组于 3 月 13 日~5 月 10 日对湖口原县长任期内经济责任进行审计。主要审计 1997 年~2001 年湖口县政府财政预算执行和决算情况,预算外收入、支出管理情况,专项资金管理使用情况,主要经济指标的变化、完成情况,重大经济项目决策情况,个人遵守国家财经法律、法规和有关廉洁自律规定的情况。

2003 年 6 月,召开全市经济责任审计领导小组会,学习国家五部委关于经济责任审计文件,传达省政府《关于进一步做好全省经济责任审计工作的意见》,落实开展经济责任审计任务。市局先后对市水电局、市民政局、市机械工业局、市电子工业局原局长、武宁县原县长以及市计生委、体改委、社保局、文化局、执法局等单位原任领导任期经济责任进行审计。至年底,全市共完成 223 个经济责任审计项目。其中市局完成 33 个经济责任审计项目,查出各类有问题资金 11577 万元。查出有漏缴国家税款,挪用专项资金,私设"小金库",私分国有资产,违规收费,会计核算不规范,财务管理混乱等问题。2004 年,全市对 178 名领导干部进行经济责任审计,查出违规资金 6140 万元,管理不规范资金 11115 万元。被审计领导干部中,平调 140 人,晋升 17 人,免职 17 人,降职 4 人,移送司法机关 2 人。市局根据市纪检和组织部门委托,对 12 名党政领导干部和 2 名国有企业负责人进行经济责任审计,真实、准确、全面地反映被审计领导干部任职期间经济指标完成、遵守财经法规、重大经济决策、个人廉政问题等情况,并做出客观公正评价。同时,市局按照市委干部管理部门要求,拟定《九江市领导干部经济责任审计结果评价标准及其运用办法》,以进一步规范经济责任审计,提高审计成果利用,加强领导干部管理监督。

2005 年,全市对 125 名领导干部进行经济责任审计,查出违规资金 1223 万元,管理不规范资金 2598 万元。被审计领导干部中,平调 76 人,晋升 10 人,免职 22 人。市局根据市纪委和组织部门委托,对 10 名党政领导干部进行经济责任审计。为适应经济责任审计发展,加强对审计工作的领导与协调,拟定《九江市经济责任审计工作联席会议制度》。通过开展领导干部任期经济责任审计,加强对领导干部任期内履行经济责任监督,确保从源头上治理腐败。2006 年,加大对党政领导干部经济责任任期审计力度,市局先后对市民族宗教局原局长、科技局原局长、瑞昌市原市长、星子县原县长、都昌县原县委书记、市卫生局原局长、德安县原县委书记、彭泽县原县委书记等党政领导任期经济责任审计。县级审计机关开展对乡(镇)长任期经济责任审计。全市审计单位 342 个,审计经济责任人 392 名,查出违规金额 2254 万元,降级处理 1 人,移送纪检监察机关处理 1 人。2007 年,全市共完成对 80 个单位 99 名党政领导干部任期经济责任审计。通过审计,查出违规资金 2841 万元,管理不规范资金 15622 万元。审计结果为各级组织人事部门管理任用干部提供客观依据,对加强领导干部管理和监督起到积极作用。

2008 年,全市对 193 个单位 211 名党政领导干部任期内经济责任进行审计。市审计局对市水产科研所、柘林灌区管理局、市水利电力规划设计院、市公路运输管理处、庐山电视台、庐山审计处、市旅游局、市园林处等原任行政领导进行任期经济责任审计。永修县对县属 10 个部门科级干部任期进行经济责任审计,摸索任中审计新方式。全市全年查出违规金额 1890 万元,损失浪费 40 万元。查出有经济问题 1 人,移送纪检监察机关处理。2009 年,继续开展领导干部经济责任审计。市局对市第一人民医院、第三人民医院、市广播电视局、九江电视台、市物价局、浔阳区物价局、市政府驻厦门办事处等原任行政领导进行任期经济责任审计。全市经济责任审计查出违规金额 3487 万元,损失浪费 6 万元。

2010 年,市审计局对修水县审计局、市商管办、市供销社、市劳动与社会保障局、市信息化工作办、市民营经济局、市文化局、市商务局、市经贸委、市国资委、市水产局、市农垦办、市新闻出版局、市民防局、市城投公司、九江电大、九江县委、庐山区政府、市交通局、市广电局、市港口局等原任领导进行经济责任审计,对领导干部做出客观公正的评价,保证市直机构改革调整顺利实施。全年全市审计领导干部

178 名，查出违规金额 3337 万元。移送司法机关处理 1 人，移送纪检机关处理 2 人，为确保全市经济有序运行，治理经济环境，预防腐败、发挥审计监督作用。

## 第六节　固定资产投资审计

1991 年，对 400 项基本建设项目进行审计，其中审计基本建设自筹资金项目 395 项，完成基本建设预决算审计 5 项，查出违纪违规金额 110 万元。1992 年，对 248 个基本建设自筹基建项目开工前资金来源情况进行审计。7~8 月，武宁县审计局对县输变电工程指挥部 1987 年 2 月至 1992 年 6 月的 5 年零 4 个月工程投资账目及其资金管理与使用情况进行审计。发现工程管理与财务收支存在工程投资超支较大，按工程预(概)算投资总额为 728.45 万元，工程实际投资 969.69 万元，已落实来源的投资 920.91 万元，缺口 48.78 万元；债权呆账 8.94 万元；财务上存在漏缴税金 7.23 万余元；前期工程材料领用手续不全，已竣工投产变电站及输电线路均未与生产单位办理固定资产移接交手续，生产单位无法据以入账和计提折旧。

1993 年，贯彻执行国家计划委员会《关于加强固定资产投资宏观调控的具体措施》，市审计局、市纪委、市经委、市城乡建设局、市人民银行联合转发省审计局等部门《关于严格执行固定资产投资项目开工前审计的通知》，对全市自筹基建开工前资金来源实施审计 88 项。同时，根据省审计局、省城乡建设环境保护厅、省财政厅《关于组织城市维护和建设资金审计调查的通知》要求，由市审计局牵头，市城建局、财政局参加组成联合审计调查小组，对全市 1992 年度城建资金征收、使用和管理情况进行审计调查，发现城市维护和建设资金收入水平同城市建设规模要求不相称。城市维护建设税 1992 年收入 688.9 万元，占全部城市维护建设资金收入 2922.2 万元的 17.6%。主要原因是全市社会经济发展水平较低，营业税、产品税、增值税的税收收入不高，致使以营业税、产品税、增值税等税额为基础征收城市维护建设税收入相应受到制约，难以满足城市建设需要。建议由市财政安排 899.5 万元城市建设专项拨款，用以弥补城市维护和建设资金不足，缓解供需矛盾。审计调查为市政府决策提供依据。1994 年，市政府下发《关于实施基本建设、技术改造项目竣工决算审计执行办法》，全市按此办法开展基本建设审计。共审计基建项目 61 个，审计投资总额 4763 万元，已完成投资额 2269 万元，查出违纪违规金额 346 万元，应上缴财政 52 万元。同时开展工程竣工结算审计，自筹资金事前审计和基建项目开工复工前等审计。市审计局成立基建审计科，共完成基建技改项目竣工决算审计 25 个。武宁县审计局对县钨矿职工宿舍工程结算进行审计，工程结算经县建行核定为 63.98 万元。经再次审计后，认定为 62.93 万元，核减 1.05 万元。同年 11 月，对县三小教学楼基建工程决算进行审计，经县建设银行核定造价为 67.69 万元，经审计核实工程总造价 67.22 万元，核减 0.47 万元。

1995 年，市审计局对滨江路改造、九江民航机场等重点工程进行审计，审计实际投资额 13000 万元，核减概算 2400 万元，查出漏缴税金 64.6 万元。市局组织近 30 人的审计组，开展对白鹿宾馆，九江宾馆竣工结算审计。白鹿宾馆工程竣工决算审计认定 3914.7 万元，比市建行 1992 年前购买估算全部完成投资 4237.2 万元，少 322.5 万元；比原市政府招待所估算 4247.9 万元，少 333.2 万元；比施工单位报送结算数 4324 万元，少 409.3 万元。九江宾馆于 1993 年 8 月开始动工，1994 年 10 月基本竣工营业，总建筑面积 12625 平方米。报送金额 5658.1 万元，预审核减 684.3 万元。德安县对县二水厂基建项目进行审计，审计认定 421.6 万元，核减工程造价 69.1 万元。1996 年，市审计局对庐山区房地产开发公司基建项目进行审计，查清该公司对环城路拆迁安置工程补偿开发费用存在问题，初步核减 885 万元。武宁县对县人民医院门诊大楼基建主体工程决算审计。施工单位提出工程决算造价 81.45 万元，审计核定工程造价为 80.37 万元，核减工程造价 1.07 万元。1997 年，全市完成固定资产投资审计项目 43 个，审计项目投资总额 48838 万元，已完成投资总额 39830 万元，查出少列概算 5970 万元，高估预算 329 万元，挤占工程成本 5 万元，转移挤占挪用 35 万元，偷漏税款 3 万元，其他问题 329 万元。查出违纪金额 98 万元，核减项目预决算 329 万元,应上缴财政 33 万元。瑞昌市审计局根据政府领导指示,对瑞昌市瀼溪路,五里桥转盘的道路、桥梁、涵道工程决算情况进行审计,核减工程款 80 万元。1998 年,全市完成固定资产投资审计项目 46 个,审计项目投资总额 13657 万元,完成投资总额 13474 万元,查出违规列支金额 181 万元。存在多计工程款 151 万,超计划、超标准、超规模建设 20 万,少缴水费 7 万元,其他 3 万元,审计处理核减工程结算款 169 万元。

1999 年,根据省审计厅《江西省基础设施建设资金的建设项目审计实施方案》,全市对 1998~1999 年 5 月底中央财政预算安排国债专项资金、非经营性基金、专项建设基金、地方财政和银行配套资金,以及使用国债专项资助金建设的 19 个基础设施项目进行审计。19 个基础设施建设项目涉及供水、水土保持及城区道路、垃圾填埋三大类,工程建设项目概算总投资 33970 万元,实际到位 14828.95 万元,到位率 43.65%。审计查出挪用建设资金 18456 万元(已归还 142.2 万元);少量专项资金未专户储存,少量工程出现超标,工程项目申报与实施不一致等现象。同年,根据市政府安排,市局对市庐山南路建设指挥部实施庐山南路及青年路投资进行审计,核定投资总额 5793.80 万元,比庐山南路建设指挥提供投资总额 6950.87 万元,核减 1157 万元,核减率为 16.65%。6 月 10 日市审计局进驻市煤气工程指挥部办公室,对市煤气工程自 1995 年 7 月 1 日建站起到 1999 年 6 月 30 日工程款项进行审计,核减工程支出 1405.4 万元。浔阳区对区政府新办公大楼基建审计,投资核减比例 11%,市容工程决算资金核减达 15%,仅此二项工程就为区财政节省投资 294 万元。都昌县完成对县自来水工程改造项目资金审计。武宁县委托县审计事务所,对新宁一小宿舍、鲁溪镇卫生院综合楼和国有林场综合楼等基建工程决算进行审计,送审金额 82.87 万元,审计核定 78.16 万元,核减工程款 4.71 万元。同年 5 月,对县人民银行综合楼竣工决算审计,工程送审造价 40.35 万元,经审计核定造价为 35 万元,审计核减 5.35 万元。6 月,对县移民办下属肉联厂土建工程竣工结算进行审计, 该工程送审工程结算价款为 128.03 万元, 经审计核定工程价款 120.3 万元,审计核减工程价款 7.73 万元。7 月,委托县审计事务所,对县农村信用联社综合楼基建决算审计,送审工程决算造价为 62.12 万元,审计核定工程造价为 60.26 万元,核减造价 1.86 万元。全市全年完成固定资产投资审计项目 79 项,审计项目投资总额 34937 万元,完成投资总额 18337 万元。审计查出资金来源未落实 4950 万元,核减多计工程款 376 万元,挪用挤占建设资金 302 万元,其他问题资金 695 万元。审计处理应上缴财政 42 万元, 上缴 34 万元, 核减工程结算款 376 万元, 促进归还原渠道资金 4614 万元。

2000 年 4 月 8 日至 8 月 18 日,市审计局对市民航局基建第二期工程投资和工程决算、历年经营及财务收支进行审计。共审计账目 17 套,其中局财务账 7 套,下属公司账 4 套,账外账 5 套,移交纪委 1 套。工程送审决算金额 2461.45 万元。审计后认定金额 2197.61 万元, 核减金额 264.34 万元, 核减率 10.74%。都昌县委托县审计事务所对移民建镇项目及其他基建项目进行审计,核减基建造价 83 万元。武宁县对鲁溪镇到官莲乡龙堰公路大桥工程投资与决算进行审计,工程投资 249.71 万元,核减工程造价 2.03 万元。瑞昌市对市第二中学教学楼建设项目竣工决算情况和市教委大楼竣工决算进行审计,核减工程造价款近 2 万元。全年全市共完成固定资产投资审计项目 42 项,审计项目投资总额 9961 万元,完成投资总额 9038 万元。审计查出资金来源未落实 57 万元,多计工程款 123 万元,挪用挤占建设资金 329 万元,少缴国家税费 3 万元。审计处理应上缴财政 15 万元,上缴 14 万元,核减工程结算款 1334 万元。2001 年,市审计局对湖滨游泳场及东侧房地产开发建设项目投资收益、市房产管理局实施的西园片区危旧房拆迁改造工程收支测算、市两湖治理建设公司实施两湖治理清淤工程、九江开发区建设木材装饰制品批发交易中心 4 个工程项目进行审计,出具审计报告。对西园片区危旧房拆迁改造收支测算项目调增损益 2780.30 万元;对湖滨游泳池及东侧房地产开发建设项目核减投资 406.21 万元。都昌县对县残联工程、七角中学教学楼等 45 个项目进行审计,核减工程造价 40 万元。武宁县对县粮油工业饲料公司综合楼工程竣工决算进行审计,该工程送审造价 50.79 万元,审计核定造价为 49.74 万元,核减造价 1.05 万元;对县民政局殡仪馆吊唁厅工程竣工结算进行审计,工程送审造价为 56.47 万元,审计核定的造价为 56.2 万元，核减造价 0.27 万元；对县百货公司商贸大厦工程结算进行审计，工程送审造价为 78.19 万元，审计核定造价为 55.33 万元，核减造价 22.86 万元；对县委党校教学楼工程竣工决算进行审计，工程送审造价为 58.45 万元，审计核定的造价 54.41 万元，核减造价 4.04 万元。全年全市完成固定资产投资审计项目 36 项，审计项目投资总额 53148 万元，完成投资总额 22697 万元。审计查出概算预算编制不规范资金 275 万元，多计工程款 292 万元，挪用挤占建设资金 171 万元，超计划、超标准、超规模建设 1575 万元，少计少缴税费 7 万元，其他问题 234 万元。审计处理应上缴财政 54 万元，上交 40 万元，核减工程结算款 371 万元，促进归还原渠道资金 124 万元。

2002 年，都昌县加强固定资产投资审计力度，成立基本建设投资审计股，对和合乡政府办公楼等 10 个基建项目进行审计，核减投资额 56 万元。瑞昌市对市一中实验综合楼建设项目竣工决算进行审计，为该工程审增工程造价款 1.4 万元；审计码头镇政府综合楼，工程送审造价款 39.49 万元，审计核定 26.93 万元，审减 12.56 万元。全年全市完成固定资产投资审计项目 53 项，审计项目投资总额 16412 万元，完成投资总额 13110 万元。审计查出概算预算编制不规范 30 万元，多计工程款 134 万元，挪用挤占建设资金 35 万元，其他问题 798 万元。审计处理应上缴财政 91 万元，上交 68 万元，核减工程结算款 226 万元。2003 年，都昌县对民政综合楼、三汊港政府办公楼、实验小学教学楼及门楼及财政综合楼等 65 个项目进行审计，累计核减工程款 230 万元。瑞昌市对移民建镇府东新区住宅楼及配套工程建设项目竣工决算进行审计，发现有多计工程造价(送审工程造价款为 3467.2 万余元，经审定造价款为 3405.1 万余元)和在财务建账中发票来源和保管渠道不正常等问题，依据有关法律法规做出处理决定；对审计核减的工程造价 62.15 万元调整工程决算处理收缴违纪违规款 100 万元(含补缴税费 80.6 万元)。武宁县对县电信局南市仓库工程竣工决算进行审计，工程送审的竣工决算金额为 2.89 万元，审计核定工程实际金额为 2.6 万元，核减 0.29 万元。全年全市完成固定资产投资审计项目 29 个，审计项目投资总额 12973 万元，完成投资总额 12523 万元。审计查出有问题金额 64 万元，其中：多计工程款 30 万元，少记少交税费 18 万元。审计处理应上缴财政 22 万元，核减工程结算款 674 万元。

2004 年，市审计局对全市 2001~2002 年利用城市电力附加费实施企业生产生活用电分设工程、九威大道清算、长虹大道工程、长江大道工程决算等 7 个项目进行审计，核减工程款 2890 万元。修水县对宁州工业园管委会吴都工业区平整园区土石方、供水泵站、河堤、排水沟等工程审计，送审金额 813.8 万元，审计核减 164.4 万元，审减率达 20%。湖口县成立固定资产投资审计股，对湖口中学教学楼、河道管理局综合楼、金沙湾工业园道路投资决算进行审计。全年完成审计项目 55 个，上缴财政 47.4 万元。武宁县对武宁大桥开发有限公司负责实施的武宁湖滨道路工程的结算进行审计，工程送审造价为 1373.12 万元，经审计核减工程造价 223.03 万元，核减后的工程造价为 1150.9 万元。都昌县全年共完成土塘镇政府办公楼、慈济中学办公楼、教育服装厂大楼等项目的审计，核减基建投资 260 万元。全年全市审计机关共审计固定资产投资项目 75 个，审计投资总额 51765 万元，完成投资总额 49587 万元，核减工程款 3456 万元。审计查出挪用侵占建设资金，虚结工程款，形成账外资产，少计少缴税金，概预决算编报不规范，决策失误和管理不善造成损失浪费等问题 1786 万元。审计处理应收缴财政 433 万元，上缴财政 343 万元。

2005 年，市审计局完成市图书馆基建工程决算、市民兵预备役训练中心综合楼工程决算、火车站内(外)广场、抗洪大道、金风路等 6 条道路工程竣工决算审计，共计核减工程造价 161.9 万元。根据省厅通知，对九江学院、九江职业学院固定资产投资项目进行审计调查，查处私设“小金库”等问题，提出整改意见，做出处理处罚。完成对浔南大道工程、滨江东路扩建工程和开发区长江大道工程资金使用和建设管理情况审计调查。都昌县对县检察院办公楼、看守所基建工程、林业局办公大楼、中医院住院楼、供销社纺织厂厂房等 38 个工程项目进行审计，累计核减基建投资 380 万元。武宁县对县二中食堂基建工程、盘溪交警中队办公楼及其附属工程、县疾病控制中心办公楼的决算审计。星子县全年审计 15 个基建项目，其中对庐秀环岛工程审计，核减工程造价 97.5 万元，核减率达 25%。九江县对县政府办公大楼等 18 项工程投资情况进行审计,审计工程造价4612万元,核减工程造价560万元。修水县对修清二级公路指挥部的工业大道工程投资决算进行审计,审计查实:招标项目程序不到位,没有专家参与评标,定标会议纪要无人签名;违规对材料价格进行调差,使本应属于承包方的风险转移到发包方;路灯工程合同金额达89万,没有进行招标。至年末,全市共完成固定资产投资审计项目64个,审计项目投资总额24243万元,核减工程款1624万元。审计查出虚结工程款,形成账外资金,少计少缴税金和管理不善造成损失浪费等问题3256万元。审计处理应上缴财政145万,上交112万元。2006年,修水县对滨江西路工程投资决算进行审计,工程送审金额2022.38万元,审定工程总金额1867.57万元,审减154.47万元;10月,对滨江东路工程投资决算进行审计,工程送审金额1947.93万元,审计核减金额144.27万元,审定金额1803.67万元。全年全市对190个固定资产投资项目进行审计,项目投资总额27255万元,完成投资总额28748万元。审计查出问题资金2512万元,其中:概算预算编制不规范258万元,多计工程款746万元,挪用挤占建设资金58万元,超计划、超标准、超规模建设1164万元,其他问题284万元。审计处理应上缴财政113万元,已上交89万元,核减工程结算款2882万元。

2007年,修水县对县国土资源局南城办公大楼工程投资结算进行审计,工程送审金额535.29万元,审减金额42.62万元,审定金额492.67万元。庐山区对五里中心小学、海会镇怀恩小学教学楼等34个单位工程决算进行审计,核减资金180万元。市审计局对庐山环南山公路建设项目竣工决算审计发现,该项目存在中标后分包和部分附属工程没有进行招标,部分附属工程质量差,建设单位管理费和监理服务费超预算,部分建设资金管理不规范,有关单位占用建设资金3043万元至今未归还等问题。审计核减工程造价354万元,促使项目管理单位节约支出145万元,并向建设单位提出加强项目资金管理的建议。当年,全市完成固定资产投资审计349项,审计项目投资总额75725万元,完成投资总额76009万元。查出主要问题金额14736万元。其中资金来源未落实600万元,概算预算编制不规范303万元,违规改变资金用途3044万元,多计虚报工程价款822万元,超计划、超标准、超规模建设476万元,少计税费、决策失误、管理不善等其他问题9400万元。审计处理应上缴财政249万元,已上交246万元,核减工程结算款2504万元。

2008年,市审计局拟定《九江市政府投资建设项目审计办法》,经市政府常务会研究通过下发。武宁、永修、湖口、都昌县及瑞昌市、浔阳区、庐山管理局等县区据此分别制定政府投资建设项目审计办法。各审计机关利用社会中介组织开展建设项目审计的规范流程。瑞昌市制定《瑞昌市审计局关于建设项目工程造价审计规则》。市审计局在对白水明珠会展中心工程决算的审计中,在社会中介机构已核减工程投资987万元基础上,再核减333万元。同时审计还发现,该项工程是典型"三边"工程(即边勘察、边设计、边施工),施工中还存在招投标不规范、工程监理不严等方面问题。市局写出审计报告,引起市委、市政府重视,责成相关单位进行整改并对某监理公司予以50万元罚款及5年内不得参加全市监理投标处罚。湖口县共对28个项目的投资进行审计,审计投资额7409万元,核减工程款427万元,上缴财政31万元。全年全市完成投资审计项目515个,审计项目投资总额79094万元,完成投资总额78029万元。审计查出问题资金9219万元,其中:多计工程价款3124万元,超计划、超标准、超规模建设5824万元。审计处理应上缴财政641万元,已上交632万元,核减工程结算款4279万元。

2009年,市审计局按照省审计厅下发的《2009年45个县(市)污水处理设施建设项目审计工作方案》,对修水等7县污水处理设施建设项目进行交叉审计,发现7个县污水处理工程前期准备工作不足,边设计、边施工、边变更。湖口县污水处理工程属于典型"三边工程";彭泽县污水收集管网工程,无地勘报告,发生变更数量多。7个县污水处理工程"模拟工程量清单"与实际情况脱节,"清单漏项和缩水"问题突出。部分项目招投标和监理不规范。德安县274万管网工程采取邀标方式;九江县141万外供电安装、给水安装工程未进行招投标;星子县污水处理管网工程监理日记个别事项记载不全,现场监理不能出示相应监理资质证件;永修县污水处理管网工程Ⅲ标段监理工程师通知单和旁站监理记录表编号管理不完整。多数县超批复征地,少数县部分项目超概算。项目用地中超批复征地9.08公顷。九江县每吨污水处理价达到0.89元/吨，超过最高限价0.09元。九江县未按计划开工，工程进展较慢。修水县城南新建区截污干管工程未做到雨污分流。项目资金沉淀，无法充分发挥资金的使用效益。同年，按《江西省农村电网改造完善工程审计工作方案》，市审计局组织对11县(市、区)和共青开发区2006~2009年5月农村电网改造完善工程建设项目进行审计，发现省电力建设定额管理站颁发的规定，违背国家计委农网建设文件相关规定；部分工程招投标不够规范。永修县供电公司对2006年完善10千伏及以下工程安装费117.6万元，采取邀请招标形式确定施工单位，其他县亦有类似情况。市局对市建设局负责实施的龙开故道(河道整治及新开河段)、前进西路、胜利大道等工程项目(以下简称龙开故道系列工程)进行审计。龙开故道系统工程概算总投资37808.95万元，审计核减工程造价3657.84万元。湖口县对县国土资源局报送的城山镇横山村等3乡镇4个土地开发项目工程结算进行审计，项目建设投资303.72万元。经审计，审定162.99万元，核减140..73万元，审减率46.34%。庐山区对区城建局、海会镇、五里街道等单位20个项目，新港沿江办6个项目，区生态工业城74个项目工程决算共100个项目进行审计，核减工程款185.57万元。至年末，全市完成固定资产投资审计511项，审计项目投资总额129909万元，完成投资总额123838万元。查出问题金额27544万元，其中：资金来源未落实2290万元，多计虚报工程价款10688万元，超计划、超标准、超规模建设14036万元，少计少缴税费469多万元。审计处理应上缴财政641万元，已上交632万元，核减工程结算款11613万元，追回归还原渠道资金234万元。

2010年，市审计局对九江出口加工区基础设施工程、胜利碑工程、鹤问湖污水处理厂配套管网W1-W27明挖段工程等31个工程项目进行审计。出具工程决(结)算审计报告14个，核减工程造价4556.2万元。根据市委、市政府的要求，开展对八里湖环湖路、廉溪大道、九码快速通道、八里湖新区医院、八里湖新区中学、八里湖跨湖大桥等重点工程项目的跟踪审计。根据市政府办公厅《九江市清理历年城建项目竣工验收及结算工作方案》规定，完成7个工程的结算清理工作，核减项目造价2728.7万元。庐山区对德化小区、工业基地等23项工程进行预算审计，核减工程款2200万元；对五里、莲花、威家农民公寓等43项工程进行决算审计，核减工程款426万元。至年末，全市共完成563项基本建设投资审计，审计项目总额129235万元，完成投资总额107830万元。查出问题金额10871万元。其中：多计工程价款9670万元，超计划、超标准、超规模建设552万元，少计少缴税费152万元。审计处理应上缴财政819万元，已上交641万元，核减工程结算款31209万元。

## 第七节 利用外资审计

1991年，全市审计机关对1989~1990年世界银行贷款综合性区域卫生发展项目(简称卫Ⅲ项目)资金进行专题审计，查处违纪违规资金63万元，查明卫Ⅲ项目在执行中存在的问题和困难是外汇风险金难以落实，致使已报账信贷资金尚待分配，难以及时到位补偿。1990年全市尚待分配资金92万元，占已报账补偿资金65%，配套资金不足，设备认购迟缓，项目进展缓慢，规定两年间应拨资金560万元，实拨资金360万元；一些单位未设立库存物资账，配套资金没有建账，不能如实反映设备到位情况，不利于设备保管；一些项目办公室本身费用开支大，列报一些不符合卫Ⅲ项目支付范围费用。同年，修水县根据省审计局授权通知，对世界银行贷款国家造林项目，总投资12488万元人民币利用情况进行审计。

1992年市审计局根据省局授权通知，对世界银行贷款第四个农村信贷项目进行审计。该项目为江西省引进农村信贷项目，经省农业银行批准的共青水禽系列开发项目，总投资2559万元人民币。其中世界银行贷款1280万元人民币，占50%；省农业银行贷款512万元，占20%；项目单位自筹767万元，占30%。为保证项目实施，省农业银行共青支行和共青垦殖场成立引进外资办公室，单独建账核算，及时报账。1991年，共向世界银行报账4次，收到偿付资金174.08万元人民币。经审计发现问题有重复报账，虚列支出。审计发现已在“吉湖项目”中作报账凭证，又在“信贷项目”中继续报账，重复报账金额153.43万元；未按项目协议要求进行核算，造成核算不准确；项目执行批准、施工、用途、报账进展缓慢，影响总体效益。市局对世界银行卫Ⅲ项目资金进行续审。发现存在进展缓慢,配套资金不足,认购设备存在质量问题,开支费用不合理等问题。

1993年,市审计局根据省局授权通知,对世界银行贷款传染病与地方病控制项目(简称卫Ⅴ项目)总预算295万元进行审计,就审计所发现问题和情况写出审计报告,提出整改意见。1994年,根据省局授权审计通知书要求和中国政府与世界银行签署的项目信贷计划。3月1日至7月15日,市审计局对全市1993年世界银行血防贷款卫Ⅴ项目办和11个县、区项目执行单位执行情况进行审计。审计查出防治经费不能如数及时到位,影响卫Ⅴ项目进度;配套资金不足,已到位配套资金大多数挤占正常血防经费;到位设备难以投入使用,少数急需设备不能到位;物资管理制度不健全,与财务管理衔接不上。同时对世界银行贷款"卫Ⅲ"项目进行审计,查明该项目5年已完成投资3053万元,配套资金到位2479万元,符合世界银行贷款项目要求。当年,市审计局还对世界银行第4次农村信贷共青项目和吉湖农业开发项目1993年度财务收支进行审计,查明该项目办公室账证不符,核算管理存在凭预付款报账问题,提出强化财务核算管理的建议,为确保外资正确核算、使用起到促进作用。

1995年,根据省厅授权通知,2月28日至3月30日,市审计局审计组对中国农业银行九江市分行,共青支行所管理的屠宰加工、饲料加工、养猪、养鳖和茶厂产茶5个外资项目1994年财务收支,项目建设和经济效益进行审计。审计项目投资总额2859.6万元,其中世行批复贷款1421万元,农行配套贷款580万元,项目单位自筹资金858.6万元。经审计5个项目经过项目管理及实施单位的努力,项目建设进展顺利经济效益显著。屠宰加工项目总计完成投资900.3万元,其中:世行承诺贷款450万元、世行偿付到位资金426.33万元。该项目自1992年5月全面竣工投产以来,取得良好经济效益,1992~1994年共屠宰鸡鸭137万只,产品远销港、日、韩等地,出口额1060吨,创汇150万美元。饲料加工项目总计完成投资584万元,其中世行承诺贷款257万元,世行偿付到位资金111.82万元。该项目自1993年5月1日竣工以来产饲料6800吨、创产值1050万元。养猪项目至1994年投资总额467.41万元,世行承诺贷款260万元,世行偿付到位资金185.98万元。该项目自1993年5月竣工以来,种猪产仔数11410头,出口8500头,创产值600万元,实现销售收入457万元,创汇46万美元。养鳖项目至1994年底投资总额313.5万元,世行承诺贷款总额283万元,世行偿付到位资金265万元(占世行贷款总额94.64%)。该项目自1994年投产培育亲鳖1200余公斤,人工鳖育幼鳖26000余只,当年获利16万元。产茶项目至1994年底投资总额299.85万元,世行承诺贷款总额171万元,世行偿付到位资金99万元。该项目生产车间改造基本完成,1994年完成珍茶产量7000担,创产值340万元。通过审计发现个别项目报账进度过慢,如养猪项目世行承诺贷款260万元,已到账186万元,未到位74万元,影响项目达标生产;项目实施单位信贷收支账目核算制度不够健全。

1996年3月,根据省审计厅授权通知,市审计局对世界银行贷款"第二个贫困地区基础教育项目"(以下简称贫Ⅱ项目)项目办和4个项目执行单位1995年度执行情况进行审计。世界银行贷款贫Ⅱ项目1993年7月建项,1995年4月进入实施阶段。经国家教委、计委、财政部批准,市8个贫困县和1所中等师范专业学校,列入世界银行贫Ⅱ项目,贷款额度为233万美元。1995~2000年,市利用该项贷款以小学、初中为重点,改善办学条件,加强校长、教师培训,改进教材质量,加强女童教育,提高教育行政部门的管理水平。项目的主要内容是修建中小学校舍,购置教学仪器设备、图书资料、课桌凳,培训师资和管理人员,合理调整中等师范学校布局。项目总预算4934万元人民币,其中世界银行贷款2020万元人民币,占总预算41%,配套资金占总预算的59%。至审计时止,国内配套资金未到位,世界银行贷款物资亦未下拨到各项目县和单位。市审计局据实向省审计厅作出报告。

同年4月,市审计局对世界银行卫Ⅲ贷款项目进行审计。审计发现存在项目进度缓慢,个别项目未开工;贷款项目办暂存款中,卖外汇额度款未安排使用;九江妇幼保健院卫Ⅲ贷款基建账与非贷款基建项目账混在一起,造成牵扯不清的现象;九江传染病院卫Ⅲ项目办会计基础工作薄弱,至审计时止,会计账未做完。审计针对存在的问题,建议尽快予以纠正,以保证该项目实施。同年,全市审计机关还对血吸虫防治世界银行贷款项目进行跟踪审计。审计查出主要存在到位物资不符合要求,质量差,影响项目效益和配套资金不足等问题,审计机关对此提出处理意见和建议。1997 年 8 月,市审计局对中外合资九江通达制品有限公司 1996 年度财务收支情况进行审计,审计发现该公司少提各项基金 3.64 万元,欠交中方职工物价补贴 1.93 万元,欠交中方厂房、办公楼等租赁费 37.2 万元以及盈亏不实等问题。根据上述存在的问题,市审计局要求通达公司少提款、欠交款应及时计提解缴,执行合资规定和财务制度,维护中方利益。同年,全市审计机关对血吸虫防治世界银行贷款项目继续进行跟踪审计。该项目已实施 5 年,审计未发现新的问题。

1998 年 3 月,全市审计机关对世界银行卫Ⅴ项目 1997 年执行情况进行审计。该项目已实施 6 年,取得较好效果。都昌县项目实施后,重疫区行政村由 15 个减至 6 个,血吸虫病得到有效控制;德安县通过项目实施,灭螺环境改造工程立项,实现水改旱面积 60 公顷,疫区居民全部用上井水,彻底改变饮水不卫生状况;全市治病人数 46518 人,灭螺面积 1124.2 万平方米。审计发现该项目部分设备质量较差,难以投入使用;项目配套资金不足、影响项目进度;世界银行贷款划拨的药品与财务收到的分割单未同时到达,造成账物不符;个别项目单位账务处理不规范,个别县把世行"卫Ⅴ"项目药品收入列入血防站预算收入。审计建议予以纠正,发挥该项目应有效益。同年,市审计局对世界银行贷款贫二项目进行审计,提出审计建议。同年 5 月 21 日至 6 月 19 日,市、县两级审计局派出审计组,对市林业局和有造林项目的瑞昌市、彭泽县、永修县、德安县、九江县、湖口县 1997 年度中德合作造林项目专项资金进行审计。中德合作九江长江中上游生态防护林项目是德国政府无偿援助中国改善生态环境的建设项目。至 1997 年底已支付各种费用 175.02 万元, 其中财政拨款 24.5 万元, 财政借款 15 万元, 林业部门自筹资金 135.52 万元。根据协议,1997 年 8 月前发生的费用由林业部门自行承担,财政配套资金要到 1998 年以后才能陆续到位。由于该项目提前启动,至 1997 年底,完成植树造林 1400 公顷,尚欠造林苗木款、工资款 400 多万元未支付。审计建议:根据中德造林项目《财政协议》,中方负责保证项目款项及时足额到位;完善造林规划,选好适宜树种,做好项目造林育苗工作;前期费用中间接费用开支较大,要求今后的费用支出要从严控制,提高资金使用效益。

1999 年 3 月,市审计局和德安县、永修县、彭泽县、湖口县、九江县、瑞昌市等县(市)审计局分别对市、县两级中德长江防护林项目办公室的资产负债表,年度资金执行情况,项目进度等进行审计。市局审计认为,项目办所列财务报表公允反映项目的财务状况,符合前述会计准则,未发现重大缺陷问题;德安县审计发现该县项目办存在虚列项目费用支出问题;永修县审计发现省级配套资金未全部到位,未支付林农苗木款问题;九江县审计查出该县项目办财务报表多反映劳务费 5.24 万元,不符合前述会计准则,建议调整有关报表项目。4 月,全市审计机关按照国际审计准则和中国审计规范,对世界银行贷款卫Ⅴ项目执行情况进行审计。审计发现少数县项目办无专项配套资金,虚列项目支出,利用虚假单据报账,财会账与实物账不符等问题。审计建议予以纠正,认真履行卫Ⅴ项目规定。同年,市审计局对市世界银行贷款贫Ⅱ项目进行审计,主要审计该项目进度、财务报表和信贷协议执行情况。审计发现存在少数基建工程支出单据手续不全;九江师范无国内配套资金,而是以教育事业费予以配套;德安县土建部分配套资金是以建设单位自筹资金予以配套,不符合世行贷款内控制度;武宁县项目办 1998 年申请报账的 57.17 万元贷款资金未到位,应敦促世界银行尽快拨款,严格履行贷款协议。审计要求市、县两级项目办要认真执行项目协议,把握项目进度,发挥世界银行贷款效益。

2002 年,根据国家审计署和省审计厅安排,4~6 月市审计局组织彭泽、都昌、永修、湖口、星子、九江县审计机关,按照中国与国际开发协会和国际复兴开发银行签订《开发信贷协定》《贷款协定》要求,分别对 2001 年长江洪灾紧急恢复项目计划执行和资金的筹集、管理、使用情况进行审计。1998 年全市遭遇特大洪涝灾害,尤其是彭泽、都昌、湖口、永修、星子、九江 6 县严重。为尽快修复水毁工程,1999 年初开始实施上述 6 县长江洪灾紧急恢复世行贷款项目。该项目恢复目标主要有 132200 吨供水设备、公路建设 233 千米、学校教学楼 91 栋,食堂、宿舍 8 栋,建筑面积共计 96403 平方米。医院综合楼、住院部门诊部58栋,建筑面积39864平方米。项目计划总投资17037万元。资金为世行贷款1320万美元(折合人民币11074.05万元),项目县地方配套资金为5962.95万元。至2000年12月,世行贷款到位资金6205.39万元,占总贷款额56%。该项目累计完成投资16487.44万元,占总投资17037万元96%。已使用到位的世行贷款6205.39万元,其他均由项目县配套及国内商业银行贷款或承建商垫付资金。审计发现配套资金未完全到位。从市项目报表反映,全市配套资金6037.49万元,比计划5962.95万元超出74.54万元,据各县审计反映,各县项目报表中配套资金包括国内商业银行借款或建筑商垫付资金,还存在一定隐性缺口。九江县项目已基本竣工,但配套资金到位率仅为70%;湖口县配套资金623.5万元,审计发现全县配套资金只有卫生等5个子项目所在乡政府落实31.1万元。部分项目进度反映不实。经审计发现到2000年度,反映资金进度为48.9万元,而实际支付为22.85万元;彭泽县仅以上级计划部门下达计划数填报;湖口县项目办因虚增配套资金,导致进度表所反映数据失真。报账进度滞后,世行贷款拨付迟缓。至2000年,6县世行贷款到位率仅为56%同年,市局完成对中德合作造林项目专项审计,查出项目单位挤占专项经费问题,审计建议及时归还原渠道资金。

2005年,根据省厅授权,对市中德造林项目后续管理、市农村能源生态建设项目和市公共卫生项目进行公正性审计,对全市在建的5个国外贷援项目进行审计调查,摸清全市利用外资项目总体情况。

## 第八节　专项审计

### 一、农林水及环保审计

1991年,市审计局对修水、武宁、德安、瑞昌、星子等10县(市)1989年和1990年度老区资金和扶贫贴息贷款安排、使用及管理情况进行审计,查出少数单位对老建资金不按规定用途使用,甚至擅自挤占挪用,两年间共挤占挪用9.6万元;配套资金不足,工程完工率低,一些项目工程处于停、缓、待建状态,一些项目投产后不能如期产生效益。修水大桥丝绸厂系挂钩扶贫单位援助与老建贴息贷款共同扶持兴办企业,由于技术力量薄弱,产品质量低劣,缺乏竞争力,被迫停产,至停产时经营亏损达9万元,资不抵债6万元;有偿资金回收率低,大量资金不能回笼,影响资金周转;一些老建基层单位财务核算与管理不健全等。

武宁县审计局和乡镇企业审计机构全年审计农林水项目46个,查处违纪资金9.3万元,收缴财政违纪款0.3万元,增加上缴和留利4.9万元,收缴主管部门4.1万元。德安县审计局会同县监察局对县农牧局有关经费进行审计调查,发现商品粮基地专项资金被挤占挪用21万余元。永修县对19个单位发展粮食生产专项资金进行审计,查出挤占挪用发展粮食生产专项资金3万元;在对水产、林业专项资金审计时,查出县水产局挪用搞基建2万元,挪用行政开支4万元。

同年,根据《江西省审计局关于开展我省农业资金审计调查的通知》,市审计局组织修水、永修、都昌3县审计局对1989年和1990年中央地方财政投放发展粮食生产专项资金管理、分配、使用和效益情况进行调查审计。共查出违规金额70895.96元,具体表现在一些单位将专项资金用于弥补行政费支出45620.80元。都昌县水电局弥补1989年公务费支出747.14元,弥补离退休人员工资和医疗费支出20916.28元;永修县农牧局用专项资金购办公室四通打字机1台及各种配件16997.14元,云山水库、虬津乡政府用专项资金购买办公用品及拨付村干部工资保险等款6960.24元。都昌县张岭水库1989年购置汽车挪用专项资金2750元。乱收费乱摊派5278.17元。修水县溪口乡政府收取乡灰石洞水利工程管理费1424元;朱溪乡收取乡幸福渠工程管理费3354.17元。请客送礼、发放钱物7820.49元。其中永修县开支5941.23元,云山水库渠道整修指挥部超标准发放工地补贴及招待费开支5464.73元。其他违规款9426.50元。其中,都昌县张岭乡农技站将收到1990年县农业局信汇专项资金7300元未列入账户管理,置于账外;修水县黄港农技站将县农业局下拨垄作、再生稻2个项目补助款62290元,经该站验收后,实际发放补助款60490元,扣发农户补助款1800元。少数项目单位执行计划不严肃。修水县黄港区农技站新建检验、诊断考种室，批准面积180.5平方米，投资3.3万元，新建仓库批准面积332平方米，投资5.7万元，该站在未经有关部门批准的情况下，新建检验、诊断考种室超面积86%，超投资74%；仓库面积缩减33.7%，缩减投资37.4%。基层农行营业所不按借款合同规定，不经借贷双方协商擅自收回未到期贷款6.99万元。

1992年，市审计局对全市1990年、1991年水利资金进行审计，审计20个主管部门及360个有资金安排的独立核算单位，查出违纪违规金额89.56万元，审计决定归还原资金渠道41.27万元。德安县抽查13个乡(镇)水利资金使用效益情况，审计总金额113万元，审计工程项目89个，查处违纪金额7.8万元，其中被挤占挪用6.9万元，虚列支出0.5万元，其他0.4万元。永修县对县水电局、云山水库、永兴、马口、虬津、艾城、三角、九合、立新等乡镇水管站1990、1991两年的水利资金管理和使用情况进行专项审计，发现水利资金未做到专款专用及账目不清，财务管理较乱等问题。1993年，市局和都昌等7个县审计局组织对粮食行业211个单位财务挂账情况进行审计调查，重点解剖93个单位。1991年底以前上述市、县粮食行业累计财务挂账1.5亿元，1992年度按省下达的目标管理要求，实现减亏13万元，比省下达年亏损指标仍超亏2580万元。当年，市局组织开展减轻农民负担审计，调查11个县(市、区)12个乡镇24个村，走访农民112户，了解全市1992年减轻农民负担情况。永修县停止集资420万元，兑现各种白条6472万元。发现全市农民负担比上年仍增加7.8%，“三乱”项目繁多，村级财务管理混乱等问题。

1994年，市审计局对市及浔阳区、庐山区、修水县、九江县1992~1993年国有土地使用数有偿使用收入情况进行审计。主要存在市城区土地的出让和转让处于只办出让，转让手续，而不收出让金；浔阳区国有土地有偿使用收入应收不收或少收，土地收益流向用地单位。1992~1993年市区及九江、修水两县出让土地104.47公顷，应收出让金7337.93万元，只收1136.20元，占应收数15.48%。经抽查市土管部门两年共批准出让土地47.24公顷，交易总额6052.90万元，应收出让金6111.07万未收。九江县1992~1993年分别以参股和转让方式取得交易额872.28万元，按县政府文件规定，应收取出让金93.22万元，只收取4万元。已收取出让金“体外循环”未交财政统一管理。上述县区1992~1993年已收取出让金1136.20万元，其中庐山区就达1113.52万元，未交财政管理，违背《中华人民共和国城镇土地使用使用权出让和转让暂行条例》中第五十条规定。违规提取业务费。按省土地出让条例规定，业务费只按2%提取，4县区可以提业务费146.76万元，实际提取169.69万元，多提计22.93万元。越权审批土地15宗计41.24公顷。庐山区土管局与华东地勘局267地质大队出让土地2.57公顷，未上报上级政府批准。违规使用专项基金，漏交国家税费。庐山区土管局挪用出让金37.84万元购买小汽车，彩电及建房；漏交两金10.72万元，其中庐山区3.40万元，修水1.99万元。9月，修水县分别对县计委以工代赈办公室、县交通局、县水利电力局、县农牧渔业局、县卫生局、县水土保持局1989~1994年8月以工代赈专项资金进行审计。查出违纪金额154.67万元。存在压缩计划项目资金，改变资金使用渠道，调出资金683081.85元；对实施项目的质量管理和监督措施不力。渣津烈士桥建设共安排以工代赈资金355000元，支付转化手续费8000元，实际资金347000元。经实地调查，交通局已拨渣津区建桥款145000元，区干部集资820元，渣津区账面支出143677.21元，账面结存2142.79元。因施工队经验和技术力量不足，施工质量达不到国家规定标准，要求返工。经过审计组和计委人员现场协调，交通主管部门和渣津区工委有关领导交换意见，要求尽快通过质检鉴定，恢复工程施工。粮食以工代赈物款兑换率低，配套资金缺口大，资金到位不及时。个别主管部门对以工代赈票券领发不建账。同年，修水县开展林业“二金二费”和水利以工(以粮)代赈专项资金审计，查出漏缴税费9.63万元。

1996年，市审计局会同市监察局、市农牧局组成联合调查审计组到永修、武宁、瑞昌、九江、湖口、星子6县(市)进行专项审计调查，共抽查25个乡，50个自然村，走访100余户村民。从调查情况看，农民负担不合理问题仍突出，主要为生猪屠宰税按人头平均摊派。有的县每个人头摊3.5~4元，有的县个别乡镇每户最多30元，最少19元；农村特产税由平均摊派和重点收税现象；农村中小学收费标准过高，教育附加费按学生数收取。个别中小学每学期除交学费外，每生还交教育附加30元，卫生保健费4元，水电费10元,托管费20元,勤工俭学10元,杂费30元,甚至收取无自行车学生代管费3~5元,不在校用膳学生搭膳费14~20元,以及补课费、插班费、建档费、考务费、气象费等;结婚收费名目繁多。武宁县罗溪乡一对青年结婚,各项收费达500元。其中乡民政办收结婚工本费10元,搭车收费的养老保险200元,其他收费50~100元。乡计生办收计划生育押金100元,婚管费、准生证工本费、检查费120元;土管收费管理混乱;以罚代法,强制收费;农资价格的涨幅高于同期农产品提价幅度;集资修公路等,以及村级财务管理混乱;部分县、乡农民负担监督卡未及时发到农户手中。同时,市局还对全市农业生产资料系统1995~1996年一季度专题行业审计。抽查基层供销社26个,走访市、县两级农牧局、物价局、统计局及部分乡政府和农业"三站",查出违纪金额69.2万元。1997年,对市本级和10个县(市、区)供销社棉花系统及下属33个基层收购站、轧花厂1996~1997年一季度在执行国家购、销、调、存、价格等政策、经营情况及相关财务收支情况专题行业审计,针对棉花赊销量大、占用资金过多、棉花压库滞销严重、未完成国家计划调拨任务等问题做系统分析,提出改进意见和建议。当年4月,根据审计署统一部署和省审计厅工作安排,市局对修水县1994~1996年扶贫专项资金、以工代赈资金和扶贫贷款投入使用情况进行专项审计,审计资金4560.5万元。在了解该县基本情况和"三项资金"管理、使用、取得效果情况后,仍发现个别扶贫项目投向、使用效果、挤占挪用资金、投放规模、扶贫贷款利率等问题,有针对性地提出6条意见和建议。根据《江西省审计厅关于对全省部分乡(镇)村级财务管理和乡镇审计状况进行审计调查的通知》要求,全市审计机关采取全面清理和重点抽查相结合的方法,先后派出11个审计组对22个乡镇、63个行政村财务管理和审计情况进行实地调查。发现仍存在村级财务人员素质较低,少数地方农民负担超过警戒线或不合理负担,少数乡镇、村财经纪律执行不严,家底不清,村收入来源少,收入低,非生产性支出占用比例大,乡镇审计机构尚不健全,个别县(市、区)存在空白,工作开展不力等问题。

1998年,贯彻"全面审计,突出重点"工作方针,市审计局组织市本级和13个县(市、区、山)审计机关业务骨干83人及财政、粮食、农发行业务骨干31人,组成11个审计组,对12个县(市、区、)农发行和粮食部门进行为期50天交叉审计,连同财政部门在内,共审计285个单位。审计结果表明,各县(市、区、共青)粮食系统新增财务挂账51666.03万元,比报表数核减26.15%,比账面数核减17.73%;认定其他不合理占用贷款25831.68万元;违反财务制度处理账务数12135.13万元,老挂账核定数19504.90万元,未消化数达10688.09万元,其中市级未消化数2557.52万元,县级未消化数8130.57万元。农业发展银行截至5月底11个县(市、区)信贷资金来源总额为359787.29万元,其中违规占用信贷资金5609.88万元。财政部门各项补贴拨补情况专项调查截至1998年5月底,应拨补各项补贴36057.64万元,实际拨补到位34620.33万元,累计结转629.36万元,欠拨及抵扣209.9万元,其他21.3万元。根据省审计厅通知,全市各级审计机关于3~5月对全市1996~1997年水利专项资金筹集、投入、管理和使用情况进行专项审计,审计水利资金8015.95万元。审计发现水利资金管理未统一,使用不集中,难以将有限的资金解决重点问题。水利建设基金、防洪保安基金征集力度不够,漏征、少征比较严重,仅市级1997年城市建设维护税一项就漏征基金800万元。县级水利专项资金逐步减少。各县(市、区)1997年预算内水利专项资金实际支出1024.27万元,分别比1995、1996年减少15%、19%,与防汛形势不相适应。挤占挪用水利专项资金411.55万元,其中用于弥补经费不足115.8万元,占违规资金的28%。此外,水利专项资金投资项目存在管理不严、施工无合同、无预决算书、不办理结算验收手续,不进行竣工决算审计等问题。瑞昌市长江堤岸工程指挥部抛石固岸工程承包给个体农民,工程完工无决算,只有16.4万元假发票。对上述问题,审计机关依法做出处理。1999年,根据审计署、省审计局统一安排,分别对永修、德安、九江县、星子、湖口、彭泽、庐山区、共青城移民建镇资金管理、使用情况进行事中审计,查出违纪金额378.53万元。存在移民户建房进度较慢;多数乡镇移民资金管理不够规范;挤占挪用、抵扣移民补助、超标准征用土地、乱收费的现象;滞留资金数额偏大,少数乡镇补助资金发放不及时,移民建镇工程支出白条多,建房质量隐患等问题。6月,对修水县1997~1999年6月扶贫资金分配、投入、管理和使用情况进行就地审计。审计查出利用扶贫资金弥补行政经费151.4万元,挪用发展基金建房52万元,擅自计提收取费用40.1万元,虚列支出转移资金 40.7 万元,以贷转息 181 万元,改变贷款投向和用途 120 万元,资金大量沉淀,潜亏严重等 8 个方面问题,依规做出处理。

2000 年,开展减轻农民负担专项调查。市审计局抽调人员 3 次赴永修县进行调查取得大量材料,及时向省厅递交专项调查报告。都昌县 4 次抽调业务干部 16 人对各乡(镇)农民负担情况开展审计检查,查处违反国家规定乱收费、乱摊派、加重群众负担的违法违纪行为。同年 3~4 月,根据省审计厅安排和《江西省第一期移民建镇资金审计实施方案》要求,组织 8 县(市、区)审计局,采取交叉审计方式,分别对都昌等 9 个县(区、场)1998 年 10 月至 2000 年 3 月第一期移民建镇资金管理、使用情况进行就地审计,查出违规金额 18015 万元。少数县(区、场)资金结存稍大;拆旧还基困难大、任务重;少数乡镇移民建房补助资金和公共设施建设资金混为一体、相互扯用;部分移民点,实施统建房进度慢,移民入住新房困难;都昌、德安、九江、湖口等县乡、村发放建房补助款时,存在抵扣现象,造成不好影响。通过审计,移送经济案件 2 起,配合市纪委、检察机关,查处移民建镇违纪案件 11 件。2001 年,对永修、星子、德安、九江县 1998~2000 年度农业综合开发项目执行和资金筹集、管理和使用情况进行审计,发现实际到位资金率低:按计划全市 1998~2000 年总投入资金 12274.5 万元,实际到位 7658 万元,到位率为 62.38%。财政有偿资金回收率低:至 2000 年底,到期应归还有偿资金 532.7 万元,实际归还 157.8 万元,占应收回 29%。永修县到期有偿资金为 300.8 万元,分文未归还。德安县尽管将 131.3 万元有偿资金全部回笼,归还上级,其中有 94%的资金系县财政垫付归还。此外,还存在以拨代支现象。农业专项贷款与国家立项的农业开发项目实施计划也存在脱节:到 2000 年底,市属 4 县农业综合开发项目分文未贷,是全市 1995 年以来农业综合开发中存在的最突出问题。1998~2000 年国家农业综合开发分配市农业专项贷款 2561 万元,而市农业银行提供情况是 1999~2000 年(其中 1998 年农业综合开发的贷款情况均在市农业发展银行)上级行实际分配九江市农业综合开发专项贷款计划 3150 万元(即分别为 1850 万元、1300 万元),其专项贷款均未投放在市国家立项农业开发项目上。工程竣工项目未审计:抽审 54 个项目,投资金额达 1967.1 万元的工程量,大部分未通过竣工决算审计。同年 3 月,根据省厅制订的《江西省第二期移民建镇资金审计实施方案》要求,市局组织都昌等 8 个县(市)审计局分别对各县(市)第二期移民建镇资金管理使用情况进行审计。经审计,发现资金结存数额较大,财政、移民办、乡镇层层滞留;少数县落实移民建镇计划不到位;少数县财政与上级财政结算时,移民建镇资金被上级财政抵扣,致使县财政只有移民建镇指标,而无资金;拆旧还基困难大,任务重;少数乡村屡禁不止,仍有巧立名目,搭车收费,乱收费情况;公用基础设施建设资金管理和使用不规范;财务管理不规范,白条报账,建账不规范等问题。7~8 月,市审计局根据省审计厅关于《1999~2000 年国有土地使用权出让收费的审计方案》要求,组织各县(市、区)审计局分别对 11 个县(市、场)1999~2000 年国有土地使用权出让、转让和租用而发生的出让金(土地收益金)、造地费及防洪保安资金、管理费、业务费、增值税、契税等进行交叉审计。1999~2000 年,11 个县(市、场)共出让土地 216.13 公顷,收取土地出让金 5249 万元,签订土地出让、转让合同 830 份。存在土地管理部门未按规定审批权限审批土地,国有土地使用权未批先征;低价出让国有土地使用权,国有土地资源流失;土地出让、转让收费混乱,非土地行政管理部门收取土地“出让收费”,收入未纳入财政预算管理,而是直接用于土地开发、市政建设等问题。共查出违纪违规金额 1060.87 万元。

2002 年,对 2001 年 3 月进行的第二期移民建镇资金审计查出问题进行跟踪检查和监督整改。整改落实情况是:彭泽将滞留资金下拨 236 万元,德安下拨 48.6 万元,永修对原未下拨资金全部下拨,都昌对滞留资金做出说明。至 2001 年 10 月底,结存资金为 440.34 万元,较 3 月底 1003.69 万元,减少 563.35 万元。至 2001 年 10 月底,瑞昌、永修等县(市)对 265 户移民进行落实,仍有 8 户未落实。财政结算时,以移民建镇资金进行抵扣。主要涉及九江、彭泽两县。彭泽县已组织 236 万元资金兑现,尚欠二期移民建镇资金 360 万元。拆旧还基问题。从第二期移民建镇审计调查的 3442 户移民中,有 746 户未拆除旧房。除永修、星子县反映此类问题,永修第二期移民建镇计划全部落实到户。各种名目繁多的收费、抵扣和增加中间环节,造成移民负担过重问题有所纠正。都昌县杜绝村级乱收费和有关部门搭车收费现象;九江县城子镇和新塘乡已将代房屋建筑商缴纳的营业税和向每户移民收费的200元费均退还；湖口县对抵扣的80万元税费，补办相应的手续。德安县高塘乡挪用移民资金8万元用于公共设施支出情况亦纠正。2003年，根据《江西省审计厅印发全省防洪保安资金审计工作方案的通知》，对市、县(市、区)两级2001、2002年度财政、地税、工商、土管等代征部门防洪保安资金征缴、管理、使用以及中央、省驻市单位和部分市属、县属单位防洪保安资金缴纳情况进行专项审计。抽审被征单位234个，查出应缴防洪保安资金857.52万元，审前已缴355.3万元，应缴未缴502.22元，占应缴资金58.5%。审计反映有关部门对防洪保安资金宣传不够。代征部门对代征防洪保安资金不够重视，征收力度不到位，存在少征、漏征现象；财政部门对行政事业单位个人应缴纳防洪保安资金未及时征收；地税部门普遍存在重征税轻防洪保安资金征收思想，全市12个县(市、区)地税部门2001、2002两年共征收防洪保安资金113.1万元，仅占县级实际征收16.76%；工商部门未履行代征职责，漏征情况严重。2001、2002年市、县(市、区)两级工商部门共代征防保安资金31.2万元，实际征收与应征数相差甚远；土地管理部门未履行代征职责，新征非农业建设占用耕地漏征防洪保安资金情况严重。都昌县、浔阳区、九江县、星子县、武宁县5县(区)土管部门分文未征。此外，少数企业因改制而漏缴防洪保安资金。同年，根据国家审计署扶贫专项资金审计方案以及省厅安排，对各县、(市、区)2001~2002年度扶贫专项资金分配、管理、使用情况进行专项审计。市局直接实施修水县扶贫专项资金审计；省厅直接审计市本级扶贫专项资金。全市审计单位数68个，审计调查重点贫困乡62个，涉及重点村60个，审计调查扶贫项目数671个。审计总额26151.22万元，查出违纪违规金额1784.82万元，促进资金到位859万元，决定归还原资金渠道887.68万元，决定收缴财政资金7.37万元。当年1~6月，对2002年度全市农村税费改革转移支付资金分配和使用情况进行专项审计调查，部分县、乡仍不同程度地存在滞留滞拨资金486万元；挤占资金65万元；用税费改革转移支付资金抵顶财政任务115.7万元；征收66.5万元屠宰税未退还；税费改革转移支付资金管理不完善等问题。同时，对2001~2002年中央和地方财政安排的财政扶贫资金分配、拨付和使用以及扶贫贴息贷款情况进行专项审计调查，发现滞留滞拨资金961万元；地方财政配套资金不到位151万元；挤占挪用专项资金专项贷款104万元；乱收费，违反规定多收贷款利息17万元；以贷还贷，以贷收息；扶贫贷款效益不佳，不良贷款比例高等问题。

2004年，对2003年全市农村税费改革转移支付资金分配、拨付和使用情况进行审计调查，对2002年度农村税费改革转移支付资金审计调查中发现问题整改情况进行追踪，对修水县、庐山区等5县(区)农业税征收、减免情况审计调查。同年，根据省厅农业综合开发资金审计实施方案，市局对全市7个项目县和1个赛湖农场农业综合开发资金实行审计。审计总金额9764.54万元，占总项目10%，查出地方配套资金不到位2012.3万元，虚假配套1031.5万元，财政临时借用420万元(已归还)，用于经营或出借253万元，计划完工不足、自行调整285.98万元等问题。审计期间促进资金投入到位22万元，审计决定归还原资金渠道137万元，审计决定收缴财政数2万元。截至审计报告日，有涉案人员1人在押，2人被判缓刑。

2005年6月，市审计局依据《江西省2005年退耕还林工程专项资金审计工作方案》，采取“上审下”方式，对全市12个退耕还林项目实施县(市、区)2002~2004年退耕还林专项资金使用和效益情况进行审计。审计总金额23792.6万元，查出违纪违规金额4108.63万元，责令归还原资金渠道1787.59万元，应上缴财政130.27万元，促进资金到位1371万元。同年，对修水、星子县、九江县2003~2004年扶贫专项资金进行审计。审计总金额13094万元，审计单位12个，抽查项目单位9个，查处违纪违规资金1438万元。配合省厅完成对全市10个县(市、区)1~4期移民建镇资金和平垸工程资金的审计。审计总金额213667.23万元，市本级查出违纪违规金额113万元。同年，市局在审计土地有偿使用、资金管理使用及效益情况时发现：部分土地出让收入未及时缴库。2005年市土地储备中心已到账土地出让收入37492万元，其中969万元未缴入市财政土地收入清算户。宗地决算编制不及时。2005年市土地储备中心公开挂牌出让土地11宗，委托挂牌出让土地7宗，协议出让土地32宗，但市土地储备中心仅对8宗土地编制宗地财务收支决算，其余均未编制宗地决算，不能真实反映土地收益。

2007年，对市本级及15个县(市、区、山)2005年度环境保护专项资金征收及管理使用情况进行审计，发现排污费征收未能足额征收到位。审计抽查68家排污单位，共欠缴排污费443.78万元，欠缴率39.39%。环保部门挤占、挪用环境保护治理资金1079.56万元，用于弥补人员和业务经费不足。5~7月，根据《江西省审计厅关于印发〈2007年农业综合开发资金审计工作方案〉的通知》，对修水、永修、德安、九江、星子、湖口、彭泽、都昌8县2004~2006年度农业综合开发资金进行审计，发现配套资金未到位304.68万元。违规出借农业开发资金901万元。农业开发有偿资金1362万元未按规定投入使用。挤占挪用农业综合开发资金80万元。有偿资金525万元到期未归还。擅自调整项目及项目建设内容。对存在的问题，审计提出处理意见。2008年，依据省审计厅《2008年鄱阳湖二期防洪工程专项审计实施方案》统一布置，组织相关县局对5个鄱阳湖二期防洪工程项目进行审计。审计发现地方配套资金到位率较低，上级下达计划投资22311.15万元，地方配套6178.89万元，实际到位配套资金1272.59万元，配套资金到位率20.6%；挤占、挪用国家建设资金259.93万元；滞留国投资金304.97万元；运用国投资金建设需用自筹资金建设的项目219.42万元；存在少量多付工程款、漏缴税费现象；湖口县双钟圩工程建设期间，发生突发性滑塌，造成直接经济损失230万元，对事故中勘察设计、监理、工程项目部各方责任人分别给予行政处分，对施工单位武警水电二总队责任人提出处理建议；造价不实102.19万元；违规招投标，标段划分多，概算编制、设计工作深度不够，部分圩堤有少量概算项目未完成，少量工程存在缺陷等问题。2009年，对环保资金进行审计发现挤占环保专项资金。市环保局违反《排污费征收使用管理条例》规定，排污费未全部用于环境污染防治，2008年挤占环保专项资金12万元。环保专项资金预算安排存在不合规情况。国务院《排污费征收使用管理条例》规定，环境保护执法所需经费列入本部门预算，由本级财政予以保障；排污费应当全部专项用于环境防治。2008年市本级有315.9万元排污费预算安排用于环境执法等行政开支。

2010年，市审计局对市本级土地经营情况进行审计，发现宗地决算不规范。2009年市财政对庐峰北路58号等3宗地进行宗地决算，宗地成本中均未摊销银行贷款利息等费用，决算不规范，未真实反映土地收储成本。挤占挪用土地收储资金，开发区财政等有关单位以前年度从市土地储备收储资金中借款12091.4万元，用于开发区建设以及企业改制等，其中市开发区财政6289.4万元，市国有企业改革领导小组办公室4000万元，与《土地储备资金财务管理暂行办法》规定不符，应归还。征地拆迁补偿支出手续不全。检查征地拆迁支出发现，在支付被拆迁户的过渡费、安置费等付款凭证后，多数只有拆迁办收款收据或拆迁办工作人员一人代签领款表，而无被拆迁人经手领款签字手续或银行支付被拆迁人凭证。市土地储备中心应规范补偿发放手续，完善档案管理。

## 二、社会保障审计

1991年8月，对市社会保障事业管理局1990年财务收支进行审计，查出1990年全民合同制职工养老金及利息收入5612571.33元。按规定管理费只能提取280628.59元，而实际提取329593.76元，多提48965.17元。出租影院收入18333.30元，扣除水电费2061.10元，实际收入16272.20元。漏缴房产税及"两金"计6020.71元，审计做出予以收缴处理。

1993年，对退休、待业"两金"审计。审计市、县两级管理机构26个，抽查基层缴款单位140个。发现两项基金被挤占挪用现象突出，查出1991年度被挤占挪用基金593万元，大部分未归还原资金渠道。1992年又新增挤占挪用资金21万元，两项基金欠缴缓缴现象严重，全市累计欠缴缓缴金额570万元。审计结果引起市政府重视。1994年，对全市及所属各县(市、区)养老保险基金和失业保险基金进行审计。查出自1988~1993年12个县(市、区)挤占挪用两金498.8万元，已归还73.76万元，尚有425.04万元未归还。

1998年,据省厅要求,市属9个县(市、区)审计局对当地社保局1997年度企业职工养老保险基金征收、发放及管理情况进行专项审计,发现挤占挪用养老保险基金226.1万元,隐瞒转移基金收入171.04万元,虚列支出、多提管理费7.56万元,违规开支管理费7.3万元。审计提出处理意见。1999年,对市、县(市、区)13家社保机构1998年度养老保险基金征收、支付及管理情况进行审计,查明至1998年底全市企业累计欠缴养老基金21607万元,查出违纪违规基金373.1万元,归还原渠道进度缓慢,用房产抵缴造成基金悬空,社保机构经费未及时到位。审计针对存在的问题提出9点意见和建议。市政府在转发审计报告时要求各地、各部门加强养老保险基金管理,严格财经纪律,纠正违纪行为,把养老基金管好用好。

2000年,贯彻《国务院关于建立统一的企业职工基金养老保险制度的决定》,根据国家审计署和省审计厅部署,全市分别对属地企业职工养老保险金扩大覆盖面、历年违纪违规问题处理落实情况和养老保险金收支情况预测进行审计。会同社保局对2000年度基本养老保险金收支形势进行预测。根据审计和预测,提出审计报告。审计从体制、政策、客观等原因加以具体分析,提出7点建议。经审计,全市仍有380.2万元违纪违规问题未解决,具体反映在基建投资中占用资金无法归还。2001年,根据国家审计署和省审计厅部署,分别对辖区内13家社保机构1999~2000年度企业职工养老保险基金征缴、使用和管理情况、历年违纪违规问题处理落实情况进行审计,并对基本养老保险扩面情况和企业欠缴养老保险费情况进行审计调查。延伸3户欠缴企业,5户扩覆参保企业。审计查明,大部分问题为1999年以前遗留,全市有530.2万元违纪违规问题未解决,审计针对存在问题提出改进意见和建议。

2004年,据国家审计署和省审计厅要求,7~9月对全市范围内2003年度城镇居民最低生活保障资金筹集、管理与使用情况进行审计,审计认为,本级财政安排资金偏低,除浔阳区、庐山管理局外,其他县(市、区)均未达到月人均不少于15元补助标准的要求。此外,还存在低保资金拨付不及时;低保基础管理环节薄弱;执行低保政策有偏差等问题。2005年,市局对市社会保障资金(养老、医疗、事业、工伤、生育保险基金)征集、管理、使用情况进行审计,发现失业保险费征缴力度不够,基本养老保险覆盖面窄,基金缺口大,企业拖欠养老保险费等问题。

2007年,据省审计厅《2007年全省新型农村合作医疗基金审计工作方案》,7月10日至8月6日市审计局对修水县、瑞昌市、九江县、德安县、永修县2005~2006年新型农村合作医疗基金筹集、管理和使用情况进行审计,发现中央财政补助资金有541.5万元未到位。违规将新农合医疗基金财政专户设在农村信用联社,金额达2723.95万元。违规预借基金160.85万元。少数乡镇新农合经办机构未按规定给参合人员建立个人台账等问题。同年,市审计局根据《江西省审计厅关于2007年江西省社会保险基金审计工作方案》要求,组织市、县两级审计机关于6月30日至7月25日对全市(不含市本级和浔阳区)2006年度养老保险基金、医疗保险基金、失业保险基金、工伤保险基金、生育保险基金财务收支情况进行审计。审计发现少数财政部门和社保基金经办机构理财意识不强,未使基金有效增值,银行未按规定给基金优惠利率计息,基金存款少计利息198.09万元;活期存款占财政专户资金比例较大,影响基金有效增值;个别基金管理部门上报报表数据反映不真实,账表不符;个别县用非货币资金缴纳社保基金,主要表现用店面、房产抵缴;少数县(市、区)存在挤占挪用基金976.85万元;少数县(市、区)五项基金存在超标准、超范围开支555.35万元;少数县(市、区、山)基金收入反映不完整,部分收入未及时做基金收入;五项社会保险基金欠缴金额较大,全市所辖参保单位累计欠缴五项社保基金35004.77万元。少数县(市、区)基金管理部门存在不合规收费现象,超标准收取手续费、工本费;少数县(市、区、山)基金征缴及财务管理不规范。同年,庐山区对区社保局、区就业局和医保局2006年度社会保险基金收支情况进行就地审计,查出存在:挪用社保资金50万元。对欠缴基金单位征缴力度不够,企业欠缴款达103.14万元;社保局收取利息262710.49元,医保局收取利息59350.84元,失业保险金利息收入45871.96元,合367933.29元未计入个人账户。

2008年,据《江西省审计厅关于2008年社会保险基金审计工作方案》,对全市2007年度养老保险基金、医疗保险基金、失业保险基金、工伤保险基金、生育保险基金收支、管理情况进行审计，发现企业基本养老保险基金缺口较大；借用其他基金发放企业养老保险费；少数县离休干部医疗基金占用基本医疗保险基金；银行未按规定给基金优惠利率计息；活期存款占财政专户资金比例较大；五项社会保险基金欠缴金额达 66954 万元；市本级和少数县部分基金未纳入财政专户管理，未存入国有商业银行；个别社保经办机构在医疗基金中列支计算机端口服务费，从工伤保险基金中提取管理费，开支劳动鉴定费；中国人寿保险公司九江分公司未履行市本级大病统筹保险协议；少数县基金收入反映不完整，部分收入未及时做基金收入和基金征缴及财务管理不够规范等。市审计局对 2007 年市本级企业基本养老保险、基本医疗保险、失业保险、工伤保险、生育保险基金审计，发现市本级企业养老保险基金缺口较大，2007 年市本级企业养老保险基金缴费收入 28018.86 万元，当年基本保障支出 51965.99 万元，收支差额为赤字 23947.13 万元。借用其他基金支付企业养老保险费，从本级事业单位基本养老保险基金借入 850 万元，从市国有企业下岗职工并轨工作领导小组办公室专户借入专项资金 1900 万元，从市财政预算外借入 5400 万元。部分基金未存入国有商业银行，未纳入财政专户管理，银行未按规定以优惠利率计息。2009 年 3 月，根据《江西省审计厅关于 2009 年社会保险基金审计工作方案》，市、县两级审计机关对全市 2008 年度养老保险基金、医疗保险基金、失业保险基金、工伤保险基金、生育保险基金收支、管理情况进行审计，发现企业基本养老保险基金缺口较大，2008 年全市基本养老保险基金缴费收入 88617.15 万元，当年基本保障支出 123519.82 万元，收支差额为赤字 34902.67 万元；基金间相互调剂不够，从市本级企业单位基本医疗保险基金借支 2600 万元，从市本级事业单位基本养老保险基金中借支 200 万元，从省社保基金借款 2000 万元，当年归还存在较大缺额或未归还；活期存款占财政专户资金比例达 67.69%，影响基金有效增值；五项社会保险基金欠缴金额较大。至 2008 年年底，全市所辖参保单位累计欠缴五项社保基金 80711.64 万元（基本养老保险金 59677.11 万元，基本医疗保险金 14936.46 万元，失业保险金 5298.84 万元，工伤保险金 774.31 万元，生育保险金 24.92 万元）；少数县离休干部医疗基金占用基本医疗保险基金；部分县（市、区）银行未按规定给基金优惠利率计息；少数县（山）部分基金未及时缴入财政专户，个别基金未设立财政专户实行收支两条线管理，2008 年全市有 9012.19 万元基金，存款未按规定缴存财政专户管理；少数县（市、区、山）基金收入反映不完整，部分收入未及时作基金收入；市本级和少数县（市、区、山）在基金征缴和财务管理等方面不规范。同年，市局组织浔阳、庐山区、市审计局外资科对浔阳、庐山区、九江开发区、共青开发区 2008 年低保资金收入、支出、管理情况进行审计，审计认定不符合政策规定享受低保对象 40 户，保障人数 102 人，不合规低保资金总额 13.03 万元。将部分不具备享受低保条件城乡居民批准为低保对象，未能按时取消或核减低保人数，低保人员数量信息不正确。市民政局低保办提供的低保人员 25802 人，审计抽查确定低保人员总数为 24545 人，多反映 1257 人的人员信息，审计要求及时予以纠正。

2010 年，对都昌县、彭泽县、九江经济技术开发区 2009 年度开展新型农村合作医疗基金筹集、管理、使用情况进行审计调查，发现新农合发展工作经费没有按照规定足额安排，也未纳入财政预算；信息化建设发展不平衡，新农合保障水平较低等问题，并提出相应整改建议。

## 三、科教文卫审计

1991 年，据省审计局通知，对全市教育主管部门和部分中小学校 1990 年危房改造资金使用情况进行审计。审计发现不同程度存在挤占挪用经费问题及征收教育费附加不到位，校舍危房改造工程质量不高等问题，引起教育主管部门重视。

1999 年，市审计局与市教委组成 4 个检查组在全市范围内，分 4 个片区联合开展救灾复校资金使用及“三加一税”征管用情况抽样审计调查，发现少数地方救灾复校资金到位不及时，农村教育费附加、城镇教育费附加、基本建设中小学修建费附加征收难度较大，提出应对措施。

2000 年，据省审计厅《关于印发 1999 年度全省普教经费审计实施方案》，3~5 月，对市、县（市、区）13

个教委及下属中小学1999年度普教经费筹集、管理、分配、使用情况进行专项审计,共审计财政部门16个、教育主管部门24个和中小学62所。查出年度全市各级财政欠拨普教经费1953万元;城镇、农村教育事业附加征收力度不大;挤占、挪用教育事业费85.1万元及部分学校自立名目,违规收取托管费、补课费、"捐资助学款"。

2003年,据《江西省审计厅印发2003年全省卫生防疫系统审计工作方案的通知》,对市卫生防疫系统2002年度财务收支、预防用生物制品的管理和各种行政事业性收费情况进行审计。查出多数单位违反《江西省预防用生物制品供应管理暂行规定》,不同程度地存在未按规定渠道购进预防用生物制品的问题。据统计,市卫生防疫站和都昌、德安、永修、修水、彭泽、九江、星子县及瑞昌市、浔阳区、庐山区等卫生防疫站,违规购进生物制品价值达68.48万元。审计还查出计划免疫生物制品接种存在乱收费问题。审计机关出具审计报告,提出处理意见。

2009年,对新产品试制费、中间实验费、重大科研项目补助费三项经费使用管理情况进行审计,发现科技三经费预算下达晚。每年末市财政局与市科技局联合下达当年科技三项经费,实为上年结转项目。此外,未通过立项、评审和签订合同等程序安排的资金有45万元,占市直250万元项目资金18%,基本用于弥补经费缺口。审计对科技三项经费的使用管理提出建议。

2010年,继续开展对科技三项经费使用管理情况审计,审计发现未严格按照预算批复项目使用资金,存在改变项目资金用途问题。下达九江恒盛科技孵化器建设资金26万元项目资金到达项目实施单位后,其中6万元拨到市科技情报所下属自收自支的事业单位——市生产力促进中心账户。未经立项、评审和签订合同等程序安排使用项目资金80万元,占市直安排资金320万元的25%。该科技三项经费主要用于科技活动日常管理和弥补经费不足,未用于科研项目。审计部门提出整改意见。

## 四、救灾审计

1991年,据省审计局《关于加强和改进1991年定期审计工作的通知》,市审计局组织各县(市、区)审计局对全市及各县(市、区)1990年度救灾款进行审计调查,重点抽查乡50个,行政村59个和储金会169个,走访受灾农户388户。共查出违纪违规金额201242.60元。挤占挪用资金158364.77元,占79%。民政部门留用生产周转金和储金会基金回收率低。1984~1990年民政部门留生产周转金1417300元,投入使用1397300元,收回资金168900元,回收率仅为12%,未收回资金1228400元,占总投资88%。此次调查的169个储金会借出资金893977.24元,已收回资金622086.17元,投资回收率不到70%,逾期未回收资金271891.07元。救灾款物发放不及时,一些灾民在上级投入资金后要等几个月才能领到救灾款,主要原因是救灾款调拨、分配、发放手续办理不及时所造成。

1994年,对全市救灾款物在管理、发放和使用情况进行审计,发现修水、星子、都昌、湖口、武宁5县民政局救灾款收入数与上级政府调拨数不符,相差1895万元;截留救灾款134992元,救济粮435385斤,未分配到位;挤占挪用救灾款543085元,救灾粮2700斤;救灾款物发放制度不健全,记账不规范等问题。

2001年,据《2001年全省救灾资金审计工作方案》,对全市13市、县(市、区)民政局1999~2000年度救灾资金管理和使用情况进行专项审计,共查处1999年度违纪违规问题资金68.24万元。其中截留资金拨款不及时0.29万元,挤占挪用20.37万元,其他47.58万元。查出2000年度违纪违规问题资金240.13万元。其中截留资金拨款不及时130.99万元,挤占挪用27.65万元,其他81.49万元。审计要求及时纠正并对违规问题进行处理。

2006年7月,市审计局派出审计组对九江县、瑞昌市"11.26"地震灾后中央、省市下拨各项救灾及灾后重建资金,接受社会捐赠款物情况进行事中审计,发现结存资金过大。至2006年7月31日,市本级结存民房重建资金495万元,捐赠款结余6979.4万元;九江县财政部门结存专项资金1846.24万元,民政部门结存民房重建资金1770.11万元,其他救灾资金312.72万元;瑞昌市财政部门结存专项3049.6万元，瑞昌市民政部门结存资金398.44万元；救灾捐赠款物在使用上存在不合规现象。九江县民政部门在救灾资金中列支捐赠物资运输费10.26万元，瑞昌市人民医院领用捐赠药品纳入医院经营药品核算，而未进行专户核算，违反民政部发布的《救灾捐赠管理暂行办法》“县级以上地方人民政府民政部门负责调度的救灾捐赠物资费、临时仓储等费用由地方同级财政负担”规定。

2007年，市审计局对瑞昌、九江县地震救灾资金进行审计。至2007年5月15日，瑞昌市和九江县共收到财政拨入社会捐赠的地震救灾资金64837.52万元。审计调查瑞昌市6个乡镇和九江县2个乡镇，查出滞留、截留、挪用的资金1097.05万元，虚报冒领资金72.15万元，审计期间收回违规发放资金532万元，处理违纪违法人员29人，移送案件1件，接待群众来访132批200人。审计发现瑞昌市在调整灾民户数和类别过程中，由于调整面过大，把关不严，产生重灾轻补、轻灾重补、以权谋私、优亲厚友、分配不公等问题，引发部分群众不满，导致乐园乡300余名群众冲击乡人大会场的群体事件。审计抽查瑞昌市33个用款单位，接受捐赠资金3869.29万元，至2007年3月底，结余捐赠款1987.54万元未使用到位。2008年，根据《审计署关于加强对2008年低温雨雪冰冻专项救灾资金和物资审计监督的通知》，4月市、县两级审计机关对全市2008年低温雨雪冰冻专项救灾资金和物资分配、拨付、使用及管理情况进行审计，发现资金拨付不及时等问题。至2008年8月29日，全市有3389.19万元未及时拨付到位。其中：市本级671万元，修水县688.4万元，庐山管理局12.13万元，瑞昌市305万元，星子县263.29万元，庐山区11.76万元，武宁县15万元，德安县318.52万元，都昌县482.90万元，永修县371.07万元，九江县120.26万元，湖口县129.86万元。个别单位资金管理不规范，庐山综合垦殖场将5万元地方安排的自然灾害专项资金用现金方式支付给其下属云雾茶场和庐山茶场。市林业科学研究所救灾经费财务核算不规范，收到专项救灾款时未设“拨入专款”科目核算，救灾专项支出也未设“专款支出”或“拨出专款”科目核算。瑞昌市范镇部分救济款未按规定通过“一卡通”发放。

2009年7月，市审计局根据市政府部署，对瑞昌市、九江县2005~2008年末“11.26”地震救灾资金及物资分配使用情况进行专项审计调查，发现将地震前已竣工项目列入灾后重建项目。九江县沙河中心敬老院A栋楼和B栋楼于2005年6月21日开工，2005年9月30日竣工，送审总造价为3466355.81元，审计核定为3409900.16元，2005年4~11月灾前拨入790000元，其余2619900.16元从地震救灾资金中列支。改变资金用途，将结余的民房重建资金用于看守所、“三院”等项目灾后重建，2008年，瑞昌市从民房重建资金中暂付市公安局100万元用于看守所建设，付“残疾人危房改造”资金12.5万元，市妇幼保健院100万元、城东学校120万元，地震局20万元，图书馆75万元、档案馆75万元，总计502.5万元。违规收取管理费，审计九江县沙河经济开发区发现，县红十字会从省航空公司捐赠款50万元中收取5万元费用转行政账，作单位预算外收入。少数单位未设专账核算救灾资金，挤占挪用救灾应急资金，瑞昌市民政局从应急资金中借支7万元用于汶川地震捐赠物资运输费，至审计日止尚未报账。九江县文化广播电视局自2005年11月至2008年12月收到救灾捐赠资金43.96万元，拨给电视台9.50万元作事业费，电视台将此款中5.30万元，用于购置摄像机及软件系统，3.40万元用于自身及文化馆维修支出。

**1991~2010年全市国家审计情况一览**

表40-1-1 单位：个、万元、件

| 年 份 | 审计项目数 | 查出违纪违规金额 | 查出损失浪费 | 处理应上缴财政金额 | 已上缴财政金额 | 已归还原渠道资金 | 移送司法、纪检部门处理案数 |
|---|---|---|---|---|---|---|---|
| 1991 | 1598 | 4196 | 510 | 628 | 619 | | 6 |
| 1992 | 1525 | 5616 | 1170 | 803 | 424 | | 1 |
| 1993 | 880 | 3561 | 207 | 555 | 545 | | |
| 1994 | 785 | 4174 | 115 | 542 | 444 | 82 | 2 |

续表 40-1-1

| 年份 | 审计项目数 | 查出违纪违规金额 | 查出损失浪费 | 处理应上缴财政金额 | 已上缴财政金额 | 已归还原渠道资金 | 移送司法、纪检部门处理案数 |
|---|---|---|---|---|---|---|---|
| 1995 | 916 | 4700 | | 1261 | 999 | | |
| 1996 | 1129 | 9979 | | 1251 | 1019 | | 13 |
| 1997 | 1287 | 9235 | | 1351 | 1052 | | 2 |
| 1998 | 822 | 10719 | | 766 | 641 | | 23 |
| 1999 | 993 | 23100 | | 704 | 514 | 125 | 6 |
| 2000 | 927 | 48177 | | 967 | 671 | | 8 |
| 2001 | 771 | 10104 | | 956 | 673 | | 12 |
| 2002 | 821 | 11123 | 67 | 954 | 823 | 274 | 2 |
| 2003 | 986 | 10881 | 135 | 1551 | 1278 | 839 | 15 |
| 2004 | 886 | 16196 | 1194 | 1741 | 1559 | 1121 | 11 |
| 2005 | 856 | 10533 | 43 | 1741 | 1565 | 495 | 11 |
| 2006 | 1481 | 24403 | 144 | 3318 | 3208 | 5366 | 7 |
| 2007 | 1367 | 18505 | 192 | 1878 | 1962 | 2564 | 9 |
| 2008 | 1199 | 21899 | 603 | 1500 | 1577 | 94 | 7 |
| 2009 | 1178 | 62673 | 113 | 2176 | 2058 | 1766 | 12 |
| 2010 | 1259 | 13421 | 36 | 2547 | 2224 | 2106 | 5 |

# 第二章 内部审计

## 第一节 审计实务

1991 年,全市内部审计共对 1060 个单位(项目)开展审计,其中企事业单位财务收支审计 545 个,经济责任(含厂长离任审计、企业承包经营审计)200 个,基本建设审计 142 个,其他项目 173 个,查出违纪金额 905 万元,查出损失浪费 229 万元,促进增收节支 458 万元,查出贪污贿赂案件 13 件。德安县粮食局内审股在对所属一粮管所审计中,查清长达 9 年之久的悬账,为国家挽回损失 4.2 万元。瑞昌市农业局审计服务站在加强农村财务管理同时,全年完成审计项目 15 个,查出损失浪费 13 万元,移送贪污贿赂案件 9 起,移送司法处理 2 人。九江县二轻局在对彩虹灯具厂审计时,查出该厂原副厂长、原供销科科长利用职务和工作之便,采取制造假协议骗货、货款不报账和开假发票作弊等手段,贪污公款 17514.80 元,并移交司法机关查处。庐山区粮食局通过内部审计,遏制基层粮食所(站)少提国家专项储备价款、利息补贴和费用补贴 14 多万元。武宁县农业银行监察审计科共审计所属 52 个单位(项目),审计总金额 3836.5 万元。共查出有问题资金 512.78 万元;县农业局农村经济审计室,对泉口镇丰田村及丰田村煤矿 1990 年度财务收支情况进行审计。查明违纪及有问题资金 19.32 万元;县供销社内审股独立审计单位 19 个,审出违规金额 121.11 万元,补缴税款 0.13 万元,多发奖金 0.51 万元退回企业,提出合理化建议 18 条。

1992年,全市共对1153个单位开展内部审计监督,查处违纪违规金额815万元,查出损失浪费500万元,促进增收节支386万元,查出贪污贿赂案件1件。全市共组织800余人参加省、市审计机关业务培训班。市百货公司审计科对其下属百货批发部审计,发现该部潜亏300万元,其中仅积压就有200多万元。通过审计,企业领导及时采取有效措施,制止盲目进货现象。共青垦殖场审计室全年审计223个单位,查出损失浪费85.6万元,促进增收节支92万,调增企业利润63万元。修水县林业局内审股对县纤维厂进行经济效益审计,发现该厂亏损42万元,审查出主要原因是产品结构不适应市场需求,积压产品达450多吨,产品中次品率比较高。由于产品卖不出去,结果造成能源浪费,资金沉淀,经济效益差,贷款利息已达70多万元,成为修水县工业亏损大户之一。审计后,提议该厂应采取连续生产一段时间,再停产一段时间,并积极组织产品推销,政策放开,对推销人员给予按销售额计提奖金的奖励政策等12条建议。厂方采纳后,1993年上半年产品销售大有改观,销售收入完成260万元,实现利润7.48万元,占年计划任务10万元的78.4%。

1993年,全市完成审计单位941个,查出损失浪费金额335万元。促进提高经济效益772万元,纠正违纪金额877万元。增加上级财政61万元,查出贪污贿赂案件5件,移送检察部门处理1人,移送司法机关处理1人。市教育局审计科在对市职业高中审计中,发现该校财务管理混乱违纪违规达40万元,财政预算内资金及近几年预算内基建结余、维修项目结余、利息等收入34.30万元转入预算外管理,另立户头。将学校门面租金、押金收入,钢材转卖收入5.7万元不归入财务核算,由收款人自购非正式收据,私设"小金库"。武宁县税务局审计股全年共审计所属单位及项目22个,其中财务审计12个,法纪审计4个,调票专题审计2个,共审计资金3200余万元,查出违纪及有问题金额64.51万元。通过审计处理,共追收税金16.7万元,调整账务差错26.55万元,提出改正管理建议和意见20余条。

1994年,全市开展内部审计1007个,查出损失浪费金额670万元,促进经济效益提高845万元,已查处违纪金额755万元。市保险公司内审部门,先后开展保费收入,保户储金和理赔实务审计,查出违纪违规金额390万元,审计赔案996件,建议纠正差错赔案29万元,查堵多赔金额3万元,提出整改意见67条。修水县为加强内审工作,县政府批转县审计局1994年上半年内审工作情况及加强内审工作意见的通知,安排29个政府部门、改制部门和重点企业,必须建立内审机构,配备审计人员,以强化内审职能。1995年,全市内部审计机构共完成审计项目722个,其中:财务收支审计46个,经济责任审计(含企业承包经营审计,厂长经理离任审计)10个,基建审计100个,其他566个,查出损失浪费金额425万元,促进提高经济效益342万元,被采用审计意见和建议453条,纠正违纪金额1187万元,审鉴财务决算66个,建议行政处分2人。市审计机关为加强内部审计工作,举办市直内审人员培训班,在市直内审机构中实行工作规范化考核评比制度。各县(市、区)普遍加强对内审工作指导,提高内审人员工作责任感。市大中大集团股份有限公司(市五交化公司)审计科1995年审计所属45个核算单位,审计覆盖率100%。提出审计意见和建议198条,纠正违纪金额27万元。

1996年,全市完成审计单位项目1282个,其中财务收支审计99个、经济效益审计211个、经济责任审计38个、基建审计117个、其他审计752个,查出违纪金额4649万元、损失浪费金额608万元,促进提高经济效益1467万元,提出建议措施被采用1575条,向司法机关移送案件4件,建议给予行政处分3人,移送司法机关处理7人。德安县粮食局审计股开展各项审计58个,共审计查出违规资金228.37万元,其中违纪金额6.77万元,损失浪费50.17万元,其他违规资金171.43万元,促进增收节支21.6万元,提出整改建议,措施20余条,帮助和指导粮食系统基层单位整改、提高。德安县卫生局审计股内审工作成绩突出,1996年,获市卫生系统审计工作先进集体,审计股负责人荣获江西省卫生系统审计先进工作者。修水县农业经营管理科,把审计工作重点放在农村财务收支,减轻农民负担等热点问题上。1996年完成审计项目18个,80%审计对象都在村、组,累计查处各类违纪违规金额53.2万元。

1997年,全市完成内部审计单位(项目)1973个,其中财务收支审计617个、经济效益审计256个、经济责任审计231个、基建审计117个、其他审计752个,查出违纪金额1985万元、损失浪费金额697

万元,促进提高经济效益2384万元,提出建议措施被采用1501条,查处贪污等案件3件,建议给予行政处罚12人。武宁县供销社审计股对所属单位,财务收支进行审计,查出漏缴税金0.39万元,审计后按时上交国库。修水县农业局监察内审股完成审计项目37个,纠正违纪违规金额140.09万元,收缴违纪违规金额0.9万元,追回违纪金额5.3万元,调整违规账目金额124.01万元。查出损失浪费金额15.92万元,促进增收节支金额19.25万元。还根据下属单位站、场较多的特点,及时开展离任审计工作。对全丰镇、杭口镇兽医站进行财务收支审计,审计金额12.7万元,查出违纪违规金额6.8万元。1998年,全市完成审计单位(项目)962个,其中财务收支审计623个、经济效益审计109个、经济责任审计144个、基建审计1个、其他审计85个,查出违纪金额611万元、损失浪费金额722万元,促进增收节支1561万元,提出建议措施被采用406条。修水县农业经营科组织审计组于当年11月对港口镇港口村财务收支实施审计,通过调查核实,该村干部漏收镇政府下拨各种补助款3143.4元;冒领蚕桑生产奖166元;虚报1995~1997年村办企业利润6347元;虚报蚕种款及照明费1166元;虚报挪用公款1279.4元。对查实的问题依法依规做出审计处理。永修县在19个乡(镇)建立审计工作站,并以县政府名义拟发关于加强村级财务审计监督文件,把内部审计延伸到村一级。

1999年,全市共完成审计单位(项目)516个,其中财务收支审计316个、经济效益审计81个、经济责任审计68个、基建审计1个、其他审计47个,查出违规行为351万元、损失浪费598万元,促进增收节支446万元,提出审计建议被采纳191条、建议给予行政处分5人。同年,武宁县供销社审计室对鲁溪供销社财务收支进行审计,查出乱记账、多提多列成本费用3.21万元,责成财务人员作调账处理,并提出合理化建议5条。彭泽县农牧局内审机构拟发《关于加强全县村级财务收支审计》文件,把内审工作延伸到村一级,为加强村级财务管理,巩固集体经济发挥作用。

2000年,全市共完成审计单位392个,其中财务收支审计194个、经济效益审计127个、经济责任审计52个、基建审计2个、其他审计17个,查出违规金额267万元、损失浪费金额356万元,促进增收节支264万元,提出建议意见被采纳176条。为使内审工作沿着正常轨道开展,进一步规范对内审工作指导,市政府制定《九江市政府关于加强内部审计工作的暂行规定》,对内审工作对象、依据、职权等方面详细加以规范和界定。2001年,全市内审机构对227个单位(项目)进行审计,其中财务收支审计126个、经济效益审计22个、经济责任审计66个、基建审计1个、其他12个,查出违规金额124万元、损失浪费金额328万元,促进增收节支171万元,通过审计提出建议意见被采纳74条。武宁县粮食局内审股全年开展离任经济责任审计项目3个,审计资金2500万元,查出违纪或有问题资金24.68万元,其中多摊成本费用20.34万元,发票不符合规定金额2.45万元,滞账金额1.89万元。通过审计处理,追回责任借款1.89万元,调整账务金额12万元。2002~2004年,全市内审机构共对881个单位(项目)进行审计,其中财务收支审计600个、经济效益审计31个、经济责任审计187个、基建审计10个,专项审计51个,内控评审2个,查出违规金额752万元、损失浪费金额672万元,促进增收节支659万元,通过审计提出建议意见被采纳157条。修水县粮食局审计股对下属14个购销企业,2个供销企业2003年度财务收支情况进行全面审计,共计查出违纪违规金额40.67万元,其中隐瞒和虚报收入26.51万元,多转和少转成本14.16万元。全行业招待费开支56.47万元,对比上年度多开支8.19万元。审计提出处理意见,促进粮食部门增收节支工作。

2005~2010,全市共对663个单位(项目)进行审计,其中财务收支审计375个、经济效益审计49个、经济责任审计89个、基建审计82个、专项审计68个,查出违规行为金额250万元、损失浪费金额1800万元,促进增收节支240万元,通过审计提出建议意见被采纳247条。

至2010年,20年间全市内部审计机构共开展对11779个单位(项目)审计工作,其中财务收支(含定期审计)审计3541个,经济效益审计886个,经济责任审计(含厂长离任审计、企业承包经营审计)1085个基本建设(固定资产投资审计)685个,专项审计119个,内控评审2个,其他项目5461个。查出违纪违规金额13528万元,查出损失浪费7940万元,促进增收节支4268万元,提出合理化建议被主管部门采纳 4780 条，查出贪污贿赂案件 30 件，移送司法机关处理 20 人，建议给予行政处分 24 人。

**1991~2010 年全市内部审计情况一览**

表 40-2-1　　　　单位：个、万元、件、人

| 年 份 | 审计单位数 | 纠正违纪金额 | 查出损失浪费金额 | 促进增收节支金额 | 促进提高经济效益 | 审计建议被采纳 | 查出贪污贿赂案件 | 建议给予行政处分 | 移送纪检司法机关处理 |
|---|---|---|---|---|---|---|---|---|---|
| 1991 | 1060 | 905 | 229 | 458 | | | 13 | | 2 |
| 1992 | 1153 | 815 | 500 | 386 | | | 1 | | |
| 1993 | 941 | 877 | 335 | 61 | 772 | | 5 | 1 | 7 |
| 1994 | 1007 | 755 | 670 | | 845 | | | | |
| 1995 | 722 | 1187 | 425 | 22 | 342 | 453 | | 2 | |
| 1996 | 1282 | 4649 | 608 | | 1467 | 1575 | 4 | 3 | 7 |
| 1997 | 1973 | 1985 | 697 | | 2384 | 1501 | 3 | 12 | |
| 1998 | 962 | 611 | 722 | 1561 | | 406 | | 1 | |
| 1999 | 516 | 351 | 598 | 446 | | 191 | | 5 | |
| 2000 | 392 | 267 | 356 | 264 | | 176 | | | |
| 2001 | 227 | 124 | 328 | 171 | | 74 | | | |
| 2002 | 347 | 318 | 264 | 247 | | 7 | | | |
| 2003 | 268 | 217 | 204 | 206 | | 75 | | | |
| 2004 | 266 | 217 | 204 | 206 | | 75 | | | |
| 2005 | 188 | 250 | 136 | 149 | | 54 | | | |
| 2006 | 110 | | 68 | 91 | | 33 | | | |
| 2007 | 142 | | | | | 29 | 4 | | 4 |
| 2008 | 110 | | 870 | | | 82 | | | |
| 2009 | 48 | | 292 | | | 42 | | | |
| 2010 | 65 | | 434 | | | 7 | | | |
| 合 计 | 11779 | 13528 | 7940 | 4268 | 5810 | 4780 | 30 | 24 | 20 |

## 第二节　指导管理

1991 年初，全市审计机关相继召开内审工作会议，邀请政府领导参加，对内审工作提出具体要求，提高内审人员工作积极性。各县(市、区)审计局指定具体部门和人员负责此项工作，年初下达内审工作计划，建立考核评比制度，年终进行评比检查，表彰奖励。修水、瑞昌、德安等县审计局为内审机构统一印制内审工作文书、档案、表格和报表，举办内审干部培训班，以提高内审人员的政策和业务水平。1992 年，全市内审机构增至 300 个，内审人员增至 848 人，审计项目达 1153 个。根据内审工作发展要求，市、县两级审计机关与内审机构建立固定工作联系制度，经常到内审单位和审计现场指导工作，加强领导与管理。市审计局体系指导科全年到内审单位指导工作 200 余次，邀请市直内审负责人参加全市审计工作会议，组织内审人员参加业务培训 800 余人次，为提高内审人员业务素质，发展内审工作创造条件。1993 年，内审机构在审计机关指导下，针对本部门、本单位经济工作重点开展审计工作。在加强内部审计工作同时，市审计局于 5 月 15 日举办为期 1 周新会计制度培训班，提高内审人员业务水平。为表彰先进，9

月 11 日,市审计局推荐芙蓉农场审计科为全国内部审计工作先进集体,修水县供销社内审干部吴让益全国内部审计工作先进个人,受到国家审计署表彰。

1994 年,全市内审机构在审计机关指导下,围绕单位工作重点开展内部审计。市保险公司在单位内开展保费收入、保户储金和理赔事前审计,查出违纪金额 390 万元,纠正错赔 29 万元,维护本单位利益。各内审机构注重按审计程序办事,逐步实现内审工作制度化。1995 年,全市审计机关不断加强对内审工作指导,做到年初有布置,年中有指导,年终有检查。市审计局举办内审人员业务培训班,学习内控制度审计和基建项目审计,为内审机构扩大审计范围打好基础。九江玻璃纤维厂内部审计项目涉及到经营承包、基建预决算、内控制度、业务购销合同等多个领域,为完善企业管理,健全财务制度,杜绝国有资产流失,增加企业收入发挥重要作用。同时,市审计局组织内审人员赴重庆、西安等地考察,学习外地内审工作经验。

1996 年,全市审计机关贯彻国家审计署《关于加强内部审计工作的规定》,加强内部审计指导管理。修水、武宁、彭泽、都昌、湖口等县以政府名义下发内部审计工作《会议纪要》《内部审计工作目标管理考评办法》《关于进一步加强内部审计工作的意见》。1997 年, 市审计局在对内审工作进行考核评比基础上,推荐 3 个内审单位和 3 名内审干部参加全省评比,使内审工作有“位”有“为”。各级审计机关积极组织内审人员参加业务培训,安排内审人员参加职称考试,关心内审人员的政治生活待遇,以调动内审人员的工作积极性。各内审机构也不断加强自身建设,举办各项业务培训,适应内审工作需要。市公安局在 11 月中旬,用 1 个星期时间,聘请省公安厅审计处和市审计局审计专业人员讲课,培训全市公安系统 50 名财务审计人员,为公安系统开展内部审计工作打下较好基础。

1998 年,全市审计机关进一步加强对内审工作指导和监督。永修县 19 个乡镇建立审计工作站,县政府下发《关于加强村级财务审计监督》,把内部审计延伸到村一级。浔阳区政府在卫生、教育系统 6 个单位建立内审机构。都昌县不但建立内审工作制度,还在内审材料报送、内审例会、立卷归档、评比表彰方面制定具体要求,促进全县内审工作规范化发展。全市内审机构建立自我约束,自我发展考评考核机制。

1999~2000 年,全市审计机关加大对内审工作宣传、指导和管理力度,使内审工作沿着正常方向发展。2000 年,市政府下发《九江市政府关于加强内部审计工作的暂行规定》,对内部审计工作对象、依据、职权等方面加以规范和界定。市环保局结合部门特点,制定《九江市环境保护系统内审工作暂行办法》,以指导单位内部审计工作开展。同年上半年,市卫生系统召开内部审计工作会议,统一规范《内部审计通知书》《审计结果通知书》等文书样本,促进卫生系统内部审计工作走向制度化和规范化。

2001~2002 年,市审计局在全市年度目标考核指标中,把内审指导管理工作列为考评内容,强化对内审工作指导和管理。各县(市、区)审计局指定 1 名副局长主抓内部审计工作,组织召开内审工作会议,下达内审工作计划,促进内部审计项目实施。修水县审计局组织专人到县农业局、粮食局、信用联社、卫生局、教委、财政局征求内审工作管理意见,向市局推荐内审工作先进单位,支持内部审计工作开展。2001~2002 年,全县完成内审项目 272 个,县粮食局荣获全省内审工作先进单位。庐山区审计局对内审做出成绩的 4 个单位进行表彰。2003 年,全市审计机关对内部审计机构进行不定期质量检查和业务指导,解决内审工作中疑难问题。2004~2010 年,全市审计机关对内部审计基本做到年初下达计划,年中督促检查,年终总结评比,促进全市内审工作持续有序开展。

## 第三节 内审机构

1991年，全市188个部门、单位设立内部审计机构，配备内审人员444名，其中159个部门、单位设立内部审计专职机构，配备专职人员307名。

1992年，大型企业建立内审机构，至年底，全市内审机构增至300个，审计人员583人。2000年，随着全市国有企业改制、兼并、破产、转型不断深化，企业内部审计机构随之撤销，2001年，全市内审机构减至182个，人员减至355人。2010年，内审机构48个，人员61人。

1991~2010年全市内审机构及人员配备情况一览

表40-2-2 单位：个、人

| 年 份 | 内审机构 | | 内审人员 | |
|---|---|---|---|---|
| | 小 计 | 其中：专职 | 小 计 | 其中：专职 |
| 1991 | 188 | 159 | 444 | 307 |
| 1992 | 300 | 255 | 846 | 583 |
| 1993 | 252 | 238 | 666 | 517 |
| 1994 | 268 | 227 | 552 | 381 |
| 1995 | 272 | 231 | 567 | 391 |
| 1996 | 289 | 246 | 617 | 425 |
| 1997 | 296 | 195 | 661 | 445 |
| 1998 | 297 | 169 | 554 | 298 |
| 1999 | 271 | 174 | 550 | 320 |
| 2000 | 246 | 147 | 482 | 277 |
| 2001 | 182 | 110 | 355 | 191 |
| 2002 | 194 | 117 | 361 | 210 |
| 2003 | 237 | 156 | 414 | 255 |
| 2004 | 207 | 141 | 376 | 255 |
| 2005 | 155 | 112 | 280 | 171 |
| 2006 | 102 | 83 | 184 | 117 |
| 2007 | 69 | 65 | 116 | 75 |
| 2008 | 85 | 74 | 169 | 91 |
| 2009 | 49 | 44 | 62 | 44 |
| 2010 | 48 | 43 | 61 | 53 |

# 第三章 社会审计

## 第一节 审计实务

1991~1998年,全市社会审计组织共接受委托审计事项36409项,其中财务收支审计441项,企业承包经营审计84项,受理经济案件鉴定163次,设置企业注册验资,会计报表年检29452次,资产评估205次,接受其他项目390项。审计成果:1991~1992年委托审计查处违纪违规金额390万元,应上缴财政129万元;1993~1998年审计虚假注册资金8476万元,核减基本建设预算决算5436万元,为委托单位挽回经济损失478万元,促进增收节支524万元。1991~1997年培训社会审计人员1318人/次。

1991年,全市各审计事务所接受审计机关委托,对79个单位进行审计。查出违纪违规金额260万元,应上缴财政81万元。接受社会委托开展财务收支审计42个,承包离任审计17个,经济案件鉴定18个,验资年检1323个,资产评估2个,基建决算64个,咨询服务建账建制44个,担任93个单位审计常年顾问,其他678个。经市政府同意,市审计局、市社会保险事业管理局联合下达《关于对社会保险养老金等专项基金的提取和解缴进行审计的通知》,委托市事务所进行审计。至年底,审计收缴、补缴养老基金223万元。

同年7月,市审计事务所受委托对市内衣三厂职工食堂基建工程结算审计,乙方投资报价37万,审计核定34.45万元,审减2.55万元,审减率7%。武宁县审计事务所接受县审计局委托审计项目32个,受托验资审计260户,审计注册资金5180万元,核减注册资金67万元,全年受托创收4.12万元。

1992年,全市审计事务所共完成审计机关委托项目79个。查出违纪违规金额130万元,应上缴财政48万元。接受社会委托完成4562个,其中财务收支审计25个,承包离任审计14个,经济案件21个,验资年检3808个,资产评估6个,基建预决算30个,咨询服务、清账建制、担任审计顾问170户,其他项目473个。同年11月,市审计师事务所接受德安县纪律检查委员会委托,对德安县城街心花园土建工程决算进行审计验证。原工程造价18.2万元,,核实后为11.1万元,核减额7.1万元。为此,市纪委在一次召开县(区)纪委书记会议上,特邀请市审计师事务所基建科负责人作开展基建审计必要性发言。

武宁县审计事务所接受国家审计机关委托审计项目30个,查出违纪金额28万元,收缴财政金额5.6万元;受托验资审计272户,审计注册资金6000万元,核减注册资金59万元,实现自创收入4.7万元,发展审计咨询顾问单位47户,取得收入5.71万元。

1993年,全市审计事务所,会计事务所积极从事财务收支、承包离任,债权债务清理、经济案件鉴定,验资年检,资产评估,基建预决算审计,咨询服务,建章建制、配需等十多项服务,共接受委托审计5710个,其中验资年检5042项,资产评估9项,基建预决算55项,咨询服务318项,其他286项,核减基建预决算款165万元,注册资金849万元,挽回经济损失31万元,促进经济效益提高23万元。市审计局委托市审计事务所对九江柴动机厂1988年10月至1992年12月企业资产审计,通过听、看、问、查,该厂企业资产总额4045127元,经审计后定为3994589元,其中应调增利润94984,应调减利润145522元。同年,武宁县审计事务所接受国家审计机关委托审计项目5个,查出违纪金额15.89万元,收缴财政金额3.12万元,提出合理化建议5条,增加企业调账收入5.64万元。代征"中、小学校舍修建附加费"16.3万元,林业"两金四费"1.7万元,两项共实现自创收入5万元。受托验资审计270户,审计注册资金7142万元,核减企业注册资金481.72万元,实现自创收入1.85万元。受托对28个单位基建工程进行预算审计,对3个单位基建项目进行决算审计,实现自创收入1.94万元,以上共计自创收入8.79万元。修水县审计事务所受香炉山钨矿董事会委托,对香炉山1988~1992年投资及资金使用情况进行审计查证,发现该矿会计基础工作较差,核算手续不全,审核不严格,往来款项没有及时清理,材料核算没有数量、品名、单价，部分账目不清，一些核算内容没有报批手续和报批程序，擅自扩大开支范围或提高开支标准，基建计划一超再超等问题。将审计情况以书面形式向钨矿董事会、县有关领导和部门报告，并提出7点建议整改。

1994年，全市14户审计事务所、会计师事务所共接受各类委托查证单位1373户，完成委托审计项目6695项，其中验资年检6137个，创收81.89万元，会计咨询服务467个，创收91.72万元，开展基建预决算审计80项，核减工程结算款202万元，事务所创收52.11万元，资产评估11项，创收11.7万元，核减虚假注册资金1024万，为单位挽回损失33万元，促进提高经济效益资金40万元。市局局长带队参加在重庆市召开的长江沿岸城市社会审计第二次研讨会，交流社会审计经验。7月，修水县审计事务所受托对县物资局下属金属材料公司、机电设备公司、轻化建材公司1993年度财务收支和库存情况进行审计，对职工所反映弄虚作假，搞假发票，集资款使用，购买小汽车等问题进行查证，帮助上述公司摸清家底，核实盈亏，调整账目，查实问题，严肃财经纪律。

1995年，全市社会审计组织共接受业务委托单位1891个，完成委托事项5651项，其中验资年检6137项，资产评估11项，基建预决算80项，咨询服务467户，核减基建投资476万元，为委托单位挽回损失94万元，核减虚假注册资金2065万元，促进提高经济效益97万元，培训财务人员89人(次)，取得社会效益和经济效益“双丰收”。各审计会计事务所普遍重视工作质量，为委托客户提供周全、高效服务，赢得信誉，1995年业务项目中客户主动上门委托比列上升27%。内部管理和分配制度、分配机制日趋完善。各所积极开拓业务同时，加强内部管理，奖勤罚懒，充分体现“多劳多得”分配原则。部分所已全面开展对外商投资企业各项审计业务，向注册会计师专业领域发展，在已完成的外资审计签证业务中，普遍受到企业好评。全年共培训人员89人次，取得税务代理、土地估价、资产评估、基建预算等专业技术职称达48人次。11月，修水县审计事务所接受三都垦殖场委托，对其下属茶叶公司1992~1994年经营责任承包进行审计，通过查证，查清该公司资不抵债，净亏损328.3万元。财务管理混乱，账目设置不健全，记载不规范，长期不对账，账面误差9.4万元。对查证发现的问题，向三都垦殖场提出5条整改措施。同年，修水县审计事务所受县人民法院委托，对何市镇某贪污案进行审计鉴定，原定贪污款1.2万多元，通过审计查证，确定贪污金额为2777.91元。

1996年，全市社会审计组织共接受委托单位1641个，完成委托事项4166项，其中财务收支审计18项，承包经营审计15项，经济案件鉴定107项，验资年检3218项，资产评估172项，基建预决算119项，咨询服务433项，其他项目239项，促进增收节支94万，培训社审人员72人(次)。核减基建预决算款810.55万元，核减注册资金732万元，为委托单位挽回损失111万元。

1997年，全市社会审计组织严格规范自身行为，开拓业务，全年共接受委托单位2040个，完成委托事项4292项。其中财务收支审计98项，承包经营审计38项，经济案件鉴定17项，验资年检3050项，资产评估94项，基建预决算147项，咨询服务349项，其他项目490项。核减基建预算2040万元，核减注册资金2113万元，为委托单位挽回损失27万元，促进提高经济效益207万元。

1998年，全市社会审计组织共完成委托事项2893项，其中财务收支审计100项，验资年检1848项，资产评估20项，基建预决算124项，咨询服务287项，其他项目514项，核减基建预算1702.4万元，核减注册资金1693.3万元。为委托单位挽回损失155万元，促进提高经济效益63万元。当年，根据“关于清理整顿注册会计师行业通知”要求，注册审计师已全部按要求交换证件。

1999年，依据1998年5月省注册会计师协会特别代表大会精神，按照《注册会计师法》和江西省注册会计师协会要求，全市审计机关在指导社审机构开展社会审计业务同时，全面实施社会审计机构脱钩改制工作，完成或基本完成脱钩改制工作12家。至2000年，全市社会审计机构脱钩改制工作全部完成，其业务归口市注册会计师协会管理。

1991~1998 年全市社会审计成果表

表 40-3-1　　单位:个、万元、人

| 年 份 | 完成委托事项 | 查出违纪金额 | 上缴财政金额 | 核减虚假注册资金 | 核减工程预决算资金 | 为委托方挽回损失 | 促进增收节支 | 培训人员 |
|---|---|---|---|---|---|---|---|---|
| 1991 | 2360 | 260 | 81 | | 40 | 27 | | 195 |
| 1992 | 4642 | 130 | 48 | | | | | 195 |
| 1993 | 5710 | | | 849 | 165 | 31 | 23 | 595 |
| 1994 | 6695 | | | 1024 | 202 | 33 | 40 | 90 |
| 1995 | 5651 | | | 2065 | 476 | 94 | 97 | 89 |
| 1996 | 4166 | | | 732 | 811 | 111 | 94 | 72 |
| 1997 | 4292 | | | 2113 | 2040 | 27 | 207 | 82 |
| 1998 | 2893 | | | 1693 | 1702 | 155 | 63 | |
| 合 计 | 36409 | 390 | 129 | 8476 | 5436 | 478 | 524 | 1318 |

## 第二节　指导和监督

1991 年,全市审计机关坚持把社会审计作为社会主义审计体系一个重要组成部分来抓,经常督促检查审计事务所正确执行审计政策法规,端正业务方向,对审计报告审核把关,指导和帮助审计事务所建立各种制度,规范其审计行为。各审计事务所在审计机关指导下,重质量、讲信誉,取得委托单位的信任。九江县审计事务所用几个月时间,对县灯具厂进行全面清产核查,追回损失 27 万余元,使濒临倒闭的企业有了转机。

1992 年,对社会审计组织进行指导管理,把重点放在帮助社审组织建立财务管理制度、目标管理考核制度、聘请人员管理制度,提高审计质量,拓宽服务范围,加快社会审计工作的开展。全年实施社会审计项目 1000 余项,创收 60 多万元。1993 年,市审计局贯彻“大力发展社会审计工作,积极提高社会审计质量”方针,制定审计体系指导工作考核办法,对全市社会审计组织具体工作进行协调,培训社会审计人员 595 人次,把社会审计指导管理工作列入全市审计工作的重要议程。当年,全市社会审计机构增至 15 家,接受委托单位 1914 个,完成委托事项 57102 项,促进提高经济效益 23 万元。

1994 年,全市社会审计机构在审计机关指导下,加强内部管理,树立服务第一、质量第一、信誉第一的宗旨,建立各项业务工作规程和制度,培训从业人员 90 人次。社会审计工作质量进一步提高,审计领域进一步拓展,全市接受委托审计单位 1373 户,完成委托事项 66952 项,促进提高经济效益 40 万元,社会审计成果显著,1994 年 5 月,市审计事务所被评为“全国百强审计事务所”,受到国家审计署的表彰。1995 年,各社会审计机构普遍加强内部管理,建立奖勤罚懒的分配机制。在市审计局支持下,各审计事务所对不称职从业人员坚决予以辞退,对在职人员予以培训,全年培训 89 人次,取得税务代理、土地估价、资产评估、基建预算等专业技术职称达 48 人次,从业人员专业技术素质进一步提高。1996 年,市审计局继续把对社会审计的指导和管理列入年度目标考评内容,要求各县(市、区)继续加强对社会审计组织的管理,使社会审计工作健康发展。5 月 10~12 日,市审计局作为东道主,主持召开南京经济区域 11 次审计局长会议,把社会审计的指导管理工作作为会议交流内容,受到与会者欢迎。各社审机构对照《注册会计师法》《注册会计独立审计准则》进行学习自查,以适应社会审计不断发展要求。10 月,市审计局通过对全市社会审计机构的检查考评,评出 2 个先进审计事务所和 4 个优胜审计事务所进行表彰。

1997年,全市审计机关对社会审计组织指导与管理,主要是坚持正面引导,帮助社会审计组织积极开拓业务领域,全年社审服务项目发展到20多个;规范社会审计组织执业、内部控制、职业道德的教育和管理,降低审计风险;要求社会审计组织既要讲求经济效益,又要注重社会效益。同年,市局加强对社会审计组织的清理整顿,提高从业人员的责任意识,对全市注册会计师进行一次全面清理,重新登记,上报省审计厅。年终召开全市社会审计工作会议,总结经验,探讨社会审计工作规范化建设课题。当年,市审计师事务所和华浔会计师事务所分别获全省"十强所"和"十优所"称号,受到省审计厅表彰。

1998年,据中国注册会计师协会《关于清理整顿注册会计师行业通知》精神,对市、县审计师事务所、会计事务所进行清理整顿,对注册会计师进行换发新证。同年5月,江西省注册会计师协会特别代表大会召开。随后,市社会审计组织的管理工作逐步纳入行业管理的轨道,全市审计机关把社会审计组织的脱钩改制工作列入重要议事日程,对过渡阶段的管理工作提出严格要求,以保证社会审计组织的平稳过渡。

1999年,市审计局对市会计师事务所和九江华浔会计师事务所的审计业务质量进行检查。通过检查,认为审计业务质量总体良好,符合审计工作规程要求,但仍存在一些不规范之处。市局将质量检查结果向省厅作报告。

2000年11月,市审计局据国家审计署《审计机关监督社会审计业务质量的暂行规定》,对市浔诚会计师事务所、华浔会计师事务所2000年的审计业务质量进行检查。检查结果认为,上述两所经过脱钩改制后,真正成为社会中介组织,人员结构得到优化,审计风险意识明显增强,审计程序进一步规范,业务质量也有较大提高。但也存在复核制度不健全,审计会计报表发现的问题披露不充分,对审计发现的问题不能客观公正地发表意见等问题。市审计局提出加强和改进意见。

2001年至2004年,市审计局仍然把对社会审计组织的监督作为审计目标考评的重要内容,要求各县(市、区)审计机关继续对社会审计组织进行检查监督,以利社会审计的健康发展。2001年,武宁县审计局对兴宁会计师事务所业务质量进行检查,未发现弄虚作假现象,业务质量符合审计要求。同年,修水县审计局指定1名副局长负责社会审计的检查监督工作,组织审计人员对修水县昌达会计师事务所成立后的1年7个月的财务收支情况进行审计,并检查其审计质量,将审计和检查结果反馈给县财政局。2002年,德安县审计局对九江德信会计师事务所的审计质量进行监督检查;都昌县审计局协助省、市注册会计师协会对都昌同盛会计师事务所进行业务质量检查;市审计局对九江县等部分县会计师事务所的业务质量进行抽查,履行对社会审计的监督职能。2004年,全市审计机关根据省审计厅的部署,对全市12个会计师事务所的业务质量进行集中检查,并将检查结果向省审计厅做出汇报。

## 第三节　社会审计机构

据国家审计署关于"试办社会审计,以补充国家审计力量不足,对经济领域的活动进行全面监督"精神。20世纪80年代中期始,市(县、区)社会审计组织先后建立。社会审计组织统称审计师事务所或审计事务所,是经市、县政府和省审计局(厅)批准,并向当地工商行政管理部门注册登记、具有法人地位,在国家审计机关监督和指导下,独立承办审计查证和咨询服务,实行有偿服务,自收自支,独立核算,依法纳税事业单位。全市社审机构建立以后,坚持以国家利益为前提,以国家法律、法规为准绳,以讲求信誉、保证质量、客户至上、热情服务为宗旨,为社会各界提供审计服务。

1991年,全市有社会审计机构13个,分别为市审计师事务所、九江县审计事务所、瑞昌市审计事务所、武宁县审计事务所、修水县审计事务所、永修县审计事务所、德安县审计事务所、星子县审计事务所、湖口县审计事务所、彭泽县审计事务所、都昌县审计事务所、浔阳区审计事务所、庐山区审计事务所。共有社会审计从业人员104人。

1992年8月,市八里湖开放开发区会计咨询服务公司成立,隶属市审计师事务所领导。1993年12

月,市八里湖开放开发区会计咨询服务公司更名为九江华浔会计师事务所,改由市审计局直接领导。同月,市审计局在海南省海口市成立海南中山会计师事务所。当年底,全市有社会审计机构15家(含海南中山会计师事务所)、从业人员143名。

1995年1月,海南中山会计师事务所改制停业。1997年4月,市审计局海南中山会计师事务所注销。当年,全市有社会审计机构14家,从业人员172名。1998年,全市仍保留14家社会审计机构,从业人员158名。

1999年,据财政部《关于进一步加强会计师事务所和审计事务所体制改革的通知》,全市社会审计机构进行脱钩改制工作。市、县(市、区)审计局对所属审计事务所进行清产核资并报同级国有资产管理部门批准,收回净资产。至12月底,撤销市审计师事务所和浔阳区审计事务所,修水县、星子县的审计事务所与会计事务所合并。12家社会审计机构基本完成脱钩改制工作。全市审计系统12个审计事务所全部改制成公司制企业,在人事、财务、职能、名称等方面均与主管部门脱钩,不再保持隶属关系,其业务归口市注册会计师协会管理。星子县审计事务所改制成立中正会计师事务所,都昌县审计事务所改制成立都昌同盛会计师事务所,湖口县审计事务所改制成立湖口县钟山会计师事务所,彭泽县审计事务所改制成立彭泽群力会计师事务所,九江县完成脱钩改制成立九江诚实会计师事务所。

**1991~1998年全市社会审计机构人员一览**

表40-3-2　　单位:个、人

| 年 份 | 机构数 | 从业人数 | 其中:聘用 | 人员构成 | |
|---|---|---|---|---|---|
| | | | | 中级以上职称人数 | 其他业务人员 |
| 1991 | 13 | 104 | 63 | 23 | 81 |
| 1992 | 13 | 124 | 67 | 25 | 99 |
| 1993 | 15 | 143 | 67 | 34 | 109 |
| 1994 | 15 | 152 | 74 | 78 | 74 |
| 1995 | 14 | 172 | 80 | 80 | 92 |
| 1996 | 14 | 156 | 75 | 67 | 89 |
| 1997 | 14 | 147 | 63 | 60 | 87 |
| 1998 | 14 | 158 | 70 | 85 | 73 |

# 第四十一篇

# 工商行政管理

# 第四十一篇　工商行政管理

1991年以来,全市工商行政管理机关围绕建立社会主义市场经济体制,实施职能转变,做好市场监督管理和行政执法工作。加强企业登记、个体私营经济、商标与广告等管理,保护消费者权益,反不正当竞争,查处假冒伪劣产品,查处传销等活动。抓住沿江开发和京九铁路开通发展机遇,培育各类市场,形成以市区市场为龙头,市辖县(市、区)市场为骨干,边界市场为衔接点的大、中、小市场结合,各种经济成分和经营方式并存,服务和功能完备的市场网络。1999年,市工商局"12315申诉举报中心"成立;2006年,市工商局消费者权益保护局成立,为消费者提供全方位、高质量维权服务,赢得社会各界信任和肯定。2008年,全市工商系统开展基层工作模式改革,实行纵向到底、横向到边网格化管理模式,服务个体私营经济发展。至2010年,累计登记内资企业9134户,注册资金2746855万元;外资企业1117户,投资总额65.89亿美元。登记个体工商户119871户,私营企业18262户,分别比1991年增加2.28倍和95倍;个体私营企业纳税672800万元,比1991年增长160倍。全市注册商标3123件,其中中国驰名商标1件,省著名商标35件。

# 第一章 企业登记管理

## 第一节 内资企业登记

1991年始,全市各类企业随着国家进一步扩大对外开放,逐步建立现代企业制度。1992年6月,市工商局结合自身职能,配套制定服务措施,出台《关于深化改革扩大开放,促进经济发展的意见》。并对经营许可证发放,出台一些灵活措施,凡未明确规定凭许可证向工商行政管理机关申请登记注册的,可先领证后发照,也可先发照后领证。一时难以领到许可证的,可先发给企业3个月或6个月有效期限执照,待领到许可证,再换发正式执照。商业企业推选"四放开",专营商品,一次性经营均作出相应原则性规定。除冠中国、中华或省名的要报国家工商局、省工商局批准外,放宽企业各种登记条件,本着避免重复、混淆,方便企业,有利于增强企业活力原则,尽可能减轻企业负担。1994年7月,施行《中华人民共和国公司法》。当年为符合条件企业办理有限责任公司登记手续。

1996年8月2日至9月30日,市、县工商局对1994年7月1日前所有领取有限责任公司营业的执照企业法人以及分支机构进行重新登记。对注册资金达不到法定最低限额的,要求补足差额。公司章程、组织机构不符合公司法规定的,必须重新修改,加以完善。全面实行企业法人名称预先核准。1997年,在企业年检工作中引入A、B级企业认定试点工作。根据《关于贯彻执行国家工商局关于医疗机构登记问题的答复》,对市内国家不再核拨经费,实行企业化经营各类医疗机构办理注册登记。1998年,根据科技部《关于以高新技术成果出资入股若干问题的规定》,市工商局开始受理高新技术成果出资工作。1999年6月12日,《企业法定代表人登记管理条例》修订发布,明确规定企业法人法定代表人由企业登记机关核准登记。

2000~2003年,随着行政许可法、公司法、农民专业合作社法相继颁布或修订,市经济体制改革成为市场主体准入领域标志。2003年,全市内资企业(指国有企业、集体企业、股份合作企业和国有独资公司、国有控股公司以及与上述企业和机关、事业法人投资设立的公司)户数5917户,注册资金1276258万元。2004年,根据《江西省工商局企业登记一审一核制试行办法》,市工商局进一步改革内部登记模式,全面实行"一审一核制"积极推行并联审批,提高办事效能。当年,全市内资企业户数6405户,注册资金1360171万元。

2006年,据省工商局下发《关于全省工商系统推动全民创业加快富民兴赣的若干措施的通知》鼓励投资办企业,市工商局出台《九江市工商系统推动全民创业的二十条》。2007年,根据国家工商行政管理总局当年《关于改进和加强企业登记管理工作的意见》,市工商局在企业登记审查工作中,对产能过剩、技术落后、破坏资源、污染环境的,及时与有关部门沟通,依法把好市场主体准入关;并对全市的小砖窑、小煤窑、小矿山、小作坊进行清理。2008年,根据国家总局《关于促进服务企业发展的若干意见》,对一般性服务业企业降低注册资本最低限额,除法律、法规另有规定的外,一律降低到3万元人民币。2009年,出台《关于服务当前经济发展的若干意见》,从支持各类市场主体加快发展、完善服务"三农"工作机制、规范监管执法行为、提供优质高效服务四个方面制定25条服务措施。

2010年,市工商系统出台12项重点任务工作方案,企业登记开通市场主体信息发布平台、企业信息公开查询平台及企业登记网上办理平台。同时出台服务鄱阳湖生态建设区22条措施。

2010年年底全市内资企业一览

表41-1-1 单位:户、万元

| 项 目 | 户 数 | 注册资本 | 项 目 | 户 数 | 注册资本 |
|---|---|---|---|---|---|
| 国 有 | 2827 | 460618 | 股份合作 | 595 | 58023 |
| 集 体 | 2436 | 120982 | 其 他 | 11 | 1578 |
| 公 司 | 3265 | 2105654 | 合 计 | 9134 | 2746855 |

2001~2010年全市内资企业一览

表41-1-2 单位:户、万元

| 年 份 | 户 数 | 注册资金 | 年 份 | 户 数 | 注册资金 |
|---|---|---|---|---|---|
| 2001 | 4849 | 1070462 | 2006 | 7562 | 1634507 |
| 2002 | 5416 | 1208816 | 2007 | 7845 | 1772653 |
| 2003 | 5917 | 1276258 | 2008 | 8927 | 1780198 |
| 2004 | 6405 | 1360171 | 2009 | 9048 | 2520921 |
| 2005 | 6987 | 1490401 | 2010 | 9134 | 2746855 |

## 第二节 外商投资企业登记

1992年,组建市工商行政管理局外资企业登记监督管理科(以下简称外资科),7月,取得国家工商局关于外资企业登记授权,可直接登记、监管境内外商投资企业,成为全省工商系统第三个授权局。当年登记第一家外资企业江西赣金竹木制品有限公司。至年底,登记外商投资企业64户。1993年始,国家相继实行外汇牌价"双轨制"、海关对外资企业自有产品进口免收关税两项政策,促进九江外资企业发展。当年登记外资企业118户。

1998年,《外商投资产业指导目录》经国务院批准修改后,于1月1日起实施。1999年开始,工商行政管理局对于企业名称不再核定外文名称。

2000年,据《中华人民共和国企业法人登记管理条例施行细则》有关规定,对外商投资企业营业执照及有关登记管理工作进行调整;并于2001年1月1日起换发新式营业执照。市工商局累计换发营业执照360余户。2003年,为进一步规范外商投资企业登记注册行为,市工商局正式启用国家工商总局外商投资企业新注册表式。同年通过国家工商总局外商投资企业注册局对外商投资企业登记管理授权验收工作。至当年,累计登记外资企业341户。

2005年,市工商局开通外资企业登记绿色通道和重大项目跟踪服务制。对投资总额达500万美元以上外资企业,派专人受理并给予指导,当场发照。通过绿色通道登记外资企业达300余户。对重点招商企业,实行跟踪服务。从招商始就提前介入了解情况,谈妥后帮助企业落户九江。至当年底,累计登记外资企业637户,其中法人企业463户,分支机构174户。2006年,商务部、国家资产监督管理委员会、国家税务总局、国家工商总局、中国证券监督管委会、国家外汇管理局下发《关于外国投资者并购境内企业的规定》,拓宽境内企业融资渠道,给外国投资者提供广阔投资空间。当年登记外资企业136户,历年累计591户。此外,历年累计并购境内企业64户。2007年,外商投资产业指导目录重新修订,产业政策更加放开,进一步吸引外资。当年登记外资企业127户,历年累计606户。

2008年,据国家有关部委深化电信体制改革精神,中国联通股份有限公司与中国网通集团(香港)有限公司合并、重组,全市电信涉及变更企业类型(外转内)22户。金融危机,导致一批外资企业无履约能力,零进资企业增长,达100余户。为拓宽企业融资渠道,支持企业发展,减少金融危机带来影响,出台《工商机关股权出质登记办法》。办理外资股权出质登记2户,融资144333万元人民币。

2009年始,市工商局开展外资市场主体登记信息综合分析利用,加强对企业数量、资本规模、产业结构、行业分布、发展态势等综合分析判断,对数据进行深度挖掘,定期编制并发布有关市场主体信息报告,为地方党委、政府科学决策和市场主体投资提供参考。当年,全市工商行政管理机关新登记外商投资企业163户,其中合资4户,独资159户。审查投资总额62116.93万美元,注册资本35116.58万美元,在注册资本中,外方认缴33991.58万美元,占96.8%,其中投资总额在1000万~5000万美元12户,5000万美元以上2户,与2008年同期相比登记户数增长83%,各项指标均呈上升趋势。至年底,全市累计实有外商投资企业986户,其中合资216户、合作17户、独资524户、分支机构229户;投资总额475702.04万美元,注册资本284422.71万美元,外方认缴额252296.48万美元。实收资本106127.50万美元,外方92413.95万美元;投资总额在1000万~5000万美元90户,5000万美元以上9户。产业结构依次为制造业121户,上年同期是61户;房地产业64户,上年同期是64户;社会服务业14户,上年同期是11户;批发零售业101户,上年同期是71户。农林牧渔业8户,上年同期是6户;交通运输、仓储及邮电通信业18户,上年同期是3户;采掘业6户,上年同期是6户,建筑业9户,上年同期是1户;电力、煤气及水生产和供应业12户,上年同期是1户。投资国家和地区分别为香港420户,上年同期是299户;台湾112户,上年同期是90户;日本13户,上年同期是13户;美国30户,上年同期是25户;澳门地区16户,上年同期是14户;其他国别投资395户,上年同期是424户。外商投资企业户数、投资总额、注册资本分别比上年同期增长83%、16%、15%。

2010年,全市工商行政管理系统新登记外商投资企业180户,其中,中外合资13户,外商独资167户,审查投资总额15.55亿美元,注册资本9.42亿美元,在注册资本中,外方认缴9.05亿美元,占96.06%(2010年登记营业性分支机构13个),其中投资总额在1000万~5000万美元23户,5000万美元以上6户。与上年同期相比登记户数增长191.7%、各项指标均是上升趋势。至年底,全市累计外商投资企业1117户,其中分支机构224户,法人企业893户(中外合资218户、合作16户、外商独资659户)。投资总额65.89亿美元,注册资本39.92亿美元,外方认缴额34.81亿美元,实收资本13.28亿美元,外方有11.45亿美元,其中投资总额在1000万~5000万美元108户,5000万美元以上18户。

产业结构依次为制造业127户,房地产业65户,社会服务业15户,批发零售业131户,农林牧渔业8户,交通运输、仓储及邮电通信业13户,采掘业1户,建筑业10户,电力、煤气及水的生产和供应业1户。投资地区和国家分别为中国香港地区505户,中国台湾地区153户,日本13户,美国36户,中国澳门地区21户,其他国别投资165户。外商投资企业户数、投资总额、注册资本分别比2009年同期增长96.8%、250.3%、268.1%。

## 第三节　企业监督管理

### 一、内资企业监管

**年检监管**　1991年以来,工商部门利用年检对企业登记情况、出资情况、生产经营情况进行检查,并对违规违法行为进行教育和处罚。2010年,内资企业开始实行网上年检。当年年检,规范企业经营范围300余户;责令企业办理经营期限延长变更登记278户,许可项目到期责令变更12户,对实收资本逾期未到位的企业责令办理增加实收资本或减少注册资本变更7户;对2009和2010年度已参检但中途年份漏检企业通知补办有关手续的企业10户;下达警示通知书9户;网上提醒、指导54户。

2000~2010 年全市内资企业年检一览

表 41-1-3　　单位:户

| 年 份 | 应检户数 | 实检户数 | 参检率% | 网检率% |
|---|---|---|---|---|
| 2000 | 2259 | 1875 | 83.0 | |
| 2001 | 4849 | 3003 | 63.4 | |
| 2002 | 5416 | 3811 | 70.1 | |
| 2003 | 5917 | 3751 | 63.4 | |
| 2004 | 6405 | 4803 | 75.0 | |
| 2005 | 6987 | 5519 | 79.0 | |
| 2006 | 7562 | 6201 | 82.0 | |
| 2007 | 7845 | 5492 | 70.0 | |
| 2008 | 8927 | 6517 | 73.0 | |
| 2009 | 9048 | 6334 | 70.0 | |
| 2010 | 9134 | 5481 | 60.0 | 100 |

**日常监管** 1991~1995 年,围绕国有企业改革,支持国有企业改组改制,改造,调整结构,转换经营机制。按照建立现代企业制度要求,对照公司法和公司登记条例核准新公司。对于乡镇企业则是放宽条件,使之逐步成为市县经济主力军。

1998~1999 年,根据国家工商总局和省工商局要求,全市工商系统对企业名称中含有“三峡”“中银”字样企业和企业登记代理机构、煤炭企业进行清理,并对粮食收储企业、粮食批发企业、非银行金融机构、农资经营企业、市场中介组织以及各类“三无”企业进行重点监管,把注册资本到位率作为监管重点内容。

2000 年,在企业登记管理中,引导国有企业实施战略性调整,以产权制度改革为中心内容,以公司为主要形式,以资本为纽带,以市场为取向实施规模经营,因地制宜,因企制宜。支持企业进行“三改一加强”,并确定 10 户企业作为重点服务对象。2001 年,对全市公司制企业出资进行规范,对一些虚报注册资本、虚假出资和抽逃出资公司进行查处,构成犯罪移送公安机关处理。2002 年,为保护邮政专营权,对全市寄递企业经营范围进行规范。

2003~2004 年,全市工商系统对企业实行信用分类监管试点。2005~2006 年,市工商局对全市汽车销售企业的经营范围进行重新规范核定。同年,市工商局出台《九江市工商行政管理系统企业信用分类监管暂行办法》。对全市企业分为 A、B、C、D 四类进行监管,B 类以下企业进行重点监管。2007 年,加大对“十五小”(即:小造纸、小制革、小染料、小农药、小漂染、小电镀、土炼焦、土炼硫、土炼砷、土炼汞、土炼铅锌、土炼油、土选金、土法生产石棉制品、土法生产放射性制品)、“新五小”(即:小水泥、小火电、小炼油、小煤矿、小钢铁)和无照经营查处取缔工作。

2008 年,市工商局建立企业登记、监管结果信息公开制度。为拓宽企业融资渠道、支持企业健康发展,减少全球金融危机带来影响,根据《工商行政管理机关股权出质登记办法》办理股权出质登记。2009 年,停止征收两费后,市工商局进行基层监管模式改革。市工商局登记企业按注册地址分配到辖区工商分局进行监管。基层分局对辖区内企业巡查率达 90%,对重点行业、高危企业巡查率达 100%。企业注册局也加强对虚假出资、提交虚假材料骗取登记和抽逃资金查处,至 2010 年,查处“两虚一逃”案件10 起,罚没款合计 5.95 万元。两年内,还分别开展市场中介组织、生物柴油、再生资源企业清理整顿。

**专项整治** 2000 年,开展取缔讨债公司和清理烟花爆竹生产经营企业整治。2001 年,严把市场主体资格准入关,治理整顿“三无”企业,规范经营行为,以政府名义转发《整顿和规范市场主体行为,开展清理无照经营专项活动》《转发省政府办公厅关于治理整顿“三无”企业和无照经营的通知》2个文件，成立“清理无照经营专项整治领导小组”。2002年，结合企业登记，实行企业监管片区责任制，健全完善“经济户口”，对辖区企业全面彻底普查，加大监督管理力度。当年，根据省政府办公厅《关于治理整顿“三无”企业和无照经营的通知》，分别关闭和处罚2户矿山企业，变无照经营为有照经营企业15户。继续推进公有制企业改革改组工作，提供全方位服务。2003年，陆续开展以煤矿为重点矿山安全整治、道路和水上交通运输安全整治、危险化学品安全整治、民用爆破器材和烟花爆竹安全整治、人员密集场所消防安全整治。

2008年7月，据《九江市安全生产百日督查专项行动工作方案》要求，市工商局严把市场主体准入关，对新登记涉及安全生产16户企业，做到前置许可证件齐全、合法、有效，并出动执法人员218人次，下达责令整改通知书26份，切实做到逐户上门，不留死角，不留安全隐患。8月，根据《关于开展兴奋剂生产经营专项治理工作的通知》精神，市、县工商局采取多项措施确保实现兴奋剂专项治理工作目标。12月，根据国家工商总局《关于禁止在企业名称中使用“八一”等涉及军队和武警部队字样的通知》，市局对36户相关企业办理变更手续。

2010年，成立市工商局专项治理工作领导小组，对全市162户市场中介进行分类梳理，通过治理后，完全市场化经营103户。同时集中开展严厉打击非法违法生产经营建设行为专项行动。

## 二、外资企业监管

1992年，全市外资企业实行属地管理，下放到各基层工商所监管。

1996、1997年，据国家7部委联合年检制要求，外资企业年检由工商部门一家年检变为由工商部门和对外贸易经济合作部、国家经贸委、财政部、国家外汇管理局、国家税务总局、海关总署7部门联合参加，对外资企业实行联合年检。九江外资企业年检亦由一个部门变为多个部门年检，年检率有所下降。

2006年，对78户长期不进资，不参加企业年检，无办公场所、无办公人员外资企业作出吊销执照行政处罚。2007年，对全市外资企业登记管理进行专项检查，并对检查所发现问题进行通报。2008年，根据省工商局《关于进一步加强外商投资公司出资管理的实施意见》，市工商局对全市外资企业出资进行清理，超过出资时间资金不到位企业，责令办理减资；出资时间即将到位的，下达《资金催缴通知书》，当年出资率提高2个百分点。

2009年，对外商投资企业中食品经营单位进行清理，不符合食品经营要求企业责令其办理注销。并把外资企业出资管理作为长期重点监管内容。2009~2010年，对30余户不参加年检、不按时进资、行政许可到期企业下发《行政提醒书》。

**2007~2010年全市外资企业年检一览**

表41-1-4　　单位：户数

| 年份 | 应检户数 | | 实检户数 | | 参检率% | 年检合格率% | 网检率% |
|---|---|---|---|---|---|---|---|
| | 企业法人 | 分支机构 | 企业法人 | 分支机构 | | | |
| 2007 | 514 | 184 | 321 | 148 | 67.2 | 98.6 | 100 |
| 2008 | 595 | 205 | 342 | 166 | 63.5 | 100 | 100 |
| 2009 | 757 | 229 | 259 | 146 | 41.1 | 100 | 100 |
| 2010 | 970 | 160 | 246 | 91 | 29.8 | 100 | 100 |

## 第四节　企业档案管理

20 世纪 90 年代初,企业注册、监督管理的档案分别由企业登记注册监督管理科、个体私营经济监督管理科和外资企业注册监督管理科各自管理。

2003 年,市工商局企业档案管理由 3 个办理企业登记注册科局自行管理改为统一管理,设档案室 1 个。当年档案室存有企业档案 6677 户、7012 盒,接待查询 800 人次。2004 年,存有企业档案 7128 户,8463 盒,接待查询 820 人次。2005 年,存有企业档案 7827 户,9620 盒,接待查询 850 人次。2006 年,存有企业档案 8706 户,10492 盒,接待查询 870 人次。2007 年,新增 1 间办公室为档案库房,购置木架 30 个,存有企业档案 9865 户,11262 盒,接待查询 930 人次。2008 年,存有企业档案 10846 户,12807 盒,接待查询 1185 人次。2009 年 3 月,市工商局投资 30 余万元,改造档案室,归属办公室管辖。存有企业档案 11890 户,12980 盒,接待查询 1200 人次。

2010 年,档案室归属信息中心管辖。存有企业档案 12986 户,15860 盒,科室移交档案 2680 盒,接待查询 1264 人次。

# 第二章　市场管理

## 第一节　交易市场管理

1995 年,全市工商部门进行自办或联办市场摸底工作。

1999~2001 年,按照国务院工商行政管理体制改革和市场管办脱钩要求,全市工商系统 42 座市场全部办理市场移交手续,移交市场总面积 111881.5 平方米,移交总资产 5148.7339 万元,移交债务 2446.5168 万元。市场移交后,工商行政管理局的主要任务转为加强对市场监督管理和行政执法。

2002 年,市工商局免费为 27 家市场主办单位举办法规学习培训班,组织部分市场物业管理部门负责人到广西南宁、福建等地学习考察成功管理经验。当年,全市有各类商品交易市场 218 座,其中消费品市场 207 座、生产资料市场 8 座、生产要素市场 3 座,全年商品市场成交额 733300 万元,与 2001 年同比增长 81.3%。2003 年,市工商局制定《九江市商品交易市场管理规定(试行)》,明确"市场主办者、经营者、执法监管者"三者职责规范。当年,全市各类商品交易市场 205 座。其中消费品市场 194 座,生产资料市场 8 座,生产要素市场 3 座。全年成交额 1237400 万元,首次突破年成交额百亿元大关,较 2002 年同比增长 68.7%。

全市工商系统通过市场巡查和开展各项专项整治行动进行市场日常管理。主要监管市场内亮证照经营、食品安全、销售野生动物、松香拔毛、注水牛肉、使用不合格塑料袋等。

自 2007 年以来,市城区工商系统参与全市"六城同创"工作,开展农贸市场管理活动。先后制订《九江市工商局创建江西省卫生城市工作实施方案》《九江市工商局创文明城市工作实施工作方案》《九江市区集贸市场文明环境百日行动工作方案》,确保创建工作取得实效。同时配合相关部门,采取分级负责,责任到人;划定管理区域,明确工作内容;开展农贸市场各类专项整治行动等措施重点开展农贸市场创建工作。

至 2010 年,7 年全市共查处商品交易市场违法违章案件数 3428 起。

## 第二节　商品市场管理

### 一、粮棉市场监管

**粮食市场监管**　1998年,《粮食收购条例》出台,全市工商系统以"合理准入,运行平稳,调控有序,规范管理"为原则,加强粮食市场监管。2002年,共查处粮食案件32件,没收查扣粮食25070千克。2003年,查处粮食案件46件,没收粮食147685千克。2004年,《粮食收购条例》废止,《粮食流通条例》出台,粮食政策调整,工商部门粮食市场监管重点转为对陈化粮市场的监管。2006年10月底,开展陈化粮市场专项检查,共检查陈化粮购买企业4户,宾馆饭店354户,学校食堂237户,民工食堂67户,粮食经营者856户,未发现倒卖、使用陈化粮或以陈化粮冒充优质粮违法行为。从实施陈化粮市场监管到最后一批陈化粮处置完毕,全市未发生一起陈化粮非法流入口粮市场等违规行为。2008年,市工商局市场科获"全国工商行政管理系统陈化粮监管工作先进集体"称号。

**棉花市场监管**　2003年,以把好棉花市场主体准入关和规范棉花经营行为为重点,抓好棉花市场管理。查处非法购销棉花案件70起,查扣棉花137141千克。2005年,联合市农业局、市质监局等有关部门全面清理整顿全市棉花收购加工企业,共查处违法收购棉花案件39起,取缔无照经营家庭小加工厂和收购经营户86户。2006年,全市工商系统对200余户棉花收购加工企业进行全面清理整顿,共查处违法收购棉花案件11起,罚没款5.42万元;查获小轧花机14台,土打包机2台,取缔无照经营家庭小加工厂和收购经营户17户。

2010年,对九江地区主要产棉县的棉花市场展开调查,重点调查有无游资投机炒作抬高价格,无证照收购加工棉花,以挂靠、联营名义无证加工,在棉花经营过程中短斤少两、掺杂使假等情况,共查处证照不齐全经营户13户。

### 二、成品油市场监管

2004年,全市工商系统检查加油站139个,办理成品油案件24件。2005年,检查加油站88个,办理成品油案件17件。2006年,检查加油站276个,办理成品油案件24件。2007年,检查加油站146个,办理成品油案件13件。2008年,全市工商系统抽查成品油214批次,办理成品油案件50件。2009年,抽查成品油198批次,办理成品油案件66件。2010年,抽查成品油123批次,办理成品油案件43件。

### 三、汽车市场监管

2003年,召开汽车市场专项整治工作会,重点对经营小轿车企业进行检查,主动上门为企业提供服务和便利条件,共办理7户小轿车经营(连锁)资格。同年8月,"九江国际汽车城"在市工商局培育和扶持下开业。2005年后,按照商务部、发改委、国家工商总局《汽车品牌销售管理实施办法》,市工商部门会同相关部门对汽车行业实行汽车品牌销售管理。

## 第三节　专业市场管理

### 一、网吧监管

2002年,全市清理整顿网吧,共出动执法人员513人次;出动执法车辆91车次;清查互联网上网服务营业场所420户;查处无照经营互联网上网服务营业场所85户;取缔无照经营互联网上网服务营业场所30户;扣缴主服务器300台;罚没款6万元;查处擅自转让营业执照互联网上网服务营业场所13户;因违法经营或不符合重新审批登记条件,被吊销营业执照互联网服务营业场所38户;具备重新审批条件互联网上网服务营业场所370户。

2004年,全市共整治检查网吧互联网服务营业场所1318户次,出动执法人员3818人次,车辆492台次,取缔"黑网吧"58户,注销"一次性死亡"网吧执照17户,查处超核准经营范围经营28户,没收非法所得2万余元,没收服务器12台,扣押、收缴非法经营电脑236台(套),罚款21余万元。

2007年,全市共出动执法人员1878人次,车辆75车次;市局牵头检查抽查99家网吧,电脑学校3所(由辖区分局记录巡查情况)。查处取缔无照经营网吧43家,罚没款7.4万元,收缴电脑278台。

2008年,开展打击黑网吧专项整治,全市出动执法人员1762人次,车辆72车次;市局牵头检查抽查97家网吧,电脑学校3所(由辖区分局记录巡查情况)。查处取缔无照经营网吧16家,罚没款17万元,收缴电脑261台。

2010年,开展查处取缔黑网吧专项整治,共出动执法人员2101人次,车辆87车次;市局牵头组织检查抽查62家网吧,电脑学校2所(由辖区分局记录巡查情况)。全市共查处取缔无照经营网吧10家,立案10起、罚没款12.2万元、收缴电脑580台。

### 二、文化、旅游市场监管

2002年"五一""十一"期间,市工商局会同市新闻出版局、市文化局对节日出版市场进行清理,共检查书报经营户167家,查缴非法盗版书刊2万余册。

2003年,检查书店78家,检查印刷厂13家,收缴非法出版物785本;盗版光碟500余张。

2010年,全市工商系统开展中秋、国庆旅游市场检查,共出动检查人员1450人次,检查商品交易市场145个次,检查旅游景区135个次,检查旅游商品市场35个次,检查旅游经营单位184家。

## 第四节 红盾护农

2004年,国家工商行政管理总局将工商行政管理机关农资打假工作命名为"红盾护农行动"。当年,全市工商系统办理农资市场案件56件,其中,化肥案件27件,农药案件25件。2005年,市工商局开展"红盾护农维权进村",聘请村干部担任维权员,把农村维权纳入村委会议事日程,并以《九江村级维权点撑起和谐一片天》为题在《中国工商报》进行头版报道,《江西日报》《工商行政管理》等也进行重点报道。全年办理农资市场案件188件,其中,化肥案件132件,农药案件27件。2006年,全市村级"红盾护农维权点"1774个,聘请维权联络员3433名,调解消费纠纷493件,为农民挽回经济损失66.75万元。当年全市工商系统办理农资市场案件225件,其中,化肥案件161件,农药案件18件。2007年,办理农资市场案件206件,其中,化肥案件140件,农药案件38件。

2008年,在全市15个县(市、区)的1799个行政村中,建立1795个维权点,覆盖率达99%。全市工商系统共办理农资市场案件211件,其中,化肥案件179件,农药案件19件。同年,市工商局被定为国家工商总局红盾护农工作联系点,并被评为全国工商行政管理系统"红盾护农"先进单位。2009年,经整合全市有195个乡(镇)的1529个行政村设立红盾护农村级维权点1529个(含数个垦殖场),共办理农资市场案件190件,其中,化肥案件133件,农药案件34件。

2010年,共抽查农资商品720批次,办理农资市场案件272件,其中,化肥案件119件,农药案件35件。

## 第五节 合同监管

### 一、合同格式条款监管

2010年3月始,实行《江西省合同格式条款监督办法》,要求经营者将含有格式条款合同到工商局备案。同年,全市工商系统共受理旅游、房屋买卖、供水、汽车买卖等格式合同报备152份,同意备案147份,建议修改7份,查处违反《江西省合同格式条款监督办法》行为4起。

## 二、拍卖监管

2004年,全市共办理拍卖备案55次,现场监督15次,拍卖确认金额20500万元,查处违法拍卖案件1件。2005年,全市共办理拍卖备案133次,现场监督64次,拍卖确认金额12622万元,查处违法拍卖案件2件。2006年,全市共办理拍卖备案159次,现场监督58次,拍卖确认金额33452万元,查处违法拍卖案件1件。2007年,全市共办理拍卖备案170次,现场监督66次,拍卖确认金额35913.2万元,查处违法拍卖案件1件。2008年,全市共办理拍卖备案141次,现场监督50次,拍卖确认金额26664万元。2009年,全市共办理拍卖备案152次,现场监督56次,拍卖确认金额80788.1万元。2010年,全市共办理拍卖备案197次,现场监督65次,拍卖确认金额188392.46万元。

## 三、"守合同重信用"活动

2001年,全市有12家单位被认定为AA守合同重信用单位。2003年,有87家单位被认定为AA守合同重信用单位。2004年,有101家单位被认定为AA守合同重信用单位。2005年,共有215家单位被认定为AA守合同重信用单位。2006年,有95家单位被认定为AA守合同重信用单位。2007年,有70家单位被认定为AA守合同重信用单位。2008年, 有83家单位被认定为AA守合同重信用单位。2009年,有61家单位被认定为AA守合同重信用单位。2010年,有99家单位被认定为AA守合同重信用单位。

## 四、合同鉴证

2002年,办理建筑合同鉴证100件,鉴证金额40145万元。2003年,办理建筑合同鉴证174件,鉴证金额38534.89万元。2004年,根据国家工商行政管理总局《关于废止有关工商行政管理规章、规范性文件的决定》,市工商局不再办理合同鉴证。

## 五、合同帮扶及监督检查

2004年,全市监督检查合同464份,涉及合同金额15158.04万元。2005年,全市监督检查合同328份,涉及合同金额42589.2万元。2006年,全市监督检查合同431份,涉及合同金额17648.42万元。2007年,全市监督检查合同474份,涉及合同金额28283.42万元。2008年,在全市开展本地特色农产品产业化调查。重点对九江水梨、蚕桑、棉花、珍珠、螃蟹、彭泽鲫等特色农产品进行摸底,形成《九江市"合同帮农"工作特色农产品产业化调查报告》,全年全市监督检查合同1395份,涉及合同金额44635万元。2009年,全市监督检查合同847份,涉及合同金额97157.34万元。2010年,全市监督检查合同350份,涉及合同金额63458.55万元。

## 六、动产抵押登记

1995年6月,贯彻《中华人民共和国担保法》,规定财产抵押须向财产所在地工商行政管理部门办理抵押物登记。10月,据《企业动产抵押物登记管理办法》,规定企业动产抵押物登记范围为航空器、船舶、车辆以外的企业设备、企业的原辅材料、企业的产品或者商品、企业其他可以依法抵押的动产。当年,市工商局办理动产抵押1件,为企业融资15万元。

1996年,全市共登记121件,登记抵押金额43600万元,登记主债权金额27000万元。1997年,全市共办理企业动产抵押物登记167件, 登记抵押物金额90653万元, 登记主债权金额43077万元。1998年,市工商局办理动产抵押32件,为企业融资20702.15万元。1999年,市工商局办理动产抵押31件,为企业融资7693.2万元。

2000年,市工商局办理动产抵押34件,为企业融资36981.3万元。2001年,全市共办理动产抵押登记68件,登记抵押物金额39017万元,登记主债权即21752万元。2002年,动产抵押登记得到进一步规范,抵押登记合同6份,借贷资金5485万元。2003年,全市工商系统共办理动产抵押登记86份,为企业融资26496.7万元。2004年,全市工商系统共办理动产抵押登记198份,为企业融资53301.7万元。2005年,全市工商系统共办理动产抵押登记265份,为企业融资53245万元。2006年,全市工商系统共办理动产抵押登记307份,为企业融资42693万元。2007年,全市工商系统共办理动产抵押登记303份,为企业融资112523.37万元。10月,按照国家工商总局《动产抵押登记办法》,市工商局不再受理动产抵押登记,由抵押人住所地县级工商局办理。

2008年,根据新的《动产抵押登记办法》,全市共办理动产抵押登记293份,为企业融资83162万元。2009年,全市共办理动产抵押登记549份,为企业融资204187.8万元。2010年,全市共办理动产抵押登记492份,为企业融资299062.09万元。

### 第六节 经纪人管理

2002年,全市共举办8期经纪人培训班,培训农副产品经纪人260名;其他类经纪人50名,为符合从事经纪业务资格人员核发经纪人资格证书。

2003年,全市共举办7期培训班,培训经纪人365名(其中农村经纪人267名,其他类经纪人98名。),为符合从事经纪业务资格人员核发经纪人资格证书。

2004年,市工商系统以修订后《经纪人管理办法》为依据,以"大力培育、全面发展、逐步规范"为工作思路,实行"低门槛准人",除国家法律法规明确禁止从事领域外,经纪人都可平等进入。尤其对部分农民季节性或临时性从事经纪活动给予相应登记,引导更多农村经纪人成为合法市场主体。

2006年,发展农村经纪人户数为264户,从业人员571人,经纪业务量为7840万元。

2009年,市工商局与市农民合作经济组织联合会、农业产业化办公室、供销社、粮食局、林业局、水产局、省农村信用联社九江办事处、市广播电影电视局、九江日报社、市农产品经纪人协会11家单位共同开展九江市2009"农民合作经济组织年度领军人物""十佳农产品经纪人""优秀农产品经纪人"评选活动,评选出6名"领军人物"、10名"十佳农产品经纪人"、38名"优秀农产品经纪人",名单在市工商局红盾网、谷雨网、九江供销网、九江林业网、九江粮食网、九江水产网、九江农村工作网、九江广电网、九江农村信用社网、九江日报社同时公示。

2010年,市局下发《关于上报市、县两级农村经纪人帮扶联系点以及合同帮农联系点的通知》《关于设立市局农村经纪人帮扶联系点以及合同帮农联系点的通知》。全市建立县级农村经纪人帮扶联系点43个,市级农村经纪人帮扶联系点11个。至2010年12月底,全市发展农村经纪人2032户,从业人员13938人。

## 第三章 消费者权益保护

### 第一节 商品质量监管

1991年,于5月中旬和1992年元旦前开展两次"扫假"活动。5月出动4500人次,检查3460户工商企业和14100户个体户,查处假冒伪劣商品标值达109万元,查处假冒伪劣商品案件144件,罚没款3.4万元,捣毁查封制造假冒伪劣商品的地下黑窝7个。1992年.坚持重点检查和经常性管理相结合,于春节前后和龙舟赛前组织全市进行两次大规模扫假。查出有生产经销假冒伪劣商品企业290户和个体户3200户,查封销毁价值近百万元假冒伪劣商品,查处假冒伪劣商品案件98起,其中1万元以上案件12起,捣毁和查封制造假冒伪劣商品地下窝点11个。浔阳区、湖口、永修等县分别查处制造假"四特酒"窝点;市经检站分别查获冒牌"茅台酒""五粮液"和"凤凰牌"自行车重大案件。1994年,深入开展"打假"斗争,并作为经济工作重点来抓。对全市近3万户企业和个体私户进行检查,查处制售假冒伪劣商品案件112起,其中大案17起,破坏工农业生产案件49起,危害人身健康和安全案件58起,捣毁制假窝点24个,查处假冒伪劣商品标值总额197.2万元。1995年,以经检部门牵头,组织开展"打假"专项治理活动,将单独执法与有关部门协同作战相结合,工商所全面检查与经检部门办案相结合,查面与端窝点相结合,重点挖源头,抓住群众反映的热点难点,把治理重点放在打击注水猪肉,销售伪劣营养品保健品上,重点打击制售伪劣农药、化肥、种子等农业生产资料不法行为,查处假冒伪劣商品案件94件,查获伪劣商品总标值122.2万元,捣毁取缔制销假窝点28个,批发摊位35个。

2001年,开展集中识假、销假活动和名优商品真假鉴别,有20多个商家参加,15块宣传牌展示开展整顿和规范市场经济秩序以来打假成果,16车标值近百万元假冒伪劣商品集中销毁,查处假冒伪劣商品案件36件。2002年,重点进行集贸市场专项整治,开展"反误导、打虚假、保名牌"等9大专项行动,共检查经营户25570户次,出动执法人员12466人次,查处各类案件876件,捣毁制假窝点23个,成品油117吨,油漆1204箱,劣质钢材、铝材5.3吨。

2003年,制定《九江市商品质量准入规定》,对关系到人体健康、生命财产安全和生产安全等重要商品实行索证索票制度,实施商品质量抽查制度,并定期向社会公示。当年,查处借预防"非典"名义从事违法违规经营案件149起,捣毁一批制假窝点。

2006年,开展红盾护农、维权进村活动,新增维权点52个,全市村级维权点增至1774个,覆盖面扩大到98.5%,维权点建设从"五个一"深化为有制度、有资料、有案例、有放心店、有维权能手。全市工商系统在各村镇举办咨询服务活动100余场次,接受现场咨询2.9万多人次,出动执法人员1200余人次,向农民发放消费维权宣传资料2万余份,发放"12315红盾维权联络卡"2100余张,组织维修人员义务开展维修68起。现场受理涉农申诉140起,立案查处27件,案值50多万元,为农民消费者挽回经济损失28万元。专项活动通过1000多批次食品安全快速检测,查处过期变质食品220公斤,查处二氧化硫超标干菜125公斤、白木耳28公斤、注水牛肉150公斤,查扣一批傍名牌"太仔奶""天子奶"等176箱。2007年,全市工商系统秉持群众关注热点就是工商工作重点理念,着力解决与群众日常生活密切相关消费热点问题,强化流通领域商品质量监测,共抽检各类商品1555批次,及时查处欺行霸市、哄抬物价、强买强卖和制售假冒伪劣商品等违法行为。以"消费和谐"为主题,引导科学消费、合理消费,开展"企业诚信承诺"活动和消费者评议活动,对手机质量及售后服务等重点问题进行专项治理,促进企业自律。2008年,再次对市局12315消费者申诉举报网络指挥中心进行升级改造,完善功能,快速反应能力进一步提高。开展"诚信承诺先进单位"评选和消费者评议服务行业活动,增强企业社会责任感。2009年,开展农村家电等商品市场监管工作,依法查处经销假冒伪劣家电商品等违法行为,积极维护"家电下乡"市场秩序,保护消费者合法权益。至8月,市辖区"家电下乡""汽车摩托车下乡"销售网点707家,其中家电下乡网点数600家,在"家电下乡"商品市场监管工作中,共出动执法人员1401人次,检查经营主体1205户,查处违法广告案件3起,共计受理消费者申诉举报78件。

2010年,组织送法上门服务小分队,将反不正当竞争法、食品安全法、消费者权益保护法、流通环节食品安全监管八项制度等法律法规送到联盛、派拉蒙、农工商等单位,以座谈会等形式解答服务对象关于食品安全、消费维权、登记注册、商标注册管理等方面问题,并就超市内熟食、散装食品经营管理提出建议。结合"魅力九江大型文化广场活动",开展"消费与服务"年主题活动。继续推进12315消费者申诉举报网络进商场、进超市、进批发市场、进食杂店、进社区、进学校。

## 第二节　食品安全监管

1991年,在"扫假"活动中查处假酒32861瓶,市工商局直属所查处九江县副食品公司批发部门推销冒牌杜康酒942箱,价值11万余元。1992年,查处制造假"四特酒"窝点,查获冒牌"茅台酒""五粮液酒”。1994 年,根据市委、市政府安排,加强市场监管力度,把稳住“菜篮子”、管住“米袋子”、管好“肉案子”作为市场管理首要工作,对全市集贸市场和粮油经营网点进行集中整治,坚决打击市场上掺杂使假、短斤少两、哄抬物价、囤积居奇等违法违章行为。1996 年,按照国家工商总局和省工商局统一部署,开展“公平交易执法年”活动,共查缴假冒伪劣食品 2.32 千克、酒 4.9 万瓶、食盐 35.5 吨、饮料 4 万瓶。

2001 年,加强肉食品市场整治,查获病害肉 69266 公斤、注水肉 925 公斤、私宰肉 9882 公斤,保证市民吃上放心肉。2002 年,加强生猪屠宰市场管理,与商业、农业、公安等部门联合行动,进行肉品市场集中整治,端掉黑窝点 6 个,查获“白条肉”4000 多千克,病死猪肉 30 千克,并将农贸市场长期欺行霸市的 5 名“肉霸”移交司法机关。2003 年,推行协议准入模式,规定在农产品市场建立质量安全快速检测机构,实施“无公害”食品工程。2004 年,落实食品安全五项制度,把五项制度作为治本之策。即落实食品准入制度;实施流通领域食品质量抽查制度;细化不合格食品退市制度;建立食品安全信息公示制度;推进食品企业信用分类监管制度。

2005 年,强化食品安全监管,围绕对重点食品质量的监控、监测、监管三条主线,以入市、交易、退出 3 个环节为立足点,以点带面,确定派拉蒙超市和农工商超市为市第一批食品安全准入制示范商场,在食品经营者中进一步落实食品经营责任制度,全市重点市场、超市中重点食品进货验收、索票索证率达 90%以上。并建立三方互动检测机制,市场开办者、经营者自检食品 7412 批次,协议退市不合格食品 149 批次,共 293 公斤,提高市场主办者、食品经营者食品安全第一责任人意识。有效发挥食品检测车、检测箱作用,快速检测食品 3191 批次,强制退市不合格食品 170 批次,共 5497 公斤。针对食品市场中热点问题,开展节日市场、包装食品、苏丹红一号、有毒金针菇、碘超标雀巢奶粉、儿童食品等 9 次专项市场整治,查缴各类不合格食品标值 110 多万元,查办食品违法违章经营案件 341 起,进一步净化全市食品市场。2006 年,市工商部门坚持日常监管与专项整治相结合,开展以商场、超市、集贸市场和批发市场建立健全自律制度为重点的执法检查和食品安全信用体系建设试点。制定《九江市工商系统流通环节重大食品安全事故应急预案》,明确重点食品、重点环节、重点区域、重点市场。全市工商系统累计检测食品经营户 14000 户次,共检测食品 22062 批次,涉及粮食、肉类、蔬菜、水发食品、豆制品、干菜、水果、卤制品、蜜饯等多种食品。检测出不合格食品 2205 批次,累计下架 1247 批次计 10663 千克,召回 56 批次计 624 千克,涉及食品的案件共立案 113 件,罚没款 46.6 万元,入库 38.79 万元。得到国家总局充分肯定和高度评价。2007 年,开展“农村产品质量和食品安全示范店”创建活动,审查认定“农村产品质量和食品安全示范店”447 户,其中食品安全示范店 327 户,农资示范店 120 户。按照“谁登记、谁规范、谁负责”和“谁监管、谁清理、谁负责”原则,坚持先证后照。开展清理无证无照经营,共出动执法人员 13501 人次,检查食品经营户 45807 户次,检查各类食品市场 998 个次,取缔无证无照经营户 213 户,规范登记 935 户。通过清理行动,使各类市场主体准入和经营秩序从得到有效规范,城区及主要集镇、明街、明店无证无照经营行为被全面取缔,公平竞争、诚信和谐环境得到优化。10 月,市工商局再次斥资 25 万余元,给没有食品安全快速检测设备的分局配备快速检测箱,并且在原有基础检测项目上增加肉类水分、碘盐含碘、过氧化值、陈化粮、饮料、真假果汁、劣质奶粉、液态奶、苏丹红、重金属和铅 11 项快速检测内容。举办食品安全快速检测操作培训班。全市工商系统拥有食品安全快速检测车 1 台,农药残留检测仪 80 余台,食品安全快速检测箱 128 个,食品安全快速检测能覆盖全市。全市共检测经营户 11317 户次,食品送检 1142 批次(含个案送检),送检合格率为 91%;食品快速检测 18908 批次,快速检测合格率为 95%;下架、召回不合格食品 710 批次计 51805 千克,没收销毁不合格食品 17771 千克。重申食品市场巡查必须“六查六看”,并实施“定区域、定企业、定人员、定职责、定责任”,建立健全食品质量安全区域监管责任制。做到对食品质量安全隐患和制售假冒伪劣行为早发现、早整改、早查处、早打击、早控制,确保食品安全不出大的问题。专项整治行动共捣毁食品制假窝点 3 个,查处食品案件 45 起,案值 25.77 万元。

2008 年,市内发生问题奶粉事件,第一时间启动流通环节食品安全应急预案,开展对奶制品市场四次拉网式清查,确保整治工作到边到角,确保问题奶制品及时彻底下架。依据旅游食品特色,加大对茶叶、笋干、鱼干等旅游食品和土特产品检测和监管。特别是车站、码头和景区,经常性开展专项检查,定期和不定期利用食品快速检测箱对此类产品进行快速检测,确保不出大问题,维护九江优秀旅游城市良好形象。利用企业信用分类监管机制,对食品经营户采取"信用分类等级"管理模式,强化对食品经营者分级分类监管,通过推行重要商品和食品索票索证和建立进销货台账等制度,加大产品质量和食品安全专项整治工作和市场巡查力度,使全市食品市场健康规范。全市县城以上城市食品市场、超市建立进货索证索票制度和乡镇、街道和社区食杂店建立食品进货台账制度都达到100%。在全市各县、市、区开展"食品经营示范店"评选,推动全市流通环节产品质量和食品安全专项整治。全市在12个县(市、区)授予327家食品经营户"食品经营示范店"称号。2009年,宣传食品安全法,重点打击违法添加非食用物质、滥用食品添加剂等违法行为,实行禽类挂牌经营和集贸市场农民自产自销实名登记制度,加强皮蛋、米粉、豆腐、腐竹等食品质量跟踪监测。至10月,累计受理个体工商户和企业食品流通许可申请1111起,累计准予许可772户,规范食品市场主体经营者经营资格,对涉及注册登记、企业年检等涉及食品流通许可事项处理提供可操作性办法,实现过渡时期食品市场安全监管顺利开展。共出动执法人员24930人次,检查经营户72468户,其中农村市场出动执法人员12228人次,检查经营户41479户;共计查处无照经营401户,查处食品市场制售假冒伪劣产品违法案件334件,案值78296万,罚没款83.99万元,其中查获问题食品2.6万千克,为消费者挽回经济损失28.441万元。

2010年,以群众日常生活必需品和季节性、节日性食品市场检查为契机,突出重点品种、重点区域,运用食品快速检测等各种技术手段,开展专项执法检查,保障消费安全,净化食品市场秩序。全市开展元旦、春节、农村食品市场、保健食品、"五一"黄金周节日市场、夏季食品专项整治、国庆中秋两节市场专项整治以及校园周边等7次较大规模专项整治。开展食品安全满意度调查。严把食品流通市场准入关,审核发放食品流通许可证5535份;建立食品安全示范店697个。推广农民自产自销实名登记制。食品快速检测28380批次,食品送检409批次,检查经营户18036户次,其中检测出不合格食品2590批次,检测合格率为90.8%,对2590个批次共6497千克不合格食品采取下架、召回、没收销毁等处理方式,维护食品市场秩序和社会和谐稳定,依法保护消费者合法权益。

## 第三节　举报申诉受理

2005年上半年,市场出现苏丹红、假2B铅笔等与老百姓工作生活密切相关事件,给社会和群众造成不稳定因素,为消除消费者恐慌心理,12315消费者申诉举报指挥中心(增挂12315网络指挥中心牌子)工作人员搜集多方面资料和第一手情况,在第一时间内给向12315咨询的各界人士提供最新动态,安抚人心,稳定市场秩序。特别是假2B铅笔时间发生时正值高考将近,家长和考生担心会因购买到假铅笔而导致严重后果,中心工作人员耐心、细心地给每一位消费者讲述如何识别真假2B铅笔,又与教育部门联系组织货源,安抚考生和家长情绪,维护社会稳定。当年,市12315指挥中心共接听电话5399个,来信来访26人次,"红盾网"网上受理92个,共为消费者挽回经济损失21.44元。其中受理申诉418起,调解成功388起,办结率达93%;举报342件(其中虚假案件203个),立案139件;咨询电话4164个,不受理案件391件,处理回复留言3313件。

2006年春节期间,在河南安阳发生重大安全事故之后,市12315指挥中心工作人员即将事件传达到下属各单位,要求各单位组织对辖区责任范围内安全生产大检查,消除安全隐患,确保全市人民度过一个安全的春节。"3·15"期间,按照国家局和省局工作安排,从市局到县区局成立备勤小组,连续两天持续工作14个小时,保证消费申诉高峰期工作运转。从中央电视台"3·15"晚会现场转来两起申诉案件也及时解决,得到消费者认可和好评。"五一""十一"两个黄金周期间,市12315网络指挥中心执行24小时值班制度,成立应急分队,各县市区和分局相应安排值班人员,在各风景区安排流动车辆受理消费纠纷,确保两个黄金周消费和旅游市场稳定。9月20日起,全市"12315"特服电话(除庐山风景名胜区外)全部集中到市局12315网络指挥中心受理，只要消费者在九江范围，拨打“12315”电话，都由市局接线员接听并受理，利用专门案件处理系统通过网络派发到有管辖权责任工商局处理，节省人力和办公资源，提高工作效率。当年，12315网络指挥中心共接听“12315”电话8624个，处理回复留言电话4105个。共受理申诉1230起，红盾网站受理申诉案件117件，调解成功1291起，为消费者挽回经济损失68.02万元，赔偿金额2.06万元。申诉内容涉及商品服务质量和售后服务两个方面。全年共查处侵害消费者权益案件385起，案件总值208.77万元，没收金额11.88万元，罚没金额为193.51万元。

2007年，全市12315共接听电话5220个，受理申诉案件1410件，案件处理率100%，调解成功1353件，成功率96%，为消费者挽回经济损失89.84万元。查处侵害消费者权益案件580起，案件总值108.3万元，罚款金额112.36万元。申诉内容涉及商品服务质量和售后服务方面

2009年，按照国家总局12315“四个平台”(工商部门与广大消费者和人民群众信息互动平台，工商部门畅通民意平台，工商部门接受社会监督和听取群众意见平台，工商部门解决人民群众最关心、最直接、最现实利益问题平台)要求，强化“12315”品牌意识和服务意识，发挥自身职能作用，拓宽为民办实事渠道和领域。至10月，市“12315”消费者申诉举报指挥中心共接听消费者申诉举报电话14102个，其中有效电话5892个，涉及咨询4016起、申诉1074起、举报696起、建议7起。共接受消费者申诉和举报案件315件，移送司法机关案件3件，12315申诉举报案件完结率达到98%以上，案件调节成功率100%。

2010年，市12315申诉举报中心共接听电话4645个，其中咨询2428个、申诉1391个、举报826个。对受理的申诉举报案件处理率100%，调解成功率86.3%，为消费者挽回经济损失39.82万元。

**2005~2010年市工商局受理消费者申诉一览**

表41-3-1　　单位：个、起、万元

| 年 份 | 接听电话 | 受理申诉 | 挽回经济损失 | 年 份 | 接听电话 | 受理申诉 | 挽回经济损失 |
|---|---|---|---|---|---|---|---|
| 2005 | 5399 | 418 | 21.44 | 2008 | 6000 | 1449 | 95.71 |
| 2006 | 8624 | 1230 | 68.02 | 2009 | 14102 | 1074 | 7.63 |
| 2007 | 5220 | 1410 | 89.84 | 2010 | 4645 | 1391 | 39.82 |

## 第四节　侵权案件查处

2006年“红盾护农进乡村宣传周”，全市工商系统在各村镇举办咨询服务活动100余场次，接受现场咨询2.9万多人次，出动执法人员1200余人次，向农民发放消费维权宣传资料2万余份，发放“12315红盾维权联络卡”2100余张，组织维修人员义务开展维修68起。现场受理涉农申诉140起，立案查处27件，案值50多万元，为农民消费者挽回经济损失28万元。2007年5月5日，湖口县双钟农技推广站二门市部销售冒用他人厂名、农药登记证、生产许可证农药产品“中酉”杀灭菊酯(20%氰戊菊酯乳油)15件(规格：225毫升×40瓶)，湖口县工商局法责令当事人改正违法行为并处罚款8000元。同年，在食品安全监管中，市工商局加大办案力度，在申诉、举报、抽检、市场巡查等工作中保持高度警惕性和敏感性，查找问题、发现案源，查获一批食品类案件。永修县查处“健必依”牌虫草氨基酸口服液伪造生产日期和保质期案件，罚款4.9万元；瑞昌市查获销售不合格笋丝案，没收销毁34000包不合格笋干丝；修水县查处销售虚假标注生产日期酱油案和销售不合格月饼案；共青城查处销售不合格胶合板和销售不合格木工板案件；彭泽县查处经销不合格白酒案件等。

2008年，共查处各类违法案件1406起。2009年，配合市政府整顿市场制度秩序行动，各级工商局对食品类案件给予重拳打击，加大办案力度。武宁县查处病死猪肉案、无碘盐腌制肉品案、不合格矿泉水案。修水县查处添加剂腐竹案；德安县查处和收缴校园周边“三无食品”、过期食品案；共青城查处假冒伪

劣白酒案、注水牛肉案、不合格干辣椒、月饼案件;湖口查处垄断市场强迫交易案、无照经营豆腐案、无生产日期糕点案、不合格桶装水案;庐山区查处松香脱毛案;彭泽县查处病死猪肉案、劣质粉丝加工窝点案;永修县查处不合格月饼案;浔阳区查处食用油销售分量不足等商业欺诈案、蜜枣二氧化硫超标案件等等,其中浔阳区查处的变卖工商部门查封的“有害甲鱼”经营案被市政府列为年度整顿规范市场经济秩序优化经济发展环境十大案例。

2010年,查处消费者侵权案件341起,为消费者挽回损失89.86万元。

# 第四章 个体私营经济管理

## 第一节 个体私营经济登记

1991年,全市各级工商机关相继设立个体科、股,负责全市个体工商户和私营企业登记管理。至年底,全市累计登记个体工商户52479户,从业人员97183人,注册资金13388万元;私营企业192户,从业人员3570人,注册资金1435万元。

1992年,省委、省政府出台《关于继续鼓励个体私营经济发展的决定》后,全市一批大中专毕业生、专家、技术人员、复员转业军人、离退休人员及“下海”党政机关干部、下岗国有集体企业厂长经理加入个体私营经济队伍,推动九江非公经济发展。

1993年12月,执行《中华人民共和国公司法》,明确规定公司是企业法人,有独立法人财产,享有法人财产权。公司以其全部财产对公司债务承担责任。设立公司,应当依法向公司登记机关申请设立登记。符合法定设立条件,由公司登记机关分别登记为有限责任公司或者股份有限公司。随着企业经营规模不断扩大,私营企业组织形式也逐步由家庭型向公司型转变。

1994年,据省人大《江西省个体工商户与私营企业条例》,全市各级政府相继成立“个体私营经济领导小组”,负责协调领导全市个体私营经济发展工作,市个体私营经济领导小组办公室设在市工商局个体科。同年6月,《中华人民共和国工商登记管理条例》出台。此后,至1996年,省政府两次召开全省个体私营经济工作暨表彰会,使该项工作由“部门行为”成为“政府行为”。其间,全市个体工商户年均递增15.6%,私营企业年均递增92.9%。全市个体私营经济注册资本、工业产值、社会商品零售额年均递增72.1%、57.1%和37.6%。

1997年,实施《中华人民共和国合伙企业法》,私营企业中产生合伙企业组织形式。至年底,全市个体工商户在册总数增至100056户,私营企业在册总数增至2773户,分别比1991年增加1倍和13倍。1998年,受洪水影响,全市个体工商户总数比上年同期下降33%,私营企业总数比上年同期下降18%。1999年8月,实施《中华人民共和国个人独资企业法》。2000年,市工商局为切实落实市委、市政府《关于进一步加快发展个体私营经济的决定》,依据《九江市国民经济和社会发展第十个五年计划纲要》,拟草《九江市个私经济发展“十五”规划》,对“十五”期间全市个私经济发展提出总体思路及发展目标。到当年底,全市个体私营企业共计76166户。“九五”期间,全市个体私营经济共创产值617000万元,实现销售额或营业收入1628000万元,社会消费品零售额1040400万元,分别为“八五”时期2.6倍、2.27倍和2.04倍;上交国家税收117000万元,比“八五”时期增加85000万元。个体私营经济成为全市经济重要组成部分和新的经济增长点。

2001年,省工商局出台《创新管理制度,维护经济秩序,转变工商职能,力促江西经济发展》20条措施,市工商局结合本地实际,制订《九江市工商局讲大局抓服务搞创新,发挥工商职能作用,力促九江经济发展》19条措施,为支持、引导国有、集体企业改制,促进非公经济发展创造良好政策环境。当年,全市工商系统对12家资金有困难私营企业在设立时实行注册资本分期注入;对1家经营项目较多私营企业按行业大类核定为国内贸易;为4家私营企业集团按放宽新标准办理企业集团登记证;全市有106户个私企业参与国有集体企业改制。至2001年年底,全市累计登记私营企业2408户,其中有限责任公司1498户,个人独资企业695户,合伙企业215户。2002年,中共九江市第八次代表大会作出让民营经济为九江率先崛起挑大梁决策和“1558”战略。同年10月中共十六大提出“毫不动摇地巩固和发展公有制经济,毫不动摇地鼓励、支持和引导非公有制经济发展”工作方针。市工商局按照“两个毫不动摇”工作方针,进一步创新服务举措,简化办照程序,为个私经济发展开辟“绿色通道”;除国家法律、行政法规明确禁止以外,允许个私业主自主选择经营范围和经营方式;对企业下岗人员从事个体经营和创办私营企业,凭下岗证一次性免收登记注册费、各种书刊费及当年会费,个体工商户管理费免收3年;改进企业年检方式,简化年检手续;加大对科技型、龙头型、外向型、规模型和示范型个私企业帮扶力度;免费举办法律法规和现代经营管理培训班,为个体私营业主提供市场经营及法律法规的指导服务。当年,组织全市100余名私营业主进行为期3天法律法规培训,聘请专家授课,讲授WTO规则、商标专利法规等法律知识。当年,全市新发展私营企业1141户,同比增长44.4%,户均注册资本达85.1万元,比上年增加4.1万元。其中注册资本100万~500万元440户,500万~1000万元82户,1000万元以上31户,亿元以上1户,全市共组建私营企业集团公司11户。

2003年,受“非典”影响,全市7000多户个私企业注销停业。市工商局下发《九江市工商局关于改革市区企业登记管理的意见》,对市、区二级登记机关企业登记注册实行属地登记管理与级别登记管理相结合市场主体准入登记管理模式,下放有限责任公司登记管理权限。同时,依照有关行政审批制度改革要求,起草《九江市企业注册登记“并联审批”暂行办法》,经市政府同意,由市行政服务中心下发有关部门执行。4月,市工商局先后下发《关于认真贯彻落实下岗失业人员从事个体经营有关收费优惠政策的通知》《关于进一步加强下岗失业人员再就业优惠政策落实工作的通知》,采取多项措施,为下岗失业人员提供优质服务。在各级政府注册登记大厅及基层工商分局窗口专设“再就业服务窗口”,免费为下岗失业人员提供再就业政策咨询和登记注册相关法律法规咨询服务;将再就业优惠政策措施和享受对象以及企业开业登记条件、登记程序等内容在工商窗口张榜公布,接受社会各界和下岗失业人员监督;对持“再就业优惠证”申办个体工商户或私营企业下岗失业人员一律实行“优先受理、优先审批、优先发照”一条龙服务。至10月,全市工商系统共为持“再就业优惠证”下岗失业人员办理个体工商户营业执照1585户,免收注册登记费、工商管理费等177.8万元。同年11月3日,第四十七次市长办公会决定成立市民营企业信用担保公司,政府注资500万元启动。当年,首次为企业担保资金达1500万元,贷款规模近1亿元。2004年,市委、市政府做出关于“优化投资环境,主攻民营经济”决定,把发展个体私营经济作为全市工作重中之重,促使全市个体私营经济效益明显增长,社会效益显著提高。当年个体工商户共创产值206186万元,实现销售总额或营业收入468958万元,完成社会消费品零售额310783万元,分别比2003年增长144.8%、55.5%和35.3%;全市私营企业共创产值538671万元,实现销售总额或营业收入672416万元,完成社会消费品零售额596292万元,分别比2003年增长130.8%、260.5%和226.6%。全市个体私营企业累计安置国有企业下岗职工29781人,占全市下岗失业人员65%。市工商局被省政府授予全省“再就业工作先进单位”称号。

2005年,国务院出台《关于鼓励、支持和引导个体私营等非公有制经济发展的若干意见》。省委、省政府制定《关于推进全民创业,加快富民兴赣的若干意见》,市委、市政府提出“以大开放带动大工业、大物流、大旅游和城市建设大发展”发展战略,为个体私营企业发展营造有利政策环境。同年,市工商局出台《关于全市工商系统推动全民创业加快富民兴赣的若干措施的通知》,为个私经济发展提供25条突破性政策措施,使全市个体私营经济保持持续、稳步、健康发展态势。当年,全市新发展个体工商户14820户,从业人员40725人,注册资金60043万元;新发展私营企业1366户,从业人员38139人,注册资本(金)211428万元。全市个体私营经济共缴纳税收115000万元,比上年同期增长16.8%,占财政总收入

28.9%,对财政贡献率达35.2%。2006年,市工商局制定《个体工商户委托登记管理实施意见》,将个体工商户登记管理工作统一纳入经济户口和信用监管平台,建立和完善个体工商户委托登记和分类监管机制,全市工商系统依法委托108个符合条件基层分局对个体工商户进行设立、变更、注销登记和验照;委托符合条件基层分局对从事经营活动但依照有关规定免于工商登记个体经营者进行备案。当年,全市基层工商分局共办理个体工商户登记38099户,验照40099户,变更5530户,注销13049户;个体工商户信用等级分为A类70455户,B类1780户,C类874户,D类608户。2007年,全市工商系统贯彻国家工商总局"四个统一"工作要求,围绕市委、市政府"打造新型工业重镇、打造文化旅游胜地、打造区域商贸中心、打造开放港口城市,把九江建设成为长江沿岸和中部地区重要的经济中心城市"战略目标,引导个私经济不断扩充经济总量,提高运行质量,盘活现有存量,全市个私经济发展实现历史性突破,呈现出前所未有好形势。当年,全市新登记私营企业2039户,日均登记5.6户;新登记个体工商户17785户,日均登记48.7户,是有史以来发展最快时期。至12月底,全市个体私营企业共安置社会就业42.42万人,比上年增加6.39万人,安置就业人数占全市人口总数的9%。全市个私企业上缴税金首次突破20亿元大关,达23.48亿元,同比增长34.8%,占财政总收入的40.8%,对财政贡献率达51.4%,超额完成"五年翻两番"预期目标。在全市所属县(市、区)中,有3个县(市、区)个私税收超过2亿元,有8个县区个私税收过亿元,大部分县(市、区)个私税收占据财政收入"半壁江山",其中5县(市、区)形成"三分天下有其二"财政格局,个私经济成为全市经济与县域经济整体攀升支柱。当年,市工商局被省政府表彰为"服务非公有制经济发展先进单位"。同年7月1日,农民专业合作社法和农民专业合作社登记管理条例施行。同日,市颁发首批农民专业合作社"法人营业执照",受到中央电视台、农民日报、中国工商报、江西日报等国家、省、市级媒体关注与报道。至11月底,全市登记发展农民专业合作社137家,出资额达5401.3万元,成员总数3029个,涉及30余个行业或品种,农民专业合作社登记发展速度名列全省前列,多次受到省工商局的表扬。

2008年年初,按照省工商局《关于开展全省个体工商户普查调研工作的通知》,市工商局在全市开展对个体工商户发展现状、生存状况、社会贡献和发展趋势普查调研。全市共调查个体工商户67917户,合计注册资金182128万元,户均注册资金26816元。从事第一、第二、第三产业分别占个体工商户总数0.6%、8.1%、91.2%。以个体经济为家庭唯一生活来源个体工商户34275户,占个体工商户总数50.5%。城镇个体工商户人均年收入大部分集中在1201~20000元之间,占全市城镇个体工商户总数76.31%;农村个体工商户人均年收入集中在1201~10000元之间,占全市农村总户数74%。全市每百个人中有1.4个人从事个体经营;每百个家庭中有5.3个家庭从事个体经营;每平方千米范围内有个体工商户3.6户。同年,省委、省政府开展"民主评议政风行风"活动,市委、市政府开展"求科学发展之真,务项目发展之实"主题活动,全市私营企业发展势头强劲,首次突破万户大关。至6月,全市累计登记在册私营企业10774户,从业人员290939人,注册资本(金)1850760万元,分别比2007年同期增长32.1%、47.2%和38.8%。7月,市工商局下发《关于进一步做好农民专业合作社登记服务工作的紧急通知》。至12月底,全市累计登记发展农民专业合作社584家,出资额累计52300万元,成员总数9158个,其中当年新登记农民专业合作社415家,是上年登记数2.45倍。通过农民专业合作经济组织不断发展,有效增加第一产业比重,改善产业结构。国家工商总局局长周伯华到九江考察时,对九江农民专业合作社发展给予高度评价。至年底全市工商系统执行国家和地方再就业优惠政策中享受收费优惠人数累计15173人,减免规费达2583.74万元,有效缓解政府就业压力,维护社会稳定。

2009年,由于国际金融危机冲击,大批外出务工农民失业返乡。面对农民工"返乡潮",全市工商系统围绕省委、省政府"机关效能年"活动要求和省工商局工作部署,把促进农民工就业创业作为保增长、保民生、保稳定一项重大任务,按照"自主自愿、因势利导、积极支持、热情服务"原则,及时制定《九江市工商局鼓励和支持返乡农民工就业创业的若干措施》,决定2009~2010年两年内免收个体工商户开业登记费和营业执照副本工本费。当年,全市工商系统共为834名下岗失业人员、3460名城镇待业人员、359

名大中专毕业生、32名退伍军人、569名失地农民、1152名务工返乡人员、50名残疾人员等办理个体私营企业登记,共计免收登记费50余万元。8月,市工商局根据《全省工商系统"万名干部服务下乡镇"活动实施方案》,从8月15日始,在全市系统开展为期一个半月"万名干部服务下乡镇"活动,全市工商系统共出动服务队3108人次,宣传车辆421车次,印发宣传资料51960份,各媒体采用宣传报道22篇;共走访各类企业1979户,个体工商户5238户,农民家庭13127户;现场接待工商注册咨询3409人次,受理工商注册1622户,签订涉农合同33份,调解合同纠纷30件,商标维权19件,商标注册咨询273人次,消费维权咨询2117件,调解消费纠纷143件。

2010年,全市工商系统根据《全省工商系统开展创业服务年活动实施方案》,按照"巩固存量,扩大总量,提升质量"要求,实施个私经济"扩量提质"发展助推工程,促进个私经济持续、稳步、健康发展。至12月,全市个体工商户总数达119871户,同比增长28.4%,比2009年底净增26554户,完成省下达指导目标119%;私营企业总数达18262户,同比增长27.2%,比2009年底净增3913户,完成省下达指导目标187%。

**1991~2010年全市个体私营经济一览**

表41-4-1 单位:户、人、万元

| 年份 | 个体工商户 | | | 私营企业 | | |
|---|---|---|---|---|---|---|
| | 数量 | 从业人员 | 注册资金 | 数量 | 从业人员 | 注册资金 |
| 1991 | 52479 | 97183 | 13388 | 192 | 3570 | 1435 |
| 1992 | 54198 | 10873 | 14869 | 247 | 4272 | 2133 |
| 1993 | 58130 | 120798 | 17606 | 311 | 5497 | 3352 |
| 1994 | 74922 | 162599 | 29025 | 824 | 15074 | 11807 |
| 1995 | 91110 | 184194 | 51327 | 2074 | 32395 | 46399 |
| 1996 | 95359 | 202912 | 60734 | 2683 | 47004 | 77216 |
| 1997 | 100056 | 222871 | 67384 | 2773 | 46731 | 85504 |
| 1998 | 75145 | 157816 | 56470 | 2340 | 40488 | 110142 |
| 1999 | 93874 | 207947 | 75756 | 2694 | 50468 | 139553 |
| 2000 | 73799 | 163511 | 63670 | 2367 | 48146 | 142985 |
| 2001 | 64785 | 140787 | 80 640 | 2408 | 51910 | 204665 |
| 2002 | 70948 | 154372 | 92792 | 3418 | 75596 | 286815 |
| 2003 | 79586 | 180845 | 118628 | 4641 | 103532 | 453128 |
| 2004 | 76311 | 165399 | 151701 | 5853 | 130044 | 647521 |
| 2005 | 81305 | 178943 | 195705 | 6418 | 160898 | 960812 |
| 2006 | 83344 | 186879 | 231769 | 7500 | 194671 | 1199154 |
| 2007 | 83661 | 195284 | 305857 | 9239 | 115410 | 1685416 |
| 2008 | 77614 | 177562 | 405595 | 11652 | 316744 | 2082016 |
| 2009 | 93317 | 223008 | 529348 | 14349 | 359783 | 2661233 |
| 2010 | 119871 | 278002 | 595649 | 18262 | 402487 | 3890573 |

1991~2010 年全市个体私营经济纳税一览

表 41-4-2

单位:亿元、%

| 年 份 | 年纳税额 | 占财政总收入 | 年 份 | 年纳税额 | 占财政总收入 |
|---|---|---|---|---|---|
| 1991 | 0.42 | | 2001 | 3.27 | 20.5 |
| 1992 | 0.46 | | 2002 | 5.34 | 23.3 |
| 1993 | 0.66 | | 2003 | 7.63 | 28.6 |
| 1994 | 0.78 | | 2004 | 11.58 | 34.2 |
| 1995 | 0.89 | | 2005 | 13.65 | 34.3 |
| 1996 | 1.21 | | 2006 | 17.47 | 37.3 |
| 1997 | 1.30 | | 2007 | 23.48 | 40.8 |
| 1998 | 2.00 | | 2008 | 30.58 | 46.3 |
| 1999 | 2.30 | | 2009 | 43.16 | 50.1 |
| 2000 | 2.60 | | 2010 | 67.28 | 57.7 |

## 第二节　个体私营经济监管

1991 年,全市工商机关依据《城乡个体工商户管理暂行条例》和《城乡个体工商户管理暂行条例实施细则》,每年 3 月底前对已核准登记个体工商户营业执照实行验照贴花。通过验照,在营业执照正、副本指定位置加贴国家工商局统一印制全锡防伪不干胶年检验照标识。验照工作统一由基层工商分局(工商所)负责受理。1993 年,国家工商总局出台第一部《企业法人年度检验办法》,规定凡领取"中华人民共和国企业法人营业执照""企业法人营业执照"企业,均须参加年检。年检起止日期为每年 1 月 1 日至 4 月 30 日。主要内容包括企业法人登记事项执行和变动情况、投资情况、资产负债情况和投资者出资情况。通过年检企业,登记机关在其营业执照正本上加贴年检标识、副本上加盖年检戳记。

1996 年,国家工商总局废止 1993 年《企业法人年度检验办法》,公布新《企业年度检验办法》。新办法规定,凡领取"中华人民共和国企业法人营业执照""中华人民共和国营业执照""企业法人营业执照""营业执照"有限责任公司、股份有限公司、非公司企业法人和其他经营单位,登记机关在规定时间内,对企业上一年度情况进行检查。企业于每年的 3 月 15 日前向登记主管机关报送年检材料。1998 年,国家工商总局修订《企业年度检验办法》,明确企业年度检验是工商行政管理机关依法按年度对企业进行检查,确认企业继续经营资格的法定制度,并视企业遵守工商行政管理法规情况,在企业营业执照上加贴 A、B 标记,B 级企业不得办理增设分支机构和增加经营范围变更登记,不得投资设立有限责任公司或股份有限公司。

2001 年,全市工商机关按照"一审查、两结合、双规范"工作要求,开展 2000 年度企业年检。全市应检私营企业 2230 户,实检 1613 户,年检率为 72.33%。其中独资企业应检 731 户,实检 450 户,年检率 61.56%;合伙企业应检 286 户,实检 178 户,年检率 62.24%;有限责任公司应检 1152 户,实检 935 户,年检率 81.16%;股份合作制企业应检 61 户,实检 50 户,年检率 81.97%。对不按规定时间参加年检验照和违法情节严重的 988 户个体工商户、私营企业予以吊销营业执照处罚。2002 年,市工商局按照省工商局《关于进一步开展取缔无照经营的通知》,召开专题会,研究布置取缔无照经营专项整治工作。当年,全市工商系统共出动近 2000 人次,宣传车 200 车次,悬挂宣传条幅 60 条,在全市开展宣传活动。至 10 月底,共清理无照经营 5713 户,引导补办营业执照 4384 户,查处取缔 863 户,罚没款近 10 万元。

2003 年,市工商局对个私经济监管工作试行两项改革举措:根据国家工商总局和省工商局有关将企业监管权下放到基层工商分局要求，下发《九江市工商行政管理局关于市区企业2002年度检验实施意见》，决定将市局登记企业年检受理、审查、核准和收费四项职能下放给基层工商分局，由基层工商分局组织对企业进行年度检验；下发《关于对个体工商户试行滚动式验照请示的批复》，在浔阳区试行个体工商户滚动式验照（即按营业执照注册号尾数对应的月份确定个体工商户的验照时间）。当年，全市应参加验照个体工商户60708户，实检48012户，验照率79.1%；应参加年检私营企业3436户，实检2573户，参检率达74.9%。2006年，国家工商总局再次修订《企业年度检验办法》，规定参检对象为领取营业执照的有限责任公司、股份有限公司、非公司企业法人、合伙企业、个人独资企业及其分支机构、来华从事经营活动外国（地区）企业，以及其他经营单位。年检时间调整为每年3月1日至6月30日。当年，全市应参加2005年度验照个体工商户81305户，实检56871户，验照率70%；应参加年检私营企业6418户，实检5174户，年检率81%。2007年，市政府根据全市无证无照经营现状，专门听取市工商局工作意见，在全省率先下发《九江市人民政府办公厅关于印发〈九江市清理无证无照经营工作实施方案〉的通知》，成立"九江市清理无证无照经营工作领导小组"，对清理无证无照经营专项行动清理范围、整治重点以及方法步骤、工作要求等做出明确部署，使查处取缔无证无照经营工作由部门行为上升到政府行为。10月15日至11月30日，全市各有关职能部门在市政府统一领导下，集中一个半月时间，在全市开展查处取缔无证无照经营专项整治行动。至11月底，全市共出动执法人员5875人次，执法车辆1307台次，检查各类市场主体58982户，下达整改通知书4059份，清理无卫生许可证经营的1232户，无文化许可证经营的103户，无行医许可证经营的70户，无烟草许可证经营的48户，无危险品许可证经营的20户，无特行许可证经营的10户，无环保许可证经营的37户，无营运许可证经营的5户，无质检报告书经营的224户，无工商营业执照经营的3479户，清理租借"再就业优惠证"经营的68户，清理"再就业优惠证"逾期的201户。通过清理整治，全市城镇和农村无证无照经营率分别控制在2%和3%以下，亮照经营率达100%。

2009年，市政府出台《建立查处取缔无证无照经营行为长效工作机制的实施方案》，市工商局下发《关于贯彻〈建立查处取缔无证无照经营行为长效工作机制的实施方案〉的意见》，全市所属15个县（市、区）政府结合本地实际，相继出台查处取缔无证无照经营行为长效工作机制意见或方案，成立查处取缔无证无照经营工作领导机构。当年，全市各地共开展查处取缔无证无照经营专项整治80余次，出动执法人员17300余人次，出动执法车辆3700余车次，印发查处取缔无证无照经营行为的各种宣传材料26000余份，编辑黑板报、宣传栏15期，悬挂宣传横幅、标语89条，出动宣传车辆35台次，开展各种宣传活动30余次，清理无证无照经营8490户，下发警示通知822户，引导规范办理各种行政许可1610户，引导规范办理营业执照8281户，立案查处无证无照经营案件388起，罚没款139.87万元。

2010年4月20日至5月30日，市工商局组织全市工商系统对辖区内部分高危行业无证无照经营行为开展整治行动。全市工商系统共开展查处行动1300余次，出动人员5200余人次，检查经营户53623户，规范办照3953户，取缔无照经营618户，立案查处331件，罚款218.68万元。

# 第五章　商标与广告管理

## 第一节　商标管理

### 一、注册管理

2002年9月,施行《中华人民共和国商标法实施条例》。当年,全市注册商标623件,证明商标和集体商标均无。2003年4月17日,国家工商行政管理总局公布《集体商标、证明商标注册和管理办法》,自6月1日起执行。至2005年12月30日,全市注册商标1337件。在工商部门的引导下,庐山旅游资源开发公司一次性注册40个商标,保护庐山旅游资源、人文资源。

2006年7月26日,瑞昌市山药产业协会申请“瑞昌山药”证明商标,2008年3月21日获得专用权,成为全市第一件地理标志证明商标。2007年4月19日,市工商局下发《九江市工商系统基层分局商标广告监管工作规范》。各分局对所辖区域所有市场主体和自然人所拥有商标情况进行调查建档,1户1档。已注册商标档案(含闲置商标)须有商标使用情况摸底表,商标注册证复印件,转让、许可或续展情况相关证明复印件;正在受理商标档案须有商标使用情况摸底表,商标受理通知书复印件;未注册商标须有商标使用情况摸底表。按照正在使用、闲置、正在受理中、未注册4类商标分类汇总建立台账。

### 二、商标培育

1996年8月,执行《驰名商标的认定和管理暂行规定》,对驰名商标特殊保护作出规定。1999年12月,“鸭鸭”商标被国家工商行政管理总局认定为“中国驰名商标”,在国内45个内类别都进行注册保护,在国际80个国家进行注册保护。鸭鸭集团有效注册商标共195件。

2001年,商标法第二次修改,增加保护驰名商标规定。对认定驰名商标考虑因素作明确规定。美庐乳业公司成立,即开始商标注册、商标宣传、商标管理和商标保护工作。

2002年前,全市江西省著名商标7件。2002年11月,江西陶令酒业有限公司向国家商标局申报“陶令”商标,12月成功注册。

2005年,江西仙客来食用菌有限公司获得江西省著名商标,产品出口美、俄、日、德等10余国,获66个国家和地区商标注册,品牌价值3.3亿元,全省首例以商标质押获贷款2000万。“美庐”商标被评为江西省著名商标。2006年12月25日,市政府办公厅下发《九江市人民政府办公厅关于印发〈九江市知名商标认定和保护办法〉的通知》。

2007年12月,市工商局组织认定江西陶令酒业有限公司“陶令”商标等14件注册商标为九江市知名商标(有效期3年)。2008年7月,“陶令”商标被认定为江西省著名商标。

2010年,市工商局开展“一社一标”品牌创建工作。全市工商系统共向农民专业合作社发送《商标注册建议书》《商标策略提示书》和《商标法律宣传书》和散发宣传材料等共1000多份。全市农民专业合作社新申请商标109件,累计达157件。美庐乳业公司累计向国家商标局申请商标注册38项,获得26项商标注册证,企业运用商标注册建立起系列化、冠状化商标保护及防御体系,并在工商部门支持下进行商标打假、维权16起。

## 2010年全市著名商标企业一览

表 41-5-1

| 企业名称 | 商标名称 | 类别 | 使用商品 | 所属县区 |
|---|---|---|---|---|
| 瑞昌市绿源山药产业开发中心 | 独一支 | 31 | 山 药 | 瑞昌市 |
| 共青鸭鸭(集团)有限公司 | 鸭 鸭 | 25 | 羽绒服、羽绒被、衬衣、内衣、家纺 | 共青城 |
| 共青中成服饰有限公司 | Menghaote 梦浩特 | 25 | 服装、羽绒服 | 共青城 |
| 江西回圆服饰有限公司 | 回 圆 | 25 | 羽绒服 | 共青城 |
| 九江啄木鸟服装有限公司 | PLOVER 图 | 25 | 西装上衫、西裤、衬衫、领带、夹克 | 庐山区 |
| 市金樱桃食品发展有限公司 | 浔阳楼 | 30 | 酥糖、糕点、茶饼 | 庐山区 |
| 修水县万顺特艺有限公司 | 图 形 | 21 | 梳、篦子、衣服支撑架、化妆用具 | 修水县 |
| 修水县大椿茶厂 | 霞 森 | 30 | 茶 叶 | 修水县 |
| 德安县丰林粉丝厂 | 峰 岭 | 30 | 粉 丝 | 德安县 |
| 省宁红集团公司 | 宁 红 | 30 | 茶叶、保健茶 | 修水县 |
| 江西生成卫生用品有限公司 | 生 成 | 16 | 纸餐巾、纸垫、纸尿布、湿纸巾 | 武宁县 |
| 江西驰耐得轮胎有限公司 | 锐 驰 弗亚得 | 12 | 汽车轮胎、车轮胎 | 德安县 |
| 九江派拉蒙百货有限公司 | 派拉蒙 | 35 | 推销(替他人) | 浔阳区 |
| 彭泽县水产养殖场 | 芦 花 | 31 | 鱼虾(活的) | 彭泽县 |
| 江西仙客来生物科技有限公司 | 仙客来 | 29 | 蘑菇罐头、蔬菜罐头、干蔬菜、干食用菌 | 九江县 |
| 都昌县开源食品有限公司 | 鄱湖舟 | 29 | 鱼制品 | 都昌县 |
| 九江昂泰胶囊有限公司 | 昂 泰 | 5 | 药用胶囊、人用药、中药成药 | 武宁县 |
| 市雪林制衣有限公司 | 雪 林 | 25 | 羽绒服装 | 开发区 |
| 江西众心药业有限公司 | 云 山 | 5 | 人用药、中药成药 | 永修县 |
| 九江海天设备制造有限公司 | 九 州 | 6 | 压缩气体或液态空气用金属容器、金属容器 | 瑞昌市 |
| 江西开成纸业有限公司 | 绮 玉 | 16 | 卫生纸 | 德安县 |
| 江西陶令酒业有限公司 | 陶 令 | 33 | 白 酒 | 彭泽县 |
| 江西鄱阳湖现代农业开发有限公司 | 鄱湖明珠 | 32 | 果茶饮料 | 都昌县 |
| 共青板鸭有限公司 | 共 青 | 29 | 板 鸭 | 共青城 |
| 江西美庐乳业有限公司 | 美 庐 | 29 | 牛奶制品 | 庐山区 |
| 江西名派光电科技有限公司 | MIPAI | 11 | 节能灯、节能灯管、照明电器 | 武宁县 |
| 江西钟山药业有限责任公司 | 蒲可欣 | 5 | 人用药 | 湖口县 |
| 江西深傲服装有限公司 | 深 傲 | 25 | 羽绒服 | 共青城 |
| 九江金凤凰装饰材料有限公司 | 百鸟之王 | 19 | 大理石 | 永修县 |
| 德安县矮子板鸭厂 | 雁 塘 | 29 | 板 鸭 | 德安县 |
| 修水县裕发河粉厂 | 广裕发 | 30 | 米粉、粉丝(条) | 修水县 |
| 修水神茶实业有限公司 | 梅 山 | 30 | 茶叶、保健茶 | 修水县 |
| 江西九岭酒业有限公司 | 九仙岭 | 33 | 白 酒 | 共青城 |
| 九江联盛实业集团有限公司 | 联 盛 | 35 | 推销(替他人) | 浔阳区 |

### 三、专用权保护

2005 年,转发《江西省 2005 年保护注册商标专用权行动方案》,全市工商行政管理系统共出动执法人员 3425 人(次),检查经营户 8157 个,检查商品交易市场 232 个,没收侵权商标标识 34855 件,没收、销毁侵权商品 9519 件,共查处商标案件 115 件。其中建筑材料商标侵权案件 6 起,关系百姓日常生活用品商标案件 21 起,关系到“三农”农资商品、农产品案件典型案件 2 起。2006 年,下发《关于开展“讲诚信、反侵权、保名牌、打假冒”专营专卖店整治行动的通知》。行动以保护驰名商标、著名商标为重点,维护商标所有权人合法权益;提高专营专卖店经营者商标法律意识,规范经营行为,加强市场监管,规范市场秩序。全年查处商标案件 104 起。2007 年,根据省工商局《关于开展保护奥林匹克标志及奥运特许商品暨保护联想电脑及产品专项整治行动工作的通知》,市工商局下发《关于转发赣工商商广字〔2007〕29 号文件的通知》,集中整治奥林匹克标志及奥运特许商品暨保护联想电脑及产品。在整治行动中,湖口、星子、都昌各发现 1 家电脑专卖店未经授权在招牌上使用“联想”专卖字样及标志,当即对店主下达《责令改正通知书》,拆除“联想”专卖店字样招牌,保护商标专用人合法权益。

2008 年,转发省工商局《关于下发〈关于进一步加强保护奥林匹克标志专用权专项整治的通知〉的通知》《关于下发〈奥林匹克标志保护专题研讨会会议纪要的通知〉的通知》《关于转发〈关于保护 2008 年奥运会火炬接力活动标志的通知〉的通知》,共查处侵犯奥林匹克标志专用权案件 17 起。全年查处商标类案件 61 起。2009 年 8 月 20 日至 9 月 20 日,根据《江西省保护“莲花”驰名商标专用权专项整治行动方案》,结合九江实际,对假冒“莲花”商标产品进行重点查处,共查处 2 家经销商销售假冒“莲花”味精行为。

2010 年,转发省工商局《关于转发国家工商总局〈关于保护上海世博会标志专有权若干问题的通知〉的通知》,查处侵犯世博会标志专有权行为案件 7 起,全市共查处商标类案件 66 件。

## 第二节　广告管理

### 一、广告登记

1991 年,全市广告业开展“重信誉、创优质服务”活动,广告经营单位设计、制作都有较大提高,广告经营企业由 46 户增加到 78 户。1992 年,全市广告业进入快速发展阶段。11 月,全国第三届广告作品展在南昌市举行,市工商局组织广告作品 27 件参展,多件作品获奖。1993 年,按照国家工商局、国家计划委员会《关于加快广告业发展的规划纲要》,确定广告业是第三产业重要组成部分,明确广告业在国民经济发展中所处地位,发展目标和重点。市工商局依据纲要精神,放开所有制形式,允许国营、集体、私营、个体及中外合资、中外合作等各种经济成分从事广告经营。

1995 年,下发《关于进一步宣传贯彻〈广告法〉的工作方案通知》。利用新闻媒体、条幅标语等形式进行宣传,发放各种宣传资料 5000 余份,举办多期广告法学习培训班。同年,制定《九江市户外广告管理办法》,经市政府批准于 10 月 1 日起施行。1996 年,市工商局公开向社会做出承诺:办理广告经营企业登记,核发广告经营许可证,只要手续齐备,符合条件,由法定 30 个工作日缩短到 7 个工作日内办结;办理广告经营企业变更登记、注销登记,手续齐备、符合条件,由法定 30 个工作日缩短到 3 个工作日内办结。1997 年,执行国家工商局《关于制止调查、采访形式的广告的通知》,开展广告专项整治活动,禁止发布有偿新闻广告,限定广播电台、电视每套节目发布广告时间不得超过该节目播出时间 15%;黄金时间段(19:00~22:00)不得超过 12%;电视节目发布酒类广告上午 6:00~8:00,下午 19:00~21:00 黄金时段不得超过 2 条,普通时段不得超过 10 条。1998 年,执行国家工商局《广告经营资格检查办法》,采取定期检查办法,对资格检查合格广告经营单位,执行广告审查员制度和广告专业技术岗位资格培训制度,要求各广告经营单位培训广告审查员及广告专业技术岗位资格人员各 2 名, 以促进广告经营单位提高经营管理水平。1999 年，从严掌握审批，严把广告经营主体准入关。执行《广告语言文字管理暂行规定》，市工商局组织开展对辖区内广告语言文字专项检查。

2000 年，按《房地产广告发布暂行规定》，加强对全市发布房地产广告进行监测。纠正一批房地产企业、房地产广告发布单位违规发布房地产广告。2001 年，贯彻省工商局《关于进一步规范广告监管审批登记事项的具体实施意见》，规定综合型广告经营企业和专营广告设计、制作企业，其企业名称中应含有广告字样；兼营广告业务企业，必须是与广告行业有关联，利用自有媒体发布广告。2002 年，结合换发广告经营许可证，降低广告经营准入门槛，鼓励民营资本进入广告业，引导广告业规模化、集约化、专业化方向发展。2003 年，开展“反误导，打虚假”广告市场专项治理行动。其间，将户外广告登记全面下放到由发布地工商局登记。2004 年 7 月，根据《中华人民共和国行政许可法》，停止对企业单位广告经营资格(即“广告经营许可证”)审批登记，保留对兼营广告事业单位广告经营资格审批登记，停止对广告经营企业单位广告经营资格检查，其在有效期内“广告经营许可证”自行作废。此后，只对兼营广告事业单位进行广告经营资格检查。2005 年，开展“打虚假 树诚信”广告专项整治活动。以打击保健品、药品、医疗、化妆品、美容服务行业领域虚假违法广告为重点，严厉打击欺骗和误导消费者商业欺诈行为。

2006 年，按照《国务院办公厅关于开展打击商业欺诈专项行动的通知》和国家工商总局《关于认真贯彻落实吴仪副总理重要批示精神深入开展整治虚假违法广告专项行动的通知》，继续深入开展虚假违法广告专项整治工作。以专项整治为契机，为创建文明城市，加强对利用公共、自有或者他人所有建筑物、构筑物、场地、空间、交通工具等设置橱窗、广告栏、灯箱、霓虹灯、电子显示屏(牌)、招(标)牌、软体面料、实物造型等户外商业广告设置进行监督管理。其间，责令市公交广告公司清除公交车身烟草广告 5 辆，拆除浔阳区三里街荷花垄高架烟草广告牌 2 块，拆除浔阳区环城路楼顶霓虹灯烟草广告 1 个。2007 年，推进新颁布《医疗广告管理办法》《药品广告审查办法》和《药品广告审查发布标准》宣传贯彻实施。转发省工商局《关于贯彻实施(医疗广告管理办法)的通知》《关于贯彻药品广告审查发布标准》和《药品广告审查办法》。根据《江西省大众媒介广告监测实施办法》，对全市媒介发布医疗、医疗器械、药品、保健食品、化妆品等广告开展专项监测检查，对户外、印刷品等其他形式发布医疗、医疗器械、药品、保健食品、化妆品等广告，实行分片划区实行监测巡查，发现虚假违法广告及时处理。落实广告审查员“一票否决制”把好广告审查和发布关。加强与虚假违法广告专项整治联席会议成员单位沟通与协调，增强行政管理合力。

2008~2009 年，按照省工商局《关于继续深入整顿网上非法“性药品”广告和性病医疗广告的通知》，完善广告监管联席会议制度，健全联合工作机制，增强广告监管合力与实效。明确职责，确定任务，与有关部门协作，查处网上非法“性药品”广告和性病治疗不良低俗广告，打击虚假违法广告。

2010 年，市工商局完善户外广告登记数据平台，加强户外广告监管。要求各单位商广部门都配置扫描仪。户外广告小样全部录入综合业务平台，监管力度得到加强。

## 二、广告监督

1991~1993 年，根据《江西省户外广告管理办法》及新修订《广告管理条例》，加强各类户外广告、各类展销会监管，加大对各类招生、招聘广告，行医广告查处力度，3 年全市查处广告违法违章案件39 件，罚没款 5.13 万元。1994 年，执行广播电影电视部、国家工商局《关于进一步加强电视广告宣传管理的通知》，查处全市大众媒体发布违法、违规广告案件 9 件，罚没金额 8.6 万元。

1995~1996 年，根据广告法规定，以净化广告市场、规范广告行为、营造公平竞争市场环境、保护消费者合法权益为目标，组织开展医疗广告、药品广告、食品和保健食品广告、化妆品广告、酒类广告、房地产广告、加工承揽和致富信息广告、印刷品广告等项执法检查。全市共查处广告违法违章案件 72 件，罚没金额 22.4 万元。1997 年，对大众媒体、电视屏、户外媒体和印刷品发布酒类、食品、保健品、化妆品、房地产广告进行专项整治，查处“虚假乱”等违法广告案件 51 件，收缴和制止内容不健康及违法违章印刷品 5000 余份,条幅 32 条,拆除违法违规广告牌 46 块。罚没金额 6.3 万元。1998~2002 年,打击虚假广告,重点查处特殊商品、服务虚假违法广告,主要以大众媒介和城市户外广告作为监管重点。5 年共查处违法广告案百余件,查缴违法印刷品广告万余份,罚没款 40 余万元。2003~2007 年,加强对有关预防"非典"商品广告监督检查及"打虚假,树诚信"整治活动,严厉查处各种虚假违法广告,5 年共查处违法广告案件 43 件,罚没款 13.9 万元。2008~2009 年,市工商局重点加强对户外广告、医疗药品广告、房地产广告等虚假违法广告打击力度,共查处违法违章广告案 76 件,罚没款 29.4 万元。

2010 年,按照《九江市工商局 2010 年商标广告监督管理工作要点》,开展药品、保健食品等不良广告专项整治工作。制定确实可行不良广告整治计划,重点整治利用新闻形式以及健康资讯栏(节)目变相发布广告行为。在广告监测中,把医疗、医疗器械、药品,保健食品、化妆品、房地产广告作为监测检查重点,确定重点发布媒介、形式和区域,及时掌握广告发布动态,集中力量查办虚假违法医疗、医疗器械、药品、保健食品、化妆品、房地产广告案件 73 起,罚没款 43.03 万元。

**1991~2010 年全市广告登记、监管情况一览**

表 41-5-2　　　　单位:户、条、件、万元

| 年 份 | 广告公司 | 注册资金 | 广告登记 | 违法案件 | 罚没款 |
|---|---|---|---|---|---|
| 1991 | 78 | | | 6 | 0.23 |
| 1992 | 83 | | | 13 | 1.70 |
| 1993 | 96 | | | 20 | 3.20 |
| 1994 | 127 | | | 9 | 8.60 |
| 1995 | 143 | | 86 | 34 | 9.63 |
| 1996 | 152 | | 112 | 38 | 12.77 |
| 1997 | 157 | | 102 | 51 | 6.30 |
| 1998 | 221 | | 143 | | |
| 1999 | 232 | | 201 | | |
| 2000 | 247 | | 307 | | |
| 2001 | 327 | | 321 | | |
| 2002 | 356 | | 354 | | |
| 2003 | 373 | | 468 | | |
| 2004 | 398 | | 598 | | |
| 2005 | 419 | | 786 | 27 | 6.30 |
| 2006 | 431 | | 1028 | | |
| 2007 | 447 | | 916 | 16 | 7.60 |
| 2008 | | | 1012 | | |
| 2009 | | | 987 | 76 | 29.40 |
| 2010 | 454 | 18145.37 | 1103 | 73 | 43.03 |

# 第六章 公平交易执法

## 第一节 反不正当竞争

1993年12月1日,《中华人民共和国反不正当竞争法》实施。1994年,全市工商系统运用反不正当竞争法和消费者权益保护法,对虚假广告、假冒商标、公用企业滥用经济优势限制他人正当经营以及为推销假冒伪劣商品向对方贿赂行为进行查处。4月,市工商局针对市场上有人擅自使用九江封缸酒厂“庐山”牌糯谷酒特有名称、包装、装潢和“凯涛”牌封饮注册商标及厂名厂址标识专用瓶情况,开展检查非法使用“庐山”牌糯谷酒商标和“凯涛”牌封饮专用瓶执法活动,打击不正当竞争行为。1994年,全市工商系统共查处各类违法违章案254件,其中大要案31件,罚没款143.26万元。查处案件中,制售假冒伪劣商品案112件,大要案17件;不正当竞争案18件,其中假冒注册商标案8件,擅自使用他人企业名称案5件,伪造认证标志名优标志案4件,公用企业限制竞争案1件。

1998年,以纪念反不正当竞争法实施5周年、商标法实施15周年为重点,开展法律法规宣传教育,推行执法责任制,做到案案有核审、件件有告知,建立健全行政申诉、案件评查、错案追究、考核评议制度。深入开展打假、打私、查处商业欺诈。“打假”重点保护名优产品、完善名优产品备案制度,着力抓好医药、食品、烟草、眼镜四类市场整治;“打私”突出重点商品,打击走私汽车、摩托车、成品油、生产性原材料、家用电器等;查处欺诈重点查处非法传销及其他虚假表示,利用加工承揽、建筑工程、承包合同欺诈行为,配合有关部门查处非金融机构办理金融业务及金融机构金融业务中欺诈行为。1999年,按照省工商局、省技术监督局等5部门文件,开展规范江西啤酒市场工作,重点整治低价倾销行为和制售假冒伪劣产品行为。开展公用企业限制竞争行为专项整治,针对群众反映强烈公用企业强制用户购买商品或接受服务限制竞争行为进行专项检查。8~10月,依据反不正当竞争法查处武宁公路段东门渡口管理所限制竞争及商业贿赂案、中保人寿保险公司武宁办事处滥收费用及商业贿赂案、湖口渡口管理所限制竞争案。

2000年,组织开展纠正医药购销中不正之风工作,打击医药购销中商业贿赂、假冒他人注册商标及擅自使用他人企业名称等不正当竞争行为,加强药品广告管理。4月,查处仿冒“椰树”牌天然椰子汁包装装潢不正当竞争行为。8月,市工商局组织对武宁县16家砖厂组成联合体实施约定不合理价格及擅自划定排他性市场行为进行调查处理。2001~2002年,加大反不正当竞争执法力度,查处社会危害严重,群众反映强烈药品购销中商业贿赂行为,公用企业强制服务、滥收费用行为,商品房销售中虚假宣传行为。开展通信运营商强制收取市话电话机代维费、强行收取话费预付款、自来水公司强行收取底度费行为专项执法检查。2003年,根据国家工商总局、省工商局部署,开展反不正当竞争法实施10周年宣传纪念活动,开展“服务领域反欺诈”“旅游行业查贿赂”“流通领域反仿冒”“垄断行业查强制”专项执法行动,举办“真假商品鉴别、名优特商品及打假成果展示”活动,查处一批有影响不正当竞争案。

2004年,开展以药品回扣为重点商业贿赂行为专项执法检查,检查范围是市内各药品生产企业、药品经销企业和医疗机构,严把药品经营主体市场准入关,依法查处无照从事药品经营活动;严格规范药品交易行为,打击药品购销活动中收受回扣违法行为;加强对药品广告监督管理,查处对药品、医用疗效作引人误解虚假表示、虚假宣传行为。3~7月,开展打破地区封锁、破除地方保护专项整治。以农资、酒类、烟草为重点商品,查处对限定单位或者个人只能经营、购买、使用本地生产产品或只能接受指定企业、其他经营组织或个人提供服务,或实行歧视性待遇,限制外地商品或服务进入本地市场违法行为。2005年,根据国家工商总局、省工商局部署,开展对垄断行业限制竞争行为专项执法活动,重点是供电、供水、供气、邮政、交通、烟草等行业,同时结合实际,将烟花爆竹专营公司违规收取行业自律保证金问题纳入专项整治行动。按照国家工商总局、省工商局部署,开展纠正医药购销及医疗服务中不正之风专项治理,重点是药品购销中给予、收受回扣及其他商业贿赂行为,药品违法广告行为。2006年,开展反垄断专项执法,重点是对供电、供水、供气、交通运输、专营专卖等与人民群众生活密切相关垄断型行业,严厉查处滥用垄断地位强制交易、强制服务等行为,切实维护消费者合法权益。针对市餐饮业出现买断酒水供应权,损害公平竞争情况,开展餐饮业酒水交易行为专项执法检查。继续把治理商业贿赂作为整顿和规范市场秩序重点,结合九江实际,开展书刊发行、旅游、餐饮、商业零售、保险代理等行业商业贿赂行为专项整治。提出查办医疗购销领域商业贿赂,做到"七查七看",重点是利用商业贿赂手段推销假冒伪劣药品、医疗器械案件;贿赂国家工作人员以销售药品、医疗器械案件;在药品、医疗器械购销中利用职权索取、收受商业贿赂大要案件等。

2007年,结合"建设新九江、建设经济中心城市、优化发展环境和加强机关效能建设"三项主题活动,市工商局出台《关于实施部分行政处罚首次告诫的指导意见》,对80种轻微违法行为首违不罚予以行政指导。开展治理商业贿赂,重点查处药品购销、商场超市、酒水饮料、房地产开发、资产评估、拍卖、通信运营商中商业贿赂行为,立案查处商业贿赂案76件。5月,市治理商业贿赂领导小组开展对不正当交易行为自查自纠,6月1~10日,对有关地区、省直有关部门自查自纠工作情况进行抽查评估。9月,开展打击"傍名牌"不正当竞争行为专项执法行动,打击借助他人知名字号或商标市场信誉,通过搭便车,制造市场误认、混淆不正当竞争行为。2008年,加强竞争执法力度,开展景区旅游市场监管,重点打击生产加工"傍名牌"不正当竞争行为,促进"奥运年"九江市旅游经济健康发展。查处滥用优势地位从事不公平交易、虚假促销等违法行为。制止和查处地区封锁、地方保护等行政垄断行为。查处取缔食品经营、网吧、农资等重点行业无照经营。加大商业贿赂治理力度。推进治理工作深入开展,注重查处制假售假、产品质量和食品安全事件背后所存在商业贿赂问题,从严从快查处一批损害群众利益大案、要案。充分运用企业信用分类监管等制度,提高治理商业贿赂工作成效,逐步建立治理商业贿赂长效机制。2009年,针对将他人知名字号、商标以相同、相似、相近等多种方式使用,有意制造市场混淆等不正当竞争行为呈蔓延之势,在省工商局统一部署下,开展打击"傍名牌"保护企业合法权益专项执法行动,重点是仿冒"飞利浦"电器、"日丰"管材、"红牛"饮料、"华润"涂料、"四特"酒、"水宜生"产品等。深入治理商业贿赂。以医疗卫生、建筑工程、物资采购等领域为重点,查处商业贿赂案件22起。

2010年1月,开展制止滥用行政权力,排除限制物流业竞争,规范物流市场秩序专项整治。制止设置歧视性市场准入门槛、收取歧视性费用等限制物流业跨地区、跨行业服务行为,促进企业公平竞争。开展房地产市场交易行为、公用企业强行搭售商品或附加不合理条件行为、金融机构强制服务行为和汽车销售行为专项整治,查处这类案件29起;以医药购销、中介服务、产权交易、保险促销等为重点,与市纪委、市卫生局等部门加强协作,查处商业贿赂案件35起;查处"傍名牌"案件102起。

## 第二节 假冒伪劣产品查处

1991~1992年,按照省政府、省工商局部署,开展打击制售假冒伪劣商品专项斗争,重点查处与人民生活密切相关医药、食品、烟、酒类商品,严厉打击制造、贩运、经销假冒劣商品黑窝点及地下工厂,取缔非法经营。

1994年,在全市组织2次较大规模"打假"活动,对坑农、害农的假农药、假化肥、假种子、无碘盐以及伪劣食品、饮料和生活用品等加大打击力度;与海关、公安机关协作,打击走私贩私;运用反不正当竞争法和消费者权益保护法,对虚假广告、假冒商标、公用企业滥用经济优势限制他人正当经营以及为推销假冒伪劣商品向对方贿赂行为进行严肃处理。8月,会同卫生、商业、轻工、技术监督、旅游等部门开展"抓好城市饮食卫生管理和检查"工作,重点查处制售危害人民群众健康的掺假、掺杂、过期、变质食品行为。12月,开展"元旦""春节"市场整治,查处节日市场上掺杂使假、以次充好、哄抬物价、欺行霸市、垄断经营等非法交易行为。当年,全市工商系统共查处各类违法违章案254件,其中大要案31件,罚没款143.26万元。254件案件中,制售假冒伪劣商品案112件、不正当竞争案18件。

1997年1月始,按照《工商行政管理机关行政处罚程序暂行规定》办理行政处罚案件。同年,在全市开展"重合同、守信用"企业评选活动。1998年,开展打假、打私、查处商业欺诈工作。3月,按照省工商局、省技术监督局、省公安厅等8部门文件,开展严厉打击制售假冒伪劣酒类产品执法行动。启动"百城万店无假货"活动,要求各县(市、区)局选择在当地影响较大、基础较好商业企业和商业街作为"百城万店无假货"活动示范街,由点到线、由线到面逐步展开。开展酒类市场专项整治,重点打击制售假酒、假药、假劣食品、假香烟、假营养保健品、假种子、假农药、假化肥违法行为。10月26日,开展打击贩私和整顿市场行动,重点打击成品油、汽车、摩托车、香烟、盗版光盘、食用油、化工原料、纺织原料、手机、计算机、照相机等物品走私贩私行为。1999年,开展"整市场、保节日"专项执法检查,重点为食品打假。6月,开展打击制售假冒卷烟专项整治,对公路运输、市场销售等环节进行全面检查,查处销售假冒及走私卷烟行为。7月12日开始,实施查处经济违法违章案件审批备案制度,达到规定条件案件必须报上级工商机关审批后方能实施处罚。

2001年1月,开展"净市场、保名牌、促消费"专项执法行动,京九农副产品中心批发市场被省工商局确定为检查重点。做好企业"守合同、重信用"称号复查工作。市工商局联合市卫生局、市医药管理局清理整顿药品生产和经营企业。市工商局批复浔阳区工商局《关于开展创建"打假维权、消费者满意文明一条街"活动实施方案》。3月底,会同经贸、公安、质监、盐务等部门,以打击假冒伪劣食盐窝点,取缔非法从事食盐生产、加工、储运、经营和贩销私盐企业,防止私盐流入食品加工、畜产养殖行业为重点,开展打击盐业违法行为、维护食盐专营秩序专项整治行动。4月,开展禁止生产销售具有窃听功能玩具专项整治,对市场销售具有窃听功能玩具进行全面检查清理。按照省工商局部署,开展打击制售假冒"金圣""海鸟"卷烟专项整治行动。市工商局牵头,市烟草、公安部门配合,对全市所有经营烟草商店进行拉网式检查,查扣假冒、无手续卷烟78.7条,货值9000余元。6月,按照《集贸市场管理规范》对商品交易市场复秤台设置进行检查,健全制度,加强管理,让消费者在市场内明明白白消费。9月28日始,开展"十一"黄金周节日旅游市场专项整治。重点检查宾馆、饭店、娱乐场所、旅游用品市场、旅游交易市场等经营单位和景点,对经营假冒、过期、不合格食品、饮料、酒类及非法生产、销售烟花爆竹等威胁人民群众人身安全违法行动进行重点打击,确保节日旅游市场安全有序。30日,开展金秋打假扶优宣传活动,倡导"识名牌、用名牌、扶名牌"消费观念,销毁10车假冒伪劣商品。2002年,围绕社会热点、焦点问题,抓好"以农资三假为重点,打假治劣保安全生产""以食品为重点,打假治劣保安全消费""以装饰装修材料为重点,打假治劣保安全装修""以汽车摩托车为重点,打假治劣保安全运输"专项整治。3月20日至4月5日,公安、工商、海关组成联合检查组,对全市生产、销售仿真枪行为进行专项检查。通过开展专项整治,切实加强市场监管和流通领域商品质量监督,确保群众消费安全。2003年,围绕保护消费者权益法颁布10周年,开展"维权反欺诈"活动,重点检查餐饮、美容美发、旅游、汽车维修服务行业,查处欺诈误导消费者和销售、使用假冒伪劣商品等违法行为。1月,开展农村市场专项整治,重点对农村市场食品、药品、日用消费品、农副产品、中药材等进行专项检查。5月,联合药监、物价、公安、卫生、质监等部门在全市范围内对生产、流通和使用环节防护服、口罩、消毒剂产品开展专项联合执法检查。6月20日始,开展夏季食品打假专项整治行动,重点对学校、医院、车站、码头以及大型超市进行检查。6~7月,开展查处非法拆解、拼装报废汽车行动,对全市汽车配件市场、报废汽车拆解企业及机动车改装企业进行全面清查,防止非法拆解、拼装报废汽车活动死灰复燃。7月,开展"地条钢"专项整治行动,禁止"地条钢"及其制品非法流通。在全市工商系统推行"阳光执法工程",重点落实案源预先申报制度、案件跟踪制度、案件回访制度、重大案件集体讨论制度、案件廉政监督制度、没收(暂扣)物资集中保管制度、工商建议书制度、重要商品追缴责任制度。通过制度建设明确细化执法办案具体操作程序,实现对办案过程事前、事中、事后全面监督,加强执法公正性、廉洁性。

2004年2月下旬至4月上旬,开展“打假护农保春耕”农资市场专项整治。以市场巡查、个案送检为主要执法手段,围绕重点农资品种及农资经营大户开展打击生产、销售假冒伪劣农资专项执法行动。5月始,开展汽车改装专项整治,重点查处非法拼装汽车及无营业执照或超经营范围生产、改装汽车行为。6月20日至7月20日,开展夏季食品安全专项整治。以饮料、学生饮用奶、儿童食品为检查重点,查处经销危害人身健康和不符合强制性标准食品行为。8~9月,开展“地条钢”专项整治。取缔小炼钢厂、小轧钢厂和无生产许可证轧制带肋钢筋企业,从根本上杜绝“地条钢”生产。9月10日至10月10日,开展“中秋”“国庆”节日市场专项整治。重点检查实行索票索证、进货验收制度市场、超市,食品集中交易场所,集贸市场、城乡结合部及旅游景区、车站经营秩序。12月22日始,开展“元旦”“春节”市场专项整治。以节日食品和棉衣、棉被、民用煤、取暖器具为重点检查商品,以食品经营企业、超市、集贸市场为重点检查场所。查处制售假冒伪劣商品违法行为。当年,全市工商系统共查办各类案件1960起,其中查办违反反不正当竞争法案件108起,查办违反产品质量法案件517起。2005年1月始,开展“红盾护农”行动,先后开展种子、化肥市场专项整治;农药市场专项整治;农机具市场专项整治。3月,制发《九江市工商局处置食品安全突发事件应急预案》。4月,开展包装食品安全专项整治。以饮料、酒、儿童食品、营养保健品、豆制品、调味品、罐头、食用油、腌熏制品10大类商品为重点,查处制售假冒伪劣食品行为。7月,开展糖精和含糖食品市场专项整治。9~10月,开展“中秋”“国庆”节日市场专项整治。11月中旬,开展移动电话机市场专项整治。当年,全市工商系统共查处案件2113件。其中,查处违反反不正当竞争法案86件,查处违反产品质量法案472件,查处违反食品安全法案341件,其他经济违法违章案1214件。

2006年,据国务院《关于进一步加强食品安全工作的决定》和国家工商总局《关于进一步加强流通环节食品安全监管工作意见》,制定《九江市工商系统流通环节重大食品安全事故应急预案》。进一步明确重点食品、重点环节、重点区域、重点市场,共查办违法经营食品案287件,快速检测食品13878批次,对19810千克不合格食品实施退市,净化食品市场。联合8部门开展“百城万店无假货”活动。按照《公民道德建设实施纲要》,倡导基本道德规范,推进商贸企业诚信建设,解决群众关心“吃、穿、用”等方面存在的假冒伪劣问题,营造良好市场秩序和经营服务环境。3月始,相继开展保健食品专项整治,制止欺诈专项整治活动,打击销售假冒伪劣药品食品行为。6月,开展车辆非法改装整顿。当年,全市共查处案件1739件,大要案83件。其中,查处违反反不正当竞争法案98件,查处违反产品质量法案534件,查处违反食品卫生法案248件,其他经济违法违章案855件。2007年1~3月,开展建材市场专项整治。7~9月,开展集中整治娱乐休闲场所经营、治安秩序专项行动。查处娱乐休闲场所无照、超范围经营和非法有奖销售活动。7月16日至9月30日,开展打击贩私违法活动专项整治。当年,全市共查办各类经济违法违章案1542件,其中大要案63件。2008年,全市工商系统以食品安全为重点,加大监管执法力度。强化流通环节食品安全监管,全年共快速检测各类食品37600批次,退市不合格食品23300千克。开展与奥运相关的广告、保健品广告、药品广告、医疗广告专项整治以及成品油、建材、汽配、网吧等市场专项整治,落实兴奋剂治理、“限塑”治理任务。全系统共查处各类经济违法违章案1406起,有效保证奥运年市场繁荣、安全、规范、有序。2009年3月,根据市委、市政府集中整治和规范市场经济秩序优化经济发展环境部署,开展集中整治行动,铲除菜霸、肉霸、鱼霸、鸭霸等行业霸头,查处制假售假、虚假医疗广告、欺诈性商业促销、传销等一批群众反映强烈大要案件。湖口、武宁县工商局铲除菜霸后,2县城菜价应声回落;浔阳区工商局铲除鸭霸、庐山工商局铲除肉霸后,当地家禽、肉类市场秩序重新步入正轨;浔阳区查处“世界通”网络传销大案,有力维护社会稳定。同时开展军服专项整治,对服装市场、劳保用品市场、服装生产企业进行全面检查,查处销售07式军服及其仿制品,超范围生产军服、军服仿制品、军服专用材料行为。当年,全市共查办各类经济违法违章案1714件。人民日报、中央电视台等对市工商系统整治市场、重拳治乱、优化环境做法进行报道。

2010年,贯彻市整治和规范市场经济秩序优化发展环境工作领导小组《关于进一步开展集中整治市场秩序工作意见》,推进“维权工程”,重点整治欺行霸市行为。以查处销售掺杂使假、以假充真、以次充好商品行为为重点，打击欺诈消费者行为。同时，会同公安、技术监督、通信运营企业开展短信群发专项整治。对电子产品市场、通信产品市场、手机卡销售市场进行全面清查，重点查处无营业执照非法生产、销售短信群发设备行为。全年立案2541起，结案2121起，其中大要案110起。

## 第三节　传销查处

1997年8月始，开展对传销活动专项整治。依据《国务院办公厅关于停止发展多层次传销企业的通知》和《传销管理办法》等法律法规，集中力量，加大力度，查处非法传销活动。

2003年，据公安部、国家工商总局《关于坚决打击传销和变相传销活动维护经济秩序和社会稳定的通知》，市公安、工商部门高度警惕，密切协作，坚持露头就打，坚决杜绝传销案件发生。查缴涉嫌传销读物《安利箴言800句》。2004年，市政府确定8月为“打击传销宣传月”，出动宣传车，采用宣传栏、标语、横幅、公开信等形式，在社区、乡村、学校以及车站、码头等人员密集场所开展宣传工作。2005年11月1日，《禁止传销条例》颁布实施；12月1日，《直销管理条例》颁布实施。全市工商系统以2个条例实施为契机，组织学习，广泛宣传，在社会上形成严打氛围，依法加强监管。当年，全市立案查处传销案件3起，其中移交公安机关追究刑事责任1起。

2006年，市工商局打击传销专项整治领导小组成立，建立打击传销和规范直销日常监管工作机制，形成“政府牵头、部门齐动、社会参与、综合治理”工作格局。7月，印发《2006年九江市工商行政管理机关打击传销专项整治工作方案》，确定专项整治重点内容和重点地区。重点打击“拉人头”传销、利用互联网和假借“直销”名义从事传销行为；重点查处为传销活动提供房屋、仓储、经营场所等便利条件行为；协助公安机关严惩以介绍工作、从事经营活动等名义欺骗他人离开居所非法聚集并限制人身自由行为。严厉查处诱骗学生参加传销违法行为。全市开展《禁止传销条例》《直销管理条例》实施一周年宣传教育活动，依托电视、广播、报刊、互联网等媒体全方位开展宣传教育活动，在公共场所张贴《禁传销，反欺诈，构建和谐社会》宣传画，向社会公开各地查处传销案件，使打击传销、规范直销的宣传活动进农村、进社区、进企业、进家庭，完善防范、控制、打击三位一体查禁传销、规范直销长效机制。2007年，市传销活动呈现诱骗群体集中转向弱势群体；呈扰乱治安和暴力抗法倾向；组织更加严密，活动更加隐蔽，更具欺骗性；违法手段科技化特征。4月12日，庐山区工商局接《南昌晚报》记者举报：庐山区莲花镇牛奶场对面民宅有人进行传销活动，执法人员到达现场后发现传销人员多达130余名，在传销骨干分子怂恿和挑唆下，传销人员集体围攻、殴打公安民警、工商执法人员、媒体记者，共造成2名工商执法人员、7名公安民警、1名记者受伤住院治疗，现场其他20余名执法人员均不同程度受伤。5月，市工商局与湖北省黄冈市工商局建立打击传销协作机制。7月9日，市工商、公安、国家安全局建立打击传销工作联席会议制度。7月16日始，市政府组织为期两个半月全市打击传销专项行动。8月23日，市打击传销活动领导小组成立。11月，全市集中开展打击传销、规范直销宣传教育活动。当年，将打击传销工作纳入全市社会治安综合治理范畴，制定打击传销有关工作考核评分标准和办法。全市共捣毁传销窝点158个，教育、遣返传销人员2596人，抓获传销头目32人，判刑5人。

2008年1月7日，按照国家工商总局、省工商局工作部署，在全市采取措施打击和取缔传销活动。集中力量查办涉及地区广、参与人员多、社会危害深大要案件；打击诱骗学生、农民工、少数民族等特殊群体参与传销行为；严厉查处利用互联网传销行为。同时，开展依法查处擅自从事直销等违法行为，重点查处未获得直销经营许可从事直销员招募活动、培训活动及直销销售活动；直销企业超出批准区域、超出产品核准范围及未完成服务网点备案从事直销活动。7月8日，全市开展直销市场检查。7月30~31日，会同公安机关开展打击传销统一执法行动，全市共出动执法人员415人次，车辆32车次，取缔传销窝点10处，教育、遣返传销人员75人，解救受骗群众2人。10月14~24日，市工商局组织城区工商局开展打击传销统一执法行动，有针对性地开展反传销宣传。11月11日，印发《九江市工商行政管理系统查禁传销工作规范》。11月26日,市社会治安综合治理委员会办公室、工商、公安局联合制定印发《九江市打击传销专项行动实施方案》。当年,共捣毁传销窝点195个,教育、遣返传销人员1745人,查处传销案件11起,解救受骗群众51人,向公安机关移交追究刑事责任9人,判刑8人。2009年,继续取缔以“拉人头”、团队计酬、收取入门费、利用互联网形式传销和诱骗学生参与传销以及假借直销名义进行传销活动;打击以“资本运作”“特许经营”“连锁销售”“直销”等名义从事传销和以合法公司为掩护进行传销,依法查处提供出租屋、货源、场地等便利条件行为。以刑法增设“组织领导传销罪”为契机,搞好宣传工作。7月9日,市工商、公安局开展打击传销百日联合执法行动。8月10日,开展直销市场专项检查,按照《直销管理条例》,加强对直销企业政策、行政引导和教育督导,通过开展与企业座谈、约见等方式,引导企业遵守国家法律法规,完善规章制度,接受社会监督。严格规范直销企业经营行为,对直销企业违规直销、从事传销活动坚决查处。9月21日,开展“打击传销宣传月”活动,利用各种新闻媒体和宣传资源,针对农民工、大学生、退伍军人、下岗职工等重点对象,进社区、进乡村、进校园、进工厂、进市场,揭露传销活动违法犯罪本质、惯用手段和严重危害,增强广大群众法律观念和防范意识,营造抵制传销、打击传销社会舆论氛围。当年,全市取缔传销窝点326处,遣散劝返传销人员2696人,解救受骗群众48人,查处传销案件19起,移送公安机关追究刑事责任4起。

2010年,九江被列为全国打击传销32个重点整治地区之一。市工商、公安局完善“控、打、防、促”一体工作机制,开展系列专项执法行动。4月27~28日,市工商、公安局联合开展“迎世博,禁传销”专项执法行动。6月17日,开展创建“无传销社区(村)”活动,建立和完善部门联动、社区群防群控打击机制。28日,召开全市直销企业座谈会,安利、玫琳凯、富迪3家直销企业驻九江分支机构负责人及康宝莱、完美、新时代3家直销企业设九江产品专卖店代表与会。签订《直销企业自律承诺书》。7月13日,市工商、公安局联合印发《2010年打击传销专项整治工作方案》,依法严惩传销犯罪分子。9月28~29日,市工商、公安局联合开展“迎世博,禁传销”专项执法。10月12日,联合开展打击传销专项执法行动“回头看”活动,对当年查处过的传销窝点及传销活动反复聚集地区进行复查,对拒不离开本辖区和回流的传销组织及传销人员进行再清理、再打击。10月25日,市工商局开展直销专项检查,对全市范围内直销企业省级分支机构及二级分公司、直销企业自营店铺、服务网点、加盟店(经销商、专卖店)进行全面清查。27日,市工商、公安局开展“禁传销,保亚运”打击传销专项执法行动。11月15日,开展打击传销规范直销宣传月活动。当年,共捣毁传销窝点15个,教育遣散传销人员210人,抓获传销头目25人,其中刑拘13人,逮捕7人。

# 第四十二篇

# 质量技术监督

# 第四十二篇 质量技术监督

1991年以来，市质量技术监督局负责统一管理和组织协调全市标准化、计量、质量、认证认可、食品安全和特种设备安全监察等工作，履行综合管理、行政执法、安全监察三大职能。自2001年实行省垂直管理以来，紧紧围绕市经济社会发展，更好地服务于社会、服务于企业、服务于人民，严格履行质量技术监督相关法律、法规授予的法定职责，建立科学、公正、权威的技术机构，完善规章制度，强化服务意识，规范工作程序，为解决损害群众利益、影响经济发展和破坏公平竞争的市场环境等突出问题开展工作。坚持关口前移、重心下移，实施区域监管，执行垂直管理后“三不变”(即：接受当地党委、政府领导方式不变；为当地经济发展服务宗旨不变；为当地企业服务意识不变)原则，切实履行质量监督、食品安全和特种设备安全监察、打假治劣等职能。通过推进基础工程，积极服务经济建设；把握“两个安全”，促进社会平安和谐；突出源头治理，严厉打击假冒伪劣；加强食品生产加工环节的监管，确保食品质量；加强特种设备安全监察，杜绝特种设备特大事故；加强产品质量监督，实施名牌战略、质量兴市、质量兴企战略；强化基础建设，提升服务保障能力；提高队伍素质，培育质监特色文化。充分发挥质监工作在服务经济、推动发展、提高产品质量、保障公共安全、促进社会稳定等方面作用，各项事业取得全面进步。至2010年，连续4年被评为全省和全市质监系统效能建设主题活动先进单位、全市安全生产工作先进单位，连续2年被评为市直单位综合目标管理先进单位。

# 第一章　标准化管理

## 第一节　企业标准化

2000年,省技术监督局开展省优秀地方标准、企业产品标准评选活动,市内江西航海仪器厂《JLG25A型燃气燃烧器》(Q/GH98-1998)、《JLG25A型燃气燃烧器技术条件》(Q/GH98-1998),蓝星星火化工厂《八甲基环四硅氧烷》(Q/XHC012-1998)、《202高含氢硅油》(Q/XHC014-1998)、《甲基低含氢硅油》(Q/XHC016-1998)、《N-(β-氨乙基)-γ-氨丙基二甲氧基硅烷》(Q/XHC035-1998)6项企业标准获奖。

2004年起,市质量技术监督局积极推进企业标准化良好行为确认工作。2005年4月,根据《国务院关于进一步加强食品安全工作的决定》,国家标准委下发《关于加强食品企业标准化工作的通知》,市质量技术监督局开展已备案食品企业标准清理、食品企业标准备案管理、督促企业严格按标准组织生产、加强标签标识监督管理及标准宣贯、培训和技术服务5项重点工作任务。市质量技术监督局积极鼓励和引导本地企业参与国家(或行业)标准起草制定工作。期间由九江市企业参与起草制定的国家(或行业)标准有:中国石油化工股份有限公司九江分公司参与起草完成的GB 2440-2001《尿素》;蓝星化工新材料股份有限公司江西星火有机硅厂承担起草完成的GB/T 20434-2006《一甲基三氯硅烷》、GB/T 20435-2006《八甲基环四硅氧烷》、GB/T 20436-2006《二甲基硅氧烷混合环体》、GB/T 27570-2011《室温硫化甲基硅橡胶》以及已成参与起草正在报批中的《甲基乙烯基硅橡胶》(2010年)国家标准和正在起草《二甲基硅油》和《甲基高含氢硅油》(2011年)2项行业标准;江西名派光电科技有限公司参与起草完成的GB/T 10682-2010《双端荧光灯性能要求》。

2009年7月,市政府办公厅印发《九江市标准化战略实施意见》,成立以副市长任组长的领导小组,全面推进标准化战略实施。市标准化工作进入一个新的发展时期。

2010年,市质量技术监督局开展企业标准化现状调查,着手建立企业执行标准情况数据库,为推进企业标准化提供基础支撑。至2010年底,全市有中国石油化工股份有限公司九江分公司、江西美庐乳业有限公司、彭泽牧业有限公司等一批企业获国家(或省)级标准化良好行为企业确认。市质量技术监督局共备案企业标准1909项。

## 第二节　农业标准化

1991年2月26日,国家技术监督局发布《农业标准化管理办法》。1992年,省标准局开展全省农业标准化先进县水平考核,所列首批12个试点县中,彭泽、瑞昌、九江3县(市)名列其中。1993年10月,省标准局明确"瑞昌猕猴桃综合标准化"项目。

1995年初,国家技术监督局开展农业标准化示范区建设,9月19日,印发《国家技术监督局农业标准化示范区管理办法(试行)》。当年,瑞昌"中华猕猴桃"标准化种植被国家技术监督局列为全国首批农业综合标准化示范项目。瑞昌市技术监督局与瑞昌市农业局、瑞昌市农业科学研究所等单位制定出《中华猕猴桃种植技术规程》《中华猕猴桃果品质量标准》两项标准,在农科所建立标准化示范园,严格按标准要求种植。经过3年实施,瑞昌"庐山香"中华猕猴桃产量和果品质量都有明显提高,一级品率提高近10个百分点,1997年年底通过国家技术监督局组织考核验收。

2003年10月,市技术监督局组织庐山云雾茶向国家质量监督检验检疫总局申报原产地域保护,2004年8月获得批准。2007年6月4日,市质量技术监督局、市庐山茶叶科学研究所、庐山垦殖场起草《地理标志产品　庐山云雾茶》由国家质监总局、国家标准委作为国家标准批准发布。同年,彭泽县彭泽鲫鱼、永修县“秀域”牌鳜鱼被认定为“江西名牌产品”;2006年,瑞昌市“独一支”牌山药获“江西名牌产品”称号,永修“秀域”牌鳜鱼再次被认定为“江西名牌产品”;2007年,修水县“梅山”牌系列神茶获“江西名牌产品”称号。

2005年11月21日,《江西省农业标准化示范区建设管理办法(试行)》出台,省级农业标准化示范区建设工作正式启动。2008年,市质量技术监督局首批组织申报都昌大白桃种植等32个省级农业标准化示范区建设项目获得批准。至2010年,全市共制定农业(含林果业、畜牧业、水产养殖业)种植、养殖类技术规程及质量标准20项,其中《彭泽鲫》(GB/T 18395-2001)、《地理标志产品 庐山云雾茶》(GB/T 21003-2007)2项标准为国家标准,《武宁黑芝麻》《无公害彭泽鲫鱼》等标准作为江西省地方标准发布。全市申报国家级农业标准化示范项目并通过考核验收10个;申报省级农业标准化示范项目并通过验收33个。

## 第三节　服务业标准化

2009年,瑞昌安顺客运有限公司“道路客运服务标准化试点”项目,成为省首批“国家级服务业标准化试点”,公司按照国家标准委等部门制定《服务业标准化试点实施细则》,制定企业标准14项,收集国家标准、行业标准99项,建立涵盖服务通用基础标准、服务保障标准和服务提供标准比较完备标准体系,严格按相关标准规范服务行为,取得良好经济效益和社会效益。

## 第四节　组织机构代码标识

1993年2月6日,省政府办公厅转发省经贸委等部门《关于建立企业事业单位和社会团体全国统一代码标识制度实施意见》,3月10日,市政府印发《关于成立九江市企事业单位和社会团体统一代码标识制度领导小组的通知》,全市企事业单位和社会团体统一代码标识制度正式启动。4~11月,各级人民银行、统计、国税部门先后与技术监督(标准计量)部门联合发文,规定在账户管理、统计、全国第三次产业普查、税务登记等社会管理活动中全面查验全国统一代码证书。当年,全市共为6798个机关、企业事业单位和社会团体赋予全国统一代码标识。

至2005年,随着经济、社会管理电子化不断推进和信息共享需求不断增长,全国统一代码标识制度应用领域不断拓展,实施范围逐步扩大。银行账户管理、统计、税务登记、集体所有机动车管理、住房公积金管理等经济、社会管理活动中全面应用全国统一代码标识,赋码范围也从机关,企业、事业单位,社会团体扩大到民办非企业单位、个体私营经济组织及村(居)委会自治组织。至当年9月,全市申办全国统一代码证书各类组织机构达18510个。

同年始,根据国家代码中心统一部署,各地代码颁证机构结合代码证书年检,对组织机构代码数据库进行全面清理,同时对申办材料进行扫描建立电子档案。至2010年年底,全市持有有效代码证书组织机构27157个。

## 第五节　商品条码标识

1991年4月19日,在国际物品编码协会全体会议上,中国物品编码中心正式加入国际物品编码协会,负责分配以“690-695”开头国际通用商品条码标识。1992年底,九江地区有条码成员单位4家。

1998年,国家质量技术监督局(现国家质量监督检验检疫总局)发布第1号令,《商品条码管理办法》正式实施,规范国家商品条码管理工作。2005年,随着经济和技术的不断发展,国家质量监督检验检疫总局批准发布新的《商品条码管理办法》扩大商品条码应用范围,进一步规范新时期商品条码管理,促进商品条码工作健康有序发展。至2010年年底,全市共有商品条码系统成员138个,注册商品条码690个。

# 第二章 计量管理

## 第一节 计量器具

### 一、国际单位制推行

1991年4月,市政府转发市技术监督局《关于取缔非法定计量单位计量器具的报告》,规定全面取缔非法定单位计量器具。在衡器改制工作中,计量管理部门通过上门服务,更换计量标尺和增砣方式推行国际单位制,降低企业改制成本,减少改制阻力。10月24日,市技术监督局根据国家及省技术监督局统一部署,印发《关于热电偶、热电阻及配套温度显示仪表采用IEC国际标准有关问题的通知》,部署对使用中测温仪表进行改型,至1992年6月底改型工作基本完成。1995年年底,全市计量器具改制工作基本完成。

### 二、落后器具淘汰

1995年3月,根据国家技术监督局、国家工商行政管理局部署,市技术监督局、市工商行政管理局联合下发《关于贯彻〈在公众贸易中限制使用杆秤的通知〉的通知》在贸易结算中逐步淘汰杆秤,推荐使用刻度清晰、容易识别的双面弹簧度盘秤和电子计价秤,至20世纪末,除一些家庭和部分菜农赶集时使用外,固定场所或摊位贸易结算中,木杆秤基本退出历史舞台。1999年,国家税务总局在全国范围内对在用加油机采取过渡性税控改造措施。至2002年,全市各加油站在用加油机全部加装税控装置。2009年年底,全市905台在用加油机全部启动防欺骗功能。

### 三、计量标准

1991年年初,市计量所有长度、力学、热工、电学4类41项计量标准,仪器设备总资产44万元。1996年,新建直流电桥检定标准、直流电位检定标准;1997年,新建验光镜片箱标准、心电图检定标准、医用诊断X辐射源检定标准、医用超声诊断仪超声源检定标准、出租车计价器检定标准;1998年,新建顶焦度检定标准;1999年,新建验光仪顶焦度标准器组检定标准、交直流电压电流功率表检定标准;2000年,新建电能表检定标准;2002年,新建煤气表检定装置标准;2003年,新建定量包装(质量、体积、长度、计数)标准;2004年,新建混凝土回弹仪检定标准;2005年,新建电话计时计费检定标准;2008年,新建角度规标准装置标准、水准仪检定装置标准;2010年,新建环境试验设备校准装置。到2010年底,市计量所已建立包括长度、力学、热工、电磁、电离辐射、理化、光学、声学8大类54项社会公用计量标准,经国家法定检定机构考核并授权检定能力137项、校准能力152项、检测能力51项。具体涉及民生项目有水表、电表、燃气表、电话计费器、出租车计费器等。仪器设备总资产200余万元。各县级计量所也有较大发展。全市县级计量所建立燃油加油机、衡器、天平、压力表、血压计、水表等计量标准共63项,基本能覆盖贸易结算和安全防护计量器具检定工作。

在社会公用计量标准不断完善同时,企业计量室建设得到发展。至2010年年底,全市有16家企业建立计量标准共38项。

## 至2010年市计量所建立计量标准一览

表42–2–1　　　　单位:升、毫米

| 计量标准名称 | 准确度等级 | 测量范围 | 能开展的检定项目 |
|---|---|---|---|
| 三等金属量器标准装置 | 0.5% | (10~1000)升 | 水 表<br>加油机<br>液体容积式流量计 |
| 金属洛氏硬度计检定装置 | (0.57~0.86)洛氏度 | | 金属洛氏硬度计 |
| 水表检定装置 | ±0.2% | (15~150)毫米 | 冷水表 |
| 水表校验台检定装置 | 0.025级 | (15~50)毫米 | 水表校验台 |
| 精密压力表标准装置 | 0.4级 | (0.25~60)兆帕 | 弹簧管压力表<br>压力表 |
| 血压计检定装置 | ±0.05% | ≤40千帕 | 血压计<br>血压表 |
| 回弹仪检定装置 | | (10~100) | 混凝土回弹仪 |
| 数字压力表标准装置 | ±0.05% | (0.1~60)兆帕 | 精密压力表 |
| 三等测力计检定装置 | 0.3级 | ≤5000千牛 | 拉、压、万能试验机<br>千斤顶<br>工作测力计 |
| 衡器检定装置 | U=130毫克<br>(k=2) | ≤1000克 | 非自动秤<br>数字指示秤<br>模拟指示秤 |
| 三等公斤组砝码检定装置 | 27.1~559.7毫克 | ≤50千克 | M1等级砝码<br>天 平 |
| M1级大砝码标准装置 | M1等级 | 1千克~100吨 | 动态汽车衡<br>数字秤 |
| 多用表、钳形表检定装置 | 0.5% | | 多用表 |
| 旋光仪检定装置 | 0.003度 | −45~45度 | 旋光仪及糖量计 |
| 温度二次仪表检定装置 | 0.01级 | | 温度二次仪表 |
| 酸度计检定装置 | 0.0004酸度值 | | 实验室pH计 |
| 出租车计价器检定装置 | ±%2 | | 出租车计价器 |
| 电能表检定装置 | ±0.1% | | 单三相电能表 |
| 电能表标准装置 | ±0.05% | | 单相电能表<br>三相电能表 |
| 分光光度计检定装置 | 0.2纳米 | | 可见分光光度计<br>单束分光光度计<br>双束分光光度计<br>紫外分光光度计 |
| 交流直流电压电流功率表检定装置 | 0.05% | | 直流电流电压表<br>交流电流电压功率表 |
| 心脑电图机检定装置 | ≤1.5% | 20兆赫~1000赫 | 医用心脑电图机 |
| 直流电阻箱检定装置 | 0.01级 | | 直流电阻箱 |
| 直流电位差计检定装置 | 0.01级 | (0~1.911110)伏 | 电位差计 |
| 直流电桥检定装置 | 0.01级 | | 直流单双臂电桥 |

续表 42-2-1

| 计量标准名称 | 准确度等级 | 测量范围 | 能开展的检定项目 |
|---|---|---|---|
| 医用诊断X射线射辐射源检定装置 | U=2.8% | 0.1 微戈~1000 戈 | X 光机 |
| 医用超声诊声断源检定装置 | ±5.0% | (1~100)兆瓦 | B 型超声诊断仪,彩超等 |
| 二等毫克组、克组砝码标准装置 | F1 等级 | 1 毫克~200 克 | 砝 码<br>天 平 |
| 验光仪顶焦度标准器组 | 客观:0.10 屈光度<br>主观:0.04 屈光度 | 客观:−15~15 屈光度<br>主观:−20~20 屈光度 | 验光机 |
| 验光镜片箱检定装置 | 0.03 屈光度 | 顶焦度:−25~25 屈光度<br>棱镜度:0~10 屈光度 | 验光镜片箱 |
| 眼镜片顶焦度标准器 | 0.03 屈光度 | −25~25 屈光度 | 焦度计 |
| 四等量块标准装置 | 1.6 微米 | 30 毫米 | 量 块 |
| 三等量块标准装置 | 0.3 微米 | (0.5~100)毫米<br>(0~25)毫米 | 量 块<br>指示类量具 |
| 三等金属线纹尺检定装置 | 三等 | (0~1000)毫米 | 钢直尺 |
| 燃气表检定装置 | 0.5% | (0.6~6)米 3/时 | 膜式燃气表 |
| 角度规检定装置 | 二级 | (0~360)弧度 | 万能角度尺 |
| 指示量具检定装置 | 3 微米 | 10 毫克 (0~2)毫克 | 百分表<br>千分尺 |
| 游标类量具检定装置 | 0.1 毫米 | (0~1000)毫米<br>(0~500)毫米 | 通用卡尺<br>高度游标卡尺 |
| 测微量具检定装置 | 一级 | (0~500)毫米 | 外径千分尺<br>深度千分尺<br>杠杆千分尺<br>公法线千分尺 |
| 水准仪检定装置 | 水平角误差≤0.2 角度秒<br>竖直角误差≤1 角度秒 | 2 米~∞ | 水准仪 |
| 经纬仪检定装置 | 水平角误差≤0.2 角度秒<br>竖直角误差≤1 角度秒 | 水平角误差 360 角度秒<br>竖直误差±30 角度秒 | 光学经纬仪<br>电子经纬仪 |
| 电话计时计费器检定装置 | (0.05+T×2×0.00001)秒 | (0.1~1200)秒<br>(0.1~1800)秒<br>(0.1~2000)秒 | 单机集中管理型<br>IC 公用电话型<br>交换机电子计时计费型 |
| 水平仪检定装置 | 6% | 300 毫米 | 框式水平仪和条式水平仪 |
| 定量包装(质量) | 138 毫克~11.56 克 | 5 克~5 千克 | 以质量为标注 |
| 定量包装(体积) | (0.15~74.72)毫升 | (5~50)毫升 | 以体积为标注 |
| 定量包装(长度) | 0.3% | ≤9999.99 米 | 以长度为标注 |
| 定量包装(计数) | | | 以计数为标注 |
| 定量包装(面积) | 0.71% | ≤2500 米 2 | 以面积为标注 |
| 电导率仪检定装置 | 0.05 级 | | 电导仪检定、校准 |
| 二等水银温度计标准装置 | 二等 | (−40~300)摄氏度 | 玻璃液体温度计<br>双金属温度计 |
| 环境试验设备检定装置 | 0.01 级 | (−40~300)摄氏度 | 温场校准和测试系统 |
| 扭力扳手检定装置 | 0.3 级 | 3000 牛·米 | 扭力扳手 |
| 钢卷尺检定装置 | 0 级 | | 钢卷尺 |

续表 42-2-1

| 计量标准名称 | 准确度等级 | 测量范围 | 能开展的检定项目 |
|---|---|---|---|
| 玻璃量器检定装置 | 二等 | | 玻璃量器 |
| 液态物料定量灌装机检定装置 | 定容式:±0.5 毫升<br>定重式:Ⅱ级 | (5~2000)毫升<br>(0~60)毫升 | 灌装机 |
| 浊度计检定装置 | 3% | | 浊度仪 |
| 医用 CT 机检定装置 | 5% | | 医用诊断计算机断层摄影 CT<br>医用诊断螺旋计算机断层摄影 CT |
| 可燃气体报警器检定装置 | 1% | | 可燃气体报警器 |

### 四、计量器具强制检定

自《中华人民共和国计量法》颁布实施以来,国家对社会公用计量标准器具,部门和企业、事业单位使用最高计量标准器具,以及用于贸易结算、安全防护、医疗卫生、环境监测工作计量器具实行强制检定制度。1994 年,全市实际检定强检计量器具 37387 台(件),其中用于贸易结算 32952 台(件),用于安全防护 2606 台(件),用于医疗卫生 1534 台(件),用于环境监测 295 台(件)。2007 年,根据国家质检总局统一部署,市质量技术监督局开展贸易结算用强制检定工作计量器具普查建档工作,2008 年,开展医疗卫生、安全防护用强检工作用计量器具普查建档,2009 年,开展环境监测用强检工作计量器具普查建档。至 2010 年底,全市共对 54195 台(件)强检工作计量器具建立纸质和电子档案,为进一步加强强检工作计量器具管理奠定基础。

## 第二节　执法监管

### 一、计量法制建设

1991 年 3 月 13 日,市技术监督局下发《关于依法对汽车里程表执行强制检定的通知》,同时,市计量所、市交警支队联合发出《关于依法对汽车里程表实施强制检定的通知》,规定“市区内汽车里程表未经检定的不予年检”,市正式开始依法对汽车里程表实施强制检定。1995 年 3 月,市技术监督局制定发布《九江市液化石油气称重计量监督规定》,着力规范液化石油气充装计量,打击短斤少两损害消费者利益违法行为。4 月,市技术监督局制定《九江市零售商品称重计量器具配备使用规范》,进一步规范贸易结算用计量器具配备和使用,保证计量准确、公平、公开,保护消费者权益。1997 年 10 月,市技术监督局颁布《九江市出租汽车计价器计量监督管理规定》,为加强出租汽车计价器计量监督管理提供依据。

2000 年 4 月,市技术监督局制定《九江市瓶装液化石油气质量计量监督管理规定》,原《九江市液化石油气称重计量监督规定》同时废止。

### 二、计量法制宣传

1991 年,市技术监督局联合市普法办、九江电视台、江西轻机厂等单位举办“江西轻机杯”计量知识竞赛活动,各县(市)和市属企业 30 个代表队 150 人参加比赛。1999 年,在纪念世界《米制公约》签约 125 周年之际,第 21 届国际计量大会(CGPM)决定把每年 5 月 20 日确定为“世界计量日”。从此,每年 5 月 20 日,市技术监督局和各县(市、区)都组织开展多种形式宣传咨询活动。

2005 年 5~6 月,市组织各县(市、区)工业园区企业,进行计量知识巡回免费培训活动,共举办培训 12 场次,培训各工业园区企业计量管理人员 400 余人。

至 2010 年 20 年间,市及各县(市、区)技术监督局组织举办计量法律法规和计量知识培训学习班超过 300 期,培训计量管理及检定人员近 1 万人次。

## 三、企业计量管理

1991年始,各级技术监督部门开展计量诚信体系建设。1992年,开展“全国执行物价、计量政策法规最佳单位”评选活动;同年始,对各加油站开展“计量信得过单位”评选活动。当年,全市有4个加油站被评定为“计量信得过单位”,14家企业通过计量定级、16家企业通过计量定级复核。

1996年始,省计量局对全省计量工作先进企业进行表彰。当年,九江化厂、九江化学纤维厂、九江供电局、九江船用机械厂、江西油嘴油泵厂、九江五棉有限责任公司、江西制氧厂7家企业受表彰;1997年,九江九棉有限责任公司、九江啤酒厂、江西共青酒厂、九江仙人面粉股份有限公司4家企业受表彰。

2001年4月6日,国家质量技术监督局印发《定量包装商品生产企业计量保证能力评价规定》,同日,印发《定量包装商品生产企业计量保证能力评价规范》和《定量包装商品计量保证能力合格标志图形使用规定》,定量包装商品生产企业计量保证能力评定工作正式启动。2003年,《测量管理体系—测量过程和测量设备的要求》发布,国家推行测量管理体系认证制度,组织开展产品质量、经营管理、节能降耗、环境监测等方面,是否符合该标准所提出的测量过程及不合格测量过程、测量不确定度、测量体系监视等条款要求,进行评审和认证。

2008年,帮助全市耗能5万吨以上10万吨以下企业解决节能技术改造、设备更新中实际问题,帮助企业达到节能降耗指标要求,编制《九江市质量技术监督局对重点企业开展节能降耗服务活动实施方案》,举办“用能单位能源计量器具配备和管理通则”培训班摸清全市耗能大户能源计量管理、计量器具配备情况,帮助10家耗能大户建立健全能源计量管理制度和网络,重点指导中石化九江分公司改造增配能源计量器具,促使其炼油能源消耗降低6.6%,并在该公司召开节能降耗研讨会,推动节能降耗工程在全市耗能大户展开。当年,九江港务管理局等3家企业被授予省计量工作先进企业称号。2009年,宣传贯彻《中华人民共和国节约能源法》,指导列入省耗能大户目录14家企业节能降耗,其中九江发电厂、中石化九江分公司、九江新康达、星火有机硅厂4家企业通过计量改造,年可节煤3万多吨、节油1500多吨、节电7万多度,折合人民币近1亿元,既节能增效,又减少排污。3月23日,江西上好佳食品工业有限公司通过评价确认,成为市首家通过定量包装商品生产企业计量保证能力评价,取得“C”标志企业。

至2010年年底,全市先后有中石化九江分公司、中铁四局公司和九江中船仪表有限责任公司3家企业通过测量管理体系认证。

## 四、计量监督检查

1994年,根据国家技术监督局统一部署,开展对医疗卫生单位使用中强检计量器具依法实施监督检查。1995年,开展加油站计量监督检查,查处新港某加油站通过更换计数齿轮多报加油数量谋取非法利益违法行为。1998年3月15日至4月15日,组织对城区定量包装商品进行计量专项检查,其中抽查小食品91批次,合格82批次,合格率90.1%。

2002年,根据国家质量技术监督检验检疫总局统一部署,市质量技术监督局组织在全市范围内开展加油站专项整治,查处利用加油机作弊损害消费者利益违法行为。2003年8月至2004年6月,组织各县(市、区)质量技术监督部门开展眼镜制配场所计量监督检查。

2005年,开展电话计时计费专项计量监督检查,并对电话计时计费装置实施强制检定。同年6月,开展粮食、棉花市场计量专项监督检查,重点检查计量器具配备和检定情况,以及有无缺斤少两行为。

2006年5~12月,根据国家税务总局、国家质检总局统一部署,市质量技术监督局联合市国税局组织对加油站在用加油机税控装置和计量性能进行监督检查。从2007年开始,市及各县(市、区)每年至少组织一次定量包装商品计量监督检查,查处净含量缺斤少两违法行为。2007~2010年,共查处违法行为12起。

# 第三章 质量管理与认证认可

## 第一节 质量管理

### 一、质量宣传教育

**教育培训** 2001年,市技术监督局针对企业经营管理者存在质量意识淡薄、对质量管理不熟悉,直接影响产品质量安全等问题,对全市大中型企业管理人员进行质量法律、法规及相关管理知识培训。同年,九江派出10人参加上海高级质量管理培训。2002年,全市50家企业600名质量专业人员参加职业资格考试,124人考试合格。2003年后,质量专业技术人员职业资格考试考务工作由市人事部门组织实施。2008年9月,特邀国家质检总局质量司司长于献忠,在市图书馆举办"质量·品牌"战略高层知识讲座,市四套班子领导、市直单位主要领导、规模以上企业负责人及质监系统人员到场听课。2009年,组织全市2600名企业工作人员参加"全国质量知识竞赛",成绩居全省第一。全市大中型企业代表发出《产品质量安全倡议书》,在《九江日报》刊登。

2000年后,全市民营企业发展迅速,加工型企业增多,在客户和市场需求下,企业大力推进先进技术手段和现代质量管理理念方法。质量管理体系ISO 9001标准被企业普遍接受,在企业内部广泛开展质量管理工作培训。至2010年,全市获质量管理体系认证证书297张,企业开展内部质量管理培训受到重视,企业建立并逐步完善内部质量管理制度。

**"质量月"活动** 1997年始,全市开展一年一度质量月活动。1997年主题为"让《质量振兴纲要》深入人心"。同期,举办全市质量管理人员工作培训。1998年,主题为"质量振兴,人人有责",开展全市建材质量大巡查。1999年,主题为"创造高质量,迎接新世纪"。2000年,主题为"质量——新世纪呼唤"。2001年,主题为"新世纪,新质量,新生活"。同年,开展新一轮质量管理培训,在《浔阳晚报》开辟"质量专版"。2002年,主题为"讲诚信,保质量"。当年,共青鸭鸭取得全市第一个中国名牌,市召开质量工作大会,表彰鸭鸭集团有限公司等10家全市质量管理先进单位及19名质量管理先进个人。2003年,主题为"坚持以质取胜,提升竞争实力"。开展全面质量管理基本知识竞赛,规模以上企业1054名质量管理人员参加答题。2004年,主题为"人人创造质量,人人享受质量"。同年,在市委党校举办全市130多家企业参加"新一轮全面质量管理辅导员培训班"。2005年,主题为"奉献优质产品,构建和谐社会"。当年,市质监局举办130家企业参加全市《工业产品生产许可证管理条例》宣传贯彻会议。2006年,主题为"创新提升质量,名牌促进发展"。当年,市质监局举办全市安全监察员、气瓶充装单位负责人130余人的"特种设备安全使用服务指南"暨《气瓶使用登记管理规则》特种设备安全宣贯会。2007年,主题为"质量安全,共同的责任"。同年,成立由市委宣传部、市质量技术监督局、市发展和改革委员会、市经济贸易委员会、市总工会、共青团市委6部门负责人组成市2007年质量月活动领导小组,办公室设市质监局。2008年,主题为"质量安全是社会和谐的基础",举行"质量与我同行"摄影采风活动,全市60名摄影爱好者前往有关企业开展摄影采风活动。2009年,主题为"全员全过程全方位参与,全面提高质量安全水平"。市委宣传部、市经贸委、市建设局、市检验检疫局、市总工委、共青团市委等单位领导,九江电视台、九江日报等媒体记者,部分大中型企业负责人,市质监系统部分干部职工近百人参加质量月活动启动仪式,市政府下达质量月活动启动令,向质监局等活动单位授予"质量月"活动旗帜。中石化九江分公司代表全市17家大中型企业宣读《产品质量安全倡议书》。2010年,主题为"抓质量水平提升,促发展方式转变"。经多年不间断开展活动,质量月逐步成为全市具有影响力活动品牌,越来越多企业参与。

## 二、质量兴市(县)活动

2002年,市政府印发《关于推动开展“质量兴市”活动的意见》,永修县列为第一批“质量兴县”试点,在全县开展以质量振兴为主要内容“质量兴县”活动。2003年,永修县政府获全国“质量兴县”先进单位,省质量技术监督局授予市人民政府、永修县政府省质量管理先进单位。同年,在永修县召开首届“九江市质量兴市暨名牌战略研讨会”。永修县被国家质检总局表彰为“全国质量兴市先进市县”,在全国质量兴市经验交流会上介绍经验,其做法在全省推广。2004年,在永修县召开全省“质量兴市”工作座谈会进行经验交流,同年,武宁、都昌2县质量兴县工作制定实施方案、召开动员大会,各项工作有条不紊开展。2005年,对全市“质量兴县”实施单位进行绩效考核,各单位顺利通过考核。

2009年,市政府办公厅印发《关于全面实施质量兴县(市、区)战略的决定》,实施以“质量兴园”为重点质量兴县(市、区)工作,并将试点工作中“产品质量、工程质量、服务质量”三个方面要求,扩展到环境领域等四个方面质量要求。同时,市工业园区工作领导小组办公室与市质监局联合下发《关于开展质量兴园工作的意见》,在全市建立工业园区工作站,由园区管理部门、质监、环保、建设等职能部门派员参加,此举为全省首创。2010年,庐山区政府在生态工业园设置“质量兴园工作站”,工业园管委会领导兼任站长。

## 三、质量诚信建设

**质量档案** 2003年,建档工作启动,对全市企业标准、计量和质量体系开展调查,帮企业找出制约产品质量提高关键问题,提出意见和建议,全市885家企业建立档案。2004年,8月集中开展企业质量建档调查月活动,对涉及强制性管理产品、计量器具和锅容管特生产企业,非强制性企业销售额在100万元以上工业企业建档。2005年,开展室内装饰产品生产企业质量建档。2006年,开展农资及建材生产加工企业质量建档工作,共建立314家企业质量档案,建档率90%。

2007年,家用电器、儿童玩具、劳动防护用品、汽车配件、低压电器、建筑钢材、人造板、扣件、电线电缆、燃气器具10类产品建立企业质量档案。在全面建档基础上,同年开展全市166家企业质量竞争力指数测评试点工作,涉及全市农副产品加工企业23家、食品制造企业12家、饮料制造企业8家、纺织企业19家、服装及其他纤维制品制造企业13家、木材加工及竹藤棕草制品企业7家、印刷业和记录媒介企业5家、石油加工及焦炼企业2家、化学原料及化学制品制造业7家、医药制造5家、化学纤维制造3家、橡胶制品企业人3家、塑料制品企业5家、非金属矿物制品企业9家、黑色金属冶炼企业1家、有色金属冶炼3家、金属制品企业7家、通用设备制造业4家、交通运输设备制造业9家、电气机械及器材制造业1家、电子通信业8家、仪器仪表和办公用机械制造4家、造纸及纸制品1家。2008年,开展企业质量档案数据核对工作。同年执行《关于加强企业质量信用体系建设工作意见》,制定企业质量信用等级分类标准,确定质量、标准、计量、认证等方面指标确定,对连续出现三次检验不合格企业调销生产许可证。瑞昌盛秀水泥厂生产许可证被建议吊销。

2009年,市质监局与工业产品生产许可证和强制性认证获证企业签订《产品质量安全承诺书》。对146家企业展开质量竞争力指数调查,对企业执行标准、工业企业质量损失成本统计,包括报废损失费、返修费、质量事故处理费、索赔费用、退货损失费、折价损失费、消费服务费、诉讼费和召回费等科目开展统计,涉及全市农副产品加工企业23家、食品制造企业11家、饮料制造企业7家、纺织企业17家、服装及其他纤维制品制造企业4家、皮革毛皮羽绒制品13家、木材加工及竹藤棕草制品企业8家、印刷和记录媒介企业3家、石油加工及焦炼企业2家、化学原料及化学制品制造业6家、医药制造4家、化学纤维制造4家、橡胶制品企业2家、塑料制品企业4家、非金属矿物制品企业7家、黑色金属冶炼企业1家、有色金属冶炼3家、金属制品企业7家、通用设备制造业2家、交通运输设备制造业8家、电气机械及器材制造业1家、电子通信业8家、仪器仪表和办公用机械制造2家。

2010年,开展“质量提升服务进万企”活动,组织技术专家走进生产企业开展法律法规、标准和检验技术等免费培训服务。同时对企业发现的产品质量问题或安全隐患，提出整改意见并帮助企业解决问题，指导企业改进质量管理，完善质量、标准、计量保障体系，共走访企业367家，获企业诉求87份，并整理办结。

**不经销伪劣商品活动**　1992年5月，市质监、商业、供销、粮食等部门共同发起不经销伪劣商品活动，由质监部门牵头，6~7月，举办3期培训班，培训企业骨干80人次，同经销单位签订《不经销伪劣商品责任书》，并在经销单位申请基础上，进行综合考核，为39家商店挂"不经销伪劣商品商店"标牌。2000年，10家商贸企业代表发出创建全国"购物放心一条街"倡议书，制定《关于创建购物一条街实施意见》，浔阳中路266家商店管理人员参加动员大会，建立相关规章制度，设置投诉电话。2001年3月，通过验收，市浔阳中路东段创建成全省第一条"购物放心一条街"，购物环境大为改观。当年，武宁县城人民路成功创建"购物放心一条街"。2002年，市精益眼镜店、市大明眼镜店获省第一批"光明工程"放心眼镜店。市质监局开展全市"光明工程"合格店活动，湖口县博士眼镜店、彭泽县大光明眼镜店评为市第一批"光明工程"合格店。此后，眼镜配验纳入工业产品生产许可范围。

**信用等级**　2008年，启动企业质量信用等级评价试点工作。2009年，江西省绿冬丝科有限责任公司、共青鸭鸭(集团)有限公司、回圆服饰有限公司、蓝星化工新材料股份有限公司江西星火有机硅厂、昌河汽车有限责任公司5家企业获省质量信用"AAA"级企业称号。2010年，全市在获证企业中开展诚信体系建设，把产品监督、企业实验室建设、企业自查等30多项指标作为诚信体系建设的基础，中石化九江分公司、蓝星化工星火有机硅厂、鸭鸭股份公司、江西绿冬丝科实业公司4家企业获省"AAA"级诚信企业。当年，完成280家重点产品企业质量竞争力指数测评调查，向各级政府提供质量状况分析报告。

**质量调查**　2005年，调查九江学院学生食堂食用油案，从5.4吨食用油中抽样送检为不合格，因一级油品内故意加入棕榈油和其他杂质油，对不合格油没收，按照相关法律严处。建议学院饮食部严把产品质量关，今后招标过程中由市质监局提供服务。2009年3~8月，市质监局抽调40名干部，分成4组，到全市15个工业园区1008家企业进行质量安全状况调查和帮扶服务，召开座谈会26个，发放调查表格4500份，发放宣传资料3150份，收集意见建议信息350条，发现园区企业质量安全问题758处。把质量安全问题和350条反馈信息分为上级权限解决、本级权限解决和企业自行整改三类，从机关、技术机构、基层局抽调骨干组成5个服务队，到企业帮扶，解决企业行政许可和质量安全问题，有效助企"止滑增效"。同时，撰写《九江市工业园区质量状况调查分析报告》，由市政府批转。

## 第二节　认证认可

### 一、强制性认证

2002年起，全市实行强制性认证管理，涉及消费者人身和动植物生命安全、环境保护、国家安全保护产品一律通过强制性产品认证("CCC"认证)，建立质量档案，进行动态监管。当年，市质监局对列入国家目录19类132种产品生产企业进行调查摸底，对未获证生产企业采取强制措施，规范其获证。2004年8月始，全市范围内凡未加贴"3C"认证标识产品，一律停止生产销售，并对生产和销售企业进行查处，保护获证企业权益。至2010年，全市58家企业获172张强制性产品认证证书。

### 二、自愿性认证

1991年以来，在开展强制性认证同时，鼓励企业开展自愿性认证，至2010年，全市获自愿性认证证书439张。

## 三、实验室与检测评审

1992年起,全市提供公证数据产品质量检验机构其计量检定、测试能力必须通过考核,合格后才能进行检验。2003年始,市质量监督检验所实验室相继通过并取得计量认证/审查认可验收,2004年通过国家认监委监督评审。2005年,投入80万元建设P2微生物安全试验室。2006年,国家提出资质认定包括计量认证和审查认可两种形式。2007年,市质监局举办《实验室资质认定评审准则》与《实验室和检查机构资质认定管理办法》学习班,全市各实验室共130人参加培训,并取得内审员证。2009年《中华人民共和国食品安全法》颁布实施后,全市凡食品检测机构(主要集中在卫生、农业、质监、粮食系统)、建材检测(主要集中在城建系统)、环境、水质检测机构必须获资质认定部门认可后开展检验活动。

**2004年全市通过计量认证的质量检验检测机构一览**

表42-3-1

| 机构名称 | 机构名称 |
|---|---|
| 市环境监测站 | 湖口县卫生防疫站 |
| 市水利电力规划设计院土工试验室 | 彭泽县粮油质检站 |
| 市河川水利水电工程质量检验站 | 彭泽县建筑工程质量检测中心 |
| 市车辆综合性能检测站 | 彭泽县卫生防疫站 |
| 市卫生防疫站 | 星子县粮油质检站 |
| 市药品检验所 | 星子县建筑工程质量检测中心 |
| 市粮油质检站 | 星子县卫生防疫站 |
| 市纤维检验所 | 九江县粮油质检站 |
| 市饲料质检站 | 九江县建筑工程质量检测中心 |
| 九江赣北公路勘察设计院中心试验室 | 九江县卫生防疫站 |
| 九江港务局煤炭质检站 | 九江县纤维检验所 |
| 九江地质工程勘察院岩土测试中心 | 赣北地质工程勘察院土工实验室 |
| 市建设工程质检站 | 德安县质监局产品质量监督检验室 |
| 九江地质工程勘察土工试验室 | 德安县建设工程质量检测站 |
| 市防雷装置质检所 | 德安县粮油质检站 |
| 市无线电监测站 | 德安县卫生防疫站 |
| 中铁四局集团第五工程有限公司实验室 | 共青城建筑工程质量检测站 |
| 中铁大桥局集团第五工程有限公司中心实验室 | 中央储备粮共青城直属库检测中心 |
| 市农作物种子质检站 | 共青城卫生防疫站 |
| 庐山区建筑工程质量检测站 | 共青粮油质检站 |
| 中铁大桥局集团第七工程有限公司 | 永修县卫生防疫站 |
| 市庐山区卫生防疫站 | 永修县粮油质检站 |
| 庐山卫生防疫站 | 永修县建筑工程质检站 |
| 市浔阳区卫生防疫站 | 瑞昌市粮油质检站 |
| 市建筑设计院土工实验室 | 瑞昌市卫生防疫站 |
| 核工业华东二六七工程勘察院土工试验室 | 瑞昌市环境监测站 |

续表 42-3-1

| 机构名称 | 机构名称 |
| --- | --- |
| 市自来水公司水质检测中心 | 九江船舶公司环境监测站 |
| 江西省地勘局赣西北中心实验室 | 瑞昌市产品质量监督检验所 |
| 九江市产品质量监督检验所 | 武宁县建筑工程质检站 |
| 都昌县粮油质检站 | 武宁县粮油质检站 |
| 都昌县建筑工程质量检测中心 | 武宁县卫生防疫站 |
| 都昌县卫生防疫站 | 修水县粮油质检站 |
| 湖口县粮油质检站 | 修水县建筑工程质检中心 |
| 湖口县建筑工程质量检测中心 | 修水县卫生防疫站 |

### 四、节能产品认定

2010 年，出台《江西省工业节能产品认定目录(第一批)》。江西名派电科技有限公司生产带卡环节能灯杯和自镇流节能荧光灯通过节能产品认证评审，获“江西省节能产品证书”，全省仅 4 家通过认证。

## 第三节　名牌战略

### 一、名牌创建

**评优创优**　20 世纪 90 年代初期，市经贸委质量科引进全面质量管理概念，每年面向企业质量管理人员举办培训班 1~2 期，企业均成立质量管理委员会，从计量、标准等基础工作做起，开展质量评优创优活动，群众性质量活动普遍开展。1991 年，全市获国优产品 6 项，部优产品 17 项，省优产品 100 项。至 21 世纪初，共创省优质产品 298 个，部优产品 52 个，修水宁红功夫茶、九动透明膨胀仪、九玻无捻玻璃纤维布等产品获国家银牌奖。

**产品质量互认**　1996 年，南京区域技术监督协作网互认办公室对江西民星企业集团九江饲料厂、彭泽县植物油厂、赣北银河化工厂 3 家企业质量保证体系及所生产的产品：宝丰 871 牌猪用饲料、鸡用饲料，尖牌二级菜油、精炼棉油，凯安牌合成制动液的质量状况进行质量审查，抽样检验合格，通过南京区域技术监督协作网产品质量互认考核评审组的认可，获得南京区域 20 个地市的质量认可，获认可产品在 20 个地市范围内经销可享受地、市质量监督抽查免检。1998 年 6 月 29 日，南京区域技术监督协作网专业会议在市庐山经纬宾馆举行。2001 年后，质量技术监督受省垂直管理，市级协作渐失。

**国家免检**　2000 年，电视机、电冰箱、空调、洗衣机、皮鞋、尿素、钢筋混凝土用热轧带肋钢筋和水泥 8 类产品进入首批免检目录。2001 年，市政府启动该项工作。至 2007 年，9 个企业 33 个产品获国家免检。2008 年，因“三鹿奶粉”事件，停止所有食品类生产企业获得的国家免检产品资格，并停止其国家免检资格的相关宣传活动，其他产品国家免检工作停评。

**2001~2007 年全市国家免检产品一览**

表 42-3-2

| 年 份 | 单位名称 | 产品名称 | 品 牌 |
|---|---|---|---|
| 2001 | 江西亚东水泥有限公司 | 水泥(P.II52.5 R;P.II52.5 ;P.O 42.5R;P.O 42.5;P.O 32.5R; P.O 32.5;P.C 32.5;P.C 32.5R) | 洋 房 |
| | 中国石油化工股份有限公司九江分公司 | 尿 素 | 江 海 |
| 2002 | 江西共青鸭鸭(集团)有限公司 | 羽绒服（160/88B、165/92B;含绒量 90%灰鸭绒） | 鸭 鸭 |
| 2004 | 中国石油化工股份有限公司九江分公司 | 尿 素 | 江 海 |
| | 江西亚东水泥有限公司 | 水泥(P.O42.5、P.S42.5、P.S32.5、P.O32.5R、P.O42.5R、P.O32.5、P.C32.5R） | 洋 房 |
| 2005 | 九江汇源食品饮料有限公司, | 125ml~2880ml;果汁(浆)及果汁饮料(品)类软饮料,蔬菜汁及蔬菜汁饮料(品)类软饮料 | 汇 源 |
| 2006 | 江西共青鸭鸭(集团)有限公司 | 羽绒服系列 | 鸭 鸭 |
| | 江西回圆服饰有限公司 | 165/88A (S)、170/92A (M)175/96A (L)180/100A (XL)羽绒服 | 回 园 |
| | 江西三环水泥有限公司 | P.O42.5、P.O32.5 水泥 | 三 环 |
| 2007 | 江西庐山海螺水泥有限公司 | 普通硅酸盐水泥、复合硅酸盐水泥 | 海 螺 |
| | 江西亚东水泥有限公司 | 硅酸盐水泥、普通硅酸盐水泥、矿渣硅酸盐水泥、复合硅酸盐水泥 | 洋 房 |
| | 九江鑫山水泥有限公司 | 普通硅酸盐水泥、复合硅酸盐水泥 | 众 鑫 |
| | 中国石油化工股份有限公司九江分公司 | 尿 素 | 江 海 |

## 二、产品评审

**重点保护产品评审** 1992 年,为向广大消费者介绍和引荐全市及外地“名、优、特、新”产品,市质监局专门成立服务中心。1994 年,全市有 3 个省重点产品。1999 年,市确立市啤酒厂、赤湖啤酒有限公司、共青酒厂、德安水泥厂、庐山水泥厂、共青羽绒厂、九江化纤厂 7 家企业为重点保护企业。当年,九江啤酒厂三叠泉牌庐山啤酒,共青酒厂新纪元牌新纪元啤酒,九江啤酒有限责任公司烟水亭牌九江啤酒、珍珠啤酒等 4 个产品列入全省技术监督系统“名优烟酒重点保护产品”。2000 年,江西赣北化工厂、江西宏达水泥有限公司为全市“打假保名优产品”和重点保护企业。

2001 年后,鼓励企业提高产品质量,提高产品质量监督检查的有效性,扶优扶强,避免重复检查,对质量好、信誉高、市场覆盖大、效益好产品实行政府部门重点保护制度。省局制定《江西省重点保护产品管理办法》,由市质监局推荐,省局确认评审,重点保护推荐市“名、优、特”产品,利于市场发展,保持其优势。

2007 年,全市工业格局重新分布,产业初具规模,举荐龙头企业,树立企业典范,制造优质产品,提高优质服务。

**2001~2007 年全市拥有省重点保护产品一览**

表 42-3-3

| 年 份 | 单位名称 | 产品名称 | 品 牌 |
|---|---|---|---|
| 2001 | 中国石油化工股份有限公司九江分公司 | 民用液化石油气 | 江 海 |
| | 江西亚东水泥有限责任公司 | 42.5 级早强型普通硅酸盐水泥 | 洋 房 |
| | 九江金属冶炼厂 | 有色金属系列产品 | |
| | 江西瑞昌水泥压力管厂 | 预应力混凝土输水管 | 长 江 |

续表 42-3-3

| 年 份 | 单位名称 | 产品名称 | 品 牌 |
|---|---|---|---|
| 2002 | 江西赣北化工厂 | 复配肥料 | 庐 山 |
| 2003 | 江西亚东水泥有限公司 | P.Ⅱ52.5R、P.O42.5R、P.O42.5、P.S42.5、P.O32.5R、P.O32.5、P.C32.5R、P.S32.5 水泥 | 洋 房 |
| | 九江化纤股份有限公司 | 粘胶长丝 | 白 鹿 |
| | 九江啤酒有限责任公司 | 系列啤酒 | 烟水亭 |
| | 江西美庐乳业有限公司 | 婴幼儿配方乳粉 | 美庐牌 |
| 2004 | 德安县双鹰水泥有限公司 | P.O32.5 水泥 | 三 环 |
| | 江西开成纸业有限公式 | 纸巾 | 绮 玉 |
| | 九江汇源食品饮料有限公司 | 饮料 | 汇 源 |
| 2005 | 江西深傲有限公司 | 羽绒服 | 深 傲 |
| | 江西三环水泥有限公司 | p.o32.5、po42.5 水泥 | 三 环 |
| | 江西永胜铝型材有限公司 | 6063–t5 铝合金建筑型材 | 新 泳 |
| | 九江正大饲料有限公司 | 畜禽鱼系列饲料 | 金 箭<br>浔 泰 |
| 2006 | 江西庐山海螺水泥有限公司 | P.O42.5、P.O32.5 水泥 | 海 螺 |
| | 德安县双鹰水泥有限公司 | P.O32.5 水泥 | 山 环 |
| | 九江鑫山水泥有限公司 | P.O42.5、P.O32.5、P.C42.5 水泥 | 众 鑫 |
| 2007 | 江西三环水泥有限公司 | P.O32.5、P.O42.5 水泥 | 三 环 |
| | 江西永胜铝型材有限公司 | 6063–T5 铝合金建筑型材 | 新 泳 |
| | 九江正大饲料有限公司 | 畜禽鱼系列饲料 | 正 大<br>浔 泰<br>剑 客 |

**中国名牌参评** 2001 年国家质检总局启用中国名牌标志起,每年举办一次“中国名牌产品”评选。次年,市质监局组织中国名牌产品申报工作,江西共青鸭鸭(集团)有限公司鸭鸭牌羽绒服获名牌产品,为全市第一个获得“中国名牌”称号的产品。2005 年,通过国家名牌产品复评。

2006 年,蓝星化工新材料股份有限公司星火有机硅厂生产蓝星牌甲基环体获中国名牌产品。2007 年,省绿冬丝科实业有限责任公司蚕丝被获“中国名牌”产品称号。2008 年,不再直接办理与企业和产品有关名牌评选活动。根据《中国名牌产品管理办法》规定,名牌标志将被陆续禁用。

**江西名牌参评** 2002 年《江西名牌产品管理暂行办法》规定,经企业自愿申请,市质监局推荐,相关专业评审组综合评价和省名牌战略推进委员会全体委员会议审议。2003 年,全市第一次组织江西名牌产品申报工作,彭泽县和永修县政府申报鲫鱼、鳜鱼水产品江西名牌,当年全市 8 家 9 个产品获省名牌产品,2004 年 2 家企业 3 个产品获省名牌,2005 年 3 家企业 3 个产品获江西名牌。

2006 年,市成立名牌战略推进委员会,主管工业副市长任主任。当年,12 个产品获“江西名牌产品”称号。2007 年,市政府出台《九江市名牌管理暂行办法》,对获名牌产品生产企业进行经济奖励政策。奖励标准:中国名牌产品企业一次奖金 30 万~50 万元,省名牌产品企业一次奖金 5 万元;中国名牌产品通过复评企业一次奖金 8 万元,省名牌产品通过复评企业一次奖金 2 万元。一个企业多个产品同年获评取最高标准按一次奖励。当年,市政府首次拿出 71 万元资金对 2006 年度 7 家获名牌企业进行奖励。省名推委在获省名牌名单中,重点评选中国石油化工股份有限公司九江分公司生产江海牌车用无铅汽油、蓝星化工新材料股份有限公司星火有机硅厂生产蓝星有机硅产品为2007 年省重点名牌产品。

2008年,全市3家企业获省名牌产品称号,市政府出资64万元对2007年获称号产品进行奖励。受三聚氰胺事件影响,名牌评定工作暂停。

2009年,星子金星砚、鸭鸭羽绒服评为"省名牌旅游商品"。

**名牌宣传** 2006年,市质监局与"中国九江"网(www.ppzjj.gov.cn)联合开设"品牌在九江"栏目,登载全市25家品牌产品及生产企业情况。

**2001~2008年全市"江西名牌"产品一览**

表42-3-4

| 年份 | 企业名称 | 产品名称 | 品牌 | 类型 |
|---|---|---|---|---|
| 2003 | 中国石油化工股份有限公司九江分公司 | 无铅汽油、液化气 | 江海牌 | 首评 |
| | 江西昌河铃木汽车有限责任公司 | 轿车 | 北斗星 | 首评 |
| | 九江化纤股份有限公司 | 粘胶长丝 | 白鹿 | 首评 |
| | 江西亚东水泥有限公司 | 水泥 | 洋房 | 首评 |
| | 九江啤酒有限责任公司 | 烟水亭 | 啤酒 | 首评 |
| | 江西美庐乳业有限公司 | 奶粉 | 美庐 | 首评 |
| | 彭泽县人民政府 | 鲫鱼 | 彭泽鲫 | 首评 |
| | 永修县人民政府 | 鳜鱼 | 秀域 | 首评 |
| 2004 | 中国石油化工股份有限公司九江分公司 | 尿素、聚丙烯 | 江海 | 首评 |
| | 江西仙客来生物科技有限公司 | 食用菌 | 仙客来 | 首评 |
| 2005 | 江西回圆服饰有限公司 | 回圆 | 羽绒服 | 首评 |
| | 江西永胜铝型材有限公司 | 铝型材 | 新泳 | 首评 |
| | 武宁县明星锑业有限公司 | 锑锭 | 鑫仁 | 首评 |
| 2006 | 江西昌河铃木汽车有限责任公司 | 轿车 | 昌铃<br>北斗星 | 首评 |
| | 中国石油化工股份有限公司九江分公司 | 车用无铅汽油、轻柴油、石油液化气 | 江海 | 复评 |
| | 蓝星化工新材料股份有限公司江西星火有机硅厂 | 有机硅 | 蓝星 | 首评 |
| | 江西亚东水泥有限公司 | 水泥 | 洋房 | 复评 |
| | 江西三环水泥有限公司 | 水泥 | 三环 | 首评 |
| | 江西共青鸭鸭(集团)有限公司 | 羽绒服 | 鸭鸭 | 复评 |
| | 江西深傲服装有限公司 | 羽绒服 | 深傲 | 首评 |
| | 江西大嘴鸭服装有限公司 | 羽绒服 | 大嘴鸭 | 首评 |
| | 江西美庐乳业有限公司 | 奶粉 | 美庐 | 首评 |
| | 永修县人民政府 | 鳜鱼 | 秀域 | 复评 |
| | 瑞昌市绿源山药产业开发中心 | 保鲜山药 | 独一支 | 首评 |
| | 江西省绿冬丝科实业有限责任公司 | 蚕丝被 | 绿冬丝科 | 首评 |
| 2007 | 江西航海仪器厂 | 工业燃油燃气燃烧器 | 火神 | 首评 |
| | 中国石油化工股份有限公司九江分公司 | 尿素、聚丙烯 | 江海 | 复评 |
| | 江西驰耐得轮胎有限公司 | 轮胎 | 弗亚得 | 首评 |
| | 市雪林制衣有限公司 | 羽绒服 | 雪林 | 首评 |

续表 42-3-4

| 年 份 | 企业名称 | 产品名称 | 品 牌 | 类 型 |
| --- | --- | --- | --- | --- |
| 2007 | 修水神茶实业有限公司 | 神茶系列 | 梅 山 | 首 评 |
| | 九江啤酒有限责任公司 | 啤酒 | 烟水亭 | 首 评 |
| | 江西芙蓉山矿泉水有限公司 | 纯净水 | 芙 蓉 | 首 评 |
| | 江西仙客来生物科技有限公司 | 食用菌 | 仙客来 | 复 评 |
| 2008 | 华林特钢集团有限公司 | 模具钢 | 华林特 | 首 评 |
| | 奥盛(九江)钢线钢缆有限公司 | 高性能预应力钢丝 | OSSEN | 首 评 |
| | 江西朝阳机械厂 | 防火门 | CYMP | 首 评 |
| | 江西共青鸭鸭(集团)有限公司 | 羽绒被 | 鸭 鸭 | 复 评 |

## 三、产品生产许可证

**食品质量安全市场准入** 2001 年,全市开展小麦粉、大米、食用植物油、酱油、食醋 5 类产品生产企业保证产品质量基本条件专项调查工作。2002 年,全国实施食品质量安全准入制度,首批实施食品质量安全市场准入制度产品有小麦粉、大米、食用植物油、酱油和食醋。同年,市质监局制定《九江市食品质量安全市场准入制度实施方案》,受理大米和食用植物油生产企业的生产许可证申报,有 2 家食品生产企业获生产许可证。

2003 年,全市 29 家食品生产企业获生产许可证。开展乳制品、肉制品、调味品、茶叶、饮料 5 类食品生产企业保证产品质量基本条件调查。2004 年,对挂面、果糖、果脯蜜饯、淀粉、酱腌菜、啤酒、葡萄酒和黄酒 8 类食品生产企业保证产品质量必备条件进行专项调查。1~7 月,全市 20 家食品生产企业获食品生产许可证。2005 年,开展豆制品、水产加工品、蜂产品、糕点制品、鸡精调味品、酱类产品、辣椒制品7 类食品生产企业保证产品质量专项调查。全市 124 家食品生产企业获食品生产许可证,其中,大米 98 家,食用油 6 家,酱油 1 家,饮料 2 家,饮用水 10 家,罐头 4 家,小麦粉 1 家,乳制品 2 家。2006 年,国家公布第三批实施食品生产许可证产品目录。全市按照 GB7635 国家标准界定 28 类食品符合条件,163 家企业办理生产许可证,获得生产许可证企业产品,加贴“QS”标志。2007 年,随着食品安全工作重视程度增强,120 家企业获食品生产许可证。

2008 年,270 家食品生产企业获证,办证率为 96.4%;280 家两证齐全食品小作坊签订质量安全承诺书有 275 家,签订率 98.2%;10+4 类涉及人身安全消费品企业建档 82 家,建档率 100%。2009 年,大米、小麦粉、可可制品、焙炒咖啡食品生产许可证审查发放工作省局委托市局办理。市质监局审查食品生产加工企业保证产品质量环境条件、生产设备条件、加工工艺及过程、原材料要求、产品标准要求、人员要求、储运要求、检验设备要求、质量管理要求、包装标识要求 10 个方面必备条件。当年换(发)大米企业食品生产许可证 20 张。2010 年,换(发)大米企业食品生产许可证 24 张。

**工业产品生产许可证** 2001 年始,全市逐步形成“统一管理、全面覆盖、程序规范”生产许可证管理模式。2002 年,组织指导企业申报,全年共受理审查 25 家化妆品、白酒等企业。2005 年,国务院下发《中华人民共和国工业产品生产许可证管理条例》,国家质检总局制定《中华人民共和国工业产品生产许可证条例实施办法》,许可证监管工作进一步得到规范。同年始,对眼镜和建筑外窗等产品进行监管,10 家在全省率先取得许可证(眼镜 8 家,外窗 2 家)。

2005 年,市质监局为九江钢厂办生产许可证。2006 年,根据《关于做好建筑外窗和眼镜产品发证管理工作的通知》,受省质监局委托,开始对辖区建筑外窗、验配眼镜生产企业申请受理和现场核查工作,材料完备后上报省质监局发证。2007 年,全市 52 家生产企业获工业产品生产许可证,其中建筑外窗、验配眼镜生产许可 39 家。

2009 年,建筑外窗、验配眼镜的检验和发证权由市质监局实施,便利企业办证。至年底,两类产品共发证 97 家,其他产品 64 家,全市获证企业 161 家。2010 年,取消建筑外窗许可管理,当年注销 41 家建筑外窗生产许可,其他产品新取证 13 家。

### 四、地理标志(原产地域)产品

2003 年 8 月,启动原产地域产品保护工作。经调查、收集、整理,将庐山云雾茶列为国家原产地域产品保护候选,市政府成立庐山云雾茶申报国家原产地域产品工作领导小组,负责组织申报工作。同年 10 月,向国家质量监督检验检疫总局申报原产地域保护产品,2004 年 8 月获批准,原产地域范围为庐山风景区之庐山区海会镇、威家镇、虞家河乡、莲花镇、五里街道、赛阳镇、姑塘镇、新港镇;星子县东牯山林场、温泉镇、白鹿镇;九江县岷山乡,涉及庐山和环山 12 个乡(镇、场)。

地理标志产品获批后,市质监局即组织起草、制定、申报庐山云雾茶产品国家标准,历时两年,国家质检总局、国家标准委于 2007 年 6 月 4 日批准发布由市质量技术监督局、市庐山茶叶科学研究所、庐山垦殖场承担起草《地理标志产品 庐山云雾茶》,12 月 1 日起正式实施。庐山云雾茶国家标准成为市继彭泽鲫发布实施后第二个农产品国家标准。

# 第四章 产品质量监督

## 第一节 质量检验

1991 年,设立建材、轻工产品检验室,1999 年,设立化工产品检验室。2003 年,从 916 地质大队收归金银珠宝检验站,成立金银珠宝产品检验室。2005 年,成立机电产品检验室,加快食品安全实验室建设,投入 80 万元建设 P2 微生物安全试验室。2008 年,相继成立瑞昌、修水、武宁、永修、彭泽、都昌食品检验分所。2009 年,取得玻璃纤维检验项目资质,产品质量检验覆盖 6 大类 438 种,检验产品覆盖程度有提高。

**2010 年度全市产品质量监督检验所承检目录一览**

表 42-4-1

| 食 品 | 建 材 | 轻 工 | 化 工 | 机 电 | 金银珠宝 |
|---|---|---|---|---|---|
| 粮食加工品 | 建筑用金属材料 | 羽绒制品 | 无机化工 | 家用和类似用途电器 | 珠宝玉石名称 |
| 食用油 | 水泥类 | 装配眼镜 | 肥 料 | 电线电缆 | 贵金属饰品 |
| 调味品 | 墙体材料 | 服 装 | 石油产品 | 水 泵 | 各种矿石 |
| 肉制品 | 水泥制品 | 卫生纸 | 煤 | 家用太阳热水系统 | |
| 乳制品 | 石 材 | 板材类 | 涂 料 | 灯 具 | |
| 糖果制品 | 砂 石 | 家 具 | 饲 料 | 电动工具 | |
| 茶叶及相关制品 | 防水材料 | 水暖器材 | | 数字移动电话机 | |
| 酒 类 | 建筑门窗 | 包装袋 | | | |
| 蔬菜制品 | 塑料管材 | | | | |
| 水果制品 | | | | | |
| 炒货食品及坚果食品 | | | | | |

续表 42-4-1

| 食品 | 建材 | 轻工 | 化工 | 机电 | 金银珠宝 |
| --- | --- | --- | --- | --- | --- |
| 蛋制品 | | | | | |
| 食　糖 | | | | | |
| 水产制品 | | | | | |
| 糕　点 | | | | | |
| 豆制品 | | | | | |
| 蜂产品 | | | | | |

说明：上列均为产品大类名录

## 第二节　质量监督抽查

### 一、国家质量监督抽查

1991 年 7 月，实施碳酸饮料质量全国统一抽检。浔阳区、庐山区、开发区和九江县 17 家生产企业 17 种产品，合格唯有市封缸酒厂生产雪荔汽水，合格率 5.9%，这是在九江首次抽检汽水产品。1992 年，全市开展碳酸饮料整顿工作，当年，抽查全市 21 家生产企业 21 个产品，9 个合格，合格率 42.8%，列全省第二。1994 年 10 月，抽检预应力混凝土预制构件质量，抽查全市 30 家 30 个产品，合格产品 23 个，合格率 76.7%。

1996 年，全国 22 个城市开展市场商品质量、计量监督大抽查活动，重点检查大米、面粉、食用植物油、味精和食醋 5 种“米袋子”“菜篮子”商品，九江、佛山、合肥、宜宾、泰安、佳木斯、常州、洛阳、贵阳、石家庄 10 个地市得到表扬，九江桶装食用油质量合格率 100%，市十里百货大楼实行定期商品质量、计量自查，在检验中商品抽样合格率达 97%。市食海商城、市面粉厂、九江利民酱醋厂、九江新光商城为通报批评经销企业。

1998 年，国家监督抽查中，九江消防装备有限公司 4 个批次产品，其中庐山牌 TE261、TE291 型竹质消防二节拉梯产品不合格。1999 年抽检江西共青羽绒厂鸭鸭牌 165、88B 羽绒服产品合格。2000 年，抽检全市 3 家 3 类 3 种产品，其中永修金属制品厂、都昌农业畜牧局棉花良种轧花厂 2 个产品不合格，彭泽县种子公司经销苏棉 12 好棉花种子抽查合格。当年，在全国眼镜质量抽查中有 6 家产品不合格。

2001 年，对上年永修金属制品厂生产白莲牌 24 型防盗保险柜再次抽样检测合格，同时对液化石油气瓶产品质量进行抽查，九江柴油机厂生产庐山牌 R22 赣 03 产品顺利过关。当年监督抽查江西共青鸭鸭集团有限公司、江西回圆服饰有限公司、江西雪世界服饰有限公司羽绒产品，均合格。2002 年，市浔阳蔬菜批发市场茄子、菜豆农药残留量国家监督抽样检测均超标。2003 年，对九江庐山玻璃纤维厂、巨石集团九江有限公司、江西盐业总公司湖口县、德安县公司产品抽查均合格。

2006 年，在流通领域检查庐山区凤凰茶场庐山云雾茶不合格，九江正大饲料有限公司金箭牌饲料合格。江西圣士丹啤酒有限公司、九江啤酒有限责任公司、九江喜敦实业有限公司、湖口三和啤酒有限公司生产冰雪啤酒、九江冰啤、庐山啤酒、金苦瓜啤酒均合格。市健安多远纯净水厂、市心泉纯净水有限公司、九江长途汽车运输总公司长运纯净水厂、市乐饮科技有限公司、市庐山三叠泉天然矿泉水有限公司、九江桃李天然山泉水有限公司、九江庐林山泉水厂、长虹纯净水有限公司生产健安多元纯净水、水佳水饮用纯净水、长运纯净水、华庐饮用水、三叠泉矿泉水、华庐饮用水、天然饮用水、庐林天然饮用水、长虹饮用水均合格，九江汇美科技有限公司、市蓝天纯净水有限公司生产汇美饮用纯净水、蓝天纯净水不合格，修水康顺发展有限公司、市恺尔陶瓷有限公司生产的康顺、恺尔牌陶瓷烹调器合格。九江汇源食品饮料有限公司生产果汁饮料合格,江西回圆服饰有限公司、江西雪世界服饰有限公司、江西深傲服装有限公式、共青城逐豹服饰有限公式生产羽绒服合格,而共青中羽制衣有限公司、江西达晟事业有限公司、江西大嘴鸭服饰有限公司、江西雪斯来服饰有限公司羽绒服产品不合格。2007年,江西长江啤酒有限公司、九江喜敦事业有限公司、九江啤酒有限责任公司、九江汇源食品饮料有限公司、江西美庐乳业有限公司、江西方圆建材有限公司、九江君安建材、江西同宇新型建材有限责任公司产品均合格。当年,九江石油天然气股份有限公司江西销售分公司星子县加油站、共青站车用汽油合格,市公共交通集团公司油料供应站、九江港物资供销公司九江港加油站、九江长途汽车运输总公司物资贸易公司加油站车用汽油不合格。市庐山玻璃纤维厂、市庐山久兴玻璃纤维厂产中碱玻璃无捻粗纱不合格。

2009年,国家监督抽查情况:江西美庐乳业有限公司每伴蛋黄双歧因子营养米粉、乳清蛋白营养米粉均合格。江西汇源食品4种饮料合格,江西七娃食品有限公司七娃牌椰果果粒果汁饮料合格,九江匡庐电线电缆有限公司、市电力电缆厂一般用途单芯硬导体无护套电缆合格,九江恒大电线电缆厂的铜芯聚氯乙烯绝缘聚氯乙烯护套扁形电缆不合格。当年抽检7个批次产品2个批次不合格,一个是在市场抽检,其余在企业抽取样品。

## 二、省市级质量监督抽查

1991年,全市抽查7类18个批次商品,经检验合格率为55.6%,其中低压电器合格率为零。全市纺织企业15家企业27个产品,其中纱线13个,各类布14个,纱线情况较好,布的物理性能一等率为84.6%,但外观质量差。在国家对全市碳酸饮料抽查之前,全市组织对碳酸饮料产品进行抽查,经对18家企业21批次检查,合格率仅9.5%。在绿茶质量监督检查过程中抽查武宁、修水、九江县和庐山区12家茶厂12种产品,合格率为41.7%。当年,全市19家企业获“产品质量监督检验合格证书”。1992年,全市碳酸饮料、啤酒、白酒、茶叶、复合肥、机制砖、酱油、羽绒制品和预制块9类116批次产品进行监督抽样,合格75批次,合格率64.7%。1994年,普通烧结砖抽检率100%覆盖,预应力混凝土预制构件抽检率覆盖率达70%。1995年,市技术监督局对产品质量监督检验中有关工作进行明确,产品定期监督检验计划由市质检所负责抽样检验。

1997年,全市59家企业生产13类计67批次产品,合格54批次,合格率80.6%,全市完成棉花检验265批次,合格210批次。1998年,全省定期检查抽查市70家企业19类91种产品,其中77批次合格,合格率84.6%,高于全省平均水平。1999年,全市定期监督抽样139批次,合格123批次,合格率88.5%。

2001年,省定期监督检查175批次产品,合格138批次,合格率78.9%。同年,市技术监督局根据定期监督检查产品质量分析,针对水泥产品合格率低问题,开展全市水泥生产企业产品监督比对试验工作,企业每月备一个出厂水泥样品,每份大于5kg,该项工作一直延续。同年全市啤酒抽查,合格率只有50%,主要问题是内含$CO_2$不达标。2003年,全市定期监督检验112批次,合格91批次,合格率81.3%。省节能灯产品质量省级监督抽查上海农工商超市九江分店经销通用电气照明有限公司爱迪生YPZ230/9-2U.RD.D 9W、市诚信贸易有限公司销售中山市国龙电器照明有限公司生产索日YPZ-220/5-GLDB2U 5W合格,市双雄五交化批发部销售广东省中山市城镇台升电器灯具厂台升YPZ-2U 220V 13W不合格,主要问题在互换性、预防触电、初始光通量、色度容差、显色指数不达标。蜡笔产品、床上用品质量抽查合格率100%,家用燃气用具产品质量抽查市宏达炊具商店销售顺德市容桂区世禾电器实业有限公司半球JSD14-7A2Y家用燃气快速热水器、浔阳区甘棠兴达燃具经营部销售中山市金多典卫厨有限公司顺德分公司半球通达JSD16-Y8家用燃气快速热水器均不合格,主要问题在防过热保护装置与排烟温度。

2004年,市南极冷饮厂生产南极鲜菠萝、市冰洋冷饮厂生产冰洋菠萝王不合格,主要标签、大肠菌群、脂肪、总固形物存在问题或超标。当年,抽检的毛绒布制玩具、蜡笔、电话机等产品均有不合格现象。2005年,市场消防应急灯具、消防水均有多批次不合格。2006年,第四季度九江定期监督检验合格率

86.7%。2007年,第二季度省定期监督检验全市60家企业84个批次产品合格59家,合格率70.2%。第三季度省定期监督检验全市41家企业42个批次产品合格34家,合格率81.0%。同年,市级开展产品质量定期监督检验,并下发《九江市产品质量定期检验工作的监督检验实施细则》和《关于开展九江市市级及县级产品质量定期监督检验计划的通知》,抽查生产企业386家435批次产品,总合格率78.4%。对罐头产品进行抽查,其中12个产品中有2个产品不合格。对全市化肥专项抽检有26个批次产品,其中有9个产品不合格。九江唯一生产企业九江赣北化工厂生产庐山牌复合肥合格,其余为外地经销产品。

2008年,元旦春节期间产品质量省级监督专项抽查,九江黄氏市场销售的中山市美源食品有限公司美菊牌酿造酱油不合格。华帝彭泽专卖店销售佛山市顺德区龙江甘竹电器厂甘宝换气扇标志和说明、导线横截面积存在质量问题。对输京等奥运场地城市的江西七娃、石钟山豆制品、华征水产品3家食品生产企业严格落实批批强制检验制度,产品100%合格出厂。饮用水产品质量省级监督专项抽查庐山三叠泉天然矿泉水有限公司庐山牌18.9L/桶检验合格。《产品质量监督抽查实施规范化》全市加权机选监督检查合格率,监督检查合格率=合格产品销售额之和/总销售额。三季度省级定期监督检验28家企业抽查32批次产品合格29个,合格率90.6%。第4季度省级定期监督检验抽取九江52个企业58个批次,合格批次52个,合格率89.7%。2009年,全市全年定检产品44大类,抽检企业总数577家,抽检样品总数604批次,合格394批次,抽检合格率65.23%。对电风扇、水泵、儿童及婴幼儿服装多批次产品进行监督抽查,均有不合格现象。省第二季度抽取九江19家企业19个批次产品,16个批次产品合格,合格率84.2%。三季度省级定期检验抽取全市36家企业44个产品批次,其中合格39批次,合格率88.6%.全年市省级定期监督抽查99批次产品,合格85批次。

2010年,市抽检企业总数456家,抽检样品总数533批次,抽检合格率83.5%。5月始,市政府组织开展放心食品统一抽验工作,市质监局承担米粉、腐竹、粉丝、豆腐、食用植物油、豆浆6个品种900个批次抽验工作,抽验中严格执行买样、留样制度、合理选择采样地点,严格执行法定标准和实验方法、确保检验数据准确性,对不合格产品进行严肃处理,完成放心食品工程评价性抽验工作。

## 第三节 防伪打假

### 一、举报申诉热线

2006年,开通"12365"质量举报申诉热线,设置专人管理,接有关质量举报申诉案件62起,立案62起,处理52起,挽回企业和消费者经济损失10万余元。当年,共立案查处各类案件943起,结案820起。查获假冒伪劣产品货值1497.17万元,罚没款715.43万元。在查获的案件中,举报122起,监督检查752起,监督抽查97起,质量违法案件756起,计量违法案件58起,标准化等其他违法案件123起。中小企业质量存在问题较多。

2008年,"12365"举报申诉指挥系统升级。实现电话24小时畅通,共受理各类咨询600余起,举报、申诉案件30起,举报案件完结率达100%。当年,查处大案要案35起,涉案产品货值3542万元,捣毁窝点12个,罚款总额1135万元。2009年,全年共接听电话563个,受理有效举报投诉案件71余起,处结率达100%。当年,检查企业1967家(次),查获案件1255起,涉案产品货值3542万元,捣毁窝点11个。

2010年,接听电话463个,受理有效举报投诉案件20起,处结率100%。当年,检查企业1967家(次),立案查处1387起,涉案产品货值1542万元。

## 二、食品安全专项整治

1991年,全市统一食品标签管理,并印发《九江市食品标签管理试行办法》,进行全市性专项抽查治理。1994年,开展全市商品大检查,检查商店2195家,抽查商品3280批次,其中查处伪劣商品322个批次,取缔窝点3个。1998年,对市京九批发市场进行专项重点治理。全市开展查伪劣毒酒活动中,6月1日接群众举报,查处一制假售假窝点,查获各类冒牌尖庄灌五粮液、剑南春、赣酒灌茅台、二曲与牛头灌头曲、大曲灌沱牌等以假充真产品,标值40万余元,包装物2万元。此案先后有6名涉嫌制假售假人员受到公安部门留置审讯。1999年,开展“查市场、保两节”活动,围绕“米袋子、菜篮子、火炉子、车子、房子”进行全市专项质量监督和执法打假,取得较好效果。彭泽县在春节期间,端掉冒牌新疆“龙须酥”20余箱,商品标值8000余元。2000年,群众反映市场上销售“味族”牌味精存在质量问题,市技术监督部门抽样对标有含谷氨酸钠80%进行检测,实际含量只有59%,查获伪劣产品标值达20万元。

2001年,开展全市“百日打假联合行动”,重点打击面粉、米粉、粉丝、腐竹及白糖等食品中违禁使用甲醛次硫酸氢钠(雕白块)。瑞昌市抽查11家生产企业,经省质监站检验判定掺有甲醛次硫酸氢钠的有米粉966公斤、腐竹100公斤,货值金额分别为1520.4元、900元。对全市肉品冷库进行集中检查,查获标识不合格、无合格证、无生产日期和保质期产品17批次,共5.1825吨,价值3.254万元。“查市场、保两节”专项打假行动中查获假冒临川贡酒系列包装物10000套、商品标值15万元;假冒茅台、五粮液名酒1016瓶,商品标值9.5万元;假全兴酒、剑南春酒系列包装物1750套,商品标值0.63万元;假冒伪劣酱油860箱10320瓶,商品标值3.56万元,查获各类食品标值20万元。2002年,在大米、面粉专项打假活动中,发现47家经销企业存在问题,查获标识不合格大米22.7万公,标值3.28万元,使用过量增白剂面粉0.55万公斤,标值1.09万元。酱油打假专项活动检查生产企业32家,查获标识不合格酱油9284公斤,标值2.678万元,查获质量不合格酱油5337公斤,标值0.8918万元。

2005年,开展全市食品质量安全整治“百千万”行动,明确五里街道与市区、十里街道与市区、莲花镇与庐山区、沙河街道与城区4个重点区域,规划100个重点整治村镇加工点和291个重点整治小作坊。加强全市高致病性禽流感防控工作,对全市禽肉制品生产加工企业进行“地毯式”排查。当年国家抽查全省14个批次“大桶水”产品,抽样合格率为14.3%,为此开展全市“大桶水”专项整治,严厉打击无证生产销售“大桶水”违法行为,重点检查水桶和桶盖清洗、消毒环节。推进桶装饮用水市场准入工作。对28大类所有种类的食品和相关产品及化妆品严格实施市场准入,对重点区域、重点产品、重点企业加强监管,增加巡查频次,开展食品专项监督检查活动,严格监管食品添加剂生产和使用。对复配食品添加剂、乳制品、肉制品、辣椒制品、婴幼儿食品、儿童食品、调味品、蜂产品、豆制品、酒类、饮料、糕点、及其他可能违法添加非食用物质和滥用食品添加剂重点食品加大监督检查和抽检频次。当年,加强全市食品添加剂生产和使用监督管理工作,添加剂生产企业和使用企业进行备案管理,并进行质量承诺。

2006年,开展全市食品质量安全专项整治百千万工程,重点整治沙河、新港、都昌县城加工区、新宁镇、龙城镇、共青城区、白鹿镇、湖口文桥和付垅9个区域9个产品。对全市156个小作坊开展整治工作。当年,还展开全市蛋制品中苏丹红专项检查。8月26日,中央电视台《每周质量报告》报道江西圣士丹啤酒有限公司使用非“B”瓶,充装啤酒,及用捆扎式包装销售等一系列问题。市质监局对全市啤酒生产企业开展使用非“B”瓶清查工作,对江西圣士丹啤酒有限公司库存非“B”瓶销毁,查处湖口三和啤酒公司30万只和九江啤酒有限公司40万只非“B”瓶,另九江啤酒有限责任公司还存3000扎捆扎啤酒。同年,全市食品生产加工企业普查建档工作完成,集中整治阶段确定对12个重点地区8个产品小作坊进行整治,其中庐山区炒货、永修果糖生产基地实行挂牌督办。采用公司+农户、公司+基地、协会推动、股份合作、集中生产、龙头带动等形式转化为加工小企业小作坊,达到生产标准、生产工艺、产品检验、产品标志统一。

2007年,创建庐山区炒货基地。对一些传统工艺、其产品又是群众生活所需、且具有地方传统特色食品加工小企业和小作坊,采取边整边建、引导帮扶,扶持小作坊由小到大、由散到聚、由劣到优、由不规范到规范，实现经营者、消费者、政府三满意效果，促进全民创业和社会和谐，为食品小作坊有效监管闯出一条新路，被省局在全省推广，并得到国家总局专项整治验收组赞誉和充分肯定。当年，市王婆瓜子炒货厂、市莲花沈大姐炒货厂获得市场准入。同年对全市10%星级酒店及娱乐场所高档酒类市场进行抽样检查，温泉酒店、远洲酒店、东方银座、金沙贝比菲斯、九江秀玉红茶坊等6家被抽检，查处假酒价值10万元，涉及品种有茅台、杰克丹尼、芝华士、轩尼诗、马爹利、人头马、红牌威士忌等。

当年，全市实行《食品生产加工企业添加物质使用备案管理》，年底备案工作100%覆盖。出台《九江市质监系统食品生产加工企业分类与巡查实施办法》，按食品质量安全控制能力分为A、B、C、D四类，实行动态监管，对不同类别企业分不同巡查次数，对C类企业每年巡查不少于3次，对B类企业不少于2次，对A类企业不少一次，对D类企业按照相关法律法规进行查处，并要求整改到位，对巡查内容、存查工序、巡查方法、巡查人员要求、巡查结果后处理等都做出详细规定。按照该办法，全市建立动态监管图表。市政府印发《关于进一步加强食品生产加工小作坊监管工作的意见》，将所有食品生产加工行为(不含现做现卖)都纳入监管范围，统一规范，分类实施，突出重点、重心下移，实行一地一品，扶持龙头，创建优质安全食品生产加工园区，制定出规划、普查建档、目录管理、对条件进行改造、从业人员培训、加大抽检力度、公开承诺并上墙，采取限制销售、日常巡查、产品检验、定期公示、区域整治12个方面规定。列出肉制品、乳制品、酒类、冷冻饮品、饮料、食品添加剂、婴幼儿食品7类为高风险产品，调味品、蜂产品、蔬菜制品等25类一般风险产品，将粮食加工品、茶叶及相关产品等8类为较低风险产品。印发《全市生产加工食品质量安全专项整治实施细则》，将从事食品生产加工单位和个人纳入专项整治对象，当年食品质量安全市场准入59%覆盖食品生产加工企业，食品小作坊98%签订质量安全承诺书。同时出台《九江市食品生产加工小作坊限制区域销售制度》，简单包装小作坊必须在产品最小单元标贴限量某乡镇、某街道办或限本店销售字样。出台《九江市食品生产加工小作坊原料采购使用台账、产品销售台账制度》及《九江市食品添加剂生产和使用进行备案管理办法》，7月26日，市政府印发《关于贯彻落实〈国务院关于加强食品等产品安全监督管理的特别规定〉的通知》，8月27日，全市举办产品质量和食品安全专项整治启动仪式，宣传特别规定。8~12月，全市开展产品质量和食品安全专项整治行动，落实食品生产加工企业源头监管责任，执行以巡查为重点日常监管制度，加强对获证企业后续监管力度。加强对食品生产加工企业原料进厂监督，严防使用非食品原料生产加工食品。加强对食品生产企业使用添加剂跟踪监控力度，监督企业按标准规定使用食品添加剂。深入开展食品生产加工小企业小作坊区域整治工作，全面实施食品质量安全市场准入制度。通过整治，所有食品生产加工企业都取得食品生产许可证，并在产品上加贴QS标志；小作坊全部签订食品质量安全承诺书；基本消除使用各种非食品原料和回收食品生产加工食品违法行为；基本遏制滥用防腐剂、色素等食品添加剂违法行为；县城以上城市、乡镇政府所在地和城乡结合部基本消除婴幼儿配方奶粉等高风险食品无营业执照、无卫生许可证、无生产许可证生产加工行为。全市出动执法人员3598人次，车辆630车次，检查生产企业1686家，经销企业612家，小作坊1122家，关停47家，查获标识不合格产品121批次和产品不合格143批次，货值分别为153万元和186万元。共查办案件197起，立案查处172起，现场处罚25起，罚没款56.2万元。销毁假冒伪劣产品达17.6万元。全年定检产品质量后处理183件，受理举报申诉27起。

2008年，三鹿奶粉事件发生后，市质监局迅速行动，全力开展乳制品生产企业监管工作。第一时间成立市质监局三鹿奶粉重大食品安全事故应急处理工作领导小组，下发《九江市质量技术监督局乳制品生产企业驻厂监管工作方案》，应对三鹿奶粉事件，及时启动应急处理方案，迅速实施驻厂监管，食品科、市质检所、庐山区质监局坚持长时间驻厂把关，通过“五查五核对”和主动协调，帮助“美庐”乳业有效规避三聚氰胺污染，受到企业称赞。对全市所有乳制品生产企业进行拉网式检查，重点检查企业生产原料中是否含有三聚氰胺，生产工艺过程是否规范，辅料和成品中是否含有三聚氰胺，共检查获得QS证的江西美庐乳业有限公司、九江市乳品厂2家，未获QS证的江西九江迪尔康乳业有限公司、修水县益生乳业有限公司等6家。制订《九江市质量技术监督局乳制品驻厂工作组监管工作方案》，派出2名专职食品监管员和2名食品检验员组成4人驻厂工作组,进驻江西美庐乳业有限公司,跟班监督和协助企业抓好生产过程质量安全控制。做到"五查五核对",做好相关记录并在签字确认,督促企业每批成品送江西省产品质量监督检测院检验,确保乳制品质量安全。

2009年《中华人民共和国食品安全法》实施,市质监局对全市所有食品安全监管员及各单位分管领导进行食品安全法宣传教育,与食品药品监督、工商、卫生、农业等部门联合组织开展食品安全法大型咨询宣传活动,并对从事食品生产经营质量管理人员和企业主进行培训,全面开展打击违法添加非食用物质和滥用食品添加剂专项整治,对全市2家食品添加剂生产单位、311家食品生产企业和644家食品小作坊进行产品调查,按照"一企一档"要求,完善监管档案。建立食品添加剂使用申报制度。查处违法使用细糠为原料进行发酵酿造散装白酒、米粉添加增白剂、面条添加防腐剂、使用硫化钠做加工助剂等案件5起。同年,市政府出台《九江市食品生产加工小作坊产品质量安全监督管理若干规定(暂行)》。

2010年,市质监局对全市300余家食品获证企业负责人和食品安全管理人员开展落实质量安全主体责任培训,根据年度监督检查计划,对获证企业实施常规监督检查、特别监督检查。常规监督检查全年不低于2次,乳制品、含乳食品每月1次,高风险食品生产企业、自律不严中小企业每季度不少于1次。先后开展两次问题乳粉专项清查工作,严格责任落实,对辖区内乳品及含乳食品生产加工单位进行集中清查,并签订《乳制品和含乳食品生产单位质量安全承诺书》,清查中未发现问题乳粉。自2010年8月开始,每月对乳品和含乳食品生产企业进行一次监督检查,并对所有批次的原料和成品中三聚氰胺指标进行专项监测,防止问题乳粉事件发生。所抽批次的原料和成品均合格。

### 三、农资产品专项打假

1995年,在九江原火车站查获劣质化肥480吨,该案影响大。当年,市技术监督局被国家技术监督局评为"打假"先进单位。1998年,市技术监督局围绕抓好农资产品打假、棉花质量监督、农业标准化工作出台6条服务农村工作措施。同年,都昌县列为全省春耕期间加强农业生产资料产品质量监督检查和打假工作中重点抓10个县(市)之一。1999年,全市统一部署"查农资、保春耕"战役,瑞昌市查获各类劣质农用车18台,九江县查获个别农民用少量钾肥掺入大量矾石、色素假冒加拿大氯化钾,其养份含量仅为标准值25%,事后追回假冒劣质化肥10吨,该案犯罪嫌疑人受到公安部门行政拘留。同年同一战役中,成功处理武宁县村民投诉船滩镇调进21960公斤"嘉育948"早稻种子质量问题,经组织人员调查16个村12公顷稻田,发芽率为30%~70%不等,有些发芽后长至1厘米即自然死亡,该案得到政府重视,由于发现及时、处理得当,受损农户得到合理赔偿。

2001年3~5月,组织开展全市农资产品专项打假活动。重点对化肥、农药、农膜、饲料、农机、农用运输车、变性运输机及配件等开展打假。查获假冒伪劣农资产品992.6吨,农机及配件201台,货值总额102.22万元,移送司法机关案件7件。

2004年,检查农资类企业21家,不合格产品企业6家,占28%。

2005年起,每年3月开展"农资打假下乡"集中行动月活动,以打击制假售假、深入农户抽样、免费检测、开展现场咨询为主要内容,把专项执法转变成常态化工作。2006年,开展"农资打假下乡"活动,出动执法人员2279人次,检查生产企业14家,检查经销企业327家,抽查农资产品423批次,立案81起,罚没款78.5万元。

2009年,农资打假下乡保春耕和"进千村入千户抽千样"活动,农资打假进村101个,入户309户、抽取农资样品182个,发放宣传资料3820份。全市系统共出动执法人员781人次,检查化肥生产企业、销售网点223个(次),查办案件43起。赣北化肥有限公司、江西贵化、江西金绿洲3家化肥生产企业为100多户农民赠送6吨免费化肥。

2010年,农资打假进村101个,入户309户,抽取农资样品182个,发放宣传资料1820份。出动执法人员781人次,检查化肥生产企业、销售网点223个(次),查办案件33起,查获假冒化肥16吨,货值

3 万多元。

## 四、建材产品专项打假

1991 年,抽查 17 家企业 17 批次烧结普通砖,合格率 70.6%,预应力多孔板抽查 10 家企业 10 个批次,合格率 70%,并向全市发出质量抽检结果通报。1998 年九江发生特大洪灾后,市政府高度重视建筑工程质量问题,批转市技术监督、建设、建材工业局《对生产、流通、工程建设中建筑材料监督管理办法》,加强灾后重建工作建材质量监管。1999 年技术监督局在全市开展"查建材、保建设"专项活动,对九景高速公路建设工程使用无生产许可证"通力牌"水泥进行查处,其安定性和强度均不合格,及时要求使用单位停止使用。在移民建镇工作中,技术监督局严把钢材关,重点对都昌三汊港、西源、大沙移民建镇工地螺纹钢检查,发现大部分为热轧再生钢而且内径偏小,技术监督部门向灾后重建指挥部沟通,市委书记,市长听取市技术监督局"查建材、保建设"汇报后指出,技术监督部门介入移民建镇工程和水毁修复工程,是防止豆腐渣工程组织措施。并在当年市政府 53 次市长办公会会议纪要中明确要求技术监督部门参与整个工程建设,做好工程质量技术监督工作。

2000 年,全市开展建筑用钢材市场打假治劣活动,查获生产企业、钢材经销商和建筑工地劣质钢材 402.9 吨,标值 171.21 万元。2001 年,开展全市性螺纹钢等建筑钢材专项打假,检查生产企业 27 家,经销企业 200 家,查获无生产许可证螺纹钢材 192.1 吨,假冒伪劣螺纹钢等建筑钢材标值 225.12 万元,查获不符合国家强制性标准水泥 9000 吨,价值 200 余万元。在查处过程中,出现行政相对人威胁、恐吓执法人员现象,即向市政府建议关停九江开发区明亚冷轧材料加工厂冷轧带肋钢筋生产线。2001 年,市技术监督局和建材工业局联合对九江盛秀水泥有限责任公司 3 个生产批次水泥安定性不合格情况进行调查,并向市政府汇报。2004 年开展打击生产"地条钢"反弹等专项整治,监督检查建材类生产企业 131 家,不合格产品企业 52 家,不合格产品企业占 40%,2005 年 6 月 7 日,地条钢违法生产造成开发区大面积停电,市整规办印发《关于开展整治"地条钢"专项行动会议纪要》,由市质监局牵头,工商、公安、环保、供电等部门配合,集中 20 日开展联合执法行动,彻底清除"地条钢"。2006 年后,九江地条钢生产点全部关停。

2009 年,市质量技术监督局对电信、移动、联动等公司使用同心铁塔质量安全及生产资质情况开展检查,对存在质量问题进行立案查处。2010 年,市质监局严查建筑工地用材,防堵不符合标准钢材、水泥、装饰材料流入工地,保障房地产行业发展工程建筑用材质量。

## 五、汽车配件产品专项打假

2005 年始,市质监局加大汽车配件打假力度,并把汽车配件列入重点打假领域,重点监控生产厂家、专项查汽配城汽车配件。重点打击假冒配件强制性认证、工业产品生产许可证和表识不规范。

2008 年 4 月 10 日,在武宁县万福经济技术开发区海滨实业有限公司查处标明"TOYOTA(本田)"和"MADE IN JAPAN(日本制造)"滤清器 4720 只,标明"AHS"字样无任何厂名厂址滤清器 69023 只,标明制造商荣盛过滤器制造有限公司、产地浙江丽水市水阁工业区,并标注质量认证标志滤清器 18231 只,经查 3 种产品有假冒、冒用认证标志行为。市质监局将该公司行为通报海关、进出口检验检疫等相关部门,并对该公司处罚款 130344 元。

## 六、中国质量万里行

1992 年,参加"中国质量万里行"活动,当年对食用油、饮料、乳制品、眼镜、低压电器、钢材等 12 类 100 多个品种的商品进行抽查,查出伪劣商品 2593 件,货值金额 38 万元。1994 年,集中力量对全市 30 家加油站进行大检查,对在加油机上做手脚、克扣用户不法经营者进行严处重罚。2001 年,市技术监督部门在京九批发市场查获 1 个销售假冒名牌香皂窝点,查封 200 余箱涉嫌假冒"舒肤佳""梦幻""力士"等多种国内外名牌香皂,保洁公司、维达斯集团特发函感谢。

### 七、百城万店无假货

2006年,市委宣传部、市文明委、市发改委等9个部门联合发文,开展“百城万店无假货”活动,庐山牯岭街、浔阳路商业街命名为全省第三批“百城万店无假货”活动示范街,庐山牯岭旅游超市为示范店。2008年,市技术监督局、市委宣传部等4部门联合发文《进一步开展“百城万店无假货”活动》,6月,召开全市各大商场质量管理,建立服务质量体系交流会,188个大商场管理人员参加会议。当年和次年评选3家全市无假货商店并挂牌。2009年,开展甲型H1N1流感防治相关的漂白粉、双氧水、消毒剂、洗手液等洗涤用品,口罩、防护服等防护用品监督检查,抽查产品38批次。

## 第四节　纤维质量监管

### 一、棉花质量监管

1995年,九江纤检所通过省级计量认证,机构正式运行。9月始,开展对全市棉花收购、加工企业监督检查工作。1996年,查处湖口文桥轧花厂棉花非法加工升级案件,涉案金额86万元。1999年,开展包括市国棉一厂、市国棉二厂棉花经营性检验工作。2000年,棉花公证检验240批次,5.6万担。2001年,市政府发出《关于全市棉花质量和市场管理检查情况的通报》,对彭泽、湖口县前期收购质量掌握较好提出表扬,对瑞昌168包有籽成品棉重新拆包分拣,对都昌县北炎轧花厂少部分成包皮棉和星子县久兴轧花厂正待加工库存籽棉水分大大超过标准进行通报。2002年,受理经营性棉花公证检验525个批次,净重7800吨,共计83618件。2002年10月,依据国家计委、国家经贸委、农业部、全国供销合作总社、国家质检总局5部门联合印发《避免在棉花采摘、交售、加工过程中混入异性纤维的暂行规定》,重点查处棉花收购、加工企业异性纤维质量问题。2003年,市纤维检验所建立棉花加工企业档案,开展棉花加工企业质保能力审核工作。共建立96家棉花加工企业档案。2004年公检棉花209批次,合计皮棉8949吨,比上年增加3成。2005年,查处湖口棉麻公司销售掺杂使假棉花案,涉案金额110余万元。2008年,查处河南同舟棉业有限公司销售以次充好棉花案件,涉案金额65万元。2010年,查处河南某个体户销售掺杂使假棉花给德安达晟纺织有限公司案件,为企业挽回经济损失120万元。

### 二、纺织产品服装质量监管

1999年,市纤维检验所开展纺织品、服装监督管理。2003年,开展学生用校服监督检查,建立起校服企业售前报检制度,校服抽查合格率86%,不合格项目主要为纤维含量及标识等不达标。至2010年,抽查纺织品、服装加工企业产品463批次,抽查合格率63.6%。不合格主要为纤维含量及标识等项目不达标。处理消费者纺织品、服装投诉案件98起,挽回消费者经济损失12万余元。查处案件56起,涉案货值48万元。

### 三、絮用纤维制品质量监管

1999年,对九江各大专院校学生公寓棉被褥进行抽查,发现不少学校购进被褥用纤维性工业下脚料及医用纤维性废弃物等(俗称“黑心棉”原料)制作,严重损害学生健康,合格率仅为10%左右,对涉案企业立案查处。2001年,对全市36家医院用于经营性服务絮棉制品进行检查,抽查被褥76批,合格率为12%;检查宾馆15家,抽查被褥26批,合格率86%。对检查中发现生产、销售“黑心棉”企业进行查处。2002年7月,对重点区域、重点场所执法检查中出动执法人员106人次,铲除“黑心棉”造假窝点7个,立案查处“黑心棉”案件15起,没收销毁制假设备17台(套),没收劣质絮用制品2060件、原料7.5吨,罚没款73万元。2004年3月,市纤维检验所对絮用纤维制品企业展开拉网式检查。重点查处群众反映强烈的问题被褥、防寒服,出动执法人员186人次,检查场所63家、原料25吨、制品1.7万件,查处案件12起,罚款5.8万元;对民政部门发放救济、救灾用絮棉产品质量进行抽查,对违法销售不合格产品企业立案处理。2005年,对辖区内10家絮用纤维生产、加工企业进行前置审查,颁发省絮用纤维制品生产、加工企业质量保证能力审核认定资格证书。

# 第五章 特种设备安全监察

## 第一节 安全监察管理

### 一、特种设备普查整治

2001年10月, 市技术监督局成立全市锅炉压力容器管道特种设备普查登记和整顿治理工作领导小组,开展特种设备普查登记工作,为接管特种设备安全监察职责作准备。2006年,市政府办公厅转发市质量技术监督局《关于加强全市工业园区特种设备安全管理工作的通知》。市质量技术监督局转发省质监局《规范特种设备使用单位安全管理的指导意见》,在瑞昌市进行试点,指导特种设备使用单位规范安全管理工作,落实特种设备使用单位安全主体责任。2008年开始在瑞昌市进行特种设备安全标准化管理试点,对特种设备采购、安装、改造、使用操作、维修保养全过程以及特种设备技术档案管理、操作人员管理等各个环节制定严格标准规范。2010年,全市各级特种设备安全监察机构共检查特种设备使用单位1378家次,发现违规项794项,下达安全监察指令书311份。至2010年年底,特种设备安全标准化管理工作在全市铺开。

### 二、特种设备专项整治

2003年1月,开展"土锅炉"专项整治,检查锅炉使用单位225家,责令整改锅炉85台,判废、监督销毁锅炉14台;8~10月,开展起重机械安全专项整治;9月,开展工业气瓶普查整治;11月,下发《关于加强九江市电梯安全管理的通知》,对电梯安装、改造、维修、日常维护及注册登记、检验等做出具体规定,着力规范电梯安全管理。2004年1月,开展浴室锅炉专项整治,出动监察人员365人次,检查浴室144家,提出整改意见283条,发出安全监察意见书76份,停用查封严重违规使用锅炉26台,拆毁2台。7月,印发《九江市特种设备动态管理规定》,同月,《九江市特种设备重特大事故应急救援预案》发布。2006年,全市开展对常压锅炉承压使用、起重机械、废旧特种设备和"土制特种设备"的专项整治,全年出动检查人员362人次,下达安全指令书36份,销毁土锅炉2台。

## 第二节 设备使用监察

### 一、特种设备登记使用

2006年,市质量技术监督局制定《九江市特种设备工作目标责任制考核办法》,在全省率先对全市所辖13个县级质监局进行考核。全市安全监察岗位无证工作人员全部参加国家特种设备安全监察员考试,合格率为96%,市县级质监监察机构监察员持证上岗人数均符合省质监局要求。实现全市特种设备作业人员培训、发证相分离,建立专门培训机构并获省质监局批准,全年培训发证2048人。完成设备台账普查复核和数据库修订,明确市、县数据库专(兼)管人,提高台账准确性和动态监管及时性。配合省质监局《特种设备安全使用服务指南》宣传贯彻,编写《特种设备管理制度操作要点及救援预案指南》。

2007年, 市质监局将1400台锅炉,5382台压力容器,1066台电梯,1778台起重机械,49台游乐设施,5条索道,468台厂内机动车辆,523千米压力管道,全部建立纸质档案和电子档案。完成特种设备规范化管理省级达标建设,13个县级质监局全部通过验收,形成监察过程有见证、监督检查有依据、隐患整改可追踪、区域管辖有台账、应急救援有预案、协调机制有沟通、安全运行有保障规范化管理体系。为全市特种设备使用单位办培训班36期,培训各类特种设备作业人员3042名,保证索道、游乐设施、气瓶作业人员持证率达100%,其他设备作业人员持证率达96%。

2008年,市质监局对全市1246家特种设备生产、使用单位建立档案,完善安全监管信息资料;全面有序地组织特种设备"百日安全督查",共督查特种设备生产、使用单位1685家,消除隐患196处,并全部签订安全使用承诺书;排查缺陷气瓶737只,缺陷气罐车50台;培训特种设备作业人员3117名。

2009年,市质监局制定《九江市特种设备使用单位安全责任人工作制度》,建立企业安全主体责任人档案,7个县(市、区)企业安全主体责任人完成培训上岗,使企业安全主体责任落到实处,受到省质监局领导肯定并批转全省借鉴。

2010年年底,全市在用各类特种设备共13992台(套)。按设备类别分,锅炉1377台,压力容器6736台,电梯2127部,起重机械3007台,场(厂)内专用机动车辆681台,客运索道5条,大型游乐设施有64台。另有气瓶939042只,压力管道750千米。

## 二、特种设备强制检验

2006年,全市各类设备定检率为:锅炉93%、容器91%、电梯93%、起重机械85%、游乐设施100%、压力管道43.8%、客运索道100%,厂内车辆87%,设备注册率、人员持证上岗率、事故结案率均为100%,事故隐患整改率为100%。

2007年,在节假日和中共十七大会议期间,开展特种设备安全大检查,检查使用单位44家,各种设备330台,销毁土锅炉2台。特种设备定检率分别为锅炉90%,压力容器84.15%,电梯100%,起重机械98.03%,游乐设施100%,索道100%,厂内机动车辆97%,压力管道38.2%,气瓶98.6%,完成省规定指标。特种设备注册率、人员持证上岗率、事故结案率、事故隐患整改率均为100%,确保全市10148台特种设备安全运行。全市共检验各种气(钢)瓶127410只、汽车罐车81台,排除缺陷气(钢)瓶1400余只、缺陷罐车61台,及时消除特种设备安全隐患。

2008年,检验液化丙烯烷气瓶1036只,同比增长172%,液化气汽车罐车109台,同比增长60%。市质监局共出动检查人员652人次,检查设备数量1672台,设备使用单位317家,排查安全隐患17处。成功排除2月1日九江县高速公路1台20吨满载液化石油气罐车严重翻车事故险情,受到省安监局到场领导的赞扬。2009年,共出动安全检查1032人次,检查特种设备生产单位66家,使用单位744家,检查设备2928台(件),发现隐患331处,当年整改安全隐患120起,实施行政处罚109起。排除各类超标缺陷液化石油气钢瓶3290只,丙烷气瓶6只,罐车140台。解决市肉联厂冻库和庐山区荷花垅冷库多年未解决的严重安全隐患问题,协助排除8月8日晚高速公路荷花垅处1辆满载30吨甲苯槽罐车翻车可能引发的"二次事故"。

2010年,共检验锅炉760台、固定式压力容器1990台、气瓶142000只、压力管道100.4千米、安全阀2985个、电梯1473台、起重机械1101台、大型游乐设施44台(套)、场(厂)内专用机动车辆487辆。全市持证特种设备作业人员总数达13984人。

## 三、特种设备事故处理

2003年3月5日凌晨3时15分,江西昌九化工集团有限公司九江化工厂环氧丙烷分厂一环氧乙烷贮罐发生爆炸,造成经济损失2030万元,15人受轻伤。"3·5"事故的直接原因,认定为雷击造成,属自然灾害事故。同时,认定九江化工厂对事故负有一定的管理责任。

# 第四十三篇

# 中共九江市组织

# 第四十三篇　中共九江市组织

1991年，全市有中国共产党党员152885人，至2010年，发展到214373人。20年来，在中共九江市委领导下，广大党员充分发挥先锋模范作用，为全市经济建设、社会发展做出重大贡献。其间，分别于1995年7月、2002年4月、2006年11月，召开第七、八、九次代表大会，选举产生第七、八、九届市委，含1990年7月第六次代表大会所产生的第六届市委，4届市委围绕全市国民经济和社会发展"八五""九五""十五""十一五"规划，先后做出"把九江建设成为江西发达的长江经济工业带、重要的农副商品基地、开放的贸易口岸、立体的交通枢纽、兴旺的旅游热点、繁华的流通中心""突出工业重镇、旅游名城、商贸中心的功能定位，着眼于100万人口大城市的目标""基本实现工业化，综合经济实力进入沿江同等城市前列""建设美丽、富裕、和谐、强盛的社会主义新九江""凝心聚力，奋起赶超，为争得九江应有地位而奋斗"等一系列重大决策，千方百计提高人民群众的幸福指数。

20年间，党的组织、宣传、统战、农村、政法、政策研究与党校、综合协调等工作有序开展，卓有成效。市委重点组织全市党员、干部和群众学习邓小平理论和三个代表重要思想，全面落实科学发展观，加强党的思想建设、组织建设和作风建设；探索在社会主义市场经济条件下加强党的建设、党风廉政建设、社会主义精神文明建设和民主法制建设的新路子。市委坚守党要管党的原则，充分发挥全市各级纪检监察机关职能，为改革开放和经济建设的顺利进行创造良好的社会政治环境。加大反腐败斗争力度，坚持标本兼治、综合治理、惩防并举、注重预防的战略方针，着力构建九江特色的惩治和预防腐败体系，严肃查处违法违纪案件，1993~2010年，全市各级纪检机关共受理群众来信来访、电话举报54649件（次），立案13009件，处分党员干部13287人，挽回直接经济损失1.89亿元。

# 第一章　市党代表大会

## 第一节　代表产生与构成

### 一、代表产生

中共九江市代表大会代表由选举产生,其中县(市、区)代表由党代会选举产生,市直单位代表由所在单位党员代表会或者党员大会选举产生,以无记名投票方式进行,实行差额选举。市党代会代表是中共正式党员中的优秀分子,具有对党的事业高度负责的精神,如实反映选举单位党组织和党员的意见,正确行使党员的权力,紧密联系人民群众,发挥代表作用,能够尽职尽责地完成党组织交给的任务,有一定的议事能力,受群众的拥护。

市党代会选举产生省党代会代表;出席全国党代会的代表由省党代会选举产生。

### 二、代表人数

**市党代会代表**　中共九江市第七次至第九次代表大会的代表人数依次是：第七次 380 名，第八次 398 名,第九次 460 名。

**省党代会代表**　市出席中共江西省第九次至第十二次代表大会的代表人数依次是：第九次 53 名，第十次 53 名,第十一次 59 名,第十二次 58 名。

**全国党代会代表**　市出席中共第十四次至第十七次全国代表大会的代表有：

1992 年 10 月出席中共第十四次全国代表大会:徐效钢(庐山图书馆馆长)、彭宏松(市委书记)。

1997 年 9 月出席中共第十五次全国代表大会:沈友声(都昌县纪委干部)、熊承忠(市委书记)。

2002 年 11 月出席中共第十六次全国代表大会:刘积福(市委书记)。

2007 年 10 月出席中共第十七次全国代表大会:向东(九江电信公司职工)、陈安众(市委书记)、钱茶花(星子县温泉镇中心小学教师)。

### 三、市党代会代表构成

市党代会代表由各级领导干部代表、各类专业技术人员代表和各条战线先进模范人物代表构成,其中妇女代表、少数民族代表、解放军和武警代表占一定比例。

市第七次党代会代表 380 名,其中各级领导干部代表占 72%左右,名类专业技术人员代表占 12%左右,各条战线的先进模范人物代表占 14%左右,解放军和武警代表占 3.68%;妇女代表和少数民族代表分别为 19%左右和不少于 0.25%,所占比例高于妇女党员、少数民族党员占全市党员总数的比例;年龄在 50 岁以下的代表不少于 50%。

市第八次党代会 398 名代表中,各级领导干部代表 284 名,占 71.36%;各类专业技术人员代表 44 名,占 11.08%;各条战线先进模范人物代表 55 名,占 13.82%;解放军和武警代表 15 名,占 3.77%。妇女代表 70 名,占 17.59%;少数民族代表 4 名,占 1.01%。50 岁以下代表 255 名,占 64.07%。大专以上学历代表 348 名,占 87.44%。

市第九次党代会代表 460 名,其中各级领导干部代表 294 名,占 63.91%;各类专业技术人员代表 73 名,占 15.87%;各条战线先进模范人物代表 76 名,占 16.52%;解放军和武警代表 17 名,占 3.7%。妇女代表 90 名,占 19.57%;少数民族代表 4 名,占 0.87%。50 岁以下的代表 314 名,占 68.26%。大专以上学历代表 422 名,占 91.74%。

# 第二节　市代表大会

## 一、第六次代表大会

**六届二次全会**　1991 年 2 月 23~24 日在市委会议室召开。会议进一步学习贯彻中共十三届七中全会和省委九届二次全会精神，讨论市国民经济和社会发展十年规划和“八五”计划纲要草案。

**六届三次全会**　1991 年 12 月 23~24 日在人民影剧院召开。会议传达学习贯彻中共十三届八中全会和省委九届三次全会精神，研究部署农业和农村工作。

**六届四次全会**　1992 年 2 月 22 日在市委平房会议室召开，酝酿推荐出席中共第十四次全国代表大会代表候选人。

**六届五次全会**　1992 年 4 月 24 日在市委会议室召开，推选市党代会代表人选。

**六届六次全会**　1992 年 10 月 30~31 日在南湖宾馆召开。会议传达贯彻中共十四大和省委九届六次全会精神。

**六届七次全会**　1993 年 2 月 15~17 日在人民影剧院召开。会议贯彻落实省委九届七次全会和全省农村工作会议、经济工作会议精神，研究部署工作。

**六届八次全会**　1993 年 9 月 6~7 日在南湖宾馆召开，传达贯彻全省地市委书记、专员市长会议精神，研究贯彻意见。

**六届九次全会**　1993 年 11 月 29~30 日在南湖宾馆召开，传达学习贯彻中共十四届三中全会和省委九届七次全会精神。

**六届十次全会**　1994 年 3 月 30~31 日在市人民影剧院召开。传达贯彻全省地市委书记、专员市长会议精神，研究部署如何进一步加快乡镇企业发展和搞好计划生育工作，对 1993 年经济目标管理先进单位、先进个人和市劳动模范进行表彰。

**六届十一次全会**　1994 年 10 月 13~14 日在南湖宾馆召开，传达贯彻省委九届十次全会精神。

**六届十二次全会**　1995 年 3 月 26~27 日在市工人影剧院召开。传达中央农村工作会议精神，研究部署全市农业和农村工作、加快乡镇企业发展和计划生育工作，表彰 1994 年度全市经济目标管理先进单位、先进个人。

**六届十三次全会**　1995 年 5 月 12 日在市委八楼报告厅召开，讨论决定召开市第七次党代会有关事项。

**六届十四次全会**　1995 年 7 月 17 日在市委八楼报告厅召开。报告市第七次党代会筹备情况；圈选出席省第十次党代会代表候选人预备人选；讨论通过中共九江市第七届委员会委员、候补委员候选人预备人选名单和新的市纪律检查委员会委员候选人预备人选名单。

## 二、第七次代表大会

**大会与七届一次全会**　1995 年 7 月 28~31 日在市人民影剧院召开。大会应到代表 380 名，实到代表 373 名，代表全市 17.82 万名党员。大会以邓小平建设有中国特色社会主义理论和党的基本路线为指导，总结市第六次党代会以来的工作，确定今后 5 年的奋斗目标和主要任务；选举产生中共九江市第七届委员会、市纪律检查委员会，动员全市共产党员和人民群众抓住机遇、扩大开放，努力实现 20 世纪末宏伟目标，以崭新姿态跨入 21 世纪。大会听取、审议并批准熊承忠代表中共九江市第六届委员会所作《抓住机遇扩大开放，以两个文明建设的新成就迈向二十一世纪》报告，听取并审议通过余松生代表上届市纪委向大会所作《全面履行纪检监察职能，切实加强党风廉政建设，为促进我市经济持续快速健康发展服务》报告。大会依据九江所处特殊区位和对外开放的总体态势，初步确定九江经济和社会发展的战略构想是：开放兴市，旅贸并举，三带开发（昌九工业走廊、沿长江经济带、沿湖产业圈），城乡一体，到 20

世纪末把九江建设成为京九中段和长江中下游金融、旅游、物流中心和现代化的港口城市。大会指出,今后5年全市经济和社会发展主要目标是国民经济保持快速增长,经济结构进一步优化,对外开放进一步扩大,社会主义市场经济体制初步建立,城镇化和城乡一体化进程加快,社会事业全面发展,人民生活有较大改善。

大会选举产生中共九江市第七届委员会委员36人,候补委员8人。市委七届一次全会选举产生市委常委9人,熊承忠任书记,戚善宏、张影、史之汉、余松生任副书记;选举产生新一届市纪委委员25人、常委9人,余松生任书记,邱任贤、郁家伦、张菊萍(女)、吕斌任副书记。

**七届二次全会** 1995年11月28~29日在市委八楼报告厅召开。进一步学习贯彻中共十四届五中全会以及省委十届二次全会精神,审议《中共九江市委关于制定全市国民经济和社会发展"九五"计划和2010年远景目标的建议》。

**七届三次全会** 1996年8月26~28日在南湖宾馆召开。传达贯彻省委十届三次全会和省委扩大会议精神,讨论《中共九江市委关于加强干部队伍作风建设的实施意见》,研究进一步加大主攻工业力度特别是搞好国有企业问题。

**七届四次全会** 1996年11月18日在南湖宾馆召开,传达学习中共十四届六中全会和省委十届四次全会精神。

**七届五次全会** 1996年12月18日在市委八楼报告厅召开。讨论通过市推荐省出席中共第十五次全国代表大会代表候选人名单。

**七届六次全会** 1997年5月4日在市委八楼报告厅召开。讨论确定省党代会代表人选。

**七届七次全会** 1997年9月28~29日在市人民影剧院召开,传达贯彻中共十五大和省委十届七次全会精神。

**七届八次全会** 1998年4月23~25日在市人民影剧院召开。传达中共十五届二中全会和省委十届八次全会精神,研究部署工作。

**七届九次全会** 1998年11月29日至12月1日在九江宾馆召开。传达中共十五届三中全会和省委十届九次全会精神,研究贯彻意见,部署全市灾后重建和后几个月的经济工作。

**七届十次全会** 1998年8月25~26日在南湖宾馆召开,总结前8个月工作,表彰防汛抗洪先进集体,研究部署后4个月工作。

**七届十一次全会** 1999年10月17~18日在南湖宾馆召开。传达贯彻中共十五届四中全会和省委十届十次全会精神,研究部署全市国有企业改革和发展工作,讨论通过《中共九江市委关于搞活国有企业的若干意见》。

**七届十二次全会** 2000年8月22~24日在九江宾馆召开。传达贯彻省委十届十一次全会精神,研究部署继续推进"六大攻坚战",加快九江经济发展。

**七届十三次全会** 2000年11月26~27日在市委八楼报告厅召开。传达贯彻中共十五届五中全会和省委十届十二次全会精神,审议《中共九江市委关于制定全市国民经济和社会发展第十个五年计划的建议》。

**七届十四次全会** 2001年8月23~24日在市委八楼报告厅召开。传达贯彻省委十届十三次全会精神,结合全市实际,研究进一步解放思想、加快九江发展办法和措施,部署下半年工作;审议《中共九江市委关于进一步解放思想,加快发展的若干意见》。

**七届十五次全会** 2001年10月18日召开,圈选市出席省第十一次党代会候选预备人选,讨论《关于召开全市党代表会议的决议》。

**七届十六次全会** 2002年1月17日在市委八楼报告厅召开。审议并通过《关于召开中国共产党九江市第八次代表大会的决议》。

**七届十七次全会** 2002年2月3日在市委八楼报告召开,审议通过市推荐省出席中共十六大代表候选人初步人选名单。

**七届十八次全会** 2002年3月31日召开。决定市第八次党代会于4月4~7日召开;审议并原则通过第七届市委和市纪委工作报告(草案);决定将两个报告提交市第八次党代会审议;酝酿讨论第八届市委委员、候补委员、市纪委委员候选人预备名单。

## 三、第八次代表大会

**大会与八届一次全会** 2002年4月3~7日在市人民影剧院召开。大会代表398名,代表全市18.78万名党员。大会以邓小平理论和"三个代表"重要思想为指导,总结市第七次党代会以来7年的实践经验,确立2002~2006年基本任务、经济发展目标和战略举措,选举产生新一届市委和市纪委,动员全市广大党员和人民群众,弘扬伟大的抗洪精神,为实现九江在江西率先崛起而努力奋斗。大会听取、审议并批准刘积福代表中共九江市第七届委员会所作《实践"三个代表"重要思想,弘扬伟大的抗洪精神,为实现九江在江西率先崛起而努力奋斗》报告,审议并通过市纪委向大会提交的《深入推进党风廉政建设和反腐败斗争,为实现九江在江西率先崛起做出贡献》工作报告。大会指出,今后5年全市工作总的指导思想是:高举邓小平理论伟大旗帜,实践"三个代表"重要思想,大力弘扬伟大的抗洪精神,解放思想,开拓创新,真抓实干,加快发展,为实现九江在江西率先崛起而努力奋斗。实现率先崛起的主要目标是:5年内国内生产总值和地方财政收入翻一番,综合经济实力位居全省第二,把九江建设成为江西经济强市;到2010年,基本实现工业化,人均国内生产总值超过全国平均水平,综合经济实力进入沿江同等城市前列,把九江建设成为独具江南特色、适宜人群居住的生态名城。实现率先崛起的战略举措是:坚定不移地以大开放为主战略,以工业化为核心,以旅游、商贸为着力点,广泛招商引资,壮大县域经济和非公有制经济,推进城市化进程,促进全市经济跨越式发展和社会全面进步。

大会选举产生中共九江市第八届委员会委员38人,候补委员8人。市委八届一次全会选举产生市委常委12人,刘积福任市委书记,王忠武、李亚平、张华东、蔡晓明、林兴富任市委副书记;选举产生新一届市纪委委员26人、常委9人,张远秀(女)任书记,杨平忠、汤瑞琪、吴伟柱任副书记。

**八届二次全会** 2003年8月12日在市委八楼报告厅召开。传达省委十一届四次全会精神,审议并原则通过《中共九江市委关于深入学习贯彻"三个代表"重要思想,进一步开创改革开放和经济发展新局面的意见(讨论稿)》。

**八届三次全会** 2004年2月17~18日在市人民影剧院召开。市委常委会向全委会报告2003年工作并部署2004年工作;表彰2003年度发展县域经济先进单位;审议《中共九江市委关于优化投资环境、主攻民营经济的决定》。

**八届四次全会** 2004年8月10日在市委八楼报告厅召开,传达贯彻省委十一届六次全会精神,总结1~7月工作情况,研究部署后阶段工作。

**八届五次全会** 2004年10月14日在市委八楼报告厅召开,学习传达中共十六届四中全会和省委十一届七次全会精神,研究贯彻意见。

**八届六次全会** 2005年2月26日在市委八楼报告厅召开,传达贯彻中共十六届四中全会、中央经济工作会议及省委十一届八次全会精神,部署2005年工作。

**八届七次全会** 2005年5月12日在市委八楼报告厅召开。通报市委常委参加保持共产党员先进性教育活动民主生活会情况,总结教育活动第二阶段工作情况,布置第三阶段工作。

**八届八次全会** 2006年1月22~23日在市委八楼报告厅召开,审议《中共九江市委关于制定全市国民经济和社会发展第十一个五年规划的建议(讨论稿)》《中共九江市委常委会2005年度工作报告(讨论稿)》,研究部署2006年工作。

**八届九次全会** 2006年6月16日在市委常委会议室召开。审议并通过《中共九江市第八届委员会第九次全体会议关于召开中国共产党九江市第九次代表大会的决议(草案)》,决定市第九次党代会于

2006年9月下旬召开;审议和表决通过市委常委会提名的部分县党政正职拟任人选。

**八届十次全会** 2006年11月22日在市委常委会议室召开。确定市第九次党代会于2006年11月26~29日召开;原则通过第八届市委工作报告和市纪委工作报告;酝酿九届市委委员、候补委员和纪委委员候选人预备人选名单;圈选出席省第十二次党代会代表候选人预备人选。

## 四、第九次代表大会

**大会与九届一次全会** 2006年11月26~29日在白水明珠会议中心召开。大会代表460名,代表全市19.89万名党员。大会总结市第八次党代会以来的工作,共商2007~2011年九江发展大计,动员全市广大党员、干部和群众,以邓小平理论和"三个代表"重要思想为指导,深入贯彻和全面落实科学发展观,求真务实,团结拼搏,扬优成势,奋发创业,建设美丽富裕和谐强盛的社会主义新九江。大会听取并审议批准陈安众代表中共九江市第八届委员会所作《求真务实、团结拼搏、扬优成势、奋发创业,建设美丽富裕和谐强盛的社会主义新九江》报告,审议并通过市纪委向大会提交的《切实履行党章赋予的职责,为建设社会主义新九江提供坚强的政治保证》工作报告。大会指出,今后5年的主要任务是:坚持以邓小平理论和"三个代表"重要思想为指导,用科学发展观统领经济社会发展全局,在更高层次上推进"3+1"发展战略,打造新型工业重镇、区域物流中心、文化旅游胜地、开放港口城市,在全省率先实现新型工业化和经济市场化,加强社会主义新农村建设,加快农业农村现代化、新型城镇化和经济国际化,全面加强党的建设,为建设美丽富裕和谐强盛的社会主义新九江而奋斗。

大会选举产生中共九江市第九届委员会委员51人,候补委员9人;市委九届一次全会选举产生常委13人,陈安众任书记,王萍(女)、刘德意任副书记。大会选举产生新一届市纪委委员35人、常委9人,朱建国任书记,汤瑞琪、吴伟柱、范作杰任副书记。

**九届二次全会** 2007年1月20日在市委常委会议室召开,讨论确定市酝酿推荐省出席中共十七大代表候选人推荐人选名单。

**九届三次全会** 2007年4月28日在市委八楼报告厅召开。选举产生出席省党代表会议一线代表人选。

**九届四次全体(扩大)会议** 2007年5月8日在市委八楼报告厅召开。全会指出,省第十二次党代会、市第九次党代会以来,全市上下坚持以科学发展观为统领,按照省委"创新创业,共建和谐"要求和建设长江沿岸和中部地区重要经济中心城市定位,解放思想,团结拼搏,全力打造新型工业重镇、文化旅游胜地、区域商贸中心、开放港口城市,全市呈现经济提速提质、社会和谐稳定的良好态势。全会强调:当前和今后一个时期,全市上下要紧紧围绕推进"四个打造"、建设重要经济中心城市,着眼深化改革、扩大开放,重点实施沿江开发战略、文化旅游兴市战略、特色产业集群战略、区域经济发展战略、绿色生态和谐发展等"五大战略"。重点实现"七个新突破":进一步解放思想,从具体工作上求突破;谋求科学发展,从项目建设上求突破;扩大改革开放,从创新体制机制上求突破;统筹城乡发展,从壮大县域经济上求突破;践行执政为民,从解决民生民富上求突破;注重规划领先,从实施全面规划上求突破;加强党的建设,从提高执行能力上求突破。全会号召,全市各级党组织和广大党员、干部要高举邓小平理论和"三个代表"重要思想伟大旗帜,深入贯彻落实科学发展观,以温家宝视察九江为动力,深入落实省第十二次党代会、市第九次党代会精神,同心同德,奋发图强,进一步开创各项工作新局面,以优异成绩迎接中共十七大胜利召开。

**九届五次全体(扩大)会议** 2008年1月2日在市法院大会议厅召开。学习贯彻中央经济工作会议、省委十二届四次全会和省委书记苏荣在九江调研时讲话精神,审议市委常委会2007年度工作,研究部署2008年全市经济工作。全会认为,2007年是九江全面快速健康发展之年,也是九江安定和谐协调发展之年。全会确定,2008年全市工作总的要求是:认真贯彻中共十七大、中央经济工作会议和省委十二届四次全会精神,高举中国特色社会主义伟大旗帜,深入贯彻落实科学发展观,继续围绕"一个定位、四个打造、五大战略”总体思路，紧中求活突出抓机遇，好中求快全力抓项目，积极转变经济发展方式，不断深化改革、扩大开放，更加重视改善民生和促进社会和谐，推进经济社会又好又快发展，为恢复九江应有的地位创造新的辉煌。2008 年全市经济社会发展的主要目标是：三个达到(GDP 达到 680 亿以上，增长 14%；财政总收入达到 70 亿元以上，增长 22.8%以上；投资亿元以上重大项目在 2007 年的基数上达到 500 个以上)，三个增长(规模以上工业主营业务收入 800 亿元，增长 32%；农民人均纯收入 4250 元，增长 8%以上；城镇居民人均可支配收入 12420 元，增长 8%以上)，三个下降(单位 GDP 能耗下降4%；主要污染物二氧化硫排放量下降 9.5%，化学需氧量排放下降 2.2%)，三个控制(城镇登记失业率控制在 4.5%以内；人口自然增长率控制在 7.8‰以内；价格总水平涨幅控制在 4.5%以内)。全会要求，为完成 2008 年的目标任务，发展方式要实现“三个转变”：即产业结构从一般加工向产业集群转变；增长动力从投资驱动为主向投资驱动与创新驱动并举转变；要素支撑从物质资源为主向人力资源为主转变。要突出重点，把“三农”工作放在全市工作的重中之重的基础上，突出抓好六项工作：全力抓好项目建设，增强综合竞争力；全力推进沿江开发，增强要素集聚力；全力推进改革开放，增强发展原动力；全力发展县域经济，增强城乡统筹力；全力发展文化旅游，增强城市软实力；全力改善民生质量，增强社会和谐力。全会强调，各级党委政府部门和各级领导干部要努力适应新形势新任务的要求，进一步提高理解力、执行力、操作力、转化力，找准各项工作的着力点，继续着力抓氛围，抓环境，抓队伍，为实现全市经济社会又好又快发展、再创新的辉煌而努力奋斗。

**九届六次全会**　2008 年 8 月 13 日在市委八楼报告厅召开。通过市委常委会提名的部分县党政正职拟任人选；讨论通过《关于增补陈绵水、徐盛龙为市委委员的决定》。全会强调，2008 年是全市实现科学发展的关键之年，要坚持年初确定的发展目标不动摇，科学发展抓项目，沿江开发抓产业，城市建设抓“三宜”(宜居、宜业、宜游)，文化旅游抓精品，统筹城乡抓“三农”，构建和谐抓民生，党的建设抓创新，进一步推动全市经济社会又好又快发展。

**九届七次全体(扩大)会议**　2009 年 1 月 10~11 日在白水明珠会议中心召开。贯彻落实中共十七届三中全会、中央经济工作会议和省委十二届八次全会精神，审议市委常委会 2008 年工作，研究部署 2009 年和今后一个时期的工作。市委书记钟利贵作题为《凝心聚力，奋起赶超，为争得九江应有地位而奋斗》工作报告；市委副书记、代市长曾庆红对 2009 年全市经济工作进行具体部署。全会确定，今年和今后一个时期的工作重点和奋斗目标是“‘两区’互动(园区、城区互动)、强工兴城，科学发展、奋起赶超，三年财政收入翻番，五年实现全面进位”。全会强调，当前工作最核心的是做大做强工业；最关键的是用城市建设的杠杆撬动发展；最紧迫的是激活县域经济；最现实的是充分发挥潜在优势；最基本的是推进农村改革发展；最根本的是提高人民群众的幸福指数。

**九届八次全体(扩大)会议**　2009 年 6 月 10 日在市委八楼报告厅召开。传达贯彻省委书记苏荣在省新闻单位负责人座谈会上讲话精神；通报 2008 年度县级领导班子和领导干部年度考核情况、党风廉政建设责任制考核和反腐败工作情况；对搞好下一阶段的学习实践活动，进一步促进经济平稳较快发展和社会和谐稳定进行研究部署。市委书记钟利贵代表常委会通报市委领导班子分析检查报告的起草情况和主要内容。与会人员对市委领导班子分析检查报告进行评议和测评。全会强调，要继续扎实深入地开展好学习实践科学发展观活动，力争九江实践科学发展观走在全省前列。要继续深化学习，不断增强贯彻落实科学发展观的自觉性和坚定性；明确推动科学发展的努力方向，落实整改措施，解决突出问题；加强组织指导，增强学习实践活动的针对性和实效性。要把学习实践活动与促进当前工作结合起来，实现良性互动，以各项工作的成果来衡量和检验学习实践活动的成效。当前是抢投资、抢项目、抢土地的关键时期，要以年度考核为动力，一门心思抓工作，全力以赴攻项目，把工作做细、做实、做好。

**九届九次全体(扩大)会议**　2009 年 8 月 30 日在市委八楼报告厅召开。通报全市第二批学习实践科学发展观活动开展情况和市委班子整改落实情况；全体与会人员对市委开展学习实践科学发展观活动情况进行满意度测评。

**九届十次全体(扩大)会议** 2009年10月14日在市委八楼报告厅召开。学习贯彻中共十七届四中全会和省委十二届十一次全会精神，审议通过《中共九江市委关于贯彻党的十七届四中全会精神，加强和改进新形势下党的建设的实施意见》，对全市党的建设和当前及明年经济社会发展等方面的工作作出部署。全会要求，全市上下要把思想和行动统一到四中全会和省委全会精神上来，把握“六大要点”，突出“六大重点”，迅速掀起学习贯彻落实热潮。

**九届十一次全会** 2010年3月29日在市委八楼报告厅召开。贯彻省委十二届十二次全会精神，对全市开展深入学习实践科学发展观活动进行总结，通报2009年度市管领导班子和领导干部考核及落实党风廉政建设责任制检查情况。会议强调，当前和今后一个时期，要切实把握更加注重在发展中转变，在转变中发展；更加注重保障和改善民生，切实维护社会和谐稳定；更加注重加强和改进党的建设，为深入贯彻落实科学发展观提供坚强保证。市委书记钟利贵对全市领导干部提出4点要求：要知责奋进，做一个尽职尽责的领导干部；要提高能力，做一个胜任岗位的领导干部；要做好表率，做一个亲力亲为的领导干部；要改进作风，做一个实实在在的领导干部。

**九届十二次全会** 2010年12月25~26日在市委八楼报告厅召开。贯彻中共十七届五中全会、中央经济工作会议和省委十二届十四次全会精神，总结“十一五”的工作，谋划“十二五”的发展，全面部署2011年经济工作。会议审议并通过《中共九江市委关于制定全市国民经济和社会发展第十二个五年规划的建议》和《中共九江市委常委会2010年度工作报告》。全会强调，全市党员和广大干部群众要认真贯彻落实中共十七届五中全会、中央经济工作会议和省委十二届十四次全会精神，进一步振奋精神，开拓创新，团结奋进，努力做好2011年的各项工作，努力实现“十二五”发展目标，为九江争得应有地位、人民过上小康生活而不懈奋斗。会议强调，“十二五”时期，是九江市实现赶超发展、争得应有地位的决战时期，是深化改革开放、加快转变经济发展方式的攻坚时期，是全面建设小康社会的关键时期。总体目标是“九江争得应有地位、人民过上小康生活”，主要战略是推进鄱阳湖生态经济区建设，主攻重点是强工兴城，基本抓手是项目建设，重要原则是统筹发展，根本追求是提高人民幸福指数，强大动力是改革开放，保证措施是群策群力。2011年经济工作的总体要求是，以科学发展观为指导，深入贯彻落实中共十七届五中全会、中央经济工作会和省委十二届十四次全会精神，实施项目推动，“两区”互动，统筹联动，加快赶超步伐。全会号召，全市党员和广大干部群众要高举中国特色社会主义伟大旗帜，认真贯彻落实中共十七届五中全会、中央经济工作会议和省委十二届十四次全会精神，努力做好2011年的各项工作，努力实现“十二五”发展目标，为九江争得应有地位、人民过上小康生活而不懈奋斗。

# 第二章 组织建制

## 第一节 市委常委会组成人员

### 一、第六届市委常委会组成人员

第六届市委常委会任期始于1990年7月，至1995年7月结束。钟起煌、彭宏松、熊承忠先后任书记，彭宏松、程金发、陈绍铨、戚善宏、胡春如(女)先后任副书记。

1991 年至 1995 年 7 月第六届市委书记、副书记、常委及秘书长一览

表 43-2-1

| 职 务 | 姓 名 | 性 别 | 籍 贯 | 出生年月 | 任职时间 |
|---|---|---|---|---|---|
| 书 记 | 钟起煌 | 男 | 江西于都 | 1943.10 | 1990.07~1992.03 |
| | 彭宏松 | 男 | 湖南澧县 | 1946.02 | 1992.03~1995.03 |
| | 熊承忠 | 男 | 江西南昌 | 1945.04 | 1995.03~1995.07 |
| 副书记 | 彭宏松 | 男 | 湖南澧县 | 1946.02 | 1990.07~1992.03 |
| | 程金发 | 男 | 湖北新洲 | 1938.04 | 1990.07~1995.07 |
| | 陈绍铨 | 男 | 浙江绍兴 | 1936.08 | 1990.07~1994.02 |
| | 戚善宏 | 男 | 江苏高邮 | 1944.09 | 1992.07~1995.07 |
| | 胡春如 | 女 | 安徽歙县 | 1945.04 | 1994.11~1995.05 |
| 常 委 | 钟起煌 | 男 | 江西于都 | 1943.10 | 1990.07~1992.03 |
| | 彭宏松 | 男 | 湖南澧县 | 1946.02 | 1990.07~1995.03 |
| | 程金发 | 男 | 湖北新洲 | 1938.04 | 1990.07~1995.07 |
| | 陈绍铨 | 男 | 浙江绍兴 | 1936.08 | 1990.07~1994.02 |
| | 王军文 | 男 | 山东滕州 | 1951.10 | 1990.07~1992.08 |
| | 余松生 | 男 | 江西星子 | 1942.01 | 1990.07~1995.07 |
| | 徐恒裕 | 男 | 安徽桐城 | 1935.11 | 1990.07~1991.01 |
| | 胡春如 | 女 | 安徽歙县 | 1945.04 | 1990.07~1995.05 |
| | 刘荣喜 | 男 | 江西湖口 | 1941.10 | 1990.07~1995.07 |
| | 姚洪瑞 | 男 | 江西南昌 | 1935.06 | 1990.07~1995.07 |
| | 严晴瑞 | 男 | 江西彭泽 | 1943.10 | 1990.07~1995.07 |
| | 戚善宏 | 男 | 江苏高邮 | 1944.09 | 1992.07~1995.07 |
| | 张 影 | 男 | 湖北黄梅 | 1938.09 | 1992.07~1995.07 |
| | 徐明华 | 男 | 上 海 | 1953.03 | 1992.12~1995.07 |
| | 史之汉 | 男 | 江西彭泽 | 1941.10 | 1994.11~1995.07 |
| | 熊承忠 | 男 | 江西南昌 | 1943.11 | 1995.03~1995.07 |
| 秘书长 | 严晴瑞 | 男 | 江西彭泽 | 1943.10 | 1990.07~1995.07 |

## 二、第七届市委常委会组成人员

第七届市委常委会任期为 1995 年 7 月至 2002 年 4 月。熊承忠、刘上洋、刘积福先后任书记，戚善宏、张影、史之汉、余松生、刘积福、胡绍生、严晴瑞、王忠武、李亚平(女)、蔡晓明先后任副书记。

1995年 7 月至 2002 年 4 月第七届市委书记、副书记、常委及秘书长一览

表 43-2-2

| 职 务 | 姓 名 | 性 别 | 籍 贯 | 出生年月 | 任职时间 |
|---|---|---|---|---|---|
| 书 记 | 熊承忠 | 男 | 江西南昌 | 1943.11 | 1995.07~1998.02 |
| | 刘上洋 | 男 | 江西安义 | 1951.08 | 1998.02~2001.12 |
| | 刘积福 | 男 | 江西吉安 | 1949.07 | 2001.12~2005.06 |

续表 43-2-2

| 职 务 | 姓 名 | 性 别 | 籍 贯 | 出生年月 | 任职时间 |
|---|---|---|---|---|---|
| 副书记 | 戚善宏 | 男 | 江苏高邮 | 1944.09 | 1995.07~1998.02 |
| | 张 影 | 男 | 湖北黄梅 | 1938.09 | 1995.07~1998.12 |
| | 史之汉 | 男 | 江西彭泽 | 1941.10 | 1995.07~1998.12 |
| | 余松生 | 男 | 江西星子 | 1942.01 | 1995.07~2002.04 |
| | 刘积福 | 男 | 江西吉安 | 1949.07 | 1998.02~2002.04 |
| | 胡绍生 | 男 | 江西萍乡 | 1942.10 | 1998.12~2002.04 |
| | 严晴瑞 | 男 | 江西彭泽 | 1943.10 | 1998.12~2002.04 |
| | 王忠武 | 男 | 安徽泾县 | 1956.10 | 2001.12~2003.03 |
| | 李亚平 | 女 | 山东海阳 | 1952.10 | 2002.03~2002.04 |
| | 蔡晓明 | 男 | 江西分宜 | 1956.11 | 2002.03~2002.04 |
| 常 委 | 熊承忠 | 男 | 江西南昌 | 1943.11 | 1995.07~1998.02 |
| | 戚善宏 | 男 | 江苏高邮 | 1944.09 | 1995.07~1998.02 |
| | 张 影 | 男 | 湖北黄梅 | 1938.09 | 1995.07~1998.12 |
| | 史之汉 | 男 | 江西彭泽 | 1941.10 | 1995.07~1998.12 |
| | 余松生 | 男 | 江西星子 | 1942.01 | 1995.07~2002.04 |
| | 徐明华 | 男 | 上 海 | 1953.03 | 1995.07~1998.02 |
| | 严晴瑞 | 男 | 江西彭泽 | 1943.10 | 1995.07~2002.04 |
| | 王玉坤 | 男 | 湖北鄂州 | 1940.08 | 1995.07~1996.02 |
| | 吴宣友 | 男 | 安徽桐城 | 1951.08 | 1995.07~2002.03 |
| | 段景来 | 男 | 江西永新 | 1955.09 | 1995.10~1998.12 |
| | 吕录庭 | 男 | 河北井陉 | 1948.08 | 1996.02~2002.04 |
| | 程水凤 | 女 | 江西景德镇 | 1950.08 | 1996.012~1998.02 |
| | 张华东 | 男 | 江西九江 | 1952.01 | 1996.12~2003.04 |
| | 张勛任 | 男 | 江西九江 | 1941.03 | 1996.12~2002.04 |
| | 刘上洋 | 男 | 江西安义 | 1951.08 | 1998.02~2001.12 |
| | 刘积福 | 男 | 江西吉安 | 1949.07 | 1998.02~2002.04 |
| | 胡绍生 | 男 | 江西萍乡 | 1942.10 | 1998.12~2002.04 |
| | 张菊萍 | 女 | 江苏江阴 | 1951.11 | 1998.12~2002.04 |
| | 胡剑平 | 男 | 江西南昌 | 1950.07 | 1998.12~2000.09 |
| | 甘良淼 | 男 | 江西靖安 | 1955.02 | 1998.12~2002.04 |
| | 方长春 | 男 | 安徽枞阳 | 1946.01 | 1998.12~2002.04 |
| | 王忠武 | 男 | 安徽泾县 | 1955.10 | 2001.12~2002.04 |
| | 林兴富 | 男 | 贵州大方 | 1952.06 | 2002.01~2002.04 |
| | 李亚平 | 女 | 山东海阳 | 1952.10 | 2002.03~2002.04 |
| | 蔡晓明 | 男 | 江西分宜 | 1956.11 | 2002.03~2002.04 |
| | 尧希平 | 男 | 江西临川 | 1954.05 | 2002.03~2002.04 |

续表 43-2-2

| 职务 | 姓名 | 性别 | 籍贯 | 出生年月 | 任职时间 |
| --- | --- | --- | --- | --- | --- |
| 秘书长 | 严晴瑞 | 男 | 江西彭泽 | 1943.10 | 1995.07~1998.10 |
| | 周菊生 | 男 | 江西九江 | 1951 | 1998.10~2002.04 |

## 三、第八届市委常委会组成人员

第八届市委常委会任期为2004年4月至2006年11月。刘积福、赵智勇、陈安众先后任书记,李亚平(女)、张华东、蔡晓明、林兴富、李放、邵春保、张远秀(女)、项兆伦、王萍(女)、刘德意、王忠武先后任副书记。

**2002年4月至2006年11月第八届市委书记、副书记、常委及秘书长一览**

表 43-2-3

| 职务 | 姓名 | 性别 | 籍贯 | 出生年月 | 任职时间 |
| --- | --- | --- | --- | --- | --- |
| | 刘积福 | 男 | 江西吉安 | 1949.07 | 2002.04~2005.06 |
| | 赵智勇 | 男 | 河北易县 | 1955.04 | 2005.06~2006.11 |
| | 陈安众 | 男 | 湖南宁远 | 1954.01 | 2006.11~2006.11 |
| 副书记 | 李亚平 | 女 | 山东海阳 | 1952.10 | 2002.04~2003.02 |
| | 张华东 | 男 | 江西九江 | 1952.01 | 2002.04~2003.04 |
| | 蔡晓明 | 男 | 江西分宜 | 1956.11 | 2002.04~2006.11 |
| | 林兴富 | 男 | 贵州大方 | 1952.06 | 2002.04~2006.11 |
| | 李　放 | 男 | 黑龙江呼兰 | 1957.09 | 2002.04~2006.11 |
| | 邵春保 | 男 | 山西沁水 | 1958 | 2004.04~2006.11 |
| | 张远秀 | 女 | 江西修水 | 1949.02 | 2004.04~2006.03 |
| | 项兆伦 | 男 | 江苏无锡 | 1959.01 | 2004.05~2006.11 |
| | 王　萍 | 女 | 山东海阳 | 1958.05 | 2005.02~2006.06 |
| | 刘德意 | 男 | 江西鄱阳 | 1952.10 | 2006.11~2006.11 |
| | 王忠武 | 男 | 安徽泾县 | 1955.10 | 2006.11~2006.11 |
| 常　委 | 刘积福 | 男 | 江西吉安 | 1949.07 | 2002.04~2005.06 |
| | 王忠武 | 男 | 安徽泾县 | 1955.10 | 2002.04~2003.02 |
| | 李亚平 | 女 | 山东海阳 | 1952.10 | 2002.04~2003.04 |
| | 张华东 | 男 | 江西九江 | 1952.01 | 2002.04~2006.11 |
| | 蔡晓明 | 男 | 江西分宜 | 1956.11 | 2002.04~2006.11 |
| | 林兴富 | 男 | 贵州大方 | 1952.06 | 2002.04~2006.11 |
| | 方长春 | 男 | 安徽枞阳 | 1946.01 | 2002.04~2006.11 |
| | 程来安 | 男 | 江西鄱阳 | 1949.07 | 2002.04~2006.11 |
| | 朱建国 | 男 | 山东沂水 | 1953.11 | 2002.04~2006.11 |
| | 张远秀 | 女 | 江西修水 | 1949.02 | 2002.04~2006.11 |
| | 尧希平 | 男 | 江西临川 | 1954.05 | 2002.04~2006.11 |
| | 华金国 | 男 | 江西瑞昌 | 1955.02 | 2002.04~2006.11 |
| | 叶国兵 | 男 | 江西进贤 | 1962.02 | 2002.05~2006.11 |
| | 欧阳泉华 | 男 | 江西安远 | 1963.04 | 2003.04~2006.11 |

续表 43-2-3

| 职务 | 姓名 | 性别 | 籍贯 | 出生年月 | 任职时间 |
|---|---|---|---|---|---|
| 常委 | 陈和民 | 男 | 江西都昌 | 1963.02 | 2003.09~2005.06 |
| | 李 放 | 男 | 黑龙江呼兰 | 1957.09 | 2004.01~2006.11 |
| | 邵春保 | 男 | 山西沁水 | 1958 | 2004.02~2006.03 |
| | 赵智勇 | 男 | 河北易县 | 1955.04 | 2005.06~2006.11 |
| | 周念生 | 男 | 江西吉安 | 1955.12 | 2005.12~2006.11 |
| | 项兆伦 | 男 | 江苏无锡 | 1959.01 | 2005.02~2006.06 |
| | 谢一平 | 男 | 江西奉新 | 1962.09 | 2005.07~2006.11 |
| | 陈安众 | 男 | 湖南宁远 | 1954.01 | 2006.11~2006.11 |
| | 王 萍 | 女 | 山东海阳 | 1958.05 | 2006.11~2006.11 |
| | 刘德意 | 男 | 江西鄱阳 | 1952.10 | 2006.11~2006.11 |
| | 赵东亮 | 男 | 江苏溧阳 | 1963.06 | 2006.11~2006.11 |
| 秘书长 | 周菊生 | 男 | 江西九江 | 1951.10 | 2002.04~2003.10 |
| | 陈和民 | 男 | 江西都昌 | 1963.02 | 2003.10~2006.11 |

## 四、第九届市委常委会组成人员

第九届市委常委会任期始于 2006 年 11 月,2010 年 12 月尚未结束。陈安众、钟利贵先后任书记,王萍(女)、刘德意、张学军、朱荣辉、曾庆红先后任副书记。

**2006 年 11月至 2010 年 12 月第九届市委书记、副书记、常委及秘书长一览**

表 43-2-4

| 职务 | 姓名 | 性别 | 籍贯 | 出生年月 | 任职时间 |
|---|---|---|---|---|---|
| 书记 | 陈安众 | 男 | 湖南宁远 | 1954.01 | 2006.11~2008.12 |
| | 钟利贵 | 男 | 江西修水 | 1953.08 | 2008.12~ |
| 副书记 | 王 萍 | 女 | 山东海阳 | 1958.05 | 2006.11~2008.12 |
| | 刘德意 | 男 | 江西鄱阳 | 1952.10 | 2006.11~2008.08 |
| | 张学军 | 男 | 北 京 | 1965.06 | 2008.08~ |
| | 朱荣辉 | 男 | 江西余干 | 1955.02 | 2008.08~2010.07 |
| | 曾庆红 | 女 | 江西兴国 | 1962.04 | 2008.12~ |
| 常委 | 陈安众 | 男 | 湖南宁远 | 1954.01 | 2006.11~2008.12 |
| | 王 萍 | 女 | 山东海阳 | 1958.05 | 2006.11~2008.12 |
| | 刘德意 | 男 | 江西鄱阳 | 1952.10 | 2006.11~2008.08 |
| | 尧希平 | 男 | 江西临川 | 1954.05 | 2006.11~2008.08 |
| | 朱建国 | 男 | 山东沂水 | 1953.11 | 2006.11~ |
| | 华金国 | 男 | 江西瑞昌 | 1955.02 | 2006.11~ |
| | 叶国兵 | 男 | 江西进贤 | 1962.02 | 2006.11~ |
| | 赵东亮 | 男 | 江苏溧阳 | 1963.06 | 2006.11~2008.05 |
| | 周念生 | 男 | 江西吉安 | 1955.12 | 2006.11~2008.03 |
| | 冯 静 | 女 | 山东福山 | 1959.09 | 2006.11~ |

续表 43-2-4

| 职务 | 姓名 | 性别 | 籍贯 | 出生年月 | 任职时间 |
|---|---|---|---|---|---|
| 常委 | 张 华 | 男 | 江西上饶 | 1960.06 | 2006.11~2009.04 |
| | 魏宏彬 | 男 | 山东郓城 | 1954.11 | 2006.11~ |
| | 程利民 | 男 | 湖北黄梅 | 1953.11 | 2006.11~2009.04 |
| | 谢一平 | 男 | 江西奉新 | 1962.09 | 2006.11~2009.12 |
| | 刘 智 | 男 | 内蒙古武川 | 1966.10 | 2007.06~2009.02 |
| | 刘建平 | 男 | 江苏江阴 | 1963.03 | 2007.08~ |
| | 倪忠扬 | 男 | 江苏南京 | 1958.03 | 2008.03~2009.02 |
| | 殷美根 | 男 | 江西南昌 | 1963.08 | 2008.05~ |
| | 张学军 | 男 | 北 京 | 1965.06 | 2008.08~ |
| | 朱荣辉 | 男 | 江西余干 | 1955.02 | 2008.08~2010.07 |
| | 钟利贵 | 男 | 江西修水 | 1953.08 | 2008.12~ |
| | 曾庆红 | 女 | 江西兴国 | 1962.04 | 2008.12~ |
| | 张玉生 | 男 | 河北泊头 | 1963.11 | 2009.02~ |
| | 汪泽宇 | 男 | 江西都昌 | 1958.07 | 2009.04~ |
| | 李晓刚 | 男 | 江西修水 | 1962.10 | 2009.11~ |
| | 徐森鸣 | 男 | 江西永新 | 1958.06 | 2010.08~ |
| 秘书长 | 华金国 | 男 | 江西瑞昌 | 1955.02 | 2006.11~2009.09 |
| | 谢一平 | 男 | 江西奉新 | 1962.09 | 2009.09~2009.12 |
| | 柳国发 | 男 | 江西都昌 | 1956.01 | 2010.04~ |

## 第二节　县(市、区)委组织

### 一、县(市、区)委

1991~2010 年,全市有中共县(市、区)委员会 12 个,分别是:浔阳区委、庐山区委、九江县委、德安县委、永修县委、星子县委、修水县委、武宁县委、湖口县委、都昌县委、彭泽县委和瑞昌市委。各县(市、区)委均历经 5 届,其中换届 4 次,首次换届前政府任期起始时间均为 1991 年 1 月 1 日之前,末次换届后政府任期至 2010 年 12 月 31 日均未结束。

### 二、县(市、区)委工作机构

1991 年以来,各县(市、区)委工作机构普遍设置办公室、组织部、宣传部、统战部、政法委、政策研究室(与办公室合署办公)、台湾工作办公室(挂政府台湾事务办公室牌子,与统战部合署办公)、直属机关工作委员会(与组织部合署办公)、老干部局(归口组织部管理)、党史工作办公室(永修县为史志办公室)、综合治理办公室(与政法委办公室合署办公)等。1994 年,成立农村基层组织建设办公室,与组织部合署办公。1995 年,成立关心下一代工作委员会,有的单设,有的与组织部合署办公。1996 年,设置民族宗教事务办公室;1998 年更名民族宗教事务局,与统战部合署办公。1999 年,设立防范和处理邪教问题领导小组办公室(简称"610 办公室"),归口政法委管理。2002 年,村建办改为组织部内设机构。2003 年,设置农村工作部,保留政府农村工作办公室牌子;成立维护社会稳定办公室,与政法委办公室合署办公。2004 年,台湾工作办公室有的单独设置,有的归口办公室管理;民族宗教事务局更名民族宗教局,改为政府序列。

## 1991~2010年全市各县(市、区)委一览

表43-2-5　　单位:人

| 名称 | 届次 | 任期 | 委员 | 候补委员 | 常委 |
|---|---|---|---|---|---|
| 浔阳区委 | 第四届 | 1990.05~1992.12 | 27 | 2 | 8 |
| | 第五届 | 1992.12~1997.12 | 29 | 2 | 9 |
| | 第六届 | 1997.12~2002.12 | 27 | 4 | 10 |
| | 第七届 | 2002.12~2006.06 | 27 | 5 | 11 |
| | 第八届 | 2006.06~ | 31 | 6 | 11 |
| 庐山区委 | 第四届 | 1990.04~1992.12 | 27 | 2 | 9 |
| | 第五届 | 1992.12~1997.12 | 29 | 3 | 9 |
| | 第六届 | 1997.12~2002.12 | 27 | 4 | 9 |
| | 第七届 | 2002.12~2006.06 | 27 | 5 | 9 |
| | 第八届 | 2006.06~ | 32 | 6 | 10 |
| 修水县委 | 第十一届 | 1990.04~1992.12 | 35 | 4 | 10 |
| | 第十二届 | 1992.12~1997.12 | 35 | 5 | 11 |
| | 第十三届 | 1997.12~2002.12 | 33 | 6 | 10 |
| | 第十四届 | 2002.12~2006.06 | 33 | 6 | 13 |
| | 第十五届 | 2006.06~ | 40 | 8 | 12 |
| 武宁县委 | 第八届 | 1990.03~1992.12 | 29 | 3 | 9 |
| | 第九届 | 1992.12~1997.12 | 29 | 3 | 9 |
| | 第十届 | 1997.12~2002.12 | 29 | 5 | 9 |
| | 第十一届 | 2002.12~2006.06 | 33 | 6 | 12 |
| | 第十二届 | 2006.06~ | 37 | 8 | 13 |
| 瑞昌市委 | 第一届 | 1990.04~1992.12 | 29 | 3 | 7 |
| | 第二届 | 1992.12~1997.12 | 31 | 4 | 9 |
| | 第三届 | 1997.12~2002.12 | 31 | 4 | 9 |
| | 第四届 | 2002.12~2006.06 | 31 | 6 | 11 |
| | 第五届 | 2006.06~ | 35 | 6 | 11 |
| 九江县委 | 第九届 | 1990.04~1992.12 | 31 | 4 | 9 |
| | 第十届 | 1992.12~1997.12 | 31 | 4 | 9 |
| | 第十一届 | 1997.12~2002.12 | 29 | 5 | 9 |
| | 第十二届 | 2002.12~2006.06 | 31 | 6 | 11 |
| | 第十三届 | 2006.06~ | 37 | 8 | 11 |
| 永修县委 | 第八届 | 1990.04~199212 | 29 | 3 | 7 |
| | 第九届 | 1992.12~1997.12 | 31 | 4 | 9 |
| | 第十届 | 1997.12~2003.01 | 29 | 5 | 9 |
| | 第十一届 | 2003.01~2006.06 | 31 | 6 | 11 |
| | 第十二届 | 2006.06~ | 37 | 7 | 11 |

续表 43-2-5

| 名 称 | 届 次 | 任 期 | 委 员 | 候补委员 | 常 委 |
|---|---|---|---|---|---|
| 德安县委 | 第十二届 | 1990.04~1992.12 | 27 | 2 | 9 |
| | 第十三届 | 1992.12~1997.12 | 29 | 3 | 9 |
| | 第十四届 | 1997.12~2002.12 | 28 | 4 | 9 |
| | 第十五届 | 2002.12~2006.06 | 27 | 5 | 9 |
| | 第十六届 | 2006.06~ | 33 | 6 | 11 |
| 星子县委 | 第 七 届 | 1990.04~1992.12 | 27 | 2 | 9 |
| | 第 八 届 | 1992.12~1997.12 | 29 | 3 | 9 |
| | 第 九 届 | 1997.12~2002.12 | 27 | 4 | 9 |
| | 第 十 届 | 2002.12~2006.06 | 27 | 5 | 9 |
| | 第十一届 | 2006.06~ | 32 | 6 | 11 |
| 湖口县委 | 第 八 届 | 1990.04~1992.12 | 27 | 2 | 9 |
| | 第 九 届 | 1992.12~1997.12 | 29 | 3 | 9 |
| | 第 十 届 | 1997.12~2003.01 | 27 | 4 | 9 |
| | 第十一届 | 2003.01~2006.06 | 27 | 4 | 9 |
| | 第十二届 | 2006.06~ | 33 | 6 | 11 |
| 彭泽县委 | 第 七 届 | 1990.04~1992.12 | 29 | 3 | 9 |
| | 第 八 届 | 1992.12~1997.12 | 31 | 4 | 9 |
| | 第 九 届 | 1997.12~2002.12 | 29 | 5 | 10 |
| | 第 十 届 | 2002.12~2006.06 | 31 | 6 | 11 |
| | 第十一届 | 2006.06~ | 37 | 8 | 11 |
| 都昌县委 | 第 七 届 | 1990.05~1993.02 | 33 | 4 | 8 |
| | 第 八 届 | 1993.02~1997.12 | 33 | 4 | 9 |
| | 第 九 届 | 1997.12~2003.01 | 33 | 6 | 10 |
| | 第 十 届 | 2003.01~2006.06 | 33 | 5 | 13 |
| | 第十一届 | 2006.06~ | 40 | 8 | 12 |

## 第三节 基层党组织

1991 年,全市共有基层党组织 11005 个,其中基层党委 449 个、总支部 497 个,支部 10059 个。1995 年,发展为 11532 个。2000 年,调整为 11361 个。2003 年,全市共有基层党组织 10483 个,其中党委 429 个、党总支 629 个、党支部 9425 个。在全市基层党组织中,乡镇党委 182 个;城市街道党委 2 个、党工委 10 个;企业党委 148 个、党总支 220 个、党支部 3056 个;事业单位党委 39 个、党总支 115 个、党支部 2034 个。2005 年,全市基层党组织为 10158 个。2010 年,全市共有基层党组织 11108 个,其中基层党委 454 个、总支部 795 个,支部 9859 个。

## 1991、1995、2000年全市中共基层组织一览

表43-2-6　　单位:个

| 类别 | 行业分布 | 1991年 | 1995年 | 2000年 |
|---|---|---|---|---|
| 党委 | **合计** | 449 | 494 | 490 |
| | 农林水 | 20 | 35 | 38 |
| | 工业 | 98 | 108 | 104 |
| | 地质勘探 | 1 | 1 | 1 |
| | 建筑 | 3 | 3 | 3 |
| | 交通 电信 | 8 | 10 | 10 |
| | 商业 供销 | 6 | 13 | 10 |
| | 房地产 服务业 | 3 | 2 | 2 |
| | 文教 卫生 科技 | 17 | 21 | 20 |
| | 金融 保险 | | 1 | 1 |
| | 党政机关 人民团体 | 293 | 299 | 300 |
| | 其他 | | 1 | 1 |
| 总支部 | **合计** | 497 | 593 | 588 |
| | 农林水 | 61 | 76 | 71 |
| | 工业 | 122 | 150 | 152 |
| | 建筑 | 14 | 13 | 13 |
| | 交通 电信 | 42 | 31 | 32 |
| | 商业 供销 | 44 | 54 | 48 |
| | 房地产 服务业 | 5 | 4 | 5 |
| | 文教 卫生 科技 | 54 | 56 | 52 |
| | 金融 保险 | 9 | 18 | 20 |
| | 党政机关 人民团体 | 143 | 188 | 197 |
| | 其他 | 3 | 3 | 3 |
| 支部 | **合计** | 10059 | 10445 | 10283 |
| | 农林水 | 3100 | 3277 | 3087 |
| | 工业 | 2303 | 2037 | 2121 |
| | 地质勘探 | 19 | 4 | 3 |
| | 建筑 | 162 | 182 | 189 |
| | 交通 电信 | 335 | 407 | 404 |
| | 商业 供销 | 881 | 941 | 824 |
| | 房地产 服务业 | 86 | 136 | 147 |
| | 文教 卫生 科技 | 1164 | 1223 | 1234 |
| | 金融 保险 | 233 | 323 | 335 |
| | 党政机关 人民团体 | 1538 | 1606 | 1654 |
| | 其他 | 238 | 309 | 285 |

2005、2010年全市中共基层组织一览

表43-2-7　　单位:个

| 年份 | 类别 | 合计 | 行业构成 | | | |
|---|---|---|---|---|---|---|
| | | | 企业 | 事业 | 机关 | 其他 |
| 2005 | 党委 | 466 | 148 | 71 | 57 | 190 |
| | 总支部 | 593 | 174 | 109 | 274 | 36 |
| | 支部 | 9099 | 2575 | 2085 | 1818 | 2621 |
| 2010 | 党委 | 454 | 114 | 77 | 65 | 198 |
| | 总支部 | 795 | 140 | 167 | 274 | 214 |
| | 支部 | 9859 | 2587 | 2284 | 1835 | 3153 |

# 第三章　市委重要会议

## 第一节　常务委员会会议

### 一、第六届市委常委会会议

1991年1月至1995年7月,第六届市委常委会(分年记次)重要研究事项有:

1992年7月25日,第二十六次常委会议研究全面放开粮食经营、庐山管理体制、市区龙开河综合治理开发和调整市直医疗机构布局等问题;8月7日,第二十八次常委会议专题讨论庐山改革开发的有关问题,省委常委、省纪委书记马世昌出席会议并发表意见;11月24日,第三十五次常委会议研究召开市第十届人大会、县(市、区)人武部及基础民兵工作达标创先考评等问题。

1993年1月17日,第一次常委会议研究九江民航机场选址与建设等问题,决定恢复市农垦局的正处级级别;3月9日,第五次会议研究深化流通体制改革等问题;4月13日,第六次常委会议讨论市政府《九江市住房制度改革实施方案》,听取市督察组关于减轻农民负担的情况汇报,研究市人大党组《关于〈关于市人大常委会监督司法工作试行办法(草案)〉的报告》;6月4日,第九次常委会议研究在全市开展创评劳动模范活动、加强行政事业单位停薪留职人员管理等问题;6月24日,第十次常委会议听取"炎黄杯"龙舟赛筹备情况的汇报,研究修水县机构改革试点方案、防汛工作、城市建设、市政府驻外机构设立等问题;8月11日,第十三次常委会议听取市纪委对两个案件审查意见的汇报,研究关于成立共青城人民检察院和人民法院等问题;9月1日,第十五次常委会议研究开展以乱收费、乱罚款为主要内容的行业不正之风整顿活动等问题。

1994年5月8日,第十二次常委会议研究重点工程建设、公安工作等事项;5月26日,第十三次常委会议研究继续推进住房制度改革等问题;5月27日,第十四次常委会议专题研究进一步加快发展乡镇企业问题;6月21日,第十六次常委会议讨论市委、市政府《关于进一步加快对外开放若干问题的意见》,听取市政协《关于我市个体私营经济发展情况调查的汇报》和市公安局、市文化局《关于整顿全市文化娱乐场所有关情况的汇报》,研究关于将庐山区七里湖乡、官牌夹水产场、茅山头垦殖场划归九江开发区等事项;6月25日,第十九次常委会议讨论《九江市职工医疗社会保险试行办法》,研究城市建设等问题;10月24日,第二十五次常委会议听取市政协《关于我市招商引资发展"三资"企业的情况报告》,研究进一步加强乡镇人大工作、1994年市级财政预算收支安排、筹集城区防洪工程建设资金、设立市政府法制局和九江开发区社会发展局等事项;12月19日,第二十九次常委会议研究全市建筑企业劳动保险

基金行业统筹等事项。

1995年4月25日,第十五次常委会议研究九江筹备召开市第七届党代会、农村工作几个具体问题等。

## 二、第七届市委常委会会议

1995年7月至2002年4月,第七届市委常委会会议(分年记次)的重要事项有:

1995年10月13日,第三十次常委会议听取九江日报社关于工作情况汇报,研究全市机构改革方案中几个具体问题等。

1996年2月14日,第四次常委会议研究支持农业发展的7项措施、筹备全市经济工作会议等事项;7月4日,第七次常委会议听取市直机关作风整顿情况的汇报;9月17日,第二十次常委会议讨论市政协《关于政治协商、民主监督、参政议政的实施办法》,研究减轻农民负担、优化资本结构、设立庐山风景名胜区人民法院等问题。

1997年1月15日,第二次常委会议讨论《九江市1997年农业新技术推广年实施方案》,研究全市小城镇综合改革试点、市老建办升级扩编、组建修水茶叶集团等事项;4月2日,第七次常委会议研究举办'97中国庐山国际旅游节、国有土地有偿使用、成立九江书画院等事项;4月25日,第十二次常委会议研究加强信访工作领导责任制、在全市小企业改制期间停止机关事业单位干部职工调动、出席省党代会代表人选等问题;5月14日,第十三次常委会议研究全市乡镇一级企业管理服务机构设置、加强中小企业改制工作中民兵预备役建设等事项;11月6日,第三十二次常委会议专题研究全市农村基层组织建设工作;11月12日,第三十三次常委会议研究《九江工业园总体规划》及运作规则、《九江市"九五"期间依法治市规划》;11月24日,第三十五次常委会议专题研究市直企业解困和社会济贫工作,听取市政府有关部门关于市直45家危困企业情况的调查汇报,讨论市政府党组报送的《九江市市直企业职工最低生活保障救助暂行办法》并确定实施意见;12月27日,第三十七次常委会议研究继续加强农村基层组织建设、科协、对台等工作。

1998年3月20日,第六次常委会议研究1998年市本级财政预算等事项;3月25日,第八次常委会议研究加快全市卫生改革和发展、职工医疗社会保险改革等问题;5月28日,第十五次常委会议研究全市"六大攻坚"与"两项保障"方案和领导分工,研究推荐受省表彰的国有企业先进基层党组织、优秀党务工作者和优秀共产党员名单,研究推荐受全国表彰的"五好"村党支部名单,研究市第十一届人大代表名额和常委会组成人员名额,研究协助民主党派做好换届工作;6月9~10日,第十六次常委会议研究加强"党管武装"、全市粮食流通体制改革、招商引资、党校、市总工会和市妇联换届等工作;11月15日,第三十次常委会议研究长江城防堤修复整治工作。

1999年4月12日,第十五次常委会议研究加快个体私营经济发展、市劳模评选表彰和管理、对市直部门实行目标管理等事项;5月21日,第二十次常委会议研究维护当前社会稳定工作、加强预算外资金管理工作和1999年市本级财政收支预算安排;6月22日,第二十二次常委会议专题研究发展食品工业;9月14~15日,第二十七次常委会议研究全市乡镇换届选举和第四届村委会选举工作、解决法院"执行难"问题和全市职工医疗社会保险等工作;10月15日,第三十次常委会议讨论《九江市副县(处)级以上离退休干部逝世后丧事处理的暂行规定》,研究市科协、侨联、社联换届事宜和加强市委党校建设等问题;11月26日,第三十四次常委会议研究理顺庐山管理体制、"三讲"教育整改阶段要抓的几个突出问题、召开市残联第二次代表大会等事项;11月27日,第三十五次常委会议研究申办九江学院等工作。

2000年2月28日,第四次常委会议听取全市农村基层组织建设工作的汇报,研究全市经济工作等事项;4月13日,第八次常委会议研究全市劳动模范评选表彰、深化农垦企业改革、移民建镇等工作;5月16日,第九次常委会议研究加快全市旅游业发展及创建"中国优秀旅游城市"、将市纠正行业和部门不正之风管理机构列为市纪委常设机构、2000年全市反腐败工作任务分工等事项;7月6日,第十五次常委会议研究举办“世界文化景观——庐山文化旅游节”、2000年市本级财政收支预算安排等事项；9月21日，第十八次常委会议研究公开选拔部分副县级领导干部、对市直行政事业单位拟提拔的县级干部试行任前公示制和试用期制、市人大常委会开展对部分政府组成部门负责人进行述职评议等事项，研究鼓励行政事业单位工作人员、军转干部、大中专毕业生直接从事经济建设和为经济建设提供人事人才服务等问题；11月9日，第十九次常委会议研究进一步深化住房制度改革，加快住房建设等工作；11月22日，第二十次常委会议讨论《中共九江市委关于制定落实国民经济和社会发展第十个五年计划的建议(征求意见稿)》和《九江市人大常委会关于讨论决定重大事项的规定(讨论稿)》，研究调整《九江市国民经济和社会发展第九个五年计划》主要指标，推荐上报省委表彰的农村基层组织建设工作先进单位和个人、国有企业改革等事项。

2001年2月24日，第五次常委会议讨论市委、市政府《关于在全市开展项目年活动的决定》，研究召开全市经济工作会议、全市经济发展环境整治年总结表彰暨优化年动员大会有关事宜，研究市档案局达标升级、市人才市场为副处级事业单位等事项；3月29日，第七次常委会议讨论《九江市工业“十五”规划》，研究出台市国有企业改革6个配套文件、成立市长江河道管理局等事项；5月19日，第十二次常委会议部署全市社会稳定和信访工作，研究创建全国双拥模范城“两连冠”、全市2001年反腐败工作任务分工和2001年市本级财政收支预算安排等；6月21日，第十四次常委会议研究在建党80周年之际表彰一批先进基层党组织、优秀共产党员和优秀党务工作者，讨论修订《2001年全市工作目标管理考评办法》；7月31日，第十七次常委会议研究市政府党组关于对庐山旅游总公司进行改制并公开发行股票等问题；11月7日，第二十九次常委会议研究全市调整撤并乡镇、全市乡镇换届、在全市组织开展“万名干部深入千村百厂扶贫帮困促发展”活动等工作；11月12日，第三十次常委会议讨论《中共九江市委关于解决当前我市党的作风建设几个突出问题的意见(讨论稿)》，听取全市计划生育工作汇报；12月4日，第三十一次常委会议研究出台《九江市城市最低生活保障办法》。

2002年1月7日，第一次常委会议研究调整市党政机关改革方案中有关机构设置等问题；1月16日，第二次常委会议研究部署2002年全市经济工作，研究召开市第八次党代会、推选中共十八大代表和评选表彰非公有制经济纳税大户等事项；2月8~9日，第四次常委会议讨论市第八次党代会《报告(初稿)》，研究关于落实“三条”保障线和关心困难群体生活、筹备全市非公有制经济表彰大会等问题；3月6~7日，第五次常委会议讨论市政府党组《关于提请市委审定信访工作中几个问题的报告》，研究建立市土地筹备机制等工作；3月28日，第七次常委会议讨论市委、市政府《关于加快县域经济发展的决定》，研究第八届市委候选人上报名单。

## 三、第八届市委常委会会议

2002年4月至2006年11月，第八届市委常委会会议研究的主要事项有：

2002年4月8日，第一次常委会议研究常委分工，讨论《中共九江市委常委会议事决策规则》和市委、市政府《关于进一步精简会议文件，规范办文办会工作程序的规定》；6月12日，第五次常委会议研究2002年市本级财政收支预算安排等事项；6月20日，第六次常委会议讨论市委、市政府《关于进一步加强县级党政领导干部工作考核的意见》和《关于改进市属国有企业领导人员管理的意见》；7月26日，第八次常委会议研究建设政务环境、清理城区建设用地、建设市综合工业园等工作；8月30日，第十次常委会议讨论市委、市政府《关于贯彻落实〈党政领导干部选拔任用工作条例〉的意见》等5个文件；9月8日，第十二次常委会议审定《九江市市级机关机构改革人员分流安排实施办法》，讨论市纪委《关于市直单位纪检监察机构设置和管理的意见》；10月7日，第十五次常委会议讨论市委、市政府《关于建设学习型城市的决定》和《关于在全市开展“关爱困难群体，实施‘五助’工程活动的意见》；11月2日，第十六次常委会议讨论《中国人居论坛(2002·九江)筹备方案》，审定全国、省人大代表和政协委员人选，审定市直单位领导职数，审定有关提前离岗、退休政策的补充规定；12月16日，第十九次常委会议听取市委组织部、市总工会、市劳动局、市教育局、市民政局关于“五助”工程进展情况的汇报,并就如何进一步解决困难群众生产生活问题进行研究。

2003年2月18~19日,第二十一次常委会议研究全市机构改革人员分流、市综合工业园区管理机构等事项;4月17日,第二十五次常委会议研究公路体制改革问题;4月22日,第二十六次常委会议研究加强城市规划管理、城区土地市场建设管理等问题;5月30日,第三十次常委会议研究2003年市本级财政收支预算安排、“02号病”防治、应对“非典”发展经济对策、公开选拔部分副县级领导干部、协助各民主党派市委会做好换届工作等事项;6月20日,第三十二次常委会议讨论《关于进一步改进会议和领导同志活动新闻报道的意见》和《2003年海外侨胞江西之行(九江)恳谈会总体方案》,研究九江师范学校、九江职业大学合并组建九江高等师范专科学校等问题;7月21日,第三十三次常委会议听取《九江市城市总体规划》编制情况及部分详细规划方案的汇报,研究召开全市“严打”整治斗争总结会等事项;8月6日,第三十五次常委会议讨论《中共九江市委关于深入学习贯彻“三个代表”重要思想,进一步开创改革开放和经济发展新局面的意见》和《全市县域经济目标管理考评办法》;10月15日,第三十九次常委会议讨论《中共九江市委关于进一步加强人民政协工作的意见》和《关于建立市委、市纪委负责人同县(市、区)和市直单位党政主要负责人谈话制度的实施意见》,研究将九江商业职工中等专业学院划归九江师范高等专科学校、召开市第十四次妇女代表大会、举办创建学习型城市的系列活动等问题。

2004年2月14日,第四十八次常委会议研究2004年度全市国民经济和社会发展计划主要指标和有关重大项目安排计划;2月19日,第五十次常委会议研究市人大党组关于召开市十二届人大一次会议有关问题的请示和市政协党组关于召开十二届一次会议的请示等;3月29日,第五十三次常委会议讨论《关于进一步强化招商引资奖惩措施的若干实施办法》和《九江市利用外资项目引荐奖励细则》,研究召开全市“优化投资环境,主攻民营经济”动员大会等事项;3月31日,第五十四次常委会议研究市委组织部《关于“三项创建”活动评选表彰有关工作的请示》和《关于继续实行市领导村建工作联系点制度的请示》;4月7日,第五十五次常委会议研究《九江市工业崛起纲要(送审稿)》、星子县温泉镇“3·9”森林火灾事故调查情况及处理意见;5月30日,第五十八次常委会议研究市政府党组《关于九江市当前经济形势分析与下一步做好经济工作的有关措施》和《关于2004年市本级财政收支预算安排意见》;6月7日,第五十九次常委会议讨论《中共九江市委关于进一步加强督促检查工作的意见》,研究市编委《关于成立庐山风景名胜区管理局安全生产监督管理局的请示》;7月1~2日,第六十次常委会议研究市政府党组提交的《关于大力实施人才强市战略的意见(送审稿)》和《九江市政府特殊津贴实施办法(送审稿)》;8月25日,第六十三次常委会议研究市政府党组《关于〈九江市市直机关事业单位补充工作人员暂行办法〉的请示》和市委宣传部《关于在九江电视台开办新闻舆论监督栏目的请示》等;9月21日,第六十五次常委会议研究市规划委《关于市体育中心等重大建设项目规划选址问题的请示》;10月29日,第六十九次常委会议研究当前涉及人民群众生活的几个问题,研究市政府党组关于将九江农校整体划归市教育局主管、将鄱阳湖水产科技园整体划归庐山区政府管理以及关于《九江民航改革方案(草案)》等请示,研究市政协关于《我市贯彻落实〈城市生活无着落的流浪乞讨人员救助管理办法〉情况的视察报告》的报告;11月26日,第七十一次常委会议研究市政府党组《关于〈加快林业改革发展的若干意见〉的请示》,研究处理全市信访突出问题;12月24~25日,第七十二次常委会议研究市政府党组《关于九江港务局实行“港口下放、政企分开”管理体制改革的请示》和《关于市政府部分机构调整实施方案的请示》、市编委关于九江学院等单位机构编制方面问题的请示、团市委关于召开第十五次代表大会的请示、市总工会关于评选全市劳动模范工作的请示,讨论《关于重申市领导活动有关制度的几点意见》和《关于市委、市政府贯彻落实〈省委、省政府关于进一步加快体育事业发展的决定〉的实施意见》,研究市委政研室《关于加快八里湖新城区开发的若干意见》等。

2005年1月12日,第七十三次常委会议研究市政府党组《关于制定产品市场建设优惠扶持政策的请示》;1月19日,第七十四次常委会议研究市人大、市政协党组关于召开“两会”有关问题的请示;3月

18日，第七十七次常委会议讨论《九江市市直部分机构调整中离岗退养和提前退休的实施办法》，研究市政府党组提交的关于新加坡春诚投资公司收购市啤酒厂、市经济适用房发展中心改制等问题，听取“3·8”持枪持械绑架案侦破工作的情况汇报并研究防范措施；6月5日，第八十三次常委会议研究在全市开展“新阶段、新发展”大讨论活动等事项；6月20日，第八十四次常委会议通报市四套班子先进性教育活动整改情况，讨论市委、市政府《关于在全市集中开展“新阶段、新发展”大讨论活动的决定》及实施方案，研究2005年市本级财政收支预算安排等事宜；10月9~10日，第九十次常委会议研究“两个规范”教育活动有关事宜，听取赴欧洲招商引资考察报告，研究关于成立市特警支队、将九江农业学校与九江财贸职业高中合并成立江西庐山旅游中等职业学校等事项；10月17日，第九十一次常委会议研究市政府党组《关于〈第六届村(居)民委员会换届选举工作实施方案〉的请示》和《关于呈报我市贯彻落实全国全省军转干部安置会议精神意见的请示》，讨论《关于在全市党政机关工作人员中开展“两个规范”教育活动的实施意见》和《九江市文明单位创建管理办法》，研究公开选拔市建设局局长、市房产局局长人选等工作；11月30日，第九十六次常委会议听取市政府党组关于前阶段抗震救灾工作情况及下阶段救灾工作安排意见的汇报，并就有关事项进行研究；12月14日，第九十七次常委会议研究市人大、市政协党组关于召开“两会”有关事项的请示，市政府党组关于进一步加强城市社区建设意见的请示，听取市总工会关于防范应对境外敌对势力对职工队伍和工会组织渗透破坏活动有关情况的汇报，研究设立“江西九江出口加工区管理委员会”、推荐国电九江发电厂等120个单位为“江西省第十届文明单位”等事项；12月28日，第九十八次常委会议讨论《中共九江市委关于制定全市国民经济和社会发展第十一个五年规划的建议》和《中共九江市委常委会2006年工作要点》，研究市政府党组《关于将庐山综合垦殖场、九江市庐山茶科所、九江市林科所、庐山水电厂划归庐山管理局管理的请示》等。

2006年1月22日，第九十九次常委会议讨论《中共九江市委关于做好县级领导班子换届工作的意见》《中共九江市委关于做好乡镇领导班子换届工作的意见》和《中共九江市委关于进一步加强中国共产党领导的多党合作和政治协商制度的意见》，研究市政府党组《关于〈九江市2006年国民经济和社会发展计划〉指标的请示》等；2月6日，第一百〇一次会议研究市政府党组《关于〈九江市国民经济和社会发展第十一个五年规划纲要(草案)〉的请示》和《2006年市本级财政收支预算安排意见》；3月23日，第一百〇三次常委会议研究市政府党组《关于云居山——柘林湖风景名胜区管理体制的请示》，听取九江军分区关于军事工作情况的汇报；4月29日，第一百〇四次常委会议听取有关推进“3+1”发展战略工作进展情况、“彬彬有礼过马路”活动情况、“安宁工程”工作进展情况等汇报，研究拟上报的全省先进基层党组织、优秀共产党员和优秀党务工作者推荐名单；5月20日，第一百〇四次常委会议研究市第九次党代会和县(市、区)党代会有关工作；9月5日，第一百一十次常委会议研究市政府党组《关于呈报〈九江市中长期(2006~2020年)科学和技术发展规划纲要(送审稿)〉的请示》等；10月19日，第一百一十一次常委会议听取市政府关于1至9月份推进“3+1”战略及社会经济发展情况的汇报，研究市政府党组《关于呈报〈九江市“十一五”期间依法治市规划(送审稿)〉的请示》；11月7日，第一百一十三次常委会议研究市政府《关于地震灾后重建资金使用情况及尚存资金安排意见的请示》。

## 四、第九届市委常委会会议

2006年11月至2010年12月，第九届市委常委会研究的主要事项有：

2006年11月30日，第一次常委会议研究市政府党组《关于表彰全市“11·26”抗震救灾和灾后重建先进集体、先进个人的请示》和召开市人大、政协“两会”有关事项。

2007年1月13日，第三次常委会议听取“关于拓展城市框架，推进港口旅游城市建设的意见”，通报“建设经济中心城市，我们准备好了吗？”大讨论活动方案和“建设新九江，我们怎么干？”活动方案(送审稿)，研究市政府《关于发展产业经济，做大做强骨干企业的实施决定》《关于举全市之力促进九江开发区跨越式发展的决定》《关于对市属行政事业单位预期算外资金和国有资产清查管理的决定》和《关于各县(市、区)、九江开发区、共青开发区、云居山—柘林湖风景名胜区经济社会发展考核评价主要指标体系的意见》，研究拟通报表彰的2006年国防后备力量建设先进单位和先进个人名单及其他事宜。2月1日，第五次常委会议研究市纪委呈报的市委办公厅、市政府办公厅《关于加强农村基层党风廉政建设的实施意见(送审稿)》、市优化发展环境和机关效能建设领导小组《关于设立机关效能建设办公室和市机关效能投诉中心(行政投诉中心)的请示》等议题，审定《市四套班子联系县(市、区)安排意见(送审稿)》，研究市政府党组《关于我市机关事业单位工资制度改革、规范公务员津贴工作方案的请示》，听取全市新农村建设工作汇报，讨论市委一号文件等；2月28日，第七次常委会议研究市政府呈报的《关于进一步加强财政增收节支工作的意见》《进一步完善九江市城区财政管理体制的暂行办法》等10个文件(送审稿)和《关于2007年市本级财政预算安排的请示》，听取关于深化“三级联创”活动、推进农村基层组织建设情况的汇报；4月4日，第九次常委会议研究《中共九江市委、九江市人民政府关于认真解决人民群众当前最关心的若干问题，扎实推进和谐九江建设的意见(送审稿)》，研究召开市人大、市政协“两会”有关事项，研究市政府党组《关于共青开发区申报设立共青市的请示》《关于组建市公共资源交易中心的请示》《关于九江市2006年国民经济和社会发展计划执行情况及2007年国民经济和社会发展计划(草案)的请示》《关于规范公务员津贴补贴实施方案的请示》《关于与国家开发银行开发性金融合作的请示》以及市编委《关于机构编制有关问题的请示》等；5月8日，第十一次常委会议研究《中共九江市委、九江市人民政府关于实施九江市中长期科学和技术发展规划纲要，增强自主创新能力的决定(送审稿)》和《中共九江市委、九江市人民政府关于加快推进九江文化旅游发展战略的若干意见(讨论稿)》，研究市政府党组《关于港口管理局(港口集团公司)政企分开意见的请示》，听取市委宣传部《关于九江市“城市精神”和“市树、市花”评选活动情况的汇报》，研究市委办公厅、市政府办公厅《关于进一步加强公安基层基础建设的意见(送审稿)》和市委组织部《关于调整届中增补市人大、市政协常委工作程序的请示》；7月6日，第十四次常委会议研究《关于加快推进市属国有企业改革的若干意见(送审稿)》；听取城西港区开发建设工作情况汇报并研究有关问题，研究市侨联关于换届的请示等；9月14日，第十五次常委会议讨论《中共九江市委、九江市人民政府关于深化乡镇机构改革的意见(送审稿)》《中共九江市委关于进一步加强新形势下党管武装工作的意见(讨论稿)》《中共九江市委常务委员会工作规则(试行)(讨论稿)》，讨论市政府党组《关于大力培育总部经济加快城市经济发展的若干意见(送审稿)》《关于加快推进农业产业化经营的意见(送审稿)》《关于加强矿产资源管理，加快矿业经济发展的决定(送审稿)》，讨论市人大常委会党组《关于进一步加强和改进市人大代表工作的意见》，讨论《九江市2007-2011年社会主义新农村建设规划纲要》和《关于进一步改进会议和领导活动新闻报道的意见》，研究市政府党组《关于组建九江市投资担保有限责任公司和公开招聘公司经理、九江市国有资产经营管理中心主任的报告》，研究市委宣传部《关于确定九江市“市树”“市花”和“城市精神”主题词的请示》和市纪委、市委组织部、市委宣传部《关于推荐江西省勤廉兼优先进典型的请示》等；11月28日，第十九次常委会议讨论《中共九江市委、九江市人民政府关于表彰九江市突出贡献人才的决定》《关于推进科技—人才—项目对接，加快九江经济发展的意见(送审稿)》和《九江市考试录用高校优秀毕业生到基层工作暂行办法(送审稿)》，研究市人大、市政协召开“两会”有关问题的请示，听取《九江市第四批优秀专业技术拔尖人才评选情况的报告》；12月12日，第二十次常委会议研究确定九江市提名推荐的全国、全省人大代表人选名单和全国、全省政协委员人选名单；12月24日，第二十一次常委会议审查《关于加强投融资工作的意见(送审稿)》，研究市编委《关于设立庐山人民法院的请示》。

2008年2月1日，第二十二次常委会议专题研究部署全市应对冰雪灾害抗灾救灾工作；2月13日，第二十三次会议研究进一步学习贯彻国务院总理温家宝、中纪委书记贺国强、国务院副总理吴仪在江西指导抗灾救灾工作时的讲话要点的意见，听取市政府党组《关于2007年度县域经济和市直单位绩效考评情况的汇报》，研究关于召开2007年度县域经济和市直单位绩效考评大会事宜，审查《九江市财政收入增长奖励办法(送审稿)》，听取市委政法委《关于全国、全省政法工作会议及全市有关政法工作情况的汇报》和《关于召开全市政法工作暨社会治安综合治理表彰会议的请示》;2 月 25 日,第二十四次常委会议讨论《中共九江市委、九江市人民政府关于抓好“项目建设年”工作的意见(讨论稿)》和《关于开展“求科学发展之真,务项目建设之实”主题教育活动实施方案(送审稿)》,研究关于召开市纪委九届三次全会的请示,听取全市信访工作汇报和全市人口和计划生育工作有关情况的汇报,研究市委宣传部《关于表彰九江市第一届新闻、文学艺术、理论成果作品的请示》、市文明办《关于推荐江西省第二届文明村镇、先进村镇的请示》《关于拟定星子县工商系统等 42 个行业为九江市第三届文明行业的报告》以及关于召开全市农村工作会议的有关问题;3 月 28 日, 第二十五次常委会议研究全市抗冰救灾总结表彰大会有关事宜,听取市委办公厅、组织部、宣传部、统战部、农工部、政法委、政研室、市直工委等市委部门 2008 年工作要点的汇报;4 月 28 日,第二十六次常委会议研究维护社会稳定工作;5 月 28 日,第二十七次常委会议听取《赴长沙市考察党政领导班子和领导干部绩效考核与管理工作的情况汇报》和《九江市与中体产业集团合作建设市体育中心的情况汇报》,讨论《中共九江市委关于进一步加强人大工作的意见(讨论稿)》《中共九江市委关于贯彻落实党的十七大精神,改革创新基层党建工作的若干意见(讨论稿)》《中共九江市委关于以改革创新精神深化人事制度改革的意见(讨论稿)》《九江市人民代表大会常务委员会讨论、决定重大事项的实施办法(送审稿)》《2008 年市政府工作部门绩效考评方案》《九江市县(市、区)经济社会发展考核评价方案》和《关于加快现代服务业发展的实施意见》,研究市人大常委会党组《关于召开全市人大工作会议的请示》, 听取市政协党组《关于督查全市政协工作会议精神贯彻落实情况的汇报》;8 月 12 日,第三十次常委会议讨论《关于推进全民创业、加快富民强市的若干意见(送审稿)》,研究召开市委九届六次全体会议筹办方案,听取全市奥运安保和社会稳定工作情况的汇报,研究市政府党组《关于全国全省军转安置工作会议精神及九江市贯彻意见的请示》《关于将庐山旅游中专整体划归九江职业大学的请示》以及市委宣传部呈报的有关议题;9 月 16 日,第三十三次常委会议通报《九江市人民政府关于进一步鼓励投资促进开放型经济又好又快发展的若干意见》,听取市政府《关于江西铁路网规划和江西省 2008~2012 年电力发展规划(征求意见稿)涉及九江项目情况及九江市意见的报告》;9 月22 日,第三十四次常委会议讨论《九江市党风廉政建设责任制考核评价暂行办法(送审稿)》和《中共九江市委关于改革开放 30 周年纪念活动的通知(送审稿)》,审议拟表彰的创建省级文明城市、卫生城市工作先进集体和先进个人名单;9 月 29 日,第三十五次常委(扩大)会议传达学习贯彻省委书记苏荣和省委副书记、省长吴新雄在江西省党政代表团赴内蒙古、安徽学习考察座谈会上的讲话精神,研究当前工作。10 月 24 日,第三十六次常委(扩大)会议(市委中心组学习)学习传达贯彻习近平在江西省党政负责干部座谈会上的讲话精神,研究鹤问湖新城中心区建设问题,讨论市政府党组呈报的《九江市第七届村(居)民委员会换届选举工作实施方案(讨论稿)》和市委组织部呈报的《关于做好全市村(居)党组织换届选举工作的意见(讨论稿)》,研究《市残联关于召开九江市残疾人联合会第三次代表大会的请示》;11 月12 日,第三十七次常委(扩大)会议传达贯彻省委常委扩大会议和省政府常务(扩大)会议精神,落实中央扩大内需、促进增长的决策部署,就争取国家和省里支持,推出一批重大项目,促进全市经济又好又快发展进行研究部署;11 月 19 日, 第三十八次常委会议讨论《九江市事业单位岗位设置管理实施意见(讨论稿)》,研究市政府党组《关于对九江县县城建设等 3 个问题批复意见的请示》和《关于进一步促进九江市房地产业规范有序健康发展若干意见的请示》,讨论《中共九江市委、九江市人民政府关于促进共青城跨越式发展的若干意见(讨论稿)》;12 月 29~30 日,第四十次常委会议研究关于召开市委九届七次全会事宜并讨论会议有关材料,传达学习江西省支持共青城发展领导小组第二次全体会议精神,听取市政府党组《关于市城区土地清理整顿工作的报告》和《关于城区经营性在建项目清理情况的报告》,研究市政府党组《关于加强市城区经营性土地管理意见的请示》《关于加强市中心城区建设项目建设规费收缴工作的请示》和《关于理顺城西港区管理体制实施意见的请示》,讨论《中共九江市委关于进一步完善市委中心组理论学习制度的意见(讨论稿)》,研究市纪委关于全市惩防体系建设、市县派驻监察机构统一管理等有关事项的请示。

2009年1月16日，第四十一次常委会议研究市人大常委会党组、市政协党组关于召开“两会”的请示；2月7日，第四十三次常委会议研究市委、市政府《关于在全市开展向周俊军同志学习的决定》和市纪委《关于召开市纪委九届四次全会的请示》；2月20日，第四十四次常委会议讨论《政府工作报告(送审稿)》《九江市2008年国民经济和社会发展计划执行情况和2009年计划(草案)的报告(送审稿)》《九江市2008年市级总预算执行情况和2009年市级总预算草案的报告(送审稿)》和《2009年市本级财政收支预算安排意见(送审稿)》，审议拟通报表彰的2008年度国防后备力量建设先进单位和个人名单；3月20日，第四十五次常委会议研究《九江市开展深入学习实践科学发展观活动实施方案》，讨论《中共九江市委关于规范领导干部从政行为，提高工作效能的若干规定(送审稿)》，讨论市委、市政府《关于整治和规范市场经济秩序，优化经济发展环境的意见(送审稿)》，讨论《2009年度市直单位目标管理考评实施细则(讨论稿)》和《九江市县级领导班子和领导干部年度考核工作方案(送审稿)》，研究《九江市公开选拔副县级领导干部工作方案》和《庐山旅游直升机九江停机坪用地再次选址意见》；5月26日，第四十七次常委会议专题听取2008年度县级领导班子和领导干部考核情况的汇报；5月27日，第四十八次常委会议暨专题民主生活会围绕深入贯彻落实科学发展观、进一步加强领导班子建设、促进赶超发展这一主题，紧密联系九江市改革、发展、稳定实际，结合各自的思想和工作实际，结合各方面提出的意见和建议，重点查找市委领导班子和个人在贯彻落实科学发展观方面的突出问题，提出整改措施，进一步明确实现九江赶超发展的努力方向；6月7日，第四十九次常委会议研究《关于召开市委九届八次全体(扩大)会议的建议》，讨论《中共九江市委领导班子深入学习实践科学发展观情况分析检查报告(讨论稿)》，听取《2008年度县级领导班子和领导干部年度考核工作综合情况汇报》《党风廉政建设责任制考核和反腐败工作情况汇报》，研究市国企改制的有关工作和关于理顺共青城开发区体制的相关事宜；7月18日，第五十次常委会议讨论《九江市副县级后备干部选拔管理办法(送审稿)》，研究市国企改革的有关问题；7月30日，第五十一次常委会议学习中共中央总书记胡锦涛7月21日对江西省经济发展情况所做的重要批示并研究贯彻落实措施，审议讨论《中共九江市委常委会贯彻落实科学发展观工作整改落实方案(讨论稿)》并进行研究部署，研究团市委关于召开共青团九江市第十六次代表大会、市妇联关于召开九江市妇女第十五次代表大会有关事宜；9月22日，第五十四次常委(扩大)会议传达学习党的十七届四中全会精神和省委常委扩大会议精神，就学习贯彻四中全会精神进行研究部署，通报《中国庐山世界名山大会实施方案》和《第13届世界湖泊大会“湖泊管理中心的公众参与分会暨走进鄱阳湖系列活动总体方案》；9月30日，第五十五次常委(扩大)会议传达学习胡锦涛在党的十七届四中全会上的讲话精神和省委十二届十一次全会精神，讨论研究学习贯彻的具体意见，审议《中共九江市委关于贯彻党的十七届四中全会精神，加强和改进新形势下党的建设的实施意见(讨论稿)》，讨论《钟利贵同志在市委九届十次全会上的讲话(讨论稿)》；12月24~25日，第五十八次常委会议讨论市委、市政府《关于三年决战工业2000亿的意见》，研究市人大常委会党组、市政协党组关于召开“两会”事宜，听取全市保密工作情况汇报，讨论《关于深化医药卫生体制改革的实施意见》《2009年全市深化医药卫生体制改革的目标任务》和《关于加快农村信息化建设的实施意见》，审议拟推荐江西省第十二届文明单位、文明村镇、文明社区的名单等。

2010年1月17日，第六十次常委会议讨论《关于进一步加强新形势下离退休干部工作的若干意见(送审稿)和《九江市公开招聘投融资公司总经理工作方案(送审稿)》，研究市政府党组送呈市人大会议的材料等事项；2月8日，第六十二次常委会议讨论《中共九江市委常委会2009年工作报告》和《中共九江市委常委会2010年工作要点》，讨论全市推进新型城镇化暨中心城区200亿城建重点项目建设动员大会和全市经济工作目标考评表彰大会筹备方案，听取市考评办关于全市目标考评工作的情况汇报，研究全市第三批学习实践科学发展观活动总结工作安排意见等；4月13日，第六十四次常委会议研究《中共九江市委全委会工作规则(试行)》《中共九江市委常务委员会工作规则(试行)》《关于实施“三重一大”事项集体决策制度的实施办法(试行)》和《关于加强驻外机构管理工作的意见》，研究《关于共青城设市的请示》,审议拟评选市劳动模范名单,听取关于市政府机构调整问题的汇报;6 月 12 日,第六十六次常委会议研究《关于提请审议九江市大九江规划区农民建房管理试行办法的请示》《关于市中心城区土地规划修编的请示》和《关于批准市城区基准地价更新成果的请示》,研究《2010 年县(市、区、山)经济发展目标考评和市直单位目标考评修改意见》《关于市直单位要求解决干部、编制、机构等问题初拟答复处理意见》和《市委组织部、市委宣传部关于在全市党的基层组织和党员中深入开展创先争优活动的意见》,讨论八里湖新区建设 3 年工作计划、2010 年工作要点及八里湖规划馆设计方案,研究《关于庐山西海风景区开发建设过程中有关问题的报告》,研究《关于市林科所管理权变更和天花井国家森林公园建设有关问题的请示》《召开第十三次文明委全委会暨创建文明城市表彰会有关事项的请示》《关于呈报创建国家级园林城市及省生态园林城市实施方案的请示》和《关于九江市历史文化街区修复规划有关问题的请示》;6 月 18 日,第六十七次常委会议研究《关于召开第十三次市文明委全委会暨创建文明城市表彰会有关事项的请示》《关于呈报创建国家级园林城市及省生态园林城市实施方案的请示》和《关于九江市历史文化街区修复规划有关问题的请示》等;7 月 7 日,第六十八次常委会议讨论《中共九江市委、九江市人民政府关于加快推进新型城镇化的意见》,研究召开全市推进县域经济发展暨项目建设工作会的有关事宜,研究市委老干局《关于解决离退休干部有关待遇问题的请示》,研究《九江市争创全国、全省双拥模范城实施意见》和《2010 年驻市部队干部随军家属就业安置工作方案》;8 月 27 日,第七十次常委会议研究关于推进共青城统筹城乡发展试点工作的有关问题,研究市编办《关于成立九江市食品稽查局的请示》等;10 月 25 日,第七十二次常委会议听取全市 7 个系统国企改革工作汇报及研究有关问题,研究《关于召开九江市工会第十五次代表大会的请示》和《关于召开市法学会换届大会暨第四次会员大会的请示》,讨论《九江市面向全市乡镇(街道)党政正职公开竞争性选拔 20 名副县级领导干部工作方案》等;12 月 23 日,第七十四次常委会议研究《关于召开市委九届十二次全体(扩大)会议的请示》,讨论《中共九江市委关于制定全市国民经济和社会发展第十二个五年规划的建议(讨论稿)》《中共九江市委常委会 2010 年度工作报告(讨论稿)》和《中共九江市委关于加强和改进人民政协政治协商工作的意见(送审稿)》,审议市总工会关于推荐评选全省劳动模范和先进工作者名单、共青城开发区关于共青城市有关问题、关于九江职大领导职数配备及内设机构设置等请示。

## 第二节　其他重要会议

1997 年 3 月 27 日,市委、市政府召开全市解放思想、加快企业改革、改制动员大会。市委书记熊承忠作题为《改革闯关,改制创新》的总结讲话。

1999 年 2 月 9 日,全市领导干部大会传达贯彻国务院副总理温家宝视察九江的讲话精神。10 月 28 日,市委、市政府召开市级领导班子和领导干部“三讲”教育动员大会。

2000 年 5 月 18 日,市委召开全市党员领导干部大会,学习中共中央总书记江泽民关于“三个代表”的重要论述。12 月 5 日,市委召开全市“万人下乡抓发展”动员大会。

2001 年 11 月 15 日,市委召开全市党员领导干部会议,传达贯彻中共十五届六中全会和全省党员领导干部会议精神,研究进一步加强和改进全市党的作风建设的措施,讨论并原则通过《中共九江市委关于解决当前我市党的作风建设几个突出问题的意见》。

2002 年 11 月 29 日,市委中心组召开中共十六大精神学习会,传达全省党的十六大精神宣传工作会议精神,讨论《中共九江市委关于认真学习贯彻党的十六大精神意见》。

2003 年 7 月 21 日,市委召开全市党员领导干部大会,传达贯彻省委十一届四次全会精神。

2006 年 1 月 1 日,市委召开全市领导干部大会,传达温家宝总理视察九江地震灾区的重要讲话精神。

2007 年 1 月 17~18 日,市委、市政府在全市经济工作会议确定 2007 年全市经济工作的总体要求是以邓小平理论和“三个代表”重要思想为指导,贯彻落实省、市党代会和中央、全省经济工作会议的部署,全面深入落实科学发展观,围绕“四个打造”,深化改革,扩大开放,优化环境,狠抓项目,争取各项主要经济指标增幅赶上或超过全省平均水平,努力实现经济社会又好又快发展,以优异成绩迎接党的十七大胜利召开。1月30日,市委、市政府召开“全市优化发展环境,加强机关效能建设”暨“建设新九江,我们怎么干”千人动员大会。4月23日,市委、市政府召开全市领导干部会议,传达贯彻中共中央政治局常委、国务院总理温家宝4月20~21日在九江视察时的重要讲话精神,并从继续加快推进集体林权制度改革、进一步加大新农村建设力度、加快推进沿江开发、高位推进文化旅游产业、大力发展县域经济、正确处理好改革发展稳定的关系等方面提出明确要求。10月24日,市委召开全市党员领导干部会议,学习传达中共第十七次全国代表大会精神,部署全市学习宣传贯彻十七大精神工作。12月12日,市委召开全市领导干部会议,学习传达中央经济工作会议和省委常委扩大会议精神。

2008年1月26日,市委、市政府召开会议,紧急部署防雪防冻抗灾救灾工作。3月11日,市委、市政府在市政府八楼会议室召开“求科学发展之真,务项目建设之实”主题教育暨机关效能建设“提高年”动员大会。10月6日,市委在市委八楼报告厅召开全市领导干部会议,传达贯彻省委书记苏荣、省长吴新雄率江西党政代表团赴内蒙古、安徽2省4市考察和在抚州市参观总结时的重要讲话精神,研究部署全市下一步工作。11月7日,市委、市政府召开建设鄱阳湖生态经济区工作推进会暨高层论坛,进一步落实省委、省政府建设鄱阳湖生态经济区的重大决策。

2009年3月15日,市委、市政府召开全市领导干部会议,对贯彻落实全省领导干部会议精神进行部署。3月18日,全市深入学习实践科学发展观活动动员大会召开,要求全市党员干部认真贯彻落实中央、省委的部署,努力把学习实践科学发展观活动真正办成人民满意工程,以明显的成效和优异的成绩向新中国成立60周年献礼。5月18日,全市项目建设动员大会召开,要求全市上下必须全力以赴攻项目,精细操作攻项目,强化机制攻项目,形成合力攻项目,真正做到一切围着项目转,一切为着项目干,一切服从和服务于项目建设。6月25日,市委、市政府召开纪念建党88周年暨表彰大会,回顾党的光辉历程,缅怀党的丰功伟绩,表彰全市100个先进基层党组织、100名优秀共产党员和100名优秀党务工作者。12月28日,全市经济工作会议暨决战工业2000亿动员大会召开,贯彻落实中央、全省经济工作会议精神,总结一年来的经济工作,部署明年的经济工作,动员全市上下决战工业2000亿,夺取赶超发展的新胜利。

2010年2月26日,市委、市政府召开全市推进新型城镇化暨中心城区决战200亿城建项目动员大会,贯彻落实全省推进新型城镇化和城市建设工作现场会精神,对加快新型城镇化进程、中心城区3年投入200亿,进行再动员、再部署、再推动,继续保持兴城势头,在全市迅速掀起城市建设的新热潮。2月26日,市委、市政府召开全市经济目标管理考评表彰大会,以进一步激励和动员全市上下坚定信心,奋力拼搏,为推动赶超发展再聚力量,为“三年决战工业2000亿,三年决战城建200亿”再作新贡献,为争得九江应有地位再立新功。8月8~9日,市委、市政府召开全市推进县域经济发展暨项目建设工作会议,动员全市上下进一步加快推进县域经济发展,打一场项目建设的“大会战”,争取全年固投达千亿,确保完成全年各项目标任务。8月30日,市委、市政府召开“六城同创”动员暨精神文明建设工作表彰大会,动员部署创建全国文明城市、全国双拥模范城市、国家卫生城市、国家园林城市、全国无障碍城市、省生态园林城市工作,表彰全市精神文明建设工作先进集体和先进个人。12月11日,全市工业工作暨“产业集聚、企业做大”推进大会在白水明珠会议中心召开,进一步深化市委、市政府关于“三年决战工业2000亿”的决策部署,动员全市上下把工业发展提上新的高度,进一步加大强工力度,顺时应势推进产业集聚、企业做大,推动工业经济大发展。

# 第四章　市委重大决策

## 第一节　经济社会发展战略决策

1995年7月，市第七次党代会确定全市经济和社会发展战略："开放建市，科教立市，农业稳市，工业强市，旅贸兴市，三带开发（昌九工业走廊、沿长江经济带、沿湖产业圈），城乡一体，到20世纪末把九江建设成为京九中段和长江中下游金融、旅游、物流中心和现代化的港口城市。继续围绕'抓住机遇、深化改革、扩大开放、促进发展、保持稳定'大局，以扩大开放为外向带动，抓住工业化、城镇化进程这个核心，优化农业，主攻工业，抓好两通（交通、流通），发展旅游，加快实现由速度效益型向质量效益型的战略性转变。"

2000年2月，市委、市政府做出《关于在全市开展项目年活动的决定》，提出用3年时间开展"项目年"活动，努力实现"十五"期间全市主要综合经济指标大幅度增长，综合经济实力位居全省前列，尽快扩张经济总量，促进经济跨越式发展。11月，市委七届十三次会议通过《中共九江市委关于制定全市国民经济和社会发展第十个五年计划的建议》，提出"'十五'期间，以发展为主题，以结构调整为主线，以改革开放和科技进步为动力，以提高人民生活水平为根本出发点，突出工业、旅游、商贸三个重点，大力发展非公有制经济，扩大招商引资，加速总量扩张，强化农业基础地位，积极推进工业化、城市化、信息化进程，坚持依法治市，坚持'两手抓、两手都要硬'方针，加快经济发展和社会全面进步，为把九江建成长江中下游、京九中段工业发达、旅游兴旺、商贸繁荣的现代化大城市而努力。"

2002年4月，市第八次党代会提出"为实现九江在江西率先崛起而奋斗的目标，五年内国内生产总值和地方财政收入翻一番，综合经济实力位居全省第二，把九江建设成为江西经济强市。到2010年，基本实现工业化，人均国内生产总值超过全国平均水平，综合经济实力进入沿江同等城市前列，把九江建设成为独具江南特色、适宜人群居住的生态名城。"

2005年8月，市委做出《关于建设美丽富裕和谐强盛社会主义新九江的决定》，把建设美丽、富裕、和谐、强盛的社会主义新九江作为新阶段全市的奋斗目标，提出全面实施以大开放为纲，全力推进大工业、大旅游、大物流和城市大建设的"3+1"发展战略。

2006年11月，市第九次党代会提出"在更高层次上推进'3+1'发展战略，打造新型工业重镇、区域物流中心、文化旅游胜地、开放港口城市，在全省率先实现新型工业化和经济市场化，加强社会主义新农村建设，加快农业农村现代化、新型城镇化和经济国际化，全面加强党的建设，为建设美丽富裕和谐强盛的社会主义新九江而奋斗。"

2007年5月，市委九届四次全体（扩大）会议确定，在当前和今后一个时期，全市上下要紧紧围绕推进"四个打造"、建设重要经济中心城市，着眼深化改革、扩大开放，重点实施沿江开发战略、文化旅游兴市战略、特色产业集群战略、区域经济发展战略、绿色生态和谐发展战略等"五大战略"，重点实现"七个新突破"：进一步解放思想，从具体工作上求突破；谋求科学发展，从项目建设上求突破；扩大改革开放，从创新体制机制上求突破；统筹城乡发展，从壮大县域经济上求突破；践行执政为民，从解决民生问题上求突破；注重规划领先，从实施全面规划上求突破；加强党的建设，从提高执行能力上求突破。2009年1月，市委九届七次全体（扩大）会议确定："今年和今后一个时期的工作重点和奋斗目标是：'两区'互动（园区、城区互动）、强工兴城，科学发展、奋起赶超，三年财政收入翻番，五年实现全面进位。"

2010年7月，市委、市政府出台《关于加快转变经济发展方式推进县域经济赶超发展的意见》，进一步明确推进全市县域经济发展主要任务与发展目标，要求加快推进新型工业化、新型城镇化和农业农村现代化,激发县域经济发展活力,加强和改进对县域经济发展的领导。12月,市委九届十二次全会审议通过《中共九江市委关于制定全市国民经济和社会发展第十二个五年规划的建议》,提出:“把九江争得应有地位、人民过上小康生活作为总体目标,把推进鄱阳湖生态经济区建设作为主要战略,把强工兴城作为主攻重点,把项目建设作为基本抓手,把统筹发展作为重要原则,把提高人民幸福指数作为根本追求,把改革开放作为强大动力,把群策群力作为保证措施。”

## 第二节 经济建设决策

### 一、工业发展决策

1991年2月,市委、市政府提出,工业实行“让大路、别热门、钻夹缝、抢空档”战略,狠抓一批拳头产品的生产、开发和研制。1995年7月,提出用抓农业的劲头抓工业,调动千军万马主攻工业,加快结构调整,重点搞好昌九工业走廊和沿江、沿湖的生产力布局,进一步壮大支柱产业,实施产品战略。1996年5月,市委、市政府做出《关于加大主攻工业力度的决定》,像减轻农民负担一样减轻企业负担,切实保护企业及企业经营者合法权益,以建立现代企业制度为目标深化企业改革,调动各方力量为工业发展多渠道筹集资金,建立行之有效的激励机制和约束机制。同年,组建化工、纺织、茶叶3个企业集团。2000年11月,提出把主攻工业作为全市发展的重中之重,着力壮大化工、机械、电子、纺织、建材、电力6个支柱产业,培育一批新的增长点,扶持一批骨干企业和名牌产品,加速工业结构调整升级。

2001年8月,市委、市政府提出,着力培植化工、机械、电子、纺织、建材、电力6个支柱产业,重点扶持九江石化总厂、星火化工厂、九江化工厂、九江昌河汽车、九江东安动力公司、九江发电厂、柘林水电厂、九江化纤厂、亚东水泥厂、清华同方713厂等总投资达100亿元的十大后劲工程,大力发展九江石化总厂聚丙烯、星火化工厂有机硅两大下游产品。力争3年内全市工业总产值翻一番,达到300亿元。2002年4月,市第八次党代会提出:“以建设工业园区为载体,培育和形成有特色的优势产业群。努力办好九江经济技术开发区和共青开放开发区,建设昌九工业带,开辟综合性工业园和石化、星火、昌河三大特色工业园,支持每个县(市、区)办好一个特色工业园。实施名牌战略,打造工业航母,扶持九江石化、星火化工、九江昌河汽车、九江化纤、中国化建九江巨石工厂、清华同方713厂、九江电厂、亚东水泥等龙头企业,形成一批年销售额在10亿元以上的企业集团。”2004年6月,市委、市政府制定《关于九江工业崛起的纲要》,总体思路是:“按照‘三年翻番’的总体要求,扩总量、增后劲,推动工业跨越式发展;围绕壮大‘六大支柱产业’,以骨干企业和重大项目为依托,突出扶优扶强,实施‘一二三四’工程(培植10户利税超亿元企业,主攻20个重大技改、招商项目,扶持30户重点企业,改制40户国有企业)和老企业振兴计划,强化政策措施,主攻民营工业,增强核心实力,增创后发优势,全面提升九江工业化水平。发展目标是:力争全市规模以上工业三项主要指标基本实现三年翻番。”

2006年11月,市第九次党代会提出:“围绕石油化工、机械电子、冶金建材、纺织服装、电力能源、食品加工等六大产业,实行总量扩张与结构优化并举,全力支持骨干企业裂变扩张,打造技术先进、集中度高、关联度大、特色鲜明的支柱产业群。”2007年3月,市委、市政府出台《关于发展产业经济、做大做强骨干企业的意见》,提出:“通过以骨干企业做强做大为依托,做大产业规模,着力培植一批对全市工业发展有支撑、带动作用的支柱产业,工业园区及骨干企业。重点打造石油化工、冶金建材、汽车、船舶、纺织服装五大产业。”2009年12月,市委、市政府出台《关于三年决战工业2000亿的意见》,进一步确定:“以开发区、工业园区为主战场,以大企业、大项目、大产业为主攻方向,坚定不移地实施强工战略,利用三年时间,决战工业2000亿元,实现全市工业发展的大跨越。”2010年12月,市委、市政府出台《关于做强“百亿”骨干企业、培育十大产业集群的意见》,提出:“打造石油化工、钢铁、有色冶金、纺织服装、汽车船舶、电子信息、新能源、非金属新材料、节能电器、绿色食品十大产业集群。”

## 二、农业农村发展决策

1991年2月,市委、市政府提出发展农业要突出一个重点,即重点发展乡镇企业。实施三项工程:实施"抓好粮食、突破棉花、增产油料"增产工程;建成棉花、油脂、水产、桑果4个农业商品基地,抓好农副产品深加工为主的增值工程;抓好稳定副食品货源,增加城市副食品供应的"菜篮子"工程。实现"四个延伸":由种养业向加工业延伸;由常规性向综合开发性延伸;由增产向增值延伸;由分散向规模延伸。达到"四个提高":提高乡镇企业等非农产业在整个农村经济中的比重;提高林、牧、副、渔各业在农业总产值中的比重;提高经济作物在种植业中的比重;提高优质大米、大豆、小麦在粮食作物中的比重。1995年7月,市委、市政府提出:用抓工业的办法抓农业,推动农业向规模化产业化发展。用工程产项的办法,把农业作为露天工厂,像抓工业项目一样实施工程农业,推进农业向产业化、专业化方向发展;用工厂化规模生产的办法,抓住特色产品,把规模化专业化建立在千家万户之上,围绕主导产业,突出发展一批内外贸龙头企业,建设一批商品粮、商品棉、商品油、商品渔等农副产品基地;突破产加销割裂的格局,把农业作为工业的前道工序,走农工商、贸工农一体化的发展路子。大力开发山水资源,在山上、水上"再造一个九江"。

1996年,市委、市政府出台《关于加快山水开发的有关政策意见》,提出:"对未开发的五荒资源(荒山、荒水、荒坡、荒地、荒滩)和已开发但经营粗放、管理不善、产量低、效益差的茶桑园、林场、牧场、渔场、池塘、湖库等,可采取拍卖、租赁、承包、股份合作等办法出让土地使用权,由农户和社会各方面开发。"1998年,市委、市政府做出《关于加快发展农业产业化经营的决定》,提出"粮食、棉花、油菜、蔬菜是种植业的主导产业;青虾、河蟹、银鱼、鳗鱼、甲鱼、彭泽鲫鱼等特种水产是水产养殖的主导产业;生猪、山羊、肉牛、家禽是畜牧养殖业的主导产业;落叶小水果、板栗、雷竹、毛竹等果业、用材林是林业生产的主导产业。"并提出逐步具有九江特色的"八大优质农产品的生产基地"。即:全市布点的100万亩杂交双低油菜生产基地;以洲地棉区为主的40万亩优质棉生产基地;以"两路"沿线为主的10万亩毛竹及雷竹生产基地;以部分山区和部分城镇为依托的10万亩反季节蔬菜和大棚精细蔬菜生产基地;以规模化养殖专业大户和大型养殖场为主体的全市布点的40万头瘦肉型生猪生产基地;以修、武两县为重点的100万只山羊养殖基地;以鄱阳湖大水面和精养水面为框架的3万吨特种水产生产基地。2000年11月,市委、市政府提出:在稳定粮食生产,积极发展优质稻的同时,提高经济作物在种植业中的比重,促进种植业逐步由粮、经二元结构向粮、经、饲三元结构转变。2001年8月,提出加强农业的基础地位,大力推进农业产业化、农村工业化进程。着力提高工农业相关度,积极扶持农产品加工龙头企业,加快组建一批农业产业化集团。鼓励市内外投资者参与种植、养殖及农副产品加工项目开发。2002年4月,提出按照因地制宜的原则,进一步优化布局,加快特种种养业的发展,重点抓好"鄱湖水产"和"鄱湖茶业"的股份制改造,加快上市融资的步伐。

2005年3月,市委、市政府出台《关于提高农业综合生产能力,进一步促进农民持续增收的意见》,提出:"落实党的各项惠农政策,兑现惠农补贴和全额免征农业税。实行最严格的土地管理制度,切实保护好耕地特别是基本农田,控制非农建设用地,确保农田总量不变、用途不变、质量不变。"2006年11月,市委、市政府提出以"六改四普及"(改水、改路、改厕、改房、改栏、改环境,普及农村有线电视、普及电讯、普及沼气、普及太阳能)为重点,改善农村生活条件和居住环境,首先实现让农民"走上平坦路、喝上干净水、用上卫生厕、住上整洁房"目标。同时"按照'希望在山、潜力在水、重点在田、后劲在畜、出路在工'的思路,推进农业综合开发,发展生态高效农业,提升传统优势产业,建设优质农产品基地。"2007年2月,市委、市政府发出《关于发展现代农业加快推进社会主义新农村建设的实施意见》,强调:要充分认识发展现代农业在新农村建设中重大意义,大力发展现代农业,强化新农村建设产业支撑;加快推进新农村建设,促进城乡统筹发展;加大支持力度,建立健全"三农"投入稳定增长的长效机制;深化农村改革,激发农村发展活力;切实加强党对农村工作的领导。7月,发出《关于进一步推进林业产权制度改革的意见》。2008年2月,发出《关于进一步加快农业产业化发展,深入推进社会主义新农村建设的实施意见》。2009年1月,提出扎实推进新农村建设,不断改善农村生产生活条件。加快农村富余劳动力向非农产业和小城镇转移,加快农民变市民、乡村变城镇的转化。在巩固和提升粮、棉、油等传统农业的同时,发展特色农业。发展“一村一品”“一乡一业”“一县一特”的块状经济。把发展壮大龙头企业作为推进农业产业化的关键环节,通过扶龙头、建基地、树品牌,推动农产品加工增值,带动千家万户增收致富;2月,市委、市政府发出《关于推进农村改革发展的实施意见》,强调要充分认识新时期推进农村改革发展的重大战略意义,积极发展现代农业,促进农民持续增收;扎实推进社会主义新农村建设,促进城乡协调发展,加强农村制度建设,增强农村改革发展动力;切实加强和改善党的领导,全面推进农村改革发展。2010年3月,出台《关于加大统筹城乡发展力度进一步夯实农业农村发展基础的实施意见》,要求:统筹城乡发展,增强农业农村发展支撑能力;以鄱阳湖生态经济区建设为契机,加快现代农业建设;以农业项目建设为龙头,加快农业产业化进程;扎实推进新农村建设,缩小城乡公共事业发展差距;统筹推进农村改革,激发农业农村发展活力;加强和改善党的领导,为“三农”发展提供可靠保证。12月,提出大力推进农业产业化示范园区建设,巩固提升粮棉油传统优势产业,培育壮大水产、林果、畜禽、蔬菜、蚕桑、茶叶6种特色主导产业,提高农业专业化、规模化、标准化、集约化水平。

## 三、第三产业发展决策

**旅游业决策** 1995年7月,市委、市政府提出要充分发挥全市旅游资源优势,着力打好“庐山牌”发展战略。2000年11月,市委、市政府做出《关于加快旅游业发展的决定》,提出在全市建设“一山(庐山)一城(九江)两带(长江、鄱阳湖旅游带和京九铁路、昌九公路旅游带)九区(牯岭、山南、浔阳、沙河、湖口、彭泽、永修、共青、修河)”(简称“1129”)的整体布局,形成以庐山为中心,以九江市区为集散地,由9个游览区组成的九江旅游网络。力争经过5~10年的努力,把九江建成在国内外具有良好声誉的旅游城市,跨入“中国优秀旅游城市”行列。

2001年8月,市委、市政府提出要进一步发挥庐山的龙头作用,尽快理顺庐山管理体制,成立一级政府,组建庐山旅游股份公司,并争取早日上市。同时下大力气建设好柘林湖、鄱阳湖新景区,实现山、江、湖、城的联动开发,构筑以大山大江大湖为主体的大旅游格局,把九江建成江西这座沿海发达地区后花园里的“园中园”。加大旅游促销力度,推出一些精品旅游项目;发挥旅游业的牵动作用,大力发展相关产业,实现旅游产业化,使旅游业成为九江经济的重要支柱。2002年4月,市第八次党代会提出,理顺庐山体制,构建“大旅游、大产业”的格局,通过股份经营和资本运作,全面整合旅游资源,组建旅游集团,实现利益共享、风险共担。推进产业配套,加快旅游基础设施建设,抓紧建设环庐山高等级公路、庐山生活污水处理工程,推动九江机场资产重组,开通九江至全国主要大城市旅游航线和旅游专列,大力开发独具特色的旅游食品和工艺品。

2006年11月,市第九次党代会提出要进一步完善旅游管理体制,整合旅游资源,舞活庐山龙头,还政治名山为休闲避暑名山,重振庐山雄风,构建庐山风光、浔阳古城、庐山西海、星子温泉、共青高尔夫等景区景点交相辉映的大旅游经济圈。把旅游与文化紧密结合起来,精心打造源远流长的山水文化,神秘深奥的宗教文化,厚重深远的商业文化,催人奋进的红色革命文化等特色文化品牌,提升九江旅游的品位。2009年1月,市委、市政府提出,以庐山为龙头,整合旅游资源,构建庐山风光、浔阳古城、庐山西海、星子温泉、鄱湖览胜、共青高尔夫等景区景点交相辉映的大旅游经济圈;把旅游与文化紧密结合起来,围绕“吃、住、行、游、购、娱”六要素,完善旅游产业链条,提升旅游产品附加值,使九江旅游有由头、有看头、有玩头、有回头、有赚头。2010年12月,提出建立以九江为城市旅游目的地、以大庐山为区域旅游中心、市县联动的文化旅游发展机制。坚持以市场为导向,以资本为纽带,从机制上加快文化旅游资源整合,积极推进庐山设市申报工作,大力发展鄱阳湖生态旅游,构建以庐山为龙头的大旅游格局,努力把九江建成长江中下游旅游休闲中心城市和国内外知名的文化旅游胜地。

**商贸物流业决策** 1995年7月,市委、市政府提出要进一步加快港口建设。抓紧30万吨集装箱码头和市区以及瑞昌、湖口、彭泽等新港区的建设，以适应京九铁路贯通后，物流中转大规模增加的需要。同时，要认真抓好进港货物和客运的返程工作，充分发挥和利用开放良港的优势。

2000年11月，市委、市政府提出，市区重点完善提高国家级京九农副产品中心批发市场、粮油批发市场，启动国家级生产资料中心批发市场建设，发展建材批发市场。各县(市、区)要规划建设一批综合和专业批发市场，结合小城镇发展搞好农贸市场建设。继续大力发展与交通、区位条件相适应的仓储业，建成国家棉花、粮食储备库，积极发展成品油、液化气、盐、糖等具有优势的仓储业。力争在“十五”期末建成年交易额超亿元的市场10个，超10亿元的市场2个。2001年8月，提出立足专业化、特色化，着力构建辐射力强、物畅其流的“三大中心”：一是区域性商品批发交易中心。重点建好京九农副产品批发大市场、生产资料中心批发市场、粮食批发市场及华东装饰材料市场。同时建好九江特种水产品、茶叶、针织品、果品等专业批发市场。二是区域性仓储和中转中心。在建设国家级棉花、粮食储备库的基础上，积极发展石油、液化气等仓储业。三是区域性进出口贸易中心。充分利用九江外贸港，千方百计拓宽渠道，组织货源，扩大货物吞吐量。2002年4月，市第八次党代会提出：“充分利用九江的区位、交通优势，面向京九，依托长江，培育壮大京九农副产品中心批发市场、华东装饰材料市场，建好南方稻米交易中心、鄱阳湖水产品大市场、生产资料中心批发市场。扩大粮食、棉花、成品油、液化气等生产、生活资料仓储，形成辐射湘鄂赣皖的仓储业，建设区域性现代物流中心。”

2006年11月，市第九次党代会提出要“打造九江国际水运中心、湖口官湖、瑞昌码头三大深水港口，高标准建好三大物流园区、十大物流中心、十大物流市场，争取建立公共保税仓库、出口监管仓库和保税物流中心。”2010年12月，市委、市政府提出：规划建设一批沿江公用码头，抓好一批货物仓储、专线铁路、专用管网建设，培植一批现代物流龙头企业，力争五年九江港货物吞吐能力超30万标箱，把九江建设成为长江中下游和京九中段重要区域物流中心。

## 四、乡镇企业发展决策

1991年2月，市委、市政府出台《关于大力发展乡镇企业的意见》，提出要保护企业权益，减轻企业负担；注重投入，增加后劲；税收优惠，培植财源；深化改革，加强管理；搞好调整，合理布局；开拓市场，强化经营；建立激励机制，实行奖励制度等措施。1993年8月，提出“八五”期间，确定以“集体为主、工业为主、骨干为主”的乡镇企业发展方针。同年，出台《关于加快昌九工业走廊乡镇企业发展的意见》，提出在昌九建设乡镇企业走廊、乡镇工业走廊、“三高”农业走廊。1995年7月，作出《关于实现乡镇企业高效、持续发展的决定》，提出：新上一批100万元以上的项目；新上一批500万~1000万元以上的企业；新增一批亿元乡镇；新上一批出口创汇企业和“三资”企业；新上一批技术含量高、附加值高的企业。

## 五、个私民营经济发展决策

1992年，市委、市政府出台《关于进一步加快发展个体私营经济的意见》，放宽从业条件，放宽经营范围，简化审批手续，实行税收优惠，增加资金扶持，解决生产经营场地，吸引外地投资，鼓励农民进城经营，鼓励个体、私营企业参与昌九工业走廊建设，规划建设好个体私营经济小区，强化管理监督，保护个体工商户、私营企业主的合法权益。1995年7月，提出城乡农民居民、待业青年、离退休人员、不在国家禁止范围内的企事业人员，允许从事个体经营或开办私营企业。支持个体工商户联合、联营。允许个体工商和私营个体工商户、私营企业进入除法律禁止外的行业。

2000年11月，市委、市政府提出要大力发展个体私营等非公有制经济，提高非公有制经济的比重，使其成为全市经济新的重要增长点。2001年8月，提出除国家法律法规明令限制的外，其他所有投资领域均向非公有制经济开放，允许非公有制经济自主选择经营范围和经营方式；鼓励和吸引投资者采取独资、合资、合作等形式，参与公路、桥梁、电网改造等基础设施以及城市公用设施和风景名胜区的建设和经营，鼓励和吸引社会资金采取多种形式参与物流业和教育、文化、卫生、体育等公益事业建设；鼓励和支持非公有制经济采取收购、兼并、联合、重组等多种形式，嫁接、改造国有企业。支持私营企业组建集团,降低其注册资本限制。对私营科技型企业和取得自营进出口权的私营企业,与国有企业享受同等政策。全市重点扶持100户私营企业大户,对其实行挂牌保护。2002年4月,提出变薄弱环节为发展潜力,放手放胆发展个体私营经济。三年实现个体私营经济占据半壁江山,五年实现个体私营经济成为主体财源。进一步放宽民间资本投资领域,消除民间投资的体制性障碍,对私营经济给足"国民待遇",创造各类所有制企业平等参与市场竞争的条件,积极引导民间和社会资金投资创业。2004年4月,做出《关于优化投资环境、主攻民营经济的决定》,提出采取营造创业氛围、降低准入门槛、构建发展平台、加大资金投入、推进科技创新、重视人才培养、培育行业协会、实施重点帮扶、强化行风评议、狠抓政策落实十项措施,进一步优化投资环境,主攻民营经济。

2006年11月,市委、市政府提出要按照"政治平等、政策公平、法律保障、放手发展"的方针,大力鼓励、支持和引导民营经济的发展,培植"草根经济"。2008年9月11日,市委、市政府发出《关于推进全民创业,加快富民强市的若干意见》,强调:要继续解放思想,加快推进全民创业步伐;要激活创业主体,培育壮大全民创业队伍;要放宽创业政策,积极拓展全民创业空间;要构建服务平台,加大全民创业支持力度;要实施科学指导,不断提升全民创业水平;要切实加强领导,确保全民创业取得实效。12月,提出设立创业孵化基地,力争三年内在各县(市、区)建立创业园和创业基地,为各类人才低成本创业提供平台;制订、落实促进全民创业的各项优惠政策,推进全民创业。

### 六、经济环境优化发展决策

2000年,市委、市政府做出《关于大力整治经济发展环境的决定》,以公开查处为突破口,严格"收支两条线"管理,清理文件,完善政策,全面整治经济发展环境。2001年8月,提出要下放用地审批权限,精简审批程序。除法律有特殊规定外,土地使用权以招标拍卖方式提供的,全部由各县(市)人民政府审批。土地出让金和新增建设用地有偿使用费省里让利部分,全部留给县(市)。加大财政支持力度,增强县乡发展活力。2002年4月,提出用硬措施治理软环境,下大力气整顿和规范市场经济秩序,加强社会信用制度建设,规范政府、企业和公民的行为,营造公平竞争的市场环境。组建行政审批服务中心和"经济110"投诉中心,推行投资环境责任制,实行重大项目服务承诺制,深入开展行风评议活动,整治"三乱",依法保护投资者合法权益。2007年8月,出台《关于进一步做好优化经济发展环境工作的意见》,提出开展机关效能建设、加快机制创新、强化惩治手段,确保"优化环境"再上台阶。2009年3月,出台《关于规范领导干部从政行为,提高工作效能的若干规定》和《关于整治和规范市场经济秩序,优化经济发展环境的意见》,开展"两场"("官场"、市场)整治活动。针对经济领域存在的垄断资源、欺行霸市、制假售假、商业欺诈、执法不规范等7个方面问题进行集中整治。

## 第三节 经济体制改革决策

### 一、综合管理体制改革决策

1992年3月,市委决定由市委管理的市属正县级企业的党政副职,征求企业主要领导意见,由市委审批;由市委组织部管理的市属副县级企业行政副职,下放给企业管理,由厂长(经理)聘任。1995年7月,提出逐步推进社会养老、失业和职工医疗保险制度的改革,健全多层次的社会保障体系。稳步推进城镇住房制度改革;按照建设金融中心的要求,加快金融体制改革,争取尽快建立农业发展银行、城市合作银行,引进区域性商业银行,建立外汇交易中心,开展涉外保险业务,使之与国际接轨。加快党政机构改革,切实转变政府职能,积极推进干部人事制度改革,全面推行并逐步完善国家公务员制度。1997年,出台《关于在全市进行小城镇综合改革试点的意见》,改革和完善镇政府的经济和社会管理职能,深化小城镇建设方式改革,建立多元化投资体制,多渠道筹集小城镇建设资金,改革现行户籍管理制度,建立和完善新型的社会保障体制,探索建立集体土地有偿转让制度,深化乡镇企业制度改革,建立和完善镇一级财政管理体制。1998 年 4 月，出台《关于加快全市卫生改革与发展的若干意见》，提出建立医疗费用“总量控制、结构调整”和“医疗收支与药品收支实行分开核算、分别管理”新机制，同时调整存量卫生资源，向农村和城市基层倾斜，向预防保健倾斜。2000 年 11 月，提出进一步建立和完善适应社会主义市场经济要求的社会保障体制，积极推进养老、失业、医疗保险改革，加快形成资金来源多元化、保障制度规范化、管理服务社会化的社会保障体系，使社会保障体系的覆盖面达 90%以上。进一步改革和完善财税、金融体制；全面完成党政机构改革，按照转变职能，提高效率，节约支出的原则精减政府机构和人员，按照“脱钩、放权、分类、搞活”的原则加大事业单位人事制度改革力度，建立起政务公开、办事高效、运转协调、行为规范、公正廉洁的行政管理新体系。

2001 年 8 月，市委、市政府提出要完善社会保障体系，强化政府在职业介绍、就业培训和就业困难人员托底等方面的运作机制，建立就业促进基金。2002 年 8 月，制订《九江市党政机构改革实施方案》，提出市委共设置机构 8 个，议事协调机构的办事机构 1 个，归口管理机构 2 个。市政府设置工作部门 32 个，议事协调的办事机构 1 个，归口管理机构 1；核定市级党政群机关行政编制 1528 名，比原有 1895 名减少 367 名。2007 年，出台《关于深化乡镇机构改革的意见》，规定全市乡镇设立党委、人大、政府机构。全市乡镇内设机构同意设置为党政综合办公室（增挂社会治安综合治理委员会办公室牌子）、经济发展办公室（增挂安全生产监督管理办公室牌子）、社会事务办公室（增挂人口与计划生育办公室牌子）、新农村建设办公室，乡镇不设政协机构，政协有关工作明确一名领导兼管。2010 年 12 月，提出进一步深化行政体制改革，探索大部门体制改革，健全国库集中收付制度、政府集中采购制度。稳步推进事业单位分类改革，推进非基本公共服务市场化改革，增强多层次供给能力，满足群众多样化需求。加快投融资体制创新，推进城市建设市场化，探索政府投资项目代建制，提高政府投资效益。

## 二、农村经济体制改革决策

1993 年，市委、市政府做出《关于切实减轻农民负担的规定》，规定，农民除依法向国家纳税外，应向乡镇集体上交占上年人均收入 5%以内的村提留和乡统筹，每个农村劳动力每年承担 5~10 个义务工，10~20 个劳动积累工；其他未经省政府批准的各项负担均为非法，农民有权拒绝。1995 年 7 月，提出农村改革着眼稳定和完善家庭联产承包制和统分结合的双层经营体制，要进一步促进土地资源的优化配置，建立起正常的土地使用流转机制；通过股份合作、招标承包、“五荒”拍卖等途径，鼓励社会各方面力量共同参与开发，优化生产要素配置；进一步建立和完善农村社会化服务体系，办好农村合作基金会；本着放管结合、强化监督的原则，搞活农村流能，稳定市场秩序，保护农民的根本利益。

2003 年 3 月，市委、市政府提出要按照“减人、减事、减开支”的要求，精简乡镇机构和人员。落实省政府对部分农产品免征特产税的规定，农业税征收机关要坚持依法征税，保护农民合法权益。落实“收税收费公示制”，农村义务教育一费制，报刊征订限额制和减负责任追究制 4 项制度。2004 年 12 月，出台《关于加快林业改革发展的意见》，提出全市林业发展的指导思想：确定以生态建设为主的林业可持续发展道路，以建设山川秀美的江南生态名城为目标，加快山上办绿色银行的步伐，努力构筑鄱阳湖绿色屏障，坚持依法治林、优质造林、科技兴林、分类管林和改革强林，积极发展林业产业。2006 年 3 月，提出统筹推进粮食、金融、国有农场的改革，完善粮食流通体制，增强农村金融机构服务功能，理顺国有农场管理体制，深化农村土地制度改革。2007 年，提出推进林权产业制度改革配套改革。抓好国有水管单位的体制改革，搞好水利设施产权制度改革为核心的水利改革，逐步完善水价制度。国有农（林）场税费改革，逐步剥离国有农（林）场办社会职能。抓好种子管理体制改革，搞好市、县、乡三级畜牧医疗机构改革和建设。加快农村土地征用制度改革，完善对被征地农民的合理补偿机制。同年，出台《关于进一步推进林产权制度改革工作的意见》，提出本着“巩固、深化、发展”的要求，以“山定权、树定根、人定心”为标准，巩固林权制度主体改革成果，全面开展林改质量自查、集中力量调处山林纠纷、加大明晰产权力度。以“把握重点、突出特色、稳步推进”为原则，进一步深化林权制度配套改革，建设并规范运作林权交易中心，组建林业股份制担保公司,引导农民建立合作林场等新型林业合作经济组织。

## 三、企业体制改革决策

1992年,市委、市政府提出要在完善企业承包经营责任制的基础上,对小型国有企业可实行改、转、租、卖等形式盘活;同时,深化企业内部分配制度、用工制度、人事制度3项改革。1994年,出台《关于在现有乡村集体企业中推行股份合作的意见》,提出以一厂两制、折股改组、存量转让、拍卖重组等方式,大力推行股份合作制,进一步明晰产权关系。1995年7月,提出要围绕建立现代企业制度,大力推进多种形式的产权制度改革。企业改制要与改组、改造和内部改革相结合,特别要防止国有资产的流失。1996年,出台《关于加快我市国有小企业改革的意见》,提出加快国有小企业改革,主要应通过产权流动,推进企业资产重组,充分发挥国有资产存量的效益,实行企业经营形式的改革。2000年11月,提出以产权制度改革为突破口,深化国有企业改革。基本完成对国有经济的战略性调整和国有企业的战略性改组,国有小企业全面完成改制改组。建立国有资产管理、营运、监督体系和机制,完善公司法人治理结构和内部管理机制,组建市国有资产管理机构。

2001年8月,市委、市政府提出要加快推进国企产权制度改革,创新企业经营机制。成立国有企业工作委员会,理顺国企干部管理体制,切实解决国企改革的相关配套问题,按期分批剥离企业办社会职能。2002年4月,市第八次党代会提出,国有大中型企业要以推行规范化的公司制改造为重点,健全法人治理结构,建立和完善现代企业制度,实现市属企业上市的突破。进一步加快放开搞活国有中小企业步伐,采取各种有效形式,深化产权制度改革,努力实现投资主体多元化,促进混合型经济的发展,使国有企业能退的尽可能退够;深化企业内部改革,建立对企业经营者有效的激励和约束机制;加大对困难企业扶贫解困力度,力争经过五年的努力,使全市绝大多数困难企业摆脱困境,国有企业下岗职工和失业人数逐年减少。同年7月,出台《关于推进国有企业改革的实施意见》,提出:采取股份制改造、出售、靠大联大、"退二进三"、关闭、破产重组等形式进行;坚持在改革上动产权、管理上动机制、用工商上动身份;国有企业的生产经营性资产均可以出售给境内外法人或自然人,亦可通过兼并、股改进行产权转让,以促进国有资本有序退出。组建国有资产经营公司,培育产权交易市场。2009年4月,确定九江国企改革的模式,即资产捆绑、政府融资、统一政策、全员置换、分类指导、分步实施。资产捆绑:将国企改制企业的地产和房产集约打包;政府融资:以市国资公司为平台,用捆绑的资产作抵押进行融资;统一政策:让尚未改制的国企职工在国企改革中享受同样政策;全员置换:全部职工置换身份;分类指导:按难易程度、资产重组、关门走人、产权多元化方式进行;分步实施:第一年全员置换,第二年资产处置、资源重组、盘活存量。

## 四、流通体制改革决策

1994年,市委、市政府做出《关于深化土地使用制度改革的决定》,强化对行政划拨土地的管理,严禁行政划拨土地直接进入二级市场;对新增建设用地,由市、县政府实行"统一规划、统一征地、统一开发、统一出让、统一管理"。1996年,提出要进一步理顺供销合作社组织体制,坚持集体所有制性质,坚持民主办社原则,完善民主管理制度;各级供销社具有独立的法人地位,依法享有独立进行经济社会活动的自主权;各级理事会是本社集体财产的所有权代表和管理者。1997年,出台《关于发展农村民间流通组织拓宽农产品流通渠道的意见》,强调大力培育多元化的农村市场体系,努力发展多种形式的农村民间流通组织。2000年11,确定市场对资源配置的主导地位,进一步加强以资本、人才市场为重点的要素市场体系建设,经过五年的努力,初步形成与全国、全省市场联通的要素市场体系。2003年5月,做出《关于进一步加强城区土地市场建设和管理的决定》,规定九江城市规划区内所有土地由市人民政府实行统一规划、统一管理、统一储备、统一开发、统一供应;市土地储备中心应将旧城改造和企业改制或结构调整"退二进三、退城进郊"需盘活的存量土地,政府依法收回的土地,依法征用的新增建设用地,二级市场交易中明显低于市场价格的土地以及政府认为需储备进行调控的其他土地等,实行统一储备,有计划地交土地市场公开出让。

## 第四节　对内对外开放决策

1991 年 11 月，市委、市政府制订《九江加快建设开放城市的实施方案》，提出“开放九江，开发赣北，呼应浦东，服务全省”的对外开放和经济建设的重大决策，建设开放城市的战略；依托长江，呼应浦东，“跟进”“接潜”，城乡共兴，在 20 世纪末把九江建成“开放、繁荣、文明”的城市。1992 年 5 月，下发《关于鼓励大胆引进加快开放开发的暂行办法》，鼓励全市上下大胆引进外资；8 月，出台《关于进一步加快发展个体私营经济的意见》，促进全市个体私营经济稳步健康发展。1994 年 6 月，做出《进一步加快对外开放若干问题的决定》，确定对外开放的总体思路和目标：以港兴市，旅贸并举，三带开发（昌九江业走廊、沿江经济带、沿湖产业圈），在 20 世纪末把九江建设成多功能、开放型的经济交流中转城市和长江下游的金融、贸易、旅游、信息中心。1995 年 7 月，市第七次党代会提出：开放建市，科教立市，农业稳市，工业强市，旅贸兴市，三带开发，城乡一体，到 20 世纪末把九江建设成为京九中段和长江中下游金融、旅游、物流中心和现代化港口城市。1999 年 3 月，做出《关于进一步加快发展个体私营经济的决定》。1999 年 7 月，出台《关于进一步加强对台工作的意见》，要求千方百计做好利用台资工作；8 月，出台《关于继续打好“六大攻坚战”促进九江经济大发展的意见》，强调要继续打好发展个体经济攻坚战，使之成为新的经济增长点，继续打好招商引资攻坚战，以开放促开发，促发展。1999 年 10 月，出台《关于搞活国有企业的若干意见》，强调抓住机遇，扩大经济总量上项目，引进外资上项目。

2002 年 4 月，市第八次党代会提出要坚定不移地以大开放为主战略，广泛招商引资，紧紧抓住招商引资这个经济工作的“牛鼻子”，坚持吸引外资和利用内资相结合、坚持“引进来”与“走出去”相并举，瞄准重点地区、国际市场抓招商，大力发展外向型经济。主动承接境外和沿海地区的产业转移，大力拓展与沿江城市、京九沿线城市和九江周边地区的经济合作，鼓励和支持优势企业到境外建立生产基地和分销网络，积极开展劳务输出和对外工程承包。2004 年 4 月，下发《关于进一步强化招商引资奖惩措施的若干实施办法》和《九江市利用外资项目引荐奖励办法》，进一步扩大开放，提高引用外资的水平，调动社会各方面招商引资的积极性，推动开放型经济发展。2006 年 11 月，市第九次党代会提出在更高的层次上推进“3+1”发展战略，打造新型工业重镇、区域物流中心、文化旅游胜地、开放港口城市。2007 年 1 月，做出《关于举全市之力促进九江经济开发区跨越式发展的决定》，进一步加快开发区建设，充分发挥对外开放的带动作用；4 月，做出《关于举全市之力加快沿江开发的决定》，以城西港区、金砂湾、沿江景观和小城镇建设、沿江通道为平台，加大招商引资力度；11 月，召开全市“四个对接”工作会议，强调实施项目对接、地区对接、大企业对接和院校所对接。2008 年 6 月，提出要按照产业集聚、区域集中、开发集约、能量集合的思路，突出大项目、大产业、大循环，用产业提升沿江优势，用产业推动沿江发展；要壮大产业板块、构筑产业平台、推进产业联动。2009 年 1 月，市委九届七次全会提出“两区互动，强工兴城”战略举措，指出最现实的是充分发挥潜在优势（沿江优势、庐山品牌优势、鄱阳湖生态优势、共青城独特优势），争政策、争项目、争资金；4 月，制定《九江市直（驻市）单位招商引资考评奖励办法》，调动市直（驻市）单位招商引资的积极性。2010 年，市委提出要抓住九江三年“工业决战 2000 亿”“城建决战 200 亿”的发展契机，开展产业对接招商活动，充分发挥专题招商项目对接平台的作用；4 月，出台《2010 年九江市招商引资工作意见》；12 月，修订《中共九江市委关于制定全市国民经济和社会发展第十二个五年规划的建议》，提出：要加强九江与长三角、珠三角、闽三角、海西经济区、武汉经济区城市合作，积极实施“引进来”“走出去”双向并举战略，推进产业互补发展；要突出抓好港澳台的招商，积极承接国内外产业转移，努力把九江建设成为中西部地区开放程度最高、体制机制最优、生态环境最好的产业承接转移区；要以跨国公司、大型国企和新兴企业为重点，进一步加大招商引资的力度，改进招商方式，拓宽招商领域，重点围绕十大产业集群开展产业链招商。

# 第五节　城市建设与管理决策

## 一、开放港口旅游城市方略

1991年11月，市委、市政府出台《九江加快建设开放城市的实施方案》。1999年，提出实施“12236”工程，即筹建“一场”，建设与九江城市人口规模相适应的集行政、文化、艺术和体育为一体的“城市中心广场”；新辟“两园”，白水湖公园，长江大桥桥头公园；治理“两湖”，通过截污、引清和清淤，治理好甘棠湖、南门湖，并逐步搞好绿化和美化；拓展“三路”，庐山大道、滨江路、长江大道；新建“六大建筑”，长江大桥南岸琵琶亭、图书馆、博物馆、体育中心、文化会议中心、城东和城西出口城市雕塑。2001年，市委七届十四次全会提出，3~5年内筹资30亿元重点建好“五大景区”，把滨江路景区建成九江的“外滩”；把甘棠、南门“两湖”景区建成九江一双明亮的“眼睛”；把九威大道景区建成九江的“世纪大道”；把以琵琶亭、长江大桥为中心的桥头景区建成九江的标志；把八里湖景区建成九江的“西湖”。2002年4月，市第八次党代会提出，按百万人口的目标规划，推进城市化，建设独具特色的人居环境，形成宁汉之间的旅游热点，培育京九中段的物流中心。2003年，对城市建设做出新部署，按照现代化港口旅游城市定位，重点建好“一站二场三道”(火车站站前广场、抗洪广场、南湖广场、九威大道、滨江大道、长虹大道)，放宽政策，敞开城门。全年新增10万城镇人口，提高城市化率2个百分点。2005年8月，做出《关于建设美丽富裕和谐强盛社会主义新九江的决定》，提出推进城市大建设，建设“最适宜人类居住”的现代化山水生态港口旅游城市，力争到2010年把九江建设成为市区人口过百万的区域中心城市。2006年11月，市第九次党代会提出“3+1”发展战略，即全力推进大工业、大旅游、大物流和城市大建设，把九江打造成城在水边、水在城中、湖光山色、山水相依的“最适宜人类居住”的山水生态港口旅游城市。2010年7月，出台《关于加快推进新型城镇化的意见》，意见提出，按照“山水生态、宜居宜业”的城市发展目标，彰显“诗韵田园、水墨九江”的城市文化特质，发挥通江达海的区位优势，把九江打造成长江沿岸重要工业基地、赣鄂皖区域物流中心和现代开放港口旅游城市。

## 二、“大九江”发展方略

2003年，市委、市政府决定开发昌九、九星沿线新区，拉开城市框架。2007年2月，出台《关于拓展城市框架，推进港口旅游城市建设的意见》，决定在加速昌九工业走廊、沿江城镇工业化、城市化发展的同时，重点实施“一核、二带、三城、九镇”(一核：城市核心区；二带：昌九工业走廊、沿江产业带；三城：瑞昌、湖口、星子；九镇：姑塘、海会、温泉、马回岭、岷山、赛阳、港口街、城子、码头)协调发展战略，形成“美丽浔阳、怀抱庐山、东临鄱湖、北依长江、西拓港城、南接走廊”的城市区域发展格局，构筑约1000平方千米区域面积的城市空间形态。2009年1月，市委九届七次全会做出走向“八里湖”时代战略部署，提出构建“大九江”城市发展格局，将瑞昌、湖口、星子和九江县4个大的组团纳入“大九江“来规划，做好对接文章，彰显“同城效应”。2010年，决定加快“四县(市)一山”(瑞昌市、湖口县、星子县、九江县、庐山)与中心城区的对接，做好城市轻轨交通规划研究，建设“四县(市)一山”与中心城区及城市各组团之间的快速通道，构建20分钟车程的“大九江”经济圈。提出“一核六组团”(一核：城市核心区，由老城区、八里湖新区、十里片区组成；六组团：城西港区组团、城东港区组团、芳兰组团、姑塘组团、沙河组团、港口街组团)的城市空间发展布局；做出“三年决战城建项目200亿”的决策部署，用3年时间在中心城区实施7类100项工程，完成200亿以上的政府投资，基本完成中心城区150平方千米规划范围内的主干路网和功能设施。

## 三、八里湖生态新区方略

1992年4月，市委、市政府决定设立九江八里湖开放开发区，面积为3.8平方千米。2003年，提出“环绕八里湖，建设新九江”的构想。2009年1月，市委九届七次全会做出“加快城市建设步伐，拉大城市框架，实现从甘棠湖、南湖时代走向八里湖时代”的战略部署，按照“一个目标”(打造生态新区)、“两个优先”(基础设施和公共服务设施优先)、“三个三分之一”(水面、森林绿地、建筑各三分之一)的规划布局，营造观湖、观江、观山、观城的“四观”生态效果，力争用5年左右时间，使八里湖新区框架基本拉开、功能基本完善、环境基本建成；同时，按照“显山露水”的要求，突出水面、岸线、临水建筑、城市建筑轮廓线四个层次的城市空间形态，加快编制八里湖片区控制性详规；突出九江山水名城特色，最大限度地保护八里湖生态资源，使之成为“水乡名城、生态绿岛、文化乐园、人居胜地”的新城区。

## 四、新型城镇化方略

1995年7月，市第七次党代会提出要按照“全面规划、节约用地、因地制宜、量力而行”的方针，制定好发展规划，科学布点，加快建设，鼓励农民进镇创办二、三产业，参与集镇建设，兴办各种配套设施，加快城乡一体化的进程；同时，《中共九江市委关于〈九江市国民经济和社会发展“九五”计划和2010年远景目标〉的建议》提出，加快城镇建设步伐，推进城市化进程。按照合理布局、节约土地、设施配套、环境优美的要求，有计划地发展一批小城镇和中心村，促进农村城镇化、城乡一体化的发展。1996年，出台《关于鼓励“农民造城”的有关政策意见》，制定引农造城十项政策措施。2002年4月，市第八次党代会提出，以现有城区为依托，以昌九、九星沿线为两翼，构建“V”型城市框架，合理调整行政区划，推动九江县和九江开发区设立区街建制，把瑞昌、湖口纳入卫星城规划建设；结合城防大堤整治和港口西移，加快城西建设步伐，以庐山党政机构下迁为契机，加速东南城区开发。通过推动铜陵—九江铁路、九江—景德镇—衢州铁路、武汉—九江铁路复线及沿江高等级公路的立项和建设，贯通东西大通道，带动城镇发展。2006年11月，市第九次党代会提出，充分发挥全市山、江、湖生态多样性地域特色和生态优势，以沿江、沿路、环山、环湖为轴线打造一批特色城镇。2009年6月，出台《关于推进鄱阳湖生态经济区建设实施意见》，提出依托共青城所具有的独特资源优势，积极推进共青城创建生态经济示范城活动，打造“中国青年创业基地”平台，使共青城在短时间内实现跨越发展，逐步建成生态优美的30万~50万人口的九江次中心城市。2010年10月，出台《关于加快推进新型城镇化的意见》，要求以科学发展观为指导，完善发展思路和目标；以优化空间布局为主线，加快新型城镇体系建设；以科学规划为引领，进一步完善城乡规划体系；以项目建设为抓手，加快推进城市建设；以资本运作为重点，提高城市经营水平；以强化管理为手段，推进城市管理科学化；以政策机制为保障，又好又快推进新型城镇化；实施“做大中心、打造‘脊梁’、培育节点、带动两翼”的城镇空间发展战略，构建“一心两轴三区”市域城镇体系(“一心”：以中心城区为核心；“两轴”：沿长江城镇带和昌九城镇带为发展轴；“三区”：东中西三个片区协调发展)；到2012年，共青城和德安县融为一体、连为一城，打造30万~50万人口城市；瑞昌市区人口过20万人，进入中等城市行列；其他县城城区常住人口规模多数超10万人；县市城镇化率每年提高1.5个百分点以上。

## 五、城市规划、经营与管理决策

1994年，市委、市政府出台《关于深化土地使用制度改革的决定》，建立政府垄断土地一级市场的机制，扩大土地有偿使用范围，加强对土地二级市场的监督管理，加强对土地出让金、土地收益的收缴管理，城区土地由市政府统一规划、统一征地、统一开发、统一出让、统一管理。2001年，市委、市政府出台《关于推进九江市城市社区建设工作的实施意见》，改革城市基层管理体制，加强城市基层政权改革和群众性自治组织建设。2003年，出台《进一步加强城市规划管理的决定》，要求抓紧编制和调整城市规划，优化规划审批，加强规划监管，提升规划管理水平；出台《进一步加强城区土地市场建设和管理的决定》，从统一土地管理、控制供应总量、完善储备制度、培育有形市场、加强价格管理等方面规范城区土地市场经营管理。2006年，出台《关于进一步加强城市社区建设的意见》，建立“城市政府统一领导、城区政府全面负责、街道具体实施、社区居民共同参与、专业队伍为主民办队伍为辅”的城市管理体系，建立“网络管理、信息反馈、监督检查、考核奖励”机制，形成以路为线、纵横成网、布局合理、覆盖城郊的管理网络。2010年6月，出台《“大九江”城市规划范围内农民建房管理办法》，使农民建房有法可依，管理有序；同年，决定以中心城区为主战场，开展“六城同创”（创建全国文明城市、全国双拥模范城市、国家卫生城市、国家园林城市、全国无障碍城市、省级生态城市）活动。

## 第六节　政治文明建设决策

### 一、机构改革方案确立

1995年10月，市委、市政府出台《九江市党政机构改革方案》，按照政企职责分开和精简、统一、效能的原则，切实转变职能，理顺关系，精兵简政，提高效率，逐步建立功能齐全、结构合理、运转协调、灵活高效的行政管理体制；市委、市政府各部门都实行“三定”（定职能、定内设机构、定人员编制）。2002年7月，决定开展县乡党政机构改革，对县（市、区、山）党委工作部门和政府工作部门设置及人员编制、领导职数都做出详细的规定。2002年8月，开展以加强党的领导，转变政府职能，理顺各方面关系，调整组织机构，精干公务员队伍，降低行政成本，减轻财政负担，提高工作效率为目标的机构改革。2010年4月，开展以政府职能转变为核心，以理顺职责关系、明确强化责任、优化组织结构、完善体制机制、提高行政效能为目标，以政企分开、政资分开、政事分开、政府与市场中介组织分开为原则的政府机构改革。

### 二、队伍建设规划制定

1991~2006年，市委先后制定《九江市干部教育培训五年规划》4个，利用开办培训班、选派干部下基层挂职锻炼等多种形式，打造政治强、业务精、作风正、工作实，能适应九江经济建设需要的干部队伍，通过深入开展“三讲”“三个代表”重要思想和解放思想学习教育活动，加大干部交流和培养选拔优秀年轻干部的力度，加强农村、企业、机关、学校、社区和非公有制经济等基层组织的党建工作。2002年4月，市第八次党代会提出，把解放思想落实到实际行动中，以开阔的视野和科学的机制选人用人，培养一支多谋善干、群众拥护的干部队伍；以领导班子建设为重点，切实加强干部队伍建设，进一步健全完善领导班子的议事和决策机制；进一步完善民主推荐、民意测验、民主评议、轮岗交流和公开选拔、竞争上岗、任前公示、用人失察失误责任追究等制度和办法；加大力度培养选拔优秀年轻干部，合理使用各年龄层次的干部。2006年11月，市第九次党代会提出：加强领导班子建设，提高应对复杂局面的能力，领导经济发展的能力，实际操作的能力，破解难题的能力，依法行政的能力，化解社会矛盾的能力，激发社会创造活力的能力；深入开展党风廉政建设和反腐败工作，不断完善反腐败领导体制和工作机制，严肃查处违纪违法行为，切实维护群众利益，坚决纠正不正之风。

### 三、依法治市规划部署

1991~2006年，市委、市政府出台4个《九江市在全市公民中开展法制宣传教育的五年规划》，要求在全市范围内加强法制宣传教育工作，增强广大干部和公民的法律意识，提高执法人员的业务素质，抓住九江市的突出问题和热点、难点问题，集中力量进行依法治理，全面提高依法治市工作新水平，为全面推进全市地方、行业、基层依法治理，实现依法治市奠定坚实的基础。2006年10月，制定《九江市“十一五”期间依法治市规划》，要求进一步增强全民法律意识，提高全民法律素质；推进依法行政，加快建设法治政府；坚持公正司法，切实维护社会公平与正义；完善监督体系，建立健全对权力运行的制约和监督机制；推进基层依法治理工作，全面加强基层民主法制建设；加强社会治安综合治理，健全社会稳定的长效机制。

### 四、基层民主选举制度颁布

1992年8月，市委、市政府决定在九江县实施《中华人民共和国村民委员会组织法（试行）》试点工作。1994年12月，制定《九江市深入贯彻〈村委会组织法〉进一步加强农村村民委员会建设三年规划》，要求全市从1995年至1997年，在试点工作的基础上，有计划、有组织、有步骤地开展村民自治活动，按照村委会组织法举行一到两次换届选举，并建立4项制度（村民选举制度，村民议事制度，村务公开制度，村规民约制度）。

## 第七节　精神文明建设决策

1992年1月，市委、市政府出台《九江市群众性精神文明建设活动工作意见》，进一步贯彻中共十三届七中、八中全会和江泽民"七一"讲话精神，提高人的思想道德和科学文化素质，开展群众性精神文明建设活动，创"三优"、建"三城"。1993年9月，市委、市政府出台《关于加强党的思想作风建设的意见》，加强和改进全市党的作风建设，推进九江各项事业发展。1994年12月，市委、市政府下发《关于加大〈爱国主义教育实施纲要〉宣传教育力度的意见》，加强爱国主义教育的理论研究，编写爱国主义教育的教材，建设爱国主义教育基地，组建爱国主义教育队伍，提高全市人民综合素质，提高城市的文明程度，加快全市改革开放和现代化建设步伐。2000年7月，出台《中共九江市委关于加强和改进思想政治工作的实施意见》，提出要努力把思想政治工作提高到一个新的高度。

2001年11月，市委、市政府下发《关于贯彻落实〈公民道德建设实施纲要〉的意见》，加强对"爱国守法、明礼诚信、团结友善、勤俭自强、敬业奉献"20字基本道德规范的宣传，加强公民道德建设，提升公民素质，促进九江社会经济全面发展。2002年10月，市委、市政府做出《关于建设学习型城市的决定》，力争用3~5年时间，使全市各级党政领导干部的理论素养、知识水平、思维能力和党性修养明显提高，实现九江在江西的率先崛起。2004年6月，市委、市政府出台《关于进一步加强未成年人思想道德建设的实施意见》，把加强和改进未成年任思想道德建设作为战略任务，齐抓共管，全力推进；2009年3月，制定《九江市开展深入学习实践科学发展观活动实施方案》，活动遵循"坚持解放思想，突出实践行动，贯彻群众路线，主题教育为主"的原则，努力实现"党员干部受教育，科学发展上水平，人民群众得实惠，"和"提高思想认识，解决突出问题，创新体制机制，促进科学发展"的目标。

# 第五章　组织工作

## 第一节　党员管理

### 一、党员人数

1991年年初，全市有中共党员152885人。1995年，全市党员为178268人；2000年，增至187752人。2003年，全市共有党员195704人，其中正式党员190180人，占97.18%；预备党员5524人，占2.82%。2005年，党员增至198546人。2010年年底，全市有中共党员214373人。

### 二、党员构成

1991年，全市党员中女党员占11.69%，少数民族党员占0.2%；年龄构成：35岁以下占18.1%，36~55岁占54.4%，56岁以上占27.5%；文化程度构成：大专以上占6.9%，中专和高中占24.68%，初中以下占68.42%；行业分布：农业、林业、水利业等占45.56%，工业、交通、通信业等占22.17%，党政机关和社会团体等占13.47%，文化、教育、卫生、科技事业等占8.3%，商业、金融业及其他等占10.5%。

1991年以来，随着全市党员人数的不断增长，其构成也出现较大的变化，主要表现是：党员年龄构成中，35岁以下和56岁以上的人数逐步增加，36~55岁的人数呈下降趋势；文化构成呈现"两头大、中间小"的发展态势，即大专以上学历所占比例明显提高，但初中以下学历者的数量却居高不下，仅略有下降；行业分布呈多元化发展态势且统计口径也有所变化。

1995 年,全市党员年龄构成:35 岁以下占 16.42%,36~55 岁占 55.06%,56 岁以上占 28.52%;文化构成:大专以上 15.85%,中专和高中占 34.98%,初中以下占 49.17%。

2000 年,全市党员中,年龄 35 岁以下占 18.32%,56 岁以上占 32.87%;学历大专以上占 18%,初中以下占 46.48%。

2005 年,党员年龄 35 岁以下占 17.68%,56 岁以上占 36.23%;党员学历大专以上占 21.53%,初中以下占 48.69%。

2010 年,全市党员中女党员占 15.75%,少数民族党员占 0.3%。年龄构成:35 岁以下占 17.84%;36~55 岁占 40.76%, 其中 36~45 岁占 20.41%,46~55 岁占 20.35%;56 岁以上占 41.4%, 其中 61 岁以上占 28.99%。文化构成:大专以上学历占 28.37%,其中研究生占 0.76%,大学本科占 10.59%,大学专科占 17.05%;中专和高中占 28.66%;初中以下占 42.97%。行业分布:农民占 35.96%,工人占 5.61%,企事业单位管理人员和专业技术人员占 19.3%,机关团体占 11.26%,学生占 1.3%,离退休人员占 18.2%,其他占8.34%。

**1991~2010 年若干年份全市党员年龄构成一览**

表 43-4-1　　单位:人

| 年 份 | 总 数 | 35 岁以下 | 36~45 岁 | 46~55 岁 | 56~60 岁 | 61 岁以上 |
|---|---|---|---|---|---|---|
| 1991 | 152885 | 27672 | 83169 | | 42044 | |
| 1995 | 178268 | 29280 | 49624 | 48529 | 17578 | 33257 |
| 2000 | 187752 | 34403 | 44045 | 47585 | 22145 | 39574 |
| 2005 | 198546 | 35098 | 44486 | 46536 | 23842 | 48084 |
| 2010 | 214373 | 38235 | 43759 | 43625 | 26609 | 62145 |

**1991~2010 年若干年份全市党员文化构成一览**

表 43-4-2　　单位:人

| 年 份 | 总 数 | 大专以上 | 中专、高中 | 初中以下 |
|---|---|---|---|---|
| 1991 | 152885 | 10549 | 37732 | 105004 |
| 1995 | 178268 | 28254 | 62356 | 87658 |
| 2000 | 187752 | 33788 | 66699 | 87265 |
| 2005 | 198546 | 42750 | 59133 | 96663 |
| 2010 | 214373 | 60815 | 61448 | 92110 |

**1995、2000 年全市党员行业分布一览**

表 43-4-3　　单位:人

| 项 目 | 1995 年 | 2000 年 |
|---|---|---|
| 总 数 | 178268 | 187752 |
| 工 人 | 21703 | 15865 |
| 营业员、服务员 | 6457 | 4543 |
| 行政机关工作人员 | 12453 | 16817 |
| 国有企事业管理人员 | 11045 | 7542 |
| 国有企事业单位专业技术人员 | 3254 | 2234 |

续表 43-4-3

| 项　目 | 1995 年 | 2000 年 |
|---|---|---|
| 集体企事业单位管理人员 | 2241 | 1451 |
| 集体企事业单位专业技术人员 | 1845 | 1257 |
| 乡镇企业劳动者 | 3826 | 2245 |
| 农牧渔民 | 62515 | 71045 |
| 民办教师、乡村医生 | 4376 | 4875 |
| 学　生 | 1520 | 2047 |
| 城镇个体劳动者 | 4578 | 3475 |
| 离休干部 | 11102 | 14378 |
| 退休职工 | 20471 | 26124 |
| 其　他 | 10868 | 13840 |

2001、2010 年全市党员行业分布一览

表 43-4-4　　单位：人

| 项　目 | | 2005 年 | 2010 年 |
|---|---|---|---|
| 总　数 | | 198546 | 214373 |
| 公有制单位 | 工　人 | 16329 | 9650 |
| | 企事业管理人员、专业技术人员 | 35453 | 37943 |
| | 机关干部 | 19523 | 24140 |
| 非公有制单位 | 工　人 | 2374 | 2386 |
| | 企事业管理人员、专业技术人员 | 1631 | 3423 |
| 农牧渔民 | | 74915 | 77096 |
| 学　生 | | 1920 | 2803 |
| 离退休人员 | | 33102 | 39032 |
| 其　他 | | 13290 | 17888 |

## 三、党员吸收

1991~2010 年，全市党员发展工作重心向一线和 35 岁以下青年倾斜，注重在新领域、新社会阶层和专业技术人员中发展党员。同时，共青团组织向党组织推荐优秀团员为发展对象的“推优”工作力度不断加大，入党积极分子队伍不断壮大。至 2010 年年底，全市共有共产党员 214373 名，比 1991 年 152885 名增加 61488 名，增长 40.22%。其中，35 岁以下党员 38235 名，占党员总数的 17.84%；大专以上文化程度党员 60815 名，占 28.37%；女党员 33764 名，占 15.75%。

## 四、党员教育

**教育活动**　1996~1998 年，市委开展对全市县处级以上领导干部进行以“讲学习、讲政治、讲正气”为内容、为期 3 年的教育活动，采取自上而下，分期分批进行，实行党内批评和自我批评相结合，对全市党员干部进行一次党性党风教育。2005 年，市委决定用一年半时间，在全市党员干部中开展以实践“三个代表”重要思想为内容的保持共产党员先进性教育活动。活动共分三批进行，每批半年时间；第一批为县以上党政机关和部分企事业单位，第二批为城市基层和乡镇机关，第三批为农村和部分党政机关，这是新中国成立以来参加人数最多、规模最大的一次全市性党内集中教育活动。2009 年 3 月开始，市委决定

用一年的时间,在全市开展学习实践科学发展观活动,围绕“党员干部受教育、科学发展上水平、人民群众得实惠”的总要求,把握坚持解放思想、突出实践特色、贯彻群众路线、正面教育为主的原则贯穿始终。

**电化教育** 1991年以来,全市共添置党员电化教育播放设备5262套,建立“两机一室”(录放机、电视机、电教活动室)的党员电化教育播放网点5262个,覆盖全市98%的机关、企事业单位,100%的乡镇党委和农村党支部。1996年,举办“首届九江市党员教育电视片观摩评比”,以后每两年一届。1998年4月,市委组织部购制一整套VCD光盘制作设备,创办全国党员电教系统第一家VCD光盘制作中心,承接全国第五届党员教育电视片观摩评比获奖片的VCD制作任务并向全国发行。从2002年开始,全市实施党员电教科技致富工程,下发农村实用技术科教片VCD8.9万张,建立党员电教科技致富示范基地8000多个,开展专题学习和专家辅导3.5万场次,发展种植、养殖和加工等产业项目近2万个。2004年,修水县、庐山区率先在自有播放设备的农民党员家里设立党员电化教育播放点。2005年1月10日,市委组织部主办的党建电视栏目《风采》在九江电视台开播,该栏目每月播出一期。至2010年,全市有党员电教中心户3600多户;播出《风采》60期;组织开展电化教育累计96.78万场次,培训党员干部800.46万人次;拍摄制作党员电教片600多部,先后有43部自拍电教片在各类评比中获奖,其中:在全省党员电化教育电视片观摩评比中,《搏击》获特别奖,《匡庐一好汉》《奉献者的足迹》《水中有个太阳》《烛光》《让书声在半山响起》《永不退休的爷爷》《耕耘 收获》获一等奖;在全国党员电化教育电视片观摩评比中,《匡庐一好汉》获一等奖,《让书声在半山响起》《永不退休的爷爷》获二等奖;《正科级女村官》获2005~2006年度中国广播影视大奖广播电视节目奖提名奖,《罗时来和他的54位父母》获第十一届江西新闻一等奖、江西首届优秀新闻奖,《永不退休的爷爷》获2009年第六届中国纪录片国际选片会党建电视节目银牌奖。

**远程教育** 2004年5月,市委组织部、市广播电视局、市教育局联合在修水县、武宁县、彭泽县、浔阳区、庐山区开展农村党员干部现代远程教育工作试点,至2008年年初,全市建立广电模式远程教育终端站点61个,卫星接收模式远程教育终端站点218个。当年7月24日,市农村党员干部现代远程教育工作领导协调小组办公室成立,全面开展农村党员干部现代远程教育工作;年底,在庐山区利用农村党员干部现代远程教育网络开展村务、党务网上公开试点,实现党员教育与群众监督一举两得。2009年3月22日,中共中央政治局委员、书记处书记、中组部部长李源潮到庐山区姑塘镇周岭村检查工作,对利用远程教育网公开村务、党务的做法予以充分肯定,表示“这种网上公开的形式好,做法值得推广”。2009年11月,全市1723个行政村全部实现村务、党务网上公开。2010年,下发《关于认真做好2010~2013年党员教育培训工作的意见》,完成第三批45个远程教育终端站点建设,并在民生集团等8户非公企业和市直机关工委等4个单位开展远程教育延伸试点;3月18日,利用远程教育网络开展十佳村党支部书记、十佳农民党员“双带”先锋评选暨第七届党员教育电视片(远程教育课件)评比活动,有21万多人次收看候选人的先进事迹,通过网络、电话、手机等方式投票80多万张;11月,在20个新经济组织、新社会组织,机关、企事业单位党组织中建立远程教育终端站点,探索把远程教育网络拓展延伸到更大范围,确保党员干部经常受教育,农民群众长期得实惠。在全市开展远程教育,争创百佳优秀终端站点、百佳优秀站点管理活动。至2010年,全市建立电信宽带模式终端站点1898个、卫星加机顶盒模式终端站点45个、市级播出管理平台1个、县级播出管理平台12个,形成覆盖全市181个乡镇、1723个行政村和部分党员农户的远程教育网络;开展远程教育学习培训活动6.6万场次,培训农村党员干部25.6万人次,培训农民群众45.5万人次。

## 五、流动党员服务

2004年11月,市委决定在修水县、都昌县、星子县、浔阳区、庐山区、市直机关工委组织部进行流动党员报到制试点,对全市所有流动党员再次进行全面、深入、细致的调查摸底登记。2006年12月,市委组织部成立“流动党员活动证”发放领导小组,各县(市、区)委组织部和市直机关工委也分别成立相应组织,对全市流动党员进行集中发证工作。至2007年3月,全市已下发“流动党员活动证”13890份,领证党支部数为2635个,领证党员9876人,发放率占98%;全市设立流动党员服务中心26个、服务站193个、服务点2018个,开通咨询服务电话26部;在全市396家规模以上非公有制企业全部单独建立党组织;依托驻外办事机构组建流动党员党支部36个,联系流动党员5000余名;建立《流动党员信息库》。2008年6月,市直机关工委增挂市直"两新"组织党工委牌子,市委组织员办增挂流动党员党工委牌子,市政府5个驻外办事处增挂流动党员党工委牌子,加强和改进全市流动党员教育、管理和服务工作。当年,全市共有流动党员8671人,其中流出8418人,流入253人。

至2010年,市委组织部每年均下发专门文件,要求做好流动党员教育管理服务工作;各单位根据流动党员的动态情况,及时补充、更新和完善已经建立的流动党员台账,开展上门慰问、座谈会等活动,及时查验和补发"流动党员活动证",落实党员外出报告和行前教育等管理制度。

### 六、特困党员救助

1998年4月,市委组织部建立九江党员互助基金理事会,制定《九江市党员互助基金会章程》,动员和组织机关事业单位和经济状况较好的企业、农村党员自愿进行捐款,要求按"一般党员干部职工不少于10元、科级党员干部不少于30元、县处级以上党员领导干部不少于50元"的指导数筹集资金,用于补助城乡中的特困党员,以帮助特困党员解决生产生活的燃眉之急。

2003年6月25日,由市委组织部、市财政局、市民政局、市直机关工委组成特困党员救助会,采取"党员捐一点、党费挤一点、财政拿一点、民政出一点"的方式筹集,由市委组织部、市财政局、市民政局各出资20万元和市直行政事业单位、党员个人捐款组成,每年筹资100万元,不足部分由市直工委从党费中补贴;各县(市、区)每年筹资不少于20万元,5年不少于100万元;救助金用于本地区特困党员生产、生活困难救助。当年,筹集救助金444.1万元,其中市本级97万元,各县(市、区、山)347.1万元;全市有4000多名特困党员得到有效救助。2005年"11·26"地震灾害发生后,在中组部、省委组织部下拨100万元帮扶重建村级组织活动场所和购买电教设备的基础上,市委组织部从特困党员救助金中及时拨付20万元,用于瑞昌市、九江县受灾党员恢复生产、重建家园;市直机关工委发动市直党员民营企业家捐款筹集21.8万元,全部用于救助市直民营企业中的特困党员。2006年、2007年分别下拨市委老干部局共10万元,慰问、救助市离退休老同志中的困难党员200人(含家属)。2008年1月,全市遭受历史罕见的冰冻雨雪灾害,在第一时间下拨各县(市、区)、庐山管理局、九江开发区、共青开发区、市直机关和中央、省属企业共41.7万元,并要求各地配套救助资金,积极帮扶、救助受灾的党员。2003~2008年,先后下拨市直机关特困党员救助资金149.7万元,救助患癌症的困难党员198人,救助特困党员子女上大学100人,救助下岗特困党员再就业培训100人。2009年,下拨50.8万元给各县(市、区)及中央省属驻市企业用于老党员、特困党员走访慰问。2010年,下拨特困党员救助金80万元,用于支持各县(市、区)救助帮扶特困党员。

## 第二节 农村党建

1991年,市委把村级党组织建设纳入农村社教工作,开展后进村党支部整顿,形成村级组织配套建设格局。1992年始,对全市198个后进村党支部进行整顿,调整配备党支部书记144名,到1994年,有182个后进村改变落后面貌,52个村跨入先进行列。1995~1997年,开展第一轮农村基层组织建设工作,从市直机关选派150名干部驻村,共组织2000名干部下村,重点抓好全市500个后进村和经济薄弱村的转化提高工作。1998~2000年,开展第二轮农村基层组织建设工作,继续组织市直部门开展"抓乡带村",在全市创建100个"六个好"(建设一个好的领导班子、带出一支好的干部队伍、选准一条好的发展路子、健全一套好的管理制度、保持一种好的工作作风、形成一个好的工作格局)乡镇党委、1000个示范"五个好"(领导班子好、党员干部队伍好、工作机制好、小康建设业绩好、农民群众反映好)村党支部。1999年,开展创建农村基层组织建设先进县委、党建工作先进乡镇党委、"五个好"村党支部"三级联创"活动。2000年12月,全市开展"万人下乡抓发展"活动。

2001年,全市开展农村“三个代表”学教活动,开展乡镇政务公开、村务公开检查,推进基层民主政治建设。2001~2003年,开展第三轮农村基层组织建设工作,组织选派市直部门“包村挂乡”,重点抓村级组织建设,加强基础设施建设,改善生产生活条件。2002年,试行农村村落社区党建工作,建立党组织领导下的社区“一会六站”(志愿者协会及社会互助救助站、公益事业服务站、环境卫生监督站、文化活动联络站、民间纠纷调解站、科技信息传播站)制度。2003年,以“三级联创”为抓手,通过落实领导干部和部门抓村建工作责任制,并实行档案管理,农村基层组织建设整体得到加强,全市涌现出126个“六好”乡镇党委、1208个“五好”村党支部;先后创办示范服务基地21049个,有9787名党员培养成为致富能手,1270名致富能手培养成为党员,2570名党员致富能手培养成为村干部。2004年,全市试行农村“两重两轮”投票制(村级重大党务和重要村务由党员大会、村民代表会议分别进行两轮投票表决,征求意见、形成决议)。2004~2006年,开展第四轮农村基层组织建设工作,继续开展市直部门包村包点。2005年,开展基层党组织便民惠民服务,构建新农村惠民物流通道。结合村级换届,推行村委会“自荐直选”(无候选人),推行村党组织“两轮票选”(召开村民代表会首轮投票确定正式候选人,再组织党员大会第二轮投票选举党组织成员)。2006年,组织开展农村党员先进性教育活动。实施村级组织活动场所项目建设,建设中央项目158个,市县落实配套资金156.42万元。2007年,进一步实施村级组织活动场所项目建设,建设中央项目100个,市县落实配套资金99万元。市委组织部与市民政局全面推行“两重两轮”投票制。与市扶贫办联合实施扶贫开发重点村“一村一名中专生”培训计划。与市农业局联合开展“党旗引领合作社”工作。当年,永修县柘林镇易家河村党总支升格为村党委,这是全市第一个村党委。2007~2010年,开展第五轮农村基层组织建设工作,坚持市级党员领导干部村建联系点、市直部门包村工作制度,要求包村部门做到“四个一”(帮建一个整洁规范的村部、发展一批符合群众意愿的产业化组织、培育一批党员经纪人大户典型,每年开展一项和谐文化活动)。2008年,开展选聘高校毕业生到村任职,共选聘74名大学生村干部,全部分配到行政村,任村党组织书记助理、村委会主任助理。加强农村党员经纪人队伍建设。4月23日,《人民日报》理论版刊登《抓好农村党建,促进科学发展》一文,介绍九江市农村党建创新工作。2009年,在全市农村开展深入学习实践科学发展观活动,制定和落实农村党员、村干部“一定三有”(定权责立规范,工作有合理待遇、干好有发展前途、退后有一定保障)政策,健全村干部激励约束机制,各县(市、区)村党组织书记、村委会主任年报酬达9339元(上一年全省农村劳动力平均收入水平),全面办理养老保险,有25名村党组织书记被选聘为县乡事业单位工作人员,健全村干部“述职述廉、民主评议”和乡镇党委书记基层党建述职评议考核制。选聘59名高校毕业生到村任职。深化“三培两带两服务”(服务农民生产经营、服务农民生活改善)工作,全面推行村级党务村务网上公开。2010年,市委下发《关于在全市农村普遍建立村民事务理事会的意见》,延伸党的工作触角;实施村级组织活动场所项目建设,建设中央项目167个、省级项目52个,自建项目196个,落实配套资金4542.64万元,实现村级组织活动场所“全覆盖”;选聘136名高校毕业生到村任职;对2008年选聘大学生村干部进行任职期满考核、安置事业单位,共选聘49人,并将其中26人续聘为村党组织书记、副书记;在全市农村普遍建立村民事务理事会,开展理事会党建工作。从市直包村部门选派129名正科级党员干部担任所包扶村党组织书记;开展“学沈浩、下基层、办实事”活动,《九江市百名组工干部春节回乡见闻》经验材料受到中组部部长李源潮批示,《人民日报》《光明日报》《经济日报》先后报道这一活动;深化农村“两重两轮”投票制(对农村重大党务、重要村务实行党员大会、村民代表会议两轮投票表决)工作,7月28日《人民日报·民主政治周刊》整版介绍九江市“两重两轮”做法。

## 第三节　社区企业党建

2003年,全市加强社区党建工作,推广浔阳区“三三四”模式,即:明确区委、街道党工委、社区党支部三级社区党建工作职责,构建纵向到底的领导责任机制;设立区“社区党建工作协调指导委员会”“街道社区党建共建议事会”“社区党建联系会”3个非常设议事组织,形成“横向到边”的协调参与机制;组织实施“核心工程”“道德工程”“久安工程”和“民心工程”，致力于加强社区党组织建设，树立社区文明形象，加强社区治安联防联治，增强社区服务功能。11月15日，浔阳区社区党建“三三四”模式研讨会召开，副省长孙刚、民政部基层政权和社区建设司司长张明亮、中组部组织局副局长张国隆、北京社科院院长朱明德、省政府副秘书长金细安，省委组织部副部长弘强、省民政厅厅长罗筱玉等参加，对该模式进行专题论证和研讨并给予充分肯定。当年，浔阳区成功申报“全国社区建设示范区”，浔阳区丁官路社区支部被中组部评为“全国先进基层党组织”。同时，以扩大党的工作覆盖面为目标，重点加大非公有制企业党建力度，全市有392个“两新”组织建立党组织，占应建党组织的85%；以探索党组织发挥政治核心作用的有效途径为主题，推进国有企业党建工作。2010年，在全省设区市率先成立非公有制经济组织党工委，配合国企改制，做好改制企业组织设置和移交社区工作；深化城乡社区“六联六互”党建模式，推进“党建一体化”工程，得到省委常委、组织部部长莫建成批示肯定。

## 第四节　市直机关党建

### 一、思想建设

1991年以来，市直机关工委注重加强党员干部思想教育。2002年，建立市直工委党校，每年分批举行党务干部培训班、入党积极分子培训班、预备党员培训班、副科级干部理论学习培训班、法制宣传员培训班。2005年，市直机关工委建立“九江机关党建网”，在市图书馆开设“市直党员阅览室”，同时部署市直各基层党组织建立党员活动室。2006年，在党费中拿出2万余元，向10个有困难的市直基层党组织赠送电教播放器材，协助建立党员电教室。2008年，印发《关于加强和改进市直机关党员思想政治工作的意见》等4个文件；举办市直科级干部、入党积极分子、党支部书记培训班共30多期，培训800余人。2009年，举办4期入党积极分子培训班、2期市直基层党支部书记轮训班、2期市直单位科级干部培训班；对17个市直单列单位的学习实践科学发展观活动进行全程指导和督查。2010年，市直机关工委制定《市直机关创建学习型党组织活动实施方案》和《市直单位党员干部阅读活动实施方案》，举办4期入党积极分子培训班、2期市直基层党支部书记轮训班、2期市直单位科级干部培训班和市直机关团干培训班等。

### 二、组织建设

1991年来，市直机关工委从市直机关党组织隶属关系、市直机关专职党务干部管理关系等10个方面理顺关系，对新经济实体党组织、社团党组织等实行分类管理，设立流动党员服务站，办法《流动党员活动证》。组织开展“创先争优、树立典型”活动，打造党员先锋品牌。2008年，成立市直新经济组织和新社会组织党工委。2009年，批准成立市直社会组织党总支、市直注册会计师行业党组织等新社会组织基层党组织8个；在市直单位党组织中开展“我为机关党建工作出一招、献一策”活动，下发调查问卷200余份，收到建议29条。2010年，出台《市直机关基层党组织工作条例实施意见》，成立市直机关创先争优活动领导小组，下发《市直机关创先争优活动实施意见》，推进基层党组织建设。

### 三、廉政建设

2008年，在市直单位营造“扬清风、树正气”氛围，评选表彰勤廉兼优的先进典型；办理信访件5件，审理4名党员违纪案件。2010年，市直机关工委表彰10名“廉勤典型”和7名“贤内助”，并向市委推荐4名“廉勤典型”和3名“贤内助”入选；开展“万名干部下基层，万名群众评机关”活动，通过调研、座谈、问卷调查等方式，共征集意见87条、建议114条；当年审理4件党员违纪案件，审结率100%。

### 四、救助帮扶

2008年，四川省汶川地震发生后，组织市直单位1.5万名党员捐款捐物，其中600万元“特殊党费”全部支援灾区；市直万余名党员奉献爱心捐款40万元，救助患重病党员和生活困难党员。2009年，组织党员捐献特困党员救助金40万元,对市直单位125名特困、重病党员进行走访慰问,资助48名特困党员子女上大学;市直机关单位开展对鄱阳湖滨农村的"四级联创、携手共建"扶贫帮建活动,帮扶资金30余万元。

## 第五节 干部管理

### 一、教育培训

1991年以来,全市初步形成以党校、行政学院为主阵地,理论培训和能力培养为重点,科级及以上干部为培训主体的干部教育培训新格局,培训方式有脱产培训、中心组学习和在职自学。2004年始,先后把125名领导干部送到国外有关院校学习,其中在美国路易维尔大学举办2期半年学制的年轻干部培训班,获"美国国际姐妹城市友好交流合作可持续发展奖"。2005年,在全省率先进行"人机对话"考学,先后3次对45岁以下科级以上领导干部进行考学,达1.9万人次。2009年,启动干部在线学习,143名45岁以下新提拔县级领导干部参加首期学习;选派100名35岁以下的正科级干部采取"三步走"(清华大学学习1个月、在党校请厅级干部授课1个月、到市直部门或乡镇重点工程挂职4个月)方式进行培训锻炼,取得良好效果,受到中组部充分肯定;连续6批选派800多名青年干部到基层和项目建设一线,直接参与破解国企改制、征地拆迁、项目推进等经济建设难题,提升实际操作能力和群众工作能力。

至2010年,全市累计培训干部20万人次,其中市委党校培训干部8000余人次;全市有5500多名党政干部获得党校大专以上在职教育学历,其中在职研究生学历230多名。

### 二、管理权限

**县(市、区)干部管理权限** 1993年,按照"管少、管好、管活"原则,市委下发《关于调整部分干部管理权限的通知》,下放庐山管理局正科级干部管理任免权限,市委只管理任免庐山管理局副县(处级)以上干部,市委组织部管理任免庐山管理局党委组织部副部长;将市委组织部管理的县(市、区)劳动人事局局长,公安局局长、政委和须事先报市委组织部备案的县(市、区)直部、委、办、局、群团部门正职,人大办公室主任,政协秘书长、办公室主任及乡镇人大主席团常务主席,调整为县(市、区)委管理任免。至此,对县(市、区)科级干部,市委组织部只管理任免纪委副书记、组织部正副部长、乡(镇、场)党委书记、乡(镇、场)长。

**1995~2010年若干年份全市县(市、区)干部统计一览**

表43-4-5 单位:人

| 项目 | | 1995年 | 2000年 | 2005年 | 2010年 |
|---|---|---|---|---|---|
| 干部总数 | | 12917 | 12478 | 15415 | 16252 |
| 其中 | 女干部 | 1876 | 1922 | 2378 | 2442 |
| | 少数民族干部 | 13 | 25 | 51 | 55 |
| 学历结构 | 研究生 | 1 | 15 | 121 | 345 |
| | 大学本科 | 804 | 1386 | 3708 | 5850 |
| | 大学专科 | 3967 | 5857 | 8020 | 7928 |
| 党派 | 中共党员 | 9106 | 9470 | 11941 | 14040 |
| | 民主党派 | 12 | 40 | 56 | 65 |
| | 无党派 | 2691 | 2968 | 3418 | 2147 |

续表 43-4-5

| 项　目 | | 1995 年 | 2000 年 | 2005 年 | 2010 年 |
|---|---|---|---|---|---|
| 年龄结构 | 40 岁以下 | 7054 | 6254 | 8068 | 6393 |
| | 41~45 岁 | 1923 | 1979 | 2431 | 3202 |
| | 46~50 岁 | 1908 | 1779 | 2272 | 2815 |
| | 51~54 岁 | 1095 | 1539 | 1608 | 1938 |
| | 55~59 岁 | 881 | 948 | 1021 | 1900 |
| | 60 岁以上 | 56 | 26 | 15 | 14 |

**市直企业干部管理权限**　1992 年 11 月，市委下发《关于下放企业领导干部管理权限的通知》，明确原由市委管理的市属正县级企业的党政副职，市委组织部在考察并征求企业主要领导同志的意见后，由市委审批。1993 年 4 月，下发《关于下放企业领导干部管理权限的补充通知》和《关于下放企业领导干部管理权限有关问题的解释》，规定原由市委管理的市属正县级企业的行政副职(含三总师)，下放给企业管理，由厂长(经理)聘任，企业报市委组织部和主管部门备案；市属科级企业党政正职，下放给企业主管局党委(党组)管理，由主管部门报市委组织部备案；市属副县级企业党组负责人，工会主席的任免，按照《党章》《工会章程》规定办理；事业单位属自收自支、实行企业化管理的，也参照上述执行。1998 年 11 月，部分市属工业企业法人代表管理权限下放，市委、市政府授权各主管局聘任并管理企业法人代表。事后报上级备案。2002 年 7 月，出台《关于改进市属国有及国有控股企业领导人员管理的意见》，除市港务局、市商业银行、市城市建设经营投资公司、市新兴建材资产管理公司外，其他市属国有企业领导人员的行政级别一律取消。

**市直科级干部管理权限**　2001 年 12 月，市直单位科级干部管理权限下放，市委各部门、市直各单位正科级干部实行任前备案管理，副科级干部实行任前审核职数，经市委组织部审核同意复函后由所在单位党组织发文任免；科级非领导职务的任职，按分口分别由市委组织部、市人事局有关科室审核职数，审核同意后由所在单位党组织决定任职。2002 年 12 月，市委组织部干部二科管理职责调整为负责考察考核市直单位领导班子及其领导干部，协助做好中央和省驻市单位领导班子建设和干部管理工作。

### 三、干部监督

1991 年来，市委组织部坚持贯彻落实中央和省、市委有关干部监督工作的方针、政策，加强对全市组织部门干部监督工作的综合、协调和宏观指导。2003 年，市委印发《关于开展在职领导干部监督进社区工作的实施意见》，在全市范围内(12 个街道和 11 个城关镇，共 214 个社区)开展领导干部监督进社区工作，共有 5105 名县(市、区)委管理的科级干部、1346 名市委管理的处级干部、419 名垂直管理的处级干部接受社区监督，当年被查处的 25 名科级以上领导干部中有 15 名是通过开展干部监督进社区而反映出来的。2004 年，全市建立和完善干部监督工作联席会议制度，形成由组织部门牵头、执纪执法部门齐抓共管的干部监督工作合力。

## 第六节　人才管理

### 一、政策支持

1992 年，市委下发《关于选拔、管理优秀专业技术拔尖人才工作的试行意见》。2000 年，下发《关于选拔、管理优秀专业技术人才工作的意见》，进一步规范优秀专业技术拔尖人才的选拔和管理。2003 年，出台《九江市关于大力实施“人才强市”战略的意见》，对全市人才工作的培养、使用、引进等环节提出明确要求。2004 年，市委召开全市人才工作会议，要求加强党政人才、企业经营管理人才和专业技术人才为主体的人才队伍建设，加强人才培养力度和广泛吸纳优秀人才。2005 年，下发《中共九江市委人才工作领导小组工作制度》,出台《关于建立领导干部联系优秀人才的暂行办法》《关于下发九江市优秀高技能人才选拔管理办法的通知》《九江市优秀农村实用人才选拔和管理暂行办法》和《九江市优秀专业发明人奖奖励办法》。2010 年,出台《中共九江市委人才工作领导小组 2010 年人才工作任务》《关于实行县(市、区)党政领导班子和领导干部人才工作目标责任制的意见》《九江市县(市、区)人才工作考核先进单位奖励办法》和《九江市人才工作创新奖励办法》,在全省最早实行人才工作目标责任制管理。

## 二、人才引进与选拔

1992 年、1997 年、2004 年、2007 年、2010 年,全市分 5 批选拔出优秀专业技术拔尖人才 27 名、41 名、60 名、30 名、21 名。2004 年以来,招募“三支一扶”(支农、支医、支教、扶贫)高校毕业生 1440 人、大学生“村官”258 人、公务员 2000 余人和农村教师 1200 人。建立人才引进“绿色通道”,引进博士、硕士学位以上高层次人才 600 余人。2003 年,全市引进博士 30 名,硕士 350 名,仅九江学院就引进博士 16 名,硕士 150 名;评选 60 名优秀专业技术拔尖人才;建立 3000 名“九江籍在外地工作人才”和 1000 名涵盖全市各种所有制企业经营管理人才的信息库。2004 年以来,举办各类人才集市 200 余场、大型人才交流会 40 多场,进场招聘单位 1.5 万家,进场求职人数超过 30 万人次,6 万多人实现就业。2005 年、2010 年分别选拔出突出贡献人才 7 名、6 名。2006 年、2009 年先后开展第一届、第二届九江市优秀专利发明人评选,分别选出 10 名优秀专利发明人,先后每人奖励 5 万元、6 万元。2008 年,成功举办“科技—人才—项目对接活动周”,邀请全国 111 家知名院校、282 名专家学者参会,签约项目 80 个、资金 52.2 亿元。从 2008 年开始,清华大学每年派出 10 名左右的优秀研究生来九江挂职锻炼。2010 年,组织评选“第二届九江市突出贡献人才”和“九江市第五批专业技术拔尖人才”,全市选拔出工业企业优秀经营管理人才、优秀专业技术人才、优秀技能人才各 10 名。对每位获奖优秀人才均给予几千至数万不等的物质奖励;面向全国招聘 3 名企业经营管理人才,每人年薪 30 万元;先后选拔 15 名青年干部到中央企业、国家部委和 27 名骨干人才到发达地区挂职锻炼,选派 129 名干部赴美国、新加坡等地学习培训;分 2 批选拔 100 名 35 岁以下年轻正科级领导干部赴清华大学和市委党校各学习一个月后,交流挂职 4 个月;科技人才对接活动累计对接项目 297 个,引进各类高层次人才 391 人,建立规模以上技术研发中心 48 个,与全国 119 所知名院校所建立长期对接合作关系。

**2000~2010 年部分年份全市人才存量一览**

表 43-4-6　　单位:万人

| 年 份 | 党政人才 | 企业经营管理人才 | 技能人才 | 专业技术人才 | 农村实用人才(乡土人才) | 科技人才 | 人才总数 | 人才密度(%) |
|---|---|---|---|---|---|---|---|---|
| 2000 | | | | 8.84 | 0.91 | 2.74 | 12.49 | 2.69 |
| 2002 | | | | 9.90 | 1.02 | 2.98 | 13.90 | 2.99 |
| 2003 | 1.96 | 1.70 | 1.32 | 7.80 | 1.49 | | 14.27 | 3.08 |
| 2004 | 1.91 | 2.01 | 4.81 | 8.04 | 2.60 | | 19.37 | 4.18 |
| 2005 | 1.90 | 1.99 | 4.83 | 8.06 | 2.62 | | 19.40 | 4.19 |
| 2009 | 2.21 | 5.90 | 26.40 | 11.93 | 1.57 | | 48.01 | 10.02 |
| 2010 | 2.53 | 5.38 | 30.53 | 11.28 | 6.00 | | 49.72 | 10.42 |

说明:1991~1999 年,人才数据统计工作没有开展;2003 年以前,全市人才统计主要为专业技术人才、乡土人才和科技人才 3 类;2003 年以后,对人才队伍的划分进行新的定义,科技人才不再单独统计

# 第七节　老干部管理

## 一、思想建设

**理论学习**　1991年以来,市委老干部局坚持执行老干部的阅文、学习、定期听取政治和经济形势报告等制度,建立健全离退休干部党组织生活制度,努力创造条件办好老干部学校,进一步办好老干部活动室。1996~2003年,坚持每月举办一次市直单位正处级退休干部理论学习。2004年始,由江西民生集团出资,为市直单位副厅级以上离退休干部每人赠阅1份《浔阳晚报》。2008年7月,成立市老干部党校,与市老年大学合署办公。按照"坚定党性、永葆本色、增长知识、陶冶情操、促进健康、服务社会"的办校宗旨,定期组织离退休干部党员进行理论培训和上级文件精神的集中辅导学习。

**形势教育**　2000年以来,全市各部门和单位每年都组织离退休老干部收听收看省委主要领导在全省离退休干部形势报告会的讲话,各县区在分会场组织收看。坚持每年两次向老干部通报国际国内形势和单位发展情况。市(县、区、山)每年都召开离退休干部迎新春茶话会,主要领导出席会议,向老干部通报政治、经济形势和社会发展情况,征求老同志们的意见与建议。

**参观考察**　1996~2003年,市委老干部局每年组织部分正县级退休干部到外地参观考察,先后参观考察各县区、省内各地市及湖北省的武汉、黄冈、宜昌、黄石等地。2006年3月,组织市直单位副厅级以上离退休干部参加县(市、区)"巡回看变化"活动。2010年4月,组织80余名市直单位离退休干部党支部书记到南京、苏州等地考察;9月,组织120多名市直单位副厅级以上离退休干部到上海世博园以及浙江、江苏等地参观。

## 二、组织建设

2000年4月起,市委老干部局坚持每年举办两期老干部党支部书记培训班。2002年7月起,市委组织部每年划拨留存党费5万元给市委老干部局管理使用;市委老干部局专门为市直单位离退休干部党支部书记配备一部小灵通,为工作联络提供方便。2006年8月起,上级党委组织部门将离退休干部党支部收缴的党费按50%的比例留成,作为支部建设工作经费。2010年2月起,市直各单位支持离退休干部党支部开展工作,提供必要的办公条件,落实离退休干部党支部书记交通、通信费补助每月不少于50元;7月,市委老干部局转发《九江市轻化集团公司国有改制企业离休干部服务管理工作暂行办法》,将市轻化集团在改制过程中加强离休干部党支部建设的经验做法,在全市推广;8月,4名离退休干部党支部书记参加在河北北戴河举办的全省离退休干部党支部书记培训班;11月,瑞昌市建设局离退休干部党支部书记徐新敬参加在宜春市举办的全省离退休干部党建工作经验交流会,并就创建"五好支部"作典型发言。

**1999~2010年若干年份全市老干部党支部一览**

表43-4-7　　　　单位:个

| 年份 | 合计 | 离休支部 | 退休支部 | 离退休联建支部 |
|---|---|---|---|---|
| 1999 | 390 | 27 | 36 | 327 |
| 2003 | 459 | 56 | 136 | 267 |
| 2007 | 524 | 56 | 103 | 315 |
| 2009 | 558 | 56 | 136 | 366 |
| 2010 | 531 | 45 | 113 | 373 |

## 三、待遇落实

**政治待遇**　1991~2010年,全市老干部与同级在职干部一样阅读有关文件,及时了解党和国家的方针政策。通过举办座谈会、形势通报会等形式,向老干部宣讲本地本单位的政治经济发展情况及国际国内重大热点难点新闻资讯;市党代会和人大、政协“两会”以及重要活动,均邀请老干部代表参加并在主席台就座;对于重要岗位、重要职务的人事安排,市委都会事前征求老干部的意见和建议。实行节日走访慰问和重要纪念日召开招待会、座谈会等制度,体现党组织对老干部的重视与关怀。

**生活待遇** 1991年以来,市委、市政府按照政策规定,全面落实老干部的生活待遇,坚持每年春节、元旦市领导走访慰问老红军和正厅级老干部。2003年,建立离休干部“三个机制”(离休费、医药费保障机制和财政支持机制),当年医药费统筹标准为每人7500元。同年始,坚持端午、中秋节走访慰问副厅级以上老干部。同年7月起,全市老红军遗孀生活补助从每人每月255元增加到800元。2004年,为7名健在的老红军每户解决1名晚辈就业市直事业单位的指标。2007年起,每两年走访慰问跨省易地安置的离休干部,市财政每年安排10万元作为老干部特困救助资金。市委老干部局每年走访慰问100户特困离休干部,局机关人员与市直单位100名特困离退休干部开展帮扶结对子活动,随时掌握情况,解决实际困难。2008年始,市第一人民医院组织专家每月为老红军上门巡诊。2009年,离休干部医药费统筹标准提高为每人18000元。2010年8月,全市副厅级以上离退休干部从当年起享受用车补贴,按级别为每人每年5000~10000元不等;12月,市老干部休养所整体改造工程竣工。

**信访接待** 1991~1995年,老干部信访集中反映住房安置问题;1996~1998年,集中反映企业单位离休干部工资套改问题;1998~2002年,集中反映企业拖欠离休干部医药费问题。对于老干部来信来访,市委老干部局做到件件有答复、事事有回音,凡老干部集中反映的问题,均得到市委、市政府及时、妥善的解决,其中2009年共接待老干部来信来访38件次。市委、市政府、市纪委主要领导亲自解决红军遗孀生活补贴不到位和老同志住房等诸多历史遗留问题,协调解决九江航空宾馆3名离休干部生活补贴等。

**1991~2010年若干年份全市离休干部一览**

表43-4-8　　单位:人

| 年份 | 合计 | 级别 | | | 参加工作的历史时期 | | | 单位性质 | | |
|---|---|---|---|---|---|---|---|---|---|---|
| | | 地级以上 | 县级 | 科级以下 | 红军时期 | 抗日战争时期 | 解放战争时期 | 机关 | 事业单位 | 企业 |
| 1991 | 2776 | 235 | 1220 | 1321 | 28 | 466 | 2282 | 889 | 796 | 1091 |
| 1994 | 2660 | 215 | 1160 | 1285 | 23 | 376 | 2261 | 859 | 753 | 1048 |
| 1998 | 2481 | 151 | 1139 | 1191 | 19 | 265 | 2197 | 791 | 698 | 992 |
| 2002 | 1980 | 100 | 1066 | 814 | 13 | 194 | 1773 | 709 | 587 | 684 |
| 2006 | 1717 | 87 | 854 | 776 | 9 | 168 | 1540 | 642 | 415 | 660 |
| 2010 | 1454 | 73 | 749 | 632 | 5 | 131 | 1318 | 505 | 303 | 646 |

## 四、老干部活动

**活动场所** 1991年以来,市老干部活动中心、市老年大学为市直离退休老干部活动场所。新建大楼位于庐山大道,建筑面积6340平方米(其中市老年大学1300平方米),总投资2000万元,于2006年重阳节正式开放。市老干部活动中心室内设有棋牌室、麻将室、健身室、乒乓球室、台球室、书画室、录像室、排练室、阅文室、阅览室、多功能厅、大小会议室、食堂等,室外设有9个门球场和两个地掷球场;市老年大学设有教室、电子琴室、电脑室、排练室、排练厅、办公室、会议室、教学成果陈列室等,开设书法、绘画、古文、诗词、二胡、电子琴、电脑、数码摄影、声乐、民舞、英语、瑜伽、葫芦丝共13个专业、27个教学班,2010年共有学员1045人次。

**文体活动** 1991年以来,全市老干部文体活动队伍近100支,有声乐、舞蹈、书法、绘画、时装表演、门球、乒乓球、台球、地掷球、象棋、围棋等各类团队、协会,大型活动连续不断。1997年11月,长江沿岸城市第十一届老年门球赛在九江举行,来自24个省市近300名老同志参加。2001年5月,“庐山杯”全国老年人乒乓球邀请赛在九江举办,来自28个省市300多名老同志参加。2009年9月,市老干部活动中心时装队《伟大的祖国伟大的党》参加由省委老干部局、省关心下一代工作委员会举办的“祖国颂”全省离退休干部庆祝新中国成立60周年文艺汇演，获一等奖。2009~2010年，市老干部活动中心时装队参加由上海世界华人联合会举办第七届“金夕年华”全国中老年才艺大赛和2010舞动浦江·唱响世博“金夕年华”全国中老年才艺大赛，在来自全国38省市32节目中，两次获金奖；出版《浔枫书画册》。

2009年6月，市老年大学被省委组织部、省委老干部局授予“江西省老年大学省级示范校”称号。2010年10月，市老干部活动中心被省委组织部、省委老干部局授予“全省优秀老干部活动中心”称号。

# 第六章 宣传工作

## 第一节 理论学习

### 一、市委中心组学习

2000年，市委下发《关于进一步加强和改进县以上党委(党组)中心组学习的意见》，明确学习的主要内容为马克思主义基本理论，毛泽东思想和中国特色社会主义理论体系以及党的路线、方针、政策。从2006年开始，市委开展领导干部“每月一课”活动，坚持学习马克思主义、毛泽东思想和中国特色社会主义理论经典文献、传统文化名篇以及国外文化理论名篇，并要求领导干部学习之后写一篇读书笔记。2009年，市委下发《关于进一步完善市委中心组理论学习制度的意见》。

### 二、党员干部学习

1991年，在全市范围内开展“认清国际形势，坚定社会主义信念，坚持不懈地开展反和平演变的教育”活动，领导干部联系实际带头宣讲；建党70周年之际成立市党建学会，开展群众性读书活动，重温红色著作经典文章。1992年，采取分系统、分层次传达学习的办法，在全市党员和群众中组织学习邓小平视察南方谈话，普及社会主义市场经济理论知识。1993~1994年，市委加强中国特色社会主义理论的学习。1995年，成立市建设有中国特色社会主义理论研讨会，联系九江发展实际对建设有中国特色社会主义理论课题进行专向研讨。面向全市宣传、教育部门负责人开办《邓小平建设有中国特色社会主义理论学习纲要》读书班。召开“九江市迈向21世纪发展战略”理论研讨会。1996年，在全市开展“三讲”(讲学习、讲政治、讲正气)学习活动。市委抽调理论水平较高的科级干部下到基层进行分片包干辅导和督查，组织一批先进典型在各县区巡回宣讲。1997~1998年，在全市干部群众中全面开展中共十五大重要文件学习活动，召开“纪念党的十一届三中全会20周年暨全市第三次邓小平理论研讨会”，组织编写《理论与实践——改革开放20年优秀理论成果集》。1999年，在全市基层党员、干部中深入开展“学习唯物论，反对唯心论，学习科学知识反对封建迷信”活动，把学习马列主义、毛泽东思想、邓小平理论和反对邪教“法轮功”等封建迷信有机结合起来，提高和增强全市干部群众识别和抵制唯心主义、有神论的能力。2000年，在全市开展“三个代表”重要思想和中共十六大重要文献学习活动。2001年，组织全市副科以上干部学习江泽民在广东高州的重要讲话。

## 第二节 新闻报道

### 一、舆论引导

1991年，组织“搞活大中型企业”“质量、品种、效益年”活动宣传。1992年，组织“学习宣传贯彻党的十四大精神”“学习邓小平视察南方谈话精神”“解放思想、开放九江”大讨论和“双杯”龙舟赛宣传。1993年，组织“抓好开放九江”和炎黄杯世界华侨龙舟赛、中国摩托艇超级明星对抗赛等系列大型体育赛事宣传。1995年,围绕中共中央总书记江泽民视察九江、国务院总理李鹏和副总理邹家华到九江参加京九铁路全线铺轨等重大事件,策划主题报道活动,组织"学习宣传贯彻市第七次党代会精神""整治三大环境(卫生环境、治安环境、投资环境)""学习孔繁森活动"宣传。1997年,组织"学习宣传贯彻党的十五大精神""喜迎香港回归"的宣传。1998年,组织"抗洪抢险""重建家园"宣传。1999年,组织"纪念改革开放20周年活动""五四运动80周年""中华人民共和国建国50周年""澳门回归"等重大活动宣传。

2001年,组织"中国共产党成立80周年""解放思想、加快发展"主题学习教育活动宣传,组织以"上项目年"为龙头,着力做好六大攻坚战以及县域经济发展宣传。2002年,组织"学习宣传贯彻党的十六大精神"宣传。2003年,以贯彻"三个代表"重要思想为主线,开展"一二三四朝前奔""学浙江赶芜湖""一手抓经济一手防非典""城市建设三个变化""弘扬抗洪精神、建设美好九江"专题报道,策划"'98抗洪记者看九江""百名记者下基层""弘扬井冈精神记者特别行动""知名记者看九江"等宣传报道活动。2004年,组织包括"小巷总理恳谈"在内的系列专题报道。2005年,开展保持共产党员先进性教育活动、"建设和谐平安江西,共创富民兴赣大业,再添魅力九江风采"主题教育活动、"狠抓重大项目""三百工程"宣传。特别是11月26日抗震救灾的报道,为万众一心,战胜困难,夺取抗震救灾斗争的最后胜利提供思想保证和舆论支持。2006年,策划和组织"3+1发展战略""推进3+1,建设新九江""落实科学发展观、推进3+1战略",开展市第九次党代会会况、"文明九江"大讨论、"彬彬有礼过马路"、灾后重建、"党员先进性教育活动""首届中国龙狮精英赛"等宣传。2007年,围绕"四个打造、五大战略""建设经济中心城市,我们准备好了吗",开展中共十七大精神宣传,组织3个"80周年"纪念、3批经济适用房公开摇号、文明卫生城市创建、第二届中国(九江)国际龙狮精英赛、庐山西海国际超模大赛、庐山温泉旅游节、沿江开发总规划发布等重大活动的报道。2008年,组织抗冰雪灾害、抗震(5·12汶川)救灾、北京奥运会的新闻宣传;围绕项目建设,分县区、产业和重大项目,集中开展3轮宣传报道活动。2009年,突出"强工兴城、两区互动"主题,制订宣传工作方案20多个,召开新闻宣传协调会10多次,开展"清醒、坚定、奋进——县(市、区)委书记访谈""提质、提速、提量、提效——县(市、区)长访谈""主攻工业、壮大实力——市直部门领导访谈"。2010年,围绕市委、市政府提出的"决战工业2000亿""三年城建投入200亿""会战200天,力争固投达千亿""产业集聚、企业做大"等重大决策和"创先争优""创业服务年""六城同创"等重大活动,组织一系列份量重、影响大的宣传热潮,做到一个时期一个重点,一个重点一轮高潮,有力推动九江的赶超发展。

## 二、新闻策划

1991年以来,全市主流媒体加强新闻策划,创新报道形式,增强新闻报道的吸引力、感染力和影响力,打造一批百姓喜闻乐见的精品栏目,如浔阳晚报的《百姓热线》、九江电视台的《市民议事厅》、九江电台的《政风行风热线》。通过重大活动、重要时机,加强在省以上主流媒体发稿上稿,全市在省以上主流媒体发稿逐年快速递增。2003年,《人民日报》头版头条推出反映九江综合发展成就的重点报道《九江:三大民心工程暖人心》,为新中国成立以来第二次上《人民日报》头版头条。2007年,国务院总理温家宝到武宁调研林改,《人民日报》《人民日报》海外版、《光明日报》《经济日报》、中央电视台《新闻联播》、中央人民广播电台《新闻和报纸摘要》、香港《文汇报》《农民日报》分别在头版头条位置刊播九江林改的新闻;新华社向国内外发通稿;《法制日报》《科技日报》《经济导报》等14家媒体分别予以转发,当年有关九江林改的新闻稿超过600篇(条)。2010年,全市在省以上主流媒体发稿突破5800篇,其中《人民日报》《光明日报》《经济日报》、中央电视台《新闻联播》、中央人民广播电台《新闻和报纸摘要》用稿269篇(条),报纸头版头条和中央两台重要节目头条共21条,《江西日报》、江西电台、江西电视台头条总计121条。

## 三、新闻管理

**建章立制** 1991年,下发《关于改进会议报道和领导活动报道意见》《关于我市新闻单位和驻市记者参加会议、阅读文件等若干意见》,并进一步健全新闻报道目标管理、新闻单位负责人例会、中心报道组组稿等制度。1992年,下发《关于加强内部报刊和内部资料印刷管理的通知》,开展内部报刊年审,并发给“内部报刊准印证”。1993年，下发《关于九江市新闻工作者职业道德基本守则》，把新闻队伍建设提到一个新高度。1997年，召开全市禁止有偿新闻、加强新闻职业道德建设会议，进一步强化新闻工作者职业道德建设标准；下发《全市新闻发布会登记暂行办法》，进一步规范新闻发布。2003年，就加强新闻宣传宏观管理作出规定，进一步建立和完善新闻上稿通报、重点稿件奖励等相关制度。2005年，就加强新闻宣传工作管理作出补充规定。2007年，围绕进一步改进会议和领导干部活动新闻报道，再次出台有关文件规定。

**报刊发行**　1990~2010年，市委加强组织领导，创新方式方法，开拓征订渠道，做好党报党刊发行，确保发行总量稳定增长，扩大覆盖面和影响力。至2010年，全市征订《人民日报》5025份、《求是》3949份、《光明日报》1404份、《经济日报》1606份、《江西日报》22755份、《九江日报》43000份。

## 第三节　对外宣传

### 一、对外宣传与文化交流

2003年，组织经贸合作研讨会暨九江行等招商引资活动的对外宣传，并在香港《文汇报》推出系列宣传专栏。2004年，组织九江到东莞、南京、武汉、广州，赣台经贸合作等招商引资活动的对外宣传，在《人民中国》《文汇报》(香港)《东莞日报》推出专版、专栏。2004年，九江市在参加评展的近200个城市中脱颖而出，获得“中国魅力城市”称号。2005年，邀请俄罗斯、巴西、莫桑比克、韩国、日本等国家傩文化艺术家到九江表演和文化交流。2006年，在香港招商周期间，香港凤凰卫视两次专访市委书记，创全省首例；中央电视台直播《精彩中国·江山如此多姿·九江》长达1小时，刷新央视实地直播江西的最长时间记录。2007年，在境外主流媒体推出九江专版9个，与中央电视台合作拍摄录制7集大型对外宣传片《走遍中国·九江》，在中文国际频道播出；开展市树、市花和城市精神的评选活动，确定樟树为市树，荷花为市花，城市精神主题词为“融汇九川，敢为人先，勇创实干，追求卓越”。2008年，香港凤凰卫视中文台播放9集大型专题节目《中国江河水·九江》。2009年，《香港商报》、香港《文汇报》分别对市委书记、市长进行专访；下发《关于加强对外宣传工作的意见》，着力打造长江、庐山、鄱阳湖、浔阳古城、共青城、庐山西海“六张名片”。2010年9月26日，举行“唱响九江”大型文艺晚会，其实况录像于10月20日在CCTV-6播放；在香港招商活动周中，促成凤凰卫视中文台专访市委书记。

### 二、宣传画册和光碟

2001年，制作出版《九江前途无量》市情片、画册、VCD等5000余册(盒)。2003年，制作《诗画九江》风光VCD、《与名人游庐山》画册1万余册。2007年，编辑制作《魅力九江》画册，拍摄市情片《走进九江》。2008年，编辑《辉煌三十年》宣传画册。2009年，编辑制作《江南水乡·印象九江》画册，更新市情片《走进九江》。

### 三、新闻发布

2004年3月，建立新闻发布和新闻发言人制度。6月23日，首批51位新闻发言人与新闻媒体见面，标志着全市的新闻发言人制度启动。2005年，在“11·26”地震灾害发生后，市委、市政府及时开展新闻发布工作。2010年，进一步健全新闻发布和新闻发言人制度；12月9日，组织全市新闻发言人培训暨媒体见面会。

### 四、网络宣传

20世纪90年代以来，随着互联网这一新兴媒体的兴起，市委重视网络宣传和网上舆论引导工作。每年在全国门户网站和全省主流网站发稿1000余篇。2004年，完成“首届中国网络媒体江西行”大型采访团的接待活动。2005年，投入50万元兴建九江新闻网，于2006年7月1日正式开通。2010年，下发《关于加强网络文化建设和管理的实施意见》。5月28日，《九江手机报》开通；组织全市宣传思想文化系统干部实名开博工作。

## 第四节　社会宣传

### 一、纪念庆祝活动

1991 年,举行庆祝中国共产党成立 70 周年纪念活动。1993 年,开展纪念毛泽东“向雷锋同志学习”题词 30 周年系列活动。1995 年,开展纪念抗日战争胜利 50 周年宣传活动。1996 年,举办纪念长征胜利 60 周年暨庆祝八一建军节大型文艺晚会。1997 年,开展香港回归等系列庆祝活动。1999 年,开展迎澳门回归、50 周年国庆和纪念五四运动 80 周年等系列活动。2000 年,开展纪念中国人民志愿军抗美援朝战争胜利 50 周年活动。2001 年,举行庆祝中国共产党成立 80 周年纪念活动。2003 年,开展纪念抗洪胜利 5 周年宣传活动,市文艺团体到南京军区慰问,受到部队官兵的热烈欢迎。2004 年,开展邓小平 100 周年诞辰纪念活动。2005 年,开展抗日战争胜利 60 周年系列宣传,举办九江市纪念抗日战争胜利 60 周年展览等活动。2007~2008 年,开展秋收起义 80 周年、建军 80 周年系列纪念活动。2009 年,国庆期间各单位、商铺、车辆悬挂国旗 3 万余面,标语口号 5000 多条,营造出祥和喜庆氛围。

### 二、先进模范宣教活动

1998 年,弘扬抗洪精神,评选表彰抗洪抢险先进典型,推出以全国抗洪英模陈申桃、“抗洪父子兵”为代表的一批先进人物。2004 年,永修县太阳山教师邹有云被中宣部、教育部授予全国德育先进工作者、全国模范教师,在全国巡回作讲演报告;中央电视台、中央人民广播电台相继推出救火英雄谭守文的群体报道。2006 年,人民日报等 14 家中央媒体组成的《劳动者之歌》采访团到永修,采访邹有云 30 多年奉献教育事业的感人事迹。2007 年,省委宣传部推出“感动江西十大人物”,九江黄萍、向东入选。2008 年,从不同行业精选 11 个抗冰救灾先进典型,组成全市抗冰救灾典型事迹报告团;市电信公司向东入选全省第二届“十大井冈之子”,李永刚、许俊谷景、江园生等先进人物由省委宣传部组织媒体集中宣传报道。2009 年,周俊军获得全省第三届“十大井冈之子”称号。

## 第五节　干部管理及人才队伍建设

### 一、干部管理

1990 年 12 月,市委印发《关于市委宣传部实施分管干部的通知》,明确市直宣教口处级干部由市委宣传部和市委组织部共同考察,提出任免意见;科级干部由市委宣传部考察、任免。2001 年 12 月市委宣传部、市委组织部联合印发《关于下放市直宣教口单位科级干部管理权限的意见》,明确原市委委托市委宣传部管理的市直宣教口各单位正科级干部实行任前备案管理,经市委宣传部同意复函后,由所在单位党组织发文任免;副科级干部实行任前职数审核,市委宣传部审核同意后同所在单位决定任免;市委宣传部直属单位副职,由市委宣传部考察任免。2003 年 2 月,市委宣传部印发《关于市直宣教口干部管理工作几个问题意见的通知》,指出科级干部年满 52 周岁的,不再担任领导职务,属行政单位的改为非领导职务,属其他单位的保留原职级待遇;担任正科级领导职务满 10 年以上执行职员工资人员,经本人申请,组织批准,提为副县级待遇后离岗休养。2007 年 4 月,市委宣传部召开市直宣教口干部工作联席会议,明确科级干部年满 52 周岁,不再担任科级领导职务;原则上市直宣教口单位正科级干部事前备案,副科级干部审核职数;逐年选拔和培养一批“名编辑、名记者、名主持、名作家、名演员、名教师”等专业人才。

### 二、人才队伍建设

2005年11月，市委组织部、市委宣传部联合印发《关于加强新闻宣传战线干部队伍建设的若干意见》。2010年，制定《九江市宣传思想文化人才队伍建设中长期专项规划纲要》，并纳入《九江市中长期人才发展规划纲要(2010~2020年)》。每年制定全市宣教系统人才培训和培养工作计划，举办新闻宣传与舆论引导、文明单位创建、文化产业发展、新闻发言人等各类培训班。

# 第七章　统战工作

## 第一节　民主党派联络

2010年，全市有国民党革命委员会、民主同盟、民主建国会、民主促进会、农工民主党、九三学社6个民主党派，有党员(盟员、会员、社员)2009人，基层支部100个(其中：总支10个)。

1991年以来20年间，市级民主党派进行5次换届工作，共有90名民主党派骨干分子进入领导班子；定期召开民主协商会、双月座谈会、情况通报会等共126次。组织开展14个重点课题的专题调研，为市委、市政府提供高质量的决策意见和建议；先后有70名民主党派成员被聘任为特约检察员、特约陪审员、特约教育督导员、特约监察员、特约国土监察专员、特约审计员、特约国税监察员、特约地税监察员、特约公安监督员、特约建设监督员、特约房产监督员。各民主党派以思想建设为核心，组织建设为基础，制度建设为保障，加强参政党的自身建设。加强和完善《九江市各民主党派、工商联、无党派代表人士“双月”座谈会工作制度》《九江市各民主党派市委会、工商联机关工作联席会议制度》《九江市各民主党派、工商联青年干部跟班学习制度》，提高各民主党派机关和工商联机关的工作效能。

## 第二节　党外人士联络

### 一、党外人士政治安排

**全国“两会”代表与委员**　1993年，推荐八届全国人大党外代表1名、七届全国政协党外委员1名。1999年，推荐八届全国政协党外委员1名。

**省“两会”代表与委员**　1993年，推荐九届省人大党外代表11名、八届省政协党外委员15名。1999年，推荐十届省人大党外代表17名、九届省政协党外委员15名。2007年，推荐十一届省人大党外代表20名、十届省政协党外委员19名。

**市“两会”代表与委员**　1993年，十届市人大、政协换届，推荐市人大常委8名；市政协委员392名，其中非中共委员236名，占60%；市政协常委58名，其中非中共常委37名，占62.3%。1999年，十一届市人大、政协换届，推荐市人大常委8名；市政协委员392名，其中非中共委员236名，占60%；市政协常委58名，其中非中共常委37名，占62.3%。2004年，十二届市人大、政协换届，推荐市人大常委8名；市政协委员480名，其中非中共委员288名，占60%；市政协常委74名，其中非中共常委49名，占65%。2006年，十三届市人大、政协换届，推荐市人大常委11名；市政协委员496名，其中非中共委员298名，占60%；市政协常委74名，其中非中共常委49名，占65%。

### 二、党外干部实职安排

**市级实职**　1993年换届，市人大常委会安排党外副主任1名，市政府安排党外副市长1名，市政协安排党外副主席5名。1999年换届，市人大常委会安排党外副主任1名，市政府安排党外副市长1名，市政协安排党外副主席5名。2004年换届，市人大常委会安排党外副主任1名，市政府安排党外副市长

1名,市政协安排党外副主席5名。2006年换届,市人大常委会安排党外副主任1名,市政府安排党外副市长1名,市政协安排党外副主席5名。

**县(市、区)级实职** 1993年换届,全市县(市、区)共安排人大常委会党外副主任10名、政府党外副县(市、区)长12名、政协党外副主席24名。1999年换届,全市县(市、区)共安排人大常委会党外副主任10名、政府党外副县(市、区)长12名、政协党外副主席25名。2004年换届,全市县(市、区)共安排人大常委会党外副主任11名、政府党外副县(市、区)长12名、政协党外副主席29名。2006年换届,全市县(市、区)共安排人大常委会党外副主任12名、政府党外副县(市、区)长12名、政协党外副主席36名。

**市直部门实职** 1993年,在市政府职能部门安排党外副职9名。1999年,在市政府职能部门安排党外副职9名,市科协安排1名党外正职。2003年,在市法院安排1名党外副院长,市工商联安排1名党外正职。2004年,在市政府职能部门安排党外副职10名。2006年,在市政府职能部门安排党外副职12名。

### 三、党外干部培训

1993~2010年,共派出29名党外干部到中央社会主义学院学习,116名县处级党外干部到省社会主义学院培训;市社会主义学院每年举办党外科级干部培训班、党派骨干成员培训班、民族宗教干部和宗教神职人员培训班、非公有制经济人士培训班、统战信息员培训班各1期,共培训学员3680名。

### 四、党外知识分子联系

2005年,成立市无党派中青年知识分子联谊会。至2008年年底,全市12个县(市、区)均已成立无党派知识分子联谊会。2010年,全市共有市级会员60名,县(市、区)级会员300名。

## 第三节 对台事务

### 一、涉台宣传

**对台刊物宣传** 1991年,抓好本级刊物《浔阳乡情》的创办与发行,该刊物创刊以来,每年发行1.2万份,其中800份寄往台湾岛内。各县市区也根据本地的特色创办当地刊物开展入岛宣传。如浔阳区的《浔阳潮》,都昌的《古南乡情》,修水的《乡音》,武宁的《武宁会讯》,彭泽的《彭浪乡音》等。

**对台网络宣传** 自2004年在华夏经纬网建立"绮丽九江"网页以来,共设立浔台往来、经贸动态、九江台企、投资指南、招商项目、工业园区等十几个栏目。据华夏经纬网运行情况统计,建网以来,"绮丽九江"信息发布量位列全国地市级台办前5名(年发布1000余条信息),点击数达8000~10000次,境外网民浏览量20000~30000次,台湾浏览量8000次左右。从建立至今被列为华夏经纬网最受欢迎的网页。此外,利用各级报纸做专版宣传九江市的发展变化、人文地理、对台招商和台胞、台商在浔的生活、创业情况。以涉台媒体、刊物为载体,努力做好对台宣传调研。在海峡两岸关系研究中心主办的《台湾工作通讯》和海峡两岸关系协会主办的《两岸关系》刊物上发表《谢启大来庐山参加妈祖文化会》《九江市台办突出特色提高机关效能建设》《殷殷深情了桑梓》《浔夜之声》《众多台湾明星企业抢滩浔阳江畔》《九江"台湾周"经贸文化之旅举办》等稿件。省级刊物《江西对台工作》九江每年上稿数都位列全省前三名。

### 二、涉台交流与台属工作

**涉台交流** 进入20世纪90年代以后,回大陆的台胞出现五大特点:结伴组团同行和多次回乡;第二、三代台胞回乡寻根;配偶子女全家同行者增多;探亲、旅游、经贸考察三者兼之者增多;台胞主动与相关部门、单位接触者增多。面对日益频繁的两岸交往,市委、市政府对台工作机构采取分级、分部门负责的办法,会同民航、铁路、公路客运、出租汽车公司、宾馆、旅行社等单位参与接待,并发动台胞亲属予以支持和配合。1995年10月,市台商协会成立,为全省设区市第一家台商协会,开展服务台企、招商引资等工作。2010 年 9 月，中国国民党荣誉主席连战携夫人连方瑀一行 25 人在庐山参观考察。

**台属工作**　1991 年以来，市台胞台属联谊会在市台办指导下开展活动。市台联编印的《浔阳乡情》共出刊 95 期，每期都寄送岛内，宣传推介九江，推进浔台两地的交流交往。

### 三、涉台经济

**台资企业**　1991~2010 年，先后组织招商小分队 420 余批次，分赴福建、江苏、浙江、广东、北京、天津、上海、深圳、苏州、昆山等台商聚集省、市开展招商引资活动或参加招商推介会，先后与 6000 多位台湾客商及岛内知名公、商会建立联系，其间邀请约 260 批次重点台商及团组 1500 余人次来浔考察。至 2010 年，全市批准注册台资企业 320 家，累计总投资额 12.51 亿美元，涉及电子信息、石油化工、纺织服装、装备制造、环保材料、汽车船舶等多个产业领域。

**经贸活动**　2003 年 9 月 21~25 日，举办赣台经贸合作研讨会，邀请台商 81 名到市参会。2004 年 3 月 9 日，市委、市政府在广东省东莞市举办九江（东莞）台商恳谈会，邀请 300 多名台商参加，签约项目 12 个，投资额 4.9 亿美元；9 月 16~22 日，2004 赣台（九江·庐山）经贸合作研讨会和全国台商协会会长会在九江、庐山举行，来自全国各地的 80 名台协会长、828 名台湾客商、26 个省（市、区）台办主任等 2000 多人参加，九江市签约项目 46 个、金额 13.6 亿美元。2005 年 9 月 11~16 日，在九江、庐山举办“赣台（九江·庐山）经贸合作研讨会”，国务委员吴仪以及省市主要领导及分管领导参会，邀请 500 余名台商参会，签约项目 26 个，总投资额 2.8 亿美元。2006 年 9 月 22~28 日，在九江庐山举办“赣台（九江·庐山）经贸合作研讨会”，中共中央政治局常委、全国政协主席贾庆林以及省市主要领导及分管领导参会，邀请台商 1100 余名，签约项目 40 个，总投资额 5.18 亿美元。2007~2010 年，省委省政府先后在浔举办“中国九江金秋经贸文化旅游节”和“浔台（共青城市）经贸合作洽谈会、台商投资九江恳谈会”等活动，共邀请 660 余名台商参会，项目签约金额达 24.8 亿美元。

# 第八章　农村工作

## 第一节　农业综合开发

### 一、国家农业综合开发县

1992 年，永修县被国家批准立项成为全市第一个国家农业综合开发县；随后，星子、德安、九江、修水、彭泽、都昌、湖口、武宁等县（区）相继进入国家农业综合开发项目县行列。至 2010 年，通过项目资金的大量投入，采取水利、农业、林业以及科技措施，特别是新建大批水利工程，改善农田排灌条件，使全市大量中低产田得到有效改造，生产条件明显改善，生产能力明显提高。与此同时，实施一批农业产业化经营项目，支持农产品基地建设，扶持农业产业化龙头企业的发展，扶持农村合作组织的建立与完善，使全市特别是各开发县农业产业结构逐步优化，农业产业化经营水平不断提升，项目区的农民收入水平有较大提高，一般年纯收入比非项目区人均高出 200 元以上。

### 二、国家农业综合开发项目

**赣中南农业综合开发项目**　1992 年，永修县被国家批准为赣中南农业综合开发第二期（1992~1994 年）项目县，随后星子县（1995 年立项）、德安县（1996 年立项）、九江县（1997 年立项）相继进入项目行列。

**赣北优质棉基地开发项目**　1994 年，全市争取到国家立项投资建设赣北优质棉基地，都昌县、湖口县以及九江县新洲垦殖场成为项目区，其中都昌、湖口作为开发县分别独立立项，九江县新洲垦殖场则是作为项目实施单位省棉花科学研究所的一个子项目区,主要任务是为项目区生产加工包衣棉种。

**江西农业综合开发项目** 1992~2010年,中央财政在九江农业综合开发中的投资达42049.44万元,其中无偿资金32859.99万元;省级配套投入资金14354.4万元,其中无偿资金10483.8万元;市财政配套无偿投入2299.9万元;三级财政共投入资金达58703.74万元,其中无偿资金47049.89万元。项目区受益农民投工达到456.52万个,按各个年度劳务价格折算,约合资金2.05亿元。

**开发治理土地改造中低产田** 1991年以来,全市共投入土地治理开发资金36431.08万元,在建设高标准基本农田、建设种养"双用"高效农田、建设小型水利工程等方面卓有成效。

**建设高标准基本农田** 1992年,建成永修白槎镇双丰园田化工程,面积333.3公顷,投入资金161.8万元,其中集中连片面积最大的是永修县三角园田化。1995~1997年,高标准农田建设涉及全市8个行政村,面积达1200公顷,总投资达257.3万元,开挖沟渠142千米,修建桥、涵、闸860多座(处),田间机耕道36千米,完成土石方达42万立方米,单位面积粮、棉产量提高20%以上。

**建设种养"双用"高效农田** 2001~2004年,全市共开发建设"双用田"(既可种植又可养殖)2513.33公顷,作为"三水"(水产、水禽、水生植物)种养基地。主要有:永修县三角乡双用田(466.7公顷)、立新乡双用田(380公顷),星子县沙湖山双用田(133.3公顷)、泽泉乡双用田(133.3公顷)、浆潭圩双用田(200公顷),九江县蛟滩湖双用田(200公顷)、永安乡双用田(133.3公顷),彭泽县太泊湖双用田(666.7公顷),都昌县周溪乡双用田(200公顷)。每块大小一般在3.3~13.3公顷不等,但同一项目区田块大小基本一致。其中大部分用于养殖珍珠、河蟹及其他水产品,部分种养兼用(即在双用田四周围沟养鱼,中间表土未动的主要面积种水稻)。

**小型水利工程建设** 1991年以来,全市农业综合开发共立项新建和维修小型水库90座,电排站33座,装机容量达4433千瓦,新建提灌站322座,装机容量7840.5千瓦,新开和疏浚排灌渠道2705千米,其中块石及"U"型槽衬砌538千米,累计完成土石方2662.44万方。项目区的排灌条件明显改善,加上通过施用农家肥、秸秆还田措施,提高土地耕作层的有机质含量、改造脊薄地层、增厚耕作层、清沟排渍,6.86万公顷中低产田得到改造,粮、棉、油作物增产、增效明显。

**灾害损毁工程修复** 1998年,九江遭受百年一遇的特大洪涝灾害,农田水利设施损毁严重。国家开发办派专人到九江查灾核灾,拨专款410万元用于永修、星子、德安立项修复项目区水毁工程;永修下闸电排站、立新乡导托渠、三角乡园田化桥涵闸及8千伏输电线路;星子苏家垱1号排涝站、3号排站、观音桥电排站;德安乌石门电灌站、罗桥电灌站、吴山红桥水渠东西干渠等26处水毁工程得到重建、维修或更新。国家于1999年、2002年、2005年、2006年、2007年、2008年安排自然灾害损毁工程修复专项资金共747万元,永修、星子、德安、九江、修水、都昌、彭泽等县以这些资金为基础,加上项目受益单位群众集资和投劳,共修复灾害损毁工程90处。

**农业产业化立项与扶持** 1991年以来,全市采取有偿、无偿相结合的投入方式,扶持建立"龙头企业+专业合作社+农户""农产品行业协会+龙头企业+专业合作社+农户"和"专业合作组织+农户"等组织形式,促进农产品产、供、销一体化,形成各个经营环节的利益关联,以实现农业产业化经营水平的提升和农民收入的稳步提高。

**农产品专业生产基地** 1991年以来,全市把农产品专业生产基地建设作为农业产业化经营的基础工程来抓,投入大量资金扶持永修县虬津乡蔬菜基地、九江县永安乡蔬菜大棚基地、星子县菊花、肇实种植基地、修水县蚕桑种植基地、永修县鳜鱼苗种繁育基地、彭泽县万头瘦肉型种猪养殖基地、湖口县333.3公顷药材种植基地、都昌县淡水珍珠养殖基地等项目,有的项目还连续2~3年投入资金,使种养基地都能形成一定规模。

**产业化龙头企业** 1991年以来,农业综合开发资金重点扶持的龙头企业主要有:修水县裕发河粉有限公司2.5万吨稻谷加工及1500吨方便河粉扩建项目,江西鄱湖水产股份有限公司(都昌县)5400吨水产品加工扩建项目,博莱生态园有限公司(九江县)30万头生猪屠宰及加工扩建项目,九江天洋高新生态渔业有限公司年繁1.5亿尾黄颡鱼及健康高效养殖扩建项目,江西仙客来生物科技有限公司食用菌示范基地及保鲜生产线加工项目等。其中博莱生态园有限公司、天洋高新渔业有限公司获得中央财政资金的扶持都在1000万元以上。此外，江西宏康农业开发有限公司(永修县)7500吨出口蔬菜保鲜加工项目、星子天鹅湖精制米厂5万吨稻谷深加工项目、九江鸿立(德安县)食品有限公司万吨有机胖姜深加工项目也都得到农业综合开发专项资金的重点支持。这些企业很多都是省级、市级农业产业化龙头企业，通过农业综合开发资金的扶持，自身实力大为增强，对产业发展的牵动能力以及对周边农户的带动作用都明显增强。

**农民专业合作经济组织**　2007年始，先后扶持都昌芗溪鄱湖特种鱼类网箱养殖专业合作社、都昌新湖名特优水产品养殖专业合作社、永修易家河柑橘专业合作社、星子山南鸽养殖专业合作社、彭泽水木山珍专业合作社、湖口通力渔业合作社、修水大椿玉叶茶业生产专业合作社等一大批农民专业合作组织。

**专项贷款担保工作**　2009年，九江县成立产业发展信贷担保基金，为生猪养殖基地农户提供信贷担保服务。财政部、国家农发办、省政府、省农发办领导专程前来调研。2010年，国家农业综合开发办将九江县作为全国唯一的信贷担保补助试点县，安排资金450万元（其中中央财政300万元，省级配套150万元)用于扶持九江县生猪和食用菌产业的发展。该县当年担保发放贷款1685万元，扶持一批生猪养殖户，其中大户25户，新增生猪出栏6万多头。

## 第二节　新农村建设

### 一、发展思路

2005年3月，市委、市政府在全市180个乡(镇)、1814个行政村、22831个自然村中，选择基础条件较好的100个自然村(涉及农户10507户，人口44938人)开展示范村建设。总体目标要求是：农村经济发展，生活富裕安康，基础设施完备，服务网络健全，民主法制进步，社会安定有序，倡导文明新风，人与自然和谐。2006年，市委、市政府按照中央“五句话二十字”方针(即生产发展、生活宽裕、乡风文明、村容整洁、管理民主)，以省委提出的“五新一好”为目标(即发展新产业、形成新机制、建设新村镇、树立新风尚、培育新农民、创建好班子)，坚持把新农村建设作为统筹城乡发展，实施强工兴城，加快九江赶超发展最基本的任务，以整治环境为切入点，以产业发展，农民增收为核心扎实推进，新农村建设步入常态化，规范化，制度化发展的轨道。2007年，市委、市政府印发《九江市社会主义新农村“三清六改五普及”建设指南》《九江市新农村建设住宅图集》和《九江市社会主义新农村建设发展纲要》。明确发展思路，发展目标和具体措施，提出“产业为先、富民为本、整体和谐”的总体要求。

### 二、环境建设

2005年，全市100个示范村新修通村公路126千米，硬化村中道路77千米，新建硬化户间便道75千米，维修下水道38千米，新打井1058口，新建大小水塔40座，安装自来水2539户，新增绿化面积49万平方米，安装路灯281盏，安装有线电视2419户，电话2613户。新建沼气池1760户、垃圾池(窖)529个，改厕1923户、改栏721处。投入资金3499万元，其中群众自筹资金1718万元，财政资金600万元，乡、村两级投入339万元，市、县单位帮扶资金782万元。德安县宝塔乡岳山垅自然村，改水、改厕和沼气使用率均达100%。2006年，新农村建设试点村达647个，涉及农户40184户。修路1279.9千米，其中通村、组道路555.37千米，自然村内便道724.53千米。改水590个村，28509户。改厕25493个，改房5533户，改栏5784个，建垃圾池2048个，清淤泥、塘泥254200立方米，清路障9665个，绿化、美化面积242622平方米，安装路灯3489盏，墙面出新1541653平方米。完成沼气池建设7396户，安装电视25730户，安装电话30736部，安装太阳能2717户。2008年，提出“修路缓装灯、栽树少种草、办事不欠债”的基本原则。从2008年起，坚持把农村清洁工程作为推进鄱阳湖生态经济区建设的重要任务，列为村庄整治的重点内容,积极推进农村垃圾无害化处理,探索出九江特色的"四四五"(农户、保洁员、理事会、环卫所四个主体。宣传培训、资金投入、制度保障、督促检查四个机制和厨余垃圾沤肥、可利用垃圾回收、土建垃圾铺路填坑、有毒有害垃圾封存、其他垃圾焚烧五个去向)的农村垃圾处理模式。坚持把环境建设作为新农村建设的基础性工作,按照先规划后整治、先筹资后动工、先拆迁后建设、先农户后集体的程序推进。到2010年,共建设6640个新村点,共完成改水26.5万户,改路11593.6千米,改厕26.4万户,改房12.9万户,改栏15.9万个,修下水道2672.2千米,清淤泥125万立方米,普及沼气7.96万户,新增电话16.7万户,有线电视15.4万户,太阳能5.6万户。全市安排农村清洁工作资金1.01亿元,全面完成6640个新村点和64个集镇的垃圾无害化处理工作;新建垃圾池26540个,大中型焚烧炉48个,落实保洁员7751人,购置垃圾机动运输车202台,设立回收点1511个;全市28万户110万农民过上走平坦路、喝干净水、住整洁房、上卫生厕、用洁净能源的新生活。

## 三、产业建设

2005年,全市制定100个示范村庄"一村一品"产业发展规则,"一村一品"产业格局初步形成,其中52个村庄发展果、茶等特色种植业及旅游休闲业,26个村庄发展生猪养殖和水产养殖,12个村庄发展服务业,10个村庄发展服装等加工业。与此同时,各村庄还组建农产品专业协会,扶持一批种、养、加工及运销大户。2006年,全市稳定发展粮食生产,主攻畜牧业、水产业、林果业等产业,推进"一村一品"向纵深发展,初步形成以粮、棉、油等传统农产品生产为基础,以畜牧、水产、早熟梨三大主导产业为骨干,以"庭院经济"为补充的农业产业发展新格局。全市扩大早熟梨面积2533.33公顷,油茶4400公顷,工业原料林10000公顷;扩大"一珠两网三鱼"(珍珠;网箱、外湖围网;彭泽鲫、鳜鱼、银鱼)特色养殖,特种水产养殖面积31200公顷;建立农村合作经济组织778个,流通大户7000多户,持有国家《农产品经纪人职业资格证书》的251人。2006~2010年,发展种植业村2625个,养殖业村1138个,加工业村411个,第三产业村698个,培育6300个致富能手和种养大户,发展庭院经济3.6万户,全市73%的建设点发展"一村一品"产业;发展乡村旅游农家乐396家,年产值超亿元,解决就业4000多人;规模以上农业企业272家,实现销售收入120亿元;在工商注册的农民专业合作社1015家,部级示范点2家,省级示范点17家,入社农民2.8万人,注册资金总额达8.96亿元;建设点农民人均年收入比全市农民人均年收入高出7个百分点。

## 四、农村社区建设

2005年,全市100个示范村新建生资购销点36个,新增便民服务站64个,新增文化娱乐场所76个,添置科技文化书籍、棋牌和一批健身器材,组建文化活动队伍55个。2006年,新农村建设村庄实现新社区、理事会、便民服务站"三块牌子,一套人员",70%的新农村建设点成立"一会六站",开展"五个一"(村民活动室、固定宣传栏、休闲活动场所、文体队伍、便民惠民服务站)建设,共建成村民活动室302家、固定宣传牌936块、休闲场所241处,文体队伍237支,便民惠民服务点128家。2006~2010年,全市建立农家书屋501个、文化活动室4185个、休闲活动场所3354个;整合农村劳动力技能就业计划、阳光工程、农村劳动力培训等,每年培训农民近20万人;开展文明创建活动,新农村建设点80%农户评为文明户,40%建设点评为文明村。

## 五、农村信息化建设

2000年9月,市农村经济信息网络建设领导小组成立,制订《九江市农村经济信息网络管理暂行办法》,由市农办牵头筹建,采取"政府支持、部门联动、借力成网"的方式,利用气象部门卫星通讯系统,把分布在全市各乡镇计生站的计算机作为农经网的终端。农经网设置"政策法规""农业科技""农业气象""劳务市场""专家咨询""招商指南""市场供求""市场价格""旅游农业""防灾减灾""生殖保健" 等栏目。2001年9月,全市14个县(市、区)农经网信息平台全部建成,80%乡镇终端开通启用。2007年5月,开始筹建九江"三农"网,11月正式开通,设置政务公开、"三农"动态、县区视窗、新农村建设、农业产业化、农业开发、“三农”论坛、网站公告8个栏目。2009年4月，网站更名为“九江市新农村建设”；12月，市委、市政府成立市农村信息化建设工作领导小组，“两办”印发《关于加快农村信息化建设的实施意见》，把农村信息化建设列入2010年全市百件为民实事之一。2010年，全市启动农村信息化试点工作；8月，庐山区、瑞昌市、共青城市3市(区)6个乡镇50个行政村纳入全省农村信息化试点；12月，全市14个县(市、区)均建成“九江市新农村建设”子网站；试点3市(区)共建设农村信息服务站112个，建站率100%，宽带入户数达18658户，平均入户率由不足3%提高到13.22%，超额完成入户率6%的目标要求。

## 第三节　人才培养与表彰

### 一、农业干部培训

1991年10月，市委农工部举办“果业工程”培训班。1992~1999年，先后举办果业培训班、村支部书记培训班、铁路沿线果园负责人奈李培训班等。自2000年开始，系统培训农业领导干部。2000年5~10月，举办10期各县(市、区)副科级农业干部培训班，每期30余人。2001~2010年，培训力度进一步加大，培训对象有市直农口部门县处级干部、各县(市、区)分管农业的领导、获“全省百强乡镇”称号的乡镇主要领导等；市委党校举办的全市农业领导干部培训班，培训对象有市直农口部门副科级以上干部、各县(市、区)农工部(农办)领导、县直农口部门副科级以上干部、乡镇副科级以上干部、市新农村建设领导小组成员单位负责人、农村工作团团长(队长)、新农村建设点理事长、农民专业合作社理事长、农业产业化龙头企业法人代表等。共举办30余期，培训人数2500余人。

### 二、人才表彰

1991~1999年，推荐表彰一批粮食、棉花、水产、林业等农业科技优秀人才和农业劳动模范，其中1998年2月市委、市政府“’97农业技术推广年”活动表彰一批先进集体、徐京发等“十佳标兵”和黄功应、胥仲谋等93名先进个人。2003年，开展“九江市优秀实用人才”评选活动，潘新华等农林口15人入选。2004年，市委、市政府表彰百名优秀人才中，李凯元、张平等9人被评为“农业技术拔尖人才”，卢作贵、潘新华等15人被评为“优秀农村乡土人才”。2008年，在“江西省第二届突出贡献人才”评选活动中，潘新华入围；在省委农工部组织的评选活动中，吴东生评为“江西省农业科教人员突出贡献奖”三等奖。何耀湖、郑根水、邵建华被评为“江西省农村创业人才”。2009年，市委农工部、市委组织部联合开展“首届九江市农村创业优秀人才”评选，王海平等20人入选；在市人才办组织的评选活动中，陈淼洋被评为“九江市第二届突出贡献人才”，陈齐信等3人被评为“九江市第五批专业技术拔尖人才”。2010年，在省人才办组织的“江西省农村创业人才”评选活动中，邱耀君、余前进、黄志伟榜上有名。

# 第九章　政法委及综治工作

## 第一节　社会治安综合治理

### 一、平安创建

2004年，市委常委会决定将市综治经费、150名巡防员工资公务费、100名交通协管员工资公务费列入财政预算，加大对全市治安防控体系建设投人，全市投入财力5058万元作为建设资金。经过近3个月监控网络建设攻坚战，全市15个县(市、区)先后开通电子监控系统，5个农村重点乡镇开通监控系统或监控点，全市安装全天候电子监控探头1687个，监视屏1301个，全部预置或实现119、110、122三台合一的功能；在监控系统建设中，有6个县(市、区)新建和完善无线指挥系统；全市城区电子视频监控覆盖面达80%以上;全市组建群防群治队伍,加强人防建设。招聘专职治安巡防队员2552名,协助民警担负卡口值勤、城区街道和乡镇集镇区域夜间巡逻任务;组建保安队伍117个,共1141人,由公安机关选聘管理,主要在社区和服务单位从事防范工作;挑选10899名治安信息员,提供治安信息和案件线索;下派综治特派员1862人,协助综治委抓安全防范工作;成立治安志愿者队伍,市区有6946人开展义务防范和治安宣传活动;组织建立看楼护院队伍617个、11951人。2005年,市委、市政府下发《关于开展“和谐平安九江”创建活动的实施意见》,在全市217个乡镇(街道)设立“910连心桥民情热线”专线电话(电话号码为所在乡镇区位号码+910组成),接受群众咨询、求助投诉不稳定和不安全因素的情况报告及意见和建议。2006年,市委、市政府下发《关于开展争创平安县(市、区)活动的通知》,强化湖区、景区、林业、城区、边区5区域平安建设。至2010年12月,全市已有1个县获国家级平安县称号,11个县获省级平安县称号,占12个县(区)的91.7%;全市217个乡镇(街道)100%被评为市级平安乡镇,1797个村居(社区)100%被评为县级平安村居(社区)。

## 二、防控体系建设

1993年,全市开展社会治安综合治理基层基础工作年活动,强化综治机构建设,健全群防群治队伍建设,严密防范措施,推动综治工作规范化建设。1994年,加强乡镇综治委建设,普遍建立“四档八簿五制度”,编制“治安形势图”“工作网络图”。1996年,推行乡镇综治办标准化建设,硬件建设上基本实现三有:办事有经验、交通有工具、通信有设备;在软件建设上普遍建立“两图、四档、八簿、七制度”。2004年,全市乡、村两级综治网络规范化建设全面启动,各乡镇(街道)设立综治办,做到有机构、有人员、有活动;市综治办下发《关于加强乡镇(街道)综治办规范化建设等级评定办法》,加强治安防控体系建设、群防群治队伍规范化建设、要害部位治安防范管理等重点工作;各乡镇(街道)综治委、办均配备1名专抓综治工作副书记和3~5名综治专干。机关、企事业单位和社会团体,均健全综治领导机构和办事机构;各级综治办都建有“一表二图七册”,实行微机化管理。2007年,永修县在筹备全省第五届鄱阳湖年会工作中,投入100万元用于综治基层基础工作。2009年,市委常委会先后4次召开专题会议研究综治工作,市委、市政府出台《进一步加强社会治安综合治理基层基础建设的实施意见》,对综治工作人员配备、经费保障等重大问题作出规定,县级综治办不少于5名工作人员,县级矛盾纠纷排查调处工作室不少于3名工作人员;县级综治工作经费在原人均0.15~0.2元基础上逐年增加,市本级综治工作经费达到人均0.2元,创安经费达到150万元。2009年10月,全省乡镇(街道)和谐平安联创中心建设工作现场会在星子县召开。2010年,市综治委出台《全市乡镇(街道)和谐平安联创中心实施意见》及《进一步规范乡镇(街道)和谐平安联创中心建设的若干意见》,对全市乡镇(街道)和谐平安联创中心进行统一和规范,创立联合排查调处矛盾纠纷,联合防控社会治安,联合治理安全隐患,联合创建和谐平安,联合开展为民服务新机制。全市217个乡镇(街道)均按要求设立和谐平安联创中心;星子县农村自然村创建和谐平安理事会,摸索出一套“村民自我教育、自我管理,自我服务,自我提高”的基层创安新模式,得到中央综治办及省委政法委、省综治办肯定。

## 三、矛盾化解

1991年以来,全市制定月报、季报、要情报告、“零报告”、抄告回执、考核督查、协调会议等制度,建立四级信息员和调解员队伍,形成横向到边、纵向到底的矛盾纠纷排查调处网络。2004年,武宁县综治委对参与调解工作满20年的调解员购买养老保险;星子县针对争山林水利、争矿产资源、争经济保障纠纷逐年增多的情况,组建3个纠纷矛盾调处中心,形成相关部门参加,齐抓共管工作格局。2008年,市、县、乡、村级对各类矛盾纠纷实行拉网式滚动排查,共排查梳理出重大矛盾纠纷246件,其中市级41件,县区205件,全部落实领导包案;由责任领导带队包调查、包处理、包做思想工作和包信访稳定,坚决防止集体访、重复访、赴省市集体重复访、赴京非正常上访的发生;全市深入开展司法调解、行政调解、人民调解“三调联动”工作,制定具体的工作方案,成立联动工作领导小组,各县(市、区)均选取1~2个基层单位试点。全市开展重信重访专项治理工作,对无理取闹、影响稳定的重信重访人员采取“一盯一、多盯一”

的措施。奥运会期间全市赴京访实现“零登记”目标，同比下降40%，赴省访也下降45%。市综治委出台《关于规范排调工作规程，构建“大调解”工作格局的工作意见》，对全市矛盾纠纷排查调处工作的组织网络，工作主体，工作职责，工作台账进行明确，完善政法、综治、维稳、信访部门综合协调，有关部门、单位各司其职，社会各界广泛参与的“大调解”组织体系，对重点突出纠纷进行有效调处；在医患纠纷、交通事故、城市建设、国土资源等纠纷较多的领域建立专业调解委员会，运用多种调解方法，化解矛盾纠纷。

### 四、责任追究

2006年，市委、市政府出台《九江市社会治安综合治理及维护社会稳定领导责任制实施意见》，完善综治、纪检、组织、人事、监察部门联席会议制度和情况通报制度；同年，市直4家单位被限期整改。2007年，市直6家单位、县级27家单位被进行责任查究；全市因工作不力、发生严重问题而受到责任查究的共15人，其中厅级干部1人(被调离)、处级干部1人(被行政记过)、科级干部13人(1人被撤职、1人被免职、11人被行政处分并调离)。2009年，市委、市政府把综治工作纳入县域经济发展目标考评体系，加大综治工作指标的分值权重；市综治委把平安创建作为综治工作考评的重点，把考评结果通报组织、人事部门，作为考核领导干部政绩的依据；组织、宣传部门报送省、市表彰的先进党务工作者和优秀基层党组织，以及评选文明行业单位、提拔任用干部，都事先征求市综治办意见。市综治委、市人事局、市财政局联合发文《九江市综治责任单位社会治安综合治理目标管理考评及奖励处罚办法》规定，凡被评为年度全市社会治安综合治理目标管理先进单位的市综治责任单位，由本单位按人均一个月工资增发奖金，奖励经费从本单位自有资金中支出。同时坚持严格问责，倒逼工作落实。2009年，全市因综治工作不力，发生严重问题受到责任查究的单位26个，受到各种处分的43人。

## 第二节　维护社会稳定

20世纪90年代以来，全市开展与“×××”等非法邪教组织斗争，深入揭批“×××”邪教反动本质，教育转化“×××”练习者，依法打击“×××”邪教非法活动。2003年，市、县两级成立维稳信息督查办公室，从后备干部中选调维稳信息督查员，派驻县(市、区、山)和市直单位，构建“以公安和国安等部门为主的专业线、以市重点单位为主的行业线、以维稳信息督查员为主的基层线、以企业和群众为主的社会线”的信息员网络，其中市级信息员41人、县级信息员120人、乡级信息员215人、村级信息员2241人。2004年，出台《九江市县级维稳信息督查办公室规范化建设意见》，对县(市、区、山)维护信息督查办公室软硬件建设及维稳信息督查员的日常管理、待遇保障、奖惩措施等，提出规范化的工作要求；通过年初大排查、每月定期排查、维稳信息督查员经常性排查及专项重点排查相结合，排查出各类不稳定因素6687件，化解6406件。2005年，妥善处理星子县“3·7”特大交通事故、永修县“4·5”部分村民围堵高速公路事件、九江学院“6·25”学生因水电押金聚集事件、九江石化公司“11·2”因分配制度改革群访事件。2006年，妥善处置都昌县“11·18”土塘中学学生拥挤踩踏伤亡事故。2007年，市委、市政府决定在城西港区设立维稳安保部，协调征地拆迁维稳工作，防范化解不稳定因素73件，实现城西港区零上访、零刑案、零群体性事件；妥善处置部分军队退役人员“3·21”赴省群访事件、都昌县“6·15”芙蓉工业园平整土地纠纷。2008年，市委、市政府从市直有关单位和市政法各部门抽调人员成立13个督查组，分重点时段、分片督查全市维稳工作，完成奥运期间维稳安保任务；妥善处置九港集团退休人员群访、江西赣北化工厂职工违规集资建房、江西海扬集团职工因企业改制群访等事件。2009年，市委、市政府成立市属国企改革维稳工作组，市、区两级成立国企改革维稳办，建立“九包一”维稳责任人和“一企三警”工作机制，维护国企改革期间的社会稳定，未发生涉企突发事件和赴省以上非正常访，完成新中国成立60周年维稳安保任务。2010年，市委、市政府出台《关于进一步加强维护社会稳定工作的意见》《重大事项社会稳定风险评估暂行办法》以及《九江市预防和处置大规模群体性事件应急预案》等文件，并妥善处置修水县“7·5”部分村民群访事件。

## 第三节 执法监督检查

### 一、信访查处

2000年,市委政法委下发《关于恢复九江市党政领导来访接待日的实施方案》。2002年,下发《市委政法委及市政法各部门联合接访信访工作制度》;联合接访日共接待上访群众176人次,召开联合处访会议3次,解决疑难信访案件30余件;7月1日,在全市正式开设“108”专用免费信箱,专门用于社会和人民群众对全市政法干警违法违纪问题的投诉和举报。2004年,全市集中处理涉法上访第一次督办会在武宁县召开。2006年,受理群众来信来访228件。2008年,受理群众来信来访157件、180人。2009年,受理群众来信来访113件。

### 二、办案协调

2004年,市委政法委制定《市大要案协调领导小组议事规则》和印发《关于认真办理企业界代表向政法系统提出的意见和建议的通知》,组织公检法司相关人员就成都庆明公司诈骗案进行协调。2006年,市委政法委下发《关于切实解决人民法院执行难问题的通知》,出台《关于建立法院执行工作协调联动机制的实施意见》,在全市范围内开展为期半年的集中清理执行积案专项活动。2007年,全省涉法涉诉工作会议暨现场交流会在九江市召开。2009年,建立全市政法部门联席会议制度,协调疑难案件28件。2010年,全市开展积案清理和案件评查工作。至2010年12月,全市进京重复访案件91件,化解56件;非正常进京访案件679件,息访584件。市、县两级政法部门共评查案件1362件,其中优秀、合格1291件,占94.8%。

### 三、案件督办

2003年,市委政法委组织开展对保外就医和所外执行案件的执法检查,对全市110名保外就医罪犯、86名所外执行人员的审批程序和落实措施开展督导。2004年,市委成立集中处理涉法涉诉上访问题工作领导小组,接受处理并办结信访案件120件,召开督办会议4次,督办重点案件64件。2005年,政法委督办案件12件。2006年,政法委召开公、检、法三家联席会,制定出台《关于依法办理拒不执行判决,裁定刑事案件的通知》。2007年,对31件重点涉法涉诉信访案件进行现场督办。2008年,中央政法委交办的13件重点督办案件全部办结。

# 第十章 政研与党校工作

## 第一节 政策研究

### 一、调研课题

1999~2010年,市委政策研究室开展调查研究的课题有:对全市经济调查和社会发展“八五”“九五”“十五”“十一五”规划调研及“十二五”规划建议进行研究;围绕搞活国营企业及优秀产品、产业结构政策、深化农村改革、完善双层经营体制、发展农村社会化服务、开发鄱阳湖、加快九江对外开放、减轻农民负担、农业产业化、生产救灾、国有企业改革与发展、理顺庐山管理体制、县域经济、农村税费改革、林业政策、移民扶贫、发展民营经济等系列专题开展调研;开展九江开放开发战略研究;实现传统经济向市场经济、粗放经营向集约经营转变的对策研究;黄金十字架(京九沿线、长江沿岸)生产力布局的战略研究;开展实施“科教立市”发展战略研究;围绕“三大课题、六项专题”(“三大课题”即如何“加快扩张经济总量”、九江与外地经济发展的比较研究、九江经济发展与人才问题研究；“六项专题”即维护社会稳定正确处理人民内部矛盾、全市农民负担问题、庐山与黄山旅游业的对比研究、九江城市功能定位、彭泽鲫产业化研究、农村三个代表学教活动的跟踪）展开深入调研；围绕经济发展战略取向、3+1 发展战略、“三农”问题、环境保护、提高行政执行力、优化经济发展环境、建设平安和谐九江、发展循环经济、提高自主创新能力、实行品牌战略等开展专题调研；围绕市委、市政府提出的打造新型工业重镇、文化旅游胜地、区域商贸中心、开放港口城市的“四个打造”的战略目标，形成 4 个专题调研组开展调研。完成鄱阳湖生态经济区建设、破解经济运行难题、资源税改革、八里湖新区开发、庐山体制改革、发展九江钢铁产业、昌河与长安重组对九江汽车产业影响、村级活动场所建设、国企改革等一系列重大课题的调研，形成一大批卓有成效的调研报告。

## 二、调研成果

1991 年以来，庐山体制改革调研报告被省委政策研究室采用并得到省委书记批示，进入省委决策议程；《关于九江村级活动场所建设的经验》得到省委常委、组织部部长莫建成的充分肯定，并做出“九江市的作法值得推广，同时将情况上报中组部”的批示；《鄱阳湖综合开发治理的调查与思考》《“四开放”面临的问题与对策》《进一步深化改革 搞活我市大中型企业》《沿海发展新动向给我们的启示》《建设美而富 和而强的社会主义新农村》《全面提升综合竞争力的重大工程》《大开放之果》《让我们的家园更美丽》《县乡机构运转面临的困境及对策》《我市工业企业人才队伍建设面临的问题及建议》《九江主攻民营经济战略调研报告》《关于加快八里湖新城区开发的若干建议》《关于我市推进鄱阳湖生态经济区建设的研究报告》《变中辨势 危中求机 难中求解——破解当前经济运行难题的对策及建议》《国务院及各部门和部分省、市、自治区为扩大内需促进增长出台的主要政策措施》《跨越源于卓越——九江市商业银行快速发展的经验与启示》《资源税改革对九江的影响》《九江钢铁产业发展机遇分析及建议》《昌河与长安重组对九江汽车产业影响分析及建议》《九江城市主题文化的思考》《九江城区交通拥堵对策》《共青设市基层民意评估》等调研报告得到市委主要领导的批示，特别是提出的借鉴重庆国企改革“建立政府融资平台、打捆企业资产融资、全面置换职工身份、处置资产还债重组”的整体运作的成功经验被市委决策采纳；另外“农民增收”“发展食品工业”和“庐山管理体制”等近 20 项调研成果向市委作专题汇报。

## 三、文稿起草

1991 年以来，市委政策研究室牵头草拟市委重要文件，其中《关于加快发展个体私营经济的意见》《县域经济领导小组工作要点》《关于加快发展第三产业的意见》《关于农村奔小康规划》《关于加快食品工业发展的决定》《关于组织市党政领导班子成员开展调查研究活动的意见》《关于加快县域经济赶超发展的意见》《关于推进新型城镇化的意见》和“十二五”规划建议等数十个市委重要政策性文件，对九江经济社会的发展起到较好的引领作用。市委政策研究室还先后参与起草市委第六次、第七次、第八次、第九次党代会工作报告；参与起草领导讲话稿 800 多篇，完成调研报告文稿 1500 多篇，有近 100 篇文稿在中央、省、市级媒体刊载。其中，《九江：三大“民心工程”暖民心》《九江开展农民贷款干部担保》《抢抓战略机遇期 推动九江大发展》《建设经济中心城市 实现发展大跨越》等文章分别在《人民日报》《中国改革报》《文汇报》（香港）刊载；《全面激活农村经济的突破口》《科技兴农增产增收》《国有企业改革与发展面临的深层次问题》《关于做好沿江沿路开发的几点思考》被中央政策研究室《学习与研究》杂志刊用；《浔阳区社区党建新探索》《弘扬历史文化，提升城市品位》获江西政研系统首届优秀调研成果二等奖，《加入WTO：欠发展地区政府超越自我的挑战》获三等奖，社区党建调研课题获省委政研室党建论文评选一等奖。

## 四、决策咨询

1991 年，市委政策研究室聘请余占祥等 39 人为第一批特约政研员。1994 年，市委、市政府决策咨询委员会成立，首批聘请来自 18 个学科的 34 位委员。1995 年，组织决策咨询委员会开展对九江城市总体规划咨询论证活动，以《决策参考》反映咨询成果。1996 年，开展“科教立市”“修环山公路、造世界公园、创东方名城”建议咨询论证活动,召开“京九沿线经济发展促进会”成立大会和研讨会。1997年,组织召开决策咨询委员会议论证“科教立市”课题,参加“京九铁路沿线可持续发展国际研讨会”。1998年,组织咨询委员对全市改革开放取得的成就进行座谈。1999年,召开全市经济发展思路座谈会、全市国有企业改革与发展研讨会等6个全市性会议。2000年,召开全市经济形势分析会等7个全市性会议。2002年,召开全市经济形势分析会2次。2007年,承办高规格的“九江市经济中心城市决策咨询会议”。

### 五、刊物出版

1991年以来,市委政策研究室开展《九江党刊》的编辑出版工作。1997年、2005年《九江党刊》先后被评为“全国十佳党刊”;参与完成1997年、1998年《中国京九发展年鉴》组稿发行工作。2009年11月,《九江党刊》更名改版为《九江》,改版后的《九江》栏目更具特色,增设深度报道、新视点、决策资讯、赣北风情、浔阳史话、九江人等专栏,思想性、前沿性、可读性得到增强。2010年,《九江》被评为“全国优秀党刊”。至2010年,编辑出版《九江党刊》(《九江》)215期。

20年间,先后编印《九江市委政研室调研成果》《中国农村方针政策》《山水开发政策选编》《中国农村政策》《九江市2003年工作思路》《九江市2004年工作思路》《九江市2005工作思路》《政研文选》《九江经济社会发展文集》《成功创业在九江》和《鄱阳湖生态经济区建设调研文集》等理论文献书籍12套;编印《决策参考》302期、《兄弟省市》24期、《半月要览》18期、《一周信息》226期、《政研信息》519期、《县域经济简报》58期、党代会《简报》69期。

## 第二节　党校教育

### 一、干部培训

**培训总量**　1991~2010年,市委党校按照中央“大规模培训干部,大幅度提高干部队伍素质”的总体要求,为九江经济社会发展提供思想政治保证、人才保证和智力支持,共举办各类干部培训班280期,培训干部1.83万人次。2010年,主体班办班11期,培训干部559人;党外科级干部培训班1期,训干75人;青年干部中长期培训班2期,学员100人。

**1991~2010年市委党校干部培训班期与学员人数一览**

表43-10-1　　单位:期、人

| 年 份 | 期 数 | 人 数 | 年 份 | 期 数 | 人 数 |
|---|---|---|---|---|---|
| 1991 | 10 | 530 | 2001 | 22 | 1835 |
| 1992 | 12 | 687 | 2002 | 11 | 618 |
| 1993 | 11 | 617 | 2003 | 15 | 1083 |
| 1994 | 17 | 1049 | 2004 | 8 | 447 |
| 1995 | 15 | 1050 | 2005 | 12 | 809 |
| 1996 | 14 | 657 | 2006 | 14 | 1249 |
| 1997 | 14 | 734 | 2007 | 11 | 776 |
| 1998 | 4 | 179 | 2008 | 15 | 1029 |
| 1999 | 21 | 1154 | 2009 | 10 | 561 |
| 2000 | 34 | 2754 | 2010 | 10 | 506 |

**1991~2010 年市委党校主体班类别、期数一览**

表 43-10-2　　单位：期

| 类 别 | 期 数 |
| --- | --- |
| 县处级干部进修班 | 60 |
| 县(市、区)党政领导干部培训班 | 2 |
| 县处级干部学习《邓选》、中共十四大、十五大、十六大、十七大会议精神短训班 | 28 |
| 县处级干部学习"三个代表"轮训班 | 11 |
| 全市党政领导干部落实科学发展观理论研讨班 | 1 |
| 科级干部进修班 | 26 |
| 市直单位科级干部进修班 | 16 |
| 乡镇领导干部培训班 | 18 |
| 全市乡镇党委书记(乡镇长)培训班 | 2 |
| 党外科级干部班 | 2 |
| 中青年干部培训班 | 18 |
| 县级后备干部"新阶段新发展"研讨班 | 4 |
| 青年干部政治理论培训班 | 11 |
| 全市部分乡镇党委书记赴萍乡培训班 | 1 |
| 全市优秀村支书培训班 | 1 |
| 总　计 | 201 |

**教学内容**　1992 年，在全省率先以教学专题的形式设置教学内容。1997 年，确立以"三基本、五当代"(马克思列宁主义基本问题、毛泽东思想基本问题、中国特色社会主义理论体系的基本问题；当代世界经济、当代世界科技、当代世界法制、当代世界思潮、当代世界军事与中国国际)为主体班的课程。2000 年以后，坚持和完善"一个中心、四个方面"(以中国特色社会主义理论体系的教育为中心；理论基础、世界眼光、战略思维、党性修养)的教学布局。

**教学形式**　1991 年以来，市委党校在提高讲授式教学质量的同时，推进研讨式教学、案例教学、现场教学等多种教学方式的创新，调动学员学习的积极性和主动性，促进学员素质和能力的提高。2002 年，开通中央党校远程教学 B 级站。2003 年，装备 4 个多媒体教学教室、1 个多媒体报告厅，为每位教员配备 1 台办公电脑，实行人机对话考试。从 2004 年开始，每期主体班到沿海发达地区异地培训 1 周。先后开辟上海市委党校、浙江省委党校、江苏省委党校、浙江绍兴市委党校、江苏昆山市委党校等培训基地。2005 年，建成配备 60 台微机的电脑教室。2008 年，建立主体班学员人机对话考试系统。利用中央党校远程教学资源。2009 年，第四期县处级干部培训班到复旦大学培训 1 周。2010 年，第一期、第二期青年干部培训班分别到清华大学培训 1 个月。异地培训使学员进一步开阔视野、更新观念。

**教学管理**　1991 年以来，市委党校坚持和完善一系列制度，加强对各教学环节的管理，其中包括新课题、新教员试讲，每月开展一次集体备课、说课活动，每两个月召开一次征求学员意见会，每季度开展一次教学观摩活动，每年召开一次教学研讨会，学员评课等。从 1999 年起，实行《学分制管理制度》；从 2001 年起，实行《关于学员管理的若干规定》和《学分通报制度》。

## 二、科学研究

1991 年来，市委党校坚持"教学立校，科研兴校"方针，注重理论研究和市情市策调研工作。1993 年，制订《教研人员科研工作量及其管理制度》。1996 年，印发《关于加强教师队伍建设的意见》。1999 年，下发《关于重新印发修订的"教学科研"等六项规章制度的通知》。2004 年，出台《专业技术人员科研工作量及科研成果奖励办法》。2005 年，成立市情市策研究室，加强九江经济社会发展中重大现实问题的调查研究;由党校主办的季刊《九江论坛》,注重对策性研究,刊载市情、市策方面的调研文章。2009年,出台《关于本校专业技术人员科研工作的补充规定》。2010年,发表论文118篇,其中省级以上43篇。20年间,市委党校在各级各类杂志上发表论文近2000篇,2002~2010年连续5届获得全省党校系统科研工作组织二等奖。

### 三、函授教育

1992年秋季,九江函授学区经中央党校函授学院批准开办本科班。1996年,九江函授学区在各县(市、区)开办函授站;当年10月,市委党校派员出席中央党校函授工作会议,九江函授学区的经验介绍被选入《全国函授工作经验汇编》。2008年,中央党校函授停止招生。2009年,江西省委党校函授停止招生。至2008年,全市共招收政治、经济管理,法律、农村、社区等各种专业的大专、本科函授学员22079人(大专13742人、本科8337人),其中函授学区市直站招收5273人。至2010年,九江函授学区共毕业各类专业的专科、本科学员20736人。

**1992~2008年九江函授学区招生数量一览**

表43-10-3　　单位:人

| 年 份 | 招生站数 | 大学专科 | | 大学本科 | |
|---|---|---|---|---|---|
| | | 学 区 | 其中:市直站 | 学 区 | 其中:市直站 |
| 1992 | 4 | 212 | 52 | 61 | 61 |
| 1993 | 6 | 433 | 58 | 56 | 56 |
| 1994 | 8 | 641 | 50 | 122 | 69 |
| 1995 | 11 | 952 | 80 | 214 | 156 |
| 1996 | 14 | 1337 | 125 | 590 | 317 |
| 1997 | 14 | 976 | 101 | 382 | 221 |
| 1998 | 13 | 609 | 82 | 506 | 111 |
| 1999 | 14 | 710 | 60 | 535 | 113 |
| 2000 | 14 | 1349 | 138 | 782 | 209 |
| 2001 | 14 | 1272 | 178 | 773 | 163 |
| 2002 | 14 | 1153 | 144 | 706 | 152 |
| 2003 | 12 | 795 | 146 | 579 | 199 |
| 2004 | 12 | 406 | 138 | 637 | 202 |
| 2005 | 11 | 1749 | 470 | 1016 | 353 |
| 2006 | 10 | 506 | 203 | 669 | 300 |
| 2007 | 8 | 379 | 87 | 567 | 324 |
| 2008 | 7 | 263 | 57 | 142 | 98 |
| 合 计 | | 13742 | 2169 | 8337 | 3104 |

# 第十一章　综合协调工作

## 第一节　督查督办

### 一、考核评比规范督查

1991年,市委印发《关于切实加强和认真做好督促检查工作的通知》;1993年,市委办公室制定《九江市党委办公系统督查工作考核评比办法(试行)》;2004年,市委出台《关于进一步加强督促检查工作的意见》。2009年3月,市委办公厅印发《关于进一步加强全市党委督促检查工作的意见》。

### 二、重大决策落实督查

1992年,围绕学习贯彻落实邓小平视察南方重要谈话精神和"解放思想、开放九江"大讨论活动开展督查。1993年,围绕减轻农民负担、发展乡镇企业、搞好计划生育、加强宏观调控等决策部署,开展追踪督查。1995年,围绕贯彻落实江泽民视察九江时重要讲话和中央农村工作会议精神,加快九江经济发展开展督查。1998年,围绕落实中央、省、市领导关于夺取抗洪胜利,搞好灾后重建指示精神开展督查。2001年,围绕市委经济发展"优化年"工作部署开展系列督查。2002年,围绕市委关于"农民贷款、干部担保"工作部署,开展督查问效。2005年,围绕市委推进大工业、大旅游、大物流和城市大建设的"3+1"发展战略,牵头组成4个专项督查组,通过发文督办、例会调度、明察暗访等方法,推进市委决策的落实。2008年,围绕市委狠抓重大项目建设的决策部署,联合县区及市直相关部门,开展系列督查活动。2009~2010年,围绕市委九届七次全会等重要会议精神、"两区互动、强工兴城"战略部署和市委主要领导指示精神,创新运用督查工作预安排方法。

### 三、热点难点问题督办

1991年以来,市委督查室对人大代表建议、政协委员提案的办理工作实行动态管理、专人负责、全程跟踪,确保办理效率和质量,努力做到让代表、委员满意,让群众满意。1997年,从纪检、监察、组织、人事、劳动等部门抽调负责人,组成3个专项督查组,对全市机关事业单位逆向进人问题进行督查调研。2009年,针对群众集中反映办理土地证和房产证难的问题开展督查调研并形成《督查报告》,市委主要领导高度重视并作出重要批示,在全市部署土地证和房产证发证专项清理工作。2009~2010年,督促办理人大代表建议和政协委员提案129件。2009~2010年,对全市国企改制、鄱阳湖采砂、"两声三乱"整治、"官场""市场"整治专项工作多次进行专题督查督办,取得良好成效;建立"民声通道"工作办理、反馈、通报等工作制度,共办理市领导关于"民声通道"的批示件1700余件。

## 第二节　党务信息

### 一、信息报送

1991年以来,向省委办公厅和中央办公厅报送反映全市经济社会发展中采取的新举措、取得的新经验、出现的新问题等信息近1万条,其中,强工兴城、抗击"泰利"台风、防治"非典"、抗震救灾、防控禽流感等工作情况信息得到中央办公厅、省委办公厅采纳,进入中央和省委、省政府领导视野。

### 二、信息收集

1991年始,围绕市委重要活动、重大事项、重要举措、重大项目,及时收集整理全市各地、各单位贯彻落实情况以及工作中遇到的困难和问题、提出意见和建议等,同时注意通过信息横向交流渠道及互联网等手段,及时收集外省市关于工业、旅游、物流、城市建设方面的经验,供市委领导参考。至2010年,围绕全市"两区"(园区、城区)建设、项目建设、国企改制、"两场"(官场、市场)整治、学习实践科学发展观活动、民生工程的进展以及成都、济南、重庆等地在公租房建设、旧城改造、国企改革等方面的经验信息,共编发各类刊物2000余期,为市委领导了解情况、科学决策、指导工作发挥作用。

### 三、信息编发

至2010年,全市党委系统信息基本实现省、市、县三级网络传输化,并与部分市直单位实现网络传输,正在建设直报中央办公厅网络,基本形成纵横交汇的信息网络系统,使全市党委系统信息工作的办公自动化水平和工作效率得到提高。下发《关于加强重大紧急信息的报送通知》,重大紧急信息随时发生随时编发,对于特别紧急特别重大的信息,通过手机短信、电话和电子邮件的形式直接报告领导。如煤矿生产事故、恶性凶案、冰冻灾害、地震灾害情况等信息均在第一时间上报给市委主要领导,为领导决策、处置赢得时间和主动。

## 第三节　机要保密

### 一、机要工作

**密码通信建设**　1992年,配置100门数字程控交换机,实现机要专线电话由人工到自动转接的历史性转变。1998年,开通对省计算机加密通信网。1999年,建成全市县乡传真通信网。2000年,开通市、县两级计算机加密通信网,电报全部经由网络收发处理。2003年,全市党政系统计算机密码通信网开通使用。2007年,市委机要局与共青城开发区开通传真密码通信,县级加密通信点增至15家。

**业务活动**　1995年,在庐山举办"全国(九江)机要工作研讨班",辽宁、河南、河北、福建等省市机要干部参加研讨。1998年,中办机要局局长何虎林、副局长曾宪金一行到市检查密码保密工作,给予充分肯定。1998年,先后3次为中央和省委领导来九江指导抗洪工作设立机要服务工作站,提供跟随服务,完成特大汛期密码通信任务。2002年,全省党政系统密码技术比赛在九江举行。2008年,举办全市密码电报管理人员培训班,在全省首创实行凭资格证领取密码电报制度。2010年1月,印发《全市党政系统机要密码干部奖励评选方案》,开展记功奖励活动。

### 二、保密工作

**保密法规宣传教育**　1997年,市国家保密局联合有关部门在市委党校、行政学院和其他培训机构增设保密知识教育课程。2001年,开展《中华人民共和国保密法》系列宣传教育活动。2003年,编写《国家公务员保密知识100条》发放到全市领导干部、国家公务员和企事业单位保(涉)密人员。2004年,建成"九江市保密网站"。2008年,举办全市泄密技术防范报告演示会。2010年,组织开展保密法学习活动。

**保密工作安全管理**　1998年,下发《关于对文件、资料实行集中销毁处理的通知》,在全市实行秘密文件、资料季报制度,有效地对秘密载体进行规范化管理。1999年,与市国家安全局联合组成检查组,对全市重点县(市、区)单位计算机的安全保密情况进行全面检查。2000年,建立与保密法相配套的保障机制,先后制定下发《重点保(涉)密人员管理办法(试行)》《九江市因特网政府网站管理办法》等保密制度。对保(涉)密人员实行分级管理,分类指导,严肃纪律,严格制度。2002年,推广运用保密技术,进行一次反窃密技术安全检测,提高对抗高科技窃密能力。2006年,严格实行"三审、两隔离",即审批涉密网络建设方案、审查涉密网络建设单位的集成资质、审定涉密网络使用的技术产品。2010年,全市13个县(市、区)建成涉密计算机违规外联监控平台。

**服务九江经济建设**　2004年,为全市13家武器装备科研生产单位一次性高分通过国家保密资质审查认证做了大量工作,得到省国家保密资质审查组和各军工企业的好评。2007年,在全省率先开展生产军品的民营企业申报国家二级保密资格认证试点工作。2009年,为星火有机硅厂80亿元项目核心技术提供申报机密级省科技保密项目做好服务。

## 第四节　信访接待

### 一、信访机制

**信访平台**　1991年以来,全市信访工作机构不断创新方式方法,探索拓宽民生诉求渠道的新途径、新办法,先后搭建市长热线、市长手机、110报警服务台、120急救中心、114号码百事通等便民服务平台,构建信访信息"高速"路,进一步方便人民群众及时就近表达诉求。借鉴山东等外地做法,在部分试点县区成立用群众工作统揽信访工作领导小组,在信访局的基础上设立群众工作部,"一个机构,两块牌子",实行一站式受理,一揽子解决。坚持善用民力民智、善谋预防化解、善于定纷止争,推进方法创新,尊重群众首创精神，发挥群众主体作用，不断提高运用群众工作手段处理信访问题的能力和水平。实行"领导接访制"，2010年，全市15个县(市、区、山)和部分市直单位、重点部门安装使用信访信息系统，所有信访业务均通过全国信访信息系统进行流转、交办、督办、办结、统计、分析；在实现市、县两级全覆盖的基础上，在全省率先开通市、县、乡三级视频远程接访系统；市信访局与市广播电台联合主办"民声"栏目，下设"法律指南""热点话题""民声热线""民声回复"4个板块，在全省率先搭建空中信访平台，当年播出12期；"民声直通车"共受理办理市民诉求、建议共6671件，办结率达99.3%。全市实现市、县、乡、村"六有"(有专门的信访工作机构，有专门的分管领导，有专职的信访工作人员，有专门的接待场所和办公设备，有健全的信访工作长效机制，有必要的经费和交通标志)信访网络。

**领导接访**　1991年以来，全市加大领导接访力度，市本级坚持每周有一位市领导、每天有一位职能部门领导到市信访局坐班接访；各县(市、区)确保每个工作日有一位党政领导接访。2010年，市本级党政领导开门接访35次，协调处理疑难信访问题135件；对省联席会议办公室交办的20件和市联席会议办公室排查的14件重信重访案件全部实行市领导包案，落实责任单位和责任人。

**集中整治**　2010年，全市开展农村土地征用、城市拆迁、环境污染、安全事故、权属纠纷5个方面信访问题"百日大治理"活动，共排查梳理173件突出信访问题，其中省级挂牌督办16件、市级挂牌督办20件，市委组织3个督查组赴各地督办挂牌包案的指导信访案件，其中合法诉求均得到解决。

**工作实效**　2010年，全市信访形势呈现"三个大幅下降"(赴京非正常访、赴省异常访、赴市访总量)、"三个持续上升"(信访办结率、停访息诉率、群众满意率)和"三个没有发生"(因信访引发的群体性事件、重要敏感时期越级非正常上访、信访人极端事件)的良好态势，全市信访工作获得全省目标管理考评综合第一名。

## 二、信访受理

**来信来访受理**　1991年，全市接待群众来访615人次，受理群众来信1396件。1996年，接待来访4910人次，受理来信3643件。2000年，接待群众来访15741人次，受理群众来信4181件。2006年，接待来访8499人次，受理来信1739件。

2010年，全市信访部门共受理群众来信来访38277件(人次)，其中来访7085批34754人次，来信2270件，省长手机、信箱1253件；市本级共受理来信来访11415件(人次)，其中来访1645批9237人次，集体访331批7115人次，群众来信925件，上级交办件173件。

**信访当事人救助**　2010年，中央、省、市、县(部门)四级财政配套共400万元资金，对全市89件符合救助条件的信访当事人给予救助。

**1991~2010年全市信访一览**

表43-11-1　　　　单位：人次、件

| 年份 | 总量 | 来信 | 来访 | 其中集体访 | |
|---|---|---|---|---|---|
| | | | | 其中集体访 | 人次 |
| 1991 | 3011 | 1396 | 615 | 19 | 188 |
| 1992 | 2466 | 1875 | 591 | 17 | 206 |
| 1993 | 2447 | 1707 | 740 | 29 | 571 |
| 1994 | 4819 | 1757 | 3062 | 77 | 2893 |
| 1995 | 7554 | 3871 | 3683 | 108 | 2515 |
| 1996 | 8553 | 3643 | 4910 | 139 | 3792 |
| 1997 | 12411 | 3716 | 8695 | 268 | 6739 |
| 1998 | 13811 | 3473 | 10338 | 329 | 8818 |
| 1999 | 15077 | 4093 | 10984 | 485 | 8736 |

续表 43-11-1

| 年份 | 总量 | 来信 | 来访 | 其中集体访 | |
|---|---|---|---|---|---|
| | | | | 其中集体访 | 人次 |
| 2000 | 19922 | 4181 | 15741 | 484 | 11970 |
| 2001 | 5308 | 3622 | 1686 | 542 | 11616 |
| 2002 | 7515 | 2308 | 5207 | 183 | 4153 |
| 2003 | 6536 | 1693 | 4843 | 180 | 3979 |
| 2004 | 11342 | 1755 | 9587 | 268 | 6372 |
| 2005 | 13520 | 1990 | 11530 | 402 | 9420 |
| 2006 | 10238 | 1739 | 9274 | 316 | 6814 |
| 2007 | 11208 | 1189 | 10015 | 314 | 8052 |
| 2008 | 12433 | 1232 | 12278 | 339 | 10880 |
| 2009 | 14188 | 1276 | 12912 | 534 | 10757 |
| 2010 | 11415 | 925 | 9237 | 331 | 7115 |

### 三、公务接待

1991年以来,市委办公厅和市政府办公厅按照中共中央、国务院“两办”和省委、省政府“两办”有关党政机关国内公务接待的规定精神,先后制定《关于加强公务接待规范管理的规定》等文件,市委、市政府接待工作部门严格执行,并指导县(市、区)接待部门和市直单位开展公务接待工作。2007年,进一步完善各项规章制度,使接待工作规范化、程序化和系统化;全年完成接待任务711批、13974人次,其中三级以上警卫任务10批,省部级来宾125批次。2008年,按照“管理科学化、保障法制化、服务社会化”的要求,坚持精细化、个性化、特色化的标准,内强素质,外塑形象;在接待中推行“五个一”(一份微笑、一份《接待手册》、一路热情讲解、一张特色桌签、一本宣传画册),进一步完善接待流程;全年接待723批次、13607人次。2009年,细化接待服务环节,体现人性化服务,全年接待省部级以上领导209名。2010年,完成接待任务730批次、14325人次,其中警卫级别任务7次、省部级任务76批次;接待境内外重要客商、央企高管等35批次、700余人次。

# 第十二章　纪律检查

## 第一节　党风廉政建设

### 一、宣传教育

**队伍建设**　1993年5月,市纪委组建宣传教育室,各县(市、区)纪委监察局均设立宣传教育室或宣教调研室。2003年5月15日,下发《关于印发〈九江市党风廉政建设宣传教育联席会议制度〉的通知》,要求每年至少召开2次联席会。2006年,市纪委牵头召开联席会4次,成员单位由11个增至19个,形成覆盖全市的党风廉政建设宣传教育队伍和上下联动、左右互动的党风廉政建设“大宣教”格局。

**警示教育**　1993年6月20日至7月20日,市纪委开展全市“反腐倡廉教育月”活动,组织10多万名党员群众观看《新中国第一大案》等50部影视片。1995年,对查处的有教育意义的案件进行剖析并公开通报。2000年,在全市开展以原副省长胡长清等重大典型案件为反面教材的警示教育活动。2001年,在全市各地巡回演出话剧《命断赣江》22场,观众逾2万人。2002~2006年,开展向新时期领导干部的杰出代表汪洋湖学习活动。2008年，创办市党员干部警示教育基地；4月，组织市委各部门、市直及驻市各单位的78名担任县处级实职的领导干部到南昌豫章监狱接受教育。2009年，完成党员干部警示教育、领导干部廉政教育、反腐倡廉理论教育和廉洁文化研讨教育4个教育基地的构建。

**教育平台**　1993年，市纪委、市监察局首批聘请纪检监察通讯员48名。1995年，全市县、乡两级在当地有线电视台举办党风廉政建设节目584期。1996年，制定新闻报道奖励办法；全市纪检监察机关在电视台举办专题节目345个，其中德安县纪委在县广播站开辟"讲正气"广播周活动。1997年，在九江电视台、《九江日报》开辟"我们身边好公仆"专栏。2003年11月，《中国纪检监察报》九江通联站在市纪委设立。2003~2005年，在市级新闻媒体开辟"行风监督哨"等党风廉政建设专栏。2006年，市、县两级纪检监察机关均成立党风廉政建设中心报道组。2008年，全市纪检监察机关在市级以上新闻单位采用稿件1358件，《中国纪检监察报》九江通联站被评为优秀通联站。2009年，全市反映纪检监察工作的稿件被中央、省、市媒体采用1442篇。至2010年，全市先后创办《九江纪检》《九江监察》《九江党风》、九江廉政网、九江廉溪网和《廉溪》杂志；组织放映廉政电教片15000余场次，受教育人数达178万人次；先后开展"廉政勤政促发展""牢记两个务必，做廉勤好公仆""求真务实、廉政为民""保持先进性，牢记五不许""学党章、守纪律、树形象""廉洁从政、干净成事""扬廉政清风正气，促九江快速发展""反腐正作风、倡廉促赶超"以及"学习《廉政准则》，弘扬濂溪文化，服务赶超发展"等主题教育活动。

## 二、调查研究

**专题调研**　1993年，开展3项专题调研。撰写《擒蠹纪实》《纪检监察机关合署后的领导艺术》等调研文章，被《江西监察》采用。1994年，全市39名纪检监察干部对农村党群干群关系开展2个月的专题调研。调查、解剖11个县(市、区)的18个乡(镇)、38个行政村。召开座谈会76次，走访农户183户，调查各类数据3420个，市、县两级纪委均上报专题调研报告。1995~2010年，先后就基层纪检监察组织建设、县处级领导干部住房情况、党内监督问题、反腐败工作思路、惩防体系建设等开展专题调研，撰写调研报告，其中《必须确保乡镇纪检干部的工作时间》《试论党政"一把手"监督失控的原因及对策》《从五个方面着手加强组织协调工作》《正确处理四种关系，严格依法办案》和《当前办案工作存在的问题及对策》被《中国纪检监察报》和中央政策研究室、国务院政策研究室主办的《学习、研究、参考》刊登。

**基层调研**　1995年，组织纪检监察干部到都昌、湖口、武宁、市劳教所等处，对保护农民利益、党风廉政测评进行调研和总结，采写反映都昌县粮食局纪检组长沈友声事迹的通讯《一个基层纪检干部的追求》作为评选全国优秀纪检监察干部的事迹材料上报中央纪委，反映都昌县纪委监察局保护农民利益的通讯《为了大地的丰收》，先后被《法制日报》《民主与法制》《江西党建》刊登。1997~2010年，组织人员到全市各个县(市、区)和100多个市直单位，通过召开座谈会、发放问卷调查表、基层实地走访等形式进行调研，总结狠抓党风廉政建设、推进惩治和预防腐败体系建设工作经验，提出《在全市开展"机关效能年"活动的建议》被市委、市政府采纳，2010年，收集基层调研文章262篇，将其中部分优秀文章在《廉溪网》刊出。

**法规调研与理论研究**　1996~2007年，市纪委、市监察局先后起草《九江市县处级领导干部廉政准则》《市直派驻纪检监察机构负责人请销假制度》《中共九江市委关于建立健全教育制度监督并重的惩治和预防腐败体系的实施意见》，推动全市纪检监察法规制度建设。《要求入党青年减少现象之原因及对策》《刍议纪委对同级党委的监督》《同级监督的"谈、看、跟、做"》《在探索中创新 在创新中总结——九江市纪检监察系统在创新反腐倡廉方式方法中一些做法》《关于推进惩治和预防腐败体系建设的思考》等理论文章或研讨会上获奖，或在中央、省级报刊上发表。《略论腐败高发的三大成因》《试论党政一把手监督失控的原因及对策》论文获市社会科学成果二等奖。

## 三、制度建设

**党风廉政建设责任制**　1991年以来，市委注重加强党风廉政建设责任制。1993年，要求对各级领导班子开展党风廉政考察，并逐步建立责任制。1994年，市纪委选择市直部分单位进行党风廉政考察并在全市推行。1995年,编印《党风廉政政策汇编》8000余册,供领导干部学习使用。1996年,制定党风廉政建设考核标准,对各单位进行考核。1997年,全市各县(市、区、山)积极建立党风廉政责任制度,按照党委负总责、纪委组织协调,把廉洁自律和党风廉政建设任务具体化,开展组织督查和群众评议。1999年,市委下发《关于1999年反腐败工作任务分工的通知》,要求全市各级领导班子开好民主生活会,把"廉政准则""八项规定"作为民主生活会的主题。全面推行本单位党员群众评议,上级考评检查、监督机关督查的责任制度。2002年,下发《关于贯彻落实〈关于实行党风廉政建设责任制的规定〉的实施意见》,制定《党风廉政建设和反腐败工作报告制度》《党风廉政建设工作检查考核制度》《党风廉政教育谈话制度》《党风廉政建设责任追究制度》《选拔任用干部征求纪委(纪检组)意见制度》《廉政档案制度》等。2007年,市纪委书记与各县(市、区)和93个责任单位"一把手"签订《党风廉政建设责任状》。2008年,对市政府综合口10个单位,市科教文卫口9个单位落实责任制进行抽查或督查。2009年,印发《关于全面推行"九制保廉"深入农村党风廉政建设的意见》,从"管住人、管好事、管紧钱、用好权"等方面进一步健全和完善责任制度,全面实施"基层廉洁工程"。2010年,以《廉政准则》贯彻实施为主线,以廉政项目建设为重点,以创新工作特色为动力全面落实党风廉政建设责任制工作。

**监督机关联席会议制度** 1993年,建立监督机关联席会议制度。会议由市纪委、市委组织部、市检察院、市监察局、市党风廉政办、市信访办、市审计局、市人大政法委、市政协法制办、市工商局、市财政局、市直工委12个部门共同参加。联席会每季度召开一次,分析形势、沟通信息、研究反腐败工作,掌握党员干部党风廉政情况。同时,在各民主党派、人民团体、司法、新闻单位以及街道、农村聘请党风信息员16名、特邀监察员16名,收集对党员干部廉政情况的反映、意见、呼声。形成监督机关和人民群众监督相结合的机制。

**党风廉政考察制度** 1993年7月,下发《关于加强党风廉政建设,坚决反对腐败的通知》,要求纪检监察机关定期对党员领导干部进行廉政考察。1993~2010年,市纪委从相关单位抽调干部,采取召开会议、个别谈话、发放民意测验表等形式开展党风廉政考察。向被考察单位提出整改意见,对发现的违纪案件线索进行初查,其中1994年通过廉政考察发现违纪案件线索61件,转立案11件,收缴违纪金额28万元。

**目标管理考评制度** 2008年,市委出台《九江市党风廉政建设责任制考核评价暂行办法》,实行"一票否决"制,在全市范围内建立党风廉政建设目标管理机制。2009~2010年,开展县级领导班子、领导干部年度考核和责任制落实情况检查考核。由市委常委带队,重点考核全市16个县(市、区、山)和144个市直单位领导班子落实责任制总体工作情况以及在落实责任制方面的总体评价、班子成员履行"一岗双责"、责任制落实、制度建设、责任追究、工作实效6个方面内容。

**巡视制度** 2005~2007年,市委连续3年派出8个巡视组对各地各单位开展巡视。对172名干部进行诫勉谈话。2007年,巡视组共对488人进行个别谈话;召开座谈会20个,参加座谈192人;走访基层单位160个,走访农户100户;向社会各界征求意见和发放问卷调查表592份,接待群众来访168人次;解决实际问题91件次;对130多个单位的机关作风建设进行暗访。

**述职述廉制度** 2003年,建立领导干部述职述廉制度(简称"双述"制度),组成7个考核小组,采取"述、评、听、谈、查"方式,对全市768名县处级干部进行述职述廉。2004年,"双述"工作重点是解决领导干部履行党风廉政建设职责和有无收受"红包"、跑官要官、拖欠公款、以权谋私等问题。2005年,全市有1045名县处级干部进行述职述廉。2006年,全市召开县处级以上单位"双述"大会115场,进行述职述廉的县处级干部1064名。2007年,组织7个工作组,分赴16个县(市、区、山)和市直8个责任制牵头部门开展"双述"活动,全市县处级以上领导干部全部进行述职述廉。2008年,全市1068名县处级领导干部进行述职述廉,其中664名领导干部报告个人有关事项。2009年,全市836名县处级领导干部和7278名科级干部进行述职述廉。2010年,全市1521名县处级领导干部和5679名科级干部进行述职述廉。

**谈话制度** 2002年10月,出台党风廉政教育谈话制度。2003年10月,市委出台《关于建立市委、市纪委负责人同县(市、区)和市直单位党政主要负责人谈话制度的实施意见》。2003~2006年,市、县两级党委、纪委负责人同下级诫勉谈话546人次。

**责任追究制度**　1998年，先后下发《1999年全市反腐败斗争工作任务分工的通知》和《关于切实抓好我市贯彻落实党风廉政建设责任制工作的意见》，对全市党风廉政建设和反腐败工作进行部署。市、县两级围绕党风廉政建设责任制，建立责任追究制度。随后，每年都对党风廉政建设责任制工作下发文件，将责任追究纳入常规性工作轨道。1999年，全市有94名领导干部受到责任追究，其中受党纪政纪处分56人，受组织处理38人。2008年，全市有90名科级以上领导干部受到责任追究。2010年，全市有39名党员领导干部受到党纪政纪处分，其中处级2人，受组织处理5人。

**廉政档案制度**　1993~2001年，全市各级纪检监察机关和组织部门对领导干部进行考察考核、民主测评、廉洁自律、诫勉谈话、拒收礼品、上交"红包"等项工作中，为部分领导干部建立廉政档案，廉政档案记载这些领导干部德、能、勤、绩，党风廉政情况、执行廉洁自律规定情况以及他们的从政行为。2010年，研制开发《九江市领导干部党风监督管理系统工作平台》，建立健全涵盖全市16个县(市、区、山)、114个单位的1375名县处级和2759名乡科级领导干部廉政档案，把涉及领导干部财产收入、住房、投资、从事或参与营利性活动及兼职持股、因公出国(境)、配偶和子女等近亲属出国境、从业、受查处或涉嫌犯罪等19个大类、42个小项纳入个人有关报告事项。

**廉洁自律监督制度**　1993年，制定《九江市党政机关县(处)级领导干部廉洁自律自查和整改情况一览表》，要求全市县处级领导干部对照检查，如实填报。2008年，市委、市纪委组织75名新任县处级领导干部到共青胡耀邦陵园接受廉政教育，签交廉政建设承诺书，进行集体廉政谈话。全年全市有59名科级以上领导干部主动上交红包32万元。

**农村基层党风廉政建设制度**　2007年，制定《关于贯彻落实〈关于加强农村基层党风廉政建设的实施意见〉的任务分工意见》《市纪委监察局机关贯彻落实〈关于加强农村基层党风廉政建设的实施意见〉的任务分工意见》《九江市农村基层党风廉政建设联席会议制度》和《九江市农村基层党风廉政建设联席会议成员单位联系点制度》等农村基层党风廉政建设工作制度。创新提出"三建三抓三治理"的工作措施。2008年，进一步落实农村基层党风廉政建设工作制度，实施"双创"工程，把农村党风廉政建设检查考核与创评"星级"乡镇、行政村、基层站所有机结合，推动全市农村党风廉政建设深入开展。有148个乡镇建立便民服务中心，占全市乡镇总数72.2%。有1430个村建立村民帮办点或便民服务室，占全市行政村总数的76.1%。2009年，全市204个乡镇建立乡镇便民服务中心，1846个行政村都设立村级服务代办点，涉及便民服务的13个部门的56项服务内容。通报表彰24个五星级乡镇、60个基层站所和100行政村。2010年，下发《关于在全市各级党的基层组织推行党务公开的实施意见》和《全市各级党的基层组织党务公开基本目录》《关于加强党务公开工作联系点建设的通知》《关于实行党务公开工作挂点联系制度的通知》《关于加强党务公开工作联系点建设的通知》等规范文件和制度。共建立省级联系点3个，市级联系点37个，县委常委挂点331个。制定《九江市优秀乡镇便民服务中心考核评分标准》细化评选标准，指导各乡镇规范、完善便民服务中心管理工作。14个乡镇便民服务中心获全省优秀乡镇便民服务中心称号。

## 第二节　违纪案件查处

### 一、信访举报

**信访网络**　1993年，着手建立信访三级举报网络(同市检察、公安等司法部门的横向联系；建立信访联系点；建立市、县、乡、村四级信访举报网络)。1995年，全市县、乡、村三级信访举报网络形成。1997年，编辑《纪检信访举报业务手册》。2005年，中纪委监察部将市纪委、市监察局确定为江西省唯一的信访举报工作联系点。2006年，全市建立健全纵向到底、横向到边的县、乡、村三级信访举报网络。设有专职信访干部49名，兼职信访干部711名，信访信息员2615名。2008年，庐山区被省纪委选定为全市唯一的信访举报工作联系点。

**信访目标管理** 1997年,制定《1997~1999年纪检监察信访举报工作目标管理规划》。1999年,印发《1999年度县(市、区)纪检监察工作考评方案》。2002年,出台《九江市县级纪检监察信访举报工作2004~2005年目标管理实施意见》,对基层信访举报工作实行年度目标管理考评。2007年,在全市纪检监察机关首次开展"优质信访件"评比活动。2008年7月,市纪委被评为全国纪检监察信访举报工作先进单位,是江西唯一获此称号的地级市纪委。2010年8月,下发《关于贯彻落实〈江西省纪检监察信访举报工作2010~2012年目标管理考评实施意见〉的通知》和《2010年县级纪检监察机关信访举报工作考评细则》。

**信访制度建设** 1995年5月1日,印发《九江市纪检监察机关处理人民群众来信来访工作程序(试行)》的通知,制定《信访举报工作十项制度》。2002~2005年,先后出台《交办信访案件回执单》《关于鼓励实名举报举证的试行办法》《九江市纪委监察局领导信访接待日试行办法》《关于实行信访问题跟踪反馈制度的通知》《关于建立和完善纪检监察信访处理监督制度的实施意见》和《九江市纪检监察机关信访举报办事公开试行办法》。2002~2005年,全市纪检监察机关共受理信访举报11168件,提供案件线索3812件,转立案3186件。2006~2010年,先后制定《九江市纪委监察局信访举报首问责任制实施办法》《九江市纪检监察信访举报案件督办办法(试行)》《关于实行信访监督"四文书"的暂行办法》和《关于加强纪检监察信访监督工作的意见》。2010年,对各乡(镇、场、街道)党委书记以及规划、国土、城建、房产等10个县级部门(单位)的主要领导信访件实行市、县"双重管理",对办理情况跟踪反馈,加强督办。

**工作措施** 1996年,配合全市清理预算外资金,开展专项举报。2002年,市纪委成立经济环境投诉中心(经济110),设立专门的投诉电话,在媒体上宣传,畅通信访举报渠道。从2002年起,全市各级纪检监察机关相继开通"107"专用免费举报信箱、网上举报电子信箱网、经济"110直通"和"纪委书记热线"。2003年,出台《关于鼓励实名举报举证的试行办法》,向社会公开"优先办理、快查快结、及时反馈、严格保密、有功奖励"五项承诺;出台《九江市纪委监察局领导信访接待日试行办法》,市纪委监察局领导每月一次轮流到信访室接访,现场解决群众信访问题。对疑难信访问题召集相关部门协商解决。2006年,全市各级纪检监察机关开展以"做党的忠诚卫士,当人民群众贴心人"为主要内容的信访大蓬车下访活动,解决一批疑难信访问题,查处335起涉及农村基层干部案件,处理党员干部384人。2007~2010年,全市开展下访活动365次,接待群众4136人,受理信访1058件。2008年6月,开通全国统一举报电话"12388";7月,下发《九江市纪委关于集中开展重信重访专项治理工作的通知》,当年全市排查重复信访案件68件并办理56件,实施信访监督共178件。2009年,统一举报电话"12388"延伸到各县(市、区)纪委。2010年,确定署实名举报"绿色通道"为廉政项目,全市实施信访监督151件(发信访"四文书"108件,信访约谈43人次)。

**1993~2010年全市纪检监察机关信访举报统计一览**

表43-12-1　　单位:件

| 年份 | 信访数 | 初核 | 转立案 | 检举、控告类 | 申诉类 |
|---|---|---|---|---|---|
| 1993 | 3471 | | | 2594 | 132 |
| 1994 | 2938 | 1015 | 171 | 2797 | 50 |
| 1995 | 3361 | 1168 | 194 | 3183 | 49 |
| 1996 | 4166 | 1349 | 566 | 3993 | |
| 1997 | 3601 | 991 | 308 | 3387 | 84 |
| 1998 | 3687 | 441 | 210 | 3475 | 117 |
| 1999 | 4442 | 573 | 353 | 3654 | 84 |
| 2000 | 3604 | 719 | 577 | 3091 | 73 |
| 2001 | 3176 | 837 | 638 | 2933 | 107 |
| 2002 | 3128 | 695 | 463 | 2930 | 79 |

续表 43-12-1

| 年份 | 信访数 | 初核 | 转立案 | 检举、控告类 | 申诉类 |
|---|---|---|---|---|---|
| 2003 | 3257 | 1058 | 719 | 3067 | 59 |
| 2004 | 3051 | 1043 | 778 | 2827 | 102 |
| 2005 | 2385 | 888 | 633 | 2217 | 68 |
| 2006 | 2136 | 686 | 592 | 2000 | 47 |
| 2007 | 2080 | 699 | 567 | 1928 | 53 |
| 2008 | 1774 | 674 | 542 | 1588 | 31 |
| 2009 | 2102 | 663 | 551 | 1908 | 19 |
| 2010 | 2290 | 615 | 514 | 1963 | 49 |
| 合计 | 54649 | 14114 | 8376 | 49535 | 1203 |

## 二、案件查办

**工作机制** 1991年以来，市纪委发挥全市各监督机关联合查办大要案的合力作用。从领导分工、办案条件等方面向办案第一线倾斜，领导亲自包案。1996~1999年，先后成立与调整以市委副书记、市纪委书记为组长的市查办大案要案领导小组，加强对查办案件工作的领导；印发《中共九江市纪委九江市监察局机关办案工作监督管理办法(试行)》，对保证机关办案人员正确履行职责，遵守办案纪律，提高办案质量和效率，进行监督，健全内部制约机制。从2000年开始，在市大要案领导小组的指挥下，市纪委、市检察院、市公安局联合办案，集中力量查办大案要案，形成反腐合力。2010年，市纪委监察局会同法院、检察院、公安局、审计局制定完善《关于进一步加强反腐败工作协调配合的意见》。实行牵头领办、专人督办、异地办案、交叉办案等模式，为办案人员提供一个相应的外部条件。2003年7月，市委将市查办大要案领导小组改为市反腐败协调小组。2004年，市纪委采取领导力量、办案力量、保障机制向办案一线倾斜的举措。2006年，全市各级纪检监察机关坚持文明办案、依纪依法办案；坚持正确运用政策和策略，慎重使用"两规"措施；坚持惩处违纪违法行为与维护合法权益并重，正确处理惩处与保护的关系；坚持"一案两报告""一案两整改"制度，充分发挥查办案件的治本功能。2008年，建立机关全员参与的办案工作机制，以案件检查室、执法监察室、纠风室为查处案件的主办室，机关其他各室为协办室。整合资源，缩短办案时间，提高办案质量。2009年，制定《关于实行案件主办人制度的试行办法》和《关于实行异地交叉办案的试行办法》，进一步强化办案措施，规范办案制度。

**案件查处** 1993~2010年，全市纪检监察机构共立案13009件，结案12575件，查处13287人，其中县处级干部192人，挽回经济损失18926.42万元。

1993~2010年全市纪检监察机关查办案件一览

表 43-12-2　　单位：件、人、万元

| 年份 | 立案数 | 结案数 | 处分干部人数 | 其中 | | | 挽回经济损失 |
|---|---|---|---|---|---|---|---|
| | | | | 县级干部 | 科级干部 | 一般干部 | |
| 1993 | 403 | 375 | 383 | | | | |
| 1994 | 613 | 566 | 571 | 6 | 95 | 470 | 287.22 |
| 1995 | 717 | 675 | 692 | 4 | 120 | 568 | 2012.20 |
| 1996 | 873 | 842 | 883 | 11 | 147 | 725 | 2542.30 |
| 1997 | 765 | 763 | 765 | 7 | 129 | 629 | 323.10 |
| 1998 | 775 | 766 | 763 | 4 | 107 | 652 | 702.96 |

续表 43-12-2

| 年 份 | 立案数 | 结案数 | 处分干部人数 | 其 中 | | | 挽回经济损失 |
|---|---|---|---|---|---|---|---|
| | | | | 县级干部 | 科级干部 | 一般干部 | |
| 1999 | 856 | 853 | 874 | 13 | 166 | 695 | 3717.39 |
| 2000 | 892 | 872 | 941 | 7 | 187 | 747 | 653.19 |
| 2001 | 812 | 781 | 807 | 10 | 112 | 685 | 669.98 |
| 2002 | 541 | 572 | 600 | 19 | 108 | 473 | 1014.65 |
| 2003 | 882 | 894 | 973 | 15 | 180 | 778 | 655.10 |
| 2004 | 892 | 888 | 964 | 21 | 197 | 746 | 716.31 |
| 2005 | 779 | 773 | 839 | 23 | 151 | 665 | 926.28 |
| 2006 | 592 | 592 | 645 | 14 | 107 | 524 | 412.89 |
| 2007 | 658 | 603 | 668 | 10 | 164 | 494 | 1136.00 |
| 2008 | 658 | 595 | 666 | 5 | 141 | 520 | 2050.00 |
| 2009 | 658 | 589 | 650 | 11 | 127 | 512 | 813.56 |
| 2010 | 643 | 576 | 603 | 12 | 127 | 464 | 293.29 |
| 合 计 | 13009 | 12575 | 13287 | 192 | 2365 | 10347 | 18926.42 |

## 三、案件管理

1994 年 11 月,市纪委被确定为中央纪委案件管理工作联系点。1995 年,市纪委印发《九江市纪检监察机关案件管理暂行规定(试行)》,明确案件管理工作任务。1996 年,市纪委配备 1 名正科级纪检员专门负责案件管理日常工作,各县(市、区)配备以案件管理工作为主的兼职人员,建立市、县、乡三级案件管理工作网;9 月,市纪委、市监察局被中央纪委办公厅评为全国纪检监察系统案件管理工作先进单位。1998~1999 年,市纪委监察局再次获此称号。2003 年 3 月,市纪委纪检监察三室承担全市案件管理工作职能。2004 年,全市案管工作进一步规范,做到统计上报数据不重不漏,准确及时。2005 年,按照案件管理系统升级更新要求,印制《初步核实违纪线索登记表》《立案案件登记表》《复查复核复审登记表》等。2006 年,全市各级纪检监察机关认真做好案件统计工作,每季通报查办案件工作情况,加强对基层案件管理工作的业务指导。2007 年,坚持每月一表,每季一报,严格把握"两规"措施审核关,确保办案安全。2008 年,举办全市各县(市、区、山)纪检监察机关案管统计人员培训班。2009 年,对未达标的重点县区由分管领导亲自带队进行现场督促提要求,推动全市办案工作的平衡发展;同时,对全市遗留案件开展专项清理,共清理 2 年以上未结案件 5 件。2010 年,通过建立健全查办案件内部监督制约机制,强化安全管理。

## 四、案件审理

**程序规范** 1991 年,市纪委印发《关于进一步加强纪检案件审理工作的意见》,各县(市、区)纪委相继制定相应细则。1993 年,建立"个人审理,集体审议,常委会决定,分流处理"的审理工作制度。1996 年,印发《关于填报案件审理报表的通知》,及时发现和纠正案件在定性上的偏差。制定《归口案件制度》《集体审理案件制度》《限时审理案件制度》《审案评议反馈制度》《提前介入审理案件制度》和《案件立卷归档制度》;印发《案件审理工作考核办法》《关于报送审批案件应按规定程序行文的通知》等。1999 年,建立案件审理工作考核制。2002 年,市纪委制定和完善市级《案件查处流程图》,规范办案程序;会同市委组织部、市人事局制定《关于贯彻执行〈关于党纪政纪处分执行工作的暂行规定〉的实施细则(试行)》。2003 年,制定《案件退卷补证的若干规定》,下发《关于分管案件审理工作的领导不得分管案件检查工作的通知》,进一步规范审理工作。2005年,印发《移送审理案件退卷暂行办法》和《九江市行政机关工作人员行政处分审批权限和审批程序的规定》。2008年,市纪委会同庐山区纪委总结“公开审理”试点工作经验,庐山区纪委监察局被评为全国审理工作先进单位。2009年6月,印发《案件备案监督暂行办法》。2010年,从党政机关、司法机关、事业单位、人民团体聘请13名具备相关法律政策知识和专业技术知识、政治可靠的中共党员为特邀审理员,建立特邀审理员人才库。

**申诉案件复查**　1991~2010年,市纪委先后制定《关于加强申诉复查工作的意见》《申诉信件处理登记表》《申诉信件处理告知函》《申诉案件受理告知函》《申诉案件再审告知函》《调取案件通知书》《归还案件手续单》《申诉信件转办函》,发放到县(市、区)纪检监察机关执行,规范全市纪检监察机关申诉复查工作。

**处分回访和处分执行情况检查**　1993~2007年,全市纪检监察机构认真做好对处分人员的回访教育和处分执行情况的检查工作,既体现组织上对受处分人员的关心,又保证党纪政纪的严肃性。1997年10月至2000年12月底,全市查出党纪政纪处分未落实到位的246人,占受处分人员总数的18.9%。1999年,对1998年受处分的6名党员干部进行回访。2006年,把回访教育工作列入年度考评内容,实行回访教育分级负责。2005年9月,在处分执行检查中,当场纠正2人处分决定未入个人档案、2人降工资手续未办问题,提出78条整改意见;全市共查出处分执行情况未落实到位的72人并予以纠正。

## 第三节　不正之风纠正

### 一、部门不正之风纠正

1993年,全市开展专项治理部门乱收费工作,查处违纪金额1197.12万元,其中自立项目收费182.48万元,超标准收费965.58万元。上缴财政168.90万元,退回单位和个人116.29万元。1994年,市纪委会同有关部门开展清理乱收费、治理公款出国旅游、清理部门占用企业钱物和专项检查违控购买及超标使用小汽车工作,共清理乱收费185万元、超标汽车19辆。1995年,全市清理党政机关及企事业单位(部门)乱收费750万元,累计公布取消乱收费项目462个。1997年,督促相关部门压缩会议及各类庆典活动,节约经费70余万元,挽回经济损失50余万元。1998年,全市党政机关制止新建、购买办公楼项目41个,制止改扩建装修办公楼项目76个,节约资金5049万元。2000年,全市查处公车私用问题100余起,纠正部门单位车辆挂用公安警用牌照80辆。2002年,全市确定310个单位作为被评对象,其中市直和驻市单位78个。开展“千家企业评机关、万名市民评行风”活动。2003~2006年,累计对市直249个单位开展政风行风评议工作。2007年,全面开展清理和规范评比达标表彰活动,市、县共清理上报评比达标表彰活动项目494个,撤销385项,减少经费支出137.1万元。2008年,实现网上“政风行风热线”在线收听、点击阅读,参与节目活动单位达104家。参与单位共受理咨询、投诉、建议507条,做到件件落实。2009年,在全省首次开展民主评议基层站所工作,组织社会各界人士对全市1898个设在乡镇(街道)的基层站所进行评议。2010年,民生领域三个突出问题专项治理成效明显,15个县区均建立失地农民保障办法,解决失地农民养老保障20818人,安排就业1963人。

### 二、行业不正之风纠正

**公路“三乱”治理**　1995年,市治理公路“三乱”工作领导小组成立;全市组织公路检查71次,撤除非法站卡37个,整顿站卡54个,查处公路“三乱”案件12起。1996年,全市撤除非法站卡14个,整顿规范站卡24个,市本级查处“三乱”违纪案7件,处分14人。1997年,印发《关于严禁在公路上乱设卡、乱罚款的通知》,在落实好责任制的同时,加强对全市范围国道、省道的巡查和明察暗访,发现问题,及时处理。撤除擅自设立的乡道木材检查站7个。1998年、1999年连续两年,省政府授予市公路基本无“三乱”荣誉称号,国务院纠风办对市治理公路“三乱”工作予以肯定。2001年,制定《九江市治理公路“三乱”巡查试行办法》对省政府批准的全市34个检查站点责成规范管理,文明执法;在全市境内各主要公路出入口设置100多块警示、承诺标牌。2002年,组织治理公路“三乱”的5次集中巡查和10次明察暗访,在国家验收考核中受到好评。2003年“非典”期间,下发3个明传电报,加大巡查力度,对各交通要道实行重点监控,确保防治“非典”的有关物资和蔬菜运输“绿色通道”的畅通。2004年,全市共查出“三乱”案件19件,查出违纪金额1888万元,处理相关责任人16人。2005年,开展公路、水路巡查15批次,行程数千千米,查纠市海事局下属单位浔安公司等4家水上执罚执收单位“三乱”行为。2008年,全市建立治理公路“三乱”二级快速反应机制,执行快速受理、限时办结、定期报告制度。组织有关部门进行公路、水路巡查11次。2010年,推行“分时分区公路巡查”制度,共巡查公路8000余千米,巩固扩大治理公路“三乱”工作成果。

**教育乱收费治理** 1994年,开展全市教育乱收费清查工作,查处学校乱收费3.2万元退还给学生家长。1995年,下发《关于重申严禁中小学乱收费的通知》。1996年,对市直9所中小学收费情况进行检查,全市查出教育乱收费205.6万元,退还学生家长195.6万元。1997年,全市中学实行收费卡制度,对市直9所中小学收费情况进行检查。1999年,全市检查教育不合理收费849.2万元,对市直部分重点高中收取的自立“择班费”60万元由市物价局收缴,作为全市解困助学和改善办学条件的专项基金。2001年,实行“一状定责、一卡收费、一票为据、一室办理、一栏公布、一票否决、一查到底”的办法,对教育收费进行全程监督。对教师的家教行为、择校择班生、开设重点班也做出相应规定。2002年,出台《关于实施教育收费公示的通知》《关于进一步清理规范城乡义务教育收费、加强收费管理的通知》,在市级新闻媒体上公布,接收群众监督。检查市直高中“择校费”“择班费”收费,均低于省定标准。2003年,查处教育乱收费案件38件,退还学生家长284.35万元,处分责任人11人。2005年,全面实行“两免一补”,公立学校义务教育“一费制”政策,减轻群众负担1亿多元,28万农村中小学生直接受益;全市查出教育乱收费案件及问题105起,违纪金额282.36万元,退回学生253.02万元,给予处理32人。2007年,下发《关于2007年深入治理教育乱收费工作的意见》,组织4个督查组,对全市15个县(市、区)教育新机制改革工作进展情况进行督查,清理有关部门和学校违规收费项目26个,查处各类学校乱收费金额195.14万元,清退违规收费金额158.27万元。2008年,查处学校乱收费涉及金额846.79万元,清退违规收费金额425.09万元,给予党纪政纪处分和其他处理33人。2010年,制定《九江市规范办学四项制度》,包括阳光招生、阳光收费、阳光从教、监督检查,并选择两所学校进行试点,共查处乱收费问题37个,处理3人,清退学校违规收费32万余元.

**医药购销和医疗服务不正之风纠正** 1996年,下发《关于整顿医药市场和对药品购销中给予收受回扣进行专项检查的通知》,全市开展对市直11个药品生产、经销企业和医疗机构进行重点检查,查出收受回扣269.12万元,给予回扣412万元。查处药品购销回扣案件3起,收缴违纪金额6.7万元。查出医药回扣1500万元,查出违规案件5件。1999年,成立市纠正医药购销中不正之风办公室。查处药品回扣案件31件,罚没款30.8万元,受到党纪政纪处分11人。2000年,清理取缔无证或证照不全的医药批发企业48家,取缔非法诊所360家。2001年,对一次性医用器具市场进行集中清理整顿,打击假冒伪劣药品,取缔无照经营,协助推进成立药品采购招标委员会和监督委员会,实施药品集中招标采购。市直六大医院参加招标,招标药品83个品目118个规格,总金额700余万元。2002年,下发《关于纠正医药购销中不正之风工作的实施意见》,开展两轮药品集中招标采购。参加医院34家,药品采购价格平均下降20%。2003年5月,建立医药纠风投诉“绿色通道”、推行“住院费用一日清单”制度,让患者明白消费。2004年,全市查处医药购销案件78件,查处违纪金额109.68万元,立案处理相关责任人80人。2005年,开展县级以上医院药品集中招标采购工作。2006年,会同相关部门查处医药购销中的不正之风。医务人员上交回扣、红包、开单提成196人次计32.32万元,查处医务人员收受红包、开单提成等问题9件19.6万元,查处医药购销领域中商业贿赂问题6件33.33万元,查处违纪违法案件9件75.77万元,给予党纪政纪处分和其他处理18人。2007年,制定《九江市合理用药参评细则》,严厉打击非法行医和违法医疗广告，纠正医疗服务中的不正之风，查处医院购销领域商业贿赂问题24个，涉及金额174.09万元。2008年，全市有25家二级以上医院的33个单病种实行限额收费。查处医药购销领域中商业贿赂问题3件，医务人员上交回扣“红包”95人次14.26万元。2009年，查处商业贿赂案件6件，处理21人。2010年，加强对食品药品安全的监管工作，涉及食品问题立案248件，挽回经济损失22.6万元，涉及药品安全和虚假药品广告问题立案25件，罚没31.4万元，移送公安机关2起，刑事拘留1人。

**减轻农民负担**　1995年，对县(市、区)减轻农民负担工作进行检查，严肃查处坑农害农案件20余起，给予党纪政纪处分30余人。1996年，共取消、废止收费项目55个，查出违纪金额540余万元，退还群众153万元，立案75件，给予党纪政纪处分80人。1997年，全面治理“三乱一摊派”。2000年，减轻农民负担金额21774.4万元，精减乡镇编外人员和村组补贴干部4236人。2002年，全市开展农村税费改革，对涉农收费、税收、村级财务实行公示公开。2003年，围绕农民减负工作，搞好农村税费配套改革。在全省率先出台《村级组织生产公益事业“一事一议”筹资筹劳管理办法》，筹资每人每年不得超过15元。7月1日起，实行城乡用电同网同价，让农民得到实惠，农民用电由几元1度下降到0.56元1度。2004年，农民负担卡、土地承包合同、土地经营权证书100%发到农户，实行村账乡代理的村委会达100%。2002~2004年，全市累计为农民减负2亿多元。2005年，专项治理减轻农民负担2903.4万元，受到党纪政纪处分和其他处理40人。2006年，通过“三补贴”和减轻农民负担专项治理，共减轻农民负担18770.93万元，查处涉农案件15件，受到党纪政纪处分和其他处理17人。2007年，市减负办下发《关于对全市农民负担政策落实情况检查存在问题的整改意见》，开展贯彻落实惠农政策的检查，以减轻农民负担。2010年，开展强农惠农政策落实情况监督检查“回头看”，进一步加大对损害群众利益问题的查办力度，共受理投诉60件，办结55件，办结率91.6%；查处违纪违规问题10个，涉及违规金额290万元，处理17人；开展财政惠农补贴资金“一卡通”发放督查工作5次，下拨救灾资金1736万元，为因灾倒房户修建住房1837套。

## 第四节　行政执法监察

### 一、群众反映热点问题执法监察

1992年，抓住妨碍党和政府中心任务的突出问题，以及人民群众反映强烈的热点问题，加大监督检查力度。1993年，对《全民所有制工业企业转换经营机制条例》的贯彻进行检查。1994年，对浔阳区“农转非”管理问题进行检查；1996~1997年，对群众反映强烈的公款吃喝、征兵、招考、农转非、养老保险、计划生育乱收费乱罚款问题进行整治。1998年，对关于厉行节约，制止奢侈浪费“八条规定”的贯彻情况开展执法监察。1999年，对九江旧城拆迁改造未按期还房，引起群众集体上访展开调查。2000年，查处涉农案件26件，其中涉农恶性案件2起。2001年，对企业改制、职工身份置换开展执法监察，查处一批借改制之机公款私存、贪污私分、侵占挪用案件；2003年4~6月，在“非典”期间查处3起哄抬物价、制假售假案件，对在防治工作中的严重失职渎职进行严肃处理，有26人受到党纪政纪处分。2004年，开展在企业重组、改制、破产中侵害职工合法权益问题的专项检查。2005年“11·26”地震灾害发生后，市、县两级纪检监察机关开展对抗震救灾工作督查，对救灾款物管理使用实行全程监督。2007年，对市中心城区经济适用房的建设和申购进行全程监督。2008年，对市中心城区经济适用房申购报名及廉租房申购配租过程进行监督。2009年，围绕全市“项目建设年”活动，开展对重大工业项目的跟踪督查。2010年，加强对保障性住房建设情况的监督检查。

### 二、粮棉流通体制改革执法监察

1991年10月，发出《关于加强对棉花收购工作进行监督检查的通知》，督促基层供销部门认真落实“五公开一监督”制度。1999年，印发《关于开展粮食流通体制改革情况执法监察的实施方案的通知》，明确开展粮改执法监察工作任务和要求,全年发现和纠正挤占、挪用粮食收购资金贷款、粮食收购中代扣代缴等问题46起,涉及金额326万元;查处非法收购、运输、贩买贩卖粮食案件591起,没收粮食76.59万公斤,罚没金额69.186万元;追究党纪政纪责任9人。2001年,继续开展粮改的监督检查工作,全市共发现违纪线索17条,转立案9起(其中大案7起),给予党纪政纪处分15人,移送司法机关处理1人,查出违纪金额100余万元。

## 三、参与重特大事故调查及责任追究

1994年,修水县纪委查办“5·15”重大交通事故案和塔头村小学教室围墙倒塌造成学生伤亡事故案;德安县纪委查处锑矿重大工伤事故案,追究当事人责任。1995年,市纪委监察局参与九江大中大商厦“1·20”特大火灾事故调查处理工作,直接和建议处分8名负有领导责任的人员,其中处级干部3人,移送司法机关处理2人;德安县纪委参与县看守所“8·20”在押重刑人犯脱逃事故的调查处理工作,对看守所所长予以严肃处理。1996年,下发《关于加强因工死亡事故管理工作的意见》。市、县两级共参加调查重大事故案8起,直接和建议处分32名负有领导责任和直接责任的人员。对都昌县“3·7”特大水上交通事故案责任人员进行严肃处理。1997年,参与修水县“1·10”溪口乐仁花炮厂爆炸事故、“5·19”马坳派出所失职造成违法嫌疑人跳车死亡事故、湖口县江桥乡鞭炮厂爆炸事故、共青羽绒厂“96·9·10”火灾事故、永修“5·22”房屋倒塌事故等7起事故的查处工作。给予党纪政纪处分30人,移送司法机关处理4人,挽回经济损失200余万元。1998年,参与8起重大事故的查处工作。其中市纪委监察局调查“4·21”交通肇事事故,修水、瑞昌、武宁等县市查处7起重大事故,给予党纪政纪处分12人,涉及县处级干部1人,乡科级干部4人,一般干部7人。1999年,参与调查处理12起责任事故。其中死亡事故5起,重大死亡事故1起,追究党纪政纪责任40人,批评教育11人,发通报6期。2000年7月5日,彭泽县太平关乡农民何某爆竹作坊发生一起燃烧事故,造成8名学生死亡、1人重伤的严重后果。对该县常务副县长徐某等11名责任人追究党纪政纪责任,并向全市进行通报。7月27日,市林业工业总公司河西木材交易市场发生重大火灾,直接经济损失237万元,对市林业工业总公司总经理邵某(副处级)等5名责任人分别给予党纪政纪处分;武宁县纪委对县供销社杂品公司宿舍火灾造成7人死亡、3人受伤的事故进行查处,对县供销社主任、杂品公司经理等6名责任人进行严肃处理,通报全县。当年,全市立案调查重特大事故28起,处理42人,移送司法机关处理2人,发事故通报4期。

2001年3月13日,武宁县罗溪乡发生森林火灾,过火面积337.53公顷,直接损失15万余元,县纪委监察局给予5名责任人党纪政纪处分;瑞昌市纪委监察局对县刑侦大队留置室发生留置人员跳楼死亡事故进行责任追究,给予3名责任人党纪处分;当年全市共发现重特大事故和涉农案件线索55件,转立案29起,查出违纪金额16万元,做出监察决定8个,给予党纪政纪处分38人,发通报5期。2002年,全市发生4起重大事故。其中修水县整治矿山秩序,全年共封闭和炸毁不合格矿井50个,关闭矿点206个,依法处理违法违规人员50名;武宁县整治煤矿周边环境,打击非法分子。2003年,全市共发生17起责任事故,其中九江学院发生“11·7”模板支撑架坍塌造成4人死亡、6人受伤的重大安全事故,市纪委监察局对市建设局副局长徐某等3名副处领导进行责任追究,给予党纪政纪处分。2004年,全市发生139起责任事故,市纪委监察局会同有关部门对有关责任人进行责任追究。共处分190人,其中党纪处分158人,政纪处分32人,提出监察建议52条。2005年,参加安全责任事故调查67起,给予党纪政纪处分87人,其中3月7日星子县公交汽车有限公司客车(核载15人)坠入悬崖,造成22人死亡、1人重伤、21人轻伤的恶性特大道路交通事故,纪检监察机构依法依纪对有关人员进行调查处理,1名副县长、3名科级干部受到政纪处分。

2006年,参加6起责任事故的调查处理。给予党纪政纪处分13人,移送司法机关处理2人。2007年1~6月,参加安全责任事故调查7起,给予党纪处分1人,政纪处分1人,移送司法机关1人。2008年,市纪委监察局会同市安监局对九江钢厂有限责任公司“3·28”安全事故、中浔矿业公司丁家山铜硫矿“6·7”

冒顶事故、浔阳江畔项目建设工地"7·19"人员高空坠落伤害事故进行调查；会同市林业局对武宁县鲁溪乡森林火灾、瑞昌市花园乡森林火灾事故进行督办。参与对修水县赤江大桥"7·31"垮塌事故调查。2010年，开展对"安全生产年"工作部署的监督检查，制定《九江市2010年度县（市、区、山）安全生产目标管理考评评分细则》；开展对企业安全生产工作的监督检查；开展对安全生产行政执法的监督检查，制定《安全生产行政执法监督检查工作方案》。共查处生产安全事故5起，结案5起，追究责任人员21人。

## 四、建设工程项目执法监察

1995年，会同有关部门对全市建筑市场进行检查，检查27项工程项目，发出整改通知书16份。1996年4月19日，成立市建设工程项目专项清理检查工作领导小组；全市共抽调清理人员242人，开展建设工程项目专项清理检查工作；设立举报箱32个，举报电话28部，受理信访举报57件，其中涉及工程质量23件，违章违规建筑10件，招标投标3件，安全问题3件，贪污贿赂18件；查清1994年以来开工的50万元以上的工程项目374项，涉及建设单位153家。1995~1996年，全市共受理建设工程领域违法违纪案49件，立案49人，处分45人，移送司法机关14人，收缴违纪金额100.3万元。1997年，共受理建设工程项目方面举报117件，处理违法违纪人员77人，移送司法机关处理40人，为国家挽回经济损失750.71万元。1998年，市、县两级确认应实行招投标工程项目116项，实际招投标106项，招标率为91.4%。开展决算审计工程49个，核减工程款120.5万元。发现违纪线索转立案调查2起，处分2人。1999年，对水毁修复长江堤防工程质量、资金管理开展执法监察，对不具备城区防洪工程施工资质的队伍参与城区4–5号闸口复堤工程施工问题成立"2·27"专案组，在公安机关协助下，用40天时间查清全部问题，追究市水电局和市城市防洪工程建设指挥部有关领导责任，此案受到党和国家领导人关注。2000年4月7日，成立"九江市建设工程项目执法监察办公室"，不定期对市属在建工程项目进行监督检查，开展建设市场整顿的专项治理工作。全年全市新报建项目招投标率100%，合同会签率100%，查出违法违纪行为76起，并及时予以纠正。对2000年以来竣工工程、2001年在建工程项目进行拉网式检查，对99起违法违规项目进行处理，并在新闻媒体上公开曝光。

2002年，全市建设工程项目招标308项，所有项目都实行"建设工程项目告知制度"，国家投资项目公开招标率100%。2003年5月，总投资4.5亿元的庐山环南山公路改建工程招投标工作正式启动，市纪委监察局会同市公路局全程参与该工程的监督；当年全市建设工程项目招标318项，国家投资项目公开招标率100%。2004年，全市建筑工程招标投标工程项目353项，告知率100%，市场交易率达100%。市监察局对老鹳塘污水处理项目进行全程封闭监督。全年共查处建筑市场违纪案件3起，给予党纪处分4人，提出监察建议13条。2005年，市区建筑工程项目进行公开招标57项，告知率100%，进场交易率100%。当年共受理投诉10件，转立案5件，给予党纪处分5人，政纪处分1人，追缴没收违纪金额4.2万元，提出监察建议18条，作出监察决定3个；另对市妇幼保健院住院大楼等建设工程实施全程监督。2007年，督促指导全市招投标工作朝着健康、有序、和谐的方向发展，健全建设工程项目招标投标的信息发布、资格预审、专家抽取、评标定标、工程依法分包等环节的约束机制。2008年，市区建设工程公开招标投标项目206个，工程总造价23.37亿元，告知率100%，进场交易率100%。对市党员干部警示教育基地工程、市中心城区经济适用房和廉租房工程招标投标进行全程监督。2009年，开展工程建设领域突出问题专项治理工作，对682个在建重大工程进行过滤式突击排查，重点检查在建工程基础、主体结构安全是否存在违反强制性标准的情况及工程建设各方责任主体和有关机构质量行为。全年共受理涉及工程建设领域方面的举报和案件线索100件，转立案查处31件，给予党政纪处分27人，移送司法机关6人。2010年，深入开展工程治理工作，共排查政府投资和使用国有资金项目有714个，发现问题606个；市本级出台制度23项；共受理工程建设领域举报235件，查实83件，立案76件，44名相关人员受到党纪政纪追究，11名相关人员受到组织处理，23名相关人员被移送司法机关追究刑事责任。

## 五、对防汛纪律、救灾款物发放、移民建镇工作的执法监察

1995年6月,全市遭受特大洪涝,市纪委监察局派员深入到瑞昌、德安、星子、浔阳区进行执法监察,对抗洪抢险中的先进人物提出表扬建议,对存在的问题提出改进意见。都昌县纪委监察局对6名违反防洪纪律的党员干部予以党纪政纪处分。7月28日,下发《关于对救灾款物的发放使用情况开展执法监察的通知》。1996年2月,对市政府下拨各县1995年度救灾款、救灾粮的发放使用情况进行专项检查。1998年,九江发生百年未遇的特大洪水。各级纪检监察机关在完成防洪抢险任务同时,先后开展防汛纪律的执法监察和救灾工作的监督检查。6月12日,部署全市防汛执法监察工作。6月16日,发布《九江市防汛工作纪律》。至9月20日,立案查处违反防汛工作纪律案件23起44人,发通报8期,查纠问题84起。在防汛期间,派出90多人次参加防汛纪律的监督工作。实行查岗、查堤、查领导、查人员、查物资到位、查应急措施、查防汛纪律。牵头对全市溃决的8座万亩圩堤进行调查,普遍建立由纪委、组织部、监察局参加的防汛工作督查组,彻夜巡查在防汛抗洪第一线。8月上旬,联合发出《关于加强对救灾捐赠款物进行监察审计的通知》。8月28日,成立由市委副书记、市纪委书记任组长的"九江市救灾工作监督领导小组",下设办公室在市纪委执法监察室。至11月10日,全市共受理救灾捐赠款物方面违法违纪问题举报86件,立案21件,给予党纪政纪处分18人。1999年入汛后,把防汛纪律的监督检查作为"重中之重"来抓,实行24小时不间断明察暗访。查处防汛责任制不落实、工作不力以及睡岗、脱岗、有险不报、排查不力问题,以铁的纪律保证长江干堤、京九铁路、十万亩以上圩堤和人民生命财产安全。1999年以后,开展对移民建镇工作的执法监察。4月,市委、市政府成立"九江市移民建镇工作监督小组"。制定《关于对移民建镇工作加强监督的暂行规定》,组织4次全市性的大检查。2000年,对8.3亿元移民建镇资金使用情况进行检查,发现案件线索76条,立案57件,49名党员干部受到党纪政纪处分,移送司法机关3人。

2001年,全市各级纪检监察机关加强对移民建镇资金管理使用的监督检查。全年发现案件线索61条,立案32件,查出违纪金额1172.9万元,给予党纪政纪处分35人。2002年5月,参加省监察、计划、财政、审计等部门组成的督导组,对都昌、湖口、星子、永修4县移民建镇工作进行督导。全年查处涉及移民建镇案件39起,处理42人,移送司法机关3人。2003年4月,市政府办、市监察局会同有关部门组成5个督导小组,对都昌、湖口、彭泽、永修、九江县移民建镇工作进行检查。全年共纠正违规使用移民建镇资金948.28万元,处理有关责任人员27人,移送司法机关处理2人。2005年,查出移民建镇中违纪违规案件11件,给予党纪政纪处分15人,移送司法机关4人。

2007年,《中国财经日报》披露彭泽县移民建镇中存在的问题。市纪委监察局对彭泽县三、四期移民进城小区中有12户不符合移民条件等情况进行调查核实,维护移民的合法权益。同年,又对瑞昌市乐园乡"11·26"地震救灾资金分配中存在问题进行调查处理,其中9人受到党纪政纪处分,5人受到组织处理,2人移送司法机关处理。2008年,对救灾款物接收管理使用情况进行监督检查。6次深入雪灾一线,全程跟踪救灾款物发放。四川汶川地震发生后,市纪委监察局会同市有关部门对抗震救灾款物接收、管理、使用进行监督检查,全市共接收款物8413.72万元,未发现违纪违法案件。2010年,全市遭遇3次较大的自然灾害。灾情发生后,市纪委监察局会同民政部门加强救灾和倒房户重建工作,要求各级政府在第一时间组织抢险救灾应急工作组深入灾区,紧急转移群众8.47万人,设立临时安置点6个,安置灾民1200余人;督促各地出台重建方案,操作过程严格实行"三审三公示"程序确定重建补助对象,所有倒房户都签订建房协议,其中925户住房当年竣工;加强对救灾款物的管理使用监督。分三批共组织10个督查组深入各县(市、区)督查防汛工作,对全市152千米长江沿线的52个砂石场进行专项清理,提出整改建议意见131条,对13名渎职的防汛值班人员及领导进行责任追究。

# 第四十四篇

# 地方人民代表大会

# 第四十四篇 地方人民代表大会

1991~2010年，市历经5届人民代表大会，先后召开市人民代表大会历届历次会议21次。人民代表大会制度在九江已由恢复、健全而跨入日臻完善的崭新阶段。市历届人民代表大会代表均由各县(市、区)人民代表大会选举产生，全市12个县(市、区)人民代表大会代表及乡镇人民代表大会代表，都是通过广大人民群众普选直接产生，选民参选率在85%以上，充分表达和反映人民意志。

至2010年，市人大共收到代表议案、建议、批评和意见2589件，彰显人民代表的自身素质和履职能力，表达人民的诉求和期盼，代表人民的意志和权力。市人民代表大会历次会议闭会后，市人大常委会及时与市政府、市中级人民法院、市人民检察院沟通协调，督促"一府两院"逐一办理，使人民的意愿不仅得到充分表达，而且得到充分尊重。

20年间，市人大常委会共举行140次会议，听取和审议"一府两院"工作报告、情况汇报519次，做出决议、决定96项，依法任免地方国家机关工作人员1136人次。其间，共召开常委会主任会议419次。20年间，市人大常委会组织开展调研、执法检查、视察调查、述职评议、议案办理、宣传教育、信访督办、交流往来等工作，为坚持和完善人民代表大会制度，推进依法治市进程，促进九江又好又快发展做出不懈努力。

# 第一章 人大代表

## 第一节 代表产生

### 一、选举程序

1991年以来,各地各级人民代表大会的代表依法选举产生。人大代表选举程序主要有:设立选举组织、代表名额分配和选区划分、选民登记、候选人提名、竞争选举、投票及计票、公告当选代表名单和颁发证书。市人大代表由各县(市、区)人民代表大会选举,市人民代表大会选举省人大代表;各县(市、区)及其所辖乡(镇)人大代表由选民直选。

### 二、代表名额

1991年以来,市及各县(市、区)人大代表名额由省人大常委会分配。第十届市人大代表名额420名;第十一届、第十二届、第十三届市人大代表名额均为415名;至2010年,全市历届县(市、区)人民代表名额为2353名。

### 三、县、市、省、全国人大代表

**县(市、区)人大代表** 1991~2010年,全市共有县(市、区)人大代表12800名。其中,1991年,县(市、区)人大代表2844名;1992年,县乡同步选举县(市、区)人大代表2962名;1998年,县级人大换届选举代表2340名;2003年,县级人大换届选举代表2322名;2007年,县乡同步选举县(市、区)人大代表2332名。

**市人大代表** 至1991年1月,第九届市人民代表大会任期结束时,共有代表402名。第十届市人大第一次会议代表417名,至1999年任期结束时代表416名。第十一届市人大第一次会议代表412名,至2004年1月任期结束时414名。第十二届市人大第一次会议代表402名,至2006年12月任期结束时387名。第十三届市人大第一次会议代表404名,至2010年12月(任期尚未结束)411名。

**省人大代表** 省第七届人大九江代表57名。省第八届人大九江代表名额62名,经1993年1月市第九届人大第六次会议选举和1994年1月市第十届人大第一次会议补选,共选出省人大代表62名。省第九届人大九江代表名额60名,经1998年1月市第十届人大第五次会议选举60名省人民代表。省第十届人大九江代表名额59名,经2002年12月市第十一届人大第五次会议选举省人大代表59名。省第十一届人大九江代表名额61名,经2008年1月市第十三届人大第三次会议选举61名省人大代表。

**全国人大代表** 市全国人大代表先后有:第七届(1988.05~1993.03)程金发(市人大常委会主任、市政府市长)、徐京发(永修县柘林镇林农)、文小平(女;九江国棉二厂副厂长)、温刚柏(九江五七二七厂纸板分厂副厂长);第八届(1993.03~1998.03)余修炎(共青垦殖场场长)、徐京发(永修县柘林镇林农)、何光芬(女;民建市委会副主委)、戚善宏(市政府市长);第九届(1998.03~2003.03)戚善宏(市政府市长)、余修炎(共青垦殖场场长)、梅美华(女;浔阳区甘棠街道环卫所所长);第十届(2003.03~2008.03)李亚平(女;市委副书记)、杜文如(九江石化总厂厂长);第十一届(2008.03~)王萍(女;市政府市长)、陆永兰(女;九江海扬纺织公司工人)、曾庆红(女;市政府市长)。

## 第二节 代表构成

1991年以来,市人大代表成分构成有工农、干部、知识分子、民主党派及无党派人士、中共党员、妇女、少数民族，同时注重知识结构和年龄结构。

1991~2010年市历届人大一次会议代表构成一览

表44-1-1　　单位：人

| 项　目 | | 第十届 | 第十一届 | 第十二届 | 第十三届 |
|---|---|---|---|---|---|
| 代表总数 | | 417 | 412 | 402 | 404 |
| 成分构成 | 工　农 | 147 | 106 | 109 | 120 |
| | 干　部 | 148 | 176 | 183 | 171 |
| | 知识分子 | 128 | 69 | 56 | 94 |
| | 民主党派及无党派人士 | 80 | 83 | 86 | 84 |
| | 中共党员 | 318 | 329 | 316 | 320 |
| | 妇　女 | 90 | 75 | 78 | 79 |
| | 少数民族 | 10 | 9 | 8 | 9 |
| 知识结构 | 大学以上 | 77 | 100 | 182 | 222 |
| | 大　专 | 112 | 176 | 159 | 142 |
| | 中　专 | 81 | 42 | 20 | 16 |
| | 中　学 | 139 | 89 | 39 | 24 |
| | 小　学 | 8 | 5 | 2 | |
| 年龄结构 | 35岁以下 | 31 | 38 | 30 | 31 |
| | 36~55岁 | 337 | 332 | 349 | 353 |
| | 56岁以上 | 49 | 42 | 23 | 20 |

# 第二章　市人民代表大会

## 第一节　市第九届人民代表大会

### 一、第四次会议

1991年3月17~22日在市工人影剧院举行。会议应到代表399人，实到342人。会议听取和审议市政府代市长彭宏松所做的《政府工作报告》和《关于九江市国民经济和社会发展十年规划和"八五"计划纲要草案的说明》；听取和审议市计委主任王汝丰《关于九江市1990年国民经济和社会发展计划执行情况与1991年计划草案的报告》、市财政局局长陈旭初《关于九江市1990年财政预算执行情况和1991年财政预算草案的报告》；听取和审议市人大常委会副主任董乐辛《九江市人民代表大会常务委员会工作报告》、市中级人民法院院长秦万福《九江市中级人民法院工作报告》和市检察院检察长陈金涛《九江市人民检察院工作报告》。会议审议上述报告，做出7项决议，决定通过《政府工作报告》等6个报告，原则批准《九江市国民经济和社会发展十年规划和"八五"计划纲要》，授权市人大常委会审查和批准《九江市1990年市财政决算》。会议确认决定接受钟起煌辞去市政府市长职务，补选彭宏松为市政府市长；补选第九届市人大常委会委员4名。

### 二、第五次会议

1992年3月13~17日在市人民影剧院举行，应到代表402名，实到341名。会议听取和审议市长彭宏松《政府工作报告》；听取和审议市计委主任林耀兴《关于九江市1991年国民经济和社会发展计划执行情况与1992年计划草案的报告》、市财政局局长陈旭初《关于九江市1991年财政预算执行情况和1992年财政预算草案的报告》；听取和审议市人大常委会副主任董乐辛《九江市人民代表大会常务委员会工作报告》、市法院院长秦万福《九江市中级人民法院工作报告》和市检察院代检察长刘云汉《九江市人民检察院工作报告》。会议做出6项决议，决定批准《政府工作报告》等6个报告；批准《九江市1991年国民经济和社会发展计划执行情况与1992年国民经济和社会发展计划》和《九江市1991年财政预算执行情况和1992年财政预算》。会议选举刘云汉为市人民检察院检察长。

### 三、第六次会议

1993年1月10~14日在市人民影剧院举行，应到代表402名，实到351名。会议听取和审议市政府代市长戚善宏《政府工作报告》、市计委主任林耀兴《关于九江市1992年国民经济和社会发展计划执行情况与1993年计划草案的报告》、市财政局局长陈旭初《关于九江市1992年财政预算执行情况和1993年财政预算草案的报告》；听取和审议市人大常委会副主任董乐辛所做的《九江市人大常委会工作报告》、市法院代院长吴宣友《九江市中级人民法院工作报告》和市检察院检察长刘云汉《九江市人民检察院工作报告》。会议做出6项决议，决定通过《政府工作报告》等6个报告，批准《九江市1992年国民经济和社会发展计划执行情况与1993年国民经济和社会发展计划》《九江市1992年财政预算执行情况和1993年财政预算》。会议补选戚善宏为市政府市长，于维忠为市人大常委会副主任，吴宣友为市中级人民法院院长；选举九江市出席省第八届人民代表大会代表51名。

## 第二节　市第十届人民代表大会

### 一、第一次会议

1994年1月23~28日在市人民影剧院举行。会议应到代表417名，实到362名。会议听取和审议市政府市长戚善宏所做的《政府工作报告》、市计委主任林耀兴《关于九江市1993年国民经济和社会发展计划执行情况与1994年计划(草案)的报告》、市财政局局长陈旭初《关于九江市1993年财政预算执行情况和1994年财政预算(草案)的报告》；听取和审议市人大常委会主任程金发《九江市人民代表大会常务委员会工作报告》、市法院院长吴宣友《九江市中级人民法院工作报告》和市检察院检察长刘云汉《九江市人民检察院工作报告》。会议做出6个决议，决定批准《政府工作报告》等6个报告；审查和批准《九江市1993年国民经济和社会发展计划执行情况与1994年国民经济和社会发展计划》《九江市1993年财政预算执行情况和1994年财政预算》。会议选举市第六届人大常委会，由30人组成；主任程金发，副主任瞿兰香(女)、王文敬、张金林、曾民牛、于维忠、颜运策；秘书长王文敬(兼)。会议选举市政府市长戚善宏，副市长徐明华、康晋益、霍伟光、余秉绶、史之汉、张华东；选举市中级人民法院院长江民才、市人民检察院检察长刘云汉。会议补选市出席省八届人民代表大会代表11名。

### 二、第二次会议

1995年1月16~20日在市人民影剧院举行。应到代表418名，实到378名。会议听取和审议市政府市长戚善宏《政府工作报告》、市计委主任林耀兴《关于九江市1994年国民经济和社会发展计划执行情况与1995年计划(草案)的报告》、市财政局局长张永福《关于九江市1994年财政预算执行情况和1995年财政预算(草案)的报告》、市人大常委会副主任瞿兰香《九江市人民代表大会常务委员会工作报告、》市法院院长江民才《九江市中级人民法院工作报告》和市检察院检察长刘云汉《九江市人民检察院工作报告》并通过和批准相应的决议。会议补选市第十届人大常委会委员 3 名。

### 三、第三次会议

1996 年 1 月 28 日至 2 月 1 日在市人民影剧院举行。应到代表 418 名,实到 339 名。会议听取和审议市政府市长戚善宏《政府工作报告》、市计委主任林耀兴《九江市 1995 年国民经济和社会发展计划执行情况与 1996 年计划(草案)的报告》、市财政局局长张永福《九江市 1995 年财政预算执行情况和 1996 年财政预算(草案)的报告》;听取和审议市人大常委会副主任瞿兰香《九江市人民代表大会常务委员会工作报告》、市法院院长江民才《九江市中级人民法院工作报告》和市检察院检察长刘云汉《九江市人民检察院工作报告》。会议做出 6 个决议,批准《政府工作报告》等 6 个报告;审查和批准《九江市国民经济和社会发展"九五"计划和 2010 年远景规划纲要》。会议补选 1 名市第十届人大常委会委员。

### 四、第四次会议

1997 年 1 月 24~28 日在市人民影剧院举行。应到代表 419 名,实到 357 名。会议听取、审议市政府市长戚善宏所作《政府工作报告》;听取和审议市计委主任林耀兴关于《九江市 1996 年国民经济和社会发展计划执行情况与 1997 年计划(草案)》的报告和市财政局局长张永福关于《九江市 1996 年财政预算执行情况和 1997 年财政预算(草案)》的报告并予以审查批准;听取和审议市人大常委会副主任瞿兰香所作《九江市人民代表大会常务委员会工作报告》、市法院院长江民才《九江市中级人民法院工作报告》和市人民检察院检察长刘云汉《九江市人民检察院工作报告》。会议做出 6 个决议,决定通过《政府工作报告》等 6 个报告;通过《关于加强防治血吸虫病的决议》。会议补选康晋益、刘荣喜为市人大常委会副主任,并补选 1 名常委会委员。

### 五、第五次会议

1998 年 1 月 3~8 日在市人民影剧院举行。应到代表 416 名,实到 387 名。会议听取和审议市政府市长戚善宏《政府工作报告》;听取和审议市计委主任万吉光关于《九江市 1997 年国民经济和社会发展计划执行情况与 1998 年计划(草案)》的报告、市财政局局长张永福关于《九江市 1997 年财政预算执行情况和 1998 年财政预算(草案)》的报告;听取和审议市人大常委会副主任瞿兰香《九江市人民代表大会常务委员会工作报告》、市法院院长江民才《九江市中级人民法院工作报告》和市检察院检察长刘云汉《九江市人民检察院工作报告》。会议做出 6 个决议,决定通过《政府工作报告》等 6 个报告。会议选举产生省第九届人大代表 60 名。

## 第三节 市第十一届人民代表大会

### 一、第一次会议

1999 年 1 月 19~25 日在市人民影剧院举行。会议应到代表 413 名,实到 365 名。会议听取和审议市政府代市长刘积福《政府工作报告》;听取和审议市计委主任万吉光《关于九江市 1998 年国民经济和社会发展计划执行情况与 1999 年计划(草案)的报告》、市财政局局长张永福《关于九江市 1998 年财政预算执行情况和 1999 年财政预算(草案)的报告》;听取和审议市人大常委会主任程金发《九江市人民代表大会常务委员会工作报告》、市法院院长江民才《九江市中级人民法院工作报告》和市检察院检察长刘云汉《九江市人民检察院工作报告》。会议作出 6 项决议,通过 6 个报告。会议选举产生由 33 名委员组成的市第十一届人大常委会,刘上洋任主任。余松生、余秉绥、张金林、曾民牛、刘荣喜、刘云汉任副主任,余秉绥兼任秘书长。会议选举市政府市长刘积福,副市长甘良森、杜万安、吕明、宋才火;市中级人民法院院长江民才、市人民检察院检察长林升泰。会议补选省第九届人大代表 2 名。

## 二、第二次会议

2000年1月25~29日在市人民影剧院举行。应到代表413名,实到395名。会议听取和审议市政府市长刘积福《政府工作报告》;市计委主任万吉光《关于九江市1999年国民经济和社会发展计划执行情况与2000年计划(草案)的报告》和市财政局局长张永福《关于九江市1999年市本级财政预算执行情况和2000年市本级总预算草案的报告》;听取和审议市人大常委会副主任余松生《九江市人民代表大会常务委员会工作报告》;市法院院长江民才《九江市中级人民法院工作报告》和市检察院检察长林升泰《九江市人民检察院工作报告》。会议做出6项决议,通过6个工作报告;审查和批准《九江市1999年国民经济和社会发展计划执行情况与2000年国民经济和社会发展计划》和《1999年市本级总预算执行情况的报告和2000年市本级总预算》。会议补选胡春如(女)为市人大常委会副主任并补选常委会委员1名。

## 三、第三次会议

2001年1月11~16日在市人民影剧院举行。应到代表413名,实到395名。会议听取和审议市政府市长刘积福《政府工作报告》;听取和审议市计委主任万吉光《关于九江市2000年国民经济和社会发展计划执行情况与2001年计划(草案)的报告》;听取和审议市财政局局长艾宏盛《关于九江市2000年市本级总预算执行情况和2001年市本级总预算(草案)的报告》;会议听取和审议市人大常委会副主任胡春如《九江市人民代表大会常务委员会工作报告》、市法院院长江民才《九江市中级人民法院工作报告》和市检察院检察长林升泰《九江市人民检察院工作报告》。会议做出6项决议,通过6个工作报告;审查和批准《九江市国民经济和社会发展"十五"计划纲要》;《九江市2000年国民经济和社会发展计划执行情况与2001年国民经济和社会发展计划》和《九江市2000年市本级总预算执行情况和2001年市本级总预算》。会议增选王凤玮为市人大常委会秘书长并补选常委会委员1名。

## 四、第四次会议

2002年4月22~26日在市人民影剧院举行。应到代表411名,实到395名。会议听取和审议市政府代市长王忠武《政府工作报告》;市计委主任万吉光《关于九江市2001年国民经济和社会发展计划执行情况与2002年计划(草案)的报告》、市财政局局长艾宏盛《关于九江市2001年市级总预算执行情况和2002年市本级总预算(草案)的报告》;听取和审议市人大常委会副主任胡春如《九江市人民代表大会常务委员会工作报告》;市法院代院长曹林淼《九江市中级人民法院工作报告》和市检察院代检察长陈和民《九江市人民检察院工作报告》。会议做出6项决议,通过6个工作报告;审查批准《九江市2001年国民经济和社会发展计划执行情况与2002年国民经济和社会发展计划》和《2001年市级预算执行情况的报告和2002年市级预算》;会议补选市第十一届人大常委会主任刘积福,副主任余修炎、万吉光、周锦元和4名常委会委员;补选王忠武为市政府市长,蔡晓明、冯静(女)、彭泽洲为副市长;补选曹林淼为市中级人民法院院长,陈和民为市人民检察院检察长。

## 五、第五次会议

2002年12月30~31日在市人民影剧院举行。应到代表411名,实到395名。会议选举省十届人民代表大会代表62名。

## 六、第六次会议

2003年3月14~19日在市人民影剧院举行。应到代表415名,实到391名。会议听取和审议市政府代市长蔡晓明《政府工作报告》;听取和审议市计委主任彭敏《关于九江市2002年国民经济和社会发展计划执行情况与2003年计划(草案)的报告》和市财政局局长艾宏盛《关于九江市2002年市级总预算执行情况和2003年市本级总预算(草案)的报告》;听取和审议市人大常委会副主任胡春如《九江市人民代表大会常务委员会工作报告》;市法院院长曹林淼《九江市中级人民法院工作报告》和市检察院检察长陈和民《九江市人民检察院工作报告》。会议做出6项决议,通过6个工作报告;会议选举蔡晓明为市政府市长,王际民、甘智德、谭毓清为市人大常委会副主任,王原平为市人大常委会秘书长;选举市人大常委会委员8名。

## 第四节 市第十二届人民代表大会

### 一、第一次会议

2004年2月27日至3月3日在市人民影剧院举行。会议应到代表402名,实到367名。会议听取和审议市政府市长蔡晓明《政府工作报告》;听取和审议市计委主任彭敏《关于九江市2003年国民经济和社会发展计划执行情况与2004年国民经济和社会发展计划(草案)的报告》、市财政局局长沈建生《关于九江市2003年市级总预算执行情况和2004年市本级总预算(草案)的报告》;听取和审议市人大常委会副主任万吉光《九江市人民代表大会常务委员会工作报告》;市法院院长戴长林《九江市中级人民法院工作报告》和市检察院检察长韩德胜《九江市人民检察院工作报告》。会议做出6项决议,通过6个报告;审查批准《九江市2003年国民经济和社会发展计划执行情况与2004年国民经济和社会发展计划》和《九江市2003年市级总预算执行情况和2004年市级总预算》。会议选举市第十二届人大常委会委员35名,刘积福任主任,万吉光、余修炎、彭群林(女)、周锦元、王际民、甘智德、谭毓清任副主任,王原平任秘书长。会议选举市政府市长蔡晓明,副市长李放、陈晖、陈立国、冯静(女)、彭泽州、张华、卢天锡;选举市中级人民法院院长戴长林、市人民检察院检察长韩德胜。

### 二、第二次会议

2005年2月28日至3月3日在市人民影剧院举行。应到代表406名,实到343名。会议听取和审议市政府市长蔡晓明《政府工作报告》;市发改委主任彭敏《关于九江市2004年国民经济和社会发展计划执行情况与2005年国民经济和社会发展计划(草案)的报告》和市财政局局长沈建生《关于九江市2004年市级总预算执行情况和2005年市本级总预算(草案)的报告》;听取和审议市人大常委会副主任万吉光《九江市人民代表大会常务委员会工作报告》;市法院院长戴长林《九江市中级人民法院工作报告》和市检察院检察长韩德胜《九江市人民检察院工作报告》。会议做出6项决议,通过6个报告。会议补选市第十二届人大常委会委员1名。

### 三、第三次会议

2006年2月15~18日在人民影剧院举行。应到代表399名,实到376名。会议听取和审议市政府市长蔡晓明《政府工作报告》;听取和审议市发改委主任彭敏《关于九江市2005年国民经济和社会发展计划执行情况与2006年国民经济和社会发展计划(草案)的报告》和市财政局局长沈建生《关于九江市2005年市级总预算执行情况和2006年市本级总预算(草案)的报告》;听取和审议市人大常委会副主任万吉光《九江市人民代表大会常务委员会工作报告》;市法院院长夏克勤《九江市中级人民法院工作报告》和市检察院检察长韩德胜《九江市人民检察院工作报告》。会议做出7项决议,通过6个报告。

## 第五节 市第十三届人民代表大会

### 一、第一次会议

2006年12月5~8日在市白水明珠会议中心举行。会议应到代表404名,实到381名。会议听取和审议市政府代市长王萍所《政府工作报告》;听取和审议市人大常委会副主任万吉光《九江市人大常委会工作报告》;市法院代院长陈坚《九江市中级人民法院工作报告》和市检察院检察长韩德胜《九江市人民检察院工作报告》。会议做出4项决议,通过4个报告。会议选举产生由36名委员组成的市第十三届人大常委会,主任张远秀(女),副主任余修炎、彭群林(女)、周锦元、王际民、甘智德、谭毓清、曹林淼,秘书长王原平;选举市政府市长王萍(女),副市长赵东亮、张华、卢天锡、吴锦萍(女)、廖凯波、李伟、熊永强;选举市中级人民法院院长陈坚、市人民检察院检察长韩德胜。

## 二、第二次会议

2007年4月10~11日在市白水明珠会议中心举行。应到代表409名,实到379名。会议听取和审议并以决议形式通过市改委主任彭敏《关于九江市2006年国民经济和社会发展计划执行情况与2007年国民经济和社会发展计划(草案)的报告》和市财政局局长沈建生《关于九江市2006年市级总预算执行情况和2007年市级总预算(草案)的报告》。会议补选市第十三届人大常委会委员5名。

## 三、第三次会议

2008年1月6~10日在市白水明珠会议中心举行。应到代表409名,实到373名。会议听取和审议市政府市长王萍《政府工作报告》;市人大常委会主任张远秀《九江市人大常务委员会工作报告》;市法院院长陈坚《九江市中级人民法院工作报告》和市检察院检察长韩德胜《九江市人民检察院工作报告》;审议市发改委主任彭敏《关于九江市2007年国民经济和社会发展计划执行情况与2008年国民经济和社会发展计划(草案)的报告》(书面)和市财政局局长沈建生《关于九江市2007年市级总预算执行情况和2008年市级总预算(草案)的报告》(书面),并以决议形式通过以上报告。会议选举60名省第十一届人民代表大会代表,并补选2名市第十三届人大常委会委员。

## 四、第四次会议

2009年2月23~27日在市白水明珠会议中心举行。应到代表407名,实到371名。会议听取和审议市政府代市长曾庆红《政府工作报告》、市人大常委会主任张远秀《九江市人大常务委员会工作报告》、市法院院长陈坚《九江市中级人民法院工作报告》和市检察院检察长韩德胜《九江市人民检察院工作报告》;审议市发改委主任彭敏《关于九江市2008年国民经济和社会发展计划执行情况与2009年国民经济和社会发展计划(草案)的报告》(书面)和市财政局局长沈建生《关于九江市2008年市级总预算执行情况和2009年市级总预算(草案)的报告》(书面)。会议做出6项决议,通过6个报告,审查批准《九江市2008年国民经济和社会发展计划执行情况与2009年国民经济和社会发展计划》和《九江市2008年市级总预算执行情况和2009年市级总预算》。会议对市第三次会议代表所提的20条优秀建议予以表彰。会议选举曾庆红为市政府市长,李润金为市人大常委会秘书长;增、补选5名市人大常委会委员。

## 五、第五次会议

2010年1月19~23日在市白水明珠会议中心举行。应到代表412名,实到383名。会议听取和审议市政府市长曾庆红《政府工作报告》;市人大常委会主任张远秀《九江市人大常务委员会工作报告》;市法院院长陈坚《九江市中级人民法院工作报告》和市检察院检察长韩德胜《九江市人民检察院工作报告》;审查市发改委主任彭敏《关于九江市2009年国民经济和社会发展计划执行情况与2010年国民经济和社会发展计划(草案)的报告》(书面)和市财政局局长沈建生《关于九江市2009年市级总预算执行情况和2010年市级总预算(草案)的报告》(书面)。会议做出6项决议,通过6个报告,审查批准《九江市2009年国民经济和社会发展计划执行情况与2010年国民经济和社会发展计划》和《九江市2009年市级总预算执行情况和2010年市级总预算》。会议接受周锦元、甘智德辞去市十三届人大常委会副主任的请求,补选李光荣、祝先进为副主任,补选常委会委员1名。

# 第三章　市人大常务委员会会议

## 第一节　第九届常务委员会会议

1991 年 1 月 12 日举行第十五次会议，决定任命霍伟光为市政府副市长。5 月 7~9 日，第十七次会议听取市政府关于住房制度改革、社会治安综合治理等汇报，做出《关于加强社会治安综合治理的决定》。9 月 4~6 日，第十九次会议通过《关于批准九江市 1990 年财政决算的决议》。

1992 年 8 月 12~15 日举行第二十五次会议，做出《关于批准九江市 1991 年财政决算的决议》；决定接受彭宏松辞去市政府市长的请求，任命戚善宏为市政府副市长、代市长。10 月 7~9 日，第二十六次会议决定接受王军文辞去市政府副市长的请求；决定接受秦万福辞去市中级人民法院院长的请求，任命吴宣友为副院长、代理院长。

1993 年 6 月 21~23 日举行第三十次会议，决定任命余秉绶为市政府副市长。8 月 12~14 日，第三十一次会议听取主任程金发作市人大常委会《五年工作回顾》报告，通过《关于批准 1992 年九江市财政决算的决议》。

至 1994 年 1 月 18 日举行第三十四次会议，1991~1994 年市第九届人大常务委员会召开 20 次会议，听取和审议市人民政府、市中级人民法院、市人民检察院工作报告、情况汇报 97 次，作出决议、决定 22 项；依法任免地方国家机关工作人员 140 人次。其间，召开常委会主任会议 57 次。

## 第二节　第十届常务委员会会议

1994 年 1 月 28~29 日，市第十届人大常委会举行第一次会议。

1995 年 7 月 24~26 日举行第十一次会议，听取和审议全市上半年国民经济和社会发展计划执行情况等 6 个报告，通过《关于批准 1994 年九江市财政决算的决议》。11 月 2~4 日，第十三次会议听取和审议市政府关于制定保护外商合法权益的暂行规定、建设土地一级市场的规定和市检察院关于监所检察等情况汇报，通过市人大常委会《关于对〈市人民政府综合整治投资环境有关办法〉的决议》和《关于对〈市人民政府关于九江旅游发展规划〉的决议》。

1996 年 5 月 28~30 日举行第十七次会议，听取和审议市政府关于《中华人民共和国银行法》《中华人民共和国环境保护法》等法律实施情况的汇报，通过《关于〈九江市城市总体规划〉的决议》。7 月 29~30 日，第十八次会议通过《关于批准 1995 年九江市财政决算的决议》。9 月 25~27 日，第十九次会议听取和审议市政府关于全市蔬菜生产、土地执法、反腐败等情况汇报，做出《关于开展依法治市的决议》。

1997 年 3 月 25~26 日举行第二十二次会议，听取和审议市政府关于严厉打击刑事犯罪、农村卫生工作等情况汇报。9 月 24~25 日，第二十五次会议做出《关于批准 1996 年九江市财政决算的决议》。

1998 年 9 月 23~25 日举行第三十次会议，听取市政府关于全市抗洪抢险、农业生产自救、灾后卫生防疫等情况汇报。11 月 24~25 日，第三十一次会议做出《关于调整 1998 年市本级财政预算和 1997 年市本级财政决算的决定》。

至 1999 年 1 月 6 日，举行第三十二次会议，第十届人大常委会 32 次会议听取和审议“一府两院”报告、汇报 132 次，做出决议、决定 11 项；依法任免地方国家机关工作人员 263 人次。其间，召开常委会主任会议 76 次。

## 第三节　第十一届常务委员会会议

1999年1月25日，市第十一届人大常委会举行第一次会议。3月29~30日，举行第二次会议，听取市政府关于1999年全市春耕备耕工作、水利建设和防汛准备工作及移民建镇工作等汇报，通过对市政府《关于我市今年春耕备耕工作情况的汇报》等3个审议意见，作出《九江市人大常委会关于对未经批准而未到会与常委会组成人员见面的政府组成人员不予表决的决定》。11月30日至12月2日，第五次会议听取和审议市政府关于《政府工作报告》"七项承诺"落实与进展情况、全市减轻农民负担工作情况等汇报，通过《关于批准1998年市本级财政决算的决议》。

2000年5月29~30日举行第九次会议，听取市政府关于全市第四届村委会换届选举、全市县乡公路建设、开展深化国企改革工作等情况汇报。9月25~26日，第十一次会议听取市政府、市法院、市财政局、市审计局等汇报、报告，通过《关于批准1999年市本级财政决算的决议》。

2001年7月26~27日举行第十七次会议，听取和审议市政府关于《中华人民共和国城市房地产管理法》《中华人民共和国产品质量法》《中华人民共和国审计法》的法律执行情况的汇报，审议并通过市人大常委会《关于监督司法机关具体案件和重大事项的办法》。9月26~27日，第十八次会议听取全市公安机关"打黑除恶"专项斗争开展情况、全市"三五"普法规划执行情况及"四五"普法工作安排意见等汇报，决议批准2000年市本级财政决算，通过《关于进一步开展法制宣传教育的决议》。

2002年6月26~27日举行第二十三次会议，听取并审议市政府关于《中华人民共和国防洪法》《中华人民共和国食品卫生法》等法律的贯彻执行情况和全市农村税费改革试点工作进展情况等汇报。8月27~28日，第二十四次会议通过《关于批准2001年市本级财政决算的决议》。

2003年3月3~4日举行第二十九次会议，听取和审议市政府关于工商行政管理工作和开展"3·15"活动、商品质量监督、全市城市居民最低生活保障工作等情况汇报。5月20~21日第三十一次会议听取并审议市政府关于非典型肺炎预防工作、城市管理行政执法工作、实施退耕还林工程等情况汇报，通过《关于进一步贯彻〈中华人民共和国传染病防治法〉，加强防治非典型肺炎的决定》。11月18~19日，第三十四次会议听取并审议《中华人民共和国台湾同胞投资保护法》《中华人民共和国采购法》《中华人民共和国工会法》的法律、法规的执行、实施、执法检查等汇报，批准2002年市本级财政决算。12月11~12日，第三十五次会议决定接受曹林森、陈和民分别辞去市中级人民法院院长、市人民检察院检察长职务的请求。

至2004年2月20日举行第三十七次会议，市第十一届人大常委会37次会议听取和审议"一府两院"报告、汇报112次，作出决议、决定22项；依法任免地方国家机关工作人员305人次。其间，召开常委会主任会议63次。

## 第四节　第十二届常务委员会会议

2004年4月12~13日举行第一次会议，通过《关于公民旁听九江市人民代表大会常务委员会会议的暂行办法》。8月17~18日，第三次会议听取市政府关于《中华人民共和国传染病防治法》《中华人民共和国环境影响评价法》等法律、法规贯彻执行情况的汇报，通过《关于进一步加强全市人民法院执行工作的决定》。11月12日，第五次会议通过《关于批准九江市2003年市本级财政决算的决议》。12月21~22日，第六次会议通过《关于加强修河流域生态环境保护和建设的决定》。

2005年4月26~28日举行第九次会议，听取市政府关于全市严打整治斗争情况等汇报。6月28~29日第十次会议接受刘积福辞去市第十二届人大常委会主任职务的请求。10月20~21日第十二次会议听取市政府关于《中华人民共和国会计法》《中华人民共和国教育法》等法律贯彻执行情况的汇报，批准《九江市2004年市本级财政决算》。11月28日,第十三次会议通过《关于批准市人民政府利用国家开发银行政策性贷款偿还有关事项的决定》。

2006年2月9~10日举行第十五次会议,决定接受戴长林辞去市中院院长职务的请求。3月29~30日第十六次会议听取市政府关于全市农村公路建设、全市高致病性禽流感及其他重大动物疫病防治等工作汇报。5月29~30日,第十七次会议审议通过《关于加强法制宣传教育的决议》。9月25~26日,第二十次会议批准《九江市2005年市本级财政决算》。11月8日第二十一次会议决定任命王萍为市政府副市长、代市长。

至2006年12月1日举行第二十三次会议,市第十二届人大常委会23次会议听取和审议"一府两院"工作报告、汇报73次,作出决议、决定20项;依法任免地方国家机关工作人员138人次。其间,召开常委会主任会议71次。

## 第五节　第十三届常务委员会会议

2007年1月30~31日,市第十三届人大常委会举行第一次会议。5月22~23日举行第四次会议,听取和审议市政府关于九江开发区建设和管理、全市社会主义新农村建设等工作汇报,通报市人大常委会学习考察团到岳阳、黄石、安庆、芜湖等沿江城市考察情况。9月27~29日,第六次会议听取和审议市政府关于完善市政公共生活设施配套、城乡居民最低生活保障、扶贫、旅游等工作报告和汇报,通过《关于命名九江市"市树、市花"的决定》。

2008年5月29~30日举行第十一次会议,听取和审议市政府关于全市养老、医疗保险金征缴管理使用情况和全市计划生育工作情况的报告,审议市政府、市检察院关于研究处理市人大常委会有关审议意见的情况报告(书面);决定接受赵东亮辞去市政府副市长职务的请求,任命殷美根为副市长。9月23~24日,第十三次会议批准2007年市本级财政决算。

2009年1月6~7日举行第十五次会议,听取市人大常委会关于市政府研究处理《中华人民共和国行政许可法》等4个执法检查报告审议意见的督查情况报告,审议市政府研究处理上述4个执法检查报告审议意见的报告(书面)并进行满意度测评;决定接受王萍辞去市政府市长职务的请求。5月25~26日,第十八次会议听取和审议市政府关于市工业园发展建设情况、全市水利工作情况等报告。9月24~25日,第二十次会议通过《关于批准2008年市本级决算的决议》。

2010年1月15日举行第二十二次会议,审议市政府研究处理2009年度有关专项工作报告审议意见情况并进行满意度表决;决定接受周锦元、甘智德辞去市人大常委会副主任职务的请求。5月25~26日,第二十五次会议听取和审议"一府两院"研究处理有关审议意见情况报告并进行满意度表决。9月28~29日,第二十七次会议批准2009年市本级财政决算。11月29~30日,第二十八次会议听取和审议市政府关于试行社区矫正工作、市本级城建项目资金安排和使用情况、鄱阳湖生态经济区旅游开发情况等报告;决定接受陈坚辞去市中级人民法院院长职务的请求。

至2010年11月29~30日举行第二十八次会议,市第十三届人大常委会28次会议共听取和审议"一府两院"工作报告、汇报105次,作出决议、决定21项,依法任免地方国家机关工作人员290人次。其间,召开常委会主任会议152次。

# 第四章 组织机构

## 第一节 市人大常委会组成人员

1991 年 1 月至 2010 年 12 月,市人民代表大会常务委员会历经 5 届,即第九届、第十届、第十一届、第十二届和第十三届。其中,第九届任期始于 1988 年 12 月,第十三届任期于 2010 年尚未结束。历届人大常务委员会由主任、副主任、秘书长和常务委员组成。

**1991~2010 年市人大常委会主任、副主任、秘书长一览**

表 44-4-1

| 届次 | 职务 | 姓名 | 性别 | 籍贯 | 出生年月 | 任职时间 |
|---|---|---|---|---|---|---|
| 第九届 | 主任 | 程金发 | 男 | 湖北新洲 | 1938.04 | 1991.01~1994.01 |
| | 副主任 | 董乐辛 | 男 | 江西武宁 | 1931.03 | 1991.01~1994.01 |
| | | 瞿兰香 | 女 | 江西九江 | 1936.05 | 1991.01~1994.01 |
| | | 余泽民 | 男 | 江西都昌 | 1930.10 | 1991.01~1994.01 |
| | | 曾民牛 | 男 | 四川璧山 | 1937.07 | 1991.01~1994.01 |
| | | 江会森 | 男 | 江西都昌 | 1933.08 | 1991.01~1994.01 |
| | | 胡学珍 | 男 | 江西修水 | 1933.07 | 1991.01~1994.01 |
| | | 于维忠 | 男 | 江苏邗江 | 1936.03 | 1993.01~1994.01 |
| | 秘书长 | 黄 申 | 男 | 江西九江 | 1930.07 | 1991.01~1994.01 |
| 第十届 | 主任 | 程金发 | 男 | 湖北新洲 | 1938.04 | 1994.01~1999.01 |
| | 副主任 | 瞿兰香 | 女 | 江西九江 | 1936.05 | 1994.01~1999.01 |
| | | 王文敬 | 男 | 江西九江 | 1936.09 | 1994.01~1999.01 |
| | | 张金林 | 男 | 江西九江 | 1942.06 | 1994.01~1999.01 |
| | | 曾民牛 | 男 | 四川璧山 | 1937.07 | 1994.01~1999.01 |
| | | 于维忠 | 男 | 江苏邗江 | 1936.03 | 1994.01~1999.01 |
| | | 颜运策 | 男 | 江西星子 | 1936.02 | 1994.01~1999.01 |
| | | 康晋益 | 男 | 江西修水 | 1940.07 | 1997.01~1999.01 |
| | | 刘荣喜 | 男 | 江西湖口 | 1941.10 | 1997.01~1999.01 |
| | 秘书长 | 王文敬 | 男 | 江西九江 | 1936.09 | 1994.01~1999.01 |
| 第十一届 | 主任 | 刘上洋 | 男 | 江西安义 | 1951.08 | 1999.01~2002.04 |
| | | 刘积福 | 男 | 江西吉安 | 1949.07 | 2002.04~2004.03 |
| | 副主任 | 余松生 | 男 | 江西星子 | 1942.01 | 1999.01~2002.04 |
| | | 余秉绶 | 男 | 湖北新洲 | 1942.07 | 1999.01~2003.03 |
| | | 张金林 | 男 | 江西九江 | 1942.06 | 1999.01~2003.03 |
| | | 曾民牛 | 男 | 四川璧山 | 1937.07 | 1999.01~2003.03 |
| | | 刘荣喜 | 男 | 江西湖口 | 1941.10 | 1999.01~2002.04 |
| | | 刘云汉 | 男 | 黑龙江海伦 | 1941.02 | 1999.01~2002.04 |

续表 44-4-1

| 届次 | 职务 | 姓名 | 性别 | 籍贯 | 出生年月 | 任职时间 |
|---|---|---|---|---|---|---|
| 第十一届 | 副主任 | 胡春如 | 女 | 安徽歙县 | 1945.04 | 2000.01~2004.03 |
| | | 余修炎 | 男 | 江西奉新 | 1951.02 | 2002.04~2004.03 |
| | | 万吉光 | 男 | 江西九江 | 1947.11 | 2002.04~2004.03 |
| | | 周锦元 | 男 | 江西湖口 | 1950.03 | 2002.04~2004.03 |
| | | 王际民 | 男 | 河北迁西 | 1954.07 | 2003.03~2004.03 |
| | | 甘智德 | 男 | 湖北黄梅 | 1950.01 | 2003.03~2004.03 |
| | | 谭毓清 | 男 | 江西九江 | 1950.07 | 2003.03~2004.03 |
| | 秘书长 | 余秉绶 | 男 | 湖北新洲 | 1942.07 | 1999.01~2001.01 |
| | | 王凤玮 | 男 | 山东黄县 | 1944.10 | 2001.01~2003.03 |
| | | 王原平 | 男 | 安徽宿松 | 1956.05 | 2003.03~2004.03 |
| 第十二届 | 主　任 | 刘积福 | 男 | 江西吉安 | 1949.07 | 2004.03~2005.06 |
| | 副主任 | 万吉光 | 男 | 江西九江 | 1947.11 | 2004.03~2006.12 |
| | | 余修炎 | 男 | 江西奉新 | 1951.02 | 2004.03~2006.12 |
| | | 彭群林 | 女 | 江西萍乡 | 1953.01 | 2004.03~2006.12 |
| | | 周锦元 | 男 | 江西湖口 | 1950.03 | 2004.03~2006.12 |
| | | 王际民 | 男 | 河北迁西 | 1954.07 | 2004.03~2006.12 |
| | | 甘智德 | 男 | 湖北黄梅 | 1950.01 | 2004.03~2006.12 |
| | | 谭毓清 | 男 | 江西九江 | 1950.07 | 2004.03~2006.12 |
| | 秘书长 | 王原平 | 男 | 安徽宿松 | 1956.05 | 2004.03~2006.12 |
| 第十三届 | 主　任 | 张远秀 | 女 | 江西修水 | 1949.02 | 2006.12~ |
| | 副主任 | 余修炎 | 男 | 江西奉新 | 1951.02 | 2006.12~ |
| | | 彭群林 | 女 | 江西萍乡 | 1953.01 | 2006.12~ |
| | | 周锦元 | 男 | 江西湖口 | 1950.03 | 2006.12~2010.01 |
| | | 王际民 | 男 | 河北迁西 | 1954.07 | 2006.12~ |
| | | 甘智德 | 男 | 湖北黄梅 | 1950.01 | 2006.12~2010.01 |
| | | 谭毓清 | 男 | 江西九江 | 1950.07 | 2006.12~ |
| | | 曹林淼 | 男 | 江西九江 | 1950.10 | 2006.12~ |
| | | 李光荣 | 男 | 江西修水 | 1952.09 | 2010.01~ |
| | | 祝先进 | 男 | 江西瑞昌 | 1956.01 | 2010.01~ |
| | 秘书长 | 王原平 | 男 | 安徽宿松 | 1956.05 | 2006.12~2008.09 |
| | | 李润金 | 男 | 江西星子 | 1963.03 | 2009.02~ |

说明：第九届任期始于 1988 年 12 月，第十三届任期至 2011 年 9 月结束

## 第二节 市人大专门委员会

市第九届人大设置政法委员会、财政经济委员会、教育科学文化卫生委员会、农村工作委员会。市第十届人大撤销农村工作委员会,其职责划入财政经济委员会;增设城乡建设环境保护委员会。市第十一届人大设置政法委员会、财政经济委员会、教育科学文化卫生委员会、城乡建设环境保护委员会。市第十二届人大将政法委员会、城乡建设环境保护委员会更名为内务司法委员会、城市建设环境保护委员会。市第十三届人大设内务司法委员会、财政经济委员会、教育科学文化卫生委员会、城市建设环境保护委员会。

## 第三节 市人大常委会工作机构和派出机构

### 一、办公厅

1991 年 1 月,市人大常委会办公室内设人秘科、调研科、行政科、信访科。1994 年 1 月,增设老干部科。2002 年 5 月,市人大常委会办公室(对外称办公厅)内设人秘处、行政处、调研处、信访处、会议处、老干部处。2005 年 8 月,会议处撤销,其职能并入人秘处;增设接待处。办公厅(室)设主任 1 名,副主任 1~2 名。2010 年 7 月,办公厅内设调研处、信访处升格为调研室、信访室(副处级)。至 12 月,办公厅内设人秘处、行政处、调研室、信访室、接待处、老干部处。

### 二、工作委员会

1991 年 1 月以前,市人大常委会已设置选举任免联络工作委员会。2003 年 3 月,市十一届人大常委会第三十次会议决定设置农业和农村工作委员会、民族宗教外事侨务工作委员会。市第十二届、十三届人大常委会设置选举任免联络工作委员会、农业和农村工作委员会、民族宗教外事侨务工作委员会。

### 三、派出机构

**市人大常委会庐山联络处** 1991 年 1 月以前设立,为市人大常委会正处级派出机构,配置副主任 1 名主持工作,负责与庐山管理局进行工作联系。

**市人大常委会共青城联络处** 2009 年 7 月设立,为市人大常委会正处级派出机构,配置主任 1 名,负责与共青城开放开发区进行工作联系。

## 第四节 县(市、区)人大组织

1991~2010 年,全市共有县(市、区)人大 12 个,分别是:浔阳区人大、庐山区人大、修水县人大、武宁县人大、瑞昌市人大、九江县人大、永修县人大、德安县人大、星子县人大、湖口县人大、彭泽县人大和都昌县人大。

## 1991~2010 年各县(市、区)人大组织一览

表 44-4-2

单位:人

| 名称 | 届次 | 任期 | 代表人数 | 常委会组成人员 |
|---|---|---|---|---|
| 浔阳区人大 | 第四届 | 1990.04~1993.01 | 227 | 16 |
| | 第五届 | 1993.01~1998.02 | 236 | 16 |
| | 第六届 | 1998.02~2003.01 | 169 | 16 |
| | 第七届 | 2003.01~2007.02 | 169 | 21 |
| | 第八届 | 2007.02~ | 166 | 24 |
| 庐山区人大 | 第四届 | 1990.03~1993.01 | 178 | 17 |
| | 第五届 | 1993.01~1998.02 | 227 | 17 |
| | 第六届 | 1998.02~2003.01 | 160 | 17 |
| | 第七届 | 2003.01~2007.03 | 163 | 21 |
| | 第八届 | 2007.03~ | 165 | 25 |
| 修水县人大 | 第十届 | 1990.04~1993.01 | 333 | 23 |
| | 第十一届 | 1993.01~1998.02 | 327 | 21 |
| | 第十二届 | 1998.02~2003.01 | 282 | 23 |
| | 第十三届 | 2003.01~2007.01 | 280 | 23 |
| | 第十四届 | 2007.01~ | 280 | 27 |
| 武宁县人大 | 第十届 | 1990.04~1993.01 | 247 | 20 |
| | 第十一届 | 1993.01~1998.02 | 251 | 15 |
| | 第十二届 | 1998.02~2003.01 | 203 | 19 |
| | 第十三届 | 2003.01~2007.01 | 198 | 25 |
| | 第十四届 | 2007.01~ | 202 | 25 |
| 瑞昌市人大 | 第一届 | 1990.04~1993.01 | 225 | 19 |
| | 第二届 | 1993.01~1998.02 | 256 | 18 |
| | 第三届 | 1998.02~2003.01 | 193 | 19 |
| | 第四届 | 2003.01~2007.03 | 193 | 22 |
| | 第五届 | 2007.03~ | 198 | 25 |
| 九江县人大 | 第十届 | 1990.04~1993.01 | 240 | 17 |
| | 第十一届 | 1993.01~1998.02 | 243 | 17 |
| | 第十二届 | 1998.02~2003.01 | 183 | 17 |
| | 第十三届 | 2003.01~2007.03 | 177 | 21 |
| | 第十四届 | 2007.03~ | 185 | 25 |
| 永修县人大 | 第十届 | 1990.03~1993.01 | 243 | 19 |
| | 第十一届 | 1993.01~1998.02 | 248 | 19 |
| | 第十二届 | 1998.02~2003.01 | 197 | 19 |
| | 第十三届 | 2003.01~2007.02 | 196 | 23 |
| | 第十四届 | 2007.02~ | 197 | 23 |

续表 44-4-2

| 名 称 | 届 次 | 任 期 | 代表人数 | 常委会组成人员 |
|---|---|---|---|---|
| 德安县人大 | 第 十 届 | 1990.04~1993.01 | 173 | 17 |
| | 第十一届 | 1993.01~1998.02 | 175 | 17 |
| | 第十二届 | 1998.02~2003.01 | 162 | 17 |
| | 第十三届 | 2003.01~2007.02 | 165 | 20 |
| | 第十四届 | 2007.02~ | 164 | 25 |
| 星子县人大 | 第 十 届 | 1990.04~1993.01 | 199 | 21 |
| | 第十一届 | 1993.01~1998.01 | 215 | 21 |
| | 第十二届 | 1998.01~2003.01 | 162 | 21 |
| | 第十三届 | 2003.01~2007.02 | 157 | 21 |
| | 第十四届 | 2007.02~ | 151 | 25 |
| 湖口县人大 | 第 十 届 | 1990.04~1993.01 | 228 | 17 |
| | 第十一届 | 1992.12~1998.02 | 229 | 17 |
| | 第十二届 | 1998.02~2003.01 | 172 | 17 |
| | 第十三届 | 2003.01~2007.03 | 172 | 21 |
| | 第十四届 | 2007.03~ | 171 | 24 |
| 彭泽县人大 | 第 十 届 | 1990.04~1993.01 | 243 | 18 |
| | 第十一届 | 1993.01~1998.02 | 245 | 17 |
| | 第十二届 | 1998.02~2003.01 | 196 | 21 |
| | 第十三届 | 2003.01~2007.02 | 194 | 20 |
| | 第十四届 | 2007.02~ | 194 | 23 |
| 都昌县人大 | 第 十 届 | 1990.04~1993.01 | 308 | 18 |
| | 第十一届 | 1993.01~1998.02 | 310 | 17 |
| | 第十二届 | 1998.02~2003.01 | 245 | 21 |
| | 第十三届 | 2003.01~2007.02 | 246 | 20 |
| | 第十四届 | 2007.02~ | 246 | 23 |

说明：代表人数，前 2 届为第一次会议时的代表总人数，后 3 届为出席第一次会议的代表人数

# 第五章　主要工作

## 第一节　监督工作

### 一、执法监督

**立法调研**　1991 年 1 月至 1993 年 12 月，市第九届人大常委会任期内，先后参与全国人大及其常委会组织的有关国家企业法、预算法、计划法、代表法、会计法、版权法、散居少数民族权益保障法、城市规划法、归侨侨眷权益保障法、赔偿法等 10 余部法律和省人大及其常委会组织的有关监督司法工作暂

行条例、人大会议议事规则和代表工作条例等地方性法规草案立法活动，并开展相关立法调研。

1994 年 1 月至 1998 年 12 月，市第十届人大常委会任期内，先后参与国家城市房地产管理法、预防青少年犯罪法、文化市场管理法、散居少数民族权益保障法和省实施未成年人保护法办法、实施矿山安全法办法、药品管理法实施细则及省国有企业职工失业保险条例、法制宣传教育工作条例、农作物种子管理条例、错案责任追究条例、公路规费管理条例、标准化管理条例、侨属企业优惠办法、征用土地管理办法、体育市场管理条例、体育经营管理条例、促进科技成果转化条例等地方性法规立法活动，并开展相关立法调研。制定市加强市区道路交通安全管理、禁止城区丧事影响市容的有关规定。

1999 年 1 月至 2004 年 1 月，市第十一届人大常委会任期内，先后参与国家民族文化保护法，省贯彻土地管理法实施办法及省各级人大常委会监督工作条例、个案监督的若干规定、发展中医药条例、防震减灾条例、户外广告条例、劳动保障监察条例、涉案财物价格鉴证管理条例、社会治安综合治理条例、鄱阳湖湿地保护条例、血吸虫病防治条例等国家法律和地方性法规立法活动，并开展相关立法调研。制定市人大常委会监督司法机关具体案件和重大事项的办法。

2004 年 1 月至 2006 年 11 月，市第十二届人大常委会任期内，先后参与国家义务教育法、物权法、居民委员会组织法、村民委员会组织法、劳动合同法，省实施教育法办法及省征兵条例、保护性开采的特定矿种管理条例、采石取土管理规定、道路交通安全违法行为罚款标准规定、人大常委会重大事项决定办法、森林资源转让条例、测绘管理条例、农村土地承包实施办法、促进发展新型墙体材料条例、职业技能考核鉴定管理条例、文物保护条例、民办教育促进条例、防震减灾条例草案立法活动，并展开相关立法调研。

2006 年 12 月至 2010 年 12 月，市第十三届人大常委会任期内，先后参与全国人民代表大会常务委员会监督法、突发事件应对法、防震减灾法和省实施各级人民代表大会常务委员会监督法办法及防震减灾条例、宗教事务条例、厂务公开条例、科学技术普及条例、农业机械管理条例、水上治安管理条例、公路路政管理条例、环境污染防治条例、就业促进条例、财政监督条例、专利促进与保护条例、军人抚恤优待办法、未成年人保护条例等地方性法规立法活动，并开展相关立法调研。制定市中级人民法院、市人民检察院办理抗诉案件情况报告制度试行草案。

**执法检查**　1991 年 1 月至 1993 年 12 月，市第九届人大常委会任期内，先后就森林法、妇女权益保障法、农业法、归侨侨眷权益保障法、教师法、著作权法、专利法和江西省农民负担管理条例等国家和地方性法律法规贯彻执行情况进行执法检查。

1994 年 1 月至 1998 年 12 月，市第十届人大常委会任期内，先后开展对农业法、科技进步法、科技合同法、专利法、教师法、工会法、环境保护法、未成年人保护法、药品管理法、文物保护法、大气污染防治法、水污染防治法、土地管理法、野生动物保护法、森林法、水土保持法、消费者权益保障法、婚姻法、农业技术推广法、劳动法、残疾人保障法、义务教育法、台湾同胞投资法、矿产资源法、行政处罚法、刑事诉讼法、刑法、消防法、电力法、食品卫生法、律师法贯彻实施情况执法检查，并结合开展对省食盐加碘管理办法、文化市场管理条例、国防教育条例、消防条例、计划生育条例等地方性法规贯彻执行情况执法检查。1996 年 5~9 月，成立市“农业两法”执法检查领导小组和 6 个分片执法检查组，各县(市、区)人大常委会成立专门执法检查小组，成效显著。

1999 年 1 月至 2004 年 1 月，市第十一届人大常委会任期内，先后就人民防空法、传染病防治法、电力法、高等教育法、献血法、环境保护法、国家安全法、文物保护法、义务教育法、统计法、村民委员会组织法、刑事诉讼法、母婴保健法、劳动法、档案管理法、消防法、食品卫生法、土地管理法、人口与计划生育法、妇女法、防洪法、房地产管理法、气象法、老年人权益保障法、税收征管法、工会法、农村土地承包法、体育法贯彻执行情况开展执法检查，并相应开展省广播电视管理条例、国家安全机关侦察证和特别通行标志使用办法、计划生育条例、档案管理条例、防震减灾条例、旅游管理条例、反窃电办法、实施归侨侨眷权益保护法办法等地方性法规贯彻实施情况执法检查。

2004年2月至2006年11月,市第十二届人大常委会任期内,先后就献血法、水污染防治法、水土保持法、安全生产法、环境保护法、行政许可法、药品管理法、土地管理法、防洪法、食品卫生法、老年人权益保障法、环境影响评价法、工会法、渔业法、民办教育促进法、文物保护法、人民防空法、律师法、农业法、会计法、消防法、职业教育法、台湾同胞投资保护法、防震减灾法、大气污染防治法、建筑法、母婴保健法、计量法、义务教育法、预防未成年人犯罪法、传染病防治法贯彻执行情况进行执法检查,并相应开展省实施防洪法、老年人权益保障法、人民防空法、台湾同胞投资保护法办法及省集体合同条例、发展中医条例、预算审查监督条例等地方性法规执行情况执法检查。

2006年12月至2010年12月,市第十三届人大常委会任期内,先后就种子法、人民防空法、献血法、水污染治理法、义务教育法、公务员法、科技进步法、体育法、海关法、行政许可法、台湾同胞投资保护法、劳动合同法、进出口商品检验法、农产品质量安全法、食品安全法、妇女权益保障法、公路法、清洁生产促进法、药品管理法、各级人民代表大会常务委员会监督法、城市房地产管理法、农业技术推广法实施情况展开执法检查,同时就省种子管理条例、林木种子管理条例、社会治安综合治理条例、出版物监督管理条例、湿地保护条例、劳动保障监察条例、森林条例、司法鉴定条例、就业促进条例、旅游条例等地方性法规实施情况展开执法检查。

## 二、工作监督

**视察调查** 1991年,就依法治税情况进行视察,对继续治理"三乱"、建材行业效益、国民经济计划和财政预算执行情况以及卖粮、卖棉难等问题进行专题调查。1992年6月,组织5个视察组,对市属7个行政主管局、5个综合职能部门、部分工业企业和瑞昌市、九江县扶植企业发展进行全面视察。对打击制售假冒伪劣商品情况组织专题调查;年底,组织市人大常委会组成人员及部分人大代表分5个视察组,分别视察庐山区和6厂1场及财政税务等单位工作情况。1993年,对市开发区总体规划、工业和生活区布置以及防洪等方面情况进行视察,针对问题提出意见建议。

1994年3~4月,就市区城建城管情况,到市城建局等7个管理部门进行视察。4月,就学校德育工作情况,与市委宣传部、市政协文教卫生委和市教育局组成联合调查组开展专题调查;8月,对庐山图书馆、广播电视台工作情况和鸿雁公寓卫生管理、文明服务、安全保卫工作开展专题调查。1995年3月,就市人大代表所提出"加大图书投入兴建九江市图书馆"意见,到市图书馆开展视察;3~4月,就开展全民健身运动情况和代表所提加强血防工作建议和反应彭泽县制药厂生产劣质药品问题,进行专题调查;9月,到都昌、湖口2县部分乡村检查计划生育工作情况;10月,集中视察九江人防工程。1996年12月,就市第二个五年普法规划在全市实施情况,到德安、九江、星子县和6个企业进行调查,并调阅12个县(市、区)行政部门,12个乡镇基层单位,12个各类企业和少数城、乡居(村)委会,部分学校普法总结报告。1997年3月,对彭泽、湖口、永修3县及部分乡镇农业备耕和产业结构调整情况进行专题调查。对市新火车站建设与管理情况、白水湖城市建设规划开展视察;4月,到都昌县视察血吸虫病防治工作;5月,对全市医疗改革工作进行专题调查;7月, 到九江县视察市第八届运动会筹备工作和运动场馆建设情况;同月,开展农村广播电视发展情况、引进外资和侨资企业发展情况进行专题调查;8月,到市旅游局和彭泽、湖口、九江、星子、浔阳、庐山等县(区)调查旅游发展情况;9月,分片视察全市26条公路改造修建情况。并就"门前三包"责任制落实情况到浔阳区进行专题调查,就"三五"普法工作,分别到都昌、九江、星子县及市教委、市工商、国税、地矿局进行调查;10月,对修水、武宁、永修3县及其部分乡镇粮食、棉花、蚕茧收购展开专题调查;12月,视察市一医院、妇幼保健院、三医院、五医院、中医院工作情况。1998年3月,对瑞昌铜岭古矿遗址保护工作进行视察;4~6月,对永修、星子2县血防工作开展专题检查;7~9月,相继开展市城区交通管理、义务兵优抚政策落实情况专题检查;10月,组织市人大常委会组成人员和部分人大代表到遭受水灾严重的开发区和浔阳区滨兴街道进行视察。

1999 年 3 月，就春耕备耕、水毁工程修复、移民建镇工作，到都昌、星子、瑞昌开展专题调查；同月，视察市图书馆建设工程进展情况；4 月，就全市灾后防疫、救灾款物发放、学校饮食安全等进行全面检查；7 月与 9 月，两次到都昌、彭泽视察和调查中小学校灾后重建工作；11 月，就全市中小学校网点布局进行专题调查；12 月，视察修水、武宁 2 县乡镇卫生院建设工作。2000 年 5 月，到湖口、都昌、星子、永修 4 县和长江干堤视察检查防汛工作；10 月，到市公安局戒毒所、看守所、交通指挥中心、司法局劳教所进行工作视察，到永修、星子 2 县调查血防工作。2001 年 5 月，对湖口、都昌、星子、永修 4 县防汛准备工作情况展开调查；同月，就检察机关开展诉讼监督工作情况进行调查；6 月，到市区及星子、永修、德安 3 县就长江溃口复堤、河道挖沙整治、城市污水治理、鄱阳湖湿地生态保护、渔业水域保护进行专题调查；7 月，与市卫生、血防部门组成联合调查组到都昌调查血防工作；8~9 月，围绕全市公安机关“打黑除恶”专项斗争开展调查；11 月，就旅游创优活动开展调查。2002 年 3 月，到都昌县调查血防议案经费拨付情况；7 月，到市电视大学调查远程教育建设工作；8 月，对全市撤乡并镇工作展开专题调查。2003 年 1 月，到都昌县调查血防补助资金使用情况；4 月，就预防“非典”，到市劳教所进行视察；5 月，开展全市工业园建设、民营经济发展情况专项调查，并视察市综合工业园及永修、修水、武宁、瑞昌、浔阳、庐山县(市、区)工业园工作情况；同月，就“非典”预防工作，相继到浔阳区、湖口县进行视察；6 月，继续就预防“非典”，到庐山区、九江县进行调查。同月，对都昌、修水、武宁、浔阳、庐山等县(区)上半年计划、预算执行情况开展专题调查；7 月，就企业职工最低工资支付制度实施情况，到浔阳区、都昌县、瑞昌市进行专题调查；同月，到市药监局、文化局、体育局开展工作调查；11 月，就再就业工作情况，到庐山、浔阳 2 区进行调查；12 月，就市行政综合执法“执法难”问题开展专题视察。

2004 年 4 月，就农村专业合作经济组织发展和农业专业技术推广工作，到永修、瑞昌、星子、九江、庐山、修水、武宁等县(市、区)进行专题调查；同月，就市西园片区开发改造引发群众上访相关问题，到市信访局、房产局、浔阳区政府及相关承建单位和拆迁安置小区建设现场进行调查，并协助妥善解决问题；5 月，对新华社《内参选编》14 期披露湖口县文桥乡移民建镇工作中存在的问题展开专题调查；6 月，与市林业局组成联合调查组，就生态公益林建设，到武宁、修水、彭泽 3 县进行调查；7 月，对浔阳区、瑞昌市人民法院执行工作进行调查；9 月，对市出生人口性别比整治工作进行调查；10 月，到庐山、九江、彭泽、星子县(区)及庐山管理局，就旅游资源开发保护进行重点调查；11 月，开展对预防青少年违法犯罪工作、民办教育和学前教育工作情况视察活动；同月，对德安、星子、九江县部分乡镇农民增收情况展开调查。2005 年 3 月，就九江县狮子镇血吸虫病疫情回升，直接威胁八里湖和开发区情况进行专题调查；4~5 月，就农业技术推广体系建设情况，到瑞昌、湖口、武宁、九江县(市)进行调查；5 月，相继就“环保赣江行”活动、病险水库除险加固及水利工程管理体制改革、市教育经费预算执行、市行政管理执法、全民健身和竞技体育项目开展等进行专题调查；9 月，就计划生育实施利益导向机制工作，到都昌、湖口、庐山县(区)部分乡镇进行调查；10 月，会同相关部门组成调查组，到德安、九江、都昌、瑞昌、湖口等县(市)和市开发区就工业园区用地管理情况进行重点调查；11 月，分 2 个小组，对全市 100 个重点项目投资和建设情况进行视察；同月，就林业产权制度改革，到德安、都昌、永修 3 县开展调查；12 月，相继对市劳动就业工作、流浪乞讨人员救助工作情况进行调查。2006 年 3 月，就开发区管理体制、投融资机制、产业政策及园区优惠政策进行调查。同月，到瑞昌、武宁、庐山县(市、区)调查林权制度改革情况；4 月，对彭泽、湖口、永修 3 县水利工程管理体制改革工作进行专题调查；同月，配合省“环保赣江行”活动，对修河流域生态环境保护和建设工作情况进行调查；7 月，视察九江“3+1”发展战略成果，相继就全市水产发展情况、房地产市场建设管理情况、食品药品监察体系建设情况进行专题调查；8 月，对市出口加工区建设情况进行视察；同月，就人口和计划生育依法行政工作，到彭泽、湖口、浔阳、庐山县(区)进行专题调查。11 月，到市中级人民法院视察该院破解执行难工作。

2007 年 1 月，到市农业、林业局，调查过去一年工作情况和了解新一年工作安排；3 月，对德安县新农村建设工作进行视察;同月,到永修、德安、九江3县进行农业机械化专题调查;到市一中、同文中学、外国语学校进行市区高中教育质量调查;4月,就农村土地承包,到九江、湖口2县进行调查;就“环保赣江行”,到德安、武宁及市区相关企业调查;就九江城市规划,到市区相关部门单位调查;就中共中央、江西省委《关于进一步加强人民法院、人民检察院工作的决定》贯彻落实情况,到市“两院”及修水、武宁、都昌、庐山县(区)调查;5月,分2个组到修水、德安、武宁、九江、湖口、星子6县视察新农村建设工作。就开展节能减排、保护环境和城市环境基础设施运行等情况,到共青城开发区、庐山及九江石化总厂等地调查;6月,就医疗工作规范化管理情况,到浔阳区专题调查;就群众反映强烈的水表强制检测有关问题,到质监局、水务公司等单位调查;同月,组织浔阳、庐山、星子、湖口、九江5县(区)人大常委会联合行动,统一时间对各自行政区域内食品安全问题展开专项调查;7月初,对市区食品卫生问题进行重点调查,共察看24家超市及副食店、26家大中小型餐饮店、14个食品生产加工点,并对16家大中小型餐饮店食用油进行随机取样抽查化验;同月,就少数民族地方经济社会发展状况,到武宁县3个畲族自然村进行专项调查。就食品安全生产,对瑞昌市范镇龙虾养殖基地、九江县美佳食品有限公司龙虾生产加工线进行专项视察;8月,就开展节能减排和城市污水、垃圾处理问题,到永修县、湖口县及市区数家企业进行调查;就全市旅游工作,到修水、永修、星子、彭泽4县调查;就扶贫开发工作,到修水、都昌2县调查。9月,组织2个调查组,分别到市国土、物价、交通、建设局,对市级2006年和2007年上半年预算外资金和国有土地使用权出让金收支管理情况进行专题调查;同月,就城乡居民最低生活保障工作情况,到浔阳区、星子县调查;10月,就国有资产清查和统一经营管理工作、贫困地区劳动力转移就业问题、推进经济适用住房建设和完善廉租住房制度工作,开展相应调查;同月,对市城西港区建设工作进行重点视察;11月,再次视察城西港区及湖口金砂湾工业园、省重点工程铜九铁路江西段建设情况;视察湖口县4个乡新农村建设工作进展情况;12月,就浔阳区小学网点布局展开调查。2008年2月,对市人民检察院监所检察工作进行专题调查,实地察看市劳教所、看守所及瑞昌市、永修县看守所;3~4月,就市属国有企业改革情况,分两个小组到相关厂矿企业展开调查;4月,到都昌、星子、永修、九江4县,进行计划生育综合治理专题调查;同月,为调查民营医疗机构管理、发展情况,召开调查会,10多家民营医院负责人到会;5月,就养老保险和医疗保险基金征缴管理情况,到市本级及武宁县、庐山区和相关厂矿企业展开调查;6月,就市重大项目建设和民生工程“十件实事”进展情况进行集中视察;8月,相继展开农产品质量安全检测体系建设情况、新型农村合作医疗和社区卫生服务情况专题调查;10月,相继就民营企业生产经营、工业园项目建设、农业产业化工作进行调查与视察;11月,就道路交通安全管理工作,到市公安局和德安、彭泽2县进行专题调查;12月,先后到市卫生学校调查办学情况;到市人民检察院及浔阳、庐山、九江县(区)人民检察院进行工作视察;到瑞昌市地震灾区调查灾后重建工作。2009年2月,就农村饮水安全,到湖口、德安等县进行视察;同月,就“手足口病”防治工作,到市三医院进行专题调查;3月,到市政府和浔阳、庐山2区及市经济开发区展开信访专题调查;4月,就水产产业化工作,到永修、都昌、九江3县进行专题视察。同月,就扩大内需促进经济增长政策落实情况,到市直相关部门单位和企业进行专题调查;5月,与市政府、市政协相关部门组成联合调研组,就国际金融危机给企业带来的困难和问题,到永修、德安、彭泽、湖口、瑞昌、九江、庐山等县(市、区)14家侨资企业进行专题调查;同月,就水利工作到修水、德安、星子3县进行调查;就工业园区建设情况,到共青城开发区、九江开发区、湖口金沙湾工业园进行调查;6月,相继就上半年经济运行和保障性住房建设、企业改制、九江职业大学办学、九江电网建设、市安全生产监督管理、市文化市场管理等情况,展开一系列调查活动。其中市文化市场管理专题调查中,实地抽查网吧、旅游厅40家,歌舞厅3家,音像店4家,书报零售店4家和新华书店,召开社区干部、居民、学校教师、文化经营单位业主座谈会多次,发放调查问卷1000余份;7月,先后进行上半年全市经济运行情况和政府机关效能建设年活动情况专题调查;8月,先后进行国有企业改革与发展情况、教育质量问题、不良金融债权转让问题专题调查;9月,对九江城市项目建设进行重点视察;10月,就社会保险工作，到修水、武宁2县调查；就九江维科印染有限公司和九江针织服装有限公司项目退城进园工作进行专题调查；11月，对全市法院刑事审判和检察院刑事审判法律监督工作进行调查，先后到都昌、武宁、浔阳县(区)法院、检察院实地察看；同月，就重大项目建设情况，到彭泽、庐山县(区)进行调查；12月，到湖口、德安县等地，就农村饮水安全情况进行视察。2010年3月，到上港九江公司、江氧和九柴社区视察市属国有企业改革情况；到八里湖视察市城建重大项目建设情况。同月，还就气象防灾减灾，到都昌、永修、星子3县进行专题调查；4月，就造林绿化“一大四小”工程，到修水、武宁、永修、彭泽、湖口、星子6县进行专题调查。就教育均衡发展，到庐山、星子、彭泽3县(区)进行专题调查；5月，相继就法院、检察院刑事审判和刑事审判法律监督工作、国民收入分配问题、高效生态农业发展情况、市行政服务中心工作情况展开调查。6月，就生态渔业发展，到都昌、永修、九江等县进行专题调查；7月，就工业发展，到湖口、瑞昌县(市)和市属5大企业集团、11家驻市企业视察与调查；9月，就农村清洁工程建设，到永修、德安、湖口3县进行专题调查；同月，先后就食品安全生产加工、农产品质量安全、节能减排工作等进行专题调查；11月，先后就市监外服刑人员社区矫正工作，星子县等地鄱阳湖生态经济区旅游开发，市本级城建项目资金(含政府融资资金)安排使用情况进行专题调查；12月，先后就武宁、九江县“两区”建设和市“百件为民实事”工作进展进行专题视察。

**述职评议**　1993年8月31日至9月18日，市人大常委会组成3个组，分别到市经委、文化局、水产局，听取市政府组成人员作述职报告，进行评议视察。

1994年7月28日，市人大常委会举行颁发任命书大会，向市十届人大以来常委会任命的45名市政府各委、办主任和各局局长颁发任命书，要求被任命人员向人大常委会递交任期目标责任书并汇编成册，作为人大常委会监督、检查和评议的依据。年底，对本届先后任命的48位政府组成人员在今后4年任期内分批进行述职评议作统一安排，拟每年四分之一书面述职，每年评议3~5人。1995年9月25~27日，在市十届人大常委会第十二次会议上，听取市人事局、乡镇企业局局长述职报告，并进行评议。1996年5月8~9日，召开首次全市述职评议工作经验交流会。参加会议的有各县(市、区)人大常委会主任、分管副主任、选任联办主任和市人大及其常委会各委办负责人。5月，由市人大常委会选任联工委编印《九江市述职评议工作经验交流会材料汇编》，常委会党组通过对会议交流情况进行分析，形成比较统一规范的述职评议方案；6月5日，专题向市委报告，得到重视和支持，6月24日，市委批转《市人大常委会开展对市“一府两院”及其组成人员的工作进行述职评议的方案》。

2000年8月25日，市人大常委会主任会议研究决定，从9月始，对市人大常委会任命的部分市政府组成部门负责人进行述职评议，并制订《九江市人大常委会开展对部分政府组成部门负责人进行述职评议工作方案》，设立评议办公室；9月中旬，组织3个评议小组，分别到市经贸委、市教委、市环保局，对其主要负责人履职情况展开调查，征求群众意见。11月28~30日，十一届人大常委会第十二次会议听取市经贸委主任、教委主任、环保局局长3人述职报告，并进行评议，提出意见和建议。2001年5月29日，十一届人大常委会第十六次会议再次听取市经贸委、教委、市环保局负责人就述职评议后整改情况专题汇报；同年11月，组织30余名市人大代表分成3个评议工作小组，对市公安局、市法院、市检察院3家工作进行评议，并提出整改意见。此后，多次组织力量对3家单位落实评议意见进行跟踪调查，并在常委会会议上安排时间听取有关情况汇报，要求3家巩固扩大整改成果，依法行政，公正司法，转变作风，为经济发展提供良好法治环境。2002年9~12月，市人大常委会对市水利局1999年以来依法行政、履行职责、勤政廉政等情况开展评议，通过到各县(市、区)、市直有关单位进行大量调查研究，充分肯定其工作成绩，针对性地提出应重视中小型水库和病险水库加固维修等8条整改意见，市水利局根据评议意见制订出切实可行的整改方案。

2004年10月20日，市人大常委会第四次会议通过《对“一府两院”有关工作人员履职情况进行测评的办法》。2005年4月26~28日，市人大常委会第九次会议决定开展对市政府组成部门一把手和市法院、市检察院副职全面测评。8~9月,组织3个评议小组,重点对市发改委主任、市人事局局长、市外侨办主任2004年以来履职情况展开调查,听取本单位干部职工和老干部意见,采取无记名投票进行民主测评;听取3家单位分管领导、县(市、区)相对应基层单位领导和市人大代表意见,对3单位主要负责人任职以来财务收支情况进行专门审计。12月21~22日,在市十二届人大常委会第十四次会议上,听取上述3单位主要负责人述职报告和开展测评以来整改情况汇报。2006年3月29~30日,在市十二届人大常委会第十六次会议上,听取和审议市法院、市检察院副职和市公安局、市司法局、市监察局、市劳动和社会保障局、市民政局主要负责人述职报告,提出整改意见和建议。

2007年1月1日起,《中华人民共和国各级人民代表大会常务委员会监督法》施行。根据这一法规的相关规定,市第十三届人大常委会决定自本届始,停止对市人大常委会任命的国家机关工作人员述职评议工作。

## 第二节 代表工作

### 一、组织活动

1991年1月22日,组织在市省人大代表第二、三小组在市区视察基础教育及街道居民关心的事项;2月4日,统一组织各县(市、区)市人大代表进行九届人大四次会议会前视察;4月始,市人大常委会实行"主任接待日"制度,规定每月15日由正副主任轮班接待来访代表;11月上旬,召开部分省、市人大代表座谈会;组织代表就教育、治安等工作对浔阳区三里街居委会、官牌夹派出所进行视察;下旬始,市人大常委会主任、副主任、秘书长和驻会委员分组走访12县(市、区)市人大代表,至12月上旬,共走访代表251人,占本届代表总数75.84%。同年始,在市人大代表中开展"创先争优"活动。1992年2月中下旬,组织市人大代表进行市九届人大五次会议会前视察;3月17日, 第九届人大第五次会议闭幕会上,对1991年度市代表"创先争优"活动中取得突出成绩的19名优秀代表和8个先进代表小组进行表彰;11月下旬始,市人大常委会主任、副主任、秘书长和驻会委员组成6个组,走访12县(市、区)市人大代表,至12月上旬,共走访代表165人,占本届代表总数41.04%;12月,组织市直单位的市人大代表分5个组进行市九届人大六次会议会前视察。1993年11月5日始,市人大常委会主任、副主任、秘书长及驻会委员分6个组,走访各县(市、区)市人大代表,至12月上旬,共走访代表338人,占本届代表总数80%。

1994年3月12日,市人大常委会下发《关于在人大代表中开展创先进代表小组、争当优秀代表活动的通知》,随后就如何开展"创先争优"活动到永修县调研;4月5日,市人大常委会第四次主任会议决定实行主任接待代表制度,规定从4月20日(星期三)开始,隔周星期三为主任、副主任接待代表日,负责接待和处理市十届人大代表来信来访工作;10月初,组织市人大代表6人到庐山视察,听取庐山城市建设、环境卫生及饮水管理情况汇报,实地察看如琴湖卫生管理情况和垃圾处理场建设情况;11月2~3日,全市代表联络暨乡镇人大工作座谈会召开,市直各代表小组组长及部分乡镇党委书记、人大主席团常务主席共70余人出席会议。1995年7月24~26日,邀请部分市人大代表列席十届市人大常委会十一次会议;9月25~27日, 邀请部分市人大代表列席十届人大常委会十二次会议;10下旬至11月下旬,市人大常委会主任、副主任、秘书长和驻会委员分成6个片组全面走访市十届人大代表,共走访代表288人次,走访面70.2%,归纳整理代表建议和意见47条;12月,组织在浔生活与工作的全国人大代表和省人大代表对市邮电局、供电局、财政局和电力、纺织企业进行视察。12月下旬,召开市直人大代表座谈会,听取意见和建议。1996年1月3~5日,邀请部分市人大代表列席十届人大常委会十四次会议;10月下旬至11月上旬,市人大常委会部分组成人员和市直人大代表在正、副主任带领下,分12个组,全面走访市十届人大代表。归纳整理走访代表和代表视察中反映的意见、建议50条;11月26~28日,邀请部分市人大代表列席市十届人大常委会第二十次会议;12月3~4日, 组织在浔全国人大代表和省八届人大代表20人在市区开展视察活动，重点视察市劳动局、新光集团总公司、浔阳区、庐山区和九江纺织有限公司等部门和单位；同月下旬，召开市直十届人大代表座谈会，听取代表意见和建议。1997年3月18日，组织市人大代表对九江新火车站建设管理情况进行视察；10月中旬至11月中旬，市人大常委会组成人员及有关委办组成人员在市人大常委会主任、副主任带领下，分别到12个县(市、区)全面走访市十届人大代表，并结合进行视察活动，归纳整理意见和建议50条；11月26~28日，邀请部分市人大代表列席十届人大常委会第二十六次会议。1998年10月26日，组织部分市人大代表视察市区遭水灾严重的开发区、浔阳区滨兴街道；12月8~11日，组织在浔全国人大代表和市直省九届人大代表进行集中视察，先后到永修灾区和市电信局、邮政局、劳动局、预算外资金管理局、国棉一厂等市直有关单位和企业，视察了解灾后生产自救、国有企业下岗职工再就业、加强社会主义精神文明和社会主义民主法制建设等情况。

1999年5月26~27日，邀请部分人大代表列席十一届市人大常委会第三次会议；9月16~17日，邀请部分人大代表列席十一届市人大常委会第四次会议；11月22~26日，组织在浔部分全国、省九届人大代表对市区和武宁县进行视察，全国人大代表梅美华，省人大代表程金发、瞿兰香等20人参加视察活动；11月30日至12月2日，邀请部分市人大代表列席十一届市人大常委会第五次会议。2000年9月13~16日，部分市人大代表与市人大政法委组成调研组，就人大工作到都昌、彭泽进行调研；12月11~12日，组织部分市人大代表对九江创建中国优秀旅游城市工作情况进行视察；12月20日，组织市人大代表10人视察市人防重点工程，并就人防法宣传、人防工程建设、防空设施管理利用提出视察意见和建议。2001年3月26~27日，邀请部分市人大代表列席市十一届人大常委会十五次会议；11月6日，组织部分市人大代表到九江出入境检验检疫局开展视察。当年，各次人大常委会主任会议均邀请市人大代表列席。2002年7月3~11日，部分在浔省、市人大代表组成视察组，就警察法实施情况，先后到浔阳区、庐山区、瑞昌市公安局及市公安局大桥分局及其所属4各基层派出所、2个刑警中队、1个交警大队视察，抽查相关案卷132份，并结合省人大评议省公安厅工作有关要求，征求人大代表对省、市公安局工作的意见和建议。2003年5月底至6月初，组织部分市人大代表到湖口县、九江县、庐山区等地对防治"非典"工作情况进行视察；6月，根据市人大常委会统一安排，各县(市、区)组织所在地市十一届人大代表开展视察活动；7~9月，市人大常委会组织市人大代表开展旅游市场执法大检查和对市旅游工作进行评议活动；10月17日，省人大常委会组织部分省十届人大代表到九江调研，评议省新闻出版局工作；11月24~28日，市人大常委会组织市直单位和在浔阳区、庐山区工作和生活的全国十届人大代表、省十届人大代表集中视察；12月12~19日，省选举的在京全国人大代表和省直全国人大代表、省人大代表到九江进行集中视察，市人大常委会副主任陪同视察；同月中下旬，市人大常委会领导带队，市人大各委办工作人员分成12个小组，走访在县(市、区)工作和生活的市十一届人大代表。各走访小组组织所在地市人大代表听取县(市、区)负责人工作汇报，实地查看部分企业和重点工程，并对县(市、区)工作提出意见、建议。

2004年4月，市人大常委会选任联工委设主任热线电话，以密切人大代表与市人大常委会联系，便于代表快捷反映民情民意；4月中旬，组织部分人大代表参与贯彻实施献血法执法检查；6~8月，根据市人大常委会统一部署和安排，各县(市、区)组织所在地的市十二届人大代表围绕增加农民收入政策落实，农村土地征用制度执行，主攻民营经济、优化投资环境，推进就业和再就业、完善社会保障体系，国有企业改制，农村小水利建设，环境保护和社区文化市场建设等内容进行视察；12月13~17日，在2位省十届人大代表小组组长召集下，组织市直单位和在浔阳区、庐山区工作与生活的十届全国人大代表和省十届人大代表，就2004年九江市国民经济和社会发展计划、财政预算和执行、"三农"问题、优化投资环境、主攻民营经济、食品安全、环境污染治理和环境保护情况进行视察；同月中下旬，由市人大常委会副主任带队，组织驻会委员和机关工作人员分6个走访小组，走访县(市、区)工作和生活的市十二届人大代表;同月23~24日,组织部分省、市人大代表到庐山区、永修县、湖口县人民检察院视察。2005年6月20~24日,省十届人大代表九江代表团一行10人到鹰潭市开展为期5天的异地集中视察;同月29日,市十二届人大常委会第十次会议审议通过《九江市人大常委会关于在市人大代表中开展“新阶段、新发展”大讨论活动的意见》,通过《九江市人大常委会组成人员联系代表制度》;11月15~16日,组织部分市人大代表分成2个小组,对全市100个重点项目投资和建设情况进行视察。其间,听取市发改委对全市100个重点项目投资与建设情况汇报,实地查看市区老鹳塘污水处理厂、0901工程、唐龙工业城、武宁下坊水电站、中国五矿香炉山白钨综合开发项目、修水新城区庐山南路二期工程、昌河配件、阳光温泉度假村、鄱阳湖风电基地、铜九铁路、鄱阳湖大桥、九江万德科技有限公司、金砂湾钢铁公司等项目;12月16日,组织部分市人大代表到市中级人民法院视察。2006年1月6~14日,市人大常委会副主任、秘书长和驻会委员分6组走访12个县(市、区)市十二届人大代表;4月10日,组织部分市人大代表到市区主要路口,视察“彬彬有礼过马路”活动开展情况;10月25~26日,组织部分市人大代表对贯彻执行预防未成年人犯罪法情况进行执法检查。

2007年3月27~28日,市人大财经委召开市2007年市级重点部门预算草案专题审查会议,邀请部分市人大代表参加,对市农业局2007年部门预算草案进行重点审查;4月25~27日,部分全国十届人大代表、省十届人大代表到九江进行民事审判工作专题调研;5月7~11日,组织市人大代表分别到修水、德安、武宁和九江、湖口、星子6县视察新农村建设情况;7月19日,组织在德安的14名省、市人大代表座谈,就如何拓宽代表知情知政渠道、组织开展闭会期间代表小组活动、围绕大局提出高质量议案和建议、结合本职岗位发挥代表作用问题展开讨论;9月24~25日,市人大常委会主任张远秀以普通代表身份参加德安县代表团组织的市人大代表在德安、共青开展的集中视察活动;10月29~31日,组织部分市人大代表参加对公务员法贯彻实施情况执法检查。2008年2月24~27日,在江西工作或生活的9名全国人大代表到九江,在市长王萍、市人大常委会主任张远秀陪同下,就“抗冻救灾”进行专题视察;3月28日,市十三届人大常委会第十次会议审议通过《九江市人民代表大会代表履职评价办法》《九江市人大常委会关于市人大代表建议、批评和意见的办理办法》;6月21~22日,在江西生活工作的全国人大代表调研组到九江,就环鄱阳湖生态经济区建设情况进行专题调研;26~27日,组织4名省人大代表、18名市人大代表,就市重大项目建设和民生工程“十件实事”进展情况进行集中视察活动;7月4~10日,组织部分市人大代表参加执法检查组,分别到市技术监督局、规划局、工商局、公安局、交通局和都昌、武宁县进行执法检查;10月29~31日,组织部分省、市人大代表到永修、九江、星子3县就农业产业化进程进行调研。11月4日,召开全市人大代表工作座谈会,总结换届以来全市代表工作,对下一阶段代表工作提出明确要求;11月5~7日,组织部分市人大代表到市公安局和德安、彭泽2县视察道路交通安全管理工作;11月6日,部分省人大代表到都昌县视察省重点建设项目中电投江西新能源矶山湖风电场;14日,市十三届人大常委会第九次主任会议审议通过《九江市人大代表建议、批评和意见办理工作考核表彰办法(试行)》《市代表小组活动制度(试行)》《九江市人大优秀议案、代表建议评选办法(试行)》;12月10~11日,部分市人大代表组成视察组,对市人民检察院和浔阳区、庐山区、九江县人民检察院工作进行视察;30日,组织部分市人大代表参加督察组,对市政府办理落实市人大常委会关于《中华人民共和国行政许可法》执法检查报告的审议意见情况进行督察。2009年5月5~8日,组织部分市人大代表参加执法检查组,就贯彻实施《全国人大常委会关于司法鉴定管理问题的决定》和《江西省司法鉴定条例》情况,先后在市有关部门和瑞昌市、庐山区进行重点检查;6月8~9日,省人大常委会组织部分全国、省人大代表到九江视察生态工业园建设情况,全国人大代表、市政府市长曾庆红,省人大代表、市人大常委会主任张远秀作为成员参加视察活动;6月,组织代表围绕影响经济社会发展的重大问题和人民群众普遍关注的热点难点问题等42个调研课题,开展领题调研活动。年底对部分优秀调研文章进行汇编,从中评选17篇文章在市十三届人大五次会议上进行表彰;7月6~8日,组织部分市人大代表参加市人大常委会调研组，就市政府机关效能建设年活动情况进行专题调研，听取市政府专题工作汇报后，实地查看市公安、卫生、房产局和扶贫办等7家单位；9月9日，组织省、市代表共12人就鄱阳湖采砂统一管理工作进行视察。24日上午，组织部分市人大代表视察“三大城市建设项目”和“市体育中心建设项目”；11月17~18日，组织在浔省、市人大代表32人，分成3个小组，对市政府2009年民生工程93件实事进展情况进行集中视察。听取市政府相关工作情况汇报会，实地查看23个民生工程建设现场，召开座谈会6个；12月31日，市人大常委会召开决战工业2000亿企业人大代表座谈会。同年，市人大常委会选任联工委将57名省、市人大代表调研文章汇编为《策路》发行。2010年3月29日，组织部分市人大代表就群众反映市裕华小区物业管理问题进行信访调查；4月6日，组织部分市人大代表到市郊华裔陵园、马宿岭公墓区和贺嘉山陵园公墓区，就禁止塑料花进公墓区进行专题视察；5月19日，组织部分市人大代表对市行政服务中心工作情况进行调研；7月6~9日，召集部分市人大代表组成执法检查组，就《江西省就业促进条例》实施情况进行重点检查，先后听取市政府和武宁、彭泽县政府相关情况汇报，并实地察看庐山区创业孵化基地、九江学院大学生创业基地、彭泽县人力资源市场、英皇制衣有限公司、江西华孚纺织有限公司、武宁县白石岭社区等单位；19日，市人大常委会、市政府、市政协联合邀请部分市人大代表、市政协委员组成督查组，到市房产局就有关房产、环保、执法等问题的建议与提案办理情况进行专项督查；9月13日，召集部分市人大代表组成视察组，对城区食品生产加工、流通和消费环节食品安全及“放心食品工程”落实情况进督查，并先后视察江西美庐乳业有限公司、市宜湘浔米粉加工厂、联盛九九超市和江洲菜场等企业；10月12~15日，在赣部分全国人大代表、省人大代表到九江视察鄱阳湖生态经济区重大项目组织实施情况。市委副书记张学军，市人大常委会主任张远秀，市委常委、市政府常务副市长殷美根等陪同视察调研或出席汇报会；20日，全市人大代表工作座谈会在星子县召开。市人大常委会主任张远秀出席会议并讲话；11月1~5日，召集部分市人大代表组成调研组，对市监外服刑人员社区矫正工作开展专题调研。调研组一行先后到修水县和浔阳区，听取县、区政府关于社区矫正工作情况汇报，并深入修水县马坳、义宁司法所，南崖、百汇社区，浔阳区甘棠司法所、白水湖街道余家垅社区实地视察；15日，省人大常委会召集部分省人大代表到九江，对江铜集团公司40万吨铅锌冶炼一期、九江长江公路大桥、星火有机硅项目等省重点工程建设情况进行集中视察。市委书记钟利贵、市人大常委会主任张远秀陪同视察；19日，组织市人大德安代表团一行，对德安县、共青城市经济建设和社会发展情况进行视察；29日，组织部分市人大代表就市“放心食品工程”落实情况再次进行视察。

## 二、议案、建议、批评和意见办理

1991年3月，市九届人大四次会议收到代表议案24件，经审议，其中23件改作建议、批评和意见，此外，另收到代表建议、批评和意见64件，合计建议、批评和意见87件。会后，转交市“一府两院”办理，并于5月召开全市办理建议工作会议。市人大常委会自始至终跟踪督办，至规定期限，有关科教文卫方面议案1件办理完毕，建议、批评和意见经分类为96件，解决或部分解决32件，占31.3%；正在解决35件，占36.5%；因条件和政策所限，一时难以解决29件，占30.2%。1992年3月，转办市九届人大五次会议代表议案1件，建议、批评和意见48件。会后经跟踪督办，至规定期限，议案得到部分解决。建议、批评和意见经分类为77件，其中已解决或部分解决44件，占57.0%；正在解决25件，占32.5%；一时难以解决8件，占10.5%。1993年2月，转办市九届人大六次会议收到的代表建议、批评和意见85件，经跟踪督办，至规定期限，已解决或部分解决21件，占24.7%；正在解决33件，占38.8%；一时难以解决31件，占36.5%。

1994年2月，将市十届人大一次会议121件建议、批评和意见分类整理登记，交“一府两院”办理。3月，市政府召开市人大代表建议、批评和意见办理工作会。9月下旬，市政府向市人大常委会汇报办理情况。1995年2月，转办市十届人大二次会议代表建议、批评和意见78条，配合市政府召开交办会议，6月，对办理进展情况进行一次书面通报，9月，召开市人大常委会十二次会议，听取市政府办理情况汇报。1996年,市十届人大三次会议收到代表建议、批评和意见105条,及时进行分类整理、编号登记,2月12日交市政府办理。1997年3月,市人大常委会召开各委办负责人会议,研究市人大代表建议批评意见办理工作。4月,与市政府联合召开市十届人大四次会议代表建议交办会。7月15日~8月4日,对教育、卫生、文化、城建、公安、工商、体改委、土管局等12个承办单位办理工作进行重点督办。1998年2月,转交市政府办理市十届人大五次会议代表建议、批评和意见59件,同时转市政府办理的还有市人大代表走访视察意见50条。市政府及时进行整理和分类,按其内容和分管口,分别交由市政府有关部门及有关县(市、区)政府共32个单位办理。由于防洪任务重,防汛时间长,对办理工作造成较大影响,使办理工作完成时间在总体上较往年略迟,但基本都在规定时间内办结。从办理结果看,已经解决或基本解决22件,占37%;正在解决或列入规划逐步解决26件,占44%;一时难以解决11件,占19%。代表建议中已经解决或基本解决的比例较往年有一定幅度提高,代表表示满意或基本满意。对代表走访视察意见,市政府特意将每条整理分类给各承办单位,下文要求按人大会议期间所提建议一样办理,一样正式文函答复。

1999年,交市政府办理的市十一届人大一次会议代表建议、批评和意见165件。市政府收到后,及时转给有关部门、有关县(市、区)政府及驻市有关单位共62个单位承办。随后,市人大常委会逐单位逐件进行跟踪督办。规定时限内代表所提问题已经解决或基本解决57件,占34.6%;正在解决84件,占50.9%;难以解决24件,占14.5%。当年,市十一届人大一次会议交付选任联工委督促办理的代表议案1件,即12名代表所提“城区行政区域界限不清,社会管理责任不明”议案。经与市政府办公室协商,及时转有关部门办理,并将办理情况于同年12月27日市十一届人大常委会第六次会议进行汇报。2000年,转交市政府办理市十一届人大二次会议代表建议、批评和意见123件。市政府交由有关部门和有关县(市、区)政府及驻市有关单位共62个单位办理。至规定期限,已经解决或基本解决53件,占43.1%;正在解决57件,占46.3%;一时难以解决13件,占10.6%。2002年,市十一届人大四次会议后,转交市政府承办市人大代表建议、批评和意见101件,经督办,至规定期限,已经解决或部分解决48件,占47.5%;正在解决48件,占47.5%;难以解决5件,占5%。

2004年2月,市十二届人大一次会议收到代表所提建议171件(包括由议案改为建议45件)。根据《江西省县级以上地方各级人民代表大会代表建议、批评和意见办理规定》,在对所有建议进行分类整理、编号登记后,转交“一府两院”办理。同时,按照建议的分类,分别送交市人大常委会各委办传阅,使人大及其常委会各委办掌握了解对口联系单位办理建议情况。对承办单位的办复件,做到逐件登记抓落实。对代表建议办理不满意件,及时和市政府、承办单位联系,要求重新办复,直至代表满意为止。7月6~16日,市人大、市政府组成联合督查组,对市执法局、庐山区政府、市人事局、市卫生局、市公安局等部门和单位承办建议工作进行重点督查。9月底,全部办理完结。已经解决或部分解决75件,占44%;正在解决75件,占44%;受条件限制暂时不能解决21件,占12%。代表反馈满意和基本满意。2005年,市十二届人大二次会议收到代表提出建议、批评和意见155件,走访市人大代表时收集到建议、批评和意见53件,共208件。及时组织交办。为督促承办单位提高办理质量,向提出建议、批评和意见代表一一寄送《代表建议办理情况问卷测评表》,收集和掌握代表对承办单位办理工作意见。在办理工作中后期,与市政府组成联合督查组,开展专项督查活动。市人大推出常委会领导和相关委办参与督办新举措,常委会副主任、秘书长和有关专门委员会、工作委员会负责人及工作人员,按照督办内容不同,分批次参与督办活动,加大督办工作力度。市政府相关副市长和秘书长都按各自的分工,选择1~2件建议为参办件,直接协调,督促办理,提高办理质量和效率。至规定期限,已经解决76件,占36.9%;正在解决100件,占48.5%;不能解决30件,占14.6%。代表反馈意见基本满意。2006年,市十二届人大三次会议收到代表建议、批评和意见158件,走访市人大代表时收集到建议、批评和意见25件,共183件。分类整理、编号登记后,转交给“一府两院”办理。在办理工作中后期,与市政府组成联合督查组,开展专项督查。市人大常委会副主任、秘书长等领导和有关专门委员会、工作委员会人员，按照督办内容不同，分批次参与督办活动。183 件建议办理结果，已经解决 73 件，占 39.9%；正在解决 91 件，占 49.7%；一时难以解决 19 件，占 10.4%。代表反馈基本满意。

在 2006 年底和 2007 年初召开的市十三届人大一、二次会议上，代表共提出建议、批评和意见 175 件，连同议案改作建议、批评和意见处理的 42 件，共 217 件。经分类、编号登记，在法定时间内进行交办，并协同市政府办公厅召开政府组成部门代表建议交办会。在市十三届人大二次、三次会议召开前，改变往年代表在大会期间临时填写议案、建议的做法，提前把议案专用纸和建议专用纸寄发给每一位代表，动员代表倾听民声，围绕市经济社会发展提出高质量议案和建议。十三届人大二次会议期间，市人大常委会对一次会议已经办结的 42 件代表建议办理情况进行“回访”，有 2 件建议因代表不满意“回炉”重办，确保代表建议办理工作真正使代表满意、群众满意。2007 年 3 月 5~7 日，会同市政府办公厅、部分市人大代表对市十三届一次会议代表建议、批评和意见进行跟踪督办。8 月 15 日，市人大常委会主任到市建设局就代表“关于加强对市区居民用水表计量检测”等建议进行督办。此外，对市公安局、教育局、房产局等 14 家单位承办的 86 件代表建议办理情况进行督办，将所掌握的代表建议办理信息向相关单位反馈，对承办单位在建议办理过程中存在的与代表联系沟通不够、答复不够具体等问题进行指正，明确办理要求。同时，从二次会议开始，市人大常委会还选出一部分涉及面广、办理难度较大的建议，由常委会主任、副主任结合各自分管的工作，各选择 1~2 件亲自督办。当年市人大常委会主任、副主任重点督办的 10 件“民生”建议相继得到落实，取得良好实效，引起部门领导对代表建议办理工作的重视。这一做法，先后引起中央及省市新闻媒体重视，《人民网》《人民代表报》《时代主人》等多家新闻单位对市人大常委会做法及成效予以宣传和报道。2008 年，市十三届人大三次会议期间，代表共提出建议、批评和意见 146 件，连同议案改作建议处理的 42 件，共 188 件。经登记、整理、分类后，在法定时间内进行交办。7 月中旬，对市卫生局、教育局、国土局等 5 家承办单位进行专项督察活动。在总结 2007 年市人大常委会领导督办重点建议经验基础上，把三次会议市人大常委会领导选定的 11 件代表建议，提前行文市政府办公厅和相关承办单位，提高承办单位责任意识，促进重点建议办理质量。在市人大常委会主任、副主任的亲自督办下，11 件重点建议反映问题相继得到解决。为激发代表履职热情，首次将代表在市十三届人大三次会议审议发言中提出的意见、建议经书面整理后交“一府两院”进行书面答复。同时将代表在市十三届人大三次会议期间提出的议案、建议进行汇编。依据《市人大优秀议案、代表建议评选办法》，在代表和承办单位推荐的基础上，评选并表彰 20 件优秀代表建议。2009 年，市十三届人大四次会议期间，代表共提出建议、批评和意见 273 件。交办后，市人大常委会组织跟踪督办。于 7 月中旬对市建设局等 8 家承办单位进行专项督察活动。在总结 2008 年督办重点建议经验基础上，把市人大常委会领导选定的 17 件代表建议，提前行文市政府办公厅和相关承办单位，促进重点建议的办理质量。在市人大常委会主任、副主任亲自督办下，使 17 件代表多次提出、难以解决的一批问题得到妥善解决，取得良好社会反响。依据《市人大代表建议、批评和意见办理工作考核表彰办法》，在单位自评和代表联评基础上，评选 10 个先进承办单位、10 名先进个人、20 件优秀代表建议。

2010 年，市十三届人大五次会议期间，代表共提出建议、批评和意见 155 件，连同议案改作建议办理的 28 件，共 183 件。3 月，召开市人大代表建议交办会议，会议总结回顾 2009 年度代表建议办理工作，表彰办理工作先进单位与个人，并就 2010 年办理工作提出要求。交办后，及时跟踪督办，并采取市人大常委会领导重点督办，市人大、政府、政协 3 家联合督办，以及市人大及其常委会各委办归口督办等形式保证办理质量。7 月，与市政府办公厅、市政协提案委于市政府三楼召开联席会议；8 月，召开督办情况汇报会议；9 月，又召开联席会议，及时掌握办理进程。

### 三、学习培训

1992年5月,邀集市直单位部分省、市人大代表学习座谈代表法。9月,在代表中举办宪法知识竞赛活动。

1995年,根据换届后新代表多的特点,将宪法以及组织法、代表法等6法1细则编印成册发给代表,向代表赠阅《江西人大工作》《九江人大工作》等学习材料,为代表学习法律、履行职责提供条件。同年,组织法选举法修改后,市人大常委会进行翻印,寄送代表学习。1996年,继续开展"人民选我当代表,我当代表为人民"创先争优活动,有5个先进代表小组和21名优秀代表受到表彰。同年,组织市人大代表参加省人大常委会举办的代表法知识竞赛,获一等奖1名、优秀奖1名、组织奖2名。

1999年,市十一届人大一次会议闭会后,制发代表证及代表通讯录,按照便于工作的原则划分代表小组,协助代表小组制定活动计划,为代表在闭会期间开展学习和活动提供条件。两次召开市直代表小组组长会议,以会代训进行代表履职培训。2000年,坚持寄发《中国人大》《时代主人》《九江人大工作》等学习材料,不定期向代表通报有关情况。2001年,专项下拨市代表活动经费,加强对代表小组活动的指导。

2004年6月30日至7月2日,市人大常委会举办省十届人大代表和市十二届人大代表小组组长培训班。省人大代表33人,市人大代表小组组长37人参加培训班学习。2005年,创办《知情知政》不定期刊,分发给市人大代表,以便代表了解政情社情。2006年8月,编印《人大代表行权履职百问》,帮助市人大代表理解人民代表大会制度,掌握行权履职的基本知识。

2007年5月,编写《人大代表履职手册》,分发给每个代表。手册分法律法规政策篇、工作篇和知识篇3个部分,全面介绍人大工作和人大代表履职知识。7月29~31日,举办市人大代表活动小组组长培训班。各县(市、区)50余名市人大代表活动小组组长和和各县(市、区)人大常委会选任联办负责人参加培训。2008年4月27~29日,举办全市基层市人大代表培训班。100余名基层市人大代表和各县(市、区)人大常委会代表工作机构负责人参加培训。培训着重从如何提高代表提出建议、批评和意见的质量,如何做好大会审议发言,如何在闭会期间行使代表职权3个方面展开,采取领导讲学、专家辅导和代表发言相结合的方式进行。7月15~19日,新任省人大代表履职培训班在九江举办,全省各地180余名新当选的省第十一届人大代表参加培训。2010年5月12~13日,省人大代表履职培训班在永修县举办,来自全省11个设区市和驻赣解放军、武警部队的170余名人大代表参加培训。

## 第三节 学习宣传

### 一、教育学习

1991年3月1日,市九届人大常委会第十六次会议通过《关于在全市人民中继续开展法制宣传教育的决议》。11月10日,市人大常委会办公室发出通知:1992年1月始创办《九江人大工作》,宣传人大理论,反映九江人大工作。1992年9月,举办"宪法知识竞赛",来自县(市、区)和市直单位选手,经竞赛选拔组成九江代表队于10月参加"全省宪法知识竞赛",获荣誉奖。

1994年3月25日,与市工商局、消费者协会、市电视台联合举办消费者权益保护法知识竞赛活动;4月1日,与市科委联合召开科技法律法规座谈会;9月12日,召开纪念人民代表大会制度建立40周年报告会,市委、市人大常委会、市政府、市政协、市纪委、九江军分区及市直各机关单位近千人参加报告会;10月20日,与市委宣传部、市环保局联合举办"九江环保行"知识竞赛活动。同年,为纪念人民代表大会制度建立40周年,组织全市人大系统人大知识电视竞赛,并派员参加省人大组织的竞赛活动,获全省人大知识竞赛三等奖。1995年3~4月,在市委党校分3期举办乡镇人大干部培训班,参加学习的人员有乡镇党委书记兼任人大主席、党委分管人大工作的副书记、乡镇人大干部、县(市、区)人大常委会选任联办主任等;5月26日,举行全市县(市、区)人大常委会主任座谈会,传达学习乔石、曹志在各省、自治区、直辖市人大常委会主任座谈会讲话和毛致用在全省省辖市人大常委会主任、省人大常委会地区联络处主任座谈会讲话。1996年4月10日,市人大常委会主任程金发参加市国税、地税局在市区烟水亭广场开展的税务法普法宣传、咨询活动;6月上中旬,市人大常委会在市委党校举办2期乡镇人大主席培训班,培训学员177人,其中,乡镇党委书记兼任人大主席5人,乡镇人大专职主席108人、专职副主席45人,街办人大联络处主任或干部2人,县(市、区)人大常委会选任联办主任或干部15人;10月8日,与市科委联合举办学习促进科技成果转化法座谈会。1997年1月4日,市委书记熊承忠到市人大常委会举办座谈会,讨论经济工作发展思路;4月7~19日,在九江县委党校举办2期全市乡镇人大专职秘书培训班;6月12日,主办全市迎香港回归知识竞赛,共有15个队参赛;8月27~28日,召开全市乡镇人大工作经验交流会。市委书记、副书记,组织部部长,市人大常委会主任、副主任出席会议。1998年3月24日,召开全市县(市、区)人大常委会主任座谈会;9月23日,在市十届人大常委会第三十次会议上,集体学习《江西省司法机关错案责任追究条例》;28日,在烟水亭广场举行献血法宣讲活动。

1999年1月25日,在十一届人大常委会第一次会议上,集中学习宪法、组织法、代表法;6月2日,在烟水亭广场举办宣传《江西省实施〈中华人民共和国母婴保护法〉办法》活动;9月3日,会同市卫生局举办执业医师法及其配套文件学习班;10月28日,市人大机关召开"三讲"教育动员大会,市委副书记、市人大常委会副主任余松生作动员讲话;12月12日,召开"三讲"教育专题民主生活会,市委书记、市人大常委会主任刘上洋主持,市人大常委会副主任及党组成员参加会议,省委巡视组派员到会指导;27日,市人大常委会召开领导班子和领导干部"三讲"教育总结大会,通报市人大常委会领导班子和领导干部"三讲"教育有关情况,并就下一步整改进行具体部署。2000年1月10~23日,市人大常委会机关县处级领导班子和领导干部"三讲"教育进入第一阶段即思想发动、学习提高阶段;2月1~25日,进入第二阶段,即自我剖析,听取意见阶段;2月26日至3月6日,进入第三阶段,即交流思想,开展批评阶段;3月7~16日,进入第四阶段即认真整改,巩固成果阶段;5月18日,为学习掌握《江西省县级以上人大常委会监督条例》和《江西省人大常委会关于个案监督的若干规定》立法思想和基本内容,举办学习上述2个法规的法制讲座;5月中旬至6月上旬,市人大常委会分2期培训乡镇人大干部,11个县(市、区)乡镇人大主席、副主席和秘书共20余人参加学习;6月7~8日,召开全市人大政法工作座谈会,传达学习全省人大内务司法座谈会精神。2001年8月17日,召开实施《九江市人大常委会监督司法机关具体案件和重大事项的办法》动员大会。2002年7月上旬至中旬,市人大常委会分2期在市委党校举办全市乡镇人大干部培训班,来自11个县(市、区)的乡镇人大主席、副主席共190余人参加学习;9月28日,市人大常委会机关召开全体干部职工大会,动员干部职工以实际行动关爱困难群体;11月25日,组织全体干部职工学习贯彻中共十六大精神。30日,会同市委宣传部、市司法局等部门召开全市纪念新宪法颁布实施20周年座谈会;12月29日,召开安全生产法宣讲会议,邀请省安全生产监督管理局负责人宣讲安全生产法主要内容。2003年4月2日,举行贯彻市十一届人大六次会议精神座谈会。出席会议的有市人大常委会主任、副主任,市人大及其常委会各委办负责人,各县(市、区)人大常委会主任。会议围绕贯彻落实市十一届人大六次会议精神,探讨做好新时期人大工作的新思路、新途径、新方法;7月4日,市人大机关组织全体干部职工学习中共中央总书记胡锦涛"七一"重要讲话精神;9月19日,市人大常委会举行人民代表大会制度知识讲座。

2004年3月18日,市人大常委会党组召开扩大会议,研究部署贯彻落实市委全委会精神,做好新一届人大工作;4月26日,市人大常委会理论学习中心组举行学习宪法座谈会;6月8日,市人大常委会与依法治市领导小组举办学习贯彻宪法修正案座谈会;16日,举办以宪法知识为主要内容的法律知识讲座,各县(市、区)人大常委会负责人和部分市人大代表应邀听取讲座;9月14日,召开纪念人民代表大会制度50周年座谈会。会议回顾人民代表大会制度50周年历程,总结做好人大工作的经验,畅谈如何坚持和完善人民代表大会制度,建设社会主义政治文明。2005年6月24日至8月24日,市人大常委会机关开展"新阶段、新发展"大讨论活动;10月25日,举行"两个规范"教育活动动员大会;11月4日,举办公务员法讲座;14日,召开行为规范教育第一阶段小结暨第二阶段部署工作会议;12月2日,举行机关行为规范教育民主测评活动。2006年3月20日,机关举行"彬彬有礼过马路"活动动员大会;5月15日,举行机关科级干部竞争上岗动员大会;6月2日,举行竞争上岗演讲及民主测评活动。7月24日,举行"推进'3+1'我们怎么办"活动动员大会;10月31日,召开学习贯彻中共十六届六中全会精神座谈会;11月2~3日,举办监督法学习班。市人大常委会全体机关干部、县(市、区)人大常委会分管领导及办公室主任、市"一府两院"办公室负责人参加学习培训。

2006年12月27日,举办学习宣传贯彻监督法座谈会;29日,会同浔阳区人大常委会在烟水亭广场开展监督法宣传活动,现场向市民群众宣讲监督法。2007年1月19日,召开"建设新九江,我们怎么办"活动动员大会,传达全市经济工作会议精神。3月21~22日,举办市人大常委会组成人员培训班;7月19日,举行各委办办公室人员会议,学习档案管理相关知识;10月22~24日,全市乡镇人大主席培训班在市委党校举办。全市181个乡镇人大主席、街道办事处人大联络处主任和各县(市、区)人大常委会选任联办负责人参加培训;29日,召开学习贯彻中共十七大精神动员大会。2008年1月30日,举办学习物权法知识讲座;3月21日,举办"求科学发展之真,务项目建设之实"主题教育活动;27日,市人大常委会举办学习十一届全国人大一次会议精神暨城乡规划法讲座;4月25日,牵头组织全市公、检、法、司系统联合举办"优化法制环境,推进项目建设"演讲比赛,共有300余名干部职工参加活动;5月30日,举办行政许可法讲座;6月30日,举行迎"七一"演讲比赛;9月24日,举办劳动合同法专题知识讲座;10月7日,市人大常委会中心组召开学习贯彻全市领导干部会议精神座谈会,传达学习省委书记、省长到内蒙古、安徽学习考察体会讲话精神;11月26日,市人大常委会举行《中共中央关于推进农村改革发展若干重大问题的决定》专题辅导知识讲座。

2009年2月13日,召开机关"效能年"活动动员大会,传达学习全市机关效能年活动动员大会精神,安排部署市人大机关效能年活动。3月23日,市人大常委会党组及机关党委召开深入学习实践科学发展观活动动员大会;3月27日,组织市人大机关及浔阳区、庐山区人大干部集中收看全国人大常委会副秘书长乔晓阳所作《形成并完善中国特色社会主义法律体系需要把握的四个问题》专题讲座;3月30日,邀请省委党校经济管理教研室举办《国际金融危机现状及对策》专题辅导讲座;4月16日,召开学习实践科学发展观活动征求意见座谈会。部分常委会委员、人大代表、"一府两院" 有关部门负责人及县(市、区)人大常委会负责人参加座谈;27日,召开"科学发展,加速崛起,争得九江应有地位"暨学习实践科学发展观转段动员大会;5月25日, 邀请省国土资源厅咨巡办举办土地管理法专题辅导讲座;6月2日,市人大常委会党组召开专题民主生活会;15日,召开学习实践科学发展观活动整改落实阶段转段动员大会;7月28日,邀请九江学院教授举办食品安全法专题讲座;9月1日,举行学习实践科学发展观活动满意度测评大会。16日,举办全市人大系统"长运杯""迎国庆,话赶超,争进位"演讲比赛和"红歌大家唱"卡拉OK赛系列活动;9月24日,举办农产品质量安全法专题讲座;10月16日,召开全体干部职工大会,传达学习中共十七届四中全会和市委九届十次全体会议精神;11月19日,组织机关干部参加全省干部法律知识考试,参加此次考试有机关厅级领导9人,处级领导19人,科级及以下干部27人;12月2日,市人大常委会机关举行《健康保健知识》专题讲座。

2010年3月25号,举办公路法专题讲座,市人大常委会主任、副主任、秘书长和常委会委员听取讲座;3月26日,召开"学沈浩、下基层、干实事"活动动员大会;4月16号,举行学习贯彻廉政准则动员会;6月30日,邀请市委党史研究室为机关全体党员干部主讲《九江红色历史回眸》主题党课;7月28日,九江学院教授应邀到市人大机关作《推进新型城镇化暨中心城区决战200亿城建项目》专题讲座;8月26日,市人大常委会机关组织举办消防知识专题讲座;9月28日,举办城市房地产管理法知识辅导讲座;

11月30日，特邀全国人大常委会委员、省人大常委会副主任胡振鹏作“鄱阳湖生态经济区建设”专题报告。

## 二、理论研究

1991年3月，派出3人出席在四川自贡召开的全国20城市人大工作座谈会第七次会议，并提交论文《浅谈地方人大实施司法监督的几个问题》；5月，派出3人出席在安徽合肥召开的全国16城市人大研讨会第五次会议，并提交论文《围绕经济建设中心，实现有效监督的思考》；8月，派出3人出席在吉林辽源召开的全国20城市人大工作座谈会第八次会议，并提交论文《发挥职能作用，促进经济发展》。1992年5月，派出3人出席在湖南岳阳召开的全国20城市人大工作座谈会第九次会议，并提交论文《强化服务意识，发挥工委作用》；9月，派出3人出席于陕西宝鸡、咸阳召开的全国20城市人大工作座谈会第十次会议，并提交论文《以经济建设为中心，加强法律监督》；同月，派出4人出席在山西太原召开的全国16城市人大工作研讨会第六次会议，并提交论文《依法履行职权，服务经济建设》《紧握基本路线，力促经济发展》。当年始，编印《九江人大工作》。

1994年10月21日，市人大常委会主办第二轮全国20城市人大工作座谈会第一次会议。会议围绕如何做好新形势下地方人大工作进行交流和探讨；11月17~18日，市人大常委会召开全市人大理论研讨会暨人大工作座谈会。会议回顾交流各地工作经验，探讨新形势下人大工作的理论问题。会上对撰写优秀论文的作者予以表彰。当年，在省人大理论研讨会上，全市有7篇论文入选。1995年，4次派员参加全国16城市或20城市人大工作交流研讨活动，同100多个城市保持相互交流有关资料等经常性的联系。1996~1998年，加强同外地城市人大常委会联系，同100多个城市相互交流资料。多次派员参加全国16城市或20城市人大工作交流和理论研讨活动。1999年，派员参加全国16城市和20城市人大工作交流研讨活动。2000年，同外地100多个城市建立交流资料联系，派员参加全国16城市和20城市人大工作经验交流和理论研讨活动。主办16城市人大工作座谈会第十四次会议。2001年，组织干部参加市委组织的理论辅导讲座和形势报告会，收看重要会议实况，联系实际开展讨论，交流学习体会。2002年，在代表法颁布十周年之际，指导各县(市、区)人大开展纪念活动，组织稿件参加省人大主办的征文活动。2003年10月15日，在湖口县召开华东、华南、东北、西北15县(市、区)人大工作理论研讨会。

2004年，市人大常委会机关干部紧扣“九江要崛起，人大怎么办？”主题，撰写40多篇调研文章在学习专栏上展出。6月，市委书记、市人大常委会主任刘积福《学习贯彻宪法推进依法治市，为九江率先崛起营造良好的法治环境》、副主任万吉光《坚持宪法精神推进依法治市加快九江经济发展》、周锦元《人民选我当代表，我为人民谋利益》相继在《九江日报》发表。同年，副主任胡春如《以四个创新推动新时期人大工作》在《时代主人》发表。2005年，市人大常委会在“两新”大讨论活动中，要求干部职工除研讨市委提出的讨论专题，还要就人大如何在促进“新阶段、新发展”中发挥作用进行深入探讨，规定每1名工作人员读1本书、写1篇研讨文章、提1条合理化建议，并将常委会组成人员、人大代表和机关工作人员的“两新”大讨论文章汇编成《学与思》1书。同时，出台关于加强调查研究工作意见，规定调研任务，制订激励措施。围绕市委中心工作、经济社会发展一些重大问题、常委会工作要点和审议议题，组织常委会组成人员和机关干部深入基层、深入群众，开展调查研究，形成一批符合经济社会发展实际、反映人民意愿的调研报告。当年编发《调研参考》。

2007年，省人大常委会机关刊物《时代主人》发表市人大常委会机关论文6篇，其中，市人大常委会主任张远秀《做新型人大干部 建新型人大机关》《做到三个“对接”不断强化监督》《自觉用十七大精神指导地方人大工作实践》相继刊登在《时代主人》2007年第二、八、十二期。2008年6月，组织市人大代表围绕影响经济社会发展的重大问题和人民群众普遍关注的热点难点问题等42个调研课题，开展领题调研，并在同年底对部分优秀调研文章进行汇编，从中评选17篇文章在市十三届人大五次会议上进行表彰。同年，市人大机关在省级以上刊物发表理论研讨文章8篇，其中市人大常委会主任张远秀《增强三种意识当好人大代表》等4篇论文相继被《时代主人》、省人大信息网、九江新闻网发表。2009年，为纪念地方人大设立常委会30周年，省人大工作理论研究会开展人大工作理论研究论文征集工作。共征集论文184篇，经初筛、初审和专家评审等程序，评选出优秀论文19篇，其中九江《地方人大常委会重大事项决定权探析》《增强监督实效提高监督权威——对加强新时期地方人大常委会开展依法监督工作的思考》《浅谈如何发挥人大信访在人大监督中的作用》3篇论文获优胜奖。同年12月，将人大代表调研文章选编成集，定名《策路》付印发行。2010年5月28日，省人大工作理论研究会第三次会员代表大会召开。大会共评选出19篇优秀论文，市人大常委会推荐的作品中共有4篇获三等奖；8月4~5日，派员出席在黑龙江大庆举办的全国20城市人大工作座谈会，提交论文《增强监督实效 激发工作活力》获二等奖。同年，全国人大常委会办公厅研究室举办《纪念地方人大设立常委会30周年文集》征文活动，市人大《增强监督实效 激发工作活力》收录其中。

### 三、新闻报道

1991年2月5日，市人大常委会主任程金发主持召开市和驻市新闻单位负责人座谈会，研讨加强人民代表大会制度宣传报道。1993年12月16日，市人大常委会召开全市人大宣传工作会议，表彰宣传人大制度"好新闻"作品和优秀通讯员，全市有50多篇新闻作品获奖。

1994年4月23日，召开人大宣传工作座谈会。11月，召开全市人大宣传工作暨优秀通讯员表彰会，共评选优秀单位2个，《九江人大工作》新闻作品一等奖1篇，二等奖2篇，三等奖3篇，优秀通讯员21名，鼓励奖3名。当年，各级报刊采用全市宣传人大制度和人大工作稿件400多件，被省人大常委会评为通讯报道先进单位。其中新闻稿《市人大常委会就食品卫生法贯彻执行情况视察夜市》《我以青春染宁红》获第三届省人大好新闻评选三等奖。同年，和九江电视台共同举办"公仆访谈录"专题节目，将政府组成人员各自任职期间的目标及措施通过电视告知全市人民。1995年年初，召开全市人大宣传工作会议，对新闻单位进一步加强和改进人大宣传报道提出新要求。当年，组织"全省第三届人民代表大会制度好新闻"稿件初评推荐工作，其中有2篇作品分别获得一、二等奖。1996年11月，召开1995~1996年度全市人大宣传报道表彰会，共评选出优秀单位2个，《九江人大工作》新闻作品一等奖3篇，二等奖5篇，三等奖8篇，优秀通讯员20名。1997年，在市直新闻宣传单位支持下，市人大常委会组织的重大活动、人大代表的事迹和各县(市、区)人大工作经验都得到较为充分报道。1998年，组织每年一次的全省人民代表大会制度好新闻稿件初评推荐工作，其中有10多篇稿件获奖。

1999年6月24日，举行全市人大宣传工作座谈会。会上，各县(市、区)人大常委会和市属新闻单位介绍开展人大宣传报道的做法和经验。会议对1998年度人大宣传工作中的先进单位和个人进行表彰。都昌、湖口、武宁、瑞昌4县(市)人大常委会和13名个人获得表彰。同年，市人大常委会有关机构加强同市新闻媒体的联系和协作，开展"公仆访谈录"等专题宣传报道活动。2000年，在新闻单位支持协作下，及时通报人大及其常委会会议和其他重大活动主要内容。报道内容有拓展，形式有创新，数量有增加。2001年，市人大常委会召开全市人大宣传工作会议，总结工作，交流经验，提出要求，促进人大系统宣传报道工作。在全省人大工作宣传报道"好新闻"评选活动中，市送评3篇稿件均获三等奖。2002年，市人大常委会对市直新闻单位在开展人大工作宣传方面加强指导，及时通报人大及其常委会会议和其他重要活动内容。组织评选全市宣传人大工作优秀通讯员活动。在全省宣传人民代表大会制度好新闻评选活动中，所推荐稿件有5篇分别获得二、三等奖。各地围绕宪法颁布实施20周年和代表法颁布10周年开展一系列纪念活动及其相关报道，扩大人大影响。

2004年3月26日，《九江人大信息网》开通，栏目包括：新闻中心、人大概览、领导之窗、监督工作、代表工作、人事任免、县区信息、领导讲话、法律库、人大刊物；7月26日，召开全市人大宣传工作会议，市人大及其常委会各委办负责人，办公厅各处负责人，各县(市、区)人大常委会分管副主任、办公室负责人出席，邀请市委宣传部及九江日报社、九江电视台、九江广播电台等新闻媒体负责人参加。2006年，在九江日报开辟“学习宣传宪法，推进依法治市”专栏。年底，市人大常委会制订《九江市人大宣传调研工作暂行规定》。

2007年3月，召开全市人大宣传工作会议，对全市民主法制建设和人大工作的宣传进行全面部署。当年8月起，市人大常委会在《九江日报》开办人大监督专版，每2月1期。2008年9月9日，举行全市人大常委会机关宣传工作会议；同月26日，全市人大系统办公室工作会议在星子召开，各县(市、区)人大办公室主任和新闻报道骨干通讯员参加会议；10月，制订《九江市人大系统宣传报道工作年度考核办法》。同年，市人大及其常委会各委办在省以上新闻媒体发表新闻稿37篇；12月17日，江西省第十七届“宣传人民代表大会制度好新闻”获奖作品揭晓，新闻稿《九江人大常委会主任督办重点建议成效显著》《九江浔阳区：代表公示牌架起选民与代表“连心桥”》获三等奖。2009年6月23日，为迎接新中国成立60周年和地方人大常委会设立30周年，会同市供电公司举办市“供电杯”宣传人民代表大会制度好新闻评选活动。评选出特等奖1篇、一等奖3篇、二等奖7篇、三等奖11篇；8月，省第十八届“宣传人民代表大会制度好新闻”评选结果揭晓，共评出获奖作品52件，市人大常委会推荐的9件作品中，《一条建议破解“村官”多年难题》获二等奖；《彭泽农民工章艳玉当选省人大代表》《九江市人大首次将代表的口头意见建议转交办理》《代表活力源于制度创新》《带着责任和感情履职》《成事之道 谋事之基 转变作风之本》5篇获三等奖。当年，市人大及其常委会各委办在国家级新闻媒体发表新闻稿件129篇、省级59篇、市级266篇。2010年1月12日，省8家新闻单位组团采访市人大常委会工作；4月9日，召开全市人大宣传工作暨“赣基杯”好新闻评选表彰大会，共评选出获奖作品24件，其中一等奖4篇，二等奖7篇，三等奖9篇，优胜奖4篇；7月，在省第十九届“宣传人民代表大会制度好新闻”评选中，市人大常委会推荐作品中，《杜绝给审议意见打“白条”》获一等奖；《一纸审议意见“破冰”历史遗留问题》获二等奖；《九江副市长“承办”人大代表建议》《修水县人大常委会会议首次设立迟到席》《让群众吃得更安全更放心》《为有源头活水来》《看变化鼓干劲赶超发展正当时》5篇获三等奖；8月18日，召开全市人大宣传工作半年调度会，市人大常委会办公厅负责人，各县(市、区)人大常委会办公室负责人、市人大及其常委会各委办负责人和骨干通讯员出席会议；21~28日，市人大常委会办公厅组织2009年度全市人大好新闻优秀作品获得者和优秀通讯员、县(市、区)骨干通讯员到湖南、广西等地进行学习考察。当年，市人大及其常委会各委办在各级新闻媒体发表新闻稿件505篇，其中国家级181篇、省级36篇、市级278篇。

## 第四节 信访督办

### 一、九届人大信访督办

1991年4月始，建立市人大常委会主任接待日制度，当年接待群众来访97人次。1992年，建立市人大常委会办公室信访科，至1993年，共受理群众来信1822件，接待来访132人次。来信来访多数属申诉或反映个人某些要求，也有少数控告、举报件。接访后，及时转办督办，或自行组织力量调查核实，然后责成有关部门处理。对个别长期申诉得不到解决的重大案件，责成有关专门委员会与司法部门直接接触，查明情况，复查结案，使31件案件改变判决或处理决定；有些超期审理案件，得到较快审结；多数案件经审判机关复查，事实清楚，使用法律适当，维持原判，即对申诉人进行息诉服判教育，维护法律尊严。

### 二、十届人大信访督办

1994年，共受理群众来信168件，接待来访139人次；市人大政法委共接到群众来信39件，接待来访100余人次。接访督办信访案例有反映市区有非法客运现象，要求主管部门取缔，保证客运市场正常运转；反映庐山乱埋乱葬，毁坏山林现象严重，请求市人大对这一行为加以制止。上述来信来访均得到妥善处理。1995年，共受理群众来信172件，接待来访144人次。重点接访督办信访案例有：反映湖口县城建局擅自将水库视作垃圾场，破坏水利资源，影响农业生产，损害村民身体健康，希望有关部门尽快制止;反映市十届人大代表彭泽县马当镇吴家贤身患癌症,家庭生活困难无法解决,希望人大给予解决一定的生活困难补助。上述信访,均及时解决。1996年,共受理群众来信155件,接待来访126人次;市人大政法委共接到群众来信52件,接待来访113人次。重点接访督办信访案例有反映修水县三溪桥镇灯头村干部毁田建房违法行为,要求督促有关部门处理;反映永修县人民法院已判案两年多得不到执行,请求人大监督法院依法执行。经市人大常委会及相关委办督办,上述案例均获妥善处理。1997年,共受理群众来信134件,接待来访98人次;市人大政法委共接到群众来信52件,接待来访113人次。重点信访案例有:反映修水县路口乡新街路口测量不能定位,造成滥拆群众房屋事件,引起群众不满,要求督促上级政府部门到实地视察解决;反映市银座歌舞厅从事不正当经营,拉人宰客,要求督促有关部门尽快严肃查处。均协调解决。1998年,共受理群众来信126件,接待来访92人次。重点接访督办信访案例有:反映修水县竹坪乡政府增加农民负担;反映庐山区新港农民违章与湖口县石钟车队争客源,甚至堵路伤人,要求人大督促公安、交通等相关部门进行查处。经督办,均得到解决。

### 三、十一届人大信访督办

1999年,共受理群众来信129件,接待来访106人次;市人大政法委共接到群众来信85件,接待来访150余人次。重点接访督办信访案例有反映全国人大代表、劳动模范徐京发长年劳累,患病住院,导致生活困难,要求解决部分医疗费用;部分参加过抗美援朝复员军人反映单位收个人“两金”不上交社保局,导致退休后养老金无着落,请求人大督促相关部门予以解决。上述案例在市人大督办下,均妥善解决。2000年,市人大常委会办公室信访科共接到群众来信189件,接待来访152人次;市人大政委会共接到群众来信109件,接待来访220余人次。重点接访督办信访案例有:反映湖口县武山垦殖场新任领导无任何理由停发退休工资,导致30多名退休职工养老金无着落;修水县250名矿工反映矿区粉尘浓度严重超标,导致矿工普遍患硅肺病,希望人大督促政府予以解决并增加伤残人员医疗费及生活费。上述案例,经市人大督办,均得到处理。2001年,共受理群众来信220件,接待来访189人次;市人大政法委共接到群众来信168件,接待来访430余人次。重点接访督办信访案例有部分老红军、退离休干部反映,定点医保给看病就医带来不便,接访后,及时协调予以解决;九江啤酒厂1000多名职工反映,该厂厂长利用职权贪污受贿,吃喝玩乐,造成该厂亏损3.2亿元,情节恶劣。在人大监督下,市人民检察院及时介入并依法予以处理。2002年,共受理群众来信256件,接待来访233人次;市人大政法委共接到群众来信203件,接待来访540余人次。重点接访督办信访案例有:九江县沙河乡天坡村村民反映,该行政村综合开发区土地利用及房产开发,严重侵害村民利益;修水县三都镇洋湖村村民车学林反映,在民工出勤修建公路时因工受伤,双眼失明,丧失劳动能力,希望政府依据残疾人保障法,解决生活补贴问题。在市人大监督下,前案九江县政府在市人大监督下,查明真相并进行相应处理,村民征地款已落实到位,手续不全的,亦责令停止开发经营,限期整改。后者在市人大监督下,修水县人大对其进行了解并给予解决。2003年,共受理群众来信271件,接待来访245人次;市人大政法委共接到群众来信140件,接待来访596人次。重点接访督办信访案例有南昌县塘南建筑工程公司反映,星子县桃花源景区管理处拖欠其工程款146万余元;群众反映信华集团采取动用黑社会势力强行拆迁。接访后,前案在市人大监督下,星子县政府答复,将每年借给桃花源风景区管理处10万~20万元资金用于偿还债务,另外有几家投资商准备在桃花源风景区投资,开发资金一到位,立即还清拖欠工程款。后案影响恶劣,经市人大常委会副主任批示,市政府有关部门着手对事件进行查处。

### 四、十二届人大信访督办

2004年,共受理群众来信224件,接待来访196人次;市人大内司委共接到群众来信130余件,接待来访150余人次。7月26日,召开全市人大信访工作会议,市人大及其常委会各委办负责人、办公厅各处负责人,各县(市、区)人大常委会分管副主任、办公室负责人出席会议。经市人大接访督办的信访重点案例有：九棉二厂、三厂退休工人集体上访，要求市政府尽快规范指导国企改制，确保职工基本生活得到保障。市人大受理后，交由办公厅及时拿出意见，提交人大常委会主任会议讨论，并及时与市政府沟通情况，做好群众稳定工作。九江炼油厂协调解决的143名职工与石化厂劳动纠纷案久拖不决，市人大受理后，由办公厅负责与市政府主管副市长沟通，督促政府出面协调，终得到妥善解决。2005年，共受理群众来信245件，接待来访221人次；市人大内司委共接到群众来信163件，接待来访120余人次。同年1月5日，国务院第七十六次常务会议通过信访条例，自5月1日始施行。明确人大信访工作侧重于监督、处信、接访、转办，督办是人大信访工作的主要职责。经市人大接访督办的信访典型案例有：某县1公安干警举报该县公安局领导以罚代刑，枉法放人，导致正义不得声张，引起受害人强烈不满。市人大得到举报，及时进行监督，使该案处理很快得到纠正。九江县粮油质检站2名退休干部因退休养老金问题3年内频繁上访，市人大接访后，与九江县人大常委会沟通，督促相关部门按国家政策和法规办事，使问题得到妥善解决。2006年，共受理群众来信219件，接待来访185人次；市人大内司委共接到群众来信151件，接待来访100余人次。同年始，通过加大对信访条例学习贯彻，将信访工作纳入常委工作议事日程，安排领导分管信访工作，重点解决矛盾突出的难点、热点问题。经市人大常委会督办信访重点案例有：南昌某群众反映，某区人民法院民事庭某审判员徇私办案，接访后，及时转办督办，在人大监督下，该案处理很快得到纠正。九江海会师范学校茶林场56名职工上访，反映每月每人生活费仅63~72元，生活困难，要求解决社保养老问题。信访处接访后，即向人大领导反映，在市人大监督下，有关部门及时处理，使问题得到妥善解决。

## 五、十三届人大信访督办

2007年，共受理群众来信266件，接待来访237人次；市人大内司委共接到群众来信145件，接待来访203人次。信访重点突出在六个方面：旧城改造、房屋拆迁安置、补偿不到位；市、区县开发工业园，涉及征地补偿安置问题和环境保护问题；拖欠工程款和农民工资问题；企业重组、改制、破产带来的工人下岗、失业以及社保、医保、养老金问题；判决后执行难和判决不公问题；少数执法单位存在有法不依，执法不公问题。上述信访问题，经市人大督办，均得到妥善解决。2008年，共受理群众来信238件，接待来访206人次；市人大内司委共接到群众来信112件，接待来访120余人次。同年，市人大常委会办公厅出台《关于进一步加强人大信访工作的意见》，意见共分6个部分，从加强领导、制度建设，到协调机制、责任查究制度，都较完整进行规范。为确保奥运会顺利举办，人大常委会实行以常委会分管领导总负责的24小时值班备勤制度，建立健全信息零记录及报送制度，及时掌握、处理各种社会不稳定隐患。为此，人大信访工作领导小组组成督办工作组，负责承办督办具体实施工作。接访督办重点信访案例有：星子县27位村民反映该县蛟塘镇政府违规征用农田，打伤群众问题。在市人大督促下，相关部门召开座谈会，提出处理意见，征收土地费和安置补助费按每亩2万元的全县土地征收最高标准发放给被征收土地农户；责令蛟塘镇政府及兴华公司退出非法占用土地，并处以罚款。另外，星子县执法大队立案查处此事件中的有关违法行为。2009年，共受理群众来信237件，接待来访213人次；市人大内司委接到群众来信123件，接待来访140余人次。同年3月10~12日，市人大常委会信访专题调研组先后到市政府及浔阳区、庐山区、九江经济开发区进行信访专题调研。同年，开辟网上信访新渠道，受理网上信访18件。当年，接访督办重点信访案例有：浔阳区金鸡坡街道办大王庙村反映中石化九江分公司对该村造成严重环境污染。接访后，市人大常委会主任亲自督办，多次到现场实地调查，上门上户了解情况，然后与市政府协调，8月4日，在中石化九江分公司召开专题协调会，采取“企业投资一点，向上争取一点，财政投入一点”方式，计划用1年时间完成对大王庙村98户居民整体搬迁，使这一久拖不决“老大难”问题得以解决。部分社区居委会干部反映待遇低及退休养老金问题，接访后，市人大常委会副主任负责重点督办，通过协商，市政府首次把提高全市社区居委会干部生活标准写进政府工作报告，作为2009年市政府93件实事之一狠抓落实。2010年，共受理群众来信208件，接待来访253人次；市人大内司委接到群众来信61件,接待来访110余人次。同年9月14~16日和10月26日,市人大常委会负责人和相关单位工作人员分别下到庐山区、九江县、市公安局水上分局和德安县进行信访件督办。当年,接访督办重点信访案例有:2月9日,群众来信反映九江客运西站有一帮车匪路霸,逢年过节向客车收取保护费,请有关部门查处。市人大办公厅信访处及时将此信访件转给常委会主要领导阅处,常委会主任做出批示,并关注此事,经市公安局侦察,情况属实,于3月6~9日分别将4名犯罪嫌疑人依法刑事拘留。

## 第五节 交流往来

### 一、九届人大交流往来

1991年,相继接待山西、河南、甘肃、湖北省人大常委会副主任及所率代表团到九江考察;接待湖南长沙、宁夏石嘴山、贵州贵阳、陕西西安、河北邢台、安徽芜湖和黄山等市人大常委会主任、副主任及其代表团到九江参观学习。8月,接待在庐山召开的华东6省1市及湖北、四川省人大内务司法工作经验交流会代表。1992年,相继接待四川、广东省人大常委会副主任及所率代表团到九江考察;接待广东深圳、安徽合肥、广东梅州等市人大常委会主任、副主任及其代表团到九江参观学习。1993年,相继接待河北省人大常委会副主任及所率代表团到九江考察和吉林梅河口,内蒙古呼和浩特,广东广州及江西南昌市人大常委会主任、副主任及其代表团到九江参观学习。同年4月27~29日,接待以杉木通雄市长为团长、藤原正己议长为副团长的日本冈山县玉野市政府、议会代表团到九江访问,市人大常委会主任、副主任会见代表团全体成员。

### 二、十届人大交流往来

1994年,相继接待辽宁省、新疆维吾尔自治区人大常委会副主任及所率代表团到九江考察;接待安徽芜湖、黑龙江黑河、安徽蚌埠、湖北武汉、河北石家庄、辽宁抚顺、山东济宁等市人大常委会主任、副主任及其代表团到九江参观学习。9月13日, 接待以戴维斯为团长的澳大利亚沃拉戈尔市代表团一行5人到九江访问。10月21~24日,主办全国20城市人大工作座谈会第二轮第一次会议,河南三门峡,甘肃天水,云南玉溪,四川自贡,黑龙江大庆、牡丹江,陕西咸阳、宝鸡,湖南岳阳,广西柳州,福建泉州、漳州、三明,江苏南通,吉林辽源、通化,湖北黄石,山东潍坊等市人大常委会主任或副主任及有关人员80人出席会议。11月30日,市人大常委会主任程金发率市人大代表团访问澳大利亚沃拉戈尔市,庆祝九江与沃拉戈尔缔结国际友好城市1周年。1995年,接待日本冈山县玉野市议会代表团到九江访问。1996年4月10日,接待澳大利亚波波郡议会议长威尼·哈迪为团长的该郡议会代表团到九江访问。市人大常委会主任、副主任会见代表团一行。9月2日,接待日本大和高田市议会议长速水善三郎为团长的友好访华团到九江访问,市人大常委会主任、副主任会见代表团一行。10月11~15日,主办在湖口举行的上海浦东新区、海南文昌、新疆吐鲁番、江苏仪征、福建漳浦等华东、华南、华北、西北13县(市、区)人大工作研讨会第十次会议。1997年5月,派员出席在甘肃天水市召开的20城市人大工作研讨会。8月,派员出席在辽宁锦州市召开的16城市人大工作理论研讨会。

### 三、十一届人大交流往来

1999年1月和9月,两次接待香港粤仁达代表团(由香港籍全国人大代表为首组成)到九江考察。2000年7月,派员出席在河北张家市召开的16城市人大工作理论研讨会。10月,主办全国16城市人大工作理论研讨会第十四次会,海南三亚、山西大同、太原,湖南长沙,吉林四平,内蒙古包头、呼和浩特,安徽合肥,黑龙江齐齐哈尔、伊春,河北唐山、张家口、石家庄,辽宁锦州、营口、阜新,河南郑州等成员市人大常委会主任或副主任及有关人员参加会议。2001年4月,派员到安徽合肥、安庆市人大常委会参观学习。2002年8月6~11日,接待西班牙知名侨领代表团访问考察。9月,派员到山东参加民办教育法制工作座谈会并参观学习。2003年4月，派员出席在江苏镇江市召开的南京、镇江、宿州、淮安、九江5城市联谊会。6月，接待上海实业(集团)有限公司董事长蔡来兴所率代表团到九江考察。10月15日，主办在湖口召开的华东、华南、东北、西北15县(市、区)人大工作研讨会第二十一次会议，到会外地代表有新疆维吾尔自治区乌鲁木齐市天山区等14个县(市、区)人大常委会主任、副主任及相关人员72人。

## 四、十二届人大交流往来

2004年5月，派员出席在福建漳州市召开的全国20城市人大工作座谈会。8月，派员到南昌、鹰潭、上饶、赣州4市考察学习。10月，组织全市人大系统县处级干部到欧洲访问考察。2005年，相继接待四川、河北省人大常委会副主任及其所率代表团到九江考察和湖北天门市人大常委会主任及其代表团到九江参观学习。派员到江西鹰潭，广西桂林，湖南衡阳、长沙、岳阳考察学习。9月12日，接待澳大利亚波波郡议会议长麦克唐纳所率友好代表团到九江访问。10月，受"中国人民对外友好协会"委托，由市人大常委会副主任谭毓清任团长，率考察团一行14人到英国伦敦考察灾难与紧急事务管理。11月22日~12月1日，应"澳中·新中"国际交流中心邀请，市人大常委会副主任万吉光率由庐山区、修水县、武宁县人大负责人为成员的市人大考察团，到澳大利亚、新西兰考察两国议会制度建设情况。2006年，相继接待山西、河北省人大常委会副主任及所率代表团到九江考察；接待海南海口，福建三明，辽宁鞍山，山东济宁，湖南株洲，甘肃嘉峪关，湖北黄石，浙江宁波，安徽阜阳等市人大常委会主任、副主任及其代表团到九江参观学习。先后派员到江西南昌，安徽芜湖，湖南张家界、韶山，广东深圳，浙江台州，四川成都，西藏拉萨，辽宁大连，山东青岛，吉林长春等市参观学习。同年3月，派员参加在海南三亚市召开的18城市人大工作研讨会第二十次会议。7月，市人大常委会副主任彭群林一行到美国考察。10月25~27日，主办在彭泽召开的长江流域部分县(市、区)人大工作联席会第十次会议，来自6省(市)12县(市、区)人大常委会主任、副主任和工作人员100余人出席会议。

## 五、十三届人大交流往来

2007年，相继接待湖南、上海、河北、湖北、河南、青海省(市)人大常委会主任、副主任或相关委负责人及所率代表团到九江考察；接待山东泰安，浙江舟山、嘉兴，山西晋城等市人大常委会主任、副主任及其代表团到九江参观学习。相继派员到湖南岳阳，湖北黄石，安徽安庆、芜湖等市学习考察。同年1月，接待曾荫权所率香港特别行政区考察团到九江考察。5月27~30日，主办全国20城市人大工作座谈会第三轮第一次会议，河南漯河、三门峡，黑龙江大庆、牡丹江，福建三明、泉州、漳州，甘肃天水，吉林辽源、通化、白山，辽宁辽阳，内蒙古通辽，云南玉溪，四川自贡，湖南岳阳，陕西宝鸡、渭南、咸阳、洛阳，广西柳州，江苏南通、徐州，湖北黄石，山东潍坊等16省(自治区)辖26个地级市人大常委会主任、副主任出席会议。7月，派员出席在黑龙江伊春市召开的全国18城市人大工作研讨会；8月，派员出席在河北张家口市召开的全国18城市人大工作研讨会。9月25日，接待哥伦比亚参议院外委会代表团一行15人到九江参观访问。2008年，相继接待黑龙江省人大常委会原主任及所率代表团到九江考察和甘肃嘉峪关，山东青岛，湖南永州，山东临沂，河北石家庄，江苏苏州，河南漯河、新乡，天津宝坻，陕西榆林等市(区)人大常委会主任、副主任及其代表团到九江参观学习。相继派员到海南、广西、湖南、江苏、浙江、上海考察学习。9月5~15日，市人大常委会主任张远秀率市人大代表考察小组一行，到澳大利亚、新西兰两国考察议会制度及公共行政管理。9月18~22日，主办全国10城区人大工作研讨会第十八次会议，广东广州，吉林长春，新疆乌鲁木齐，江苏南京，福建泉州，广西桂林，山东烟台，安徽黄山等市10城区人大常委会主任、副主任到会。2009年，相继接待广西、江苏、山东、黑龙江、河南省(自治区)人大常委会副主任或相关委负责人及代表团到九江考察；接待江西抚州，湖北荆州，北京朝阳，四川巴中，山西朔州，河南开封，陕西咸阳，辽宁本溪，重庆涪陵，江苏南通，宁夏银川等市(区)人大常委会主任、副主任及其代表团到九江参观学习。先后派员到河南、山东省参观学习。6月2~4日，接待西班牙侨领林传舜一行13人到九江参观考察。10月,派员出席在福建三明市召开的全国20城市人大工作座谈会。同年,主办在浔阳区召开的全国10城区人大工作研讨会,甘肃兰州,浙江宁波,安徽合肥,吉林沈阳,山东济南,河南开封,广东湛江,浙江温州等外地9城区人大常委会代表出席。2010年,相继接待浙江、云南、新疆等省(自治区)人大常委会副主任及所率代表团到九江考察;接待江西鹰潭、吉安,辽宁沈阳,广西来宾,安徽安庆,内蒙古呼和浩特等市人大常委会主任、副主任及其代表团到九江参观学习。先后派员到辽宁、吉林、内蒙古、山西、新疆、陕西、湖南等省(自治区)参观学习。4月,市人大常委会主任张远秀率经贸考察团一行7人到台湾省考察。8月,派员出席在黑龙江大庆市召开的全国20城市人大工作座谈会。10月14~15日,接待日本冈山县玉野市议会副议长滨秋太郎所率议会代表团到九江访问。同月,派员出席在陕西汉中市召开的全国18城市人大工作研讨会。

# 第四十五篇

# 地方人民政府

# 第四十五篇　地方人民政府

1991~2010年,九江市完成4个“五年计划”。经济总量扩大,综合实力提升。2010年,全年实现国内生产总值1032亿元;人均GDP超过3000美元。工业主导地位更加突出,规模以上工业增加值360.6亿元,三次产业比调整为9.5:56.2:34.3。财政收入116.6亿元,占国民生产总值比重提高到11.3%;税收占财政总收入比重提高到88.1%,县级财政收入占全市比重提高到80%。外贸出口12.1亿元。城镇居民人均可支配收入15 764元,农村居民人均纯收入5588元。

坚持深化改革和扩大开放的统一。国有企业改革取得重大突破,126户国有工业企业改制全面完成,安置职工8万多人,累计发放、补缴“一补三险”20多亿元。农村统分相结合双层经营体制进一步发展;集体林权制度改革经验在全国推广。“十一五”期间,新批外资项目708个,实际利用外资23.6亿美元,外贸依存度上升到8%。新增6对国际友好城市。

城乡面貌改观,“大九江”格局已见雏形。城镇化提高到46.5%。完成城市总体规划和八里湖新区控规修编,“四县一山”与中心城区相向融合步伐加快。各县(市、区)城市框架拉大,功能完善,精品增多。农村建房进一步规范。

改善人民生活,推进社会发展。民生工程扎实推进,实现城乡困难群众最低生活保障、城乡困难群众大病医疗救助、城乡义务教育免学杂费和贫困生资助政策、城乡基本医疗制度“四个全覆盖”。历年“两会”上承诺的313件惠民实事基本完成。投资15.4亿元,建设29625套保障性住房。义务教育全面普及,组建本科大学——九江学院。重点扶持九江学院基础科学研究基地和6354所、707所应用科学研究基地的建设。社区卫生服务网络基本建成。

20年来,综合政务、政府法制工作、电子政务、外事侨务、行政服务等工作向宏观管理转变,不断适应新的形势要求。全市先后战胜1998年夏季特大洪涝灾害、2005年“11·26”地震灾害和2008年1月重大低温冰雪灾害,其中因成功封堵长江大堤决口而成为“万众一心、众志成城,不怕困难、顽强拼搏,坚韧不拔、敢于胜利”抗洪精神的诞生地。

# 第一章　组织机构

## 第一节　市政府组成人员

1991~2010 年，历经 5 届市人民政府，即第九届、第十届、第十一届、第十二届和第十三届，其中第九届任期始于 1988 年 12 月，第十三届任期于 2010 年 12 月尚未结束。历届市政府依法由市长、副市长、秘书长和各局局长、各委员会(办公室)主任组成，其中第十至第十三届市政府设市长助理，第十二至第十三届市政府设副巡视员。

**1991~2010 年市第九至第十三届人民政府主要组成人员一览**

表 45-1-1

| 届次 | 职务 | 姓名 | 性别 | 籍贯 | 出生年月 | 任职时间 |
|---|---|---|---|---|---|---|
| 第九届 | 代市长 | 彭宏松 | 男 | 湖南澧县 | 1946.02 | 1991.01~1991.03 |
| | 市长 | | | | | 1991.03~1992.08 |
| | 代市长 | 戚善宏 | 男 | 江苏高邮 | 1944.09 | 1992.08~1993.03 |
| | 市长 | | | | | 1993.03~1994.01 |
| | 副市长 | 王军文 | 男 | 山东滕县 | 1950.10 | 1991.01~1992.10 |
| | | 康晋益 | 男 | 江西修水 | 1940.07 | 1991.01~1994.01 |
| | | 张影 | 男 | 湖北黄梅 | 1938.09 | 1991.01~1993.12 |
| | | 王文敬 | 男 | 江西九江 | 1936.09 | 1991.01~1994.01 |
| | | 周仰文 | 男 | 江苏扬州 | 1938.09 | 1991.01~1993.12 |
| | | 霍伟光 | 男 | 安徽宣城 | 1938.09 | 1991.01~1994.01 |
| | | 张金林 | 男 | 江西九江 | 1942.06 | 1992.12~1994.01 |
| | | 余秉绶 | 男 | 湖北新洲 | 1942.07 | 1993.06~1994.01 |
| | 秘书长 | 鄢辉曾 | 男 | 江西九江 | 1943.12 | 1991.01~1994.01 |
| 第十届 | 市长 | 戚善宏 | 男 | 江苏高邮 | 1944.09 | 1994.01~1998.03 |
| | 代市长 | 刘积福 | 男 | 江西吉安 | 1949.07 | 1998.03~1999.01 |
| | 副市长 | 徐明华 | 男 | 上海 | 1953.03 | 1994.01~1998.03 |
| | | 康晋益 | 男 | 江西修水 | 1940.07 | 1994.01~1997.01 |
| | | 霍伟光 | 男 | 安徽宣城 | 1938.09 | 1994.01~1997.01 |
| | | 余秉绶 | 男 | 湖北新洲 | 1942.07 | 1994.01~1999.01 |
| | | 史之汉 | 男 | 江西彭泽 | 1941.10 | 1994.01~1995.01 |
| | | 张华东 | 男 | 江西九江 | 1952.01 | 1994.01~1997.01 |
| | | 杜万安 | 男 | 江西新建 | 1944.04 | 1996.05~1999.01 |
| | | 裴真 | 男 | | | 1996.12~ |
| | | 陈晖 | 男 | 江西彭泽 | 1952.03 | 1997.01~2006.12 |
| | | 吕明 | 男 | 江西永修 | 1954.09 | 1997.01~1999.01 |
| | | 程水凤 | 女 | 江西景德镇 | 1950.08 | 1995.01~1998.03 |

续表 45-1-1

| 届次 | 职务 | 姓名 | 性别 | 籍贯 | 出生年月 | 任职时间 |
|---|---|---|---|---|---|---|
| 第十届 | 市长助理 | 程水凤 | 女 | 江西景德镇 | 1950.08 | 1994.03~1995.01 |
| | | 许 江 | 男 | 安徽宿县 | 1951.05 | 1994.03~1997.04 |
| | | 刘元国 | 男 | 山西晋城 | 1945.11 | 1997.04~1999.01 |
| | | 林耀兴 | 男 | 江苏无锡 | 1941.10 | 1997.04~不详 |
| | 秘书长 | 鄢辉曾 | 男 | 江西九江 | 1943.12 | 1994.01~1999.01 |
| 第十一届 | 市长 | 刘积福 | 男 | 江西吉安 | 1949.07 | 1999.01~2001.12 |
| | 代市长 | 王忠武 | 男 | 安徽泾县 | 1955.10 | 2001.12~2002.04 |
| | 市长 | | | | | 2002.04~2003.03 |
| | 市长 | 蔡晓明 | 男 | 江西分宜 | 1956.11 | 2003.03~2004.02 |
| | 副市长 | 甘良森 | 男 | 江西靖安 | 1955.02 | 1999.01~2002.04 |
| | | 杜万安 | 男 | 江西新建 | 1944.04 | 1999.01~2002.04 |
| | | 吕 明 | 男 | 江西永修 | 1954.09 | 1999.01~不详 |
| | | 宋才火 | 男 | 江西星子 | 1952.07 | 1999.01~2002.04 |
| | | 陈立国 | 男 | 山东菏泽 | 1961.11 | 2000.07~2004.02 |
| | | 陈 晖 | 男 | 江西彭泽 | 1952.03 | 2001.03~2004.02 |
| | | 蔡晓明 | 男 | 江西分宜 | 1956.11 | 2002.04~2003.03 |
| | | 冯 静 | 女 | 山东福山 | 1959.09 | 2002.04~2004.02 |
| | | 彭泽洲 | 男 | 江西吉安 | 1958.01 | 2002.04~2004.02 |
| | | 张 华 | 男 | 江西上饶 | 1960.06 | 2003.01~2004.02 |
| | 市长助理 | 彭泽洲 | 男 | 江西吉安 | 1958.01 | 2000.08~2002.04 |
| | | 冯 静 | 女 | 山东福山 | 1959.09 | 2000.01~2002.04 |
| | | 刘元国 | 男 | 山西晋城 | 1945.11 | 2001.05~2002.10 |
| | | 甘智德 | 男 | 湖北黄梅 | 1950.01 | 2001.05~2003.03 |
| | | 李晓刚 | 男 | 江西修水 | 1962.10 | 2002.05~2004.02 |
| | | 周雍强 | 男 | 江西湖口 | 1945.07 | 2002.07~2002.09 |
| | | 梁兴明 | 男 | | | 2002.11~ |
| | | 刘礼明 | 男 | | | 2002.11~ |
| | | 孙 铮 | 男 | 江西九江 | 1948.08 | 2002.11~2004.02 |
| | | 祝先进 | 男 | 江西瑞昌 | 1956.01 | 2003.06~2004.02 |
| | | 李 伟 | 男 | 江西湖口 | 1953.10 | 2003.11~2004.02 |
| | 秘书长 | 鄢辉曾 | 男 | 江西九江 | 1943.12 | 1999.01~2001.05 |
| | | 祝先进 | 男 | 江西瑞昌 | 1956.01 | 2002.04~2003.05 |
| | | 吴锦萍 | 女 | 江西九江 | 1953.07 | 2003.05~2004.04 |
| 第十二届 | 市长 | 蔡晓明 | 男 | 江西分宜 | 1956.11 | 2004.02~2006.11 |
| | 代市长 | 王 萍 | 女 | 山东海阳 | 1958.05 | 2006.11~2006.12 |
| | 副市长 | 李 放 | 男 | 黑龙江呼兰 | 1957.09 | 2004.02~2006.11 |
| | | 陈 晖 | 男 | 江西彭泽 | 1952.03 | 2004.02~2006.12 |
| | | 陈立国 | 男 | 山东菏泽 | 1961.11 | 2004.02~2006.11 |

续表 45-1-1

| 届次 | 职务 | 姓名 | 性别 | 籍贯 | 出生年月 | 任职时间 |
|---|---|---|---|---|---|---|
| 第十二届 | 副市长 | 冯　静 | 女 | 山东福山 | 1959.09 | 2004.02~2006.11 |
| | | 彭泽洲 | 男 | 江西吉安 | 1958.01 | 2004.02~2006.11 |
| | | 张　华 | 男 | 江西上饶 | 1960.06 | 2004.02~2006.12 |
| | | 卢天锡 | 男 | 江西修水 | 1965.12 | 2004.02~2006.12 |
| | 市长助理 | 李晓刚 | 男 | 江西修水 | 1962.10 | 2004.02~2006.12 |
| | | 孙　铮 | 男 | 江西九江 | 1948.08 | 2004.02~2006.12 |
| | | 祝先进 | 男 | 江西瑞昌 | 1956.01 | 2004.02~2006.12 |
| | | 李　伟 | 男 | 江西湖口 | 1953.10 | 2004.02~2006.12 |
| | | 程宪国 | 男 | 辽宁庄河 | 1962.12 | 2005.11~2006.11 |
| | 副巡视员 | 吴锦萍 | 女 | 江西九江 | 1953.07 | 2004.03~2006.12 |
| | | 李光荣 | 男 | 江西修水 | 1952.09 | 2006.11~2006.12 |
| | 秘书长 | 吴锦萍 | 女 | 江西九江 | 1953.07 | 2004.04~2006.12 |
| 第十三届 | 市　长 | 王　萍 | 女 | 山东海阳 | 1958.05 | 2006.12~2008.12 |
| | 代市长 | 曾庆红 | 女 | 江西兴国 | 1962.04 | 2008.12~2009.02 |
| | 市　长 | | | | | 2009.2~ |
| | 副市长 | 赵东亮 | 男 | 江苏溧阳 | 1963.06 | 2006.12~2008.05 |
| | | 张　华 | 男 | 江西上饶 | 1960.06 | 2006.12~2009.05 |
| | | 卢天锡 | 男 | 江西修水 | 1965.12 | 2006.12~ |
| | | 吴锦萍 | 女 | 江西九江 | 1953.07 | 2006.12~ |
| | | 廖凯波 | 男 | 湖北广济 | 1957.06 | 2006.12~ |
| | | 李　伟 | 男 | 江西湖口 | 1953.10 | 2006.12~ |
| | | 熊永强 | 男 | 江西南昌 | 1961.08 | 2006.12~ |
| | | 刘　智 | 男 | 内蒙古武川 | 1966.10 | 2007.09~2009.01 |
| | | 刘建平 | 男 | 江苏江阴 | 1963.03 | 2007.09~ |
| | | 殷美根 | 男 | 江西南昌 | 1963.08 | 2008.05~ |
| | | 魏宏彬 | 男 | 山东郓城 | 1954.11 | 2009.09~ |
| | 秘书长 | 柳国发 | 男 | 江西都昌 | 1956.01 | 2007.01~2010.05 |
| | | 赵　伟 | 男 | 江西湖口 | 1962.09 | 2010.05~ |
| | 市长助理 | 李晓刚 | 男 | 江西修水 | 1962.10 | 2006.12~2010.01 |
| | | 柳国发 | 男 | 江西都昌 | 1956.01 | 2007.02~2010.05 |
| | | 孙　铮 | 男 | 江西九江 | 1948.08 | 2006.12~2008.11 |
| | | 祝先进 | 男 | 江西瑞昌 | 1956.01 | 2006.12~2010.01 |
| | | 杨振辉 | 男 | 浙江宁波 | 1952.07 | 2007.02~2010.03 |
| | | 汪泽宇 | 男 | 江西都昌 | 1958.07 | 2008.11~2009.08 |
| | | 蒋熙辉 | 男 | 湖南衡阳 | 1975.01 | 2010.01~ |
| | 副巡视员 | 李光荣 | 男 | 江西修水 | 1952.09 | 2006.12~2010.01 |

说明：彭宏松 1990 年 1 月始任九届代市长；王军文、康晋益、张影、王文敬 1988 年 12 月始任九届副市长，周仰文 1990 年 7 月始任九届副市长。裴真、梁兴明、程宪国、刘智、刘建平为挂职干部

## 第二节　市政府工作部门

1991~1994 年，设置机构有政府办公室、参事室、经济调研室、精神文明办公室、档案局、计划委员会、经济委员会、乡镇企业局、经济体制改革委员会、公安局、司法局、民政局、监察局、财政局、税务局、人事局、劳动局、统计局、审计局、技术监督局、城乡建设局、环境保护局、土地管理局、地质矿产局、工商行政管理局、物价局、农村经济委员会、农业畜牧局、林业局、水利电力局、水产局、渔政管理局、农垦局、交通局、商业局、烟草专卖局、盐务局、供销合作社、物资局、粮食局、对外经济贸易局、对外经济技术合作办公室、进出口商品检验局、旅游局、文化局、广播电视局、教育局、科学技术委员会、体育运动委员会、卫生局、计划生育委员会、外事侨务办公室、口岸管理委员会、人民防空办公室、纺织工业局、轻化工业局、机械工业局、电子工业局、建材工业局、二轻工业局、冶金煤炭工业局等 70 余个。至 1995 年进行政府机构改革前，市政府实设机构 60 个。

1995 年实行政府机构改革后，设置工作部门 47 个：政府办公室（含参事室）、计划委员会、经济贸易委员会、经济体制改革委员会、公安局、国家安全局、司法局、民政局、监察局、财政局（含国有资产管理局）、地方税务局、人事局、劳动局、工商行政管理局、物价局、统计局、审计局、技术监督局、建设局、环境保护局、土地管理局、地质矿产局、市容环境卫生管理局、房产管理局、农村工作办公室、农业局、林业局、水产局、水利电力局、乡镇企业局、机械工业局、轻化工业局、交通局、商业局、粮食局、对外贸易经济合作局、旅游局、文化局、广播电视局、教育委员会、科学技术委员会、体育运动委员会、卫生局、计划生育委员会、外事办公室（含侨务办公室）、口岸办公室、人民防空办公室。市政府工作部门共有内设机构（不含机关党委或总支、纪检组或检察室；下同）323 个。

2002 年，设置工作部门 33 个：政府办公室、发展计划委员会、经济贸易委员会、公安局、司法局、民政局、监察局、财政局、人事局、劳动和社会保障局、统计局、审计局、建设局、规划局、环境保护局、国土资源局、城市管理行政执法局、农业局、林业局、水利局、水产局、交通局、粮食局、对外贸易经济合作委员会、旅游局、文化局、教育局、科学技术局、体育局、卫生局、计划生育委员会、安全生产监督管理局、外事侨务办公室（其中监察局与纪律检查委员会机关合署办公，列市政府工作部门，不计机构个数）。市政府工作部门共有内设机构（含纪检监察；下同）257 个。

2005 年，设置市政府工作部门 34 个：政府办公室、发展计划委员会、经济贸易委员会、公安局、司法局、民政局、监察局、财政局、人事局、劳动和社会保障局、统计局、审计局、建设局、规划局、环境保护局、国土资源局、城市管理行政执法局、农业局、林业局、水利局、水产局、交通局、粮食局、对外贸易经济合作委员会、旅游局、文化局、教育局、科学技术局、体育局、卫生局、人口和计划生育委员会、安全生产监督管理局、外事侨务办公室、民族宗教事务管理局。市政府工作部门共有内设机构 279 个。

2010 年，设置市政府工作部门 33 个：政府办公厅、发展和改革委员会、工业和信息化委员会、公安局、司法局、民政局、监察局、财政局、国有资产监督管理委员会、人力资源和社会保障局、统计局、审计局、农业局、林业局、水利局、建设规划局、环境保护局、国土资源局、城市管理行政执法局、交通运输局、粮食局、商务局、旅游局、文化新闻出版局、教育局、科学技术局、体育局、卫生局、人口和计划生育委员会、外事侨务办公室、安全生产监督管理局、食品药品监督管理局、人民防空办公室。市政府工作部门共有内设机构 369 个。

## 第三节　市政府直属事业单位和派出机构

1991~1994 年，市政府所设机构 70 多个。1995 年实行政府机构改革，市政府机构分为工作部门、直属事业单位及派出机构等。当年，直属事业单位有接待处、档案局、对外经济技术合作办公室等，派出机构有驻上海联络处、驻深圳办事处、驻厦门办事处等。

2002年,市政府直属事业单位有接待处、档案局、广播电视局、房产局等;派出机构有九江开放开发区管理委员会、行政服务中心、驻北京联络处、驻上海联络处、驻深圳办事处、驻厦门办事处、驻南昌办事处等。

2005年,市政府将国有资产监督管理委员会设置为直属特设机构。

2010年,市政府直属事业单位有:机关事务管理局、住房保障和房产管理局、广播电影电视局、公路管理局、信息化服务中心(市政府信息化工作办公室)、港口管理局、商业管理办公室、供销合作社、扶贫和移民办公室。派出机构有:九江经济技术开发区管理委员会、云居山——柘林湖风景名胜区管理委员会、行政服务中心、驻北京联络处、驻上海联络处、驻深圳办事处、驻厦门办事处、驻南昌办事处。

## 第四节　市政府议事协调机构

1991年以来,市政府根据工作需要,成立领导小组、委员会、指挥部、协调小组、指导小组、推进小组、联席会议等议事协调机构(亦称"非常设机构"),由市政府领导和相关部门、单位的负责人组成。机构形式有常设型、阶段型和临时型。机构数量最多时达200多个。

2009年4月,市政府对议事协调机构进行清理,决定撤销44个,保留161个,依次是:《九江年鉴》编辑委员会和《江西年鉴》市编辑委员会、市贯彻落实增强投入扩大内需政策工作领导小组、彭泽核电站建设协调领导小组、市保障性住房建设领导小组、市环境保护委员会、市民生工程实施领导小组、市规划土地运作协调小组、市救灾指挥中心、市就业工作领导小组、市"三年打胜交通建设翻身仗"指挥部、市沿江快速通道(九江——瑞昌——码头)建设领导小组、市城市交通领导小组、市工业园区工作领导小组、市电网建设领导小组、市城西港区口岸对外开放申报工作领导小组、市省属国有企业下放接交工作领导小组、国电九江发电厂"以大代小"四期扩建工程协调推进领导小组、江西时代能源(多晶硅)项目市推进工作领导小组、市城市道路交通管理"畅通工程"领导小组、市打击传销活动领导小组、市第二次经济普查领导小组、市金融发展与服务领导小组、市不良金融债务处置工作指导协调小组、市行政审批制度改革工作领导小组、市政府信息公开领导小组、市推进政务公开工作领导小组、市发展资本市场和上市工作协调领导小组、市信息化工作领导小组、市征兵工作领导小组、市军事设施保护委员会、市以工代赈工作领导小组、市治理商业贿赂专项工作领导小组、市推行政府采购工作领导小组、市"一村一品"引智工作协调小组、市留学人员创业园领导小组、市处理信访突出问题及群体性事件联席会议企业军转干部问题工作领导小组、市建筑节能工作领导小组、市少数民族地区建设工作领导小组、市国家助学贷款协调领导小组、市昌九城际铁路建设协调领导小组,市京九、武九铁路电气化改造工程建设协调领导小组,市日元贷款城市防洪项目领导小组、市高新工程和专项计划协调领导小组、市加快推进船舶产业发展领导小组、庐山新城建设协调工作领导小组、市危旧住宅区(棚户区)改造工作领导小组、市主要污染物总量减排工作领导小组、市防震减灾领导小组、市住房公积金管理委员会、市清理拖欠工程款和农民工工资工作领导小组、市违法建设专项治理领导小组、市人民防空指挥部、市城区土地和房屋登记发证历史遗留问题处理联合工作小组、华凌商贸项目推进工作领导小组、云居山——柘林湖风景名胜区总体规划组织编制与报批工作领导小组、市文化商业大厦遗留问题专项清理工作小组、市地价动态工作领导小组、市第二次土地调查工作领导小组、市造地增粮富民工程领导小组、市土地利用总体规划修编领导小组、市地质灾害防治工作领导小组、市全面整顿和规范矿产资源开发秩序领导小组、市退伍军人和军队离退休干部安置领导小组、市军用饮食供应工作领导小组、市城乡社会救助工作领导小组、市地名委员会、市政府残疾人工作委员会、市劳动竞赛委员会、市城镇居民基本医疗保险工作领导小组、市社会保险扩面征缴工作领导小组、市农村劳动力转移工作联席会议、市企业单位退休人员社会化管理服务工作领导小组、市社会保障监督委员会、市耕地保护工作领导小组、市处置劫机事件应急指挥部、市交通安全委员会(道路交通安全工作领导小组)、市防火安全委员会、市木材市场和木材加工企业整顿清理工作领导小组、市劳动教养委员会、市普通高中新课程实验工作领导小组、市高等院校招生委员会、自学考试工作委员会、市对县政府教育工作督导评估领导小组、市语言文字工作委员会、市职业教育工作联席会议、市校建工作领导小组、市优质高中建设工程工作推进小组、市学生和学校安全工作领导小组、市职业教育校园建设工作推进小组、市农村义务教育经费保障机制改革领导小组、市城市社区卫生工作领导小组、市新型农村合作医疗卫生领导小组、市结核病控制项目领导小组、市防治艾滋病工作委员会、市献血工作协调小组、市血吸虫病地方病防治工作领导小组、市爱国卫生运动委员会、市"农家书屋"工程领导小组、市使用正版软件工作领导小组、市"村村通"广播电视工作领导小组、市青少年权益保护委员会、市妇女儿童工作委员会、市城镇妇女"巾帼建功"竞赛活动协调小组、市种子管理工作领导小组、市农业病虫灾害防控指挥部、市农村劳动力转移培训阳光工程协调小组、市防治重大动物疫病指挥部(防治高致病性禽流感工作领导小组)、市农村妇女"双学双比"竞赛活动协调小组、市深山区移民扶贫工作领导小组、市水库移民工作领导小组、市森林防火指挥部、市绿化委员会、市重大林业有害生物灾害防治指挥部、市世行贷款综合农业现代化项目领导小组、市优质"双低"油菜生产基地项目建设领导小组、市巩固退耕还林成果专项规划编制工作领导小组、彭泽至湖口高速公路建设项目协调领导小组、市减灾委员会(人工影响天气、农业气候资源开发利用领导小组)、九瑞高速公路拆迁协调领导小组、市渡口渡船专项整治活动领导小组、市春季禁渔工作领导小组、市农村饮水安全工作领导小组、市江河流域综合规划修编工作领导小组、市防汛抗旱指挥部、市河道采砂管理工作领导小组、市水利工程管理体制改革领导小组、市水土保持工作委员会、市城区防汛工作指挥部、市发展绿色食品工作领导小组、市机场应急救援工作领导小组、市民用航空发展工作推进领导小组、市长江港口岸线管理协调领导小组、市非物质文化遗产保护工作领导小组、市流通系统企业改制确权工作领导小组、市成品油市场监督整规领导小组、市创建江西旅游强县工作领导小组,市生猪定点屠宰及肉价菜价控制工作领导小组,市酒类流通管理工作领导小组、市第三次全国文物普查工作领导小组,市文物保护普查古迹修复工作领导小组,市商品流通市场规划建设管理工作领导小组、市假日旅游协调办公室、九江钢厂有限公司立项协调推进领导小组、市推进铅锌产业发展工作领导小组、市500千伏输变电工程协调服务工作领导小组、市电力设施保护和反窃电工作领导小组、市口岸工作协调领导小组、市质量和打假工作领导小组、市名牌战略推进委员会、市中小企业信用担保工作指导协调小组、市安全生产委员会(煤矿安全生产秩序整治工作领导小组)、市烟花爆竹安全经营管理工作领导小组、市保护通信线路安全工作领导小组、九江红鹰直升机试飞场建设工作领导小组、市食品安全监管工作领导小组、市全民科学素质工作领导小组、市制造业信息化工作协调领导小组、市科学技术进步奖奖励评审委员会、国家级九江经济开发区申报工作领导小组、市处置原九江一棉、九纺公司政策性破产遗留问题协调领导小组、市扶持第三代移动通信TD—SCDMA产业发展推进领导小组、市打击违法添加非食用物质和滥用食品添加剂专项整治工作领导小组。

2009年5月至2010年12月,市政府成立34个议事协调机构,依次是市创建全国无障碍建设城市领导小组、市甲型H1N1流感联防联控领导小组、市中小学校舍安全工程领导小组、承办第七届全国城市运动会九江市(共青城赛区)柔道比赛领导小组、市迎接全国干线公路养护管理检查工作领导小组、九江城西保税港区申报工作领导小组、市2009年度土地卫片执法检查领导小组、市基层农业技术推广体系改革与建设工作领导小组、市农资打假专项治理工作领导小组、市"十二五"规划编制工作领导小组、市加强和规范驻北京办事机构管理工作领导小组、市主要交通出入口景观绿化提升工程领导小组、市推进常岳九铁路项目领导小组、市构筑社会消防安全"防火墙"工程领导小组、第七届全国城市运动会九江共青城赛区柔道比赛项目竞赛委员会、推进天花井国家森林公园工程建设协调领导小组、市油茶产业发展领导小组、中国石油化工股份有限公司九江分公司扩能改造工程征地拆迁协调领导小组、市规范性文件清理工作领导小组、市强农惠农资金专项清理和检查工作领导小组、市第一次全国水利普查领导小组、市道路交通事故社会救助基金管理委员会、市农村受灾群众倒房重建工作领导小组、市城区深入开展房地产用地清理整顿专项行动领导小组、市农网改造升级工程领导小组、市加快示范镇建设工作领导小组、市天然气主管网安全保护工作领导小组、市创建依法用地和节约集约用地模范县(市、区)活动领导小组、市港口建设发展工作领导小组、市灾后农田水利基本建设指挥部、市城市公共交通规划编制领导小组、江西财经职业学院新校区建设工作协调小组、市机动车排气污染防治工作领导小组。

### 第五节　县(市、区)政府机构

1991~2010年,全市有县(市、区)政府12个:浔阳区政府、庐山区政府、九江县政府、德安县政府、永修县政府、星子县政府、修水县政府、武宁县政府、湖口县政府、都昌县政府、彭泽县政府和瑞昌市政府。各县(市、区)政府均历经5届,换届4次,其中首次换届前政府任期起始时间均为1991年1月1日之前,末次换届后政府任期至2010年12月31日均未结束。

20年间,各县(市、区)政府工作机构经多次改革,至2010年,各地机构设置虽然数量不等且名称稍有差异,但总体结构大致相同。

各县(市、区)监察局均与同级纪委合署办公,不计入政府工作机构个数。

## 第二章　重要会议

### 第一节　市政府全体会议

1991年以来,市政府全体会议由市长、副市长、巡视员、市长助理、秘书长和市政府组成部门主要负责人组成,由市长召集和主持。全体会议一般每年召开1次,主要审议和通过《政府工作报告》(审议稿),并呈市委常委会审定;少数年份于中期召开1次,总结上半年工作,部署下半年工作。1991~2010年,市政府共召开全体会议22次,其中2004年、2007年各增开1次。

### 第二节　市政府常务会议

#### 一、第九届市政府常务会议

1991年1月至1994年1月,第九届市政府共召开常务会议19次,即第三十九至第五十八次常务会议。其中研究和决定的重要事项有:

1991年2月5~6日召开的第三十九次常务会议研究全市粮食工作并同意1991年"水改旱"扩棉核减粮食定购任务。4月8日第四十二次常务会议审议并同意《九江市城区防御特大洪水方案》;决定从7月1日起在全市各地全面推行住房制度改革工作。7月8日第四十四次常务会议研究并同意承办1992年第六届全国屈原杯龙舟赛暨庐山杯国际龙舟邀请赛筹备工作的初步意见;研究并同意云居山风景名胜管理局《关于云居山风景名胜区总体规划的报告》。7月30日第四十五次常务会议研究并同意《1992年九江龙舟赛总体方案》《关于市、县(市区)人民政府任免工作人员的暂行规定》和《关于加快九江市建设开放城市的实施意见》。

1992年2月12日召开的第四十九次常务会议研究1992年全市目标管理意见;研究并同意市财政局《关于1991年财政预算执行情况和1992年财政预算(草案)的报告》。5月5日第五十次常务会议研究并同意九江开放开发区的7个管理暂行规定和优惠办法。10月13日第五十三次常务会议审议并同意市卫生局《关于进一步深化公费医疗制度改革的实施方案》;确定庐山区的五里乡、十里乡、七里湖街道办事处所辖区域享受城区待遇和原属庐山区管理的市内4条道路(南湖路、人民路、战备路、白水湖路)的管理移交浔阳区。12月30日第五十五次常务会议研究九江开放开发区《关于建立自收自支财税体制的实施意见》;同意市轻化、交通、二轻等系统37个企事业单位下放县(市、区)管理。

1993年8月3日召开的第五十七次常务会议研究市财政局《关于下达1993年市直国有商业企业上缴税利目标考核指标及粮食企业盈亏包干指标的报告》、永修县政府《关于加强国家级鄱阳湖自然保护区建设的报告》等。10月23日第五十八次常务会议审议并同意湖口县城山乡、马影乡、武山乡、文桥乡,武宁县黄段乡、澧溪乡,九江县新合乡、永安乡,瑞昌市高丰乡、夏畈乡,庐山区赛阳乡撤乡建镇。

## 二、第十届市政府常务会议

1994年1月至1999年1月,第十届市政府共召开常务会议6次。其中研究和决定的重要事项有:

1997年2月25日召开的第二次市政府常务会议同意成立昌河飞机工业公司九江公司;同意原医专附属医院和原市第二人民医院合并。3月29日第三次常务会议讨论并通过《九江市国有(集体)小企业实现股份合作制改革若干问题的处理办法》《关于推进我市小企业改革的实施方案》。4月9日第四次常务会议同意组建九江市建筑交易市场。1998年4月29日召开的第六次常务会议讨论通过《关于进一步做好再就业工作的意见》。

## 三、第十一届市政府常务会议

1999年1月至2004年2月,第十一届市政府共召开常务会议49次。其中研究和决定的重要事项有:

1999年7月7日召开的第一次市政府常务会议讨论通过《关于加快我市旅游业发展的若干意见》《市人民政府工作规则》等。2000年1月4日第五次常务会议研究并通过《九江市直粮食系统改革方案》。3月1日第6次常务会议通过《九江市城区征收城市排水设施使用费实施细则》。

2001年1月10日召开的第十九次常务会议研究并通过《九江市殡葬管理规定》。3月12日第二十次常务会议通过《九江市人民政府关于国有资产管理体制改革的实施意见》《九江市企业产权制度改革实施办法》等6项规范性文件。9月9日第二十七次常务会议通过《九江市国有土地使用权招标拍卖实施办法》。

2002年2月20日召开的第三十一次常务会议同意组建九江市城市建设投资开发有限责任公司;讨论并通过《九江市"十五"人才发展规划》。10月10日第四十次常务会议通过《九江市人民政府关于加快基础教育改革与发展的意见》。

2003年3月7日召开的第四十一次常务会议通报"3·5"事故情况,研究贯彻落实3月6日市委常委会关于安全工作几点要求的措施。3月20日召开第四十二次常务会议,听取九江公路分局关于公路管理体制改革情况汇报并进行研究。5月7日召开的第四十三次常务会议专题研究部署全市非典型肺炎的防治工作。5月22日召开的第四十四次常务会议研究应对"非典"、发展经济的对策并报市委审定,研究并同意《中国九江(庐山)国际文化旅游节及海外侨胞九江恳谈会总体方案》和《九江市城市居民最低生活保障办法实施细则》。7月14日第四十五次常务会议研究农村税费配套改革、在市级行政事业单位实行会计集中核算制、农村特困群众救助等事项,原则同意《九江市完善农村特困群众社会救助制度实施意见》。11月6日第四十六次常务会议审议并同意《九江市人民政府第三批取消和调整行政审批项目目录》并以市政府令颁布实施,审议并原则通过《中共九江市委、九江市人民政府关于加快培育农业产业化市场龙头企业的意见》《中共九江市委、九江市人民政府关于加快公共卫生建设的实施意见》并报市委审定,审议并原则同意《九江市志愿捐献遗体管理试行办法》《九江市采矿权出让转让管理办法》和《九江市城市管理行政执法试行规定》等。11月28日第四十七次常务会议批准实施《九江市旅游发展总体规划》。

2004年2月7日召开的第四十九次常务会议研究关于2004年全市国民经济和社会发展计划主要指标、全市2004年市政基础设施和公共服务设施项目安排计划、全市2004年重大工业投资项目情况等事项,并对2004年全国人大、政协"两会"期间九江市安全稳定工作进行安排部署。

## 四、第十二届市政府常务会议

2004年2月至2006年12月,第十二届市政府共召开常务会议35次。其中研究和决定的重要事项有:

2004年3月4日召开的第一次常务会议原则通过《九江市人民政府工作规则》和《九江市人民政府关于加强政府自身建设的若干意见》。3月25日及4月1日召开的第二次常务会议原则通过《十大民心工程实施方案》《九江工业崛起纲要》《关于大力实施人才强市战略的意见》《九江市城市房屋拆迁管理实施办法》等8个文件。6月11日第五次常务会议原则通过《九江市人民政府关于优化政务环境的实施意见》《九江市重点建设项目管理办法》等4个文件。6月30日第六次常务会议原则通过《九江市实施行政许可监督暂行规定》。8月24日第七次常务会议研究九江农校整体划归市教育局、鄱阳湖水产科技园整体划归庐山区政府管理、"港口下放、政企分开"管理体制改革意见等问题;原则通过《九江市价格调节基金征集管理办法》《九江市政府信息公开试行办法》《九江市燃气管理办法》《关于鼓励支持发展民办教育的若干规定》等9个文件。9月23日第八次常务会议原则通过《九江市沿江开发总体规划方案》《关于加快推进沿江开发的实施意见》和《关于开展"摩的"等非法营运车辆专项整治工作方案》。11月18日第九次常务会议原则通过《九江市人民政府部分机构调整实施方案》《关于清理规范"小金库"的处理意见》等6个文件。11月30日第十次常务会议原则通过《关于进一步加强农村教育工作的意见》《关于加快全市农村公路建设的实施意见》等4个文件。12月29日第十一次常务会议原则通过《九江市计划生育利益导向机制实施办法》《九江市商品市场建设优惠扶持政策》等5个文件。

2005年3月31日召开的第十四次常务会议研究部署防汛、乡镇动植物防疫体系建设等工作。4月30日第十五次常务会议原则通过《九江市建设工程劳动保险费管理办法》《九江市机动车排气污染防治办法》《九江市人民政府贯彻国务院全面推进依法行政实施纲要五年规划(2004~2008)》《九江市工伤保险实施办法》等文件;研究九江农校与九江财贸职业高中合并成立"江西庐山旅游中专"的有关问题。6月22日第十六次常务会议原则通过《九江市人民防空工程建设管理规定》《关于加强工业用地管理促进土地集约利用的意见》《九江市争创全国双拥模范城"三连冠"工作实施意见》《关于庐山国家风景名胜区内违规建别墅问题的处理实施方案》等文件。8月5日第十七次常务会议研究并原则通过《九江市城市建设档案管理办法》《关于进一步加强血吸虫病防治工作的决定》《关于进一步加快开放型经济发展的意见》等11个文件。8月18日第十八次常务会议原则通过《九江市人民政府关于落实中共九江市委〈关于建设美丽富裕和谐强盛社会主义新九江的决定〉的实施意见》以及构建大开放、大工业、大旅游、大物流和推进城市大建设的实施方案。10月30日第十九次常务会议原则通过《全市公共突发事件总体应急预案》《关于行政机关工作人员行政处分审批权限和审批程序的决定》等6个文件;研究关于确定授权出资监管单位及监管国有股权企业、建立九江市农村公路建设补贴专项资金等问题。11月18日第二十次常务会议研究部署防控"禽流感";研究城区污水收费标准等问题;原则通过《九江市重点建设项目稽察办法》。12月22日第二十二次常务会议研究九江出口加工区建设,组建九江市国有资产经营有限公司等问题;原则通过《九江市国民经济和社会发展第十一个五年规划基本思路》《江西九江出口加工区工作方案》《关于将庐山垦殖场、九江市庐山茶科所、九江市林科所、庐山水电厂划归庐山管理局管理的工作方案》和《关于理顺云居山—柘林湖风景名胜区管理体制的方案》。12月26日第二十三次常务会议传达国家救灾工作汇报会和省灾后重建领导小组会议精神;原则通过《九江市城区房屋登记发证历史遗留问题处理意见》。

2006年2月28日召开的第二十五次常务会议原则同意《九江市人民政府进一步加强就业再就业工作的实施意见》《九江市村务公开和民主管理实施办法》等。4月29日第二十六次常务会议原则通过《九江市应急兵员战时动员暂行办法》《九江市档案管理办法》。5月8日第二十七次常务会议原则通过《关于加快推进工业园区经济发展的实施意见》《九江市城市最低收入家庭廉租住房管理暂行办法》等。5

月31日第二十八次常务会议原则通过《九江市中长期(2006~2020)科学和技术发展规划纲要》《九江港口总体规划》。6月24日第二十九次常务会议原则通过《九江市企业国有资产监督管理暂行办法》《九江市企业国有资产处置试行办法》和《九江市关于进一步完善国有困难企业和职工参加医疗保险的实施办法》。7月30日第三十次常务会议原则通过《九江市旅游业"十一五"发展规划》等11项专项规划、《九江市"十一五"期间依法治市规划》和《关于推进现代大物流业发展的若干意见》等。8月31日第三十一次常务会议原则通过《关于建立和完善城乡医疗救助制度的实施意见》《关于建立农村居民最低生活保障制度的意见》等。10月9日第三十三次常务会议原则通过《九江市人民政府关于全力推进汽车制造工业发展的实施意见》《九江市人民政府关于加快发展职业教育的决定》和《九江市知名商标认定和保护办法》等。

## 五、第十三届市政府常务会议

2006年12月至2010年12月,第十三届市政府共召开常务会议48次。其中研究和决定的重要事项有:

2006年12月9日召开的第一次常务会议原则同意《九江市人民政府关于各级政府及部门工作全面实行"提质、提速、提效"的若干意见》以及永修县马口镇等6个乡镇土地利用总体规划修改方案。12月29日第二次常务会议原则同意《九江市历史文化名城保护规划(2005~2020)》《九江市地质灾害防治规划(2006~2020)》和《九江市保障残疾人合法权益的规定》等。

2007年2月9日召开的第三次常务会议原则通过《关于加强机关效能建设暂行规定》《关于进一步加强财政增收节支工作的意见》《政府非税收入征收管理暂行办法》《城镇土地使用税收征收管理暂行办法》等12个文件;研究新农村建设、商业网点规划、推进CBF项目、昌九高速公路九江段绿色长廊工程建设、云居山——柘林湖风景名胜区管委会执法体制等问题。2月26日第四次常务会议原则同意《关于进一步完善九江市城区财政管理体制的暂行办法》和《关于建筑业、房地产业税收征收管理暂行办法》。3月8日召开的第五次常务会议原则同意《关于组建公共资源交易中心实施意见》《关于建立第三产业和旅游业发展指标体系及实施考核意见》和《九江市政府新闻发布制度》等9个文件;研究市汽运公司改制方案。3月23日第六次常务会议研究《关于九江市2006年国民经济和社会发展计划执行情况及2007年国民经济和社会发展计划(草案)的报告》和《关于认真解决人民群众当前最关心的若干问题,扎实推进和谐九江建设的意见》等。4月12日第七次常务会议原则通过《九江市人民政府与国家开发银行开发性金融合作实施意见》《关于进一步加强基本养老保险扩面征缴的决定》《关于进一步加强就业再就业工作若干意见》《关于实施九江市中长期科学和技术发展规划纲要,增强自主创新能力的决定》等12个文件;研究调整市直单位离休干部医药费单独统筹标准、对台工作、新闻出版工作等事项。4月28日第八次常务会议原则通过《关于加快推进九江文化旅游发展战略的若干意见》;原则同意《武宁澧溪、新宁等8个乡镇土地利用总体规划修改方案》;研究创建省卫生城市、外事工作等。6月25日第九次常务会议原则通过《关于加快推进市属国有企业改革的若干意见》《九江市安全生产"十一五"规划》等6个文件;研究提高城市低保标准、完善行政审批集中办理等问题。7月24日第十次常务会议原则通过《九江市人民政府关于进一步加强安全生产工作的意见》《九江市荣誉市民称号授予(暂行)办法》和《九江市企业改革资金管理暂行办法》;审议《关于加强矿产资源管理,加快矿业经济发展的决定》。8月22日第十一次常务会议研究《九江市财政投资评审管理办法》;原则通过《九江市市属行政事业单位经营性国有资产经营管理暂行办法》《九江市民用建筑节能管理办法》《九江市爱国卫生工作管理办法》和《关于加强九江市"菜篮子"工作的实施意见》。9月10日第十二次常务会议原则通过《关于大力培育总部经济,加快城市经济发展的若干意见》《九江市2007~2010年农业产业发展规划》等7个文件;研究《九江市2007~2011年社会主义新农村建设规划纲要》和《关于加快发展农民专业合作社的意见》。10月7日第十三次常务会议研究《九江市关于贯彻落实国务院〈关于解决城市低收入家庭住房困难的若干意见〉的实施意见》和全国、全省军转安置工作会议的贯彻意见。12月22日第十四次原则通过《政府工作报告》(审议稿)等会议文件和《关于加强投融资工作的意见》《九江市客运出租汽车治安管理办法》《关于沿江板块工业项目准入的若干规定》等规范性文件;研究《关于加快矿业经济发展,做大矿业经济规模的实施意见》。

2008年1月2日召开的第十五次常务会研究并原则通过《深入开展项目建设年活动,有效推进"四个对接"实施意见》《关于扶持九江民用航空事业发展的请示》和《九江市摩托车养路费征收管理实施意见》。2月27日第十八次常务会议研究并原则同意《沿江开发建设投资有限公司组建方案和运营方案》《关于扶持文化旅游产业发展的若干意见》等4个文件;研究安排第二次全国经济普查和全市安全生产工作。4月2日第十九次常务会议研究并原则通过《关于加快现代服务业发展的实施意见》《关于鼓励市区工业企业退城进园的暂行办法》《关于加快农民专业合作社发展的意见》和《九江市推进企业股改上市工作的实施意见》等11个文件。5月9日第二十次常务会议原则通过《推动全民创业、加快富民强市若干意见》《关于开展争创全国科技进步县(市、区)的意见》和《九江市加快县(市、区)污水处理设施建设实施方案》;研究市属国有企业改革职工安置补充意见、进一步加强和改进城乡医疗救助工作等事宜。6月2日第二十一次常务会议研究并原则通过《关于加强我市农村卫生人才培养和队伍建设的意见》和《九江市2008年主要污染物总量减排计划》;听取城区土地定级及基准地价更新工作情况、规范性文件清理工作情况的汇报。7月4日第二十二次常务会议听取市人大常委会视察民生工程"十件实事"工作进展情况和大项目建设的反馈意见,研究并原则通过《九江市公共资源交易市场管理暂行办法》。9月5日第二十五次常务会议研究并原则同意《九江市关于进一步鼓励投资,促进开放型经济又好又快发展的若干意见》和《九江市城市建设投资有限公司组建方案》;研究加强和完善重大项目推进机制、建立九江市重大项目绿色通道等问题。10月17日第二十六次常务会议原则通过《九江市事业单位岗位设置管理实施意见》等3个文件,研究部署全市村(居)民委员选举工作。11月29日第二十八次常务会议研究并原则通过《关于促进共青城跨越式发展的若干意见》《关于进一步促进九江市房地产业规范有序健康发展的若干意见》等6个文件。12月26日第三十次常务会议原则通过《关于建立查处取缔无证无照经营行为长效工作机制的实施方案》《关于加强市城区经营性土地管理的意见》等6个文件;研究关于切实做好返乡务工人员就业服务和接续社会保险关系、加强市中心城区项目建设规费收缴等工作。

2009年3月19日召开的第三十二次常务会议研究并原则通过《关于主攻工业、决战园区的工作意见》《关于"推进工业企业做大做强"的考核奖励办法》《九江市城市建设项目及资金管理暂行办法》等9个文件;研究庐山旅游直升机九江停机坪用地选址和巨石集团、德福电子退城进园等有关问题。4月30日第三十四次常务会议研究并原则通过贯彻落实省政府《促进九江沿江开发若干政策意见》的意见等4个文件;原则同意市物价局关于调整市城区污水处理费收费标准和出租车运价的请示。5月11日第三十五次常务会议原则通过《九江市2009年主要污染物总量减排计划》《江西省"光明·微笑工程"九江市实施方案》等7个文件;原则同意市科技局关于请求审批表彰奖励名单和市国资委关于融资改革事项的请示。6月26日第三十七次会议研究并原则通过《九江市人民政府关于进一步精简行政审批事项的决定》《九江市网上审批和电子监察系统建设工作方案》;传达全省旅游产业大省建设工作会议精神并研究贯彻落实意见。7月29日第三十八次常务会议研究并原则同意《九江市禁放烟花爆竹管理暂行规定》《九江市中小学校舍安全工程实施方案》等7个文件;通报将永修县燕坊镇坪塘村、燕坊村划入共青城开发区管理的有关事宜。8月28日第三十九次常务会议原则通过《九江市第三批非物质文化遗产代表名录》《九江市社会用字管理暂行规定》等4个文件;研究部署军转安置工作。10月20日第四十次常务会议研究并原则同意《九江市财政投资评审管理暂行办法》《关于进一步支持做大做强区级财政、建立属地化税收征管体制的暂行办法》等5个文件;以及市发改委《关于九江市投资有限责任公司有关情况的报告》、市房产局《关于开展2009年度中心城区保障性住房申请有关事项的请示》。12月3日第四十一次常务会议原则通过《关于深化医药卫生体制改革的实施意见》《关于加快农村信息化建设的实施意见》和《九江市行政奖励办法》等7个文件。

2010年2月11日召开的第四十三次常务会议研究并原则通过《关于贯彻落实国务院〈大型群众性活动安全管理条例〉的实施意见》《九江市殡葬管理综合执法暂行规定》和《关于促进残疾人事业发展的实施意见》等文件；原则同意市民政局、市物价局关于城西港区新建道路和城区在建道路的命名、调整市城区自来水价格、市城区执行全省统一污水处理费标准等请示。5月13日第四十四次常务会议原则通过《九江市城市总体规划》《九江市保税港区项目可行性研究报告》等5个文件。7月5日第四十五次常务会议原则通过《九江市现代物流产业"十二五"发展专项规划》《关于进一步推进现代物流业发展的若干意见》《九江市科学技术奖励办法》等6个文件。8月20日第四十六次常务会议原则通过《九江市国民经济和社会发展"十二五"规划基本思路》《九江市创建全国文明城市等"六城"同创总体方案》等8个文件；研究并同意武宁县新宁镇分设为豫宁街道办事处和新宁镇等事项。12月10日第四十八次常务会议原则通过《关于加快城郊蔬菜产业发展的意见》《九江市农村土地承包经营权流转办法》《关于解决耕地抛荒问题的意见》等5个文件，原则同意市民政局《关于对71个新建、在建、拟建城建项目命名和更名的请示》等请示和报告。

## 第三节　市政府市长办公会议

### 一、第九届市政府市长办公会议

1991年1月至1994年1月，第九届市政府共召开市长办公会议34次，即第四十至第七十三次市长办公会议。其中讨论决定的重要事项和研究处理的重要问题有：

1991年1月3日召开的第四十次市长办公会议研究同意市城建局《关于利用国外政府贷款兴建市第三水厂工程的意见》；决定对全市现有700余名晚期血吸虫病患者在1991年3月前后抢治完毕。5月20日召开的第四十四次会议确定由市经济体制改革委员会牵头组建九江纺织集团。6月10日第四十五次会议研究同意市社会福利院设立儿童部。6月27日第四十六次会议审议同意《九江市城市房屋拆迁管理办法》。7月16日第四十七次会议研究同意中国联合航空公司江西公司自1991年8月1日起恢复"南京—上海—九江"航班。9月16日第四十九次会议研究同意市经委设立技术改造专项资金；同意下发《九江市开展反盗窃斗争实施方案》；决定将原浔阳区工商局收归市工商局，成立直属分局。10月22日第五十次会议研究市商业局《关于在国营商业零售企业进行改革试点的实施意见》；同意市民政局《关于追认汪昌华同志为革命烈士的请示》。12月25日第五十二次会议研究《关于开展九江物资流通中心规划调查前期工作的请示》和《关于我市城区道路现状和进一步改善城区道路交通环境的意见》。

1992年1月2日召开的第五十三次市长办公会议研究部署第六届全国"屈原杯"龙舟赛暨中国"庐山杯"国际龙舟赛的各项筹备工作。3月30日召开的第五十七次会议研究同意取消食品、蔬菜公司亏损补贴并逐步取消煤炭公司亏损补贴和矿价补贴。4月25日第五十八次会议研究同意《永修县经济体制综合改革试点方案的报告》和《市供销社机构改革的实施意见》。7月24日第六十次会议研究同意，将庐山垦殖场和市庐山茶科所的行政区域划入拟新成立的庐山区政府的版图，其行政隶属关系维持不变。9月1日第六十一次会议审议同意《九江市关于外地驻市办事机构的管理办法》。10月19日第六十三次会议研究确定简化办理证照手续，推行税收包干和递增制度，由市工商局对目前个体户要向18个部门缴纳50种收费和要办理名目繁多的证照等情况进行一次清理整顿。11月23日第六十四次会议研究市工商局和庐山区政府关于建设九江市大市场、市民航局关于机构设置和人员编制及机场建设、市旅游局关于建设"物华天宝、人杰地灵旅游区"启动项目等问题；同意市民政局《关于修水、彭泽等县要求部分撤乡建镇及行政区划调整的审查报告》。

1993年2月13日召开的第六十五次市长办公会议听取关于1993年"炎黄杯"世界华人、华侨龙舟系列赛暨第二届"庐山杯"国际龙舟邀请赛总体方案和93全国摩托艇明星对抗赛，93首届"庐山杯"国内钓鱼邀请赛暨"鸭鸭杯"国际钓鱼邀请赛的安排意见的汇报；研究同意把九江师范高等专科学校转办成多学科、多功能、多层次、综合性大学;研究同意市人防办《关于九江市人民防空工程管理和开发利用实施办法》。3月6日召开的第六十六次会议研究确定对国营商业零售企业的门点和粮食企业的小型门点及基层供销社各基层门点全面实行“公有民营”。3月29日第六十七次会议审议《九江市住房制度改革实施方案》;研究自来水提价、征集旅游开发专项基金的问题。4月18日第六十八次会议研究九江公路分局关于1993年及5年公路建设大包干贷款、九江港务局关于水上消防站码头选址等报告;研究同意设立市政府驻北京、海口联络处。9月17日第七十二次会议研究同意成立共青城公安局。12月6日第七十三次会议研究同意《九江市企业职工大病医疗费用社会统筹试行办法》;同意市财政连续三年每年增加5万元疫苗专款;确定市农业开发资金安排50万元用于乡镇企业的畜禽、水产养殖和加工业。

## 二、第十届市政府市长办公会议

1994年1月至1999年1月,第十届市政府共召开54次市长办公会议,讨论决定的重要事项和研究处理的重要问题有:

1994年3月2日召开的第一次市长办公会议研究电价、水价调整事项。3月3日第二次办公会议研究确定扩建城市蔬菜基地及安排新菜地建设专项资金。4月1日第三次会议确定推选瑞昌市为九江市1994年度“双拥模范城”;同意将市妇女儿童医院与市妇幼保健所合并,恢复九江市妇幼保健院名称;研究市机械工业局关于组建“三电”集团公司和市建设局关于九江市总体规划修编工作等问题。5月9日第四次会议研究确定将市政府办公室法制科更名为市政府法制局,共青垦殖场成立共青粮食局、共青教育局,市粮食局成立直属分局;研究同意将各县(市、区)外经贸公司下放到县(市、区)管理;研究同意《九江市住房制度改革实施方案》。6月15日第五次会议研究确定将庐山区七里湖乡、官牌夹水产场、茅山头垦殖场划归九江经济技术开发区统一管理。9月10日第七次会议研究关于加强人民防空建设、加快城区防洪工程建设等问题;研究同意《九江市市场价格调节基金征集、管理办法》。9月13日第八次会议研究老建扶贫工作和柘林库区移民问题,确定武宁县甫田乡平尧村100名移民迁居永修军山垦殖场落户。10月12日第九次会议研究同意调整城区工商行政管理体制与组建市区地方税务分局。11月15日第十一次会议研究确定建立市、县两级自然灾害救济基金。11月30日第十三次会议审议通过《九江市职工医疗社会保险医疗基金管理试行办法》等6项决定。

1995年1月5日召开的第十五次市长办公会议确定九江市国家安全局1995年1月1日正式挂牌成立,与市公安局分开办公。2月27日第十七次办公会议确定将原“九江马回岭机场”改名为“九江庐山机场”;同意在九江开发区挂牌成立九江市高新技术产业开发区。5月29日第十九次会议通过《九江市城区土地使用制度改革实施办法》和土地出让金、土地收益的收取标准;研究第三次工业普查、1%人口抽样调查、第三产业普查等工作。12月14日第二十二次会议通过《江西省庐山风景名胜区管理条例》。

1996年3月23日召开的第二十四次市长办公会议通过《九江市总体规划修编方案》。5月14日召开的第二十五次办公会议通过《九江市1996年度县(市、区)目标考评方案》和《九江市教育事业发展“九五”计划和2010年发展规划(送审稿)》。7月9日第二十七次会议通过《九江市深化住房制度改革方案》和《市区住宅区物业管理试行办法》。9月16日第二十八次会议研究确定九江县承办九江市第八届运动会。11月5日第二十九次会议决定在全市大力开展创建“文明城市”“文明城镇”“文明街道”“文明市民”活动。12月11日第三十次会议研究通过《九江市商品房价格管理实施办法》《九江市保障残疾人合法权益的规定》和《九江市出租汽车客运管理办法》。

1997年7月28日召开的第三十四次市长办公会议同意《关于做好1997年毕业研究生和大、中专毕业生就业工作的意见》。8月13日召开的第三十五次办公会议同意《关于保护外商合法权益“四个一”方案》。9月4日第三十六次会议通过《九江市“九五”期间依法治市规划》和《关于强化职工医疗社会保险管理的规定》。11月19日第三十八次会议通过《关于加快卫生改革和发展的若干决定》及相关配套文件。

1998年4月10日、7月1日、7月14日先后召开的第四十三、第四十五、第四十六次市长办公会议分别专题研究关于市区拆迁还房、抗洪救灾和长江堤岸整治工程等事项。9月25日召开的第四十九次办公会议通过《关于1998年毕业生就业工作意见》《关于1998年度退伍安置工作的几点意见》和《九江市劳动模范先进工作者管理工作暂行办法》。9月30日第五十次会议同意《"退田还湖、移民建镇"实施方案》《1998年全市农田水利基本建设实施方案》。12月22日第五十三次会议通过《九江市城防工程建设拆迁安置方案》和《关于封闭城市防洪堤有关通道闸口的报告》。12月31日第五十四次会议通过《九江市城市居民最低生活保障暂行办法》。

## 三、第十一届市政府市长办公会议

1999年1月至2004年2月，第十一届市政府共召开49次市长办公会议，讨论决定的重要事项和研究处理的重要问题有：

1999年3月18日召开的第二次市长办公会议讨论通过《全市工商行政管理体制改革方案》；研究同意撤销都昌师范和永修师范。4月28日召开的第三次办公会议同意市政府7项承诺的任务分解实施方案。10月10日第五次会议研究同意合并九江财专、师专、医专和教育学院4所院校，创立九江学院。

2000年4月11日第八次市长办公会议研究同意《关于城区户口管理工作的实施意见》。6月10日第十三次会议同意组建市办证收费综合服务大厅。7月19日第十四次会议同意市房产局《关于进一步深化住房制度改革，加快住房建设的实施方案》。9月23日第十七次会议同意《关于启动九江市社会服务联合行动实施方案》和《关于加强小城镇建设工作的意见》。11月15日第十九次会议同意《关于市本级财政发放工资实施方案》。12月14日第二十次会议同意《关于深化人事制度改革，加强中小学教师队伍管理的意见》。

2001年4月28日召开的第二十七次市长办公会议审议通过《九江市城区抗震防灾规划》。

2003年3月24日召开的第四十三次市长办公会议研究赛得利(江西)化纤公司税费优惠和建设项目用地报批规费等事项。5月22日第四十四次市长办公会议研究长江河道采砂管理等事项；研究并原则同意九江师范学校、九江职业大学两校合并组建九江师范高等专科学校并报市委审定；原则同意民航省管理局并购九江机场民用部分。5月27日第四十五次会议专题研究国有企业改革的若干问题。7月14日第四十六次会议同意九江商校成建制划归九江师专。11月3日第四十七次会议研究市教育城域网建设项目，安排部署全市农村公路建设，研究并同意组建市民营企业信用担保有限公司。11月17日第四十八次会议研究九江钢铁公司、建筑陶瓷总公司、九江三棉印染有限公司、纺织经销公司等企业的改制问题。11月28日第四十九次会议研究组建江西鄱湖水产股份有限公司、加强和改进预算外资金管理工作等事项。

## 四、第十二届市政府市长办公会议

2004年，第十二届市政府共召开5次市长办公会议(2005~2006年未专门召开市长办公会)，讨论决定的重要事项和研究处理的重要问题有：

4月7日召开的第一次市长办公会议听取市安监局关于进一步做好2004年安全生产工作的汇报和市水利局关于全市防汛准备工作情况的汇报；研究庐山上市的有关问题。6月3~4日召开的第二次办公会议原则同意《行政机关工作人员行政过错责任追究暂行办法》等规范性文件；研究市直单位公有资产及非税收入清理规范、柘林湖更名、市供销社直属企业改制等问题。6月10日第三次会议研究市纺织经销公司因西园拆迁分流安置职工、兴华纺织有限公司要求返还房改基金、五棉纺织有限公司改制方案等问题。8月20日第四次会议听取2004年赣台(九江·庐山)经贸合作研讨会九江准备情况、市自来水公司引资改制、全市病险水库除险加固工作等汇报，研究更新市本级社会保险计算机系统、调整城区自来水销售价格等事项。8月23日第五次会议研究将部分土地出让金用于农业土地开发的初步意见；原则同意市粮油机械厂、九江牛奶公司和九江三棉印染有限责任公司的改制方案，并对九江钢铁公司破产财产变现处置进行安排。

## 五、第十三届市政府市长办公会议

2007年1月至2010年12月,第十三届市政府共召开32次市长办公会议,即第一至第三十二次市长办公会议(2009年取消市长办公会)。其中讨论决定的重要事项和研究处理的重要问题有:

2007年1月11日召开的第一次市长办公会议原则通过《关于发展产业经济、做大做强骨干企业的实施意见》《关于举全市之力促进九江开发区跨越式发展的决定》并讨论《关于对市属行政事业单位预算外资金和国有资产清查统一管理的决定》。1月19日召开的第二次办公会议原则通过《关于解决城区居民买菜难、吃菜贵问题的工作意见》和《关于积极推进经济适用住房建设和完善廉租住房制度的实施办法》等。2月25日第三次会议原则通过《九江市市属行政事业单位经营性国有资产统一经营管理的实施意见》《关于加快九江公路交通建设,三年打胜翻身仗的若干意见》《关于进一步强化金融服务,支持地方经济发展的意见》《关于深化义务教育经费保障机制改革实施方案》和《九江市医药总公司行政划转属地政府管理的移交协议书》。5月9日第四次会议专题研究并原则通过《江西省九江市人民政府与上海市人民政府合作交流合作框架协议》。6月7日第五次会议原则同意《关于市人大代表对湖滨钓鱼岛改造的建议的意见》《九江市银企融资工作会暨融资签约仪式筹备方案》;研究关于收回九江昌飞汽车配件有限公司闲置土地涉及有关事项、落实九江市移民扶贫配套资金等问题。8月22日第九次会议研究关于确定九江市"市树、市花"、推荐市级40个农民专业合作社示范点、九江电线电缆厂等企业改制等问题;原则同意市国土局提出的关于局部调整星子县白鹿镇、蓼花镇二个乡镇和都昌县土塘镇等5个乡镇土地利用总体规划的意见等。9月10日第十二次会议原则同意《关于浔阳区、庐山区重大项目开发建设办公会议纪要》《关于发展环庐山区域暨昌九永武沿线旅游休闲观光农业的意见》。10月7日第十三次会议研究组团参加江西省第六届农民运动会、局部调整武宁县等6县(区)11个乡镇土地利用总体规划等问题。11月1日第十四次会议原则通过《九江市选拔录用优秀高校毕业生到基层工作暂行办法》《关于进一步加强政务督查工作的意见》;研究加强沿江开发土地和岸线资源管理、"西气东输二线"管道工程路径走向、启动九江市中心城区廉租住房保障工作、矿产资源开发秩序整顿和资源整合、九江宇龙公司改制收购九江五棉公司等问题。12月22日第十六次会议原则通过《关于贯彻落实中共中央国务院关于全面加强人口和计划生育工作统筹解决人口问题的决定的意见》。

2008年1月2日召开的第十七次市长办公会议研究并原则同意《关于县域经济年终考评工作方案》《关于对市直单位绩效考评的实施方案》和《九江市节能减排综合性工作实施方案》等。2月27日召开的第十九次会议研究关于九江、武宁、永修等县三个建设项目用地,局部修改(调整)湖口、彭泽两县4个乡镇土地利用总体规划问题。3月24日第二十次会议研究《全市抗冰救灾总结表彰大会筹备方案》、亚东水泥总公司在九江开发区注册等问题。4月2日第二十一次会议研究市民政局《关于对市城区新建、在建道路命名的请示》等。5月9日第二十二次会议研究《市国资委出资监管企业和沿江开发公司2008年度经营业绩考核方案》《关于首届"十佳科技企业"和"十佳科技工作者"评选办法》等。6月2日第二十三次会议研究《九江市土地利用规划修编主要控制指标分解方案》、九江庐山旅游公路开发总公司庐山环南山公路项目贷款还息有关问题、做好2008年住房保障工作等问题。

2010年3月16日召开的第三十次市长办公会议研究并原则通过《关于加强基层农业技术推广体系改革和建设的实施意见》《关于加大统筹城乡发展力度进一步夯实农业农村发展基础的实施意见》等涉农文件。5月14日及5月17日召开第三十一次会议研究并原则同意《创建国家园林城市及省生态园林城市实施方案》、市国土局《关于请予批准市城区基准地价更新成果的报告》、市房产局《关于2010年住房保障及棚户区改造有关事项的请示》等。

# 第三章　施政要略

## 第一节　地方经济

1991~1993 年，面对经济基础比较薄弱，人均国民生产总值和财政收入均低于全省、全国水平的紧迫形势，第九届市政府积极应对，采取的主要措施有：农村经济以粮食稳定增长作为头等大事抓好的同时，大力发展多种经营，实现棉花、水产、水果、蚕桑的新突破，稳定提高油料生产，积极发展林业和畜牧业。工业经济狠抓技术改造和科技进步，强化管理，使经济效益有较大提高；适应国际国内需求，以产品结构调整推进经济结构不断优化；建设一批重点项目，增强经济发展后劲。第三产业经济围绕建设赣北大市场，积极发展商业、外贸、物资、供销和服务行业，进一步发展国际国内旅游业。3 年间，市政府常务会议和市长办公会议多次研究部署全市经济工作，同时召开全市工业工作会议、全市乡镇企业现场办公会议等专题会议；相继出台《关于稳定农民承包土地的紧急通知》《九江市农村土地承包经营权流转办法》《关于解决耕地抛荒问题的意见》《关于进一步加强农垦企业的决定》《关于大力发展乡镇企业的决定》《关于进一步放宽政策、大力发展乡镇企业的通知》《重大投资建设项目跟踪审计暂行办法》《关于进一步推进现代物流业发展的若干意见》等文件。通过努力，3 年全市国内生产总值 189.97 亿元，年均递增 25.65%；其中第一产业 61.06 亿元，第二产业 73.54 亿元，第三产业 55.37 亿元，三产比例为 32.14:38.71:29.15；地方财政收入 13.8 亿元，年均递增 11.07%。1993 年全市国内生产总值 78.77 亿元，比 1991 年增长 56.76%；人均生产总值 1897 元，同比增长 53.85%；地方财政收入 5.31 亿元，同比增长 29.88%。

1994~1998 年，1997 年爆发的亚洲金融危机对中国经济造成严重侵袭，全市遭受 3 年尤其是 1998 年特大洪涝灾害。第十届市政府带领全市军民积极应对金融危机与自然灾害，紧紧围绕经济建设这个中心，稳中求进，确保国民经济在调整中持续发展。市委、市政府做出举全市之力，打好农副产品精深加工、工业改革增效攻坚战和发展大旅游等“六大攻坚战”的重要决策；颁布《关于实现乡镇企业高效、持续发展的决定》及《九江市发展乡镇企业的奖励办法》，发出《关于进一步加强农业技术推广体系建设的通知》；确立“工业强市”发展战略，召开全市工业工作会议并发出《关于加大主攻工业力度的通知》，支持昌河汽车、星火有机硅、粘胶短纤维等重大项目的加快发展；建立旅游开发专项基金，推进旅游经济的跨越式发展。在中共中央、国务院、中央军委和全国人民的支持下，全市在取得抗击特大洪涝灾害伟大胜利的同时，实现全市国民经济平稳发展。5 年全市国内生产总值 786.96 亿元，年均递增 18.06%(1998 年比 1997 年负增长 11.82%)；其中第一产业 218.9 亿元，第二产业 322.42 亿元，第三产业 245.64 亿元，三产比例为 27.82:40.97:31.21；地方财政收入 36.95 亿元，年均递增 21%。1998 年虽然遭受百年未遇的特大洪涝灾害，经济总量比 1997 年有所下降，但与本届市政府的开局之年 1994 年相比，仍然有较大幅度的增长：全市国内生产总值 170.47 亿元，人均生产总值 3797 元，地方财政收入 8.51 亿元，分别增长 53.98%、43.88%和 68.33%。

1999~2003 年，是遭受百年未遇特大洪涝灾害之后的经济恢复期，其间又遭受 1999 年洪涝灾害和 2003 年“非典”疫情侵袭。第十一届市政府带领全市人民弘扬伟大的抗洪精神，迅速完成灾后重建的艰巨任务，努力实现恢复发展的既定目标，全面启动在江西率先崛起的壮举。5 年间经济社会发展的指导思想是：以经济建设为中心，深化改革，扩大开放，保持稳定，加快农业产业化、工业现代化、三产多元化、城乡一体化进程，建设一个经济发达、功能完善、环境优美、市风优良、人民安居乐业的新九江。市委、市政府多次召开全市经济工作会议、全市发展开放型经济工作会议、全市经济发展环境整治年动员大会、全市整治经济发展环境工作经验交流会、全市工业工作会议等重要会议，颁布《关于大力整治经济发展环境的决定》《九江工业崛起纲要》《关于培育发展十大商品市场的工作意见》《关于加快我市旅游业发展的若干意见》，并批准实施《九江市旅游发展总体规划》。采取“以整治投资环境为突破口，以主攻工业、大上个体私营经济、发展旅游和县域经济为重点，继续打好‘六大攻坚战’，着力培植一批新的增长点，推动全市经济持续、快速、健康发展”的举措，着力支持江西亚东水泥有限公司、九江赛得利化纤巨石集团九江公司、汇源集团、九江清源集团长江药业有限公司、赣星化工厂等一批重要企业。5年全市国内生产总值1208.17亿元，比前5年增长53.53%，年均递增12.3%；其中第一产业238.46亿元，第二产业555.05亿元，第三产业414.66亿元，同比分别增长8.94%、72.15%和68.81%，三产比例依次为19.74:45.94:34.32；财政总收入111.06亿元，年均递增16.15%(2001年比2000年负增长2.28%)；其中地方财政收入59.07亿元，同比增长59.86%，年均递增12.66%。2003年全市国内生产总值307.62亿元，比1999年增长60.26%；人均生产总值6760元，同比增长59.4%；地方财政收入15.29亿元，同比增长79.67%。

2004~2006年，第十二届市政府围绕市第八次党代会提出的在江西率先崛起的奋斗目标，坚持实施大开放的主战略，全面推进大工业、大物流、大旅游和城市大建设，加快工业化、城市化、农业产业化进程，主攻民营经济，壮大县域经济，开创九江全面建设小康社会的新局面。市政府召开全市“优化投资环境，主攻民营经济”动员大会、全市开放型经济工作会议等重要会议；颁布《九江市人民政府关于落实中共九江市委〈关于建设美丽富裕和谐强盛社会主义新九江的决定〉的实施意见》《关于“优化投资环境，主攻民营经济” 的决定》《构建大工业实施方案》《关于加快推进工业园区经济发展的实施意见》《关于全力推进汽车制造工业发展的实施意见》《构建大物流实施方案》《关于推进现代大物流业发展的若干意见》《构建大旅游实施方案》《关于加快推进沿江开发的实施意见》等重要文件；出台《九江工业崛起纲要》《九江市企业国有资产监督管理暂行办法》《九江市企业国有资产处置试行办法》《九江市企业投资项目核准暂行办法》《九江市企业投资项目备案暂行办法》《九江市商品市场建设优惠扶持政策》；组织编制和实施《九江市沿江开发总体规划方案》《九江市港口总体规划》《江西省庐山风景名胜区总体规划(2004~2020年)》以及《九江市旅游业“十一五”发展规划》等10余项专项规划。通过全市上下努力奋斗，克服2005年夏季台风“泰利”和“11·26”地震灾害所造成的不利影响，地方经济发展取得新成就。3年全市国内生产总值1295.36亿元，年均递增15.2%；其中第一产业212.69亿元，第二产业656.6亿元，第三产业426.06亿元，三产比例为16.42:50.69:32.89；财政总收入120.75亿元，年均递增17.2%；其中地方财政收入67.3亿元，年均递增17.32%。2006年全市国内生产总值506.22亿元，比2004年增长40.53%；人均生产总值10952元，同比增长39.09%；地方财政收入26.04亿元，同比增长38.45%。

2007~2010年，第十三届市政府贯彻落实市第九次代表大会精神，围绕建设美丽富裕和谐强盛的社会主义新九江目标，按照打造新型工业重镇、文化旅游胜地、开放港口城市的要求，坚定实施大开放主战略，大力推进新型工业化和经济市场化，扎实开展社会主义新农村建设，不断加快农业农村现代化、新型城镇化和经济国际化，在更高层次上推进“3+1”发展战略，推动经济社会发展再上新台阶。2009年确立阶段性奋斗目标：“‘两区’(园区、城区)互动、强工兴城，科学发展、奋起赶超，三年财政收入翻番，五年实现全面进位。”在工作措施方面，着力推进六大重点：提高对外开放水平，增强创新创业活力；转变经济增长方式，加快新型工业化进程；加快社会主义新农村建设，促进城乡统筹发展；加快开放港口城市建设步伐，努力提高城市综合竞争力；夯实发展基础，切实增强可持续发展的能力；坚持以人为本，促进和谐社会发展。市委、市政府积极策应省委、省政府建设鄱阳湖生态经济区的战略决策、全力支持共青城发展的重要决定和“把九江建设成为长江沿岸和中部地区重要经济中心城市”的全新定位，组织全市军民奋力抗击2008年雨雪冰冻灾害的侵袭。5年间，市委、市政府先后召开全市沿江开发动员部署大会、沿江开发工作部署会议、全市开放型经济调度会和全市重大项目调度会、全市工业暨推进国有资产统一清查管理工作会议、全市重点项目推进工作调度会、全市经济工作会议暨决战工业2000亿动员大会、全市农村工作会议、全市抗灾救灾工农业恢复生产动员会、全市推进工业产业发展座谈会、全市推进县域经济发展暨项目建设工作会议、全市工业工作暨“产业集聚、企业做大”推进大会等重要会议；出台《关于贯彻落实省政府〈促进九江沿江开发若干政策意见〉的意见》《关于沿江板块工业项目准入的若干规定》《关于主攻工业、决战园区的工作意见》《关于发展产业经济，做大做强骨干企业的决定》《关于大力培育总部经济,加快城市经济发展的若干意见》《关于加快矿业经济发展,做大矿业经济规模的实施意见》《关于加快推进九江文化旅游发展战略的若干意见》《关于加快推进农业产业化经营的意见》《关于加快发展农民专业合作社的意见》《关于进一步强化金融服务，支持地方经济发展的意见》《关于扶持文化旅游产业发展的若干意见》《关于加快现代服务业发展的实施意见》《关于进一步推进现代物流业发展的若干意见》《关于加大统筹城乡发展力度,进一步夯实农业农村发展基础的实施意见》《关于"决战工业2000亿"做强农业加工企业的实施意见》《关于加快推进九江文化旅游发展战略的若干意见》《关于推进全民创业，加快富民强市的若干意见》《关于发展环庐山区域暨昌九永武沿线旅游休闲观光农业的意见》《关于集中整治和规范市场经济秩序,优化经济发展环境的意见》《关于加大统筹城乡发展力度,进一步夯实农业农村发展基础的实施意见》和《关于做强"百亿"骨干企业、培育十大产业集群的意见》等重要文件;组织编制和执行《九江市2007~2010年农业产业发展规划》《九江市现代物流产业"十二五"发展专项规划》《江西省九江沿江开发总体规划》;颁布《九江市工业经济目标考评奖励暂行办法》《关于建立第三产业和旅游业发展指标体系及实施考核意见》《关于"推进工业企业做大做强"的考核奖励办法》《九江市农村土地承包经营权流转办法》《关于"决战工业2000亿"农业加工企业的扶持奖励办法》《沿江开发建设投资有限公司组建方案和运营方案》等。举全市之力支持共青城发展;采取得力措施支持江西旭阳雷迪多晶硅项目、中电投风力发电项目、共青城中芬数字生态城项目、中国蓝星星火有机硅一体化项目、九江石化炼化一体化项目、江铜集团铅锌冶炼项目、九江核电产业基地、中信庐山西海国际生态旅游度假区等一大批重大工程。通过全市人民的艰苦奋斗,努力克服国际金融危机带来的不利影响,化危机为赶超的契机,变挑战为发展的机遇,全面完成地方经济发展的各项任务。4年全市国内生产总值3180.86亿元,年均递增19.56%;其中第一产业355.01亿元,第二产业1717.69亿元,第三产业1108.16亿元,三产比例依次为11.16:54.00:34.84;财政总收入326.58亿元,年均递增26.54%;其中地方财政收入194.02亿元,年均递增28.75%。2010年全市国内生产总值1032.06亿元,比2007年增长74.17%;人均生产总值21862元,同比增长71.41%;地方财政收入71.06亿元,同比增长121.55%。

20年间,市第九至第十三届人民政府认真落实市委的各项重大决策,带领全市人民求真务实、开拓创新,实现国民经济稳健、持续、健康地发展,各项主要经济指标呈现迅速增长态势。按可比价格计算,2010年全市国内生产总值为1990年的1060.5%，年均递增13.6%；财政总收入为3000%，年均递增19%;其中地方财政收入为1826.7%,年均递增21.1%。

## 第二节　改革开放

1991~1993年,第九届市政府提出的改革开放总体目标是:争取初步形成适应全市社会主义有计划商品经济新体制基本框架。1992年5月,国务院批准九江为沿江开放城市;7月,九江港正式对外轮开放,提升对外开放重要地位。3年间,市政府着力推进国有企业体制改革,注重发展个体私营经济,先后出台《关于加快国有企业内部经营机制改革的意见》《全市七个系统国有企业改革工作方案》《关于深化商贸企业改革的意见》《关于加快供销合作社改革发展的实施意见》和《关于进一步加快发展个体私营经济的意见》,决定组建九江纺织集团、放开粮食经营并建立地方粮油储备体系、对国营商业零售企业的门点和粮食企业的小型门点及基层供销社各基层门点全面实行"公有民营"等重大事项。同时,加快开放开发步伐,颁布《关于进一步扩大对外开放,实行经济超常规发展的意见》《关于鼓励大胆引进、加快开放开发的暂行规定》等文件;成立九江开放开发区并颁布《九江开放开发区管理条例》,出台《九江开放开发区建立自收自支财税体制实施意见》等一系列优惠政策与管理措施。至1993年,全市仿"三资"企业管理、投入产出总承包和转换机制综合试点企业共33家,股份制企业58家,股份合作企业2600多家,股本总额5.6亿元。九江开放开发区批准入园项目87个,总投资16.04亿元,其中外资4.6亿元;有41个项目开工建设,其中11个工业项目建成投产,形成年产值3.1亿元的生产能力。昌九工业走廊九江段引进项目42个,总投资5亿多元,其中外资2亿元。九江市与澳大利亚沃拉戈尔市正式缔结国际友好城市,与国内20多个城市建立经济技术协作关系。全市3年实际利用外资近1亿美元,进出口总额2.75亿美元,其中出口总额2.01亿美元。

1994~1998年,第十届市政府围绕建立社会主义市场经济体制,推进各项改革,提高对外开放水平。先后召开市直单位招商引资动员大会、全市个体私营经济工作会议、全市整治投资环境会议以及全市粮食流通体制改革工作会等会议;开展“打好发展非公有制经济攻坚战活动”“开展打好招商引资攻坚战”等活动;连续颁布1995年、1996年、1997年《九江市经济体制改革实施要点》;出台《九江市国有(集体)小企业实现股份合作制改革若干问题的处理办法》《关于推进我市小企业改革的实施方案》等文件,并建立市长接待外商投诉日制度;举办1997年中国庐山国际旅游节暨招商洽谈会等。组建国有独资公司2家,股份有限公司5家,有限责任公司174家,九纺公司等9户省级试点和九针公司等20户市级试点运转良好;对29户国有危困企业实施兼并破产、减员增效;全市个体工商户达10万户,从业人员20余万人;私营企业2888家,从业人员近5万人,个体私营经济注册资金17.5亿元,实现纳税翻番;粮食流通、金融保险、对外贸易等体制改革进展顺利,农村第二轮土地延包工作基本完成,“五荒”拍卖取得突破;全市实际利用外资2.64亿美元,批准外资企业239家,外商直接投资2.5亿美元;引进内资19.2亿元,境内客商兴办、联办企业2200多家,其中投资1000万元以上的35家;进出口总额5.99亿美元,其中出口总额4.23亿美元,出口商品发展到20大类200多个品种,出口国家和地区达50多个;九江、共青开放开发区进入发展快车道;与澳大利亚波波郡、斯洛文尼亚科佩尔市、日本玉野市建立国际友城关系,与北京东城区、上海南市区、江苏南通市等8个市、区建立友好协作关系。

1999~2003年,第十一届市政府结合灾后重建、恢复经济实际情况,提出“以改革总揽全局,全面推进体制创新”总体思路,深化改革,扩大开放,在调整结构中求突破,在改善环境中求发展。市委、市政府先后召开全市加快个体私营经济表彰动员大会、全市扩大开放优化环境暨加快非公有制经济发展动员大会、全市国有企业改革动员大会、全市加快发展民营经济动员大会,举办海外侨胞江西之行(九江)恳谈会、中国“五会”(九江)经贸恳谈会、中国九江(庐山)国际文化旅游节及海外侨胞九江恳谈会、共青论坛以及福州、东京等大型推介活动;出台《关于国有资产管理体制改革的实施意见》《全市工商行政管理体制改革方案》和《九江市企业产权制度改革实施办法》等文件。5年间,全市各项改革扎实推进:国有企业改制面超过80%;农村税费改革工作基本完成,农民人均减负率20%以上,开放型经济成为加快发展的主要增长点。建立“行政服务中心”,开通“经济110”,改善投资环境,吸引日本铃木公司、新加坡金鹰集团、台湾远东集团、香港华孚集团、中国五矿等一批知名企业落户九江。引进外资项目222个,实际利用外资6.43亿美元;引进内资项目4099个,实际进资242.43亿元;进出口总额6.76亿美元,其中出口总额1.86亿美元。九江经济技术开发区投资6.22亿元完善基础设施,吸引汇源果汁、清源药业等一批项目落户。共青开发区理顺管理体制,引进高尔夫球场、航天科技园等重大项目,二次创业势头良好。民营经济不断壮大,民营企业发展到4641户,注册资金45.3亿元,纳税百万元以上民营企业76户,销售收入千万元以上119户。

2004~2006年,第十二届市政府注重加大改革开放力度,相继出台《关于进一步加快开放型经济发展的意见》《构建大开放实施方案》《关于加快推进工业园区经济发展的实施意见》《九江市利用外资项目引荐奖励细则》《九江市市级财政国库管理制度改革试点方案》《关于整合含鄱口以下、太乙村(含)以上景区旅游资源的决定》《关于将庐山垦殖场、九江市庐山茶科所、九江市林科所、庐山水电厂划归庐山管理局管理的工作方案》和《关于理顺云居山——柘林湖风景名胜区管理体制的方案》;举办赣台(九江·庐山)经贸合作研讨会、中国“五会”经贸恳谈会等重要活动。3年间,全市改革开放深入推进:市属国有、集体企业改制完成26户;部门预算、国库集中支付、乡财县管等财政综合改革全面推行;农村税费改革实现农民合同内零负担；林权制度改革稳步推进；机构改革和45家企业学校剥离工作全面完成，政府部门共取消行政审批事项895项；庐山管理体制进一步理顺，云居山——柘林湖申报批准为国家重点风景名胜区并实现统一管理。九江出口加工区申报成功，于2005年6月被国务院批准成立；共青开发区连续3年成功承办赣台经贸合作研讨会。全市累计引进外资项目422个，实际利用外资9.72亿美元；引进内资项目3914个，新上亿元以上项目83个；进出口总额6.15亿美元，其中出口总额3.52亿美元。民营经济发展加快，上缴税收占全市财政总收入的38.04%。

2007~2010年，第十三届市政府提出“十一五”(2005~2010年)时期九江改革开放总体要求是：坚持深化改革与扩大开放的统一。以九江出口加工区、九江经济技术开发区和各县区12个工业园为载体，全方位对接长江三角洲和武汉市、南昌市，融入全球化。通过深化经济体制改革，着力清除制约对外开放的体制性障碍。通过坚定不移实施大开放主战略，推动各项改革不断深入，进一步激发加快发展的动力和活力。采取的重大行政措施有：加大利用外资力度，努力提高经济外向度；大力推进全民创业，加快民营经济发展；进一步深化改革，推进体制机制创新；优化发展环境，营造良好的发展氛围等。市委、市政府做出举全市之力支持共青城发展决定；召开全市国有企业改革工作会议、全市林权制度改革工作调度会议等重要会议；出台《关于进一步规范推进市国有企业改革工作实施意见》《九江市市属行政事业单位经营性国有资产统一经营管理的实施意见》《九江市推进企业股改上市工作的实施意见》《关于深化义务教育经费保障机制改革实施方案》《关于深化医药卫生体制改革的实施意见》等文件；举办浔台经贸合作恳谈会和洽谈会、中国“五会”九江经贸合作恳谈会、中国九江国际友好城市大会、九江(广州)重点产业招商项目推介会、九江(北京)重点产业招商项目推介会、九江(广东)招商项目推介洽谈会、九江(香港)服务企业投资座谈会和赴欧洲、新加坡招商等活动。“十一五”(2005~2010年)时期，九江改革开放呈现蓬勃发展态势：国企改革取得重大突破，126户国有工业企业改制全面完成，安置职工8万多人，累计发放、补缴“一补三险”20多亿元；市属34户国有工业企业全面完成职工身份置换，近3万职工“三金”得到落实；非工口六大系统98户国企改革按期完成，农垦系统14户国企改革平稳推进，集体林权制度改革经验在全国推广。推进国有资产运营监管体制建设，行政事业单位预算外资金和国有资产清查按期完成，首批2家市属行政事业单位经营性国有资产完成产权划转，组建市国有资产经营管理中心和担保公司。对外开放进一步扩大，新批外资项目708个，实际利用外资20.36亿美元；引进内资1171亿元；进出口总额33.65亿美元，其中出口总额21.86亿美元，外贸依存度由3%上升到8%。2010年3月，经国务院批准，九江开发区升级为国家级经济技术开发区。

## 第三节 城乡建设

1991~1993年，第九届市政府在进一步壮大提高现有国有建筑企业同时，有计划地发展与建设规模相适应的城乡集体所有制建筑业；推行住宅商品化，加快城镇建设步伐；着力加强供排水、城市道路、能源供应、公共交通和通信设施的改造和建设；保护森林资源，提高森林覆盖率，推进生态农业，保护、改善生态环境。抓好工业“三废”的控制与治理，改善环境质量。先后颁布《关于加快九江市建设开放城市的实施意见》《九江市争创全国、全省双拥模范城实施意见》《九江市创建全国文明城市等“六城”同创总体方案》《九江市城市房屋拆迁管理办法》《九江市城市国有土地使用权管理暂行办法》《九江市公路两侧建筑控制区管理办法》等重要文件；编制并执行《九江市城市总体规划》《九江市城区防御特大洪水方案》《九江市城市防洪规划要点》；加大国家级鄱阳湖自然保护区保护性开发建设力度，组织实施植树造林农田水利基本建设工程、十里河综合整治工程等重大项目。3年间，全市基础设施建设取得重大进展，城市综合功能明显增强。实施国家和省、市重点工程项目32个，总投资85亿元；长江大桥、昌九公路、外贸码头、客运码头等一大批交通骨干工程建成，建成二级公路、县乡油路217.5千米，全市实现县县通油路；九江电厂二期、东津电站、220千伏输变电等一批电力工程完成，进一步提高电力供应保证程度；邮电通信率先在全省实现“两化”和城乡并网升位;完成10万门市话扩容扩网工程,实现全市城乡电话一体化;以长江大堤整治、鄱阳湖重点圩区和大中型水库除险加固及棉田排灌为重点的水利建设得到加强;全市固定资产投资32.61亿元,其中房地产开发投资2.82亿元,房屋建筑竣工面积208.89万平方米;城市面貌明显改观,长虹大道、滨江大道、西二路、环城路等一批城市主干道扩改任务基本完成,一大批高层建筑拔地而起,旧城改造、新区开发均取得重大进展。同时,严格实施《环境保护法》,加强对大气、水域、土壤污染和噪音污染监测与防治,全市城乡环境质量不断得到改善。

1994~1998年,第十届市政府切实加强基础产业和基础设施建设,经济发展后劲明显增强。相继出台《九江市“九五”期间依法治市规划》《九江市“退田还湖、移民建镇”实施方案》《九江市城区土地使用制度改革实施办法》《九江市出租汽车客运管理办法》《九江市商品房价格管理实施办法》《关于进一步加快我市小城镇建设的实施意见》《九江市城市市容和环境卫生管理暂行办法》《九江市“九五”期间加强污染控制若干意见》和历年《全市农田水利基本建设实施方案》;开展“打好城市建设和培育大市场攻坚战”活动;组建九江市建筑交易市场,制定土地出让金、土地收益的收取标准等。5年间,全市社会固定资产投资总额达到122.73亿元,其中房地产开发投资25.44亿元,房屋建筑竣工面积482.14万平方米;完成重点建设项目21个,工业技改项目196个。京九铁路九江段、九江新客站、民航机场一期、昌九公路复线、九瑞和大机二级公路、西二路立交桥、电厂二期、第三水厂、赣鄂50万伏输电线路、共青和市区22万伏变电站、共青国家粮食储备库、900兆移动通信、武宁盘溪和修水茶子岗电站等一批基础设施建设相继完成;1995年11月17日,京九铁路全线铺通庆典在九江举行。水利建设累计投资5.52亿元,完成土石方1.3亿立方米,净增有效灌溉面积0.54万公顷,改善灌溉面积2.6万公顷,改造中低产田3万公顷,八里湖、龙开河泵站在城市防洪中发挥出重要作用。加快县乡公路建设,改造等外公路482千米,新修油路330千米,实现县县通油路、139个乡镇通油路。全市共投入城市基础设施建设资金17亿元,其中直接用于市政道路建设5.94亿元。市区新建、改造道路142万平方米,建成庐山南路和人民路立交桥,完成长虹大道、十里大道、滨江中路、长虹北路、庐山北路、环城北路、甘棠北路、庐峰北路、人民路等干道的拓宽,加快前进东路、西二路等路段的建设,初步形成市区环线道路网络。改建61座水冲式公厕,兴建湖滨公园等一批园林绿化精品,新增公共绿地22.14公顷,城区绿化覆盖率达33.59%,城市环境质量大大改善,1994年被评为“园林绿化先进城市”,1995年被评为“全国绿化最佳城市”和“全国环境综合整治先进城市”。“引农造城”初见成效,一批小城镇迅速发展,县城框架逐年拉开,县乡城镇建设登上新台阶。

1999~2003年,第十一届市政府迅速完成灾后重建的艰巨任务,其中3件大事最为显著:全市江湖大堤得以全面整治,增强抗御特大洪水的能力;全市移民建镇工程基本完成,沿江滨湖居民从此拥有安居乐业的家园;全市基础设施建设取得突破性进展,城区面貌大为改观,九江跻身“中国优秀旅游城市”行列。市政府组建市城市建设投资开发有限责任公司,出台《关于改革公路管理体制,加快公路建设的若干意见》,实施《九江市城区抗震防灾规划》,制定《九江市城区征收城市排水设施使用费实施细则》,等等。通过全市人民的共同努力,5年累计完成固定资产投资320.44亿元,其中房地产开发投资39.1亿元,房屋建筑竣工面积1031.41万平方米。完成重点建设项目46个。九电三期、柘林电厂扩建、抱子石水电站等工程相继实施,供电量年均增长13%。完成公路建设1747.7千米,鄱阳湖大桥、九景高速、都蔡公路、修武公路相继建成通车。城市基础设施建设累计投资15亿元,新增市区道路132万平方米,新增绿地90万平方米,新建长江大道、抗洪大道、十里南大道等10余条交通主干道,市被评为全省唯一的国家级“畅通工程二等城市”。白水湖公园、浔阳江广场、新桥头广场等一批园林绿地相继建成,营造出良好的休闲环境。全市12个省级重点镇完成规划、修编、评审工作。全市电话用户79.4万户,宽带用户2.2万户。城乡邮路总长1177千米,网点171处。政府上网工程全面启动,“中国九江网”在全国同类网站中名列前茅。

2004~2006年,第十二届市政府注重加快城乡建设,增强综合功能,先后做出“围绕八里湖,建设新九江”,建设“美而富、和而强”的社会主义新九江以及中国优秀旅游城市、历史文化名城、生态名城等重大决策;相继颁发《推进城市大建设实施方案》《九江市十大基础设施建设项目实施意见》《关于加快全市农村公路建设的实施意见》《关于加快生态名城建设步伐,加强森林资源培育保护利用的若干意见》《九江市城市规划区内农民建房的若干规定》《九江市地质环境管理办法》《九江市城市大建设项目安排意见》等重要文件;组织编制与实施《九江市总体规划》《九江市市域城镇体系规划》以及《九江市历史文化名城保护规划》《九江市地质灾害防治规划》等20多个专项规划;建立九江市农村公路建设补贴专项资金。通过采取一系列有效措施,3年共完成固定资产投资563.25亿元,其中房地产开发投资69.55亿元,房屋建筑竣工面积1129.29万平方米。市区基础设施建设累计投资达25亿元,建成区面积扩大到70平方千米。新增城市道路40千米、管网200千米、绿地200万平方米,建成应急救援指挥中心、老年和少儿活动中心、三水厂二期扩建、白水明珠、滨江生态园等一批功能公益性设施。城市管理有效机制基本形成,市容市貌焕然一新;大气污染治理富有成效,环境质量明显改善。城市综合功能全面提升,2004年10月获得"中国魅力城市"称号。环庐山、修武南线等公路和九武铁路复线建成通车,铜九铁路、武吉高速公路建设进展顺利。50万伏输变电工程开工建设,原油输油管线九江段投入使用。新农村建设开局良好,农民生产生活基础设施建设投入累计达2亿元。乡村公路建设完成3951千米,农村电网改造基本完成。

2007~2010年,第十三届市政府围绕建设美丽富裕和谐强盛的社会主义新九江的发展目标,按照打造新型工业重镇、区域物流中心、文化旅游胜地、开放港口城市要求,加大基础设施建设力度,增强城乡综合功能。市政府先后出台《九江市创建国家级园林城市、国家级历史文化名城、国家级环保模范城实施方案》《关于加快农村信息化建设的实施意见》《关于中心城区三年决战200亿城建项目的意见》《关于加快推进新型城镇化的意见》等重要文件,编制并实施《九江市城市总体规划(2006~2020年)》《九江市2007~2011年社会主义新农村建设规划纲要》《九江市八里湖新区规划》《九江市鄱阳湖生态经济区(林业)建设工程总体规划》等总体及专项规划;切实推进国有企业"退城进园"、昌九高速公路九江段绿色长廊工程建设、十里河综合整治、大中路步行街升级改造、九江新长江大桥建设等重要工作和重大项目。4年间,全市累计完成固定资产投资2354.94亿元,其中房地产开发投资177.33亿元,房屋建筑竣工面积2752.57万平方米。历年采取的主要措施和取得的主要成绩:2007年,实施并完成鹤问湖环湖大道,启动该区域的开发建设和十里、濂溪、芳兰3个组团以及综合工业园、汽车工业园主路网建设;大力实施经济适用房、廉租房建设。完成滨江路截污、体育中心、疾控中心等续建项目。启动十里河整治、博物馆、鹤问湖污水处理厂、第二垃圾处理场、长虹东路、濂溪大道等项目。推进"五城同创",成功创建省级卫生城市,省级文明城市通过评审;星子县获"中国十佳休闲名县"和"中国最具魅力旅游大县"称号。开展绿色生态建设7大专项行动,开展昌九绿色走廊建设,实施平原绿化、公路两旁绿化和村落、庭院绿化,城市绿化率达43%。重点污染源在线监控体系基本建成,城区空气质量达到国家二级标准,饮用水源水质达标率100%。生态环境进一步改善,荣膺"中国十大宜居城市"称号。推进重点领域和重点行业的节能减排,14户重点企业单位能耗持续下降,全市重点污染源在线监控系统和市区大气、水质、噪声自动监测监控系统建成。加强农村面源污染控制,探索开展农村生活垃圾无害化处理;实施修河环保行动,关闭一批沿河污染企业,修河水质进一步改善;造林绿化工程完成造林总面积3.73万公顷。

2008年,市政府突出完善城市功能,继续推进环庐山公路绿化二期、公交客运中心二期和公交总站二期工程,滨江东路延伸线、琴湖大道、金凤路延伸线、德化东路、两湖活化引水工程、陆家垄路南段。启动城区棚户区危旧房改造、庐山新城、老九瑞路、鹤问湖周边路网、濂溪大道、南山公园、十里广场和城市配套主干管网等城建项目的建设。创新城市功能项目运营机制,对白水明珠等项目进行管理主体招商。完善农贸市场网点和早市点布设,科学布设配电设施,加大供电供水"一户一表"改造力度,增设一批垃圾处理设施和公厕。突出城市管理,巩固"创卫"成果,健全城市和社区管理的长效机制,加强市容环境综合整治。切实提高执法队伍素质,在严格执法中充分体现人文关怀,树立和谐城管新形象。城市建设稳步推进,城镇化率达到43.05%;续建14条城区道路,完成100条背街小巷整治。长途客运中心、公交总站、"两湖"活化引水工程顺利推进,水、电、气、公交等设施不断完善,八里湖污水处理厂一期工程投入试运行，市区生活污水集中处理率达到60%以上。南湖公园入选全国第二批国家重点公园，武宁县城被评为国家级园林县城。

2009年，建成长虹西大道、八里湖环湖二路；基本完成十里河(濂溪河)综合整治、八里湖大道、环湖一路、濂溪大道、体育中心、庐山旅游直升机等项目主体工程。统筹兼顾提升老城，完成大中路西段、庾亮南路历史文化街区修复的规划编制，整修和完善“两湖”周边设施；实施扬子巷、花园畈等片区棚户区改造；开工建设浔阳东路地下人防工程；新建和改建一批农贸市场、公厕和垃圾中转台。扎实有效管理城市，开展“两声三乱”、占道亭棚、户外广告等综合整治，创建省级文明城市，获“中国最佳管理城市”称号。积极推进污染减排、污染治理工程，全市万元生产总值能耗下降4.8%，化学需氧量排放量下降3.04%，二氧化硫排放量下降16.6%，均控制在省定指标之内。策应鄱阳湖生态经济区建设，启动建设环湖景观林带，完成造林绿化6.47万公顷，治理水土流失2.71万公顷，11个县级污水处理厂基本建成投运，农村生活垃圾无害化处理保持全省领先。发展新型清洁能源，全市风电总装机达8.4万千瓦，华航太阳能、中辉特光伏等一批新型能源项目加快推进。

2010年，市政府按照“三年决战200亿”的目标，大力推进中心城区建设，体育中心、八里湖公园、八里湖东路、新区学校和新区医院主体工程等一批项目完工，八里湖大桥、城市规划展示馆等项目加快推进，新区框架全面拉开，路网基本成型，功能逐步完善。老城区濂溪大道、十里河整治、火车站改造、龙开故道公园等项目全面竣工，滨江路、长虹北路、浔阳东路、长江大道、九瑞大道等改造升级，浔阳东路地下人防设施、大中路改造等一批工程基本建成。滨江生态公园改造、庐山区整区改造、浔阳区分片改造全面启动。城区新增道路里程64千米、路面171万平方米，路网沥青改造总面积102万平方米。按照“六城同创”的决策部署，不断提升城市管理水平，创建全国无障碍建设城市通过验收，实现全省双拥模范城市“六连冠”。中心城区十大农贸市场标准化改造、百条背街小巷整治全面完成；全市城镇化率提高到46.5%。大力推进中心城区从“两湖”时代走向八里湖时代，“四县一山”与中心城区功能对接步伐加快，八里湖生态新城与“大九江”格局已见雏形。造林绿化9.84万公顷，治理水土流失13.33万公顷。新增国家级生态村1个、省级生态乡镇17个、省级生态村15个。加强重点耗能企业节能监察，实行工业企业差别电价，开展公共机关节能活动。鹤问湖污水处理厂建成投运。积极开展环保专项行动，强化污染减排，一批企业退城进园，扩能提升。推进生态建设，森林覆盖率提高到54.7%，城镇生活污水集中处理率达95.6%，城乡生活垃圾无害化处理率达66%，节能减排任务全面完成。

20年来，全市基础设施和城乡建设发展迅速，2010年城镇固定资产投资指标为1990年的百分比依次是：完成投资额为19086.9%，平均每年递增30%(其中国有单位为4571.7%，递增21.1%，集体单位及其他为2177000%，递增64.8%)；新增固定资产为18259.3%，平均每年增长29.7%(其中房地产开发为23681%，递增31.4%)。

## 第四节　社会事业

1991~1993年，第九届市政府注重发展社会事业，调整电信收费标准、扩大电视台发射功率、组建综合性大学、在中央电视台有偿播出九江天气预报、局部调整市区地震烈度、加强疾病预防控制和农村卫生建设等；举办1991年中国鄱阳湖珍禽观赏月、1992年第六届全国“屈原杯”龙舟赛暨“庐山杯”国际龙舟邀请赛、1992年中国鄱阳湖珍禽观赏月、1993年“炎黄杯”世界华人、华侨龙舟系列赛暨第二届“庐山杯”国际龙舟邀请赛、1993年全国摩托艇明星对抗赛、1993年首届“庐山杯”国内钓鱼邀请赛暨“鸭鸭杯”国际钓鱼邀请赛等赛事活动。全市通过“星火”“丰收”等计划的实施，推广应用科技成果58项，技术改造投入增长近3倍，科技对国民经济增长的贡献由1990年的30%提高到1993年的35%；无污染汽油项目获得尤里卡世界发明奖，江洲乡科技市场评为全国先进。全市基本普及初等教育，小学入学率巩固率稳定保持在99%以上；职业技术教育继续发展，一个教育部门与行业、地方办学相结合的职业技术教育格局正式形成。九江运动员在第八届省运会上夺得金牌39枚,银牌34枚,铜牌32枚,破8项省纪录;残疾人运动员在远南运动会上夺得3枚金牌,在全省名列第一。市少儿艺术代表团在全省第四届少儿艺术节上获总分、金牌总数、奖牌总数3个第一。城乡卫生、防疫保健和血地防工作进一步巩固提高,市一院、五院、妇幼保健院门诊综合楼竣工投入使用。广播电视、文化、新闻出版等其他社会事业都有新的进展。

1994~1998年,第十届市政府协调推进"两个文明"建设,各项社会事业全面发展。在全市农村实施"5552"工程,即:500户文明家庭,50个文明乡镇企业,50个文明村,20个文明集镇;在全市开展创建"文明城市""文明城镇""文明街道""文明市民"活动;举办首届"五羊杯"登庐山自行车比赛、"爱电杯"全国摩托艇邀请赛、1995年中国庐山国际武术节暨全国少年"武士杯"武术比赛和市第八届运动会等大型赛事活动;专题研究调整市级妇幼保健机构、老建扶贫、征收教育费附加、加强城区居委会建设、做好大灾之后防大疫工作等事项。5年间,全市科技推广和技术改造投入增长4.5倍,取得科技成果93项,获各类科技进步奖94项,科技对国民经济增长的贡献率由37%提高到45%,提前两年达到2000年目标;修水县被定为国家级星火技术密集区。各级政府教育投入累计9.1亿元,12个县(市、区)基本普及九年义务教育,基本扫除青壮年文盲,中小学校建工作迈上新台阶,职业技术教育得到国务院副总理李岚清的高度评价。大型舞剧《路》获文化部颁发的"文华奖",市广播电视中心、新华书店、书画院先后建成。市、县城区基本普及有线电视,农村广播电视发展水平跃入全省先进行列。新闻事业为宣传九江,推动经济发展,建设精神文明做出突出贡献。完成农村卫生"三项建设"(农村卫生基础设施建设、增加医疗设备投入、提高医疗技术人员水平)项目187个,市一、二、三、五医院门诊大楼、中心血站、妇幼医院医技大楼先后竣工;九江县城被评为"全国卫生县城",武宁、湖口进入省级卫生城行列。九江县被评为全省唯一的"全国体育先进县"。计划生育基层网络建设得到加强,控制人口增长的措施进一步落实,人口出生率、自然增长率分别比1993年下降2.59和2.23个百分点。广泛开展各种形式的精神文明创建活动,涌现出孤溪埂居委会、市农行八里湖支行等"全国文明创建先进单位"和梅美华等先进个人。庐山被评为"全国安全山、文明山、卫生山""全国文明风景名胜区"和"全国文明风景旅游区示范点"。

1999~2003年,第十一届市政府相继出台《九江市城镇职工基本医疗保险实施方案》和《关于加快基础教育改革与发展的意见》;编制并实施《九江市"十五"人才发展规划》;开展全市抗击和预防非典型肺炎(SARS)侵袭的斗争;举办"庐山杯"亚洲青年举重锦标赛、首届中国庐山春节文化庙会、首次"公共卫生周"等大型活动。5年间,全市社会事业蓬勃发展:实施国家科技计划57项,取得科技成果98项,其中国际领先水平科技成果5项,国际先进水平20项,获得国家科技进步奖2项;被列为江西省首批制造业信息化工程示范城市和国家重点联系城市,星火化工厂被确定为国家"火炬计划"有机硅产业基地。完成教育投资38.79亿元,新增校舍和改造危房147万平方米,基本完成企业学校剥离和民师转编工作,农村教育实行"以县为主"的管理体制,"双基"验收全面达标,民办教育健康发展,九江学院申报成功。卫生体制改革不断深入,防控传染病和重大疾病成效明显,实现大灾之后无大疫;乡村卫生组织一体化管理、城镇医院体制及服务模式改革取得较好成效,7个县(市)基本达到国家初级卫生保健规划要求,全市农村卫生院危房基本得到改造,彭泽县再次被评为全国血防综合试点一等县,九江县获"江西省卫生县城"称号。广播电视覆盖率全面扩大,基本实现"村村通",全市有61个乡镇普及小调频广播,146个乡镇建起有线电视站,广播电视作品获全国性奖项37个。话剧《大山情仇》进京汇演获得圆满成功;大型舞剧《路》在江西音舞节上共获14个奖项,晋京演出获文化部文化大奖;《九江市志》完成总纂。新闻出版事业进一步繁荣,为宣传九江做出贡献。"学习型城市"创建活动扎实有效。实施全民健身计划纲要,竞技体育水平不断提高。社区功能日益完善,获得"全国社区志愿者先进单位"等6个国家级奖项。

2004~2006年,第十二届市政府出台《关于大力实施人才强市战略的意见》等文件,制定并执行《九江市市直事业单位公开招聘大中专毕业生办法(试行)》;组织编制和实施《九江市血吸虫病防治中长期规划(2004~2010年)》《九江市中长期(2006~2020年)科学和技术发展规划纲要》《九江市"十一五"期间依法治市规划》;部署组建九江学院等重要事项;举办中国(九江)首届国际龙狮精英赛等大型赛事活动。3年间,全市社会事业全面进步。公共事业投入不断加大,经济社会发展更加协调。“科技兴市”稳步推进,获得国家科技进步奖42项,申请专利313件。教育投入力度加强,“两基”教育覆盖率达100%;加快实施农村中小学危房改造,完成校舍危房改造33.27万平方米;初步建成共青高校新园区,组建九江学院,结束九江无本科院校的历史;全市高校在校生9.56万人,民办学校在校生9.91万人;完成企业学校剥离和民师转编工作。完成全市第三次文物普查,修缮恢复锁江楼、濂溪景区等一批历史文物,新的市图书馆建成开放。农村科技、卫生、文化三项活动全面铺开。加大卫生防疫事业的投入,全市疾病预防控制体系与疫情报告网络基本建立;新型农村合作医疗试点工作顺利推进;结核病、血吸虫病综合治理有所加强。群众体育运动蓬勃开展,竞技体育水平进入全省前列,获全国群众体育工作先进单位;张丽萍在第二十八届残奥会上打破世界纪录。广播电视覆盖范围扩大。人口性别比得到优化,人口素质不断提高。申报“中国魅力城市”获得成功。《九江市志》《九江年鉴》出版发行。

2007~2010年,第十三届市政府相继制定《九江市创建“江西省卫生城市”实施方案》《九江市爱国卫生工作管理办法》《江西省“光明·微笑工程”九江市实施方案》《九江市城市语言文字工作评估方案》《九江市中小学校舍安全工程实施方案》《九江市社会用字管理暂行规定》《九江市棋牌室管理暂行办法》《九江市红十字会救助基金管理暂行办法》《九江市殡葬管理综合执法暂行规定》《九江市科学技术奖励办法》《九江市无障碍设施建设管理办法》和《关于加强基层农业技术推广体系改革和建设的实施意见》等;召开全市科学技术奖励大会暨科技工作会议、全市人口和计划生育工作会议、全市残疾人工作暨残疾人社区康复推进会议、全市基层农技推广体系改革与建设动员大会等重要会议;举办“中国千名作家、诗人、艺术节写庐山”、九江·庐山·西海国际文化旅游节暨第十八届世界超级模特环球大赛中国总决赛、2007年中国星子(庐山)温泉旅游节暨世界旅游小姐大赛中国总决赛、第二届中国星子(庐山)温泉旅游节暨中央电视台《欢乐中国行·走进星子》大型晚会、中国(九江)第二届国际龙狮精英赛暨市第十届运动会、市第五届老年艺术节、第三届中国星子(庐山)温泉旅游节暨第二十届世界超级模特环球大赛全球总决赛、周敦颐诞辰990周年纪念、“阳光温泉”杯2009年全国健美操联赛江西站比赛、中国著名艺术家“走进生态鄱湖·聚焦庐山西海”采风创作、“红歌唱响八里湖——市爱国歌曲大家唱”歌咏比赛、中央电视台“唱响九江·相约九银”大型文艺晚会、首届环鄱阳湖国际自行车大赛九江站比赛等大型节庆赛事活动;举行首届中国庐山世界名山大会。研究部署建设市体育中心、推进全市中小学校防雷减灾示范工程以及支持兴建全国第一个大湖物理模型——鄱阳湖模型试验研究基地、九江学院与柬埔寨王家研究院共同建立柬埔寨首家孔子学院等工作。成功申报国家级非物质文化遗产继承人刘诗英(瑞昌剪纸)、宋增礼(瑞昌竹编)、喻芳泽(湖口草龙)、孟凡林(武宁打鼓歌)并公布《九江市第三批非物质文化遗产代表名录》。“十一五”(2006~2010年)时期,市科技人才事业明显进步,共获省级以上科技进步奖15项、专利授权692项,引进外国专家200余人;义务教育全面普及,学前教育、特殊教育、职业教育不断加强,高等教育不断提升;社区卫生服务网络基本建成,甲型H1N1流感、手足口病、血吸虫病等疾病得到有效防控。深化医药卫生体制改革工作稳步推进,国家基本药物制度在政府举办的基层医疗机构实现全覆盖;文化事业加快发展,拍摄、选送的影片《东京审判》获国家“五个一”工程奖,百集九江方言情景剧《女儿街的婆媳经》受到市民欢迎。全民健身运动广泛开展,竞技体育屡创佳绩。

## 第五节 民众福祉

1991~1993 年，第九届市政府印发《关于全面推行全市农村社会养老保险工作的通知》，对农村社会养老保险的对象、保险标准及资金筹集等均作出明确规定。颁布《关于切实减轻农民负担的规定》，列举省第一批废止的 39 个农民负担项目和 8 个收费(税)方法，以及市废止的 7 种农民负担项目。出台《九江市企业职工大病医疗费用社会统筹试行办法》，多方筹措资金，解决企业职工“看病难，看大病更难”的问题。发出《关于贯彻实施〈九江市住房制度改革实施方案〉的通知》，并附《九江市公有住宅提租补贴实施办法》《九江市优惠出售公有住宅实施办法》等 9 个配套实施细则。印发《关于加快城郊蔬菜产业发展的意见》，加大“菜篮子工程”的建设力度。

1994~1998 年，第十届市政府注重居民生活必需品的生产供应与价格调控，确定 1994 年新扩城市蔬菜基地 100 公顷，规划新增城市蔬菜基地面积 166.67 公顷，由市财政局安排 1994 年发展新菜地建设专项资金 60 万元；确定从 1994 年 4 月 1 日起对普通大米、食用菜籽油的零售价格实行市场最高限价。发出《关于进一步推进农村社会养老保险工作的通知》，并制定《九江市农村社会养老保险暂行办法》。发出《关于切实做好减轻农民负担的通知》，多次召开专题会议进行研究部署，采取有效措施落实到位。相继出台《九江市城市居民最低生活保障暂行办法》和《九江市市直企业职工最低生活保障救助暂行办法》，建立与完善最低生活保障体系。印发《关于进一步做好再就业工作的意见》，着力拓展下岗职工再就业渠道。建立全市自然灾害救济基金，市本级每年按财政收入的 2%~3%列入预算，县(市、区)按当年财政收入的 3%~4%安排预算。

1998 年，全市遭受超历史特大洪水灾害，社会稳定工作受到极大挑战。当年，市政府一边抗洪抢险，一边救灾重建。在紧急防汛期内，迅速完成百万灾民大转移，且做到转移群众有吃、有住、有安全。保证灾民有饭吃、有衣穿、有干净水喝、有安全过冬的住处、有病能医、学生有学上，圆满实现大灾之后无大疫的预期目标。大灾过后，迅即派出 380 名机关干部到县、乡指导恢复重建，确保灾区社会稳定。

1999~2003 年，第十一届市政府提出：全力开展灾后重建工作，关心群众生活，落实社会保障。建立就业网络，拓宽就业渠道，完善社会保障体系，关心低收入居民的生活。加大老建投入，帮助修水、都昌等贫困大县和其他县(市)贫困乡村，切实搞好开发性扶贫，使农村贫困人口两年内基本解决温饱，贫困乡村五年内基本脱贫。动员各方面的力量扶贫济困，通过壮大社会救济基金，给受灾的群众以切实保障，使富者知贫，贫者得助，社会充满爱心。按照这一部署，召开全市国有企业下岗职工基本生活保障和再就业工作等会议；出台《九江市完善农村特困群众社会救助制度实施意见》《九江市城市居民最低生活保障办法实施细则》；颁布《关于进一步深化住房制度改革，加快住房建设的实施方案》，采取得力措施，增加城镇居民的人均住房面积。

2004~2006 年，第十二届市政府采取的富民措施主要有：切实把“三农”问题放在更加突出的位置，按照统筹城乡经济社会发展的要求，千方百计增加农民收入；大力实施就业和再就业工程，让有劳动愿望和能力的人有盼头、有出路；完善社会保障体系和社会救助体系，让老弱病残的人有依靠、有归宿；筑好“安全、稳定”两道防线，让全社会的人能安心、能放心。实施“十大民心工程”，办好“百件惠民实事”；专题研究部署城市生活无着落流浪乞讨人员救助管理、承办职工大病统筹保险业务等重要事项。

2007~2010 年，第十三届市政府把解决民生问题当作第一事务，妥善协调处理社会利益关系，促进社会和谐稳定，增进人民群众的幸福感。采取的主要举措：实施积极的就业政策，进一步做好就业再就业工作：加快完善社会保障体系，保障人民群众的基本生活；加强社会管理，维护社会安全稳定。先后出台《关于解决城区居民吃菜难、买菜贵问题的工作意见》《关于加强九江市“菜篮子”工作的实施意见》《关于积极推进经济适用房建设和完善廉租住房制度的实施办法》《关于认真解决人民群众当前最关心的若干问题，扎实推进和谐九江建设的意见》《关于进一步加强基本养老保险扩面征缴的决定》《关于进一步加强就业再就业工作的若干意见》《九江市城镇居民基本医疗保险暂行办法》《九江市关于贯彻落实国务院〈关于解决城市低收入家庭住房困难的若干意见〉的实施意见》《九江市市属国有改制企业职工住房安置实施意见》《九江市中心城区经济适用住房购房货币补贴实施方案》《关于加快城郊蔬菜产业发展的意见》等重要文件,编制《九江市住宅建设规划(2006~2010)》以及各年度的《九江市中心城区经济适用住房建设计划》;落实提高城乡低保对象的补助标准、困难职工生活救助费发放、城乡医疗救助、省属和市属企业退休教师补贴、市本级企业离退休人员养老金待遇调整、住房保障及棚户区改造等工作。

至2010年,全市居民生活经济指标发展迅速,各项指标为1990年的百分比依次是:全部职工平均工资为1515.2%,平均每年递增14.6%;城市住户人均可支配收入为1424%,平均每年递增14.2%;农村住户人均年纯收入为870.4%,平均每年递增11.4%;城乡居民储蓄存款年末余额为4523.7%,平均每年递增21%。

# 第四章　综合政务

## 第一节　经济调研

### 一、总体战略研究

1992年,在省"八五"社会科学规划重点课题、省政府系统重点调研课题《江西省边境地区经济发展与政策环境》研究中,承担子课题《对外开放,对内放开,充分发挥九江的门户作用》并获二等奖;论文《加快改革步伐,促进更大开放》获二等奖。1995年,完成《关于加快我市经济发展若干问题的意见》调研报告,部分内容被列入市"九五"计划。1996年,《以市场建设为依托,促进个体私营经济发展》,为发展个体私营经济提供可行性论证;《大力扶持县域经济发展,促进城乡面貌大改观》《培植支柱产业,做大县域经济总量》等调研报告,为加快县域经济发展提供新思路。2003年,调研报告《加大沿江产业开发力度,实现九江在江西率先崛起》《实践"三个代表",夯实"三个基础",努力提高九江市整体水平》得到市政府领导的高度肯定。2004年,《强力实施沿江开发战略,打造最具活力的经济增长点》《2004年九江经济发展中应正确处理的几个关系》调研报告,为政府决策提供依据并被采纳。2007年,完成调研报告《关于九江打造长江沿岸和中部地区重要经济中心城市的思考》;同年,按照省长吴新雄指示,学习考察江苏沿江开发排头兵江阴、张家港两市成功经验后,形成《江阴、张家港两市考察报告》《聚"核"裂变,打造中心——关于落实吴新雄省长重要指示精神的调研报告》《抢抓机遇、集智合力、推进沿江开发,引领经济发展新跨越》《加快港口建设,促进沿江开发》《谋求新的跨越,争取更大作为》等一系列调研报告,为政府决策提供重要参考依据。2008年完成的《推动产业集群发展,提升产业竞争能力——关于岳阳市工业产业集群发展的调查与思考》《赴湖南岳阳、湖北黄石、安徽安庆、芜湖等4市学习考察报告》及《九江市参与鄱阳湖生态经济区建设调研报告》等,为市域经济上水平提供战略参考。

### 二、工业发展研究

1992年,《关于推进九江开放开发区建设的调研报告》为九江开放开发区建设和管理提供参考依据。1995年,《加快我市纺织行业发展的对策》,为市政府促进该行业发展提供思路;《关于加快我市对外开放步伐的对策研究》,被市委批转,要求各级党政领导干部抓好各项措施落实。1997年,《以制度创新为核心,推进企业改革突破》《着力优化投资环境,提高对外开放水平》等调研报告中的许多意见,被市政府直接采纳运用。1998年,《关于促进企业建立现代企业制度的调研报告》《扶优扶强,抓大放活,努力推动工业进步》等调研报告,为市政府加快企业改革力度,提升企业整体水平提供参考。1999年,《四川绵阳市推进国有企业改革学习考察报告》被列为市政府国有企业改革工作会议参阅件;《放活小企业的对策研究》被市政府批转有关部门参考。2001 年,《加快人才队伍建设,培育高新技术产业》被市政府批转有关部门贯彻实施。2003 年,《"非典"对九江市经济影响及其对策》《关于加快发展开放型经济的意见》,2004 年《增强科技创新能力,提升经济发展水平》《狠抓重大项目,谋求科学发展》《县域经济调研报告》《强化四种意识,激活民营经济》等调研报告,为市政府决策提供依据。2005 年,《实施"港口带动"战略的调查与思考》《学习西部经济,在新的起点上扩大九江对外开放》《在开放中加快工业园区经济发展》受到市委、市政府肯定;完成的《内陆城市(九江)领先科技创新促进经济发展的探索》一文,在全省调研论文评比中获一等奖。2008 年,《九江市高新技术产业发展调研报告》《当前汇率变化对我市进出口企业的影响及应对建议》,2009 年《九江市开放型经济调研报告》《关于赛得利、巨石玻纤、九江电厂、中石化九江分公司调研情况报告》《关于九江发展太阳能光伏产业的报告》《关于九江电力产业发展的调研报告》《关于九江发展有机硅产业的报告》等,及时为领导决策提供有效参考。2009 年撰写的《一副发人深省的工业对联——柳州工业发展与九江工业发展的实证比较》调研报告,以独特的手法深刻揭示柳州市发展工业成功范例,并为九江学习借鉴提出针对性建议,按照市委书记钟利贵批示要求,在《九江日报》整版刊登。2010 年,《施足"基肥",给足"阳光",培植县域经济之树,夯实绿色崛起之基——九江市县域经济发展调研报告》为发展县域经济提供新思路。

## 三、农业发展研究

1992 年的《关于我市粮食稳定增产的调研报告》《关于放开我市粮食经营的调查研究》和 1993 年的《突出高效和特色,促进农业大发展》,为做好全市粮食生产和发展农业经济提出可行性论证,许多建议被市政府采纳。1994 年,《农村经济振兴之路——发展乡镇企业的调查和思考》被市政府批转各地参阅。1995 年,《加快农业结构调整,提升农村经济水平》受到市政府肯定。1996 年,《大力推进农业产业化经营》的调研报告,获全市经济发展战略研讨会一等奖。1997 年的《关于加快产业化进程,促进农业转变增长方式的调研报告》和 2004 年《构筑长效机制,增加农民收入》中的部分建议被市政府采纳。2007 年,《着力推进新农村建设,促进农村和谐发展》被市政府批转有关部门学习;《非公经济在新农村建设中作用的思考》,对全市处于工业化中期初级阶段的大部分农业县,壮大非公有制经济作用主体的实力、改善新农村作用受体的环境、畅通作用发挥渠道的途径,充分发挥非公有制经济在新农村建设中的作用提供参考。

## 四、"三产"发展研究

1996 年,完成《打好"庐山牌",发展大旅游》调研报告,为市政府进一步发展九江旅游经济提供建设性意见。2005 年,调研报告《构建现代大物流》,对促进九江市尽快形成区域性的商品流通中心起到参考性作用;《培育旅游大品牌》等专题调研报告,为领导决策提供依据。2007 年,学习考察广州、义乌两地的先进理念和成功经验后形成的《打造"区域商贸中心"调研报告》受到市委、市政府肯定;《市场化运作的成功实践——中国九江·庐山·西海国际文化旅游节》和《2007 年中国星子(庐山)温泉旅游节是怎么办成的》被市政府批转有关单位学习。

## 五、城市发展研究

1991 年,《关于加快我市防洪基础性工程建设的调研报告》被市政府采纳,部分意见被研究立项。1993 年,《关于加强城区道路交通管理的调研报告》被市政府批转市公安局,形成工作意见并经政府研究同意后予以执行。1995 年的《关于促进我市城市市容和环境卫生管理的调研报告》,1999 年《多渠道增加投入,加快基础设施建设》和 2000 年的《关于加快我市小城镇建设步伐的调研报告》,为城市建设和管理提供重要参考。2001 年,《关于加快我市中心城区基础设施建设步伐的调研报告》被市政府采纳。2003 的《加快推进九江市城市化进程,实现九江在江西率先崛起》,2004 年的《科学规划、突出特色、产业支撑做大做强中心城市》和2009年的《关于九江依托“四个门户、一个中心”建设现代城市的报告》,为城市发展提供参考。2010年,调研报告《着力破解“四大难题”加快推进新型城镇化》为市政府推进城镇化提供新的思路;《畅想唯美新“八里”,湖城归来说“九美”》得到市委、市政府主要领导的充分肯定和社会各界的广泛认同,对保持“兴城”势头起到推进作用。

### 六、社会事业研究

1993年,完成《九江职大办学对策研究》《紧贴市场和社会需要,促进职业教育上水平》调研。1994年的《关于我市农村卫生工作的报告》获全省卫生系统调研报告一等奖。1997年,《江苏丹阳素质教育考察报告》被市政府批转市教育局研究实施。1998年《关于推进我市卫生改革和发展的调研报告》市政府批转市卫生系统研究实施。1999年《完善长效机制,推进科教发展》《关于加快我市科技创新工作的调研报告》,2002年《关于大力发展农村社会事业的调研报告》《关于我市农村教育事业发展的调研报告》和2003年《发展先进文化,支持小康建设》得到市政府肯定。2003年《跨越体制障碍,推动机制创新,着力培育和壮大教育产业》调研报告多次受到市领导好评。

### 七、综合管理对策研究

1999年,《关于切实加强社会治安综合治理工作的调研报告》《以执法责任制为突破口,全面推进依法行政工作》受到市政府肯定。2003年完成《九江市抗洪纪念广场——钢铁公司拆迁工作的调查报告》《在动荡中求稳定,在困境中谋发展》调研。2004年完成《关于设立九江市柘林湖风景名胜区的调研报告》《兴龙头企业,促经济腾飞——江西鄱湖水产股份有限公司调查报告》。2005年完成《关于庐山风景区管理问题的调查报告》。2006年完成《坚持执政为民,提升服务水平》《加强政风建设,提高行政效能,推动经济和社会事业全面开展》等调研报告。2007年的《江氧、九玻改制调研报告》为推动全市国企改制顺利进行提供思路。2007年,完成《九江市村落社区建设调研报告》,2008年,完成《关于加强基层非专业应急队伍建设的调研报告》《关于支持共青城跨越发展的若干意见》。2010,《民声直通车——“零距离”配送政府服务》,对市政府打造“民声直通车”、创建政府服务新模式进行总结提炼和深度解析,并在市外媒体上刊发,有力促进与外地工作交流,展现为民政府新形象。2010年,《创新社会管理,推进和谐社会建设》调研报告得到市政府领导肯定。

### 八、《九江经济》编辑发行

1991年8月20日,由市政府经济研究室主办的市政府机关刊物《九江经济》(市政府公报)创刊,1992年3月20日改版,2000年1月20日扩版,1995、1997、1999年连续3次被评为“中国城市政府优秀经济期刊”,被中国期刊协会指定为向全国百家阅览室赠阅的期刊。《九江经济》编辑部于2001年、2003年被中国期刊协会评为优秀编辑部;是全国城市经济期刊协会理事单位。《九江经济》设有“重要言论”“领导论坛”“经济纵横”“县域经济”“工作研究”“改革探索”“调查研究”“决策参考”等20个栏目,为领导决策提供参考,发挥经济研究的阵地作用;同时作为市政府公报,刊发市政府、市政府办公厅重要文件。1991~2010年,共发行219期,年均刊登300余篇理论研究文章。

## 第二节　督查督办

### 一、政务督查

1991~2010年,市政府督查室(办公厅议案科、办公厅督查室)开展对市政府重要会议、重要决策和重大专项事务贯彻、落实与执行情况的督查工作。对市政府常务会议、市长办公会议等重要会议的3 600多项议题进行跟踪督办,落实率达99%以上;对每年的《政府工作报告》进行细化分解并实施跟踪督查,坚持以目标责任制为总揽,抓要事、大事,全年跟踪、按季催报检查,并逐项向市政府领导反馈,使分解细化的各项任务全部按要求完成，促进政府重要决策目标的落实；对省、市政府领导批示、指示事项的落实执行进行专项查办，做到“批则必查、查则必清、清则必办、办则必报、报则必果”，共承办省、市领导批办事项2580余件，做到事事有着落、件件有回音；同时，承办省、市政府重点督办事项687件，按时办结率100%。共完成各类政务督查事项6400余件，起草文稿1400余份；编发《政务督查专报》370余期，其中部分内容被省政府《政务督查》登载。因工作成效突出，市政府办公厅连续多年被省政府办公厅评为“全省政府系统政务督查工作先进单位”。

### 二、建议、提案督办

1991~2010年，市政府办公厅共接收历年市人大、市政协“两会”和市人大常委会、市政协交办的人大代表建议、政协提案10683件。市政府办公厅及时转交各相关单位进行办理，市政府督查室对办理进度和质量进行全程督查，对重要建议、提案进行专项督促办理。同时，市政府及相关办理部门注重密切联系市人大、市政协及相关委办，加强与人大代表、提案人之间的联系沟通，变被动办理、闭门办理和“文来文往”为主动办理、开门办理和“人来人往”，从单纯追求满意率向更加注重解决率、落实率的提升不断转变。通过务实高效的督促办理，人大代表建议、政协提案的办结率达到100%，与人大代表、提案人的面商率为100%，满意和基本满意率每年均在99%以上。同时，督查办理各类视察意见、市政协社情民意反映等。

## 第三节　政务信息

### 一、信息上报

1991年以来，市政府政务信息工作机构坚持每个工作日向省政府上报信息，重要情况、突发性事件随时上报，其中，《九江市水利防汛工作面临的问题与建议》《彭泽县反映今年棉花全面丰收但收购形势不容乐观》《鄱阳湖湿地萎缩必须引起高度重视》《九江市采取措施帮助返乡农民工就业》等信息既提出问题，又有解决问题的思路和建议，得到国家领导人和省政府领导关注和批示，为国家宏观经济政策出台提供有效信息依据。由于政务信息工作成绩优异，市政府办公厅获得诸多荣誉：1998年、2007年和2009年获国务院办公厅“上报信息工作先进单位”；2004~2008年连续5年获得全省政府系统“信息工作先进单位”，其中2005年排名第一位，2006年排名第二位。2005年6月21~22日，全省政府系统政务信息与督查工作会议在市召开。

### 二、信息汇编

1991年以来，市政府办公厅编发纸质信息刊物《九江政务》，每期均上报国务院、省政府并下发各县(市、区)。2004年，利用技术优势，开发设计全市政府系统信息网上报送信息系统，率先在全省实现政务信息编辑、传递、统计、汇编无纸化操作，效率和质量进一步提高。2005年，编发《网络信息》，设置“传媒议九江”“外地动态”“决策参考”等栏目，为市政府领导提供互联网信息服务。在2005年“11·26”抗震救灾和2008年抗冰救灾工作中，分别编发《救灾简报》48期和21期。2008年，编报《网络舆情》，对网络上关于九江的新闻报道、网友发帖进行收集和监测，对敏感性强、影响面广的报道与帖子及时报呈相关领导阅示。至2010年12月，共编报《网络舆情》22期，其中13条信息得到市政府领导的批示。

### 三、信息工作网络建设

1991~2010年，建立以市政府办公厅信息处为核心，以各县(市、区)政府办公室和市直各部门与单位为依托的全方位、多层次全市政务信息工作网络。同时加强与市委、市人大、市政协及新闻单位的交流，并邀请部分重点企业加入。采取以会代训、联谊交流、外出考察等多种方式，对全市政务信息人员进行培训。加大制度建设，建立信息采用情况通报和表彰制度，每月对各单位信息采用情况进行通报，每年表彰一批信息工作先进单位和优秀个人,还召开1~2次市直单位信息工作座谈会。

### 四、信息公开

2004年8月,颁布《九江市政府信息公开试行办法》;2007年6月,出台《九江市政府信息公开规定》。市政府办公厅依据《办法》和《规定》,坚持公开、公正、便民的原则,全面抓好依法申请公开制度、政府信息发布制度、政府信息监督和保障制度的落实,为公民、法人和其他组织准确获取政府信息提供有力保障。2008~2010年,市政府办公厅通过政府公报、本机关信息查阅点和九江政府信息公开网站等形式,累计公开市政府及政府办公厅发文602件,存档电子公文1430件。2010年11月1日,"九江市人民政府办公厅"网站(www.jiujiangbgt.gov,cn)正式运行。网站首页设置"政务公开""办事指南""学习调研""时政广角""专题活动""机关党建""督查督办""应急管理"等栏目。至12月31日,网站共发布各类信息283条。

## 第四节　参事工作

### 一、参事配备

1991年,市政府参事室有聘任(任命)的参事8人,其中:在编6人,不在编2人;民主党派6人,无党派人士2人。参事中,市政协常委1人,委员2人;享受副处级待遇3人,正科级5人。随后,因任期规定期限、任职最高年龄限制、申请离任、未予续聘以及病故等多种原因,市政府参事人数逐渐减少,2010年底,市政府无参事。

### 二、参事履职

1991年,市政府参事室组织多位参事参加市政协调查组,针对工业企业的产品质量、品种和效益,以及农业、农村、农民等有关问题进行考察,将形成的意见和建议向有关部门进行通报,其中部分问题得到有效解决。参事陈治撰写的调研文章《联产承包责任制的核心是"联产"》刊发于中共九江市委机关刊物《九江党刊》1991年第6期。参事许建国提出关于"尽快改变市结核防治所的特困状况"的意见,市政府极为重视,将结核病防治工作列为1991年政府为民办实事之一,并拨发专项防治经费15万元。同年,按照省文史馆的布置,参事室组织参事为全国新编《文史笔记丛书》(江西分册)撰写送审稿件44篇,其中刘宗向、徐奠磐各撰写12篇。

1992年,市政府参事出席或列席市政协九届五次全委会,共提交提案8件,均得到市委、市政府和有关单位的重视和采纳;先后2次参加市政协组织的调查或视察活动,就企业转换经营机制和开放开发等问题进行调查研究,提出咨询意见。参事陈治撰写的《关于加快发展乡镇企业的建议》分别刊登于《九江党刊》和市政府机关刊物《九江经济》;进行小麦外孵生理功能的有关实验,并写成论文《关于小麦外孵的主要功能》。参事徐奠磐参与编纂新编《湖口县志》,代政府撰写《新修鞋山宝塔碑记》,并缮写刻碑。在市举办"双杯"龙舟赛期间,参事室组织参事们向海外亲朋故友发出个人邀请信114封,有115人到九江观看龙舟赛;参事刘子暎联络来的有10人,分别是香港知名人士蔡省三、美籍侨胞聂舜玉、台胞画家牛哥等。其中蔡省三得到省长吴官正的亲自安排并指定为全程免费贵宾,并和聂舜玉同时被安排在龙舟赛主席台贵宾席上就座。参事许建国联系并帮助表妹、台胞陈安美到九江投资15万美元,开办山水服装厂,其后陈安美又与中国银行九江支行达成150万美元投资协议,合营房地产开发。蔡省三之女蔡凯玲在九江投资400万港币,与原北港宾馆合资经营,改名为"华港旅游公司"。

1993年,市政府参事室组织部分参事到星子县进行调查研究活动,撰写《关于以家庭联产承包为主的责任制的稳定和完善情况》和《转变观念,积极引导农村向社会主义市场经济迈进》的调查报告,分送市委、市政府领导参阅;陪同国务院参事调查组前往九江县考察外向型农业发展情况。参事出席或列席市政协九届六次全委会议,提交提案6件。参事陈治在《腾飞吧!乡镇企业》一文中提出发展乡镇企业解决资金、人才、选择项目,实现规模经营的意见;参事刘子瑛对《九江市志·大事记》讨论稿提出修改意见。参事许建国多次邀请海外亲友到九江实地察看,促成在美国的堂侄许逸樵来九江投资 70 万美元,独资创办“九江友联电子有限公司”。

1997 年,市政府参事与省政府参事一起,对市企业改制状况展开调查,先后考察赣北化工厂、九江国棉二厂、九江化工厂、江西制氧机厂、修水宁红集团、修水康顺煲集团、修水丝绸厂等骨干企业的改制状况及存在的问题和困难,并向政府作专题报告。参事何方达获 1999~2001 年度优秀政协委员荣誉。

2002 年,参事何方达关于《强化社会教育、规范公民行为》《建议党委和政府建立民情调查制度》《加强党风廉政建设一把手是关键》《反映九江市某公司逃税达 15 万元以上》等提案均得到市政协的重视。参事陈治撰写的论文《试析粮食大棚生产的可行性》,于 11 月 12 日在中国科技日报社主办的“首届中国科学家论坛”上被评为三等奖并编入《中国当代思想宝库》。当年,市政府参事与海外联谊通信的有:原台湾教育部部长、中国国史馆馆长朱汇森,原国民党陆军炮兵学校教官杨靖境等。

2003 年,参事谭义骅通过社会调查,及时向市政公司反映庚亮南路一带路灯不亮几个月,给居民带来不便的问题,很快得到解决。参事何方达提出关于《打造城市的几点建议》,市长蔡晓明做出批示:“何方达委员所提建议很有价值,对政府工作有许多帮助,我们一定认真研究、借鉴,并请办公室代我向何委员表示感谢。”

## 第五节　应急管理

### 一、应急组织体系

**值班室**　1991~1994 年,由市政府办公室秘书科安排工作人员轮流值守,及时接收和呈报各县(市、区)政府报告的紧急情况。1995 年,市政府办公室设立秘书二科,负责安排专人值守。2004 年,秘书二科更名总值班室,设政府大楼一楼大厅,负责上传下达,处置紧急情况。

**应急管理办公室**　2005 年 10 月,成立九江市人民政府突发公共事件应急委员会(简称“市应急委”)下的设办公室(简称“市应急办”)与市政府办公厅合署办公;由市政府秘书长兼任主任,办公厅主任为常务副主任,配有专职副主任 1 名。同时,设立九江市突发公共事件应急联动中心,与市应急办合署办公,具体负责应急管理工作的日常事务。各县(市、区),各重点企业也相应成立应急管理办公室,负责相应的应急管理工作。

**应急指挥部**　2005 年以来,市应急委根据突发公共事件的不同类型,结合现行应急工作体制,下设若干应急指挥部,作为负责全市相应类型较大以上突发公共事件应急工作的指挥机构。市应急指挥部的数量,可根据应急工作的需要,适时增减。市应急指挥部的主要职责是根据相应的专项预案,统一组织、指挥相应类型的较大以上突发公共事件的应急处置,向市应急委员会提出结束应急状态的建议等。

至 2010 年,市级应急指挥部主要有:

市防汛抗旱应急指挥部:由分管副市长任总指挥,军分区参谋长、市水利局局长、市政府副秘书长任副总指挥,市水旱灾害应急工作相关部门和单位负责人为成员;办公室设在市水利局。

市气象灾害应急指挥部:由分管副市长任总指挥,市气象局局长、市政府副秘书长任副总指挥,市气象灾害应急工作相关部门和单位负责人为成员;办公室设在市气象局。

市突发地质灾害应急指挥部:由分管副市长任总指挥,市国土资源局局长、市政府副秘书长任副总指挥,市地质灾害应急工作相关部门和单位负责人为成员;办公室设在市国土资源局。

市处置重大森林火灾应急指挥部:由分管副市长任总指挥,军分区参谋长、市林业局局长、市政府副秘书长、市公安局副局长任副总指挥,市森林火灾应急工作相关部门和单位负责人为成员;办公室设在市林业局。

市地震应急指挥部:由分管副市长任总指挥,市地震办主任、市政府副秘书长和军分区、市发改委、市民政局、市公安局、武警支队负责人任副总指挥,市地震灾害应急工作相关部门和单位负责人为成员;办公室设在市地震办。

市安全生产事故灾难应急指挥部:由分管副市长任总指挥,市安全生产监督管理局局长、市政府副秘书长和市经贸委、市公安局、市交通局、市卫生局、市总工会负责人任副总指挥,市安全生产事故灾难应急工作相关部门和单位负责人为成员;办公室设在市安全生产监督管理局。

市处置重大道路交通事故应急指挥部:由分管副市长任总指挥,市公安局局长、市政府副秘书长和市安全生产监督管理局、市交通局负责人任副总指挥,市道路交通事故应急工作相关部门和单位负责人为成员;办公室设在市公安局。

市处置重大水上交通事故应急指挥部:由分管副市长任总指挥,九江海事局局长、市交通局局长、市政府副秘书长和市公安局、市安全生产监督管理局负责人任副总指挥,市水上交通事故应急工作相关部门和单位负责人为成员;办公室设在九江海事局。

市处置重大火灾事故应急指挥部:由分管副市长任总指挥,市公安局局长、市政府副秘书长和市安全生产监督管理局、消防支队负责人任副总指挥,市火灾事故应急工作相关部门和单位负责人为成员;办公室设在消防支队。

市处置电网大面积停电事件应急指挥部:由分管副市长任总指挥,市经贸委主任、市政府副秘书长和供电公司、市安全生产监督管理局负责人任副总指挥,市电网大面积停电事件应急工作相关部门和单位负责人为成员;办公室设在市经贸委。

市突发环境事件应急指挥部:由分管副市长任总指挥,市环保局局长、市政府副秘书长、市安全生产监督管理局负责人任副总指挥,市突发环境事件应急工作相关部门和单位负责人为成员;办公室设在市环保局。

市通信保障应急指挥部:由分管副市长任总指挥,市政府副秘书长和电信九江分公司、移动九江分公司、联通九江分公司、市信息化办公室、市公安局、市安全生产监督管理局负责人任副总指挥,市通信保障应急工作相关部门和单位负责人为成员;办公室设在电信九江分公司。

市突发公共卫生事件应急指挥部:由分管副市长任总指挥,必要时由市长任总指挥,市卫生局局长、市政府副秘书长及相关部门负责人任副总指挥, 市突发公共卫生事件应急工作相关部门和单位负责人为成员;办公室设在市卫生局。

市重大食品安全事故应急指挥部:由分管副市长任总指挥,市食品药品监督管理局局长、市政府副秘书长和市卫生局、市工商局、市质量技术监督局负责人任副总指挥,市食品安全事故应急工作相关部门和单位负责人为成员;办公室设在市食品药品监督管理局。

市突发重大动物疫情应急指挥部:由分管副市长任总指挥,市农业局局长、市政府副秘书长任副总指挥,市突发重大动物疫情应急工作相关部门和单位负责人为成员;办公室设在市农业局。

市涉外突发事件应急指挥部:由分管副市长任总指挥,市外侨办主任、市政府副秘书长、市公安局负责人任副总指挥,市涉外突发事件应急工作相关部门和单位负责人为成员;办公室设在市外侨办。

市大规模群体性事件应急指挥部:由市有关领导任总指挥,分管副市长和军分区、武警支队、市公安局负责人、市政府副秘书长任副总指挥,市处置大规模群体性事件应急工作相关部门和单位负责人为成员;办公室设在市公安局。

市处置大规模恐怖袭击事件应急指挥部:由市有关领导任总指挥,分管副市长、军分区参谋长、武警支队支队长、市公安局负责人任副总指挥,市处置大规模恐怖袭击事件应急工作相关部门和单位负责人为成员;办公室设在市公安局。

市粮食应急指挥部:由分管副市长任总指挥,市粮食局局长、市政府副秘书长任副总指挥,市粮食应急工作相关部门和单位负责人为成员;办公室设在市粮食局。

各市级应急指挥部的具体人员构成、成员单位职责等,由各专项预案做出规定。市各应急指挥部除现已有的非常设机构外，其他一般与有关专项预案同时启动，其日常工作由办公室所在部门承担。较大以上突发公共事件发生后，负责应急指挥工作的市应急指挥部可以根据需要，在事发地设立现场指挥部，总指挥由事发地人民政府主要领导担任，或者由市应急指挥部指定，当地有关部门和单位负责人为指挥部成员。发生紧急情况后，现场指挥部在市应急指挥部的领导下，具体负责指挥事发现场的应急处置工作；全面掌握事件发展态势，及时向市应急指挥部报告有关情况，为上级决策提出建议等。

## 二、应急处置机制

**应急预案体系**　2005年以来，市应急委根据市情，制定《九江市突发公共事件总体应急预案》；依据《总体预案》，着重制定应对地震灾害、防汛抗旱、地质灾害、重大森林防火等21类重大突发事件的专项预案。同时，有关部门制定处置电网大面积停电、突发环境事件、重大食品安全事故等42个部门应急预案，涵盖自然灾害、事故灾难、公共卫生事件、社会安全事件等4大方面。2010年，新制订25个应急预案，基本涵盖可能发生的公共突发事件各领域。各县(市、区)亦制定出台《应急总体预案》，分别制定县级专项预案286个，县级部门预案864个，其他预案1000多个。各乡镇、重点村(社区)、重点企业制订各类应急预案3328个，形成上下左右联动协调的应急预案管理机制。市、县、乡、村四级应急网络初步形成。同时，成立综合应急救援队、森林防火抢险队、防汛抗旱救援队等应急救援队伍和重大动物疫情等应急专家库，为应急处置工作提供保证。应急预案体系的实用性、适用性、科学性，使应急处置能力得到提升。在市应急委的领导下，通过设立应急指挥部来解决发生在全市范围内重大级别的突发公共事件。在2005年“11·26”地震灾害、2008年1月雨雪冰冻灾害、2010年汛期洪灾中，分别紧急启动抗震救灾一级应急响应、抗冰救灾一级应急响应、防汛抗洪二级应急响应，成立市级指挥部。各地、各部门按预案要求迅速协同作战，确保这些公共突发事件得到妥善处置，取得抗震救灾、抗冰救灾、防汛抗洪的全面胜利。在市政府应急办的组织协调下，通过联通机制妥善处置一般性突发公共事件。2010年11月27日，由于天气突起大雾，福银高速德安——共青段发生多辆汽车连环相撞，造成2人死亡，多人受伤。市应急办协调德安县全力抢救伤员，迅速疏导交通，使这起交通事故得到妥善处置。

**应急平台**　2005年以来，市政府应急救援指挥中心建设完成并与省应急平台联通，市公安、水利、交通、卫生、安监、林业、消防等专业应急平台已基本建成。各县(市、区)政府应急救援指挥中心建设稳步推进，其中德安县、庐山区建设完成，并逐步与市平台对接联网。2010年，全市一个集综合协调、监测监控、预测预警、信息报告、综合研判、指挥调度、异地会商、辅助决策、现场图像采集等主要功能的应急平台体系已具雏形。

**应急值守**　1991年起，市政府应急管理工作机构坚持全天候24小时值班制度，加强节假日、重大庆典和防汛抗洪特殊时期值班工作。发挥信息引领应急管理的作用，制定《九江市应对突发事件信息报告制度》，加强应急信息搜集、分析研判和报告，建立重要敏感时期紧急信息报送机制、信息通报制度和信息报送责任制，明确信息报告责任主体，强化信息报送工作责任。在遇到持续时间长、比较敏感的突发事件时，实行“一日一报、有情况即时报”，最大限度地减少紧急事件所造成的损失以及不利影响。

**宣教培训**　2010年，全市各层级应急管理培训班达120余个，培训各级分管领导1000余人；以“国际减灾日”“世界环境日”“全国消防日”“全国科普日”“全民国防教育日”“法制宣传日”等为契机，充分利用电视、网站、宣传栏等形式，向全社会广泛宣传应急管理工作。8月12日，市政府应急办组织市国土资源局、市消防支队等部门走进九江电视台《市民议事厅》，围绕“突发性灾害面前如何求生”主题，与市民开展互动交流，并结合具体案例给现场观众进行应急逃生避险知识的宣传教育，取得良好的教育效果。同时，在全市中小学校开设公共安全课程，宣传应急救援知识，增强广大师生的遇险自救能力；先后举行地震应急避震疏散演习、铁路护路应急救援演练、公共交通车辆灭火应急疏散演练、九江机场综合应急疏散演练，全年共举行应急演练320余次。

# 第六节 金融服务

## 一、服务举措

2004年,市政府出台《关于进一步优化信用环境,改善金融服务的意见》。2007年,出台《关于进一步强化金融服务,支持地方经济发展的意见》。2008年,出台《九江市推进企业股改上市的实施意见》,成立以市政府主要领导为组长,市发改委、市政府金融办、人民银行九江市分行、市财政局等部门为成员的资本市场领导小组,统筹企业上市的规划、指导和服务工作;并颁布《九江市投资担保有限责任公司章程》。

## 二、业务监管

**小额贷款公司** 2009年6月,市共青城恒信小额贷款公司成为全省首批准予开业试点的小额贷款公司之一。至2010年12月,全市已设立6家小额贷款公司:共青城恒信小额贷款公司、九江县沙河九峰小额贷款公司、庐山区美吉特小额贷款公司、浔阳区和汇小额贷款公司、九江经济技术开发区融合小额贷款公司、星子县中银小额贷款公司。6家小额贷款公司注册资本金共3.8亿元;共发放贷款7亿元,90%以上投向“三农”和中小企业,惠及企业和农户863个。

**融资性担保公司** 2010年,市融资性担保机构(含兼营融资性担保业务的其他机构)共62家,省内外融资性担保机构在九江设立的分支机构25家。当年3月,市政府金融办对全市各类融资性担保机构进行规范整顿。在规范整顿过程中,有27家自愿退出融资性担保行业,35家愿意参加规范整顿并继续开展担保业务。

## 三、推进企业上市

1996年,九江化学纤维厂作为全市第一家上市企业在深圳证券交易所挂牌上市。由于经营不善,于2006年5月被暂停上市,2006年8月被仁和集团收购。2008年4月,江州造船借壳在香港上市。

2010年,全市企业上市后备资源为28家,其中申报证监会的2家:九江银行、庐山旅游;进入辅导备案的2家:联盛商业、银星造船;完成股份制改造,成立股份有限公司的4家:旭阳雷迪、九江长运、鄱湖水产、仙客来;即将完成股改的3家:财兴卫浴、恒生化纤、美庐乳业;正在进行股改和重点培育的企业17家。

# 第七节 无线电管理

## 一、无线电台(站)管理

1991年,全市审批指配无线电频率60个,核发各类无线电台(站)执照265份;全市共有无线电发射设备265台,主要是广播、电视、短波电台、对讲机。主要使用单位是电台、电视台、公安局、法院、检察院、公路局、运管处、银行、工商局、供电局、税务局、烟草局等。1992年,市开始出现无线寻呼(BP)机通信业务;1995年,全市有无线电寻呼机发射台9个,BP机10万只;1998年,无线电寻呼业务退出市场。2006年,全市开展无线电台(站)清理登记,其登记各类电台4796个,其中:广播电台31个,电视台13个。

2008年,完成全市无线电台(站)数据库建设,核查、登记录入数据库台(站)4571个。2010年,全市登记在册的各类无线电台(站)187906个,其中广播电台58个,船舶电台38个,蜂窝基站3727个,小灵通(PHS)基站810个,数据传输电台68个,卫星地球站3个,微波站32个,基地电台和移动手持电台(对讲机)4287个,业余无线电台39个,移动手机用户187000个。

## 二、无线电监测

1991 年，全市实施无线电监测工作主要采用甚高频(VFF)、超高频(UHF)和 R-7000 无线接收机监听空中电波信息，当年发现非法电波信号 3 起。收缴子母主机 6 台(子机 20 台)、对讲电台 10 台、非制式船舶甚高频电台 5 台。1998 年，配置无线电监测车。1999 年，购买五丰大厦楼层设立监测中心，建筑面积 1000 平方米；购置综测仪 TFR2967、频谱仪 8561EC 和全顺无线电移动监测车等设备。移动监测车可对空中无线电波信号实行即时量化分析，即时测向定位，找到电波源所在精确位置，监测中心可以与移动监测车互动测向；在监测中心，可以对无线电台(站)施行计量检测。

2001 年，市无线电监测站通过省技术监督局考核、鉴定评审，获得无线电设备检测计量资质认证。2006 年，购置便携接收机 EB200、测试接收机 ESN、电视场强仪 PROLIND-3C+等设备。2007 年，增添特拉卡无线电检测车、DFT 双音频解码记录仪、HR-8A 便携式测向仪等设备。

2008 年，建成国家 C 级固定无线电监测站，对市区内的无线电波信号进行量化分析、存储、干扰和测向定位。当年，市无管局派吴卫东参加北京奥运会无线电管理江西团队，负责保障现代五项、手球、水球、武术 175 场比赛(其中手球 68 场、水球 65 场、现代五项 6 场、武术 36 场)的无线电安全。当年，购置警示仪、基站测试仪的监测设备。

2010 年，全市无线电管理工作机构执行无线电电磁频谱监测月报制度，每月监测市空中无线电波时间 5000 小时，按时向上级主管部门报告九江市电磁环境情况。当年，排查九江铁路系统 GSM—R 无线电通信受干扰 1 起，排除高考英语听力考场被干扰 1 起；规范手机干扰器的管理，测试评估市旅游直升机旅游公司飞机使用无线电频率、电磁环境。全年检测九江电信公司小灵通基站 1409 个。

## 三、无线电行政执法

1991 年 6 月，监听到永修县烟草公司擅自安装甚高频无线电台，依法收缴 25 瓦固定甚高频电台 2 台，手持对讲机 10 台。

2003 年 6 月，开展民用航空无线电频率专项整治，对直接干扰民用航空通信大功率无绳电话(子母机)进行强制取缔，收缴大桥船管处大功率非标子母机主机 5 台，子机 20 只，促成无线电大功率子母机彻底退出市场，子母机干扰民航通信现象被有效抑制。8 月，市城区大部分片区移动通信被干扰，市无线电管理处查明系市区 7 家加油站为防爆而安装手机屏蔽器所致，受影响手机用户近 3000 个；26 日，市政府召集经贸委、消防大队、市无线电管理处、市安全生产监督管理局、市法制办、移动公司、联通公司参加的协调会，决定拆除各加油站安装的手机屏蔽器；9 月 12 日，市区移动通信恢复正常。

2007 年，开展全市手机市场专项整顿活动，强制要求各大品牌手机经销商签订手机销售《责任承诺书》，对各销售单位、各维修店铺的经营资质进行登记备案。2008 年 1 月，市举行国家司法资质考试，市无管局使用无线电监测定位设备，现场查获利用无线电设备向考场内发送考题答案的作弊者，缴获作弊笔记本电脑 1 台、无线电发射电台 1 套，及时切断无线电发射信号源。

2009 年 5 月，市无线电管理局联合市公安局，市国家安全局、市经贸委、市广播电视局、市工商局、市交警支队、市城市建设局、市商务局、市房产局、市文化局、市旅游局共 12 家单位，会同各县(市、区)无线电协管办公室，对全市对讲机销售和使用市场进行全面清理整顿，共登记销售单位 4 家，新增设置使用无线电对讲机单位 88 家，无线电对讲机 4112 台；颁发电话执照 913 个，核发非规范对讲机临时使用许可证 78 个，收缴无线电频率占用费 14.52 万元。全市擅自设置使用对讲机、乱占乱用无线电频率现象被遏制，空中电磁环境得到有效净化。

# 第五章　政府法制工作

## 第一节　法规工作

### 一、规范性文件制定

1991年,市政府加大城镇住房制度改革力度,加强城市房屋拆迁管理,制定《九江市城镇住房制度改革三个单项暂行办法》《九江市城市房屋拆迁管理试行办法》等6件规范性文件,以市政府文件印发;为促进社会力量办学,制定《九江市社会力量办学管理暂行规定》,以市政府办公室名义颁发。1992年,市政府为推进九江开放开发区、全市人防工程的建设,制定《九江市开放开发区管理暂行条例》《九江市人民防空工程管理和开发利用实施办法》等7件规范性文件。1993年,市政府发布《九江市人民政府关于印发发展股份合作企业的暂行办法的通知》等4件规范性文件。

1994年,市政府为平抑市场价格,制定《九江市市场价格调节基金征集管理办法》;为维护企业劳动者权利,制定《九江市劳动争议仲裁委员会组织暂行规则》等3件规范性文件。1995年,为加强城市土地管理,制定《九江市城区土地使用管理暂行办法》等4件规范性文件。1996年,为进一步深化国企改制,制定《九江市国有企业经营者年薪制试点办法》等4件规范性文件。1997年,市政府发布《九江市商品售前报检管理办法》等2件规范性文件。1998年,为加强装饰行业管理,制定《九江市室内装饰行业管理暂行规定》等2件规范性文件。

1999年,制定《九江市人民政府办公室批转市经贸委市轻化局关于加强啤酒市场管理制止无序竞争的暂行办法的通知》;同年,制定《九江市建筑安装业税收发票管理办法》,第一次以"市政府令"形式发布。2000年,为适应新的形势,加强住房制度改革、医改、国企改制、城市建设配套设施、旅游行业管理等,制定《九江市已购公有住房上市出售暂行办法》《九江市职工大病统筹保险暂行办法》等13件规范性文件;为配合《中华人民共和国行政处罚法》的实施,以"市政府令"发布《九江市行政处罚程序若干规定》。2001年,制定《九江市科学技术奖励办法》等6件规范性文件,均以"市政府令"发布。2002年,为减轻农民负担、深化行政审批制度改革,以"市政府令"发布《九江市人民政府第二批取消行政审批事项目录》《九江市人民政府关于废止若干涉及农民负担收费性文件的决定》等4件规范性文件。2003年,发布《九江市城市居民最低生活保障办法实施细则》等4件规范性文件;以"市政府令"公布《九江市人民政府第三批取消和调整的行政审批项目目录》等2件规范性文件;发布《关于印发村级组织生产公益事业"一事一议"筹资筹劳管理办法的通知》等2件规范性文件。

2004年,贯彻落实《中华人民共和国行政许可法》,以"市政府令"发布《九江市人民政府关于废止1985年至2001年发布的部分文件的决定》《九江市人民政府关于第四批取消和调整行政审批项目的决定》等8件规范性文件;为鼓励发展民办教育,制定《关于鼓励支持发展民办教育的若干规定》等15件规范性文件;发布《九江市企业特困军转干部医疗救助实施办法》。2005年,为加强城市人防工程、公园、古树名木、绿地、广告管理,制定《九江市人民防空工程建设管理规定》等13件规范性文件;制定《九江市车辆临时占道停放暂行办法》等3件规范性文件。2006年,制定《九江市城市建筑垃圾管理办法》《九江市农村居民最低生活保障实施细则》等规范性文件16件。

2007年,加强乡(镇)村规划建设管理,制定《关于加强乡(镇)村规划建设管理的若干规定(试行)》等4件规范性文件,以"市政府令"发布;加强全市白蚁防治工作,制定《九江市城市房屋白蚁防治管理规定》等10件规范性文件;为保障全市残疾人合法权益,制定《九江市保障残疾人合法权益规定》等6件规范性文件。2008年,以"市政府令"发布《关于废止和修改部分规范性文件的决定》;以市政府文件发布

《关于加快农民专业合作社发展的意见》等4件规范性文件；以市政府办公厅文件发布《九江市城乡生活垃圾管理试行办法》等7件规范性文件。2009年，以“市政府令”发布《九江市社会用字管理暂行规定》；为发展乡村旅游业，制定《大力发展乡村旅游业的意见》等4件规范性文件，以市政府文件发布；对涉及公众切身利益的规范性文件采取立法新举措，将《九江市禁放烟花爆竹管理暂行办法》(征求意见稿)在“九江政府法制网”上公布，市政府办和市执法局召集相关单位、社会各界，召开听证会广泛听取各方意见，同年制定《九江市禁放烟花爆竹管理暂行办法》等11件规范性文件，以市政府办公厅文件发布。2010年，为改善庐山机场净空环境保障机场安全，制定《九江庐山机场净空环境保护办法》等3件规范性文件，以“市政府令”发布；为提高行政效能，制定《九江市行政奖励办法》等4件规范性文件，以市政府文件发布；为加强殡葬管理，制定《九江市殡葬管理综合执法暂行办法》等9件规范性文件，以市政府办公厅文件发布。

### 二、规范性文件清理

2001年，为建立健全社会主义市场经济体制和中国加入WTO的需要，根据国务院和省政府的要求，市政府组织对1949~1983年发布的文件进行清理，废止、自行失效的文件78件。2002年，市政府对1984~2001年发布的文件进行清理，废止文件209件。2003年，为减轻农民负担，市政府对1995~2000年发布的相关文件进行清理，废止文件20件。2004年，为配合《中华人民共和国行政许可法》的实施，优化全市经济发展环境，市政府组织对1985~2001年发布的文件进行清理，废止文件12件。2008年，为保证政府行政行为的合法有效，维护社会主义的法制统一原则，市政府组织对2000年以后发布的文件进行清理，废止文件5件，修改文件1件。

### 三、规范性文件备案

2003年，全市执行规范性文件备案制度。当年公布的《九江市城市居民最低生活保障办法实施细则》等3件规范性文件向省政府备案；同时，要求各县(市、区)政府及市政府部门制定的规范性文件都要按规定报送备案，市政府法制办对报备的文件从内容的合法性、合理性、可行性及实施的针对性4个方面进行审查，确保规范性文件的质量。2004年，《九江市城市管理行政执法暂行规定》等12件规范性文件向省政府备案。2005年，备案《九江市人民政府关于公布国务院和省人民政府决定保留和下放管理层级的由我市行政机关实施的行政许可项目和非行政许可审批项目目录的通知》等10件。2006年，将公布的《九江市重大建设稽查办法》等6件规范性文件向省政府备案。2007年，备案《九江市知名商标认定和保护办法》等5件。2008年，备案《九江市区客运出租汽车治安管理办法》等2件。2009年，备案《九江市人民政府关于进一步精简行政审批事项的决定》等2件。2010年，将公布的《九江庐山机场净空环境保护办法》等2件规范性文件向省政府备案。至12月，市政府向省政府备案的规范性文件无一件被撤销。

## 第二节　行政复议

1991年1月1日，国务院《行政复议条例》正式施行；5月，市政府依法受理第一起行政复议案件。

1999年10月1日，《中华人民共和国行政复议法》正式施行；10月22日，市政府印发《关于认真贯彻实施〈中华人民共和国行政复议法〉的通知》，要求各级政府和政府部门将行政复议工作列入重要议事日程。2000年3月，市政府第七次常务会议决定配备复议办案交通工具，将行政复议专项经费列入财政预算；4月，市政府行文任命市政府法制局的3名干部为市政府专职行政复议员。2001年，市政府法制局提出行政复议阳光工程，实行“四公开”(每个行政复议案件的案由公开，申请人和被申请人的基本情况公开，案件承办人员姓名及工牌号码公开，案件的审理期限、结果公开)，允许当事人查阅案卷，做到行政复议全过程阳光透明。2002年，市政府法制办内设行政复议应诉科，并挂市人民政府行政复议办公室牌子,作为市政府行政复议工作的对外接待窗口。2003年7月,市十一届人大常委会第三十二次会议听取审议市政府关于行政复议法贯彻执行情况的报告。

2006年,市政府网站和市政府法制办分别开通"行政复议网上申请"衔接,市政府法制网还开有行政复议应诉专栏,公开行政复议指南,公告市政府复议案件的受理、办理情况,指导并便利当事人依法行政复议。

2010年,市政府法制办增设行政复议总稽查职位(正科),专职履行全市行政复议监督稽查工作。10月15日,国务院行政复议工作专项检查组对市行政复议工作进行检查并给予充分肯定和高度评价。

2000~2010年市政府行政复议案件办理情况一览

表45-5-1　　单位:件

| 年份 | 收到申请数 | | | 办理情况 | | | | |
|---|---|---|---|---|---|---|---|---|
| | 受理数 | 不予受理数 | 上年度结转 | 维持 | 变更 | 撤销 | 终止 | 责令履行 |
| 2000 | 23 | 10 | 1 | 13 | 1 | 1 | 9 | |
| 2001 | 25 | 12 | | 14 | | 2 | 8 | 1 |
| 2002 | 29 | 11 | | 16 | 1 | 2 | 10 | 1 |
| 2003 | 23 | 9 | | 13 | 1 | 1 | 6 | 1 |
| 2004 | 38 | 17 | 1 | 22 | 1 | 2 | 13 | 1 |
| 2005 | 50 | 36 | | 28 | 2 | 2 | 17 | 1 |
| 2006 | 55 | 29 | | 30 | 2 | 1 | 20 | 2 |
| 2007 | 62 | 29 | | 38 | 2 | 1 | 21 | |
| 2008 | 73 | 33 | 1 | 43 | 2 | 5 | 21 | 3 |
| 2009 | 81 | 21 | | 46 | 2 | 2 | 28 | 2 |
| 2010 | 86 | 29 | 1 | 55 | 3 | 5 | 23 | 1 |
| 合计 | 545 | 236 | 4 | 318 | 17 | 24 | 176 | 13 |

## 第三节　行政执法监督

### 一、执法证件核发

1996年,市政府法制局依据《中华人民共和国行政处罚法》对全市行政执法人员和行政执法监督人员进行首次综合法律知识培训和考核,对考核合格人员分别发给《江西省行政执法证》和《江西省行政执法监督证》共1077本。自此以后,每年都定期对新申领行政执法证和行政执法监督人员进行综合法律知识培训和考核,考核成绩合格后方能取得执法资格,不合格的及时注销其执法证和监督证。

2004年7月,开展全市行政执法主体资格的清理与确认工作,经部门自报、法制办审查、政府最终确认,市直45个行政机关(含法律法规授权的组织)具有行政执法主体资格,并颁发《九江市行政执法主体资格证》,界定其执法权限与范围。2005年,开展5年一度的《江西省行政执法证》和《江西省行政执法监督证》重新核发工作,组织行政执法人员参加全省行政执法人员综合法律知识考试,其中市直行政执法部门1557人参加,共核发"两证"7943本,其中市直部门1518本,县(市、区)6425本。2006年,市政府法制办开展行政执法主体资格审核工作,确认市直47个行政机关(含法律、法规授权的组织)具有行政执法主体资格,颁发《江西省行政执法主体资格证》,界定其执法主体行政处罚的权限和范围,并通过九江政府法制网进行公告;对各县(市、区)及市直各部门300余名从事法制工作2年以上或者从事行政执法工作5年以上的业务骨干进行行政处罚听证主持人资格培训考试，核发《江西省听证主持人资格证》。2008年，市政府法制办开展换发2007年新版《江西省行政执法主体资格证》（正副本）工作，共换发116本，界定的执法权限涵盖行政处罚、行政许可、行政强制等方面。

2010年，市直各行政执法部门共有1523名执法人员、215名执法监督人员符合核发“江西省行政执法证”“江西省行政执法监督证”条件，在参加综合法律知识培训并全部考试合格后，全部领取新的执法证件。

## 二、依法行政行为规范

2005年，市政府制定《九江市人民政府贯彻国务院〈全面推进依法行政实施纲要〉五年规划（2004-2008年）》和《市政府各部门贯彻〈全面推进依法行政实施纲要〉重点工作任务分解表》，做到工作任务、责任部门和责任人的“三落实”。6月，市政府法制办联合市人事局分10期对全市1500多名科级及以下公务员和执法人员进行以国务院《全面推进依法行政实施纲要》和《中华人民共和国行政许可法》为主要内容的培训，在培训结束后随堂考试，考试成绩登录在《公务员培训证书》和《执法人员证书》上。

2006年，市政府推行行政执法责任制，成立市推行行政执法责任制领导小组，办公室设在法制办。各县（市、区）、市直各部门成立领导小组，由法制机构具体负责这项工作。市直行政执法部门基本完成执法依据、执法行为的梳理汇编工作，分解执法职权，制定岗位目标责任制；县（市、区）相继制定《行政执法责任制实施方案》。

2007年，市政府成立推进依法行政领导小组，领导小组办公室设在市政府法制办，发布《九江市2007年推进依法行政工作要点》《九江市行政执法评议考核办法》和《九江市行政执法评议考核细则》，将行政执法评议考核工作纳入年度目标管理考核范围，作为评价行政执法机关全面工作的一项重要依据。对名列前20名的单位，由市政府授予“行政执法工作先进单位”称号；评议考核不合格的单位，取消其当年参评资格。市政府法制办相继与市环保局、市交通局、市经贸委等部门，在系统内开展执法案卷评查工作，评选出行政执法优秀案卷、行政执法办案能手和行政执法案卷评查优胜单位并予以表彰奖励。当年，修水县被确定为全省推进依法行政工作试点县。

2008年，市政府印发《九江市行政许可案卷评查标准》《九江市行政处罚案卷评查标准》和《关于在市级行政执法机关中开展行政执法案卷评查活动的通知》，对全市各执法单位行政处罚案卷、行政许可案卷、行政复议案卷进行评查，重点检查执法主体、处罚程序、调查取证、法律适用、文书格式、档案装订等方面内容，进一步规范行政执法行为。

2009年，市政府对市本级行政执法机关的执法主体资格、执法依据、执法权限、执法文书、执法人员进行全面彻底的清理。通过对法律、法规、规章进行梳理，共清理行政执法依据781件；确定行政执法职权3235项（行政许可224项，行政处罚2910项，行政强制48项，行政征收39项，行政裁决4项，行政确认2项，其他具体行政行为8项）；清理行政执法文书1719份；确定市政府行政执法依据62件，具体行政执法职权179项（行政许可27项，行政处罚115项，行政强制15项，行政征收1项，行政裁决7项，行政给付2项，行政确认5项，其他具体行政行为7项）。市本级具有行政执法主体资格的单位49个，不存在临时机构、没有法定依据自行委托组织执法的情况；市直部门行政执法人员3753人全部领取国家部委或省政府核发的行政执法证件，不存在聘用合同工、临时工履行行政执法职责的情况。严格规范行政处罚自由裁量。制定《九江市规范行政处罚自由裁量权工作实施方案》，对各行政执法单位提出的自由裁量权细化标准进行逐一审核，确保具体违法行为、处罚种类、处罚标准、处罚幅度、执法机构等内容既无遗漏，又无错误。将各部门的细化标准汇编成册，内容涵盖市直46个行政执法部门的自由裁量权项目2910项，共计120余万字。将《汇编》内容的落实情况，作为2009年度依法行政以及推行行政执法责任制评议考核的重点，进行专项检查。出台《九江市加强市县政府依法行政的实施意见》，对加强各县（市、区）政府依法行政制度建设做出明确、具体、全面的任务分工。

2010年,市政府发布《九江市2010年推进依法行政工作要点》,提出9项工作要点和4项工作要求,将各项工作任务分解到相关责任单位,确保2010年依法行政工作继续取得实效。注重对行政机关执法案卷的检查,开展市本级行政执法案卷评审活动,在参评34个单位、76份案卷中,评选出获奖案卷17份,提出评查意见200余条,及时指导执法机关完善,避免再次出现类似问题。在省行政执法案卷评选活动中,市选送行政执法案卷有13份获奖;修水县被省政府确定为2010年全省法治政府指标体系试点单位。

## 第四节　重要专项工作

### 一、《庐山风景名胜管理区条例》起草

1995年11月15日,经国务院批准,庐山风景名胜区被正式确定为1995~1996年度中国申报世界自然与文化遗产名录单位。为加强对庐山的依法管理,实现庐山生态保护,市法制局受市政府委托,与省建设厅、庐山管理局共同开展庐山风景名胜管理条例法规草案拟定工作。1996年3月,市政府、省建设厅、庐山管理局作为起草单位,提请省人大常委会审议《江西省庐山风景名胜管理条例》,1996年4月18日,省第八届人民代表大会常务委员会第二十一次会议通过该条例,为有效保护和合理开发利用庐山风景名胜资源,为庐山申遗成功提供法律支持。12月6日,经联合国教科文组织批准,庐山作为"世界文化景观"被列入世界人类文化遗产名录。庐山跨入世界级名山行列。

### 二、开展城市管理综合执法试点

1999年,市法制局率先在省内开展相对集中行政处罚权试点工作调研,探索行政执法管理体制改革新路子,通过相对集中执法、规范执法行为,逐步解决九江城市管理中存在的多头执法、职责交叉、行政效率低下问题。试点工作方案得到市委、市政府和省政府法制局同意。2000年6月16日,市政府通过省政府法制局向国务院法制办请示,在市开展城市管理综合执法试点;2001年1月23日,国务院法制办发出《关于在江西省开展相对集中行政处罚权试点工作的复函》,明确表示:"江西省政府可以在九江开展相对集中行政处罚权试点,集中行使行政处罚权的行政机关作为本级政府的一个行政机关,其职权是集中行使市容环境卫生方面、城市规划管理方面、城市绿化管理方面、市政管理方面、环境保护中对向大气排放有毒有害烟尘和气体、建筑施工噪声方面、工商行政管理中对无照商贩处罚方面、公安交通管理中对侵占道路行为处罚方面、省、市政府规定的其他职责共八个方面行政处罚权。"6月27日,市长办公室会研究确定试点工作方案;9月7日,市委常委会同意设立市城市管理行政执法局,作为市政府的行政机关,同时挂市城市管理行政执法支队牌子,市局(支队)为正处级单位。人员来源尽可能从现在执法队伍中产生,不足部分采取考试、考核等办法从相关部门和社会上符合条件人员中公开招聘、择优录取。12月30日,成立市考试录用城市管理行政执法公务员领导小组,开展执法人员考录工作。2002年7月26日,《九江市人民政府办公室关于印发九江市城市管理行政执法局职能的通知》明确市城市管理行政执法局的行政执法主体资格,界定8个方面的具体行政处罚权限。

### 三、行政审批制度改革

2001年4月,市启动行政审批制度改革。市政府成立由市法制局牵头,市监察局、市编委办、市体改委参加的行政审批事项清理工作小组,共整理出全市各部门和单位行政审批事项1055项。市政府发布《关于九江市人民政府行政审批事项清理工作的意见》,决定保留审批事项348项,取消707项,取消率达67%。12月,成立市行政审批制度改革工作领导小组,其办公室设在市监察局。2002年7月,再次开展行政审批事项的清理工作,取消行政审批事项75项。2003年5月,调整市行政审批制度改革工作领导小组,由市长任组长,其办公室改设在市政府法制办;开展第三次清理行政审批事项,取消审批事项26项,调整1项。

2004年,市政府成立市贯彻实施行政许可法领导小组,与行政审批制度改革工作领导小组合并;开展第四次行政审批事项清理,取消调整审批事项87项,衔接国务院和省设定的许可项目99项,衔接国务院非许可审批项目43项。2005年,清理并取消涉及行政审批的收费项目75项,编制《九江市行政审批收费目录》。2006年9月,市政府发布《九江市市本级行政许可项目目录》,确定市本级行政许可项目260项。2007年3月和2008年7月,市政府2次调整市贯彻实施行政许可法、行政审批制度改革工作领导小组组成人员。

2009年,市委、市政府部署"机关效能年"活动,出台《九江市开展机关效能年活动工作方案》,提出"保留的行政许可事项、投资项目审批事项和行政审批时间至少缩减30%"的明确要求,组织开展行政审批事项清理规范工作。6月26日市政府常务会议审议,市政府发布《九江市人民政府关于精简行政审批事项的决定》:行政许可项目保留177项,精简107项,其中:取消23项、暂停实施5项、下放36项、委托26项、转变管理方式17项,精减率达37.7%;投资项目审批事项保留54项,精简35项,其中:取消5项、暂停实施4项、下放14项、委托7项、改变管理方式5项,精减率达39.3%;保留的行政许可事项平均时限由法定或承诺的18.86日缩减为10.92日,缩减率42.1%,投资项目审批事项平均时限由法定或承诺的21.93日缩减为13.69日,缩减率37.57%。市级承接省级下放实施的行政许可项目47项,委托实施的77项;承接省级下放实施的投资项目审批事项19项,委托实施的22项。

2010年,根据省政府办公厅《关于印发全省行政审批事项清理成果贯彻执行情况监督检查实施方案的通知》要求,市监察局、市政府法制办、市行政服务中心联合发出《关于开展行政审批事项清理落实情况监督检查的通知》;7月,对各县(市、区)和市直单位行政审批事项清理落实情况进行重点检查,并将检查中的有关情况进行通报,督查结果作为全市开展"创业服务年"活动绩效考核的重要依据。

#### 四、《中华人民共和国行政许可法》贯彻

2004年3月18日,市政府召开全市贯彻实施行政许可法工作会议,印发《九江市人民政府关于贯彻实施行政许可法的通知》。4月24日,市政府法制办组织全市314名处级领导干部收看国务院法制办副主任的专题讲座录像。4~6月,市政府法制办和市人事局联合对市直机关近3000名国家公务员和行政执法人员进行《中华人民共和国行政许可法》知识专门培训。6月19日,10043名国家机关公务员和行政执法人员参加行政许可法考试。市政府确定6月举办全市性的行政许可法宣传月活动,共制作黑板报、宣传栏300多版,悬挂标语横幅260多条;在《九江日报》《浔阳晚报》等主要媒体辟设专版专栏,刊发专题文章;市政府分管领导发表专题电视讲话;市政府法制办会同有关部门联合举办知识竞赛。7月1日,市政府法制办在烟水亭广场开展行政许可法咨询宣传活动。

# 第六章　电子政务

## 第一节　电子政务网络

#### 一、电子政务网络建设

**网络建设**　1998年6月,全市党政机关计算机远程通信网络建成开通,利用调制解调器实现点对点通信。2001年11月,市委、市政府办公楼宽带互联网开通运行,采用FTTB+LAN(光纤到楼+局域网)接入方式,无需使用调制解调器拨号即可上网。2003年1月,全省电子政务网络完成省、市纵向联网,市电子政务网络市级平台正式开通;3月,市政协率先横向接入电子政务网络;至年底,有20家市直单位完成横向接入。2004年6月,全市电子政务网络完成市、县联网,省、市、县三级纵向网络全线开通。当

年,依托电子政务网络统一平台,市统计局、市环保局完成省、市两级专网建设,市财政局、市地税局、市计生委完成市、县两级行业纵向网络建设,市级城域网已横向覆盖市委、市人大、市政府、市政协,接入单位达57家;各县(市、区)电子政务网络也完成对党委、人大、政府、政协的横向接入,财政、计生、地税等部门开始依托电子政务网络开展业务。

2006年10月,永修县乡镇计生系统通过VPN(虚拟专用网络)方式接入电子政务网络,电子政务网络开始向乡镇延伸。2007年5月,市政府办公厅与所辖14个县(市、区、山)政府办公室的业务资源网开通运行。2008年10月,对电子政务外网互联网出口进行改造,市级增加100兆出口带宽,县级增设独立的互联网出口。2009年8月,对电子政务内网进行扩容,新建一条纵向主干线路(省至市带宽为155兆,市至县带宽为34兆),采用负载均衡的方式,与原主干线路互为备份。2010年6月,对电子政务外网互联网出口再次进行改造,更换防火墙,并将对端电信机房百兆接口模块提升为千兆,出口带宽由200兆调整为300兆;10月,对电子政务外网进行升级改造,更换骨干路由器及核心交换设备,市至县主干线路带宽由10兆增至100兆;11月,云居山——柘林湖风景名胜区管委会接入电子政务网络统一平台。至此,全市16个县(市、区、山)全部接入电子政务网络,市级横向接入单位达109家,市委办公厅、市政府办公厅等22家政务部门已依托电子政务网络统一平台构建行业纵向业务专网,永修县、德安县等5个县(市、区)电子政务网络已纵向延伸到乡镇。

**安全防控** 2003年1月,九江电子政务网络市级平台建成开通时,在网络边界部署防火墙,将电子政务外网与互联网进行逻辑隔离;同时,安装防病毒软件,进行病毒检测和防护。2004年12月,为加强电子政务网络的安全管理,市政府信息办成立市电子政务网络信息安全领导小组。2005年11月,将部分重要岗位及易感染病毒的服务器和计算机纳入防毒墙管理体系,构建全市二级防毒墙控管中心,市、县两级病毒防控体系初步形成。2006年9月,增配病毒服务器、网管服务器、防火墙日志审计服务器群组,将百兆防火墙换成千兆防火墙。2009年6月,在电子政务网络中心机房部署监控系统,遇故障可用短信通知,实现告之服务;离岗时也能远程获取设备运行状况和机房环境参数。2010年6月,对防火墙进行更新换代,安装入侵防御、网络流量监控、安全审计等设备。至此,集事前防御、事中检测和事后追究为一体的网络安全防范体系基本完备。

## 二、政府网站建设

**政府门户网站建设** 1999年1月,国家启动“政府上网工程”,九江被纳入全国100个上网试点城市;9月28日,市政府中心网站开通运行。2002年4月,市政府中心网站更名为“中国九江”网;7月,市政府印发《九江市因特网政府网站管理办法》。2004年6月,“中国九江”网由市政府办公厅正式移交市政府信息办;8月,改版后的“中国九江”网正式上线运行,新增栏目有电子政务服务平台、“12345”政府热线、政务公开、信息化建设、树立科学发展观等,新增专题有魅力九江、民营经济等;全年共发布各类稿件1.2万多条。

2005年,“中国九江”网坚持由以政府为中心向以用户为中心转变,由单纯宣传型向宣传服务型转变,由技术驱动型向内容和业务驱动型转变,由分散式服务向“一站式”服务转变,新增栏目有居民服务、企业服务、三农和民营经济服务,新增专题有先进性教育、建设美丽富裕和谐强盛新九江、重大项目建设、抗震救灾等,开设互动栏目有发展论坛、民意调查、监督投诉、我为九江献一策、回音壁等。全年共发布各类稿件3万多条,“我为九江献一策”栏目共征集公众建议5000余条,通过“回音壁”栏目答复网民意见和建议270余条。

2006~2009年,“中国九江”网增设的阶段性和固定性专栏、专题主要有:建设经济中心城市,我们准备好了吗;建设新九江,我们怎么干;优化发展环境,加强机关效能建设;学习贯彻中共十七大精神,加快建设新九江;求科学发展之真,务项目建设之实;深入学习实践科学发展观活动;百件实事网上办、招商直通车、文明卫生城建设、沿江开发、新农村建设、市委民声通道、市政府民声直通车、项目动态等近30

个，发布各类信息10万余条；“我为九江献一策”栏目征集网民建议1万多条，通过“回音壁”栏目回复近1000条。其中，经过2008年更换网站后台管理系统和数据库后，“中国九江”网的信息发布量明显加大，当年发布信息4.6万条。

2010年，“中国九江”网新增专题有决战工业2000亿、城建项目200亿、社会治安综合治理、创业服务年、企业展示栏、2010年政府工作“六张作业单”等。适逢《九江市公共企事业单位办事公开规定》颁布施行之际，通过“在线访谈”形式，就热点、难点问题回答网民提问。针对“我为九江献一策”栏目还存在回复网民意见和建议不及时的现象，在全市范围内组织开展回复网民诉求专项整治活动，使回复率提高到84.9%。全年共发布各类稿件1.2万条，在年底的全省政府网站绩效评估中，获设区市政府网站组第二名。

**政府部门网站建设** 2000年9月，为配合创建中国优秀旅游城市，开通“九江旅游网”，仅3个月访问量就突破35万人次；当年上线运行的政府部门网站还有“九江农经网”和“九江人事网”。2003年，“九江经济信息网”“九江房产网”“九江工商红盾网”“九江公安信息网”“九江教育网” 等一批政府部门网站相继建成开通，全市部门网站建设步入快速发展期。2007年8月，市发展和改革委员会发文要求加强部门网站建设，发挥网站对外信息服务和宣传作用。2009年4月，市水产局印发加强网站建设的文件，要求发挥“九江渔业网”在宣传九江渔业、服务“三农”方面的作用，建立信息查收、发布和考核制度；9月，市无线电管理局、市公共资源交易中心的网站上线运行。市直部门网站经过连续建设，功能不断完善，内容不断充实。至2010年12月31日，市政府61家部门(包括32家政府工作部门、12家驻市机构、10家直属机构和派出机构、7家委办局管辖机构)已有54家建有网站，建站率为88.52%，其中市政府工作部门建站率为100%。

**县区政府网站建设** 2000年，庐山风景名胜局、武宁县、修水县相继开通政府网站。2001年，浔阳区政府网站上线运行。2002年，庐山区、九江经济开发区的政府网站建成开通。2003年，永修县、德安县、彭泽县建立政府网站。2005年，湖口县、都昌县、瑞昌市、共青城经济开发区、九江县建立政府网站。2006年，星子县政府网站建成开通。2007年，云居山——柘林湖风景名胜区网站开通。至此，市行政区域内的16家县(市、区、山)政府网站全部建成开通。

2010年，全市各县(市、区、山)政府网站不断强化信息公开、公共服务、公众参与三大功能，提升网站的自身质量和公共服务水平。庐山区以促进打造“服务政府、效能政府、法治政府”为宗旨，加强政府网站建设，构筑集政府信息公开、网上办事、政民互动等功能于一体的网络政务平台；浔阳区升级网站后台管理系统，全面改造“中国浔阳”网，开展网站集群建设；修水县建立以“中国修水”网为中心主站的站群系统，包含36个乡镇子站和2个党群网站，同时启动县直部门网站的整合工作；“中国庐山”网增加景点3D全景展示，开设“驴友论坛”。在当年全省政府网站绩效评估中，庐山区获一等奖，星子县、浔阳区获二等奖，德安县获三等奖。

## 第二节 电子政务应用

### 一、综合业务应用

**视频会议系统** 2004年3月28日，依托全市电子政务统一网络建设的市政府视频会议系统正式开通运行，主会场设在市政府八楼报告厅，各县(市、区)政府、庐山管理局、共青开发区管委会均设立分会场。7月20日，首次使用市政府视频会议系统召开全市开放型经济电视电话调度会。2007年和2008年，先后2次对市政府视频会议系统进行功能扩展；2010年10月，市政府视频会议系统升级改造完成。系统升级改造后，省市两级可召开高清视频会议，市县两级可召开标清视频会议，省市县可召开高标混视频会议，同时还可召开双流视频会议。至2010年年底，全市依托电子政务统一网络建设的部门视频会议系统有12个，分别是：审计、质监、教育、国土、财政、地税、农业、商务、安监、林业、人保、司法。市政府视频会议系统共召开视频会议409次，其中2010年召开111次。

**网上审批和电子监察系统** 2009年10月,《九江市网上审批和电子监察系统技术方案》编制完成,随后开始梳理和绘制项目流程图,为项目实施做好前期准备工作。2010年6月21日,市本级网上审批和电子监察系统上线试运行,市本级46个单位、338个行政审批项目和公共服务事项实行网上在线办理;8月,部分县(市、区)完成系统部署,全市网上审批和电子监察系统上线试运行。

**电子公文传输系统** 2009年7月,市政府办公厅印发《九江市政府电子公文传输系统建设实施方案》。2010年5月,市政府电子公文传输系统开通运行。系统设计遵照通行的公文和公章管理制度,在不改变现有工作流程的情况下,使发送红头文件就像发送普通电子邮件一样快捷,同时保留红头和公章,保证文件的有效性、规范性和严肃性。系统运行依托全市电子政务统一网络平台,用户包括市县两级政府办公厅(室)、市级所属各部门及有关驻市单位;各联网单位的终端机(PC)通过政务内网与服务器联机,实现公文的收发及其他业务。

## 二、专门领域业务应用

**财政业务应用** 1995年,市地方预算汇总管理系统建成开通。2002年,国家提出实施"金财工程"后,全市财政业务应用系统建设步伐加快。至2010年年底,全市陆续投入使用的财政业务应用系统有:预算管理系统(包含部门预算管理、地方预算汇总管理、预算执行3个子系统)、国库支付管理系统(包含国库集中支付管理、总账管理、分月用款计划管理、预算单位财政资金支付管理4个子系统)、工资统一发放管理系统、政府采购管理系统、固定资产管理系统、收入管理系统(含非税征收管理系统)、行政管理系统;专供县区使用的业务系统有:会计核算系统、乡财县代管·村账乡代理系统、惠农一卡通系统、家电下乡信息管理系统、集中支付管理系统。

**社会保障业务应用** 1991年以来,市养老、医疗保险业务办理开始由手工操作逐步过渡到计算机管理。1995年,作为全国医疗保险制度改革"两江"(九江、镇江)试点城市,市启动社会保险城域网建设;8月,养老保险信息系统投入使用。1996年1月,医疗保险信息管理系统开通运行。1999年,开始采用单机操作管理就业服务信息。2006年,建设由全省统一开发的就业服务信息管理系统,包括就业与失业、失业保险、职业介绍、就业扶持政策等18个业务模块,实现省、市、县、乡四级联网及信息共享,部分县区延伸到村。2008年5月,完成社会保险基金征缴管理软件的开发,改变过去由手工操作进行社会保险征缴管理的落后局面,使查询、登记、汇总等变得更加快捷、准确。2009年,正式启动"金保工程"项目一期建设。2010年,新的养老保险信息系统按照"全省统一应用软件,省市两级部署"的模式进行建设;12月21日,市本级和8个县(市、区)的新系统上线运行。

**环保业务应用** 2005年,启动污染源自动监控系统建设,在赛德利(江西)化纤有限公司、九江财兴卫浴五金制品公司、九江化纤厂3家企业安装废水在线监控设备,但系统一直未正常运行。2007年,全市污染源自动监控系统正式建成使用,由现场监控子系统和环境自动监控指挥中心组成;至2010年年底,拥有用户数量100多个,完成50套水质、20套烟气、44套视频联网,实现对国控、省控重点污染源企业的自动监控。

**房产业务应用** 2005年4月,启动全市住房公积金信息管理系统建设;当年,房屋维修基金管理系统也正式开通。2008年,住房保障信息管理系统投入使用。2009年3月,房地产市场信息系统顺利通过住房和城乡建设部综合验收,并被评为优秀;7月1日,商品房网上备案系统正式上线;2010年5月,16万份历史产权档案完成扫描录入并成功导入数据库,系统全面投入使用。

**水利业务应用** 1996年,租用X.25(64K)专线连接省市计算机系统(市县远程通信通过拨号方式实现),建设防汛专网。2004年,开始筹建连接全市各县(市、区)防汛部门的2兆光纤高速网,并于当年部署市中型水库报汛系统。2008年始,分期在13个县(市、区、山)建立山洪灾害预警系统,接收水雨情实时数据;同年,建成开通防汛"掌上通",实现全方位的防汛抢险移动指挥办公。此外,在防汛专网上运行的系统还有市洪涝旱情灾情系统。

**国土资源业务应用**　20世纪90年代中后期，市国土部门开始使用单机操作处理业务。2007年，开始建设依托全省电子政务网络的国土资源主干网。2008年，国土资源建设用地网上报批系统投入使用，采用基于工作流的业务架构平台，建立省、市两级数据中心，实现省国土资源厅和设区市国土资源局用地报件的内部会审以及省、市、县（区）联网审批功能；同年，对原有的矿业权管理信息系统、矿业权年检与收费数据管理系统、矿山开发利用统计数据库系统进行完善和整合，部署矿业权项目审批管理系统。2009年，对国土资源建设用地网上报批系统进行软、硬件升级。至2010年年底，市下属18个县（市、区、山）国土资源局或地质矿产局均已接入国土资源建设用地网上报批系统和矿业权项目审批管理系统，依托国土资源主干网的地质灾害应急视频指挥系统也正在部署之中。

**地税业务应用**　1997年，推广应用jjltax（江西地税征收管理系统），实现征收管理和会统管理功能。2002年，自行组织力量开发ltax2000（地方税务局税务信息系统），以县为单位实现地税部门日常税务登记、双定税款、停歇业、申报征收等业务。2004年，部署省地税局统一组织开发的江西地税管理信息系统（征管软件）。2005年，依托江西地税管理信息系统的基础数据，开发数据仓库。通过对原始数据进行挖掘和钻取，为决策层的业务分析和抽取提供依据。

**国税业务应用**　1994年，在各县（市、区）推广应用基层税收管理系统（JCSSGL）。2001年，开始实施“金税工程”，应用增值税专用发票稽核、协查和防伪税控等系统。2003年，应用综合征管软件（CTAIS），实现税收数据市局集中，涵盖管理服务、征收监控、税收法制、税务稽查、税务执行等环节。2005年，应用税收业务综合管理系统，将综合征管软件、防伪税控系统、出口退税审核系统等主要征管数据进一步整合，实现征管数据一体化。2006年，实施税收数据省级集中，应用省局集中版综合征管软件（CTAIS2.0）。至2010年年底，投入应用的国税业务系统更为完备，包括税收业务综合管理、综合征管、防伪税控等20个子系统。

**金融业务应用**　1991年后，市各银行业务电子化出现新的拓展。1993年，开通全国电子联行系统（EIS）和同城清算系统，分别在城区和瑞昌市建立通信专用卫星通信站。1996年，建设连接南昌及辖属各县的x.25数字通信网络，为商业银行跨行清算和同城清算服务提供双向通道（卫星网和地面网）。2005年6月，大额实时支付系统（HVPS）上线运行，与各银行业金融机构行内支付系统、中央债券综合业务系统等多个系统以及香港、澳门人民币清算行实现连接。2006年6月，小额批量支付系统（BEPS）投入使用，为银行业金融机构的小金额、大批量跨行支付清算业务提供低成本的公共支付平台。2007年7月，全国支票影像交换系统（CIS）建成开通，运用影像技术将实物支票转换为支票影像信息，处理银行机构跨行和行内的支票影像信息交换，实现支票全国通用。2008年和2009年，分别部署境内外币支付系统和电子商业汇票系统。2010年8月，建成网上支付跨行清算系统，为银行业金融机构的跨行清算和业务创新提供公共平台。

**海关业务应用**　2001年6月，海关开始电子口岸执法系统试点，用新通关系统（H2000）替代原通关系统（H883），企业可在网上办理出口退税、报关、进出口结售汇核销、转关运输等进出口手续。至2010年年底，投入使用的应用项目涵盖四大类群（通关业务项目群、口岸业务项目群、业务监控分析项目群、网上办公项目群），数量达200余个。

# 第三节　信息公开

## 一、政府信息公开

2004年9月，市政府以“政府令”的形式颁布《九江市政府信息公开试行办法》，将政府信息公开纳入法制轨道。2005年起，实施政府信息公开。2006年4月，在统计、汇总15个县（市、区、山）、18家重点单位、57家市直部门政府信息公开报告的基础上，在全省率先编撰完成《九江市人民政府信息公开年度报告》并公开发布。2007年7月，市政府以“政府令”的形式颁布《九江市政府信息公开规定》；10月，公布

《九江市政府信息公开考核试行办法》《九江市违反政府信息公开规定行为责任追究暂行办法》和《九江市政府信息公开社会评议试行办法》。2008 年 5 月,搭建完成市、县、乡三级统一的政府信息公开网络平台,组织各县(市、区、山)、市直各部门编制《政府信息公开目录》和《政府信息公开指南》,形成市本级《政府信息公开目录》,并在全省率先开通"阳光政务 114 热线",拓展公众获取政府信息的渠道和途径。同时,各地、各部门创新方法,采用上网、上墙、上报、上屏、上广播、上电视等多种方式公开信息,政府信息公开全面推进。2009 年 4 月,庐山区一季姓公民提出要求公开相关政府信息的投诉,经审查后获得受理,由市政府信息办、市监察局、市法制办组成调查组,成功协调办理市第一例政府信息公开投诉举报案例;11 月,市政府出台《政府信息公开发布协调暂行规定》《政府信息公开保密审查暂行规定》《关于做好政府信息依申请公开工作的通知》,健全政府信息发布、协调、保密审查机制,规范依申请公开流程。市政府连续 6 年发布《政府信息公开年度报告》,其中 2005~2007 年以专场新闻发布会形式进行公开发布。

**2005~2010 年市政府信息公开情况一览**

表 45-6-1　　单位:条

| 年份 | 主动公开 | | | | 依申请公开 | | |
|---|---|---|---|---|---|---|---|
| | 市本级 | 县(市、区、山) | 乡(镇) | 合计 | 申请数量 | 办理数量 | 办结率 |
| 2005 | 69996 | 9472 | | 79468 | 6770 | 6352 | 93.8% |
| 2006 | 102622 | 5382 | | 108004 | 23043 | 23043 | 100% |
| 2007 | 106517 | 15556 | | 122073 | 27117 | 27117 | 100% |
| 2008 | 78545 | 55491 | | 134036 | 28934 | 28934 | 100% |
| 2009 | 9436 | 94430 | 26893 | 130759 | 752 | 752 | 100% |
| 2010 | 6103 | 58770 | 12312 | 77185 | 695 | 695 | 100% |

说明:全市政府信息公开统一平台于 2008 年建成开通,乡(镇)的数据从 2009 年开始填报

## 二、公共企事业办事公开

2005 年,"中国九江"网开设网上办事栏目,将近 600 项网上办事功能进行整合,为企业和居民提供网上办事服务。2008 年 1 月,市政府出台《九江市公用事业单位办事公开规定》,规范办事行为,增强办事透明度,提高公用事业单位的服务质量和服务水平。2010 年,市政府在征求 16 家业务主管部门、26 家公共企事业单位意见的基础上,对《九江市公用事业单位办事公开规定》进行修订,于 8 月 2 日以"政府令"形式正式发布《九江市公共企事业单位办事公开规定》;9 月,市政府召开全市公共企事业单位办事公开工作动员大会,对公共企事业单位办事公开工作进行部署;10 月,印发实施方案,组织部分单位在网上进行办事服务公开承诺,编印《公共企事业单位办事公开培训教程》;12 月,全市信息公开工作网站正式开通运行,通过"公共企事业单位办事公开"专栏,对市本级 21 家行业主管部门的 4 类信息、157 家公共企事业单位的 8 类信息按类别进行公开,同时举办全市公共企事业单位办事公开培训会,各县(市、区、山)信息办负责人、市直行业主管部门及驻市有关部门信息公开工作机构负责人、市直属或驻市公共企事业单位信息公开工作机构负责人 190 余人参加培训。

# 第七章　外事侨务

## 第一节　外事工作

### 一、因公出国(境)管理

1992 年 10 月,经国务院授权,市政府享有处级以下科技经贸人员因公出国(境)任务的审批权。2008 年 9 月,市委办公厅、市政府办公厅印发《关于进一步加强因公出国(境)管理的实施细则》,从任务申报、经费审批和任务执行等方面,对全市因公出国(境)管理工作进一步规范。2009 年 4 月,市外办制定《加强因公出国(境)管理五项措施》,严格把好初审关,实行行前教育签字、出访报告、护照"零延期"上交、因公出国(境)情况季报和前往国家报告等制度,获得省、市纪委和省外侨办好评。2009 年 9 月,市外侨办制定《九江市因公出国(境)审批、审核工作细则》,进一步明确因公出国(境)申报的任务类别及申报条件。2003 年 10 月,市外办设计制作《因公出国(境)人员信息管理软件》,实行出国任务审批电子和实物双重档案管理,进一步规范因公出国(境)统计数据月报制、季报制,及时报送市纪委备案,随时掌握全市因公出访情况,有效实现动态管理。

1994~2010 年,全市共公派出国留学生 41 人。

**1991~2010 年全市因公出国(境)人数一览**

表 45-7-1　　　　单位:批、人

| 年份 | 批数 | 人数 | 访问与考察 | | 经贸 | | 科技 | | 文教 | | 其他 | |
|---|---|---|---|---|---|---|---|---|---|---|---|---|
| | | | 批 | 人 | 批 | 人 | 批 | 人 | 批 | 人 | 批 | 人 |
| 1991 | 25 | 52 | 25 | 52 | | | | | | | | |
| 1992 | 24 | 76 | 24 | 76 | | | | | | | | |
| 1993 | 68 | 393 | 34 | 314 | | | 31 | 56 | | | 3 | 23 |
| 1994 | 54 | 179 | 27 | 103 | 8 | 26 | 19 | 50 | | | | |
| 1995 | 67 | 207 | 30 | 118 | 17 | 40 | 20 | 49 | | | | |
| 1996 | 62 | 154 | 34 | 91 | 13 | 23 | 15 | 40 | | | | |
| 1997 | 43 | 133 | 27 | 61 | 7 | 20 | 9 | 52 | | | | |
| 1998 | 3 | 23 | 3 | 23 | | | | | | | | |
| 1999 | 68 | 182 | 38 | 70 | 9 | 28 | 17 | 57 | | | 4 | 27 |
| 2000 | 66 | 190 | 33 | 65 | 10 | 34 | 18 | 62 | | | 5 | 29 |
| 2001 | 73 | 150 | 35 | 62 | 8 | 23 | 15 | 35 | | | 15 | 30 |
| 2002 | 74 | 262 | 34 | 76 | 15 | 46 | 16 | 65 | 5 | 47 | 4 | 28 |
| 2003 | 87 | 201 | 39 | 75 | 16 | 24 | 23 | 39 | 7 | 34 | 2 | 7 |
| 2004 | 157 | 488 | 85 | 188 | 23 | 68 | 41 | 110 | 2 | 78 | 6 | 44 |
| 2005 | 179 | 482 | 89 | 192 | 28 | 71 | 40 | 113 | 17 | 85 | 5 | 21 |
| 2006 | 220 | 625 | 93 | 216 | 39 | 95 | 45 | 123 | 30 | 136 | 13 | 55 |
| 2007 | 191 | 602 | 91 | 233 | 24 | 76 | 41 | 118 | 28 | 126 | 7 | 49 |

续表 45-7-1

| 年 份 | 批 数 | 人 数 | 访问与考察 | | 经 贸 | | 科 技 | | 文 教 | | 其 他 | |
|---|---|---|---|---|---|---|---|---|---|---|---|---|
| | | | 批 | 人 | 批 | 人 | 批 | 人 | 批 | 人 | 批 | 人 |
| 2008 | 129 | 399 | 76 | 179 | 13 | 47 | 20 | 95 | 14 | 49 | 6 | 29 |
| 2009 | 65 | 300 | 32 | 96 | 9 | 48 | 13 | 79 | 8 | 56 | 3 | 21 |
| 2010 | 75 | 312 | 34 | 132 | 11 | 39 | 16 | 83 | 9 | 39 | 5 | 19 |
| 合 计 | 1730 | 5140 | 883 | 2421 | 250 | 708 | 399 | 1226 | 130 | 650 | 78 | 381 |

**1994~2010 年全市公派出国留学生人数一览**

表 45-7-2　　单位:人、年

| 年 份 | 派往国家 | 人 数 | 留学年限 | 年 份 | 派往国家 | 人 数 | 留学年限 |
|---|---|---|---|---|---|---|---|
| 1994 | 澳大利亚 | 2 | 3 | 2003 | 新西兰 | 2 | 1 |
| 1995 | 澳大利亚 | 4 | 2 | 2004 | 美国、泰国 | 2 | 1 |
| 1996 | 日 本 | 2 | 1 | 2005 | 西班牙<br>澳大利亚 | 2 | 1 |
| 1997 | 加拿大 | 2 | 1 | | | | |
| 1998 | 韩 国 | 3 | 2 | 2006 | 巴 西 | 2 | 1 |
| 1999 | 斯洛文尼亚 | 2 | 1 | 2007 | 芬 兰 | 2 | 1 |
| 2000 | 日 本 | 4 | 1 | 2008 | 日 本 | 2 | 1 |
| 2001 | 澳大利亚 | 4 | 1 | 2009 | 美 国 | 2 | 1 |
| 2002 | 加拿大 | 2 | 1 | 2010 | 德 国 | 2 | 1 |

## 二、外宾来访接待

1991 年以来,接待外宾有外国元首、政党领导、政府官员、驻华使节、专家学者、新闻记者等各界人士。在接待过程中,市外侨办严格执行国家外交政策,维护国家对外形象。坚持形式服务内容,强化礼宾礼仪,完善接待细节,注重接待实效。同时,建立 7 个语种的外语志愿者队伍,精心设计制作具有九江特色的接待手册、礼品,使每一次外事接待都成为宣传推介九江和展示九江对外开放良好形象的契机,得到上级部门肯定和外宾称赞。

1992 年 2 月,英国威尔士——中国友好协会副主席伊娜·尼德甘一行访问九江;5 月,澳大利亚驻华大使雷涛乐(H.E.MR.MICHAEL.LICHTOWLER)及夫人雷美华(MRS MELVA.LICHTOWLER)访问九江并出席"双杯"龙舟赛开幕式。1994 年 4 月,联合国开发计划署驻华代表阿瑟·贺尔康和布鲁克(正部级)一行应省政府邀请到九江考察;5 月, 斯洛文尼亚共和国驻华大使伊万·赛尼查尔及随员娜塔丽亚点雷斯佩一行专程到九江公务访问;6 月,应国务院副总理兼外交部部长钱其琛的邀请,斯洛文尼亚共和国副总理兼外交部部长洛尼泽·佩泰尔莱率团访华,专程到九江参观考察九江石化总厂、九江长江大桥、共青垦殖场等处;10 月,由巴基斯坦国民议会议长赛义德·尤素夫·涅扎·吉拉民率领的巴基斯坦国民议会代表团一行 8 人访问九江。1995 年 5 月,以喀麦隆青年体育部部长约瑟夫·马利·比蓬·乌姆为团长的喀麦隆青体部代表团一行 4 人访问共青城和庐山风景区。1998 年 4 月,以总书记、政府不管部部长希费科蓬耶·波汉巴为团长的纳米比亚西南非人民组织代表团到市访问。1999 年 3 月,斯洛文尼亚共和国新任驻华大使蒂特·图恩塞克到九江访问和经贸考察;9 月 19~20 日,以肯尼亚议会议员、全国妇女进步组织主席齐卜拉赫·杰·基托尼夫人为团长的肯尼亚妇女代表团一行 6 人,对永修县立新乡三下村访问。

2000 年 9 月，越共中央办公厅代表团一行 8 人到九江访问。2003 年 4 月，以须知雅史为团长的日本国际协力事业团官员和专家到瑞昌市考察由日本政府无偿援助的“中国结核病控制项目”实施情况；6 月 9 日，荷兰 RDM 公司总裁约普到九江进行投资项目考察；6 月 21 日，泰国总商会总裁杰克·陈一行在九江、庐山参观考察；7 月 8 日，法国驻武汉总领事馆总领事德盖义一行到九江公务访问；8 月 20 日，泰国公主诗琳通率代表团到九江访问；10 月 20 日，荷兰鹿特丹港务局董事长威廉姆一行考察九江港外贸码头、九江县永安大堤等处；10 月 23~24 日，以主席谢尔·巴哈杜尔·德乌帕为团长的尼泊尔大会党（民主）代表团一行 8 人到庐山、永修县访问和考察；全年共接待 13 个国家、28 批、184 人次，同时邀请外籍专家来浔 18 批、21 人次。2004 年 4 月 25~26 日，老挝人民革命党中央政治局委员、国家副主席朱马利·塞亚颂率老挝人民革命党代表团访问九江；4 月 30 日，日本国际贸易促进会理事长中田庆雄率代表团到九江考察投资环境；5 月 31 日，新加坡国会议员陈晓明一行到浔考察投资事宜；11 月，以政治局委员尔奥玛尔·巴格达什为团长的叙利亚共产党（巴派）代表团在永修易家河村参观考察。

2005 年 6 月 13 日，应市领导邀请，参加中国（江西）国际傩文化艺术周的莫桑比克、俄罗斯、日本、韩国艺术团到市三中体育馆演出；7 月 15 日，乌克兰柴可夫斯基音乐学院的女钢琴演奏家奥列西亚在九江学院作专场演出；9 月 30 日，斯洛伐克总检察长多布罗斯拉夫·特尔恩卡率团在九江参观考察；11 月 2~5 日，以国会议员陈晓明为团长的新加坡经贸代表团到浔考察。2006 年 4 月，印度尼西亚新任驻华大使 Par·Sudrajat 考察赛得利（江西）化纤有限公司，以阿尔哈吉·贾奴主席为团长的塞拉利昂人民党代表团到庐山参观访问；6 月，以美国肯塔基州前任州长玛萨·莱恩·科林斯为领队的美国肯塔基州政府代表团一行 30 人到九江参观访问；8 月，刚果（金）驻华大使访问九江；11 月，加勒比地区 5 国高级外交官在德安县宝塔乡岳山龙村考察新农村建设。2007 年 4 月，丹麦驻华大使米磊偕夫人到九江“寻根”（米磊于 1948 年在九江但福德医院出生）；2008 年 4 月 30 日至 5 月 2 日，以美国环球专业交流会首席执行官罗后豪为团长的美国动漫产业投资合作考察团到九江参观考察，并与市政府签署《合作备忘录》。

2009 年 1 月 18 日，泰国陆军前总司令、国防部长、泰中友好关系协会主席、阿玛宁国际集团顾问切塔五星上将率团在星子县参观考察；4 月 22 日，由中联部、全国妇联联合主办的非洲政党与妇女干部研修班一行 19 人在全国妇联国际部副部长牟虹、省妇联副主席林玉华等陪同下在九江参观考察；5 月 5 日，受格林纳达总理基思·米切尔委托，格林纳达驻华大使玛塞·盖里在共青城考察，并就建设中（中国）加（加勒比海地区）国际论坛永久会址事宜进行会商；6 月 10 日，以南非贸易工业部合作社局局长杰弗里·恩杜莫为团长的南非合作社代表团到九江访问，实地考察市供销社永安专业合作社蔬菜基地、蔬菜选配中心等处；6 月 18 日，美国环境与能源技术办公室主任徐支率美国商务考察团在九江县考察；6 月 19 日，格林纳达总理兼法律事务和国家安全部长蒂尔曼·托马斯在共青城参观访问，格林纳达外交和旅游部长彼得·盖维、驻华大使玛塞·盖里、中国驻格林纳达大使张万海、副省长孙刚陪同；6 月 23 日，以非洲利比里亚内政部长阿姆莱·约翰逊为团长的州长代表团到庐山区参观考察新农村建设；8 月，由市外侨办承办的亚太森林恢复与可持续管理网络发展（APEC）国际研讨会在庐山召开，7 个 APEC 成员经济体以及相关国际组织的代表、学者近 40 人参加会议；12 月 11~12 日，由贝宁、埃塞俄比亚、加纳、几内亚、毛里求斯、尼日利亚、津巴布韦等 13 个非洲国家组成的非洲国家减贫与可持续发展研究班在九江考察。

2010 年 2 月 5 日，美国卡博特公司全球副总裁、亚太地区总裁张新胜在永修出席卡博特蓝星化工（江西）有限公司二氧化硅扩能项目签约仪式；3 月 22~23 日，由日本每日新闻社负责人常田照雄率领的日本企业家代表团在共青城进行投资考察；5 月 4~5 日，以新能源部部长斋藤圭介为团长的日本经济产业省考察团在共青城参观考察；9 月 4~6 日，尼泊尔驻华大使坦卡·普拉萨德·卡尔基访问九江，并专程拜谒庐山东林寺。

至 2010 年，全市共接待来自世界 60 多个国家和地区的外国客人 1969 批、14298 人次。

1991~2010年全市接待外宾人数及类别一览

表45-7-3

| 年份 | 批数 | 人数 | 访问考察 | | 经贸 | | 科技 | | 文教 | | 其他 | |
|---|---|---|---|---|---|---|---|---|---|---|---|---|
| | | | 批 | 人 | 批 | 人 | 批 | 人 | 批 | 人 | 批 | 人 |
| 1991 | 45 | 320 | 13 | 108 | 9 | 53 | 5 | 21 | 4 | 23 | 14 | 115 |
| 1992 | 56 | 449 | 19 | 128 | 13 | 83 | 8 | 69 | 7 | 61 | 9 | 108 |
| 1993 | 89 | 512 | 29 | 197 | 19 | 108 | 15 | 76 | 9 | 73 | 17 | 58 |
| 1994 | 110 | 754 | 39 | 277 | 26 | 145 | 19 | 106 | 11 | 85 | 15 | 141 |
| 1995 | 103 | 759 | 37 | 283 | 25 | 168 | 21 | 126 | 13 | 96 | 7 | 86 |
| 1996 | 118 | 695 | 42 | 262 | 27 | 154 | 19 | 113 | 12 | 91 | 18 | 75 |
| 1997 | 122 | 768 | 44 | 301 | 22 | 165 | 24 | 129 | 15 | 105 | 17 | 68 |
| 1998 | 55 | 287 | 18 | 44 | 12 | 7 | 10 | 89 | 7 | 64 | 8 | 83 |
| 1999 | 78 | 543 | 26 | 197 | 16 | 102 | 15 | 90 | 12 | 85 | 9 | 69 |
| 2000 | 82 | 638 | 31 | 244 | 20 | 124 | 14 | 105 | 11 | 96 | 6 | 69 |
| 2001 | 85 | 614 | 33 | 246 | 16 | 115 | 15 | 99 | 12 | 85 | 9 | 69 |
| 2002 | 95 | 781 | 41 | 402 | 15 | 125 | 13 | 119 | 11 | 63 | 15 | 72 |
| 2003 | 113 | 905 | 48 | 503 | 22 | 132 | 18 | 81 | 15 | 76 | 10 | 113 |
| 2004 | 127 | 948 | 54 | 489 | 24 | 204 | 19 | 102 | 17 | 88 | 13 | 65 |
| 2005 | 107 | 816 | 44 | 412 | 22 | 173 | 15 | 82 | 14 | 79 | 12 | 70 |
| 2006 | 106 | 835 | 46 | 452 | 18 | 114 | 15 | 90 | 10 | 81 | 17 | 98 |
| 2007 | 116 | 858 | 54 | 461 | 19 | 144 | 16 | 95 | 12 | 82 | 15 | 76 |
| 2008 | 112 | 823 | 54 | 443 | 16 | 118 | 12 | 93 | 14 | 87 | 16 | 82 |
| 2009 | 123 | 896 | 60 | 487 | 21 | 167 | 15 | 90 | 13 | 80 | 14 | 72 |
| 2010 | 128 | 899 | 56 | 463 | 20 | 158 | 17 | 102 | 16 | 89 | 19 | 87 |
| 合计 | 1970 | 14104 | 788 | 6399 | 382 | 2553 | 305 | 1877 | 235 | 1589 | 260 | 1676 |

## 三、国际友好城市

**友好关系缔结** 1993年12月,市与澳大利亚沃拉戈尔市(后更名为波波郡)缔结国际友好城市,1995年4月、1996年10月与斯洛文尼亚科佩尔市、日本玉野市结为国际友城。2004年以来,市政府按照“增加总量、合理布局、注重实效、增进友谊”的原则,借助上级领导、华人华侨、驻外使领馆的支持,稳健推进国际友好城市工作,逐步形成“三位一体”(本市友城稳步推进、县区友城强势突破、友好单位合作延伸)的发展格局。至2008年11月,5年间新增7对,市国际友好城市总数达9对,完成五大洲战略布局任务。同时,九江市与日本大和高田市保持着自1988年以来20多年的友好合作交流关系,并相互成立友好会;全市建立友好学校12对(澳大利亚、美国、英国、日本)、友好大学1对(美国)、友好医院1对(澳大利亚)、友好经贸组织1对(美国)、友好风景区6对(菲律宾、德国、日本、奥地利、希腊、英国)、友好商会1对(芬兰)、友好合作单位1对(卫生局;美国)。庐山借助世界名山大会创设的“世界名山协会”平台,与12座名山(地质公园)成员建立友好关系;瑞昌市与德国沃尔泽伦市签署建立国际友城意向书;共青城市与瑞典波拉斯市、阿根廷马科斯华雷斯市分别签署结好意向书和协议书;浔阳区与澳大利亚帕拉玛打市签署结好协议书,九江县与美国圣玛利诺市签署友好意向书。

## 1991~2010年国际友好城市一览

表 45-7-4

| 城市名称 | 国家名称 | 缔结时间 | 城市名称 | 国家名称 | 缔结时间 |
|---|---|---|---|---|---|
| 波波郡 | 澳大利亚 | 1993.12 | 莱基奥诺沃市 | 波 兰 | 2007.08 |
| 科佩尔市 | 斯洛文尼亚 | 1995.04 | 拉普拉塔市 | 阿根廷 | 2008.01 |
| 玉野市 | 日 本 | 1996.10 | 希俄斯市 | 希 腊 | 2008.09 |
| 路易维尔市 | 美 国 | 2004.09 | 萨凡纳市 | 美 国 | 2008.11 |
| 卡尼亚市 | 芬 兰 | 2006.11 | | | |

## 1991~2010年国际友好合作单位一览

表 45-7-5

| 外方单位 | 城 市 | 国 家 | 中方单位 |
|---|---|---|---|
| 圣保罗中学 | 波波郡 | 澳大利亚 | 九江一中 |
| 沃拉戈尔市地区学院 | 波波郡 | 澳大利亚 | 九江二中 |
| 卡尔罗学校 | 波波郡 | 澳大利亚 | 九江三中 |
| 朱恩学校 | 波波郡 | 澳大利亚 | 九江外国语学校 |
| 内利姆中学 | 波波郡 | 澳大利亚 | 九江市十一中 |
| 西吉普斯兰医疗集团 | 波波郡 | 澳大利亚 | 九江市第一医院 |
| 杰斐逊职业学院 | 路易维尔市 | 美 国 | 九江职业大学 |
| 肯塔基州世贸中心 | 路易维尔市 | 美 国 | 九江市经贸委 |
| 路易维尔市预科大学 | 路易维尔市 | 美 国 | 九江市第八中学 |
| 奥卢省商会 | 卡亚尼市 | 芬 兰 | 九江商会 |
| 大和高田九江友好会 | 大和高田市 | 日 本 | 九江大和高田友好会 |
| 路易维尔市大学 | 路易维尔市 | 美 国 | 九江学院 |
| 卡亚尼市图书馆 | 卡亚尼市 | 芬 兰 | 九江市图书馆 |
| 科佩尔市港口 | 科佩尔市 | 斯洛文尼亚 | 九江港务集团 |

说明：至2010年年底，市图书馆与芬兰卡亚尼市图书馆、九江港务集团与斯洛文尼亚科佩尔市港口的友好合作关系尚处于洽谈阶段

## 2010年庐山风景区国际友好景区、地质公园一览

表 45-7-6

| 外方风景区 | 所在国家 | 关系类别 | 外方风景区 | 所在国家 | 关系类别 |
|---|---|---|---|---|---|
| 松岛町 | 日 本 | 友好景区 | 归拉奥克山 | 英 国 | 友好景区 |
| 奥登瓦尔德山 | 德 国 | 友好景区 | 爱增沃尔增自然公园 | 奥地利 | 友好地质公园 |
| 巧克力山 | 菲律宾 | 友好景区 | 雷斯沃斯佩德菲尔德地质公园 | 希 腊 | 友好地质公园 |

**友好往来** 1992年11月，市委书记彭宏松、市长戚善宏先后访问日本奈良县大和高田市。1993年4月，日本冈山县玉野市以市长杉木进雄为团长的政府代表团一行13人访问九江；9月，澳大利亚沃拉戈尔市市长布莱恩·戴维斯一行5人对市进行为期1周的访问与考察；12月，市长戚善宏率团回访澳大

利亚沃拉戈尔市。1994年5月,以市长戚善宏为团长的市政府友好访问团一行5人对日本冈山县玉野市进行为期5天的访问;8月,日本奈良县第四次日中友好文化团访问九江;10月,以日本冈山县知事长野士郎为团长的访华代表团一行55人访问九江。1995年4月,斯洛文尼亚共和国科佩尔市市长奥雷洛·尤里率政府代表团一行5人专程访问九江,与市长戚善宏正式签订两市之间《建立友好城市关系协议书》,斯洛文尼亚共和国驻华大使伊万·赛尼查尔专程从北京来浔参加签字仪式。

1996年11月,市委书记熊承忠率市友好代表团出访澳大利亚波波郡,参加九江市与波波郡缔结国际友城3周年庆祝活动及考察落实有关合作项目。1997年5月,澳大利亚波波郡前议长威恩·哈迪一行3人专程来九江进行为期9天的商务考察和洽谈经贸合作项目;9月,为庆祝中日邦交正常化25周年,全国友协举办的中国·日本国际友好城市青年乒乓球友谊赛在北京举行,九江市与日本玉野市代表队4名男女青年经过合力拼搏,在全国130多对友城代表队中排名第十六位,为江西省唯一获"优秀成绩奖"的代表队。1998年7月,为庆祝与澳大利亚波波郡建立友好城市5周年,以郡长杰弗·戴维为团长的友好访问团一行8人对九江进行为期5天的访问;8月,日本奈良县大和高田市代表团访问九江,并以大和高田市九江友好协会的名义向灾区捐款;11月,应日本冈山县玉野市政府的邀请,市少年儿童艺术团一行11人到日本交流演出,当地报纸和电视等媒体作了报道。

2000年8月,市委书记刘上洋率团访问德国、法国;市长刘积福率团访问日本冈山玉野市、大和高田市等城市。2003年7月,市长蔡晓明率政府友好访问团对日本奈良县大和高田市、冈山县玉野市等城市进行为期1周访问;9月,市委书记刘积福率友好代表团访问美国肯塔基州路易维尔市,签订九江市与路易维尔市《缔结国际友好城市意向书》;10月,澳大利亚波波郡郡长杰夫·戴维一行到九江访问,与市政府共贺两市(郡)建立友好城市10周年;同月11~14日,以日本大和高田友好会会长坚根修弘为团长的访问团专程来浔开展友好交流活动;12月,副市长冯静率市友好访问团对澳大利亚波波郡回访并出席在波波郡举行的缔结友好城市10周年庆祝活动。2004年1月,澳大利亚波波郡郡长露丝·麦克唐纳率代表团到九江访问;9月,市长蔡晓明率团出访美国,与路易维尔市正式签署《建立国际友好城市关系协议书》。2005年7月20日至8月2日,应澳大利亚波波郡政府邀请,以市委副书记林兴富为团长的九江市友好访问和人力资源考察团对澳大利亚访问和考察;9月6~9日,澳大利亚波波郡郡长鲁丝·麦克唐纳率友好代表团到九江访问;10月,市委组织部、市外侨办选派首批10名年轻干部赴美国路易维尔市路易维尔大学进行为期6个月的培训学习。

2006年4月,芬兰卡亚尼市市长瓦哈马率友好代表团访问九江,并签署《建立国际友好城市关系意向书》;5月,菲律宾保和省友好代表团一行44人访问九江,举办中菲少儿文艺交流大会,确定菲律宾巧克力山与庐山结为友好景区。2007年3月,市委组织部、市外侨办选派第二批7名年轻干部到美国路易维尔市路易维尔大学进行为期6个月的培训学习;8月,澳大利亚波波郡政府代表团和"野犬"艺术团一行20人在郡长戴维·巴夫尔夫妇的率领下,访问九江并与艺术家们进行绘画艺术交流;11月,市长王萍率团出访希腊,与希俄斯市签订《建立国际友好城市关系意向书》,并与希腊船务集团洽谈经贸合作事宜。2008年9月,希腊希俄斯市市长潘特利斯·弗洛里斯率友好经贸代表团参加九江金秋经贸文化旅游节,与市正式签署《缔结国际友好城市协议书》;11月,美国佐治亚州萨凡纳市市长奥蒂斯·约翰逊率友好代表团来九江访问,两市于4日正式签署《建立国际友好城市关系协议书》。2009年5月6日,与共青城结为友好城市的瑞典布罗斯市市长乌尔里克·尼尔森一行到共青城考察;10月,市委书记钟利贵率团访问巴西,与基马多斯市签署《建立国际友好城市关系意向书》;12月6~8日,应芬兰卡亚尼市市长加瑞·托荣利能邀请,市长曾庆红率团访问卡亚尼市,与加瑞·托荣利能就庐山西海进口芬兰木屋、共青城羽绒服装出口等项目形成合作意向。2010年3月18~20日,芬兰卡亚尼市原市长、KPO电信公司董事哈马率商务考察团到九江访问;5月中旬,英国历史上首位华人市长、英国伦敦红桥自治市市长陈德梁率政府代表团到九江访问,市长曾庆红会见陈德梁一行,双方就推动经贸、科技、教育、旅游等领域的交流与合作进行会谈,并签署两市《建立国际友好城市关系意向书》。

**国际友好城市大会举办** 2007 年 10 月 24 日,市政府在和中广场举行国际友好城市标示牌揭牌仪式,在广场水幕廊桥墙壁上镌印 6 个国家、8 个友好城市的标示。25~27 日,首届“中国九江国际友好城市大会”在浔阳举行,来自世界五大洲 6 个国家 7 个友好城市以及友好合作交流城市的 80 多名国际友人欢聚一堂,共叙友谊,共商合作,共谋发展,共建和谐。参加大会的有:澳大利亚波波郡代表团、斯洛文尼亚科佩尔市代表团、日本冈山县玉野市代表团、美国肯塔基州路易维尔市政府代表团、芬兰奥卢省卡亚尼市政府代表团、日本奈良县大和高田市政府代表团、波兰莱基奥诺沃市政府代表团和美国国际姐妹城市协会全球大使雷沙女士、美国雅美丽卡纳音乐访华团 23 名音乐家等。大会期间,市长王萍代表市与波兰莱基奥诺沃市签署《建立国际友好城市关系意向书》;市政府领导与各国代表团进行会谈,举行国际友好城市标识牌揭牌仪式,开展经贸、教育、文化、卫生、艺术多方面的交流合作,举办美国戈美丽卡纳音乐访华团专场演出——“月光下的九江”演唱会和庐山演唱会等 18 项活动。

**世界名山大会举办** 2009 年 10 月 13~14 日,首届中国庐山世界名山大会在庐山召开,12 座世界名山代表以及 26 个国家和地区的 200 多名嘉宾、80 多家中外新闻媒体 100 多名记者出席大会。全国友协会长陈昊苏出席开幕式并致词。12 座世界名山共同签署《首届中国庐山世界名山大会庐山宣言》,并发起成立“世界名山协会”,标志着世界名山间的交流与合作开始进入一个有组织的阶段。央视新闻联播对大会进行报道。

2010 年 10 月 12 日,第二届中国庐山世界名山大会在庐山开幕。来自五大洲 13 个国家 24 座世界名山的代表齐聚庐山,就环境保护、旅游开发等共话交流与合作。

### 四、外事服务

2009 年,市政府下发《关于加强为我市重点进出口企业大户服务的通知》,在省政府批准 5 家重点企业的基础上,新增 10 家重点进出口企业享受因公出国(境)一次审批一年内多次有效的优惠政策。市外侨办联合有关部门开展对全市 203 家侨资企业应对金融危机情况的普查调研活动, 帮助西班牙庐山华侨温泉度假村项目争取九江银行向企业贷款 2000 万元人民币。同时支持民营企业参与国际商务,为企业人员申办 APEC 商务旅行卡,共办理企业申办 APEC 商务旅行卡 7 家、19 人次,办理企业邀请外国人来访 22 批、36 人次。2010 年 7 月 12 日,市外侨办举办全市 APEC 商务旅行卡推介会,当年为 6 家企业、19 人次办理 APEC 商务旅行卡。

## 第二节 侨务工作

### 一、侨情普查

1991 年,市政府开展《中华人民共和国归侨侨眷权益保护法》宣传活动;8 月,开展全市侨情普查工作。1992 年普查统计,全市有国内外侨务工作对象 4281 户,25240 人。其中:国内 2328 户、12304 人(含侨眷 676 户、3865 人,港澳同胞眷属 896 户、4783 人,外籍华人眷属 756 户、3656 人);国(境)外 1953 户、12936 人(含华侨 440 户、2860 人,外籍华人 746 户、6478 人,港澳同胞 767 户、3598 人),分布在 23 个国家和地区。

据 2010 年侨情普查统计, 全市有国内外侨务工作对象 12895 户,66699 人。其中, 归侨侨眷 7793 户,36630 人,其中归侨、港澳回归人员 82 户、90 人,多是 20 世纪 50~60 年代从印尼、缅甸、泰国、越南等东南亚国家归国的华侨;海外华侨华人及港澳同胞 30069 人,主要分布在美国、加拿大、欧洲、澳洲、日本、东南亚及中国港澳等 32 个国家和地区,从事行业涉及经贸、科技、文教、医疗卫生等诸多领域,有的是所在国政界、商界、文化科技界知名人士。

## 二、侨资企业

1991 年以来,全市以华侨、外籍华人、港澳同胞为主体的外商投资企业(合称“侨资企业”)发展迅速。江西华孚纺织有限公司、九江华亨皮塑有限公司、江西共青中羽制衣有限公司等 5 家企业被评选为 2001~2003 年度“全省明星侨资企业”;赛得利(江西)化纤有限公司、江西上好佳食品工业有限公司、九江福莱克斯有限公司、九江宁丰泰服饰制造有限公司等 18 家企业被评选为 2003~2005 年度“九江市明星侨资企业”;赛得利(江西)化纤有限公司于 2006 年和 2009 年连续两届被国务院侨办评为 2003~2005 年度、2006~2009 年度“全国百家明星侨资企业”,是全省唯一一家 2 次获此殊荣的侨资企业。

2010 年,全市有侨资企业 241 家,占全市外资企业总数 75%;投资总额 151328.29 万美元,占全市外资总投资额 60%;投资规模在 100 万美元以上的有 150 多家。侨资企业涉及服装纺织、食品加工、电力电子、建材化工、房地产、旅游等;投资方来自 20 多个国家和地区,其中香港为多,达 160 余家。侨资企业成为促进市域经济建设和社会发展的重要力量。

## 三、侨界捐赠

**华侨、华人和港澳同胞捐赠** 1991 年以来,华侨、华人和港澳同胞对家乡捐款捐物,扶困济贫,一般每年在 100~500 万元左右。在 1998 年、1999 年连续两年遭受特大洪涝灾害时,海外捐赠款物合计达 8400 万元。至 2010 年,香港同胞沈丙麟多次在九江捐建学校及其附属设施,捐资总额 400 万元。

**1991~2010 年全市接受海外捐赠情况一览**

表 45-7-7　　单位:万元

| 年 份 | 批 次 | 合计金额 | 其中:市外侨办争取 | 年 份 | 批 次 | 合计金额 | 其中:市外侨办争取 |
|---|---|---|---|---|---|---|---|
| 1991 | 8 | 120.65 | 95 | 2001 | 12 | 567.40 | 120 |
| 1992 | 6 | 103.12 | 87 | 2002 | 17 | 678.56 | 310 |
| 1993 | 7 | 115.36 | 90 | 2003 | 19 | 545.32 | 260 |
| 1994 | 10 | 126.56 | 73 | 2004 | 16 | 432.15 | 180 |
| 1995 | 9 | 131.79 | 65 | 2005 | 23 | 567.16 | 159 |
| 1996 | 11 | 168.32 | 82 | 2006 | 20 | 432.87 | 123 |
| 1997 | 16 | 179.45 | 78 | 2007 | 28 | 652.76 | 179 |
| 1998 | 49 | 4567.32 | 3879 | 2008 | 26 | 519.38 | 89 |
| 1999 | 44 | 3786.15 | 2670 | 2009 | 30 | 833.43 | 146 |
| 2000 | 15 | 768.31 | 516 | 2010 | 26 | 1730.23 | 1016 |

**殷氏奖励基金** 1990 年,由美籍华人、华人报业家和社会活动家、美国殷氏企业控股集团董事长殷有为设立殷氏奖励基金,旨在鼓励奋发学习、刻苦钻研、品学兼优的优秀学子,每年奖励全市高考的理科前六名、文科前四名共 10 名学生。1991~2010 年,殷氏奖励基金共举行 10 届颁奖仪式,奖励高考优秀学生 200 名。

**办理侨汇购建房与华侨捐赠** 1991 年,办理侨汇购建房 9 户,解决“农转非”9 人,争取侨汇 6.02 万美元;1992 年,办理侨汇购建房 8 户,解决“农转非”8 人,争取侨汇 5.2 万美元。1993 年,办理、申报华侨捐赠 13 宗,折合人民币 1537.54 万元;1994 年,办理、申报华侨捐赠 5 宗,折合人民币 4156.5 万元;1995 年,办理、申报华侨捐赠 25 宗,折合人民币 4726.1 万元。

## 四、侨务接待

1991~2010 年，市外侨办共接待九江籍华侨、华人和港澳同胞 5488 人次。

### 1991~2010 年全市接待华侨、华人、港澳同胞人次一览

表 45-7-8　　单位：人次

| 年份 | 人次 | 其中 | | 年份 | 人次 | 其中 | |
|---|---|---|---|---|---|---|---|
| | | 华侨、华人 | 港澳同胞 | | | 华侨、华人 | 港澳同胞 |
| 1991 | 138 | 71 | 67 | 2001 | 199 | 83 | 116 |
| 1992 | 123 | 65 | 58 | 2002 | 246 | 71 | 175 |
| 1993 | 196 | 75 | 121 | 2003 | 287 | 94 | 193 |
| 1994 | 236 | 93 | 143 | 2004 | 346 | 77 | 269 |
| 1995 | 217 | 89 | 128 | 2005 | 357 | 86 | 271 |
| 1996 | 312 | 118 | 194 | 2006 | 381 | 84 | 297 |
| 1997 | 313 | 127 | 186 | 2007 | 406 | 91 | 315 |
| 1998 | 115 | 33 | 82 | 2008 | 429 | 128 | 301 |
| 1999 | 108 | 41 | 67 | 2009 | 475 | 106 | 369 |
| 2000 | 146 | 55 | 91 | 2010 | 458 | 95 | 363 |

## 五、重要活动

1993 年 8 月 26 日，首届“炎黄杯”世界华侨华人龙舟系列赛（九江赛区）在市区南门湖举行开幕式。16 支境内外龙舟队的 400 余名运动员及数万市民参加开幕式。1995 年 12 月，国侨办顾问李新浩、副主任李海峰先后到九江视察侨务工作。1996 年 5 月，市海外交流协会成立，国内外 80 多人参加成立大会。

2000 年 4 月，市政府成立市华文教育基地领导小组。2003 年 3 月 21 日，以香港中华文化总会理事长、香港作家联会副会长兼秘书长张诗剑为团长的香港作家访问团到九江考察访问；9 月，市政府举办“海外侨胞江西之行（九江）恳谈会”，邀请来自世界五大洲 18 个国家和地区的 200 多名海外侨胞参会，共签订投资意向书 21 个，资金达 9.5 亿人民币。2004 年 4 月，市外侨办召开全市“五侨”联席会第一次会议。2003 年 10 月 1 日，市海外交流协会第二届理事会会议召开，选举刘积福、蔡晓明为名誉会长，林兴富为会长；10 月 20 日，美洲著名侨领、美洲华侨总会联谊会秘书长黄金泉一行到九江访问考察；10 月 24~27 日，香港福慧慈善基金会董事局主席严宽祜一行到九江、德安、瑞昌等地为其投资 78 万元兴建的 4 所小学剪彩，并为 225 名贫困大中学生资助 8 万元；11 月中旬，国际佛光香港协会副会长邝美云一行专程到九江为该协会捐资兴建的 7 所小学剪彩。2004 年 8 月 9 日，奥地利华人商会会长唐江奇一行到浔考察；8 月 26 日，以澳门归侨总会副会长、澳门缅华互助会会长许国璇为团长的澳门缅华互助会代表团一行 6 人到九江考察访问；9 月 24 日，由中共中央统战部以中华海外联谊会名义邀请的来自 20 多个国家和地区的 40 多位海外华侨华人代表在庐山考察访问；12 月 2~3 日，中国侨联副主席林淑娘一行到修水出席由港商胡国赞投资兴建的总伟侨心小学落成典礼。2005 年 11 月 2~5 日，海峡两岸记者赣鄂联合采访活动团在九江考察、采风。

2006年4月,市委副书记林兴富率侨务经济考察团到南美访问考察;6月,副省长、市委书记赵智勇,市长蔡晓明,副市长冯静、张华等市领导率150多人到香港参加江西(香港)招商引资暨经贸合作活动。2007年1月,由行政长官曾荫权率领的、有100多家制造业及专业服务企业参加的香港特别行政区江西考察团,在省领导吴新雄等陪同下,到九江参观考察。2008年3月,世界华商联合总会会长贺兴桐一行在九江参观考察。11月,市外侨办组织成立全市外语志愿者队伍,有40多名、7种语种(英语、日语、西班牙语、德语、俄语、法语、韩语)志愿者成为首批成员。2009年4月9日,西班牙华人总会会长陈渔光率欧洲华侨华人经济文化考察团在星子县、庐山考察访问;8月23~28日,以市委书记钟利贵为团长的市经贸考察团在台湾进行经贸考察和招商活动。2010年1月,"2010·海外红烛故乡行" 活动在九江举办,来自缅甸的20名长期从事华文教育工作的教师参加。3月23~30日,以市委副书记张学军为团长的市党政代表团应邀在台湾进行访问考察;4月2~4日,九江籍侨领、阿根廷中国和平统一促进会副会长、阿根廷华人进出口商会会长罗超西在九江参观考察;4月9~11日,"2010情满赣鄱——外国友人海外侨胞'走进江西、走进春天'摄影采风活动"在九江举行,在赣外国友人、海外侨胞和摄影记者以及摄影专业工作者、业余爱好者等40余人参加;6月2~3日,"海外主流华文媒体聚焦鄱阳湖生态经济区"活动在九江举行,来自144个国家的19家海外有影响华文媒体代表参加;9月下旬,九江籍美籍华人、美国爱喜福国际集团公司高级主任兼资深顾问、市海外交流协会名誉会长张斌一行考察八里湖新区、九江经济技术开发区、武宁县等地推进工业化、城镇化建设情况;10月22日,台湾工商建研会理事长吴家璘率团到浔进行经贸考察;11月,全市第一家"侨爱新村"在都昌县大港镇大田村挂牌,该村成为全市第一个被国侨办列为"侨爱工程·万侨助万村活动"项目的行政村;12月29日,市外侨办与市侨联、市侨商会联合举办"2011年九江市侨商商会年会暨侨界迎新联谊会"。

# 第八章　行政服务

## 第一节　综合服务

2000年9月,市办证收费服务大厅辟设部门服务窗口26个,办理审批项目50项;2002年8月,市行政服务中心辟设的服务窗口增至39个,办理审批办证项目183项,当年办结各类审批办证事项35470件。从2003年开始,每年4~6月由中心负责组织并提供场所进行企业年检:市商务局牵头,会同市工商局、市国税局、市地税局等7家单位对全市外资企业进行联合年检;市工商局牵头,组织浔阳区、庐山区、开发区工商分局对内资企业进行联合年检。当年5月,中心开始实行工作限时制度,要求各窗口对受理的审批办证事项必须严格按照时限予以批复、出件、出证,除建设工程规划许可证办结时限为15天外,其余事项均在5个工作日内办结。同时,中心与市文明办联合开展"文明窗口(中心、大厅)"创评活动,与市人事局联合印发《关于各单位驻市行政服务中心工作人员考核工作的通知》,并定期编印《督查通报》。2005年,中心创建窗口工作人员星级评定机制,调整进驻窗口为36个、审批办证项目171项;当年办结29342件事项。2007年,中心进驻窗口增至43个,审批办证项目增至218项;5月,启动"两集中、两到位"工作,各部门将行政许可、审批审核、核准备案和程序性办理的行政许可服务事项和工作人员进行集中整合,设立专门承担行政许可职能的内设机构——行政许可服务科,成建制进驻中心;9月,中心设立电子评议器,联合媒体开展网上评议活动,向社会公示各窗口服务质量的客户反馈情况;当年办结各类事项31932件。

2009年2月,开始组织实施政务公开、服务行为、服务质量、窗口管理4个方面的标准化建设。3月,组织各窗口单位对行政许可事项、投资项目、审批事项和行政审批时间进行全面梳理,其中行政审批项目精简率37.7%,投资项目精简率39.3%,审批时间全部在原承诺基础上再缩减30%以上。6月,市政府将市房产交易办证服务大厅、市公安局交警支队车辆管理所办证大厅、市烟草专卖局行政服务中心、九江供电公司市区分公司长虹路营业厅、九江供电公司市区分公司长征路营业厅、市地方税务局办税服务厅、市出入境检验检疫局报检大厅、市社会保险服务大厅、九江海关报关厅、市住房公积金管理中心、市人才交流服务中心、市人力资源市场、市契税征收管理所、市公安局出入境管理处、市国家税务局直属税务分局办税服务厅、市国家税务局车辆购置税征收分局共16家部门专业办事大厅及分中心全部纳入市行政服务中心兼管,对其工作效能、服务质量、公示承诺等制度进行监督管理,并进行业务指导、工作协调和综合考核。当年,进驻中心的审批办证事项增至333项,占市本级保留和省下放、委托审批总量的83.9%,基本实现市本级行政服务窗口"一站式"办结制。团省委授予中心2008~2009年度省级"青年文明号"集体称号。

2010年,市行政服务中心进驻窗口43个、审批办证项目333项;全年办结各类事项48395件,收费近3.64亿元,均创历史最高。

**2002~2010年市行政服务中心进驻窗口、项目和办结、收费一览**

表45-8-1　　　　单位:个、项、件、万元

| 年 份 | 进驻窗口 | 进驻项目 | 办结数量 | 收费金额 |
|---|---|---|---|---|
| 2002 | 39 | 183 | 35470 | 4751 |
| 2003 | 39 | 183 | 30374 | 22300 |
| 2004 | 39 | 183 | 39781 | 11909 |
| 2005 | 36 | 171 | 29342 | 8366 |
| 2006 | 36 | 171 | 31455 | 18346 |
| 2007 | 43 | 218 | 31932 | 15733 |
| 2008 | 43 | 218 | 31555 | 5948 |
| 2009 | 43 | 333 | 35574 | 18005 |
| 2010 | 43 | 333 | 48395 | 36372 |
| 合 计 | | | 313878 | 141730 |

## 第二节　交易管理

### 一、平台建设

2008年8月,市公共资源交易中心成立后,注重加强交易平台建设,建成办公区、信息发布区、报名区、封闭式评标区、开标区、公共场所实时监控显示区和电子监控室、评标专家现场抽取室,其中封闭式评标区设评标室5个;开标区设有大、中、小型场地3个,可以同时进行3个以上项目及300多人的各项交易活动;购置评标专家指纹识别系统、通信工具屏蔽系统、答辩变音频对讲系统等设施设备,开通"九江市公共资源交易网站"。

2009年6月,市政府出台《九江市组建县(市、区)公共资源交易中心的意见》。全面启动县、乡两级公共资源交易平台的建设工作。11月,市公共资源交易中心自筹资金15万余元,建立建设工程交易电子评标室2个,市本级交易平台布局规范、设施配套、技术服务保障有力,实现交易各方活动集中有序、

规范保密和封闭管理的要求。至年底,全市所有县(市、区)和204个乡(镇),均已建成公共资源交易中心和交易站,形成市、县、乡三级公共资源交易的平台网络。

## 二、交易成果

2008年8月29日至12月31日,市公共资源交易中心共发布各类信息613次,总交易量251宗,总交易额为12.9426亿元。其中,建设工程交易61宗,交易额8.49亿元,资金节约率13.9%;国有土地出让9宗,成交额4.3亿元,最大增值率81%;进行政府采购181宗,采购金额1508.09万元,资金节约率均评为10.3%。

2009年,市交易中心共发布各类交易信息1916条,总交易量924宗,总交易额52.52亿元。其中,建设工程交易265宗,标底价40.06亿元,交易额34.41亿元,降低工程造价5.65亿元,资金节约率14.29%;政府重大项目36个,交易额9.71亿元。降低工程造价2.5亿元,平均降低造价率19.87%;国有土地出让31宗,总面积140.96公顷,成交总价17.53亿元、增值率11%;政府采购626宗,采购金额5820.54万元,节约金额630.35万元,资金节约率10%;产权交易2宗,成交额1157万元。

2010年,市中心共发布各类信息1724条,总交易量857宗,总成交额95.77亿元。其中,政府采购484宗,成交额5249万元,平均资金节约率10%;国有土地出让16宗,成交面积142.44公顷,成交额38.22亿元,平均增值率39.74%,最大增值率113.79%;建设工程交易352宗,成交额57.02亿元,降低工程造价9.31亿元,资金节约率16.32%,其中政府重大项目227个,交易额24.07亿元。降低工程造价8.9亿元,平均降低造价率37.38%;产权交易5宗,交易额9.03万元。

至2010年12月,市公共资源交易中心共完成总交易量2032宗、总交易额161.23亿元。

# 第四十六篇

# 政治协商会议

# 第四十六篇 政治协商会议

1991年以来,市各级党委、政府重视和支持政协工作,把政协工作纳入重要议事日程,定期听取政协工作汇报,专题研究部署政协工作;坚持和不断完善政治协商、民主监督、参政议政制度,支持政协履行职能;重视和加强政协干部队伍建设,增强政协工作活力;加大对政协活动、参政议政成果的宣传力度,形成有利于人民政协事业发展良好舆论氛围。

全市各级政协组织以邓小平理论和“三个代表”重要思想为指导,深入贯彻落实科学发展观,高举中国特色社会主义伟大旗帜,突出团结和民主两大主题,切实增强履行政协三大职能的责任感和使命感,围绕大政方针推进政治协商,做好提案工作,办理来信来访,搞好专题调研和专题议政视察活动,加强与“三胞”的联系,开展形式多样的海外联谊和宣传活动,组织理论研究和教育活动,征集文史资料,联系指导县(市、区)政协和历届委员联谊活动,各项工作取得显著成绩。

至2010年,政协九江市委员会历经第九届至第十三届,共有委员2071名,召开全体委员会议21次;常务委员314名,召开常务委员会会议104次。市政协共组织开展委员专题视察20批次、44个专题,向市委、市政府呈送专题视察报告42份;组织专题调研48批次,呈送专题调研报告60份;提出委员提案7391件;收集、整理并编发《社情民意反映》398期;编印出版《九江文史资料》18辑。

# 第一章　政协委员

## 第一节　委员产生

### 一、县(市、区)政协委员

1991~2010年,全市有县(市、区)历届政协委员9721名。2010年,各县(市、区)政协委员有2392名,其中:浔阳区政协190名,庐山区政协199名,修水县政协260名,武宁县政协189名,瑞昌市政协215名,九江县政协182名,永修县政协192名,德安县政协169名,星子县政协180名,湖口县政协171名,彭泽县政协208名,都昌县政协237名。

### 二、市政协委员

第九届委员会,初由353名委员组成,后经3次增减,共有委员386名。第十届委员会成立时委员353名,经3次增补后为423名。第十一届委员会第一次全体会议时委员392名,经4次增减,至第五次全体会议时委员总数为413名。第十二届委员会最初有委员460名,经2次增减后为480名。第十三届委员会第一次全体会议时委员480名,经5次增减,至第六次全体会议时的委员总数为500名。5届市政协委员共2071人/届次。

### 三、省政协委员

1991年,省政协第六届委员会九江市有委员30名;1993年,省政协第七届委员会市有委员32名;1998年,省政协第八届委员会市有委员32名;2003年,省政协第九届委员会市有委员32名;2008年,省政协第十届委员会市有委员32名。5届省政协委员共154人/届次。

### 四、全国政协委员

1993~2003年,九江民生集团有限公司董事长兼总经理王翔,先后当选第八、第九、第十届全国政协委员会委员。

## 第二节　委员界别

1991年起,市政协委员界别设置随着社会阶层变化和形势发展而有所改变。第九届委员会共设置27个界别,分别为:中共、民革、民盟、民建、民进、农工党、九三学社、无党派人士、总工会、共青团、妇联、工商联、青联、侨联、台联、文化艺术、科技、社会科学、农林、教育、体育、新闻出版、医药卫生、社会福利、少数民族、宗教、特邀。第十届委员会增设经济界和科协界,把“社会福利”改称“社会救济福利”,界别由27个增加到29个;同时,还特别邀请3位香港地区人士担任本届委员。第十一届委员会将“农林”改为“农业”“社会救济福利”名称改回为“社会福利”,界别设置仍为29个。第十二、十三届委员会界别设置未变。

## 市政协第九届至第十三届委员会各界别委员人数一览

表 46-1-1　　　　单位：人

| 界别 | 第九届 | | 第十届 | | 第十一届 | | 第十二届 | | 第十三届 | |
|---|---|---|---|---|---|---|---|---|---|---|
| | 人数 | 比例 | 人数 | 比例 | 人数 | 比例 | 人数 | 比例 | 人数 | 比例 |
| 中 共 | 20 | 5.67 | 20 | 5.67 | 20 | 5.10 | 22 | 4.78 | 22 | 4.58 |
| 民 革 | 15 | 4.25 | 14 | 3.97 | 15 | 3.83 | 16 | 3.48 | 16 | 3.33 |
| 民 盟 | 18 | 5.10 | 18 | 5.10 | 18 | 4.60 | 19 | 4.13 | 19 | 3.96 |
| 民 建 | 10 | 2.83 | 10 | 2.83 | 12 | 3.06 | 13 | 2.83 | 13 | 2.71 |
| 民 进 | 5 | 1.42 | 5 | 1.42 | 9 | 2.30 | 10 | 2.17 | 10 | 2.08 |
| 农工党 | 16 | 4.53 | 15 | 4.25 | 17 | 4.34 | 19 | 4.13 | 19 | 3.96 |
| 九三学社 | 6 | 1.70 | 7 | 1.98 | 9 | 2.30 | 10 | 2.17 | 10 | 2.08 |
| 无党派人士 | 7 | 1.98 | 5 | 1.42 | 8 | 2.04 | 12 | 2.61 | 15 | 3.13 |
| 总工会 | 14 | 3.97 | 10 | 2.83 | 10 | 2.55 | 11 | 2.39 | 11 | 2.29 |
| 共青团 | 8 | 2.27 | 6 | 1.70 | 5 | 1.28 | 6 | 1.30 | 6 | 1.25 |
| 青 联 | 4 | 1.13 | 3 | 0.85 | 5 | 1.28 | 6 | 1.30 | 6 | 1.25 |
| 妇 联 | 14 | 3.97 | 10 | 2.83 | 10 | 2.55 | 11 | 2.39 | 11 | 2.29 |
| 工商联 | 13 | 3.68 | 14 | 3.97 | 20 | 5.10 | 29 | 6.30 | 31 | 6.46 |
| 科 协 | | | 9 | 2.55 | 10 | 2.55 | 11 | 2.39 | 12 | 2.50 |
| 侨 联 | 5 | 1.42 | 4 | 1.13 | 5 | 1.28 | 6 | 1.30 | 11 | 2.29 |
| 台 联 | 12 | 3.40 | 11 | 3.12 | 10 | 2.55 | 10 | 2.17 | 10 | 2.08 |
| 文化艺术 | 15 | 4.25 | 8 | 2.27 | 9 | 2.30 | 9 | 1.96 | 11 | 2.29 |
| 科 技 | 31 | 8.78 | 19 | 5.38 | 22 | 5.61 | 24 | 5.22 | 24 | 5 |
| 社会科学 | 10 | 2.83 | 7 | 1.98 | 7 | 1.79 | 10 | 2.17 | 10 | 2.08 |
| 经 济 | | | 15 | 4.25 | 24 | 6.12 | 30 | 6.52 | 33 | 6.88 |
| 农业(林) | 14 | 3.97 | 15 | 4.25 | 16 | 4.08 | 17 | 3.69 | 17 | 3.54 |
| 教 育 | 27 | | 20 | 5.67 | 22 | 5.61 | 23 | 5.00 | 23 | 4.79 |
| 体 育 | 2 | 0.57 | 2 | 0.57 | 5 | 1.28 | 5 | 1.09 | 5 | 1.04 |
| 新闻出版 | 4 | 1.13 | 5 | 1.42 | 6 | 1.53 | 6 | 1.30 | 6 | 1.25 |
| 医药卫生 | 23 | 6.52 | 16 | 4.53 | 17 | 4.34 | 18 | 3.91 | 18 | 3.75 |
| 社会福利 | 3 | 0.85 | 3 | 0.85 | 5 | 1.28 | 5 | 1.09 | 5 | 1.04 |
| 少数民族 | 10 | 2.83 | 10 | 2.83 | 10 | 2.55 | 10 | 2.17 | 10 | 2.08 |
| 宗 教 | 8 | 2.27 | 8 | 2.27 | 9 | 2.30 | 10 | 2.17 | 9 | 1.88 |
| 特 邀 | 66 | 18.70 | 65 | 18.41 | 57 | 14.54 | 82 | 17.83 | 87 | 18.13 |
| (香港同胞) | | | 3 | 0.85 | | | | | | |
| 委员总数 | 353 | 100 | 353 | 100 | 392 | 100 | 460 | 100 | 480 | 100 |

# 第二章 市政协全体委员会议

## 第一节 第九届全体委员会议

### 一、第四次会议

1991年2月26~30日在九江甘棠湖宾馆召开。应到委员385人,实到304人。会议听取并审议通过副主席丁启范所做的常委会工作报告和副主席沈振铭所做的提案工作情况的报告。列席市九届人大四次会议,听取和讨论市委书记钟起煌的讲话和市政府代市长彭宏松关于《政府工作报告》的说明;协商讨论《政府工作报告》和其他报告;增选向腊玉(女)、谭义骅为市政协第九届委员会副主席;表决通过会议的决议。

### 二、第五次会议

1992年3月12~16日在九江甘棠湖宾馆召开。应到委员386人,实到委员314人。会议听取和审议通过副主席张作孚所做的常委会工作报告和副主席沈振铭所做的提案工作情况的报告;列席市九届人大五次会议,听取和讨论市长彭宏松所做的《政府工作报告》和其他报告;补选康远林为常务委员。

### 三、第六次会议

1993年1月11~15日在九江甘棠湖宾馆召开。应到委员388人,实到委员291人。会议听取和审议通过副主席向腊玉所做的常委会工作报告和副主席沈振铭所做的提案工作情况的报告;列席市九届人大六次会议,听取并讨论市长戚善宏所做《政府工作报告》和其他报告;增选许光正为委员会副主席,罗强为常务委员;表彰在本届政协工作中做出显著成绩的13个先进集体、71名先进工作者和15件优秀提案。

## 第二节 第十届全体委员会议

### 一、第一次会议

1994年1月22~26日在九江实华宾馆召开。应到委员352人,实到委员332人。会议听取和审议通过主席团常务副主席向腊玉所作政协九江市第九届委员会常务委员会工作报告,审议市政协提案委员会关于5年任期内提案工作情况的总结报告(书面);通过本次会议提案审查情况的报告;选举产生市政协第十届委员会常务委员会。常委会由63名成员组成,陈绍铨任主席,段德虞、向腊玉(女)、谭义骅、李英越、高朝曦、杜万安任副主席,高玉才任秘书长。

### 二、第二次会议

1995年1月16~19日在九江实华宾馆召开。应到委员386名,实到委员324名。会议审议并通过副主席段德虞所作常委会工作报告和副主席李英越所作十届一次会议以来提案工作情况的报告;通过本次会议提案审查情况的报告;增选周仰文为副主席,万仞山、王玉坤等8人为常务委员。

### 三、第三次会议

1996年1月28~31日在九江实华宾馆召开。应到委员402名,实到336名。会议审议并通过副主席周仰文所作常委会工作报告和副主席李英越所作市政协十届二次会议以来提案工作情况的报告;列席市人大十届三次会议,协商讨论《政府工作报告》《九江市国民经济和社会发展第九个五年计划及2010

年远景规划纲要》和其他报告；选举李英越为委员会秘书长(兼)；表彰市政协十届一次会议以来的优秀提案；通过本次会议提案审查情况的报告。市委书记熊承忠作《万众一心跨世纪奋斗，迎接和创造九江新的辉煌》的形势报告。

### 四、第四次会议

1997 年 1 月 23~26 日在九江实华宾馆召开。应到委员 423 人，实到 320 人。会议听取和审议副主席谭义骅所作常委会工作报告和副主席李英越所作市政协十届三次会议以来提案工作情况的报告；增选霍伟光为副主席，叶寿颐、饶凯等 6 人为常务委员；表彰市政协十届三次会议以来的优秀提案；通过本次会议提案审查情况的报告。

### 五、第五次会议

1998 年 1 月 3~6 日在九江实华宾馆召开。应到委员 423 人，实到委员 356 人。会议听取并审议副主席霍伟光所作常委会工作报告和副主席李英越所作市政协十届四次会议以来提案工作情况的报告；表彰市政协十届四次会议以来优秀提案和 1997 年度反映社情民意先进个人；通过本次会议提案审查情况的报告。

## 第三节　第十一届全体委员会议

### 一、第一次会议

1999 年 1 月 19~23 日在九江人民影剧院召开。应到委员 392 名，实到 352 人。会议听取和审议政协九江市第十届委员会常务委员会工作报告和关于五年来提案工作情况的报告；表彰市政协十届五次会议以来优秀提案和 1998 年度反映社情民意先进个人；通过本次会议提案审查情况的报告；选举市政协第十一届委员会常务委员。常委会由 65 名成员组成，史之汉任主席，程来安、向腊玉(女)、高朝曦、林耀兴、彭群林(女)、熊炎松、姚果源、黄章干、王际民任副主席，周清西任秘书长。

### 二、第二次会议

2000 年 1 月 25~28 日在九江人民影剧院召开。应到委员 394 人，实到 353 人。会议听取和审议副主席程来安所作市政协常委会工作报告和副主席向腊玉所作市政协十一届一次会议以来提案工作情况的报告；表彰十一届一次会议以来优秀提案和 1999 年度反映社情民意先进个人；通过本次会议提案审查情况的报告。

### 三、第三次会议

2001 年 1 月 11~13 日在九江人民影剧院召开。应到委员 405 人，实到委员 390 人。会议审议并通过副主席程来安所作常委会工作报告和副主席向腊玉所作市政协十一届二次会议以来提案工作情况的报告；增选王华林等 3 人为市政协第十一届委员会常务委员；表彰十一届二次会议以来的优秀提案和 2000 年度反映社情民意先进集体和先进个人；通过本次提案审查情况的报告。

### 四、第四次会议

2002 年 4 月 22~25 日在九江人民影剧院召开。应到委员 415 人，实到委员 393 人。会议审议并通过副主席向腊玉所作常委会工作报告和副主席姚果源所作市政协十一届三次会议以来提案工作情况的报告；表彰 1999~2001 年度优秀市政协委员；表彰十一届三次会议以来的优秀提案及 2001 年度反映社情民意先进集体和先进个人；会议同意程来安辞去市政协第十一届委员会副主席职务；选举赵登荣(女)、安珍清、杜万安为副主席，王恩光、叶萍(女)等 6 人为常务委员；通过本次会议提案审查情况的报告。

### 五、第五次会议

2003 年 3 月 14~17 日在九江人民影剧院召开。应到委员 413 人，实到 384 人。会议审议并通过副主席赵登荣所作常委会工作报告和副主席向腊玉所作市政协十一届四次会议以来提案工作情况的报告；表彰十一届四次会议以来优秀提案和2002年度反映社情民意先进集体和先进个人；同意王际民辞去市政协第十一届委员会副主席职务、周清西辞去秘书长职务；选举增补艾宏盛为副主席，黄兰为秘书长，卢志鹏、释辉悟、蔡卫宁为常务委员；通过本次会议提案审查情况的报告。

## 第四节　第十二届全体委员会议

### 一、第一次会议

2004年2月27日至3月1日在九江人民影剧院召开。应到委员460名，实到435人。会议听取和审议主席团常务副主席赵登荣受市政协第十一届委员会常务委员会委托所作工作报告；审议政协九江市第十一届委员会常务委员会关于五年来提案工作情况的报告(书面)；表彰2002~2003年度优秀市政协委员、市政协十一届五次会议以来优秀提案和2003年度反映社情民意先进集体和先进个人；选举政协九江市第十二届委员会常务委员会；通过市政协十二届一次会议提案审查情况的报告。选举产生的第十二届常委会委员64人；胡春如(女)任主席，赵登荣(女)、安珍清、杜万安、黄章干、艾宏盛、魏改生、卢志鹏、曹岩波(女)任副主席，胡元斌任秘书长。

### 二、第二次会议

2005年2月28日至3月2日在九江人民影剧院召开。应到委员466人，实到423人。会议审议通过副主席赵登荣所作常委会工作报告和副主席魏改生所作市政协十二届一次会议以来提案工作情况的报告；表彰十二届一次会议以来优秀提案和2004年度反映社情民意先进集体和先进个人；就“建设昌九工业走廊，推进沿江发展”“坚持科学发展观，进一步提升魅力城市地位”“进一步发展壮大民营经济”等5个专题进行联组讨论；通过本次会议提案审查情况的报告。

### 三、第三次会议

2006年2月15~17日在九江人民影剧院召开。应到委员480人，实到469人。会议审议通过副主席赵登荣所作常委会工作报告和副主席魏改生所作市政协十二届二次会议以来提案工作情况的报告；专题协商讨论“3+1”战略和“十一五”规划纲要；表彰2004~2005年度优秀市政协委员、十二届二次会议以来优秀提案和2005年度反映社情民意先进集体和先进个人；通过本次会议提案审查情况的报告。

## 第五节　第十三届全体委员会议

### 一、第一次会议

2006年12月4~7日在九江白水明珠会议中心召开。应到委员480名，实到445人。会议听取并审议主席团常务副主席赵登荣受第十二届市政协常务委员会委托所作工作报告；审议市政协第十二届常务委员会关于2004~2006年提案工作情况的报告(书面)；表彰市政协十二届三次会议以来优秀提案、征集提案先进单位以及提案办理先进单位，表彰2006年度反映和办理社情民意先进集体(单位)、先进个人和“十佳短信”；通过本次会议提案审查情况的报告；选举产生政协九江市第十三届委员会常务委员会。常委会委员72名；程来安任主席，陈晖、赵登荣(女)、魏改生、卢志鹏、徐少伟、纪岗昌、陶春元、王翔任副主席，胡元斌任秘书长。

### 二、第二次会议

2007年4月9~11日在九江白水明珠会议中心召开。会议听取和审议市政协主席程来安所做的常务委员会工作报告；听取和协商讨论市政协“弘扬九江文化”4个专题调研报告(“休闲文化”调研组《用大文化串起环庐山旅游休闲的“钻石项链”》、“饮食文化”调研组《以“浔阳鱼宴”为品牌，让九江餐饮消费市场“火”起来》、“历史文化”调研组《弘扬历史文化的一项重大而紧迫的任务》，“城市建设文化”调研组《把握传统与现代的融合，提升九江城市建设文化品位》）；补选洪华为常务委员；审议通过本次会议提案审查情况的报告和会议决议。

**三、第三次会议**

2008 年 1 月 5~8 日在九江白水明珠会议中心召开。会议听取和审议主席程来安所作常委会工作报告；听取和审议副主席魏改生所作关于市政协十三届一次、二次会议以来提案工作情况的报告；听取市政协 4 个专题调研组和九三、民建、民盟、浔阳区政协的大会发言；补选第十三届委员会常务委员。市委书记在大会闭幕时发表讲话。

**四、第四次会议**

2009 年 2 月 22~25 日在九江白水明珠会议中心召开。会议听取和审议主席程来安代表市政协常委会所作工作报告、副主席魏改生所作关于市政协十三届三次会议以来提案工作情况的报告；听取李春林、张绪佑、王晓霓等 9 位委员大会发言。会议对 2007~2008 年度优秀市政协委员、2008 年度优秀提案、征集提案和办理提案先进单位、2008 年反映社情民意先进集体和先进个人进行表彰。补选洪华为委员会秘书长，叶平、李军(女)、李烈勇、胡云兴、龚兴友为常务委员。

**五、第五次会议**

2010 年 1 月 17~21 日在九江白水明珠会议中心召开。会议听取和审议主席程来安代表市政协常委会所作工作报告，副主席魏改生所作关于市政协十三届四次会议以来提案工作情况的报告；听取江训忠、余修德、陶春元等 10 位委员大会发言；补选朱忠玲为副主席，邱黎明(女)、陈新建、黄大明为常务委员；审议通过本次会议提案审查情况的报告和会议决议。

# 第三章　市政协常务委员会会议

## 第一节　第九届常务委员会会议

1991 年 2 月至 1993 年 7 月，第九届委员会常务委员会先后召开第十五次至第三十次共 16 次会议：

1991 年 2 月 6~7 日召开第十五次会议，传达学习中共十三届七中全会精神和省委九届二次会议精神，《中共中央关于制定国民经济和社会发展十年规划和“八五”计划的建议》以及中共中央总书记江泽民、国务院总理李鹏重要讲话；通过市政协《关于学习贯彻党的七中全会和省委九届二次全会精神的决议》；审议通过《关于召开市政协九届四次会议的决定》和常委会工作报告(讨论稿)；审议通过市科协为市政协组成单位和市归侨界改为归国华侨联合会并为市政协组成单位的决定；协商增补康远林等4 人为市政协九届委员会委员；审议通过市政协《关于纪念辛亥革命 80 周年的决定》。6 月 4~5 日第十七次会议学习贯彻全国人大、政协七届四次会议精神和省人大七届四次、省政协六届四次会议以及中共九江市委六届二次会议精神；听取市政府副市长霍伟光关于全市工业交通战线开展“质量、品种、效益年”活动的情况通报，协商讨论提高全市工业效益问题；听取市政协调查组关于电子工业系统经济效益情况的调查报告，关于国棉四厂情况的调查报告，关于九江轻机厂的调查情况报告，关于市针织内衣厂、国棉三厂经济效益调查情况的汇报，关于九江铜硫矿调查情况和亟待解决问题的汇报，关于九江磷肥厂、油化厂、九江钢厂经济效益情况的调查报告，关于上海、苏州等地考察情况的汇报。通过任命杨世和(女)为市政协第九届委员会学习委员会副主任。8月29~31日第十八次会议学习贯彻江泽民在纪念中国共产党成立70周年大会上的讲话;听取市科委关于“科技兴农”“科技兴企”工作情况汇报,协商讨论“科教兴市”问题;任命王龙宝为市政协办公室副主任。会议同意印发市政协调查组关于加快发展教育事业、关于“科技兴农”情况的调查报告。市政府副市长康晋益应邀出席会议并讲话。12月3~4日第十九次会议学习中共十三届八中全会公报;听取市农经委关于全市今年农业生产和农业开发情况的汇报;协商讨论进一步推进农业开发、调整农业生产结构问题,形成《关于农业开发及结构调整中几个问题的建议案》。

1992年1月21~23日召开第二十次会议,学习中共中央工作会议和党的十三届八中全会以及省委九届三次全委(扩大)会议,市委六届三次全委(扩大)会议精神和《中共中央关于进一步加强农业和农村工作的决定》;协商讨论市政府工作报告和国民经济计划报告的征求意见稿;审议通过《关于学习贯彻中共十三届八中全会精神的决议》;听取市政府副秘书长周清西关于九江市主办第六届全国“屈原杯”龙舟赛、中国“庐山杯”国际龙舟邀请赛组织准备的汇报。2月25日第二十一次会议传达学习省委书记毛致用在九江视察时的讲话和省长吴官正在省直机关动员大会上《推进改革开放,加快经济发展》的讲话;协商决定增补曹聚林等7人为市政协九届委员会委员。4月21~23日第二十三次会议学习中共中央政治局全体会议精神;协商讨论加强社会主义精神文明建设,为办好“双杯”龙舟赛服务;审议通过《市政协提案工作条例(草案)》。听取市政府副市长王文敬关于精神文明建设活动开展情况的通报和市司法局关于全市“二五”普法情况的汇报。印发市政协4个视察组关于迎接“双杯”龙舟赛的文化旅游准备工作情况、安全保卫和交通管理情况、整顿市容市貌和环境卫生情况、接待服务工作准备情况等视察报告。7月6~7日第二十四次会议听取市经委关于今年上半年全市工业生产情况的通报;协商讨论深化企业改革、转换经营机制、提高大中型企业经济效益问题;协商讨论市政府《关于加强与市政协日常工作联系的试行办法》(征求意见稿);审议召开全市政协系统先进集体、先进个人表彰会的有关事项。市政府副市长王军文应邀出席会议。10月20~21日第二十五次会议听取市计委关于建设“昌九工业走廊”进展情况的通报并进行协商讨论。会议印发市政协调查组《共青开放开发区情况调查》《视察昌九工业走廊永修段的思考与建议》《关于庐山区“工业走廊”建设的考察报告》《关于视察浔阳区策应昌九工业走廊建议情况的汇报》《关于视察德安情况的汇报》;传达省政协报刊发行和信息工作会议精神。

1993年3月30~31日召开第二十八次会议,学习全国政协主席李瑞环在全国政协八届一次会议上的开幕词;听取市体改委关于建立社会主义市场经济体制情况的汇报,协商讨论加快建立市场经济体制问题;通过免去徐自林市政协祖国统一海外联谊委员会副主任职务;印发市政协4个调查组的《九棉三厂、市乡镇企业局、农垦局企业走向市场的调查报告》《关于工商局等四个部门为建立市场经济进行改革的调查报告》《瑞昌市大力培育发展农村市场经济的调查报告》和《关于对商业、供销、物资部门建立市场经济体制的调查情况报告》。5月19~20日第二十九次会议听取市政府副市长张金林《关于今年农业和农村工作情况的通报》,协商讨论加快调整农业内部结构,发展“三高”农业,促进乡镇企业上新台阶的问题。会议印发市政协4个调查组的《对彭泽县发展“三高”农业的调查报告》《永修县农业结构调整的调查报告》《瑞昌市调整农业内部结构的调查报告》,形成《加快调整农业内部结构、发展“三高”农业的建议案》。7月14~15日第三十次会议学习全国政协主席李瑞环、省政协主席刘方仁的重要讲话;听取市政府领导关于贯彻落实《中华人民共和国义务教育法》,进一步推动全市教育改革的深入和教育事业发展的通报;通过任命王宪章为市政协第九届委员会文史资料研究委员会主任,王龙宝为副秘书长;听取市教育局《关于我市教育工作情况的通报》;听取市政协到武宁、庐山、德安和市直4个教育调查组的汇报。市政府副市长康晋益应邀到会。

## 第二节 第十届常务委员会会议

1994年3月至1999年1月，第十届委员会常务委员会先后召开第一次至第二十五次共25次会议：

1994年3月15~16日召开第一次会议，学习传达全国、全省政协会议和全市经济、统战工作会议精神；审议通过市政协第十届委员会常务委员会《1994年工作要点》；审议通过市政协第十届常委会议、主席会议、秘书长会议《议事规则》；审议通过市政协第十届委员会各专委会实行联合办公的决定；审议通过市政协第十届委员会各专委会主任、副主任、委员名单和其他人事任免事项。市委书记彭宏松到会并讲话。

1994年6月15~16日召开第二次会议，听取和协商讨论市政府常务副市长徐明华所作《关于今年以来全市经济工作情况的通报》和副市长余秉绶所作《关于近期全市工业生产情况的通报》；讨论市政协《关于我市个体私营经济发展情况的调查报告》；听取副主席李英越关于18城市政协横向联系座谈会情况的汇报；通过许振南任市政协文史资料委员会副主任的人事任命。9月14~15日第三次会议听取副主席霍伟光所作《关于九江市招商引资情况的通报》；听取和讨论市外经贸局《关于我市今年利用外资情况的汇报》和《关于我市招商引资，发展“三资”企业的情况报告》。11月22~23日第四次会议学习中共十四届四中全会精神；传达省委、市委全体(扩大)会议精神；听取和讨论市政府市长戚善宏所作《关于我市今年以来经济发展形势和重点工程建设情况的通报》；研究部署市政协委员视察工作；传达连云港市召开的全国18城市政协工作联系会议精神。

1995年3月6~7日召开第七次会议，学习中共中央总书记江泽民《为促进祖国统一大业的完成而继续奋斗》重要讲话；听取市政府副市长程水凤和市台办主任黄河通报当前对台工作形势和情况；学习全国政协《关于政治协商、民主监督、参政议政的规定》；讨论市政协常委会《1995年工作要点》及开展科技调查的有关事项。6月12~13日第八次会议学习中共中央、国务院《关于加强科学技术进步的决定》和江泽民、李鹏等中央领导同志在全国科学技术大会上的重要讲话；听取市政府副市长张华东《关于今年以来我市农业生产情况的通报》；听取市科委通报九江市贯彻落实中央、国务院《关于加强科学普及工作的若干意见》的情况；协商讨论市政协《关于我市加速科技进步、促进经济发展的情况报告》。10月5~6日第九次会议学习中共十四届五中全会精神；传达省、市党代会精神；听取市政府常务副市长徐明华《关于今年以来我市经济形势的通报》并进行讨论；协商讨论市政协《关于我市部分工业企业生产情况的调查》。

1996年1月9~10日召开第十次会议，听取并讨论市政府常务副市长徐明华通报的《1995年全市经济工作情况》；听取市政协各专委会关于组织委员视察情况的汇报；通过人事任免名单；协商增补市政协委员。3月27~28日第十二次会议传达贯彻全国政协八届四次会议精神；审议通过《九江市政协专门委员会工作条例》《九江市政协常务委员会组成人员守则》和《九江市政协常委会1996年工作要点》。6月27~28日第十三次会议听取市委副书记、市“严打”工作领导小组组长余松生《关于我市开展“严打”工作情况的报告》；听取市政府副市长程水凤《关于我市招商引资和投资环境整治情况的报告》；听取市直有关部门负责人关于市容环境、投资环境整治情况的通报；听取市政协调查组《关于我市“三大整治”调查情况的汇报》；通过人事任免事项。9月27~28日第十四次会议传达贯彻市委七届三次会议精神；审议通过《政协九江市委员会关于政治协商、民主监督、参政议政的实施办法》。

1997年1月7~8日召开第十五次会议，听取市政府副市长杜万安所作《关于1996年全市经济工作情况的通报》；增补政协第十届委员会委员22人。1月25日召开第十六次会议，市委常委、组织部部长段景来到会通报市政协人事安排。会议审议通过市政协十届四次会议增补1名副主席、6名常务委员候选人的建议名单；听取副主席段德虞《关于政协九江市第十届委员会常委会变动后组成情况的说明》。6

月19~20日第十八次会议听取市政府副市长裴真《关于我市今年上半年经济工作形势的通报》;听取市体改委负责人通报关于企业改制的情况;协商讨论市政协《关于九江市旅游业发展状况的调查报告》;通过人事任免事项。9月29~30日第十九次会议学习并讨论中共中央总书记江泽民在中共十五大会议上的讲话;传达省委、市委全委会(扩大)会议精神;协商讨论并通过《政协九江市委员会提案工作条例》(修订稿);通过孔祥文任市政协庐山联络处副主任职务。

1998年3月24~25日召开第二十二次会议,传达全国"两会"精神并进行座谈讨论;协商讨论市政协《关于我市再就业工程的调查报告》。7月22~23日召开第二十三次会议,听取市委常委、农工部书记张华东《关于我市抗洪抢险救灾情况的通报》;听取副主席李英越《关于开展"优化投资环境,推动经济发展"调查活动有关工作情况的报告》;听取市委政法委、市工商局、市国税局、市地税局负责人关于本系统开展对干部、职工队伍教育整顿和思想作风建设情况的通报;协商讨论市政协调研组《关于我市部分执法部门公众形象状况的调查报告》。10月13日第二十四次会议听取和协商讨论市政府代市长刘积福《关于今年我市抗洪抢险救灾工作和经济形势的通报》。

1999年1月12~13日召开第二十五次会议,协商讨论《政府工作报告》(征求意见稿)、《政协九江市第十届委员会常委会工作报告》(征求意见稿)、《政协九江市第十届委员会关于五年来提案工作情况的报告》(征求意见稿);通过《关于召开政协九江市第十一届委员会第一次会议的决定》;协商通过政协九江市第十一届委员会委员名单。

## 第三节 第十一届常务委员会会议

1999年3月至2004年2月,第十一届委员会常务委员会共召开24次会议,即第一次至第二十四次会议:

1999年3月18~19日召开第一次会议,听取全国政协委员王翔传达全国"两会"精神;协商讨论《政协九江市第十一届委员会常委会1999年工作要点》;审议通过《常委会工作规则》和《常务委员会组成人员守则》;通过人事任免事项。6月22~23日第二次会议听取市政协调查组《关于我市涉毒问题及禁毒工作情况的调查报告》和《关于九江城市建设情况的调查报告》。市委常委、市政府副市长甘良淼,市政府副市长宋才火应邀参加会议并讲话。9月23日召开第三次会议,听取并协商讨论市政府副市长甘良淼《关于今年以来全市经济工作情况的通报》和市政协视察组关于市场建设情况的3个视察报告;听取市委办公室、市政府办公室、市教委、市工商局、市公安局、市城建局关于政协提案办理情况的通报。

2000年3月24日召开第六次会议,传达学习全国"两会"精神;协商讨论并通过市政协常委会《2000年工作要点》;协商讨论《政协九江市委员会关于进一步加强民主监督工作的意见》。6月29日第七次会议听取市委常委、市纪委书记张菊萍《关于整治经济发展环境工作情况的通报》;听取市公安局、市工商局、市技术监督局关于开展整治经济发展环境的情况介绍;协商讨论市政协《关于整治经济发展环境的调查报告》。10月12~13日第八次会议学习中共十五届五中全会公报;听取市政府副市长陈立国通报全市经济工作情况;听取并讨论市政协视察组《关于视察灾后重建、移民建镇情况的报告》;听取市委办公室、市政府办公室关于政协提案办理情况的通报;协商通过人事任免事项。市委副书记、市政府市长刘积福应邀参加会议并讲话。12月29日第九次会议传达全省政协工作会议精神;听取并协商讨论市政府关于制订《九江市国民经济和社会发展第十个五年计划纲要(草案)》的说明;协商通过政协第十一届委员会委员调整名单。

2001年3月29日召开第十一次会议,传达学习全国"两会"精神;协商讨论市政协常委会《2001年工作要点》(讨论稿);协商讨论《政协九江市委员会关于进一步加强政协委员工作的意见》(讨论稿)。6月14日第十二次会议协商讨论市政协关于人才问题、加快食品工业发展、发展商贸业的专题调研报告。市委副书记、市政府市长刘积福,市委常委、宣传部部长吴宣友应邀出席会议;刘积福在会上讲话。9月

25日第十三次会议听取市政府常务副市长甘良淼通报1~8月全市经济工作情况;听取市公安局通报行风整顿和“打黑除恶”专项斗争工作情况;听取市委办公室、市政府办公室通报政协委员提案办理工作情况;讨论《政协九江市委员会提案工作条例》。

2002年4月23日召开第十五次会议,市委常委、组织部部长尧希平作关于增补3位市政协副主席候选人的说明。会议接受副主席程来安的辞呈报告;通过增补王恩光、叶萍、陈琪等6人为市政协第十一届委员会常务委员候选人。市委副书记林兴富出席会议。6月24日第十七次会议听取副主席黄章干宣读《关于我市民营经济发展的报告》,协商讨论市政协5个调查组关于发展民营经济的调查报告。市委副书记、政府副市长蔡晓明,市委副书记林兴富出席会议;蔡晓明讲话。9月24日第十八次会议听取并协商讨论市政府副市长冯静所做的全市1~8月份经济工作情况的通报;听取市委办公室、市政府办公室关于办理提案工作情况的报告;听取并审议委员视察公、检、法作风建设的视察报告。市委副书记李亚平,市法院院长曹林森,市检察院检察长陈和民,市公安局局长叶国兵应邀出席会议;李亚平讲话。

2003年3月14日召开第二十次会议,市委常委、组织部部长尧希平作关于市政协第十一届委员会副主席、秘书长、常委调整情况的说明。会议协商讨论并通过《关于同意王际民同志辞去市政协第十一届委员会副主席职务的决定》,同意周清西辞去秘书长职务;协商讨论并通过增补市政协副主席、秘书长和常务委员候选人名单等。6月25日第二十二次会议听取市政协调研组《关于我市农业产业化和工业园建设情况的调研报告》;协商讨论加快推进工业园建设和农业产业化发展问题;协商通过人事任命事项。市委副书记林兴富,市政府副市长吕明应邀出席会议;林兴富讲话。9月29日召开第二十三次会议,听取市政府关于1~8月份全市经济工作情况的通报;协商讨论市政协《关于“五助”工程实施情况的视察报告》;听取市委办公厅、市政府办公厅关于政协九江市第十一届委员会第五次会议以来政协提案办理工作情况的通报。

2004年2月14日召开第二十四次会议,协商讨论《市政协第十一届委员会常委会工作报告》(讨论稿)和《市政协第十一届委员会关于提案工作情况的报告》(讨论稿);通过《关于召开政协九江市第十二届委员会第一次会议的决定》;协商通过市政协第十二届委员会委员名单。

## 第四节　第十二届常务委员会会议

2004年3月至2006年11月,第十二届委员会常务委员会先后召开第一次至第十五次共15次会议:

2004年3月30日召开第一次会议,听取全国政协委员王翔传达全国政协十届一次会议精神;学习修订后的《中国人民政治协商会议章程》和《中共九江市委关于进一步加强人民政协工作的意见》;协商通过《政协九江市委员会常务委员会关于加强自身建设的意见》;通过市政协常委会2004年工作要点;通过市政协关于设置6个专门委员会的决定及有关人事安排事项。6月25日第二次会议听取副主席安珍清宣读《实现“率先崛起”的重大举措——优化投资环境,主攻民营经济的调查报告》;听取市民营经济服务局《关于我市民营经济发展情况的通报》;听取市政协5个专题调研组的发言;协商讨论“优化投资环境,主攻民营经济”议题。10月12日召开第三次会议,听取并讨论市政府副市长陈晖关于1~8月全市经济工作情况的通报;听取市委办公厅、市政府办公厅关于市政协十二届一次会议以来提案办理情况的通报;协商讨论通过市政协《关于“树立科学发展观、加快沿江工业带开发”的建议案》。12月28日第四次会议听取市纪委副书记吴伟柱作关于全市廉政建设情况的通报;听取市委农工部、市农委关于全市“三农”工作情况的通报;听取市农业局、市林业局、市水产局、市水利局、市劳动和社会保障局关于农业、林业、水产、水利农民工工资清欠情况的通报;听取并协商讨论市政协视察组关于九江市贯彻落实《中共中央、国务院关于促进农民增加收入若干政策的意见》视察情况的报告。

2005年3月29日召开第七次会议,讨论通过《市政协常务委员会2005年工作要点》;听取全国政协委员王翔传达全国政协十届三次会议精神;听取市中级人民法院院长戴长林、市人民检察院检察长韩德胜通报工作情况;协商讨论并原则通过《政协九江市专门委员会工作规则》和《政协九江市委员会关于政协委员视察的实施办法》。8月5日第八次会议听取并讨论"新阶段、新发展"大讨论活动在全市政协系统开展情况的通报;通过洪华任市政协副秘书长的决定。10月14日第九次会议听取市政府副市长陈立国《关于2005年1~9月份全市经济工作情况的通报》;听取市委办公厅、市政府办公厅关于政协九江市委员会十二届二次会议以来政协提案办理情况的通报;听取市民政局关于2005年全市赈灾工作情况的通报。

2006年1月13日召开第十次会议,听取市委副书记、市政府常务副市长李放《关于我市"十一五"规划基本思路的报告》;听取市纪委、市监察局关于党风廉政建设情况的通报;听取市"11·26"地震救灾和灾后重建指挥部关于救灾和灾后重建工作情况的通报;听取市政协民主评议组对市质量技术监督局政风行风建设民主评议报告和市质量技术监督局关于政风行风建设情况的发言;通过免去王龙宝市政协副秘书长职务和李青等5人不再担任市政协委员的决定;通过增补邝美云等19名市政协委员的决定。3月28日第十二次会议学习《中共中央关于加强人民政协工作的意见》讨论通过市政协常委会《关于深入贯彻〈中共中央关于加强人民政协工作的意见〉的决定》;听取全国政协委员王翔传达全国政协十届四次会议精神;听取市房管局关于行风建设情况的通报;协商讨论市政协常委会《2006年工作要点》;审议市政协各专委会2006年工作要点。6月27日第十三次会议讨论通过《九江市政协提案工作条例》(修订稿);听取市政协5个专题调研组关于社会主义新农村建设调研情况的汇报,协商讨论市政协《关于我市社会主义新农村建设的调研报告》;听取市国土资源局《关于我市国土资源管理工作情况的通报》;听取市纪委、市监察局《关于全市行风建设情况的通报》。9月28日第十四次会议听取市政府副市长冯静《关于全市今年1~8月份经济工作情况的通报》和《关于"干干净净、漂漂亮亮"活动进展情况的通报》;听取和协商讨论市委办公厅、市政府办公厅关于市政协第十二届三次会议以来提案办理工作情况的通报。11月22日第十五次会议讨论通过《关于召开政协九江市第十三届委员会第一次会议的决定》;讨论《政协九江市第十二届委员会常务委员会工作报告》和十二届常委会《关于三年来提案工作情况的报告》;协商通过政协九江市第十三届委员会委员名单以及有关人事安排事项。

## 第五节　第十三届常务委员会会议

2007年1月至2010年12月,第十三届委员会常务委员会共召开24次会议,即第一次至第二十四次会议:

2007年1月31日召开第一次会议,协商通过市政协常委会《2007年度工作要点》和市政协各专委会《2007年度工作要点》;协商通过市政协设置专门委员会的决定;协商通过市政协各专门委员会组成人员名单。7月20日第四次会议听取和讨论市委副书记、市长王萍《关于全市上半年经济工作情况的通报》;听取和协商讨论市政协关于全市科技创新工作情况、关于社区卫生医疗服务情况的调研报告和关于人民防空工作情况的视察报告;协商通过市政协机构设置和人事安排事项。11月27日在星子县天沐温泉度假村召开第五次会议,听取星子县委、县政府介绍星子县情及文化旅游发展工作情况;听取市文旅办关于2007年以来全市文化旅游发展工作情况的通报;听取庐山管理局关于庐山发展思路情况的通报;听取和协商讨论市政协4个调研组关于国有商贸流通企业改制、国有工业企业改制、县域经济发展、乡镇经济发展情况的专题调研报告。市委副书记刘德意出席会议并讲话。

2008年2月28日召开第九次会议,协商讨论市政协常委会《2008年工作要点》;听取各专委会2007年工作总结(书面);协商讨论各专委会2008年工作要点;协商讨论市政协常委会2008年度综合调研课题;协商讨论市政协民主资政会实施方案;协商讨论通过市政协常委会《关于进一步发挥委员主体作用、加强委员管理的意见》。5月16日第十次会议听取市委督查组关于全市政协工作会议精神贯彻落实情况的督查通报；听取和协商讨论九江供电公司关于九江供电工作情况的通报；听取和协商讨论关于修河源头及干流和鄱阳湖九江区域污染治理情况的调研报告。7月22日第十一次会议听取和协商讨论市政府《关于今年上半年全市经济工作情况的通报》；听取和协商讨论市农业局关于九江市农业工作情况的通报；听取和协商讨论市政协理论研究会关于“把政治协商纳入决策程序”的专题调研报告。10月24日第十二次会议学习传达全市领导干部会议、第三季度全市经济形势分析暨重大项目调度会议精神(书面)；听取和协商讨论市政府《关于市政协民主资政会主要建议落实情况的通报》；听取和协商讨论市委办公厅、市政府办公厅关于市政协十三届三次会议提案办理情况的通报；协商通过《政协九江市委员会关于进一步发挥界别作用的意见》。

2009年1月14日召开第十三次会议，学习传达市委九届七次全体(扩大)会议精神，协商讨论并原则通过市政协“加快农业发展”“项目建设应对金融危机”“城乡医疗救助”3个调研组的调研报告等。5月22日第十六次会议协商讨论市政协《关于我市船舶工业发展情况的视察报告》和市政协教文卫体委《关于我市农村教育事业发展情况的调研报告》，听取和征求市政协机关开展学习实践科学发展观活动的意见和建议。9月2~4日召开第十七次会议。与会人员视察市区有关城建项目，共青开发区、庐山西海有关项目的建设情况；听取和协商讨论市政府《关于2009年上半年全市经济工作及项目建设情况的通报》和《关于〈农村教师队伍建设情况的建议案〉办理情况的通报》，协商通过《政协九江市委员会常委会工作规则》。12月31日第十八次会议听取和协商市委办公厅、市政府办公厅关于市政协十三届四次会议以来提案办理情况的通报；协商通过2009年第四季度9个专题调研报告等。

2010年1月19日，在市政协十三届五次会议期间召开第十九次会议。会议通过赵登荣请求辞去市政协副主席职务和邱允江请求辞去常务委员职务的决定；协商酝酿补选市政协十三届委员会副主席、常务委员候选人名单。市委常委、组织部部长华金国参加会议，对补选市政协副主席、常委候选人情况作说明并讲话。3月16日第二十一次会议协商讨论市政协常委会《2010年工作要点》；审议市政协各专门委员会2009年工作总结和2010年工作要点。6月29日召开第二十二次会议。与会人员视察庐山管理局的项目建设情况并听取关于庐山工作情况的通报；讨论通过市政协常委会《关于“对新建、在建、拟建城建项目规范地名、路名、街名”的专题调研报告》；听取和讨论市政协《关于我市乡镇卫生院建设情况的调研报告》。9月29日第二十三次会议传达全省设区市政协主席座谈会议精神；听取和协商讨论市政府常务副市长殷美根《关于今年1~8月全市国民经济和社会发展情况的通报》；听取市委办公厅、市政府办公厅关于市政协十三届五次会议以来提案办理情况的通报；听取并讨论市政协专题调研组《关于我市服务中小企业、推进全民创业的情况与建议》的调研报告和市政协理论研究会关于《围绕推进赶超发展、提高参政议政实效》的调研报告。12月31日第二十四次会议协商通过《关于召开市政协十三届六次会议的决定》；协商市政协专题调研组关于《着眼惠民利民便民，改善城区交通环境》《做大龙头企业，推进新型化工产业集聚》2个调研报告。

# 第四章　组织机构

## 第一节　市政协常委会

1991年1月至2010年12月，政协市委员会历经5届，即第九届、第十届、第十一届、第十二届和第十三届，其中，第九届任期始于1988年12月，第十三届任期到2012年。历届委员会常务委员会由主席、副主席、秘书长和常务委员组成。

第九届常务委员会任期为1988年12月至1994年1月,主席1名、副主席先后9名、秘书长1名、常务委员50名。第十届常务委员会任期为1994年1月至1999年1月,主席1名、副主席先后8名、秘书长先后2名、常务委员63名。第十一届常务委员会任期为1999年1月至2004年2月,主席1名、副主席先后13名、秘书长先后2名、常务委员65名。第十二届常务委员会任期为2004年2月至2006年12月,主席1名、副主席8名、秘书长1名、常务委员64名。

第十三届常务委员会任期从2006年12月开始,至2010年12月尚未结束,主席1名、副主席先后9名、秘书长先后2名、常务委员72名。

**1991~2010年政协市第九届至第十三届委员会主席、副主席、秘书长一览**

表46-4-1

| 届次 | 职务 | 姓名 | 性别 | 籍贯 | 出生年月 | 任职时间 |
|---|---|---|---|---|---|---|
| 第九届 | 主　席 | 王佐良 | 男 | 河北迁安 | 1930.11 | 1991.01~1994.01 |
| | 副主席 | 张作孚 | 男 | 江西九江 | 1933.03 | 1991.01~1994.01 |
| | | 王国珍 | 男 | 黑龙江青岗 | 1930.11 | 1991.01~1994.01 |
| | | 沈振铭 | 男 | 江西九江 | 1934.02 | 1991.01~1994.01 |
| | | 李中磬 | 男 | 江西九江 | 1931.02 | 1991.01~1994.01 |
| | | 姜尧天 | 男 | 江苏江都 | 1927.05 | 1991.01~1994.01 |
| | | 丁启范 | 男 | 浙江绍兴 | 1928.01 | 1991.01~1994.01 |
| | | 向腊玉 | 女 | 湖北黄梅 | 1943.12 | 1991.03~1994.01 |
| | | 谭义骅 | 男 | 江西九江 | 1930.10 | 1991.03~1994.01 |
| | | 许光正 | 男 | 江西九江 | 1935.03 | 1993.01~1994.01 |
| | 秘书长 | 黄选林 | 男 | 江西九江 | 1932.09 | 1988.12~1994.01 |
| 第十届 | 主　席 | 陈绍铨 | 男 | 浙江绍兴 | 1936.08 | 1994.01~1999.01 |
| | 副主席 | 段德虞 | 男 | 江西都昌 | 1938.11 | 1994.01~1999.01 |
| | | 向腊玉 | 女 | 湖北黄梅 | 1943.12 | 1994.01~1999.01 |
| | | 谭义骅 | 男 | 江西九江 | 1930.10 | 1994.01~1999.01 |
| | | 李英越 | 男 | 江西瑞昌 | 1937.02 | 1994.01~1999.01 |
| | | 高朝曦 | 男 | 江西九江 | 1939.09 | 1994.01~1999.01 |
| | | 杜万安 | 男 | 江西新建 | 1944.04 | 1994.01~1999.01 |
| | | 周仰文 | 男 | 江苏扬州 | 1938.07 | 1995.01~1999.01 |
| | | 霍伟光 | 男 | 安徽宣城 | 1938.09 | 1997.01~1999.01 |
| | 秘书长 | 高玉才 | 男 | 江西彭泽 | 1936.07 | 1994.01~1996.01 |
| | | 李英越 | 男 | 江西瑞昌 | 1937.02 | 1996.01~1999.01 |
| 第十一届 | 主　席 | 史之汉 | 男 | 江西彭泽 | 1941.10 | 1999.01~2004.02 |
| | 副主席 | 程来安 | 男 | 江西鄱阳 | 1949.07 | 1999.01~2002.04 |
| | | 向腊玉 | 女 | 湖北黄梅 | 1943.12 | 1999.01~2004.02 |
| | | 高朝曦 | 男 | 江西九江 | 1939.09 | 1999.01~2004.02 |
| | | 林耀兴 | 男 | 江苏无锡 | 1941.10 | 1999.01~2004.02 |
| | | 彭群林 | 女 | 江西萍乡 | 1953.01 | 1999.01~2004.02 |

续表 46-4-1

| 届 次 | 职 务 | 姓 名 | 性 别 | 籍 贯 | 出生年月 | 任职时间 |
|---|---|---|---|---|---|---|
| 第十一届 | 副主席 | 熊炎松 | 男 | 江西九江 | 1941.12 | 1999.01~2004.02 |
| | | 姚果源 | 男 | 江西兴国 | 1940.07 | 1999.01~2004.02 |
| | | 黄章干 | 男 | 江西新建 | 1946.02 | 1999.01~2004.02 |
| | | 王际民 | 男 | 河北迁西 | 1954.07 | 1999.01~2003.03 |
| | | 赵登荣 | 女 | 湖北黄梅 | 1949.11 | 2002.04~2004.02 |
| | | 安珍清 | 男 | 湖北黄梅 | 1948.05 | 2002.04~2004.02 |
| | | 杜万安 | 男 | 江西新建 | 1944.04 | 2002.04~2004.02 |
| | | 艾宏盛 | 男 | 江西武宁 | 1947.05 | 2003.03~2004.02 |
| | 秘书长 | 周清西 | 男 | 安徽宿松 | 1944.11 | 1999.01~2003.03 |
| | | 黄 兰 | 男 | 江西修水 | 1947.10 | 2003.03~2004.02 |
| 第十二届 | 主 席 | 胡春如 | 女 | 安徽歙县 | 1945.04 | 2004.03~2006.12 |
| | 副主席 | 赵登荣 | 女 | 湖北黄梅 | 1949.11 | 2004.03~2006.12 |
| | | 安珍清 | 男 | 湖北黄梅 | 1948.05 | 2004.03~2006.12 |
| | | 杜万安 | 男 | 江西新建 | 1944.04 | 2004.03~2006.12 |
| | | 黄章干 | 男 | 江西新建 | 1946.02 | 2004.03~2006.12 |
| | | 艾宏盛 | 男 | 江西武宁 | 1947.05 | 2004.03~2006.12 |
| | | 魏改生 | 男 | 江西彭泽 | 1951.12 | 2004.03~2006.12 |
| | | 卢志鹏 | 男 | 江西武宁 | 1955.11 | 2004.03~2006.12 |
| | | 曹岩波 | 女 | 江西九江 | 1945.06 | 2004.03~2006.12 |
| | 秘书长 | 胡元斌 | 男 | 江西九江 | 1949.12 | 2004.03~2006.12 |
| 第十三届 | 主 席 | 程来安 | 男 | 江西鄱阳 | 1949.07 | 2006.12~ |
| | 副主席 | 陈 晖 | 男 | 江西彭泽 | 1952.03 | 2006.12~ |
| | | 赵登荣 | 女 | 湖北黄梅 | 1949.11 | 2006.12~2010.01 |
| | | 魏改生 | 男 | 江西彭泽 | 1951.12 | 2006.12~ |
| | | 卢志鹏 | 男 | 江西武宁 | 1955.11 | 2006.12~ |
| | | 徐少伟 | 男 | 江西武宁 | 1954.11 | 2006.12~ |
| | | 纪岗昌 | 男 | 陕西富平 | 1961.04 | 2006.12~ |
| | | 陶春元 | 男 | 江西彭泽 | 1957.02 | 2006.12~ |
| | | 王 翔 | 男 | 江西彭泽 | 1949.06 | 2006.12~ |
| | | 朱忠玲 | 男 | 江西星子 | 1956.02 | 2010.01~ |
| | 秘书长 | 胡元斌 | 男 | 江西九江 | 1949.12 | 2006.12~2009.02 |
| | | 洪 华 | 男 | 江西星子 | 1960.02 | 2009.02~ |

说明：王佐良 1988 年 12 月始任第九届主席，张作孚、王国珍、沈振铭、李中磐、姜尧天、丁启范 1988年 12 月始任第九届副主席

## 第二节　市政协办事机构和派出机构

### 一、办事机构

1991 年 1 月,市政协办公室内设秘书科、行政科。1994 年 1 月,增设老干部科。2003 年 5 月,市政协办公室(对外称办公厅)内设 4 个职能处:秘书处、信息调研处、行政处、老干部处;同时设立市政协机关后勤服务中心,为市政协办公厅下属的副处级事业单位。2010 年 12 月,办公厅内设 5 个职能处:秘书处、信息调研处、行政处、接待处、老干部处,辖属机关后勤服务中心。

### 二、派出机构

**市政协庐山联络处**　1995 年设立,属市政协正处级派出机构,实行市政协和中共庐山管理局委员会双重领导,与庐山管理局党委统战部合署办公。

**市政协共青联络处**　2009 年设立,为市政协正处级派出机构。

## 第三节　市政协专门委员会

第九届市政协设置提案委员会、经济科技委员会、文教卫体委员会、文史资料研究委员会、祖国统一海外联谊委员会。第十届市政协设置提案委员会、经济科技委员会、教文卫体委员会、法制社团委员会、学习委员会、文史委员会和祖国统一海外联谊委员会,其中文教卫体委员会于 1994 年 1 月改称教文卫体委员会,祖国统一海外联谊委员会于 1996 年 4 月更名三胞联谊委员会。第十一届市政协设立提案委员会、经济科技委员会、教文卫体委员会、法制社团委员会、学习文史委员会、三胞联谊委员会。第十二、十三届市政协设立提案委员会、经济科技委员会、教文卫体委员会、社会和法制委员会、文史委员会、港澳台侨委员会、人口资源环境委员会。

## 第四节　县(市、区)政协组织

1991~2010 年,全市有县(市、区)政协 12 个,分别是浔阳区政协、庐山区政协、九江县政协、德安县政协、永修县政协、星子县政协、修水县政协、武宁县政协、湖口县政协、都昌县政协、彭泽县政协和瑞昌市政协。

**1991~2010 年各县(市、区)政协组织一览**

表 46-4-2　　单位:人

| 名称 | 届次 | 任期 | 委员人数 | 常委人数 |
|---|---|---|---|---|
| 浔阳区政协 | 第二届 | 1990.04~1992.12 | 136 | 15 |
| | 第三届 | 1992.12~1998.02 | 130 | 28 |
| | 第四届 | 1998.02~2003.01 | 141 | 27 |
| | 第五届 | 2003.01~2007.01 | 141 | 27 |
| | 第六届 | 2007.01~ | 190 | 29 |
| 庐山区政协 | 第二届 | 1990.04~1992.12 | 120 | 30 |
| | 第三届 | 1992.12~1998.02 | 141 | 31 |
| | 第四届 | 1998.02~2003.01 | 158 | 38 |
| | 第五届 | 2003.01~2007.01 | 169 | 31 |
| | 第六届 | 2007.01~ | 199 | 33 |

续表 46-4-2

| 名称 | 届次 | 任期 | 委员人数 | 常委人数 |
|---|---|---|---|---|
| 九江县政协 | 第三届 | 1990.04~1993.01 | 131 | 28 |
| | 第四届 | 1993.01~1998.02 | 131 | 27 |
| | 第五届 | 1998.02~2003.01 | 143 | 29 |
| | 第六届 | 2003.01~2007.02 | 176 | 30 |
| | 第七届 | 2007.02~ | 182 | 35 |
| 德安县政协 | 第三届 | 1990.04~1993.01 | 106 | 21 |
| | 第四届 | 1993.01~1998.02 | 111 | 24 |
| | 第五届 | 1998.02~2003.01 | 149 | 23 |
| | 第六届 | 2003.01~2006.12 | 150 | 26 |
| | 第七届 | 2006.12~ | 169 | 31 |
| 永修县政协 | 第十届 | 1990.03~1993.01 | 146 | 29 |
| | 第十一届 | 1993.01~1998.02 | 151 | 29 |
| | 第十二届 | 1998.02~2003.01 | 168 | 29 |
| | 第十三届 | 2003.01~2007.01 | 166 | 33 |
| | 第十四届 | 2007.01~ | 192 | 39 |
| 星子县政协 | 第三届 | 1990.04~1993.01 | 100 | 20 |
| | 第四届 | 1993.01~1998.02 | 115 | 24 |
| | 第五届 | 1998.02~2003.01 | 130 | 24 |
| | 第六届 | 2003.01~2007.02 | 150 | 27 |
| | 第七届 | 2007.02~ | 180 | 31 |
| 修水县政协 | 第九届 | 1990.04~1993.01 | 190 | 37 |
| | 第十届 | 1993.01~1998.01 | 208 | 43 |
| | 第十一届 | 1998.01~2003.01 | 220 | 36 |
| | 第十二届 | 2003.01~2007.01 | 218 | 37 |
| | 第十三届 | 2007.01~ | 260 | 42 |
| 武宁县政协 | 第七届 | 1990.04~1993.01 | 141 | 26 |
| | 第八届 | 1993.01~1998.02 | 134 | 22 |
| | 第九届 | 1998.02~2003.01 | 151 | 25 |
| | 第十届 | 2003.01~2007.03 | 180 | 25 |
| | 第十一届 | 2007.03~ | 189 | 27 |
| 湖口县政协 | 第三届 | 1990.04~1992.12 | 115 | 22 |
| | 第四届 | 1992.12~1998.02 | 136 | 29 |
| | 第五届 | 1998.02~2003.01 | 139 | 25 |
| | 第六届 | 2003.01~2007.01 | 151 | 31 |
| | 第七届 | 2007.01~ | 171 | 31 |

续表 46-4-2

| 名 称 | 届 次 | 任 期 | 委员人数 | 常委人数 |
|---|---|---|---|---|
| 都昌县政协 | 第 八 届 | 1990.04~1993.01 | 149 | 28 |
| | 第 九 届 | 1993.01~1998.02 | 167 | 31 |
| | 第 十 届 | 1998.02~2003.01 | 198 | 35 |
| | 第十一届 | 2003.01~2007.03 | 216 | 39 |
| | 第十二届 | 2007.03~ | 237 | 42 |
| 彭泽县政协 | 第 三 届 | 1990.04~1993.01 | 145 | 28 |
| | 第 四 届 | 1993.01~1998.02 | 147 | 36 |
| | 第 五 届 | 1998.02~2003.01 | 158 | 36 |
| | 第 六 届 | 2003.01~2007.02 | 166 | 33 |
| | 第 七 届 | 2007.02~ | 208 | 38 |
| 瑞昌市政协 | 第 一 届 | 1990.04~1993.01 | 142 | 25 |
| | 第 二 届 | 1993.01~1998.02 | 144 | 26 |
| | 第 三 届 | 1998.02~2003.01 | 164 | 30 |
| | 第 四 届 | 2003.01~2007.03 | 182 | 35 |
| | 第 五 届 | 2007.03~ | 215 | 37 |

# 第五章　主要工作

## 第一节　政治协商

1991年1月至1994年1月，第九届市政协在召开第四次至六次全体委员会议期间，列席第九届市人大第四次至第六次会议，听取和协商讨论《政府工作报告》和市中级人民法院、市人民检察院的工作报告，听取和协商讨论1990年、1991年、1992年国民经济和社会发展计划执行情况的报告和1991年、1992年、1993年国民经济和社会发展计划(草案)的报告以及其他报告，提出相关建议和意见。市政协常务委员会先后召开第十七次、第十八次、第十九次、第二十次、第二十三次、第二十四次、第二十五次、第二十八次和第二十九次会议，协商讨论市政府工作报告、国民经济和社会发展计划等报告的征求意见稿；听取并协商讨论市政府副市长霍伟光关于全市工业交通战线开展“质量、品种、效益年”活动情况、副市长王文敬关于1992年全市精神文明建设活动开展情况、副市长张金林关于1993年全市农业和农村工作情况的通报以及市政府关于全市教育改革情况等通报；听取和协商讨论市科委关于“科技兴农”工作情况、市农经委关于全市1991年农业生产和农业开发情况、市司法局关于全市“二五”普法情况、市经委关于1992年上半年全市工业生产情况、市计委关于建设“昌九工业走廊”进展情况、市体改委关于建立社会主义市场经济体制情况等通报和汇报。会议形成的协商意见，提供市委、市政府决策参考和交由相关部门参照执行。

1994年1月至1999年1月，第十届市政协列席参加第十届市人大第一次至第五次会议，听取和协商讨论《政府工作报告》和市中级人民法院、市人民检察院的工作报告，听取和协商讨论1993年、1994年、1995年、1996年、1997年国民经济和社会发展计划执行情况的报告和1994年、1995年、1996年、

1997 年、1998 年国民经济和社会发展计划(草案)的报告以及其他报告,提出相关建议和意见。市政协常委会先后召开第二次、第三次、第四次、第七次、第八次、第九次、第十次、第十三次、第十五次、第十八次、第二十四次、第二十五次会议,协商讨论《政府工作报告》(征求意见稿);听取和协商讨论市政府常务副市长徐明华关于 1994 年上半年全市经济工作情况、副市长余秉绶关于 1994 年上半年全市工业生产情况、市长戚善宏关于全市 1994 年以来经济发展形势和重点工程建设情况、副市长程水凤关于 1995 年全市对台工作情况、副市长张华东关于 1995 年以来全市农业生产情况、常务副市长徐明华关于 1995 年以来全市经济形势和 1995 年全市经济工作情况、市委副书记余松生关于全市“严打”工作情况、副市长程水凤关于全市招商引资和投资环境整治情况、副市长杜万安关于 1996 年全市经济工作情况、副市长裴真关于 1997 年上半年全市经济工作形势、代市长刘积福关于 1998 年全市抗洪抢险救灾工作和经济形势等通报以及市外经贸局关于 1994 年全市利用外资情况和招商引资发展“三资”企业情况、市直相关部门关于全市投资等环境整治情况等汇报,并形成协商意见,分别提交市委、市政府及相关部门。

1999 年 1 月至 2004 年 2 月,第十一届市政协列席参加第十一届市人大第一次至第五次会议,听取和协商讨论市政府工作报告和其他报告,提出相关建议和意见。市政协常委会先后召开第三次、第七次、第八次、第十三次、第十八次、第二十三次会议,听取和协商讨论市政府副市长甘良淼关于 1999 年以来全市经济工作情况、市纪委书记张菊萍关于全市整治经济环境情况、副市长陈立国关于 2000 年 1~8 月全市经济工作情况、常务副市长甘良淼关于 2001 年 1~8 月全市经济工作情况、副市长冯静关于 2002 年 1~8 月全市经济工作情况、市政府关于 2003 年 1~8 月全市经济工作情况的报告、通报以及相关市直部门关于全市整治经济发展环境情况等汇报。经协商讨论后形成的意见,均及时反馈给市委、市政府、市纪委和相关市直部门。

2004 年 2 月至 2006 年 12 月,第十二届政协列席第十三届市人大第一次至第三次会议,听取和协商讨论《政府工作报告》及其他报告,提出相关建议和意见。市政协常委会先后召开第二次、第三次、第四次、第七次、第九次、第十次、第十三次和第十四次会议,听取和协商讨论市政府副市长陈晖关于 2004 年 1~8 月份全市经济工作情况、市纪委副书记吴伟柱作关于全市廉政建设情况、市直涉农部门关于全市“三农”工作及农民工工资清欠情况、市中级人民法院院长戴长林和市人民检察院检察长韩德胜关于“两院”工作情况、副市长陈立国关于 2005 年 1~9 月份全市经济工作情况、常务副市长李放关于市“十一五”规划基本思路、副市长冯静关于全市 2006 年 1~8 月份经济工作情况的通报、报告和市民营经济服务局关于全市民营经济发展情况、市国土资源局关于全市国土资源管理工作情况等汇报和通报,形成并报送相关建议和意见。

2006 年 12 月至 2010 年 12 月,第十三届市政协在举行第一次至第五次全体委员会议期间,列席市人大第十三届第一次至第五次会议,听取市政府和市中级人民法院、市人民检察院的工作报告以及其他报告,进行协商讨论并提出相关建议和意见。市政协常委会先后召开第四次、第十次、第十一次、第十二次、第十七次、第二十二次、第二十三次会议,听取和协商讨论市政府市长王萍关于全市 2007 年上半年经济工作情况、市政府关于 2008 年上半年全市经济工作情况、市政府关于市政协民主资政会主要建议落实情况、市政府关于 2009 年上半年全市经济工作及项目建设情况和关于市政协《农村教师队伍建设情况的建议案》办理情况、常务副市长殷美根关于 2010 年 1~8 月全市国民经济和社会发展情况等通报和九江供电公司关于全市供电工作情况、庐山管理局关于庐山工作情况等汇报,经协商讨论形成的意见和建议及时予以反馈。

20 年间,历届市政协还通过专题会议以及各专门委员会工作会议等形式,对市政府和市直部门提交协商的相关政务、事务等,进行认真讨论并提出相应的建议和意见。

# 第二节　民主监督

## 一、委员视察

1991~1993年,第九届市政协共组织委员进行3批次、21个专题的视察活动,报送视察报告和建议性意见21份。其中,1991年12月下旬,市政协组成8个专题视察组,由主席、副主席分别带队,到部分工矿商贸企业、市重点工业项目、市卫生系统和都昌县、星子县、九江县、武宁县进行视察,召开座谈会,听取意见与建议;召开视察情况汇报会,邀请市政府分管领导出席会议,进行专题协商讨论。视察活动结束后,市政协形成并向市委、市政府呈送8个专题的视察报告。1992年11月上旬,市政协组织在浔的省、市政协委员分成10个组,分别就全年国民经济和社会发展计划的完成情况、加快发展建材工业的产品优势等10项专题开展视察。随后,市政协于1993年12月中旬召开九届六次会议进行专题协商讨论,提出10个方面的书面建议,为市委、市政府重大决策提供参考服务。1993年12月上旬,市政协组织在浔的省、市政协委员分成3个组,由副主席向腊玉、姜尧天、谭义骅分别带队,开展"宏观调控""科教文卫改革""发展三高农业"3个专题的视察活动,向市委、市政府呈送专题视察报告。

1994~1998年,第十届市政协共组织委员开展3批次、8个专题的视察活动,报送视察报告9份。其中:1996年10月26日至11月17日,市政协组织委员开展科技、商贸工作的专题视察;向市委、市政府呈送2份视察报告;11月4~9日,组织委员开展"武宁、都昌两县大水面开发利用情况"专题视察。视察结束后,市政协向市委、市政府呈送《加速发展科技,再创商业辉煌》的专题视察报告和《关于视察武宁、都昌两县大水面开发利用的情况报告》。1997年11月中下旬,市政协组成4个视察组,分别由副主席谭义骅、霍伟光、周仰文、李英越带队,开展"私营企业发展状况""市属企业改制情况""市区城市建设情况""修水县山水开发情况"4个专题的视察活动。视察组分别到10家私营企业、市体改委、市茅山头企业集团、市区26个城建改造项目现场和修水县部分农业加工开发企业与养殖基地进行实地视察,召开座谈汇报会,听取工作汇报和意见建议,形成《关于非公有制经济发展情况的视察报告》《关于市属企业改制情况的视察报告》《关于市区城建情况的视察报告》和《关于修水县山水开发情况的视察报告》,呈报市委、市政府作为决策参考。1998年11月21~22日,市政协组织委员开展"旅游业发展情况"专题视察。视察组成员在副主席周仰文带领下,先后到星子县、庐山区实地视察旅游业发展情况,广泛听取意见与建议;25~27日,市政协副主席周仰文带队开展"灾后生产自救情况"专题视察。视察组分别听取市民政局和庐山区政府有关工作情况汇报,在庐山区部分乡镇实地视察复堤堵口、灾民建房等工程。随后,市政协向市委、市政府报送《关于对星子县、庐山区发展旅游业的视察报告》和《关于我市灾后生产自救情况的视察报告》。

1999~2003年,第十一届市政协共组织委员开展5批次、5个专题的视察活动,报送视察报告5份。其中:1999年9月8~10日,市政协组织委员开展"商品市场情况"专题视察,向市委、市政府呈送《关于九江市商品市场情况的视察报告》。2000年8月,市政协组织开展"灾后重建、移民建镇工作情况"专题视察;11月,组织"国有工业企业改革情况"专题视察组。视察结束后,市政协先后向市委、市政府报送《关于我市灾后重建、移民建镇工作的视察报告》和《关于国有工业企业改革情况的视察报告》。2001年11月下旬,市政协组织开展"上项目年"工作情况专题视察。视察组听取市直有关部门工作情况汇报,实地视察永修县、都昌县部分在建项目,在广泛听取意见和建议的基础上形成《关于我市"上项目年"工作情况的视察报告》,报送市委、市政府。2002年11月中旬,市政协组成"城防堤建设情况"专题视察组,实地视察九江市域内长江沿线干堤加固整治主体工程,了解有关具体情况及相关问题,并向市委、市政府呈送《关于我市城防堤建设情况的视察报告》。2003年8月,由市政协领导带队,组织委员开展"'五助'工程实施情况"专题视察,呈送《关于我市"五助"工程实施情况的视察报告》。

2004~2006年，第十二届市政协组织3批次委员进行4个专题的视察活动并报送4份视察报告。其中:2004年11月29日至12月3日，市政协副主席安珍清带队开展“中央、省、市委3个‘一号文件’精神贯彻落实情况”专题视察。视察组分别听取市农办、市林业局、市水产局工作情况汇报，前往彭泽县、湖口县、修水县、武宁县实地视察部分乡镇企业，召开座谈汇报会，听取汇报和意见建议。视察结束后，市政协召开十二届四次会议进行专题协商讨论，形成建议性意见，向市委、市政府呈送《关于我市贯彻落实中央、省、市委3个‘一号文件’精神情况的视察报告》。2005年11月，市政协组织委员开展“大物流建设情况”专题视察，先后在市交通局、九江港务局、市商管办召开座谈汇报会，实地视察建设项目，形成《关于我市开展大物流建设情况的视察报告》向市委、市政府报送。2006年11月29日至12月3日，市政协组织在浔的省、市政协委员，由副主席安珍清带队，开展“中央、省、市委3个‘一号文件’精神贯彻落实情况”专题视察。视察组分别到市农办、市林业局、市水产局听取工作汇报，到彭泽县、湖口县、修水县和武宁县实地视察，向市委、市政府呈送《关于我市贯彻落实中央、省、市委3个‘一号文件’精神情况的专题视察报告》。

2007~2010年，第十三届市政协组织6批次委员进行6个专题的视察活动，向市委、市政府报送3份专题视察报告。其中:2008年12月6日，市政协组织部分委员对赣台农业合作示范区进行视察。2009年4月20~21日，市政协组织开展“船舶工业发展情况”专题视察，主席程来安带队，部分副主席随同。视察组先后到瑞昌市、彭泽县、湖口县、星子县和庐山区实地视察船舶骨干企业;在市农行召集九江船舶工业总公司负责人，各相关县(市、区)政府分管领导以及有关船舶企业负责人进行座谈，听取意见建议;形成并报送视察报告。同年9月23日，副主席魏改生带队开展“房产管理工作”专题视察，听取市房产局的工作汇报，并实地视察相关项目;10月9日，副主席陈晖带队进行“外事侨务工作”专题视察。2010年4月15~16日，市政协组织委员开展“农业示范园区暨龙头企业发展”专题视察。参加视察的委员由副主席魏改生带队，先后到星子县、庐山区和九江县视察农业示范园区，分别召开座谈汇报会，听取工作汇报并征询意见;向市委、市政府呈送《关于我市农业示范园区的发展情况与建议》的视察报告;5月18日，市委书记钟利贵在这份专题视察报告中批示:“请宏彬同志(即市委常委、农工部部长)定稿。在此件的基础上，按建议加大此项工作力度。”9月1日，副主席魏改生带领农业界别委员视察永修县立新野生动物养殖中心、云山油茶科技发展有限公司油茶栽植基地，并召开座谈会，听取意见与建议;10月29日，市政协组织部分市政协委员，由副主席魏改生带队，开展“商贸流通企业改制工作情况”专题视察活动。视察组先后视察市百货大楼、市百纺总公司并听取企业负责人有关改制工作的意见;听取市商管办关于商贸流通企业改制工作的专题汇报。视察活动结束后，市政协形成并报送《关于商贸流通企业改制工作情况的视察报告》;11月11日，市委书记钟利贵批示“此件可印发县市区委书记，县市区长参阅”。

## 二、委员监督

1995年，市政协贯彻全国和地方政协工作座谈会精神，学习和借鉴其他地方政协的工作经验，完善协商监督的运行机制和配套措施，完善“重大决策要协商在党委决策之前，人大立法之前，政府实施之前”的协商制度，将协商监督活动以制度形式纳入党委、人大、政府的工作程序;同年，组织部分委员到市中级人民法院参加典型案件的庭审旁听。1997年，组织委员参与“二五”普法检查验收活动，部分委员应聘担任警风监督员、特约陪审员和税务义务监察员。1998年，加强对担任社会监督员职务的市政协委员的联系，为有关单位聘请社会监督员工作提供服务和指导;同年5月，市政协以“优化投资环境，拉动经济发展”为主题，开展对市法院、检察院、公安局、工商局、国税局、地税局的公众形象状况的调查评议活动，共发放问卷调查表4000份，召开座谈会51次，参会各界群众1200余人，市委政法委和有关部门对群众反映的68个问题进行逐条核查和整改。1999年，市政协运用应聘担任执法监督员形式进行民主监督，有30名政协委员应聘担任特约审计员、检察员、监督员和教育督导员等，同时组织部分委员到各级法院参加有典型案件的庭审旁听。2000年，市政协专委会参与《九江市旅游监察条例》等6个行政规章的讨论修改工作,还被邀请旁听市中级人民法院对部分重大案件的审理工作。

2001 年,市政协加大民主监督力度,重点围绕廉政建设、政务公开和纠正部门、行业不正之风等社会各界普遍关注的热点问题进行民主监督,帮助和促进党政部门转变作风,改进工作。2002 年,采取开展小型多样的委员视察活动、约请有关部门通报工作等形式,重点围绕优化经济发展环境和全市重大工作部署的贯彻落实情况,开展对机关作风建设的民主评议工作,加大对机关作风建设的民主监督力度。2003 年,继续把民主监督的重点放在对优化经济发展环境和群众关注的热点问题上,开展对机关作风建设的民主评议工作,注重发挥政协委员的社会特约监督员作用。2004 年,向司法机关、行政执法机关及有关职能部门推荐 35 名政协委员担任社会监督员职务,参与大案要案庭审旁听、高考考场巡视、高校职称评审、市区公交线路价格调整听证等民主监督工作。2005 年 11 月,组织部分委员对市质监局进行民主评议。

2006 年,市政协坚持和完善在政协委员和民主党派成员中聘请特约监督员制度,先后应邀参加大案要案庭审旁听、高考考场巡视和高校职称评审等民主监督工作。2007 年,采取情况通报会的形式,对全市民营企业员工参保进行民主监督;以界别为基础,以委员为主体,在各县(市、区)和市直委员中建立 24 个委员活动小组。向市委、市政府有关职能部门以及法院、检察院推荐政协委员担任特约监督员,参与行风评议和民主监督工作。2008 年,市政协召开 2 次民主资政会,组织委员围绕经济建设和社会发展行使民主监督权利;推荐 61 名委员担任特约监督员,组织委员参加情况通报会、专题论证会和立法协商会。2010 年,市政协以参与行风评议等形式,紧扣经济社会统筹发展等重点专题,开展民主监督活动。

## 第三节　参政议政

### 一、委员提案

第九届市政协共征集提案 1594 件(1991~1993 年期间征集提案 699 件),其中集体提案 39 件;提交提案的委员 369 人,约占委员总数 70%。提案类别中,经济建设方面 765 件,科教文卫体方面 370 件,政法、劳动人事方面 274 件,统战、民族宗教方面 185 件。任期内共办复 1569 件,占 98%。委员提出的《关于对我市科技兴农的几点建议》《开发城门山矿产资源的建议》《加强结核病防治的建议》《加强思想政治工作,在社会治安综合治理中,重点加强对青少年的教育,关心青少年健康成长》等提案,得到市委、市政府和有关部门的高度重视与认真办理。

1994~1998 年,第十届市政协共征集提案 1198 件,其中党派团体提案 54 件。提案内容涉及改革开放、经济建设方面 356 件,城建环保、市容管理方面 248 件,科教文卫体方面 182 件,社会法制、劳动人事方面 111 件,政协、统战、民族宗教方面 100 件,廉政建设、精神文明建设方面 132 件,其他方面 33 件;提案办复率 100%。党派团体提出的《切实改善投资和经营环境,把九江的区位优势变为真正的经济发展优势》《关于培育我市支柱产业的战略思考》等集体提案,为推进决策的科学化民主化起到良好作用;委员提出的《缓治湖、快修路、多建厕》《恢复和新建街头阅报栏》《应尽快成立九江市戒毒所》等提案,得到承办部门的认真采纳和落实。

1999~2003 年,第十一届市政协共收到提案 1404 件,其中党派团体提案 89 件,委员联名提案96 件;经审查立案 1376 件。提案内容涉及经济建设的 869 件,教科文卫体 239 件,社会法制、统战、人事等方面 268 件。办复 1371 件,委员满意和基本满意率 98%。委员提出的《大灾之后防大疫》《政府应全力扶持私营企业,制止乱收费现象,促进我市个体私营经济大发展》《清理房地产行业建筑工程队伍,切实提高工程建设质量》《建立新型经济管理体制,搞活我市国有中小型企业》《移风易俗,深化殡葬改革》《加强农村科技文化阵地的建设》《关于规范九江旅游市场的建议》《加强重点工业项目建设》《以一流的设计, 一流的规划,高品位建设好 98 抗洪纪念广场》《我市城区下水排污管道急需扩容改建》等提案得到重视和采纳。2003 年,市政协提案委员会遴选 143 篇提案,编辑出版《责任》一书。

2004~2006年,第十二届市政协共征集提案1129件,经审查立案1110件,其中党派团体集体提案71件。提案内容涉及经济建设方面的629件,教科文卫体387件,社会法制、统战、人事等94件;办复率100%,委员满意或基本满意率98%。委员提出的《关于解决拖欠农民工工资问题的建议》《建议成立110农技服务中心》《建设学习型城市,是实现九江率先崛起、促进经济发展的必然要求》《关于在工业园内建设一批标准厂房以吸引中小投资者企业落户的建议》《关于加快港口建设的建议》《加大科技投入,提高中小企业科技水平,增强企业产品含金量》《精心打造政府网站,提高民主执政水平》等提案,市政协领导亲自督办,承办单位认真办理,相关部门及时采纳建议,产生较好的办理效果。

2007~2010年,第十三届市政协共征集提案2015件,经审查立案1968件,其中党派团体集体提案109件;办复率100%,委员满意和基本满意率100%。委员提出的《坚持以人为本,方便菜农进城》《我市房地产交易市场整顿清理刻不容缓》《加快覆盖城镇居民医疗保险制度的建议》《做强做大我市船舶制造业》《关于李公堤车辆限时通行的建议》《关于开设九江至南昌昌北国际机场航空巴士的建议》《尽快治理"两河"》《八里湖路拓宽改造》《尽快开展对久拖不办产权手续的房产开展专项整治的建议》《进一步强化特色工业园区建设,构建关联产业群的建议》《关于修建环城东路路口护坡的建议》等提案,办理成效明显,为促进九江经济发展和社会进步发挥积极作用。

## 二、调查研究

1991~1993年,第九届市政协组织各类调查研究活动6次。主要有:1991年7月中旬,开展"教育工作情况"专题调研。调研组在听取市教育局工作汇报后,专程到永修县教育行政管理部门和部分学校进行调查研究,随后向市委、市政府呈送专题调研报告,为市党政领导提供决策参考。1992年6月下旬至7月初,组织"转换企业经营机制情况"专题调研,在召开九届二十四次常委会议进行专题协商后,向市委、市政府呈送《深化改革、转换国有企业经营机制,提高经济效益的建议》调研报告;9月,组织"昌九工业走廊建设情况"专题调研,市政协领导分别带领4个组,在永修县、德安县、九江县、庐山区、浔阳区和共青城进行调查研究,召开座谈汇报会,听取工作汇报和意见建议。调研活动结束后,市政协召开九届二十五次常委会议进行专题协商,形成《关于庐山区"工业走廊"建设的考察报告》等5个调研报告并报送市委、市政府。1993年2月,市政协组成4个调研小组,在部分市直部门、市属企业和瑞昌市进行"转换政府职能,服务改革开放经济发展情况"专题调研,随后召开九届二十八次常委会议进行专题协商讨论,形成《关于转换政府职能,服务改革开放经济发展的建议案》,呈送市委、市政府作决策参考;5月上旬,组织调研组到彭泽县、瑞昌市、永修县和庐山区进行"减轻农民负担情况"专题调研,形成《对彭泽县发展"三高"农业的调查报告》《永修县农业结构调整的调查报告》和《瑞昌市调整农业内部结构的调查报告》,经九届二十八次常委会议进行专题协商讨论后,形成并报送《加快调整农业内部结构、发展"三高"农业的建议案》;6月上旬,市政协组织全市"贯彻义务教育法情况"的调查研究,在德安县、庐山区部分教育机构召开座谈会并进行实地考察,然后召开九届三十次常委会议进行专题协商讨论,形成建议案报送市委、市政府,提供决策参考。

1994~1997年,第十届市政协共组织10次专题调查研究活动。主要有:1994年4月,开展"九江旅游业发展状况"专题调研,向市委、市政府呈送《关于九江旅游业发展状况的调查报告》;6月,组织"发展个体私营经济"专题调研,召开十届二次常委会议协商讨论,形成并呈送《关于我市个体私营经济发展情况的调查报告》;9月,组织开展"招商引资、发展三资企业情况"专题调研,前往8个县(市、区)和市直21个部门单位调研,召开十届三次常委会议进行专题协商讨论,形成并报送《关于我市招商引资,发展"三资"企业的情况报告》。1995年6月,组织"科技进步情况"专题调研,召开十届八次常委会议进行专题协商,向市委、市政府呈送《关于我市加速科技进步、促进经济发展的情况报告》;9月18~23日,组织"工业企业生产经营情况"专题调研,在市直13家工业企业和永修县、都昌县、九江县、德安县、瑞昌市等部分企业调研,召开十届九次常委会议进行专题协商讨论,形成并报送《关于我市部门工业企业生产经营状况的调查报告》。1996年3月,组织“城区交通问题”专题调研,召开主席会议进行专题协商讨论,呈送《关于市区交通状况的调查报告》;5月下旬至6月上旬,开展“1995年以来投资环境整治情况”专题调研,到市直12个部门单位和12家三资企业进行开展问卷调查和座谈讨论,召开十届十三次常委会议进行协商讨论,形成并报送《关于我市投资环境整治情况的调查报告》;同时开展“城区市容卫生环境整治情况”专题调研,在浔阳区、庐山区现场察看部分街道、路段,召开市直有关部门和基层单位负责人以及居民代表座谈会,形成并报送《关于我市城区市容卫生环境整治情况的调查报告》。1997年6月,组成调研组对全市旅游业发展情况进行专题调研,召开十届十八次常委会议进行协商讨论,形成并报送《关于九江市旅游业发展状况的调查报告》;8月,组织部分委员开展“市区房地产业发展状况“专题调研,经主席会议专题协商讨论后,形成并报送《关于规范和开拓市区房地产市场,培育新的经济增长点的建议案》。1998年3月,就“再就业工程”专题进行调查研究,形成的《关于我市再就业工程的调查报告》经十届二十二次常务会议协商讨论后报送市委、市政府。

1999~2003年,第十一届市政协组织11次专题调查研究活动。主要有1999年5月,开展“涉毒与禁毒”和“城市建设”专题调研,在市公安局、市建设局、市规划办、开发区、庐山区和浔阳区召开座谈汇报会,并实地察看部分城建项目,召开十一届二次会议进行专题协商,形成并向市委、市政府呈送《关于我市涉毒问题和禁毒工作情况的调查报告》和《关于九江城市建设情况的调查报告》。2000年5月,开展“旅游工作情况”专题调研,呈送《关于我市旅游工作情况的调研报告》。6月,组织开展“整治经济发展情况”专题调研,召开十一届七次常务会议协商讨论《关于整治经济发展环境的调研报告》并向市委、市政府报送。2001年3月,组织“商贸发展情况”专题调研,呈送《力建“三个中心”,做好商贸发展的大文章》的调研报告;6月中旬,进行“民营科技型企业发展情况”专题调查研究,听取市科委和市区部分民营科技企业的工作汇报,到武宁县、湖口县和庐山区部分科技企业开展实地调研,形成并报送《关于我市民营科技型企业发展状况的调查报告》;10月,组织开展“城市经营情况”专题调研,在市土管局、市城建局、市规划局、市房产局、市财政局和市地税局进行进行调查,并专程到辽宁省大连市考察学习城市经营先进理念和经验方法,形成并报送《经营城市资产,创建花园城市——对加快我市经营城市步伐的几点建议》调研报告。2002年6月,市政协组织5个调研组,在全市范围内开展民营经济发展情况的专题调研活动并形成《关于我市民营经济发展的调查报告》,经十一届十七次常务会议协商讨论后,向市委、市政府予以报送;7月,组织部分委员开展“农村税费改革情况”专题调研,听取星子县相关工作情况专题汇报,到乡镇农户进行实地调查访问,形成并报送《关于我市农村税费改革情况的调查报告》。2003年4月,开展“农业产业化发展情况”专题调研,形成《依托资源优势,扶强龙头企业,走出具有九江特色农业产业化之路》调研报告;6月,在九江开发区、共青开发区以及庐山区、瑞昌市、武宁县、德安县的工业园区进行“工业园建设情况”专题调研,并专程到赣南兴国县、于都县考察学习工业园建设经验,形成《关于我市工业园建设情况的调查报告》,经市政协十一届二十二次常务会议协商讨论后,均报送市委、市政府作为决策参考。

2004~2006年,第十二届市政协组织开展7次专题调研。主要有2004年3月,市政协组成5个调研组,在全市范围内开展“发展民营经济”专题调研活动,形成《实现“率先崛起”的重大举措——优化投资环境,主攻民营经济的调查报告》,经十二届二次常务会议协商讨论后,报送市委、市政府;9月,组织“发展沿江工业带建设情况”专题调研,经十二届三次常务会议协商讨论后,形成并报送《关于“树立科学发展观,加快我市沿江工业带开发”的建议案》;11月,组织“农民增收情况”专题调研,形成并报送《关于九江市农民增收情况的调查报告》,市委书记刘积福专门做出批示。2005年5月中旬,开展“八里湖环境保护”专题调研,先后在市环保局、市水利局、市水文局听取工作情况汇报,召集九江经济技术开发区、九江县、庐山区、庐山管理局和市血防所负责人以及部分市民代表进行座谈,随后向市委、市政府呈送《建设生态环保新九江的战略选择》的专题调研报告。2006年4月6~7日,开展“促进农业发展和农民增收”专题调研,先后考察都昌县、德安县等农业加工企业,听取两县政府的工作汇报,呈送《关于促进我市农业发展和农民增收的调研报告》;5月18~20日,开展“民营企业融资”专题调研,听取市金融部门、市直有关单位和九江开发区的工作汇报,召开部分民营企业代表座谈会征求意见与建议,形成并报送《关于我市民营企业“融资难”的问题与对策》专题调研报告;6月27日至7月5日,组织“房地产业发展情况”专题调研,先后到市房产局、市国土局、市规划局、市建设局、市发改委调研并听取工作汇报,实地视察市老年活动中心、怡康苑等在建项目,召开部分企业、街道社区代表座谈会听取意见,呈送《关于我市房地产业发展情况的专题调研报告》。

2007~2010年,第十三届市政协共组织14次调查研究活动。主要有2007年3月,市政协组织80余名政协委员和有关方面专家学者,围绕“弘扬九江文化”主题,组成“旅游休闲文化”“饮食文化”“历史宗教文化”“城市建设文化”4个专题调研组,分别由主席、副主席带队,开展为期2个多月的调查研究活动,形成《用大文化串起环庐山旅游休闲的“钻石项链”》《以“浔阳鱼宴”为品牌,让九江餐饮消费市场“火”起来》《弘扬历史文化的一项重大而紧迫的任务》和《把握传统与现代的融合,提升九江城市建设文化品位》4份调研报告,先后经十三届二次常务委员会议、十三届二次全体委员会议协商讨论后,报送市委、市政府。随后,市委、市政府相继召开常委会、常务会进行逐项研究,决定全部采纳市政协的建议,成立高规格市旅游文化发展委员会,高位推进九江文化旅游发展战略;同年9~10月,市政协组成3个调研组,开展“国有商贸流通企业改制”专题调研,分别到市供销社、市商管办、市粮食局和市物质集团听取工作汇报,召开有关部门、企业负责人和社会各界部分代表座谈会,专程到重庆市、贵州省贵阳市和湖南省长沙市学习考察改制经验做法,呈送《关于我市国有商贸流通企业改制的专题调研报告》;同时,开展“国有工业企业改制”专题调研,在市机械电子集团公司、市轻化集团公司分别召开企业相关人员和职能部门负责人座谈会,到广东省东莞市和省内新余市学习考察,形成并报送《关于我市国有工业企业改制的专题调研报告》;11月23~26日,组成“加强农民专业合作社规范建设”专题调研组到都昌县、永修县的部分乡镇调研农民专业合作社的建设情况,呈送《关于加强农民专业合作社规范建设的情况与建议》的专题调研报告。2008年5月12~16日,开展“船舶工业发展情况”专题调研,召开市直有关部门单位座谈会,到彭泽县、湖口县、星子县和瑞昌市实地考察10家船舶生产企业(其中5家造船企业,5家船舶配套企业),呈送《关于我市船舶工业发展情况的专题调研报告》;12月,组成“加快农业发展”“项目建设应对金融危机”“城乡医疗救助”3个调研组开展专题调查研究活动,形成3份调研报告经十三届十三次常务会议协商讨论后,报送市委、市政府。2009年3月24~30日,开展“金融如何更好地为九江经济发展服务”专题调研,到市人行、市银监局、市农发行、市国资委和瑞昌市、庐山区召开座谈会,形成并呈送《关于金融更好地为九江经济发展服务的专题调研报告》;4月30日,组织农业界别委员到天花井国家森林公园调研,形成并报送《关于把天花井国家森林公园打造成我市城市森林公园的调研报告》;6月,市政协港澳台侨委与市“五侨”部门组成联合调研组,就“关于国际金融危机对我市侨资企业的影响”进行专调研;组织部分委员,就两岸“三通”后,九江直航港口如何发挥作用情况进行专题调研,并报送调研报告;11月中旬,开展“城市建设”专题调研,到浔阳区、庐山区、开发区和市规划局、市国土局、市建设局、市环保局听取工作汇报,实地考察市区旧城改造规划项目,专程到四川省成都市学习考察住建部推广的旧城改造“成都经验”,呈送《加快新城开发,推进旧城改造》的调研报告。2010年6月,先后组织“规范城建项目所在地名称”和“乡镇卫生院建设情况”两个专题的调查研究,形成《关于“对新建、在建、拟建城建项目规范地名、路名、街名”的专题调研报告》和《关于我市乡镇卫生院建设情况的调研报告》,经十三届二十二次常务会议协商讨论后,报送市委、市政府;8月16~19日,开展“服务中小企业发展,推进全民创业”专题调研,先后到德安县、武宁县、修水县和永修县实地考察工业园部分企业和返乡创业孵化基地,听取情况汇报并与有关代表进行座谈,经十三届二十三次常务会议协商讨论后,报呈《关于我市服务中小企业发展,推进全民创业的情况与建议》的专题调研报告;11月11日,开展“城区物业管理情况”专题调研,形成并报送《关于我市城区物业管理的情况与建议》的专题调研报告;11月下旬,开展“改善城区交通环境”“做大龙头企业,推进化工产业集聚”专题调研,分别考察城区、中石化九江公司、蓝星企业集团星火化工厂以及湖口县、彭泽县工业园部分企业,形成《着眼惠民利民便民,改善城区交通环境》《做大龙头企业,推进化工产业集聚》两个调研报告,经十三届二十四次常务会议协商讨论后,报送市委、市政府。市委书记钟利贵对《做大龙头企业,推进化工产业集聚》做出点评。

## 三、反映社情民意

1997年1月,市政协十届四次会议提出加强社情民意工作的要求,印发《关于进一步加强社情民意工作的意见》,明确规定指导思想、主要内容、目标任务和具体措施等,并给每位委员寄发统一印制、格式规范的《社情民意反映笺》;在各县(市、区)政协聘请信息员,初步形成全市反映社情民意的信息网络;市政协会刊《九江政协》辟设《社情民意反映选登》栏目。当年共收到社情民意118件,编发《社情民意反映》9期。1998年,共征集社情民意172件,编发《社情民意反映》28期。其中,委员陈金国的《烧山毁林无人问,千亩果林遭破坏》引起市委、市政府领导的重视,责成市林业局等单位迅速进行调查核实,针对存在问题落实整改措施,有效遏制毁林事件的继续发生。

1999~2003年,第十一届市政协共编发《社情民意反映》193期。其中1999年,市政协印发《关于进一步做好社情民意工作的意见》,全年编发《社情民意反映》22期。公安部门接到第5期简报关于某处有地下大赌场的反映后迅速出击,一举端掉了这个地下赌窝;市政府办公室接到《下水道影响能仁寺环境》,多次派员了解和协商,并出资改造下水道,使这座千年古刹得到有效保护。2000年,市政协收到社情民意127条,编发40期简报。市委书记刘上洋分别对《社情民意反映》1~3期、27~30期、32~34期做出批示,要求有关部门对所反映的问题研究解决;市委办公室专门召开有关部门负责人会议,发出督办通知,限期落实和反馈,使不少问题得到有效解决。2001年,全年编发《社情民意反映》45期、132条,及时反映各界群众的意见、愿望和要求。市委、市政府领导经常在《社情民意反映》上做出批示,促进有关问题的解决。2002年,编发《社情民意》47期、137条,成为市委、市政府了解民情、体察民意的重要窗口,不少问题通过政协委员反映社情民意的渠道引起市领导和有关方面的重视。2003年, 收集到社情民意信息186条,其中136条编发成39期《社情民意》,得到市党政领导重视,多条得到党政领导批示。通过上报社情民意反映,委员和市民所反映的大部分问题都得较好解决或正在解决之中,暂时不能解决的问题被列入市党政工作议事日程。

2004~2006年,第十二届市政协共编发《社情民意》简报87期。其中:2004年,印发《关于进一步做好反映社情民意工作的意见》,建立和完善社情民意办理机制,落实办理回执制度,注重加大社情民意领导批示件的督促办理工作;市政协办公厅加强与市委督查室、市政府督查室的联系,使《社情民意》办理工作纳入全市"抓落实"工作网络。全年收集社情民意信息298条,其中150条编发成34期《社情民意》简报。其中大多是社会有关层面和人民群众关注的热点、难点问题和带有倾向性、苗头性的敏感问题,有的被有关方面采纳后产生积极的社会效果,如委员海鹏俊反映的《要高度重视九江长江大堤安全》,市委副书记邵春保批示市水利部门进行调查处理,及时整改。2005年,收集各类社情民意190条,其中154条编成26期《社情民意》简报,许多好的意见建议得到采纳,有些建议产生较好社会效果。市直各职能部门高度重视市政协社情民意工作,领导亲自批示并确定专人负责办理,使许多群众关注的问题得到有效解决;对反映的意见、建议做到期期有反馈,并及时反馈办理结果,得到委员们的好评。市政协常委赵为反映的《把投诉站建在农民家门口,切实保护农村消费者合法权益》的社情民意,市工商局在调研的基础上,制订《九江市红盾护农维权进村实施方案》,把农村维权纳入县乡村工作的议事日程,并在全市范围内组织开展"红盾护农维权进村"工作,开创全国范围内农村市场监管维权工作的新局面,得到省、市领导的充分肯定和农民朋友的好评;市工商局也因此被评为2005年度全国工商系统先进单位。年底,市政协召开社情民意办理单位座谈会,选定专题,部署任务,明确要求。2006年,市政协进一步完善社情民意办理机制,加强社情民意领导批示件的督促办理工作。全年编发《社情民意》简报27期、181条,其中大多数被有关方面采纳,产生积极的社会效果。同时,市政协办公厅在全省设市区政协率先开通"征集社情民意短信平台”,编发短信专报8期、114条。

2007~2010年,第十三届市政协共编发《社情民意》简报(含专报)81期。其中,2007年,市政协通过征稿、小灵通短信平台等形式,广泛征集社情民意,全年共编发《社情民意》简报17期、129条,向市委、市政府及有关部门及时反映一些较有价值的社会信息和群众呼声,《龙开河公交线路亟待解决》《开放庐山南路饮食一条街夜市》等不少社情民意均得到有关职能部门的认真办理,促成一些群众关注的问题得到妥善解决。2008年,市政协把社情民意当成“小提案”来办,在“九江政协网”辟设“民意提交”栏目,拓宽社情民意的征集渠道;在《九江日报》开辟《社情民意回音壁》栏目,对办理较好的社情民意予以报道;并在全市范围发放5000份问卷调查表,广泛征求意见和建议。全年共征集社情民意信息200多条,遴选129条编发《社情民意》22期,及时呈报市委、市政府领导和有关部门参考,一些重要建议意见得到认真办理、及时反馈。例如:《城区“两湖”治理问题》的社情民意专报,得到市委、市政府及城建部门的高度重视,认真采纳和落实;委员董丽华提出的《改旧围栏公园为敞开式街心公园》、委员翁守泉提出的《十里大道转盘影响交通》等建议,经过有关部门的整改,均产生较好的社会效果。2009年,市委、市政府对市政协社情民意工作给予高度重视,使之成为“民声通道”的重要组成部分。市委副书记、市政府市长曾庆红批示“人民政府要高度重视、认真办理人民群众的意见、建议”,并对2009年第1期《社情民意》简报进行逐条批示,指示市政府有关分管领导高度负责、认真办理。市政府办公厅进一步加大对政协社情民意的督办力度,对领导批示件逐条抓转办、抓落实、抓反馈,对《社情民意专报》进行及时转办和跟踪督办,促进有关工作的改进和落实。市政协继续把反映社情民意作为委员“四个一”履职活动的主要内容,要求每名委员每年至少反映一条有价值的社情民意。市政协办公厅拓宽征集渠道,通过信笺邮寄、网络专栏、电子邮箱、互动QQ等形式,广泛征集社情民意。在编发《社情民意》简报时,注意把社情民意反映人的通信地址和联系方式一同编发,保持信息内容的原汁原味,确保编发不走样、报送不拖延、跟踪不放松,在如实反映群众和各界呼声的同时,努力架设沟通党委政府联系群众的桥梁和纽带。全年共报送《社情民意》简报19期和专报1期,信息条目123条。许多关乎群众切身利益的问题和困难得到有效解决。如委员黄丹反映的《对火车站出租车违规收费等问题要整治到位》、委员支园平反映的《打击非法传销刻不容缓》、委员黄继华反映的《鞭炮扰民何时了》等建议,经过相关部门的落实和办理,取得较好的社会影响。2010年,市政协收集各类社情民意信息217条,市政协办公厅编发《社情民意》简报22期、106条。市委、市政府及有关单位部门高度重视,通过积极采纳和认真办理,使一些关乎群众利益的问题得到妥善解决,发挥社情民意的“民声通道”和桥梁纽带作用。9月,市政协在委员和各界人士代表中选聘80名社情民意信息员,把反映社情民意信息作为委员履职的重要渠道和考核内容,充分发挥社会各界人士在传递民情、反映民意和汇集民智方面的重要作用。市政协办公厅在创新工作机制上下功夫。每季度之初,针对性地列出社情民意反映参考条目,把近期工作中心和工作重点等内容印发给委员、信息员和党派团体,使社情民意反映能够做到有的放矢、高效迅捷;同时,创新《社情民意》简报的报送形式,增加“领导批示”“联系电话”等内容,增强社情民意的反馈效果。

## 第四节　学习宣传

### 一、委员学习

1991年2月,组织常委学习中共十三届七中全会精神和省委九届二次会议精神,《中共中央关于制定国民经济和社会发展十年规划和“八五”计划的建议》以及中共中央总书记江泽民、国务院总理李鹏重要讲话精神;6月,组织常委学习贯彻全国人大、政协七届四次会议精神和省人大七届四次、省政协六届四次会议以及中共九江市委六届二次会议精神;8月,组织常委学习贯彻江泽民在纪念中国共产党成立70周年大会上讲话精神;12月,组织常委学习中共十三届八中全会公报。1992年2月14日,市政协中心学习组举行会议,学习江泽民在1992年元旦、春节团拜会上重要讲话,学习传达省委常委会议和市委常委会议精神。1993 年 5 月 11 日,组织学习全国“两会”精神,在市区的省政协委员和部分市政协委员参加。1994 年 4 月 28 日,中心学习组举行学习报告会,传达《中共中央办公厅关于组织广大干部学习社会主义市场经济理论和基本知识的通知》,收看《当前几项重大经济体制改革》电视录像讲座,学习座谈政协新章程;5 月 12 日,市政协制定《学习委员会工作职责》及工作计划;5 月 20~21 日,举办新委员培训班,在浔的 80 余名新委员参加学习;10 月 6~7 日,中心学习组传达学习中共十四届四中全会公报和中共中央印发的《爱国主义教育实施纲要》。1995 年 4 月 14 日,市政协举行全国“两会”精神专题报告会;6 月,中心学习组学习孔繁森的先进事迹,各民主党派、工商联、人民团体和市政协各委办负责人参加。

1996 年 4 月 10 日,市政协举行学习报告会,在浔省市政协委员、各民主党派负责人及政协机关干部 100 余人出席;9 月 12 日, 中心学习组学习座谈中共中央总书记江泽民《努力建设高素质的干部队伍》重要讲话;10 月 18 日,中心学习组学习讨论中共十四届六中全会通过的《关于加强社会主义精神文明建设若干重要问题的决议》。1997 年 8 月 15 日,中心学习组集中学习讨论中共中央总书记江泽民在中央党校省级干部进修班毕业典礼上的重要讲话,各民主党派、工商联负责人以及市政协各委办负责人参加。1998 年 3 月,组织常委学习全国“两会”精神。1999 年 3 月,全国政协委员王翔传达全国“两会”精神,在市区的政协委员参加。2000 年 4 月 7 日,市政协召开“三胞”委全体委员会议。学习国家主席江泽民关于对台工作“八点主张”及《一国两制与台湾问题》白皮书。

2001 年 3 月,组织常委学习全国“两会”精神。2002 年 11 月 28 日,组织市区部分政协委员听取省台办副主任朱体快所作《贯彻十六大精神,认真做好对台工作》报告。2003 年,举办 3 期新委员培训班。2004 年 3 月,组织常委听取全国政协委员王翔传达全国政协十届一次会议精神,学习修订后的《中国人民政治协商会议章程》和《中共九江市委关于进一步加强人民政协工作的意见》。2005 年 4 月 28 日,在市政协委员学习班上,市台办调研员黄河作《台湾局势分析》报告;4 月和 7 月,港澳台侨委先后两次组织委员学习《中华人民共和国反分裂国家法》并座谈。

2006 年 3 月,组织常委学习《中共中央关于加强人民政协工作的意见》,听取全国政协委员王翔传达全国政协十届四次会议精神。2007 年 8 月,举行学习报告会,特邀广东省东莞市政协主席刘树基主讲。2008 年,开展“求科学发展之真、务项目建设之实”主题教育活动;8 月,举行普法讲座。2009 年,组织开展深入学习实践科学发展观主题教育活动;7 月,组织部分市政协委员听取全国政协理论研究会秘书长原冬平所做的人民政协理论专题讲座。2010 年 3 月 26 日,举行学习贯彻《中国共产党领导干部廉洁从政若干准则》专题辅导报告;9 月,组织常委学习《中共中央关于加强人民政协工作的意见》和《中共江西省委关于进一步推进人民政协政治协商制度建设的意见》。

## 二、宣传教育

1991 年,针对新委员多的实际,市政协举办新委员读书会,系统学习新时期统战理论、方针、政策和人民政协章程。1992 年,市政协订阅《江西政协》扩大发送到市政协委员;同时,以举办茶话会、座谈会、统战知识竞赛、收看录像、召开学习经验交流会等形式,把学习工作推向深入。1993 年 6 月 8 日,市政协领导带领调查组分别到德安、武宁、浔阳区、庐山进行《中华人民共和国义务教育法》实施情况的调查。1994 年 5 月 20~21 日,市政协举办新委员培训班,在浔的 80 余名新委员参加。

1997 年 5 月 30 日,市政协组织市区政协委员观看《香港纵横》电视纪录片;同年,在全市范围内开展“九江市首届宣传中国共产党领导的多党合作和政治协商制度好新闻”评选活动。2000 年,市政协派员参加省、市“三讲”巡视组,在星子县开展为期 3 个月的中心宣教工作。

2001 年,市政协召开信息工作座谈会,相继出台《关于进一步做好政协信息工作的意见》和《关于进一步做好政协信息和反映社情民意工作的意见》2002 年 11 月 28 日, 组织委员听取省台办副主任朱体快所做的台情报告。2003 年 12 月,出刊第一期反映全市政协“三胞”联谊工作动态的内部刊物。2004 年 11 月 9 日,市政协邀请市台办副主任任守兵作《正确认识当前台湾局势,切实做好对台工作》的报告。各民主党派负责人及主要成员、港澳台侨委委员，部分市政协委员近百人参加报告会；9月，在中秋茶话会上组织委员观看纪录片《台湾往事》。

2006年7月28日，市政协邀请全国人大代表、省政协常委、省台联会长何大欣到九江作台情专题报告。2007年，市政协开展“创新创业、共建和谐”主题教育活动，与有关单位联合开展“世界环境日”和全省“保护母亲河”等主题宣传活动。2008年，市政协人口资源环境委员会开展《中华人民共和国城乡规划法》学习宣传活动，并与九江学院生态经济研究中心共同开展专题调研。2008年4月10日，市政协港澳台侨委邀请全国台联副会长、省台联会长何大欣到九江为台侨界委员、部分市政协常委、市政协机关和涉台单位的工作人员主讲台情讲座等教育活动。

## 三、纪念活动

1991年6月28日，市政协举行纪念中国共产党建党70周年大会，150余人出席；10月7日，举行纪念辛亥革命80周年茶话会；10月9日，举行“九江市各界人士纪念辛亥革命80周年大会”和“纪念辛亥革命80周年报告会”，200多人参加并观看《辛亥革命80周年纪念图片展》。1993年5月25日，位于浔阳区甘棠公园内的蔡公时烈士纪念碑落成，市社会各界参加揭幕仪式；12月16日，举办《纪念毛泽东诞辰100周年画展》。1994年5月7日，举行蔡公时墓整修工程落成仪式。1994年9月16日，市政协、市委统战部、市委宣传部、市广播电视局联合举办“纪念人民政协成立45周年电视大奖赛”；9月19日，市政协、市委统战部联合举行“九江市各界纪念人民政协成立45周年座谈会”。1995年8月10日，举行纪念抗日战争胜利50周年座谈会。8月22日，举行纪念抗日战争胜利50周年座谈会和《抗日战争图片展》；9月29日，市政协与市委统战部联合举行各界人士庆祝中华人民共和国成立46周年茶话会。1997年6月10日，市政协、市委统战部联合举行各界人士迎香港回归座谈会，并在会场发放市政协委员诗词选《迎归集》。1998年5月3日，民革九江市委会和市政协文史委员会在蔡公时烈士纪念碑前举行各界人士纪念“五三惨案”暨蔡公时烈士殉难70周年活动。1999年9月17日，市政协召开纪念人民政协成立50周年理论研讨会；9月21日，市委、市政协举行庆祝人民政协成立50周年大会；市政协与市书画院联合举办《庆祝人民政协成立五十周年书画、摄影展览》。

2002年4月26日，市政协与山东省济南市政协联系开展“五三”惨案爱国主义教育活动，派遣机关干部到济南参加蔡公时烈士的纪念活动。2004年9月，市政协召开纪念人民政协成立55周年座谈会。2005年9月，文史委员会与市委宣传部、市文化局联合举办《纪念抗日战争胜利60周年九江抗战资料图片展》，并编制画册和光盘。2006年9月，召开纪念人民政协成立57周年座谈会。2007年3月15日，市政协会同市委宣传部、市委党史研究室等6家单位联合举办纪念收回九江英租界80周年座谈会。2008年5月3日，市政协同有关单位举办九江社会各界纪念蔡公时英勇就义80周年座谈会，蔡公时烈士在台湾的子女、亲属专程到九江参加活动。2009年，市政协会同“南京大屠杀”研究会、民革九江市委会在浔召开九江籍南京大屠杀战犯主审法官叶在增学术研讨会，同时开展九江与南京两市史学界的交流与合作活动；9月23日，召开纪念人民政协成立60周年理论研讨会；64篇作品分获征文、书法、绘画、摄影作品一、二、三等奖和优秀奖；编辑出版《同舟共济60年》一书；9月26日，在市图书馆举办《纪念人民政协成立60周年征文、书法、绘画、摄影作品展》。

## 四、制度建设

1992年4月23日，政协市第九届委员会第二十三次常委会议通过《中国人民政治协商会议九江市委员会提案工作暂行规定》；8月1日，市政府颁布《关于加强与市政协日常工作联系的试行办法》。1994年3月22日，市政协颁发《政协九江市第十届委员会各专门委员会实行联合办公的决定》；3月25日，颁发《中国人民政治协商会议九江市第十届委员会常务委员会、主席会议、秘书长会议规则》。1995年4月24日，市政府下发《关于进一步加强与市政协各专门委员会对口联系的通知》；4月25日，市委行文批转市政协党组《关于贯彻落实中央通知精神，落实〈政协全国委员会关于政治协商、民主监督、参政议政的规定〉要求的几点意见》。1996年3月28日，市政协十届十二次常委会审议通过《政协九江市委员会专门委员会工作条例》和《政协九江市委员会常务委员会组成人员守则》;9月27日，市政协十届十次常委会议通过《政协九江市委员会关于政治协商、民主监督、参政议政的实施办法》;10月21日，市委下发《关于认真贯彻《〈政协九江市委员会关于政治协商、民主监督、参政议政的实施办法〉的通知》。1997年9月30日，市政协十届十九次常委会议通过《政协九江市委员会提案工作条例》。1999年3月18日，市政协十一届一次会议通过《政协九江市委员会常务委员会工作规则》。2000年5月22日，市政协十一届六次会议通过《政协九江市委员会关于进一步加强民主监督工作的意见》;7月20日，市委批转该意见。

2001年4月10日，市政协出台《关于进一步加强政协委员工作的意见》;9月25日，市政协十一届十三次常委会为修订《政协九江市委员会提案工作条例》。2003年10月17日，市委召开全市政协工作会议，并行文下发《中共九江市委关于进一步加强人民政协工作的意见》;当年，市政协制订《关于进一步发挥委员主体作用加强委员管理的意见》。2004年3月30日，市政协十二届一次常委会议通过《政协九江市委员会常务委员会关于加强自身建设的意见》;4月18日，市政协出台《关于进一步做好反映社情民意工作的意见》;4月26日，市政协办公厅制订《关于建立市政协委员活动小组的通知》;6月28日，市政协制订《关于进一步加强党政职能部门与政协专门委员会对口联系的实施意见》。7月15日，市政协办公厅制订《关于办理政协提案的意见》。2005年3月29日，市政协十二届七次常委会议通过《政协九江市委员会专门委员会工作规则》。2006年6月27日，市政协十二届十三次常委会议修订《政协九江市委员会提案工作条例》。2007年2月1日，市政协办公厅下发《关于建立市政协委员活动小组的通知》;7月3日，市委召开全市政协工作会议，并出台《中共九江市委关于加强人民政协工作的实施意见》;当年，市政协制订《办公厅主任会议议事规则》和《市政协机关作风建设制度》。2008年，市政协制订《关于进一步发挥界别作用的意见》和《关于进一步提高提案质量的意见》。2009年，市政协相继制订《关于拓宽民主监督渠道、增强民主监督实效的意见》《政协九江市委员会常委会工作规则》和《关于进一步厉行节约若干问题的规定》。

至2010年，市政协相继建立和健全财务管理制度、车辆管理制度、接待工作制度、机关学习制度、机关工作协调制度、机关公文处理及电话登记制度、机关印鉴和介绍信管理制度、机关计算机管理制度、社会治安综合治理制度等规章制度。

## 第五节　文史征研

第九届市政协在1992年先后编辑3辑《九江文史资料选辑》。其中:2月编辑发行第六辑《九江近现代教育史料(上集)》，录用稿件67篇，27万字，图片12张，印数2000册;第七辑为《九江近现代教育史料(下集)》，未成书付印;5月编辑发行第八辑《海外赤子蒋彝》，录用稿件35篇，18万字，图片10张，印数2000册。

第十届市政协在任期内:1995年7月第九辑《九江古今纵横》，录用稿件74篇，30万字，随后在参加全国政协优秀文史图书评比中荣获“优秀文史图书奖”;1996年10月第十辑《九江老字号》，录用稿件100篇，30万字;1998年5月与民革九江市委会合作编辑文史专集《外交史上第一人——蔡公时》，录用稿件31篇，16万字;同年12月编辑发行第十一辑《九江五十年代风云录》，录用稿件157篇，53万字。

第十一届市政协在任期内:1999年，编辑发行《九江文史资料选辑》第十二辑《九江百年》，录用稿件76篇，50万字；组织政协社科和新闻界委员考察九江地表文物，重点调研瑞昌铜岭古矿现状及保护情况。2000年，编辑文史资料第十三辑《血沃南浔》，许振南采编，18万字;2001年，文史资料第十四辑《九江之最》编辑发行，录用稿件574篇，27万字;5月，市政协召开全市政协文史工作研讨会，省政协文史委员会副主任刘维富一行到会指导。2002年，编辑发行第十五辑《九江之旅》，44万字。2003年，文史资料第十六辑《九江之谜》由光明日报出版社出版发行，录用稿件 178 篇，48 万字；3 月 28 日，召开全市文史工作暨表彰大会；当年组织力量参加长江中游沿江城市政协组建的“武汉政协文史协作区”长江中游文史资料的编辑出版工作，先后在《长江中游风物选》《21 世纪长江中游文史工作研讨文集》《长江中游旅游文化》等 8 本选辑中用稿 28 篇。

第十二届市政协任期内：2004 年，编辑发行《九江文史资料选辑》第十七辑《九江近代名商》，录用稿件 85 篇，30 万字；4 月，对全市基层文化设施及文化生活进行调研，向省政协文史委提交 5000 多字调研报告，同时开展九江地区历史名人故居的调查摸底工作；7 月，组织开展《半壁江山——民营企业家风采录》专集征稿、审稿工作；当年还为省社科院历史研究所、南昌新四军军部陈列馆、市直单位及中央、省、市新闻媒体提供史料 35 件(册)，参与武汉文史协作区《长江中下游民间文化艺术》一书组稿、编辑与出版发行工作(九江有 9 篇作品入选)，分别向河南洛阳、驻马店、偃师等市政协文史委发函请求协助查找老同志杨仕杰早期革命资料。2005 年，编辑发行第十八辑《九江历史名镇》，录用稿件 90 篇，37 万字；3 月，根据省政协文史委、省教育厅《关于征集建国初期江西高等教育发展史料的通知》精神，会同市教育局联合征集 20 世纪 50 年代九江高等教育发展史料；4 月，按照省政协办公厅《关于抓紧做好江西古村民居史料征编工作的通知》部署与要求，对九江地区古村民居进行调查，整理形成图文资料，报送省政协文史委结集出版；与市图书馆联合举办《纪念抗日战争胜利 60 周年九江抗战图片展》。2006 年，编辑发行第十九辑《九江宗教名胜》，录用稿件 99 篇，38 万字；与市图书馆联合编辑《见证——九江抗战图册》，由作家出版社出版。

第十三届市政协任期内：2007 年，编辑发行《九江文史资料选辑》第二十辑《九江美食》，录用稿件 134 篇，图片 15 张，25 万字；按照全国政协文史委编辑《中国文史资料总目录》要求，完成《九江市政协文史资料目录》21 辑、8 万余字汇编上报工作；为北京华冈气象信息集团有限公司提供解放前九江水灾资料，为江苏省吴江市文化馆提供“南社”社员资料。2008 年，编辑出版《九江文史资料选辑》第二十一辑《名人咏九江》，40 万字；为九江电视台提供有关“九江解放”的资料和知情人情况；为江西电视台查找九江 20 世纪 50 年代的剿匪资料；协助省政协文史委征集《统一战线在抗战中的江西(赣北、赣西)战场所发挥的积极作用》专题史料；组织省市政协委员和文化艺术界知名人士 30 余人召开“打造文化旅游胜地”座谈会；为市封缸酒厂申报“中华老字号”提供详实完整的史料，使其一举获得成功。2009 年，编辑发行《九江文史资料选辑》第二十二辑《九江历史名人》，30 万字；为纪念人民政协成立 60 周年，编印纪念专集《同舟共济 60 年》，30 万字。与《九江日报·长江周刊》合作，辟设“九江历史名人”专栏。当年 12 月，市政协召开全市政协文史工作座谈会，传达全国文史工作有关会议和省文史工作座谈会精神，部署全市政协系统文史工作，并表彰文史资料组稿工作先进县和优秀撰稿人。2010 年，编印《九江文史资料选辑》第二十三辑《九江民间文化艺术》，21 万字；组织委员到德安县考察万家岭抗战遗址和义门陈历史文化等。本届任期内，市政协文史委还与省内外市政协文史委互相寄送文史资料、书籍 560 多册，在《人民政协报》《光华时报》等媒体上发表文史稿件 70 余篇。

## 第六节　联谊交流

### 一、纵向联系

**全国政协常委、委员和部门负责人到浔视察、考察与调研**　1992 年 4 月 16~20 日，由常委、科技委副主任鲍奕珊带队的全国政协“科技兴农”考察组一行 6 人到市考察。1993 年 10 月 19~23 日，香港地区全国政协委员到江西视察团一行 25 人由全国政协行政管理局局长陈石孝、省政协副主席叶学龄陪同到市视察。1997 年 6 月 9 日，全国政协科协界委员一行 14 人到德安县视察农业科普工作；9 月 11 日，教文卫体委员会调查组到瑞昌市码头镇考察农村文化建设工作。2000 年 11 月 24~25 日，人口资源环境委员会副主任江泽慧率“湿地与野生动物保护”专题调研组在永修、星子进行考察。

2003年9月14日,常委、提案委员会副主任宋宝瑞一行就“农村卫生改革与发展”到市进行专题调研;9月24日,由常委、中国工程院院士、湖南省政协副主席袁隆平,常委、中国科学院院士、致公党中央副主席程金培等16位党外“两院”院士组成的考察团到市考察访问;9月25~29日,社会和法制委员会副主任王建伦、朱志宏率全国政协调研组到市专题调研“灵活就业人员的社会保障问题”;10月10~11日,香港特别行政区全国政协委员到江西省视察团在全国政协常务副秘书长王巨禄、省政协副主席张华康陪同下,对庐山历史文化遗产保护、旅游资源开发、生态环境保护等情况进行视察;10月25~27日,驻山东省全国政协委员到赣视察团在省政协副主席雍忠诚陪同下,对九江长江流域湿地保护情况进行考察。2004年4月6日,常委卢景荣、舒圣佑来浔考察;10月17~18日,常委、人口资源环境委员会主任陈邦柱率“保护长江万里行”考察团到市考察;11月,港澳台侨委主任郭东坡一行到市考察。2005年10月,全国政协人资环委调研组在星子县就“风能资源的开发利用”进行专题调研。

2006年9月20日,常委、社会和法制委员会副主任伍绍祖率全国政协社法委“建设社会主义新农村”专题调研组一行到共青城进行考察。2007年4月13~14日,常委、人资环委主任陈邦柱一行到庐山参观考察。9月16~17日,人资环委副主任江泽慧一行20人到市调研“京九绿色长廊建设”。2008年6月4日,委员、香港和成国际集团有限公司主席周安达源到瑞昌考察江州联合造船有限公司;11月11日,文史和学习委员会副主任钟起煌,常委、中国佛教协会会长一诚出席云居山真如禅寺建寺1200周年庆典活动暨云居山国际禅修院奠基仪式,省政协副主席、省委统战部部长宋晨光及省、市有关领导出席庆典活动。2009年9月15日,教科文卫体委副主任张文康带队到市进行“慢性非传染性疾病防治”专题调研。2010年5月25日,全国政协无党派人士界到赣调研团一行21人到市就“鄱阳湖生态保护与生态补偿”进行专题调研;10月30日至11月1日,全国政协“《宗教事务条例》贯彻落实情况”调研组到市进行专题调研。

**省政协领导来浔视察、考察与调研** 1991年9月19日,省政协主席吴平到九江县江州乡视察棉花生产情况。1992年12月1日,副主席金立强率工作组到市检查文化市场情况。1993年2月15~17日,副主席黄立圻带领在赣全国政协委员到市视察;10月6日,副主席叶学龄陪同广东省政协香港地区委员到赣考察团考察八里湖开发区、外贸码头、长江大桥、共青城、庐山等地。1994年4月9日,副主席叶学龄陪同全国政协委员、广东省广联实业公司总经理严瑞藩率领的经济考察团到市考察;5月8日,副主席戴执中率领南昌大学教授、副教授一行45人到市参观考察;5月19日,副主席吴永乐率领省政协高科技发展考察组到市考察;5月24日,省委副书记、省政协主席朱治宏到市考察;8月22日,副主席江国镇率领调查组到市就大中型国有企业发展情况进行调查;10月20日,副主席、省委统战部部长梅亦龙率领省党内外知名人士考察团到市考察旅游事业;12月7~8日,副主席吴永乐带领省政协视察组到市视察企业社会主义精神文明建设情况。1995年10月9日,副主席吴永乐带领资金调查组到市调查了解九江化工厂、建陶总公司、九棉二厂等工业企业资金使用效益情况。

1996年2月7日,副主席梅亦龙、廖延雄、黄立圻、罗明带领参加省政协七届四次会议的600多名委员到市视察九江大化肥工程、九江长江大桥和金山角立交桥;4月23日,原副主席刘建华、吴允中带队的省政协老委员联谊会到市参观考察;10月8日,省政协香港地区委员视察团一行20人到市视察。2000年4月13日,副主席、省委“三讲”办副主任韩京承到九江县检查指导工作。

2001年8月23日,副主席喻长林、刘运来带领省政协30多名常委到星子县消防大队视察工作。2002年2月3日,副主席王林森到市走访慰问困难群众;9月30日,副主席喻长林在永修县走访慰问孤寡老人、军烈属和特困群众;10月26日,副主席刘运来到市出席“庐山杯”全国万人健美操闭幕式。2003年2月20日,副主席黄懋衡到瑞昌市参观考察黄金工业园和江西亚东水泥有限公司;4月10~13日,副主席倪国熙率省政协调研组到市进行“加快工业园建设”专题调研;6月5~6日,副主席黄定元一行3人到市就政协教文卫体方面工作进行调研;6月24~25日,副主席雍忠诚一行到市视察防洪设施;7月28~30日,副主席黄定元一行到市专题调研农村医疗卫生体制改革工作;9月8日,主席钟起煌、副主席黄定元等到星子县看望农村教师。2004 年 3 月,副主席黄懋衡带队开展“农业产业化”专题调研,先后参观都昌县、湖口县农业特色产品养殖加工基地,并召开座谈会听取市政府和两县政府的工作汇报;副主席刘运来一行就“三农”问题到彭泽县、九江县调研;副主席黄定元一行 4 人到庐山区、星子县开展定点联系工作;4 月 12 日,副主席殷国光一行到武宁、修水调研农业和粮食生产工作;4 月 19~20 日,副主席黄定元在瑞昌市调研农业和粮食生产工作;4 月 22~23 日和 28~29 日,副主席刘运来到彭泽、九江县调研农业和粮食生产工作;9 月 16 日,副主席、省委统战部部长王林森到共青城科技园调研。2005 年 1 月 11 日,副主席黄定元一行到德安县慰问残疾人特困户;1 月 25 日,副主席黄定元到德安县考察“保持共产党员先进性教育”第一阶段的活动情况;4 月 5~6 日,副主席张华康率调研组到市开展“推动开放性经济发展”专题调研;4 月 18~20 日,副主席雍忠诚带队到市进行“树立科学发展观,转变经济增长方式”专题调研;10 月 30~31 日,副主席王林森到市就“社区统战工作”进行专题调研。

2006 年 11 月 10 日,副主席金异率视察团一行 31 人视察“城市发展情况”。2007 年 4 月 2~4 日,副主席雍忠诚率专题调研组开展“农业产业化”调研;5 月 30 日,副主席朱张才一行 12 人调研“国有土地调控和管理”;6 月 14 日, 副主席刘晓庄带队进行 “推进经济适用房和完善廉租住房制度” 专题调研。2008 年 2 月 22 日,主席傅克诚到武宁县视察灾情,指导开展抗灾救灾工作;4 月 8~11 日,副主席汤建人率省政协“五河一湖污染防治“专题调研组到市进行调研活动;5 月 22 日,主席傅克诚一行到星子县温泉镇庐山垅村就“新农合”制度实施情况和扶贫帮困工作开展调研;6 月,常务副主席王林森一行到修水县开展“红色资源保护、管理和开发利用”情况专题调研;副主席朱张才带队到市开展工业企业方面专题调研;8 月 13 日,副主席宋晨光一行在都昌县进行“统一战线服务新农村建设”专题调研;9 月 1~3 日,主席傅克诚到市考察调研;9 月 4 日, 副主席郑小燕一行 8 人到市调研 “鄱阳湖区域生态农业”;10 月 10 日,副主席陈清华率港澳地区省政协委员返赣视察团先后到共青城工业新区、鸭鸭集团、南昌理工学院共青校区和湖口县石钟山风景区视察;10 月 22 日,省政协提案工作座谈会在永修县召开,副主席朱张才、李华栋、陈安众等出席;同日,副主席宋晨光带领近 30 位民营企业家到共青城进行投资考察;10 月 27 日,省政协常委学习研讨班到九江举行开班仪式,副主席王林森、朱张才、陈清华、李华栋、宋晨光、汤建人、刘晓庄、郑小燕等出席。2009 年 1 月 10 日,副主席宋晨光到都昌县徐埠镇指导新农村建设工作;5 月 18~20 日,副主席刘晓庄率调研组到市开展“创建国家生态工业示范园区”专题调研;9 月 9 日,副主席刘晓庄一行 19 人来九江就省政协“五河一湖”常委民主监督进行视察;11 月 25 日,副主席刘晓庄率“生态采风团”到庐山西海进行生态采风活动;12 月 1 日,副主席刘晓庄一行 26 人到市专题考察城市规划与建设情况。2010 年 3 月 30 日,副主席郑小燕率省政协“无障碍建设”专题视察组到市视察;4 月 27~28 日,主席傅克诚到市就转变经济发展方式、城市化建设和国有企业改革情况进行调查研究;5 月 8 日,副主席李华栋带队到市开展 “大力发展战略性新兴产业, 促进我省经济结构调整” 专题调研;6 月 2~4 日,副主席郑小燕率省政协调研组到市就《中共江西省委关于进一步加强几个重点领域预防腐败工作的决定》贯彻落实情况开展专题调研;8 月 23 日,副主席刘晓庄一行 14 人到市进行“关于推动我省小水电健康有序发展”专题调研;9 月 19~20 日,副主席朱张才率省政协“努力实现我省国有工业企业改革目标”视察团到市视察;10 月 11~12 日,副主席朱张才带领视察组到市开展“打造旅游大省”专题视察活动。

**县(市、区)政协工作指导** 1991 年 12 月 26~27 日,市政协召开全市政协工作会议,各县(市、区)政协主席出席,总结交流工作经验,研究部署全市政协工作任务。1992 年 9 月 25 日,市政协召开全市县(市、区、山)政协、市各民主党派、工商联、侨联、科协办公室主任会议。1993 年 5 月 21 日,市政协召开第三次县(市、区)政协工作座谈会,总结交流工作经验。1995 年 4 月 27~28 日,市政协召开全市政协提案工作座谈会。各县(市、区、)政协分管提案工作的主席、提案委主任、政协联络组和市直部分单位负责人参加会议。

2004年6月10~11日,全市政协工作座谈会在庐山举行,各县(市、区)政协主席、秘书长等70余人参加会议,讨论并通过《关于成立县(市、区、山)政协工作委员会的意见》,至此,全市县(市、区、山)政协工作会机制正式建立。2005年6月13~14日,全市县(市、区、山)政协工作会第二次会议在都昌、彭泽、湖口3县召开,听取工作汇报,参观都昌县城区建设、蔡岭工业园,彭泽华孚纺织集团和湖口金沙湾工业园;10月27日,第三次会议在德安县、永修县举行,各县(市、区、山)政协交流工作情况,与会人员参观德安县宝塔工业园。2006年5月23~24日,在星子县、庐山区两地举行第四次会议。并安排参观考察星子县温泉镇、山水阳光商住楼、银河造船有限公司、九江思麦博运动器材有限公司和庐山区生态工业园;9月14~15日,第五次会议在修水、武宁两地举行,各县(市、区、山)政协交流、研究工作,参观考察渣津兜率寺、渣浔长仑移民小区、五杰广场、武宁万福工业园、武宁湖岛、平尧政鸿生态农庄等地。2007年5月18~19日,在瑞昌市、九江县举行第六次会议,围绕换届以来政协工作的开展情况交流经验做法和体会,参观考察瑞昌市新农村建设、市政建设、工业园,九江县工业园等。2008年10月27~28日,第七次会议在武宁县召开,交流如何围绕把政治协商纳入决策程序,履行职能,推进地方发展的工作思路。2009年10月10日,在浔阳区召开第八次会议,交流政协组织围绕大局、服务项目建设的好做法、好经验,探索新形势下如何以科学发展观为指导,发挥政协职能作用,积极服务经济建设的新思路、新方法、新机制。2010年12月21~22日,第九次会议在都昌县召开,交流政协组织积极参与政治协商的经验做法,探索新形势下如何进一步加强和改进人民政协政治协商工作;参观考察都昌县城区建设和重点项目建设。

## 二、横向交流

1991年6月,市政协组织部分常委和县(市、区)政协领导及机关干部20多人,分4个组,到江苏、山东、湖北、上海等地学习。1992年6月,市政协派员参加在山东威海市召开的第十一次全国22城市政协横向联系会;9月,派员参加在新疆克拉玛依市召开的第十二次全国22城市政协横向联系会。1993年10月,派员参加在福建三明市召开的第十四次全国18城市政协横向联系会;10月24日,副主席张作孚受市委、市政府委托,出席全国中等城市经济发展横向联系会。1994年6月,派员参加首次"武汉经济协作区政协文史协作会"会议。1995年5月16~18日,由市政协承办的全国19城市政协横向联系座谈会第十七次会议在九江市举行,会议围绕人民政协如何围绕经济建设中心履行政协三大职能的主题交流经验与做法。1996年,南昌市政协副主席万宗明一行到市考察政协文史工作。1997年5月16~18日,副主席李英越一行4人参加在上海长宁区举行的全国20城市政协横向联系会第二十次会议。1998年6月,派员参加在内蒙古满洲里召开的全国20城市政协横向联系会。1999年6月1~3日,副主席王际民一行4人参加在山东省枣庄市举行的全国20城市政协横向联系会第二十四次会议。2000年,派员参加在辽宁省辽阳市召开的全国20城市政协横向联系会。

2001年9月12~14日,由市政协承办的在9省(区)11市政协横向联系会第3次会议举行。2002年12月15日,甘肃省敦煌市政协办公室主任杨明生一行到市考察。2003年11月14日,市政协在浔举办"九江对接长三角"论坛,来自上海、苏州、南昌的知名学者、专家及市部分政协委员作演讲。2004年11月,派员参加在湖北省仙桃市召开的武汉协作区文史协作会议,当年接待桂林、玉林、武汉、赣县等地政协文史委领导的来访。2005年9月13~14日,副主席黄章干应邀参加在湖北黄冈市召开的京九铁路沿线市(区)政协工作研讨会第9次会议;11月,派员参加在湖北省孝感市召开的武汉协作区政协文史工作协作会第12次会议。2006年3月27日,宁夏回族自治区银川市政协副主席洪梅香一行到市考察;8月28日,湖南省湘潭市政协副主席王运强一行到市考察。2007年4月16日,安徽省宿州市政协副主席陈瑞君一行6人到市学习考察新型农村合作医疗工作经验;6月28日,江苏省扬州市政协副主席赵昌智一行10人到市考察非物质文化遗产保护工作;7月29日,辽宁省本溪市政协副主席赵广利一行6人到市调研文化旅游产业发展情况。2008年4月22日,辽宁省铁岭市政协副主席王宏光一行9人到市,就"中小学教师队伍建设情况"开展专题调研;9月,在南昌召开的全国各省(市、区)政协文史委主任会议的代表180余人到共青城、湖口石钟山参观考察;9月20~23日,由市政协承办的全国22城市政协横向联系会第四十三次会议在市召开,交流“把政治协商纳入决策程序”的经验与做法。2009年6月3日,广西壮族自治区白色市政协副主席吴俊军、黄碧功一行9人到市学习考察旅游文化建设;7月19日,山东省青岛市政协副主席宋修岐一行7人到市学习考察完善社区医疗卫生管理体制发展的工作经验;11月11日,湖北省政协主席刘德旺率考察团到市考察。2010年3月18日,湖北省咸宁市政协副主席佘家驹一行13人到市学习考察发展文化旅游的工作经验;4月8~9日,湖南省岳阳市政协主席白尊贤率考察团到市考察鄱阳湖湖泊湿地生态保护、水利枢纽工程项目论证等方面情况。

## 三、港澳台工作与海外联谊活动

第九届市政协任期内:1991年,副主席姜尧天看望患病的原国民党军队上校金作贵,金表示返台后要把有生之年献给祖国统一大业。1992年6月,利用市举办第六届全国“屈原杯”龙舟赛和中国“庐山杯”国际龙舟赛的契机,组织发动政协委员向海外亲朋好友发出信函80余封,邀请观光旅游、探亲访友、投资兴业;9月25日,召开全市祖国统一工作会议,传达省委对台工作会议精神,研究部署工作任务。当年,市政协会同有关部门接待到九江探亲访友、旅游观光、洽谈贸易的“三胞”(台湾同胞、港澳同胞、海外侨胞)和外籍华人23批、266人次,宣传介绍市改革开放和经济发展形势、各项优惠政策及发展前景,主动为“三引进”(项目、资金、技术人员)牵线搭桥,有的委员一人引进项目6个、意向性合同金额1000多万美元。1993年8月31日,市政协祖国统一联谊委员会和法制社团委员会联合举行学习座谈会,专题学习《台湾问题和祖国统一》白皮书。

第十届市政协任期内:1994年5月7日,在市区甘棠公园举行蔡公时墓整修工程落成仪式。1995年初,组织召开中共中央总书记江泽民关于海峡两岸关系的重要讲话学习座谈会;9月,在庐山举办为期4天的研讨班,来自广东、广西、河北等地政协的专家学者共20余人共同探讨研究在新形势下开创海外联谊与祖国统一工作的新局面;11月份,组织部分委员对全市部分“三资”企业进行为期4天的视察调研。1996年6月,组织部分委员开展“投资环境整治工作”专项调研;10月,接待省政协香港地区委员来浔视察团一行16人,省政协秘书长、办公厅主任缪兵等陪同视察。1997年3月,在九江县召开为期2天的全市政协“三胞”联谊委员会工作会议;5月,编辑出版政协委员诗词选集《迎归集》1000册,并邮寄给台湾部分知名人士和友人,其中台湾国民党元老陈立夫回寄感谢函。1998年6月,市政协与市台办联合组织调查组,对在九江投资的台商反应较大又长期得不到解决的几个主要问题进行深入调查,在认真听取意见后,提出解决问题的办法与建议并上报市委、市政府。

第十一届市政协任期内:1999年11月,与市台办联合召开在浔5家外资企业负责人座谈会,分别是:江西亚东水泥有限公司(台资)、九江联达建设有限公司(台资)、江西固威资质有限公司(台资)、九江利江房地产开发公司(澳资)、九江美乐口香糖有限公司(港资)。2000年5月,市政协“三胞”联谊委员会与市侨办联合举办澳情通报会;6月7~8日,组织部分委员到瑞昌、永修、共青等地就“三资”企业经营环境进行实地调查;11月23~24日,组织部分委员到裕华房地产公司、正大饲料公司、其士大酒店、九江石化公司等企业就经营状况与经济效益等情况进行视察调研。2001年2月,市政协与市人大、市委政法委、市侨办、市侨联共同开展全市侨情普查工作;9月28日,举行“三胞”委员“庆国庆·迎中秋”茶话会。2002年4月26日,市政协与山东省济南市政协联系开展“五三”惨案爱国主义教育活动,派遣机关干部到济南参加蔡公时烈士的纪念活动;5月21日,接待台胞周仲超夫妇一行;6月30日,以吕宪志为团长的海外知名台商经贸考察团应邀到市考察,市委书记刘积福等会见考察团一行;8月,派员到九江福建商会就招商引资工作进行座谈,互通信息,交流情况;11月28日,组织委员听取省台办副主任朱体快到市所做的台情报告。2003年3月2日,市委书记刘积福、市政府副市长冯静等在南昌参加江西省全国政协港澳委员、知名企业家委员谋发展联谊会,在会上签约项目5个,投资总额17.6亿元,占全省签约项目投资总额的23.4%,位居设区市第一;11月17~18日,市政协在修水县召开第二次全市政协“三胞”联谊工作座谈会,传达省政协港澳台侨工作会议精神,听取台情讲座,交流工作经验和参观修水工业园和城市建设情况;12月,编印首期反映全市政协“三胞”联谊工作动态的内部刊物;18~31日,组织部分中小企业法人代表到台湾参观考察,与台湾企业家协会进行交流。

第十二届市政协任期内:2004年1月28日,市政协派员参加省台办等单位在南昌联合召开的纪念江泽民发表“八项主张”9周年纪念座谈会并发言;3月,先后接待海外同胞访问团、台湾亚煜集团副总裁李昌德来浔考察;6月6~8日,接待浙江省政协邀请的海外企业家到九江考察,并签订5个意向性合作协议;9月27日,组织在浔“三胞”委员中秋茶话会并观看纪录片《台湾往事》;11月9日,市政协港澳台侨委举行台情报告会,市各民主党派负责人和部分市政协委员近百人听取《正确认识当前台湾局势,切实做好对台工作》的报告;当年,市政协港澳台侨委与市人大民宗外侨胞工委、市外侨办、市侨联、市海联等部门建立联系机制,召开多次联席会议,互通信息、交流情况。2005年1月8日,市“五侨”(市侨办、市侨联、市海外联谊会、市人大民族宗教外事侨务工作委员会、市政协港澳台侨和外事委员会)联合举办“九江市侨界迎新春联谊会”;5月17日,港澳台侨委举办台情报告会,邀请全国人大代表、省台联会长何大欣在全市领导干部会上作《反分裂国家法及两岸局势》的形势讲座;6月22日,接待台湾经济研究员黄光明、台胞促统会长黄英武等人士;8月,市政协港澳台侨委与市人大民宗外侨工委、市外侨办、市侨联、市海联联合在全市范围内开展侨情普查工作;8~9月,组织全市归侨、侨眷参加全省“崛起的红土地”侨声歌咏大赛,市政协港澳台侨委获“优秀组织奖”;当年,市政协港澳台侨委还就九江综合工业园区建设、八里湖新区建设和全市台资企业现状等进行专题调研并形成调研报告。2006年年初,陪同香港中联办人员到九江县、瑞昌市视察地震灾情和灾后重建情况,为灾区募集资金45万余元,香港江西省旅港同乡会会长陶秀英捐送价值15万元救灾物资;7月,组织经贸考察团到台考察,邀请60余名台商到庐山参加赣台经贸洽谈会;7月28日,再次举办台情报告会,邀请何大欣作专题报告;8月4日,召开市“五侨”联系会第三次会议。

第十三届市政协任期内:2007年9月21日,市政协港澳台侨委与“五侨”联合举办“迎国庆、贺中秋”联谊会;10月25日,组织机关干部观看美国雅美丽卡音乐访华团到市举行的“月光下的九江”音乐演唱会;11月份,接待香港25位慈善人士到市回访希望小学建设情况和台湾新党前领导人谢启大到市访问。2008年2月,市政协港澳台侨委陪同市政协海外委员、江西海外联谊会常务理事邝美云到庐山林场举行邝美云第十二小学开学典礼(邝美云委员在九江共捐助兴建8所希望中小学,共计捐资230万元,捐助学金及其他项目累计65万元);5月底,市政协港澳台侨委组织委员为四川汶川地震灾区捐款捐物,其中海外委员施恭旗捐款1200万元;9月,接待省政协香港委员视察组到市参观视察;7月15~16日,组织部分委员对全市港澳台侨人士为九江教育事业捐资助学情况进行专题调研。2009年5月,组织委员听取“国际形势与中国外交政策”专题讲座;6月,组织委员就两岸“三通”后九江直航港口如何发挥作用情况进行专题调研。2010年10月,市政协港澳台侨委联合市台办对在市台资企业经营情况进行专题调研,先后到瀚森科技、铨讯电子、联辉光电、万利通环保复合材料等企业了解台资企业生产经营状况、台商热切关注的问题和《中华人民共和国台湾同胞投资保护法》落实等情况;11月26日,市政协港澳台侨委会同“五侨”部门在都昌县举办侨爱新村揭牌仪式暨“十佳好婆婆、好媳妇”奖励大会。

# 第四十七篇

# 检　察

# 第四十七篇 检 察

1991年以来,全市检察机关通过行使刑事检察、经济检察、监所检察、渎职侵权检察、控告申诉检察、民事行政检察等检察权,依法打击各类违法活动和犯罪分子,维护社会稳定,服务经济建设。20年间,审查逮捕刑事犯罪嫌疑人3.61万人,其中批准逮捕3.24万人;审查起诉3.28万人,其中决定起诉3.12万人;提起公诉并出庭支持公诉2.8万次;决定追捕追诉1800余人;受理贪污贿赂等职务犯罪案件4152件,其中立案2003件;查处各类渎职侵权案件近600件;受理民事行政审判监督案件近2000件,其中立案审查1000余件。同时,加大对刑事案件判决、裁定的执行及监管场所的监督力度,查办一批监管人员职务犯罪和服刑人员再犯罪案件;控告申诉检察取得明显成效,最高年份接待群众来信来访5400余件,受理举报线索2000余件。

至2010年,全市检察机关践行“三个代表”重要思想,开展职业道德和“严格执法、公正廉明、从严治检”等方面的政治思想教育,努力建立一支高素质的检察官队伍,依法全面加强各项检察工作。涌现出一批先进集体和个人,其中市检察院驻市看守所检察室被高检院、公安部联合授予全国“‘双加强、双保障’示范单位”,星子县检察院、市检察院举报接待室被高检院授予全国“文明接待室”称号。

# 第一章　刑事检察

## 第一节　审查逮捕

1991年来,全市检察机关依法对公安机关、国家安全机关等侦查机关以及自行侦查的案件进行审查,决定是否批准逮捕。在审查逮捕案件及犯罪嫌疑人过程中,检察机关对重特大犯罪案件尤其是重大团伙案坚持提前介入,实行快捕快诉,严厉打击严重刑事犯罪活动。当年,修水县检察院在审查方某某绑架杀人案时,在公安机关破案当天就做出批准逮捕决定。1992年,浔阳区检察院在审查梅某某杀人碎尸案时提前介入侦查和预审阶段,于公安部门提请批捕的当天就办结批准逮捕的法律手续。在1993年全市打击"车匪路霸"专项斗争中,市检察院直接办理各类重特大刑事案件66件122人。

1995年,全市检察机关提前介入重特大案件38件次,力求快捕、快诉。1997年,全市检察机关刑检部门实行批捕、起诉分离,单独设置审查逮捕科。1998年,永修县检察院配合公安机关及时批捕抗洪抢险期间煽动、组织策划游行和带头哄抢稻谷的4名犯罪嫌疑人。

2002年,都昌县发生一起重大绑架杀害出租车司机案件,都昌县检察院批捕科提前熟悉案情,并参与杀人匿尸现场打捞、勘察工作,在公安机关提请逮捕当天做出批捕决定。2003年,全市检察机关重点打击黑社会性质及流氓恶势力、严重暴力犯罪和影响群众安全感的多发性犯罪,批准逮捕重点案件犯罪嫌疑人1268人,提起公诉726人。

2005年,检察机关提前介入市区"3·8"特大持枪持械抢劫案和瑞昌"6·7"特大入室抢劫案,会同公安部门分析案情,提出获取和固定证据的建议,为案件侦破打下坚实基础。2008年,都昌县检察院配合公安机关开展"秋风"行动,其中以段某某为首、15人的涉嫌寻衅滋事、贩卖毒品、非法拘禁等犯罪活动的恶势力团伙在受案后3天内就做出批捕决定。

2010年,九江县检察院针对博莱大药厂出现业务人员离职前大肆挪用营销网点资金的现象,会同公安侦查人员远赴福建、广东等地取证40多份,及时批准逮捕多名犯罪嫌疑人。都昌县检察院对王某等4名未成年人涉嫌抢劫一案依据其抢劫数额小、情节轻微而做出不予批准逮捕的决定,使他们得以重返校园。当年,全市检察机关共受理审查逮捕案件1541件2188人,经审查批准逮捕1342件1895人。

**1991~2002年全市审查逮捕犯罪嫌疑人一览**

表47-1-1　　单位:人

| 年 份 | 受理逮捕 | 批准逮捕 | 不批准逮捕 | 年 份 | 受理逮捕 | 批准逮捕 | 不批准逮捕 |
|---|---|---|---|---|---|---|---|
| 1991 | 1817 | 1716 | 53 | 1997 | 1258 | 1168 | 83 |
| 1992 | 1621 | 1498 |  | 1998 | 1478 | 1348 | 128 |
| 1993 | 1445 | 1362 | 40 | 1999 | 1728 | 1582 | 146 |
| 1994 | 1356 | 1320 |  | 2000 | 1710 | 1480 | 210 |
| 1995 | 1452 | 1318 | 72 | 2001 | 2091 | 1807 | 187 |
| 1996 | 1625 | 1555 |  | 2002 | 1642 | 1488 | 137 |

2003~2010 年全市审查逮捕案件及犯罪嫌疑人一览

表 47-1-2 单位:件、人

| 年 份 | 受理逮捕 | | 批准逮捕 | | 不批准逮捕 | |
|---|---|---|---|---|---|---|
| | 案 件 | 犯罪嫌疑人 | 案 件 | 犯罪嫌疑人 | 案 件 | 犯罪嫌疑人 |
| 2003 | 1236 | 1907 | 1141 | 1744 | 85 | 151 |
| 2004 | 1361 | 2056 | 1239 | 1837 | 116 | 210 |
| 2005 | 1334 | 2102 | 1146 | 1784 | 175 | 292 |
| 2006 | 1237 | 1870 | 1075 | 1615 | 154 | 238 |
| 2007 | 1381 | 2150 | 1204 | 1856 | 163 | 275 |
| 2008 | 1481 | 2303 | 1330 | 2060 | 128 | 215 |
| 2009 | 1601 | 2356 | 1394 | 2023 | 164 | 272 |
| 2010 | 1541 | 2188 | 1342 | 1895 | 168 | 250 |

## 第二节 审查起诉

1991~2010 年,全市检察机关受理公安机关移送审查起诉的各类刑事犯罪嫌疑人 3.28 万人,其中审查决定起诉 3.12 万人、不起诉 767 人、免予起诉 759 人。

1991~2010 年全市审查起诉案件一览

表 47-1-3 单位:人

| 年 份 | 受 理 | 起 诉 | 年 份 | 受 理 | 起 诉 |
|---|---|---|---|---|---|
| 1991 | 1680 | 1680 | 2001 | 1586 | 1586 |
| 1992 | 1593 | 1593 | 2002 | 1507 | 1507 |
| 1993 | 1312 | 995 | 2003 | 1408 | 1281 |
| 1994 | 1140 | 1140 | 2004 | 1784 | 1600 |
| 1995 | 1208 | 1101 | 2005 | 2229 | 2074 |
| 1996 | 1864 | 1511 | 2006 | 1784 | 1784 |
| 1997 | 1137 | 1041 | 2007 | 1913 | 1913 |
| 1998 | 1102 | 1102 | 2008 | 2120 | 2120 |
| 1999 | 1597 | 1510 | 2009 | 2181 | 2181 |
| 2000 | 1439 | 1339 | 2010 | 2179 | 2179 |

## 第三节 出庭支持公诉

1991 年来,市、县两级检察机关不断充实刑检队伍,增强公诉能力,提升法庭辩论水平。全市检察机关对已经查清犯罪事实,证据确实、充分,依法应当追究刑事责任的犯罪嫌疑人,按照审判管辖的规定,向同级人民法院提起公诉并派员出席法庭支持公诉。至 1993 年,出庭支持公诉 2166 次,发表《公诉词》1920 篇。1994~1998 年,出庭支持公诉案件 3931 件 5925 人。1999~2001 年,出庭支持公诉案件 3065 件 4435 人。2002 年,出庭支持公诉被告人 1507 人。2003~2005 年,出庭支持公诉案件 3344 件。2006~2010 年,出庭支持公诉被告人 1.04 万人。

1991~2010 年全市出庭支持公诉案件、被告人一览

表 47-1-4　　单位:人(件)次

| 年 份 | 公 诉 | 年 份 | 公 诉 | 年 份 | 公 诉 | 年 份 | 公 诉 |
|---|---|---|---|---|---|---|---|
| 1991 | 851 | 1996 | 1511 | 2001 | 1586 | 2006 | 1784 |
| 1992 | 685 | 1997 | 1071 | 2002 | 1507 | 2007 | 2179 |
| 1993 | 630 | 1998 | 1102 | 2003 | 897 | 2008 | 2120 |
| 1994 | 1140 | 1999 | 1510 | 2004 | 1117 | 2009 | 2181 |
| 1995 | 1101 | 2000 | 1339 | 2005 | 1330 | 2010 | 2179 |

## 第四节　侦查监督

1991 年,全市检察机关加强侦查监督,经审查决定追捕 26 人,退补(退回补充侦查)25 人;对各侦查机关侦查活动的违法行为提出纠正意见 42 件(次)。

1995 年,全市检察机关刑检部门对侦查活动提出口头或书面纠正违法建议 97 次。对构成犯罪却有罪不究或以罚代刑的刑事案件及时提出纠正意见,若仍不侦办则自行立案侦查,共自侦并逮捕、起诉 4 起案件。全年决定追捕 23 人,撤捕 14 人,撤诉 1 人,追诉 11 人,撤案 2 件、2 人,改变鉴定结论 4 件。

1999 年,检察机关受理立案监督案件 25 件,决定追捕人犯 14 名;要求公安机关说明不立案理由 25 件;发出侦查活动纠正违法通知书 47 次、检察建议 31 份;对自侦案件退回补充侦查 30 件 37 人。2000 年,以防止错捕错诉、漏捕漏诉和纠正超期羁押为重点,强化侦查监督。对不构成犯罪或不符合逮捕、起诉条件的,依法决定追捕 56 人,追诉 21 人,追加漏罪 18 条;发出书面检察建议 40 份,纠正超期羁押 285 人,变更强制措施 111 人次;对侦查违法行为提出纠正通知 22 次。

2004 年,全市侦监部门着力纠正有案不立、违法立案、以罚代刑等问题,共办理立案监督案件 196 件,通过加强侦查监督,追捕 267 人,追诉 39 人。与公安机关共同开展“双加强、双保障”专项活动,创建二级驻所检察室 4 个,三级驻所检察室 4 个。开展对检察机关直接受理案件扣押款物进行集中清理专项工作。要求公安机关说明不立案理由 196 件;全市立案监督案件批捕率达到 95%。全年纠正漏捕 267 人;书面纠正侦查活动违法 75 件,通知公安机关补充侦查 92 件;介入侦查 481 件,特大案件介入率 100%。

2006 年,全市共受理立案监督线索 36 件 45 人,立案监督后批捕 35 人,批捕率 77.78%。纠正漏捕89 人,补查重报后批捕 3 件 3 人,纠正强制措施、重新逮捕 17 人。依法决定追捕犯罪嫌疑人 89 人,追诉 98 人。

2010 年,全市检察机关侦监部门办理各类立案监督案 92 件 98 人,依法向侦查机关发出《要求说明(不)立案理由通知书》94 份,监督侦查机关撤销不当立案 41 件 45 人,建议侦查部门立案侦查职务犯罪案件 15 件 15 人。立案监督案件批准逮捕 7 件 8 人,移送审查起诉 16 件 22 人,提起公诉 11 件 15 人。侦监部门参与重大案件讨论 18 件次,参与现场勘查 5 次,介入侦查和引导取证 39 件次,追捕犯罪嫌疑人 64 人。发出《提供法庭审判所需证据材料意见书》57 份,发出检察建议 6 份,发出纠正违法建议 13 件次。市检察院受理并批准延长案件 9 件 25 人,报请省检察院批准延长案件 8 件 8 人。

1991~2010 年全市检察机关侦查监督决定追捕、追诉和发出纠正通知、检察建议一览

表 47-1-5　　单位:人次、件次

| 年 份 | 追捕、追诉 | 纠正通知与检察建议 | 年 份 | 追捕、追诉 | 纠正通知与检察建议 |
|---|---|---|---|---|---|
| 1991 | 26 | 42 | 2001 | 179 | 331 |
| 1992 | 59 | 64 | 2002 | 273 | 101 |
| 1993 | 60 | | 2003 | 217 | |
| 1994 | 41 | | 2004 | 306 | 75 |
| 1995 | 34 | 97 | 2005 | 38 | |

续表 47-1-5

| 年 份 | 追捕、追诉 | 纠正通知与检察建议 | 年 份 | 追捕、追诉 | 纠正通知与检察建议 |
|---|---|---|---|---|---|
| 1996 | 36 | | 2006 | 187 | |
| 1997 | 24 | | 2007 | 93 | |
| 1998 | 12 | | 2008 | | |
| 1999 | 14 | 108 | 2009 | 44 | 78 |
| 2000 | 77 | 62 | 2010 | 64 | 170 |

## 第五节 审判监督

1991 年，全市检察机关对同级人民法院的审判活动和所作裁判实施监督，全年共提起抗诉案件 12 件，撤抗 3 件；待审 6 件，有 2 件得到改判；对法院审判活动中的违法情况提出纠正意见 33 件(次)。其中，星子县检察院就法院安排非政法工作人员提押人犯、无任何通知就不审理附带的民事诉讼、没有公告而不按时开庭、庭审时无特殊情况而不解开被告人械具等违法或不妥当行为提出 8 次纠正意见。

1996 年，全市刑检部门共提请抗诉案件 14 件，经审查支持抗诉 11 件，法院审结 7 件，维持 6 件，未审结 4 件，改判 1 件。检察机关充分运用检察建议和纠正意见，对法院在审判活动中程序上的违法现象提出建议和纠正意见，促其改进，全年共提出纠正违法 103 次。当年，市检察院刑检处被省检察院评为“监督工作全省第一名”。

2000 年，检察机构办理立案监督案件 44 件，提出抗诉 30 件，提请省院抗诉 21 件；抗诉案件中法院改判 9 件；向法院发出检察意见和检察建议 22 件，被采纳 17 件。2003 年，全市注重纠正重罪轻判、有罪判无罪及轻罪重判等问题，就审判工作中的违法情况发出检察建议 87 份，纠正违法通知书 51 份；提出、提请抗诉 14 件，法院审结 9 件，改判率 56%。

2007 年，全市检察机关不断深化刑事审判法律监督，通过依法抗诉、检察建议及检察长列席法院审判委员会等途径，加强对刑事审判活动的监督，共发出书面纠正违法意见和检察建议 10 件，提出、提请抗诉 12 件。

2009 年，在刑事审判监督中，向法院提出抗诉 8 件；对审判活动中违反法定程序、侵犯当事人合法权益等违法情况提出纠正意见 2 件次。2010 年，深化刑事审判法律监督，共发出书面纠正违法意见和检察建议 10件。

**1991~2010 年全市检察机构审判监督提出(提请)抗诉和发出纠正通知、检察建议一览**

表 47-1-6　　单位：件、件次

| 年 份 | 抗 诉 | 通知、建议 | 年 份 | 抗 诉 | 通知、建议 |
|---|---|---|---|---|---|
| 1991 | 12 | 33 | 2001 | 53 | 32 |
| 1992 | 14 | 64 | 2002 | 10 | 35 |
| 1993 | 5 | | 2003 | 14 | 138 |
| 1994 | 14 | | 2004 | 11 | |
| 1995 | 14 | | 2005 | 10 | |
| 1996 | 14 | 103 | 2006 | 10 | |
| 1997 | 17 | | 2007 | 12 | 10 |
| 1998 | 25 | | 2008 | 8 | |
| 1999 | 12 | | 2009 | 8 | |
| 2000 | 51 | 22 | 2010 | | 10 |

## 第六节　案件复查

1992年,检察机关注重对免诉人员加强帮教,对全年20件免诉案件进行复查,结果维护原决定8件,纠正12件。1993年,受理申诉案件85件,复查35件,纠正14件。1994年,把复查刑事申诉案件作为重点,查办不服法院判决裁定和检察机关免诉决定的申诉案件,复查申诉案件25件,对其中确有错误的4件予以纠正。

1995年,市检察院组织各县(市、区)检察院刑检科对自侦案件起诉、免诉、不诉和刑事案件的免诉、不诉进行复查,对复查提出有问题的案件进行认真讨论,并将其中11件案件提交市检察院检察委员会讨论,并对1起不诉错误的刑事案件和2起免诉不当的法纪案件予以纠正。当年,全市检察机关受理申诉案件133件,复查13件。

1999年,控申部门坚持"有错必纠"原则,开展申诉案件的复查工作,全年共立案复查刑事申诉案件20件,纠正7件。

2004年,严格执行办案责任制和错案责任追究制,共受理刑事赔偿案件3件,决定赔偿2件。对2003年的146件不起诉案件进行专项复查,对其中21件自侦案件全部进行调卷复查,对发现的3起不起诉不当的案件依法进行纠正。

**附:刑事检察案例**

**武宁县"7·12"杀人案**　2003年7月12日下午,武宁县泉口镇路口村村民冷桂兰(女)在家中被人用锐器砍击而死亡。公安机关经过侦查,认定同村村民冷某某为犯罪嫌疑人。市检察院在审查起诉过程中,先后2次以事实不清、证据不足为由退回公安机关补充侦查。因公安机关经2次补充侦查后仍不能从证据上形成证明锁链,市院检察委员会经研究后形成"存疑不起诉"的一致意见,并及时向市委政法委汇报。该案后因故起诉,一审以故意杀人罪判处冷某某死缓;冷某某上诉后,重新审理被判决无罪。

**彭泽县"9·3"杀人案**　2005年9月3日,家住彭泽县物资局宿舍1单元201室的汤某某因其女儿汤某不听话,加上其本人身体不适,有厌世情绪,遂产生杀死汤某的念头。汤某某用电线将汤某勒死,随后肢解尸体,并欲焚尸灭迹。该案由彭泽县公安局侦查终结,先后由彭泽县检察院、市检察院审查起诉。市院经审查后认为,汤某某故意非法剥夺女儿的生命,其杀人碎尸手段极其残忍,犯罪事实清楚,证据确实充分,于2006年1月依法以汤某某故意杀人罪向市中级人民法院提起公诉并派员出庭支持。2006年5月26日被市中级人民法院判处死刑立即执行。

# 第二章　经济检察

## 第一节　反贪污贿赂

1991年,全市共受理各类经济案465件,立案343件,其中贪污案124件、贿赂案104件、挪用公款案57件;万元以上大案38件;结案226案,结案率87%;为国家、集体挽回直接经济损失330万元。1993年,受理经济案件584件,立案214件,其中贪污74件、贿赂57件、挪用公款41件;结案110件,挽回经济损失840万元。

1994~1996年,全市共受理经济案件1103件,立案556件,其中贪污175件、贿赂227件、挪用公款78件;共挽回经济损失2910万元。

1998年,全市检察机关共受理经济犯罪案件线索406件411人,立案侦查125件129人,其中大案91件、要案5件,贪污、贿赂案92件;侦查终结83件,为国家和集体挽回经济损失600万元。2002年,立案侦查贪污贿赂犯罪案件146件,其中贪污贿赂5万元以上、挪用公款10万元以上大案50件;立案侦查县处级领导干部犯罪要案9件,查办大要案数继续位居全省前列;挽回直接经济损失2000余万元。

2006年,全市检察机关立案侦查贪污贿赂等职务犯罪案件92件111人,侦查终结85件103人,向法院提起公诉57人,法院一审作有罪判决56人;为国家挽回经济损失2000万余元。2008年,市检察院将查办职务犯罪案件工作的重点放在突破一批有震动、有影响的大要案上,共查办大案58件,要案9人,其中原湖口县副县长段某某受贿、挪用公款案,江西星火有机硅厂厂领导和中层干部贪污、受贿窝案等案例产生强烈社会反响。当年,全市共立案查处贪污贿赂等犯罪案件89件99人,其中贪污案件22件30人,贿赂案件53件53人,挪用公款案件13件15人;挽回经济损失3000万元。

2010年,全市检察机关立案侦查贪污贿赂等案件88件104人,其中,贪污36人、受贿41人、行贿16人、挪用公款11人;大案60件、要案5人。侦查终结83件、98人,其中移送起诉93人,被做出有罪判决51人。通过办案,为国家和集体挽回经济损失500余万元。

**1991~2000年全市经济案件检察一览**

表47-2-1　　单位:件

| 年份 | 受理 | 立案 | 其中 | | 年份 | 受理 | 立案 | 其中 | |
|---|---|---|---|---|---|---|---|---|---|
| | | | 贪污 | 贿赂 | | | | 贪污 | 贿赂 |
| 1991 | 465 | 343 | 124 | 104 | 1996 | 452 | 204 | 54 | 98 |
| 1992 | 451 | 260 | 90 | 50 | 1997 | 368 | 184 | 76 | 51 |
| 1993 | 584 | 214 | 74 | 57 | 1998 | 406 | 125 | 92 | |
| 1994 | 328 | 169 | 62 | 50 | 1999 | 323 | 157 | 67 | 59 |
| 1995 | 423 | 183 | 59 | 79 | 2000 | 352 | 164 | 79 | 66 |

**2001~2010年全市立案侦查贪污贿赂等案件一览**

表47-2-2　　单位:件

| 年份 | 立案数 | 年份 | 立案数 | 年份 | 立案数 |
|---|---|---|---|---|---|
| 2001 | 207 | 2005 | 98 | 2009 | 98 |
| 2002 | 146 | 2006 | 92 | 2010 | 88 |
| 2003 | 170 | 2007 | 124 | | |
| 2004 | 128 | 2008 | 89 | | |

## 第二节　预防职务犯罪

2003年7月,市检察院成立职务犯罪预防处,随后各县(市、区)检察院成立专设机构,单列开展预防职务犯罪工作。当年,市、县两级检察机关与全市206家重点单位建立联系协调制度,构建预防职务犯罪网络机制;共立案侦查各类职务犯罪171起,向发案单位及有关部门发出检察建议205份,其中92份建议被采纳。

2005~2007年,全市职务犯罪案件呈逐年上升趋势。检察机关加大打击力度,3年共查办案件306件,其中大要案172件,占案件总量的56%。同时,建立行贿犯罪档案查询系统,将重大建设项目、大宗物资采购、信贷审批、项目审批、招生考试、医疗服务、公共采购、经营性土地使用权有偿出让等环节作为查询工作重点,并会同教育、建设、交通等部门联合下发《关于进一步做好行贿犯罪档案查询工作的通知》;先后与33个重点行业(单位)签订《共同开展预防职务犯罪工作意见》46份,聘请联络员234名;进一步健全预防职务犯罪联席会议制度,其中2007年召开联席会议60余次;加强对重大工程建设项目的预防工作,督促并指导施、建双方开展"工程合同、廉政协议同签"和"工程优质、干部优秀同创"等活动。

2008~2009年,共查处职务犯罪案件193件,其中大要案107件,占55%。全市新增10个行业(单位)签订预防工作意见13份,聘请联络员134名。全市检察机关积极参与重大工程项目的专项预防,坚持做到"到位不越位、参与不干预、尽职不越权、帮忙不添乱、服务不代替",通过签订《廉政建设备忘录》等形式,发挥预防咨询功能,预防调查职能和行贿犯罪档案查询等手段,规范重大工程项目建设程序,把好招投标关、资金拨付关、工程量签证关和审计关,对46项重要建设工程项目和重大经济活动项目开展全程专项预防工作。

2010年,全市检察机关共查办职务犯罪案件91件,开展个案预防82项,个案预防率达90%;其中大要案35件,开展个案预防35件,大要案预防率100%。参与重大投标项目97次。向党委、政府或相关部门发出检察建议156件;协助制定与完善《重点公路建设项目管理办法》等6项制度。全年受理查询667次,被查询对象为3162家投标单位和6857个项目法人,其中发现有行贿记录个人8人,均得到有效处置。检察机关为赴外地参加市场竞争的中铁九桥、707研究所、赣北公路工程有限公司等企事业单位提供无行贿犯罪记录证明,提升竞投标实力,使这3家单位共成功中标总额51.5亿元。同时,全年开展预防职务犯罪宣传警示教育活动212次,受众2.2万余人。

**2005~2010年全市查办职务犯罪案件一览**

表47-2-3　　单位:件

| 年 份 | 立案数 | 其中:大要案 | 年 份 | 立案数 | 其中:大要案 | 年 份 | 立案数 | 其中:大要案 |
|---|---|---|---|---|---|---|---|---|
| 2005 | 96 | 60 | 2007 | 121 | 59 | 2009 | 106 | 57 |
| 2006 | 89 | 53 | 2008 | 87 | 50 | 2010 | 91 | 35 |

# 第三章　监所检察

## 第一节　刑罚执行监督

1991年,全市检察机关对刑事判决、裁定的执行情况进行全面监督。各有权行刑的司法机关本着人道主义、教育性、区别对待和社会化等原则,依法对在押人犯做出处理,其中刑满释放81人、教育释放25人、假释6人、缓刑23人、保外就医6人、取保候审10人,并对表现良好的10名人犯给予奖励。

1993年,全市在押人员出监情况:刑满释放38人、教育释放11人、无罪释放3人、假释3人、缓刑23人、保外就医10人、取保候审30人。检察机关提出纠正各种刑罚执行违法事项48件次,书面建议2次(6条)。

1996年,检察机关对514名出监人犯的执行情况进行监督,其中刑满释放75人、假释7人、缓刑15人、保外就医11人、取保候审65人、暂予监外执行3人;并及时依法纠正4件久押未决案件、1起裁定书"张冠李戴"的错误。

1999年,检察机关组织开展1998年1月以来减刑、假释情况的专题调查,对发现的问题提出监督意见。当年,全市共发出刑罚执行检察建议473件次,采纳并得到纠正437件次,其中,纠正无证关押148人次,不应关押5人,不应释放4人,超期羁押296人次,违反规定保外就医、减刑、假释及其他与刑罚执行有关的违法行为49人次;纠正看守所管理教育活动方面的违法行为41人次。

2003年,全市检察机关在刑罚执行监督中,提出各类检察建议576件次,被纠正544件次,其中纠正超期羁押人员15人、违法保外就医6人,对监外条件消失的3名人犯重新收监执行,对外出打工造成脱管失控的5人督促公安机关将其召回居住地进行监管,对因手续不全造成漏管的4人督促执行机关重新建档并落实监管措施。全年共办理减刑19人、假释3人,均未发现违法现象。

2007年,检察机关加强与公安、法院、司法行政等职能部门的沟通与配合,严格执行提前预警、到期催办、换押证、责任追究等制度,开展核查纠正监外执行罪犯脱管、漏管专项行动。全年共核查监外执行人犯1912人,发现监外执行脱管162人、漏管265人。通过整改,纠正脱管154人、漏管221人,纠正率分别为95.6%、89.11%。

2010年,全市监外执行服刑人员1126人,其中缓刑733人、假释108人、剥夺政治权利108人、管制110人、暂予监外执行(含保外就医)67人。全市检察机关加大刑罚执行监督力度,提出减刑检察意见70份、不同意或对减刑期限进行纠正的17件、假释检察意见10份、纠正违法通知11份。

## 第二节 监管活动监督

1991年以来,全市检察机关注重驻所检察,加强对各级监管场所依法监管活动的监督。市、县两级检察院相继增强驻所检察力量,健全驻所检察制度,坚持年平均驻所280天以上,并建立和完善"一天一小查、一周一中查、一月一大查,重大节日全面查"的"四查制度"。1992年,共提出纠正违法建议350条,纠正各种违法行为248件(次),发现超期羁押75件、110人并及时纠正72件97人。

1995年,全市驻所检察室以执法检察为主线,强化法律监督职能,针对影响刑事判决/裁定正确执行、超期羁押、无证关押、应放未放、减刑(期)、保外就医、提前释放等情况进行检察监督,发现无证关押8人、应释放而未释放8人、提前释放2人和超期羁押9人等监管违法情况,并提出纠正违法建议共47条。

1997年,是修改后的《中华人民共和国刑法》《中华人民共和国刑事诉讼法》实施的第一年。全市检察机关监所部门加强监管活动监督,对法律规定取消收容审查而各看守所仍然关押收容审查人员未作处理的情况发出检察建议,对无证收押、无法律手续释放犯罪嫌疑人、超期羁押等违法情况予以纠正。全年共纠正无证关押129人次、无证释放6人、超期羁押207人次。

2000年,全市驻所检察机构加强安全防范检察,确保监管秩序的稳定。全年共参加安全防范检察268次,提出检察建议199件次,发现事故隐患150件次,消除事故隐患150件次。彭泽县检察院驻所检察室针对县看守所监区建筑设施严重老化,警力不足,管理松懈,导致1名服刑人犯私自外出脱管15小时以及监号内违禁品屡禁不止等问题,先后提出3次书面整改建议和46次口头建议,促成县公安局调整看守所领导班子,增加监管警力,拆除看守所大门旁的杂货店和饮食店,投入20万元新修围墙,把监区与外围彻底隔开,并对监号进行整修,严格执行值班、查巡等规章制度,杜绝安全隐患。

2001~2002年,全市检察机关坚持以执法监督为主线,以加强安全防范检察为重点,提出各类检察建议1489件次,纠正1470件,纠正率98.7%。各驻所检察室加强与看守所、武警中队的联系,定期召开联席会议,互通情况,分析动态,研究措施,制定应急方案,把不安全因素和事故隐患消灭在萌芽状态。其中,2002年消除事故隐患159件次,防止事故发生17起。

2003年,全市检察机关加强信息化建设,市、县两级驻所检察管理信息系统与看守所监管信息系统成功联网。在抗击"非典"期间,全市驻所监察机构及时提出具有针对性、可操作性的检察建议,主要有疫情期间停止会见活动,对新收押人员实行单独关押并观察14天,提讯人犯必须在看守所内进行,审讯人员进看守所必须先进行体温检测,监室内外定期进行消毒处理,注重饮食安全,搞好环境卫生,严格执行"零报告"制度等,疫情期间,全市监所未发生一起"非典"传染病例。

2005年,市看守所驻所检察室被最高检院、公安部联合授予“双加强、双保障”(加强监管执法,加强法律监督,保障刑事诉讼顺利进行,保障在押人员合法权益)示范单位,德安县院监所科科长夏勇的先进事迹在《检察日报》刊登。在九江“11·26”地震灾害发生后,九江县院和瑞昌市院确保看守所安全无事故,其经验事迹被高检院《监所检察工作情况》予以报道和推广。

2007年,市检察院、市法院、市公安局联合发出《关于规范监外执行案件送达的通知》,全市检察机关监所部门共提出口头纠正意见96次、书面纠正意见28件,对巩固减刑、假释、保外就医专项检察活动成果,不断完善“减、假、保”监督机制,全年共监督办理减刑16人、假释2人、保外就医2人。

2009年,全市检察机关组织开展看守所监管执法专项检查和刑事审判法律监督专项检查,督导全市看守所完成对全部在押人员的体表检查与收押前对照的任务,同时进一步完善看守所监管硬件、软件建设,投入152万元进行设施改进。当年,市院监所处妥善处理市看守所李某某、邓某某和永修县看守所颜某某3起在押人员死亡的突发事件。

2010年,组织实施社区矫正工作,全市监所部门主动参与,积极配合,保持与司法、法院、公安等相关部门的联络、沟通和协调,并组织全市各县(市、区)监所工作人员到浙江省宁波、慈溪等地考察学习社区矫正工作经验。全市社区服刑人员集中交接示范现场会在星子县召开,各县院分管领导和监所科长进行现场监督。

## 第三节　查办监管人员职务犯罪

1991年以来,全市检察机关加强对监管场所工作人员监管行为的监督,依法受理在押人犯及其亲属的申诉和控告案件,及时查办监管场所内的职务犯罪案件,维护被监管人的合法权益。1996年,市院驻所检察处发现在押人犯方某某被浔阳区公安分局某派出所刑讯逼供造成胸、背、腰部多处受伤和损伤性(功能性)阳痿的情况后,迅即移交浔阳区院调查处理。1999年,全市共受理申诉、控告案件7件,其中都昌县李某某一审判决有期徒刑13年,经受理申诉并帮助其聘请律师在法定期限内上诉,二审被改判有期徒刑3年;当年,湖口县院、瑞昌市院和浔阳区院各办理1件因监管人员失职导致在押人员脱逃案,其中起诉2件,均作有罪判决。2002年,全市监所检察部门注重发现和挖掘线索,积极查办监管场所职务犯罪案件,受理控告案件5件6人;查办职务犯罪案件8件11人,其中立案侦查4件5人。2003年,依法查处监管干警在执行刑罚和监管活动中发生的徇私舞弊、侵权、渎职等犯罪案件,全年共办理初查自侦案件8件14人,起诉并作有罪判决3件3人。

## 第四节　惩治服刑人员再犯罪

1991年以来,全市监所检察部门加强对监管场所的安全检察,加大对“牢头狱霸”的打击力度。1992年,全市共惩治85人次,其中瑞昌市看守所在押人犯柯某某、程某某被法院以流氓罪分别判处有期徒刑7年和3年。1995年,起诉再犯罪案件6件。1999年,查办再犯罪案件9件。2000年,依法查办在押人员再犯罪案件7件,均作有罪判决。2002年,全市检察机关共查办留所和监外服刑人犯再犯罪案件7件7人,其中起诉6件,法院作有罪判决4件。2008年,全市监所检察部门积极配合监管部门做好维护监管场所安全稳定工作,依法惩治在押人员行凶、脱逃、破坏监管改造秩序等犯罪行为,其中市看守所邓某某脱逃案、瑞昌市看守所廖某某故意伤害案等均作有罪判决。2010年,全市监所部门配合看守所开展严厉打击“牢头狱霸”专项活动,成功办理一批再犯罪案件,其中修水县看守所陈某严重违反监管秩序,被判处2年有期徒刑。

# 第四章 渎职侵权检察

## 第一节 渎职犯罪案件查处

1991年,全市检察机关法纪部门贯彻落实全国第二次渎职侵权案件侦查工作会议精神,开展法纪检察工作,全年查处渎职犯罪案件23件26人,其中玩忽职守案件4件4人,徇私枉法案件1件1人,重大责任事故案件7件8人。1992年,全市重大责任事故呈上升态势,其中瑞昌市、武宁县和都昌县先后发生一次死亡在5人以上的重大责任事故案件。全市法纪检察部门积极服务经济建设,主动出击,集中力量查处重大责任事故案14件16人,并协助案发单位做好善后工作。1994年,全市各地继续把查办徇私舞弊案件作为法纪检察的第一位工作,重点查处徇私舞弊、玩忽职守、重大责任事故、非法拘禁、妨碍邮电通信5类案件,全年共立案查处5类案件33件,其中徇私舞弊案1件1人,玩忽职守案14件18人,重大责任事故案9件9人。1997年,全市检察机关依法查办玩忽职守案18件、徇私舞弊案9件和重大责任事故案6件,重点查处司法腐败案件,其中市院法纪处查处水上公安分局原局长黄某某包庇其外甥抢劫犯罪、都昌县院查处大沙乡派出所所长卢某某和副指导员沈某某隐瞒烧毁案犯案卷材料、浔阳区院查处庐山区公安分局副科长李某某故意包庇案犯、庐山区院查处五里派出所副所长沈某某将刑事案件作治安处罚等徇私舞弊案。1998年,检察机关依法将重大责任事故案移交公安机关受理。

2000年,全市共立案查办滥用职权、玩忽职守犯罪案件67件,为1991年以来最高峰。2004年,玩忽职守犯罪再度回升,全年重案32件36人涉案,同年还分别查办滥用职权、徇私舞弊案件10件。2007年,都昌县院利用协助省院办案中发现的线索,成功查办该县国土资源局原局长胡某某涉嫌滥用职权、造成国家土地开发项目资金巨额损失的特大案件。

2008年,全年查处滥用职权案5件7人,玩忽职守案11件12人。九江县院在对市院交办的该县几起涉林案件的审查中,发现岷山乡林业工作站站长罗某未履行职责,造成林木被大规模砍伐,国家森林资源遭到严重破坏,存在严重渎职情况,立即对罗某进行立案侦查。2009年,全市检察机关主动策应鄱阳湖生态经济区建设,加大对破坏生态环境资源渎职犯罪的打击力度。当年查办玩忽职守案8件,其中都昌县林业局三汊港林业工作站原站长冯某因工作严重不负责任,致使辖区被超伐林木390立方米和13棵国家二级保护珍贵林木(樟树)被砍,都昌县院以涉嫌玩忽职守罪对冯某依法立案侦查。

2010年,全市立案侦查滥用职权案5件、玩忽职守案11件和徇私舞弊案1件。其中,都昌县房管局执法大队原大队长王某在任期内多次收受违法建房户的财物,故意放弃执法监管,致使其辖区内出现大面积违法违规建筑,都昌县院查办王某玩忽职守案,有效配合全县违章建房专项整治活动。同时,检察机关结合办案,向党政机关、企事业单位提出检察建议120余份,举办警示课讲座200余次。

## 第二节 侵权犯罪案件查处

1991年,全市检察机关查处各类侵权犯罪案件30件、47人,其中非法拘禁17件、28人,非法搜查10件、12人,刑讯逼供2件、6人和报复陷害1件、1人。1992年,查办非法拘禁案18件、24人,非法搜查案5件、8人,刑讯逼供案1件、1人,其中非法拘禁犯罪案件数量出现首次高峰。1995年,非法拘禁案件再度为18件,与1992年持平。1996年,侵权犯罪案件数量为30件,与1991年持平,其中非法拘禁、非法搜查各15件。

1997年开始,检察机关行使国家机关工作人员侵权案件的管辖,一般公民的侵权案件则由公安机关承办,当年全市检察机关查办侵权犯罪案件10件,其中有瑞昌市洪下乡政府政法组长张某某非法拘禁村民案等。随后,全市侵权犯罪案件总体呈下降趋势。2005~2010年,全市没有一起国家机关工作人员侵权犯罪案件。

20年间,全市检察机关还依法查办妨碍邮电通信、破坏选举案、泄露国家秘密案、非法管制案、动植物检验检疫失职案、非法批准征用占用土地案、违法发放林木采伐许可证案、危害能源资源案、破坏生态环境案、招收学生徇私舞弊案等其他渎职侵权犯罪案件近60件。

**1991~2010年全市渎职侵权犯罪案件查办一览**

表47-4-1　　　　单位:件

<table>
<tr><th rowspan="2">年份</th><th colspan="4">渎职</th><th colspan="4">侵权</th><th rowspan="2">其他</th></tr>
<tr><th>滥用职权</th><th>玩忽职守</th><th>徇私舞弊</th><th>重大责任事故</th><th>非法拘禁</th><th>非法搜查</th><th>刑讯逼供</th><th>报复陷害</th></tr>
<tr><td>1991</td><td></td><td>4</td><td>1</td><td>7</td><td>17</td><td>10</td><td>2</td><td>1/1</td><td>1</td></tr>
<tr><td>1992</td><td></td><td>18</td><td></td><td>14</td><td>18</td><td>5</td><td>1</td><td></td><td>5</td></tr>
<tr><td>1993</td><td></td><td>12</td><td>2</td><td>12</td><td>6</td><td>2</td><td></td><td>2</td><td>8</td></tr>
<tr><td>1994</td><td></td><td>14</td><td>1</td><td>9</td><td>8</td><td>3</td><td>4</td><td>1/1</td><td>7</td></tr>
<tr><td>1995</td><td>2</td><td>10</td><td>2</td><td>10</td><td>18</td><td></td><td>1</td><td></td><td></td></tr>
<tr><td>1996</td><td></td><td>12</td><td>3</td><td>15</td><td>15</td><td></td><td></td><td></td><td>12</td></tr>
<tr><td>1997</td><td></td><td>18</td><td>9</td><td>6</td><td>10</td><td></td><td></td><td></td><td>4</td></tr>
<tr><td>1998</td><td></td><td></td><td>4</td><td></td><td>3</td><td></td><td></td><td></td><td></td></tr>
<tr><td>1999</td><td></td><td>3</td><td>3</td><td></td><td>3</td><td></td><td>1</td><td></td><td>2</td></tr>
<tr><td>2000</td><td>1</td><td>1</td><td>2/3</td><td></td><td>3</td><td></td><td></td><td></td><td>2</td></tr>
<tr><td>2001</td><td>3</td><td>8</td><td>13</td><td></td><td></td><td></td><td></td><td></td><td>1</td></tr>
<tr><td>2002</td><td colspan="2">67</td><td></td><td></td><td></td><td></td><td></td><td></td><td>1</td></tr>
<tr><td>2003</td><td>16</td><td>17</td><td>6</td><td></td><td>1</td><td></td><td></td><td></td><td>2</td></tr>
<tr><td>2004</td><td>5</td><td>32</td><td>5</td><td></td><td>2</td><td>1</td><td>2</td><td></td><td>4</td></tr>
<tr><td>2005</td><td>3</td><td>9</td><td></td><td></td><td></td><td></td><td></td><td></td><td>1</td></tr>
<tr><td>2006</td><td>4</td><td>8</td><td>1</td><td></td><td></td><td></td><td></td><td></td><td></td></tr>
<tr><td>2007</td><td>3</td><td>7</td><td></td><td></td><td></td><td></td><td></td><td></td><td></td></tr>
<tr><td>2008</td><td>5</td><td>11</td><td></td><td></td><td></td><td></td><td></td><td></td><td>8</td></tr>
<tr><td>2009</td><td>1</td><td>8</td><td>4/5</td><td></td><td></td><td></td><td></td><td></td><td></td></tr>
<tr><td>2010</td><td>5</td><td>11</td><td>1/1</td><td></td><td></td><td></td><td></td><td></td><td></td></tr>
</table>

# 第五章 控告申诉检察

## 第一节 受 理

1991 年，全市检察机关受理举报 1295 件，其中市院控申部门接待来访 209 件，受理举报 112 件。1992 年，控申检察部门组织力量，对 1988 年以来的举报线索进行全面清理，梳理出举报线索 7450 件；当年全市受理群众来信 1044 件，接待群众来访 438 件，受理申诉 279 件。

1993~1997 年，全市检察机关健全和完善信访举报受理机制，设置专门接待室，公布专用举报电话，坚持“检察长接待日”制度，开展“文明接待室”评比活动；共接待群众来信来访 10090 件，其中来信 7969 件、来访 2121 件；受理举报线索 6243 件。1997 年，瑞昌市院、修水县院被省院授予“文明接待室”“文明接待示范窗口”等称号。

1998 年，九江遭遇百年未遇的特大洪涝灾害，全市检察机关干警在积极投身于抗洪抢险的同时，认真开展控申检察工作。市院召开举报工作会议进行专题研究与部署，市、县两级检察长发表电视讲话，向社会公开承诺“报必受、受必查、查必果”。5 月 9 日，全市检察机关集中出动干警 200 余名和宣传车 50 余车次，当场解答群众法律咨询 80 余人次，受理举报 30 余件；公布市、县两级检察机关统一将后 4 位数规定为“2000”的举报电话号码，其中市院举报电话号码为“8582000”。当年，全市检察机关共受理群众来信 1166 件，接待群众来访 171 人次；受理各类举报线索 861 件，其中经济类 750 件、法纪类 106 件；受理处级以上要案线索 17 件；受理申诉 83 件、刑事赔偿案件 2 件。

1999~2000 年，全市控申部门加大举报宣传、刑事申诉案件复查和赔偿工作力度，完善举报线索的分流、管理、登记、备案制度。两年受理群众来信来访 5661 件，其中来信 3877 件、来访 1784 件；受理举报线索 2044 件；受理申诉 222 件；2000 年受理刑事赔偿案件 9 件。星子县院、彭泽县院、修水县院等 6 个基层检察院被省院评为“文明接待室”“文明接待示范窗口”，其中星子县院于 2000 年被高检院授予全国控告申诉检察部门“文明接待室”称号。

2002 年，全市控告申诉呈现高峰态势。全年共接待群众来信来访 5431 件次，受理举报控告线索 2044 件，其中市、县两级“检察长接待日”共接待来访群众 1473 人次；受理申诉 192 件、刑事赔偿案件 6 件。2003 年，全市控申检察部门受理群众来信来访 2154 件，其中来信 1369 件、来访 753 件，并电话受理 32 件；处理集体访 8 起、告急访 6 起、上访老户 5 起。全年共受理举报线索 1014 件，申诉 21 件，刑事赔偿案件 9 件。

2004 年，全市检察机关受理各类举报线索 1393 件、申诉 46 件、刑事赔偿案件 3 件。2005 年，全市检察机关受理的人民群众来信来访总量呈下降趋势，全年受理举报线索 552 件、申诉 7 件、赔偿 3 件；市院举报接待室先后被省院、高检院授予“省级文明接待室”和“全国文明接待室”称号。

2007 年，全市控申部门以涉检进京访、重复访、越级访、集体访、缠访、检察机关违法查封扣押款物案件以及举报线索查处不及时等问题为重点，按照“属地管辖、分级负责”的原则，坚持检察长为处理涉检信访工作第一责任人，全面实行“四定三包”责任制，确保“案结事了”。全年共受理举报线索 941 件，其中贪污、渎职侵权线索 721 件；来信 564 件，来访 346 件，网络举报 9 件，来电 22 件；集体访 10 件，告急访 1 件，上访老户 1 件；申诉 18 件、赔偿 3 件。

2010 年，全市检察机关围绕推动社会矛盾化解、社会管理创新、公正廉洁执法三项重点工作，以争创“文明接待室”活动为契机，着力提高信访接待质量。6 月 21~25 日，开展以“依靠群众、反腐倡廉、服务大局”为主题的“举报宣传周”活动，发放举报宣传资料 1.55 万份，现场受理举报线索 16 件，控告案件 4 件，接受群众咨询 851 人次；对举报有功人员 116 人予以奖励，奖励金额 11.12 万元。全年共受理群众来信来访226件,其中获取职务犯罪线索181件;受理举报线索35件、申诉10件。

**1991~2010年全市控告申诉检察受理一览**

表47-5-1　　　　单位:件

<table>
<tr><th>年份</th><th>来信</th><th>来访</th><th>举报线索</th><th>申诉</th><th>刑事赔偿案件</th></tr>
<tr><td>1991</td><td></td><td></td><td>1295</td><td>236</td><td></td></tr>
<tr><td>1992</td><td>1044</td><td>438</td><td></td><td>279</td><td></td></tr>
<tr><td>1993</td><td>1511</td><td>214</td><td>1310</td><td>85</td><td></td></tr>
<tr><td>1994</td><td>1702</td><td>742</td><td>1219</td><td></td><td></td></tr>
<tr><td>1995</td><td>1895</td><td>546</td><td>1114</td><td>133</td><td></td></tr>
<tr><td>1996</td><td>1642</td><td>475</td><td>1432</td><td></td><td>1</td></tr>
<tr><td>1997</td><td>1399</td><td>126</td><td>1168</td><td>43</td><td></td></tr>
<tr><td>1998</td><td>1166</td><td>171</td><td>861</td><td>83</td><td>2</td></tr>
<tr><td>1999</td><td>1391</td><td>863</td><td>1070</td><td>112</td><td>5</td></tr>
<tr><td>2000</td><td>2486</td><td>921</td><td>974</td><td>110</td><td>9</td></tr>
<tr><td>2001</td><td></td><td></td><td></td><td>114</td><td>11</td></tr>
<tr><td>2002</td><td colspan="2">5431</td><td>2044</td><td>192</td><td>6</td></tr>
<tr><td>2003</td><td>1369</td><td>753</td><td>1014</td><td>21</td><td>9</td></tr>
<tr><td>2004</td><td></td><td></td><td>1393</td><td>46</td><td>3</td></tr>
<tr><td>2005</td><td></td><td></td><td>552</td><td>7</td><td>3</td></tr>
<tr><td>2006</td><td>495</td><td>214</td><td></td><td></td><td></td></tr>
<tr><td>2007</td><td>564</td><td>346</td><td>941</td><td>18</td><td>3</td></tr>
<tr><td>2008</td><td></td><td></td><td></td><td></td><td>2</td></tr>
<tr><td>2009</td><td colspan="2">215</td><td>30</td><td>12</td><td></td></tr>
<tr><td>2010</td><td colspan="2">226</td><td>35</td><td>10</td><td></td></tr>
</table>

## 第二节　办理

1991年,全市检察机关增强控申部门的机构设置和力量配备,加大控申案件的办理力度,其中市院立案复查申诉案件97件。1992年,在全市涉检信访属于检察机关管辖的423件中,控申部门初查120件,为国家挽回经济损失34.23万元。

1993~1995年,全市检察机关控申部门初查案件528件,直接立案136件,挽回经济损失835.23万元。1995年1月1日,《中华人民共和国国家赔偿法》正式实施,市、县两级检察院在机构设立与人员配备等方面准备就绪;当年立案复查申诉案件15件。

1996年,全市控申部门案件办理首次出现高峰,全年初查236件,直接立案38件,挽回经济损失600万元;转办378件;立案复查刑事申诉案件12件,其中撤案3件,纠正1件,维持7件。1997年,控申部门自行初查227件,直接立案36件,挽回经济损失380万元;立案复查刑事申诉案件7件,均予维持。

1998年,全市检察机关对1997年以来自行侦查的6类、57件案件进行重点复查,其中撤案35件,不起诉21件,法院判无罪1件。

2000年,全市检察机关将刑事申诉和刑事赔偿工作作为维护司法公正、保护公民合法权益的一项重要内容,通过加大立案工作力度,及时办理群众诉求,确保案件能够顺利进入复查程序。全市控申部门及时纠正和赔偿确有错误的案件,全年共初查控申案件271件;立案复查刑事申诉案件19件,结案18件,其中改变或部分改变2件;办理刑事赔偿案件9件,其中决定赔偿5件。

2002~2005年,全市控申案件办理呈高位运行状态,4年共初查案件1611件,年均400件,其中2003、2004两年连续高居580件以上;转办322件;立案复查申诉案件76件,其中纠正或部分纠正原处理决定、移送抗诉意见等30件;办理赔偿案件21件,其中决定赔偿和赔偿复议11件。

2007年,全市严格执行高检院《不服检察机关处理决定申诉案件办案标准》,准确把握申诉案件立案标准,确保不服检察机关处理决定的申诉案件百分之百受理,不服检察机关处理决定首次申诉的百分之百立案,申请检察机关刑事赔偿的百分之百办理,反映检察机关不执行生效复查、赔偿决定的百分之百落实。全年受理刑事申诉案件18件,立案复查8件,改变原决定1件,提出抗诉意见2件;办理刑事赔偿案件3件,支付赔偿金1.05万元;控申部门自行初查案件122件,转办44件。

2010年,检察机关自行侦查控申案件6件;经审查决定对当年受理的10件刑事申诉案件全部立案复查,办结8件,其中改变原处理决定3件,提出抗诉意见1件。同时,依法开展刑事被害人救助工作,全年共办理刑事被害人救助22件,发放救助金8.84万元。

**1991~2010年全市控告申诉检察办理一览**

表47-5-2 单位:件、万元

| 年 份 | 控申部门自行侦查 | | | 转 办 | 立案复查刑事申诉案件 |
|---|---|---|---|---|---|
| | 初 查 | 直接立案 | 挽回经济损失 | | |
| 1991 | | | | | 97 |
| 1992 | 120 | | 34.23 | | 20 |
| 1993 | 210 | 62 | 116.93 | | |
| 1994 | 159 | 53 | 417.6 | | |
| 1995 | 159 | 21 | 300.7 | | 15 |
| 1996 | 236 | 38 | 600 | 378 | 12 |
| 1997 | 227 | 36 | 380 | | 7 |
| 1998 | 46 | | | | |
| 1999 | 106 | | | | 32 |
| 2000 | 271 | | | 36 | 19 |
| 2001 | | 16 | | | 16 |
| 2002 | 200 | | | 16 | 24 |
| 2003 | 587 | | | 133 | 11 |
| 2004 | 586 | | | 123 | 36 |
| 2005 | 238 | | | 50 | 5 |
| 2006 | | | | | |
| 2007 | 122 | | | 44 | 8 |
| 2008 | | | | | |
| 2009 | 9 | | 100 | 139 | 11 |
| 2010 | 6 | | | 1 | 10 |

# 第六章　民事行政检察

## 第一节　受理与立案

1991年，全市检察机关筹备民事行政检察工作。1992年，市检察院民行筹备组受理民事行政申诉案件16件，标志着全市民事行政检察工作的正式启动。1993年，全市受理民行申诉案件24件，其中民事(含经济)案件20件、行政案件4件。

1994~1997年，全市检察机关共受理案件238件，立案审查136件；案件涉及民事赔偿、房屋纠纷、宅基地纠纷、债务纠纷、合同纠纷、合伙纠纷以及山林权属等范围。市、县两级民行检察部门加强民事行政法律宣传，修水、德安、瑞昌、永修等县(市)院加强与律师的沟通和联系，都昌县院在6个重点乡镇、4个重点企业建立联络点，积极开拓案源。

2000年，全市受理民事、行政申诉案件首次突破100大关，达到121件；立案审查首次突破60件，达到62件。

2001~2003年，全市检察机关共受理不服生效的民事、行政判决、裁定的申诉390件，平均每年130件，案源处于高位运行。

2005~2009年，全市共受理民事行政申诉案件572件，年均114.4件；立案审查394件，年均78.8件。

2010年，全市民事行政检察部门受理和立案审查的申诉案件数量同为20年间的最高值，其中受理363件，比2009年的151件增长140.4%；立案审查186件，同比(97件)增长91.75%。

## 第二节　抗诉与检察建议

1994年，全市检察机关提出民事行政案件抗诉1件，提请抗诉4件。其中，修水县院提请抗诉1件，为县(市、区)院首例提请民行抗诉案件。

1996~2000年，全市民事行政检察工作逐步走上正轨，市、县两级民行部门坚持“敢抗、会抗、抗准”的原则，5年共提出抗诉83件，提请和建议提请210件；1998~2000年共提出民行检察建议38件。其中，都昌县徐某房屋产权案、星子县崔某某诉何某某排除妨碍案、都昌县曹某某债务纠纷案等抗诉案件，经过民行检察干警的调查走访、收集证据、技术鉴定等不懈努力，被法院再审时予以采纳，依法改判。

2001年，全市民行检察部门共受理不服生效的民事(经济)、行政判决、裁定的申诉152件，立案审查90件，占受理总量的59.21%；对其中严重损害国家利益、公共利益和当事人合法权益的判决、裁定提出抗诉25件，提请抗诉13件，其中法院改判23件。同时，检察机关坚持维护审判机关合法判决裁决的权威性和稳定性，2002、2003年对56件、43件申诉案件作出息诉处理。

2005~2009年，全市检察机关注重规范管理，促进办案质量，依法实施修订后的民事诉讼法，相继出台民事行政检察部门办案一体化实施意见、办案流程、执法规范和开展民事督促起诉工作等规范性文件，针对保险、理培、装潢、公益等新的涉案领域和涉及的热点问题进行探索，加强与审判机关的协调，坚持“抗诉与息诉并举”的原则，在维护法律权威的前提下维护国家、集体和公民的合法权益。5年间，共立案审查民行申诉案件394件，占受理总量的68.88%；提出抗诉39件，提请和建议提请抗诉49件，提出检察建议100件。经再审，法院总体采纳率为91.9%。其中，九江县某液化气有限公司拖欠借款案、市某房地产开发公司侵权案、湖口徐某某申诉的相邻纠纷案、湖口县某化工企业环境污染案等，都得到依法再审和改判。同时，全市检察机关加强民事行政案件执行监督，支持合法判决、裁决得以有效执行。

2010年，全市检察机关民行部门受理与立案数量为1991年以来最高值，全年受理363件，立案审查186件，分别比2009年增长155.63%和91.75%。其中，提出抗诉18件，提请和建议提请抗诉20件，提出检察建议36件；法院共采纳36件，其中再审改变原判决13件。通过督促起诉，挽回国有资产流失

2.3 亿元。当年，市检察院与市中级人民法院密切配合，双方签发《关于开展民事督促起诉工作的意见(试行)》和《联合清理拖欠农民工工资专项行动实施方案》，加强与市土管、财政、国土资源管理局、矿管局等部门的沟通联系，开展执行监督 62 件，共为国家收回拖欠资金 1.6 亿元，确保杜绝因农民工工资拖欠而引发的重大群体性事件。

**1992~2010 年全市民事行政检察一览**

表 47-6-1　　　　单位：件

| 年 份 | 受 理 | 立案审查 | 提出抗诉 | 提请和建议提请抗诉 | 提出检察建议 |
|---|---|---|---|---|---|
| 1992 | 16 | 0 | | | |
| 1993 | 24 | 0 | | | |
| 1994 | 22 | 7 | 1 | 4 | |
| 1995 | 56 | 28 | 3 | 18 | |
| 1996 | 72 | 27 | 12 | 48 | |
| 1997 | 88 | 74 | 20 | 93 | |
| 1998 | 82 | 32 | 10 | 24 | 5 |
| 1999 | 98 | 35 | 11 | 24 | 11 |
| 2000 | 121 | 62 | 30 | 21 | 22 |
| 2001 | 152 | 90 | 25 | 13 | |
| 2002 | 134 | 0 | 13 | 8 | |
| 2003 | 104 | 61 | 14 | | |
| 2004 | 0 | 86 | 22 | | 34 |
| 2005 | 87 | 78 | 8 | 4 | 11 |
| 2006 | 129 | 97 | 6 | 1 | 21 |
| 2007 | 76 | 33 | 5 | 24 | 21 |
| 2008 | 129 | 89 | 5 | 7 | 36 |
| 2009 | 151 | 97 | 15 | 13 | 13 |
| 2010 | 363 | 186 | 18 | 20 | 36 |

说明："提出抗诉"指市检察院向市中级人民法院提出的抗诉；"提请和建议提请抗诉"指各县(市、区)检察院向市检察院和市检察院向省检察院提请或建议提请抗诉

# 第七章　检察机构

## 第一节　市检察院

1991 年，市检察院内设机构(不含党群组织)10 个：刑事检察处、贪污贿赂检察处、法纪检察处、监所检察处、控告申诉检察处、技术处、政治处、监察处、办公室、法律政策研究室。院机关办公地址位于浔阳东路 256 号。

1992~1995 年，先后成立民事行政检察处、档案室、干部教育处；反贪污工作处更名为反贪污贿赂工作局。

1998 年，市院内设机构进行调整，共设立 15 个职能处(室、局)，包括：审查批捕处、审查起诉处、反贪污贿赂局、法纪检察处、监所检察处、民事行政检察处、控告申诉检察处(举报中心、刑事赔偿办公室)、

检察技术处、政治处、监察处(与纪检组合署办公)、办公室、行政装备处、法律政策研究室、干部教育处、法警处(法警大队)。

2002~2004年,先后成立机关后勤服务中心、职务犯罪预防处和老干部工作处;反贪污贿赂局升格为副处级。

2006年9月,渎职侵权检察处更名为反渎职侵权局;2008年10月,成立信息化工作办公室。

2010年,市检察院内设机构19个:办公室、干部人事处、宣传教育处、老干部工作处、侦查监督处、公诉处、反贪污贿赂局(副处级)、反渎职侵权检察局(副处级)、监所检察处、民事行政检察处、控告申诉检察处(举报中心、刑事赔偿办公室、信访办公室)、职务犯罪预防处、法律政策研究室、检察技术处、计划财务装备处、法警处(司法警察支队)、信息化工作办公室、监察室、机关后勤服务中心;党群组织有纪检组(与监察室合署办公)、机关党委、工会、团委和妇委会;共青检察院、庐山检察院为市院派出的副处级机构。

**1991~2010年市检察院检察长一览**

表47-7-1

| 姓名 | 性别 | 籍贯 | 出生年月 | 任期 |
|---|---|---|---|---|
| 陈金涛 | 男 | 江西湖口 | 1934.04 | 1987.06~1991.08 |
| 刘云汉 | 男 | 黑龙江海伦 | 1941.02 | 1992.05~1999.03 |
| 林升泰 | 男 | 福建福州 | 1944.07 | 1999.04~2002.06 |
| 陈和民 | 男 | 江西都昌 | 1963.02 | 2002.06~2004.02 |
| 韩德胜 | 男 | 江西万载 | 1951.11 | 2004.04~ |

## 第二节　县(市、区)检察院

1991年,全市共有县(市、区)检察院12个,分别是浔阳区检察院、庐山区检察院、修水县检察院、武宁县检察院、瑞昌市检察院、九江县检察院、永修县检察院、德安县检察院、星子县检察院、湖口县检察院、都昌县检察院、彭泽县检察院。

1994年7月,共青城检察院成立;2006年11月,庐山检察院成立。两院均为市院派出机构,行使县一级人民检察院职权。

2010年,全市县(市、区、山)检察院14个,分别是浔阳区检察院、庐山区检察院、共青城检察院、修水县检察院、武宁县检察院、瑞昌市检察院、九江县检察院、永修县检察院、德安县检察院、星子县检察院、湖口县检察院、都昌县检察院、彭泽县检察院和庐山检察院。

## 第三节　派出检察室

1991年,全市检察机关有派出机构23个,其中检察办事处3个,税务检察室14个,厂矿检察室6个。1992年,在财政、银行、烟草、粮食、工商等系统设立检察室16个。

1995年9月,撤销27个派出检察室:德安县院驻县工商局检察室,庐山区院驻区烟草专卖局检察室、驻县工商局检察室,武宁县院驻县烟草专卖局检察室、驻罗坪镇检察室、驻鲁溪镇检察室、驻泉口乡检察室,彭泽县院驻芙蓉农场检察室、驻朝阳机械厂检察室、驻县烟草专卖局检察室,永修县院驻县粮食局检察室、驻县供销社检察室、驻县烟草专卖局检察室、驻柘林镇检察室、驻军山开发区检察室、驻涂埠贮木场检察室,湖口县驻县工商局检察室、驻县烟草专卖局检察室,修水县院驻县供销社检察室、驻县烟草专卖局检察室,瑞昌市院驻市烟草专卖局检察室、驻市工商局检察室、驻码头镇办事处、驻江州造船厂检察室,星子县院驻县烟草专卖局检察室、驻县粮食局检察室。

2010年9月,成立驻九江经济技术开发区检察室(副处级)和驻市劳教所监察室(正科级)。

2010年年底,全市检察机关有派出检察室3个,其中,副处级1个,正科级1个、副科级1个。

# 第四十八篇 审　判

# 第四十八篇 审 判

1991年以来，全市审判机关以邓小平理论、“三个代表”重要思想和科学发展观为指导，坚持“三个至上”工作指导思想，实践司法的人民性，坚持能动司法，实现司法的公正与高效，法院各项工作得到全面协调发展。始终把维护政治和社会稳定放在审判工作的重要位置，坚持“严打”方针，严厉打击危害公共安全和公民人身安全的犯罪行为，努力维护政治稳定和社会安宁；坚持罪刑法定和罪刑相适应原则，全面落实宽严相济刑事政策，维护社会和谐稳定；坚持“调解优先、调判结合”，切实加大民事调解力度，依法妥善处理各类民商事案件，促进民商事法律关系和谐；审理赔偿案件，坚持维护公民权益和支持依法行政并重原则，促进公民权益合法保护和行政权正当行使和谐统一。依法加大执行力度，建立联动机制，开展集中执行活动，努力化解执行难。实行案件审判流程管理，加强对审理各阶段时限的监控，增强裁判文书的说理性，提高裁判文书的公开性和透明度，案件质量进一步提高，涉诉信访总量持续下降。至2010年，全市共审理刑事案件2.23万件，判处罪犯1.87万人；审理民商事案件17.16万件；审理行政诉讼案件2139件；审理国家赔偿案件16件。

# 第一章 刑事审判

## 第一节 刑事案件审理

1991年来,全市审判机关加大刑事案件审理力度,至1993年,全市共审理一、二审刑事案件2713件,判处犯罪分子3109人。

1994~1998年,全市共审理刑事一、二审案件3590件,判处犯罪分子4280人。

1999~2001年,全市共审理一、二审刑事案件3238件,判处罪犯4737人。

2002年,全市受理一、二审刑事案件1284件,审结1280件,其中市中院审结211件,县(市、区)法院审结1069件;共判处罪犯1628人。

2006年,全市受理一、二审刑事案件1376件,审结1337件。其中,市中院一审受理62件,审结64件,二审受理131件,审结133件;基层法院受理1183件,审结1140件;共判处罪犯1783人。

2010年,全市法院共受理一、二审刑事案件1656件,审结1666件。其中,市中院一审受理、审结51件,二审受理194件,审结207件;县(市、区)法院受理1411件,审结1408件;共判处犯罪分子2255人。

**2002~2010年全市刑事一、二审案件受理、审结和判处罪犯人数一览**

表48-1-1　　单位:件、人

| 年份 | 受理案件 | 审结案件 | 市中院 | | | | 县(市、区)院 | | 判处罪犯 |
|---|---|---|---|---|---|---|---|---|---|
| | | | 一审 | | 二审 | | | | |
| | | | 受理 | 审结 | 受理 | 审结 | 受理 | 审结 | |
| 2002 | 1284 | 1280 | 54 | 55 | 162 | 156 | 1068 | 1069 | 1628 |
| 2003 | 1202 | 1231 | 46 | 50 | 95 | 100 | 1061 | 1081 | 1721 |
| 2004 | 1278 | 1334 | 39 | 42 | 83 | 85 | 1156 | 1153 | 1716 |
| 2005 | 1363 | 1399 | 58 | 56 | 141 | 139 | 1164 | 1204 | 1934 |
| 2006 | 1376 | 1337 | 62 | 64 | 131 | 133 | 1183 | 1140 | 1783 |
| 2007 | 1439 | 1447 | 49 | 43 | 148 | 142 | 1242 | 1262 | 1972 |
| 2008 | 1522 | 1549 | 50 | 55 | 163 | 163 | 1309 | 1331 | 2177 |
| 2009 | 1610 | 1587 | 50 | 50 | 179 | 172 | 1381 | 1365 | 2157 |
| 2010 | 1656 | 1666 | 51 | 51 | 194 | 207 | 1411 | 1408 | 2255 |

**2002~2010年全市刑事犯罪案件审结类别一览**

表48-1-2　　单位:件

| 年份 | 刑事犯罪案件审结总数 | 危害国家安全犯罪案件 | 危害公共安全犯罪案件 | 破坏社会主义经济秩序犯罪案件 | 其他刑事犯罪案件 |
|---|---|---|---|---|---|
| 2002 | 907 | 3 | 60 | 15 | 829 |
| 2003 | 944 | 3 | 73 | 21 | 847 |
| 2004 | 992 | 1 | 134 | 11 | 846 |
| 2005 | 1091 | 1 | 133 | 28 | 929 |
| 2006 | 1043 | | 132 | 19 | 892 |

续表 48-1-2

| 年 份 | 刑事犯罪案件审结总数 | 危害国家安全犯罪案件 | 危害公共安全犯罪案件 | 破坏社会主义经济秩序犯罪案件 | 其他刑事犯罪案件 |
|---|---|---|---|---|---|
| 2007 | 1099 | | 128 | 22 | 949 |
| 2008 | 1158 | | 149 | 23 | 986 |
| 2009 | 1211 | | 125 | 34 | 1052 |
| 2010 | 1154 | | 104 | 27 | 1023 |

## 第二节 刑事自诉案件与附带民事诉讼案件审判

### 一、刑事自诉案件审判

2002~2007 年,全市法院共审结一审刑事自诉案件 297 件,结案 285 件;其中判决 147 件,调解 37 件,撤诉 86 件,驳回起诉 10 件,移送 3 件,中止审理 2 件。

### 二、附带民事诉讼案件审判

2002 年,市中院审理刑事一审附带民事诉讼案件 14 件,其中故意杀人罪 7 件,故意伤害罪 4 件,其他 3 件。

2006 年,审理 20 件,其中故意杀人罪 13 件,故意伤害罪 7 件。

2009 年,审理 20 件,其中故意杀人罪 9 件,故意伤害罪 10 件,其他 1 件。

**2002~2009 年市中院审理刑事一审附带民事诉讼案件罪名和赔偿情况一览**

表 48-1-3　　单位:件

| 年 份 | 附带民事诉讼案件 | 罪 名 | | | 赔偿情况 | | |
|---|---|---|---|---|---|---|---|
| | | 故意杀人罪 | 故意伤害罪 | 其他 | 部分赔偿 | 未赔偿 | 谅解 |
| 2002 | 14 | 7 | 4 | 3 | 3 | 11 | |
| 2003 | 16 | 7 | 9 | | 7 | 8 | 1 |
| 2004 | 17 | 13 | 2 | 2 | 3 | 13 | 1 |
| 2005 | 13 | 9 | 3 | 1 | 5 | 7 | 1 |
| 2006 | 20 | 13 | 7 | | 7 | 11 | 2 |
| 2007 | 13 | 10 | 3 | | 6 | 6 | 1 |
| 2008 | 14 | 10 | 2 | 2 | 4 | 9 | 1 |
| 2009 | 20 | 9 | 10 | 1 | 11 | 1 | 8 |

## 第三节 刑事被害人救助

2009 年,开始实施刑事被害人救助制度,在市委政法委牵头及各相关职能部门配合下,全市筹集刑事被害人救助基金 30 余万元。2010 年年底,市中院上报并实施救助的案件数为 6 件、6 人次,救助金额 17000 元。

### 附:刑事审判案例

**熊某某、刘某某故意杀人案**　自 2000 年 11 月以来,熊某某、刘某某 2 人经常在一起密谋搞钱。2001 年 3 月,2 被告人决定把刘的熟人缪晓莉作为目标,策划由被告人熊某某租借 1 辆夏利出租车,然后2人多次对缪晓莉及其女儿谢思思进行跟踪。商定先杀死被害人谢思思,从其身上获取缪家钥匙,劫取钱财后再杀死缪晓莉。同年4月11日16时许,2被告人按事先约定,把租来的红色夏利车开到十里飞机场,用泥巴把该车的前后牌照糊盖住,随后驾车到十里中心小学大门口等候被害人谢思思放学,将谢诱骗上车。把车开至莲花洞长航疗养院下一分叉路口处,用手卡谢的脖子,致谢窒息昏迷后,从谢书包中取出缪家钥匙。此时因谢哼了两声,2被告人又用尼龙绳勒谢的脖子,为怕被人发现,两被告人将车子又开到一山坡有几幢未完工的房子之间停下,由被告人熊某某把被害人谢思思从车内拖至一房间内,见谢仍未死,又捡起石头和砖头朝被害人谢思思头部猛击十几下,致谢死亡。作案后,两被告人逃离现场,由于两被告人感到体力疲惫和恐慌,原定当晚继续杀缪晓莉劫财的计划中止。4月13日,两被告人被公安机关抓获归案。市中级人民法院依据《中华人民共和国刑法》之规定,以故意杀人罪判决被告人熊某某、刘某某死刑,剥夺政治权利终身;并共同赔偿附带民事诉讼原告人经济损失(死亡赔偿金)23580元。

**抚州熊某某组织领导黑社会性质组织罪案** 2006年,受江西省高级人民法院指定,市中级人民法院受理审判时称江西打黑第一案抚州市临川区熊某某组织领导黑社会性质组织案。经审理,1996年,熊某某先后成立江西省抚州联达经济贸易有限公司、江西联达实业发展有限公司、江西博福建设有限公司,通过多处开设赌场、收"头钱"、放高利贷、强卖土地进行开发、骗资等非法手段,聚敛巨额财产,并购买枪支、弹药,扩充组织实力。该黑社会性质组织成员16人,其所犯罪行有故意伤害罪、窝藏罪、故意杀人罪、非法持有枪支弹药罪、诈骗罪、保险诈骗罪、贷款诈骗罪、合同诈骗罪、赌博罪、强迫交易罪、包庇罪等14种,严重干扰和破坏社会治安秩序和正常生活秩序。九江中院经精心组织实施审判,于同年9月26日,以组织、领导黑社会性质组织罪,判处熊某某死刑,剥夺政治权利终身。其他成员分别被判处无期徒刑,剥夺政治权利终身和有期徒刑。该案经江西省高级人民法院二审审理全部予以维持,并裁定核准对被告人熊某某的死刑判决。

**吴某某、任某某等6人故意杀人抢劫盗窃案** 2008年3月10日15时许,被告人吴某某、任某某等6人在市人民影剧院对面停车处盗得1辆永久牌电动车,推到白天鹅酒店旁边巷内,在接电动车电源线时,被被害人许俊谷景发现,许见状大声质问:你们干什么?被告即弃车逃跑,许俊谷景大喊抓贼,并冲上前去抓住吴某某,后被其挣脱逃走。逃离现场后,被告等遂商议返回原停车处进行报复。随后手持水果刀、电棒、砖块等作案凶器再次来到白天鹅酒店旁的巷子内,一拥而上对许俊谷景进行殴打,并用水果刀朝许俊谷景右腹部捅了一刀,随即逃离现场。许俊谷景因伤势严重,送医院抢救无效,于当天下午死亡。经法医检验鉴定,死者许俊谷景系因他人用单刃刺器(如水果刀类)刺破右肾动脉导致失血性休克而死亡。此外,经审理查明,被告等人还犯有抢劫、盗窃等罪13次。2008年9月4日,市中级人民法院公开开庭审判,以故意杀人罪判处被告人吴某某、任某某死刑,剥夺政治权利终身。其他被告人分别判处有期徒刑6~10年不等。

**德安县万某某自诉陈某某暴力干涉婚姻案** 2005年4月20日,德安万某某以被告人陈某某犯暴力干涉婚姻自由罪提起控诉。在诉讼过程中,自诉人认为其指控证据不足而申请撤诉。德安县法院认为,自诉人万某某的撤诉要求确属自愿,应当准许,裁定准许自诉人万某某撤诉。

# 第二章 民商事审判

## 第一节 民商事案件审理

1991年,全市法院审结民商事案件5826件。1995年,审结7678件。2001年,审结8356件。2002年,全市受理民商事案件8762件,审结8831件,其中市中院审结428件,县(市、区)院审结8403件。2007年,全市法院共受理11574件民商事案件,审结11575件,其中市中院审结706件,县(市、区)法院审结

10869 件。2010 年,全市审判机关共受理民商事案件 12474 件,审结 12849 件。其中,市中院一审受理 140 件、审结 148 件,二审受理 765 件、审结770 件;县(市、区)法院受理 11569 件,审结 11931 件。

1991~2001 年全市民商事一审案件审结一览

表 48-2-1　　单位:件

| 年 份 | 审 结 | 年 份 | 审 结 | 年 份 | 审 结 | 年 份 | 审 结 |
|---|---|---|---|---|---|---|---|
| 1991 | 5826 | 1994 | 7146 | 1997 | 7819 | 2000 | 7939 |
| 1992 | 6738 | 1995 | 7678 | 1998 | 7921 | 2001 | 8356 |
| 1993 | 6854 | 1996 | 7694 | 1999 | 7883 | | |

2002~2010 年全市民商事一、二审案件受理、审结一览

表 48-2-2　　单位:件

| 年 份 | 受理案件 | 审结案件 | 市中院 | | | | 县(市、区)院 | |
|---|---|---|---|---|---|---|---|---|
| | | | 一 审 | | 二 审 | | | |
| | | | 受理 | 审结 | 受理 | 审结 | 受理 | 审结 |
| 2002 | 8762 | 8831 | 101 | 120 | 215 | 308 | 8446 | 8403 |
| 2003 | 9234 | 9354 | 54 | 52 | 288 | 274 | 8892 | 9028 |
| 2004 | 8610 | 8662 | 37 | 33 | 137 | 123 | 8436 | 8506 |
| 2005 | 7762 | 8075 | 142 | 123 | 340 | 280 | 7280 | 7672 |
| 2006 | 8073 | 7710 | 204 | 143 | 408 | 345 | 7461 | 7222 |
| 2007 | 11574 | 11575 | 180 | 227 | 518 | 479 | 10876 | 10869 |
| 2008 | 10740 | 10853 | 168 | 172 | 643 | 692 | 9929 | 9989 |
| 2009 | 11765 | 11820 | 99 | 119 | 838 | 916 | 10828 | 10785 |
| 2010 | 12474 | 12849 | 140 | 148 | 765 | 770 | 11569 | 11931 |

1991~2010 年市中院二审商事案件审结一览

表 48-2-3　　单位:件

| 年 份 | 审 结 | 年 份 | 审 结 | 年 份 | 审 结 | 年 份 | 审 结 |
|---|---|---|---|---|---|---|---|
| 1991 | 241 | 1996 | 215 | 2001 | 176 | 2006 | 36 |
| 1992 | 218 | 1997 | 236 | 2002 | 213 | 2007 | 56 |
| 1993 | 196 | 1998 | 193 | 2003 | 356 | 2008 | 30 |
| 1994 | 206 | 1999 | 183 | 2004 | 381 | 2009 | 51 |
| 1995 | 194 | 2000 | 154 | 2005 | 22 | 2010 | 39 |

## 第二节 婚姻、家庭与继承纠纷案件审判

### 一、离婚纠纷案件

1991 年,全市审判机关共审理并结案离婚纠纷案件 3247 件。1992 年,审结 3902 件。2005 年,审结 2797 件。2010 年,审结 3241 件,与 1991 年基本持平。1991~2010 年,全市两级法院共审理离婚纠纷案件 6.5 万件。

1991~2010 年全市离婚纠纷案件审结一览

表 48-2-4　　单位:件

| 年 份 | 审 结 | 年 份 | 审 结 | 年 份 | 审 结 | 年 份 | 审 结 |
|---|---|---|---|---|---|---|---|
| 1991 | 3247 | 1996 | 3385 | 2001 | 3527 | 2006 | 2924 |
| 1992 | 3902 | 1997 | 3539 | 2002 | 3178 | 2007 | 2968 |
| 1993 | 3596 | 1998 | 3491 | 2003 | 3089 | 2008 | 3104 |
| 1994 | 3276 | 1999 | 3513 | 2004 | 2992 | 2009 | 3126 |
| 1995 | 3354 | 2000 | 3469 | 2005 | 2797 | 2010 | 3241 |

### 二、赡养与抚养纠纷案件

1991 年,全市共审理并结案赡养、抚养纠纷案件 108 件。1992~1996 年,连续 3 年均未突破 100 件。2010 年,审结 143 件,为历年最高值。1991~2010 年,全市审判机关共审理赡养、抚养纠纷案件 2109 件。

1991~2010 年全市赡养、抚养纠纷案件审结一览

表 48-2-5　　单位:件

| 年 份 | 审 结 | 年 份 | 审 结 | 年 份 | 审 结 | 年 份 | 审 结 |
|---|---|---|---|---|---|---|---|
| 1991 | 108 | 1996 | 114 | 2001 | 132 | 2006 | 93 |
| 1992 | 96 | 1997 | 78 | 2002 | 121 | 2007 | 106 |
| 1993 | 87 | 1998 | 96 | 2003 | 99 | 2008 | 126 |
| 1994 | 95 | 1999 | 78 | 2004 | 118 | 2009 | 132 |
| 1995 | 121 | 2000 | 82 | 2005 | 84 | 2010 | 143 |

### 三、继承纠纷案件

1991 年,全市审理继承纠纷案件 96 件。1994 年,审理 105 件,突破 100 件。1998~2004 年,呈逐年上升趋势,其中 2004 年达 712 件。2005 年以后大幅下降。至 2010 年,全市两级法院共审结继承纠纷案件 4426 件。

1991~2010 年全市继承纠纷案件审结一览

表 48-2-6　　单位:件

| 年 份 | 审 结 | 年 份 | 审 结 | 年 份 | 审 结 | 年 份 | 审 结 |
|---|---|---|---|---|---|---|---|
| 1991 | 96 | 1996 | 143 | 2001 | 432 | 2006 | 10 |
| 1992 | 89 | 1997 | 118 | 2002 | 598 | 2007 | 78 |
| 1993 | 98 | 1998 | 256 | 2003 | 657 | 2008 | 85 |
| 1994 | 105 | 1999 | 274 | 2004 | 712 | 2009 | 86 |
| 1995 | 126 | 2000 | 359 | 2005 | 12 | 2010 | 92 |

## 第三节　人身损害赔偿案件审判

1991 年,全市法院审结人身损害赔偿案件 586 件。1993 年,审结 637 件。1995 年,审结 712 件。2001 年,审结 518 件,为历年最低值。2010 年,审结 724 件,为历年最高值。

20 年间,全市审判机关共审结人身损害赔偿案件 1.21 万件。其中,因道路交通事故引起人身损害赔偿纠纷案件 6902 件,因医疗事故引起人身损害赔偿纠纷案件 3389 件,特殊侵权人身损害赔偿案件

1816 件(环境污染损害赔偿案件 374 件、高度危险作业致损赔偿案件 172 件、建筑物致损赔偿案件 490 件、动物致损赔偿案件 18 件、地面施工致损赔偿案件 454 件、职务侵权致损赔偿案件 54 件、被监护人致损赔偿案件 163 件、产品致损赔偿案件 91 件)。

1991~2010 年全市人身损害赔偿案件审结一览

表 48-2-7　　　　单位:件

| 年 份 | 审 结 | 年 份 | 审 结 | 年 份 | 审 结 | 年 份 | 审 结 |
|---|---|---|---|---|---|---|---|
| 1991 | 586 | 1996 | 637 | 2001 | 518 | 2006 | 616 |
| 1992 | 543 | 1997 | 529 | 2002 | 579 | 2007 | 628 |
| 1993 | 637 | 1998 | 571 | 2003 | 548 | 2008 | 652 |
| 1994 | 651 | 1999 | 617 | 2004 | 536 | 2009 | 689 |
| 1995 | 712 | 2000 | 545 | 2005 | 589 | 2010 | 724 |

## 第四节　物权纠纷案件审判

### 一、房屋确权纠纷案件

1991 年,全市审理并结案房屋确权纠纷案件 143 件。1992~1995 年,共审结 309 件,平均每年 77 件。2004 年,审结 197 件,为历年最高值。2006 年,审结 56 件,为历年最低值。至 2010 年,全市法院共审结房屋确权纠纷案件 2345 件。

1991~2010 年全市房屋确权纠纷案件审结一览

表 48-2-8　　　　单位:件

| 年 份 | 审 结 | 年 份 | 审 结 | 年 份 | 审 结 | 年 份 | 审 结 |
|---|---|---|---|---|---|---|---|
| 1991 | 143 | 1996 | 128 | 2001 | 168 | 2006 | 56 |
| 1992 | 76 | 1997 | 147 | 2002 | 182 | 2007 | 94 |
| 1993 | 58 | 1998 | 106 | 2003 | 193 | 2008 | 78 |
| 1994 | 91 | 1999 | 94 | 2004 | 197 | 2009 | 92 |
| 1995 | 84 | 2000 | 143 | 2005 | 98 | 2010 | 117 |

### 二、宅基地纠纷案件

1991 年,全市法院审结宅基地纠纷案件 86 件。1995 年,审结 105 件。1999 年,审结 107 件,为历年最高值。2006 年,审结 2 件,为历年最低值。2010 年,审结 5 件。20 年间,全市审判机关共审结宅基地案件 1140 件。

1991~2010 年全市宅基地纠纷案件审结一览

表 48-2-9　　　　单位:件

| 年 份 | 审 结 | 年 份 | 审 结 | 年 份 | 审 结 | 年 份 | 审 结 |
|---|---|---|---|---|---|---|---|
| 1991 | 86 | 1996 | 64 | 2001 | 56 | 2006 | 2 |
| 1992 | 74 | 1997 | 82 | 2002 | 81 | 2007 | 9 |
| 1993 | 68 | 1998 | 73 | 2003 | 96 | 2008 | 6 |
| 1994 | 95 | 1999 | 107 | 2004 | 75 | 2009 | 11 |
| 1995 | 105 | 2000 | 39 | 2005 | 6 | 2010 | 5 |

### 三、山林、水利纠纷案件

1991年,全市审结山林、水利纠纷案件72件。1995年,审结115件。2002年,审结124件。2005年,审结2件。2010年,审结19件。20年间,全市两级法院共审结山林、水利纠纷案件1174件。

1991~2010年全市山林、水利案件审结一览

表48-2-10　　单位:件

| 年份 | 审结 | 年份 | 审结 | 年份 | 审结 | 年份 | 审结 |
|---|---|---|---|---|---|---|---|
| 1991 | 72 | 1996 | 46 | 2001 | 79 | 2006 | 27 |
| 1992 | 48 | 1997 | 81 | 2002 | 124 | 2007 | 23 |
| 1993 | 59 | 1998 | 76 | 2003 | 86 | 2008 | 21 |
| 1994 | 86 | 1999 | 54 | 2004 | 92 | 2009 | 26 |
| 1995 | 115 | 2000 | 38 | 2005 | 2 | 2010 | 19 |

## 第五节　债权纠纷案件审判

### 一、债务纠纷案件

1991年,全市法院审理并结案债务纠纷案件1764件。2004年,审结2247件,为历年最高值。2005年,审结914件,为历年最低值。2010年,审结1349件。20年间,全市审判机关共审结债务纠纷类案件3.29万件。

1991~2010年全市债务纠纷案件审结一览

表48-2-11　　单位:件

| 年份 | 审结 | 年份 | 审结 | 年份 | 审结 | 年份 | 审结 |
|---|---|---|---|---|---|---|---|
| 1991 | 1764 | 1996 | 1683 | 2001 | 1965 | 2006 | 890 |
| 1992 | 1956 | 1997 | 1857 | 2002 | 2126 | 2007 | 916 |
| 1993 | 1873 | 1998 | 1926 | 2003 | 2089 | 2008 | 1158 |
| 1994 | 1628 | 1999 | 1892 | 2004 | 2247 | 2009 | 1230 |
| 1995 | 1432 | 2000 | 1994 | 2005 | 914 | 2010 | 1349 |

### 二、房屋买卖合同纠纷案件

2006~2010年,全市两级法院共审理房屋买卖合同纠纷案件915件。

2006~2010年全市房屋买卖合同案件审结一览

表48-2-12　　单位:件

| 年份 | 数量 | 审理结果 | | |
|---|---|---|---|---|
| | | 判决(%) | 调解(%) | 撤诉(%) |
| 2006 | 124 | 67.8 | 21.4 | 11.8 |
| 2007 | 135 | 64.3 | 31.2 | 4.5 |
| 2008 | 157 | 60.7 | 28.4 | 10.9 |
| 2009 | 402 | 51.2 | 38.9 | 9.9 |
| 2010 | 97 | 48.0 | 43.0 | 9.0 |

### 三、房屋租赁合同纠纷案件

1991~2010年,全市两级法院共审结房屋租赁合同纠纷案件1135件。

## 第六节 知识产权纠纷案件审判

1991年,审判机关开始审理知识产权纠纷案件。2003年,市中院审结3件。2008年,审结100件。2010年,审结17件。8年间,市中院共审结知识产权纠纷案件206件。

**2003~2010年市中院知识产权纠纷案件审结一览**

表48-2-13 单位:件

| 年份 | 审结 | 年份 | 审结 | 年份 | 审结 | 年份 | 审结 |
|---|---|---|---|---|---|---|---|
| 2003 | 3 | 2005 | 15 | 2007 | 29 | 2009 | 14 |
| 2004 | 6 | 2006 | 22 | 2008 | 100 | 2010 | 17 |

## 第七节 劳动争议案件审判

1995年始,全市劳动争议纠纷案件逐年增多,并呈多元化和复合性趋势。

2003年7月,根据市政府《关于同意九江钢铁公司等四户企业吸收合并的批复》,吸收合并原九江钢厂、原九江水泥船厂、原九江天龙镀锌钢绞线有限公司,共有职工1917人,其中在职职工1106人,离退休人员811人。经市华浔会计师事务所审计(截至2003年7月31日),该公司经营不善累计亏损166335941.47元,资产负债率为141.83%。经全国企业兼并破产和职工再就业工作领导小组和市政府批准,于2003年8月21日向市中级人民法院申请破产还债。经审理,于当年9月1日裁定宣告九江钢铁公司破产还债。9月3日,依法成立九江钢铁公司破产清算组对九江钢铁公司财产、债权债务进行破产清算。2003年12月2日、2004年9月21日召开两次全体债权人会议,会议表决通过破产清算组提交的《九江钢铁公司破产财产分配方案》。该公司全部破产财产合计8608.53万元。破产财产分配方案为九江钢铁公司破产财产在优先拨付清算费用1064.83万元后,剩余破产财产7543.7万元。优先提取职工安置费7690.41万元,尚有资金缺口146.71万元,由市政府予以解决。第一清偿顺序劳动债权1867.99万元,市政府已承诺予以解决(抵押权),第二清偿顺序税款,第三清偿顺序普通债权,受偿比例为零。该方案经第二次债权人会议通过(到会债权人27户,代表的债权额及债权人数均过半数,符合会议法定条件)。根据《中华人民共和国企业破产法(试行)》第十六条"债权人会议的决议,由出席会议的有代表权的债权人过半数通过,并且共代表的债权额必须占债权总额的半数以上",该会议决议有效,法院予以确认。在破产清算组按照债权人会议通过的分配方案实施完毕职工安置工作及破产财产分配工作,全体职工得到妥善安置,九江钢铁公司破产清算工作按照法律、法规、政策规定全部结束。依公司破产清算组申请,根据《中华人民共和国企业破产法(试行)》第三十八条规定,市中级人民法院裁定:终结九江钢铁公司破产程序。

至2004年3月,陕西轻工业品公司共拖欠长江化工厂货款408168.49元,原告长江化工厂起诉至法院,要求被告陕西轻工业品公司归还货款。法院受理后经审理查明:原、被告签订的买卖合同合法有效,具有法律约束力。买卖合同签订后,原告依约供货给被告,被告拖欠原告货款不付,属违法行为,应承担继续履行之违约责任。被告辩解其只欠原告货款55302.49元,另外352866元货款的业务往来纯属业务员刘某某个人与原告间发生的。被告就此提供的证据不足以证明其辩解的事实主张,而原告提供的证据表明刘某某一直是以被告名义与原告签订订货合同,即使被告辩解的其与刘间的代理关系成立,刘已离开被告公司以个人身份做出口生意,原告也有充分理由相信刘是代表被告方的,刘有代理权。故法院驳回被告辩解 352866 元欠款系刘某某个人所欠，与被告无关的理由，对原告要求被告给付货款 408168.49 元的诉讼请求予以支持。

2006 年始，出现劳动力派遣合同纠纷及保密协议、竞业禁止纠纷案件。

2007 年 5~8 月，九江市兆龙置业有限公司销售“水木清华”住宅小区商品房时，由于延期交房，造成业主普遍不满，依照公司与业主签订的《商品房买卖合同》，公司应当支付违约金，但该公司有个别职员态度蛮横，竟声称延期交房是行业惯例，激发业主们义愤，53 户业主将该公司告上法庭。庐山区法院威家法庭受理该案后，通过与双方当事人交流，发现原告诉讼本意并不在于赔偿金多少，而是要开发商承认错误，不能无视消费者合法权益。经过法院调解，被告九江市兆龙置业有限公司意识到自己的错误，公司高管亲自向原告道歉，取得原告谅解。双方当庭达成调解协议，补偿款当庭给付。

至 2010 年，全市基层法院受理劳动争议纠纷案件 751 件，其中 322 件上诉至市中院。

# 第三章　行政审判 国家赔偿

## 第一节　行政审判

### 一、行政案件审理

1991 年，全市两级人民法院行政审判工作处于探索阶段，受理的行政案件不多。1992 年，审理一、二审行政案件 69 件，其中一审 55 件。1993 年，审理行政案件一审 88 件、二审 22 件，审结率分别为 91%和 100%；市中院设立社保巡回法庭的做法受到劳动部肯定，并被评为全省法院行政审判工作先进集体，。

2002 年，全市受理行政诉讼案件 98 件，审结 92 件，其中市中院审结 19 件，县(市、区)院审结 73 件。

2006 年，全市受理行政诉讼案件 162 件，审结 160 件，其中市中院审结 22 件，基层法院审结 138 件。

2008 年，受理行政诉讼案件 155 件，审结 158 件，其中市中院受理 35 件、审结 41 件，县(市、区)院受理 120 件、审结 117 件。

2010 年，全市两级法院共受理行政诉讼案件 299 件，为 2002 年以来最高值；审结 299 件。其中，市中院受理、审结一审案件 14 件，受理二审案件 40 件、审结 41 件；县(市、区)院受理 120 件、审结 117 件。

至 2010 年，全市审判机关共受理行政诉讼案件 2139 件，其中 2002~2010 年受理 1254 件，审结 1260 件。

2002~2010 年全市行政审判案件一览

表 48-3-1　　单位：件

| 年 份 | 受理案件 | 审结案件 | 市中院 | | | | 县(市、区)院 | |
|---|---|---|---|---|---|---|---|---|
| | | | 一 审 | | 二 审 | | 受理 | 审结 |
| | | | 受理 | 审结 | 受理 | 审结 | | |
| 2002 | 98 | 92 | 3 | 3 | 16 | 16 | 79 | 73 |
| 2003 | 79 | 80 | 1 | 0 | 19 | 19 | 59 | 61 |
| 2004 | 98 | 103 | 3 | 4 | 23 | 20 | 72 | 79 |

续表 48-3-1

| 年 份 | 受理案件 | 审结案件 | 市中院 | | | | 县(市、区)院 | |
|---|---|---|---|---|---|---|---|---|
| | | | 一 审 | | 二 审 | | 受理 | 审结 |
| | | | 受理 | 审结 | 受理 | 审结 | | |
| 2005 | 99 | 102 | 4 | 4 | 21 | 24 | 74 | 74 |
| 2005 | 162 | 160 | 2 | 0 | 22 | 22 | 140 | 138 |
| 2007 | 154 | 153 | 22 | 19 | 16 | 14 | 116 | 120 |
| 2008 | 155 | 158 | 1 | 6 | 34 | 35 | 120 | 117 |
| 2009 | 110 | 113 | 4 | 4 | 40 | 41 | 66 | 68 |
| 2010 | 299 | 299 | 14 | 14 | 35 | 35 | 250 | 250 |

## 二、公安行政案件审判

1991 年以来,全市两级人民法院审理治安行政案件,坚持积极慎重的方针,凡起诉到法院的案件,经审查符合立案条件的,均予以受理,依照最高人民法院关于《人民法院审理治安行政案件具体应用法律的若干问题的暂行规定》依法办理,做到在查清事实、分清责任的基础上,准确适用法律法规。对公安机关裁决事实清楚,证据充分,适用法律、法规正确,处理合理、符合法定程序和方式的,裁定予以维持。并对被裁决受治安管理处罚的人或被侵害人进行法制教育,做到以法服人,以理服人,扩大办案效果。至 2010 年,全市审判机关共受理公安行政案件 406 件,占行政诉讼案件总数的 19%。

## 三、土地行政案件审判

1992 年 7 月 11 日,庐山区房地产开发公司与庐山区五里乡南湖村签订征用该村第七村民小组 138 亩土地的合同。按合同规定,其中由单位付给南湖村安置补助费 235 万元。同年 9 月 15 日南湖村制定出分配安置补助费方案,并报经五里乡政府批准同意。该分配方案将南湖村第七组 23 名出嫁妇女及其子女共 46 人排除在分配对象之外(户口仍在南湖),在实际分配中,该组除原告及其他少数人外,人均分得安置补助费 4380 元,经原告据理力争,其中 15 名未成年人每人分得 1000 元,其余 31 人分文未得,为此,原告认为安置补助费分配不公,以被告批复违反法律规定,侵犯了其合法权益为由向庐山区法院起诉。经审理认为,被告五里乡政府有关征地安置补助费分配方案显失公平,所作出的批复既没有法律依据,又侵犯出嫁妇女和儿童的合法权益,依法判决撤销庐山区五里乡政府关于对南湖村《要求批准第七村民小组劳力安置费分配方案报告》的批复。并限被告在判决书生效后 1 个月内重新做出具体行政行为。

## 四、林业行政案件审判

1991 年以来, 全市各级审判机关对林业管理部门做出的行政处理决定是否合法进行全面审查,维护其合法的行政决定,撤销其违法的行政决定,变更其显失公正的行政处罚。

2004 年 9 月,武宁县作为全国林权制度改革试点县开始林权制度改革。在林权改革过程中,政府林业主管部门对山林权属进行重新勘察登记造册,对山林争议进行调处,林业行政争议在林权改革中得以妥善处理。

至 2010 年,全市法院做好林业行政案件审理工作,依法保护行政相对人合法权益,监督支持行政机关依法行政,依法支持林权制度改革。在查明事实,分清是非,明确争议焦点的基础上,市中院加大协调力度,尽可能为化解行政争议创造有利条件。

# 第二节 国家赔偿

1995年,市中级人民法院设立赔偿委员会。主管行政审判工作的副院长任赔偿委员会主任,行政审判庭庭长、刑事审判庭庭长、审判监督庭庭长为赔偿委员会委员。委员会下设办公室,由行政审判庭庭长兼任办公室主任,负责日常工作。

2000年12月15日,都昌县公安局以涉嫌销售假冒注册商标的商品为由对段某某实施刑事拘留,2001年1月14日,都昌县公安局提请都昌县人民检察院批准逮捕段某某,同年1月20日,都昌县人民检察院以证据不足为由,决定不批准逮捕段某某。当日,都昌县公安局以证据不足为由对段某某变更强制措施取保候审,予以释放。2005年11月22日,都昌县公安局以该案主观方面构成要件无法查证,检察院不批准逮捕为由,决定撤销此案。2007年10月26日,段某某以都昌县公安局做出确认违法的法律文书为由,要求都昌县公安局承担国家赔偿责任,在都昌县公安局未做出赔偿决定的情况下,于2008年1月28日以特快专递的形式向市公安局申请复议,市公安局在法定期间内未做出赔偿决定,段某某于2008年4月22日向市中院赔偿委员会申请做出赔偿决定。赔偿委员会认为,段某某提出在2008年1月25至28日出现暴风雪恶劣天气,道路结冻封闭,导致其无法在2008年1月25日向市公安局提出复议申请的理由成立,该事由属不可抗力。段某某因涉嫌销售假冒注册商标的商品被刑事拘留一案,都昌县公安局做出的撤销案件决定书应视为段某某请求赔偿的被侵权事项已依法确认。段某某因被错误刑事拘留,依法应当获得国家赔偿。根据《中华人民共和国国家赔偿法》第二十六条的规定,都昌县公安局应支付段某某被羁押37天的赔偿金3674.47元。段某某提出要求赔偿该公司门面租金54610元、员工工资及水电费67800元、银行贷款利息328547元、摩托车降价销售损失50000元、租车及公证送达赔偿申请书的费用1950元的赔偿请求,与其被刑事拘留无必然因果关系,不属于国家赔偿法规定的赔偿范围,不予支持。

至2010年,市中级人民法院赔偿委员会共审理赔偿案件16件,其中决定赔偿的7件,决定不赔偿的3件,驳回赔偿请求的1件,其他处理的5件。

**1995~2010年全市审理国家赔偿案件一览**

表48-3-2　　　　单位:件

| 年份 | 受理 | 审结 | 其中 | | | |
|---|---|---|---|---|---|---|
| | | | 撤回赔偿请求 | 决定赔偿 | 决定不赔偿 | 其他 |
| 2000 | 1 | 1 | | 1 | 0 | |
| 2001 | 2 | 2 | | 1 | 1 | |
| 2002 | | | | | | |
| 2003 | 7 | 7 | | 2 | | 5 |
| 2004 | 1 | 1 | | 1 | | |
| 2005 | | | | | | |
| 2006 | | | | | | |
| 2007 | | | | | | |
| 2008 | 2 | 2 | | 2 | | |
| 2009 | 2 | 2 | | | 2 | |
| 2010 | 1 | 1 | 1 | | | |

**附:行政审判案例**

**梅某某因土地行政许可不当行政赔偿案** 2006年5月19日,梅某某向市庐山区人民法院提起诉讼,要求确认原市庐山区土地管理局越权出让土地行为违法,越权颁发"江西省建设用地许可证"违法,并赔偿因此造成的建房损失58万元。法院查明,2003年3月,原市庐山区土地管理局被撤销,与原区地质矿产局合并组建区国土资源局。8月,划归市国土资源局,改为市国土资源局派出机构。法院认为,根据《江西省城市国有土地使用权出让和划拨管理条例》规定,庐山国家风景名胜区范围内及庐山外围景区内的土地使用权出让,由省政府审批。而市国土资源局并未能提供省政府同意出让梅建房所在地土地使用权的审批文件,所以,原庐山区土地管理局与梅签订国有土地使用权出让合同,向梅发放庐土国用字第162号"江西省建设用地许可证",违反法律规定。国家机关违法行使职权侵犯公民合法权益造成损害的,受害人有取得国家赔偿的权利,原庐山区土地管理局的行政违法与造成梅所建房被没收的损害事实有必然因果关系,应予赔偿。其撤销后,继续行使其职权的是市国土资源局,根据法律规定,行政机关被撤销的,继续行使其职权的行政机关为赔偿义务机关。因此市国土资源局应对已撤销的原庐山区土地管理局违法行使职权给梅造成的损害承担赔偿责任。市国土资源局关于原告的经济损失不是它的派出机关所致和应由庐山区政府承担的意见,于法无据,不予支持。原告要求被告赔偿签订出让合同、发放建设用地许可证前的损失,与致害行为无关,不予支持。其他损失,因不属直接损失,不予支持。对土地出让金、契税、应予支持。房屋经浔阳区价格认证中心评估作价407100元,庭审中被告虽有异议,但没有提供证据,也不申请重新鉴定,对这一评估结论予以采信。依照《中华人民共和国行政诉讼法》《最高人民法院关于执行〈中华人民共和国行政诉讼法〉若干问题的解释》《中华人民共和国国家赔偿法》的规定,判决:一、确认原庐山区土地管理局2001的年10月与原告梅某某签订国有土地使用权出让合同、发放建设用地许可证的具体行政行为违法;二、被告市国土资源局于本判决生效之日起30日内赔偿原告梅某某的建房损失包括土地出让金28275元,契税1131元和房屋价值407100元,共计人民币436506元。

# 第四章 执行工作

## 第一节 民商事案件判决执行

1991年以来,"执行难"逐渐成为全市法院工作的难点。1993年10月18日,市中院制定《执行工作规范化若干问题试行意见》,进一步强化委托执行与协助执行工作。

1996年8月,全市两级法院未执案件3753件,未执标的额1.74亿元。1998年10月,全市法院未执案件3338件,占申请执行案件63.4%,未执标的额3亿多元。

1999年,市委下发文件,要求各级党委、政府重视和支持法院的执行工作,切实解决"执行难"问题。

2001年,市中院成立执行工作指挥中心,制定《关于统一管理和协调全市法院执行工作的暂行规定》,标志执行工作向"审执分立"的过渡。

2002年5月,市中院制定《执行案件流程管理规定》等一系列规章制度,明确执行案件的管辖与受理范围,把执行工作纳入规范化管理。

2003年5月,市中院成立执行局,各基层法院随之成立执行局,下设庭、处(科)工作部门,实现执行的实施权与裁决权的分离。市中院执行局与各基层法院执行局形成垂直领导关系,实行执行工作"三统一",即统一组织、统一协调、统一指挥。建立交叉执行、提级执行、委托执行、协助执行机制,形成"审执分立""立执分立"的执行新机制。

2004年6~12月,全市法院再次清理未执行案件,有未执积案5444件,未执标的额7.17亿元。

2005年,全市基层法院到异地执行案件68件次,委托执行19件次,受托执行63件次。

2006年初,市委政法委下发《关于建立法院执行工作协调联动机制的实施意见》,组建以党委牵头,人大、政府、政协、纪委、监察、公安、检察、法院、司法等机关和国土、房管、工商、税务、银行等多部门联动配合的全市执行工作联动机制,由市委政法委牵头,每年召开一次执行工作联席会,研究解决“执行难”的对策和措施。市中院建立执行案件交叉检查和评估制度,每年组织两次由各法院对案件的执行措施、执行期限、执行程序和执行结果进行交叉检查。当年,全市法院开展为期半年的集中执行积案的专项活动,充分运用媒体、社会舆论监督作用,敦促被执行人履行法定义务。市中院加大交叉、提级执行力度,加大对拒不执行法院判决、裁定罪的打击力度。市中院发布的《第一号执行敦促令》明确规定:被执行人逾期不履行法定义务,法院将依法对其予以罚款、拘留,对情节严重者将依法追究刑事责任。6月14日,市中院召开清理执行积案兑现大会,共向234件案件的申请执行人发放执行标的款972.03万元。8月30日,市中院正式施行执行案件案情分析会制度。在此期间,市中院决定从积案较多的浔阳区院随机抽调66件积案给武宁县院执行,经过市、县的共同努力,60天执结62件。

2007年开始,市委政法委、市纪委、市委宣传部、市中院等13家单位组成全市联合清理拖欠农民工工资领导小组,负责全市清欠专项活动的实施,领导小组每年均组织开展元旦、春节期间集中清理拖欠工程款和农民工工资案件专项执行活动。

2010年,全市法院以缩短执行周期、杜绝执行腐败、提高当事人满意度为切入点,开展争创“无执行积案、无执行信访、无执行违法违纪”的“三无”执行法院活动。市中院制定《关于进一步落实两个“更加”要求的试行规定》,要求全市法院以“让执行工作更加廉洁、公正和高效,让当事人更加满意”作为执行工作的基本原则。当年,全市法院在全国集中清理执行积案活动中取得优异成绩,市中院被中央政法委、最高院授予“全国清理执行积案先进集体”称号,武宁县院、修水县院、德安县院、九江县院被省委政法委、省高院授予“全省清理执行积案先进集体”称号,8名执行干警被授予“全省清理执行积案先进个人”称号。当年,全市共处理涉及农民工工资案件369件,清欠标的额1125.26万元,为2658名农民工追回工资。

### 第二节 行政案件判决执行

1991年,全市基层法院普遍设立驻交通稽查征费所执行室,开展依法执行交通稽查部门申请执行交通“三费”专项执行活动。

1998年,全市法院派驻行政机关的执行室依法全部撤销。

2004年1~9月,全市法院执行非诉行政案件551件。

2010年4月,市中院下发《关于进一步落实审执分开切实做好社会抚养费征收等非诉行政执行案件的意见》,将全市非诉行政执行工作全部纳入各法院执行局的工作范围。全市法院执行局全面开展以社会抚养费征收非诉行政案件执行为重点的非诉执行专项活动,当年全市共受理社会抚养费征收非诉行政执行案件723件,执结712件,执结率98.48%,实际到位金额652.35万元。

## 第五章 审判监督

### 第一节 民事审判监督

1991年,全市审判机关共办理民事审判监督案件266件。1992~1994年,全市法院办理民事审判监督案件768件,平均每年256件。1995年,全市民事审判监督案件上升为295件。

2001年,全市法院共办理422件,为历年民事审判监督案件最高值。2005年开始,民事审判监督案件呈大幅度下降的趋势,每年都未超过100件。

至2010年,全市审判机关共办理民事审判监督案件4510件。

1991~2010年全市办理民事审判监督案件一览

表48-5-1　　单位:件

| 年 份 | 结案数 | 年 份 | 结案数 | 年 份 | 结案数 | 年 份 | 结案数 |
|---|---|---|---|---|---|---|---|
| 1991 | 266 | 1996 | 275 | 2001 | 422 | 2006 | 62 |
| 1992 | 258 | 1997 | 320 | 2002 | 354 | 2007 | 82 |
| 1993 | 250 | 1998 | 278 | 2003 | 206 | 2008 | 27 |
| 1994 | 260 | 1999 | 382 | 2004 | 345 | 2009 | 21 |
| 1995 | 295 | 2000 | 345 | 2005 | 31 | 2010 | 31 |

## 第二节　行政审判监督

1999~2010年,市中级人民法院共审结行政审判监督案件4件,其中维持原判3件,改判1件。

## 第三节　减刑假释工作

1991年来,全市减刑假释类案件不多,市中院主要是审理看守所的轻刑犯的减刑、假释案件。2006年6月,市中院减刑、假释案件的审判工作由原刑一庭承担改为审监庭承担。2006~2010年,市中院共受理减刑、假释案件291件,审结291件,结案率100%。

2010年,市公、检、法先后召开两次联席会议,就减刑、假释工作程序做出详细、明确的规定。

### 附:审判监督案例

**淦某某等与余某某损害赔偿纠纷案**　淦某某等4人与余某某损害赔偿一案,永修县人民法院于2001年12月做出永民初字第191号民事判决,已经发生法律效力。2003年12月28日,市人民检察院对该案提出抗诉。原审认为原告未提供法定勘验机构对鳜鱼死亡数量及重量的勘验笔录,仅以同村20余位村民证言证实鳜鱼死亡数量,且无相关证据予以印证,原告据此计算损失的标准,缺乏客观性和准确性。原告亦未提供法定鉴定机构对鳜鱼死亡原因的鉴定结论证明,其无法定证明鳜鱼系敌百虫致死,亦无法证明被告销售渔药与鳜鱼死亡之间有必然因果关系,故原告诉请被告赔偿其损失证据不足,故对其主张不予支持,驳回4原告的诉讼请求。

检察机关抗诉认为,申诉人在鱼塘用被申诉人余某某配制的农药后,当天傍晚便出现鱼死亡的客观事实(鱼塘当时没有撒用其他药物或有外力的作用),上述鱼死亡的事实与鱼塘当天上午撒用被申诉人配制的农药之间存在必然的因果联系,即鱼塘用了浓度超标的"敌百虫"是造成大量鳜鱼死亡的直接原因;其次,申诉人虽不能提供法定勘验机构对鳜鱼死亡数量及重量的勘验笔录,但提供了同村村民的证言,一审法院仅因申诉人不能提供法定机构勘验笔录和法定机构鉴定结论就驳回四申诉人的诉讼请求,显失公平,应依据公平原则,对申诉人的赔偿损失的诉讼请求酌情予以判决,原审判决认定事实的主要证据不足。

经再审查明,2001年4原告承包九合乡河头村廖坊组鱼塘,6月下旬原告发现鱼塘中有草鱼死亡,便到被告服务部问症购药,得知系虫子所致,被告便为其配备"敌百虫"50斤、"亚铁"13斤用于杀虫,原告未告知塘中有鳜鱼,被告也未询问塘中是否养有鳜鱼。施药当晚,塘中便有大量的鳜鱼死亡。第二天统计死亡鳜鱼数为452条。另查,"敌百虫"系一种广谱性杀虫剂,不适用于鳜鱼杀虫,被告认可其调配的敌百虫浓度已超出鳜鱼的可承受浓度。永修县渔需物质服务部实为余某某个人投资,自主经营,自负盈亏。

永修县法院认为,原审认定原告未提供法定机构对鳜鱼死亡原因的鉴定结论,无法证明鳜鱼系敌百虫致死,亦无法证明被告销售药与鳜鱼死亡之间的关系不当。经再审查明,原告在撒药后的第二天早晨即发现有的鳜鱼死亡,有多位村民的证言证实;原告在被告处购买50斤敌百虫,按当时水域容量计算撒播,大大超过鳜鱼的承受力,必然导致鳜鱼死亡,被告在庭审时亦对此予以认可;另外,水产师凌某某证言也证实按此药量撒播必然会导致鳜鱼死亡。因此,原审认为鳜鱼死亡与用药之间无因果关系与事实不符,检察机关据此提出的抗诉理由成立。原告认为养殖户在问询鱼病购药时应向配剂人员全面、完整地介绍鱼塘的详细情况,但原告求药时未告知被告塘中养有鳜鱼,未尽详细介绍义务,对损害结果发生应承担次要责任。被告作为专业售药技术人员,理应负有全面的询问、警示、告知注意事项的义务,但其忽视了这一点,对损害结果发生应负主要责任。原告依据鱼死亡的数量和年终干塘时鱼的均重及市场均价,要求被告赔偿9040元,却未考虑鳜鱼到年终干塘时取获,还需投入人力看护,大量的饵料喂养,以及承担一定的经营风险,故原告计算的损失数额与实际情况不符,本院不予采信。损失额应以鱼死亡的数量和当时的重量为准,廖坊组20几位村民的证言说明鱼的重量差幅较大,从0.6斤/条至1.8斤/条不等,按鱼苗养殖3个月计算,依据市场行情,以每尾10元均价较为恰当。据此,损失额应为死亡鳜鱼数452条×10元/条=4520元。依照《中华人民共和国民法通则》第一百〇六条第二款、第一百三十一条、第一百三十四条第一款(七)项,及《农药管理条例》第二十一条之规定,经本院审判委员会讨论决定,判决如下:一、撤销本院〔2001〕永民初字第191号民事判决;二、原告损失4520元,由原告自行承担20%即904元,被告承担80%即3616元,限在本判决生效当日履行完毕;诉讼费540元,由原告负担330元,被告负担210元。

**杨某某与王某某船舶损害赔偿纠纷案** 2000年10月10日,武宁县人民法院对赣九江货0368船主杨某某诉庆盛号客船船主王某某船舶波浪损害赔偿纠纷一案做出武民初字第135号民事判决。王某某不服一审判决,上诉后经市中级人民法院二审裁定发回重审。武宁县人民法院又于2002年5月28日作出维持〔2000〕武民初字第135号民事判决,王某某仍不服判决,上诉后经市中院二审,于同年12月31日做出〔2002〕九民终字第219号民事判决,驳回上诉,维持原判。该判决发生法律效力后,王某某依然不服,以原判以不具有司法鉴定资格的单位所作鉴定为依据判处不当为由,向省高级人民法院提出申诉,省高院以〔2003〕赣立指复字第19号指定复查函指定本院对该案进行复查。本院复查后,于2003年9月15日做出〔2003〕九中法民监字第16号民事裁定书,裁定对该案依法再审。本院依法另行组成合议庭,公开开庭审理本案。

10月10日,申诉人王某某及其委托代理人王某某、李某某,被申诉人杨某某及其委托代理人聂某某等到庭参加诉讼。本院认为,原一审、二审判决采信的鉴定结论,因鉴定人不具备鉴定资质,采证、认证不当。再审中的鉴定由本院司法技术处委托,该鉴定机构系经最高人民法院2003年5月审核批准的国内首家海事司法鉴定机构。杨某某提出重新鉴定的申请于法无据,不予支持。本案船舶波浪损害责任划分应以山东海事司法鉴定中心关于"赣九江货0368号"船翻沉原因司法鉴定报告为依据,且该鉴定书与航运主管部门江西省九江港督、江西省港航监督对此次沉船事故责任划分认定相同,具有法定证据效力。因此,赣九江货0368轮一方应承担本轮翻沉事故的全部责任和后果。"庆盛号"快速船不承担此次事故的责任。申诉人的申诉理由成立,予以采纳。原审采证、认证错误,判处不当。依照《中华人民共和国民事诉讼法》第一百五十三条第一款第(二)项、第一百八十四条之规定,经本院审判委员会讨论决定,判决如下:一、撤销武宁县人民法院〔2000〕武民初字第135号民事判决和本院〔2002〕九民终字第219号民事判决;二、驳回原告杨某某的诉讼请求。

# 第六章 审判机构

## 第一节 市中级人民法院

1991 年,市中院内设机构 10 个:办公室、政治处、刑事审判庭、民事审判庭、经济审判庭、执行庭、法医室、告诉申诉庭、监察室、法警大队。1992 年,市中院增设经济纠纷调解中心;1996 年 9 月,改设为经济审判第二庭。1998 年 9 月,增设司法行政处,同时将法医室改设为司法技术处,法警大队改为法警支队。2000 年 4 月,将告诉、申诉庭改设为立案庭和审判监督庭。2003 年 5 月市中院政治处改设为政治部,刑事审判庭改设刑事审判第一庭、刑事审判第二庭;执行庭改设执行局(副处级),内设执行一庭、执行二庭、综合处(均为副科级);经济庭改设为民事审判第二庭,民事审判庭改设为民事审判第一庭和民事审判第三庭。2004 年,市中院增设老干部处和机关后勤服务中心;2009 年,增设信息办。2010 年,市中院内设 16 个职能机构,即办公室、政治部、研究室、刑事审判第一庭、刑事审判第二庭、民事审判第一庭、民事审判第二庭、民事审判第三庭、民事审判第四庭、行政审判庭(国家赔偿委员会)、立案庭、审判监督庭、执行局、司法行政装备处、司法技术处、司法警察支队,同时设纪检监察室、机关党委、老干部处、后勤服务中心。干警人数 203 人,其中行政事业编 161 人,其他工作人员 42 人。

**1991~2010 年市中级人民法院院长任职一览**

表 48-6-1

| 姓 名 | 性 别 | 籍 贯 | 出生年月 | 任职时间 |
|---|---|---|---|---|
| 秦万福 | 男 | 黑龙江庆安 | 1931.11 | 1983.11~1992.10 |
| 吴宣友 | 男 | 江西彭泽 | 1951.08 | 1992.10~1993.12 |
| 江民才 | 男 | 江西都昌 | 1942.07 | 1994.01~2002.04 |
| 曹林淼 | 男 | 江西九江 | 1950.10 | 2002.04~2003.11 |
| 戴长林 | 男 | 江西浮梁 | 1956.09 | 2003.12~2005.08 |
| 陈 坚 | 男 | 江西新建 | 1952.10 | 2006.05~2010.12 |

## 第二节 县(市、区)法院

1991 年,全市有 12 个县(市、区)人民法院:浔阳区人民法院、庐山区人民法院、九江县人民法院、德安县人民法院、永修县人民法院、星子县人民法院、修水县人民法院、武宁县人民法院、湖口县人民法院、都昌县人民法院、彭泽县人民法院、瑞昌市人民法院。

1994 年 7 月,在德安县人民法院共青法庭的基础上设立共青城人民法院,为市中院派出机构,行使县级法院职权。2009 年 8 月,在庐山区人民法院牯岭法庭基础上设立庐山人民法院,为市中院派出机构,行使县级法院职权。

2010 年,全市有 14 个基层人民法院:浔阳区人民法院、庐山区人民法院、九江县人民法院、德安县人民法院、永修县人民法院、星子县人民法院、修水县人民法院、武宁县人民法院、湖口县人民法院、都昌县人民法院、彭泽县人民法院、瑞昌市人民法院、共青城人民法院、庐山人民法院。

## 第三节 常设人民法庭

1991 年,全市有常设人民法庭 50 个。2010 年,全市各县(市、区)人民法院设置人民法庭 53 个。

2010 年全市基层法院常设人民法庭一览

表 48-6-2

| 法院名称 | 法庭名称 | 设立时间 | 法院名称 | 法庭名称 | 设立时间 |
|---|---|---|---|---|---|
| 浔阳区法院 | 白水湖法庭 | 1976.04 | 湖口县法院 | 舜德法庭 | 1979.07 |
| | 官牌夹法庭 | 1988.04 | | 文桥法庭 | 1979.07 |
| | 开发区法庭 | 1996.05 | | 凰村法庭 | 1979 |
| 庐山区法院 | 新港法庭 | 1955.11 | 永修县法院 | 白槎法庭 | 1959 |
| | 威家法庭 | 1981.08 | | 马口法庭 | 1959 |
| | 莲花法庭 | 1981.08 | | 虬津法庭 | 1980.03 |
| | 五里法庭 | 1989.08 | | 涂埠法庭 | 1988 |
| 星子县法院 | 温泉法庭 | 1988.09 | 武宁县法院 | 船滩法庭 | 1951 |
| | 蛟塘法庭 | 1988.09 | | 罗溪法庭 | 1979.10 |
| | 横塘法庭 | 1998.12 | | 大桥法庭 | 1979 |
| 都昌县法院 | 徐埠法庭 | 1952.01 | | 宋溪法庭 | 1989.04 |
| | 三汊港法庭 | 1952 | | 城郊法庭 | 1989 |
| | 中馆法庭 | 1962.03 | 修水县法院 | 渣津法庭 | 1955.03 |
| | 七角法庭 | 1984.08 | | 山口法庭 | 1957 |
| | 蔡岭法庭 | 1988.04 | | 三都法庭 | 1960 |
| 德安县法院 | 邹桥法庭 | 1979 | | 溪口法庭 | 1972 |
| | 黄甬法庭 | 1989 | | 黄港法庭 | 1972 |
| | 聂桥法庭 | 1996.10 | | 白岭法庭 | 1980.02 |
| 九江县法院 | 沙河法庭 | 1956.04 | | 大桥法庭 | 1983 |
| | 港口法庭 | 1962.04 | | 马坳法庭 | 1986 |
| | 新塘法庭 | 1978.08 | 瑞昌市法院 | 码头法庭 | 1961 |
| | 马回岭法庭 | 1979.11 | | 横港法庭 | 1972 |
| | 江洲法庭 | 1979 | | 城东法庭 | 1987.06 |
| 彭泽县法院 | 马当法庭 | 1955.03 | | 南义法庭 | 1987.06 |
| | 太平法庭 | 1955.03 | | 肇陈法庭 | 1987.06 |
| | 东升法庭 | 1964.03 | | 三眼桥法庭 | 1989.06 |
| | | | | 张家铺法庭 | 1989.06 |

## 第四节 专门审判机构

2010 年 8 月,市中院审判委员会决定,成立修河流域生态环境保护合议庭。修河流域沿岸的修水县、武宁县、永修县、共青城 4 个法院均成立生态环境保护合议庭,人数不少于 3 人,与相关业务庭合署办公。

# 第四十九篇

# 体制改革

# 第四十九篇 体制改革

20世纪90年代，全市各项改革不断深化。1993年，根据《中共中央关于建立社会主义市场经济体制若干问题的决定》精神，市委、市政府通过推行宏观调控体制、农村经济体制、企业体制、流通体制改革，逐步建立和完善市场经济。1994年，全面实行分税制财政体制。九江市被国务院列为全国职工医疗保障制度改革试点市。与此同时，全市不断推进民主法制建设，民主制度日趋健全，民主决策和依法行政不断加强。基层选举与村民自治得到落实，司法改革进展顺利。扩大企业自主权，实现政企分开。1997年，根据《国家公务员暂行条例》，全市公务员过渡工作完成，标志着公务员制度初步建立。1999年始，公开选拔领导干部；推行中层干部竞争上岗；实行拟提拔县级领导公示制和试用期制、任免票决制、干部任期制；调整、处理不胜任干部；干部分流；规范选拔、任用、考核。不断更新选人用人机制。教育、科技、文化体制改革也在探索中不断推进。

2000年以来，各项体制制度日趋成熟和完善。政府转变职能，撤并非常设机构，减少行政性审批项目，简化办事程序。根据省委、省政府统一部署，全市进行三次机构改革，进一步精简机构，优化人员结构，提高工作效率。2002年，全市启动农村税费改革，减轻农民负担。根据中共中央《党政领导干部选拔任用工作条例》，进一步规范领导干部任用制度。2006年1月1日，正式施行《中华人民共和国公务员法》，标志着公务员管理进入依法管理的新阶段。在考试录用公务员工作中，为确保公正公平，采取面试聘请外地考官的做法，得到社会一致好评，全国多家媒体予以关注和赞扬。住房制度改革在全国也颇有影响。2007年4月，国务院总理温家宝视察武宁县林改工作，对“山定权、树定根、人定心”做法给予充分肯定和高度评价。

中共十一届三中全会以来，改革带给全市巨大变化，民生得到改善，社会公平正义得到维护，各项事业得到发展，小康社会得到加快实现。

# 第一章　政治体制改革

## 第一节　民主法制建设

### 一、健全民主制度

**党代表大会制度**　1993年始，按照新修订的《中国共产党章程》，市一级党代会5年举行1次，代表名额按党员人数比例分配到各县(市、区)由党员自下而上民主选举产生。党代会由市委召集，听取和审查同级委员会报告；听取和审查同级纪律检查委员会报告；讨论本地区范围内的重大问题并作出决议；选举同级党的委员会，选举同级党的纪律检查委员会。党的地方各级代表大会还有权选举出席上一级党代表大会代表。至2010年，共举行3次市级党代会。

**人民代表大会制度**　根据《中华人民共和国地方组织法》规定，市人大每届任期5年，每年至少举行一次人民代表大会。1991年3月17日，市第九届人民代表大会第四次会议召开，至2010年1月19日，市第十三届人民代表大会第五次会议召开，20年间，经历第九、十、十一、十二、十三共5届人民代表大会，召开人民代表大会会议22次，人民代表大会制度在九江从恢复、健全跨入日臻完善阶段。市人大常委会是市人民代表大会闭会期间的常设机关，按照法律规定，每两个月至少举行一次常委会例会，20年间，共召开140次常委会议。市第九届至第十三届人民代表大会法定代表名额分别为408名、417名、415名、415名、415名，最终实有代表分别为402名、416名、415、400名、411名，均由各县(市、区)人民代表大会间接选举产生。12个县(市、区)人民代表大会代表，都是通过广大人民群众普选直接产生，代表成分构成、知识结构、年龄结构日趋合理，充分表达和反映人民意志。

20年来，全市各级人大及其常委会，认真履行宪法和法律赋予的职责，不断加大监督力度，及时决定重大事项，扎实开展代表工作，依法任免国家机关工作人员1136名，为坚持和完善人民代表大会制度，推进依法治市进程，促进九江又好又快发展做出不懈努力。市委高度重视人大工作，听取人大工作情况报告，适时召开人大工作会议，2008年6月下发《关于进一步加强人大工作的意见》，为进一步加强党对人大工作领导、保证人大及其常委会依法履行职能、发挥各级人大代表的作用提供有力支持。

**共产党领导的多党合作和政治协商制度**　1991~2010年，市级6个民主党派(即民革九江市委会、民盟九江市委会、民建九江市委会、民进九江市委会、农工党九江市委会、九三学社九江市委会)在各党派省委指导和市委统战部支持、帮助下，进行4次换届工作，有90多名民主党派骨干分子进入领导班子，顺利、平稳地实现民主党派新老交替。市委在贯彻中共中央关于党派工作方针政策过程中，帮助民主党派解决实际问题，为各民主党派增加办公经费，改善办公条件。办公经费由1990年每个党派1万元提高到2010年8万元；1996年，6个民主党派搬迁至新的党派大楼办公。民主党派参政议政得到加强，1993~2006年4次市、县(市、区)换届中，市人大、市政府、市政协安排党外副主任、副市长、副主席共28人，市政府职能部门安排党外副职领导40人；12个县(市、区)人大、政府、政协安排党外副主任、副县(市、区)长、副主席共205人。20年来，民主党派人大代表、政协委员向“两会”提交议案、提案813件，其中：集体189件、个人604件。围绕市委、市政府决策部署落实“党委出题、党派调研、政府采纳、部门落实”的参政议政工作模式，组织14个重点课题开展专题调研，为市委、市政府提供高质量的决策意见和建议。市委统战部受市委委托定期召开民主协商会、双月座谈会、情况通报会、联席会、专题学习报告会共136次。有10名民主党派成员被10个市直单位聘任为市特约检察员、特约陪审员、特约教育督导员、特约监察员、特约国土监察专员、特约审计员、特约国税监察员、特约地税监察员、特约公安监督员、特约建设监督员、特约房屋监督员。

## 二、民主决策与依法行政

**民主决策** 市委、市政府在贯彻落实党的路线方针政策、国家重要法律法规以及上级党组织重大决策、重要工作部署意见和措施，涉及全局性机制、体制、制度改革方面重大事项，经济社会发展方面重大事项以及涉及干部群众切身利益重大问题，土地总体规划、城市总体规划编制和调整，机构设置和人员编制调整，党风廉政建设中重大问题，事关全局和社会稳定重大建设项目、重大投资项目、重大活动安排，大宗国有资产、物资的采购和处置等事项，严格实行集体决策。凡出台重大决策前，先进行调查研究，充分听取各部门、各单位意见，广泛征求市人大、市政协和人民团体建议。对专业性、技术性较强的事项，组织专家学者分析论证、技术咨询、风险评估。决策过程中，市委按照民主集中制原则做出决定。市政府组织决策实施，市人大进行监督。对涉及人民群众利益重大事项，实行社会公示制、社会听证制和专家论证制，通过新闻媒体、网络等向社会发布并广泛征求意见。

1999~2000 年，市委在全市“三讲”教育活动前，开展调查研究，组织若干个调查组深入县(市、区、山)和市直各单位开展调查研究，充分听取干部群众意见。在整改总结提高阶段，广泛征求群众意见，修改确定方案，形成决议后以正式文件发布执行。

2002 年，市委提出建立健全民主协商制度，把政治协商纳入决策程序。市委、市政府重大方针政策制定、重大决策和重大举措出台，事先召开民主协商会，征求民主党派和无党派人士意见，做到协商于决策前。不以通报情况代替协商，不以个别征求意见代替组织形式进行协商。凡需要经过人民政协协商而未经协商事项，除特殊情况外，原则上不予决策。2004 年，市委提出建立完善决定重大事项规定和程序，凡是法律法规规定应该通过人大及其常委会讨论决定的事项， 市委在研究后应依法提交市人大或其常委会讨论决定；“一府两院”工作中，凡是法律法规规定应报市人大及其常委会审议决定的重大事项，及时报市人大及其常委会审议。2007 年 7 月，本着“巩固、深化、发展”原则，按照“补课、提高、配套、创新”要求，市委、市政府在充分论证和广泛听取社会各界意见和建议情况下，提出《关于进一步推进林业产权制度改革工作的意见》。9 月，市委制定《中共九江市委常务委员会工作规则(试行)》。

2010 年，市委提出凡涉及全市重大问题决策、重要干部任免、重大项目投资决策、大额资金使用事项集体决策，制定专门的规范性文件，使“三重一大”事项决策更加科学化、民主化、法制化。

**民主监督** 1997 年 4 月，市委、市政府为确保信访工作领导责任制落到实处，建立监督约束制度。各级领导变接访为下访，定期排查和分析群众信访中的热点难点重点问题，把问题解决在基层。1998 年 10 月，市委、市政府在清房办、老市委大院、行署大院、烟水亭 4 个地方分设举报箱，并公布举报电话等方式方便群众监督。1999 年 7 月，市委在贯彻落实党风廉政建设责任制工作中，要求加强监督检查，严格责任考核和责任追究制度。各级纪检监察机关认真履行职能，广泛采取查阅资料、诫勉询问、召开座谈会、组织民主测评等多种形式，听取党内外群众意见。9 月，市政协充分运用提案、反映社情民意等形式实行民主监督，对法检两院、公安、国税、地税等部门公众形象进行调查评议活动，加大民主监督力度。

2000 年，市委、市政府在大力整治经济发展环境活动中，组织国有集体私营企业负责人、个体工商户代表，以无记名投票方式，评选“不受欢迎部门”和“不受欢迎的人”，评选结果年底在报纸和电视台向社会公开发布。同年，市委在转批市政协《关于进一步加强民主监督工作的意见》中指出，规范例会监督，加强与新闻单位合作，建立民主监督小组，展开民主评议，运用提案、建议案反映社情民意，完善特约监督。选聘政治热情高、知识层次高的政协委员、民主党派担任特邀检察员、陪审员、审计员、教育督导员、监察员、廉政监督员等特约监督工作。2001 年，市委、市政府选聘一批特邀监督员和行风评议员，实施行风评议活动。2002 年，市委、市政府建立健全对口联系和特约人员聘请制度，提高民主党派和无党派人士参与程度。2003 年，市委、市政府重视发挥政协在维护社会稳定和党风廉政建设中民主监督作用，社会治安综合治理协调机构吸收政协领导或相关专门委员会负责人参加，人民法院、人民检察院向政协通报办案情况，纪检监察部门向政协通报反腐倡廉情况。2004 年，市人大及其常委会加强法律监督和工作监督,尤其加大行政执法监督、司法监督和个案监督、计划和预算监督力度,采取质询、特定问题调查、依法撤职和罢免等监督手段。

2006~2008年,人民法院、检察院等司法机关和教育、审计、监督等政府部门,税务、国土资源等公共事务管理、行政执法部门,聘请一批有专门知识的民主党派成员和无党派人士担任特约人员,充分发挥各类特约人员在民主监督中的作用。2009年,市委、市政府在推进社会主义新农村建设进程中,发展农村基层民主,扩大村民自治范围,扩大农民在县(乡)人大代表中比例。健全村级公益事业"一事一议"制度,完善农民自主筹资筹劳机制。积极完善居民自治,建设新型社区。通过召开职代会保障企(事)业职工民主管理、民主监督权利,维护职工合法权益。

**依法行政** *规范政府文件*:1990年和2002年,市政府先后出台《九江市人民政府关于规范性文件制定程序的暂行规定》,建立规范性文件审查制度、涉及公众利益文件听证制度、规范性文件定期清理制度、规范性文件备案制度等。市政府法制办负责审核、清理、修订、报备政府规范性文件。1991~2010年,经审核以政府名义颁布的规范性文件185件;对涉及公众切身利益的规范性文件公开征求意见,如2009年将《九江市禁放烟花爆竹管理暂行办法》(征求意见稿)在"九江政府法制网"上公布,并由市法制办组织相关单位、社会各界参与,召开听证会广泛听取各方意见,取得良好社会影响;按照社会主义法制统一原则,对与国家新出台的法律法规相抵触,与新形势新任务不相适应的规范性文件定期进行清理,20年间共清理修改废止政府各类文件325件;2003年省政府出台《江西省规范性文件备案办法》,至2010年全市共向省政府报备规范性文件42件,无一件被撤销。

*建立部门执法责任制*:2005年7月9日,国务院办公厅出台《关于推行行政执法责任制的若干意见》(以下简称《意见》)。按照该《意见》要求,及时对全市推行行政执法责任制工作进行部署,并制定贯彻落实《意见》实施意见,明确推行行政执法责任制指导思想、组织领导、目标任务、具体方法和实施步骤。建立健全行政执法评议考核机制,于2007年相继出台《九江市行政执法评议考核办法》《九江市行政执法评议考核细则》《九江市人民政府行政决策责任追究制度》,对行政执法责任追究和行政执法奖励等做出专门规定。制定《九江市行政处罚、行政许可评选标准》《重大行政执法案卷评查标准》等制度。同时,依法界定执法职责,按照《意见》要求,突出抓好梳理执法依据等工作,通过对法律、法规、规章进行梳理。至2010年,共确定市政府行政执法依据62件;具体行政执法职权179项。各部门共清理行政执法依据781件;确定行政执法职权3235项。

*基层单位依法治理*:1991年,把青少年法制教育列为普法重点之一,全市各中小学都安排法制课,做到课时、教材、教师"三落实"。采取讲座、看录像、听录音、模拟法庭等形式进行法制教育。1995年,全市有3037个乡、村、厂矿、机关开展依法治理活动。1996年,市"三五"普法规划确定建立企业经营管理人员学法制度,每年举办企业经营管理人员市场经济法律法规或个体工商户普法培训班。重视青少年特别是在校学生普法教育,全市各中小学普遍聘请法制副校长。工商、司法、劳动、公安等部门协同配合,齐抓共管,狠抓外来流动人口普法教育。2003年9月,市民政局、市司法局印发《关于创建我市民主法治示范村的实施意见》,11月初,在都昌县汪墩乡古岭村召开全市创建民主法治示范村现场会,推广古岭村加强农村民主法治建设经验。全市共有村级组织1718个,开展"民主法治示范村"创建活动的达687个,占40%。14日,市个体私营经济协会举办全市个体工商户、私营企业者法律法规知识竞赛。2007年11月,市司法局、市民政局在彭泽县龙城镇茅店社区召开"民主法治社区"创建工作现场会,推广茅店社区创建工作经验和做法。12月,全市组织考核工作组对各县的市级"民主法治村"创建工作进行抽检,对全市130个"民主法治村"进行检查评比,100%达到标准,并给予授牌。

## 三、依法治市

“二五”普法期间，全市各地、各单位积极开展依法治理活动。至1995年，完成实施依法治县(市、区)5个(瑞昌市、都昌县、九江县、德安县、庐山区)，依法治乡(镇、场)130个，依法治村(社区)1412个，依法治厂(矿、公司)231个，依法治校(院)1077个，依法治机关221个。

1998年，市人大常委会制订《关于实行部门执法责任制实施方案》，组织全市1.98万人参加行政处罚法、行政诉讼法、国家赔偿法等法律学习班。1999年12月，市法治办与市直工委法宣办联合召开由市直16家主要行政执法部门领导参加的依法行政工作座谈会。2000年，市法治办与市委宣传部、市关工委、市综治办、市教委、团市委联合下发《关于在全市中小学校开展青少年法制宣传教育活动的实施方案》；由市法治办与九江电视台联合录制的《依法治市在九江》共3集，在两周内连续播出。

2002年3月11日，市委、市政府印发《九江市“十五”期间依法治市规划》。2003年9月，市民政局、市司法局印发《关于创建我市民主法治示范村的实施意见》；11月初，在都昌县古岭村召开全市创建民主法治示范村现场会，推广古岭村加强农村民主法制建设的经验。“四五”普法期间，全市“民主法治示范村”创建活动全面推进，1718个行政村有687个开展创建活动，普及面达40%；都昌县汪墩乡古岭村、庐山区莲花镇东城社区被省司法厅、民政厅评为首批省级“民主法治示范村”，古岭村被司法部、民政部联合授予“民主法治示范村”称号。

“五五”普法期间，全市狠抓依法治理工作，法治城市、依法治校示范学校、民主法治示范村(社区)的创建活动深入开展。2006年12月，市委、市政府印发《九江市“十一五”期间依法治市规划》。2007年11月，市司法局、市民政局在彭泽县龙城镇茅店社区召开“民主法治社区”创建工作现场会；12月，全市组织考核工作组对各县(市、区)市级“民主法治村”创建工作进行抽检，全市130个“民主法治村”全部达到创建标准并挂牌。2009年4月，市委办公厅、市政府办公厅下发《关于推进全市法治城市、法治县(市、区、山)创建活动的实施意见》；5月，市普法依法治市领导小组制订《开展法治城市创建活动试点工作实施方案》，确定修水县、永修县、星子县、彭泽县、浔阳区和庐山管理局为试点单位。

至2010年年底，全市共有“全国民主法治示范村”3个：都昌县汪墩乡古岭村、永修县柘林镇易家河村、星子县温泉镇温泉村；“省级民主法治示范村”13个：庐山区威家镇积余村、浔阳区金鸡坡街道办事处曹家山村、九江县新塘乡向阳村、武宁县宋溪镇田东村、修水县马坳镇塘三里村、永修县立新乡杨春村、德安县丰林镇丰林村、星子县南康镇大塘村、都昌县荷花蔡岭镇虎山村、湖口县付垅乡一甲村、彭泽县定山镇联塘村、瑞昌市码头镇朱湖村、共青开放开发区江益镇江益村；“全省百佳民主法治社区”13个：九江县沙河街镇东方红社区、瑞昌市湓城街道新街社区、武宁县豫宁街道白石岭社区、修水县义宁镇万坊社区、永修县涂埠镇康乐社区、德安县蒲亭镇东风社区、星子县南康镇城区社区、湖口县流泗镇金山社区、都昌县西源乡塘口村落社区、彭泽县龙城镇茅店社区、浔阳区甘棠街道六角石社区、庐山区十里街道政府大院社区、共青开放开发区茶山街道东湖社区；“江西省依法治校示范校”11个：九江小学、同文中学、庐山区浔东小学、湖口中学、德安县蒲塘小学、彭泽县第四中学、永修县第三中学、修水县溪口镇中学、星子县第一小学、瑞昌市城东学校、庐山第一小学；还有130个市级“民主法治村”，576个县级“民主法治村”；庐山区被评为首批“全省法治城市创建活动先进单位”。

## 四、基层选举与村民自治

**村(居)委会换届选举** 1991~2010年，全市城市和农村完成6届村(居)委会选举，即村(居)民直接提名候选人和参加投票，当场公布选举结果。全市6届村(居)委会选举总体平稳有序。以县(市、区)为单位，村(居)委会选举组织工作普遍做到统一届期、统一部署、统一指导、统一实施，选举规范化程度进一步提高；村委会“海选”和社区居委会直选(选民一人一票推荐候选人的直接选举)在全市推广；选民参选率平均为90%以上，尤其是第六、七、八3届，村(居)民参选率分别达93%、93.5%和96%。选举竞争有强化趋势，罢免事件增多，选举民主化程度进一步增强；当选村(居)委会成员文化程度有所提高，年龄构成更趋合理,45 岁及以下村(居)委成员增多,村(居)委会成员中中共党员比例呈上升趋势,14 个县(市、区)村委会主任和村党支部书记"一肩挑"比例达到 35%;全市 386 个社区中,实现社区党组织书记和居委会主任"一肩挑"比例达 90%以上。村(居)委会成员结构进一步优化,14 个县(市、区)村(社区)"两委"(村(居)委会和村(社区)党支部)同时进行换届选举、"一票双推""两推直选""两推一选""公推直选"等方式在村(居)党组织选举中得到推广,村(居)"两委"选举进一步结合互动;重视"难点村""重点村"选举,提高选举完成率。第四届开始,全市村(居)"两委"选举面达到 100%;创新选举措施,为村(居)委会选举注入活力。在第八届(即 2010 年)社区选举中,全市 167 个居委会实行直接选举,占居委会总数的 44%,居委会直选规模取得历史性突破。市民政局和相关部门按照有关文件精神,进行制度创新和方式创新,通过设定"专职专选""设岗定位"等新方式,实现每个村委会有一名妇女委员。成立专门选举监督机构,实行选举监督员制度,引入"司法公证"制度等;为减少选举成本,实行无提名候选人的"自荐直选"选举新模式。在 2010 年第八届村委会选举中,全市重点选择 162 个村委会开展大面积"自荐直选"试点工作,成为全省数量最多、覆盖面最广的设区市;鼓励大学生村干部参与两委选举。在第八届委员会选举中,全市有 187 名大学生村干部通过选举,当选为村"两委"成员,其中 17 人被选为"两委"主官,实现历届大学生村干部"零"的突破,走在全省前列。

**村民自治** 1991 年,全市农村普遍建立村务公开制度。1724 个建制村 100%建立村民代表会议制度。推行村务公决、决策听证会、民主恳谈会、"民主日"、村民议事厅、点题公开、网上公开等民主实现形式;开展村务公开民主管理观察员活动、聘请社会监督员完善社会参与机制;县乡村组四级公开、民主评定村干部工作、成立农村专业合作组织和经济组织,推行民主选举、事务公开,拓展民主管理领域。同时,建立协调机制。1999 年,市本级成立全市村务公开民主管理工作领导小组,县(市、区)全部建立领导协调机构,乡(镇、街道)村务公开协调机构也陆续成立。协调机构成立后,开展制定政策、交流经验、监督检查、村民自治示范等活动。2009 年,永修县被命名为"全国村务公开民主管理示范县"。至 2010 年,全市有都昌、永修、修水、瑞昌、庐山区 5 个县(市、区)被命名为"全省村民自治模范县(市、区)",其中庐山区被民政部命名为"全国村民自治模范县",全市共有 97 个乡镇命名为"全市村民自治示范乡(镇)",986个村被命名为"全市村民自治示范村"。村民自治示范活动成为全市推动农村基层民主建设一条成功经验。

## 五、司法改革

**侦查制度改革** 1991~1997 年,全市公安侦查工作基本上是沿袭 1983 年以来严打工作模式,大要案件、疑难案件由上级公安机关处理,一般性案件则由基层公安机关处理,基层警务工作存在较大自由裁量权。1998~2009 年,全市各级公安机关分别建立警务工作责任区,对责任区内发生的刑事案件,一律由责任区刑侦队负责侦破,相关部门加强配合。同时取消预审部门,由刑侦部门承担预审职责,实行"侦审合一"工作制。责任区刑警队从立案、侦查、刑拘、逮捕到移送起诉实行一条龙运作。同时,在刑警队执法办案中实行接受案件回执制度、三级审核把关制度、公检法联席会议等工作制度。2010 年始,全市刑侦部门开展侦查专业化改革,探索走专业化发展道路。撤销责任区刑警中队设置,按专业化要求,组建重案中队、有组织犯罪侦查中队、盗窃犯罪侦查中队、盗抢机动车犯罪侦查中队、两枪犯罪侦查中队、诈骗犯罪侦查中队、案审中队、情报中队、技术中队、综合中队,建立适应刑事犯罪实战要求的刑侦专业化队伍。

**检察制度改革** 1993 年 4 月,市检察院设立民事行政检察处,主要办理民事行政申诉案件,对人民法院已经发生法律效力的民事行政判决、裁定进行法律监督。对民事审判、行政诉讼活动中的违法情形进行法律监督;开展对行政执法监督。1995 年 9 月,市检察院撤销德安县院驻工商检察室、庐山区院驻区烟草专卖局检察室、九江县院驻江州造船厂检察室、星子县院驻县粮食局检察室等 27 个检察室,相关职能由各县检察院直接行使。2000 年,法纪检察处分立为渎职侵权检察处和职务犯罪预防处,渎职侵权检察处主要负责国家机关工作人员失职渎职案件的查处，预防处专门负责职务犯罪预防工作。2006年，开展督促起诉、支持起诉工作，促进国有资产管理部门积极履行职责，防止国有资产流失。同年，开展民事行政公益诉讼。

**审判制度改革**　1991年4月新的《中华人民共和国民事诉讼法》颁布后，民事审判调解工作原则由"着重调解"过渡到"合法自愿调解"。全市案件管辖权进行系列改革，民事案件管辖：1993年3月，涉外案件；涉港、澳、台案件；著作权纠纷；基层人民法院审理确有困难的出国留学、工作、居住人员的离婚案件；当事人一方或双方为县级领导干部、一方或双方明确要求中级人民法院作一审或基层法院审理确有困难的离婚案件；其他案情复杂，在当地有重大影响，基层人民法院审理确有困难，中级人民法院也认为应由其审理的案件；省高级人民法院指定由中级人民法院作一审案件7种民事案件由中级人民法院受理。商事案件管辖：1991年起，中级人民法院管辖20~300万元经济纠纷案。1998年，调整为中级人民法院管辖50万元以上1000万元以下经济纠纷案件，2000年，改为80万元以上3000万元以下经济纠纷案件。行政案件管辖：中级人民法院主要受理全市范围内重大、复杂的行政案件，一般行政案件由基层人民法院进行一审。1994年3月，中级人民法院管辖行政诉讼法第14条规定的各类案件；被诉具体行政行为涉及财产标的额在10万元以上的行政案件；涉及港、澳、台的行政案件；严重侵犯国有大中型企业经营自主权的行政案件；案情复杂且易引起行政机关与群众、群众与群众之间矛盾激化，影响社会稳定的行政案件；与改革开放及社会市场经济体制的建立关系重大的工商、税务、环保、资源管理等行政案件。

**司法行政改革**　1991年，司法行政职能主要是法制宣传、人民调解、公证律师、劳教管理。公证服务仅14项国内公证业务。1993年始，律师体制改革有计划有步骤地实现"四个转变"（即从用生产资料所有制模式划分律师事务所的性质转变为自愿结合、自收自支、自我发展、自我约束和不占国家编制、不要国家经费的自律性律师事务所；从用行政官员、行政级别的概念来界定律师的属性逐步转变为面向社会、为社会服务的法律工作者；律师执业结构从单一模式转变为多种执业组织形式；律师的管理从以司法行政机关管理为主向司法行政机关管理和律师协会行业管理相结合的模式转变），并且不断强化律师协会职能，努力创造条件，向司法行政机关指导下的律师协会行业管理过渡。律师从国家干部逐步向职业律师转型。1995年，市首家合伙律师事务所江西志诚律师事务所成立。1997年，全市各县（市、区）设立的法律顾问处，全部更名为律师事务所，属各级司法行政机关管理的事业单位。1999年，新增法律援助公证职能；2000年，新增司法鉴定职能；2001年新增国家司法考试职能。至2010年全市有15家法律援助中心在乡镇（街道）、妇联、工会、残联、学校、老龄委等部门，建立法律援助工作站293个，在村（居）委会设立法律援助联络员（点）1950个；同年新增社区矫正工作职能。公证服务发展到包括涉港澳台、涉外公证业务等50多项，办证数量大幅上升。律师工作业务由刑事辩护为主向担任法律顾问、民事代理、办理非诉讼和涉外事务全面发展。

## 第二节　管理体制改革

### 一、政企分开

**企业自主权扩大**　1991年，市委、市政府下发《关于加强工业领导，增强企业活力》，决定对全市落实企业各项自主权进行全面检查，组织力量成立检查组，重点抽查。1992年，贯彻落实国务院颁布《全民所有制工业企业转换经营机制条例》，市委、市政府印发《关于市政府转变职能的意见》《关于下放企业领导干部管理权限的意见》《关于加快国有企业内部转换机制的意见》，推进企业内部分配、用工、人事三项制度改革，加快转换企业经营机制。1993年，全市工业经济各部门制定出简政放权、转变职能措施173条，多数企业生产经营权、产品销售权、物资采购权、工资奖金分配权、内部机构设置权、人事管理权、产品劳务定价权等自主权得到较好落实。1996年，市政府先后发出《关于进一步减轻企业负担的通知》《关于减轻企业负担有关问题的紧急通知》,要求除社保和医保基金外,各种收费一律停止,经清理后,建立企业收费卡制度。1997年,市委、市政府印发《关于认真贯彻〈中共中央国务院关于治理向企业乱收费、乱罚款和各种摊派等问题的决定〉的实施意见》,成立市减轻企业负担工作领导小组,办公室设于市经贸委,并在市直相关部门开展对减轻企业负担工作的自查自纠。2000年2月16日,市委、市政府召开全市经济发展环境整治年动员大会,会议宣读《中共九江市委、九江市人民政府关于大力整治经济发展环境的决定》和《关于对全市经济发展环境调查整改情况的通报》,以公开查处"三乱"典型为突破口,开展"经济环境整治年"活动,减少对企业经营活动干涉行为。通过转换经营机制、放开搞活中小企业、发展横向经济联合、建立企业集团产权转让、实行政企分开等改革举措,企业逐步转变为自主经营、自负盈亏、自我发展、自我约束的商品生产者和经营者。

2001年始,全面开展经济发展环境整治工作,从机制、体制层面优化政务环境。当年,开展"经济环境优化年"活动,取消707项行政审批事项,取消率达67%,赋予企业更大自主权。2002年,取消行政审批事项75项,查处影响投资环境案件169起,政务环境进一步优化。2003年,建立"行政服务中心",开通"经济 110"。2004年,分别召开"百家企业评行风"评议大会和全市整顿和规范市场经济秩序工作会议,取消和调整87个行政审批事项。经贸、统计、审计、工商、国税、地税、物价、质监、药监等部门加大规范市场经济秩序的整治力度。

进入"十一五"后,随着非公有制经济发展提速,国企产权改革深化及现代企业制度建立,企业成为市场经营环境下的独立主体和竞争主体。政府进一步转变职能,优化政务环境,优化人文环境,提高办事效率,大力营造诚信为本、亲商安商社会氛围。2007年,开展以提质、提速、提效为主的机关效能建设。2008年,开展民主评议政风行风和机关效能建设提高年活动。2009年,开通"九江企业之声",收集企业意见和建议,及时破解企业发展过程中遇到的难题。2010年,开展"创业服务年"活动,打造"有请必示、有求必应、有困必帮、有急必救"高效政府,行政许可事项、审批事项和审批时限均压缩30%以上。

**政企脱钩** 1995年10月,市委、市政府《关于九江市市级党政机构设置的通知》决定,市冶金煤炭工业局转体为市冶金煤炭工业总公司;市纺织工业局转体为市纺织工业总公司;市电子工业局转体为市电子工业总公司;市建材工业局转体为市建材工业总公司;市二轻工业局转体为市二轻工业总公司;市物资局转体为市物资集团公司。此次机构改革主要任务是按照建立社会主义市场经济体制目标,坚持政企职责分开原则,在政企关系上由直接管理转向间接管理,把属于企业的权利下放给企业,把属于市场调节职能切实转移给市场。市政府减少具体审批事务,职能转变为做好"规划、协调、监督、服务"工作。

2001年4月,市政府下发《九江市分离国有企业办社会职能实施办法》,要求采取多种形式分离企业自办的中小学校、医院及其他后勤服务机构。2002年8月,根据《九江市党政机构改革实施方案》,市轻化工业局、市机械工业局分别转体为集团公司,市冶金煤炭工业总公司、市纺织工业总公司、市建材工业总公司分别改为市冶金煤炭集团公司、市纺织集团公司、市建材集团公司。市物资集团公司名称不变。上述集团公司的行政职能划入经济贸易委员会。市二轻工业总公司行政职能划入经济贸易委员会,与转体后的轻化工业局合并,组建市轻化集团;市电子工业总公司行政职能划入经济贸易委员会,与转体后的市机械工业局合并,组建市机械电子集团。不再保留乡镇企业局,组建民营企业局,归口市经济贸易委员会。这次机构改革中,按照政企、政事、政社分开和建立社会主义市场经济体制要求,加强宏观调控、社会保障和监督职能,弱化微观管理职能,结合清理行政审批事项,将属于企业经营管理权和投资决策权放给企业。

2005年4月1日,市政府下发《关于九江港实行"港口下放、政企分开"管理体制改革的通知》,九江港务管理局下放后实行政企分开,成立市港口管理局,组建九江港口集团。

2010年4月,根据《九江市人民政府机构改革实施方案》,按照政企分开、政资分开、政事分开、政府与市场中介组织分开和精简效能原则,组建市工业和信息化委员会,将市经济贸易委员会工业行业管理职责、市民营经济服务局中小企业管理职责、市政府办公室信息化管理职责,整合划入市工业和信息化委员会，不再保留市经济贸易委员会，市民营经济服务局更名为中小企业服务局，为市工业和信息化委员会下属事业单位。至2010年，全市345户国有企业完成改制，其中126户市属国有企业改制全面完成。企业改制完成后，企业与政府脱钩，政府主要职能转向宏观调控、统筹规划、依法行政、信息引导、组织协调、提供服务、检查监督，运用经济手段、法律手段和必要的行政手段管理国民经济。工业主管部门市工业和信息化委员会主要工作职能转变为：编制和实施产业规划，推进产业对接和产业集聚，推进工业园区及产业基地建设，抓好工业生产要素保障，抓好重大项目推进，为企业提供高效服务。

## 二、政府职能转变

**非常设机构撤并** 2009年4月20日，市政府办公厅根据市政府领导分工调整和人事变动情况，下发《关于市政府非常设机构清理情况的通知》，对2007年以来成立的225个非常设机构进行清理。撤销64个，保留161个。

**行政性审批项目减少** 2001年4月，全市启动行政审批制度改革。市政府成立由法制局牵头，市监察局、市编委办、市体改委参加的行政审批事项清理工作小组，共整理出全市各部门和单位行政审批事项1055项。市政府发布《关于九江市人民政府行政审批事项清理工作的意见》，保留审批事项348项，取消707项，取消率达67%。12月，成立市行政审批制度改革工作领导小组，办公室设在市监察局。2002年7月，再次开展行政审批事项清理，取消行政审批事项75项。2003年5月，调整市行政审批制度改革工作领导小组，由市长任组长，办公室改设在市政府法制办；开展第三次清理行政审批事项，取消审批事项26项，调整1项。

2004年，市政府成立市贯彻实施行政许可法领导小组，与行政审批制度改革工作领导小组合并；开展第四次行政审批事项清理，取消调整审批事项87项，衔接国务院和省设定的许可项目99项，衔接国务院非许可审批项目43项。2005年，清理并取消涉及行政审批收费项目75项，编制《九江市行政审批收费目录》。2006年9月，市政府发布《九江市市本级行政许可项目目录》，确定市本级行政许可项目260项。2007年3月和2008年7月，市政府2次调整市贯彻实施行政许可法、行政审批制度改革工作领导小组组成人员。

2009年，市委、市政府部署"机关效能年"活动，出台《九江市开展机关效能年活动工作方案》，提出"保留的行政许可事项、投资项目审批事项和行政审批时间至少缩减30%"的明确要求，开展行政审批事项清理规范工作。6月26日市政府常务会议决定，颁布《九江市人民政府关于进一步精简行政审批事项的决定》，保留行政许可项目177项，精简107项，其中，取消23项、暂停实施5项、下放36项、委托26项、转变管理方式17项，精减率达37.7%；投资项目审批事项保留54项，精简35项，其中，取消5项、暂停实施4项、下放14项、委托7项、改变管理方式5项，精减率达39.3%；保留的行政许可事项平均时限由法定或承诺18.86日缩减为10.92日，缩减率42.1%，投资项目审批事项平均时限由法定或承诺21.93日缩减为13.69日，缩减率37.57%。市级承接省级下放实施的行政许可项目47项，委托实施的77项；承接省级下放实施的投资项目审批事项19项，委托实施22项。

2010年，根据省政府办公厅《关于印发全省行政审批事项清理成果贯彻执行情况监督检查实施方案的通知》，市监察局、市政府法制办、市行政服务中心联合发出《关于开展行政审批事项清理落实情况监督检查的通知》；7月，对各县（市、区）和市直单位行政审批事项清理落实情况进行重点检查，并将检查中的有关情况进行通报，督查结果作为全市开展"创业服务年"活动绩效考核重要依据。

**办事程序简化** 2000年9月19日，设立市办证收费服务大厅，由市财政局代管。首批进入服务大厅办公的有26个部门和单位，办理审批项目50项。2002年7月，更名为市行政服务中心，为市政府正处级派出机构，进驻部门和单位增至39个，办理审批办证项目183项，当年办结各类审批办证事项35470件。2003年开始，每年4~6月由中心负责组织并提供场所进行企业年检。当年5月，中心开始实行工作限时制度，要求各窗口对受理审批办证事项必须严格按照时限予以批复、出件、出证，除建设工程规划许可证办结时限为15天外,其余事项均在5个工作日内办结。2005年,中心创建窗口工作人员星级评定机制,调整进驻窗口为36个、审批办证项目171项;当年办结29342件事项。2007年,中心进驻窗口增至43个,审批办证项目218项;5月,启动“两集中、两到位”工作,各部门将行政许可、审批审核、核准备案、程序性办理的行政许可服务事项和工作人员进行集中整合;9月,中心设立电子评议器,联合媒体开展网上评议活动,向社会公示各窗口服务质量的客户反馈情况;当年办结各类事项31932件。2008年8月,市公共资源交易中心正式挂牌,为市政府直属副处级事业单位,与行政服务中心合署办公。2009年2月,中心开始实施政务公开、服务行为、服务质量、窗口管理4个方面的标准化建设。3月,中心按照市委、市政府“三个缩减30%”的要求,组织各窗口对行政许可事项、投资项目、审批事项和行政审批时间进行全面梳理,在6个月时间内超额完成任务,其中行政审批项目精简率37.7%,投资项目精简率39.3%,审批时间在原承诺基础上再缩减30%以上。2010年,中心进驻窗口43个、审批办证项目333项;全年办结各类事项48395件,收费3.64亿元,均创历史最高。监管部分市直单位自办服务大厅16个。全市各县(市、区)均实行行政服务中心和公共资源交易中心“一套机构管理、一个平台运作”模式;204个乡镇全部建立便民服务中心和公共资源交易站。

## 第三节　机构改革

1995年,根据《中共江西省委、江西省人民政府关于九江市党政机构改革方案的通知》,对市委、市政府机构进行调整。经过调整,市委设置工作部门8个,比改革前的13个精简38.5%;市政府设置工作部门47个,比原来的60个精简21.6%。

2002年,根据《中共江西省委、江西省人民政府关于九江市党政机构改革方案的通知》,市委、市政府工作部门再次调整。市委共设置工作机构8个,议事协调机构的办事机构1个,归口管理2个;市政府共设置工作部门32个,议事协调机构的办事机构1个,归口管理机构1个。

2005年,根据《省委办公厅、省政府办公厅关于九江市人民政府部分机构调整的通知》,市政府对部分机构进行调整,设置工作部门33个,特设机构1个,议事协调机构的办事机构1个,归口管理机构1个。

2010年,根据省委、省政府《关于印发〈九江市人民政府机构改革方案〉的通知》,市政府工作部门再次调整,共设置32个,此外,另设挂牌机构3个,部门管理机构1个,内设机构3个。

## 第四节　干部人事制度改革

### 一、选人用人机制更新

**领导干部公开选拔**　1999年下半年,首次拿出6个副处级领导干部职位进行公开选拔。2005年10月,公开推荐选拔市建设局局长、市房管局局长人选。2006年9月公推公选市农业局局长、市信访局局长、市新闻出版局局长人选。2008年11月,公开推荐选拔3名正县级、3名副县级领导干部人选(市旅游局局长、九江团市委书记、市委市政府台办主任、市委讲师团团长、市劳动和社会保障局副局长、市粮食局副局长)。2009年,面向全市公选20名处级干部。2010年1月,面向全国公开招聘市城市建投公司总经理、市国有资产公司总经理、市地产集团公司总经理,一批年纪轻、学历高、素质全面的干部走上领导岗位。

**中层干部竞争上岗**　1999年,市直机关推行科级领导职位缺位竞争上岗。2000年,出台市直党政机关竞争上岗暂行规定,市直实行公务员制度和参照公务员制度管理的法院、检察院科级职位和市直副处级事业单位行政副职,均列入竞争上岗范围。并规定竞争上岗9个程序(制订方案、公布职位、公开报名、资格审查、组织考试、演讲答辩、民主测评、组织考察、审批任用)。2000年始,市直部门单位全部通过竞争上岗方式，任命科级干部。

**公示制、试用期制推行** 2000年，出台《市直行政事业单位拟提拔的县级干部试行任前公示制和试用期的意见》，2004年，制定《九江市县级党政领导任前公示的实施办法》和《九江市县级领导干部提拔任职实行试用期制的实施办法》，将公示的对象进一步明确，将提拔重用的干部都列为公示对象，公示的程序进一步细化与规范。

**任免票决制** 2001年，在乡镇班子换届中全面实行党政正职任免全委会投票表决。2004年，制定《九江市实行乡（镇）党政正职任免全委会票决制暂行办法》。2010年，实行《中共九江市委关于县级干部任免实行票决暂行办法》。县级干部任免票决，是指市委常委会议决定干部任免事项时，在充分讨论基础上，采取无记名投票表决方式做出决定。

**干部任期制** 2002年，出台《九江市党政领导干部任期制暂行规定》，形成干部队伍正常代谢机制。任期制规定，县处级党政领导干部担任同一职级领导职务累计不得超过15年。同时，实行党政领导干部最高任职年龄，原则上任正处级领导职务年满57周岁，任副处级年满55周岁的不再担任实职，采取免现职保留原职级待遇、改任非领导职务或离岗退养等渠道妥善安排。实行任期制后，除正常退休外，每年平均将约有40余名干部要从领导岗位下来，加快干部新老更替步伐。

**不胜任干部调整、处理** 2002年出台《九江市调整和处理不胜任现职党政领导干部试行办法》，规定22种违规违纪情形下，领导干部要按不胜任现职予以调整和处理，进行免职、降职留级或改任非领导职务，形成干部队伍正常淘汰机制。

**干部分流** 2002年，制定《九江市党政机构改革实施方案》《九江市市级机关机构改革人员分流安排实施办法》等文件，全市共有30多名县级干部、500多名科级干部按文件规定办理离岗休养手续，为机构改革工作的顺利实施创造条件。

**规范选拔、任用、考核** 2002年7月，出台《关于进一步加强党政领导干部考核工作的意见》，坚持每年对所有在职县级领导干部进行年度考核，实行届中和届末考核。2003年9月，制定《呈请市委任免干部的操作程序》，对在民主推荐和考察基础上提请市委酝酿、讨论任免干部的操作程序做出详细规定。2003年10月，出台《九江市县级领导干部考察工作细则（试行）》，建立干部考察责任制，明确考察人员的职责和纪律要求，即：干部考察应全面了解干部的德、能、勤、绩、廉，注重考察工作实绩。考察工作必须遵守：不准凭个人好恶了解或反映情况；不准泄露考察机密；不准故意夸大、缩小、隐瞒、歪曲事实；不准搞非组织活动；不准弄虚作假，向考察组提供虚假资料；不准借考察之机谋取私利。2004年8月，制定《九江市县级党政领导班子后备干部工作办法》《关于进一步抓紧培养选拔优秀年轻干部的工作意见》《九江市破格（越级）提拔县级领导干部暂行办法》。办法明确后备干部条件资格、数量结构、选拔程序途径，并对后备干部培养、管理提出具体措施。意见对各级领导班子结构，特别是对县级领导班子换届和市直单位机构改革配备年轻干部方面提出明确要求。暂行办法明确破格提拔的主要类型，对特别优秀的年轻干部认定标准和工作特殊需要进行界定，规定破格提拔干部的任职资格底线条件，规范破格提拔的程序。实行干部考察考核预告制、差额考察制和干部考察责任制。

## 二、公务员制度实施

1996年，市公务员过渡工作完成，各级党政机关干部过渡为“国家公务员”，并完成任职定级，标志着全市公务员制度初步建立。

2006年1月1日，《中华人民共和国公务员法》正式实施，公务员的范围由行政机关工作人员扩大为7类机关工作人员，即中国共产党机关、人大机关、行政机关、政协机关、法院机关、检察院机关、民主党派和工商联机关工作人员。2007年，市、县、乡公务员登记工作全面完成。市直59个单位行政编制总数为3490个，符合登记条件且在编在岗已登记3115人（其中党委机关336人，人大机关51人，行政机关2399人，政协机关52人，检察机关104人，法院机关137人，民主党派和工商联36人）。县（市、区）、乡镇行政编制总数为16394个,符合登记条件且在编在岗已登记13012人(党委机关1239人,人大机关237人,行政机关6364人,政协机关199人,检察机关475人,法院机关699人,民主党派和工商联43人,乡镇机关3756人)。2007~2008年,省人事厅共审批市政府直属事业单位申报参照公务员法管理单位25个、部门所属事业单位20个。全市参照公务员法单位编制1200个,首批登记人员1240人;审批各县(市、区)共有134个政府直属部门列入参照单位管理。各县(市、区)参照公务员法单位编制共1336个,首批登记人员1094人。至此,市公务员法实施的入轨运行工作完成。公务员管理进入法制化、常态化轨道。

# 第二章　经济体制改革

## 第一节　宏观调控体制改革

### 一、计划体制改革

**农业计划管理**　1991年,市计委除对农业总产值和除粮棉油以外的其他副产品生产的指令性计划改为指导性计划管理。指导性计划的安排,从过去重指导种植业转到重养殖业和加工业。在种植业中,除粮食、苎麻、棉花、油菜等作物安排播种面积计划外,其他农产品均不安排播种面积计划,给农民充分生产自主权。随着改革的不断深入,列入计划的农副产品指标逐年减少。2001年,市计委不再下达农产品生产计划指标。

**工业计划管理**　1991年,工业生产全部实行指导性计划管理,并根据市场进行计划调整。2000年始,市计委不再向企业下达工业生产和产品产量指导性计划。企业根据市场需求,自主安排生产,自主开发产品,自主决定产量。

**商品收购与调拨计划管理**　1991年,全市尚实行指令性计划收购的工业品有市场用煤和化肥;农产品有合同定购部分的粮食和棉花;实行指导性计划收购的农产品有议价粮食、食用油料、生猪和牛皮。上述产品均按省计委下达的计划指标,由市计委在编制年度计划时,分解下达到各乡镇、部门和企业。指令性计划收购和调拨的商品,其计划任务必须确保完成;指导性计划收购和调拨的商品,实行合同购销。1992年,国家取消物资分配计划。1999年,粮食、棉花和化肥放开经营,市计委亦先后取消上述产品(商品)年度收购与调拨计划。

**物资分配计划管理**　1991年,随着物资市场逐步放开,指令性计划不断压缩,如石油、汽车、机电产品均以市场调节为主,市管统配物资的数量和范围连年减少。1993年,物资市场放开经营,市计委不再下达年度物资分配计划。

### 二、财政体制改革

1993年前,实行"分级包干"财政管理体制。1994年1月1日起,实行分税制财政管理体制改革,市政府根据国务院决定和《江西省实行分税制财政管理办法》,确定对县市区实行统一的分税制财政管理体制改革。改革国有企业利润分配制度。从1994年1月1日起国有企业所得税一律按33%的税率交纳,取消包税、并增设27%和18%两档税率照顾利润较低的企业。企业固定资产贷款利息列入成本,本金一律用税后利润归还,取消对国有企业征收预算调节基金和交通能源重点建设基金。分设税务机构,建立国家和地方税收征收体制。改进预算编制方法。建立适应"分税制"需要的国库体系和税收返还制度。建立规范国债市场。妥善处理省政府批准的,未到期的减免税政策,采取即征即退、先征后退和财政返还等办法,返还给企业用于发展生产。完善乡镇财政管理体制,建立粮食风险基金,农业发展基金和城市设施专项支出制度。实行专项管理，专款专用。在“分税制”改革过程中，由于企业事业单位搬迁改变纳税地的不再划转基数，由于企业、事业单位隶属关系改变，原则上以上年为基数定额结算，由于行政区划变动，原则上按原定基数划转，并相应调整有关地区上解，补助或税收返还数额，耕地占用税中央下划地方30%部分，用于农业配套资金，不计入抵扣税收返还基数。

## 三、金融体制改革

1990年12月3日，省人民银行批复成立九江市资金市场，为直属人民银行独立核算事业单位，组织结构为会员制，会员41个，会员基金4150万元。业务范围主要包括会员票据交换、联行清算、同业拆借等。1992年10月24日，市资金市场由省人民银行颁发金融业务许可证，同时更名为九江金融市场。金融市场设管理委员会为领导机构，由中国人民银行九江市分行、市各专业银行负责人组成。管理委员会设主任1名，由人民银行九江市分行行长出任，金融市场实行管理委员会领导下的经理负责制，经理负责经营管理日常工作。市金融市场接受中国人民银行九江市分行的领导、管理、监督、稽核。1993年人民银行调剂资金改革，调剂资金上收至总行，地市及县级人民银行不再办理调剂资金业务。当年，专项贷款业务基本停办。同年12月8日，经省人民银行批准，省资金融通中心九江办事处与金融市场合为两块牌子一套人员，原九江资金市场会员基金全部退还，江西省融资中心九江办事处成立。1998年，农业发展银行九江市分行成立后，人民银行专项贷款全部划转至该行，人民银行不再办理专项贷款。

2003年4月7日，经人民银行南昌中心支行批准，撤销省融资中心九江办事处。同年，市列入全国第一批参加农村信用社改革试点，采取的改革方式是用中央银行专项票据置换农村信用社的不良资产。至2004年3月31日，首批9家农村信用联社获得2.085亿元专项中央银行票据，同年6月3日，第二批2家联社再次获得1.5148亿元专项中央银行票据，至此辖内信用社共获得中央银行专项票据35998万元，分别置换不良贷款27006.3万元和历年亏损挂账8991.7万元，占全部35998万元专项票据75%和25%。第二阶段，市农信社根据法人治理结构制度要求，对照银监会开业申报文件范本和省联社组建后下发的有关规章制度，进一步完善法人治理结构和内部控制制度，按程序选举产生“三会”成员和聘任主任，经省银监局批准，2005年末至2006年，8家统一法人联社挂牌营业。作为全省首批10家进行农村合作银行改革试点机构之一的德安县农村信用社也于2006年年末收到银监会批准成立的正式文件，2007年6月举行开业仪式。从2006年四季度到2007年三季度，全市11家县级联社分四批向人民银行和银监部门提交兑付中央银行专项票据的申请。到2007年12月6日，九江辖内11家法人农村信用合作金融机构已全部通过专项票据兑付考核，共获得35998万元票据资金支持，兑付资金认购特种存款20624万元。

2009年年底，九江银行经监管机构批准后，正式开办外汇业务，中国人民银行九江市中心支行开始将其纳入外汇存款准备金管理。九江银行是全省继南昌银行之后第二家办理外汇业务的地方性商业银行，也是除省会南昌之外首家交存外汇存款准备金的金融机构。其准备金交存范围由人民银行南昌中心支行核定，比照人民币存款准备金交存科目执行。九江银行在人民银行南昌中心支行开立外汇存款准备金美元户和港币户，由南昌中心支行办理调整和账务处理。按照属地管理原则，九江市中心支行负责对九江银行外汇存款准备金的报表审查、资金收缴和日常考核，并建立登记簿进行登记。按照制度规定，外汇存款准备金按月考核，人民银行对外汇存款准备金核算以美元、港币为记账币种。其他币种需折算成美元缴存，各种货币之间的折算率按每月国家外汇管理局公布的《各种货币对美元折算率》计算。对金融机构交存的外汇存款准备金，人民银行不计付利息。2010年6月3日，九江银行正式交存第一笔美元准备金7000美元，11月5日交存第一笔港币准备金330000港币。2010年年底，九江银行交存款的外汇准备金存款余额分别达到230000美元和570000港币。

### 四、投资计划体制改革

1991年,随着经济形势的好转,投资体制的改革也开始启动。取消建筑税,开征“固定资产投资方向调节税”,对不同产业投资项目按不同的税率,达到调控投资结构的目的。

1992年,全市进一步加大改革计划管理力度。改革传统的计划指标体系,只保留国民生产总值、财政收入等部分综合性、指导性指标,大量减少直接单项指标,以市场为基础,合理安排积累与消费、经济建设与经济效益、国民经济与科学技术、三大产业之间等比例关系和发展速度;取消指令性计划管理,只保留极少数指导性计划指标,尽可能扩大市场调节;转换计划部门职能。把计划工作重点转移到编制中长期计划和研究经济发展战略上来,转移到规划经济布局、产业结构、国土整治、资源开发、环境保护和重点建设上来;把计划管理方式转移到综合协调宏观经济政策和运用经济杠杆上来;把对外开放、招商引资作为计划工作重要任务;把大力发展城乡集体经济和非公有制经济作为计划工作重要内容。突出计划工作的宏观性、战略性、政策性。使计划部门转变为抓大事的经济参谋机关、经济活动和社会发展的综合平衡机关与间接调控机关。

2002年,市发展计划委员会研究提出全市经济结构调整规划以及相关措施,并负责牵头协调,组织实施。取消全市企业利用自有资金、商业银行贷款建设一般性项目审批,取消外商直接投资的中外合资、合作的一般性项目审批,全面改为登记备案。2005年,市发展和改革委员会按管理权限审批(核准)基本建设项目。2006年,进一步改革投资体制,结合市实际,着眼于最大限度地调动基层、企业加快发展的积极性,最大限度地赋予县(市、区)更大的发展权和投资管理权,市政府出台《九江市企业投资项目核准暂行办法》《九江市企业投资项目备案办法》《九江市政府核准的投资项目目录》,市对于企业投资项目,核准程序和环节较改革前大为简化。企业投资建设《政府核准的投资项目目录》范围内的项目一律实行核准制,目录外的项目实行备案制,由改革前的投资主管部门审批项目建议书、可行性研究报告和初步设计改为只核准项目申请报告或备案管理一道程序。2009年,为促进县域经济发展,按照多予、少取、放活的原则,将市发改委审批(核准、备案)权限,凡是不须上报省级平衡建设条件以及上级没有明令禁止下放的全部下放到各县(市、区)。另外,还授予市经济开发区市级审批权限。

2010年,市政府办公厅颁布《九江市工程建设项目招标事项核准管理暂行办法》。市发改委将工业行业规划和产业政策制定的职责和信息化有关职责划给市工业和信息化委员会,原市经济贸易委员会的能源管理职责整合划入市发改委。

## 第二节　农村经济体制改革

### 一、土地使用制度改革

**农村土地承包责任制**　第一轮土地承包:1991年,全市已推行以家庭为主联产承包责任制,开展土地承包工作。使所有权与经营权分离,保证农民对土地享有长期的使用权和经营自主权,土地承包期至少15年以上。至1997年底,第一轮土地承包期满。

第二轮土地承包:1997年8月,中共中央办公厅、国务院办公厅下发《关于进一步稳定和完善农村土地承包关系的通知》。全市各地按照国家、省、市文件要求,把土地延包工作纳入党政重要工作议程,加大领导力度。至1998年4月,全市各县(市、区)召开专门会议,进行专题研究和部署,下发专门文件,制定具体的实施方案,成立专门的领导机构和办事机构。同年5月底,全市各地启动第二轮土地承包经营权发证工作。6月~9月底,因遭受历史罕见特大洪涝灾害,工作重心转移,土地延包工作有所停顿。11月初,省召开土地延包会议,要求各地全面落实土地延包政策。全市各地加紧部署,加大力度,全面启动,土地延包工作迅速展开。至1999年1月8日,彭泽县、庐山区率先基本完成发证任务。同年底,全市第二轮土地承包发证工作基本结束,共涉及1902个村,耕地21.85万公顷,发证75万本。所有村、组农村土地承包期限均严格按照中共中央办公厅《关于进一步稳定和完善农村土地承包关系的通知》规定执行，在第一轮土地承包基础上延长30年不变。未发证的农户，主要是1998年特大洪涝灾害移民建镇农户。除个别县因国家重点工程建设需要而预留其耕地面积5%以内的机动地外，绝大多数县未留机动地。

2003年3月1日，《中华人民共和国农村土地承包法》颁布实施，全市及时组织县、乡两级干部学习，并举办培训班。9月，组织各县(市、区)对辖区内农村土地承包政策、法律执行情况进行自查，市农业局对部分县(市、区)进行了重点抽查。2004年8月，召开会议部署农村土地承包经营权证书补发和合同补签。会后，对第二轮土地延包工作进行一次清理，解决历史积淀问题。全市共补发证书10万份，补签合同70万份。100%承包户与发包方签订承包合同，经营权证都发放至农户，全市各县(市、区)均未预留机动地。2007年底，全市完成换发全省统一印制的土地承包经营权证书。按照权证登记"四相符"的要求，做到权证登记的内容与实际承包地块相符、与上级划定基本农田相符、与签订承包合同相符、与村组调查摸底底册及汇总台账相符。权证管理做到"户有合同和证书，组有登记底册，村有登记台账，乡有专门档案，县有基础数据库"。

**农村土地承包经营权流转**　1992年起，全市少数村组出现农村土地承包经营权流转现象，最初为农民之间自发的协商流转，一些外出务工农民将所承包的土地转让给在家的农民耕种，一般一年一定，由受让方向转让户交付承包费。随着集约化生产经营不断发展，一些种田能手相继租用其他农户的承包耕地扩大种植规模，由此出现转包和出租的流转现象。2002年，为扩大农业投资开发，建立产业化生产基地，一批招商引资农业开发项目先后落户到乡村组，集中连片租用农户承包土地从事规模经营的专业化生产基地不断形成，土地流转面积迅速扩大。至2006年，全市农村土地经营权流转农户12.16万户，面积2.55万公顷，分别占全市15%和12%，其中有书面流转合同0.48万公顷，农户间流转面积1.93万公顷，流转给大户面积0.42万公顷，流转给外来投资商或企业面积0.19万公顷。

## 二、林业体制改革

2004年9月，武宁县列为全省7个林改试点县(市)之一，率先进行林改工作。成立由县长任组长、县委和县政府分管领导任副组长的林改领导小组，并设立专门办事机构。各乡镇、村也成立相应的领导机构。此后，相继制订《武宁县林业产权制度改革实施方案》《取消木材经营环节不合理收费的紧急通知》《十项林业产权制度改革工作规范(程序)》等文件；制定10种林改示范文本，指导林改工作。采取印发《林改工作公开信》、编印《林业产权制度改革政策问答》和《武宁林改简报》、组建林改政策文艺宣传队下乡演出、利用媒体开辟林改专题访谈节目和设立大型宣传牌等形式对林改工作进行广泛宣传。同时，成立20个林改督导组深入林区督查林改工作。10月，武宁县林改工作在总结试点乡经验基础上全面展开。11月17日，市成立以市委副书记为组长，市政府副市长等为副组长，各有关单位负责人为成员的林改领导小组，在各县(市、区)分别选择1~2个乡镇，与武宁县同步先行林改试点，2005年3月全面完成林改试点工作。同年5月，全市林改全面铺开。至2006年12月31日，全市共制图打证43.91万本，其中，林地使用权制图和打证39.38万本，计95.82万宗、共99.78万公顷，林地使用权宗地打证率和面积打证率分别为95.7%和96.9%。全市共发(林权权利人已签收)林权证30.13万本，其中林地使用权证25.91万本，计77.51万宗，共80.22万公顷，林地使用证宗地签收率和面积签收率分别为77.4%和78%，分山到户率83.4%；共调处山林权属纠纷9845起，涉及面积3.61万公顷，分别占应调处纠纷起数和纠纷面积96.5%和94%，化解和消除林区不稳定因素；全市林农自发管林护林，组建民间协会160个，涉及面积6.86万公顷，参与农民20724户；通过减轻税费和放活经营，林农增收明显，全市林农销售木材可净增收入5200万元，政策性减负6700万元；武宁、都昌、瑞昌、彭泽、德安5县(市)建立林业产业交易中心，共进行产权交易17宗，涉及林地面积135.53公顷，交易金额216万元。2007年年底，全市所辖11个县(市、区)林业产权制度主体改革率先整体通过省级验收，各项主要指标全部达到省先进标准。全市10.43万公顷林地全部纳入微机管理，累计发放林权证75万余本，户均持证1.4本；92.2万公顷集体林全部确权到位,分山到户率为93.2%,分户登记率为96%,299万涉林人口人均分山0.31公顷;共调处山林纠纷11322起,涉及面积5.96万公顷,林权证宗地登记合格率为95.7%。修水、武宁、永修、都昌、瑞昌、彭泽、德安7县(市)已建立林业产权交易中心,共完成产权交易144宗,涉及林地0.53万公顷,交易金额达2773.90万元。至2010年,全市林权抵押贷款金额累计3.38亿元,抵押林地面积3.51万公顷,其中林农贷款1.28亿元,抵押面积0.78万公顷;森林火灾保险面积累计66.05万公顷,其中重点生态公益林投保面积41.82万公顷,商品林投保面积24.23万公顷,累计保险金额136.44亿元,进入各县(市、区)林权交易中心办理林地流转交易累计20793宗,流转面积7.92万公顷,流转金额5.49亿元。至2010年12月31日,全市经工商部门注册依法设立的林业专业合作组织454个,其中林业专业合作社136个,加入合作社农户4.59万户,经营面积4.13万公顷;民营林场253个,经营面积1.66万公顷;民营造林公司65个,经营面积0.92万公顷。

## 三、农业服务体系改革

**乡镇农技推广体制改革** 1991年,市农业科技推广网络由市、县、乡三级组成,其中市本级归属市农业局,内设粮油、经作、植保、土肥、畜牧兽医、农机、种子、经管8个业务站,拥有专业技术人员70人。12个涉农县(市、区)由本级农业局负责指导本地区的农业农村经济,内设种、养殖业等业务部门。各乡镇则设有农技站(中心)和畜牧兽医站,负责指导乡镇农牧业生产。

2001年起,受乡镇机构改革和农村税费改革影响,全市乡镇农技推广体系一度处于“网破、线断、人散”尴尬局面。

2005年4月,市政府出台《关于加强我市乡镇动植物防疫体系建设的实施意见》,按照省政府关于“乡镇农业综合服务机构现有人员中,要有3名以上专业人员负责承担畜禽防疫检疫和植保工作,其人员和工作经费要纳入财政预算”的要求,全市开展定机构、定人员编制、定工资待遇、定经费保障、定考核管理办法等“五定”工作。各县(市、区)按照市政府要求抓落实。据统计,全市共核定乡镇动植物防疫员509名,其中武宁、瑞昌、德安等县(市)工作完成较好。

2006年,根据国务院和省政府《关于深化改革加强基层农业技术推广体系建设的意见》和《关于深化改革加强基层农业技术推广体系建设的实施意见》,全市开展乡镇农技推广体系改革与建设。

2010年,全市乡镇农技推广体系改革力度加大,呈现出高位推进、全面推进、稳步推进的态势,3年任务2年完成。3月,市政府成立以市长任组长,分管市长任副组长,政府办、编办、财政、人事、劳动、农业、林业、水利、维稳等有关单位主要负责人为成员的领导小组,办公室设在市农业局;出台《关于加强基层农业技术推广体系改革和建设的实施意见》。各县(市、区)政府按照省、市要求,成立领导小组和办公室,出台实施办法,按照“整合资源、综合建站,‘三权’归县、财政保障,双重管理、以县为主”基本思路,加强基层农业技术推广体系改革和建设。全年共投入专项资金2500万元,建立基层农技推广综合站195个(其中乡镇站181个),核定全额拨款事业编1523人,其中到岗1262人。市乡镇农技推广体系改革得到农业部、省政府以及省农业厅肯定。11月10~12日,全国基层农业技术推广体系改革和建设现场会在市召开,向全国推广九江的经验。

**畜牧兽医服务体系改革** 1991~1995年,市畜牧兽医服务体系基本框架为市、县、乡三级保留畜牧兽医站。乡镇畜牧兽医站“三权”(即人权、财权、物权)归属县级农业畜牧部门,按农业部统一部署对乡镇畜牧兽医人员进行核定编制并纳入聘用制干部招录范围,其间全市各县成立畜牧兽医总站(协会),其职能是管理乡镇畜牧兽医站基层人员。1995~2000年,全市陆续有8个县级畜牧兽医站成立副科级技术服务中心,瑞昌市成立正科级畜牧水产局,修水县成立副科级畜牧兽医局,国家加大对县级动物防疫体系建设力度。

2009年，市政府出台《九江市人民政府关于推进畜牧兽医管理体制改革的实施意见》，按照"三大体系"建设要求，原市畜牧兽医工作站升格为副处级畜牧兽医局，全市有瑞昌市、修水县保留正科级畜牧水产局，其他9个县（市、区）成立副科级畜牧兽医局。

至2010年，全市共181个乡镇兽医站得到新建或改建，对1799个村级防疫员实行每年1200元中央财政补贴。按照公益性与经营性职能分开原则，全市有11个县（市、区）164个乡镇成立负责公益性职能动植物防检站，招聘355名乡镇动物防检员，其工资待遇全部纳入财政预算。当年，根据省农业厅、市政府先后出台的《关于深化改革加强基层农业技术推广体系建设的实施意见》和《关于加强基层农业技术推广体系改革和建设的实施意见》等文件要求，全市各地原乡镇动物防检站（畜牧兽医站）均合并至新成立的乡镇农业综合服务站，整合资源、合署办公，按每个乡镇2~3名配置动物防疫人员，妥善安置原乡镇畜牧兽医部门分流人员1100人。

## 四、农村税费综合改革

**农村税费改革**　2002年4月，全市启动以农民负担"三取消（即取消乡镇统筹费、屠宰税和劳动积累工义务工）、两调整（即调整农业税和农林特产税政策）、一改革（即以一事一议方式取代村提留的征收使用办法）"为主要内容，以"减轻、规范、稳定"为目标的农村税费改革。全市按照农业税计税面积，地方政府确定的当地税率标准和前五年平均常产，以及农民负担减负率要达到10%目标等因素综合考虑，计算农民税改后的实际负担，重新从轻确定农民负担水平。通过实施"三取消、两调整、一改革"和严格执行涉农收费项目、标准"公示制"，摸清底数，消除不合理现象，确保农民负担大幅减轻，全市农民减负40.74%（税改前亩均负担97.10元，税改后亩均负担63.69元）。由于农民减负相应形成乡村资金缺口，为此各级财政加大转移支付力度。当年，全市财政转移支付18099万元（其中市财政配套800万元）。

2004年，市将取消农林特产税（除烟叶以外）和农业税税率下调3%的政策落实到每个农户。2005年，全面取消农业税。至此，全市农村延续2600多年的"皇粮国税"画上句号。至当年，全市累计财政转移支付34795万元，较税改前农民负担总和还多出2644万元。为巩固农村税费改革成果，防止农民负担反弹，全市全方位、多层次开展农村税费配套改革工作。推进乡镇改革，转变乡镇行政职能，撤并内设机构和事业站所，分流精减人员。全市乡镇撤并减少47个，村合并减少561个，村干由每村6~7人，减到每村平均4.1人。农税局完成工作职责调整转换，更名为乡镇财政管理局，实现从农税征管型向监管型角色转变。

**国有农场税费改革**　2007年10月，启动国有农场税费改革。在免除农工土地承包费同时，将2006年、2007年已缴纳土地承包费退补到农工手中，至2009年3月，按家庭人均1亩"口粮田"120元标准（不足120元按实际）完成土地承包费退补，合计退补1515.1万元，受益人员59926人。全市共有13家大中型农垦企业实行"两田制"（即口粮田、社保缴费田）改革，由于涉及人口多，可供使用耕地面积缺口大，共有136799人可享受1亩口粮田政策，其中7096人分配口粮田不足1亩，享受补差。有20747名正式农工可享受4亩社保缴费田政策，其中4345人分配到4亩缴费田；4954人分配到部分缴费田，不足部分补差；11448人未分配缴费田，全部采用货币补偿。农场自办学校、公安、医院等社会职能分离工作也相继展开，到2009年11月，共分离学校75所1716人，公安机构10个242人，医院33所358人。另外，农场内部管理体制也由原三级管理改为二级管理或一级管理，人员编制按照农场规模大小设置，总场控制在35人以内，分场控制在5人以内。转移支付资金是保障国有农场税费改革顺利进行的关键，全市对国有农场税费改革转移支付资金实行专户管理，严格审拨程序，建立监督机制，生产经营性和非生产经营性支出分账核算，规范各项支出，控制费用增长，并对转移支付资金不定期进行检查，年终开展专项审计，确保专款专用，使资金充分发挥效益。至2010年，省财政厅下达市国有农场税费改革转移支付专项资金24592.6万元，已全部下拨到各国有农场用于税费改革。

**鄱阳湖区农民负担综合改革** 2007年年底,市启动减轻鄱阳湖区农民负担综合改革。永修、都昌、星子、湖口、庐山区、共青城为环鄱阳湖县区,濒湖农业人口144.6万人。随着2002年农村税费改革实施,取消农业税和农林特产税,农民负担明显减轻,但湖区农民仍需承担一些圩堤管理及防洪、排渍排涝等费用,年负担亩均58.31元。针对这一问题,全市深化水管体制改革。界定水管单位性质,对公益性水管单位实行全额拨款,对机构人员因地制宜进行整合、核定,湖区6个县(市、区)共精简清退310余人。同时,建立堤防维护和排渍排涝费用分担机制。对湖区防洪大堤、跨乡村的圩堤建设维护和公益性排渍排涝等开支,由政府承担,纳入公共财政保障范围。对农民直接受益的小型农田水利设施建设投工投劳加强引导,并纳入"一事一议",实行限额管理。对涉农收费项目进行清理,全面取消堤防费、水利工程费、共同生产费和排涝费等违规收费名目。个人生产型水电费由农民自行负担,严格按受益面积据实收取,并公示到户。当年,省下达市减轻鄱阳湖区农民负担财政转移支付专项资金6178万元,主要用于湖区排渍排涝费用补偿、堤防维护、水管机构改革等。

**农村义务教育"普九"债务化解** 2006年,全市对农村义务教育"普九"债务进行清理,按照"摸清底数,锁定债务,明确责任,逐步化解"步骤全面推进。至2007年9月,全面完成债务清理工作,清理范围包括各县(不含市直和浔阳区)农村和国有农场九年制义务教育学校(不包括幼儿园和高中教育债务),共清理出有债务学校1345所,统计债务总额46473.37万元,其中本金41058.14万元,利息5415.23万元。从债务组成分析,银行和农村信用社贷款6880.63万元,农村合作基金会和其他非金融机构贷款261.59万元,应付未付工程款26400.66万元、向上级财政部门借款1660.27万元,个人借款8735.72万元,单位借款2528.14万元。从债务用途分析,用于校舍维护42654.36万元,设备购置1451.82万元,土地征用967.47万元,其他费用1399.72万元(主要用于竣工项目借款利息以及校园配套建设)。都昌、湖口、修水、永修4县共919所学校债务额就占全市债务总额一大半,其中都昌占21.45%、湖口占14.76%、修水占14.5%、永修占9.34%。2008年,省财政厅委托省审计厅对全省农村义务教育"普九"债务进行专项审计认定,共分14个审计组到九江市各县进行了为期1个月的交叉审计,通过查账核定,债务甄别等形式,最终锁定全市农村义务教育"普九"债务4.44亿元。至2009年年底,全市共化解"普九"债务40689.93万元(其中中央转移支付补助24800万元),与44409.93万元目标任务相差3720万元,其原因主要是庐山区有4所学校1720万元债务未纳入农村义务教育补助范围,以及湖口县要求调减2000万元。

**村级公益事业一事一议财政奖补** 2010年,根据《江西省村级公益事业建设一事一议财政奖补局部试点工作方案》,全市有7个县定为扩大试点县,5个县区各确定1个乡镇进行试点。7个试点县,共涉及乡镇131个,行政村705个,自然村4709个,共实施村级公益事业建设一事一议财政奖补项目1905个,包括修建村内水渠291.14千米、机电井5眼、小型提灌站6座、村内安全饮水管道6689.3千米、其他小型水利设施108个;新建和维修村内道路895千米、桥涵50座、村内环卫设施1014个、绿化植树56000株、路灯35盏、村内公共活动场所9402平方米、其他公共设施3个,项目受益人口100.6万人,项目总投资10885.23万元。

## 第三节 企业体制改革

### 一、产权体制改革

1999年以来,市委、市政府先后出台《七个系统国企改革指导意见》和《九江市国有农垦企业改革指导意见》,确定"资产捆绑、政府融资、统一政策、全员置换、分类指导、分步实施"运作思路。以产权制度改革为核心,推进市国有企业改革。当年,少数企业改革,仅以破产方式解除部分债务,企业更换名称后继续存在,职工身份继续保留,企业产权结构和经营管理方式未实质性改变。2000年后,逐步改变这一状况。2007年初,市属国有企业完成改制51个,占总个数32%,安置职工4.08万人,其中大多数是采取关门走人形式,职工领取安置费,解除国有职工身份,企业关闭注销。部分企业实行破产重组,改制后获得新的发展,成为九江经济的重要组成部分。庐山水泥厂、九江钢铁公司等企业改制后成功引入有实力投资人,新企业产销两旺。但因2007年前,国企改制并未覆盖全市所有企业,尤其是没有彻底实行产权和职工身份“双置换”,尚有109家市属国有企业体制僵化、经营不善、监管无力弊端没有根本革除,历史包袱日益沉重,涉及企业职工(含下属单位)4.02万人,账面总资产23.2亿元,账面总负债26.9亿元,整体上资不抵债,只有20家处在正常生产经营或半经营状态,89户停产多年,是国有企业中最困难、最难改的一部分。停产企业中部分职工生活困难,江西联航公司1987年由省政府移交市政府管理,1997年开始停航,公司无经营业务、无资产,企业十年未发工资或生活费。九江冶金总厂自2000年因文物保护停止开采矿山后,一直未妥善安置,职工生计艰难。与此同时,部分停产企业知名品牌、经营资质、生产经营性资产和土地闲置,未得到充分利用。九江封缸酒历年多次获得各种大奖,是个很好的品牌,但停产多年,逐渐失去市场。九江一建等老国有建筑企业,拥有各种建筑资质,却不能利用资质创造效益。市属国有企业500公顷土地(含省属驻市企业92.3公顷),大多位于城区或城郊结合部,由于企业停产,这些土地资源没有产生应有的经济和社会效益。为彻底解决国有企业机制不活、包袱沉重、经营不善、企业资产与土地闲置、职工生活困难等问题,2007年,市委、市政府做出加快国企改革重大决策。市委、市政府以两办名义印发《关于进一步加快推进市属国有企业改革的若干意见》,根据新的条件和要求,对历来执行的《中共九江市委九江市人民政府关于推进国有企业改革的实施意见》做出适当调整、补充。自此,市属国有企业改革工作全面启动。

通过盘活企业资产、化解企业金融债务、推进企业重组等一系列产权制度改革运作,至2010年,全市农业、林业、水利、交通、商贸、粮食6个系统98家国企全面完成产权制度改革,共安置职工19222人。改制总成本约22.42亿元,其中:市属7.17亿元,县、区15.25亿元。其中,市整流器厂、电线电缆厂、化工厂等一批企业通过引进战略投资者靠大联强、股权置换、破产重组、整体转让、改制上市等不同形式,实现改制后战略重组。至此,以市国资公司为平台累计整合市属改制企业土地237.6公顷,挂牌出让、支持市政建设用地76.5公顷,土地收益25.3亿元(其中,挂牌出让56.9公顷,收益24.3亿元;支持市政府工程、保障性住房建设19.5公顷,收益0.9亿元)。为化解企业金融债务,通过打包回购、企业政策性破产、民事破产、争取国家“减债脱困”政策、与债权人协商偿债等方式,化解企业债务达60.14亿元。其中13家企业获批政策性破产,豁免债务39亿元;以市国资公司为平台筹资1.52亿元,累计收购543户企事业单位本息合计15.14亿元不良金融债务;争取商务部减债脱困政策化解债务6亿元。通过引进战略投资者靠大联强、股权置换、退城进园、整体转让等不同形式进行企业重组,巨石集团与九江玻璃纤维厂进行重组,总投资47亿元,建设年产35万吨玻纤项目;九江港口集团与上海港并购重组,上港集团在九江投资5.5亿元,建成城西港区集装箱码头;维科印染、德福电子、九江整流器厂等一批企业改制后实施“退城进园”。全市359户国有企业改革工作全面完成,分流安置职工19.18万人。其中,国有工业企业126家,安置职工7.69万人;非工口农业、林业、水利、粮食、商贸、交通、农垦7个系统112家安置职工8.30万人;市属24系统国有企业121家,安置职工3.19万人。

## 二、企业职工安置改制

1997年3月，根据国务院《在若干城市试行国有企业兼并破产和职工再就业有关问题的补充通知》,市职工安置费一律拨付到再就业服务中心,统筹使用。安置费标准,原则上按照破产企业所在试点城市企业职工上年平均工资收入的3倍计算，试点城市政府根据当地实际情况从严掌握，不得随意突破。九江属国务院确定的企业“优化资本结构”试点城市。

2001年4月6日,市政府印发《九江市国有企业职工劳动关系处理办法(试行)》通知,规定国有企业改制改组后,职工原有的全民所有制职工身份自动消失。职工要求解除劳动关系,必须由本人提出申请;企业与职工解除劳动关系,必须提前30天用书面形式通知职工。经济补偿金和安置费支付标准,按劳动法及配套文件规定,由企业按其在本企业工作年限,每满1年发给1个月工资,低于上年度全市在岗职工月平均工资的按上年度全市在岗职工月平均工资计发经济补偿金。2002年7月,市委、市政府下发《关于推进国有企业改革的实施意见》,并成立国企改革领导小组,下设办公室,在改制办下设4个职能协调小组,即改革方案审核组,具体工作由经贸委负责;职工分流安置组,具体工作由劳动局负责;资产处置组,具体工作由市国资局牵头,市土管局、房产局配合负责,并吸收债权银行参加;环境整治组,具体工作由监察局负责。国有企业改制为民营或中外合资企业后,职工不再保留原有全民所有制职工身份。在改制时,采取一次性支付安置费或经济补偿金办法,对在职职工和滞留在再就业服务中心下岗职工进行身份置换,解除职工与原企业劳动关系,并由劳动部门负责鉴证。解除劳动关系职工档案可委托当地劳动保障代理机构或人才交流服务中心保管。安置费标准按每人每年工龄500~700元的标准计算,不足1年按1年计,领取安置费职工不享受失业保险待遇。经济补偿金按劳动法及配套政策文件规定执行。职工不愿继续留在改制后的企业工作,其安置费或经济补偿金按标准由新企业支付给职工本人;被重新聘用并与新企业签订劳动合同的,其安置费或经济补偿金不予支付,只预留等价资产用于新企业生产经营。之后又要求离开并经企业同意的(不含距法定退休年龄5年内的),其安置费或经济补偿金按标准由新企业支付给职工本人。进入改制企业的职工,到达法定退休年龄时,不支付安置费或经济补偿金,按规定享受退休后的社会保险待遇。凡与原企业签订离岗退养和其他形式分流协议的职工,根据改制后企业需要并结合职工本人的选择,双方愿意维持原企业的分流做法和待遇规定的,由新企业与职工本人续签相关协议。距法定退休年龄不足5年的职工,不发给经济补偿金或安置费。由新企业接续社会保险关系的,参照城镇居民最低保障线标准,发给退休前的基本生活费。改制后关闭的企业,在改制时由企业一次性为其缴足退休前的养老保险费,并参照城镇居民最低保障线标准,一次性发给退休前的基本生活费,达到法定退休年龄时,按规定享受养老保险待遇。为离退休人员一次性缴纳养老保险费标准调低30%。企业职工医疗保险由改制后企业接续的,用人单位为职工缴纳的基本医疗保险费最低人均计算标准改为以在职职工人数计算。改制后关闭的企业,离休人员医疗保险必须按规定一次性缴纳医疗保险费予以确保,退休人员和距法定退休年龄不足5年的职工的医疗保险根据企业的支付能力办理。2002年10月2日,市委办公室、市政府办公室关于转发市委组织部、市委老干部局、市经贸委、市财政局、市人事局、市劳动和社会保障局、市卫生局《关于九江市离休干部离休费、医药费保障机制和财政支持方案的通知》,离休干部单独筹资标准由每人每年4500元调至7500元。

至2006年年底,市属51家国有企业完成改制,安置职工4.08万人。2007年4月23日,明确离休干部(包括建老人员)医药费单独筹资标准由每人每年7500元调到12000元。2008年2月15日,市国有企业改革领导小组会议明确职工一次性补偿费最高可以按照1133元/人、年标准执行;略有不足的,在700元~1133元/人、年之间自求平衡执行;改制资金严重不足的确保按700元/人、年标准执行。2008年4月21日,市国有企业改革领导小组会议就市国有企业改革职工安置明确要求:职工身份置换后经审核符合条件,可按政策规定享受失业保险待遇。距法定正常退休年龄不足5年(含5年)的职工或者连续工龄男年满30年、女满25年的职工,可办理离岗退养手续,一次性发给至法定退休年龄的基本生活费。距法定正常退休年龄5年以上10年以内(含10年)的职工,可参照前款规定办理退养手续,但一次性只发给累计不超过5年的基本生活费。退养职工到法定正常退休年龄止的基本养老保险费用和医疗保险费用,由企业按规定的缴费比例一次性为其缴纳,缴费基数逐年递增10%。达到法定正常退休年龄后,按规定享受基本养老保险待遇和医疗保险待遇。企业改制(破产)时已办理正常退休手续人员,由企业按每人1万元标准缴纳一次性医疗保险费,退养人员每人缴纳5000元一次性医疗保险费。2007~2008年,完成市属国有改制企业38家,安置职工8571人,其中,置换人员4846人、退养人员1701人、离退休人员2568人。

2009年,市国企改革领导小组出台《九江市推进国企改革实施意见》《九江市国有企业改制职工分流和身份置换若干具体问题的实施意见》。《九江市推进国企改革实施意见》第十四条规定,企业女干部按工人标准办理退休。同时由本人提出申请,在改制方案中予以明确规定,比照企业工人标准办理退休。《九江市国有企业改制职工分流和身份置换若干具体问题的实施意见》明确内退人员生活费发放标准每人每月200元,一次性足额发放到位。为落实市委、市政府关于加快推进国有企业改革工作的决定,市人保局印发《关于切实做好市属国有企业改革关涉劳动保障工作的通知》,成立局企业改革工作领导小组。领导小组下设政策宣传组、方案审核组和依法维权组。当年完成改制企业159家,其中,市属企业67家(含工业企业30家),县、区企业92家。安置职工54865人,其中,市属企业29741人,置换人员10639人,退养人员6893人,离退休人员12209人;县、区企业25124人,置换人员9754人,退养人员5238人,离退休人员10132人。2010年7月7日,市委常委会议纪要第46号明确,从2010年1月1日起离休干部(包括建老人员)医药费单独筹资标准由每人每年12000元调至18000元。当年,根据市委、市政府关于7个系统国有企业改革的总体部署,当年完成改制企业98家,其中,市属企业13家,县、区企业85家。安置职工19222人,其中:市属企业7171人,置换人员2799人,退养人员1214人,离退休人员3158人。县、区企业12051人,置换人员5078人,退养人员2738人,离退休人员4235人。

## 第四节 流通体制改革

### 一、物资体制改革

1994年始,国家取消物资计划分配实行市场经济后,物资行业连年亏损。1997年,为转轨经营,扭转亏损局面,根据内贸部《关于深化国有资产物资企业改革的若干意见》和市政府《九江市国有(集体)小企业实行股份合作制改革若干问题处理的暂行办法——关于推进我市小企业改革的实施方案的通知》,物资集团公司对下属11家经营企业进行股份制改制尝试。4家公司按照《中华人民共和国公司法》组建有限责任公司:市金属材料总公司改制设立市金属材料有限责任公司;市物资再生利用总公司改制设立市物资再生利用有限责任公司;市汽车贸易有限公司改制设立市汽车贸易有限责任公司;市物资贸易总公司改制设立市物资综合有限责任公司。按照《江西省股份合作企业条例》,市机电设备总公司、市化工轻工总公司、市建筑材料总公司、市汽车销售总公司、市物资配套公司、市进出口公司、物资贸易中心改制为股份合作制企业,名称不变;市生产资料总公司改制设立物达贸易股份公司。各改制企业制定新公司章程,实行股东代表大会制,设立董事会和监事会。选举产生董事会和监事会成员。各公司内部募股,每股为1000元。一般职工认购不低于1股,中层干部和公司领导按职工认股额2~5倍认购。11家改制公司购股人数542人,入股率99%,募股金额77.2万元。各公司分别制定1997~1999年3年盈利或扭亏计划。企业改制后,虽然亏损额每年减少,但未能根本扭转亏损局面。因经营方式管理模式上没有根本转变,及市场竞争激烈,资金紧张等综合因素,改制未能达到扭亏增盈预期月标,职工大批下岗分流,各公司所募股金退还职工。1999年,化工轻工总公司和建筑材料总公司因持续亏损,经营难以为继,职工社保基金停缴,企业陷入生存困境。两公司制订企业改革方案,进行职工身份置换。2001年5月,完成改制,企业关闭。化工轻工总公司95人,建筑材料总公司73人一次性领取改制补偿金,完成国企职工身份置换。两公司17名离退休职工关系转移到生产资料服务总公司,保持正常离退休待遇。2002年6月,因经营陷入困境,物资配套公司29人,进出口物资交易中心21人,按每人每年工龄补贴650元补偿标准,进行国企职工身份置换,两家公司完成企业改制关闭。2003年,汽车贸易有限公司和汽车销售总公司严重负债,业务萎缩,无法经营。两公司变现企业剩余资产筹集资金,清偿债务,实施改制。发放汽车贸易有限公司62人、汽车销售总公司21人企业改制补偿金,完成改制,企业关闭。2005年,市政府加紧企业改制工作。集团公司6家尚未改制企业开展清产核资摸清家底,清除企业债务,加快改制步伐。至2007年,市金属材料总公司、市机电设备总公司、市生产资料总公司和市物资再生利用总公司分别先后与华融、信达、长城、东方4家资产经营管理公司债权方签订清偿债务协议,物资集团以近千万资金回购消除近亿元债务,为企业改制消除债务障碍。2007年1月,集团公司制定《市物资集团公司下属企业改制三年规划表》,确定三年改制计划。总体上按打包回购企业债务,统一职工补偿标准,整体推进企业改制指导方针开展改制工作。集团公司开设改制专户,统一管理公司改制资金。各公司分别制定企业改制方案,按计划实施改制工作。对有发展前景的二手车市场,结合改制组建股份制公司,至2008年12月,完成企业改制。同时,引进资金1000万元,于2009年1月组建成立市二手车有限公司,集团公司持股36%。市物资贸易公司负债率153%,资不抵债,经向法院申请批准破产,于2009年12月完成改制,公司破产。金属材料总公司、机电设备总公司、生产资料总公司、物资再生利用总公司4家公司经打包回购清完债务,于2009年12月完成改制,公司关闭注销。至此,物资集团公司按计划3年完成企业改制。

**2007~2009年市物资集团企业改制一览**

表49-2-1　　单位:人

| 单位名称 | 改制方式 | 改制人数 | 完成时间 |
|---|---|---|---|
| 化工轻工总公司 | 关　闭 | 95 | 2001.05 |
| 建筑材料总公司 | 关　闭 | 73 | 2001.05 |
| 物资配套公司 | 关　闭 | 29 | 2002.06 |
| 进出口物资交易中心 | 关　闭 | 21 | 2002.06 |
| 汽车贸易有限公司 | 关　闭 | 62 | 2003.12 |
| 汽车销售公司 | 关　闭 | 21 | 2003.12 |
| 二手车市场 | 组建股份制公司 | 15 | 2008.12 |
| 物资贸易公司 | 破　产 | 66 | 2009.12 |
| 金属材料总公司 | 关　闭 | 143 | 2009.12 |
| 机电设备总公司 | 关　闭 | 94 | 2009.12 |
| 生产资料总公司 | 关　闭 | 87 | 2009.12 |
| 物资再生利用总公司 | 关　闭 | 129 | 2009.12 |

## 二、商业体制改革

1992年、1994年,市委、市政府分别下发《关于发展个体私营经济若干规定》与《关于进一步加快个体私营经济发展的决定》,3年间共出台15项扶持个体私营经济发展优惠政策。90年代后期,本土民营企业联盛集团公司、派拉蒙集团公司和外来知名民营企业步步高等登陆九江市场。1997年,九江东方能源贸易公司依照协议,兼并隶属于市蔬菜副食品总公司的酱菜制品厂,启动市商业企业改制。2001年,市政府确定市直商业系统所辖市食品厂首批进行产权制度改革。2002年1月,召开全厂职工大会审议,通过《九江市食品厂关于企业整体全面改制施行的工作方案》。6月,市国有企业改革领导小组办公室根据市商业局《关于对东风饭店进行改制的请示》,同意东风饭店改制。2003年1月,东风饭店职工代表大会通过《东风饭店企业改制方案》和《职工分流安置方案》。改制后东风饭店国有资产整体转让北京市环球众人众轻纺市场有限责任公司,转让金额1200万元。随后,市饮食服务总公司所属香炉峰宾馆、市食品总公司所属市旅游服务公司、市商业储运公司、市肉类联合加工厂相继改制。2010年7月7日,市委九届六十八次常委会议研究通过《九江市市属国有商业企业改革实施意见》,随后市国有企业改革领导小组下发《关于印发九江市市属国有商业企业改革实施意见的通知》。8月,市商管办党组相继印发《关于严明纪律保障市直国有商业企业改革顺利推进的意见》《关于调整市直国有商业企业改革指导服务组的通知》。9月29日和10月21日, 市7个系统国企改革领导小组分两次审议通过市百货纺织品总公司、市糖酒副食品总公司、市蔬菜副食品总公司、新潮商厦、市燃料总公司、市食品总公司、市饮食服务总公司、市商业储运公司、外轮供应华侨友谊公司、市百货大楼市大中大(集团)股份有限公司 11 家企业的“两案”。成立商业资产经营有限责任公司,搭建融资平台,向浦发银行申请贷款 2 亿元,解决改制资金来源问题,并承担经营和管理国家商业资产,处理改制企业遗留问题。2010 年年底,市直国有商业 12 家一级法人企业全面完成国企改制任务。

## 三、粮油流通体制改革

1991 年,按照国务院《关于调整粮食统销价格决定》,5 月 1 日起,适当提高定量粮油销售价格,发给城镇居民每人每月 6 元补给。1992 年 3 月 6 日,国务院决定提高粮食统销价格,实行购销同价。至此,粮食统销价格长期处于统购价格购销倒挂状况得到改正。市粮食定购价格每 50 公斤早稻由 22.10 元提高到 24.50 元,晚稻由 22.80 元提高到 27.50 元,拉开品质差价;在提高定购价基础上,实行购销同价;食用油取消指令性计划,放开经营(收购只下指导意见);取消糯粮及其他名贵品种指令性计划,放开经营;放开副产品价格。1994 年,粮食收购“保量放价”政策出台,实行“米袋子”省长负责制。粮食收购在没有完成国家定购任务之前,除承担国家粮油收购任务的基层粮管所(站)在当地组织收购外,其他单位和个人不得到农村插手收购。完成定购任务后,实行放开经营。1995 年 6 月,按照国务院《关于粮食部门深化改革实行两线运行的通知》,全市粮食部门建立政策性业务和商业性经营两线运行机制,两线运行原则为“统一领导、两线运行、明确责任、分别核算、稳定市场、搞活经营”。此后,粮食实行“四定”包干,市政府《关于做好 1995 年粮食购销工作的通知》,其主要措施就是粮食实行定购、定销、定调、定库存“四定”包干。1996 年 6 月 29 日,市政府《关于印发市直粮食部门深化改革实行两条线运行的实施意见的通知》,明确市直粮食部门政策性业务范围及单位、商业性经营单位以及人员划分。全市粮食部门对政策性业务实行定代购、代储、代销、代加工,给予定额代理费用“四定一代”,按量拨补,企业不承担政策性亏损,经营性业务由企业自负盈亏。按照两线运行原则,同年,市粮油(集团)公司(原与市粮食局两块牌子一套人员)撤销,另组建市粮油总公司,为国有独立自主经营法人企业,隶属市粮食局。市《城镇居民粮食供应证》同年停止使用。1997 年,全市粮食定购任务调整为 8095 万公斤贸易粮。1998 年 10 月 21 日,市举办粮食流通体制改革学习班,各县(市、区)分管财贸县(市、区)长,计委主任、粮食局局长、工商局局长、物价局局长、财政局局长、农发行行长,市直有关单位共 150 人参加学习。10 月 31 日,市政府下达《贯彻国务院、省政府关于进一步深化粮食流通体制改革决定的通知》,要求粮食流通体制实行“四分开、一完善”,即实行政企分开、中央与地方责任分开、储备与经营分开、新老财务账目分开,完善粮食价格机制。根据国务院推进粮改“三项政策,一项改革”,坚持保护价收购,全市粮食部门没有出现过限收、拒收、停收现象。1999 年,定购粮与保护价并轨,取消粮食调拨,由市和各县(市、区)政府负责本地粮食供求平衡。2000 年,早稻退出保护价收购后,中晚稻仍实行保护价收购,以“农村稳定、农业发展、农民增收”为出发点,将农民手中余粮应收尽收,以保护农民利益。国有粮食购销企业,在出售原粮或成品粮时,按保本微利原则顺价销售,不再发生新的亏损,即使有些粮管所无钱发工资,也没有出现逆向操作、低价亏本卖粮情况。2001 年,全市完成粮食顺价销售量 29890 万公斤,较上年增加 9301 万公斤,增幅达 31%,超额完成市政府确定的粮食扩销目标。收购过程中,农发行保证及时足额供应收购资金,确保粮食收购不打“白条”,监督国有粮食购销企业执行国家购销政策,防止发生新的亏损挂账和挤占挪用。按照“库贷挂钩”“钱随粮走”的办法供应和管理粮食收购贷款。坚持三项政策同时,全市国有粮食企业加快自身改革,切实转换经营机制,真正面向市场,做到自负盈亏。2002 年,全市粮食企业根据省政府《关于印发加快全省国有粮食企业改革与发展若干意见的通知》和市委、市政府《关于推进国有粮食企业改革的实施意见》等文件精神,成功地探索和完善国有粮食企业改革“修水作法”和“星子作法”,以经营性小企业产权出售为主,筹措改革成本金。市政府在星子县召开深化粮企改革现场会,星子粮食企业在职职工 834 人,全部进行身份置换,购销企业返聘上岗 129 人,购销企业和经营性企业改制全部到位。修水县粮食购销企业 32 个合并为 14 个, 经营性工贸企业也完成产权制度转换,1391 名职工与粮食企业解除劳动合同关系,返聘 281 人。同年 10 月 28 日,在省政府支持下,通过外引内联,南方粮食交易市场在九江开业,市场以稻米油料交易为主,集商流、物流、信息流于一体。开业后,年交易10~15万吨,成为面向粮食产区辐射全国销区的国家级粮食交易市场。2003年,市粮食局按照“总体规划,分步实施,因企施策,分类指导,先易后难”原则,国有粮食企业“双置换”,实行竞聘上岗、择优返聘。当年,按保护价收购原粮1.825亿公斤,占当年总产量29.91%。

2004年,根据省、市政府贯彻国务院深化粮食流通体制改革部署,市全面放开收购市场,直接补贴粮农,转换企业机制,维护市场秩序,加强宏观调控。全市粮食部门深入千家万户、田间地头,宣传市场信息,引导农民种植产销对路的品种,大力发展“订单农业”,从2001年的0.33万公顷到2004年的5.67万公顷,当年订单收购粮食1.2亿公斤,占粮食商品率48%。为保护种粮农民利益,调动农民种粮积极性,当年始,对全市种粮农民实行“四补”政策,即种粮农民直接补贴、良种补贴、农机购置补贴和农资综合直补,改变多年来补贴流通环节做法,使农民直接受益。同时,国有粮食企业由“计划主渠道”向“市场主渠道”转变,按照建立现代企业制度的要求,推进国有粮食企业重组,进行改组、改造、兼并,租赁、出售、转制、破产,全市粮食经营性单位改制前340个,改制后196个。至2004年年底,全市县以下粮食企业改制工作基本结束,市直完成改制企业2家。全市粮食系统依法解除劳动关系11386人,其中市直277人。2007~2009年,市直粮食系统20家国有粮食企业有19家进行改制。其间,全市共处理陈化粮4.9亿公斤。对全市政策性粮食财务挂账进行三次清理认定,1992年3月31日以前21288万元,1992年4月1日至1998年5月31日69940万元,1998年6月1日至2004年5月31日70519.83万元消化完毕。2008年,市仙人面粉股份有限公司依法破产。至2010年,市五丰宾馆改制工作基本完成,庐山区国有粮食企业改制结束,至此,全市市场化购销体制全面建立。改革中,全市(除庐山管理局)粮食部门“老人”均得到妥善解决。全市粮食经营企业改制前14618人,改制后3792人(含返聘人数)。

### 四、供销社体制改革

1991年3月1日,市供销社与市商业局分设。下设市农业生产资料公司、市土产公司、市棉麻公司、市茶叶果品公司、市日用杂品公司5个公司。8月,根据市政府转发市体改委《关于1991年经济体制改革工作要点的通知》精神,成立“九江共茂股份有限集团总公司”,实行“四放开”(经营范围、商品价格、工资报酬、用工放开)。九江共茂股份有限集团总公司下辖的各县(市、区)供销社工业品贸易中心(工业品采购供应站)企业名称统一更名为“九江共茂有限集团××县(市、区)公司”。共有11个县(市、区)社先后组建集团公司。1992年,市委、市政府《关于市供销社机构改革的实施意见》,决定市供销社与共茂集团合二为一,实行两块牌子,一套人员。干部一律实行聘任制,自筹资金发工资。同年市供销社制定《工效挂钩分挂实施方案》,职工工资同经济效益挂钩。1995年,市供销社《关于印发市社直属公司全面实行劳动合同制度的实施意见的通知》,企业职工实行劳动合同制度。同年,根据中央《关于深化供销合作社改革的决定》,市委、市政府办公室下发《关于撤销市商业、粮油、共茂三个集团公司的通知》,保留市供销社,撤销共茂集团公司。1999年,按照国务院《关于解决当前供销合作社几个突出问题的通知》,确定基层社改革的主要形式为:实行股份制改造、实行租赁经营、完善全员风险抵押和全额库存抵押(抽本)经营、实施拍卖、兼并或撤社留店,对扭亏无望、资不抵债的基层社,依法实施破产。按照各级有关文件精神,各县(市、区)供销社制订并经县委、县政府批转的县供销社关于企业产权制度改革实施办法,决定对基层社和县直属企业进行产权改制,以产权制度改革为切入点,出售企业部分或全部资产,解除干部职工与企业的劳动关系,妥善安置企业离退休人员,整合经营要素,重组基层社和公司。2001年,市供销社印发《九江市供销社直属单位资产管理办法的通知》规定,明确供销社是社有资产的所有者和管理者,实行政企分开、保值增值、分级管理。同年根据市政府《关于九江市企业产权制度改革实施细则的通知》精神,企业改革分股份制改造、兼并改组、企业出售、破产关闭等形式。市供销社出台《关于深化市供销社直属企业改革的实施意见的通知》,要求积极稳妥、有进有退、职工安置优先、社有资产归供销社所有。根据中华全国供销合作总社《关于进一步深化基层供销合作社改革意见》,全面推进基层供销社的分类改造,推动农村专业合作社和村级综合服务站发展。全市基层供销合作社开始陆续改制。主要形式有并社留店建中心社、置换职工身份、减人留社留店和变卖资产安置职工关门走人。2002年,根据市政府办公室《同意关于清偿长城公司13450万元债务方案》,由市供销社所属七宗土地收储变现落实。市供销社了断历史债务。根据市委、市政府《关于推进国有企业改革的实施意见》精神,市供销社制定《关于加快市直企业改革的实施意见》,市供销社直属企业采取股份制改造、出售、关闭等形式进行改制,原则上政策性经营企业实行股份制改造,其他分散经营企业实行一次性退出,职工安置按500元~700元/年。市供销建设总公司改制关门走人。市棉麻总公司依照自愿原则减员增效,置换员工121人。市土产公司改制,置换员工80人。同年,招商引资兴建九江果品批发交易大市场。2003年,成立资产运营公司,按照市场经济规律进行运作,确保社有资产保值增值。2007年2月,市供销社茶叶副食品公司完成改制。3月,工业品公司完成改制。12月,交电炊具公司停产减人,置换员工54人。2008年7月,市农业生产资料总公司完成改制。2009年12月,茶果公司、日用杂品总公司、九江商厦、再生资源总公司冷藏储运公司完成改制。各县(市、区)供销社采取开门办社方式,与民营企业或个体工商户以店面场地入股方式,或加盟或联营,逐年恢复基层社网点。

2010年底,市供销社直属企业完成改制,保留直属企业9家,为社有全资企业,即:市农业生产资料总公司、市棉麻总公司、市日用杂品总公司、九江商厦、市再生资源总公司、市冷藏储运公司、九江果品批发交易大市场有限公司、市土产公司、交电炊具公司。有经营网点14个。

## 五、外贸体制改革

1991年,市对外经济贸易局属省垂直管理。为进一步深化外贸体制改革,经省政府批准,自1993年1月1日起,市对外经济贸易局及各直属外贸企业的人、财、物与省对外经济贸易厅脱钩,列入市政府序列。7月,市政府决定各县对外经济贸易局与市对外经济贸易局在人、财、物上脱钩,纳入地方管理。1996年6月,市对外经济贸易局更名为市对外贸易经济合作局,为市政府综合管理全市对外贸易经济合作工作职能部门。2004年7月1日,新修订《中华人民共和国对外贸易法》实施,对外贸易经营权由审批制改为备案制。至2010年底,全市通过备案登记取得外贸经营权的企业574家。2002年,根据《中共江西省委、省人民政府政府关于九江市党政机构改革方案的通知》和《中共九江市委、九江市人民政府关于九江市党政机构改革实施方案的通知》,市对外贸易经济合作局更名为市对外贸易经济合作委员会(简称市外经贸委)为主管对外贸易与经济合作的市政府工作部门。2003年,根据《九江市招商协作局主要职责、内设机构和人员编制规定》,原市政府对外经济技术合作办公室和市政府利用外资办公室合并,组建市招商协作局,为市政府直属正处级事业单位。2007年4月4日,市委常委会第9次会议研究同意将市对外贸易经济合作委员会和市招商协作局合并,组建市商务局,为市政府工作部门,对外保留市对外贸易经济合作委员会和市招商协作局牌子,下设市招商服务中心,为市商务局下属正处级事业单位,参照公务员管理。市商务局所属外经贸企业共11家。按照全市国有企业改制的有关政策和统一安排,对职工进行身份置换,对企业采取关闭注销、依法破产等改制模式。改制工作期间,市商务局采取领导挂企业等方式,确保改制工作稳定。涉及职工536人,其中离休2人、退休118人、离岗退养145人、身份置换271人;2008年3月底前完成5家,2009年底前完成余下6家企业的职工身份置换工作;共支付经济补偿金453.85万元(2009年291.1万元)、内退生活费180.71万元(2009年121.2万元);已经补缴社会保险费2180.3万元(2009年1429.3万元),其中,养老保险补缴1565.76万元(2009年997.75万元)、失业保险补缴137.35万元(2009年94.52万元);拟3家采取关闭、1家采取公司化改造、7家采取依法破产的改制模式。已依法破产终结2家,正在破产程序中1家。通过破产处置债务3028.79万元。2010年7月,市政府根据《中共九江市委、九江市人民政府关于九江市人民政府机构改革实施方案的通知》,下发《九江市人民政府关于印发九江市商务局主要职责、内设机构和人员编制规定的通知》。并将其职能作相应的调整:取消由市政府公布取消的行政审批事项;将原市对外贸易经济合作委员会的职责,原市招商协作局的职责,整合划入市商务局;将市政府办公厅归口管理市政府驻上海联络处、驻深圳办事处、驻厦门办事处职责划入市商务局;代管市投资促进中心。

## 六、石油烟草盐业体制改革

**石油体制改革** 1992年9月,成立法人单位市石油公司,与省总公司九江分公司实行两块牌子一套人员。1994年10月,市政府召开市石油成品油流通体制改革工作会议。同时成立成品油市场监督领导小组,市石油公司作为领导小组成员单位参与市成品油市场清理整顿工作。1999年3月,修水县、武宁县、瑞昌市3个石油支公司成建制划归瑞昌石油化工公司管理。2000年1月,企业重组,主业部分组建为中国石化股份有限公司江西九江石油分公司,非主业部分组建实业公司中国石化集团江西九江石油分公司。2003年5月,省石油总公司九江办事处整体划入中国石化集团江西九江石油分公司。2003年7月,设立直销配送中心,撤销水陆经营部、配送管理科。同时注销九江浔沪联营石油销售公司(于1987年4月设立)。2005年1月,武宁、修水经营部整体划归九江石油分公司经营管理。2006年2月,中国石化集团江西石油总公司庐山办事处(含云龙宾馆)并入中国石化集团江西九江石油分公司。2006年,ERP管理系统正式上线。2006年12月,九昌樟管道暨金鸡坡油库(首站)配套改造项目启动,该管道项目是省内第一条动工新建的成品油管道项目,投资约2亿元。2006年12月,召开九江石油分公司第六届职工代表大会暨工会会员代表大会第二次会议。会议公开企业经营状况,重点报告费用列支情况。大会以无记名投票方式表决通过中层管理人员、一般管理人员、加油站经理保管员等3个竞聘实施方案。2007年1月,中国石化集团江西九江石油分公司注销、各县石油支公司注销。2007年5月,设立中国石化集团资产经营管理有限公司江西石油分公司九江工作部。

**烟草体制改革** 1991年,市烟草经营已属专卖。1992年年底,全市有卷烟委托代销点17个,1993年,新增下设网点11个,新设立卷烟农村批发网点8个。1994年,设立131个省产烟直销点。2000年,全面实施网建"一把手"工程,初步形成按区域设置网点、坐店经营、专卖基本对应的网建模式。2001年,实施县城以上"全面访销、集中配送、访送分离、优质服务"网络运行方式。2002年年底,基本完成"全面访销,集中配送"组织实施工作。2003年,推行"城乡一体、访送分离、集中配送、专销结合"为主网建模式。2004年"电话订货、网上配货、电子结算、现代物流"为主要特征的新一轮网建稳步推进。为推进体制改革,同年,取消县级公司法人资格,构建起以分公司为经营主体的统一集中管理格局和人、财、物一体化业务流程。2006年,制订《江西省烟草公司九江市公司建立母子公司体制实施方案》,送审报批、资产划转、营业执照、税务登记、名称变更等已全面完成。通过理顺产权关系,构建总公司、省公司、市公司三级母子公司体制。

**盐业体制改革** 市盐务局、省盐业集团公司九江公司是隶属于省盐务局、省盐业集团公司管理的,集国家盐业行政管理和食盐专营两项职能为一体的国有省属企业。对辖销区盐的产、运、销实行指令性计划管理,辖销区范围是市行政区及上饶市鄱阳县响水滩、银宝湖、肖家岭3个乡镇。1992年4月,为贯彻落实《盐业管理条例》《江西省盐业管理实施办法》相关规定,在市盐业公司机构的基础上增设市盐务局,在湖口、彭泽、德安、修水县4县盐业公司增设4县盐务局,确定各盐务局为本辖区盐业行政主管部门,赋予盐政管理职能。1994年10月国务院颁布《食盐加碘消除碘缺乏危害管理条例》。从此,国家正式实行食盐专营政策,其核心内容是国家通过专营体制控制生产食盐,建立食盐定点生产许可证制度,对食盐批发实行批发许可制度,对食盐的运输实行准运证制度。2003年,为提高食盐流通效率,降低流通成本,保障合格碘盐供应,九江公司始终按照国家发展和改革委员会发布的《关于促进食盐流通现代化的若干意见》精神,狠抓健全物流配送体系,整合和优化食盐供应链,实现盐政管理网络和食盐销售网络的合二为一,努力提高物流管理水平。全面建立适应市场需求的"全天候、全方位、全过程、立体式"食盐配送客户服务体系。2005年,省盐业总公司改革后,成立省盐业集团公司,市原有湖口、彭泽、德安、修水4县盐业公司逐步取消法人资格,划归九江市公司管理,自此,湖口、彭泽、德安、修水县盐业公司成为九江公司报账制分公司。2007年,将各分公司党组织关系全面回收归市公司党委统一管辖。2010年,九江公司盐产品从过去的单一品种,发展为加碘盐、绿色食品盐、多品种营养盐、礼品盐、腌制盐等十多个品种，产品包装丰富多样。2010年，销售食盐及各类生产加工用盐25280吨，其中小袋食盐16880吨，实现销售收入4435万元年，创利税226万元。

### 七、市场体系建设

1995年，按照国务院办公厅和省政府办公厅文件精神，全市工商部门进行自办或联办市场的摸底工作。1999年至2001年，按照国务院工商行政管理体制改革和市场管办脱钩的要求，全市工商系统42座市场全部办理市场移交手续，移交市场总面积111881.5平方米，移交总资产5148.7339万元，移交债务2446.5168万元。市场移交后，工商行政管理局的主要任务转为加强对市场的监督管理和行政执法。

# 第三章　社会事业体制改革

## 第一节　城市住房制度改革

### 一、公房出售、调租及分配货币化

1991年，市房改领导小组把全市公有住房租金标准统一为使用面积每平方米0.065元，1993年调至每平方米0.15元。同年，公有住房出售在全市推行，市区出售公有住房标准价为每平方米建筑面积210元，一次性付清款的，给予20%利差补偿，职工购买公有住房拥有部分收益和处分权，5年后允许上市交易。1996年11月，市政府印发《江西省住房制度改革领导小组关于九江市深化住房制度改革方案的批复》，出售公有住房标准价调整为每平方米465元，成本价每平方米608元，同时给予年工龄5元折扣、5%现住房折扣及20%一次性付款折扣，按成本价购住房拥有全部产权，取得全部产权后允许上市交易。1998年下半年，根据国家、省、市相关政策，停止住房实物分配后，加快住房分配货币化进程，全面建立住房新制度。2000年，住房租金原则上应达到占双职工家庭平均工资15%，已达到成本租金水平的按成本租金或市场租金计租。2001年，出台《九江市进一步深化住房制度改革加快住房建设实施方案》，实行住房分配货币化。同年9月12日起，出售公有住房成本价调整为每平方米660元，同时取消标准价、5%现住房折扣和20%一次性付款折扣，工龄折扣率从每年5元调整为4元。至2010年底，市中心城区累计出售公有住房77969套，建筑面积510.835万平方米，占可售住房的92%，收回住房资金6.89亿元。市区共有49个单位2949名职工享受住房补贴，发放补贴资金1553.95万元。

### 二、经济适用房建设

1991年始，审批市中心城区集资建房172个单位，共集资建房1.46万套，建筑面积126.6万平方米。1992年，市政府于长虹小区建设安居工程住房504套3.6万平方米；1995年，市被国务院列为全国59个安居工程试点城市，分别开工建设的有湖滨小区3000套18万平方米，南湖小区400套2.6万平方米，西苑小区1200套8万平方米；1998年开发建设庐峰小区1800套22万平方米。至2000年，市中心城区集资建房累计24.7万平方米。2007~2010年，市中心城区共建经济适用房8519套，建设面积60.8万平方米，总投资72702万元；各县(市)区共建经济适用房3812套，建设面积19.28万平方米，总投资2311万元。

## 三、廉租房和公共租赁住房实施

**廉租住房建设** 2005年,开始建设廉租住房,其中开发建设怡康苑小区1323套6.9万平方米、螺蛳山怡嘉苑2182套7.09万平方米,前进西路怡祥苑1636套8.18万平方米。2006~2010年,市中心城区共建廉租住房6212套,建设面积31.33万平方米,总投资45760万元。共对12376户发放租赁补贴2269.62万元,租金核减1285户,核减金额约17.28万元。2007~2010年,各县(市)区共建廉租住房4079套,建设面积22.15万平方米,总投资16677万元。共对8956户发放租赁补贴1233万元。

**公共租赁住房建设** 在国家公共租赁住房政策出台之前,由九江开发区所属富和投资公司贷款融资、庐山区诺贝尔陶瓷企业投资,在中心城区工业园区建设完工1927套(间)10.63万平方米公租房。2010年,对中心城区中等偏下收入家庭以及新就业职工、外来务工人员等住房问题进行专题调查研究,广泛征求意见,依据国家相关政策,借鉴外地做法,结合实际,提出在中心城区新建1万套公共租赁住房,以解决"夹心层"群体住房问题,并出台《九江市人民政府办公厅关于印发九江市中心城区公共租赁住房建设意见的通知》,初拟《九江市关于加快发展公共租赁住房建设实施办法》。

**2006~2010年市中心城区保障性住房建设投资一览**

表49-3-1　　单位:套、平方米、万元、户

| 项目 | | 2006年 | 2007年 | | 2008年 | | 2009年 | | 2010年 | | | 合计 |
|---|---|---|---|---|---|---|---|---|---|---|---|---|
| 经济适用住房 | 建设地点 | | 八里坡 | | 螺蛳山 | 樱花苑 | 前进西路新建 | 货币补贴 | | | | |
| | 建设套数 | | 3557 | | 2376 | 988 | 898 | 700 | | | | 8519 |
| | 建设面积 | | 288000 | | 210000 | | 110000 | | | | | 608000 |
| | 总投资 | | 28800 | | 34144 | | 7588 | 2170 | | | | 72702 |
| | 已保障套数 | | 3063 | | 2355 | 988 | 870 | 293 | | | | 7569 |
| 廉租住房 | 建设地点 | 怡康苑 | 八里坡 | 上海路 | 螺蛳山 | | 前进西路 | 怡康苑 | 前进西路 | 肉联厂 | 螺蛳山 | |
| | 建设套数 | 459 | 120 | 2 | 624 | | 1636 | 864 | 689 | 260 | 1558 | 6212 |
| | 建设面积 | 26000 | 6000 | 100 | 31200 | | 125000 | | 34000 | 13000 | 78000 | 313300 |
| | 总投资 | 2366 | 720 | 25 | 4774 | | 19125 | | 5167 | 1950 | 11633 | 45760 |
| | 已保障套数 | 459 | 90 | 2 | 624 | | 1636 | 864 | 689 | | 1503 | 5867 |
| 租赁补贴 | 户数 | | | | | | 4983 | | 7393 | | | 12376 |
| | 金额 | | | | | | 1190.24 | | 1079.38(至当年第四季度) | | | 2269.62 |
| 租金核减 | 户数 | | 327 | | 327 | | 327 | | 304 | | | 1285 |
| | 金额 | | 约4.44 | | 约4.44 | | 约4.44 | | 约3.96 | | | 约17.28 |

2007~2010年各县(市)区住房保障房源一览

表49-3-2 单位:套、平方米、万元、户

| 项目 | | 2007年 | 2008年 | 2009年 | 2010年 | 合计 |
|---|---|---|---|---|---|---|
| 经济适用住房 | 建设地点 | | | | | |
| | 建设套数 | | 654 | 2913 | 245 | 3812 |
| | 建设面积 | | 34456.34 | 143235.34 | 15127.5 | 192819.18 |
| | 总投资 | | | | 2311 | 2311 |
| | 已保障套数 | | | | | |
| 廉租住房 | 建设地点 | | | | | |
| | 建设套数 | 108 | 749 | 60 | 3162 | 4079 |
| | 建设面积 | 8188.2 | 51590.44 | 3600 | 158100 | 221478.64 |
| | 总投资 | | | | 16677 | 16677 |
| | 已保障套数 | | | | | |
| 租赁补贴 | 户数 | | | 8956 | | 8956 |
| | 金额 | | | 1233.05 | | 1233.05 |
| 租金核减 | 户数 | | | | | |
| | 金额 | | | | | |

## 第二节 教育体制改革

### 一、管理体制

1991~2000年,市基础教育主要实行“三级办学,两级管理”体制,即县、乡、村三级办学,县、乡两级分工管理。2001~2010年,实行由地方政府负责、分级管理、以县为主的体制,乡(镇)文教办逐步撤销。农村幼儿教育、小学教育业务由乡(镇)中心小学管理;乡(镇)中心小学、乡(镇)初中教育由县(市、区)教育局管理。

### 二、办学体制

20世纪90年代初,市民办教育主要以高考补习、高等教育自考助学、职业技能培训和职工教育培训为主,且民办教育机构不多,办学规模不大,多以退职人员举办为主,办学场地以租赁为主,师资以退休教师为主,投入一般较少,办学设施设备简单,条件简陋。2001年始,民办教育走向规模化,成为教育重要组成部分。至2007年,市直剥离企业学校共56所。至2010年,全市以政府办学为主体、社会力量共同参与、公办和民办学校共同发展的多元化办学体制逐步形成。全市主要办学形式有军地共建,中央、省、市共建,省、市共建,省属驻地学校,省管民办驻地学校,行业(部门)办学,市、县(市、区)、乡(镇)、村办学。

### 三、教师管理体制

1991~2000年,教师管理实行身份管理。2001年,全市中小学实行人事制度改革,教师管理实行岗位管理,即教师引进、教师的流动调配、毕业生选派实行双向选择、竞争上岗、全员合同聘用。主要分4个层次:科学设岗——“定编制、定岗位、定员额、定工作量”;竞争上岗——根据“公开、公平、竞争、择优”的原则,按“校长—中层—教研组长、年级组长、班主任—教师—职工”顺序分级聘任,竞争上岗,择优聘用;签订聘约——应聘教师与校长签订聘约;落聘分流——对于落聘教师根据不同情况,妥善安置,主要采取

校内转岗、待岗进修、校内退养、校际交流、人事代理、自谋职业、校办产业、辞职、辞退等方式进行分流。2005年起,考录的各类大中专毕业生(含2003年以前毕业生)全部进入市人才市场,其人事档案存放在当地政府人事部门隶属的人才服务机构,实行人事代理,由"单位人"向"社会人"转变,人事关系与用人单位相分离,人事代理人员和编制相分离(占编不上编),实行合同聘用管理。

## 四、九年义务教育实施

1991~2000年,市初中阶段适龄人口入学率、农村义务教育普及率都比较低,初中阶段适龄人口入学率只有80%左右。多数县区实施八年义务教育,普及率不到70%。1993年,浔阳区、彭泽县、德安县先后达到省级、国家级普及九年义务教育验收标准,"普九"县区的人口占全市人口覆盖率(又称为人口比例)为18%;1995年,庐山区、庐山管理局、永修县、瑞昌市先后达到省级、国家级"普九"验收标准,累计人口覆盖率增加到40%;1996年,九江县、武宁县先后达到省级、国家级"普九"验收标准,累计人口覆盖率增加到56%;1997年,星子县、湖口县先后达到省级、国家级"普九"验收标准;累计人口覆盖率增加到68%;1999年,修水县达到省级、国家级"普九"验收标准。2001年,省教育厅开始"两基"复检。庐山区、武宁县、彭泽县、星子县,德安县、永修县,瑞昌市、九江县、修水县、湖口县、浔阳区先后通过省"两基"复检,达到国家验收标准。2001~2005年,全市各县区逐步完成小学五年制向六年制过渡,全面实施九年义务教育,即小学六年初中三年。多数县区根据办学基础,小学和初中分开办学。自2001年起,有的县区开始设置九年一贯制学校,当年全市设置九年制学校有37所。2003年,都昌县达到省级、国家级"普九"验收标准,累计人口覆盖率达到100%。至此,全市实现普及九年义务教育目标。

## 五、中考中招改革

2006年,省中招委将市列为中考中招改革试验区,庐山区在全市率先改革试点。至2010年,全市有庐山区、星子县、德安县、庐山管理局、彭泽县、共青城市、湖口县7个县区进入改革试点。考生中考成绩以等级呈现,并增加考生综合素质评价项目作为中招录取依据之一。具体做法是,抓好中考考试阅卷工作,按不同类型的招生计划科学合理地将学生分数转换成等级。在转换中,各县区考虑到招生计划、学生实行成绩的均衡性、各等级临界线同分并列、各类高中录取规定的条件等因素,科学确定各学科学业分数转换成等级的比例,学科A等在10%左右,B等30%左右,C等在50%左右,D等在10%左右。在综合素质评价项目中,参与改革的各县区制定《初中学生综合素质评价实施意见》,各校成立学生综合素质评价工作委员会和班级综合素质评价工作小组,建立和完善《学生成长记录袋》,根据综合素质评价的内容和标准,依据学生日常表现及《学生成长记录袋》内容,按学生自评、小组互评、班级小组评定、校评委员会审核认定,将评价结果上报到市中招办。在综合等级和综合素质的基础上进行录取,录取的批次为重点中学择优班、重点中学普通班、重点中学的均衡生、重点中学择校生、一般高中统招生、一般高中择校生、职业高中、中专。等级加评语和录取的批次相匹配,如各重点中学重点班录取条件为理化操作考试合格,体育加试B等(含)以上、学业等级C以上,然后按照体育加试,省定优惠,综合素质,评价等级,优先学科顺序逐一排录。

## 六、高中学业水平考试

1992年4月,市普通高中毕业会考委员会成立。6月,由全省统一命题,统一制卷,在统一时间,开始实施毕业会考,市、县实施分级考试。市会考办在市直、县(市、区)设置考区,考区下设若干个考点,考点又有若干个考场。考场按照高考模式来布置,市直、县(市、区)均实行交叉监考。考试结束后,市直、县(市、区)将试卷封存全部移交市会考办,由会考办抽调市直学校和部分县区学校教师参加集中阅卷,成绩以百分制评定,60分以上为及格,不及格者可以在当年9月中旬参加补考。高一年级会考科目是历史、地理,高二年级会考科目是物理、化学、生物、英语,高三年级会考科目是政治、语文、数学。6月21日,全市1991年秋季入学的高一新生12000人参加历史地理两学科考试,全市共设立14个考区,52个考点,376个考场,其中,市直考生1800余人,在市一中、同文中学考点共56个考场参加考试。2000年3月,教育部《关于普通高中毕业会考制度改革的意见》明确将高中会考以决策权和管理权下放到省。省不断深化高中会考考试形式和内容。6月起,实行每年两次会考,每次开考全部科目,不再组织补考。为发展学生的个性、特长、鼓励学校办出特色,对学生一次报考的科目和科次不作限制,允许学生多次参加同一科目的会考,按取得的最高等次记录成绩。允许少数优秀学生提前参加会考。2001年,《江西省普通高中毕业会考改革方案》出台,规定普通高中毕业会考向社会开放。凡达到初中毕业水平的社会人员,不论职业、年龄均可报名参加普通高中毕业会考,成绩合格者发给普通高中毕业证书。同年始,语文、数学、英语3科会考交由各设区市在全省统一规定的时间内组织施考,自行命题、组考和阅卷,市语、数、英3科会考命题机构为市教学研究室。由教学研究室抽调教师按中考模式来命题。其余6门文化课政治、历史、地理、物理、化学、生物仍由全省统一命题并组织考试,这样的“6+3”考试模式,既能保证各级各类学校办出特色,也可以让各级各类学校按课程计划的要求开齐开足各科课时,从而防止学生学习偏科现象发生。2008年9月27日,将市教育局下属事业单位人才规划领导小组办公室更名为市中招(会考)办公室,为市教育局直属事业单位。至此,市会考机构正式组成。为配合新课程实验,2008年入学的高一年级学生参加普通高中学业水平考试(原普通高中毕业会考)。学业水平考试全省统考科目为语文、数学、英语(含听力测试)、思想政治、历史、地理、物理、化学、生物、信息技术、通用技术共11科。考试采取书面闭卷考试和上机操作考试两种方式。书面考试的科目为语文、数学、英语、思想政治、历史、地理、物理、化学、生物共9科;本着修完一科考一科的原则,学生在获得某学科所有必修学分后,才能参加该学科学业水平考试。根据省教育厅新课程编排意见,学生必须在高二年级第一学期参加物理、化学、历史、地理考试;高二年级第二学期参加思想政治、生物、信息技术(上机考试)、通用技术考试;高三年级第一学期参加语文、数学、英语考试。此外,每次参加其他科目考试均视为补考,成绩记录为A(补)、B(补)、C(补)、D(补)。和普通高中毕业会考相比,考试科目由9科增加到11科,增加的两科是信息技术和通用技术,阅卷安排由市会考办统一将全市试卷封存好送达省考试院,由省考试院根据标准统一阅卷。2010年1月,省普通高中实施新课程。

### 七、新一轮国家教育体制改革试点

2010年12月,按照国务院办公厅《关于开展国家教育体制改革试点的通知》,一批改革目标明确、政策措施具体的教育改革项目完成备案程序,标志着国家教育体制改革试点工作全面启动。为此,市教育行政部门成立教育体制改革办公室。

## 第三节　科技体制改革

### 一、科研机构运行机制改革

2000年5月16日,省政府发布《关于省属独立科研院所管理体制改革的决定》,按照国家和省关于社会公益类科研院所改革的要求,市科技体制改革主要从科研机构着手。具体做法是实行党政分开,全面实行所长负责制,科研机构的行政业务工作由所长全面负责。将科研与生产完全剥离,走科研生产经营一体化发展道路,简政放权,充分运用经济杠杆和市场调节,使科研所积极走向经济建设主战场,克服长期计划管理体制下的科研单位和生产单位、科研活动和生产经营活动相脱离的弊端。民办科研机构是科技体制改革中出现的新生事物,1991~2010年,市、县(区)共有民办科技研发机构310家,从业人员5000余人。

### 二、科技计划项目管理改革

2008年,市级科技计划项目管理实行改革。科研计划项目减少,经费相对集中,分工业、农业、社会发展各科审核申报或招投标;项目经费按科研进展分批拨款,完成后一项一项进行审计。

开展重大项目招投标活动，对庐山冬季汽车轮胎防滑装置，L—苏糖酸左氧氟沙星注射用大输液的临床前研究，坯布脱脂漂白过程水质要求的确定、检测方法及生产工艺完善，修水桑树萎缩病针剂防治技术研究，电子级无碱玻璃纤维布后处理开纤技术，$CO_2$气电垂直自动焊工艺在造船业的应用，市优质油茶良种产业化基地建设，建设环保型电镀中心8个项目面向全社会公开招标。经公开招投标程序，有3个项目流标，其他项目中标，单位依次是：武汉大学药学院、江西长江玻璃纤维有限公司、修水县丝绸总公司、市种子管理局、九江财兴卫浴实业有限公司。

## 第四节　文化体制改革

### 一、专业艺术表演团体改革

1993年，根据市委办公室、市政府办公室《关于同意市直剧团改革方案的批复》，市政府办公室《关于市直艺术表演团体演职员内部提前退养意见的通知》，对全市专业艺术表演团体进行整顿。整顿后，由越剧、京剧、话剧、歌舞、采茶、黄梅戏6个剧种，8个专业剧团，调整为6个剧团，经费由国家统包统揽改为差额管理。保留下来的艺术表演团体在管理体制、人事制度、经营管理等方面进行深入改革，改变由国家统包统揽模式，重点办好歌舞话剧团。专业艺术表演团体调整布局结构、推行演出承包经营责任制、实施全员考评聘任、实行演出补贴办法、剧组独立核算等不同形式的改革。

各艺术表演团体综合艺术特点，发挥各自优势和特长，兴办各种艺术培训班、歌舞厅、游艺活动等，开拓演出市场，“以文补文”，经济收入弥补部分艺术生产资金的不足。同时，表演团体开始形成国家、集体、个体共同发展的新格局。各种艺术形式的创作和表演丰富多彩。1997年，在市“庆‘七一’、迎香港回归”文艺汇演中，有43支队伍、近2000人参加，新创作节目220余个。

### 二、公益性文化单位改革

1996年，市文化局印发《关于加快局属单位文化产业发展的若干意见》《关于“九五”期间文化艺术业事业发展规划的建议》，理顺政府与文化企事业单位的关系，政企分开、政事分开、依法管理、依法行政。加快文化事业和文化产业改革步伐。群艺馆、文化馆、博物馆(纪念馆)、图书馆、文物名胜管理处、九江书画院等公益性单位，以内部机制改革重点，推进内部劳动人事、分配和社会保障制度的改革，以转换机制、增强活力、改善服务为着力点，实行岗位分类、公开选拔、竞争上岗、按岗定酬、优劳优酬，实行事企剥离和后勤改革，完善内部运行机制，提高服务水平和服务能力。

### 三、文化市场建设

1991年来，以文化产品和文化服务形式作为商品的文化市场为社会开辟一条新的就业门路。至2010年，全区共有各种文化市场经营网点1864家，包括歌舞(卡拉OK)厅、电子游戏机(室)、桌(台)球、游乐场、书刊经营摊点、印刷、美术制品、艺术培训、字画裱贴、像带发行(出租)、录像放映、剧场、电脑打印、打字复印等，一些新的文化行业如营业性电脑(网吧)随着科技事业的发展，应运而生。“一手抓繁荣，一手抓管理”，文化市场管理不断得到加强，市、县(市)、乡(镇)文化市场稽查网络已经形成。同年，全市共有文化市场管理机构(文化稽查队)15个，专职管理人员198个。以城市为中心，向乡镇辐射的多层次、多门类的文化市场格局，正向法制化、制度化、正规化、健康有序的方向发展。多年来财政给钱、报人办报的老规矩已经打破，各报社办报、经营两手抓。一报为本，多种经营，开拓以报纸广告为主的多种产业。

# 第五节　医药卫生体制改革

## 一、农村医疗改革

**一体化管理**　1991年,全市农村有村卫生所2336所,乡村医生5506人。办医形式基本有卫生院与村联办、村办、乡村医生自办3种形式,以乡村医生个体自办为主。乡村医生虽承担部分防疫任务,但主要以营利为目的,随着市场化影响,加上国家财政缺乏相关投入,集体办、联合办村卫生所不断减少。至20世纪90年代中后期,除瑞昌市码头镇码头村、浔阳区前进乡前进村等少数村外,全市80%以上联办、村办解体。1995年5月、1996年7月,德安、修水两县分别开始推行乡村一体化试点,为全面实行乡村一体化管理积累经验。

1997年,市政府下发《九江市乡村卫生组织一体化管理实施办法》。1999年,都昌县在北山乡开展乡村一体化试点,由北山乡卫生院具体组织实施,在5个条件较为成熟行政村,根据一村一所原则,对无证行医人员予以取缔,将有资格个体乡村医生进行人员整合,由乡村医生共同出资,先后新建西山、扒船塘、松峦、跑马巷、河垅5个村卫生所。均设有药房、诊疗室、注射室、观察室、值班室,达到"五室分开"并添置高压消毒锅、诊查床、身高体重计等基本医疗设备,做到统一门诊处方和诊疗登记、统一采购药品、统一进行管理、统一规章制度、统一信息公示"五个统一"。5个村卫生所运行情况良好,试点取得成功。

2000年,市卫生局把"乡村卫生组织一体化管理"作为全市农村卫生体制改革切入点,在全市全面推行"一体化管理",先后在瑞昌市和湖口县召开"乡村卫生组织一体化管理"现场会,总结经验,解决问题。至年底,全市有163个乡(镇)、1152个行政村实行紧密型"一体化管理",分别占乡、村总数71.4%和61.5%,实现"2000年乡村组织一体化管理以村为单位覆盖率达到60%"目标。其中,彭泽县、湖口县、九江县、德安县、庐山区、共青城6个县(区、场)基本实现100%覆盖率,"一体化管理"初见成效。2001年,全市乡村卫生组织一体化管理率达96.1%,居全省之首。2002年,各县(区)按照《九江市乡村卫生组织一体化管理实施办法》,将"一体化"管理重点放在机构设置、人员准入、技术使用、制度建设和药品采购监管上。星子县开始实行乡村卫生组织一体化管理,按照统一行政管理、统一服务价格、统一药品采购、统一工作制度、统一使用处方管理机制,建村卫生所77所;彭泽县把"一体化"管理纳入卫生工作目标管理重要内容,实行年终考评一票否决制度,常年不放松监管,始终保持"紧密型"管理。当年,全市1782个村卫生所73%实行乡村卫生服务一体化管理。2003年,由于建设资金筹集困难、缺乏政策支持和财政扶持、乡村医生积极性不高等多方面原因,部分地区乡村卫生组织一体化管理开始解体。

2005年,瑞昌市进行"乡村卫生服务一体化管理"试点。2006年扩大试点范围,逐步推进,同时开始村卫生所达标建设。至2008年,全市有瑞昌市、永修县、都昌县、武宁县全面实施一体化管理。1800个行政村中,980个村实施一体化管理,为全市村卫生所建设和农村卫生发展奠定基础。2008年7月,瑞昌市先后在吉林省长春市和江西省崇义县作典型经验介绍,得到卫生部、省卫生厅充分肯定。2009年,瑞昌市白杨镇檀山村卫生所代表到北京参加卫生部座谈会,受到国务院总理温家宝、副总理李克强的接见,《健康报》重点介绍该村卫生所30年坚持一体化管理经验。

2010年,瑞昌、永修、都昌、武宁、星子、德安6县(市)1800个行政村中,1200个村实施一体化管理。

**农村卫生先进县创建**　2002年7月,市政府批转《九江市创建农村卫生先进县实施方案》,各县(市、区)卫生局相继制订"创先"实施方案,落实各项"创先"措施,开展检查考评。

2004年,省政府办公厅转发省卫生厅《关于创建江西省农村卫生工作先进县(市、区)活动方案的通知》,在全省开展创建农村卫生工作先进县活动。全市各地把创建"农民放心卫生院""母亲安全初级卫生院""农村中医工作先进县"纳入创建"全省农村卫生工作先进县"之中,成立以主管县长为组长创建领导小组,制定创建工作方案,增加投入,落实责任。8月,市卫生局召开"创建全省农村卫生工作先进县工作会",全市各县(市、区、山)卫生局长参加。同年,永修、德安、都昌、湖口、星子6县被评为"2004年度全市农村卫生工作先进县创建活动先进单位”。

2005年,市政府办公厅发出《关于印发创建省、市农村卫生工作先进县(市、区)活动实施办法的通知》。

2006年,都昌县通过省卫生厅评审,获首批“江西省农村卫生工作先进县”称号。2007年,永修县获“江西省农村卫生工作先进县”称号。2009年,瑞昌市、修水县、武宁县获“江西省农村卫生工作先进县”称号。全市省级“农村卫生工作先进县”达到5个,在全省名列前茅。

**乡镇卫生院上划县管** 2001年起,按照中共中央、国务院《关于卫生改革与发展的决定》,逐步将乡镇卫生院上划县级卫生行政部门管理。当年,德安县率先将13个乡镇预算内、预算外资金全部上划县管,在县卫生局成立会计核算中心,卫生院业务等收入列入县财政预算外管理,县财政用于乡镇卫生院拨款按时拨到县卫生局,由县卫生局会计核算中心按核定基数下拨,消除卫生经费被挪用现象,保证农村卫生院基本医疗服务和开展预防保健经费需求。2002年始,各地陆续将由乡镇政府管理的卫生院上划县管,至2005年,全市卫生院上划县管、卫生院防保人员及卫生院长工资全额拨付全部完成。各乡镇卫生院全部建立乡防保所,设村兼职防保员。继德安县之后,九江、武宁、彭泽、星子、永修县相继成立会计结算中心,实施全县乡镇卫生院财务统一管理,乡镇卫生院成为报账单位,各地根据不同情况,制定相关管理制度及报账程序。

**人事分配制度改革** 2001年,卫生院开展全员聘用、竞争上岗和绩效工资人事分配制度改革。

2002年,全市县以上卫生事业单位第二轮人事制度改革整体推进,实行聘任制和任期制卫生单位领导127人,公开选拔聘用卫生单位领导干部61人。同时,乡镇以上322个医疗卫生单位推进以绩效工资为核心分配制度改革。修水县对58名大中专毕业生实行人事代理制,辞退6名擅自离岗外出人员,有2%卫技人员实行高职低聘。武宁等县推行乡镇卫生院院长公开招聘,22个乡镇卫生院共招聘43名正副院长;九江县出台《关于乡镇卫生院推行院长任期经营目标责任制的意见》;德安县卫生局印发《德安县乡镇卫生院院长管理(暂行)办法》;庐山区对院(站)长实行年度聘用考核制管理。

2005年,乡镇卫生院管理体制和运行机制改革不断深入,乡镇卫生院院长竞争上岗人数82人,占全市乡镇卫生院院长总人数44%。2006年,全市开展公开竞聘乡镇卫生院院长、全员聘用上岗、实行绩效工资制分配和人事制度改革。

2010年,乡镇卫生院开始实行绩效考核。各地卫生局下发《绩效工资考核发放指导意见》,成立绩效考核领导小组。各地职工绩效考核杜绝与业务收入挂钩,严格与工作数量、工作质量、医德医风、劳动纪律、岗位风险挂钩,实行综合考核。实行“乡财县管乡用”,强化绩效考核集中管理,各卫生院每月绩效工资通过会计核算中心审核后发放。

**农村社区卫生服务** 2002年,市卫生局印发《关于开展创建农村社区卫生服务示范区的通知》和《农村社区卫生示范区实施标准》,指导湖口县创建文桥乡社区卫生服务中心及所辖2个农村社区卫生服务站。九江县在沙河街、沙河乡,德安县在高塘、付山乡建立农村社区卫生服务站,开展农民健康体检,深受农民欢迎。2002年4月,省卫生厅到市召开全省首届社区卫生服务研讨会,市卫生局在会上作经验介绍。6月10日,卫生部部长张文康一行到市调研,视察湖口县文桥社区卫生服务站,对九江市农村社区卫生服务工作予以肯定和鼓励。当年全市卫生工作会议要求:各县(市、区)年内有30%乡镇建立农村卫生服务示范区,深入村、组、家庭,提供“六位一体”服务;全市各个乡镇卫生院全年为农民进行常规性健康体检或单项检查,必须达到总人口30%以上。2008年,开展农村社区卫生服务试点,除加强慢性病防治外,还提出关注留守儿童和留守老人健康农村社区卫生工作任务。2009年,永修、瑞昌、武宁3县(市)以乡为单位,推行农村社区卫生服务试点,开展农民慢性病管理和农村社区健康管理,试点地区覆盖农村人口48.8万,建立健康档案18.7万份。2010年,瑞昌市、永修县项目试点乡通过基线调查摸底,建立健康档案,开展慢性病系统管理。瑞昌市农村社区卫生服务工作得到卫生部调查组、华中科技大学专家的一致好评。

**医疗机构产权制度改革**　2002年，市政府下发《关于开展医疗机构产权制度改革试点工作意见》。武宁县首先对黄段、南市等一般卫生院实行股份合作制等形式改制，同时鼓励社会力量办医，投资1000万元的广仁私立医院、投资400万元的惠康肝病专科医院开工建设。永修县虬津镇等4所卫生院以责任承包形式改革经营管理模式。修水县政府转发《县卫生局关于积极鼓励社会力量兴办卫生事业的意见(试行)》，县卫生局印发《关于修水县乡镇卫生院实行股份合作制改组试点的意见(试行)》，2所卫生院股份合作制试点初显成效。2003年，武宁县清江卫生院、石渡卫生院产权转让，实行民营。

**基本公共卫生服务均等化项目**　2010年，全面启动基本公共卫生服务均等化项目，按照国家财政每人每年补助公共卫生服务均等化经费15元标准，对全市所有县(含县级市)内常住人口，以及在现居住地连续居住半年以上流动人口，以老年人、孕产妇、儿童、残疾人、慢性病人等为重点服务人群，免费提供基本公共卫生服务，包括建立居民健康档案，健康教育，预防接种，传染病防治，儿童保健，孕产妇保健，老年人保健，高血压、Ⅱ型糖尿病等慢性非传染性疾病防治，重性精神疾病管理9项内容。农村基本公共卫生服务项目主要由乡镇卫生院(社区卫生服务中心、防保站)和村卫生室(社区卫生服务站)承担。原则上每个乡镇(街办)确定当地一所乡镇卫生院或政府举办社区卫生服务机构，每个行政村(居委会)确定一所村卫生室，向辖区内居民提供基本公共卫生服务。2010年，建立农村居民健康档案120.8万份，其中，65岁以上老年人健康体检27.7万人，0~36个月婴幼儿保健管理13.66万人，孕产妇保健管理3.8万人，慢性病管理：高血压14.2万例，Ⅱ型糖尿病5.39万人。

## 二、城市社区卫生改革

1999年，市被省卫生厅确认为城市社区卫生服务工作试点市。

2000年初，市政府成立市城市社区卫生服务工作协调领导小组，制发《九江市城市社区卫生服务实施意见》《关于通过招标方式设立社区卫生服务机构的实施意见》《九江市社区卫生服务双向转诊工作制度》，规范社区卫生服务工作，将社区卫生服务站纳入城镇职工基本医疗保险定点机构。2001年，浔阳区被确认为社区卫生服务试点区。浔阳区政府批转区卫生局制定的《浔阳区社区卫生服务实施意见》和《浔阳区社区卫生服务设置规划》，于6月底启动试点工作，首批成立人民路街道湖滨社区、湓浦街道濂溪社区、滨兴街道河西社区3家社区卫生服务站。2002年6月10日，卫生部部长张文康一行到九江调研，视察浔阳区湖滨社区卫生服务站，对市社区卫生服务工作给予肯定。8月底，全市社区卫生服务示范区建设会召开。同年，市卫生系统组织卫生进社区活动，市直6所医院开展卫生进社区活动11次，进社区开展卫生服务人员71人次，举办健康知识讲座7次，开展健康检查414人次，义诊1172人次，免费送药8966元。

2004年，市卫生、民政、财政、工商、税务、人事等10部门共同下发《关于加快发展我市城镇社区卫生服务的意见》，为全市社区卫生服务发展提供政策保证。同时制订《九江市社区卫生服务工作计划(2005~2007)》，为社区卫生服务工作明确目标和任务。2005年，市卫生局提出"宏观调控、科学规划，分类指导、分级管理，分步实施、完善功能"社区卫生服务发展指导原则，出台《关于建立社区卫生服务机构与上级医疗机构间双向转诊制度的指导意见(试行)》。4月，市政府召开全市社区卫生工作会议，提出"以社区卫生服务中心建设为重点，加强网络建设，加快社区卫生服务站建设步伐"工作任务，社区卫生服务中心建设得到较快发展。市卫生局在铁路社区卫生服务中心召开首次社区卫生服务中心主任会议，进一步推进全市社区卫生服务工作。浔阳区政府发出"开展创建全省社区卫生服务示范区建设"通知，拨出专款60万元，扶持社区卫生工作。2006年10月，浔阳区被省卫生厅、民政厅评为全省社区卫生服务示范区。2007年6月，全市将城市社区公共卫生服务纳入民生工程，在全省率先启动"政府购买城市社区公共卫生服务"工作。在浔阳区、庐山区、经济开发区、庐山管理局、瑞昌市3区1局1市城区范围内，按照每人11元标准，对城区居民给予社区公共卫生补助，共安排资金781万元购买城市社区公共服务。其中468.6万元采取免费发放社区公共卫生服务券方式，为0~3岁儿童、孕产妇、35~60岁妇女、60岁以上老年人、低保对象、残疾人6类人群购买社区卫生服务机构提供公共卫生服务;312.4万元由社区卫生服务机构按照指定服务区域,为包括获得暂住证且在本辖区就业居住流动人口在内71万城市居民免费提供"医疗、预防、保健、计划生育、康复治疗、健康教育"六位一体社区公共卫生服务。

2008年,政府购买城市公共卫生服务项目持续开展,全市共印刷和发放健康服务手册20万册、服务券31万张。7月,市卫生局、市财政局下发《九江市2008年政府购买公共卫生服务项目实施方案》。11月15日开始,用服务卡替代服务券,实行全市社区卫生服务机构电脑联网,居民不再需要拿服务券,只需持身份证或户口簿,到社区卫生服务机构即可免费享受规定社区公共卫生服务。市卫生局被评为全省社区卫生服务工作先进单位。2009年,市卫生局、财政局制订《2009年政府购买城市社区公共卫生服务项目实施方案》,向全市城市居民免费提供625万元社区公共卫生服务。11月,市卫生局、市财政局下发《2009年全市城市基本公共卫生服务逐步均等化项目实施方案》。

2010年,全市推进公共卫生服务均等化试点工作,发放社区公共卫生服务卡810.7万元,完成780余万元的免费公共卫生服务。12月,市卫生局、财政局下发《2010~2011年全市城市基本公共卫生服务逐步均等化项目实施方案》。

## 三、医疗保障制度改革

**公费医疗** 1991年,继1988年公费医疗制度第一次改革之后,全市进行公费医疗制度第二次改革,实行"定点医院包干,超支部分享受单位负担10%,其余原则上由医院负担",个人自付部分也有所增加。1992年,实行公费医疗制度第三次改革。在第二次改革基础上,个人负担药品费、高精尖检查治疗费比例不变,增加个人自付床位费、处置费的比例。1995年,公费医疗制度取消,由基本医疗保险制度取代。

1991~1994年市公费医疗覆盖一览

表49-3-3 单位:万元、人、元

| 年份 | 公费医疗经费 | 公费医疗人数 | 人均公费医疗经费 | 年份 | 公费医疗经费 | 公费医疗人数 | 人均公费医疗经费 |
|---|---|---|---|---|---|---|---|
| 1991 | 1378.38 | 86867 | 160.03 | 1993 | 1768.74 | 95019 | 191.13 |
| 1992 | 1594.77 | 90338 | 177.53 | 1994 | 1944.50 | 96096 | 202.00 |

**医疗保险** 1991年,全市尚实行劳动保护医疗制度(以下简称劳保)。实施方式有:建立职工医院或卫生所(室),职工免费就医,疑难危重病人向市、县医院转诊;持本单位医疗记账单或单位证明到指定挂钩医院就诊,由医院记账结算定期向患者单位支取;到指定医院自付现金诊治,持医院发票到本单位医务室或财务部门审核报销;经济效益较好厂矿、企事业单位职工直系亲属患病,可报销部分医药费,报销标准单位自行规定。但因劳保医疗费增长过快,单位难以承担。有些单位对医疗记账单使用和医药治疗报销范围做出严格限制;有些单位规定个人按比例负担部分医疗费用;有些单位每月给职工按年龄或工龄发放一定数额的医药费,实行门诊自费,住院费报销。

1991~1994年市劳保医疗覆盖一览

表49-3-4 单位:万元、万人、元

| 年份 | 劳保医疗经费 | 劳保医疗人数 | 人均劳保医疗经费 | 年份 | 劳保医疗经费 | 劳保医疗人数 | 人均劳保医疗经费 |
|---|---|---|---|---|---|---|---|
| 1991 | 4517.6 | 35.09 | 128.74 | 1993 | 5500.5 | 36.30 | 151.53 |
| 1992 | 5326.3 | 35.81 | 148.74 | 1994 | 5411.3 | 36.47 | 148.38 |

1994年4月,九江市与江苏省镇江市同被国务院列为全国职工医疗保障制度改革试点市(即“两江试点”)。1995年1月1日,全市13个县(市、区、山)和市直单位全面启动医疗保险制度改革试点,随后成立市城镇职工医疗保险经办机构市医保局,负责市属各级政府机关、社会团体、事业单位职工医疗保险业务经办;在市社会保险局内增设医疗保险科,负责市属企业及中央、省属驻市企业职工医疗保险业务经办。各县(市、区)均按此办理,成立相应的医疗保险经办机构,经办各自区域内的城镇职工医疗保险业务。按照“统账结合”模式、“三段通道式”费用结算方式进行运作,当年单位参保率达96.10%,职工参保率达94.70%,资金到位率达90.10%。同年,劳保医疗制度取消,逐步由基本医疗保险制度取代。1998年,市对医疗保险运行办法进行小幅调整,着重在费用结算方式上进行改革。调整个人账户基金注入办法,改年初一次性注入为按月注入;改“三段通道式”费用结算为“统筹平行运作”方式;实行大额医疗费用用人单位、职工个人、医疗基金三方合理分担。有效遏制社会统筹基金超支和挤占个人账户资金等现象。

2001年1月1日始,市医疗保险制度改革新方案与《国务院关于建立城镇职工基本医疗保险制度的决定》全面接轨,包括实行单基数筹资标准,下调筹资比例;建立职工大病统筹保险及参保职工最低缴费年限;实行离休干部医疗费单列管理;调整社会统筹基金起付标准和自负比例;确定基本医疗保险社会统筹基金最高支付限额等。2002年,市出台改制企业身份置换职工接续医疗保险办法。2004年7月1日,实施困难企业职工参加基本医疗保险办法、灵活就业人员参加基本医疗保险办法。形成城镇职工基本医疗保险、大病统筹保险、困难企业职工医疗保险、置换身份人员医疗保险、灵活就业人员医疗保险、离休建老人员医疗费用单独统筹6个层次。基本医疗保险个人账户划入标准,根据本人年龄、上年度工资总额及退休人员退休费总额按以下比例划入,34岁以下在职职工3.2%,35~44岁在职职工3.5%,45岁以上在职职工4%,退休人员5%;个人账户的使用则主要用于支付门诊医疗费用、定点药店购药费用和冲抵本人住院起付标准及个人比例负担的住院费用,超支自理,结余滚存使用和继承。统筹基金的使用:基本医疗保险划入个人账户后剩余缴费部分、困难企业和个人参保医疗保险缴费、大病统筹缴费均划入统筹基金。主要用于支付参保人员住院的医疗费用、特殊慢性病个人账户不足支付时的门诊费用、个人负担过重补助费用、转外治疗病人住院前7日个人账户不足支付的门诊费用。2009年6月,全市启动深化医药卫生体制改革工作,出台《九江市关于深化医药卫生体制改革的实施意见》。至2010年,全市城镇居民基本医疗保险参保人数达83.4万人,参保率达95.1%,超过省下达目标任务。

**农村合作医疗** 1994年8月,永修县江上乡大屋、丰源、耕源;梅棠乡中心、大唐、大坪;九合乡光明、新华、杨柳9个村在世界卫生组织资助下,由卫生部统一部署,开展新型合作医疗试点,以村为单位每人每年筹交8~10元费用,看病保小不保大,参加合作医疗人员达1.6万人,后因无经费来源,至1997年7月试点停止。1998年4月30日,市政府印发《九江市人民政府关于加强农村卫生工作的实施意见》。2003年1月16日,国务院办公厅转发卫生部、财政部和农业部《关于建立新型农村合作医疗制度的意见》。2005年,市在修水县开始新型农村合作医疗制度试点。随着深化医药卫生体制改革工作的深入,至2008年,除浔阳区外,新农合覆盖全市各县(市、区),参合人数316万人,参合率为91.7%。2010年全市新型农村合作医疗参合率达97.8%,远超过省下达当年92%的目标任务。年筹措新农合资金总额达5.13亿元。

## 四、药品流通体制改革

**药品招标采购** 2002年,组织全市34家县以上医疗机构、部队医院、企业职工医院开展药品集中招标采购,来自16个省(市)的72家企业投标,有39个中标,中标药品近500个品规。招标后,药品价格平均下降20%,减轻患者的医疗消费负担。2003年,药品集中招标采购首次进行远程网上开标,品种剂型有4092种,一次性卫生耗材14种,采购金额近1亿元。全国参加药品招标企业113家,参加耗材招标企业12家,有1723个品规中标。招标后,1~9月发生采购金额4467.63万元,药品零售价、采购价平均下降17.15%,让利患者982.8万元,比2002年一年实际让利多450万元,使群众真正得到实惠。2004年

1~9月,全市药品招标采购金额7705.49万元,向患者让利1622.81万元。开展非招标药品议价采购试点,7~11月实现议价采购品规1000多个,金额678.71万元。2005~2007年合同到2007年8月31日结束。按省卫生厅部署,全市第七轮药品集中招标采购合同予以延标,与2008年推行以省单位药品集中网上招标采购接轨。至2009年,全市网上药品交易金额40678.29万元,让利23624.07万元,到货率76.32%。全市网上药品集中采购工作参合率、网上采购量都在全省名列前位,实现统一网上投标、统一网上采购、统一网上监管。

2010年,全市网上药品采购金额602402544.9元,让利金额297959333.7元。其中基药采购金额104177034.6元,让利金额59696475.23元;非基药采购金额498225510.3元,让利金额238262858.5元。

**国家基本药物制度实施** 2009年12月10日,市政府下发《九江市建立基本药物制度实施细则》,18日,市政府举行"九江市实施国家基本药物制度试点工作启动仪式",2010年1月23日,市政府召开全市医药卫生体制改革工作会议。实施国家基本药物制度后,全市门诊人均药品费由改革前的35.85元降为23.57元,每床日均药品费由改革前的83.69元降为59.32元。5月,全市基本药物占总药品品种数49%,业务总收入由1075.3万元上升至1087.71万元,药品收入由610.69万元降至490.74万元,其中基本药物收入由271.77万元升至316.67万元,基本药物销售所占比例为64.52%。6月,市政府纠风办、卫生、药监、工商等部门组成4个检查组,对全市各县(市、区)和市直6家医院执行国家基本药物制度情况进行全面督导检查,对督导情况进行通报。对未按要求执行网上招标采购的少数基层医疗机构进行调查,要求立即整改到位,并说明原因。当年底,全市所有乡镇卫生院和政府办社区卫生服务机构全面实施国家基本药物制度。

## 第六节　社会养老保险体制改革

1990年4月,养老保险改革铺开,全民固定工、合同工、城镇集体企业职工纳入统筹。至1994年年底,不分所有制、不分用工形式,全方位、多层次、一体化的多元化养老保险格局初步形成,参保24.5万人。1995年,全市养老保险进入政策调整时期,基本模式由单一的社会统筹顺利过渡到社会统筹和个人账户相结合,统一政策,统一办法,以及养老待遇标准随工资和社会消费水平上升而自动调整机制形成。

1998年开始,确保企业离退休人员养老金及时、足额和社会化发放成为社会保险工作重点。改变社保局与企业缴纳和支付相抵的办法,确保参保人员及时足额领取养老金。全市养老保险迅速扩张,非公经济组织、园区企业成为养老保险工作推进的主战场,灵活就业人员、农民工等参保工作顺利推进,稳固的养老保险待遇调整新机制不断完善。对养老金进行9次调整,2005年以来"三年连调"政策和2008年开始新的"三年连调",养老金水平大幅上升。全市离退休人员12.3万人,比1998年增加7.1万人;人均养老金由1998年的373元上升到1198元,增幅221.2%。

# 第五十篇

# 民主党派　工商联

# 第五十篇 民主党派 工商联

1991 年以来,全市有民主党派 6 个:中国国民党革命委员会九江市委员会(简称民革市委会)、中国民主同盟九江市委员会(简称民盟市委会)、中国民主建国会九江市委员会(简称民建市委会)、中国民主促进会九江市委员会(简称民进市委会)、中国农工民主党九江市委员会(简称农工党市委会)和九三学社九江市委员会(简称九三学社市委会)。2010 年,全市共有民主党派基层组织 103 个,党员(会员、社员)2026 人;中国工商业联合会(商会)县级组织 14 个、基层商会组织 98 个,市属商会组织 6 个;会员 5238 个(人),其中企业会员 3816 个、团体会员 131 个、个人会员 1091 人。

1991~2010 年,全市各民主党派遵循与中国共产党“长期共存、互相监督、肝胆相照、荣辱与共”合作方针,和工商联组织一道,通过参政议政的形式,自觉履行政治协商、民主监督的主要职能,充分发挥“建言献策、优化决策,发挥优势、服务社会,反映民意、促进和谐,广泛联谊、推进统一”重要作用,自觉贯彻落实市委、市政府战略决策和工作部署,以经济建设为中心,深入调查研究,建言献策,共提交“两会”大会发言材料、议案、建议、提案和资政协商意见、调研报告和专题论文等 4970 余份;创办经济实体,加大招商引资力度,不断提高非公有制经济在全市经济构成中的比重;回报和反哺社会,在捐赠赈灾、扶贫济困、兴教助学及支援老区建设等方面均做出不凡的贡献;反映社会情况和民众意愿,维护安定团结的社会政治局面;加强自身组织建设和思想建设,涌现出一大批建言立功、实业报国先进人物;广泛开展海内外联谊交流活动,助推祖国统一大业。

20 年间,全市各民主党派和工商联组织在推进社会主义民主政治、弘扬社会主义先进文化、构建社会主义和谐社会和加快推进九江社会主义现代化进程中具有不可替代的作用。

# 第一章　民革市委会

## 第一节　代表大会

### 一、第十一次代表大会

1993年12月8日，在市区扬子江大楼召开，出席代表117人。会议听取并审议通过姜尧天代表第十届委员会所做工作报告；选举产生第十一届委员会，由委员15人组成；常委会成员7人，主委王翔，副主委凌美瑜、王之军、王际民。1996年增补朱姿武(女)为副主委。

### 二、第十二次代表大会

1998年11月9日，在市政协老常委楼召开，出席代表93人。会议听取并审议通过王翔代表第十一届委员会所做《高举邓小平理论伟大旗帜，认真履行参政党职能为开创跨世纪我市民革工作新局面而努力奋斗》工作报告；选举产生由委员15人组成的第十二届委员会，常委会成员7人，主委王翔，副主委王际民、王之军、朱姿武(女)、吕春华。

### 三、第十三次代表大会

2003年12月8日，在市政协新常委楼召开，出席代表100人。会议听取并审议通过王翔代表第十二届委员会所做《与新时代同步，与执政党共进，为九江在江西率先崛起贡献力量》工作报告；选举产生第十三届委员会，由委员15人组成；常委会成员7人，主委王际民，副主委朱姿武(女)、吕春华、左北平、叶恕兵。

### 四、第十四次代表大会

2007年5月18日，在市区九江宾馆召开。出席代表117人。会议听取并审议通过王际民代表第十三届委员会所做《为建设新九江、实现新跨越贡献力量》工作报告；选举产生第十四届委员会，委员15人；常委会成员7人，主委王际民，副主委朱姿武(女)、吕春华、左北平、叶恕兵。

## 第二节　机 构

### 一、党 员

1991年，全市有党员148人，2002年为226人，2005年为258人。2010年，全市有党员332人。

### 二、市委会

1991年1月，市委会内设组织处、宣传处、祖国统一联络处、办公室，办公地址位于市区环城路67号。1993年，办公地址迁至市区庾亮南路天主堂内。1996年7月机构改革，市委会内设部室只保留办公室，处理日常工作；办公地点迁至庐峰路48号民主党派大楼。2010年7月，市委会内设办公室和组宣部。

### 三、基层组织

1991年，民革市委会共有基层组织11个，其中支部10个、小组1个。2000年12月28日，民革市委会永修总支成立；2005年10月18日，增设九江学院支部；2007年12月17日，浔阳区支部成立；2008

年10月17日瑞昌总支成立;2008年11月13日,石化支部成立。至2010年,全市共有基层组织20个,其中总支部2个、支部18个。

1991~2010年若干年份全市民革党员和基层组织一览

表50-1-1　　　　单位:人、个

| 年份 | 党员 | | | | 基层组织 | | | |
|---|---|---|---|---|---|---|---|---|
| | 总数 | 平均年龄 | 大专以上学历 | 中高级职称 | 总数 | 总支部 | 支部 | 小组 |
| 1991 | 148 | 40.5 | 98 | 76 | 11 | | 10 | 1 |
| 2002 | 236 | 44.3 | 157 | 122 | 16 | 1 | 14 | 1 |
| 2010 | 332 | 50.0 | 250 | 160 | 20 | 2 | 18 | |

## 第三节　参政议政

### 一、参政党员

**人大代表与政协委员**　1991~2010年,市民革党员担任全国、省、市、县(市、区)人大代表和政协委员共339人次。其中,全国政协委员1人(第八、九、十届);省人大代表4人次,省政协委员10人次;市人大代表20人次,市政协委员119人次;县人大代表30人次,县政协委员155人次。

**领导职务**　1991~2010年,市民革党员担任副处级以上领导职务共11人。其中:王际民先后任第十一届市政协副主席和第十二、十三届市人大常委会副主任;王翔任第十三届市政协副主席。

### 二、建议提案

**"两会"发言**　1991年以来,民革市委会在历届历次市人大、市政协"两会"上提交发言材料50余篇,作大会发言20余次。其中,2006年12月,在政协市第十三届一次会议上,副主委左北平代表民革作《要高度重视城郊农房安置》的大会发言,引起市党政领导的重视,市委书记,市委副书记、市长均作批示,并在《九江日报》全文刊登。

**"两会"议案、建议、提案**　1991~2010年,民革九江市委会党员在全国、省、市人大、政协"两会"期间共提出人大代表建议50余件,政协委员提案700余件。在市政协全体会议上提交的《关于切实发展县域经济的建议》《加快财政支出管理制度改革,推进建立公共财政体制》《关于建设我市万亩工业园的对策》《整合旅游资源 构建大旅游格局》《关于发展新型社区卫生服务, 建立我市中心城区居民合作医疗保险制度的建议》《关于加强我市血吸虫病防治的建议》《应尽快解决房地产登记发证的历史遗留问题》《关于我市农民工回乡创业的建议》等提案,获得市政协优秀集体提案称号。1998年以来,民革市委会连续12年获得市政协优秀集体提案称号;2002年以来,民革党员21人次获市政协"提案工作先进个人"称号,26人次获得"优秀个人提案奖"。

在全国、省"两会"期间提出的重要议案、提案:1998年,全国政协委员王翔提交的《关于将江西九江长江大堤整治列为国家基建项目计划的建议案》,受到中央有关部委重视。国家发展计划委员会派员于10月7日抵市,专程向王翔征询提案落实意见,并表示将按照提案的建议,尽快推进九江长江大堤列为国家基建项目的工作。2003年,王翔《关于将高考提前在六月份举行》的提案被教育部采纳实施,将当年高考时间提前至6月7~8日举行。2004年,在全国政协十届二次会议民建和工商联联组讨论会上,王翔提出全面取消农业税, 开征酒类专卖税的建议, 得到参加联组讨论会的中共中央总书记胡锦涛当面称赞。2005年,王翔《关于取消铁路春运车票违法涨价的建议》得到国家发改委的落实,促成2006年及其后历年春运期间铁路硬座票价不上涨;省政协常委王际民向省政协提交的《关于规范鄱阳湖湿地资源开发利用的建议》被列为省政协领导重点督办提案。2006年,王翔提交《排除干扰,尽快出台物权法》提案,使之成为全国"物权法提案第一人",有效促使《中华人民共和国物权法》的出台;王际民《关于规范我省电力价格体系管理的建议》被6月30日《光华时报》摘要刊登。2007年,王际民向省政协提交的《关于规范鄱阳湖湿地资源开发利用的建议》和省人大代表朱姿武在省人大会上提交的《发展"三农"保险,为新农村建设构筑"防护网"》均作为督办的提案和议案。2005年以来,民革九江市委会5次获民革全省参政议政工作先进集体称号,陈武华、杨志诚、燕冬生获民革全省参政议政工作先进个人称号。

### 三、调查研究

1991年以来,民革市委会多次组织党员深入实际,开展多项专题调研活动。按照"政府出题,党派调研"的运作模式,市委会专门成立专题调研小组,深入基层,走访相关单位和调查点,听取意见,搜集第一手素材,就全市经济社会发展的重大课题和老百姓关心的热点、焦点问题进行调研,先后完成《当前我市江湖河道采砂的现状及建议》《关于我市血吸虫病的防治建议》《加快港口物流建设,促进经济持续发展》《关于优先发展城市公交的调研报告》《农村职业教育调研报告》《发展新型社区卫生服务,探索建立我市居民合作医疗保险制度的思路》《加强我市血吸虫病的综合防治工作》《切实加强食品安全监管, 切实维护消费者权益》《关于"劳动合同法"贯彻实施情况的汇报》《关于我市农民工返乡创业的建议》《关于我市新农村建设中应重视水利建设的建议》《以推动九江企业上市为突破口 加快强工步伐》和《围绕强工战略 振兴九江纺织产业》等调研文章,为市委、市政府的科学决策提供可靠依据。其中,2005年在开展"新阶段、新发展"大讨论活动中,围绕以大开放促进大工业、大物流、大旅游、大城建的战略目标,全市民革党员撰写学习心得,提交理论文章,建言献策,撰写40余篇建言献策论文,编辑出刊2期"大讨论"专刊,其中《以港兴市、促进发展》和《打造魅力品牌,整合旅游资源,形成大旅游格局》两篇论文被市政协评为"两新"大讨论优秀建言献策论文,被收录于市政协委员建言文集《"新阶段、新发展"策论》一书。

### 四、反映社情民意

2002年以来,民革市委会共获6次反映社情民意先进集体称号,其中2002~2006年连续5次获得,2009年再次获得。民革党员16人次获"反映社情民意工作先进个人"称号。主要有:2006年,市政协委员燕冬生被评为反映社情民意先进个人,其提交的社情民意《领导下基层检查工作应深入最基层》被评为优秀社情民意。2007年,副主委吕春华被评为反映社情民意先进个人,其撰写的《借鉴上海做法,创新城市管理模式》被评为优秀社情民意。2009年,副主委朱姿武被评为反映社情民意先进个人,其提交的社情民意《规范发展我市水域环保事业》被评为优秀社情民意称号。

### 五、民主监督

1991~2010年,市民革党员应邀担任各类特约监督员、监察员、执法专员共45人次;其中2010年担任市教育局等部门特约监督员2人,市国税局、地税局等部门特约监察员5人,市检察院等部门特约检查员3人。

## 第四节　社会服务

### 一、实体创办

2009年,民革党员刘炳华筹集200万元资金创办市中山口腔医院。该院与市老干局联合挂牌成立"老干部口腔健康诊疗基地",为全市2万多名离退休老干部提供口腔修复、牙齿正畸、口腔保健等一系列高质量服务。2009年,党员陈东投资2000万元,成立九江中山眼科医院。该院的整体规模和技术水平等,在全省民营医院中名列前茅。

## 二、捐赠赈灾

1998 年，发生百年不遇洪涝灾害，全市民革党员踊跃开展捐款活动，共计捐款 20 多万元，衣被 1000 余件。

2005 年，瑞昌市、九江县发生里氏 5.7 级地震，民革市委会倡导党员向灾区捐款共计 504100 元，其中王翔捐款 50 万元，并在随后举行的"慈善一日捐"活动中再次捐资 200 万元。

2008 年，在省政协发起的抗冰救灾捐款仪式上，王翔捐款 10 万元。5 月 12 日，四川省汶川县发生 8.0 级大地震，市委会按照民革省委和中共市委的部署与要求，组织全市民革党员多次为灾区人民捐款，共募捐款 67.61 万元(其中在市委会两次募集善款 8.32 万元)。王翔继第一次捐款 54.2 万元之后，在市赈灾义演晚会上又追加 80 万元。广大党员通过不同的方式和渠道，纷纷解囊，有的党员多次参与捐款捐物。孙红波累计为灾区捐款 11 万元，袁跃儿 2 万元；瑞昌总支党员共向灾区捐款 18600 元，永修总支共捐 15000 元。在民革省委支援四川抗震救灾和灾后重建表彰会上，一支部被授予民革全省抗震救灾和灾后重建先进集体，张峰源、孙红波、袁跃儿被授予先进个人称号。

2010 年，中国西南地区遭遇历史罕见的特大旱情，青海省玉树县发生里氏 7.1 级强烈地震灾情，民生支部张峰源、一支部沈泽民、庐山区支部孙红波分别捐款人民币 1 万元；民革市委会全体党员共为灾区捐款 5.25 万元。4 月 30 日，民革浔阳区支部、浔阳区慈善总会联合九江金太阳贸易有限公司开展"大爱无疆，关爱玉树"慈善募捐活动，共募集款物 4 万余元。

## 三、扶贫济困

1996 年，市委会与修水县山羊工程办签订关于利用民革市委捐资扶助发展优质鲁西高腿小尾寒羊的协议，由主委王翔捐资 8 万元，买 100 头羊捐赠给修水县，扶助贫困农户发展养羊业。

2002 年 9 月 17 日，副主委朱姿武率机关全体干部与庐山区支部党员到庐山区海会镇"送科技下乡支农"，带去《农民基本常识读本》300 余套，先后在海会镇政府和光明村送给当地农民，受到热烈欢迎；9 月 23 日，主委王翔、副主委朱姿武参加市委统战部系统"实施五助捐赠仪式"，王翔代表民生集团捐赠 5 万元，朱姿武代表市委会机关干部捐赠 400 元。2004 年 5 月，副主委叶恕兵向 86 岁高龄的黄埔同学会会员黄春兰捐助 2000 元治疗眼疾。

2007 年 2 月 7 日，市政协副主席、江西民生集团董事长王翔向市慈善总会捐款 120 万元；3 月 8 日，民革市委会组织卫生支部以及民革女党员前往威家镇开展义诊活动。当年，王翔捐资 1100 万元设立市慈善总会民生慈善助学光彩基金，成为全市 3 家以企业冠名设立的慈善基金之一；党员沈泽民捐资 26 万元在共青城开发区甘露镇双塘村修建环村水泥公路。2009 年，浔阳区支部全体党员到区福利院为老人们购买食品 2000 余元，并捐款 5000 元。

2010 年 6 月 27 日，市委会组织民革医疗界别的骨干党员在市福利院开展为孤残儿童"迎七一送温暖"义诊活动，并赠送价值 2000 多元的食品、书籍、学习用品和玩具；7 月 2 号，浔阳区支部联合市中山口腔医院在区支部主委程侯峰、医院院长刘炳华的带领下，专程到市抗洪指挥部和前线值班处走访慰问抗洪抢险一线的党员干部。

## 四、兴教助学

1996 年，市委会常委汪建荣通过多方努力，向省财政争取 5 万元专项救济资金，帮助修水县布甲乡建校舍。1998 年，副主委王之军捐款 4 万元给永修县柘林镇城下村小学做校舍；常委汪建荣向市财政争取 5000 元给修水县布甲乡修建学校。

2002 年 8 月 21 日，二支部党员在支部主委翟志率领下，到九江县城门乡红星村给贫困女童送去助学金 300 元。2004 年 8 月 27 日，王翔在彭泽县捐资 5 万元资助 18 名考取大学的贫困学生，并赞助该县 2 名考取清华大学、北京大学的学生完成 4 年学业；二支部为九江县特困小学生刘嘉慧完成小学学业共捐助学费1500元;主委王际民连续3年向贫困户徐竣杰捐款1500元。

2006年,庐山区支部为在威家中学就读的学生琚鑫鑫送去400元"爱心捐款";6月13日,王翔向九江县新合镇冯胥宁教学点捐赠15万元。2007年,民革党员、庐山区政协委员孙红波向庐山区大桥中学捐赠20万元;党员张峰源捐资5万元用于星子县温泉镇东山小学修建教学楼。2010年8月27日,党员孙红波为学习成绩优秀、家庭经济困难的大学生捐款18.5万元。

### 五、招商引资

1991年5月,在邓小平南方谈话发表以后,民革市委会进一步解放思想,号召党员发挥民革优势为"三引进"牵线搭桥。党员张宗冠引进外资项目5个,引进外资400万美元;永修支部党员黄良琼引进外资1000万元;永修支部协助台胞范富林捐资8.5万元;瑞昌市民革党员施恭爱引进外资1.2亿万元,其中3900万元是从香港和印尼的华侨中引进来的。1998年,永修支部徐敬田动员自己居住台湾的弟弟在上海浦东高新技术产业区创办企业。

## 第五节　民革活动

### 一、宣传教育

**刊物专集**　1991年以来,民革市委会编发机关刊物《九江民革》共106期、2万余份,及时宣传报道党和国家的方针政策,介绍党员和各基层支部的先进事迹和活动成果,沟通党内信息,推广先进经验,使党员们能及时全面了解民革市委会的工作中心和活动动态,为推动民革市委会的工作、进一步增强民革的向心力、凝聚力发挥作用。

**宣传报道**　1991~2010年,民革市委会在中央、省、市主要媒体上发表文章1000余篇,多人多次被评为"全市中国共产党领导的多党合作和政协协商制度好新闻奖",有些文章被编入《东方之子》《井冈之子》等专辑,并被海外媒体转载。同时,举办大型海洋生物科普标本展览、"世界无烟日"宣传与咨询等活动,普及科学知识。2010年,民革九江市委会被民革中央评为全国"地市级组织宣传工作先进集体",同时被评为全市政协系统宣传工作先进集体。

**思想政治教育**　1991年以来,市委会始终坚持开展针对性的思想政治教育,在各项重大政治斗争面前,保持清醒的政治头脑和坚定的政治立场。1997年,市委会领导和机关干部深入各支部了解情况,召开党员座谈会,揭露邪教反人类、反社会、反科学的反动本质,全市民革党员中无一人参与邪教活动。1999年,坚持谴责以美国为首的北约轰炸中国驻南联盟使馆的野蛮暴行。2002年,组织党员批判陈水扁的"一边一国论"。2010年,市委会组织党员开展"学习和践行社会主义核心价值体系"主题活动,利用征文、观看电影、举行座谈会等多种形式,取得明显效果。

### 二、庆祝纪念

1991年始,民革市委会充分利用各种节日和纪念日,广泛开展形式多样的庆祝、纪念活动。1996年11月,举行孙中山先生诞辰130周年纪念大会。1998年5月3日,市委会在市区甘棠公园蔡公时烈士碑举行纪念"五·三"惨案暨蔡公时殉难70周年活动,并与市政协联合出版《外交史上第一人》一书寄送海外;12月25日,举行纪念中共十一届三中全会召开20周年座谈会。1999年,举办庆祝新中国成立50周年大会以及书画、图片、摄影展。2001年,举办庆祝中国共产党成立80周年、辛亥革命90周年征文大赛,并召开纪念辛亥革命90周年座谈会。2003年12月9日,召开纪念民革市委会成立50周年大会2005年7月7日,市委会与黄埔同学会九江联络组联合举行"纪念中国抗日战争暨世界反法西斯战争胜利60周年"座谈会。2007年7月4日,市委会与黄埔同学会九江联络组共同举办纪念"七七事变"70周年座谈会。2008年5月3日,市委会联合市政协文史委、市委党史办举行纪念"五三惨案"暨蔡公时烈士殉难80周年活动。2009年7月4日,市委会与市政协文史委在浔联合举行"叶在增大法官和南京大屠杀审判”学术研讨会,邀请其家人及亲属参加。

**三、联谊交流**

**交往交流** 1991年5月24~27日,由姜尧天、凌美瑜、王翔率领民革党员一行28人到武汉参观辛亥革命纪念地并与民革武汉市委会座谈。1992年8月23~26日,沿江开发城市民革组织横向联系会议在庐山召开,上海、南京、芜湖、九江、岳阳、武汉、重庆等城市民革组织代表参加。2000年9月16~19日,名誉主委姜尧天、副主委朱姿武参加长江城市民革组织横向联系会议。2001年4月27~29日,副主委朱姿武、党员陈武华参加在赣州举行的全省民革组织参政议政工作会议。2002年10月14~18日,副主委朱姿武及叶恕兵、曹开越、陈武华等在重庆市参加长江沿岸城市民革组织横向联系会议。2004年9月16日,副主委朱姿武一行3人参加在南京举行的'2004长江沿江城市民革组织横向联系会。2006年3月15日,民革景德镇市委会主委梁莉莉、副主委陈根荣一行到市考察学习。2007年9月19~20日,朱姿武、叶恕兵、吴俊参加在安徽铜陵召开的沿长江民革组织横向联系会议。2008年11月14日,安徽铜陵民革市委会一行13人到市交流考察学习。

**祖国统一联谊** 1991年以来,市委会在开展祖统联谊活动中,发挥优势,把握“和平、统一、发展”的主流,开展同台湾的经济文化交流,举办各种形式的活动。2004年11月9日,市委会与市政协三胞委联合举行“台情报告会”,邀请市政府对台办公室副主任任守兵作台情报告。2005年,在市台联召开的第四次代表大会上,民革党员王翔当选为会长,吕春华当选为副会长,叶于康当选为常务理事,张阳春当选为理事。2006年,协助浔阳区台联编辑会刊《浔阳潮》寄往台湾,搭建大陆和台湾及海外亲友交流感情的平台;联合市台联举办“三胞”亲属茶话会和中秋团圆会,联络台胞、台属、归侨、侨眷的情感,充分发挥有台胞、台属关系的民革党员作用,编辑出版《浔阳乡情》寄往台湾联络亲情。2007年,应市委会的邀请,台湾原新党主席谢启大来九江参观访问。2008年,主委王际民率领民革骨干党员及有台湾历史渊源关系的党员前往台湾进行工作交流和考察;4月10日,市委会与市政协联合举办台情报告会,邀请全国人大代表、全国台联副会长、江西省台联会长何大欣举办讲座。2010年,副主委朱姿武到台湾考察学习。

# 第二章 民盟市委会

## 第一节 代表大会

**一、第十二次代表大会**

1993年9月10~11日,在市区航空宾馆举行,出席代表128人。会议听取和审议通过杜万安代表第十一届委员会做《努力发扬参政党作用,为加快发展九江做贡献》工作报告;选举产生第十二届委员会,由委员17人组成;常委会成员7人,主委杜万安,副主委高炎标、包燊荣、郑政;推举许杰夫为名誉主委,周玉青(女)、刘家铎、陈丽芳(女)为顾问。

**二、第十三次代表大会**

1998年11月12~14日,在市老干部活动中心举行,出席代表100人。会议听取和审议通过杜万安代表第十二届委员会做《继往开来、团结奋进,为建设新九江做出新贡献》工作报告;选举产生由17人组成的第十三届委员会,;常委会成员7人,主委杜万安,副主委包燊荣、郑政、肖英轩、陶春元;推举许杰夫为名誉主委。2003年6月13日,第十三届五次全委会议增补余正华为副主委。

### 三、第十四次代表大会

2003年11月29日至12月1日,在市老干部活动中心举行,出席代表100人。会议听取和审议通过杜万安代表第十三届委员会做《围绕中心、发挥优势,为实现九江率先崛起贡献力量》工作报告;选举产生第十四届委员会,由委员17人组成;常委会成员7人,主委杜万安,副主委陶春元、余正华(女)、王绍锋、陈治国。

### 四、第十五次代表大会

2007年5月19~21日,在市区九江宾馆举行,出席代表101人。会议听取和审议通过陶春元代表第十四届委员会做《促进发展,致力和谐,不断开创我市民盟工作新局面》工作报告;选举产生由委员17人组成的第十五届委员会;常委会成员7人,主委陶春元,副主委余正华(女)、王绍锋、瞿畅(女)、王宏松。

## 第二节 机构

### 一、盟员

1991年,全市有盟员236人,1993年、1998年、2003年、2007年先后发展为257人、320人、356人、418人。2010年,全共有盟员467人。

### 二、市委会

1991年1月,民盟市委会设有文教科技委员会、妇女工作委员会、联络工作委员会、老龄工作委员会4个专门委员会;内设组织部、宣传部、社会服务部和办公室;办公地址位于市区环城路67号民主党派大楼,1993年迁至庾亮南路天主堂内。1996年7月机构改革,市委会内设部室只保留办公室,其余被撤销;机关迁入位于庐峰南路48号的民主党派大楼二楼办公。2003年12月,市委会设有文教科技委员会、法制经济委员会、妇女工作委员会、"三胞"联络工作委员会、老龄工作委员会5个专门委员会。2010年7月,市委会内设办公室和组织宣传部。

### 三、基层组织

1991年,民盟市委会有基层组织15个;1993年16个;1998年18个;2003年20个;2010年,全市有民盟基层组织19个,其中总支3个、支部16个。

**1991~2010年若干年份全市民盟盟员和基层组织一览**

表50-2-1　　　　单位:人、岁、个

| 年份 | 盟员 | | | | 基层组织 | | |
|---|---|---|---|---|---|---|---|
| | 总数 | 平均年龄 | 大专以上学历 | 中高级职称 | 总数 | 总支 | 支部 |
| 1991 | 236 | 56.2 | 191 | 177 | 15 | | 15 |
| 1993 | 257 | 55.3 | 209 | 195 | 16 | | 16 |
| 1998 | 320 | 53.7 | 262 | 218 | 18 | 1 | 17 |
| 2003 | 356 | 53.6 | 326 | 257 | 19 | 1 | 18 |
| 2007 | 418 | 53.4 | 357 | 370 | 19 | 3 | 16 |
| 2010 | 467 | 54.5 | 407 | 406 | 19 | 3 | 16 |

## 第三节 参政议政

### 一、参政盟员

**人大代表与政协委员** 1991~2010年,市民盟盟员先后担任省、市、县(市、区)人大代表和政协委员共270人次。其中:省人大代表5人次,省政协委员15人次;市人大代表15人次,市政协委员110人次;县(市、区)人大代表20人次,县(区)政协委员105人次。

**领导职务** 1991~2010年,市民盟盟员先后担任副处级以上领导职务共28人。杜万安任第十届市政府副市长和第十届、第十一届、第十二届市政协副主席;谭义骅任第十届市政协副主席;陶春元任第十三届市政协副主席。

### 二、协商与监督

**政治协商** 1991~2010年,民盟市委会共参加各类政治协商会、民主资政会等10余次,提出相关意见与建议20余件。1993年3月19日,中共市委召开各民主党派和工商联负责人会议,主委杜万安就如何加强组织建设、改变盟员老龄化状况,培养中青年盟员骨干等问题提出意见和建议。2008年9月,市政协召开"中心城区环境质量"民主资政会,民盟市委会领导与市政府部门负责人、县区党政领导和企业负责人就城区环保问题开展互动交流;10月,中共市委组织各民主党派、工商联及无党派代表人士前往城西港区和湖口县金砂湾工业园进行"看变化、议发展、促和谐"学习考察活动,主委陶春元在座谈会上作题为《关于鄱阳湖生态经济区建设的几点思考》的发言。

**民主监督** 1991~2010年,民盟盟员应邀担任各类特约监督员、监察员、执法专员共16人次,其中2010年担任市监察局、国税局等部门特约监督员10人。

### 三、建议提案

**"两会"发言** 1991~2010年,民盟市委会在历届市政协全会上作大会口头发言10次,提交书面材料20余篇。其中2006年2月15日,副主委余正华在市政协十二届三次会议上代表民盟市委会作《市民呼唤新"菜篮子"》大会发言,引起与会委员强烈共鸣和中共市委、市政府重视。2006年12月5日,在市政协十三届一次会议上,民盟市委会以《坚持以人为本,方便菜农进城》为题作大会发言,市长批示:"蔬菜问题,民生大事……望明年上半年就有方略和转机。"

**"两会"议案、建议、提案** 1991~2010年,民盟市委会和盟员在省、市人大、政协"两会"期间共提出集体提案40余件,人大代表建议20余件,政协委员提案700余件;集体提案12次被市政协评为优秀提案。市委会3次被市政协评为"征集提案工作先进集体";盟员中获"市政协优秀委员"称号16人次,获优秀个人提案奖17人次。

### 四、调查研究

1991年以来,民盟市委会围绕中心,发挥自身优势,参与"制定九江市规划""环绕八里湖,建设新九江""建设社会主义新农村"等专题调研,先后开展"九江建立大型花卉苗木市场可行性""彰显九江城市个性,打造九江特色""市民呼唤'新菜篮子'"等调查研究活动,形成专题调研报告50篇。市委会《打造诚信环境,破解融资难题》和副主委余正华《优化管理模式,提升民营企业的竞争力》两篇文章被市政协《为主攻民营经济献一计》选用;《彰显城市个性,打造九江特色》《完善市场体系,提升科技含量,做大九江花卉苗木产业》和《全面落实新课程方案,推进九江基础教育事业新发展》等调研报告被中共市委统战部举办的"我为九江献良策,同舟共济谋发展"恳谈会列为大会交流材料。

### 五、反映社情民意

1991年以来,民盟盟员撰写社情民意500余条;市委会1次被民盟省委会评为"参政议政先进集体”,6次被市政协评为“反映社情民意工作先进集体”;盟员获“反映社情民意工作先进个人”称号41人次。其中,盟员潘留芳反映的关于九江县蛟田学校危房亟待改造的社情民意,被市政协作为急件送市领导批阅,有关部门多方筹措资金,迅即对学校危房进行改建,该校师生感谢民盟盟员办了一件大好事,一条社情民意解决一个大问题。

## 第四节　社会服务

### 一、实体创办

1991年,民盟市求知学校经市教育局全面综合考评,名列全市社会力量办学第一名,被授予“社会力量办学优胜单位”称号,《九江日报》予以报道;1992年被民盟省委会评为“全省社会服务工作先进集体”。至2010年,先后开办238个班级,就读学生11508人,其中101人取得大专文凭,566人获得高中文凭,744人获得高等教育自学考试单科结业证,689人通过考前补习考入大、中专院校深造,更多学员通过培训学到技术,提高文化素养,成为各行业各条战线上人才。

1994年4月,经市教育局批准、市政府备案,市委会创办市民盟财经职业高级中学(全日制,学制3年,国家承认学历),招生纳入国家教育计划管理,由市中招办统一招收和录取,面向全市招收初中毕业生。至2010年,该校正式录取学生共1139名。

盟员邹乐道先后引进台资1200多万元,兴办特种水产养殖业,解决数十人就业问题;盟员沈志斌创办的庐山东方艺术广告公司参与庐山“百企带百村”活动,对接扶持自然村,帮助转移农村剩余劳动力100余人;盟员帅斌通过自己的诚信经营,从1家小店面发展到现在拥有3家新太子系列餐饮有限公司,年上缴利税400多万元。

### 二、捐赠赈灾

1998年,民盟市委会和全市盟员积极投入抗洪救灾战斗。市政府副市长、主委杜万安在指挥抗洪抢险、转移安置灾民、接待慰问抗洪部队、实施救灾赈灾和卫生防疫等工作中,临危不惧,恪尽职守,不顾病痛疲劳,连续奋战,被中共省委、省政府授予“抗洪抢险功臣”称号,并将2000元奖金捐给灾区教育事业。许多盟员在抗洪抢险紧要关头投身到第一线,为接待安置灾民,支援部队后勤服务做了大量工作。全市盟员捐款捐物,帮助灾区人民渡过难关,其中市区盟员捐款1.5万余元,捐衣被500余件。2001年,盟市委开展盟员“献爱心”活动,参与活动的盟员达233人,捐款近5000元,资助市福利院添置电视机电扇等物品。

2003年,全市民盟盟员主动参与抗击“非典”。市委会按照“政府所急、群众所需、党派所能为”的要求,通过社情民意、建议等渠道建言献策。盟员中的医务工作者不顾危险、不计得失,积极投身抗击“非典”,以自己的实际行动实践盟员的社会责任。

2005年11月16日,九江县、瑞昌市发生5.7级地震。市政协副主席、主委杜万安在灾情发生后,及时赶赴现场慰问灾民、指导工作。全市盟员为灾区群众捐款捐物,累计价值近3万元;新太子餐饮有限公司董事长、盟员帅斌购买价值1万多元的棉被和食品,亲自送到灾民手中。

2008年初,全市遭遇50年来最严重的冰雪灾害。民盟市委会开展“抗冰雪、送温暖、献爱心”活动;盟员参加铲除冰雪,方便市民的出行。自发参加捐款捐物支援受灾群众活动。汶川大地震发生后,市委会紧急召开常委(扩大)会议,号召全体盟员积极行动起来,为抗震救灾出力献爱心。市政协副主席、主委陶春元带头捐款,266位盟员当日共捐款3.88万元。一周时间内,盟员还通过其他形式向灾区人民捐款8.2万余元,并将捐款汇到盟中央办公厅救灾专用账户,民盟中央向捐款的盟员和基层组织颁发荣誉证书。

### 三、扶贫支教

1991年以来，民盟市委会多次组织盟员中教育、卫生、法律等方面专家开展送教、送医、送法下乡活动，举办教育专题讲座，与农村中学开展教学经验交流活动，为村民和社区居民开展义诊、法律咨询等活动，受到社会各界好评。2002年，市委会组织高级教师到湖口县舜德乡开展支教活动。2007年，市委会与江西惟民律师事务所联合到永修县吴城镇开展“服务社会主义新农村建设送法下乡”活动。2008年，市委会与市科协联合在信华城市广场举办“科普之春暨节能减排进社区”活动。2009年，市委会在九江学院举办“创业就在你身边”讲座，对应届大学生进行创业辅导。2010年，市委会认捐价值5万元的垃圾清运车1台，赠送挂点扶贫村——共青城甘露镇燕坊村；协助民盟省委会在都昌县开展抗洪抢险义诊活动，市委会主委陶春元陪同省委会主委刘晓庄走访慰问南京军区派驻永修县某抗洪抢险部队官兵，送去价值3万元常用防暑降温药品。

## 第五节 民盟活动

### 一、庆祝纪念

1991年7月，市委会举行纪念中国民主同盟成立50周年大会。中共市委书记钟起煌，市委副书记、市人大常委会主任程金发等到会祝贺；举办《中国民盟五十年》(挂图)展览活动和其他形式纪念活动。

2001年7月16日，市委会举行纪念中国民主同盟成立60周年大会，中共市委副书记胡绍生，市政协副主席、统战部长程来安等出席致贺。

2005年是世界反法西斯战争暨中国人民抗日战争胜利60周年，市委会组织开展历时2个多月的系列纪念活动，其中：文艺教育界盟员30余人为参加全省预备师炮兵营集训的官兵和观摩实弹演习的领导们进行慰问演出；六中支部盟员吴滨江利用暑期，单名单骑穿越7省市，实现“走遍冀鲁豫抗日根据地”的预定目标，全国政协副主席、民盟中央常务副主席张梅颖在北京接见吴滨江并题词“缅怀先辈、薪火相传”以作勉励。

### 二、宣传教育

**思想政治教育** 1991~2010年，市委会以《邓小平文选》第三卷、“三个代表”重要思想、中共十四大、十五大、十六大、十七大精神等作为主要学习内容，重点开展政治交接和核心价值体系学习教育活动，相继参加中共省委“全民创业”“双建双献”和中共市委“两新”大讨论、“彬彬有礼过马路”“文明九江”“推进‘3+1’，我们怎么办”“建设新九江，我们怎么干”和“建设经济中心城市，我们准备好了吗”等活动。其中在1997年，市委会领导和机关干部深入各支部了解情况，召开盟员座谈会，揭露邪教反人类、反社会、反科学反动本质，全市盟员中无人参与邪教活动。

**理论研讨** 1991年以来，市委会先后举办“三胞”理论讲习班、“庐山之夏”美术摄影讲习班、人口教育与计划生育管理研讨班、社会力量办学讲习研讨会、骨科新技术研讨班等理论研讨活动。1999年在纪念人民政协成立50周年之际，市委会组织3篇论文参加市政协举办的理论研讨会，2篇入选，1篇获奖；2000年组织2篇论文参加全省统战理论研讨会，均入选会议交流文章，并分别刊登在《光华时报》和《江西盟讯》上；2005年与民盟南昌市委会联合邀请南丁格尔奖章获得者章金媛教授为九江学院护理系700余人师生作《新理念引导医院护理文化服务发展趋势》讲座；与市卫生局、市医学会、民盟南昌市委会联合邀请江西医学院主任医师、硕士生导师胡玲教授在市中医院学术厅与市各大医院内分泌专业医生进行“糖尿病的胰岛素治疗”学术交流，并进行现场会诊；2009年，市委会选送的《对新时期民主党派履行民主监督职能的思考》被省政协理论研讨会评为优秀论文；同年，在市政协纪念人民政协成立60周年理论研讨会上，市委会有4篇论文被《立论荟萃》(论文集)采用，并获市政协“纪念人民政协成立60周年”征文评比活动三等奖。

**新盟员培训** 1991~2010年,市委会共举办新盟员学习班13期,参学新盟员361人。学习班对新盟员进行民盟历史、民盟章程、民盟的优良传统等教育,提高新盟员对新时期的统一战线理论、方针、政策和民盟的历史、性质、地位、作用、任务的认识。

**刊物专集** 1991~2010年,市委会编发《九江盟讯》60期,宣传中共和国家的方针政策,介绍盟员和各基层支部先进事迹、成果,沟通盟内信息,推广先进经验,增强民盟组织的向心力和凝聚力。

**宣传报道** 1991~2010年,市委会共在中央、省、市新闻媒体上发表文章近500篇,先后被民盟省委会授予"2001~2004年度全省民盟组织宣传与理论研究工作先进集体",被市委统战部授予2006、2007年度"全市统战系统宣传信息工作先进单位",被市政协评为2010年度全市政协系统宣传工作先进集体。

**组织建设** 1991年,民盟市委会举行党盟恳谈会,中共市委副书记陈绍铨和各基层支部党组织负责人到会,对如何加强组织建设、努力改变盟员老龄化状况,推荐中青年盟员等提出许多宝贵意见和建议。

# 第三章 民建市委会

## 第一节 代表大会

### 一、第七次会员大会

1993年9月21日,在市政协老常委楼召开,出席会员135人。会议听取并审议通过宋信善代表第六届委员会所做工作报告;选举产生第七届委员会,委员会成员17人;主委徐上迈,副主委张重阳、丁水生,名誉主委宋信善。1995年增补何光芬(女)为副主委;1998年增补曹岩波(女)为副主委。

### 二、第八次会员大会

1998年7月21日,在市老干部活动中心召开,出席会员153人。会议听取并审议通过徐上迈代表第七届委员会所做工作报告;选举产生由17名委员组成的第八届委员会;主委曹岩波(女),副主委张重阳、丁水生、殷振珂,名誉主委宋信善、徐上迈。

### 三、第九次代表大会

2003年12月1日,在市老干部活动中心召开,出席代表93人。会议听取并审议通过曹岩波代表第八届委员会所做工作报告;选举产生第九届委员会,成员17人;主委曹岩波(女),副主委张重阳、殷振珂、陆发、赵为。

### 四、第十次代表大会

2007年5月21日,在市区九江宾馆召开,出席代表105人。会议听取并审议通过陆发代表第九届委员会所做《加强自身建设,立足新起点,认真履行职能,实现新跨越,为建设新九江做出新贡献》工作报告;选举产生由17名委员组成的第十届委员会;主委李军,副主委陆发、叶萍、殷振珂、赵为。

## 第二节 机 构

### 一、会 员

1991年,全市有会员106人,1998年为178人,2005年发展为221人。2010年,全市有会员258人,分布在经济、教育、医疗卫生、科技、政府及司法机关、党派机关、社会团体8个界别。

## 二、市委会

1991年，民建市委与市工商联合署办公。1994年4月，民建市委会单独建制，内设办公室、组织部、宣传部、咨询服务部；办公地址位于市区环城路117号。1996年7月实行机构改革，市委会机关内设办公室；办公地址迁至庐峰路48号民主党派大楼二楼。2010年，市委会内设办公室、组宣部。

## 三、基层组织

1991年，民建市委会所属6个支部和1个直属小组。1994年，市委会对所属基层组织进行调整，设立7个支部和1个直属小组。1996年，调整为9个支部。1999年，成立企业家支部。2005年，将浔阳一、二支部分解调整为浔阳一、二、三、四支部，浔阳区机关支部和九江学院支部，成立浔阳总支部。2007年，工商支部更名为工商一支部，将分散在其他支部的私营企业主和新社会阶层会员进行整合，成立工商二支部；毛纺支部与开发区支部合并成为新开发区支部；将浔阳一、二、三、四支部中的老年会员整合，成立浔阳五支部。2010年，全市有民建基层组织14个，其中总支1个、支部13个。

**1991~2010年若干年份全市民建会员和基层组织一览**

表50-3-1　　　　单位：人、岁、个

| 年份 | 会员 | | | | 基层组织 | | | |
|---|---|---|---|---|---|---|---|---|
| | 总数 | 平均年龄 | 大专以上学历 | 中高级职称 | 总数 | 总支部 | 支部 | 小组 |
| 1991 | 106 | 56.3 | 24 | 36 | 7 | | 6 | 1 |
| 1998 | 178 | 52.3 | 75 | 67 | 9 | | 9 | |
| 2010 | 258 | 51.1 | 198 | 148 | 14 | 1 | 13 | |

# 第三节　参政议政

## 一、参政会员

**人大代表与政协委员**　1991~2010年，市民建会员担任全国、省、市、县(市、区)人大代表和政协委员共198人次。其中：全国人大代表1人次；省人大代表6人次，省政协委员8人次；市人大代表6人次，市政协委员117人次；县(市、区)人大代表7人次、政协委员75人次。

**领导职务**　1991~2010年，市民建会员担任副处级以上领导职务共15人。其中，曹岩波任第十二届市政协副主席。

## 二、协商与监督

**政治协商**　1991年以来，民建市委会领导和会员应邀参加中共市委、市政府和市政协召开的各种重大决策意见听取会、重大人事安排协商会、情况通报会、民主资政会以及座谈讨论会，提出建设性的意见和建议。至2010年，民建市委会共参加各类协商40余次，提出相关书面意见与建议。

**民主监督**　1991年以来，市民建党员应邀担任各级各类行风评议员、特约监督员、监察员等共60余人次，其中2010年担任市检察院、市监察局、市公安局等部门特约监督员10人。

## 三、建议提案

**“两会”发言**　1991年以来，民建市委会在历届历次市人大、市政协“两会”上提交发言材料50余篇，作大会发言20余次。其中，2005年3月在市政协十二届二次会议上作《传承山脉、水脉、文脉，打造江南生态新区》大会发言，受到市党政领导和与会委员一致好评，还被评为当年优秀提案；2004年2月在市政协十二届一次会议上的《培育发展特色经济，促进九江经济增长》大会发言被《九江日报》选登；

2008年1月在市政协十三届三次会议上作为本次会议民主党派唯一大会发言《创新融资建设模式，建设现代临港新城》，得到省政协副主席、中共市委书记批示。

**"两会"议案、建议、提案** 1991~2010年，民建市委会和会员在全国、省、市人大、政协"两会"期间共提出集体提案80余件，人大代表建议30余件，政协委员提案600余件；集体提案多次被市政协评为优秀提案。会员中获"市政协优秀委员"称号30余人次，获优秀个人提案奖20余人次。《九江经济实力分析及发展建议》《论国企改制的四个步骤》《政府在经济工作中的角色定位》等，在市政府机关刊物《九江经济》上发表。

### 四、调查研究

1991年以来，民建市委会围绕中共市委、市政府各个时期的中心工作，在服务大局与发挥会员人才荟萃中找准结合点，利用多种形式深入调研，重点放在解决问题的可行性上，注重调研成果转化，撰写大量有一定质量和水平调研报告，并将涉及面广、影响大的调研成果以提案形式向省、市两级政协提交，得到有关部门的好评。2005年，根据调研内容，民建九江学院支部主任朱平为市四套班子作题为《宗教与旅游——兼议九江市宗教旅游资源》讲座，受到与会领导一致好评。会员李春林根据长期工作实际和思考撰写的《加强银企合作，优化信贷环境》调研报告在《九江经济》上全文刊登；会员陈宏明撰写的调研报告《发展循环经济是新发展的必由之路》《关于倡导编制农村乡村经济社会发展规划的建议》在民建江西省委刊物《诤友之声》上发表；副主委陆发《狠抓大工业，加速推进九江工业化进程》一文被市政协评为优秀建言献策文章；会员凌西乐《"行大于言"离不开制度建设》被评为"我为九江发展献一策·百佳建议"；会员代大发获得"两新"大讨论"公务员现场论坛"二等奖。

### 五、反映社情民意

1999~2010年，民建市委会共向市政协反映社情民意600多篇。高级工程师余志鹏反映"应加大对专利的保护力度"被民建中央《情况反映》选登；副主委赵为反映"建议试行'点警制'""切实关注私企女工权益""房屋开发商不应兼办物业"3条社情民意被省政协信息简报选登；市工商局对赵为反映"把投诉站建在农民家门口，切实保护农村消费者合法权益"高度重视，在全市开展"红盾护农进村"工作，开创农村市场监管工作新局面，得到省市领导充分肯定和人民群众好评，多家中央权威媒体和省市党报都予以报道。主委曹岩波获民建省委会"反映社情民意工作优秀成果奖"，所撰写《唱响参政议政的主旋律》一文被民建中央刊物《民讯》选登。民建省委授予民建市委2001~2002年度反映社情民意信息工作先进单位一等奖；在市政协首次设立反映社情民意优秀集体奖时，民建市委会是唯一获奖单位，8次在省市获奖。

## 第四节　社会服务

### 一、民建爱心帮扶资金

2010年，民建市委探索建立爱心帮扶长效机制，成立"民建爱心帮扶资金"。资金由会员和会员企业家自愿捐赠，用于资助贫困家庭子女非义务教育阶段的就学，帮助弱势群体解决生活困难，资助家庭困难的民建会员，资助生活困难的孤寡老人和孤儿，促进九江社会和谐进步。通过制定《九江民建爱心帮扶资金管理章程》，成立管委会和监委会对资金进行规范管理。

### 二、咨询服务

1991年以来，民建市委会先后组织税法知识讲座、保险知识咨询、城市建设知识讲座、财政预算编制知识讲座、预防禽流感知识讲座等咨询培训活动。

### 三、支援老区建设

20 世纪 90 年代中期，在修水县布甲乡蹲点扶贫，捐赠山羊帮助开拓当地群众生产致富新渠道。由于成绩突出，民建市委会作为全市民主党派唯一代表，参加全省扶贫工作现场会。1999 年，工商企业支部向湖口县马影乡赠送价值 4000 元的农业科技读物和电教设备。2001 年，民建市委会发动会员捐资 1000 元帮助都昌县汪墩乡茶铺村。

### 四、捐资助学

2002 年，全市民建组织和会员响应中共市委、市政府提出的“关爱困难群体，实施五助工程”号召，捐款帮助九针集团特困户钟一敏女儿每学期 500 元。老会员陈垣珍每学期资助中学贫困学生尹叨荣 300 元，临去世前还交待家人一定要继续资助到该学生毕业。2003 年，市委会争取到香港民建会员黄佩球在星子县涂山村和都昌县横塘村新建 2 所希望小学，副主委赵为、庐山支部分别捐赠 1 台电脑和 1 台彩电。2004 年，组织会员向九江县杨柳中学开展“捐资助学、送教下乡、义诊”活动，共向杨柳中学 28 名困难家庭学生捐款 6800 元，其中副主委赵为个人捐款 4000 元。2007 年 8 月下旬，开展捐资助学活动，资助浔阳区 7 名家庭困难品学兼优的大学新生共 2.4 万元助学金。2008 年初，工商二支部为都昌县大港镇太阳村鄱阳湖儿童救助中心订阅报刊、捐赠文具和书籍，价值 7000 元。

### 五、捐赠赈灾

1998 年，九江遭受特大洪涝灾害，全市民建会员积极参加抗洪抢险和重建工作，捐款捐物、参加群众性慰问来浔抗洪解放军官兵。市委会组织 10 名企业家会员购买 2200 公斤西瓜和 15 箱饮料；会员赵火生联络 6 名同行购买 2 万多元物资慰问解放军官兵；全市会员捐款捐物共计 5 万余元。市委会广泛联络全国各地民建组织支持九江抗洪，浙江台州民建会员捐助价值 20 余万元物资，苏州民建组织捐款 1 万余元。

2005 年，九江发生“11·26”地震，正值民建市委会筹备成立 60 周年庆祝大会，当即取消在大会结束时会餐的惯例，将节省的钱款支援灾区。并发动会员为灾区群众捐款 1 万元现金。会员李伟群购买价值 1.6 万元方便面、矿泉水和电线等物资送到灾区。民建省委会在全省民建组织发动对九江灾区的捐款活动，筹集的 1 万元钱捐给九江农科所；民建萍乡市委会单独捐赠 1000 多元给九江灾区。

2008 年“5·12”四川省汶川大地震后短短几天时间内，民建市委会动员全市会员积极向地震灾区捐款捐物共折合人民币 20 多万元，其中上交民建中央中华思源工程扶贫基金账户 4.51 万元，用于绵阳灾区重返学校工程建设计划。

### 六、帮助下岗职工

1991 年以来，民建市委会采取多种形式帮助下岗职工，捐款捐物资助生活困难的家庭，在会员企业中大量吸收下岗职工，共解决 700 余名下岗职工再就业问题，其中副主委赵为的企业安排 1600 名下岗职工，会员李伟群的企业安排 50 名下岗职工。

## 第五节 民建活动

### 一、庆祝纪念

1991 年以来，民建市委经常组织机关干部、基层骨干、全体会员，采用定期学习、适时举办学习班、召开委员扩大会、座谈会、组织生活、集体参观考察等多种形式，从理论到实践，有系统地向全体成员及家属宣传党的基本路线、方针政策。先后组织庆祝民建成立 50 周年、“迎香港回归”学习通报会、庆祝新中国成立 50 周年、庆祝人民政协成立 50 周年、国庆 55 周年、庆祝澳门回归、纪念中国共产党成立 80 周年、“攀登庐山支持北京申奥”、庆祝民建成立 60 周年、庆祝新中国成立 60 周年、庆祝民建成立 65 周年、纪念建党90周年等一系列活动。

### 二、宣传教育

**思想政治教育** 1991~2010年,民建市委会以邓小平理论、"三个代表"重要思想、科学发展观为学习重点,开展思想政治交接和核心价值体系学习教育活动,参与"彬彬有礼过马路""文明九江""推进'3+1',我们怎么办""建设新九江,我们怎么干"和"建设经济中心城市,我们准备好了吗"等中共市委、市政府主题活动。

**宣传报道** 1996年,创办会刊《九江民建》。2007年7月,"九江民建"网站正式开通上线,为九江民主党派建立的第一个网站,辟设26个栏目。市委会宣传民建、推介九江的文章先后在《人民日报》《解放日报》《中国政协报》《民讯》《光华时报》等中央、省、市媒体上发表,宣传报道工作多次获民建省委会、市政协表彰。《九江民建》至2010年出刊30期。

### 三、组织建设

**支部建设** 1991年以来,市委会制定《先进支部评比办法》,对支部在活动频次、会员参与率、会费缴纳、社情民意撰写等方面进行量化考核。2008年12月,民建中央副主席程贻举到市对民建基层组织建设工作进行调研,充分肯定民建市委会基层组织工作成绩。浔阳一支部、浔阳区机关支部先后获民建中央授予"全国先进支部"称号。

**会员队伍建设** 1991年以来,市委会严把会员入会关,制定《民建九江市委会组织发展工作制度》,对入会积极分子进行培训,经常选派年青会员参加省社会主义学院和市社会主义学院学习。先后有30余人次被民建省委授予"全省优秀会员"称号。

**制度建设** 1991年以来,市委会先后制订《民建九江市委会机关工作目标管理制度》《发挥会员优势,做好反映社情民意工作意见》《民建市委会领导班子民主生活会制度》等。民建市委会在市各民主党派实行目标管理考评中,多次获得"目标管理考评综合先进奖"和单项目标考评先进奖。

# 第四章 民进市委会

## 第一节 代表大会

### 一、第二次代表大会

1993年9月5日,在九江八一宾馆召开,出席代表60人。会议听取并审议通过高朝曦代表第一届委员会做题为《团结奋进,积极开拓,为建设有中国特色社会主义多做贡献》工作报告;选举产生第二届委员会,由委员9人组成;主委高朝曦,副主委熊园群。1995年12月增补曹晓为副主委。

### 二、第三次代表大会

1998年11月7日,在九江航空宾馆召开,出席代表141人。会议听取并审议通过高朝曦代表第二届委员会做《同心同德,开拓创新,为建设有中国特色社会主义做出新贡献》工作报告;选举产生第三届委员会,由委员11人组成;主委高朝曦,副主委熊园群、曹晓、刘利民。2003年6月增补卞卡利为副主委。

### 三、第四次代表大会

2003年12月4日,在市委老干部活动中心召开,出席代表191人。会议听取并审议通过高朝曦代表第三届委员会做《同心同德,与时俱进,为全面建设小康社会做出新贡献》工作报告;选举产生第四届委员会,由 13 人组成;主委卢天锡,副主委刘利民、卞卡利、刘全会、熊亚浔。

### 四、第五次代表大会

2007 年 5 月 24 日,在市区九江宾馆召开,出席代表 231 人。会议听取并审议通过卢天锡代表第四届委员会做《团结奋进、求实创新、为建设经济中心城市做出新的贡献》工作报告;选举产生第五届委员会,由 15 人组成;主委卢天锡,副主委刘利民、卞卡利、刘全会、熊亚浔。

## 第二节 机 构

### 一、会 员

1991 年, 全市有会员 47 人,1993 年 59 人,1998 年增至 141 人,2003 年 196 人,2007 年 239 人。2010 年,全市有会员 272 人。

### 二、市委会

1991 年,民进市委会内设组织宣传部、办公室;办公地点位于市区环城路 67 号民主党派大院。1995 年迁至庾亮南路 144 号原市政府大楼二楼办公。1996 年 7 月,市委会内设办公室;办公地点迁至庐峰路 48 号民主党派大楼。2000 年 5 月,市委会成立 4 个专门委员会:议政调研委员会、文化教育委员会、妇女委员会和老龄工作委员会。2010 年 7 月增设组宣部。

### 三、基层组织

1991 年,民进市委会辖有直属支部、二中支部、三中支部、浔阳区支部和庐山区支部 5 个基层组织;1993 年增设教院支部和庐山、八中直属小组;1998 年增至 12 个支部。2010 年,全市有民进基层组织 18 个,其中总支 1 个、支部 15 个、直属小组 2 个。

**1991~2010 年部分年份全市民进会员和基层组织一览**

表 50-4-1　　单位:人、岁、个

| 年 份 | 会 员 | | | | 基层组织 | | | |
|---|---|---|---|---|---|---|---|---|
| | 总 数 | 平均年龄 | 大专以上学历 | 中高级职称 | 总 数 | 总支部 | 支 部 | 小 组 |
| 1991 | 47 | 54 | | | 5 | | 5 | |
| 1993 | 59 | 52 | | 44 | 7 | | 5 | 2 |
| 1998 | 141 | 47.5 | | 113 | 12 | | 12 | |
| 2003 | 196 | 48 | | 176 | 14 | | 12 | 2 |
| 2007 | 239 | 49 | | 220 | 16 | 1 | 15 | |
| 2010 | 272 | 50 | | 250 | 18 | 1 | 15 | 2 |

## 第三节 参政议政

### 一、参政会员

**人大代表与政协委员** 1991~2010 年,市民进会员先后担任省、市、县(市、区)人大代表和政协委员共 217 人次。其中:省人大代表 5 人次,省政协委员 4 人次;市人大代表人 30 次,市政协委员 120 人次;县(市、区)人大代表 8 人次,县(市、区)政协委员 50 人次。

**领导职务** 1991~2010 年, 市民进会员先后担任副处级以上领导职务共 9 人, 其中卢天锡任第十

二、十三届市政府副市长。

## 二、协商与监督

**民主协商** 1991~2010年,民进市委会共参加各类民主协商会10余次,提出相关书面意见与建议近20件。其中:2005年6月27日,民进代表参加由市委统战部组织召开的各民主党派、工商联、知联会"新阶段、新发展"大讨论协商会,商讨开展"两新"大讨论协活动有关事宜;7月29日,在市委统战部牵头召开的"我为九江献良策,同舟共济谋发展"大型恳谈会上,赵追代表民进市委会作《保护城市湿地,建设江南生态名城》发言。

**民主监督** 1991年以来,民进市委会落实特约监督人员制度,推荐优秀会员到市级政府部门和司法机关担任特约监督员、监察员、审计员、陪审员和检察员等职务。至2010年,民进会员担任教育、国土、城建、地税、审计、司法等部门特约监督人员15人。

## 三、建议提案

**"两会"发言** 1996年1月,市委会在市政协十届三次会议上作《对发展九江文化旅游市场的建议》大会发言,受到市领导高度重视。2004年2月,在市政协十二届一次会议上,市委会以《保持与百姓零距离,构建和谐魅力九江》为题作大会发言。2006年12月,民进九江学院总支主委赵追在市政协十三届一次会议上作《大力发展地质特色旅游的几点建议》大会发言,市领导作批示:"此建议很有新意,请旅游局从整体规划、政府主导、市场动作、资源融合等诸多方面对建设认真研究,使大庐山地质公园能够为风景游、宗教游、科普游、文化游等特色显著的旅游精品。"2010年1月,在市政协十三届五次会议上,市委会作题为《关于我市工业园区土地利用问题的几点建议》大会发言。

**"两会"议案、建议、提案** 1991~2010年20年间,民进市委会和会员在省、市人大、政协"两会"期间共提出集体提案80多件,人大代表建议160多件,政协委员提案700多件。其中经济提案《关于充分利用世界文化遗产的建议》《关于规范九江旅游市场的建议》《经济发展如何避免新的环境污染》《综合整治校园周边环境, 切实加强和改进未成年人思想道德工作》《关于加强我市职业教育的几点建议》《关于加强我市农村义务教育阶段教师队伍建设的几点建议》《关于打造九江特色文化的几点建议》《加强校企合作,促我市职业教育与产业集群对接》和个人提案《加强行政事业单位财务管理提高会计基础工作质量》《成立两湖水上清洁队, 解决两湖湖边及湖面清洁问题》《加强农村医疗保障制度》(邱国萍)、《关于规划好建设好八里湖新城区的几点建议》等获奖;市委会被民进省委会评为"2006年度参政议政先进单位"。

## 四、调查研究

1991~2010年,民进市委会围绕中共市委、市政府重大战略决策和工作部署,就教育、文化、旅游以及建设鄱阳湖生态经济区、整合农业优势资源等专题,组织开展调研活动,并提交40余篇专题调研报告,先后有《关于加快发展我市职业教育的若干建议》《关于加速九江市农业优势资源整合的思考》《关于进一步推动我市特殊教育发展的几点建议》《完善旅游市场服务体系, 进一步挖掘旅游资源》《加速发展乡村旅游, 构建环庐山休闲观光农业长廊》《关于我市残疾人就业和社会保障工作情况的调研报告》《创建旅游购物环境,促进旅游经济发展》《净化文化市场,保障青少年身心健康,构建和谐社会》《大力发展鄱阳湖现代高效生态农业的建议》《建设鄱阳湖生态经济区的几点思考和建议》《加强校企合作, 促进我市职业教育与产业集群对接》《增强文化软实力, 彰显九江城市魅力》《关于我市工业园区土地利用情况的调研报告》《适时调整行政区划,促进城市建设又好又快发展》《实行历史文化资源优化整合,推进文化创意产业发展》《关于我市矿产资源集约发展的思考》《对九江环鄱阳湖地质旅游资源开发利用的对策建议》《以特色职业教育促鄱阳湖生态经济发展》等,其中部分调研报告被市政府和相关职能部门采用。

## 第四节　社会服务

### 一、实体创办

1995年8月，会员李强创办市派拉蒙百货有限公司，注册资金2840万元，安排员工2300人。随后相继创办市庐山三叠泉天然矿泉水有限公司、市派拉蒙房地产开发有限公司、省兴苑农业综合开发有限公司、市秀玉红茶坊、市别克·乔治酒吧等，形成以派拉蒙百货有限公司为投资主体的实业集团公司，并获"江西省优秀连锁企业""九江市优秀私营企业""百强民营企业""纳税大户""讲诚信守承诺先进单位""消费者信得过单位"、市再就业"十佳明星"企业、"十大诚信企业"等称号，"派拉蒙"商标经省著名商标认定委员会委员评审认定为省著名商标，并被省工商局等30余个省级部门评定为省守合同、重信用AAA企业。1997年，会员潘雪林返乡创业，组建中堂生态园林有限公司，成功致富同时，带动星子县庄园经济发展，先后获市劳动模范、省"十佳返乡创业青年"、省劳动模范、省"十大杰出青年农民"、全国"农村青年致富带头人"等称号。2002年，会员余玲玲创办妙音素食有限公司，为全省首家纯素食餐饮企业，连续9年为孤寡老人做公益奉献，被市慈善总会授予"慈善大使"称号；会员王少平创办九江汇诚纺织有限公司和九江汇诚制衣有限公司，先后安置下岗职工1200余人。会员方建定任总经理的新康达化工实业有限公司安置九江化工厂下岗职工1000余人，同时接收福建破产企业员工200余人，公司年纳税1000万元，是市纳税大户，并被评为省百强民营企业。民进共青支部组建社会服务部，以法律咨询为龙头，开展科技情报咨询、代理专栏咨询、招商引资、摄影摄像等社会服务，咨询和委托代理业务络绎不绝，代理的业务成功率达96%，并被一些企业聘为常年法律顾问。

### 二、捐赠赈灾

2008年5月12日，四川省汶川县发生特大地震。民进市委会组织会员开展捐款捐物活动，筹集善款2.2万元汇寄灾区；会员李强两次分别捐款20万元和48万元；会员刘少宏、曹艺馨组织文化支部会员在烟水亭广场开展"为四川地震灾区募捐义演"；曹晓、洪康民、汤炎生、郭兵、张志迎、宗明志、陈光华等参加书画界捐画活动，所得收入全部捐献灾区；周明学将1万元个人捐款送到市红十字会。

2010年夏季，民进市委会积极组织会员参与抗洪救灾工作：会员李强为抗洪一线捐助纯净水800箱；潘雪林在防汛期间捐助价值1000元的物品，并向抚州灾区捐款3000元；浔阳区支部组织会员捐款3000余元。

### 三、扶贫济困

2003年，民进市委会领导和会员代表将捐赠的3000元现金和部分学习用品送到星子县芙蓉小学，资助10名面临失学贫困生继续上学。2004年，先后资助庐山区赛阳镇工林村学生胡晓娥和市一中学生黄雨；会员吴光才参加"圆贫困地区子女大学梦"庐山书画家作品义卖活动。2007年，市委会组织会员开展"送医、送教、送文艺"活动；一中支部资助学生黄雨、查瑜；二中支部资助学生胡晓娥；浔阳区支部捐助1000元给长虹小区一家低保户给孩子交学费；会员张帆向中国青年基金捐款资助3名贫困儿童1年学费。2008年，共青支部为共青金湖乡捐赠图书4000多册。2009年，市委会组织文化支部、共青支部、浔阳支部和医卫支部前往共青西湖小学和共青人民医院开展送医送教下乡活动。会员李强两年来共向民进省委和共青团省委发起的"1%工程"基金会捐款40万，用于资助面临失学的贫困学生完成学业。

### 四、兴教助学

1991~1996年，民进市委会创办市育才文化补习学校先后开设各类补习班和少儿英语乐园20余个，参加培训补习学生1000余人，取得良好社会效益。庐山区支部多年来陆续举办办暑期少儿英语乐园、文化课补习班"和少儿书法班，满足社会需求。

2004年,市委会组织部分教学明星和学科带头人到湖口二中开展送教下乡活动。教师节期间,文化支部组织会员开展送书下乡活动,将200多本科普书籍送到庐山区威家小学。2005年9月25日,副主委熊亚浔、会员王军在都昌县东湖中学为全县初中物理教师举办题为《小实验大作用》的物理新教材实验研究讲座,获得近百名县乡教师的普遍好评。2006年,文化支部在九江少儿活动中心开展助学活动,请书画家会员为金鸡坡小学学生讲授美术绘图技巧;同文中学支部利用自身的优质师资资源,全年先后有8人次送课下乡,帮助农村学校提高教学质量。2008年,市委会组织会员到各地"支教",其中会员刘桂华在市博爱聋哑学校义务支教1个月。

## 第五节 民进活动

### 一、宣传教育

**刊物专集** 民进市委会于1990年创办《九江民进》刊物,并和省内外124个单位进行交流。2001年,《九江民进》编印纪念中国共产党建党80周年专刊。2004年,市委会认编辑出版2期《九江民进》和4期《九江民进工作简讯》,其中在教师节前夕编印1期《九江民进·教师节纪念专刊》。2005~2007年,编印《九江民进》11期,《"新阶段、新发展"大讨论活动简报》4期。2009年12月,编印《走过岁月——民进九江市委会成立20周年特刊》。

**宣传报道** 1998年,会员王小琴撰写的《一颗沉甸甸的心——记民进老会员郭艾龄关心失学儿童的事迹》参加省政协和省新闻学会联合组织的"宣传中国共产党领导的多党合作和政治协商制度好新闻"评奖活动获三等奖,同时获中共中央统战部和《人民政协报》联合组织评选的"风雨同舟"征文三等奖。2000~2003年,市委会积极组织稿件,在市报刊和电视台、《九江统战信息》《江西民进》《心桥》杂志、《光华时报》、民进中央刊物《民主》等媒体刊登文章和信息共计80余篇。2004~2006年共刊登文章、播发信息140余篇(条)。2007年,在《江西民进》《九江统战》《九江日报》《浔阳晚报》和江西民进网站等媒体刊登信息和稿件共计68篇。

**思想政治教育** 1991年以来,市委会紧紧围绕不同时期的国际国内形势,开展会员的思想政治学习工作。市委会成立中心学习组,并把领导班子成员和机关干部的学习纳入市委会考核目标。2004年,市委会组织会员认真学习中共十六大、十六届三中全会精神和"三个代表"重要思想。2005年,组织学习中共中央《关于进一步加强中国共产党领导的多党合作和政治协商制度建设的意见》精神,为建设"美而富、和而强"的新九江积极建言献策。2006年,组织学习中共中央总书记胡锦涛"八荣八耻"重要讲话精神,制定《"文明九江"大讨论活动实施方案》,组织各支部开展"文明九江新风尚,民进会员树形象"的学习和座谈活动。2007年,组织会员学习贯彻中共十七大和民进十大等会议精神。2008年,组织学习中共中央总书记胡锦涛在各民主党派中央、全国工商联新老主要领导人座谈会上的讲话以及民进中央《关于开展中国特色社会主义主题教育活动的意见》等文件精神。2009年,在民进会员中开展学习贯彻科学发展观和"坚持走中国特色社会主义政治发展道路"主题教育活动,明确提出把九江民进建设成为学习型政党组织的要求。2010年,以"爱国、敬业、和谐、奉献"为基本内容,开展学习和践行社会主义核心价值体系活动,并制定《"弘扬民进优良传统、努力践行社会主义核心价值体系学习教育活动"实施方案》。

**干部培训** 1991~2010年,民进市委会通过举办培训班、选派人员参加省市培训班等方式,共有200余人次参加各级各类培训活动。主要有:2004年选派3人参加省委统战部和省社会主义学院的骨干培训班,20人次参加市委统战部和市委党校的培训班,聘请省社会主义院知名教授到九江对40余名新会员进行培训;2006年选送3名支部委员和1名副处级干部参加省、市社会主义学院的培训学习,举办40余名新会员及骨干培训班;2007年,选送11名会员参加省、市培训。2009年共选送3名会员参加省社会主义学院的全省民进基层骨干培训班;2010年选送8名会员参加省、市社会主义学院的基层骨干培训班和科级干部培训班。

### 二、庆祝纪念

2008年4月30日，市各民主党派纪念“五一口号”发布60周年座谈会在市委统战部会议室召开，主委卢天锡代表民进市委会在会上发言。2009年12月26日，民进市委会成立20周年纪念大会在九江宾馆举行，省政协副主席、民进中央常委、民进省委会主委汤建人出席并讲话。

# 第五章 农工党市委会

## 第一节 代表大会

### 一、第十一次代表大会

1992年12月27日，在九江航空宾馆召开，出席代表86人。会议听取并审议通过丁启范代表第十届委员会所做工作报告；选举产生第十一届委员会，由委员17人、候补委员2人组成；主委熊茂松，副主委刘文勤、马品忠(专职)、叶寿颐。1997年2月，十一届六次全委会增补熊炎松为副主委。

### 二、第十二次代表大会

1998年11月11日，在九江八一宾馆召开，出席代表108人。会议听取并审议通过熊茂松代表第十一届委员会所做工作报告；选举产生第十二届委员会，由委员19人组成；主委熊炎松，副主委叶寿颐(专职)、陈玲珠(女)、王惠民。2003年6月，十二届六次全委会增补胡荣君为副主委。

### 三、第十三次代表大会

2003年12月6日，在市委老干部活动中心召开，出席代表116人。会议听取并审议通过熊炎松代表第十二届委员会所做工作报告；选举产生第十三届委员会，由委员19人组成；主委卢志鹏，副主委陈玲珠(女)、高修庭、胡荣君(专职)、卢彦达。

### 四、第十四次代表大会

2007年5月26日，在九江宾馆召开，出席代表122人。会议听取并审议通过卢志鹏代表第十三届委员会所做《围绕中心，善谋实干，为促进九江经济社会又好又快发展而努力奋斗》工作报告；选举产生第十四届委员会，由委员19人组成；主委卢志鹏，副主委陈玲珠(女)、高修庭、胡荣君(专职)、卢彦达。2010年12月，十四届六次全委会增补傅朗林为副主委(专职)。

## 第二节 机 构

### 一、党 员

1991年，全市有党员187人，平均年龄55.5岁，离退休党员80人，40岁以下党员16人。至1998年年底，全市有党员324人，分布在医疗卫生、教育、科技、经济、文化艺术、其他等6个界别。1998~2003年，先后发展新党员97人，党员人数增至393人。2010年，全市有党员489人。

### 二、市委会

1991年，农工党市委会设有医药卫生、文教、科工贸、妇女、党史研究5个工作委员会，内设办公室、组织部、宣传部、咨询服务部。1996年7月，市机构改革，农工党市委会机关内设办公室；办公地点由市区环城路117号迁至庐峰路48号民主党派大楼三楼。1998年，市委会设立医药、文化教育、科技、妇女、“三胞”联络5个工作委员会。2010年，市委会下设5个专门委员会：医药卫生、文化教育、科技经济、妇女、“三胞”联络；内设办公室、组宣部。

### 三、基层组织

1991年,农工党市委会有基层组织17个,其中总支1个、支部15个、小组1个。1992年10月成立瑞昌市支部,1993年9月成立庐山支部,1995年12月成立庐山区支部,1996年12月成立九江县支部,1997年成立瑞昌市总支;至1998年年底,全市有23个基层组织。2003年,基层组织经过调整和充实,共有17个。2007年12月成立浔阳区支部和修水县总支,2009年12月成立九江职业大学支部和九江学院总支。2010年,全市有基层组织19个,其中总支4个、支部15个。

**1991~2010年若干年份全市农工党员和基层组织一览**

表50-5-1　　　　单位:人、岁、个

| 年份 | 党员 | | | | 基层组织 | | | |
|---|---|---|---|---|---|---|---|---|
| | 总数 | 平均年龄 | 大专以上学历 | 中高级职称 | 总数 | 总支部 | 支部 | 小组 |
| 1991 | 187 | 55.5 | 98 | 92 | 17 | 1 | 15 | 1 |
| 1998 | 324 | 54.8 | 203 | 195 | 23 | 2 | 21 | |
| 2003 | 393 | 53.7 | 276 | 268 | 17 | 2 | 15 | |
| 2010 | 489 | 52.4 | 374 | 369 | 19 | 4 | 15 | |

## 第三节　参政议政

### 一、参政党员

**人大代表与政协委员**　1991~2010年,市农工党员担任省、市、县(市、区)人大代表和政协委员共503人次。其中,省人大代表4人次,省政协委员11人次;市人大代表28人次,市政协委员147人次;县人大代表27人次,县(市、区)政协委员286人次。

**领导职务**　1991~2010年,市农工党员担任副处级以上领导职务共16人。其中,熊炎松任第十一届市政协副主席;卢志鹏任第十二、十三届市政协副主席。

### 二、协商与监督

**政治协商**　1991年以来,农工党市委会领导和党员应邀参加中共市委、市政府和市政协召开的各种重大决策意见听取会、重大人事安排协商会、情况通报会、民主资政会以及座谈讨论会,并提出建设性的意见和建议。至2010年,农工党市委会共参加各类协商会议110次,提出相关书面意见与建议132件。其中,2001年提出的《关于推行政府采购制的建议》被市政府采纳并成立政府采购中心;这一建议还被农工党中央《新时期多党合作案例》收录。

**民主监督**　1991年始,农工党党员应邀担任各级各类特约监督员、监察员等共76人次,其中2010年担任市公安局、国税局、地税局、教育局、建设局等部门特约监督员6人,市法院、检察院、国土局等部门特约监察员4人。

### 三、建议提案

**"两会"发言**　1991~2010年,农工党市委会在省、市人大、政协"两会"上发言13次。其中:2006年12月在市政协十三届一次会议上做《"公司+农户"模式面临的新问题及对策》大会发言;2008年1月在市政协十三届三次会议上做《关于我市沿江开发的几点建议》大会发言;2009年2月,主委卢志鹏在省政协十届二次会议上做题为《舞动庐山龙头,打造旅游强省》大会发言,得到中共省委领导重视,旅游产业被提升为全省发展的支柱产业之一。2010年2月,副主委高修庭在市政协十三届五次会议做题为《大力发展职业教育,为九江项目建设提供人才支撑》大会发言,得到中共市委主要领导重视,促使九江职业教育资源整合、做大做强工作被提上重要议事日程。

**“两会”议案、建议、提案**　1991~2010年，农工党市委会和党员在省、市人大、政协“两会”期间共提出议案、建议和提案860余件。其中，83件被评为优秀建议、提案。在历年的提案评优授奖中，市委会《实施人才工程》《抓好汛期的血吸虫病防治》《切实解决领导干部住房方面以权谋私的问题》《公务用车改革势在必行》《我市医药市场亟待整顿治理》《关于开展“廉租房工程”的建议》《关于加强乡镇卫生院建设的几点建议》《建议开发旅游商品，发展九江旅游购物市场》《建议规范我市医疗服务价格，加大药品价格监管力度》《关于对我市新型农村合作医疗工作的几点建议》《建议加强我市绿色生态环境保护与建设工作》《整合资源配置，促进城区义务教育发展》《切实解决就业，维护民生之本》等被评为优秀集体提案，其中有的被农工党省委会采用，作为集体提案提交省政协。市委会获农工党省委会“参政议政先进集体”称号，党员12人次被评为“参政议政工作先进个人”。在中共省委宣传部开展的“构建和谐社会，实现新的跨越”建言献策、建功立业活动中，党员傅朗林提出的《实施“全民节能”工程，推进全民创业、和谐发展》获优秀建言献策一等奖。

### 四、调查研究

1991年以来，农工党市委会发挥医药卫生界人才优势和群体作用，广泛深入地开展调查研究，形成并提交的专题调研报告有：《农村三级医疗卫生网现状的调查》《九江市中医事业的发展及其改革的调查》《九江市卫生防疫改革现状的调查》《加强结核病防治的调查》《九江市医药乱收费的调查》《关于九江市结核病疫情及对策》《我市中药材生产调查》和《关于对我市新型农村合作医疗工作的几点建议》等。同时，围绕省、市战略决策和中心工作开展调研并提出意见和建议，主要有2007年完成《关于我市沿江开发的几点建议》调研报告；2009年报送《大力发展职业教育，为九江项目建设提供人才支撑》和《切实解决就业，维护民生之本》调研报告，其中《切实解决就业，维护民生之本》被省委会作为集体提案提交省政协十届三次会议；先后形成的《因势利导，着力打造有机硅产业集群》《培植产业集群，壮大地方经济》《大力发展循环经济，创建生态工业园》《立足两个层面，狠抓六项机制，加快推进鄱阳湖生态经济区新型工业化》《关于我市城区义务教育资源配置问题的调查》《关于我市绿色生态环境保护与建设的几点建议》《以八里湖新城区建设为契机，把九江建设成为生态城市》等调研报告，得到中共市委、市政府及相关职能部门的重视与采纳。

### 五、反映社情民意

1997~2010年，农工党全市各级组织和党员共向各级政协反映社情民意1100余条，市政协采用刊登340余条。市委会先后获农工党中央“社情民意信息工作先进单位”，省委会“社情民意信息工作先进市委会”等称号，多次被市政协授予“反映社情民意先进集体”；被市政协评为“反映社情民意先进个人”28人次、“优秀社情民意条目”28件。

## 第四节　社会服务

### 一、实体创办

1991年以来，市农工党组织先后创办市区湖滨门诊部、前进门诊部和九江县洗心桥中医咨询门诊部、瑞昌市前进门诊部、永修县前进中草药医疗门诊部等医疗服务点，收治病人10万多人次，为病人减免挂号费、医药费4万多元。市委会前进门诊部获农工党省委会“办医先进单位”。在市区姚家洼、牛奶场、立交桥、塔岭南路等处兴办4所前进幼儿园，解决许多双职工家庭后顾之忧。市委会前进幼儿园为特困生减免学费累计7000余元，被农工党中央授予“办学先进单位”。永修前进补习学校4年共招生950人，为高等、中等院校输送人才600余人，1998年囊括该县高考文理科状元，1999年高考理科状元，被农工党省委会授予“办学先进单位”。

## 二、捐赠赈灾

**1998年抗洪** 当年,全市农工党党员参加抗洪抢险战斗500余人次。市委会多次组织医疗队深入灾区义诊;机关及全市党员共捐款2万余元、衣物1500余件、棉被50床。市委会争取到农工党中央、中国初级卫生保健基金会救灾专款10万元,并派出专家卫生防疫队赴重灾区永修县吴城镇进行卫生防疫工作。瑞昌市总支通过多方联系获得救灾物资36万元,党员程汉英联系获赠大米50吨,棉被2000床。永修县总支、瑞昌市总支、九江县支部和党员陈长群、刘秉山、李军洪、程汉英、钱正英等在抗洪斗争中成绩突出,分别被卫生部、全国工商联、农工省委会等表彰。

**抗击“非典”** 2003年,全市医务工作者和防疫人员中的农工党党员坚守在发热门诊、留诊病人观察室、隔离病区、检验科和重要监控场所等抗击“非典”的第一线。市委会、修水县支部、瑞昌市总支、九江县支部开展预防“非典”知识宣传及咨询活动,发放宣传单4800多份,接待咨询1700余人,赠送1000多元预防“非典”袋装中药液。党员中获农工党中央“抗击非典优秀党员”和省“抗击非典先进个人”1人,获中华预防医学会“抗击非典先进科技工作者”1人,获市级表彰3人。

**抗击“11·26”地震灾害** 2005年九江县、瑞昌市“11·26”地震发生后,瑞昌市总支和九江县支部党员奋战在抗震救灾第一线,转移病人、救治伤员、为灾民巡诊,发放抗震救灾物资。瑞昌市总支迅速向瑞昌市政府、市政协提交《对重大突发性灾害应急措施的建议》,得到当地政府高度重视。市委会及时向农工党省委会反映地震灾情,并号召全市组织和党员为抗震捐款捐物,筹集捐款4070元。农工党省、市领导将全省党员赈灾捐款7.02万元、棉被100床和过冬衣物462件送到地震灾区——九江县新合镇杨桥村灾民手中。

**抗击雨雪冰冻灾害** 2008年初,全市农工党组织和广大党员投身抗击雨雪冰冻灾害的战斗。主委卢志鹏组织九江职业大学教职工开展“抗冰雪、送温暖、献爱心”捐款捐物活动,共筹得善款1.7万余元、衣物260多件,顶风冒雪将款物送到受灾村民手中。永修县总支、九江县支部、瑞昌市总支、庐山区支部和电厂支部的党员捐钱捐物,在高速公路、长江大桥等处为滞留旅客提供服务。市委会被省委会授予“2008年抗击低温雨雪冰冻灾害先进集体”称号。

**援救汶川地震灾区** 2008年5月12日,四川省汶川县特大地震灾害发生后,市委会捐款5.5万元和筹款20余万寄送灾区。庐山区支部陈林捐款15万元并捐赠价值20多万元的奶粉;市三医院支部汪昌发作为市第一批抗震紧急救援医疗队员之一奔赴救灾一线;永修县总支李军洪为北川中学募得捐款7.6万元,得到省委会主委郑小燕等领导的高度评价。党员汪昌发、杨家义、陈林、傅梅影被农工党中央授予“抗震救灾优秀党员”称号。

**支援玉树地震灾区** 2010年4月,市委会举行“情系玉树”抗震捐款活动,农工党员慷慨解囊,一些80多岁高龄的老党员都亲自前来捐款,共筹集善款近2.3万元寄送灾区。

## 三、助学义诊

**助学** 1994年,瑞昌市支部向“希望工程”捐款500元,党员郭有思、章新民分别捐款1.15万元和800元。从2000年开始,九江县支部坚持结对帮扶,资助贫困学生邹杨小学至中学的学习费用;永修县总支班子成员每人每年拿出500元,资助2名中学生完成学业;修水县总支每年拿出5000元,帮助乡村中小学填制教育教学设备。2004年,市委会在永修县艾城镇向56名贫困学生捐资助学5万元。2009年,市委会会同九江职业大学免费为农工党中央定点帮扶县——贵州大方县培养实用型人才,免除27名学生3年学费和住宿费等近60万元。

**义诊** 1991~2010年,全市农工党组织共开展义诊活动700多次,诊治和接待医疗咨询18.8万余人,免费赠送药品价值107.08万元,赠送卫生宣传资料、科技书籍335200余份(册)。其中:2004年6月,市委会争取到农工党中央定点帮扶乡镇卫生院的价值20万元医疗用品捐赠给革命老区修水县;省委会主委万学文和市委会主委卢志鹏带领省、市名医专家医疗队在永修县艾城镇开展义诊,接待患者2000人次。2005年9月,市委会与瑞昌市总支组织医疗专家、农技专家、法律专业人士到瑞昌市赛湖农场开展送医药、农技、法律活动，接待群众1500多人次，免费发放药品价值5000余元；11月，市委会组织医疗专家到修水县路口乡开展“国际科学与和平周”送医送药活动，接待群众300余人次，免费发放药品3800余元。2006年11月，市委会组织党员医疗专家到九江县港口镇送医送药下乡，接诊患者300余人次，接受咨询100多人次，免费送药价值近3000元。2008年，市委会配合省委会在九江县开展第二十届“国际科学与和平周”义诊活动，来自省、市各大医院的党员医疗专家义诊群众500余人次。

## 第五节 农工党活动

### 一、宣传教育

**刊物专集** 1993年，市委会完成《农工党九江市党史志》编辑任务，留下珍贵的历史资料；机关刊物《九江农工简讯》由不定期转为每年4期定期出版。2008年，市委会将对开4版的《九江农工简讯》改版为36版的《九江农工》。2010年，市委会编辑出版《风雨同舟——隆重纪念中国农工民主党建党80周年暨农工党九江市委会成立60周年专刊》。

**宣传报道** 1998~2003年，市委会组织党员各类报刊发表稿件510多篇；市委会和瑞昌市总支在2001年获全省农工党“宣传工作先进单位”。2009年，市委会建立网站。从纸质媒介到电子窗口，创新宣传手段，拓宽宣传平台，扩展宣传覆盖面，全方位、多角度地客观报道市委会和基层组织工作动态，展示参政议政的成果和党员风采。2010年，在农工党中央刊物《前进论坛》“道德与文明”征文评选中，党员获三等奖1人；在农工党省委会“双迎杯”征文中，市委会获组织奖，党员获二等奖1人、三等奖3人。

**理论研讨** 2004年10月22日，市委会召开专题报告会，交流调研报告19篇，汇编成册，供领导决策参考。2005年，组织党员参与“新阶段、新发展”大讨论活动，形成各类建议意见、调研报告、专题理论文章共131篇，其中公开发表32篇。

**思想政治教育** 1991年以来，市委会注重党员学习切实加强思想建设。党员郭有思被农工党中央授予“学习基本理论成绩突出先进个人”称号后，市委会在全市党员中开展向郭有思学习的活动。2004年，组织党员参与“党员思想状况问卷调查”和“邓小平新时期统一战线理论知识竞赛”活动。2007年起，开展政治交接学习教育活动，制订实施方案，开展问卷调查，召开专题报告会，省委会主委郑小燕作专题辅导报告。市委会获“全省政治交接学习教育活动先进市委会”称号；永修县总支、九江县支部被省委会授予全省先进基层组织。

**干部培训** 1991~2010年，市委会认真做好党员调学安排，积极推荐后备干部，选送155人次参加农工党省委、省社院、中共市委统战部举办的培训班，举办6期新党员学习班。主委卢志鹏参加中共中央党校举办的党外厅级领导干部学习班，11名党员参加县处级干部培训班，13名党员参加全市党外科级干部培训班，76名骨干年轻党员参加省委会组织的基层骨干培训班和新党员学习班，有一批党员分别进入副厅级、处级人才库。

### 二、庆祝纪念

1994年7月，市委会为纪念《中共中央关于坚持和完善中国共产党领导的多党合作和政治协商制度的意见》发表15周年，召开“多党合作制度化、规范化”座谈会。1999年9月，为庆祝新中国成立50周年和澳门回归祖国，市委会和各基层组织召开座谈会、联欢会并参与全市统战系统“庆祝澳门回归文艺晚会”。2005年，市委会召开纪念农工党建党75周年座谈会。2009年9~10月，举办“庆祝新中国成立60周年暨人民政协成立60周年”系列纪念活动。2010年12月，举行中国农工民主党建党80周年暨农工党市委会成立60周年纪念大会，农工党中央秘书长陈建国，省政协副主席、农工党省委会主委郑小燕等出席会议；开展知识竞赛和征文活动，编辑出版《风雨同舟》专刊。

### 三、建功立业

1991~2010年，全市农工党员获得厅局级以上奖励180人次。党员李军洪被农工党中央授予“为全面建设小康社会做贡献先进个人”称号,王虹被授予省“五一劳动奖章”和省级“特级教师”,傅梅影获“国家功勋艺术家”“国学家”称号,李良铁获中国书画名家称号,夏梅生、袁庐明在日本东京都美术馆国际书艺交流展获奖。

# 第六章 九三学社市委会

## 第一节 社员大会

### 一、第二次社员大会

1991年1月17~18日,在九江港口公寓召开,78名社员出席。会议听取并审议通过曾民牛代表第一届委员会所做工作报告;选举产生第二届委员会,由委员11人组成;主委曾民牛,副主委汪延芬、李汉森(女)。

### 二、第三次社员大会

1993年9月3~4日,在九江航空饭店召开,85名社员出席。会议听取并审议通过曾民牛代表第二届委员会所做《发扬民主与科学精神,为促进改革开放和振兴九江而奋斗》工作报告;选举产生第三届委员会,由委员11人组成;主委曾民牛,副主委汪延芬、叶俊富。1997年1月召开的委员会议上增补饶凯为副主委。

### 三、第四次社员大会

1998年11月17~18日,在市政协常委会议室召开,129名社员出席。会议听取并审议通过叶俊富代表第三届委员会所做《为开创跨世纪社务工作新局面而奋斗》工作报告;选举产生第四届委员会,由委员11人组成;主委曾民牛,副主委廖亮、朱晓航(女)。

### 四、第五次社员大会

2003年12月10~11日,在市老干部活动中心召开,102名社员出席。会议听取并审议通过曾民牛代表第四届委员会所做《发挥优势,履行职能,努力开创社务工作新局面》工作报告;选举产生第五届委员会,由委员13人组成;主委纪岗昌,副主委廖亮、朱晓航(女)、杨文海、胡帆。2006年8月,经五届八次全委会选举,增补杨初喜为副主委。

### 五、第六次社员代表大会

2007年5月29~30日,在市老干部活动中心召开,135名代表出席。会议听取并审议通过纪岗昌代表第五届委员会所做《高扬民主科学旗帜 为建设社会主义新九江贡献力量》工作报告;选举产生第六届委员会,由委员13人组成;主委纪岗昌,副主委廖亮、朱晓航(女)、胡帆、杨初喜。

## 第二节 机 构

### 一、社 员

1991年,全市有社员84人;1994年、2002年先后发展为100人、154人。至2010年12月底,全市有社员208人。其中:科技界79人,占社员总数的37.98%;卫生界44人,占21.16%;教育界46人,占22.11%;文化艺术、新闻出版、政府机关等其他界别39人,占18.75%。

## 二、市委会

1991 年，九三学社市委员会内设办公室、组织部、宣传部；办公地点在市区环城路 67 号，1994 年因拆迁临时迁入庾亮南路 144 号。1996 年，市委会内设办公室，人员编制 5 名；机关迁入庐峰路48 号民主党派大楼。2010 年，市委会内设办公室、组宣部。

## 三、基层组织

1991 年，九三学社市委会共有 7 个支社，即石化支社、庐山支社、电厂片区支社、师专支社、城东支社、城西支社和庐山区支社。1996 年、2000 年先后成立医药卫生支社、机关支社。2004 年 10 月，师专支社更名九江学院支社；2005 年 10 月，成立九江学院基层委员会，下含学院一、二、三支社。2010 年成立开发区支社。2010 年底，全市有基层组织 13 个，其中基层委员会 1 个、支社 12 个。

**1991~2010 年若干年份全市九三社员和基层组织一览**

表 50-6-1　　单位：人、岁、个

| 年 份 | 社 员 | | | | 基层组织 | | |
|---|---|---|---|---|---|---|---|
| | 总 数 | 平均年龄 | 大专以上学历 | 中高级职称 | 总 数 | 基层委员会 | 支 社 |
| 1991 | 84 | 58.9 | 84 | 84 | 7 | | 7 |
| 1998 | 131 | 57.5 | 130 | 130 | 8 | | 8 |
| 2003 | 158 | 53.1 | 156 | 157 | 9 | | 9 |
| 2007 | 182 | 52.5 | 178 | 181 | 12 | 1 | 11 |
| 2010 | 208 | 51.5 | 206 | 204 | 13 | 1 | 12 |

# 第三节　参政议政

## 一、参政社员

**人大代表与政协委员**　1991~2010 年，市九三学社社员先后担任全省、市、县（市、区）人大代表和政协委员 164 人次。其中：省人大代表 5 人次，省政协委员 11 人次；市人大代表 5 人次，市政协委员 95 人次；县（市、区）人大代表 5 人次，县（市、区）政协委员 43 人次。

**领导职务**　1991~2010 年，市九三学社社员先后担任副处级以上领导职务共 9 人。其中：曾民牛任第九、十、十一届市人大常委会副主任；纪岗昌任第十三、十四届市政协副主席。

## 二、协商与监督

**政治协商**　1991~2010 年 20 年间，九三学社市委会和社员应邀参加各类政治协商会、重大决策事先通气会、重要人事安排会商、民主资政会等会议，并提出意见和建议。

**民主监督**　1991~2010 年，九三学社社员应邀担任各类特约监督员、监察员共 28 人次，其中2010 年担任市检察、公安、监察、国土资源、审计、国税、地税、教育、城建、房产等部门的特约监督人员 10 人。

## 三、建议提案

**“两会”发言**　1994~2010 年，九三学社市委会在历届历次市人大、市政协“两会”上提交大会发言材料 31 篇。其中：市委会在市政协十一届一次会议上所做的《对我市灾后重建农业结构调整的建议》《名牌创立，刻不容缓》；在市政协十二届一次会议上的《坚持科学发展观，实现昌九工业走廊的跨越式发展》、在市政协十三届二次会议上的《科技强市应注重高位嫁接、高位引进、高位发展》等以及社员的《名牌创立，刻不容缓》《加大科技投入是发展九江经济的必由之路》《以高科技产业为龙头，实现九江市跨越式发展和崛起》等,获得中共市委、市政府、市政协和相关职能部门的重视与采纳。

**“两会”议案、建议、提案** 1994~2010年,九三学社市委会和社员在“两会”期间,共提交集体提案48件、个人提案476件。其中,被评为优秀集体提案11件、优秀个人提案34件。优秀集体提案主要有:《关于创建旅游城市必须注意的几个问题》《对我市灾后重建农业结构调整的建议》《加快城镇规划和建设步伐,促进农村城市化建设》和《科学谋划大项目、特色园区与产业链,共同构筑工业走廊》等;优秀个人提案主要有:《加强道德行为规范教育,提高我市人民文明奋进的整体素质》《加入世贸组织我市农业面临的问题及对策》《建立绿色生产基地和交易市场,做大九江特色种植业和养殖业》《积极支持返乡农民工就业创业,着力推进我市经济和社会发展》等。

### 四、调查研究

2001~2010年,九三学社市委会组织开展调查研究活动21次,内容涉及人才、医疗保险制度、高等教育、基础教育、农业科技、社会保障等多方面。关注社会主义和谐社会的建设,围绕社会保障问题,开展系列调研,撰写调研报告《大胆创新医保运作模式,切实降低职工个人负担》《谁为民营企业职工的将来买单》《完善低保制度,构建和谐社会》《办好农村合作医疗,解决农民看病难问题》《对我市社区卫生服务状况调查与发展探索》《构建全民医保,缓解群众看病之痛》《经济适用房遭遇经济和使用双层尴尬》《我市殡葬管理情况》《强化公益性,让新医改阳光普照》等。其中,《关于“四一三”医保模式的调研报告》引起各方面的高度重视,全国人大常委会副委员长、九三学社中央主席韩启德于2005年10月亲自召集高层专题研讨会讨论该方案。

### 五、反映社情民意

1997~2010年,九三学社全市各级组织和社员积极反映社情民意,其中获得市政协“优秀社情民意”13件,主要有:《建污水处理厂应科学选址》《尽快修建前进东路延伸段两侧人行道》《医院病历能否“一本通”》《推行社区医保重在解决社区医务力量》《关爱公务员心理健康,提高行政办公效能》等。

## 第四节 社会服务

### 一、捐赠赈灾

1998年夏,全市社员在奋力抗洪的同时,捐款6万余元及一批救灾物品,其中社员吴斯奇动员在国外子女募集5万余元,捐助九三学社市委会的扶贫点——都昌县大树乡的受灾群众。医卫支社社员主动参加医疗队赶赴抗洪一线和灾区,原副主委、市一医院副院长饶凯率医疗队到江洲、永修重灾区,在灾民居住的堤坝上设立医疗点,巡回医疗。1999年4月,九三学社省委会、市委会联合促成吉林省亚细亚集团向市捐赠20吨价值32万元的高效生物菌剂肥料。2008年,四川省汶川大地震发生后,市委会发动社员参加各级组织的“情系灾区,奉献爱心”活动,共捐款1.5万余元;医卫支社社员胡昌国、吴光中参加市抗震救灾卫生防疫医疗队到震区救援。

### 二、扶贫济困

1999年,庐山支社张国卿组建“赣鄂瓜菜开发服务小组”帮助棉区农民进行“棉改菜”产业结构调整,开发“棉改菜”瓜菜基地53.33公顷,培训农业科技人员千余人次,传播蔬菜反季节栽培技术及病虫害防治。2000年6月,省农业厅批准将社员曹丰声研制的粉煤灰水稻专用复合肥的试验点选在市委会扶贫点——都昌县大树乡,捐送实验肥及试验费共计7000元。2007年10月,市委会联合市第五人民医院到都昌县大港乡开展送医送药、医疗咨询、卫生知识宣传和义务诊疗活动为乡中心医院捐款5000元,为群众提供义诊510余人次,派送医疗药物达5000元,赠送医疗科普资料800多份。2008年10月,市委会组织市五医院部分社员专家到修水县黄坳乡开展“送医下乡、真情为农”活动。2009年5月,市委会联合市五医院再次到都昌县大港乡开展送医送药下乡活动,义诊100余人次,免费发放3600余元药品,并捐赠5000元给乡医院添置必要的医疗卫生用品。2010年,组织医卫支社医疗专家为共青江益镇的群众进行义诊。

### 三、兴教助学

2000年9月,市委会管理的九江专修学院开办全省首家中专层次的扶助失学女生的“春蕾班”,招收初中毕业女生24名,在校3年的学杂费由学院资助并免费提供食宿。2005年,市委会组织开展为“许德珩希望小学”捐款活动,全市社员共捐款6160元;同时,市委会争取到全省社员捐款3万余元,资助都昌县汪墩乡10名特困初中生和10名小学生完成学业,12月16日,九三学社中央委员会副主席邵鸿一行将捐助款送到受助学生手中;市委会还组织专业人员为汪墩乡104名小学生进行甲状腺检测;对村民进行免费B超检查。2006年6月,市委会向星子县温泉镇东山小学捐资1万元,用于添置新的课桌椅,改善教学条件。2010年,市委会开展“科普进校园“活动,向东山小学赠送电脑等教学用品;与市科协联合赠送科普书籍200余册,为学生作《森林与生活》科普讲座。

## 第五节　学社活动

### 一、宣传教育

**刊物专集**　2003年,市委会编辑《风雨同舟,继往开来——九三学社九江二十年》一书,记录20年来九江九三学社组织的发展历程,收录社员们围绕“我与九三”主题撰写的文章30余篇。创办《九三社讯》季刊,刊发的文章在《人民政协报》、香港《文汇报》《澳门日报》选发。2006年1月6日《人民日报》发表记者专访《为灾民奔走呼号》(胡帆)。

**网站书屋**　2010年9月,创建九三学社市委员会网站,通过网络及时反映市委会的活动,展现社员风采。同年,市委会争取到社中央支持,由学苑出版社赠与1000册、价值近5万元的图书,建立全国首家“九三书屋“,全国人大常委会副委员长、九三学社中央主席韩启德为书屋题词。

**思想政治教育**　1991~2010年,市委会开展时事政策教育,组织各种形式的报告会;结合重大节日、重大事件举行各种纪念和征文活动,其中2008年全面系统地开展坚持走中国特色社会主义政治发展道路为主题的政治交接学习教育活动,2010年开展树立和践行社会主义核心价值体系主题教育活动。

**征文评选**　1999年,在市政协纪念人民政协成立50周年论文征集活动中,副主委朱晓航《多党合作制与民主党派的历史使命》和社员王菁菁《长期共存,互相监督,肝胆相照,容辱与共》入选纪念文集。2000年,为纪念九三学社市委会成立15周年,举办“我与九三”征文活动,收集稿件30余篇。2004年,社员胡帆在省委会开展“学院士、创佳绩”读书学习活动中获优秀论文一等奖。2005年,组织社员参加省委会“凝聚在民主与科学旗帜下”征文活动,市委会获得全省先进单位;选送文章获特别贡献奖的有:薛士良《我与九三学社》、曾民牛《初创首聚中山堂》、胡春潮《我与社刊》,获征文优秀文章的有:欧阳南《九三使我超然》、应梅珍《百年风雨 报国情怀》《我与九三二十年》胡兴昌《我爱九三学社》、李汉森《回忆也温馨》、汪延芬《最是橙黄橘绿时》、何方达《落日心犹壮》、潮龙起《我与九三》等。2008年,曾民牛《我所认识的中国共产党》在省委会举办的“继承优良传统,做好政治交接”征文活动中获二等奖。2009年,在九三学社中央举办的“庆祝新中国成立60周年暨纪念多党合作制度确立60周年”征文活动中,王菁菁的《党派工作十五年》获一等奖。

**理论研讨**　2008年,朱晓航、王菁菁的《发挥民主党派在建设社会主义政治文明中的作用》一文,获首次市政协理论研讨会优秀论文三等奖。2009年,朱晓航、王菁菁的《对我国现阶段民主党派民主监督的几点认识》获市政协纪念人民政协成立60周年理论研讨会优秀论文二等奖。

### 二、庆祝纪念

1995年,举办九三学社成立50周年暨纪念许德珩座谈会。2005年,举行“九三学社成立60周年暨纪念许德珩座谈会”,全国人大常委会副委员长、九三学社中央主席韩启德院士到会并讲话。2010年,承办“纪念许德珩诞辰120周年暨九三学社成立65周年座谈会”。

### 三、建言献策

2005年,在全市“两新”大讨论活动期间,市委会和社员建言献策,提出的意见和建议主要有:《政府需加大经济适用住房建设》《数字九江的建设刻不容缓》《合理安排行政开支打造节约型政府》《建设强势政府,推进九江大发展》《谁来关注城市“内脏”健康》《发展大旅游的几点建议》《大力创办高等学校和大学园区建设》《打造精品园,打响六张牌》等,其中王菁菁的《发展大旅游的几点建议》在《光华时报》和《九江党刊》上刊登,并作为信息被省委统战部刊物采纳。张水林的《建设和谐城市是我市经济发展的目标与动力》、胡晓林的《强势打造“昌九廊”,重锤打响“工业牌”》、胡帆的《九江厚重的文化需以物承载》入选市政协“新阶段、新发展”策论文集。胡晓林被市发改委聘为专家组长,主持编制《昌九工业走廊(九江市)“十一五”发展规划》调研、起草工作,其撰写的《强势打造“昌九廊”,重锤打响“工业牌”》一文作为市政协十二届八次常委会的大会发言。2010年12月,在全市统一战线推进产业集聚、企业做大“6+2”献策会上,市委会办公室主任王菁菁作《对我市产业集群的几点建议》的大会发言,推荐《加快服务平台建设大力推进强工兴城》《舞好龙头,打造精品,激活全局》2篇文章参加会议交流。

### 四、建功立业

2004年4月,在省各民主党派工商联服务经济建设经验交流暨表彰大会上,九三学社市委会获“1999~2003年度先进单位”。2004年,市委会被省委会评为全省宣传工作先进单位。2010年7月,市委会获社中央授予的“九三学社全国社会服务先进集体”称号,医药卫生支社获全国优秀基层组织;市委会获全省参政议政先进单位和全省社会服务先进单位。王江林、汪延芳、吴镇良、纪岗昌、罗云5名社员获国务院特殊津贴。

# 第七章　市工商联(商会)

## 第一节　代表大会

### 一、第十一次代表大会

1993年9月8~9日,在市区北港宾馆举行,出席代表107人。会议听取和审议通过谭义骅代表第十届执委会做《解放思想,更新观念,为建立和发展社会主义市场经济做贡献》工作报告并通过大会决议,选举产生第十一届执行委员会,由委员38人组成;常委会由15人组成,谭义骅任主委;胡道沙、宋基卫、刘来苏、怀天赐、杜万安、曾宪健、袁良友任副主委。1994年11月市工商联与市总商会合署办公后,主委、副主委改称会长、副会长。

### 二、第十二次代表大会

1997年7月15~16日,在市区甘棠湖宾馆举行,出席代表168人。会议听取并审议通过胡道沙代表第十一届执委会做工作报告并通过大会决议,选举产生第十二届执行委员会,由委员66人组成;常委会由29人组成,会长黄章干,副会长胡道沙、曹新明、宋基卫、张世禹、王翔、叶志军、曾宪健、万小碧。

### 三、第十三次代表大会

2003年1月8~10日,在市委八楼会议厅举行,出席代表209人。会议听取和审议通过卢志鹏代表十二届执委会做《求真务实、开拓创新,促进非公有制经济快速健康发展》工作报告并通过大会决议,选举产生由94人组成的第十三届执行委员会;常务委员会委员52名,会长卢志鹏,副会长吴兆信、姚贻笃、曹浔生、文小平(女)、王龙宝、冷健本、肖兵、郑田田、王翔、梅清、叶志军、王华林、陈琪、严永敏、刘荣梅(女)、田友海、翁守泉、许斌、黄楚和;并推举许智明为名誉会长。2003 年 12 月 11 日十三届二次执委会选举王翔为会长,补选戴丽梅为副会长;2005 年 4 月 20 日十三届四次执委会补选陈友才为常务副会长,刘来荪、冯小平为副会长。

### 四、第十四次代表大会

2007 年 6 月 1~2 日,在市区远洲国际大酒店举行,出席代表 264 人。会议听取并审议通过王翔代表十三届执委会做《抢抓新机遇、谋求新发展,为把九江建设成为重要经济中心城市聚智出力》工作报告并通过大会决议,选举产生 126 人组成的第十四届执行委员会;常委会委员 76 名,会长王翔,第一副会长吴兆信,常务副会长余修德,副会长姚贻笃、万玲霞(女)、刘来荪、肖兵、唐坚、姜展戎、梅清、王华林、严永敏、刘荣梅(女)、田友海、翁守泉、许斌、冯小平、林方长、顾祥国、江训忠、冯炎木、沈泽民、熊美斌。2008 年,市工商联会长、副会长改称主席、副主席。2010 年 1 月 16 日十四届四次执委会增补黄显平为市工商联副主席,尤国仲、胡经国、陈林、李常春、潘新华、唐进波为市总商会副会长。

2010,市工商联(总商会)主席(会长)会议成员共 35 名,其中,有关部门和单位负责人兼职副主席 4 名、市工商联民营企业家兼职副主席 15 名、市总商会民营企业家兼职副会长 11 名。

## 第二节　机 构

### 一、会 员

1991 年,全市有会员 2227 个,其中国营、集体企业会员 776 个,其他均为工商业者老会员或个人会员。1993 年 6 月,首批吸收 76 个(人)非公有制经济的企业、经济团体和个体工商户为市工商联会员。

2010 年,全市有会员 5038 个(人),其中企业会员 3816 个、团体会员 131 个、个人会员 1091 人。

### 二、市工商联(总商会)

1991 年,市工商联内设办公室、组宣科、经济科;办公地址位于市区环城路 3 号,1994 年 6 月迁至庾亮南路 148 号原市政府大楼二楼,1996 年 6 月迁至庐峰路 48 号民主党派大楼一楼办公,2008 年 11 月迁至长虹大道 280 号信华国际商务中心六楼。2010 年,市工商联(总商会)内设机构 4 个:办公室、组宣科、经济科和会员企业中共党委。

### 三、市总商会直属商会组织

1997 年 12 月,市总商会福建商会成立,为全市首家异地商会;2000 年 12 月,浙江商会成立;2004 年 9 月,广东商会成立;2006 年 5 月,浮吊水运商会成立(全市首家行业商会);2007 年 6 月,抚州商会成立;2009 年 7 月,安徽商会成立。2010 年,市总商会共有直属商会组织 6 个。

### 四、县(市、区)工商联(总商会)组织

1991 年,全市有县(市、区)工商联组织 12 个,分别是浔阳区、修水县、武宁县、瑞昌市、都昌县、湖口县、彭泽县、星子县、九江县、德安县、永修县和庐山管理局。1994 年 10 月,庐山区工商联成立;11 月,市总商会挂牌成立后,各县(市、区)工商联同时增挂总商会牌子。2006 年 4 月,共青城总商会成立。2010 年,全市县(市、区)工商联(总商会)所属各类基层商会组织 98 个。

## 第三节　参政议政

### 一、参政会员

**人大代表与政协委员**　1991~2010 年,市工商联(总商会)系统有 610 余人、11920 人次担任全国、省、市、县(市、区)人大代表和政协委员。其中,担任全国政协委员 1 人、3 人次;省人大代表 26 人次,省政协委员 35 人次;市人大代表 180 余人次,市政协委员 530 余人次;县(市、区)政协委员 1150 人次。

**领导职务** 1991~2010年,市各级工商联(总商会)担任副处级以上领导职务共27人。其中,谭义骅任第九、十届市政协副主席,黄章干任第十一届市政协副主席,王翔任第十三届市政协副主席并担任全国工商联执委、省工商联副主席、省总商会副会长等职务。

### 二、协商与监督

**政治协商** 1991~2010年,市工商联(总商会)共参加各类政治协商会、重大决策意见听取会、民主资政会等78次,提出相关书面意见与建议80余件。

**民主监督** 1991~2010年,市各级工商联、商会组织共有358名非公有制经济代表人士应邀担任各类特约监督员、监察员682人次。2010年,全市有100名非公有制经济代表人士担任市行风政风评议员,参与行风、政风评议活动达430余人次。

### 三、建议提案

**"两会"发言** 1991~2010年,市工商联在市政协历次会议上作的大会发言和印发的书面发言材料共58次(件)。在市政协第十届历次大会上先后作《充分发挥民间商会的作用,促进我市个体私营经济健康发展》《加强领导,做好非公有制经济代表人士的思想政治工作》《大力推动光彩事业,为支老扶贫、共同富裕做贡献》《加强我市个体私营企业发展步伐》,十一届五次会议上作《利用区位优势,加强宏观调控,把九江打造成中部地区的"商贸航母"》大会发言,第十二届、第十三届历次会议上市工商联的大会发言都反响很大,引起与会市党政主要领导和相关部门的重视。

**"两会"议案、建议、提案** 1991~2010年,全市各级工商联、商会组织中的人大代表和政协委员在全国、省、市人大、政协"两会"期间,共提出议案215件,政协委员提案或建议案3286件。王翔连续3届向全国政协会议提交提案和大会发言200多件次,许多提案被国家有关部门采纳。市工商联先后有《发展民办教育, 壮大教育产业》《关于促进我市民营经济快速发展》《关于建立市政府与市工商联联席会议制度的建议》《重招商, 更要重安商》《关于连锁超市进农村有关问题的建议》《关于实行国有企业改制项目等情况定期通报制度的建议案》《关于切实解决民营企业应对危机融资"担保难"的建议》等22件团体提案、138件政协委员提案被市政协评为优秀提案。

### 四、调查研究

1991年以来,全市各级工商联、商会组织注重调查研究,至2010年,先后就经济、政治、文化、社会建设及非公有制经济发展、新农村建设等热点问题,开展163次专题调研活动,组织民营企业家就规模以上企业经济状况、企业家履行社会责任、"党、工、工共建"等情况的问卷调查活动85次,向各级党委、政府以及相关部门呈送民营企业家履行社会责任、参与新农村建设、非公有制经济党建等调研文章115篇,被评为优秀论文、调研报告2篇。其中,市工商联《关于优化发展环境,主攻民营经济的建议》得到中共市委、市政府的重视和采纳,召开全市"优化投资环境,主攻民营经济"动员大会,出台《关于"优化投资环境,主攻民营经济"的决定》,促进全市非公有制经济的快速健康发展。

## 第四节　社会服务

### 一、捐赠赈灾

1995年,市遭受重大洪涝灾害,市工商联(总商会)召开市直会员抗洪救灾捐款大会,现场捐款13.7万元。

1998年,长江流域发生历史罕见的特大洪涝灾害,全市工商联(总商会)组织和广大会员积极投身于抗洪抢险和救灾赈灾。在这场抗洪斗争中,全市非公有制企业投入抗洪人员累计20余万人次,捐款捐物200余万元。

2005年九江“11·26”地震后，市工商联（总商会）组织会员企业捐款捐物1415.05万元，其中信华、联盛、华东实业、远洲置业、珠江实业、新康达等10余户企业得到省委、省政府通报表扬。

2008年5月12日，四川省汶川县大地震期间，市工商联（总商会）两次集中组织募捐活动，分别当场认捐289万元和500多万元人民币。全市会员企业及机关人员累计捐赠款物1893万元，认捐总额居全省设区市非公有制经济人士第二（列省会南昌之后）；其中捐赠50万元以上的企业家有：王翔300万、王华林130万、严永敏75万、梅清60万、叶志军56万、顾祥国53.8万。江西赣基集团参加江西援建四川省小金县灾后重建的11个项目建设。

2010年，青海省玉树地震发生后，全市各级工商联、商会组织和会员企业以不同形式开展捐赠活动。在4月24日由市委统战部、市工商联主办，市慈善总会承办的市民营企业向玉树地震灾区捐款仪式上，旭阳雷迪、珠江实业、华林特钢、新世纪建设、联盛集团、信华集团等会员企业现场捐款228.24万元。同时，瑞昌、武宁、修水、都昌等地工商联也向玉树灾区捐赠钱物。

## 二、扶贫济困

**“光彩事业”** 市“光彩事业”实施以来，通过开展“兴浔杯”“兴赣杯”双百竞赛，全省光彩事业“五争五比创十佳”和全市“十强青年”评选以及“光彩事业行”等活动，引导会员企业投资“四荒”开发，发展种植业、养殖业和承担国家重点工程项目，鼓励兼并国有集体企业及实施再就业工程等光彩事业行动，先后建成肉联加工、农膜生产、林木种植、肉猪、奶牛、山羊、蛋鸡、果树、蔬菜、水产养殖等基地。其中：江西新光集团投资3800万元开发武宁山水，安置600余名农村富余劳动力和下岗职工；都昌菊三七开发有限公司投资1670万元，采取“公司加农户连基地”方式，创办龙头企业，带动周边一大批农民致富；永修县京发林业合作社以向贫困农户提供产前、产中、产后服务为主要形式，引导农民从事林业开发，创办的70余公顷特色果业基地，被列为“全省十大青年种植基地”；九江黄氏（香港）干菜副食批发中心以市场推动扶贫，通过开发干菜批发大市场，带动周边贫困群众从事商品生产和流通经营，取得良好成效。2005年，市工商联实施“光彩事业修水行”，现场签约扶贫开发项目3个，资金5.3亿元。市总商会浙江商会投资大小项目16个，资金总投入2.88亿元，安排就业1016人；赣基集团公司捐资26万元为贫困地区改善基础设施。至2005年12月，全市工商联系统投身于光彩事业扶贫开发的会员企业家310多名，实施项目240余个，总投资额64余亿元，其中千万元以上的项目30余个，一批企业家获省光彩事业促进会表彰。

**“百企带百村”** 2006年初，市工商联（总商会）动员并组织47名代表人士，向全市非公有制经济人士发出《开展“百企带百村”活动，积极投身社会主义新农村建设倡议书》，111户会员企业自愿与123个自然村缔结对接帮带关系。至2008年12月，全市工商联系统中有300户会员企业或非公经济人士对接274个自然村，投入基础设施资金2000多万元，实施25个带动项目，帮扶资金达1.8亿元。博莱农业集团、仙客来生物科技有限公司在九江县建立生产基地；“章光101”投资8000万元在庐山区建立红豆杉基地，带动当地农民致富。

**“百千万惠农工程”** 2008年年底开始，市工商联（总商会）在全市非公有制经济人士中开展“百千万惠农工程”活动；2009年3月，与市委统战部、市新农村建设办公室联合下发《实施“百千万惠农工程”的实施意见》。民生集团、信华集团、联盛集团、赣宁实业等一大批非公有制企业“进老区、帮万户”“结穷亲、送温暖”。在2010年9月10日召开的市统一战线支持共青城发展“感恩行动”现场会上，民生、信华、联盛、万户、珠江、九鼎、赣宁等会员企业和福建商会等现场捐出价值55万元的农用清运车11辆。2009~2010年，全市有380户民营企业与553个自然村进行对接，新上惠农项目102个，建立示范点18个（其中市级示范点3个），累计投入资金5.4亿多元，转移农村富余劳动力49122名，安排大学生就业2400人。

### 三、公益慈善

1991年以来,诸多非公有制经济人士参与公益慈善事业,发扬“致富回报国家、回报社会”的奉献精神,自觉地为贫困地区、贫困人员脱贫致富做贡献。江西民生集团董事长王翔热心社会公益慈善事业,其爱心捐赠的领域涉及广泛,在全国首次设立挽救失足青少年教育基金,在全省首创助学长效机制——设立2100万元的光彩奖学助教基金,实施“爱心双30行动”,即在全国范围内捐建30所光彩希望小学,同时每年赞助30名(实际达100名以上)考取大学的贫困学生完成学业等,累计捐献款物高达5000万元以上,获得“全国十大慈善家”等称号。信华集团董事局主席王华林秉承“创造财富,回报社会”的人生态度,时刻不忘社会责任,每年拿出数百万元用于捐资助学、扶贫济困、大病儿童救助、修建敬老院和希望小学、支援新农村建设等公益事业,累计捐款3000多万元。联盛集团董事长严永敏最早发起资助40名贫困大学生行动,2007年捐资1100万元设立联盛慈善助困基金, 并每年坚持开展各项爱心慈善活动,累计捐赠慈善款物1500多万元。珠江实业董事长冯小平10年向贫困地区捐赠善款累计5000余万元。九江兆龙置业有限公司设立200万元教育基金,累计捐款达600多万元。市总商会福建商会自1998年成立至2010年,累计组织会员捐赠社会公益慈善事业资金1亿多元。

## 第五节 工商联活动

### 一、引导和促进

**发动引导** 1991年以来,市工商联(总商会)注重发动和引导非公有制经济的发展,召开各类动员大会320余次,组织代表人士发表倡议50余次。主要有:2004年4月6日,市工商联组织王翔、梅清、王华林、陈琪、严永敏等16名企业家会长、副会长和常执委在全市“优化投资环境,主攻民营经济”动员大会上向全市非公有制经济人士发表倡议书;2005年7月8日,市工商联(总商会)召开全市非公有制经济人士开展“新阶段、新发展”大讨论活动动员大会,王翔、梅清、叶志军、陈琪、严永敏等18名企业家向全市非公有制经济人士发出“抢抓新机遇,做美丽九江的推动者;大上新项目,做富裕九江的开拓者;谋求新发展,做和谐九江的践行者;争做新贡献,做强盛九江的创造者”的倡议书;2009年9月16日,市工商联组织王翔、王华林、严永敏等50名获奖企业家在九江市中国特色社会主义事业建设者表彰大会上发出“保增长,争进位,为推动九江经济发展做出新贡献;保民生,促就业,为维护九江社会稳定担当新责任;练内功,树信心,为实现奋力赶超目标添新动力;讲诚信,守道德,为推动市场公平竞争营造新环境;不裁员,不减薪,为构建我市和谐社会做出新贡献”的倡议宣言。

**扶持促进** 2004年,市委、市政府在全市开展“优化投资环境,主攻民营经济”活动,采取系列优惠政策,形成“政策向民企倾斜,资金向民企流动,人才向民企靠拢”的招商、亲商、扶商、安商的浓厚氛围。到当年底,全市非公有制企业总数达5853户,比2003年增长26.1%;注册资金64.75亿元,同比增长42.9%;上缴税收11.58亿元,比上年增收3.95亿元,增长51.8%,占财政总收入的33.1%。2005~2010年,市委、市政府把非公有制经济作为全市经济发展和财政增收的新的增长点进行培植, 不断优化发展环境;市工商联按照“团结、服务、引导、教育”方针,促进非公有制经济的稳健发展。2010年,全市民营企业18262户,上缴税金67.28亿元,占财政总收入的57.7%,比2004年增加24个百分点。

### 二、管理和服务

**教育培训** 1991~2010年,全市各级工商联、商会组织共组织各类理论、政策、法律及管理等教育培训活动620余期,参训人数5.8万余人次。主要有:2000年9月举办市工商联(总商会)常委、执委培训班;在全市工商联系统开展“致富思源,富而思进”的主题教育活动;2007年6月举办“中国民营企业的公司治理”论坛,300余名企业家和企业高管参加,北京大学经济学博士杨文海作主旨演讲;2008年,组织会员参加香港贸发局举办的首期和第二期“透过香港走向国际”九江企业家辅导班、省工商联执委培训班、江西财智名家论坛、清华大学地产总裁培训、“江西总裁商业赢利模式设计与创新论坛”等活动;

2009年，举办“公司产权投融资”及应对金融危机等3期专题讲座，组织会员参加泰豪论坛及省工商联举办的培训班；2010年，市工商联先后与香港贸发局、市委统战部、市商务局、九江学院等联合举办研讨会、政策宣讲会、专题讲座等教育培训活动，组织会员参加中国电子商务行业协会举办的“新商务、新思维、新发展”等高端培训。

**融资服务** 2004年，全市主攻民营经济以来，市各级工商联、商会组织针对中小企业生产经营资金周转困难，企业贷款难、融资难等实际问题，搭建银企合作平台，为会员企业排忧解难。市工商联与市人民银行建立银企联谊制度，12次联合召开银企座谈会并多次组织对接活动，其中2009年5月26日举办的银企对接会当场签约总金额为14.95亿元的贷款合同。全市工商联、商会组织促成浙江商会、信华集团、赣宁公司等会员企业大户成立10余家中小企业担保公司，形成“抱团取暖”的互助机制。

**维权服务** 1991年以来，市工商联（总商会）以“敢找人、敢出面、敢反映、敢讲话、敢维权”的“五敢”精神，大胆维护会员企业的合法权益。2003年，市工商联（总商会）成立维权服务中心；2004年，与市司法局建立合作关系，联合开展“送法进企业”活动；2009年10月，与市检察院联合召开“保企业、促发展”民营企业家座谈会。20年间，全市受理会员各类投诉2010余起，化解永胜铝材、佳泰纺织等1500余户企业反映的各种经济民事纠纷1750余起，挽回直接经济损失8000余万元；配合当地政府妥善处理2005年“3·8”闽商绑架案、“6·7”闽商中毒案等突发事件；协调处理浮吊水运商会游鹏飞被打致残案、星子县龙腾砂业维权案等重大案件。

## 三、招商引资

**组团招商** 1996年，市工商联名誉副会长李天赏在澳门组织41人的商团到九江参加庐山国际旅游节暨招商洽谈会；2003年6月，市工商联会长卢志鹏带队前往福建省福州市，成功邀请福建金得利集团董事长林永霖等40名福建知名企业家组团到浔出席招商洽谈会；2008年，市工商联成立机关招商小分队，先后赴广东、湖北、江苏、南昌等地开展招商活动，邀请南京华天建设、深圳欧玛威国际物流等著名企业家到九江进行投资考察，接待江苏省总商会江西商会商务团来浔考察，完成引资项目3个，引资4.09亿元。

**推介招商** 2003年11月18日，市工商联在九江商会庆典期间协助市政府举行项目推介会，与新加坡、香港、澳门、上海、广东、福建等国内外友好商会和客商进行项目对接，签约18.1亿元引资项目资金。2008年9月，市工商联邀请浙江省永嘉县乌牛镇企业家协会组织百名浙商考察团来浔进行商务考察，并与星子县政府联合举办“江西九江—浙江永嘉2008招商项目专场推介会暨永嘉县—星子县项目对接活动”，现场签约项目2个。

**以商招商** 市总商会福建商会自1998年12月成立至2010年12月底，自行或协助引进项目20余个，引资总额320多亿元，主要项目有江西凤竹集团、佳号棉纺有限公司、闽浔建材城、天马家居城、福建商城、邦利有限公司、德鑫纺织有限公司等；浙江商会从2000年12月成立至2010年，协助完成各项招商活动24次，洽谈签约项目268个，投资总金额达377.98亿元；直接引进项目4个，投资额42.5亿元；九江广东商会自2004年9月成立以来，累计协助引资289亿元。2010年，会员企业——旭阳雷迪三期（扩产）投资80亿元，广通电缆（扩产）投资1000万元。

## 四、非公党建

1998年始，市工商联（总商会）在直属会员企业中创造性地开展非公有制经济组织中共党的建设工作，成为全省唯一承担非公党建职能的设区市工商联组织。1998年12月29日，中共市工商联（总商会）机关委员成立，辖工商联机关和新光集团2个支部，党员总数30名。1999~2002年，在12个非公有制企业组建党总支或党支部。2004年9月10日，市工商联（总商会）机关党委更名为会员企业委员会。至2010年12月，市工商联（总商会）会员企业党委辖属企业或商会基层党组织41个、在册中共党员432名、流动中共党员571名。

## 五、经贸商务

1991~2010年,市工商联(总商会)先后组织会员企业到福建福州、山东济南、安徽合肥参加"华东六省一市工商联(商会)商品交易会",到南京、桂林参加"全国工商联名、特、新、优商品博览会",到武汉参加"经济协作区商品交易会"和"湖北省暨武汉市工商联首届春季商品展销会",到安徽参加武汉经济协作区第七届年会暨订货会等,累计签订4020万元的购销合同。组织160家企业、19个摊位、237名代表和交易人员参加"赣交会",展示全市名、优、特、新产品的风采。组织会员企业参加常州小商品博览会、上海全国商品展销会、庐山国际文化旅游节九江名优特产品展销会、中国九江农副产品精品展销会、江西(上海)绿色产品总汇、中国长江流域首届民营企业交易会、江西食品展销洽谈会、第三届中国中部投资贸易博览会、第五届中国河南国际投资贸易洽谈会、第九届中国西部博览会、2009江西食品暨"四个一"展销洽谈(订货)会、第四届中国中部投资贸易博览会、2009中国南京重大项目投资洽谈会以及"第二届赣商大会"等重要商贸活动,为会员企业提供产品的交易平台和评优机遇,"松柏牌"茶叶等多个产品在中国(南昌)食品博览会上夺得优秀产品奖、"梁义隆"品牌获商务部"中华老字号"称号。

## 六、宣传教育

**刊物网站** 1991年以来,市工商联(总商会)先后编印《工商信息》简报(1991~1993年)、《九江商会》简报(1993~2003年;2010年复刊)、《九江商会》彩印报纸(2004~2007年)和《商赢》杂志(2008创刊),并于2006年创建《浔商网》官方网站。2010年,全市各县(市、区、山)工商联,各直属异地商会、行业商会、区域商会都有自办的报刊或简报;企业报刊有民生集团《情系民生》、信华集团《九江信华》、联盛集团《联盛人》、赣基集团《赣基报》、新太子餐饮《新太子报》等。

**宣传报道** 1991年以来,全市工商联(商会)组织注重对非公有制经济的宣传报道,至2010年累计在市级以上新闻媒体用稿1900余篇。其中,1996年10月中旬,市委书记熊承忠视察民生、新光、联盛等6家私营企业集团并在10家私营企业座谈会上发表讲话,市工商联(总商会)邀请九江日报社、九江广播电台、九江电视台、九江有线电视台10余名专职记者到10家私营企业大户及市直相关管理部门进行半个月的跟踪采访,10月28日开始推出《光彩之路》系列报道;同时,《中华工商时报》《中国工商》杂志、《光彩明星报》等省内外媒体相继刊登来自九江市工商界的报道。1997~2010年,市工商联(总商会)与九江电视台、九江日报社合作,拍摄《商海之旅》电视专题片,辟设民营企业家风采、民营经济风采录,"梦幻杯"光彩之路征文、"全民创业"和"改革开放30周年与民营经济发展"等专题、专栏,展示全市非公有制企业及代表人士的成就与风采。其间,市工商联(总商会)于2008年6月26日召开全市工商联(商会)宣传工作会议,进行专题研究部署。

**理论研讨** 1991~2010年,全市工商联、总商会组织共举办各类座谈会、报告会、研讨会560余次。主要有:1992年8月15~19日,市工商联在庐山举办个体、私营经济若干政策、法律研讨班,国家工商局个体私营经济司司长王忠明、中国政法大学教授杨振山等为来自全国各地的100多名统战、工商、税务、工商联干部及非公有制经济人士授课;1996年10月14日,由市工商联承办、市四套班子领导出席的私营企业家座谈会在九江新光集团召开,市委统战部、市工商局等市直部门负责人参加座谈;2004年11月22日,由市委宣传部、市工商联联合举办的"民营经济发展与九江崛起"高层论坛在市图书馆报告厅举行,中央党校教育长李兴山、北京世邦联合广告有限公司董事长陈晓旭等专家作演讲;2005年1月15日,由省工商联、市委、市政府联合主办,市工商联承办的《宏观调控与民营经济发展论坛》在市图书馆举行,全国工商联副主席孙晓华率先致词并作讲演,国家发改委宏观经济研究院副院长陈东琪作学术报告;2007年2月12日,市工商联在九江宾馆举行全市民营企业"建设新九江,我们怎么干"座谈会;2009年4月10日,市委书记钟利贵在市委常委会议室主持召开各商会负责人座谈会,听取民营企业家对优化发展环境,加快民营经济发展的意见与建议。

**文体活动** 1991年以来,市工商联(总商会)开展文化体育活动,推进会员企业的文化建设,丰富城乡居民的精神生活。主要有:2003年,市工商联与九江日报社、庐山西海梦幻宾馆联合举办"梦幻杯"光彩之路征文竞赛发奖仪式；2004 年，市工商联与民生集团共同承办元旦文艺晚会和元宵焰火晚会，与市委宣传部、市文化局共同主办全市民营企业文艺调演，承办九江市纪念邓小平诞辰 100 周年民营企业专场文艺晚会；组建市民营企业家合唱团；2005 年，邀请 4 国艺术团在九江演出，举办全市民营企业员工乒乓球比赛；2006 年，开展春节（品牌商家）彩车游活动，参加第三届全市企业文化周活动；2008 年，举办民营企业员工卡拉 OK 比赛、“企业发展与个人成长”主题征文比赛和“商会杯·发展中的民营企业”摄影比赛。

## 七、建功立业

**“爱商会、兴实业、献良策、作贡献”活动** 1995 年 3 月开展。主要内容：爱商会，引导会员自觉走爱国、敬业、守法的道路，为商会增光添彩；兴实业，按照市委、市政府要求，1995 年，全市个体私营企业要确保发展 9.7 万户，力争 10 万户，私营企业发展到 2000 户，上缴税收 2.3 亿元；献良策，围绕中心，发挥工商联参政议政的职能作用；做贡献，按照省工商联提出的“4115 工程”，每年为贫困县乡培养一批人才，开办一个项目，开发一种资源，抓好一个扶贫点。

**“创建诚信企业、争做诚信员工”活动** 2003 年 1 月开始，由中共市委宣传部、市国有企业工委、市经贸委、市工商联等 9 家单位联合举办。2004 年 3 月 16 日，召开全市“创建诚信企业、争做诚信员工”活动总结表彰大会，会员企业华东实业、昂泰胶囊获“十佳诚信企业”，星子柳氏家电、钟山药业、匡城宾馆获“诚信建设先进企业”，潘新华、袁浩宇、帅斌获“十佳诚信员工”称号。

**“四个十佳”创评活动** 2006 年以来，在全市工商联（商会）系统开展“十佳爱心人物、十佳纳税大户、十佳关爱员工企业、十佳热爱商会会员”创评活动，有 80 户（名）企业、会员获表彰。

**“优秀建设者”创评活动** 2006 年以来，市工商联（总商会）着力引导和培育非公有制经济代表人士争当优秀中国特色社会主义事业建设者，一大批代表人士获得表彰：江西民生集团董事长王翔继 2006 年 12 月获中央统战部、全国工商联“优秀中国特色社会主义事业建设者”称号之后，于 2008 年 11 月 25 日获江西省“十大杰出建设者”；同日，九江联盛集团董事长严永敏获省“优秀建设者”称号。2009 年 9 月 16 日，九江市中国特色社会主义事业建设者表彰大会在九江宾馆举行，王翔、王华林、严永敏、顾祥国、翁守泉、许斌、冯小平、潘新华、江训忠、孙伟挺获“九江市十大杰出中国特色社会主义事业建设者”称号，梅清、冯炎木、沈泽民、陈远东等 40 人获“九江市优秀中国特色社会主义事业建设者”称号。

**“三百一”创建活动** “三百一”即“争进位、添光彩、比贡献”百家优秀会员企业、“百千万惠农工程”“百博挂百企”和“红旗商会”创建活动。至 2010 年年底，江西民生集团、九江信华集团、九江联盛集团、九江荣达制衣、江西海扬纺织集团、九江华东装饰市场等 91 户非公有制企业获“争进位、添光彩、比贡献”百家优秀会员企业称号；瑞昌市、武宁县、庐山区、德安县、修水县、星子县“百千万惠农工程”活动领导小组和市总商会福建商会获 2009~2010 年“百千万惠农工程”活动先进单位称号；王翔、王华林、陈琪、严永敏、沈泽民等 47 人获 2009~2010 年“百千万惠农工程”活动先进个人称号；魏健宁、张德勤等 10 名博士、教授被评为“百博挂百企”先进个人。

## 八、庆祝纪念

**总商会挂牌庆典** 1994 年 11 月 18 日，市委、市政府在市区南湖宾馆举行“九江市总商会揭牌典礼”，省政协副主席、省工商联会长厉志成和市委书记彭宏松为市总商会揭牌。

**商会百年庆典** 2003 年 11 月 10 日，市委、市政府在市图书馆举行”九江商会百年庆典”，全国工商联联络部长赵宏，省政协副主席、省工商联会长金异等领导和来自新加坡、香港、澳门、上海、广东、福建等地的客商及市内企业家共 300 多人出席，会上签约引资项目 20 个，总投资额 18.1 亿元；市工商联与武汉、厦门、汕尾、扬州 4 市缔结友好商会。

**纪念邓小平 100 周年诞辰** 2004 年 8 月 19 日，市纪念邓小平 100 周年诞辰民营企业专场文艺晚会在市人民影剧院举行，市领导和社会各界人士 1000 多人欢聚一堂，缅怀邓小平的丰功伟绩。

**纪念抗日战争胜利 60 周年** 2005 年 8 月 30 日，由市工商联与市委宣传部、市政协文史委、市档案局联合主办，市工商联会长企业——江西民生集团与市图书馆共同承办的《九江市纪念抗日战争胜利60周年展览》开展,市领导及各界人士参观展览。

**纪念改革开放30周年** 市工商联(总商会)开展系列纪念活动,主要有在和中广场举办《改革开放30周年商会及民营企业发展成果展》,共展出宣传展板43块;编印《辉煌30年——九江民营经济》大型画册;在九江电视台、九江日报分别辟设“全民创业”和“改革开放30周年与民营经济发展”专题专栏等。

## 九、联谊交流

**海外交流** 1995年9月,市工商联(总商会)正式加入世界华商大会和海内外华人友好商会组织,市政协副主席、市工商联(总商会)会长谭义骅等率6名会员企业家分别参加在泰国曼谷举行的第三届世界华商大会和在香港举行的海内外华人友好商会座谈会。1996~2005年,市工商联(总商会)组织参加第四~八届世界华商大会。2008年5月,组织25名企业家参加2008九江(香港)经贸活动周活动。2009~2010年,组织40余名企业家到美国、俄罗斯、丹麦、芬兰等国家和中国台湾地区进行商务考察、招商引资和经贸洽谈，组织10余名企业家到菲律宾参加第十届世界华商大会及赴澳大利亚的经贸考察活动。1995~2010年,全市工商联、商会系统累计组织出国出境商务考察活动30余次,办理出国护照签证300余人次;接待境外来浔进行商务考察的工商社团20余批、400余人次。其中,有来自美国、日本、新加坡等国家和中国香港、澳门地区的社团。同时,聘请一批境外知名企业家担任市总商会名誉职务,其中澳门利达行贸易公司董事长李天赏、澳门九江昌平公司董事长林昌平、香港众航集团公司董事长陈苏任名誉会长。

**国内交流** 1991年以来,全市工商联(商会)与全国370余个兄弟工商联组织建立会务交流、互通信息的友好往来关系,先后与江苏镇江、浙江杭州、广东珠海、福建厦门、山西晋中、河南许昌、河北秦皇岛、海南海口、湖北武汉、湖南新晃、重庆万州等30余个市(区),120余个县(市、区)工商联组织以及50余个异地商会组织缔结为友好商会。至2010年,组织会员企业家到上海、浙江、江苏、广东、山东、福建等沿海发达地区学习考察活动共50余批次、800余人次;累计接待镇江、杭州、厦门、晋中、秦皇岛、三亚等地组织来访80余批、1300余人次。

**校企合作** 2003年以来,全市工商联、商会搭建校企合作平台,其中浙江商会和多家会员企业先后与九江学院、九江职业技术学院、江西财经职业技术学院等建立合作关系。2010年5月21日,由市委统战部、市工商联、九江学院、九江职业大学联合举办的全市统一战线创业服务年“百博挂百企”活动启动仪式在市委八楼会议厅举行,近100名专家、博士与近100户重点民营企业进行对接;至12月,有130余名博士、教授与73家会员企业签订科技服务协议。

**会员联谊** 1993~2010年,全市工商联、总商会开展各种形式的会员联谊活动1500余次。主要有:1993年6月,市工商联举行“欢迎新会员入会暨联谊会”,开会员联谊活动的先河。1994年10月28日,江西民生实业有限公司总经理王翔在市区扬子江大楼和平饭店举行市工商联会员企业家联谊会;12月28日，海南九江农房实业开发公司董事长陈太德在实华宾馆承办市总商会主办的企业家迎新春联谊会。2003年9月11日,市委、市政府在烟水亭举行在浔投资企业家中秋茶话会。2004年1月13日,市委、市政府在九江宾馆举行企业家迎春座谈会。2007年2月12日,市工商联(总商会)在九江宾馆举行全市民营企业家迎新酒会。2010年1月16日,市工商联(总商会)在市区信华建国大酒店举行迎春酒会。

# 第五十一篇

# 人民团体

# 第五十一篇　人民团体

1991年以来，市人民团体主要有市总工会、团市委、市青联、市妇联、市社科联、市科协、市文联、市作协、市残联、市侨联、市红十字会。各人民团体充分发挥党和政府联系各界群众的桥梁和纽带作用，团结和组织各界群众积极参加建设和改革，促进全市国民经济和社会事业繁荣发展；代表和组织各界群众积极参与地方政务和社会事务管理与监督，参与企业、事业单位和机关民主管理与监督；组织开展教育培训活动，不断提高各界群众的思想道德素质和科学文化素质；坚持以人为本，依法维护各界群众合法权益，维护安定团结社会政治局面；加强与海内外各界组织联谊交流活动，广泛建立和发展同各国、各地区各界组织的友好关系。

至2010年，各人民团体加强自身建设，不断壮大队伍，扩大社会涉及面、覆盖面和影响力；组织各界群众开展各类创建、竞赛和评比活动，涌现出一大批劳动模范、青年文明号、三八红旗手等先进集体和先进个人；组织各界群众积极参与社会服务活动，在抗击自然灾害、扶贫济困、兴教助学、保护生态环境等方面做出积极贡献。

# 第一章　工人团体

## 第一节　代表大会

### 一、市工会第十二次代表大会

1993年9月25~28日在市工人影剧院召开,出席大会代表387人,特邀代表9人。省总工会主席刘金标到会致词,团市委书记王原平代表5家群众团体祝词,市委书记彭宏松出席并讲话。会议听取并审议通过赵登荣(女)代表市总工会第十一届委员会做题为《充分发挥工人阶级主力军作用,为加快我市改革开放和现代化建设步伐而努力奋斗》工作报告;听取并审议财务工作报告;选举产生第十二届委员会和经费审查委员会。委员会由35名委员组成;常委会由15人组成,赵登荣(女)为主席,朱修其、李景陶、陈萍风为副主席。经审会委员5人,李建中为主任。1996年12月,增选方志红(女)为副主席。

1993年10月,赵登荣(女)、郭群(女)在北京出席中国工会第十二次全国代表大会。

### 二、市工会第十三次代表大会

1998年12月9~12日在市人民影剧院召开,出席大会代表345人,特邀代表12人。省总工会副主席童水仙到会致词,团市委书记谢一平代表5家群众团体祝词,市委副书记史之汉出席并讲话。大会听取并审议通过赵登荣(女)代表市总工会第十二届委员会做《高举邓小平理论伟大旗帜,团结依靠全市职工,为实现九江跨世纪宏伟目标而奋斗》工作报告;听取并审议财务工作报告;选举产生市总工会第十三届委员会和经费审查委员会。委员会委员39人,常委会委员16人,主席赵登荣(女),副主席朱修其、李景陶、陈萍风、方志红(女)。经审会委员7人,李建中为主任。2002年7月17日,市总工会十三届五次全委会选举刘同颜为主席。2003年1月2日,十三届六次全委会选举周照华为主席,柳金生为副主席。

1998年10月19~24日,中国工会第十三次全国代表大会在北京召开,出席大会的市代表为赵登荣(女)、刘纯广、陈义华(女)、陶春元。

### 三、市工会第十四次代表大会

2004年6月8~10日在市人民影剧院召开,出席大会代表390人,特邀代表13人。省人大常委会副主任、省总工会主席张海如到会致词,市委书记刘积福出席并讲话,团市委书记黄先才代表9家群众团体祝词。会议听取并审议通过周照华代表市总工会第十三届委员会做的《以"三个代表"重要思想为指导,团结动员全市广大职工,为实现九江率先崛起和全面建设小康社会而努力奋斗》工作报告;听取并审议财务工作报告;选举产生第十四届委员会和经费审查委员会。委员会委员43人;常委会委员17人,周照华任主席,陈萍风、方志红(女)、柳金生任副主席。经审会委员7人,主任李建中。2006年12月29日,市总工会十四届四次全委会选举赵登荣(女)为常委、主席,余晓兰为常委、副主席。2007年9月,市总工会十四届经审会七次会议选举陈萍风为主任。

2008年5月28~30日,省工会第十二次代表大会在南昌召开,出席大会的市正式代表62名、特邀代表3名。会议选举赵登荣(女)、陈萍风、王云利、张友清、何青春、刘纯广、周作瑞、卢彦达为省工会第十二届委员会委员,选举赵登荣(女)、刘纯广、马小立为中国工会十五大代表。

2009年9月17日,市总工会十四届九次全委会选举朱忠玲为主席。

## 第二节 机构

### 一、市总工会

**市总工会机关** 1991年,市总工会机关内设9个职能部室:组织宣传部、生产部、生活保险部(生活保障部)、女工部、企管部(企业民主管理部、基层工作部)、财务部、财贸农林水工作委员会、教育工会、办公室;另设《九江工运》编辑室、基建办。办公地址位于市区湓浦路14号院内。

2002年12月,市总工会内设6部1室1会:组宣部、民主管理部、保障工作部、经济技术部(劳动保护部、职工技术协会办公室)、女职工部(女职工委员会办公室)、财务部、办公室(工会经费审查委员会办公室)、市教育工会;另设有机关党总支(1999年3月设立,下设机关、文化宫、退管会3个支部)、机关工会、事业部、职业介绍所。2007年4月,增设工会经费审查委员会办公室;当年,机关迁往市区浔阳路160号工人文化宫大楼办公。

2010年,市总工会机关内设职能部室有:办公室(下设财务室、打字室、车队)、组织宣传部、财务部、民主管理部、经济技术部(职工技术协会办公室)、保障工作部、女职工部(女职工委员会办公室)、教育工会、经审会办公室、机关党总支;纪检组为市纪委派出机构;另设事业部、机关工会。

**市总工会直属企事业单位** 1991年,市总工会直属事业单位2家:市工人文化宫、市职工学校。1992年9月,成立经济事业开发办公室,并注册4个经济实体:市职工技术开发公司、市职工旅行社、市职工贸易公司、市职工商社。1994年9月,成立市总工会职业介绍所。1996年3月,省职工保险互助会九江办事处成立。1997年5月,成立市职工消费合作社;10月,市职工消费合作总社成立。2002年10月,成立市困难职工帮扶中心,下设困难职工求助中心、职工培训中心、职业介绍服务中心、法律援助中心。2010年,市总工会直属事业单位3个:市工人文化宫、市职工学校、市困难职工帮扶中心;直属企业单位2个:省职工互助会九江办事处、市职工旅行社。

**市总工会主管社会团体** 1991年12月成立的市职工技术协作委员会、1992年成立的市职工文化学会和1994年6月成立的市劳动模范协会。2010年,市总工会主管社会团体3个:市职工技术协作委员会、市职工文化学会和市劳动模范协会。

### 二、市直产业工会(工委)

1991年,市直产业工会和工会工作委员会7个:市教育工会(文教工委)、市物资局工委、市纺织工业公司工委、市财贸农林水工委、市直机关工委、市卫生局工委、九江船舶工业公司工委。至2010年,先后成立的市直产业工会(工委)有:市二轻局工委、市机械工业公司工委、市林业局工委、九江矿冶总公司工委(1997年7月成立,1999年11月撤销)、市农垦办工委。

### 三、县(市、区)总工会

1991年,全市有县(市、区)级总工会13个,分别是:修水县总工会、武宁县总工会、瑞昌市总工会、永修县总工会、德安县总工会、都昌县总工会、彭泽县总工会、湖口县总工会、星子县总工会、九江县总工会、庐山区总工会、浔阳区总工会和庐山管理局工会。1997年2月,成立共青城总工会。1999年3月,九江经济技术开发区总工会成立。2010年,全市有县(市、区)级总工会15个。

### 四、基层工会和会员

1991年,全市基层工会2563个,会员28万余人。2003年,基层工会3321个,会员33万人。2010年,全市基层工会5866个,会员70.9万人。

2003~2010年全市职工人数、基层工会数和会员人数一览

表51-1-1　　单位:万人、个

| 年份 | 职工人数 | 基层工会数 | 会员人数 | 其中农民工会员人数 |
|---|---|---|---|---|
| 2003 | 72 | 3321 | 33 | |
| 2004 | 76 | 3731 | 38 | |
| 2005 | 40.93 | 3849 | 40.65 | 2.7 |
| 2006 | 77.65 | 4003 | 48 | 8.9 |
| 2007 | 81.58 | 4490 | 55.91 | 8.43 |
| 2008 | 86 | 5020 | 65 | |
| 2009 | 67.96 | 5377 | 67.84 | 12.87 |
| 2010 | 93.13 | 5866 | 70.9 | 19.5 |

说明:职工人数(城镇就业数)统计数据来自《江西省统计年鉴》

## 第三节　组织建设

### 一、工会组建

1991年,中共中央工青妇工作座谈会召开后,全市各级党委、政府加强和改善对工会工作的领导,调整充实工会领导班子,解决工会干部待遇,落实定期专题研究工会工作制度。当年,建立市卫生、粮食、供销系统工会组织和34个乡镇企业工会组织。1993年,市委批转市总工会《关于加强基层工会组织建设的意见》,提出加快“三资”企业、乡镇企业和私营企业建设工会组织的要求,规定已开业投产企业都要建立工会组织;县(市、区)总工会主要负责人进入同级人大、政协领导机构,企业工会组织主要负责人进入同级党政领导班子,各级政府和部分企业与工会建立联席会议制度,协商解决涉及职工利益的重要事项。1994年,市委组织部、市经贸委、市外经贸委、市劳动局、市工商局等部门联合下发《关于改善外商投资企业劳动关系,加快工会组建步伐和加强工会工作的意见》,全市各地从组建乡镇企业工会入手,逐步延伸到“三资”企业和私营企业,推进新经济组织的工会组建工作,至1998年年底,全市共有160家乡镇企业、50家“三资”企业和46家私营企业组建工会。1999年,市总工会下发《关于加快外商投资企业、私营企业建立工会组织的意见》;年底,全市新经济组织组建工会351家,会员1.95万人。至2004年,全市各级工会持续5年开展目标管理、“达标创佳”和“职工之家”建设等活动;武宁县、修水县、星子县、浔阳区总工会获2003年度省创十佳先进县级工会称号,市总工会获2003年度全省工会目标管理优胜单位;全市新建企业工会3461家,发展会员12.1万人,会员总数达38.7万人;乡镇、街道、社区普遍建立工会组织。2005~2010年,全市工会工作社会化格局不断完善,相继建立和健全党委定期研究工会工作制度、政府与工会联席会议制度、“党工共建”制度、工会干部协管制度和人大代表、政协委员检查视察工会工作制度等,全市基层工会组织数达5866家,涵盖法人单位13378个;工会会员70.9万人,其中农民工会员19.5万人。192个乡镇、12个街道、238个社区全部建立工会组织。

### 二、“职工之家”建设

1991年,市总工会通过宣传发动、制定具体实施方案和考核细则,召开经验交流会、进行先进表彰等方式,推动开展“建家”活动,增强基层工会活力;年底,全市拥有省级“模范职工之家”4个,市级“先进职工之家”84个,县级“先进职工之家”339个。1993年底,全市基层工会组织中,有75%的单位被验收为合格“职工之家”,其中18个基层工会被评为“模范职工之家”。1993年9月至1998年11月,全市各级工会共产生全国及全省“模范职工之家”6个、“先进职工之家”6个、“先进职工小家”9个。1998年12月

至 2004 年 5 月，全市有 7 个基层工会被命名为全国、全省“模范职工之家”，10 个基层工会分会被命名为全国、全省“模范职工小家”。2004 年 6 月至 2010 年，全市创建“全国模范职工之家”11 个、“省模范职工之家”28 个、“市模范职工之家”80 个。

### 三、工会干部队伍建设

1991~1993 年，全市 13 个县（市、区）和 169 个基层工会共培训工会干部和工会积极分子 6194 人，其中参加全国、省、市总工会培训的工会干部达 1354 人。1993 年 9 月至 1998 年 11 月，全市各级工会共举办工会干部培训班 510 期，培训基层工会干部 5100 多人次，完成省总要求 150 名工会干部调训任务；其间，市总于 1993 年制定《关于加强基层工会组织建设，搞好工会干部管理工作的意见》，加强工会干部的管理和教育。2004 年 6 月至 2010 年，全市各级工会共举办各类培训班 760 期，培训各级专兼职工会干部 4.36 万人次；2009 年 9 月 18 日，市总工会印发《关于加强工会工作者队伍建设的指导意见》，明确规定全市工会工作协理员、工会法律援助志愿者、劳动争议调解仲裁员、工会劳动法律监督员、集体协商指导员、企业改制指导员和工会劳动保护监督检查员“七大员”队伍建设的目标与要求。

## 第四节　工会活动

### 一、群众生产

**劳动竞赛**　1991 年至 1993 年 8 月，全市各级工会动员组织职工开展“三热爱、做主人、创五好、立新功”“岗位创一流、班组创先进、企业创效益”（“三创”）社会主义劳动竞赛和以抓质量、上品种、增效益为主题的“双增双节”（增产节约、增收节支）劳动竞赛以及财贸系统“双最佳”优质服务竞赛、“中行杯十佳”优秀营业员评选活动、文教系统“教书育人、为人师表”，十万职工参加的岗位技术比赛和女职工的“学先进、比贡献、为‘八五’建功”竞赛等多种形式劳动竞赛，形成以县（市、区）际竞赛为重点，大中型企业和地方骨干厂际竞赛为核心的全方位竞赛网络。1991 年，市总工会组织 80 家企业进行竞赛，并推荐 17 家企业参加全省大中型骨干企业竞赛；县（市、区）总工会组织 289 家企业参加县级厂际竞赛；全市参赛职工 16 万多人，参加岗位练兵、比武 9.9 万人。“双增双节”劳动竞赛共完成 6150 万元增产增收任务；提出合理化建议 23588 条，采纳 9082 条，实施 6926 条，创造经济效益 2314 万元；企业产品获国优金奖 1 项、国际博览会金奖 3 项；开发新产品 94 项，填补国内空白 13 项、省内空白 81 项。

1993 年 9 月至 1998 年 11 月，开展以提高经济效益为中心，以双增双节、扭亏为盈为主要内容的“三杯”（经济效益杯、节能降耗杯、扭亏增盈杯）竞赛和“双争”立功竞赛，组织职工投入恢复生产和灾后重建的“保规划、保目标、增效益、多贡献”立功竞赛等多种形式群众性生产技术活动。参加竞赛活动的职工 72 万人次；共收到合理化建议 18.8 万条，采纳实施 6.5 万条，创造经济效益 2 亿多元。参加岗位练兵技术比武职工 64.7 万人次；组队参加全省职工 7 项技能技术比赛，夺得 4 项冠军（其中 1 人获“全国技术标兵”称号，受到中共中央总书记江泽民接见；3 人获“全省技术标兵”称号）；共收集劳动竞赛论文、调查报告、竞赛方案等 1100 余篇，其中 22 篇在全国、全省获奖。1994 年 4 月，市总工会、市“双增双节”竞赛委员会在南湖宾馆召开纪念“五一”国际劳动节暨劳动竞赛表彰大会。1995 年，市总工会被全国总工会授予“社会主义劳动竞赛理论研究优秀组织单位”称号；全市 43 个单位评为全省劳动竞赛、合理化建议和技术协作先进单位，20 人评为全省劳动竞赛组织工作先进个人。

1998 年 12 月至 2004 年 5 月，市总工会开展“争创一流业绩，争当九五英模”立功竞赛活动、“四创”（管理创先、技术创新、队伍创优、企业创效）竞赛活动、女职工“双文明”建功立业和“38111”活动。全市有 75 万人次参加竞赛，共提合理化建议 41.24 万条，采纳实施 15.12 万条，创经济效益近 3 亿元；有 50 条合理化建议和技术改进获全省重大成果一、二、三等奖，5 家企业被评为全省合理化建议活动先进单位。组织岗位练兵、技术比武活动，有 6 万多名职工通过活动掌握计算机基础知识，从中选拔组队参加第二、三届全省职工计算机知识大奖赛,获团体第一名,3人获个人一等奖。有15个基层班组被授予全省"创新示范岗"称号。

2004年6月至2010年,全市各级工会组织先后开展以"特色竞赛争崛起""民营竞赛促发展""当好主力军、建功'十一五'、和谐奔小康""同舟共济保增长、建功立业促发展""我为节能减排做贡献""女职工建功立业""争创'五一'巾帼标兵岗""决战工业2000亿,建功当好主力军"等为主题的劳动竞赛和"工人先锋号"创建活动,共有6617家企事业单位、117.6万多人次参加;共提合理化建议约89101条,职工重大技术创新成果1982项,创造经济效益51118.6万元。自2008开展创评"工人先锋号"活动至2010年,全市共产生"工人先锋号"市级99个、省级17个、全国4个。同时,2007~2010年连续在全市开展中小学工会工作"四个一"活动,即"围绕中心建功立业,深化师德师风教育,办好维权实事好事,强化学校民主管理",共有56个基层学校、10个县(市、区)教育工会和68人受到省教育工会表彰。

**技术协作** 1984~1992年,全市各级职工技协组织开展合理化建议活动,共提出20.6万条,被采纳8.7万条,实施4.5万条,创经济效益1.12亿元;攻破技术关键1621项,创经济效益312.6万元;推广新技术1128项,创经济效益167.4万元;技术培训5959次,培训职工18.8万人次;组织"技术扶贫、技术支农"活动,创直接效益20余万元。其中,1991年全市技术攻关146项,技术革新69项,开发新产品29件、技术交流46次,共创经济效益82万元;进行技协有偿活动165项,成交额314万,纯收入40万元;市技协队参加武汉协作区职工技协举办的3省7市首届手工电弧焊接比赛,获得团体赛第二名,男子个人赛分别夺得第三、六、十名,女子个人赛夺得第一名。1992年,全市有各级职工技协组织144个,会员5000余人。1994年,江西轻机股份有限公司职工技协获全国职工技协先进集体。

**劳动保护** 1991年,市总工会举办5期劳动安全技能培训班,188人参加学习;在全市188个企业开展创建安全合格班组的试点,向省总工会推荐30个安全生产集体和个人参加5个项目"三同时"验收;任命36人为工会首批劳动保护监督检查员;配合市劳动局、市经委进行3次安全大检查,对23个单位的安全事故隐患提出整改意见,全市工伤事故比1990年下降32.1%。1993~1998年,全市普遍建立三级劳动保护监督检查网络,市总工会任命市级劳动保护监督检查员132人;与市劳动局联合对部分企事业单位贯彻执行《中华人民共和国劳动法》和劳动用工情况及安全生产情况进行检查。1998~2004年,全市各级工会独立或与有关部门联合开展安全检查4127次,共查出各类安全隐患315处,提出整改意见279条,并参加31起安全事故的调查处理工作。2005~2010年,各级工会贯彻《中华人民共和国安全生产法》《中华人民共和国职业病防治法》和全国总工会重新颁布的工会劳动保护监督检查3个条例,推动845家企业签订《劳动安全卫生专项集体合同》,连续6年开展"安全在我心中"系列活动,建立以群防、群控、群治为特色的职工安全健康保障机制,并制定全市发展4000名工会劳动保护监督检查员的建设目标,全市组织12.7万职工参加安全生产知识培训。

**"安康杯"安全生产竞赛** 1999年至2004年5月,市总工会共组织218家工业企业参加全国"安康杯"安全生产竞赛。2004年6月至2010年,累计组织26.21万名职工参加"安康杯"竞赛。2010年,全市报名参加"安康杯"安全生产竞赛的单位130家、职工7.06万人,分别比上年增长46%和40%。至2010年,全市共有16家企业评为"全国优胜企业",5个班组评为全国优胜班组,8名职工评为全国优秀组织个人,市总工会4次获全国优秀组织单位称号。

## 二、劳模工作

**评选** 1994年,评选市劳模108名;1995年评选省劳模69名、省先进工作者10名,全国劳模5名、全国先进工作者2名;2000年,评选市劳模86名,省劳模60名、省先进工作者20名,全国劳模4名、全国先进工作者4名;2005年,评选市劳模100名,省劳模55名、省先进工作者19名,全国劳动模范8名、全国先进工作者1名。2010年,评选市劳模104名,省劳模58名、省先进工作者24名,全国劳模6名、全国先进工作者3名。1991~2009年,获全国"五一劳动奖章"37名,全国"五一劳动奖状"企业3家、班组4个；获全省“五一劳动奖章”172名，全省“五一劳动奖状”7家。

**表彰**　1991~2010年，市委、市政府召开4次劳动模范表彰大会，对全国、省劳动模范、先进工作者和市劳动模范颁发“荣誉证书”。市总工会采取多种形式，对劳动模范、先进工作者进行宣传，主要有：在新闻媒体辟设专题专栏，如九江电视台“劳模风采”、九江有线电视台“九江人·龙虎榜”、九江广播电台“灿烂星河”和九江日报“劳模赞”等，宣传报道各级各类劳动模范和先进人物的业绩；举办劳模图片展；制作反映全国劳模向东事迹的电视专题片《心系万家一线牵》在中央电视台播出，并获“全国劳模电视专题片奖”；在和中广场英雄大道上镌刻56名全国劳模和先进人物名字等。推荐劳模中2人当选全国党代会代表、7人当选全国人大代表。

**管理**　1994年9月，成立市劳模协会，并通过《九江市劳动模范协会章程》。2001年，市总工会开发《劳动模范信息管理系统》应用软件。2003年2月，市政府出台《九江市劳动模范评选表彰管理工作暂行办法》。2004年11月，成立市劳动模范评选表彰管理工作委员会，建立全市劳动模范联系工作制度，定期填报《劳模基本情况年度报表》和《劳模重大情况即时报表》。2005年1月，市政府颁布《九江市劳动模范管理办法》。2010年，建立和健全全市2500名全国、省、市劳模数据库档案。

**服务**　1991年起，市委、市政府和市总工会在每年元旦、春节及“五一”“十一”期间召开劳模、先进人物座谈会，开展走访慰问、困难帮扶等活动。主要有2003~2010年，累计发放全国劳模“三金”（春节慰问金、生活困难补助金、特殊困难帮扶金）和省劳模春节慰问金260余万元，其中2010年向全市31名全国劳模发放“三金”和670名省劳模发放春节慰问金共44.73万元，向143名省劳模发放帮扶专项资金46.07万元。截至2010年，由市财政拨款向市直单位的全国、省、市劳模发放劳模荣誉津贴共95.12万元，由县区财政拨款向县（市、区）所属单位劳模发放荣誉津贴13.18万元。2010年11月，市总工会参加全总在南京召开的全国劳模工作经验交流会并在大会上交流工作经验。

## 三、生活福利

**职工保险**　1992年，全市95%以上单位建立和健全职工劳动保险制度。1994年，全市建立互助性基金组织和互助会350个，参加人数2.3万人。1996年3月，中国职工保险互助会九江办事处成立；1997年1月，改为省职工互助会九江办事处。至2010年，全市15个县（市、区、山）及200多家企（事）业、行政机关单位的工会组织均开展职工互助保障工作，参保职工15.1万人次，险种保费1025.39万元，为全市1165名职工支付互助保障金和慰问金共407.59万元。

**“送温暖”工程**　1992年，全总发出开展“进万家门、知万家情、解万家难、暖万家心”的“送温暖”活动后，全市各级工会组织每年逢元旦、春节都组织大规模的慰问走访活动。1993~1998年，市总共筹集发放慰问金359万元，走访困难企业830家，慰问补助困难职工37855人次。2000年，市政府与市总工会联席会议决定由市财政每年安排20万元“送温暖”基金。2001年元旦春节，全市筹资230.16万元，慰问困难企业118家，补助困难职工9171户，为困难职工解决问题、办实事365件。2004年，市总工会获“全省送温暖工作先进单位”称号。2008年元旦春节，筹集资金560万元，走访慰问困难企业632个，慰问各类困难职工21760户。2010年“两节”期间，市总工会筹集资金700万元，慰问特困职工、困难劳模、下岗失业人员等困难职工家庭2.6万户。

**下岗职工再就业**　1994~1998年，市总工会职业介绍所为1000余名下岗职工介绍工作。1997年至1998年11月，市总工会职工学校共开设培训专业12个，办班22期，免费培训下岗职工646人，再就业率达63%以上。1998年12月至2004年5月，全市各级工会再就业培训中心共免费培训下岗职工9735人；下岗职工再就业服务中心共帮助4936名下岗位职工重新就业。2004年6月至2010年，全市免费培训下岗职工1.2万人次，提供职业介绍3.12万人次，帮助1.06万人实现再就业。其间，2005年市总工会授予51家企业“市总工会再就业基地”标牌。

**扶贫济困** 1991年始,市总工会按照“拓展帮扶范围,完善帮扶方式,提高帮扶水平”的要求,建立和健全市、县(市、区)、街道(乡镇)、社区四级帮扶工作网络。市委、市政府出台《九江市市直企业职工最低生活保障救助暂行办法》,在全省率先落实城市居民最低生活保障制度。1994年,市总工会为遭受冰雹袭击的部分县(区)受灾职工送去慰问款2.7万元。1998年,发生特大洪灾,市总工会拨出46万元用于慰问受灾企业和职工。2002年10月,成立市困难职工帮扶中心,为广大职工提供生活救助、医疗帮助、上学资助、就业扶助、法律援助等“一站式”服务,至2004年5月共受理来信、来电、来访2220人次,对3241户困难职工发放救助资金80.86万元、衣物1385件套、粮油1000多公斤。1998~2004年,全市共筹款1442.92万元,慰问困难企业1366家(次),补助困难职工57929户(次);市总工会与市卫生局联合开展发放医疗优惠卡,对全市80家企业的1000余户特困职工家庭实施医疗帮助,减免就医费用13万元。2004~2010年,全市累计发放帮扶资金4023万元,帮扶困难职工、农民工11.7万人次;开展“金秋助学”活动,帮助8285名困难职工、农民工子女圆大学梦、读书梦;发展职工医疗互助,15720人次职工享受免费体验和医疗帮助。

**退休职工管理服务** 1991年,全市有122个退休管理委员会,211名退管专(兼)干部;3月,市总工会召开全市退休管理服务工作表彰会,表彰20个先进集体和70名先进个人。1994年,市总工会开展“争做离退休职工贴心人”活动。20年间,全市各基层工会退休职工委员会不断加强退休职工管理与服务工作,持续开展走访慰问、扶贫济困等活动;经常举办钓鱼、象棋、雀牌等文化娱乐活动。

**职工物价监督** 1991~1998年,全市各级工会参与稳定市场物价工作,设31个检查总站、分站,配备218名物价义务监督、检查员,开展多种形式的检查1764次,查出违价金额5280元,罚没款4553元,没收计量器具137件。1998年后,物价监督权归口物价行政主管部门,职工物价监督职能转为配合物价部门宣传物价政策、参加听证会反映职工呼声、监督物价政策的落实规范等。2010年,全市设职工价格监督站21个。

## 四、职工合法权益维护

**参与立法与执法** 1991年以来,市总工会参与《江西省职工代表大会条例》(讨论稿)《江西省劳动监察条例(草案)》等地方性法规和《九江市医疗基金监督管理试行办法》《九江市市直企业职工最低生活保障救助暂行办法》《九江市困难企业职工参加基本医疗保险暂行办法》《九江市企业职工工伤保险条例》等规范性文件的制定、修订工作。2004~2010年,全市各级工会参与工会法、劳动法、劳动合同法等法律法规的执法检查,会同有关部门开展劳动用工、农民工工资、劳动安全等专项监督检查120多次,查处并纠正侵犯职工权益的违法违规行为5300多件次,涉及职工5.72万人。

**参政议政** 1991年以来,全市各级工会组织和担任市党代会代表、人大代表、政协委员的职工代表自觉履行参政议政职能,在历届历次“两会”期间,就国企改革、厂务公开、职工权益等专题呈报议案、建议和提案,其中2004~2010年共提出“两会”议案、建议和提案58件。

**法制宣传咨询** 1992年4月,新修订的《中华人民共和国工会法》颁布后,各级工会组织培训宣传骨干,出动宣传车,张贴宣传标语,召开动员会,举行座谈会和知识竞赛等活动。1994年,市总工会举办工会法、教师法、劳动法等培训班8期,共培训工会干部1055人次。2004年,市总工会在工人文化宫广场举行职工法律援助志愿团成立仪式,首批40名志愿者现场开展职工法律援助宣传咨询活动。

**法律援助服务** 1991年始,市总工会结合“四五”“五五”普法,组织法律援助志愿者为20余万人次提供普法宣传、法律咨询和法律援助服务,为职工代写法律文书626份次,代理仲裁诉讼案件172件次。1998年12月至2004年5月,市总工会法律援助中心为职工提供法律咨询1560件次,代拟法律文书34件次,援助基层工会追回错误划扣的工会经费7.5万元;印发《农民工维权指南》5万份,共为3万余名农民工提供困难帮扶和法律援助。各级工会组织与人民法院等部门联合建立清欠农民工工资长效机制,为农民工追讨工资和工伤赔偿7255万元,其中2010年讨薪1375万元。因工作成绩突出,市总工会获

2009 年“千万农民工援助行动”先进单位称号。

**劳动争议处理** 1991 年以来，市、县两级相继成立劳动法律监督委员会，市直企业劳动条例调解委员会组建率达 98%。1993~1998 年，全市培训劳动争议调解员和劳动法律监督员 4500 余名；企业调解劳动争议 5500 余起，其中市总工会直接参与仲裁 52 起。1998~2004 年，全市有 980 家企业建立劳动争议调解委员会，共调解劳动争议 500 余件，参与办理劳动仲裁案件 128 件；市总工会法律援助中心参与基层调解、代理参加劳动争议案件仲裁和诉讼 519 次。2004~2010 年，各级工会劳动争议调委员会共调解 8235 件劳动争议案件，调解成功率 81%。

**信访维稳** 1991 年，市总工会接待来访 73 人次，受理来信 48 件；1992 年，接待处理来信来访 110 起。2004 年 10 月，市总工会成立信访工作小组。2004~2010 年，市、县两级工会组织接待职工来信来访 5573 件，成功调处职工集体上访和突发事件 265 件。

## 五、民主管理

**职工代表培训** 1991 年，市总工会举办 3 期职工代表师资培训班，培训教师 176 名，随后开展全市性培训，共培训职工代表 12000 人。1992 年，市总工会与市经济委员会联合组织全市 1 万多名企业职工参加全省企业民主管理知识竞赛。至 1993 年 9 月，全市共举办《中华人民共和国企业法》、企业民主管理培训班 210 多期，95%的工会干部和 75%的职工代表接受培训。

**联席会议** 1994 年 8 月，建立市政府与市总工会联席会议制度，专门研究解决涉及职工群众切身利益和工会工作的重大问题；随后各县(市、区)相继建立和完善。2000~2010 年，共召开 8 次市政府与市总工会联席会议，协商解决一批重要事项。

**职工代表大会** 1993 年，全市有 954 家单位建立职工代表大会制度，经常开展活动的近 700 家，其中实行三级(厂、车间、班组)民主管理的单位达 448 家。1993 年 9 月至 1998 年 11 月，市总工会先后与市委组织部、市人事局、市经贸委、市体改委等联合制定《关于在转换企业经营机制中切实加强企业职工代表大会工作的意见》《国有企业民主管理工作要求和考核办法》《九江市国有企业职工代表大会工作细则》《关于加强改制企业工会和职代会工作的意见》等文件，有 80%的单位根据需要修订和完善职工代表大会制度。1998~2004 年，全市 90%的单位坚持职代会制度。2006 年 2 月，市总工会下发《九江市职工代表大会工作规范》。

**协调劳动关系** 1991 年始，市总工会注重协调建立由政府、工会、企业组成的劳动关系协调机制，构建劳资平等协商平台。1998 年 12 月至 2004 年 5 月，全市 1541 家企业签订集体合同，365 家企业开展工资协商工作。2004 年 6 月至 2010 年，全市有 1825 家企业签订集体合同，覆盖职工 31.2 万人；规模以上企业劳动合同签订率达 99%，农民工劳动合同签订率达 91%。2010 年，市总工会制定《九江市总工会推进工资集体协商工作方案》；开展劳动关系和谐企业(工业园区)创建活动，全市有 10 家企业和 1 个工业园区评为省级先进。

**民主监督** 1991 年，全市各级工会在开展职工民主监督工作中，注重民主选举和评议领导干部。全市有 78 家行政单位选举领导人，375 家单位民主评议领导干部 530 人，受奖励 281 人，被免职 27 人。1993~1998 年，市总工会与市委组织部等联合制订《九江市企业职工代表大会民主评议企业领导干部实施办法》，全市有 1412 家企业开展民主评议企业领导干部工作。1998~2004 年，市委、市政府出台《九江市厂务公开检查考核办法》，全市有 718 家国有集体及其控股企业实行厂务公开制度，82 家事业单位推行院(校、所)务公开。2004~2010 年，以职代会为基本形式的厂务公开民主管理制度不断深化，全市公有制企事业单位建制率达 100%，规模以上非公有制企业建制率达 82%。

## 六、女职工工作

**组织建设** 1993 年，全市有 14 万女职工，占职工总数的 41.2%；市总工会成立女职工委员会；8 县 1 区建立女职工委员会，占应建数的 75%；市直各工会 90%以上建立女职工组织。1994 年 4 月，市总工会下发《关于进一步加强工会女职工工作意见》,当年全部完成县(市、区)总工会和基层工会女职工委员会的组建任务。1999~2004年,市总女职委颁发《九江市总工会女职工委员会条例》及《工作制度》。2010年6月,市总女职委下发《关于在全市开展创建女职工组织规范化建设示范点活动的通知》,工会组织建设与女工组织建设“三同时”,实现女职工组织全覆盖。

**干部培训和理论研究** 1993年9月至1999年4月,市总女职委共举办女职工干部培训班8期,培训385人(次);全市各基层女职工委员会培训15800余人次。1999年5月至2004年,全市共培训女职工干部5500余人次。2006年,市总向省总选送12篇维护女职工权益和女农民工情况的调研论文,其中2篇分别获得一、二等奖,并被推荐全总参赛。

**宣传教育** 1991以来,全市各级工会组织女职工学习时事政治,开展“四自”(自尊、自信、自立、自强)、“四有”(有理想、有文化、有道德、有纪律)教育,举办征文比赛、演讲比赛、知识竞赛、家庭文化建设研讨会、经验交流会和“家家乐”演唱会等活动,其中组织全市2.94万名女职工参加全总女职工“迪康杯”迎’95世界妇女大会知识有奖大赛。1999~2004年,市总女职委开展“四个一”(精读一本业务书,学习一门新知识,掌握一项新技能,达到一个新水平)活动,有6.35万名参加。2005年3月,市总工会举办《中华人民共和国妇女权益保障法》知识竞赛,参赛女职工2万人。2010年,全市有3万多名女职工参加各种教育培训,其中1800多名女职工获大专以上学历,2000多名女职工不同程度提高了技术等级。

**经济技术活动** 1991~1993年,在全市女职工中开展“学先进、比奉献、为‘八五’计划建功立业”劳动竞赛活动,全市涌现全国、省、市女劳动模范、先进女职工工作者、女先进生产(工作)者962名。1993~1999年,开展以“成才、立功、献爱心”为主要内容的“女职工双文明建功立业竞赛”活动,参赛单位达90%,全市共涌现出全国、省、市女劳模,先进女职工工作者,先进女职工1125名。1999~2004年,开展女职工双文明建功立业活动,获全总表彰的先进集体2个、先进个人4名;获省总表彰的先进集体7个、先进个人10名。2004~2007年,开展以“创新、创业、创优、创品牌”为主要内容的“创新立功”活动,获全总表彰的先进集体1个,先进个人2名;获省表彰的先进集体7个,先进个人2名。2008~2010年,开展争创女职工建功立业标兵岗和争当女职工建功立业标兵的“双争”活动和“工人先锋号”活动。2010年,全市有近15万名女职工参与,开展岗位练兵、技术比武535场,开展技术革新和科技攻关1302项,提合理化建议8261条。获全总表彰先进集体2个、先进个人2名;全省先进集体3个,先进个人5名。

**合法权益和特殊利益维护** 1993年,全市有36个单位建立女工卫生室;发放简易冲洗器2万余只,建孕妇休息室26个,哺乳室96个,有90%以上单位建立女淋浴室。1994年,市总女职委接待来信来访338人次。1998年,各级女职工组织参与集体合同签订工作,注重强调女职工合法权益和特殊利益,如明确规定哺乳期、孕期女职工不能下岗。1999~2004年,市总女职委参与制订《九江市妇女发展规划(2001~2010)》,将女职工的劳动权益、特殊利益写进有关章节。2002年12月,制订《九江市总工会贯彻〈中国妇女发展纲要(2001~2010)〉实施方案》,确定全市女职工工作的发展目标与措施;组织近万人参加女职工保健知识爱心讲座,接待来信来访千余人。2004年推出女职工安宁互助保险,当年参保人数8878名,保险金额10.27万元,其中6人获理赔金8万元。2004~2010年,连续开展帮扶下岗特困单亲母亲“六送”(送信息、送岗位、送互助保险,送专业技能、送医疗优惠卡、送慰问金)活动。至2010年,完成女职工安宁互助保险金额99.68万元,当年49人获得理赔金67万元。

**托幼工作** 1991年始,各级基层女职工委员会配合行政,为托幼园办好事、做实事。当年5月,举办庆祝“六一”自制幼儿服装表演比赛,来自21个幼儿园的300余名小朋友参加比赛。1994年6月,举办“庆六一·家庭乐”演唱会,各级女职工委员会推荐23个家庭参加演唱会。1995年,市总女工部与市职工学校、江西师大联合开办幼儿专业大专班,有学员39名,其中99%的学员获得国家承认学历的大专毕业证。

## 七、宣传教育

**思想政治教育**　1991年，市总先后举办“反和平演变”专题报告会、参加纪念建党70周年全省“党在我心中”演讲比赛，与市委宣传部等6家联合举办“光辉历程、辉煌成就”板报大赛；全市各级工会以学、演、展、赛为主要形式的教育活动共500次，参加职工达10万余人次。1994年，组织全市3000多名职工参加“全国班组社会主义市场经济知识竞赛”，1个班组获全总三等奖，2个班组获省总组织奖。1998~2001年，市总开展“全面建设小康社会职工知识问答”等竞赛活动，并获全总“全国职工学习党的十六大精神系列活动”组织奖和竞赛一等奖。2003年，省总工会等4家单位联合授予九江市2家单位、4名职工为2001~2002年度全省职工思想政治工作先进单位和先进个人。2010年，市总举办“天沫杯·环绕鄱阳湖、歌颂祖国美”职工朗诵比赛。

**职业道德教育**　1993~1998年，全市各级工会广泛开展“三爱三学”职工道德建设和行业树新风活动，在各系统开展“做文明职工、建文明班组、创文明企业”“向李素丽学习、创优质文明服务”“树师表形象、创文明校风”“创文明窗口”“争做十大服务明星”等系列活动，涌现出一批全省职工职业道德先进集体和十佳标兵。1999~2010年，全市各级工会贯彻《公民道德建设实施纲要》，组织职工参加公民道德知识竞赛，开展“职工道德双十佳”标兵评选和宣传，在女职工中开展“好母亲、好婆媳、贤内助”和“十大特色家庭”评选表彰等活动。

**文化技术教育**　1991年，全市10所职工学校在校生2926人，市总职工学校全年共办16个班，学员578人；全市共建立各种读书小组708个，读书指导委员会和指导小组252个，参加读书活动的职工38900人。1994年，市职工学校被评为全国、全省办学先进单位，九江石化总厂等被评为全国职工自学活动先进集体。1998~2004年，开展“争创知识型组织，争当知识型职工”活动。市总与市创建学习型城市指导委员会办公室联合开展评选“十佳学习型工会”和“十佳知识型职工”活动。2004~2010年，全市各级工会连续6年开展“争创学习型组织、争当知识型职工”主题教育活动，共建职工培训站点、学习小组1500多个，挂牌成立“农民工夜校”55所，举办各类技术技能培训350余期，参训职工42.3万人次。

**刊物网站**　1991~2010年，市总工会先后创办《九江工运》(1993年停刊)《九江工人文化报》(1999年停刊)《九江工人报》(2008年创刊)等。2008年，市总工会创建“九江市总工会”网站。县(市、区)总工会创办的刊物、网站主要有《武宁工会信息》(2004年创刊)《彭泽工会》(2007年创刊)和《彭泽工会网》(2009年创建)等。

**宣传报道**　1991年以来，全市各级工会加大宣传报道力度，积极向省内外各类新闻媒体投稿。1998年8月24日，《工人日报》发表九江“严防死守保家园”专题报道。2003年4月，市总工会、市委宣传部等3家单位联合评选2002年度全市“五一”好新闻，共评出一等奖3名、二等奖6名、三等奖13名。2004年5月，省总工会、省委宣传部、省新闻工作者协会共同表彰2003年度全省宣传工人阶级和报道全省工会工作优秀新闻作品，市有2篇作品获二等奖，2篇作品获三等奖；当年共发表文章196篇，其中头版头条14篇，61篇上头版。2008年发表93篇；2009年发表224篇；2010年发表153篇，其中《人民日报》《工人日报》等国家级报刊13篇；同时在各级工会网上发稿千余篇。。

**理论研究**　2007年7月，市总工会承担省总工会对基层工会组织建设、困难职工生产生活等3个重点课题的委托调研，同年12月完成省总关于开展同工同酬等职工劳动经济权益落实情况的紧急调研任务。2008年6月，市总工会选送的2篇论文获2007年度江西省工会优秀论文、调研报告优秀奖。2010年9月，市总工会保障部撰写的论文被工人出版社《新时期工会工作创新与发展》一书收录。至2010年，市总工会会员撰写的10余篇关于工会图书馆研究论文在省以上刊物发表并多次获奖。

## 八、文娱体育

**活动场所**　1993年，全市共有工人文化宫、工人俱乐部210多家，其中市工人文化宫由工人影剧院和文化科技综合楼组成，占地面积5163平方米，建筑面积13500平方米；全市工会系统拥有图书馆430

多个,职工书屋120余家。各工人文化宫、工人俱乐部建立书画、摄影、棋牌、集邮、灯谜、舞蹈、演唱、收藏等兴趣组织,辟设图书馆(室)、乒乓球室、录像室、舞厅、老工人活动室等活动场所。1994年12月,市工人文化宫被全国总工会授予全国工会职工文化先进单位称号;1996年9月,市工人文化宫图书馆评为全国工会系统文明图书馆。

**文化活动** 1991~2010年,全市工会系统积极开展职工文化活动,主要有组织参加全国《纺织工人有力量》职工文艺汇演、"琴台杯"职工文艺汇演、全国职工"远航杯"创作故事比赛、全国职工"三热爱"歌曲征集评选、四城市职工书画摄影展、全国职工美术书法摄影展、第六届中国合唱节合唱比赛、第七届"和平杯"中国京剧票友邀请赛、第四届世界汉语合唱大会、全国职工集邮展览、全国部分省市集邮知识邀请赛、上海世博会和韩国舞蹈交流演出;组织参加全省职工"党在我心中"演讲比赛、"昌河杯"爱国主义歌曲大赛、"江铃杯"职工文艺调演、老年健身操比赛、体育舞蹈公开赛、"红色家园杯"和"渊明杯"职工演讲比赛和市直机关舞蹈比赛等活动;举办"激情五月、崛起九江"职工文艺汇演,以迎奥运和庆祝建党80周年等为主题的书画摄影展览,"祖国在我心中"、女职工"四自""党在我心中"职工演讲朗诵比赛,纪念毛泽东100周年诞辰、"庆五一、迎香港回归""红歌颂祖国"职工歌咏比赛,"爱我中华"青年歌手赛,职工漫画大赛,火花、盆景、根雕、风筝、收藏品等展览,插花、书画装裱、图书馆业务、美术等讲座,女职工风采着装表演大赛,十里片厂矿俱乐部联谊汇演等活动。

**体育活动** 1991年,全市各级工会动员和组织职工群众开展广播操、工间操、健身操、迪斯科、排舞、跑步、气功、木兰拳、钓鱼以及各种球类、棋类、体育舞蹈等群众性体育活动。其中重要赛事活动有:5月,市总工会与市体委联合举办全市木兰拳健身操比赛;6月,与市委组织部等9家单位联合举办庆祝建党70周年九江市城区首届离退休职工运动会;10月,举办全市职工象棋赛,有17个队、68名选手参赛。1992年3月,与市体委联合举办第二届老年运动会、庆"三八"迎"龙舟"木兰拳(桃花扇)比赛。1996年5月,与市体委等共同举办第二届木兰拳比赛和大型表演,并组队参加在赣州举办的全省职工中国象棋选拔赛。1997年6月,举办"珍啤杯"职工象棋、围棋比赛,37个基层工会、189名选手参赛。2003年9月,举办"浔阳之夜"职工中国象棋擂台赛。2005年6月,与市体育局联合举办第八套广播体操、大众广播体操比赛,并组队参加省第十三届体育舞蹈比赛。2006年1月和9月,与市象棋协会等联合举办首届"红塔木业杯"中国象棋赛和中老年中国象棋赛。12月,市总工会获中华全国总工会、国家体育局"2006年全国亿万职工迎奥运健身活动月"优秀组织奖。2008年3月,市总工会与九江电视台联合举办全市职工"迎奥运"羽毛球团体赛,有28个基层工会参加。2009年12月,组队参加在南昌举办的全省首届职工排舞大赛等活动并获奖。2010年3月,举办市首届职工排舞大赛,1500多名职工参加比赛。

## 第五节 工会经费

### 一、经费收缴

1991年起,市总工会对工会经费收缴工作实行核定上解任务、超收回拨以及给予适当奖励等一系列措施,促进工会经费收缴逐年增长,1988~1992年,市总本级年平均增长率17.95%;1993~1997年,比上届增长幅度为75.54%,年均递增15.1%;1999~2004年,比上届增长幅度为20.25%,年均递增3.37%;2005~2010年,比上届增长幅度为175.61%,年均递增25.09%。

### 二、经费管理

1991年始,全市各级工会不断建立健全工会财务管理制度,加强财务工作基础建设,严肃财务纪律、执行财务监督检查、提高财会人员的素质;采取"核定定额、差额补助"或"自收自支"的方法,对工会经济事业实行独立(单独)核算,自负盈亏、自我发展,并做好清产核资工作。市总工会对县区工会实行"经费收支两条线"的原则,采取"核定上解定额,超收回拨及奖励"的办法。市总工会被全国总工会授予

“2003年市级工会财务工作先进单位”称号。

### 三、经费使用

20世纪80年代始，市总工会坚持“为职工群众服务，为基层服务，为发展工会事业服务”方向，按照量入为出、统筹兼顾、保证工会重点工作原则，用好、用活工会经费。1983~1992年，市总工会本级各项经费总支出1654.4万元，结余42.75万元。1993~1997年，总支出2890.41万元，结余88.72万元。1999~2003年，总支出3527.1万元，结余57.2万元。2005~2010年，总支出9562.4万元，累计结余310.7万元。

### 四、经费审查

1991年以来，市总工会颁布《关于进一步加强各级工会经审组织建设的意见》《九江市工会经费审查工作规范化建设标准》等经审文件50多个；市总经审会规范工作模式，强化审计基础，实施审验制度，开展经审指导服务，提升审查监督水平。至1998年，全市14个县(市、区)均建立经审会，配备专职驻会干部，85%的独立管理经费的基层工会组织建立经审会或经审小组。2003年，市总工会获“2003年江西省工会经费审查工作目标管理优胜单位”。2005~2010年，举办经费审查业务知识培训班20多次，培训1830余人次。

# 第二章　青少年团体

## 第一节　共青团代表大会

### 一、共青团市第十三次代表大会

1993年6月8~10日在市区人民影剧院召开，出席代表344名。会议听取并审议通过冯静代表共青团市第十二届委员会做题为《抓住机遇、迎接挑战，为建设繁荣昌盛的现代化新九江贡献青春》工作报告；选举产生第十三届委员会，由44人组成；常委会9人，蔡卫宁、赵伟任副书记。7月，市委任命王原平为团市委书记，熊永强任副书记。

### 二、共青团市第十四次代表大会

1999年1月27~29日在市区人民影剧院召开，出席代表354名。会议听取并审议通过史文斌代表第十三届委员会做题为《以邓小平理论为指针，团结带领青年，为实现九江跨世纪宏伟目标而奋斗》工作报告；选举产生第十四届委员会，由55名委员组成；常委会11人，书记史文斌，副书记黄先才、林显莲(女)、李建军。

### 三、共青团市第十五次代表大会

2005年1月20~22日在九江学院召开，出席代表325名。会议听取并审议通过李建军代表第十四届委员会做题为《以“三个代表”重要思想为指导，团结带领全市广大团员青年，为实现九江在江西率先崛起而努力奋斗》工作报告；选举产生由59人组成的第十五届委员会；常委会由11人组成，李建军任书记，汪秋平、罗文江、陶晔(女)任副书记。

### 四、共青团市第十六次代表大会

2009年8月31日至9月1日在市区九江宾馆召开，出席代表330名。会议听取并审议通过卢宝云代表第十五届委员会做题为《勇担青春使命、投身赶超发展，为争得九江应有地位贡献智慧和力量》工作报告;选举产生第十六届委员会,由委员59人组成;常委会9人,书记卢宝云(女),副书记郑绍、戴炜、宋晓妤(女)。

## 第二节 机构

### 一、共青团市委员会

**团市委机关** 1991年,团市委机关内设办公室、组织部、宣传部、青工青农部、学校和少年先锋队工作部;办公地址位于市区湓浦路14号。1992年3月,增设青联秘书处,青工青农部改称工农青年部。2002年12月,团市委增设机关党总支。2010年,团市委机关内设办公室、组织部、宣传部、工农青年部、学少部和机关党总支。

**团市委直属事业单位** 1991年,团市委直属事业单位市青少年宫、全国青少年庐山活动营地2个,1998年增设九江青年旅行社。其中市青少年宫位于市区庐山路与姚家洼交汇处,占地9000平方米,建筑面积6800平方米,有各类教室和场馆67个,可同时容纳2000余人;内设办公室、活动部、第二课堂培训、少儿文化艺术学校、艺术幼儿园等,培训专业30余个,年培训人数5000余人。

**团市委主管社会团体** 2010年,团市委主管的社会团体有九江市青年企业家协会(九江市青年商会)、九江市青年志愿者协会等。其中,市青年志愿者协会成立于1996年;2010年有分队12个、小队600个、志愿者8.6万人,形成以协会、服务总站、服务队等为基本形式的全市青年志愿服务组织网络。

**县(市、区、山)团委** 1991年,全市有德安县、瑞昌市、彭泽县、永修县、修水县、都昌县、九江县、湖口县、武宁县、庐山风景名胜区管理局、星子县、共青开放开发区、庐山区、浔阳区14个县(市、区、山)团委。1992年7月,共青团九江经济技术开发区工作委员会成立。2010年9月,共青团共青开放开发区委员会改名为共青团共青城市委员会。

2010年,全市有浔阳区、庐山区、九江县、德安县、永修县、星子县、修水县、武宁县、瑞昌市、湖口县、都昌县、彭泽县和共青城市13个团县(市、区)委;县级以上开发区、风景名胜区团组织2个(共青团九江经济技术开发区工作委员会、共青团江西省庐山风景名胜区管理局委员会)。

**共青团基层组织** 1991年,全市有基层团支部7563个。2010年,全市共有基层团委482个。团总支310个、团支部4489个,市级驻外团工委2个、县级驻外团工委5个。

**2010年市直(驻市)单位团组织一览**

表51-2-1　　单位:个、人

| 单位名称 | 团 委 | 团(总)支部 | 团(总)支部 | 青 年 | 专职团干 |
|---|---|---|---|---|---|
| 九江学院 | 19 | 875 | 28501 | 32315 | 5 |
| 九江职业技术学院 | 1 | 7 | 7475 | 9344 | 2 |
| 江西财经职业学院 | 1 | 239 | 10290 | 12559 | 5 |
| 九江职业大学 | 11 | 12 | 7138 | 11485 | 5 |
| 华东电子信息学院 | 1 | 10 | 196 | 326 | |
| 九江市外事旅游学校 | 1 | 6 | 162 | 269 | |
| 九江市第一中学 | 1 | 52 | 1826 | 3625 | |
| 九江市同文中学 | 1 | 60 | 1020 | 3781 | |
| 九江市第三中学 | 1 | 13 | 2581 | 2462 | |
| 九江市田家炳实验中学 | 1 | 31 | 413 | 1004 | |
| 九江市外国语学校 | 1 | 69 | 1500 | 4000 | |

续表 51-2-1

| 单位名称 | 团委 | 团(总)支部 | 团(总)支部 | 青年 | 专职团干 |
|---|---|---|---|---|---|
| 九江市第六中学 | 1 | 45 | 696 | 1617 | |
| 九江学院浔阳附中 | 1 | 29 | 778 | 1478 | |
| 九江实验中学 | 1 | 31 | 686 | 1326 | |
| 九江科技中专 | 1 | 26 | 200 | 220 | |
| 九江市第十一中学 | 1 | 48 | 913 | 2176 | |
| 九江金安中学 | 1 | 15 | 281 | 575 | |
| 九江石化总厂 | 1 | 26 | 140 | 175 | 2 |
| 大桥局五处 | 1 | 5 | 472 | 590 | 3 |
| 九江发电厂 | 1 | 6 | 215 | 253 | 1 |
| 中铁九桥 | 1 | 12 | 297 | 312 | 1 |
| 中船 6354 研究所 | 1 | 5 | 188 | 213 | |
| 九江船用阀门厂 | 1 | 5 | 63 | 63 | |
| 上港集团九江港务公司 | 1 | 8 | 51 | 349 | |
| 合　计 | 52 | 1635 | 61990 | 88816 | 24 |

## 2010 年各团县(市、区、山)委辖属团组织一览

表 51-2-2　　单位:个、人

| 单位名称 | 团委 | 团总支 | 团支部 | 团员 |
|---|---|---|---|---|
| 浔阳区 | 6 | 7 | 63 | 2467 |
| 庐山区 | 11 | | 273 | 14347 |
| 九江县 | 18 | 30 | 132 | 45019 |
| 德安县 | 108 | | 31 | 7845 |
| 永修县 | 57 | 22 | 329 | 12577 |
| 星子县 | 15 | 5 | 112 | 4560 |
| 修水县 | 83 | 3 | 998 | 16013 |
| 武宁县 | 33 | 11 | 342 | 2012 |
| 瑞昌市 | 30 | | 284 | 8377 |
| 湖口县 | 31 | 39 | 225 | 1740 |
| 都昌县 | 32 | 34 | 1253 | 30731 |
| 彭泽县 | 16 | 16 | 301 | 2067 |
| 共青城市 | 4 | 0 | 34 | 3505 |
| 市直机关工委 | 19 | 79 | 39 | 1136 |
| 庐山管理局 | 8 | 55 | 44 | 322 |
| 庐山西海管委会 | | 3 | 350 | 350 |

1991~2010年全市基层团支部一览

表51-2-3　　单位:个、万人

| 年份 | 基层团支部 | 团员 | 其中女团员 |
|---|---|---|---|
| 1991 | 7563 | 16.74 | 5.10 |
| 1992 | 7563 | 16.96 | 5.72 |
| 1993 | 7667 | 17.34 | 5.47 |
| 1994 | 7842 | 19.63 | 5.72 |
| 1995 | 7943 | 21.03 | 5.05 |
| 1996 | 6492 | 19.97 | 5.07 |
| 1997 | 6253 | 20.69 | 6.74 |
| 1998 | 6253 | 19.30 | 6.46 |
| 1999 | 6492 | 15.90 | 6.84 |
| 2000 | 6234 | 19.62 | 6.70 |
| 2001 | 6499 | 19.89 | 6.23 |
| 2002 | 5547 | 20.70 | 8.40 |
| 2003 | 6832 | 22.40 | 8.58 |
| 2004 | 5945 | 22.16 | 9.00 |
| 2005 | 5945 | 22.47 | 9.20 |
| 2006 | 5948 | 23.00 | 8.91 |
| 2007 | 5974 | 22.56 | 8.91 |
| 2008 | 4742 | 22.50 | 8.92 |
| 2009 | 3896 | 20.41 | 8.74 |
| 2010 | 4489 | 22.10 | 7.80 |

## 二、市青年联合会

1996年6月,市青联召开第六次代表大会,选举产生第六届委员会。1996年以来,市青年联合会第六届委员会先后举办6届“九江十大杰出青年”评选活动和“优秀(杰出)青年企业家”“十大IT青年”等评选活动,为优秀青年人才展示才华搭建舞台,协助党政部门和用人单位更为直观地发现人才、引进人才、留住人才。2003年,市青联成功承办“中国青年企业家共青论坛”。2005年5月31日,市青联成立上海分会,首批发展上海华山医院副院长丁强等67名九江籍在沪青年精英加入市青联组织。2010年,市青联共有委员256人;办公地址位于溢浦路14号。20年间,市青联先后与日本、美国、非洲、英国、韩国等国家和地区的青年组织进行友好交流活动。

## 三、市学生联合会

1996年6月,市学联召开第七次代表大会,选举产生第七届委员会,秦岭当选为主席。

## 四、中国少年先锋队市工作委员会

2007年,市少工委召开第四次代表大会,选举产生第四届工作委员会。2009年9月,宋晓妤任主任。

## 第三节　组织建设

### 一、基层团组织建设

1991年，团市委在全市开展“整顿基层涣散团组织，加强基层建设”工作，对全市农村松散瘫痪基层团组织进行全面整顿，抓好“两地建设”（活动阵地和生产经营基地）和实行“两级建档”、团员评议注册、《团支部工作手册》等规范化制度建设，先后建立、整顿一批团委和团支部，配备一批优秀团干部。

1992~1999年，全市团组织建设以贯彻落实《共青团基层建设纲要》为主线，将工作重点放在农村和新经济组织，先后联合市委组织部、市委村建办制定《关于在农村青年社会主义教育中加强共青团组织整体化建设的十条意见》《关于加强新经济组织团的建设的意见》《关于在农村基层团组织建设中切实抓好“服务百村脱贫奔小康行动”的意见》等指导性文件，组织开展“走向明天在城乡小康”“奔小康示范团支部”等活动，推进农村基层团组织建设。其中，1997~1999年通过连续三年开展“农村基层团组织建设月”的集中整顿和“乡镇（街道）共青团工作最佳支持奖”评选活动，使农村团支部“三位一体”配置率明显提高，并表彰30余位在支持基层团组织建设中成绩突出的乡镇（街道）党委书记。

1999年起，以创建“五四红旗团委（团支部）”为契机，通过加大团员发展力度、规范团费收缴管理，规范团委（支部）使用《工作手册》等措施，全面加强基层团组织的班子建设、活动建设、阵地建设、支部建设等方面的工作力度，产生全国“五四红旗团委”2个、标兵单位1个；全省团建先进县3个；全省“五四红旗团委”24个、“五四红旗团支部”2个。

2003年，团市委联合市委组织部，在全市基层团组织中开展争创“十面红旗”活动，在全市农村、国有企业和集体企业、非公有制经济组织、民办学校、街道社区、机关、学校、科研院所、社会中介组织以及团员队伍建设等十个方面评选成绩突出、具有“标杆”作用的“十面红旗”。

2005~2008年，团市委在全国首创“党建带团建‘五个一’工程”，即：从每位党员的党费中拿出一元钱用于“党建带团建”、单位党组织主要领导每年听取本单位团委（总支、支部）书记汇报一次工作、单位党组织每年专题研究一次青年工作、单位党组织主要领导每年参加一次基层团的活动、各单位结合自身工作实际创建一项特色工作。团市委撰写的论文《党建带团建“五个一”工程在农村量化实施的探索》获全国团建创新理论成果三等奖。

2009~2010年，团市委以加强和规范基层共青团组织的基础建设、激发基层团组织整体活力为突破口，先后发出《关于切实加强非公有制企业团建工作的通知》《关于印发〈关于加强驻外团组织建设的实施方案〉的通知》《关于印发〈九江市中学共青团规范化建设工作实施意见〉的通知》等文件，重点推进非公有制企业、驻外团组织和中学团组织建设。至2010年年底，全市非公有制企业团组织107家，驻外团工委7家。

### 二、青年思想政治教育

1991年11月，团市委下发《关于在全市广大团员青年中加强社会主义思想教育工作的意见》，先后举办“光辉的社会主义历程”演讲比赛、“我爱社会主义”读书活动及征文评选、“改革开放和现代经济”知识竞赛等活动。各县（市、区）相继开展请“三老”（老党员、老工人、老农民）讲“三史”（个人翻身史、家庭致富史、单位发展史）、“社会主义好”征文、“社会主义在我村（厂）”和“社会主义我的家”演讲及知识竞赛等“党在我心中”系列主题教育活动。

1993年，团市委利用中共十四届三中全会召开和《邓小平文选》第三卷发行契机，通过“以会代训”形式培训骨干。在全市范围内举办《邓小平文选》知识和社会主义市场经济知识的竞赛活动，采用制作宣传栏、召开报告会、举办学习班、印发宣传提纲等多种形式，形成全市性的学习热潮。

1995 年,通过开展学习邓小平建设有中国特色社会主义理论和爱国主义教育活动,全市各级团组织的思想教育工作更富实效,团员青年的政治思想更加统一,责任更加明确。各级团组织以《邓小平文选》《中共中央关于如强党的建设几个重大问题的决定》和《中共中央关于国民经济和社会发展“九五”计划和 2010 年远景目标的建议》为主要内客,举办培训班、报告会、座谈会、知识竞赛等活动,帮助团员青年不断提高政治觉悟和工作积极性。

2005 年,按照团中央的统一部署,开展以学习实践“三个代表”重要思想为主要内容的“增强共青团员意识”主题教育活动。活动围绕“永远跟党走”主题,突出抓好“团干部队伍建设”和“团组织有形化建设”两个重点,把团员意识教育贯穿到团员发展、团员评议、组织生活等各项工作中,先后开展“初升的太阳——万人重温入团誓词”主题教育、万名团员青年参加的“青春献祖国——增强团员意识,建设和谐九江”团日教育实践等大型活动。被团中央授予“优秀组织奖”;中央电视台《焦点访谈》栏目专题报道九江开展活动的情况。

2010 年,团市委组织“社会主义核心价值观”主题读书活动和“展示自我风采、争当四好少年”主题教育活动,先后树立瑞昌市肇陈派出所洪一警务室民警周俊军、返乡创业农民袁松松等一批先进典型。通过开展“中国青年五四奖章”获得者专场报告会、“相约校园、成长对话”名家讲坛等活动,激励广大学生成长成才。

## 第四节　共青团活动

### 一、服务经济社会建设

1991 年,团市委引导全市广大团员青年立足本职岗位,促进经济建设。各级团组织带领团员青年广泛开展以“青年突击队”“青年文明岗”“双增双节”等为主要形式的爱岗立功活动,推动企业技术更新和经济改革。在农村开展“一团两户”“百万青年兴百业”科学致富活动,通过组织实用技术培训,成立青年专业协会,开展争当青年科技兴农带头人等活动,促进乡镇经济的全面发展。6~10 月,团市委联合市农经委、市科委等 8 家单位举办全市农村青年科技兴农有奖知识竞赛,2.8 万名青年踊跃参加。

1992 年, 为迎接第六届全国屈原杯·中国国际庐山杯龙舟邀请赛, 在全市少先队员中开展红领巾“小天鹅”行动,通过开展“我为龙舟赛献一盆花”“给远方的亲朋写一封信”“红领巾礼貌大使”“蔚蓝的南湖、洁净的古城”、红领巾“手拉手”龙舟赛宣传 90 天等活动,做好宣传、推介和服务活动。

1995~1997 年,团市委会同市委村建办联合开展“服务百村”行动,动员大中型企业和大中专院校与 100 个村开展“一助一”结对帮扶。通过捐建“小康书库”、举办实用技术培训、组建科技讲师团等活动,为结对村提供智力、资金、信息等帮扶。同年,连续 3 年开展“十佳青年小康示范户”“奔小康示范团支部”评选表彰活动。

1997~2001 年,“争当青年岗位能手,争创青年文明号”和创建“青年突击队”活动成为全市共青团活动主流。各级团组织开展争当青年岗位能手活动,把岗位文明建设和岗位技能提高有机地结合起来;结合社会承诺服务,不断完善工作规范,推出“青年文明号”服务卡、青年文明号信用示范行动等活动。5 年中,全市举办各级各类青工专业技术比赛 100 多次,涌现出近 300 名市级以上青年岗位能手、300 多个市级以上“青年文明号”先进集体。各级团组织围绕农业结构调整和推进农村现代化进程,开展“三争三创”(争当推广农业新科技带头人,创办项目示范基地;争当带领农民闯市场的带头人,创办营销服务实体;争当发展农业产业化经营的带头人,创办加工龙头企业)活动,深化培养“青年星火带头人”和“科教兴农产业带头人”,深入开展“服务百村”行动,建立农村青年外出务工培训基地,输送外出务工青年 1 万多人。

2002~2007 年,开展青工创新创效活动、青年岗位能手活动,以“兴质量、降成本、练技能、当能手”为主题,举办青年创新知识大赛、青年创新成果评比和青工技能大比武等活动,共组织各类比武活动80 余次，参加人员近4万人。

2008~2010年，团市委将促进青年创业就业作为服务全市经济建设大局的重中之重。联合市劳动就业局举办招聘会17场，8000余名青年现场签订协议。创立市青年职业技术培训学校，开展“订单式”科技培训和技能培训，全市落实培训资金138.84万元，培训返乡务工青年1.6万余人；依托职业学校和工业园区，建立“青年就业创业见习基地”68个，对接成功人数693人，实现就业316人。实施“百企带百村”工程。组织100名青联委员、青企协会员与100个村(组)的返乡青年农民开展“一对一”帮扶，帮助1100多人实现再就业。联合市农信社开展“青年创业信用卡”发放工作，全市共发放3712张，担保贷款金额16330.01万元，扶持袁松松等一批青年走上创业之路。开展“恒盛杯”九江青年创业大赛。对选出的10名“优秀创业项目”获得者各奖励3000元创业基金，并提供5万元额度的“青年创业信用卡”担保贷款，扶持其创业。

## 二、“青年文明号”创建

1994年，创建“青年文明号”活动在全市启动。至1997年年底，“青年文明号”创建活动已在全市商业、粮食、供销、公安、邮电、金融、国税、地税、乡镇企业、旅游、个体协、卫生、工商、交通、电力等16个系统展开。团市委先后与各系统主管部门联合下发创建活动方案；各部门均成立创建领导小组，以“一流服务、一流人才、一流管理、一流业绩”为创建总目标，扎实推进创建工作。

2003年，开展“诚信九江·青年文明号”行动，命名首批“诚信九江·青年文明号示范集体”。2004年，团市委印发《九江市“青年文明号”管理办法》，进一步完善创建机制，使创建活动持续、健康发展。2005年，在福州举行的全国“青年文明号”现场经验交流会上，团市委作典型发言。

2006~2010年，全市“青年文明号”创建活动不断巩固深化。创建水平不断提高，创建活动的社会效益、经济效益、人才效益更加明显，创建步伐走在全省前列。以“满意服务、情暖九江，让青年文明号走进千家万户”为主题的创建活动遍及全市35个行业系统，基本上覆盖所有的窗口行业。至2010年年底，全市先后涌现出33个国家级“青年文明号”，依次是：农行市浔阳支行化纤厂分理处、工行市分行柴桑分理处、市一医院神经内科、五丰宾馆前厅部、九江宾馆餐饮部居易山庄服务小组、庐山宾馆客房部、供电局220KV妙智变电站、炼油厂芳烃岗位、九江石化聚丙烯车间内操岗位、海事局政务受理大厅、国泰君安证券九江甘棠路营业部、星子县消防大队、交警一支队汽车站岗亭、市邮政局投递班、电信分公司线路维护安装中心、电信分公司浔阳路电信营业厅、九江电信市话机线中心、庐山北路收费班、城区运管所、九瑞贷款路通行费征收站、庐山博物馆群工部讲解组、长江九江港公安局交警大队、庐山风景名胜区国家税务局办税服务厅、市国家税务局直属税务分局、市规划局报建信息管理中心、市移动客户服务中心、庐山良璐宾馆、欧迪大酒店前厅部、市军队离退休干部第二休养所、浔阳区国家税务局办税服务厅、庐山区法院办公室、市中医院骨病科和江西石油公司九江分公司第八加油站。同时，涌现95个省级、482个市级“青年文明号”。

## 三、青年志愿者行动

1994年以来，全市广大青年志愿者结合学雷锋活动，以“热心献社会、真情暖人间”为行动口号，广泛开展青年志愿者新春献爱心、环保、打假、家电维修、科技文化卫生“三下乡”、无偿献血等活动。1996年，团市委成立“九江市青年志愿者协会”，进一步规范青年志愿者行动。至1998年年底，全市有10万多名青年参与各种志愿服务活动；100多支青年志愿者服务队以“一助一”长期结对和建立服务站重点服务的方式，为急需帮助孤寡老人、残疾家庭、老干部等提供服务。2000年，市青年志愿者协会被团中央、中国青年志愿者协会授予“中国百个优秀青年志愿服务集体”称号。

2005年11月26日，境内发生5.7级地震后，团市委组建多支医疗小分队和青年突击队第一时间赶赴灾区，开展灾民转移、医疗救治、治安巡逻等志愿服务，12月1日，国务院副总理回良玉看望抗震救灾志愿服务队队员。

2008 年四川汶川地震后,团市委迅速将灾情传达到公安、供电、医疗、水务等单位,动员和组织青年成立青年志愿者服务小分队赴灾区开展救援工作;同时,发动全市青年志愿者开展捐款、献血等活动,以实际行动援助灾区。

2008 年以来,全市青年志愿者事业蓬勃发展。各级团组织围绕形成有中国特色青年志愿服务体系的目标,一手抓机制建设,一手抓活动开展,志愿者组织网络基本形成。团市委和市志愿者协会先后组织“讲文明、树新风”“和谐春运”“文明创建、青年先行”“牵手夕阳、辉映青春”“万人禁毒签名”“共青团关爱农民工子女”和大中专学生暑期“三下乡”志愿服务等活动。2010 年,市青年志愿者协会获得团中央、中国青年志愿者协会“全国青年志愿者工作组织奖”;星子县下岗女工易红华被评为“全国十大杰出青年志愿者”。

## 四、“希望工程”实施

1991 年起,在团中央统一部署下,团市委启动实施“希望工程”,先后组织开展“希望工程百万爱心活动”“希望工程 1+1 助学活动”“希望工程义演活动”“希望工程爱心储蓄活动”和“希望工程志愿者劝募行动”。

2005 年,团市委联合市委组织部等 7 部门发起向“希望工程“捐赠课桌椅活动,通过发动党团员带头捐、市民自愿捐等方式,共募集资金 173 万元,为贫困山区孩子购置课桌椅 2 万套。

2007~2008 年,团市委组织实施“春晖行动”,通过向全市行政事业单位科级以上干部及在外地工作的九江籍有为人士邮寄“春晖行动”亲情贺卡和开展集中劝募活动,共募集资金 270.89 万元。其中,新农村建设点帮扶资金 34.96 万元,支持省、市级农村建设点 20 个;春晖助学资金 37.4 万元,资助贫困学生 300 名;春晖建校资金 175 万元,建设春晖小学 6 所。

2010 年,在全市范围内开展“希望工程 1%捐”活动,共筹资 1042 万元,筹物 300 万元,资助贫困大学生 645 人,援建希望小学 39 所。

20 年间,全市“希望工程”共募集资金 4600 余万元,资助贫困学生 1.12 万人,援建希望学校 136 所,改善学校办学环境 42 所,为贫困乡村学校捐赠总价值 1600 多万元的图书、仪器、体育用品等教学物资。

## 五、少先队工作

1991 年,团市委与市教育局联合下发《关于加强我市少先队工作的意见》,确立全市少先队工作以为社会主义事业培养具有新型素质的建设者为指导思想,坚持以“五爱”为起点的基础的共产主义教育,开展“学赖宁,做党和人民的好孩子”的活动。各级团组织先后开展“寻找烈士足迹”“九江少年心向党”“七个一”主题系列活动和“象赖宁那样全面发展”小报竞赛、“学历史、知国情、颂五旗”少先队知识竞赛、“红领巾之声”广播节目评选、“我爱五旗”征文等活动。

1992 年,为迎接第六届“屈原杯”全国龙舟赛和首届“庐山杯”中国国际龙舟邀请赛,团市委在全市少先队员中开展红领巾“小天鹅”行动,通过开展“我为龙舟赛献一盆花”“给远方的亲朋写一封信”“红领巾礼貌大使”“蔚蓝的南湖、洁净的古城”、红领巾“手拉手”龙舟赛宣传 90 天等活动,动员少先队员为“双杯”龙舟赛的成功举办做贡献。

1995~1999 年,以“手拉手”为重点的创“五星雏鹰”行动成为全市少先队组织的主导性活动。全市共有 20 余万名少先队员参加这一活动,800 余所学校与外校建立“手拉手”关系;建立“手拉手”书屋380 多个。市少工委于 1995 年获得全国少先队“手拉手”活动优秀组织奖。

2000~2005 年,围绕科技兴市战略,推进青少年素质教育,组织开展“少年雏鹰行动”“新世纪我能行”教育、“新世纪青少年读书计划”、红领巾乡村文明理事会和“星星火炬”奖章评选活动和全市“十佳”“百优”辅导员评选表彰活动。

2006~2010 年,开展“十佳留守儿童自强之星”评选、“祖国发展我成长我与祖国共奋进”和“展示自我风采、争当四好少年”主题教育,并创作励志歌曲《鄱阳湖畔好少年》广泛传唱。

## 六、未成年人保护及青少年维权

1991 年,《中华人民共和国未成年人保护法》颁布实施,全市启动未成人保护及青少年维权工作,通过发放宣传提纲、组织法律咨询、举行维权知识竞赛等形式,加强对未成年人保护法的宣传力度,在全社会营造关爱未成年人良好氛围。

1992~1998 年,全市未成人保护及青少年维权工作逐步纵深发展。团市委在加大宣传力度的同时,依托各级青少年活动阵地,举办青少年自护夏令营、讲座、咨询等,强化青少年的自我保护意识。各级团组织会同有关部门,加大对书摊、歌舞厅、录像厅、游戏厅的检查监督力度,维护青少年的合法权益。1998 年,启动"优秀青少年维权岗"创建活动

2004 年,市、县两级政府均成立预防青少年违法犯罪工作领导小组,按照"六有一落实"要求,强化领导小组办公室硬件设施建设,配齐配强专职工作人员。团市委与市司法局法律援助中心合作,在全省率先成立援助未成人工作站。年底,全市创建"青少年维权岗"优秀单位 269 个。2005 年,全市实施构建学校、家庭、社会"三位一体"的预防未成人违法犯罪体系,这一做法为全国首创,在全国预防未成人违法犯罪工作经验交流上上作典型发言。2006 年,团市委组织长虹小学、湖滨小学等学校 100 余名学生进社区开展"小包公断案"模拟法庭教育活动;联合杨西律师事务所和市心理卫生中心开通"12355"青少年法律和心理咨询服务热线;双峰小学等 2 家单位获"全国优秀青少年维权岗先进单位",杨西律师事务所等 6 家单位获"全省预防青少年违法犯罪工作先进集体",居莉等 6 人获"全省预防青少年违法犯罪工作先进个人"。2007 年,团市委、市教育局联合下发《关于进一步加强中小学生法制教育工作的意见》;团市委、市公安局共同举办"为了明天——'红铃铛'进校园"活动,共招募"红铃铛"法制志愿者 60 名,深入学校、社区开展法制宣讲活动。

## 七、青少年违法犯罪预防

1991 年起,全市预防青少年违法犯罪工作坚持"预防为主、教育前移、深化服务、重在保护"方针,以青少年法制教育为先导,通过开设"12355"青少年服务台、开展模拟法庭等说法教育、组织青春自护体验、举办"面对面"活动以及"青果援"等关爱重点青少年群体活动帮助青少年健康成长,预防违法犯罪,维护社会和谐。2010 年,市综治委、团市委联合在全市开展预防青少年违法犯罪分类引导试点工作,星子县、共青城、市同文中学、市实验中学、武宁县人民检察院、浔阳区人民路街道湖滨社区被列为市级试点单位。同时,被省综治委预防青少年违法犯罪工作领导小组、团省委列为省级重点青少年群体教育管理和预防犯罪试点市。

## 八、其他重要活动

**保护母亲河行动** 1999 年起,团市委动员全市青少年开展保护母亲河行动,先后成功申报共青城、九江县、星子县、都昌县 4 个中日友好"小渊基金"环保项目,共完成造林面积 1260 公顷。2009 年开始,动员近 30 余万人次的青少年开展"百万青年林,扮绿鄱阳湖"青少年植树造林活动,种植生态林 3976 公顷。2010 年,团市委被全国绿化委员会、人力资源和社会保障部、国家林业局评为"全国绿化工作先进集体"。

**支持共青城发展** 2008 年 7 月,省委书记苏荣、团中央书记陆昊到共青城视察,共同做出关于扶持共青城发展的决定。2009 年 10 月 16 日,在团中央召开的促进共青城发展的产业规划发布暨招商说明会上,陆昊为共青城授牌"全国青年创业基地"。团市委策应团中央的决定,全力支持共青城发展,在招商引资、服务企业用工、宣传推介等方面作出努力,2010 年,举办 3 场招聘会,共为赛龙电子等15 家企业招聘员工 1250 余名。

**关爱留守儿童** 2010 年,团市委领导班子成员分别带队到各县(市、区)、学校调研留守儿童生活学习状况,报送的《九江市留守儿童现状调研报告》引起市委、市政府重视,市委书记钟利贵做出批示,要求

“切实关爱农村留守儿童健康成长,加强农村留守儿童的管理教育,促进农村未成年人全面健康成长。”团市委联合相关部门开展进城务工农民工子女“五个一”、留在农村农民工子女“五个一”等活动,社会反响良好。

# 第三章 妇女团体

## 第一节 代表大会

### 一、市妇女第十二次代表大会

1993年11月7~10日在市区南湖宾馆召开,出席代表397名,其中正式代表358名,特邀代表21名,列席代表18名。市委书记彭宏松出席并讲话。会议听取并审议通过市妇联第十一届执行委员会《团结奋进,努力开创妇女工作新局面》工作报告;选举产生第十二届执委会,由61名委员组成;常委会委员15人,彭群林任市妇联主席,吴继媛、张维利、熊禄珍任副主席。

### 二、市妇女第十三次代表大会

1998年12月27~30日在市区实华宾馆召开,出席代表301名,特邀代表39名。省妇联副主席孙雅光到会祝贺;市委书记刘上洋出席并讲话。会议听取并审议通过彭群林代表第十二届执委会做《团结奋进,求实创新,共创我市妇女事业美好明天》工作报告;选举产生由61名委员组成的市妇联第十三届执委会;常委会由13人组成,彭群林为主席,余晓明、高婷、王利为副主席。

### 三、市妇女第十四次代表大会

2003年12月17~19日在市人民影剧院召开,出席代表399名,特邀代表28名。省妇联主席李亚平到会祝贺;市委书记刘积福出席并讲话。会议听取并审议通过市妇联第十三届执委会《践行“三个代表”,促进妇女发展,为实现九江在江西率先崛起的宏伟目标创业建功》工作报告;选举产生市妇联第十四届执委会,由49名委员组成;常委会委员11人,孙丽敏任主席,饶艳萍、冯陆荣、卢宝云任副主席。

### 四、市妇女第十五次代表大会

2009年8月20~22日在市区白水明珠会议中心召开,出席大会的正式代表358名,特邀、列席代表48名。省妇联主席李亚平到会指导;市委书记钟利贵出席并讲话;团市委书记卢宝云代表各人民团体致贺词。会议听取并审议通过胡爱武代表第十四届执委会做《立足新起点,创造新业绩,团结带领全市妇女为争得九江应有地位而努力奋斗》工作报告;选举产生由55名委员组成的市妇联第十五届执委会;常委会委员共11人,主席胡爱武,副主席邱黎明、赵招红、卢燕。

## 第二节 机构

### 一、市妇联

**市妇联机关** 1991年,市妇联机关内设办公室、组织宣传部、法律顾问室、生产福利部、儿童工作部(含托幼办公室);办公地址位于市区湓浦路14号院内。1996年6月,法律顾问室更名为权益部(法律顾问信访室),生产福利部更名为城乡工作部;12月,托幼办公室移交市教委。2002年12月,权益部改称权益工作部,儿童工作部增挂市政府妇女儿童工作委员会办公室牌子;取消城乡工作部,设立妇女发展部;成立机关党总支。2006年5月,市政府妇女儿童工作委员会办公室分设。2010年,市妇联机关内设办公室、组织宣传部、妇女发展部、权益工作部、儿童工作部和机关党总支。

**市妇联直属事业单位**　2000年4月，成立市妇女儿童活动中心。中心位于市区长江大道365号，主体建筑7层，建筑面积6050平方米，总投资450万元，全国人大常委会副委员长、全国妇联主席顾秀莲题名。市妇联在中心设立巾帼学校和小公民思想道德建设基地，开展各类培训、文体、展览以及中外交流等活动。

2004年11月，成立市巾帼职业技能培训学校。2005年被省就业局命名为“江西省再就业培训基地”，2006年，被全国“双学双比”协调小组、“巾帼建功”协调小组命名为“全国培训基地”。

## 二、妇女工作机构与协会

**市妇女儿童工作委员会**　1991年8月成立，初称市妇女儿童工作协调委员会，1995年3月更名。为市政府妇女儿童工作协调议事机构，成员单位由33个部门和单位组成；办公室设在市妇联。

**市直属机关妇女工作委员会**　2004年8月成立。2010年，市直妇工委辖属80个市直机关事业单位妇委会。

**市女企业家协会**　2008年3月成立，初期有会员69名，2010年发展为105名。

## 三、县(市、区、山)妇联

1991年，全市共有修水县、武宁县、瑞昌市、永修县、德安县、都昌县、彭泽县、湖口县、星子县、九江县、庐山区、浔阳区和庐山管理局县(市、区、山)妇联13个。1992年7月，成立九江经济技术开发区妇联。2010年9月，成立共青城市妇联。至此，全市共有县(市、区、山)妇联15个。

## 四、基层妇女组织

1991年，全市有乡(镇、场)妇联276个，街道妇联7个；农村妇女组织2350个，城市妇女组织179个，城镇居委会妇代会254个，市直机关事业单位妇女组织217个；共有专职妇女干部492人。

2000年，全市有乡(镇、场)妇联242个、街道妇联34个；村妇代会2215个；新经济组织妇委会15个，高等院校妇委会3个；在民政部门登记注册的妇女社团组织85个。

2010年，全市有212个乡镇妇联、32个街道妇联，妇联干部238名；1612个村妇代会、239个社区(居委会)妇联；机关事业单位妇委会80个，“两新”(新经济、新社会)组织妇委会275个。

**2010年全市基层妇女组织一览**

表51-3-1　　单位：个

| 名称 | 乡(镇、场)妇联 | 街道妇联 | 村妇代会 | 社区(居委会)妇联(妇代会) |
|---|---|---|---|---|
| 浔阳区 | | 5 | 9 | 65 |
| 庐山区 | 8 | 2 | 56 | 17 |
| 九江县 | 24 | | 101 | 10 |
| 德安县 | 15 | | 74 | |
| 永修县 | 20 | | 136 | 10 |
| 星子县 | 10 | | 75 | 8 |
| 修水县 | 36 | 18 | 352 | 26 |
| 武宁县 | 20 | 1 | 183 | 9 |
| 瑞昌市 | 19 | 2 | 158 | 19 |
| 湖口县 | 14 | | 76 | 12 |
| 都昌县 | 24 | | 214 | 28 |
| 彭泽县 | 13 | | 147 | 10 |

续表 51-3-1

| 名称 | 乡(镇、场)妇联 | 街道妇联 | 村妇代会 | 社区(居委会)妇联(妇代会) |
|---|---|---|---|---|
| 共青城市 | 8 | 1 | 16 | 7 |
| 开发区 | 1 | 3 | 15 | 18 |
| 合计 | 212 | 32 | 1612 | 239 |

## 第三节 妇联活动

### 一、妇女参政议政

**女干部队伍** 1991年以来,全市女干部队伍逐年壮大。1993年有各级各类女干部17637人,58%的乡镇党政班子有女干部,其中地厅级3人,县处级69人,乡科级454人。1997年,全市有县处级以上女干部114名,女党员22996人;所有县(市、区)和86.4%的乡镇党政班子有女性领导。2003年,全市县(市、区)和乡(镇)党政领导班子女干部的配备率达100%;市、县两级均建立女性人才库,向组织部门推荐优秀女干部。1993~1998年,全市推荐优秀妇女干部672名,其中311名被提拔或者交流。2010年上半年,全市有公务员22006人,其中女公务员3566人,占总数16.2%;女干部队伍中,厅级6人(正厅2人,副厅4人),占同级干部总数15.8%;县级177人(正县级35人,副县级142人),占13.3%;科级1903人,占13.5%。

**市党代会女代表和市委女委员、市人大女代表和常委会女委员、市政协女委员和常委会女委员** 1991~2010年,全市党代会女代表和市委女委员、市人大女代表和常委会女委员、市政协女委员和常委会女委员人数的所占比例总体呈增长态势,其中,第九届市委委员中女委员比例为13.72%,比第六届提高8个百分点;第十三届市人大常委会女委员占委员总数的22.22%,比第十届增加9.32%;第十三届市政协常委会女委员比例为21.12%,比第十届提高近8个百分点。

1991~2010年历次市党代会女代表和历届市委女委员一览

表 51-3-2　单位:人、%

| 届次 | 代表 | | | 委员 | | |
|---|---|---|---|---|---|---|
| | 总数 | 女代表数 | 比例 | 总数 | 女委员数 | 比例 |
| 第六届 | 349 | 66 | 18.90 | 35 | 2 | 5.71 |
| 第七届 | 373 | | | 36 | 2 | 5.56 |
| 第八届 | 398 | 72 | 18.09 | 38 | 5 | 13.15 |
| 第九届 | 460 | 90 | 19.57 | 51 | 7 | 13.72 |

1991~2010年历届市人代会女代表和市人大常委会女委员一览

表 51-3-3　单位:人、%

| 届次 | 代表 | | | 委员 | | |
|---|---|---|---|---|---|---|
| | 总数 | 女代表数 | 比例 | 总数 | 女委员数 | 比例 |
| 第十届 | 417 | 90 | 21.58 | 31 | 4 | 12.90 |
| 第十一届 | 412 | 75 | 18.20 | 34 | 4 | 11.76 |
| 第十二届 | 415 | 78 | 19.40 | 35 | 6 | 17.14 |
| 第十三届 | 404 | 79 | 19.60 | 36 | 8 | 22.22 |

1991~2010年历届市政协女委员和常委会女委员一览

表 51-3-4　　　　单位：人、%

| 届 次 | 代表 | | | 委员 | | |
| --- | --- | --- | --- | --- | --- | --- |
| | 总 数 | 女代表数 | 比 例 | 总 数 | 女委员数 | 比 例 |
| 第 十 届 | 353 | 49 | 13.88 | 53 | 7 | 13.21 |
| 第十一届 | 392 | 62 | 15.82 | 59 | 12 | 20.33 |
| 第十二届 | 460 | 96 | 20.87 | 74 | 18 | 24.32 |
| 第十三届 | 480 | 85 | 17.71 | 71 | 15 | 21.12 |

## 二、基层妇女组织建设

1995年，市妇联下发《九江市1995~1997年农村村级妇代会组织整体化建设三年规划》，实施基层组织建设“1234”工程，并在武宁县罗溪乡进行一类妇代会达标试点工作。至1998年，完成基层妇代会一类妇代会1714个，占总数75.51%；2215名妇干进“两委”，占总数96.2%；年龄在35岁以下的妇干1818人，占总数44.4%。

2010年，全市乡镇、街道妇联组建率达100%；共建有1612个村妇代会、239个社区（居委会）妇联，组建率分别为93%和98%；89%的村妇干进入村“两委”，86.2%的社区妇联主席、居委会妇代会主任进入“两委”。全市机关事业单位成立妇委会80个，组建率72.7%。同时，在九江民生集团等“两新”组织中组建妇委会275个。

## 三、竞赛创建活动

**农村妇女“双学双比”竞赛**　1996~2000年“九五”期间，各级妇联联合农业部门开展“百万农家女、百项新技术”推广培训活动，组织妇女参加“银花金花达标赛”“桑蚕工程”“菜篮子工程”等农业项目竞赛，2.3万妇女技术骨干接受农业新技术、新品种培训。建立服务体系，全市各类妇女科技协会和专业协会的成员达1.03万人，成立蔬菜、饲养、手工艺品加工等妇女专业合作社258个，建立和扶持860个科技含量高、竞争能力强、带动面广的“妇”字号创业示范基地和54户“妇”字号龙头企业，带动3700名妇女致富，涌现出星子观青山庄杨青姣、德安县磨溪乡董家村徐树英等一批巾帼致富标兵。实施“三八绿色工程”，动员农村妇女参与植树造林、退耕还林还草、绿化荒山、保护生态活动，全市28.83万名妇女参加，义务植树6645.71万株；创建县以上“三八绿色工程”基地70个，全市“三八绿色工程”2166.7公顷。2004年，各级妇联大力宣传农村沼气工程，到2010年，全市户用沼气池保有量近达12万口，受益妇女达42万名。2005~2010年，组织广大妇女参与“阳光工程”等各类技能培训，促进劳动力有序转移，对5.1万名农村妇女进行基本技能培训，输出转移农村妇女劳动力10.37万名。开展巾帼示范村建设，组织妇女开展“清洁家园、妇女先行”活动，引导农村妇女参加农村环境净化美化建设。庐山区妇联、九江凌华实业有限公司、彭泽县供销社东升茶叶专业合作社获全国“双学双比”活动先进集体，彭乐冬、吴保娥、屈美菊获全国“双学双比”活动先进个人，马小英、吴永仙、田院香、郭培花、燕南香、胡爱兰、汪海钧获全国“双学双比”活动“女能手”称号。

**城镇妇女“巾帼建功”活动**　1991年，市妇联启动“巾帼建功”活动，号召广大城镇妇女发扬自尊、自信、自立、自强的“四自”精神，在各自的岗位建功立业。市妇联规范创建标准，举办培训班，开展技能比赛、岗位练兵，创建活动参与面不断扩大。至2010年，全市20多个行业和系统参与“巾帼文明岗”创建活动，共创建国家级“巾帼文明岗”32个，分别是永修县艾城高管所、瑞昌市人民医院外一科、武宁县国家税务局城区分局、九江长途汽车运输总公司九江客运站、市第一人民医院心血管内科、彭泽县国家税务局城区分局办税服务厅、九江石化总厂炼油厂常减压车间、市国家税务局直属分局办税大厅、江西赣粤高速公路股份有限公司庐岛收费所、市国税稽查局检查一科、市荣达制衣厂、湖口县国税局办税服务厅、永修县柘林湖梦生山宾馆、修水县国税局办税服务厅、九江电信有限分公司10000号客户服务部、庐山风景名胜区国家税务局办税服务厅、江西省赣粤高速公路股份有限公司都昌收费所、九江港口集团国际水运中心理货一班、庐山公安局巡警大队女警中队、市地税局办税服务厅、市财政局国库支付中心、赣粤高速九景信息中心、彭泽县地税局办税服务厅、瑞昌市国库集中收付核算中心、湖口县自来水公司西门供水所、九江经济技术开发区幼教中心、浔阳区国税局办税服务厅、市联盛商业连锁股份有限公司、修水县新华书店中心门市、江西赣粤高速公路股份有限公司沙河收费所、九江外国语学校和共青城国税局办税服务厅;左江岚、余小英、郑欣、周凤姝、封友枝、骆霞、顾井红、刘霞获“全国巾帼建功标兵”称号;省级“巾帼文明岗”31个,市级“巾帼文明岗”280个。

**“三八红旗集体”和“三八红旗手”竞赛** 1991年,全市“三八红旗集体”和“三八红旗手”竞赛在各地开展。至2010年,全市“三八红旗集体”和“三八红旗手”竞赛活动成效显著,先后有浔阳区湖滨小区社区、市妇幼保健院、市地税局办税服务厅、湖口县地税局妇委会、九江长江大桥公路桥管理局监控中心、庐山区供电公司营业厅、九江长运股份公司九江汽车站行包快件中心和庐山区妇联获“全国三八红旗集体”称号,温银花、刘荣梅、邱耀君、周小琴、邵丽娟、刘依湘、朱金花、陈玲、陈幸蕙、黎丽威、丰小琴、张小华、刘晓红、任珍秀、余小英获得“全国三八红旗手”称号;省级“三八红旗集体”14个、“三八红旗手”125人(次)。

**“五好文明家庭”创建** 市“五好文明家庭”创建活动始于1986年;1991~1993年,连续3年获省政府颁发的一等奖。至2010年,全市150.08万户家庭中95%的家庭参与创建活动,共评出县级以上“五好文明家庭”8.18万户、“五好文明家庭标兵户”7413户、“绿色家庭” 等特色家庭总户数达18.15万户。其中,雷华珍家庭获第二届“全国绿色家庭”称号,李金梅家庭获第五届“全国五好文明家庭标兵户”称号,祁保华家庭、胡钱芳家庭、周春霞家庭获第七届“全国五好文明家庭”称号。

**“平安家庭”创建** 2006年,按照全国妇联、中央综治办等6部门《关于开展“平安家庭”创建活动的意见》的部署与要求,市成立“平安家庭”创建活动领导小组,市妇联、市综治办、团市委、公安局、司法局、民政局、广电局等为成员单位,各地政法委书记为领导小组组长。各地妇联组织将“平安家庭”创建工作作为妇联参与社会综合治理工作的重要载体,开展多种形式宣传教育活动,探索出“十户联创”“邻里守望”“单元联创、户户联防”的“平安家庭”创建模式,以家庭小平安促进社会大平安。2009年6月,全省“平安家庭”创建现场会在九江召开,与会人员现场观摩庐山区紫竹陈村、星子县鸡笼山新村创建工作经验。2010年,全市“平安村落”“平安社区”创建率85%,“平安家庭”创建率60%;《九江妇女小平安,促进社会大和谐》一文在《中国妇女报》头版头条刊用。市妇联获市2009年、2010年社会综合治理先进单位,在全省妇联“平安家庭”考评中名列第一。

**“十大杰出母亲”评比活动** 2007年,市委宣传部、市妇联、九江日报社、市文明办联合开展“九江市十大杰出母亲”评比活动。经过各地、各部门层层推荐和筛选,同时发动市民填写并寄发《九江日报》《浔阳晚报》等报纸选票,在九江新闻网进行网络投票以及电话投票等方式,评选出武宁县罗溪乡东山村农民阮士菊、都昌县苏山雷山村农民徐团荣、湖口县大垅乡大垅村农民欧阳先娥、市新青年电脑学校校长陈群、市政府外事办公室公务员伍金凤、修水县粮食局职工何水玲、永修县新城小学教师范宝兰、星子县南康镇退休干部刘极英、庐山区庐林绿化种苗有限公司职工陈美芳、瑞昌市桂林中心小学教师宋萍萍为“十大杰出母亲”,徐唐娥、肖丽华、梁爱菊等10名妇女被评为“十大杰出母亲提名奖”。2010年,市妇联推荐的星子县白鹿镇秀峰村叶银兰、永修县新城小学范宝兰被评为“感动江西·十大优秀母亲”。

## 四、妇女就业创业与培训教育

**就业创业** 1991~2003年,全市各级妇联组织积极组织下岗女工进行培训,帮助下岗女工再就业或自主创业。开展农村妇女各类实用技术培训146.65万人次,使50.5万余人掌握两门以上生产技能;组织14.2万名城市女职工参加培训,其中281人获得高级技术职称。1998~2003年,全市妇联组织联合有关部门培训下岗女工3.5万名，帮助2万多名下岗女工实现再就业，涌现出刘荣梅、张绪华等下岗再就业和创业典型代表。

2004~2010年，全市在纺织、服装、旅游服务、商贸等行业建立50个市级妇女就业基地，培训妇女21.03万人(次)，为2.95万名下岗失业和进城务工妇女提供职业介绍服务，帮助1.83万名妇女再就业。2009年3月8日，市妇联举行纪念"三八"暨"十佳"巾帼创业事迹报告会，马小英、刘霞、曹琪、王文婷、陶璐璐等作典型发言；4月18日，市妇联、九江职业技术学院、市女企业家协会在九江职业技术学院联合举行市女大学生创业导师行动启动仪式，省女企业家协会副会长、九江鸿立食品有限公司董事长任珍秀介绍创业经验，创业(SYB)指导师、高级职业指导师王少锐讲授创业就业知识。2010年年初，市妇联、市财政局、市人力资源和社会保障局、市人民银行、九江银行推出"女当家"创业小额贴息担保贷款项目，为妇女自主创业提供资金支持，当年全市共发放小额贷款1.778亿元，扶持4001名女性创业，带动15727名女性就业；市妇联建立家政服务培训基地，在全市启动"红杜鹃"家政服务员培训工作，当年培训"40"(40岁以上)妇女300余名，并在南昌、深圳、武汉、南京等地打响"瑞昌保姆""浔阳家政"等巾帼家政品牌。至2010年年底，女性从业人数占全市总量的46%左右。

**培训教育** 1991年以来，全市各级妇女组织按照"党有号召，妇女就有行动"的要求，在全市广大妇女中开展党的理论、市委重大决策部署的宣传教育。利用"三八""国庆"等重要节日，在主流媒体宣传妇女参与经济建设和社会发展的先进事迹。市妇联培训对象为科级女干部、县乡妇联干部、市直机关妇委会主任、各协调组织成员、妇女联谊组织干部和领导干部配偶，培训内容主要以党的政策理论、法律法规、领导艺术、女性修养、政务礼仪和妇女工作理论与业务为主，其中每年联合市委组织部举办全市科级女干部培训班，每期100人。2006年，市妇联出台《2006~2010年九江市妇联干部教育培训规划》，5年共举办各类培训班95期，培训人数1.25万人次。各县(市、区)妇联每年对乡镇、社区、村级妇代会主任进行专题性的短期培训。

## 五、"家庭助廉"

2006年，全市各级妇联组织按照中共十六届中纪委第八次全体会议部署与要求，会同各级纪委联合启动"家庭助廉"和"廉政文化进家庭"工作，制定《"廉洁家庭"行为公约》，组织领导干部家庭签订《"廉洁家庭"承诺书》，开展"廉洁家庭""廉内助"典型评选活动，举办"家庭助廉"知识竞赛，提升领导干部及其家属的廉洁意识。当年，市妇联举办处级领导干部配偶廉政教育培训班3期；各县(市、区)妇联共培训科级领导干部配偶2000余名。

## 六、维护妇女合法权益

**普法宣传** 1991年以来，全市妇联组织结合普法教育，注重宣传《中华人民共和国婚姻法》《中华人民共和国妇女权益保障法》等与妇女权益关系密切的法律法规。1992年，市妇联开展《中华人民共和国妇女权益保障法》宣传月活动，采取出动宣传车辆、组织现场咨询、发表电视讲话和举办法律知识培训班等多种形式，并印发宣传材料3000份；全市共举办妇女权益保障法知识培训班36期，培训3200余人，受教育妇女达2万人次；开展法律咨询活动16次，接待咨询群众1.23万人次；会同相关部门联合开展妇女权益保障法执法检查，督导贯彻落实措施。至1992年底，全市建立妇女禁赌会232个，树新风理事会309个，婚姻介绍所185间。至1996年，全市共解救被拐妇女638人(其中越南妇女162人)，抓获处理人贩子530人，查获卖淫嫖娼人员194人。2001年4月，市人大、市妇联联合召开新婚姻法修正案征求意见座谈会；8月，市妇联举办新婚姻法培训班，各县(市、区)妇联对乡、村妇干进行新婚姻法轮训。2006年开始，全市妇联组织开始参与预防艾滋病和禁毒知识的法律宣传，妇联干部到广场、街道和农村家庭中开展宣传与咨询活动，并前往戒毒所与服刑人员开展"面对面"帮教。

**维权网络** 1999年，市妇联、市中级人民法院及各地妇联、基层法院相继在法院民事庭挂牌成立妇女儿童维权合议庭，加大侵犯妇女儿童合法权益案件的审理力度；市、县妇联配合有关部门开展"打拐"

专项斗争。2003年成立的市法律援助妇女工作站,为妇女维权提供法律援助服务;2009年6月成立的市反家庭暴力妇女庇护中心,为受助妇女提供临时性庇护场所,负责为受助妇女提供住宿、安全保障、心理调适、维权指导等服务。至2010年,在全市126个基层派出所建立妇女维权站,在380个社区设立维权工作站,开通"110"家暴报警电话,接收妇女维权投诉,查处违反妇女权益的有关案件。全市开通"12338"妇女维权公益热线,挂牌成立市妇女法律服务中心(康润律师事务所),办理来信、来访和涉法、涉诉案件。

**维权事务** 1991年,全市妇联组织通过市、县、乡、村4级维权网络和各类维权载体,受理、协调处理大量来信来访,维护家庭平安和社会稳定。当年,全市各级妇联共接待来信来访419件,参与诉讼案件24件,解救妇女儿童103人。2000年,市妇联机关接待来信来访95件(人),处理率100%;县(市、区、山)妇联接待来信来访95件(人),处理率94.7%;2010年,全市妇联系统共接待来信、来访、来电907件,结案率99%,其中市妇联机关接待来电、来信、来访案件175件,结案率100%。

## 七、妇女儿童发展规划编制与执行

**《九江市九十年代儿童发展规划纲要》编制与执行** 1992年,市政府成立妇女儿童工作协调委员会,启动编制《九江市九十年代儿童发展规划纲要》(NPA);1993年4月,市政府颁布实施。1999年7月20日,市妇联在江银宾馆召开全市县级儿童状况监测统计工作培训会。2001年4月,市妇儿工委对纲要实施情况进行终期监测评估,形成《九江市2000年NPA监测评估报告》,其中可监测目标为17项,达标12项,未达标5项。已达标或将近达标的有:5岁以下儿童中度和重度营养不良患病率25.24‰,比1990年降低39.71个千分点;全市孕产妇死亡率66.63/10万,比1990年降低一半(将近达标);儿童计划免疫得到普及,实行7岁以下儿童建卡计划免疫接种管理制度,计划免疫覆盖率提高到90%以上;全市3岁至6岁学龄前儿童入园率达45%, 比1990年增加27.5个百分点; 实施义务教育, 初等教育入学率99.3%,小学学生完成率99%。未达标的有:全市享有安全饮用水的人口覆盖率达92.98%,农村改水受益率92.98%,未达到95%的目标;5岁以下中重度营养不良患病率4.49%,降低幅度未达标;还有预防艾滋病、合理生育间隔、降低女性缺铁性贫血、降低儿童腹泻死亡及消除维生素A缺乏症也没有达标。

**《九江市妇女发展规划(1996~2000年)》编制与执行** 1995年启动编制《1996~2000年九江市妇女发展规划》,1996年7月正式出台。规划颁布后,市妇儿工委每年召开2次全市妇女工作会议研究部署实施工作,并组织力量对规划执行情况进行监测评估和督导检查。2001年3月,市妇儿工委对《规划》实施终期评估,形成《评估报告》。对2000年度市、县(市、区)两级党政班子负责人评估情况,女性领导干部占总数11%,全市有女干部2.62万人,占总数25.9%,企业女职工代表大会女代表1.2万人,占总数的30%;女性就业人员113.1万人,占总数的25.4%,但女性下岗人数占总数55%;九年义务教育有新进展,女童入学率、辍学率与男童差距很小,全市小学学龄儿童入学率为99.7%,辍学率为0.41%,幼儿园、福利院、便民服务网点达标,妇女儿童生存发展环境有较大改善;卫生经费投入逐步增加,比1995年增长39.3%,妇保队伍不断壮大,全市孕产妇保健覆盖率达94.23%,婚前医学检查率达57.33%,孕产妇死亡率降至56.21/万人;全市离婚率为0.7‰。存在问题是女性参政比例偏低,只有88.9%的乡(镇)领导班子配有女干部,与规划目标100%有差距,未达标;农村孕产妇住院分娩率偏低,2000年达60.96%,与规划目标80%相差较远,未达标;女性享受生育保险、女职工平均工资等指标达标有困难,新生儿破伤风病率未达标,妇女的劳动权益保障有待提高,女文盲扫盲工作、儿童的接种预防工作有待加强。

**《九江市妇女发展规划(2001~2010年)》和《九江市儿童发展规划(2001~2010年)》编制与执行** 2000年5月10日,市妇儿工委办召开协调会,启动新一轮《妇女发展规划》(2001~2010年)和《儿童发展规划》(2001~2010年)编制工作。2009年,到瑞昌等市县区进行现场指导和评估;2010年在湖口县召开全市妇女儿童发展工作会,现场督导规划终期评估工作。根据《九江市妇女规划主要定量目标达标评估表》统计,至2010年年底,41项确定目标中,已达标的指标38项,达标率92.7%;未达标的指标有

3 项。

## 2001~2010 年全市妇女、儿童发展规划主要指标达标一览

表 51-3-5 单位:%

| 指标名称 | | 2000 年 | 2009 年 | 2010 年 | 达标判断 |
|---|---|---|---|---|---|
| 妇女与经济 | 女性占全社会就业比重 | 46.0 | 45.90 | 45.90 | 已达标 |
| | 城镇女性就业的比重 | 29.6 | 35.10 | 35.20 | 已达标 |
| | 城镇女职工生育保险覆盖率 | 32.00 | 38.95 | 39.10 | 未达标 |
| 妇女参与决策与管理 | 市人大代表女性比重 | 18.64 | 20.10 | 19.70 | 已达标 |
| | 市政协委员女性比重 | 16.24 | 21.29 | 21.00 | 已达标 |
| | 市级政府工作部门领导班子女干部配备率 | | 53.12 | 61.00 | 已达标 |
| | 县级党委领导班子中女干部配备率 | 34.60 | 100 | 83.00 | 已达标 |
| | 县级政府领导班子中女干部配备率 | 37.50 | 75.00 | 83.00 | 已达标 |
| | 县级政府工作部门领导班子女干部配备率 | | 45.00 | 45.10 | 已达标 |
| | 公务员女性比重 | 14.29 | 14.66 | 16.6 | 未达标 |
| | 村民委员会成员中女性比重 | 17.50 | 29.47 | 29.47 | 已达标 |
| | 居民委员会成员中女性比重 | 47.10 | 59.60 | 59.60 | 已达标 |
| 妇女儿童健康 | 5 岁以下儿童死亡率 | 3.821 | 1.771 | 0.961 | 已达标 |
| | 婚前医学检查率 | 87.91 | 0.23 | 3.96 | 未达标 |
| | 孕产妇死亡率 | 0.06663 | 0.011 | 0.0083 | 已达标 |
| | 5 岁以下儿童中、重度营养不良患病率 | 4.49 | 1.05 | 3.07 | 已达标 |
| | 国家免疫规划疫苗接种率 | 94.80 | 97.00 | 99.77 | 已达标 |
| | 住院分娩率 | 66.98 | 99.78 | 99.93 | 已达标 |
| 妇女儿童与教育 | 小学学龄儿童净入学率 | 99.40 | 99.99 | 99.99 | 已达标 |
| | 小学六年巩固率 | 95.80 | 98.50 | 98.30 | 已达标 |
| | 初中阶段毛入学率 | 96.70 | 99.18 | 114.65 | 已达标 |
| | 初中三年保留率 | 88.30 | 95.11 | 95.41 | 已达标 |
| 妇女儿童与环境 | 农村自来水普及率 | 30.20 | 49.21 | 54.06 | |
| | 农村卫生厕所普及率 | 46.20 | 70.10 | 76.39 | 已达标 |
| | 城市污水处理率 | 11.17 | 90.01 | 100 | 已达标 |
| | 城市生活垃圾无害化处理率 | 30.21 | 100 | 100 | 已达标 |
| 妇女儿童与法律保护 | 刑事犯罪被害人中女性比重 | | 5.45 | 5.37 | 已达标 |
| | 未成年人作案成员占全部作案人员比重 | 15.51 | 7.68 | 8.98 | 已达标 |

## 八、儿童少年工作

**未成年人思想道德建设** 1991年始,各地妇联以"三优"为主要内容,兴办家长学校,共建立家长学校567所,学员26189人;到1998年,家长受教育面达70%以上。1998年5月29日,市妇联在人民影剧院举行庆"六一""乐百氏杯"幼儿文艺表演赛,通过形式多样的文艺表演形式促进少年儿童健康成长。2002年5月,开展学习贯彻《公民道德建设实施纲要》征文、演讲等多种活动,加强对未成年人的思想道德教育。2004年,市妇联联合市教育局、市关工委举办家庭教育巡回报告,开展家庭教育自查评估等,不断提升全市家庭教育水平;确立九江县岳母祠为市未成年人思想道德建设教育基地并举行揭牌仪式。2010年,市妇联开展家庭教育"千百万"巡回报告活动,组织家庭教育专家到县区做家庭教育讲座,受教育家长2万多人次。

**关爱特殊儿童** 1991年以来,关爱特殊儿童活动逐年得到重视。至2010年,实施帮助因生活贫困而辍学或濒临辍学的女童重返校园接受教育的"春蕾计划",共募集资金677.08万元,兴建修水渣津镇小学等春蕾学校5所,开办星子蓼花小学等春蕾班7个,建设春蕾教学楼1栋,投入资金124.38万元;资助贫困女童11633名,资助金额427.06万元。2006~2010年,全市妇联组织开展"春蕾妈妈"结对认亲活动,发动单位与个人共结对资助贫困女童1581对;关爱农村留守儿童,通过"恒爱行动"为农村留守、贫困儿童织毛衣、送奶粉、献爱心。都昌县妇联组织爱心妈妈与贫困女童结对,创立"爱心妈妈俱乐部",帮助特殊特困儿童健康成长。市妇联每年春节、六一儿童节前到太阳村、福利院等地开展贫困儿童走访慰问活动。

## 九、其他活动

1993年3月7日,市妇联在市体育馆举办"庆'三八',迎'三赛'·工行杯"交谊舞大赛,有近100人参赛;同月,举办"九江市首届'三八'妇女书画绘画摄影艺术展",有200多幅作品参赛。1994年3月7日,市妇联举行全市妇女庆"三八"迎"九五"环湖跑活动,来自市直单位、浔阳区、庐山区的近1万名妇女参加。1995年8月29日,市总工会、市妇联举办"庆'四大'·仙人杯"行进式大型宣传活动,由彩旗队、锣鼓队、秧歌队和代表各行各业妇女的彩车等组成的大型方阵行进在闹市区宣传和展示妇女新形象。1998年,九江遭受百年未遇洪涝灾害,全市各级妇联组织50.8万名妇女积极投入抗洪一线参加抗洪救灾,并发出倡议为灾区捐款捐物共计折合人民币60多万元。1999年3月8日,市妇联在南湖宾馆召开"石钟啤酒杯"金婚佳侣表彰座谈会,宣传恩爱夫妻、和谐家庭相处之道。2004年3月7日,市妇联会同市直机关工委、浔阳区委区政府、中国联通九江分公司等在信华水上游乐中心举办"百人新婚庆典·千人歌唱比赛·万人大型舞会";当年还开展家庭读书和全民阅读活动,全市家庭购书4万多册,参与读书活动的家庭成员超过12万人。2006年,开展"文明新九江、孝顺好儿女"创评活动。2008年,开展"迎奥运、讲文明、树新风"为主题的大型健身舞蹈大赛,举行"万人签名迎奥运"大型签名活动,开展纪念改革开放30周年全市优秀女歌手演唱会、家庭文化艺术展览、全市妇女参与造林绿化"一大四小"工程建设等活动;开展"节能减排家庭社区竞赛行动",全市4.67万人参加。2009年,开展首届"我的幸福e家""十大和谐家庭"评选表彰、"告别陋习、走向文明——九江妇女与您同行"等活动。2010年,结合纪念市妇联建会60周年以及"三八"国际劳动妇女节100周年契机,召开全市各界妇女隆重纪念"三八"国际劳动妇女节100周年暨市妇联建会60周年大会和"女性·和谐·发展"广场文艺演出等活动。

# 第四章　社会科学团体

## 第一节　代表大会

### 一、市社会科学工作者第二次代表大会

1991 年 9 月 12 日，市社会科学工作者第二次代表大会召开，出席代表 120 人。会议听取并审议通过王大铮代表市社科联第一届理事会所做工作报告；选举产生第二届理事会，由 35 名理事组成；王大铮任主席，张正治任副主席。

### 二、市社会科学工作者第三次代表大会

2004 年 12 月 24 日，市社会科学工作者第三次代表大会召开，出席代表 160 人。省社科联主席尹世洪到会指导。会议听取并审议通过郑浪代表市社科联第二届理事会所做的《以“三个代表”重要思想为指导，努力开创社科联工作新局面》工作报告；审议通过新制定的《九江市社会科学联合会章程》；选举产生由 99 位理事组成的第三届理事会，主席郑浪，副主席蔡金科、李瑞东、王琳。2007 年 7 月，市社科联第三届理事会第 3 次会议改选胡吉为主席；2010 年 2 月，第 6 次会议增选杨扬（女）为副主席。

## 第二节　机 构

### 一、市社科联

1991 年，市社科联机关内设办公室；办公地址位于市区湓浦路 14 号。2002 年，增设学会部。至 2010 年未发生变化。

### 二、县（市、区、山）社科联

2010 年，全市有修水县、武宁县、瑞昌市、九江县、德安县、星子县、都昌县、湖口县、彭泽县、庐山管理局县（市、区、山）社科联 10 个。

### 三、市属社科学会（研究会、协会）

1991 年，市属社科学会（研究会、协会）7 个：市教育学会、市金融学会、市历史学会、市图书馆学会、市经济学会、市职工民主管理研究会和市直党建学会。2000~2010 年，先后成立市价格协会、市岳飞思想研究会、市诚信促进会等学会（研究会、协会）18 个。2010 年，全市市属社科学会（研究会、协会）共 25 个，有团体会员 159 个，个人会员近 1.3 万人。

2010 年市属社科学会(研究会、协会)一览

表 51-4-1 单位:个、人

| 名 称 | 成立年份 | 会员数 | |
|---|---|---|---|
| | | 团 体 | 个 人 |
| 九江市教育学会 | 1981 | 50 | 300 |
| 九江市金融学会 | 1981 | 10 | 200 |
| 九江市历史学会 | 1981 | | 160 |
| 九江市图书馆学会 | 1981 | 16 | 160 |
| 九江市经济学会 | 1983 | 16 | 170 |
| 九江市职工民主管理研究会 | 1983 | 16 | 1500 |
| 九江市市直党建学会 | 1983 | | 200 |
| 九江市国家税务局税务学会 | 2000 | | 200 |
| 九江市价格协会 | 2002 | 20 | 1200 |
| 九江市岳飞思想研究会 | 2002 | | 400 |
| 九江市彭泽经济发展促进会 | 2003 | | 1500 |
| 九江市档案学会 | 2003 | 16 | 60 |
| 九江市武宁经济发展促进会 | 2003 | | 3200 |
| 九江市周敦颐文化研究会 | 2004 | | 50 |
| 九江市柴桑经济发展促进会 | 2004 | | 1500 |
| 九江市地方税务研究会 | 2004 | 15 | 100 |
| 九江市诚信促进会 | 2004 | | 50 |
| 九江市新四军研究会 | 2004 | | 70 |
| 九江市星子经济发展促进会 | 2006 | | 1500 |
| 九江市义门陈文化研究会 | 2007 | | 60 |
| 九江市企业文化研究会 | 2007 | | 50 |
| 九江市人民政协理论研究会 | 2007 | | 60 |
| 九江市民俗文化研究会 | 2010 | | 50 |
| 九江市武宁装饰促进会 | 2010 | | 70 |
| 九江市佛教文化研究会 | 2010 | | 90 |

说明:以成立时间为序

# 第三节 社联活动

## 一、社科研究

**社科发展规划** 1991 年始,组织编制和实施社科发展规划。至 2010 年,市社科联先后组织编制和实施市社会科学“八五”“九五”“十五”“十一五”发展规划,结合市委、市政府制定的阶段性发展战略和目标,确定重点研究课题,组织专题研究队伍,明确任务完成期限。其中,由市经济学会承担、市科协副主席熊茂友担纲的《“413”医保模式的论证与完善》科研项目于 2004 年被列入 2000 年度国家软科学计划,这是市社科领域第一次承担国家级软科学研究项目,2002 年按期完成。

**政治理论研究**　1991年以来,全市社科组织针对不同时期的时事政治形势,在进行认真学习体会、深入调查研究的基础上,及时推出有深度、有份量、有说服力的政治理论研究成果。2003年,在《九江日报》辟设"学习十六届三中全会精神""兴起学习贯彻'三个代表'重要思想新高潮""弘扬抗洪精神、建设美好九江"等理论专版,刊登《按照"三个代表"全面加强宣传工作》《认真学习十六大精神,充分发挥哲学社会科学重要作用》等理论文章。2005年,集中力量开展学习实践科学发展观和保持共产党员先进性专题研究,形成一批研究成果。2008年,市委宣传部、市社科联、市委党校联合举办"纪念改革开放30周年"理论研讨征文活动,共收到论文90余篇,评选优秀论文一等奖3名、二等奖6名、三等奖9名;市社科联召开"纪念改革开放30周年"理论研讨会,并形成综述性文章《春风拂满面、硕果压枝头——市社科联改革开放三十年工作成果》。2007年,协助省社科联在九江开展"各阶层干部群众思想动态及社情民意变化趋势分析研究"课题的研究工作。2009年,市社科联组织学习贯彻中共中央总书记胡锦涛在江西考察工作时的重要讲话和市委九届七次会议精神,集中力量研究马克思主义中国化、时代化、大众化的理论问题,从政治理论的高度探讨如何推动九江经济和社会协调发展的现实问题。2010年,市社科联注重"立足九江赶超,发挥智库作用",主动参与"四级联动,携手共建"活动,充分发挥社科工作的理论先导作用,构建为党和政府科学决策的支撑体系,引导广大干部群众牢固树立"一心一意谋发展、聚精会神促赶超"的思想意识,为推动九江发展提供思想保障、精神动力和智力支持。

**经济工作研究**　1991年始,市各级社科联和各社科学会(研究会、协会)以经济建设为中心,开展科研活动,形成客观的科研成果。2003年的《我市尽快停止国企管理层收购企业的做法》《对接"三区一市", 提升九江对外开放水平》《关于九江口岸对外开放情况的调查》《加快九江与长三角市场一体化进程》等。2004年的《沿江产业带的功能定位及产业发展重点之管见》《加速建设昌九工业走廊,打造江西崛起的强大引擎》等理论文章在《九江日报》发表。2007年,市社科联围绕市委、市政府"一个中心、四个打造、五大战略"发展思路,组织专家学者完成《做强经济"马赛克",建设经济中心城市》《建设经济中心城市要高度重视环鄱阳湖经济带建设》《打造新型工业重镇的思考与分析》《打造文化旅游胜地, 建设旅游中心城市》《打造开放港口城市》《加快商品市场建设, 打造区域商贸中心》《县域经济发展势头正旺后发优势期盼相关政策扶持》等科研成果,同时协助省科社联在九江开展"构建以南昌为核心的环鄱阳湖城市群建设"等课题调研工作。2009年,市社科联组织专家学者到县区、基层开展"如何加快重大项目建设"宣讲活动。

**社会事业研究**　2003年,市社科联形成《关于城市形象建设的几点建议》和《九江应尽快构建岳飞文化圈》,后者被列入市创建国家级历史文化名城的规划内容;《深谷幽兰应为识——九江市社会科学工作的调查与思考》引起省社科联和市委、市政府主要领导重视。2006年,市社科联提出《关于积极申报"九江历史文化名城" 这一精神文明建设的标志性工程的建议》, 助推市申报国家级历史文化名城的进程。2008年,市社科联提交专题报告《关于打造"庐山中华龙"的思考与建议》。2009年,市社科联开展"我为社科发展献一策"活动,以信访、走访、座谈等形势广泛征集意见建议;同时,组织力量参与市政协"加快农村中小学教育发展"调研活动。

**重要课题研究**　1991年以来,市社科联按照省社科联和市委、市政府的部署与要求,组织专门力量开展重要课题研究工作。2006年,市社科联按照省社科联、省社科院的部署,成立"抢救抗战重灾区史料"课题组,经过查阅史料、实地考察、收集证据等阶段,历时数月,收集、整理10个部分、11万余字、90余张图片的《九江市抗战重灾区史料汇编》。2008~2010年,市社科联按照省委、省政府和市委、省政府的要求,积极策应建设鄱阳湖生态经济区这一国家战略,围绕"发展经济建设与保护生态环境"主题,组织专家学者开展实地调查,掌握翔实资料,先后完成《开展环鄱阳湖经济带对我市经济协调发展至关重要的意义》《关于开发建设鄱阳湖旅游的建议》《鄱阳湖区域如何实现工业的绿色崛起》和《依靠科技创新,促进鄱阳湖生态经济区新型工业化》等研究成果;同时,协助中国社科院、省社科联、省社科院等课题组在市域范围内鄱阳湖区的考察调研活动。2009~2010年,全市社科联组织参与支持共青城发展,从不同学科角度进行多元研究,提供智力支撑。

**专题调查研究** 1991年始,全市社科组织主动开展调查研究活动,形成一批调研报告,提供党委、政府决策参考和相关职能部门工作借鉴。2004年,市社科联围绕市委、市政府"主攻民营经济"的决策,组织专家学者在全市各县(市、区)以及前往温州等地,进行"民营经济诚信环境问题"专题调研,提交《关于我市民营经济诚信环境的调查》《从半壁江山到主体财源》等调研报告。2005年年初,市社联组织力量,就瑞昌市码头镇一带发展临港工业和湖口县国际集装箱码头建设等专题开展调研,并到芜湖、赣州等城市进行实地考察,完成的调研报告有:《瑞昌码头镇:临港工业最佳选择地》《关于我市失地农民的社会保障问题的调查》《国有企业的技能人才队伍现状、问题及对策》和《对九江出口加工区建设的若干思考》。2006年,市社科联围绕市"3+1"发展战略,对全市大工业、大物流、大旅游、大城建课题开展调查研究活动,撰写《发展大旅游必须深度挖掘历史文化资源》《积极加快九江区域性物流中心建设》《对构建大旅游产业的思考》《对利用积极收费政策促进城市化进程的思考》《大力发展临港工业,做大做强九江港口经济》等调研报告以及《重新审视城市定位,将来城市发展是沿江布局而不是矩阵发展》等建议,得到市领导重视和社会各界好评。2008年,围绕"求科学发展之真,务项目建设之实"主题,在全市开展"如何加快重大项目建设"专题调研;以县区经济社会发展为主线,开展"县域经济发展现状"和"全市农村教育现状"专题调研。2009年,市社科联协助省社科联党组副书记、省社科院院长傅修延率领调研组在德安县开展陶渊明遗迹遗址考察活动和中国社科院调研组在德安县进行"金融危机对农村劳动力就业的影响"专题调研。

**社科研究成果** 2003年,由市社联组织的全市性青年社科申报项目19项,申报数位于全省前列,获奖项1项。2004年申报国家社科基金项目4项;申报全省第十次社科优秀成果22项,获奖2项;申请社科文库项目1项;申请社科规划项目41项,6项获得立项;申报省青年社科优秀成果项目19项。2005年,申报省第十一次社会科学优秀成果奖23项,其中市双峰小学方青《语言刺激控制的转移》和市社联郑浪《尽忠报国英灵在、故乡父老祭鹏还》获省级奖。2006年,申报省社联"十一五"规划项目44项,立项8项,其中九江学院6项、市三中1项、东林寺1项。2007年,申报省第十二次社会科学优秀成果奖56项,获二等奖1名,三等奖4名,佳作奖3名;全市各地、各部门拟定社科课题62个,经筛选并上报市领导圈定36个,组织专家学者及申报单位组成课题组进行专题研究。2008年,申报2008~2009年省社科规划项目课题55项,其中11项获省重点课题立项。2009年,申报2009~2010年省社科规划项目立项11项,国家级立项3项;在省第十三次社会科学优秀成果评奖活动中获二等奖1个、三等奖2个、佳作奖3个。

**1991~2010年全市参与省社会科学成果评选获奖项目一览**

表51-4-2

| 项目名称 | 作者 | 奖项 |
|---|---|---|
| 中国化学教学艺术 | 廖可珍(市第一中学) | 省第四次社会科学优秀成果奖二等奖 |
| 完善承包基本要素,发展承包产权形式 | 冯礼铭(市体改委) | 省第五次社会科学优秀成果奖三等奖 |
| 九江港史 | 陈耀坤等(九江港务局) | |
| 中国会出现新"租界"吗? | 潘治富(市委党史办) | |
| 九江市交通志 | 曾启宏等(市社科联) | 省第六次社会科学优秀成果奖三等奖 |
| 鲁迅悲剧艺术论稿 | 李 彪(九江师专) | |
| 国有大中型企业行为分析与对策 | 刘树勋等(九江保险公司) | |
| 经济体制是生产力与生产关系第三层次的统一体 | 冯礼铭(市社科联) | |
| 九江市千名非公有制经济人士心态透析 | 段德虞等(市委统战部) | 省第七次社会科学优秀成果奖三等奖 |

续表 51-4-2

| 项目名称 | 作者 | 奖项 |
| --- | --- | --- |
| 五年制高等职业教育的探索与实践 | 董全德等(九江船舶工业学校) | 省第七次社会科学优秀成果奖三等奖 |
| 试论体育与教育 | 吴翼鉴(市教育局) | 省第八次社会科学优秀成果奖二等奖 |
| 论倒卖珍贵、濒危野生动物犯罪刑事处罚的立法完善 | 熊继前(市中级人民法院) | 省第八次社会科学优秀成果奖三等奖 |
| 中共三代领导核心对社会主义的探索 | 潘治富(九江教育学院) | 省第八次社会科学优秀成果奖三等奖 |
| 劳动力产权:国有企业腾飞的翅膀 | 冯礼铭(市体改研究会) | 省第八次社会科学优秀成果奖三等奖 |
| 中国社会全面发展问题研究 | 祝黄河(九江师专) | 省第九次社会科学优秀成果奖二等奖 |
| 迈向新世纪的精神文明建设——十四届六中全会以来精神文明建设理论的新贡献 | 李玉林(市委党校) | 省第九次社会科学优秀成果奖三等奖 |
| 论科学体育观的形成与发展——兼析体育思想正误碰撞的历程 | 吴翼鉴(市教育局) | 省第九次社会科学优秀成果奖三等奖 |
| 元曲家卢挚事迹补遗 | 吴国富(九江师专) | 省第十次社会科学优秀成果奖三等奖 |
| 语言刺激控制的转移对小学生思考主动性影响的调查与分析 | 方 青(市双峰小学) | 省第十一次社会科学优秀成果奖二等奖 |
| 尽忠报国英灵在 故乡父老祭鹏还——关于九江市尽快构筑"岳氏"文化圈的设想 | 郑 浪(市社科联) | 省第十一次社会科学优秀成果奖三等奖 |
| 虚拟与消费——90 年代以来小说游戏历史的现实诉求 | 江腊生(九江学院) | 省第十二次社会科学优秀成果奖二等奖 |
| 管理会计应用问题研究(系列论文) | 潘建华(九江学院) | 省第十二次社会科学优秀成果奖三等奖 |
| 高校新校区建设与可持续发展 | 甘筱青(九江学院) | 省第十二次社会科学优秀成果奖三等奖 |
| 我国旅游景区经营管理对策研究 | 史文斌(永修县委) | 省第十二次社会科学优秀成果奖佳作奖 |
| “任务型”教学法在英语听力教学中的运用(系列论文) | 邹 玲(九江学院) | 省第十二次社会科学优秀成果奖佳作奖 |
| 景德镇克拉克瓷开光装饰艺术的起源 | 罗易扉(九江学院) | 省第十二次社会科学优秀成果奖佳作奖 |
| 高校新校区建设贷款规模与还贷策略的博弈分析 | 甘筱青(九江学院) | 省第十三次社会科学优秀成果奖二等奖 |
| 当下农民工书写的想象性表述 | 江腊生(九江学院) | 省第十三次社会科学优秀成果奖三等奖 |
| 庐山景区发展战略研究 | 郑 翔(庐山管理局) | 省第十三次社会科学优秀成果奖三等奖 |
| 社会系统哲学 | 冷树青(九江学院) | 省第十三次社会科学优秀成果奖三等奖 |
| 普通地方高校的组织环境与竞争策略研究 | 计 斌(九江学院) | 省第十三次社会科学优秀成果奖佳作奖 |
| 中国古代小说理论研究中的几个问题 | 秦 川(九江学院) | 省第十三次社会科学优秀成果奖佳作奖 |
| 三个协调:推进农村中小学远程教育可持续发展 | 梅龙宝(九江学院) | 省第十三次社会科学优秀成果奖佳作奖 |

## 二、学术交流

**理论研讨** 2002 年 4 月,市社联与九江日报社、江西日报社九江分社联合举办“九江要在江西率先崛起世纪论坛”。2003 年,市社科联与市委宣传部联合举办“学习‘三个代表’重要思想”理论研讨会,《九江日报》周五理论专版连续 4 次刊登理论文章;市社科联召开“弘扬抗洪精神、建设美好九江”理论研讨会,《九江日报》整版刊发座谈会发言摘要。2004 年 4 月,市社科联组织召开全市社科界“优化投资环境,主攻民营经济”学术研讨会,形成的理论研讨文章刊登在《九江日报》理论专版、《九江社会科学》杂志“主攻民营经济”专栏以及《九江社科论坛》“民营经济”专栏;6月,市社科联领导应邀参加全市“树立和落实科学发展观”理论研讨会并作大会发言。2006年,市社科联围绕“大工业、大物流、大旅游、大城建”专题,分别与市商管办、市外经贸委、市旅游局、市城建局等部门联合举办全市性理论研讨会;与市委宣传部联合主办“2006中国(九江)首届国际龙狮精英论坛”。2007年3月,市社科联与市委宣传部联合举办“建设经济中心城市高层论坛”,邀请国内知名学者主讲。2010年6月,市社科联与市委宣传部、市委党校联合举办“创建学习型党组织,提高全民阅读水平”专题研讨会,组织专家、学者进行专题讨论;9月,市社科联在市图书馆报告厅举行“建设鄱阳湖生态经济区探索科学发展新路子”学术报告会,邀请市政协副主席、市鄱阳湖生态经济区研究中心常务副主任陶春元作主旨演讲。

**会议交流** 2002年12月,全省设区市社联、厂矿社联联席会在市召开。会议以学习贯彻中共十六大精神、繁荣和发展社会科学为主题,总结、交流社科工作经验,探讨新世纪社会科学发展的新思路。2003年1月25日,第十四次全国大中城市社联工作会议在长沙召开。市社联与全国17个大中城市社联被评为全国先进社联,这是社联继2001年后又获全国先进单位称号。市教育学会和市人口学会被评为全国先进学会。2004年11月24日,全国大中城市社科联工作第十五次会议在广东省深圳市召开,市经济学会、地税学会、粮食经济学会被评为全国先进学会。2005年8月,全国大中城市社科联第十六次工作会议在贵州省贵阳市召开,市社科联获得“全国先进社科联”光荣称号;12月,市社科联派员参加在赣州市召开的全省社科系统协作会议。2008年9月,全国大中城市社科联第十九次工作会议在内蒙古自治区包头市召开,市社科联主席胡吉率市直党建学会、市粮食学会和武宁经济促进会负责人参加会议并作大会经验交流发言;10月,市社科联派员参加在新余市召开的全省社联系统协作会。

## 三、宣传教育

**学习座谈** 2000年5月,全市思想理论界召开学习座谈会,学习中共中央总书记江泽民在广东、江苏、浙江、上海考察工作时重要讲话,研究新形势下如何按照“三个代表”要求,全面加强宣传思想工作。2001年2月,市委宣传部、市社科联联合召开深入揭批邪教座谈会,来自市委党校、部分高校专家学者严厉批判邪教组织反人类、反社会、反科学、残害生命、祸国殃民的罪行。2002年5月,市社联组织社科工作者座谈会,围绕“九江在江西率先崛起”主题献计献策,为促进经济社会发展提供智力支持。2004年4月,市社科联组织干部职工学习中共中央总书记胡锦涛关于树立正确政绩观重要讲话并进行座谈。2005年,市社科联召开“新阶段、新发展”社科理论研讨会,并在全市社科系统开展“两新”大讨论活动。2006年,市社科联召开全市社科界“新阶段、新发展”大讨论座谈会,会同市经济学会举办全市“十一五”发展规划学术座谈会,与市委宣传部联合召开全市社科理论界“树立社会主义荣辱观、做文明九江人”专题座谈会。2010年2月,市社科联召开全市社科界“立足九江赶超,发挥社科智库作用”理论座谈会,就社科工作如何服务好重大项目建设献计献策;随后召开全市社科界理论座谈会,探讨如何推动九江经济和社会协调发展重要问题。

**宣讲教育** 2003年8月,市社科联领导应邀参加市委组织的中共十六大报告和“三个代表”重要思想宣讲团,在武宁、修水、瑞昌等地进行为期1周的宣讲活动;多次应邀接受九江电视台专访,就“发展九江文化产业”“思路决定出路、出路在创新”等社会热点问题发表意见。2005年,社联科将“新阶段、新发展”大讨论活动的研究成果在《九江日报》《九江社会科学》杂志上公开发表。2007年,市社科联召开全市社联系统协作会,宣贯中共十七大精神,并组织专家学者到瑞昌市、星子县和市计生系统进行解读;6月,省委“创新创业,共建和谐”专家宣讲团到市作宣讲报告,随后全市社科系统召开报告学习会、座谈会,开展“学习浙江经验、加速江西崛起”专题教育活动。2009年,市社科联组织专家学者到基层开展“如何加快重大项目建设”宣讲活动。2010年,市社科联组织专家学者到各县(市、区)开展“建设鄱阳湖生态经济区、探索科学发展新路子”专题宣讲活动。

**征文评选** 2005年8月,市委宣传部、市计委、市社科联、九江日报社联合举办“东部大开放、西部大开发。九江怎么办?”征文比赛活动,为市委、市政府制定“十五”发展规划提供决策参考和借鉴依据。2006年,市社科联与市委宣传部联合举办“文明九江新形象”征文活动。2007年,市社科联围绕市委、市政府提出的“把九江建设成为长江沿岸和中部地区重要经济中心城市”发展目标,开展“建设经济中心城市,着力‘四个打造’”论文征集活动,收到论文160余篇,并编印出版《建设经济中心城市策论》。

**社科普及** 2009年,市社科联编印《社会科学知识普及读本》2万册,向全市26所中小学校发放,同时在全市初中、小学举办首届社会科学知识普及竞赛活动,评出组织奖8名和个人优胜奖41名;市社科联与“寻庐讲坛”合作,定期举办社会科学知识系列讲座,先后推出省级专家学者和社会知名人士的专题讲座《社会角色漫谈》《鄱阳湖和鄱阳湖文化》《司马迁与“管晏列传”》等,并邀请市委常委、宣传部部长冯静主讲《不辱使命,传承创新,为九江奋起赶超提供强大的文化支撑》。2010年9月,市社科联启动以“建设鄱阳湖生态经济区,探索科学发展新路子”为主题的首届社科普及宣传周活动,通过举办专题报告会、制作社科知识展板、现场咨询等形式,普及社科知识,传播和谐文化,解答社会热点问题,累计散发科普资料20余种、3万余份,受教育群众3万余人。

## 四、刊 物

**《九江社会科学》** 原名《赣北社会科学》),为市社科联机关刊物,1997年停刊。2003年5月复刊,更名为《九江社会科学》,设有“理论研究”“经济和社会发展战略研究”“党建理论”“教育科学”“九江地方史研究”“学会工作交流”等栏目。至2010年12月,《九江社会科学》出刊81期。

**《九江社科论坛》** 2000年6月创刊,市社科联主办。至2010年,共出刊13期。

**《乡音》** 2000年7月创刊,武宁经济发展促进会主办。至2010年,共出刊38期。

**《星之子》** 2007年1月创刊,星子经济发展促进会主办。至2010年,共出刊14期。

**《彭龙》** 2008年1月创刊,彭泽经济发展促进会主办。至2010年,共出刊10期。

## 五、学会(研究会、协会)管理

1991年以来,市社科联不断强化学会职能,严格规范学会管理。2000年10月,市人口学会、市教育学会在全国大中城市社科联第十一次会议上被评为全国先进学会。2003年,市社科联坚持学术创新之路,指导各学会健康发展,并批准成立彭泽经济发展促进会、市企业家经济家联谊会等。2004年,全市社科43个学会(研究会、协会)全面进行换届选举;成立市地方税务研究会、新四军研究会、柴桑经济发展促进会、市诚信促进会;撤销7个不合格学会组织;整顿学会工作秩序,建立和健全各项规章制度,实行学会管理工作规范化、制度化、法律化,为更好发挥学会的作用提供坚强的组织保证。2005年,对全市社科人才队伍进行调查和摸底,建立全市较为齐全的副高级职称以上优秀社科人才档案,为发挥市社科理论和人才优势,参与新九江建设奠定基础。2007年,指导并协调成立市政协理论研究会、义门陈文化研究会和市企业文化研究会;开展市社会科学优秀成果评奖活动,表彰市金融学会等13个先进单位和李宝妹等16名社会科学先进工作者。2008年,市档案学会加强档案学术研讨,组织开展全市档案学术论文评选活动;市图书馆学会举行第四次会员代表大会暨学术研讨会,选举产生第四届学会机构及领导人,同时对学会章程进行修订并审议通过,学术研讨会共收到论文26篇;市税务学会召开第二届会员代表大会,选举产生新任领导人;市直党建学会、市教育学会、武宁经济促进会被评为“全国社科工作先进学会”,市国家税务局税务学会被评为“全省社科工作先进单位”。2010年,加强对20个学会(研究会、协会)管理,以学会年度达标考核为导向,引导和规范学会健康发展;会同市民政局审批成立市民俗文化研究会、市佛教文化研究会和武宁县装饰材料协会。

# 第五章　科学技术团体

## 第一节　代表大会

### 一、市科学技术协会第四次代表大会

1993年3月18~19日在市区实华宾馆召开,出席代表300人,特邀代表80人。会议听取和审议通过康远霖代表市科协第三届委员会所做《全市科技工作者肩负起历史的责任,为科技兴市建功立业》工作报告;修改《九江市科学技术协会章程》;交流工作经验;表彰第三次代表大会以来科协系统先进工作者和先进集体及"九江市青年科技奖"获得者;选举产生第四届委员会,由85名委员组成;常委会19人,康远霖任主席,邵尧荣、徐一如,卢书城、沈春岚、何光芬、戴梦周、余祖文任副主席。1994年4月,沈春岚任市科协主席。1995年12月,吴荣林任副主席。1996年12月,吴荣林任市科协主席,邵尧荣任党组书记、副主席。1997年5月,于传骏任副主席。1999年9月,熊茂友任副主席。

### 二、市科学技术协会第五次代表大会

2000年4月11~12日在市区柴璜宾馆召开,出席代表136人,特邀代表64人。省科协主席徐俊如、市委书记刘上洋到会并讲话。会议听取和审议通过吴荣林代表市科协第四届委员会做《增强全民科技意识,为九江腾飞而努力奋斗》工作报告;修改科协章程;表彰第四次代表大会以来全市科协系统先进工作者和先进集体;选举产生市科协第五届委员会。主席吴荣林,副主席邵尧荣、熊茂友,万吉光、谭毓清、涂明华、文小平、胡建明、汪季焜。常委19人,委员75人。2002年12月,黄世南任市科协主席,吴荣林、万斌任副主席。2003年05月,齐全国任副主席。2007年1月,丁冰洋任市科协主席。2010年2月,欧阳长茂任副主席。

## 第二节　机 构

### 一、市科协

**市科协机关**　1991年,市科协机关内设办公室、学会工作部、普及工作部3个职能部室;办公地址位于市区湓浦路14号。2003年机构改革,学会工作部改称学会(国际)部,普及工作部改称普及(青少年)部。2010年,市科协机关内设办公室、学会(国际)部和普及(青少年)部。

**市科协直属事业单位**　1991~2010年,市科协直属市科技进修学校(农村致富技术函授大学)、市科技咨询服务部(咨询中心)2个事业单位。

市科技进修学校位于市区湓浦路14号。1991~2010年,学校共有各类专业结业学员4.9万人,农村致富技术函授教育学员15万人次。市科技咨询服务部位于市区湓浦路14号。2个事业单位开展技术开发、技术服务、技术转让等活动,为10万人次提供咨询服务。

### 二、县(市、区、山)科协

1991年,全市有彭泽县、德安县、星子县、庐山管理局、九江县、瑞昌市、武宁县、都昌县、永修县、湖口县、浔阳区、庐山区和修水县县(市、区、山)科学技术协会13个。2009年10月,成立九江经济技术开发区科协及共青城开发区科协。至2010年,全市有县(市、区、山)科协15个,乡镇(街道)科协213个,农村专业技术协会189个。

2010年全市各县(市、区)科协及基层组织一览

表51-5-1 单位:个

| 名称 | 成立时间 | 乡镇(街道)科协 | 农村专业技术协会 |
|---|---|---|---|
| 彭泽县科协 | 1956.05 | 17 | 17 |
| 德安县科协 | 1956.07 | 15 | 26 |
| 星子县科协 | 1956.07 | 11 | 12 |
| 庐山管理局科协 | 1956.07 | | |
| 九江县科协 | 1956.08 | 15 | 10 |
| 瑞昌市科协 | 1956.08 | 21 | 10 |
| 武宁县科协 | 1959.09 | 21 | 22 |
| 都昌县科协 | 1979.12 | 24 | 16 |
| 永修县科协 | 1981.05 | 20 | 12 |
| 湖口县科协 | 1982.03 | 14 | 16 |
| 浔阳区科协 | 1982.10 | 5 | 1 |
| 庐山区科协 | 1984.08 | 9 | 5 |
| 修水县科协 | 1987.07 | 36 | 42 |
| 九江开发区科协 | 2009.10 | 5 | |
| 共青开发区科协 | 2009.10 | | |
| 合计 | | 213 | 189 |

## 三、市级科技学会(研究会、协会)

1991年,全市有市级科技学会(研究会、协会)68个,会员11636人。1997年,对全市科技社团进行清理整顿,部分转型,部分停止活动,部分并入所属领域社团,并以专业委员会或分会形式设立。2010年,全市有市级科技学会(研究会、协会)42个,会员12139人。

2010年市级科技学会(研究会、协会)和会员人数一览

表51-5-2 单位:人

| 名称 | 成立时间 | 会员人数 | 名称 | 成立时间 | 会员人数 |
|---|---|---|---|---|---|
| 市医学会 | 1964.06 | 216 | 市矿冶学会 | 1983.01 | 113 |
| 市护理学会 | 1964.06 | 148 | 市花卉种苗协会 | 1983.05 | 156 |
| 市中医药学会 | 1978.12 | 127 | 市防痨协会 | 1984.11 | 99 |
| 市药学会 | 1978.12 | 89 | 市自然辩证法研究会 | 1985.03 | 82 |
| 市水产学会 | 1979.03 | 151 | 市老科学技术工作者协会 | 1985.11 | 7156 |
| 市生物学会 | 1979.05 | 84 | 市环境科学学会 | 1986.07 | 169 |
| 市数学会 | 1979.07 | 106 | 市公路学会 | 1987.01 | 137 |
| 市物理学会 | 1979.07 | 169 | 市翻译协会 | 1987.02 | 136 |
| 市化学化工学会 | 1979.09 | 123 | 市微量元素与健康研究会 | 1987.02 | 72 |
| 市农学会 | 1979.10 | 94 | 市珠算协会 | 1988 05 | 98 |
| 市林学会 | 1979.10 | 148 | 市汽车维修行业协会 | 1988.07 | 118 |
| 市畜牧兽医学会 | 1979.10 | 86 | 市酿酒技术协会 | 1990.05 | 59 |
| 市气象学会 | 1979.10 | 97 | 市针灸学会 | 1990.10 | 93 |

### 四、市直企业科协

1991年,全市有市直企业科学技术协会40个。1997年经过清理整顿,市直企业科协数量明显减少。2010年,全市有11个市直企业科协。

2010年市直企业科协一览

表51-5-3

| 名称 | 成立时间 | 名称 | 成立时间 |
|---|---|---|---|
| 中国石化九江分公司科协 | 1981.12 | 江西省地矿局赣西北大队科协 | 1985.10 |
| 5727厂科协 | 1981.12 | 707所九江分部科协 | 1986.03 |
| 九江国营芙蓉农场科协 | 1984.05 | 713厂科协 | 1991.08 |
| 中船总公司第6354所科协 | 1985.01 | 萍钢实业股份有限公司九江分公司科协 | 2007.09 |
| 江西朝阳机械厂科协 | 1985.06 | 九江中船长安消防设备有限公司科协 | 2009.03 |
| 九江钽铌有限责任公司科协 | | | |

## 第三节　科技活动

### 一、科学普及

**《全民科学素质行动计划纲要》实施**　2009年8月,市政府成立科学素质工作领导小组,出台《九江市人民政府关于实施〈全民科学素质行动计划纲要〉的意见》和5个配套的实施方案,抓好科普重点项目,推动公民科学素质建设。

**科普示范**　1991年以来,市科普示范活动稳健发展,涌现一批全国、省级科普示范单位。全国科普示范县3个:德安县(第一批,1998~2000)、修水县(第三批,2008~2009)、都昌县(第三批,2008~2009);全国科普教育基地2个:庐山植物园、德安园艺场(1999年11月命名)。省级科普示范县(区)4个:浔阳区、湖口县、德安县、修水县;省级科普教育基地6个:彭泽县桃红岭梅花鹿国家级自然保护区、修水县茶叶科学研究所、九江县森林植物标本馆、庐山区石门涧野外培训基地、星子县鄱阳湖候鸟观测和保护科普教育基地(2009年12月命名);省级科技教育示范学校5所:浔阳区柴桑小学、九江市晨光中学、九江市双峰小学、瑞昌市实验小学、德安县吴山乡中心小学(2009年12月命名);省级科普示范社区6个:浔阳区庐峰花园社区(2005年命名),浔阳区湖滨社区(2009年命名),浔阳区湖滨社区、庐峰花园社区、九江经济开发区新湖社区、修水县百汇社区(2010年命名)。

2001年开始,市科协联合市委组织部开展科普致富示范村创建活动,至2010年,全市创建省级科普致富示范村8个,市级科普致富示范村22个,县级科普致富示范村160个。

**科普惠农**　2007年始,市实施“科普惠农行动计划”。到2010年,全市有6个农业技术协会、6个科普示范基地和4个农村科普示范带头人获得中国科协、财政部的表彰与奖补:德安县园艺场科普示范基地(2006年)、永修县易家河柑橘科普示范基地(2007年)、都昌县邵金玉(2007年)、修水县漫江乡蚕桑生产技术协会(2008年)、湖口县崔泽民(2008年)、都昌县周溪珍珠协会(2009年)、九江县农村专业技术协会 (2009年)、浔阳区景海良种猪科普示范基地 (2009年)、庐山区农村实用技术培训基地(2009年)、武宁县鲁溪镇梅颜村黎丽威(2009年)、湖口县农村专业技术协会(2010年)、瑞昌市山药产业协会(2010年)、武宁县吊瓜专业技术协会(2010年)、都昌县乡村果蔬早熟梨科普示范基地(2010年)、永修县龙井梨业科普示范基地(2010年)、星子县泽泉乡观音桥村袁松松(2010年)。3个农业技术协会、5个科普示范基地获得省科协、省财政厅的表彰和奖补:星子县蓼花早熟梨科普示范基地(2007年)、彭泽县志和畜牧科普示范基地(2007年)、德安县丰林蛋鸡养殖协会(2007年)、庐山区农村实用技术培训基地

(2008 年)、瑞昌市山药协会(2008 年)、彭泽县彭泽鲫专业技术协会(2009 年)、星子县庐山云雾茶科普示范基地(2009 年)、共青城明龙种鸡场科普示范基地(2010 年)。全市累计获得奖补资金388 万元。

**科普阵地建设** 2006 年,在九江火车站外广场建成总长约 106 米的九江首个大型科普画廊;在全市推进行政村“一站一栏一员”(科普活动站、科普宣传栏、科普员)建设。2006 年 9 月,省科协与市科协联合在浔阳区庐峰花园社区创建全省首家青少年科学工作室。2007 年 5 月,市科协与市委组织部联合建立“中国农函大九江农村党员科普致富培训中心”。2009 年,市科协成立由所属学会(研究会、协会)各类专业技术人员和农村实用技术人才 100 人组成的科普讲师团。2010 年,在九江电视台开办“科普大篷车”专栏,每星期二、五晚上 7:30~8:00 向全市观众普及科学知识。到 2010 年年底,全市共建成村级科普活动站 150 个,村组科普宣传栏 1500 处,选聘村组科普员 1500 名。

**重大科普活动** 1991 年以来,市科协围绕“节约能源资源、保护生态环境、保障安全健康”主题,突出抓好“科普之春”“全国科普日”和“科技活动周”等重大科普活动。1994 年,在市烟水亭广场举办“科技为民服务日”活动;1995 年,在全市开展“科技活动月”活动;1996 年在市少年宫举办科普展览会;1997 年组成科技下乡服务团,送科技到田间地头;1998 年在星子县隘口镇举办科普集市;1999 年,在九江县马回岭镇举办科普集市;2000 年,举办九江市科普活动周;2001 年、2002 年,分别与都昌县、星子县科协联合组织大型科普集市;2003 年在全市开展“科普之秋”活动;2004~2007 年,先后在湖口县文桥乡、都昌县汪墩乡、修水县三都镇、星子县蛟塘镇开展“科普之春”送科技下乡活动;2008 年,在浔阳区山川岭社区举办“节能减排进社区”活动、在浔阳区柴桑小学举办科普进校园活动;2009 年,在彭泽县定山镇开展“科普之春”送科技下乡活动;2010 年,在都昌县西源乡塘口村开展“科普之冬”——送科技、送文化下乡活动,在浔阳区湖滨社区广场主办“党旗映社区、科普进楼宇”暨“科普之春”活动等。全市共开展科普讲座 200 多场,参加人数达 20 多万人,科普展览 100 多次,发放科普宣传资料 40 多万份。

**青少年科普活动** 1991 年始,全市科协组织着力抓好每年一度的“全国青少年科技创新大赛”“全国青少年信息学(计算机)奥林匹克联赛”、全市青少年科技教育论文征集等活动。1991~2010 年,全市组织青少年开展科技活动共 200 多次,人数逾 4 万人,征集科幻画 1 万余幅、科技小论文 1600 多篇、小发明1500 多件。1995 年开始,组织选手参加全国青少年信息学(计算机)奥林匹克联赛(江西赛区)复赛,2006~2010 年连续 5 年承办该项赛事,全市共有 923 人次获奖,其中获全国一等奖 31 人、二等奖 22 人、三等奖 22 人,获全国优秀组织奖 3 个;获全省一等奖 56 人;2006~2010 年,因竞赛成绩优异而获得全国重点大学保送生资格 67 人。2008 年 5 月,市科协组织 13 个市级学会分别与市区 18 所小学结成科普对子,使“大手拉小手——青少年科技传播行动”制度化。2008~2010 年,连续承办省科协组织的“中国内地及中国台湾、香港、澳门地区大学生科技文化夏令营”活动。

**重点主题科普活动** 1999 年 7 月,开展以崇尚科学为主题的专题科普宣教活动,共发放光盘近 400 盘、资料 2 万余份和书籍 4000 余册。2000 年 10 月 17~27 日,在九江师范学校举办《崇尚科学文明,反对迷信愚昧》大型科普展览。2003 年,市科协编印“非典”防治手册 5000 多册和科普宣传图画 5000 余张,发送各街道、社区和乡镇、村;在城市社区张贴预防“非典”科普宣传图画 200 多张;举办“非典”防治知识讲座 200 多期。2004 年,为预防高致病性禽流感,购买预防挂图 200 套,制作展板 20 套,编印科普资料 6 万份,分送全市各地。2005~2008 年,市科协加强对“防震减灾”科普知识的宣传,共展出防灾减灾宣传展板 72 块,发放相关法律书籍、防灾减灾科普资料等5000 余份,接受群众咨询 600 余人次。

## 二、学术活动

**优秀科技学术论文征集和评审** 1991 年以来,市科协每 2 年开展一次优秀科技学术论文的征集和评审,至 2010 年,共表彰全市优秀科技学术论文 300 篇,其中一等奖 50 篇、二等奖 100 篇、三等奖150 篇,并出版《九江市优秀科技学术论文集》。

**九江科技与经济社会发展论坛** 2005 年 8 月 15 日,市科协主办以“新阶段 新发展 新使命”为主题市科技与经济社会发展论坛理论研讨会。组织全市科协系统及科技工作者为建设“美丽、富裕、和谐、强盛”社会主义新九江建言献策,共征集论文191篇,评选获奖论文33篇,并结集出版。

**九江船舶工业创新与发展同舟论坛** 2008年11月17日,由省科协、九江船舶工业公司主办,市科协、省造船工程学会承办“九江船舶工业创新与发展同舟论坛”在市举行。邀请中国工程院院士黄旭华、张炳炎为科学顾问,上海船舶工艺研究所研究员高介祜为特邀专家。论坛先后举办专家报告会、院士专家座谈会和院士报告会,围绕九江船舶产业发展进行专题学术研讨;全国20多家新闻媒体予以关注和报道。

**学术年会** 2009年11月,市科协举办首届学术年会,为全省首创。邀请中国科学院院士吴硕贤、中国工程院院士陈冀胜担任科学顾问,北京市科协副主席、研究员王渝生担任特邀嘉宾。年会以“促进科技创新、支撑赶超发展”为主题,共设1个主会场、3个论坛和12个分会场,有2000余名科技工作者参加,共收到学术论文315篇,录用262篇,评选优秀论文61篇,并出版《论文集》。2010年11月,举办第二届学术年会,来自市级学会、企业科协的科技工作者代表200多人参加;中国工程院院士、中国科学院生态环境研究中心主任曲久辉作专题学术报告;对42篇优秀学术论文予以表彰。

**“香港院士江西行”九江讲学活动** 2008~2009年,市科协先后承办省科协主办的“香港院士江西行”九江讲活动,邀请中科院院士、香港大学医学院教授苏国辉和香港籍著名规划专家叶嘉安到市讲学。

**“中国科协年会”和“促进中部崛起专家论坛”** 1999~2010年和2006~2010年,市科协组织科技工作者参加历届“中国科协年会”和历年“促进中部崛起专家论坛”,共推荐50多篇论文参加年会和论坛,其中20篇被收入论文集。

**市级学会(研究会、协会)学术活动** 1991年以来,市科协组织和指导全市各市级科技学会(研究会、协会),围绕科技发展和各行业生产、工作中实际问题,开展学术活动。市心理学会、市环境科学学会、市医学会、市物理学会每年都召开学术研讨交流会,并出版论文集;市气象学会每年开展“世界气象日”活动;市珠算协会每两年组织一次全市珠心算比赛。主要学术活动有:1991年,市药学会承办中国药学会“全国尼莫地平学术报告会”;1995年,市林学会在庐山举办“全国林业工作研讨会”,市医学会承办“全国危重病急救医学学术年会”;1996年,市质量管理协会举办“96庐山全国质量管理与经济效益学术研讨会”;1997年,市数学学会举办“全国数学教育学术研讨会”;1998年,市体育学会承办“全国《21世纪中国学校体育发展研究》专家讨论会”;1999年,市林学会、市公路学会、市水利学会组团参加在赣州召开的“京九铁路南端沿线地区资源开发利用与可持续发展”研讨会;2003年,南方11省市结核病学术会议在九江召开;2005年,市防痨协会在庐山承办中国防痨协会学术年会;市翻译协会于2006年、2008年、2010年举办“蓝鸽杯”口语大赛、全市高校外语学子文艺汇演和“巨人杯”听译大赛等;2010年5~9月,邀请相关专家分别在武宁县、瑞昌市、修水县、湖口县、九江县、浔阳区、庐山区、九江职业大学、市图书馆、市同文中学等地举办15场科普报告会。同年,中石化九江分公司科协承办首届江西省科协学术年会第十一分会场暨中国石化“讲、比”活动成果交流会。

## 三、农民实用技术培训

1991~2010年,市科协加强农函大建设,共开设种植、养殖、经营管理、加工等21个专业,举办各类培训班1600多期,培训农民10万多人。其中:2007年突出“四个一”:健全一支农函大师资队伍,建立一个农函大培训中心(中国农函大九江农村党员科普致富培训中心),每年培训1万名农民,在历届农函大学员中培育1000名农村科普带头人;制订“一二一”培训计划:每县(市、区)农函大分校都要争取省农函大在本地办培训班1期、市农函大分校到每县(市、区)办班2期、县(市、区)农函大分校要在所属乡、镇各办班1期。2007年5月和2008年5月,市科协、市委组织部先后在中国农函大九江农村党员致富技术培训中心联合举办科普致富示范村党支部书记培训班。2009年2月,市科协与省委组织部、省科协联合在九江县举办“全省返乡农民工党员、群众就业创业培训”活动启动仪式;2010年5月8日,在湖口县承办省农函大“鄱阳湖生态经济区高效生态农业培训班”启动仪式。

### 四、科技咨询

**建立咨询服务网络** 1991~2010年，陆续建立各学会(研究会、协会)、厂矿科协、县区科协科技咨询服务分支机构，形成以市科协科技咨询服务部为主、跨地区和行业咨询服务网络。

**市政府智囊团** 至1991年，市政府智囊团有各学科专家、学者和工程技术人员128人，分设12个专业组。

**建言献策** 1991年，市科协在市区南湖宾馆召开，以“纺织行业如何充分发挥科技是第一生产力的作用”为主题科技恳谈会；1994年，召开“菜篮子工程”学术研讨会。1996年，市水利学会为九江城区水利系统科学配置进行科学论证，提出的建议被有关部门采纳。1997年，市农学会通过考察，确定把“泗棉三号”作为全市棉花主栽品种建议被市政府采纳。1998年，市科协举行市城防堤建设与管理学术研讨会，形成6条建议均被市政府及相关部门采纳；2000年，召开全市企业书记(厂长)恳谈会。2003年。市水利学会提出“长江九江段防汛警戒水位增高0.5米”建议被市委、市政府采纳；2004年，市老科协《关于九江市龙开河故道(死水港)整治工程项目建议》、市农学会《赣北棉田耕作改制方法及配套栽培技术》建议均被市政府采纳。2007年，在市科协召开的科技工作者新春座谈会上，有关专家提出发展矿业经济的问题，得到市委、市政府重视；市科协联合市汽车汽配行业协会和市汽车维修协会召开“九江市汽车创业发展研讨会”，探讨汽车、汽配生产及汽车维修技术发展趋势。2008年，市水利学会提交《病险水库大坝质量评估》，为全市举行病险水库改造提供技术依据；市种苗花卉协会建议建设赣北种苗花卉集散地，被纳入市规划；市气象学会课题“九江市环鄱阳湖气候资源变化特征与开发策略”得到省立项；市纺织工程学会《关于九江市服装产业园区建设的意见》得到市长王萍批示。2010年，市老科协《建设鄱阳湖生态经济区建言献策汇编》《关于对九江开发区洪涝治理的几点建议》《关于对八里湖生态环境保护的几点建议》得到市委、市政府重视。

**技术咨询服务** 1991年始，全市科协系统为市内外企事业单位提供技术开发、技术咨询、技术服务、技术转让等各类科技咨询服务项目，至2010年为1380余项，合同额2928万元，参加服务人员5320余人次，创造经济效益1.23亿元。推动和指导企业科协开展以技术创新为主要内容的“讲理想、比贡献”活动，科技立项3百余项，参与的科技工作者10万余人次，获经济效益6000多万元。开展“厂会协作”行动，发挥学会人才、智力优势，通过学会与企业结对协作的形式，为企业科技攻关和技术进步服务，累计结成厂会协作对子100个，取得较好社会效益和经济效益。

# 第六章 文学艺术团体

## 第一节 代表大会

### 一、市文学艺术工作者第五次代表大会

1995年5月23~24日在市区南湖宾馆召开，出席代表135人。省文联党组书记陈长青到会祝贺，市委副书记张影出席并讲话。会议听取并审议通过陆亚合代表市文联第四次委员会做题为《努力开创九江文艺事业的新局面》工作报告；选举产生第五届委员会，由51名委员组成；常务会委员13名，陆亚合任主席，郭美金、肖士太、黄文奎、李意任副主席；王一民任名誉主席。1999年10月，董河清任主席。2003年5月，陆建珠(女)任副主席。2004年7月，张金元任主席。

### 二、市文学艺术工作者第六次代表大会

2005 年 1 月 23~24 日在市区九江宾馆召开,出席代表 216 人。省文联副主席祝新穗、市委副书记张华东到会祝贺;市政府副市长彭泽洲主持会议。会议听取并审议通过张金元代表市文联第五届委员会做题为《更加有作为、更加有地位、更加有发展,创造新世纪九江文艺新辉煌》工作报告;选举产生由 65 人组成的第六届委员会;常务委员会由 23 人组成,主席张金元,副主席陆建珠(女)、吴清汀、董群、洪世坤;名誉主席王一民;兼职副主席吴清汀、董群、洪世坤。2005 年 3 月,黎小红(女)任副主席。2008 年 8 月,张国宏任主席。

## 第二节 机 构

### 一、市文联

**市文联机关** 1991 年,市文联机关内设办公室、组织联络部;办公地址位于市区湓浦路 14 号。2004 年 8 月,机关办公地址迁至市区环城路 180 号天创大厦二楼。2010 年,市文联机关内设办公室、组织联络部、《浔阳江》编辑部。

**市文联直属事业单位** 1991~2010 年,市文联直属事业单位 1 个:市文艺创作室(市文学艺术院),位于市区湓浦路 14 号。

### 二、市文学艺术家协会(学会)

**市作家协会** 1998 年,市作协下设小说、散文、诗歌创作委员会,文艺评论委员会,影视文学、报告文学创作委员会和寻庐文化论坛学术委员会。2010 年,有会员 502 人,其中中国作协会员 18 人,省作协会员 105 人。

**市戏剧曲艺家协会** 1993 年成立,会员 31 人。2010 年,有会员 348 人,其中中国剧协会员 21 人,省剧协会员 69 人。

**市摄影家协会** 1991 年,有会员 128 人。市摄协下设艺术创作委员会、专家评审委员会、新闻纪实摄影委员会、商业摄影委员会、教育培训工作委员会和著作权保护工作委员会,所属县(市、区)和行业、企业摄影分会 17 个。2010 年,有会员 376 人,其中中国摄协会员 34 人,省摄协会员 160 人。

**市美术家协会** 1991 年,有会员 70 人。2010 年,有会员 213 人,其中中国美协会员 13 人,省美协会员70 人。

**市书法家协会** 原称九江市书法工作者协会,1995 年改名;1991 年,有会员 102 人。市书协下设篆刻委员会、地书协会等。2010 年,有会员 450 余人,其中中国书协会员 30 人,省书协会员 120 人。

**市音乐家协会** 1991 年,有会员 85 人。2010 年,有会员 385 人,其中中国音协会员 36 人,省音协会员58 人。

**市民间文艺家协会** 原称市民间文艺研究会,1991 年 5 月更名;当年有会员 32 人。市民协下设故事创作委员会、剪纸艺术委员会。2010 年,有会员 151 人,其中中国民协会员 11 人,省民协会员 47 人。

**市舞蹈家协会** 1991 年,有会员 41 人。市舞协下设市街舞协会。2010 年,有会员 82 人,其中中国舞协会员 3 人,省舞协会员 24 人。

**市电影电视艺术家协会** 1995 年 5 月成立,有会员 28 人。2010 年,有会员 43 人,其中中国影协会员 6 人,省影协会员 9 人。

**市诗词联学会** 1991 年有会员 150 人。2010 年,市诗词联学会有会员 536 人(不含其所属团体会员单位人数),其中中华诗词学会会员 89 人,中华楹联文化研究会会员 42 人,省诗词学会会员 138 人,省楹联学会会员 62 人。

**市收藏协会** 2001 年 11 月成立,有会员 219 人;下设鉴赏委员会和学术委员会,下属修水县、武

宁县、德安县 3 个分会。2010 年，有会员 730 余人，其中中国收藏家协会会员 33 人，省收藏家协会会员 106 人。

2010 年市级文学艺术家协会(学会)一览

表 51-6-1　　　　单位：人

| 名　称 | 成立年份 | 会　员 | 其　中 | |
|---|---|---|---|---|
| | | | 国家级 | 省　级 |
| 市摄影家协会 | 1976 | 376 | 34 | 160 |
| 市舞蹈家协会 | 1980 | 82 | 3 | 24 |
| 市诗词联学会 | 1984 | 536 | 62 | 201 |
| 市作家协会 | 1985 | 502 | 18 | 105 |
| 市美术家协会 | 1985 | 213 | 13 | 70 |
| 市民间文艺家协会 | 1985 | 151 | 11 | 47 |
| 市书法家协会 | 1987 | 450 | 30 | 120 |
| 市音乐家协会 | 1989 | 385 | 36 | 58 |
| 市戏剧曲艺家协会 | 1993 | 348 | 21 | 69 |
| 市电影电视艺术家协会 | 1995 | 43 | 6 | 9 |
| 市收藏协会 | 2001 | 730 | | |
| 合　计 | | 3416 | 197 | 679 |

### 三、县(市、区、山)文联

1991 年，全市有都昌县、彭泽县、湖口县、修水县、武宁县、瑞昌市、九江县、星子县、永修县、德安县县(市)文联 10 个。2008 年庐山区文联成立。2010 年，全市有县(市、区)文联 11 个，另有庐山管理局文联 1 个。所属团体会员单位 23 个，会员 3400 人。

## 第三节　文联活动

### 一、宣传教育

**座谈研讨**　2003 年 6 月 10 日，市文联召开《九江 21 世纪文艺丛书》创作座谈会。2005 年 1 月 22 日，市委在九江宾馆召开文艺界人士座谈会，市领导刘积福、李放、张华东、林兴富、张远秀等与 20 名作家艺术家共商九江文艺事业发展大计。2006 年 3 月，市文联策应“文明九江”大讨论活动，组织作家采访、撰写“文明九江”系列文章。2008 年 3 月，市委宣传部、市文联召开市文艺创作座谈会，将《义门陈》《万家岭大捷》《庐山恋Ⅱ》等 16 件文艺作品列为重大创作题材。2010 年 12 月，举办《王一民文集》作品研讨会。

**刊物网站**　2001 年 8 月，市文联主办《浔阳江》期刊停刊 11 年后复刊，刊号为“赣新出内准字第 002776 号”；设有小说园地、散文天地、浔阳诗韵等栏目。2009 年，将新中国成立后 60 年全市文艺创作成果结集出版《浔阳江》专刊。《浔阳江》复刊至 2010 年共出刊 35 期，发表文学作品 1958 篇(首)、320 万字。同时，部分协会(学会)自行创办刊物，主要有：市作协《九江作家报》、市诗词联学会《匡庐诗词》、市民协《九江故事报》、市收藏协会的《九江收藏》、市摄协的《九江摄影人》等；市摄协自办“九江摄影网”网站。

**协会(学会)管理** 2008年9月,市文联出台《九江文艺人才培养五年规划》。2009年4月,市文联出台《关于加强文艺家协(学)会管理暂行办法的通知》,进一步加强和规范文艺家协会(学会)管理。

## 二、采风交流

**采风创作** 2002年,市美协组织15名画家到广东举办书画展销和采风创作活动。2004年8月,市文联组织37名文艺工作者到内蒙古进行为期1周的艺术采风活动。2007年6月,市文联组织32名文艺工作者到县区民营企业进行艺术采风活动。2009年5~6月,市文联组织报告文学作家20余人,分别到各县(市、区)进行采访,创作17篇32万字报告文学作品,结集为《决战决胜》。

**联谊交流** 1997年6月2~5日,南京经济协作区18地市文联联谊会第十次会议在九江举行,省文联党组书记陈长青、副市长陈晖出席并讲话。2006年10月24日,南京经济协作区第二十二次文联工作会议在九江宾馆召开。2007年6月10~15日,市文联、市作家协会联合举办"中国千名作家、诗人写庐山"采风、创作活动,100多名来自海峡两岸的作家、诗人参与。2008年9月,九江和新余两地开展书法联展活动。2010年11月19~21日,市文联组织文艺工作者参加省首届鄱阳湖国际生态文化节活动。2010年10月,市文联组织市摄影家携摄影作品参加黑龙江"中俄摄影作品展"活动。

## 三、文艺活动

**展览演出** 1991年"七一"前夕,市文联与市委组织部、市文化局联合举办纪念中国共产党成立70周年《在党的光辉照耀下》摄影展。2006年6~7月,由陈家斗、何庐珍编排大型音乐话剧《共产党员》在全市各地巡演。2008年9月,由市委宣传部主办,市文联、九江日报社、市摄影家协会等承办的《九江市'98抗洪十周年大型图片展》在抗洪纪念馆举行。2008年11月,由市委宣传部、市文联主办,市摄影家协会承办纪念九江改革开放30周年摄影展。2009年4月,市文联、音协组队到泰国、新加坡参加"国际音乐大奖赛"。2010年5月,市文联、摄协举办《魅力九江》摄影展。

**征集评选** 1996年,市文联组织开展"市第二届文艺创作奖"评选活动,共评出获奖作品57件,于10月26日在九江宾馆举行颁奖仪式。1999年,市委、市政府组织开展庆祝新中国成立50周年系列活动,市文联与市委宣传部、九江日报社联合举办"九江是个好地方"摄影作品征集、评选和表彰活动。2008年7月,市政府首届"荷花杯"文学艺术奖、文学艺术提名奖揭晓,共有22件作品获奖。2009年7月,市文联、市作协联合举办"爱我鄱湖,兴我九江"征文活动。2010年6月中旬,市文联开展"博莱杯·好歌唱九江"征集活动,经省市专家评审,评选出《花莲》(蔡勋词、王爱春曲)《九江姑娘》(卢邦社词、钟声曲)《水韵家园》(吴文峰词、张艺鸣曲)等10首歌唱九江、歌唱鄱阳湖的原创歌曲。

**节庆赛事** 2004年,市舞协举办首届市舞蹈大赛。2005年5月,市文联与音协主办市首届踏青艺术节,600余名文艺工作者参加。2006年7月中旬,由市文联主办,市作协承办的"市'德昌杯'老年文化周活动"在市区举行;9月28日,市收藏协会主办经营的九江古玩城开业。2009年,市舞协举办第二届《舞动九江》舞蹈大赛。

## 四、创作出版

1996年,市文联组织创作并出版大型报告文学《百年一搏》。1998年,吴清汀出版长篇小说《天王》。1999年,市作协编辑出版《九江市文学作品精选(1979~1999)》。2009年,市文联配合共青团中央完成《共青城》电视剧本创作。

2002年,市文联出版大型画册《崛起中的九江》。2003年,市文联编辑出版1套(10本)《九江21世纪文艺丛书》;市作协组织创作并出版反映'98抗洪长篇纪实文学《人间奇迹》;市音协组织词曲作者围绕"万众一心、抗击非典"主题,创作《天使之歌》《我们团结一心》等系列组歌。2004年3月,市文联贯彻落实市委、市政府"全市谋崛起,重点攻民营,突出治环境,着力抓项目"的工作思路,编辑出版大型画册《九江民营企业风采录》。2005年9月,市文联组织编辑、出版大型图书《中国魅力城市——九江》。2009

年3月，市藏协整理出版《玩珍探宝》。

2010年5月20日，市文联组织大型报告文学集《决战决胜》创作，近20名实力作家到各县区进行采访创作，历时60天，完成创作任务。

1991~2010年，全市共创作出版文艺作品集977部，其中，文学类专著（小说、散文、诗歌、报告文学、电影剧本）721部，其他艺术著作256部。

## 五、展演播映

1995年4月，由市话剧团编演的话剧《大山情仇》晋京演出，填补省未有整剧在首都北京演出空白。1996年，由王一民、李志川任编剧的16集电视剧《县委书记》由中央电视台播映；由肖士太、吴亚松任编剧的10集电视剧《红海棠》投入拍摄。1997年，市文联派出罗亚群、何庐珍等人参加中国文联组织的"孔繁森之歌"艺术团到各地演出。2006年2月，由市话剧团编演的小品《小门卫》在中央电视台春晚特别节目中播映，改写江西省未有节目在春晚亮相历史。2009年，市文联、市剧协组织协调，将话剧《红杉》送到各县（市、区）巡演。

## 六、学术研究

2004年以来，隶属于市作家协会的寻庐文化论坛，在传播九江本土历史文化、引进高端学术文化、丰富市民精神文化生活方面发挥重要作用。寻庐文化论坛共举办学术报告、学术讲座、文化交流等活动100多场次，一大批名家政要，如作家余秋雨、蒋子龙，艺术家文怀沙，学者易中天、于丹、纪连海，政要钱其琛、尹卓，经济学家郎咸平等先后登临寻庐文化论坛。

至2010年，在市文联的指导下，全市地方文化学术研究蔚然成风，比较有影响的如"贤母文化研究""孝道文化研究""宗教文化研究"等。

## 七、服务社会

1998年7月中旬至8月下旬，市文联先后3次组织抗洪抢险、保卫家园、慰问抗洪军民的文艺演出活动，并参与南京军区拍摄制作的影片《决战长江》相关活动。

2008年2月23日，市文联协助中国文联、中国红十字会到九江冰雪灾区慰问演出。2010年12月，应浔阳区委、区政府邀请，市文联组织协调，与浔阳区联合编辑出版"文化浔阳"系列丛书。至2010年20年间，市文联指导的一年一度音乐考级取得良好社会反响；本土文化刊物《驿动风》获得社会认同。

## 八、专业成果

**大型创作**　1991年以来，有以九江地域文化为题材的文学艺术创作，如电视纪录片《人文圣山》，音舞诗画剧《春江花月夜》，电视剧本《共青城》《庐山恋Ⅱ》，长篇小说《红船》《三三归一》等，历史文化散文《青史觅河山》《饥饿的芦苇》《庐山学》，以庐山、鄱阳湖为文化背景的系列诗词、美术、摄影创作等；有以历史文化名人为题材的重大创作，如长篇小说《陶渊明》《黄庭坚》《陈寅恪家世》等；有以重大历史事件为线索的重大创作，如长篇小说《万家岭大捷》《后土》《悲情英雄石达开》等；有以重大现实为题材的文艺创作，如报告文学《人间奇迹》《抗洪精神的浩歌》《身边的感动》，诗集《九江旅游诗词大观》，大型歌舞剧《路》，话剧《红杉》《共产党员》，战胜"非典"为主题的系列音乐创作《天使之歌》，"生命活水杯"江西省第十一届故事创作暨演讲大赛等。

**获奖作品**　1991年以来，电影《毛泽东与斯诺》获广电部华表奖最佳故事片奖、第五届长春电影节评委会银杯奖、中宣部第八届全国"五个一文艺工程奖"；《东京审判》获第12届中国电影华表奖优秀故事片奖、第16届金鸡百花奖最佳故事片奖及最佳导演奖提名。剪纸作品《吉祥·傩面》获第四届中国民间文艺山花奖。谷中和被教育部艺术教育委员会、中国美术家协会艺术委员会授予"成就未来"学术贡献奖。小品《别墅的主人》，获中国第五届牡丹奖曲艺大赛"文学提名奖"和"节目入围奖"，并直接进入总决赛。歌手张灵珊在全国第八届声乐比赛中获得文华奖声乐优秀奖。小品《明天当村长》获全国首届原创戏剧小品大赛创作奖。青阳腔戏曲专题片《鄱阳湖绝响》,获中国第二届电视戏曲“兰花奖”三等。音乐小品《贝妮手指》获全省第八届少儿艺术节小品一等奖。

**入选入编作品** 1991 年以来,音乐作品《如今家乡山连山》《山乡的彩云》被国家教委选编入《九年义务教育制初级中学试用课本》第二册。散文作品《家乡的鹅毛扇》收入《感动中学生的 100 篇精美散文》等。

**公开出版著作** 1991 年以来,文学作品综合集《九江文学作品精选》(上、下册)、《野老泉》,长篇小说集《天王》《人间清浊》《父亲的船歌》《水上歌》《白色女人》,散文集《冬日的阳光之书》《乡村二月》《半坡茶园》《千年微笑》,诗歌集《白或者黑》《三人行》《灵魂之羽》《凌翼诗选》,评论文集《隔海问答》《红尘论》《看法》《穿越千年》,大型画册《中国魅力城市——九江》《崛起中的九江》《九江民营企业录》等,音乐作品集如《肖鉴铮音乐作品集》《余隆禧音乐作品集》《蔡学柯歌词作品集》等,画家傅梅影、陈重印、林美岚、汤炎生、方国桢、李杏、杨豹、徐东林、宋跃林、帅安等分别出版个人作品集等,摄影戏剧作品集如《赖显生戏剧作品集》等。

**收藏** 2001 年 11 月市收藏协会成立以来,组织开展藏品鉴赏、陈列展览、咨询鉴定、学习观摩、藏品交流等系列活动,创建信华广场九江古玩城,举办 2 届“浔阳之秋”全国收藏品交易会,先后 2 次与有关部门联合举办国家级专家“走进九江”大型鉴宝活动;与九江电视共同录制本土 10 位收藏家的电视片,协助九江旅游频道开办“浔宝鉴珍”栏目,联合《浔阳晚报》开辟“收藏天下”栏目,组织专家参与由《浔阳晚报》举办的每年一届读者宝物鉴赏活动;先后举办《九江市民间收藏品展》《九江市民间藏品综合展》《九江近现代收藏品展览》《纪念九江解放六十周年民间藏品展》《九江民间古陶瓷展》《历代灯具收藏展》《千年流响·大德堂》《九江抗战展览》《许德珩著作史料展》《蔡若虹著作史料展》《杜宣著作史料展》《傅梅影八旬画展》《中国江西首届名家精品成扇展》《芳兰之春藏品展》《景德镇陶瓷艺术绘画展》等大型文化艺术展览活动。

# 第七章 残疾人团体

## 第一节 代表大会

### 一、残疾人市第二次代表大会

2001 年 10 月 23 日在市区九江宾馆召开,出席代表 123 人,其中残疾人代表 68 人。会议听取并审议通过王健代表市残联第一届主席团所作《解放思想,团结拼搏,努力开拓新世纪残疾人事业新局面》工作报告;选举产生第二届主席团,由委员 49 人组成;甘良淼任主席,彭泽洲、于晓东、王健任副主席,胡绍生任名誉主席;选举产生由 25 人组成的第二届执行理事会,王健任理事长,余志军、张玉琴任副理事长。2003 年 9 月增选朱珍红为副理事长。

### 二、残疾人市第三次代表大会

2008 年 11 月 14 日在市区花旗大酒店召开,出席代表 201 人,其中残疾人代表 112 人。会议听取并审议通过胡岩松代表市残联第二届主席团作《保障残疾人民生,发展残疾人事业,为实现九江崛起新跨越做出新的贡献》工作报告;表彰全市“扶残助残先进集体”“残疾人之家”和残疾人“自强模范”;选举产生由65 人组成的第三届主席团,主席卢天锡,副主席邹源清、杨陆村、胡岩松、徐敏、李纪福、梅华国、李瑞东、刘毅平、贺学红、王存燕(女)、刘力、张卓、张华(女);选举产生第三届执行理事会,由 29 人组成,理事长胡岩松,副理事长胡贤金。2010 年 1 月增选刘芸为副理事长。

# 第二节 机 构

## 一、市残联

**市残联机关** 1991 年,市残联机关内设办公室、群工宣教科、康复科;办公地址位于浔阳区延支山路李家巷 4 号。2006 年 12 月,增设维权教育就业科,群工宣教科更名为组织宣传科。2003 年 5 月,机关办公地址迁至长虹大道龙鑫花园 B 区市残疾人综合服务大楼。2010 年,市残联机关内设 1 室 3 科:办公室、组织宣传科、康复科、维权教育就业科。

**市残联直属事业单位** 1991,市残联直属市聋儿康复中心。1993 年 9 月,成立市残疾人劳动就业服务中心。

## 二、市级残疾人专门协会

**市盲人协会** 1991~2010 年,市盲人协会先后召开第三、第四次会议。

**市聋人协会** 1991~2010 年,市聋人协会先后召开第二、第三次会议。

**市肢残人协会** 1991~2010 年,市肢残人协会先后召开第二、第三次会议。

**市智残人亲友协会** 2001 年 10 月成立。至 2010 年,市智残人亲友协会先后召开第一、第二次会议。

**市精神残疾人亲友协会** 2008 年 11 月 13 日成立并召开第一次会议。

## 三、县(市、区)残联

1991 年前,全市有星子县、湖口县、都昌县、庐山区、浔阳区、彭泽县、修水县、九江县、永修县、德安县和瑞昌市县(市、区)残联 11 个。1991 年 1 月,成立武宁县残联;1992 年 11 月,共青城残联成立;1998 年 9 月,成立九江经济技术开发区残联;1999 年 3 月,庐山风景名胜区管理局残联成立。2010 年,全市共有县(市、区)残联 14 个,另有庐山管理局残联 1 个。

## 四、基层残疾人组织

1991 年 3 月,星子县南康镇率先在全市成立残疾人联合会;4 月,南康镇城区村村委会成立残疾人协会,是全市最早成立的社区(居委会、村委会)残联组织。至 2010 年 12 月,全市 81 个乡、100 个镇、13 个街道全部成立残疾人联合会;1726 个行政村、380 个社区全部成立残疾人协会。全市共有乡 (镇、街道)、村(社区)残疾人专职委员 2314 名。

**2010 年全市县(市、区)残联和基层残疾人组织一览**

表 51-7-1　　单位:个

| 名 称 | 成立时间 | 基层残疾人组织 | |
|---|---|---|---|
| | | 乡(镇、街道)残联 | 村(社区)残协 |
| 星子县残联 | 1990.02 | 8 | 68 |
| 湖口县残联 | 1990.06 | 12 | 138 |
| 都昌县残联 | 1990.09 | 24 | 299 |
| 庐山区残联 | 1990.09 | 11 | 129 |

续表 51-7-1

| 名　称 | 成立时间 | 基层残疾人组织 | |
|---|---|---|---|
| | | 乡(镇、街道)残联 | 村(社区)残协 |
| 浔阳区残联 | 1990.10 | 7 | 98 |
| 彭泽县残联 | 1990.10 | 13 | 159 |
| 修水县残联 | 1990.11 | 36 | 389 |
| 九江县残联 | 1990.11 | 12 | 125 |
| 永修县残联 | 1990.11 | 15 | 174 |
| 德安县残联 | 1990.12 | 13 | 94 |
| 瑞昌市残联 | 1990.12 | 18 | 195 |
| 武宁县残联 | 1991.01 | 19 | 192 |
| 共青城残联 | 1992.11 | 6 | 46 |
| 九江开发区残联 | 1998.09.08 | | |
| 庐山管理局残联 | 1999.03.18 | | |
| 合　计 | | 194 | 2106 |

## 第三节　残联活动

### 一、残疾人事业管理

1996 年 12 月，市政府颁发《九江市保障残疾人合法权益的规定》，对全市残疾人合法权益保障工作提出明确要求。1999 年 7 月 15 日，市政府颁布《九江市按比例安排残疾人就业实施办法》，并决定成立市残疾人劳动就业服务中心。2005 年 7 月 6 日，市残联、市地方税务局、市财政局、中国人民银行九江市中心支行联合印发《九江市残疾人就业保障金征收使用管理办法》，对全市残疾人就业保障金的征收、使用和管理工作进行科学规范。2007 年 3 月 14 日，市政府颁发《九江市保障残疾人合法权益的规定》，共 8 章 41 条，从残疾预防和评定、教育和文化生活、劳动就业等多方面做出明确的规范性要求。

### 二、残疾人调查

2001 年 10 月，市残联开展全市残疾人调查活动。经统计，全市残疾人总数为 23.15 万人，占全市人口总数 5.16%。

2006 年 4 月 1 日零时，第二次全国残疾人抽样调查工作正式启动，修水县、永修县被列为抽样调查县。2007 年 10 月 11 日，省统计局、省第二次全国残疾人抽样调查领导小组公布抽样调查结果显示，九江市残疾人总数为 29.78 万人，占全市人口总数 466.1 万人 6.39%。其中，视力残疾人 4.91 万人，占全市残疾人总数 16.48%；听力残疾人 6.71 万人，占 22.53%；言语残疾人 0.51 万人，占 1.70%；肢体残疾人 8.96 万人，占 30.09%；智力残疾人 2.63 万人，占 8.84%；精神病残疾人 2.06 万，占 6.92%；多重残疾人 4 万人，占 13.44%。在全市残疾人口中，城镇残疾人口 4.22 万人，占总数 14.18%；农村残疾人口 25.56 万人，占 85.82%。

### 三、残疾人康复

1991 年 3 月 11 日，国家教委、卫生部、民政部、解放军总后勤部、中国残联等部门组成“三项康复”(白内障复明、儿童麻痹后遗症矫治、聋儿听力语言训练)工作检查组到九江检查工作，市残联受到表扬。

1995年，市残联启动智力残疾儿童康复训练、精神病防治康复、提供残疾人用品用具等服务性工作。1998年，市政府首次与国际组织合作实施“视觉第一中国行动”项目，经过手术治疗脱盲率达100%，脱残率达83%，受到省卫生厅、省残联表彰。至2000年12月31日，市残联为残疾人发放辅助器具10590件；505名聋哑儿童经过听力语音训练走出无声世界，其中45名聋儿被送进普通小学读书；11800名白内障致盲残疾人重见光明；172名低视力残疾人配用助视器；2625名小儿麻痹后遗症残疾人经过矫治手术减轻残疾程度，一些在地上爬行多年的残疾人从此可以站立起来；430名智力残疾儿童得到生活自理和认识能力训练。

2001~2010年，市残联为残疾人发放辅助器具24405件；完成白内障复明手术13676例，人工晶体植入率100%，脱盲率100%，脱残率93%；为肢体残疾人免费安装假肢607条；对549名贫困聋儿、脑瘫、孤独症儿童进行救助性康复训练；为5520名贫困精神病患者免费常年发放药物。全市有3.83万名残疾人得到不同程度的康复以及康复服务。2010年10月20日，全国残疾人社区康复示范县(市、区)培育活动总结暨经验交流会议在星子县召开，并对星子县等248个“全国残疾人社区康复示范县(市、区)”进行授牌。

### 四、残疾人就业

1992年3月，九江被列为全国残疾人按比例就业试点城市。至2000年12月，全市普遍推行分散按比例就业，共分散按比例安置残疾人1546人，收缴残疾人就业保障金560万元。至2010年12月，全市有8.46万残疾人得到就业安置，有劳动能力的残疾人就业率达到72%。全市各级残联先后为残疾人举办电脑、剪纸、麦秆画、家政服务、果村栽培、盲人按摩等各类职业技能免费培训班126期，培训城镇残疾人2445人次，农村残疾人6064人次。在盲人按摩培训班中，有228名盲人接受初级保健按摩培训，其中26名盲人通过考试获得中级职称。

### 五、残疾人维权

**无障碍设施** 1991年开始无障碍设施改造工作。至2010年，全市无障碍设施累计投资4685.3万元，铺设盲道150余千米，完成无障碍设施改造6700余处。由全国老龄办、住房保障和城乡建设部、中国残联等部门组成的国家创建无障碍建设城市检查验收组对市无障碍设施情况进行检查验收并予以充分肯定。

**媒体宣传** 2005年4月12日，中央电视台《道德与观察》栏目以“寻找幸福的人”为题，分上、下集报道都昌县残疾青年教师徐斌身残志坚，与病魔搏斗，与生命赛跑，吊着尿袋上讲台的先进事迹，时长达40分钟。2005年9月4日，中央电视台《科学与教育》栏目播报九江县盲童克服重重困难求学的感人事迹。

**信访接待** 1991年起，加强信访接待工作。至2010年，全市共为残疾人受理提供法律援助案件156起；接受残疾人法律咨询25613人次；接待残疾人上访5327人次；处理残疾人信访3483件。

### 六、残疾人教育

1991年，市内有1所聋哑学校，在校生93人。1992年，永修县特殊教育学校创办，主要接纳聋哑学生。1999年，都昌县、瑞昌市特殊教育学校相继创办。2000年6月，九江博爱聋人学校创办。2004年4月，九江县东方红特教学校创办。

2006~2010年，武宁县、湖口县、彭泽县、九江县相继创办特殊教育学校；其中九江县特殊教育学校于2007年10月被列为省特殊人才培养基地。2010年7月，星子县特教学校完成立项；10月，修水县特教学校动工。九江市先后于2008年、2009年争取和安排省政府民生工程项目用于特殊教育的专项资金540万元和280万元，解决全市特殊教育学校的设备购置的资金问题，有效缓解办学困难和压力。

至2010年底，全市共办特殊教育学校10所(其中民办2所)，即市特殊教育学校、九江县特殊教育学校、瑞昌市特殊教育学校、湖口县特殊教育学校、都昌县特殊教育学校、彭泽县特殊教育学校、永修县特殊教育学校、武宁县特殊教育学校、九江博爱聋人学校(民办),庐山区虹康残疾儿童学校(民办);在建的有修水县、星子县特殊教育学校;特教班58个,特殊教育在校生2563人(其中在特教学校特教班就读857人,随班就读1706人);教职工137人,其中特教专任教师116人。全市特殊教育经过20年的发展,由单一聋人教育发展为集听障、视障、智障,学前康复教育于一体的综合体;办学层次由单纯的九年义务教育发展为包括小学教育、初中教育、高中教育、职业教育和特长教育的完整特教体系。

### 七、残疾人扶贫济困

1991年以来,全市各级残联利用小额信贷资金、落实优惠政策等方式,扶持3746名残疾人自主创业,摆脱贫困;利用康复扶贫和小额扶贫贷款资金2370万元,扶持5800户残疾人家庭从事种、养、加工业,其中2760户残疾人家庭通过扶助过上小康生活。浔阳区残联积极协调公安、规划、建设、执法等部门,建立聋人服务社,解决198名聋人的生计来源。

2010年,全市城镇残疾人中,有8000人享受当地居民最低生活保障,占城镇残疾人总数的19.13%;有5000人领取过定期或不定期救济,占城镇残疾人总数11.95%。全市农村残疾人中,有1.3万人享受当地居民最低生活保障,占农村残疾人总数5.07%;有4.36万人领取定期或不定期救济,占农村残疾人总数17.07%。

### 八、残疾人文体活动

**文艺活动** 2004年2月,市特教学校学生姜妞妞入选中国残疾人艺术团,参加12月3日在人民大会堂的答谢演出,受到中共中央总书记胡锦涛的接见。2009年4月,星子县残联选送的话剧《茶嫂》,入选省第六届残疾人艺术节汇演节目;同月,市特教学校在第三届全国残疾人儿童艺术作品展上获优秀组织奖。

**体育活动** 2003年12月,在广东省江门市首届“豪爵杯”全国残疾人足球锦标赛上,市特教学校足球队获第七名。2004年10月,在全国残疾人足球锦标赛上,以市特教学校杨丹、周历立等7人为主力的省聋人足球队夺得聋人组冠军。2005年6月,以市特教学校杨丹、周历立等7人为主力的省聋人足球队在全国聋人足球锦标赛上夺得银牌。2007年5月,在云南省昆明市举行的第七届全国残疾人运动会足球比赛中,市特教学校足球队获第二名;10月,九江县东方红特教学校被评为全国特奥运动先进单位,校长廖世鸿被评为全国特奥运动先进个人。2008年11月,市特教学校足球队代表省聋人足球队在全国聋人足球锦标赛上获第七名。

# 第八章　归国华侨团体

## 第一节　代表大会

### 一、市归侨侨眷第三次代表大会

1994年11月1~2日在市区南湖宾馆召开,出席代表125人,列席代表26人。省侨联主席包章日到会致辞,市委书记彭宏松出席并讲话。会议听取并审议通过李秀霖代表市侨联第二届委员会所做《卓有成效地开展侨联工作,为促进我市现代化建设做出新贡献》工作报告;审议通过相关决议;选举产生第三届委员会,委员29名;主席李秀霖(女),副主席叶秀华(女),池兴敏(兼职)。

### 二、市归侨侨眷第四次代表大会

2000年3月13日在市区江银宾馆举行召开,出席代表80人,特邀代表20人,列席代表24人。市委副书记胡绍生代表市委、市政府到会祝贺并致辞。会议审议通过池兴敏代表市侨联第三届委员会作《坚持邓小平侨务思想,促进我市改革开放,做好跨世纪侨联工作》工作报告及相关决议;选举产生第四届委员会,委员23名,常委7名;主席池兴敏;副主席蒋闽江(兼职)、简祖培(兼职)。

### 三、市归侨侨眷第五次代表大会

2007年7月31日至8月1日在市区九江宾馆召开,出席代表105名,列席代表26名。省侨联主席曾华新、市委副书记刘德意、市人大副主任王际民、市政府副市长李伟、市政协副主席陈晖到会祝贺。会议审议通过蒋闽江代表市侨联第四届委员会所做《凝聚侨心侨力,奋力开拓创新,为建设新九江,实现新跨越作出新贡献》工作报告及相关决议;选举产生第五届委员会,委员31名,常委14名;主席蒋闽江,副主席方行宇、简祖培(兼职)、詹训春(兼职)、吴治安(兼职)、张译丹(兼职)。

## 第二节 机 构

### 一、市侨联

1991年,市侨联与市外事侨务办公室合署办公。1992年9月,市侨联单独设立,列入市人民团体序列;1994年11月,市侨联独立办公,地址位于市区湓浦路14号。2002年12月,市侨联机构内设办公室。至2010年未有变化。

### 二、县(区)侨联

1991,全市有县侨联1个,随后相继增设3个。2010年,全市有县(区)侨联4个,按成立时间顺序依次是:九江县侨联(1989年5月)、修水县侨联(1995年底)、庐山区侨联(2000年)、浔阳区侨联(2004年11月)。

### 三、企事业单位侨联

1991年,仅有九江赣西北地质大队侨联。

### 四、归侨侨眷联谊组织

2010年,全市有归侨、侨眷联谊组织2个,按成立时间顺序依次是:市老年归侨侨眷联谊会(1996年1月)、市侨商联合会(2008年12月)。

## 第三节 侨联活动

### 一、参政议政

**人大代表和政协委员** 1991年,市政协常委会决定将"归国华侨"界别改为"侨联"界别,作为政协的组成单位,确认侨联在统战工作中的地位,发挥侨联参政议政与民主监督的作用。市侨联作为市政协的独立届别,委员由5人增加到13人。2006年,全市侨联界别人大代表12名,政协委员32名。2010年,全市人大归侨侨眷代表20余名,全市政协侨联界别委员70余名,其中省人大代表2名、省政协委员1名;市人大代表5名,市政协委员13名。

**建议提案** 2006年,市侨联《健全侨联基层组织,积极发挥独特优势》的集体提案,建议在县区成立侨联组织并落实编制和经费,引起有关部门的高度重视。2004年,侨界委员池兴敏《在更高层次上搞好招商引资》、蒋闽江《治理网吧从源头抓起》等提案被市政协评为优秀提案。2002年,市侨联参与省侨联的集体提案,推动省人大常委会对《江西省实施〈中华人民共和国归侨侨眷权益保护法〉办法》的修订、颁布与实施以及省政府关于归侨退休后增加50元津贴补助政策的顺利出台。市政协重视发挥侨界代表委员参政议政的职能,李秀霖、池兴敏、蒋闽江先后被推选为省政协委员。2007年,侨界委员蒋闽江《建章立制,明确责任,彻底整治校园周边治安环境》提案被市政协评为优秀个人提案。在2008年1月市政协十三届三次会议上,侨界委员蒋闽江提出《关于实施“一票通”“年票制”,激活市民本地旅游市场》的建议。2010年,在省、市政协会议上,侨界委员蒋闽江提出《妥善解决老归侨生活待遇问题》的提案,得到有关部门的重视,省财政厅派专人来九江现场办公,当年12月10日,省政府出台《关于提高我省老年归国华侨生活补贴标准的通知》,明确规定退休归侨每月享受100元生活补贴。在2010年市政协十三届五次会议上,侨界委员蒋闽江、简祖培联名提出《关于妥善解决改制企业中退休归侨生活补贴待遇问题的建议》。

## 二、服务经济建设

**兴办实体** 1991年以来,市侨联先后创办省华侨建筑工程公司九江工程部、旅游公司、经贸公司、乔桥婚姻介绍所、工贸服务部、华环劳动服务部和侨浔粮油经营部。经过历次清理整顿,至2010年,市侨联兴办的经济实体全部解散。

**招商引资** 1991年以来,市侨联先后在全市侨界开展“招商引资攻坚战”“在九江率先崛起中争当先锋”“聚侨心,促和谐年”“新阶段新发展,侨界应有新作为”“建设新九江,侨界努力干”多项活动。从当年起,市侨联参与由省政府主办的“中国‘五会’经贸研讨会”和“赣台经贸研讨会”,邀请海外侨团和知名人士出席联谊会,敦睦乡谊,广交朋友,并提供一批科技、经贸、文化交流合作信息.在 2007中国“五会”(九江)经贸恳谈会上,香港华侨华人总会会长梁淦基夫妇、秘书长李碧葱,英国奥维尔国际有限公司董事长姜国平等9名侨界客商出席恳谈会。通过全市侨界的共同努力,一批有影响力的侨资企业陆续落户九江,为九江的经济建设和社会发展做出贡献,其中赛得利化纤有限公司获国家明星侨资企业,福莱克司、德福电子材料厂等获省级明星侨资企业。凯胤置业、奥华混凝土、上好佳食品等在同行业中率先崛起,取得良好的经济和社会效益。1992年,由归侨侨眷牵线签约的中外合资企业共6个,捐赠2个,协议资金折合人民币8000万元。1993~1994年,全市各级侨联所属企业上缴利税165万元。1994年年底,全市“三资”企业302户,其中港澳侨同胞投资226户,占总数的75%,引进港澳侨资金2.5亿美元,占全市海外资金的85%。1998年,市侨联作为市“招商引资攻坚战”领导小组成员单位,向海内外重点侨务对象发出函件300封,并邀请中国侨联虹桥旅行社副总经理营风霞到庐山考察。2010年,全市外资企业409家,用工人数4万余人,其中侨资企业占75%。

## 三、维护侨界利益

**侨情普查** 2005年8月,市人大民宗外侨委、市外侨办、市政协港澳台侨委、市侨联、市海外联谊会联合开展全市侨情普查。据普查统计,全市有归侨97人,其中浔阳区43人、庐山区17人、开发区1人、九江县6人、瑞昌市7人、永修县9人、星子县2人、德安县4人、修水县1人、武宁县1人、湖口县1人、都昌县3人、共青城1人、庐山1人。

**走访慰问** 1991年始,每年春节期间,全市各级侨联组织走访困难归侨家庭,至2010年累计走访慰问1000余人次,赠送慰问品价值80余万元。2008年,在归侨回国40周年之际,市侨联免费为市区归侨进行体检。2009年,建立“一对一”帮扶工作机制,市侨联委员和市侨商会会员主动与困难归侨侨眷家庭建立帮扶关系,着重解决归侨侨眷子女就学、就业等困难。2010年,九江县侨联为全县归侨发放《体检卡》,免费为归侨进行健康检查。

**信访受理** 1991年,按照《江西省关于归侨职工享受退休生活补贴的通知》,协助做好归侨退休待遇的落实工作,1995年,中国侨联电话告知修水县合资企业港方代表反映在与当地合作方面遇到困难,市侨联及时向市政府有关部门反映,并由领导带队进行协商解决;同年,美国XEROX(施乐)公司光电系统总工程师、美国中华光电学会主持人卫泰宇博士要求落实庐山的房产,市侨联与庐山有关部门联系,按照有关政策予以落实,卫泰宇表示满意。2009年,市侨联经多方协调,顺利解决3名退休归侨每人每月50元生活补贴。2010年,妥善解决庐山区归侨顾梅君的低保问题,做好大桥五处陈熙珍工龄的解释问题,为年近80高龄的归侨刘美莲的孙女申请学校贫困补助提供帮助;修水县侨联协调该县法院妥善解决华侨刘金花、黄其国夫妇的借款纠纷;帮助美国华侨汪波的母亲涂清傧核查、寻找职工履历档案,为其解决每月养老生活补贴245元;庐山区侨联妥善处理一位香港眷属的拆迁还房矛盾;赣西北地质大队侨联为10对归侨侨眷夫妻解决分居问题,为8位归侨侨眷办理"农转非"户口。至2010年,全市侨联组织共受理群众来信来访2000余次,及时帮助解决归侨侨眷的职称评定、工作安排、子女升学、就业、出国探亲、住房分配和退休待遇等问题。协助中国侨联法律顾问委员会主任胡之光以及其他部门先后4次在浔进行《中华人民共和国归侨侨眷权益保护法》执行情况的调研活动,共走访60余家归侨侨眷所在单位。

## 四、社会服务

**赈灾济困** 1992年,美国侨领、美籍华人殷有为捐赠人民币6万元,修建庐山区莲花乡乡级公路。1995年,侨眷龚平海联系堂兄龚平邦(美国哈佛大学研究员)和侄子龚君展博士受聘为九江师专客座教授,并筹款5万余元为星子县农村解决吃水难问题;通过其妻子的叔父胡恺任台湾都昌同乡会会长的关系,敦请台湾佛教慈济功德会给都昌县捐赠价值人民币1300万元的钱物。1998年,九江发生洪涝灾害后,各兄弟省市侨联及海内外侨胞捐款捐物180万元,其中殷有为向九江县港口灾区捐赠价值1万元的大米并赠送10箱矿泉水,还在省举办的赈灾义演大会上现场捐赠人民币2万元。2005年,九江"11·26"地震发生后,香港吴星可慈善基金会会长吴碧带队来灾区看望灾民并捐赠价值15万元人民币的钱物。2008年发生四川汶川"5·12"大地震后,市侨联立即向全市侨界发出捐款捐物、支援灾区的倡议,捐款总额超过100万元。2009年8月,台湾中南部遭受"莫拉特"台风袭击后,29名市侨联委员和侨商会会员踊跃捐款,台湾侨联总会机关刊物《侨讯》第1304期头版以"九江侨联募款赈灾,侨联总会函谢善举"为题予以报道。

**捐赠助学** 2006年6月,市政协侨联界别委员、香港歌星邝美云出资260万元帮助困难学生。自2006年起,新加坡金鹰国际集团每年向庐山区姑塘镇小学捐赠5万元助学金。美国张文基教育扶贫基金会为市6名归侨侨眷子女每人每年发放800元助学款。市侨联配合中国侨联"百千万侨心工程",分别引进香港同胞沈炳麟10万元修建九江县狮子镇雨淋小学;孙中山基金会10万元修建九江县江洲镇守仁希望小学;香港华侨华人总会名誉会长、金龙科技集团有限公司董事局主席胡国赞及其子胡总伟20万元兴建修水县白岭镇邓家嘴总伟侨心小学、彭泽县定山镇定山侨心小学;台湾财团法人、"爱心第二春"文教基金会夏宝珍女士捐建庐山区海会镇双垅怀恩爱心小学等4所"侨心小学"。2009年,庐山区侨联争取到夏宝珍为海会镇双垅怀恩爱心小学追加助学捐款24万元新台币。

## 五、联谊交流

**海外联谊** 1991年始,海外联谊逐渐增多,1992、1993连续两年龙舟赛,市侨联发动全市归侨侨眷向海外寄出400余封邀请函,邀请来浔观赛的侨胞、港澳同胞近100人。1994~1998年,连续5次在庐山举办有8个省、市和香港地区派员参加的"侨务经济工作研讨会"。在'96中国庐山国际旅游节暨招商引资洽谈会期间,市侨联邀请美国、印尼、香港、台湾等6个国家和地区的客人56人参加。2008年10月2日,美国卫生部高级研究员、市侨联海外顾问张斌到九江考察;10月29日,41名海内外原九江归侨"重返第二故乡之行"旅行团抵达九江,举办"悠悠岁月四十载,浓浓第二故乡行"联欢联谊活动。2010年,市侨联接待香港雁心会乐幼基金会内地建校部主席郭文义、香港公益热心人士黄嘉乐一行。至2010年,市侨联先后接待来自美国、英国、加拿大、菲律宾、缅甸、印尼、马来西亚等国及中国香港、澳门、台湾地区旅游、探亲、访友的海外华人、华侨和港澳台同胞300余批、2000余人次。

**国内交流** 1991年始,市侨联、市侨商会先后派员参加华东六省一市侨联工作研讨会、全国部分地市侨联横向联系会、泛珠三角省区侨联(社团)协作年会,中国侨联第十四期干部培训班、义乌中国侨商会长峰会等活动。市侨联与上海、南京、常州、无锡、镇江、扬州、厦门、深圳、广州、湛江、芜湖、安庆、武汉、黑河等60余个城市侨联以及省内10个设区市侨联建立友好合作关系。2008年,市侨联主席蒋闽江到澳门参加澳门归侨总会成立40周年庆祝活动。2009年,市侨联组团先后考察浙江、辽宁、海南以及嘉兴、绍兴、沈阳、海口等省、市侨联组织和台湾新华爱心教育基金会。2010年,市侨联应邀参加长三角地区侨联协作会议,组团到深圳参加全国侨商组织创新服务专题报告会暨华商杯乒乓球友谊赛。

### 六、其他活动

**纪念活动** 2008年,市侨联组织开展纪念改革开放30周年、全国侨联组织恢复活动30周年系列活动,并参加由省人大外侨民宗工委、省政府外侨办、省政协港澳台侨委、省侨联和省书法家协会联合举办的全省归侨侨眷"迎奥运、颂改革"书法大奖赛活动,全市共有16幅书法作品获奖,市侨联获得优秀组织奖;市侨联征文活动收到文章15篇,其中2篇在《中国侨联工作》期刊和"中国侨联网站·我与改革开放30周年"专栏发表。

**宣传活动** 1996年以来,市老年归侨侨眷联谊会、市侨联机关和修水县侨联相继创办《九江侨情》《侨联简讯》和《乡音》;市侨联每年向上级部门报送100余条信息。2000年开始,市侨联每年组织学生参加"世界华人学生作文大赛"活动,累计参赛学生6000多人次,300余名师生获一、二、三等奖和优秀指导老师奖,市侨联6次获组织工作大奖,修水县侨联3次获大赛组织奖。2010年,市侨联、市侨商会联合创办"九江侨网"。

**法律宣贯** 2010年,为纪念《中华人民共和国归侨侨眷权益保护法》颁布20周年,市侨联举行系列纪念活动,并特邀九江学院教授、法律专家李仲文作专题知识讲座。市侨联及时与市公、检、法沟通,搭建涉侨案件通报侨联工作平台,成立"九江市法律援助中心侨联工作站"。

**重要接待** 1991年以来,市侨联先后接待中国侨联主席林兆枢,副主席李祖沛、唐闻生、林淑娘、李欲晞、郭麟恭等到九江视察;先后接待省侨联主席李佛玲、曾华新、周锦以及北京、福建、四川、广西、宁夏、黑龙江、辽宁、吉林、浙江、安徽等省(自治区、直辖市)侨联领导人等30余批次。

# 第九章　红十字会团体

## 第一节　代表大会

1999年10月22日,市红十字会在市区南湖宾馆召开第四次会员代表大会;出席代表400名,其中正式代表370名,特邀代表30名。会议听取并审议通过郑三元代表市红十字会第三届理事会所做的工作报告;选举产生由42人组成的第四届理事会,刘积福任名誉会长,谭毓清任会长,胡四珊、欧阳春、荣廷标任副会长。

## 第二节　机　构

### 一、市红十字会

1991年,市红十字会理事会成员37人,内设办公室,与市卫生局防疫保健科合署办公。2005年5月,市红十字会单独建制,内设办公室、赈灾宣传科。2009年2月,机关办公地点从市卫生局迁至市区庐峰路48号民主党派大楼一楼。至2010年未有变化。

### 二、县(市、区、山)红十字会

1991年,全市有庐山管理局、浔阳区、九江县、修水县、武宁县、瑞昌市、都昌县、湖口县、彭泽县、永修县、德安县、星子县、庐山区县(市、区、山)红十字会14个。1996年8月,成立共青开放开发区红十字会。2010年,全市有县(市、区、山)红十字会14个。

### 三、红十字会基层组织

2010年,全市有基层组织264个,会员10万人,其中青少年会员6万余人。全市成立红十字志愿服务队6个、志愿者2468人;累计开展志愿服务286次、5636人次。同时,建有社区红十字会服务站17个。10月23日,市红十字医院在共青城挂牌成立。

## 第三节 红十字会活动

### 一、捐赠赈灾

2008年年初,发生特大冰冻灾害,中国红十字总会向灾区捐赠价值50万元的物品,江苏省苏州市红十字会捐赠10万元款物,中国美术家协会、中国书法家协会分别捐款20万元,浙江宁波“风调雨顺”公司捐款3万元。5月12日,四川省汶川发生特大地震,市红十字会快速反应,在市委、市政府和上级红十字会的统一部署下,采取多形式、多渠道组织募捐、劝捐活动,共捐赠钱物976.61万元,其中现金738.61万元。5月24日,由市委宣传部、市文化局、市广播电视局、市民政局、市慈善总会、市红十字会联合举办的“感恩之城·情系汶川——九江市支援灾区重建家园赈灾募捐晚会”在白水明珠会议中心举行,社会各界爱心人士1200余人参加。8月2日,按照中国红十字会总会的要求和省红十字会委派,市红十字会紧急组织一支由5人组成的供水系统应急队(ERU),赶赴四川灾区进行为期一个月的供水系统应急救援并如期完成任务,受到当地政府和群众的称赞。2009年8月,市红十字会在市区设置100个红十字募捐箱,为全市人民献爱心提供便利。2010年4月15日至5月12日,市红十字会为青海省玉树地震灾区开展募捐活动,共募集善款136万元。6月24日,为修水洪涝灾区送去价值7万元的救灾物资,主要有衣服、蚊帐、线毯等。7月18日,市红十字会在都昌县将省红十字会紧急救助的23万元救灾物资发放到灾民手中。当年,市红十字会共为修水、都昌、武宁等县洪涝灾区争取各类物质援助380万元。

### 二、助医、助学、助困

1991年起,市各级红十字会开展“情系灾区——救助贫困大学生”“博爱送万家”“‘六一’小心愿”“为大病患者义捐义演义展”等系列活动,其中“实施博爱工程,救助20名以上大病患者”项目被列入市政府2010年100件为民实事工程。2008年1月,市红十字会慰问庐山区新港镇、瑞昌市湓城镇、永修县艾城镇的4名麻风病患者,共发放2000元慰问金,并与市卫生局、市疾病预防控制中心联合开展以“消除麻风病歧视,共建和谐社会”为主题的“红十字博爱送万家“活动。8月26~31日,由市红十字会、市机关工委、九江电视台为45名来自四川灾区的“绵阳班”学生举办的“阳光之旅·爱在九江”素质拓展夏令营在翠竹山庄开营。9月19日,市红十字会、九江保视莱眼镜店为市特殊教育学校的全体残疾学生进行免费视力健康检查并配镜。12月26日,市红十字会联合市装饰材料行业协会在雅格泰酒店为13岁患病少年王盛举办募捐活动,筹集资金3.2万元。2009年12月24~26日,市红十字会联合《江西日报》(新参考文摘·家庭生活报)、市工人文化宫等单位在烟水亭广场为大病患者举办以“帮助一名患者,拯救一个家庭”为主题的义演、义捐、义展募捐系列活动,共组织义演3场、义展企业20家,募集救助资金1.5万余元,其中6000元直接捐给大病患者。2010年2月9日,市红十字会在共青城启动“博爱送万家”活动,向各县发放“送温暖”物资500箱。2月10日,市红十字会开展向23名大病患者送温暖活动,给每位患者发放现金800元。6月1日,举行“‘六一’小心愿·我为小宝贝圆梦”活动,为15名白血病患儿完成各自的心愿,同时争取中国小天使基金为这些患儿给予每人3万元的资助。6月30日,由中国红基会幸福天使基金、贝因美公司主办,市红十字会、庐峰社区居委会协办的贝因美公司向九江贫困孤残儿童捐赠价值20万元奶粉仪式在庐峰社区举行。8月19日,市红十字会启动“情系灾区——关爱特困大学生助学行动”,信华集团出资11万元资助50名受灾县区贫困应届大学新生。9月27日,市红十字会到庐山区慰问2名白血病患者每人发放5000元慰问金,后又为市抗癌协会发放1万元慰问金。12月4日,市红十字会联合《九江晨报》在和中广场为盲人歌手万仁救举办“给爱一个舞台”个人演唱会,现场为万仁救募集善款7521.5元。

## 三、服务社会

**志愿服务** 1991年始,市红十字会注重打造志愿服务平台,先后成立生命工程遗体捐献支援服务队、社区康复中心、应急救援志愿服务队、捐献造血干细胞志愿服务队、无偿献血志愿服务队、新闻宣传志愿服务队等组织。2004年8月,开展招募捐献造血干细胞。2006年8月,志愿者汪堃的造血干细胞与一名在北京治病的白血病患者初配成功。2008年9月20日,浔阳区计生委职工孙鹏向省红十字会医用组织库捐献遗体。2009年2月5日,志愿者刘玉琴在北京成功捐献造血干细胞;2月22日,李清兰向市红十字会志愿捐献遗体;8月30日,吴文智向市红十字会志愿捐献遗体。9月25日,魏福济向市红十字会志愿捐献遗体,为第六例遗体志愿捐献。至2010年年底,全市共采集造血干细胞血样1900人份,其中5名捐献志愿者成功挽救5人生命。

**教育培训** 2008年5月8日为第六十一个“世界红十字日“,市红十字会组织医疗单位和红十字志愿者到庐峰社区开展主题为“携手人道、服务奥运”的义诊、家庭急救员免费培训等公益活动,组织800名红十字青少年参加“与奥运同行——自救互救知识竞赛”活动。9月13日为“世界急救日”,市红十字会与九江学院附属医院、九江日报社、九江广播电台、九江电视台、浔阳区红十字会在湖滨社区文化广场联合举办“救护生命、红十字在行动”系列活动。10月25~26日,市红十字会在龙山小学开设第一期急救志愿者培训班,来自全市社会各界的58名红十字志愿者参加。12月1日为第二十一个“世界艾滋病宣传日”,围绕“遏制艾滋,履行承诺”的主题,市红十字会、市防艾办在信华城市广场举办大型防治艾滋病宣传咨询活动,发放宣传资料1万余份。2009年5月8日,市红十字会机关报《九江市红十字报》创刊;8月4日,省第二届“红十字新闻奖”评选揭晓。市红十字会获组织奖,宋小勇、杨青《快乐的绵阳班》获二等奖,江慧、许勇《供水应急队的三十个日日夜夜》获优秀奖。9月24日,市红十字会与长江航运公安局九江分局在长江九江段联合组织开展水上救生演练活动。12月1日,市红十字会联合市防艾办等单位在信华城市广场举行主题为“遏制艾滋履行承诺”(“权益、责任、落实”)的“世界艾滋病日”宣传活动。2010年1月11日,市红十字会在九江学院附属中学举办地震、火灾逃生、自救互救及心肺复苏等救护知识培训,共320名师生参加。2月3日,为星子县天地温泉假日酒店举行救护培训班,17名员工参加培训并取得“救护员证书”。5月12~15日,为派拉蒙公司800名员工举办“红十字运动基本知识”讲座,传播红十字人道精神和基本常识,普及初级救护知识,增强在遭遇突发灾害和意外伤害时的自我保护能力。9月11日,开展“急救为人人,人人学急救”大型培训活动,直接参加活动人员近3000人,覆盖人群过万人,中国红十字报、九江日报、九江电视台、九江电台等诸多媒体相继予以报道。11月9日,市红十字会联合市公安局交警支队、市运管处在市交通指挥中心会议室召开全市驾校救护培训工作会议,30多所驾校负责人参加。11月10日,市老年介护科普基地在浔阳区福利院揭牌成立。12月21日,市红十字会与《浔阳晚报》在市图书馆举办“首届科学防癌专家论坛”,举办防癌、抗癌知识专题讲座,为20名抗癌明星颁发证书、20名癌症患者颁发每人5000元救助金(10万元救助金由市第三人民医院捐赠)。12月,在由市委宣传部、市文明办主办,《九江日报》《浔阳晚报》、九江广播电台、九江新闻网协办,九江电视台承办的第三届“十大感动九江人物”评选活动颁奖晚会上,市红十字志愿服务队获特别奖。

# 第五十二篇

# 公　安

# 第五十二篇 公 安

1991年以来，全市公安机关肩负“打击敌人、保护人民，惩治犯罪、服务群众，维护国家安全和社会稳定”历史使命，依法严厉打击违法犯罪活动，加强社会治安管理，维护交通安全秩序，加大消防监管力度，管理户政、出入境等事务，强化国内安全保卫机制，为全市经济发展、社会进步和人民群众安居乐业营造安全、稳定、和谐、宁静的良好环境与氛围。

至2010年，全市治安防控体系采取点、线、面相结合，治安卡点和视频监控相结合的防控机制，形成市、区、派出所、社区四级防控网络；推进“天网工程”建设，建成视频监控点2532个，主要街道、乡镇、重点部位覆盖率在95%以上；推进“平安湖区、零案景区、和睦边区、安宁林区、祥和社区”建设，实现刑事案件、治安案件、矛盾纠纷三下降。全市破获刑事案件1.28万起，破获经济案件2285起，挽回经济损失2.73亿元；抓获犯罪嫌疑人1.58万名，追捕逃犯1.48万名；查处各类社会治安案件12.02万起；处理各类交通事故1.7万起；扑救火灾8848起；先后有5个单位荣立集体一等功，44个单位荣立集体二等功；23人次荣立一等功，145人次荣立二等功，17人次被评为省、市劳动模范(先进工作者)；涌现出一批国家级“青年文明号”“全国文明窗口”“全国巾帼文明岗”以及“全国优秀公安局”“全国人民满意公安基层单位”等先进集体。2008~2010年，在全省“公众安全感测评”中，九江连续3年位居全省设区市前三名。

# 第一章 治安管理

## 第一节 治安防控体系建设

1991年,全市安装社区住户防盗门65885套,建立自行车停放点368个,治安岗亭33个。1996年,市公安局在全市推广长虹小区、利江花园、瑞昌四五九厂安全文明小区试点单位的经验。1998年,全市开展创建安全社区活动,共创建安全文明小区68个,安全文明村镇86个,其中浔阳区孤溪埂安全文明小区被评为全国示范点;加强辖区群防群治网络建设,各种季节性的治安联防、巡逻、护村、护校、护厂、护矿等队伍相应建立健全。1999年,全市创建安全文明小区168个、安全文明村镇769个、安全文明楼院2362个。2002年,全市创建安全文明小区364个、安全文明村镇815个。2003年,全市推行三级治安巡逻制度,市公安局招收150名巡防队员组建巡逻队;城区设置治安卡点7个。至2008年3月,全市共设立治安卡点88个,出城驻警卡点30个,外围堵控卡点44个;城区3个公安分局所管辖的128个社区全部建立警务室;市公安局投入300余万元在城区主要街道安装视频监控探头177个。2009年7月开始,全市启动"天网工程"项目建设,至2010年年底,新建视频监控探头1427个。

## 第二节 特种行业、公共娱乐服务场所管理

### 一、旅馆业管理

1993年,全市对旅馆业实行分层次审批发证管理,完成对全市首批21家涉外宾馆、饭店、招待所的审批工作。1994年,市公安局下发《关于加强涉外宾馆、饭店、招待所治安管理通知》。1997年,全市开展对旅馆业治安管理专项整治活动。2004年,全市620家旅馆有203家安装治安管理信息系统。2010年,全市1080家旅馆全部安装该系统,当年有效报警150多次,抓获网上逃犯110人。

### 二、典当业管理

1994年7月,市公安局下发《关于加强典当拍卖、桑拿浴室治安管理工作的通知》。9月,对3家典当行进行清理整顿。至2010年,全市共有7家典当行,均纳入特种行业管理。

### 三、废品回收业管理

1993年,全市开展对废旧金属市场的专项整顿活动。1995年,市公安局下发《关于严格审批核发废旧金属收购业特行许可证的通知》。2001年7~8月,全市开展废旧金属收购业清理整顿,共取缔无证收购点22个,限期搬迁15个,处罚违法收购人员60人。2002年,全市公安机关对生产性废旧金属收购企业不再进行特种行业许可。

### 四、印章业管理

1994年,市公安局开展以原子印章为主的刻字业整顿工作,关停无证非法经营单位2家。2000~2003年,在全市印章刊刻企业中推广安装印章业治安管理系统。2004年,市公安局在全市行政事业单位开展新型防伪原子印章的刻制、换发工作,当年刻制1480枚;至2010年,全市行政事业单位换发新型防伪编号印章6490枚。

### 五、报废机动车、二手汽车交易市场管理

1998 年，市公安局对二手车交易进行治安管理。2002 年，市公安局会同市经贸委、市工商局联合下发《关于开展清理整顿报废汽车回收市场的通知》，将市报废汽车回收公司和九江共茂报废汽车回收公司重组为市报废汽车回收拆解中心，并于同年取消报废汽车回收(拆解)企业的特种行业许可审批。

### 六、休闲娱乐场所管理

1996 年，全市被列为公共娱乐场所实施治安管理的单位 2237 家，当年吊销《特种行业许可证》7 家，停业整顿 71 家，限期整改 211 家，处罚违法业主 110 人，刑事拘留 23 人，劳动教养 106 人，治安拘留 232 人；同时，市公安局下发《关于加强典当、拍卖、桑拿浴室治安管理工作的通知》，在全市开展专项整顿，查封、取缔按摩室 20 家，清查录像厅 59 家。1999 年 8~9 月，开展美容美发厅专项整治行动，共检查 487 家，其中取缔 93 家、整改 114 家，警告 27 家，刑事拘留 6 人、治安拘留 163 人。2001 年 8 月，对全市 6 家迪斯高舞厅进行停业整改；10 月，开展整顿和规范歌舞娱乐服务场所秩序专项行动，全市共查处赌博案件 91 起，依法处理 378 人；查处卖淫嫖娼案 14 起，涉案 56 人，其中吸毒人员 46 人；取缔 6 家涉赌电子游戏厅，收缴销毁赌博机 30 台。2002 年 8 月，开展娱乐服务场所集中整治行动，检查娱乐场所 2621 家，其中查处黄赌毒案件 219 起，治安处罚 896 人，取缔娱乐服务场所 50 家；9~10 月，开展秋季禁娼禁赌专项行动，共检查美容美发厅 768 家，取缔 120 家，整改 220 家，刑事拘留 9 人，治安拘留 210 人。2007 年，全市检查娱乐休闲场所 186 家，其中责令整改 89 家，停业整顿 2 家；收缴各类赌博机 370 台；破获刑事案件 2 起，治安案件 14 起；抓获违法犯罪嫌疑人 126 人，刑事拘留 2 人，劳动教养 2 人，强制戒毒 56 人。

## 第三节 枪支、危险物品管理

### 一、枪支弹药管理

1991 年 9 月，市公安局对全市检、法、司和公安机关新增枪支进行全面检查建档，共为 640 支手枪建立枪支管理档案。1995~1998 年，全市公安机关共收缴各类枪支 1452 支、子弹 5.13 万发。2000 年开始，相继批准修水、武宁、湖口、彭泽、瑞昌等县(市)成立狩猎队并依法持用民用枪支，市公安局对 128 名狩猎民用持枪人员进行培训考核。2001 年，全市收缴各类枪支 4215 支，其中军用枪支 24 支、来复枪 18 支、猎枪 549 支、小口径枪 26 支、土铳 3156 支、其他枪支 442 支；收缴各类子弹 1.88 万发。2002 年 7 月，全市无押运任务金融单位原配备的军用枪支和防爆枪支集中上交公安机关。2003~2004 年，全市收缴各类枪支 855 支、子弹 1925 发。2004 年开始，先后批准庐山区、武宁县、星子县的彩弹枪游艺场、气步枪射击馆配用彩弹枪和气步枪。2005 年，市保安服务总公司武装押运分公司启用新式防暴枪，市公安局对 210 名武装守护押运人员进行培训考核。2006~2008 年，全市公安机关收缴各类枪支 3131 支、子弹 1.33 万发。2008 年 4 月 22 日，市公安局治安警察支队破获 1 起通过物流在网络上出售自制枪支弹药案件，抓获犯罪嫌疑人 3 人，缴获自制枪支 5 支，子弹 120 发。2009~2010 年，全市收缴各类非法枪支 338 支、子弹 1.85 万发。2010 年 7 月，市公安局审查配枪人员配枪条件，规定凡符合持枪条件的民警必须办理《持枪证》。

### 二、民用爆炸物管理

1998 年，全市破获涉爆案件 4 起，查处违法人员 13 名，取缔非法生产厂点 16 家，消除安全隐患 119 处。2005 年，查处涉爆案件 16 起；12 月 26 日，浔阳区小金星幼儿园施工场地挖出炸弹，市公安局派出排爆民警紧急排险，历时 48 小时，清理出各类炸弹 162 枚，及时异地销毁。2006 年 4 月 20 日，成功销毁 1 枚“二战”时期日军投掷的长 1.5 米、直径 0.45 米、重 75 公斤的巨型航弹。2008 年，全市有营业性爆破作

业单位11家,非营业性爆破作业单位45家;市公安局率先实行爆破服务“一体化”并被省公安厅在全省推广。同年4月28日,武宁县宋溪镇塘畔采石场发生民爆物品盗窃案,被盗炸药24公斤、雷管90枚、导火索50米,经过3天的缜密侦查,案件告破,被盗爆炸物品如数追回,2名作案人员被追究刑事责任;12月31日,成功销毁1枚日军遗留的高0.6米、直径0.5米、重150公斤的巨型水雷。2009年11月,市公安局对全市85家小型民爆物品储存库进行检查验收,对不符合安全条件的30家小型民爆储存库下达停业整改通知。2010年7月17日,瑞昌市公安局发现民爆储存库有21枚炸弹反应异常,随时可能爆炸,市公安局特警支队派出警力经过近30分钟的紧张作业排除险情;当年全市共有民用爆炸物品销售公司11家,爆破作业单位56家,使用爆炸物品企业320家。

### 三、烟花爆竹管理

1991年以来,全市公安机关加强烟花爆竹的生产、储藏、运输、销售和使用的管理。2001年,全市共收缴违法经营爆竹7311.4万响,烟花1025个,烟花爆竹原材料3422.5公斤。2002年,烟花爆竹购买证、运输证由县级公安机关核发改由由市公安局核发;当年全市有烟花爆竹生产厂家115家。2003年,收缴爆竹4500万响,烟花爆竹原材料12吨。2004年,收缴烟花爆竹7500件。2005年,查处违法经营爆竹900件。2006年1月,烟花爆竹道路运输许可证审批权交由县级公安机关行使。同时取消核发烟花爆竹购买证。2007年,收缴烟花爆竹3478件;2008年收缴2982件;2009年收缴5341件。2010年,全市13家烟花爆竹专营企业实行信息系统管理,网上审批“烟花爆竹运输证”,对其流向进行跟踪管理。

### 四、剧毒化学品安全管理

1998~2005年,全市共收缴销毁“毒鼠强”282公斤。2008年,收缴并销毁剧毒化学品253公斤。2009年8月,实行剧毒化学品信息系统管理,全市41家剧毒化学品从业单位的剧毒化学品购买证、运输证须经市公安局网上审批。2010年8月,全市共有剧毒化学品生产企业3家、销售单位3家、使用单位35家。

### 五、管制刀具安全管理

1991年,全市公安机关对匕首、三棱刀、带有自锁装置的弹簧刀(跳刀)以及其他类似的单刃、双刃、三棱尖刀等刀具实行管制。1996~2001年,全市收缴管制刀具660把。2005年开始,全市公安机关依法加强管制刀具公共安全的管理。2006~2010年,全市收缴管制刀具2825把,其中部分予以销毁。

## 第四节　信息网络安全监督管理

### 一、互联网联网用户管理

1997年,市公安局开始对接入互联网的用户进行备案,当年备案40户。2000年,开始采用电子备案系统,共备案互联网用户3032户。2006年6月,市公安局网监支队率先在全省设区市公安机关开展“识网盾图标、上放心网站”活动,通过统一放置“网盾”(通过公安机关网上备案并发放的验证标识)图标,实现对互联网站的实时动态管理;8月,网监支队建立包括全市网站、联网单位、IP地址分配等互联网基础数据以及公共上网场所、重点单位、重点计算机系统等在内的数据资料库。2007年,公安部指定九江市为互联网公开管理推广城市,网监支队在全市900个服务器放置九江或内容涉及九江的网站悬挂报警岗亭图标,其中具有交互式栏目的网站均设置“警警、察察”的“虚拟警察”图标,实现“虚拟警察”公开亮相。2008年,对有害信息相对集中的互联网数据中心亿恩科技公司进行专项清理整治。对其提供主机托管或空间出租的8000多个网站进行重新审核备案登记。2009年,将“报警岗亭”和“网盾”图标合二为一,备案门户、政府网站250家,当年通过报警岗亭接受群众有效报警503起。至2010年,全市互联网报警平台共接到有效报警1539起,其中立案查处57件。

### 二、互联网上网服务营业场所管理

2000年,网吧开始在市内兴起,主要采用纸质登记簿方式手工登记上网人员信息。2002年8~9月,市公安局开展网吧专项整治,对全市400余家网吧进行重新审核、登记和发证,并推广安装网吧安全管理软件,要求上网人员必须持实名卡(身份证等有效证件替代卡)登记上网;11月,全市公安机关负责对互联网上网服务营业场所的信息安全、治安和消防安全进行监督管理。2005年4月,网监支队完成网吧安全管理软件升级试点任务,将网吧收费软件和公安管理软件进行绑定。2007年4月,九江在全省率先推广安装网吧视频监控系统,在市区123家网吧搭建统一的网吧视频管理平台。2008年4~6月,九江在全省率先推广安装身份证扫描系统,全市530家网吧均实现通过扫描仪直接使用身份证(军官证、学生证)实名上网,淘汰实名卡。2009年,网监支队建立城区115家网吧的电子档案,对网吧的地理位置、房屋结构、电脑分布、现场实景彩照等基础信息进行规范化、数字化管理。2010年6~8月,全市开展网吧专项清理整治,检查437家网吧实名上网情况,取消网吧安全管理软件中除身份证以外的其他证件扫描功能。至2010年年底,全市公安机关完成网吧安全管理软件升级试点任务5次,审核换证5132家次,开展网吧专项整治133次,出动警力563人次,查处违规网吧539家次。

## 第五节　水上治安管理

### 一、水上治安秩序维护

1991~2010年,全市公安机关加大水上治安秩序的管理力度,及时查处案件,化解矛盾。其中处置的主要案例有:

1994年9月8日,省鄱阳湖自然保护区工作人员在湖区清缴定置网时,与星子县沙湖山当地渔民发生冲突,致伤多人,公安机关立即出动警力介入,有效制止事态恶化,随后由市政府牵头协调,得以圆满解决。1998年11月4日,余干县康山乡渔民与市青山垦殖场渔民发生纠纷,导致群体性械斗,市水上公安分局立即出警,有效控制事态的恶性发展,并使双方最终和解。同年11月22日,湖口县东庄乡渔民与余干县渔民发生械斗,湖口7人受伤,其中1人因颅脑损伤导致死亡,省、市、县水警联手办案,有效化解更大规模的群体事件。1999年1月23日,武宁县境内发生因船只碰坏捕捞网而导致上百人的群体械斗,市、县两级水警紧急出动,成功调处纠纷,避免群死群伤流血事件的发生。

2001年11月14日,鄱阳县约700名渔民乘坐30多艘渔船持大刀长矛、鸟铳土炮以及炸药包围攻都昌县公安、渔政等部门联合组成的鄱阳湖区整顿渔政秩序工作组,导致13名工作人员被砍伤,其中重伤4人,2艘执法艇被毁坏,直接经济损失30万元。在省政府和九江市、上饶市有关部门的协调下,事件得以妥善处理。2003年5月27日,星子县渔民与安徽籍船名因争执而纠集百余人准备械斗,由于当地水警行动迅速,及时避免一场群体性恶性械斗事件的发生。2005年5月28日,星子、永修两县渔民因捕捞黄鳝引发纠纷,造成1名渔民死亡,两县水上公安机关立即开展劝解工作,并迅即抓获故意伤害致死案的犯罪分子,消解一场恶性群体事件。2007年6月29日,市公安局水上分局闻讯有200多条运砂、浮吊船舶因与海事部门的矛盾而准备堵塞鄱阳湖蛤蟆石水域中转区航道后,立即组织警力前往现场进行协商调解,及时将这次群体性堵航事件予以有效化解。2009年4月25日,武宁县晟阳实业有限公司因水面承包事宜与该县莆田乡楼湖村村民发生利益纠纷,县水上公安分局民警迅速进村入户进行调解,随后在县政法委和有关乡镇协调下,矛盾终于化解。2010年9月21日,九江县城子镇与湖北省黄梅县蔡山乡两地村民因偷采江砂发生打架斗殴,城子镇众多村民准备实施武力报复,市水上分局第一时间赶至事发地进行劝导,有效避免一场两省交界水域群体性事件的发生。

### 二、船舶、船民管理

1991 年 4 月,全市换发船舶户口簿。1992 年 1 月,市水上分局在全市水域开展清查黑船黑户工作。1996 年 12 月,全市发放第一批 1020 块船舶户牌、2000 份“船民证”和 4000 份“临时船民证”。1998 年 4~5 月,全市集中开展渡口、湖港、码头安全大检查活动。2003 年,市水上公安机关强化“一牌三证”(船舶户牌、船民证、船舶户口簿、船舶户口簿副本)的发放和管理工作,全市共发放船舶户牌 1216 个,“船民证”2728 份,并实行计算机管理。2007 年,针对船舶、船民流动性强、难掌控的特点,全市水上公安机关以“一牌两证”为切入点,实行以牌管船,以证管人。至 2010 年底,全市有机动船 3133 条,挖砂船 104 条,运砂船 942 条,渡船 105 条,渔船 1629 条,其他船舶 498 条;发放船舶户牌 2093 本,“船民证”2608 份,“临时船民证”837 份。

### 三、水上勤务

1991 年来,全市治安重点水域共有 10 个,即:瑞昌市狗头矶水域、九江县八里江水域、湖口县屏峰水域、彭泽县马当水域、庐山区蛤蟆石水域、长江官洲水域、星子县蚌湖水域、都昌县老爷庙水域、永修县四渡洲水域、共青城南湖水域。水上公安机关在重点水域共设立 8 个水上治安卡点和 7 个水上工作站,最大限度地把警力摆在第一线,配备高速艇和无线通信设备,点线面结合,建立全方位的治安防控网络。2005 年,建立以市公安局 110 水上指挥中心为龙头、各县区水上公安分局为接处警实体的指挥调度体系,对长江九江段和鄱阳湖九江水域打破行政区划限制,以近距离出警为原则,实施“统一接警、统一调度、统一指挥”的警务机制,最大限度地整合防控资源,使全市水上公安机关的打击防控能力明显增强,水域发案数逐年下降,破案率稳步上升。当年,全市水域刑事发案数比 2004 年下降 30%,盗窃、敲诈勒索等侵财性案件下降 43%,报警数下降 21%。

## 第六节　林业治安管理

### 一、林区治安秩序维护

1991,全市各级林业公安机关加强林区治安综合治理,建立林区治安巡逻队 182 个、1052 人,护林队员 3611 人,防火组 281 个、1415 人,登记发证的林区副业人员 2371 人,全市共建档林区有违法前科人员 1034 人;配合林政部门对 505 个“三窑”和 720 个林区木材加工厂进行清查整顿。1992 年,登记发证林区副业人员 2971 人,建立林区信息员 1571 人,建立林区治安巡逻队 182 个、1600 余人,护林队员 3961 人,防火组 288 个、1700 余人,建档有违法前科人员 1554 人;按照“谁主管、谁负责”的原则,推行乡村、国营、集体林场林区治安责任制。1993 年,全市有护林组织 320 个,信息员 1684 人,护林员 4120 人。1996 年,市林业公安局组织各县与场、乡签订治安责任状。2004 年,全省林业产权制度改革试点启动,市森林公安局下发《关于切实做好林改期间林区治安稳定工作的实施方案》,要求切实保证林改期间林区治安稳定。

### 二、林区专项整治

1993 年 10~11 月,市林业公安局在全市林区开展林区秩序整治、打击毁林犯罪的专项斗争,查破刑事案件 10 起,治安案件 62 起;收容审查 15 人,治安处罚 261 人,治安罚款 8889 元,收缴运输工具 38 辆(件)。1994 年 10~12 月,全市开展林业治安“秋冬攻势”专项斗争,侦破森林刑事案件 27 起,摧毁团伙 15 个,侦破积案 9 起,抓获在逃嫌疑人 4 人,查处森林治安案件 41 起,逮捕 11 人,收审 26 人,治安拘留 23 人,治安罚款 129 人、19026 元,警告 11 人。1995 年 3~4 月,市林业局、市公安局、市人民检察院和市中级人民法院联合开展严厉打击破坏森林资源违法犯罪活动专项斗争,共侦破林业刑事案件 25 起,逮捕 8 人,拘留 22 人,收审 9 人,收缴违法砍运木材 437 立方米。1998 年 11 月至 1999 年 1 月,市森林公安局在全市范围内开展灾后严厉打击破坏森林资源违法犯罪活动专项整治,破获森林刑事案件 7 起,刑事拘留12人，逮捕9人；查处林业治安案件18起，治安罚款1650元，挽回经济损失16万元。2000年10月至2001年2月，市林业局、市公安局、市工商行政管理局在全市鄱阳湖区开展保护越冬候鸟专项整治行动，共办理野生动物案件2起、刑事拘留3人，收缴国家二级保护动物15只，收缴省级保护野生动物200余只，收缴捕鸟网213张、注射器4支、毒药30公斤、猎枪1支、排铳8支，挽回经济损失4万余元。2003年6~7月，全市开展“飓风行动”严打专项斗争，查处非法猎捕案件3起，检查饭店、酒楼347家，市场97个，查处非法经营场点16个，收回“经营许可证”33份，收缴野生动物30718只，挽回经济损失14.83万元。2006年，在全省统一开展的“绿剑行动”中，全市森林公安机关共查处各类案件1246起，其中刑事案件立案228起、侦破212起。2007年，在“绿剑二号行动”中，共查处各类案件980起，其中刑事案件立案263起、侦破220起；处罚各类违法犯罪人员1129人，其中刑拘104人，逮捕90人，移送起诉113人。2008年11月至2009年3月，市森林公安局在全市范围内开展“今冬明春维护全市林区稳定专项整治行动”，侦破刑事案件48起，处罚各类违法犯罪人员163人。2009年4~10月，全市开展“09护绿行动”，侦破刑事案件102起，行政案件588起。2010年9~11月，市森林公安局在全市开展“严厉打击破坏野生动物资源违法犯罪专项行动”，共受理查处各类案件197起，处罚违法犯罪人员203人。

## 第七节　交通治安管理

### 一、市区公交治安管理

2004年6~8月，市公安局公交分局根据市区公交线路治安现状，整合警力，在101、102、19路等发案较多的公交线路上开展夏季反扒专项行动，共打掉扒窃团伙5个，抓获扒窃嫌疑人和查处违法人员16名；11月，在市区开展冬季公交反扒专项行动，共打掉4个以“抱脚”“拍烟灰”方式作案的扒窃团伙，抓获违法人员12名，为群众挽回经济损失4万元。2008年7月，分局从市公交公司抽调40名职工民警全面清查公交车消防器材，排查危爆物品和乘客遗留物。2009年，分局与九江博爱聋哑学校结成警民共建单位，中央电视台新闻频道《共同关注》栏目录制的专题片《诱惑无声》于4月1日、2日播出。2010年1月，开展“公交冬季反扒”专项行动，将公交重点线路实行分段打防、包片责任和弹性勤务制度。

### 二、长途客运治安管理

2005年1月，市公安局公交分局与武汉市公交分局共同建立长运治安打防联动协作机制。2008年8月，分局对九江汽车站地区“拉客”(强迫交易)现象开展专项整治行动；9月，分局出动警力200人次，对九江长途车站进出口周边地区秩序进行整治。2009年4月，九江汽车客运西站和南站分别设立警务室；同月，分局开展客运车辆消防专项检查行动，对九江长运集团200台营运客车逐一进行排查，共更换消防器材30件，整改消防隐患15个；同月15日清晨，九江至沙河客运线路部分车主因听闻开通公交车而罢运，造成4个班次共上百名乘客滞留，分局立即会同九江客运南站管理部门进行协调，使该线路在当日上午恢复通车。

### 三、出租车行业治安管理

2005年5月，公交分局开发《九江市出租车行业治安管理软件》，完成全市出租车治安档案的建立，将1487辆出租车和从业人员全部进行微机管理，实行“一车一档”；10月，市公安局公交分局、市公路运输管理处联合制定《关于联合整治客运市场秩序、营造良好营运环境的工作意见》，建立联席会议制度、分工管辖案件移交、开展联合执法整治行动等内容，形成整治客运市场行动协作机制。2006年3月15日，市社会治安综合治理委员会下发《关于开展争创五星出租车活动的工作意见》，制定《九江市开展争创五星出租车活动考核细则》。2006年9月，分局开展“强化出租车出城登记月”活动，荷花垄、九瑞大道、邹家河3个查报站当月登记率同比上升900%。2007年3月，分局会同市运管处下发《关于规范出租汽车聘用驾驶员管理的通知》。同年8月，分局联合市运管处在市区开展出租车安全规范营运集中检查活动,共对520台出租车及司机进行教育整改;9月,开展出租车司机"安全防范教育月"活动。2008年4月5日,《九江市区客运出租汽车治安管理办法》开始施行;10~11月,公交分局联合运管部门开展为期1个月的客运秩序专项整治行动,查获非法营运车辆45台,处罚相关人员60人次。2009年1~2月,开展春运期间"打击非法营运车辆"专项行动,查扣各类非法营运车辆68台,查处人员50人,收缴违规线路牌14块。2004~2009年,分局共接警3881次,其中,刑事案件立案461件、侦破116件;抓获犯罪嫌疑人420人;行政案件受理575件、查处551件,处罚384人。2010年,市区出租车保有量为1487台,全部为个人所有,挂靠于出租车公司;市区有东方、石松、金保、顺隆、长运、东宝、大众、物兴、南方、宏昌10家出租车公司,从业人员3200人,日平均客流量6万人次。

### 四、机场治安管理

1994年10月,民航公安分局民警进驻机场,在机场施工现场开始执勤。1998年,破获"3·12"昌河面包车被盗案。1999年,破获"10·30"机场进口导航设备零部件被盗案。2006年8月,分局和九江县公安局共同制定《九江机场安全管理通告》,增强周边群众空防安全观念。2006年,协助机场调处"11·28"员工自杀事件。2010年4月18日,分局通过网上追逃系统,抓获1名被江苏镇江警方通缉的在逃犯。

## 第八节　群体性治安事件防范和处置

1991年来,全市公安机关不断加大群体性治安事件的防范和处理力度。1991年3月,针对修水县港口乡与湖北省崇阳县大源乡交界地区治安混乱,经常发生互相冲突、打砸抢以及因纠纷引发械斗的状况,市公安局展开专项治理,与湖北警方联手查处危害边界治安的案件46起,摧毁团伙2个,依法逮捕13人,收审13人,使边界混乱的治安状况迅速好转。1999年4月,市公安局印发《处置非法集会、游行、示威活动工作预案》,明确处置工作的指导思想和基本原则,设立信息收集组、信息材料组、线索查证组、技术侦控组、网络监控组和现场处置组。2000年8月,市公安局制订《处置大型群体性事件工作预案》,设立维稳工作领导小组,明确各职能部门的任务和分工,制定警力调配、现场处置的具体办法。2004年7月,市公安局印发《关于开展矛盾纠纷排查调处和治安专项整治"百日行动"实施方案》,排查调处重点为:农民负担过重、征地补偿、土地水利山林权属纠纷;困难居民最低生活保障、拆迁安置补偿引发的纠纷;企业改制和部分职工、军转干部生活困难以及下岗人员再就业困难等问题引发的矛盾纠纷;邻里家庭矛盾纠纷。通过此次大范围的排查,掌握少数企业因改制可能引发群体性事件的苗头,并采取有效措施消除不稳定因素。2006年,市公安局制定《预防和处置因企业改制引起厂矿职工集体上访、游行事件的工作预案》和《处置非法阻塞长江大桥、沿线铁路等重大突发性事件工作预案》。至2010年,全市共妥善处置各类群体性治安事件1230余起。

### 附:治安行政管理案例

**永修"7·03"聚众械斗案**　1991年7月3日,永修县滩溪乡滩溪村500余名蔡氏村民手持梭镖、禾叉等凶器前往三角乡援助周坊蔡村同另一大姓开展宗族械斗,永修县公安局与滩溪乡政府迅速采取措施,果断处置20余名为首滋事人员,避免大规模聚众械斗的发生。

**赛湖"8·17"非法持枪伤人案**　1999年8月17日,九江县赛城湖水产分场巡湖队成员在阻止瑞昌市赛湖农场村民炸鱼的过程中,因非法持有和使用枪支而造成村民3人重伤、5人轻伤的严重后果并引起众怒。在市公安局协调下,九江县、瑞昌市两地公安机关迅即对此案件进行妥善处置,避免了一场极可能发生的大规模群体性事件。

**武宁佑圣宫控制权争夺纠纷案**　2004年6月，湖北通山县道士邓某某入住武宁县太平山佑圣宫后，纠集他人通过制造事端、煽动闹事等手段接管佑圣宫事务，导致赣、鄂两省信徒因争夺佑圣宫的控制权而引发一系列纠纷。9月4日，赣、鄂两省信众争夺佑圣宫控制权的矛盾激化，武宁县甫田乡部分信众将湖北信众在佑圣宫区域擅建的非法建筑拆除，湖北通山、阳新两县信众谋划通过劫持人质、拆毁民房等方式实施报复，在316国道拦截江西过往车辆和人员，并策划"朝仙月"(农历八月初一至十五)期间，组织数千人上太平山，伺机挑起事端，引发大规模群体性械斗。市公安局组织警力侦察取证，对幕后策划组织者及其骨干人员进行摸底，并与湖北省有关部门沟通，互相交换情报信息，为地方政府妥善处置事件提供依据。

# 第二章　指挥调度

## 第一节　110接处警

### 一、规范制度及接处警流程

1996年12月，市公安局110报警服务台开始接警服务。采取服务台受理报警电话，按照属地原则，由城区3个公安分局承担处警任务。110报警服务台实行24小时值守制度，按照"一级接警、一级处警、就近处警和分类处警"原则，及时受理群众报警、紧急求助、举报、投诉以及相关技术防范的报警，准确下达处警指令，果断调度处置。

1998年6月，市公安局制定《接处警工作制度》，规范110接处警工作职责、工作流程、服务用语等。2000年3月1日，110报警服务台在开展接警服务的同时，开始受理人民群众对公安机关及人民警察的电话投诉。2001年，市公安局针对市区实际情况，对路面接处警的警务方式、警区、警点设置、警力配备进行调整和划分，各辖区派出所均设有出警车辆和警力，并指定巡警支队、分局担负8个重点区域的出警任务。2003年2月，市公安局制定《110报警服务电话回访工作规范(试行)》，开展110报警服务台电话回访工作，当年群众对110接处警服务的满意率为70%。

2007年12月，市公安局下发《关于规范城区110接处警工作的通知》，从接处警时效、处警警力及设备保障、处警反馈4个方面明确各警种、各部门在接处警各个环节中的职能。2008年6~8月，市公安局先后制定防控堵截卡口预案、处置突发性事件(案件)工作等预案，在奥运期间，结合《地市级公安机关指挥中心接处警规范》要求，对预案进行4次演练。2009年3月26日，市公安局制定《市区公安机关实行扁平化指挥的实施意见》，明确自4月1日起实行扁平化指挥，110报警服务台接警后直接向城区各基层处警单位下达指令，实现对调度警力的点对点指挥。2009年11月25日，市公安局下发《110接处警工作规定》和《110接处警部分警情和问题处置方法》，从110报警服务台接处警人员职责、工作规范、接处警程序、各类警情处置方法等方面进一步规范全市110接处警工作。

### 二、接警调度

1996年开通，至2010年底，市公安局110报警服务台共接警169万起，其中有效报警46.7万起，指挥调动警力66万人次、车船37万次，社会联动处警2.5万起，为民排忧解难44.8万起。

## 第二节　信息报送和警情研判

### 一、信息收集报送

1999年11月,根据市公安局《传输公安信息方式方法的规定(试行)》和《接收报送公安信息范围(试行)》的通知,市公安局指挥中心协助办公室开展信息工作,负责24小时全天候接收信息。2001年5月,据省公安厅办公室《省公安厅指挥中心接收各地公安机关报送信息的主要范围》通知要求,市公安局指挥中心进一步理顺、规范各类信息报送机制。

2002年4月1日,按照省公安厅办公室《规范省公安厅指挥中心信息刊物》通知,从格式、语言、数据3个方面规范公安信息刊物,要求各地公安机关向省公安厅上报的信息,必须统一归口到公安指挥中心或处置重大安全事故和群体性事件领导小组办公室。9月,市公安局下发《进一步规范及时报送情报信息》通知,明确各类信息报送的渠道、范围、时间和信息处理的基本要求。2003年,市公安局指挥中心在《九江公安信息快报》《九江公安快讯》《九江公安要情》等刊物的基础上增加《110每日动态》,为市委、市政府和局领导提供每日110接处警数据和城区重大案事件情况。当年,在抗击"非典"疫情工作中,市公安局指挥中心按照市委、市政府部署,上报即时信息103条,为全市防治"非典"疫情发挥重要作用。2004年2月,在《浔阳晚报》开办"一周警情通报"栏目,每周刊登1期,至2005年,共发布每周警情通报335期,针对各个时段、地段的多发案(事)件状况向广大市民发出预警信息和警方提示。2007年11月,为确保及时掌握及上报突发性事件信息,市公安局下发《关于进一步加强全市突发事件信息报送工作通知》,再次明确报送内容及报送时限。2008年1月,在抗冰雪行动中,市公安局指挥中心收集报送相关信息34期,为省、市领导和上级部门及时了解九江公安抗击冰雪灾害行动提供情况。5月,在支援特警赴川工作中,指挥中心保持与赴川特警的密切联系,编发抗震救灾信息快报11期,送达省公安厅、市委、市政府。2009年1月,市公安局下发《关于规范市公安局指挥中心信息刊物的通知》进一步规范信息刊物,规范后的信息刊物为《九江公安信息快报》《九江公安要情》《九江社会动态信息》《110情况反映》和《110工作动态》。2010年3月,市公安局下发《关于加强情报信息搜集报送工作的通知》,从情报信息搜集报送的内容和主体、报送方式、报送要求等5个方面进一步规范情报信息搜集报送工作,发挥各级情报部门的职能作用,及时报送各类社情、民情、舆情、网情。

### 二、信息处理

1996~2010年,指挥中心共收集处理各类信息2.2万条,先后组织编发《九江公安信息快报》《九江公安快讯》《110每日动态》《110情况反映》《九江社会动态信息》《九江公安要情》等刊物5481期,向相关部门和领导提供其他动态信息4000多条。

### 三、警情研判

1996年以来,市公安局指挥中心不定期对110报警服务台接警数据、各类治安信息有针对性进行综合分析、比对、判断、研究,对一定时期内的犯罪特点、规律和治安局势进行预测,便于及时调整防控重点,反映治安热点的倾向性、苗头性、预警性情况,提出相应工作建议。2001年8月,指挥中心通过对各类报警的分析统计,发现市区偷抢手机案件呈上升趋势。针对这一情况,指挥中心对案件特点、案发时段、地段进行分析,为实战部门及时预防和打击此类案件提供有效建议。2003年3月,指挥中心对当月市区摩托车抢夺案件报警情况进行汇总,从作案时机、被抢财物、被侵害的对象、发案重点区域4方面进行分析,提出打、防建议。2004年11月,针对长江庐山区、九江县水域小型吸砂船偷采江砂屡禁不止,甚至以种种手段对抗水上公安机关的查处等问题,指挥中心将此情况上报市委、市政府,提出相关工作建议,引起市委、市政府重视。2006年5月,指挥中心从侦破"5·17飞车两抢案"案例分析,提出在打击"飞车两抢"等街面犯罪案件,进一步整合指挥中心、交警、巡警的信息、人力、物力资源的工作建议。即:充分发挥指挥中心指挥调度中枢作用,及时将警情及嫌疑人员、车辆特征通报给路面各巡逻警种,调集路面警力分段设卡、围堵;交警在路面执勤中加大对无牌无证、套牌车辆的查处力度,并注意发现可疑人员和车辆;巡警及时掌握街面治安的新动态、新特点,有针对性地调整防控策略,提高防控效果和水平;派出所加强对辖区涉嫌摩托车、人员的摸排以及出租屋、小旅店的清理;尽快建立出城路口治安查控站,配备足够的警力,加大对嫌疑人员和车辆的查处力度,从瓶颈上截断嫌犯的逃跑线路。该建议得到市公安局重视,经过整合警力,使当年市内路面飞车两抢案件的发案数同比 2005 年下降 42%。2008 年 3~6 月,在全市开展城区夜间设卡盘查行动期间,指挥中心分阶段、分地段对比分析 110 报警服务台接警数据,根据发案动向适当调整设卡时间和地点,使得巡逻设卡地点更有针对性,有效打击街面盗窃、抢劫、偷窃等犯罪行为。6~8 月奥运安保期间,指挥中心及时组织分析全市治安动态,使局领导全面掌握全市治安发案情况,为调整警力部署提供依据。

2009 年 2 月,针对市城区频繁发生摩托车、电动车被盗案件,指挥中心对案发时段、地段进行分析,提出打防建议。市公安局据此部署在城区范围内开展打击盗抢摩托车、电动车的专项行动,15 天共破获此类案件 18 起,抓获违法犯罪嫌疑人 6 人,缴获赃车 19 辆。市公安局 110 报警服务台陆续接到群众报警,称有人冒充公安局或是电信局的工作人员进行诈骗,被骗金额最多高达 13 万元,仅当月就接到此类报警案件 44 起。3 月初,针对诈骗犯罪不断蔓延动向,指挥中心及时收集整理相关数据,为实战部门打击此类犯罪提供依据,并向媒体发布诈骗预警信息。3 月,市公安局指挥中心通过 110 报警服务台掌握的信息,针对抢劫出租车司机案件上升的态势,及时通过九江广播电台发出预警提醒,增强出租车司机防抢意识。同时,指令各接处警单位加强巡逻防范,加大此类案件的打击力度。4 月,市公安局指挥中心召集城区 3 个分局、刑侦、禁毒、治安、监管和看守所、戒毒所、拘留所等相关单位举行座谈会,对患有精神病及传染病、自伤自残的涉嫌违法犯罪人员打击处理难等问题进行调研,提出打击特殊群体违法犯罪的对策和建议。5~6 月,部分县区相继发生 6 起中小学生溺水事件,共造成 11 名中小学生死亡。指挥中心组织相关部门对事件的原因和特点进行分析,提出预防建议,引起市委、市政府领导重视,分管副市长就此召开专门会议进行部署,防止此类事件再次发生。

2010 年 5~6 月,指挥中心针对城区抢夺金项链案件频发的情况,及时发布预警信息,以警务信息指导警务实战,遏制此类案件的高发势头。市政府为确保九江客运中心汽车总站正常投入营运,组织对市区原有的 7 个客运场站进行整合。其间因涉及相关群体的利益而存在诸多不稳定因素,指挥中心及时对此进行分析研判,提出 5 条合理化建议,及时上报市委、市政府,在第一时间掌握维稳信息,及时针对性开展工作。7 月 6~9 日夏季整治专项行动期间,指挥中心调取 6 天 110 报警台接警数据对比,市区各类案件明显下降,各类刑事类报警 45 起,与整治前 3 天(64 起)相比下降 29.6%,其中盗窃案件 37 起,与整治前 3 天 55 起相比下降 32.7%。浔阳区公安分局、特巡警支队前期针对闹市区的徒步抢夺金项链案件进行打击取得较好的效果,整治期间高发区域未发生类似案件。10 月,指挥中心根据历年报警数据分析提出 10 月份是两抢案件高发期,特别是商业中心区针对女性金项链、提包的抢夺案件上升趋势明显。市公安局根据这一分析,在案件高发时期、区域,科学布置巡防力量,各警种联勤协作,通过突击性打击抑制案件的高发。

## 第三节 110 报警服务台建设

### 一、系统更新升级

1996 年 4 月,由市公安局通信科负责 110 报警服务台的设备及人员组建;12 月 25 日,市公安局 110 报警服务台开通。110 报警服务台开通时使用省公安厅指定的厦门怡翔公司产品,设有 2 个接警席,负责市区的 110 接处警服务。1997 年 6 月,110 报警服务台设备升级,更换为深圳信诺公司产品。全市 12 个县市全部开通 110 报警服务台。

2000年11~12月，市公安局与上海迪爱斯通信设备有限公司合作，对指挥中心指挥调度系统进行全面升级，由初建的模拟信号接警改为数字信号接警。2003年8月，指挥中心完成系统改造，接入交警城区路面监控图像，建成市公安局指挥中心监控系统。2004年1月，公安部在全国范围内开通全国公安指挥中心暨110报警服务台接处警分析系统。依托此平台，各级公安指挥中心均可直接在网上填报110报警服务台接报的报警数据并通过公安专网上报，实现对各地社会治安形势的实时动态监控。2005年6月27日，指挥中心引入“短信群发”系统，便于向全体民警发出应急通知指令。2006年7月，升级改造指挥中心监控屏，设有120寸大屏幕投影布1块和64台21寸彩色监视器。2007年，市公安局指挥中心建成信息报送管理系统、网上考核系统、指挥中心网站、电话通信录查询4个信息平台。2009年5月，将城区巡警出警车3G无线视频采集数据110指挥系统，实现执法行为现场监督。7月，市公安局完成市级公安视频指挥室系统建设，实现省、市视频图像的实时传递。8月3日，市公安局指挥中心开通出租车GPS全球定位系统，并将城区3台110出警车接入此系统。

至2010年，拥有110、119、122“三台合一”系统、城防监控系统、指挥调度录音系统、电视电话传送系统、金融联防报警系统、短信群发系统、GPS车辆定位系统、出警车辆视频传输系统、情报信息报送系统、办公平台系统。

#### 二、“三台合一”建设

2003年，根据公安部要求，开展110、119、122报警服务台“三台合一”建设，当年完成城区110报警台与122报警台的合并工作。2005年3月，市公安局下发《关于进一步推进全市公安指挥中心工作的通知》，明确全面部署110、122、119“三台合一”工作的实施方案以及“三台合一”技术建设方案评审办法。至11月，全市10个县公安局均实现“三台合一”。2006年9月，市公安局与深圳天维尔通信技术有限公司合作，对指挥中心进行110、119、122“三台合一”接处警技术系统升级。10月，市公安局制定下发《三台合一接处警工作规范(试行)》，进一步规范接处警、指挥调度及处警各个环节的工作，明确110接处警服务台和各处警单位的职责。2008年12月，市区110、119、122“三台合一”建设全面完成，由于接警量增加，市公安局110报警服务台接警席由2个增至3个，接警员增至12名。2009年5月，110报警服务台“三台合一”系统升级改造，更换数据库服务器、通信服务器、WEB服务器，系统坐席延伸至城区3个分局指挥中心；整合消防接处警系统传输数据。12月，110报警服务台座席增至4个，接警员增至16名。2010年，市公安局与北京众安有限公司合作，在城区安装110定位警示牌1203块，为省首个110定位警示牌与“三台合一”系统对接的城市。

# 第三章　道路交通管理

## 第一节　交通秩序管理

#### 一、道路交通秩序维护

1993年，市政府对市区道路交通管理作出规定，主要内容有禁止行使、停车的路口、路段以及车辆种类、时段等；1994~1998年相继对规定内容进行调整、补充与完善。1999年，禁止机动车在市区行驶时鸣喇叭。2002~2005年，市公安局交警支队改革勤务制度和执勤模式，全面落实“五定”(定人员、定时间、定路段、定任务、定责任)责任制，采取定点检查和流动巡逻相结合的方式，同时探索以刑侦中队控点、派出所控面、交警中队控线的“三警”联勤机制，实现多警种合成作战。2007年，永修县局交警大队推出“错段式、联勤式、错时式、机动式”巡逻机制。2009年，修水县局交警大队探索创新农村道路交通安全管理工作模式，开展乡镇“双站”(交通安全管理站、保险业务服务站)建设，被省厅交警总队予以推广。当年底，全市共建成乡镇“双站”48个。

### 二、道路交通秩序整治

1992年4~5月，对市区交通秩序进行综合治理，为举办“双杯”龙舟赛和自贡艺术灯会创造良好道路交通环境。1993年4~6月，在市域范围内国道线上开展为期3个月的“反违章、压事故、疏路阻、保畅通”专项整治活动，使国道交通秩序混乱、事故多、堵塞不畅的不良状况得到明显改观。1995年9月开展为期3个月的“加强市区交通管理”专项整顿活动。1999年4~6月，在市区开展以“查违章、防事故、整秩序、保畅通、保安全”为内容的专项整治；9月，在市区开展为期2个月的“三有序一畅通”(行车有序、停车有序、管理有序，道路畅通)专项整治。2000~2002年，先后取缔人力三轮车、残疾人专用车和农用运输车从事载客营运。2003~2005年，多次开展全市道路安全整治活动和预防重特大交通事故专项整治行动，共排查存在安全隐患和事故多发点段229处并全部进行整改；查处各种交通违法行为为63.28万起，暂扣机动车5.55万辆次，依法拘留严重违法人员719人次。2008年1月，九江遭受雨雪冰冻灾害侵袭，全市公安交警部门全警动员，全力保障道路交通畅通，其中在九江长江大桥安全疏导10万多辆被滞留的车辆，在高速公路保障安全运送旅客10万余人次；4月，市公安局交通警察支队被公安部评为“全国公安系统抗雪救灾先进集体”并荣立集体一等功。2009~2010年，全市公安交警部门先后开展酒后驾车专项整治、涉牌涉证、“金盾09”秋风行动、“奋战120天坚决遏制重特大道路交通事故”和“预防特大道路交通事故集中行动”等一系列整治行动，均取得明显成效。

## 第二节　交通设施建设

### 一、交通岗亭设置

1991年，市区新桥头、新路口、八角石、长途汽车站、十里大楼等路口设有铝合金质“伞式”方形岗亭；三马路，江边水厂、南门口等路口设有木质圆形岗亭；1993年市区保留5座铝合金岗亭。2001年以后，随着交通监控设施的逐步完善和交警执勤模式的不断变革，岗亭不再是主要的交通指挥平台。

### 二、交通标志、标线设置

1991年以来，全市交通标志、标线不断增加和延长，至2010年年底，共设置交通标志牌4406块、交通标线79.11万米，其中市区交通标志牌1920块、交通标线36.73万米。

### 三、交通指挥信号设置

1991年，市区新路口、长途汽车站、河东水厂等8个路口设有线控信号灯，自动调节路口各方向的通行信号。2000年，信号灯由白炽钨丝灯泡改为发光二极管(LED)。2002年，市区17个主要路口设有交通信号灯。2010年7~8月，在市区65个路口安装行人过街语音提示器近400只，提醒行人安全过马路。2010年底，全市共设置交通信号灯111个(组)，其中市区39个(组)。

### 四、道路隔离设施设置

1991年，市区设有铁质隔离带6312米、人行护栏3530米；1993年、1994年分别新增隔离护栏2518米、921米。1998年，首次在浔阳路安装不锈钢人行道护栏，同时拆除市区所有道路隔离带。2001年、2003年分别增加隔离护栏7866米、675米。2010年，全市共设有道路隔离设施37处，总长度2.36万米，其中市区6处、2747米。

### 五、交通监控设施设置

1991~1998 年,交警部门对道路交通的监控,主要是由民警通过路面执勤,发现和处理交通违章。1999 年,市交警支队投入 260 万元,建成市区道路交通电视监控系统,在 28 处主要路口和重要场所所在路段安装电视监控摄像头, 实现全天候 24 小时路面监控;2001 年在市区 6 个主要路口安装 10 套闯红灯自动拍摄仪器(电子警察),实现智能化管理。2003~2006 年,共拍摄交通违章违法行为 36.5 万台次。2006 年,在青年路、湖滨路等 6 个路口增设固定式“电子警察”设备,所有设备经光纤自动传入指挥中心主机系统。2010 年,市区 31 个交叉路口均设有自动监控设备。

## 第三节　车辆管理

### 一、车辆数量及类别

1991 年,全市共有机动车 21356 辆,其中汽车 10557 辆,拖拉机 6689 辆,摩托车 3910 辆。2003 年,全市拥有汽车 32088 辆, 摩托车 79160 辆;2005 年分别增至 46528 辆、143841 辆;2008 年分别增至 83556 辆、245062 辆。2010 年,全市拥有汽车 158289 辆,摩托车 339915 辆。

### 二、机动车辆安全技术检验

1991 年,市公安局交警支队购进 1 套国产检测设备,设立机动车流动检测站,承担全市机动车检验工作。1994 年 12 月 1 日起,机动车辆安全技术检验下放各县(市、区)交警大队车管站负责。2000 年,支队与市邮电局合作购置 1 套摩托车安全检测设备。2003 年,市机动车检测中心拥有专门检测小型汽车和大型汽车的检测设备各 1 套。2004 年,支队在武宁县设置机动车检测站。2006 年 9 月,在瑞昌市设置机动车检测站。2007 年,全市交警部门加强对校车、园车的检验。2009 年 4 月,市机动车检测站和武宁、瑞昌机动车检测站均由市新万通汽车有限公司承包。

### 三、机动车辆号牌管理

1994 年以前,全市机动车辆按车型号牌分挂“江西 02”和“江西 36”两种号牌,前者属市公安局管辖,后者为车辆监理所管辖。1995 年 1 月始,全市统一换发“九二式”新号牌,首位“赣 G”代表江西九江,后五位数字自然码代表属地和编号,其中属地数字依次为:浔阳区“0”、庐山“10–13”、庐山区“14–15”、九江县“20–24”、星子县“25–29”、瑞昌市“3”、武宁县“4”、修水县“5”、德安县“6”、永修县“7”、湖口县“8”、彭泽县“90–94”、都昌县“95–99”,“江西 02”“江西 36”号牌截至 1996 年 7 月 1 日停止使用;同时,全市警用车辆换发新式号牌,以“赣 G”为首位,末位为红色“警”字,中间四位数码分别为:公安为编号,法院、检察院、司法局前一位数码依次为“A”“B”“C”,后三位为编号。2000 年以后,全市机动车辆陆续启用“赣GA××××”“赣 GB××××”等号牌,市区出租车挂用“赣 G07×××”“赣 G08×××”号牌。

### 四、机动车辆登记

2003 年 6 月以前,全市交警车管部门办理机动车辆注册登记、变更登记、转移登记、抵押登记、注销登记等,一直沿用人工手写方式操作。2003 年 7 月,市公安局交警支队车管所配备电脑设备,车辆登记开始实行计算机管理。2006 年,支队及所属大队、中队开始应用信息平台,将机动车辆信息纳入管理系统。2009 年,全市机动车信息管理平台与省公安厅交警总队联通。

### 五、非机动车管理

1992 年,全市自行车管理工作由公安交警部门负责改由治安部门负责。全市自行车号牌(含钢印)属地编号为 G01~G13,依次为:浔阳区、庐山区、九江县、瑞昌市、武宁县、修水县、星子县、德安县、永修县、湖口县、彭泽县、都昌县、庐山。2010 年 5 月 1 日,市区开始对电动车按非机动车进行登记挂牌。

# 第四节 机动车驾驶人管理

## 一、驾驶人培训

1991~1995 年，全市有市汽车驾驶员培训学校以及武宁县土产公司、彭泽县朝阳机械厂、德安一中、九江汽运 603 车队、九江林业汽车修配厂开设的驾驶员培训班。1996 年，驾驶员培训业务交由交通运管部门负责，培训业务向社会全面开放，实行社会化办学，并明确规定先培训、后考试、考核合格方可发证。1999 年，由市公安局交警支队开办的市汽车驾驶员培训学校依规停办，挂靠支队的都昌、永修、瑞昌、武宁、林业 5 个培训班也同时取消，机动车驾驶人培训完全社会化。2004 年，驾驶人培训时限从 3 个月缩短为小车 30 天、大车 40 天，缩短培训周期，提升培训速度。2010 年，全市共有机动车驾驶人培训学校 35所。

## 二、驾驶人考试

1991 年，市公安局交警支队与赣北汽运公司 603 车队合作购买红外线桩考设备投入使用，该设备采用先进的红外传感技术与计算机技术相结合，当车辆出现碰桩、擦线等违规动作时会自动报警，考车熄火并记录考试成绩。到 2010 年，八里湖、共青、修水 3 个社会化考场，均为红外线考场。

## 三、驾驶证年审

1991 年来，对驾驶人交通违法未按时接受教育与处罚，以及驾驶人年龄或身体素质发生变化，不适合驾驶机动车时，年审时不予通过；逾期未通过年审的则吊销驾驶证。

**1991~2010 年全市机动车驾驶人数量**

表 52-3-1 单位：人

| 年 份 | 人 数 | 年 份 | 人 数 | 年 份 | 人 数 | 年 份 | 人 数 |
|---|---|---|---|---|---|---|---|
| 1991 | 30307 | 1996 | 54359 | 2001 | 161482 | 2006 | 416572 |
| 1992 | 32699 | 1997 | 64618 | 2002 | 185189 | 2007 | 480857 |
| 1993 | 34350 | 1998 | 98164 | 2003 | 242161 | 2008 | 546097 |
| 1994 | 42479 | 1999 | 94485 | 2004 | 304934 | 2009 | 624405 |
| 1995 | 47422 | 2000 | 119034 | 2005 | 368308 | 2010 | 740057 |

# 第五节 交通事故处理

1991 年起，全市公安交警部门加大道路交通事故的处理力度，建立“122”自动接警信息管理系统，2003 年将“110”“119”“122”实行“三台合一”，由市公安局指挥中心统一受理和处置。至 2010 年，全市共发生道路交通事故 1.7 万起，伤亡 1.54 万人，造成经济损失 5586.2 万元。

1991~2010 年全市道路交通事故一览

表 52-3-2　　单位:起、人、万元

| 年 份 | 数 量 | 死 亡 | 伤 残 | 经济损失 | 年 份 | 数 量 | 死 亡 | 伤 残 | 经济损失 |
|---|---|---|---|---|---|---|---|---|---|
| 1991 | 796 | 189 | 501 | 945.05 | 2001 | 2554 | 266 | 1376 | 434.27 |
| 1992 | 711 | 196 | 490 | 288.27 | 2002 | 2167 | 240 | 1175 | 397.57 |
| 1993 | 563 | 176 | 342 | 273.77 | 2003 | 998 | 202 | 948 | 263.76 |
| 1994 | 670 | 265 | 455 | 288.88 | 2004 | 855 | 218 | 727 | 222.04 |
| 1995 | 618 | 211 | 395 | 252.28 | 2005 | 652 | 175 | 506 | 233.98 |
| 1996 | 543 | 177 | 332 | 244.76 | 2006 | 588 | 138 | 501 | 200.81 |
| 1997 | 449 | 213 | 337 | 257.38 | 2007 | 360 | 130 | 402 | 170.33 |
| 1998 | 464 | 205 | 386 | 185.95 | 2008 | 312 | 117 | 324 | 101.98 |
| 1999 | 668 | 236 | 449 | 221.13 | 2009 | 300 | 112 | 303 | 95.03 |
| 2000 | 2480 | 247 | 1323 | 451.04 | 2010 | 269 | 110 | 302 | 57.92 |

说明:2003 年以来一般性道路交通事故未作统计

# 第四章　消防管理

## 第一节　消防装备设施

### 一、消防装备

1991 年,全市拥有水罐、泡沫、干粉、二氧化氮等消防车 33 辆;2002 年增至 48 辆。2007~2009 年,市公安消防支队购置各类消防车辆 23 辆、消防器材 6384 件(套)。2010 年,市消防支队有消防指挥艇 1 艘,消防战斗艇 1 艘,40 米登高平台车 1 辆,高喷消防车 3 辆,大吨位水罐车 19 辆,消防机器人 1 台,洗消车 1 辆,其他各类消防车 48 辆;个人防护装备 6227 件套,特种防护装备 2673 件套,抢险救援装备 1662 件套,常规灭火器材 4153 件套。全市企业专职消防队拥有各类消防车 40 辆,驻军消防车 3 辆。

### 二、消防设施

1991 年,市区设置市政消火栓 190 个;1992~1995 年增设 80 个,1996~2000 年增设 130 个。2010 年,全市拥有市政消火栓 540 个,并在南湖设消防取水码头 1 座。

## 第二节　消防安全监管

### 一、消防监督检查

1991 年以来,全市公安消防管理部门加强消防安全监督管理工作,坚持日常性、常态化地组织开展消防安全专项治理活动。2001 年,开展公众聚集场所消防安全专项治理,检查 3418 个单位,发现安全隐患 6864 处,其中及时整改 4297 处。2006 年,进行全市火灾隐患普查整治,检查单位 3218 个,发现隐患 1950 处、整改 1729 处。2008 年,组织“迎奥运”消防安全保卫攻坚战,检查 3700 个单位,发现 2806 处安全隐患,及时整改 2597 处。2010 年,开展全市建筑消防设施专项整治行动,检查单位 1275 个,发现隐患 1266 处、整改 1175 处。

## 二、消防安全管

1991 年以来，全市构建三级消防安全管理体系，其中，市公安消防支队监管一级消防安全重点单位，县(市、区)公安消防大队、各公安派出所分别监管二、三级消防安全重点单位。1999 年 1 月，市委、市政府组织市委政法委、市公安局、市司法局、市建设局、市消防支队联合对金融单位、重点物资仓库及大型商场的消防设施进行检查，排查和整改火灾隐患。2001 年 3 月，省政府消防工作检查组对市完成 2000 年城市公共消防设施和冬防工作任务情况进行检查；8 月，省政府消防安全集中整治督查组到九江检查消防安全集中整治工作并予以肯定。2005 年 7 月，市政府组织旅游、文化、建设、消防等 9 部门负责人对市区 12 家存在火灾隐患的重点单位就整改落实情况进行现场督导。2010 年，全市共有消防安全重点单位 1035 个，其中公众聚集场所 440 个，医院、学校、养老院、幼儿园 93 个，易燃易爆场所 142 个，其他重点单位 360 个。

## 三、建设工程消防监督管理

1991 年来，全市公安消防部门依法依规开展建设工程消防监督管理。2000~2010 年审核建设工程消防设计项目 3680 个，验收项目 2689 个。

# 第三节 灭火救援

1991~2010 年，全市共发生火灾 8848 起，伤亡 347 人，造成经济损失 9539 万元。全市公安消防部队接警后，迅即投入兵力，火速奔赴火场，组织开展灭火救援战斗，及时抢救受困人员和重要物资，力求把生命危险和财产损失降到最低程度。

**1991~2010 年全市火灾一览**

表 52-4-1　　　　单位：起、人、万元

| 年份 | 火灾起数 | 伤亡人数 | | | 损失 | 年份 | 火灾起数 | 伤亡人数 | | | 损失 |
|---|---|---|---|---|---|---|---|---|---|---|---|
| | | 死亡 | 受伤 | 小计 | | | | 死亡 | 受伤 | 小计 | |
| 1991 | 323 | 1 | 15 | 16 | 198.8 | 2001 | 639 | 7 | 12 | 19 | 313.6 |
| 1992 | 350 | 5 | 30 | 35 | 282.1 | 2002 | 581 | 5 | 1 | 6 | 328.7 |
| 1993 | 346 | 1 | 36 | 37 | 293.6 | 2003 | 817 | 4 | 6 | 10 | 374.1 |
| 1994 | 358 | 3 | 26 | 29 | 269.2 | 2004 | 603 | 3 | 12 | 15 | 354.1 |
| 1995 | 382 | 2 | 22 | 24 | 882.4 | 2005 | 404 | 5 | 7 | 15 | 308.3 |
| 1996 | 383 | 1 | 21 | 22 | 458.1 | 2006 | 290 | 1 | 4 | 5 | 274.9 |
| 1997 | 395 | 1 | 19 | 20 | 488.4 | 2007 | 297 | 3 | | 3 | 313.4 |
| 1998 | 412 | 2 | 22 | 24 | 625.5 | 2008 | 230 | | | | 1151.9 |
| 1999 | 434 | 3 | 40 | 43 | 781.2 | 2009 | 633 | | 2 | 2 | 3348.1 |
| 2000 | 570 | 13 | 9 | 22 | 634.2 | 2010 | 401 | | | | 454.7 |

## 附:灭火救援案例

**大中大商厦"1·20"火灾**　1995年1月20日,市区大中大商厦因使用伪劣照明灯具引起火灾,烧死9人,摔伤致死1人;烧毁建筑8800平方米、3~5楼全部商品和6楼仓库部分物品,直接财产损失536.2万元。接警后,市公安消防支队组织5个中队的8辆消防车、92名官兵和3个企业专职消防队的5辆消防车、33名队员投入灭火战斗。采取堵截夹攻、分片消灭的灭火战术,将大火成功扑灭。

**九江石化总厂"2·26"火灾**　1998年2月26日20时,九江石化总厂液化气罐区在进料时,高压液化气流从松开排空氮气的输气管道喷射而出,因静电摩擦起火,喷射气流形成3束火柱,交织成高5米、半径2米的立体火球。驻厂浔阳消防二中队、厂消防队接到报警后,迅即组织8部消防车、57人赶赴火场扑救,市支队随即出动2辆大功率消防车增援,于21时31分将火扑灭。

**白鹿宾馆"12·13"火灾**　1999年12月13日,位于浔阳路133号的白鹿宾馆17楼1706号客房因旅客遗留烟头而引起火灾。浔阳消防一中队接到火警后立即出动2辆大功率水罐消防车、18名官兵赶赴现场,及时安全疏散旅客50余人。80分钟后,扑灭火灾。

**武宁"2·19"火灾**　2000年2月19日,武宁县供销社杂品公司宿舍发生火灾,过火面积774.3平方米,7人死亡,3人受伤,直接财产损失19余万元。县公安消防大队迅速派出2辆消防车、10名指战员进行扑救,历经4小时将大火扑灭,保护财产价值80余万元。

**林业总公司"7·27"火灾**　2000年7月27日,市林业总公司河西货场发生火灾,火场燃烧面积大,火势猛烈,且水源缺乏。市公安消防支队组织浔阳一中队、二中队、特勤中队、九江石化总厂、九江发电厂和庐山区、九江县等共27辆消防车、260余人参加扑救,省消防总队增调南昌消防支队50人、5辆消防车和市公安局派出干警200余人前往增援。经过11个多小时的苦战,终于将大火扑灭。这次火灾烧毁砖瓦结构店面1957.5平方米、油毡木板结构工棚5227平方米、木材1587立方米、锯板机设备48套、地板机5套,导致直接财产损失237.63万元,无人员伤亡。

**星子"5·30"火灾**　2001年5月30日6时,星子南门码头一油船爆炸起火并引发火灾,船内装有500吨汽油,随时可能再次发生剧烈爆炸。县公安消防大队在派出官兵赶赴现场进行灭火的同时,紧急向市支队求援。支队随即调集德安消防大队和特勤中队1辆泡沫消防车、1辆水罐消防车、1辆器材装载车和33名官兵前往增援。经过5个多小时的奋战,于11时半解除险情,成功阻止一场重大恶性火灾的发生。

**人寿保险公司"2·12"火灾**　2004年2月12日13时,市人寿保险公司浔阳营业部办公楼发生火灾,造成1人死亡、8人受伤(其中2名消防官兵)。支队调集4辆消防车、51名官兵前往扑救,及时营救48名被困群众,经过近一个半小时战斗,大火被扑灭。

**长江药业"8·24"火灾**　2008年8月24日7时,九江开发区长江药业有限公司药物成品仓库因电线短路引发火灾,过火面积800平方米,烧毁部分药品,直接损失138万。接警后,支队调派15辆消防车赶赴现场,随后瑞昌市消防大队、石化总厂消防队共4辆消防车增援,经过3个小时的扑救,大火被扑灭。

**太平洋购物广场"12·18"火灾**　2009年12月18日,市区太平洋购物广场三楼外墙广告牌着火并有人员被困,市公安消防支队调集城区4个中队11辆消防车和九江石化总厂1辆登高车、110多名官兵到场扑救。疏散顾客群众1283人,抢救被困人员1人,成功保住太平洋购物广场楼层内部财产设施。

**金源化纤"11·23"火灾**　2010年11月23日7时,九江金源化纤有限公司纺炼车间发生火灾,过火面积1万多平方米。市支队迅速派出16辆消防车、100余名官兵赶赴火灾现场。历经2个多小时的战斗将大火扑灭,无人员伤亡。

# 第五章　户政管理

## 第一节　居民身份管理

1991 年，全市新增年满 16 周岁的人口 9.7 万人，颁发“居民身份证”9.39 万张，制发“居民临时身份证”7920 张。1995 年 7 月，全市开始启用具备暗记标识防伪的“居民身份证”。1996 年 2 月，市公安机关开展居民身份证查验和检查工作，查处持有假身份证 191 人，捣毁制作假身份证窝点 2 个。1997~1999 年，全市对 10 年有效期满的“居民身份证”进行换发，共换发 49.7 万张。1999 年 10 月 1 日至 2000 年 4 月，全市完成“居民身份证”18 位数字编码升位工作。2004 年 6 月，市政府成立市换发第二代居民身份证工作领导小组，制订《关于换发第二代居民身份证工作方案》，开展全市性换发工作。2005 年，全市开展户口核对工作，共补录 7.34 万户，解决 28.34 万人无户口问题；纠正 81.21 万项项目差错，纠正身份证错号 10.87 万人、重号 6.55 万人；纠正姓名错误 9.24 万人、性别错误 4826 人，出生日期错误 10.07 万人、民族错误 1762 人；基本实现常表、户口簿、身份证号码、人口信息与本人实际情况的“五统一”；全市录入人像 376.59 万幅。至 2008 年年底，全市共集中换发第二代“居民身份证”335.87 万张，占全市总人口的 72.3%。2009 年底，第二代“居民身份证”换发工作进入正常申领、换领、补领程序。

1991~2010 年全市居民身份证件办理一览

表 52-5-1　　　　单位：人

| 年 份 | 身份证 | 临时身份证 | 边境通行证 | 年 份 | 身份证 | 临时身份证 | 边境通行证 |
|---|---|---|---|---|---|---|---|
| 1991 | 96543 | 2875 | 27656 | 2001 | 282627 | 100327 | 20027 |
| 1992 | 97875 | 3758 | 32721 | 2002 | 257686 | 9821 | 19613 |
| 1993 | 100188 | 11512 | 37241 | 2003 | 261469 | 8725 | 721 |
| 1994 | 174175 | 40833 | 29892 | 2004 | 246986 | 9121 | 1032 |
| 1995 | 167514 | 40212 | 29127 | 2005 | 182235 | 8725 | 621 |
| 1996 | 145012 | 39817 | 28715 | 2006 | 1319556 | 213845 | 311 |
| 1997 | 157515 | 43737 | 28908 | 2007 | 1295768 | 193745 | 297 |
| 1998 | 198798 | 7243 | 23865 | 2008 | 743344 | 130756 | 203 |
| 1999 | 216725 | 8403 | 24756 | 2009 | 112384 | 8756 | 132 |
| 2000 | 284806 | 9982 | 23821 | 2010 | 274204 | 17657 | 11 |

## 第二节　居民户口管理

### 一、户口登记管理

1991 年，全市城区（含县城）户口登记机关为公安派出所，乡镇户口登记工作由户政管理室或户政管理员负责；同年，市公安局与有关部门联合下发有关解决离退休干部配偶、中小学骨干教师家属子女、煤矿职工家属、乡镇企业干部、乡镇农林水技术人员等户口“农转非”问题的文件，当年有 213 人从农业户口转为非农业户口。1993~1994 年，全市 19 个城区派出所完成人口信息计算机录入工作并实行前台办公。1995 年,撤销水上居民户口,将常年从事航运、水产、渔业的人员按不同情况分别列为城市户口和农村户口管理。1995 年开始,在全市换发使用统一印制的城镇和农村"居民户口簿"和"常住人口登记簿",至 1997 年年底,共换发新式户口簿 109.56 万本。1995~1996 年,为各县城区、乡镇政府所在地集镇以及九江经济开发区范围内有固定住所和稳定生活来源的 4227 人办理小城镇户口。1996 年,全市 253 个乡(镇、场)实行农村户口城市化管理。对 347.05 万人核发户口簿,实行"一人一表、一户一簿、一户一号、一组一册";同年,全市 208 个公安户籍派出所中的 80 个派出所开通人口信息微机管理系统,实行前台办公。1997 年,全市公安机关对农村村名、路名、街名、门牌和常住户口进行整顿,设置村牌、路牌、街牌、户牌,实现"一户一牌、一村一图标"的城市化管理。1999 年,全市收回乡镇户籍管理权限,乡镇的户口登记工作由所在地公安派出所负责。2000 年,在第五次全国人口普查期间,全市各级公安机关开展户口专项整顿工作,集中清理 114 万余户,解决 17.83 万人落户,注销 11.09 万人户口(其中死亡未注销 4.52 万人);整顿前全市常住人口 439.44 万人,整顿后为 440.47 人,净增 1.03 万人。2004 年,对全市常住人口信息实行计算机管理,全市 180 个公安户籍派出所全部配置微机,常住人口的基本信息全部进入微机,并与全国联网。2005 年,市公安局加强人口信息管理系统建设,将"户政 2000"和"鸿达五代"系统版本升级为"鸿达六代"标准版,建立全市人口数据管理中心,实现人口数据集中管理。2009 年,全市落户未落常住户口 6258 人,注销未销常住户口 2865 人,纠正户口登记项目差错 1.03 万项;办理出生登记 3.76 万人,死亡注销 9622 人;变更、更正主项信息 1.06 万条,补录户口 9080 人。2010 年,全市公安机关配合开展第六次全国人口普查,在户口整顿活动中,共清查、核对户籍 159.96 万户、498.85 万人;登记暂住人口 7.19 万人、出租屋 1.45 万户。

### 二、户口迁移管理

1995 年 1 月 1 日,全市启用新版"户口迁移证"和"户口准迁证",旧版"两证"同时作废。2000 年 4 月,市公安局制定《市区户口管理制度改革暂行办法实施细则》,放宽对婴儿、老年人和夫妻投靠,专业人才和投资者,单位职工调动等户口迁移政策,为非公有制企业、第三产业发展和农民进城务工、经商提供宽松环境。2001 年 5 月 1 日开始,全市公安机关办理城镇居民在全国范围内的迁移以及户口"农转非",不再需要"市镇居民粮食供应转移证明"。2003 年,取消对夫妻投靠、未成年子女投靠父母、老年父母投靠子女、现役军人家属子女随军以及干部职工调动、购买商品房等迁移审批,在城区落户的均在派出所申报登记,"准迁证"由所在地派出所签发。2006 年 7 月,市公安局规定:允许符合条件的进城就业农民本人及直系亲属在其经常居住地落户。对于农民工中的劳动模范、先进工作者和高级技工、技师以及其他有突出贡献者优先予以落户。2009 年,全市办理省内外迁入 3.57 万人,迁往省内外 3.72 万人。2010 年,全市共办理户籍改革政策迁移 5124 人。

### 三、人口统计管理

1991 年,全市共有 98.62 万户、409.81 万人,其中男性 212.71 万人,女性 197.1 万人。1995 年,全市总户数为 107.22 万户,总人口为 426.91 万人,其中男性 219.04 万人,女性 207.87 万人。2010 年,全市人口统计为 156.85 万户、497.91 万人,其中男性 259.15 万人、女性 238.76 万人。

### 四、暂住人口管理

1991 年,全市有 240 个公安派出所设立暂住人口管理办公室,对辖区内暂住人员进行登记、办理《暂住证》,并负责日常考察;当年,全市共有登记暂住人口 2.02 万人。1995 年,全市登记暂住人口 2.18 万人,登记租赁房屋 3119 户。2001 年 9~10 月,全市公安机关开展清理整顿出租房屋、规范流动人口管理专项行动;当年登记暂住人口 2.3 万人,租赁住户 2333 户。2002 年 7 月,取消暂住人口管理性收费。2003 年,全市公安机关开展对流动人口、出租房屋的清查统一行动,有效防止因人口流动造成"非典"疫情的传播。2005 年,全市登记暂住人口 6.95 万人,发放"居民暂住证"5.88 万张;登记租赁房屋 1.44 万户，签订《治安责任状》1.29 万张。2007 年 8 月，市政府办公厅印发《九江市集中开展出租房屋专项整治实施方案》，当年全市出租房屋登记率、出租房屋“治安责任保证书”签订率均达到 95%，流动人口与出租房屋入网登记率达到 100%。2009 年，全市完善流动人口管理体制，县(市、区)设立流动人口服务管理中心，乡镇(街道)设立服务管理站，并由财政拨款组建专职协管队伍，基本实现县(市、区)、乡(镇、街道)、村(社区)三级联网。2010 年，全市登记暂住人口 9.99 万人，登记租赁住户 1.9 万户。

# 第六章 出入境管理

## 第一节 入境管理

1991 年，全市常住外国人 21 人，临时入境外国人 1985 人次，华侨、港澳台胞 5937 人次。1992 年，国务院批准为沿江对外改革开放港口城市，直接对外籍船舶开放。市公安局出入境管理科在九江港设立签证办公室，为来浔外籍人员办理签证，并就港区内外国人住宿、管理、安全保卫等工作定期进行检查；当年，全市常住外国人 24 人，临时入境外国人 3118 人次，华侨、港澳台胞 6841 人次。1994 年，全市各县(市、区)公安局普遍建立外事管理队伍。1994 年 1 月，市公安局开始审批办理入境华侨、港澳同胞、台湾居民的暂住证(暂停签注)、台湾居民的多次入出境签注。全年全市入境临时住宿外国人 3233 人次，华侨、港澳台胞 4994 人次。1998 年，全市公安机关充实调整基层境外人员管理队伍，198 个派出所均确定 1~2 名兼职外事民警，共设置外事联络员 597 名、信息员 225 名；当年全市入境临时住宿外国人 2112 人次，华侨、港澳台胞 3774 人次。1999 年，市出入境管理部门与涉外单位建立定期联系制度，主动上门为境外人员服务；当年全市入境临时住宿外国人 2063 人次，华侨、港澳台胞 2657 人次。

2000~2006 年，市公安局对全市专兼职外事民警和涉外单位外事协管员、接待员进行培训，先后举办培训班 15 期。2009 年，九江市被公安部列入全国 130 个外国人管理重点城市，市公安局下发《关于加强外国人管理工作实施意见》，强化全市公安机关对出入境外国人管理工作的组织领导，明确治安、户政、出入境等相关警种在外国人管理工作中的职责分工，健全外国人管理协调工作机制。2008~2010 年，共办理外国人签证 2056 人次。2010 年，市公安局出入境管理部门加强外国人临时住宿登记工作，强化境外人员信息采集，加强在浔外国人实有人口管理；当年全市境外人员信息采集登记率 96.77%。

## 第二节 出境管理

1992 年 5 月，市公安局贯彻落实《中国公民往来台湾地区管理办法》，部署在浔台湾居民的户口管理、暂住证办理等工作。1993 年 6 月，公民赴台湾审批办证由市公安局出入境管理科审批；当年受理并审批公民因私出境 464 人次，其中出国 185 人，赴港澳 234 人，赴台湾 45 人。1994 年 1 月，市公安局开始审批办理公民因私出国护照。1996 年，简化公民因私出国护照的申请、审批手续，居民凭户籍证明即可领表，可自主选择出境事由，进一步缩短办证时间，方便公民出境。

2000 年 7 月，全市范围内公民申领护照由县(市、区)公安机关受理，经市公安局审批后，报省公安厅集中制作和颁发。2003 年，按市公安局与市委组织部、市人事局联合下文，规定对国家工作人员出境实行备案审批制度。2004 年 4 月，出入境管理处建立国家工作人员和法定不准出境人员 2 个信息库，并完成“两库”与户政人口信息库的数据对接。2004~2010 年，浔阳区、八里湖、庐山区、庐山等公安机关相继开通按需申领护照工作。2008~2010 年，全市共受理审批公民因私出国出境 10.94 万人次，其中出国 36457 人次，赴港、澳、台 72911 人次。

1992~2010 年全市市办理出入境业务一览

表 52-6-1　　单位:人次、起

| 年 份 | 批准出境申请 | 办理外国人签证及居留许可 | 处理涉外案(事)件 | 年 份 | 批准出境申请 | 办理外国人签证及居留许可 | 处理涉外案(事)件 |
|---|---|---|---|---|---|---|---|
| 1992 | 394 | 30 | | 2002 | 8254 | 333 | 8 |
| 1993 | 509 | 41 | 11 | 2003 | 7113 | 235 | 5 |
| 1994 | 532 | 14 | 31 | 2004 | 14869 | 268 | 9 |
| 1995 | 752 | 44 | 15 | 2005 | 11621 | 84 | 7 |
| 1996 | 932 | 513 | 10 | 2006 | 29386 | 380 | 12 |
| 1997 | 1032 | 423 | 5 | 2007 | 33414 | 382 | 18 |
| 1998 | 1252 | 411 | 17 | 2008 | 31552 | 341 | 15 |
| 1999 | 1788 | 457 | 21 | 2009 | 33686 | 410 | 17 |
| 2000 | 2162 | 552 | 4 | 2010 | 36619 | 434 | 7 |
| 2001 | 3760 | 671 | 11 | 合 计 | 219627 | 6023 | 223 |

# 第七章　安全保卫

## 第一节　单位安全保卫

### 一、单位保卫组织

1991 年,全市党政机关、电视广播、重要企业、重点工程等内部重要保护单位共有保卫组织(简称“内保组织”)319 个,保卫干部 1133 人;大中型企事业单位公安派出所 13 个,经济民警中队 10 个。1995 年,保留 9 个企事业单位公安派出所并划归公安机关管理。1996 年,经警队伍扩大,有 17 个中队和 5 个独立分队,警员 1162 名。2002 年,全市共有内保组织 364 个,专职保卫人员 1426 人、兼职 320 人。从 2002 年开始,企业公安机构相继改为地方公安机关派出机构。2005 年 10 月,经市政府批准,确定市级治安保卫重点单位 68 家,县级 1511 家。

### 二、保卫安全防范

1991 年,市政府与市直 30 个单位签订社会治安综合治理责任状,市公安局与全市 525 个列管单位签订责任状。1993 年,全市建立情报信息点 641 个,信息员 368 名,治安耳目 184 名;搜集各类情报信息 210 条,其中上报 127 条,为党政领导决策提供参考依据。1996 年,全市巩固和完善以市公安局经济保卫部门为中心、县(市、区)公安经保机构为主体、内保单位保卫组织和秘密力量为基础的四级情报信息网络体系;市公安局在列管的 54 个内部单位组织巡逻队 71 支、近 700 人,安装防盗门 989 个,警报器 24 台、监控探头 97 个,基本覆盖要害部位。1997 年,市公安局下发《关于全市保卫组织开展“达标”活动的通知》,对全市 641 个内保列管单位从组织建设、基础业务建设、基础设施建设等 3 个方面进行考评验收;全市 90%以上的列管单位建立“三防”(人防、技防、物防)措施;当年共组织各类安全大检查 15 次,检查重点要害部位 140 多处,查处隐患 20 处,督促整改 18 处。2010 年,全市重点单位、重点部位、重点场所均加强技防建设,安装技防设施,并落实其维修和保养经费。

### 三、保安服务

1996年11月，市保安服务公司成立，2001年5月，市公安局保安武装押运大队成立。2002年5月8日，市保安服务总公司保安押运分公司为九江城区银行及各金融单位提供现金流通安全护运、金库守护安全服务。各县(市、区)相继成立保安服务公司。2003年12月，市公安局下发《关于加强保安服务行业管理工作的通知》，规范服务业务，完善管理机制，提高服务质量。2006年11月，市公安局与各县(区、市、山)等19个公安(分)局分别签订责任状，明确保安服务业发展的目标和工作任务。2010年，全市保安人员1500人，年经营收入2600万元。

## 第二节 大型活动安全保卫

1992年5~6月，第六届全国"屈原杯"龙舟赛、中国"庐山杯"国际龙舟邀请赛和自贡龙舟艺术灯会在九江举行，各级领导、参赛人员和国内外观众共300余万人次。公安干警全力以赴，确保赛事、灯会的圆满成功。1993年6~9月，全国摩托艇超级明星对抗赛、首届"炎黄杯"世界华人龙舟邀请赛和第二届"屈原杯"全国龙舟赛、国际钓鱼邀请赛先后在九江举办，市公安局召开近千人的市区内部单位保卫"三赛"动员大会，组织市、区内保部门30余名干警到党政机关、要害部门、重点部位、工矿企业，发现整改各种不安全因素和隐患130余处，及时消除市一印刷厂存放的24.5公斤氰化钠、2.5公斤氰化钾的重大隐患。1995年11月16日，京九铁路全线铺通庆祝大会在九江新火车站举行，中共中央政治局常委、国务院总理李鹏，国务院副总理邹家华以及中央和国务院有关部委办、京九沿线9省市代表、港澳工委和亚洲开发银行的代表及有关人士共6000余人参加，市公安局部署强大警力，确保会场安全。1996年10月，近千名境外客商和记者赴浔参加中国庐山国际旅游节暨招商洽谈会，大批国内外游客云集九江，市公安局抽调警力分赴驻地、会场及旅游景点实施安全保卫，确保旅游节和招商引资会成功举行。1997年6~8月，"九江市庆香港回归大型自贡艺术灯会"在南湖公园举办，有52万人参观。市公安局组织治安、交警等多警种密切配合，顺利完成安保任务。2000年，全市举办大型活动60场次，参加观众80万人次。

2001~2010年，全市大型活动出现数量多、规格高、人流量大的特点，公安机关先后完成2001年"庐山杯"亚洲青年举重锦标赛和全国女子举重锦标赛、中国九江第一届农副产品精品展、国庆大型焰火晚会，2004~2009年赣台经贸洽谈会，2005年中国(江西)国际傩文化艺术周暨四国文化团体九江文化友好交流演出，2006年第一届中国(九江)国际龙狮赛，2009年第三届温泉旅游节闭幕式暨第二十届世界超级模特环球大赛全球总决赛颁奖晚会等大型活动的安全保卫任务。2010年9月26日，中央电视台"唱响九江·相约九银"大型文艺晚会在市新体育中心举行，现场嘉宾及观众达3.5万余人，市公安局出动安保警力1800人次，确保晚会秩序。

# 第八章 刑事侦查

## 第一节 "严打"斗争和专项行动

### 一、"严打"斗争

1990年5月至1991年2月，全市公安机关以"打团伙、破大案、追逃犯、整难点"为主攻方向，以市区、县城和公路干线及水网地带为重点，历时10个月，在全市范围内开展4次集中打击统一行动，同时在境内铁路沿线3县2区开展"铁路行动"，在九江长江段和鄱阳湖水域组织"水网行动"，共抓获各类违法犯罪分子6250名，破获各类刑事案件3921起，其中重大案件550起，包括1990年10月彭湖公路干线系列盗杀耕牛案、1991年1月市区九航商场抢劫杀人案等恶性案件;摧毁各类犯罪团伙516个,抓获团伙成员2077名;缴获赃款和赃物折款共计299.77万元;收缴枪支4支、子弹14发、炸药336公斤、雷管2762枚;依法处理25个组织宗族械斗的头面人物;敦促55名逃犯到公安机关投案自首。修水县、瑞昌市解救妇女儿童61名。

1994年8~11月,市公安局组织开展全市“严打”斗争,共破获各类刑事案件1458起,其中大案352起;抓获犯罪嫌疑人2272名,追捕各类逃犯290人;摧毁犯罪团伙176个,抓获成员813人;缴获赃款赃物折款257万元。

1995年春季,全市共投入警力1600余人和厂矿、乡村治保干部500余人,重点整治2001个重点路段和场所,破获各类刑事案件798起,其中重大案件288起,特大案件19起;破获隐案、积案54起,协助外地公安机关破案76起;摧毁各类犯罪团伙105个,抓获各类违法犯罪分子1093人,追捕逃犯91人;收缴非法枪支47支、子弹300余发、雷管29枚;追缴被盗、被抢机动车17辆;缴获赃款赃物折款163.6万元。

1995年8月至1996年2月,全市公安机关先后组织23次统一行动,共破获各类刑事案件623起,其中重大案件215起,特大案件25起;破获隐案、积案184起,协外破案211起;抓获各类犯罪嫌疑人894名,其中逃犯93名;摧毁各类犯罪团伙71个,抓获团伙成员265名;铲除乡匪村霸、流氓恶霸、船匪水霸等为害一方的流氓恶势力21个;整治重点地区10处,重点路段42个;尤其是破获市区“3·25”抢劫轮奸案、永修“4·14”拦路强奸案、星子“4·15”特大车匪路霸案和浔阳“4·25”绑架勒索案等一大批重特大案件。

2001年4月至2002年12月,全市公安机关在开展为期2年的“严打”斗争,共破获各类刑事案件3019起,摧毁犯罪团伙200个,抓获各类犯罪嫌疑人3716名,其中逮捕1244名,劳教381名。

2004年6~12月,市公安局组织开展全市性“严打”斗争,集中打击杀人、抢劫、抢夺、强奸、绑架、贩毒等严重刑事犯罪活动,重点整治治安混乱的地区和场所,追捕一批负案在逃多年的逃犯,共破获各类刑事案件2965起,摧毁犯罪团伙73个,抓获各类犯罪嫌疑人2557名;收缴炸药362公斤、雷管482枚,枪支107支、子弹35296发,销毁毒鼠强等各种剧毒物品222公斤。

## 二、“打黑除恶”专项斗争

2001年始,全市开展“打黑除恶”专项斗争。当年查破黑社会性质组织6个,抓获组织成员188人;查破涉枪犯罪团伙11个,抓获团伙成员70人。2002年,打掉流氓恶势力犯罪团伙140个。2004年,破获涉黑涉恶案件5起,抓获共查破黑社会性质组织6个,抓获组织成员188人;查破涉枪犯罪团伙11个,抓获团伙成员70人。犯罪嫌疑人24人。2006年,打掉黑恶势力犯罪团伙16个,抓获犯罪嫌疑人87人。2007年,摸排出53个黑恶势力犯罪线索并确定一批挂牌督办案件,逮捕黑恶案件成员302人;市公安局刑警支队会同浔阳区、庐山区公安分局侦破以万某为首、涉案50余起的黑社会性质组织案。2008年,打掉10个黑恶犯罪团伙; 市公安局刑警支队打掉公安部督办的以庐山区胡某某为首的黑社会性质组织。2009年,摸排出黑恶势力犯罪线索160条,打掉黑恶犯罪团伙76个,抓获违法犯罪嫌疑人575人。2010年,全市公安机关摸排出涉黑涉恶线索81条,打掉涉恶团伙42个、涉霸团伙116个,抓获各类违法嫌疑人776名。

## 三、打击“两抢一盗”专项行动

1991年5~7月,在全市打击盗窃自行车犯罪专项斗争中,共破获盗窃自行车案件885起,摧毁犯罪团伙53个,抓获犯罪嫌疑人508名,追缴被盗自行车1425辆,缴获赃款赃物折款14.1万元;当年,九江县局侦破5起特大拦车抢劫案,带破星子、德安等地8起拦车抢劫案;5月,修水县局摧毁以湖北崇阳县叶某某、陈某某为首的45人特大流氓团伙,破获抢劫案19起。

1993~1995年,共破获盗窃案件613起,摧毁盗窃团伙112个,其中重大案件128起,抓获犯罪嫌疑人 622 名，缴获赃款赃物价值 94.7 万元；破获盗抢机动车案件 206 起，摧毁团伙 9 个，抓获犯罪嫌疑人 193 名，追缴被盗抢机动车 256 辆，总价值 423 万元。其中，1995 年 6 月，刑侦支队破获江洲造船厂本田面包车被盗案，带破系列汽车被盗案，涉案车辆 23 台，总价值 227.15 万元。

1998~2000 年，先后开展夏季反扒窃和撬盗、打击盗抢机动车和偷盗自行车专项行动，全市共破获盗窃案件 418 起，其中重大案件 126 起，缴获赃款赃物价值 40 余万元；破获盗抢机动车案件 185 起，抓获盗抢机动车犯罪嫌疑人 242 名，抓获销、窝赃犯罪嫌疑人 12 名，追缴被盗抢机动车 170 辆，总价值 180.2 万元；查获无牌摩托车 27 辆、无牌自行车 1132 辆、无牌三轮车 11 辆，抓获偷盗自行车嫌疑人8人。

2002~2005 年，全市公安机关多次开展"'两打一反'夏季攻势""'两打一追'百日攻势"、打击盗窃机动车、打击抢劫盗窃和追捕逃犯等专项行动。其中 2003 年共破获刑事案件 2665 起，其中抢劫案件 227 起，抢夺案件 67 起，盗窃案件 1549 起，抓获犯罪嫌疑人 1319 名，缴获赃款赃物折价 285.3 万元。2004 年破获各类侵财案件 1975 起，抓获犯罪嫌疑人 1563 名，缴获赃款赃物折款 546.2 万元。2005 年查验各类机动车 47482 辆，破获盗窃机动车案件 26 起，追缴被盗汽车 57 辆。

2006 年，市公安局组织开展打击"两抢一盗"专项行动，破获案件 4316 起，其中盗窃案 3926 起，抢劫案 304 起，抢夺案 86 起；打掉犯罪团伙 109 个，抓获成员 492 人；缴获赃款赃物 651 万元。2008 年，全市公安机关开展为期 5 个月的"反盗窃"专项行动，对多发性侵财案件保持严打高压态势，共破获案件 6097 起，其中盗窃案 5703 起、抢劫案 294 起、抢夺案 100 起，破案总量列全省地市公安机关第三。2009 年，市公安局组织"猎狐行动"等 7 次全市统一行动，侦破"两抢一盗"案件 8663 起。

20 年间，全市公安机关针对抢劫、抢夺、盗窃等高发势态的侵财犯罪进行严厉打击，开展以打击"两抢一盗"犯罪为主要内容的各类专项行动 16 次。

## 四、打击拐卖妇女儿童专项行动

2000 年 3~12 月，市公安局开展打击拐卖妇女儿童专项斗争，全市共破获拐卖人口案件 56 起，解救被拐妇女 177 人，解救被拐儿童 128 人，抓获拐卖人口犯罪嫌疑人 83 人。2009 年 4~12 月，全市共破获拐卖妇女儿童案 9 起，解救儿童 4 人、妇女 8 人，遣返外籍妇女 6 人。

## 五、追捕逃犯

1991~2010 年，全市公安机关抓获逃犯 14769 名，其中公安部督捕逃犯 698 名。瑞昌市公安局被公安部评为 2004 年度全国追逃先进单位，市公安局追逃工作 2006~2010 年位列全省地市公安机关第一，永修县公安局民警胡安被评为 2009 年度全国"追逃"百名先进个人。

1991~2010 年全市抓获逃犯一览

表 52-8-1　　单位：人

| 年 份 | 人 数 | 年 份 | 人 数 | 年 份 | 人 数 | 年 份 | 人 数 |
|---|---|---|---|---|---|---|---|
| 1991 | 32 | 1996 | | 2001 | | 2006 | 1054 |
| 1992 | 226 | 1997 | 93 | 2002 | 647 | 2007 | 1274 |
| 1993 | 229 | 1998 | 97 | 2003 | 1051 | 2008 | 1234 |
| 1994 | 290 | 1999 | 943 | 2004 | 1514 | 2009 | 1296 |
| 1995 | 127 | 2000 | 253 | 2005 | 1277 | 2010 | 1998 |

说明：本表合计抓获逃犯 13635 人，另有 1334 人分别为 1996 年、2001 年抓获

# 第二节 打击经济犯罪

## 一、打击金融犯罪

1996年4月,市公安局组织对利用信用卡恶意透支诈骗活动开展专项打击,当月追回经济损失127万元,收缴“六四”式手枪1支;至11月底,全市经济保卫部门共办理信用卡恶意透支诈骗案件110起,抓获犯罪嫌疑人105名,追回经济损失215万元。2004年,市公安局经侦支队侦破李某某涉及金额1304万元的集资诈骗案。2007年7月,支队侦破安徽万物春科技开发有限公司九江分公司非法吸收公众存款案,追回经济损失750余万元。2009年1月至2010年12月,市公安局组织开展代号为“09行动”的打击假币犯罪专项行动,全市共破获假币犯罪案8起,其中协外破案3起;抓获犯罪嫌疑人7名,抓获网上逃犯5名;缴获假币总计55万余元。

2010年1月13日,市公安局查获一起POS机套现案,涉案金额250余万元;同年1~10月,全市开展打击银行卡犯罪专项行动,共立案44起,破案18起,其中协助侦破公安部督办案件1起;端掉窝点3个,抓获犯罪嫌疑人28名;收缴银行卡466张,涉案金额272.84万元,挽回经济损失262.7万元。

## 二、打击财税犯罪

1997~1998年,全市公安经济保卫部门破获一批经济案件,挽回经济损失2335万元,其中追回税款1265万元;其中,市公安局经济保卫科侦破一起空箱出口、以劣充优、低价高报的出口骗税案件,涉案金额950万美元。1999年,市公安局配合国税、地税部门查补税款380万元;协助烟草、工商部门收缴假冒、无标识卷烟1000余件;协助供电部门开展反窃电专项整治,查出窃电用户300余家,挽回经济损失40多万元。2004年12月,经侦支队对江西毓英织造有限公司特大虚开增值税专用发票(部督)案立案侦查,查明虚开增值税票603份,价税合计1.8亿元,案件涉及全国20多个地市,挽回经济损失1867万元。2008年9月,市公安局对何某某假发票案立案侦查,缴获万元版假发票3000余份,可开面额高达3.6亿元;同年11月24日,中央电视台新闻频道《法制在线》栏目专题播出该案侦破的全过程。2010年,全市公安机关开展打击发票违法犯罪活动,共侦破发票犯罪案23起,打掉团伙8个,捣毁窝点16个,抓获犯罪嫌疑人26人,收缴假发票近12万份。

## 三、打击商贸犯罪

1991年11月,彭泽县公安局破获一起特大诈骗案,为国营朝阳羽绒厂追回价值8.49万元的羽绒制品。1999年11月,市公安局经侦支队侦破范某某合同诈骗案,案值130万元;当年,全市公安经侦部门在打击商贸犯罪活动中共挽回经济损失500余万元。2007年1月,经侦支队侦破龚某某合同诈骗案,涉案金额455余万元;9月, 侦破公安部督办的郭某某涉嫌侵犯商业秘密和非国家工作人员受贿系列案,抓获犯罪嫌疑人13人,挽回经济损失1000余万元。2009年,全市公安机关查处传销案件16起,取缔传销窝点122处,现场劝返遣散参与传销人员910人,解救被困群众42人。2010年4~10月,支队侦破侵犯知识产权案2起,涉案金额40万元;查获假冒侵权商品2.11万件。

1990~2010 年打击经济犯罪立、破案件一览

表 52-8-2 单位:起、万元

| 年 份 | 立 案 | 破 案 | 挽回经济损失 | 年 份 | 立 案 | 破 案 | 挽回经济损失 |
|---|---|---|---|---|---|---|---|
| 1991 | 111 | 70 | 22 | 2001 | 198 | 146 | 859 |
| 1992 | 174 | 105 | 57 | 2002 | 144 | 115 | 5105 |
| 1993 | 116 | 76 | 49 | 2003 | 118 | 92 | 714 |
| 1994 | 171 | 112 | 35 | 2004 | 118 | 97 | 1194 |
| 1995 | 102 | 61 | 47 | 2005 | 123 | 92 | 3034 |
| 1996 | 115 | 73 | 1600 | 2006 | 132 | 96 | 1721 |
| 1997 | 225 | 125 | 124 | 2007 | 137 | 91 | 3504 |
| 1998 | 109 | 79 | 134 | 2008 | 176 | 172 | 2753 |
| 1999 | 125 | 111 | 500 | 2009 | 214 | 168 | 1783 |
| 2000 | 166 | 144 | 1120 | 2010 | 180 | 146 | 3841 |

## 第三节 打击毒品犯罪

1991 年以来,全市公安机关严厉打击毒品犯罪,相继破获一批重大案件。

2001 年 4 月,广东普宁人陈某某、罗某某与张某在市区九龙宾馆进行毒品交易时,被市公安局缉毒大队民警当场抓获,缴获海洛因 3900 余克,为新中国成立后全省缴获毒品数量最多的一起案件,省公安厅为 3 位侦查人员记个人二等功。2003 年 11 月 4 日,禁毒民警在市船管处当场抓获正在交易的毒贩蔡某某和余某。经查实,蔡某某将 144.8 克海洛因分成 30 小包用避孕套装好吞食后从云南瑞丽带到湖北武昌再带到九江。该案为全省破获的首例人体藏毒案。2004 年 3 月 27 日,禁毒支队摧毁一个特大跨省贩毒团伙,擒获广东毒贩林某某、陈某某等 5 人,当场缴获毒品海洛因 1600 克,并抓获吸毒人员 14 名;省公安厅为侦查员周轶记个人二等功;9 月 26 日,禁毒支队破获特大贩毒案,抓获李某某、苏某某等犯罪团伙成员,现场缴获毒品海洛因 5050 克(其中高纯度海洛因 1050 克),毒资 30 万元。

2006 年 3 月 11 日,在全市打击毒品犯罪"猎犬行动"中,禁毒支队破获一起跨省特大贩卖、运输毒品案,抓获毒贩陈某某、徐某某,缴获毒品海洛因 2600 克。2007 年 3 月 10 日,禁毒支队破获公安部督办的"1·26"全市首例特大制贩毒案件,捣毁制毒藏毒窝点,抓获李某某等涉毒人员 16 人,省公安厅为此特向市公安局发来贺电,并为侦察员记个人二等功。2008 年 4 月 9 日,禁毒支队破获一起制造、贩卖毒品案,抓获唐某某、熊某某等 5 人,省公安厅为侦察员记个人二等功。2010 年 6 月 7 日,禁毒支队破获一起特大跨省贩毒案件,分别在九江和重庆抓获九江毒贩陈某某、杨某某、周某及上线重庆毒贩石某、赵某,缴获麻古 1000 粒、冰毒 900 克。

2004~2010 年全市破获涉毒案件一览

表 52-8-3 单位:起、人、公斤

| 年 份 | 破 案 | 抓获涉毒犯罪嫌疑人 | 缴获毒品 | 登记在册吸毒人员 |
|---|---|---|---|---|
| 2004 | 20 | 46 | 4.62 | 3489 |
| 2005 | 57 | 89 | 6.90 | 3522 |
| 2006 | 74 | 101 | 6.60 | 3553 |

续表 52-8-3

| 年 份 | 破 案 | 抓获涉毒犯罪嫌疑人 | 缴获毒品 | 登记在册吸毒人员 |
|---|---|---|---|---|
| 2007 | 143 | 167 | 6.10 | 4124 |
| 2008 | 150 | 179 | 8.30 | 4562 |
| 2009 | 215 | 235 | 10.81 | 5118 |
| 2010 | 261 | 261 | 8.91 | 5763 |

## 第四节　打击网络犯罪

### 一、涉网自侦案件

随着传统犯罪逐渐向互联网领域渗透,网络诈骗、赌博、传播淫秽物品、黑客等违法犯罪行为日益增多。2004 年 9 月,市公安局网监支队侦破一起销售伪造邮票案,抓获犯罪嫌疑人王某,涉案金额 1 万元。2007 年 4 月,侦破“黄色天堂网”“宝贝秀裸聊网”案,将广东籍犯罪嫌疑人曹某抓获归案,随后中央电视台“新闻联播”栏目、《人民日报》《光明日报》、江西电视台、九江电视台等多家媒体先后专题报道该案;9 月,侦破号称全国最大网游木马基地的“黑客吧”网站案,抓获林某等 3 名犯罪嫌疑人,中央电视台新闻频道《法治在线》栏目为该案制作并播放专题片《危险之路》。2009 年 12 月,侦破手机 WAP 网站传播淫秽物品案,抓获疑犯张某。2010 年 1~8 月,全市开展“打击整治网络赌博专项行动”,侦破涉网赌博刑事案件 3 起,抓获 7 名犯罪嫌疑人,涉案金额 100 万元。至 2010 年,全市共侦破涉网刑事案件 59 起,涉网行政案件 55 起,抓获违法犯罪嫌疑人 120 人。

### 二、涉网配合侦查案件

2004 年 3 月,市公安局网监支队抓获安徽省合肥市公安局请求协查的强奸犯罪团伙主要犯罪嫌疑人刘某;2004 年 9 月配合侦查并协助抓获“9·13”暴力阻碍执法人员执行公务案以龚某为首的 8 名犯罪嫌疑人;2006 年,先后配合侦查“1·2”浔阳区抢劫杀人案、“9·2”抢劫杀人案并很快锁定犯罪嫌疑人;2007 年 9 月配合彭泽县公安局协查请求,配合侦破彭泽 1999 年“7·11”命案,抓获潜逃 7 年的犯罪嫌疑人陈某;2009 年 2 月协助庐山区公安局破获针对学生的系列抢劫案,协助抓获犯罪嫌疑人 6 名,得到省公安厅通报表扬,并被评为 2009 年度全国公安网监十大精品配侦案件;2010 年,市公安局网监支队配合刑侦部门先后侦破庐山区系列保险柜盗窃案、浔阳区系列笔记本电脑盗窃案、浔阳区“8·19”故意伤害案、庐山区“8·18”汽车被砸案及武宁县“2·3”刘某某等人寻衅滋事案等一大批重大刑事案件。至 2010 年,全市公安机关根据涉网线索,配合侦破刑事案件 363 起,协助抓获违法犯罪嫌疑人 565 人,其中命案在逃犯罪嫌疑人 24 人。

## 第五节　打击水上犯罪

1991 年以来,市公安局水上分局保持严厉打击水上犯罪活动的高压态势,相继破获一批案件。1993 年,破获都昌县鄱阳湖水域余某某抢劫团伙案。1995 年,破获鄱阳湖水域井冈山 16 号客轮团伙特大抢劫案。1999 年,侦破九江长江大堤 39 号趸船持刀强奸、抢劫案。2002 年 3 月 3 日,在公安部统一指挥下,九江、芜湖两地水上公安联合行动,打掉以袁某某为首的恶势力犯罪团伙,抓获首犯及团伙成员 46 人,缴获现金及存折共计金额 83 万元。2004 年 8 月,以朱某某、赵某某为首的犯罪团伙采取时分时合的方式,在鄱阳湖老爷庙水域连续抢劫作案 5 起,砍伤 5 名船员,抢劫现金 8.7 万元及金银首饰、手机等物,市水上公安分局专案组转战福州、莆田、温州等地,于 9 月 30 日将朱某某等 4 名犯罪嫌疑人抓获归案。2008 年 10 月 18 日凌晨 2 时,长江九江水泥厂水域发生持枪抢劫案,犯罪团伙成员劫持船只,捆绑船员，砍伤船民，抢走人民币 1.5 万元，烧毁价值 10 万元快艇 1 艘，水上分局成立“10·18”专案组，抓获以殷某某为首的 12 名犯罪嫌疑人，缴获“六四”式手枪 1 支、子弹 2 发。此案侦破后，省公安厅和省水警总队向市公安局水上分局发电祝贺，民警鲍大信被省公安厅记个人二等功。

## 第六节 打击涉林犯罪

### 一、盗伐、滥伐林木案侦破

1991 以来，全市森林公安机关加大盗伐、滥伐林木案件的侦破力度。1994 年，侦破武宁县黄塅乡刘某等人在未办理任何木材采伐手续的情况下进入集体山场采伐罗卜木原木 117.295 立方米、杉条木 17.027 立方米的盗伐林木案。2002 年 8 月，侦破庐山区海会镇长岭山林木被盗案。2003 年 8 月，彭泽县人李某某等人持采伐蓄积为 120 立方米的采伐许可证采伐蓄积 323.319 立方米林木；同年 12 月至 2004 年 1 月，彭泽县人宗某某持采伐蓄积为 207 立方米的采伐许可证采伐蓄积 452.5 立方米林木；这两起滥伐林木案被彭泽县森林公安机关及时侦破。2004 年，先后侦破瑞昌市熊某非法采伐、毁坏国家重点保护植物案和德安县李某某滥伐林木案。2006 年 9 月，都昌县森林公安局经侦查证实，汪墩乡刘某某等人在新屋村猪连膀山场组织滥伐林木 400 余立方米，并非法采伐樟树 18 棵。2007 年 4 月，张某某等人在没有办理任何手续的情况下，组织人员将彭泽县杨梓镇古楼山场林木砍光，滥伐面积 11.5 公顷、林木活立木蓄积 318.23 立方米，该案被及时侦破；同年 11 月，彭泽县破获彭某某、李某某滥伐林木案。至 2010 年，全市森林公安机关共侦破各类涉林违法犯罪案件 2.45 万起，其中刑事案件 3071 起，治安案件 2277 起。

### 二、危害国家重点保护植物案侦破

在全市涉林刑事犯罪案件中，危害南方红豆杉、香榧、樟树等国家重点保护植物的案例时有发生。2004 年 3 月，瑞昌市森林公安机关侦破和平乡退休教师熊某非法采挖国家一级保护植物南方红豆杉 1333 株以及二级保护植物香榧等进行移植，导致其中南方红豆杉枯死 245 株的案件。2006 年 4 月 13 日，九江县马回岭饶某某等非法采伐胸径 10~16 厘米野生南方红豆杉 14 棵；11 月，都昌县土塘镇吴某某无证砍伐国家二级保护植物樟树 13 棵；2 起案件被及时侦破。2007 年 4~11 月，武宁县森林公安机关破获浙江人董某某危害国家重点保护植物案，查实该犯罪嫌疑人先后在罗坪镇 3 处山场共非法采伐南方红豆杉共 6 棵，合计活立木材积 5.87 立方米。

### 三、破坏珍贵、濒危野生动物保护案侦破

1995 年，湖口县森林公安局依法查处犯罪嫌疑人周某等 6 人非法倒买国家二级保护野生动物白额雁案，将查获的 26 只白额雁全部放飞。2001 年 12 月至 2002 年 1 月，湖口县森林公安局成功破获叶某某等 14 人系列非法狩猎案。2009 年 3 月 15 日，修水县森林公安局查获太阳升镇程某某出售其未成年儿子非法猎捕的 2 只国家一级保护动物中华秋沙鸭，连同餐馆老板傅某某以非法出售、收购珍贵、濒危野生动物罪被处以刑罚。

### 四、森林火灾案侦破

1991 年以来，全市森林公安部门侦破的森林火灾案主要有：1998 年德安县林泉乡“3·14”森林火灾案，2001 年武宁县泉口镇“10·13”森林火灾案，2003 年星子县温泉镇“11·6”森林火灾案，2004 年德安县彭山林场“2·6”森林火灾案，2005 年庐山区虞家河乡、海会镇“4·5”森林火灾案，2007 年瑞昌市横立山乡“11·26”森林火灾案，2008 年瑞昌市南阳乡“3·4”森林火灾案和 2009 年武宁县清江乡“3·22”森林火灾案等。其中，1998 年 3 月 14 日德安县林泉乡森林火灾过火面积 360.93 公顷，其中林地面积 58.9 公顷，经济损失 34.8 万元；2001 年 10 月 13 日武宁县泉口镇森林火灾过火面积 429.9 公顷，其中林地 11.7 公顷；2004 年 2 月 6 日，德安县彭山林场百家山分场王家洼里山场发生森林火灾造成 533 公顷的杉林被烧毁；2007 年 11 月 26 日瑞昌市横立山乡森林火灾过火面积 1271 公顷，其中林地 409 公顷，退耕还林地 53 公顷，造成直接经济损失 125 万元；2008 年 3 月 4 日瑞昌市南阳乡森林火灾过火林地面积 226公顷，直

接经济损失113.35万元。2009年,国家林业局森林公安局为市森林公安局局长严知波记个人二等功。

### 1991~2010年全市刑事侦查案件一览

表52-8-4(1) 单位:件

| 年份 | 合计 | | 杀人 | | 伤害 | | 抢劫 | | 抢夺 | |
|---|---|---|---|---|---|---|---|---|---|---|
| | 发案 | 破案 | 发案 | 破案 | 发案 | 破案 | 发案 | 破案 | 发案 | 破案 |
| 1991 | 7508 | 4077 | 59 | 45 | 147 | 130 | 345 | 330 | 45 | 23 |
| 1992 | 3833 | 2856 | 59 | 46 | 139 | 125 | 399 | 372 | 16 | 5 |
| 1993 | 4233 | 3100 | 68 | 55 | 137 | 120 | 434 | 416 | 28 | 13 |
| 1994 | 3579 | 2743 | 50 | 42 | 136 | 125 | 464 | 427 | 8 | 3 |
| 1995 | 3401 | 2555 | 44 | 32 | 147 | 136 | 483 | 424 | 22 | 8 |
| 1996 | 3126 | 2529 | 64 | 55 | 121 | 113 | 406 | 352 | 13 | 4 |
| 1997 | 2474 | 2001 | 51 | 42 | 112 | 104 | 314 | 275 | 20 | 10 |
| 1998 | 3367 | 2867 | 50 | 43 | 185 | 170 | 402 | 389 | 65 | 23 |
| 1999 | 4730 | 2025 | 55 | 39 | 196 | 169 | 538 | 279 | 115 | 39 |
| 2000 | 5638 | 4156 | 54 | 41 | 205 | 183 | 601 | 589 | 123 | 56 |
| 2001 | 6987 | 5236 | 56 | 44 | 287 | 256 | 578 | 569 | 139 | 56 |
| 2002 | 8031 | 6935 | 54 | 43 | 295 | 269 | 620 | 602 | 176 | 66 |
| 2003 | 9734 | 5209 | 53 | 46 | 305 | 43 | 660 | 306 | 203 | 69 |
| 2004 | 10590 | 5357 | 46 | 51 | 279 | 240 | 755 | 443 | 213 | 82 |
| 2005 | 10449 | 5843 | 29 | 29 | 339 | 289 | 800 | 488 | 289 | 124 |
| 2006 | 13236 | 6656 | 26 | 29 | 361 | 325 | 665 | 323 | 308 | 99 |
| 2007 | 14677 | 8030 | 32 | 33 | 347 | 303 | 555 | 294 | 370 | 100 |
| 2008 | 11967 | 8686 | 23 | 29 | 404 | 368 | 370 | 293 | 224 | 140 |
| 2009 | 13459 | 8830 | 35 | 35 | 310 | 349 | 455 | 407 | 244 | 132 |
| 2010 | 18620 | 9559 | 24 | 24 | 438 | 365 | 358 | 310 | 418 | 277 |
| 合计 | 159639 | 99250 | 932 | 803 | 4890 | 4182 | 10202 | 7888 | 3039 | 1329 |

表52-8-4(2)

| 年份 | 投毒 | | 放火 | | 爆炸 | | 强奸 | | 盗窃 | |
|---|---|---|---|---|---|---|---|---|---|---|
| | 发案 | 破案 | 发案 | 破案 | 发案 | 破案 | 发案 | 破案 | 发案 | 破案 |
| 1991 | 17 | 10 | 21 | 10 | 9 | 3 | 116 | 108 | 6265 | 4468 |
| 1992 | 17 | 12 | 9 | 5 | 6 | 2 | 105 | 102 | 2694 | 1395 |
| 1993 | 14 | 10 | 8 | 4 | 6 | 2 | 105 | 98 | 2950 | 2154 |
| 1994 | 13 | 9 | 9 | 2 | 2 | 1 | 72 | 68 | 2347 | 1267 |
| 1995 | 10 | 8 | 11 | 10 | 5 | 4 | 125 | 119 | 2161 | 1441 |
| 1996 | 4 | 4 | 3 | 3 | 1 | 1 | 89 | 86 | 1945 | 1454 |
| 1997 | 15 | 13 | 9 | 7 | 2 | 1 | 76 | 72 | 1509 | 1117 |
| 1998 | 8 | 2 | 5 | 2 | 1 | 1 | 88 | 82 | 2820 | 1486 |
| 1999 | 7 | 1 | 11 | 7 | 2 | 1 | 97 | 84 | 3210 | 1042 |
| 2000 | 10 | 2 | 7 | 4 | 2 | 1 | 96 | 89 | 3972 | 2543 |
| 2001 | 13 | 6 | 5 | 1 | 3 | 1 | 89 | 78 | 4054 | 3027 |

续表 52-8-4(2)

| 年份 | 投毒 | | 放火 | | 爆炸 | | 强奸 | | 盗窃 | |
|---|---|---|---|---|---|---|---|---|---|---|
| | 发案 | 破案 | 发案 | 破案 | 发案 | 破案 | 发案 | 破案 | 发案 | 破案 |
| 2002 | 18 | 6 | 12 | 5 | 2 | 1 | 63 | 57 | 5687 | 4965 |
| 2003 | 10 | 2 | 14 | 7 | 3 | 2 | 69 | 58 | 6888 | 2261 |
| 2004 | 18 | 5 | 24 | 17 | 4 | 1 | 279 | 240 | 7480 | 3041 |
| 2005 | 21 | 13 | 13 | 12 | 2 | 1 | 67 | 61 | 7416 | 3293 |
| 2006 | 21 | 15 | 13 | 10 | 2 | 1 | 87 | 79 | 9956 | 4359 |
| 2007 | 29 | 23 | 10 | 9 | 3 | 2 | 73 | 67 | 10941 | 5703 |
| 2008 | 18 | 12 | 12 | 15 | 3 | 1 | 68 | 81 | 8818 | 5836 |
| 2009 | 9 | 2 | 7 | 4 | 2 | 1 | 67 | 55 | 9475 | 6042 |
| 2010 | 0 | 0 | 10 | 6 | 6 | 2 | 92 | 84 | 13885 | 6426 |
| 合计 | 272 | 155 | 213 | 140 | 66 | 30 | 1923 | 1768 | 114473 | 63320 |

## 附：刑事侦查案例

**浔阳区"9·10"入室持刀抢劫杀害民警案侦查**　1994 年 9 月 10 日 14 时，市浔阳公安分局德润里宿舍 402 室发生惨案，歹徒将该分局政保科长黄问环及其妻戴慧娟杀死，同时致黄问环女儿黄晶重伤，并抢走"六四"式手枪 1 支及传呼机、现金等物品。市、区两级公安机关迅速组成"9·10"专案组，在与周边省市类似的入室抢劫案进行搜索和串并后，于 2010 年 7 月专程赴江苏省徐州市，对在押犯罪嫌疑人齐某某进行审讯，使其交代作案经过，随后在江苏、山东相继抓获其同伙张某某、徐某某。3 名犯罪嫌疑人对在庐山游玩后下山至被害人黄问环家中实施抢劫杀人的犯罪事实供认不讳，这件历时 16 年的命案终于告破。

**都昌县"1·30"特大杀人案侦查**　1996 年 1 月 30 日零时 30 分，都昌县北炎乡排垅村发生邵徽华一家 5 口被杀的灭门惨案，邵徽华及其妻杨金娥、女儿邵霞、大儿邵东和小儿邵阳被杀死。都昌县公安局刑侦人员经过调查走访，查明系该村村民徐某某所为。徐某某因与邵徽华女儿的婚事矛盾而起杀心，行凶后随即潜逃。办案民警历经 10 年的不懈努力，在安徽省阜阳市警方的协助下，于 2006 年 2 月 12 日成功抓获公安部督捕的 A 级杀人逃犯徐某某。

**永修县门某某黑社会性质组织案侦查**　1993~2000 年，永修县以门某某为首的带黑社会性质的犯罪团伙非法购买、使用枪支，在柘林镇一带鱼、沙市场，欺行霸市、寻衅滋事，先后作案 27 起，打死 1 人，打伤 10 余人，非法敛财上百万元，严重扰乱和破坏当地的经济秩序和社会稳定。2001 年 1 月，公安部并将侦办该案定为江西省第一起"反黑"案件；省公安厅刑警总队、市公安局刑警支队和永修县公安局共抽调 20 余名民警组成专案组；2 月，在柘林镇和南昌市抓获该组织核心成员门某某等 8 名骨干成员，随后又抓获 14 名成员，彻底摧毁这个组织严密、分工明确的犯罪组织。该案为全市第一起被定性为黑社会性质组织并依法判决的案件。

**浔阳区系列投毒案侦查**　2002 年 4 月 2~6 日，正值市人大、政协"两会"期间，市区先后发生 3 起餐馆用餐、用水人员中毒事件，共造成 8 人中毒，其中 4 人死亡的严重后果，，经勘查、取证和检验确认系"毒鼠强"中毒。市公安局迅即成立专案组并进行并案侦查，发现一名自称"张学友"、长年在九江摆摊看相算命的某人有作案嫌疑，随即开展查证，并于当月 26 日在湖北鄂州市华容区庙岭镇将其抓获。化名"张学友"的王某某对自己在九江 3 次投毒作案的犯罪事实供认不讳。

**浔阳区"3·8"持枪持械绑架案侦查** 2005年3月8日19时,2名绑匪分别持枪、刀蒙面闯入浔阳区九龙世纪苑1栋11层的市总商会福建商会副会长陈涛家中,用胶带将其全家7人进行捆绑,并将2个煤气罐移至人质身边,扬言如果不拿出100万元赎金就同归于尽。市公安局迅即成立现场指挥部,组织开展解救、侦破工作,经过24小时的斗智斗勇,于9日18时25分实施强攻,当场击毙饶某某,擒获龚某某。

**瑞昌市"6·6"特大喷毒抢劫杀人案侦查** 2005年5月下旬,犯罪嫌疑人黄某某、李某某、吴某某纠集杨某某、庞某某、梁某、曾某某等人密谋抢劫赌场,经踩点确认后,于6月6日晚由黄某某、杨某某、庞某某、吴某某持含有剧毒物品氰化氢的毒气罐闯入瑞昌市瀼溪西路283号民房二楼实施喷毒,导致室内的张某等5人当场中毒死亡,庞、吴也因喷毒不当而死,黄、杨先后抢劫现金、手机、项链等价值共1.9万元的物品后逃离作案现场。案发后,省、市公安机关随即联合侦办,于次日下午抓获杨某某,随后抓获黄某某、李某某等嫌犯。

**庐山区万某黑社会性质组织案侦查** 2003~2006年,以万某为首的犯罪团伙在庐山区莲花镇一带肆意进行聚众斗殴、寻衅滋事、故意伤害、敲诈勒索、强迫交易、设赌抽红等违法犯罪活动,作案30余起,致死1人,伤10余人,其中于2006年12月5日晚在市区中心砍死1人、砍伤1人。市公安局随即成立"12·5"专案组,先后抓获万某等19名犯罪组织成员,缴获猎枪1支、自制左轮手枪2支、气体钢珠枪2支、子弹15发和涉案车辆3台。国内诸多新闻媒体以《九江最大黑帮的穷途末路》《作恶多端终落法网——九江万×"黑帮团伙"覆灭记》等为题对此案进行报道。

**庐山区胡某某黑社会性质组织案侦查** 2008年11月26日16时,九瑞高速公路一施工现场被人打砸,造成1台施工车辆毁坏、2名工人受伤。市公安局成立"11·26"专案组负责侦破,发现该案与庐山区以胡某某为首的带有黑社会性质的组织有关。经查证,1996年以来,胡某某在倚仗其家族势力的基础上,逐渐形成以万某某、胡某某等骨干、数十人为"马仔"的犯罪组织,非法买卖、持有枪支,使用暴力、胁迫等手段进行垄断经营、故意伤害、聚众赌博等违法犯罪活动。12月,公安机关摧毁该犯罪组织,抓获胡某某等犯罪嫌疑人22名,查证个案近40余起,缴获涉案枪支6把、子弹30余发,查证涉黑资产1000余万元。

**修水县樊某某黑社会性质组织案侦查** 2003~2008年,修水县以樊某某为首的黑社会性质组织非法持有枪支,以暴力、威胁等手段,先后控制深圳坪山至修水的长途客车和修水县西片区部分乡镇以及湖南平江、龙门等地的地下赌场并获利300余万元,制造多起聚众械斗、抢劫、绑架等刑事案件。2008年10月,修水县公安局成立专案组,对这件公安部督办的重大案件进行侦查。2009年4月,以樊某某为首的黑社会性质犯罪组织被彻底摧毁。

# 第五十三篇

# 司法行政

# 第五十三篇　司法行政

1991年以来，全市司法行政机关严格履行普法依法治理、基层人民调解、劳动教养管理、法律服务、法律援助等主要职能。至2010年，先后组织实施“二五”“三五”“四五”和“五五”普法规划，均通过省检查验收并获得好评；贯彻“调防结合，以防为主”工作方针，坚持以防止民间纠纷激化为重点，做到早发现，早报告，早调处，早化解。调解各类矛盾纠纷34.31万件，调解成功率达96.5%；不断拓展法律服务领域，努力为改革开放经济建设保驾护航，基层法律服务机构代理各类案件4.2万件，挽回经济损失1.33亿元；律师代理各类案件与事务11.29万件；办理司法公证业务55.35万件；组织9次国家司法考试，共有832人取得“法律职业资格证书”。同时，全市各级各类人民调解组织、法律服务机构等规模齐整、业务齐全、品质优良，抓好法制宣传和法学教育，着力营造良好的民主法制环境，在依法治市和推进九江经济社会发展进程中发挥重要作用。2008年，九江市被评为“全国普法先进单位”。

# 第一章 普法

## 第一节 普法教育

### 一、“二五”普法

1991年,市普法领导小组制订并组织实施《关于在全市公民中普及法制常识第二个五年规划的实施方案》,坚持“以宪法为核心、以专业法为重点”普法原则,重点突出领导干部和青少年法制教育。重点宣传“两个讲话”(宪法讲话、社会主义法制建设若干问题讲话;1992年为“六法、二条例、三决定”(宪法、国旗法、国徽法、行政诉讼法、义务教育法、集会游行示威法,行政复议条例、江西省计划生育条例和全国人大常委会《关于打击绑架、拐卖妇女儿童犯罪分子的决定》《关于禁毒的决定》《关于惩治走私、制作、贩卖、传播淫秽物品的犯罪分子的决定》;1993年为“四法、四条例”(宪法·修正案、企业法、税收征管法、未成年人保护法、全民所有制企业转换经营机制条例,江西省社会治安综合治理条例、江西省农民负担管理条例、道路交通管理条例);1994年重点宣传“六法、二条例、一办法”(农业法、公司法、消费者权益保护法、产品质量法、反不正当竞争法、修改后的经济合同法、公务员暂行条例、国防教育条例、江西省实施《中华人民共和国归侨、侨眷权益保护法》办法);1995年为“五法”(国家赔偿法、劳动法、广告法、仲裁法、监狱法)。“二五”普法期间,全市共配备2.88万余名法制宣传员,举办各种形式的培训班、轮训班350期,其中市委党校轮训干部8303人次;编印发放宣传材料40万份,制作宣传栏5000多期,出动宣传车3000余次,举办广播讲座2800余次,组织法律知识竞赛250余次,撰写宣传稿件2.6万余篇,各级领导发表有关电视讲话180余次。

### 二、“三五”普法

1996年,市普法依法治市工作领导小组组织实施《关于在全市公民中开展法制宣传教育的第三个五年规划》,确定领导干部、行政执法人员、青少年特别是在校学生、企业经营管理人员和外来流动人口为重点普法对象。市、县两级司法局在人员编制紧缺的情况下,抽调68名专职干部充实普法办公室。“三五”普法期间,全市通过多种渠道和形式系统地向广大公民宣传普及宪法、社会主义市场经济法律法规和与公民自身关系密切的法律法规41部。至2000年,近300万普法对象不同程度地接受普法教育,普及率达90%以上;举办普法培训班2300余期,培训各类普法骨干11万人次;组织各类法律知识考试2600场次,参考人员18万人次;开展法律知识竞赛900余场(次),参加和旁听人数29万人次;组织“送法下乡”活动1100余次,免费赠送普法书籍1.5万余册。同时,各地、各单位都充分利用广播、宣传栏、宣传橱窗、法制文艺演出等形式宣传法律知识。

### 三、“四五”普法

2001年,市普法依法治市领导小组制定并实施《在全市公民中开展法制宣传教育第四个五年规划》,总体目标是为“两个提高、两个转变”,即努力实现由提高全民法律意识向提高全民法律素质转变,实现由注重依靠行政手段管理向注重运用法律手段管理转变。至2005年,“四五”普法期间,全市460万人口中普法对象达322万人,90%以上普法对象参与学法活动;县以上党委中心组组织法制讲座206次,组织县处级领导干部和企业经营管理人员法律知识培训151期,4.03万名公务员参加学法用法依法行政培训和法律知识考试;举办各种形式法律知识培训班1918期,培训各类普法骨干11万余人;组织各种形式的送法下乡、送法进企、送法进校园活动208次,赠送法律书籍1万余册;开展大型法制宣传活动127次,散发宣传资料10万余份,悬挂宣传标语、横幅1800余条,制作法制宣传图版200余块,出动宣传车248车(次),建立法制宣传长廊15处,被省级以上报刊、网站采用稿件168篇。全市连续4年超额完成省里下达的普法教材发行任务,九江电视台制作的法制宣传专题片连续2年被推荐参加全国“金剑杯”评选。

### 四、“五五”普法

2006年,市依法治市领导小组组织实施《关于在全市公民中开展法制宣传教育的第五个五年规划》。当年,市普法办编印《九江普法报》《五五普法知识读本》等普法资料,开展“法律六进”(进机关、进乡村、进社区、进学校、进企业、进单位)活动。2007年,市普法办会同市委组织部、宣传部、国资委、教育局、民政局、农业局先后联合下发《关于在“五五”普法期间进一步加强全市领导干部学法用法工作的意见》《关于加强全市企业经营管理人员学法用法工作的意见》《关于进一步加强全市农民学法用法的实施意见》和《中小学法制教育指导纲要》等文件。2008年4月,全市开展知识产权保护宣传系列活动,发放《中华人民共和国著作权法》《出版物市场管理规定》等宣传资料1000余份。2009年4月9日,全市消防法宣传月暨“个十百千万”活动仪式信华城市广场举行,市普法办编写并发放《消防法规及防火常识宣传读本》1万册;2010年,市普法办编印《鄱阳湖生态经济区建设相关法律法规问答》一书发放到全市;3月底,16个机关(单位)被省委宣传部、省司法厅、省普法办授予全省首批“学法用法示范机关(单位)”称号。“五五”普法期间,全市共举办培训班2210期,参训普法宣传骨干超过12万人次;开展法制宣传活动75次,组织法律知识竞赛506次,法制演讲比赛67场,编制法制文艺节目130个;开通普法网站9家;电视台、广播电台共制播法制宣传节目379期。

## 第二节　普法考试

2002年12月7日,全市领导干部参加省委组织部、省委宣传部、省司法厅联合组织的第一次法律知识全省统一考试,共设考场300多个,1487名副处级以上、1.4万名科级干部参加统考,参考率96%。全部颁发合格证,并建立个人学法用法档案。2003年5月,市人大常委会修订《人事任免办法》,明确规定对国家机关工作人员组织任前法律知识考试,凡拟任命的国家机关工作人员,不参加考试,将暂不提请任命;考试不及格的进行一次补考,待重新考试成绩合格后再提请任命。2004年3月20日,省司法厅、省民政厅联合组织全省村党支部书记、村委会主任法律知识统一考试,全市共设165个考点,3334名村干部参加集中统考。2008年11月29日,全省第七次领导干部法律知识考试统一举行,全市共设考场200个,1559名副处级以上领导干部和1.5万名科级干部参加统考,参考率达98%以上。

## 第三节　普法验收

1995年8月,经省普法领导小组检查验收,认为市“二五”普法工作领导重视,工作扎实,成绩显著,促进全市各项事业健康发展。

2000年9月,市普法依法治市领导小组印发《全市“三五”普法工作验收实施方案》,组织开展检查验收工作。在验收过程中总结和推广一批先进典型,同时对缺漏的普法对象以及普法内容进行补课,营造广大干部群众学法用法的良好氛围。

2005年为“四五”普法检查验收年。市委办公厅、市政府办公厅印发《九江市“四五”法制宣传教育工作考核验收实施方案》,市直工委召开动员大会,市普法依法治市领导小组先后召开专题会议研究通过《全市“四五”普法考核验收工作安排意见》和考核验收工作现场会,组织8个小组赴各地检查验收,共抽查96个基层单位普法和依法治理工作,验收合格率达到100%。9月,省“四五”普法考核验收工作组到市进行检查验收,对全市“四五”普法工作取得的成效和特点给予充分肯定。

2008年10月,省“五五”普法中期督导检查组到市进行督导检查,分别到浔阳区、修水县、永修县听取汇报,并实地检查指导市国土局、市一中等6个单位“五五”普法工作;当年,市被评为“全国普法先进单位”。2010年6月21日,全市“五五”普法检查验收工作现场会在瑞昌市召开;7月,市普法办对全市118个单位和部门分片进行检查验收;10月,全省“五五”普法检查验收第四组到市进行检查验收,认为“九江市‘五五’普法工作在市委、市政府的正确领导和市人大、市政协的有力监督下,着眼‘两增强、三提高’的总目标,贯彻全国、全省‘五五’普法规划和‘十一五’期间依法治省规划,紧贴中心,服务大局,扎实开展以宪法为核心的法制宣传教育,深入开展地方、行业、基层依法治理,坚持普法宣传、法治实践和依法治理的有机统一,规定动作不打折扣,自选动作力求创新,完成规划任务,取得显著成效,实现预期目标,为和谐、平安、法治、活力九江建设营造良好的法治环境。”

# 第二章　基层司法行政

## 第一节　人民调解

### 一、调解组织建设

1991年始,全市各基层村(居)委会普遍建立人民调解委员会,调委会主任一般由村(居)委会主任兼任,调解工作由乡镇(街道)司法助理员负责指导。2004年11月,市司法局联合市综治办、市法院对217名乡镇(街道)和大型企业调委会主任进行培训,并向其中169人颁发“首席人民调解员”证书。2005年6月,德安县丰林镇调委会被司法部表彰为全国模范人民调委会;修水县渣津镇长仑村调委会、庐山区莲花镇东城村社区调委会被省司法厅表彰为全省模范人民调委会。2005年1月8日,共青城江益镇司法所长、全国模范人民调解员李大义在全省司法行政工作会议上典型发言。2005~2007年,全市进一步健全人民调解组织体系,构建县、乡、村、组四级网络,民事矛盾纠纷化解方式呈调解、仲裁、诉讼等多元结构。2010年,全市设有村(居)调委会2071个,乡镇(街道)调解委员会190个(与司法所合署办公),企业事业单位调委会140个;各级调解组织有人民调解员1.46万人;修水县马坳镇塘三里村调委会被司法部表彰为全国模范人民调委会;彭泽县龙城镇茅店社区周长生、九江县岷山乡杨兑宝、星子县蛟塘镇熊青山为全国模范人民调解员;星子县温泉镇司法助理员张水滚、九江县沙河镇综治办专职副主任夏锋等13名基层人民调解员被省司法厅表彰为全省矛盾纠纷化解能手。

### 二、民事调解

2003年7月,市委办公厅、市政府办公厅联合转发九江市中级人民法院、九江市司法局《关于进一步加强新时期人民调解工作的意见》,对全市开展人民调解工作进行具体部署;市司法局下发《关于做好近期我市人民调解工作的几点意见》,推行人民调解员等级制度和持证上岗制度。2004年7~10月,全市组织开展矛盾纠纷排查调处“百日行动”活动,2517个调解组织、8900名调解员参与,共排查出各类矛盾纠纷3824件,直接调解处理2620件,其中劝解和阻止群体性上访14件、160人(次),制止群体性械斗9件,防止民转刑案65件。2005年6月,市司法局组织开展“矛盾纠纷排查调处活动月”;市综治委分片召开全市维护稳定工作会议。2008年,全市开展以“迎奥运、促和谐、保稳定·我为和谐做贡献”为主题的人民调解实践活动,共排查调处社会矛盾纠纷7268件,防止矛盾纠纷激化99件。2008年6月,市司法局、市卫生局联合下发《关于成立“九江市医患纠纷专业调解委员会”的通知》,负责协调医患纠纷的调解工作;各县(市、区)相继成立医患纠纷专业调解组织,作为第三方参与医患纠纷的调解工作,至2010年底共受理医患纠纷117件,成功调处114件。2009年,全市建立矛盾纠纷月排查制度;各乡镇(街道)司法所均设立矛盾纠纷排查调处中心;当年共组织矛盾纠纷排查活动661次,直接化解1.1万件。2010年3~12

月，全市基层司法行政人员、基层调解员每月均排查社会矛盾纠纷900余件并及时调处；11月，市综治委印发《关于在全市推行道路交通事故人民调解制度及道路交通事故巡回法庭工作的实施方案》，要求各县（市、区）司法局在公安交警大队设立道路交通事故人民调解委员会，负责交通事故损害赔偿工作；当年通过“三调（人民调解、司法调解、行政调解）”联动机制，共受理社会矛盾纠纷274件，成功调处272件，其中法院移送73件、调处73件，公安移送117件、调处116件。至2010年，全市共调解矛盾纠纷31.88万件，调处成功率96.5%。

**1991~2010年全市各类矛盾纠纷调处一览**

表53-2-1　　　　单位：件

| 年 份 | 调解总数 | 调处成功率% | 年 份 | 调解总数 | 调处成功率% |
|---|---|---|---|---|---|
| 1991 | 16792 | 96.8 | 2001 | 16332 | 95.0 |
| 1992 | 20128 | 97.0 | 2002 | 15746 | 94.5 |
| 1993 | 19745 | 97.0 | 2003 | 13245 | 95.5 |
| 1994 | 19876 | 97.2 | 2004 | 11986 | 97.5 |
| 1995 | 17131 | 98.5 | 2005 | 13248 | 92.0 |
| 1996 | 17040 | 96.6 | 2006 | 13400 | 94.0 |
| 1997 | 15352 | 96.7 | 2007 | 15414 | 94.9 |
| 1998 | 15448 | 96.6 | 2008 | 16267 | 95.4 |
| 1999 | 17148 | 96.0 | 2009 | 11634 | 94.8 |
| 2000 | 17406 | 94.0 | 2010 | 15449 | 97.8 |

## 第二节　基层法律服务

1991年，全市建有法律服务所81个，法律服务工作者269人；担任各类法律顾问692家，代理诉讼949件，非诉讼代理1518件，代写法律文书1995份，为当事人挽回各类经济损失250万。1994年，全市法律工作者404人换发《法律服务执照》，原《乡镇（街道）法律服务工作者证》被收回注销。1999年5月，瑞昌肇陈司法所黄河被司法部表彰为“第二届全国十佳基层法律工作者”。2000年3月，市司法局对全市法律事务所进行整顿规范，核发《基层法律服务所执业证书》和《法律服务工作者执业证》；11月，组织300余名法律工作者参加全国基层法律工作者执业资格统一考试，176人通过考试取得执业资格；至年底，全市法律服务所由1999年133个整顿为63个，法律工作者由1999年的370人精减为180人。2001年开始，全市法律服务所和法律工作者实行年检、注册制度，基层法律服务所全部转变为合作制和合伙制，经费上自收自支，业务上归县级司法行政部门指导。2004年7月，市司法局对全市法律工作者进行统一培训，第一批培训70人，并随后形成每年一批培训制度。2005年12月，瑞昌市码头法律服务所被省司法厅评为全省优秀基层法律服务所，永修县江上法律服务所彭玉成、彭泽县利民法律服务所刘启邦被省司法厅表彰为全省优秀基层法律服务工作者。2007年7月，瑞昌市肇陈司法所黄河被最高人法院、司法部表彰为“全国模范人民调解员”。2008~2010年，市司法局加强法律服务所、法律工作者的规范化管理，对机构设置、管理辖属、业务范围、服务质量等做出明确规定。至2010年，全市共有法律服务所50家、法律工作者153人，担任法律顾问339家，代理诉讼、非诉讼案件53879件。基层法律服务机构共代理诉讼案件2.47万件、非诉讼案件2.92万件，代写法律文书4.24万份，挽回经济损失1.33亿元，业务收入1463万元。

1991~2010 年全市基层法律服务一览

表 53-2-2　　单位:个、人、家、件、份、万元

| 年 份 | 法律服务所 | 法律工作者 | 担任顾问 | 诉讼代理 | 非诉讼代理 | 代写法律文书 | 挽回经济损失 | 业务收费 |
|---|---|---|---|---|---|---|---|---|
| 1991 | 81 | 269 | 692 | 949 | 1518 | 1995 | 250 | 29.2 |
| 1992 | 74 | 230 | 531 | 827 | 1981 | 1536 | 180 | 52.4 |
| 1993 | 93 | 304 | 743 | 825 | 2613 | 1904 | 305 | 32.6 |
| 1994 | 121 | 404 | 880 | 1091 | 1512 | 2031 | 645 | 36.7 |
| 1995 | 133 | 373 | 738 | 957 | 1484 | 2226 | 600 | 58.3 |
| 1996 | 144 | 419 | 816 | 1473 | 1453 | 398 | 594 | 67.8 |
| 1997 | 149 | 384 | 1272 | 1488 | 1910 | 1966 | 329 | 61.2 |
| 1998 | 133 | 370 | 712 | 1109 | 1443 | 1907 | 432 | 49.6 |
| 1999 | 133 | 370 | 893 | 1109 | 1443 | 2079 | 613 | 52 |
| 2000 | 63 | 180 | 678 | 1791 | 2030 | 2689 | 843 | 54 |
| 2001 | 58 | 159 | 997 | 1432 | 2087 | 2000 | 304 | 29 |
| 2002 | 51 | 136 | 997 | 980 | 2000 | 1008 | 70 | 54 |
| 2003 | 44 | 119 | 870 | 430 | 679 | 76 | 28 | 15 |
| 2004 | 48 | 149 | 292 | 776 | 396 | 1793 | 718 | 48.3 |
| 2005 | 48 | 150 | 213 | 1036 | 768 | 1864 | 865 | 63.4 |
| 2006 | 48 | 148 | 197 | 1163 | 1200 | 2080 | 1120 | 78 |
| 2007 | 57 | 156 | 404 | 1715 | 1075 | 1826 | 889 | 138.42 |
| 2008 | 49 | 150 | 337 | 1908 | 1004 | 3934 | 2308 | 155.8 |
| 2009 | 49 | 156 | 217 | 2347 | 1604 | 3801 | 647.5 | 249.9 |
| 2010 | 50 | 153 | 339 | 1305 | 968 | 5264 | 1509 | 137.7 |
| 合 计 | – | – | – | 24711 | 29168 | 42377 | 13250 | 1463 |

## 第三节　安置帮教

1991 年始,全市依托基层司法助理员、法律服务所和人民调解组织,在基层单位普遍建立帮教组织,采取多种形式对刑释解教人员开展安置帮教工作。1997 年 3 月,市刑满释放、解除劳教人员安置帮教领导小组成立,下设"两劳"(劳动改造、劳动教养)回籍人员安置办公室;1998 年,各县(市、区)先后成立刑释解教人员安置帮教工作领组及其办公室,乡镇(街道)普遍成立安置帮教工作站,相关基层村民(居民)自治组织和企事业单位成立针对具体对象的帮教小组,初步形成全市性的安置帮教工作网络。后于 1998 年、2003 年开展两次刑释解教人员调查摸底,查清 1998 年 1 月至 2003 年 5 月全市共有刑释解教人员 5929 人。2003 年,全市共建立县、乡、村三级帮教组织 1281 个。

2004 年,市委政法委、市综治办、市司法局等 15 个单位联合下发《关于进一步加强全市刑释解教人员安置帮教工作的意见》,对刑释解教人员在低保救济、土地承包、扶持就业、保险待遇、企业安置、基地创建等方面做出具体规定;安置帮教基地建设初见成效,相继创建彭泽县回归山庄、修水县新生服务有限公司及新生碎石厂、德安县观音阁纯净水厂。2004~2006 年,全市刑释 5261 人、解教 1990 人,其中衔接人员 6325 人;排查出重新违法犯罪 149 人,重新违法犯罪率为 2.3%。2007 年,市司法局在全市进行调

查摸底的基础上，建立刑释解教人员数据库和信息库；同年4月，都昌县太阳村鄱阳湖儿童救助中心建成，收留各类儿童107人，其中服刑人员未成年子女37人。2008~2009年，全市刑释2838人、解教906人，其帮教率、安置率均在90%以上。2009年9月，市综治办、市司法局印发《关于建立监所与社会无缝对接工作机制的实施意见》，开始试点无缝对接工作。2010年，全市共接收刑释、解教人员1386名（其中刑释1198人、解教188人，农村户籍923名、城镇户籍463名），落实帮教措施1344人，帮教率97%；安置1317人，安置率95%；重新犯罪率1%。

### 第四节　社区矫正

2010年4月，市委办公厅、市政府办公厅印发《九江市试行社区矫正工作的实施意见》，对全市试行社区矫正工作进行总体部署和原则要求，确定全市43个试点乡镇（街道）。经过半年的摸底工作，查清全市共有社区服刑人员1010人，其中43个试点乡镇（社区）273人。9月6日，市社区矫正工作领导小组在星子县召开社区服刑人员集中交接示范现场会，首批28名社区服刑人员由公安局交由司法局监管；随后，各县（市、区、山）相继开展社区服刑人员交接工作，至12月全部完成，共交接社区服刑人员365名，其中管制11名、缓刑241名、假释36名、暂予监外执行14名、剥夺政治权利63名。

## 第三章　法律事务与司法鉴定

### 第一节　公证事务

20世纪90年代，承包、租赁、经营责任制等司法公证业务发展较快，个体经济公证数量较多。1991年，全市办理国内民事公证4460件、国内经济公证1.22万件，涉外、涉台公证442件。1995年，办理民事公证7957件、经济公证1.62件，涉外、涉台公证1116件。进入21世纪后，土地使用权拍卖、国有企业改制、大型项目招标、担保合同、重点工程征地拆迁安置等公证项目相继出现，涉及国（境）外的公证业务也逐步增加。2000年，办理国内民事公证1.86万件、经济公证2.53万件，涉外、涉台港澳公证2134件。2010年，办理民事公证1.5万件、经济公证7543件，涉外、涉台港澳公证3369件。20年间，全市共办理公证业务55.35万件，其中民事26.11万件，经济25.24万件，涉及国（境）外近4万件。

**1991~2010年全市司法公证业务一览**

表53-3-1　　单位：件

| 年 份 | 民事公证 | 经济公证 | 涉外公证 | 涉台公证 | 涉港公证 | 涉澳公证 |
|---|---|---|---|---|---|---|
| 1991 | 4460 | 12166 | 435 | 7 | | |
| 1992 | 6183 | 12700 | 448 | 42 | | |
| 1993 | 6832 | 12751 | 401 | 115 | | |
| 1994 | 9232 | 10281 | 637 | 104 | | |
| 1995 | 7957 | 16154 | 974 | 142 | | |
| 1996 | 6862 | 13527 | 1352 | 132 | | |
| 1997 | 20046 | 7436 | 1236 | 171 | | |
| 1998 | 11349 | 10582 | 1520 | 173 | 72 | |
| 1999 | 18611 | 25453 | 1510 | 202 | 50 | |

续表 53-3-1

| 年 份 | 民事公证 | 经济公证 | 涉外公证 | 涉台公证 | 涉港公证 | 涉澳公证 |
|---|---|---|---|---|---|---|
| 2000 | 18619 | 25310 | 1816 | 228 | 80 | 10 |
| 2001 | 18518 | 6327 | 1883 | 335 | 44 | 2 |
| 2002 | 19527 | 25712 | 1888 | 410 | 42 | 13 |
| 2003 | 17919 | 9348 | 1514 | 506 | 21 | 1 |
| 2004 | 12276 | 13658 | 2407 | 518 | 40 | 14 |
| 2005 | 22624 | 2924 | 2447 | 342 | 42 | 17 |
| 2006 | 14281 | 11308 | 2282 | 243 | 47 | 37 |
| 2007 | 7757 | 17167 | 2681 | 304 | 47 | 36 |
| 2008 | 10863 | 5269 | 2994 | 278 | 31 | 38 |
| 2009 | 12165 | 6735 | 2662 | 445 | 127 | 17 |
| 2010 | 15044 | 7543 | 2922 | 363 | 53 | 31 |
| 合 计 | 261125 | 252351 | 34009 | 5060 | 696 | 216 |

## 第二节 律师事务

1992年,全市律师担任各行各业法律顾问607家,承办刑事辩护案件962件,承接民事代理案件1972件,办理非诉讼法律事务2377件。1993~2009年,担任法律顾问单位最多的为1996年,共1042家;承办刑事辩护案件数量最高年份是2006年,为1278件;同年承接民事代理案件3934件,居历年之首;办理非诉讼法律事务最高年份则是2008年,为6990件。2001年,全市律师担任各行各业法律顾问607家,与1992年持平;承办刑事辩护案件705件,承接民事代理案件2544件,办理非诉讼法律事务761件。至2010年,全市律师共办理刑事辩护案件1.73万件,承接民事代理案件5.31万件,办理非诉讼法律事务4.25万件。

## 第三节 法律援助

1998年,全市法律援助机构办理法律援助案件189件。2004年,市法律援助中心被司法部和中国残联评为"全国残疾人维权示范岗",武宁县聂文虎被评为第二届全国法律援助先进个人。2005年,市司法局为城区282户低保特困户制作"法律援助卡",并组织法律服务工作者与全市1855户低保特困户结对提供服务;当年,全市共办理法律援助案件192件,提供法律咨询1800余人次,为500余名农民工讨回薪金200多万。2008年,全市共办理法律援助案件1363件,挽回经济损失1598万元,其中农民工案件630件,挽回经济损失860万元。2010年,全市共办理各类法律援助案件2259件,办理其他法律援助事项(法律咨询、来信来访、代书等)2.36万件,为受援人挽回或避免经济损失2826万元。

1991~2010 年全市律师事务与法律援助一览

表 53-3-2　　　　单位：家、件

| 年 份 | 担任法律顾问 | 刑事诉讼辩护 | 民事诉讼代理 | 非诉讼法律事务 | 法律援助 |
|---|---|---|---|---|---|
| 1992 | 607 | 962 | 1972 | 2377 | |
| 1993 | 791 | 764 | 2650 | 2015 | |
| 1994 | 906 | 928 | 2634 | 2197 | |
| 1995 | 931 | 928 | 3058 | 2514 | |
| 1996 | 1042 | 978 | 3230 | 2172 | |
| 1997 | 1027 | 982 | 3108 | 2712 | |
| 1998 | 888 | 735 | 2676 | 1790 | 189 |
| 1999 | 851 | 841 | 2444 | 1927 | 193 |
| 2000 | 827 | 730 | 2741 | 1756 | 273 |
| 2001 | 932 | 1016 | 2649 | 2168 | |
| 2002 | 827 | 730 | 2749 | 1756 | 110 |
| 2003 | 945 | 1080 | 2828 | 2230 | 47 |
| 2004 | 905 | 1238 | 3704 | 1878 | 271 |
| 2005 | 895 | 930 | 3494 | 1985 | 192 |
| 2006 | 935 | 1278 | 3934 | 2059 | 1250 |
| 2007 | 825 | 988 | 2142 | 2486 | 1357 |
| 2008 | 647 | 714 | 2243 | 6990 | 1363 |
| 2009 | 594 | 816 | 2311 | 747 | 2247 |
| 2010 | 607 | 705 | 2544 | 761 | 2259 |

## 第四节　司法考试

2002 年起，全市先后举行每年一度的第一至第九次国家司法考试。至 2010 年，全市共有 4814 人参加考试，其中 832 人取得“法律职业资格证书”。

2002~2010 年全市参加国家司法考试及获证人数一览

表 53-3-3　　　　单位：人

| 年 份 | 参加考试 | 获得证书 | 年 份 | 参加考试 | 获得证书 |
|---|---|---|---|---|---|
| 2002 | 520 | 27 | 2007 | 588 | 113 |
| 2003 | 370 | 38 | 2008 | 758 | 195 |
| 2004 | 387 | 53 | 2009 | 732 | 143 |
| 2005 | 394 | 60 | 2010 | 595 | 138 |
| 2006 | 470 | 65 | 合计 | 4814 | 832 |

### 第五节 司法鉴定

1991~2000年,全市司法鉴定公证由公、检、法等相关系统自行开展。2001年9月,成立市司法鉴定工作管理委员会,其办公室设在市司法局,负责统一管理与指导全市司法鉴定工作。2004~2010年,全市司法鉴定业务范围涉及12个类别(法医临床、法医病理、司法精神病、司法会计、工程造价、车辆评估、资产评估、工程质量、环境评估、车辆痕迹、车辆技术性能、法医物证),共办理各类鉴定业务1.66万件,采信率达98%。其中,2004年办理307件;2010年办理3812件,业务收入158万元。

## 第四章 劳动教养管理

### 第一节 设施建设

1991年以来,市劳动教养管理所不断加强劳教管理基础设施建设,逐步完善住宿、饮食、教学、娱乐和监控等设施设备。1999年,市劳教所开展争创省级现代化文明劳教所活动,自筹资金改扩建劳教人员宿舍楼3栋,新建劳教人员教学楼、生活服务站、劳教人员食堂各1栋,劳教人员习艺车间3栋;办公楼、干警食堂各1栋;院区内修建花园2处。2008年,市劳教所在劳教人员活动场所安装监控设施,实现场所主要区域的全覆盖实时监控,提高场所管理的安全标准;2009年,新建劳教人员习艺楼、强戒人员康复楼各1栋,新建篮球场、羽毛球场,改扩建劳教人员食堂,添置蒸汽蒸饭车、柴油灶等厨房设备,购置能同时容纳480人用餐的桌椅。至2010年,市劳动教养管理所实现无劳教(强戒)人员脱逃、无所内发案、无非正常死亡、无生产安全事故、无毒品流入。

### 第二节 收容管教

#### 一、收 容

20世纪90年代,市劳教所收容对象在原有范围基础上扩展到吸毒人员、卖淫嫖娼人员和扰乱社会治安的邪教人员,并逐步取消收容对象在地域上的限制。2001年1月,市劳教所增设女子大队,收容女性劳教学员;2006年7月,女子大队劳教学员调遣至省女子劳教所执行劳动教养,市劳教所只收容男性劳教学员。2008年6月,市劳教所加挂"九江市强制隔离戒毒所"牌子,开始收容强制隔离戒毒人员。2010年10月,市劳教所从广东省深圳市批量接收强制隔离戒毒人员200名。至2010年,全市累计解除劳动教养4920人,其中绝大部分成为遵纪守法、自食其力的公民。

#### 二、管 教

1991年以来,市劳教所加大劳动教养管理教育力度,先后制定《劳教人员评分考核奖惩办法》《劳教人员分级管理制度》《劳教人员分级分类管理实施细则》《劳教人员民主管理试行办法》《劳教人员班(组)长使用管理规定》《劳教人员会见规定》《劳教人员现金管理制度》《创建现代化文明劳教所实施方案》《关于加强对吸毒劳教人员管理教育的规定》和《九江市强制隔离戒毒所强制隔离戒毒人员计分考核实施办法》等,按照从严、常规、宽松三级对劳教人员实行分级管理,分别实行严管(从严)、普管(常规)、宽管(宽松);同时使用《财产型罪错矫治课本》《滋扰型罪错矫治课本》《性罪错矫治课本》《入所教育课本》和《出所教育课本》等教材。1995年以来,坚持开展月度检查,确保场所安全稳定。2000年,市劳教所创办《重塑》内部报刊。2002年,市劳教所被国家防范和处理邪教问题办公室、司法部授予"全国同邪教组织斗争先进集体”称号。2003年，为严防“非典”疫情传播，所党委决定全所实行封闭式运作、规范化管理，进入准军事化的管理状态，确保场所内未发生疫情；3月，市劳教所与市法律援助中心共同建立法律援助劳教学员工作站，为劳教人员提供法律援助服务。2005年9月，受“泰利”台风影响，市劳教所大院约300米围墙在暴雨中倒塌，经紧急疏散700余名劳教人员，未发生人员伤亡事故；11月26日8时49分，市劳教所受地震影响而导致房屋不同程度受损，由于措施得当，全所未发生人员伤亡、脱逃事故。当年，市劳教所被司法部授予“全国监狱劳教系统公正文明执法先进单位”。2006年6月，全所开始实施“三式”（开放式、半开放式、封闭式）管理。2008年，市劳教所举办法制教育学习班，教育转化邪教痴迷人员。2010年，第一、第二大队转为强制隔离戒毒大队，专门收容强制隔离戒毒人员，对强制隔离戒毒人员实行单独编队集中管理；6月，市劳教所与市回归生物科技发展有限公司正式签订安置帮教协议，建立安置帮教基地，落实对解教、强制隔离戒毒人员的过渡性安置帮教工作；9月，市劳教所与市职业技术培训学校联合成立市扬帆职业技能培训学校，开展对劳教人员的职业技术培训；当年12月共有108名劳教学员获得职业资格证书；同时与江西师大心理学院联合举办心理咨询师国家职业资格认证培训班，17名干警通过国家资格认证考试并取得（三级）心理咨询师资格。至2010年，市劳教所先后荣立集体一等功1次、集体二等功3次、集体三等功4次。

# 第五章　司法行政服务机构

## 第一节　司法业务机构

### 一、司法公证机构

1991年，全市有公证处13个，分别是：市公证处（市属）、浔阳区公证处、庐山区公证处、修水县公证处、武宁县公证处、瑞昌市公证处、九江县公证处、永修县公证处、德安县公证处、星子县公证处、湖口县公证处、都昌县公证处和彭泽县公证处。1994年12月，成立共青城公证处。2008年4月，浔阳区公证处、庐山区公证处分别改称市浔阳公证处、市匡庐公证处。2010年，全市有公证处14个，注册公证员39名。

### 二、司法鉴定机构

2003年，瑞昌瑞光法医学司法鉴定所、都昌万里司法鉴定中心成立，随后，市、县两级相继设立各类司法鉴定机构。2010年，全市共有司法鉴定机构20个，分别是江西九江司法鉴定中心、九江绿园环境监测司法鉴定所、九江华信会计司法鉴定所、九江浔城会计司法鉴定所、九江天平建筑工程质量司法鉴定所、九江精神病学司法鉴定所、九江正青法医学司法鉴定所、九江华康医学司法鉴定所（九江县）、九江远明法医学司法鉴定所（共青城）、瑞昌瑞光法医学司法鉴定所、修水方圆法医学司法鉴定所、修水江城建筑工程司法鉴定所、武宁兴宁法医学司法鉴定所、永修永正法医学司法鉴定所、德安振辉法医学司法鉴定所、星子升扬法医学司法鉴定所、彭泽仁杰司法鉴定中心、湖口石钟司法鉴定中心、都昌万里司法鉴定中心、都昌昌正法医学司法鉴定所。

### 三、司法派出机构

1998年，全市开始试行在乡镇（街道）设立司法派出机构——司法所。修水县司法局率先组建8个乡镇司法所，随后其他各县（市、区）逐步铺开。至2000年，各县（区）司法局在乡镇（街道）组建司法所87个，占当年全市乡镇（街道）总数35%。2010年，全市共有司法所182个，工作人员269名。

## 第二节　法律服务机构

### 一、法律援助机构

1999~2003 年,全市、县两级司法局相继成立法律援助中心,2010 年,全市共有法律援助中心 15 个,分别为市法律援助中心和浔阳区法律援助中心、庐山区法律援助中心、修水县法律援助中心、武宁县法律援助中心、瑞昌市法律援助中心、九江县法律援助中心、永修县法律援助中心、德安县法律援助中心、星子县法律援助中心、彭泽县法律援助中心、湖口县法律援助中心、都昌县法律援助中心、庐山管理局法律援助中心和共青城法律援助中心;市、县两级法律援助中心在乡镇(街道)建立法律援助工作站 207 个,设立村(居)委会法律援助联络点 1950 个,占全市乡镇(街道)、村(居)委会建制数建制数的 100%;同时,市法律援助中心在信访、残联、妇联、共青团、工会、老龄委等部门设立法律援助工作站 86 个。

### 二、法律服务机构

1991 年以来,全市各级司法机关注重加强基层法律事务所建设和基层法律服务工作者管理,相继成立基层法律事务所 50 余个,拥有基层法律服务工作者 200 余人。2010 年,全市共有通过全省年检注册的基层法律服务所 48 个、基层法律服务工作者 209 人。基层法律服务所分别是浔阳蓝天、甘棠法律服务所;庐山区海会法律服务所;彭泽县城关、定山、马当、东升法律服务所;德安县蒲亭、辰光、城镇法律服务所;湖口县钟城、流泗、文桥法律服务所;星子县星光、华林法律服务所;九江县沙河、赛城湖法律服务所;武宁县百莲、豫宁、四方、城郊、常青法律服务所;都昌县城郊、中馆、周溪法律服务所;瑞昌市城区、码头、肇陈、横港、夏畈法律服务所;修水县义宁、渣津、三都、古市、溪口、山口、白岭、黄港、马坳、全丰法律服务所;共青城百信、江益法律服务所;永修县建昌、为民、虬津、燕坊、利群、白槎法律服务所。

### 三、律师事务机构

1991 年,全市共有市、县司法局法律顾问处 14 个,办理律师事务。1993 年以后,不占国家编制、经费的律师合作所和合伙所相继出现。1996 年《中华人民共和国律师法》颁布后,法律顾问处相继依法改为国资律师事务所,并不断出现新的律师事务所。2006 年,全市律师事务机构形成规模,共有注册律师事务所 23 个、注册律师 161 名。2008 年 6 月新修订的《中华人民共和国律师法》施行后,合作所逐渐退出,开始出现个人所。

2010 年,全市共有注册律师事务所 28 个,其中国资所 16 个(江西赣北律师事务所、江西求成律师事务所、江西浔阳律师事务所、江西一方天律师事务所、江西东太律师事务所、江西修江律师事务所、江西泰极律师事务所、江西博阳律师事务所、江西准星律师事务所、江西天康律师事务所、江西民群律师事务所、江西进取律师事务所、江西星子律师事务所、江西杰出律师事务所、江西共诚律师事务所、江西星火有机硅厂律师事务部);合伙所 11 个(江西亚都律师事务所、江西康润律师事务所、江西杨西律师事务所、江西际民律师事务所、江西擎天律师事务所、江西挚诚律师事务所、江西支点律师事务所、江西惟民律师事务所、江西顺合律师事务所、江西威瑞律师事务所、江西渊明律师事务所、);个人所 1 个(江西柴桑律师事务所);注册律师 328 名,其中专职律师 224 名。

# 第五十四篇

# 武　装

第四十五卷

宋　元

# 第五十四篇 武 装

1991年以来,市、县军事机关和驻九江部队按照“政治合格,军事过硬,作风优良,纪律严明,保障有力”总要求,着力培育“忠诚于党,热爱人民,报效国家,献身使命,崇尚荣誉”当代革命军人核心价值观,大力推进军队革命化、现代化、正规化建设和国防后备力量建设;按照“平时服务、急时应急、战时应战”要求,注重军队信息化建设,开展科技大练兵活动。民兵和预备役工作遵照“服从国家经济建设大局,适应国防建设需要”指导思想,贯彻《民兵工作条例》,着力强化民兵应急分队建设,新增民兵专业对口分队,做到对口组建,有序调整,合理布局,实现由单一型到拥有各类专业技术综合型转变;围绕“打得赢、不变质”要求,开展高科技知识学习训练,进行科技练兵。组织全市民兵开展以劳养武和企业生产当尖兵、弘扬美德当标兵、维护治安当卫兵;科技兴农高产户、多种经营示范户、扶贫帮困模范户“三兵三户”活动;适时清理部队经商活动。军事机关、部队和民兵预备役部队开展拥政爱民活动,参与地方重点建设工程、维护社会稳定、抢险救灾、军民共建等各项工作。

1998年7~8月,九江遭受百年不遇特大洪涝灾害,在中共中央、国务院、中央军委领导下,九江军民与紧急集结的近4万抗洪部队官兵团结一致,英勇作战,创造“万众一心、众志成城、不怕困难、顽强拼搏、坚忍不拔、敢于胜利”抗洪精神。九江军分区被中央军委记三等功,91551部队、南京军区庐山疗养院、武警九江市支队等获全国抗洪先进集体称号。

20年来,全市按照规范化征兵程序,认真组织体检和政审,落实各级责任制,严把兵员质量关,在全日制高等、中等院校招收专业士官、新兵征集工作,呈现参军热情高、文化素质高、预征比例高的新气象,先后为中央警卫团、驻港部队和海、空军部队,武警、消防等部队征集高质量新兵。成立预备役某团,加强预备役部队军事训练。同时,市、县两级健全预备役军官制度,成立组织机构,承办军官预备役登记工作。成立市国防动员委员会,制定、完善各种方案。人民防空和国防动员工作遵循“平战结合”原则,求真务实,扎实推进,开展国防动员演练,建设全市国防动员指挥系统,使国防动员工作进入法制化、正规化、常态化轨道,并取得突破性进展。

# 第一章 军事组织

## 第一节 地方武装领导机构

1991~2010年,市委人民武装委员会主任委员由市委副书记、市政府市长担任,副主任委员由九江军分区主官和市委、市政府领导担任,委员由九江军分区和市宣传、组织、公安、人事、劳动和社会保障、发展计划、教育、卫生、交通、民政、建设、粮食、水利、文化、人防、农业、国家安全、司法、体育、公路、总工会、团委、妇联、广电等有关部门负责人组成。各县(市、区)委均设人民武装委员会,领导配备与委员组成与市级基本等同。

**1991~2010年市委人民武装委员会主任委员、副主任委员一览**

表54-1-1

<table>
<tr><th>年 份</th><th>主任委员</th><th>副主任委员</th></tr>
<tr><td>1991</td><td rowspan="2">彭宏松</td><td rowspan="2">徐金林 王玉坤 王文敬</td></tr>
<tr><td>1992</td></tr>
<tr><td>1993</td><td rowspan="5">戚善宏</td><td>陈绍铨 王留保 王玉坤 王文敬</td></tr>
<tr><td>1994</td><td rowspan="2">胡春如 王留保 王玉坤 徐明华 张华东</td></tr>
<tr><td>1995</td></tr>
<tr><td>1996</td><td>史之汉 徐明华 霍伟光 吕录庭 马永祥</td></tr>
<tr><td>1997</td><td>吕录庭 马永祥 史之汉 徐明华 吕 明</td></tr>
<tr><td>1998</td><td rowspan="4">刘积福</td><td>史之汉 吕录庭 马永祥 吕 明</td></tr>
<tr><td>1999</td><td>吕录庭 郭金华 胡绍生 甘良森 宋才火</td></tr>
<tr><td>2000</td><td rowspan="2">吕录庭 郭金华 胡绍生 甘良森 宋才火</td></tr>
<tr><td>2001</td></tr>
<tr><td>2002</td><td>王忠武</td><td>张华东 蔡晓明 朱建国</td></tr>
<tr><td>2003</td><td rowspan="3">蔡晓明</td><td>张华东 尚华宁 朱建国 彭泽洲</td></tr>
<tr><td>2004</td><td rowspan="2">李 放 张华东 朱建国 周念生</td></tr>
<tr><td>2005</td></tr>
<tr><td>2006</td><td>蔡晓明</td><td>李 放 张华东 周念生 倪忠扬</td></tr>
<tr><td>2007</td><td rowspan="2">王 萍</td><td>刘德意 周念生 倪忠扬 赵东亮</td></tr>
<tr><td>2008</td><td>刘德意 殷美根 张玉生 倪忠扬</td></tr>
<tr><td>2009</td><td rowspan="2">曾庆红</td><td>殷美根 张学军 张玉生 肖征忠</td></tr>
<tr><td>2010</td><td>殷美根 张学军 张玉生 肖征忠</td></tr>
</table>

## 第二节 九江军分区

### 一、军分区机关

1991~2010年,九江军分区机关由司令部、政治部、后勤部组成;体制编制进行过多次调整和精简整编。军分区党委第一书记由市委书记兼任。

1991~2010 年九江军分区党委第一书记一览

表 54-1-2

| 姓 名 | 任职时间 | 姓 名 | 任职时间 |
|---|---|---|---|
| 钟起煌 | 1990.06~1992.03 | 刘积福 | 2001.12~2005.06 |
| 彭宏松 | 1992.03~1995.04 | 赵智勇 | 2005.06~2006.11 |
| 熊承忠 | 1995.04~1998.02 | 陈安众 | 2006.12~2008.11 |
| 刘上洋 | 1998.02~2001.12 | 钟利贵 | 2008.11~ |

1991~2010 年九江军分区司令员、政治委员一览

表 54-1-3

| 姓 名 | 职 务 | 任职时间 | 姓 名 | 职 务 | 任职时间 |
|---|---|---|---|---|---|
| 徐金林 | 司令员 | 1985.10~1993.02 | 郭金华 | 政治委员 | 1999.03~2000.07 |
| 王留保 | 司令员 | 1993.02~1995.06 | 朱建国 | 政治委员 | 2000.08~2005.10 |
| 吕录庭 | 司令员 | 1995.08~2002.03 | 倪忠扬 | 政治委员 | 2005.10~2008.06 |
| 尚华宁 | 司令员 | 2002.10~2004.09 | 肖征忠 | 政治委员 | 2008.12~2010.12 |
| 周念生 | 司令员 | 2004.10~2007.06 | 钟国桦 | 政治委员 | 2010.12~ |
| 张玉生 | 司令员 | 2007.06~2010.12 | 陈锦良 | 副司令员 | 1985.10~1991.12 |
| 王凯军 | 司令员 | 2010.12~ | 钟万柏 | 副司令员 | 1990.09~1992.12 |
| 王玉坤 | 政治委员 | 1990.09~1995.08 | 王留保 | 副司令员 | 1990.09~1993.02 |
| 马永祥 | 政治委员 | 1995.08~1999.03 | | | |

### 二、九江警备司令部

1998 年 6 月 12 日，中国人民解放军九江警备司令部重建；由九江军分区司令部主管并组织实施，日常工作由军务装备科(军动办)具体承办。

### 三、军分区直属单位

1991~2010 年，九江军分区直属单位有直属队、第一离职干部休养所、第二离职干部休养所。

## 第三节　县(市、区)人民武装部

1991 年，全市有县(市、区)人武部 12 个，分别是浔阳区人民武装部、庐山区人民武装部、九江县人民武装部、德安县人民武装部、永修县人民武装部、星子县人民武装部、修水县人民武装部、武宁县人民武装部、湖口县人民武装部、都昌县人民武装部、彭泽县人民武装部和瑞昌市人民武装部，均为地方建制，干部及工作人员统一着制式服装，佩戴人武工作专业符号。

1996 年 4 月 1 日，全市 12 个县(市、区)人民武装部收归中国人民解放军建制，隶属于九江军分区和地方党政双重领导。县(市、区)委书记兼任人民武装部党委第一书记，人民武装部 1 名主官参加同级地方党委常委会，1 名主官参加同级人民政府常务会议。至 2010 年年底，12 个县(市、区)武装部仍实行解放军建制。

# 第四节　驻浔部队

## 一、人民解放军部队

**91551 部队**　1991 年，为海军后勤部武汉办事处，直属部队有 38582 部队、38572 部队、38579 部队、38563 部队、83665 部队。1994 年 9 月 23 日，对所属单位番号进行调整。1999 年 5 月，38563 部队、83665 部队转隶南京军区联勤部某分部建制。2000 年 9 月，海军房地产管理局武昌工作处转属该部领导；同月，所属部队变更代号。2003 年 10 月，91440 部队划归该部领导。2005 年 3 月，军队体制编制调整，撤销海后武汉办事处，组建 91551 部队。2009 年 9 月，38582 部队、38572 部队、38579 部队分别更为 92904 部队、91337 部队和 92506 部队。

**73867 部队**　1991 年，为 38563 部队，隶属海军后勤部武汉办事处。1999 年 5 月，改为 83666 部队，转隶南京军区联勤部某分部。2001 年，更为 73867 部队。

**73868 部队**　1991 年，为 83665 部队，隶属海军后勤部武汉办事处。1994 年，改称海军某油料仓库。1999 年 5 月，转隶南京军区联勤部某分部。2000 年 7 月，变更为 73868 部队。

**94642 部队**　1991 年，为航空兵 39347 部队。2000 年 10 月，改为 94642 部队。

**94940 部队**　1991 年，为空军某机场场站，隶属于南京军区空军某部。2000 年 10 月，更名为 94940 部队。

**92528 部队**　1991 年，为海军某部团级单位。2001 年 8 月，撤销部队建制。

**江西预备役师某团**　1999 年 9 月，由南昌市新建县迁至九江市。

## 二、人民解放军疗养院、休养所、学校、军事代表室

**南京军区庐山疗养院**　1991 年，庐山疗养院隶属南京军区联勤部某分部建制。1994 年 12 月，原陆军第 171 医院并入该院；2000 年 3 月，原南京军区总医院血液制品供应站并入该院；2005 年 6 月，原空军九江疗养院并入该院。经过 3 次结构调整的庐山疗养院分干部疗区、空勤疗区、医疗区、九江经济技术开发区营区。2001 年 8 月，庐山疗养院被总后勤部评为“三等甲级医院”。

**海军九江离职老干部休养所**　1979 年 9 月成立，原隶属海军南海舰队；1985 年 12 月，转隶海军 91551 部队。

**总后勤部军需财经高等学校**　1991 年，称中国人民解放军企业管理学校。1994 年 3 月，改名总后勤部军需财经高等专科学校。2001 年，转并为九江学院本部。

**总装备部驻九江军事代表室**　1991 年，隶属南京军区后勤部军事代表办事处。1992 年 9 月，转隶总参谋部兵种部。1998 年 8 月，转隶总装备部陆军装备科研订购部。

**总参谋部通信部驻九江地区军事代表室**　1991 年，为总参谋部通信部驻 713 厂军事代表室，隶属总参通信部南京军事代表办事处。2000 年 7 月，改称总参谋部通信部驻九江地区军事代表室。

## 三、武警、消防部队

**中国人民武装警察部队九江市支队**　隶属于武警江西省总队。受市公安局和武警省总队双重领导。

**中国人民武装警察部队九江市消防支队**　隶属于武警江西省消防总队。受市公安局和武警江西省消防总队双重领导。

# 第二章 军事工作

## 第一节 战备执勤

1991年,军分区制定《战备预案》和《战备值班暂行规定》,落实以民兵应急分队为主的战备值班分队。1992年后,军分区和县(市、区)人武部修订完善应对突发事件、围捕罪犯、护林防火、抗洪抢险等8类、206个行动方案;强化战备值班制度,建立自动化指挥室,完善有线通信网络。军分区组织全市"百题预案"及学术论文评审活动,其中司令部撰写的《抗击空降之敌对我纵深重要目标袭击的几个问题》和《浅谈高技术条件下城市反空袭作战应采取的主要对策》分别获省军区战役战法研究成果交流二等奖和三等奖。1994年,军分区司令部向各县(市、区)人武部下达《关于组织高技术条件下局部战争战法研究的通知》。1996年,全市人武部收归军队建制,军分区开展以国际形势和军队职能为重点的战备教育,同时完善抗洪抢险、森林防火、重点目标警卫、协助地方维护社会治安应急行动等方案,修订战时兵员动员、后方防卫、支前保障等方案,健全自动化指挥网,加强人武部"三室两库"(作战室、作战值班室、兵器室、战备器材库、训练器材库)建设,并部分完成《战争动员潜力调查》。1999年,军分区制定城市反空袭防卫作战预案,加强对重要目标防护战法、反空袭作战中重难点问题的研究工作。

2004年1~6月,军分区组织对预定观察哨所、防御阵地、假目标、假阵地进行勘察选址,制定建设方案。下半年,修订、完善、配套军事威慑、重要目标防卫、动员支前等作战方案和保畅通方案以及配套保障计划;指导市人防办完成人防地下指挥所建设方案设计、选址及指挥自动化系统建设。2006年,军分区拟制完成市、县两级反恐、维稳、抢险和军警民联防基本方案;修订完善防空类应急作战方案和21个保障计划;投入近40余万元,配齐全市"三室两库"设施设备;完善视频会议系统、网络等指挥通信系统建设和改造。2009年,军分区加强战备工作常态化"六个机制"建设,修订完善16类非战争军事行动预案及配套保障计划;军地联合研发《化学灾害事故应急救援辅助决策系统软件》和辖区数字地图、城区三维电子地图。协调地方21个应急委员会展开非战争军事行动数据库建设。完成干部信息专用机房建设。

2010年,全市突出应急连(排)规范化建设,建成市、县两级国防动员指挥信息系统,并组织网络设备联通调试和试运行。20年间,武警九江市支队负责九江长江大桥守护勤务和全市看守所看守勤务,奉命完成重大警卫任务29次和武装押解任务11次。

## 第二节 军事训练

### 一、军分区、人武部训练

1991年,依据训练大纲要求,军分区首长机关和全市人武部机关干部进行20天在职训练,以内务、纪律、队列"三大条令"为内容组织教育训练,进行手枪实弹射击训练考核和图上想定作业。1992~1995年,军分区强化新任职人武、专武干部军事理论和基础训练,完成以"六会"为主要内容的训练任务;组织全区人武、专武干部军事业务知识竞赛和技能比武;会同浔阳区、庐山区人武部进行打空降、战时扩编、城市防卫等课题演练;开展民兵应急分队队长、教练员集训活动。1996年,在全市人武部收归部队建制后,军分区组织全市人武部军事科长、政工科长、后勤科长和作训参谋、新任职专武干部集训,系统学习军事理论和业务技能。1997~2000年,军分区按照省军区《学习高科技知识三年规划》,先后开展全市微机办公技能、高科技知识、战术标图、财务电算化、参谋人员"六会五能"(会读、会记、会算、会写、会画、会传;分析判断能力、运筹谋划能力、组织协调能力、检查指导能力、研究创新能力)等集中培训活动,多次组队参加省军区、南京军区演习和比武,其中军分区作训科参谋张建新在南京军区比武中获得标绘战斗经过图第二名。

2001~2003 年,军分区先后组织首长机关信息战、敌军研究、参谋“六会五能”等训练,组织全市人武部军事科长、专武干部、网络骨干集训;组队参加省军区参谋集训、网络骨干集训和比武,并获总分第 2 名;参加省军区网上演练,参演 115 人,进一步熟悉国防动员工作内容、组织实施程序和方法,锻炼和提高市、县两级首长机关干部谋划决策水平和组织指挥能力。2004 年,军分区组织市、县两级首长机关训练和考核,完成业务基础训练、保畅通行动室内战术作业,组队参加省军区网上演习;8 月 7~10 日,军分区机关和德安县、浔阳区人武部代表省军区参加南京军区按纲施训质量抽考,取得 2 项优秀、总分第一的优异成绩;10 月 9~10 日,修水县人武部参加省军区按纲施训质量抽考,取得总评优良成绩,名列全省抽考人武部前列;12 月,九江军分区被省军区评为军事训练先进单位。

2005~2007 年,军分区组织全市人武部主官进行应急作战准备重难点问题攻关,围绕动员支前的 3 个主要课题,邀请军队院校专家进行培训指导;开展以《应急作战训练纲目》为重点的首长机关训练并派员参加省军区集训;组织军兵种预编专业分队骨干代训和民兵专业技术分队骨干训练;组织重点防护目标防护演练、应急物资动员支前试点;组织首长机关室内战术作业、编组联训演练和参加省军区网上演习。2008 年,军分区组织各类指挥员能力培养和分队针对性训练,部队和民兵遂行任务能力,在抗雪救灾行动和参加省军区演习中得到锻炼和检验;参加省军区组织的民兵应急分队比武并获得团体第 2 名,被省军区表彰为军事训练先进单位;9 月 18~21 日,市国动委组织瑞昌市国动委、11 个县(区)人武部部长、军事科长、人防办主任和重要经济目标防护分队共 321 人参加省军区战役演习。

2010 年,军分区组队参加省军区信息化知识竞赛获团体第一名;参加省军区通信专业比武,获团体总分第二名。同年,军分区与市委、市政府联合下发《2010 年度民兵力量整建工作指示》,建立健全应急预案数据库,将地方应急预案纳入军分区野战指挥综合信息平台,开通市应急指挥通信网;军分区参加南京军区“定下化学事故应急救援行动决心”课目演示取得圆满成功,受到军委首长赞扬;南京军区庐山疗养院以新一代《陆军军事训练与考核大纲》为依据,全面提高基于信息系统体系作战为核心的完成多样化军事任务卫勤保障能力,其中应急医疗小分队参加东海演习 4 次并圆满完成各项参演任务,参加某分部军事大比武并获得团体总分第四名。

## 二、武警部队训练

1994 年 11 月,武警市支队在教导队举行为期 4 天的军事比武,各单位推荐 1 名干部及 1 个建制班参加,内容有班队列、5 千米越野、器械、战术、擒敌技术、射击 6 个项目。1995 年 11 月 20~22 日,支队举行军事大比武,各县区中队推荐 1 个建制班和 2 名干部,直属中队推荐 3 个建制班和 5 名干部参加,进行班队列、战术、擒敌技术、实弹射击、体育等科目比赛,瑞昌市中队获得团体第一名,中队长谈学农 5 千米越野个人第一名;12 月至 1996 年 2 月,支队组织冬训,训练内容包括条令条例及军事理论学习、识图用图、室内战术作业、本级组织指挥、参谋技能和战法研究、教学法集训、复训、补训、体能训练以及新兵训练;5 月,组织两期小教员集训,内容包括单兵和班队列、擒敌技术教学法、勤务管理、防逃制逃理论、器械体操(单双杠、木马)、战术(单兵捕歼动作)、400 米障碍、器械体操和战术的教学法;12 月至 1997 年 2 月,支队开展冬训,全训分队落实实训时间 35 个训练日,非全训分队 20 个训练日,支队机关及分队警官 10 个训练日;6 月 25 日至 10 月 13 日,举办 1998 年度预提骨干集训队,集训预提骨干 45 名;11 月 17~19 日,举行中队军事训练比武,内容包括单兵捕歼战术、擒敌技术、单双杠、射击、5 千米轻装越野、教学法 6 个项目,直属中队取得比武第一名。

1998 年 6 月 15~19 日,支队分 4 个片区,对所属 20 个中队进行半年军事工作检查考核,重点考核单兵战术、5 千米越野、射击、器械体操、擒敌技术和军事业务理论,获得总评成绩优秀的中队 10 个,良好 9 个,及格 1 个,支队总评成绩良好;7 月,举行应急小分队军事比武;9 月,参加省总队举办的全省应急小分队军事比武并获第二名。

2002 年 9 月 17 日,武警省总队举办指挥士官军事大比武,九江代表队获军事比武团体总成绩第一名和“八一式”自动步枪对隐显目标射击、“八五式”狙击步枪对双头靶射击、催泪弹对地环靶投掷3个单项团体第一名，陈年胜夺得催泪弹对地环靶投掷个人单项第一名。2003年3月5日，支队司令部新兵营军事工作进行考核。主要采取听（听取新兵营的军事工作汇报）、考（现地考核新兵的科目训练和军事理论）、查（对军事工作的所有软件登、统计进行检查）、谈（组织部分干部、骨干和新兵进行座谈，了解新兵营的工作、学习和生活等有关情况）等方法，重点考核新兵的军事理论、共同科目和技术课目以及体能。通过考核，新兵营5个科目取得4个优秀、1个良好。2005年9月21日，武警省总队组织反恐分队军事比武，九江代表队获得团体总分第一名。2008年5月，支队组织部队进行“九五”式枪族的训练，按照“理论学习、集中授课、动作练习、瞄准预习、实弹射击”的训练步骤，严抓细训，分步施训，确保训练质量。2009年5月，举办军械业务集中培训，历时7天，对18个中队的19名军械人员进行军械保管、保养理论和技能的培训；8月，开展2009年度夏季军事体育竞赛。

2010年7月，支队预提指挥士官集训队集中5天时间，开展“学条令、知条令、用条令”活动，进行队列动作训练；9月，支队落实省总队《关于抓好机动分队狙击手训练的指示》，结合国庆期间可能担负反恐反劫持任务的实际，指导机动分队按照“多个日期、多个时段、多种距离、多种目标、多种天候”的实战要求，科学制定训练计划，严密组织狙击手训练，切实提高狙击手准确判断距离、沉着冷静射击的能力和过硬的心理素质。

### 三、消防部队训练

1991年9月11日，市消防支队在市石油公司油库举行大型联合灭火演练，6个公安、企专、义务消防队120余人参加。1992年10月25日，对全市企业专职消防队业务训练工作进行检查考核，内容包括原地着装、2盘水带连接、6米拉梯、单双杠套路练习等。1994年7月30日，举行全市消防部队业务竞赛，竞赛项目包括挂钩梯上4楼、6米拉梯、2盘水带连接、3000米跑、业务理论、水罐车一条龙出水操等，德安、都昌、武宁消防大队分获团体前3名。1996年10月16日，省消防总队在九江石化总厂举行大型灭火演习，以九江支队为主要参战力量，43个作战单位、5辆参战车辆、1000余名官兵参加演习。1998年9月，市消防支队制订《跨战区联合灭火作战实施方案》，组织市区部队在九江大酒店开展联合作战演习。1999年，九江消防代表队获得全省消防部队第六次业务竞赛团体第一名；2001年，获得全省执勤岗位练兵竞赛团体总分第三名

2003年10月20日，全市11支公安消防队、3支企业专职消防队、1支义务消防队以及医疗救护、抢险、供水、供电、供气、保卫等单位和部门人员203人、车辆27辆在九江石化总厂原油罐区参加油罐火灾、液化气罐火灾、高建火灾、地下火灾扑救与救援、危险化学事故处置、建筑物倒塌事故救援6个战术课题的大型实战演练。当年，九江消防代表队获全省消防岗位练兵竞赛团体总分第三名，58个比赛项目有38项获得名次，其中8个第一名。2004年11月1日，市消防支队在石油公司金鸡坡油库二库举行联合灭火作战与救援演习。由省消防总队考评小组对演习进行考评验收。经考核，6个课题全部合格。2005年12月1日，市消防支队针对瑞昌“11·26”地震后，灾民临时居住场所帐篷密集、相互连接的情况，调集42名官兵、5辆消防车，在瑞昌广场救灾帐篷搭建密集点开展灭火实战演练。当年，九江消防代表队获得全省消防部队网络技术竞赛团体总分第一名、岗位练兵竞赛团体总分第一名。2006年5月16日，市消防支队在九江县体育馆举行全市消防部队（士兵组）军事体能竞赛，15个大（中）队、112名士兵参加。2008年11月7日，市消防支队举行“红剑2008”水上大型联合灭火演习。市公安局、安全生产监督管理局、海事局、卫生局、环保局、水上公安分局、航道管理处、港口管理局、交警支队、中石化九江分公司等单位参与演习。2009年和2010年，市消防支队先后获得全省业务大比武团体总分第一名、打造消防铁军比武竞赛团体总分第五名。

# 第三节 后勤保障

## 一、战勤营产

1991年,军分区制定《1991~1993机关营院整治三年规划》和《机关车辆维修保养规定》,保障总部、军区等会议、集训、学习班共12期。新建训练中心、职工宿舍1400平方米。1994~1997年,军分区两次开展全市战争潜力调查,撰写《九江地区后勤战争潜力资源调查情况报告》;建立和完善《应付突发事件后勤保障方案》和《卫勤保障方案》。1999~2000年,军分区完善各类保障方(预)案和战备资料室建设,研究探索战役纵深防卫作战后勤保障问题,修订《军事斗争后勤保障方案》;在全市40多个单位开展经济潜力调查,配齐战备包和其他战备物资;开展"军车监理万里行"活动。2001年,军分区后勤部协调市国动委交通战备办公室组建交通综合保障大队;配合市政府创建"花园式城市"活动,拆除临时门面房和有碍观瞻建筑1742.3平方米,对老营区的近6000平方米公寓楼进行外墙翻新,拆除原教导队营房并投入20多万元进行美化。2003年,军分区制定《实现军事斗争准备第一步跃升十项任务指标实施计划》和国防动员支前保障方案,整理完善后勤战备资料;组织全市人武部后勤科长、会计、出纳、驾驶员等业务集训5期;完成"九江军分区文化活动中心"建设项目。2004年,全市人武部后勤规范化建设全部达标;市民兵训练中心落成并投入使用。2006年,绘制《九江军分区军用土地分布图》《九江军分区营院坐落分布图》;投资200余万元,对机关办公楼、公勤队宿舍楼、庐山招待所和八一宾馆进行改造装修。同年,各县(市、区)人武部新营院开始筹建。2008年,军分区组织物资动员潜力调查核对和联合编组,修订完善保障方案、计划,编配应急作战后勤保障力量。参加军区学习贯彻《全面建设现代后勤纲要》集训。南京军区庐山疗养院引进全省首台PET-CT。2009年,军分区后勤部协调市国动委经济动员办公室召开全市应急动员军需物资调查部署会,对全市军需生产厂家进行应急动员潜力调查,落实动员物资储备。全市12个县(市、区)人武部新营院建设全部动工并部分投入使用。南京军区庐山疗养院被总后卫生部评为三级甲等医院。2010年,军分区完成本级14宗军用土地换证领证工作。高标准完成南京军区审计工作任务,制定《经费资产管理实施办法》。南京军区庐山疗养院新住院部大楼在原址落成。

**2006~2010年全市各县(市、区)人武部营院建设一览**

表54-2-1　　单位:万元、平方米

| 名 称 | 筹建时间 | 投入资金 | 竣工时间 | 占地面积 | 建筑面积 |
|---|---|---|---|---|---|
| 九江县人武部 | 2006.08 | 950 | 2007.01 | 21360 | 5535 |
| 瑞昌市人武部 | 2006.08 | 760 | 2007.02 | 15600 | 4420 |
| 武宁县人武部 | 2007.04 | 973 | 2008.12 | 15460 | 6004 |
| 彭泽县人武部 | 2007.08 | 348 | 2008.10 | 6633 | 2071 |
| 德安县人武部 | 2007.02 | 520 | 2008.02 | 14000 | 4468 |
| 浔阳区人武部 | 2008.06 | 348 | 2008.08 | 333 | 1760 |
| 永修县人武部 | 2007.06 | 1118 | 2009.04 | 20000 | 5700 |
| 湖口县人武部 | 2008.09 | 830 | 2009.05 | 13333 | 4070 |
| 都昌县人武部 | 2007.12 | 1400 | 2010.03 | 12000 | 6079 |
| 星子县人武部 | 2009.03 | 850 | 2010.05 | 12266 | 9813 |
| 庐山区人武部 | 2006.08 | 1560 | 2010.08 | 6666 | 7200 |
| 修水县人武部 | 2008.10 | 1000 | 待竣工 | 13333 | 7576 |

## 二、财务供应

1991年，军分区将人员生活费和分区中心工作作为经费管理保障重点，确保机关营区综合治理、大校场训练中心、民兵装备仓库配套工程经费到位。召开后勤保障会议12次，举办学习班137天、1390人次；对全区生产经营项目进行清理，办理企业注册登记和免税手续等4项；建成副食品生产基地。1993~1995年，军分区开展预算内经费、预算外经费收入及管理情况自审工作；下发《生产经营财务管理规定》《生产经营管理办法》，对各生产经营单位依法进行审计；成立生产经营办公室，新建、改造门面100个、2600平方米；各县（市、区）人武部以劳养武企业发展为39个，其中新办企业10个。1996~1998年，各县（市、区）人武部加强“三室一库”和“一图一表五个档案”建设，核算清理经费和物资，清理“小金库”和“账外账”，将生产经营、以劳养武等经费全部纳入财务统一管理。1999年，军分区制定《关于加强经费物资管理的措施》《关于银行印鉴及现金管理规定》《加强人武部财务管理（补充）规定》等规章制度，在全市范围进行资金安全检查。

2000~2005年，军分区加大财务正规化建设力度，开展军队预算编制改革培训和年度经费预算审评工作，完善财经集中统管和资金集中支付管理制度，制定《军队干部职工工资津贴分配方案》，建立军队固定资产核算、物资登记统计等规章制度；制定《九江军分区及县（市、区）人武部后勤建设规范化管理三年规划》和《副食品基地五年发展规划》，注重发展农副业生产，其中10个人武部的副食品基地总面积40多公顷。2006年，开展全区经费预算集中审核，落实财经管理专项整顿和发票专项整治工作，筹集并上缴省军区资源节约基金；上报45户集资建房和第一、第二干休所80户老干部住房维修补助预案；成立物资保障中心，制定《物保中心管理规定》《物资保管员职责》等制度。2007年，军分区开展财经专项整治和单位主官在职及离任审计，开展创建“正规化后勤机关”和“节约型军营”活动。配齐个人战备携行物资，督导各单位按规定与开户银行签订《战备金储备及支取协议书》。7月，组织全区现役干部换发“07式”服装，协调军服供应单位对全分区现役士兵进行“07式”服装套测。2008~2009年，军分区全面推行党委管财“五控法”和经费资产一体化管理，出台《经费资产管理实施办法（试行）》《军分区机关人员福利管理暂行办法》；完成历时3年的“07式”军服换装工作；完成抗击雨雪冰冻灾害、省军区军事训练工作现场会和比武、省军区职工管理工作座谈会等后勤生活物资保障任务。

2010年，军分区组织县（市、区）人武部开展炊事专业训练和竞赛活动，组队参加省军区举办的物资采购知识竞赛，获团体第二名。

# 第四节 武器装备管理

1991年，军分区和各县（市、区）民兵武器装备仓库普遍安装“三铁一器”（铁门、铁窗、铁柜、报警器），落实警卫值班、干部住库值班和仓库联防制度。军分区召开各县（市、区）人武部军械干部会议，举行军械人员专业技术比赛；对全市民兵训练武器进行全面检修。1992~1995年，军分区开展县级民兵武器装备仓库“三查创先”“防泄密、防丢失”等活动，全面进行综合检查与技术普查。1996年，军分区对县级民兵武器库存放武器弹药进行清点核查、登记造册，办理交接手续；制定《九江市民兵武器管理细则》《九江市民兵武器装备仓库值班警卫工作程序》等规章制度，定期检查仓库警报、消防等安全设施。1998年4月19日至12月31日，军分区组织民兵武器装备安全管理“连续10年无事故”竞赛活动和应急消防、应急防盗等演练，完善军、警、民联防措施。

2001年3月10~30日，军分区组织新任职军械参谋、仓库保管员集训和考核，重新下发《九江市民兵武器装备管理细则》。2004年，军分区民兵武器装备仓库进行技术区围墙和线路改造，安装监控系统。2007年，对全市民兵武器装备仓库存放报废民兵武器弹药进行清理、清查和集中存放；2008年，完成报废武器弹药的销毁处理任务。2010年，军分区完成车辆专项整治并建立单车装备档案；实施并完善武器弹药保管员网上集训、110联网等制度。

# 第三章　兵役

## 第一节　兵员征集

1991年9月,军分区开展征兵基层调查并召开征兵准备工作业务会,市委宣传部、军分区政治部印发《宣传教育提纲》。全市出动宣传车130台次,成立13支体检队;设立举报电话13部,举报箱13个。市征兵办开展选征优秀高中毕业青年入伍工作并在修水县进行选征试点,同时控制非农业户口青年征集比例。1992年,浔阳区在征兵工作中,以确保兵员质量为核心,以严把征兵体检、政审关为重点,率先探索实行封闭式体检和政审工作"五步法"(送检前初审、体检中联审、体检后复审、定兵前会审、定兵监审)规范化征兵新路子,为部队输送优质合格兵员。随后,省征兵领导小组在浔阳区召开规范化征兵现场会推广经验。1993年9月,浔阳区被南京军区授予"规范化征兵先进单位"。1995年,市首次征集中央警卫团新兵,按照特种兵要求和上级有关规定进行严格政治审查。1997年,市首次征集驻港部队新兵,市征兵办会同公安、监察部门下发《征集驻港部队新兵政审工作的一般程序》和《征兵廉洁规定》;都昌县征兵办根据驻港部队兵员特殊要求,严格执行政审条件和规定。市政府、军分区制定下发《关于做好在中专毕业生和高考未录取生征集工作的通知》,县(市、区)征兵工作机构召开应征青年及家长座谈会,参加座谈会达7000余人次。

2000~2001年,全市征兵工作按照"思想认识到位、领导到位、责任措施到位、保障经费到位"的总体要求,加强征兵宣传力度,落实优秀兵员入伍优惠政策。2003年,通过兵役调查、组织领导、宣传发动、依法征兵等工作,全市征兵工作呈现出"三高三多"良好局面:适龄青年参军热情高,预征对象文化素质高,预征对象比例高;大专生报名多,外出打工青年回乡报名多,独生子女报名多。2005年,德安县实现31年无退兵,被授予"全国征兵工作先进单位"称号。2008年,全市围绕"二项改革、三个确保"(征集对象主体改革、征接兵方式改革;保质量、保廉洁、保安全)目标,加强征兵工作组织领导。九江市征兵工作经验以及"新兵心理检测三步法""送兵工作要诀",分别被《军办要讯》等转发。2010年,市征兵办下发《九江市廉洁征兵工作规定》,开展"征兵宣传月"活动,大学生预征和士官征集等工作经验被省征兵办专题介绍。

## 第二节　预备役登记

1991年,全市各县(市、区)人武部用纸质卡片登记储备退伍军人服预备役情况,同时进行预备役登记统计核对,掌握预备役数质量和分布情况。1993年6月,省军区、军分区在浔阳区人武部开展地方与军事专业对口技术人员预备役登记工作试点。1995年6月1~20日,军分区召开退伍军人预备役登记核对工作会议。县(市、区)人武部军事科长到会,基层人武部到村、组逐人逐项核对。1996年1月1日《中华人民共和国预备役军官法》颁布施行后,市县两级成立机构,承办军官预备役登记工作。

2001年,全市预备役军官登记储备管理开始使用系统软件,将1989~2000年军队转业军官符合服军官预备役条件的卡片资料进行重新整理,实行军分区、人武部和基层武装部"三级"联管制度。2003年3月,全市进行2000年前退伍军人预备役登记工作,同时开展地方与军事专业对口技术人员预备役登记调查摸底工作。2004年,军分区、浔阳区人武部预备役军官登记工作通过全军检查组的验收并获得总政治部"全军预备役军官登记工作先进单位"称号。2005~2006年,军分区按照退伍军人预备役登记工作"专业名称与专业号码一致、专业数量与登记卡片数量一致、服役情况与登记情况一致"的规范性要求,全面开展登记、统计、核对工作。2010年,协调辖区内5所高等院校和市教育局,抓好高学历青年数质量潜力调查。

# 第四章 民兵 预备役

## 第一节 民兵建设

### 一、队伍组建

1991年,按照“服从国家经济建设大局,适应国防建设需要”指导思想和“控制数量、提高质量、抓好重点、打好基础”方针,全市加大基干民兵和普通民兵组建工作力度,并组成一定数量女基干民兵班(排)。8月下旬,军分区组织《民兵工作条例》集训,军分区机关、各县(市,区)人武部共40余人参加。1992~1994年,省军区在永修县人武部召开民兵工作“三落实”试点现场会,推广星火化工厂、燕坊乡、涂埠镇3个不同类型单位抓民兵营(连)建设试点经验,总结探索在社会主义市场经济形势下,城镇、农村、企业民兵工作“三落实”途径和方法;全市开展民兵整组工作,军分区总结推广落实民兵组织“一分、二控、三结合”和异地设点、委托管理等方法。1995年,重点加强市、县两级民兵应急分队建设,在编组、配装、训练、管理等方面逐步实现规范化,提高民兵队伍中高技术含量;6月,市政府办公室、军分区司令部联合下发《关于进行民兵科技队伍建设试点的通知》,在瑞昌市、永修县、浔阳区、庐山区开辟试点单位,为打赢高技术条件下局部战争积蓄后备力量。1997~2000年,军分区下发《关于开展民兵、预备役建设情况调查的通知》,进行民兵组织调整改革试点,适当压缩民兵组织规模,合理调整布局,扩大组建范围,改进编组方法,并先后组建民兵应急营舟桥排、民兵高技术含量专业分队。

2001年,军分区在浔阳区、庐山区进行城市民兵组织工作调研,探索在国有大中型企业、条条系统、新兴企业、三资企业、私营企业中组建民兵预备役组织和高科技含量技术分队新路子;7月20日,在庐山区组织民兵整组和基层人武部民兵营连建设试点,召开试点现场观摩会,所属12个县(市、区)人武部部长、军事科长观摩试点单位成果,统一整组程序、内容、方法;8月22日,军分区组织城市民兵进行组建以来首次全团带部分装备集结点验。2002~2004年,军分区制定《县(市、区)人武部建设三年规划》,确立5个示范窗口,建立和完善工作蹲点、领导分片包干和评比考核等制度;完成省军区“城市民兵工作调整改革”试点任务,8个社区建立民兵组织,试点工作经验在省军区城市民兵工作会议上作介绍;印发《基层人武部和民兵营(连)建设标准》,组建高技术作战专业分队、心理战专业技术分队;全区基层人武部2/3达标,民兵营(连)50%达到“七有”(标志牌、办公室兼资料室、队旗、资料柜、民兵工作版面、青年民兵之家、器材室)标准。2005年,军分区指导修水县拍摄《应急兵员动员实兵演练》录像片;在浔阳区组织应急兵员动员试点,研究解决兵员快速动员集结输送问题;召开应急兵员演练试点工作会议;按照“编为用、建为战”的原则,科学布局,优化组合,采取保留、压缩、拓展等方法整合民兵组织,提高民兵专业分队对口率。2008年,军分区制定《九江市民兵基层建设三年规划》和《民兵基层建设标准》,加强首批5个县(市、区)基层正规化、信息化、效能化建设;协调市政府出台《关于组织民兵实施森林火灾预防与扑救的通知》,规范非战争行动组织指挥、力量建设。2009年,军分区以《民兵组织编制序列表》形式进行立体规范,协调市委组织部、市人事局联合下发《关于进一步建立健全专武干部建设若干机制的意见》,与市政府联合出台《民兵力量建设实施纲要》并组织实施。

2010年,市委、市政府、军分区联合出台《九江市民兵力量建设实施纲要》,制定《民兵应急队伍建设规定》,成立市民兵舟艇大队;全市应急连、排均达到“五个一”的规范要求。

### 二、军事训练

1991年6月8日,全区城市民兵工作“三落实”军事训练汇报表演现场会在德安县共青城举行;6月16日,全省各军分区司令员组成参观团,在九江玻璃纤维厂观摩民兵高炮射击表演。1993年5月17~20

日,省军区、军分区组织浔阳区民兵在星子县蛟塘乡龙溪徐村鄱阳湖边对航模拖靶实弹射击考核,参加射击共19个厂矿企业单位,实施班射击和连、营集火射击3个科目考核,直接命中航模拖靶11具,创造浔阳区民兵高炮自1972年组建以来实弹射击最好成绩。1995年开始,全市民兵军事训练重点转为训练干部、民兵专业技术兵和民兵应急分队;10月12~13日,省军区考核组对市民兵应急营所属浔阳区、庐山区民兵应急连军事训练进行考核,浔阳区步兵班第二练习实弹射击获总评优秀。1999年,军分区进行民兵专业技术分队训练试点,开展以现代反空袭作战为背景的新"三打三防"(打隐形飞机、打巡航导弹、打武装直升机;防精确打击、防电子干扰、防侦察监视)训练,并进行学术研讨与交流。

2001年5月10~25日,军分区印发《民兵通信连电台训练纲目(试行)》,在九江县民兵通信连开展新装备形成战斗力训练试点,组织各县(市、区)民兵通信连连、排长现场进行评教、评学和交流;8月22日,军分区组织民兵带部分装备集结点验,省军区及市部分党政军领导出席点验大会。同年,组织新入队民兵进行宣誓和对重点目标的对空防御演练。2003年9月,军分区组织城市民兵进行为期20天的军事训练,以空飘气球模拟空中目标,采取枪代炮射击方式进行实弹射击考核。2007~2009年,军分区贯彻新一代《民兵军事训练与考核大纲》,组织全区教练员进行集中培训和备课示教,研制并引进4类应用软件,基本实现网上训练、网上考核、网上教育;组织全市民兵应急分队进行军事基础课目比武训练考核,选拔人员参加省军区民兵应急分队比武,获得团体总分第二名、轻武器射击单位第一名;组织全市基层乡(镇、街道)、企事业单位人武部部长强化训练,完成队列基础、非战争军事行动指挥、本职业务工作和专题讲座等19个课目的学习训练与考核。

2010年7~8月,各县(市、区)人武部组织民兵舟艇应急队伍的专业培训,制定和完善舟艇使用管理制度。

### 三、以劳养武

1991年,湖口县人武部组织民兵开展以劳养武,在武山乡创办面积6.67公顷的水果基地;在马影乡创办养猪场、养鸭场;在屏峰乡进行茶场、林场改造。县政府将原县水产局的蟹苗基地无偿划给县人武部,作为民兵训练和以劳养武基地。1992年,军分区成立以劳养武服务中心;各县(市、区)人武部生产经营从单一型向多种经营发展,形成房地产开发、服务业、种养业并举的发展格局。其中,浔阳区人武部组织所属企业人武部成立以劳养武经理部;瑞昌市人武部创办物资贸易公司;庐山区、都昌县、九江县人武部搞好营院房地产开发;彭泽县人武部训练基地外销瘦肉型养猪场年产值80万元;修水县73个以劳养武企业和实体年产值300余万元,创利润34万元。全市267个乡镇人武部建立以劳养武基地或项目,当年获利139.36万元。1998年,武宁县官莲乡民兵张建明发展养殖麻羊业,年创纯利4万余元。在其带领下,全乡32名民兵办起养羊工程;南市乡投资9万余元,建起以劳养武基地,种植香菇3万多袋,百合3.5亩,年创收5万多元。2001年1月14日,市委、市政府、军分区联合召开"三兵三户·双十佳"表彰大会,总结全市民兵参建工作和"三兵三户"活动主要成绩,部署深化民兵参建任务,表彰20个"三兵三户"活动先进单位和个人,并举办民兵参建和"三兵三户"活动成果图片展。随后,市委、市政府、军分区下发《进一步深化"三兵三户"活动实施意见》。

## 第二节　预备役部队

### 一、部队建设

1999年1月11日,根据南京军区命令,江西预备役师步兵某团由新建县调整到市组建。市委、市政府、军分区下发《关于成立九江市预备役部队调整组建工作领导小组的通知》,落实168万元训练统筹经费。7月21日,预备役某团实行边组建边形成战斗力,官兵当日投入抗洪抢险;9月6日,预备役某团成立大会在市人民影剧院举行。

2005年,预备役某团按照"依编施调、稳定建制、控制比例、确保质量、优化结构"的原则,进行预备役营、连组织调整。2007 年 1 月，某团 1 营进行营、连正规化建设试点；6 月 19 日，省军区副政治委员石成林到某团 2 营 4 连进行“五实”（实案、实情、实地、实兵、实装）点验。2008 年，某团组织预任军官学习《预备役军官法》，建立任职前谈话、到岗锻炼、军地联合考评和预任教导员述职制度，修订应急处突、抗洪抢险、扑灭山火等 13 套处置突发事件专项方案；突出抓应急分队建设，配备相应物资器材，4 次组织应急分队紧急出动。2009 年，市政府、军分区出台《九江市预备役部队战时军民通用装备征用办法》；某团组织修订、完善快速动员、抗洪抢险、反恐维稳等 15 种方案计划，规范团、营、连 3 级战备方案。2010 年，某团创新编组模式，拓宽编兵渠道，优化兵员结构，提高兵员质量。组建应急值班连，投入 11 万元完善设施建设和购置战备物资器材。

### 二、军事训练

1999 年，某团按照《预备役部队军事训练与考核大纲》要求，围绕提高部队整体应急作战能力，完成按纲施训任务。

2000~2003 年，某团先后完成应急分队抗洪抢险训练、舟艇操舟机手集训、快速动员集结演练、重武器实弹射击训练、应急作战能力评估、机关首长和部队官兵游泳训练等任务；组织 171 名官兵在南昌大桥进行步兵连登陆战斗行动排单项作业及全连演练汇报演示。2005 年 5~6 月，组织炮兵分队干部骨干在市民兵训练基地采取按同一专业同训、不同专业分训的办法进行训练；9 月，组织团首长机关带 1 个实兵营进行实装快速动员演练。当年，在德安县林泉乡召开预备役部队基层建设现场观摩会，现役干部和有关基层预任干部参加会议；拟制各种预案和配套保障方案；组织 1000 人次现任预任官兵进行指挥技能、专业技术等课目训练；选派官兵参加上级组织各种各类专业集训。2006~2008 年，先后组织团首长机关（包括预任军官在内）26 人进行室内战术作业训练、团首长机关带步兵第 2 营参加九江防卫区组织的编组联训和预备役营对重要目标协防演练，总部、南京军区、省军区、各军分区和省市有关领导近 300 人观摩、指导协防演练，常务副省长、师第一政治委员凌成兴称赞演练“非常务实、非常精彩、非常成功。”团首长机关及担负相关协防任务的现役营连长 2 次对 13 个目标点逐一进行勘察，研究制定保障等配套计划；各营连根据自身担负的作战任务，相应制定防卫作战方案。2009 年 5 月 19~26 日，某团承担训练全师专业骨干任务，进行炮兵射击学基础、迫击炮操作使用、班战术等内容的训练。2010 年 5 月，承训全师水上冲锋舟操作训练，共训练操舟手 54 名；6 月，进行指挥所开设演练，投入 40 万元配备团应急通信指挥车。

# 第五章　国防动员

## 第一节　组织领导

1996 年 1 月，市国防动员委员会成立，由市委书记任第一主任，市委副书记、市政府市长任主任，军分区司令员任常务副主任，军分区政委、市委副书记、市政府常务副市长任副主任，委员由市有关 30 多个部、委、厅、局领导组成。市国动委内设秘书组、人民武装动员办公室、经济动员办公室、人民防空动员办公室、交通战备动员办公室。同年，各县（市、区）相应成立国防动员委员会，县（市、区）人民武装部为其办事机构。1997 年 8 月，市武委会和市国动委召开联席会议，学习《中华人民共和国国防法》，研究解决关于建立健全人武部建设保障机制、市民兵预备役训练基地建设；落实市、县交通战备、经济动员办公室行政编制员额；市民兵装备仓库进出道路维修改造；贯彻落实《中华人民共和国国防法》和《江西省征兵工作条例》，保质保量完成征兵任务 5 个问题。

2000 年 5 月，市国动委决定把全市国防动员工作建设规划纳入当地经济建设总体规划，统筹考虑；把建设资金纳入各级地方建设资金计划，统筹解决；把质量要求纳入各级地方政府工作目标管理；8 月 1

日,市国动委在军分区召开会议,着重研究解决关于加强市国动委各办公室建设等4个问题;10月,市国动委设置8个办事机构:综合办公室、人民武装动员办公室、政治动员办公室、经济动员办公室、人民防空动员办公室、交通战备动员办公室、信息动员办公室、科技动员办公室(简称"八办");落实市国动委机构编制和人员,同时安排市、县财政增加军事斗争准备经费预算。2002年,市国动委指导县(市、区)完成县级国动委机构设置,下发《九江市国防动员工作百分制考评细则》《九江市国防动员工作制度和各办公室工作职责》《九江市国防动员委员会办事机构及各类人员职责》;6月30日,召开市委武委会和市国动委联席会议,市党政军领导以及"两委"全体委员共52人到会,研究解决人民武装工作和国防动员工作中关于国动委机构设置等5个实际问题,下发《九江市城市民兵工作规定》。7月17日,市国动委在军分区召开"八办"主任会议,会议提出具体要求。7月19日,在军分区召开市国动委"八办"联络员会议,会议提出要求:召开一次各办全体会议;落实一个办公场所;开展一次业务培训;组织一次国防教育;组织一次国防潜力调查;完成一篇国防动员理论研讨文章。2003年,市国动委下发《关于加强市国防动员委员会各办公室正规化建设的意见》《国动委正规化试点有关建设标准(试行)》;4~11月,组织市本级和浔阳、庐山等5县(区)进行国动委办事机构正规化建设试点,解决市县两级国防动员机构设置、人员编配、经费保障、工作考评等事宜。当年,设立市国动委办事机构联络员制度,联络员由市国动委8个办事机构(简称"八办")的相关单位人员组成。2004年11月19日,全市国动委、武委会联席会议在市民兵预备役训练中心召开,省军区政治委员李光金、政治部主任孙荣正到会;市委书记、市国动委第一主任刘积福作书面讲话;市委副书记、市长、市国动委主任、市武委会主任蔡晓明出席会议并讲话。会议总结部署全市国防动员及人民武装工作,组织市国动委各专业办公室和各县(市、区)国动委主任述职,研究解决关于增加市预备役训练中心配套设施建设经费等5个问题。至2010年,市国动委办事机构仍为"八办"。

## 第二节　国防教育

1999年9月25~26日,市国动委举办以"祖国在我心中"为主题的全市军警民国防知识竞赛。2001年9月,全市举行第一个"全民国防教育日"活动,开展以学习宣传《国防教育法》为主题的国防教育系列活动。2006年9月,全市开展以"弘扬长征精神,共建钢铁长城"为主题的国防教育系列活动,驻浔部队开展以"爱我国防、建我九江"为主题的国防、"双拥"演讲比赛;10月上旬,全省《国防教育图片巡回展》在九江展出,部队官兵、学生、应征青年共1万余人次观看展览。2009年,市国动委组织开展以"赞颂辉煌成就,建设强大国防"为主题的"全民国防教育日"宣传教育活动,开设国防教育网站,落实《领导干部国防教育读本》进党校。当年,军分区政治部主任汪开华被评为"全国国防教育先进个人"。2010年,市国动委举办全市"全民国防教育日"活动,开展图片展、现场咨询等系列宣传。

## 第三节　动员准备

1991年9月,军分区在武宁县召开全市县级交通战备工作正规化建设现场座谈会。当年,国家交通战备办公室副主任郝友忠、南京军区交通战备办公室主任战立祥等到九江视察交通战备工作。1995年9月22日,市国动委召开全市国防动员潜力调查工作会议,分配调查任务,制定工作方法和步骤。这次调查,在行政区划和人口状况、人员、交通运输、邮电通信、医疗卫生、军工生产、军需资源等方面共收集8万多字的资料。1998~1999年,市国动委紧急启动国防快速动员机制,组织和动员民兵预备役人员投入抗洪抢险。各县(市、区)人武部组织成建制民兵营(连)奋战在鄱阳湖重点堤坝、长江干堤等各险段,在实践中锻炼和检验干部。特别是在九江长江城防堤4~5号闸口决口后,军分区和人武部充分发挥桥梁纽带作用,动用战时动员保障体制,在指挥、协调、保障、拥军等方面做大量工作。交通专业保障队在市政府紧急动员后,共征调汽车5791辆次,船舶1186艘次,昼夜紧急抢运抗洪物资65万吨,接送部队官兵3.8万人次,转移受灾群众1.5万人次。市交通战备办公室被国家交通战备办公室评为抗洪先进单位。1999年2月3日,南京军区检查组对市国动委工作情况进行检查;5~8月,市国动委实现全区国防潜力调查数据自动化管理。市国动委交通战备办公室完善战备设施、制度，修订战时交通运输保障计划，掌握全市动员能力和潜力情况，落实队伍，全市县级交通战备正规化建设通过省交战办的检查验收。当年，市国防动员指挥网成功实现与省国防动员指挥网联通。

2000年，市国动委开展国防动员潜力核对调查统计和军事需求分析，收集国防动员潜力数据。2001年春运和“五一”“十一”黄金周期间，市交战办紧急调动市区运输中队疏散旅客7万余人。2002年，市国动委开展国防动员潜力调查及专项理论研讨，建立重点单位联系制度。2003年，市国动委改造国防动员指挥中心，市、县两级国动委指挥中心联网。2004年9月，市政府、军分区印发《九江预备役部队战时快速动员暂行办法》和《九江预备役部队战时军民通用装备物资征用办法(试行)》，将具体任务区分细化到每个单位，责任到人；各县(市、区)初步建立九江地区兵员潜力数据库。当年，市民兵预备役训练中心暨市国防教育基地正式落成并投入使用。2005年，市国动委出台《九江市兵员动员暂行规定》，印发《关于做好重要经济目标防护工作的通知》。

2006年，市政府出台《九江市战时应急兵员动员暂行办法》；军分区在修水、武宁、都昌3县进行应急物资动员支前试点；6月，市、县两级国防动员指挥网全面开通。2007年，启动12个县(市、区)国动委指挥中心建设。市国动委组织市经济动员办公室所属12个单位召开部署会，与各单位负责人签订协议，建立物资动员数据库。2010年，市国动委组织各专业办公室开展国防潜力调查，实现数据适时更新、互联共享。军分区协调市、县两级政府共投入544万元，建设全市国防动员指挥信息系统，并进行网络设备联通调试和试运行。

### 第四节　动员演练

2003年4月30日，市国动委在指挥中心组织演练，市委领导和“八办”主任及成员41人参加。6月2~3日，市国动委主要领导及“八办”主任等115人在指挥中心参加由省国动委组织的综合演练。2004年，市、县两级国动委组织开展城市反空袭、平战转换演练；各县(市、区)完成平战转换、保畅通、兵员动员、支前保障和城市反空袭等科目的演练任务。2005年7月，市国动委组织全市应急兵员动员演练，采取网上异地同步、市带县与全员额实兵拉动相结合方法，全程组织应急兵员动员实兵演练，军分区和市、县两级国动委全体成员及“八办”、应急兵员共1500余人参加，并举行集结点验暨誓师大会，省军区司令员郝敬民、政治委员李光金和市党政军领导出席大会。

## 第六章　人民防空

### 第一节　组织指挥

#### 一、防空预案编制

1991年，全市执行《九江市城市防空袭预案》。1994年，市人民防空委员会对《九江市城市防空袭预案》进行第一次修订，确定防空袭斗争主要任务。1995年，市人防委印发《关于全市各区、街道、单位编制修订城市防空袭预案的通知》，浔阳区、庐山区分别对各自预案进行第一次修订，各街道和有关单位均按《通知》要求编制预案。年底，全面完成市区、街道、厂矿《防空袭预案》。1997年，市国动委对《九江市城市防空袭预案》进行第二次修订，并更名为《九江市人民防空预案》。全市党政领导机关、人防指挥所和支柱产业、军工企业、城市生命线工程、次生灾害源等重点目标防护首次作为预案的重要组成部分。1999年11月，市人防办向省人防办报送《九江市防空警报网建设规划》。2000年，市人防办编制《九江市人民防空第10个五年规划》。2004年，市国动委对《九江市城市防空袭预案》第三次修订。2005年，市人防办完成《九江市城市人民防空应急行动方案》以及《九江市城市人民防空袭方案》标图工作;完成市人防专业队伍的数据采集和人防工程、指挥通信、人事等数据采集。2007年,市国动委制定《九江市防卫区、九江市国动委应急作战方案》,完成军事斗争人民防空应急准备评估任务。2009年,市人防办制订《九江市城市街道办、社区防空防灾应急疏散方案》。2010年,市人防办制订《九江市人民防空核心能力2010年至2012年建设计划》。

### 二、专业队伍建设

1991年始,市人防办每年按照城区人口1‰至3‰比例,组建5种人防专业队伍;在建有民兵组织的单位,人防专业队伍调整与民兵组织调整同步进行,分开统计造册。人防专业队训练依据《人民防空专业队伍训练大纲》要求,进行共同和专业科目训练。2000年前,人防专业队伍多为在岗训练;2001年后,每年组织1种人防专业队伍集中训练;2003年,全市人防专业队伍定编。2007年,全市人防专业队伍进行扩编。2009年,市政府组建人防抢险抢修专业队伍,集工程、供水、电力、供气、特救、防化、防疫为一体,筹集100万元购置生命探测仪、破拆工具等特种救援设备。11月,市人防抢险抢修专业队伍建设通过省人防办验收。2010年,市人防办对市、县人防抢险抢修专业队伍进行理论学习和技能、实战训练,在全省人防"四会"教员培训考核中获得总评第一名。

### 三、防空演练

2001年9月18日,市人防办在市区组织较大规模防空袭警报试鸣带实兵演练,参加省、市两级国动委网上演练。2006年,市、县人防办主任参加省人防办举行的网上检验性演练。市人防办完成疏散基地建设并细化人口疏散计划。2007年9月,市人防办按照实战要求,组织全市防空袭警报试鸣活动。同月14~23日,10县(市、区)参加网上检验性演习;九江石化总厂组织重要目标防护实兵演习,利用机动指挥平台实时传递声像信息,被省演习评判组评为优胜单位。2008年,市人防办召开人口疏散协同工作会议,进一步细化方案;各疏散街道制订疏散隐蔽方案;组织湓浦街道300名居民进行防空袭疏散演习,市区部分中学相应组织疏散演习。2009年,市人防办在全市大中学校组织防灾减灾应急避险演练。

2010年11月,结合赣北片区应急救援保障任务,市民防局与南昌市民防局联合在德安县城区举行两市联动抗震应急救援演习,其中市消防局进行应急抢险、医疗救护专业抢救演习。

## 第二节　人防工程

### 一、建设维护

1991年,市人防办完成《九江市人民防空建设与城市建设相结合规划》编制工作;相继建成一批地下室。1992年,在市区主干道重要部位建立人防排水站,解决市区主干道积水问题,并对主干道等公共工程进行堵漏防渗处理,对个别险段进行加固处理。1994年12月起,全市企事业单位、个体户缴纳人防维护建设费。1995年,市人防办完善地面指挥室建设;投入资金200万元,新建人防"三防"(防核武器、防生物武器、防化学武器)指挥培训中心。

2000年,全市人防工程建设坚持"以建为主,以收促建"原则,对全市40个单位工程以及公用工程进行全面检查;完成省人防办5个加固工程任务和结建工程。2003年,对人防工程干道进行维护;加快市区人防工程建设,完成水、风、电、消防及防护门设备安装。2004年,军分区指导市人防办完成人防地下指挥所建设方案设计、选址及指挥自动化系统建设;全年审批报建项目50多个。2006年6月1日,市人防办召开全市人防工程建设质量管理会议,组织3个检查组对市区重点人防工程进行全面检查评估;8月,市人防办、市建设局印发《关于人防参与民用建筑修建防空地下室竣工验收备案的通知》,依法执行备案制度。2007年,市人防办印发《结合民用建筑修建防空地下室工作管理程序的通知》《人防工程维护管理暂行规定》,对全市人防工程进行全面检查。10月,市人防办邀请北京专家进行人防规划防护等授课,全市工程、监理、设计等有关技术人员参加。同年,市人防指挥所竣工并投入使用。2008年5月14

日，市人防办召开工程管理协调会议，会议决定：全市结建人防工程必须抓好项目审批、图纸审查、项目监理、工程督察、工程质检等环节。省人防办质量监督站九江办事处成立，对全市在建人防地下工程实施监理并下达6份整改通知书。市人防办组建人防工程资料室，建立结建工程办事程序“一个窗口对外”制度，对全市在建和已交付使用人防地下室工程进行一次全面检查。2009年，市人防办人防工程质监组，完善人防工程防水材料准入备案制，实行人防工程建设必须实行专业监理，规范人防工程防护设备施工安装。各县(市、区)人防部门牵头或参与编制城市地下室空间开发利用规划。

2010年，市人防办组织技术人员对全市所有人防工程进行检查，投入资金对人防工程进行加固。11月3日，省人防工程质量监督培训会在星子县召开，会议肯定九江市人防工程建设及维护管理工作。市本级完成的防空地下室建设工程超额完成省人防办年度计划指标。

### 二、开发利用

2000年，全市开发利用人防工程创造产值2402万元、利润79.6万元。2003~2006年，全市人防工程使用率达40%左右，每年平均安置下岗职工600余人次。2007年，瑞昌市新建人防工程用于停车。2009年11月，通过招商引资，北方兴业投资管理有限公司投资2亿元开发市浔阳东路人防地下工程；全市人防工程利用率58.5%。2010年5月31日，全省建设大型平战结合型人防工程现场观摩活动在九江召开，参观市区浔阳东路人防地下工程。

## 第三节 通信警报

1991年3月，省人民防空办公室统一配发通信电台，开通全省人防无线电联络。自此，全市人防通信脱离邮电通信网络，自成体系。1995年11月，市人防办投资100万元开通程控电话，实现全市有线、无线相结合的人防指挥通信。1999年，组织第一次全市城区统一试鸣防空袭警报器工作，开展“人防法律法规宣传月”活动。

2000年9月，市区完成新式警报器安装测试，老式警报器维修和警报无线遥控系统建设，基本实现人防警报控制自动化，警报音响覆盖率由不足50%上升到80%；10月，市政府出台《九江市人民防空警报设施管理规定》。2001年1月4日，市政府确定：“从2001年开始，每年的9月18日为试鸣日，上午9时整为试鸣时间。”9月，市人防办在市区安装警报发放无线统一控制系统。2002~2004年，瑞昌、湖口、永修、九江、德安、彭泽等县(市)相继安装防空警报器，组织防空警报试鸣活动；市区新增电声警报器和车载警报器，调整警报器的布局并检修，督促和指导各县(市)警报器建设工作；完成全市人防办程控电话与军网联通。2005年，市人防办自筹资金25万元，对警报发放无线统一控制系统进行升级改造；瑞昌市、湖口县安装警报发放无线统一控制系统，都昌县、星子县安装防空警报器。9月18日，市区与8个省级人防重点县(市)统一组织防空警报试鸣活动，并首次应用于当年全省防空警报试鸣；市、县防空警报试鸣指挥部通过市人防办新建的电视会议系统与省人防指挥所实现互联互通。

2006~2009年，全市人防通信信息应急救援指挥系统建成并实现省、市、县三级指挥网联通，市级机动指挥所建成卫星通信系统，10个县(市、区)参加全省网上机动指挥平台实施声像信息检验性演习。全市实现电脑遥控统一发放警报试鸣信号，市区警报声响覆盖率95%以上，省级人防重点县(市)警报声响覆盖率达90%。2008年年初，市人防办(民防局)启动应急救援指挥平台，为全市抗击特大冰雪灾害发挥重要作用。2010年5月，市人防通信站更名为市人防(民防)指挥信息保障中心；建立通信差转台，与91551部队实现卫星车资源共享。至年底，全市有人防警报器71台、车载警报器3台。

## 第四节 管理机构

1991年，市人防办为市人民防空委员会的办事机构，内设人秘科、工程科、指挥通信科、财务科、结建科；行政编制19名。1996年，隶属市国动委。

2005年,市人防办内设机构增加行政许可服务科。2010年,市人防办由议事协调机构的办事机构调整为市政府工作机构,内设7个职能科室:人秘科(办公室)、行政许可服务科、计划财务审计科、工程建设管理科、指挥通信救援科、法规宣传教育科、综合行政执法科(执法大队)。机关办公地址位于怡康路1号。同年7月,市人防办增挂市民防局牌子,合署办公。20年间,全市各县(市、区)均设人民防空办公室;

# 第七章 拥政爱民

## 第一节 支援地方建设

### 一、工程参建

1991年,九江县人武部组织港口、城门、永安等乡镇民兵共4000余人参加九瑞公路扩建工程建设,完成土石2.7万立方米;武宁县人武部组织民兵1000余人参加整修武(宁)杨(湖北省杨新县)公路整修工程建设;星子县组织全县民兵参加浆潭联圩灭螺整治工程,建成1条长1.1千米,底宽60米,顶宽4米的围垦灭螺圩堤。1993年,永修县、德安县、九江县、浔阳区人武部成建制组织民兵投入京九铁路、昌九工业走廊等国家重点工程建设;修水县人武部组织民兵结合“蚕桑工程”开发,开展“科技兴农,科技致富”带头人活动;九江发电厂、九江炼油厂等单位在企业内部挖潜改造、技术革新和生产规模扩建等重点项目中大胆使用民兵,共投入1.4万个劳动日,绿化厂区300万平方米。1998年,修水县人武部成建制组织3000余名民兵承担县城到黄沙镇、黄港镇、何市镇3个重灾乡镇61千米公路线的修复任务,15天内恢复通车。

2002年,军分区围绕市委“九江率先崛起”目标,组织驻市部队和民兵4000余人投入抗洪纪念广场、滨江大道、九威大道等市重点工程建设。

### 二、兴修水利

1992年,德安县人武部组织全县各乡镇民兵连成建制参加牛角湾水利工程大会战,共投入兵力2000余人,历时4个月,完成第一期工程。1995年11月,瑞昌市人武部组织民兵5000余人实施赛湖大堤除险加固工程,共完成土方12万立方米并确保工程质量,受到军分区和当地政府好评。2001年7月,修水县人武部组织全县专武干部和部分基干民兵200余人,在古市镇双港村进行长江小流域水土流失保持工程建设。开挖荒山33.4公顷,种植水保林和果树。

### 三、植树造林

1991年1~3月,永修县人武部组织所属乡(镇、场)民兵共2500余人参加“三荒”(荒山、荒水、荒坡)开发活动,累计造林2000公顷,完成土石方23万立方米;8月17日至9月2日,永修县人武部组织民兵在三溪桥乡实施万亩造林大会战,共投入兵力1.2万人,累计劳动日19.1万个。1997年,九江县人武部组织民兵8000余人开发昌九公路果业基地,在恶劣气候条件下苦战10天,新开辟高标准、高质量果林基地66.67公顷,受到市、县领导高度赞扬。

2001年3~4月,预备役某团先后组织470余名官兵,参加九景高速公路和县(区)绿化建设。2003年1月,驻市部队近1000人参加市重点工程——“建设九威大道、美化九江环境”义务劳动,平整土石方1370立方米;3月,军分区组织驻市部队600多人参加中德联合造林工程。当年,修水县人武部组织民兵2000余人投入县城南郊绿化植树造林活动,累计造林2000公顷,完成土方20万立方米。2006年4月,修水县人武部在大椿乡组织200名基干民兵,成建制开荒种茶20公顷。

2009年1~3月,全市共出动部队和民兵预备役人员1.36万人次,参加昌九高速公路永修—九江段两侧地带造林绿化,共完成绿化面积254.17公顷,种植各类树木38.93万株。

## 第二节 维护社会治安

### 一、抓捕嫌犯

1997年11月,武宁县民兵应急分队协助公安机关抓获全国特大盗枪犯连某。1998年12月,湖口县公安局看守所第2号监狱发生在押人员集体越狱事件,县人武部组织6502厂民兵应急分队配合公安、武警设卡30余处。各乡镇人武部组织民兵在公路沿线和交通要道设卡堵截,在74小时内将在逃人员全部抓获归案。

2000年11月30日,修水县人武部组织民兵应急分队,协助公安设卡,拦截湖北省通城县盗窃枪支罪犯。2001年4月11日,武警九江市支队根据总队指示,迅即组织围捕持枪抢劫杀人犯左某某,顺利将其抓获。2005年3月8日,2名蒙面歹徒持手枪和匕首,在市区某居民楼第十一层民居内劫持7名人质并索要100万元人民币,武警市支队与公安等部门密切协同,安全解救7名人质,击毙、击伤犯罪分子各1名,缴获仿真手枪1支、匕首1把。2008年4月28日,武宁县宋溪镇塘畔村采石场炸药库24公斤铵锑炸药、50米导火索、90枚雷管等物资被盗。武警市支队支队长率五中队、武宁县中队共40名官兵,担负搜捕和设卡堵截任务,协同公安部门将3名涉案犯罪嫌疑人捉拿归案。

2010年5月23日22时,武警市支队出动30名官兵,协助都昌县公安局在湖口县鑫园宾馆403号房间将在逃杀人嫌疑人谭某抓获。

### 二、治安巡逻

1991年春节期间,浔阳区人武部组织人武、专武干部和民兵370名,组成37个执勤小分队,协助公安部门维护市区社会治安。1996年,武宁县严阳乡民兵护林队在维护林区治安,打击盗伐木材,保护森林资源以及护林防火中发挥重要作用,创下全省林业乡30年无火灾纪录。1997年6月28日至7月4日,市域内京九铁路沿线的浔阳区、庐山区、九江县、德安县、永修县人武部参加“迎香港回归,保京九畅通”护路、护线活动,组织民兵小分队实施昼夜护路(线)巡逻执勤,共投入兵力1万余人次。

2002年10月31日至11月18日,军分区组织京九线九江段各县区人武部的民兵,开展配合铁路联防和军民合建光缆护路护线活动,建立民兵巡逻队310个,共出动兵力3100余人次,实行24小时轮番昼夜巡逻守护,确保中共十六大期间辖区铁路沿线和光缆通信安全。2005年11~12月,为维护九江“11·26”地震灾区社会秩序,瑞昌市、九江县、浔阳区、庐山区等人武部紧急调动民兵应急分队2060余人,组成130多个维护稳定小分队,连续3天在30多个街区、20多个乡镇开展护城、护厂、护矿、护村等活动,制止纠纷10余起,抓捕趁乱违法人员2名。

### 三、突发事件处置

1991年6月3日,瑞昌县范镇乡八都村上屋李自然村与上宅坂吴家自然村村民因土地之争发生大规模聚众械斗事件。武警九江市支队迅即出动30名官兵,通过耐心劝解,圆满处置。1997年5~6月,永修县恒丰垦殖场连续发生2次“香猪事件”,造成香猪养殖户冲击场部、堵塞昌九高速公路、拦截火车等群体事件。县人武部及时抽调民兵应急分队500人,协助公安、武警维护社会稳定,平息事件。1998年10月29日,九江县黄老门个体运输队50多人、30多辆农用车聚集在乡政府院内,武警九江县中队奉命前往现场,事态得以平息;12月19日,共青城江益区发生当地群众因故准备拦截火车的事件,武警市支队派出56名官兵迅即赶往事发地点维护秩序,疏导交通,协助当地政府、铁路部门开展善后工作,事态得以平息,使京九线九江段在中断2小时后恢复正常通车。1999年4月18日、12月2日,武警市支队先后派出官兵赴庐山区竹泉山庄、德安县林泉乡,有效协助当地政府、公安干警平息突发性群体事件。2000年8月,武警市支队奉令派出259名官兵,在丰城市白土镇参加处置突发事件。

至2010年底,武警市支队配合地方政府、公安部门处置突发事件11起。

# 第三节　抢险救灾

## 一、抗洪抢险

1991年5月18~19日，星子县因暴雨造成山洪，被淹棉花、油菜133余公顷，冲毁桥梁23座，该县人武部组织300名基干民兵参加抗洪抢险。5月21~23日，永修县连续下降暴雨和大雨，水位普遍超过警戒线，全县受灾乡21个，受灾面积1.46万公顷，直接损失1510万元，县人武部组织1.38万民兵参加抗灾救灾。1992年7月1日，星子县人武部组织隘口、横塘、泽泉、苏家垱、蛟塘、华林、蚌湖、蓼南、新池、蓼华等乡镇民兵应急分队共310人，奔赴联圩抗洪抢险。7月，军分区、县(市、区)人武部迅速成建制组织民兵连(营)，民兵应急分队，共2.5万多人投入抗洪抢险战斗。1993年7月3日，修水县遭受历史罕见特大洪涝灾害，造成直接经济损失1200万元以上，全县淹没农田5336公顷，桑园2801公顷，二晚秧田800公顷。县人武部全力以赴组织民兵110余人次投入抗洪抢险，帮助受洪水威胁工厂和群众转移。1994年6月，全市普降大雨，洪涝灾害严重。军分区和各县(市、区)人武部共动员人武干部和民兵6.8万余人次投入抗洪救灾，经过10余天艰苦努力，先后排除各类险情30多处，保住58座大小圩堤和760多座中小型水库安全度汛。

1995年夏季，全市民兵预备役部队积极参与抗洪抢险斗争。庐山区人武部组织全区民兵预备役人员1.2万人次，加固长江、鄱阳湖各大小圩堤；星子县人武部奉命组织9个乡民兵应急分队迅速到达浆潭联圩险段抢险，后转战沙湖山圩堤抢险，直到安全度汛；浔阳区人武部组织民兵多次参与八里湖、赛城湖抗洪抢险战斗，出动兵力1000余人(次)，动用车辆100余台(次)，挖掘土石方1000立方米，加固险段1000余米；瑞昌市出动民兵3万人次，完成土方46万立方米，保证赛湖堤、梁公堤、赤心堤安全度汛；永修县在九合乡、三角乡、艾城镇等抗洪一线出动民兵3.5万人，组成抢险突击队120个，运送土石61万立方米，解救被困群众3000余人，抢运物资1000多吨，牲畜300余头，抢修房屋1200多间；九江县全县参战民兵2.69万人，抢运土石方1.31万立方米，排除险情210处，险段2470米；都昌县人武部组织北山、七角、都镇、汪墩等乡(镇)民兵和群众投入抗洪抢险，先后调集北炎、张岭、大港、春桥、盐田乡近3000名民兵应急分队上矶山大坝抗洪第一线，使大坝安全度汛，保住坝内667公顷精养鱼池。1996年7~8月，全市沿江沿湖地区遭受特大洪涝灾害。全区组织12万民兵投入抗洪抢险，军分区先后11次下发防汛工作指示，部门以上领导和濒临长江、鄱阳湖10个县(市、区)人武部主官始终在一线组织抢险指挥，成立民兵护堤巡逻队284个，抢险突击队217个，榔头打桩队196个，抢运土石102万平方米，加固抢险圩堤156千米，排除险情1500多处。1998年，九江遭遇百年未遇的特大洪涝灾害，在中共中央、国务院和中央军委亲切关怀和大力支持下，集结南京军区83011部队、32404部队、北京军区某集团军工兵团道桥1营、83544部队、江西省军区、南昌预备役步兵师一部、南京军区空军86523部队、86506部队、空军某团、武警8710部队、武警水电二总队、武警江西省总队、南昌陆军学院和驻市陆海空部队、武警部队、公安消防部队、军分区、人武部、民兵预备役部队共计近4万兵力投入抢险战斗，成功封堵长江大堤决口，确保九江城区安全和京九铁路畅通。1999年6月，九江县港口街镇茶岭村赛城湖王家大坝发生溃决，决口达30余米，预备役某团3营迅速组织近百名官兵赶赴现场抢险堵口，连续奋战近8个小时，堵住决口，确保人民群众生命财产安全；7月，湖口县人武部及时组织4个民兵应急分队500余人，先后对皂湖、泊洋湖、南北港、牛脚芜、黄茅堤等堤坝进行突击抢险，确保大堤安全度汛；彭泽县紧邻中湖与下湖连接的水渠堤坝溃决，武警市支队奉命出动116名官兵，经过17个小时的奋战，成功封堵决口。

2006年，修河、潦河沿线的马口、立新、三角等乡镇受台风影响，永修县先后组织1万余名民兵加固险段圩堤4.6千米，排除各种险情90多处。2010年6~7月，修水、武宁、星子、瑞昌等部分县(市)发生洪涝灾害，全市共出动部队和民兵6.1万人次，转移群众3.81万人，加固堤坝54千米，巡堤查险1.35万千米，处理各类险情45次。预备役某团先后出动兵力2675人次，在抗洪形势严峻的10个地点执行抢险任务，共巡堤526千米，加固堤坝5.7千米，清除杂草18.3千米，搬运土石方620立方米，堵塞管涌泡泉14

个;武警市支队紧急出动兵力400余人次、船艇20多艘次,先后辗转星子县苏家垱、都昌县梅溪水库、鄱阳县昌江圩堤和英家水库等战场,累计加固圩堤1000余米,转移被困群众640人次,成功规避重大险情3起,抢运国家物资和群众财产260余万元;市公安消防支队出动150名官兵、5艘冲锋艇、3辆抢险救援车赶赴都昌县,转移营救被困群众1300余人;南京军区庐山疗养院组织4支医疗小分队共42人,保障某师到九江抗洪部队1306名官兵及驻浔官兵700余人,共出动652人次,车辆122次,巡诊官兵1.33万人次、群众1.43万人次,接诊官兵和群众2000余人次,消耗药品价值19.34万元,其事迹被中央电视台军事频道、新闻频道先后报道。6月22~30日,抚州市抚河唱凯堤溃决,市公安消防支队奉令派出158名官兵、11辆消防车、9艘冲锋舟和橡皮艇赶赴灾区救援,经过近30小时奋战,营救被困群众2600余人。南京军区庐山疗养院奉命组织医疗小分队31批、205人次紧急支援,共巡诊1.58万人次,发放药品价值7.27万元。

## 二、山林灭火

1991年2月21日14~15时,永修县江上乡丰源村、柘林镇梁头村、白槎乡栗山村相继发生山林火灾;17时,县人武部迅速调集10个单位的民兵应急分队2000余人分赴火场;次日2时,3处山火被扑灭。11月13日,庐山五老峰发生森林大火,浔阳区人武部受令后,组织11个单位的200多名民兵投入灭火战斗。11月14日,武宁县黄塅乡东源村发生森林火灾,县人武部立即组织新宁镇、县麻纺厂140名民兵连夜奔赴火场扑灭山火,翌日凌晨撤回。1992年2月24日晚18时,德安县聂桥镇、林泉乡、木环乡、爱民机械厂等地相继发生森林大火,县人武部立即调集县轮胎厂、县锑矿、聂桥乡等13个单位的应急分队和民兵1000余人赶赴火场,经过5个多小时的紧张战斗,山火被扑灭。4月15日,湖口县人武部组织民兵应急分队扑灭县棉花仓库大火,为国家挽回经济损失60余万元。10月27日清晨,修水县赤江乡境内发生大片森林火灾,县人武部组织宁州、山口、漫江等民兵应急分队前往火场扑火。200多名民兵连续奋战1天,终将山火扑灭。10月29日14时,修水县城鸡鸣山发生山火,县人武部迅速组织宁州、义宁民兵应急分队120人上山扑火,部领导现场指挥,次日中午12时将山火扑灭。11月5日,湖口县粮库后山发生火灾,县人武部速率6502厂、江新造船厂民兵分队400人赶赴火场苦战30小时,将大火扑灭。1993年2月3日晚8时许,九江县面阳山发生重大火情。县人武部迅即出动民兵应急分队和面阳山邻乡民兵1000余人,与当地军民一道激战2天,扑灭山火。2月6日下午,星子县隘口乡庐山垄发生山林大火,浔阳区人武部奉命组织11个单位应急分队共213名民兵赶赴火场,连续奋战10个小时,将山火扑灭。1994年3月25日,星子县东牯山太乙村周围发生山林火灾,县人武部组织民兵700多人迅速赶赴火场,与地方干部、群众一起奋力灭火,于次日6时30分扑灭山火。1995年2月27日晚,彭泽县黄岭乡、黄花乡,上十岭垦殖场等单位多处发生山林大火,县人武部立即组织机关干部连夜出动,并组织调集1300余名民兵参加灭火战斗,至3月3日将山火全部扑灭。3月5日,星子县东牯山境内狮子窝附近发生山林火灾,接到火警报告后,县人武部组织民兵400多人,与当地干部群众共同奋战,及时扑灭山火。11月10日上午,庐山北山9千米处发生山火,过火面积6.7公顷。庐山区人武部组织庐山垦殖总场、威家镇、高垅乡等地民兵应急分队人员240名完成扑火任务。1996年1月2~3日,星子县东牯山七彩部和温泉乡东山林场处桃树凹(香山)发生山林大火,县人武部迅速调集附近基层人武部近200名民兵赶赴火场,与当地干部群众一起于次日凌晨将山火扑灭。1月3日晚,庐山面阳山、香庐峰、大垅林场3处先后发生山林大火,浔阳区人武部奉命派出200名应急分队民兵火速前往现场扑救,连续奋战9个小时,将3处山火全部扑灭。3月2日,永修县云山林峰林场、艾城林场发生火灾,县人武部组织星火化工厂民兵100人、云山林场民兵200余名赶赴现场灭火。3月3日13时,修水县义宁镇小水岭发生火灾,人武部组织200余名民兵参与扑救,18时扑灭。1997年2月19日,湖口县马影镇海山村台山发生森林大火,县人武部接灾情报告后,立即组织双钟镇和三里乡民兵应急分队100余人奔赴火场,经1个多小时扑救,将山火成功扑灭;同月,武警市支队先后出动兵力100人、200人,扑灭庐山香炉峰森林大火和彭泽县桃花山4个山头、10个火区、近万亩的森林大火。1999年4月7日,庐山区莲花镇龙门沟发生森林大火,武警市支队迅速抽调210名官兵紧急出动,历时3个多小时,将大火扑灭。

2000年3月8日12时,庐山区高垅乡孙家垅发生山林大火,武警市支队迅即出动200名官兵、车辆6台前往扑火,于18时30分扑灭大火。3月29日晚,九江县国营岷山林场2分场、狮子林场等处发生火灾,预备役某团步兵第3营立即集结驻地180名官兵投入扑救山火战斗,经过12个小时奋战将山火扑灭。7月27日,市木材公司批发市场发生大火,武警市支队210名官兵参加扑救,抢运液化气罐20余个,拆除平房、木棚、小店面20间,抢运家用电器、家具、贵重物品等折合人民币30余万元,疏散转移群众200余名。9月19日,九江县沙河街镇东风村发生山火,预备役某团第3营和九江县人武部组织正在训练的预备役官兵赶赴当地,及时将山火扑灭。2001年3月3日20时,庐山区海会镇发生山林大火,武警市支队出动车辆4台、官兵168人赶赴现场,经过2小时激烈战斗,成功扑灭大火。2003年11月7日2时45分,九江县岷山乡大塘与星子县温泉镇庐山垅交界处的面阳山附近地域发生山林大火。军分区即令九江、星子、浔阳、庐山4县(区)各出动民兵应急分队200人,预备役团迅速组织官兵500余人上山扑救,连续奋战十几个小时。此次共抽调当地驻军及民兵预备役人员2300余人参加灭火抢险。经过20多个小时奋战,终将山火扑灭。2004年3月9日15时40分,星子县温泉镇桃花源突发森林特大火灾,造成武警官兵亡1人、伤23人,地方群众伤6人的严重后果。火灾发生后,市党政军领导组织指挥驻军部队和民兵预备役人员4500余人投入扑灭山火战斗。至11日9时,大火被彻底扑灭。在这场灭火战斗中,武警市支队战士谭守文于3月9日牺牲,被授予革命烈士、追记一等功和追认为中国共产党党员。2006年3月5日,修水县上奉镇梅山突发森林大火,县人武部接到县防火指挥部命令后,2小时内共组织民兵应急分队180人赶赴现场,5小时完成山火扑灭任务。

## 三、事故救援

1996年1月8日18时,彭泽县龙城镇马湖村江岸圩堤发生塌方重大险情,县人武部及时组织泉山乡、芙蓉镇民兵应急分队60余人投入抢险救灾行动;次日,调集县水泥厂、江西朝阳机械厂、泉山乡基干民兵120人担负警戒任务,维护现场秩序。1997年5月22日23时25分,永修县新城建昌东路1幢5层楼房突然倒塌,20名群众遇险。武警市支队迅即出动60名官兵进行抢救,县人武部立即集合全体干部职工并抽调星火化工厂、涂埠镇、江西水晶厂120名民兵应急分队人员参加救援,经过连续奋战19个小时,共救出11名伤员。

2001年9月26日,昌九高速公路90千米处发生1起液化气槽车与散装水泥运输车相撞事故,致使满载5吨液化气槽车侧翻在高速公路上,水泥运输车压在槽车上面,驾驶员和押运员受伤围困在驾驶室内,市公安消防支队迅即派出官兵和车辆,通过警戒、救人、排油、吊车等多道救援处置程序,历经12个小时奋战,终于在晚上10时成功处置险情,恢复高速公路畅通。2002年5月,庐山五老峰发生重大雷击事故,10余名海外游客遭遇雷击,南京军区庐山疗养院接到救援任务后,30分钟内组织成立医疗救治小分队,迅速赶赴现场,为3名受伤患者赢得宝贵救治时间,最终脱离生命危险。6月22日,昌九高速公路通远路段1辆载有24.6吨黄磷的东风大货车发生火灾并引起爆炸,致使昌九高速公路交通中断,附近14户群众受灾,直接财产损失32.13万元,九江县公安消防中队出动1辆消防车、8名官兵赶赴事发地,随后市支队特勤中队2辆水罐消防车和1辆器材装载车、浔阳一中队大吨位水罐消防车和九江石化总厂大吨位泡沫消防车增援火场,经过70余名官兵近7个小时奋力抢险,成功处置这起黄磷爆炸事故。2003年8月19日15时,市区步行街165~166号商业店铺装修时突然发生倒塌,165号店铺的2名店主和1名儿童未能及时逃离而被掩埋在废墟中,武警市支队30名官兵携带铁锹、镐等工具火速赶到事发现场,经过各方共同努力,于17时30分将3名被困群众安全救出。11月7日17时50分左右,九江学院1栋6层在建实验楼封顶时顶层楼面400余平方米封顶现浇发生坍塌事故,在场施工的9名民工被埋压。市公安消防支队先后调集浔阳区、庐山区、特勤3个中队5辆消防车、55名消防官兵赶赴现场开展救援,当天抢救出5名受困人员并送往医院救治;经过3天3夜的搜寻,将4名遇难民工的遗体挖出。2004年5月17日10时58分,瑞昌市3名洗井工人在施工过程中因缺氧被困井底,瑞昌市公安消防大队出动2辆消防车和15名官兵赶往救援,11时30分左右成功将3名遇险群众救出。2005年3月7日13时30分,星子县白鹿镇太乙村发生特大交通事故,1辆中巴车由于严重超载,在行驶中失去控制,坠落到150米深的悬崖下,44名乘客生命危在旦夕,市、县医护人员、公安干警迅即开展搜寻救援行动,市区100多名消防、武警官兵紧急驰援,经过连续10个多小时的奋力营救,参战军民共从150米深的崖底将44名坠崖人员全部搜救上来,其中22名伤员经抢救后脱离危险;南京军区庐山疗养院迅速派遣救治人员第一时间赶到事故现场抢救伤员,成功救治4名危重伤员。

2006年2月3日,武警市支队出动30名官兵,成功处置一起发生在九江长江大桥上的11辆汽车追尾重大交通事故,抢救受伤群众5名。2007年6月28日,瑞昌市洋鸡山金矿发生塌方事故,4名矿工被困井下,武警市支队派出25名官兵,采取"前拉后推、两侧保护、中间加强"的方法,经过近16小时的救援,成功解救4名被困矿工;9月1~4日,南京军区庐山疗养院共投入经费约20余万元,有效治愈空军94940部队、94642部队群体性食物细菌性中毒的50名官兵;10月26日,1辆装载25吨浓盐酸的槽罐车,在福银高速公路昌九段通远服务区发生交通事故,槽车侧翻导致浓盐酸泄漏,市公安消防支队指挥中心紧急调集特勤中队和九江县中队共5辆消防车、30余名官兵赶赴现场处置。经过4个多小时奋战,成功排除险情。2008年1月,南京军区庐山疗养院组织应急医疗小分队,全力保障某集团军万余名抗冰雪救灾官兵执行卫勤任务,同时成立3个医疗服务小分队在九江长江大桥、九景高速公路、昌九高速公路和105国道为受困司机和乘客提供服务,发放药品和食品总价值5.32万元。同月22日晚,九江县境内九瑞公路1千米处发生1起载有34吨氯化苯的槽车侧翻泄漏事故,市公安消防支队特勤中队、开发区消防中队共出动5辆消防车,40名官兵奔赴现场紧急救援,成功处置事故。8月2日晚10时52分,九江炼油厂化肥生产车间发生氨气泄漏事故,市公安消防支队浔阳二中队派出1辆消防车、7名消防官兵赶赴现场协助该厂企业消防队处置,支队机关干部罗定峰、二中队一班副班长张小龙不顾个人安危,将自己佩戴的空气呼吸器让给被困工人,自己却因吸入大量氨气而中毒昏迷。2009年9月2~4日,市区一建筑工地发生一起因饮用被污染的自来水而导致的群体中毒事件,南京军区庐山疗养院腾空病区床位并划定隔离区,治愈38名中毒农民工。12月28日6时28分,杭瑞高速公路九景路段鄱阳湖大桥发生百辆车连环相撞特大事故,造成13人死亡、19人受伤,市公安消防支队调集6个中队、12辆消防车赶赴现场处置,疏散旅客50多人,救出被困人员29人;南京军区庐山疗养院迅速调集3台急救车和胸外科、普外科、脑外科、骨科等专家赶赴现场救治伤员。

## 四、人工增雨

1991年7月15日至8月6日,瑞昌市人武部抽调4个厂基干民兵,在范镇、夏畈镇实施人工增雨作业12次,共发射炮弹340发,降雨效果良好;8月17日至9月3日,军分区组织浔阳区人武部12个民兵分队赴武宁、都昌县5个作业点实施人工增雨,出动车辆10台次,作业30余次,发射炮弹750发,增雨平均达50毫米,较好地缓解旱情。1992年7月29日至8月15日,浔阳区人武部出动民兵分队30余人,分赴都昌、湖口、德安、武宁等县,在当地县人武部干部和气象人员配合下实施人工增雨作业,各点降雨量50~80毫米。1995年7月底,彭泽县人武部组织民兵在黄花乡、芙蓉农场等地利用高射炮实施人工降雨。2000年11月,武宁县人武部组织民兵实施人工增雨作业,分设横路、澧溪2个点,共发射人工增雨炮弹380发,降雨量达168毫米,旱情得到缓解。2002年9月,九江发生严重旱情,预备役某团10余次调动应急分队官兵120余人次,与当地人武部一同参加各县(区)的抗旱工作,发射降雨弹600余发,灾情得到有效缓解。

## 五、抗击"非典"

2003年,南京军区庐山疗养院在抗击"非典"战役中,共组织100支预防"非典"宣教队,分赴全市197个乡镇、600余个村,深入农户家庭,进行预防"非典"知识宣传,进行外出务工返回人员健康筛查;成立2支医疗队,每队8人,分别走访威家镇和海会乡9个村、128户村民。对1000多名村民开展预防"非典"知识和《中华人民共和国传染病防治法》宣传,发放预防"非典"宣传单1000多份,为乡村培训卫生人员,并对200多名返乡人员进行为期2周的医学观察。

## 六、抗击台风"泰利"

2005年9月1~4日,全市遭受台风"泰利"袭击,受灾严重。军分区部队全体官兵和民兵预备役人员共出动6000余人,动用舟艇8艘、渔船12艘、运输车辆70余台次,解救被困群众1.9万余人,抢运各类物资近百吨。庐山区人武部紧急出动民兵1600余人次、渔船8艘、车辆40余台次,全面展开抢险战斗;9月2日晚12时,九江县马头水库水位暴涨,险情严重,九江县人武部组织机关干部和民兵抢险分队50余人火速赶赴马头水库加固堤坝;预备役某团组织120余人次参加九江县抗风抢险;永修县人武部连夜组织1000余民兵奔赴马口镇青湖圩决口抢险一线,并指挥协调武警官兵和民兵展开被困群众大营救;瑞昌市流庄乡农窝村鼓楼畈组被淹,浔阳区舟艇分队在已连续作战2天2夜情况下,再次苦战6小时,连夜解救被困群众240余人。武警市支队先后出动官兵600余人次,参加庐山区花园畈救援、永修县青湖万人大转移、庐山泥石流搜救等战斗,紧急转移群众数千人。

## 七、抗震救灾

2005年11月26日,瑞昌市、九江县之间发生里氏5.7级地震灾害后,军分区迅速启动抗震救灾应急预案,调集民兵应急分队人员560人,车辆30多台次奔赴灾区,现场抢救受伤和被埋压群众40余人,对受损较严重房屋进行地毯式排查搜索。浔阳区、庐山区、九江县、瑞昌市等县(市、区)人武部组织民兵治安小分队100余支,配合公安进行昼夜巡逻,维护稳定灾区社会治安秩序。这次抗震救灾共出动民兵预备役人员2060人次,抢救转移群众4000余人,排查受损房屋2000余户,帮助受灾群众转移生产生活物资3万余件,搭建帐篷650余顶,组织动员近5万群众转移到安全地带;军分区官兵向灾区捐款1.6万余元。预备役某团出动应急分队300余人次,抢救群众和搬运物资。灾情稳定后,组织官兵672人在灾区排查倒塌受损房屋3000多间,搬迁居民6000余户,转移疏散群众3万余人,搭设帐篷1500余顶,搬运物资500余吨;团卫生队及时深入灾区诊治灾民200余人次,送药1万余元;筹措粮油、帐篷、棉被、大衣等物品捐赠灾区;现役官兵为灾区捐款8000元。南京军区庐山疗养院组织医务人员紧急出动15批次,使用18万元经费为伤病员免费救治,组织全院官兵开展"送温暖献爱心"募捐活动,共捐赠钱款10万元,捐赠物资价值20余万元。武警市支队先后出动兵力700人次、车辆50台次,共搭建救灾帐篷172顶,清理倒塌废墟60余栋,营救、转移灾民5000余人。市公安消防部队启动应急预案,全警动员,开展疏散群众、抢运物资、搭建帐篷、运送饮水、防火救灾等工作,先后参与救援19次,疏散群众130余人,搭建帐篷220多顶,在灾民密集区配发灭火器600余具,散发灭火逃生常识宣传单3万余份。11月29日,省军区政委王清葆、副司令员吴品祥、政治部副主任颜春宁代表省军区全体指战员向地震灾区捐款50万元;12月25日,南京军区政治部群工处处长陈福舟一行代表南京军区向地震灾区捐赠137.75万元。

## 八、抗击冰雪灾害

2008年1~2月,九江遭遇历史罕见冰雪灾害,输电、通信网路受损,交通枢纽堵塞。军分区出动官兵职工和民兵预备役2.1万人次,清扫公路冰雪218.9千米,抢救转移群众517人;紧急抢修道路26.5千米,抢运输电塔基材料205吨,水泥电杆156根、130余吨;投入8万余元统一购置防护器材;开设指挥所16个、服务点19个,慰问、巡诊公路滞留旅客2800人次,发放巡诊药品1440人次;完成支援武宁县500千伏咸梦线等电力抢修某部3旅500名官兵的交通、住宿、伙食、通信、作业器材、卫勤、油料、气象等保障任务,得到中共中央政治局常委、中纪委书记贺国强充分肯定。预备役某团组织官兵2000多人次,先后10次在鄱阳湖大桥、九江长江大桥、昌九高速十里高架桥、九江火车站、前进路等地参加抗雪救灾,铲雪除冰撒盐铺草袋,共疏通大桥3座,道路28.3千米;出动官兵280多人次,在永修县、九江县修复乡村电网,共架立电线杆43根、电线630米,修复电路2680米。

# 九江市志

JIU JIANG SHI ZHI

（1991~2010）

## 第 四 册

九江市地方志编纂委员会 编

方志出版社
Publishing House of Local Records

**图书在版编目(CIP)数据**

九江市志:1991~2010 / 九江市地方志编纂委员会编.—北京:方志出版社,2016.2

ISBN 978-7-5144-1955-9

Ⅰ.①九… Ⅱ.①九… Ⅲ ①九江市-地方志-1991~2010 Ⅳ.①K295.63

中国版本图书馆 CIP 数据核字(2016)第 046258 号

**九江市志(1991~2010)**

**编　　者**:九江市地方志编纂委员会

**责任编辑**:李志瑜

**出 版 人**:冀祥德

**出 版 者**:方志出版社

地址　北京市朝阳区潘家园9号(国家方志馆4层)

邮编　100021

网址　http://www.fzph.org

**发　　行**:方志出版社发行部

(010)67110555

**经　　销**:各地新华书店

**印　　刷**:南昌三联印务有限公司

**开　　本**:889×1194　1/16

**印　　张**:197

**字　　数**:5809 千

**版　　次**:2016 年 2 月第 1 版　2016 年 2 月第 1 次印刷

**印　　数**:0001~4000 册

ISBN 978-7-5144-1955-9　定价:680.00 元

**·版权所有　翻印必究·**

九江学院濂溪大门

九江学院西大门

魅力校园（宋小勇 摄）

九江学院图书馆

九江学院教学楼

九江学院逸夫楼

九江职业大学鹤问湖校区

九江职业技术学院

九江科技中等专业学校

江西省九江第一中学庐山南路大门

江西省九江第一中学八里湖校区

九江市第二中学校园全景

2008 年市民生工程“九江怡康小学”校园一角

2009 年 9 月庐山区海会镇中心小学新校园

九江外国语学校全貌（邓硕华 摄）

**教育** 校园风光

都昌县慈济中学

双峰小学庐山区校区

庐山区第一中学（黄开福 摄）

九江职业技术学院数控中心

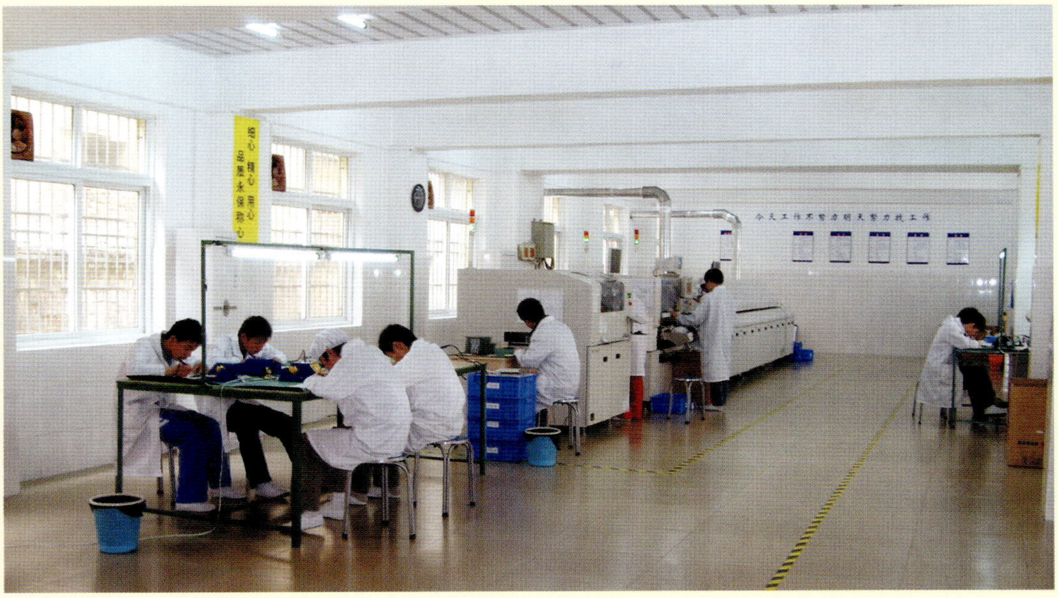

九江科技中专国家级电工电子实训基地

九江技工学校国家数控技术实训基地

2006 年高考九江一中考点（扈文捷 摄）

九江双峰小学第十四届体育节

市特殊教育学校学生展现才艺

九江金安中学运动会

庆祝第二十六个教师节

青年教师技能竞赛

# 文化艺术设施

九江市图书馆（宋小勇 摄）

九江市文化艺术中心（蔡少敏 摄）

九江市博物馆（黄开福 摄）

九江市青少年活动中心（蔡少敏 摄）

白水明珠会展中心（蔡少敏 摄）

# 文化艺术 设施

锁江楼（宋小勇 摄）

修水黄庭坚纪念馆

琵琶亭

德化楼

1992 年 5 月，九江历史上规模最大的灯会在南湖公园举行（宋小勇 摄）

1996 年 10 月湖口第三届文化艺术节在县城举行

九江魅力瑰宝《春江花月夜》演奏乐队（宋小勇 摄）

九江市 2006 年春节民间戏曲展演（蔡杰 摄）

2007 年 6 月 19 日，周敦颐诞辰 990 周年暨濂溪墓文物复原工程竣工庆典（洪显智 摄）

九江首部百集情景剧《女儿街的婆媳经》开拍仪式（宋小勇 摄）

2009年2月18日，电影《可爱的中国》开机仪式在同文中学举行（徐田刚 摄）

2010年9月26日，中央电视台“唱响九江”大型晚会在八里湖体育中心举行（孙仁贵 摄）

全国重点文物保护单位——铜岭铜矿遗址

全国重点文物保护单位——美孚洋行旧址（宋小勇 摄）

省级文物保护单位——锁江楼塔（宋小勇 摄）

省级文物保护单位——叶挺指挥部旧址（宋小勇 摄）

湖口草龙（宋小勇 摄）

全丰花灯（宋小勇 摄）

湖口青阳腔

九江山歌

瑞昌剪纸（洪显志 摄）

瑞昌竹编（张勇 摄）

星子西河戏（沈双武 摄）

星子金星砚制作技艺（宋小勇 摄）

九江市中医医院（黄开福 摄）

九江市第一人民医院总院

九江市疾病预防控制中心（黄开福 摄）

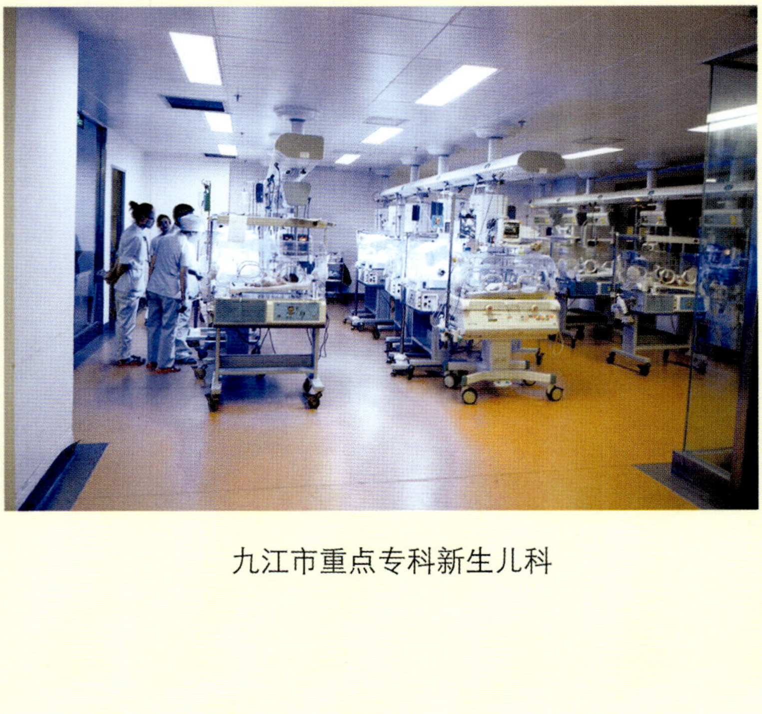

九江市重点专科新生儿科

九江市妇幼保健院

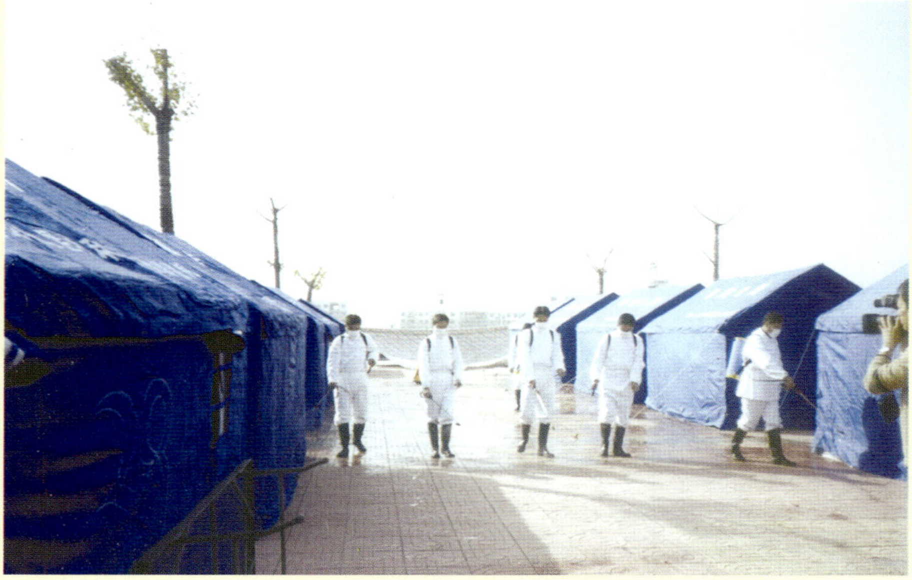

1998 年九江洪灾期间，防预人员在江洲灾民安置点进行环境消毒

2003 年九江市卫生局组建“非典”救治应急医疗队，图为应急医疗队进行实战演练

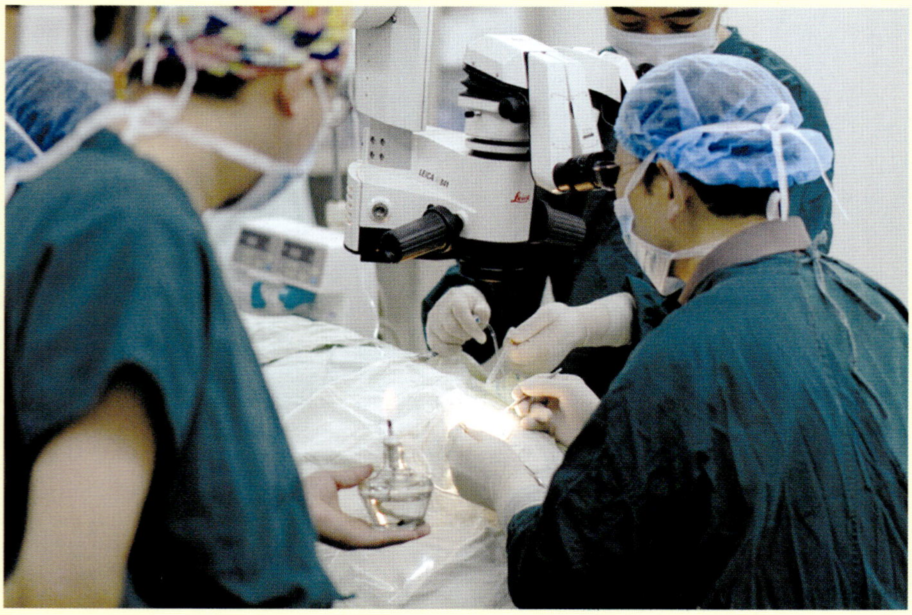

2009 年 5 月 15 日，九江“光明 · 微笑”工程在市人民医院启动（熊敏宇 摄）

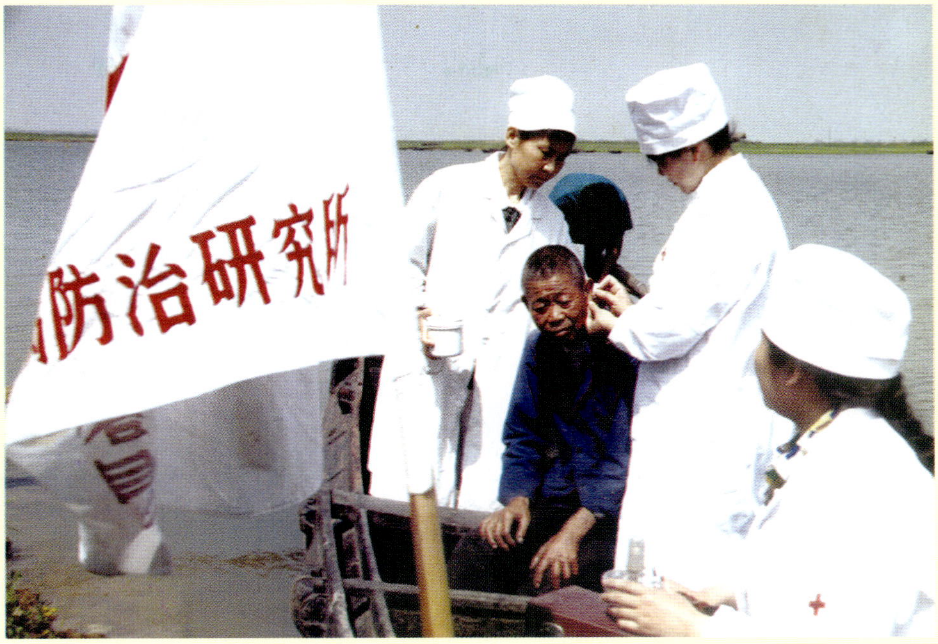


九江市血吸虫病防治研究所医务人员在永修县吴城镇湖区为群众检查血吸虫病

为加强城区卫生食品安全监督，卫生监督人员严格检查食品。图为卫生监督人员现场检测蔬菜

2005 年 11 月，为防禽流感，在长江大桥设岗预防（宋小勇 摄）

# 体育 体育设施

九江奥林匹克公园

九江县体育馆

修水县文体中心

瑞昌市体育公园

修水县体育馆

庐山区体育中心

# 体育 全民健身

举行农民运动会，丰收喜乐挑大米比赛活动

青少年阳光运动，广播体操活动

修水县少儿特色象棋比赛

1992 年 5 月 31 日至 6 月 5 日，“第六届全国屈原杯龙舟赛 · 中国庐山杯国际龙舟邀请”赛在九江举行（孙仁贵 摄）

2006 年中国（九江）首届国际龙狮精英赛开幕式在九江学院举行。图为大型团体操（孙仁贵 摄）

2010 年 8 月 8 日，第二个“全民健身日”展示活动

国庆 60 周年，庐山石门涧登山活动

全民健身，万人环湖走迎奥运倒计时一周年活动

2005年3月18日~24日，九江县承办第十届全国运动会女子篮球预赛（方乐新 摄）

2008年5月25日（北京奥运）中国队第一棒九江选手陶宇佳（右）与第二棒选手王静交接。中国队在女子4X100米接力决赛中以43秒69的成绩获得冠军（廖宇杰 摄）

2008年8月16日（北京奥运）赛艇——中国选手吴优、高玉兰（左、九江人）夺得女子双人单桨决赛亚军（龚兵 摄）

社会医疗保险卡，方便广大群众（宋小勇 摄）

市社保局二楼医疗保险服务大厅（宋小勇 摄）

九江县狮子镇，办理《新型农村合作医疗证》

2002 年 9 月 21 日，九江首期农村劳动力转移培训学员赴沿海就业

2004 年冬季招聘大会

开发区为失地农民进行岗前培训（宋小勇 摄）

“爱满人间 · 慈善助学”
资助金发放仪式（杨 青 摄）

九江市民冒雨为玉树灾民捐款

为太阳村儿童救助中心募捐

爱心人士到福利院看望孤儿（宋小勇 摄）

出租车连续 8 年“爱心送考”

第二届九江学习周——浔阳书市（孙仁贵 摄）

19载相伴伤残军人，黄萍获得“全国拥军模范”称号

中国人民解放军驻九江官兵慰问老人（孙仁贵 摄）

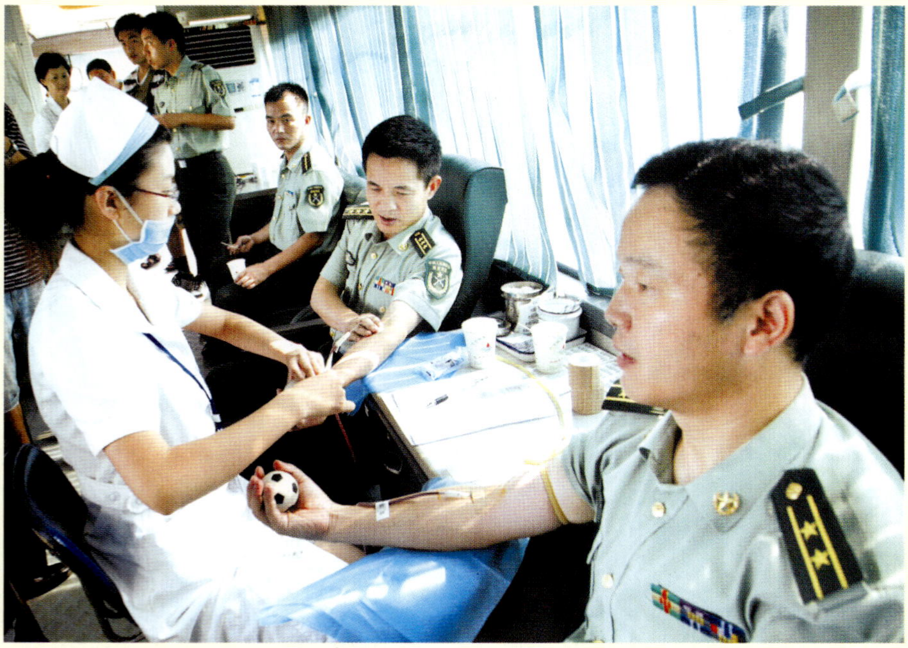

预备役官兵义务献血（宋小勇 摄）

烟水亭广场学雷锋活动（宋小勇 摄）

诚实守信，不昧巨奖的福彩投注站如意彩吧业主黄振波

瑞昌市民见义勇为紧急救助遇险群众（宋小勇 摄）

# 居民生活 文明新风

乔迁新居（饶金星 摄）

农民腰鼓队（杨 青 摄）

广场晨练

湖滨歌会（宋小勇 摄）

市民在烟水亭广场跳健身舞（宋小勇 摄）

闹元宵（宋小勇 摄）

东林寺东林苑

云居山真如寺

庐山铁佛寺

庐山东林寺

庐山西林寺

庾亮南路能仁寺

庐山仙人洞道观

庐山区开天古观

南湖公园市隐庵

庐山大道基督教堂

滨江路清真寺

庐山天主堂

庚亮南路天主堂

2002 年 10 月 4 日，云居山真如寺一诚大法师当选为全国佛教协会会长，市委书记刘积福等在九江宾馆欢送一诚大法师赴京就任（孙仁贵 摄）

2006 年 4 月，第十一世班禅额尔德尼 · 确吉杰布大师在云居山真如寺（孙仁贵 摄）

2008 年 11 月 11 日，云居山真如寺举行建寺 1200 周年庆典活动（杨 青 摄）

# 《九江市志》总目

## 第一册



## 第二册



## 第三册



## 第四册

# 目 录

## 第五十八篇　史志 档案



## 第五十九篇　传媒出版



## 第六十篇　医疗卫生

## 第六十一篇　体 育



## 第六十二篇　居民生活



## 第六十三篇　思想道德建设

## 第六十四篇 人事 编制



## 第六十五篇 劳动和社会保障

## 第六十六篇　民 政



## 第六十七篇　扶贫和移民



## 第六十八篇　民族宗教



## 第六十九篇　风俗方言

## 第七十篇 人 物



## 附 录

# 第五十五篇

# 教　育

# 第五十五篇 教育

1991年来，全市办学体制创新和教学管理创新，实现基础教育、职业教育、高等教育健康、协调、快速发展。新建、改建中小学校舍548万平方米，学生人均面积从1991年2.9平方米上升到2010年年底6.7平方米。不少学校实现计算机网络、双向闭路电视网络、广播网络“三网合一”。学前教育形成以公办幼儿园为骨干和示范，以社会力量兴办幼儿园为主体、公办与民办相结合的发展格局。

2003年，九年义务教育全面普及。2010年12月，小学入学率、巩固率、辍学率、升学率分别为99.9%、95.5%、0.13%、100%；全市普通中学307所，在校学生为295867人，教职工19361人。初中适龄儿童入学率99.06%，高中阶段教育毛入学率80.1%，城区和经济发达县(市、区)基本普及高中阶段教育。职业教育通过实施“四大工程”“四个计划”，全市有各级各类中职学校50所，在校生57483人，职普比38.6:61.4，建有国家级重点中职学校4所、省级重点4所、省级示范3所，开设41个专业，建成11个实训基地。特殊教育学校由1991年1所发展到2010年10所，在校生由1991年90余人，发展到2010年2563人；教育对象由1991年单一聋人教育，发展到听障、视障、智障，学前康复教育等。高等教育形成以九江学院、九江职业技术学院、九江职业大学、江西财经职业学院、南昌大学共青学院和九江电大(成人高校)等高校齐头并进、普通高等教育与成人高等教育协同发展格局。民办学校净资产累计达8.27亿元，学校占地237.88公顷，校舍面积108.36万平方米，设备设施总值4943.74万元，图书106.43万册；全市民办学校1403所，在校生172217人，专任(兼职)教师7514人。

20年间，教师队伍不断壮大，师资水平得到大幅提升；教育科研围绕全面实行素质教育、新课程改革实验开展活动；教育经费逐步增长，2010年全市教育经费总计346310.8万元，比2005年增长1.7倍，是1991年教育支出8774万元近40倍。

# 第一章 基础教育

## 第一节 学前教育

### 一、教育规模

1991年,全市幼儿园(班)总数325所,幼儿在园(班)儿童数42331人,教职工1870人,专任教师1510人,保育员112人。每个县(区)有1所政府办幼儿园,共有公办幼儿园87所。在园幼儿60%是小学附设学前班幼儿。全市平均每万人口拥有在园(班)儿童数105人。到2010年全市幼儿园共1402所,其中公办44所,民办1358所(占幼儿园总数95%),民办幼儿教育成为幼儿教育主体。幼儿在园(班)儿童111259人,教职工6930人,其中专任教师4076人(专科以上学历为1907人),保健员1157人。全市平均每万人口拥有在园(班)儿童数增加到228人。

### 二、教育管理

1991年,全市托幼工作尚由市托幼工作领导小组管理,领导小组办公室设在市妇联。县(市、区)也设立相应机构,托幼工作也由设在县(市、区)妇联托幼工作领导小组办公室管理。1996年11月,市幼教工作由市妇联移交至市教育委员会,同时市教委设立幼儿教育工作办公室,简称"幼教办",具体负责幼儿教育日常工作。县(市、区)幼教工作也相继于1997年完成移交。幼教工作实行政府统一领导,地方负责、分级管理,各有关部门分工负责,教育部门主管体制。1997年,市教委规定幼儿园登记注册范围:凡在各县(市、区)辖区内各机关企事业单位、部队、院校、社会团体、城镇居委会、农村村委会以及公民个人创办幼儿园、学前班应登记注册。2003年,社会力量创办幼儿园,在审批注册、分类定级、教师培训、职称评定、表彰奖励等方面与公办幼儿园具有同等地位。至2005年,全市公办幼儿园数减至23所,民办幼儿园发展到420所,逐步形成以公办园为骨干,社会力量民办园为主体发展格局;实行地方负责,分级管理和有关部门分工负责幼儿教育体制。

### 三、公办示范性幼儿园建设

1991年来,企业办幼儿园多改由民办。至2005年,全市除少数国有企业仍保留有公办幼儿园外,余则已改制。全市公办幼儿园(主要是政府办)23所。1999~2010年,全市先后共评出市级示范性幼儿园26所,省级示范性幼儿园12所。

1998~2010年省级示范幼儿园一览

表55-1-1

| 园名 | 授予年份 |
|---|---|
| 九江石化总厂三区幼儿园 | 1999 |
| 九江石化总厂南区幼儿园 | 1999 |
| 九江石化总厂五区幼儿园 | 1999(2009年撤销) |
| 九江发电厂幼儿园 | 1999 |
| 市中心幼儿园 | 2000 |
| 市化纤厂幼儿园 | 2002(2009年撤销) |
| 市委机关幼儿园 | 2003 |

续表 55-1-1

| 园 名 | 授予年份 |
|---|---|
| 九江县幼儿园 | 2003 |
| 永修县新城幼儿园 | 2009 |
| 市政府机关幼儿园长虹分园 | 2009 |
| 武宁县幼儿园 | 2009 |

### 四、幼儿园选介

**市中心幼儿园** 总部位于市区甘棠南路 162 号。1999 年设立湖滨分部,位于市区湖滨小区北区 65 栋。是市教育局管辖唯一公办省级示范幼儿园，为全市幼儿教师培训基地。两部占地面积 0.74 公顷，2010 年有教学班 24 个,幼儿 928 人。全园共有教职工 83 人。大学本科学历 58 人,专科学历 18 人,小学特高级教师 20 人。幼儿园注重对幼儿“四个学会”(学习、合作、创造、生活)素质教育,注重提高保教工作质量和教师素质,并成立 0~3 岁儿童早教基地。幼儿园创办至 2010 年,以《幼儿园教育新纲要》《幼儿园工作规程》为指导,坚持一切为幼儿、为家长服务办园思想。美术、舞蹈等作品多次获国家、省、市幼儿园艺术展览奖。100 余篇幼教管理、家教论文在全国、省、市有关学术会上交流,发表及获奖。英国、日本、澳大利亚友人及国内幼教同行多次到园参观。1998 年被评为市级示范园,2000 年被评为省级示范园,并获“全省幼儿教育工作先进单位”“全省十大人民满意幼儿园”等称号。

**永修县新城幼儿园** 地处县城新城大道中段,是县唯一一所省级示范幼儿园。幼儿园占地面积 0.58 公顷,绿地面积 600 平方米,建筑面积 4800 平方米,新建综艺楼 2009 年投入使用。全园 16 个教学班,有幼儿 560 余名。教职工 63 人,大专以上学历 24 名,专业合格率达 100%,保育员及职工均岗位培训合格。每班配有电视、VCD、电钢琴、录音机、空调、消毒碗柜、开放式书橱、教玩具等设施。2002 年被评为市级示范园,2009 年被评为省级示范园。

## 第二节 小学教育

### 一、学校布局

**整体布局** 1991 年,全市有小学 3028 所,教学点 1975 个,在校生 507847 人,入学率 98.6%,升学率 69.4%,师生比 1:18.19。至 2010 年,全市小学数 1332 所,教学点 533 个,在校生 436959 人,入学率 99.9%,升学率 100%,师生比 1:21.19。全市每个乡(镇)有 1 所中心完小,行政村都有 1 所完全小学,偏远自然村设有教学点。

**办学类型** 1991 年来,全市小学办学类型分为政府办、厂(场)矿企业办、集体办、社会力量办、公民个人办 5 种。2007 年始,随着企校剥离全面完成,厂(场)矿企业学校转归地方政府办学。至 2010 年,全市小学 1332 所,其中市城区公办 18 所,市城区民办 2 所;县(镇)政府办 74 所,县(镇)民办 3 所;农村政府和集体办 1231 所,农村民办 2 所;其他部门办 2 所(市青少年宫 1 所、省棉花科学研究所 1 所)。

1991~2010 年全市小学教育一览

表 55-1-2 单位:所、人

| 年份 | 学校数 | 教学点 | 招生数 | 毕业生数 | 在校生数 | 专任教师数 | 入学率% | 巩固率% | 辍学率% | 升学率% | 师生比例 |
|---|---|---|---|---|---|---|---|---|---|---|---|
| 1991 | 3028 | 1975 | 87925 | 91144 | 507847 | 27920 | 98.6 | 98.4 | 1.30 | 69.4 | 1:18.19 |
| 1992 | 2560 | 2348 | 84462 | 89618 | 487563 | 28060 | 98.5 | 98.5 | 1.20 | 72.7 | 1:17.37 |
| 1993 | 2706 | 2077 | 90328 | 84601 | 476220 | 27782 | 98.5 | 99.0 | 1.50 | 73.5 | 1:17.14 |
| 1994 | 2522 | 1939 | 95695 | 80592 | 487637 | 28280 | 99.1 | 99.2 | 0.82 | 85.2 | 1:17.24 |
| 1995 | 2562 | 2034 | 98823 | 81155 | 499371 | 28321 | 99.2 | 99.6 | 1.00 | 83.7 | 1:17.63 |
| 1996 | 2640 | 2015 | 98540 | 80857 | 512066 | 28172 | 99.8 | 99.3 | 0.50 | 94.3 | 1:18.17 |
| 1997 | 2593 | 1990 | 97674 | 88066 | 523445 | 27664 | 99.5 | 99.4 | 1.00 | 95.5 | 1:18.92 |
| 1998 | 2578 | 1831 | 92432 | 92234 | 520506 | 27452 | 99.6 | 99.5 | 0.45 | 95.1 | 1:18.96 |
| 1999 | 2718 | 1025 | 78625 | 98492 | 495426 | 26493 | 99.5 | 99.2 | 0.63 | 95.6 | 1:18.70 |
| 2000 | 2523 | 879 | 67635 | 101765 | 458869 | 26182 | 99.4 | 99.3 | 0.41 | 96.2 | 1:17.53 |
| 2001 | 2090 | 421 | 66415 | 88614 | 435642 | 24840 | 99.6 | 99.4 | 0.53 | 96.4 | 1:17.53 |
| 2002 | 1809 | 594 | 73830 | 82878 | 429342 | 23355 | 98.6 | 99.5 | 0.14 | 99.9 | 1:18.38 |
| 2003 | 1518 | 743 | 73736 | 76652 | 419999 | 22160 | 99.7 | 99.6 | 0.78 | 99.8 | 1:18.95 |
| 2004 | 1430 | 660 | 70187 | 79055 | 403537 | 21615 | 99.2 | 99.3 | 0.85 | 100 | 1:18.67 |
| 2005 | 1422 | 586 | 66282 | 77261 | 389075 | 21297 | 99.7 | 99.5 | 0.26 | 97.5 | 1:18.27 |
| 2006 | 1380 | 602 | 73878 | 54190 | 411175 | 20987 | 99.9 | 99.4 | 0.34 | 100 | 1:19.59 |
| 2007 | 1387 | 570 | 76199 | 56022 | 425075 | 21202 | 99.9 | 99.5 | 0.52 | 100 | 1:20.04 |
| 2008 | 1306 | 610 | 74024 | 67452 | 423087 | 20719 | 99.8 | 99.3 | 0.24 | 100 | 1:20.42 |
| 2009 | 1430 | 462 | 78314 | 67042 | 425290 | 20629 | 99.9 | 99.4 | 0.14 | 100 | 1:20.62 |
| 2010 | 1332 | 533 | 82308 | 65733 | 436959 | 20613 | 99.9 | 95.5 | 0.13 | 100 | 1:21.19 |

**农村网点调整** 2002 年始,对小学网点布局进行调整,各县(市、区)根据实际需要,通过建设寄宿制小学,加强农村薄弱学校建设,优化教育资源配置,撤销一些教学网点,合并一批薄弱学校。至 2010 年,全市农村小学数由 1991 年 2771 所,教学点 1953 个调整到 2010 年小学数 1231 所,教学点 533个。

**中心城区网点调整** 1991 年中心城区小学总数 60 所,在校生 21849 人。其中政府办 22 所,在校生 14534 人;企业和其他组织办 38 所,在校生 7315 人。至 2010 年,中心城区通过新建、改造一批企业剥离学校,撤并一批薄弱学校。中心城区小学总数 21 所(不含九年一贯制学校),在校生 28779 人,中心城区小学入学率 100%。

## 二、教育教学

**学制** 20 世纪 90 年代,全省城乡普遍实行五三学制(即小学五年、初中三年)。全市城乡也均实行五三学制,小学入学年龄一般为 7 周岁。2001 年省政府提出用 2~3 年时间完成“五三”学制改为“六三”学制,实现九年义务教育。为此,市教育局制订《九江市义务教育阶段小学学制由 5 年过渡为 6 年实施方案》。2001 年秋季市启动小学学制改制,2003 年小学五改六完成。实行六年制后,小学入学年龄改为 6 周岁。

**课程设置** 课程设置主要由国家统一安排,小部分由地方安排,包括学科课程和活动课程两部分。小学阶段开设学科课程有:思想品德、语文、数学、社会、自然、体育、音乐、美术、劳动 9 科。活动课程包括晨会(夕会)、班队活动、体育锻炼、科技文化活动、社会实践活动、校传统活动等。从2001年秋季开始,全市小学按教育部、省教育厅通知精神,在小学阶段开设信息技术课和英语课程。信息技术课从小学三年级开始开设,课时为小学阶段不少于68学时(每两周1课时),从地方课程中灵活安排。英语课程也从小学三年级开始开设,每周3课时。分别采取分步实施办法,从城市和县城小学开始,逐步向有条件的农村(乡镇)中心小学铺开。

**教学改革** 1998年,设立浔阳区、瑞昌市两个素质教育实验区,取消百分制,实行分项考核、等级评价试验。1999年市教育局制定《九江市小学生学习效果实行等级制评价细则》。2001年,市委、市政府下发《关于贯彻〈中共中央、国务院关于深化教育改革,全面推进素质教育的决定〉的实施意见》。同年,全面启动基础教育课程改革实验,浔阳区被确定为首批省级课改实验区。课改根据教育部颁发的课改纲要和新课程标准,就基础教育优化课程结构、调整课程门类、更新课程内容、改革课程管理体制和考试评价制度等方面进行试验。2002年制订《基础教育新课程改革实验(义务教育)实施方案》。2008年12月12日,全市省级课改实验总结汇报会在浔阳区湖滨小学举行。2010年下半年,市义务教育课改成果展示会在市同文中学主会场(双峰小学和九江小学设分会场)举行。

### 三、学校选介

**双峰小学** 位于市区庾亮南路158号,分南北两院。占地面积1.07公顷,建筑面积13120平方米。2010年有学生2100余人,在职教师120人,其中硕士1人,本科学历52人;小学高级职称60人,副高职称23人。10余位教师获全国"五一"劳动奖章、全国教育系统劳动模范、全国优秀班主任、全国德育先进个人、省特级教师等称号。图书馆藏书2万余册,有形体室、音乐室、美术室、自然实验室、电子备课间、演播厅、多媒体教室等多个功能教室。校园数字化网络系统全面覆盖,可提供视频点播、直播、广播等多项服务。学校曾受国务院和省政府嘉奖,获“全国少年儿童工作先进单位”,省“文明学校”“科研兴校先进集体”和“德育先进单位”等称号。

**九江小学** 位于市区甘棠南路142号,原为九江师范附属小学,2008年九江师范学校与九江职业大学合并后,更名为九江小学。占地面积1.13公顷,建筑面积16038平方米。2010年有学生2643人;教职工144人,其中,硕士2人,本科学历106人,具有副高职称36人。有全国优秀教师1人、省特级教师1人。学校有乒乓球馆、棋艺、美术、书法、合唱、音乐、器乐、体操、舞蹈等功能教室26间。学校获“全国首批现代教育技术实验学校”“全国奥林匹克教育示范学校”“国家级语言文字规范化示范学校”“全国艺术教育先进集体”“省人民满意十大品牌小学”等称号。

**长虹小学** 位于市区长虹小区内,1995年筹建,1996年正式招生。占地面积0.7公顷, 建筑面积6510平方米。2010年在校生1470人。教职工81人,副高职称9人,省特级教师2人。学校有语音室、自然实验室、仪器室、多媒体教室、音乐舞蹈室等功能教室,藏书7821册。学校获全国红领巾手拉手先进单位、中国青少年语文风采大赛团体银奖,省安全文明校园、师德师风先进集体、语言文字规范化示范校、学校阳光体育先进单位、中小学“素质教育月”活动先进单位、家庭教育和家长函授学校办学工作先进集体等称号。

## 第三节 普通中学教育

### 一、初中教育

**九年义务教育** 1991年,全市初中阶段适龄人口入学率、农村义务教育普及率都比较低,初中阶段适龄人口入学率只有80%左右。多数县区实施八年义务教育,普及率不到70%。1993年,浔阳区、彭泽县、德安县先后达到省级、国家级“普九”验收标准,普及九年义务教育县区人口占全市人口覆盖率(又称为人口比例)为18%;1995年,庐山区、庐山管理局、永修县、瑞昌市先后达到省级、国家级“普九”验收标准,累计人口覆盖率增加到40%;1996年,九江县、武宁县先后达到省级、国家级"普九"验收标准,累计人口覆盖率增加到56%;1997年,星子县、湖口县先后达到省级、国家级"普九"验收标准;累计人口覆盖率增加到68%;1999年,修水县达到省级、国家级"普九"验收标准。2001年,省教育厅开始"两基"复检。庐山区、武宁县、彭泽县、星子县,德安县、永修县,瑞昌市、九江县,修水县、湖口县、浔阳区先后通过省"两基"复检,达到国家验收标准。同年始,县区小学由五年制向六年制过渡,部分县区开始设置九年一贯制学校。2003年,都昌县达到省级、国家级"普九"验收标准,累计人口覆盖率达到100%。至此,全市实现普及九年义务教育目标。2005年,全市各县区完成小学五年制向六年制过渡,全面实施九年义务教育。

**学校布局** 1993年,乡镇以上初级中学有302所,其中市教育局直属(简称市直)10所,除浔阳区外,县区原则上每1乡镇1所初中,高中集中在县城办学。少数县区在农村只有一两所高中(完中)。为合理利用教育资源,提高基础教育办学效益,从2001年秋季开始,对部分办学条件差、生源不足学校,分期分批实行调整与撤并。56所企业学校剥离,划归地方政府管理。其中中央企业16所,省属企业17所,市属企业23所。2002年开始对全市中小学进行网点布局调整工作。在农村撤并一些布局分散、成班率低、质量不高的学校。全市共撤并中学65所。至2009年,初中阶段毛入学率达95%以上,在校生年辍学率控制在3%以内。2010年全市中学平均在校生964人,比2002年平均929人增加34人。

**1991~2010年全市普通初中教育一览**

表55-1-3　　　　单位:所、人

| 年份 | 初级中学 | 完全中学 | 九年制学校 | 毕业生数 | 招生数 | 初中在校生数 | 初中阶段入学率% | 初中巩固率% | 初中辍学率% | 教职工人数 | 专任教师数 | 师生比例 |
|---|---|---|---|---|---|---|---|---|---|---|---|---|
| 1991 | 297 | 80 | | 46440 | 62214 | 178408 | 92.2 | 87.6 | 2.60 | 13020 | 11543 | 1:15.5 |
| 1992 | 298 | 81 | | 48117 | 66842 | 184562 | 93.1 | 88.3 | 2.30 | 13268 | 11275 | 1:16.4 |
| 1993 | 291 | 78 | | 50528 | 67432 | 182706 | 94.2 | 88.7 | 2.20 | 13182 | 11290 | 1:16.3 |
| 1994 | 294 | 76 | | 56099 | 67588 | 190623 | 95.3 | 89.4 | 1.40 | 13615 | 11794 | 1:16.2 |
| 1995 | 299 | 68 | | 54794 | 67708 | 195264 | 95.7 | 89.6 | 1.50 | 13771 | 12047 | 1:16.2 |
| 1996 | 304 | 64 | | 60557 | 76179 | 208815 | 95.8 | 89.7 | 1.20 | 14322 | 12401 | 1:16.8 |
| 1997 | 300 | 61 | | 66181 | 84103 | 224371 | 95.6 | 89.9 | 2.30 | 14563 | 12906 | 1:17.4 |
| 1998 | 299 | 58 | | 67243 | 87747 | 239510 | 95.8 | 90.1 | 1.30 | 14952 | 13354 | 1:17.9 |
| 1999 | 292 | 61 | | 67810 | 94144 | 251779 | 96.1 | 90.2 | 2.03 | 15100 | 13527 | 1:18.6 |
| 2000 | 285 | 68 | | 72902 | 97892 | 267928 | 96.7 | 90.3 | 1.83 | 14926 | 13291 | 1:20.16 |
| 2001 | 261 | 67 | 37 | 78197 | 85437 | 265933 | 96.5 | 91.2 | 2.13 | 15134 | 13478 | 1:19.73 |
| 2002 | 243 | 73 | 46 | 83524 | 83620 | 255119 | 96.2 | 92.7 | 2.12 | 14895 | 13281 | 1:19.2 |
| 2003 | 218 | 70 | 58 | 81316 | 78098 | 250526 | 96.3 | 93.1 | 2.07 | 14500 | 12971 | 1:19.31 |
| 2004 | 221 | 61 | 54 | 85350 | 80374 | 237162 | 95.8 | 95.8 | 1.24 | 14428 | 12887 | 1:18.4 |
| 2005 | 217 | 57 | 52 | 81782 | 75325 | 224824 | 95.93 | 97.8 | 2.13 | 14375 | 12880 | 1:17.45 |
| 2006 | 208 | 53 | 57 | 71661 | 55934 | 205195 | 98.76 | 91.7 | 2.05 | 14188 | 12719 | 1:16.13 |
| 2007 | 208 | 48 | 56 | 73358 | 56026 | 182781 | 98.99 | 91.3 | 2.05 | 13954 | 12488 | 1:14.63 |
| 2008 | 198 | 47 | 58 | 68666 | 68834 | 179423 | 98.93 | 91.2 | 1.55 | 13688 | 12384 | 1:14.49 |
| 2009 | 190 | 40 | 61 | 54519 | 68119 | 190935 | 99.18 | 95.5 | 0.84 | 13682 | 12473 | 1:15.31 |
| 2010 | 194 | 38 | 59 | 52752 | 68615 | 204510 | 99.90 | 94.2 | 1.31 | 13558 | 12326 | 1:16.59 |

## 二、高中教育

**学校布局** 1994年始,采取“积极进取,实事求是,分区规划,分类指导”方针,加快普通高中初、高中分离步伐,扩大高中办学规模,优化高中阶段教育。市一中和市同文中学是全市最早进入省级重点的学校。2000年实施初、高中分离,从2001年起停止招收初中生,逐步向示范性完全高中过渡。2002~2005年,省教育厅确定97所基础较好的普通中学为省重点建设中学予以扶持建设。2005年,省教育厅公布第二批省重点建设中学名单,其中九江学院浔阳附属中学、九江外国语学校、九江私立陶渊明学校、修水县英才高级中学、武宁外国语学校榜上有名。2004年,星子县一中、彭泽县一中、湖口县一中、德安县一中、武宁县一中、修水县一中、九江县一中等7所省级重点中学纳入优质高中工程建设实施范围,计划总投资2.51亿元,完成投资近3亿元,其中发展银行贷款1.25亿元。星子县一中、彭泽县一中、湖口县一中、九江县一中等4所中学异地新建,德安县一中、武宁县一中2所中学原址扩建,原修水高级中学扩建成新修水县一中,至2006年年底,7所学校优质高中基本建成。随着建设进入八里湖时代,市政府投资1.6亿元建设九江一中八里湖新校区(全市35个重点基础设施项目之一)。2009年又有湖口县第二中学等8所普通中学被认定为省级重点中学。11月1日,九江一中八里湖新校区正式开工。至2010年,达到省级重点中学标准的高级中学有22所,省级重点建设中学11所。市一中、市同文中学、市三中、永修县一中、德安县一中、九江县一中、瑞昌市一中、武宁县一中、修水县一中、彭泽县一中、湖口县一中、都昌县一中、星子县一中、庐山中学,湖口县二中、瑞昌市二中、都昌县二中、彭泽县二中、庐山区一中、都昌县慈济中学、九江外国语学校、九江学院浔阳附属中学进入省重点中学行列;九江金安高级中学、九江田家炳实验中学、修水县英才中学、修水县四中、修水县琴海学校、武宁县外国语学校、都昌县三中、都昌县三汊港中学、九江县二中、共青城中学、九江县陶渊明中学等成为省级重点建设中学。

1996年,市第五中学改办为市外国语学校。市六中美术教育、九江学院浔阳附中(原九江师专附中)艺术教育,成为高中教育一大特色。2001年,市同文中学开设外语特色班。2006年,同文中学与加拿大爱加信国际学院合作办学,创办中加友谊学校。

各县(市)区也加大高中教育调整力度。此前武宁县每年有5000余人初中毕业生,普通高中只能招700余人,高中毛入学率只有20%左右。武宁县将原南市初中改办成公办民助形式“协和中学”,李烈钧教育基金会捐资100万元,自筹资金280万元,建成1所占地2.6公顷、校舍5908平方米完全中学。2001年武宁县又出台《鼓励社会力量办学试行办法》,提供一系列优惠政策,吸引县内外有志人士投资办学,当年就建成1所占地12公顷、投资3000万元的武宁县外国语学校,全县当年普通高中招生1800余人,比2000年翻了近两倍,从而走出高中教育低谷。都昌县1996年引进台湾佛教慈济基金会捐资近1000万元,自筹资金600余万元,在九景高速公路中段蔡岭镇新建慈济中学,为全省规模最大的农村中学。之后,又将都昌师范调整为县二中,并陆续兴办县三中、四中,扩大县一中、蔡岭慈济中学、三汊港高中规模,使全县高中生达20000余人,比20世纪90年代初翻3倍。各县区还采取民办公助、民营独资等方式,先后办起一批高中。如修水县引资兴办修水琴海学校和修水县英才高级中学,从而使全县高中教育规模翻两番。全市普通高中在校生、普通高中学生万人比、高中教育阶段毛入学率,均比2000年翻一番,平均每年增长5.7个百分点。在校生由2000年49585人提高到2010年91357人,占普通高中学生数61.9%。

2000~2010 年全市高中教育发展一览

表 55-1-4　　单位:人

| 年份 | 普通高中在校生 | 职业高中在校生 | 普通中专在读生 | 整个高中阶段在校生 | 15~17周岁人口数 | 高中阶段毛入学率% | 高中阶段学生万人比% | 普通高中学生万人比% |
|---|---|---|---|---|---|---|---|---|
| 2000 | 49585 | 14331 | 14171 | 78087 | 243403 | 32.1 | 177 | 113 |
| 2001 | 64268 | 11325 | 18962 | 94555 | 250763 | 37.7 | 212 | 144 |
| 2002 | 84172 | 12526 | 18687 | 115385 | 271984 | 42.4 | 256 | 187 |
| 2003 | 103576 | 20276 | 15901 | 139753 | 278565 | 50.2 | 307 | 228 |
| 2004 | 107582 | 23826 | 20977 | 152385 | 275230 | 55.3 | 330 | 233 |
| 2005 | 113718 | 25839 | 15280 | 154837 | 254780 | 60.8 | 333 | 245 |
| 2009 | 102208 | 41398 | 12090 | 155696 | 205600 | 75.7 | 325 | 213 |
| 2010 | 91357 | 43551 | 14253 | 154210 | 192500 | 80.1 | 318 | 199 |

**高考成果** 1991 年之后，高考报名人数逐年增加。至 2010 年，报考人数为 40855 人，录取人数 34477 人，本专科录取率 84.38%。1991~2010 年，全市考入高等院校学生人数为 514842 人。

1991~2010 年全市高考中考录取人数一览

表 55-1-5　　单位:人

| 年份 | 报考人数 | 录取人数 | | | 本专科录取率 |
|---|---|---|---|---|---|
| | | 小计 | 本专科 | 中专 | |
| 1991 | 20264 | 3238 | 2393 | 845 | 11.81% |
| 1992 | 20001 | 3661 | 2274 | 987 | 13.37% |
| 1993 | 16743 | 4817 | 3686 | 1131 | 22.02% |
| 1994 | 12556 | 4216 | 3390 | 826 | 27.00% |
| 1995 | 11892 | 4266 | 3654 | 612 | 35.87% |
| 1996 | 13338 | 4475 | 3964 | 511 | 33.55% |
| 1997 | 14036 | 4303 | 3879 | 424 | 30.66% |
| 1998 | 15674 | 4291 | 3893 | 398 | 27.30% |
| 1999 | 15445 | 6433 | 6125 | 308 | 41.65% |
| 2000 | 15780 | 8167 | 8076 | 91 | 51.76% |
| 2001 | 18173 | 11632 | 5481 | 6151 | 64.03% |
| 2002 | 20619 | 11361 | 6205 | 7156 | 64.80% |
| 2003 | 26281 | 20340 | 7772 | 12568 | 77.39% |
| 2004 | 33447 | 18975 | 8106 | 10869 | 56.73% |
| 2005 | 41309 | 27871 | 9858 | 18013 | 67.47% |
| 2006 | 43500 | 23347 | 10049 | 13298 | 53.73% |
| 2007 | 44354 | 23733 | 10770 | 12936 | 52.46% |
| 2008 | 47199 | 31916 | 11863 | 20053 | 67.62% |
| 2009 | 43376 | 32399 | 12059 | 20340 | 74.69% |
| 2010 | 40855 | 34477 | 14165 | 20312 | 84.38% |

## 三、教育教学

**学制** 1991年来,九年义务教育学制主要有"六三制"和"五四制"两种。全市大部分学校实行"六三制"。即小学六年,初中三年。高中仍为三年制。1995秋至1999年8月,市石化总厂学校实行五四学制,即小学五年,初中四年。2001年开始,初中恢复三年制。至2008年,完全恢复"六三制"。

**学科教学** *初中课程*:根据国家、省教育部门有关要求设置。1992年全市按省教委《转发国家教委关于印发〈九年义务教育全日制初级中学课程计划(试行)〉和24个学科教学大纲(试用)的通知》,执行九年义务教育课程计划。必修课程有:初一:语文、数学、英语、政治(思想品德)、历史、地理、生物、美术、信息技术、体育、音乐。初二:语文、数学、英语、政治(思想品德)、物理、历史、地理、生物、美术、信息技术、体育音乐。下学期,生物、地理进行结业考试。初三:语文、数学、英语、政治(思想品德)、历史、体育、物理、化学、信息技术。1995年,全市初中根据省教委转发国家教委关于印发《实行新工时制对全日制小学、初级中学课程(教学)计划进行调整的意见》安排课程。2001年,国家启动基础教育课程改革,省教育厅印发《关于印发我省义务教育全日制小学、初级中学课程安排示例的通知》,全市初级中学从实验年级执行这一课程安排。

全市初级中学学生和教师用书均为省教育厅教材审查委员会审定的教材(主要指与教育部门设置的课程科目对应,由国家正式出版的教科书和教师用书,还有配套读物、练习册、活动册以及音像制品)。教材的发行由市教育局基教科统一管理并制定《教学用书目录》,由市新华书店统一组织征订发放。2004年,市教研室组织编写地方教材《山水家园》,其中第七、第八、第九册供初中七、八、九年级使用,2005年全市各县区初级中学使用这套地方教材。

*高中课程*:设置由教育部门确定,2002年秋季开始使用新修订的课程计划和大纲,使用试验修订本教材。为配合2003年起高考时间提前到6月的改革举措,教育部印发新修订的《全日制普通高级中学课程计划》和全日制普通高级中学语文、数学、物理、化学、生物、地理、历史7个学科的教学大纲。2008年,市教育局转发省教育厅《关于我省普通高中新课程编排的指导意见》,执行高中新课程方案。在课程结构上,现行普通高中新课程由学习领域、科目、模块3个层次构成。在课程设置上,新课程由必修和选修两部分构成,并通过学分描述学生的课程修习状况,学制为3年。普通高中开设课程有语文、数学、外语、物理、化学、生物、历史、地理、艺术、体育、劳动技术、任意选修学科与活动类课程等。

高中教材使用是在省教育厅直接指导下进行,由市教育局教研室和基教科研究确定年度教学用书目录,由学校组织教材征订工作。省教育厅教研室已确定部分科目教材的版本,其余科目的教材则在省教育厅下发的"教科书选用目录"中,由市教育局根据本地实际,从教材质量、价格、适用性、售后服务等方面综合考虑,征求市教研室意见,并召开"九江市教材选用委员会"扩大会议研究,确定高中年级使用的教材。

**德育活动** 1994年,市委宣传部、市教育局等部门组织中学生参加全省纪念鸦片战争150周年演讲比赛;1995年纪念抗日战争胜利50周年爱国主义教育系列活动;2000年6月15日普及禁毒常识,提高禁毒意识活动;2004年"兴赣富民奔小康"读书教育活动;2005年"树立科学发展观,建设美好新江西"主题教育活动;2007年"节水在我身边——我身边的湖泊"青少年科学调查活动;2008年11月18日市直学校为四川汶川地震灾区送温暖、献爱心活动;2009年庆祝中华人民共和国成立60周年活动;2010年举办"庆祝建党90周年"读书活动系列比赛活动。至2010年,浔阳区、瑞昌市、修水县、武宁县、永修县等5所"青少年学生校外活动中心"建成并交付使用。全市各级中学通过升国旗、校会、班会、团(队)会、军训等方式,进行爱国主义、集体主义教育、国防教育,通过贯彻落实《中学生守则》《中学生日常行为规范》,进行道德行为规范教育,通过建校周年庆典、校园文化教育、艺术节、科技节等教育活动,形成良好校风和学风。每学年有计划地组织学生到德育基地或其他适宜场所进行参观、训练等社会实践活动,或结合国家重要节日、纪念日及各民族传统节日,引导学生开展德育活动。学校坚持每年度组织评选"三好”学生、中学优秀学生干部、优秀班集体制度,鼓励学生养成良好品质。市教育局、省教育厅对市级、省级三好学生进行表彰。

**心理健康教育** 1998年,市心理学会成立,每年度开展群众性心理教育专业活动、学术交流,撰写心理学论文,向师生渗透心理教育理念,传授心理教育知识。九江一中、三中、六中、实验中学等学校注重学生心理咨询与心理指导,开设心理健康教育课,不定期进行心理健康专题讲座。学校设有心理健康咨询室,有兼职心理辅导员,针对性开展学生心理疏导。

**体育** 2000年始,九江作为“全国学生体质健康调研”三个监测点之一,先后于2000年、2005年、2010年进行3次学生体质健康监测工作。2001年,全面推广实施《学生体质与健康标准》,由市财政拨出专项经费,有关部门抽调专业技术人员实施工作,并制定详细实施工作方案。调查对象为抽取市内3县(九江县、永修县、彭泽县)2区(庐山区、浔阳区)12所中小学校6~18岁在校学生,涉及13个年龄段,52个年龄组,每次抽测16000人左右。检测内容涉及体检项目5类27项,体测16项,化验2项以及问卷调查等。全市每两年举行一次全市中学生田径运动会暨市直初中学生田径比赛,至2010年共举办13届中学生田径运动会。各中学每年都举办学校体育(田径)运动会,市教育局会同市体育局定期举行市中学生足球、篮球、排球、乒乓球类等单项比赛,培养和发现体育后备人才,并组织队伍参加全省、全国比赛,取得优秀成绩。市一中先后获得全国群众体育先进单位、体育传统项目学校先进单位,全省体育传统项目先进学校、群众体育先进集体、第四批优秀青少年体育俱乐部等称号。2006年8月,市一中运动队作为全省唯一一支代表队参加由国家体育总局、教育部、共青团中央组织的全国“亿万青少年儿童体育健身活动展示大会”暨体育传统项目学校户外体育活动夏令营,获全国一等奖。2000年,市三中足球队在全省中学生足球比赛获第一名,并代表省参加全国“贝贝杯”中学生足球赛,获全国第六名。2007年,九江县一中获省中学生足球赛第一名。2008年,九江金安高级中学在“江西省青少年篮球锦标赛”中获男子甲组冠军。由于学校体育运动经常深入开展,为培养体育后备人才发挥重要作用。2010年9月,市六中邓羚同学在韩国参加第四届自由式轮滑锦标赛,获青少年组速度过桩项目世界冠军。有多所学校被省教育厅、省体育局授予(命名)为“省体育传统项目学校”及“省培养体育后备人才示范性学校”。市三中群众体育运动有历史传统,多次获教育部、体委、团中央、省政府、省教委表彰,是培养体育后备人才试点学校,也是全省唯一足球试点学校。足球、田径等传统项目具有较高水准,田径队多次代表市参加全省中学生运动会,足球队一直保持全省中学生足球联赛冠军地位,2000年获全国中学生足球联赛第六名后,改写江西足球从未进入全国联赛前10名历史,2002年再次进入全国16强。2005年,全市被命名为“省体育传统项目学校”7所中学为市三中(田径、足球)、九江金安高级中学(田径、篮球)、市庐山区中学(足球)、市二中(同文中学)(足球)、都昌县东湖中学(田径)、永修县一中(篮球、羽毛球)、都昌县三中(摔跤)。2008年,全市被命名为“省培养体育后备人才示范性中学”的6所学校为:市一中、九江金安高级中学、市同文中学、瑞昌市一中、市三中、都昌县二中。至2010年,全市中学田径运动场达200余个,比20世纪90年代增加近1倍。重点中学和重点建设中学都设有室内运动场。全市中学体育运动场馆面积2218604平方米,中学生295698人,生均占地面积7.5平方米。

**艺术教育** 1992年起,九江学院浔阳附中(原师专附中)围绕创建艺术教育特色学校目标,抓好音乐和美术学科建设,学校艺术生由最初56人扩展到近1000人。学校被授予“省中小学艺术教育基地”。市三中拓宽艺体特色教育思路,建立常态运作模式,成立体艺中心,倾力打造体艺特色品牌。成立校小天鹅艺术团,被评为“省十佳合唱团”。学校为中国音乐学院、上海音乐学院、中国美术学院、清华大学美术学院等艺术高等院校输送大量优秀人才,2010年被授予“全国艺术教育工作先进单位”。

1991年始,市六中开办美术教学班,在美术专业教育方面走出特色创新之路。连续培养出优秀美术人才,有3人录取中国美术学院、清华美术学院、鲁迅美术学院。1998年以来,美术教育取得长足发展。高中每个年级有3个美术特色班,学生近400人。经过多年摸索,逐渐形成“艺文并重,自编教材,小班习画,责任到人”六中美术特色教学模式。1998~2010年,高考美术专业考生合格率达100%,高考美术专业本科录取率达 70%。

1991 年来，庐山区各学校每年开展"校园十佳歌手""班级歌曲大联唱""优秀歌曲大传唱""校园十佳书法能手"及文艺汇演等活动。学校把优秀节目送到敬老院、社区广场，到有关单位巡回表演，活跃群众文化生活，受到社会好评。庐山区学校每年表演节目 500 多个，展评书画作品 1000 余幅，很多节目和作品在省市获奖，学生曹娟 2008 年参加世界华人艺术（江西赛区）比赛，二胡独奏表演获第一名。

至 2010 年，各校注重艺术兴趣小组活动开展，根据学生兴趣爱好，建立美术、音乐、舞蹈、合唱、书法等兴趣小组，组建鼓乐队、舞蹈队、歌咏队、艺术团等，采取多种形式推进班级、学校、校际之间的群众性艺术活动，并利用重大节日开展演出活动，检阅艺术教育成果。有的地方（如瑞昌、彭泽、修水、武宁、湖口）还将民间艺术剪纸、布艺、叶贴、陶艺、地方戏等带进学校课堂。近 20 年间，本市初中学生在全省各类艺术表演比赛中获得一、二、三等奖计 200 余个，获组织奖几十个，艺术教育在全省占一定地位，获得教育部检查验收。

## 四、中学选介

**九江一中**　位于市区湖滨路 1 号，为公办全日制高级中学。校园占地 12.53 公顷，建筑面积 43 万平方米。1997 年以来，《中国教育报》《光明日报》《文汇报》《中小学管理》《中国教师报》等国家级报刊先后介绍学校的办学特色和素质教育经验；中央电视台、中国教育电视台、江西教育电视台也多次作专题报道。市一中是市内全省首批唯一示范性重点高中、省首批优秀重点中学。学校获得全国教育系统先进集体、全国百强名校、全国"五四红旗团委"、全国群众体育先进单位、全国体育传统项目先进学校、全国中小学德育工作先进集体、全国课程改革实验先进学校、全国现代教育技术实验学校等称号。2010 年，新建八里湖校区，占地面积 13.33 公顷，建筑面积 7.6 万平方米。在校生 3300 余人，教职工 219 人。其中特级教师 8 人，全国优秀教师 13 人，高级教师 126 人，硕士学历 23 人。

**同文中学（市二中）**　位于市区南湖路 34 号，为公立全日制完全中学。2005 年，与加拿大爱加信国际学院合作办学，建立九江中加友谊学校。校园占地面积 7.2 公顷，总建筑面积 6.3 万平方米，图书馆藏书 13 万余册。2010 年，在校生 4100 余人；教职工 237 人，其中享受国务院特殊津贴专家 1 人、省特级教师 9 人、全国优秀教师 6 人、全国优秀教育工作者 1 人、省级劳模 2 人，高级教师 126 人、硕士生 30 人。学校获全国励志教育基地、素质教育基地，全省优秀重点中学、科研兴校先进单位、电化教学示范学校、德育示范学校、安全文明校园、园林化单位等称号。

**市三中**　位于市区十里大道 2 号，为公办全日制完全中学。校园占地 4.33 公顷，建筑总面积 6 万多平方米。教学设施齐全，拥有一流的室内外运动场馆，图书馆藏书 7 万余册。为省级重点中学。2010 年，在校生 5000 余人；教职工 272 人，高级教师 128 人，全国优秀教师 7 人，享受省政府津贴专家 1 人，省特级教师 3 人、省先进工作者 1 人，研究生学历 20 人。学校为省培养体育后备人才试点学校，是全省唯一足球试点学校，足球队多次获全省中学生足球联赛冠军。学校获全国《国家体育锻炼标准》达标先进单位、教学教改先进单位、艺术教育工作先进单位、群众体育先进单位、和谐校园、国防生招生基地、中国人民武装警察部队国防生生源基地等称号。

**外国语学校（市五中）**　原校址位于市区庾亮南路 25 号，为公办全日制完全中心。1996 年，改办为九江外国语学校。2007 年，于庐山大道建新区。两个校区占地面积 14 公顷，建筑面积 6 万余平方米，初中部设在市庾亮南路老校区，高中部和国际交流部设在庐山大道新校区。2009 年被评为省重点中学，获全国外语实验学校、国家级语言文字规范化示范学校、全国汉语国际推广中小学基地、全省德育示范校、全省现代教育技术示范校、全省师德师风建设先进单位等称号。至 2010 年，有在校生 4000 余人，教职工 260 余人，其中全国优秀教师 4 人、省优秀教师 15 人。学校先后聘 30 余位外籍教师任教，接收来自美国、德国、意大利、澳大利亚等 10 余个国家学生来校留学，接待美国、澳大利亚、日本、新加坡等国教育代表团来校交流访问，选送 30 余名教师出国交流或任教，选送毕业生赴新加坡、日本等国留学。开设德语、日语等语种特色班,选派教师赴法国、日本、泰国、柬埔寨等国家参加孔子学堂教学。学校与美国、英国、澳大利亚、新西兰、日本、新加坡等17个国家教育机构建立友好合作关系。

**市十一中**　位于市人民路274号(东门)、青年路117号(西门),为公办全日制初级中学。占地面积约0.7公顷,校舍建筑面积14924平方米。2007年与澳大利亚波波郡学校结为友好学校,2009年,新加坡教育奖学金项目落户学校;2009年,澳大利亚波波郡师生代表团一行26人到校参观访问和交流合作;同年,吴星震、宋亦琨赴新加坡免费留学。2010年在校师生2278人,教职工132人,其中高级教师52人,本科以上学历111人,研究生3人。学校为省、市重点高中输送一大批高素质毕业生。获得全省中小学和谐校园、安全文明校园、师德建设先进集体等荣誉,连续7年获"市直中学初中教学质量优胜单位"称号。

**市鹤湖学校**　创办于2008年。位于开发区鹤问湖(八里湖)东岸,市长江大道360号。学校由九江新湖远洲置业有限公司投资建设,建成后移交给开发区管理,为公办九年一贯制学校。至2010年,从小学一年级到初中三年级共36个班级,学生1800余人。校园占地面积4.67公顷,建筑面积26000平方米,60个教室都配备电脑、投影仪或液晶电视、电子白板等现代化教学设备。音乐教室、美术教室、书法教室、劳技教室、语音教室、微机教室、阶梯教室和各类实验室、电子备课室、图书阅览室等全部配齐。塑胶运动场、塑胶操场、体育馆、形体房、健身房一应俱全。教师106人,70%达大学本科学历。学校获国家级语言文字规范化示范学校,全省安全文明校园、"创新发展年"活动先进单位、家庭教育工作和省家长函授学校工作先进集体等称号。

## 第四节　特殊教育

### 一、教育教学

1991年,全市特殊教育学校仅有市聋哑学校,在校生90余人。1992年,永修县创办特殊教育学校。1993年国家教委及省教委下发《普及九年义务教育评估验收办法》,把残疾儿童少年入学列入普及九年义务教育要求。为实现残疾儿童少年能够较好地接受义务教育的目标,市各级教育部门据《中华人民共和国义务教育法》《中华人民共和国残疾人保障法》《残疾人教育条例》要求,把特殊教育纳入普及九年义务教育总体规划,在"两基"验收中,把残疾儿童入学率作为一项重要指标予以评估。各县相继开设特殊教育班,特殊教育问题从认识到实践引起社会重视。

1996年,市政府颁发《九江市保障残疾人合法权益的规定》,市教育部门规定对生活有处理能力,能够完成学业,考试成绩符合条件标准的残疾考生,职业技校、中等专业学校和高等院校应予以录取,不允许以任何借口拒绝接受残疾考生入学。1999年,都昌县划出0.7公顷用地,投入资金100万元,不到一年时间建成1所建筑面积1820平方米,有教学楼、综合楼、学生宿舍、食堂等设施的特教学校。同年,瑞昌市投入资金90余万元,新建1所建筑面积1600平方米特教学校,并每年从财政预算内拨款50万元作为特教专项经费。2000年,聋人何盛华创办九江博爱聋人学校。2007年,市特殊教育学校、九江县特殊教育学校被列为省特殊人才培养基地。2009年,胡君创办庐山区虹康残疾儿童康复教育学校。2010年7月,星子县特教学校完成立项;10月,修水县特教学校动工。

至2010年,全市公办特殊教育学校8所,即市区、九江县、瑞昌市、湖口县、都昌县、彭泽县、永修县、武宁县特殊教育学校;民办特殊教育学校2所:九江博爱聋人学校,庐山区虹康残疾儿童学校。在建的有修水特殊教育学校和星子县特殊教育学校。特教班58个,在校生2563人(其中在特教学校特教班就读857人,随班就读1706人);教职工137人(其中特教专任教师116人)。特殊教育由单一聋人教育,发展到听障、视障、智障,学前康复教育。办学层次,由九年义务教育,发展到高中教育、职业教育和特长教育。为高等院校输送15名大学生,九江县特校学生李启正、梅正露、干凤琴代表中国参加第12届世界夏季特奥会获得1金5银1铜奖牌。

2010 年特殊教育一览

表 55-1-6　　　　单位:人

| 县(市、区) | 校内外 7~15 周岁残疾儿童少年 | | | | 入学接受义务教育人数 | 残疾儿童少年入学率% | 其中就读特教学校人数 | 其中随班就读人数 | 特殊教育学校数 | 特教班数 | 特教招生人数 | 特教毕业人数 | 特教教职工数 | 特教专任教师人数 |
|---|---|---|---|---|---|---|---|---|---|---|---|---|---|---|
| | 小计 | 视力残疾人数 | 听力残疾人数 | 智力残疾人数 | | | | | | | | | | |
| 九江县 | 243 | 42 | 52 | 149 | 186 | 76.5 | 61 | 125 | 1 | 10 | 25 | 15 | 21 | 13 |
| 瑞昌市 | 236 | 39 | 40 | 157 | 187 | 79.2 | 7 | 180 | 1 | 1 | 16 | 22 | 3 | 2 |
| 修水县 | 430 | 78 | 185 | 167 | 336 | 78.1 | 10 | 326 | | 1 | 25 | 35 | 3 | 2 |
| 武宁县 | 123 | 35 | 38 | 50 | 109 | 88.6 | 41 | 68 | 1 | 5 | 13 | 17 | 7 | 7 |
| 永修县 | 183 | 18 | 19 | 146 | 135 | 73.8 | 31 | 104 | 1 | 2 | 15 | 20 | 7 | 7 |
| 德安县 | 105 | 27 | 14 | 64 | 98 | 93.3 | | 98 | | | 13 | 15 | | |
| 共青城 | 59 | 18 | 15 | 26 | 54 | 91.5 | | 54 | | | 10 | 10 | | |
| 星子县 | 123 | 37 | 27 | 59 | 105 | 85.3 | 41 | 64 | | 2 | 11 | 17 | 4 | 3 |
| 都昌县 | 589 | 117 | 201 | 271 | 432 | 73.3 | 82 | 350 | 1 | 6 | 46 | 36 | 11 | 7 |
| 湖口县 | 149 | 32 | 61 | 56 | 139 | 93.3 | 16 | 123 | 1 | 2 | 29 | 26 | 4 | 3 |
| 彭泽县 | 211 | 55 | 32 | 124 | 165 | 78.2 | 30 | 135 | 1 | 4 | 18 | 16 | 8 | 7 |
| 庐山区 | 49 | 1 | 12 | 36 | 46 | 93.8 | 3 | 43 | 1 | | 5 | 4 | | |
| 开发区 | 23 | 0 | 6 | 17 | 21 | 91.3 | 5 | 16 | 1 | | 1 | 1 | | |
| 浔阳区(市直) | 405 | 13 | 325 | 67 | 376 | 92.8 | 356 | 20 | 1 | 25 | 42 | 48 | 69 | 65 |

## 二、培养目标

1991 年来,特殊教育学校因其培养对象的特殊性,在培养目标与教学要求上,同普通学校相比,既有相同点,也有不同点,为此根据教育部《特殊教育学校暂行规程》,市内各特殊教育学校培养目标是:培养学生具有爱祖国、爱人民、爱劳动、爱科学、爱社会主义情感,具有良好品德,养成文明、礼貌、遵纪守法的行为习惯;掌握基础文化科学知识和基本技能,初步具有运用所学知识分析问题、解决问题能力;掌握锻炼身体基本方法,身体素质得到提高;具有健康爱美情趣;掌握一定日常生活、劳动、生产知识和技能;初步掌握补偿缺陷基本方法,身心缺陷得到一定程度康复;初步树立自尊、自信、自强、自立的不断进取精神,形成适应社会基本能力;为学生继续接受教育,平等参与社会生活,成为社会主义事业的建设者和接班人奠定基础。

## 三、学校选介

**市特殊教育学校**　1991 年称市聋哑学校,是全省最早 2 所特殊教育学校(班)之一,面向全省招生。2004 年学校足球队获全国残疾人运动会足球比赛(聋人组)冠军。学生姜妞妞入选中国残疾人艺术团,同年 12 月 3 日参加人民大会堂答谢演出。2005 年,更名为市特殊教育学校,设立职业高中部和早期干预康复教育部。当年职业高中试点班 5 名学生全部通过专业和文化课程高考,被泰山医学院录取,先后培养 21 名大学生,帮助 30 余名毕业生解决就业。2006 年,由市区浔阳东路 136 号原龙山小学分部旧址整体搬迁到市京九路 2 号(铁路新村)。2007 年,开设培智班,招收智障儿童。学校由单一的聋人教育发展为集听障、视障、智障,学前康复教育、九年义务教育、普通高中教育、职业高中教育多层面综合性特殊教育学校。校内有标准足球场、网球场、塑胶跑道、羽毛球馆、篮球场等活动场所。拥有计算机、专业美术、语音、语言康复训练、物理实验、化学实验、多媒体等教室，配置电脑80台、有线教学语言系统6套、无线调频语训系统5套、校园安全视频防控设备1套，以及各类康复训练设备若干，总价值400余万元。学校获得全国残疾人之家、特殊教育先进单位、聋人足球锦标赛冠军，全省特殊教育先进学校、特殊教育学术研究先进单位、教育系统创新发展年先进单位等称号。2010年，在校生202人。入学年龄为7~12岁，按12~15人标准编班。每年听障班、培智班各招收1个班学生。教职工47人，其中中学高级教师6人，省级骨干教师1人，专业康复教师3人，语言康复技师1人。学校办有服装厂，为在校高中学生提供培训和实习。

**九江县特殊教育学校** 2004年成立，初租借九江县电影公司2楼作为教学场所，开办1个听障班，学生13人，教职工6人。2009年，一次整体搬迁位于沙河经济开发区泉塘村黄家咀新校区，更名为“县特殊教育学校”。校园占地0.75公顷，总建筑面积2149平方米。新校区争取到省政府教学和康复仪器设备资金80万元，特教体育训练场馆项目资金380万元。有康复室、感统室、健身室、举重室、微机室、律动室、美工室、音乐室和多媒体教室等。共开设4个复式教学班，其中智障3个班，听障1个班，残疾学生60余名。有教职工20人，其中副高职称教师1人，小学高级教师14人，本科学历5人。学校在全国及世界特殊奥林匹克运动会中，学生共获得羽毛球和自行车两个项目16枚金牌、16枚银牌、12枚铜牌。教师周丽琼、陈芳霞获全省特殊教育学校教师基本功大赛智障专业一等奖。学校获全国特奥工作先进单位，是残疾人特殊奥林匹克运动会羽毛球、自行车、足球训练基地。

**九江博爱聋人学校** 2000年6月聋人何盛华创办。办学初期，租用校舍面积600平方米，招收聋儿学生12人，聘用教师4人，职工4人。2001年7月，该校与美国加劳德特聋人大学结成教育伙伴关系，为省唯一“中美结伴”聋人学校。2003年9月，该校迁入新址市区九瑞大道西段，校舍面积3300平方米。至2010年，在校学生163人，教职员工25人，其中教师15人。毕业生48人，其中9人考进聋人重点高中，6人考入高等学府深造，33人走上工作岗位。

# 第二章 中等专业教育

## 第一节 普通中专教育

1991年，全市有普通中专11所。除师范类中专外，还有九江船舶工业学校(隶属中国船舶工业总公司)、解放军企业管理学校(属军队)、省财务会计学校(隶属省财政厅)、省农垦学校(隶属省农垦厅)、九江卫生学校(隶属市卫生局)、九江农业学校(隶属市农业局)。同年，国家教委评选249所国家级重点普通中专学校，九江船舶工业学校名列其中。

1994年，解放军企业管理学校升格为九江财经高等专科学校；1998年，省农垦学校更名为省通用技术工程学校；1999年，九江船舶工业学校升格为九江职业技术学院。

2001年，全市有普通中专九江师范学校、九江财校、九江卫校、江西农垦学校、九江农校5所。2002年，江西财务会计学校升格为江西财经职业学院；2006年、2009年九江师范、九江农校先后并入九江职业大学。2004年，九江财贸职业高中设立庐山旅游中等专业学校，市职业中等专业学校设立九江科技中等专业学校，两校被列入普通中专。2009年庐山旅游中等专业学校并入九江职业大学。2006年，省通用技术工程学校进入国家级重点普通中专。

至2010年，普通中专学校有九江卫生学校、省通用技术工程学校、九江科技中等专业学校3所。高职院校设立中专部，保留普通中专招生。

## 第二节 师范教育

### 一、规模结构

1999 年 8 月，据教育部《关于师范院校布局调整的几点意见》，撤销都昌、修水 2 所师范，集中力量建设九江师范。

2001 年 5 月，国务院做出关于基础教育改革与发展决定。2005 年 4 月 15 日，省政府办公厅批复市政府，同意将九江师范学校整体并入九江职业大学，同时撤销九江师范学校建制。

### 二、学校选介

**九江师范** 位于市区人民路女儿街 27 号，校园面积 7.67 公顷。1991 年在校学生 1010 人。1995 年兴建逸夫图书馆。1996 年列为世界银行贷款项目学校。1997 年通过国家教委办学水平与办学条件标准化评估。1999~2004 年，市政府投资新建大礼堂、学生公寓、综合大楼。校园建筑总面积 49230 平方米，拥有钢琴 80 架，图书馆藏书 14 万册，报纸杂志 600 余种。1991~2006 年，该校培养毕业生 8403 人，其中大专毕业生 390 人，民师 748 人，中师生 7265 人。专业包括普师、幼师、小学教育、音乐、美术、信息技术、英语等。曾获省文明单位、中师德育示范学校等称号。2005 年，经省政府批复同意，九江师范并入九江职业大学。2006 年在校学生 2356 人。

**修水师范** 位于修水县城西南郊。自 1991 至 2001 年最后一届学生毕业，累计为农村小学培养师资 4000 余人，1999 年撤销，改办修水高级中学。

**都昌师范** 位于都昌县城县府路。自 1991 至 2001 年最后一届学生毕业，累计为赣东北培养农村小学师资 4000 余人。1999 年撤销，改办都昌县二中。

## 第三节 职业高中(中专)与技工教育

### 一、规模结构

1991 年，职校 47 所，学生规模 12515 人，专任教师 908 人。专业涉及工商、旅游、电子、财会、机械、化工、汽车、医卫、学前教师教育、农林、水产、服装等领域。同年，市教育局印发《关于开展学习贯彻〈国务院关于大力发展职业技术教育的决定〉的意见》。至 1993 年，各县一般都设 3 所以上职业学校，或在普通中学设职业教育班。当年，《中国教育改革和发展纲要》颁布实施，全市各县(市、区)相继采取措施，发展当地职业教育。1994 年，全市职校发展到 55 所，逐步形成政府统筹管理，行业、企事业单位、社会团体和公民个人办学。1996 年，《中华人民共和国职业教育法》正式颁布和实施。1998 年，省政府做出《关于加快职业教育改革与发展的决定》。至 1999 年年底，九江职业高中在校生 14531 人。2000 年，彭泽县把占地 4 公顷江西朝阳机械厂子弟学校从企业剥离，投入 600 万元，成立彭泽职教中心。2001 年，教育部《中等职业学校设置标准(试行)》出台，依据此标准，全市对原来办学规模小、办学条件差学校实行撤并和重组。2004 年始，建立职业教育联席会议制度。2005 年，九江农校与九江财贸职高合并，组建庐山旅游中专。2007 年，市教育局撤销 6 所厂办职业学校和 4 所学校职业中专班。2009 年，庐山旅游中专并入九江职业大学。2010 年教育部颁布新的《中等职业学校设置标准》。至 2010 年，全市中专、职高和技校在校生 5.51 万人。除普通中专和技校外，20 年累计培养职高(职业中专)毕业生 6 万余人。

## 2010年全市职业中专、高中一览

表55-2-1

| 学校名称 | 专业名称 |
|---|---|
| 赣北电子工业学校 | 电子技术应用、计算机应用、机械加工技术、服装制作与生产管理、汽车运用与维修、旅游服务与管理、铁道运输管理 |
| 华东电子信息学校 | 电子技术应用、模具制造技术、计算机应用、计算机平面设计、旅游服务与管理 |
| 九江外事旅游学校 | 旅游服务与管理、酒店服务与管理 |
| 九江赣北育才科技学校 | 计算机应用、电子技术应用、服装设计与工艺、会计、文秘 |
| 方星科技专修学校 | 服装设计与工艺、电子技术应用、计算机应用 |
| 九江搏击武术学校 | 保安、计算机应用 |
| 九江机电职业技术学校 | 计算机应用 |
| 九江市理工职业技术学校 | 计算机网络技术、计算机平面设计、会计电算化、数控技术应用、服装设计与工艺、汽车运用与维修 |
| 九江工贸职业技术学校 | 电子商务、会计电算化、会计 |
| 九江远东海事学校 | 船舶驾驶、轮机管理、船舶电气技术、船舶制造与修理 |
| 九江特殊教育学校 | 工艺美术 |
| 九江博爱聋人学校 | 工艺美术、计算机应用、园林技术 |
| 庐山区职业高中 | 计算机应用、旅游服务与管理、电子电器应用与维修 |
| 庐山旅游职高 | 计算机应用、旅游服务与管理 |
| 修水县职业中专 | 畜牧兽医、农村经济综合管理、蚕桑生产与经营、现代林业技术、地质调查与找矿、水利水电工程施工、机电技术应用、数控技术应用、电子电器应用与维修、计算机应用、电子技术应用、会计、商务日语、酒店服务与管理、旅游服务与管理、学前教育、文秘、家政服务与管理、茶叶生产与加工、建筑装饰、城镇建设 |
| 武宁县职业中专 | 建筑装饰、电气技术应用、电子电器应用与维修、计算机平面设计、旅游服务与管理、服装设计与工艺、畜牧畜医 |
| 九江庐山西海艺术学校 | 建筑装饰 |
| 瑞昌市现代职业中专 | 计算机应用、学前教育、文秘、机械加工技术、机电技术应用、数控技术应用、模具制造技术、计算机平面设计、电子技术应用、会计电算化、计算机网络技术、汽车运用与维修 |
| 都昌县职业技术学校 | 电子技术应用、电子电器应用与维修、数控技术应用、计算机应用、计算机平面设计、计算机网络技术、美术设计与制作、文秘 |
| 都昌县北炎职高 | 工艺美术、计算机应用、电子电器应用与维修 |
| 都昌县职教中心南方校区 | 计算机应用、数控技术应用 |
| 都昌县职教中心百强校区 | 计算机应用、电子商务 |
| 都昌县阳光职业技术学校 | 计算机应用、电子技术应用 |
| 江西蒙达理工学校 | 计算机应用、音乐、服装设计与工艺、商务日语、模具制造技术 |
| 九江鸿图职业技术学校 | 美术设计与制作、文秘、计算机应用 |
| 彭泽县职教中心 | 纺织技术及营销、模具制造技术、电子电器应用与维修、计算机应用 |
| 彭泽慧文职业技术学校 | 计算机应用、音乐、工艺美术 |

续表 55-2-1

| 学校名称 | 专业名称 |
|---|---|
| 永修县职业教育中心 | 电子与信息技术、机电技术应用、商务日语、酒店服务与管理、音乐、工艺美术、服装设计与工艺、化学工艺、学前教育、计算机应用 |
| 永修县建昌中学 | 计算机应用、工艺美术、音乐、汽车运用与维修 |
| 德安明珠中等职业技术学校 | 计算机应用、文秘、电子电器应用与维修、机电技术应用 |
| 星子县职业中等专业学校 | 会计、电子电器应用与维修、服装制作与生产管理、计算机应用、旅游服务与管理、数控技术应用、汽车运用与维修 |
| 九江县综合高中 | 计算机及应用、电子技术应用 |
| 九江县育英学校 | 计算机应用、电子技术应用、店服务与管理 |
| 九江县职业高中 | 计算机应用、机械加工技术 |

## 二、示范与重点学校建设

20 世纪 80 年代末,中职省级示范以上学校建设起步。至 2004 年,全市有 9 所学校被授予省级示范;1995~2009 年有 9 所学校被认定为省级重点;2000~2007 年有 4 所学校被授予国家级重点。

## 三、校企合作办学

2007 年以前,以沿海发达地区企业为主,如九江科技中专与无锡锡海花园酒店联办“锡海班”。后随全国“用工荒”的出现,校企合作转入本地企业。2010 年,市教育局在九江出口加工区举行职校与本地企业对接工作会,提出实现 50%毕业生到本地工业园区就业目标。至 2010 年,全市职校与本地 112 家企业实现对接,解决学生实习、实训场地问题,促进学生就近就地就业,实现校企双赢。

## 四、学校选介

**九江船舶工业学校** 位于市区十里大道 1188 号。1994 年经国家教委批准,开办五年制高等职业教育,是全国首批 10 校之一。至 1998 年,学校占地面积 18.67 公顷,校舍面积 10 万余平方米。设有数控、测试、电子、船电 4 个高职专业和机械、电子、环保、管理等中专专业 19 个。建有 30 个实验实训室,实习工厂设备 250 台套,教学仪器设备总值 858 万元;图书馆藏书 13 万册。先后获省文明单位、全省青年教师工作先进单位、省先进教育工会、全国职业学校体育工作先进单位等称号 70 余项。1999 年,国务院对全国 5 个军工总公司所属学校管理体制进行调整,学校由国防科工委划转省政府管理。经教育部批准,学校改制升格为专科层次全日制普通高等学校,更名为九江职业技术学院。

**省通用技术工程学校** 原名江西农垦学校,隶属省农垦事业管理办公室。1998 年更现名。校址位于永修县云居山南麓,占地 135 公顷(其中山林 117 公顷),建筑面积 6 万余平方米。建有实验大楼 1 栋,教室 40 间、学生宿舍 6 栋 300 间。有计算机房 3 个,微机 130 余台(已入互联网),以及农作物、化学、物理、土壤等 20 多个实验室和校内外 10 余个实习基地。图书馆藏书 10 万余册。开设有金融事务、房地产经营与管理、物业管理、园林、农艺 4 大类 20 多个专业,是以农艺为主,集农、工、经、商、文等多学科为一体的普通中专。

**九江科技中等专业学校** 1991 年,称市职业高级中学。开设旅游服务、食品烹调、电子电器、汽车、统计财会 5 个专业。1994 年,增办市职业中等专业学校。2001 年,增设微机、电子商务、电算会计、综合班等专业。学校在全市率先建成省级重点、全国首批国家级重点。2002 年获全国职教先进单位。2004 年,改设为九江科技中等专业学校。2006 年,建设全市第一个国家级电工电子实训基地。2009 年,在庐山区九莲南路职教园区征地 12 公顷(规划 20 公顷),正式启动新校区建设,至 2010 年,投入资金 8000 万元,完成 9 栋主体建筑(6 万平方米)及部分配套工程建设,新校区可容纳学生 5000 余人。同年增设数控技术应用、服装设计与工艺、机电技术应用等专业。在全省历届中职技能大赛中,成绩位居全省前列,其中旅游、电子、汽车专业代表省参加全国技能大赛,均获二等奖。

# 第三章 高等教育

## 第一节 高校建设

1991年,市属普通高校在校生3083人,教职工780人,专任教师358人;成人高校在校生1033人,教职工109人,专任教师59人。无本科教育。九江职大因办学条件差距太大,国家教委限令整顿。其间,市政府划拨资金400万元,投入校建。1994年,被批准正式恢复招生。同年国家教委批准解放军企业管理学校升格为九江财经高等专科学校,之后解放军总后勤部授予该校在军内的校名为中国人民解放军军需财经高等学校,两个校名并用。根据国务院办公厅转发国家教委《关于深化高等教育体制改革的若干意见》,市高等教育体制由"条块分割"变为"条块有机结合",优化资源配置。1999年,教育部批准九江船舶工业学校改建为九江职业技术学院,培养大专层次应用型人才,由国防科工委划转省政府管理,副厅级建制。2002年,教育部同意九江师专、九江医专、九江财专、九江教育学院4校合并,组建九江学院,培养本科层次人才,同时撤销4校原有建制。九江学院为正地(厅)级建制,实行军地共建、省市共建、以市为主管理体制。同年,江西财经学院九江分院改建为江西财经职业学院。2003年,教育部组织对全国26所高职高专院校人才培养工作水平评估试点,九江职业技术学院作为试点单位,被评为"良好"。同年,由香港海达国际投资公司投资、加拿大多元文化协会资助的江西枫林理工专修学院在永修云山创建。2004年,南昌理工学院共青校区在共青城共青大道西侧建成并投入使用。同年,九江学院启动本科教学工作水平评估工作,2005年,九江职业技术学院通过省复评,被评为"优秀"。2008年,九江学院接受教育部评估,被评为"良好"。同年,江西财经职业学院、九江职业大学,在江西省高职高专人才培养工作水平评估中,相继评为"优秀",2009年,市政府将庐山旅游中专整体划归给九江职业大学。2010年,省政府批准九江职业大学为副地级建制,由市政府建设和管理。当年,九江职业技术学院高质量通过教育部和财政部组织的国家示范性高等职业院校建设项目验收,获得中央财政专项奖励,是省唯一"国家示范高等职业院校"。至同年底,全市高校教职工总人数6028人,其中专任教师4368人。各高校专任教师中博士学历106人、硕士学历1480人;教授249人、副教授1110人。

## 第二节 院校设置

### 一、省、部属院校

**九江学院** 2002年,由九江财经高等专科学校(含中国人民解放军军需财经高等专科学校)、九江师范高等专科学校、九江医学高等专科学校及九江教育学院4所高校合并重组,属国有公办全日制本科普通高等院校,实行军地共建、省市共建。学院占地180余公顷。2009年12月22日,与柬埔寨王家学院等合作建立的柬埔寨第一所孔子学院,国家副主席习近平出席揭牌仪式。至2010年,学院拥有主校区、浔东校区、庐峰校区、南湖校区4校区,校舍面积120余万平方米,面向全国30个省(市、自治区)招生,全日制在校生3.6万余人;有专任教师1847人,其中副高以上职称550余人;有博士、硕士学位的近900人;研究生导师38人;有省高校学科带头人和青年骨干教师等62人;省高校名师5人;入选省"百千万人才工程"第一、二层次人选11人。聘请知名专家学者为学校兼职和客座教授100多位。中国工程院院士袁隆平、程天民和中国科学院院士严陆光等学者受聘为九江学院名誉教授,中国科学院院士杨叔子教授受聘为九江学院名誉院长；中国科学院院士潘际銮教授受聘为九江学院学术委员会主任。学院实施二级管理，有二级学院20个：商学院、政法学院、文化传播学院、外国语学院、理学院、化学环境学院、材料科学与工程学院、电子工程学院、信息科学与技术学院、土木工程与城市建设学院、基础医学院、会计学院、旅游学院、继续教育学院、护理学院、师范学院、艺术学院、生命科学学院、体育学院、临床医学院。附设“三级甲等”医院1所，省重点中学1所，全校性后勤服务集团1个。有各类实验室（中心）162个。其中，省级重点实验室及实验教学示范中心7个，省高校人文社科重点研究基地1个，中央与地方共建基础实验室和高校特色优势学科实验室20个。教学科研仪器设备总值1.92亿元。建有庐山实习培训中心等校内外实习基地200余个。图书馆藏书纸质图书280万余册，电子图书200万册；教学楼、实验楼、图书馆、信息技术楼、田径运动场、田径运动馆、体育馆、游泳池、影剧院、学生活动中心等基础设施建设完备先进。设有经济学、法学、教育学、文学、历史学、理学、工学、农学、医学、管理学十大学科门类。有本、专科专业165个。有国家级、省级“质量工程”特色专业5个，省级精品课程5门。有省级重点学科6个，省高职高专示范专业8个，并设立“流域管理与生态保护”博士后科研工作站。建有庐山文化研究中心、鄱阳湖生态经济研究中心、沿江产业开发研究中心、国际农村医学教育研究中心、会计与审计研究所、旅游发展研究所、数控技术研究所、土木工程勘察设计研究所、应用化学研究所、材料与成型工程研究所、应用数学和计算科学研究所等28个科研结构。

**华文教育基地** 2000年4月，国务院侨务办公室批准在九江师范高等专科学校成立华文教育基地，10月11日正式挂牌；九江华文教育基地是国侨办在全国首批建立的22个华文教育基地之一。2002年组建九江学院，华文教育基地随九江师专并入。基地招收汉语初级班、中级班、高级班的学生；举办以九江为中心的华裔青少年“寻根之旅”夏（冬）令营（“四大书院”之旅、庐山文化与陶瓷文化之旅、长江文化之旅等）；接待海外华文教师来基地交流及研修，并派出教师到泰国、柬埔寨、菲律宾等国家任教以及学生到国外进行教育实习。至2010年，共接收留学、培训人员115人，接待交流、进修以及参加夏（冬）令营人员356人，外派教师及学生57人。

**九江财经高等专科学校** 位于市区前进东路551号。又名中国人民解放军军需财经高等专科学校，隶属于解放军总后勤部，是非队列编制、国民教育性质，培养工学、理学、经济学、管理学高级专门人才的全日制普通高等学校。1992年，全省普通中专办学水平评估活动中被评为A等一级学校。1994年，国家教委批准在解放军企业管理学校基础上建立九江财经高等专科学校，总后勤部下发《关于将解放军企业管理学校改为高等专科学校》文件，授予军内校名“中国人民解放军军需财经高等学校”，与“九江财经高等学校”两名并用。学校升格后，相继开设本科专业15个，专科专业55个。教学单位设有13系、3部、2中心、1所。2001年，全国军队保障性企业交接工作部门联席会议下发《军队移交的保障性企业总体处理意见和具体实施方案》，隶属中国人民解放军总后勤部的军需财经高等学校移交省政府，由军队院校转变为省市共建、军地共建的地方院校。2004年，专任教师1000余人，其中省部级学科带头人、中青年教学骨干教师20人，具有博士、硕士学位的教师300余人。学校拥有多媒体教室60个、1400多个座位的语音室、4800多台教学用计算机及各类实验室86个，其中网络与通信实验室、电子商务实验室、现代会计实验室、校园网中心和数控中心等5个实验室为省（部）级重点实验室，教学设备总值9600余万元。学校投资1500余万元完成校园网、教学指挥中心和现代教育技术三位一体的教学信息化工程。图书馆建筑面积26800平方米，馆藏图书180多万册，阅览室座位7000多个、电子阅览室座位600个。学校实行“半军事化、封闭式”管理模式，推进素质教育。在强化学生专业基础知识同时，注重提高学生外语水平、计算机应用和动手能力。连续几年，在全国大学生英语等级考试和全国大学生计算机等级考试中，学生过级率都位于全省同类学校前列。九江学院组建后，原九江财经高等专科学校为主校区。

**九江职业技术学院** 位于市区十里大道1188号。其前身九江船舶工业学校。1994年10月，经国家教委批准，举办五年制高等职业教育。1999年，由国防科工委划转省政府管理。同年，经教育部批准，学校改制升格为专科层次全日制普通高等学校，定名为九江职业技术学院。2003年，通过全国高职高专人才培养工作水平评估。2004年,被财政部确定为“中央与地方共建高校基础实验室院校”,2005年,被国务院七部委授予“全国职业教育先进单位”称号。2007年,被国防科工委遴选为全国15个重点建设的国防科技工业职业教育实训基地之一,被财政部确定为“中央与地方共建高校特色优势学科实验室院校”,2010年,获中央财政支持地方高校发展专项。同年6月,学校“国家示范性高等职业院校建设项目”通过教育部、财政部验收,成为省唯一国家示范性高等职业院校。学校占地31.67公顷,建筑面积36.6万平方米,在校生15000余人。设4个二级学院、2个直属系和3个教学部,1个工业工程中心、1个生产型实习工厂、105个实验实训室,教学科研仪器设备总值1.1亿元。教职工694人,教师中有高级专业技术职务近200人,具有博士、硕士学位人员203人,共开设50个专业,建成国家示范专业5个、省级特色专业7个,获得第六届高等教育国家级教学成果二等奖1项,省部级教学成果奖11项,省级高校人才培养模式创新实验区2个;国家精品课程3门、国家级教学团队2个、省级精品课程25门,省级教学团队4个。秉承“德行大道、技承天工”校训,学生素质和动手能力增强,在全国高职院校职业技能大赛、大学生数学建模竞赛、大学生电子设计竞赛、大学生机械创新设计大赛,省“创业杯”职业技能竞赛、大学生“三维数字建模及模具设计制作”大赛、大学生科技创新与职业技能竞赛等国家级和省级各类大学生竞赛中,取得优异成绩,获国家级奖励20余项,其中特等奖1项、一等奖3项,省级以上奖励700余项,毕业生就业质量和就业率始终位居全省同类院校前列。学校开展国际交流与合作,与新加坡、澳大利亚等地多所职业院校建立合作关系。获全国学校民主管理工作先进单位、全国五四红旗团委、省文明单位、全国毕业生就业典型经验高校、省高校思想政治教育先进高校、省高校毕业生就业工作先进集体、省高校毕业生就业评估优秀单位、省高等学校师资培训工作先进集体等称号。

**江西财经职业学院** 1991年,称江西财经学院九江分院;2002年,更名江西财经职业学院。校园占地34.4公顷,建筑面积310110平方米。在校生13600余人。教职员工776人,教授、副教授167人,双师型专业教师占70%以上,研究生238人,另有外籍教师4人。2006年以来,教师在核心期刊上公开发表论文520余篇,其中9篇论文被世界三大科技文献检索系统收录,主持完成80项省级课题研究,编写教材132部,承担各级政府、企事业单位研究课题81项,其中国家级课题6项,获省级教学成果奖7项。6部教材被评为省级优秀教材一、二等奖。有校内实训室72个,校内实训基地9个,校外实训实习基地311个,其中中央财政支持的物流实训基地和计算机应用技术实训基地。学院提供48种职业技能资格证书培训和考试,开设自学考试本科和函授本科学历教育,与多所国外大学合作办学,为学生搭建双学历教育平台。教学仪器设备总值5152万元,馆藏图书86万册,电子图书容量为3895GB。会计电算化专业和税收专业为省级示范专业;会计、国际经济与贸易、工商企业管理、物流管理、金融与证券、报关与国际货运为省级特色专业;“成本核算实务” 被评为国家级精品课程;“财务会计”“税法”“国际贸易实务”“经济数学”“纳税会计与纳税申报实务”“中小企业网络构建与管理实务”“会计基础与操作”“企业资源规划”8门课程被评为省级精品课程。“中小企业实战型会计人才培养模式创新实验区”被列为2009年省级人才培养模式创新实验区。会计、经济数学、税收3个教学团队为省级教学团队。学院学生就业能力名列全国财经类高职高专院校和省高职高专院校第一位,2009年毕业生就业签约率达96.2%,2010年毕业生就业签约率达97.22%。

**南昌大学共青学院** 位于共青城市,占地面积112公顷。原名江西大学共青职业学院,独立建制,办学经费由共青垦殖场负责,教学由江西大学负责,中共中央总书记胡耀邦为学院题写院名。1991年,更名江西大学共青学院,撤销独立建制,成为江西大学的二级学院,隶属于江西大学,受江西大学和江西共青垦殖场双重领导。1993年,原江西大学和江西工业大学合并成立南昌大学,学院更名为南昌大学共青学院。2003年,学院通过省、国家检查评估,批准为独立学院。2002年,改制为“三独立”本科二级学院,当年招收249名本科生。2010年,有在校生10081人。至当年,5届本科毕业生3000人,6届专科毕业生17280人。教职工501人(其中教师232人,党政干部119人),外籍专家7人,有硕士学历64人,有高级职称5人。教师共发表论文100余篇,出版教材6部,省级课题立项36项。学院行政设6个系和公共课教学部及实验中心共8个教学单位。34个教研室,1个研究机构:艺术与设计研究所。连续5年获D类(专科大学英语类)团体总分第一名,名列全省高校专科大学英语首位。学院获“全国双新人才计划”专项培训基地称号。

**南昌理工学院共青校区** 位于共青城共青大道西侧。学院前身为南昌航天科技集团投资,1999年创办的江西航天科技职业学院,2005年升格为普通本科高校。校区占地86公顷,至2010年,在校生2000余人,教师99人,其中专职教师67人,教授2人,副教授25人,讲师16人,教师实行聘任制。图书馆藏书36万册。有标准塑胶运动场,体育器材齐全。设有数控技术、建筑工程、机电一体化,服装艺术设计等10余个专业。学院每年发放优生奖学金和特困生助学金,并与江浙、广东沿海省市多家企业保持联系,为其输出专业人才。

## 二、市属院校

**九江医学高等专科学校** 简称九江医专,位于市区浔阳东路57号。学校开设临床医学、儿科医学、骨创伤医学、医学检验、麻醉学等5个专业,学制3年。其中骨创伤医学专业开设时系全国独创,医学检验、麻醉学专业当时是全省高等医学院唯一大专专业点。1991年,共有27个教研室,38个实验室,2个电化教室以及国内首创的临床技能实验室。图书馆藏书10万余册,拥有光盘、缩微检索等设备。固定资产1283万元,其中教学科研设备227.6万元。至1993年底,全校共有教职工583人,其中:教师247人(教授9人,副教授40人,讲师144人,助教54人),党政干部109人,教辅人员54人,工人71人。附属医院卫技人员102人。校刊《九江医专学报》多次在全国高校自然科学学报和全国医学院学报评比中获奖,1993年经过国家科委批准向国内外公开发行。2002年,学校有教职工285人,其中专任教师153人。同年,并入九江学院,为九江学院庐峰校区。

**九江师范高等专科学校** 简称九江师专,位于市区九湖路2号(原九江师范三里街分部)。1991年,获“省绿化先进单位”称号。2003年,学校教学、科研仪器设备资产总值2344万元,教学用计算机1000余台,语音实验室座位320个,多媒体教室座位2000个。图书馆藏书47万册,期刊1400余种。其中有美国史研究资料3500余册,不少书籍为英(美)文原版。至2004年,九江师专设有11个系、9个本科专业、40个专科专业,共招收学生27届,招收全日制普通教育学生计21130人,毕业生15344人,其中考上硕士或博士研究生1000余人;有教职工459人,其中专职教师282人(含正高职称22人,副高职称135人,中级职称119人),行政人员(含兼职教师)101人。教师发表论文3200余篇,出版专著、译著40余部,编写教材、教参150余部,获国家技术发明专利7项;被SCI、EI等国际权威检索文献收录论文10余篇。同年,学校并入九江学院,为九江学院浔东校区。

**九江教育学院** 位于市区滨湖路3号,占地1.74公顷。学院属大专性质,县级建制,隶属市教育局。教职工98人,其中教职工73人,正高职称3人,副高职称17人。教师发表论文300余篇,其中6篇获国家级奖,24篇获省部级奖。实行院、处(系、室、馆)两级管理。系市教育干部培训、师资培训、高师函授和卫星电视师范教育、“三沟通”师资培训中心。一直承担基层教育师资人员、基层管理干部的教育培训任务,累计培训各级各类人才34000余人次。先后有40余名毕业生考取硕士、博士研究生,近百名毕业生担任中小学校长、教导主任、机关和基层领导,绝大多数学员已成为单位教学骨干。2002年九江学院组建后,原九江教育学院为南湖校区。

**九江职业大学** 位于市区九瑞大道91号(西二路)。为市第一所自费走读、不包分配、择优录用、学制三年、毕业后承认大专学历的职业大学。1994年被批准恢复招生。2006年,根据省政府批复,九江师范成建制整体并入九江职业大学,原九江师范学校校舍作为长虹校区,原九江职业大学校址作为本部,称鹤问湖校区。自2006年以来,学校新建综合大楼、实训大楼、学生公寓、塑胶运动场等项目,建筑面积达25万平方米,固定资产达1.8亿元。2008年,省高职高专人才培养水平评估为优秀院校。2009年,市政府将江西庐山旅游中专整体划归给九江职业大学,同时挂九江职业大学中专部和庐山旅游中专牌子。同年暑期,在农工民主党中央以及江西、贵州农工民主党支持下、首次在贵州大方县招收40名免费生。之后在甘肃、青海贫困地区,四川汶川地震灾区招收免费生。同年,为优化教育资源,学校对院系进行重组,设立师范学院、学前教育学院、艺术学院,机电工程学院、建筑工程学院、信息工程学院、经济管理学院、文化旅游学院、继续教育9个学院,以及中专部、公共教学部。2010年增设护理学院。设置专业53个,其中高职专业35个,大专五年制专业7个,三年制中专专业6个,高中毕业一年制中专专业5个。至2010年年底,在校生13000人。专任教师576名,其中教授19名、副教授73名;双师型教师476名,占专业教师71.4%。教师发表论文200余篇,编写、公开出版教材50部,其中国家级"十一五"规划教材5部,校本教材4部。学校与美国肯塔基洲路易维尔市杰弗逊社区学院、加拿大百年理工学院、新加坡剑桥商学院等签订合作与交流协议,确立合作办学关系。学校弘扬"博学多能、厚待笃行"高职文化,学生岗位能力提升,就业率保持在95%以上,学前教育和机电一体化专业就业率达100%。语文教育专业教学团队、学前教育教学团队被评为省级教学团队。学校获全国志愿助残示范基地、省级示范性高职院校在建单位等称号。

**江西枫林涉外经贸职业学院** 2003年创办,位于永修县云山经济开发区。前身为江西枫林理工专修学院,由香港海达国际投资公司投资、加拿大多元文化协会资助办学。学院占地约90公顷,校舍建筑面积50000平方米。开设专业有:市场营销、商务英语、物流管理、机电一体化技术、计算机应用技术、园林工程技术、园艺技术、国际商务、报关与国际货运、国际经济与贸易。学院中加文化交流项目受到加拿大政府支持,与加拿大公立凯波布兰顿大学、公立格冉派瑞学院建立合作关系。

# 第四章 民办教育

## 第一节 民办学校

### 一、教育规模

20世纪90年代初,市民办教育主要以高考补习、高等教育自考助学、职业技能培训和职工教育培训为主。

根据1997年国务院《社会力量办学条例》和《中华人民共和国民办教育促进法》,2004年市政府制定《关于鼓励支持发展民办教育的规定》,全市形成以政府办学为主体,公办学校和民办学校共同发展新格局。

至2010年,全市民办学校1403所,学校净资产累计达8.27亿元,占地面积237.88公顷,校舍建筑面积108.36万平方米,教育教学设备设施总值4943.74万元,图书106.43万册;在校生172217人,其中在园幼儿130347人、小学4451人、初中11544人、普通高中15827人、中职学校9942人、特教生106人;专任教师7252人,兼职教师262人。全市在校生超过1000人以上规模学校13所,其中普通高中8所、中职学校5所;在校生超过2000人以上规模学校5所。全市民办幼儿园在园幼儿,民办小学、民办初中、民办普通高中和民办中职在校生分别占全市整个相应层次学校在校生人数的92.26%、1.07%、6.02%、17.3%和25.87%。

2002~2010年全市民办学校一览

表55-4-1　　单位:所

| 年份 | 幼儿园 | 小学 | 初中 | 九年一贯制学校 | 普通高中 | 完全中学 | 完全学校 | 中等职业学校 | 特教学校 |
|---|---|---|---|---|---|---|---|---|---|
| 2002 | 614 | 37 | 17 | | 21 | | | 6 | 1 |
| 2003 | 693 | 9 | 5 | 6 | 6 | 14 | 4 | 11 | 1 |
| 2004 | 737 | 8 | 8 | 4 | 10 | 14 | 2 | 14 | 1 |
| 2005 | 940 | 11 | 7 | 5 | 8 | 14 | 2 | 11 | 1 |
| 2006 | 806 | 7 | 7 | 4 | 7 | 12 | 4 | 12 | 1 |
| 2007 | 902 | 7 | 8 | 3 | 7 | 11 | 3 | 12 | 1 |
| 2008 | 1086 | 6 | 8 | 4 | 6 | 10 | 3 | 12 | 1 |
| 2009 | 1165 | 7 | 7 | 4 | 4 | 10 | 2 | 13 | 1 |
| 2010 | 1358 | 7 | 6 | 5 | 4 | 8 | 2 | 12 | 1 |

## 二、学校选介

**市私立早期教育实验学校** 1996年创办,地址在市区青年路11号。2000年,迁经济技术开发区九瑞大道80号。占地面积2公顷,建筑面积16566.28平方米,绿化面积5369.66平方米。学校有音乐舞蹈室、书法绘画室、语音室、电脑室、图书阅览室、实验室、多媒体教室、教师资料室、宽带校园网、卫星接收远程教育系统、大型综合活动场、寝室(备有空调)、餐厅、浴室及体育配套实施。藏书1.5万册。至2010年,在校生800余人。教职工140余人。教工实行公开招聘,择优录取。学校集幼儿园、小学于一体。实行日托、周托、半月托、月托与全托,以寄宿制为主。学校获全国纵横信息数字化学习研究教学实验总课题探索实验先行示范学校、省现代教育技术示范学校等称号。

**晨光中学** 位于市区庐山南路150号,是寄宿制民办完全中学。由市一中和海南晨光置业有限公司投资创办,2001年秋季正式招生。学校实行董事会领导下的校长负责制。学校占地0.7公顷。校舍建筑面积12100平方米。至2010年年底,初中在校生880余人;高中在校生162人。教职工112人,其中专职教师89名,中学高级教师41名,占46.1%。有音乐、美术、计算机、可视语音室、多媒体、图书阅览等专用教室,配有电脑200余台;藏书3.7万余册。理、化、生实验室与九江一中共享。2008年8月起,无偿资助5.12四川地震灾区46名初中毕业生就读3年高中,专设"绵阳班",是全省唯一无偿接受四川灾区学生成建制的班级,资助学生金额达180万元。至2010年,每学年用于奖励、资助优秀学生经费达30余万元。办学10年来,初中有191人次获得全国数、理、化、信息学奥赛(江西赛区)一、二、三等奖。学校获国家级表彰1次,省级表彰4次。《人民日报》《绵阳日报》等媒体对办学成果进行报道。

**九江私立陶渊明学校** 1993年创办,初名九江私立陶渊明中学。位于九江县沙河街镇,1校3区:甘泉小区校区、火车站附近老校区、天坡社区职高区。2000年,更名九江私立陶渊明学校。总占地面积4.13公顷,校舍建筑面积17900平方米。2005年被评定为全省重点建设中学。2010年在校生2837人,其中小学776人,初中746人,高中1315人。专职教师110人,其中中学高级教师24人,本科学历52人。已成为集九年义务教育、普通高中教育和职业高中教育于一体的学校。累计为全国各大中专院校输送学生4000余人,录取北京大学1人、清华大学1人。

**都昌县第三中学** 位于汪墩乡七角街蔡都公路西边,2002年创办,是由董事会领导下的校长负责制完全中学。学校占地面积20.4公顷,建筑面积67600平方米。绿化面积12公顷,其中月山湖水面面积2.53公顷。2003年以来,连续5年获全市优秀民办学校;2008年被确定为省重点建设中学。2010年,在校生6116人,教职工396人,其中特聘外籍教师2人。中学高级教师10人,本科以上学历90%以上。学校有计算机房,办公自动化设施,教学管理的监控室,器材齐备的健身房、琴房,理、化、生实验室,功能齐备的多媒体阶梯教室,教师专用的大型客车,校园闭路电视系统,校园音频发射系统,校园无线广播系统,图书阅览室藏书10余万册。有标准足球场、篮球场、乒乓球场。

**赣北电子工业学校** 位于市开发区茅山头原空军疗养院。1997年创办。是集江西庐山技工学校、江西庐山职业技能培训学院、市驾驶员考研中心为一体的全日制民办中等职业技术学校。校园占地20余公顷,建筑面积40000余平方米,2010年,有学生1871人,教职工120余人,其中副教授5人、高级工程师10人。开设电子技术应用、计算机应用、机械加工技术、服装制作与生产管理、汽车运用与维修、旅游服务与管理、铁道运输管理等7个骨干专业,设有三年制中专班、大专班,三年制中专套读大专班,二年制技工班,一年及半年短训班。学校拥有150余台电子综合实验平台、300余台电脑,100余台缝纫电车以及语音室、多媒体教室,1个二级驾驶训练场地,30余台供学员学习的汽车;学校引资2600万元建成汽车驾驶证照考研中心,投资400万元新建的机械、数控、电子服装实训基地,能满足学生实训的需要。学校获省示范中等职业学校、重点中等职业学校,市职业教育工作先进单位、优秀民办学校等称号。

## 第二节 捐资助学

### 一、捐助接受

1991~2010年,全市教育系统接受社会团体、企业、个人慈善机构(含香港、台湾地区)捐资建校资金共13266.3万元,资助项目共385个,其中资助希望小学,明德小学,优丽欧小学,慈济中学等多所学校整体建设。

### 二、捐助选介

**香港邵逸夫基金会捐助** 1994年,捐助50万元港币兴建九江小学教学楼以来,在全市捐资援建20余个教育项目,包括教学楼、图书馆、综合楼等。其中,1996年捐助100万港币兴建九江师范教学楼、2002年捐助80万港币兴建永修职教育中心教学楼、2007捐助70万港币武宁四小教学楼、2010年捐助100万港币兴建共青城中学逸夫楼。总捐助金额为1000余万元港币。

**台湾台塑集团捐助** 2008年,市教育局和市台办共同接受台湾台塑集团董事长王永庆捐赠款1095万元,新建明德小学25所,学校竣工并投入使用19所。此后投入315万元在九江农村地区兴建多所明德小学。

**台湾佛教慈善慈济基金会捐助** 1996年6月,由台湾佛教慈善慈济基金会捐资1000万元助建当时全省规模最大的农村重点完全中学——都昌慈济中学。

**广东省茂华基金会捐助** 该基金会开展茂华(九江)"三个一"希望工程,即建设一所"希望小学",在各县(市)分别建设一所可容纳300人"希望小学";培训一批"希望教师";资助一批"希望学生"。至2010年,在九江共建设9所茂华希望小学,总捐助金额为399万元。

**邝美云捐助** 2003年11月,国际佛光会香港协会会长、香港演艺界名人邝美云在永修县云居山下捐建第一所学校"邝美云佛光小学"。2005年,九江发生地震后,邝美云到灾区捐款232万元,用于修复遭灾严重农村中小学校11所。2006年,捐款272万元援建九江县新塘初中。

**中国青基会倡导捐助** 1999年,在共青城援建江益镇南湖希望小学,至2010年,在共青城共援建6所希望小学,总金额为150万元。

**张淑琴捐助** 2007年,中国太阳村创始人——北京太阳村儿童教育咨询中心主任张淑琴投入30余万元,在都昌县大港镇创立鄱阳湖太阳村。鄱阳湖太阳村占地26.67公顷,是江南唯一的无偿代养代教代培服刑人员未成年子女、农村孤儿的救助中心。至2010年,共收养来自周边6省的儿童142人,其中孤残儿童78人,服刑人员子女47人。

**殷有为捐助** 1990年,由美籍华人、著名华人报业家和社会活动家、美国殷氏企业控股集团董事长殷有为设立殷氏奖励基金。以5000美元为本金，其利息奖励全市高考前10名者，每年评奖1次。至2010年,共奖励200余名高考优秀学子。

**江西民生集团捐助** 2005年初,集团实施“爱心双30行动”(即在全国范围内捐建30所光彩希望小学;每年赞助30名考取大学的贫困学生完成学业)。2007年,设立金额为2100万元的“慈善助学光彩基金”,至2010年,先后在西藏、贵州、江西及九江等地援建近20所小学。

# 第五章 成人教育

## 第一节 广播电视教育

### 一、广播电视大学

**专业设置** 1991~1999年前,江西广播电视大学九江分校为专科专业。2000年秋,自主测试招收本、专科学生,首次开设本科计算机科学与技术专业。至2010年,开设专科专业有金融学、法学、护理学、英语、计算机信息管理、工商管理、会计学、教育管理、行政管理、汉语言文学、物业管理、建筑施工与管理、旅游管理、小学教育、学前教育、药学、数控技术、水利水电工程与管理、工程造价、光伏发电技术及应用20个,本科专业有金融学、法学、英语、汉语言文学、计算机科学与技术、机械设计制造及其自动化、土木工程、工商管理、会计学、公共事业管理、行政管理、护理学、数学与应用数学13个。

**办学规模** 1991~2010年,九江电大形成以分校为中心、县区办电大的现代远程开放教育网络,有11个县级电大工作站、2个市区教学点，形成覆盖全市城乡的现代远程教育网络。九江电大共招收学生33010人,其中成人大专8322人,普通大专673人,远程教育24016人,毕业总人数26929人。2010年,九江电大共有教职工53人,其中副高职称9人;在校生6070人。

**1991~2010年九江电大招生人数与毕业人数一览**

表55-5-1　　单位:人

| 年 份 | 在校生总数 | 招生合计 | 类别 | | | 毕业总人数 |
|---|---|---|---|---|---|---|
| | | | 成人大专 | 普通大专 | 注册生、远程教育 | |
| 1991 | 1358 | 432 | 432 | | | 301 |
| 1992 | 1487 | 473 | 473 | | | 313 |
| 1993 | 1878 | 764 | 685 | 79 | | 402 |
| 1994 | 2153 | 875 | 785 | 90 | | 440 |
| 1995 | 2498 | 1016 | 911 | 105 | | 710 |
| 1996 | 2851 | 1159 | 811 | 120 | 228 | 814 |
| 1997 | 3210 | 1306 | 914 | 135 | 257 | 945 |
| 1998 | 3420 | 1391 | 973 | 144 | 274 | 1078 |
| 1999 | 4048 | 1646 | 924 | | 722 | 1214 |
| 2000 | 4587 | 1865 | 651 | | 1214 | 1293 |
| 2001 | 5147 | 2093 | 456 | | 1637 | 1531 |
| 2002 | 5826 | 2369 | 254 | | 2115 | 1735 |

续表 55-5-1

| 年份 | 在校生总数 | 招生合计 | 类别 | | | 毕业总人数 |
|---|---|---|---|---|---|---|
| | | | 成人大专 | 普通大专 | 注册生、远程教育 | |
| 2003 | 5954 | 2421 | | | 2421 | 1946 |
| 2004 | 5321 | 2164 | 53 | | 2111 | 2203 |
| 2005 | 5265 | 2141 | | | 2141 | 2251 |
| 2006 | 5618 | 2284 | | | 2284 | 2012 |
| 2007 | 4738 | 1926 | | | 1926 | 1991 |
| 2008 | 4851 | 1972 | | | 1972 | 2124 |
| 2009 | 5523 | 2246 | | | 2246 | 1792 |
| 2010 | 6070 | 2468 | | | 2468 | 1834 |

### 二、卫星电视师范

1991年，按照中国电视师范学院江西分院有关要求，市卫星电视师范教育，实行市教育局统一领导，县区教育行政部门分级负责，九江教育学院、县区教师进修学校承办的管理体制。卫星电视高等师范学制3年，通过视听辅导、学员自学、作业“三结合”的方式组织教学，以单科结业方式逐科进行考试。学员修完教学计划规定所有课程并获结业证书，经过思想品德、教学能力等方面考核，颁发国家教委承认的相应学历证书。1992年，九江电视师范首次开办高等师范专科小学教育文史试点班。卫星电视高等师范成为中小学教师共享的一种通过培训达到提高学历教育途径。

### 三、“三沟通”教育

1992年，市教委成立中小学“三沟通”师资培训领导小组，建立函授、卫星电视教育、自学考试相沟通(简称“三沟通”)教师学历培训模式，办公室挂靠市教委综合科。同年，开通中师、大专层次师资培训。1994年，开通中文教育等4个专业的本科培训，形成包括中师、大专、本科3个层次师资培训网络。同年，“三沟通”实行教考分离，教学由九江教育学院负责，考试一年两次，由市“三沟通”办公室负责组织，省“三沟通”办公室派出工作组监督。参加“三沟通”学习、考试的人员，主要是中小学教师，也有部分机关干部、职工和社会人员。1997年，“三沟通”最后一期招生，至2000年，全市“三沟通”师资培训学员达13000余人，高峰期一次开考科目100余科。2001年，“三沟通”考试及补考工作全面结束。

## 第二节 高等自学考试

### 一、自学考试教育

1991年，高等教育自学考试尚为单一学历教育考试。1998年后，发展成为多层次、多类型、多规格、多功能考试形式，成为市高等教育和继续教育组成部分。至2010年，全市自考考生报考426145人次，982863科次，毕业人数15407人；1998~2010年，非学历教育考试考生364095人。

### 二、考试形式

**学历教育考试** 1991~1999年每年开考1次，2000年始开考2次，2001年发展为每年开考3次。2004年，学历教育考试推行全国统一考务考籍计算机管理系统，成绩处理及档案管理制度化、信息化；使用全国统一式样毕业证书并电子注册、备案；统一考务管理规则，监考人员培训上岗。2005年，开通考生网上报名、新生现场报名的方式。同年，自学考试毕业证首次实行网上审核。2008年起每年开考4次。2009年，新、老生均可网上报名，自学考试7门课程开始实行网上阅卷。2010年起调整为每年开考3次，分别为1月份、4月份和10月份;63门课程实行网上阅卷;办理自考毕业证,每年进行2次,分为上半年和下半年。

1991~2010年市高等教育自学考试一览

表55-5-2 单位:人·次

| 年 份 | 毕业生人数 | | | | 报考人次数 | 报考科次数 |
|---|---|---|---|---|---|---|
| | 合 计 | 中 专 | 专 科 | 本 科 | | |
| 1991 | 336 | 30 | 306 | 0 | 17676 | 40006 |
| 1992 | 435 | 23 | 397 | 15 | 16819 | 37388 |
| 1993 | 497 | 19 | 464 | 14 | 17848 | 35572 |
| 1994 | 494 | 21 | 450 | 23 | 17632 | 42985 |
| 1995 | 499 | 11 | 455 | 33 | 21075 | 54740 |
| 1997 | 773 | 66 | 660 | 47 | 24425 | 64266 |
| 1998 | 746 | 52 | 578 | 116 | 25477 | 61442 |
| 1999 | 730 | 23 | 574 | 133 | 22765 | 54713 |
| 2000 | 671 | 4 | 479 | 188 | 23516 | 57325 |
| 2001 | 567 | 3 | 399 | 165 | 23446 | 53003 |
| 2002 | 808 | | 595 | 213 | 22870 | 50118 |
| 2003 | 866 | 1 | 536 | 329 | 17815 | 42859 |
| 2004 | 827 | | 475 | 352 | 23499 | 47346 |
| 2005 | 816 | | 388 | 428 | 18540 | 36758 |
| 2006 | 870 | | 350 | 520 | 19195 | 38114 |
| 2007 | 1013 | | 194 | 819 | 20765 | 48053 |
| 2008 | 1180 | | 123 | 1057 | 23342 | 48176 |
| 2009 | 1529 | | 154 | 1375 | 26211 | 62377 |
| 2010 | 1100 | | 113 | 987 | 20374 | 50684 |

**非学历教育考试** 1998年,全市开始组织全国英语等级考试、全国计算机等级考试(NCRE)。全国计算机考试每年开考2次,上半年在3月最后一个双休日,下半年在9月中旬。2005年,市自考办开始负责全国大学英语四、六级考试CET部分考务管理工作。考试一年开考2次,一般在6月和12月中旬左右。2007年起停止接收社会考生报考,报考者均为在校二年级以上大学生和研究生。

**教师资格考试** 2003~2009年,市招考办配合市教育局人事科,承办非师范类人员申报认定教师资格补修教育学、教育心理学2科考试的部分考务管理工作,共参加考试14017人,计26729科次。2010年起,考试全部由市教育局人事科组织,并由以前的笔试改为机试。

## 第三节 继续教育

1991年始,全市各高校相继设立成人教育机构,负责成人高等教育(继续教育)。学习形式主要有脱产、函授、业余、短期培训。教育层次为大学专科教育、大学本科教育、硕士研究生教育,自学考试辅导和职业技能培训教育。1996年,成立江西财经职业学院成人教育部。

1999年起,九江职业技术学院继续教育部开办学历和非学历成人教育。先后同北京理工大学、北京航空航天大学、西南科技大学、中央广播电视大学等院校合作,开办本专科和硕士研究生教育,培养在职人员3000余人。

2002年,省财政厅批准在江西财经职业学院成人教育部基础上成立成人教育处,负责成人教育、招生、管理、各类培训和考试等工作。2004年起,九江职业技术学院继续教育部经国家海事局和省海事局批准,开展各类内河船员培训,培训船员8000余人次。同年九江学院继续教育机构组建。开设77个本、专科专业,其中,专升本专业33个(含高达本12个),专科专业44个。2005年始,九江学院继续教育机构与武汉大学联合举办3届软件工程硕士研究生学位班,首届学位班55名学员于2007年毕业并获得硕士学位。2008年,九江职业技术学院获得教师资格证培训资质,并为高职院校毕业生提供培训。期间,江西师范大学、华东交通大学、华中师范大学、重庆大学、江西农业大学、赣南师范学院等高校在九江职业技术学院设立成人教育函授站,开展专科、本科成人教育。与武汉大学继续教育学院联合开展在职研究生教育。中专层次教育覆盖各县区,共有教学站14个。江西财经职业学院成人教育处与南昌大学、东北财经大学、武汉大学和中南财经政法大学等高校联合办学。设有专科、本科和硕士研究生班3个办学层次。同年,教育部取消普通高校成人脱产学历教育计划,九江成人高等学历教育脱产形式中止。

2009年,九江学院继续教育机构与华中农大联办农业推广与园林专业硕士学位班,与华中师大、市教育局联办教育硕士班,与电子科技大学联办软件工程硕士学位班。2010年在校生11000余人。至2010年,九江职业技术学院为社会培养成人专科、本科学历教育人数2200余人,远程网络专、本科成人教育300余人,中专层次教育2479人,普通话培训测试3万余人,农村骨干教师培训1000余人。九江学院继续教育机构开设专业增加到95个,涵盖理学、经济学、管理学、文学、法学、医学、教育学等7大学科门类。先后在省内外建立函授站72个,在校生中有2/3分布在函授站,函授站点的教育教学工作成为成人教育工作的重要组成部分。江西财经职业学院成人教育有函授教育、脱产教育、职业培训等多种办学形式,设有会计学、国际贸易、金融学、信息管理与信息系统、英语、法学等本科专业及会计学、计算机信息管理、经贸英语、财政学、税务、国际贸易、市场营销、计算机及应用等专科专业,当年各层次在读生2000余人。

# 第六章 教师队伍

## 第一节 教师来源

### 一、国家正式教师

2000年前,公办中小学校的教师补充主要来自高、中等师范院校江西师大、九江师专、九江师范。师范类大中专毕业生均由生源地教育行政部门进行工作分配。2000~2004年,高、中等师范院校的毕业生不再实行刚性分配,公办中小学校教师补充实行师范院校毕业生和学校达成双向选择意向后,报教育行政部门,按程序办理引进手续。至2010年,公办中小学教师补充主要来源于具有教师资格、取得教师资格证的各类大中专毕业生,采取面向社会公开招聘(招考),同时实行人事代理制度。但硕士研究生、部属重点师范大学毕业生可通过“绿色通道”引进。

### 二、民办(代课)教师

1991年,全市民办(代课)教师数量14687人。此后,按照省统一部署,每年选招一定数量民办(代课)教师转为公办教师。至2002年,尚有民办(代课)教师7082人。同年10月,组织最后一次民师选招工作,共转编2236人,另外民办教师实行离岗退养479人,辞退民办教师4367人。

1991~2010 年全市各级各类学校教职工数量一览

表 55-6-1 单位：人

| 年 份 | 普通高校 | 成人高校 | 普通中专 | 普通中学 | 职业中学 | 小 学 | 幼儿园 | 特殊教育 |
|---|---|---|---|---|---|---|---|---|
| 1991 | 892 | 108 | 1970 | 16180 | 1657 | 29052 | 1870 | 22 |
| 1992 | 867 | 114 | 1945 | 16662 | 1698 | 29216 | 2025 | 22 |
| 1993 | 1030 | 114 | 1919 | 16488 | 1594 | 28919 | 2080 | 29 |
| 1994 | 1140 | 114 | 1930 | 16936 | 1464 | 29403 | 1948 | 31 |
| 1995 | 1661 | 114 | 1623 | 16944 | 1271 | 29401 | 2041 | 40 |
| 1996 | 1161 | 116 | 1621 | 17610 | 1298 | 29253 | 2369 | 40 |
| 1997 | 1149 | 112 | 1491 | 17756 | 1342 | 28267 | 2498 | 40 |
| 1998 | 1089 | 113 | 1494 | 18133 | 1228 | 28384 | 1873 | 39 |
| 1999 | 1628 | 112 | 695 | 18414 | 1220 | 27490 | 2466 | 38 |
| 2000 | 2047 | 117 | 595 | 18603 | 1085 | 27247 | 2001 | 48 |
| 2001 | 2057 | 137 | 393 | 19262 | 780 | 25867 | 1538 | 56 |
| 2002 | 2414 | 123 | 153 | 19622 | 745 | 24236 | 1624 | 59 |
| 2003 | 3055 | 118 | 152 | 19633 | 1120 | 22946 | 1453 | 62 |
| 2004 | 3703 | 56 | 152 | 20047 | 1254 | 22260 | 1947 | 88 |
| 2005 | 5480 | 61 |  | 20153 | 1422 | 21950 | 3266 | 93 |
| 2006 | 5794 | 62 |  | 20141 | 1718 | 21612 | 3466 | 112 |
| 2007 | 5929 | 61 | 631 | 19726 | 1365 | 21901 | 3438 | 123 |
| 2008 | 5422 | 60 | 630 | 19457 | 1808 | 21380 | 4988 | 123 |
| 2009 | 5850 | 56 | 495 | 19551 | 1771 | 21213 | 5051 | 130 |
| 2010 | 5991 | 76 | 671 | 19361 | 1653 | 21174 | 6930 | 149 |

说明：1993~2001 年统计中包括非教育系统办学的教师

## 第二节 教师培训

### 一、中小学骨干教师培训

1991 年以来，骨干教师培训分为国家级培训，由省教育厅分配计划，市、县教育行政部门推荐；省级培训，由省教育厅下达计划，市、县教育行政部门推荐；市级培训，由市教育局下达计划，县(市、区)教育局推荐，主要培训初中及以下的教师；县级培训，由县(市、区)教育局据实际情况开展有针对性的培训；校本培训，由学校据本校实际情况开展各项业务培训。

### 二、班主任、校长培训

1991~2010 年，分别有国家、省、市、县级 4 个层面，对全市中小学班主任进行多层面多形式培训。新任小学、初中、高(完)中校长分别参加由县(市、区)教育局、市教育局、省教育厅组织的任职资格培训；在职校长每 5 年必须接受国家规定时数的提高培训；此外，还组织骨干校长高级研修。

### 三、中小学教师(远程)全员岗位培训

2005 年，据教育部规定，在职教师每年都必须参加继续教育远程课程学习培训，利用网络和信息中

心资源,制定全员培训计划。2010年,组织近2万名中小学教师参加远程培训考试。选送172名教师参加省级培训。

### 四、新课程培训

2000年始,义务教育实行新课程改革。至2006年,全市中小学义务教育阶段的教师都进行新课改转变观念、更新知识的通识或专业轮训。2007年,高中新课改启动,高中各科教师开始新课改培训。2010年,全市1311名普通高中起始年级教师参加新课程实验教师远程培训。

## 第三节 教师任用

### 一、任用模式

1991~2000年,教师管理实行身份管理。2001年,中小学实行人事制度改革,教师管理实行岗位管理,即教师引进、教师流动调配、毕业生选派,均实行双向选择、竞争上岗、全员合同聘用。主要分4个层次:科学设岗——“定编制、定岗位、定员额、定工作量”。竞争上岗——根据“公开、公平、竞争、择优”的原则,按“校长——中层——教研组长、年级组长、班主任——教师——职工”顺序分级聘任,竞争上岗,择优聘用。签订聘约——应聘教师与校长签订聘约。落聘分流——对于落聘教师根据不同情况,妥善安置,主要采取校内转岗、待岗进修、校内退养、校际交流、人事代理、自谋职业、校办产业、辞职、辞退等方式进行分流。

2005年起,考录的各类大中专毕业生(含2003年以前毕业生),全部进入人才市场,其人事档案存放在当地政府人事部门隶属的人才服务机构,实行人事代理,由“单位人”向“社会人”转变,人事关系与用人单位相分离,人事代理人员和编制相分离(占编不上编),实行合同聘用管理。

### 二、教师资格认定

1995年国务院颁布《教师资格条件》。1997年开展教师资格认定,认定的对象为1993年12月31日前在学校和单位中专门从事教育教学工作或已离退休的人员,认定的主要条件是符合法定的教师学历要求。

2002年对象为1994年1月1日之后在学校和单位中专门从事教育教学工作,在《教师资格条例实施细则》下发前仍然在编在职的公办教师;1993年12月31日前符合过渡认定条件但未认定的;1993年12月31日前离退休,或1994年1月1日之后至《教师资格条例实施细则》下发前离退休的公办教师;2002年师范院校教育类毕业生。2003~2010年对象为2003年6月30日前未达到国家法定离退休年龄的具备教师资格条件者(含非师范类毕业生)。

申报认定教师资格的条件包括相应的公民身份条件、思想品德条件、学历条件、教育教学能力条件等。

### 三、职称评聘

1991~2001年,全市中小学教师职称评审实行评聘合一。2001年后,教师专业技术职务评聘改为评聘分开和动态聘任制。中小学教师高、中级专业技术职称评审由市教育局在市人事局的业务指导下具体组织评审。2004年,实行教师职称动态聘任制度,把教师职称聘任与工作岗位聘任结合起来。至2010年,全市小学教师中评聘副高职称教师292人,评聘中级职称12418人;初中教师中评聘副高职称2925人,评聘中级职称4976人;高中教师中评聘副高职称1984人,评聘中级2044人。由于各校专业技术职务职数的限制,至2010年年底,全市有2455名获得高级专业技术资格的教师未获聘任,其中小学特高级教师231人,市直370人。

## 第四节 教师待遇

### 一、社会地位

1991年来，每年9月10日教师节期间，各级政府以表彰会、座谈会、走访、慰问、文艺演出等活动形式表示庆祝。各级党代会、人代会、政协会均有教师代表参政议政。至2010年，全市中小学教师受国家级表彰44人，受省级表彰469人，获省级特级教师110人；受市级表彰教学明星115名，学科带头人794人，骨干教师3930人，获市级优秀拔尖人才15人，市级突出贡献专业技术人才2人，涌现一批以钱茶花、邹有云、徐小年、徐斌等为代表的全国知名教师。

### 二、工资待遇

1991~1993年，全市教师实行以职务工资为主的结构工资制，分为基础工资、职务工资、工龄津贴、奖励工资。

1993~2006年，实行专业技术职务等级工资制。其工资构成分为固定部分和活的部分两大块。固定部分主要体现教师的学历、资历以及水平高低和责任大小，活的部分主要体现教师的岗位差别以及实际工作量、所取得的工作成效。两者的比例为7:3。在发放等级工资同时，对教师还发放地区津贴和岗位津贴。同时，对年度考核称职以上的发放一次性奖金，标准为本人当年12月份的基本工资。其间，国家于1997年7月、1999年7月、2001年7月、2001年10月4次调整教师工资标准。

2006年，实行岗位绩效工资制度。岗位绩效工资由岗位工资、薪级工资、绩效工资、津贴补贴组成，其中岗位工资和薪级工资为基本工资，绩效工资和津贴补贴为活工资。岗位工资主要体现教师所聘岗位的职责和要求，共设置13个等级。薪级工资主要体现教师的工作表现和资历，共设置65个薪级。绩效工资和津贴补贴主要体现工作人员的实绩和贡献，主要包括财政定期发放的津补贴、十三个月的奖励工资、学校自筹津补贴等。2009年1月1日起，义务教育学校正式工作人员实施绩效工资，市直定为年人均15000元(2010年增调至18600元)加上十三个月的奖励工资，县区定为年人均12000元加上十三个月的奖励工资，其经费来源全额纳入财政预算。2010年1月1日起，非义务教育学校实施绩效工资，绩效工资总量为经清理核查后确定的津贴补贴加上原国家规定的年终一次性奖金，市直非义务教育学校绩效工资基本标准线定为年人均16000元，退休人员生活补贴统一标准线为年人均12000元，其经费来源由单位和财政共同负担，如实际发放水平低于标准线的，不足部分由财政补差，高于或等于标准线的，由单位原渠道解决。

# 第七章 教育科研

## 第一节 教研活动

1991年，市教育局内设市教学研究室，管理中小学教育科研。各驻市高校内设相应的科研机构。市教育学会下设专业委员会19个，组织中小学开展学科教研工作。1993年，成立市职业技术教育培训中心，以岗前岗后职业技能培训为主，内设教研处、培训处。至此，市教育教学科研形成普通教育、职业教育、高等教育并举，专业机构与社会团体共抓局面。

2000年，市教育局发文要求重点中学设立教研处(科研处)，负责教学研究、教改实验和课题管理。同年，市职业技术教育培训中心增挂市职业教育教学研究室牌子，负责全市职业教育教学研究工作。7月，九江职业技术学院设立科研处，为副处级中层部门，统抓科研工作，负责技术开发、项目管理，各院系部教学副院长(副主任)、教学干事负责各院系部科研工作。科研处下设高教研究所,为科级单位,专职教育科研及出版《九江职业技术学院学报》。2002年,市职业技术教育培训中心组建语文、数学、英语3个学科中心教研组和计算机、机电、电子技术应用、旅游、会计、装潢美术专业中心教研组6个。至2003年,14个县、市、区、山、城均恢复教育学会机构,市直学校及县区重点中学均建立学会组织,开展各类教育科研活动。2004年11月,九江学院设立科研机构19个,归口科研处管理。2007年,九江职业大学成立高教研究室及专业指导委员会,加强教育教学研究及对专业建设、师资队伍建设、课程建设、实验室建设、实习实训基地建设、人才培养规格设计等方面的论证咨询与指导。2008年,在市教学研究室基础上成立市教育科学研究所,内设高中教研科、初中教研科(含特教)、小学教研科(含幼教)、理论研究科、教研管理科、课题规划科、信息中心(含九江教研网站)。具有高级教师资格28人,省特级教师1人。教科所按照中小学开设的课程分学科设岗,配备中学语文、数学、英语、物理、化学、生物、政治、历史、地理、通用技术(其中,中学语文、数学、英语、物理按初、高中配备双线),中小学音乐、体育、美术(兼)、信息技术、综合实践(兼),小学语文、数学、英语、思品、科学,幼教等专(兼)职教研员。此后,全市教研工作管理分两条线进行:一条是市、县、乡、校4级教研网络,负责辖区的教学研究和教学业务管理,主要是面向县城和农村中小学;另一条是市教研室、市学科中心教研组、市直学校的3级教研网络,负责市直中小学的教学研究和教学业务管理。

至2010年,九江学院设有科研机构27个。同年,南昌大学共青学院设立艺术与设计研究所,以艺术设计专业为核心,涵盖服装设计、广告设计、环境艺术设计等多学科交叉研究。

## 第二节　教研成果

### 一、普通教育教研成果

**教材编写**　2004年,市教研室抽调13名教师组织编写市中小学地方教材《山水家园》(列入省教育厅地方教材选用目录),2005年,由江西高校出版社正式出版。

**校本教材开发**　2000年,市一中"校本课程开发与研究"作为省级科研课题正式立项。先后开发10多门校本课程。如《能源问题系列讲义》《科学素养教育讲稿》《数学中的美学》《近代中西文化的交汇》《环境与环境保护》《盆景艺术欣赏》《古今名人佳话》《英美交际与英语会话》《旅游摄影》等。该校还编印《校本课程开发:国内研究成果》(国内第一部校本课程的研究论文集)及《任选课、活动课教案精选》《九江一中学生研究性学习优秀论文汇编》等,出版师生论文集《濂溪风》。市三中开发以谷雨诗会为蓝本的校本课程教材《青春放歌》,在全省普通高中校本课程开设现场经验交流会上获优秀校本教材(校本精品课程)一等奖。同年,省教研室期刊《教学研究与实验》(第2期)编辑市一中校本课程校内研究成果专辑。2005年,《校本研究在江西——来自教学研究实验基地的报告》一书由人民日报出版社出版,其中市一中校本课程建设研究成果占有显赫篇幅。"校本课程开发与研究"课题成果向全省150余所中学展示,反响良好。围绕校本课程建设,全市教师和教育工作者发表省级、国家级教育教学科研论文18余篇。

**教学竞赛**　2005年,省教育厅规范中小学生的学科竞赛和科技活动项目,全市各级中小学的学科竞赛主要在教研室统一组织下进行。2007年,市一中学生龚良琪在全国青少年信息学奥赛中获国家银奖。2009年,市一中学生杨康以全省第一名的成绩夺全国金牌,成为市教育史上第一块全国奥赛金牌。2010年,市一中参加奥赛14人获一等奖。其中化学竞赛6人获一等奖(其中1人选入奥赛冬令营),13人获二等奖,13人获三等奖,一等奖获奖人数和团体总分均名列全省第一。同年12月26日,第二十四届全国高中化学竞赛(江西赛区)颁奖大会在市一中召开。

## 二、高等教育教研成果

**论文** 1996年年底，九江船校论文在中国职教学会期刊编辑委员会组织的“首届全国优秀职教文章”评选中获一等奖1篇、二等奖2篇、三等奖5篇。江西财经职业学院在省级报刊(包括本院学报)发表论文共计300多篇，其中有40篇被评为省教育科研优秀论文。江西财经职业学院2002~2009年，全院教师共发表论文1521篇，其中，核心论文以上230篇。2010年，南昌大学共青学院教师共发表科研论文100余篇。

**文化研究丛书** 2007年始，九江学院推出《庐山文化研究丛书》第一辑、第二辑。

**专著及教材** 至2002年，江西财经职业学院教师主编并公开出版教材、专著、工具书29部，参编并公开出版教材32部，实现学院教材编写由参编型为主向主编型为主的转变。南昌大学共青学院出版教材6部。九江职业大学以实习实训系列教材为重点推进教材建设，“十一五”期间，学校组织编写、公开出版教材50部，其中国家级“十一五”规划教材5部，校本教材4部。2010年九江职业大学语文教育专业教学团队、学前教育教学团队被评为省级教学团队。

**学科建设** 1991年来，九江职业技术学院建有省级人才培养模式创新实验区4个；国家级教学团队2个、省级教学团队4个；国家精品课程3门，省级精品课程25门。国家和省级质量工程奖项进入全国同类院校前列，居全省同类院校第一。

**优秀成果奖** 1991年来，九江职业技术学院配合省教育厅承办4届全省高职大学生科技创新技能大赛，项目涉及数控、建筑、电子、电工、车工、钳工、电子商务等10余个专业，通过竞赛推动省内高职院校相互交流和学习。至2010年，有20项省、市级科研成果。其中，高等教育国家级教学成果奖1项，省部级教学成果奖11项。南昌大学共青学院2010年院团委组织广大同学参加校外各类竞赛，其中“南科杯”江西省高等学校电子电脑大赛中获全省一等奖4项、二等奖8项、三等奖19项。学生参加各类大赛共获得各级别奖项累加达200余项。在全国ITAT教育工程就业技能大赛、全国大学生数学建模竞赛中，均有学生获全国一等奖。全国大学生英语竞赛，学生获全国特等奖几十人次，且在2006~2010年连续4年获D类(专科大学英语类)团体总分第一名，名列全省高校专科大学英语首位。

**院刊院报** 1999年，职业技术学院创办《九江职业技术学院学报》。2004年，原《九江师专学报》《九江医学》《九江财专学报》合并改为《九江学院学报：哲学社会科学版》和《九江学院学报：自然科学版》，分别用原《九江师专学报》和《九江医学》刊号继续出版。《九江学院学报》“陶渊明研究”“鄱阳湖庐山文化研究”两个特色栏目在全省产生良好影响，“陶渊明研究”栏目被评为全省“优秀栏目”。在此基础上，九江学院举办三届陶渊明国际学术研讨会。至2010年《江西财院九江分院学报》共出版34期。

**保护传承地方非物质文化遗产** 2007年，九江学院与地方政府联手将首批国家级非物质文化遗产“青阳腔”引进校园，建立“青阳腔戏曲艺术教学实践基地”；2008年6月，省级非物质文化遗产瑞昌剪纸走进课堂，获“江西省宣传思想工作创新奖”；2009年，学校成立省高校第一个非物质文化遗产展馆，成为国内高校非物质文化遗产宣传、保护和开发工作的品牌。陈列馆先后将瑞昌剪纸、瑞昌竹编、星子金星砚、湖口草龙、修水全丰花灯等一批国家、省级非物质文化遗产引入校园。2010年5月，九江学院成立省高校首个非物质文化遗产研究基地——江西省非物质文化遗产九江学院研究基地。

# 第八章　教育管理

## 第一节　教育督导

1993年始,市教育督导重点是“两基”巩固提高工作。2000年,对市直学校年度目标管理实行一年一度考评。2006年,对县级政府教育工作实行一年一度督导评估。2008年始,对中小学实施素质教育示范学校督导评估。开展对教育热点、难点问题专项督导,如“保学控流”“教师队伍建设”“体卫艺工作”“新课程改革”等。县(市、区)教育督导重点主要是学校教育教学工作。

## 第二节　学校管理

### 一、校长负责制

1993年始,全市实行校长负责制。2001年始,建立以校长为法人代表,由校长领导的学校行政统一指挥系统,校长对学校行政工作实行统一领导、全面负责。

### 二、学籍管理

1991~2010年,小学、初中学生学籍由各校和县(市、区)教育局两级管理。普通高中、职业高中学生学籍由学校、县(市、区)教育局和市教育局三级管理。普通中专以上学校学生学籍,由学校和省教育厅管理。市教育局直属小学、初中、普通高中、职业高中学生学籍由学校、市教育局两级管理。

### 三、安全管理

1991年以来,市教育局建立学校安全管理和检查制度,打造平安和谐校园。全市各学校按照《九江市学生和学校安全工作文件制度汇编》,落实安全工作的各项责任,完善各项安全管理制度,重点强化校舍安全、交通安全、饮食卫生安全、设施设备安全、消防安全、活动安全工作等常规细节管理,建立安全工作应急预案,保证各种安全防范措施落实到位,确保全市学校的安全稳定,营造平安和谐育人环境。2007年,市教育局印发《关于加强民办学校教育行业风险管理工作的通知》,在全市实施校(园)方(包括民办学校)责任保险。2010年,全市校(园)方责任险承保率达98%,学平险承保率达95%。

### 四、校园管理

2002年启动校园管理创优活动,至2004年告一段落。全市涌现一批校园建设有特色、校园管理上档次的示范性学校,3年创建100所校园建设和管理示范以及达标学校。

## 第三节　教育经费

### 一、经费来源

1991年,教育经费来源主要为国家财政拨款、社会团体和公民个人办学经费、社会捐集资办学经费、教育事业收入、其他收入。2005年后,取消农村集资办学项目,其他经费来源渠道没有改变。市义务教育阶段学校自2005年秋季入学开始全面实行“一费制”(即,在严格核定杂费、课本(教材)费和作业本费等标准的基础上,向学生一次性统一收费)。2007年,农村义务教育经费保障机制改革的基本原则是按照“明确各级责任、中央和地方共担、加大财政投入、提高保障水平、分步组织实施,逐步将义务教育全面纳入公共财政保障范围,建立各级政府分项目、按比例分担的义务教育经费保障机制。至2010年12

月,义务教育阶段中小学公用经费基准定额全部落实到位。此外,20年间,全市教育系统接受社会(含境内外财团、个人)捐赠建校资金总计14318.26万元,资助项目共423个。

1991~2010年若干年份教育经费来源一览

表62-8-1　　单位:万元

| 年份 | 合计 | 国家财政拨款 | | | | 民办教育经费 | 社会捐资集资 | 教育事业收入 | 其他收入 |
|---|---|---|---|---|---|---|---|---|---|
| | | 预算内经费 | 各级政府征收用于教育的经费 | 企业办学经费 | 勤工俭学和社会服务收入用于教育的经费 | | | | |
| 1991 | 40840 | | | | | | | | |
| 1998 | 51014 | 35966.3 | 5581.7 | 2189 | 735.3 | 168 | 2826.9 | 9960.7 | 474.6 |
| 2000 | 67678.5 | 35966.3 | 7476.9 | 1946.9 | 758.7 | 438 | 1105.1 | 19301.8 | 684.8 |
| 2005 | 127743.2 | 88348 | 4861.8 | | 691.1 | | 1177.8 | 30736.1 | 1928.4 |
| 2010 | 346310.8 | 249347.8 | 17028.7 | | 787 | 1536.4 | 724.8 | 70426.5 | 684.8 |

## 二、经费管理

**市政府管理** 1993年,全市把实现"一无两有"(即:校校无危房、班班有教室、人人有课桌凳)作为发展基础教育突破口,陆续出台一系列增加教育经费投入的捐资、集资办学具体政策与措施。1994年始,全市建立教育经费年度需求计划编制制度。教育经费年度需求计划,由各级教育行政部门编制,交同级财政部门审核,经当地人大批准后执行。1996年,市政府出台《关于进一步加强预算外资金管理的决定》,对全市预算外资金管理,按照统一政策,分类管理,量入为出,政府调控的基本原则,全面纳入财政管理。1999年,制定《九江市预算外资金管理细则》,9月1日开始全市教育经费实行"收支两条线"的管理。

2000年,按照《江西省义务教育经费筹措和使用管理办法》,教育事业费由教育主管部门编制本部门年度预算草案,依照法定程序,列入财政预算,财政部门根据批准的预算和教育部门提出的用款计划,对经常性经费按月拨付,对专项经费按进度拨付。县教育事业费由县政府统筹管理。2002年,根据《国务院关于基础教育改革与发展的决定》、省政府贯彻《〈国务院关于基础教育改革与发展的决定〉的实施意见》,全市农村义务教育开始"实行在国务院领导下,地方政府负责、分级管理、以县为主"的体制。农村义务教育经费管理结合农村税费改革逐步按照"以县为主"的管理体制运行。县级政府对本地农村义务教育负有主要责任,统一发放教职工工资。2003年,全市取消农村教育附加。武宁县、永修县、瑞昌市、浔阳区、庐山区、修水县教育局相继成立教育会计核算中心,实行集中收付,统一核算。不改变各预算单位预算资金的支配权、使用权、财务管理权。2007年,市政府印发《九江市深化农村义务教育经费保障机制改革实施方案》。2008年,按照《江西省教育厅、财政厅关于调整完善城乡义务教育经费保障机制改革有关政策的通知》,对城乡义务教育经费进行调整和完善。

**县级政府管理** 2002年始,实行"农村税费改革",初步形成"政府办学、经费保障、因地制宜、加强管理"的农村义务教育投入机制。同年,按照《江西省人民政府印发贯彻国务院关于基础教育改革与发展决定实施意见的通知》,开始实行"以县为主"管理体制。管理体制规定:县(市、区)在农村税费改革后对农村义务教育必须做到"三个"确保,即保工资、保运转、保安全。其中保工资要求确保农村中小学教师工资及时足额发放,农村中小学教师工资上收到县集中管理;县级政府将中小学教师工资全额纳入财政预算,实行由县财政统一发放,通过银行及时足额拨入到教师个人工资账户中。

**"省直管县"管理** 2005年,全市按照全省统一部署,国家级贫困县修水县被列为"省直管县"改革试点。2007年,新增武宁县、永修县、九江县、星子县、湖口县、都昌县、彭泽县7县为"省直管县"。2009年,德安县、瑞昌市列入“省直管县”。到2010年全市共有10个县(市)列入“省直管县”。实行“省直管县”县(市)教育经费由省财政直接拨付给县(市)财政,赋予县级政府行使地级市教育经费管理权限。

## 三、经费使用

1991年,全市经常性财政实际收入40840万元,教育事业费实际支出8774.3万元,占财政收入21.48%。其中个人部分7129万元(工资3577.2万元、补助工资2050.9万元、职工福利477万元、离退休费556.6万元、助学金175.1万元、副食品补贴292.2万元);公用部分1645.3万元(公务费541万元、设备费193.4万元、修缮费675.4万元、业务费236.2万元、其他费用29.3万元)。公用经费占教育事业费实际支出18.75%。1995年,全市经常性财政实际收入63722万元,教育事业费实际支出19083万元,占财政收入29.95%,比1991年增长117.4%。其中个人部分17451.5万元(工资13430.8万元、民办教师补助677.5万元、离退休费1531.5万元、奖贷助学金270.8万元、其他费用1540.9万元);公用部分1631.5万元(公务业务费814.5万元、设备购置费266.7万元、修缮费441.8万元,其他费用108.5万元)。公用经费占教育事业费实际支出9%。2000年,教育事业费实际支出64643.5万元,比1995年增长238.7%。其中事业性经费支出56573万元(个人部分40033.5万元、公用部分16539.5万元)、基建支出8070.5万元。个人部分主要用于基本工资23122万元、补助工资8429.9万元、其他工资1114.2万元、职工福利费1886.8万元、社会保障费4973.1万元、助学金507.5万元;公用部分主要用于公务费4514.2万元、业务费3306.8万元、设备购置费2767.1万元、修缮费3748万元、业务招待费785万元、其他费用1418.4万元。

2001年,国家实行解困助学,对家庭经济困难中小学生实行减免缓学杂费和对家庭经济困难学生进行资助。2002年,国家正式出台《国家奖学金实施办法》,构建多元化学生资助体系。2003年3月九江职业技术学院举行首届国家奖学金发放仪式,8名学生获二等奖学金(奖金4000元)。

2005年,教育事业费实际支出137432.1万元,比2000年增长112.60%。其中事业性经费支出119127.5万元(个人部分82233.8万元、公用部分36893.7万元)、基建支出9176.6万元。个人部分主要用于基本工资42620万元、补助工资16746.8万元、其他工资3888.1万元、职工福利费4141.5万元、社会保障费13108.2万元、助学金1729.2万元;公用部分主要用于公务费10865.2万元、业务费6177.4万元、设备购置费4022.4万元、修缮费12743.8万元、其他费用3084.9万元。同年,市政府发布《关于进一步加强农村教育工作的意见》,开始建立和健全扶持农村家庭经济困难学生接受义务教育的助学制度。县(市、区)政府负责安排扶助家庭贫困子女接受义务教育的专项资金,建立“资助困难学生”基金。市政府每年从财政预算内资金中安排50万元,对困难学生给予补助。用5年左右时间,使全市农村义务教育阶段家庭经济困难学生都能享受到“两免一补”(免杂费、免书本费、补助寄宿生生活费)。九江职业技术学院成立“国家助学贷款管理中心”。九江职业大学设立校级奖学金,并建立多渠道资助体系,有香港福慧慈善基金会资助100人,每人1000元;民进市委会资助10人,每人1000元;“管飞”基金资助27人,每人3000元。从而形成国家、社会、学校多层面、立体式的学生资助工作体系。

2007年始,按照国家学生资助政策,高校每学年发放特别优秀学生国家奖学金每人8000元;奖励资助在校生中品学兼优的家庭经济困难学生国家励志奖学金每人每年5000元,资助面平均约占在校生3%;资助家庭经济困难在校生国家助学金平均每人每年2000元,一般分为二到三档,资助面平均约占在校生20%。根据应届毕业生应征入伍服义务兵役学费补偿代偿政策,2009年始,20%在校生享受免学费,其中农村家庭经济困难学生占15%,城镇家庭经济困难学生占5%;同时为应届毕业生应征入伍办理学费补偿代偿,高中后三年高职生补偿代偿学费每人15000元,五年制高职生补偿代偿学费每人1万元。

2010年,教育事业费实际支出343438.9万元,比2005年增长149.9%。其中事业性经费支出334838.9万元(个人部分214537.1万元、公用部分120301.8万元)、基建支出8600万元。个人部分主要用于工资福利支出156355.4万元、对个人和家庭的补助支出58181.7万元;公用部分主要用于商品和服务支出72080.5万元、其他资本性支出488221.3万元。当年秋季始,高校国家助学金金额提升到平均每人每年3000元。九江职业技术学院当年就有765名学生申请获得国家助学贷款。

**1991~2010年学生享受资助一览**

表55-8-2　　单位:万元

| 年 份 | 资助项目 | 资助标准 | 资助人数 | 资助比率(%) | 资助金额 |
|---|---|---|---|---|---|
| 2001 | 减免缓学杂费 | | 15.9万人次 | | 1328.4 |
| | 资助贫困生 | | | | 273.13 |
| 2002 | 减免缓学杂费 | | 14.4万人次 | | 1507 |
| | 资助贫困生 | | | | 264 |
| 2003 | 减免缓学杂费 | | 11.5万人次 | | 677 |
| | 资助贫困生 | | | | 199.46 |
| 2004 | 减免缓学杂费 | | 9.8万人次 | | 973 |
| | 资助贫困生 | | | | |
| 2005 | 两免一补 | | 37.5万人 | | 2282.59 |
| | 减免缓学杂费 | | 6.1万人次 | | 700 |
| 2006 | 两免一补 | | 50.85万人 | | 2250.42 |
| | 减免缓学杂费 | | 4.62万人次 | | 867.82 |
| 2007 | 两免一补 | 每学年免学费农村小学170元、农村初中210元,城市小学220元、城市初中270元;免教科书小学70元、初中140元;寄宿生补助每人300元 | 免学费60.2万人、免教科书19.4万人、补助寄宿生36851人 | 免学费100%、免教科书32%、补助寄宿生平均20% | 24195.3 |
| | 资助中职贫困生 | 1000元/人.学年 | 3956人 | 11% | 395.6 |
| | 资助普高贫困生 | 800元/人.学年 | 7844人 | 7% | 627.5 |
| | 资助当年考入大学贫困生 | 5000元/人 | 2400人 | 5% | 1200 |
| 2008 | 两免一补 | 每学年免学费小学300元初中500元;免教科书小学90元、初中180元;寄宿生补助小学500元、初中750元 | 免学费和免教科书62.2万人、补助寄宿生46834人 | 免学费和免教科书100%、补助寄宿生平均20% | 32080.4 |
| | 资助中职贫困生 | 1500元/人.学年 | 25551人 | 100% | 3832.65 |
| | 资助普高贫困生 | 800元/人.学年 | 9741人 | 8% | 779.28 |
| | 资助当年考入大学贫困生 | 5000元/人 | 2181人 | 5% | 1090.5 |

续表 55-8-2

| 年 份 | 资助项目 | 资助标准 | 资助人数 | 资助比率(%) | 资助金额 |
|---|---|---|---|---|---|
| 2009 | 两免一补 | 每学年免学费小学 300 元初中 500 元;免教科书小学 90 元、初中 180 元;寄宿生补助小学 500 元、初中 750 元 | 免学费和免教科书 62.1 万人、补助寄宿生 37085 人 | 免学费和免教科书 100%、补助寄宿生平均 20% | 31134.04 |
| | 资助中职贫困生 | 1500 元/人.学年 | 28156 人 | 100% | 42234 |
| | 资助普高贫困生 | 800 元/人.学年 | 10905 人 | 10% | 872.4 |
| | 资助当年考入大学贫困生 | 5000 元/人 | 2919 人 | 10% | 1459.5 |
| 2010 | 两免一补 | 每学年免学费小学 300 元初中 500 元;免教科书小学 90 元、初中 180 元;寄宿生补助小学 500 元、初中 750 元 | 免学费和免教科书 64.1 万人、补助寄宿生 41165 人 | 免学费和免教科书 100%、补助寄宿生平均 20% | 31670.81 |
| | 资助中职贫困生 | 1500 元/人.学年 | 34388 人 | 100% | 5158.2 |
| | 资助普高贫困生 | 800 元/人.学年 | 20952 人 | 20% | 1676.16 |
| | 资助当年考入大学贫困生 | 5000 元/人 | 3003 人 | 10% | 1501.5 |

# 第四节 基础建设

## 一、基本设施建设工程

**农村远程教育工程** 2004 年,省农村中小学现代远程教育工程试点项目 125 个(模式二:卫星地面接收点)落户九江,惠及永修、武宁、彭泽 3 县 125 所农村中小学校。2005 年,国家农村中小学现代远程教育工程项目投入 4000 余万元,建设 1862 个农村教学点(模式一:光盘播放点),122 所农村小学(模式二:卫星地面接收点),211 所农村初中(模式三:计算机教室、多媒体教室等),惠及全市每一个乡镇中小学和村小。配备 7000 余台电脑、2000 余个光盘播放室、200 多个媒体教室、地面卫星接收和校园网等设施。以光纤骨干网为主教育城域网工程,将性能稳定、高速、具备交互等功能“地网”延伸至乡镇中心完小以上学校;建设市基础教育资源中心,建立以“地网(农村远程教育工程卫星地面接收网)为主,天网(教育城域网)为辅”的基础教育资源共享与应用架构体系。2008 年 12 月 7 日,《中国教育报》以《九江为农村学校架起信息高速路》为题,在头版头条介绍市农村远程教育工程发展经验和成绩。同年,永修县电教站获“全国电化教育先进单位”称号。

至 2010 年,全市中小学有学生用计算机 22329 台,生机比 30:1;有教师用计算机 3943 台,师机比 12:1;装备多媒体投影教室 474 个,语音室 232 个,教室视听阅览室 261 个,校园网 205 个,校园闭路电视系统 257 个。在部分县(市区)城镇已达到每 10 名学生有 1 台计算机,部分学校做到计算机网络、双向闭路电视网络、广播网络进入教室,实现“三网合一”。初中阶段开设信息技术课的学校达 95%,高中阶段开设信息技术课的学校达 100%。

**农村学校标准化实验室工程**　1991年,省教委决定在全省选择4个县为实验教学普及县试点单位。德安县是其中之一。1992年德安县通过省教委验收。1998年,全市所有县(市、区)都通过省级验收。全市基本实现全部中学按不同类别建立实验室和仪器室,配齐各科教学仪器和实验室人员,按照教学大纲规定开出演示和分组实验目标。同时逐步建设语言、音乐、体育、美术、劳技、计算机专用功能教室建设。至2010年年底,全市中学共有实验室及功能教室1599间,教学仪器设备9174万元,图书378万册(人均14册);计算机12579台,平均21人/台。

**校园信息化建设**　2000年市教委下发《关于推进我市中小学教育技术装备现代化工作的意见的通知》。2004年5月,全省中小学图书馆(室)信息化管理现场会在九江举行。2006年,在浔阳区、庐山区和湖口县等地实行中考加试理化实验操作试点。2008年,市教育局发文规定,市直义务教育阶段学校应从杂费收入中提取不少于5%经费专项用于购置教育教学必需仪器设备和图书资料。当年全市参加中考的初中毕业生全部加试实验操作。2010年,市一中、市同文中学和瑞昌市一中成为首批全省中学一级图书馆。至同年底,全市建设通用技术试验室高中14所,中学理化生实验室和计算机、音乐、体育、美术、劳技专用功能教室1752间,配置计算机13750台,图书547万册,教学仪器设备资产总额8352万元,配备实验员862人,图书管理员324人。全市有13所中小学图书馆(室)实现计算机自动化管理,占市直属学校87%。

**农村中小学基础设施改造工程**　2006年,全市启动“农村中小学基础设施改造工程”,总投资5412万元,其中省财政安排专款3247万元、县级财政配套2165万元。具体任务为购置、维修课桌椅329623套,购置、维修讲台8502个,投资21445644元;新建、改造厕所540个,投资22117432元;建设、改造饮水设施633个,投资10856924元。到2007年年底,所有项目交付使用。

## 二、校舍建设

**第二期国家贫困地区义务教育工程**　2001年,都昌县列为“国家贫困地区义务教育工程”项目县,从当年始连续5年中央和省财政下拨专项经费3300万元用于该县改善办学条件。共新(改)建学校147所、实施土建项目147个,其中中学35个、小学112个。到2006年年底,所有项目竣工,竣工面积106616平方米,其中新建22935平方米,改扩建83681平方米,完成投资41280万元。

**寄宿制学校建设工程**　2004~2007年,都昌县、修水县、永修县、星子县和瑞昌市5县(市)共争取“寄宿制学校建设工程”中央专款3260万元,建设55所寄宿制农村中小学,新建校舍68441平方米。

**优质高中建设工程**　星子县一中、彭泽县一中、湖口县一中、德安县一中、武宁县一中、修水县一中、九江县一中7所省级重点中学纳入到省优质高中建设工程实施范围。计划总投资2.51亿元,其中发展银行贷款1.25亿元。星子、彭泽、湖口、九江县4所中学异地新建,德安、武宁2所中学原址扩建,修水在原修水高级中学的基础上扩建成新的修水县一中。至2006年年底,7所学校基本建成,实际完成投资近3亿元。

**新农村卫生新校园建设工程**　2007年,修水、永修、德安、星子4县被省教育厅、财政厅、农业厅列为“新农村卫生新校园建设工程”试点项目县。每县下拨项目资金75万元,共300万元。其中建设厕所36座,建筑面积3493平方米,蹲位831个,计划投资217.462万元;建设配套沼气池36个,容量1790立方米,计划投资78.358万元;购置配套食堂灶具140套,计划投资4.18万元。至年底36个项目竣工并交付使用。2008年,都昌、湖口、彭泽、九江、武宁5县列为该“工程”试点项目县。每县下拨项目资金85万元,共425万元。其中建设厕所45座,建筑面积3840平方米,蹲位929个,计划投资278.1万元;建设配套沼气池45个,容量2070立方米,计划投资140.9万元;购置配套食堂灶具119套,计划投资6万元。至2009年年底,45个项目全部竣工。同年瑞昌市、庐山区及修水、都昌、星子和共青城6县(市、区)又被列为该工程试点项目县。共下拨项目资金430万元。其中建设厕所46座,建筑面积4333平方米,蹲位1112个;建设配套沼气池46个,容量1027立方米;购置配套食堂灶具106套。至年底46个项目全部建成。

**农村中小学校舍维修** 2001~2005年,教育部、财政部、发改委连续在全国范围内实施“农村中小学改造工程”,建立农村中小学危房改造的长效机制,即“农村中小学校舍维修改造工程”。全市每年投资近4000万元,其中中央专款1682万元、省级财政724万元、市级财政40万元、县级财政资金1040万元,计划新建、维修校舍9万平方米,改造校舍危房近10万平方米。

2007年,修水、武宁、德安县和瑞昌市被列入农村初中校舍改造工程项目县(第一期),计划投入资金4870万元,分4年改造4个项目县(市)的50所农村中学办学条件。2009年,省教育厅、省发改委下达全市49个项目建设计划,建设资金5372万元。至年底49个项目全部竣工并交付使用。同年始,全市共排查房屋9967栋,面积506.37万平方米,占辖区校舍面积100%,排查出安全使用房屋3175栋,243.51万平方米,排查出D类危房需拆除重建和迁移避险的校舍3417栋,89.68万平方米,B类危房1940栋,106.87万平方米;C类危房1435栋,66.31万平方米。根据排查鉴定结果和实际需要,市教育局制定年度计划和3年总体规划,共需资金21.78亿元。其中抗震设防加固改造校舍2019栋,建筑面积130万平方米,资金73121万元;D级危房拆除重建2401栋,建筑面积78.3万平方米,资金60427万元;迁移避险143栋,建筑面积9.4万平方米,资金17685万元;C级危房改造452栋,建筑面积25万平方米,资金10299万元;B级危房改造635栋,建筑面积42.6万平方米,资金16332万元;消防通道改造1295栋,建筑面积85.6万平方米,资金31165万元;防雷设施改造3240栋,建筑面积191.4万平方米,资金3302万元;其他附属设施改造建筑面积37.7万平方米,资金5372万元。2010年,省教育厅、省财政厅下达全市校安工程专款2868万元实施该项目。同年全市启动第二期初中校舍改造工程,省发改委、省教育厅下达610万元,建设3所初中学校的生活用房。

**抗洪复校工程** 1998年6~7月,长江中下游发生全流域特大洪水。全市多地学校受灾严重:修水县529所学校受灾,倒塌校舍7.19万平方米,1.25万名学生失学,520户教师家庭严重受灾;永修县吴城东风小学、西店小学、芦潭小学被洪水冲毁;九江县87所学校灾情严重,受灾面积82586平方米,经济损失3678.27万元。香港、澳门及社会各界捐款890万元用于25000平方米的校园重建;瑞昌市赛湖农场一、三分场所辖小学全部被洪水冲毁。香港救世军基金会捐款200万元,帮助农场灾后重建校园;武宁县224所学校受灾,受损校舍3830平方米,经济损失192.6万元;都昌县全年筹措改善办学条件经费1200万元,得到中央、省、市下拨“灾后重建,移民建镇”学校重建资金1310万元、长江洪灾地区紧急恢复项目世行贷款115万美元(折合人民币954.5万元)、社会各界捐款700万元,先后启动和相继竣工校建项目310个,总面积达20多万平方米,全面落实中小学灾后重建工作;彭泽县受重灾学校70所,受灾面积75602平方米,经济损失2916万元。9月1日,国务院副总理李岚清、教育部部长陈至立视察灾后的市六中;9月4日,国家领导人江泽民、温家宝、曾庆红和省领导至市六中视察灾情;9月5日,江泽民至永修县立新乡车溪帐篷学校看望灾后复课师生。在各级组织、社会各界支持下,9月份灾区学生全面复课。

**抗震复校工程** 2005年11月26日,市内发生里氏5.3级地震,全市有911所中小学校(含教学点)受灾,倒塌校舍1.76万间,损坏校舍建筑面积105.8万平方米,损毁学校围墙、道路8万余米,毁坏教学仪器、设备等折价3000万元,经济损失达3.9亿元。地震中心区的九江县、瑞昌市灾情尤为严重,2县(市)361所中小学有327所严重受灾(其中,九江县131所、瑞昌市196所),受灾面积57.68万平方米,经国家级建筑专家鉴定需要拆除的校舍18.21万平方米,需要维修加固的校舍39.47万平方米。在社会各界支持下,2县(市)全面开展“抗震复校”工作。175所严重受灾学校(九江县82所,瑞昌市93所),实施项目419个,其中第一批实施271个(九江县128个,瑞昌市143个);第二批实施148个(九江县46个,瑞昌市102个),总面积20.76万平方米(九江县8.76万平方米,瑞昌市12万平方米),实施项目包括教学楼、办公楼、综合楼、学生宿舍、食堂、厕所及围墙、大门、道路等。至2010年,所有项目竣工并交付使用。

**九江外国语学校新校区建设** 2005年，市政府在九威大道划拨土地12.53公顷用于外国语学校新校区建设。新校总投资1.3亿元，总建筑面积8.4万平方米，分2期完成。第一期工程于12月8日开工建设，至2010年完成投资8500万元，竣工校舍建筑面积5万余平方米，其中教学大楼19500平方米、图书馆和实验大楼1万平方米、学生宿舍和学生食堂2万余平方米。

**九江一中八里湖新校区建设** 2009年，九江一中八里湖新校区建设工程是市委、市政府下半年启动的35个重点基础设施项目之一。当年9月5日开始前期筹建工作，11月1日破土动工。建设规模共126个班，可容纳学生约6000名。总用地面积13.33公顷，总建筑面积76748平方米，其中高中教学楼10608平方米，初中教学楼10608平方米，小学教学综合楼9664平方米，行政综合楼13040平方米，学生公寓13167平方米，其他建筑19961平方米。主要建筑有教学楼、实验综合楼、行政综合楼(含图书馆、功能教室)、素质教育中心、学生公寓、单身教师公寓、食堂、运动场及其他附属建筑。概算总投资1.568亿元，至2010年年底全面竣工。

**九江科技中专新校区建设** 2009年，项目列入市政府实施的(济困助学)民生工程。2010年，列入市政府中心城区重点建设工程。拟建20公顷新校区，其中一期工程12公顷，建筑面积97000平方米，总投资1.2亿元。包括实训楼15229.88平方米、教学综合楼9736.53平方米、教学楼3667.6平方米、办公楼3684.33平方米、食堂4650.53平方米、服务大楼6991.74平方米、学生公寓14134.04平方米、旅游服务中心3408.71平方米、图书馆8393.4平方米、培训大楼7975.09平方米、体育馆4022.47平方米、管理员宿舍13301.32平方米。校区投入使用后，办学规模可达4500~6000人，发挥国家级重点职校的示范作用。

**1991~2010年中小学校舍建设一览**

表55-8-3　　单位：万元、万平方米、平方米、公顷

| 年份 | 完成校舍建设资金 | 新、改、扩建校舍建筑面积 | 当年底校舍总面积 | 生均校舍面积 | | | 校园占地面积 |
|---|---|---|---|---|---|---|---|
| | | | | 生均面积 | 其中：中学 | 其中：小学 | |
| 1991 | 3826.48 | 13.90 | 276.79 | 2.92 | 3.21 | 2.80 | 912.49 |
| 1992 | 4015.43 | 17.70 | 286.55 | 4.12 | 5.52 | 3.56 | 944.60 |
| 1993 | 3834.17 | 14.87 | 295.09 | 4.44 | 5.97 | 3.73 | 961.92 |
| 1994 | 4621.71 | 25.79 | 300.49 | 4.45 | 6.01 | 3.69 | 1027.80 |
| 1995 | 6697.49 | 24.24 | 306.54 | 4.47 | 6.20 | 3.65 | 1054.20 |
| 1996 | 6676.00 | 24.81 | 323.03 | 4.44 | 6.03 | 3.68 | 1070.20 |
| 1997 | 7050.62 | 27.15 | 335.91 | 4.38 | 5.97 | 3.12 | 1087.87 |
| 1998 | 11010.00 | 26.65 | 341.86 | 4.46 | 5.94 | 3.69 | 1140.47 |
| 1999 | 12753.58 | 37.58 | 360.68 | 4.82 | 6.02 | 4.14 | 1188.11 |
| 2000 | 10671.74 | 29.64 | 372.23 | 4.88 | 5.73 | 4.34 | |
| 2001 | 10463.68 | 24.10 | 377.76 | 5.09 | 5.82 | 4.38 | |
| 2002 | 13073.20 | 28.21 | 417.21 | 5.65 | 6.2 | 5.01 | |
| 2003 | 14499.26 | 25.61 | 427.02 | 5.58 | 6.19 | 4.85 | |
| 2004 | 18642.36 | 44.86 | 454.30 | 6.22 | 7.38 | 5.29 | |
| 2005 | 17099.66 | 29.19 | 476.12 | 6.29 | 7.35 | 5.41 | |
| 2006 | 31376.02 | 43.20 | 504.87 | 6.89 | 8.65 | 5.41 | |
| 2007 | 16349.10 | 34.93 | 505.32 | 6.86 | 8.65 | | |
| 2008 | 25176.00 | 31.60 | 534.19 | 6.89 | 8.66 | 5.41 | 1695.87 |
| 2009 | 25378.00 | 22.63 | 533.07 | 7.05 | 7.90 | 6.17 | 1748.60 |
| 2010 | 32873.90 | 21.40 | 539.47 | 6.70 | 8.18 | 6.20 | 1809.40 |

## 第五节 勤工俭学

1992年市教育局批转市勤工俭学办公室《关于进一步深化企业改革促进校办产业发展的几点意见》。同年,市勤工俭学办公室自筹资金和市二中(同文中学)协议合作兴建“九江市勤工俭学大楼”,建筑面积3600余平方米。该年全市勤工俭学开展面达98%,工农业总产值(含三产)5690万元;纯收入1243万元,比省下达的计划要求增长38%;学生人均收入17.05元,比“八五计划”指标增长31.4%;补充教育经费601万元。同年,市教育服装厂正式成立,厂长由市教育局任命。市直18所中小学学生全部穿上夏季、春秋季统一学生装。各县(市、区)教育局勤办也都相继地创办教育服装厂。校服由省教育厅勤办制作统一标签。市物价局文件规定秋装、夏装价格。1994年8月,市教育局、市税务局印发《关于校办企业认定的公告》,认定117家企业为校办企业,享受国家给予校办企业税收优惠政策。市税务局、市教育局发文《关于校办企业免税问题的通知》,具体明确校办企业征免增值税、消费税、营业税、所得税问题。1995年,瑞昌市繁荣煤矿、市教学家具实业公司等校办企业开始向股份制企业转型。全市职业高中(中专)发挥教育基地优势,抓住历史机遇组织专业技术培训工作。武宁县职业高中举办各种培训班30余期,培养学员1000余人。九江船校实习工厂,全年组织学生生产实习2500余人次,创利税50余万元。庐山区中学以昌河汽车公司落户区内的机遇,引进海绵生产技术,创办“兴华垫材厂”,生产各种汽车的坐垫海绵,主要用于昌河汽车,年产值40多万元,利税3万多元。都昌县勤办借助“九江市天天电脑公司”资金和技术优势,联合创办“都昌县电脑教学服务中心”,在全县有条件的中小学统一装备计算机。2000年,全市中初等学校校办产业总产值达18602万元,实现总收益5354万元,其中补助教育经费2838万元。该年全市接纳学生实习劳动基地2209个,接纳学生参加各种形式的生产实践活动509万人次,并先后在修水县、永修县召开全市校园经济现场会。同年,市教育服装总厂改组为市特殊教育学校服装厂,厂址设在市聋哑学校原址上,为特殊学生提供良好的劳动实践基地,为部分学生提供就业机会。2002年,据省教育厅《关于加强学生统一着装工作的意见》《关于印发〈江西省学生统一着装管理暂行办法的通知〉》和《关于成立江西省学生统一着装管理委员会的通知》文件精神,成立市学生统一着装工作管理委员会。全市有6家学生服装企业获“江西省学生统一着装生产经营企业”称号。2004年,全省勤工俭学现场经验交流会在都昌县召开。至2008年,市勤工俭学办公室3次被授予全省勤工俭学先进单位,2009年又被全国普教系统勤工俭学研究协会授予先进单位。

# 第五十六篇

# 科学技术

# 第五十六篇 科学技术

1991年来,市委、市政府实施科技进步目标责任制,要求全市每年财政科技投入增长幅度要高于财政收入增长幅度。同时,设立市级科技型中小企业技术创新基金。加强技术市场管理,开展争创全国科技进步先进县(市、区)工作,评选首届"十佳科技创新企业"和"十佳科技工作者",对市属科研所在人事、用工、分配、奖励以及市级科技经费和科技计划项目管理方面进行改革。做好知识产权工作,开展科技合作与交流,加强科技计划与资金管理。农业科技紧紧抓住农业增效和农民增收两大目标,围绕农业科技创新、成果培训普及、星火计划、农业科研基础设施建设,优势集成。1997~1999年,开展农业技术推广年活动,每年培训县委书记、县长及乡(镇、场)党委书记500多人,制印32项农业先进技术模式图6万多份。建立农业科技示范园3个、示范基地1个,建立国家农村科技服务体系9个,省级可持续发展试验区3个,科技示范乡(镇)3个,示范村14个,示范户100个。市高新技术产业从无到有,从小到大,产业规模逐渐扩大,对全市产业结构调整和经济整体影响较大。2004~2007年,通过省科技厅认定的高新技术企业共18家,承担国家"863"计划项目2个,国家火炬计划项目10个,创建国家高新技术产业基地2个,与大专院校企业展开对接、洽谈、合作等工作,高新技术与产业取得进展。市知识产权局办理专利申请537件(其中:发明专利122项、实用新型专利269项、外观设计专利146项),优秀专利发明人一等奖2个;二等奖6个,三等奖12个。2010年,市高新技术产业主要是国家火炬、攻关创新、"863"计划项目等。全市实施国家科技富民强县专项行动计划5项,国家农业科技成果转化12项,国家粮食丰产科技工程3项,省级星火计划76项。20年间,全市共有94项科技成果获国家、省科学技术进步奖。其中国家科学技术进步二等奖1项;省科学技术进步一等奖1项;二等奖19项、三等奖73项。获市科技进步奖327项,其中市科学技术特别贡献奖1项,一等奖45项,二等奖109项,三等奖172项。

# 第一章 农业科技

## 第一节 计划项目

### 一、科技富民强县专项行动

2005年,科技部、财政部启动科技富民强县专项行动,都昌县被科技部批准为国家科技富民强县专项行动计划试点县,实施“淡水有核珍珠标准化养殖技术集成与示范”项目,获得国家无偿科技三项经费240万元资助。2009年通过科技部委托省科技厅组织的验收,项目实施期内共组建2个“珍珠科技园”,建立10个珍珠养殖示范基地和6个养殖技术实验区,承担12项攻关课题,形成标准化珍珠养殖示范基地150公顷,辐射带动全县及周边3000余公顷珍珠养殖,示范区内户均增收1790元,人均增收420元。

2007年,修水县“蚕桑产业化综合技术示范推广”项目被科技部列为国家科技富民强县专项行动计划,获得项目经费256万元。

2008年,庐山区“花卉苗木产业化综合技术示范推广”项目被科技部列为国家科技富民强县专项行动计划,获得项目资金181万元。

2009年,九江县“早熟梨绿色高效标准化生产及加工”被科技部列为国家科技富民强县专项行动计划,获得项目资金170万元。

2010年,永修县“油茶优质高效标准化生产及加工”被科技部列为国家科技富民强县专项行动计划,获得项目经费170万元。至2010年底,全市共获国家科技经费1024万元。

### 二、农业科技成果转化资金项目

2002~2009年,市连续争取到12个国家农业科技成果转化资金项目,共获得700多万元国拨无偿科技三项经费支持。

**2002~2009年市实施国家农业科技成果转化资金项目一览**

表56-1-1　　单位:万元

| 项目名称 | 承担单位 | 项目经费 | 年份 |
|---|---|---|---|
| 优质矮化无架栽培猕猴桃新品种“赣猕5号”繁育与示范 | 瑞昌市农业科学研究所 | 50 | 2002 |
| 青钱柳降糖神茶开发 | 修水神茶集团公司 | 50 | 2002 |
| 高含量DHA和EPA系列智康蛋开发 | 彭泽县同正科技有限公司 | 50 | 2003 |
| 鄱阳湖黄颡鱼扩繁及无公害养殖技术开发 | 九江海福水产有限公司 | 50 | 2003 |
| 珍稀中药材菊三七繁育及驯化栽培技术 | 江西省菊三七开发有限公司 | 50 | 2004 |
| 食用菌及山野菜保鲜工艺中试 | 江西仙客来生物科技有限公司 | 60 | 2004 |
| 生物技术脱除橡子涩味及淀粉产品开发的中试 | 武宁县绿野食品有限公司 | 70 | 2006 |
| 鄱阳湖青虾(日本沼虾)繁育体系建设 | 都昌县东湖水产场 | 50 | 2006 |
| 高效多功能全喂入联合收割机中试 | 江西柳林机械有限公司 | 100 | 2007 |
| 分离吸附法加工葛根茶技术开发 | 都昌县源昌葛业开发有限责任公司 | 70 | 2007 |
| 斑鳜人工繁育及养殖中试 | 市天洋高新生态渔业有限公司 | 50 | 2008 |
| 克氏原螯虾规模化育苗及健康养殖中试 | 市同兴养殖有限公司 | 50 | 2009 |

其中,武宁县绿野食品有限公司"生物技术脱除橡子涩味及淀粉产品开发中试"项目2006年获得科技部立项,2008年通过验收,获得三项国家发明专利,产品技术达国内领先水平;江西仙客来生物科技有限公司"食用菌及山野菜保鲜工艺中试"项目,2004年被科技部列为国家农业科技成果转化项目,所研发产品2005年在东北亚博览会上获"优秀奖",企业并被科技部列为"国家星火计划、技术创新中心",成为省级农业生产龙头企业;江西柳林机械公司"高效多功能全喂入联合收割机中试"2008年获得科技部立项,获得100万元无偿经费资助,研制出水田和旱地通用水稻、小麦和油菜3种作物收割机,2008年10月第五届中国——东盟博览会上获"优秀参展项目奖",项目执行期内,累计实现销售收入2040.5万元,利税228.42万元,产品远销至东南亚。

## 三、粮食丰产科技工程

2004年，都昌县被列为国家粮食丰产科技工程项目试点县;2005年永修县和星子县被列为粮食丰产工程辐射区;2006~2010年,都昌县和星子县被确定国家粮食丰产科技工程试点县,实施"鄱阳湖平原高产田持续丰产技术集成与示范"项目,主要示范推广"盘旱育秧、宽行窄株、测土配方、精确施肥、间歇灌溉、综合防治"等水稻种植技术,其中2009年两县示范区经省科技厅组织专家现场测产,双季稻亩产双双突破1100公斤。

项目实施期间,都昌县、星子县先后获"国家粮食生产先进县"和"实施国家粮食丰产工程先进县",星子、都昌县科技局多人获"粮食丰产科技工程先进个人"。

## 四、星火计划

**国家星火计划**　2007~2008年,连续3年争取到3个国家重点星火计划,分别是2007年江西鄱湖水产股份有限公司"淡水鱼类产品综合加工产业化开发"、2008年江西仙客来生物科技有限公司"庐山石耳即食系列旅游产品开发"和2009年星子县中堂山庄农业发展有限公司"赣北早熟梨有机化生产及其产业化开发关键技术示范",共获得科技部无偿科技三项经费140万元。

2009年,"淡水鱼类产品综合加工产业化开发"项目通过科技部委托省科技厅组织的验收,项目单位鄱湖水产股份有限公司采用"公司+基地+农户"经营模式,开发3000箱规模美国斑点叉尾鮰基地和341.8公顷小龙虾养殖基地,建立2个种苗繁育中心和4条现代水产品加工生产线,研发出鱼糜、鱼糕、美味鱼丸、醉乡鮰鱼等11个风味产品,当年水产品加工量达到5456.8吨,规模在全市最大,项目实施3年累计实现出口创汇919万美元,创税383万元,促进新增就业608人,直接带动1360户农户增收。

**省级星火计划**　2001~2010年,承担实施省级星火计划76项。

**2001~2010年市承担实施省级星火计划项目一览**

表56-1-2　　单位:万元

| 项目名称 | 承担单位 | 项目经费 | 年 份 |
|---|---|---|---|
| 树莓种植产业化 | 庐山企业开发中心 | 3 | 2001 |
| 建立瑞昌矮化猕猴桃高效快繁基地 | 瑞昌市农科所 | 3 | 2001 |
| 冬暖棚草莓-哈密瓜连作栽培规模化生产 | 永修县燕坊镇政府<br>永修县科委 | 2<br>2 | 2001 |
| 彭泽鲫良种产业化建设 | 彭泽县水产养殖场 | 3 | 2001 |
| 笋用竹反季节技术开发 | 庐山区科委<br>庐山区林业局 | 3<br>2 | 2001 |

续表 56-1-2

| 项目名称 | 承担单位 | 项目经费 | 年 份 |
|---|---|---|---|
| LT 无机化工(陶瓷)颜料 | 修水龙腾实业有限公司 | 3 | 2001 |
| 修水县渣津镇小城镇建设星火示范工程 | 修水县渣津镇人民政府 | 5 | 2001 |
| 赣猕 5 号规范化种植基地开发 | 瑞昌市农科所 | 4 | 2002 |
| 翘嘴鳜鱼苗种人工繁育基地建设及网箱养殖技术开发 | 永修县白莲湖鱼种场 | 5 | 2002 |
| 柳条种植及加工 | 永修县科技局 | 1.5 | 2002 |
| 庐山特色食用菌及山野菜开发 | 庐山菌类生物保健食品有限公司 | 2 | 2002 |
| 天虫平衡氨基酸营养液生产线 | 修水祥辉丝业有限公司 | 2 | 2002 |
| 南方无核柿产业化开发 | 湖口县技术市场<br>九江年丰种植有限公司 | 5 | 2002 |
| 名特优花卉及苗木示范基地 | 庐林绿化种苗有限公司 | 2.5 | 2002 |
| 细也硅胶(A 型)及粗孔硅胶(C 型)开发 | 九江华雄化工有限公司 | 1.5 | 2002 |
| 池塘精养技术开发 | 星子县苏家垱乡水口村 | 2 | 2002 |
| 庐山石蛙(棘胸蛙)规模繁育与无公害饲养技术的开发 | 湖口县新光华特种水产养殖场<br>湖口县科技市场 | 5 | 2003 |
| 蚕桑产业化基地建设 | 修水县祥辉丝业有限公司 | 6 | 2003 |
| 橡子粉丝加工 | 武宁县绿野食品有限公司 | 5 | 2003 |
| 生态经济建设示范 | 都昌县技术市场开发中心 | 2 | 2003 |
| 生态经济建设示范 | 永修县科技局 | 2.5 | 2003 |
| 生态经济建设示范 | 彭泽县牧业有限公司 | 2 | 2003 |
| 生态经济建设示范 | 瑞昌市科技局 | 2 | 2003 |
| 花卉基地建设 | 德安县技术市场开发中心<br>德安县河东乡政府 | 2.5 | 2004 |
| 鳜鱼养殖技术研究及标准制定 | 永修县白莲湖鱼种场 | 4 | 2004 |
| 环保型绿色生态养猪技术研究与开发 | 江西正华绿色生态牧业有限公司 | 6 | 2004 |
| 鄱阳湖水系中华鳖种源培育及无公害养殖 | 江西云山集团鄱阳湖甲鱼良种场 | 2 | 2004 |
| 蒸汽杀青技术在庐山云雾茶生产中的应用 | 庐山茶科所 | 3 | 2004 |
| 大白桃保鲜及加工 | 都昌县技术市场开发中心 | 3 | 2004 |
| 机制银杏叶条索茶产品的研究开发及规模化生产 | 永修县金翠园银杏科技保健食品开发中心 | 1.5 | 2004 |
| 薄壁异形方铜管成型新技术应用 | 市财兴五金机电厂 | 5 | 2004 |
| 万亩高山蔬菜无公害化高产栽培及产后服务 | 瑞昌市横立山乡高山蔬菜服务中心 | 4 | 2005 |
| 浸种壮秧素新型种肥开发 | 都昌县高新农业服务部 | 5 | 2005 |
| 黄颡鱼规模化繁养殖技术成果转化 | 市水产科研所 | 4 | 2005 |
| 200 万件医用可吸收生物缝合线开发 | 江西龙腾生物高科技有限公司 | 4 | 2005 |
| 中药材 GAP 生产基地建设 | 修水县宁红万春中药材有限责任公司 | 5 | 2005 |
| 高接速成高杆彩色树基地建设 | 德安县科技局 | 2 | 2005 |
| 特种水产无公害养殖技术及产业化 | 庐山区赛阳特种水产养殖场 | 2.5 | 2005 |
| 淡水有核珍珠标准化养殖示范及推广 | 都昌县科技市场<br>都昌县水产科研所 | 5 | 2006 |

续表56-1-2

| 项目名称 | 承担单位 | 项目经费 | 年 份 |
| --- | --- | --- | --- |
| 九江淡水水产品出口加工基地 | 江西省鄱湖水产股份有限公司 | 5 | 2006 |
| 胭脂鱼人工繁育技术研究与开发 | 市水产技术指导站 | 5 | 2006 |
| 茶叶含片开发 | 修水一家实业有限公司 | 7 | 2006 |
| 棍子鱼人工繁养技术示范 | 武宁县特种水产养殖有限公司 | 6 | 2007 |
| 池蝶蚌人工繁养技术示范 | 都昌县矶山湖水产场 | 6 | 2007 |
| 良种猪规范化快繁及其健康养殖 | 九江博莱农业生态园有限公司 | 5 | 2007 |
| 小型湖泊淡水龙虾与鱼混养的技术示范 | 市瑞湖生物科技有限发展公司 | 2 | 2007 |
| 种兔饲养及产品加工 | 九江百春农业开发有限公司 | 2 | 2007 |
| 早熟杨梅栽培技术示范 | 武宁县平尧政鸿农庄 | 2 | 2007 |
| 禽畜优良品种高效养殖技术 | 星子县科技局星子县苏家垱水口农业开发有限公司 | 7 | 2007 |
| 红叶石楠组培快繁技术开发 | 市顺合园艺有限公司(庐山区) | 5 | 2008 |
| 有益微生物提高黄鳝孵化率的应用 | 市回归生物科技发展有限公司 | 5 | 2008 |
| 有机农产品胖姜种植加工 | 九江鸿立食品有限公司 | 5 | 2008 |
| 早熟杨梅栽培技术示范 | 武宁县平尧政鸿生态园 | 2 | 2008 |
| 胚芽米加工技术开发 | 春妙米业有限公司(都昌) | 3 | 2008 |
| 野生坚果剥壳机技术开发与应用 | 武宁县绿野食品有限公司 | 5 | 2009 |
| 优良种猪扩繁及无公害饲养 | 九江博莱农业生态园有限公司 | 4 | 2009 |
| 年产 100 吨鹅肥肝、20 万羽朗德鹅产品深加工 | 德安凯发生态农业发展有限公司 | 4 | 2009 |
| 白茶无公害种植技术示范 | 都昌苏山云顶有机白茶场 | 4 | 2009 |
| 野生山藠的驯化繁育及加工 | 修水县晨光果菜经营有限公司 | 4 | 2009 |
| 美国斑点叉尾鮰网箱养殖规模开发 | 江西鄱湖水产股份有限公司 | 2 | 2009 |
| 野生吊瓜人工繁种规模化生产开发 | 武宁吊瓜食品有限公司 | 3 | 2009 |
| 柑桔大棚保鲜技术示范研究 | 永修县易家河村 | 3 | 2009 |
| 海水鱼虾淡水养殖技术开发 | 星子县温泉镇 | 3 | 2009 |
| ‘紫叶加拿大紫荆’栽培技术示范 | 庐山区赛阳金桥园林花卉苗圃 | 4 | 2010 |
| 胭脂鱼养殖技术示范 | 同兴养殖有限公司 | 4 | 2010 |
| 珍稀食用菌工厂化数控栽培技术开发与示范 | 彭泽县水木山珍专业合作社 | 4 | 2010 |
| 新型球虫消毒剂“球虫绝”开发 | 江西博莱大药厂 | 4 | 2010 |
| 菊花产业培育和深加工技术示范 | 修水县科技开发服务中心 | 4 | 2010 |
| 食用菌规模化种植技术示范 | 市生产力促进中心 | 4 | 2010 |
| 獭兔良种繁育及规模化养殖 | 江西瑞丰兔业发展有限公司 | 2 | 2010 |
| 鄱阳湖区优质珍珠标准化养殖技术集成与示范 | 江西鄱阳湖现代农业开发有限公司 | 2 | 2010 |
| 鄱阳湖名化水产养殖技术示范 | 都昌县苏山胡勇村名优水产养殖场 | 2 | 2010 |
| 蚕桑生态科技园建设技术示范 | 修水县蚕种场 | 2 | 2010 |
| 蚕桑技术生产示范与推广 | 江西丰胜科技服务有限公司 | 20 | 2010 |
| 超级稻 Y 两优 2 号基地示范 | 德安县农业技术推广中心 | 2 | 2010 |
| 山区野生茶园的科学保护与利用技术研究 | 江西燕山青茶业有限公司 | 2 | 2010 |

**实施效果** 1991年,全市实施星火计划10项,项目涉及蚕桑、水稻、棉花、水产、果树和养殖等,蚕桑工程、鹅鸭工程突破1000万元产值大关。

1992年,实施星火计划9项(国家级3项、省级2项、市级4项)。其中,修水县“蚕桑工程配套与示范”被列为国家级星火计划项目,蚕茧产量5.5万担,桑园面积由立项前533.3公顷增加到1992年1700公顷,农民收入1800万元,税收180万元。

1993年,实施星火计划7项,其中修水县“特种茶叶开发”国家级星火计划产值由1992年8000万元突破到1亿元,实施星火计划全年新增产值8515万元,利税1713.3万元。

1994~1995年,实施国家、省、市星火计划项目24项,并争取到江西省京九线农业开发示范第一批7个项目的3个,其中九棉五厂承担的国家级星火计划项目“棉纺落棉回花应用”,具有90年代先进水平,当年立项、当年投产、当年受益,产值1200万元,利税120万元。赤湖河蟹养殖公司承担“湖泊网围鱼蟹混养大面积开发”项目,投入资金740万元,网围面积2000公顷,建立幼蟹培育基地10公顷,1994年产商品鱼60万公斤,成蟹9000公斤,创利税100万元。

1996年,实施国家、省级星火计划8项,同时组织参加全国“星火计划十周年大庆”活动,对1985以来星火计划实施情况进行全面总结和调查统计。在“96全国星火博览会”上,全市获“全国星火优秀项目奖”4项。

1997年,实施星火计划10项。其中都昌县棉办承担“棉花雄性不育两系的选育与杂交制种”项目引进带有“洞A”双隐性基因川杂6号、7号。

1998年来,实施包括12项国家级星火计划项目在内37项农业科技项目,建立“杂交稻”“抗虫棉”“彭泽鲫”“水果苗木”“良种畜禽”5个良种培育示范基地。其中,省、市两级重点农业科技计划项目“两系杂交水稻高产制种技术”及“两系杂交早稻高产示范技术”,培育“两系两优”“两优286”及“安香402”等组合父母本特征优质高产水稻。1999年9月,在永修、星子、修水3县试种60公顷水稻现场实测,平均亩产177.3公斤,最高单产达223公斤,每亩净增产值1500元,超额完成合同指标。

## 第二节 县(市、区)考核

1996年,市科技领导小组出台《关于成立九江市科技领导小组的通知》和《九江市科技发展“九五”计划和2010年规划纲要》。对县(市、区)党委、政府1996年科技工作进行年度考核。经考核,修水县、瑞昌市、湖口县、德安县、九江县、永修县、彭泽县被评为科技工作先进单位,瑞昌市、德安县、湖口县为科技三项经费达标单位。

1997年,市委政研室、市教委联合提出《九江市实施“科教立市”发展战略的对策研究》,确立全市推进经济增长方式转变和社会全面发展具体政策措施。

2000年,据省委办公厅、省政府办公厅《关于实行地(市)、县(市、区)党政领导科技进步目标责任制的通知》,市委办公室、市政府办公室下发《关于实行县(市、区)党政领导科技进步目标责任制的通知》,对全市党政领导科技进步进行目标责任制考核。

2001~2003年,由市委组织部和市科技局牵头,市科教领导小组单位负责人参加,连续3年对各县(市、区)党政领导科技进步目标责任制工作进行考核,并将考核结果通报给市委、市政府和各县(市、区)主要领导。其中,修水县为全国科技进步考核先进县。瑞昌市通过国家科技进步考核。

2005~2006年度全国(县、区)科技进步考核中,修水县、都昌县和瑞昌市为考核通过县,其中修水县和都昌县被评为先进县,2007~2008年度全国(县、区)科技进步考核中,修水县、都昌县、九江县和瑞昌市为科技进步考核通过县。

2009~2010年,全国(县、区)科技进步考核,修水县、都昌县、德安县、武宁县、星子县、彭泽县和浔阳区为全国科技进步考核通过县,其中修水县和浔阳区为先进县;6相关负责人被评为全国科技进步考核先进个人。

## 第三节 服务体系

### 一、农村科技服务体系

2004年,科技部分别公布第一批国家星火计划农民科技培训星火学校和第一批国家星火计划农村科技服务体系建设示范单位,全市9个单位获准认定(包括3所星火学校和6个农村科技服务体系建设示范单位)。其中,3所星火学校是:武宁县职业中专学校、永修县职业教育中心和都昌县汪墩职业高中;6个农村服务体系是:修水县生产力促进中心(蚕桑专家大院)、江西仙客来生物科技有限公司(技术创新中心)、市水产科研所(成果转化中心)、瑞昌市横立乡高山蔬菜中心(绿色蔬菜科技成果转化中心)、九江县江洲技术市场(基层农村科技服务体系建设示范工程)、市生产力促进中心和市农业经济网络信息中心(农村科技信息中心)。

### 二、农村星火科技培训

1991~1998年,全市科技培训主要是结合"星火计划""丰收计划""推广计划""燎原计划"多层次、多形式、多渠道开展培训,市科委对县级科委指导和培训,县一级主要培训乡、镇、场负责人,农技推广站和科技示范户,村组培训到户,形成体系化的培训网络,每年培训农村技术骨干1万人次以上。

1999~2000年,市科委加强科普及技术培训工作,多次组织农业科技人员下到田间、地头对农民进行现场讲课,其中2000年就组织有关专家培训农民15000多人,印发科技资料数万份,使参加培训人员掌握1~2门种植或养殖技术及管理模式。

2003年,九江启动农村星火科技培训,以促进农民增收致富为目标,以农村适用技术和非农就业技能培训为重点,着力培养农村实用技术人才、乡土人才和农村科技致富带头人。

2003~2004年,共举办各类星火培训班1600多期,投入经费120多万元,培训农民13.5万人次。2004年,建立3个国家级星火学校和2个市级星火学校。

2005年,市委、市政府把农村星火科技培训列入市政府100件惠民实事。

2005~2010年,市科技局连续6年下发年度星火科技培训计划,结合农林水产业分布和结构状况及人口分布情况,每年培训农民人数都在10万人以上。

2008年,面对年初冰冻灾害和受金融危机影响企业"倒闭潮"引发农民工"返乡潮",农村星火科技培训关注民生,有针对性开展农业抗灾救灾技术培训和吸引返乡农民工本地就地就业技能培训,全年共投入科技培训经费235.2万元,举办各类培训班922期,发放各类科技资料78900多万份,培训人数达106070人次,实现农村劳动力转移就业24923人,培训内容涉及农林牧副渔种养业、农副产品深加工、农业抗冻抗震救灾以及非农就业技能等40多个方面。

2009年,市科技局投入经费3万多元,从中国农村科技开发中心联系购买星火培训教材5000多册,发放到县区和星火学校。

### 三、科技特派员基层创业行动

2004年,按照省科技特派员试点座谈会要求,市科技局派员在都昌县和瑞昌市进行试点。

2005年,市委组织部、市科技局和市人事局联合下发《关于开展科技特派员基层创业行动的实施意见》,由3个部门齐抓共管,工作在全市铺开,当年派出559名科技特派员到农业生产第一线,开展各种不同形式农业技术承包、领办、技术入股或技术指导等方式服务"三农",其中具有高级职称以上230人,大专学历以上372人,派驻村(场)342个。

2009年,都昌县科技局被科技部授予"全国科技特派员工作先进集体"荣誉称号,都昌县、瑞昌市各1人获"全国优秀科技特派员"称号,全市共3人评为省优秀科技特派员。

2010年,市科技局、市人力资源和社会保障局、市农业局、市教育局、市委宣传部、市林业局、团市委和市银监分局8部门共同制定《关于深入推进科技特派员农村创业行动的实施意见》,进一步推动科技特派员农村科技创业行动在全市深入开展,当年选派623名科技特派员到农村和基层开展服务,其中法人科技特派员57个,科技特派员团体10个,实施科技项目43项,引进推广新技术71项,新产品77个,创建经济利益共同体119个,形成龙头企业25家。

### 四、科技进村入户惠民服务工程

2007年,市科技局下发《关于开展农业科技进村入户惠民服务工程实施意见》,在全省率先启动科技进村入户惠民服务工程,当年共组织587名技术指导员驻到447个村(场),与7031户农户签订合同,带动周边28840家农户实现共同致富,促人均增收503元。经过4年轮换实施,2010年全市科技进村入户服务覆盖率达到6%。

### 五、农业技术推广年活动

1997年,市政府开展"97农业技术推广年活动",从8个方面重点推广"旱育抛秧""双低"杂交油菜、"水稻溥露灌溉技术""棉花包衣良种""双膜育苗地膜移栽""矮密早""大面积'三套'技术"等24项先进适用农业技术。

1998年,市委、市政府下达《1998年全市农业科技推广年实施方案》,从8个方面选择32项先进实用技术在全市范围内全面推广应用,早稻、棉花、水产新技术新产品种推广应用均超历史。

1997~1999年,市科技局、市委农工部、市农业局连续3年联合举办市、县、乡三级主管农业领导干部、涉农部门负责人、部分农技人员培训,仅1998年2月就培训人员500多人,发放技术资料6万余份。

## 第四节　农业科技示范

### 一、农业科技示范园

**鄱阳湖水产科技园**　2001年由市科技局和水产局共同调研和论证,经市委、市政府同意,并报请省科技厅批准为省级水产科技园,获30万元园区建设经费支持,同年获省发改委立项,争取到600万元建园区建设资金,2004年被科技部列为国家级星火计划农村科技服务体系"水产科技成果转化中心",于2004年底由市水产局管理移交到庐山区政府管理。

**庐山生态农业科技园**　原为市再就业农业示范园,2008年由庐山区政府申报,获省科技厅批准。

**修水县茶叶生态科技园**　2010年由修水县政府申报,获省科技厅批准。

### 二、鄱阳湖生态示范基地

2010年,九江仙客来食用菌标准化示范基地,由九江仙客来生物科技有限公司申报,被省科技厅认定为省级鄱阳湖生态农业示范基地。

### 三、修水县星火密集区

1996年,修水县承担国家星火计划"星火密集区基地建设"项目,3年开发项目50项,形成一批以蚕桑纺织、茶叶、耐热瓷等为龙头区域支柱产业。1998年4月16日,该项目通过国家验收,于11月26日取得国家星火技术密集区建设单位资格并正式挂牌运营,2002年通过科技部验收并再次认可,至2010年,是九江唯一国家级星火密集区。密集区建设星火带、产业链、企业群、明白人4个支撑点,建立蚕桑示范基地100个、药材基地村80个、山羊基地村80个、蔬菜示范基地12个,蚕桑面积6666.7公顷,药材面积5333.3公顷,山羊存栏数60万头,茶叶面积3333.3公顷,成为全省蚕桑、茶叶、山羊、药材生产基地县。2008年,密集区赣宁、神茶、森源3家企业获得省级民营科技型企业资格。

### 四、修水县渣津镇星火小城镇

2002年,获科技部批准认定,成为全国星火小城镇示范镇创建单位,同年获省科技厅星火计划支持,至2010年,是全省唯一一家国家星火小城镇示范镇。

### 五、可持续发展试验区

1999年,"德安县聂桥镇的山洪湖综合开发"被科技部列入可持续发展实验基地。

2006年,省科技厅在全省选择10个不同类型、具有代表性和示范性行政区域和小流域建立实验区,探索不同类型地区经济、社会、人口、资源、环境和持续发展机制和模式。星子县白鹿镇"矿区植被修复和水土流失治理";德安县聂桥镇"农业可持续发展体系建设";永修县星火工业园"循环经济发展"和"重度化工生产环境保护建设"被省科技厅列为省可持续发展实验区。

2008年,3个可持续发展试验区通过省科技厅和省山江湖办验收,省厅领导和专家对市可持续发展实验区工作给予肯定。

### 六、科技示范乡(镇)、村、户

2010年,市科技局下发科技示范村、科技示范乡(镇)和科技示范户申报和认定的通知,全面启动科技示范乡(镇)、村、户建设,重点扶持具有一定科技含量和"一村一品"特色的农村产业持续健康发展。

2010年8月,市科技局在永修县召开农村科技示范村建设暨科技特派员工作现场经验交流会,对农村科技示范进行经验交流和动员部署,认定都昌县周溪镇、武宁县清江乡清江村、德安县磨盘洲畲族新村等科技示范乡(镇)3个,科技示范村11个,科技示范户100个。全市共培育修水县蚕桑种养、武宁县吊瓜种植、永修县柑橘种植加工、都昌县珍珠贝类养殖加工、庐山区花卉苗木、九江县早熟梨、德安县畲族酱菜等14个科技示范产业品牌。

# 第二章 高新技术运用

## 第一节 产业布局

2004~2007年,通过省科技厅认定的省区外高新技术企业共计18家,分别为九江整流器厂、江西无线电厂、九江山水电讯设备有限公司、江西航海仪器厂、九江3T数字投影技术发展有限公司、江西省德安凯灵制冷离合器有限责任公司等电子信息技术领域6家;中国船舶重工集团公司第七〇七研究所九江分部、九江德福电子材料有限公司、九江福莱克斯有限公司、江西微亿高科技材料有限公司等新材料技术领域4家;九江有色金属冶炼厂、蓝星化工新材料股份有限公司江西星火有机硅厂、九江市特种胶业有限公司、九江金源(恒生)化纤有限公司等化学化工技术领域4家;江西九江昂泰胶囊有限公司、龙腾生物高科技有限公司等生物医药科学领域2家;九江石化波涛科技发展有限公司、九江环球科技开发有限公司等机械专业技术领域2家。2007年12月,市高新技术企业总收入27.56亿元,出口创税0.345亿元,工业总产值28.43亿元,净利润3.147亿元,上缴税收2.23亿元。

2008~2010年,经省科技厅、省财政厅、省国税局、省地税局4个部门组织认定的高新技术企业有11家。其中,高新技术改造传统产业领域4家:九江九整整流器有限公司、九江粮油机械厂、九江中船长安消防设备有限公司、鸭鸭股份公司;新材料技术领域5家:中国船舶工业集团公司第6354研究所、奥盛(九江)钢线钢缆有限公司、九江财兴卫浴实业有限公司、巨石集团九江有限公司、九江金凤凰装饰材料有限公司;电子信息技术领域2家:江西无线电厂和九江科华照明电器实业有限公司。2010年,市高新技术产业实现工业总产值250.5085亿元,工业增加值57.4757亿元,占全市生产总值的5.57%,占全市规模以上工业增加值的15.94%,增加值同比增长53.08%。

## 第二节 技术项目

### 一、国家863计划

**高性能聚芳醚砜酮酮(PESEKK)树脂工业模式试验项目** 2002年立项。承担单位为市特种胶业有限公司、江西师范大学。2005年12月通过科技部验收,2006年经国防科工委审核批准为国家“十一五”军品配套项目,得到军品配套项目经费支持,同年获国家中小企业创新基金无偿资助。

**综合船桥系统研制项目** 2005年立项。承担单位为中船重工707研究所、中船重工707研究所九江分部。2010年11月通过科技部验收。通过该项目实施,获得实用新型专利3项。

### 二、国家火炬计划

**大容量晶闸管整流装置(数控)项目** 1997年列为国家火炬计划项目,由九江整流器厂承担。项目采取机组控制欲生产工艺控制有机结合的工艺,基本上改变传统的模拟控制技术,对有色冶金、化工氯碱行业的电能节能1/3,具有较高生产效率,开发前景广阔。

**TH-98型PVC装饰膜塑胶项目** 2000年列为国家火炬计划项目, 由九江特种胶业有限公司承担。项目实施后,年产量600吨TH-98型PVC装饰膜塑胶,实现年销售收入2100万元,上缴税收238万元。

**90吨/年三氯生项目** 2000年列为国家火炬计划项目,由省格林化工有限责任公司承担。2001年12月通过省科技厅验收。项目实施后,实现年销售收入1423万元,净利润280万元,上缴税收130万元。获省重点新产品、优秀重点新产品、国家重点新产品各1项,市科技进步奖1项。

**短波数字化自适应通信系统项目** 2001年列为国家火炬计划项目,由江西无线电厂承担。项目实施后,实现年产品销售收入1.08亿元,净利润0.861亿元,上缴税收0.45亿元。获国家软件著作权登记证书5项,实用新型专利1项。

**5万吨/年有机硅单体项目** 2002年列为国家火炬计划项目,由蓝星星火有机硅厂承担。项目实施后,实现年产品销售收入3.61亿元,净利润0.64亿元,上缴税收0.43亿元。获省科技进步奖1项、市科技进步奖1项、国家重点新产品1项,国家发明专利4项、实用新型专利7项。

**300D/60F消光粘胶人造丝项目** 2002年列为国家火炬计划项目,由九江化纤股份有限公司承担。通过项目实施,实现年产量2007.8吨300D/60F消光粘胶人造丝,年产品销售收入4617万元,上缴税收705万元。

**大客车空调电磁离合器项目** 2003年列为国家火炬计划项目, 由德安凯灵制冷离合器有限公司承担。2004年通过省科技厅验收。项目实施后,实现年产品销售收入1875万元,净利润253万元,上缴税收95万元。获省重点新产品2项,优秀重点新产品1项,市科技进步奖1项,国家实用新型专利1项。

**ATE-1型药用空心胶囊全自动生产线项目** 2003年列为国家火炬计划项目,由九江昂泰胶囊有限公司承担。项目实施后,实现年产品销售收入4.29亿元,净利润0.61亿元,上缴税收0.29亿元。获国家实用新型专利2项。

**年产3000万米电子级无碱玻璃纤维布项目** 2008年列为国家火炬计划项目, 由江西长江玻璃纤维有限公司承担。2010年12月通过省科技厅验收。项目实施后,实现年产品销售收入9164万元,净利润843万元,出口创汇300万美元,上缴税收209万元。获国家发明专利2项,实用新型专利2项,省科技进步奖1项。

**高性能预应力镀锌钢丝项目** 2008年列为国家火炬计划项目,由奥盛(九江)钢线钢缆有限公司承担。2010年12月通过省科技厅验收。项目实施后,实现年产品销售收入0.81亿元,净利润0.175亿元,上缴税收0.03亿元。获省科技进步奖1项,市科技进步奖2项,省重点新产品1项,江西名牌产品1项,国家发明专利1项,实用新型专利5项。

## 第三节 产业基地

### 一、国家火炬计划九江星火有机硅材料产业基地

2004年,经科技部火炬中心批准设立,属省“十一五”期间重点建设十大产业基地之一。基地以有机硅单体及其下游产品生产、研究和开发为主导产业的特色。位于福银高速公路昌九段艾城出口附近,基地龙头企业江西星火有机硅厂有机硅单体生产规模为30万吨/年,为亚洲最大的有机硅生产企业。水电供应、污水处理、燃气及蒸汽管网配套齐全,产业关联度高,先后被认定为国家火炬计划有机硅材料产业基地、省高新技术特色产业基地、省有机硅产业基地和省山江湖可持续发展试验区。

### 二、九江国家玻璃纤维及复合材料高新技术产业化基地

2010年,经科技部火炬中心批准设立。位于庐山区东城港区,其实体是庐山区东城玻纤工业基地,亦为省玻璃纤维及复合材料产业基地。管理机构为庐山区东城玻纤工业基地管委会,其上级主管部门为庐山区政府。基地以策应鄱阳湖生态经济区建设,实施产业化为宗旨,以研发能力建设和产业化体系建设并举,建立国内一流的玻璃纤维及复合材料生产集群。主导产业为玻璃纤维拉丝、织布、复合材料制造及下游产品制造。基地内从事玻纤及复合材料生产,且具一定规模的企业达36家,总资产130亿元,产业工人15000人,实现产值53.62亿元,占全国总产能的四分之一左右,企业销售收入44.69亿元。

# 第三章 科技成果

## 第一节 科技成果鉴定与登记

### 一、成果鉴定

1991年来,市内科技成果鉴定(评议)主要采取会议形式,聘请有关技术专家根据技术合同任务指标进行现场技术测试、资料审查,对科技成果的三性(新颖性、先进性、实用性)以及技术水平、应用范围、经济社会效益做出书面结论。至2010年,全市共有568项科技成果通过鉴定。其中,1991~2001年272项;2001~2010年296项。达国际先进水平14项,国内先进水平38项。

### 二、成果登记

2010年始,凡通过市科技局(科委)组织鉴定验收的科技成果,每年按隶属关系逐级申报登记,达到省内先进水平的,由市科技局(科委)上报省科技厅(科委)。登记上报的科技成果,其技术资料要求完整。至同年12月,全市共登记上报科技成果58项。

### 三、科技奖励

1995年3月、2000年1月和2010年7月,《九江市科技成果奖励试行办法》前后数次在组织机构、评审制度、评价体系、评审队伍、监察机制5方面进行修改。2010年7月5日,由市政府颁布。至2010年,全市共有94项科技成果获奖,其中获国家科学技术进步二等奖1项(此奖由蓝星化工新材料股份有限公司江西星火有机硅厂、中蓝连海设计研究院联合研发的“年产5万吨级有机硅单体生产新技术及装备的开发研究”获得);省科学技术进步一等奖1项、二等奖19项、三等奖73项。全市有327项科技成果获市科学技术进步奖,其中市科学技术特别贡献奖1项;市科学技术进步一等奖45项;市科学技术进步

二等奖 109 项;三等奖172 项。

1991~2010 年获省科技进步奖项目一览

表 56-3-1

| 获奖项目名称 | 获奖等级 | 获奖单位 | 获奖者 |
|---|---|---|---|
| JQ600 型下导染架桥机 | 一等奖 | 铁道部大桥局船舶工程总公司 | 江爱国、王员根、张西林、郑自元、陈龙剑、张瑞霞、赵海桥、汪家源 |
| 年产 5 万吨有机硅单体开发 | 一等奖 | 蓝星化工新材料股份有限公司江西星火有机硅厂 | 陈志法、汤庆成、郭守涛、花俊斌、罗林平、尹跃龙、邱石佑、宋晓明、程红斌、陈小明、谭志成 |
| 棉花新品种“赣棉七号”的选育 | 二等奖 | 九江县江洲乡农业技术推广站 | 周永裕、李从良、高品林、桑昌明、胡世祥、张遵英 |
| 降低灯用三基色稀土萤火粉成本的新工艺研究 | 二等奖 | 九江有色金属冶炼厂 | 张帝南、刘永贵、石智峰 |
| 聚丙烯合成工艺的控制技术 | 二等奖 | 省赣北化工厂、江西省化学工业设计院 | 涂祈宏、张良淦、周乐舜、李航峰、肖溪修、户象明 |
| 杉木优良无性系造林推广应用研究 | 二等奖 | 省林业科学研究所、市林业技术指导站、赣州地区林业种苗站 | 林小凡、罗镇平、欧斌、林栋、刘小明、刘贞祥 |
| 九江化学纤维厂粘胶长丝压洗新工艺 | 二等奖 | 九江化学纤维厂 | 张棠华、聂鉴新、罗柏林、王宝栋、李良泉、程汉祥 |
| 高强力粘胶短纤维 | 二等奖 | 九江化学纤维厂 | 张棠华、李良泉、聂鉴新、邓志平、林传洲、熊树林 |
| 低松弛预应力镀锌钢绞线 | 二等奖 | 九江钢铁公司钢绞线分厂 | 罗立功、王守安、游胜意、易庐俊、徐冠军、周生根 |
| 毒蛇咬伤临床诊断及标准的研究 | 二等奖 | 修水中医院 | 钟吉富、刘勇、易昌石 |
| 青钱柳的应用研究与开发 | 二等奖 | 修水神茶集团公司 | 舒惠国、徐卿、冷任轩、樊先轩、陈沾伟、邱先华 |
| 消光高白度粘胶短纤维中试 | 二等奖 | 九江化学纤维厂 | 曾楼根、熊树林、邓志平、余小华、祁业春、胡金龙 |
| 江西省酸雨时空分布规律研究 | 二等奖 | 省环境保护科学研究所、市环境监测站 | 何纪力、黄云、石晶、陈宏文、龙刚、杜美珍 |
| 15MnNbr 钢制 2000m2 大型 LPG 球罐研制 | 二等奖 | 中国石油化工股份有限公司、合肥通用机械研究所 | 陈鸣皋、张文标、窦万波、何敬成、罗贤华、杨太兴、房务农、叶天祥 |
| 动力调谐陀螺激光去重平衡设备 | 二等奖 | 中国船舶工业第 6354 研究所、中国航天集团第 8 研究所 812 所 | 张代义、蒋殿洪、龚铁袼、陈捷、唐文奇、王琳、赵久会、林敏 |

续表 56-3-1

| 获奖项目名称 | 获奖等级 | 获奖单位 | 获奖者 |
|---|---|---|---|
| 船舶运动物理仿真系统 | 二等奖 | 中国船舶重工集团七〇七研究所九江分部、华中科技大学 | 张金喜、王益民、林莉、黄建鹰、何卫华、李维嘉、朱志军、王红波 |
| 杜鹃属植物的引种驯化研究及专类园建设 | 二等奖 | 省中国科学院庐山植物园、省亚热带植物资源保护与利用重点实验室 | 张乐华、刘向平、赵喜华、王兆红、李晓花、杜有新、刘永书、张青松 |
| CCD 双轴自准直仪的研制 | 二等奖 | 中国船舶工业集团公司第 6354 研究所 | 季国庆、邹九贵、甘俊红、李星、邹秀斌、吴刚、廖钢宁、倪彬 |
| 燃油净华装置的研制 | 二等奖 | 中国船舶重工集团公司第七〇七研究所九江分部 | 喻峰、蒋灿、杨春木、黄惠文、高院安、蔡金明 |
| 超细碳化钽碳化铌及钽铌复合碳化物的制备技术 | 二等奖 | 九江有色金属冶炼厂、江西省科学院应用物理研究所 | 吕长华、朱芳、匡国珍、王代明、张浩、张东贤、余国锋、唐德胜 |
| 智能关节坐标测量机 | 二等奖 | 九江精密测试技术研究所、合肥工业大学 | 费业泰、李树林、胡鹏浩、管炳良、胡毅、张礼松、于连栋、鲁武旺 |
| 石英钟小模数精密塑料元件 | 三等奖 | 九江电影机械厂 | 敖惠群、余幼卿、张礼桐、罗会平、刘国良 |
| 15000 吨甲板驳 | 三等奖 | 都昌县造船厂 | 冯训亚、吴小平、沈喜贵、邹同玺、朱智清 |
| PVC/FRP 高压输浆复合管 | 三等奖 | 九江玻璃钢制品厂 | 叶军、付堂龙、沈家彬、孔令金、童长青 |
| 延长普通啤酒保存期的研究试验 | 三等奖 | 江西共青酒厂 | 汪传广、虞励生、袁兴志、张卫平、李道泉 |
| 无水氢氟酸、二氟二氯甲烷及二氟一氯甲烷 | 三等奖 | 德安萤石公司制冷剂厂 | 吕正中、周乐林、黄步勤、杜愈荣、涂保林 |
| 肱骨外髁骨折机制与闭合复位生物力学的理论研究 | 三等奖 | 九江医学专科学校附属医院 | 桑名昌、桑利昌、桑福昌、王寅、袁德召 |
| 九江市龙开河综合整治规划及江排可行性研究 | 三等奖 | 市环境保护监测站、北京大学环境中心 | 淦家森、郭怀成、夏建华、汪爱源、唐振华 |
| 棉浆黑液治理技术 | 三等奖 | 九江化学纤维厂 | 待定 |
| DZDH-12V 汽车通用电子点火器 | 三等奖 | 江西航海仪器厂 | 杨在校、沈亚光、张琦、王能极、潘惠君 |
| 赣北一季杂交稻再生高产栽培技术研究与应用 | 三等奖 | 修水县农牧渔业局 | 敖瑞初、胡衍华、樊宜霜、邹盛满、陈文波 |
| 薄荷防治棉花枯萎病技术研究 | 三等奖 | 九江县江洲乡农业技术推广站、九江县农业畜牧局 | 胡贤彬、桑昌明、陈枧英、徐松如、虞继尧 |
| 铸造孕育剂的研制 | 三等奖 | 湖口县合金厂 | 刘承中、苏彦江、邹旭华、夏飞云、廖爱龙 |
| 金属戒指夹板研制及临床应用 | 三等奖 | 九江医学专科学校 | 桑名昌、徐心信、闵光大、桑福昌、尹新生 |
| 九江地区精神卫生流行学调查研究 | 三等奖 | 市第五人民医院 | 施雅琴、胡武昌、刘六仔、罗颖、胡季明 |
| 中医药综合疗法治疗胆石症的临床研究 | 三等奖 | 都昌县中医院 | 吴剑云、陈典梅、余向群、邵继德、余亚平 |

续表 56-3-1

| 获奖项目名称 | 获奖等级 | 获奖单位 | 获奖者 |
|---|---|---|---|
| 烟囱内衬砖的研制 | 三等奖 | 九江火力发电厂劳动服务公司粉煤灰新型建筑材料厂 | 孙守恩、邹文刚、蔡志央、宋冬生、王海丰 |
| 九江市城市环境综合整治规划研究 | 三等奖 | 九江市环境保护局、中国环境科学研究院 | 于传骥、陈燕华、石勇、牟海省、彭敏 |
| 混养鱼颗粒配合饲料研究 | 三等奖 | 都昌县饲料公司、江西省饲料公司 | 杜长水、蔡新民、查代鸿、廖白生、沈秋霞 |
| JI(B)系列喷油泵总成 | 三等奖 | 江西油嘴油泵厂 | 傅永华、宋庚林、熊支程、周海鹏、周杰 |
| 可编程序控制器等离子喷焊设备 | 三等奖 | 九江等离子喷涂厂 | 蔡云清、刘海光、杨利民、戴和东、李云文 |
| GT10A3 切板联合机 | 三等奖 | 江西轻工机械厂 | 胡烈、熊国娣、梅鹏程、程万里、汪宗鉞 |
| ZP1600A 整流管 | 三等奖 | 九江整流器厂 | 张志国、衡晋超、张世英、张杰夫、饶锡林 |
| 高硬度镀膜钼喷丝头坯 | 三等奖 | 九江有色金属冶炼 | 彭善斌、余国峰、欧阳文松、柴康隆、邵继华 |
| 2500/60F、3000/60F 有光粘胶人造丝 | 三等奖 | 九江化学纤维厂 | 李良泉、张棠华、王宝栋、聂鉴新、曾楼根 |
| 水稻田改种棉花模式研究与综合技术推广应用 | 三等奖 | 市经济作物生产技术指导站、市科学技术情报研究所 | 曹成栏、张家兴、胥仲谋、李代海、钟孝梅 |
| 玻纤拉丝变频线速控制仪 | 三等奖 | 武汉工业大学、九江玻璃纤维厂 | 娄桂泉、詹礼桂、严绍寅、赵风金、王暖 |
| 九江市城市大气监测站(点)合理布局研究 | 三等奖 | 市环境监测站、北京大学地球物理系 | 黄恢柏、毛节泰、方先平、程志强 |
| 35uM 卷状粗化电解铜箔 | 三等奖 | 九江电子材料厂 | 马德福、林珉华、章远、刘敏、刘大义 |
| 克登雷锅炉国产化研制 | 三等奖 | 九江船用机械厂 | 吴宝联、吴永胜、胡继尧、范成、万昆祥 |
| 组合夹具的推广应用 | 三等奖 | 省机械工业新技术推广办公室、九江轻工机械厂 | 占清和、唐赣元、胡洪隆、张桂生、王荣光 |
| 铌酸锂多晶粒及其 3"单晶研制 | 三等奖 | 九江有色金属冶炼厂 | 郭欣、许志胜、蔡洪斌、曾云华、肖仁香 |
| 沼液防治棉花枯萎病技术研究 | 三等奖 | 市农牧局 | 吴爱珍、陈宜、钱能策、汤建国、阮宏道 |
| 粮油质量管理技术规范 | 三等奖 | 市粮油质量监督检验站 | 刘观明、张淑英、夏晴、李武、黄晓伟 |
| 超高纯(≥99.999%)氧化钇的研制 | 三等奖 | 九江有色金属冶炼厂 | 石智峰、高洪庭、沈德应、王容香、曹辉 |
| 棉花全程化调综合栽培技术推广 | 三等奖 | 九江市经济作物生产技术指导站、九江县棉花生产办公室、德安县棉花生产化办公室、彭泽县农牧局经济站、都昌县棉花生产办公室 | 钟孝梅、蔡报银、吴杰、桂贤国、柯森保 |
| 赣西北桑牙瘿蚊发生规律及防治技术研究 | 三等奖 | 修水县蚕桑局、江西农业大学 | 徐俊、詹根祥、尹益寿、韩乐平、吴德龙 |
| PVC 双壁波纹管引进消化和研制 | 三等奖 | 江西赣北化工厂 | 涂祈宏、李仁华、胡似海、户象明、邓小兵 |
| 华支睾吸虫(肝吸虫)宿主的研究 | 三等奖 | 九江医学专科学校 | 袁维华、高炎标、张绍文、熊光华、童启华 |

续表 56-3-1

| 获奖项目名称 | 获奖等级 | 获奖单位 | 获奖者 |
|---|---|---|---|
| 超轻无石棉硅酸钙保温材料 | 三等奖 | 九江发电厂粉煤灰综合开发公司、国家建材局合肥水泥研究设计院 | 徐冬平、张正锋、蔡志央、龚平安、刘星火 |
| 油品罐区仿真培训系统 | 三等奖 | 九江石油化工总厂职教中心 | 谭清、赖飞云、夏润初、曹柏林、柯爱华 |
| RS-A(B)系列全自动可调式中央热水机组 | 三等奖 | 九江华港冷暖技术开发公司 | 郑肖平、张均文、叶舟、赵水金 |
| 赣北棉铃虫综合治理示范推广 | 三等奖 | 九江植保植检站、九江市棉花生产领导小组办公室、九江市科学技术委员会 | 邹金光、陈齐信、吴杰、钟孝梅、胥仲谋、许旭东、卢礼生、蔡锦清、汤建国、聂细国、吴家华 |
| 水封式磷化氢发生器堆外熏蒸杀虫研究 | 三等奖 | 九江国家粮油储备库 | 刘观明、李海水、饶明泉、夏付祥、崔宜 |
| 高白度粘胶短纤维 | 三等奖 | 九江化学纤维厂 | 王宝栋、熊树林、余小华、李挺言、吴金友 |
| 电视腹腔镜技术在临床上的应用 | 三等奖 | 九江石油化工总厂职工医院 | 伍松德、徐敏、王平、冷泉、何发元 |
| 仿“MAX-1000集散型控制年产16万吨气体馏装置”培训系统 | 三等奖 | 中国石化九江市石油化工总厂 | 曹柏林、戴公士、赖飞云、余赟、柯爱华 |
| 京东平甙及其复议对黄瓜和长豆角增产效果的研究 | 三等奖 | 中国科学院庐山植物园 | 张伯熙、单永年、赖芳兰、叶显荣、张劼 |
| 高压氨泵的适应性工艺试验及干气机封系统设计改进 | 三等奖 | 九江石油化工总厂 | 郭祖梁、张文标、李来生、何敬成、李海英 |
| 100万吨重油催化仿真培训系统 | 三等奖 | 九江石化总厂、江苏石油化工学院 | 杨德明、余卫东、朱建军、谭清、周天彤、蔡智 |
| 1600吨/年三氯生 | 三等奖 | 省格林化工有限责任公司 | 罗先金、李光天、黄建美、宋健、毛伟国、陈鹏 |
| WDFT-360E官珠型高精度多齿分度台 | 三等奖 | 中国船舶工业第6354研究所 | 高尔浦、于海平、陈光梅、邹九贵、王应海 |
| AWIIO型转杯式燃烧器 | 三等奖 | 江西航海仪器厂 | 杨在校、陈荣华、解钦远、潘惠君、陈光明、罗那 |
| 庐山别墅调查研究和保护 | 三等奖 | 庐山建筑学会 | 欧阳怀龙、张复合、彭开福、郑少强、徐上河、钱毅 |
| 金税工程数据采集预警系统 | 三等奖 | 市国税局 | 杨复熙、魏浸、胡云兴、饶立新、裘庆平、黄汉如 |
| 纳米氧化锆粉体材料制备工艺技术的研究和开发 | 三等奖 | 泛美亚(九江)高科技材料有限公司 | 刘琪、刘辉、程家荣、沈江庆、周萍萍 |
| TH-98B型PVC装饰膜贴塑胶开发 | 三等奖 | 市特种胶业有限公司 | 唐义明、何义才、陈春华、高卫华、高培发 |
| 湖口大桥溶岩深孔钻孔桩施工技术 | 三等奖 | 中铁大桥局集团第五工程有限公司 | 周外男、高兴泽、陈宇贤、宋伟俊 |
| 压力管道焊接定量检评新技术试验研究 | 三等奖 | 中国石油化工股份有限公司九江分公司、安徽华夏公司正立石化装备研究所、中国石油化工股份有限公司上海市桥分公司炼油厂 | 高金初、何敬成、李寰、林荣珑、陆奕、陈鸣皋 |
| 货物运输发票数据监测管理系统的研发 | 三等奖 | 市国税局票据中心 | 杨复熙、胡云兴、裘衣平、黄汉如、罗亮生、张晓云 |
| 食用菌及山野菜保鲜工艺研究 | 三等奖 | 江西仙客来生物科技有限公司 | 潘新华、郭培花、袁建赣、陈华、王伯华、潘训平 |

续表 56-3-1

| 获奖项目名称 | 获奖等级 | 获奖单位 | 获奖者 |
|---|---|---|---|
| 中西医结合治疗毒蛇咬伤临床诊疗规范(标准)的研究 | 三等奖 | 修水县中医院 | 钟吉富、何光荣、彭建宇、刘勇、胡训健、丁平 |
| 九江市消除淋巴丝虫病的对策及实施效果的研究 | 三等奖 | 市卫生防疫站 | 熊隆军、朱仲江、胡芸、吴光中、何峰宁、余英琴 |
| 桥梁缆索用镀锌钢丝生产工艺研究与应用 | 三等奖 | 奥盛(九江)铜线钢缆有限公司 | 游胜意、龚龙泉、周生根、汪训政、郑鹏、邹昌健 |
| 二手车销售监控管理信息系统的开发 | 三等奖 | 市国税局票汇中心 | 胡云兴、王永锋、罗亮生、游润珍、徐东进、杨复熙 |
| 基于现场总线的大型整流设备智能化与网络化的研究与开发 | 三等奖 | 九江整流器厂 | 崔国平、田信石、曾广俊、丁少云、刘九明、张蓉 |
| 电子级无碱玻璃纤维布的研究与开发 | 三等奖 | 江西长江玻璃纤维有限公司 | 熊志杰、谭珍祥、毛仙桃、李迎祖、钟钢军、高凤翔 |
| 薄壁异型铜管冷作成型技术研究与应用 | 三等奖 | 九江财兴卫浴实业有限公司 | 夏伟刚、黄文松、江训忠、郝宜熙、刘明训、余序勇 |
| 中草药对蝮蛇蛟伤局部组织损伤血浆自由基的影响临床及实验研究 | 三等奖 | 修水县中医院、修水县人民医院 | 钟吉富、何光荣、朱铭金、付小红、陈金华、卢小华 |
| 高性能预应力镀锌钢绞线生产工艺的研究与应用 | 三等奖 | 奥盛(九江)钢线钢缆有限公司 | 倪晓峰、游胜意、周生根、汪训政、郑鹏、邹昌健 |
| 优质高产杂交棉品种“赣棉杂1号”选育与产业化示范 | 三等奖 | 省棉花研究所 | 杨磊、柯兴盛、田绍仁、聂太礼、刘水仙、孙平秀 |
| 脑出血灶周损伤机制及干预措施对其影响的研究与应用 | 三等奖 | 九江学院附属医院、华中科技大学同济医学院临床神经医学中心 | 殷小平、张曼青、王苇、张苏明、吴向斌、夏忠斌 |
| 船用七氯丙烷灭火系统 | 三等奖 | 九江中船长安消防设备有限公司 | 李明、莫英华、王飞、周卫萍、王国彬、邱波、郭小斌 |
| 燃油净华装置的研制 | 三等奖 | 中国船舶重工集团公司第七〇七研究所九江分部 | 喻峰、蒋灿、杨春木、黄惠文、高院安、蔡金明 |

## 第二节 科技成果推广与应用

1997年,市科委主办高新实用技术成果发布洽谈会。其间,来自北京、上海、天津、武汉、西安、成都、南昌等地60多所高校、科研院所140多位专家、学者,带来近2000项高新、实用技术成果进行发布和展示。全市430多个单位和企业,近1000人参会洽谈,对接洽谈206项,11家政府职能管理部门和企业与校、院签订长期技术合作协议。市政府与清华大学就科技开发、成果转让、技术咨询、人才培养等方面达成全面科技合作。

2008年,由市委、市政府主办,市科技局协办的市科技人才项目暨院校所对接活动周在远洲国际大酒店举行,来自全国各地111家知名院校所282名专家、学者参会,其中,中科院、中国工程院院士各1名,厅级以上院校所领导等重要来宾34人;全市参加对接的企业及单位814家,企业家、科技人员等1191人;院校所通过展板、现场发布等形式,共发布重要科技成果500余项;企业提出科技需求1000余项,其中精选汇编112项,与院校所对接洽谈近3000人次;活动周会上签约项目27个,投资总额11.9亿元;会下签约数为53项,投资总额40.3亿元,达成对接合作意向22项。

# 第四章 知识产权

## 第一节 专利管理与代理

1991~2002年，市知识产权工作重点为专利工作。2004年，市知识产权局成立。在2010年全国“打击侵犯知识产权和制售假冒伪劣商品专项行动”中，检查专利商品6000余件，查处假冒专利54件，处理调解专利纠纷5件。同年5月，市知识产权局、九江学院、市机电研究所、市粮油机械厂、九江新联传动机械有限公司共同发起，并经上级机关批准，成立市发明学会，选举产生首届理事会理事长、副理事长、秘书长、理事21人。编辑印发《九江发明通讯》，撰写主题论文及专业技术论文，获市科协学术年论文优秀奖4篇。至2010年，共举办各类知识产权业务培训班和讲座36期，受训骨干6000余人；参与全国“雷雨”“天网”行动16次。

20年间，全市专利申请量为2567件，其中发明专利申请486件，实用专利申请1378件，外观专利申请703件。专利授权量为1629件，其中发明专利申请118件，实用专利申请1057件，外观专利申请454件。

1991~2010年市专利申请与授权一览

表56-4-1　　单位：件、位

| 年份 | 专利申请量 | | | 专利授权量 | | | 省排名 | |
|---|---|---|---|---|---|---|---|---|
| | 发明 | 实用 | 外观 | 发明 | 实用 | 外观 | 申请量 | 授权量 |
| 1991 | 3 | 17 | 1 | 3 | 17 | 1 | | |
| 1992 | | 31 | 1 | | 31 | 1 | | |
| 1993 | 6 | 19 | 2 | 6 | 19 | 2 | | |
| 1994 | 3 | 27 | 2 | 3 | 27 | 2 | | |
| 1995 | 4 | 25 | 6 | 4 | 25 | 6 | | |
| 1996 | 2 | 26 | 4 | 2 | 26 | 4 | | |
| 1997 | 5 | 36 | 4 | 5 | 36 | 4 | | |
| 1998 | 6 | 28 | 5 | 6 | 28 | 5 | | |
| 1999 | 3 | 32 | 8 | 3 | 32 | 8 | | |
| 2000 | 5 | 52 | 7 | 5 | 52 | 7 | | |
| 2001 | 4 | 15 | 7 | 4 | 15 | 7 | | |
| 2002 | 3 | 14 | | 3 | 14 | 8 | | |
| 2003 | 12 | 33 | 13 | 6 | 22 | 7 | 8 | 8 |
| 2004 | 24 | 27 | 23 | 10 | 23 | 18 | 6 | 7 |
| 2005 | 30 | 100 | 30 | 9 | 39 | 6 | 4 | 3 |
| 2006 | 44 | 143 | 53 | 4 | 74 | 23 | 4 | 4 |
| 2007 | 61 | 164 | 107 | 5 | 107 | 31 | 5 | 5 |
| 2008 | 58 | 149 | 101 | 6 | 172 | 65 | 3 | 2 |
| 2009 | 91 | 171 | 175 | 12 | 119 | 111 | 3 | 3 |
| 2010 | 122 | 269 | 146 | 22 | 179 | 138 | 3 | 4 |

## 第二节　知识产权保护

2004年,市知识产权局挂牌成立,开展专利申请资助工作。全市专利申请量和授权量分别从2003年的58件和35件增长到2010年537件和339件,分别增长8倍以上。2006年始,全市共资助专利申请项500余项,2009年始共安排市级专利技术实施项目11项。同年,九江学院经省知识产权局代表国家局组织验收,评定为第三批全国企事业知识产权优秀试点单位。为落实市委人才工作领导小组制定的《九江市优秀专利发明人奖》,市知识产权局承担具体评选工作。2006年和2009年共评选两届20名优秀专利发明人,奖项均在当年(每隔3年为一届)的市科技大会上颁奖。

**1991~2010年市优秀专利发明人一览**

表56-4-2

| 等级 | 姓名 | 单位 | 说明 |
|---|---|---|---|
| 一等奖 | 尹跃龙 | 江西星火有机硅厂 | 首届 |
| 二等奖 | 潘新华 | 九江县仙客来生物科技有限公司 | 首届 |
| | 丁大林 | 九江昂泰胶囊有限公司 | 首届 |
| | 李德全 | 江西朝阳机械厂 | 首届 |
| 三等奖 | 樊华轩 | 修水县人民医院 | 首届 |
| | 郭俊杰 | 九江环球科技开发公司 | 首届 |
| | 解钦远 | 江西航海仪器厂 | 首届 |
| | 占盛旺 | 都昌县科技局 | 首届 |
| | 阮家武 | 武宁县绿野食品有限公司 | 首届 |
| | 万根平 | 修水万顺特艺有限公司 | 首届 |
| 一等奖 | 王元根 | 中铁九桥工程有限公司 | 二届 |
| 二等奖 | 劳林安 | 市粮油机械厂(有限公司) | 二届 |
| | 陈光明 | 江西中船航海仪器有限公司 | 二届 |
| | 梅志兵 | 江西朝阳机械厂 | 二届 |
| 三等奖 | 王文杰 | 九江新传联动机械有限公司 | 二届 |
| | 吴荣华 | 江西荣华实业有限公司 | 二届 |
| | 沈志斌 | 庐山东方艺术广告有限责任公司 | 二届 |
| | 王富安 | 中船重工707研究所九江分部 | 二届 |
| | 王贤长 | 江西瑞昌市长宁电器加工厂 | 二届 |
| | 董　军 | 九江恒泰自动控制器有限公司 | 二届 |

# 第五章 科技合作与交流

## 第一节 学术交流

### 一、国内专家考察讲学

2002年7月,全国转基因专家、研究员黄骏骐和生化专家、研究员吴敬音应邀到省棉花研究所传授棉花转基因高新技术和组织培养技术。2003年9月7日,中国农科院棉花研究所所长、全国资深专家喻树迅应邀到该所进行学术交流,从基因生物技术等3个方面作专题学术报告。2005年5月7日,国家油菜产业体系首席科学家王汉中一行到市农科所检查指导工作。2009年6月29日至7月1日,中国科学院农业项目办主任王大生、中科院南京分院院长周健民等9名专家学者到市开展为期3天科技考察和学术交流活动。考察组先后到市水科所、市林业部门和市天洋高新生态渔业有限公司,对鄱阳湖渔业资源开发、鄱阳湖现代生态渔业产业化发展和鄱阳湖生态经济区(林业)建设工程进行考察。2010年5月20~21日,应市科技局邀请,中国科学院负责江西片区的南京分院科研处处长尹睿就院地合作专程到市进行考察调研。

### 二、学术交流会

2006年9月16~17日,由市农科所承办的湖北、江西两省遗传学会联办的学术研讨会在市举行,参会代表130人,其中中国工程院院士傅廷栋、中科院院士朱英国出席并作学术报告。2008年9月,南昌大学博士生导师胡振鹏到九江,就鄱阳湖枯水调节工程初探进行学术讲座。2008年11月,由省科协、九江船舶工业公司主办,市科协、省造船工程学会承办,“九江船舶工业创新与发展同舟论坛”在九江举办。

### 三、市专家赴外地考察合作

1993年,应辽宁营口市农业局的邀请,市水产科研所工程师王建民前往辽宁营口进行为期3天的中华绒毛蟹人工半咸水育苗技术讲学。1995年11月5日,高级农艺师陈金国、叶为松等一行到湖南长沙拜会袁隆平。2002年9月10~12日,高级农艺师叶为松在南昌参加“全国野生稻学术交流大会”。2003年10月中旬,省棉花研究所领导率科技骨干一行13人,到中国农业科学院棉花研究所学习,争取到中棉所一个10万元科技项目支持。2005年9月,中、日、韩、朝、蒙、俄6国联合在辽宁沈阳市举办东北亚高新技术博览会,市科技局组织江西仙客来生物科技有限公司食用菌保鲜专利技术、江西维多生命科技有限公司的保健品和江西菊三七开发有限公司珍稀中药材系列产品等参展,并与朝鲜和辽宁的企业签订技术输出和产品加工协议。2008年9月9~13日,高级农艺师傅小平等参加在湖北武汉市举办的“国家油菜产业体系油菜黑胫病国际研讨会”。10月,第五届中国——东盟博览会在南宁国际会展中心举办,市江西柳林机械公司“高效多功能全喂入式联合收割机”项目参加博览会的农村先进适用技术暨高新技术展,获“第五届中国——东盟博览会农村先进适用技术暨高新技术展优秀参展项目奖”。2009年5月16~17日,高级农艺师傅小平、沈福生参加在湖北省钟祥市举办的“国家现代农业体系油菜全程机械化应用现场观摩会”。2010年11月,省绿色食品产业推进会在南昌举行,市科技局组织江西仙客来生物科技有限公司、九江鸿立食品有限公司和江西珍珠村实业有限公司等9家企业参加省科技厅主办的省绿色食品项目、技术、人才对接恳谈会。

# 第二节　科技合作

## 一、国外专家到浔考察讲学(含国外智力引进)

1991 年,引进日本水稻专家原正市水稻旱育秧栽培技术,促进水稻育秧栽培技术变革,被誉为“绿色革命”。同年,市科委接待法国科技交流中心中国负责人柯维耶和日本海外贸易开发协会驻中国首席代表本川浩,2 专家与九江天鹅羽绒服装厂、国棉三厂、整流器厂等单位负责人座谈交流。1992 年,市计委引进九江综合开发调查团薮田仁一郎等日本专家 13 人, 市赣北化工厂引进日本化纤塑料专家青木俊,庐山植物园引进蝴蝶工艺品开发专家岩田诚。1993 年,市政府引进九江综合开发调查团薮田仁一郎等日本专家 18 人次,市进口汽车维修服务中心引进日本汽车维修专家吉野泰隆和喷涂油漆专家高桥良之;庐山植物园引进日本规划与设计专家伊泽宏和花卉栽培专家白井真人;彭泽县上十岭畜牧场引进法国生猪饲养专家盖亨瑞尔;市天鹅羽绒服装厂引进荷兰服装设计专家蒂凯瑟;武宁县水产试验场引进日本珍珠养殖专家游佐多津雄。同年,加拿大钾肥有限公司韦博士赞凯、加拿大钾磷肥研究所博士鲍哲善、王家襄等人两度到省棉花研究所科研基地实地考察棉花、油菜施用加拿大钾肥使用效应,探讨最佳施用方法。1994~1995 年,全市加强引智工作,引进外国专家 312 人次,向国外派遣研修、考察人员 140 人次。1996 年,引进国外专家 8 名,其中湖口县啤酒厂引进德国专家克劳恩·奥托逊。1997 年,庐山植物园引进荷兰球根花卉研究专家万德·普拉斯。1998 年,全市共有引智网络成员单位 27 个,引进外国专家 2 名,接待和参与国家十大新闻单位记者“引进国外专家万里行”活动。1999 年,彭泽县上十岭畜牧场引进英国生猪养殖专家 H·G·BOUGHTON; 修水县石英制品厂引进加拿大石英材料专家 GEORGE·SARIF。2000 年,彭泽上十岭畜牧场引进法国养猪专家萨拉克鲁普。2001 年 7 月,美籍华裔博士方同光(原美国农业部研究中心高职) 应邀到省棉科所讲解棉花遗传育种新技术, 并现场解答市科技人员有关学术问题。2002 年,韩国国家生态研究所考察小组在吉林省水产研究所技术人员陪同下到市水产科学研究所进行考察交流。2005 年 5 月,引进日本水产专家永井康宏到市水产科学研究所讲学 1 周。

## 二、市专家出国(境)考察讲学

1991 年,市农科所公派冯弋良到日本研修 1 年。同年 4 月至 1992 年 5 月,省棉科所王本贵在世界农民交流会(WFE)安排下,到美国夏威夷洲克亚伯鸡场进行为期 1 年交流实习活动。同年,市科委组织 3 名蔬菜方面专业技术人员到日本研修。11 月,中国船舶工业集团公司第六三五四研究所研究二室主任李星到德国达姆斯达特德国申克公司等进行技术考察。1993 年 9 月,省棉科所丁俊参加省农业代表团到日本岗山县进行为期一周考察访问。1994 年 8 月,市科委王俊勇随省科委考察团到美国考察科技工作。9 月,省棉科所所长吴济森参加省棉麻学会组织的专家组到美国进行为期 20 天棉花科研生产考察活动。1995 年 8 月,市科委朱克绍随国家科委到美国考察中小企业技术创新工作。9 月,中国船舶工业总公司第六三五四研究所副总工程师李树林到俄罗斯圣彼得堡参加 “第一届圣彼得堡国际智能造船技术交流会”。1997 年 9 月,中国船舶工业总公司第六三五四研究所研究八室工程师王永松到俄罗斯执行水银导电滑环技术考察任务。1998 年 3 月,中国船舶工业集团公司第六三五四研究所所长杨贵成、第五研究室主任缪维伦到加拿大温哥华参加“1998 年世界环保年会”,并在温哥华、多伦多、卡尔加里参加由中国环保局组织的一系列考察交流活动。5 月,省棉科所所长田绍仁参加农业部组织的农业考察团到法、德等 11 国进行为期 52 天考察访问活动。2000 年 5 月,中国船舶工业集团公司第六三五四研究所所长杨贵成等3人到法国沃尔法公司对惯导测试转台进行考察，商谈技术合作和引进关键技术问题。11月，省棉科所副所长徐秉尧参加国家科委外专局组织的到美国旧金山进行为期20天“节水旱作”培训班。2002年9月，中国船舶工业集团公司第六三五四研究所副所长李树林等3人到德国汉堡参加“汉堡造船、机械和海上技术国际贸易博览会”，该所转台、程控齿盘等产品参展。2003年9月，市政府副市长陈晖等参加省科技厅农业生物技术考察团到澳大利亚、新西兰考察农业生物技术。2004年，鄱湖水产科技园派员到美国参加世界水产养殖大会暨展览会，学习国外水产养殖的经验和新技术，并与外商在水产项目开发上达成合作协议。2005年9月，永修县委副书记杨增梁、市特种胶业有限公司总经理唐义明参加省科技厅团组到英国、瑞典执行科技创新体系建设与政策考察任务。2005年10月，市政府副市长卢天锡等参加省科技交流中心团组到英国、瑞典考察科技创新体系建设与政策。2009年2月9日，省棉科所副所长金美珍参加由省农业厅组织的到美国、加拿大为期10天的参观，并代表省政府对美国内布拉斯加州进行回访，开展农业技术、农业信息、种植资源和技术交流合作。

## 三、项目合作交流

1991年，中日合作“九江市综合开发规划调查”项目立项，于1992年9月开始实施。日方由日本国际协力事业团(JICA)派出以薮田仁一郎为团长的13位专家组成项目执行团，中方由市政府组织的专家团。1993年12月初完成最终报告《中华人民共和国江西省九江市综合开发计划调查》，12月20~21日，双方在南昌市青山湖宾馆举行该项技术成果转让报告会。1998年，九江整流器厂与广西平果铝业公司合作“320KA超大电流铝电解直流供电系统的研究与开发”(国内最大电流系列)改造项目，标志着国产整流装置技术步入世界先进之列，该项目获得2002年中国有色金属工业科学技术会颁发的技术进步“一等奖”。1999~2000年，省山江湖办在星子县白鹿乡开展中孟(孟加拉国)合作GB小额信贷扶贫试验。同年，完成中德合作“德安县青年科技与社会知识促进项目”，为德安县聂桥乡可持续农业技术推广配备价值76万元培训和示范设备。2000年1月，市水产科学研究所和上海水产大学签订技术合作协议，进行全面合作。2001年1月，市水产科学研究所和南昌大学签订关于彭泽鲫鱼良种选育合作协议。3月，市水产科学研究所和华中农业大学签订黄颡鱼人工繁育合作协议。2003年，省引智办引进优良灵芝品种“南韩一号”和“信洲8号”，在武宁县建立仿野生栽培示范推广基地，并加工成灵芝片、保健茶、胶囊等系列产品。2004年，市政府与韩国渔业研究和发展研究院在渔业生产，银鱼、黄颡鱼、翘嘴红鲌、彭泽鲫、克氏螯虾等水产资源开发，以及生态环境保护、渔业人才培养和交流学习等方面达成协议。2005年11月，市水产科学研究所和广东海洋大学签订淡水有核珍珠养殖技术合作协议。2006年，省棉花研究所示范良种场与山东美佳食品有限公司合作引进菠菜新品种种植技术，在该场第二生产队示范种植14.67公顷。2008年，省棉花研究所与2个科研院校(华中农业大学、南京农业大学)和深圳创世纪转基因公司开展科研合作。

# 第六章　科技管理

## 第一节　计划管理

1992年,全市完成鉴定验收星火计划项目、重点科研计划项目21项,其中国内领先水平2项,国内先进水平4项;省内领先水平4项、先进水平11项。支持河蟹、食用菌、蚕桑、鹅鸭工程、猕猴桃等支柱产业发展。1993年,全市科技计划管理实行"突出重点水平,看准苗子上规模,落实项目保实体"原则,由科技服务大农业转为面向"三高"创汇农业,由重农轻工转为适当向工业倾斜,由单项(项目水平)考虑转为综合评估。1994~1995年,本着"立足农业、主攻工业",突出抓京九线农业开发和高新技术产业开发,赤湖河蟹养殖公司承担"湖泊网围鱼蟹混养大面积开发",赣北化工厂承担"PVC双壁波纹管开发"、九棉五厂承担"棉纺落棉回花应用"3个项目,列入省京九线示范项目(全省7个)。1998年,全市科技计划项目实施遭遇洪涝灾害影响,科技系统积极开展科技抗洪扶贫救灾活动,加强农业良种良法研究推广应用,由市农科所承担、永修县和瑞昌市实施"两系杂交晚稻引种示范"项目,经省、市专家对示范片测产验收,平均亩产增幅度达25.1%。九江仪表厂承担省火炬计划"永磁无刷电机"项目,其主要性能指标达20世纪90年代国际同类产品的领先水平,被列为省长重点工程。1999~2000年,按照"创新产业化的科技工作方针,全市实施扶持高新技术产业化发展示范工程,重点扶持九江电子材料厂、江西格林化工有限责任公司、市特种胶业有限公司、九江整流器厂、6354所5家企业,在机械、电子、仪表、测试等行业组织推广CAD、CIMS等现代先进设计制造技术。"

2001年,市级科技计划编制积极引入科技评估机制,对征集到的项目,实行专家与管理人员相结合综合评估,量化指标,提高科技计划项目评审质量。2003年,市科技局制定《九江市科技计划管理暂行管理办法》,确定按"公布申报事宜——深入企业调研——组织专家评估——确定立项"流程审定项目;对列入各级科技计划项目实行全程跟踪管理,加强立项后协调、服务工作;对结题后不按规定进行验收、鉴定项目承担单位,翌年不再受理其项目申报。另对科技"三项经费"开支范围、经费预算编制与审批、经费拨付及监督管理作明确规定。2004年,市级重大项目面向社会进行公开招投标,由省科技厅评估中心组织专家评估,其中"九江观音塘无公害水产养殖模式示范基地关键技术研究"项目由南昌大学中标。当年下半年,组织对2003~2004年度各级各类科技计划项目实施情况进行检查,未发现截留、挪用科技经费现象。2004年3月,市科技局制定《九江市科技计划管理暂行规定》,将市级科技计划分为工业(农业、社会发展)科技计划、科技成果推广计划、科技发展基金计划、创新基金计划和各类指导性计划。其中,研究类计划优先支持预计技术水平达省内领先以上并具有较好产业化前景项目,重点扶持预计技术水平达国内领先以上并具很好产业化前景项目;产业化类计划优待支持技术水平达到省内先进水平以上,且项目完成后经济效益达到年新增利税100万元以上项目,重点扶持技术水平达国内先进以上,且项目完成后经济效益达到年新增利税300万元以上项目。重点扶持项目由市科技局主管,优先支持项目视具体情况由市科技局主管或委托县(市、区)科技局主管,一般项目由县(市、区)科技局主管。市科技局原则上每年组织1次计划项目集中检查,对无故不完成合同书任务的项目承担单位,市科技局如数追回项目安排的"三项经费",并在3年内不再受理其申报项目。2009年,为落实市政府推进科技创新"六个一"工程,启动主要学科学术和技术带头人培养计划,市级工程技术研究中心、重点实验室等科技基础条件平台建设计划,以及优势技术科技创新团队建设计划。

# 第二节　资金管理

## 一、科技计划资金

1991 年来，市科技局每年据市科技、经济和社会发展战略，国家产业政策、科技政策及科技发展规划、计划的总体部署，制定发布下一年度科技计划指南，明确科技计划支持范围、领域和方向，编制年度各类发展计划，并组织实施。至 2010 年，全市共争取国家级计划 173 项、省级计划 1005 项、安排市级计划 1245 项，安排市级科技三项经费共 4785 万元。

**1991~2010 年实施国家、省和市级科技项目数一览**

表 56-6-1　　　　单位：项

| 年份 | 国家级 | 省级 | 市级 | 合计 |
|---|---|---|---|---|
| 1991 | 3 | 20 | 13 | 36 |
| 1992 | 5 | 27 | 16 | 48 |
| 1993 | 6 | 30 | 30 | 66 |
| 1994~1995 | 17 | 54 | 97 | 168 |
| 1996 | 8 | 21 | 44 | 73 |
| 1997 | 2 | 37 | 48 | 87 |
| 1999~2000 | 17 | 70 | 129 | 216 |
| 2001 | 5 | 57 | 64 | 146 |
| 2002 | 9 | 62 | 65 | 139 |
| 2003 | 11 | 65 | 77 | 153 |
| 2004 | 18 | 65 | 86 | 169 |
| 2005 | 8 | 61 | 77 | 147 |
| 2006 | 13 | 74 | 100 | 187 |
| 2007 | 7 | 52 | 108 | 167 |
| 2008 | 11 | 61 | 79 | 151 |
| 2009 | 16 | 117 | 75 | 208 |
| 2010 | 10 | 88 | 89 | 187 |

## 二、中小企业创新基金

1991 年，经国务院批准设立，用于支持科技型中小企业技术创新的政府专项资金。通过拨款资助、贷款贴息和资本金投入等方式扶持和引导科技型中小企业的技术创新活动。

1999~2010 年获国家科技型中小企业创新基金项目一览

表 56-6-2　　单位:项、万元

| 年 份 | 立 项 | 资 金 | 年 份 | 立 项 | 资 金 |
|---|---|---|---|---|---|
| 1999 | 1 | 50 | 2005 | 1 | 70 |
| 2000 | | | 2006 | 3 | 180 |
| 2001 | 1 | 65 | 2007 | | |
| 2002 | | | 2008 | 1 | 80 |
| 2003 | 2 | 90 | 2009 | 6 | 395 |
| 2004 | 1 | 100 | 2010 | 7 | 560 |

# 第七章　科研单位

## 第一节　驻市科研单位

### 一、庐山植物园

又称庐山植物研究所。1996 年,改为省和中国科学院双重领导,2001 年,庐山植物园实施人才培养战略,将人才引进和培养列入植物园的中长期规划,在充分调研的基础上,整合资源,搭建平台,筑巢引凤,采取内培外引战略蓄积人才,2002~2005 年自主培养博士 3 名,硕士 7 人。按照"一个中心、二个改善、三项推进"总体工作思路,即以科技创新为中心,优化学科布局,积极组织争取承担各类科研项目,特别是重大科技项目,实施好已承担的各项科研任务;改善科研基础条件,改善职工生活条件;推进管理体制机制创新,推进人才培养和引进,推进鄱阳湖分园及科普设施建设。取得多项科研成果,科研经费大幅增加。至 2010 年,共有职工 101 人,其中高级研究人员 8 人。共承担科研课题 34 项,主要项目有:中国科学院重大项目"庐山植物园标本馆网络信息系统建设",中科院特别支持项目"东亚——北美间断分布园建设",国际植物园保护联盟(BGCI)项目"树木园改造和红豆杉属植物迁地保育研究",科技部科技支撑项目"沙化土地与水土流失区治理技术研究与示范",科技部国际科技合作项目"杜鹃属植物的回归引种及保育基地建设"等。建成展览、生产、试验区共 10 个,温室 2000 平方米,收集、保存活植物 3400 余种,收藏植物腊叶标本 17 万份,收藏专业图书期刊 7 万余册,累计发表学术论文 700 余篇;独立或合作完成各项科研成果 48 项,获各项成果奖励 40 多项次。庐山植物园是"国际自然及自然资源保护联盟(IUCN)"成员,与 68 个国家和地区的 176 个单位建有种子、苗木、书刊交换关系。曾多次参加"国际植物园协会(IABG)"及其"亚洲地区分会(IABG-AD)"组织的有关学术会议,国际学术交往频繁。

### 二、中国船舶工业集团公司第六三五四研究所

位于市开发区,是国防科技工业重点科研院所,以专门从事精密测试、精密加工、精密测(计)量和试验技术、精密敏感和特种连接技术、精密仪表工艺和先进制造技术研究开发为主业,产品广泛应用于航空、航天、船舶、兵器、民用等领域。2010 年,该所设有科研区、试验试制区、老所区,总占地面积 32 公顷。其中科研区、试验试制区占地 9.28 公顷,总建筑面积约 30000 平方米,资产总值 2.26 亿元。全所职工 416 人,大专以上科技人员 310 人,高级职称专业技术人才 62 人,中级职称专业技术人才 80 人。有 13

人享受国务院政府特殊津贴，获得省部级突出贡献专家3人。该研究所是中国船舶工业精密机械产品检测中心、省环保产品认定检验中心和市制造业信息化示范企业。企业通过ISO 9000质量体系认证和安全质量标准化国家二级企业审核，检测和校准实验室通过国防科技工业实验室认可委员会认可，先后获省国防科技工业"十五"科技创新先进单位、省国防科技工业计量工作先进单位，其第二研究中心海军基地三轴防仿真转台项目组获得集团公司"劳动竞赛优秀班组"称号，精加工段获省国防工业系统"工人先锋号"、省国防科技工业先进单位。

### 三、中国船舶重工集团公司第七〇七研究所九江分部

隶属中国船舶重工集团公司第七〇七研究所，是集船舶操纵自动化、船舶测速、液压控制系统及元件、流体介质污染控制技术及过滤设备等专业技术研发为一体，专业从事船舶操纵自动化和测速技术研究的研究所。2001年成立"分部高科技有限公司"，按照自主经营、自负盈亏原则从事生产经营活动，引入竞争机制，加强管理，并开始一系列改革。2007年6月，成立九江七所科技有限责任公司，2008年3月，更名为中国船舶重工股份有限公司九江分公司，简称"九七科技"。2009年6月，中国船舶重工股份有限公司设立九江七所精密机电科技有限公司，公司设立董事会，公司下设人力资源部、综合计划部、财务部、质控部、技术部、市场部、生产部等管理部门，实行经理负责制。第七O七研究所九江分部建有先进的研究试验设施和流体介质污染控制研究实验室。有配套齐全的电子仪表、计算机仿真和CAD工作站。4000平方米的"船舶操纵控制技术研究和实验中心"是省重点实验室。分部连续多年被评为省国防计量先进单位，是省优秀高新技术企业。2010年12月，全所有职工236人，其中正高职称14人、副高职称98人、中级职称79人。

### 四、省棉花研究所

直属省农业厅，位于市西郊九瑞公路16千米处，占地面积324公顷，其中试验示范用地174公顷。该所地处长江流域优质棉主产区域中心地带，示范良种场170公顷棉地规划整齐，园田化程度较高，是棉油等作物良种繁育和品种展示理想场所。所内机构分职能部门和下属单位两部分，示范良种场、畜牧水产场、水电公司、子弟学校和医务室为下属单位。2010年12月，全所有干部职工530人，各类专业技术人员99人，其中高级职称15人，中级职称24人。研究所实行"科研任务定岗、责任分人"目标管理责任制，设立所长奖励基金，以奖励科研、生产和开发等有突出贡献者。实行科研岗位津贴，同时所内设立有科研成果奖、选育品种奖、项目申报奖、科技推广奖、优秀论文奖、开发创收提成奖等。研究所主要任务是开展棉花品种选育、良种良法栽培、土肥、植保等科研项目应用研究及其新成果、新技术示范推广。农业部现代农业产业技术体系鄱阳湖综合试验站和国家农作物品种区试九江站建在该所，面积4公顷。

## 第二节　市属科研单位

### 一、市农业科学研究所

位于九江县马回岭镇，占地122公顷，其中耕地22公顷，果园8公顷，可养水面2.3公顷。办公及科研建筑总面积5000多平方米，建有组培室、综合化验室、标准塑料大棚及网室1000平方米。全自动智能温室200平方米，购置先进仪器设备20多台套，田间试验区规范平整，总体技术装备步入全国较先进的地市级科研院所行列。所内设科研科、人秘科、综治科、农技推广科4个职能科和1个良种繁育场，科研科下设水稻研究室、旱作物研究室、综合实验室3个研究室。研究所以立足九江，面向全省，服务农业为宗旨，广泛开展农业科学研究和技术开发。主要开展水稻、油菜、小麦、棉花、西瓜等作物新品种选育；承

担水稻、油菜、芝麻、大豆、花生等作物品种国家区域试验;完成农业部微生物肥料检测中心委托的微生物肥料鉴定试验;完成省、市科技部门下达的新技术、新成果引进及示范推广项目;建设国家油菜现代产业体系九江综合试验站;围绕“三农”开展科技咨询、技术指导、技术培训等技术服务。研究所培育的杂交水稻“汕优赣10号”、两系杂交稻“两优培特”“两优培九”“西瓜赣杂一号”“浔油8号”等作物品种在全市大面积示范推广,有的成为当家品种。2010年,全所176人,专业技术人员36人,高级职称8人,中级职称12人,享受国务院政府特殊津贴1人。

## 二、市水产科学研究所

原位于市区南湖支路(南湖公园旁)。隶属于市水产局。1992年,农业部良种审定委员会同意批复在市水产科学研究所建设国家级彭泽鲫良种场,1994年,市政府办公会确定所场合署办公,实行两块牌子一套人员,并迁入庐山区虞家河乡东光村,1998年1月,研究所新的办公生产基地建设完成。2010年4月,市农业局、水产局实行机构合并,隶属于合并后的市农业局。12月,研究所事业编制25人,自收自支事业编20人。内设科研科、市场科、生态资源科、办公室。所里拥有科技人员15人,管理人员7人,工人13人。科技人员中副高职称4人,中级职称7人,初级职称4人,享受国务院津贴专家1人,享受省政府津贴专家1人,市突出贡献专家1人,市专业技术拔尖人才1人,市领导直接联系的专业技术人才2人。市水产科学研究所和省水产科学研究所共同选育的彭泽鲫鱼成为全国重点养殖品种,是新中国成立以来推广规模最大的淡水品种之一。

## 三、市林业科学研究所

位于庐山区莲花镇谭畈村,总面积为261.1公顷,其中森林213.3公顷、苗圃4公顷,总建筑面积6400平方米。资产总额为159万元。1991年至2005年12月,隶属市林业局。2006年至2010年6月,隶属庐山风景名胜区管理局。2010年7月后,仍隶属市林业局,内设科研科、人事秘书科、生产科、计划财务科、珍稀濒危植物种质资源库、植物组织培养研究室和实验林场。全所共有干部职工223人,其中科技人员23人(高级工程师4人、工程师10人、初级职称9人)。

## 四、市机电产品研究所

位于市区塔岭北路90号,是市辖独立科研机构,2010年12月,全所有职工12人,其中高级工程师3人,工程师6人。资产总额43万元。研究所主要从事非标机电产品设计、工艺过程设计以及新产品、新材料、新工艺推介、技术指导和技术培训等技术服务。

## 五、市纺织产品研究所

位于市区长虹大道118号,2010年,在编5人,其中专业技术人员4人。主要从事纺织产品技术转让、技术咨询、技术服务和纺织产品开发。

## 六、市水利科学研究所

位于市区九瑞大道56号九江水利大楼十一楼。2010年,在编16人,具有高级技术职称3人,中级技术职称6人,初级技术职称3人。研究所主要开展水资源和水环境、防洪减灾和水土保持、流域规划与治理开发等公益科学技术研究,是水利工程质量检测与评价,水利工程建设咨询,水利科技研究成果的应用与推广等综合性水文科研单位,具有水文资源调查与评价、水资源论证、水利工程质量检测、建设项目水土保持方案编制、水利工程建设咨询等资质。20年来,共在省级以上刊物发表论文12篇。

## 七、市庐山茶叶科学研究所

位于庐山通远，隶属市农业局，2006年1月起，划归庐山管理局管理，为庐山管理局直属单位。2010年在编101人，其中科技人员13人，大学本科毕业4人，大专毕业6人，中专毕业3人，取得高级职称1人，中级职称3人，初级职称9人。下属有茶场、种苗场、林场等经济实体。研究所主要从事“庐山云雾茶”优质高产理论探讨及生产技术的研究，包括茶树品种的选育，茶叶加工工艺流程，茶叶科技成果的推广应用等。

## 八、市修水茶叶科学研究所

是国内建立最早的茶叶专业科研院所之一，设有茶树育种新技术、生态茶园工程、茶树病虫害综合防治、茶树生理生化分析、茶叶综合加工技术、茶叶科技信息6个研究室，主要从事茶树新品种、新技术、新工艺等相关课题的综合研究，茶树品种保存国内外400余个茶树活体品种，是全省规模最大的茶树品种园。2010年12月，全所在编313人，其中有高级专业技术职称8人，中级专业技术职称30人，初级专业技术职称35人，茶叶生产实验工人240人。

## 九、市科学技术情报研究所

位于市区青年路11号，隶属市科学技术局，主要从事国内外科技信息搜索、整理、加工研究工作；为有关领导决策和全市社会发展服务。2003年7月，经省科技厅批准，依托市科学技术情报研究所创办市生产力促进中心，“中心”属非营利独立法人科技服务中介机构，与市科学技术情报研究所实行两块牌子一套人员管理体制。2007年，市科学技术情报研究所增加科技查新检索职能，2010年1月，市生产力促进中心通过ISO 9001质量体系论证，并获得北京华思联论证中心颁发的质量管理体系证书。至同年12月，在编人员24人，其中专业科技人员16人。共接受工业、农业、社会发展科技项目查新检索1200项；指导园区26家企业申报国家、省、市、科技计划项目，协助10家企业申请高新技术企业认定，为园区企业争取各类科技计划12项，获资助700万元。20年间不定期编辑发行《九江科技》280期，计26万份。

**2009~2010年省、市级优势技术科技创新团队一览**

表56-7-1

| 创新团队名称 | 领军人才 | 所在单位 | 级别 |
|---|---|---|---|
| 有机硅单体及制品技术 | 邱玲 | 江西星火有机硅厂 | 省、市级 |
| 钽铌材料技术 | 唐德胜 | 九江钽铌有限公司 | 省、市级 |
| 消防工程技术 | 李明 | 九江中船长安消防设备有限公司 | 省、市级 |
| 玻纤材料研制技术 | 黄家超 | 九江鑫星玻纤材料有限公司 | 市级 |
| 船舶舾装制造技术 | 李明 | 九江中船长安消防设备有限公司 | 市级 |
| 蚕茧综合开发利用技术 | 夏小华 | 修水一家实业有限公司 | 市级 |
| 系统生物临床应用技术 | 李卫东 | 九江学院基础医学院 | 市级 |
| 钢线钢缆制造技术 | 游胜意 | 奥盛(九江)钢线钢缆有限公司 | 市级 |
| 架桥机技术 | 汪西昌 | 中铁九桥工程有限公司 | 市级 |
| 卫生用品技术 | 余陈 | 江西生成卫生用品有限公司 | 市级 |
| 新型农药及其制品技术 | 彭涛 | 江西禾益化工有限公司 | 市级 |

## 2001~2010年国家和省、市级研发平台一览

表56-7-2

| 研发平台名称 | 依托单位 | 年份 | 级别 |
|---|---|---|---|
| 省有机硅工程技术研究中心 | 江西星火有机硅厂 | 2001 | 省级 |
| 省数控技术与应用重点实验室 | 九江学院 | 2005 | 省级 |
| 省船舶操纵控制技术重点实验室 | 中国船舶重工集团公司 | 2005 | 省级 |
| 省精细日用化工工程技术研究中心 | 第707研究所九江分部 | 2001 | 省、市级 |
| 省消防工程技术研究中心 | 九江中船长安消防设备有限公司 | 2009 | 省、市级 |
| 省流体污染控制工程技术中心 | 九江七所精密机电科技有限公司 | 2010 | 国家级 |
| 国家有机硅技术中心 | 江西星火有机硅厂 | 2010 | 省级 |
| 江西无线电技术中心 | 江西无线电厂 | 2006 | 省级 |
| 九江整流器技术中心 | 九江整流器厂 | 2005 | 省级 |
| 江西海洋纺织技术中心 | 江西海洋纺织有限公司 | 2006 | 省级 |
| 共青鸭鸭服装技术中心 | 江西共青鸭鸭股份限公司 | 2005 | 省级 |
| 江西深傲服饰技术中心 | 江西深傲服饰有限公司 | 2006 | 省级 |
| 江西回圆服饰技术中心 | 江西回圆服饰有限公司 | 2006 | 省级 |
| 中铁九桥工程技术中心 | 中铁九桥工程有限公司 | 2007 | 省级 |
| 中船长安消防工程技术中心 | 九江中船长安消防设备有限公司 | 2008 | 省级 |
| 江西朝阳机械工程技术中心 | 江西朝阳机械厂 | 2008 | 省级 |
| 市绿色再造重点实验室 | 九江学院 | 2009 | 市级 |
| 市挠性电路用电子材料工程技术中心 | 九江福莱克斯有限公司 | 2009 | 市级 |
| 市药制品工程技术研究中心 | 江西昂泰制药有限公司 | 2010 | 市级 |
| 市淡水珍珠集成化养殖工程技术研究中心 | 江西鄱湖现代农业有限公司 | 2010 | 市级 |

# 第五十七篇

# 文　化

# 第五十七篇 文 化

1991年以来,全市群众文化以公益性、服务性为主旨,在建设社会主义新城乡和构建社会主义和谐社会中发挥重要作用。农村、厂矿、社区、校园文化站(室)立足当地特点,形成自我参与、自我娱乐、自我开发的社会性文化,组织和举办群众文化活动,普及科学技术文化知识,丰富群众文化生活,协助行政部门对群众艺术团体、民间艺人和文化专业户进行管理。全市在省级以上报刊发表的小说、散文、诗歌、戏剧、小品、音乐、舞蹈、书法、美术、摄影等作品6000余件。演出市场发生根本性变革,艺术活动活跃,送戏下乡、举办各类演出、展览活动5000余场次。在现代公共图书馆服务工作中,各种社会文化、教育活动占有很大的比重,凸显图书馆在传承文明、社会教育中的职能作用。市图书馆不断延伸服务形式,举办各种展览、讲座、报告、培训班等活动,创办旨在"寻历史之源,建文化之庐"为主题的公益讲座,丰富市民文化生活,提升九江文化品位,亦为增强九江发展的文化软实力提供知识支撑。全市先后进行2次文物普查,新发现文物点2679处。共有国家级文物保护单位15处,省级文物保护单位58处,市县级文物保护单位273处。全市13家博物馆、纪念馆向社会免费开放。

2005年开展非物质文化遗产调查,收集民间文学1559件,传统音乐2324首,传统舞蹈123个,传统戏剧766本,曲艺39本,传统体育1个,传统美术1598件,传统手工技艺29项,民俗92件,传统医药15项。通过评审、申报,全市有国家级非物质文化遗产代表名录10项,国家级非物质文化遗产代表名录传承人5个。至2010年,全市有全国社会文化先进县2个,全省社会文化先进县3个,全省百强文化站20个,全国艺术之乡3个。

文化产业项目品牌,重点企业和文化产业园区的培育和建设工作扎实,传统文化产业结构逐步优化,产业规模不断扩大,产业链正逐步形成,文化产业发展的保障体系正在健全。

# 第一章 群众文化

## 第一节 文化馆(站)

### 一、市文化馆

原名市群艺馆,位于市区环城路162号,馆舍面积1500平方米,建筑面积3000平方米。内设艺术辅导部、理论调研部、文化经营部和办公室。

20世纪90年代,以组织群众文化活动、开展社会文化教育培训和基层文化艺术辅导等为主要职能。群艺馆实行"三个面向",即面向市民群众开展文化艺术普及活动;面向业余文艺骨干和业余文艺团队开展培训和辅导;面向社会弱势群体提供公益性文化活动和培训。1992年5月,被文化部和全国少年儿童艺术委员会授予"全国少年儿童文化工作先进单位"。

进入21世纪以来,组织承办全市大型群众文化活动、开展全市非物质文化遗产保护与研究,组织承办各类大型群文活动逾100次。2002~2004年,举办4届金秋文化艺术节。2003年举办第二届金秋艺术节秧歌大赛。2004~2006年,举办3届国际龙狮精英赛开幕式大型文艺演出。2004年举办元宵群龙闹浔城踩街巡游。2005年"魅力九江·风采2005"元宵大型灯会和焰火晚会活动在中央电视台《新闻联播》节目中播出。2007年,举办中国九江·庐山·西海国际文化旅游节暨第十八届世界超级模特环球大赛中国总决赛开幕式大型文艺表演。2009年,举办"魅力九江"广场文化活动。2010年,举办"红歌唱响八里湖"演出活动,其间,还举办金秋文化艺术节、国际龙狮精英赛开幕式大型文艺演出、"六一"少儿书法绘画摄影大赛、节目主持人大赛、"魅力九江"广场文化活动等。

群艺馆注重群众文化网络建设,创建校园、社区、部队和企业4个文化基地,从中选取群众文化活动有一定特点和优势、有过合作基础的单位作为联系点,了解情况、沟通感情、互通信息、以点带面、全面推动基层文化的发展。先后建立柘林电力有限公司、昌河集团、九江化纤、浔阳区甘棠街道办事处六角石社区、人民路街道办事处湖滨社区、庐山区五里街道办事处南湖小区社区、十里街道办事处十里铺社区、九江职业技术学院、九江师范、九江学院本部、171医院、九江武警支队、海军后勤部等文化基地单位。2004年,群艺馆被文化部授予国家三级文化馆。

2010年5月,启动"九江市文化馆"新馆(艺术中心)工程,在八里湖划地5.33公顷,投资3.5亿元,建设建筑面积27700余平方米的多功能、综合性文化设施,内含大剧院、多功能剧场、音乐美术创作基地、非物质文化遗产展示中心等。12月,更名市文化馆,在编干部职工34人。

### 二、县(市、区)文化馆

**浔阳区文化馆** 原址在朝阳小学教学大楼内,馆舍面积1000平方米。长虹北路文化馆新大楼竣工于2006年,占地面积6770平方米,建筑面积3990平方米。新馆在功能定位上坚持公益性,贴近社会,面向大众,以普通市民为服务对象,设置引领浔阳文化时尚项目,做到普及与提高、通俗与高雅的有机结合。一楼设有排练室、电视体验中心、棋室、乒乓球室;二楼设有多功能会议室、阅览室、音乐室、微机室、多功能剧场及用于培训、娱乐、健身教室;另有市民休闲广场,可供晨练、文艺演出。内设艺术辅导部、理论调研部、少儿辅导部和办公室,2010年被文化部评为国家一级文化馆。

**庐山区文化馆** 建筑面积1440平方米。内设办公、图书2室和文学、音乐、舞蹈、戏剧、美术摄影、调研等组,开展文艺创作、群众文化理论研究、文艺活动辅导;创办《报春泉》《匡庐群文信息》《白鹿》等刊物。2005年3月,文化馆内设办公室、图书室、财会室、会议室、档案室、储藏室、创作辅导部、艺术辅导部、文管所。

**九江县文化馆** 内设办公室、文艺培训辅导部、非物质文化遗产保护中心(调研创作部)、信息档案部。20年间,组织创作演出《田水湾》《彩凤》《城门湖上》《喜搬家》《妈妈》等7个采茶小戏,分别在省、市文艺会演获奖,组织开展社会文化活动100余场。编排"一龙九柱"龙舞,先后参加1992年市"屈原杯"、1993年"炎黄杯"全国龙舟赛和1996年庐山国际旅游节开幕式表演。成功申报市级以上非物质文化遗保护名录8个,其中国家级1个、省级3个。2002年新建馆舍,总面积2490平方米。

**德安县文化馆** 原馆面积1100平方米。1997年县文化娱乐中心并入县文化馆。2005年8月迁至文化广电大楼。馆舍建筑总面积5500平方米,室外活动场地面积800平方米,宣传橱窗25.6米。有多功能文化艺术中心、排练厅、展览厅、培训室、综合活动室、非物质文化遗产展示室、艺术档案室等。2007年内设机构有办公室、群文辅导培训部、文化艺术中心、非物质文化遗产保护中心。2010年年底被评为国家二级文化馆。

**永修县文化馆** 1991年,新建办公大楼,建筑面积990平方米,1993年竣工并迁至新馆。内设文艺创作组、音乐戏剧组、美术摄影组、办公室及图书室。

**星子县文化馆** 1991年,办公及综合活动室在馆房二楼、三楼。2007年兴建文化馆新大楼,建筑面积1655平方米,2010年竣工。新馆建有室外活动场、宣传栏,馆内设行政办公室、多功能厅、钢琴室、电子琴室、舞蹈排练厅、非物质文化遗产综合展览厅、书画培训室、资料档案室、民族乐器培训室。

**修水县文化馆** 建筑面积530平方米,配有会议室、游艺室、办公室及活动室。内设群文辅导部、美术摄影部、少儿艺术培训部和办公室。每年举办"双井之春"音乐会,每2年举办"修河之波艺术节",由修水、武宁、永修、铜鼓4县参加,4县轮流为主办单位。

**武宁县文化馆** 1998年4月,兴建县文化艺术中心,建筑面积6330平方米,由娱乐活动楼、影剧院和办公楼3部分组成,1999年9月底竣工。文化艺术中心大楼共5层,第一层为主大厅和影剧院。大厅的左右两侧房间和通道为健身房、老年人活动室等场地。影剧院设有楼、池座1000位,可供省级专业艺术团体表演,音响器材系美国、德国、日本进口,所有灯具配置电脑换色器。舞台前乐池,可供中型乐队使用。影剧院置有中央空调设备,除专业文艺演出外,还具召开大型会议和电影放映功能。第二层至第四层为办公室、会议室、排练厅、摄影暗室、美工室、藏书室等。内设办公室、文艺辅导部、美术辅导部、调研部。2010年被评为国家一级文化馆。

**湖口县文化馆** 2008年,建设县艺术中心,2010年10月建成,总面积920平方米。馆内设办公区和文化活动区,文化活动区设有文化活动室4个,即辅导排练厅、展览厅、多功能演绎厅、创作室。内设群文辅导部、美术摄影部、少儿艺术培训部和办公室。

**都昌县文化馆** 20世纪90年代全省两次在都昌召开现场会,"都昌文化现象"引起全省反响。2003年率先在全省开展"文化下乡,送戏进村"活动,举办大型群众文化活动100余场。2010年年底,内设音乐、舞蹈、文学、少儿、美术书法、摄影、戏剧7个辅导组和行政办公室。

**彭泽县文化馆** 建筑面积1500平方米,有小礼堂、会议室、游艺室、办公室及各类活动室。内设群文辅导部、美术摄影部、少儿艺术培训部和办公室。

**瑞昌市文化馆** 原建筑面积500平方米。2005年11月因受地震破坏,当年拆除。2006年1月至2009年12月,租借县民中三楼作为临时办公地点。2009年12月新大楼竣工投入使用,建筑面积5611.35平方米,内设非物质文化遗产专题博物馆、"非遗"传习所、瑞昌剪纸展厅、书画展厅、舞蹈厅、培训室、创作室、多功能厅、综合展厅、文化产业展示厅、会议室、办公室。

**庐山文化馆** 建筑面积1500平方米,有健身房,多功能活动厅,美术、书法、舞蹈等青少年专业辅导班,乒乓球室,棋牌室等,多功能活动厅有400平方米。内设办公室和业务辅导部。20年间组织开展各类文化艺术辅导、培训100余场。在市以上报刊发表文学艺术作品、调研文章30余篇。有1项市级非物质文化遗产保护名录和1项省级非物质文化遗产保护名录。2003年被授予国家三级文化馆。

### 三、乡镇文化站

1991年,全市有乡(镇)文化站238个,实现"乡乡有文化站"的目标。

1998年,全市群众文化设施因特大洪水蒙受损失。有133个文化站成危房。其中基础设施设备较齐全,文化活动开展活跃的瑞昌市码头镇文化站、南义镇文化站、赛湖垦殖场文化中心,彭泽县棉船文化中心,湖口县流泗镇文化中心,庐山区海会镇文化站6个文化站受损为大,直接经济损失达615.88万元。

2008年起,为解决乡镇文化站无房和面积不达标问题,改善乡镇公共文化服务条件,建立乡镇公共文化服务体系,满足农民群众基本文化需求,统一设计新建乡(镇)综合文化站标准,各县(市、区)乡(镇)文化站,每个由国家下拨12万元,省财政配套12万元,自筹配套资金若干元用于新建乡镇文化站馆舍。至2010年底,全市173个乡(镇)完成文化站新建重建任务。

## 第二节 农村文化活动

### 一、文化室、农村俱乐部

1991年以来,农村文化需求受到重视,农村文化室(俱乐部)逐步增加。至2010年年底,全市有农村文化室1266个,文化专业户2784家,初步形成以县文化馆、图书馆为龙头,以乡(镇)文化站为枢纽,以村文化室为前沿,以文化专业户为补充的群众文化网络。

### 二、农村业余剧团

20世纪90年代,农村业余剧团多由民间艺人和文艺爱好者自愿组合,一般规模15~20人,行当较全的30人左右。全市有农村业余剧团731个,如瑞昌市码头镇女子黄梅戏剧团、南义镇青年歌舞团,武宁县采茶戏剧团、鲁溪镇采茶剧团,湖口县付垅乡青阳腔剧团、张青乡弹腔剧团,彭泽县棉船乡剧团,九江县江洲剧团等,活跃在县、市、省乃至上海。1992年6月,九江县沙河镇龙灯队、军乐队,庐山区十里乡龙灯队、新港镇农民唢呐队、虞家河乡高跷队、莲枪队等农民文艺团体参加在九江举办的全国第六届"'屈原杯'龙舟赛暨'庐山杯'国际龙舟邀请赛"开幕式。1993年8月,参加全国"'93年'炎黄杯'世界华人、华侨龙舟系列赛暨第二届'庐山杯'国际龙舟邀请赛"开幕式等大型文艺演出活动。2000年2月19~20日,在市人民影剧院举办九江首届农民艺术节,有65个业余剧团,516名演员参赛。至2010年,全市有农村剧团59个。瑞昌市码头镇女子黄梅戏剧团,应邀在上海大世界演出1周,并代表江西参加全国农民艺术节获得铜奖。武宁县鲁溪镇农民剧团参加全省首届农民戏剧节,夺得7项奖励。武宁县采茶戏剧团参加全省玉茗花戏剧节,获得5项奖励。修水县组织的文艺演出小分队常年活跃在田间地头,被省文化厅授老区"乌兰牧骑"式文化工作队称号。

### 三、全国艺术之乡

**中国民间艺术之乡(剪纸艺术)** 瑞昌剪纸源于汉代。1972年11月,从瑞昌境内发掘的西晋墓砖纹饰上,即有瑞昌剪纸雏形。1991年以来,全市剪纸艺人近2000人,遍布27个乡镇(场),多分布在夏畈、南阳、肇陈、花园、洪一等乡镇。构成这支队伍基本阵容,按自然年龄分为老、中、青3个层面。而其艺术形式和取材上又各具特色:一是采用传统的技法,以神话传说、人物故事、花鸟虫鱼为主要题材,融风俗人情于一体;二是在继承和吸收传统剪纸技法的基础上,采用新技术,多以现象为题材,着重反映当代生活;三是重在反映现实生活,富有鲜明的时代感。1992年10月,瑞昌市被省文化厅命名为"剪纸之乡";1993年12月,被文化部命名为"中国民间艺术之乡"(剪纸艺术)。2005年,瑞昌剪纸被省政府向文化部申报国家级非物质文化遗产名录,九江市政府将瑞昌剪纸定为"九江旅游特色商品"。至2010年,瑞昌市文化馆先后举办有剪纸作品参展的综合展览28期,单项剪纸作品展览13期,组织1000多幅剪纸作品在全市乡镇(场)巡回展出。有100多位剪纸艺人的2000余件作品在国家级大展、大赛中获奖;有9篇研究瑞昌剪纸的学术论文在省级以上报刊发表。

**中国民间艺术之乡(戏曲)** 湖口县境内流传的剧种主要有高腔、弹腔、采茶戏、文曲戏、木偶戏、饶河戏和黄梅戏。1996年,全县有农民业余剧团101个,在县第三届文化艺术节期间,共演出7个传统剧种的188个折子戏,参加演出人员1400余人。《人民日报》《中国文化报》《农民日报》及中央电视台、省、市电台、电视台对湖口特色文化现象进行报道。1998年,农村业余剧团调查登记,流泗、大垅、张青、凰村、马影、文桥、付垅、武山、舜德、流芳等乡镇,都有青阳腔戏班,有的一乡多个戏班。1999年10月,省文化厅命名县为"戏曲之乡",2000年12月,文化部授予县"中国民间艺术(戏曲)之乡"称号。2008年10月,举办"鄱阳湖神韵"戏曲艺术节,全县12个乡镇15个业余剧团参加展演,共演出7种戏的18个优秀剧目。参加展演青阳腔的有付垅、文桥、大垅、凰村戏班;弹腔的有马影、张青戏班;文曲戏的有流芳、城山戏班;采茶戏的有流泗、文桥戏班;饶河戏的有舜德戏班;木偶戏有大垅戏班;黄梅戏的有双钟、武山、流泗戏班。2007年6月7日,县政府与九江学院签订保护、传承青阳腔戏曲艺术合作协议。2008年7月,县戏研室申报《青阳腔》获文化部文化艺术科学研究立项。2009年6月,国家级青阳腔传承人殷武焕在家乡付垅乡创办"武焕青阳腔艺术传习所"。当年,文化部再度授予湖口县"中国民间文化艺术(戏曲)"之乡称号。

### 四、民俗文化活动

2005年,开展民间民俗活动普查,发现民间民俗活动92项。其中,颇有影响的民间民俗活动有玩春牛、赶野猫、荷灯节。

**玩春牛** 亦称打春。每年的第一个节气就是"立春",人们通常叫"打春"。都昌县大港镇有这种风俗,每年立春这一天,人们穿上节日的服装,抬着一头纸糊的大耕牛,载歌载舞上街游行。游行后,把纸糊的耕牛抬到祠堂,由族长亲自执鞭打3下,意思是大地回春,赶紧耕种。

**赶野猫** 旧时称嗉狐狸野。现仅存于彭泽县黄岭乡的老屋湾汪家,是一种原生态的驱鬼逐疫、祈求平安的民间习俗。从古代用傩驱鬼逐疫的仪式中沿袭和演变而成。"赶野猫"习俗活动定在每年的正月初七,凡10岁至15岁的男童涂花脸,身穿五猖服,手执刀叉,扮成"五猖兵马",鸣锣击鼓,在村中往来呼唤,挨家挨户"抄家",名曰"赶野猫"。演义过程分为上午、中午、下午各抄家1次。20世纪90年代初,中央电视台、省市电视台均有记者采访,《赣北老屋湾汪家的"赶野猫"遗俗》一文及图片刊登在《民俗》画刊上。

**荷灯节** 俗称"送船",是瑞昌沿瀼溪岸边乡镇特有的民间传统节日。距今600多年历史,流传于范镇、南义等乡村。范镇荷灯节,俗称"送船"。每年农历五月十八日,各地乡民相邀远嫁的姑娘、姊妹回乡聚集,先组织唱"孝亲歌",以此教导人人行孝敬老,歌颂人间真情,倡导忠廉孝道;后舞龙队和龙船出行,龙船所到之处,村民自发一路为龙船泼水洗街,放着鞭炮迎龙,"龙王"便给村民发送元宝(馒头做成元宝状),以示平安富贵;最后手捧荷灯,在河道、池塘里将点燃的龙船放入水中,放置一盏盏点燃的荷灯,以寄托对先人的思念,并祈祷荷仙姑保佑一方百姓平安,风调雨顺。

## 第三节 厂矿文化活动

### 一、设 施

**九江石化厂俱乐部** 总面积1100平方米,电影院座位916个。文化活动场所有3层大楼1000平方米。内设图书室,藏书2.3211万册。报刊阅览室,期刊300种。舞厅200平方米。100个座位录像厅以及棋艺室、电子游艺室、台球室、离退休职工活动室和广播室。

**九江有色冶炼厂俱乐部** 面积600平方米、老年活动中心面积100平方米、图书室140平方米,藏书6000册。足球运动场、篮球场各1个,羽毛球场2个,乒乓球室2个。

**九江火力发电厂文化活动楼** 总面积1.56万平方米,设有图书室,藏书3万册。阅览室3间,报刊200种。电视室6个,座位600个。舞厅2个,200平方米。影院1座,座位1521个。还有乒乓球室、康乐球室、棋牌室和游艺室等。

**江西柘林水电厂俱乐部** 面积1267平方米,设有图书室、阅览室、台球室、电视室和舞厅。

**其他企业俱乐部** 2010年,全市有工业企业1832家,其中大中型骨干企业53家,职工近100万人。工人俱乐部、职工之家、图书室、活动室235家,总面积14.5万平方米。图书馆(室)201个,藏书34.7万册。电影院23座,座位2.5万个,电影放映单位55个。电视差转台42座,闭路电视22家。录像放映机74部,摄像机41部。文艺表演团体27个。厂矿俱乐部、职工之家、图书室、活动室皆建有50~800平方米不等的活动场所,灯光音响、牌类、棋类、体育用具、演出服装、报刊图书等基础设施设备较齐全。

### 二、活 动

1991年以来,职工文化活动多由工会组织,文艺爱好者自愿参加,妇联、共青团及离退休老人配合。形式有乐队、合唱团、木兰协会、篮球队、羽毛球队、乒乓球队等,一般15~20人,行当较全的30人左右。1992年,九棉一厂、九棉二厂、九棉三厂、九江化纤厂、九江面粉厂、九江港务局、5727厂、九江长运公司、南铁九江车务段、九江石化总厂、九江针织内衣总厂、九江陶瓷建材厂、九江船管处、九江大桥五处、九江火电厂、九江柴油机厂、441厂、九江轻机厂、九江第一医院、九江第二医院、九江第三医院、九江妇幼保健院等厂矿单位组织的2000余人表演队伍,参加在九江举办的全国第六届“屈原杯”龙舟赛暨“庐山杯”国际龙舟邀请赛文艺表演。1993年,参加“炎黄杯”世界华人、华侨龙舟系列赛暨第二届“庐山杯”国际龙舟邀请赛,中国摩托艇超级明星对抗赛,“庐山杯”全国钓鱼邀请赛暨“鸭鸭杯”国际钓鱼邀请赛,“五羊杯”全国自行车登庐山比赛文艺表演。1994年,参加全国“爱电杯”摩托艇赛,昌九高速公路和九江长江大桥、九景高速公路连接互通庆祝活动。1995年,参加京九铁路全线贯通仪式和昌九高速公路拓宽暨北端连接线开通典礼。1996年,参加中国庐山国际旅游节暨招商洽谈会开幕式和闭幕式的表演。大型文艺表演人数众多,气势恢宏,突出地方文化特色,受到中央、省、市领导及社会各界好评。

## 第四节 校园文化活动

1992年、1993年、1996年,九江师专、九江职业技术学院、九江医专、九棉一厂小学、九江化纤厂小学、5727厂小学、九江陶瓷建材厂小学、九江龙山小学、九江柴桑小学、九江一中、二中、三中、八中等学校组织的5000人表演队伍,分别参加在九江举行的大型文化体育赛事开幕式和闭幕式表演。在全国“蒲公英”少儿舞蹈大赛中,舞蹈《欢乐节奏》《春天话雨》《九歌山鬼》获金奖,《放飞希望》《同一首歌》获银奖。创办20年的“浔阳文化艺术”橱窗受群众喜爱,培养大批业余作者,共发表作品500余件。其中20件作品在省级以上刊物发表。具有浔阳地方特色的剪纸艺术,内容丰富,风格各异,成为民间艺术新亮点。市、县30多所小学成立少儿艺术班、美术书法班、武术班、剪纸培训班等,每年举办市、区小学生文艺汇演、小学生作文比赛、少儿书画展、小学生诗歌朗诵比赛、小学生科普知识展和少儿剪纸艺术展。2007年6月9日,九江学院与湖口县签订传承青阳腔戏曲艺术合作协议,成立“青阳腔戏曲艺术中心”,首开高校和地方联合保护、传承国宝级地方戏曲的先河。11月22日,在湖口县付垅乡成立“青阳腔戏曲艺术教学实践基地”。2008年6月14日,九江学院与瑞昌市签订传承“瑞昌剪纸”艺术合作协议,在夏畈镇成立“瑞昌剪纸教学实践基地”。2009年6月12日,九江学院非物质文化遗产陈列馆开馆,收集戏曲服装以及资料300件(套)、瑞昌剪纸70幅、瑞昌竹编40件、修水花灯10个、花灯道具6个、星子石雕24个、湖口草龙一条(长28米),珍藏有青阳腔图片和视频光盘资料等。搜集手抄剧目131个、正本戏36个、曲牌448首、单折戏与杂出戏64个、音乐资料50本,较为完整地展示青阳腔戏曲艺术。两年来接待文化部、教育部、中央电视台、省委宣传部、教育厅、文化厅以及名人专家(杨叔子、潘际銮、余从、王安葵)、友好单位、兄弟院校、新闻媒体的近100次参观考察。2010年6月11日,“江西省非物质文化遗产九江研究基地”落户九江学院艺术学院,成为全省第一个非物质文化遗产研究基地。9月,九江学院联合中国艺术研究院戏曲研究所、省艺术研究院、湖口县人民政府,共同主办“中国·九江青阳腔学术研讨会”,40多位专家、学者出席研讨会。《光明日报》《江西日报》《江南都市报》《九江日报》、江西教育电视台、西部网、大江网、江西新闻网、大江网九江频道等媒体对学术研讨会盛况和对青阳腔所做的保护与传承予以报道。9月,中央电视台11频道《长江戏话》栏目组对九江学院“青阳腔进校园”进行专题拍摄。至2010年,全市校图书馆(室)3796个,藏书量350万册。少儿鼓号队2522个,少儿腰鼓队4个。各种文艺演出队可随时组织,应时登台。

## 第五节 社区文化活动

1991年以来,社区鼓号队、秧歌队、龙灯队、锣鼓队、狮子舞队、舞蹈队、合唱队、戏曲队等群众文艺团体不断涌现。老年大学、老年协会、老干部活动中心各类艺术活动开展有声有色。浔阳区70个社区,全年举办文艺活动300场。创作歌曲《社区笑容》《浔阳江头望一望》、舞蹈《欢迎你到浔阳来》、小品《酸甜苦辣》等。节目搬上舞台后,深受群众喜爱。在省民政厅、省文化厅举办的全省汇演中,歌曲《鄱湖云雾》、男声小组唱《社区是美好的家》获一等奖、创作奖。男声小组唱《社区笑容》被邀请参加南昌市第三届金秋艺术节演出,同时被省文化厅选送参加在广东深圳举行的全国第三届文化“四进社区”文艺汇演。

20世纪90年代末至21世纪初,在市区新公园有部分中青年学习街舞。部分中年妇女居民学习广场舞。至2010年,全市76个街道办事处、375个社区,均有街道综合文化站、社区文化活动室、社区图书室,有藏书40万册。街舞、广场舞全市各地均有活动。市区和中广场、甘棠公园社区、南湖社区、烟水亭广场、锁江楼社区、十里社区及各县(市、区、山)城区社区广场为活动中心场所。

## 第六节 节日赛事演出活动

### 一、“第六届全国‘屈原杯’龙舟赛暨中国‘庐山杯’国际龙舟邀请赛”开幕式文化活动

1992年6月,在市城区南湖举行,大赛组委会文化宣传处下设文艺组,负责组织民间文艺表演。“九龙腾江”由仪仗队、9条彩龙、10位九江历史名人、3大乐队、1个高跷队、5支秧歌队、6个彩灯队、3条采莲船、1个莲枪队和屈原问天主题彩车组成。分别由九江县、浔阳区、庐山区及市属7个工厂,1个学校,9个单位2000多人参与,16次上街表演。6月1日“九龙腾江”参加开幕式水上表演。九棉一厂陈杰作词、市文联彭宗祥作曲的《龙舟情》选为“双杯”龙舟赛会歌,由歌唱家韦唯演唱。

### 二、“1993年‘炎黄杯’世界华人、华侨龙舟系列赛暨第二届‘庐山杯’国际龙舟邀请赛”“1993年中国摩托艇超级明星对抗赛”文化活动

1993年8月,在市城区南湖举行,大赛组委会文艺组负责组织民间文艺表演。由仪仗队、9条彩龙、5大乐队、秧歌队、木兰扇队、木兰箭队、狮舞队、彩车队、梆歌舞队、花束队、蚌壳舞队、花伞舞队组成。分别由九江县、浔阳区、庐山区及市属7个工厂,4个学校,39个单位2000多人参与,9次上街表演。8月26日参加开幕式水上表演。1993年8月27日,组织舞蹈、少儿武术及修水茶道等节目参加在庐山大厦广场联欢晚会。

### 三、“1993年‘庐山杯’全国钓鱼赛暨‘鸭鸭杯’国际钓鱼邀请赛”文化活动

1993年8月27日,在共青垦殖场举行,由市话剧团、市歌舞团、青少年宫及共青垦殖场等单位演出开幕式文艺节目。

### 四、中国庐山国际旅游节文化活动

1996年10月5~8日在九江市区举行。开幕式由少儿方阵舞蹈、民族舞蹈、九条彩龙、腰鼓、彩车5大类组成,闭幕式由木兰扇、现代舞和烟火晚会组成。参与表演演职员达8000人,分别来自79个工厂、学校、机关。

### 五、市"庆七一,迎回归"文艺汇演

1997年7月1~10日在441厂举行。驻市及市直各单位和各县(市、区、山)共43个单位参加汇演,参演剧目220个,演员2000余人,演出时间10天。

### 六、欢送抗洪抢险部队离浔仪式文化活动

1998年,抗洪抢险部队离浔,由市文化局承担组织欢送子弟兵离浔仪式活动,从制订工作方案到组织锣鼓队、秧歌队、鼓号队、花束队等17000人基本队伍,场面热烈壮观,表演丰富多彩,表达对子弟兵的深情厚谊。新华社、人民日报、中央电视台、中央人民广播电台等新闻单位以"抗洪将士凯旋日,浔城百姓动情时""昨日万人空巷送亲人""难舍九江人,难忘九江情"予以报道。

### 七、金秋艺术节展演比赛

2002年创办,艺术节定位为体现地方文化特色和广大群众参与的格调,戏剧小品展演,社区文艺调演都获成功。2003年,白水湖广场举行的全市秧歌舞大赛系列活动,在中央电视台《新闻联播》中播出。至2010年举办4届。

### 八、九江国际龙狮精英赛开幕式文化活动

2006年11月28日,第一届在九江学院举办。2007年11月10日,第二届在和中广场举办。市文化局承担两届开幕式文艺演出、踩街巡游和接待工作。开幕式文艺演出演职员1000余人。分别来自浔阳区、庐山区、开发区、九江职业技术学院、九江职业大学、九江外事旅游学校、九江学院、市中心幼儿园、九江群星合唱团、市歌舞团、跆拳道协会、九江武警支队等单位。文艺表演共分4场,即龙狮九江、山水九江、奥运九江和腾飞九江,体现地域文化特色、深厚历史积淀和独特人文精神。

### 九、"魅力九江"广场文化活动

2009年5月创办,由市政府主办,市文化局、市群艺馆、市直各单位承办,形成"每周有主题,周末有演出"的广场文化活动新形式。至2010年,每年演出40余场,观众30万人次,已成为九江文化知名品牌,被省文化厅推荐申报为"江西省十大文化活动品牌"。

# 第二章　专业文化

## 第一节　文艺团体

### 一、表演团体

**市歌舞团**　原为九江专区歌舞话剧团。1993年,与市越剧团合并重组为市歌舞团。是集舞蹈、声乐、民族乐队、舞台工程、设计制作、舞台灯光租赁、服装租赁、演出策划营销的综合性表演艺术团体。内设办公室、艺术室、财务室、物业室、舞蹈队、舞美队、歌队、乐队等。2010年有演职员91人,其中高级职称10人,中级职称36人。2003年,新建办公楼、排练厅、宿舍等。其中乐队排练厅189平方米,配备演奏所需乐器和辅助设备;歌队排练厅353平方米,配备多媒体教学设备、专用音响、立式钢琴等。

**市话剧团** 1993年年底与市京剧团合并重组。2010年,剧团定编55人,内设行政办公室、艺术委员会、演员队、舞美队、演出部、产业办公室等机构。演职员中高级职称8人、中级职称27人。剧团办、仓储、宿舍等建筑面积7000平方米,资产价值352万元,办公电脑电器、灯光音响、服装道具等设备价值75万元。

**市京剧团** 原为九江地区京剧团。1992年7月,省文艺学校九江京剧班35名学员毕业,分配到京剧团工作。剧团内设办公室、艺术委员会、演员队、舞美队。1993年与市话剧团合并重组九江市话剧团。

**市越剧团** 1991年,全团演职员72人,其中副高1人,中级职称17人。剧团内设办公室、艺术委员会、演员队、舞美队。1993年,与市歌舞团合并重组九江市歌舞团。

**彭泽县黄梅戏剧团** 至2010年,全团有演职员32人,其中副高职称2人,中级职称4人。中国戏剧家协会江西分会会员6人,市音乐工作者协会会员3人。剧团演出剧目共100多本,其中现代戏27本,自编剧目14本。

**湖口县黄梅戏剧团** 1995年6月,剧团从全县各中小学中选拔21名学生,于8月派往安徽省黄梅戏学校进行为期2年的专业文化学习,1997年8月毕业,回团后接受为期1年的专业基础训练,进行专场汇报演出。至2010年,剧团有演职员42人,其中副高职称1人,中级职称7人。

**瑞昌市采茶剧团** 1993年剧团成立歌舞、戏剧2个演出队,当年演出100余场。1998年,剧团歌舞队在上海演出2个月。2007年剧团在编演职员15人,2008年,公开选聘演员18名。至2010年,剧团有演职员33人,其中中级职称13人。

**永修县采茶戏剧团** 1991年,剧团重新整合演职员,组成10人演出队,2008年,收集整理永修“丫丫戏”,申报非物质文化遗产保护项目,2009年6月,永修“丫丫戏”被公布为省级非物质文化遗产保护名录。至2010年,剧团有演职员14人,其中中级职称7人。

**市人民影剧院** 曾名文化俱乐部、市人民剧院。1991年前,观众厅面积948平方米,门厅面积1536平方米,舞台面积686平方米,座席1250个;有楼座、跌座和包厢座,设多功能厅、电子游戏室、录像放映厅。可接待各种规模的文艺表演团体演出及各种会议。1991年10月,对剧院进行改造,安装中央空调、航空坐椅。相继有俄罗斯莫斯科市歌舞团、南斯拉夫马其顿歌舞团、乌兹别克斯坦舞蹈团、北京残疾人艺术团、省杂技团等国内外演出团体及部分著名歌唱家、影视演员在此演出。至2006年,市第十、十一、十二届中共党代会、人大会、政协会在此召开。2007年,市白水明珠会展中心建成,会演重心随之转移。人民影剧院即加大文化产业发展,引资2000万元,开设动漫游戏城、手机连锁超市及餐饮副食等,形成文化娱乐餐饮为一体的文化休闲购物中心。

### 二、创作团体

**九江美术馆** 始名九江书画院,隶属市群众艺术馆。1997年5月,从市群众艺术馆划出单设,隶属市文化局,副处级事业单位。2009年3月27日,更名为九江画院,后改名九江美术馆。在编人员5人,特聘客座书画家75人。2010年市政府投入1780万元, 在南湖公园内新建建筑面积为3160平方米的新馆。有职员7人,其中正高职称2人,副高职称2人。

**市影视艺术中心** 原为市影视戏剧创作研究所。1997年8月18日,更名市影视艺术中心,隶属市委宣传部。2000年2月,市影视艺术中心划归市广播电视局管理,事业编制由9人增至20人。

## 第二节 演出活动

1993年3~5月,《情人》在九江、景德镇、乐平、贵溪、抚州、南昌及江苏南京、苏州、江都、仪征等地演出20余场。11月应佛山市图书馆邀请,参加全国图书馆年会演出11场。1995年3月,《司法局长》在市人民影剧院公演。1995年8月,《大山情仇》应文化部邀请,为纪念抗日战争胜利暨反法西斯战争胜利50周年晋京演出;10月参加省第四届玉茗花戏剧节。1996年12月,《警星》赴广东惠州、河源演出20余场。

1998年6月,儿童剧《陈小虎》在浔阳区、庐山区演出20余场。1999年10月,系列话剧《走过洪水的日子》参加省第五届玉茗花戏剧节。2002年6月,《祖国知道我》与广州话剧团合作排练,至7月在广州、从化、番禺、茂名、增城、湛江等地演出92场。2002年7月25日,儿童剧《飞呀飞》在省艺术剧院为"全国革命历史体裁戏剧创作研讨会"演出,12月参加全省第六届玉茗花戏剧节。2005年11月,系列话剧《走进社区》参加省第七届玉茗花戏剧节。2006年4月,大型音乐话剧《共产党员》为纪念中国共产党建党85周年、纪念中国工农红军长征胜利70周年晚会演出。大型话剧《大山情仇》应文化部邀请晋京演出,中央电视台新闻联播、中国文化报、中国青年报、北京晚报等媒体均予以报道,填补九江新中国成立后,整团整剧晋京演出的空白。大型舞剧《路》获文化部全国文华新剧目奖及省委宣传部颁发的五个一工程奖,填补江西舞剧在全国奖项的空白。小品《小门卫》参加全国首届戏剧小品大赛获专业组第七名和"最佳优秀作品奖",并参加中央电视台2006年春晚特别节目直播演出,填补江西文艺作品上央视春晚的空白。小品《别墅的主人》获第五届中国曲艺大赛"文学提名奖"和"节目入围奖",并进入总决赛。市话剧团应南京军区联勤部邀请,赴庐山为杨利伟、翟志刚、刘佑明、景海鹏等13名中国宇航员慰问演出哑剧《钉子》和《包您满意》,市话剧团赴庐山为中国工程院、科学院袁隆平等16位院士演出创作小品《家中有我》。

2008年8月,创作大型音乐话剧《红杉》以纪念改革开放30周年。2009年9月,参加省第八届玉茗花戏剧节。大型舞剧《路》参加全国舞剧调演。《春江花月夜》参加第六届音舞节。群舞《等你回来》参加华东6省1市专业舞蹈比赛。双人舞《我们的时代》参加华东6省1市专业舞蹈比赛,获第七届中国舞蹈"荷花奖"。至2010年,全市创作剧(节)目400余个,年均演出600多场。

## 第三节 展览活动

**书画、书法作品展** 1998年3月,市举办家庭书画作品展。5月举办范小健美术作品展、九江10人书法展。6月举办首届少儿书画作品展。12月中旬举办纪念改革开放20周年美术书法作品展。1999年2月,举办林美岚画展。4月举办省书画院美术作品联展。5月中旬举办10人中国画展。6月举办第二届少儿书画作品展。9月举办全市美术书法摄影作品展。11月下旬举办九江——烟台书法联展。12月上旬举办九江书画精品展销。12月举办九江书画院第二届院展。2000年1月,举办九江书画院第三届院展。2月举办林美岚作品展。2月九江书画名家作品广东揭阳展出。3月举办第二届家庭书画展。5月下旬举办九江——吉安书法联展。6月举办第三届少儿书画作品展。2001年5月,举办新世纪少儿美术书法作品展。6月举办全市老干部书画展。6月举办庆祝中国共产党成立80周年书画作品展。2002年2月举办九江书画院第五届院展。6月举办第五届少儿书画作品展。11月举办中青年书法家12人作品展。12月举办黄山——庐山书画作品联展。2003年12月,举办九江书画院建院五周年暨第六届院展。2004年7月,举办纪念邓小平100周年诞辰书画作品展。10月举办九江——镇江书画联展。2005年4月,举办九江书画院第七届院展。10月举办九江——秦皇岛书画作品联展。2006年4月18日,举办九江书画作品展暨九江书画院第八届院展。5月举办庆六一儿童画优秀作品展。2007年3月,举办全市第三届美术书法展。2008年4月,与市总工会联办"迎奥运·庆五一"全市职工书画摄影展。2009年3月,与市妇联联办庆祝新中国成立60周年九江巾帼书画作品展。3月举办九江书画院成立10周年暨第十届院展。2010年11月,举办"修河之子——林美岚画作展"等。

**油画、水彩画及盆景花卉展** 1997年9月,举办九江水彩画联展。10月举办杨芷、王永昌油画展。1998年4月,举办首届盆景花卉展。11月上旬,举办九江6人水彩画展。1999年5月,举办浔阳区剪纸艺术展。12月上旬,举办九江书画精品展销。2001年8月,举办九江水彩画联展。2002年2月,海棠拍卖公司在书画院二楼举办书画作品拍卖活动。12月,举办九江首届油画作品展。2003年1月,举办首届水彩·水粉画作品展。2005年11月,举办"徐东林作品参加大河上下·中国新时期油画回顾展"。2006年3月,与市兰花协会联合举办九江市第四届兰花展。11月,举办第二届水彩·水粉画展。2007年1月,举办冷望高书画篆刻展。3月，市商业拍卖公司在市图书馆举办书画作品拍卖会，傅梅影国画《素艳雪凝树》拍出2.6万元高价。5月，举办九江籍知名书画篆刻家朱民书画篆刻作品省亲展。2008年8月，举办“中国水彩画家——陈少平2008艺术展”。11月，举办宋跃林水彩画作品展。2009年4月，举办石克强油画作品展；2010年5月，举办九江首届名家精品成扇展等。

## 第四节 文艺创作

### 一、文 学

1991年以来，形成在全省有影响的九江小说创作群体(以丁伯刚、陈杰敏、杨帆、樊健军为代表)、散文创作群体(以杨振雩、石买生、张慧敏、铁马为代表)和诗歌创作群体(以曹卫平、雁飞、梅曙平、瘦梦为代表)。报告文学《共和国之光》(作者刘堂江)1992年获“五个一工程奖”；散文集《西窗之恋》(作者严伟初)1994年获中国散文文学会一等奖；散文《家乡鹅毛扇》(林德元)2009年获得全国散文作家论坛征文大赛二等奖；散文《幕阜山马帮》(作者梅曙平)2008年获青年散文征文优秀奖，入选《2003年中国精短美文100篇》；散文《人生流年》(作者蔡勋)2009年获中国散文学会年度百篇精美散文奖；散文《梦萦桃花园》《楝花风里出鱼时》(作者胡昕)2009年获中国散文学会、中国广播电视局联合举办的全国散文作品征稿评比一等奖；散文《顺着一条土路寻找父亲》(作者铁马)2007年获《散文选刊》杂志社主办的中国散文年会评选“2007年中国百篇散文”奖等。至2010年，九江作家共出版文学作品集457部，在省级以上报刊公开发表作品8500余件，获得省级以上表彰366件(次)，

### 二、戏剧·曲艺

1991年起，市内作者先后在省玉茗花戏剧节、省艺术节、全国各类小品大赛以及朗诵、讲故事等比赛中获得多个奖项，其中话剧《红杉》在省第八届玉茗花戏剧节、省第四届艺术节获编剧、导演、演员、舞美设计4个一等奖，共获7个奖项、22奖次，名列全省设区市第一。小品《明天当村长》获全国首届原创戏剧小品大赛创作奖。2009年，在中央电视台“子午书简”“周末喜相逢”等栏目中，均有节目入选。

### 三、摄 影

1999年以来，市摄影协会先后承办市1998抗洪大型图片文物展、纪念改革开放30周年摄影展、市首届和第二届摄影艺术展等展览活动，多件优秀作品在国内外和省市各类摄影比赛和展览中取得优异成绩。徐开琳、燕平等创作的作品入选中国摄影艺术展和上海国际艺术摄影展；梁建民创作《鄱阳遐想》分别获《咱们的中国人》全国摄影大赛一等奖和全国“群艺杯”摄影艺术展金奖；罗匡龙、蔡杰的作品获首届国际“郎静山摄影奖”；杨青的作品获首届“金紫荆奖”和广东省第三届国际摄影大赛银奖。

### 四、美 术

1993年，国画《青花》(作者汤炎生)入选全国首届中国画展；1994年，油画《朋友的肖像》(作者徐东林)入选第八届全国美展、获省一等奖；1995年，国画《中华正气歌》(作者陈重印)获中宣部“五个一工程”奖；1996年，油画《红房子》(作者徐东林)入选中国风景油画展获一等奖；1998年，作品《老井·女人》(作者宋跃林)获中国美术家协会主办的第四届全国水彩·粉画展银奖；2005年，艺术设计《上海暨南大学MBA管理学院》(作者邹志雄)获国际室内设计大奖赛金奖；同年，中国画《玉洁仙姿倚泉边》(作者傅梅影)入选中国军事博物馆举办的“全国著名书画家作品展”；2006年，《飞流直下三千尺》(作者帅安)入选中华全国新闻工作者协会主办、中国美协支持的“首届全国新闻界书画作品展览”获一等奖；中国画《一山飞峙大江边》《庐山奇观》《千峰雨过青如染》《遥看瀑布挂前川》(作者杨豹) 先后参加全国美展，并被选送美国、丹麦、荷兰、新加坡、德国、日本等国展出。

## 五、书 法

1992年,崔廷瑶行书条幅《黄宾虹论画语录》获第五届全国书法篆刻展览全国奖。1999年,崔廷瑶隶书作品获中国美协和中国诗书画研究院主办的全国诗书画大展书法金奖;胡贵平草书作品(作者)获文化部主办的全国第八届"群星奖"优秀奖。2003年,黄阿六行书条幅获中国文联、中国书协主办的第一届中国书法兰亭奖艺术奖;姚杰篆书作品获中国书协、中国美协、国电集团主办的中国国电集团全国书画大展金奖。2004年,吴德胜楷书条幅获上海市书协主办的"淳化阁帖杯·'二王'系列"全国书法大赛特等奖。2006年,姚小平行书作品获文化部主办的全国"五一文化奖"书法评委提名奖;游建新楷书条幅入展中国文联、中国书协主办的第二届中国书法"兰亭奖·安美杯"全国书法展。2007年,曹端阳行书条幅获《书法导报》社主办的国际书法篆刻年展金奖。2009年,游建新楷书条幅入展中国文联、中国书协主办的第三届中国书法"兰亭奖"艺术展等。至2010年,书法会员中累计有200余次入选中国书协主办的全国性各类展览,累计有1000余人次在参加全省各类书法展览比赛活动中取得优异成绩。

## 六、音 乐

1991年,余隆禧的《如今家乡山连山》(黄持一词)《山乡的彩云》(谢清泉词)经国家教委审定,被编入全国中学音乐课本。此后,相继出版一批歌词、歌曲和理论专辑,如:《肖鉴铮音乐文选》,余隆禧《音乐作品选》,《傅梅影歌词歌曲集》,蔡学柯歌词集《生命活水》,吴文锋歌词专辑《在蔚蓝之间》,郜绍周歌词专辑《小溪和土泥》,徐嘉琪演唱的山歌专辑《我的山歌牛毛多》,范荣芳的《瑞昌彩茶戏唱腔选编》,姚辉云歌词专辑《匡庐恋歌》,田信国歌词集《明天的风景》,卢邦社《歌曲作品专集》等。2010年8月,卢邦社作词、钟声作曲的歌曲《中国微笑》在上海世博会期间多次演唱。至2010年,全市各类音乐作品有3000多件,在全国各类杂志、报刊发表,电台、电视台、网络播放以及出版专辑、CD、摄制电视音乐MTV、拍摄音乐专题片、电视剧、音乐剧、器乐曲、舞蹈、戏剧、曲艺音乐等,有近1000件作品获国家、省、市级奖项。

## 七、民间文艺

1991年始,全市注重抢救、保护民间文艺资源,收集、整理民间故事、民间歌谣、民间谚语,使地方文艺资源得以保存。国家社科基金资助重大项目、国家艺术科学规划重点项目——《中国民间故事集成》《中国民间歌谣集成》《中国民间谚语集成》中收录九江民间故事52篇,民间歌谣126首,谚语600余条。先后与上海《故事会》、吉林《民间故事》、河南《故事家》杂志联合在九江举行3次新故事创作笔会;协助省民协举办"共青新纪元杯"革命斗争故事大赛、省第八届故事演讲大赛;主办市首届廉政故事大赛、市首届剪纸艺术暨民间工艺品展览;创办《九江故事报》。组队参加中国文联、中国民协组织的第五届中国民间工艺品博览会、中国剪纸艺术节等展赛;组织会员参加上海世界博览会、第八届中国艺术节,其中上海世博会中国民间艺术馆展出九江布贴画、麦秆画128件。2006年8月,谷中和获得由教育部艺术委员会颁发的"成就未来学术贡献奖"。2008年,市文联推荐浔阳麦秆画作为北京奥运会指定礼品。

## 八、舞 蹈

1991~2010年,舞蹈作品获得全国性奖项的有:《落叶化春泥》《动力》《等你回来》《我们的时光》;大型舞剧《路》获文化部"文华奖"、新"剧目奖"和江西省"五个一工程"奖等,少儿舞蹈《眼睛,心灵的窗户》获第六届全国"小荷"风采新秀奖。获得省级奖项的有:《不尽栋梁出山来》《喜摘丰收棉》《收衣裳》《花染》《牛歌》《山汉》《鄱湖落日》《弓弦声声》《琵琶女》《动力》《火》《春江花月夜》《等你回来》和《我的1977》。

## 九、电影·电视

1991年以来,王一民电影《家庭琐事录》获得文化部优秀影片奖,宜丰人编剧《婆家娘家》在全国20多个城市热播。市影视中心创作《生命没有终点》《军旗升起的地方》《情系石钟山》等10余部电影文学剧本,其中李和平《军旗升起的地方》入选全国夏衍电影文学剧本奖,叶汉生《明月魂》(上、下集)在《影视新作》期刊发表。九江电视台拍摄的电视纪录片《决战九江》(上、中、下集)获中国电视金鹰奖,创作拍摄的电视文学节目《庐山情韵》《鄱阳粑俗》《千年书院白鹿洞》分别获第十四届、第十五届、第十六届全国电视文艺“星光奖”。《感动九江人物评选电视颁奖典礼》获中国广播影视大奖广播电视奖——优秀提名奖。2009年,市政府和上海电影(集团)公司联合拍摄电影《可爱的中国》,获得普遍好评。青阳腔戏曲专题片《鄱阳湖绝响》获中国广播电视学会第二届电视戏曲“兰花奖”三等奖。至2010年,拍摄近100部(集)影视、专题、音乐艺术片等在省内外播出并获奖。

### 十、诗词·楹联

2003年6月,市诗词联学会编辑出版《九江旅游诗词大观》,发放到全市72个旅游景点。11月,编辑出版《当代诗人吟石门涧》。2005年,市诗词联学会在全国首先提出创建“诗词乡镇”的口号,至2010年,都昌县周溪镇、湖口县流泗镇、修水县渣津镇被市诗词联学会命名为“诗词乡镇”。2010年,市诗词联学会与市农口单位联合编辑发行歌颂新农村建设成就诗画集,与市纪委联合编辑发行《廉政建设诗词集》。

## 第五节 文化交流

### 一、艺术交流

1991年以来,九江以其丰厚的历史人文和交通、区位优势,吸引各地文化组织和个人前来观光、赏游,市文化组织及个人亦参加全国各地乃至世界各国文学艺术组织举办的艺术采风、艺术交流、艺术联谊活动。

1996年,组织县区文联赴张家港学习考察;主办“庐山之夏”全国地方文联工作研讨会。1997年,协同中国文联“孔繁森之歌艺术团”到各地参观、演出;组织全市100名文艺家到各地采风、采访、创作;派出代表参加在九江举行的南京经济协作区18地市文联联谊会第十次会议;电视连续剧《云梦庐山》开机典礼在九江举行;“浔阳首届剪纸艺术展”活动揭幕;九江书画院举行画师聘任仪式,首批聘任画师53人。1998年,3次组织抗洪抢险、保卫家园、慰问抗洪军民的文艺演出活动;参与南京军区拍摄制作的影片《决战长江》相关活动。1999年,举办文艺骨干理论培训班;举办“九江是个好地方”摄影作品征评活动;组织市内作者参加全国第九届美展、第十九届摄影展、第七届书展和全省第十一届美展等文艺奖评活动及省首届声乐考级;参加市文联与省舞协在九江联合举办的“江西舞蹈50年研讨会”,交流舞蹈技艺。

2001年,《浔阳江》文艺期刊恢复办刊,为文化交流搭建平台。2002年,组织15名画家到广东举办书画展销和采风创作活动。2003年,组织创作、编辑出版1套共10本《九江21世纪文艺丛书》,召开丛书创作座谈会;组织词曲作者围绕“万众一心、抗击非典”主题,创作《天使之歌》《我们团结一心》等系列组歌;组织、指导诗词联学会编纂、出版《九江旅游诗词大观》一书;举办市第一届水彩画画展;组织30名文艺作家到共青城采风,创作一批文艺作品。2004年,组织书画家赴市武警部队“扑火救灾先锋中队”进行文艺慰问,书法家与军营书法爱好者开展书法笔会;由庐山文联举办、九江长运协办的“全国百位书法名家写庐山”书法精品展在庐山旅游文化活动中心开展,传承与延伸“庐山文化”;在九江书画院联合举办庆祝建国55周年美术书法作品展;举行书画名家座谈会;组织30位文艺工作者到民营企业进行采风,创作一批展示民营企业家风采的文艺作品;选送美术书法作者参加新余——九江美术书法作品展。2005年春节,举办“迎春花灯”剪纸展,展出花灯、剪纸作品70余幅;举办首届踏青艺术节;莫桑比克、俄罗斯、日本、韩国4个国外文艺团体到九江进行文化友好交流演出,展示各个国家、各个民族传统的舞蹈艺术风情;世界钢琴大师奥列西娅到九江专场演出;市群星合唱团到厦门参加纪念中国人民抗日战争暨世界反法西斯战争胜利60周年全国合唱比赛、展演活动;承办第四届“庐山杯”暨首届“信华杯”书画大赛活动,展出3168幅书画作品。2006年,企业风采摄影比赛和报刊展在烟水亭举办,供市民游客观展;举办

“九江市首届新春音乐会”;市政协、市文联到武宁罗坪镇,赠送文学图书1300余册;组织专家在信华城市广场免费鉴宝,宣传文物保护法;举办傅梅影文学艺术研讨会;都昌县文联举办第二届“鄱阳湖杯”书法大赛,活动共征集1000幅作品;召开大型音乐话剧《共产党员》研讨会;举办旅美青年钢琴家秦川钢琴教学讲座;组织作者参加“生命活水杯”江西省第十一届故事创作、演讲大赛九江赛区选拔赛暨九江市故事创作、演讲大赛;为纪念红军长征胜利70周年,举办大型音乐话剧《共产党员》研讨会。2007年,举办“中国千名作家、诗人写庐山”采风、创作活动,100名来自海峡两岸的作家艺术家参与活动;举办建设“九江经济中心城市”有奖征文活动。2008年,召开市文艺创作座谈会,拟定《义门陈》《万家岭大捷》《庐山恋Ⅱ》等16件重大创作题材;市1998抗洪10周年大型图片展在抗洪纪念馆举行;纪念九江改革开放30周年大型音乐话剧《红杉》在各地巡演;中国文联、中国红十字会到九江灾区慰问演出。2009年,庆祝中国文联成立60周年,市文联向中国文联推荐从事文艺工作60年以上的文艺家人选。舞蹈家刘步云、文学编辑肖寒、画家傅梅影、音乐家原吉永、诗人余太行5位老艺术家获得中国文联表彰;青年文艺工作者蔡勋、敖雪、林琼、杨振雩、胡毅、吴德胜6人被批准为市宣教系统第一批优秀拔尖人才公派学习、深造。2010年,举办“九江原创音乐座谈会”,就《中国微笑》《九江姑娘》等一批九江原创歌曲进行研讨;参加“江西省首届鄱阳源国际生态文化节”活动,组织参加“大美鄱湖”全省摄影作品展;主办“我爱鄱湖、兴我九江”征文活动;承办全市廉政诗词、廉政书画作品征集评选活动;主办“科技之冬”——送科技、送文化下乡活动,给都昌县西源乡塘口村群众送去温暖和关怀;主办“博莱杯”好歌唱九江征集活动,经省市专家评审,选出10首歌唱九江、歌唱鄱阳湖的原创歌曲进行制作;第二届国际庐山水彩艺术节在庐山举行颁奖典礼。

## 二、文学交流

1991年以来,市、县(区)相继成立文学创作协会等组织,每年举办不同形式的创作研讨会、座谈会及交流行动,重点对重要文学作品创作进行探讨和交流,或通过召开作品研讨会,聘请专家学者指导。1995年11月13~21日,组织作家、艺术家赴江苏张家港学习考察,开展文学理论座谈和创作成果交流活动。1997年5月中旬,组织100名文艺家到各地采风、采访,创作一批文学作品;6月2~5日,南京经济协作区18地市文联联谊会第十次会议在九江举行,会议期间,九江作家与南京经济协作区18地市作家开展文学座谈和作品成果交流。

2002年,举办“欧阳伟庆处女座小说集《名分》创作讨论座谈会”;举办李立新《龙城纪事》研讨会。2003年5月下旬,市内作家艺术家30人到共青城采风,围绕“创业垦荒精神”创作一批文艺作品。2004年4月1日,召开《九江21世纪文艺丛书》座谈会;5月19日,召开纪念毛泽东《在延安文艺座谈会上的讲话》发表62周年暨市长篇文学作品创作研讨会;8月20日,组织37名文艺工作者到内蒙古进行为期1周的艺术采风;10月20日,举办长篇科幻小说《异星少年》(作者黄勇华)创作研讨会,来自全市有关单位的专家、学者和文学爱好者30余人参加研讨会。2005年1月,河北省秦皇岛市作家协会主席一行来九江,与市作家进行创作交流和研讨;4月,安徽省作家协会副主席、原《清明》杂志主编与九江部分作家进行座谈;7月,召开座谈会,与中国电视艺术节协会编导演艺术委员会常务副主任、特型演员——毛泽东、江泽民扮演者彭江进行文化艺术交流。

2006年4月26日,举办诗歌创作座谈会,省作协副主席李晓君,《创作评谭》《诗刊》《散文》《诗选刊》《文艺报》编辑、记者到会,就诗歌和散文创作同九江作者进行交流和座谈;6月22~28日,应广西南宁市文联、南宁市文学院邀请,市文联秘书长、作家协会副主席蔡勋参加“绿色南宁”全国部分地市文学院、作家协会联谊会,会后到越南进行艺术交流活动。2007年,举办纪实文学集《山村山鼓山歌》(陈琴著)作品研讨会和格言作品集《我的格言》(刘泰初著)作品研讨会;6月10~15日,举办“中国千名作家、诗人写庐山”采风、创作活动,100名来自海峡两岸作家艺术家参与活动。2008年,省作家协会为九江作家廖平东举办历史名人散文集《百代风骚》作品研讨会;6月,九江作家、诗人15人分别到瑞昌、武宁、九江县等地,创作抗冰救灾的文学作品;10月初,作家蒋子龙、陈世旭、邓刚一行应邀到九江进行文化考察,在白鹿洞书院与市60名作家就“文学人生”“作家创作谈”等文学话题进行互动交流。2009年7月,应市作家协会邀请,作家陈世旭与九江20余名中青年作家就小说创作进行交流。2010年5月20日,开始创作大型报告文学集《决战决胜》,近20名作家分别到各县区采访,创作报告文学17篇30万字,结集出版。

# 第三章 图书服务

## 第一节 公共图书馆

### 一、市图书馆

原址在市区环城路142号,总面积1600平方米。1997年5月28日,新馆在庐山南路举行奠基仪式,1998年底,新馆大楼主体工程建设完成。2001年11月1日,环城路图书馆正式闭馆,40余万册藏书搬迁至新馆书库。2003年7月6日正式对外开放。

新馆建筑面积14068平方米,设立图书借阅室、期刊阅览室、报纸阅览室、少儿借阅室、电子阅览室、地方文献中心、党员学习室、自修室、学术报告厅、多功能厅、展览厅等服务窗口。2009年被评定为国家一级图书馆。至2010年,总藏书量59万册,其中古籍、地方文献3万余册,报纸108种、期刊632份,年均接待读者21万人次,图书外借18.5万册次。馆内设有计算机局域网,业务工作采用计算机自动化管理,有各种计算机设备达百余台及20兆互联网光纤接口,建立图书馆网站,电子图书、报纸期刊数据库、音视频等数字化资源总存储量达到8T,数字图书馆建设初现规模。建有全国文化信息资源共享工程九江市级分中心,设备配置基本达到国家标准要求。举办展览、讲座、报告、竞赛、演出、培训等活动,创办“寻庐讲坛”,共举办各类讲座100余场,成为九江有影响力的文化品牌。获“全国文明图书馆”“全国文化工作先进集体”等称号。

### 二、县(市、区、山)图书馆

**九江县图书馆** 1991年前与文化、博物两馆合署办公。1992年12月在原办公楼院内,修建2层书库,面积175平方米。1998年增设地方文献资料征集室。2000年,增设少儿阅览室。2001年3月,县城老城改造,图书馆办公楼被拆。2003年在原址上建成新馆。内设外借室、报刊阅览室、采编室、资料室、行政办公室、图书馆服务部。2008年,增设电子阅览室。藏书总量为1.2960万册,其中,图书1万册,古籍142册,报刊2818册。古籍有清(道光)《庐山小志》,清(同治)《九江府志》、1914年版的《康熙字典》等文献资料。

**德安县图书馆** 原馆址设文化馆内。1991年12月新图书馆大楼竣工,1992年开馆。内设办公室、采编室、资料室、报刊阅览室、借阅室、租借室。馆藏图书5万册。2008年,先后在蒲亭镇东风社区、北门社区及曾家洼社区设立流动图书服务点,扩大图书馆服务范围。

**永修县图书馆** 馆舍面积2100平方米。1989年6月搬迁新馆。2010年5月对大楼进行维修改造。内设文化信息资源共享工程永修县支中心,电子阅览室、外借室、报刊阅览室、少儿读书乐园、资料室、图书采编室、业务辅导室与培训中心。

**星子县图书馆** 内设办公室、资料采编室、图书外借室和报刊阅览室。2004年5月,因旧城改造,旧馆舍被拆除,办公场所临时租借,利用文化馆二楼一部分空间,设办公室、书库和小报刊阅览室,图书外借停办。藏书13150册,其中社会科学类5500册,自然科学类2000册,综合类400册,古籍250册,报纸合订本及杂志5000册。

**修水县图书馆** 馆藏图书14万余册,其中:古籍1526种、10603册,内含善本157种,1471册,国家级善本11种174册,有4种75册列入国家善本书总目。内设办公室、采编辅导室、外借室、报刊阅览室、少儿阅览室、资料查询室。2008年12月共收集地方史、志、文件汇编和个人作品等256册(件)。2009年被评定为国家二级图书馆。

**武宁县图书馆** 图书馆大楼建筑面积1527平方米,1991年建成,馆藏图书70126册,报纸64种,中文期刊200种。其中《四库全书》《古今图书集成》《四库丛刊》(再版)为馆藏书精品。内设图书馆借阅室、成人阅览室、少儿阅览室、电子阅览室。2003年7月为全省"共享工作"县级基层中心,9月21日安装卫星地面接收站,同年,开通"全国文化信息资源共享工程",成为全省开通该工程的第一家县级图书馆。2004年成立"武宁县文化信息咨询服务中心",同年,被文化部授予"先进单位"称号。2009年被评定为国家二级图书馆。

**湖口县图书馆** 1991~2009年使用旧馆舍,2010年新馆竣工,总面积3260平方米,藏书8万册,阅览席位300个。其中社会科学图书35800册、自然科学图书8000册、综合性图书3800册、古籍150册、外文图书100册、期刊121种、报纸23种。内设办公室、流通组、业务组、辅导组。

**都昌县图书馆** 内设外借室、报刊阅览室、资料室、少儿阅览室及地方文献专柜,面积1250平方米。2003年8月8日,电子阅览室电脑工作站增至64台,多媒体电子阅览室开放。2006年6月列入"全国文化信息资源共享工程"试点县馆之一,8月,"全国文化信息资源共享工程都昌支中心"在馆内成立,向农村发展基层分中心4个,基层服务点28个。2009年被评定为国家二级图书馆。

**彭泽县图书馆** 馆舍面积1253个平方米,内设采编室、资料室、报刊阅览室、借阅室、租借室和办公室。

**瑞昌市图书馆** 2009年12月,新馆大楼建成,面积3779平方米。馆内有阅览席座350个(含资料室、外借室座位),书库面积520平方米,内设外借室、资料室、报刊阅览室、盲文及有声音响阅览室、电子阅览室,儿童阅读乐园。馆藏图书达10万册,有《渔洋山精华录笺注》《礼记休注大全》《重修南溪书院志》等珍贵古籍2300余种,其中康熙《瑞昌县志》被列入《中国古籍善本》书目。市图书馆下设图书分馆3个,农家书屋基层服务点141家,共享工程基层服务点166个。

**庐山图书馆** 1991年3月,第二期工程阅览楼部分投入使用,面积3100平方米,总藏书43万册(件),有阅览座席260个,有计算机68台,激光和彩色打印机、复印机和投影仪等设备,馆内设图书外借室、报刊阅览室、旅游文献室、儿童阅览室、电子阅览室、馆史陈列室、室外昼夜阅报长廊等服务窗口,在庐山农村设有全国文化信息资源共享工程村级服务点及庐山日照社区图书室。2009年被评定为国家一级图书馆。

## 第二节 专业图书馆

### 一、院校图书馆

**九江学院图书馆** 设总馆(本院)、浔东分馆(师范学院)、庐峰分馆(医学院)。馆舍总面积4.71万平方米,至2010年,有各类阅览室18个,座位9316个。馆藏有纸质图书270.1万册,电子图书172.5万册。年均订购中外文纸质期刊2160种。已购置电子文献资源数据库30个,基本形成覆盖经济学、法学、教育学、文学、历史学、理学、工学、农学、医学、管理学等多学科的文献资源保障体系。学校重视图书馆现代化建设,提出高起点建设、高标准要求,引进具有国内先进水平的IBM TotalStorage FAStT700存储服务器和IBM NAS225磁盘阵列服务器,总存储容量可达47TB。IBM X366双机热备组成的核心服务器系统,可为全馆462台读者计算机、77台工作计算机及全校网络终端提供服务。

图书馆在馆藏文献资源的使用上充分考虑师生的使用方便。图书外借实现3校区通借通还,纸质图书、电子图书可一站式检索。开展外借、阅览、参考咨询、文献传递、定题服务、课题查新、读者教育、文献复制等多类型、多层次服务。外借服务每周开放7天,报刊阅览、专业图书阅览等主要阅览室每天开放12小时,自修室每天开放14小时,"考试月"期间达16小时,电子文献全天24小时开放。

**九江职业技术学院图书馆** 1991年10月建,总建筑面积9491平方米。1999年11月开始,采用计算机集成化管理,完成图书馆各项工作由传统手工型向现代自动化型的转型,建立全馆的计算机管理与检索的局域网,所有数字化全文文献与图书管理系统数据均可在校园网上检索。2003年3月,建立起具有200个终端的多媒体电子阅览室,可方便快捷地与校园网链接。2006年起,与庐山区政府进行图书馆共建,开展对本地区企事业单位图书借阅服务,满足学校师生员工和社会读者的信息资源需求。至2010年,有文献100万余册,电子期刊近1万种。每年订购各类纸质中外文期刊400余种,报纸50余种;建有图书馆主页,可支持包括馆藏数据查询系统、CNKI中国知网总库、万方科技信息数据库、超星电子图书及读书学术搜索、书生读吧电子图书数据库等校园网数字化信息服务,已形成以理工科类文献为主体,以制造、船舶、电子、信息等专业文献为特色,兼收高等教育所需要的人文、社科及自然科学文献的多种类型、多种载体的综合性馆藏资源体系。图书馆各服务厅室每周提供72小时以上的开放服务,数字化资源提供全天候服务。

图书馆设有报刊阅览室、过刊阅览室、电子阅览室、社科书库、自科书库、社科典藏资料室、自科典藏资料室、供读者使用的自习厅(8个)以及活动阅报栏等,全馆有座位1000余个。图书馆提供的服务项目有图书流通、文献阅览、数据库检索、上网浏览、文献传递、参考咨询、复印装订、文献检索教学等。设采编技术部、信息服务部、流通部、阅览和期刊室、电子阅览室等机构。先后被省教育厅和高校图工委授予"先进图书馆"称号。

**九江职业大学图书馆** 2006年4月、2009年3月九江师范学校、庐山旅游中等专业学校相继并入九江职业大学,校图书馆随之重组。图书馆围绕"读者与知识"核心,开展研究性的服务和服务性的研究。至2010年,有鹤问湖和长虹2个馆区,馆舍面积7693平方米。服务项目有纸质图书借阅、过刊借阅、现刊阅览、文献复制、数字资源提供、参考咨询、文献利用指导等。图书馆使用大连妙思《文献管理集成系统v6.5标准版》软件。电子阅览室(用户机260余台)设备先进,配置高端。订置的数据库有方正阿帕比和超星电子图书、CNKI等。

## 二、市工人文化宫图书馆及厂矿企业图书馆

**市工人文化宫图书馆** 1991年,馆舍面积260平方米,设图书外借处、报刊阅览室和采编室。馆藏图书约5万册,年馆藏报纸60余种、杂志200余种、图书1000余册,外借内阅年服务读者59168人次。同年,举办第三届"图书馆服务宣传周"活动。1993年,迁至综合科技活动大楼三楼,馆舍面积500余平方米。1996年被评为全省工会系统"文明图书馆"。9月,被中华全国总工会授予"全国工会系统文明图书馆"。2006年8月,图书馆迁至市工人文化宫综合科技活动大楼四楼,馆舍面积300余平方米,部门设置不变。至2010年,馆员有10余篇论文在各级图书馆专业杂志和研讨会上发表、获奖。

**厂矿企业图书馆** 20世纪90年代,厂矿企业图书馆由厂矿企业工会管理,其藏书是结合本单位性质选购、收集图书报刊。全市厂矿企业图书馆437个,藏书710105册。至2010年,由于厂矿企业体制的变化,厂矿企业图书馆仅有九棉一厂、九棉二厂、九棉三厂、九江化纤厂、九江港务局、5727厂、九江长运公司、九江石化总厂、九江针织内衣总厂、九江陶瓷建材厂、九江船管处、九江大桥五处、九江火电厂、九江柴油机厂、441厂、九江轻机厂、瑞昌江洲造船厂、806厂、瑞昌人民机械厂、瑞昌铜矿等厂矿企业图书馆,藏书数不详。

## 三、庐山植物园图书馆及科研单位图书馆(室)

**中国科学院庐山植物园图书馆** 初名庐山森林植物园图书室。设有书库、阅览室、资料室、办公室等,使用面积220平方米。1991年,建成专门图书馆,设书库、多个阅览室、学术报告厅等,占地面积1273

平方米,其中书库208平方米,阅览室207平方米,书库为2层复式结构,上层为期刊,下层为图书。2000年后,随着国际互联网普遍使用,购置多种文献资源数据库。至2010年,藏书达6万余册,其中外文4万余册。阅览室阅览座位20余个。

**科研单位图书馆(室)** 1991年以来,科研单位图书馆藏书专业性较强,多为本部门专业人员服务。至2010年,全市科研单位图书馆规模较大的有市科技情报所图书馆、市707所图书馆、市农科所图书室、市气象局资料室。

## 第三节　文献采集利用

### 一、文献收集整理

1991年以来,市图书馆在馆藏建设中采取实用性与系统性、发展与剔除、分工与协调的措施,逐步形成具有一定规模和特色的馆藏文献体系。地方文献收集范围包括:九江地区的地方志、行业志、山川志、单位志、图册、地图;各机关、团体、企事业单位编辑、出版的报刊、图书、音像制品及资料汇编;九江籍人士(包括在九江工作、学习的外籍人士)著作;全国范围内出版发行的内容上涉及九江的图书资料;九江地区的家谱及家族史料;九江籍知名人士的手稿、信件、图片、日记、回忆录;碑帖、老照片及有价值的地方文献资料。市图书馆每年购书经费在10万元左右。1993年,馆藏文献40万册,其中社会科学图书19.63万册,自然科学图书12.32万册,综合性图书4.51万册,外文图书2413册,报刊合订本1.73万册,古籍线装书2.97万册,声像资料100多种。另有较高史料价值和艺术价值的金石拓片。1994年和1998年,全国政协委员、香港汉荣书局有限公司董事长石景宜2次捐赠港台版图书11000册。2003年新馆开放前期,向社会发起《全市人民向九江市图书馆义务捐书的倡议》,至年底,社会捐赠达8000册。2004年2月,九江籍作家杜宣将新版8卷本《杜宣文集》捐赠市图书馆,同时捐资2万元用于购置新书。从2005年始,购书经费增至50万元。市图书馆采用多种途径加强地方文献收集整理工作。2006~2007年,市图书馆先后2次发出关于征集地方文献的倡议书。及时了解全市各单位资料编辑和出版,上门联系与搜集。通过《中国丛书综录》《地方志联合目录》等工具书了解地方文献线索,与有关收藏单位联系进行复印,如《浔阳蹠醢》《在日本领事馆区域内事情》等。与外地图书馆进行文献交换,曾将馆藏的长沙中央日报、金华东南日报、大公报分别赠给湖南图书馆、金华图书馆和庐山图书馆,交换《民国江西日报》《庐山小志》《德化县志》等地方文献资料。2009年1月,市物资局退休干部张德林将其藏9000册图书捐献给市图书馆。对于社会人士及单位的图书捐赠,均回赠"图书捐赠收藏证书",且定期在网站上公布捐赠名录。当年,购书经费增至80万元。新增藏书2万册以上。文献载体类型除纸质书刊以外,还有电子图书、数据库等数字化资源及音视频读物。2010年,市图书馆馆藏总计59万册,其中图书52.3万册、报刊合订本6.68万册,古籍2.76万册(其中古籍善本40种570册),碑帖、拓片、字画等703种,视听文献、数据光盘等800册,盲文书籍120册,另藏有电子图书、期刊报纸数据库、音频视频等数字化文献资源,总存储容量达到8T。市图书馆进行地方文献的全面系统整理,将散乱的图书报刊有序地装订成册,发现有遗漏的期刊和报纸,设法补齐,确保资料的连续和完整。根据地方文献载体复杂多样性(有图书、期刊、小报、小册子、图片等),采用资料盒的形式,将资料装入盒,标上书名标签,分类上架,便于查找;对于地方著名学者人士,建立个人及作品专盒,收藏传记及著作论文。编辑《馆藏方志简表》《地方文献目录》等检索目录。在文献部设立地方文献专架,将重点地方文献集中排架,供读者查阅。

### 二、文献开发利用

1991年,市图书馆与市方志办联合编辑《九江地方文献索引》,按照现代文献检索目录的编排方法,将全市重要文献史料分门归类,详细记录书名篇名、作者、文献出处、出版收藏情况;将"历史人物""九江大事"列出专栏,是九江第一部地方史检索工具书。由新华出版社出版。1994年,市图书馆利用馆藏资料与市有线电视台合办《九江之最》电视专题，先后完成春节、德安、永修、国庆4个专场共10集节目。1995年，市图书馆与九江电视台合办《九江历史上的今天》节目，编辑《九江历史上的今天》知识台历。2005年8月30日至9月19日，为纪念抗战胜利60周年，市图书馆配合市委宣传部联合举办"九江抗战展览"，集中展出珍贵历史照片200余幅，历史实物30多件。之后又到九江县、彭泽县、湖口县、德安县等地巡回展出，参观人数超过2万人。2006~2010年，市图书馆相继编辑《九江地方史论坛》《寻庐文化报》《寻庐茶文化报》《九江新知识台历》等报刊资料，免费向社会发放；先后出版《九江抗战备忘录》《见证九江抗战》《人文庐山》等图书。

## 第四节　读者服务

### 一、图书借阅

1991~2002年，位于市区环城路的市图书馆，设立报刊阅览室、图书资料阅览室、少儿阅览室。图书外借实行闭架服务，读者借书需查询卡片目录、填写索书单，由工作人员代为取书。报刊阅览室提供开架阅览服务；图书阅览室陈列资料性图书和各类工具书，实行半开架服务，读者可在室内查询，不予外借，图书阅览室同时又兼做读者自修室使用。各县级图书馆图书借阅场地设置和服务方式和市馆基本相似。2002年，市图书馆上架新书6875册，订阅报刊800余份，图书外借59229册次，接待读者阅览73800人次。2003年，庐山南路新馆建成，设立图书借阅室、期刊阅览室、报纸阅览室、少儿借阅室、地方文献中心、党员学习室、自修室等服务窗口，共计阅览座位400余个，后期刊阅览室与报纸阅览室合并为报刊阅览室，先后新建电子阅览室和视障阅览室。外借书库和少儿借阅室采用借、阅、藏一体的现代管理模式，实行全开架开放。图书借阅服务采用计算机自动化管理，服务效率提高，读者流量逐年增长，至2010年累计办理读者借阅证数量3.2万个。2010年年底，市图书馆上架新书21726册，订阅报刊753份，外借书库投入流通的藏书近20万册，少儿借阅室藏书3万余册，当年图书借阅量达18.5万册次，读者阅览达21万余人次。

### 二、参考咨询

1991年以来，市图书馆的参考咨询和信息服务工作由辅导部和文献部承担，辅导部定期编印《信息与决策》，将报刊中时事、政策、财经、社会发展等信息汇编成册，提供给市党政领导参阅。1994年，《信息与决策》改名《改革与发展文摘》，当年出版8期。1998年长江流域洪灾期间，图书馆印编《抗洪救灾知识指南》，免费发送到各个县灾民手中，为抗洪救灾提供专业信息服务。2003年，市图书馆成立信息部，利用计算机、网络和数字化资源开展参考咨询服务。读者可以在电子阅览室获取互联网和馆藏数字资源，亦可通过电话、电子信箱、图书馆网站留言等方式提出信息需求，得到图书馆工作人员的帮助。2008年开始，在每年市人大、政协"两会"期间，市图书馆均开展"两会"专题信息服务，编印《"两会"参考信息资料汇编》，设立信息服务台，为与会者现场提供信息检索和咨询服务。"两会"信息服务受到赞誉，市委书记、市长等党政领导多次到服务现场视察指导，给予高度评价。

### 三、自动化、数字化建设(文化信息资源共享工程)

1999年，市图书馆配置图书馆自动化管理系统软件ILAS 5.0，2000~2002年，完成馆藏10余万册图书目录的回溯建库工作。2003年，在新馆组建计算机局域网，ILAS 5.0升级为ILASII 2.0，图书采访、编目、流通及报刊阅览等所有业务部门均实现计算机自动化管理。2004年6月，市图书馆得到港商黄楚和15万港币的公益捐赠，建立起电子阅览室。同年，国家"文化信息资源共享工程"建设在全市各级公共图书馆陆续启动。2005年，市图书馆网站正式开通，域名www.jjlib.cn，并逐步配置数字化资源，实施数字图书馆建设和服务。2009年，市"文化信息资源共享工程"建设被列入市政府"为民实事"项目，获得专项建设经费65万元。当年，市图书馆完成"共享工程"市级中心和市区10个社区、乡镇基层服务点建设。2010

年年底,市"文化信息资源共享工程"共计建成市级中心1个、县级支中心13个、乡镇级基层服务点56个、村级基层服务点1623个。依托共享工程建设,各级图书馆计算机、网络等设备设施得到完善,自动化建设水平和服务能力提升。经长期积累,市图书馆拥有电子图书、万方学术期刊等各类数字化资源,存储容量达8TB,大部分资源可通过互联网远程查询,"数字图书馆"建设初现规模。

### 四、视障阅览

2010年,在市图书馆申请和建议下,视障阅览室等图书馆无障碍设施建设被列入当年市政府百件惠民实事项目之一,安排40万元专项建设经费。市图书馆视障阅览室配备各类盲文图书120余册、有声读物(CD)100余张、有声中国地图1幅、电脑20余台;视障阅读专用电子器械方面,配置有盲用点显器2台、电子助视仪2台、阳光读书郎智能阅读器10台。阅览室内电脑均安装有阳光语音转换软件,盲人读者可在语音提示下操作电脑和上网。此外,图书馆从外广场至视障阅览室均铺设盲道、卫生间设有残疾人专用扶手、电梯间设有语音提示,视障读者进入馆区,有工作人员提供服务。同年10月15日第二十七届国际盲人节之际,市图书馆视障阅览室建成开放,市残联和盲人协会组织视障读者到馆参观体验和座谈活动,视障阅览室成为重要的无障碍公共文化设施。

### 五、公共文化服务

1991年以来,市图书馆,利用报告厅、展厅、多功能厅举办展览、报告会、讲座、演讲比赛、文艺演出等,丰富市民精神文化生活。2004年4月,曾当选2002年度CCTV"感动中国"十大人物之一的王选在市图书馆报告厅作"侵华日军在江西的细菌战及诉讼索赔"专题报告,引起很大社会反响。同年,举办著名管理专家余世维、国务院发展研究中心副主任鲁志强、中国民营经济研究会会长保育钧、省委宣传部原副部长周銮书等专场报告会。九江学院教授罗龙炎主讲"九江山水文化漫谈""春节文化漫谈"、陈忠主讲"心理健康知识"等让听众获益。2005~2007年,市图书馆举办知识讲座、报告会40余场次。高端专题讲座如"温州民营经济发展启示及如何做大做强民营企业""昆山的昨天、今天、明天""科学发展观下的工业化与城市化""管理者常犯的错误及中小企业发展的瓶颈""新加坡基层组织社区建设"等;普及性知识讲座如健康知识、家庭教育、高考心理调适等;另有"两新教育"动员会、"新阶段、新发展"纺织专家论坛、"新阶段,新发展"公务员论坛、市宣教系统学习市委《决定》报告会等。2008年,创办文化系列讲座"寻庐讲坛",以公益性公共文化服务为导向,立足于高起点、高品位,为市民带来全新的精神文化享受。讲座内容涉及文学、艺术、时政、地方文化及社会生活各方面,讲座地点为图书馆、校园、厂矿、社区;讲师有九江专家学者,聘请国内各学科学者,如周国平、于丹、余秋雨、易中天等。"寻庐讲坛"还组织九江学者先后在上海、湖北、北京等省市举办讲座,宣传九江文化。2009年,"寻庐讲坛"举办讲座54场。2010年,举办讲座37场。

## 第五节　古籍善本保护

2008年,按照市政府办公厅《关于进一步加强古籍保护工作的意见》,对全市范围内古籍保护工作做出统一部署。同时,通过媒体宣传古籍保护工作的价值意义,扩大社会影响。各藏书单位做好制度建设、人才培养、管理保护等方面工作。

## 2010年全市古籍善本存目一览

表57-3-1

| 题名卷数 | 编(著)者 | 版本(带补配) | 册数 | 收藏单位 |
|---|---|---|---|---|
| 四书朱子异同条辨四十卷 | (清)李沛霖(清)李祯撰 | 清康熙五十七年(1718)古吴三乐斋刻本 | 40 | 市图书馆 |
| 说文解字十五卷 | (汉)许慎撰(宋)徐铉等校 | 清康熙毛氏汲古阁刻本 | 6 | 市图书馆 |
| 隶辨八卷 | (清)顾蔼吉撰 | 清康熙五十七年(1718)项氏玉渊堂刻本 | 8 | 市图书馆 |
| 靳文襄公奏疏八卷 | (清)靳辅撰 | 清初刻本 | 8 | 市图书馆 |
| 历代名臣奏议三百二十卷 | (明)杨士奇、黄维等辑(明)张溥删正 | 明崇祯刻本 | 15 | 市图书馆 |
| 庐山志十五卷 | (清)毛德琦修 | 清康熙五十九年(1720)顺德堂刻本 | 12 | 市图书馆 |
| 说苑二十卷新序十卷 | (汉)刘向撰 | 明万历刻本 | 6 | 市图书馆 |
| 新刊唐荆川先生稗编一百二十卷目录三卷 | (明)唐顺之编 | 明万历九年(1581)东海茅一相文霞阁刻本 | 60 | 市图书馆 |
| 饴山诗集二十卷 | (清)赵执信撰 | 清乾隆十九年(1754)因园刻本 | 4 | 市图书馆 |
| 存砚楼二集二十五卷 | (清)储大文撰 | 清乾隆十九年(1754)因园刻本(卷二十一册终为抄配页) | 10 | 市图书馆 |
| 大佛顶如来密修正了义诸菩萨万行首楞晋严经十卷 | (唐) 释般刺密帝 弥加释迦译 | 明正统五年(1440)刻本 | 10 | 庐山图书馆 |
| 四明先生续资治通鉴节要二十卷 | (明)张光启撰 | 明嘉靖二十八年(1549)刻本 | 11 | 庐山图书馆 |
| 六书精蕴六卷 | (明)魏校撰 | 明嘉靖十九年(1540)刻本 | 14 | 庐山图书馆 |
| 中州集十卷 | (元)元好问撰 | 明末汲古阁刻本 | 12 | 庐山图书馆 |
| 春秋左传十五卷 | (明)孙矿批点 | 明万历四十四年(1616)朱墨套印本 | 15 | 庐山图书馆 |
| 史记一百三十卷 | (汉)司马迁撰(明)陈仁锡评 | 明崇祯元年(1628)刻本 | 22 | 庐山图书馆 |
| 前汉书一百二十卷 | (汉)班固撰 | 明万历二十五年(1597)北京国子监刻本 | 26 | 庐山图书馆 |
| 后汉书一百二十卷 | (宋)范晔撰(唐)李贤等注 | 明万历二十四年(1596)北京国子监刻本 | 30 | 庐山图书馆 |
| 晋书一百三十卷 | (唐)房玄龄等撰 | 明万历二十四年(1596)北京国子监刻本 | 30 | 庐山图书馆 |
| 宋书一百卷 | (梁)沈约撰 | 明万历二十六年(1598)北京国子监刻本 | 22 | 庐山图书馆 |
| 南齐书五十九卷 | (梁)萧子显撰 | 明万历三十三年(1605)北京国子监刻本 10 | 10 | 庐山图书馆 |
| 梁书五十六卷 | (唐)姚思廉撰 | 明万历三十三年(1605)北京国子监刻本 10 | 10 | 庐山图书馆 |

续表 57-3-1

| 题名卷数 | 编(著)者 | 版本(带补配) | 册 数 | 收藏单位 |
|---|---|---|---|---|
| 陈书三十六卷 | (唐)姚思廉撰 | 明万历三十三年(1605)北京国子监刻本 10 | 6 | 庐山图书馆 |
| 魏书一百三十卷 | (北齐)魏收撰 | 明万历二十四年(1596)北京国子监刻本 | 30 | 庐山图书馆 |
| 北齐书五十卷 | (唐)李百药撰 | 明万历三十四年(1606)北京国子监刻本 6 | 6 | 庐山图书馆 |
| 周书五十卷 | (唐)令狐德棻等撰 | 明万历三十四年(1606)北京国子监刻本 | 6 | 庐山图书馆 |
| 隋书八十五卷 | (唐)魏徵等撰 | 明万历二十六年(1598)北京国子监刻本 | 20 | 庐山图书馆 |
| 南史八十卷 | (唐)李延寿撰 | 明万历十九年(1591)北京国子监刻本 | 20 | 庐山图书馆 |
| 北史一百卷 | (唐)李延寿撰 | 明万历二十六年(1598)北京国子监刻本 | 30 | 庐山图书馆 |
| 五代史七十四卷 | (宋)欧阳修撰 | 明万历二十八年(1600)北京国子监刻本 | 10 | 庐山图书馆 |
| 辽史一百一十六卷 | (元)脱脱等撰 | 明嘉靖八年南京国子监刻清顺治康熙递修本 | 8 | 庐山图书馆 |
| 宋史四百九十六卷 | (元)脱脱等撰 | 明万历二十七年(1599)北京国子监刻本 | 100 | 庐山图书馆 |
| 新旧唐书合钞二百六十卷 | (清)沈东甫撰 | 清雍正十一年(1733)刻本 | 79 | 庐山图书馆 |
| 辽史一百一十六卷 | (元)脱脱等撰 | 明万历三十四年(1606)北京国子监刻本 | 12 | 庐山图书馆 |
| 金史一百三十五卷 | (元)脱脱等撰 | 明嘉靖八年南京国子监刻清顺治康熙递修本 | 20 | 庐山图书馆 |
| 金史一百三十五卷 | (元)脱脱等撰 | 明万历三十四年(1606)北京国子监刻本 | 24 | 庐山图书馆 |
| 元史二百十卷 | (明)宋濂等撰 | 明万历三十年(1602)北京国子监督刻本 | 50 | 庐山图书馆 |
| 皇明绳武编三十四卷 | (明)吴瑞登撰 | 明万历二十年(1592)刻本 | 12 | 庐山图书馆 |
| 古史谈苑三十六卷 | (明)钱世杨撰 | 明万历四十三年刻本 | 8 | 庐山图书馆 |
| 欧阳文忠公五代史抄二十卷 | (明)茅坤辑 | 明末刻本 | 8 | 庐山图书馆 |
| 文献通考三百四十八卷 | (元)马端临撰 | 明末刻本 | 120 | 庐山图书馆 |
| 万寿盛典初集一百二十卷 | (清)马齐等纂修 | 清康熙五十四年(1715)内府刻本 | 76 | 庐山图书馆 |
| 筹海图编十三卷 | (明)胡宗宪撰 | 明天启四年(1624)刻本 | 8 | 庐山图书馆 |
| 硃批谕旨不分卷 | (清)鄂尔泰等辑 | 清乾隆三年(1738)内府朱墨套印本 | 89 | 庐山图书馆 |
| 皇朝外藩图三卷 | (清)陈沣跋撰 | 清咸丰十年(1860)影抄乾隆内府本 | 3 | 庐山图书馆 |
| 古今治平略三十三卷 | (明)朱健撰 | 明崇祯十二年(1639)刻本 | 24 | 庐山图书馆 |
| 大学衍义四十三卷 | (宋)真德秀撰<br>(明)陈仁锡评 | 明崇祯五年(1632)陈仁锡刻本 | 6 | 庐山图书馆 |
| 大学衍义补一百六十卷首一卷 | (明)丘濬撰(明)陈仁锡评 | 明末刻本 | 22 | 庐山图书馆 |
| 乐律全书三十八卷 | (明)朱载堉撰 | 明万历二十四年(1596)郑藩刻本 | 16 | 庐山图书馆 |

续表 57-3-1

| 题名卷数 | 编(著)者 | 版本(带补配) | 册数 | 收藏单位 |
|---|---|---|---|---|
| 李卓吾批点世说新语补二十卷 | (刘宋)刘义庆撰(明)李贽批点 | 明万历刻本 | 8 | 庐山图书馆 |
| 宗镜摄录十二卷 | (明)石公居士辑 | 明万历三十一年(1603)刻本 | 4 | 庐山图书馆 |
| 新刻翰林考正历朝故事统宗十卷 | (明)李廷机辑 丘宗孔增评 | 明万历金陵书林周氏大业堂刻本 | 12 | 庐山图书馆 |
| 唐类函二百卷目录二卷 | (明)俞安期辑 | 明万历刻本 | 64 | 庐山图书馆 |
| 文林绮绣五十九卷 | (明)凌迪知辑 | 明万历四年(1576)凌氏桂芝馆刻本 | 11 | 庐山图书馆 |
| 唐宋八大家文钞一百四十四卷 | (明)茅坤编 | 明崇祯四年(1631)茅著刻本 | 70 | 庐山图书馆 |
| 才稠集十卷 | (蜀)韦縠撰 | 明末汲古阁刻本 | 5 | 庐山图书馆 |
| 国秀集三卷 | (唐)芮挺章辑 | 明末汲古阁刻本 | 3 | 庐山图书馆 |
| 唐诗类苑二百卷 | (明)张之象辑 | 明末刻本 | 104 | 庐山图书馆 |
| 天下名家诗观初集十二卷二集十四卷三集十三卷 | (清)邓汉仪辑 | 清康熙十一年(1672)慎墨堂刻本 | 17 | 庐山图书馆 |
| 楚辞集注八卷 | (宋)朱熹撰 | 明末刻本 | 3 | 庐山图书馆 |
| 唐书二百二十五卷释音二十五卷 | (宋)欧阳修 宋祁撰 | 明南京国子监刻嘉靖万历补修本 | 40 | 庐山图书馆 |
| 王荆文公诗五十卷 | (宋)王安石撰 李壁笺注 | 清乾隆五年(1740)张宗松清绮斋刻本 | 4 | 庐山图书馆 |
| 玉茗堂全集四十六卷 | (明)汤显祖撰 | 明天启刻本 | 8 | 庐山图书馆 |
| 钟伯敬先生遗稿四卷 | (明)钟惺撰 | 明崇祯刻本 | 4 | 庐山图书馆 |
| 勉斋先生遗稿三卷 | (明)郑满撰 | 清康熙刻本 | 2 | 庐山图书馆 |
| 倚晴阁诗钞七卷 | (清)魏坤撰 | 清康熙刻本 | 4 | 庐山图书馆 |
| 查浦诗钞十二卷 | (清)查嗣撰 | 清康熙六十一年(1722)刻本 | 8 | 庐山图书馆 |
| 直庐集一卷使月集一卷使月日记一卷 | (清)乔莱撰 | 清康熙刻本 | 8 | 庐山图书馆 |
| 章江集二卷濯缨集一卷 | (清)朱载震撰 | 清康熙刻本 | 1 | 庐山图书馆 |
| 聪山集十一卷荆园小语一卷荆园进语一卷附录一卷 | (清)申涵光撰 | 清康熙二年(1663)刘佑刻本 | 6 | 庐山图书馆 |
| 溉堂前集九卷后集六卷续集六卷文集五卷诗馀二卷 | (清)孙枝蔚撰 | 清康熙二十三年(1684)刻本 | 15 | 庐山图书馆 |
| 杲堂文钞六卷诗钞七卷 | (清)李邺嗣撰 | 清康熙刻本 | 7 | 庐山图书馆 |
| 白石山房集二十六卷 | (清)李振裕撰 | 清康熙李氏香雪堂刻本 | 8 | 庐山图书馆 |
| 赖古堂诗集四卷 | (清)周亮工撰 | 清康熙刻本 | 4 | 庐山图书馆 |
| 敬业堂诗集五十卷 | (清)查慎行撰 | 清康熙刻本 | 21 | 庐山图书馆 |
| 午亭文编五十卷 | (清)陈廷敬撰 | 清康熙四十七年(1708)林佶刻本 | 16 | 庐山图书馆 |
| 樸村文集二十四卷 | (清)张云章撰 | 清康熙刻本 | 4 | 庐山图书馆 |
| 寒村诗文集三十六卷 | (清)郑梁撰 | 清康熙紫蟾山房自刻本 | 16 | 庐山图书馆 |

续表 57-3-1

| 题名卷数 | 编(著)者 | 版本(带补配) | 册数 | 收藏单位 |
|---|---|---|---|---|
| 寒松堂全集十二卷 | (清)魏象枢撰 | 清康熙十五年(1676)刻本 | 8 | 庐山图书馆 |
| 珂雪词二卷补遗一卷 | (清)曹贞吉撰 | 清康熙刻本 | 2 | 庐山图书馆 |
| 临野堂文集十卷诗集十三卷诗馀二卷尺牍四卷 | (清)钮琇撰 | 清康熙二十九年(1690)刻本 | 5 | 庐山图书馆 |
| 匠门书屋文集三十卷 | (清)张大受撰 | 清雍正七年(1729)顾诒禄刻本 | 8 | 庐山图书馆 |
| 楼村诗集二十五卷 | (清)王式丹撰 | 清雍正四年(1726)刻本 | 4 | 庐山图书馆 |
| 黄梨洲先生南雷文约四卷 | (清)黄宗羲撰 郑性订 | 清雍正刻本 | 5 | 庐山图书馆 |
| 楼云阁文集十五卷附录一卷 | (清)高珩撰 | 清乾隆四十一年(1776)高贻荣刻本 | 8 | 庐山图书馆 |
| 海日堂诗集五卷 | (清)程可则撰 翁方纲评 | 清乾隆三十六年(1771)石州草堂刻本 | 2 | 庐山图书馆 |
| 述学内篇三卷外篇一卷补遗一卷别录一卷 | (清)汪中撰 | 清道光刻本 | 2 | 庐山图书馆 |
| 玉山草堂诗集十二卷 | (清)钱林撰 | 清道光十七年(1837)钱廷良刻本 | 4 | 庐山图书馆 |
| 延禧堂诗钞一卷 | (清)丰绅殷德撰 | 清嘉庆刻本 | 4 | 庐山图书馆 |
| 尚书十三卷 | (汉)孔安国撰 | 清乾隆四十八年(1783)武英殿仿宋刻本 | 3 | 庐山图书馆 |
| 禹贡说断四卷 | (宋)传寅撰 | 清乾隆武英殿聚珍活字板 | 4 | 庐山图书馆 |
| 禹贡会笺十二卷 | (清)徐文靖撰 | 清乾隆十八年(1753)赵弁刻本 | 3 | 庐山图书馆 |
| 邵尧夫先生诗全集 | (宋)邵雍撰 | 宋刻本 | | 星子县博物馆 |
| 百家类纂四十卷目录一卷 | (明)沈津辑 | 明万历七年(1579)刻本 | 38 | 修水县图书馆 |
| 资治通鉴二百九十四卷目录一卷 | (宋)司马光撰(元)胡三省音注(明)陈仁锡校 | 明天启五年(1625)刻本 | 86 | 修水县图书馆 |
| 大岳山太和善纪署八卷 | (清)王概撰 | 清乾隆刻本 | 3 | 修水县图书馆 |
| 名世文宗三十卷 | (明)胡时化辑 | 明万历刻本 | 2 | 修水县图书馆 |
| 列朝诗集八十一卷 | (清)钱谦益辑 | 清顺治刻本 | 32 | 修水县图书馆 |
| 陶靖节集 | (晋)陶潜撰(明)毛晋重订 | 明毛氏“綠君亭”刻本 | 1 | 修水县图书馆 |
| 庾开府集十二卷 | (北周)庾信撰 | 明汪士贤刻本 | 3 | 修水县图书馆 |
| 新刻张太岳先生文集四十六卷 | (明)张居正撰 | 明万历四十年(1612)刻本 | 4 | 修水县图书馆 |
| 舒文节公全集 | (明)舒芬撰 | 明万历四十八年(1620)刻本 | 1 | 修水县图书馆 |
| 新镌古今大雅南宫词纪六卷 | (明)陈所闻辑 | 明万历三十三年(1605)刻本 | 1 | 修水县图书馆 |
| 黄龙崇恩禅寺传灯宗谱二卷 | 释隐华道林纂修 | 清乾隆二十七年(1762)木活字本 | 1 | 修水县图书馆 |
| 瑞昌县志八卷 | (清)周士俊等编纂 | 清康熙十二年(1673)刻本 | 2 | 瑞昌市图书馆 |

# 第四章　文 物 博 物

## 第一节　文物普查

### 一、普查成果

2004 年,参与第三次全省文物普查。2007 年,参与第三次全国文物普查。全市新发现文物点 2679 处,其中古遗址 259 处,古墓葬 425 处,古建筑 1322 处,历代石刻 87 处,近现代重要史迹及代表性建筑 1047 处。

### 二、成果分类

**古遗址**　石堵圈遗址:位于共青城江益镇跃进村清明桥村北 0.5 千米处,遗址呈椭圆形,外围有夯打土围墙,高约 1.5 米,朝南有一进口处,上为平地,种有农作物。属于典型的商周遗址。2010 年,被录入江西“百大新发现”名单。

大前窑址:位于都昌县和合乡大前村。明初洪武年间,奉旨意,由县府抽调窑工在此修筑砖窑 108 座,为南京城墙烧制砖块。窑址沿鄱阳湖就地势简单修筑,窑洞使用时间不长。存窑址 4 座。

柳山书院遗址:位于武宁石渡乡境修河南岸。唐贞元年间,衢州司马柳浑曾弃官隐居山中,此山因此名“柳山”。书院绝句为宋名道白玉蟾题写,2010 年,被录入江西“百大新发现”名单。

吴城码头遗址:位于永修县吴城镇修河东岸,由长条红砂石块垒砌而成。码头通道宽约 2.5 米,有台阶可达江岸。

姑塘码头遗址:位于庐山区姑塘镇沿鄱阳湖一线,计有码头 10 余个,全为大小不一的鹅卵石垒筑而成。大码头宽约 5~6 米,小码头宽约 2~3 米,码头附近裸露有大量瓷片瓦砾。2004 年,被公布为市文物保护单位。

梧桐岭古商道遗址:位于湖口县梧桐岭经殷山水库至水车港,计有 4.5 千米。该遗址是安徽茶叶、棉花等产品运往九江之通道。商道始于唐代,明清最为繁荣。遗址商道为石砌,并有凉亭、酒店、馆舍等遗存及“吴楚通衢”碑刻。

芦峰岭古商道遗址:位于彭泽县上十岭垦殖场芦峰岭。路面宽约 1 米,由石块顺山沟沿水流方向铺垫而成。清乾隆间,该山路是连接赣皖商贸流通主要商道。道旁丘陵垄设有“六邑公馆”(后称“六音堂”),专事处理调解东至、宿松、望江、怀宁、潜山与彭泽 6 县边贸、民事和经济纠纷。

**古墓葬**　陶母湛氏墓:位于都昌县城南西向 2.5 千米西山西河村赵家墓山。墓坐北朝南,封土堆存 0.5 米,直径约 2 米。陶母湛氏(243~318)新淦县(今新干县)人,东晋政治家、军事家陶侃之母,与孟母、岳母齐名。

江万九墓:位于都昌县阳峰乡龙山社区下南洲村。墓坐东北向西南,占地面积 17.5 平方米,封土堆高 1.5 米。江万九(1196~1271),系南宋丞相江万里大哥。在理宗朝以乡贡补太学教授。

江万里墓:位于都昌县土塘镇港东村沙石湾白石山西麓。墓坐东朝西,周围为拳椅形,墓冢呈圆形,直径为 8 米,墓前为半圆形平坦地,视野开阔,占地面积 50 平方米。2004 年,公布为都昌县文物保护单位。

黄俊伯黄询谋父子合葬墓:位于都昌县春桥乡凤山村彭井舍村背后山。墓冢为锅状,坐西北向东南,原为花岗岩石盘结成鸡公顶,现为混凝土结构,墓高 4 米,直径 11 米,分布面积 110 平方米。墓碑为 1999 年重立。黄俊伯,江夏人,五代周显德年间官至比部郎中。子黄询谋,北宋乾德元年(963)进士,官至左司郎中。2人系入赣黄氏始祖,五代末避祸都昌沙港。

*禅师明十墓*:位于德安县吴山乡红桥村9组西南0.5千米,墓、塔整体通长9米、宽5米。墓、塔坐北面南,为一覆钵式佛塔。佛塔由顶、身、基3部分组成,塔底座直径3.2、高约4米,塔顶为莲花状。明十墓在"文化大革命"期间被毁,后为尚光等僧人重修。2010年,被录入江西"百大新发现"名单。

**历代摩崖石刻** *海会寺石刻*:第三次全省文物普查发现(详见省保单位简介)。

*岳氏名园摩崖石刻*:位于庐山区赛阳镇赛阳村二组,105国道入石门涧景区南侧涧溪旁。其地原为岳飞故宅,后人称为岳氏名园。石刻分布在3000平方米范围内,计有石刻5处:"岳氏名园"直排楷书,约40厘米见方,落款为"石门后人安道题。淳祐丁未乙旦日"。"牡丹亭"楷书。"石门蒙井"楷书。"枕流"横排楷书。"漱石"横排楷书。2004年公布为市文物保护单位。

*三叠泉摩崖石刻*:第三次全省文物普查发现(详见省保单位简介)。

*万杉寺石刻*:位于星子县庐山南麓万杉寺。

*简寂观石刻*:位于星子县庐山南麓简寂观。

*卧龙潭石刻*:位于星子县庐山山南卧龙潭附近石壁或潭右侧砥石上。

*谷帘泉石刻*:位于星子县庐山西南康王谷。

*白鹤观石刻*:位于星子县庐山栖贤谷中,白鹤观后山,瀑布水口上。

*凌宵洞石刻*:位于星子县凌霄洞之内外。凌宵洞题记,直刻楷书,面积53×111厘米。

*玉帘泉石刻*:位于星子县庐山山南归宗寺后玉帘泉观附近。"天奇",横排楷书,面积40×80厘米。

*黄岩石刻*:位于星子县秀峰黄岩瀑布附近。

*都昌县大港幸福村石刻*:位于都昌县大港镇红光林场幸福村。"饮马池"位于幸福村下冲村仙人大座山。

*"石破云修"石刻*:位于星子县庐山东南木瓜洞内,横排,双钩楷书,面积23×78厘米。清初石和阳书。

*"云住"石刻*:位于都昌县城西河无花山山顶巨石上。双钩楷书,面积280×250厘米,落款有"正德五年三月吉日,囗囗邵日熙立"2004年公布为都昌县文物保护单位。

*"龙溪之源"石刻*:位于彭泽县杨梓镇龙桥村虎形组大鸣山庙后山石崖上。面积1.8×1.1米,"龙溪之源"4字,直排楷书。上款为"大明嘉靖癸卯仲秋",落款为"宗万高书"。

*"万寿"石刻*:位于星子县栖贤谷万寿寺遗址前崖壁上。横排楷书,面积80×130厘米,落款有"顾贞观书"。

*"欢喜亭"石刻*:位于庐山含鄱口下大道欢喜亭石壁上。直排楷书,面积120×80米,落款为"顾贞观书"。

**古建筑** *下南洲古祠*:位于都昌县阳峰乡龙山社区。清代建筑,坐东朝西,面阔20.8米,进深34米,建筑面积707.2平方米,3进式2天井5开间,穿斗式梁架,硬山顶,天井为红石铺就,中门、前门,用材硕大。屋两侧由红石铺就排水沟,室内雕刻有明代风格。2004年公布为都昌县文物保护单位。

*李贺村古祠*:位于都昌县狮山乡珠岭村李贺自然村。清代建筑,坐西北朝东南,砖木结构,青砖灰瓦,马头墙,面阔19.7米,进深18.5米,建筑面积364.45平方米,宅内雕刻保存完整,图案有戏曲人物、鸟兽花卉。古祠的装饰主要着力于室内空间,特别是上厅梁坊、柱托、撑拱,木雕与建筑构件结合为整体,运用浮雕与阴刻,把花卉鸟兽、吉祥图案、戏文人物表现得淋漓尽致。被录入江西"百大新发现"名单。

*余昭金宅*:位于都昌县芗溪乡黄坡村。清代建筑,坐东朝西,砖木石结构,青砖灰瓦,马头墙,进深19.9米,面阔11.5米。中有天井,红石铺就,素土漫地。室内雕刻,柱撑保存完好,极为精致。天井两边的厢房有青石刻字。2004年公布为都昌县文物保护单位。

*李辉白宅*:位于都昌县多宝乡昭兴村。清代建筑,坐西朝东,砖木结构,穿斗式梁架,硬山顶,进深18.8米,面阔12.2米。中有天井,红石铺就,旁厢房有木刻诗文4首。中堂上方有同治年浮梁县令题"官政初荣"匾,2004年公布为都昌县文物保护单位。

*石树围屋*:位于都昌县汪墩乡大桥村。清代建筑,坐西北朝东南,砖木石结构,青砖灰瓦,硬山顶,马头墙,面阔45.7米,进深58.7米。部分建筑为歇山顶,正门门楼有红石刻戏台人物、动物图案等,门额有

青石刻“渤海垂荫”4字,由5幢大房子组成,天井多为红石铺就。2004年公布为都昌县文物保护单位。

查德杰宅:位于都昌县万户镇东升村。清代建筑,坐西北朝东南,砖木结构,穿斗式木架,青砖灰瓦,马头墙,面阔12米,进深15.6米,中有天井,红石铺就,靠天井两边厢房花窗雕刻保存完整,工艺精湛。2004年公布为都昌县文物保护单位。

叶氏宗祠:位于武宁县石门楼镇银炉村,建于清道光四年(1824)。砖木结构,1进3重。整座建筑以刻有楹联的石柱为支撑,其大梁均采用整木,保存完好。

曾氏宗祠:位于庐山区赛阳镇东林桥头村,建于清嘉庆六年(1801)。砖木结构,祠堂前门建有砖砌歇山式牌楼,整座建筑所用的砖均刻有当年烧造窑工名字,同时还在墙壁上以碑刻嵌入墙体,记载建造祠堂所花费银两和建造年代。保存完整。

万家老屋:位于庐山区新港镇长岭口村长岭度假村东,建于清末民初,为九江海关职员万姓两兄弟所建。坐北朝南,面积约360平方米,土木结构,面阔21.6米,进深14.9米,1进4重3天井,存2个天井。

河桥古民居:位于永修县三溪桥镇河桥村中曹组,明清建筑,面积260平方米,台梁式砖木结构,高约5米,屋内轩敞清爽,中1天井,上下2进,8间厢房,门窗隔扇都镂雕各种空格花纹,隔扇下有各种木雕图案,有人物花鸟,有神话传说,精妙绝伦。

宋家大屋:位于星子县横塘镇和平村东10米。为清康熙二十四年(1686)宋西雅所建。大屋东南向,1进6重,有5个天井。大屋为砖木结构。面阔19.8米,进深70米,总面积1389平方米。木梁列架,青砖黛瓦,硬山顶。房间壁内墙中间有42平方米的大厅。大屋门前搭1门楼,雕以花卉,半节花窗为门。大屋共用木柱336根,莲瓣形柱础。

刘氏宗祠:位于市开发区七里湖街道蛟滩村,由祠堂、万年台(戏台)及池塘组成。祠堂坐东向西,面阔18.3米,进深9.8米,砖木结构,封火山墙,硬山顶,小青瓦。门窗、斜撑均雕有精美、细腻的花鸟图案。戏台坐西向东,面阔11.1米,进深8.8米。该戏台抗战时被毁,后用部分原材料在原址重建。2004年公布为市文物保护单位。

陈家大屋:位于庐山区海会镇长岭村新屋陈村内,建于民国初。面阔11.3米,进深18.8米。为砖木结构,1进3重2天井,有房10间。大屋左右两边有后期添建的土制侧房。

许平甫故宅:位于湖口县大垅乡王斯村许老屋湾村中部。清光绪二十四年(1898)许平甫从大垅牌骆湾购买迁建于此。被录入江西“百大新发现”名单。

黄土岭凉亭:位于彭泽县杨梓镇邻都村大坞组黄土岭以东200米山脊。凉亭为石结构,拱顶,高3.17米,宽约3.94米,深7.7米,亭内两侧设有休息石凳,亭内壁嵌建亭碑记,上刻有“皇明万历十四年秋月谷旦立”字样。凉亭建在鄱阳至彭泽、都昌的明清古商道上,专供过往商客与行人歇脚纳凉、避风挡雨。

千眼桥:第三次全省文物普查发现(详见省保单位简介)。

湾里桥:第三次全省文物普查发现(详见省保单位简介)。

香火桥:第三次全省文物普查发现(详见省保单位简介)。

鲁班桥:又名隔港桥,位于庐山区虞家河乡鲁板村西侧200米处。单孔青砖结构,长14.5米、宽4.8米、高4.9米,桥为南北走向,造型优美、结构严谨、工艺精湛。民间相传为鲁班祖师一夜造成,故名。桥建于明崇祯年,是古代九江驿道上重要桥梁,往东南通往姑塘,往西南可达濂溪墓至石塘铺,往南去星子县城。后因九星公路、濂溪公路相继贯通,古道失去作用,桥也长期闲置,但保存较好,仅桥南有部分坍塌现象。2004年公布为市文物保护单位。

清俸桥:位于庐山区马尾水景区九峰寺西北约200米处,为单孔石拆。清乾隆九年(1744)由九江关监督唐英出资兴建。2004年公布为市文物保护单位。

纱笼桥:位于修水县港口镇纱笼村。横跨五里港,东西走向。建于清同治十年(1871),宽5.4米、长24米、高8米,面积130平方米。保存完好,自古为修水通往湖北省之要道。2010年,被录入江西“百大新发现”名单。

善述桥:位于修水县新湾乡回坑村,为当地富户车音和于清光绪二十九年(1903)建。桥横跨回溪,东西走向,长30米、宽5米、高4.5米。桥为石墩木梁,有4个青石桥墩,墩上安放木梁,上平铺木板,桥面建有木结构小青瓦顶长廊,两侧有木栅栏和简易木凳。10根木柱支撑4.5米的盖瓦屋顶,顶梁墨书造桥年号。桥头门楼墙面上镶嵌1通《善述桥序》碑,记述修桥经过。墙上还有印有“光绪癸巳车音和记”铭文砖。

梁公堤:位于瑞昌市码头镇。西起码头镇金丝港尾下匡口,东至朱湖火炉山,全长5.6千米,顶宽8米,堤高26米。始建于明代万历五年(1577),至六年(1578)告成,因堤为时任瑞昌县知事梁尚忠倡修,后人称“梁公堤”。是瑞昌历史最早的水利设施,为长江岸古堤。

王家垅门楼:位于都昌县大树乡大埠村。清代建筑,坐西北向东南,面阔5.15米,厚度1.35米,高6米,6柱5门,砖石结构。门楣刻有“礼义承家”4字,并刻有龙、鸟、凤等吉祥图案。

夏家山门楼:位于都昌县北山乡夏家山村。清代建筑,坐西北朝东南,砖木石结构,6柱5门,面阔7.1米,高5.7米。门楣刻有“岐阳遗泽”4字,并刻双龙抢珠及花卉、动物等图案。

三房桥戴氏门楼:位于永修县滩溪镇三房村戴家组,建于明代隆庆年间,整体结构为麻石、青石、红石砌成,分内外两层,面阔23.68米,进深1米,通高4.3米。

万氏贞节坊:位于永修县吴城镇大同村,建于清代乾隆年间,面阔14米,进深1.5米,通高6.8米。整体结构为麻石、青石制,上有乾隆御笔“旌表节考太学生叶公瑞亭之媳儒童叶殿池之妻万公年颂之侄女生员中立公之女”“节凛冰霜”“旌表节考太学儒叶殿池之妻万氏坊”等字迹。

胡氏百岁牌坊:位于永修县江上乡新基村,建于清乾隆四十二年(1777)。牌坊麻石结构,4柱3间,坐西朝东。上、下枋间刻有“贞寿之门”“旌表御钦朱添壁之妻胡氏百岁”字样。

余村贞节牌楼:位于都昌县都昌镇矶山村中堡余村。清代道光十年(1830),为表彰余全宝之妻节孝而建。民居倒塌后仅剩牌楼,是都昌唯一保存完好的门楼式贞节牌坊。

**近现代重要史迹及代表性建筑** 波黎公寓:第三次全省文物普查发现(详见省保单位简介)。

鹿岛洋行旧址:位于浔阳区大中路223号,建于20世纪30年代,钢混结构,高3层,面阔6米,进深20.7米。二、三层都有一对小阳台,其造型、装饰吸收了西方建筑元素,颇具中西结合建筑风格。1938年九江沦陷前,国民党励志社曾在此办公。九江沦陷后,日商在此开办洋行。

英亚细亚公寓旧址:位于浔阳区湓浦路14号院内西侧,建于清宣统二年(1910)。旧址坐南朝北,分主楼与附楼,楼高均为2层。主楼面阔20.23米、进深15.8米、高13.4米。为2层砖木结构,4坡顶,红机瓦屋面,屋顶有壁炉烟囱。屋檐有排水管,檐角及窗檐采用水泥砂浆混浇线角。其底层东西立面,由8根墙砖砌筑的立柱组成过道。附楼在主楼南侧,砖混结构。面阔23.15米、进深4.5米、高6.55米。平顶有晒台,四周有护栏。主附楼间距约2米,2楼与顶层天台有楼梯相连。被录入江西“百大新发现”名单。

日本领事馆公寓旧址:位于浔阳区湓浦路16号,建于清宣统二年(1910)。公寓楼为2层砖木结构,东西向,占地2100平方米。前为四坡顶,后为双坡顶,建筑装饰吸收西方元素。该公寓为日本领事馆官员及工作人员住所,与东边的日本领事馆连为一体。

忠烈亭:位于浔阳区庐山南路2号(甘棠公园内)。20世纪20年代末为纪念北伐阵亡将士而建。该建筑为方形,钢筋混凝土结构,西式风格。边长5.8米,建设面积31.36平方米。四面各有2根共8根雄壮硕大的爱奥尼柱,其线角、纹饰细腻,做工精细考究。4根粗大的四方立柱承托穹窿亭顶,其建筑造型精美,体积较大,保存完好,具有较高建筑艺术价值。2004年公布为市文物保护单位。

莲花洞休息室:位于莲花洞登庐山古道口处。20世纪30年代,系国民党励志社为民国党政军要人修建的休息室。为3开间双坡顶,砖木结构平房。东面一段毁坏后拆除,西面2间尚存,外观基本保持原貌。山头墙上白底黑字书“休息室”中英文字样清晰可见。因蒋介石上下山多在此逗留,民间称之为“蒋介石休息室”。2004年公布为市文物保护单位。

新四军都昌留守处旧址:位于都昌县大港乡大港街。1938 年 1 月下旬,根据中共东南分局和中共皖浙赣特委指示, 田英率领都湖鄱彭中心县委成员和少数武装人员到大港设立新四军都昌留守处。2 月初,田英以留守处主任身份宴请大港街知名人士吃饭,正式公开亮出“新四军都昌留守处”牌子。国民党反动派于 4 月 5 日制造"大港惨案",将田英等留守处 7 人杀害。旧址为砖木结构硬山顶民居店铺,2004 年公布为都昌县文物保护单位。

日伪九江警察局旧址:位于浔阳区滨江一支路 14 号,为 20 世纪 30 年代建造的仿西式建筑,砖混结构,2 层,东西向,面阔 11.6 米,进深 12.8 米,占地面积 148.48 平方米,上有屋顶窗,水泥粉面,门窗有拱形和线条装饰。抗战时期,日伪“九江警察局”设此。

白云观路 1 号别墅:位于庐山云中别墅区。坐西北朝东南,面阔 16 米,进深 19 米,占地面积 304 平方米。石木结构 1 层,建有架空地洞隔潮层。四坡组合铁皮屋面,主体外墙由石块砌成,而地洞层外墙则由乱石砌成,均为方窗设计。平面大抵呈矩形,正门位于别墅西南面西北端的凸出部分,正门朝向东南面,门前为小型的石制门廊。石制台阶由西南面引入,再由平台处转 90°紧贴墙体入正门。别墅于清光绪三十二年(1907)由常居上海的美国南长老会传教士、医生布拉德鲁建造。2010 年,被录入江西“百大新发现”名单。

但福德医院院长公寓旧址:位于浔阳区甘棠南路 61 号,即市妇幼保健院内,是美以美会开创但福德医院之一部,开创人石美玉为该院院长。楼坐北朝南,砖木结构。面阔 15.6 米,进深 14.7 米,高 3 层,底层为半地下室建筑,总建筑面积为 699 平方米。2004 年公布为市文物保护单位。

邓如琢花园旧址:位于浔阳区庐山南路 150 号,即市一中内。建于民国初年。1926 年直系军阀邓如琢居此。建筑用料考究,墙体厚实,门窗高大,正面为门廊式布局,外貌颇为壮观。2004 年公布为市文物保护单位。

裴敬思别墅旧址:位于浔阳区浔阳东路 86 号(行署大院内)。裴敬思,美国传教士,外科医师,生命活水医院院长。别墅建于 20 世纪 20 年代中后期,坐东向西,砖木结构。外观为青砖墙面,红机瓦,斜坡顶,其顶上设有屋顶窗,底层建有地下室。窗户外层设百叶窗,实用美观,较明显地体现出西方近代建筑风格。2004 年公布为市文物保护单位。

涌兴裕五金店旧址:位于浔阳区大中路 312 号,砖混结构,3 层,南北向,面阔 10.6 米,进深 17.1 米,占地面积 181 平方米。西方柱式装饰,三楼正中墙面饰有人物浮雕,建筑风格独特,是现存较好的老商号。涌兴裕五金店是民国初由镇江一回民开设,由名商金浩如任经理,主要经营五金颜料。

王麻子剪刀店旧址:位于浔阳区大中路 330 号,砖木结构,楼高 3 层,坐北朝南,面阔 5 米,进深 12.56 米。店面一层上方有方框牌匾,三楼门前有小吊楼,建筑整体保存基本完好。

鼎昌南北杂货店旧址:位于浔阳区大中路 125 号,建于 20 世纪 30 年代,为砖木结构,3 层南北向,面阔 5.8 米、进深 19 米,占地面积 110.2 平方米。二楼、三楼临街面窗外框饰有线条,两边留有“南北杂货”等老店字样,是 20 世纪九江店铺建筑的代表。

上海银行旧址:位于浔阳区大中路 296~300 号,建于 20 世纪 20 年代末,坐北朝南,砖木结构,4 坡顶,计 4 层,面阔 14.4 米,进深 22.8 米,门窗及檐线带有明显的西方建筑装饰元素。室内天井回廊、围栏的纹饰为中西结合,颇具民国时期建筑特色。1929 年 10 月 1 日,上海商业储蓄银行在此设立分行,称为上海银行九江分行。

庆益祥绸布店旧址:位于浔阳区大中路 437 号,建于 1928 年,坐南朝北,砖木结构,3 层,面阔 11.6 米、进深 12 米。临街面二、三楼有木方窗。

天宝银楼旧址:位于浔阳区大中路 236~238 号,建于 20 世纪 30 年代,砖木结构,3 层,面阔 9.8 米、进深 17.25 米。门窗、柱墩装饰丰富精美,体现西方新复古主义建筑风格。

《型报》报社旧址:位于浔阳区大中路664号市民政局招待所院内的开智幼儿园,建于20世20年代,砖木结构,2层,面阔12.4米,进深11.8米。屋中间有顶窗,前面左右2间各为5面8角攒尖顶,中有铁栏弧形阳台,下为大门,是一栋造型颇为奇特的西式建筑。曾是北伐时九江农民协会旧址,后为九江《型报》报社。

百人公墓:位于瑞昌市桂林街常丰村黄家村西南,坐东南朝西北,1970年立碑,墓联"不忘民族恨,牢记血泪仇"。1938年农历十一月初五日,侵华日军包围常丰村黄家及永积村张家村庄,将188人驱赶至河边狗脚湾,用稻草、汽油焚烧。常丰村在此建立公墓警示后人。

九江县日军大屠杀遗址:含陶家垄殉难者合墓、曹家垄白骨坑、陈家墩白骨坑、戴山村殉难者合墓等。第三次全国文物普查结束后,被录入江西"百大新发现"名单。陶家垄殉难者合墓位于九江县岷山乡大塘村六组陶家垅屋场背后山脚,碑宽1.7米,高1米,墓直径4米,封土高1.5米,墓碑用青砖砌成框墙,呈三角形,总高2.7米,内嵌青石碑,中刻"民国上寿故众陶公陶母等人之坟墓。"遇难者均死难于1938年农历七月十五日,上款刻死难者名单计46人。落款刻立碑人名、日期等。曹家垄白骨坑位于沙河经济开发区冷水村曹家垅后70米,坑圆形,直径4米,为抗战时被日军屠杀的曹家垅死难者合葬地,西北立有殉难碑记,记录侵华日军残忍杀害村民68人、杀绝13户历史。陈家墩白骨坑位于沙河经济技术开发区兰桥村8组陈是森家左侧、陈是银家右侧前,坑宽4米、进深5米,葬有73名惨死在侵华日军屠刀下无辜百姓尸骨。戴山村殉难者合墓位于涌泉乡戴山村龙金寺山,墓坐东北向西南,茔地宽3米、进4米,封土高1米,碑高1.5米,宽1.2米。立于1941年农历四月初三,葬有惨死在日军枪下的戴山村陈、戴2族52个男性。

## 第二节　文物保护单位

### 一、全国重点文物保护单位

**白鹿洞书院**　位于庐山南麓后屏山,1988年列入全国重点文物保护单位。

**观音桥**　位于庐山南麓栖贤谷,1988年列入全国重点文物保护单位。

**铜岭铜矿遗址**　位于瑞昌市北10千米夏畈乡铜岭山,总面积约2平方千米,为商周时采矿遗址。分别有采矿区、选矿区、冶炼区和矿工生活区。在2000平方米的发掘范围内共揭露出竖井103口,巷道19条,露采坑7处,工棚5处,选矿场1处,出土各种生产、生活用具468件,是古矿冶遗址中获取文物最多的一个点。既有地下开采的井巷遗迹,又保存露天采矿和选矿遗迹,古代矿渣堆积如山。在山坡的原始地表层,揭露出布局合理的工棚、选矿槽、尾沙池、槽坑、储水井等。再现数千年前露天采矿的真实情况。所发现的竖井、巷道均用木材支护,为世界所见最早使用者。遗址出土文物有斧、凿、锹、铲、辘轳、溜槽等生产工具。生活用具多为陶器,其中陶鬲口径42厘米,高46厘米,其容量之大,为全省出土古代炊具之冠。被考古界评价为"国内开采年代最早、保存最完整、内涵最丰富"的铜矿遗址,1991年,被评为全国十大考古新发现之一,2000年,被列为全国重点文物保护单位,2006年,被列入中国世界遗产预备名单。

**云居山塔林**　位于永修县云居山方圆近300平方米范围内,有唐宋以来僧塔91座,是全国佛教名山中保存僧塔数量最多的一处。其中唐、宋僧塔,均为麻石结构,造型精美,有历史和工艺价值,2006年公布为全国重点文物保护单位。

**秀峰摩崖石刻群**　位于星子县西北16千米的庐山鹤鸣峰下的秀峰寺内。摩崖石刻跨越时间长,密度大,数量多,价值高。有宋代黄庭坚的"七佛偈"、朱熹的"源头活水"、米芾的"第一山""青玉峡"等。宋代南康军守李亦的篆体"龙"字,字大3米见方。元丞相剌不花书八思巴文的"虎"字,刻于"龙"字对面的石壁上。"虎"字之大,仅次于"龙"字。石刻群有很高的历史、文化、书法研究价值。2006年,被列为全国重点文物保护单位。

**美孚洋行旧址** 含美孚洋行油库、美孚洋行油库办公楼、亚细亚洋行油库办公楼等建筑物，2006年列为全国重点文物保护单位。美孚洋行旧址位于市滨江路28号，创建于清宣统二年（1910），为美孚公司在九江设立的分公司。旧址主楼为钢筋混凝土结构，高12米，共2层。主楼门前排列有6根巨大的石柱，两侧各有2根方柱，柱头均饰螺旋花纹，造型颇为壮观。主楼后为一排砖木结构的小楼房，为洋行职员所居宿舍。美孚油库旧址位于市滨江路77号，创建于清宣统二年（1910），为美孚洋行设在九江金鸡坡油料储存仓库。钢混结构，东西向，面阔25.15米，进深61.25米，建筑面积1540.44平方米。四面均开一铁门，东面为主门，南北墙上各开4个离地面约2米高小窗。库内纵向建有14根立柱，承接大跨度屋架，库内通风性能良好。旧址原为双坡顶，2003年底维修时改为平面顶。该油库建筑恢宏，容量大，是现存最大的近代工业仓库。美孚油库办公楼旧址（公布时称美孚别墅旧址）位于市滨江路77号，为美孚洋行金鸡坡油库办公楼。坐西向东，楼高2层，分主、附楼。主楼面阔15.84米，进深12.57米，高9米；附楼坐南朝北，面阔9.69米，进深4.3米。该楼建筑外墙为水刷石装饰，四坡顶，红机瓦，室内楼梯、地板均为木构，厅内设2个精美壁炉。亚细亚油库办公楼旧址（公布时称美孚油库办公楼旧址）位于市滨江路77号，为英亚细亚洋行设金鸡坡油库办公楼旧址。该旧址分两次建成，南面建于清宣统二年（1910），北面建于1918年。楼正门自南至北分别在第四和第八个拱券上刻有“1910”“1918”纪年铭文。为3层砖混结构，东西向，面阔24.2米，进深14.6米，高10.2米，建筑面积816平方米，红砖墙面，四坡顶，红机瓦。楼筑在3米台基上，底层为半地下室建筑，其立面由9根红砖砌筑的立柱支撑上部拱券，组成四周回廊，具有一定韵律感。

**庐山会议旧址** 原名“庐山大礼堂”，在牯岭西南五里许的掷笔峰前河西路504号。由高观四设计，上海“华中公司”承建。系2层石木结构建筑，占地面积830平方米，呈“T”形，长39.7米，宽30.9米，高16.8米，总面积2554平方米。是典型中西合璧宫殿式山地建筑。20世纪30~40年代，系庐山3大建筑之一，蒋介石曾在此多次演讲和进行军事集训。新中国成立后，更名“庐山人民剧院”。1959年中共八届八中全会、1961年中共中央工作会和1970年中共九届二中全会在此召开。1985年正式对外开放，是庐山爱国主义教育和革命传统教育重要场所。1996年列为全国重点文物保护单位。

**庐山大厦** 位于庐山牯岭掷笔峰下，背依猴子岭，东朝长冲河，顺坡而建。主体占地面积约1860平方米。原为国民党中央党校“传习学舍”、军官训练团旧址，1936年建。其风格主调是西式的，但又揉进民族建筑符号。门前为四坡长而宽的台阶，主立面为纪念碑式造型，主立面的基座高1.65米，中部收束，类似佛教建筑的“须弥座”。大厦内部分前4层部分和后3层部分。前部中间原有盖以明瓦天井，各层以此矩形天井设内走廊，房间左右对称排列。各层天井中有钢丝网，以防杂物及人跌下底层。后部3层，原设有会场、厕所。两侧仍为房间。二楼左右设有大门，通向南北台阶，便于出入。它的前部各层原有2套高级房间，供国民党中枢要人休息。1937年7月16日至8月1日，蒋介石在此召开庐山谈话会。1938年5月下旬，宋美龄在此召集全国妇女抗战座谈会，中共代表邓颖超应邀出席。1946年改为“庐山大厦”。新中国成立后，出席中共中央3次庐山会议多数代表下榻于此。1996年，列为全国重点文物保护单位。

**美庐别墅** 位于牯岭河东路180号。为英国医生巴蕾1922年所建，1930年赠给蒋介石夫妇。蒋介石将其命为“美庐”。别墅建筑面积996平方米，由2层主楼和1层附楼组成，呈英国拱券建筑风格，端庄典雅。庭院面积4928平方米，石墙相围，流水淙淙，松枝繁茂，凌霄花爬满墙壁。院中一天然卧石上，刻着蒋介石手书“美庐”2字和“虎年中正四月题”一行小字。20世纪30~40年代，蒋介石在这里召见要员，举行会议，接见外国使节，接受递呈国书等。1937年，周恩来率中共代表团2次在这里与蒋谈判，为促成第二次国共合作奠定基础。新中国成立后，毛泽东3次上庐山，有2次（1959年、1961年）下榻美庐别墅。并在楼上会客室主持召开中共中央政治局常委会议。1996年，列为全国重点文物保护单位。

**124号别墅** 位于牯岭东谷柏树路124号,1919年由俄国亚洲银行建造,为石木结构,“T”字形双坡顶,铁皮瓦,高2层,建筑面积559平方米。1927年由国民党省政府主席朱培德购买,作为私家别墅。1959年、1961年中共中央2次庐山会议时,国家主席刘少奇下榻于此。国务院副总理陈毅也曾寓此。1996年列为全国重点文物保护单位。

**442号别墅** 位于牯岭东谷长冲河西岸442号,1919年由美国传教士歇尔曼建造,为石木结构,四坡顶,面阔13米,进深28.8米,建筑面积397平方米。20世纪30年代为英国亚细亚石油公司“大班”德国人吴本馥购得。1946年7至9月,美国特使马歇尔8上庐山为国共和谈斡旋调停,均居于此。1961年中共中央工作会议期间,国务院总理周恩来及夫人邓颖超下榻于此。1990年辟为“周恩来纪念馆”。1996年列为全国重点文物保护单位。

**176号别墅** 位于牯岭东谷长冲河东岸176号,清光绪二十四年(1896)由美国驻汉口圣公会建造。该建筑平面呈矩形,石木结构,双坡顶。敞开式外走廊,左右分流式台阶,别墅原名为“美国圣公会海外教会居地”。1946~1948年为国民党励志社所有,主要用以接待外国大使及国民党中枢要人。1959年中共八届八中全会期间,国务院副总理兼国防部长彭德怀下榻于此,其间起草“万言书”。中央书记处书记、解放军总参谋长黄克诚同时也寓于此。1996年列为全国重点文物保护单位。

**359号别墅** 位于牯岭东谷中八路359号,清光绪二十八年(1902)由美国基督教会“北长老会”传教士威廉姆斯·约翰·伊莱亚斯建造,石木结构,坡顶铁皮瓦,主楼2层有敞开式外走廊,造型颇为独特,建筑面积856平方米,1932由省政府主席熊式辉购得,蒋介石曾多次在此召开会议。1959年、1961年中共中央2次会议期间,全国人大常委会委员长朱德下榻于此。1970年中共中央九届二中全会期间,陈伯达寓居于此。1996年列为全国重点文物保护单位。

**175号别墅** 位于河东路与将军河交汇处,124号别墅南侧。别墅背依大月山,面向将军河,南侧为176号别墅。1米高乱石围墙护院,院内植有多株珍贵植物。清光绪二十三年(1897)建造,原来为2层。1924年美国传教士杜克尔购得。1946年售给国民党励志社,同年美国大使司徒雷登居此。1970年别墅进行维修改造,成为1层。同年中共九届二中全会时,毛泽东下榻于此。别墅原为欧洲典型的古堡式建筑格调,平面不规则布局,四坡带折叠式铁瓦屋面。虽经改造,但主体样式、风格特点仍然较为明显。2001年列为全国重点文物保护单位。

**工农革命军第一军第一师师部旧址** 位于修水县城凤凰山路,名冷家祠,原为修水商会钱业会馆,占地面积1200平方米,建筑面积350平方米,坐北朝南,1进2重,分别为1幢砖木结构平房和1幢混凝土2层楼房,麻石门框,小青瓦屋面,四水归内,中有天井。1927年8月7日,中共中央决定在湘鄂赣边组织秋收起义。12日,由共产党员卢德铭任团长的国民革命军第四集团军第二方面军总指挥部警卫团和湖南平江工农义勇军攻克修水县城。当月下旬,与湖南浏阳和湖北崇阳、通城的农民自卫军在修水山口统编为工农革命军第一军第一师,师部驻在县城冷家祠。何长工等人奉命设制工农革命军第一军第一师军旗。9月9日,秋收起义第一枪在修水打响,以镰刀斧头为标志的红旗从此诞生。该旧址上堂前为工农革命军第一面军旗设计、制作的地方,左右房间为师长、副师长办公与居住。下堂前左、右各2间房,为师部参谋、副官、军要、机械、医务、被服、管理、军医8个办公室。天井为青石铺砌,两侧厢房为警卫战士陈士榘、韩伟值班室。2006年列为全国重点文物保护单位。

## 二、省级文物保护单位

1991年前批准34处,2000年批准8处,2006年批准16处。至2010年,全市有省级文物保护单位58处。

## 2010 年全市省级文物保护单位一览

表 57-4-1

| 名 称 | 年 代 | 类 型 | 地 址 | 公布年份 |
| --- | --- | --- | --- | --- |
| 真如寺及历代僧塔 | 唐 | 古建筑 | 永修县云居山 | 1957 |
| 西林寺塔 | 唐 | 古建筑 | 庐山西北麓 | 1957 |
| 大胜塔 | 宋 | 古建筑 | 市区能仁寺 | 1957 |
| 陶渊明墓 | 晋 | 古墓葬 | 庐山西南面阳山 | 1959 |
| 黄庭坚墓 | 北宋 | 古墓葬 | 修水县杭口乡 | 1959 |
| 岳母姚太夫人墓 | 南宋 | 古墓葬 | 九江县 | 1959 |
| 岳妻李氏夫人墓 | 南宋 | 古墓葬 | 九江县 | 1959 |
| 石钟山石刻 | 宋~民国 | 石 刻 | 湖口县石钟山 | 1959 |
| 南山崖石刻 | 宋~明 | 石 刻 | 修水县城 | 1959 |
| 东林寺 | 晋 | 古建筑 | 庐山西北麓 | 1959 |
| 赐经亭 | 明 | 古建筑 | 庐山黄龙寺后 | 1959 |
| 山背遗址 | 商 | 古遗址 | 修水县上奉乡 | 1987 |
| 神墩遗址 | 新石器 | 古遗址 | 九江县新合乡 | 1987 |
| 石灰山遗址 | 商 | 古遗址 | 德安具聂桥乡 | 1987 |
| 寻阳城址 | 汉 | 古遗址 | 九江市八里湖 | 1987 |
| 鄡阳城址 | 汉 | 古遗址 | 都昌具周溪镇 | 1987 |
| 一见心寒墓 | 民国 | 近现代重要史迹及代表性建筑 | 星子县温泉镇 | 1987 |
| 仙人洞摩崖石刻 | 宋~民国 | 石 刻 | 庐山仙人洞 | 1987 |
| 九十九盘摩崖石刻 | 明 | 石 刻 | 庐山九十九盘御道 | 1987 |
| 醉石摩崖石刻 | 宋~明 | 石 刻 | 星子县温泉镇 | 1987 |
| 黄龙寺摩崖石刻 | 明~民国 | 石 刻 | 庐山黄龙寺 | 1987 |
| 灵源摩崖石刻 | 宋~明 | 石 刻 | 修水县黄龙山 | 1987 |
| 锁江楼塔 |  | 古建筑 | 市区沿江路 | 1987 |
| 恭乾禅师塔 | 明 | 古建筑 | 庐山金竹坪 | 1987 |
| 御碑亭 | 明 | 古建筑 | 庐山仙人洞 | 1987 |
| 陶靖节祠 | 明 | 古建筑 | 九江县沙河蔡家洼 | 1987 |
| 玉涧桥 | 宋 | 古建筑 | 星子县白鹿镇 | 1987 |
| 九江海关姑塘分关 | 清 | 古建筑 | 庐山区姑塘镇 | 1987 |
| 日本领事馆旧址 | 民国 | 近现代重要史迹及代表性建筑 | 浔阳区湓浦路 12 号 | 1987 |
| 国民革命军第二十四师叶挺指挥部旧址 | 民国 | 近现代重要史迹及代表性建筑 | 浔阳区东门口路 18 号 | 1987 |

续表 57-4-1

| 名称 | 年代 | 类型 | 地址 | 公布年份 |
|---|---|---|---|---|
| 国民革命军第二十五师参加南昌起义出发地——马回岭火车站 | 民国 | 近现代重要史迹及代表性建筑 | 九江县马回岭 | 1987 |
| 马当炮台遗址 | 清 | 近现代重要史迹及代表性建筑 | 彭泽县马当镇 | 1987 |
| 李烈钧墓 | 民国 | 古墓葬 | 武宁县豫宁公园 | 2000 |
| 烟水亭 | 北宋 | 古建筑 | 浔阳区甘棠湖 | 2000 |
| 南康府谯楼 | 明 | 古建筑 | 星子县城 | 2000 |
| 石钟山古建筑 | 清 | 古建筑 | 湖口县石钟山 | 2000 |
| 同文书院和儒励女中教课楼旧址 | 清 | 近现代重要史迹及代表性建筑 | 市第二中学 | 2000 |
| 庐山中四路 286 号别墅 | 清 | 古建筑 | 庐山牯岭东谷 | 2000 |
| 松门别墅 | 民国 | 古建筑 | 庐山河南路 602 号 | 2000 |
| 万家岭战役遗址 | 民国 | 近现代重要史迹 | 德安县磨溪乡南田村 | 2000 |
| 周敦颐墓 | 北宋 | 古墓葬 | 庐山区莲花镇 | 2006 |
| 高善继墓 | 清 | 古墓葬 | 彭泽县黄花镇 | 2006 |
| 三叠泉摩崖石刻 | 宋~清 | 石　刻 | 庐山三叠泉景区 | 2006 |
| 海会寺石刻 | 唐~清 | 石　刻 | 庐山区莲花镇龙门沟 | 2006 |
| 黄岭大圣塔 | 唐 | 古建筑 | 彭泽县黄岭乡黄岭村 | 2006 |
| 陈宝箴、陈三立父子故居 | 清 | 近现代重要史迹及代表性建筑 | 修水县义宁镇桃里村 | 2006 |
| 吴城吉安会馆 | 清 | 古建筑 | 永修县吴城镇 | 2006 |
| 千眼桥 | 明 | 古建筑 | 都昌县多宝乡 | 2006 |
| 湾里桥 | 南宋 | 古建筑 | 修水县黄港镇 | 2006 |
| 香火桥 | 北宋 | 古建筑 | 修水县渣津镇 | 2006 |
| 罗汉桥 | 宋 | 古建筑 | 德安县蒲亭镇桂林村 | 2006 |
| 茅湾碾米作坊遗址 | 清 | 古建筑 | 彭泽县马当镇茅湾村 | 2006 |
| 日本台湾银行旧址 | 民国 | 近现代重要史迹及代表性建筑 | 浔阳区滨江路 85 号 | 2006 |
| 生命活水医院住院部旧址 | 民国 | 近现代重要史迹及代表性建筑 | 浔阳区塔岭南路 48 号 | 2006 |
| 波黎公寓 | 清 | 近现代重要史迹及代表性建筑 | 庐山区莲花洞 | 2006 |
| 上衫中共湘鄂赣省委、省苏维埃政府旧址 | 民国 | 近现代重要史迹及代表性建筑 | 修水县上衫乡 | 2006 |

## 三、市县级文物保护单位

至 2010 年,全市有市县级文物保护单位 314 处。其中市级文物保护单位 42 处;瑞昌市级文物保护单位 9 处;庐山风景名胜区局级文物保护单位 37 处;修水县级文物保护单位 40 处;武宁县级文物保护单位15处;永修县级文物保护单位25处;德安县级文物保护单位16处;九江县级文物保护单位12处;都昌县级文物保护单位37处;星子县级文物保护单位27处;彭泽县级文物保护单位19处;湖口县级文物保护单位35处。

## 2010年市级文物保护单位一览

表57-4-2

| 名 称 | 年 代 | 类 型 | 地 址 |
| --- | --- | --- | --- |
| 九江修道院旧址 | 1937年 | 近现代重要史迹及代表性建筑 | 浔阳区庚亮南路1号 |
| 东作门 | 明代 | 古遗址 | 浔阳区东门口路18号 |
| 但福德医院院长公寓旧址 | 清代 | 近现代重要史迹及代表性建筑 | 浔阳区甘棠南路61号 |
| 天主堂 | 清代 | 近现代重要史迹及代表性建筑 | 浔阳区庚亮南路43号 |
| 邓如琢花园旧址 | 近代 | 近现代重要史迹及代表性建筑 | 浔阳区庐山南路150号 |
| 广济桥 | 清代 | 古建筑 | 庐山区赛阳镇 |
| 铁佛寺 | 清代 | 古建筑 | 庐山区莲花镇 |
| 黄为基墓 | 1919年 | 近现代重要史迹及代表性建筑 | 市贺家山陵园 |
| 梅家洲太平军炮台遗址 | 清代 | 古遗址 | 庐山区新港镇梅家洲 |
| 莲花洞天主堂医院旧址 | 近代 | 近现代重要史迹及代表性建筑 | 庐山区莲花洞森林公园 |
| 海会寺(含庐山军官教导团旧址、普超墓) | 近代 | 古建筑 | 庐山海会寺旁 |
| 李拙翁墓 | 1946年 | 近现代重要史迹及代表性建筑 | 庐山区赛阳镇东林村 |
| 徐宝璜墓 | 民国 | 近现代重要史迹及代表性建筑 | 庐山区虞家河乡鲁板村 |
| 俞氏山庄墓碑 | 民国 | 石窟寺及石刻 | 庐山区十里街道黄土岭村 |
| 清俸桥 | 清代 | 古建筑 | 庐山区马尾水九峰寺旁 |
| 鲁班桥 | 明代 | 古建筑 | 庐山区虞家河乡鲁班村 |
| 莲花洞休息室 | 近代 | 近现代重要史迹及代表性建筑 | 庐山区莲花镇莲花洞 |
| 石门涧摩崖石刻 | 明至现代 | 石窟寺及石刻 | 庐山区赛阳镇石门涧 |
| 马祖山石刻 | 明至清 | 石窟寺及石刻 | 庐山区威家镇马祖山 |
| 岳氏名园摩崖石刻 | 南宋 | 石窟寺及石刻 | 庐山区赛阳镇赛阳村 |
| 大安和尚塔记碑 | 明代 | 石窟寺及石刻 | 庐山区莲花洞森林公园 |
| 刘氏宗祠 | 明代 | 古建筑 | 浔阳区七里湖街道蛟滩村 |
| 能仁寺 | 清代 | 古建筑 | 浔阳区庚亮南路168号 |
| 揖庐亭 | 清代 | 近现代重要史迹及代表性建筑 | 浔阳区延支山 |
| 天花宫 | 清代 | 古建筑 | 浔阳区甘棠湖南端 |
| 太古洋行旧址 | 近代 | 近现代重要史迹及代表性建筑 | 浔阳区滨江路37号 |
| 浪井 | 西汉 | 古建筑 | 浔阳区滨江路信华广场 |
| 忠烈亭 | 近代 | 近现代重要史迹及代表性建筑 | 浔阳区庐山南路2号 |
| 裴敬思别墅旧址 | 近代 | 近现代重要史迹及代表性建筑 | 浔阳区浔阳东路86号 |
| 天池塔 | 近代 | 古建筑 | 庐山天池寺 |
| 法国学堂 | 近代 | 近现代重要史迹及代表性建筑 | 庐山仰天坪路5号 |
| 天主教堂 | 近代 | 近现代重要史迹及代表性建筑 | 庐山香山路13号 |

续表 57-4-2

| 名 称 | 年 代 | 类 型 | 地 址 |
|---|---|---|---|
| 毛泽东旧居 | 现代 | 近现代重要史迹及代表性建筑 | 庐山芦林1号 |
| 松树路摩崖石刻 | 近代 | 石窟寺及石刻 | 庐山松树路 |
| 花径摩崖石刻 | 近代 | 石窟寺及石刻 | 庐山花径公园 |
| 女儿城摩崖石刻 | 近代 | 石窟寺及石刻 | 庐山女儿城 |
| 五老峰摩崖石刻 | 清至近代 | 石窟寺及石刻 | 庐山五老峰 |
| 王家坡摩崖石刻 | 近代 | 石窟寺及石刻 | 庐山碧龙潭 |
| 青莲谷、三叠泉摩崖石刻 | 清代 | 石窟寺及石刻 | 庐山青莲谷 |
| 汉阳峰摩崖石刻 | 清至近代 | 石窟寺及石刻 | 庐山汉阳峰 |
| 静观亭摩崖石刻 | 近代 | 石窟寺及石刻 | 庐山铁船峰 |
| 仰天坪摩崖石刻 | 明代 | 石窟寺及石刻 | 庐山仰天坪 |

## 第三节 馆藏文物

至2010年,全市各级博物馆、纪念馆共保存国家一级文物70件,国家二级文物118件,国家三级文物105件。

**2010年年底全市馆藏国家级文物一览**

表 57-4-3

| 名 称 | 级 别 | 年 代 | 类 型 | 收藏单位 |
|---|---|---|---|---|
| 纺轮 | 一级 | 商 | 青铜 | 德安县博物馆 |
| 锨 | 一级 | 商 | 木器 | 瑞昌市博物馆 |
| 镳铲 | 一级 | 商 | 木器 | 瑞昌市博物馆 |
| 锨 | 一级 | 商周 | 木器 | 瑞昌市博物馆 |
| 撮瓢 | 一级 | 商周 | 木器 | 瑞昌市博物馆 |
| 铲 | 一级 | 西周 | 木器 | 瑞昌市博物馆 |
| 双耳漩涡纹陶罐 | 一级 | 商周 | 陶器 | 瑞昌市博物馆 |
| 手铲 | 一级 | 春秋 | 木器 | 瑞昌市博物馆 |
| 淘沙木斗 | 一级 | 春秋 | 木器 | 瑞昌市博物馆 |
| 方格纹S形耳原始瓷罐 | 一级 | 春秋 | 瓷器 | 瑞昌市博物馆 |
| 叶脉纹双耳盘口铜鼎 | 一级 | 春秋 | 青铜 | 瑞昌市博物馆 |
| 越窑青瓷四系盂 | 一级 | 西晋 | 瓷器 | 瑞昌市博物馆 |
| “东林寺乞米”铭文陶罐 | 一级 | 东晋 | 陶器 | 市博物馆 |
| 青瓷六系莲瓣纹罐 | 一级 | 南朝 | 瓷器 | 瑞昌市博物馆 |
| 青瓷权 | 一级 | 南朝 | 瓷器 | 陶渊明纪念馆 |
| 越窑青瓷钵 | 一级 | 唐 | 瓷器 | 陶渊明纪念馆 |
| 唐三彩波斯俑 | 一级 | 唐 | 陶俑 | 永修县博物馆 |
| 寿州窑黄釉印花脉枕 | 一级 | 唐 | 瓷器 | 庐山博物馆 |

续表 57-4-3

| 名 称 | 级 别 | 年 代 | 类 型 | 收藏单位 |
|---|---|---|---|---|
| 鎏金铜佛像 | 一级 | 唐 | 铜器 | 都昌县博物馆 |
| 瑞兽葡萄铜镜 | 一级 | 唐 | 铜器 | 彭泽县博物馆 |
| 黄庭坚撰文并书丹王纯中墓志铭石碑 | 一级 | 北宋 | 石碑 | 黄庭坚纪念馆 |
| 鎏金凸花银盘 | 一级 | 宋 | 银器 | 星子县博物馆 |
| 鎏金錾花八棱银碟 | 一级 | 宋 | 银器 | 星子县博物馆 |
| 鎏金錾花如意纹银碗 | 一级 | 宋 | 银器 | 星子县博物馆 |
| 黑釉剪纸贴花四系长颈罐 | 一级 | 南宋 | 瓷器 | 星子县博物馆 |
| 青白粉盒 | 一级 | 宋 | 瓷器 | 德安县博物馆 |
| 宋版《邵尧夫先生诗全集》 | 一级 | 宋 | 书籍 | 星子县博物馆 |
| 绢地彩绘星宿图 | 一级 | 南宋 | 绢画 | 德安县博物馆 |
| 步摇 | 一级 | 南宋 | 金器 | 德安县博物馆 |
| 二郎款变形如意银粉盒 | 一级 | 南宋 | 银器 | 德安县博物馆 |
| 黑木梳 | 一级 | 南宋 | 漆器 | 德安县博物馆 |
| 红木插梳 | 一级 | 南宋 | 漆器 | 德安县博物馆 |
| 灰木插梳 | 一级 | 南宋 | 漆器 | 德安县博物馆 |
| 葵形银奁套盒 | 一级 | 南宋 | 银器 | 德安县博物馆 |
| 莫四郎款菱花银碟 | 一级 | 南宋 | 银器 | 德安县博物馆 |
| 双股金发钗 | 一级 | 南宋 | 金器 | 德安县博物馆 |
| “准拾捌界江州行使”钱牌 | 一级 | 南宋 | 铅牌 | 市博物馆 |
| 磁州窑白地黑花缠枝梅瓶 | 一级 | 南宋 | 瓷器 | 瑞昌市博物馆 |
| 吉州窑“严家记”铭文绿釉芭蕉纹八边形瓷枕 | 一级 | 南宋 | 瓷器 | 彭泽县文物管理所 |
| 吉州窑彩绘花鸟纹瓶 | 一级 | 南宋 | 彩绘瓷 | 市博物馆 |
| 青花牡丹塔盖瓶 | 一级 | 元 | 瓷器 | 市博物馆 |
| 青花八棱玉壶春瓶 | 一级 | 元 | 瓷器 | 德安县博物馆 |
| “江西等处行中省烧钞库印”铜印 | 一级 | 元 | 铜器 | 市博物馆 |
| 天完政权治平三年管军万户府铜印 | 一级 | 元 | 铜器 | 市博物馆 |
| 绢本敕命 | 一级 | 明正德 | 绢 | 市民俗博物馆 |
| 素三彩刻画缠枝莲花盖罐 | 一级 | 明 | 瓷器 | 市博物馆 |
| 胡俨“重建白鹿洞书院记”碑刻 | 一级 | 明正统七年 | 碑刻 | 白鹿洞书院 |
| 娄性丹书“白鹿洞学田记”碑刻 | 一级 | 明弘治十一年 | 碑刻 | 白鹿洞书院 |
| 李梦阳丹书“白鹿洞书院宗儒祠记”碑刻 | 一级 | 明正德六年 | 碑刻 | 白鹿洞书院 |
| 王阳明丹书“修道说、中庸古本、大学古本序、大学古本”碑刻 | 一级 | 明正德十三年 | 碑刻 | 白鹿洞书院 |
| 庐山归宗寺铁塔记铭牌 | 一级 | 明万历四十三年 | 铭牌 | 庐山博物馆 |
| “朱子白鹿洞教条”碑刻 | 一级 | 清乾隆三年 | 碑刻 | 白鹿洞书院 |
| 高巨轮白鹿洞书院考卷 | 一级 | 清光绪 | 书画 | 白鹿洞书院 |

续表 57-4-3

| 名称 | 级别 | 年代 | 类型 | 收藏单位 |
|---|---|---|---|---|
| 李郁苏白鹿洞书院考卷 | 一级 | 清光绪 | 书画 | 白鹿洞书院 |
| 许从龙《五百罗汉图》 | 一级 | 清 | 书画 | 庐山博物馆 |
| 翡翠鹅形佩 | 一级 | 清 | 玉器 | 星子县博物馆 |
| 珊瑚朝珠 | 一级 | 清 | 珊瑚器 | 星子县博物馆 |
| 琥珀朝珠 | 一级 | 清 | 琥珀器 | 星子县博物馆 |
| 翡翠斑指 | 一级 | 清 | 翡翠器 | 星子县博物馆 |
| 翡翠耳坠 | 一级 | 清 | 翡翠器 | 星子县博物馆 |
| “万方雍印”田黄印 | 一级 | 清 | 玉器 | 黄庭坚纪念馆 |
| 陈铭枢赠蒋介石高足银果盘 | 一级 | 民国 | 银器 | 庐山博物馆 |
| 程意亭粉彩山水花鸟屏风 | 一级 | 民国 | 屏风 | 庐山文物陈列室 |
| 修水苏区生产”反对恋爱研究社“款青花盖罐 | 一级 | 民国 | 瓷器 | 秋收起义修水纪念馆 |
| 修水下衫暴动农民朱再清使用的铁剑 | 一级 | 民国 | 铁器 | 秋收起义修水纪念馆 |
| 余贲民铜质望远镜 | 一级 | 民国 | 铜器 | 秋收起义修水纪念馆 |
| 修水县第二区区委“ccp”党旗 | 一级 | 民国 | 布质 | 秋收起义修水纪念馆 |
| 湖南省苏维埃政府"婚姻法"的布告 | 一级 | 民国 | 纸质 | 秋收起义修水纪念馆 |
| 修水苏区生产"工农专政"青花款花鸟纹碗 | 一级 | 民国 | 瓷器 | 秋收起义修水纪念馆 |
| 湘鄂赣省政府颁发的银质"光荣"奖章 | 一级 | 民国 | 银器 | 秋收起义修水纪念馆 |
| 鹿角铲 | 二级 | 新时器时代 | 骨器 | 市博物馆 |
| 穿孔蚌器 | 二级 | 新石器时代 | 石器 | 市博物馆 |
| 鸭形陶埙 | 二级 | 商 | 陶器 | 德安县博物馆 |
| 柳叶形青铜矛 | 二级 | 商 | 青铜 | 德安县博物馆 |
| 六边形圈点兽面纹青铜铙 | 二级 | 商 | 青铜 | 永修县博物馆 |
| 云雷纹青铜铙 | 二级 | 商 | 青铜 | 永修县博物馆 |
| 青铜斧 | 二级 | 西周 | 青铜 | 瑞昌市博物馆 |
| 鸟形玉佩 | 二级 | 西周 | 玉器 | 市博物馆 |
| 青铜凿 | 二级 | 商 | 青铜 | 瑞昌市博物馆 |
| 蟠虺纹三足青铜鼎 | 二级 | 东周 | 青铜 | 瑞昌市博物馆 |
| 玉环 | 二级 | 东周 | 玉器 | 瑞昌市博物馆 |
| 青铜甗 | 二级 | 春秋 | 青铜 | 武宁县博物馆 |
| 单系青铜矛 | 二级 | 春秋 | 青铜 | 市博物馆 |
| 青铜剑 | 二级 | 战国 | 青铜 | 陶渊明纪念馆 |
| 三孔石刀 | 二级 | 战国 | 石器 | 陶渊明纪念馆 |
| 双色青铜剑 | 二级 | 西汉 | 青铜 | 市博物馆 |
| “尹作”铭文神兽镜 | 二级 | 东汉 | 铜器 | 陶渊明纪念馆 |
| 双龙纹铜镜 | 二级 | 东汉 | 铜器 | 市博物馆 |
| “尚方”规矩纹铜镜 | 二级 | 东汉 | 铜器 | 市博物馆 |
| 七乳钉瑞兽纹铜镜 | 二级 | 东汉 | 铜器 | 市博物馆 |

续表 57-4-3

| 名 称 | 级 别 | 年 代 | 类 型 | 收藏单位 |
|---|---|---|---|---|
| 青瓷蛙形水注 | 二级 | 晋 | 瓷器 | 陶渊明纪念馆 |
| 银手镯 | 二级 | 晋 | 银器 | 市博物馆 |
| 半圆方枚神兽纹铜镜 | 二级 | 西晋 | 铜器 | 瑞昌市博物馆 |
| “君宜高官”铭文变形四叶对鸟纹铜镜 | 二级 | 西晋 | 铜器 | 陶渊明纪念馆 |
| 对鸟纹铜镜 | 二级 | 西晋 | 铜器 | 市博物馆 |
| 青瓷六系盖罐 | 二级 | 东晋 | 瓷器 | 陶渊明纪念馆 |
| 龙首青铜鐎斗 | 二级 | 晋 | 青铜 | 市博物馆 |
| 青瓷分格盘 | 二级 | 南朝 | 瓷器 | 永修县博物馆 |
| 青瓷三足砚 | 二级 | 南朝 | 瓷器 | 永修县博物馆 |
| 青瓷托杯 | 二级 | 南朝 | 瓷器 | 永修县博物馆 |
| 青瓷五盅盘 | 二级 | 南朝 | 瓷器 | 永修县博物馆 |
| 青铜钵 | 二级 | 隋 | 青铜 | 市博物馆 |
| 青瓷高足豆 | 二级 | 隋 | 瓷器 | 市博物馆 |
| 青瓷盘口唾壶 | 二级 | 隋 | 瓷器 | 市博物馆 |
| 青瓷镂孔圈足砚 | 二级 | 隋 | 瓷器 | 瑞昌市博物馆 |
| 錾刻鹦鹉花卉纹银粉盒 | 二级 | 唐 | 银器 | 市博物馆 |
| 孔雀鹦鹉双鹊衔绶铜镜 | 二级 | 唐 | 铜器 | 瑞昌市博物馆 |
| 海兽葡萄纹铜镜 | 二级 | 唐 | 铜器 | 武宁县博物馆 |
| 八卦纹亚形铜镜 | 二级 | 唐 | 铜器 | 市博物馆 |
| 鸾凤绶带龙纹葵形铜镜 | 二级 | 唐 | 铜器 | 德安县博物馆 |
| 唐三彩"矮奴"俑 | 二级 | 唐 | 陶俑 | 永修县博物馆 |
| 黄釉四方瓷枕 | 二级 | 唐 | 瓷器 | 武宁县博物馆 |
| 青瓷双系瓜棱罐 | 二级 | 唐 | 瓷器 | 黄庭坚纪念馆 |
| 青瓷钵 | 二级 | 唐 | 瓷器 | 永修县博物馆 |
| 青瓷六系盘口壶 | 二级 | 唐 | 瓷器 | 市博物馆 |
| 白釉碗 | 二级 | 唐 | 瓷器 | 市博物馆 |
| 双凤纹方形镜 | 二级 | 五代 | 铜器 | 市博物馆 |
| 云托月宫纹三足铜镜 | 二级 | 宋 | 铜器 | 市博物馆 |
| 饕餮纹冠耳四足兽面铜炉 | 二级 | 宋 | 铜器 | 陶渊明纪念馆 |
| 饕餮纹兽耳兽面铜方瓶 | 二级 | 宋 | 铜器 | 陶渊明纪念馆 |
| 翻口银碗 | 二级 | 宋 | 银器 | 星子县博物馆 |
| 青白釉点彩钵 | 二级 | 北宋 | 瓷器 | 瑞昌市博物馆 |
| 青白釉“宋”铭高足碗 | 二级 | 北宋 | 瓷器 | 瑞昌市博物馆 |
| 湖田窑青白瓷执壶 | 二级 | 宋 | 瓷器 | 德安县博物馆 |
| 折肩青瓷鉢 | 二级 | 北宋 | 瓷器 | 德安县博物馆 |
| 吉州窑黑釉四系罐 | 二级 | 北宋 | 瓷器 | 市博物馆 |
| 青白釉盘口瓶 | 二级 | 北宋 | 瓷器 | 武宁县博物馆 |

续表 57-4-3

| 名称 | 级别 | 年代 | 类型 | 收藏单位 |
|---|---|---|---|---|
| 青白釉瓜棱执壶 | 二级 | 北宋 | 瓷器 | 市博物馆 |
| 越窑青瓷执壶 | 二级 | 北宋 | 瓷器 | 市博物馆 |
| 青白釉双系盘口瓜棱执壶 | 二级 | 北宋 | 瓷器 | 市博物馆 |
| 白釉八棱执壶 | 二级 | 宋 | 瓷器 | 市博物馆 |
| 素彩仕女俑 | 二级 | 宋 | 陶俑 | 黄庭坚纪念馆 |
| 亚形钱锦纹铜镜 | 二级 | 北宋 | 铜器 | 陶渊明纪念馆 |
| 吉州窑黑釉油滴斑盏 | 二级 | 南宋 | 瓷器 | 陶渊明纪念馆 |
| 吉州窑黑釉盏 | 二级 | 宋 | 瓷器 | 市博物馆 |
| 吉州窑绿釉印花花卉纹罐 | 二级 | 宋 | 瓷器 | 市博物馆 |
| 吉州窑褐釉“卍”字纹罐 | 二级 | 宋 | 瓷器 | 市博物馆 |
| 青白釉剔花折枝梅纹罐 | 二级 | 南宋 | 瓷器 | 瑞昌市博物馆 |
| “江东路造”铜权 | 二级 | 南宋 | 铜器 | 瑞昌市博物馆 |
| 青花“寿”字杯 | 二级 | 元 | 瓷器 | 市博物馆 |
| 卵白釉双辅首带座细颈瓶 | 二级 | 元 | 瓷器 | 市博物馆 |
| 八思巴文铜镜 | 二级 | 元 | 铜器 | 瑞昌市博物馆 |
| 兽面纹铜觚 | 二级 | 元 | 铜器 | 市博物馆 |
| 镂空螭龙玉炉盖钮 | 二级 | 元 | 玉器 | 市博物馆 |
| “辽州之契”白玉印 | 二级 | 明 | 玉器 | 市博物馆 |
| 霁蓝釉堆塑鱼纹盖罐 | 二级 | 明 | 瓷器 | 市博物馆 |
| 夔纹扁足鼎式铜炉 | 二级 | 明 | 铜器 | 市博物馆 |
| 水兵铜像 | 二级 | 清康熙五十九年 | 铜像 | 庐山博物馆 |
| 牙雕木鱼 | 二级 | 清 | 象牙器 | 市博物馆 |
| 翡翠葫芦珠 | 二级 | 清 | 翡翠器 | 星子县博物馆 |
| 翡翠片 | 二级 | 清 | 翡翠器 | 星子县博物馆 |
| 紫水晶坠 | 二级 | 清 | 水晶器 | 星子县博物馆 |
| 浮雕福寿图白玉如意配件 | 二级 | 清 | 玉器 | 市博物馆 |
| 白釉印花盘 | 二级 | 清 | 瓷器 | 市博物馆 |
| 珊瑚红竹叶纹盘 | 二级 | 清 | 珊瑚器 | 市博物馆 |
| 青花五彩花卉博古图罐 | 二级 | 清 | 瓷器 | 市博物馆 |
| 程门浅绛彩山水人物瓶 | 二级 | 清 | 瓷器 | 市博物馆 |
| 仿成化款粉彩开光花鸟纹缸 | 二级 | 清 | 瓷器 | 市博物馆 |
| “文华足金”发簪 | 二级 | 清光绪 | 金饰 | 市博物馆 |
| 翡翠翎管 | 二级 | 清光绪 | 翡翠器 | 市博物馆 |
| 镂雕“马上封侯”竹节式白玉佩 | 二级 | 清 | 玉器 | 市博物馆 |
| 绣花龙纹绸面蟒袍 | 二级 | 清光绪 | 服饰 | 市博物馆 |
| 织花龙纹绸面披肩 | 二级 | 清光绪 | 服饰 | 市博物馆 |

续表 57-4-3

| 名称 | 级别 | 年代 | 类型 | 收藏单位 |
|---|---|---|---|---|
| 织花镶边绸面棉套裤 | 二级 | 清光绪 | 服饰 | 市博物馆 |
| 织花绸面百褶裙 | 二级 | 清光绪 | 服饰 | 市博物馆 |
| 绸面绣花弓鞋 | 二级 | 清光绪 | 服饰 | 市博物馆 |
| 铜八骏 | 二级 | 民国 | 铜器 | 市博物馆 |
| 八大山人鱼雀图 | 二级 | 清 | 书画 | 黄庭坚纪念馆 |
| 曾衍东《乞丐图》立轴 | 二级 | 清 | 书画 | 庐山博物馆 |
| 普超血书《大方广佛华严经卷之卷五》 | 二级 | 清 | 书画 | 庐山博物馆 |
| 陈宝箴家信手迹 | 二级 | 清 | 书画 | 黄庭坚纪念馆 |
| 华昌公司款粉彩金地万花“蒋”字盘 | 二级 | 民国 | 瓷器 | 庐山博物馆 |
| 陈三立书法立轴 | 二级 | 民国 | 书画 | 黄庭坚纪念馆 |
| 陈师曾《作画感成诗》 | 二级 | 民国 | 书画 | 黄庭坚纪念馆 |
| “九江润生源绘”墨彩朱太祖像瓷板 | 二级 | 民国 | 瓷板画 | 市博物馆 |
| 林散之草书立轴 | 二级 | 现代 | 书画 | 市博物馆 |
| 沙孟海行书“雄风犹在”横幅 | 二级 | 现代 | 书画 | 市博物馆 |
| 湖南农协赠给卢森盛铜质奖章 | 二级 | 民国 | 铜器 | 秋收起义纪念馆 |
| 秋收起义部队付给朱菊英制作军旗的劳动费用——铜圆 | 二级 | 民国 | 钱币 | 秋收起义纪念馆 |
| 中共九届二中全会会场悬挂毛主席彩色画像 | 二级 | 现代 | 书画 | 庐山会议纪念馆 |
| 中共九届二中全会会场中央政治局常委乘座藤椅 | 二级 | 现代 | 藤器 | 庐山会议纪念馆 |
| 中共九届二中全会会场用白釉粉彩天竺花带盖茶杯 | 二级 | 现代 | 瓷器 | 庐山会议纪念馆 |
| 中共九届二中全会会场用白釉粉彩方形人物纹烟缸 | 二级 | 现代 | 瓷器 | 庐山会议纪念馆 |
| 1998 年九江抗洪“红军团”签名旗 | 二级 | 现代 | 旗帜 | 市博物馆 |
| 1998 年九江抗洪“英雄硬六连”签名旗 | 二级 | 现代 | 旗帜 | 市博物馆 |
| 1998 年九江抗洪“中国武警 8711 部队一等功团”军旗 | 二级 | 现代 | 旗帜 | 市博物馆 |
| 1998 年九江抗洪沉船堵口焊割枪 | 二级 | 现代 | 工具 | 市博物馆 |
| 1998 年九江抗洪“誓与大堤共存亡”血书 | 二级 | 现代 | 血书 | 市博物馆 |
| 鱼形石坠 | 三级 | 新石器时代晚期 | 石器 | 湖口县博物馆 |
| 木铲 | 三级 | 商 | 木器 | 瑞昌市博物馆 |
| 木槌 | 三级 | 周 | 木器 | 瑞昌市博物馆 |
| 凹底黑陶罐 | 三级 | 商 | 陶器 | 德安县博物馆 |
| 黑衣陶豆 | 三级 | 商 | 陶器 | 德安县博物馆 |
| 石流星 | 三级 | 商 | 石器 | 德安县博物馆 |
| 青铜龙佩饰 | 三级 | 春秋 | 青铜 | 瑞昌市博物馆 |
| 小方格纹陶罈 | 三级 | 战国 | 陶器 | 瑞昌市博物馆 |

续表 57-4-3

| 名称 | 级别 | 年代 | 类型 | 收藏单位 |
|---|---|---|---|---|
| 青铜戈 | 三级 | 战国 | 青铜 | 瑞昌市博物馆 |
| 铜矛 | 三级 | 战国 | 铜器 | 湖口县博物馆 |
| 铜弩机 | 三级 | 东汉 | 铜器 | 黄庭坚纪念馆 |
| 大布黄千货币 | 三级 | 东汉 | 钱币 | 黄庭坚纪念馆 |
| 网格纹双系盘口陶壶 | 三级 | 东汉 | 陶器 | 永修县博物馆 |
| 方格纹双唇罐 | 三级 | 东汉 | 陶器 | 瑞昌市博物馆 |
| 变形四叶兽首镜 | 三级 | 东汉 | 铜器 | 瑞昌市博物馆 |
| 青瓷四系盘口壶 | 三级 | 东汉 | 瓷器 | 瑞昌市博物馆 |
| 青瓷谷仓罐 | 三级 | 西晋 | 瓷器 | 瑞昌市博物馆 |
| 青瓷羊尊 | 三级 | 西晋 | 瓷器 | 瑞昌市博物馆 |
| 青瓷水注 | 三级 | 西晋 | 瓷器 | 瑞昌市博物馆 |
| 青瓷双系扁腹罐 | 三级 | 西晋 | 瓷器 | 瑞昌市博物馆 |
| 青瓷盘口鸡首壶 | 三级 | 东晋 | 瓷器 | 瑞昌市博物馆 |
| 青瓷蓖纹折腹钵 | 三级 | 晋 | 瓷器 | 永修县博物馆 |
| 青瓷四系罐 | 三级 | 晋 | 瓷器 | 永修县博物馆 |
| 猪形滑石 | 三级 | 南朝 | 石器 | 永修县博物馆 |
| 青瓷印花碗 | 三级 | 隋 | 瓷器 | 彭泽县博物馆 |
| 青釉六系堆塑莲花尊 | 三级 | 隋 | 瓷器 | 瑞昌市博物馆 |
| 青瓷磨钵 | 三级 | 隋 | 瓷器 | 黄庭坚纪念馆 |
| 彩绘长方形陶枕 | 三级 | 唐 | 瓷器 | 黄庭坚纪念馆 |
| 长沙窑褐斑盘口执壶 | 三级 | 唐 | 瓷器 | 瑞昌市博物馆 |
| 越窑青瓷碗 | 三级 | 唐 | 瓷器 | 彭泽县博物馆 |
| 青瓷四系弦纹罐 | 三级 | 唐 | 瓷器 | 武宁县博物馆 |
| 唐三彩葫芦形陶壶 | 三级 | 唐 | 陶器 | 德安县博物馆 |
| 酱褐釉高领四系瓶 | 三级 | 唐 | 瓷器 | 瑞昌市博物馆 |
| 青釉六系长颈盘口瓶 | 三级 | 唐 | 瓷器 | 瑞昌市博物馆 |
| 雀绕花枝铜镜 | 三级 | 唐 | 铜器 | 瑞昌市博物馆 |
| 飞凤纹葵形铜镜 | 三级 | 唐 | 铜器 | 武宁县博物馆 |
| 青铜烫斗 | 三级 | 唐 | 青铜 | 瑞昌市博物馆 |
| 青瓷盘口壶 | 三级 | 唐 | 瓷器 | 湖口县博物馆 |
| 唐三彩男侍俑 | 三级 | 唐 | 陶俑 | 永修县博物馆 |
| 唐三彩女侍俑 | 三级 | 唐 | 陶俑 | 永修县博物馆 |
| “都省铜坊倪成”铜镜 | 三级 | 南唐 | 铜器 | 陶渊明纪念馆 |
| 青瓷花口棱腹碗 | 三级 | 南唐 | 瓷器 | 陶渊明纪念馆 |
| 褐釉莲瓣纹钵 | 三级 | 唐 | 瓷器 | 彭泽县博物馆 |
| 团花纹铜镜 | 三级 | 唐 | 铜器 | 黄庭坚纪念馆 |
| 高圈足青瓷碗 | 三级 | 五代 | 瓷器 | 黄庭坚纪念馆 |

续表 57-4-3

| 名 称 | 级 别 | 年 代 | 类 型 | 收藏单位 |
|---|---|---|---|---|
| 青白釉莲花瓣纹碗 | 三级 | 宋 | 瓷器 | 黄庭坚纪念馆 |
| “陈有序置”铭文铜镜 | 三级 | 宋 | 铜器 | 黄庭坚纪念馆 |
| 青白釉点彩瓷枕 | 三级 | 宋 | 瓷器 | 彭泽县博物馆 |
| 青白釉十二生肖堆塑皈依瓶 | 三级 | 宋 | 瓷器 | 武宁县博物馆 |
| 青白釉印花枕 | 三级 | 宋 | 瓷器 | 瑞昌市博物馆 |
| 青白瓷谷仓 | 三级 | 宋 | 瓷器 | 德安县博物馆 |
| 青白釉执壶 | 三级 | 宋 | 瓷器 | 瑞昌市博物馆 |
| 双鱼纹铜镜 | 三级 | 宋 | 铜器 | 瑞昌市博物馆 |
| 牡丹缠枝纹铜镜 | 三级 | 宋 | 铜器 | 德安县博物馆 |
| 镂空“米”字纹青铜香熏炉 | 三级 | 宋 | 青铜 | 德安县博物馆 |
| 抄手石砚 | 三级 | 宋 | 工艺品 | 武宁县博物馆 |
| “江宁府茆家”葵形铜镜 | 三级 | 宋 | 铜器 | 市民俗博物馆 |
| 双耳铁鐎斗 | 三级 | 宋 | 铁器 | 湖口县博物馆 |
| “寿渊记”铭八思巴文铜印 | 三级 | 元 | 铜器 | 瑞昌市博物馆 |
| 鎏金铜佛像 | 三级 | 明 | 铜像 | 都昌县博物馆 |
| 铜香炉 | 三级 | 明 | 铜器 | 武宁县博物馆 |
| 龙虎纹铜镜 | 三级 | 明 | 铜器 | 瑞昌市博物馆 |
| 青花人物钵式瓷炉 | 三级 | 明 | 瓷器 | 市民俗博物馆 |
| 仿钧海棠形瓷洗 | 三级 | 明 | 瓷器 | 彭泽县博物馆 |
| 青花“大明万历十五年”铭文瓷罐 | 三级 | 明 | 瓷器 | 湖口县博物馆 |
| 青花双耳瓷壶 | 三级 | 明 | 瓷器 | 湖口县博物馆 |
| 仿汉四乳规矩纹铭文铜镜 | 三级 | 明 | 铜器 | 都昌县博物馆 |
| 单环铁刀 | 三级 | 明 | 铁器 | 湖口县博物馆 |
| 紫檀荷叶形洗 | 三级 | 明 | 工艺品 | 都昌县博物馆 |
| 描金折扇 | 三级 | 明 | 工艺品 | 彭泽县博物馆 |
| 兽形玉 | 三级 | 明 | 玉器 | 陶渊明纪念馆 |
| 粉彩人物凤尾瓷尊 | 三级 | 清 | 瓷器 | 彭泽县博物馆 |
| 霁蓝描金山水纹水盂 | 三级 | 清 | 瓷器 | 彭泽县博物馆 |
| 兽耳四足方铜鼎 | 三级 | 清 | 铜器 | 彭泽县博物馆 |
| 哥釉铁骨泥盘口瓶 | 三级 | 清 | 瓷器 | 都昌县博物馆 |
| 青花开光扁瓶 | 三级 | 清 | 瓷器 | 都昌县博物馆 |
| 五彩将军罐 | 三级 | 清 | 瓷器 | 都昌县博物馆 |
| 镂空松鹿人物竹雕香熏 | 三级 | 清 | 工艺品 | 都昌县博物馆 |
| 青花花鸟纹花觚 | 三级 | 清 | 瓷器 | 武宁县博物馆 |
| 镂雕石笔筒 | 三级 | 清 | 工艺品 | 武宁县博物馆 |
| 木雕太白醉酒像 | 三级 | 清 | 工艺品 | 武宁县博物馆 |
| 剔红山水人物故事纹漆瓶 | 三级 | 清 | 漆器 | 庐山博物馆 |

续表57-4-3

| 名称 | 级别 | 年代 | 类型 | 收藏单位 |
|---|---|---|---|---|
| “生长济翁故里”铭文田黄印 | 三级 | 清 | 玉器 | 黄庭坚纪念馆 |
| 李鸿宾墓志 | 三级 | 清 | 碑刻 | 九江县文物管理所 |
| 双钩铁兵器 | 三级 | 清 | 铁器 | 湖口县博物馆 |
| 木雕山水人物笔 | 三级 | 清 | 工艺品 | 市民俗博物馆 |
| 象牙镂空龙凤纹瓶 | 三级 | 清 | 象牙器 | 市民俗博物馆 |
| 浅绛彩山水兽耳尊 | 三级 | 清 | 瓷器 | 市民俗博物馆 |
| 珊瑚红描金捧盒 | 三级 | 清 | 珊瑚器 | 市民俗博物馆 |
| 粉彩黄底花卉纹花钵 | 三级 | 清 | 瓷器 | 市民俗博物馆 |
| 青花缠枝菊梅瓶 | 三级 | 清 | 瓷器 | 市民俗博物馆 |
| 青花八骏马莲子缸 | 三级 | 清 | 瓷器 | 市民俗博物馆 |
| 粉彩仕女盖缸 | 三级 | 清 | 瓷器 | 市民俗博物馆 |
| 三彩人物雕塑瓷砚 | 三级 | 清 | 瓷器 | 市民俗博物馆 |
| 三彩雕塑花鸟西瓜罐 | 三级 | 清 | 瓷器 | 市民俗博物馆 |
| 太平天国聂志华使用的带鞘铁刀 | 三级 | 清 | 铁器 | 瑞昌市博物馆 |
| 杨垂荫使用的粉彩花鸟纹茶碗 | 三级 | 民国 | 瓷器 | 秋收起义修水纪念馆 |
| 杨垂荫使用的白釉杯 | 三级 | 民国 | 瓷器 | 秋收起义修水纪念馆 |
| 陈秋光使用的青花砚 | 三级 | 民国 | 瓷器 | 秋收起义修水纪念馆 |
| 湖南省苏维埃宣传委员会《征收累进税宣传纲要》 | 三级 | 民国 | 苏区文件 | 秋收起义修水纪念馆 |
| 中共修水县委机关报《红日周刊》 | 三级 | 民国 | 苏区文件 | 秋收起义修水纪念馆 |
| 湘鄂赣省苏维埃工农银行发行贰百文铜圆券纸币 | 三级 | 民国 | 钱币 | 秋收起义修水纪念馆 |
| 修水县立合作总社贰角银洋纸币 | 三级 | 民国 | 钱币 | 秋收起义修水纪念馆 |
| 王琦粉彩人物瓷板 | 三级 | 民国 | 瓷板画 | 市民俗博物馆 |
| 万云岩粉彩人物瓷板 | 三级 | 民国 | 瓷板画 | 市民俗博物馆 |

## 第四节　文物保护管理

### 一、考古发掘

**配合工程发掘**　1991年以来，市博物馆配合城市建设及有关工程建设，清理庐山区新港镇砖瓦厂南朝墓、赛城湖东晋大兴四年墓、九威大道清代墓、九江钢窗厂六朝墓、九江磷肥厂明代墓、庐山区虞家河乡六朝墓、庐山区原砂轮厂明代墓、十里河西晋墓、前进西路明代墓、德化小区明代墓、炼油厂附近明代墓、国棉五厂附近六朝墓等。1992年，九江县陶渊明纪念馆与省考古研究所、市博物馆对九江县基建中发现的明代嘉靖墓进行联合发掘，出土一批文物。同年，市博物馆与省考古研究所在九江化肥厂的野外进行考古勘探，发掘部分墓葬。1999年和2005年，为配合九景高速公路和铜九铁路建设，市博物馆、都昌县博物馆、德安县博物馆、湖口县文管所与省考古研究所分别对都昌县境内的小张家遗址、湖口县境内的流泗镇周玺村祖坟山墓葬群遗址进行抢救性发掘。2006年，为配合武吉高速公路建设，黄庭坚纪念馆配合省考古研究所对上奉山背古遗址进行抢救性发掘，发掘面积约8000平方米，发掘出新石器时代晚期的陶器、石器、玉器等文物标本1000余件。2009年,彭泽县文物管理所配合省考古研究所完成彭泽核电站大型基本建设项目工程文物考古调查和文物点的发掘工作。2010年11月,市博物馆与永修县博物馆联合清理永修境内3座宋墓。

**清理被盗墓葬** 2002年4月,市博物馆对庐山区莲花乡潘家村一处被盗墓葬进行清理。2006年,德安县博物馆对境内被盗宋代壁画墓进行清理,并对壁画墓采取安全保护措施,复原于博物馆展厅中。

**考古调查** 2010年10月,参与省考古研究所专家对鄡阳城遗址实地调查,为下一步考古发掘作准备。同年,鄱阳湖水域被国家文物局选定为开展水下文物普查的试点,有中国"百慕大"之称的老爷庙水域被定为调查重点。12月,省考古研究所、都昌县博物馆联合对鄱阳湖老爷庙水域进行考古探查,为之后水下考古、查找沉船、确定坐标位置做准备。

## 二、文物维修

2000年以来,各级财政投入文物工作资金12429.8万元,其中直接用于保护维修经费6000万元以上。全国重点文物保护单位和一大批省、市、县级文物保护单位得到保护和利用。

2001年始,市区共争取国家、省、市政府文物保护和管理经费1237.33万元,先后进行省保单位锁江楼塔纠倾及环境整治、姑塘海关旧址抢救性维修、西林寺塔纠倾加固、周敦颐墓复原建设、烟水亭和日本台湾银行旧址抢救性维修;市保单位揖庐亭维修,国保单位美孚别墅旧址、美孚油库办公楼旧址抢救性维修等10多项文物保护工程。

2007年,修水县拨款7300万元对南山崖黄庭坚纪念馆进行改扩建。2008年,永修县争取省财政文物保护专项资金80万元,用于省保单位吴城吉安会馆的抢救性维修。同年,星子县自筹资金100多万元,用于省保单位南康府谯楼的全面维修。湖口县争取到省财政文物保护专项资金10万元,用于石钟山石刻的保护。2009年,永修县争取资金20万元,用于国保单位云居山塔林的保护规划。同年,星子县争取省文物保护专项资金30万元、自筹资金150万元对县保单位"爱莲池"进行维修。湖口县争取省财政文物保护专项资金130万元,用于石钟山古建筑的维修。彭泽县争取到省财政文物保护专项资金110万元,用于省保单位黄岭大圣塔和马当炮台的修复。"十一五"期间,都昌县自筹资金3万元对革命旧址南山寺进行维护改造,地方财政拿出10万元对部分县保单位进行维修。20年来,庐山管理局争取国家文物专项补助资金近1000万元,对全国重点文物保护单位庐山会议旧址、庐山民国图书馆、庐山白鹿洞书院等进行维修;地方财政投入1000余万元,先后修复省级文物保护单位"庐山高"牌坊、恭乾禅师塔,对美庐、442号别墅、124号别墅、359号别墅、176号别墅、175号别墅、286号别墅等进行维修保养。瑞昌市争取国家文物保护经费135万元,用于国家重点保护单位铜岭铜矿遗址的安全保护。九江县争取省财政文物保护专项资金50万元,用于维修国民革命军第25师参加南昌起义出发地——马回岭火车站。修水县争取革命文物保护项目资金1000多万元,地方财政投入500多万元,先后用于国保单位秋收起义工农革命军一军一师师部旧址、省保单位陈宝箴陈三立故居、县保单位高峰书院、周氏宗祠、兰氏宗祠维修以及省保单位黄庭坚墓的维修扩建工程。

**2008~2010年全市重大文物维修项目一览**

表57-4-4 单位:万元

| 项目名称 | 经 费 | 施工单位 | 开竣工时间 |
|---|---|---|---|
| 九江海关姑塘分关旧址 | 80(其中市10) | 山东曲阜园林古建公司 | 2009.04~2009.06 |
| 烟水亭 | 128(其中市80) | 湖南衡阳南岳朱雀古建公司 | 2008.10~2009.04 |
| 吴城吉安会馆 | 80 | 湖南衡阳南岳朱雀古建公司 | 2009.07~2009.09 |
| 彭泽黄岭大圣塔 | 30 | 湖南衡阳南岳朱雀古建公司 | |

续表 57-4-4

| 项目名称 | 经费 | 施工单位 | 开竣工时间 |
|---|---|---|---|
| 星子爱莲池 | 195(其中县 165) | 星子县第一建筑工程公司 | 2008.12~2009.05 |
| 石钟山古建筑群 | 130 | 湖南衡阳南岳朱雀古建公司 | 2010.03~2010.10 |
| 马当炮台遗址 | 80 | 浙江省古今集团 | 2010.11~ |
| 国民革命军第25师参加南昌起义出发地——马回岭火车站整体维修 | 50 | 湖南衡阳南岳朱雀古建公司 | 2010.08~2010.10 |
| 英亚细亚公寓旧址文物保护维修工程 | 70 | 江西九丰园林建筑工程有限公司 | 2010.08~2010.10 |
| 美孚洋行别墅旧址抢险维修工程 | 164 | 山东曲阜市园林古建筑工程有限公司 | 2009.06~2009.09 |
| 庐山会议旧址维修工程 | 45 | 浙江匀碧文物古建筑工程有限公司 | 2010.07~ |
| 美孚油库办公楼旧址维修工程 | 150 | 北京大龙建设集团有限公司 | 2010.10~2011.01 |
| 庐山会议旧址屋面维修及东侧楼梯间地基加固工程 | 50 | 浙江匀碧文物古建筑工程有限公司 | 2010.07~2010.09 |
| 工农革命军第一军第一师第一团团部旧址环境风貌改造 | 500(其中中央387) | 南昌市第二建筑有限公司 | 2009.10~2010.06 |
| 庐山民国图书馆维修工程 | 700 | 浙江匀碧古建公司 | 2009.05~2009.09 |
| 民国图书馆后楼维修及周边环境整治工程和安防监控工程 | 200 | 浙江匀碧古建公司 | 2009.05~2009.09 |

### 三、文物建档

**文物保护单位建档** 1991~2010年,文物保护单位建档分主卷、副卷、备考卷3类。主卷包括:文字、图纸、照片、拓片及摹本、保护规划及保护工程方案、文物调查及考古发掘资料、文物保护工程及防治监测、文物展示、电子文件、续补10种案卷。副卷包括:行政管理文件、法律文书、大事记、续补4种案卷。备考卷包括参考资料、论文、图书、续补4种案卷。

**馆藏文物建档** 1991年以来,馆藏文物档案,包括藏品总账、分类账及每件藏品的档案。每件藏品档案包括文字、图纸、照片、拓片、复制品、幻灯片、录音录像、电影光盘等。至2004年,全面完成全市各文博单位一、二、三级文物的鉴定工作。2005年,各文博单位完成一级文物藏品建档工作。从2010年3月2日起,对各文博单位的馆藏珍贵文物重新进行统计,建立电子文档,完成全市馆藏珍贵文物数据库建设工作。

**文物普查调查资料建档** 2008~2010年,在第三次全国文物普查中,市及各县(市、区)都建立文物普查纸质档案材料和电子档案材料汇编。其范围是,调查资料:《第三次全国文物普查不可移动文物调查表》;《第三次全国文物普查消失文物调查表》;田野调查工作记录;图纸、照片、拓片、标本等资料;其他调查资料。行政资料:各类行政性文件、简报;统计报表;培训教材;宣传资料;其他行政资料。汇总资料:不可移动文物分布地图;不可移动文物名录;统计汇总资料;第三次全国文物普查工作报告。

## 第五节 博物馆 纪念馆

### 一、博物馆

**市博物馆** 位于市环城路142号。2010年,藏有各类文物及自然标本5000余件,其中国家一级文物11件,二级文物441件,三级文物1574件。有文物珍品收录于《中国文物精华大辞曲》《中国古代陶瓷》《中国历代景德镇陶瓷》《元代瓷器》《吉州窑》《尘封瑰宝》等大型图录。烟水亭是博物馆文物陈列所在地，占地面积约1800平方米。亭内常年设2个基本陈列和3个临时陈列，先后举办过《九江市历史文物陈列》《九江市出土文物陈列》《九江市文物普查成果展览》《清代瓷器陈列》《大清巡抚刘瑞祺夫妇墓出土文物珍品展》《中国古代铜镜陈列》《三国周瑜史迹陈列》《日本国玉野市历史、文化、民俗展》《近代九江史略展》《'98九江抗洪救灾纪实展》《清代服饰陈列》《馆藏书画展》《馆藏陶俑展》以及北京国际友际博物馆《国际礼品精品展》、湖北随州市博物馆《曾侯乙墓编钟展》、江西省博物馆《明朝王妃墓出土文物珍宝展》等陈列展览。2010年，接待观众24.8万人次。

**市民俗博物馆** 位于市长虹大道158号裕泰园5号楼，原为市文物商店。其旨是以商业手段收购民间流散文物，向博物馆及科研单位提供藏品，为外贸提供服务。20年间，向市、县博物馆提供文物藏品达700余件。留有文物藏品1万余件，其中明正德年间绢质敕令为国家一级文物。2006年，改制为市民俗博物馆。自2007年起，与九江电视台旅游频道、市收藏协会联合推出“浔宝鉴珍”栏目，录制150余期节目。同时把节目录制现场推到武宁、德安、九江县及城西港区。2009年租借市图书馆展览大厅，先后举办《馆藏文物精品展》《百壶展》《景德镇现代名人名作瓷器展》《百扇展》《九江市非物质文化遗产成果展》《九江民间陶瓷精品展》《霍标·徐榕书画展》《野生动物标本展》。2010年，接待观众15万人次。

**庐山博物馆** 位于庐山东谷芦林1号别墅。馆藏文物有许从龙《五百罗汉罗图》、血书《华严经》和水晶佛珠等国家一级文物。还有汉代青瓷、唐三彩、宋影青、明青花、清斗彩等艺术珍品。民国时期的藏品数量多、价值高。博物馆先后举办《党和国家领导人在庐山》《历代名人与庐山》《名人与庐山别墅》《牯岭的回忆》《庐山地质演化史》《庐山第四纪冰川遗迹》以及《北京著名书画家作品展》《德安宋墓出土文物展》《中国末代皇帝及后妃生活用品展》《婺源明清书画作品展》《国际珍贵礼品展》《中华第一锦》等展览。2003年起，庐山博物馆实行免费开放，年接待游客70万人次。同时，编辑出版《五百罗汉图》《庐山别墅》等图集，2009年被评定为国家三级博物馆。

**庐山抗战博物馆** 位于牯岭东谷掷笔峰下，原为民国庐山图书馆旧址。2010年2月，成立“庐山抗战博物馆”并对外开放。博物馆为3栋联立的琉璃瓦宫殿式2层建筑，馆内以“国共合作在庐山”“庐山孤军抗战”“国民政府夏都”等为展出内容，介绍庐山在第二次国共合作和中国抗日战争史上历史地位。2010年接待观众30万人次。

**县(市)博物馆** *德安县博物馆*：位于县城蒲亭镇义峰路111号。占地面积8000平方米，馆舍面积4000平方米，由2座仿古建筑组成，1座是清代侍卫府，1座是新建库房，有各类藏品文物8000余件(含文物标本)，其中一级文物39件(国宝一件)，二级文物39件，三级文物159件。20年来，举办多个流动展览，在全国14个省市巡回展出。至2010年，馆内举办的陈列展览有《德安县历史陈列展览》《陶渊明故里寻》《万家岭遗址展》《南宋周氏出土文物展》《明代熊氏出土文物展》《袁隆平科技成果展》等。立足本县文物研究和整理，在全国及省级刊物中发表几十篇文章。编写出版《德安县南宋周氏墓发掘报告》。2008年起免费对外开放，2010年免费接待观众12万人次。

*永修县博物馆*：位于县城新城大道。1991年称县文物管理所，2006年机构单列。2007年成立云居山塔林保护管理站，与文物管理所合署办公。2009年设立县博物馆，免费对外开放。建有1066平方米陈列、库房等场地，主要展览为《艾韵——永修历史文明陈列》。馆藏文物涉及石器、陶瓷器、青铜器、铁器、金银器、玉器等，尤以商代青铜铙、六朝青瓷和唐三彩陶俑最具特色。2010年接待观众12.6万人次。

*星子县博物馆*：位于县城紫阳路南康府谯楼上。2007年成立，与县文物管理所合署办公。2008年实行免费对外开放，并筹建建筑面积5000平方米新馆。基本陈列有《周瑜宫亭点将展》《周敦颐知南康军展》。馆藏文物最具特色的是《邵尧夫先生诗全集》、翡翠耳坠、翡翠鹅形佩、翡翠斑指、翡翠朝珠、珊瑚朝珠、镏金錾花银碟等文物。2010年接待观众20万人次。

*武宁县博物馆*：位于县城交通西路170号。2008年8月设立并免费对外开放，与文物管理所合署办公。有馆藏文物600余件，主要为瓷器和青铜器，青铜器以各种圆形、葵形、菱形、六边形和带柄铜镜为

主，二级文物中以唐代的黄釉四方枕和海兽葡萄镜较为精美，杂项中以青花嵌字对联和杨赫坤题字的“长寿之府”匾较为有特色。馆内有《武宁历史回顾展》《武宁县民俗展》《武宁县革命文物及革命事迹展》《李烈钧个人事迹展》。2010年免费接待观众9万人次。

湖口县博物馆：2008年设立，与县文物管理所合署办公。2009年由湖口县政府斥资建成新馆，建筑面积3900平方米。馆内设《湖口县历史文物陈列》《非物质文化遗产陈列》《名人名作陈列》《民俗文物陈列》等。有藏品1400余件(套)，三级文物69件。其中陶瓷类420余件(片)，铜、铁类130件(套)，石器68件，骨器及兽骨51件(片)，现代名人字画267幅，佛经典籍428本，石钟山古碑刻47块。2010年免费试开放，接待观众1.5万人次。

都昌县博物馆：位于县城南1千米处的南山风景区内。有《都昌县文物展览》《南宋爱国丞相江万里事迹展览》等基本陈列，被列为县级爱国主义教育基地。有藏品文物1000余件，其中国家一级文物5件，国家二级文物3件，国家三级文物84件。自开放以来年平均接待观众12万人次。2008年免费开放后，年平均接待观众14.6万人次。

瑞昌市博物馆：位于市区人民公园北路167号。占地面积6000平方米，其中建筑面积1500平方米。有文物藏品3000余件，尤以瓷器最为丰富，窑口包括越窑、长沙窑、洪州窑、景德镇窑、磁州窑、吉州窑、建窑、白舍窑等。2009年被评定为国家三级博物馆。2010年接待观众13.9万人次。

## 二、纪念馆

**庐山会议旧址纪念馆**　位于牯岭街东谷长冲河畔掷笔峰麓火莲院，原名庐山大礼堂，与传习学舍(庐山大厦)、庐山图书馆均为20世纪30年代庐山军官训练团3大建筑，新中国成立后改为庐山人民剧院。毛泽东曾在此主持过3次中共会议，1980年后辟为庐山会议旧址纪念馆，保留1970年中共中央九届二中全会会场布置。2010年接待观众30万人次。

**周敦颐纪念馆**　位于庐山区莲花镇周家湾村栗树岭，原址为周敦颐墓园。2008年3月，省文化厅批复在此设周敦颐纪念馆。6月14日揭牌成立。纪念馆内围墙为碑廊，镌有历代名人题咏作品。2006年周敦颐墓重新被公布为省级文物保护单位。2010年接待观众12万人次。

**陶渊明纪念馆**　位于九江县沙河街镇公园北路18号。占地面积近3公顷，馆舍建筑面积2600平方米。2005年，在陶渊明诞生1640年之际，县政府投资30多万元对纪念馆按照原貌进行再次修复。修复后的纪念馆分为陶公墓、陶靖节祠、归来亭等景点。纪念馆有4个陈列：陶靖节祠省重点文物保护单位陈列、陶渊明生平事略陈列、渊明资料陈列、九江县历史文物陈列。馆藏文物以魏晋南北朝时期的文物居多。文物类别涉及陶器、瓷器、石器、砖瓦、铜器、武器等。清至民国，陶集20余套。2008年，实行免费开放。2010年，接待观众12.6万人次。

**黄庭坚纪念馆**　位于修水县城宁红大道1号的南山岩上，传为黄庭坚栖游读书处，有其所书“佛”“钓矶”摩崖石刻、手植薜荔崖遗迹、法书碑刻100多通。2006年，修水县斥资3000万元，实施纪念馆改扩建工程，占地由0.6公顷扩大到3公顷，复建濂溪书院、松风阁、八贤纪念馆、书法长廊等。2008年免费对外开放。纪念馆有文物藏品427件，文物标本1万多件。其中黄庭坚撰文并书写的《王纯中墓志铭》《宋故徐纯中墓志铭》以及万方雍田黄印、八大山人鱼雀图、陈三立书法立轴、陈师曾“梅”“兰”绢本画等俱是珍品。2010年接待观众20.5万人次。

**秋收起义修水纪念馆**　位于修水县城凤凰山路136号，属秋收起义专题性纪念馆，占地面积3000平方米。有文物藏品330件，其中国家一级文物7件，二级文物12件，三级文物58件。2004年10月，秋收起义修水策源地被评为“江西十大红色景点”之一。2005年，被国家发改委、中共中央宣传部等13个部门列为全国红色旅游经典景区。2009年被评为国家三级博物馆。2010年接待观众16万人次。

# 第五章 文化市场

## 第一节 市场类别

### 一、娱乐市场

**台球** 20世纪90年代初,市内文化娱乐场所、广场、马路边、街头巷尾乃至家庭院落,随处可见台球桌,参与者多为青少年和少数中年人,收费标准不一。1991年起,严禁在大街小巷的道路、便道以及影响居民休息的场所摆设台球桌,禁止利用台球进行赌博。

**歌舞厅、卡拉OK厅** 20世纪90年代,经市文化局、市公安局、市工商局等部门批准,营业性舞厅相继开业。1991年,全市舞厅37家,其中市区17家;2010年全市歌舞厅194家,其中市区58家。

1991年卡拉OK厅有14家,其中市区13家。2000年后,卡拉OK与舞厅已相伴相生,紧密结合,产生多种不同风格的大众性舞厅,KTV娱乐会所,量贩式KTV,迪吧,慢摇酒吧,带伴唱设施的茶楼等。

**电子游戏** 电子游戏亦称电子游艺。1991年年初,为电操作盘附带监视器,后发展为操作盘与监视器联为一体的游戏机。2010年,全市有游戏厅(室)446家,其中市区146家。

**音乐茶座** 1991年年初,是一项以音乐欣赏为主的文化娱乐活动。因席间有茶(或饮料)相伴,故称。音乐茶座的场地一般不大,观众购票进场,至2010年,多已改成带伴唱设备的茶楼。

**书报刊市场** 1991年,市内集体、个体书摊、书亭有70家,1991~2001年有李公堤旧书市场,2001~2010年有月亮湾旧书市场。书刊市场由文化局新闻出版科管理。2002年,书报刊、打字复印、印刷、图书销售、音像、图书出版等管理职能由新成立的市新闻出版局管理。2010年,根据管办分离原则,行政许可由市文化新闻出版局行政许可科管理,市场行政执法职能由市文化综合执法支队执行。

### 二、音像市场

**音像制品** 1991年,音像包括音像出版、复录、发行、销售、放映等环节,全市有音像发行站3个,销售出租点300多家。音像发行站由市广播电视部门统一管理。音像出版、版权,音像销售出租点由市文化局统一管理。市新闻出版局成立后,音像出版、版权,音像销售出租点由市新闻出版局统一管理。1996年,全市对盗版、销黄、贩黄活动严厉打击,音像销售点和出租点有所减少,到2010年剩下60家。

**录像放映** 1991年,全市有录像放映点82家。1995年,为保护知识产权,取缔激光放映,大小激光厅相继关闭。1996年,要求所有录像放映厅必须播放经过国家审查具有播映权的“专供节目”。2000年以来,随着家庭录像机、VCD、DVD、电脑的普及,根据文化部提出“限制和萎缩录像放映业”的精神,停止审批录像厅。2006年6月,九江最后一家录像厅关闭,录像放映业正式退出文化经营市场。

### 三、网络文化市场

2000年始,网络文化市场通过互联网为公众提供信息交流、收集、游戏等服务活动,网吧成为向社会公众开放的营利性上网服务场所,由电信部门监管。2002年8月,根据《互联网上网服务营业场所管理条例》,网吧开始划入文化部门监管。2010年,全市共有网吧507家,其中城区124家。

### 四、收藏品市场

1991年市区有收藏品、古玩店铺10家,分布在浔阳路、交通路等处经营。1995年,10多家收藏品店铺集中在市第一百货商场二楼经营。另有50家藏品商集中在江州菜场内经营。1996年,40余家藏品商集中在李公堤经营。2000年, 市第一百货商场藏品商迁到新光商场一楼集中经营。2003年,李公堤藏品商集中迁到月亮湾经营。2006年，九江古玩城于信华广场二楼开业，时有古玩，收藏品店铺30余家。至2010年，发展到50余家。同时另有20多家收藏品店铺分散市区各地经营。

## 第二节　市场管理

### 一、文化市场规模

20世纪90年代，市内陆续出现录像放映厅、音乐茶座、台球室、舞厅、电子游艺厅、时装表演等新兴文化娱乐项目及其场所。之后相继兴起网吧、电子游戏、营业性歌舞厅等娱乐形式，形成戏剧、电影、曲艺、杂技、歌舞、音乐、美术、书法、摄影、广播、电视及书刊发行、销售在内的社会文化市场。至2010年年底，文化市场经营单位发展到1864家，其中歌舞厅200家(含量贩式KTV、迪吧)，音乐茶楼130家(含餐饮、卡拉OK、酒吧)，电子游戏室210家，演出经营单位16家，音像批发、零售、出租门店530家，网吧478家，书报刊、打字复印300家。

### 二、文化市场管理稽查

1991年，文化市场管理稽查机构为市社会文化管理委员会，主任由主管文化的副市长担任，副主任分别由市委宣传部长，市文化局主管领导担任，委员由市公安局、工商局、广播电视局、邮电局、铁路、海关、工会、妇联、团市委有关领导担任。委员会下设办公室，由文化局、公安局、工商局、广播电视局兼职，以文化局为主，具体管理文化市场，处理日常事务。后调整市社会文化管理委员会成员，下设办公室在文化局内，由文化系统内定编3人组成。

2003年，完善网络市场管理机制，举办3次网吧经营单位法人和网管人员法律、法规、职业道德培训班；下发《关于对违规网吧实行扣分制的通知》等文件，规范全市网吧的经营行为，建立长效监管机制；4~10月，组织“零点行动”16次，突击检查52次，对网吧经营业主提出书面警告达100余次，从严处罚容留未成年人夜间上网16家，超时经营18家，对市区内违规严重的8家网吧下发停业整改通知书和罚款。2005年，全市共组织集中行动36次，检查出版物发行单位、印刷企业384家，取缔非法书摊32个，查缴各种非法出版物17.86万册(张)。2009年，市政府建立文化市场管理联席会议制度，以打击非法音像制品和图书市场为重点，治理整顿音像、图书市场；以查处违规接纳未成年人为重点，清理整顿网吧市场；以查处无证照经营场所为重点，强化文化市场监管体系，以维护市场安全为重点，加强娱乐场所的安全检查；以查处大案要案为重点，加大对文化市场秩序进一步规范，文化娱乐场所更加净化，受到社会各界的充分肯定。同时，开展“两声、三乱”专项整治工作，市区南湖公园噪音扰民现象得到控制；通过联合执法行动，摸清全市城区经营棋牌室的情况，为全市营业性棋牌室的规范化管理打下基础。

2010年，先后集中开展暑期文化市场专项行动、“世博会”、国庆节和“迎亚运”专项行动及城区中小学校“三不教育”活动，重点整治城区校园及周边范围网络市场、音像市场、书报刊市场、电子游戏(艺)场所、歌舞娱乐场所和演出市场。依据有关法律条规，分别对神话、聚友等9家接纳未成年人违规网吧做出处罚。加大执法力度，组织开展出版物市场、网吧市场和歌舞娱乐市场全市交叉执法检查，进一步规范文化市场管理，市场秩序明显改善。文化市场管理总结的《以规范求发展，以创新求繁荣》经验材料，在全省文化局局长会议上作典型发言。

### 三、队伍建设

市文化市场综合执法支队，原名市文化市场稽查支队，1994年11月成立，为市文化局下属科级单位，编制5名。1997年增编3名。2008年9月由事业编列入参照公务员管理。2010年8月11日，新成立市文化市场综合执法支队为市文化新闻出版局下属副处级单位，定编22名。主要职能为文化市场行政执法。主要管理对象为所有文化市场经营场所及管理人。

## 第三节 文化产业

2007年，市文化局文化产业办公室成立。2009年，共青城市总投资100亿元动工兴建“西游记文化产业园”。同年，投资1.2亿元在修水县动工兴建“黄庭坚文化影视景区”。广告传媒业有瑞昌市恒信公共服务公司、九江市天牛文化传媒有限公司。瑞昌剪纸列入2009年全市16项重点工作之一，成为具有地方特色文化品牌。九江龙韵琴行有限公司的二胡，制作水平已与国内二胡名牌“上海敦煌二胡”“苏州二胡”“北京二胡”并列；二胡科技研发成果转化成果显著，2009年销售收入近500万，创利税70万元。修水县万顺特艺有限公司产品主要有桑枝纺织礼品、贡砚和礼品套装等多个系列1300多个单件品种，其中5项获国家专利；产品销售北京、上海、武汉、成都、杭州、南昌、义乌、庐山、黄山、井冈山等地，年产各类产品500万件/套，其中贡砚5000方，年销售收入3000万元，出口创汇300万美元，实现利税350万元；同时企业采取公司+农户+基地的模式，着手培植资源，建立贡砚材料采集和木竹原材料基地15个，每年新增农户1500户，共带动农户5000户，户均年增2500元，可为农户年创收1250万元。

2010年5月，市文化局与市新闻出版局合并，专设文化产业科，全面负责文化产业发展和招商引资。制定《九江市十二五文化产业规划》，确立以鄱阳湖生态经济区、历史文化名城和山水园林城市作为九江城市定位，在现代工业基础上大力发展高科技产业和信息产业等支柱产业，以人文旅游和生态旅游为导向，构建新的文化产业发展格局。至2010年，有省级文化产业示范基地2家：九江龙韵琴行有限公司、江西鄱阳湖投资发展公司。全市有各类文化市场经营单位2839家。其中歌舞娱乐场所172家，电子游戏经营场所370家，网吧507家，音像制品零售、出租单位328家，其他经营单位161家，专业演出团体7个，出版物发行单位212家，印刷企业418家（含打字复印店272家），报社3家，连续性内部资料出版单位14家。文化产业增加值20.16亿元。

# 第六章 非物质文化遗产

## 第一节 国家级非遗代表名录

### 一、[传统戏剧]湖口青阳腔（第一批）

南戏、弋阳腔在发展、衍变过程中产生支脉青阳腔。明·汤显祖《宜黄县戏神清源师庙记》载：“江以西则弋阳，其节以鼓、其调喧。至嘉靖而弋阳之调绝，变为乐平、为徽、青阳”。青阳腔进入都昌、湖口流传有400余年，继承弋阳腔“一唱众和，其节以鼓，其调喧”特点，以曲牌联套与板式变化相结合而构成，在弋阳腔加滚基础上形成独树一帜“滚调”。“滚调”是将原曲牌破开，在曲首、曲中和曲尾增加五、七言式通俗诗句，或三、四言偶句唱词等，使角色感情畅快淋漓地得到发挥，从而丰富唱腔变化与艺术感染力。唱法为“流水板”，有板无眼，不用帮腔，板急调促，字多腔少，急歌之，一泄到底。“滚调”的出现，结束曲牌联套大统一局面，并向板腔体过渡起到中介和催化剂作用，使中国传统戏曲发生重大变革。

剧目分别为宋元南戏传统剧目，与海盐腔、昆山腔交流演出剧目，文人和民间艺人传奇剧目。音乐可分4个部分：高调曲牌，横直曲牌，杂出小调，锣鼓曲牌。行当为十角制：一末（老生）、二净（大花脸）、三生（须生）、四旦（青衣）、五丑（小花脸）、六外（付末）、七小（小生）、八贴（花旦）、九老（老旦）、十杂（二花脸）。随着历史变迁和剧本需要，增加二肩（丫环）、三肩（娃娃生）、背褡（将士）、龙套（士兵）等角色。青阳腔表演古朴奇特，粗犷豪放，感情真挚，乡土气息浓厚。丑行既保留宋杂剧插科打诨、滑稽调笑遗风，又可主演正剧,使丑行从从属地位向人物性格化转移。旦角、生角表演创造“链步”“甩发”“跪步”“三托跳”和水袖、扇子、云帚、翎子等新程式。在技艺上,吸收其他戏曲剧种表演艺术,从穿插杂技表演向戏曲化、程式化、规范化舞台艺术发展。乐器有大锣、小锣、大钹、小钹、小渣、马锣、云锣、报鼓、堂鼓、大鼓。过场音乐是笛子、唢呐。

### 二、[民俗]修水全丰花灯(第一批)

俗称“下半本戏”,源于宋代。曲调由道教音乐派生而成,源流传说极富传奇色彩。全丰花灯,是一项介于灯、戏、舞之间的表演艺术,均用修水县全丰土话土调表演。千百年来,人们在稼穑、渔猎之余,每逢婚嫁、祭祀和庆岁之时,以花灯这种粗犷、豪放的民间艺术,伴随着铿锵的锣鼓,手舞足蹈,笙歌齐鸣,尽情表达生命的豪放,或对神灵的感激与虔诚。主要特色是灯队表演,具有浓厚的民俗色彩。演唱形式有生、旦、丑3行。生角双手推车,旦角一手捏手帕,一手扶车把表演,丑角戴礼帽、眼镜,脸画豆腐块,骑马扬鞭,时与旦角逗趣。3人方步圆场,边走边演。场上周围站立4盏6角长形、贴有花卉图案的彩灯。常见的花灯有钵哩灯、车车灯、白鹭灯、“猴子跳圈”“仙姑推磨”“八仙过海”等,又以白鹤灯居于乐队中间,象征祥和吉庆,人寿年丰。

曲目有《六个月种花》《拜新年》《十个月摘花等郎来》《挑妹饮酒》《劝夫》《十月莲》《接状元》等。灯艺有8盏特技:姑嫂推磨、老鼠翻梁、刘海戏船、猴子打兑、仁贵射雕、姐妹观花、洞宾背剑、张三打虎。全属玩耍表演,皆有简单情节,虽为单篇,但连场演出便成一套故事。伴奏以打击乐器为主,有时唱腔中合以胡琴、笛子、唢呐托腔。花灯的唱词多衬词、衬字、衬语,几乎每一句都出现啦、啊、吧、嘞、哟、喔、喂等衬字作句尾,为花灯调润腔着色,极具艺术感染力。

### 三、[传统手工技艺]星子金星砚制作技艺(第一批)

北宋米芾《砚史》云:“庐山青石砚,大略与潭州谷山同。色青有纹,如乱丝理幔,扣之有声,得墨快,发墨有光,且有金星,抚之细润。”金星砚从开采至成品,共5道工序:开采、选料、制坯、雕刻、打磨抛光。金星砚主要有独特的石材产地,鲜明的材料特征。金星石质地坚硬,光滑如玉,坚实温润,呵气成云。其上星辉点点,形态万千。按其形状、浓淡、大小可分金星、金晕、金圈、金色浪纹、水波萝、眉子纹、冰纹、猫眼、金线、银线、木纹、鱼子纹等。就金星而言,又有眉子金星、鱼子金星、水波金星,更有罕见的金龟眼、龙凤眼、鸲鹆眼等。

金星与纹饰体现石材的天然美,极具观赏价值。雕法分为阳刻、阴镂、浅刻、浮雕、立体雕。传统的图案选题极具地域特点:如山竹、笋苑、树根、青鱼、石蛙等;如庐山景致、鄱湖风光等;如羲之与鹅、渊明与菊、李白与酒、朱熹与白鹿等。造型朴质、大方、简洁、写意,求神韵而不求华雍。多因材而异,自然成形。金星砚从实用而成为世人收藏、欣赏的传统工艺品。

### 四、[曲艺]武宁打鼓歌(第二批)

原称锄山鼓,流行修河流域。清乾隆年间,湖北薅草歌传入武宁。经200多年发展演变,湖北薅草歌融合“吴歌”韵味和武宁乡土风情,形成独特的艺术风格,既有“打鼓高陵种玉芦”的楚式激越高亢,亦有“男女相感之辞”的吴歌式婉转悠扬,还有“戏笞之以为欢笑”的山里人的诙谐情趣。

“打鼓歌”之鼓形同腰鼓,鼓面蒙以黄牛皮,鼓声响亮,富于穿透力。击鼓人将鼓系挂在右侧腰前,击鼓时,右手击鼓,左手在鼓面上一按一松,发出“咚笃”之声,鼓声催人劳作,故又名“催工鼓”。鼓点节奏丰富,按节奏和速度归纳为12字诀:“起头番、落二番、紧三番、杀四番”。开始时,鼓点较缓,如微波拍岸,低婉悠扬。随后鼓点略快,如风起浪涌,蓄积力量。三番鼓响,鼓声激越,如巨浪排空,劳动者你追我赶,争先恐后。最后鼓声、歌声、帮腔声、锄山声混成一片,如疾风骤雨,地动山摇,击鼓和劳动频率达到高潮,故有“一鼓催三工”之说。分为长歌和短歌。长歌也叫排子歌,唱的歌词多是叙事长诗,一排有几十段甚至几百段,有“梅花三百六,唱瘦一身肉”之说。短歌也叫散歌,唱的多为情爱、风俗,乡土气息十分浓厚。打鼓歌中,鼓匠是关键。劳动时,众人一字排开,鼓匠面对大家击鼓发歌,一般能见景生情,信口编词。打鼓人称“打鼓师傅”,是东家的代理人。帮工最少十几人,起居作息由打鼓人用鼓声指挥。2008 年 6 月,《武宁打鼓歌》被列国家级非物质文化遗产代表名录。《中国音乐大辞典》收为词条,部分歌曲被北京、上海、武汉等地音乐学院选为教材,多首民歌被联合国教科文组织编入《中国民歌》。

## 五、[传统美术]湖口草龙(第二批)

明清盛行,以稻草为主要材料,辅之以竹木做支架,整条龙节段为单数,一般为 9~21 节,其编织工艺采用编、插、织、嵌、镶、绕、缠、悬、挂、空、别、剔、镂、透等十多种手法。制作长 28 米,龙身直径 0.38 米的草龙,用草约 8 万根。舞龙过程更显妙趣横生,热闹非凡。金童玉女举龙灯引路,动作惊险活泼。

草龙一般由成年男子舞玩。舞龙时大多由两副锣鼓相伴,一副戏剧锣鼓,一副热闹锣鼓,敲打时掌握变化。游龙人统一身穿黄色着装,头扎白巾,舞龙时走“之”字形步,表演时,上下左右摇摆龙头、咬尾、盘旋、跳跃、戏耍、逗乐、滚龙、绞柱、造型等花样形式。同时,五谷灯则在龙身边穿花、扭步、变换队列、逗龙、搔痒、逐龙等,以衬托草龙表演。但见锣鼓响处,草龙左腾右跃,追逐五谷花灯,忽而在花灯中穿窜钻行,忽而在引球后摇头摆尾,忽而龙头龙尾扑腾相咬,忽而龙尾缠龙头等。整个游龙过程烘托出喜庆气氛,充满浓郁乡土气息。儿童游舞的草龙体型较小,龙头按比例缩小,龙身长 7~9 节。玩舞时,男童持龙,女童持灯,配一持草球的引龙童,共 10 男 10 女,人称“金童玉女”。男童着红衣兜肚、短裤,足蹬草鞋;女童着红衣绿裤、花围裙,脚穿绣花布鞋,头上发饰各异。儿童舞龙时,持龙的男童以娃娃步,持灯的女童以十字步。男童舞龙不时鹅行鸭步,上蹿下跳,生气勃勃。引龙的男童在龙前亮相、翻筋斗、打旋子,舞龙尾的小童一般年岁最小,且脸上搽着白粉,扮成戏台二花脸模样,举着龙尾,左 3 跳,右 3 蹦,显滑稽可笑之态。

## 六、[传统手工技艺]瑞昌竹编(第二批)

瑞昌出产楠竹、筋竹、水竹、淡竹、苦竹、实竹、墨竹、小山竹等。竹制产品反映一种技艺,一种生活习俗,一种特定文化。

1988 年,瑞昌夏畈商周古铜矿冶遗址中,出土大量竹筐、竹篮、竹箩、竹篓、箢箕等竹编实物,印证其竹编工艺历史悠久。竹编根据品种不同选择竹材,如丝箩、米筛一般选用厚实的楠竹,提篮、竹椤一般选用小山竹。其制作工序是去蔸、去稍、刮节、破竹、劈条、篾黄、取层、拣篾、刮篾、制作物品等。主要器具有指皮、指筒、刮刨、补针、锣铲、尖刀、刮刀、篾刀、拐钻、锯子、圆锉、镐子、拣刀、打皮板等。竹编工艺经过传承和发展,形成个性特色。选材考究、做工精细、式样规范、封口密实、小巧玲珑、精致耐用。其中以斗笠、丝箩、米筛名气最大,被称为瑞昌“篾器三宝”。竹编制作流程复杂,工序的细腻程度和要求很高,有些制品要在 2~3 毫米竹条上取出 20 多层,篾薄如蝉翼。竹编工艺是瑞昌民间珍贵的传统手工技艺,竹编工艺有近 100 个品种。

## 七、[传统美术]瑞昌剪纸(第二批)

起源于汉,受楚文化与吴越文化影响,经过相互交融与互补,蕴含南北方特点形成自身独特风格。在技艺上有阴柔之丽,虚实相生,刚柔相济。在创作上不受真实、时空所限,使用非镂空剪纸手法,造成时而模糊时而清晰的艺术效果。在手法上使用阴阳搭配,完整地保留古老民间剪纸的“原汁原味”。瑞昌流传民谣:“好曲烧好酒,好米做好粑,求亲要巧姐,玲珑会剪花。”以“梅兰竹菊、莲藕荷花、金鸡报晓、鱼跃龙门”等剪纸图案,预祝新年吉祥、万事如意、年年有余、四季平安、迎春纳福等美好愿望。

瑞昌剪纸自古被劳动人民视为艺术珍宝,用来表达“祈事禳灾、祈福增寿”等美好需求和对节日庆贺、对祖宗崇敬、对婚嫁寿诞美好祝愿、对已故亲人深切悼念、对未来理想追求等,内涵丰富多彩,民间习俗浓郁。瑞昌剪纸象征女性的纹样有梅花、桃花、荷花、菊花、桂花、莲花、织女、金蟾等。象征男性的纹样有鱼、蝴蝶、金鸡、凤、龙、喜鹊、刘海、牛郎等。象征小孩的纹样有花生、骰子、石榴、猴子等。象征老人的纹样有神仙、寿星、松、柏等。象征吉祥的纹样有竹子、枣子、花生、蝙蝠、佛手等。象征驱邪消灾的纹样有狮、虎、钟馗、秦琼、敬德等。

## 八、[传统戏剧]星子西河戏(第三批)

清同治十三年(1874),以艺人周自秀为班头的“青阳公主星邑义和班”成立,经过150余年磨炼创新,形成一种以皮黄为主要声腔的弹腔戏西河戏。西河戏综合歌舞、音乐等艺术门类,以虚拟和程式化表演区别于其他戏剧。

行当承袭青阳腔,融入当地艺术形式。传统行当为10大角:即一末、二净、三生、四旦、五老、六外、七丑、八贴、九小、十杂。语言用中州音韵而杂以方言,唱词除错用乡音外,还大量加有衬词。声腔中伴有山歌小调,主要音乐为西皮、二凡,兼有青阳腔和民歌俚曲。其板式有倒板、正板、慢板、简板、垛子板、三流滚板等。嗓音生、丑用“本音”,旦、小生用“侧音”,净用“边音”。传统乐器细筒琴、大筒琴、月琴哔筒、竹笛、大筛锣、钹、小锣、抛锣、雀钹、班鼓、板等。文场以细筒胡琴为主弦、配以大筒、哗和月琴。武场有板鼓、小鼓、雀钹、闹钹、大锣、小锣、抛锣等。乐队6人:司鼓1人,上手1人,下手1人,月琴、大锣、小锣各1人。舞台中央一把道具桌,乐手左右面桌而席。左为司鼓大锣小锣,右为主琴配琴和月琴。乐手身后是上下场的过道,演出时,桌后是报本提词者位置。传统表演程式较为固定,颇具乡土气息。不同角色出场,就有不同出场方式,其表演身段为4大段即8大桩门、10大手法、6大腰式和13大步法。成套身段有起罢、跌画式、开四门、备马、洗马等。西河戏传统剧目有50余出大本戏,30余出小本戏。剧目曲牌分为琴牌和哗筒牌。琴牌有北调、过调、夜星沉、快端凳子、慢端凳子、擂朝鼓等。哗筒牌有:迎宾曲、代言调、家团圆、国团圆、踢脚板等。锣鼓经有岔箕口、倒板头、快引槌、慢引槌、长槌、快槌等20余支。剧本多为三国、隋唐、宋代水浒及杨家将故事等。

## 九、[传统音乐]九江三声腔山歌(第三批)

流行九江县城门、狮子、黄老门、马回岭、涌泉、新塘等地。唐代诗人白居易有“篱根舟子语,巷口钓人歌”诗句,反映九江山歌流传盛况。

九江三声腔山歌分高腔山歌、平腔山歌和低腔山歌。歌腔静中有动,非常优美。三声腔山歌流传于民间,人们以歌声激发劳动干劲、生活热情和表达爱情。演唱形式极其简便,歌词内容丰富。以天时、地理、五谷、花鸟、历史人物、爱情、劳动等为题材,表达人们热爱生活、热爱劳动的思想感情。以诗般的语言赞美五谷杂粮、吃饭穿衣和美好未来,用饶有趣味的歌词调节劳动气氛和加快劳动节奏。闲暇时,人们用低腔山歌吟唱长篇故事,谈古论今。歌词内容,多以排比句式,以爽朗乖巧的语言体现性格开朗,以比拟的手法描述人物心曲。在文学上达到很高水平,其丰富的想象、真挚的情感、淳朴的语言、深刻的寓意,给人以无穷的回味。九江三声腔山歌入选《中国民间歌曲集成》(江西卷)50多首。

## 十、[传统舞蹈]德安潘公戏(第三批)

北宋开宝元年(968),从京都开封府到江州做官的潘氏三兄弟,带来都城勾栏瓦肆中的歌舞杂剧花棚会。这种歌舞杂剧,当地人称锣鼓太公戏,亦称潘太公游春、花棚会。据《德安县志》载:每于元春正月初一至元宵,吴山乡12个村庄都要举行花棚会及潘公戏的表演,主要是白天祭祀游春,环村逐疫,送福千家;晚上演戏聚乐,歌舞安康,庆祝平安。正月十六至十八日则集中在场院上进行“穿旗”表演,意为“收兵”,这种习俗在当地世代相传。剧目有8个内容,称为八个保断:起神、田太公长保断、三佰公公保断、三佰公公长保断、望门保断、进门保断、敬果酒和出门保断。晚上表演的基本内容是棚上的傀儡歌舞和棚下的假面表演。乐器有3种:锣、鼓及竹笛,以《柳七娘子游春》曲调为主旋律。全棚剧目称断本,此称呼与宋金杂剧的称谓相同,与宋代《武林旧事》“大小傀儡”杂剧舞队节目几乎一致。有7个大傀儡菩萨,17个面具。

《德安潘公戏》古老、丰厚、质朴，其表演时间、形式、内容、程序均具有特殊意蕴，在酬神、娱神活动中，突出娱人。表演风格奇异独特，集歌、舞、唱、做、念、打艺术表演于一体，有场次故事、人物角色，其表演动作细腻生动，宛如舞台上戏剧人物，形象地展示戏中的故事情节。

## 第二节 非遗项目保护

### 一、机制建立

2005年11月，开展非物质文化遗产调查。2007年6月，市政府成立市非物质文化遗产保护工作领导小组和专家指导小组。遗产保护工作领导小组组长由分管副市长担任；遗产专家指导小组组长由市文化局局长担任。至2010年，全市组织242名普查员采访5000余名民间艺人，挖掘、收集、整理民间文学1559件，传统音乐2324首，传统舞蹈123个，传统戏剧766本，曲艺39本，传统体育1个，传统美术1598件，传统手工技艺29项，民俗92件，传统医药15项。当年，全市明确非物质文化遗产项目代表性传承人1190人，传承团体307个、传承培训基地17个，陈列馆(室)22个。市委、市政府于新建市博物馆内划出4000平方米为市非物质文化遗产陈列馆。

### 二、申 报

2005年起，开始申报市级、省级和国家级非物质文化遗产代表名录和传承人工作。同年申报《星子金星砚》《湖口青阳腔》《湖口草龙》《瑞昌剪纸》《瑞昌竹编》《武宁打鼓歌》《全丰花灯》《德安潘公戏》《东林寺净土宗》9项，经省政府批准为第一批省级非物质文化遗产代表名录。《星子金星砚》《湖口青阳腔》和《修水全丰花灯》3项经国务院批准为第一批国家级非物质文化遗产代表名录。2007年，申报《星子西河戏》《湖口粑俗》《瑞昌采茶戏》《武宁采茶戏》《修水一圣仙娘花灯》《修水宁河戏》《九江三声腔山歌》《九江采茶戏》《江州义门陈》9项，经省政府批准为第二批省级非物质文化遗产代表名录。《武宁打鼓歌》《湖口草龙》《瑞昌剪纸》《瑞昌竹编》4项经国务院批准为第二批国家级非物质文化遗产代表名录。2008年2月，湖口青阳腔艺人殷武焕被文化部批准为第二批国家级非物质文化遗产代表名录传承人。11月，陈茂林等23人被省文化厅批准为第一批省级非物质文化遗产代表名录传承人。2009年，申报《星子镌石技艺》《湖口豆豉》《瑞昌秧号》《武宁戏社火》《修水哨子》《中国贡砚技艺》《九江秧号》《德安民间八景传说》《吴城排工号子》《永修丫丫戏》《杨氏弹花技艺》《都昌打岔伞》《都昌渔鼓》《都昌老爷庙的传说》《彭泽板龙》《小姑与彭郎的传说》《清真梁义隆九江桂花茶饼》《江州八景传说》《九江王万和》《德安西河大戏》20项，经省政府批准为第三批省级非物质文化遗产代表名录。《星子西河戏》《九江三声腔山歌》《德安潘公戏》3项经国务院批准为第三批国家级非物质文化遗产代表名录。6月，孟凡林等4人被文化部批准为第三批国家级非物质文化遗产代表名录传承人。

### 三、评 审

2007年9月7日，市非物质文化遗产保护工作领导小组办公室召开专家评审委员会，同意19项为第一批市级非物质文化遗产代表作，向社会公示。11月22日市政府批准公布，传统音乐(3项)：九江县《九江山歌·三声腔》，庐山管理局《庐山号子》，修水县《十八番》。传统舞蹈(1项)：德安县《潘公戏》。传统戏剧(5项)：湖口县《青阳腔》，武宁县《武宁采茶戏》，瑞昌市《瑞昌采茶戏》，九江县《九江采茶戏》，九江县、星子县《西河戏》。曲艺(3项)：武宁县《打鼓歌》，修水县《全丰花灯》《一圣仙娘花灯》。传统手工技艺(3项)：星子县《金星砚》，湖口县《草龙》，瑞昌市《竹编》。民俗(2项)：庐山区《东林寺净土宗》，德安县《江州义门陈》。民间文学(1项)：德安县《民间八景传说》。民间美术(1项)：瑞昌市《剪纸》。2008年5月28日，召开专家评审委员会，同意16项为第二批市级非物质文化遗产代表作，向社会公示。6月11日，召开专家评审委员会，同意21人为第一批市级非物质文化遗产代表作传承人，向社会公示。8月14日市政府批准公布，传统音乐(3项)：九江县《九江秧号》，永修县《吴城排工号子》，瑞昌市《瑞昌秧号》。传统舞蹈(2项):都昌县《打岔伞》,武宁县《武宁傩舞》。传统戏剧(1项):永修县《永修采茶戏(俗称野戏)》。曲艺(1项):都昌县《渔鼓》。传统手工技艺(5项):星子县《星子镌石技艺》,湖口县《湖口糟鱼制作技艺》,浔阳区《清真梁义隆桂花茶饼》,德安县《德安纸扎手工技艺》,修水县《修水哨子制作技艺》。民俗(1项):彭泽县《彭泽板龙》。老字号(3项):湖口县《湖口豆豉》,浔阳区《九江清真梁义隆》,九江开发区《九江王万和》。2009年7月14日,召开专家评审委员会,对各县(市、区、山)申报的市第三批市级非物质文化遗产代表作11项进行评审,同意向社会公示;8月31日市政府批准公布,传统音乐(2项):浔阳区《九江码头号子》,九江县《九江丝弦锣鼓》。传统戏剧(1项):九江县《九江文曲戏》。传统手工技艺(4项):九江县《涌泉竹雕技艺》,永修县《杨氏弹花技艺》,修水县《修水贡砚技艺》,庐山区《庐山云雾茶制作技艺》。民间文学(4项):彭泽县《马当山的传说》《小姑与彭郎》,浔阳区《江州八景传说》,都昌县《老爷庙的传说》。2010年9月,召开专家评审委员会,同意28人为市第二批市级非物质文化遗产代表作传承人,向社会公示。10月9日市政府批准公布。

## 四、保护活动

1991年以来,市内相关人员相继整理编辑文化遗产项目及保护著述。1995年5月24日,《人民日报》报道《湖口发现青阳腔》,9月19日报道《刘春江潜心钩沉经年,青阳腔绝响重放异彩》。2003年10月13《光明日报》报道《江西湖口筹建青阳腔艺术陈列馆》。《江西日报》及江西新闻中心网报道《金星砚,小石头大天地》。《浔阳晚报》以《金星砚"鲁砚之光"再闪耀》《西河戏票友有了专门戏苑》为题予以专题报道。《九江日报》(长江周刊)刊登九江学院教授沈明明采写文章《留住大戏,留住美》,又以《九江"非遗"未曾遗忘、更待呵护》为题予以专题报道。九江学院艺术学院组织120名专家和学生到武宁举办"采风古艾、探韵金秋"为主题的校外采风活动。

2006年始,全市各级文化部门在每年6月第二个星期六中国非物质文化遗产宣传活动日,举办非物质文化遗产系列活动。同年,在九江锁江楼景区内举办图片展。农历年除夕《湖口粑俗》在中央电视台"一年又一年"栏目播出。2007年4月11日《浔阳晚报》报道《18项民间文化瑰宝加冕》,6月9日湖口县政府与九江学院签订保护、传承国家级非物质文化遗产代表名录"青阳腔"戏曲艺术的合作协议后,湖口、瑞昌、星子、九江和武宁等县(市)政府先后同九江学院签订保护、传承国家级非物质文化遗产代表名录"湖口草龙""瑞昌剪纸""瑞昌竹编""武宁打鼓歌""九江山歌""星子金星砚""星子西河戏"的合作协议。标志着地方与高校联手打造保护传承国家级非物质文化遗产名录在江西的先河,创"非遗"保护与传承新路。6月11日《浔阳晚报》报道《民间瑰宝耀浔城》。同月,在中国第二个非物质文化遗产宣传活动日,在锁江楼景区东门广场举行启动仪式,宣布市第一批非物质文化遗产代表名录和市非物质文化遗产专家组成员名单,并向专家组成员颁发聘书。在少儿活动中心举行"九江市非物质文化遗产地方戏剧及绝活展演"。各县(市、区、山)制作的30块非物质文化遗产宣传展板在锁江楼景区陈列。9月14日《浔阳晚报》报道《青阳腔的魅力》、10月26日《诱人的湖口粑俗》、11月3日《稻草龙舞太平》,11月16日《江西日报》报道《青阳腔的魅力》,12月21日《浔阳晚报》报道《田野里的情歌》。2008年6月,在中国第三个非物质文化遗产宣传活动日,在湖口县人民礼堂举行"九江市非物质文化遗产地方戏剧展演"暨湖口县非物质文化遗产陈列馆开馆仪式,宣布市第二批非物质文化遗产代表名录公示名单和市第一批非物质文化遗产名录传承人公示名单。2009年6月,在中国第四个非物质文化遗产宣传活动日,分别在锁江楼景区东广场和湖口县乙甲村举行系列活动启动仪式。宣布市第三批非物质文化遗产代表名录公示名单和经市政府批准重新调整的市非物质文化遗产专家组成员名单,颁发聘书。在湖口县付垅乡乙甲村举行庆祝第四个"文化遗产日"联欢活动暨青阳腔武焕传习所揭牌仪式。联欢会上,九江学院艺术学院学生与付垅乡民间艺人同台献艺。

2010年6月12日，宣传日系列活动启动仪式在市图书馆广场举行。同时，九江学院举行“江西省非物质文化遗产九江学院研究基地”揭牌仪式。瑞昌市举行“瑞昌市非物质文化遗产陈列馆”揭牌仪式。9月25~26日，“青阳腔”学术研讨会在九江学院举行。来自日本和北京、陕西、安徽、福建、广东、江西等地专家、学者40余人参加，就青阳腔源流、艺术成就、流布与传播等方面进行深入探讨，对各地如何传承保护青阳腔进行经验交流。大会收到《从清代青阳腔‘红梅记’瓷画看中国戏剧瓷画的发生与发展》《潮剧古戏文弋阳腔青阳腔考察》《梆子腔与青阳腔关系初探》《浅谈湖口青阳腔的传承》等论文、讲演稿21篇。研讨会期间，中国艺术研究院戏曲研究所研究员刘文峰、王安葵分别就《非物质文化遗产保护语境下的传统戏剧》和《地方戏曲的形成规律与保护传承》举行学术讲座。专家学者参观九江学院青阳腔艺术陈列馆和湖口县青阳腔陈列馆。观看九江学院举办的青阳腔专场文艺晚会。湖口县付垅乡青阳腔剧团艺人表演青阳腔曲目。湖口县委主要领导人同与会专家学者就如何打好青阳腔文化品牌，提升湖口文化品位，为湖口全面发展服务进行交流和研讨。至2010年，刘春江主编《湖口青阳腔》，由江西人民出版社出版；陶金林主编江西非物质文化遗产丛书《浔阳文脉》，由江西美术出版社出版；朱贵涛、宋崇凤、周中铎主编《西河戏》，由中华诗词出版社出版；张待检主编《修水宁河戏》，由中国戏曲出版社出版；柯亨达主编《武宁打鼓歌》，百花洲文艺出版社出版；刘春江、张玉君论文《青阳腔对赣北戏曲文化发展的影响》和陶金林论文《乡音情怀——记鄱湖奇葩西河戏》被文化部收入《全国非物质文化遗产保护论文集》，由中国戏曲出版社出版。陶金林编辑《浔阳记忆》，由江西邮票公司出版。

## 第三节 非遗名录与传承人

至2010年，全市共批准国家级非遗名录3批次10个，其中第一批次3个，第二批次4个，第三批次3个；批准省级非遗名录3批次38个，其中第一批次9个，第二批次9个，第三批次20个；批准市级非遗名录4批次61个，其中第一批次20个，第二批次18个，第三批次11个，第四批次12个。共登记非遗项目代表性传承人54人，其中国家级非遗项目传承人5个，省级非遗项目传承人35人。

**2010年全市非遗名录一览**

表57-6-1

| 类 别 | 项目名称 | 保护单位 | 国家级批次 | 省级批次 | 市级批次 |
|---|---|---|---|---|---|
| 传统音乐（10项） | 九江秧号 | 九江县 | | 3 | 2 |
| | 吴城排工号子 | 永修县 | | 3 | 2 |
| | 瑞昌秧号 | 瑞昌市 | | 3 | 2 |
| | 九江山歌三声腔 | 九江县 | 3 | 2 | 1 |
| | 庐山号子 | 庐山管理局 | | | 1 |
| | 十八番 | 修水县 | | | 1 |
| | 九江码头号子 | 浔阳区 | | | 3 |
| | 九江丝弦锣鼓 | 九江县 | | | 3 |
| | 建昌锣鼓 | 永修县 | | | 4 |
| | 德安农事歌 | 德安县 | | | 4 |

续表 57-6-1

| 类 别 | 项目名称 | 保护单位 | 国家级批次 | 省级批次 | 市级批次 |
|---|---|---|---|---|---|
| 传统舞蹈(5 项) | 打岔伞 | 都昌县 | | 3 | 2 |
| | 武宁傩舞(戏社火) | 武宁县 | | 3 | 2 |
| | 潘公戏 | 德安县 | 3 | 1 | 1 |
| | 摆云舞 | 湖口县 | | | 4 |
| | 一龙九柱 | 九江县 | | | 4 |
| 传统戏剧(10 项) | 青阳腔 | 湖口县 | 1 | 1 | 1 |
| | 武宁采茶戏 | 武宁县 | | 2 | 1 |
| | 瑞昌采茶戏 | 瑞昌市 | | 2 | 1 |
| | 九江采茶戏 | 九江县 | | 2 | 1 |
| | 西河戏 | 星子县 | 3 | 2 | 1 |
| | 九江文曲戏 | 九江县 | | | 3 |
| | 永修丫丫戏 | 永修县 | | 3 | 2 |
| | 修水宁河戏 | 修水县 | | 2 | 2 |
| | 德安西河大戏 | 德安县 | | 3 | 1 |
| | 德安南河戏 | 德安县 | | | 4 |
| 曲艺(2 项) | 渔鼓(鼓书) | 都昌县 | | 3 | 2 |
| | 打鼓歌 | 武宁县 | 2 | 1 | 1 |
| 传统手工技艺(15 项) | 金星砚 | 星子县 | 1 | 1 | 1 |
| | 湖口草龙 | 湖口县 | 2 | 1 | 1 |
| | 瑞昌竹编 | 瑞昌市 | 2 | 1 | 1 |
| | 湖口糟鱼的制作技艺 | 湖口县 | | | 2 |
| | 清真梁义隆桂花茶饼 | 浔阳区 | | 3 | 2 |
| | 星子镌石技艺 | 星子县 | | 3 | 2 |
| | 德安纸扎手工技艺 | 德安县 | | | 2 |
| | 修水哨子的制作技艺 | 修水县 | | 3 | 2 |
| | 清真梁义隆法饼制作技艺 | 浔阳区 | | | 4 |
| | 九江陈年封缸酒制作技艺 | 浔阳区 | | | 4 |
| | 湖口豉 | 湖口县 | | 3 | 2 |
| | 涌泉竹雕技艺 | 九江县 | | | 3 |
| | 杨氏弹花技艺 | 永修县 | | 3 | 3 |
| | 修水中国贡砚技艺 | 修水县 | | 3 | 3 |
| | 庐山云雾茶制作技艺 | 庐山区 | | | 3 |

续表 57-6-1

| 类 别 | 项目名称 | 保护单位 | 国家级批次 | 省级批次 | 市级批次 |
|---|---|---|---|---|---|
| 民俗(8 项) | 全丰花灯 | 修水县 | 1 | 1 | 1 |
| | 东林寺净土宗 | 庐山区 | | 1 | 1 |
| | 湖口粑俗 | 湖口县 | | 2 | 2 |
| | 彭泽板龙 | 彭泽县 | | 3 | 2 |
| | 义门陈 | 德安县 | | 2 | 1 |
| | 一圣仙娘花灯 | 修水县 | | 2 | 1 |
| | 范镇河灯节 | 瑞昌市 | | | 4 |
| 民间文学(9 项) | 德安民间八景传说 | 德安县 | | 3 | 1 |
| | 马当山的传说 | 彭泽县 | | | 3 |
| | 小姑与彭郎传说 | 彭泽县 | | 3 | 3 |
| | 江州八景传说 | 浔阳区 | | 3 | 3 |
| | 老爷庙的传说 | 都昌县 | | 3 | 3 |
| | 石钟山的传说 | 湖口县 | | | 4 |
| | 沉鄡阳浮都昌的传说 | 都昌县 | | | 4 |
| | 陶渊明民间传说 | 德安县 | | | 4 |
| | 鹤问湖的传说 | 九江县 | | | 4 |
| 民间美术(1 项) | 瑞昌剪纸 | 瑞昌市 | 2 | 1 | 1 |
| 老字号(2 项) | 九江清真梁义隆 | 浔阳区 | | | 2 |
| | 九江王万和 | 九江开发区 | | 3 | 2 |

## 2010 年全市非遗项目代表性传承人一览

表 57-6-2

| 姓 名 | 性 别 | 县(市、区) | 项目名称 | 类别 | 国家级批次 | 省级批次 | 市级批次 |
|---|---|---|---|---|---|---|---|
| 陈茂林 | 男 | 星子县 | 金星砚制作技艺 | 传统技艺 | | 2 | 1 |
| 曹春水 | 男 | 星子县 | 金星砚制作技艺 | 传统技艺 | | 1 | 1 |
| 程光华 | 男 | 星子县 | 星子西河戏 | 传统戏剧 | | 1 | 1 |
| 程家训 | 男 | 星子县 | 星子西河戏 | 传统戏剧 | | 1 | 1 |
| 赵万江 | 男 | 九江县 | 九江山歌 | 传统音乐 | | 1 | 1 |
| 韦桂花 | 女 | 九江县 | 九江山歌 | 传统音乐 | | 1 | 1 |
| 李屏沐 | 男 | 九江县 | 九江采茶戏 | 传统戏剧 | | 1 | 1 |
| 李飞焕 | 男 | 九江县 | 九江采茶戏 | 传统戏剧 | | 1 | 1 |
| 於青松 | 男 | 九江县 | 九江文曲戏 | 传统戏剧 | | | 2 |
| 何仁启 | 男 | 九江县 | 九江丝弦锣鼓 | 传统音乐 | | | 2 |
| 童前木 | 男 | 九江县 | 涌泉竹雕 | 传统技艺 | | | 2 |
| 桂训锦 | 男 | 德安县 | 潘公戏 | 传统舞蹈 | | | 1 |
| 桂乃荣 | 男 | 德安县 | 潘公戏 | 传统舞蹈 | | | 1 |
| 陈峰 | 男 | 德安县 | 江州义门陈 | 民俗 | | | 1 |
| 汤善道 | 男 | 德安县 | 西河弹腔 | 传统戏剧 | | 2 | 1 |
| 王需民 | 男 | 德安县 | 八景民间传说 | 民间文学 | | | 1 |
| 王全伟 | 男 | 德安县 | 纸扎 | 传统技艺 | | | 2 |

续表 57-6-2

| 姓名 | 性别 | 县(市、区) | 项目名称 | 类别 | 国家级批次 | 省级批次 | 市级批次 |
|---|---|---|---|---|---|---|---|
| 汤善兴 | 男 | 德安县 | 西河弹腔 | 传统戏剧 | | | 2 |
| 殷焕武 | 男 | 湖口县 | 湖口青阳腔 | 戏曲 | 2 | 1 | |
| 喻芳泽 | 男 | 湖口县 | 湖口草龙 | 民间美术 | 3 | 1 | 1 |
| 喻远莉 | 女 | 湖口县 | 湖口草龙 | 民间美术 | | 1 | |
| 吴春花 | 女 | 湖口县 | 湖口粑俗 | 民俗 | | 1 | 1 |
| 周江林 | 男 | 湖口县 | 湖口豆豉 | 传统技艺 | | 2 | 2 |
| 周文斌 | 男 | 永修县 | 永修丫丫戏 | 传统戏剧 | | 2 | 2 |
| 杨华光 | 男 | 永修县 | 杨氏弹花 | 传统技艺 | | 2 | 2 |
| 万千里 | 男 | 永修县 | 吴城排工号子 | 传统音乐 | | | 2 |
| 刘诗英 | 女 | 瑞昌市 | 瑞昌剪纸 | 民间美术 | 3 | 1 | 1 |
| 宋增礼 | 男 | 瑞昌市 | 瑞昌竹编 | 传统技艺 | 3 | 1 | 1 |
| 朱朴光 | 男 | 瑞昌市 | 瑞昌剪纸 | 民间美术 | | 1 | 1 |
| 田先敏 | 男 | 瑞昌市 | 瑞昌竹编 | 传统技艺 | | 1 | 1 |
| 邓见学 | 男 | 瑞昌市 | 瑞昌采茶戏 | 传统戏剧 | | 1 | 1 |
| 朱巧敏 | 女 | 瑞昌市 | 瑞昌采茶戏 | 传统戏剧 | | 1 | 1 |
| 孟凡林 | 男 | 武宁县 | 打鼓歌 | 传统音乐 | 3 | 1 | |
| 方由根 | 男 | 武宁县 | 打鼓歌 | 传统音乐 | | 1 | |
| 宁茂煌 | 男 | 武宁县 | 采茶戏 | 传统戏剧 | | 1 | |
| 梁启标 | 男 | 浔阳区 | 清真梁义隆食品工艺 | 中华老字号 | | | 2 |
| 郭松保 | 男 | 浔阳区 | 九江码头号子 | 传统音乐 | | | 2 |
| 刘天宝 | 男 | 都昌县 | 都昌鼓书 | 曲艺 | | 2 | 2 |
| 凌灶期 | 男 | 都昌县 | 打岔伞 | 民间舞蹈 | | 2 | 2 |
| 王友松 | 男 | 都昌县 | 老爷庙的传说 | 民间文学 | | | 2 |
| 戴水平 | 男 | 修水县 | 全丰花灯 | 民俗 | | 2 | 2 |
| 张待检 | 男 | 修水县 | 宁河戏 | 传统戏剧 | | 2 | 2 |
| 王　令 | 男 | 修水县 | 修水贡砚 | 传统技艺 | | 2 | 2 |
| 吴园生 | 男 | 修水县 | 修水哨子 | 传统技艺 | | | 2 |
| 张待依 | 男 | 武宁县 | 傩舞(戏社火) | 传统舞蹈 | | 2 | 2 |
| 汪会鸿 | 男 | 庐山区 | 庐山云雾茶制作技艺 | 传统技艺 | | | 2 |
| 周伦荣 | 女 | 湖口县 | 湖口青阳腔 | 戏曲 | | 2 | 2 |
| 龚正钦 | 男 | 彭泽县 | 小姑与彭郎 | 民间文学 | | | 2 |
| 毕武春 | 男 | 彭泽县 | 马当山的传说 | 民间文学 | | | 2 |
| 欧阳福旦 | 男 | 彭泽县 | 彭泽板龙 | 民俗 | | 2 | 2 |
| 柯培龙 | 男 | 彭泽县 | 彭泽板龙 | 民俗 | | 2 | 2 |
| 陈茂林 | 男 | 星子县 | 镌石技艺 | 传统技艺 | | | 2 |
| 梁启标 | 男 | 浔阳区 | 九江桂花茶饼 | 传统技艺 | | 2 | 2 |
| 朱美海 | 男 | 瑞昌市 | 瑞昌秧号 | 传统音乐 | | | 2 |

# 第五十八篇
# 史志　档案

# 第五十八篇 史志 档案

九江是江西产业工人出现最早、人数最多的地区，也是中国共产党组织在江西建立最早的地区之一。大革命时期，工农运动一直处于全省领先位置。大革命失败后，中共相继在九江策划南昌起义和发动秋收起义。土地革命战争时期，分别属于湘鄂赣和闽浙赣革命根据地的一部分，全市233个乡镇中，老区乡镇208个(各根据地与游击区)，占89.3%。众多的老一辈无产阶级革命家在九江领导和从事革命活动，留下许多革命遗址和纪念建筑。1991~2010年，全市党史研究无论从广度还是深度均有较大突破，尤其在资料征集、专题调研、编辑出版方面都有一批科研成果，以期刊编辑、影视宣传、纪念活动、专题资政、红色教育为主要内容的党史宣传取得新成绩。

20年来，盛世修志已成为各级党委和政府的共识，市方志编纂工作也走在全省前列，首轮市、县(区)志书已出版发行，二轮县(区)志多数完稿付梓，二轮市志和部分县志编纂工作正在进行。市、县年鉴编辑出版和行业志、部门志、地情资料开发整理也初见成效。

全市档案管理工作逐步走上法制化、规范化、信息化轨道，市、县级档案馆新馆纷纷建成开馆，硬软件建设迈上新台阶，档案征集、保存、管理、利用恰逢其时，意义彰显。市档案馆和庐山档案馆获国家二级档案馆称号，档案队伍建设和业务学习培训达到新水平。

# 第一章 党史编研

## 第一节 资料征集

1991年以来,市委和各县(市、区)委党史资料征集办公室为征集党史研究相关资料,共发出函电2706件,并多次派人到北京、上海、江苏、浙江、湖南、湖北、广东、福建等省(市)以及省内老苏区走访2378人次,获得各种文献资料、走访记录、文电抄摘、复制资料共300万字。参与福建、浙江、安徽、江西4省协作《闽浙皖赣革命根据地史料》(上下集)资料征集工作,至1995年,汇集赣东北和皖赣边(包括都昌、湖口、彭泽县)苏区建设和武装斗争等文献资料、回忆资料共532.2万字。

2000~2010年,为中央党史研究室提供《人民英雄大典》中九江地区英雄人物稿20篇,九江籍中科院、工程院院士稿4篇,将军和副省级领导干部稿7篇,共4.5万字。

## 第二节 专题研究

1991年,继续完善党史原专题研究及相关资料整理。至1992年,相继完成中央党史资料征集委员会下达的专题有南昌起义是在哪里、在什么会议上决定的;收回九江英租界的斗争;湘赣边秋收起义过程中是否在修水、铜鼓一带开展土地革命斗争;1928年9月17日在修水台庄召开中共红五军和五县中共县委联席会议情况;主力红军长征后湘鄂赣边的武装斗争及白区的地下工作情况。完成省委党史资料征集委员会下达的专题有五四运动在九江的情况;"江永"轮爆炸事件始末;星子暴动情况;赣北岷山根据地的建立及斗争;第二次全省党代会及前后的江西革命形势;德安县苏维埃政府建立始末;赣东北第一游击大队斗争史;解放前夕武宁县地下党活动概况。完成闽浙皖赣和湘鄂赣革命根据地协作区下达的专题有红十军两次出击赣北的情况;中共闽浙赣永修特区委建立始末;中央三次"左"倾错误对湘鄂赣省的影响;武宁苏区反围剿斗争;修水苏区的一、二、三次反围剿斗争;永修杨岭山游击根据地的建立及斗争;中共彭泽中心县委建立始末;中共赣北工委的建立及斗争情况;中共都湖鄱彭中心县委建立及活动;红五纵队攻打瑞昌县城失利情况;红十七师三进修水情况;修水苏区反"恋爱研究社"之始末;都湖鄱彭游击根据地情况;新四军都昌留守处建立始末及破坏情况;新四军(抗日军)修水通讯处;中共彭泽大工委的建立及斗争情况;瑞阳边区抗日根据地的组建与斗争。至2009年,相继完成社会主义时期省委党史资料征集委员会下达党史专题34个,自定党史专题17个。

## 第三节 书刊编辑出版

### 一、《九江人民革命史》编辑出版

2000年4月,经市委批准,市委党史办公室成立《九江人民革命史》编写小组。历时1年,完成出书任务。全书设五四运动和大革命时期、土地革命战争时期、抗日战争时期和解放战争时期4篇24章,共34.3万字。2001年5月,《九江人民革命史》由新华出版社出版发行。

## 二、县级人民革命史编辑发行

1991~2006 年，继修水县、瑞昌市后，星子、德安、武宁、永修 4 县党史部门相继编辑及内部发行当地人民革命史。2010 年，彭泽、湖口、都昌和九江县人民革命史仍在编辑之中。

1991~2010 年县级人民革命史编辑发行情况一览

表 58-1-1　　　　单位：万字

| 书 名 | 编辑单位 | 印刷时间 | 书号或准印号 | 字 数 |
|---|---|---|---|---|
| 星子县人民革命史 | 中共星子县委党史工作办公室 | 2001.06 | 内部发行 | 4 |
| 德安人民革命史 | 中共德安县委党史工作办公室 | 2003.11 | 内部发行 | 18 |
| 永修县人民革命斗争史 | 中共永修县委史志办公室 | 2006.06 | 赣新出内准字第 0005162 号 | 20 |
| 武宁人民革命史 | 中共武宁县委党史工作办公室 | 2004.10 | 赣新出内准字 2004 第 0003853 号 | 18 |

## 三、市组织史资料编辑出版

1991 年，由市委组织部、市委党史工作办公室、市档案局共同编辑《中国共产党江西省九江市组织史资料(1925~1987)》，先后从组织部、档案馆、民政局、教育局、党校以及浔阳区教育局、庐山区委办公室等单位抽调人员，组成工作班子开展工作。1993 年 12 月，该资料由新华出版社出版发行。

## 四、县级组织史资料编辑出版

1991 年以来，继修水县、武宁县、永修县、浔阳区、庐山区、都昌县、德安县 7 县(区)之后，至 1998 年，瑞昌市、九江县、湖口县、彭泽县、星子县 5 县(市)以及庐山风景名胜区管理局先后编辑出版本县(市、山)中共组织史资料。时间跨度从 1925 年 7 月中共九江地方组织的建立到 1987 年 10 月。

1991~2010 年县(区)组织史资料出版情况一览

表 58-1-2　　　　单位：万字

| 书 名 | 编辑单位 | 出版社 | 出版时间 | 书号或准印号 | 字 数 |
|---|---|---|---|---|---|
| 中国共产党江西省瑞昌县组织史资料(1926~1987) | 中共瑞昌县委组织部、中共瑞昌县委党史办公室、瑞昌县档案馆 | 新华出版社 | 1991.10 | ISBN7-5011-0842-0/D·147 | 39.4 |
| 中国共产党江西省九江县组织史资料(1925~1987) | 中共九江县委组织部、中共九江县委党史工作办公室、九江县档案馆 | 中国文史出版社 | 1991.11 | ISBN7-5034-0369-1/K·0268 | 34 |
| 中国共产党江西省湖口县组织史资料(1926~1987) | 中共湖口县委组织部、中共湖口县委党史资料征集办公室、湖口县档案馆 | 黄山书社 | 1994.04 | ISBN7-80535-777-3/K·416 | 34 |
| 中国共产党江西省彭泽县组织史资料(1926~1987) | 中共彭泽县委组织部、中共彭泽县委党史办公室、彭泽县档案馆 | 中共党史出版社 | 1997.03 | ISBN7-8016-051-6/K·43 | 35 |
| 中国共产党江西省星子县组织史资料(1926~1987) | 中共星子县委组织部、中共星子县委党史工作办公室、星子县档案馆 | 新华出版社 | 1998.11 | ISBN7-5011-2433-7/K·374 | 35 |

## 五、市中共党史大事记编辑出版

1994 年 4 月和 1999 年 11 月，先后编辑印刷发行新民主主义革命时期《中共九江市党史大事记》和《解放后五十年中共九江市党史大事记》。上限 1919 年五四运动，下限 1999 年 5 月。

1991~2010 年市党史大事记出版情况

表 58-1-3　　单位:万字

| 书名 | 编辑单位 | 出版时间 | 书号或准印号 | 字数 |
|---|---|---|---|---|
| 中共九江市党史大事记(1919-1949) | 中共九江市委党史工作办公室 | 1994.04 | 赣出内浔壹号(1994)02 号 | 10 |
| 解放后五十年中共九江市党史大事记(1949-1999) | 中共九江市委党史工作办公室 | 1999.11 | 九内 1-018 | 42 |

## 六、县(区)中共党史大事记编辑发行

1991~2010 年,继武宁县、都昌县、德安县、九江县、永修县之后,湖口县、星子县相继编辑发行本地区新民主主义革命时期和新中国成立后 50 年党史大事记。

1991~2010 年县级中共党史大事记编辑发行情况一览

表 58-1-4　　单位:万字

| 书名 | 编辑单位 | 出版时间 | 书号或准印号 | 字数 |
|---|---|---|---|---|
| 解放后五十年中共湖口县党史大事记 | 中共湖口县委党史工作办公室 | 2001.06 | | 25 |
| 解放后五十年星子县党史大事记 | 中共星子县委党史工作办公室 | 2002.11 | 内部发行 | |

## 七、地方中共党史书籍编辑出版

1991~1999 年,市、县两级党史部门先后编辑《赣北革命史话》《冯任纪念文集》《九江市企业组织史资料》,并相继交中国文史出版社、中央文献出版社、中共党史出版社出版发行。进入 21 世纪后,市、县两级党史部门进一步开展地方党史重大历史事件和重要历史人物研究。至 2010 年,先后编辑出版或内部发行《中国共产党九江地方简史》《九江人民革命史图册》《众志成城——九江 98 抗洪史料》《九江“11.26”抗震救灾纪实》《九江为民工程大事记》《九江民营经济在发展》《九江红色记忆》《九江抗冰救灾实录》《九江改革开放三十周年资料汇编》《庐山与全面抗战的形成学术研讨会论文集》《首届湘鄂赣苏区论坛文集》,总字数达232.8 万字。

1991~2010 年市县地方中共党史书籍编辑出版情况一览

表 58-1-5　　单位:万字

| 书名 | 编辑单位 | 出版社 | 出版时间 | 书号或准印号 | 字数 |
|---|---|---|---|---|---|
| 赣北革命史话 | 中共九江市委党史工作办公室 | 中国文史出版社 | 1992.08 | ISBN7-5034-0574-0/K·380 | 18 |
| 冯任纪念文集 | 中共九江市委党史工作办公室 | 中央文献出版社 | 1997.12 | ISBN7-5073-0458-2/D·123 | 35 |
| 九江市企业组织史资料 | 中共九江市委组织部、中共九江市委党史工作办公室 | 中共党史出版社 | 1999.04 | | 50 |
| 中国共产党九江地方简史 | 中共九江市委党史工作办公室 | 新华出版社 | 2002.11 | ISBN7-5011-5768-6/K·103 | 10 |
| 九江人民革命史图册 | 中共九江市委党史工作办公室 | | 2002.10 | 赣新出内准字第 0003379 号 | - |
| 众志成城——九江 98 抗洪史料 | 中共九江市委党史研究室 | 新华出版社 | 2003.08 | ISBN7-5011-6289-5/K·073 | 42 |
| 九江“11·26”抗震救灾纪实 | 九江市史志办公室 | | | 赣新出内准字第 0005197 号 | 12 |

表 58-1-7

| 书 名 | 编辑单位 | 出版社 | 出版时间 | 书号或准印号 | 字 数 |
| --- | --- | --- | --- | --- | --- |
| 九江为民工程大事记 | 中共九江市委党史研究室 | | 2004.08 | | 10 |
| 九江民营经济在发展 | 中共九江市委党史研究室 | | 2006.04 | | 20 |
| 九江红色记忆 | 中共九江市委党史研究室 | 中国文史出版社 | 2008.04 | ISBN7-5034-1063-0/G·0276 | 14.8 |
| 九江抗冰救灾实录 | 中共九江市委党史研究室 | 中共党史出版社 | 2008.10 | ISBN978-7-5098-0077-5 | 10 |
| 九江改革开放三十周年资料汇编 | 中共九江市委党史研究室 | | 2009.12 | | 30 |
| 庐山与全面抗战的形成学术研讨会论文集 | 中共江西省委党史研究室、中共庐山管理局委员会、中共九江市委党史研究室 | 中共党史出版社 | 2010.08 | ISBN978-7-5098-0763-7 | 47 |
| 首届湘鄂赣苏区论坛文集 | 九江市史志办公室、中共修水县委、修水县人民政府 | 中共党史出版社 | 2010.09 | ISBN978-7-5098-1440-6 | 37 |

### 八、《九江党史文萃》编辑

1991年，继续编辑出版《九江党史通讯》。1993年更名《九江党史文萃》，设有“党史论坛”“专题研究”“回忆与思考”等学术性、史料性栏目。同时设有“人物春秋”“赣北英烈”“先驱风范”等教育性、可读性栏目。还开辟一些专栏，配合重大党史事件、重要党史人物纪念活动。至1994年停刊，共出刊11期，33万字。2008年1月，修水县委党史研究室创办《红色修水》。同年《九江党史文萃》复刊，为季刊。2009年《九江党史文萃》被评为华东地区优秀党史期刊。至2010年，《红色修水》共出8期，96万字；《九江党史文萃》复刊本出刊12期，110万字。

### 九、《九江大事记》编辑

2007年1月，创办《九江大事记》月刊，聘请123名党史信息联络员，及时提供和记载当月全市党政机关工作情况和经济社会发展动态，为全市党政领导干部提供服务信息参政。至2010年共出60期，90万字。

## 第四节 党史宣传

### 一、纪念活动

1993年12月，举办纪念毛泽东100周年诞辰论文研讨会。1995年8月15日，举办纪念抗日战争胜利50周年座谈会，11月2日举办纪念冯任烈士90周年诞辰座谈会。1997年3月15日，举办收回九江英租界70周年座谈会，7月举办迎香港回归座谈会。2001年，举办邓小平理论和建党80周年理论研讨会。2003年，举办“三个代表”重要思想与邓小平理论研讨会，12月举办毛泽东110周年诞辰理论研讨会。2005年8月15日，举办纪念抗日战争胜利60周年座谈会，11月2日举行冯任烈士100周年诞辰纪念大会。2007年3月15日，举办纪念收回九江英租界80周年座谈会。8月28~29日举办纪念秋收起义80周年学术座谈会。2008年5月3日，召开纪念蔡公时遇难80周年座谈会。12月17日举办万家岭大捷70周年学术座谈会。2009年5月15日，举办纪念九江解放60周年老干部座谈会。2010年1月13~

15 日,承办“庐山与全面抗战的形成”学术研讨会,9 月 1 日,举办冯任烈士殉难 80 周年纪念会,9 月 16~17 日,举办首届“湘鄂赣苏区论坛”研讨会。

### 二、影视宣传

2005 年,为纪念抗日战争胜利 60 周年,与九江电视台合作拍摄 8 集电视片《发生在赣北抗日烽火中的故事》。2006 年,合作拍摄 36 集纪录片《九江英烈》。2008 年,合作拍摄 30 集纪录片《红色记忆》,合作拍摄 7 集纪录片《八一起义与九江》。2009~2010 年,与九江日报社合作,在《九江日报》连载 57 期《九江红色记忆》。此间,修水县委党史研究室与修水电视台合作,拍摄《红色修水——遗址遗迹篇》《唱响修水红歌》纪录片。德安县委党史研究室与德安电视台合作拍摄 7 集纪录片《德安英烈》;与中央电视台 7 套合作拍摄 3 集纪录片《万家岭大捷》。庐山管理局党委党史研究室与中央电视台合作拍摄 10 集大型纪录片《庐山——人文圣山》。

### 三、专题资政

2009 年 7 月,市委党史办向市委提交《关于建议积极推进革命遗址保护的情况报告》。同年 11 月又提交《关于建议积极争取国家红色旅游投资的情况报告》《关于对九江市红色资源的开发利用和保护的建议》。并代市委起草《中共九江市委关于保护利用九江英租界遗址的请示》《中共九江市委关于开发八一起义策源地遗址群的请示》。向省委党史研究室申报 18 个重大革命旧址项目,要求帮助立项。协助省发展改革委员会考察九江红色景区景点,将全市重点革命遗址列入发展红色旅游项目,计 8 大主题 62 个景点,以争取列入国家红色旅游二期规划。

### 四、红色教育

2008 年 1 月,与市委宣传部、市直机关工委联合举办“2008 年迎新春红歌大赛”,历时 10 日,参赛选手逾 1000 人。同年,对全市 276 个革命遗址进行普查登记,实行挂牌保护;列入文物等级的 71 个遗址进行立碑保护。将一批重点革命旧址作为红色旅游景点,把市区及周边红色旅游景点串连,开辟红色旅游线路 7 条。2009 年 9 月,创办“九江党史网”,2010 年 4 月 19 日更名为“九江史志网”。开展党史课进机关、学校、军营、社区活动,组织党史人员上门讲授《九江红色历史回眸》《九江是八一起义的策源地》《收回九江英租界》等课程 50 余场次,听众 1 万余人。叶挺国民革命军第二十四师指挥部旧址创建“八一起义策源地纪念馆”,从开馆到 2010 年底参观者达 13000 余人次。

# 第二章　志鉴编纂

## 第一节　方志编纂

### 一、市志编纂

1991 年,首轮《九江市志》尚在编纂之中。1992 年 4 月 24 日、1994 年 5 月 27 日、1995 年 4 月 28 日,市地方志编纂委员会先后举行会议,研究解决市志编纂中的问题,协调推动市志编纂工作进度。2001 年 11 月 6 日,市政府从政府办公室、市委宣传部、市委保密局、市志办等单位抽调数名熟悉九江情况、参加过修志工作、知识结构较专业的人员,组成《九江市志》审稿小组,对市志稿进行审核,并主持修改完善工作。

2004 年 12 月 15 日,《九江市志》首发式在九江宾馆举行,市地方志编纂委员会全体委员、市志各承编单位、各县(市、区)分管修志工作的领导和志办负责人、社会代表、新闻媒体约 200 多人参加。

2004 年版《九江市志》出版情况一览

表 58-2-1　　单位：万字、册、元

| 编纂单位 | 上限 | 下限 | 始修时间 | 终审定稿时间 | 出版单位 | 出版时间 | 书号或准印号 | 卷本 | 字数 | 印数 | 定价 |
|---|---|---|---|---|---|---|---|---|---|---|---|
| 九江市地方志编纂委员会 | 事物发端 | 1990 | 1987 | 2003 | 凤凰出版社 | 2004.09 | ISBN7-80643-859-9/K.271 | 4 | 603.9 | 3050 | 456 |

2008 年，市志办依据国务院《地方志工作条例》、省政府《江西省实施〈地方志工作条例〉办法》和《九江市经济社会发展第十一五规划》规定，拟定《关于开展市志第二轮编修工作的请示》《〈九江市志〉(1991~2010)编纂方案》，上报市政府。10 月 17 日，经市政府第二十七次市长办公会议研究决定，启动第二轮市志编修工作。10 月 30 日，市委办公厅、市政府办公厅联合下发《关于开展〈九江市志〉(1991~2010)修纂工作的通知》。12 月 13 日，市政府召开全市地方志工作会议，部署《九江市志(1991~2010)》修纂任务，正式开展第二轮市志编纂工作。

2010 年，第二轮《九江市志(1991~2010)》正在编纂中。

## 二、县(市、区)志编纂

1991 年前，《永修县志》《武宁县志》《星子县志》《瑞昌县志》已出版发行。1991 年《德安县志》《修水县志》出版发行。同年，瑞昌市为完整记录撤县设市前瑞昌县县情，启动《瑞昌县志》(续)编纂。1992 年，《彭泽县志》《瑞昌县志》(续)出版发行。1993 年，《修水县志》获全国暨全省方志评比一等奖，《瑞昌县志》《德安县志》分别获全省二、三等奖。1996 年，《九江县志》出版发行。1997 年，《都昌县志》获全国方志评比二等奖、全省方志评比一等奖。1999 年、2000 年，浔阳区、庐山区分别启动区志编纂工作。至 2003 年，全市所有县(市)全部完成第一轮新方志的编修任务。2003 年 10 月 9 日，市政府下发《关于抓紧做好续修市、县两级地方志工作的通知》，规划各县(市)的第二轮修志工作，督促浔阳区、庐山区推进区志编纂，要求庐山管理局和九江开发区、共青开发区开展修志工作。各县(市)开始编纂第二轮志书。2004 年，《庐山区志》《永修县志(1985~2000)》出版发行。2009~2010 年，《武宁县志》(续志)《都昌县志》(续志)《星子县志》(续志)《瑞昌市志》(续志)《九江县志》(续志)《彭泽县志》(续志)出版发行。至 2010 年，全市共出版县级地方志书 17 部，其中二轮(重修)志书 7 部。

1991~2010 全市县级志书出版情况一览

表 58-2-2　　单位：万字、册、元

| 书名 | 编纂单位 | 上限 | 下限 | 始修时间 | 终审定稿时间 | 出版单位 | 出版时间 | 书号或准印号 | 册数 | 字数 | 印数 | 定价 |
|---|---|---|---|---|---|---|---|---|---|---|---|---|
| 九江县志 | 九江县志编纂委员会 | 事物发端 | 1985 | 1982 | 1995 | 新华出版社 | 1996 | ISBN7-5011-3069-6/Z.383 | 1 | 141 | 3000 | 152 |
| 德安县志 | 德安县志编纂领导小组 | 事物发端 | 1984 | 1981 | 1990 | 上海古籍出版社 | 1991 | ISBN7-5325-0962-1/K.99 | 1 | 136 | 3000 | 34 |
| 彭泽县志 | 彭泽县志编纂委员会 | 事物发端 | 1985 | 1980 | 1990 | 新华出版社 | 1992 | ISBN7-5011-0817-X/Z.103 | 1 | 120 | 3000 | 40 |
| 湖口县志 | 湖口县志编纂委员会 | 事物发端 | 1988 | 1981 | 1991 | 江西人民出版社 | 1992 | ISBN7-210-00971-X/K.78 | 1 | 110 | 3000 | 35 |
| 瑞昌县续志 | 瑞昌市地方志编纂委员会 | 事物发端 | 1989 | 1991 | 1992 | 黄山书社 | 1993 | ISBN7-80535-509-6/K.274 | 1 | 40 | 1000 | 20 |
| 修水县志 | 修水县志编纂委员会 | 事物发端 | 1985 | 1985 | 1989 | 海天出版社 | 1991 | ISBN7-80542-180-3/Z.5 | 1 | 135 | 2500 | 38 |

续表 58-2-2

| 书名 | 编纂单位 | 上限 | 下限 | 始修时间 | 终审定稿时间 | 出版单位 | 出版时间 | 书号或准印号 | 册数 | 字数 | 印数 | 定价 |
|---|---|---|---|---|---|---|---|---|---|---|---|---|
| 都昌县志 | 都昌县志编纂委员会 | 事物发端 | 1989 | 1989 | 1992 | 新华出版社 | 1993 | ISBN7-5011-2132-X | 1 | 100 | 3000 | 45 |
| 庐山区志 | 庐山区志编纂委员会 | 事物发端 | 2000 | 2000 | 2002 | 方志出版社 | 2004 | ISBN7-80192-437-1 | 1 | 102 | 2000 | 150 |
| 永修县志(1985~2000) | 永修县志编纂委员会 | 1985 | 2000 | 2001 | 2004 | 方志出版社 | 2004 | ISBN7-80192-399-5 | 1 | 112 | 3000 | 168 |
| 武宁县志(重修) | 武宁县志编纂委员会 | 事物发端 | 2006 | 2004 | 2008 | 江西人民出版社 | 2009 | ISBN978-7-210-03785-9 | 1 | 218 | 6000 | 380 |
| 都昌县志(1990~2005 | 都昌县地方志编纂委员会 | 1990 | 2005 | 2005 | 2008 | 江西人民出版社 | 2009 | ISBN978-7-210-04181-8 | 1 | 118 | 3000 | 268 |
| 星子县志(1986~2005) | 星子县志编纂委员会 | 1986 | 2005 | 2005 | 2008 | 方志出版社 | 2010 | ISBN978-7-5144-0037-3 | 1 | 140 | 5000 | 680 |
| 瑞昌市志(1990~2005) | 瑞昌市地方志编纂委员会 | 1990 | 2005 | 2004 | 2007 | 方志出版社 | 2009 | ISBN978-7-80238-678-5 | 1 | 133 | 3000 | 260 |
| 九江县志(1986~2005) | 九江县志编纂委员会 | 1986 | 2005 | 2004 | 2010 | 方志出版社 | 2010 | ISBN978-7-80238-990-8 | 1 | 143 | 3000 | 260 |
| 彭泽县志(1986~2000) | 彭泽县志编纂委员会 | 1986 | 2000 | | | 江西人民出版社 | 2009 | ISBN978-7-210-04141-2 | 1 | 110 | 3000 | 209 |

## 三、部门志编纂

1991年后,随着《九江市志》的编纂,部分单位开始编纂本行业(部门)志。至2010年,全市公开或内部出版的行业志书有《九江市人民政府志》《九江市人大志》《九江市教育志》《九江市老龄志》《九江市交通志》《九江市政协志》《九江市纪检监察志》《九江市军事志》(含浔阳区、庐山区、九江县、德安县、永修县、星子县、修水县、武宁县、湖口县、都昌县、彭泽县、瑞昌市军事志共13部)《九江市金融志》《九江港口志》《九江市税务志》《九江市文化志》《九江市科技志》《九江市水利志》《九江市审计志》《九江市公安志》《九江市水产志》《九江市纺织工业志》《九江市商业志》《九江市城乡建设志》《九江市供销合作社志》《九江市风俗志》《九江市防空志》等;公开或内部出版的部门(厂矿)志书有《国棉一厂志》《九江市烟草志》《九江化纤厂志》《共青垦殖场志》《武山铜矿志》《都昌县邮电志》《都昌县民政志》《都昌县交通志》《都昌县教育志》《武宁县供销社志》《星子县供电志》《星子县供销社志》《九江市二中校志》(1867~1992)《崇儒励学 天下同文——九江同文(儒励)中学校志》《九江市黄金志》《庐山东(西)林寺志》《九江师专志》《九江一中志》等;公开或内部出版的山水志有《修河志》等。据统计已编辑出版各类志书共计100多部。其中《九江市交通志》在全国交通系统评比中获一等奖,《都昌县邮电志》获省方志评比一等奖。2010年,九江军分区被评为“全国方志系统先进集体”。

## 第二节 年鉴编辑

### 一、市年鉴编辑

2004年3月27日，市政府召开全市年鉴工作会议，部署《九江年鉴》编辑工作，落实创刊号编辑任务。《九江年鉴》连续出版2004、2005、2006、2008、2009、2010年刊6卷。

2004~2010年《九江年鉴》出版情况一览

表58-2-3 单位：万字、册、元

| 书名 | 编辑单位 | 出版时间 | 出版社 | 字数 | 印数 | 定价 |
|---|---|---|---|---|---|---|
| 九江年鉴(2004创刊号) | 九江年鉴编辑委员会 | 2004.10 | 方志出版社 | 120 | 1500 | 160 |
| 九江年鉴(2005) | 九江年鉴编辑委员会 | 2005.10 | 方志出版社 | 110 | 1500 | 150 |
| 九江年鉴(2006) | 九江年鉴编辑委员会 | 2006.11 | 方志出版社 | 110 | 1500 | 120 |
| 九江年鉴(2008) | 九江年鉴编辑委员会 | 2008.12 | 方志出版社 | 109 | 1000 | 120 |
| 九江年鉴(2009) | 九江年鉴编辑委员会 | 2009.12 | 武汉出版社 | 100 | 1000 | 120 |
| 九江年鉴(2010) | 九江年鉴编辑委员会 | 2010.12 | 武汉出版社 | 100 | 1000 | 240 |

### 二、县区年鉴编辑

2008年，庐山区启动年鉴编辑工作；2009年，永修县、都昌县、武宁县、九江县和瑞昌市启动年鉴编辑工作。

## 第三节 地情资料开发

### 一、旧志整理

1991年，庐山区政协文史委、星子县政协文史委联合点校出版清康熙版《庐山志》。1992年，庐山地方志办公室重印民国《庐山续志稿》。1996年，江西省古籍整理所点校出版民国《庐山志》、明景泰《石钟山志》。2009年，武宁县志办将明嘉靖壬戌、雍正乙巳、乾隆乙亥、乾隆壬寅、道光甲申、道光戊申、同治癸酉版7个版本《武宁县志》予以整理，定名《明清武宁县志汇编》，同年6月交江西人民出版社出版发行。10月，九江县志办整理出版清同治壬申版《德化县志》。2010年，都昌县志办开展整理清康熙丙寅版《都昌县志》工作。

### 二、地情资料编辑

1992年，市志办与江苏省南通市、四川省德阳市等12城市合编《友城风采》12卷。2005年，市志办开展抢救性的老照片搜集工作，搜集濒临灭失的老照片2000多张，于2008年编辑出版《九江老照片(1868~1949九江影像档案)》。市志办挖掘地情资料，先后编著出版《辛亥革命与九江》《江州陈氏东佳书堂研究》《九江概况》(市委宣传部主编，市志办参与撰写并统稿)《中国九江》画册等地情书籍；参与《九江百年》《九江之最》《九江之旅》《九江之谜》《九江历史名人》等书籍的编著；为《江西年鉴》《九江日报》《九江党史文萃》《九江地方史论坛》《同文校友》《中国九江》《白鹿书院》等书、刊、报纸、网站供稿。

### 三、地情资料运用

1991年10月10日，市志办、群艺馆、图书馆、博物馆联合主办《辛亥革命与九江历史资料展览》，纪念辛亥革命80周年。同年，市志办与市图书馆合作，编辑出版《九江地方文献索引》。1999年，协助中央电视台“军事天地”栏目制作专题节目。市志办先后为铜九铁路、九江城市规划、都昌太阳能项目、鄱阳湖风力发电、九景高速公路、九江申报中国魅力城市、庐山申报世界文化景观、浔阳区大中路改造、八里湖新区规划、庐山石门涧和马尾水景区开发、江湖楼规划设计、螺丝山烈士陵园撰写碑文等提供地情资料支持;为国内外文史研究者、寻根觅祖者提供材料咨询。

# 第三章 档案管理

## 第一节 档案收集

1991年以来,市(县、区)档案馆分别负责接收、收集、整理、保管分管范围内的档案。2001年5月开始,收集具有地方特色、重点工程、重大事件的档案进馆。市档案局在《九江日报》连续一周刊登《关于征集档案资料的通告》,共征集具有九江地方特色重大事件档案一批,如《九江1998抗洪图片》《九江老字号》《日本侵华史实》等资料共计10余种、560册(张)。

到2010年,市县两级档案馆馆藏全宗共1333个,案卷607370卷,案卷排架长度935545米,以件为保管单位档案300877件。以件为保管单位档案排架长度734.5米,录音、录像档案110盘,照片档案10692张,科技档案底图235张,电子档案(含磁带187盘、磁盘66张、光盘340张)共计593(盘、张)。馆藏资料资料160489册。其中,市档案馆保存全宗共229个,案卷80380卷,以件为保管单位档案3062件,录音、录像档案40盘,照片档案1484张,电子档案(含磁带180盘、磁盘9张、光盘100张)共计289(盘、张),馆藏资料13717册。

## 第二节 档案保管

1999年10月,市档案馆新馆为5层框架式钢混结构,建筑总面积1620平方米,其中档案库房1000平方米,档案保管条件得以改善。2000年前,县(市、区)档案保存库房简陋,温湿度靠自然调节,档案霉变情况严重,木质箱柜达不到防火要求。2001年,市档案局组成调研组到各县(市、区)档案馆及资料室调研,撰写全市档案情况调研报告,被省档案局转发到全省档案系统。市委常委会专门召开会议,研究档案工作,拨款65万元,为市档案馆达标升级提供资金保障。同时,实行按馆藏量每卷1元拨给档案事业费,各县(市、区)先后按市委常委会精神,增大对档案事业经费投入,档案保管条件得到改善。2010年10月,永修县、彭泽县、庐山管理局、瑞昌市档案馆新馆建成投入使用,九江县、湖口县档案馆新馆主体工程竣工,德安县、武宁县、都昌县、修水县档案馆新馆在规划设计中。其他县(市、区)档案馆新馆列入“十二五”建设规划。至同年底,全市14个综合档案馆总建筑面积11762.2平方米,其中档案库房面积8303.3平方米。全市有9个综合档案馆安装密集架,其他馆实现铁皮柜保管档案,库房内基本安装空调去湿机。全市档案馆共有集中式空调44套、去湿机19台、复印机12台、微机106台。保管条件改善,全市档案馆藏质量提高。一些历史原因造成的需要抢救的档案得到及时抢救,至2010年,需要抢救的22385卷档案已抢救11083卷。

## 第三节 档案利用

### 一、档案开放

1992年,开放第一批3575卷新中国成立前档案,到2010年,全市共开放档案730个全宗,121624卷。市档案局18个全宗4185卷新中国成立前档案全部开放,另有市委、市政府等主要职能部门1981年以前的80个全宗,22862卷档案开放。对于已经开放的档案,利用者只需凭有效证件即可查阅,提高利用效率。

## 二、查档用档

1991年，全市接待查阅7483人次、20249卷次。其中编史修志8244卷次，工作查考9038卷次，其他学术研究297卷次，经济建设801卷次。同年，市档案馆接待查阅115人次455卷次。2001年，全市查阅6393卷次，主要是工作查考。同年，市档案馆接待112人次查阅，调卷568卷次。2010年，全市查阅7122人次、24154人卷次。其中编史修志6653卷次，工作查考4120卷次，经济建设7817卷次，宣传教育1031卷次，其他4538卷次。同年，市档案馆接待查阅709人次，调卷957卷次。20年来，为市直机关编史修志，调查研究，著书立说，经济建设决策参考做出应有贡献，为广大市民解决实际困难提供档案服务，特别是2010年为解决下乡回城知青的两金问题，接待查档1016人次，为904人次提供档案服务。

## 三、档案编研

1991年以来，市档案馆编写的资料有：2000年的《九江市档案馆简介》、2002年的《九江大事记》、2003年的《九江百年大事记》、2005年的《九江历史上的今天》《九江市百名优秀人才事迹材料汇编》、2007年的《九江名人录》、2008年的《九江风景名胜简介》等。先后参与编写和提供资料的有《中共九江组织史资料》《众志成城——九江'98抗洪史料》《见证九江抗战》《九江民营经济在发展》等。其中，庐山档案局编写的资料有《庐山大事记》《庐山档案馆指南》《庐山档案全宗介绍》《档案利用效果汇编》《九江年鉴庐山篇》《历史上的今天——庐山台历》等。九江县档案馆编写的资料有《中共九江县委及各部门机构沿革、干部任免情况索引》《县档案馆简介》；都昌县档案馆编写和参与编写的资料有《都昌历史档案丛书》；浔阳区档案馆编写的资料有《浔阳区志》《浔阳区档案馆指南》《浔阳区大事记》《中国共产党江西省九江市浔阳区组织史资料》(第一卷)(第二卷)《辉煌浔阳二十年》《浔阳地名古今谈》等。修水县档案馆参与编写的资料有《修水县志》《修河志》《修水一中校志》《修水图书馆志》《修水政协志》《修水军事史》和《修水史略》等；德安县参与编写的资料有《万家岭大捷》《德安县城建志》《德安县人大志》等。星子县档案馆编写的资料有《星子县档案馆指南》《星子大事记》《档案利用效果汇编》等。永修县参与编写的资料有《永修年鉴》《侵华日军暴行史》《修河志》等。武宁县档案馆编写的资料有《武宁诗词》《中共武宁县委历届党代会简介》《武宁开荒造林文件汇编》等。至2010年，全市各级综合档案馆以自编或合编方式，编研档案参考资料累计84种631万多字。共向12家省、市各类媒体报送1500余条，有1000条被采用。其中《人民日报》《光明日报》《中国档案报》刊载160条。

## 四、拓展服务功能

2003年5月，市档案局以《九江市政府信息公开规定》，建立现行文件服务中心，收集公开印发“红头”文件2000多件，为公众查阅现行文件搭建基本服务平台。2004年5月，市档案局成功申报市爱国主义教育基地。至2010年，改建、装修展览厅，挖掘充实档案爱国主义教育资源，先后主办和协办《全市百名优秀人才事迹展》《九江纪念抗战胜利60周年档案史料图片展》《九江名人陈列展》《纪念九八抗洪胜利10周年图片展》等教育展览活动。

# 第四节　档案信息化建设

## 一、数字库建设

2000年，市档案局档案信息使用网络版3Hmis档案管理系统，系统包括文件管理、档案管理、资料管理、检索、利用、保管、鉴定、移交接受、编研、统计、数据管理、系统维护。当年，对全体工作人员进行计算机操作培训，组织专人对市委、市政府等部门全宗档案输入计算机网络。“十五”期间，加大投入力度，市、县两级档案部门把档案信息化建设纳入到当地信息化建设总体规划中，所属档案馆基本购置微机，多数安装档案管理系统软件。“十一五”期间，市、县两级档案信息化基础设备全部配备由省档案局推广使用的档案管理系统软件，实现档案数字化、现代化管理。2006年6月，《“数字九江”规划暨九江国民经济和社会信息化“十一五”规划》颁布实施。在《数字九江”规划》中将加强档案资源信息化建设列入“十一五”期间市加快重点行业信息化进程工作内容,明确“十一五”期间全市各级国家综合档案馆档案资源信息化建设工作目标、任务,把电子公文归档管理、档案数据库建设、公开档案信息网络查询利用等档案资源信息化建设内容列入市政府信息化建设规划和电子政务工程。同时,把档案数据库条目增量列入十一五档案信息化建设工作重点,集中人力、时间、财力,有序推进馆藏传统载体档案“三库”建设进程。到2010年,全市各级档案馆馆藏档案数据库数据达110万条,其中市档案馆馆藏档案数据库数据达60万条(页),案卷级目录8万条,文件级目录42万条,重点档案原文8万页。市、县两级档案部门所配置计算机由“九五”末3台增至2010年40台。市、县档案馆机读目录由“九五”期末的2万条增至2010年43万条。

### 二、网站建设

2000年9月,市档案局建立局域网。2001年,市档案局在互联网上设立档案信息网页。2003年11月18日,九江档案信息网站开通,分设馆藏介绍、伟人论档、政策法规、现行文件等12个栏目。2004年4月,实现局域网、政务网、因特网3网联通,提高档案信息传输速度。2007年8月,九江档案信息网进行改版,在首页增设网上展厅、珍档荟萃、档案园地、视频档案、历史驿站等内容。定期进行工作动态、现行文件、开放档案和九江市大事记等内容的发布更新。至2010年,网站点击量近17万人次,并在2009年省首届档案网站评比中获三等奖。2010年年底,修水县、庐山区、武宁县、瑞昌市、九江县、湖口县、都昌县7家县级档案部门网站向社会开通。修水、庐山档案信息网站栏目设置新颖、地方特色浓郁、内容更新快,在全省首届县级档案网站建设检查评比中获优秀网站。

## 第五节　档案法规建设

### 一、法规宣传

1991年以来,持续宣传《中华人民共和国档案法》,2001年,开始宣传《江西省档案管理办法》。2005年,市档案局到南昌参加省电视台益智类节目《绝对英雄》录制,宣传魅力九江,提高档案工作社会影响。2006年4月29日,制定《九江市档案管理办法》。随着国家档案法律法规不断完善,全市各级档案部门在档案法颁布纪念日和“12·4”全国法制宣传日,通过张贴标语,悬挂宣传横幔,开办宣传橱窗等形式,宣传档案法律与法规,并与司法等部门配合,将档案法列入“十五”“十一五”法制学习活动中,用以提高档案系统自身法律观念和全社会档案意识。

### 二、执法检查

2001年,市档案局与市人大联合开展全市执法检查,每年联合或单独开展档案执法检查,发现问题,督促整改,通报情况。各县(市、区)对所分管地区每年也进行档案执法检查,共计检查142次,检查面达98%以上。提高各级领导对档案工作认识,增加对档案事业资金投入。与此同时,市档案局加强对机关档案、企业档案、农村档案、社区档案、重点建设项目档案工作分类监督指导,实现档案业务标准化、规范化建设。

### 三、干部培训

1991年以来,全市各级档案部门坚持每周五业务学习制度,提高档案工作者自身业务水平。同时针对基层机关档案人员变动频繁,业务水平不高的实际,坚持每年举办1~2次业务培训班,市档案局培训市直机关、企事业单位档案人员。各(县、区)档案局培训所属机关、乡镇专职档案员。同时配合各系统、各行业协作举办培训班。2001年以后的文件都按照新文书立卷办法整理归档,使档案工作法制化、规范化。至2010年,全市共举办各种形式培训班200余次,培训人员15000余人次。基层档案人员业务水平和移交档案质量有较大提高。

# 第五十九篇
## 传媒 出版

# 第五十九篇 传媒 出版

1991年以来，全市报纸期刊坚持“三贴近”原则，以“办好报刊，做强报业”为具体工作思路，围绕市委、市政府中心工作，服务全市改革发展稳定大局，发挥党报党刊及内部资料性报刊作用。全力推进报刊改版，新闻创新，在办报（刊）质量、经营创收、队伍建设、事业发展，对外宣传等方面取得明显进步，宣传质量提高，报刊影响力逐步扩大。至2010年，具有国内统一刊号的报纸《九江日报》《浔阳晚报》《九江广播电视报》《九江学院报》《修水报》；公开发行期刊有《九江学院报（社会科学版）》《九江学院报（自然科学版）》《九江职业技术学院学报》《江西棉花》。

1991年以来，无线广播由市级发展到县级，有线广播被调频广播替代。2010年，九江人民广播电台节目由1套发展到4套。九江实验台转播广播节目套数由3套到6套。各县（市、区、山）广播台站开通无线调频广播，可让周边群众用调频收音机直接收听，且为各乡、镇、场广播站转播提供节目信号。市级自办电视节目由1套发展到4套，开展市移动多媒体广播电视业务和无线数字微波业务。县级电视台站均自办电视节目。庐山上的江西701电视台、修水（板山）电视转播台以及彭泽、武宁等地的广播电视转播站均无线转播多套中央和省、市台的广播和电视节目。省、市、县、乡四级有线广播电视网络联网工作基本完成，除传输模拟电视外，还开展数字电视、广电宽带以及电视会议等业务。广电网络与天上卫星、地面微波及无线覆盖配合，已交织形成广播电视节目立体传输网，“村村通”工程基本完成，全市广播电视人口覆盖率达100%。

20年来，全市从抓版权宣传、版权执法、版权管理和搞好服务入手，积极推进版权、出版保护。至2010年内部资料期刊35种。按照国家版权局、省版权局部署，深入开展打击侵犯知识产权和制售假冒伪劣商品、打击互联网侵权盗版“剑网行动”和网吧侵权治理等专项行动。主动上门督促企业更换盗版使用正版软件，营造“拒绝盗版，从我做起”氛围。版权登记工作深入推进，知识产权保护工作得到加强。全市形成由扫黄打非办牵头，相关单位协作，县（市、区）联动，社区（村）参与，社会监督的“五位一体”市场监管体系，有力推动扫黄打非工作深入开展。2008年，市扫黄打非办被评为全国扫黄打非工作先进单位。2010年，市公安局网监支队获全国整治互联网和手机媒体淫秽色情信息有功集体。

# 第一章 报纸 期刊

## 第一节 公开发行报刊

### 一、报 纸

**九江日报** 市委机关报。1991年以来,坚持正确舆论导向,按照"党报性质、晚报风格、区域品牌、九江特色"的权威媒体要求,着力于打响"社会新闻""时事评论""深度报道"3大品牌,深度报道以深见长。11月,举办"开放九江有奖征文",记者撰写的评论"打好庐山这张牌"获奖。当年发行量4万份。1993年5月1日,由四开4版改为对开4版。1998年7月10日,记者采写通讯"誓与长江大堤共存亡——九江军民抗洪抢险纪实",同一天在《人民日报》《江西日报》《九江日报》刊发。此外,记者采写的《全国首次拍卖"托市粮"在九江开市》《九江农村出现抢包耕地现象》《真正看到一幅国泰民安的景象》《货车超载令长江大桥折寿》《长江鄱阳湖交汇处惊现清浊倒置奇观》《博士回乡闹新婚》等100多篇通讯报道分别获得中国地市新闻奖、中国城市党报新闻奖和江西新闻奖一等奖。1999年,出版《风雨兼程——九江日报创刊五十周年》画册。2004年起,周二至周五增为对开8版。2005年,发行由邮政发行改为自办发行,11月记者节前夕,与九江县政协文史委联合举办"纪念黄远生诞辰120周年逝世90周年著作资料展览会",《人民日报·海外版》等媒体予以报道。2008年11月4日,与九江县政协文史委联合举办"徐宝璜著作史料展览和座谈会",北京大学新闻学院和中国新闻史学会代表、九江新闻界领导、学者及徐家亲属60余人参会。2009年7月1日,以"权威、主流、服务、为民"为宗旨进行全新改版,报型采取国际流行的"瘦报",周七刊,每周44版。在各县(区、市、山)和市区各街道设立发行站。2010年,发行4.3万份。

**浔阳晚报** 九江日报社主办的综合性都市类报纸。1996年10月1日创刊,为四开4版、周三刊,发行1.4万份,在浔阳区和庐山区随《九江日报》赠送发行。2000年10月1日,由周六四开4版扩为周六四开8版,设要闻版、社会新闻版、副刊专版、娱乐新闻广告版,增时事版、体育版、特稿版、经济版。2001年开设"经济新闻"版。9月1日扩为12版。专版部和特稿部合并,组建专刊部。购全套电脑设备,实现采编网络化和无纸化。2002年,获国内统一刊号。2003年9月,报纸由四开12版扩为四开16版,并在湖北黄梅、武穴和安徽宿松等地发行。2005年,周二周四周五扩为24版,广告收入增至1200万元,发行4万多份。同年10月改版,九江新闻由6个版增至8个版,增发舆论监督稿件。2008年6月改版扩版,除周六保持16版,其余全部扩为24版。除增本地新闻版和报道量外,副刊进一步生活化和本土化,增设《夕阳红》老年版、"珍藏天下珍藏阁"收藏版及网络版、家政服务等版面。2010年5月,在中国地市报研究会举办的地市报评比中,获中国地方都市类报纸"最具影响力十强"。2010年9月1日改版扩版,周三至周五扩为四开32版;新闻版面,由8个扩为11个,新闻尤其是社会新闻容量增加三分之一;副刊专版化,增设"女典""成长周刊",提升报纸文化品牌;设"城际新闻"版,重点刊登长江以北湖北黄梅、武穴、安徽宿松等地新闻,发行量突破5万份。

**九江学院报** 中共九江学院党委、行政机关报。前身为《九江师专报》(1986~2004)、《九江医专报》(1987~2004)和《军需财专报》(1991~2004)。2002年,九江师专、九江医专、九江财专、九江教育学院合并,升格为九江学院。国家新闻出版总署批复同意3种报纸合并更名《九江学院报》,国内统一连续出版,主管、主办单位为中共九江学院委员会,刊期为旬刊,开版为对开4版。于2004年9月1日开始出版,实行总编负责制,编辑部设主任1人、副主任1人、兼职编辑2人、学生编辑6人、教工通讯员和学生记者120人。编辑部实现办公自动化,有固定印刷厂(九江学院印刷厂)。每期发行量1.3万份,多时达4万份。

重视典型报道,重视热点引导,重视舆论监督。按照"短、快、新、活、真、强"要求抓好新闻稿件,每版有报道主题、突出特点和风格。2010年,设有"濂溪讲坛""鄱阳湖论坛""走近名家、感受名家""社团风采""社会实践""多彩校园""青春茶座""校园观察哨""学子风采""领导信箱来信摘登""心灵驿站""新书导航""蝶湖语丝"等栏目。至年底发行123期。

**九江广播电视报(九江壹周)** 1991年5月,市广电局筹办《九江广播电视报》,同年9月,九江广播电视报社成立。10月18日,11000份《九江广播电视报》创刊号正式发行。1991年10月至1993年底,为4开4版,每周三出报;第一版为广播电视要闻、演艺人员介绍等,二、三版为剧情介绍及广播电视节目预告,第四版为文艺副刊《琵琶亭》。1994年初,由4开4版改为4开8版。当年,报纸期均发行量为45289份。1998年,购买电脑排版系统,开始自行排版,版面增为12版;2000年为16版;2003年改为彩色印刷。2004年9月,增加生活服务内容,改名为《九江广播电视——快乐一周》,为4开20版,封面轻涂纸,彩色印刷。2006年1月,改名《九江壹周》,同时扩版至36版。2009年3月起,《九江壹周》由每周一期改为每周两期,彩色印刷,取消封面,均为4开16版。其中周三面市的是《新闻资讯》版,周五为《娱乐导视》版。1991~2010年,该报在全国城市广电报及全省广电报优稿评选中的获奖作品近100件,其中《专题片〈责任〉在央视播出后引起中央领导高度重视》《影片〈毛泽东与斯诺〉真情演绎历史》均获中国广播电视奖三等奖、江西广播电视奖一等奖。2010年发行量2万份。

**修水报** 修水县委机关报。1991年1月铅印改为胶版印刷。1992年8月采用激光照排,胶版印刷;同年,江西省县市报研究会成立,修水报为会长单位。1997年1月1日起,扩版为对开4版周二刊。同年11月,全省报刊治理整顿,《修水报》为市唯一的正式县级党报予以保留。1999年,省县市报研究会成立设秘书处于修水报社。2000年,修水报社被授予省级文明单位称号;同年,新报社综合大楼投入使用,总建筑面积3500平方米。2003年11月,在全国报刊治理整顿中,为全省予以保留的2家县级党报之一。2008年3月改黑色印刷为彩色印刷,办公实现网络化。2010年,每期发行量2万份。

## 二、刊物

**九江学院学报(社会科学版)** 双月刊,为学院主办综合性学术理论期刊。以弘扬学术为宗旨,立足反映科研与教学成果,致力于学术精品的推解和交流,坚持开放式办刊理念,突出地域文化特色,打造诸如"陶渊明研究""黄庭坚及江西诗派研究""鄱阳湖·庐山文化研究"等国内外有一定知名度和学术影响力的特色栏目。"陶渊明研究"专栏,自创办以来,连续推出77辑,发表文章342篇,在陶学研究领域产生积极影响,受到日本、韩国、美国以及中国台湾、香港地区学者关注,在此基础上组织3届国际陶渊明学术研讨会,推进有关陶渊明的学术研究。《文汇报》《光明日报》《江西日报》以及中央电视台分别报道专栏的有关成就,该栏目被遴选为全国高校学报特色栏目。学报坚持学者办刊,编辑学者一体化思路,编辑部成员有各自的学术专长和研究方向。同时,聘请在各个学科领域颇有造诣的专家、学者为编委会委员,对学报起着监督、指导和咨询作用,为刊物组稿、审稿。《九江学院学报》1999年获首届全国优秀社科学报称号。至2010年,为中文核心期刊(遴选)数据库收录期刊,中国期刊全文数据库(CJFD)收录期刊,中国学术期刊综合评价数据库(CAJCED)统计源期刊,中国期刊网(CNKI)收录期刊,万方数据——数字化期刊群收录期刊。

**九江学院学报(自然科学版)** 季刊,曾用刊名《九江医学》,为学院主办的自然科学类学术理论刊物。刊物贯彻"百花齐放、百家争鸣"和"古为今用、洋为中用"方针,坚持实事求是、理论与实际相结合的学风,传播先进科学文化知识,弘扬民族科学文化,促进国际科学文化交流,探索高等教育、教学及管理诸方面的规律,活跃教学与科研的学术风气,为教学与科研服务。设鄱阳湖生态研究,机械电子,计算机科学与技术,数理科学,临床医学,护理学等栏目。

**九江职业技术学院学报** 季刊,2001年创刊,是省教育厅主管,职业技术学院主办的综合性学术理论期刊。刊物坚持为教学科研服务,为职业技术教育服务,全面贯彻党的教育方针和"双百方针",理论联系实际,开展职业技术教育研究;坚持从本院实际出发,围绕学科建设及时、全面、集中展示教学科研成果,营造浓厚的学术氛围,促进职业技术人才的脱颖而出。读者对象为全国高等院校师生、科研院所人员。设高职教育理论研究,技术应用与开发,教育教学论坛,专业学术探讨等栏目。

**江西棉花** 双月刊,是省农业厅主管,省棉花研究所主办的学术理论期刊,为中国核心期刊数据库(遴选)、中文科技期刊数据库等全文收录期刊和中国农业网的媒体合作期刊,是国家职称评定认定学术期刊。设专题综述、试验研究、棉业调研、实用技术、区试简报、新品瞭望、品种应用、肥药应用、植棉交流、棉事指导等栏目。融学术性、指导性、实用性于一体,在全国棉区特别是长江流域棉区具有广泛的读作者群。在行业内形成北有《中国棉花》、南有《江西棉花》的局面。该刊获《CAJ-CD 规范》执行优秀期刊奖。

## 第二节　内部资料报刊

### 一、报纸

**庐山旅游报** 由庐山管理局党委主办。1994 年创刊,为对开 4 版半月刊双面彩印。版面设定第一版为庐山重要新闻事件;第二版为综合新闻版,宣传庐山各部门、单位工作动态和经验;第三版为世界文化景观遗产地、世界地质公园版,全方位、多角度地反映庐山的文化和科学内涵;第四版为文艺版,精选庐山文学、摄影作品,宣传庐山旅游风光,丰富来山旅游者的文化生活。《庐山旅游报》注重前瞻性、指导性、时效性、可读性。报纸编排采用现代流行版式,相对固化部分专版位置。2007 年获省内部资料评选"编辑质量优秀奖",2008 年获省内部资料评选"编辑质量优秀奖"和版面设计奖。至 2010 年 12 月,出刊 415 期,每期发行 1 万份。

**长江经济信息报** 1993 年 3 月 8 日创刊,四开 4 版,发行 1000 份,1994 年改为对开 4 版,是市委宣传部、市经济委员会,九江日报社联合创办的一张跨地区的经济信息报纸。1995 年年底停刊。

**江西财院报** 月报,江西财经职业学院主办。前身为《江西财校报》《江财九江分院报》,1994 年 12 月 10 日创刊。2002 年更名《江西财院报》,为对开 4 版,每月 8 日出版。创报以来,与省内外 150 多家校报建立交流制度。栏目设置分固定栏目和灵活栏目 2 种,固定栏目有"综合新闻"(第一版),"文艺副刊"(第四版);灵活栏目则结合学校办学理念设置,图文并茂展现学校风采和师生精神风貌。2010 年,发行量 5000 份。

**瑞昌报** 1993 年 5 月 1 日创刊,对开 4 版,发行 1 万份。2010 年 1 月改为对开 4 版,发行 1 万份。

**庐山区报** 2008 年 1 月 1 日创刊,四开 4 版,发行 5000 份,2009 年 1 月改为对开 4 版,2010 年发行 5000 份。

**共青城报** 原名《共青报》,1991 年创刊。1998 年 1 月更名《共青城》。2001 年停刊,2009 年 1 月 1 日复刊,对开 4 版,印量 6000 份。2009 年 6 月,由半月刊改为周刊,2010 年 4 月,改为周二刊。12 月 28 日,为庆祝共青城设市,出版对开四版大报 6 张共 24 版,为《共青城》创刊以来当日版面最多。

**联盛报** 由九江联盛集团党支部、工会主办的面向顾客和员工的企业报纸。2005 年 1 月 31 日创刊。每月 2 期,每期 12 个版面,印刷 1 万份,免费赠送给顾客和会员。《联盛》报的创刊为员工提供一个交流学习的平台,为顾客和会员搭建了解企业发展情况,传递信息,展现企业文化的窗口。《联盛》报以"传达思想、传递信息、传播知识、传承文化"为办报原则,设"企业资讯""会员漫笔""学习广角""时尚生活"等栏目。

**九电纵横** 原名《九电报》,1991 年 12 月创刊,1998 年 1 月,更名《九电纵横》,是九江发电厂自办四开 4 版半月连续性内部资料。由要闻综合版、生产经营版、政工版和文艺副刊版块组成。设"风流人物""先锋颂""学与思""一线风采""深入挖潜加快转型""节能减排在行动""九电时评"等栏目;推出专版有"实现双达标""庆祝投产十周年""三期工程奠基""八年八新见行动扭亏增盈有措施""党旗别样红""治理隐患 防范事故""纪念改革开放三十周年"等;编辑快报和增刊有"创一流""推进两个转变""98 抗洪"

等50期;组织系列报道有"基层党组织先进事迹""十佳文明家庭""十佳青年岗位能手"等;开展系列征文和知识竞赛有"我身边的人和事""健康杯现场短新闻""辉煌二十年""节能减排在行动"等活动。2004年9月,获中国国电集团公司"十佳企业报"称号;2008年4月,获省新闻出版局2007年度栏目编排优秀奖;2009年4月,获省优秀连续性内部资料三等奖。至2010年12月出刊394期,每期发行1000份。

**九石化人报** 原名《九江石化报》,四开4版,每周一期,每期印数6000份。由中国石化股份有限公司九江分公司、中国石化集团资产经营管理有限公司九江分公司主办、中共九江石油化工总厂党委宣传部编辑发行。内部资料,免费交流。1991年7月1日试刊,1992年10月27日正式创刊,为周一报。1997年8月29日,更名《九江石化》周讯,1998年1月1日又更名《九石化人》。2003年1月改为周二刊,2005年创办月末彩报《九石化人·新月末》,2007年复为周一刊,一、四版双面套彩。2008年4月起开始全报彩印。5月,被省新闻局授予全省综合质量优秀内刊;2009年9月,获省优秀连续性内部资料评审一等奖。

## 二、刊物

**寻庐文化** 由市文化广电新闻出版局主管,市图书馆于2006年1月创办。是整合社会各界资源,秉承"传承文明、服务社会"的人文理念和"知识因共享而增值,文化因传播而精彩"的价值取向,以"挖掘地方文史、传播本土文化、提升九江品位"为宗旨而打造的一种文化传播载体。为双月刊,每期印数1万份,免费赠阅。设《茶文化》《阅读》等增刊,开辟"民情风物""史事经纬""探索与争鸣""中医文化""文坛艺苑""寻庐讲坛""人物春秋""九江记忆"等栏目。

**九江党刊** 由市委政研室主办,1995年1月成立编辑部。2005~2007年连续获 "全国十佳党刊"称号。2009年11月更名改版为《九江》,以月刊为主。至2010年共出版253期,向全市各级党组织赠阅和各大城市交换。刊物集导向性、权威性、资料性、可读性于一体。2009年、2010年获"全国优秀党刊"称号。

**九江职业大学学报** 原名《九师教育》,九江师范学校主办。2006年4月,九江职业大学与九江师范学校合并重组,在原《九师教育》基础上,创办《九江职业大学论坛》。2009年,更名《九江职业大学学报》。刊物以职业教育理论研究为主要内容,涉及政治、教育、机电、信息、建筑、经济、旅游、艺术、护理等学科。设教育教学、应用科学、经济管理等重点栏目及语言文学、政治社会等一般栏目。

**九江社会科学** 1982年创刊,原名《赣北社会科学》,为市社联机关刊物。1997年停刊,2003年5月复刊,更名《九江社会科学》。设有"经济和社会发展对策研究""理论研究""党建理论""教育科学""九江地方史研究""学会工作交流"等栏目。《九江社会科学》致力于学术交流平台的搭建,刊登全市社科界理论研究成果,赠与市、县(市、区)党政班子,市委各部门,市直各单位以及部分社科理论专家。与全国140余个市社联建立定期交换。

**浔阳江** 是市文联主办的文艺期刊。1989年停刊,2000年复刊。设"小说工厂""浔阳诗韵""人生漫笔""散文田园""文艺评谭"等栏目。坚持推介文艺名家、培养发掘新人、加强文艺交流、搭建工作桥梁的办刊理念,自创刊以来,共刊发各类文学、艺术作品6000余件。

**九江收藏** 市收藏协会主办,2001年创刊,2003年被《中国收藏》杂志社评为"全国民间收藏报刊突出贡献奖"。至2010年出刊27期,向九江及全国各地收藏界发行。

**商赢** 市工商联、总商会主办,季刊,2008年3月创刊,每期印数3000份,至2010年出刊12期。

# 第三节 网络媒体单位

## 一、市属媒体

**九江日报社** 1991年,初步形成集办公、住宿、印刷"三位一体"办报基地。筹资120万元,购置激光照排机、胶印机等印刷设备,实现从手工检字到电脑照排、胶版印刷的转变。1993年1月2日,以《九江日报》为依托,出版周末副刊《周末世界》(后改为《长江周刊》)。1996年10月创办《浔阳晚报》。2005年,在九江经济开发区征地1.53公顷,筹资1000万元,兴建新闻彩印中心。2006年7月,创办九江新闻网(原九龙网),被百度收录为新闻源,是市唯一的新闻综合门户网站。自2008年始,报社以“办好报纸、做强报业、富裕报人、和谐报社”为工作思路,报业规模快速发展,广告经营收入达4000万元。

2009年10月,组建《长江周刊》编辑部,出版《长江周刊》(4开16版,每周五出版)。以打造文化品牌为理念,进行系列专题策划,其中九江水文化系列和鄱阳湖文化系列专题报道,获省委宣传部通报表扬。2010年5月28日,创办九江手机报。每天1期,每天上午8时30分发出,本地新闻占50%,外地新闻占30%,生活类资讯占20%。7月,以城市读者为主流的月刊《城市月读》创刊,依托日报社传媒机构,以内容重构为手段,聚焦城市发展,关注城市生活,审视城市人生,倡导城市时尚,建设城市生态。10月11日,创办《九江晨报》,四开16版,每周从周一至周五共出5期,以“新闻创造价值,资讯改变生活”作为新闻理念,追求快速深入,新锐主流的办报风格,面向中青年等都市读者人群,立足九江、服务市民,以财经新闻、民生新闻以及由此衍生而出的大消费新闻板块为主,突出都市服务特色和人文关怀。新闻板块有财经新闻、社会热闻、民生实用、深度调查和法庭笔记。推出《学》《养》《家》《行》《乐》5个周刊。2010年,报社初步形成“三报两刊一网”的报业集团新格局(即《九江日报》《浔阳晚报》《九江晨报》《长江周刊》《城市月读》《九江新闻网》),把握舆论导向,不断提高舆论引导能力,办报质量、广告创收、报纸发行、对外宣传、获奖作品5个方面均在全省设区市党报中保持领先地位。报社先后获得“全国地方报社管理先进单位”“全国报业经营管理先进单位”“全国地市报版面设计大赛二等奖”“中国新闻摄影学会特别奖”、全国“图文并重优秀报纸”、全国“经营管理十强”等称号。日报社下设行政办公室、宣传管理办公室、经营管理办公室、财务部、产业发展部、发行中心、《九江日报》总编室、时政要闻部、经济生活部、时事评论部、社会新闻部、专版专刊部、美术摄影部、广告部、《浔阳晚报》编辑部、《九江晨报》编辑部、《长江周刊》编辑部、九江新闻网共18个内设机构及九江日报社印刷厂(新闻彩印中心)1个下属事业单位。

**中国九江网** 市委、市政府官方门户网站,2009年创办,由市政府信息化工作办公室承办,既是市政府各部门在互联网上发布政府信息和提供在线服务总平台,也是各县(市、区)政府和政府各部门网站群总枢纽。网站以“展示九江风采的窗口、联系中外朋友的纽带、沟通你我心灵的桥梁、发布多种信息的平台、提供网上办事的渠道”为目标,引导消费时尚及传播九江消费信息。2009年,网站成为阿里巴巴合作伙伴。2010年,成为九江计算机协会理事单位。

**九江新闻网** 市委宣传部主管,市政府新闻办、九江日报社主办,九江日报社承办,是继九江日报、九江电台、九江电视台之后又一市级主流媒体,是综合性、多媒体的九江新闻门户网站,2005年试运行,2006年7月1日正式开通。网站集中九江广播、电视、报纸等传统媒体的信息资源,每日整合发布上述媒体全部新闻。2009年2月,新闻网被全球最大中文搜索引擎“百度”收录为新闻源。2010年,开辟新闻、频道、社区等板块,设经济、文化、娱乐、体育、旅游、健康、地产、汽车等10余个专题频道,及网上论坛、交友社区、服务专区、互动调查、分类广告等数十个栏目,为网友提供新闻资讯、查询旧报、交流互动、广告短信、生活指南等全方位服务,每日新闻信息更新量超过1000条。网站传播精彩世界、真情演绎魅力九江,成为各界人士了解新闻时事、学习科学技术、交流经济信息、丰富文化生活的新渠道,成为沟通九江与世界的新桥梁。当年,网站每天点击量达30万人次,每天访问IP量5万个,在全国近400万个网站中排名1800位。同年7月,新闻网被中国地市新闻网联盟、全国地方互联网论坛组委会评为“全国地方网站最有人气活力品牌”奖。

## 二、驻浔记者站

**江西日报社九江分社** 前身为江西日报社驻九江记者站。为江西日报社正处级分设机构。分社以“高举旗帜、围绕大局、服务人民、改革创新”为总要求,围绕省委、省政府中心工作,聚合媒体优势,立足九江发展,为富民兴赣大业营造良好舆论氛围。

**江西人民广播电台九江记者站** 先后称江西人民广播电台九江记者站,江西省广播电视厅九江记者站，江西省广播电视局九江记者站，江西广播电视台九江记者站。主要负责九江全市新闻采编、舆情信息收集、通联等工作。至2010年，获得市新闻报道先进集体等荣誉20次，有多篇作品在全国，全省获奖。

**《信息日报》九江记者站**　为《信息日报》派出机构，2003年4月创办，主要负责在九江地区的新闻采写工作，宣传九江在社会经济文化等各方面所取得成就，同时加强舆论监督。至2010年，站记者共采写关于九江市的新闻报道8000余篇，获得江西新闻奖40余个。

**《中国石化报》驻江西记者站**　1991年10月建站，报道驻赣石化企业生产经营、改革发展成就，为地方经济建设做出的贡献，及地方政府支持企业做大做强等内容，做到重大活动、事件、题材报道不缺位。至2010年12月，参与国家"八五""九五"重点建设工程九江石化大化肥工程，江西省重点建设工程九江石化油品质量升级改造工程等重要题材报道，多次获得《中国石化报》优秀记者站、先进记者站称号。

# 第二章　广播 电视

## 第一节　广　播

### 一、市级广播台站

**九江人民广播电台**　1991年，九江人民广播电台节目由江西701台播出。1997年3月，九江人民广播电台迁至市长虹大道84号新建的市广播电视大楼内。1998年4月，九江人民广播电台在庐山江西701电视转播台新架设调频发射天线，有效地覆盖整个九江以及周边一些地区。同年11月，又对信号传输方式及天线进行改造，经测试，电台节目信号有效辐射半径为150千米，涵盖人口近1000万。2001年8月1日，九江人民广播电台交通音乐频率开播，至此九江人民广播电台拥有2套节目，全天播出时间近40小时，信号均双频发射。到2003年，从广电大楼到庐山机房的信号传输由微波改为光纤，抗干扰能力明显增强，不再受恶劣天气影响；2套节目覆盖半径均达到200千米；通过本台技术人员的革新，能在山下机房控制庐山上发射机开关。自2004年6月1日起，九江人民广播电台第一套节目改称新闻综合频率，节目改版后，以新闻和新闻性节目为主，兼顾其他，全天播出19个小时，基本上采用直播方式。2006年7月1日，九江人民广播电台城市生活频率正式开播。至此，该台拥有3套节目，全天播音55小时。3套节目均为双频发射，总发射功率8千瓦。2006年，交通音乐频率更名为交通广播频率。2009年8月1日，城市生活频率更名为九江音乐广播。2010年10月18日，九江人民广播电台与瑞昌市广播电视台整合双方优势资源，共同开办，呼号为"FM94.1 赣北之声"。至此，九江人民广播电台已拥有新闻综合频率、交通广播频率、音乐频率和赣北之声频率共4套节目，总发射功率为调频13千瓦。

**市实验台**　1991~2002年，市实验台转播中央人民广播电台第一套节目、江西人民广播电台第一套节目和九江人民广播电台节目，工作任务和技术设备无大改变。随着城市化进程不断加快，2003年市广电局决定该台从山川岭搬迁。同年9月，实验台机房拆除，设备移至同院落一房屋作临时播出。11月，新址定在市开发区七里湖街道五丰村郑家湾，征地4.47公顷。2004年4月，动工兴建一体化办公楼、机房1幢（建筑面积1100平方米，其中机房200平方米），高76米的自立式中波发射塔2座，同年10月1日建成，开始转播省广播电台第一套节目和经济频率。2005年4月建调频拉线塔1座，塔高76米。4月底，该台搬迁完成。5月1日，在新址共有7台发射机工作：其中播出节目3套，除上述的省广播电台2套节目外，还有省广播电台交通频率，另有4个干扰频率。2005年12月，九江实验台的设备告别电子管，步入固态化、数字化的新时代，播出手段、播出质量迈上新台阶。2009年，市实验台开始转播中央台第一套节目、省广播电台农村频率。2010年，市实验台以中波频率转播中央人民广播电台第一套节目，江西人民广播电台第一套节目、经济频率、农村频率节目;以调频频率转播江西人民广播电台交通频率、农村频率节目;另有4个中波频率的实验机播出;总发射功率18千瓦。

## 二、市级广播节目

**新闻综合频率** 节目设置 1991年,九江人民广播电台频率为中波1485千赫,每天分早、中、晚3次播音,全天播音8小时25分钟。至1995年主要节目有新闻类节目《九江新闻》《简明新闻》《星期综合》《来自兄弟城市电台消息》;社教类节目《对农村广播》《九江各地》《学习园地》《法制教育广播讲座》《九江风貌》《少儿节目》《青年之友》《听众之友》;文艺类节目《音乐》《每周一歌》《曲艺》《戏曲》《文字》《小说连播》《愉快周末》《甘棠奏鸣曲》,服务类节目《经济信息》《天气预报》《为您服务》等。1996年6月1日起,《九江新闻》节目由原先每天一档节目分早、中、晚3次播出,改为《早间新闻》《午间新闻》《九江新闻》《简明新闻》4档节目4次滚动播出,其中《早间新闻》增加九江日报快讯、新华社电讯内容。1997年5月1日,节目全面改版,推出全新的大板块构架,节目由改版前的8个栏目,增设为17个板块共50多个栏目,全天播出时间也由9小时增至11小时,节目采取录音和直播2种播出形式。设置的直播板块节目有:《浔阳晨曲》《赣北大地》《纵览云飞》《生活百页窗》《市场经济》《今日股市》《音乐传送》《好歌送给您》《人约黄昏》《假日PARTY》《你好TAXT》《音乐试听室》《金曲雅韵》《甘棠假日曲》《商城直播室》《青春风铃》《红领巾广播台》等栏目。首次推出的《红领巾广播台》板块节目全都由一批小主持人、小记者采编播出。2000年4月10日,开办一档舆论监督直播节目《百姓热线》,通过电话热线等方式听取听众反映的问题,或派记者调查、核实并寻求解决问题的方法后通过节目并以其他途径向听众反馈,或在节目中电话连线有关部门、或请有关部门同志走进直播室让他们解答听众的问题,每周一至周五各1期,节目时长先为半小时,不久便增加到1小时。2002年、2003年《百姓热线》节目中开辟不定期的《行风监督哨》专题栏目,邀请行风评议的职能部门和单位走进《百姓热线——行风监督哨》直播室,直接与听众对话,解答群众提出的问题。2004年6月1日起,该套节目改呼号为“九江人民广播电台新闻综合频率”,全天播音19小时,其中自办节目7小时。2006年4月起,新闻综合频率在《百姓热线》节目中开办《政风行风热线》栏目,请市有关部门及县(市、区、山)的负责人,走进直播室,现场回答听众咨询。多年来,新闻综合频率较好的节目先后有《九江新闻联播》《新闻直播车》《百姓热线》《体育在线》《教育导航》《红领巾播音室》《资讯空间》《投资理财》《四季养生》《健康生活馆》《甘棠夜色》《旅游新干线》等。

优秀节目 1998年和1999年,有13件作品获全国和全省奖。其中录音新闻《开学第一课》获“中国新闻奖”一等奖,为市新闻作品所获得的最高奖。该套节目注重对外宣传。2003年,为中央人民广播电台采用的稿件89条,其中在《新闻和报摘》用稿26条;上省台444条,其中头条有33条。当年,上中央台《新闻和报纸摘要》节目、中央台《今日中国》节目、省台联播头条总量均位居全省地市广播电台第一。该频率自2000年开办《百姓热线》《百姓热线——行风监督哨》和《百姓热线——政风行风热线》节目,在政府职能部门、窗口单位和百姓之间架起一座沟通理解的桥梁。2006年,《百姓热线——政风行风热线》节目获省纪委、省监察厅优秀反腐倡廉宣传栏目二等奖和九江市“和谐创业新成果奖”。到2010年,《百姓热线》《百姓热线——行风监督哨》和《百姓热线——政风行风热线》节目累计播出2000多期。市政府领导以及各职能部门、窗口单位和县(市、区、山)负责人共计5500余人次走进节目直播室,回答听众咨询,受理听众投诉,共受理听众来电、来信、来访咨询和投诉21000余件,回复率100%,群众满意率高达95%。

**交通广播频率** 2001年8月1日,九江人民广播电台“交通音乐频率”开播,于每天早6:00至次日凌晨1:00,全天19小时直播。2006年,更名为“九江人民广播电台交通广播频率”。该频率以广大司机及以此外延的所有爱好广播的朋友们为基础听众群,节目内容紧扣交通新闻、交通信息、旅游、娱乐、体育、汽车等主题,随时播发交通路况,为广大交通人提供全面的出行服务。交通音乐频率主要节目有:贴近司机生活、剖析交通案例的《一路畅通》,介绍与车有关最新资讯的《车友俱乐部》,旅游类的《阳光风景线》,

信息类的《供求双通道》,娱乐类的《开心巴士》,运动类的《夜话体坛》,以及音乐类的《爱在路上》《一路听风》《汽车 CD》《我有我民乐》等。交通音乐频率开办以来,先后开展“九九重阳献真情”“为交警送清凉”“为被害司机爱心募捐”“爱心助残”等一系列活动,尤以“爱心送考”成为品牌的大型公益活动自 2001 年起至 2010 年每年举办。

**音乐频率** 2006 年 8 月 1 日,九江人民广播电台“城市生活广播”节目正式开播。节目定位为倡导健康文明的生活方式,传播城市生活资讯信息,营造流行的听觉空间,为城市服务,为市民服务。主要栏目有《城市空间》《音乐早餐》《崔娴的 CD 架》《城市点播站》《好歌伴你行》《娱乐头条》《外文音乐走廊》等。2009 年 8 月 1 日,城市生活频率更名为九江音乐频率,呼号“九江音乐广播” 。该频率充分考虑听众收听习惯,以音乐和资讯板块为主体,突出音乐聆听的品质与享受,彰显资讯聆听的即时与服务。每天播音 18 小时,自办节目 10 小时以上。主要栏目有:《老歌最动听》《民歌也流行》《你的故事我的歌》《有事我帮你》《评书剧场》《半点资讯播报》等。该频率通过系列活动,如“欢乐社区行”“石门涧激情漂流”“狮子洞七夕交友”“农家田园摘橘”以及诗歌朗诵会、少儿故事大赛、司机歌手大赛等,增进与听众的交流和感情。

**“赣北之声”频率** 九江人民广播电台“赣北之声”节目,由九江人民广播电台和瑞昌市广播电视台共同创办,于 2010 年 10 月 18 日正式开播。“赣北之声”立足瑞昌,覆盖赣北及毗邻地区,通过连线解读、点评等环节,以新闻信息为框架,对新闻进行全方位推进和多角度报道,为受众开启更加宽广的新闻视野。同时“赣北之声”侧重民生信息和经济资讯,关注有车一族,反映有车生活,并辅之生活资讯和音乐,满足听众收听需求。“赣北之声”主要栏目有:《赣北新闻》《都市早晨》《惠农直播室》《美食美容》《影音世界》《小城故事》等。

## 三、县(市、区、山)广播台(站)及节目

**修水县台站及节目** 1991 年 1 月 29 日,修水县广播站更名为“修水人民广播电台”。1993 年,县乡两级有线广播均停办。1998 年 3 月,修水人民广播电台和电视台合并为“修水县广播电视台”。2005 年,县广播电视台自办无线调频广播节目停播。2006 年 3 月,板山台作为国家广电总局“全国广播电视农村无线覆盖工程” 试点单位,开始转播中央人民广播电台、江西人民广播电台、江西人民广播电台交通频率等 3 套广播节目。

**武宁县台站及节目** 1991 年 12 月,武宁人民广播电台在全县范围内普及调频喇叭,在横路乡设立县电台信号调频放大站,使调频广播的覆盖率提高到 96%。1995 年起,县城主要街道和各单位均安装调频喇叭,在 8 个乡镇建成小调频广播。1998 年,县人民广播电台和县有线广播电视台合并为“武宁县广播电视台”,从 1999 年 6 月起,开始广播电视“村村通”工程建设,全县实行有线电视和有线广播共缆传输。2005 年底,县广播电视台停止广播播音。

**瑞昌市台站及节目** 1991 年 6 月,在广播站的基础上成立瑞昌人民广播电台,12 月 28 日电台正式开播。1998 年 5 月,瑞昌人民广播电台、瑞昌电视台、瑞昌市有线电视台合并为瑞昌市广播电视台,广播电视台仍以原广播电台的呼号进行广播播音。2010 年 10 月 18 日,瑞昌人民广播电台和九江人民广播电台合办的“赣北之声”广播节目开播。

**都昌县台站及节目** 1993 年 6 月始,广播站对一些新闻类、社教类、文艺类的广播节目作出调整,使其适应电视和广播 2 种媒体的需要,在广播和电视中同步播出。1998 年 2 月,县广播站改名为县广播电视台,诸多节目在广播电视中同步播放。2008 年 1 月,县广播电视台自办的广播节目停播。

**彭泽县台站及节目** 1991 年, 县广播站开通调频广播。1993 年始, 各乡镇广播站陆续停止播音。1994 年,县广播站、电视差转台、有线电视台合并为县有线广播电视台。同年 9 月,县办广播节目停播。2000 年,县有线广播电视台更名为县广播电视台。2008 年 3 月,彭泽县“农村广播电视无线覆盖工程”在该县双峰尖山原彭泽县广播电视微波传输中心的基础上开工建设。同年 10 月,无线发射台投入使用,转

播中央人民广播电台第一套节目电视节目。

**湖口县台站及节目** 1991年7月1日,县广播站调频广播正式开通,各乡、镇、场广播站均由县站统一配发的调频接收机接收县站信号并转播,乡镇有线广播有较大发展。1993~1994年,全县有7个乡镇办起调频广播,发射机由县文广局统一配发。1995年8月,县广播站、县有线电视台(筹)合并成立"湖口县广播电视中心"。1996年和1997年,全县又有8乡镇先后办起调频广播,调频发射机亦由县文广局配发。1998年5月,县广播电视中心更名为县广播电视台。同年,县、乡两级无线广播和有线广播全部停办。

**星子县台站及节目** 1991年,全县有广播杆线183对千米,县至乡、镇通播率85%,乡村通播率70%,农村有线广播覆盖率50%。1995年后,全县农村广播事业基本处于停滞状态,各乡、镇、场广播站相继撤销。1998年6月,县广播站停止播音。

**永修县台站及节目** 1990年4月9日,县广播站开通调频广播。到1996年,县先后建成19个乡(镇、场)调频广播中转站,县站广播覆盖全县。1994年8月,县广播站与县有线电视台合并,成立县广播电视台。1996年,乡、县两级广播节目相继停播。

**德安县台站及节目** 1991年,县广播站在县差转台安装调频广播发射机,转播县广播站节目。同年,县委、县政府把改变农村广播落后局面的工作列入本届政府要办的8件实事之中,连续3年拨款,全县重新实现乡乡通广播。1997年12月,县广播站、有线电视台、电视差转台、教育电视台合并,成立县广播电视台。2004年,县广播电视台广播节目停办。此前,各乡镇广播已陆续停播。

**九江县台站及节目** 1991年,县广播站仍为有线广播。1996年,全县建成4个乡级调频广播站,1997年增加到13个。当年,县广播电台在广播站的基础上成立。2000年4月,县广播电台与县有线电视台合并,成立县广播电视台。2001年1月,县广播电视台广播节目停播,在此前后,各乡镇场广播站也相继停播。

**庐山区台站及节目** 1991年2月,区广播站调频广播正式开播,区乡广播通播率100%,人口覆盖率85%以上,全区各乡86个行政村有56个通广播,有的村还有扩音站。到2000年,区、乡两级广播均停播。2009年,恢复开通调频广播。9月19日,区调频广播——魅力945音乐资讯台正式开播。945音乐资讯台以流行音乐为定位,还提供《庐山区新闻》等及时的资讯,每天6时至0时播出18个小时。

**庐山风景名胜区台站及节目** 1991年1月15日,庐山广播站开通无线调频广播,广播站的节目同时采取有线和无线2种传播方式。1992年4月中旬,有线喇叭全部改为调频音箱。1997年5月29日,庐山广播站改名为庐山人民广播电台。站改台后,始终坚持广播,且内容改进丰富,质量得以提高,播音时间有所增加。2010年,庐山人民广播电台每天上、下午2次播音时间里,转播中央人民广播电台、江西人民广播电台的节目共80分钟,自办节目时间为4小时40分钟,自办节目有《整点庐山新闻》《庐山天气预报》《人文圣山》《庐山历史上的今天》《怀旧音乐盒》《名人与庐山》等。

## 第二节 电 视

### 一、(省)市级电视台站

**江西701电视台** 至1991年,全市各地除个别山区外,均可直接或通过当地差转台接收到701台转播的中央电视台第一套节目和江西电视台节目。1991年12月1日,701台架设在庐山牯岭街的8频道50瓦发射机开播,每晚18时30分开始转播中央电视台第二套节目。1992年,从九江电视台调拨100瓦发射机1台,改造成300瓦功率,替代原50瓦机转播中央电视台第二套节目。1993年7月1日,九江电视台在701台机房架设的17频道10千瓦功率的发射机开始播出九江电视台节目。2000年,在全省实施"村村通广播电视"工程项目中,省广电局给701台配置了2台调频广播发射机,转播中央人民广播电台"中国之声"节目和江西人民广播电台民生频率。同年,接通从全国人大庐山休养所到仰天坪12芯至晒谷石8芯光缆,为701台转播广播电视提供更加稳定的宽带网信号源。2003年,江西电视台为701台配置1台1千瓦全固态发射机,作为转播江西卫视节目的主机。同年,江西电视台在701台增设1台37频道5千瓦发射机,用于转播江西电视台第二套节目。2005年10月,国家广电总局拨款在江西实施农村广播电视无线覆盖“4T+2R”(即4套电视节目加2套广播节目)工程试点,701台作为高山骨干台,新建46米高度铁塔1座,配置2台3千瓦全固态电视发射机及其他一些设备。2006年2月17日,701台4T+2R无线覆盖工程正式启用,转播中央一套、中央七套、江西一套、九江一套共4套电视节目及中央一套、江西一套等2套广播节目,覆盖半径为电视80千米,广播160千米,达到优质工程要求。2010年,701台总发射功率为27.3千瓦,其中电视17千瓦,调频广播10.3千瓦。其职能是转播中央一套、中央七套、江西一套、江西二套、九江一套5套电视节目和中央、江西、九江等3家广播电台的7套调频广播节目,并兼有国安、高速公路、防空、防火、防汛等部门的转讯工作任务。

**九江电视台** 1991年,购置11频道1千瓦功率发射机1台,用于本台节目播出,原300瓦机作备份。1993年4月,购置1套4频道50瓦固态发射机,转播中央电视台第三套节目。7月1日开始,在庐山上的江西701电视台机房架设1台17频道10千瓦功率的发射机,播出本台节目,基本上解决全市各地收看九江电视台自办节目的问题;而原先交替转播中央电视台第一、第二套节目的17频道发射机改为15频道发射。当年初开始,因市有线电视台建成开播,九江电视台自办节目还通过有线台网络传输播出。1997年,市长虹大道84号九江广播电视大楼投入使用,电视台除发射机房仍在女儿街15号,各部室人员从人民路94号搬入新楼工作。1997年4月开始,逐步购进一批数字摄像机和编辑机。1999年起,逐步淘汰传统的模拟分量和模拟摄录设备,开始使用非线性编辑系统。2001年1月1日,市有线电视台停止自办节目,其节目制作人员及设备并入九江电视台,九江电视台开办第二套节目,通过广电网络传输播出。2004年,电视台播控系统改为计算机硬盘播出系统,替代传统自动播控系统中的各种格式录像机,至此,节目的摄录、制作及播出系统全面实现数字化。2006年9月26日,利用市教育局转交市广电局的国家广电总局下发的九江教育频道执照,推出第三套自办节目,原播放第一套节目的11频道1千瓦功率发射机改为播放该套节目,节目通过广电网络传输播出。为整合频道资源,将第一套节目定为新闻综合频道;第二套节目为公共频道,以城市生活为主要定位;第三套节目为教育频道。2008年,市广播电视局成立九江市移动多媒体广播电视产业发展领导小组,全面负责移动多媒体电视(CMMB)业务的开展。2009年,CMMB发射机落户九江电视台发射机房,发射功率1千瓦,41频道,通过技术手段,这个无线频道可播出数字电视节目7套、广播节目4套。2010年,拥有电视发射机5台,总功率8.3千瓦,用3个频道播出,其中17频道播出电视台第一套节目,11频道播出电视台第三套节目,41频道播出移动多媒体电视;此外,第一、二、三套节目均传输到市广电网络,各县(市、区、山)均能较好地接收到九江电视台自办的3套节目。

**市有线广播电视台** 1992年7月,市政府批准建设市有线电视网(台)。8月,市广电局组建筹建办公室开展工作,网络机房和台办公用房租用市三中对面的九江旅社。11月初,第一条干线开始架设施工。12月中旬,卫星电视接收装置和立杆天线接收系统在九江旅社九楼平台上安装完毕,机房设备安装调试完成。12月28日,市有线电视台(筹)向网内用户试开通有线电视信号,传输播出的节目共12套。到1993年春节前,计有用户3000余户。1993年春节后,市有线电视台(筹)着手自办节目的准备,开始试播广告和一周节目预告。1993年6月,市有线电视台成立。7月1日起,有线电视台开始播出本台采编的新闻,正式自办1套节目。1994年底,市有线电视台用户数达3万余。1995年12月,开播中央电视台第三、五、六、八4套加密电视,且有许多单位有线电视网与市网并网。1996年5月,市有线电视台更名为有线广播电视台。当年,用户数量4万余户。1997~1998年,对网络进行光纤升级改造,改造后的网络系统带宽升至750兆赫,频道容量增至79套,信号传输质量提高。到2000年,传输电视节目40余套,自办节目1套,共有6万余用户。同年12月,电视机构实行台网分离,市有线广播电视台自办节目的人员及设备划归九江电视台。2001年6月,机构更名为九江市广播电视网络中心。

## 二、市级电视节目

**新闻综合频道** 节目设置:1991年5月,原设每周3期《九江新闻》改为每周播出4期。1992年4月,开办以电视小品、相声为主,穿插一些戏曲、杂技、时装表演等内容的《小百花》栏目,每周2期。1992年5月28日,开办展示文化走向、介绍艺术人生、交流文艺信息的《浔阳楼》栏目。1992年10月22日,开设综合性服务类的《观众之友》栏目,每周一期。1994年2月6日起,推出《一周新闻选播》。1994年2月6日起,为丰富星期天白天节目,开设《今日好时光》栏目,设"海外科技""每周世界风云""世界高水平体育""世界冒险奇趣博览""家庭影院""荧屏祝贺"等子栏目,每期3~4小时,多数为购买节目。1994年5月6日起,开办《天气预报》,由市气象局提供资料,电视台负责制作。1994年6月20日起,《九江新闻》增加到每周6期,周日晚首播《一周新闻选播》。1996年1月1日起,《小百花》改为《荧屏立交桥》,《观众之友》改为《生活益友》,《浔阳楼》改为《周末广场》,3个栏目的子栏目均作调整。1996年6月起,推出《今日视线》栏目,重点关注民生诉求、社会热点,评论重大新闻事件和社会问题,每周4期。1997年4月15日起,对自办节目大改版:新闻部《九江新闻》改为每周7期,取消《一周新闻选播》及原办《赣北纵横》,新办《午间新闻》。社教部继续开办《今日视线》外,新开办每周1期的综合性普法节目《法制时空》;专题部开办每周1期、以经济类专题为主的《经济纵横》栏目,开办每天播出、有股市行情、股市评述、车船信息等内容的《信息传递》栏目;文体部开办每周1期、反映文化、体育方面的信息和知识的《周末广场》栏目;总编室开办每周1期、将各卫视频道精彩的小品、相声、音乐、舞蹈等节目汇集一起的《卫视荟萃》栏目。2001年1月1日起,有2套节目。第一套节目(即新闻综合频道)栏目又做了调整:新闻部除《九江新闻》栏目外,新办以民生新闻为主的《新闻播报》栏目,每周一至周五晚首播;社教部的《今日视线》改为每周2期,要求采用新闻调查的手法来做;专题部开办《九江故事》《乡村生活》,均每周1期。2004年1月,新闻综合频道自办节目除保留《九江新闻》和《新闻播报》外,分别于周一至周五晚推出《法治九江》《人文九江》《财富九江》《时尚九江》《假日九江》5档结合九江实际的专栏节目。2005年7月9日,首开每周1期、时长45分钟的大型访谈节目《市民议事厅》,该节目瞩目政府施政方略,倾听九江人心声,在政府和人民群众之间搭起一个交流的平台。当年,九江电视台筹办第三套节目,为加强频道专业化,新闻综合频道于2005年10月24日起,将《九江新闻》《新闻播报》2档新闻节目整合在一起,形成新的《九江新闻》;其他栏目,除《市民议事厅》外,均被取消。2010年11月1日,新闻综合频道推出《九江新闻》《社会广角》《特别关注》3个板块节目,均每周7期。《九江新闻》时长15分钟,要求推出时政新闻的民生元素,改变会议过多的现象,增加节目信息量,新设置"要闻快报"和"县区速递"子栏目。时长22分钟的《社会广角》是民生新闻栏目。时长8分钟的《特别关注》是以新闻评论为主的深度报道节目。

优秀节目:1993年对海军战士刘洪峰不顾个人安危抢救遇难旅客壮烈牺牲的英雄事迹,先后播发6条消息并配发"向雷锋式的好战士刘洪峰同志学习"的评论,在全市引起强烈反响。1998年夏,长江发生全流域特大洪水,百万军民奋起抗击,电视台工作人员不畏艰苦和危险,播发大量新闻节目,拍摄九江长江干堤决口和堵口决战的珍贵资料。9月4日,江泽民冒雨前往九江堵口现场并听取有关抗洪救灾情况汇报,这条新闻要求在当晚中央电视台《新闻联播》头条新闻播出,可部分画面和整个文字稿送到电视台时距播出时间不足1个小时。九江电视台的编辑和播音员与中央电视台记者一道,打破常规,分段编辑,分段传送。终于保证这条25分钟的长新闻准时传送到中央台播出。九江电视台摄制的全景式反映1998年抗洪堵口决战的长篇电视纪录片《决战九江》获第十七届中国电视"金鹰"奖。电视散文《庐山情韵》、电视散文《鄱湖粑俗》、专题片《千年书院白鹿洞》分别获第十四届(2000年度)、第十五届(2001年度)、第十六届(2002年度)全国电视文艺"星光奖"文学节目三等奖。2007年,电视台报道多条有关林业产权制度改革的新闻,其中"江西武宁林改:产权明晰、山乡巨变"新闻在中央电视台《新闻联播》中作头条播出。该频道许多有价值的新闻和专题节目被省台和中央台采用,还有节目被香港卫视中文台、美洲东方卫星电视台、黄河电视台、美国斯科拉卫星电视网、河北电视台、山东电视台、江苏卫视等播出机构采用。在中央电视台一套《神州风采》等栏目中播出的《点将台》《鄱阳湖畔古柴桑》《水上话九江》《浔阳访古》等专题以及在香港卫视中文台播出的《静静的鄱阳湖》等节目起到很好对外宣传九江效果。拍摄制作的10余部电视剧除在本台播出外，还在省台及全国许多城市电视台播出，《带血的秘方》《青春无悔》《决战九江》在中央电视台播出。1991~2010年，在省台和中央台播出的节目数，始终据全省地市台前列。1994~1999年，连续6年在中央电视台用稿量为全省地市台第一。1998年，被《新闻联播》采用60条，其他节目采用56条。2004年被江西电视台联播节目采用848条，其他节目采用52条，均居全省地市台第一位。

**公共频道** 2001年1月1日开播。初期，所有自办栏目全部囊括在《九江在线》综合节目中。《九江在线》有《经济法律》《生活服务》《文化娱乐》《周末综合》4大板块，均每周1期；《九江在线·经济法律》下设“信息港”“浔城点击”“警方行动”3个栏目，《九江在线·生活服务》下设“眼见为实”“生活平台”“真情E-mail”“生活超市”4个栏目，《九江在线·文化娱乐》下设“趣味新闻”“九江人”“赣北风情”“快乐新世纪”4个栏目，《九江在线·周末综合》下设“信息大餐”“下周看什么”2个子栏目。2002年1月1日起，《九江在线》板块节目取消，设立每周3期的《生活平台》和每周2期的《财经点击》2个栏目。2004年1月，增开介绍车市动态及汽车品牌、型号、性能等内容的创收栏目《车行天下》，每周4期。2005年8月8日起，公共频道节目改版，设置《都市快报》和《缤纷都市》2个板块。《都市快报》以民生新闻为主，涵盖市民关注的各类生活资讯，每周6期，周日为1周选播。《缤纷都市》板块下设“九江房地产”“吃、玩遍九江”“车行天下”3个创收栏目，分别属房产家装、旅游、汽车类节目，均每周3期。2006年1月3日，在市庐山南路，一辆出租车与运钞车相撞，运钞车内26万余元现金洒落一地，《都市快报》栏目记者巧遇现场，拍摄到大量群众帮助收拾钞票的情景。当晚，《都市快报》播出新闻“街道两车相撞，26万元现金洒落一地未少一分”。此后这条新闻在江西卫视新闻、中央电视台《晚间新闻》中播出，并引起人民日报社等中央媒体的关注和报道。中央电视台《讲述》栏目组专程到九江实地采访，专题《巨款危情》4月份在中央电视台播出。接着，众多媒体相继追踪报道。7月13日，中央电视台和九江电视台创作的总长43分钟的纪录片《车祸背后的故事》在中央电视台《东方时空》节目中分4集连续4天播出。之后，中央电视台《社会纪录》《人与社会》《纪实十分》等栏目以及江西卫视《传奇故事》等也播出该新闻纪实。2006年岁末，中央文明委推出大型电视片《知荣明耻》，并在《焦点访谈》等栏目中播出，其中有相当多的篇幅描述这场特殊的车祸。2006年5月，《缤纷都市》板块增添以百姓购房及房屋装修装饰、家具购置为主要内容的创收栏目《百姓家居》，同样每周3期。2006年8月，《吃、玩遍九江》改名《品味九江》，《百姓家居》改名《家在浔阳》。2007年，公共频道以活动带动栏目推广，如《品味九江》栏目成功举行“07边疆行”大型异地采风活动，开展“九江一绝”“新春采茶节”“百姓喜爱的餐馆评比”等活动，开设观众参与、用方言播放的子栏目《手机拍新闻》；《家在浔阳》栏目举办“首届建材精品节”“设计之星大赛”“金秋家装文化节”。2009年5月起，以民生新闻为主的《都市快报》不变；《缤纷都市》栏目改名《今日生活》，将《车行天下》《九江房地产》《品位九江》《家在浔阳》4个栏目整合成板块形式播出，每天1期。2010年1月，《今日生活》改名《生活》，除保留原来的《九江房地产》《车行天下》2个栏目外，新设立《政务之窗》《县区直通车》《生活315》《我爱生活》栏目，6个栏目每周均播3期。2010年11月1日起，公共频道的《都市快报》和《生活》取消，推出《财经点击》《东南西北九江人》《Hello，九江》3大板块自办节目。《财经点击》为观众提供财经资讯，并进行深度经济报道，每周4期。《东南西北九江人》展示九江人在外拼搏的足迹和外地人在九江奋斗的故事，每周4期。《Hello，九江》属本土人文节目，每周1期，其栏目《九江达人》讲述你周围的感动事、身边的不寻常人，栏目《十年》追述10年来的九江人和事，另有《藏在非遗里的故事》《拍客秀》《九江原创歌曲展播》等不定期栏目。

**教育频道** 2006年9月26日推出，全天播出时长17小时。其中新闻节目2.5小时，分3个时段播出，早间播出的《新鲜早上》为读报类服务性新闻节目，《午间新闻》主要是摘选新华网的新闻资讯及评论性节目，晚上播出的《新闻》以自采节目为主；自办的文娱节目有《今晚真可乐》和《大话九江话》，均每周

3期;结合创收,该频道开办《财富大道》《健康生活》《教育在线》3个栏目,每周3期。2006年10月,开展"走清华 访北大——2006年中秋走访在京优秀学子"活动,既把优秀学子成才经验和对家乡的思念带回来,又激励九江在读的莘莘学子。2007年正月十五,举办"万人许愿放灯会"成为当年春节期间全市政府性活动。2007年6月,启动"助学圆梦"行动,共募集133万助学款项,帮助500名贫困学子圆大学梦。2007年11月至2008年1月,举办万人红歌会,开启九江大型个人才艺秀的先河。2008年5月,与四川汶川地震灾区联系并募集资金,接纳20多名灾区中学生到九江晨光中学就读高中。2008年5月和江西电视台青少部合作拍摄10集青少年道德教育故事片《父母的爱》,总时长300分钟,演员全部来自九江小学生。2008年9月,开办《浔阳区新闻》,节目由浔阳区委宣传部新闻中心制作,每周3期。2009年5月,教育频道节目改版,增加自办《健康生活》《教育在线》2个栏目,外来栏目板块以光线传媒(节目供应商名)的节目为主。2010年5月,《百福之窗》是与九江市农村信用合作社联办的创收栏目。

**自办节目频道** 1993年7月1日,市有线电视台开始播放自办的新闻及栏目,在取材上与九江电视台不争不抢,力争做到各具特色、互为补充、增强合力,力求镜头向下、面向基层、面向街道、面向群众,着重反映老百姓生活。自办节目设有《CATV新闻》《热点聚焦》《要闻集锦》《艺苑彩虹》《为您服务》《下周看什么》《天气预报》等栏目。其中,新闻栏目《热点聚焦》含"浔阳街头""热点访谈"等子栏目,《要闻集锦》为以标题形式播出的一周国内外重大新闻,综合文艺栏目《艺苑彩虹》每期还要为观众奉上一首歌,《为您服务》为生活服务性栏目,《下周看什么》是下一周节目介绍。1994年,自办节目时长30分钟,分别是《CATV新闻》《浔阳街头》《赣北风情》《热点访谈》《艺苑彩虹》《九江人》《又相逢》。自办节目于1998年初整体改版,设置杂志型板块《九江在线》,每期时长30分钟,《九江在线》社会版栏目有《CATV新闻》《浔阳街头》《热点访谈》,《九江在线》生活版栏目有《CATV新闻》《青春方阵》《流行色》,《九江在线》文艺版栏目有《CATV新闻》《九江人(龙虎榜)》或《九江人(寻常百姓)》《一方水土》《周末》。

市有线广播电视台于2000年12月31日播出最后一期节目,自办节目近8年时间,采编大量好的稿件。纪录片《猎人》于1999年8月20日在中央电视台《东方时空(百姓故事)》播出,后在美国斯科拉卫星频道和加拿大中文频道播出。此片获中国广播电视学会第七届(1999~2000年度)有线电视节目社教类二等奖,并被中国传媒大学选为教学示范片。纪录片《责任(上、下)》于1999年8月31日在中央电视台《东方时空(百姓故事)》播出,引起中共中央政治局常委、国务院副总理李岚清的关注,并做出批示,省、市、县各级领导重视,多家媒体记者先后深入实地采访报道。此片获中国广播电视学会第七届(1999~2000年度)有线电视节目社教类二等奖。

**文娱频道** 2006年初筹办,局广告中心负责营运,初名九江市广播电视局庐山旅游文娱频道,2007年1月1日开播,通过市广播电视网络传输,节目信号覆盖全市各县(市、区)。2007年自办栏目有《九江零距离》《风景》《浔宝鉴珍》《背包客》《精彩九江》等。《九江零距离》是一档民生新闻栏目,《风景》为展示九江秀美自然风光的社教类专题栏目,当年播出20集"老别墅的故事"系列作品。《浔宝鉴珍》挖掘九江本土民间文物收藏品及其背后的故事,《背包客》为人物专题栏目,《精彩九江》为介绍九江餐饮、酒店、景点、家居等的创收栏目。除常规节目外,5月始,频道与市影视艺术中心联合摄制百集方言情景剧《女儿街的婆媳经》。该剧情节轻巧,幽默而不庸俗,风趣而又搞笑,每集时长15分钟,每天播出新的一集,连续播出3个多月。2008年,专题栏目《背包客》停播,《风景》栏目推出50集"人文九江"系列专题,《精彩九江》栏目分为《逍遥伴旅》和《时代家居》2个独立栏目。《逍遥伴旅》介绍九江旅游、餐饮等方面信息。《时代家居》介绍房产、家装等知识和信息。同年5月,频道推出《靓姐下厨房》栏目,旨在让观众在轻松愉快的气氛中学习美食烹饪技巧、了解博大精深的中国饮食文化和九江的特色餐饮。2009年,《风景》栏目推出50集"走遍九江"系列专题,《浔宝鉴珍》栏目推出"县区行"活动。当年4月,频道更名为九江旅游文娱频道。2010年1月,《浔宝鉴珍》栏目停播;《逍遥伴侣》《时代佳居》改版,名称分别改为《玩转九江》和《金牌房产》。2010年1月,推出方言娱乐栏目剧《快乐九江佬》,通过一个个诙谐幽默、轻松搞笑的小故事来反映九江百姓快乐、幸福的生活,每周摄制播出1期,每集时长12分钟,均为一个独立故事。

频道多次举办大型活动,2007年 “靓姐下厨房厨艺大赛”“庆三八文艺汇演”,2008年有中央电视台众多明星参加的“明星足球赛”以及“华东之夜电视文艺晚会”“九江市首届旅游形象大使选拔赛”“九江市迎奥运演唱会”“首届观众喜爱的旅游商品评选”。2009年“九江市第二届旅游形象大使选拔赛”“红五月单身青年相亲交友会”“九江市首届超级宝宝电视大赛”“庆国庆中老年人才艺大赛”“私房菜厨艺大赛”“欢乐校园行”。2010年“九江市第三届旅游形象大使选拔赛”“旅游形象大使摄影大赛”“唱响九江歌手大赛”“群众推荐的诚信商品品牌评选”“九江市第二届超级宝宝大赛”“欢乐社区行展演”等。

## 三、县(市、区、山)电视台站及节目

**修水县台站及节目** 1991年,县开始筹建有线电视网(台),当年11月11日,有线电视网投入使用,传输12套电视节目。1992年年初,县筹建电视台,并开始采编节目向上级电视台输送稿件和在板山电视转播台试播。1995年3月,县广播电台和修水电视台(筹) 新闻采编部门组建成立“修水广播电视新闻中心”。4月,中心自办电视节目1套,主要通过县有线电视台网络传输。1996年11月8日,修水电视台举行建台仪式。1998年3月,修水电视台和修水人民广播电台合并为“修水县广播电视台”。2001年3月,板山广播电视转播台和县有线电视台并入县广播电视台。2002年5月,县广播电视台自办第二套电视节目。2005年,国家广电总局实施全国广播电视农村无线覆盖工程,板山转播台于2006年3月开始转播中央台一套、中央台七套、江西卫视、修水广播电视台新闻频道等4套电视节目以及3套广播节目。

**武宁县台站及节目** 1991年,县广播站差转江西电视台节目。1992年,县广播电台开始在县城建设有线电视网,10月1日有线电视试播,播出8套节目,终端有3000余户。1995年4月13日,县有线广播电视台成立,网络传输15套节目,其中含自办节目1套,共有用户5000余户。1998年2月,县有线广播电视台与武宁广播电台合署,称县广播电视台。2002年,县广播电视台网络部分划离该台,组建为县广电网络公司。2006年,广播电视台开办第二套电视节目——生活资讯频道。

**瑞昌市台站及节目** 1991年6月,瑞昌电视台成立。同年12月28日开播,9频道、300瓦发射机播出自办节目,6频道、50瓦发射机转播中央电视台节目。1992年初,筹建有线电视网(台),同年12月30日网络初步建成试播,播出12套电视节目,终端800余户。1993年6月,市有线电视台成立。1998年5月,瑞昌电视台、瑞昌市有线电视台、瑞昌人民广播电台合并为市广播电视台,电视节目通过有线网络和无线发射同步传输,其中无线发射的电视节目信号覆盖全瑞昌及毗邻地区。2004年1月1日,市广电台台网分离,其网络参与省广电网络整合。2004年7月,广播电视台开办第二套电视节目,在有线广电网络中传输。

**都昌县台站及节目** 1991年年初,县广播站南山电视差转台,差转中央电视台第一套节目。到同年春节,南山差转台已转播央视一套、二套及江西二套等3套电视节目。1992年10月,县广播站筹建有线电视网络,当年年底开通并有了首批2300余用户。1993年6月,县有线电视台(筹)成立,隶属于县广播站,开始自办1套电视节目。1998年2月,县广播站改称县广播电视台。2004年1月1日,县广播电视台在县城中心地段阳储山顶兴建的电视发射台开播,县广播电视台自办电视节目又在该电视发射台播出。同年,南山电视差转台搬迁至阳储山。2006年1月起,县广播电视台增加1套自办节目,在有线网络中传输播出。

**彭泽县台站及节目** 1991年起,县电视差转台转播中央电视台第一、二套节目和江西电视台、九江电视台节目。1993年,筹建县有线电视网(台),当年开通县城有线电视网并自办1套电视节目,有用户3000余户。1994年,网络用户发展到6000余户。1994年,县有线电视台与县广播站(含所辖的电视差转台)合并成县有线广播电视台。1997年11月,县文广局在县城双峰尖山顶建成微波传送站,即向各乡镇场有线电视站传送8套电视节目。同年,县电视差转台停播。2000年,县有线广播电视台台网分离,以其网络部分为基础组建县广电网络公司,县有线广播电视台更名为县广播电视台。微波传送站于2002年

停用。县农村广播电视无线覆盖工程于2008年3月对原微波传送站改扩建,当年10月,开始转播中央电视台第一、七2套节目和中央人民广播电台1套节目。

**湖口县台站及节目** 1991年,县广播站差转中央电视台第一套节目。1993年1月16日,县有线电视网(台)开始试运行,共有3000余有线电视用户,传输含本台自办节目共11套电视节目。1994年4月,差转台又添置设备,开始转播中央电视台第一套和江西、安徽电视台共3套节目。同年开始,各乡(镇、场)有线电视网络相继建设。1995年年初,在县城三里开发区新建的电视发射塔及机房等配套设施基本建成,新购置300瓦电视发射机1台。同年8月,县有线电视台(筹)和县广播站合并组建的县广播电视中心挂牌,中心自办节目除继续通过有线网络传输外,还通过三里开发区的300瓦机无线发射播出。1998年5月,县广播电视中心更名为县广播电视台。县广播电视台自办电视节目无线传输于2003年5月停止。

**星子县台站及节目** 1991年,县电视差转台收转中央电视台第一套、第二套电视节目。1992年,筹建有线电视台,当年5月,城区有线电视网络初步建成开通,用户可收看6套电视节目。1992年10月,县有线电视台(筹)自办1套电视节目,通过有线电视网络传输播出。1999年9月,县有线电视台和县广播站合并,成立县广播电视台。这时,网络传输节目数量已增加到12套,用户数量达到5000户。同月,负责农村有线电视传输业务的县广电网络中心成立。2000年6月,县广播电视台开办第二套电视节目,亦通过广电网络传输播出。2001年,县广播电视台网络部分划归县广电网络中心管理。

**永修县台站及节目** 1991年,县差转台差转中央电视台第一套节目。1993年3月,筹办有线电视台(网),7月1日,网络开通,传输多套电视节目并自办1套节目。1994年8月,县广播站与县有线电视台合并,成立县广播电视台。2004年1月1日,县广播电视台台网分离,其网络部分与省网络整合。2008年1月,县广播电视台又自办第二套电视节目,2套节目均在广电网络中传输播出。

**德安县台站及节目** 1991年,县广播站差转机转播江西电视台第二套节目。1991年10月,在县城旁义峰山主峰建成电视差转台,转播中央电视台第一套节目和江西电视台第二套节目。1992年,县第一座农村电视差转站在聂桥镇建成,可覆盖聂桥5个村及锑矿、彭山锡矿等区域。1993年,筹建有线电视网(台),当年9月,网络初步建成,传输12套电视节目。1994年6月,县有线电视台正式成立。11月,县有线电视台开始自办1套电视节目。1997年12月,县广播站、有线电视台、电视差转台、教育电视台合并成立县广播电视台。2003年12月,县广播电视台台网分离,分为县广播电视台和县广电网络分公司。2005年5月,县广播电视台开办第二套电视节目,2套节目均在广电网络中传输播出。

**九江县台站及节目** 1991年10月,筹建有线电视网络。1992年初,有线电视网络开通,转播中央、江西以及一些省级台上星电视节目。1993年,县有线电视台成立,隶属县广播站。1995年6月,县有线电视台与县广播站分设,有线电视台自办电视节目1套。2000年4月,县有线电视台与广播电台合并为县广播电视台。2003年11月,参加全省广电网络整合,网络传输部分从广播电视台分离出来。2005年6月,县广播电视台开办第二套电视节目。

**庐山区台站及节目** 1992年筹办区域性有线电视网(台),同年9月28日,网络开通,传输有线电视节目10套,其中包括1套自办节目。1993年1月,区有线电视台(筹)开办新闻节目。11月,区有线电视台正式成立。1995年,网内传输有线电视节目增加至15套。2000年,自办第二套节目,网络共传输电视节目32套。2003年3月,区有线电视台与区广播站合并,成立区广播电视台。2005年,自办第三套节目。同年,实现全区所有乡镇通过光缆与区联网,开始整合驻区单位有线网络。至2007年年底,主干光网改造基本完成,整合驻区厂矿、学校有线网络10个。至2010年年底,区广播电视台网络传输模拟电视节目50余套,城乡共有5.1万户模拟电视用户。

**庐山风景名胜区台站及节目** 1992年,新架设同轴电缆干线基本上覆盖庐山,新增用户1700户,传输的节目增加到12套,其中含自办节目1套。1994年,有线电视台正式成立,归江西701电视台管理。2003 年,有线电视台台网分离,其网络部分参与省广电网络整合。

**共青城市台站及节目** 1991 年,共青垦殖场广播电视台传输中央电视台第一、第二套节目,江西电视台第一、第二套节目,新疆、云南、贵州各台卫视节目,以及场自办的 1 套以放录像为主的节目。1992 年 4 月 11 日,场广播电视台更名"江西共青垦殖场有线电视台"。2003 年,共青城开发区成立,台名改称"共青城电视台"。2010 年 10 月,开播第二套自办节目,共有有线电视用户 1 万余户,传输电视节目 60套。

## 第三节 广播电视网络

### 一、市区网络

**网络建设** 1992 年 8 月,市广电局筹建有线电视网(台),12 月 28 日开通,共传输电视节目 12 套,其中 1 套自办节目;网络干线从九江旅社 9 楼有线电视台机房分 3 路架空敷设同轴电缆,一路沿十里大道至十里转盘,一路沿庐山路到新桥头再沿浔阳路至八角石,一路沿庐山路到新桥头再沿一支路至三马路口;用户数量不足 200 户,1993 年春节前计有用户 3000 余户。1993 年 6 月,市有线电视台挂牌成立,除转播节目外,还自办 1 套节目。到 1994 年年底,入网用户数 3 万户;随着省级电视台上星节目的增加,网络传输的节目套数不断增加。1995 年下半年,中央电视台第三、五、六、八 4 套加密电视节目在市有线电视台网络内开播后,城区各企业网络陆续与市有线电视台网络并网。1996 年 5 月,市有线电视台更名为市有线广播电视台。1996 年,网络覆盖区域南至昌九高速公路邹家河出口,北至长江边,西至阎家渡,西南至九江国棉五厂,东至大桥五处,东南至九星路八里坡,用户数量为 4 万余户。1997 年年底开始,市有线电视网络进行改造,工程于 1998 年年底结束。通过改造,城区网络主干线已由光缆取代电缆,按 750 兆频率设计,光节点之下电缆分配网按 550 兆设计,放大器级联由原先最高 23 级降至最高 5 级,每个光节点覆盖用户控制在 2000 户以内,信号传输稳定,质量达较高水平。到 2000 年,网络覆盖区域向东延伸至大桥船管处,基本覆盖九江全城区;传输电视节目 40 余套,用户数为 6 万余户(九江石化总厂,九江火力发电厂虽已联网,但未纳入市网统一管理、统一运营,用户数未统计在内)。同年 12 月,市有线广播电视台完成网台分离,节目生产部门的人员及设备划归九江电视台,其他部门组建成九江市广播电视网络中心。2001 年以来,市城区广播电视网络进一步发展和完善,为加强对有线电视用户的管理,解决模拟有线电视收费难的问题,网络中心自筹资金建设可寻址电脑收费管理系统。第一期工程于当年 5 月开始。12 月,市广播电视网络中心与省广播电视传输网络有限公司进行整合,成为其旗下分公司,分公司与原网络中心两块牌子,一套人员,主要承担一级、二级(即省到市、市到县)光缆干线维护管理,负责城区网络的建设和运营,开展模拟电视业务、数字电视业务、数据业务和电视会议业务。2002 年 7 月,城区网络再次改造开始试点,2003 年 2 月正式推进,历时 2 年,投资 3000 万元。同年,第一期工程结束,完成前端机房软件系统及 5000 台用户端寻址器的安装,覆盖用户 55008 户,实际控制管理用户 38945 户,控制管理用户约占当时网络总用户数的 50%。城区网络改造后,主机房搬至市长虹大道的九江广电局大楼七楼,增设天鹅泉、八角石、弘雅等 3 个分前端。主机房和 3 个分前端机房之间采用物理星型、逻辑环形结构,光缆和设备一主一备,自动倒换。光缆网络带宽提高到 1000 兆赫,接入网带宽由原来的 550 兆升级到 862 兆,频道容量由原来的 54 套增至 93 套。光缆干线地下管道敷设率达 95%以上。全网共设置光节点(小区)323 个,其中长虹主前端设置光节点 100 个,天鹅泉分前端 63 个,八角石分前端 79 个,弘雅分前端 81 个。升级改造后的网络,光缆覆盖到每一个住宅小区,电缆覆盖到每一住户门前,传输的稳定性、可靠性有质的提高。光接收机、信号放大器均按双向预留设计,根据业务需求的情况,安装双向模块并经调试后即可承载双向业务,为数据网的发展准备条件。2010 年 1 月,市有线广播数字电视播控大楼开工建设,大楼系市广播电影电视局和省广播电视传输网络有限公司九江市分公司共同建设,共 17

层,建筑面积为14400平方米,其中网络公司6000平方米。至2010年年底,九江城区广电网有模拟电视用户10万余户,数字电视用户4000户,数据业务用户1800余户。

**网络经营** 1992年10月建网后,开展模拟电视业务,传输的节目套数逐步由最初的12套增至58套。2001年12月,在全省设区市第一个搭建数字电视平台,开展数字电视业务,通过有线网络传输4个节目包、计20套数字电视节目,用户加装数字电视机顶盒即可收看,2003年5月与省广电网络公司数字平台整合,可向用户传输48套数字电视节目。2003年,建立全省电视会议业务系统,可参加全国、全省电视会议,可独立召开全市性的电视会议。2003年,采用以太网和Cmable Mdem 2种入户方式开展宽带数据(互联网)业务。2007年7月,开办网络图文信息频道,以图片、文字等形式为用户提供广电业务介绍、招聘启事、商业信息、天气预报、交通状况、实时新闻、财经消息、服务电话、景点介绍等服务。2009年下半年,市广电网络网站正式开通,以视频节目为特色,设有国际国内新闻、宽带电影、电台电视台在线、财经股票、美食健康、天气预报、交通信息等栏目。2009年始,开展无线数字电视微波业务,将有线电视节目进行数字化并经适当处理后的信号,通过光缆由市网络主机房传输至江西701台,用无线数字微波发射机发射,用户通过1付简易天线及1台机顶盒即可收看,至2010年,可提供节目包5个,数字电视节目计65套,覆盖范围为九江市区、湖口、彭泽、都昌、星子、九江县、瑞昌、德安、永修以及湖北、安徽毗邻地区。

## 二、县域网络

**修水县** 1991年,筹建有线电视网(台) ,11月11日,有线电视网开通,带宽300兆,传输12套电视节目。1998年,网络带宽升级改造为550兆赫,传输节目增至23套。2001年3月,县有线电视台并入县广播电视台。2003年,网络进行干线网光缆改造,按750兆赫频率设计,传输节目增至34套。2004年2月,开通数字电视,在网络传送35套数字节目。至2010年,全县36乡镇与县城实现光缆联网,城区有线电视用户为3万余户,农村有线电视用户4.7万户,县广播电视台在网络中传输37套模拟电视节目、35套数字电视节目。

**武宁县** 1992年10月1日,县广播电台有线电视网试运行,传送8套电视节目,终端用户3000余户。1995年,县有线广播电视台成立,其网络传输15套节目,其中自办节目1套,共有5000余用户。2001年进行城区光缆改造,有线网络传输24套电视节目。2002年,以县广播电视台网络部分为基础,组建县广播电视网络传输公司,开展全县光缆联网工作。2004年1月,县广电网络传输公司城区网络参与省广播电视网络传输有限公司网络整合,成立省广电网络公司武宁县分公司。城郊部分网络及乡镇网络未参与整合,继续由县广电网络公司经营管理。2004年年底,全县100%乡镇和34%行政村开通光缆,分公司网络传输电视节目34套。到2010年,实现全县100%的乡镇、95.6%的行政村、90%的自然村通光缆电视,有线电视用户达5.7万户,其中城区1.3万余户。

**瑞昌市** 1992年年初,开始建设城区有线电视网络,主干线路为300兆赫带宽的同轴电缆。当年,前端播出12套模拟电视节目,终端用户800余户,初装费180元,收视费每月每户5元。1993年6月,市有线电视台成立。1998年5月,市有线电视台与瑞昌电视台、瑞昌人民广播电台合并成立瑞昌市广播电视台。2000年始,将城区有线电视网络主干线路由电缆改造为光缆,系统带宽提升至750兆赫。2003年,启动城乡联网。2004年1月1日,市广电网络参与省广电网络整合,成立江西省广播电视传输有限公司瑞昌市分公司。当年,分公司在加强模拟电视基本业务的同时开展数字电视、电视会议等增值业务,传输模拟电视节目52套、数字节目34套。2005年,基本完成市、乡、村三级广电网络联网。2010年年底,全市城乡有线电视用户3.5万余户,其中城区2万余户,全年有线电视及增值业务收入760万元。

**都昌县** 1992年10月,筹建有线电视网,于年底开通,首批有线电视用户2300余户。1996年年底开始电缆干线升级改造,1997年上半年完成, 网络传输电视节目由12套增至16套, 用户有6500户。2003年10月开始,县城有线广播电视网络将主干线改为光缆,带宽为860兆赫。2004年1月,县广播电视台网台分营，其网络部分被省广电传输网络有限公司整合，成为其旗下的县分公司。2004 年 6 月底，县城网络改造工程完成，覆盖用户 1.3 万余户，入网 9000 余户，传送 29 套模拟电视节目。2008 年，开始对分散在各乡镇的有线电视网络进行整合，对空白乡镇进行覆盖。至 2010 年年底，县网络共有用户 2.7 万余户(其中城网 1.6 万余户，农村用户 1.1 万余户)。

**彭泽县** 1993 年，县文广局筹建县有线电视网(台)，当年开通有线电视用户 3000 余户。2002 年，对城网进行升级改造，建立有线电视可寻址系统。2003 年，县广电网络公司被省公司收编整合，成为省广电网络传输有限公司彭泽县分公司，分公司开展数字电视、互联网、电视会议等业务。至 2010 年 12 月，城网用户 12172 户，6 个已整合的乡镇农网有用户 4900 余户，数字电视用户 800 户，互联网用户 1000 户，传输模拟电视节目 50 余套、数字电视节目 40 余套。

**湖口县** 1993 年 1 月 16 日，县有线电视网络试运行，有 3000 余用户，传输 11 套电视节目。1994 年开始，各乡(镇、场)有线电视网络相继建设。2002 年，网络升级改造后于 10 月起传输电视节目由 22 套增至 33 套。2004 年 1 月，县广播电视台实施台网分置，其网络参与全省广电网络整合，并以县广播电视台有线工程部为基础，成立省广播电视网络传输有限公司湖口县分公司。是时，县城有线电视用户为 7240 户。至 2005 年 12 月，民营企业闽顺公司对全县农村有线电视网络收购、改造和兼并联网工作基本完成，农村网与县城网联网。2009 年 6 月 10 日起，县域内农村广播电视网络由闽顺公司交由省广电网络公司湖口县分公司经营管理。至 2010 年，全县有线电视用户 3.12 万户，其中农村用户 2 万户，传输模拟电视节目 56 套，开通数字电视节目用户 280 户。

**星子县** 1992 年，始建有线电视网(台)，当年 5 月开通网络，传送 6 套电视节目。1999 年 9 月，负责农村有线电视传输业务的县广播电视网络中心成立。同年，中心收购 5 个乡镇有线电视站，共有用户 1800 户，并开始架设县至乡镇光缆杆线。当年，县城网络传输电视节目 12 套，用户达 5000 户。2001 年，县广播电视台网台分离，城区网络划归网络中心，网络传输的电视节目增加到 27 套。2003 年 5 月，县广播电视网络中心参与全省广电网络整合，成为省广电网络公司星子县分公司。分公司继续收购乡镇有线电视站，传输模拟电视节目 42 套、数字电视节目 102 套。2009 年始，发展农村有线电视用户。至 2010 年 12 月，县乡光缆联网率达 100%，行政村和自然村覆盖率分别达 74%和 78%，农网用户突破 1 万户，全县有线电视用户 2.54 万户。

**永修县** 1993 年 7 月 1 日开通有线电视，县城首批网内用户 120 户。1997 年 1 月开始，县城网络传送 16 套电视节目。2000 年年底，县城网络传送 22 套节目，网内用户达 7000 余户。2004 年 1 月 1 日，县广播电视台县城区域广电网络被省广电网络传输有限公司整合，组建成立省广播电视网络传输有限公司永修县分公司，当时县城有线电视用户 7600 余户。2006 年 10 月开始，县分公司对全县 15 个乡镇有线电视网络进行整合，农村有线电视用户 7000 余户。2007 年年初，农村有线电视从县分公司划出，成立隶属县文广局的县农村广播电视网络中心。至 2010 年 12 月，县城有线电视用户 16485 户，数字电视用户 320 户，网络传输模拟电视节目 45 套；农村有线电视用户达 23432 户。

**德安县** 1993 年 6 月始，建设有线电视网络。10 月，县城有线电视用户 2000 余户。2003 年 11 月，县广播电视台台网分离，其网络部分与省网络公司整合，成为其旗下的县分公司。其时，县城用户为 8695 户；多数乡镇建有各自独立的有线电视网，共有用户 2000 户。2005 年 10 月，城乡联网正式启动。同年，县分公司开展数字电视业务，向用户传输 48 套数字电视节目。2008 年 3 月，网络升级改造工程完成，传输模拟电视节目由 25 套增至 60 套。至 2010 年 12 月，全县各乡镇有线电视除车桥镇外，全部整合并网，城区用户 1.9 万户，农村用户 1 万户。

**九江县** 1991年县城有线电视网络建成开通,传输12套电视节目。1993年成立县有线电视台,隶属县广播站。各农村有线电视网络于1994年开始建设,传输节目为8套到15套不等。2000年,县城网络干线以光缆替代电缆,有6800多用户,传输28套电视节目。2002年,县网络开始与乡(镇、场)网络陆续整合联网。2003年11月,参加省网整合,网络传输部分从广播电视台分离出来,成为省广电网络公司九江县分公司。2004年12月,与市网络联网传输42套模拟电视节目和44套数字电视节目,县中心机房前端设备作备用。2002~2005年,县网络与乡(镇、场)网络通过光缆陆续联网。至2010年12月,县城机房信号可传至除地处长江中心、四面环水的江洲镇、新洲垦殖场之外的全县其他乡(镇、场),有线电视用户3.3万余户,传输的模拟信号电视节目51套。

**庐山区** 1992年,筹建有线电视网(台),同年9月28日起,网络传输10套电视节目,有用户3000余户。1995年,网络升级改造后,传输节目15套,入网户数增至1万户。1995~1997年,全区7乡镇创办有线电视站,用户达5000余户。1997年年底,区有线电视网络再次改造,开通30套节目。1998年8月,经普查,全区城乡有线电视用户2.1万余户。10月,区网联通5个乡镇网。2003年3月,区有线电视台与区广播站合并组建区广播电视台。2005年,实现全区所有乡镇通过光缆与区联网,开始整合驻区单位有线网络。至2007年年底,整合驻区厂矿、学校有线网络10个,区网传输40余套电视节目。至2010年12月,农村实现100%行政村和100% 20户以上自然村通光缆通电视,城乡共有5.1万户模拟电视用户,网络传输模拟电视节目50余套。

**庐山风景名胜区** 庐山有线电视网(台)由江西701电视台于1990年创建,到年底传送7套节目,600余用户为周边部分宾馆、休养所等单位及少数居民。1992年架设3条电缆干线,基本覆盖全庐山,新增用户1700户,传输电视节目增至12套(含自办节目1套)。1994年,有线电视台成立,归江西701电视台管理。1998年,主干线路升级改造,传输电视节目由12套增至24套。2003年,有线电视台网台分离,以其网络部分为基础,成立省广播电视网络传输有限公司庐山分公司。2005~2007年,分公司分别对主干线路及分配网进行升级改造,至2010年,网络已对全山覆盖,网内用户9500多户,其中居民用户3900多户,入户率41%,单位用户5600多户,入户率59%,传输模拟电视节目41套。

**共青城市** 1997年,场有线电视台对有线电视网络改造后,可传输30套节目。2005年年底开始,将原450兆赫同轴电缆传输系统升级改造为860兆赫光缆传输网络,将3个乡镇的有线电视网络与台网联网,工程于2007年8月基本完成。2010年,共有模拟有线电视用户1万余户,数字电视用户150户,全境有线电视覆盖率99%,传输模拟电视60套,数字电视60套。

### 三、省、市、县网络整合

**干线联网** 1997年8月,省广电网络工程建设办公室成立,负责省至各设区市联网工作。南昌至九江光缆干线是省会城市连接设区市的第一条广电光缆干线。南昌至九江光缆干线沿105国道,始自省电视台地球站大楼省网络机房,途经南昌市城区、新建县、永修县、共青城、德安县、星子县、九江县、庐山区,终至九江广电大楼,以直埋敷设方式为主,城区管道敷设,部分地区架空敷设,全长159千米。干线由省广播电视网络传输有限公司与中国联通江西省公司合作建设,共40芯,其中广电28芯(广电总局12芯、省干线12芯、九江带芯4芯),考虑到庐山的特殊性,在建设干线网的同时一并考虑上山线路,从省干线东林寺段敷设链路至庐山8频道机房,纤芯12芯,直埋敷设方式,路由长度6.7千米。工程由金宇工程建设公司设计,广州中人集团施工,工程始自1997年8月,终至1999年4月。另省干线至景德镇的线路由九江经湖口沿九景高速公路管道敷设,与九江至湖口的二级干线共缆敷设,纤芯12芯,路由长度33.24千米。省至市干线采用华为2500+ SDH设备,于2003年开通运行,在九江设永修、德安、九江、湖口4个基站,从省公司下传节目至市广电网络机房,同时传送数据业务信号并开通会议电视业务。1999年下半年,架设市区至各县(市、区)光缆,建立全市广播电视综合信息网,工程根据全市区域的地理状况,按2个环路设计传输网络。东环路连接湖口县、彭泽县、都昌县、星子县,以直埋敷设方式为主兼架空敷设,全长260千米。西环路连接瑞昌、武宁、永修、共青、德安、九江县,庐山为链接于九江县节点的支路,修水至武宁南北方向建有互为备份的两条物理通路,西环路以架空敷设方式为主,兼有少量的直埋,全长447千米。西环路中,永修县——德安县——九江县——九江市,以及九江县——庐山为省网络公司直接投资的2条一级干线,为4芯光缆,均采用直埋敷设方式,全长143千米。市广电综合信息网工程通过招标确定光缆及其他器材的选型,招标确定5支施工队伍,光缆架设分为5个标段及市区管道工程。从中国石油管道建设责任有限公司1999年11月7日开工,至中国石油天然气管道电力通信工程公司2000年11月30日完工,历时1年又13天,计杆路架空敷设光缆399.256千米,直埋敷设光缆248.08千米,管道敷设光缆53.829千米,工程总长701.165千米。全部工程于2002年完工,包括市中心机房在内,共计设置九江市区、瑞昌、武宁、修水、永修、共青、德安、九江县、庐山、湖口、彭泽、都昌、星子共13个基站,其中九江市、永修、德安、湖口还兼为省一级干线基站。工程建设总投入为3000万元。省至市、市至县联网完成后,光传输采用数字同步体系SDH技术。2003年始,省网下传中央电视台第一套,江西电视台第一至第五套共6套电视节目;节目传至市网中心机房,与九江电视台节目信号打包后再传至各县(市、山、城)机房。为便于各县(市、区)至乡镇光缆网络建设,市至县光缆所经沿途乡镇均加带纤芯,但不下信号,其信号由县级网机房统一传送。2004年以后,经省广电网络公司同意,市分公司通过二级光缆干线,将市网络所有信号同步覆盖周边的湖口、彭泽、星子、瑞昌、九江县、德安、共青和庐山区等8个县级网络的城区及乡村。

**机构整合** 2000年12月,市有线广播电视台完成网台分离,节目生产部门的人员及设备划归九江电视台,其他部门组建市广播电视网络中心。2001年年底,市广播电视网络中心与省广播电视传输网络有限公司进行整合,成为其旗下分公司,分公司与原网络中心两块牌子,一套人员,承担一、二级(即省到市、市到县)光缆干线维护管理,负责城区网络的建设和运营,开展模拟电视业务、数字电视业务、数据业务和电视会议业务,为事业单位,按企业化运作,业务、经费为省公司管理,行业管理及人事关系归市广电局。整合时,按市广电网络实际用户数,每户资产为600元评估,其中400元作为分公司股东单位市广播电视局资产入股,另200元以及按实际评估网络资产(光节点以上)、机房、办公等设备分5年变现交予市广电局。2003年始,市属各县(市、区、山)有线广播电视网络机构陆续与省网络公司整合。至2010年,全市先后有星子、都昌、湖口、彭泽、庐山、瑞昌、九江县、德安、永修、武宁8县1市1山的广电网络机构与省公司成功整合。在已整合县(市)中,除永修、武宁、彭泽、都昌4个县部分小农网外,均已完成乡镇及以下农网收购和整合工作。按照省政府办公厅《关于做好江西省广播电视网络传输公司实行人事垂直管理人员交接工作的通知》,及省委组织部、省委宣传部等7部委厅局《关于江西省广播电视网络传输公司实行人事垂直管理人员交接工作实施方案》等文件精神,2008年下半年,省公司对市分公司实行人事垂直管理,市广播电视网络中心建制撤销。至2010年12月,除庐山、武宁2分公司外,已整合的县级分公司都完成人员上收省公司垂直管理的交接工作,实现省广电网络公司对分公司人、财、物的统一管理,参加整合的各县(市、区、山)广电网络机构,除分公司名称保留外,其余名称均取消。

# 第三章 电 影

## 第一节 放映场所

### 一、市区电影院

**红旗电影院** 位于市区孤溪埂51号。1991年,有前厅、放映室,观众厅。全年放映电影4405场,观众241.9万人次,放映收入69万元。1993~1994年,影院以放录像为主,电影为辅。2005年,与昆田文化传媒公司合作,将占地1000多平方米旧影院放映厅改造成建筑面积6000多平方米的5层综合楼。影院投入300万元建成2个功能齐全、设备先进的电影厅,分别有287个和106个座席的放映厅于2007年8月11日开业,同月,电影院加入上海联和院线,当年放映收入达350万元。2010年,影院投入100多万元,对设备进行更新,全部改用数字放映机,其中一台是3D数字放映机,提高放映效果和经济效益。2010年,全年放映电影2815场,观众12.8869万人次,放映收入487.56万元。

**朝阳电影院** 位于浔阳路与甘棠南路交汇处。1990年4月始,影院对放映大厅进行整体装修,安装立体声音响设备,全年放映电影4270场,观众196.1万人次,放映收入60万元。1995年3月,影院与市交通银行达成联合开发协议,9月新大楼正式开工,1997年11月土建工程竣工,影院获得经营总面积3083.29平方米,将1个电影厅和2个录像厅进行简单装修,于1998年1月开业。2002年4月,全国电影行业进行院线制改革,影院加入中影"星美"院线。由于放映设备老化,达不到应有放映效果,影院经营自2006年起每况愈下。2007年11月,因消防不合格停业。

**公园电影院** 位于市区甘棠公园内,原利用人防地下工程作放映厅。1990年1月,人防地下工程停止使用后,承包市浔阳东路的劳动电影院业务。当年,影院共放映电影1775场,观众71万人次,放映收入18万元。1992年7月,在劳动电影院业务承包合同到期后公园电影院撤销。

**天鹅电影院** 位于市区九龙街新桥头。1991年,电影院除放映电影和录像外,开设演艺厅,邀请文艺团体演出。1993~1994年,与市五交化公司、香港一开发商开办电子娱乐城。1995年,由个体商出资160万元将电影放映厅改造成的士高舞厅,在二楼装修出一间可容纳200人的豪华电影厅。同年,与市外贸畜产公司联营,在三楼办震撼电影厅。1996年,由于火车站搬迁和龙开河改造,影院门前交通处于半瘫痪状态,经营活动无法开展。2000年,市信华房地产公司出资金,对电影院进行整体改造,工程于2001年年底完成。由于电影市场的不景气,影院停止放映电影。

**人民影剧院** 位于市区浔阳路186号。1991年经过改造后的观众厅面积948平方米,门厅面积1536平方米,休息廊481平方米,座席由1117个翻板椅改为1250个软席,新增楼座、跌座和包厢座,增设多功能厅、电子游戏室、录像放映厅。2007年,市白水明珠会展中心落成,会演重心随之转移。人民影剧院由此加大文化产业的发展,招商引资达2000多万元,开设动漫游戏城,面积达1000多平方米,大型手机连锁超市及餐饮副食等。形成文化娱乐餐饮等为一体的休闲购物中心。

**工人影剧院** 位于市区孤溪埂。1991年,有2台35毫米东风牌放映座机和全自动幻灯片机,观影厅配置风冷式中央空调,共有正式座位1149席。观影厅两边设置候影厅,前楼的二、三楼设置2个展览厅。影剧院有员工16人,其中6人持有电影放映员证书。1993年得到市级院线片资格,1995年获省级院线片的放映权。1999年与市电影公司合作经营。2004年中期,停止放映电影,正式对外招租,成为其他经营场所。

**十里电影院** 位于庐山区前进东路。1991年,全年放映电影2508场,观众71.8万人次,放映收入27万元。2009年6月,市电影公司划归市广电局管理后,影院场地及人员由市文化局管理。

**花旗电影院** 位于庐山区前进东路。2010年1月投入使用,为民办专业影院,加盟北京九州中原院线有限公司。影院设有92座席和64座席的大小放映厅各1个,内含VIP贵宾区以及情侣包间,总面积700多平方米。影厅安装有专业数字环音系统、三分频扬声器及先进数字影音处理系统,配有高清数字放映机,墙壁为空腔式吸音设计,近150平方米高亮度银幕画面效果清晰透彻、精确逼真。人性化无障碍的无台阶缓行步道直通影厅,清晰的LED台阶灯光柔和而富有神秘感。中央空调系统冷暖适宜,并备有空气净化及灭菌设备及售票厅、食品部、商品展柜、观众休息厅等。

## 二、县(市、山)电影院

**九江县电影院** 建筑面积1956平方米,观众座席1649个,安装国产松花江牌35毫米电影放映座机2部。至2010年正常运营。

**九江县柴桑电影院** 观众座席1080个。1990年正式使用,归县电影公司管理。2002年,影院出售,人员分流。

**德安县电影院** 1991年,有机械降温通风设备和1套35毫米电影放映座机。1995年,县电影公司将影院出租并将大厅改造为溜冰场,在影院旁改建一小放映厅放电影。2002年7月,因城市规划需要,影院征用拆除,置换兴建文化影视中心。2004年,县文化影视中心建成并投入使用,可供会议、演出和电影放映等活动使用的综合性大厅,可容纳850人观映。2009年,投资22万元,将电影放映设备更换成数字化设备。

**永修县新城电影院** 建筑面积2038平方米,观众座席1200个。2009年5月,对电影院修建改造,可容纳观众806人,9月30日,首次投入使用,放映第一部数字电影。

**星子县电影院** 2004年7月,由于改制,县电影公司撤销,影院停止放映电影。

**修水县电影院** 1991年,有座位1262席。下半年,县电影公司自筹资金9万元,对影院门面翻新改建,增加门面功能和观赏性,门面上的钟楼和霓虹灯皆为修水第一家。1993年4月,县公司自筹资金16万元,将电影院一楼改造为能容纳260人的小型放映厅,命名"豪华厅"。2000年4月,影院被鉴定为危房,同年6月,县电影公司向县财政局借款80万元,对影院进行换顶和墙体加固改造,2001年2月重新启用。

**武宁县电影院** 1991年,建筑面积789.5平方米,有座位1142个,松花江5501型35毫米双放映座机。2002年10月,通过招商引资在原址重建,于2007年1月建成对外营业。新影院观众厅有座位443个。2009年筹措资金60万元,装修69个座位的豪华电影厅并投入使用。2个厅放映电影均采用数字化放映设备。

**湖口县电影院** 1991年,建筑面积625平方米,先后开展录像放映、舞厅、桌球等项娱乐活动经营。2003年,放映厅被县建设局质检和县消防部门列为危房后停止放映电影。

**都昌县电影院** 20世纪90年代,电影院有座位1110个;有一露天影院,可容纳观众1000多人,夏季每晚放映2场。1990年,被授予"全国人口与健康汇映先进单位"。2010年,被中共中央宣传部、文化部、国家广电总局、国家新闻出版总署授予"先进集体"称号。2010年12月,被中国电影发行放映协会授予"农村数字电影放映先进单位"。

**彭泽县电影院** 20世纪90年代,影院改进光源,采用氙灯放映,安装金属均衡器等,放映效果大有改观,上座率有所提高。1993年8月,影院停止放映电影,被改建成舞厅和文化娱乐室承包给个体经营。1997年,影院进行企业改制。

**瑞昌市电影院** 1991年,有座位1324个。1992年,影院改造,换顶棚、设软沙发座席、装空调、采用立体声音响,新装35毫米座机。2005年,由于地震损坏,由政府筹建瑞昌市艺术中心。2009年12月,艺术中心落成,电影公司迁入艺术中心。艺术中心内设3个电影厅,同月,2个影厅投入使用,其中一号厅座位340个,三号厅座位56个,配有数字电影放映机2台,由电影公司承包经营,2010年11月加盟北京红鲤鱼数字电影院线。

**共青城南湖影剧院** 影剧院占地面积12300平方米,建筑面积3420平方米。1997年,购进日本产TOA音响设备1套。2006年后,购进投影电影放映设备3套,领取省电影公司下拨的数字电影放映设备4套。影剧院为自负盈亏单位,兴办录像厅、游戏厅、旱地溜冰场等。

**庐山电影院** 影院建筑面积2270平方米,软席座椅1084席。1997年,改建成"庐山国际会议中心"。

**庐山恋电影院** 原名庐山东谷电影院。1997年,对影院进行改造,设380座席。由于该影院自1980年7月12日首映以来,天天放映国产影片《庐山恋》而经久不衰,1998年1月,更名"庐山恋电影院"。影院创造中国电影界一奇迹,至1999年,已在影院放映《庐山恋》6300余场。《庐山恋》放映20周年之际,上海"大世界吉尼斯"总部颁给该片"在同一影院放映场次最多的单片"称号。经过2年调查核实后,2002年12月12日,世界吉尼斯英国总部授予"世界上在同一影院连续放映时间最长的电影"吉尼斯世界纪录。至2010年,影院共放映《庐山恋》影片1.8万余场,观众180万人次。

## 第二节 放映活动

### 一、市区电影放映

1991年始,市电影公司采取多种方式,开展电影放映活动,坚持开展对市区中小学生思想道德教育影片的放映,场所以就近礼堂、电影院及学校电教室放映为主。浔阳、庐山2区共有放映单位59个,其中有专业电影院5个,影剧院1个,开放俱乐部7个,对内俱乐部(含放映队)41个,集镇影院3个,乡办队2个。各放映点开展放映活动正常,均由市电影公司直接发行影片。1992年后,因观众日益减少等原因,市区公园、十里、天鹅、朝阳4家专业电影院先后停止电影放映,人民影剧院、浔深乐园、工人影剧院等非专业影院以及一批开放俱乐部亦陆续停止放映。一些原有放映设备的厂矿、学校等单位,坚持一段时间内部放映,且放映场次减少,设备老化淘汰后,即停止放映电影。但每年均开展学生专场的放映,基本保证每名小学生每年4场电影;在市区数个广场和一些社区,以搭载广告的方式免费放映电影。2005年,安排5支电影队下到庐山区各行政村放映,确保每村每月1场电影;市电影公司还承担市党代会、人大会、政协会的电影放映活动;应邀为厂矿、部队、社区、机关、学校放映电影。2006年,市公司购置一个可容纳600名观众的钢结构放映大棚。2010年1月,位于庐山区前进东路私立花旗电影院经审批开业。当年,市区售票放映的专业电影院有红旗、花旗2家。同年,市电影公司有数字放映机3台,便携式35毫米放映机2套,可组织3~5支放映队外出放映,全年共放映158场电影,其中100场学生专场。

### 二、县(市、山)电影放映

**庐山区电影放映** 1991年以来,区无电影发行放映管理部门,电影放映工作由市电影公司直管。2006年,区文教局承担送电影下乡职责,当年组织4支电影放映队,到2009年发展到7个队,2010年,该项工作移交给区广播电视局。

**九江县电影放映** 1991年始，县城电影院放映影片，由故事类向史实类转移，上映一批反映近百年来重大历史题材和进行爱国主义、反腐倡廉的影片，如《刘胡兰》《两个小八路》《赛虎》《飞虎队》《鸦片战争》《南京大屠杀》等100余部爱国主义教育影片，并组织中小学师生观看。1992年后，陆续放映《开国大典》《平津战役》《辽沈战役》《淮海战役》《挺进中原》《百团大战》《血战台儿庄》《大决战》《长征》等气势恢弘的历史巨片，以及《周恩来》《周恩来外交风云》《刘少奇》等文献记录教育片。2005年8月起，开展文化"三下乡"活动，激活县电影市场。2008年5月，启用数字放映机开展广场公益电影放映。2009年4月，县公司有6套数字放映机。2010年6月开始，县公司使用9套数字放映机在全县各乡镇开展送电影下乡活动。至2010年12月，送电影下乡活动共放映9800多场，共放映故事片365部，科技短片821部，其中学生专场1440场，学生观众30万人次。

**德安县电影放映** 20世纪90年代初，县电影院放映场次、观众人数及经营收入逐年有所减少，县电影公司先后开办劳动服务公司、旱冰场、冷饮厂等维持运转。2004年，新建县文化影视艺术中心投入使用，县电影公司始在该中心内放映电影。2005年始，县电影发行放映权由个人承包。2008年3月，县公司收回经营权后，更新和维修电影放映设备，组建5支农村放映队，在全县各乡镇场、各行政村巡回放映电影。2008年，县电影公司创新举措，开展让村民点播影片、喜庆电影放映服务等活动。《德安科教影片点播备受农民青睐》一文在《中国文化报》《江西日报》刊登。2009年，公司引进《阿凡达》等多部3D电影。2005年，全县城乡共放映电影45场，2006年709场，2007年664场，2008年1165场，2009年1294场，2010年放映电影1315场。

**永修县电影放映** 1991年，全县共有3类规格影片放映单位21个，放映电影1220场。1995~2003年，仅县城电影院1家放映电影，年放映场数在500~760场之间。2004年，增加2家16毫米机流动放映队，全县全年放映电影810场。2005年恢复农村流动放映队7个。2007年5月，公司成立数字机电影队。同年12月，全县有12个农村电影放映队，其中7个队加入数字放映行列。2010年，全县普及数字电影放映机，胶片电影放映机停止使用。当年，全县有数字放映机18台，共放映电影3852场，观众98.6万人。其中下农村流动放映2380场，观众达42万余人次；中小学校爱教电影流动放映620场，观众18万余人次；与联想企业集团联姻电影带广告下乡放映210场，汇通电器电影宣传放映6场，华龙房地产联姻电影放映38场，美的微波炉商业电影放映4场，社区广场农民电影放映54场，观众共达10万人次。

**星子县电影放映** 1991年，全县各乡镇均有放映队，配置放映场所，并有8个村级电影放映队。1992年以后，县城电影院仅放映对中小学生进行革命传统教育的故事片。2005年12月，县文广局成立大众文化传播中心，以3台16毫米胶片放映机，开展送电影下乡活动。大众文化传播中心于2009年增添3台放映机，2010年增加3台数字电影放映机，下基层及到农村的电影放映活动。送电影下乡的放映场次逐年增多，2006年385场，2007年783场，2008年1085场，2009年1039场，2010年送电影下乡1281场、观众21.2万人次。

**修水县电影放映** 1991年，县电影公司紧抓放映网点建设。至1993年，全县有县电影院1个及区、乡电影队52个，工矿电影队12个，电影放映专业户25户。1993年4月，县公司自筹资金，将影院一楼改造成为能容纳260名观众的小型放映厅。2000年，县电影公司以影企联姻(企业出资、附带广告等宣传，农民免费看电影)等形式，在全县范围内逐步开展农村放映活动，解决部分农民看电影难问题。2005年10月至2007年9月，县公司根据农村文化"三下乡"活动精神和"政府买单，一年一村放映6场电影"送电影活动要求，组织13支放映队，在全县36个乡镇361个行政村共放映电影2360场(每场规定为1个长片、2个农村科教片)，其中在垦殖场放映24场，学校155场。其间，全县农村放映电影，包括影企联姻等形式，共4594场。2007年，按一年一村放映12场电影的要求，县电影公司共组织20台放映机，实行分区管理，责任到人，把电影送到农村。2007年总计送电影下乡4681场，其中村级放映4494场、学校139场、林垦殖场48场，观众120万人次。2009年5月，县电影公司启动农村数字放映工作，投入数字放映机 17 部，淘汰胶片机。2010 年，新增 4 部，共有 21 部数字机，送电影下乡 4780 场。

**武宁县电影放映** 1991 年，全县放映单位 115 个，其中县城电影院 1 个，农村集镇电影院 10 个，工、矿、场、校放映队 6 个，农村放映队 98 个。至 1992 年，农村放映单位 26 个。2002 年 10 月，将原电影院拆除，在原址新建 443 座席的电影院。国家实施农村电影"2131 工程"后，2003 年，县电影公司组织 100 余部优秀影片，开展神州行电影放映活动。2005 年，借助省农村文化事业专项基金，当年送电影到农村放映 1068 场。2006 年，在农村放映电影 1266 场。2007 年开始，在全县实施每村每月 1 场电影。2008 年，县公司加入省公司农村欣荣数字电影院线，争取到院线数字电影放映机 14 台，当年农村电影放映实现数字化。2009 年，县电影院装修一个 69 座席的豪华数字电影小厅投入使用。2010 年，县公司共送电影下乡 2656 场。

**湖口县电影放映** 1991 年后，县电影院继续放映电影。2003 年，县电影院因年久失修，被列为危房，停止使用。1994 年，县电影公司组建 4 支 16 毫米机放映队深入学校、厂矿及偏远山区农村巡回放映。2006 年初，更新放映设备 13 套，组成 13 支电影放映队在农村放映。2008 年 1 月 28 日，江西文化市场网站以《大山深处放映忙》为题报道县电影公司放映一队送电影下乡的事迹；4 月，县电影公司购置第一套数字电影放映机；6 月，傅垅乡电影放映队获文化部授予"2007 年'送电影下乡'活动优秀农村放映队"称号；7 月初，县电影公司加入江西欣荣农村数字电影院线责任有限公司，片源得到解决；7 月 4 日，县电影公司开始使用数字放映机在鄱阳湖大市场、石钟山广场放映电影，此后定期在全县各乡村及社区巡回放映；10 月，省电影公司拨给县电影公司数字放映机 8 套；12 月，县电影公司被省电影公司评为 2008 年度"文化三下乡"先进单位。2009 年 4 月始，县公司在县人民礼堂开展"周末影院"放映活动，1 张票只售 1 元，称"一元影院"。2009 年 12 月，县电影公司放映员熊龙盛获全国电影放映协会表彰的先进个人称号。2004~2010 年，全县送电影下乡活动共放映 14498 场，观众 725 万人次。

**都昌县电影放映** 1991 年，在庆祝中国共产党成立 70 周年活动中，县电影公司组织《焦裕禄》《毛泽东和他的儿子》《大决战》《周恩来》等 12 部影片在全县城乡放映；县电影院全年放映电影达 700 余场。1995 年始，在全县中小学生中实施爱国主义教育电影放映工作，1998 年，全年放映学生专场 3200 余场，观看学生 50 余万人次。1999 年起，学校爱教电影走向正规放映，全县农村有 26 支放映队在各中、小学校放映。2004 年，电影院全年放映 260 场。2005 年，"2131"工程走进都昌，农村放映工作进一步发展。2008 年，第一台数字电影放映机进入都昌，以广场电影搭载广告形式在县各大广场放映。至 2010 年，全县有农村放映队 26 支，有数字放映机 20 台，16 毫米胶片放映机 50 台。

**彭泽县电影放映** 1991 年以来，县城电影院改进设备后放映效果改善，上座率有所提高。至 1993 年，组织观看法制教育片、科技教育片、爱国主义教育片、革命传统教育片。2005 年，开展"农村文化三项活动"，县电影公司组织起 12 支农村电影放映队。2008 年和 2009 年，在县城开辟免费广场电影、校园电影和广告电影等放映活动。至 2010 年底，农村放映电影 10357 场次，观众 105 万人次，其中学生专场 862 场。12 支农村电影队的放映机更换为数字放映机。

**瑞昌市电影放映** 市电影院自投入使用至 2005 年因地震损坏，累计放映电影 3 万多场次，观众 2000 万人次。2009 年 12 月，市电影公司在新落成的市艺术中心 2 个电影厅放映电影，分别有座位 340 个和 56 个。2005 年，市电影公司实施"农村电影放映'2131'工程"，组建 13 支放映队下到农村放映电影。至 2010 年，共在乡村放映电影约 9000 场，其中学校专场近 2000 场，观众共达 200 万人次。公司有数字放映机 13 套，淘汰胶片电影放映机。

**共青城市电影放映** 1991 年，可容纳 1300 名观众的南湖影剧院，有 35 毫米放映机 1 套。其后，年放映电影多时达 11000 余场次。1993 年后，影剧院每年放映数十场爱国主义等教育片。2006 年起，开展农村三项文化活动，影剧院组织 4 支数字电影放映队，承担全城 3 个乡镇、1 个街道以及垦殖场的送电影放映活动，放映电影 336 场。2008 年开始，影剧院在共青城广场和一些社区开展公益性放映活动，每年放映电影100余场。

**庐山风景名胜区电影放映** 1991年前,除2家影院正常放映电影外,电影公司根据需要,安排流动放映组到宾馆、疗养院等地放映,同时担负内部放映和接待专场的特殊任务。1991年始,山上2家(后为1家)电影院渐以放映《庐山恋》为主。电影公司暨电影院针对中小学校学生,每年组织放映爱国主义宣教影片8~10部;于每年"建军节""教师节"为军人、老师专场放映影片;每年10月即庐山"敬老月",免费为老人放映1个月电影;节假日免费为全山居民放映影片2场;在"文化月"免费放映电影(露天放映);配合管理局中心工作,每年为各类动员大会、学术研讨、表彰奖励等会议放映10余场;接待来山商务会议每年10多场。此外,驻山休养院所等单位经常组织电影放映活动。

## 第三节 发行放映管理

### 一、市电影发行放映

1991年,市电影发行放映公司负责全市放映网点的影片发行、放映管理、人员培训考核发证、宣传品供应、器材供应、设备维护、35毫米放映机年检等工作。全市专业发行放映人员1488人。

1993年6月,中影公司取消计划排片,电影业步入市场轨道,市电影公司由影片发行和放映管理为主要业务逐步转变为发行放映经营单位。1994年开始组建3支电影放映队,到厂矿、部队、社区、机关、学校流动放映,并结合爱国主义教育、法制教育等主题开展电影放映活动,取得较好社会效益和经济效益。同年12月29日,省电影公司联合9家地市公司组建以影片发行为纽带的电影发行有限责任公司,在全省范围内组建42家电影院组成的放映院线,九江各影院陆续加入院线及其他一些放映院线。12月31日,中国电影公司首次以票房分账方式引进"反映当代世界先进电影艺术和科学技术"进口影片(大众称之谓"大片")《亡命天涯》,之后又以每年10~12部数量向全国部分影院直接发行,开创影院与外商直接以票房分账方式进行电影放映先河。2002年6月起,全国电影发行放映单位组建35家电影院线,市公司直辖朝阳电影院2002年加入中影星美院线。

2003年开始,全市实施文化三下乡工程,公司组织专业技术人员到县乡举办5期放映员培训班,共培训310人,为123人颁发电影放映证。被培训人员掌握数字放映设备的使用和维护,为农村电影发展打下基础。2005年,市电影公司组织市县两级公司16毫米自有影片的交流,与省内及周边省份的公司开展影片交流,降低自身及县级公司的放映成本。

2009年6月,市电影公司由文化局划归市广电局管理。10月,由市广电局投资拍摄的故事片《可爱的中国》发行,市电影公司组织在市区放映104场,观众12万余人次,收入110万元,在全市放映总收入达300万元。至2010年,市电影公司有数字放映机3台,老式35毫米放映机2套。

### 二、县(市、山)电影发行放映

至1991年,武宁、德安、星子、修水、都昌、彭泽、永修、九江、湖口、瑞昌、庐山9县1市1山,在原电影管理站基础上,先后成立电影发行放映公司,负责当地电影放映管理、人员培训、宣传品供应以及16毫米、8.75毫米两种规格放映机的影片发行、器材供应、设备维修和年检等。11家县(市、山)电影公司共辖有直属电影院14个(共13460个座席),集镇(含工矿、农场)影院55个,放映队430个。

20世纪90年代后期,电影市场滑坡,各县(市、山)电影公司一方面寻找电影市场;另一方面,在职工工资无法发放时,开办其他产业。2004年7月,星子县电影公司机构撤销,干部职工实行身份置换与交流。

2005年8月起,全省开展文化三下乡活动,重新激活电影市场,各公司组织放映队,至2010年,一直坚持到乡村开展送电影下乡活动。星子县文广局成立大众文化传播中心,开展送电影下乡活动。

# 第四章　出版发行

## 第一节　书　店

### 一、市新华书店

位于浔阳路218号。1993年，在原址基础上筹建综合楼，1995年5月，行政办公室搬至长虹大道。综合楼启动建设，营业大厅搬至九江第四百货商场二场营业。1998年6月18日，综合大楼竣工开业，占地面积2600平方米，地下1层、地面11层，建筑面积10084平方米，集图书零售、发行、办公、餐饮、住宿、娱乐休闲为一体。2002年12月始，对一至四层卖场扩建，使单层营业面积由400平方米扩大为1500平方米。工程于2006年竣工，3月31日投入试营业。新大楼新增建筑面积5276平方米，整栋大楼建筑面积15360平方米。经改扩建的九江书城卖场面积5000平方米，改扩建后的九江书城，成为市文化地标。配套设施有，中央空调、自动扶梯、大型电脑导购屏、读者自动查询图书系统，以及读者休闲茶吧、2000平方米的停车场。2010年1月，市新华书店作为江西新华发行集团有限公司分公司，取消法人资格，更名“江西新华发行集团有限公司九江市分公司”。

### 二、县(市、区)新华书店

1991年，九江县、德安县、永修县、星子县、修水县、武宁县、湖口县、都昌县、彭泽县、瑞昌市10县(市)均有新华书店，隶属各县(市)文化局或文化广播电视局管理。1993年，县(市)新华书店全部收归省新闻出版局垂直管理。2006年，省新闻出版局政企分家，成立江西出版集团，各县(市)新华书店隶属江西新华发行集团有限公司。并于2007~2010年陆续更名为“江西新华发行集团有限公司××县(市)分公司”。

### 三、民营书店

1991年，全市城乡有民营书店、个体书摊、书亭1120个，其中市区214个，县城864个，乡村42个。2000年，全市城乡有民营书店、1312个体书摊、书亭120个，其中市区324个，县城782个，乡村326个。2010年，全市城乡有民营书店、个体书摊、书亭325个，其中市区112个，县城153个，乡村60个。经营者42%以上是下岗职工及其子女，其余则是残疾人或退休人员。

## 第二节　图书发行

**公共图书发行**　2006年以来，九江书城经营政治、经济、文教、语言、少儿、体育、文艺、生活、科技等种类的书籍和音像制品、电子出版物以及文化用品。书城常备图书品种达12万种，并以省连锁总部为依托，不断丰富上架品种；常备音像制品数千种，涵盖CD、VCD、DVD以及蓝光高清视频，内容有娱乐、休闲、教育、教学等；建立基于计算机网络技术的支持，以省新华书店连锁经营机制为后台的统一、高效的图书发行网络。IT产品包括计算机及其外部辅助设备和数码延伸产品，数码相机、MP3、MP4、MP5，有辅助教学使用的点读机、复读机等，兼营文具、体育健身等文化用品。

**中小学教材发行**　1991年以来，市新华书店负责全市中小学教材发行任务，坚持做到“课前到书，人手一册”。2006年，省中小学教材发行实行面向全国公开招标，省出版集团中标，成为全省中小学教材唯一发行人。同年4月20日，省政府授权省教育厅与省出版集团签署全省义务教育阶段的教材发行项目合同。市新华书店作为省出版集团下属单位，成为全市义务教育阶段教材发行唯一合法单位。

**大中专教材发行** 1991年,市新华书店在本地的大中专教材市场占据70%份额。市区大中专院校在校学生不足1万人,大中专教材发行每年几十万元码洋。2000年,九江各大中专院校扩招,在校学生人数逐年增加。大中专教材发行码洋随着物价的增长以及学生人数增长出现大幅增长,大中专教材发行市场每年达数千万元码洋。2007年,九江新华书店通过公开招标夺得九江学院店大中专教材1个年度的发行标的,正式与九江学院签订除高教社以外约1500万元码洋的发行协议。2008年和2010年,九江学院两次决定通过议标方式,与九江新华书店获得4年该学院教材发行权。2010年,市新华书店共发行大中专教材1722万元码洋,占全省新华发行系统同类总量五分之一,继续位列全省各设区市公司第一。

**农家书屋工程图书发行** 2009年,省以设区市为区域的实施“农家书屋”工程图书发行公开招标,市新华书店中标。当年完成220家农村书屋网点1343个品种、33万册图书的(音像制品)送达任务。发行码洋551.29万元。由于“高效运作、服务跟进”的预案落实到位,农村书屋工程发包方市新闻出版局被省农家书屋领导小组推荐出席在云南举办的全国东西部“农村书屋”建设经验交流会,并作为江西省唯一的代表在会上进行经验介绍发言。《出版商务周报》2009年9月27日以《九江市店借农家书屋拓农村市场》为题,报道全市新华书店系统农家书屋工程实施经验。2010年,省农家书屋工程以省级区划为单位招标,江西新华发行集团有限公司中标,市分公司作为江西新华发行集团子公司,承担市辖区内的农家书屋工程图书发行工作。完成550家农村书屋网点1701个品种、93.55万册图书(音像制品)送达任务。发行码洋1492.92万元。

## 第三节 版权出版管理

1999年9月,省新闻出版(版权)局九江分局,开始接受版权咨询,受理著的作纠纷案件。2003年,开展“打击盗版保护正版”活动,采取法制教育与市场检查相结合办法,为市区电子出版物、音像制品、书报刊经营户发放法律、法规宣传资料,对出版物市场进行检查;在首届浔阳书市上向10余名九江作家赠送《中华人民共和国著作权法》读本,为著作权人提供法律服务。打击侵权盗版行为,收缴盗版光盘13708张、盗版磁带9498盒,盗版教材、教辅及测试卷25万册(张),7月,将累计收缴的5万张(盒)盗版光盘、磁带押运至南昌统一销毁。2005年,市新闻出版(版权)局成立,全市版权管理队伍初步建立,查处盗版图书375册,收缴盗版音像制品13214张(盒),为被侵权单位挽回经济损失13.5万元。2007年,推动版权登记工作,市民“月剪西风”创作的《难道这就是爱》《如果可以不爱》音乐作品进行登记、实现版权登记工作的突破。文学作品《天人天能》《网络诗作》等、湖口青阳腔、修水全丰花灯、星子金星砚等国家级、省级非物质文化遗产均在办理版权登记。2008年,举办版权知识讲座,派员到福建、安徽、河南等地学习版权保护经验;为瑞昌剪纸、浔阳麦秆画等民间特色产品做好版权登记,落实武宁锄山鼓、九江县城门山歌等国家级、省级非物质文化遗产版权登记工作,全年登记各类作品近100件。2009年,组织打击非法和侵权盗版出版物集中销毁专项行动,销毁各类侵权盗版图书、报刊和音像制品3万余件,强化打击侵权盗版、远离侵权盗版意识。2010年,市版权局、市工商局、市公安局联合行动,对全市音像制品经销户集中清查,关闭违法经销音像制品店铺13家,没收侵权音像制品4.3万件。至12月,全市审批内部出版物35部(册),其中年鉴、志书及内部资料性刊物24部(册);审批内部出版的社科著作和文艺著作11部(册)。

## 第四节 经营市场管理

### 一、书报刊市场管理

1991年,书报刊市场由市文化局新闻出版管理科管理,市区个体书摊、书亭73家,初步形成书刊市场。2003年,省新闻出版局(版权局)九江分局、市教育局联合对各级各类中小学订购教学辅助用书作出明确规定,与工商等部门3次对各县(市、区)中小学用书情况进行检查;市出版物市场稽查支队结合校园周边环境整治,加大查处力度,在彭泽、湖口、修水查缴盗版学前班课本2800余册,盗版小学练习册2700余册,盗版工具书1240册。查缴虚高定价低折扣"大部头"图书147套;查缴非法卡通图书30件共1200册;取缔非法图书展销活动2起,收缴图书4800余册。2005年5月,联合教育、工商等部门检查学校17所,校园周边出版物发行单位46家,对其中5家发行单位下达"限期整改通知书",9月下发《关于开展出版物市场环境专项整治的通知》,将清理校园周边出版物市场环境专项整治列入国庆节期间出版物市场专项整治的重点,其间查缴盗版教辅读物及工具书3470册,64开有害读物卡通15810册。2007年,加大对内部资料性出版物的管理力度,市政府办公厅制订印发《关于进一步加强内部资料性出版物的管理的通知》,规范和约束编印内部资料性出版物的单位行为。2008年,保持对车站、港口、学校、城乡结合部等重点部位适时监控,对非法出版物露头就打;武宁、修水、彭泽、浔阳区对盗版教材教辅集中整治。2009年,收缴各类非法出版物42166本,其中书报刊4300份;查处擅自编印内部资料性出版物3家,非法经营书报刊案3起,无证经营书报刊店20家;开展6次出版物市场集中清理专项行动。2010年,实行管办分离原则,行政许可由市文化新闻出版局行政许可科管理,市场行政执法职能由文化市场综合执法支队执行。

## 二、音像市场管理

1991年,音像发行站由市广播电视部门统一管理。音像出版、版权、音像销售出租点由文化部门统一管理。当年音像发行站3个,销售出租点300多家。2002年,市新闻出版局成立,音像出版、版权、销售出租点由新闻出版局统一管理。2003年,开展"打击盗版保护正版"活动,在世界知识产权日为市区音像制品经营户发放法律法规宣传资料,对出版物市场进行检查,收缴盗版光盘13708张,盗版磁带9498盒,销毁盗版光盘、磁带5万张(盒)。2005年,开展打击盗版音像制品保护著作权人合法权益专项整治。1月初,联合浔阳公安分局在市区某货运部查缴盗版音像制品2万张;3月,在九江长江大桥拦截汽车贩运的盗版光盘24箱计8000张;7~8月,市新闻出版局联合工商、公安、文化、海关等部门对全市200余家音像店进行排查,处罚违规音像制品经营单位54家,取消经营资格、吊销音像制品经营许可证12家,取缔音像制品地摊5个,收缴盗版音像制品及电脑软件6.7万张,其中盗版DVD、VCD 6.5万张,并于9月组织销毁。2006年,国家对版权、对盗版、销黄、贩黄活动严厉打击,音像销售点和出租点渐减少。2007年,查缴淫秽色情音像制品6266盘,非法音像制品23729盘,非法电子出版物10795盘。2009年开展清缴低俗音像制品,整治规范音像制品市场秩序活动。3月,市新闻出版局与市公安局联合查处一起运输非法淫秽色情、侵权盗版光盘案,共查缴淫秽色情光盘1150余张,侵权盗版光盘2万余张。2010年,开展文化市场专项行动,重点整治城区音像市场,查缴侵权光盘1700余张。至年底,全市音像销售点和出租点60家。

## 三、印刷业市场管理

1991年,全市印刷企业56家,其中国有13家,集体27家,乡镇企业16家。1992年后,全市27家集体印刷厂先后改制转为私人经营,16家乡镇企业印刷厂因经营困难先后停产关闭。2001年,印刷经营实行许可制度,市、县两级出版管理和公安部门开展印刷业"经营许可证"和"特种行业许可证"的审查发放工作。2003年,全市印刷企业129家,从业人员7620人,销售总收入1.67亿元,印刷用纸34万令。其中出版物印刷企业8家,包装装潢印刷企业13家,其他印刷品印刷企业108家。为净化印刷业市场管理,加强对印刷业市场日常监管,坚持市场巡查制度,查处一批案件,对市区朝阳书店经营非法出版物及同文中学擅自编印内部资料性出版物分别予以行政处罚。2005年,组织出版物经营单位、印刷企业法律法规培训38期,从遵守职业道德、提高守法经营意识、行政处罚程序及监督执法人员依法行政保护业主合法权益等方面进行讲授,并当场对业主考试测评,培训期间与120家印刷企业签订"守法经营责任书"。

2007年,市政府办公厅印发《关于进一步加强内部资料性出版物的管理的通知》,对未经审批擅自编印内部资料性出版物的委印单位和未按规定承印的企业,起到规范和约束作用。同时,对印刷行业有关指标进行统计分析,建立市印刷企业信息库,定期对印刷企业、个体经营者的信息等进行录入,做好印刷企业信息化管理工作。2008年,启动内部资料性出版物集中整治月,开展印刷业专项整治,全市印刷企业积极参与,严格自律,规范经营。2010年,全市获准许可的印刷企业为156家。

### 四、打字复印业市场管理

市打字复印业均为个体经营户,始于1993年,归口各县(市、区)文化广播电视稽查大队管理。当年,全市开办打字复印店37家,覆盖市区及各县城,其中浔阳区9家,庐山区5家,九江县2家,德安县3家,永修县2家,星子县1家,修水县3家,武宁县2家,湖口县1家,都昌县3家,彭泽县2家,瑞昌市4家,共青城1家。

2000年,全市打字复印业快速发展,开办打字复印店381家,覆盖市区及246个乡镇,其中浔阳区31家,庐山区29家,九江县25家,德安县24家,永修县28家,星子县22家,修水县51家,武宁县23家,湖口县29家,都昌县46家,彭泽县31家,瑞昌市29家,共青城13家。

2008年始,打字复印业的审批、年审工作归口各县文化广播电视局新闻出版股管理。

2010年,全市开办打字复印店285家,覆盖市区及181个乡镇,其中浔阳区26家,庐山区21家,九江县19家,德安县16家,永修县18家,星子县15家,修水县38家,武宁县20家,湖口县19家,都昌县35家,彭泽县24家,瑞昌市23家,共青城11家。审批、年审工作归口各县(市、区)文化广播电视局新闻出版股。

## 第五节 “扫黄打非”

### 一、组织领导

**组织机构** 2000年,市委、市政府成立市“扫黄打非”工作领导小组,领导小组下设办公室。办公室设在省新闻出版局九江分局,2005年,因体制改革,原省新闻出版局九江分局下放到地方管理,更名九江市新闻出版局。2010年,因文化机构体制改革,市新闻出版局与市文化局合并,更名市文化新闻出版局,现市“扫黄打非”工作领导小组办公室设在市文化新闻出版局。领导小组负责全市出版物市场“扫黄打非”的组织策划、督促检查、协调服务。

**工作机制** 2000年以来,全市“扫黄打非”工作领导小组办公室坚持一手抓繁荣,一手抓管理,以市场监管为主线,以保持稳定为目标,以强化机制为根本,建立市“扫黄打非”办牵头、部门配合、县区联动、社区参与、社会监督“五位一体”的工作机制,推动“扫黄打非”工作开展。2006年始,庐山“扫黄打非”指挥中心与文化市场监控中心结合,实行通信手段互联、信息资源共享,建成稽查、对讲、机房监控、通信四位集于一体的网络监控系统,并通过地理信息与多媒体显示、广电信息、通信信息、互联网等辅助系统实现综合管理,实行24小时值班制。

### 二、违法出版物打击

1991年,全市开展以取缔无证、查处违规印刷复制业专项治理行动,集中力量对全市印刷复制业进行全面整治,依法查处违法违规的印刷复制企业35个,取缔无证照印刷窝点71个,打击盗版盗印犯罪团伙11个。2000年,开展“打击侵权盗版与违禁出版物”专项整治行动4次,查处无证经营的打字复印店室23个,打击盗版盗印犯罪团伙14个,取缔侵权盗版违法经营单位(户)55家,关停7个,处以罚款63家,收缴违法和盗版音像制品35274盒(盘),书刊59472(册),盗版教材6847(册),组织集中销毁活动3次。2003年3月15~17日,在浔阳区烟水亭广场举办以"'扫黄''打非'人人参与共同治理全民受益"为主题的宣传咨询活动,接现场群众举报,当场取缔非法书摊3个,收缴《姓氏来源》等非法出版物380册。为纪念"4·26"国际知识产权日,省版权局九江分局、市工商局、浔阳区"扫黄""打非"办公室、浔阳公安分局联合开展"打击盗版保护正版"宣传活动,上门为出版物经营户发放宣传资料200余份,检查经营户34家,取缔非法书摊1个,收缴各类盗版、非法出版物4400册(张)。2005年,组织集中行动36次,出动人员2300人次,车辆780车次,检查出版物发行单位、印刷企业384家,取缔非法书摊32个,查缴各类非法出版物17.86万册(张),其中政治性非法出版物64册,盗版教辅读物2.41万册,伪科学出版物4.94万册,有害卡通读物5.94万册,盗版光盘7.86万张。6月,查处都昌三汊港小学使用盗版暑假作业一案,收缴盗版暑假作业1000册;9月,在共青城收缴教辅读物2000册。2007年,取缔非法书摊(店)95个,查缴政治性非法出版物20册,非法音像制品2.3万盘,非法电子出版物1.1万盘,非法口袋本图书1.69万册。其中查处一起盗版教材教辅案,收缴教辅试卷30万份。庐山管理局文化市场稽查大队与广东省"扫黄打非"办联手,捣毁一个制、贩非法音像制品窝点,查缴《庐山风云》《文革十年》等59个品种的非法音像制品1.2万张(盘)。2008年,市"扫黄打非"办公室协助徐州市查处一起非法出版报纸杂志案;7月,与庐山扫黄打非办查处一起跨省网络侵权盗版大案,涉及非法播放电视剧、电影1.8部。市扫黄打非办被评为全国扫黄打非工作先进单位。当年,全市加强新闻出版和版权法律法规宣传力度,制作宣传牌或散发各类宣传页2000张。开展侵权盗版非法出版物集中整治行动,销毁非法出版物301358份;查处特大教材教辅案,收缴盗版教辅试卷315213份;2009年,对全市100多种内部资料性出版物做系统分析和归类,从审批、监管、服务三个环节,强化全市内部资料性工作的监管。建立文化、公安、工商、教育、电信等部门共同参与的联系制度,增加联合执法频次,保持打击各类非法出版物的连续性。全年收缴各类非法出版物4.22万本,其中书报刊4300份、光碟3.8万件;查处擅自编印内部资料性出版物3家、非法经营书报刊案3起、无证经营书报刊店20家、网络侵权案2起。

至2010年12月,全市共组织"打击侵权盗版与违禁出版物"专项整治行动315次,出动整治人次137243人次,取缔侵权盗版违法经营单位(户)154家,关停35个,处以罚款189家,收缴违法和盗版音像制品238176盒(盘),书刊217513(册),盗版教材97165(册),组织集中销毁活动27次。

## 三、黄色出版物打击

1991年,全市打击黄色出版物工作围绕净化社会文化环境,营造未成年人健康成长良好氛围,以扫除淫秽色情、整治网络低俗有害信息等,特别是打击淫秽色情光盘为工作重点,取缔贩卖淫秽色情光盘的游商摊点,追查淫秽色情光盘制作和存储窝点,打击利用任何载体传播淫秽色情信息的行为,规范和净化文化市场。当年取缔贩卖淫秽色情光盘摊点79个,销毁淫秽色情书刊53174册,销毁淫秽色情光盘75149盒(盘),销毁淫秽色情图片3584幅。2000年,全市各级文化、公安、工商等部门与乡镇(街道)配合,以封堵查缴淫秽色情光盘为重点,遏制网络淫秽色情及低俗有害信息等文化垃圾反弹势头。当年组织扫黄专项行动7次,铲除地下光盘复制、刻录窝点21个,取缔贩卖淫秽色情光盘摊点53个,销毁淫秽色情书刊71921册,销毁淫秽色情光盘54383盒(盘),销毁淫秽色情图片8715幅。

2003年3月,在浔阳区举办以"'扫黄''打非'人人参与共同治理全民受益"为主题的宣传咨询活动,接受群众举报;6月,市及浔阳区首批聘请"扫黄""打非"工作义务监督员;组织220个单位和团体,包括大中专学生、中学生及武警官兵、公安干警6000多人参观全省"扫黄""打非"暨版权保护成果巡回展览,提高人民群众主动参与"扫黄""打非"的自觉性。2005年,组织集中行动,检查出版物发行单位、印刷企业,取缔非法书摊,查缴淫秽色情出版物13680册。2007年,取缔非法书摊(店)95个,查缴淫秽色情音像制品6266盘。2008年,市新闻出版、文化、公安、工商、行政执法等成员单位不定期采取联合行动,形成执法合力,宣传、教育、海关、铁路、民航、邮政、通信等部门按照各自职责,分工合作,形成监管合力;专业队伍与社会力量相结合。发动社会力量参与扫黄打非,开通电话、信箱、网络举报途径,在社会聘请扫黄打非义务监督员，全市形成扫黄打非办牵头、相关单位协作、县(市、区)联动、社区(村)参与、社会监督的“五位一体”的市场监督体系，推动扫黄打非工作的开展。当年，开展打击淫秽色情音像制品专项行动，查缴淫秽色情音像制品 6266 盘。

2009 年，全市组织扫黄专项行动 5 次，铲除地下光盘复制、刻录窝点 13 个，取缔贩卖淫秽色情光盘摊点 36 个，销毁淫秽色情书刊 48363 册，销毁淫秽色情光盘 62594 盒(盘)。其中，市文化、教育、公安、工商等部门与大专院校密切配合，2010 年 9 月，启动以校园周边为重点的手机扫黄“护岸林”专项行动，集中打击手机销售和维修店下载淫秽色情信息，查处九江学院“东城手机广场”提供淫秽色情视频下载案件，烧毁淫秽短片 118 部，色情图片 519 幅。

至 2010 年，全市共组织扫黄专项行动 257 次，铲除地下光盘复制、刻录窝点 83 个，取缔贩卖淫秽色情光盘摊点 394 个，销毁淫秽色情书刊 567325 册，销毁淫秽色情光盘 748317 盒(盘)，销毁淫秽色情图片 118413 幅。

### 附：“扫黄打非”案例

**“7.27”非法音像制品案** 2007 年 7 月 27 日，根据游客实物举报，庐山博物馆书刊音像经营店涉嫌非法销售音像制品《庐山烟云》。《庐山烟云》音像制品为盗用省文化音像出版社等出版发行的非法音像制品，该制品外包装设计及片名侵犯庐山会议旧址管理所拥有版权的 1994 年 11 月与中央新闻电影制片厂联合制作的内部放映资料片《庐山烟云》的著作权，内碟为《庐山风云》(上、下集)和《中国出了个毛泽东》(A、B)2 个品种音像制品。《庐山风云》侵犯庐山风景名胜区管理局外宣办、江西文化音像出版社、凤凰卫视等多家著作权、版权；《中国出了个毛泽东》原为中央新影音像出版社出版发行。该案是典型的侵犯知识产权案，题材为政治类音像制品，涉嫌制、贩政治性非法音像制品。2007 年 8 月 2 日 9 时，庐山管理局“扫黄打非”办(庐山文化市场管理稽查大队)与广东省“扫黄打非”办公室联手，先后在白云机场路广东音像城 A60 档、B60 档，黄石东路高尔夫花园 1301 房进行检查，从中查获涉嫌政治性等非法音像制品 1.2 万张。涉嫌非法音像制品由广州市文化市场综合行政执法总队登记保存在广州市政府收缴非法出版物销毁场内。抽样证据 54 个品种 483 张(本)由庐山“扫黄打非”办带回，涉及广州的案件线索已移交广州方面追查。

**“7.22”网络盗版侵权案** 2008 年 7 月，市“扫黄打非”办、版权局相继接到网民举报，反映“某网站”向网民有偿服务传播的影视作品中涉嫌侵权行为。经案情线索会商，在省“扫黄打非”办、省版权局牵头下，由市“扫黄打非”办、版权局与庐山管理局“扫黄打非”办、版权局联合成立江西省九江、庐山“7·22”网络侵权案专案组。7 月 23 日上午，初步查明“该网站”中《奥运会倒计时 100 天庆祝活动暨第 4 届奥运歌曲征集颁奖晚会》《功夫熊猫》《全民超人》抢先版、《军情观察室》《震撼世界的七日》等中外影视作品涉嫌侵犯著作权中的信息网络传播权。7 月 23 日下午，专案组到省局、办汇报案情。7 月 24 日早，省新闻出版局处长等前往省公安厅网监总队与省通信管理局 2 部门通报案情，协调 2 部门协助支持专案组依法办案，并通过侦测出“该网站”在九江等地有服务器，九江电信是“该网”互联网端口接入点，主服务器在九江电信机房。另一方面，专案组继续在南昌某办案点收集证据，继续网上调查。7 月 24 日午，在侦测到“华亿网”服务器在九江电信后，专案组立即赶回九江查找服务器。通过各方与电信协调，于下午 6 时得知“该网”在九江电信托管 4 台服务器。7 月 25 日 10 时，专案组办案人员委托九江电信代为转交九江版权局对该公司法定代表人下达的《接受调查通知书》，并拿到九江电信与“该网站”代收费协议书的传真件和九江电信关于与该网站 168 购卡充值收入分成情况。7 月 25 日下午，专案组在九江电信拿到通过 QQ 电传的《该网站与北京中录国际文化传播有限公司签约的宽带网络视频节目合作协议及目录》及《该网站与北京网尚文化传播有限公司签约的信息网络传播权使用许可协议及目录》。此后专案组成员由省“扫黄打非”办派专车到宁波调查取证，在宁波中录公司调查该网站与北京中录国际文化传播有限公司签约的《宽带网络视频节目合作协议及目录》真实性及授权数量。从宁波返回后专案组又赶往赣州《该网站》办公地调查取证。8 月下旬奥运会结束后,专案组又赶往北京,一方面向国家版权局与全国“扫黄打非”办汇报案件侦破情况,另一方面在国家版权局执法处协调下,在北京市版权局配合下前往北京网尚文化传播有限公司进行调查取证。在省、市、山新闻出版局(版权局)、“扫黄打非”办领导的重视与支持下,专案组查实,江西某网站为珠海某公司赣州分公司开办的文化类网站。自 2006 年 4 月以来,该公司与电信部门合作,利用在市电信公司托管的 4 台网络服务器与九江电信端口,通过该网站在互联网上传播上万部的影视作品,通过从九江、吉安、赣州电信 168 及银行转账等方式收取网民会员费的形式牟利。所涉及的北京中录国际文化传播有限公司是由中国录音录像总社与宁波网通信息港合资组建。根据《中华人民共和国著作权法》第四十七条第(一)项和《信息网络传播权保护条例》第十八条的规定,珠海市某公司赣州分公司的行为已侵犯电影、电视剧作品著作权人的合法权利。因案件涉及省内外多个地市,专案组将案卷移交省版权局、省“扫黄打非”办处理。省版权局于 9 月 14 日对珠海市华亿科技发展有限公司赣州分公司作出责令停止涉案侵权行为和罚款 8 万元的行政处罚。至此,“7·22” 网络侵权案成功告破,该案专案组为此获 2008 年全国“扫黄打非”有功集体,市“扫黄打非”办公室获 2008 年全国“扫黄打非”工作先进集体。

# 第六十篇

# 医疗卫生

# 第六十篇　医疗卫生

1991年始，为满足人民群众不断增长的医疗保健需求，全市围绕医药卫生体制改革，推进卫生服务能力建设。1995年，九江成为国务院最早两大医改试点城市之一，探索转变医保体系。2004年8月，该模式被正式应用。2009年6月，全市医改全面启动，新型农村合作医疗制度实现全覆盖，基层医疗卫生服务体系进一步完善。

卫生资源总量持续增长。至2010年，全市医疗卫生机构业务用房面积达76万平方米，业务用房总值达4.8亿元，专用设备总值达6.9亿元。卫生机构床位数由9917张增长到11888张，增长率19.9%；每千人口床位数由2.42张增长到3.26张，增长率34.7%；卫生技术人员数由7577人增长到18087人，增长率138.7%。

市、县、乡、村4级卫生防疫网络不断完善，至2010年，预防保健水平显著提高，实现以乡为单位儿童免疫接种率达90%目标。继基本消灭麻风病、疟疾、丝虫病，又达到消除碘缺乏病目标；13个血吸虫病疫区县中，4个县达到传播阻断标准，3个县达到传播控制标准，6个县达到疫情控制标准。妇幼保健水平不断提升，全市孕产妇死亡率由128/10万下降至8.3/10万；婴儿死亡率由64.95‰下降至6.32‰；孕产妇住院分娩率由19.19%提高到99.55%。农村卫生服务能力不断提高，1800个行政村中，有1200个村实施一体化管理。并全面启动基本公共卫生服务均等化项目，新农合制度全面推行。城市社区卫生服务亦不断完善，发放社区公共卫生服务卡810.7万元，完成780余万元免费公共卫生服务。

# 第一章 疾病防控

## 第一节 传染病防治

### 一、霍乱防治

1998年,全市遭受百年不遇特大洪灾,市委、市政府部署灾后防病工作,霍乱是灾后重点防治病种之一。当年涉及九江县、共青城、湖口县,共报告霍乱病例3例,均为小川型(其中,湖口县病例为省际流动人口)。1999年,湖口县报告霍乱病人1例。2003年,九江县沙河乡蛟滩村因大型聚餐而发生霍乱流行,共报告病人3例,首例报告时间为2003年5月2日14时,均为O139型。对455例密切者进行病原学检测,检出健康带菌者30例,涉及九江县、庐山区、浔阳区3县(区)及湖北省黄梅县;外环境检测布点261个,共检测水样328件,检出阳性标本5件,预防性服药累计达15627人,至13日解除疫点隔离,此次疫情流行达12天。上述疫情均因处理及时,措施得力,将疫情控制在最小范围内,未发生二代病例,在全省处于领先水平。2004~2010年,全市未发现霍乱病例。

### 二、手足口病防治

2008年,全市报告病例753例,均为轻症病例,无死亡病例。2009年,手足口病疫情全市共报告病例2375例,报告聚集性疫情7起,无重症及死亡病例。2010年,全市疫情共报告5973例,聚集性疫情30起,报告重症病例84例,死亡6例。为做好手足口病防治工作,全市各小学、幼托机构开展以晨检为主综合性防治措施;医疗机构加强发热门诊的病例筛查工作,各定点医院积极收治手足口病例;疾病预防控制机构开展病原学监测及常规监测,在医疗机构设置监测哨点,机动队员24小时待命,及时对重症病例及聚集性疫情进行调查和处置。

### 三、艾滋病防治

1998年1月,市内发现首例艾滋病病毒感染者。2004年7月,市政府办公厅下发《关于成立九江市防治艾滋病工作委员会的通知》,成立由副市长为主任、相关部门为成员单位的市防治艾滋病工作委员会,办公室设在市卫生局。同日,市政府办公厅印发《九江市防治艾滋病工作委员会各部门工作职责》,由政府领导、多部门合作、全社会参与艾滋病防治机制建立。2004年12月,市政府印发《九江市预防与控制艾滋病中长期规划(2004~2010年)》。2006年2月,市防治艾滋病工作委员会办公室与12个成员单位联合下发《关于联合实施九江市农民工预防艾滋病宣传教育工程的通知》,宣传教育范围覆盖全市有农民工流入和流出城乡。2007年1月,市启动全球基金/中英艾滋病防治项目,项目县区为浔阳区。8月,市政府办公厅印发《九江市遏制与防治艾滋病行动计划(2006~2010年)》,确定全市艾滋病防治工作原则,明确工作目标和工作指标,提出防治策略和行动措施。2008年12月,市疾病预防控制中心组建,内设艾滋病与性病防制科(所)。2009年1月,第二轮全国艾滋病综合防治示范区工作启动,修水县被列为中央与省共建艾滋病防治示范区,开展示范区艾滋病防治工作。2010年2月,市启动全球基金艾滋病项目,全市共有12个项目县(市、区),其中,浔阳、庐山、九江、瑞昌、都昌5县(市、区)为有项目管理经费一类项目县(市、区),湖口、彭泽、星子、德安、永修、武宁6县和共青城为无项目管理经费二类项目县(市、区)。

### 四、肺结核病防治

**防治工作** 1990年,市活动性肺结核病患病率为1690/10万,涂阳肺结核患病率为355/10万,疫情较严重。1991年，市政府下发《关于加强全市结核病防治工作的通知》。自此始，市政府每年下拨10万元市本级结核病防治专项经费，各县（市、区）政府亦每年均安排人均不少于0.10元结核病防治经费，都昌县、武宁县、修水县、九江县、永修县、彭泽县、德安县、瑞昌市、浔阳区、共青城开发区先后成立独立的结核病防治所，其他县（区）均在县（区）卫生防疫站（疾控中心）设立结核病防治科，组织开展辖区内结核病防治工作。1993年8月，利用世界银行贷款卫生Ⅲ项目及政府配套资金，在庐山区九湖路一支巷建成一栋1200平方米市结核病防治所办公大楼。1994年始，结核病防治工作被列入全市各级政府民生工程，市、县结核病防治机构逐步建立健全。1995年起市本级防治专项经费增加至每年20万元。2005年后，随着疾控机构改革，永修县、德安县、浔阳区结核病防治所先后与当地卫生防疫站合并，成立疾病预防控制中心。2008年12月，市结核病防治所并入市疾病预防控制中心。

**防治效果**　1991年以后，市结核病防治所在全省率先推行现代结核病防治策略（即不住院全程督导化疗技术），使一批传染性肺结核病人得到规范化治疗，新发涂阳肺结核病人治愈率由66.7%提高到1994年90.5%，此后一直稳定在90%以上。1997年始，市实施卫生部加强和促进结核病控制项目，落实涂阳肺结核病人药品和查痰免费政策。2002年，在九江、武宁、修水等县实施中国结核病控制/日本国政府无偿援助项目。同年，在都昌、修水、星子、永修、瑞昌5县（市）实施世界银行贷款/英国赠款中国结核病控制项目和全球基金中国结核病控制第一轮项目。2003年扩展至全市所有县（市、区），2005年7月始，全球基金第四轮结核病控制项目在九江市实施。项目支持使全市结核病控制更加规范化、程序化、科学化，肺结核病人治愈率每年均稳定在90%以上，从根本上改变过去“十痨九死”状况，缓解肺结核病人“因病致贫、因病返贫”现象。2009年，新发涂阳肺结核病人治愈率提高到96.8%。至2010年，市肺结核病疫情得到有效遏制。全市登记发现肺结核病人67061例，治愈63383例，免费治疗肺结核病人16269例。

## 五、疟疾病防治

1991年，经过实施“两根治一预防”抗疟措施，疟疾发病率2.73/10万。1992年，全市疟疾发病率降至1/10万以下。2000年后，全市疟疾年发病数未超过3例。2002年，全市14个县（市、区）均达到卫生部颁布基本消灭疟疾标准。2005年以后，各县（市、区）开展发热病人疟疾监测工作。同年7月，庐山区被定为省级疟疾监测点。2009~2010年，全市连续2年未发现本地感染疟疾病例。

## 六、丝虫病防治

1991年始，市开展丝虫病监测，至2001年，在87个村累计开展病原学监测7.4万人次，发现阳性14人，平均阳性率为0.02%；在31个村开展蚊媒监测，共解剖蚊子1.5万只，未发现阳性蚊子。省卫生厅组织消灭丝虫病考核，全市各丝虫病流行县（市、区）均达到消灭丝虫病标准。2003年12月，武宁、德安、瑞昌、彭泽、湖口、都昌、九江、庐山8县（市、区）开展微丝蚴血症者复查复治工作，复查血检覆盖43个乡（镇），血检结果均为阴性。2004年3月5日，省卫生厅专家组分别对瑞昌市和武宁县丝虫病复查血检工作进行督导，结果表明，市监测发现微丝蚴血症者，经海群生正规治疗后均已阴转，并且疗效巩固，达到应有防治成果。当年，市通过卫生部消灭丝虫病评审组审评，达到消灭丝虫病标准。2006年，《九江市消除淋巴丝虫病的对策及实施效果的研究》达到国内同类研究领先水平，获省2005~2006年度科学技术进步三等奖。

## 七、麻风病防治

1991年以来，市属于麻风病低度流行区。1993年发现麻风病6例。1997年，全市14县（市、区）均达到卫生部颁布基本消灭麻风病标准。至2010年全市累计发现麻风病33例，其中，2006年和2010年，市血吸虫病地方病办公室对全市麻风病现症患者开展判愈工作，判愈麻风病患者3例。

# 第二节　地方病防治

## 一、血吸虫病防治

**防治策略及经费**　20 世纪 90 年代,全市实施世行血防贷款项目和血防“八五”“九五”规划,采取“大规模人群化疗为主,健康教育、家畜化疗和易感地带灭螺为辅,以控制人群患病”策略。血防世行贷款项目全面实施,星子、永修、都昌、彭泽、瑞昌、湖口、九江、德安、庐山、浔阳 10 县(市、区)及共青城为项目实施覆盖范围。全市血防世行贷款经费 18708094.52 元,政府配套经费 18969132.58 元,合计 37677227.10 元,其中,用于查病 11.49%,化疗 20.76%,查螺、灭螺 49.40%,健康教育 1.91%,培训 0.56%,项目管理 10.45%,疾病监测 4.15%,实施性研究 1.28%。

进入 21 世纪以后,按照血防“十五”规划及《全国预防控制血吸虫病中长期规划项目》要求,压缩流行区范围,降低疫情,减少危害,实施“以控制传染源和环境改造为主的多部门配合综合治理”策略。2002 年起,市政府将血防专项经费由 50 万元/年增至 100 万元/年,2005 年后增加到 150 万元/年,部分县(市、区)财政按疫区人口 0.5~1 元/人比例落实血防专项经费。当年,市政府血防领导小组下发《关于进一步加强血吸虫病防治工作的决定》及《九江市血吸虫病防治工作中长期规划(2004~2015 年)》。同年,开始执行中央补助地方公共卫生专项资金血吸虫病防治项目。星子、永修、都昌、彭泽、湖口、九江、德安、瑞昌、庐山 9 县(市、区)及开发区、共青城均为项目覆盖范围。血防补助项目包括人群检查、人群治疗、查螺、灭螺、健康教育、人员培训费用等。其中,查病每村补助 300 元,查、灭螺补助仅限于非血防人员,查螺每平方米补助 0.01 元(2010 年增至 0.015 元),药物灭螺每平方米补助 0.05 元(2010 年增至 0.08 元),乡村干部、医生血防培训每人次 80 元(2010 年每期培训班补助 3000 元),晚血内科治疗补助 3000 元(2010 年增至 5000 元),晚血外科治疗补助5000 元(2010 年增至 8000 元)。

**1991~2010 年部分年份市血吸虫病防治经费一览**

表 60-1-1　　　　单位:万元

| 年 份 | 中央项目经费 | | 地方血防经费 | | | 科研经费 | 合 计 |
|---|---|---|---|---|---|---|---|
| | 防治工作 | 晚血救治 | 省财政下发 | 市财政下发 | 县财政下发 | | |
| 1991 | | | 20.00 | 9.00 | 9.05 | 3 | 41.05 |
| 1995 | | | 49.40 | 19.70 | 17.70 | 3 | 89.80 |
| 2000 | | | 68.00 | 45.70 | 20.85 | | 134.55 |
| 2005 | 847.80 | 111.93 | 179.10 | 90.00 | 106.35 | 2 | 1337.18 |
| 2010 | 1224.55 | 938.82 | 415.49 | 162.00 | 173.50 | 25 | 2939.36 |

说明:本表统计经费不包括血防世行贷款经费

**教育宣传**　1991 年始,全市各地血防站加大血防知识宣传力度,设置中、小学学生血防教育课,减少和杜绝娱乐性接触疫水。在疫区易感地带设立警示牌,书写墙体标语,向疫区群众发放宣传画、防病知识小册、生活实用宣传品,举办实物、图片展览,利用媒体宣传,开展广播、电视、文艺演出等等。至 2010 年,各地竖立血防警示牌 6035 个,发放实用性宣传品 1367799 件,创建“无血吸虫病学校”266 所,培训中小学教师、乡村医生、干部 19043 人次,疫区接受血防健康教育群众 5522295 人次。

**病人病畜查治**　1991~2010 年,全市累计人群查病 6171784 人次,其中,血检(IHA)5762965 人次,粪检 408819 人次,耕牛查病 295070 头次。累计开展吡喹酮人群化疗 1930291 人次,其中急性血吸虫病人 1498 人次、慢性血吸虫病人 731676 人次、晚血救治 13531 人次,人群扩大化疗 1183586 人次。耕牛化疗218095头次。人群查治病由血防机构负责，耕牛查治工作由农牧部门负责。

**查螺灭螺**　1991~2005年，查、灭螺工作由各血防站防治科担任，乡村医生、干部及当地群众协助。2005年后，各县（市、区）成立查、灭螺专业队，经技术培训后上岗，负责当地查灭螺，血防机构负责技术培训、技术指导和质量考核。至2010年，全市累计查螺277241万平方米，药物灭螺46366.87万平方米，环改灭螺994.05万平方米。

**联防联控**　1998年特大洪灾后，由于毗邻地区土地交错、山水相连，造成灾后螺情沿水系扩散。同时，因实施"平垸行洪、退田还湖、移民建镇"治水措施，导致部分土地抛荒，钉螺孳生和传染源扩散现象，全市疫情有所回升。原达标地区有14个乡镇场、33个行政村出现疫情恢复。1999年后，全市新增有螺面积1703.83万平方米。据此，2005年市及时成立血吸虫病联防联控工作领导小组，各联防责任区的县（市、区）血防站站长任成员；毗邻地区成立联防联控工作协调小组，由领导小组统一规划全市联防联控。

**血防科研**　1991年来，血防专业人员在血吸虫病临床、实验和流行病调查现场工作中开展血防科研和成果推广应用。至2010年，全市血防专业人员撰写的科研论文、防治经验、调查分析、效果观察等业务文献107篇，分别在国家、省市医学杂志发表。

**综合治理**　1995年，按照国家《血吸虫病控制和消灭标准》，浔阳区达血吸虫病传播阻断标准。2002年，市政府建立血吸虫病地方病防治工作领导小组成员单位与血吸虫病疫区县联系制度。各地开展封洲禁牧，控制耕牛污染草。2004年，德安县达血吸虫病传播阻断标准。2005年，九江开发区达血吸虫病传播阻断标准。此后，农、林、水、卫生等部门制订血防综合治理工程项目规划，采取改水改厕、封洲禁牧、以机代牛、人畜同步化疗等综合防治措施。2008年全市达血吸虫病疫情控制标准。2010年，全市累计达血吸虫病传播阻断乡（镇、场）56个，占全市流行乡40.29%。累计达血吸虫病传播控制乡（镇、场）39个，占全市流行乡28.06%。据疫区居民血检（IHA）显示，至当年，阳性率已由1990年15.1%降到6.14%，下降率为59.34%。急性感染由1991年发病279人减少到发病1人，下降99.64%。疫区病牛由1990年6012头减少至698头，下降88.39%。钉螺面积由1990年22889.91万平方米，上升到2010年24183.99万平方米，较1990年上升5.35%，但钉螺密度及钉螺感染率下降。全市钉螺平均感染率为0.0128%，较2003年（全市钉螺平均感染率0.142%）下降90.99%。

**1991~2010年市血吸虫病综合治理大中型工程一览**

表60-1-2　　单位：万元

| 县区 | 项目 | 时间 | 总投资 |
|---|---|---|---|
| 都昌县 | 周溪镇梅沙村湖汊矮围蓄水灭螺；大沙镇沿湖村湖汊矮围蓄水灭螺；苏山乡雷山村滚水坝灭螺；左里镇清辉村旁汊尾开新填旧灭螺；多宝乡多宝村池塘改造灭螺；大港镇大港村池塘硬化改造灭螺工程 | 1997~1998 | 68.8 |
| | 周溪镇柴棚村血吸虫病综合治理试点工程 | 2003~2004 | 159 |
| | 都昌镇南山村印山洲滩抬、降洲，铲草皮等综合治理灭螺 | 2004 | 39 |
| | 大港镇漂水村有螺沟渠硬化，开新填旧，建造自来水工程血防综合治理 | 2007~2011 | 128 |
| 九江县 | 江洲九洲芦苇场围垦灭螺、江洲九洲团洲围堤、新洲六七分场围堤灭螺 | 1991~1994 | 2950 |
| | 狮子魏家堰河道治理灭螺、江洲隔堤闸、沙河街崩岸河道治理、江洲大套沟沉螺池、马回岭杨柳河治理、涌泉黄洞渠道硬化 | 2008~2009 | 425 |
| 星子县 | 十里湖小流域血吸虫病综合治理项目 | 2006 | 66.45 |
| 瑞昌市 | 全市秋季灭螺大会战 | 2006~2010 | 360 |
| 永修县 | 渠道硬化工程 | 2008 | 300 |
| 庐山区 | 团山湖岸整治 | 1991 | 23 |
| | 龙潭堤环改 | 1996 | |
| 德安县 | 丰林镇紫荆村代家垅水利血防 | 2009 | 130 |

### 2010年市血吸虫病疫情一览

表 60-1-3　　单位:个、万人

| 县区 | 流行乡(镇) | 流行村 | 流行村人口 | 累计达到传播阻断乡(镇) | 累计达到传播控制乡(镇) | 疫情控制乡(镇) |
|---|---|---|---|---|---|---|
| 都昌县 | 21 | 118 | 25.71 | 5 | 2 | 14 |
| 彭泽县 | 18 | 161 | 29.61 | 1 | 8 | 9 |
| 永修县 | 16 | 60 | 9.31 | 8 | 2 | 6 |
| 星子县 | 10 | 56 | 15.59 | 2 | | 8 |
| 瑞昌市 | 18 | 105 | 19.85 | 3 | 9 | 6 |
| 共青城 | 5 | 28 | 4.99 | 1 | 3 | 1 |
| 庐山区 | 8 | 34 | 6.45 | 2 | 6 | |
| 湖口县 | 11 | 55 | 7.43 | 8 | 3 | |
| 九江县 | 16 | 70 | 16.12 | 10 | 6 | |
| 德安县 | 6 | 11 | 1.70 | 6 | | |
| 浔阳区 | 7 | 52 | 15.03 | 7 | | |
| 武宁县 | 3 | 7 | 1.23 | 3 | | |
| 合　计 | 139 | 757 | 153.02 | 56 | 39 | 44 |

**螺情**　2010年,全市有螺乡数89个,有螺村355个,湖区(江滩)草洲384块,草洲总面积35818.67平方米,湖区(江滩)有螺面积22920.02万平方米;山丘地区有螺点1716个,有螺面积1426.90万平方米。全市实有钉螺面积24346.92万平方米,感染性钉螺面积为505.29万平方米,分布在星子、都昌、永修3县及共青城疫情控制地区。全市灭螺总面积为4234.22万平方米,其中,药物灭螺4079.83万平方米,环改灭螺154.39万平方米。至年底,全市钉螺平均感染率为0.0128%,较2003年(全市钉螺平均感染率0.142%)下降90.99%。

### 1991~2010年市血防工作一览

表 60-1-4　　单位:人次、头、万平方米

| 县区 | 人群查病人次 | | 药物治疗人次 | | | | 耕牛查病 | 耕牛治病 | 查螺面积 | 灭螺面积 | |
|---|---|---|---|---|---|---|---|---|---|---|---|
| | 血检 | 粪检 | 急血 | 慢血 | 晚血 | 扩大化疗 | | | | 药物灭螺 | 环改灭螺 |
| 德安县 | 136809 | 849 | 3 | 995 | 486 | 3479 | 9931 | 2343 | 15486.78 | 1050.69 | 85.04 |
| 都昌县 | 954864 | 48653 | 198 | 258471 | 3194 | 163033 | 54376 | 49956 | 17569.56 | 5217.82 | 155.40 |
| 共青城 | 163289 | 22649 | 12 | 9441 | 443 | 48409 | 6953 | 9349 | 6197.43 | 3472.11 | 173.80 |
| 湖口县 | 317551 | 20715 | 1 | 7663 | 609 | 18077 | 27610 | 717 | 14020.87 | 2254.64 | 40.20 |
| 九江县 | 362192 | 25589 | 226 | 9138 | 1571 | 44503 | 18269 | 253 | 19031.51 | 2367.55 | 101.40 |
| 庐山区 | 289908 | 26230 | 66 | 15621 | 380 | 39857 | 14472 | 209 | 8877.22 | 4054.62 | 20.68 |
| 彭泽县 | 1360753 | 83621 | 343 | 167436 | 1789 | 314378 | 53305 | 60807 | 42373.07 | 6686.2 | 59.70 |
| 瑞昌市 | 804397 | 67964 | 65 | 36274 | 904 | 285077 | 34321 | 2437 | 42992.89 | 7312.80 | 47.16 |
| 武宁县 | 18122 | | | | 102 | 879 | 400 | | 41712.60 | | |

续表 60-1-4

| 县区 | 人群查病人次 | | 药物治疗人次 | | | | 耕牛查病 | 耕牛治病 | 查螺面积 | 灭螺面积 | |
|---|---|---|---|---|---|---|---|---|---|---|---|
| | 血检 | 粪检 | 急血 | 慢血 | 晚血 | 扩大化疗 | | | | 药物灭螺 | 环改灭螺 |
| 星子县 | 660640 | 64305 | 288 | 96879 | 2464 | 119181 | 27275 | 29817 | 30374.76 | 6982.17 | 7.67 |
| 浔阳区 | 75935 | 629 | 7 | 784 | 166 | 804 | | | 5040.62 | 425.53 | 303.00 |
| 永修县 | 618505 | 47615 | 289 | 128974 | 1423 | 145909 | 48158 | 62207 | 33564.04 | 6542.73 | 0.00 |
| 合　计 | 5762965 | 408819 | 1498 | 731676 | 13531 | 1183586 | 295070 | 218095 | 277241.00 | 46366.87 | 994.05 |

### 二、碘缺乏病防治

1991 年始，全市供应加碘盐，碘缺乏病防治成效得到巩固。1997~1999 年，全市 14 个县(市、区)均达到消除碘缺乏病标准。2001 年以后，各县(市、区)居民碘盐覆盖率均达 100%，碘盐合格率和居民合格碘盐食用率均在 90%以上。2009 年 11 月，各县(市、区)碘缺乏病防治各项指标符合《实现消除碘缺乏病目标考核评估方案》考评标准。2010 年 5 月 21~22 日，经省卫生厅考核组对彭泽县碘盐市场、食盐含碘量、学生尿碘、碘缺乏病健康教育等内容实地抽样考察和检测，确定全市达到消除碘缺乏病目标。

## 第三节　精神病防治

2006 年 12 月，全市完成社会化、综合性、开放式精神病防治康复工作体系。2007 年 6 月，新开展工作市县完成摸底调查、建档立卡、落实治疗康复措施。采取重度急性期精神病患者住院治疗，病情较重但无条件住院病人提供家庭病床治疗。重点看护病人定期专科门诊治疗，病情较稳定患者实行家庭治疗。2008 年 1 月至 2010 年 6 月，全市共治疗精神分裂症、双相情感障碍、偏执性精神障碍、分裂情感性精神障碍、癫痫所致精神障碍和严重精神发育迟滞患者 4779 人次。根据市公安局提供精神病人采集信息表风险评估重性精神病人 550 人次。2010 年，市成功申报“686”项目，项目新增九江市为示范市，市第五人民医院为重性精神病管理治疗负责单位。12 月，市五医院参加国家 2010 年重性精神疾病管理治疗项目和农村癫痫防治管理项目工作会议。

## 第四节　慢性病防治

2002 年 8 月 26 日，市政府印发《九江市预防和控制慢性非传染性疾病五年规划(2002 年 8 月~2007 年 8 月)》，慢性非传染性疾病防治列入政府规划。2007 年 7 月 3 日，市慢性非传染性疾病防治工作领导小组成立，下设办公室，具体负责相关防治工作，并确定浔阳区甘棠街道社区卫生服务中心为市慢性非传染性疾病防治社区试点单位。同年 9 月，浔阳区和武宁县被确定为国家级死因监测点。2008 年 5 月 16 日，“全民健康生活方式行动”在浔阳区白水湖社区启动，推出合理膳食和身体活动指导工具，以“我行动、我健康、我快乐”为口号，倡导“每日一万步、吃动两平衡、健康一辈子”健康理念。

## 第五节　健康教育

### 一、小学健康教育

1991 年，全市小学开设健康教育课，开课小学校 247 所，发行课本 7 万余册。城区小学、重点幼儿园开课率 100%。1998 年，市教委、爱卫会联合印发《关于在全市中小学开设健康教育课的通知》，要求教师有教案、学生有课本、期末有考试(核)，每学期不少于 10 课时系统健康教育。至 2003 年，在校学生健康知识知晓率和健康行为形成率均达 95%。

### 二、农民健康教育

1994年始,“全国九亿农民健康教育行动”(后改称:“亿万农民健康促进行动”)在全市启动,市“全国九亿农民健康教育行动”领导小组成立并提出执行意见,健康教育工作关注点转向农村。1998年抗洪期间,市“全国九亿农民健康教育行动”领导小组到灾区一线和各灾民安置点开展健康教育和疾病预防,在重灾区九江县江洲乡洲头小学和江洲中心小学建立灾后健康教育示范点,10~12月,组织专家督导组到各重灾县督导灾后爱国卫生、健康教育。当年,在灾区累计发放健康防病知识资料42.17万份,出宣传栏5001期。2003年抗击“非典”行动中,编写发放普及“非典”预防知识宣传资料19万份。7~8月,开展“亿万农民健康教育促进行动”基线调查。同年,建立首批健康教育范点11个。其中行政村4个、社区2个、学校5个。教育覆盖率95%以上,村民健康知识知晓率增长30%。2010年春夏,在汛期救灾防病工作中分发健教宣传品281806份,组织健康讲座620次。

### 三、全民健康促进行动

2004年7月,市爱国卫生运动委员会办公室(简称爱卫办)提出《九江市全民健康促进行动项目工作实施意见》并做出5年规划。当年,发放《九江市民健康教育入户手册》12万册。2005年,市爱卫办、安全生产监督局联合印发《关于进一步做好企事业单位职工健康体检和建立健康档案工作的通知》,当年市、县两级事业单位参加体检并建档人数25403人。2007年,全市企事业单位职工健康档案建档率达80%。同年,市爱卫办在社区、单位开展“健康生活、健康社区、创造无烟环境”示范活动,居民健康知识知晓率86.54%,健康行为形成率60%以上。

### 四、公共场所禁止吸烟行动

1999年,《九江市公共场所禁止吸烟的暂行规定》颁发,市直各医院实施示范。2004~2008年,市爱卫会命名市“无烟单位”累计82个(次)。2006年,庐山管理局为省第一个“全国健康教育与烟草控制干预综合试点项目的城区试点区”。2008年,武宁县为全国开展“迈向无烟中国”控烟项目试点县。当年,市疾控中心、瑞昌市、湖口县实施中央补助地方烟草控制与健康素养项目烟草流行监测、健康素养监测和烟草控制干预3个项目;九江学院医学部和附属医院开展“CMB项目——控烟行动”项目研究。2009年,市卫生局、市爱卫办印发《关于在全市范围内开展创建无烟医疗卫生机构活动的通知》,组织全市各级医疗卫生单位率先开展创建无烟医疗卫生机构活动,全市有793家医疗卫生机构申报创建无烟单位。

## 第六节　规划免疫

### 一、免疫规划工作

**计划免疫**　1991年,全市实现以县为单位儿童免疫接种率达85%。1993年,市政府成立市计划免疫协调领导小组。1995年,永修、星子、都昌3县通过省评审组接种率现场调查和综合评审,实现以乡为单位儿童免疫接种率达85%,至此,全市完成普及儿童计划免疫“三个85%”达标任务,计划免疫针对疾病得到有效控制,免疫规划管理加强。2004年,卫生部审评组对德安县儿童计划免疫疫苗接种情况进行现场调查考核,各项指标均达考核标准。2005~2007年,按照《江西省“以乡为单位计划免疫接种率达90%”目标考核方案》要求,全市各县(市、区)在3年内陆续申请并通过省卫生厅评审组考评验收,实现以乡为单位免疫规划疫苗接种率达90%目标。2007年7月始,全市进行儿童预防接种信息管理系统建设,至2010年,乡级预防接种单位系统建设率达100%,基本做到全市接种信息资源共享,预防接种规范化、科学化。

**扩大国家免疫规划**　2008年4月,启动扩大国家免疫规划项目,成立市实施扩大免疫规划民生工程工作督导活动领导小组,把扩大国家免疫规划疫苗免费接种纳入政府民生工程。

**预防接种规范化门诊建设**　2004年始，全市各级预防接种单位按照《九江市规范化免疫接种门诊量化分级考核标准》，加强预防接种规范化门诊建设。到2007年，九江、德安、永修、武宁、瑞昌、都昌、彭泽、星子、浔阳、庐山10县（市、区）疾控中心预防接种门诊及部分乡级接种单位通过"A级规范化门诊"评审标准，全市40%以上乡级预防接种门诊通过"B级规范化门诊"评审要求。2008年始，市卫生局进一步加强预防接种规范化门诊建设和全市预防接种单位资质认定工作，2010年年底，全市100%县级疾控中心预防接种门诊完成示范化门诊建设，100%乡级接种单位完成合格门诊建设，100%预防接种单位使用统一标识。

## 二、免疫规划疫苗相关疾病防制

**脊髓灰质炎**　1991年，星子县发现1例野毒株脊髓灰质炎病例。1992年后，全市无病例发生。1993年2月始，全市开展消灭脊髓灰质炎强化免疫和消灭脊髓灰质炎"扫荡"免疫活动。1994年始，建立急性弛缓性麻痹（AFP）病例监测报告系统，实行AFP病例旬报制度，AFP病例监测质量提升，各项监测指标基本达到世界卫生组织标准。2001年4月，市卫生防疫站发布《九江市无脊髓灰质炎证实工作报告》，宣布全市处于无脊灰炎状态。至2010年，全市开展14次28轮消灭脊髓灰质炎强化免疫活动和1次2轮消灭脊髓灰质炎"扫荡"免疫活动，服苗累计达503万剂次，接种率达97%以上。

**麻疹**　1991年和1992年，市麻疹发病率分别为62.77/10万、58.39/10万。1993年后，全市麻疹发病率在5/10万上下浮动，以1997年12.51/10万为最高。2006年，建立麻疹病例监测系统，及时预测预警，采取针对性措施控制麻疹疫情。2007年3月，开展麻疹补充免疫活动，对免疫空白人群进行查漏补种，同时对适龄儿童进行加强免疫，共接种麻疹疫苗193739人，接种率97.06%。2009年10月，全市在8月龄至14周岁人群中开展麻疹疫苗强化免疫活动，共接种麻苗883433人，接种率99.23%。2010年9月，对8月龄至4周岁儿童进行麻疹强化免疫，共接种270728人，接种率97.72%。通过两次麻疹疫苗强化免疫，最大限度提高人群免疫力，阻断麻疹病毒传播，至2010年，全市麻疹发病率降到0.5/10万以下。

**乙肝**　1992年，按照《全国乙肝疫苗免疫接种实施方案》，全市将乙肝疫苗纳入儿童计划免疫管理。2003年，修水县作为卫生部/全球疫苗免疫联盟（GAVI）合作项目县，全面实施新生儿乙肝疫苗接种工作。2004年2月1日，全市乙肝疫苗纳入儿童计划免疫工作正式施行，新生儿从此享受免费接种乙肝疫苗政策。2007年，根据各县（市、区）疾控机构检测结果，3岁以下儿童乙肝表面抗原携带率为1%以下。2009年11月~2010年5月，在8~15岁人群中开展乙肝疫苗补种工作。3针次乙肝疫苗补种1188675剂次，接种率98.77%。

# 第七节　突发性疾病防治

## 一、非典型性肺炎

传染性非典型肺炎（以下简称"非典"）是由一种新型冠状病引起严重急性呼吸综合征，属新型传染性疾病。2002年11月，"非典"首发在广东省，疫情迅速蔓延。2003年2月，市政府成立传染性非典型肺炎领导小组，采取加强疫情监测、迅速处置隔离等综合性防控措施。市防疫站和各县区防疫站均成立"非典"防治机动队，24小时待命。全市共设医学观察点16处，留置可疑非典病人住院观察136例，出动机动队548次，处理可疑疫情14起，排除住院留观发热病人139人。至2004年，"非典"流行结束，全市无"非典"病例报告。

## 二、甲型H1N1流感

2009年，在国外甲型H1N1流行初期，全市便跟踪疫情动态，举办相关培训班，开展机动队现场处置演练，设置医学观察点。6月，确定市第一人民医院为市流感哨点监测医院。在疫情流行期间，排查可疑病例7起，追踪密切接触者8起；完成对密切接触者实施7天集中隔离医学观察3起，处理61起计72例确诊病例疫情处理工作。市疾控中心与教育部门密切配合，保证当年高考和中考未受疫情影响。

2009 年,全年共报告甲流确诊病人 88 例,各县市区均有病例报告,其中浔阳区 56 例。

## 第八节　卫生应急能力建设

### 一、疫情网络直报系统

2003 年 10 月,市财政为各乡卫生院购置电脑,2004 年 1 月 1 日,全市正式启动以传染病个案报告为基础疫情网络直报系统,12 个县(市、区)医疗防疫机构通过网络报告传染病疫情,实现传染病和突发公共卫生事件监测动态统计和分析。

### 二、日元贷款项目

2003 年 6 月, 国家利用 2003 年度日本政府贷款实施公共卫生基础设施建设项目,2004 年 5 月 20 日,日贷项目启动,市疾病预防控制中心申请贷款 81.3 百万日元,实际采购设备使用额度为 72.6 百万日元,采购一批信息健教设备、车辆及部分检验设备。2008 年 12 月,项目全面完成。

# 第二章　医疗服务

## 第一节　中医治疗

### 一、中医机构及人员

1991 年,全市有中医院 11 所,其中市级 1 所,县级 10 所,实现“县县都有中医院”布局。至 2010 年,11 所中医院中有三级甲等中医院 1 所,二级甲等中医院 10 所;固定资产 22590.92 万元,医疗设备总值 10735.3 万元;市县以上医院从事中医药工作 1621 人,其中中医中药人员(含中西医结合)641 人;农村乡村中医及能采用中西医两法乡村医生 2437 人,占乡村医生总数 65%,其中乡村中医 850 人。2010 年,全市有全国老中医专家 1 名,其继承人 2 名;全省名老中医 14 人,中青年名中医人员 34 人;培养各级师承人员 120 余人,选拔 33 名优秀毕业生到乡(镇)卫生院工作。

**2010 年全市中医院一览**

表 60-2-1　　单位:亩、平方米、万元、张、人

| 单位 | 占地面积 | 业务用房 | 设备总值 | 病床 | 职工 | 卫技人员 | 中医药人员 |
|---|---|---|---|---|---|---|---|
| 九江市中医院 | 109.00 | 86410 | 4655 | 500 | 621 | 550 | 321 |
| 都昌县中医院 | 50.00 | 17830 | 1197 | 200 | 300 | 165 | 62 |
| 修水县中医院 | 21.77 | 16800 | 1200 | 245 | 277 | 247 | 57 |
| 武宁县中医院 | 16.00 | 10287 | 928 | 140 | 207 | 175 | 35 |
| 九江县中医院 | 11.24 | 11200 | 850 | 158 | 213 | 197 | 38 |
| 永修县中医院 | 75.10 | 4200 | 533 | 100 | 143 | 122 | 23 |
| 瑞昌市中医院 | 53.21 | 17750 | 2000 | 220 | 226 | 193 | 57 |
| 湖口县中医院 | 41.18 | 2450 | 350 | 49 | 131 | 102 | 45 |
| 星子县中医院 | 57.00 | 3640 | 300 | 60 | 91 | 56 | 21 |
| 彭泽县中医院 | 6.00 | 4000 | 390 | 60 | 117 | 87 | 30 |
| 德安县中医院 | 22.43 | 3127 | 621 | 50 | 99 | 82 | 21 |
| 合计 | 462.93 | 177694 | 13024 | 1782 | 2425 | 1976 | 710 |

## 二、中医药临床

2008~2009年，国家中医药管理局确定市中医卫生服务能力建设项目，有中药房建设项目10个，中医医院急诊急救能力建设项目3个，中医民族医特色专科（专病）建设项目11个（其中骨科7个、糖尿病科1个、肝病科1个、针灸理疗康复科1个、肛肠科1个），基层常见病多发病中医药适宜技术推广项目11个。2010年，全市有国家中医药管理局中医重点专科2个（市中医院肾病科、骨伤科），省中医特色专科22个（市中医院针灸科、中西医结合血液净化科、男性病科、风湿病科；修水县中医院中西医结合妇科、糖尿病科；武宁县中医院心脑血管科、骨伤科；瑞昌市中医院肝病科、骨伤科；都昌县中医院中西医结合糖尿病科、骨伤科；湖口县中医院肛肠科、骨伤科；彭泽县中医院肛肠科；永修县中医院肝病科、骨伤科；德安县中医院骨伤科；九江县中医院中西医结合急诊科、骨伤科；星子县中医院肛肠科、骨伤科），省级中医重点专科（专病）临床基地1个（市中医院的肾病专科），省特色中医医院建设单位5家（市中医院、都昌县中医院、武宁县中医院、修水县中医院、瑞昌市中医院）。其中市中医院肾病科是全国重点专科，全国肾病重点学科建设单位，开放病床250张，利用传统中医药进行治疗，每年有全国各地患者1.2万余人次就诊；骨伤科是全国重点专科建设单位。2010年，瑞昌市中医院肝病专科肝病门诊及住院病人数比2008年增加40%。修水县中医院的小针刀专科、蛇伤专科年门诊量超过1万人次，成为医院中医特色品牌专科。九江县中医院骨伤科2010年门诊病人达3万余人次，住院病人达2000余人次，其中有来自县外、省外的疑难重症病人，服务范围辐射赣北地区及毗邻湖北、安徽省部分地区。

## 三、重点专科建设

**肾内科**　1991~2010年，市中医院有病床200张，设肾科一、二、三、四病区，血液净化中心，腹膜透析室，肾脏病病理室，肾脏病实验室，肾脏病信息室，年收治疗病人数5000余例次，病人来自全国26个省、市、自治区。独创“四联”疗法被专家认定为达到国内先进水平，获全国肾病重点专科、全国中医肾病重点学科建设单位、省中西医结合肾病医疗中心等称号。都昌、修水、瑞昌等医院开设肾病门诊，配备血液透析机。

**肝病科**　1991~2010年，市中医院有1个专科门诊，病床23张，年收治病人数逾300人次，门诊病人6000人次。是国家中医肝病医疗中心——上海中医药大学曙光医院、南昌大学一附院重点学术支持与业务协作单位。瑞昌、都昌、永修、武宁等县（市）中医院专门开设肝病门诊。2007年，瑞昌市、永修县中医院肝病专科为省特色专科专病建设项目。瑞昌市中医院在省卫生厅立项课题2项，其中“乙肝康方治疗慢性乙肝e抗原阳性临床研究”结题。

**风湿免疫科**　1991~2010年，市中医院风湿免疫科是省“十一五”重点中医建设专科。有1个专科门诊诊室，病床5张，年收治病人100多人次，门诊1200人次，运用中西医结合疗法治疗类风湿关节炎、骨关节炎、痛风、系统性红斑狼疮、干燥综合征、强直性脊柱炎、骨质疏松、皮肌炎等各种风湿、自身免疫性疾病及疑难杂症。各县中医院均开设风湿免疫科门诊。

**骨伤科**　1991~2010年，市中医院骨伤科有2专家门诊诊室及2专科门诊，病床120张，设骨一、二、三病区，年收治人数3000余例次，对临床常见的颈肩腰腿痛、股骨头缺血性坏死、骨质疏松症、痛风、风湿、类风湿性关节炎、急慢性骨髓炎、骨结核、各种骨折脱位等疾病，根据中医辨证论治，运用不同治法及方剂，结合推拿按摩、腰椎牵引、手法复位等，临床有效率达90%以上。能开展颈椎前路手术、全髋半髋关节置换术、断指再植手术、神经吻合术、胸椎鞘膜瘤摘除术，以及各种骨科常见的四肢骨折、手外伤、膝关节、小儿骨科等各种骨科手术。各县中医院都有相应的骨科门诊并开设相关病区。九江县中医院以传统中医骨伤疗法与现代骨科相结合骨伤疾病诊疗技术居江西省领先水平，在赣北地区及湖北、安徽等毗邻地区享有良好医疗信誉。

**肛肠科**　1991~2010年，市中医院有1个专科门诊诊室和综合治疗室，病床10张，年收治病人数近300人次，门诊1200人次。该科运用中西医结合治疗各种大肠、肛门疾病，如结肠各种炎性疾病、结肠癌、直肠癌、便秘、痔疮、肛瘘、脱肛、肛周性病、肛肠会阴综合征、溃疡性结肠炎、放射性肠炎等。其中慢性结肠炎自配中药保留灌肠治疗疗效达国内先进水平,并在全市率先开展消痔灵注射治疗、保留肛门精细控便功能治疗新技术-PPH手术、治疗高位复杂性肛瘘中药拖线引流术、治疗脱肛直肠周围间隙注射术。各县(市)中医院开展相应门诊,星子县、湖口县、彭泽县中医院肛肠科为省级特色专科专病建设项目。

**男性科**　1991~2010年,市中医院男性科是省级特色专科专病建设项目,有1个专科门诊诊室,年收治病人200多人次,门诊1200人次。以中医为主,中西医结合,在治疗急慢性前列腺炎、前列腺增生、男性性功能障碍、男性不育症以及各种睾丸疾病中运用中药内服、薰、蒸、灌肠等方法,疗效显著,无毒副作用。对男性性功能障碍患者运用中医治疗同时,配合心理疏导、行为治疗、应用中药补肾疏肝法,抗男性早衰,治疗男性亚健康均有较好疗效。自创"前列安通汤"治疗慢性前列腺炎、"活血补肾汤"治疗老年前列腺增生、"痿亢灵"治疗阳痿、"生精排毒汤"治疗男性不育症等纯中药制剂取得好效果。

**糖尿病科**　1991~2010年,市中医院有1个专科门诊诊室,病床20张,年收治病人近400人次,门诊5000人次。其研制"太平糖1~4号"及"太平糖克浓缩丸"等制剂,通过修复、营养、调整受损B细胞基因结构,减少凋亡,使分泌胰岛素变为健康成熟胰岛素,降低血糖,对早期糖尿病患者能达到临床治愈效果。

**皮肤科**　1991~2010年,市中医院是全省较早成立中西医结合皮肤科之一,有1个专科门诊诊室和综合治疗室,病床5张,年收治病人100多人次,门诊6000人次。该科采取中西医结合治疗皮炎、湿疹、荨麻疹、痤疮、黄褐斑、银屑病、斑秃、红斑狼疮等皮肤疾病以及各种性病等,其中以中草药内服为主,配合中药面膜治疗痤疮、黄褐斑,用冷冻、微波、高频电刀治疗各类寻常疣、扁平疣、雀斑皮肤小肿物、慢性皮炎等,疗效确切,无痛苦、安全可靠。

**急诊科**　2009年,永修县中医院开设急诊科,能提供内(儿)、外(骨)科急诊医疗服务。九江县中医院急诊科为省级特色专科专病建设项目,每年接诊门急诊人次达到1.5万,收治住院人数1000余人。

**肿瘤科**　1991~2010年,市中医院有1个专科门诊诊室,病床22张,年收治病人近400人次,门诊3000人次,是赣北地区规模最大中西医结合肿瘤医疗中心。采用中西医结合治疗肺癌、胃癌、肠癌等肿瘤取得好疗效,有沪赣协定处方35项,院内制剂1种,配有注射液、丸剂、散剂、外敷剂及传统口服等剂型。同时向患者提供中医养生、针灸、预防、监控、康复等辅助治疗,具有费用低,副作用小特点,适合老年患者及晚期癌症患者。能开展常规化疗、生物治疗、免疫治疗。在市率先开展血管插管中药介入治疗,适合于不能手术患者及术后复发患者。

**针灸科**　1991~2010年,市中医院有专科门诊3个,住院病床10张。年门诊人次1万人次。开展针刺、艾灸、平衡火罐、脉冲针疗、刮痧、梅花针、小针刀、穴位注射、穴位敷贴、耳穴压籽疗法等多种诊疗技术。主要治疗病种为中风后遗症、面神经炎、血管神经性头痛、三叉神经痛、坐骨神经痛、肌筋膜疼痛综合症、颈椎病、肩周炎、肥胖症、慢性支气管炎、支气管哮喘、皮肤瘙痒等。

## 四、中西医结合

2004年,武宁县中医院、瑞昌市中医院、德安县中医院为省卫生厅确定中西医结合急诊科建设项目单位。2010年,修水县第一人民医院中医科、市第三人民医院中医科被授予全省综合医院示范中医科。

九江学院附属医院、市第五人民医院、市妇幼保健院市直医院均开设中医科及中药房。

## 五、中医科普

2009年9月1日,在市区沃尔玛广场举办"中医中药中国行"九江站大型科普宣传活动启动仪式。前来咨询和义诊群众1200多人,各市、区卫生局和10处县级中医院悬挂展板36块,有9家企业参展,现场发放科普资料3000余份,各医院、企业发放宣传资料1万余份,回收中医药调查问卷510余份,有300余人在签名墙上签名,整个活动中,到场群众近万人。2009年9月16~18日,首届庐山杏林论坛在星子县召开。中华中医药学会主持并向星子县政府授予"杏林文化发源地"牌匾和证书。2010年11月

26~28 日，在庐山杏林园故地及星子县温泉镇举行“全国中医药文化建设会议暨第二届庐山杏林论坛”。

## 第二节　西医治疗

### 一、临床技术

**外科**　1991~2010 年，可开展开颅术、颅内血肿清除、颈椎推管探查植骨术、颅内及脊髓肿瘤摘除术、钛钢修补颅骨缺损、颈内静脉胸导管吻合术、椎间盘突出髓质摘除术、甲状腺切除术、肺叶切除术、心脏二尖瓣交界分离术、心包剥离术、半肝切除术、急性出血笥胰腺炎外科治疗、胰腺癌根治术、肝内胆管整形术、食管癌根治术、胃全部切除术、胃建走神经切断术、胰和十二指肠切除术、肝外胆道吻合改道术、前列腺摘除术、直肠癌根治术、先天性巨结肠根治术、脾肾静脉吻合术、肾部分切除术、肾轴对半剖开取石加肾盂成形术、肾上腺嗜路细胞癌切除术、双侧输尿管移植术、膀胱瓣输尿管吻合术、膀胱全切加乙状结构短棒代膀胱成形术、后尿道狭窄切除吻合术、精索静脉与髂外静脉吻合术、自体睾丸移植加输精管长袢睾丸固定术、下肢整块皮肤撕脱植皮术、肌髓移植术、开放性多发性骨折手术复位内固定术、多向张力髓内针治疗肱骨、股骨骨折、人工股骨头置换术、断肢再植、小儿麻痹后遗症矫形手术等。

**内科**　1991~2010 年，开展锥颅穿刺治疗脑卒中、颈椎横突前局部注射激素治疗颈椎病、颈动脉注射治疗偏瘫痪、心肺脑复苏、心脏监护、心房调搏、体外反搏、去纤酶治疗慢性肾炎、口服透析液治凼慢性肾功能衰竭等疑难症医治，市区综合性医院治愈好转率达 95%，抢救成功率达 85%。

**皮肤科**　1991~2010 年，可开展早期皮肤肿瘤及赘生物电烙与激光治疗、性病诊断与治疗、皮肤病理切片检查、红斑狼疮和皮肤炎等疑难皮肤疾病治疗。

**精神科**　1991~2010 年，可用碳酸锂治疗躁狂抑郁性精神病，开展精神病患者心理测验和心理治疗。

**妇产科**　1991~2010 年，可做阴道式子宫切除术、尿瘘修补术、开展宫颈癌药物契机、植入性胎盘挖除术、输卵管吻合术、卵巢癌切除术、红藤败酱沟灌肠治疗慢性盆腔炎等。

**眼科**　1991~2010 年，可治疗先天性白内障，进行白内障针拨手术、人工晶体植入术、眼球摘除术、抗青光眼手术、球内异物吸取术、鼻泪管吻合术、斜视矫正术、角膜移植术等。

**耳鼻喉科**　1991~2010 年，可对耳源性鼎内合并症诊断与处理，进行鼓膜修补术、乳突根治术、各类鼻窦炎及中耳炎根治术、鼓窦成形及听骨链重建术、面神经减压术、鼻咽纤维血管瘤切除术、鼻中隔弯曲矫正术、食道异物取出术、气管异物取出术、声带息肉摘除术、喉切除、无麻醉扁桃体挤切术、中面部翻揭进路切除鼻腔和鼻窦广泛病变手术、羟基磷灰石人工骨鼻腔粘膜下填塞术等。

**口腔科**　1991~2010 年，可做唇腭裂修补术、口腔整形手术、光固化补牙、光固化治疗四环素看色牙颌骨关节手术、诞腺手术等。

**麻醉科**　1991~2010 年，可做乙醚开放点滴麻醉、气管内插管全麻、硬膜补外醉、静脉复合麻醉、神经阻滞麻醉以及声门外高频喷射给氧和高频喷射通气等技术。

### 二、技术设备

**检验**　1991~2010 年，市医院检验科有日本日立 7600-020 全自动生化分析仪，美国 BD Phoenix-100 全自动细菌鉴定/药敏系统，美国 BD BACTEC9120 全自动血培养系统，美国贝克曼 IMMAGE800 全自动特定蛋白仪，罗氏 Com-bas 6000 全自动电化学发光分析仪，日本 Sysmex UF-500 全自动尿沉渣分析仪，美国强生 V350 全自动干式生化分析仪，迈瑞 BC5500 全自动血液分析仪（五分类），日本 Sysmex CA-550 全自动血凝仪，检验科实验室计算机管理系统（LIS）等设备。市一医院 PCR 实验室为全市首批通过卫生部验收合格实验室，艾滋病抗体初筛实验室一次性通过省卫生厅专家验收，获合格证书。

**病理**　1991~2010 年，市医院病理科有奥林巴斯光学显微镜、荧光显微镜、图像分析仪、液基细胞仪、原位杂交仪、珊顿及莱卡恒冷切片机等设备。开展肿瘤发病机理、预后和肿瘤多药耐药等多项研究工作,为临床科室个性化治疗提供依据。

**磁共振** 1991~2010年,市一医院磁共振室有Signa Excite 1.5THD超导磁共振,是市第一台高场磁共振。除应用于人体各系统常规扫描外,还可进行血管成像(MRA)、弥散成像(DMI)、灌注成像(PWI)、磁共振频谱成像(MRS)、磁共振脑功能成像(FMRI)、磁敏感成像(SWI)等检查。

**放射介入** 1991~2010年,市一医院放射介入科室有飞利浦大C臂数字化血管造影X线机、多功能数字胃肠X线机、GE9800C臂血管造影机、曲面分层齿科全景X线机、日本500mA拍片机、美国GE钼铑双靶乳腺X线机等设备,同时配备有美国柯达数字X线成像系统。

**CT** 1991~2010年,市一医院放射介入科有美国GE公司原装进口多排螺旋CT机,除应用于人体各系统常规扫描外,还具有血管成像(CTA)、多平面重建(MPR)、三维重建、仿真内窥镜等高级图像处理功能。

**功能检查** 1991~2010年,市医院功能检查科有GE ViViD-7彩超、西门子彩超、GE B超、西门子B超、ALOKA B超等设备,能对临床各类疾病起重要诊断治疗作用。介入超声诊断治疗开展超声引导下肝脏肿瘤穿刺活检及注药治疗、肾组织快速活检、肝肾乳腺囊肿穿刺抽液硬化治疗、肝及腹腔脓肿置管引流、胸腹腔穿刺抽液、胆道梗阻置管引流、肾造瘘引流、各种软组织肿块穿刺活检及隐性(微小)病灶术前穿刺定位等新技术,达到省内先进水平。介入超声诊疗具有痛苦小、效果可靠、可重复进行等优点。

## 三、重点专科建设

**心血管内科** 1991~2010年,市一医院心血管内科是第一批省市共建重点医学学科,市级和院级重点专科,编制床位65张,有独立心脏介入室和心血管病实验室,配备飞利浦公司Allura Xper FD20心血管造影机、美国GE公司OEC9800心血管专用造影机、ViViD-7彩超、主动脉内球囊反搏仪、多导电生理仪、心脏射频消融仪、食管调搏仪和进口心脏临时起搏器等设备。擅长于心血管内科疾病如高血压、冠心病、风心病、心肌病、先心病等疾病诊断、治疗和抢救;对难治性高血压、恶性心律失常、心源性休克、顽固性心力衰竭等疾病诊疗临床经验丰富。1994年,开展心血管介入手术,2009年度,介入手术量达900人次以上。心脏临时起搏器及心脏永久起搏器植入术、射频消融术、冠状动脉造影及支架术、肾动脉造影及支架术、先天性心脏病封堵术、经皮球囊心脏瓣膜成形术等达到省内先进水平。

**肝胆外科** 1991~2010年,市一医院肝胆外科是第一批省市共建重点医学学科,市级和院级重点专科,编制床位48张。有日本PENTAX公司Fcn-15X纤维胆道镜、日本OLYMPNS电子十二指肠镜、电子高清腹腔镜、超声刀等设备。科室擅长肝脏、胆囊及胆道、胰腺和脾脏疾病及门脉高压疾病的诊断和治疗。到2009年,科室成功完成4例同种异体原位肝移植术;半肝切除术、胰十二指肠切除术、胰体尾肿瘤和肝门部胆管癌根治术、门脉高压症分流和断流术手术,对重症急性胰腺炎、肝胆管结石等疾病治疗经验丰富,开展胆道镜和十二指肠镜诊疗等微创手术新技术均达到省内先进水平。科室年手术量1300多台,累计完成各类腹腔镜手术7000多例。

**泌尿外科** 1991~2010年,市一医院泌尿外科是第一批省市共建重点医学学科,市卫生局和医院重点专科,为全市规模最大的泌尿专科,承担赣北地区及湖北、安徽等周边地市泌尿外科疾病诊断、治疗及科研任务。编制床位43张。有美国科威钬激光碎石机、德国狼牌前列腺电切镜、输尿管肾镜、腹腔镜、中型C型臂X光机、强生第三代超声刀、尿流动力学测定仪等设备。开展前列腺癌、输尿管癌根治术、全膀胱切除术及各种肠管代膀胱术、肾移植术、阴茎癌、睾丸癌根治术、小儿泌尿畸形手术矫正术等手术,后腹腔镜肾癌肾盂癌根治术、肾上腺肿瘤切除术,泌尿系结石现代微创治疗术、经尿道前列腺汽化电切术、膀胱肿瘤电切术、尿道狭窄内切开术、女性压力性尿失禁等外科微创技术达到省内先进水平。

**肿瘤专科** 1991~2010年,市三医院肿瘤专科为市肿瘤诊治专科,有立体精确放疗系统、模拟定位机、德国西门子双光子直线加速器、后装治疗机、聚集超声刀、放射性粒子植入治疗计划系统、热丝切割机等各种体位固定设备。1998 年,在全市首家开展放射治疗,先后开展肿瘤手术、放疗、化疗、介入治疗、后装治疗及粒子植入治疗。2008 年,引进全市首套三维精确放疗系统,能为患者提供"高精度、高疗效、低损伤"的规范治疗。

**肝病防治专科**　1991~2010 年,市三医院肝病防治专科有人工肝支持系统、腹水浓缩回输系统、第二代肝病治疗仪、美国 ABI7300 扩增仪、美国全自动微离子化学发光仪、美国三维彩超、日本肝硬化纤维四项检测放免仪、日本奥林巴斯 Au2700 全自动生化分析仪、日本全自动时间分辨分析仪等先进设备,重症肝炎、肝硬化、慢性肝炎抗病毒治疗和人工肝治疗、腹水超滤浓缩回输治疗、肝病治疗仪物理治疗、肝穿刺、肝活检等技术达全省先进水平。

**结核科**　1991~2010 年,市三医院结核科为市结核病定点救治点。在市率先开展耐药结核病治疗、纤维支气管镜经气管局部给药技术,提高难治性结核病治愈率。模拟定位下经皮肺穿刺活检术、短程直视监督下化疗(BOTS),达到省内领先水平。

**心理科** 1991~2010 年,市五医院心理卫生中心是专业心理卫生机构,设心理测验室、脑功能治疗室、生物反馈治疗室、彩色脑电地形图、心电图及各项生化检查。开展各项心理监测,多种量表评定,有 A620 脑功能诊断治疗、生物反馈治疗。该院心理科是省唯一设立开放式心理病房,科室集医疗、科教、科研于一体,设有床位 45 张。主要收治焦虑症、恐惧症、强迫症、失眠症、应激障碍、抑郁症、厌食症、更年期综合症、酒精依赖以及青少年心理问题、学习障碍等,同时开展心理危机干预、各种心理治疗、心理咨询、行为治疗、支持治疗、暗示治疗、松弛治疗、系统脱敏治疗、精神分析治疗、早期精神分裂症和其他精神疾病的早期干预等。

**精神科**　1991~2010 年, 市五医院精神科是医院重点专科。该科开展电休克治疗精神病的技术改良、精神科血药浓度测度、心理测试、智商测试、心理支持治疗、心理疏导疗法、行为观察和治疗、音乐治疗及工娱治疗。精神科主要收治精神分裂症、情感性精神障碍、狂躁症、抑郁症、分裂样精神病、癫痫所致精神障碍、人格障碍、难治性神经症、酒精依赖戒断治疗。尤擅长改良电休克治疗、酒精依赖戒断治疗、心理支持治疗、心理疏导疗法。

## 第三节　医疗机构

### 一、人员构成及分布

1991 年,全市有卫生技术人员 13557 人,其中医生 6387 人,护士(师)3494 人。1995 年,全市有卫生技术人员 13656 人,其中医生 6549 人,护士(师)3772 人。2000 年,各类卫生技术人员 12108 人。其中:医生 5366 人,护师、护士 3775 人。2005 年,全市有卫生技术人员 11079 人,其中执业医师和执业助理医师 4769 人,注册护士 3591 人。全市疾病预防控制中心(防疫站)卫生技术人员 509 人;卫生监督所卫生技术人员 21 人;乡镇卫生院卫生技术人员 2589 人。2010 年,全市共有卫生职工 15868 人,其中专业技术人员 13469 人,专业技术人员中高级职称 715 人(正高职称 172),中级职称 5190 人。在医院、卫生院专业卫生技术人员中,有医师 5145 人,注册护士 5008 人。

### 二、主要医院选介

**市第一人民医院**　位于市塔岭南路 18 号,占地面积 45166 平方米,建筑面积 76578 平方米。1991 年有员工 560 人,其中主任医师 6 人,副主任医师 21 人,主治医师 120 人,医师 99 人,医士 8 人,技师 19 人,技士 8 人,护师 96 人,护士 68 人。2010 年,医院共有 1400 名员工,其中卫技人员 1218 人,正高职称 56 人,副高职称 130 人,中级 369 人,博士研究生 16 人,硕士研究生 81 人。该院是全市规模最大一所集医疗、科研、教学、保健、康复为一体的综合性三级甲等医院,承担医疗、保健和部分社区卫生服务等任务。服务辐射面达 3.6 万平方千米。2010 年,编制病床 808 张,实际开放床位 738 张,设临床医技科室 45

个,设有ICU、COU病房。

**市第三人民医院** 位于市十里大道170号,1991年,占地面积19880平方米,其中医用建筑面积6600.9平方米,编制床位数210张,实际开放床位数180张。设临床科室7个、医技科室6个,员工208余人,其中主任医师2人、副主任医师8人。主要以综合性疾病诊治为主要诊疗特色。1996年与市传染病医院合并。合并后位于十里大道408号,占地面积31876.37平方米,其中医用建筑面积23120平方米。设临床科室12个、医技科室9个,员工380人,其中主任医师5人、副主任医师46人。编制床位430张,实际开放床位340张,医院成为以肝病诊疗、肿瘤诊疗、结核病诊疗三大专科特色,内、外、妇儿等科室全面发展的综合性医院。2009年医院员工548人,其中高级职称126人,中级职称230人,开设床位500张。设有肿瘤一科、肿瘤二科、肿瘤三科、肝病一科、肝病二科、肝病三科、中西医结合肝病科、内科、外科、妇产科、肺科等临床医技科室27个,并设肿瘤专科和肝病专科实验室。市肿瘤诊治中心、市肝病诊治中心设在该院。

**市第五人民医院** 位于浔阳区白水湖路6号,为市精神病专科医院。2008年占地面积34098平方米,院内绿化面积占42.2%。设立精神一科、精神二科、精神三科、康复科、针灸科、伤科、五官科、牙科等临床科室。该院开展中西医结合治疗精神分裂症和碳酸锂治疗躁狂抑郁性精神等新治疗项目。为二级甲等医院。

**九江学院附属医院** 1991年称市第二人民医院,位于市湓浦路284号,占地面积120万平方米,床位200张,设有临床和医技科室21个,全年门诊量185126人次,出院人数3773人次。员工280人。医院成立微机统计室、内窥镜室,购置全自动心血管功能仪,成立全省第一、全国第十三市级美容中心——市美容中心。1992年员工编制数核定为397人。1995年九江医专附属医院与市二医院合并,改称九江学院附属医院,分东西两院,东院位于浔阳东路57号,占地面积1.35万平方米;西院即原二医院,合并后,总占地面积2.55万平方米。医用建筑面积为3.26万平方米,其中东院1.76万平方米,西院1.50万平方米。2010年,编制病床800张,设有临床及医技科室45个,在职员工1050名。有正高(主任医师)42人,副高(副主任医师)106人,讲师(主治医师)271人,博士9人,硕士61人。医院有33个学科专业,承担医疗、教学和科研任务。

**市妇幼保健院** 位于市甘棠南路15号,是集妇幼保健、医疗、康复、科研、教学为一体三级甲等妇幼保健院。占地面积2万平方米,建筑面积52.7万平方米。2009年编制病床600张,员工1027人(含退休229人),正高职称23人,副高54人,中级220人。设置临床、保健、医技科室51个,拥有5个重点专科,其中2个市级重点专科(生殖健康科、新生儿科),有装备先进遗传实验室、产科妊高症实验室、PCR实验室、HIV初筛实验室。年门诊量约46万人次,年出院病人数约2.7万人次,年分娩人数5000余人。

**市中医院** 位于市滨湖路7号。1991年,建筑面积12350平方米,其中工作用房1000平方米。临床科室有中医内、护、针灸、骨伤、按摩、眼科、中西医结合皮肤、骨病科。医技科室设放射科、检验科、心电、脑电、B超室及药剂室、中西药房、中药普通制剂室。编制病床100张,员工135人,其中正技人员104人。系省中医学院附属医院,上海中医药大学附属龙华医院技术协作医院,上海嘉定中医院协作医院和江西省中医学院、九江学院、抚州中医学校临床教学基地。2009年在编员工352人。其中享受国务院特殊津贴1人,高级专业技术人员60名,中级专业技术人员80余名,硕士研究生6人,省市专业学科带头人17名。全国重点专科1个,省级重点专科8个,市级重点学科7个。设有28个临床科室,20个专科30个专病门诊,设有10个病区,开放病床350余张。

**中国人民解放军第171医院** 位于市东门口16号,1994年12月并入中国人民解放军庐山疗养院,对外仍称171医院。1996年加入地方医疗保险行列,成为全军最早参加社会医疗保险单位之一。2007~2009年,完成军队科研课题6项,其中重点课题2项,科研课题结题2项。2010年12月评为三级甲等医院。设有南京军区心血管内科中心、南京军区创伤外科急救中心,组建X-刀、光子刀治疗中心、血液透析中心、高压氧治疗中心。开展经皮冠状动脉腔内成形术与支架植入术治疗冠心病、球囊导管心脏瓣膜扩张术、射频消融治疗快速型心律失常、头部和体部X-刀与光子刀治疗肿瘤和体外循环心内直视手术、全髋关节置换术、高位颈椎手术、断肢(指)再植术、宫颈癌根治术、肛门原位再造、超声乳化治疗白内障、高压氧治疗一氧化碳中毒等业务。医院有西门子1.5T核磁共振系统、PQ5000C螺旋CT、瓦里安600C直线加速器、GE数字减影心血管摄影系统、菲利浦遥控多功能数字胃肠X光机、hp5500型彩色多普勒超声诊断仪,德国菲斯尔头部X-刀、体部X刀、光子刀、日立7180全自动生化分析仪等设备。

**民营医院** 九江阳光妇科医院:原称九江阳光女子医院,2005年8月成立,位于浔阳区滨江路75号。设外科、妇科、中医科、医学检验、医学影像等。2008年7月更名九江阳光妇科医院。

九江妇康医院:2004年8月成立,位于浔阳区甘棠北路44号。有儿科、妇科、皮肤科、中医科等。

九江仁爱医院:2005年1月成立,位于市十里大道128号。设有内科、外科、妇科、耳鼻喉科、麻醉科、医学检验科、医学影像、超声诊断、心电图诊断、放射治疗、中医科、骨伤科。

九江港泌尿医院:原称九江现代男子医院,2006年成立,位于浔阳区滨江路37号。2008年7月更名为九江港泌尿医院。设内科、外科、中医科、医学检验、医学影像。

九江东方医院:2005年8月成立,位于市十里大道8号,又名人民路街道社区卫生服务中心。设预防保健科、全科医疗科、医学检验科、医学影像科、康复医学科、中医科、口腔科等。

九华医院:位于浔阳区庐峰东路白水湖街道综合楼,有内科、外科、妇科、中医科。

九江美佛医院:2006年5月成立,位于浔阳区环城路2号,有儿科、外科、妇科、儿科、眼科、耳鼻喉科、口腔科、急诊医学科、麻醉科、医学检验科、病理科、医学影像科、中医科。

九江新世纪男科医院:2007年4月成立,位于浔阳区庐山路8号,有内科、外科、中医科、检验科、医学影像科。2008年7月更名为九江新世纪泌尿医院。

九江县红十字会医院:2005年7月建成,设内科、外科、妇产科、儿科、骨科等临床科室,聘请省市县及各类医疗专家、技术人员62人。

武宁县广仁医院:2003年3月建成,位于武宁县建昌路38号,设内科、外科、妇产科、儿科、五官科、中医科、影像科、检验科等科室,有病床60张,人员52人。

# 第三章 妇幼保健

## 第一节 妇女保健

### 一、孕产期保健

1991年,全市实施降低孕产妇死亡率和新生儿破伤风发生率项目,强化培训。当年始,在修水县开展《加强基层妇幼卫生/计划生育》项目。该项目由联合国儿童基金会、联合国人口基金共同资助,世界卫生组织参与执行,项目投入资金66万元,各类设备33件,并对县、乡、村妇幼保健人员、产科医生和接生员开展培训。同年,全市举办县级卫Ⅲ项目妇幼卫生领域师资培训;此后,推广孕产妇保健“三十”措施,推行“母子系统一条龙服务”等适应技术。1992年,在武宁、德安县开展孕产妇死亡监测工作。自1994年起,每年组织市级专家对全市孕产妇死亡病例进行逐个评审,通过评审找出引起死亡原因,针对共性问题提出解决对策。借助项目管理经验,全市建立孕产妇管理登记本、孕产妇抢救、高危妊娠筛查、孕产妇死亡监测和评审等一系列制度,紧抓产前检查、产后访视环节,提高产前检查率。1999年始,定期举办“全市降低孕产妇死亡适宜技术及新技术”培训,如产程中常用措施的正确运用、产程图使用和观察、催产素正确使用、妊高征处理、羊水栓塞防治、产科出血性休克、DIC处理、妊娠子痫、米非司酮规范应用、新生儿窒息复苏、妊娠合并症等相关技术服务知识。

2000年,市卫生局下发《关于开展全市乡镇卫生院产科达标活动的通知》,制定相应“房屋、设备、人员”三配套产科基本要求,明确规定助产技术常规。同年,修水、星子县列为全国“降低孕产妇死亡率和消除新生儿破伤风”项目县。2001年,市卫生局下发《关于开展全市县级医疗保健机构产科建设达标活动的通知》,对县级产科设施建设和服务能力做出明确规定,当年有19家县级医疗保健机构被评为产科建设达标单位。2002年,全市开展提倡住院分娩、取消村接生员、打击非法接生等活动。

2003年,通过3年创建工作,产科建设有变化,但发展不平衡,不少乡镇卫生院存在用妇科检查床代替产床、住院分娩不写病历,必需基本设备不齐全,全市中心卫生院缺新生儿复苏包占32.35%,缺新生儿磅秤占5.88%,一般卫生院缺新生儿复苏包占49.07%,缺新生儿磅秤占35.19%。2005年,全市开展创建“母婴安全乡卫生院”活动,市卫生局下发《九江市创建“母婴安全乡卫生院”实施方案》,对乡镇卫生院的产科进行规范。当年,对10个县122个乡镇卫生院的创建情况进行逐个验收,有99个验收达标。2004年,市妇幼保健院开展妊娠期糖尿病、妊娠期高血压疾病筛查。2005年,全市规范产科管理,共制定7项制度,包括县(市、区)级例会制度、产前检查制度、高危孕产妇转诊制度、产后访视制度、药品管理制度、助产人员培训制度、产科病历书写制度。同年,湖口、都昌、武宁、德安4县列为第二批“降低孕产妇死亡率和消除新生儿破伤风”项目县。2007年,全市开展县级“产科急救中心”建设活动。

2008年,“降低孕产妇死亡率和消除新生儿破伤风”项目扩大到全市范围。国家对降消项目县每年给予资金,用于培训督导、孕产妇住院分娩补助和少量的设备投入。同年,全市产科病历改为全省统一的表格式产科病历。2009年,完善《孕产妇保健手册》,在全市统一使用和流通。市妇幼保健院及各级产科门诊开展孕期个体化营养指导、产后盆底康复治疗、孕妇学校培训等活动。同年3月14~15日,市卫生局在全市举行“两项技能”大比武活动。至2010年年末,全市有1个市级医疗保健机构(市妇幼保健院)和14个县级医疗保健机构(庐山区人民医院、湖口县人民医院、彭泽县人民医院、都昌县人民医院、都昌县妇幼保健院、星子县人民医院、九江县人民医院、九江县妇幼保健院、瑞昌市妇幼保健院、德安县人民医院、永修县人民医院、武宁县人民医院、修水县人民医院、修水县妇幼保健院)验收达标,成为市、县级“产科急救中心”。全市共得到国家投入培训督导社会宣传费339.8万元、农村孕产妇住院分娩补助费2074.9万元、设备资金145.1万元。

## 二、婚前保健

1995年,市政府下发《关于贯彻执行〈中华人民共和国母婴保健法〉切实加强妇幼卫生工作的决定》,在全市开展婚姻保健工作,有条件县级妇幼保健机构和乡卫生院均开展婚检工作。1997年,省卫生厅出台《江西省婚前医学检查管理办法》,规定婚检工作由县级妇幼保健机构承担,市卫生局组织相关人员参加省卫生厅婚检培训班,严格审批制度,批准14家县级妇幼保健机构开展婚检工作。1998年,各级卫生行政部门对辖区内婚检工作进行全面检查。2000年,全市开展婚前保健工作调查,对14个承担婚检机构房屋、设备、人员、婚检质量等116项内容进行调查,针对存在问题进行分类指导。至2002年底,婚前医学检查率达80%以上,疾病检出率为9.85%。2003年10月1日,新《婚姻登记条例》实施,不再实行强制婚检。2004年,全市婚检率降至0.12%。2009年,浔阳区、庐山区为辖区免费开展婚检;湖口县、瑞昌市被列为省级免费婚检单位,资金由省财政下拨。2010年,全市婚检率提高到3.96%。

## 三、常见病防治

**疾病普查** 20世纪90年代,市卫生部门落实《女职工保健工作规定》,每年开展已婚妇女妇科病及乳腺疾病普查,做到早发现早治疗。全市妇科病和乳腺普查率在15%~25%之间,宫颈癌患病率约为20/10万,乳腺癌患病率为7.15/10万。2009年,对农村妇女免费开展妇科病和乳腺癌普查工作,都昌、修水2县成为项目县,2县2年共免费为80196名农村妇女做妇科病检查,国家每例补助49元,共投入392.96万元;都昌县为乳腺癌项目县,国家投入23万元为4366名农村妇女进行乳腺普查。至2010年,10年间宫颈癌患病率约为15.44/10万,乳腺癌患病率为6.19/10万。

**艾滋病母婴传播阻断** 2004年始,全市开展预防艾滋病母婴传播阻断工作。当年对全市产科人员进行培训,县级以上医疗保健机构产科门诊均有艾滋病母婴传播相关知识宣传,有的开设艾滋病母婴传播咨询室和艾滋病病毒检测。2008年,发现第1例母亲传给新生儿病例,2009年2例,2010年2例。

## 第二节 儿童保健

### 一、健康体检

2007年开始,全市每年对0~7岁儿童开展健康检查,按全国统一身高、体重标准,通过体检对儿童体格发育进行评价,检查出的缺铁性贫血、3岁内佝偻病和体弱儿进行分类管理;开展儿童系统管理,对3岁以下儿童实行"4·2·1"管理,即1岁内体检4次,2岁体检2次,3岁体检1次,后每年体检1次;利用"六一"儿童节期间对7岁以下儿童进行体检。2009年,对《儿童保健手册》进行完善,并在全市统一使用和管理。《儿童保健手册》把宝宝护理、喂养、智能发展、疾病预防等科学育儿知识和不同月龄生长发育特点印制在册,附有记录7岁以下儿童体检情况的原始资料。

### 二、疾病预防

20世纪90年代初,在全市范围内推广脐带夹断脐适宜技术,减少因断脐消毒不严而引发新生儿破伤风;实行新法接生,使用一次性产包。1992年,市卫生局确定武宁、德安2县为全市孕产妇死亡、五岁以下儿童死亡监测点。1993年,结合全市婴儿患肺炎占22.38%,成为儿童第一死因状况,市卫生局制定《九江市1993~1995年儿童急性呼吸道感染防治规划》,将肺炎列为重点防治三大儿童疾病(肺炎、腹泻、营养不良)或"四病"(肺炎、腹泻、贫血、佝偻病)之一,全市推广小儿腹泻口服补液盐及小儿肺炎标准病例管理。对市、县、乡级妇幼保健人员、儿科医生和乡村医生进行培训,规定各级用药范围。1995年秋天,根据全国消除新生儿破伤风工作电话会议部署,在修水县、湖口县、庐山区3个新生儿破伤风高危县开展育龄妇女破伤风类毒素接种工作,共接种25371人。

### 三、创建爱婴医院

1992年始,每年开展"世界母乳喂养周"主题开展宣传活动。1993年,开展创建爱婴医院活动。市妇幼保健院成为国家级爱婴医院。1995年,修水县人民医院、武宁县妇幼保健所、瑞昌市妇幼保健院、庐山人民医院、德安县人民医院、湖口县妇幼保健院、彭泽县妇幼保健站、彭泽县人民医院、都昌县妇幼保健院、共青城人民医院、九江县人民医院、永修县人民医院、彭泽县棉船中心卫生院12家县级和1家乡级机构通过省级评审,成功创建爱婴医院。1996年,庐山区人民医院、武宁县人民医院、瑞昌市人民医院、都昌县人民医院、星子县人民医院成功创建爱婴医院。1998年后,继续开展创建爱婴医院和爱婴乡卫生院活动。通过创建爱婴医院活动,全市4个月内婴儿纯母乳喂养率达80%以上。

### 四、儿童保健机构

1991年,全市有市、县两级妇幼保健机构13所。其中妇幼保健院1家(湖口县妇幼保健院)、妇幼保健所6家(九江市、德安县、永修县、都昌县、武宁县、修水县)、妇幼保健站6家(庐山区、庐山管理局、瑞昌市、彭泽县、九江县、星子县)。1991~2007年,部分市、县妇幼保健站、所升格为妇幼保健院。至2010年,全市共有市、县两级妇幼保健机构15所,其中,妇幼保健院8家(九江市、湖口县、都昌县、德安县、武宁县、修水县、瑞昌市、九江县妇幼保健院)、妇幼保健所1家(永修县妇幼保健所)、妇幼保健站6家(浔阳区、庐山区、庐山管理局、彭泽县、星子县、共青城妇幼保健站)。

1990~2010 年部分年份全市县级以上妇幼保健机构人员结构一览

表 60-3-1　　　　单位:所、人

| 年 份 | 机构数 | 总人数 | 卫生技术人员数 | | | | | | | | | |
|---|---|---|---|---|---|---|---|---|---|---|---|---|
| | | | 小 计 | 职 称 | | | | | 专 业 | | | |
| | | | | 正副主任 | 主治主管 | 医 师 | 医士(助) | 其 他 | 妇产科 | 儿 科 | 医 技 | 其 他 |
| 1991 | 13 | 275 | 241 | 4 | 44 | 88 | 46 | 44 | 91 | 57 | 35 | 42 |
| 1995 | 14 | 808 | 638 | 26 | 153 | 304 | 55 | 100 | 252 | 155 | 141 | 90 |
| 2000 | 15 | 908 | 768 | 51 | 309 | 253 | 51 | 104 | 235 | 198 | 144 | 191 |
| 2005 | 15 | 1196 | 1005 | 51 | 396 | 264 | 95 | 217 | 278 | 225 | 238 | 277 |
| 2010 | 15 | 1655 | 1430 | 97 | 528 | 232 | 111 | 462 | 380 | 369 | 302 | 379 |

# 第四章　农村卫生

## 第一节　新型农村合作医疗

### 一、组织机构

1993 年,永修县在梅棠镇、九合乡开展新型农村合作医疗试点,以村为单位,农民每人每年筹集 8~10 元,看病保小不保大,后因无经费来源终止。2005 年,全市开始推行新型农村合作医疗制度(以下简称新农合),即由政府组织、引导、支持,农民自愿参加,个人、集体和政府多方筹资,以大病统筹为主农民医疗互助共济。坚持农业人口以户为单位参加。新型农村合作医疗补偿模式是“门诊家庭账户补偿 + 住院可报费用按比例补偿+门诊大病(慢性病)补偿”模式,即大病统筹加门诊家庭账户模式。2005 年底,市政府成立新型农村合作医疗领导小组,下设办公室,具体负责全市新型农村合作医疗管理工作。县级成立新型农村合作医疗试点工作领导小组和管理委员会,以及监督委员会和专业技术指导委员会,设立县级新型农村合作医疗管理局(农医局),负责具体业务工作。

### 二、医疗基金

2005 年,合作医疗基金专用账户设县财政局,基金专户储存、专账管理、专款专用、专人负责。实行医疗基金支取双印鉴制度,做到管钱不用钱,用钱不管钱,封闭运行。新农合基金分风险基金、住院统筹基金和门诊家庭账户基金(简称家庭账户)3 部分。风险基金由各县(市、区)每年从筹集新农合基金总额中按 3%比例提取,基金结余较多县(市、区)也可以按结余资金 50%划入风险基金,风险基金规模保持在住院统筹基金年筹资总额 10%,达到规定规模后,不再继续提取;住院统筹基金由中央及地方财政对参合农民补助资金全部纳入住院统筹基金,农民参合自缴经费不低于 20%部分纳入住院统筹基金;家庭账户农民参合自缴经费纳入统筹基金后,剩余部分为参合农民本人家庭账户,中央及地方政府对参合农民补助资金不纳入家庭账户。

## 三、医疗制度

**新农合直补** 2007年,市启动新型农村合作医疗市级定点医疗机构直接报销参合农民住院医药费用工作(以下简称直补)。4月16日,市下发《关于确定新型农村合作医疗市级定点医疗机构的公告》,确定市一医院、市三医院、市五医院、九江学院附属医院、市妇幼保健院、市中医医院为首批市级新农合定点医疗机构。从4月开始,彭泽县在市一医院开展为期2个月"直补"试点。5月,下发《关于九江市新型农村合作医疗市直定点医疗机构开展直接报销补偿农民医药费用工作的通知》《关于统一全市新型农村合作医疗统筹基金支付部分费用的诊疗项目与医疗服务设施范围补偿标准的通知》《九江市新型农村合作医疗定点医疗机构管理办法(试行)》(同文附发《九江市新型农村合作医疗增补用药目录》和《参合农民在市级定点医院住院、报账、转院流程规定》)、《九江市新型农村合作医疗市级定点医疗机构直接报销补偿工作补充规定》(同文附发统一格式的《九江市新型农村合作医疗住院病人费用补偿结算审核表》)。6月,各县(市、区)在市直各定点医疗机构全面开展"直补"工作。7月,增补解放军一七一医院为市级新农合定点医疗机构。8月23日,下发《关于建立各县(市、区)农医局与市级定点医疗机构联系制度的通知》。2008年3月,下发《关于进一步规范和完善新型农村合作医疗市级定点医疗机构"直补"工作的通知》,统一市级"直补"标准,并同文附发《九江市新型农村合作医疗增补目录(修订版)》《关于统一全市新农合报销比例的意见》《县(市、区)农医局与市级定点医疗机构新农合医疗资金结付办法》等规范性文件。

**邻近就医同等报销** 2007年,永修县把本县农民常去看病的都昌县、德安县医疗机构确立为定点医疗机构,打破各县医疗市场相对封闭与隔离。市卫生局及时总结永修县做法和经验,在全市推广。8月23日,下发《关于建立参合农民邻县就近就医绿色通道的通知》。2008年,彭泽县实行邻近就医同等报销制度,将邻近就医同等报销范围扩展到安徽东至县。各地相继实行邻近就医同等报销制度。

**门诊统筹补偿试点** 2008年,对新农合补偿制度进行完善,启动"门诊统筹试点"。先期在德安、永修县4个乡镇试点,通过门诊基本医疗,满足参合农民常见病、多发病诊治需求,引导参合农民无病早预防,有病早治疗。2009年,全市实行两种补偿模式,即"门诊家庭账户补偿+住院可报费用按比例补偿+门诊大病(部分特殊病种)补偿"或"门诊统筹补偿+住院可报费用按比例补偿+门诊大病(部分特殊病种)补偿"。同年,永修、德安、武宁3县启动门诊统筹补偿,其他各县(市、区)在部分乡镇试运行并逐步推广。2009年全市门诊统筹补偿151.75万人次,补偿金额1290.4万元,受益面比2008年上升50%。永修、德安、武宁3县基金使用率均达到95%以上,基金效益得到发挥,农民就医负担减轻,家庭账户基金沉淀率下降,增强共助互济意识。

**门诊慢(大)病补偿模式** 2007年始,门诊慢(大)病补偿由新农合建立之初4~5种逐步增加到10余种(精神病、糖尿病、心脏病、高血压、慢性肾病、脑卒中后遗症、恶性肿瘤、再生障碍性贫血、系统性红斑狼疮、肝硬化失代偿等)。门诊大病补偿比例为30%~40%,起付线为200元,封顶线为2000~3000元。

**住院分娩补偿** 2007年始,参合孕产妇计划内怀孕在定点医疗机构住院分娩定额补偿150元,对病理性产科住院分娩按疾病住院补偿标准给予补偿。

**其他重要制度** 2007年8月,市合医办下发《九江市县级农村合作医疗工作考核评分细则》。2008年6月,下发《关于全市参加新型农村合作医疗农民患精神病在市五医院住院治疗补偿要求的函》,规定参合农民患精神病在市五医院住院治疗补偿,按参合农民户籍所在地县级医院住院补偿标准计算。2009年7月,下发《关于做好新农合参合农民一次报账率达90%以上工作的通知》。2010年,彭泽、武宁、永修、修水等地启动新农合医疗费用支付方式改革。彭泽、武宁实施门诊总额包干并逐步实施部分病种的单病种收费;其他各县逐步实施部分病种单病种收费。同年12月,下发《关于下发九江市市级定点医疗机构新农合增补临时用药目录(2010年版)的通知》,并同文附发《九江市市级定点医疗机构新农合增补临时用药目录》共75种。

2005~2010 年全市新农合筹资标准和补偿方案一览

表 60-4-1 单位:元、万元

| 年份 | 参合县数 | 筹资标准 | | | | | | 补偿方案 | | | | | | | | | | |
|---|---|---|---|---|---|---|---|---|---|---|---|---|---|---|---|---|---|---|
| | | | | | | | | 起付线 | | | | 补偿比例% | | | | 封顶线 | 门诊大(慢)病 | |
| | | 合计 | 中央 | 省级 | 市级 | 县级 | 个人 | 乡级 | 县级 | 县外定点医院 | 县外非定点医院 | 乡级 | 县级 | 县外定点医院 | 县外非定点医院 | | 比例 | 封顶 |
| 2005 | 1 | 33 | 10 | 4 | 3 | 3 | 13 | 100 | 400 | 800 | 800 | 50 | 35 | 25 | 25 | 0.8 | 30 | 0.2 |
| 2006 | 5 | 50 | 20 | 114 | 3 | 3 | 10 | 100 | 400 | 800 | 800 | 50 | 40 | 30 | 25 | 1 | 30 | 0.2 |
| 2007 | 8 | 50 | 20 | 114 | 3 | 3 | 10 | 100 | 300 | 600 | 800 | 60 | 50 | 40 | 30 | 1.5 | 30 | 0.2 |
| 2008 | 14 | 100 | 40 | 34 | 3 | 3 | 20 | 100 | 300 | 600 | 800 | 75 | 60 | 40 | 30 | 2 | 40 | 0.3 |
| 2009 | 14 | 100 | 40 | 34 | 3 | 3 | 20 | 100 | 300 | 600 | 800 | 75 | 60 | 45 | 35 | 3 | 40 | 0.3 |
| 2010 | 14 | 150 | 60 | 54 | 3 | 3 | 30 | 100 | 300 | 600 | 800 | 80 | 65 | 45 | 35 | 5 | 40 | 0.3 |

说明:1.2005~2007 年,永修,德安个人缴费 15 元、修水个人缴费 13 元;2.国家级贫困县和省财政直管县的市筹资由省级财政承担;3.农村五保户、贫困农民家庭参加农村合作医疗个人缴费部分,2007年前由所在地县(区)民政部门承担,2008 年后增加的个人缴费部分及增加的贫困人口个人缴费全部由省财政承担;4.2008 年年初国家下发紧急通知增加个人缴费部分到 20 元,但各县 2007 年年底基本完成2008 年个人筹资收缴工作,因此 2008 年农民个人实际缴费仍是 10 元;5.可将恶性肿瘤放疗或化疗、肾衰透析、血友病输血(含Ⅷ因子)、器官移植病人在门诊特殊治疗医药费用按住院补偿标准进行补偿

## 四、运行情况

2005 年,市作为省第二批新型农村合作医疗试点,在修水县启动新型农村合作医疗试点工作,覆盖农业人口 68 万,当年参合人数 56 万人,参合率 82.03%,国家、省、市、县四级财政对每个参合农民补助 20 元,投入 1020 万元,农民自筹每人 13 元共计资金 720 万元,门诊补偿 27.014 万人次、补偿金额 291.95 万元,农民住院补偿 13376 人次,补偿金额 612.59 万元。2006 年,试点扩大至永修、德安、九江、瑞昌 4 县(市),覆盖农业人口 161.41 万,参合农民 132.38 万人,国家、省、市、县四级财政对每个参合农民补助标准提高到 40 元,共投入资金 5290 万元。全市参合农民门诊补偿 66.8992 万人次,补偿金额 1921.14 万元;住院补偿 49727 人次,补偿资金 2832.57 万元。2007 年,增加湖口、星子、彭泽 3 个新农合县,新农合县达到 8 个,覆盖全市县(市)数 80%,覆盖农业人口 234 万,参合农民 208.2614 万人,参合率 88.63%,财政投入资金增至 8330 万元。全市门诊补偿参合农民 41.4510 万人次,补偿金额达 1175.89 万元;住院补偿 13.0196 万人次,补偿金额 8014.1335 万元;统筹资金使用率达到 94.05%。2008 年,增加都昌、武宁、庐山 3 个新农合县(区),同年,共青开发区、庐山管理局、九江开发区亦实施新农合,至此,新农合实行全市覆盖。各级财政补助提高到每人每年 80 元。参合人数 314.7426 万人,覆盖全市 343.15 万农村人口,参合率 91.66%。全年参合农民门诊补偿 56.8750 万人次,补偿金额 1678.03 万元;住院补偿 26.9143 万人次,补偿金额 21734.41 万元。统筹资金使用率达 86.81%。门诊家庭账户受益面为 18.08%(门诊家庭账户补偿人次数/参合人数),住院补偿受益面为 6.77%(住院补偿人次数/参合人数),次均住院费用为 2374.47 元(住院总费用/住院补偿人次数),实际住院补偿比为 43%(实际获得补偿金额/住院总费用),一次性报账率 97.05%。获补偿 3000 元以上人数 43871 人,5000 元以上人数 18681 人,万元以上人数 3608 人,2 万元以上人数 326 人。2009 年,全市 10 个县(市)财政上划省管,中央财政补助 40 元/人、省 37 元/人、县 3 元/人、农民自筹 20 元/人。全市参合人数 331.3631 万人,贫困人口五保户百分之百参合,参合率达 96.56%,参合率最高的统筹县区 99.78%,最低 85.05%。全年门诊统筹补偿 151.7552 万人次,

补偿金额1290.3万元;家庭账户补偿85.6136万人次,补偿金额3565.228667万元;住院补偿26.8063人次,补偿金额26965.21万元;住院正常分娩补偿21625人,补偿金额541.185万元;特殊病种大额门诊补偿5110人次,补偿金额257.083947万元。获补偿3000元以上人数87642人,补偿5000元以上人数38655人,补偿万元以上人数8624人,补偿2万元以上人数1089人,补偿3万元以上人数194人。统筹基金使用率98.22%。

2010年,农民自筹每人30元,中央财政补助60元/人、省57元/人、县3元/人。全市参合人数342.0209万人,贫困人口五保户百分之百参合(20.0849万人)。参合率达97.82%,参合率最高的统筹县区达99.92%,最低95.01%。永修县、德安县、武宁县门诊统筹补偿全面覆盖,其他各县(市、区)部分乡镇逐步推广。全年门诊统筹补偿212.4万人次,补偿金额3753.1万元;家庭账户补偿107.3605万人次,补偿金额3895.92万元;住院补偿298674人次,补偿金额37629.16万元;住院正常分娩补偿30924人,补偿金额993.825万元;特殊病种大额门诊补偿26175人次,补偿金额947.704878万元。累计获得5000元以上人数48769人,累计获得万元以上人数12611人,累计获得3万元以上人数548人,累计获得5万元人数89人。统筹基金使用率95.06%,一次性报账率99.5%。

## 第二节 初级卫生保健

1991年起,市农村全面实施"2000年人人享有卫生保健"规划目标。在全市14个乡镇先行试点,再由点到面展开。1992年3月,市初级卫生保健委员会成立,制定《九江市初级卫生保健规划》,全市各县(市、区)初保工作启动,修水、永修等县成立初保领导机构,都昌、永修等县制定初保规划和年度计划。瑞昌市、九江县初保工作经市考核验收,基本达标;瑞昌市经国家评审组抽样复检,通过验收。1993年,农业部取消农村初保达标活动后,全市各县(市、区)机构不散、工作不停、量力而行、因地制宜、分类指导、巩固提高,确保初保目标如期完成。市卫生局召开全市初保工作研讨会,讲授初保知识,交流工作经验。1995年,全市有瑞昌、九江、永修、彭泽、德安5个县(市)通过国家级审评验收基本合格,占全市总县(市、区)数40%。至1999年,12个县(市)均通过验收,提前一年完成"2000年人人享有卫生保健"目标。2009年,修水县、武宁县、彭泽县获农村卫生初级保健县称号。

## 第三节 乡村卫生院所

### 一、乡镇卫生院

**乡镇卫生院建设** 1990年,全市农村有乡镇卫生院236所,设床位3236张,员工3474人。1994年5月,金湖、米粮铺卫生院随乡并入共青城。1995年,全市乡镇卫生院减至227所;2003年,为207所。2004年,开展全市乡镇卫生院房屋设施、基本设备、人才结构、科室设置、效益5个方面基本情况调查。因撤乡并村,全市乡镇卫生院减至192所;固定资产8123万元,专业用房建筑面积18万平方米,其中危房3.4万平方米;B超95台,心电图机74台,X光机36台,生化分析仪25台;在岗员工3106人,其中,中、高级技术职称占19%,初级技术职称62%,本科生占1.3%,大专生26.3%,中专生42.8%,其他29%;有床位2144张,门诊162.6万人次,业务收入7856万元。2005年,各乡镇卫生院均建立乡防保所,设村级防保员。2006年,全市开展乡镇卫生院达标建设,当年完成66所。同年,开展创建"农民满意卫生院""母婴安全乡卫生院"活动,至年底,有8所乡镇卫生院通过"农民满意乡镇卫生院(所)"评审。2007年,完成达标乡镇卫生院73所。2008年,卫生院203个,开放床位2621张。2009年,建成"农民满意乡镇卫生院"45所,"母婴安全乡卫生院"120所,建成达标中心卫生院18所。至2010年,全市累计完成达标乡镇中心卫生院63所,完成达标一般卫生院建设119所。

**乡镇卫生投入** 2005年,全市利用国家及省财政专项资金为乡(镇)卫生院配备三大常规检验设备、急诊八项设备,配备部分半自动生化分析仪、心电图机。2006年,全市为乡镇卫生院配备洗胃机、产科设备,为53所卫生院配备300毫安X光机。全年投入农村卫生事业危房改造、设备更新资金2700余万元。2007年,为乡镇卫生院配备B超、X光机等医疗设备共555台(件),总金额1500万元以上,其中5万元以上大型设备达205台(件)。2008年,全市争取省财政投资1000万元,为卫生院配备B超、X光机等急需设备。

**二、村卫生所(室)**

1991年,全市有村卫生所2336所。办医形式为卫生院与村联办、村办、乡村医生自办3种,以乡村医生个体自办为主。其间除瑞昌市码头镇码头村、庐山区五里乡前进村等少数村外,80%以上村一体化管理逐步取消。1995年,全市有村卫生所及村医疗点3109个。2007年,开展村卫生所达标建设,共投入建设补助资金1084万元,改建、扩建、新建村卫生1084所,当年建立达标村卫生所517所。按照村卫生所(治疗室、观察家、诊察室、药房、值班室)"五室分开"的要求,每所约需建筑面积80~100平方米,全部建成需要资金5万~6万元(含部分设备配套)。各地采用乡村医生自行筹资、利用村委会旧办公房、对乡村医生符合条件私房进行改造等办法推进。至12月中旬,全市建设达标村卫生所694所,超额完成任务34.2%。其中,瑞昌市、永修县、武宁县、都昌县在村卫生所建设中开展乡村卫生组织一体化管理,为下步建设与发展奠定组织基础。2009年,全市建成达标村卫生所504所。2010年,累计完成达标村卫生所建设1662所。

# 第五章 爱国卫生运动

## 第一节 病媒生物防治

1991年以来,全市每年开展2~3次"除四害"(鼠、蚊、蝇、蟑螂)统一行动,遵循"标本兼治,治本为主"原则,以环境治理为基础,采用化学药物杀灭,辅以物理措施,控制"四害"密度。1994年,市城区获"省灭鼠先进城区"命名。2000年始,加强对全市杀虫剂市场及后起有害生物防制业(PCO)市场监管。相继审批市病媒生物防治中心、市新天地有害生物防治有限公司和市永康有害生物管理有限公司等专业消杀服务企业,开展"除四害"有偿服务,同时义务承担公共场所除"四害"工作,逐步形成政府引导,群众参与,专家技术支持,PCO市场依托,群众性、突击性与职业性、长效性相结合"除四害"格局。

2003~2005年,全市相继组织农村爱国卫生集中整治,开展春季灭鼠和统一灭蟑螂、蚊、蝇等行动,对重点单位、重点部位开展防控消杀工作。2006年,组织市卫生防疫站完成《九江市城区四害本底情况调查报告》和《九江市城区四害本底调查及防治策略的研究》课题任务,对中心城区"四害"种类、季节消长、种群抗药性进行综合调研,提出防治策略。2007年,市政府增拨15万元经费,开展中心城区"除四害"专项整治,组织28名专业人员分8组,对22个类别、188处现场反复检查。同年,经省爱卫会专家组现场考核认为:城区"除四害"工作基本达到全国爱卫会《灭鼠、蚊、蝇、蟑螂标准》,蟑螂密度未超过国家标准三倍,取得创建卫生城市"入场券"。其间,中心城区累计除"四害"点80313处次,投入资金180.25万元,其中委托PCO有偿服务资金140.55万元,为总投入77.98%。2008年,市爱卫办印发《九江市病媒生物监测方案》,要求以科学方法,长期、连续、系统地收集以"四害"为主病媒生物监测资料,对其种类、数量、分布、季节变化及消长情况进行分析、解释和反馈,为防制工作提供依据。2009年,转发全国爱卫办《病媒生物预防控制管理规定》,要求各级疾病预防控制中心将病媒生物监测工作列入业务考核项目,建立本底资料,定期报告监测数据。2010年,全市备案专业消杀服务机构有浔阳区惠帆有害生物防治服务中心等10家,市爱卫办举办"有害生物防制员"培训班,筹划成立市有害生物防制协会。当年,全市统一投放灭鼠药11.2万包、灭蟑螂药8.1万包，市中心城区老鼠、苍蝇、蚊子和蟑螂密度分别为2.3%、0.87%、2.49%和7.27%。

## 第二节　环境卫生

1996年,浔阳区庐山路获"江西省城市市容环境卫生示范路"命名。同年,市人大通过《九江市城市市容和环境卫生管理暂行办法》及8个相关法规。市容综合执法大队成立。1997年,市获"江西省城市卫生进步奖"。1998年,发生特大洪灾,市爱卫会相继印发《关于做好抗洪救灾期间爱国卫生工作的紧急通知》《洪涝灾后爱国卫生工作规范》和《洪涝灾后爱国卫生工作实施方案》,有目的地开展大规模爱国卫生运动。修水县组织"十万妇女齐上阵,爱国卫生显身手",开展打扫室内卫生、整洁环境、搞好水井清洗消毒卫生突击行动。灾后全市开展卫生突击行动2311次,清运垃圾53.76万吨,清理卫生死角67068处,疏通沟渠315.86万米,使灾区村庄无积存垃圾、无污水污物、无卫生死角、无动物死尸,为实现"灾后无大疫"提供环境保障。

2003年9月,以"除四害、讲卫生、保健康"为主题省首次公共卫生周活动启动,在爱国卫生月活动基础上,全市将每年3月第一周和9月最后一周定为"公共卫生周",组织开展健康教育和环境卫生整治活动。2008年,在全省"城乡清洁工程"中,市政府印发《九江市城乡生活垃圾管理(试行)办法》和《九江市关于乡村垃圾无害化处理试点工作指导意见》,在庐山区海会镇召开"九江市乡村垃圾无害化处理现场会",推动全市乡村垃圾无害化处理工作。当年9月,省政府在星子县温泉镇召开"江西省乡村垃圾无害化处理现场会",称九江市"城乡清洁工程"走在全省前列。2009年,市委、市政府印发《关于农村环境整治(垃圾处理)实施意见》,市新农村建设领导小组制订《九江市农村环境整治(垃圾处理)实施方案》。市卫生局结合农村医疗机构工作实际，印发《关于实施农村清洁工程加强农村医疗卫生机构环境整治(垃圾处理)工作实施意见》,推进农村医疗机构生活垃圾、医疗废物无害化处理进程。2010年,全市在6640个自然村开展新农村建设试点,占全市自然村总数30%,帮助110万农民实现"走平坦路、喝干净水、住整洁房、上卫生厕、用洁净能源"。全市共建成国家级自然保护区2处,省级自然保护区4处,创建国家级环境优美乡镇1个,国家级生态村1个,省级生态县1个,省级环境优美乡镇17个,省级生态村18个。在城区因地制宜实施绿化工程,沿江造绿,依湖布绿,顺路植绿,见缝插绿,拆墙透绿,腾地建绿,完成沿江沿湖绿化、城区干道绿化、烟水亭广场改造、南湖公园改造、白水湖公园建设、和中广场绿化、滨江生态园等绿化改造工程,建成区绿化覆盖率43%,绿地率达35%。同时,依据"生态、景观、游憩"要求细化园林功能分区,打造城市精品园林。市、县各城区建成污水处理厂、垃圾处理场,居民生活垃圾袋装率100%,清运率100%。长年垃圾四散、水流污浊、蚊蝇滋生的十里河经过整治改造,变成"十里清流、十里画廊"。当年春夏,山洪暴发,暴雨成灾,全市开展以救灾防病为重点的夏季爱国卫生运动,灾后环境清理面积939平方千米,饮水卫生技术处理8418处,组织病媒生物防制445次。

## 第三节　卫生单位创建

### 一、卫生乡(镇)村

1998年,庐山区海会镇获"省卫生镇"命名。1999年,全省启动创建"省卫生村"活动。2000年,市爱卫会印发《创建卫生县(乡镇)活动实施意见》,市卫生创建活动重点下移。2004年,市爱卫会制定《九江市卫生县城、卫生镇(乡)、卫生村、卫生庭院标准及申报、考核、命名和管理办法》,确定第一批60个卫生村、镇示范点名单,对基层创建活动予以指导、规范。同年,修水县渣津镇长潭村获"省卫生村"命名。2005年,市爱卫会推出第二批100个创建卫生村、镇示范点名单,将创建活动向农村拓展。至2010年,全市累计省级卫生乡(镇)12个、市级69个;省级卫生村21个、市级448个;开始形成农村基层卫生创建活动网络。

### 二、卫生庭院

1996年,创建千座“卫生庭院”活动在全省启动。1997年,九江县公路段等10个单位获第一届“江西卫生庭院” 命名。2000年中国农业银行九江市分行等48个单位、2002年九江石化总厂等34个单位、2005年九江学院等35个单位相继获第二、三、四届“江西省卫生庭院”命名。至2010年,累计省级卫生庭院171个次、市级148个次。

### 三、卫生城市

1992年,在全省15个地、县级城市卫生检查中九江名列第二。1993年,庐山管理局获建设部“环境卫生达标风景区”命名。1995年,全国开展第三次城市卫生检查,市在省5个地级市中排名第五。1996年,市爱卫会制定《九江市创建卫生城市方案》,把争创“省卫生城市”列入工作目标。1996年,九江县获“省卫生县城”命名。1997年,武宁县获“省卫生县城”命名。2003年,武宁县获“国家卫生县城”命名。2004年,修水县获“省卫生县城”命名。2007年,市政府将创建省卫生城市列入年度政府工作报告,颁布《九江市爱国卫生工作管理办法》,市创建省级卫生城市活动领导小组提出《九江市创建江西省卫生城市活动实施方案》。8月16日,市委、市政府召开全市创建省级卫生城市迎检动员大会,各相关职能部门按照《九江市创建江西省卫生城市活动领导小组办公室和各个工作组组成人员及工作职责》要求,形成“属地管理,条条保障”工作架构,确定工作内容和时间进度。重点强化环境卫生、农贸市场、“六小”(小型饮食店、副食店、熟食品店、美容美发店、歌舞厅、旅店、公共浴室)行业、“城中村”和“除四害”等专项整治。12月14日,市创建工作通过省爱卫会考核验收,12月,获“省卫生城市”命名。2009年,瑞昌市获“省卫生城市”命名、德安县获“省卫生县城”命名。

2010年,市委、市政府提出“六城”(国家文明城市、国家双拥城市、国家卫生城市、国家园林城市、国家无障碍城市、省级生态城市)同创工作目标,印发《九江市创建国家卫生城市活动实施方案》《关于成立九江市创建国家卫生城市活动领导小组及组成机构成员的通知》,在继续巩固省卫生城市创建成果基础上,创建国家卫生城市。同年,修水县获“国家卫生县城”命名。

## 第四节　农村改水改厕

### 一、农村改水

1991年始,在扩大前期农村改水受益面同时,推进集中式供水模式,提高自来水人口受益率。1995年,彭泽县获“省农村改水先进县”命名,庐山区新港镇官洲村水厂获“省农村改水先进水厂”命名。1996年,九江县新洲自来水厂获“全国农村百佳水厂”命名。1998年洪灾后,当年恢复重建水井73511口(处)、自来水工程81处,在灾后重建中,不断加大小型自来水工程力度。2003年,市自来水受益人口增幅为全省第一。2005年,星子县、湖口县成为联合国儿童基金会(CES)项目县,完成县域内所有农村中小学校水与环境卫生设施现状普查。2005年1月9日,《江西日报》第一版刊发《改出农村新天地——卫生九江健康万家》,对市农村改水改厕工作予以报道。2006年,全省开展农村饮用水与环境卫生现状调查,全市完成农村饮用水不安全人数核定工作, 武宁县、彭泽县被确定为省国家级农村饮水水质卫生监测县。当年,全市争取专项补助资金61万元,小型自来水厂项目14个,涉及9个县(市、区)14个行政村。2008~2010年,彭泽、九江、永修、星子、湖口、瑞昌县(市),相继确定为省国家级农村饮水质卫生监测项目县,全面完成年度监测工作,按时上报农村饮用水水质卫生监测工作总结。“十一五期间”,全市农村改水受益率从2006年86.13%提高到2010年94.38%, 农村饮用自来水受益率为从2006年43%提高到2010年54.06%。

### 二、农村改厕

1991年以来,市农村改厕工作本着“谁受益、谁出钱、民办公助、各方集资”原则逐步展开,至1993年,农村累计建成卫生厕所20.8万座,占总农户28.25%,其中粪便经无害化处理(简称“无害化”)厕所7.95万座,占总农户10.7%。1998年灾后,恢复重建农村卫生厕所11.28万座,无害化厕所2.988万座。至2004年底,累计建卫生厕所48.76万座,普及率为56.39%,其中无害化厕所21.15万座,普及率为24.45%。2005年,市政府将血吸虫病疫区厕所改造工作作为防治血吸虫病一项措施。市爱卫会、财政局、卫生局联合印发《2005年农村改厕(血防)项目实施方案》,以自然村为单位进行三格式化粪池卫生厕所建造,资金由国家、省、市、县各出一部分,农户自筹一部分,规范施工,督查验收。当年,完成改厕农户22600户,国家、省级专项补助678万元,项目覆盖7个县区、64个乡镇、184个行政村、632个自然村,其中100%农户改厕自然村为60.57%。2006年改厕2.37万座,上级财政专项补助575万元。2007年改厕4.98万座,上级财政专项补助2490万元。连续三年争取项目数与专项资金额均达全省总数额1/3以上。当年实现改厕7.49万座,项目外农户自发改厕2.51万座,为年改厕数33.51%。2008年,市血防所、九江学院医学院、市爱卫办深入疫区联合开展《血防改厕对降低钉螺感染和居民感染的效果观察》课题研究。数据分析显示:血防疫区改厕后传染源得到有效控制;疫区村改厕率必须达50%以上,才能显示这种效果。2008~2009年,完成农村改厕项目25100户,争取上级财政专项资金1631.5万元,项目涉及12个县、131个乡镇、405个行政村、809个自然村。2010年,完成农村改厕项目2万户,争取上级财政专项资金1300万元,项目涉及11个县、133个乡镇、397个行政村、703个自然村。全市农村卫生厕所普及率76.39%,农村无害化户厕普及率58.56%。

# 第六章 医学研培

## 第一节 医学研究

1991年,市科委、市卫生局对全市20个申报课题进行论证,“精神卫生流行学研究”“中医药治疗胆道结石临床研究”等10项科研项目通过市科委鉴定和市卫生局验收,推广科技成果、扩散实用技术5项。至1995年,全市卫生系统共获得市级以上科技成果奖14项,2项技术获得国家专利。1999年3月,召开全市科教兴医千人动员大会。市政府立项给予全市卫生科技贷款400万元,由财政贴息一半。

2000年起,市卫生局从下达卫生事业费中划出4.5%用于卫生科研,每年提取科教专项资金91万余元,并多方筹资,设立科教兴医基金。制定《九江市卫生科技项目重大效益奖励规定》,为科教兴医和卫生事业的发展创造条件。全市卫生系统“九五”期间共获得省科技进步奖二等奖1项、三等奖2项;省卫生厅科技进步奖一等奖1项,二等奖2项;市科技进步奖一等奖2项,二等奖10项,三等奖13项。市一医院心血管内科“冠脉造影术”“人工心脏起搏器安装技术”“射频消融术”填补市空白;市中医院“肾病理诊断技术”填补省空白。市中医院“同种异体肾移植”、市一医院“同种异体原位肝移植”均获得成功。2001年始,市每年召开科技兴医表彰会,表彰当年获重大效益奖项目。批准在6家医院设立6个医学研究室(市第一人民医院心血管病研究室、市第三人民医院肿瘤研究室、市中医院肾病研究室、市第五人民医院心理卫生研究室、市妇幼保健院不孕症研究室、九江医专附属医院耳鼻喉科研究室),给予经费扶持。2002年9月,表彰新技术应用奖等奖项先进个人45名。2003年6月,表彰市科技项目重大效益奖和新技术应用奖等奖项先进个人33名,奖金15万元。同年,向省申报科技项目15项,其中市保健院所申报“快速听性脑干诱发电位用于高危新生儿听力损害早期诊断”研究课题获准立项。

2004~2005年,全市卫生系统产生重大效益奖5项,新技术应用奖76项。“十五”期间,全市医疗卫生单位引进新技术、新项目462项;完成省科技厅课题3项,省卫生厅课题24项;共获省科技进步二等奖2项,省卫生厅科技进步奖三等奖1项;市科技进步奖27项(其中二等奖8项,三等奖11项);2项技术获国家专利(实用新型专利、发明专利各1项);在各级刊物发表论文1281篇,发表论著35部。2007年,评选2006年度市卫生科技项目新技术应用奖29项(其中:一等奖8项,二等奖8项,三等奖13项),优秀论文奖43篇。2008年,在已批准11个重点专科基础上,市第一人民医院和九江学院附属医院申报省市共建重点学科7个,其中,市第一人民医院的心血管内科、肝胆外科、内分泌外科3个学科通过省专家评审,获省市共建重点学科。2009年,市第三人民医院肿瘤(综合放化疗)科被确定为第二批省市共建学科;评选出新技术应用奖35项、管理创新奖1项、优秀论文奖40项。2010年,组织"2011年度省医学领先学科建设计划和医学学科省市共建计划项目"申报,全市申报学科42个;开展"2011年省卫生厅科技计划项目"申报工作,申报36个课题;7个省住院(专科)医师规范化培训基地通过验收;市妇幼保健院新生儿内科与南昌大学第一附属医院成为第三批省医学学科省市共建计划项目单位。

## 第二节　医技培训

### 一、农村卫生人员培训

2005年,完成全市193所乡(镇)卫生院院长管理培训、193名乡镇卫生院为期半年传染病主检医师临床进修培训。2007年,免费培训3000名乡村卫生人员。主要为乡镇卫生院呼吸内科、放射、检验、消化内科、妇产科、心电图等卫技人员临床进修培训和乡村医生合理用药基本知识培训。同年,对140名一般乡镇卫生院院长进行管理知识培训。2008年,对全市1000余名卫生院内科、B超、妇产、检验、放射等卫技人员免费理论培训和临床进修培训,对1800名乡村医生免费进行中医药适宜技术培训。2009年,完成207名乡镇卫生院内儿科人员理论培训和临床进修、2200名乡村医生内儿科适宜技术培训和144名一般乡镇卫生院长管理知识培训。完成乡镇卫生院卫技人员培训195人次,完成乡村医生培训3316人次。

### 二、社区卫生人员培训

2007年,在全省率先组建社区卫生服务夜校,6月始,对全市社区卫生服务人员开展社区妇幼保健、孕产妇管理、糖尿病、高血压病等慢性病防治和管理、社区精神卫生康复、合理用药等一系列技术培训,共举办11期,培训社区卫技人员达1200余人次。2009年,选派184人到南昌大学医学院培训。其中,全科医师89名、全科护士82名,骨干全科医师10名,其他类人员3名。2010年,社区卫生服务参加省卫生厅全科医生、护士培训143人,省级夜校培训136人,市本级夜校培训533人,培训率达100%。

### 三、妇女保健人员培训

1991年,举办县级卫Ⅲ项目妇幼卫生领域师资培训,推广孕产妇保健"三十"措施及"母子系统一条龙服务"等适应技术。1999年始,定期举办"全市降低孕产妇死亡适宜技术及新技术"培训,涵盖产程中常用措施正确运用、产程图使用和观察、催产素正确使用、妊高征处理、羊水栓塞防治、产科出血性休克、DIC处理、妊娠子痫、米非司酮规范应用、新生儿窒息复苏、妊娠合并症等相关技术服务知识。2009年,对《孕产妇保健手册》进行完善,在全市统一使用和流通;市妇幼保健院开展孕期个体化营养指导,产后盆底康复治疗;各级产科门诊开展孕期个体化营养指导、孕妇学校培训等活动。同年3月,举行产科技能与新生儿窒息复苏技术"两项技能"大比武活动,共有94人参加。

## 第三节　继续教育

1998 年起，市卫生局、人事局相继联合下发《九江市全面开展继续医学教育的通知》《九江市继续医学教育学分管理办法》《九江市卫生技术人员继续医学教育考核办法》，在全市卫生系统推行继续医学教育制度。市卫生局及市级各医疗卫生单位（包括厂矿、企事业医疗卫生机构）均成立继续医学教育领导小组。市级由市卫生局医政科、市医学会组织继续医学教育项目；各单位由医务科或科教科实施单位级继续医学教育活动项目。市卫生局将继续医学教育中卫技人员考核成绩，作为职称晋升和评优必备条件。县（市、区）级卫生行政部门参照市继续医学教育有关文件精神，另行制定规定。全年共组织各种学术活动 21 次，参加学术活动人数 4000 余人次。1999 年 7 月，市卫生局于市卫生进修学校设立市继续医学培训中心。1999~2009 年，平均年组织继续医学教育专题讲座 30 余次，年听课人员 3000 人次。同时每年对职称晋升卫技人员进行继续医学教育“集中培训”和“阶段性培训”，组织基础理论考试，颁发成绩合格证。2009 年，完成市直医院“双卫网”建设，市直 3 家医院和石化医院、铁四局医院、市中心血站 3 个单位建设 6 家“双卫网”；组织全市 15 个县（市、区）和市直医疗机构到南昌大学附属医院和新建县参观学习双卫网和继续医学教育，发挥“双卫网”远程继续医学教育功能。2010 年，组织申报、评审和公布年度继续医学教育项目 45 项，参加听课人次达 5000 人次；完成全市初级职称以上人员继续医学教育阶段性培训工作，参加培训 600 余人；完成市直医疗卫生单位继续医学教育学分审核验证工作，共有 1170 人通过验证。

# 第七章　卫生管理

## 第一节　医政管理

### 一、医疗质量管理

1991 年，全市开展病例质量抽样检查，市直医疗单位甲、乙两类病例占抽查病例总数 83.6%，市妇幼保健院获总分数第一名。全市县以上医院治愈好转率 96%、入出院诊断符合率 96.5%、手术前后诊断符合率 97%。1992 年，对市直医疗单位进行 3 次医疗质量大检查，结果显示各医疗单位病例和处方质量有所提高，规章制度和操作规程健全和完善，未发生等级医疗事故。1993~2000 年，全市各级医疗单位继续提升医护质量，健全和完善规章制度和技术操作规程，加强质量控制和医院感染监控。2001~2002 年，全市实行和完善医疗机构法人代表对医疗质量、医疗安全负责制。二级以上医疗机构开展创建“信得过医院”活动，通过考评，对群众确实信得过医院授予“信得过医院”匾牌，予以通报表彰，在医疗、科研、设备等方面经费扶助上优先安排。活动中，推行“病人选择医生”“住院费用一日清单制”等制度，提高医务人员医疗技术水平和服务意识。2004 年，医院实施全程医疗质量管理，建立和完善质控网络。2005 年 2 月，市一医院、五医院、妇幼保健院和德安、武宁、修水县人民医院等 7 家医院首批获“全省群众满意医院”称号。在继续“群众满意医院”创建活动同时，开展“医院管理年”活动。2006 年，将“医院管理年”与其他工作有机结合，出台《九江市卫生局关于解决群众看病难、看病贵问题的实施意见》《九江市医疗机构合理用药考核方案》《实行医疗市场秩序整治工作责任追究制的若干规定》《九江市医疗机构审批工作程序》《九江市医疗机构巡查工作方案（试行）》《关于推进政风行风建设改善医疗服务若干措施的通知》等制度。2007 年，印发《九江市医疗技术准入管理实施意见》《九江市卫生局关于推行医院院务公开实施办法》《处方管理办法》。市一医院开展“防范纠纷 从我做起”主题实践活动及技术比武活动,“三基”考试合格率达96.5%,健康教育知晓率达100%。同年,在全省最先开展医院巡查,组织专家组对市直6家医院和石化医院进行院感、检验、护理、药剂等专项质量工作检查,健全质量控制组织,完善质量控制体系。在全市县以上医疗机构推广 “医疗后服务”“优质诊疗组”“医护连心卡”“一卡通”“一单通”“一站式服务”“知情签字制”等服务举措,方便群众就医。推行医疗服务信息公开,全市县级以上医疗机构定期向社会公布医疗服务信息、价格信息、收费信息和行业作风建设情况,主动接受社会监督,为病人提供透明、优质、高效、价格规范医疗服务。在各级医院推出“医院对社会、科室对医院、个人对科室”三级服务承诺,主动接受社会各界和群众对卫生工作监督;在全市二级以上医疗机构推行节假日医疗服务,实行全天候抽血和各类急诊检查,对出院病人进行电话随访服务,开通绿色通道对急救病人实行先抢救后交费。市妇幼保健院开展“温馨护理”活动,实行护士长与病人“五见面”制度;瑞昌市将药品价格降低5%,实行新、旧药价同步上墙公示。2009年,市卫生局对全市12所县级人民医院、6家县中医院、4家妇幼保健机构进行评审,建立处方点评制度,对科室处方实施动态监测,对不合理用药及时进行干预,并在每月考核中通报。建立抗菌药物分级管理制度,明确各级医师使用抗菌药物处方权限。2010年,开展院前急救、临床护理、检验比武活动,组队参加全省临床技能大比武活动,取得院前急救全省团体第一名,护理、检验团体二等奖,6人获得“岗位技术标兵”称号。

## 二、医院等级评定

1994年,各级医疗单位逐步推进医院分级管理。修水县医院、武宁县中医院分级管理试点进展顺利,修水县医院首次通过二级甲等医院评审。1995年3月,全市医院分级管理现场会在修水县召开,修水县医院、武宁县中医院通过二级甲等医院评审。1996年,全市加大医院分级管理力度,提高医疗服务质量,当年武宁县医院、庐山区医院分别通过“二甲”和“二乙”医院评审,修水县白岭、大桥、山口、三都,德安县邹桥、磨溪6所中心卫生院被评为“一甲”医院。2008年11月,市中医院接受省卫生厅三级甲等中医院评审;市第一人民医院和九江学院附属医院分别接受省卫生厅三级甲等综合医院评审。同年,修水、德安县人民医院被确定为第一批申报二级甲等医院。2009年,市保健院、三医院、五医院通过省厅三级甲等专科医院评审,解放军一七一医院获南京军区后勤部授予三级甲等综合医院称号。至2010年,全市共有三甲医院7所、二甲医院22所,县级医院均达到国家建设标准。

## 三、医疗纠纷处理与事故鉴定

20世纪90年代,成立市医疗事故技术鉴定委员会,从医疗事故认定、赔偿、处罚等方面对医疗事故进行处理。2002年9月,医疗事故认定由社会学术团体(医学会)担任。市医学会组建市医学会医疗事故技术鉴定办公室,聘用市直医疗卫生单位专家186人为第一届市医学会医疗事故技术鉴定专家库成员。2005年,共处理和接待来信来访31余起,对市五医院、解放军一七一医院、石化医院等10起医疗纠纷及时进行调解和处理。2006年12月,聘用市直医疗卫生单位专家359人为第二届市医学会医疗事故技术鉴定专家库成员。2008年共发生医疗纠纷146起,其中市直医院发生医疗纠纷24起;经医疗机构或卫生行政部门参与协商处理102起,86起纠纷解决; 通过各级协调委员会处理15起,8起纠纷解决。2009~2010年,全市开展平安医院创建工作,建立医患纠纷第三方调处机制,市卫生局、市综治办、司法局、公安局共同制定《九江市预防和处置医患纠纷实施意见》,全市组建市、县二级医患纠纷专业调解委员会15个,设立百余人医学和法学专家库,其中市级医患纠纷专业调解委员会医疗专家36名、卫生行政人员2名。2010年,全市共发生医疗纠纷173起(其中市直医院发生医疗纠纷31起)。经过医疗机构或卫生行政部门参与协商处理127起,通过人民调解、司法调解处理46件。

### 四、医疗市场管理

1991~1993年，全市每年开展医疗机构整顿。1994年9月，各县(市、区)根据国务院发布《医疗机构管理条例》，清理整顿各地医疗机构，对游医和无证诊所进行取缔，对违纪违法行医案件进行查处，医疗秩序有所好转。1995年6月，《九江市医疗机构设置规划》通过省卫生厅审核和市政府批准，市成立医疗机构监督办公室。各县(市、区)相继成立医疗机构监督办公室，制定县医疗机构设置规划。10月，市医疗机构监督办公室对城乡1800余名个体行医人员进行考试，合格率70%，不合格者不予办理行医执照。1996年起，每年重点抓好医疗机构登记、审批和发证工作。当年，部分县(区)开展医疗秩序清理整顿，取缔个体和社会无证诊所235家，有效净化医疗市场。

2001年，全市共检查医疗机构3065家(次)，查处医疗机构161家，查处非卫生技术人员行医情况21个，清理整顿性病诊疗机构12家，检查个体医疗机构医务人员1052人(次)，对一次性输液(输血)器使用进行监督检查，查处违法医疗广告17起，取缔无证行医66个。2002年4月，市卫生局与市药品监督管理局联合下发《关于清理在药店内设置"坐堂医"的通知》，对市区内27个药店进行清理，清理在药店内设置"坐堂医"2个。全市共出动监督执法人员73人(次)，检查药品零售企业242个，取缔药店内设置坐堂非法行医31家，非法行医人数32人。对23件未经批准擅自刊登或传播医疗广告予以停刊或停播；对46件已批准、但未按规定宣传医疗广告立即整改，停止违规行为，移送工商部门处理2起。2002年，全市共检查医疗机构3823家，取缔无证行医368家，处罚超范围执业医疗机构78家，没收药品、器械20余万元；制定《九江市性病诊疗机构资格评审检查标准》，组织医学专家对市区内16家从事性病、皮肤病防治工作人员及机构进行重新审核。2004年，全市检查24所县级医疗机构、24所乡(镇)卫生院、48个村卫生所、260余所企业职工医院(卫生所和民营医疗机构)。走访40余家企业，征询对当地医疗机构清理整顿工作意见。全年共取缔非法行医58起，立案23起，处理违规医疗广告16起。2005年，市卫生局会同市科技局、计生委等6家单位下发《九江市医疗市场秩序专项整治工作方案》。4月下旬和5月初，对浔阳区、庐山区50家口腔医疗机构进行专项检查；移送工商管理局违规违法医疗广告79起。

2006年，检查机构828家，查违规行为171起，取缔非法行医57起，移送工商部门处理违法、违规广告15件。2007年，各县(市、区)召开多部门联合会议21次，监督检查2532家，查违规行为168起，吊销机构执业许可证29家，取缔无证行医45家，移送工商部门处理违法、违规广告20件。检查机构828家，查违规行为171起，取缔非法行医57起，移送工商部门处理违法、违规广告15件。2010年，卫生部门监督医疗机构1656户次，取缔无证行医诊所42户；移送工商部门处理违法、违规医疗广告16件；处罚"医托"4名。

## 第二节 药政管理

### 一、药品市场管理

1991~1995年，全市共查处不合格药品4531种，假劣药品价值44.35万元，违法案件336件，罚没款25.6万元，对全市24个县级医院中药房、18个县级医院西药房和122个乡镇卫生院和厂矿医院中药房验收检查后发放合格证。1996年，开展全市性药品执法大检查，查处假劣药品案件158起，价值16.16万元，取缔无证经营药品和药贩60起。2000~2001年，全市共查处假劣药品总值300余万元，没收药品价值104.6万元，销毁假劣药品价值102万元。2002年后，药品监督职能由市卫生局药政科移交给市药监局。

## 二、药品检验

1991 年,全市有市级药品检验所 1 所,县级药品检验所 9 所,其中瑞昌、修水、彭泽、武宁、湖口 5 个县级所正式开展实验监测工作。当年完成检体 982 件,检验总合格率为 82.18%,药品质量监督检验有所提高。1993 年,全市各级药检所完成药品检验 1893 件,合格率为 78.66%,对检验不合格药品,各级卫生行政部门按《中华人民共和国药品管理法》处理。1996 年,有 4 个县级药检所通过计量认证。2000~2001 年,全市完成检品 4526 件,其中抽验 3080 件,抽验合格率 87.99%,对抽验不合格药品定期发布质量公报,做到件件有处理。2002 年,药品检验所划入药品监督局,卫生部门不再承担药品检验职能。

## 三、药品招标采购

2002 年,组织全市 34 家县以上医疗机构、部队医院、企业职工医院开展药品集中招标采购,来自 16 个省(市)72 家企业投标,有 39 个中标,中标药品近 500 个品规。招标后,药品价格平均下降 20%,减轻患者医疗消费负担。2003 年,因受非典型性肺炎影响,市药品集中招标采购首次进行远程网上开标,品种剂型有 4092 种,一次性卫生耗材 14 种,采购金额近 1 亿元。全国参加药品招标企业 113 家,参加耗材招标企业 12 家,1723 个品规中标。招标后,1~9 月发生采购金额 4467.63 万元,药品零售价、采购价平均下降 17.15%,让利患者 982.8 万元,比 2002 年一年实际让利多 450 多万元,让利患者 1700 万元,使群众真正得到实惠。2004 年 1~9 月,全市药品招标采购金额 7705.49 万元,向患者让利 1622.81 万元。开展非招标药品议价采购试点,7~11 月实现议价采购品规 1000 多个,金额 678.71 万元。2005~2007 年合同到 2007 年 8 月 31 日结束。按省卫生厅部署,对市第七轮药品集中招标采购合同予以延标,与 2008 年推行以省单位药品集中网上招标采购接轨。

2008 年 4 月,以省为单位网上药品集中招标采购工作全面启动,市下发《关于我市做好以省为单位网上药品集中招标采购有关工作的通知》,确定全市 39 家第一批以省为单位网上药品集中招标采购医疗机构,明确由市政府纠风办、物价局、卫生局、工商局、药监局等部门组成监督小组,全面负责对单位药品集中招标采购活动全程监督管理,对网上药品采购、药品配送、合同执行等情况进行监督。11 月,举办全市网上药品采购监管系统培训班,12 个县(市、区)40 多人参加培训。12 月,全省网上药品招标采购正式启动,全市 39 家县及县级以上医疗机构正式进入网上药品采购阶段,除市紧急救援中心外,有 38 家医疗机构执行网上药品采购。至 2009 年 12 月 31 日,全市网上药品交易金额 40678.29 万元,让利 23624.07 万元,到货率 76.32%。市网上药品集中采购工作参合率、网上采购量都在全省名列前位,实现统一网上投标、统一网上采购、统一网上监管。2010 年,全市网上药品采购金额 60240.25 万元,让利金额 29795.93 万元。其中基药采购金额 10417.70 万元,让利金额 5969.65 万元;非基药采购金额 49822.55 万元,让利金额 23826.29 万元。

## 四、实施国家基本药物制度

2009 年,市政府下发《九江市建立基本药物制度实施细则》。2010 年 1 月,召开全市医药卫生体制改革工作会议。实施国家基本药物制度后,全市门诊人均药品费由改革前 35.85 元降为 23.57 元,每床日均药品费由改革前 83.69 元降为 59.32。2010 年 5 月,全市基本药物占总药品品种数 49%,业务总收入由 1075.3 万元上升至 1087.71 万元,药品收入由 610.69 万元降至 490.74 万元,其中基本药物收入由 271.77 万元升至 316.67 万元,基本药物销售所占比例为 64.52%。6 月,组成 4 个检查组,对全市医院执行国家基本药物制度情况进行督导检查,并将督导情况进行通报。对没有按要求执行网上招标采购少数基层医疗机构进行调查,要求整改到位。

# 第三节　血液管理

## 一、管理机构

1992年，成立市中心血站，系国家专营公益性医疗卫生事业单位，向全市医疗单位供应全血，实行地区输血管理工作"三统一"，同时对全市县医院血库进行技术指导。1996年，市中心血站借助世界银行卫Ⅲ项目贷款建设综合业务楼，逐步发展成为采供血和临床输血技术指导兼备采供血机构，同年向医疗单位供应各种血液成分制品。

2003年，市中心血站通过支持中西部血站建设国债项目，建成占地面积0.33公顷、主要工作区域面积3000平方米工作大楼，承担为全市50余家医疗机构提供献血招募、血液采集与制备、临床用血供应以及医疗用血业务指导，供血半径辐射到220千米。2010年，市中心血站设血源科、成分科、检验科、供血科、质管科等职能科室，员工97人，有全自动酶免检测系统、细菌培养仪、全自动血细胞单采机、血浆速冻机、大容量低温离心机、无菌接管机、血细胞分离机、血细胞计数仪、全自动血型仪、全自动生化分析仪、储血冰箱、试剂冰箱，以及大型专用采血车4辆、市区街头献血屋1座、修水街头献血房车1座、专用送血车4辆等一系列专用仪器设备。开展滤白红细胞和冰冻红细胞、机采和手工分离血小板、病毒灭活血浆、冷沉淀等血液成分制备，完全满足临床需求。

## 二、管理体系

1992年，市中心血站建成后，向临床提供安全、充足、有效的血液，从未发生任何血液质量事故。2000年5月，市中心血站引进唐山现代血站采供血标准化管理系统，在全省率先实现采供血业务计算机管理。2001年10月，市中心血站成立质管科。2003年8月，市第一部质量管理体系文件颁布实施，在全省率先建立符合国际质量管理标准血液质量管理体系。2005年8月，市中心血站与汕头穿越计算软件有限公司合作开发血站质量管理软件启用，采供血质控管理、技术操作、数据分析统计等方面更加规范。此后，市中心血站引进滤白红细胞和冰冻红细胞、机采和手工分离血小板、病毒灭活血浆、冷沉淀等血液成分制备，满足临床需求。由卫生行政部门牵头，对输血科和中转血库实施监督指导，每年开展2次综合性检查，考核输血管理情况。每年至少2次邀请全国知名输血专家举办全市输血安全培训，定期召开血液管理座谈会，对医务工作者进行血液基础知识普及和新技术、新理念宣传培训，帮助医生更新观念，指导临床医生科学合理用血。

2006年3月，市中心血站撤销瑞昌市、都昌县、修水县、武宁县中心血库，实现全市统一采供血。当年，投入1000余万元，引进进口血液酶免检测分析系统、细菌培养仪、生化分析仪、大型献血车和献血屋、进口专用贮血冰箱、进口血浆速冻机、生物安全柜等采供血专用设备，完成检验科和质管科实验室、成分制备室、机采献血大厅改造等，提高血液采集、制备、检测、贮运等工作环节技术安全保障能力。2008年，市中心血站建立覆盖采供血全过程第二版质量管理体系，于当年一次性通过第三方认证，成为全市唯一通过国际标准质量管理体系认证公益卫生机构。2009年始，执行同年7月1日实施第三版质量管理体系。当年，投入399万元用于实验室硬件建设，引进瑞士全自动酶免检测分析仪1套和日立全自动生化分析仪1台，实验室配有2台全自动加样处理系统、2台全自动酶免后处理、全自动生化分析仪、全自动血型仪等先进血液检测设备。投入90万元改造检验科和质管科实验室，检验实验室完全按照生物二级实验室标准设计、施工，严格划分清洁区、半污染区、污染区，人流、物流分开，添置生物安全装置，保护实验室人员生物安全性。此外，实验室专门安装Liswell实验室管理控制软件，对检测前、中、后过程实行全面计算机管理，保证血液检测正确性和可追溯性。实验室工作效率提高，人员防护安全得到保障，硬件和软件建设均达全省最高水平。至2010年，实验室连续6年获卫生部临检中心"全合格实验室"、省临检中心"优秀实验室"。

### 三、无偿献血

1998年前,全市无偿献血人数仅千余人。同年10月,《中华人民共和国献血法》颁布实施,无偿献血纳入法制化发展轨道。

2000年始,每年制定无偿献血计划指标,向全市各行政事业单位、企业、高校、驻浔部队下发无偿献血计划指标,当年献血人数达3532人次,献血量3535单位,临床用血24%来自无偿献血。2004年,全市献血人次首次突破1万人次,达12832人次,献血量达13850单位,临床用血55%来自无偿献血。当年始,市中心血站成为省唯一未从其他地区调入血液血站。2005年,首次尝试无偿献血招募方式,当年献血人次突破2万人次(20466人次),献血量比上年增长93.8%

2006年,在全市各县区设立献血固定点、献血日。当年,农村无偿献血5655人次,超过2005年度总和,献血者一次献血400毫升比率达到45%。2006年3月,实现全市临床用血100%来自无偿献血。自当年始,在确保全市充足、安全供血同时,向其他地区提供血液支援。2007年,调整无偿献血工作思路,提出各县区临床用血必须80%来自当地无偿献血目标,实施无偿献血工作队伍"3211"工程(指3万人全血献血者队伍,2000人机采成分献血者队伍,1000人稀有血型献血者队伍和1000人志愿服务者队伍)。8月,献血者用血医院直报便民举措开始启动,方便献血还血报销。通过创新宣传招募形式,2007年实现计划献血向社会自愿献血转移,全市临床用血100%来自自愿无偿献血。2008年以后,进一步完善献血服务,加强"流动和固定、城市和县区相结合"献血服务网点建设,全市县区有13个、市区有4个固定献血点。无偿献血步入稳步发展轨道,临床成分血使用率达99.9%,每年采供血业务量以15%~20%比例增长。

2010年,全市38566人次献血14.48吨。其中农村无偿献血17554人次,占全市献血总量51%以上,一次献血400毫升比率达80%以上。庐山、共青、星子、湖口、德安、彭泽、九江县7个县区实现临床用血100%来自当地无偿献血,永修、武宁、瑞昌临床用血95%以上来自当地无偿献血。全市无偿献血实现从个体有偿供血向无偿献血转变;由下达年度指令性计划向街头自愿无偿献血转变;献血者由一次献血向多次献血转变;从一次献血200毫升向一次献血400毫升转变;采血工艺从手工制备向机采成份血转变;用血观念从使用新鲜全血向成分输血转变;实现无偿献血从城市向农村延伸。至当年,在保证全市安全供血外,先后向省血液中心及景德镇、宜春、吉安、赣州、上饶、南昌血站7家单位支援红细胞7023.5U(140.47万毫升)、血浆1120U。市人均献血量和人均用血量居全省同级地市首位,无偿献血工作创全省先进。

**2000~2010年市中心血站采、供血一览**

表60-7-1　　单位:人次、U

| 年份 | 献血 | 献血量 | 无偿率% | 400ml率% | 农村献血 | 供血量 | 成分率% |
|---|---|---|---|---|---|---|---|
| 2000 | 3532 | 3535 | 24 | | | 16764 | |
| 2001 | 3759 | 3759 | 26 | | | 19930 | |
| 2002 | 5874 | 5879 | 33 | 1 | 200 | 23908 | |
| 2003 | 9883 | 10287 | 49 | 4 | 177 | 22219 | |
| 2004 | 12832 | 13850 | 55 | 7.9 | 1201 | 20442 | 52 |
| 2005 | 20466 | 26838 | 92 | 24 | 2105 | 28928 | 79 |
| 2006 | 25063 | 40525.5 | 99.82 | 45 | 5655 | 36633.5 | 99.1 |
| 2007 | 28789 | 49637.5 | 100 | 60.2 | 7915 | 46352 | 99.9 |
| 2008 | 30137 | 54807 | 100 | 75 | 9328 | 51149.5 | 99.9 |
| 2009 | 34525 | 62585 | 100 | 73 | 11843 | 58463.5 | 99.9 |
| 2010 | 38566 | 72384.5 | 100 | 80.5 | 17554 | 66878 | 99.9 |

# 第八章　卫生监督

## 第一节　饮食卫生监督

### 一、食品卫生监督

1991年,对全市食品生产经营单位进行常规性监督检查,在食品从业人员中开展健康体检,销毁不合格食品,对监督检查所发现违法行为进行处罚,当年食品合格率81.9%。此后,每年进行常规性监督检查。2010年,食品合格率为97%。

### 二、餐具考核

1993年始,开展餐具考核工作。1997年,配合食品卫生宣传周“卫生的餐具,卫生的厨房”主题,全市开展餐具抽检活动,共抽检餐具单位及街头摊点即将使用餐具638份,合格371份,合格率58.2%,其中街头摊点合格率仅20%。2010年,餐具消毒合格率达94%。

### 三、重大活动食品安全保障

1992年龙舟赛和自贡灯会期间,加强赛区和外围环境食品卫生监督,保证整个赛期饮食安全。1994年8月,配合市人大和省高招办做好市人大会议和高校招生工作会议饮食卫生工作。1996年10月,派4名食品卫生监督员参加中国庐山国际旅游节暨招商洽谈会饮食安全保障工作。2002年,配合南湖庙会、南方粮食交易市场开业典礼及交易活动等进行饮食卫生监督确保饮食安全。2005年2月27日至3月3日,完成市人大、政协两会期间饮食卫生安全保障。6月7~9日高考期间,组织卫生执法人员保障高考期间饮食卫生安全。9月12~13日赣台(庐山)经贸合作研讨会期间,组织专业人员参加食品安全保障,对18家宾馆负责人进行食品卫生知识培训。2006年2月,参加市首届龙狮大会、市人大会议食品安全保障,无突发事件发生。9月21~25日,组织卫生监督员参加庐山赣台经贸合作研讨会食品卫生安全保障。2007年,完成香港经贸考察团、全国人大考察团到浔,十八届超模环球大赛中国总决赛,国际龙狮精英赛等20余次重大会议和活动食品安全保障。6月5~9日,组织卫生监督员做好高考期间饮食安全保障。2008年1月22日,中央领导到星子视察,派卫生监督员参加饮食安全保障。9月22~28日,组织卫生监督员完成龙狮赛安全保障,涉及酒店有雅格泰、中海、柴瑱、远洲、星河、金轩益君、天翔等。2009年6月22日,中央领导到市视察,组织市卫生监督所、庐山防疫站做好食品安全保障。10月26~28日,中央领导到永修视察,组织市卫生监督所、永修监督所保障饮食安全。全年完成20余次重大活动食品安全保障。2010年,派人参加南昌第五届中博会饮食安全保障。市卫生监督所承担并完成“华东六省一市老年体协工作交流会”、总政歌舞团在浔演出、全省新型城镇化推行现场会等16起重大活动食品安全保障任务。

### 四、食物中毒事件调查

1995年2月,市防疫站协助庐山区防疫站调查处理十里乡一因办丧事进食被甲胺磷污染黄豆芽引起97人中毒事件。4月16日派工作组赴修水协助调查处理因进食掺有氯化钡面食而引起79人中毒9人死亡事件。1998年5月6日,市防疫站为湖北省黄梅县小池镇小学食物中毒查出病因,系误食鼠药氟乙酰胺。6月15日,市防疫站派人到彭泽县湖西中学开展食物中毒病因调查,从卫生学、临床、检验资料综合分析,拟判定为误食氟乙酰胺污染面食所致。2001年9月2日,永修县艾城、虬津、梅棠等乡(镇)农民采食野生蘑菇发生中毒事件后,市卫生局、市防疫站、市一医院120急救中心及专业人员到现场调查处理,采样检测。2002年,市防疫站协助县区站查处食物中毒7起,其中5起毒鼠强中毒,1起葡萄球肠毒素中毒,1起有机磷中毒。2006年10月9日,庐山区姑塘镇蔡岭新村一农家丧宴,300余人就餐,58人食物中毒,经调查系致病性大肠杆菌食物中毒。12月12日,市卫生局组织专业人员处理开发区学校食堂和工厂食堂食物中毒事件,均为食用未煮熟豆类引起皂戒中毒。2009年12月17日,市卫生监督所、市卫生局法监科指导处理九江县马回岭私立中学学生食物中毒案。

## 五、食品卫生抽查

1991年,市卫生防疫站对全市重点食品及外来食品进行抽查。抽查酱油27件,合格3件,合格率11.1%;抽查月饼36件,合格率66.6%;对不合格781箱冷饮进行销毁,价值15354元。1993年,开展食品卫生法实施10周年纪念活动,对江边副食品批发市场进行检查,查处伪劣食品193千克;配合工商等部门开展2次打假活动,查处伪劣食品2343千克。1996年5月,市防疫站会同浔阳区防疫站对市区食品生产经营单位进行检查。8月,全市集中力量先后在浔阳区、庐山区开展突击性食品卫生监督检查和抽检,确保"中国庐山国际旅游节"饮食安全。1997年3月,组织市防疫站、浔阳区防疫站检查市内102户饮食服务、食品加工和销售单位执行食品卫生法情况。1998年8月,组织汛期食品卫生大检查,整个活动参加执法人员52人,出动机动车18辆,共检查各类食品生产经营单位488户次,中央电视台记者跟踪采访报道。2001年4月,市防疫站对京九大市场、四码头市场、百货商场等单位开展以食品为重点打假活动。共监督检查120户次,检查假冒伪劣食品7类177件1000余千克,给餐饮单位发放《致全市餐饮单位一封信》1000余份。8月,按统一布置,突击对市肉联厂进行水产品(带鱼、黄鱼、鲳鱼)抽查,检测结果甲醛阳性,没收500千克并销毁处理。对全市桶装水进行抽检,共检测22件,合格率为68.2%。

## 六、饮用水监督

1991年,全市完成生活饮用水水质全分析103件,单项分析594件。实施城市生活饮用水卫生监测,开展水源水、出厂水、丰水季、枯水季各1次监测,管网末梢水每月1次监测。结果显示:丰、枯两季水源监测项目指标均达标;出厂水中河西水厂丰水季水臭和味超标,枯水季浑浊度超标。1992年,生活饮用水全分析13件,单项分析11件。开展城市生活饮用水水质调研和水源监测。对全市二次供水设施进行摸底造册备案,首次开展清洗消毒,对5个县级自来水厂和部分单位自备给水进行卫生审查,全市采集末梢水12次、样品72件,水源水、出厂水各2次、样品8件,收验水样50件、全分析35件,对1个供水设施新材料进行卫生学鉴定。1994年,对全市净水剂市场进行整顿,抽查10个厂家样品,对合格厂家发给卫生许可证。市卫生局、城建局共同拟订《九江市集中式给水卫生管理办法》,同年5月颁布实施。1998年4月6日至5月20日,对全市23户集中式供水单位进行检查,采集42件水样,经检测合格27件,不合格15件,合格率64.3%。不合格以细菌总数、大肠菌群超标为主,其中大肠菌群超标13件,细菌总数超标4件,两项均超标4件。对净水材料检查,采样25件,合格8件,合格率30%,不合格主要以盐基度及氧化铝为主。6月,市防疫站加强对市自来水公司供水情况监督检查,要求市自来水公司加大氯量,增加余氯监测密度。8月,各县(市、区)防疫站加强对集中式给水末梢水检测,确保余氯含量大于0.5毫克/升,并每天向市防疫站报告1次余氯监测结果。至10月,全市共监测水样1714件。1999年8月,对全市桶装水进行抽检,样品31个,合格率61.2%。2005年,市管集中式供水单位5户,审核发放卫生许可证2户;卫生监督覆盖率达100%;水样全分析监测20个,合格率85%;市政自来水管网末梢水监测11批次、66个样,合格率89.39%;直接从事供水、管水人员健康体检149人,发放健康证146份,调离禁忌人员3人。对县(区)集中式供水单位进行卫生监督监测抽查,抽查20户,采集水样做全分析29个,合格率86.21%。对市管10户二次供水单位进行监管,发放卫生许可证10个,监督覆盖率100%。全年督促清洗消毒二次供水设施11次,检测水样14个,合格率92.86%。开展对小型水质处理器标签标识、输配水管材抽查,共12个样品,均合格。全年检查水化学处理剂生产产品6家,抽查样品11个,均合格。全市开展夏季集中式供水、二次供水单位卫生执法检查，共检查集中式供水单位 61 家，其中市级单位 3 家、县级单位 58 家、乡级 9 家。抽检水样 86 个，合格率 74.42%。检查二次供水单位 71 户，市级 11 家、县级 60 家，抽检二次供水设施水样 77 个，合格率 96.67%。2008 年，对开发区九龙村雪灾后村民身体不适事件进行饮用水方面现场调查分析，应急采集水样 7 份，合格 3 份，不合格指标均为氯化物。强化奥运期间城市供水及管网系统监督监测，实施管网水监测 399 次，采集水样 3192 个，全部合格。开展奥运期间饮水专项检查、省二次供水单位基本卫生状况调查、全国饮水卫生专项监督检查。完成市健康相关产品抽检计划中涉水产品(涉水管材、小型水质处理器)抽检及资料汇总上报，其中涉水管材抽检 8 件，小型水质处理器抽检 16 件。组织九江县、彭泽县、永修县完成 2008 年农村饮水水质监测。2009 年，立案查处市水务公司供应不符合国家标准饮用水事件。

2010 年，下发《关于进一步加强生活饮用水卫生监督监测工作的通知》。现场审核监督市政供水单位 1 家(3 个水厂)，二次供水单位 7 家；对 3 家集中式供水单位卫生许可证进行验证，新发二次供水卫生许可证 3 份。对市政供水单位开展供水水质监测，共监测水样 101 份。其中：水源水 6 份，合格率 100%；出厂水 10 份，合格率 80%，不合格指标为浊度、pH 值；管网末梢水 95 份，合格率 94.7%，不合格指标为余氯、铝。对 4 个县区集中式供水单位进行水质抽检，共监测水源水 4 份，合格率 100%；出厂水 4 份，合格率 25%，不合格指标为余氯、浊度。开展对市管学校和宾馆生活饮用水监督监测，共检查 7 所学校 8 个校区和 9 家宾馆。其中检查学校供水设施 4 处，检测学校水样 15 份，合格率 20%，不合格指标为余氯、浊度；检查宾馆供水设施 9 处，检测宾馆水样 10 份。开展全市生活饮用水和涉水产品监督检查。其中涉水产品(水化学处理剂)抽检 9 家供水单位 5 个品牌 11 个批次产品，所检产品外包装均符合要求；抽样检测 3 个品牌净水剂，检测指标合格率 100%。

## 第二节　公共场所卫生监督

### 一、日常监督

1991 年，全市有宾馆、舞厅、游泳场所等公共场所单位 1175 户，发放卫生许可证 1101 户，开展卫生监督 957 户；从业人员体检 3155 人次，查出五病(病毒性肝炎、活动性肺结核、痢疾、伤寒、化脓性或渗出性皮肤病，下同)55 人；卫生知识培训 2563 人次；开展检测 465 户，检测样品 1729 项次，合格 1454 项次。2000 年，市本级公共场所单位监督覆盖率 100%，频次 6 次 / 年 / 户，对客房、舞厅等空气、微小气候监测 1104 项次，合格率 90.6%；公用物品监测 532 件，合格率为 90.9%。至 2005 年，累计完成从业人员体检 86223 人次，查出五病 2103 人。2006 年，对全市 376 家公共场所单位进行监督检查，开展空测 2690 项次，合格率 93.53%；监测物品 2999 件，合格率 99.3%；发现违法户 38 家，警告 34 家，行政处罚 4 家，罚款金额 3200 元。2010 年，全市完成 3709 户被监管单位年度换发(审验)卫生许可证；卫生监督覆盖率达 100%；完成从业人员健康检查 16219 人次。全市开展公共场所卫生监测情况：产品监测 9407 件，合格率 89.86%；非产品监测 11672 项次，合格率 86.21%。

### 二、重点检查

2005 年，开展公共用品用具消毒效果、游泳池水重点抽检工作，共抽检毛巾、茶具、拖鞋、理发工具、美容工具、游泳池水、化妆品 185 件，合格率 68.65%。开展商场(超市)空气质量卫生监督检查，共抽检单位 11 户，合格率 100%。卫生许可证抽查 37 户，合格率 100%。档案管理抽查 37 户，合格率 51.35%。从业人员健康证抽查 280 人，持证率 97.5%。集中式空调通风系统抽查 13 户，合格率 53.85%。按省抽检计划对市区 3 户游泳场所 10 个点开展池水检测共 80 项次，合格率 97.5%。2006 年 6~9 月，全市各级卫生监督机构分别对所辖区内宾馆饭店卫生管理情况和集中空调系统卫生状况进行重点监督检查。共抽检 330 个单位，合格率 89.39%。抽检单位中设施合格率为 58.59%，新风机组正常运行占 82.86%，新风来自室外占78.35%,新风进口附近无污染源占90.72%,新风机房符合卫生要求占73.13%,消毒设施符合卫生标准占67.09%;对1516名从业人员持证情况进行抽检,合格率为98.15%。全市上报抽检6个有集中空调宾馆饭店,其中空调风管检测均值和空调送风检测均值超标均为0%,冷却水中军团菌检出率为0%。2007年,全市检查90家洗浴场所,其中有效卫生许可证合格率88.9%,卫生管理制度合格率90.0%,消毒制度合格率87.7%,公用物品一客一消毒记录合格率93.3%;检查单项美发386家,单项美容221家,美容美发综合341家;监测洗浴场所公共用品、用具1506件,合格率为71.9%;监测美容美发场所用具2645件,合格率为65.6%。对9家游泳场所卫生许可、卫生档案、卫生设施和从业人员健康状况进行监督检查,8家场馆取得本年度卫生许可证。4家营业游泳场所水质卫生指标合格。2008年,对794户住宿场所经营单位进行监督检查。其中三星级以上宾馆饭店40户,经济型商务酒店宾馆110户,普通旅店、招待所624户,其他住宿场所20户。对全市14家游泳场所卫生许可、卫生档案、卫生设施和从业人员健康状况等方面进行监督检查,基本符合卫生要求。2009年6~7月,对13家游泳场馆开展卫生监督检查,合格率69.23%。2010年5~7月,对14家人工游泳场所进行开池前卫生审查和办证,开展从业人员健康体检和卫生知识培训合格后上岗、上岗时穿戴整洁工作衣帽、做好个人卫生、预防传染病和突发事件等卫生监督检查,建立完善卫生档案和应急预案,加强环境与公共用品消毒、游泳池水净化消毒。结果合格6家,合格率42.86%;抽检游泳池水样66份,浸脚池水样47份,其中细菌总数合格率93.94%、大肠菌群合格率95.45%、尿素合格率95.45%、浑浊度合格率94.0%、池水余氯合格率90.90%、浸脚水余氯合格率80.85%。

### 三、量化监督

2009年,全市住宿业实有单位数811户,许可单位数693;游泳场所实有单位数17户,许可单位数17户;沐浴场所实有单位数63户,许可单位数61户;美容美发场所实有单位数1106户,许可单位数965户。5月开始,对全市范围内住宿业、游泳场所、美容美发、沐浴业4行业推行卫生监督量化评分管理。至年底,全市住宿业966户,发卫生许可证935户;游泳场所18户,发卫生许可证17户;沐浴业101户,发卫生许可证96户;美容美发1423户,发卫生许可证1189户。实施量化监督管理的住宿业730户。卫生许可单位量化率分别达到住宿业78.2%、游泳场所52.9%、沐浴业66.7%、美容美发67.3%。2010年,实施量化监督管理住宿业1464户,不予评定120户;游泳场所16户;沐浴业68户,不予评定29户;美容美发747户,不予评定322户。卫生许可单位量化率分别达到住宿业94.3%、游泳场所100%、沐浴业55.4%、美容美发49.3%。

## 第三节　医疗机构内感染监督

1998年,市卫生防疫站成立卫生监督五科,对全市各县区医疗卫生机构进行院感监测,监测频次为2次/年。2008年12月,市疾病预防控制中心成立,院感监测工作由该中心公共卫生科承担,对市直管17家医疗机构空气、物表、医护人员手、消毒剂、高压灭菌等院感监测项目进行监测,监测频次为2次/年。

1999~2010 年全市医疗机构内感染监测一览

表 60-8-1　　单位:次、%

| 年 份 | 室内空气 | | 物体表面 | | 医护人员手 | | 紫外线照度 | | 高压灭菌 | |
|---|---|---|---|---|---|---|---|---|---|---|
| | 检测数 | 合格率 | 检测数 | 合格率 | 检测数 | 合格率 | 检测数 | 合格率 | 检测数 | 合格率 |
| 1999 | 96 | 51 | 105 | 93.3 | 68 | 94.1 | 109 | 78.8 | | |
| 2000 | 211 | 33.18 | 193 | 92.75 | 153 | 99.35 | 122 | 88.52 | 44 | 100 |
| 2001 | 60 | 61.7 | 79 | 97.5 | 51 | 100 | 71 | 78.87 | | |
| 2002 | 69 | 65.21 | 83 | 97 | 74 | 100 | | | 15 | 100 |
| 2004 | 103 | 59.22 | 125 | 94.4 | 132 | 95.45 | 239 | 82.43 | 41 | 100 |
| 2005 | 148 | 66.5 | 301 | 97.7 | 272 | 97.8 | 251 | 242 | 52 | 100 |
| 2006 | 129 | 59.7 | 143 | 96.5 | 158 | 96.2 | 212 | 97.6 | 65 | 100 |
| 2007 | 175 | 85 | 77 | 93 | 55 | 93 | | | 17 | 100 |
| 2008 | 161 | 83 | 70 | 95 | 51 | 92 | | | 12 | 100 |
| 2009 | 146 | 83 | 64 | 95 | 46 | 92 | | | 10 | 100 |
| 2010 | 140 | 69 | 144 | 98 | 117 | 93 | | | 37 | 100 |

## 第四节　学校卫生监督

### 一、学校卫生管理

1991 年 9 月,全市开展小学生健康教育,市防疫站征订小学健康教育教材 12758 本,对 1600 名接受健康教育小学生进行测试评估,形成专题报告。1992 年,开展城市中学生吸烟行为调查。同年,市卫生部门两次会同市教育部门对九江县农村学校卫生试点工作进行技术指导。1999 年 3 月,市教委、市卫生局联合下发《进一步加强灾后学校卫生及防病工作》。4 月,市卫生防疫部门对全市学校卫生工作作统一部署,指导和规范全市学校卫生防疫工作。2001 年,市卫生局、市教委联合下发《关于加强学校卫生管理,做好学生常见病综合防治终期考评工作的通知》,抽查星子、彭泽、修水、浔阳、庐山 5 县、区 10 所学校,完成全市综合考评统计及上报。2008 年,开展学校助理卫生监督员培训及聘任,在市管 7 所校区中共培训聘任 15 名学校助理卫生监督员。2010 年,举办市管学校助理卫生监督员培训班,培训并聘任市管 7 所大中小学 14 名助理卫生监督员。

### 二、食堂量化分级管理

2003 年,开展学校食堂量化分级管理。对双峰小学、九师附小、师专、财校、师范、医专 6 所学校食堂予以量化分级评分 2 次,九师附小、双峰小学、师专食堂 85 分以上。2004 年,开展市管学校食堂监督管理量化评分及量化分级,九江学院浔东校区食堂通过省级复核。2005 年,对市管学校 9 个食堂进行量化评分,评出 A 级 2 所,B 级 5 所,C 级 2 所。同时对 520 名食堂从业人员进行健康体检,调离职业禁忌人员 13 人,培训从业人员 508 人。2007 年,对学校食堂进行量化评分管理,评出 A 级食堂 2 个,B 级 4 个,C 级 3 个。

### 三、传染病防治

1993 年,在全市中、小学校开展甲肝、乙肝、流脑、麻疹疫苗的预防接种工作,有效控制 3 起学校疫情,其中暴发风疹 1 起、暴发麻疹 2 起。2003 年,到市一中、二中等 12 所市直中学,早校、外国语学校等 3

所私立学校,双峰小学、九师附小2所小学共计17所学校进行预防非典型性肺炎知识讲座,参加学生达3万余人。高考期间,市卫生防疫部门完成市一中、二中、三中3个考点考场消毒和隔离考场工作。2008年,对市管学校传染病防治工作开展检查,共检查6所学校。2009年,开展对市管学校的检查,共检查小学2所、中学2所、大中专学校4所,对存在问题单位要求限期整改。2010年,开展市管学校防控手足口病专项执法检查。

### 四、监督检查

2000年,开展全市学校卫生监督综合执法检查,共检查68所学校,综合指数合格率50%。2001年,对市区大中专院校及市管中小学饮用水进行监督检查,发现并处理江西财校饮用水污染事件。2008年6~10月,对市管7所学校开展专项检查,对存在问题单位督促整改,并及时将检查情况通报教育主管部门。高考、会考期间,对市管学校范围内食品生产经营单位进行监督检查,对高考、会考考点进行驻点监督检查。2009年春秋季开学前,对7所市管学校开展生活饮用水、传染病防治及学校环境卫生监督检查。5月和9月,开展两次学校甲型H1N1流感防控暨食品卫生、饮用水卫生综合执法检查,监督检查7所学校9个校区,检查学校医务室(医院)6所、学校食堂10所、供水设施4处。2010年,按照《关于印发2010年全市学校卫生监督重点检查计划的通知》,市卫生监督部门开展对市管学校监督检查,共检查小学2所、中学2所、大中专学校4所,对存在问题单位要求限期整改。同时开展专项检查,共检查各级各类学校973所。

### 五、体质调研

1991年,市卫生部门配合教育部门对市一中、九江县沙河街镇小学1939名学生开展学生体质调研,获得有效卡片1590张,取得有效数据6万余个。1995年6月,市教育局、卫生局、市体委、市科委4家单位联合实施学生体质调研,完成市一中、九师附小、彭泽县一中、彭泽县芙蓉小学4个监测点7~18岁在校学生身体健康检查素质测试,完成第四次全国学生体调任务。2000年11月,市卫生部门与市教委、市体委共同开展2000年全国学生体质健康状况调查研究,至12月4日结束。先后对九师附小、市一中、九江县二中、石门小学共9000余名学生进行30多个项目检查,选择7岁、9岁、12岁、14岁、17岁5个年龄段学生共2000余张有效卡片,送省教委汇总上报,为国家制定有关中小学生健康标准与政策提供科学依据。2005年,配合市教委开展全市学生体质调研工作,负责生长发育形态指标检查及营养指标检查。

### 六、健康体检

1991年以来,市卫生防疫站每年均对市管中小学学生进行健康体检。1995年6月,对市二中、双峰小学、九师附小3所学校2000多名学生开展肝炎普查。1996年,市管3所学校学生健康体检率达100%。1997年,开展全市学校学生健康体检工作,乡以上学校卫生监督覆盖率达85%以上。2000年,市防疫站首次使用计算机对学生体检结果进行个体资料健康状况评估。2001年,市卫生局、市教委下发《关于我市学生健康检查及常见病防治等有关工作的通知》,在市管学校开展学生健康检查、血红蛋白测定、粪检(蛔虫卵查找)、乙肝表面抗原检测,共检学生6313人。2002年11月,对九江财经职业学院新生进行体检,检测项目为常规体检、HBsAg、肝功能及PPD,共检查学生1200余人。2003年,市防疫站对2所大专院校开展新生入学健康体检工作,体检2082人,并对学生整体及个体状况进行评估。

### 七、常见病防治

1992年,开展学生肠道蠕虫感染防治,驱虫学生3603人次。1993年,全市发放驱虫药72429片。1994年10月,按照《江西省肠道蠕虫感染综合防治方案及补充方案》,全市接受驱虫人数达4万余人次。1997年,完成全市中小学生贫血、蛔虫感染、沙眼、龋齿、视力不良、乙肝“六病”考评方案。1999年,制定《九江市学生常见病综合防治实施方案》。2001年,市管中小学6313名学生体检结果显示:轻度贫血占 31.67%，中度贫血占 0.15%，重度贫血占 0.013%；蛔虫感染率 7.13%；沙眼率 4.79%；龋齿患病率 7.63%；视力不良 30.56%(其中中学 57.23%，小学 17.225%)；乙肝表面抗原阳性率 2.67%。市防疫站对体检资料进行个体及整体评估，将结果反馈给学校和学生家长。对 HBsAg(+)者告知家长作进一步检查。同年，对 3583 名蛔虫感染学生进行驱虫防治。2002 年 9~10 月，对 2 所市管小学进行驱虫药投服，共 3500 人份。

## 第五节　职业卫生监督

### 一、放射卫生监测

1994 年，市卫生防疫站建立放射卫生综合监督“示范点”，邀省劳动卫生监督所专家对染色体检查项目进行技术指导。1995 年，召开全市放射卫生工作会议，部署放射卫生综合监督管理工作。1996 年 3 月，放射卫生综合监督管理“示范点”通过省卫生厅达标考核验收。2009 年，对市中医院、庐山区人民医院等 19 家医疗机构进行新建改建扩建建设项目放射机房职业病危害预评价及控制效果评价报告。

### 二、职业卫生监测

1995 年，全市劳动卫生建档率达 98.2%。1996 年，召开“全市厂矿企业劳动卫生管理现状调查会议”，完成 102 家厂矿企业劳动卫生调查。2001 年，开展健康相关产品和公共卫生监督抽检，全市共抽查39 个企业职业卫生状况，监测有毒有害作业点 671 个，合格率 37.4%。2005 年后，每年开展职业危害因素普查建档工作检查和指导。5 月，市卫生防疫站通过省卫生厅审核，取得职业卫生技术服务机构资质证书、职业健康检查机构资质证书，依法对九江和平窑具有限公司、九江精密测试技术研究所、同方电子科技有限公司等 8 家企业开展职业病危害因素现场检测。2009 年 5 月，市疾病预防控制中心通过省卫生厅复审，获建设项目职业病危害评价乙 B 级资质。2009 年 6 月后，为江西无线电厂等 5 家企业做新建改建扩建建设项目职业病危害预评价报告及控制效果评价报告。至 2010 年 12 月，全市普查建档单位 203 个。

## 第六节　专项治理

2002 年 5 月，市防疫站与浔阳区、庐山区防疫站进行食品卫生专项打假活动，重点对集贸市场、学校周边食品、县(区)饮食饮水卫生和桶装水企业制售假窝点进行清理整顿，收缴不符合卫生要求食品 863 千克，查出消费不符合卫生标准食品经营户 22 户，捣毁制作糕点、米粉、豆腐等黑窝点 7 个。7 月，市卫生局组织联合执法，对全市最大副食品批发市场——市京九农贸产品批发市场开展食品专项打假活动。同年，进行职业卫生有毒有害化学品专项整治。2004 年 11 月，市卫生局对全市果素汁饮料市场进行专项监督检查，共抽检 11 家企业生产的果素汁 20 件，合格率 95%，不合格指标为酵母。2005 年 3 月，市卫生局对食品中滥用“苏丹红一号色素”情况进行专项检查，未发现使用苏丹红一号色素生产加工食品行为。同年开展“蓝顿 EX 薰衣草精华油”“蓝顿薰衣草祛疤组合”产品和祛斑、美白类化妆品专项检查，抽查化妆品经营生产使用单位 406 家，收缴不合格化妆品 93 件，采取卫生行政控制封存可疑化妆品 33 件，行政处罚 3 家。2008 年 8 月，市卫生局开展奥运期间食品安全专项监督检查，重点对三鹿牌婴幼儿奶粉追查。6~10 月，对市管 7 所学校开展专项检查，对存在问题单位督促整改，并将检查情况通报教育主管部门。2009 年 9 月，省卫生厅督查组对市国庆食品安全专项检查工作进行督查。12 月，国务院检查组到九江检查食品安全，其中餐饮业专项检查由卫生监督部门承担。6~7 月，全市开展游泳场馆专项监督检查，共检查 13 家游泳场馆，合格率 69.23%；检测水样 52 份，9 家合格，4 家不合格。同年，开展食品添加剂、问题奶粉和消毒产品冒充药品专项整治。2010 年，开展问题乳粉专项检查，抽样 48 种乳制品，检测三聚氰胺全部合格。开展保健食品专项检查，检查保健食品经营企业 314 家，查处假冒伪劣保健食品37种、62件,查处违法宣传疗效保健食品42种90件。开展餐饮服务环节“地沟油”和不合格一次性筷子专项监督检查,检查餐饮单位4610家,依法查处餐饮单位303家,取缔无证餐饮经营单位24家。开展小学、托幼机构防控手足口病专项执法检查,检查小学及托幼机构1440家。开展放射诊疗防护专项监督检查,对开展放射治疗3家医疗单位进行监督检查。同年,开展食品添加剂、学校卫生监督管理等专项检查活动。

# 第九章　食品药品监管

## 第一节　食品安全监管

### 一、食品安全宣传

2004年5月,全国食品安全宣传周期间,市食药监管、卫生、工商、质监、出入境检验检疫、农业、粮食、商管、公安9部门在烟水亭广场举行食品安全宣传咨询活动,共安排宣传咨询人员180人,陈列宣传展板30多块,发放宣传单1万多份,摆放假劣食品样品100多种,接受群众咨询服务数千人。同年,各县(市、区)共组织宣传咨询活动12场,发放宣传资料4万多份,陈列宣传展板200多块,展示食品样品300多种,悬挂条幅标语400多条。2005年始,省食品安全监管协调小组将每年5月列为全省食品安全宣传月。2005年1月,市食品药品监管局组织农业、质监、工商、卫生、商管、粮食等7部门召开首次食品安全新闻发布会,通报实施食品放心工程和组织开展食品安全专项整治工作情况和信息。2006年5月,市食品安全监管领导小组组织各成员单位在《九江日报》联合举办“美庐杯食品安全有奖知识竞赛”。2007年,开通具有独立域名“九江食品安全信息网”,邀请国务院法制办食品安全法顾问、浙江出入境检验检疫局巡视员叶永茂到九江作“食品安全态势与政府应对”专题报告。2008~2010年,市食品安全监管领导小组每年5月组织有关部门开展宣传活动,促进食品安全知识进学校、进社区、进厂矿、进农村、进家庭。

### 二、食品安全信用体系建设

2005年12月,召开全市食品安全信用体系建设试点工作动员会,确定汇源饮品九江公司、江西美庐乳业等9家为试点单位,动员企业开展诚信建设,启动试点工作。2006年,永修县列为省食品安全示范县创建单位,市食品安全监管领导小组组织市农业、质监、工商、卫生、商管办加强对永修示范县创建工作督促指导,2007年永修示范县顺利通过省级验收。2008年、2009年湖口县、瑞昌市先后创建全省食品安全示范县成功。与此同时,市食品安全监管领导小组将示范县标准在全市各县推广,引导各县提升食品安全水平。根据国家8部委(局)《关于加快食品安全信用体系建设的若干指导意见》要求,结合九江实际,市食品安全监管领导小组印发《九江市食品安全信用体系建设试点工作方案》。

### 三、食品市场整治及应急处理

2004年始,市食品安全监管领导小组每年制定全市食品放心工程和食品安全专项整治工作实施方案,明确食品放心工程工作任务和目标,组织协调食品安全监管各职能部门对食品源头污染治理,加强对种植养殖、生产加工、流通消费环节监管。在“春节”“五一”“十一”“中秋”“国庆”等节假期间,食品安全监管各部门在各自职能范围内开展整治工作,维护节日食品安全。学校秋季开学之际,市食品药品监管局牵头会同卫生、工商、质监、教育、公安、执法等部门在全市范围内开展校园内外食品安全联合执法检查,确保校园食品安全。2006年,市食品安全监管领导小组印发《九江市重大食品安全事故应急预案操作手册》,市农业、工商等部门制定市重大农产品安全事故、流通环节重大食品安全事故等应急预案。

2008年10月,市食品安全监管领导小组在湖口县举行市重大食品安全事故应急演练,各县(市、区)以及市农业、工商、质监、卫生、商管等部门共1000余人参加演练观摩。同年全国“三鹿”问题奶粉事件发生后,市食品安全监管领导小组积极应对,有效处置,协调全市“三鹿牌”婴幼儿配方奶粉核查及患病婴幼儿救治工作,通过媒体宣传奶制品相关知识和预防措施,引导公众科学、理性对待问题奶制品事件。全市因食用问题奶粉就诊患儿202390人,累计确认患儿2401人,其中住院318人,均全部治愈;退市不合格奶制品38160公斤,为消费者退回问题奶制品1794.4公斤,受理和处理有关咨询、申诉和举报3074起,全市处理问题奶制品工作平稳,未发生群体性事件。2010年,市政府将放心食品工程列为100件为民实事项目,市食品药品监管局协同农业、质监、工商、卫生、商管等部门推进放心食品工程,加强对食品种植养殖、生产加工、流通、消费等环节监管,全市食品安全水平不断提升,在市政府60万元专项食品抽验经费保障下,2010年,对与群众日常饮食密切相关的蔬菜、豆腐、食用植物油、淡水产品、米粉等14个品种进行3次评价性抽验,合格率分别为96.8%、97.5%和98.3%;对南昌彤业公司等10家问题突出企业、小作坊10个不合格食品在市内新闻媒体进行曝光。

## 第二节　药品安全监管

### 一、药品生产监督

20世纪90年代初,市医药工业有省管九江制药厂1家,以生产大输液为主;市医药总公司下属制药工业3家,分别是彭泽制药厂、都昌制药厂和钟山制药厂。主要生产传统中成药和加工常用西药。另外,市医药总公司办有1个中药饮片加工厂,除满足市区各药店和医院外,还向没有饮片加工的县公司调拨。武宁、修水、九江、都昌等县有饮片加工部,主要供应县内。2002年,全市药品生产企业15家,其中,武宁药包材发展较快,县林全胶囊厂销售量在全国排名第七位。市药品监督管理局成立后,为医药企业牵线搭桥,帮助众心药业、润和药业分别吸引外资3000万元、1500万元进行GMP(《药品生产质量管理规范》简称)改造,当年医药工业总产值19094.6万元,上缴税金557.1万元。2003年,对全市15家药品生产企业及4家医疗机构制剂室“许可证”进行年检、换发,1家药包材企业产品取得注册证、4家医疗机构制剂室37个制剂品种换发批准文号。推进药品生产企业GMP认证工作。另外,国家尚未规定认证时限空心胶囊、医用氧气的一些生产企业按GMP要求筹划改造。2004年,药品生产企业GMP认证,实行挂钩帮促,分片负责,现场督导,全市7家药品生产企业中,长江药业、钟山药业、众心药业、昂泰药业等4家企业15个剂型通过国家GMP认证,促进药品生产企业实现设备和技术升级换代,增强发展后劲。全市新增5家医药生产企业,医药工业企业实现产值3.2亿元,是2001年3倍,实现省政府医药经济三年翻番目标。2005年,监督实施GMP,提高医药生产企业质量管理水平。昂泰药业、钟山药业(口服制剂)、金世康药业、诺伊尔药业等7家药品生产企业通过GMP认证,整体完成产业升级换代。对已通过认证的长江药业、钟山药业、众心药业实施GMP情况进行跟踪检查。对3家企业5个品种新药注册进行考核和抽验,指导鼓励企业开展新药研发,完成4家企业22个品种OTC药品审核和45个品种包装、标签、说明书备案初审,并发挥药检技术优势,帮助药品生产企业研制木糖醇注射液等7个药品制剂。2006年,完成全市11家药品生产企业176个品种批准文号普查。加大对药品生产环节监督检查力度,共检查药品生产企业12家,医疗机构制剂室4家,监督检查覆盖率达100%。推进医用氧气生产企业实施GMP,加强指导督促,有2家企业申请认证。2007年,向3家药品注射剂生产企业派驻驻厂监督员,对4个药品生产企业申报47个品种药品注册进行现场核查,清理出5个不合格品种;指导武宁昭德堂中药饮片厂顺利通过GMP认证,及时向省局请示、协调,使湖口蓝天玻璃厂避免停产状况,多次到长江药业帮助分析解决生产质量难题;开展GMP突击检查,收回1家企业所有剂型GMP证书。2008年,加强药品生产源头监管。推进驻厂监督,向辖区内使用特殊药品3家生产企业增派监督员,探索派驻监管新机制,实行指导员、监督员“两员”并举、强化重点环节监管靶向性重点监控、QA人员定期自查等制度。在全市包括中药饮片、医用氧、空心胶囊等12家企业全面推行质量受权人制度，制订《九江市药品生产企业质量授权人管理办法》《九江市药品生产企业QA人员管理办法》，对12名药品质量受权人、35名QA人员进行登记备案，加强企业内部药品质量责任体系建设。开展原辅料、中药饮片、医用氧气、药包材生产企业、变更生产设施设备等专项检查，责令企业整改21次，下达停产整顿2家，收回药品GMP证书1张，实现对注射剂等高风险生产企业的飞行检查覆盖面、对GMP认证企业跟踪检查覆盖面、日常监督检查覆盖率均达到100%。开展注射剂工艺和处方核查，全市共核查3家药品生产企业53个品种，核查资料上报省局通过率达100%。2009年，推进质量受权人制度。派出6个检查组对全市药品生产企业开展跟踪检查和专项检查，“飞行”检查覆盖面达100%。开展化学制剂原料药、未通过GMP(生产线)和变更生产设施设备等专项检查，排除药品安全隐患46处，查处违法行为1起。按照中药注射剂安全性再评价要求，核查2家药品生产企业8个品种。开展医疗机构制剂室专项检查，规范药包材生产行为。2010年，在基本药物生产企业推行药品质量受权人制度，对全市涉及基本药物6家生产企业、45个品种加强监管，做到基本药物生产企业监管全覆盖。开展中药制剂原料药、医用氧、医疗机构制剂、委托生产与委托检验等专项检查，注射剂类、特殊药品等高风险生产企业“飞行检查”覆盖率100%。打造集保健品生产、医药营销为一体的医药集团，湖口钟山药业、永修众心药业、彭泽金芙蓉药业等药品生产企业通过新一轮GMP认证。

**2002~2010年药品安全监管企业一览**

表60-9-1　　单位：万元

| 企业名称 | 注册地址 | 生产范围 | 2010年产值 |
|---|---|---|---|
| 江西长江药业有限公司 | 九江开发区九瑞大道99号 | 大容量注射剂 | 6507 |
| 江西金芙蓉药业有限公司 | 彭泽县芙蓉墩镇 | 原料药(汉防己甲素)糖浆剂、流浸膏剂、合剂、口服溶液剂(含中药前处理及提取) | 2580 |
| 江西钟山药业有限责任公司 | 湖口县柘矶工业区 | 小容量注射剂、片剂、颗粒剂、硬胶囊剂、口服溶液剂、合剂(含中药前处理及提取) | 1245 |
| 江西庐山制药有限公司 | 都昌县芙蓉山工业园 | 糖浆剂、合剂、煎膏剂、丸剂(水丸、水蜜丸、大蜜丸、浓缩丸) | 30 |
| 江西众心药业有限公司 | 永修县军山大道 | 片剂、颗粒剂、硬胶囊剂、小容量注射剂(含中药前处理及提取) | 1900 |
| 江西金世康药业有限公司 | 永修军山工业园 | 片剂、硬胶囊剂 | 停产中 |
| 江西昂泰制药有限公司 | 武宁县东渡工业园 | 片剂、硬胶囊剂(含中药前处理) | 2158 |
| 九江昂泰胶囊有限公司 | 武宁县城曙光路30号 | 空心胶囊 | 5150 |
| 武宁县林全胶囊有限公司 | 武宁县城曙光路15号 | 空心胶囊 | 1720 |
| 江西江中(武宁)中药饮片有限公司 | 武宁县万福工业园 | 中药饮片(含毒性饮片) | 2600 |
| 江西神农中药饮片有限公司 | 修水县工业园吴都工业区 | 中药饮片 | 300 |
| 九江浔福气体有限公司 | 庐山区莲花路99号 | 医用氧 | 90 |
| 九江石化力源特种气体有限公司 | 浔阳区滨江东路金鸡石化工业园2号区5号 | 医用氧(液态、气态) | 90 |

## 二、药品流通监督

20世纪90年代初,全市药业由市医药总公司专营,兼有药品市场监管之责。实行“人、财、物、产、供、销”六统一计划经济管理体制。1991年市医药总公司下属县医药公司10家,市区零售网点11家。

2002年,市药品监督管理局成立,承担药品市场监督管理职能。同年,药品经营逐步向社会放开,全市医药批发企业发展到24家,广东康力、湖北春天药品连锁经营企业到九江开办连锁药店。全市268家药品零售企业开展验收换发新证工作,9家不符合条件不予换证,吊销1家《药品经营许可证》,2003年,推进农村药品供应网络建设,按照《江西省农村药品配送站设置暂行规定》,全市受理43个非法人乡镇药品配送站开办申请,其中30家通过现场验收报省局审批发证;制定《九江市乡镇卫生院代购药品、医疗器械管理暂行规定》,受理57个乡镇卫生院代购药品申请,其中37家通过验收开展代购业务。5月,《江西省药品零售企业设置管理办法》施行,药品零售市场全面放开,从此结束市医药公司专营体制。新规定出台后,共受理审批新开办药店216个。制定《九江市普通商业企业设置乙类非处方药零售专柜经营管理暂行规定》,在全省率先开展普通商业企业设置乙类非处方药专柜试点工作,市力佳得超市、联盛广场和联华超市3家企业经批准设置乙类非处方药专柜。此外, 在药品零售企业全面实行药品分类管理,要求所有药店必须做到处方药与非处方药分开存放,标识醒目,警示语规范,经营处方药必须配备药学技术人员履行审方职责。开展“质量管理规范达标”药店活动,规范药品零售企业经营管理。加强药品、医疗器械从业人员培训,共举办培训班20期,培训人员1800人。另外,推进农村药品供应网络建设。制定《九江市农村药品服务点设置暂行规定》,受理943个农村药品服务点设置申请,其中443个村药品服务点通过验收挂牌。2004年,全市12家法人药品批发企业有10家通过GSP(《药品经营质量管理规范》简称) 认证,83家县城以上单体药店中有80家通过GSP现场检查。同时, 规范农村药品供应网络,对768家村级服务点重新进行审查。2005年,农村药品供应网络建设和农村零售药店实施GSP认证列入市政府100件“惠民实事”,全市100%农村零售药店实施GSP。全市839家药品经营单位、2414家使用单位有正规、稳定配送渠道,建立完整规范供货方档案,药品配送进乡达到100%,所有乡镇及以下275家零售药店通过GSP认证现场检查。以全市药品零售企业换证,完善药品经营企业数据库。

2006年,开展药品零售企业质量管理人员和药师在岗情况及资质再审核,对全市630名在岗药师资质进行再审核,发现持假证15人、不具备资格29人,对3家清查后药学技术人员不在岗的药店依法核减处方药经营范围;制定《九江市药品GSP飞行检查工作程序》,跟踪检查药品批发企业26家,药品零售企业410家,30家企业受到警告处罚,5家药店撤销GSP认证证书并责令停业整顿15天、2家药店收回GSP认证证书;制定《九江市核发〈药品经营许可证〉(零售)验收标准》,共审批新开办药店55家,注销2家;制定《九江市药品销售人员管理暂行规定》,加强药品销售人员监管;加强对在岗质量管理人员和药师培训,共培训涉药人员1193人次。另外,对农村药品供应网点采购渠道、购进验收记录、储存条件和药品质量加强检查,健全农村药品供应网络档案。2007年,创新药品监管方式,在县城以上零售药店推行药品质量远程监管,与科研单位合作研发药品质量远程监管网络系统,通过互联网实现对药品经营质量实时监管,海南省局、海口市局等4个省、市局到浔探讨交流,市获全省药品监管信息化建设先进单位。规范药品销售人员管理,对全市282名药品销售人员进行培训和备案。2008年,按标准对45家药品零售企业申办进行检查验收并发放许可证;办理药品零售企业变更59家、注销1家;开展GSP跟踪检查,共检查零售企业555家、批发企业22家,监督覆盖率达100%。规范药品销售凭证管理,26家药品批发企业、129家药品零售企业实施电脑开具销售凭证,占县城以上企业总数60%。推进动态药品经营动态监管,全市县城以上药品经营企业视频安装率97%,软件安装率100%;医疗器械专营企业安装动态监管系统46家;加强动态监管系统的管理,发挥其在线监管作用,彭泽县局通过动态监管软件发现不合格药品4批次。药品零售企业开展分级管理试点,构建政府组织、药监牵头、部门联动、各方参与的农村药品“两网”建设工作格局。全市192个乡镇政府全部挂牌成立食品药品监管机构,做到“三有三统一”,即:有牌子、有场所、有人员;统一工作职责、统一信息报表、统一工作建档。开展农村医疗机构“规范药房”“合格药房”创建,验收挂牌乡镇卫生院“规范药房”170家、占93%,验收挂牌村卫生所“合格药房”1418家、占61%,农村医疗机构药品管理软硬件明显改善。2009年,跟踪检查零售企业650家、批发企业17家,监督覆盖率达100%;全市新开办药品批发企业4家、零售企业81家;组织对129家药品零售企业进行GSP认证检查,123家通过认证;做好全市241家零售药店换证服务工作。百家农村“示范药店”列入当年市《政府工作报告》93项为民办实事项目之一,市食品药品监督管理局筹集价值29.1万元电脑、软件对“示范药店”给予免费补助,全市通过创建申报、验收评选、社会公示、表彰授牌等环节,100家农村“示范药店”挂牌经营。

2010年,市局与各县(市、区)局签订国家基本药物监管工作目标责任书,开展药品经营企业GSP跟踪检查,重点加强对基本药物配送企业GSP跟踪检查,监督市内国家基本药物配送中标企业基本药物购进、配送和储存等各环节管理,确保基本药物质量安全。推动零售药店基本药物供应全覆盖,零售药店销售国家基本药物实行“四个一”管理模式,即:设立一个国家基本药物专区或专柜,有醒目标识;建立一个国家基本药物选购服务咨询台;制定一个国家基本药物管理规定并上墙;建立一套国家基本药物购销、养护、不良反应监测等内容管理档案。全市15家药品批发企业全部与基本药物生产企业签订质量保证协议、基本药物配送记录齐全,420家药品零售企业达到“四个一”管理要求。全力推进基本药物电子监管工作,全市批发企业均实行电子监管。全市农村药品“两网”建设深入推进,庐山区、九江县等5个县(区)列入全省农村药品“两网”建设示范县(区),共争取上级专项资金100万元,构建“政府负责、上下联动、齐抓共管”县、乡、村三级食品药品安全监管网络,供应保障机制不断完善,药品配送“进县到乡”覆盖率100%,80%乡镇卫生院达到“规范药房”标准、70%村卫生所达到“合格药房”标准。

## 三、药品市场稽查

1991年,对所属企业贯彻实施规定情况进行监督检查,对制售伪劣药品、哄抬药价、扰乱市场、游医、药贩等违法行为进行打击,对医疗器械及卫生材料产品加强行政监督。对开发医疗器械、制药设备、卫生材料、药用包装等新产品及开办医疗器械生产企业和经营企业按《医疗器械监督管理条例》《江西省医疗器械新产品管理办法》等规定办理有关审批手续。组织实施医药流通领域各项政策、法规,会同市工商局、市卫生局、市公安局、市城管大队对医药市场加强整顿、监督管理。1995年,市医药管理局(公司)会同工商、卫生、公安、城管大队对医药市场进行整顿。1997年,市医药管理局(公司)把开拓市场与整顿治理市场相结合,以查处无证经营和假冒伪劣药品为重点,开展医药市场检查,对无证非法经营进行整治,取缔非法经营,吊销违法经营,对依法经营零售药店悬挂国家中医药管理局统一规定核发的“绿十字”标志。1998年,市医药管理部门贯彻落实国家医药监督管理局《关于严禁开办或变相开办各种药品集贸市场的紧急通知》精神,协同工商部门关闭兽药市场,使医药市场逐步实现法制化、规范化管理。至2001年,督导全市医药企业实施有关医药质量管理政策和法规,加强医药行业质量监督和管理。

2002年4~12月,先后组织4次专项整治:医疗机构药剂和药品采购渠道专项监督检查;药材集贸市场专项整治;乡镇卫生院、村卫生所、个体诊所、乡镇药店药品采购渠道专项检查;元旦、春节期间药品市场专项整治。共查办297件违法涉药案件,案件总值金额87.74万元。规范药品广告,全年共检查违法广告22个,移送工商部门依法处罚广告7个,并实行药品广告登记备案制。2003年,组织开展药品、医疗器械专项整治活动。先后开展农村购药渠道、中药材、邮售药品、药品医疗器械生产企业执行标准和对药品生产企业、医疗机构制剂室使用药包材情况专项检查等10多项专项整治监督检查,出动监督检查人员13553人次,检查药品、医疗器械产供用单位4624家,查处各类违法案件2304件,结案2243件,案件总值285.71万元。全市聘请1820名药品监督协管员,药品监督网络延伸至乡、村。制定《九江市举报制售假劣药品、医疗器械违法行为奖励办法》,24小时开通举报电话,受理群众举报投诉185起,通过受理举报投诉查出九江县医药公司违法销售假药吗丁啉片等18起违法案件。加强药品、医疗器械广告监管,查处违法药品广告73起。2004年,组织开展中药材、邮售假药、制售假劣藏药、各类药品展示会、疫苗经营、中成药非法添加化学药品等集中专项整治活动,并针对药品市场新情况,开展特色专科用药、口腔科用药用械专项整治,全市共查处各类涉药涉械违法案件1572件,案件总值125.28万元。制定首发案源信息通报制度,加强与公安、法院联系,举办赣、湘、鄂3省3市10县药监工作协作会议,加入赣、鄂、皖3省3市9县药监工作协作网,形成全方位打假态势。建立药品、医疗器械生产、经营使用单位不良行为记录管理制度,对26家违规企业按规定在网上进行公示,引导企业建立自律和约束机制。2005年,加强药品广告监测,向工商部门移交违法药品广告24起,协助处理违法药品广告投诉6起,使非法药品广告得到有效遏制。同时,加大药品市场监管力度。做到日常监管与专项整治相结合,严厉打击各种涉药涉械违法行为,全市共出动监督检查人员3286人次,查处各类违法案件486件。共检查涉药单位151家,立案调查103家,查处万元以上案件10余起。2006年,查处假劣药品案件260件,占一般程序案件65%,先后查处“21金维他”“三九皮炎平”假药案、假“野苏胶囊”案、某医院违法使用假药注射用血塞通案、某医院违法使用未经注册电子阴道镜案等一批有影响案件。全年共出动执法人员5176人次,查处各类涉药涉械违法案件2646起,涉案货值465万元,撤销5家零售药店GSP认证证书,捣毁制售假药窝点2个,移送法院强制执行2件。

2007年,组织开展药品、医疗器械专项整治行动。全年共查处涉药涉械案件1661起,案件总值300多万元;取缔无证经营33起,捣毁制售假药窝点8个。查处违法广告药品案5起,向工商部门移送违法保健食品广告48起、违法药品广告61起。实行“群众买到假药,药监先行退付”,已先行退付2041元。2008年,开展人血白蛋白、虚假广告宣传药品及违法搭售产品行为、人用狂犬疫苗、中成药违法添加化学违禁成分、蛋白同化制剂、肽类激素等兴奋剂类药品专项检查以及社会医疗机构、非药品冒充药品专项检查,消除药械安全隐患900余处,查处涉药械违法案件847起,案值258.98万元。联合市公安局、工商局等5部门下发《关于切实加强物流领域药品监督管理的通知》,与市区41家货运中心(部)建立联系,发现假冒“毓婷”、劣药“炒制白芍”等3起涉药违法案件;先后开展2次市县联合执法行动,发现各类违法药械线索近200起,立案查处百余起,形成全市药监资源整合、信息互通、办案联动稽查工作机制。有效处置四川科伦脂肪乳注射液、“肝素钠注射液”、黑龙江完达山“刺五加注射液”等药品安全事件。建立药品广告日常监测、定期移送和反馈制度,向工商部门移送药品、医疗器械、保健食品广告51起(次),通过网站曝光违法广告41件。依法查处从违法渠道购进广告药品,全市共立案10余起,对参芪消渴茶、紫灯胶囊等8种严重违规药品广告采取停止销售行政强制措施。

2009年始,制定药监执法与刑事司法相衔接规定,与公安联合办案30多次。当年,全市共查处违法案件702起,移送公安部门12起,查处注射用奥美拉唑钠劣药、艾迪注射液劣药、假冒“飘安”医用卫材等案件。组织“光明·微笑”工程、甲型H1N1流感防控药械监督检查,抓好国家基本药物质量监管。2010年,对群众关注的违法药品广告、非药品冒充药品、非法收购药品等问题加强监管。出台《九江市违法广告药品暂停销售行政强制措施暂行规定》,对清咽六味散等违法广告药品采取强制下架行政措施,全年行政强制下架违法广告药品30种次,移送违法药品广告42起;查出“前列保康乳膏”等80个非药品冒充药品品种;联合公安部门对市区医院周边以及大中大、烟水亭地段非法收购药品地下网点进行整治,查处非法收购药品案件3起,移送公安刑事拘留1人;对储存条件不符合要求药品依法查处。全市共立案查处药械违法案件210起,其中1案列入2010年全省10大典型案件之一。

## 四、药品技术监督

2002年,实行药品抽验工作季度分析例会制,市药检所共完成检品861件,其中抽验328件,不合格95件。2003年,完成年抽验计划和防治“非典”药品抽验工作,全年共抽验药品741批,查出不合格药品104批次,不合格率14.04%。当年9月,市药检所通过省计量技术认证考核验收,药检基础建设走在全省前列。2004年,实行药品监督抽验任务和抽验阳性率目标考评。完成快检验品1700批次,监督抽验药品 577 批,不合格 167 批,不合格率 29%。2005 年,大力推行药品快检,全市药品稽查人员快检药品 675 件,发现不合格药品 46 个。完成抽验检品 327 批,其中评价性抽验 101 批,不合格 6 批,监督性抽验 93 批,不合格 13 批。2006 年,开发药品质量信息快速查询系统和在库药品信息查询系统。成立药品快检课题组,编辑快检教材,推广药品快检技术,共"筛查"药品 1063 批次,发现假劣药品 71 批次;监督抽验药品 641 批次,不合格 150 批次,阳性率 23.4%。

2007 年,市食品药品检验所自主开发、完善药品质量信息快速查询系统,全市一年中使用该软件筛查抽验药品 615 批,经检验不合格 165 批,靶向率 26.34%,得到省食品药品监管局、市科委肯定,并拨给科研专项经费,在全省部分设区市推广试用。注重发挥技术监督作用,全市共监督抽验药品 1066 批,阳性率 34.1%;通过快检车发现假药 44 个。武宁县局自筹资金购置酸度计、澄明度检测仪等设备,将日常监管与技术监督有机结合起来。2008 年,发挥药品监管"好帮手软件"和快检车作用,实现抽验工作日常化和"有因抽验",同时推进县级药品快检室建设。全市完成药品监督性检验 800 批,不合格 320 批,阳性率 41.3%;药品快检车抽验 2754 件,初筛出 100 多批次劣药,发现假药 2 批次;完成医疗器械抽验 20 批次。全市共查办假劣药品案件 367 起,查获假冒药品格列剂特片(达美康)、三七粉、多潘立酮混悬液、三金片、"毓婷"等。2009 年,完善自主研发《药品质量监督综合管理系统》项目,投入 8 万余元将软件安装在 PDA(掌上电脑)上,拓展软件监管服务功能,使用该系统共扫描药品 23340 批次,监督抽验药品 926 批,阳性率 33.9%,其中市局阳性率为 56%。系统在应急处置、打假治劣方面优点突出,《中国医药报》头版予以报道。省局分别在武宁、南昌召开使用培训班,在全省系统推广。

2010 年,推广应用《药品质量监督综合管理系统》,利用其信息量大、查询快速等特点,开展药品监督检查、应急处置和监督抽验,提高监管效率、提升打假水平。全市应用 PDA 扫描药品 39266 批次,通过扫描确定抽验药品 492 批次。市食品药品检验所发挥技术监督作用,对药品生产、经营、使用单位开展评价性及监督性抽验,共抽验药品 1172 批,其中评价性抽验合格率达 99.2%。

## 五、特殊药品监督

2002 年,特殊药品管理逐步加强。2003 年,按照保证正常需求、防止流弊原则,重点抓好特殊药品购销渠道规范、账物核查、储存安全。组织开展原料麻黄素、咖啡因、罂粟壳、精神药品、盐酸二氢埃托非管理专项检查,对 234 家特殊药品经营使用单位进行年检,严格按有关规定办理"麻醉药品专用卡"使用麻醉药品注射剂审查备案;为 2 家医疗机构办理"麻醉药品、一类精神药品购用印鉴卡",严格把好特殊药品单方制剂购销凭证初审关。全市未发生一例特殊药品流弊情况。2005 年,加强特殊药品监管,严格按要求和标准办理特殊药品使用许可。2006 年,完成 8 家二类精神药品定点批发企业、8 家二类精神药品零售企业经营资格确认和 7 家药品批发企业申请经营特殊药品材料审查及现场检查。成立市药品不良反应、医疗器械不良事件、药物滥用监测中心,召开两次药品不良反应监测工作会,并开展培训,全市上报不良反应病例 562 例、药物滥用调查表 942 份。2007 年,对麻醉药品、一类精神药品经营企业实行特殊药品监控信息网络管理。做好药品不良反应、药物滥用和医疗器械不良事件监测工作,全市三项监测上报数分别为 1505 例、800 份、31 例,均超额完成省下达任务。2008 年,开展兴奋剂专项治理,食品药品监管部门与公安、卫生、工商、体育和九江海关等协调,加强含兴奋剂类药品生产、经营、使用管理宣传和监督检查,查处违反兴奋剂管理案件 3 起,确保北京奥运会期间全市没有发生一起兴奋剂相关联事件。与市卫生局、公安局 3 部门联合举办全市三项监测工作会,提高《九江市药品不良反应监测中心工作简报》质量,加强对全市 ADR 报告工作指导和督促,推进监测工作逐步走上规范化、正常化轨道。修水县还把每年 6 月 26 日确定为 ADR 宣传日。全市上报 ADR 报告数 2063 份,其中严重不良反应报告数 18例、新严重报告数 7 例、新一般病例 144 例;药物滥用监测数 634 例;医疗器械不良事件监测报告 119 例。

2009 年,开展麻黄碱类复方制剂、含可待因复方口服溶液、盐酸克伦特罗生产经营以及生产、销售、使用盐酸芬氟拉明原料药和制剂专项检查,落实特殊药品监管巡查制度,保证特殊药品"管得住、用得上”。重视上市药械质量监测，上报《可疑医疗器械不良事件报告表》75 份。2010 年，落实特殊药品监管巡查与电子监管制度，开展罂粟壳和第二类精神药品、医院制剂添加化学药品等专项监督检查，明确 6 家第二类精神药品定点批发企业、6 家第二类精神药品定点零售企业、1 家使用罂粟壳为原料药生产企业合法资质，进一步强化特殊药品监管，有效杜绝特药流弊。加强与卫生部门联系，推进 ADR 监测工作规范化、正常化，全市 ADR 报告 2160 例，其中新的、严重不良反应 197 例。

## 六、药物三项监测

2002 年，全市建立药品不良反应监测网络。2003 年，加强药品不良反应监测工作，扩大监测面，建立药品不良反应监测定期汇报制度。2006 年 4 月，市药品不良反应、医疗器械不良事件与药物滥用监测中心成立，该中心设在市药品检验所，直属市食品药品监督管理局领导，业务上接受省药品不良反应监测中心指导。当年，市药品不良反应监测(ADR)中心针对全市各基层药监局、药品产、供、用单位等多数没有注册基层用户，不会进行网上填报 ADR 报告现象，与市卫生局、公安局 3 部门联合举办全市三项监测工作会，通过“走出去、请进来”形式，对填报人员进行药品不良反应网络信息上报技术现场指导，使一些县局和市直医疗单位掌握网上填报技术，加强对全市 ADR 报告工作指导和督促。同时，加大对 ADR 监测工作宣传，提高对 ADR 监测工作认识，中心编写《九江市药品不良反应监测工作简报》，宣传 ADR 监测法规、知识和最新动态、通报全省、全市 ADR 监测工作情况、交流 ADR 监测报告工作心得。2007 年，根据当年第四期《江西省药品不良反应监测工作简报》通报，全市 2007 年药品不良反应/事批报告数居全省第一，报表数共计 1498 例。2008 年 6 月 12 日，市食品药品监督管理局会同市卫生局、公安局召开市药品不良反应监测、医疗器械不良事批监测和药物滥用监测工作表彰会。

## 七、医疗器械监管

**医疗器械生产监理**　2002 年，全市有 8 家医疗器械生产企业。2003 年，指导帮促 3 家企业取得“医疗器械生产企业许可证”或备案，4 家医疗器械生产企业 5 个品种取得产品注册证。开展医疗器械产品注册证清理工作，对 4 家企业 12 个品种注册证进行清理。九江华达医用材料有限公司投资 3000 万元，在共青建设全国最大医用卫生材料厂。2004 年，加强对新开办生产企业服务，全市新增永修舒适护眼液厂、星子鑫康医用仪表厂、兰奇医疗器械厂等 4 家医疗器械生产企业，壮大医药经济总量。2006 年，对 5 家医疗器械生产企业 7 个一类医疗器械产品注册证进行清理，依法受理第一类医疗器械产品注册 4 份。2007 年，对全市 2 家医疗器械生产企业 4 个第一类医疗器械产品进行注册核查。2008 年，对江西龙腾生物缝合线、九江美琪义齿产品重新注册、扬州厚德生物材料有限公司星子分公司生产许可、九江康复塑胶有限公司增加产品范围进行企业质量体系考核，审批注册扬州厚德星子分公司皮肤保护防水膜一类医疗器械产品 1 个，对美琪齿科换发及变更生产许可证进行现场审查。促成投资 8000 万元九江青雷医学科技公司开工建设。全市医疗器械生产企业产值达到 18240 万元，比 2007 年增长 47.1%，实现利润 721.2 万元。2009 年，全市新增医疗器械生产企业 6 家，办理一类医疗器械产品注册 3 个，全年医疗器械总产值 22986.6 万元，比 2008 年增长 26%，实现利润 973.9 万元，纳税 564.3 万元。2010 年，注册一类医疗器械产品 13 个，超往年注册产品总和，新增生产企业 3 家，全市医疗器械生产企业 23 家，全年医疗器械总产值 25721.79 万元，比 2009 年增长 11.9%，实现利税 1453.98 万元，以德安美宝利、共青华达、瑞昌科威为代表全市医疗器械产业发展势头良好。

## 2002~2010 年全市医疗器械监管企业一览

表 60-9-2

| 企业名称 | 生产(注册)地址 | 生产范围 |
|---|---|---|
| 江西龙腾生物高科技有限公司 | 开发区九瑞大道 240 号 | Ⅱ类、Ⅲ类:6865 医用缝合材料及粘合剂 |
| 九江美琪齿科 | 大桥铁路医院(浔阳区白水湖路 20 号) | Ⅱ类:6863 口腔科材料 |
| 九江市康复医用塑胶有限公司 | 庐山区莲花工业园区 | Ⅱ类:266 |
| 九江鑫康医用仪表有限公司 | 星子县金鹿工业园 | Ⅱ类:6820 普通诊察器械 |
| 九江海天设备制造有限公司 | 瑞昌市夏畈石江溪冲 | III 类:6826 |
| 江西美宝利医用敷料有限公司 | 德安县丰林镇 | Ⅱ类:6864 医用卫生材料及敷料 |
| 九江华达医用材料有限公司 | 共青城闵家山路 | I 类:6864 医用卫生材料及敷料 |
| 江西亚林南医材有限公司 | 德安县丰林镇 | Ⅱ类:6864 医用卫生材料及敷料 |
| 德安县华盛医材有限责任公司 | 德安县宝塔工业园西区 | Ⅱ类:6864 医用卫生材料及敷料 |
| 九江市兰奇医疗器械设备厂 | 九江县沙城工业园庐山东路 15 号 | Ⅱ类:6808 腹部外科手术器械、6812 妇产科用手术器械、6822 医用光学器具、仪器及内窥镜设备 6845 手术室、急救室、诊疗室设备及器具 |
| 江西鑫国立医药有限公司 | 浔阳区城东工业基地 | I 类:6826 物理治疗及康复设备 6856 病房护理设备及器具 6864 医用卫生材料及敷料 |
| 九江优特格尔医疗用品有限公司 | 德安县宝塔工业园 | I 类:6864 医用卫生材料及敷料 |
| 东莞科威医疗器械有限公司九江分公司 | 瑞昌市黄金工业园北园 | Ⅱ类:6866 医用高分子材料及制品。Ⅲ类:6845 体外循环及血液设备;6866 医用高分材料及制品 |
| 扬州市厚德生物材料有限公司星子分公司 | 星子县金鹿工业园区 | Ⅱ类:6845 手术室、急救室、诊疗室设备及器具 6864 医用卫生材料及敷料 6866 医用高分子材料及制品 |
| 九江青雷医学科技有限公司 | 永修县三溪桥镇 | Ⅱ类:6820 普通诊察器械 |
| 九江恒康医疗科技有限公司 | 开发区长城路 121 号九江恒盛科技园 | I 类:6841 医用化验和基础设备器具 |
| 瑞昌市康健科技有限公司 | 瑞昌市湓城中路 64 号 | I 类:6826 物理治疗及康复设备 |
| 江西仁爱康复器材有限公司 | 星子县城翠花路 10 号 | Ⅱ类:6856 病房护理设备及器具 |
| 九江市魄力斯齿研技术有限公司 | 市莲花路 166 号 | Ⅱ类:6863 口腔科材料 |
| 九江雅观义齿制作中心 | 沙河经济开发区兰桥 210 号 | Ⅱ类:6863 口腔科材料 |
| 江西江中(武宁)中药饮片有限公司 | 武宁县万福工业园 | Ⅱ类:6827 中医器械 |
| 江西金世康药业有限公司 | 永修县军山工业园 | I 类:6858 医用冷疗、低温、冷藏设备及器具 |
| 江西司尔奇生物科技有限公司 | 庐山区莲花镇新桥村油榨房 12 号 | I 类:6826 物理治疗及康复设备 6858 医用冷疗、低温、冷藏设备及器具 |

**医疗器械经营监理** 2002 年,完成 79 家医疗器械经营企业重新进行资格认可现场审查。2003 年,加强性保健品监管,以避孕器械监管为突破口,制定《九江市避孕器械经营管理办法》,受理 67 家避孕器械经营企业开办申请,其中 11 家通过审查并核发“医疗器械经营企业许可证”。规范医疗器械经营企业开办审批程序,为 51 家医疗器械经营企业审核发放“医疗器械经营企业许可证”,对全市医疗器械经营企业进行年度验证。2006 年,批准设立医疗器械经营企业 17 家,结合医疗器械经营许可换证工作,对换

证企业进行再审查，全市13家医疗器械经营企业完成现场验收并换发新证。2008年，对经营企业由经营高风险品种、专营企业到普通品种、兼营企业顺序，有重点、有先后进行监督检查，进一步规范医疗器械秩序。2009年，在全市范围内对107家医疗器械经营许可证过期企业以及19家新开办经营企业进行重点监督检查，受理换、发经营企业许可证44个。2010年，强化监管、规范秩序，提高企业专业化经营水平，医疗器械许可审批做到既坚持标准又结合实际，既严格准入又利于企业发展。根据企业专业技术人员配备、经营场地条件、注册资金等情况，严格核准企业经营范围，全年为49家企业换发医疗器械经营企业许可证。2009年，应对甲流疫情，组织开展防治甲型H1N1流感医疗器械质量监管。开展"光明·微笑"工程药械安全、无证经营医疗器械、义齿加工和使用、医疗器械生产企业等专项检查，清理拟注销经营许可证73份，注销生产许可证1家，查处违法案件6起。完成医疗器械抽验58批次。2010年，开展医用分子筛设备制氧、天然胶乳制品生产监管、不良事件监测、安全生产大排查等专项检查和医疗器械生产经营监督检查，注销1家企业的"医疗器械生产企业许可证"。

## 第三节　食品药品检验

### 一、检验基础

2006年12月，市食品药品检验所挂牌成立。全所在编工作人员29人，其中高级职称6人，中级11人。有实验室房屋面积1500平方米，配备高效液相色谱仪、气相色谱仪、薄层扫描仪、红外分光光度计、原子吸收分光光度计等检测设备130余台批。负责全市范围内药品质量监督、检验和技术仲裁；辖区内药品生产、药品经营企业、医疗卫生单位药品（包括医院自制制剂）进行药品质量监督检查，掌握本地区药品质量动态并综合上报；承担药品标准拟定、修订，药品新产品、医院新制剂有关质量技术审核；开展有关药品检验、药品质量等有关方面科研；开展有关新药科研；指导辖区县食品药品监督管理局、药品产、供、用单位质量检验机构业务技术工作，协助解决技术疑难问题，培训检验技术人员和管理人员；执行上级主管部门交办有关食品药品监督任务。

### 二、药品检验

2002年，市药检所上划为省药品监督管理局垂直管理单位。2003年9月19日经省计量认证专家组审核验收。一次性通过计量认证审核验收。2003年，市药品检验所建立内部局域网。12月全面安装药品检验管理系统软件，为次年信息化管理奠定基础。2004年10月，第十一届全国市级药检所合作会议在安徽淮南召开，市药品检验所首次以合作所成员身份参加。2005年，药检所完成对辖区内各生产企业、医疗机构净化监测工作。对不达标单位帮助查找原因，指导整改，使监测合格率达100%，能满足药品生产要求，保证药品生产质量。2006年8月，市食品药品检验所参与《化学药品快检工作手册》起草工作，12月，市食品药品检验所正式挂牌。2007年3月，按照省食品药品监督管理局《关于开展人血白蛋白、中成药非法添加化学物质专项抽检的通知》精神，市食品药品检验所与市局药品稽查科联合举办一期药品快检学习班，就基层药品经营企业、医疗机构经营、使用人血白蛋白及具有降糖、消肿止痛、补肾壮阳、止咳平喘、减肥、镇静安神类功能中成药监督检查和抽样初筛进行讲学。2008年，市食品药品检验所参加全省药品检验机构检验能力验证比对考核，排名第二，同年6月，完成《江西省中药饮片炮制规范》标准起草及复核工作，9月，顺利通过省实验室资质认定复评审及食品扩项评审。2009年1月，参加全省中药检验比对获总分第一。2010年，市食品药品检验所由省垂直管理划为市垂直管理。

### 三、食品检验

2008年9月，市食品药品检验所通过实验室资质认定复评审及食品扩项评审。10月中旬开展三聚氰胺检测能力，获得省质量技术监督局"乳品中三聚氰胺检测"资格计量证书，为市唯一具有该项资格单位。12月，为客观评价市城区散装食用油安全状况，让百姓吃上放心油，市食品药品检验所在市食品药品监督管理局统一安排下,对市城区散装食用油进行评价性抽验检验工作,共计抽样 84 批中有 16 批样品不合格,不合格率为 19%。2009 年 2 月,市食品药品检验所协同庐山区工商局,对腐竹、笋干、笋尖、银耳及干辣椒等食品分别进行多批抽样检验。3 月,根据省打击违法添加非食用物质和滥用食品添加剂专项整治领导小组关于 4 月 1 日前完成面条、味精、婴幼儿奶粉、饮料、咸蛋、辣椒干 6 个品种共计 135 批抽样任务通知,市食品药品检验所在市工商部门配合下,分别到市郊及各县城,对各超市、农贸市场、食杂店进行抽验。3 月 31 日顺利完成 6 个品种 135 批抽验任务,4 月 1 日送交省食品药品检验所。2010 年 7 月,市食品药品检验所对市内联盛、派拉蒙等超市进行抽验,完成酱卤肉制品共计 76 批抽验任务。9 月,为预防因餐具不洁造成食源性疾病发生,根据市食品安全监管领导小组《2010 年九江市放心食品工程统一抽验工作计划》要求,20~21 日,市食品药品检验所和市卫生监督所联合对市中、小学以及高等院校食堂餐具进行监督抽查。共抽验 15 所院校,于 25 日前完成 103 批餐具检测。

# 第六十一篇 体育

# 第六十一篇 体 育

1991年以来，体育管理体制和运行机制更加健全，初步形成由体育行政部门主管、监督、指导社会各界兴办体育的格局。体育事业经费投入逐年增长，保证体育事业发展需要。全市实施《全民健身计划纲要》和《全民健身条例》。连续多年获全国群众体育先进单位。1994年10月，在全省第九届运动会上，市体育代表团获金牌63枚，名列第三。2008年北京奥运会上，高玉兰、陶宇佳入选参赛，高玉兰夺得1枚银牌，实现九江在奥运会上奖牌零的突破。市体育局被省政府授予第二十九届奥运会人才输送突出贡献奖。同年在“全民健身与奥运同行”龙腾狮跃闹元宵全国龙狮大联动活动中，被国家体育总局社会体育中心、中国龙狮运动协会授予突出贡献奖。2009年获国庆60周年全国全民健身先进单位。2010年，获广州亚运会贡献奖。为满足人们日益增长的健身需求，市委、市政府将公共体育设施纳入城市建设土地预留总体规划。至2010年，体育场馆设施更趋完善。全市农村建设341个农民健身项目；城市广场、街道社区、湖边江畔建设100多套全民健身路径。20年来，体育社团组织建设不断完善，全民健身志愿服务队伍不断扩大，体育人口逐年提升，国民体能素质逐年提高。成功举办颇有影响的国际龙舟大赛、国际钓鱼比赛、全国自行车大赛，主办3届中国(九江)国际龙狮精英赛。

20年来，市体育局坚持体育金牌战略，落实《奥运争光计划纲要》，发挥各体育传统项目学校、少年儿童体育学校、青少年俱乐部和训练网点优势，按照"三从一大、两严"的训练方针，大力挖掘和培育体育后备人才，向省和国家各运动队输送体育人才121名，向全国各高校体育专业输送体育人才1300名。其中不乏在省、国家、国际赛事上取得优异成绩者。

20年来，体育产业快速发展。至2010年，全市拥有覆盖各县(市、区、山)、乡(镇)体育彩票销售网点400个，总销售额4.5亿元，体育彩票公益金为体育事业发展注入活力。

# 第一章　群众体育

## 第一节　农民体育

### 一、体育活动

20 世纪 90 年代年后,随着全市农村经济发展,农村体育随之活跃起来。1991 年 5 月,市农民体育协会成立,市长任名誉主席、主管农业的副书记任主席。办公室设在市农业局。至 2010 年,各级农业部门均有干部兼职从事农民体育工作。全市 90%的乡镇建立主管体育工作部门或成立体育工作领导小组。农民体育工作主要以乡镇为重点,结合当地条件,开展篮球、乒乓球、拔河、门球、顶杠、挑秧、扛米袋等农民趣味运动及龙舟竞赛活动。共组织农民体育活动 467 次,参加活动农民达 56 万人次。

### 二、体育赛事

1992 年 6 月 2~5 日,第六届全国“屈原杯”龙舟·中国“庐山杯”国际龙舟赛邀请赛在市南门湖举行。共青垦殖场“鸭鸭”女子龙舟队获“庐山杯”1000 米直道竞速冠军、600 米直道竞速亚军,“屈原杯”600 米直道竞速冠军、1000 米直道竞速第三名。1993 年 8 月,共青鸭鸭女子龙舟队获“炎黄杯”世界华侨华人龙舟系列赛女子组 800 米和 1000 米直道竞速总冠军。1994 年 7 月,北京中日友好龙舟邀请赛在北京十三陵水库落幕,共青“鸭鸭”女子龙舟队在 31 支龙舟队中,夺得 600 米直道竞速与 800 米直道竞速两项冠军。

2003 年,市组队赴高安市参加第四届全省农民运动会民兵军事三项比赛,获 5 千米越野单项个人第一名。2006 年,庐山区海会镇代表队赴景德镇参加省“全国‘亿万农民健身活动’先进乡镇”乒乓球赛,获优胜奖。2007 年 12 月,市组队赴南昌参加省第六届农民运动会开幕式及第一阶段舞龙、舞狮、民间武术、健身秧歌 4 个项目全部比赛。共获 7 个一等奖,5 个二等奖,9 个三等奖。同年,市组队赴奉新县参加省农民象棋赛,获优胜奖。2008 年,市组队赴靖安县参加第六届省农民运动会风筝比赛,获个人单项第一名。

2009 年,省农业厅、省体育局、省人民广播电台和省农民体协联合启动国庆六十周年省全民健身活动“百乡千村”农民趣味运动会活动。庐山区海会镇、瑞昌市码头镇等 10 个乡镇,分别举办拔河、顶杠、滚轮胎、挑粮食、抗旱提水保苗、二人三足跑、扒轮胎、定点投篮等农民趣味运动会。活动中,庐山区海会镇获“最佳组织奖“、瑞昌市码头镇获“优秀组织奖”。2010 年 9 月,市组队赴宜春市明月山参加全国农耕健身大赛,获农村组车水抗旱单项第一名、稻田抓鱼单项第二名。

### 三、获奖单位

1998 年修水县渣津镇、2000 年庐山区海会镇、2002 年德安县丰林镇先后被国家体育总局授予“亿万农民健身活动”先进乡镇。

## 第二节　职工体育

### 一、体育活动

1991 年以来,全市各级工会动员和组织职工群众开展广播操、工间操、健身操、迪斯科、排舞、跑步、气功、木兰拳、钓鱼以及各种球类、棋类、体育舞蹈等群众性体育活动。同年 5 月,市总工会、市体委联合举办庆祝“母亲节”市‘木兰拳’健身操比赛。6月,市总工会、市委组织部等9个单位举行庆祝建党70周年市城区首届离(退)休职工运动会。10月,举办庆国庆全市职工象棋比赛,有17个队68名选手参赛。同时,省总工会在九江炼油厂召开全省职工体育工作会议,九江炼油厂等13个单位在大会上介绍开展职工体育、促进文明建设等方面经验。1992年1月,市总工会、市体委联合举办庆“三八”迎“龙舟”木兰拳(桃花扇)比赛。3月,市总工会、市体委等11个单位联合举办全市第二届老年运动会,设太极拳(剑)、门球、桥牌等10余个项目。4月,举办庆“五一”迎“龙舟”环湖长跑比赛。1994年9月,举办市直单位重阳节退休职工中国象棋和雀牌赛。1996年“五一”节,市总工会、市体委、市老年体协联合举办全市第二届木兰拳比赛和表演。5月,市总工会先后组队到赣州参加全省职工中国象棋选拔赛。同年,省五项职工体育比赛,男子团体太极柔力球获第三名。1997年6月,举办迎香港回归“珍啤杯”象棋、围棋比赛,共有37个基层工会189名队员参赛。年底,举办市退休职工综合太极拳师资培训班。2003年9月,举办“浔阳之夜”职工中国象棋擂台赛。2004年,市工人文化宫、市棋牌协会、九江棋社联合举办“擎天杯”围棋锦标赛。2005年3月,市总工会、市体育局为纪念《全民健身计划纲要》颁布十周年,联合发文要求各级体育部门和工会采取切实措施在各机关、企事业单位大力开展广播操活动,实行工间操制度。5月,市总工会、市体育局联合举办市第八套广播体操、大众广播体操培训班。6月,举行市第八套广播体操、大众广播体操比赛。2006年1月,市总工会、市象棋协会联合举办首届“红塔木业杯”中国象棋赛。9月,市总工会、市象棋协会举办全市中老年中国象棋赛。同年组队参加江西省第十三届体育舞蹈比赛。2008年3月,市体育局、市总工会、九江电视台联合举办全市职工迎奥运羽毛球五场制混合团体赛。2009年12月赴南昌参加全省职工首届排舞大赛等活动。2010年3月,举办市首届排舞大赛,有1500多名职工参加比赛。1999~2010年期间,市直属机关工委连续举办11届市直机关干部职工乒乓球比赛。2005年7月,与市体育局联合举办“生命活水杯”市直机关干部职工羽毛球比赛;举办“天然气杯”市直机关第三届处级领导干部围棋比赛。2009年7月28日至8月1日,与市体育局联合举办第二届市直机关干部职工羽毛球比赛;8月,市直属机关工委同市体育局、浔阳区政府联合举办全市“全民健身日”启动仪式。2010年5月,市教育工会举办市第二届职工男子篮球赛。

### 二、体育成绩

1993年9月,共青开发区总工会获国家体委授予“全国群众体育先进单位”称号。2002年10月,共青开发区总工会组织职工参加省“四特杯”第十一届运动会健美操项目获系统组团体赛第一名。2003年,市直属机关工委获得国家体育总局授予“全国群众体育先进单位”称号。2005年,江西柘林水电开发有限责任公司、浔阳区文教局、永修县木兰协会、湖口县流芳乡政府、市体育局王绍红开展广播体操活动,分别被省体育局、省总工会表彰为先进单位和先进个人。2010年5~10月,市直属机关代表团参加在南昌市举行的省第十三届运动会机关部暨全省第三届机关运动会,取得5枚金牌、3枚银牌、6枚铜牌。

## 第三节 残疾人体育

1990年,全市残疾人运动员为123人(其中女运动员17人),参与残疾人运动的教练员10人,均为男性。2000年,参与残疾人运动的教练员为17人,其中男性教练员15人,女性教练员2人。2007年,九江县东方红特教学校被授予全国特奥运动先进单位,廖世鸿被授予全国特奥运动先进个人。至2010年,残疾人运动员有926人(其中女运动员159人)。参与残疾人运动的教练员为72人,其中男性教练员58人,女性教练员14人。残疾人参与的运动项目有篮球、乒乓球、举重、游泳、柔道、田径、拔河、跳高、跳远、足球。残疾人参与锻炼的体育场所有217个,活动场所面积达28.47万平方米。历年累计总投资达3416.4万元。20年间,残疾人运动员周建潮、张丽萍、周瞳、梅正露等参加国际国内大型比赛34次,获得金牌32枚,银牌18枚,铜牌7枚。

# 第四节　民间体育

## 一、武 术

1991年以来,九江武术运动流派各异,承前启后,异彩纷呈。喜好习武健康运动的人群日渐壮大,年参加人数达数十万之多。1991年省第八届运动会武术比赛设31枚金牌,九江队夺得23枚金牌。1992年3月,国家体委原主任伍绍祖视察市体委,接见武术班全体师生,观看武术表演。3月,武宁县武术协会成立。5月,全国武术锦标赛(乙级赛区)在南昌举行。国家级裁判员,市武术教练曾宪萍任大会裁判员。7月15日,省"新苗杯"武术比赛,市武术队获团体冠军,集体项目冠军,获9枚金牌。7月21日在日本名古屋举行的"第九届全日本武术比赛大会"。市武术教练曾霖担任裁判长。1993年8月,全国第七届运动会武术比赛在成都温江举行,曾霖任大会裁判长。8月28日由市武术协会举办的武术比赛在星子县举行。1994年7~12月,省"新苗杯"武术比赛在宜春市举行。九江队获团体第二名,并获3枚金牌。8月,全国青少年武术比赛在宜春市举行,获3块金牌。11月,省第九届运动会武术比赛在上饶举行,获4块金牌。1995年7月,全省"新苗杯"武术比赛,九江队获团体第一名,同时获3块金牌。1996年7月,举办全市武术比赛。1997年8月,市第八届运动会武术比赛在九江县举行。

2001年10月,市第九届运动会武术比赛举行。2003年8月,省青少年武术比赛在九江县举行。市武术队刘茜等共获12枚金牌;8月22日,第四届全国"武术之乡"武术比赛在庐山举行。2004年4月,全市武术比赛。12月,市武术协会主办"中泰拳王散打赛"。2005年5月,市武术协会举行全市太极拳、剑,木兰拳、剑比赛。7月,在宜春市举行的省青少年武术比赛中,获团体第一名。2006年3月,举行青少年武术比赛。11月,省第十二届运动会在新余市举行,市武术队获2枚金牌、2枚银牌、2枚铜牌。8月,市举行第十届运动会武术比赛。2008年5月市武术教练喻浩被评选为奥运火炬手。10月,第三届国际传统武术比赛在湖北省十堰市举行,九江队获得1银、6铜。2009年7月,全国武术馆(校)武术比赛在宜春市举行,邱汪培参赛,获全能第三名,被评为一级运动员。8月,市武术协会举办"首届传统武术比赛";省武术散打锦标赛在江西师范大学体育馆举行,九江龙武国术馆散打总教练宋亚男参加比赛,获散打男子青年组60公斤级冠军。九江队获团体第一名。11月,"派拉蒙杯"全国龙武散打比赛在九江龙武国术馆举行,九江队获5枚金牌、2枚银牌、3枚铜牌,并获团体第一名。2010年3月,市教练喻娟到香港参加国际武术节比赛,获2枚金牌。九江龙武国术馆散打队获9枚金牌、2枚银牌、1枚铜牌;套路队获3枚金牌、4枚银牌、1枚铜牌。6月,全国青少年武术套路锦标赛暨第三届世界青少年武术锦标赛选拔赛在湖北武汉市举行,九江龙武国术馆获集体拳第七名,女子组获南拳铜牌,刀术第四名;男子组获南拳金牌,刀术第五名,棍术第六名;全国农民武术暨武术之乡传统拳传承人演武大会在陕西宝鸡举行,九江龙武国术馆徐子钦获南拳和三节棍2枚铜牌,吕昌礼获猴拳银牌。同期获得省青少年武术套路锦标赛3枚金牌、3枚银牌、1枚铜牌。7月,省青少年武术套路锦标赛在鹰潭举行,九江龙武国术馆伍倩雯、胡仙乐、叶周卿、陈思豪、王尔力、雷万凯等分别获得3枚金牌、3枚银牌、1枚铜牌,取得团体第六名;全国武术馆校武术比赛在新余市举行。汪晴参赛,获女子全能第一,评为国家一级武术运动员。9月,第四届国际传统武术精英赛在中国澳门举行,九江龙武国术馆获6枚金牌、2枚银牌、2枚铜牌,并获团体第一名。10月,省第十三届运动会武术比赛在鹰潭市举行。李响获2枚金牌,喻学获1枚金牌。12月,第三届世界太极拳健康大会在杭州举行,本市运动员获3枚金牌、3枚银牌、2枚铜牌。

至2010年,全市计有拳术230套,器械武术185套,经常参加武术练习者达5万余人。

## 二、健身气功

1991年以来，健身气功市内流行主要有易筋经、五禽戏、六字诀、八段锦4种，适宜各个年龄段习练。2003年2月，国家体育总局将健身气功确立为第97个体育运动项目。2004年，各县(市、区)第一批成立15个健身气功站点。2007年，市第十届运动会，健身气功首次作为市运会项目。2008年起，连续3年在市区“和中”广场开展全国“百城千村”健身气功展示活动。至2010年，已有站点63个。市区站点21个。习练健身气功全市参加人数达5000人。

## 三、龙 舟

1992年端午节，市承办第六届“屈原杯”全国龙舟赛暨“庐山杯”国际龙舟邀请赛。全国部分省(市)龙舟代表队、亚太地区及欧美龙舟劲旅应邀参加。同年5月，九江师专成立男子龙舟队，在首届“庐山杯”龙舟比赛中夺得冠军。九江市受到国家体育总局、中国龙舟协会表彰，获“为弘扬中华民族体育的瑰宝，发展龙舟运动做出的突出贡献”奖。2007年5月，九江学院、体育学院水上训练基地建立，与此同时，九江学院男、女龙舟队组建。同年10月，获“2007中国天津‘塘沽杯’国际大学生龙舟邀请赛”男女混合组500米直道竞速第三名，男女混合组5000米环绕赛第五名以及“体育道德风尚奖”。

## 四、风 筝

1990年4月，在山东省潍坊市举行的国际风筝大赛上，九江队1人获软翅小型第六名。1992年10月，在广东省阳江市举行的世界华人国际风筝大赛上，九江队1人获第八名，1人获风筝造型特等奖。1995年4月，全国第五届“乔士杯”风筝赛在广东省阳江市举行，九江队1人获硬翅中型第四名。2000年10月，在四川省绵阳市举办的全国第四届农民运动会上，九江队1人获软翅小型第八名；1人获体育道德风尚先进个人；2人获放飞奖。2002年10月，市风筝协会成立后，经常组队参加全国各地风筝大赛。

2004年4月，省组团参加山东省潍坊市“云门杯”全国风筝锦标赛，九江队多人获奖，并获团体第一名。9月，第五届全国农民运动会在宜春市举行，九江队1人获软翅大型金牌和硬翅大型铜牌，同时，获优秀运动员奖，并被评为全省体总系统体育工作先进个人。2005年10月，在湖南省举办的“中国城市”全国风筝精英赛上，九江队1人获软翅大型一等奖和软体大型三等奖。2007年10月，省第六届农民运动会在南昌市举行，九江队1人获软翅大型金牌和硬翅大型银牌，1人获软体大型铜牌。2008年10月26日至11月1日，全国第六届农民运动会在福建省泉州市举行，九江队1人获体育道德风尚奖。2009年10月29日，全国风筝“洋口港杯”锦标赛在江苏省南通市举行，九江队1人获育道德风尚奖。2010年10月，“洋口港杯”国际风筝大赛在江苏省南通市举行，九江队1人获地方特色风筝特等奖，1人获地方特色风筝四等奖。

## 五、钓 鱼

1985年10月，市钓鱼协会成立。下属各级分会(含县市区)56个，12个垂钓俱乐部。经常参加群众性垂钓活动3万人。1993年9月，在共青城主办“鸭鸭杯”国际钓鱼邀请赛暨“庐山杯”第九届全国钓鱼赛。同时，第一届全国渔具用品展销会在九江南湖宾馆举行。1998年5月，华东地区第十七届钓鱼比赛在市举行。1997年10月，全省钓鱼比赛在市举行。来自各设区市及省直各厅局、大专院校35个代表队、140名运动员参赛。2004年5月，华东地区第二十八届钓鱼比赛在市举行。1991~2010年，连续举办20届全市钓鱼比赛。首届比赛在都昌县举行，此后由各县(市、区)轮流主办。

## 六、登 山

市登山协会2000年8月20日成立，初期仅有会员147人，活动点9个。到2010年底，成立九江县登山分会、星子县登山分会、庐山区登山分会3个分会。发展会员至9905人，登山队109个。九江登山有着优越条件，除组织登山活动外，每年都有3.5万人自发参加登山健身活动。2000~2010年，市登山协会举办 16 次登庐山比赛,参赛选手 8950 人次。连续组团参加第十四至二十五届全国登泰山比赛,共 287 人参赛,有 106 人获奖牌或证书。此外,还组队参加:2001 年云南省昆明市全国中老年登西山比赛;第二届中国黄山国际登山大会暨 2006 年全国群众登山健身大会;2008 年在江西省资溪县举行的全国群众登山健身大会(总决赛)闭幕式暨"大觉山杯"全民健身登山比赛;2009 年第五届中国黄山国际登山大会暨 2009 年全国群众登山健身大会,在永丰县举办的省全民健身活动全省青年登山比赛。同年,参加在南昌梅岭举行的全省青年登山比赛,2010 年第六届中国黄山国际登山大会。

### 七、走 湖

20 世纪 90 年代末,九江走湖源于市民早晨沿湖跑步与锻炼。随着两湖(南湖、甘棠湖)道路拓宽,环境改变,由从"跑步锻炼"到"快步疾走"。每当清晨和夜幕降临,许多市民环绕着"两湖"疾走。围绕甘棠湖走一圈约 3 千米,需 50 分钟左右。绕南湖走一圈,需 1 小时左右。2010 年,为保证走湖有序,市交通管理部门对人流高峰时段(19~21 时)对李公堤路段禁止机动车辆通行。《浔阳晚报》倡议"走湖"新习惯,即出门左拐绕湖顺时针走,都朝一个方向走。其目的是避免发生碰撞,也让"走湖"运动显得有序、和谐。

### 八、龙 狮

2005 年 5 月,全国龙狮精英赛在江苏南京举行,九江队获得北狮项目第二名。12 月,全国舞龙舞狮邀请赛在广东深圳市宝安区福永街道举行,九江队获得北狮项目第二名。2006 年 4 月,第六届全国舞龙舞狮锦标赛暨第三届全国体育大会龙狮项目选拔赛在山东菏泽举行, 九江队获得北狮项目第四名。5 月,第三届全国体育大会舞龙舞狮比赛在江苏省张家港市举行,九江队代表江西省参赛,获得北狮全能项目第三名。11 月,中国(九江)首届国际龙狮精英赛在九江市举行,九江学院舞龙队、九江北狮队双获比赛金牌。2006 年 9 月,九江学院舞龙队成立。2007 年 3 月,第五届粤桂港澳台狮王争霸赛暨全国舞龙邀请赛在广东省佛山市举行,九江舞龙队获得舞龙项目金奖,并留有"广东狮称霸,江西龙称王"的美名。4 月,九江学院舞龙队获全国第七届舞龙舞狮锦标赛暨第二届亚洲室内运动会龙狮选拔赛"规定套路"技术铜奖,并获得全能第五名。4 月 12~16 日,第一届亚洲龙狮锦标赛在台湾台中市举行,九江队获得竞技舞龙第三名、夜光龙优胜奖、北狮白选套路及全能第二名。4 月 30 日至 5 月 3 日,首届全国南北狮王争霸赛在广东佛山南海举行,九江队参加的北狮项目,获得北狮自选套路铜奖。5 月 14~18 日,第七届全国龙狮锦标赛暨第二届室内亚运会龙狮选拔赛在江苏省溧阳市举行,九江学院参加的舞龙项目,获舞龙规定套路铜奖。6 月 13~17 日,国际狮王争霸赛在福建省泉州市举行,九江北狮队代表江西省参赛获北狮比赛"双狮护桃"项目银奖。10 月 11~15 日,第三届(仁川)国际龙狮大赛在韩国仁川市举办,九江队代表中国参赛,舞龙、北狮项目均获大会优胜奖。11 月 8~12 日,中国(九江)第二届国际龙狮精英赛在市举行,九江队参赛的舞龙、北狮都获得金奖。

2008 年 2 月 28 日至 3 月 1 日, 中国南京第 13 届国际梅花节暨中华龙狮争霸赛在江苏南京市举行,九江队获得北狮项目银奖,舞龙项目铜奖。6 月 26~29 日,全国舞龙舞狮精英赛在广东广宁县举行,九江北狮队代表省参赛获得北狮自选套路"双狮醉酒"的银奖。9 月 24~27 日,中国(九江)第三届国际龙狮精英赛在市举行,九江舞龙队获得银牌,九江北狮队获金牌实现连续三年冠军。10 月 26~28 日,全国第六届农民运动会舞龙舞狮比赛,在福建省石狮市举行,代表江西省参加的九江北狮队获金牌。市体育局得到国家体育总局表彰,获"全国龙狮大联动活动突出贡献奖"。九江县政府、庐山区政府、九江县岷山乡政府、庐山区文化局获得国家体育总局表彰的"全国龙狮大联动活动民族传统、创意、摄影奖。2009 年 2 月 12~18 日,首届亚洲舞龙公开赛在台湾苗栗县举行,永修龙队(女)在参加舞龙项目的比赛中,获"竞技龙"和"夜光龙"二项优胜奖。4 月 20~24 日,全国龙狮精英赛暨第四届世界龙狮锦标赛选拔赛在广东中山市举行,九江龙武南狮队获规定套路第三名、竞速第四名、自选套路第四名、障碍第五名、抽签第六名优异成绩。5 月 1~2 日,"黄飞鸿杯"第三届全国狮王争霸赛暨水上飞狮邀请赛,在广东西樵山举行,九江龙武龙狮团获北狮项目金奖、南狮项目铜奖。5 月 1~3 日,首届全国青少年舞龙舞狮邀请赛,在江苏省常州市武进区举行,代表省参赛的九江队获得舞龙项目银奖、南狮项目铜奖。2010年1月1~3日,全国第八届龙狮锦标赛暨全国第四届体育大会舞龙舞狮选拔赛,在广州体育学院举行,代表省参加的九江龙武北狮队进入决赛。3月2~6日,首届全国南狮公开赛在深圳市宝安区举行。在全国18支南狮队伍中,代表江西省参加的九江龙武南狮队获全能第四名。5月1~2日,“黄飞鸿杯”第四届全国狮王争霸赛暨中华水上南狮擂台争霸赛,在广东西樵山天湖公园举行,九江龙武北狮队获银奖。5月21~25日,全国第四届体育大会龙狮比赛,代表江西省参赛的九江龙武北狮队获铜牌。7月23~25日,第九届云顶世界狮王争霸战,在马来西亚云顶举行,有来自国际28支南狮队参赛,九江龙武南狮队获第六名的优异成绩。10月10~14日,第一届国际龙狮邀请赛,在云南通海体育场举行,有来自国际14支龙狮队伍参赛,九江龙武北狮队获第一名。12月25~27日,全国首届南狮擂台赛,在广西梧州市举行,有来自全国16对南狮参赛,九江龙武南狮队获120公斤级第一名。

### 九、少数民族运动

1991年以来,少数民族体育活动以蹴球、射弩、高脚竞速、板鞋竞速、毽球、枪花炮等项目为主,全市每年自发参加体育锻炼3万人次。1994~2007年间,市选派少数民族运动员参加全省少数民族运动会,获毽球项目女子团体第一名和男子团体第二名,马春获蹴球男子单蹴第一名,马燕获女子单蹴第二名,钱世韬获男子高脚竞速2×200米第二名。

## 第五节　全民健身

### 一、健身活动

1995年9月,全市实施《全民健身计划纲要》动员大会召开,并举行万人长跑活动。1996年6月,市体委在全市范围内开展全民健身宣传周活动。1999年初,省政府下发《关于江西省全民健身运动会实施方案》,市成立全民健身运动会组委会。各县(市、区)、局、场组织机构和实施方案相继出台。第一阶段运动会自5月至9月,历时5个月,共设5个赛区,掀起全民健身高潮,组团参加10月下旬在南昌举行的省全民健身运动会第二阶段比赛及闭赛式,有5个组别15个项目进行比赛及演示。获团体总分二等奖(第五名);湖口县、九江县、庐山区赛区获全省全民健身运动会最佳组织奖;九江军分区、市财政局、九江石化总厂、市第三中学等141个单位获全省全民健身运动会优秀组织奖。全市全民健身运动会比赛及演示项目共计26个;投入经费46万元。

2001年起,每年6月10日所在周为“体育活动周”,开展夏季登庐山比赛。2007年,全力唱响“全民健身与奥运同行”主题,在人民群众中进一步掀起体育健身的热潮,为北京奥运会举办营造全民健身氛围。根据国家体育总局部署,“全民健身周活动”扩展为“全民健身月活动”,6月定为全民健身月。2004年,围绕“农村体育年”,以“生活奔小康,身体要健康”为主题,开展全民健身运动,开展以体育场地设施、体育健身指导、体育科普知识为内容的“体育三下乡”活动,促进农村体育发展。2007年9月,在和中广场举行省第三届全民健身运动会火炬传递起跑仪式。省政府办公厅、省体育局、省体育总会以及市领导和市直有关单位、各群众团体干部职工、中心城区部分学生和武警官兵共计4000余人出席并参加火炬传递仪式。2009年3月,在庐山石门涧景区组织承办省全民健身活动启动仪式,副省长谢茹、省体育局局长刘鹰、副市长卢天锡同来自全省1000多名登山爱好者出席。8月,市体育局等14家单位在和中广场组织开展市“全民健身日”启动仪式和健身活动展示。参加活动达万人。2010年5月1日,举行“全民健身,万人健步十里河”活动。市委、市政府、市人大、市政协四套班子领导和社会各界群众1万人参加。

### 二、健身工程

1998年以来,健身工程是由国家体育总局统一组织,将各级体育行政部门的体育彩票公益金作为启动资金,捐赠给城市社区和农村乡镇,由受赠单位兴建,旨在开展全民健身活动的公益性体育场地设施。至2010年,在全市城市社区建设全民健身路径156条(每条12件器材),健身广场16个,社区运动场14个。2006年始,在农村乡镇建设农民体育健身工程,至2010年,全市共建设村级农民体育健身工程和农民体育健身场所341个,乡镇级农民体育健身工程3个。

## 三、公民体质监测

原名国民体质监测。2000年以来,通过对测试者的形态、机能和身体素质等13个项目的测试,给予评定,根据评定开出运动处方。测试者分为幼儿、青少年、成年人、老年人4个部分。测试后,根据测试人健康、亚健康状况开出运动"处方"。专设咨询服务台,发放"科学运动健身"传单,对体育健身知识进行宣传、讲解。当年,市体育局在九江石化总厂测试500人。2004年4~11月,引导人民群众科学健身,远离疾病,唱响"关心健康、珍爱生命"主旋律,把体育健身送进千家万户。市体育局在党政机关、烟水亭广场及部分县(市、区)开展系列国民体质监测活动,为市民开出运动处方,使之能根据自身体能情况进行科学有效的健身。共抽测样本4000人。2005年4~11月,市政府把国民体质监测工作列为百件惠民实事之一,让群众体育走进大众生活。市体育局在湖口县、都昌县、九江县、市庐峰小区和市体育馆开展系列国民体质监测活动,指导科学健身,4000余人参加测试。2007年,市体育局组织市四套班子的领导参加体质监测。2008年8~11月,先后在浔阳区、庐山区、市经济开发区、永修县等县、区的党政机关、街道、社区、企事业单位以及市区和中广场、烟水亭、十里大楼等场所组织国民体质监测,2200人参加测试,收集有效数据1699份。测试结果显示:3/10的优秀,6/10处于良好或合格。2009年,先后在浔阳区、庐山区、湖口县、德安县等12个县(市、区)开展国民体质监测工作,机关、企事业单位工作人员,城市和农村的务工人员及学校老师和社会团体人员,共3000余名成年人和老年人参加活动,2000余人参加测试,有效数据1773人,3/10优秀,6/10处于良好或合格。2010年5~6月,作为省国民体质监测工作检测点之一,在庐山区、永修县、湖口县、彭泽县4个测试点,对幼儿3-6岁4个年龄阶段16个组别,成年人20~59岁8个年龄阶段48个组别,老年人60~69岁2个年龄阶段8个组别,每个组别样本数量30人,进行测试。共3000余人参加活动,2300余人参加测试,抽取测试的幼儿480人(其中:乡村240人、城镇240人),成年甲组720人(其中:乡村240人、成体240人、城非体240人),成年乙组720人(其中:乡村240人、成体240人、城非体240人),老年组240人(其中:乡村120人、城镇120人),共计有效数据2160人。按要求录入数据库,整理登陆书,报送省体育科学研究所。为制定全省群众体育工作发展规划,体育健身提供科学依据。至2010年,市教育局、市体育局、市卫生局、市民族宗教局、市科技局、市财政局联合发文,先后进行3次学生体质健康监测工作。作为全国在省的3个检测点之一,对学生体质健康状况调研检测,调查对象抽取九江县、永修县、彭泽县、庐山区、浔阳区12所中小学校6~18岁在校学生,涉及13个年龄段,52个年龄组,每次抽测样本1.6万人,总检测6.36万人次。检测内容涉及体检项目5类27项,体测项目16项,化验项目2项以及问卷调查等,调查结果整理汇总上报。

## 四、青少年体育俱乐部

2000年,创建青少年体育俱乐部,对周边学校及青少年学生,实行团体会员和个人会员制开展活动,保证个人会员每周能在俱乐部接受有指导的体育活动2~3次,每次活动时间不少于1小时。保证团体会员每年能在俱乐部组织集体体育活动,一般不少于2~3次。在寒暑假、节假日和双休日期间,俱乐部组织青少年体育夏(冬)令营及各种体育培训、竞赛、交流活动等。俱乐部组织青少年体育活动规模一般不少于1000人,每年活动不少于20万人次。同年始,为推动全国体育场所的对外开放,促进青少年体育活动开展,培养青少年体育兴趣、爱好和终身体育锻炼习惯,增强青少年体质,增进青少年身心健康,国家体育总局每年拨出5000万元体育彩票公益金,资助拥有体育场馆设施的学校或单位创建公益性的青少年体育俱乐部,并逐年滚动发展。至2010年,全市已申办9所青少年体育俱乐部。

### 五、社会体育指导员

1994年，体育主管部门实施《社会体育指导员等级制度》以来，至2010年，全市有社会体育指导员866名，其中国家级11名、一级49名、二级401名、三级407名。社会体育指导员常年活动在基层体育锻炼站（点），开展以乒乓球、羽毛球、篮球、门球、太极拳（剑）、木兰拳（扇）、功夫扇、柔力球、旱冰、国标交际舞、迪斯科、腰鼓、健身气功、健身球、健身路径、台球、网球、街舞等项目的健身指导。

## 第六节 群众体育赛事

1991年以来，全市群众体育赛事频繁，成绩斐然。1993年9月，市钓鱼协会组织承办共青“鸭鸭杯”国际钓鱼邀请赛暨第九届全国钓鱼赛。1998年5月，在市举办华东地区第十七届钓鱼比赛以及2006年、2007年、2008年连续3届举办“中国（九江）国际龙狮精英赛”，群众体育氛围活跃。

**1991~2010年市群众体育赛事一览**

表61-1-1

| 年 份 | 级 别 | 赛事名称 | 比赛地点 |
|---|---|---|---|
| 1991 | 协作区 | 皖鄂赣三省九县协作区围棋比赛 | 温泉疗养院 |
| 1992 | 国际级 | 第六届全国屈原杯龙舟赛·中国庐山杯国际龙舟赛邀请赛 | 市南门湖 |
| 1993 | 国际级 | '93“炎黄杯”世界华侨华人龙舟系列赛（九江赛区） | 市南门湖 |
| 1993 | 国家级 | “庐山杯”全国钓鱼赛暨“鸭鸭杯”国际钓鱼邀请赛 | 共青城 |
| 1993 | 国家级 | “鸭鸭杯”国际钓鱼邀请赛暨九届全国钓鱼赛 | 共青城 |
| 1997 | 协作区 | 皖、鄂、赣三省十县（市）体育协作区台球比赛 | 都昌县 |
| 1998 | 协作区 | 华东地区第十七届钓鱼比赛 | 九江市 |
| 2001 | 国际级 | 中国江西“庐山杯”国际太极拳邀请赛暨学术论文交流会 | 庐山 |
| 2001 | 国家级 | “庐山杯”第十一届全国体育舞蹈锦标赛 | 庐山 |
| 2002 | 国家级 | “庐山杯”全国武术木兰拳比赛 | 庐山 |
| 2002 | 国家级 | “庐山杯”全国万人健美操大众锻炼标准大赛 | 庐山 |
| 2002 | 协作区 | 皖颚赣三省十县、市体育协作区男子篮球赛 | 九江县 |
| 2003 | 国家级 | “庐山杯”第三届全国城市体育舞蹈锦标赛暨全国龙狮精英赛 | 庐山 |
| 2003 | 协作区 | “三晶杯”杆5赣、鄂、皖三省中国象棋棋王邀请赛 | 彭泽县 |
| 2006 | 国际级 | 中国（九江）首届国际龙狮精英赛 | 九江学院 |
| 2006 | 省 级 | 全省第一届龙狮锦标赛 | 九江县 |
| 2006 | 国家级 | 首届港澳台（九江·共青）高尔夫球邀请赛 | 庐山国际高尔夫球场 |
| 2007 | 国际级 | 中国（九江）第二届国际龙狮精英赛 | 市和中广场 |
| 2007 | 省 级 | 江西省第三届全民健身运动会篮球比赛 | 共青城体育馆 |
| 2007 | 协作区 | 皖鄂赣三省十二县（市）体育协作区运动会 | 彭泽县 |
| 2008 | 国际级 | 中国（九江）第三届国际龙狮精英赛 | 市和中广场 |
| 2009 | 协作区 | “地税杯”皖鄂赣三省十县市乒乓球邀请赛 | 都昌县 |
| 2010 | 协作区 | “金圣杯”第七届赣皖领导干部网球赛 | 共青城市 |

# 第二章 学校体育

## 第一节 体育教学

### 一、教 师

1991~2010年,各学校均设置体育教学机构(初中学校成立“学校体育工作领导小组”)和“体育教研组”,有1名校领导分管体育工作,按规定配备专职体育教师,每年制订体育活动和教学工作发展计划,把体育教学纳入学校的工作目标考核之中,并将体育师资纳入教师培训计划,使每个体育教师都能接受一定时间的脱产或半脱产业务培训,改变体育课由兼职教师代课局面。投入经费,配备体育器材,为开展学校体育工作打牢基础,学校体育工作和学生体质健康不断提高。

### 二、教 学

1991~2010年,主管部门每年都下发文件并进行检查,要求各中小学校按国家规定的课程计划开齐、开足体育课程(初中各年级每周体育课时:课改前每周2节,课改后每周3节),要求体育教师按大纲授课,确保体育课质量。初中阶段体育课程侧重学生掌握体育基础知识和体育卫生保健知识,初步掌握基本运动技能,使学生养成自觉锻炼身体的习惯,促进身体正常发育,培养学生团结协作精神,以及竞争意识和勇敢顽强的意志品质。高中阶段侧重“体育与健康”课程教育,促进学生身体、心理和社会适应能力,以整体健康水平的提高为根本目标,通过学习和锻炼,使学生在体育知识、运动技能、体能、学习态度等方面获得发展和变化,培养学生健康的意识和体魄。

### 三、课外活动

1991~2010年,全市各级教育行政部门和学校贯彻《学校体育工作条例》,推行国家体育锻炼标准。把课堂教学与开展课外体育活动有机结合起来。坚持按规范上好体育课,做好“两操”(课间操,眼保健操),保证学生每天有一小时体育活动时间。各校每年举办一次学校田径运动会,培养学生兴趣,增强体育效果,展示学生能力。同时,一些学校因地制宜,结合学生实际,在校内外开展各项体育活动,如球类、棋类活动等。促进学生身心健康、健康意识和自觉锻炼习惯的养成。

## 第二节 体育达标

2001年始,全面推广实施《学生体质健康标准》,派员参加省级体育教师与分管人员培训班,举办市县体育教师培训班,各地各校按“标准”做好数据的测试和收集整理工作。2003年在全市开展“学校体育卫生教育”自查工作,内容涉及学校体育工作各个方面。通过自查自纠、找出差距,边查边改,有效地推动学校体育卫生工作健康发展。全市各学校每隔5年进行一次“全国学生体质健康调研”,作为省的3个监测点之一,先后于2000年、2005年、2010年进行学生体质健康监测工作。

**1991~2000年部分年份全市学生体育达标一览**

表 61-2-1　　　　　　　　　　　　　　　　　　　　单位:所、人

| 年 份 | 参与学校数 | 参与学生数 | 达标合格学生数 | 达标率% |
|---|---|---|---|---|
| 1991 | 3564 | 639000 | 46000 | 72.00 |
| 1992 | 4238 | 643420 | 443262 | 72.70 |
| 1993 | 3317 | 612015 | 483492 | 79.00 |
| 1995 | 2831 | 608309 | 410000 | 67.40 |
| 1996 | 2391 | 552692 | 403465 | 73.00 |
| 1997 | 2968 | 53982 | 41982 | 77.77 |
| 1999 | 1846 | 392818 | 286757 | 73.00 |
| 2000 | 1850 | 393800 | 289443 | 73.50 |

## 第三节　传统项目教育

1992年,市第三中学被命名为"江西省体育传统项目学校",是全省唯一的一所足球试点学校,校足球队一直保持全省中学生足球联赛冠军地位。1997年,九江金安高级中学、都昌县东湖中学、九江县一小、修水县义宁镇二小4所学校被命名为"江西省体育传统项目学校"。九江金安高级中学系实施《国家体育锻炼标准》达标单位、省具有特色的体育传统项目学校。2000年,市三中足球队代表省参加全国"贝贝杯"中学生足球赛,获第六名;2002年进入全国16强行列;该校多年获全国《国家体育锻炼标准》达标先进单位、全国群众体育先进单位,为省内具有特色的体育传统项目学校;2008年被命名为"江西省培养体育后备人才示范性中学"。同年,九江金安高级中学在省青少年篮球锦标赛中获男子甲组冠军,被命名为"江西省体育后备人才示范性中学"。都昌县东湖中学全校学生参加国家体育锻炼标准测验及格率一直保持在92%以上。学校田径队在参加市第九届运动会和市第九届中学生运动会中均取得较好的成绩。九江县第一小学2008年在参加全省体育传统项目学校田径运动会获团体总分第四名,获"江西省优秀体育传统项目学校"称号。是全国"尝试教育法"和"全脑型体育教学模式"实验基地,在2009~2010学年度小学生体质健康测试中,达标率86.6%,该校学生黄奕录取为省重竞技运动中心队员(铅球、垒球)。修水县义宁镇第二小学于1997年和2006年2次获"江西省优秀体育传统项目学校"称号及省群众体育先进单位、推行《国家体育锻炼标准》试行办法先进单位等奖励。输送2名同学到省田径队,在2009年全省体育传统项目学校田径运动会上获小学组团体总分第三名。2010年,2736名学生参加健康达标活动,达标率91%。

2003年,庐山区第一中学被命名"江西省体育传统项目学校"。该校在2005年全市中学生足球比赛中获第三名。2000~2010年向全国高等院校输送体育人才52名。

2005年,九江小学、市双峰小学、市同文中学、永修县一中、永修县新城小学、都昌县三中6所学校被命名为"江西省体育传统项目学校"。九江小学先后获得全国贯彻《学校体育工作条例》优秀学校、全国群众体育工作先进单位、省优秀体育传统项目学校等称号。市双峰小学1997年获全国冬季体育锻炼先进学校。市同文中学(九江市二中)2008年被命名为"江西省培养体育后备人才示范性中学"。永修县一中,2007年8月获得全省体育传统项目学校比赛男子篮球高中组第七名;2008年获全省体育传统项目学校羽毛球比赛男子团体第一名,男单第一、三、四、五、六名,女单第一、四、五、六名,同时获得高中组总分第一名;2009年获全省体育传统项目学校羽毛球比赛男子团体第二名,男单第三、五名,女子团体第二名,女单第二名;2010年8月在参加全国阳光体育传统项目学校羽毛球比赛中获女子单打第一名,男

子单打第五名,混双第七名,并获得体育道德风尚奖。永修县新城小学在2009年全省体育传统项目学校羽毛球比赛中获男子B组单打第四名,2010年江西省体育传统项目学校羽毛球比赛中获男子A组单打第二名，在2010年学生体育达标活动中,1866名学生的达标率为96%，有40人达国家三级运动员标准。都昌县第三中学2004年8月组队参加全省少年摔跤比赛和少年国际摔跤比赛,取得2个第一名,4个第二名。2007年10月在第十四届全市中学生田径运动会上获团体总分第三名。同时,为省体校、昌北训练基地等单位输送体育人才12名。2009年,湖口中学、修水县琴海学校被命名为“江西省体育传统项目学校”。湖口中学1990~2010年向省体工队输送5名体育后备人才,向上海体院、华东师大、江西省大专院校输送体育人才660名。修水县琴海学校自2004年创办以来，为全国各体育院校输送体育人才130名。在2010年全校3420名学生参加的《学生体质健康标准》活动中,达标率为95%。至2010年,全市被命名为“江西省体育传统项目学校”4所。

## 第四节　学校赛事

### 一、体育竞赛活动

1991年2月,市体委举行全市少年田径集训队员寒假通讯赛。3月,市教委和市体委联合举办市中学生“三好杯”足球赛。5月,举行省八届运动会田径项目少年乙组选拔赛。同月,市体委、市教委联合举办市区中学生“田径杯”比赛。市体委先后举办“贝贝杯”“厂矿杯”足球赛,有60支队参赛。1992年1月,市体委举行迎接全国暨国际龙舟赛市区中学生环湖赛跑活动。6月,全市开展推广幼儿广播体操活动。8月,全市中、小学少年武术比赛在星子县举行。8月,市承办全省少儿体校皮划艇比赛。同年,市体委、市教委联合举办市区中学生“龙舟杯”田径赛和第十三届全国省际“厂矿杯”小足球比赛等。组队参加全国“贝贝杯”小足球比赛和全省体育传统项目学校游泳比赛。1993年,组队参加在上饶市举行的全省体育传统项目学校田径运动会。5月,体育传统项目学校进行田径测试比赛。10月,市体委举行全市首届厂矿中学生足球赛。10月,市体委举行全市中学生足球赛。1994年3月,市体委举行全市青少年田径选拔赛。4月,市体委、市教委、团市委在全市开展“雏鹰起飞”小学生体育活动。4~5月,市教委、市体委联合举办全市中学生乒乓球比赛。9月,市教委、市体委联合举办全市中学生足球比赛。1995年10月,市教委、市体委联合举办全市中学生足球比赛。1996年7月,全市省级体育传统项目学校足球比赛在市体育场举行,市派队参加。

2000年,市三中足球队在全省中学生足球比赛中获第一名;代表省参加全国“贝贝杯”中学生足球赛,获第六名。2001年5月,省少儿乒乓球赛在市举行。2003年,市体育局、市教育局联合举办青少年体育俱乐部三人制篮球赛、中学生足球赛、小学生软式排球赛。7月,省少儿乒乓球赛在市举办。2004年,市体育局、市教育局联合举办市直中小学围棋赛以及“百事可乐杯”江西省五人制足球争霸赛九江赛区比赛。7月10日开始,省少儿田径比赛在市举行。7月18~24日,省体育传统项目学校篮球赛在市举行。12月,市体育局、市教育局联合举办的中学生“琛康杯”男子篮球赛。2005年5月,省“百事可乐杯”五人制足球赛九江赛区全面开赛,比赛分大学、中学2个组、3个阶段进行,共有128支球队参赛。市第三中学代表队脱颖而出,10月,代表市参加由省教育厅主办的省中学生足球赛,夺得冠军。5月28日,市妇儿工委、市体育局、市妇联联合举办以“童心、同乐”为主题的庆“六·一”家庭趣味运动会。2006年5月,市体育局举办市少年儿童围棋比赛,九师附小、中心幼儿园分别夺得小学组和幼儿园组冠军。12月,市体育局、市教育局共同举办全市中学生篮球比赛。2007年4月,教育部、国家体育总局在湖南省永州市召开全国中小学实验成果交流大会,九师附小围棋选手,夺得全国小学组团体第一名,戴雨嫣夺得女子组冠军。5月4日,市围棋选手刘洵、吴国松、戴雨昕在省举行的体育传统项目学校“三棋”比赛中,分别夺得男女子G、H组冠军,吴国松获得男子象棋H组冠军。5月22日,“全国亿万青少年学生阳光体育运动”九江市分会场启动仪式在市第三中学体育场举行,全市中专及中、小学生2000余人参加并进行文体表演。5 月，市体育局、市教育局联合举办第四届全市“六一杯”少年儿童棋类比赛。6 月，市体育局举办首届“浔阳江畔”杯少儿乒乓球比赛。11 月，市教育局、市体育局联合举办中学生足球比赛。同年 11 月至 2008 年 3 月，团市委、市教育局、市体育局在全市各级各类学校联合开展“阳光体育冬季长跑活动”。2008 年 5 月中旬，由市体育局、市教育局、团市委联合组织的“我与奥运同行”江西省百万学生阳光体育助奥运活动开幕式在市第三中学举行。5 月 29 日至 6 月 1 日，市体育局、市教育局联合举办全市“新苗杯”少儿乒乓球比赛。6 月，市体育局、市教育局联合举办市第五届“六一杯”少年儿童棋类比赛，600 多名小选手参加比赛。8 月，市体育局、市教育局联合举办全市“新苗杯”少儿田径比赛。11 月 29 日至 12 月 14 日，市体育局、市教育局联合举办全市中学生“健康杯”男子篮球赛。金安高级中学 2008 年在“江西省青少年篮球锦标赛”中获男子甲组冠军。修水县举行全县中小学生广播体操比赛。2009 年 1 月，市教育局、市体育局、团市委在同文中学举行“九江市第三届学生阳光体育冬季长跑活动”起跑仪式。4 月，市体育局、市教育局联合举办全市年度“新苗杯”跆拳道锦标赛。5 月，市体育局举行全市大学生篮球联赛。8 月，市体育局、市教育局联合举办全市“新苗杯”少儿田径比赛。9 月，市轮滑协会参加在上海举办的第三届世界自由式轮滑锦标赛，12 岁的女选手邓羚夺得青年女子组速度过桩比赛冠军、花式绕桩亚军。10 月，市体育局、市教育局联合举办市第五届“荣华”杯少儿围棋锦标赛。九江棋院组队参加在萍乡市举行的省第三届“育苗杯”少儿围棋赛，夺得团体冠军，两人获得个人第一名。11 月 28 日至 12 月 13 日，市体育局、市教育局联合举办 2009 年市中学生“健康”杯男子篮球赛。

2010 年 1 月 1~2 日，市体育局举办第五届全市少年儿童三棋定(升)级段比赛。1 月 13 日，由市体育局、市教育局和团市委共同主办的全市第三届学生阳光体育冬季长跑运动启动仪式在市同文中学举行。5 月 1~2 日，市体育局、市教育局、团市委联合举办全市“新苗杯”跆拳道锦标赛。5 月 14~16 日，市体育局举办全市第二届高校大学生篮球联赛举行。5 月 22 日，市体育局、市教育局联合举行全市“新苗杯”乒乓球赛。8 月，市体育局、市教育局联合举办全市“新苗杯”少儿田径赛。

## 二、学校运动会

1991 年 7 月，彭泽县承办全省少儿体校“苗苗杯”游泳比赛。1992 年 7 月，湖口县承办全国少儿体校游泳比赛。此后，湖口县每年举办一届中学运动会，规模一大一小，辅以单项赛，如篮球、足球、田径等。2002 年，九江县承办全国 U-17 青少年足球赛。此后，九江县一小每学年举行一次春季或秋季全校田径运动会。设置项目低年级为：兔子跳、垒球、60 米、100 米、4×60 米迎面接力、仰卧起坐、立定跳远、跳绳、拔河等比赛。中高年级为：垒球、铅球、跳高、跳远、跳绳、仰卧起坐、60 米、100 米、200 米、400 米、800 米、4×100 米接力、拔河等项目。2004 年以来，都昌县第三中学每年举办学校冬季运动会。2006 年 10 月，修水县琴海学校举行首届田径运动会，有 1024 人参加比赛。2007 年，彭泽县在举行全县第十届中学生田径运动会后，确定并坚持每两年举行一次全县中小学生田径运动会。至 2008 年，修水县已连续举办 6 届全县中小学生田径运动会。2009 年 5 月，修水县举行纪念五四运动中小学生长跑比赛。10 月，彭泽县举行第十一届全县中小学生田径运动会。2010 年 10 月修水县琴海学校举行第二届田径运动会，有 1320 人参赛。至 2010 年，德安县各中小学坚持每年举行一届中小学生田径运动会。各大专院校亦坚持举办运动会，设篮球、排球、田径等项目。2007~2010 年，九江职业技术学院连续开展 4 届大学生阳光体育冬季长跑活动和校运动会。

# 第三章　竞技体育

## 第一节　竞赛项目

### 一、足 球

20世纪90年代后期,九江青少年足球运动复兴。1999年,市体校少年足球队参加在贵阳举办的全国青少年足球夏令营比赛中,在26支U-11代表队参赛的情况下取得第三名。2000年,市第三中学足球队参加全国"体晨杯"中学生足球赛获得第六名。2002年,省第十一届运动会上,九江代表团获得足球男子乙组、男子丙组、女子组三项金牌。2003年,在华东举办的全国U-15甲组比赛中,获得第二名。2004年7月,在成都全国儿童足球邀请赛U-11组比赛中获得亚军。2005年,获得全省各级青少年足球赛男、女项目冠军。2005年始,市足球网草根足球联赛每年举办1届。2008年,市体育局恢复举办全市足球比赛。其中,城开旅游、联盛集团、一洲房产获得2008年足球赛冠、亚、季军,清源俱乐部、联盛俱乐部、福元运通获得2009年冠、亚、季军。联盛俱乐部、天翼置业、九江烟草公司获2010年冠、亚、季军。到2010年年底,有12名足球队员被输送到各运动队。其中,1名女足队员入选国青队,后转四川剑南春女子足球队,1名在国安三线队,5名在青岛颐中队,5名在成都五中谢菲联队。

### 二、网 球

1995年始,网球运动起步,因训练场地不足,训练网点不多,训练对象以青少年为主,参与活动人数甚少。成年人主要以健身活动为主,规范化竞赛较少。1999年后,参与网球锻炼的人群渐多,网球训练场地开始规范。2005年,市网球协会成立,首次举办全市网球公开赛,到2010年,共举办6届全市网球比赛。其规模由最初的二县二区40名运动员参赛发展到11个县(市、区)200名运动员参赛。2008~2010年,全市网球场地设施不断完善。先后承办全省领导干部网球赛和赣皖领导干部网球赛以及2010年协办的中国网球协会九江交流赛。到2010年底,全市网球场地增至55片,其中县(市、区)25片。为扩大影响、交流技艺,两次派队参加全省网球公开赛,每年组队参加全省厅处级干部网球赛。

### 三、射 击

1991年以来,投入训练的有男、女小口径步枪、气步枪和男女气枪、小口径运动手枪。射击项目教练员张志清、赵勇曾培养出国际级健将柳军、全国冠军刘骏、全国系列射击赛慢射第三名钱浔峰、第十一届全运会手枪速射第二名杨安国等运动员。1991年,在全省第八届运动会上,刘骏获男子个人成年组小口径自选步枪60发卧射冠军、小口径自选步枪3×40立射冠军和小口径自选步枪3×40跪射冠军,代表团获得男子团体成年组小口径步枪3×40项目3333环的团体冠军。赵倩小口径手枪60发命中681环获冠军。1994年,在全省第九届运动会上,刘骏获气步枪60发冠军、柳军获自选手枪速射冠军。刘骏同时获得小口径步枪60发卧射冠军,小口径步枪3×40立射冠军和小口径自选步枪3×40冠军。在男子个人甲组比赛中,杨安国获标准手枪冠军,李至春获自选手枪速射冠军,钱浔峰获自选手枪慢射冠军。在男子个人乙组比赛中,左劲林获标准手枪60发冠军。刘纪新获得女子小口径手枪60发冠军、气手枪40发冠军,李砥在女子个人乙组比赛中,获女子小口径60发冠军。代表团双获男子甲组自选手枪速射和自选手枪慢射团体冠军。

## 四、摔 跤

1991 年以来,古典式摔跤和自由式摔跤项目训练初显成效。1994 年,在全省第九届运动会上,市运动员杜传勇在古典式摔跤比赛中,获男子 50 公斤级亚军,龚金湘获 48 公斤级冠军。张桂斌获自由式摔跤男子 52 公斤级冠军,赵猛获 57 公斤级冠军,王志杰获 68 公斤级以上冠军;陈名获 40 公斤冠军,康于堂获 43 公斤级冠军,刘长喜获 55 公斤级冠军。1998 年,在全省第十届运动会摔跤比赛中,冯孔波获古典式摔跤男子 69 公斤级冠军。2006 年,在全省第十二届运动会摔跤比赛中,江承亮获古典式摔跤男子 63 公斤级第三名。2009 年,曹晓军在参加全国少儿锦标赛中,获古典式摔跤男子 50 公斤级冠军,并在 2010 年省第十三届运动会上,获古典式摔跤男子 50 公斤级冠军、全国青年锦标赛古典式摔跤男子 50 公斤级第三名。杨波、余全强分别在全省第十三届运动会上获得古典式摔跤男子 69 公斤级第二名和男子 55 公斤级第二名。

## 五、柔 道

1993 年,引进柔道项目人才,从全市中小学和业余体校中选拔一批苗子进行训练。1994 年,在全省第九届运动会上,李成香获男子甲组 60 公斤级冠军,胡志良获 65 公斤级冠军,齐武松获 78 公斤级冠军,陆军获+78 公斤级冠军,陈新峰获男子乙组 55 公斤级冠军,吴启林获 60 公斤级冠军,朱一风获 71 公斤级冠军,李斌获女子甲组 48 公斤冠军,许慧娟获女子乙组 48 公斤级冠军。1996 年,卢真义在全省少儿比赛中,获男子乙组 73 公斤级第二名。汪余勇获 1996~1998 年全省少儿比赛男子乙组 60 公斤级冠军,1998 年全省第十届运动会男子乙组 60 公斤级冠军。在 1998、1999 年全省少儿比赛中,卢真义双获男子乙组 73 公斤级冠军,同时获 1998 年全省第十届运动会男子乙组 73 公斤级冠军。1999 年,郑亮在全省少儿锦标赛中,获男子乙组 55 公斤级冠军。2000 年,郑亮在全省少儿锦标赛中,获男子乙组 55 公斤级第二名,石安邦获男子乙组 55 公斤级第三名。2001 年,郑亮在全省少儿锦标赛中,获男子甲组 66 公斤级冠军,石安邦获男子乙组 60 公斤级冠军。2002 年、2003 年、2008 年郑亮、石安邦获得不同公斤级的冠军。

## 六、跆拳道

1998 年,市体校选派武术教练参加全省跆拳道项目培训班。1999 年 9 月组建市跆拳道队,市跆拳道项目开始起步。2002 年,在省第十一届运动会上,李强、陈亮获男子甲组 50~54 公斤级冠军,刘春、陈宇飞获男子甲组 58~62 公斤级亚军,杨倩、王灿、徐萍、王存萍获得女子乙组、丙组(四个级别)亚军,冯斌获男子甲组 62 公斤级第五名。2002 年 8 月,市跆拳道协会成立,举办过近 200 次升级考试。2003 年 9 月,在参加省“正熙杯”跆拳道比赛中,夺得 6 金 3 铜。2005 年 1 月,在参加省“俱乐部杯”跆拳道比赛中夺得 7 金 6 银 3 铜。同年 5 月,在参加“首届四省跆拳道邀请赛”中夺得 2 金 3 银 7 铜。10 月,举办“五省跆拳道邀请赛”,市跆拳道协会获得团体总分第一名 7 金 15 银 11 铜的成绩。2007 年 8 月,参加省青少年跆拳道比赛获 1 金 1 银。2008 年 8 月,参加省青少年跆拳道比赛获 2 金 2 银 6 铜。2009 年 7 月,参加全省青少年比赛获 1 银 3 铜。

## 七、划 船

1991 年后,训练基地设在市中心甘棠湖,训练项目主要有赛艇和男女皮划艇。当年,在省第八届运动会上,董贵平获男子成年组 10000 米单人皮艇冠军。1994 年省第九届运动会上,宋新友一人独得赛艇男子甲组 500 米单人双桨、1000 米单人双桨和 6000 米单人双桨 3 块金牌。与队友刘显斌、张炳贵、赵能合作,获男子 4 人双桨冠军。1997 年,在第八届全运会上,获赛艇四人双桨冠军。邓煌强在省九运会上获男子甲组 500 米单人划艇冠军,盛达仕获 1000 米单人划艇冠军,张小冬获 5000 米单人划艇冠军,夏军、秦玉山获男子乙组 500 米双人划艇冠军。彭亦辉获男子超龄组 500 米单人划艇、1000 米单人划艇、5000 米单人划艇 3 块金牌,刘年秀、段想女获女子甲组 500 米双人皮艇冠军,胡芳、高勤获女子乙组 500 米双人皮艇和1000米双人皮艇冠军。2003年,李文晗在第五届全国城运会上,获赛艇轻量级双人双桨亚军、2007年全国青年皮划艇锦标赛女子1000米四人艇冠军。2003年4月,谢军在全国春季赛艇锦标赛中获2000M2-、2000M4-冠军。高玉兰在2003年全国赛艇锦标赛B组2000米比赛中,获2000米双人双桨冠军,2005年10月全国赛艇锦标赛2000米四人双桨获冠军,在第十届全运会赛艇四人双桨获冠军,2007年6月在荷兰赛艇世界杯比赛中,获双人单桨冠军,2008年8月,在北京第29届奥运会赛艇比赛中,获双人单桨亚军,2009年10月,在第十一届全运会赛艇比赛中,获四人双桨冠军。

### 八、田 径

1991年,在全省第八届运动会上,杨晓明获田径成年女子组800米和400米栏2个项目冠军。在1994年全省第九届运动会上,吕红斌分别夺得男子乙组110米栏和200米栏冠军。蔡荣获女子标枪冠军,刘守香获男子乙组标枪冠军。在1998年全省第十届运动会上刘守香获男子甲组标枪冠军。2006年陶宇桂获全国青年田径锦标赛女子100米冠军、亚洲青年田径锦标赛女子4×100米接力冠军,三级跳远亚军,2007年获得全国大赛四项冠军,2009年12月,在香港东亚运动会上获女子100米冠军。

## 第二节 竞技赛事

### 一、主办赛事

1991年,武宁县举办湘鄂赣边区第十一届运动会。2001年10月,庐山管理局主办中国江西"庐山杯"国际太极拳邀请赛暨学术论文交流会。2002年10月,庐山管理局主办"庐山杯"全国万人健美操大众锻炼标准大赛。2003年5月,彭泽县举办"三晶杯"赣、鄂、皖3省中国象棋棋王邀请赛。2007年11月,彭泽县举办皖、鄂、赣3省12县(市)体育协作区运动会。2010年,武宁县举办湘、鄂、赣边区第八届老年人运动会。

### 二、承办赛事

1991年,彭泽县承办省"苗苗杯"少儿游泳比赛。1994年5月,庐山管理局承办首届"五羊杯"自行车登庐山比赛。1995年8月,庐山管理局承办1995年中国庐山国际武术节暨全国少年"武士杯"武术比赛、全国男子柔道冠军赛。1996年,彭泽县承办省第十届运动会男子篮球外围赛。1997年,彭泽县在龙宫洞承办全国青年女子篮球赛。2001年,九江县承办全国第九届运动会男子篮球预赛。4月,庐山管理局承办"庐山杯"亚洲青年举重锦标赛,4月15~18日,承办全国第九届运动会女子举重预赛暨全国女子举重锦标赛,8月29日至9月2日,协办"九江交通银行杯"全国女子篮球俱乐部联赛,10月,承办"庐山杯"第十一届全国体育舞蹈锦标赛。2002年,九江县承办全国女子篮球俱乐部联赛、U-17全国青少年足球赛、全国青年男子排球锦标赛及皖、鄂、赣3省10县、市体育协作区男子篮球赛;5月,庐山管理局承办中国国际男篮超级巡回赛"庐山杯"中新对抗赛,6月,承办"庐山杯"全国女排优胜赛,10月,承办"庐山杯"全国武术木兰拳比赛。2003年,九江县承办CUBA男女四强对抗赛、全国青年男子手球锦标赛、美国快思特俱乐部与俄罗斯莫斯科火车头俱乐部篮球争霸赛;8月,庐山管理局承办"庐山杯"第四届全国武术之乡武术比赛,9月,承办"庐山杯"第三届全国城市体育舞蹈锦标赛暨全国龙狮精英赛。2004年,九江县承办全国女子篮球乙级联赛。2005年,九江县承办第十届全国运动会女子篮球预赛。2006年,九江县承办省第一届龙狮锦标赛。

# 第三节 运动竞赛

## 一、市运动会

**第八届市运会** 1997年7月,在九江县体育中心举行,10月结束。各县(市、区)、共青城和市直单位组成代表团参加比赛。近2500名运动员参加田径、游泳、乒乓球、羽毛球、足球、篮球、门球、棋类、柔道、摔跤、举重、木兰拳、武术13个项目的角逐。大赛分县区组和基层组进行,且规定不同的参赛项目。浔阳区、九江县、都昌县分获团体总分和奖牌数第一、二、三名。

**第九届市运会** 2001年7~10月在市区举行。浔阳区、庐山区、湖口县、彭泽县、都昌县、星子县、修水县、武宁县、瑞昌市、九江县、德安县、共青城、永修县、庐山管理局分别组成14个代表团、2000名运动员参加比赛。大赛设田径、游泳、举重、自由式摔跤、柔道、乒乓球、羽毛球、足球、篮球、武术(套路)、棋类、木兰拳、老年门球13个项目,共产生151块金牌。浔阳区、都昌县、瑞昌市分别获得金牌总数和团体总分第一、二、三名。

**第十届市运会** 2007年8~10月在市区举行。庐山管理局、浔阳区、庐山区、瑞昌市、武宁县、修水县、都昌县、湖口县、彭泽县、星子县、德安县、永修县、九江县、九江开发区、共青开发区15个代表团1100名运动员参加比赛,大赛设田径、羽毛球、乒乓球、跆拳道、武术(套路)、足球、篮球、棋类(围棋、象棋)、木兰拳(扇)、老年门球、健身气功(八段锦、易筋经)11个项目。共产生174块金牌。浔阳区、修水县、九江县获金牌第一、二、三名,浔阳区、修水县、瑞昌市获团体总分第一、二、三名。

## 二、省运动会

**第八届省运会** 1991年6月至10月18日分别在抚州、鹰潭、赣州、上饶、吉安、宜春、萍乡等地(市)举行。市代表团参加足球、乒乓球、羽毛球、田径、游泳、举重、射击、体操、皮划艇、赛艇、航海模型、武术等项目比赛。共获38块金牌。并获男子成年组羽毛球团体第二名、男子少年组团体第三名和女子成年组团体第二名,列地市组团体总分第五名、获奖牌数第四名。

**第九届省运会** 第1994年7~11月在上饶等地举行。市代表团参加游泳、赛艇、皮划艇、射击、体操、羽毛球、柔道、摔跤、举重、武术、乒乓球、篮球、田径等项目竞赛。获举重男子组团体冠军,羽毛球男子甲组团体冠军和男子乙组团体第三名。皮划艇男子组团体第三名、女子组团体冠军。列地市组团体总分第三名(2268.5分)获奖牌数第三名(63金、48银、56铜)。

**第十届省运会** 1998年7~11月在宜春市举行。时值九江发生特大洪水灾害,部分项目因场地施训受限,市代表团参加部分项目比赛。列地市组团体总分第五名、奖牌数第九名。

**第十一届省运会** 2002年7~11月在南昌市举行。市由258名运动员组成代表团,参加16个项目的角逐,共获41.5块金牌、31.75块银牌、38.5块铜牌。列地市组团体总分第六名、奖牌数第五名。

**第十二届省运会** 2006年7~11月在新余市举行。市由217人组成的体育代表团,参加16个大项比赛。共获47.5块金牌、37.5块银牌、25.5块铜牌。列地市组团体总分第七名、奖牌数列第八名。

**第十三届省运会** 2010年7~11月在鹰潭市举行。市由247人组成的体育代表团,参加武术、柔道、田径、体操等14个项比赛。获48.5块金牌、21.5块银牌、21块铜牌,列地市组团体总分第九名,奖牌数列第八名。获体育道德风尚奖。

## 三、全国运动会

1993年以来,市运动员曾先后参加全国第七届、第八届、第九届、第十届运动会,获4金4银1铜奖牌。

## 1993~2009年市运动员参加全运会比赛一览

表61-3-1

| 时 间 | 地 点 | 届 次 | 运动员 | 项 目 | 名 次 |
|---|---|---|---|---|---|
| 1993.10 | 北 京 | 7 | 刘 骏 | 小口径步枪 | 1 |
| | | | 刘纪新 | 运动手枪 | 6 |
| 1997.10 | 上 海 | 8 | 宋新友 | 赛艇四人双桨 | 1 |
| | | | 柳 军 | 手枪速射 | 8 |
| 2001.10 | 广 东 | 9 | 宋新友 | 赛艇四人单桨 | 2 |
| | | | 宋新友 | 赛艇四人双桨 | 5 |
| | | | 高玉兰 | 赛艇四人双桨 | 7 |
| | | | 谢 军 | 赛艇轻量级双人双桨 | 8 |
| | | | 王 震 | 男子链球 | 6 |
| 2005.10 | 南 京 | 10 | 高玉兰 | 赛艇四人双桨 | 1 |
| | | | 谢 军 | 赛艇轻量级双人双桨 | 2 |
| | | | 王 震 | 男子链球 | 4 |
| 2009.10 | 山 东 | 11 | 高玉兰 | 赛艇女子2000米双人双桨 | 1 |
| | | | 高玉兰 | 赛艇女子2000米双人双桨 | 2 |
| | | | 杨安国 | 25米手枪速射 | 2 |
| | | | 陶宇佳 | 田径女子100米 | 3 |
| | | | 陶宇佳 | 田径女子100米 | 6 |
| | | | 钱浔峰 | 10米气手枪 | 8 |

## 1992~2010年市运动员参加区域性国际性比赛一览

表61-3-2

| 时 间 | 地 点 | 运动员 | 比赛名称 | 项 目 | 名 次 |
|---|---|---|---|---|---|
| 1992.8 | 瑞 典 | 郭木文 | 第八届世界耐久航海模型锦标赛 | FSR-V15 | 3 |
| 1992.8 | 瑞 典 | 郭木文 | 第八届世界耐久航海模型锦标赛 | FSR-V3.5 | 7 |
| 1994.8 | 斯洛伐克 | 郭木文 | 第九届世界耐久航海模型锦标赛 | FSR-V15 | 4 |
| 2004.6 | 瑞 士 | 高玉兰 | 2004年世界杯 | 2000M4X | 8 |
| 2006.5 | 慕尼黑 | 高玉兰 | 赛艇世界杯 | 4X | 5 |
| 2006.8 | 英 国 | 高玉兰 | 世界赛艇锦标赛 | 2000M4X | 8 |
| 2007.6 | 荷 兰 | 高玉兰 | 赛艇世界杯 | 双人单桨 | 1 |
| 2007.8 | 德 国 | 高玉兰 | 世界赛艇锦标赛 | 双人单桨 | 6 |
| 2008.6 | 波 兰 | 高玉兰 | 赛艇世界杯总排名 | 双人单桨 | 1 |
| 2008.8 | 北 京 | 高玉兰 | 第29届奥运会 | 双人单桨 | 2 |
| 2008.8 | 北 京 | 陶宇佳 | 第29届奥运会 | 4×100米 | |
| 2009.11 | 中 国 | 陶宇佳 | 亚洲田径锦标赛 | 100米 | 4 |
| 2009.12 | 香 港 | 陶宇佳 | 东亚运动会 | 100米 | 1 |
| 2009.12 | 香 港 | 陶宇佳 | 东亚运动会 | 4×100米 | 1 |

续表 61-3-2

| 时 间 | 地 点 | 运动员 | 比赛名称 | 项 目 | 名 次 |
|---|---|---|---|---|---|
| 2010 | 济 南 | 陶宇佳 | 全国田径锦标赛 | 100 米 | 1 |
| 2010 | 广 州 | 陶宇佳 | 第 16 届亚运会 | 4×100 米 | 2 |
| 2010 | 广 州 | 陶宇佳 | 第 16 届亚运会 | 100 米 | 5 |

# 第四章 体育队伍

## 第一节 人才培养

1991 年 8 月，设立江西省体校九江中专班。首批招收学员 42 名，在当年参加全省各类比赛中取得金牌 27 枚，银牌 28 枚，铜牌 18 枚。同时，向省体工队、省体校输送 4 名优秀运动员，向北京体育学院、武汉体育学院输送 2 名优秀运动员，有 8 名运动员被选拔参加省体工队、省集训队。体育中专班的运动班和体育管理班学制 3 年。在教学上实行奖学金制，在训练上实行运动成绩奖励制。运动班的训练项目为田径、划船、武术、射击、举重。后陆续增设摔跤、柔道、网球、跆拳道等项目。文化课开设语文、数学、物理、化学、政治、外语。体育管理班文化课与运动班相同。体育理论课设运动生理、体育理论、人体解剖学、心理学、教育学、运动保健等。体育管理班体育技术课设田径、体操、球类(篮球、排球、足球、乒乓球)、武术、游戏、游泳等。1992 年，市体委筹集资金 35 万元，建造 1 栋 3 层楼的综合训练馆，建筑面积 1092 平方米。一楼设荡桨池，用于划船项目的陆地训练。二楼设摔跤、柔道馆，用于摔跤、柔道项目训练。三楼设体操馆，用于体操项目训练。当年，又投入 7 万元修建 1 座 600 平方米的室内 60 米风雨棚跑道，改善田径训练条件。1993 年 6 月，投入 55 万元建造 1 栋 6 层教学楼，建筑面积 1343.70 平方米，1994 年 12 月投入使用。1996 年，成立“江西省体育运动学校九江分校”，在训学生 671 人。1997 年，投入 15 万元建成微机室、生理解剖实验室、物理化学生物实验室、图书室等。有各类图书、杂志、报刊资料等 2 万册(份)。2000 年，投入 19 万元添置训练设备，改善训练条件，改造学生食堂、浴室和学生宿舍。

2005 年 7 月，因城市建设需要，市体校易地重建。2008 年 9 月，于八里湖新区竣工投入使用。至 2010 年，市体校每年都派出运动员参加全省田径、摔跤、跆拳道、武术、体操、赛艇、皮划艇、举重、网球、乒乓球、射击等 16 个项目的少儿系列竞赛，取得优异成绩。彭泽、修水、九江、湖口、都昌、星子、德安、永修县、瑞昌市、浔阳区分别开办当地体校，采取体教结合形式，培养少年体育运动人才。

## 第二节 人才输送

1991 年以来，市体委把选拔和输送体育后备人才作为发展体育事业大事，建立和完善制度措施，把事业经费重点向训练一线倾斜。同时，与市体校签订目标责任状，对教练员实行岗位聘用，由体校校长与其签订目标考核责任状，将训练人数、参赛达标率、人才输送率、省运会奖牌数等硬性指标等列入责任状中，并以 4 年一度的省运会为考核周期，兑现考核机制。对县区教练员，凡推荐进入市体校的学员，入选 1 人奖励 100 元，入选省体校 1 人奖励 300 元，入选省体工队 1 人奖励 500 元。市体育后备人才输送瞄准奥运会、突出全运会、立足省运会的目标，加大运动员的选才及输送力度，着眼选早、选准、选强，坚持科学选苗、严格施训、积极输送，逐步实现人才输送基地化。按照扶强择优的原则，集中力量发展优势项目，开发潜在项目，夯实基础项目。以市体校为重点，继续把训练项目延伸到社会和中小学校，巩固和扩大社会化训练成果，力争多出人才，快出人才。

20年间,全市向解放军八一军体大队、省体工大队、省体校输送优秀运动员121名。向全国各高校输送体育人才1300名。他们当中,产生多名国家著名运动员。如由彭泽县输送的全运会赛艇冠军宋新友,武宁县输送的全运会赛艇轻量级亚军谢军,市体校输送的全运会射击亚军杨安国和两届全运会女子赛艇冠军、北京奥运会女子赛艇亚军高玉兰及全运会田径女子100米季军、入选北京奥运会参赛者陶宇佳等。至2010年,全市有44名优秀运动员(其中女运动员18人)在江西省体工队、2名优秀运动员在国家队训练。陈冬梅、宋新友、杨安国、钱浔峰等14名著名运动员退役后分别在省体工队担任各专业教练。

## 第三节 队伍建设

1991年以来,市体育事业坚持可持续发展战略,为经济建设服务和增进人民群众身体健康服务,不断夯实基础,发挥各方面的力量,壮大体育队伍,形成职责分明、行之有效的管理机制。2010年,全市从事各类管理、训练、教学的体育工作者有1384人,裁判员1992人,接受竞技体育专业项目训练年平均人数为366人。其中:行政管理人员,市级23名,县(市、区)88名,其中大专学历以上63名,比例为56.7%。专业教练人员,市体校各项目教练21名,其中中级职称11名,比例为55%。县区体校教练员49名,有中级职称17名,比例为34.65%。市各级各类学校专职体育教师1256名。其中驻市高校体育教师201名,副高以上职称30名,比例为14.9%。中小学体育教师988名,中级以上职称198名,比例为20%。体育传统项目学校体育教师67名,中级以上职称20名,比例为29.8%。在训学生人数,市体校120人,县(市、区)体校业余训练学生246人,体育传统项目学校业余训练学生560名。各学校累计专业培训33838人次。其中市体校培训人数5659人次(含中专班511人);其他学校培训28179人次。裁判员队伍,共计各项目等级裁判员1992名,其中国家级裁判员13名,分别是武术2名、舞龙舞狮2名、田径1名、篮球1名、排球1名、体操1名、射击1名、游泳1名、航海模型1名、木兰拳1名、龙舟1名。其他各项目一级裁判员157名、二级裁判员573名、三级裁判员1253名。至2010年,全市共培养裁判员273名,其中田径、游泳、摔跤、柔道、足球、排球、篮球、网球、拳击、羽毛球、乒乓球、体操、跆拳道等竞技项目裁判员206名,木兰拳、武术、舞龙舞狮等群众体育项目裁判员67名。

# 第五章 体育设施

## 第一节 体育场地

### 一、场地规模

1991~2003年,市、县(市、区)实有体育场地4139个(块),29个种类,总占地面积288.70公顷,人均0.629平方米;标准体育场地1374个(块),占地面积95.62公顷,其余为非标准场地。其基本状况是:量少质差,大部分设施建设年代久远,功能不全;发展和分布极不平衡,城市多、农村少、相比差距大。全市人均占有体育场地面积低于中等发达地区人均3~4平方米的水平。市区实有体育场地总数为766个(块),29个种类,占地面积83.12公顷,人均不足2平方米,其中:标准场地有507个(块),占地面积50.88公顷,非标准场地259个(块),占地面积32.25公顷。有70%以上是分布在大专院校和中学校园内。2005年7月,市委、市政府决定拆除位于市中心庐峰路段上的旧体育场和体校设施。12月底,又拆除轮滑场、游泳池和射击场,易地选址开始新建市体育中心;各县(市、区)体育设施建设在推进实施之中。自2004年1月至2010年12月,全市共建成各类体育场所169个(块)。其中较大型的项目有:新建、扩建体育馆9个;新建、扩建体育场12个;建室内网球馆3个;建室外网球场42块,建游泳场馆10个;建综合健身馆5个。

### 二、场地分布

**教育系统场地** 至2010年,有体育场地2909个(块)。其中,标准场地729个(块),12个种类;非标准场地2180个(块),7个种类,占70.28%。

**体育系统场地** 至2010年,有体育场地。116个(块)。其中,标准场地79个(块),13个种类,非标准场地37个(块),8个种类,占2.8%。

**其他系统场地** 至2010年,有体育场地。1114个(块)。其中,标准场地566个(块),14个种类;非标准场地548个(块),8个种类,占29.91%。

## 第二节 市直设施

### 一、市体育中心

**立项及功能** 2002年12月,市发改委批准立项。2004年9月21日,市委、市政府决定市体育中心建设用地选址在市开发区向阳街道梅山村地界内。市体育中心占地46.25公顷,总建筑面积116000平方米。绿化面积22公顷,保留3处原生态植被山体。工程设计由南昌冶金设计研究院承担;所有项目由江西中昌工程咨询监理有限公司全程监理,地质勘探任务由九江地质勘察院完成,工程分为两期建设,一期工程于2005年12月28日开工,主要建设项目有主体育馆、体校、道路、排水等。二期工程于2008年9月25日开工,主要项目有主体育场、游泳场馆、综合训练馆、网球馆及景观绿化和其他附属工程。至2010年9月26日,整个体育中心基本建成,政府投资共4.5亿元。市体育中心按乙类场馆标准设计,可举办全国乃至国际单项比赛,满足举办省、市综合性运动会。为推动全民健身,开展大型群众文化娱乐活动提供场所。体育中心建成后,多次举办大型体育赛事和文化娱乐活动,使用效果符合设计要求。2007年10月,皖、赣2省厅级干部网球比赛在室外网球场举行。2009年5月,承办"红歌唱响八里湖"大型群众歌咏比赛活动。2010年9月,中央电视台"唱响九江·相约九银"大型文艺晚会在体育场举行。12月,首届环鄱阳湖国际自行车大赛(九江站)比赛,将体育中心南广场设为全程比赛的起点和终点,并进行开、闭幕式活动。市体育局下属市体育馆承担市体育中心各场、馆管理职责。

**主要设施** 体育馆:占地面积0.72公顷,建筑面积13900平方米,观众看台5180座位,全电子音响、灯光、计时计分、图像显示、自动升旗系统和暖通,消防自动控制系统配置。内场地面积2000平方米,可进行篮球、排球、羽毛球、乒乓球等多个国际和国内体育项目比赛及举办大型文娱表演活动。功能多,综合利用效率高,由浙江省建工集团公司承建,2008年10月竣工。

体育场:占地面积4.42公顷,建筑面积39307.24平方米,四周环形看台设31700座位,内有8条400米标准塑胶跑道,田径赛和投掷区覆盖全塑胶地面。全电子音响、灯光、计时计分和超大屏幕图像显示及消防自动控制系统。内场中央是天然草皮足球场,符合国家田径和足球比赛场地要求。由江西中恒建设集团公司承建,2010年9月竣工。

游泳场、馆:占地面积0.67公顷,建筑面积9244平方米。其中:游泳场建筑面积3370平方米,为25米×50米的室外标准比赛池,看台设有1200个观众座位。游泳馆为二层结构,建筑面积5874平方米,为25米×25米的短池,采用空气源热泵加电辅助供热系统。场、馆内均配置男、女更衣间、沐浴间和洗消池及水循环处理系统,并达到节能效果。由江西中恒建设集团公司承建,2010年9月竣工。

综合训练馆:占地面积0.32公顷,建筑面积8537平方米,三层结构,内设篮球、排球、乒乓球、羽毛球、举重、体操训练等多项功能,可以满足全民健身活动需要。由深圳市建筑工程股份有限公司承建,2010年6月完工。

网球馆:占地面积0.21公顷,建筑面积3058平方米,内设2片23.77米×10.98米的标准比赛场地,三层楼房为办公用房,配置灯光、空调系统。由市第一建筑公司承建,2010年8月竣工。

体校:3幢建筑,四周为栅栏式通透围墙,占地总面积1.76公顷,建筑面积10819平方米。其中学生食堂为二层结构,内设多功能厅,占地面积1010平方米,建筑面积1880平方米。学生公寓五层结构,占地面积0.07公顷,建筑面积3527平方米,采用太阳能集中供热水,节约能源,有84个标准间,可容纳336个学生床位。教学楼三层结构,占地积1780.5平方米,建筑面积5418平方米,分为12间标准教室和8个术科训练房。由省建工集团公司承建,2008年9月竣工。

室外田径场:占地面积2公顷,建筑面积18700平方米,四周为高6米的钢管钢丝网状围栏通透式封闭,有5米宽的硬化场地,内设8条400米标准塑胶跑道和全塑胶田赛区,中间为人工草皮足球场。可供日常足球、田径项目的训练比赛,由江苏省锦宏建设有限公司承建,2008年7月竣工。

室外网球场:占地面积0.67公顷,建筑面积5800平方米,内设8片标准比赛场地和灯光照明系统,四周为栅栏式钢网封闭。由上海申奥公司承建,2007年7月竣工。

室外篮球场:占地面积0.25公顷,设4片(28米×15米)标准的水泥硬化场地,面层涂刷聚丙稀材料,配钢质玻璃钢篮板球架,四周修建排水暗沟,其中2片场地配备灯光照明设施,可用于日常业余训练和比赛。

沙滩排球场:占地面积0.06公顷,场地长35米,宽18米;四周由1.2米×0.5米砖混结构的挡土墙合围而成,内部充填0.7米厚经过筛选的细沙,可设2片2人组对抗赛的比赛场地,平时多以训练和休闲娱乐为主。

儿童戏水池:占地0.2公顷,建筑面积1200平方米,其中池的建筑面积500平方米,为三圆相连鞋状造型,水深0.3~0.8米,建有更衣间、卫生间等功能服务用房,可供10岁以下儿童休闲娱乐锻炼。

健身路径:配置有单杠、双杠、天梯、肢体力量练习器等项设备13件(套)。

攀岩区:攀岩墙体为钢架结构,平面和岩点是用化学树脂胶按图纸设计合成,依山而建,其垂直高度为12米,宽为40米,顶部置保险绳索结构,地面铺垫0.5米厚度的细沙保护层,四周以栅栏围起形成保护区。

景观绿化:为体育中心的附属项目,有攀岩、儿童戏水池、中心广场、中轴水景、停车场、植树、绿化、景观灯具等。在南入口广场处正面,放置一块60吨的天然石作为市体育中心标志,由国家体育总局原局长袁伟民题字"九江奥林匹克公园"。

## 二、市老年体协活动中心

位于庐山区九威大道荷花垅旁,占地总面积1.2公顷。新建综合楼一栋,四层结构,建筑面积2560平方米,内设棋牌室、乒乓球室、健身室、会议室和办公用房,配置齐全。运动场地建成3片室内和室外人造草皮门球场,建筑面积3300平方米。2片地掷球场建筑面积300平方米。1片排球场建筑面积400平方米。1片网球场建筑面积1000平方米。同时配置相关附属设施,安装一组10件(套)的健身器材。2009年10月竣工。

# 第三节　县(区)设施

## 一、九江县体育中心

1995 年 12 月,征地 5.33 公顷,总建筑面积 10454 平方米,主体工程由体育馆、田径场、游泳池、体校教学楼 4 部分构成。体育馆,建筑面积 7204 平方米,馆内设 3200 个固定座位,南北两面配有电子显示屏和电子计分系统,全套音响设备,全液压式篮球架并预埋多项比赛设施配件,内场面积 60×40 米,可供篮球、排球、体操、武术、羽毛球、乒乓球等多项体育赛事。田径场,简易田径场设 8 条 400 米标准跑道,中央是铺设草皮的足球场,占地面积 1.69 公顷,可举办市级田径、足球项目比赛。游泳池,规格为 50×25 米,8 条泳道的标准室外池,看台可容纳观众 600 人,有男、女更衣室,洗消池和淋浴设施,建筑面积 2250 平方米。体校,为二层教学楼,设 6 间教室,2 间办公室,建筑面积 1000 平方米,可容纳学生 300 人上课。工程自 1996 年 6 月开工,至 1997 年 7 月竣工,当年承办市第八届运动会,先后多次举办国家级和省级单项体育比赛。

## 二、共青城市场馆

*体育馆*:2006 年建成,馆内可容纳 5000 名观众,能举办篮球、排球等室内体育项目比赛和文娱表演活动。属民营性质运作。

*网球运动中心*:2010 年 7 月完成建设。室内馆有 2 片、室外有 6 片标准比赛场地,建筑面积 1 万平方米,由共青城市财政投资兴建。

*庐山国际高尔夫球场*:设计规划为 90 个洞,2010 年底已建成 27 洞,为企业运作,中航集团运营管理。

## 三、修水县文化体育中心

2008 年 10 月动工兴建,2010 年 5 月建成。占地面积 9.86 公顷,总建筑面积 20502.7 平方米。已建项目有体育场、体育馆、综合馆、游泳场、健身广场等。体育场,400 米×8 条标准塑胶跑道田径场,中央为带草皮的足球场,设一边主看台,有观众席位 6000 座,建筑面积 6142 平方米。体育馆,内设 3000 座位,建筑面积 7605 平方米,有灯光、音响、电子计时显示系统,具备篮球、排球、羽毛球、乒乓球、武术和文娱演出活动功能。

## 四、浔阳区体育健身中心

位占地面积 1.01 公顷,建筑面积 10721 平方米,由多功能球类健身馆、羽毛球训练馆、综合办公楼 3 部分组成。多功能球类健身馆二层结构,集篮球、排球、羽毛球、乒乓球比赛功能于一体,建筑面积 6089 平方米,可容纳 1300~1500 名观众,羽毛球训练馆一层结构,建筑面积 1394 平方米,有 12 片标准场地,综合办公楼六层结构,建筑面积 3238 平方米。该工程项目于 2009 年 12 月奠基,2010 年 7 月动工建设。

## 五、都昌县场馆

1991 年,有灯光球场 1 个,看台设观众席 2000 座位,1992 年 9 月,县体委投资改建为丙级体育馆,增加功能,可供篮球、排球、乒乓球、羽毛球、台球等项目训练和比赛。2005 年 8 月,新建标准网球场 1 个。2010 年,择地新建县文体中心,占地面积 12 公顷。

## 六、湖口县场馆

县原灯光球场、游泳池均建于 20 世纪 80 年代,已在实施改建。1993 年,新建门球场地,使用面积 1188 平方米。2009 年,修建 1 座地掷球场(180 平方米)和一座气排球场(280 平方米)。可承办市、县两级中老年项目比赛。萍钢集团九江钢厂和湖口县二中在2010年前分别新建1座灯光、音响设施齐全的体育馆。

### 七、彭泽县场馆

1998年3月建成体育馆,占地面积0.4公顷,看台设1500个观众席,内场面积1600平方米。2003年12月,修建1座田径场,占地面积2.6公顷,有8条煤渣铺设的400米标准跑道。2010年12月,建成游泳健身中心,室外为50米×25米标准池,设8条标准泳道,另建有1座儿童戏水池和1座大众泳池。同年又修建健身运动场,其中有2片标准篮球场和3片网球场,建筑面积为8000平方米。

### 八、星子县场馆

1992年,原灯光球场改扩建,增设看台。2004年,因城市发展规划需要,灯光球场拆除。2009年4月,新建一处8条400米标准塑胶跑道运动场。占地面积2公顷,建筑面积1.44万平方米,当年12月竣工,主要用于跑步健身和训练比赛等活动。

### 九、德安县运动场

2008年12月建成使用,有8条400米标准塑胶跑道,中央内场为人工草皮足球场。另建2片高标准的灯光篮球场,总面积1.5万平方米。

### 十、永修县运动场

2009年9月建成使用,有8条400米标准塑胶跑道,中央内场为人工草皮足球场,占地面积1.5万平方米。

### 十一、武宁县场馆

2009年,建老年人体育活动中心,占地面积0.5公顷。808羽毛球馆,2009年竣工,可举行比赛活动,现已对外开放。县体育运动场,占地面积1.3万平方米,8条400米标准塑胶跑道,2010年1月竣工。

### 十二、庐山管理局场馆

2005年,建有2片门球场,占地面积0.08公顷,可举办全国老年人门球比赛。网球馆建筑面积为3000平方米,内设2片标准场地,于2006年4月竣工。

## 第四节　高校设施

至2010年,九江学院体育学院系二级学院,由原九江师专体育系、九江财专体育教研室、九江医专体育教研室合并组成。下设体育场馆中心及理论教研室、田径教研室、球类教研室、体操教研室、武术教研室、公共体育教研室、军体教研室和实验室等机构。建有田径馆、篮球综合馆、标准田径场、网球场、室内外游泳池、室内外篮球场、排球场、溜冰场等体育场馆37处,总面积164405平方米。其中室外面积133770平方米、室内面积30634平方米,在校生人均使用面积4平方米。九江职业大学建有2个塑胶田径场、2个网球场、14个篮球场、6个排球场、3个羽毛球场等。江西财经职业学院,体育场馆建筑面积28000平方米。南昌大学共青学院、南昌理工学院共青校区、九江职业技术学院亦建有各自完备的体育设施。

## 第五节 社会设施

### 一、明珠俱乐部

位于市区长虹大道中段九江供电局院内。占地面积0.16公顷,建筑面积6063平方米,场地面积703平方米,设观众席位1326个,灯光照明和音响设施齐全,1999年建成,主要用于系统职工开展体育活动,曾承担省、市、区体育部门及行业系统的多项体育赛事。

### 二、九江石化总公司游泳池

位于滨江东路228号(九江石化总公司辖区内)。占地面积0.70公顷,建筑面积619平方米,场地面积2250平方米,设标准比赛池(50米×25米,水深2.2米)1个,训练池(40米×25米,水深0.8米)1个。配置水处理设备,灯光系统和更衣室、沐浴间等。对厂区内外群众有偿开放。

### 三、九江二电厂游泳池

位于滨江东路45号该厂生活区内。占地面积0.78公顷,建筑面积3998平方米,场地面积2240平方米,有标准比赛池(50米×25米)1个,训练池(34.5米×25米)1个,跳台泳池(14米×9米)1个,设5米跳台1个,3米跳台1个,1米跳板1个,有水处理、灯光系统设备及更衣室,沐浴室等,1996年建成使用。

### 四、信华水上游乐中心

位于甘棠湖畔九江一中校区旁。占地面积近1公顷,2001年4月由市民营企业信华集团公司以BOT方式,用于治理九江一中与市科技局之间的污水湖汊而开发建成。内设儿童游泳池和成人游泳池,功能设备齐全,面向社会开放。

### 五、鹏飞游泳馆

位于浔阳东路149号。1997年由市劳动电影院改造而成,占地面积0.14公顷,建筑面积1200平方米,场地面积338平方米,配有供热、水处理、灯光系统设备及更衣室、沐浴室,常年对外开放。为市体育局游泳训练基地。

### 六、铁道部九江大桥五处体育场

位于市白水湖路22号大桥五处内,占地面积1.96公顷,建筑面积13977平方米,观众席位3000个,400米跑道6条,面层为煤渣,足球场面层为草皮。主要用于单位职工体育活动和学校体育教学。

### 七、市老干部活动中心

位于庐山大道荷花垄高速公路口旁,占地5公顷,框架四层结构、建筑面积6340平方米。内设棋牌室、健身室、乒乓球室、台球室、多功能厅,室外附属9个门球和2个地掷球场地,2006年10月投入使用。

## 第六节 城乡健身设施

### 一、城区设施

1998年,推广全民健身体育活动以来,至2010年,共建设各类健身路径156套,大小篮球架36副,乒乓球台5张,建成健身广场3个。

## 1998~2010年全市全民健身工程建设情况一览

表61-5-1　　单位:套、副、张、个

| 年份 | 健身路径 | 室内健身器材 | 篮球架 | | 乒乓球台 | 健身广场 |
|---|---|---|---|---|---|---|
| | | | 大 | 小 | | |
| 1998 | 2 | 1 | | | | |
| 1999 | 2 | 1 | | | | |
| 2001 | 1 | | | | | |
| 2002 | 10 | 1 | | 4 | 2 | 1 |
| 2003 | 10 | 1 | 2 | 14 | 3 | 2 |
| 2004 | 7 | | 9 | 3 | | |
| 2005 | 13 | | 4 | | | |
| 2007 | 9 | | | | | |
| 2008 | 15 | | | | | |
| 2009 | 32 | | | | | |
| 2010 | 55 | | | | | |

## 1998~2010年全市全民健身工程建设分布一览

表61-5-2

| 县(市、区) | 健身路径 | 室内健身器材 | 篮球架 | | 乒乓球台 | 健身广场 |
|---|---|---|---|---|---|---|
| | | | 大 | 小 | | |
| 浔阳区 | 26 | 1 | 2 | 3 | | |
| 庐山区 | 17 | 1 | 2 | 4 | | |
| 开发区 | 10 | | | | | |
| 庐山局 | 7 | | 2 | | | |
| 九江县 | 10 | | 1 | | | |
| 武宁县 | 8 | | | 2 | 4 | |
| 修水县 | 8 | | | | | |
| 永修县 | 9 | | 1 | | | |
| 德安县 | 6 | 1 | 1 | | | 1 |
| 星子县 | 5 | | | 2 | 1 | |
| 都昌县 | 10 | | 2 | 6 | | 1 |
| 湖口县 | 11 | | 2 | 4 | | 1 |
| 彭泽县 | 12 | | 1 | | | |
| 瑞昌市 | 9 | 1 | 1 | | | |
| 共青城 | 8 | | | | | |

## 二、农村设施

2006年始，为配合社会主义新农村建设，在永修县、德安县实施农民体育健身工程试点项目各50个，其他10个县(市、区)各建设1个项目。2008年，实施民生工程农民体育健身场所建设，每个项目建设1个混凝土标准篮球场，并配备室外标准篮球架1副，室外乒乓球台2张或1条小型健身路径。至2010年，全市共建设农民体育健身工程和农民体育健身场所341个。其中，篮球场341个、室外乒乓球台670张、小型健身路径8条，共投入资金1013万元。在这些投资中，国家投入397.5万元、省投入229.5万元、市投入22.5万元、县投入363.5万元。受益人口达61万人，覆盖率达19.8%，居全省平均水平之上。

**2006~2010年全市农民体育健身工程建设情况一览**

表61-5-3

| 项目 | | | 合计 | 2006年 | 2007年 | 2008年 | 2009~2010年 |
|---|---|---|---|---|---|---|---|
| 街道(个) | | | 13 | | | | |
| 镇(个) | | | 100 | | | | |
| 乡(个) | | | 81 | | | | |
| 村委(个) | | | 1726 | | | | |
| 项目数(个) | | | 341 | 60 | 26 | 138 | 117 |
| 覆盖率(%) | | | 19.8 | 3.5 | 1.5 | 8 | 6.8 |
| 项目所在行政村人口数(万人) | | | 60.451 | 11.4631 | 5.9708 | 19.5379 | 23.4792 |
| 场地建设 | | 合计投资(万元) | 682 | 120 | 52 | 276 | 234 |
| | | 国家投资(万元) | 252.5 | 50 | 26 | 69 | 107.5 |
| | | 省级投资(万元) | 119.5 | 35 | 10.4 | 27.6 | 46.5 |
| | | 市级投资(万元) | 22.5 | 22.5 | | | |
| | | 县级投资(万元) | 287.5 | 12.5 | 15.6 | 179.4 | 80 |
| 器材配套 | 投入资金 | 合计投资(万元) | 331 | 50 | 26 | 138 | 117 |
| | | 国家投资(万元) | 145 | 40 | 13 | 34.5 | 57.5 |
| | | 省级投资(万元) | 110 | 10 | 13 | 34.5 | 52.5 |
| | | 县级投资(万元) | 76 | | | 69 | 7 |
| | 配套器材 | 健身路径(套) | 8 | 8 | | | |
| | | 篮球架(副) | 341 | 60 | 26 | 138 | 117 |
| | | 乒乓球台(张) | 670 | 108 | 52 | 276 | 234 |

# 第六章　体育产业

## 第一节　体育市场

### 一、市场确立

1994 年 6 月,市体委组织相关部门和单位参与修改《江西省体育市场管理条例》,对体育产业和市场进行规范化管理。1995 年 8 月,《中华人民共和国体育法》颁布,全市体育事业迈入法制化轨道。1998 年 9 月,市政府召开学习贯彻《江西省体育市场经营活动管理条例》座谈会,讨论并通过《九江市关于贯彻执行〈江西省体育市场经营活动管理条例〉实施办法》。开始对在全市范围内已经经营或准备经营射箭、羽毛球、体操、柔道、武术、游戏、登山、跆拳道、桌球、保龄球、舞龙、舞狮、门球、中国牌、漂流等项目的经营活动实施依法管理和监督。至 2004 年 7 月,全市办理登记体育市场经营活动许可证的单位和个体经营户 98 家。

### 二、管理变更

2004 年 7 月,《江西省体育市场经营活动管理条例》取消。市体育局依据市政府批准保留审批的项目有 3 项:各级少儿体校、武术学校、健身气功。到 2005 年,仅保留健身气功一项审批权,由市体育总会具体管理。2010 年 7 月,国务院下发《关于第五批取消和下放管理层级行政审批项目的决定》,取消体育部门"开办武术学校审批"和"开办少年儿童体育学校审批"两个项目,由教育部门行使审批权。按照《国务院对确需保留的行政审批项目设定行政许可的决定》,"申请举行健身气功活动和设立健身气功站点"由县级以上人民政府体育行政主管部门审批。市体育市场发展主体局限在体育彩票发行销售、体育用品市场、体育赛事和体育表演的运作以及网球、羽毛球、跆拳道、乒乓球等少年儿童基础培训等方面。

## 第二节　体育彩票

### 一、彩票发行

2000 年 8 月,市体委、市财政局、市公安局等 8 部门联合下达在全市《做好中国电脑体育彩票发行工作的通知》;12 月,与南昌、鹰潭、景德镇共 4 市为省首批中国电脑体育彩票试点发行单位。

### 二、彩票销售

1992 年,在省体委体育彩票管理中心(以下简称"省体彩中心")领导下开展体育彩票销售与管理。5 月 20 日至 6 月 30 日,市龙舟赛组委会、中国银行江西信托咨询公司、江西海外旅游总公司共同发行 200 万张龙舟奖券(每张面值 5 元),为江西首次发行体育奖券。1994 年 1 月,发行由省体育发展基金奖券发行办公室发行的体育发展基金奖券。1998 年 10 月,在新桥头举行体育彩票销售仪式,市人民银行现场监督彩票销售,市法律公证处现场公正彩票发行。到 10 月 6 日,销售即开型体育彩票 300 万元,获公益金 45 万元。在九江县、星子县、庐山局、湖口县、彭泽县、都昌县、共青城、德安县、永修县、武宁县、修水县、瑞昌市、庐山区、浔阳区先后开展即开型体彩发行工作。

2000 年 12 月,省体育局批准九江等 4 市试点销售中国电脑体育彩票。省体育彩票发行管理设置为省体育彩票管理中心、设区市设分支站、销售网点三级管理。九江分支站业务接受省体彩中心指导,行政受市体育局领导,管理辖区内体育彩票销售工作。到 2001 年年底,全市共有终端销售网点 86 台,销售电脑体育彩票846万元，获公益金60万元。2002年6月，九江分支站改为九江分中心，形成省体彩中心管理设区市体彩分中心、设区市体彩分中心管理辖区销售网点的一条龙式发行网络。到2002年年底，市销售体育彩票种类有足球彩票、20选5、30选7共3种，电脑终端机扩建到142台，销售体育彩986万元。获公益金70万元。2003年，全年体彩销售达2309万元，获公益金149万元。销售网点由2002年的142台增加到196台。2004年，市体彩受西安“宝马”事件和其他诸多因素影响，销售量呈下滑趋势，市彩票中心适时推出28选7玩法；足彩9场和4场竞猜；将6+1玩法升级为七星彩；改进20选5玩法等，至年底，发行体育彩票1907万元，终端机达到220台，获公益金104万元。2005年，市体彩中心拓展销售渠道，调整彩票思路，主打“排列三”玩法，全年体彩销售量52402898万元，获公益金288万元，排列全省第四名。2006年，市体彩分中心加大市场营销和培训力度，提升体彩的市场竞争力，继续保持体彩市场的销售优势。全年共销售32303156元，市场占有率达53.8%，网点扩大到248台。共安排就业人员500名，获公益金180万元。2007年，市体育彩票工作按“销量、扩点、市场份额、专管员队伍建设和全国排名”5大目标前移的任务要求，坚持提升销量、强化基础、提高水平为目的。在拓展销售手段上，尝试互联网增值服务代销体；在销售网点上，主攻乡镇、农村；在创新玩法上，着力“超级大乐透”和即开型分散销售力度，全年销售体彩58071970元。获公益金320万元。2008年，市体彩销售加大管理力度，拓展销售渠道，完善县(市、区)专管员队伍，加强对品牌形象和重点玩法的推广和宣传。到年底，共销售体彩83162858元，筹集公益金460万元。2009年，市体彩分中心贯彻《彩票管理条例》，优化玩法，拓展渠道，塑造品牌，全年实现销售收入79632094元，获公益金438万元。2010年电体彩终端数量增至420台，全年体彩销售额突破1亿元，公益金总额600万元。11年来，全市体育彩票销售排列全省第三位，市体育彩票管理分中心3次获全省“优秀分中心”称号。前后总销售体彩4.5亿元，获得公益金2480万元。

## 第三节 相关产业

### 一、体育交流经营

1992年5月，市政府举办商品贸易洽谈展示会。来自全国各地150多个厂商前来参会，签订意向协议15亿元。6月，由市政府承办“双杯”龙舟赛，市体委完成“龙舟赛”门票销售任务130万元，1993年“炎黄杯”世界华人华侨系列赛完成门票销售80万元，全部上缴市财政。同年举办“鸭鸭杯”第十届全国钓鱼暨“庐山杯”国际钓鱼比赛，市体委在南湖宾馆举办全国渔具钓具展销会，参展厂商50家，参展品种达300个，参观人数1.2万人。1994年5~8月，全国自行车登庐山比赛和全国摩托艇锦标赛暨明星对抗赛在九江举行，市政府安排全部费用在广告收入中解决。市体委通过与广东省中山厨具炊具有限公司合作，完成广告收入60万元，保证比赛圆满完成。2008年4月，市政府与中体产业集团在北京签署合作建设市体育中心协议。依据协议条款规定，项目建成后，将移交中体产业集团运营10年。

### 二、体育竞赛表演经营

1992年6月，承办“双杯”龙舟赛，共青城赞助经费100万元。2000年全市水务篮球赛，2003年信华杯全市乒乓球赛，2005年、2008年、2009年分别以“川王”“一洲”“联盛”冠名赞助的足球联赛，2010年旭阳雷迪赞助的全市围棋赛等赛事都较好地开创体育竞赛经营。2006年、2007年、2008年市连续3届承办“中国(九江)国际龙狮精英赛”，大赛组委会以赞助、广告宣传方式，由广告承包商承包赛场布置，共减少70万元的承办费用。至2010年，全市体育系统获社会赞助、广告收入200万元(其中庐山铁佛寺赞助中国(九江)第三届国际龙狮精英赛100万元)。

### 三、体育场馆经营

1991年以来，市体委将办公大楼一楼改建10个门店，将闲置的体育招待所出租，到2006年，先后创收151.2万元。市体育馆利用场馆优势举办舞会和各类商品展销会，累计创收80万元。游泳池对外开放收入 25 万元。县(市、区)体育场馆经营也弥补部分当地体育事业经费不足。都昌县体育局从 1991~2010 年将老体育馆临街店面出租,累计创收 50 万元。彭泽县体育馆门面创收 20 万元。修水县教育体育局拓展创收思路,出租灯光球场和临街铺面,年收入 20 万元;同时,修水县引导体育消费,如益奥特、金鹏霞、李宁、安踏等专卖店和兼营文体用品商店达 49 家。

## 四、社会民营场馆经营

1991 年以来,市区一批民间投资兴建的群众健身场馆开放经营,如信华游泳池、鹏飞游泳馆、天马保龄球馆、熊希民跆拳道馆、东方台球室、湖滨台球室、荣华棋院、汉华羽毛球俱乐部、中铁第四工程局网球场,九江石化总厂、九江国电公司、九江职业技术学院所属的游泳场馆都是公益性收费,活跃城区群众体育,为城区百姓和业余爱好者提供休闲健身场所。

# 第六十二篇

# 居民生活

# 第六十二篇 居民生活

20世纪90年代以来，全市国民经济平衡快速发展，带动城镇居民生活不断改善。1991年城镇居民家庭可支配收入1218元，职工年平均工资1731元，至2010年分别增至15764元和24744元，扣除物价变动因素，比2009年实际增长7.6%。在收入较大幅度增长的情况下，消费水平相应提高，消费结构发生三大变化：食品支出的比重下降，非商品支出的比重和非消费支出占实际支出的比重上升。体现了城镇居民消费由生存型逐步向发展型、享受型方面转变，标志着城镇居民生活已从温饱跨入小康，部分家庭达到富裕水平。在物质生活明显改善的同时，居民的医疗保健意识加强，文化教育娱乐水平亦有很大提高。

中共十一届三中全会后，从20世纪80年代到90年代初，农村居民生活从贫困状态进入温饱阶段。1991年后，全市农业结构突破长期以来拾遗补缺为主的被动适应性调整，向以产业升级为标志的更高层次的调整转变，向着"三高"（高质、高产、高效）、"三个优化"（产业结构优化、产品结构优化、农业布局优化）方向发展，家庭副业的兴起，第三产业兴旺，农村居民收入来源从单一的农业收入转向多元化，居民生活进入小康阶段。至2010年，全市农民人均收入为5588元，比1991年718元增加4430元。衣、食、住、行、用等项目消费结构逐渐趋向优化，追求时尚，层次不断提升。恩格尔系数（即食品支出占消费性支出的比重）持续下降，生活水平由小康逐步走向富裕。在物质生活日益充裕的同时，居民教育水平逐年提高，精神文化生活更显丰富多彩。

# 第一章　城镇居民生活

## 第一节　经济收入

### 一、职工收入

1991年,全市职工工资总额77632万元,比1990年增长9%,职工年均货币工资1731元,比1990年增加98元,增长6%。1992年以后,国家对机关、事业单位的工资进行几次调整,全市职工工资收入持续增长。1994年,职工年均工资3161元,比1993年增长37.1%。按所有制经济成分,国有经济单位职工年平均工资3317元,比1993年增长37.3%;城镇及集体经济单位职工年平均工资2318元,比1993年增长35.2%;其他各种经济单位职工年平均工资3134元,比1993年增长36.6%。按企、事业单位分:企业单位职工人均年工资2889元,增长29.2%;事业单位职工年平均工资4026元,增长62.3%;机关单位职工人均年工资4004元,增长55.0%。1995年,职工人均年工资3767元,比1994年增资606元,扣除物价指数后,增长1.3%。按所有制经济类型分:国有经济单位职工人均年工资3910元,比1994年增长17.9%;城镇集体经济单位职工人均年工资2943元,增长27.0%;其他各种类型经济单位职工人均年工资4052元,增长29.3%,按企、事业机关分:企业单位职工人均年工资3641元,增长25.9%;事业单位职工人均年工资4167元,增长3.9%;机关单位职工人均年工资4260元,增长6.3%。1996年,职工人均年工资4038元,比1995年增长7.2%(剔除下岗职工,平均年工资为4254元)。在不同经济类型中,国有经济单位职工人均年工资4198元,增长7.4%;城镇集体经济单位职工人均年工资3086元,增长4.9%;其他经济单位职工人均年工资3991元,比1995年下降1.5%。以最低的城镇集体职工人均工资为1,国有、集体与其他经济类型职工人均工资之比1995年为1.33:1:1.38,1996年则为1.36:1:1.29.三种经济类型工资关系的变化,反映了其经济效益方面的变化,分配机制和行业的不同是引起工资差异的原因。2006年,在岗职工年均工资13590元,增长11.2%。分经济类型看,国有单位在岗职工年平均工资14256元,增长11.6%;其他单位从业人员在岗职工年平均工资12877元,比2005年增长11.7%;集体在岗职工年平均工资8760元,增长9%。2010年,在岗职工年平均工资24744元,比2009年增加3694元,增长17.5%;比2005年增加12521元,增长102.4%,平均每年增长20.5%。

### 二、城镇居民收入

20世纪90年代以来,改革开放不断深入,为城镇经济发展注入活力,就业渠道逐年增多,分配方式日益多元化,城镇居民家庭收入结构发生变化,呈现多元化趋势。国有经济、城镇集体经济单位职工工资性收入仍是城镇居民家庭经济收入主渠道。1991年城镇居民人均生活费收入1218元,比1990年增加111.48元,增长10.1%。1994年,居民人均生活费收入2823.36元,比1993年增长55.3%,剔除物价上涨因素的影响仍增长18.9%。增长原因是单位职工工资及非工资性收入、离退休人员收入、居民家庭得利的利息、红利、租金等财产性收入增加。1997年,居民人均可支配收入4308.45元,比1996年增长1.8%,高于全省人均收入水平的5.8%。1998年,居民人均可支配收入3973元,比1997年下降7.8%。主要是全市遭受百年不遇的特大洪涝灾害等原因。2000年,由于提高国有企业下岗职工基本生活保障、失业保险和城镇居民最低生活保障水平,增加行政事业单位人员工资,全年城镇居民年人均可支配收入5081元,比1999年增加498元,增长10.9%。2005年,居民人均可支配收入8713元,比2004年增加894元,增长11.43%。在人均总收入中,工薪收入6125元,比2004年增长6.8%,所占比重为70.3%;人均转移性收入2018元,增长7.1%;人均经营净收入551元,增长85.5%;人均财产收入488元,增长31.8%。2006年,居民人均可支配收入 9592.84 元，比 2005 年增长 10.1%。在人均总收入中，工薪收入所占比重为 68.6%，其所占比重呈下降之势，以经营净收入、财产性收入和转移性收入组成的非工薪收入所占比重呈上升之势。2010 年，家庭总收入 16721.86 元，其中可支配收入 15764 元，比 2009 年 14203 元增加 1561 元，增长 11%。在总收入中，工薪收入 11630.41 元，经营净收入 1229.51 元，财产性收入 283.37 元，转移性收入 3578.56 元，比 2009 年分别增长 11.4%、10.7%、6.6%和 11.2%。

## 第二节 消费水平

### 一、食品消费

20 世纪 90 年代以来，城镇居民食品消费由吃饱向吃好转变，趋向多样化、营养化。由谷物为主的主食向低脂肪、高蛋白营养齐全的副食品型方向转变，主食消费量逐年下降，副食品消费量不断增加，肉、禽、蛋、水产品、水果等消费量增长，恩格尔系数逐渐下降。1991 年，城镇居民人均食品消费 574 元，其中粮食消费 60.6 元，肉、禽蛋及水产品类消费 390.96 元，其他食品 122.44 元。1994 年，城镇居民食品消费占消费性支出的 57.8%，比 1993 年降低 0.3 个百分点。从消费量来看，肉禽、鱼等动物性食品消费和干鲜瓜果、乳品类的消费上升。各种保健食品、花色面包、速冻食品、方便食品成为采购重点对象，居民人均在外用餐 89.2 元，比 1993 年增长 4.3%。2008 年，人均食品支出 3752.26 元，比 2007 年增长 25.4%，恩格尔系数为 45.3%，比 2007 年上升 1.9 个百分点。其中，肉禽蛋、水产品、糕点及奶制品类和粮油类支出分别为 1140.50 元 291.52 元和 600.50 元，增长 36.5%、23.9%和 20.0%。在外饮食支出人均 545.10 元，比 2007 年增长 41.6%。2010 年，人均食品支出 4368.16 元，比 2009 年增长 3.5%，恩格尔系数为 40.4%，比 2009 年下降 4.6 个百分点。其中，人均在外饮食支出 723.44 元，比 2009 年增长 4.1%。受价格上涨因素影响，食品中的粮油、蔬菜和干鲜瓜果类支出增长较快，人均粮油、蔬菜和干鲜果类支出 636.32 元、546.01 元和 367.07 元，分别比 2009 年增长 9.1%、10.3%和 9.1%。

**2009 年、2010 年市城镇居民人均食品消费支出一览**

表 62-1-1　　单位：元

| 指 标 | 2009 年 | 2010 年 | 同比增长% |
|---|---|---|---|
| 食品消费支出 | 4218.63 | 4368.16 | 3.5 |
| 粮 食 | 308.87 | 336.45 | 8.9 |
| 淀粉及薯类 | 31.87 | 42.71 | 34.0 |
| 干豆类及制品 | 86.86 | 102.22 | 17.7 |
| 油脂类 | 155.52 | 154.94 | -0.4 |
| 肉禽及制品 | 828.91 | 824.09 | -0.6 |
| 蛋 类 | 81.08 | 83.78 | 3.3 |
| 水产品类 | 299.4 | 290.47 | -3.0 |
| 菜 类 | 494.86 | 546.01 | 10.3 |
| 调味品 | 51.32 | 51.81 | 1.0 |
| 糖 类 | 46.98 | 62.26 | 32.5 |
| 烟草类 | 272.14 | 269.46 | -1.0 |
| 酒和饮料 | 104.6 | 119.07 | 13.8 |

续表 62-1-1

| 指 标 | 2009 年 | 2010 年 | 同比增长% |
|---|---|---|---|
| 干鲜瓜果类 | 336.4 | 367.07 | 9.1 |
| 糕点类 | 135.11 | 124.77 | -7.7 |
| 奶及奶制品 | 183.05 | 173.57 | -5.2 |
| 其他食品 | 106.2 | 94.28 | -11.2 |
| 饮食服务 | 695.45 | 725.2 | 4.3 |

## 二、衣着消费

随着消费生活水平的提高,衣着转向舒适、时尚、款式多样化,城镇居民买布做衣被成衣化消费所替代,衣着时装化、名牌化、个性化日趋明显。1991 年,城镇居民人均衣着消费支出 106 元,占当年消费支出总数的 12%。1996 年,人均衣着消费 402.16 元,比 1995 年增长 8.0%。在衣着消费中,成衣消费比重上升,达 60.7%。名牌西装、山羊皮、高级羊绒呢服装倍受高消费阶层的喜爱。鞋类消费变化显著,百户居民购买皮鞋、旅游鞋 224 双,比 1995 年的 180 双增长 24.4%。2005 年,人均用于衣着消费支出 635 元,比 2004 年增长 21.4%, 占当年消费支出的 10.9%。2008 年, 人均衣着消费 991.42 元, 比 2007 年增长 10.3%。其中,成衣消费支出最大,人均购买服装支出 718.61 元,占衣着消费比重的 72.5%。2009 年,人均衣着消费 1099.55 元,首次突破千元,增长 10.9%。2010 年,人均消费 1296.90 元,比 2009 年增长 17.9%,占消费性支出比重呈上升态势。其中低收入户人均消费 818.59 元,中等收入户人均消费 1144.60 元,较高收入户人均支出 1360.12 元,高收入户人均支出 1963.53 元。

## 三、医疗保健支出

20 世纪 90 年代以来,城镇居民对自身健康更加重视,保健意识进一步增强,有病及时就医,定期检查身体;防控药品、滋补保健品成为家庭必备品,各种健身器具进入部分居民家庭。1991 年,人均医药费支出 21.53 元,比 1990 年增长 7%;滋补药品消费支出 1.74 元,比 1990 年增长 3%。1994 年,人均医疗保健费支出比 1993 年增长 88.57%。1995 年,人均医药费支出 59.25 元,滋补药品消费支出 3.18 元,保健服务消费支出 3.15 元。2005 年,人均医药费支出 103.76 元,比 2000 年增长 24.31%;滋补药品消费支出 8.41 元,比 1990 年增长 49.38%;保健服务消费支出 35.26 元,比 2000 年增长 82.03%。2008 年,人均医疗保健支出 291.93 元,比 2007 年增长 19.5%,其中,保健器具支出 49.39 元,增长 3.2 倍;滋补保健品支出 15.56 元,增长 71.9%。2010 年,人均医药费支出 160.11 元,比 2005 年增长 54.31%;滋补药品消费支出 15.79 元,比 2005 年增长 87.75%;保健服务消费支出 161.09 元,比 2005 年增长 356.86%。

## 四、交通通信消费

20 世纪 90 年代始,城区道路大规模扩宽改造,公共交通路线增加,车次增多,出租车行业发展。城镇居民出行工具少用自行车,多用摩托车、公交车或出租车;有的居民还购置小轿车。私人轿车进入城镇居民家庭成为发展趋势。20 世纪 90 年代,邮电通信事业迅速发展,居民的通信方式变得越来越多样、便捷。不仅可以随时拨打家里电话,还可以通过手机发送短信、用电脑发送电子邮件。1991 年,城市居民每 100 户有自行车 181 辆,每 1 万人有电话 79.8 部,每人每年交寄函件 3.3 件。1995 年,每 100 户有自行车 158 辆,每 1 万人有电话 291.4 部,每人每年交寄函件 4.3 件。1996 年,人均用于交通支出 54.41 元,比 1995 年的 26.43 元增长 105.9%,占消费性支出的比重由 1995 年的 0.9%上升到 1.75%。100 户居民家庭有电话 38 部,人均用于通信费支出 37.52 元,比 1995 年的 26.67 元增长 40.7%。1997 年,人均用于交通费支出 56.09 元,通信费支出 55.95 元,分别比 1996 年增长 3.1%和 49.1%,住宅电话拥有率达 49.0%。2003 年,人均交通支出 176 元,人均通信支出 333 元,分别比 2002 年增长 18.0%和 28.0%。2006 年,每

100户有移动电话135部，家用电脑24台。2008年，人均交通通信支出795.70元，比2007年增长14.8%,其中交通支出291.30元,增长13.3%,通信支出504.40元,增长15.7%。100户居民家庭拥有移动电话156部,比2007年增加6.8%;通信服务支出418.79元,比2007年增长19.0%。2009年,人均交通通信支出835.42元,增长5.0%,100户居民家庭中接入互联网计算机51台,比2008年增加19台。2010年,人均交通通信支出1309.13元,比2009年增长56.7%,其中,人均交通支出675.89元,增长86.6%;人均上网费支出82.12元，增长54.3%;100户居民家庭中接入互联网计算机58台，比2009年增加7台,增长13.7%。

## 五、文教娱乐消费

进入20世纪90年代,城镇居民生活观念转变,对精神生活有着更高的追求,注重加大投资教育,注重文化娱乐休闲,注重精神文化丰富多彩,呈现出教育、旅游、电视、报刊、网络、健身等多样化的发展趋势。1991年,城镇居民人均教育消费支出77.41元,人均文化娱乐消费支出7.39元。每100户有电视机120台、收录机75台;每1万人有大学生8.3人。1996年,人均用于娱乐文化教育服务支出317.50元,比1995年增长78.2%。其中在校学生与成人教育费支出增长55.0%,书报杂志费增长28.7%,文娱费增长58.2%。1997年,人均用于娱乐文化教育服务的支出386.97元,比1996年增长13.4%,其中文化娱乐支出增长16.9%,教育支出增长22.0%,旅游支出增长47.8%。2003年,人均旅游花费增长68.9%。2006年,人均用于文化、教育、娱乐服务支出832.79元,比2005年增长2.5%,其中人均旅游支出243.15元,比2005年增长28.3%。2008年,居民教育文化娱乐服务支出790.94元,比2007年增长5.4%。其中,人均娱乐用品支出184.81元,增长21.7%;人均文化娱乐消费245.22元,增长20.2%。由于国家全面实施义务教育免费政策和规范教育收费措施,教育支出下降,人均教育支出360.9元,比2007年下降8.5%。2010年,人均支出1068.64元,比2009年增长16.5%。其中,人均旅游支出324.46元,比2009年增长31.2%。

## 六、个人用品消费

1991~1995年,城镇居民消费结构日趋多样化,个人用品消费比重上升,居民家庭购买美容化妆用品的消费年增长率达33.4%,其增幅比食品消费、衣着消费增幅多10个百分点。2008年,人均其他商品和服务支出261.58元,比2007年增长32.1%。其中,金银珠宝饰品支出36.98元,增长71.2%;化妆品支出54.25元,增长66.9%;服务类支出59.63元,增长54.6%。2009年,年人均其他商品和服务支出289.15元,比2008年增长10.5%,其中化妆品支出96.61元,比2008年增长78.1%。2010年,消费支出237.07元,比2009年289.15元下降18.0%。

## 七、社会保障支出

进入21世纪以来,社会保障体系进一步完善,社会保障覆盖面不断扩大,城镇居民基本养老保险、基本医疗保险、失业保险等保障制度逐步建立和完备,城镇居民参保意识增强,各种社会保障支出增长。2003年,城镇居民人均社会保障支出218元,比2002年增长76.6%。2009年,人均社会保障支出661.65元,比2008年增长55.8%。其中,人均养老金支出189.69元,比2008年增长41.1%;住房公积金支出387.51元,比2008年增长68.4%;医疗基金支出73.24元,比2008年增长37.8%。2010年,人均社会保障支出774.54元,比2009年增长17.1%。人均养老金支出256.18元,比2009年增长35.1%;住房公积金支出420.77元,比2009年增长8.6%;医疗基金支出86.81元,比2009年增长18.5%。

## 2009年、2010年市城镇居民人均主要商品消费量及金额一览

表62-1-2

| 指标 | 单位 | 数量 | | 金额 | |
|---|---|---|---|---|---|
| | | 2009年 | 2010年 | 2009年 | 2010年 |
| 粮食 | 千克 | | 70.68 | 308.87 | 336.45 |
| 大米 | 千克 | 56.28 | 52.31 | 197.78 | 203.57 |
| 植物油 | 千克 | 13.86 | 13.27 | 154.14 | 154.88 |
| 猪肉 | 千克 | 22.07 | 21.5 | 462.34 | 452.89 |
| 牛羊肉 | 千克 | 1.87 | 1.97 | 69.76 | 73.74 |
| 家禽 | 千克 | | 8.66 | 202.19 | 200.17 |
| 蛋类 | 千克 | | 6.93 | 81.08 | 83.78 |
| 鲜鱼 | 千克 | 13.39 | 12.78 | 179.75 | 173.85 |
| 鲜菜 | 千克 | 119.77 | 108.31 | 435.89 | 477.17 |
| 干菜 | | | | 30.22 | 40.88 |
| 食糖 | | | | 46.98 | 62.26 |
| 卷烟 | | | | 272.14 | 269.46 |
| 白酒 | 千克 | 1.02 | 0.65 | 42.53 | 36.82 |
| 啤酒 | 千克 | 2.52 | 2.09 | 13.95 | 12.59 |
| 饮料 | | | | 40.81 | 55.41 |
| 茶叶 | 千克 | 0.08 | 0.13 | 10.26 | 21.7 |
| 鲜果 | 千克 | 35.59 | 32.59 | 174.13 | 203.88 |
| 鲜瓜 | 千克 | 28.58 | 20.45 | 51.19 | 45.25 |
| 鲜乳品 | 千克 | 11.85 | 10.74 | 109.72 | 103.45 |
| 奶粉 | 千克 | 0.48 | 0.51 | 23.27 | 34.46 |
| 酸奶 | 千克 | 3.03 | 1.84 | 34.23 | 22.09 |
| 服装 | 件 | 6.56 | 8.58 | 785.72 | 952.72 |
| 自来水 | 吨 | 54.69 | 53.88 | 71.42 | 94.9 |
| 电 | 度 | 689.56 | 778.44 | 414.65 | 468.32 |
| 液化石油气 | 千克 | 50.14 | 50.99 | 128.69 | 169.17 |
| 煤炭 | 千克 | | 0.46 | 1.18 | 0.08 |

## 2009 年、2010 年市城镇居民人均非食品消费支出一览

表 62-1-3　　　　单位：元

| 指 标 | 2009 年 | 2010 年 | 同比增长% |
|---|---|---|---|
| 衣着用品 | 1099.55 | 1296.90 | 17.9 |
| 服 装 | 785.72 | 952.72 | 21.3 |
| 衣着材料 | 16.73 | 19.41 | 16.0 |
| 鞋袜帽及其他 | 292.05 | 320.18 | 9.6 |
| 衣着加工费 | 5.05 | 4.59 | -9.1 |
| 居 住 | 936.84 | 1325.81 | 41.5 |
| 住 房 | 224.88 | 493.55 | 119.5 |
| 水电燃料及其他 | 666.35 | 787.32 | 18.2 |
| 家庭用设备用品及服务 | 623.82 | 875.30 | 40.3 |
| 耐用消费品 | 284.18 | 401.24 | 41.2 |
| 室内装饰品 | 16.62 | 32.26 | 94.1 |
| 床上用品 | 44.11 | 45.26 | 2.6 |
| 家庭日用杂品 | 244.83 | 364.32 | 48.8 |
| 家庭服务 | 17.41 | 32.21 | 85.0 |
| 医疗保健 | 446.93 | 341.55 | -23.6 |
| 保健用品 | 5.31 | 4.56 | -14.1 |
| 医药费 | 196.45 | 160.11 | -18.5 |
| 滋补药品 | 25.84 | 15.79 | -38.9 |
| 医疗保健服务及其他 | 219.33 | 161.09 | -26.6 |
| 交通和通信 | 835.42 | 1309.13 | 56.7 |
| 家庭交通工具 | 43.12 | 331.51 | 668.8 |
| 交通费 | 275.55 | 270.07 | -2.0 |
| 通信工具 | 59.93 | 104.63 | 74.6 |
| 电信费 | 413.35 | 512.62 | 24.0 |
| 娱乐文化教育服务 | 917.37 | 1068.64 | 16.5 |
| 文娱用耐用消费品 | 311.12 | 332.68 | 6.9 |
| 教育 | 353.23 | 396.37 | 12.2 |
| 文化娱乐 | 253.02 | 339.59 | 34.2 |
| 杂项商品及服务 | 289.15 | 237.07 | -18.0 |
| 杂项商品 | 237.67 | 168.21 | -29.2 |
| 服 务 | 51.48 | 68.86 | 33.8 |

## 第三节 居住条件

1991年始,住房渐成城镇居民的消费热点,住宅投资日益增多,不少居民喜迁新居。居民住宅装潢成为时尚,档次不断提高,住宅装潢动辄耗资数万元。1991年,城镇居民平均每人居住面积9.37平方米。100户家庭按居住面积分,人均面积8平方米以上99户,6平方米1户;按自来水使用情况分,独用自来水96户,分用自来水4户;按卫生设备拥有情况分,无卫生设备49户,有厕所无浴室44户,有厕所浴室7户;按厨房使用情况分,无厨房2户,独用厨房95户,分用厨房3户。1994年,居民购买公房户数增加较多,每100户居民中自有房户数由1993年的10户增加到37户。居民消费中用于室内装饰和购买建筑材料等装潢支出比1993年增长3.2%。1995年,人均居住面积11.62平方米,从居住基本条件来看,一家一厨的独用厨房户达95%,独用自来水的户数达96%,无卫生设备的户数由1990年的57%下降到26%。居民用于装修装潢住房的消费占总消费比重的4.04%。1997年,城镇居民家庭住房成套率达86.0%,人均居住面积10.6平方米。户均用于建筑、装潢房屋用材料及维修服务费为489.35元,比1996年的158.47元增长2倍多。100户居民家庭有59.0%的厨房安装抽排油烟机或无烟灶台。1998年,居民人均居住消费405.04元,人均居住面积10.98平方米,住房成套率达89%。2000年,人均居住面积13.22平方米。2003年,人均购房支出1355元,占家庭总支出的18.2%,是2002年同期的3倍。2005年,人均住房使用面积20.93平方米,比2004年增长9.9%,三居室居民家庭占100户居民家庭比重的47%,四居室居民家庭为39%。2008年,人均住房面积32.11平方米,比2007年增加0.86平方米;人均用于居住消费支出904.41元,比2007年增长15.0%。其中,住房装潢和维修用建筑材料支出157.95元和19.06元,分别增长1.7倍和2.1倍。2009年,年人均居住消费936.84元,增长3.6%,其中人均住房装潢支出175.92元,比2008年增长11.4%。2010年,人均居住消费1325.81元,比2009年增长41.5%。其中人均住房装潢支出444.73元,比2009年增长1.5倍,人均水电燃料及其他支出787.32元,比2009年增长18.2%。当年,平均每人居住面积32.12平方米,比2009年31.87平方米增加0.25平方米。在人均消费1325.81元中,低收入户782.49元,较低收入户915.01元,中等收入户945.87元,较高收入户813.73元,高收入户3393.27元。

## 第四节 耐用消费品

1991年以来,城镇居民家庭高档耐用消费品拥有量逐年增加,并由普及到更新换代,向高档化发展。在洗衣机、电冰箱、彩色电视机、照相机、电话等达到较高普及度之后,钢琴、空调机、录放像机进入寻常百姓家,家用电脑、轿车等高档消费品也渐次进入高收入的城镇居民家庭。彩色电视机要求高清液晶大屏幕、多画面、多声道,洗衣机要求是电脑、全自动、带滚筒、带烘干机,以及大容量无氟环保节能冰箱、变频式空调等。1994年,平均每100户居民家庭拥有毛皮大衣、呢大衣266件,比1993年多21件;组合家具19套,比1993年多7套;沙发床29个,比1993年多10个;自行车、缝纫机、电风扇分别拥有175辆、74台、257台,比1993年增加10辆、6台和29台;洗衣机、电冰箱(冰柜)、彩电分别拥有87台、79台、87台,分别增加8台、5台、22台;录放像机、组合音响、空调器(冷暖风机)分别拥有17台、11套、17台;电炊具71台,脱排油烟机33台,淋浴热水器52台;摩托车、钢琴在100户居民中拥有4辆和1架。1995年,平均每100户家庭中有录放像机15台、组合音响7套、空调器16台、摩托车4辆、钢琴1架。厨房抽油烟机拥有率达28%,电饭煲达78%,微波炉、消毒柜、洗碗机开始进入居民家庭。

1996年,平均每100户居民家庭有洗衣机87台、冰箱76台、电视机121台(其中彩电80台)、淋浴热水器37台、空调器4台、电炊具79台、钢琴1架,摩托车8辆、VCD影碟机3台。1998年,平均每100户居民家庭有毛皮大衣、呢大衣267件、摩托车10辆、洗衣机89台、电冰箱(冰柜)92台、彩电100台、影碟机9台、家用电脑2台、微波炉3台、空调器23台、淋浴热水器63台。2005年,平均每100户居民家庭拥有彩电132台、冰箱99台、洗衣机100台、空调89台、电脑23台、移动电话106部。2008年，平均每100户拥有彩电142台，比2007年增长0.7%；家用电脑54台，增长92.9%；助力车14辆，增长40.0%；组合音响22套，增长69.2%；微波炉75台，增长27.1%；人均家庭设备用品及服务支出487.48元，比2007年增长45.4%。2010年，人均家庭设备用品及服务支出875.30元，比2009年增长40.3%。其中，人均耐用消费品支出401.24元，比2009年增长41.2%。

### 1991年市城镇居民家庭平均每100户耐用消费品拥有量一览

表62-1-4

| 品名 | 单位 | 市区 | | 九江县 | | 瑞昌市 | |
|---|---|---|---|---|---|---|---|
| | | 1990年 | 1991年 | 1990年 | 1991年 | 1990年 | 1991年 |
| 毛皮大衣 | 件 | 16 | 27 | 12 | 6 | 12 | 12 |
| 呢大衣 | 件 | 180 | 179 | 84 | 104 | 114 | 128 |
| 大衣柜 | 个 | 94 | 103 | 94 | 98 | 88 | 92 |
| 沙发 | 个 | 144 | 156 | 158 | 162 | 170 | 170 |
| 写字台 | 张 | 99 | 99 | 94 | 118 | 22 | 108 |
| 组合家具 | 套 | 4 | 7 | 10 | 8 | | 14 |
| 自行车 | 辆 | 179 | 181 | 178 | 172 | 126 | 160 |
| 缝纫机 | 架 | 66 | 70 | 86 | 76 | 86 | 84 |
| 手表 | 只 | 267 | 244 | 388 | 254 | 256 | 242 |
| 电风扇 | 台 | 216 | 218 | 188 | 200 | 170 | 174 |
| 洗衣机 | 台 | 73 | 76 | 32 | 52 | 36 | 42 |
| 电冰箱 | 台 | 56 | 65 | 20 | 34 | 20 | 26 |
| 彩电 | 台 | 42 | 55 | 26 | 30 | 26 | 34 |
| 收录机 | 台 | 80 | 75 | 68 | 52 | 48 | 68 |
| 照相机 | 架 | 13 | 13 | 12 | 10 | 4 | 8 |

### 2009年、2010年全市城镇100户居民年末耐用消费品拥有量一览

表62-1-5

| 品名 | 位 | 2009年 | 2010年 | 品名 | 单位 | 2009年 | 2010年 |
|---|---|---|---|---|---|---|---|
| 摩托车 | 辆 | 16 | 16 | 钢琴 | 架 | 1 | 1 |
| 助力车 | 辆 | 14 | 18 | 中高档乐器 | 件 | 3 | 3 |
| 洗衣机 | 台 | 86 | 86 | 微波炉 | 台 | 78 | 78 |
| 电冰箱 | 台 | 95 | 95 | 空调器 | 台 | 110 | 119 |
| 彩色电视机 | 台 | 146 | 151 | 淋浴热水器 | 台 | 84 | 84 |
| 家用电脑 | 台 | 61 | 67 | 消毒碗柜 | 台 | 14 | 16 |
| 组合音响 | 套 | 23 | 23 | 健身器材 | 套 | 1 | 1 |
| 摄像机 | 架 | 2 | 3 | 固定电话 | 部 | 82 | 82 |
| 照相机 | 架 | 25 | 28 | 移动电话 | 部 | 165 | 175 |

# 第五节 储蓄存款

1991年以来,城镇居民家庭和个人在银行等金融机构的存款不断增加,货币储蓄相应增多。1991年,城镇居民储蓄存款138737万元,比1990年105479元增长31.5%。其中定期存款115016万元,活期存款23721万元。1994年,每100户居民人均储蓄额563.27元,比1993年增长61.4%;年末手存现金平均每户847.29元,比1993年增长56.2%。1996年,储蓄存款584576万元,其中定期461425万元,活期123151万元;每100户居民户均储蓄存款2945元,比1995年增长37.2%。2003年,储蓄存款1500524万元,其中定期954197万元,活期546327万元,人均1983元,比2002年增长29.1%。2010年,储蓄存款4215282万元,其中定期2143486万元,活期2071796万元。

1991年、1995年各县区城镇居民储蓄存款一览

表62-1-6 单位:万元

| 地 区 | 1991年 | 1995年 | 地 区 | 1991年 | 1995年 |
|---|---|---|---|---|---|
| 全市总计 | 138737 | 490443 | 永修县 | 13130 | 39496 |
| 市 区 | 65691 | 213481 | 德安县 | 9608 | 41478 |
| 九江县 | 6440 | 23631 | 星子县 | 3307 | 12071 |
| 瑞昌市 | 8749 | 33079 | 都昌县 | 6192 | 25221 |
| 武宁县 | 6706 | 27009 | 湖口县 | 4775 | 18142 |
| 修水县 | 6321 | 26398 | 彭泽县 | 7818 | 30437 |

1991~2010年若干年份市城镇居民储蓄存款一览

表62-1-7 单位:万元

| 年 份 | 全市储蓄存款年末余额 | | | 其中:城镇储蓄存款 | | |
|---|---|---|---|---|---|---|
| | 合 计 | 定 期 | 活 期 | 小 计 | 定 期 | 活 期 |
| 1991 | 169080 | 132222 | 36858 | 138737 | 115016 | 23721 |
| 1995 | 605991 | 468482 | 137509 | 490443 | 385892 | 104551 |
| 2000 | 1151526 | 823872 | 327654 | 955253 | 679052 | 276201 |
| 2005 | 2494942 | 1572289 | 922653 | 2004456 | 1239175 | 765281 |
| 2006 | 2846797 | 1720454 | 1126343 | 2256045 | 1354063 | 901982 |
| 2007 | 3092819 | 1746666 | 1346153 | 2407243 | 1349468 | 1057775 |
| 2008 | 3842072 | 2232505 | 1609567 | 2963026 | 1718430 | 1244596 |
| 2009 | 4863755 | 2637596 | 2226159 | 3688794 | 1989084 | 1699710 |
| 2010 | 5808405 | 2970797 | 2837608 | 4515282 | 2143486 | 2071796 |

# 第二章 农村居民生活

## 第一节 经济收入

20世纪90年代以来,全市农村联产承包责任制进一步完善,国家对农副产品收购价格提高,促进农村商品经济发展,农民逐年增产增收;加上多种经营的开展,农民外出打工人数渐增,来自非农产业的收入增多,故农民收入呈逐年稳定增长的态势。据抽样调查,1991年,农村居民人均纯收入718元,比1990年增长11.8%。按纯收入来源分,从集体统一经营中的收入33.37元,从经济联合体中的收入2.79元,家庭经营收入624.97元,其他非生产性收入56.90元;按纯收入性质分,生产性纯收入647.44元,非生产性纯收入70.59元。1994年,在对全市11个县(市、区)750户农户抽样调查,农民人均纯收入1271.42元,比1993年增加399.18元,增长45.8%,比全省农民人均纯收入高53.23元。纯收入水平均达1400元以上的有彭泽、德安、永修、庐山区;达1200元以上的有九江县、湖口县、瑞昌市。在纯收入中,生产性收入1199.08元,占全年纯收入94.3%。其中农业收入人均882.59元,非农业收入人均316.49元。1995年,农民人均纯收入1493.33元,比1994年增长17.5%。人均达1700元以上的有彭泽县,1660元以上的有湖口县,1400元以上的有瑞昌市、武宁县。在纯收入中,生产性收入1413.81元,占全年纯收入94.7%。其中农业收入人均1006.56元,非农业收入人均407.25元。1997年,农民人均纯收入2108.48元,比1996年增长19.7%,略高于全国全省平均水平。2000年,农民人均纯收入1851元,比1999年增加31元,增长1.7%。2005年,农民人均纯收入3269元,比2004年增加368元,增长12.7%,高于全省平均水平,是继1998年洪水之后首次超过全省平均水平,增幅高于城镇居民可支配收入11.4%的增幅。2006年,农民人均纯收入3550.61元,比2005年增加281.41元,增长8.6%。收入结构,工资性收入1842.64元,增长8.2%,占全部纯收入51.9%,家庭经营性收入1514.78元,增长6.1%,占全部纯收入42.7%,其中第一产业纯收入1223.62元。2007年,农民人均收入3937.25元,比2006年增加386.64元,增长10.89%。收入结构,工资性收入2014.12元,增长9.3%,占全部纯收入51.15%;家庭经营性收入1678.28元,增长10.8%,占全部纯收入42.6%,其中第一产业纯收入1344.45元。2008年,农民人均收入4416.64元,比2007年增加479.39元,增长12.18元。收入结构,工资性收入2319.92元,增长15.2%,占全部纯收入52.53%,家庭经营性收入1829.64元,增长9.0%,占全部纯收入41.4%;财产性收入101.14元,转移性收入165.94元。2009年,农民人均收入4818.90元,比2008年增加402.25元,增长9.11%。增速为全省第一,比全省8.04%高1.07个百分点。2010年,农民人均收入5588.48元,比2009年增加769.58元,增长15.97%。收入结构,工资性收入2929.88元,增长16.54%,占纯收入比重52.43%;家庭经营性收入2252.78元,比2009年增加268.56元,增长13.53%;财产性纯收入166.24元,主要是利息收入、转包耕地得到收入;转移性收入239.58元,比2009年增加59.08元,增长31.34%。

## 1991年各县区农村居民人均年纯收入一览

表 62-2-1　　单位:元

| 地 区 | 纯收入 | 从集体统一经营中得到的 | 从经济联合体得到的 | 家庭经营纯收入 | 其他非生产性纯收入 |
|---|---|---|---|---|---|
| 全 市 | 718.03 | 33.37 | 2.79 | 624.97 | 56.90 |
| 庐山区 | 845.86 | 91.62 | 21.42 | 606.72 | 126.10 |
| 九江县 | 735.16 | 29.32 | 2.83 | 666.97 | 36.04 |
| 瑞昌市 | 652.49 | 24.28 | 0.84 | 561.49 | 65.88 |
| 武宁县 | 666.16 | 23.54 | | 573.50 | 69.16 |
| 修水县 | 575.59 | 13.05 | | 508.00 | 54.54 |
| 永修县 | 816.20 | 31.16 | | 761.01 | 24.01 |
| 德安县 | 810.21 | 27.75 | 7.48 | 717.38 | 57.60 |
| 星子县 | 641.81 | 47.55 | | 503.55 | 90.71 |
| 都昌县 | 670.56 | 24.20 | | 612.29 | 34.07 |
| 湖口县 | 679.59 | 38.08 | | 619.79 | 21.72 |
| 彭泽县 | 770.34 | 39.87 | 0.37 | 663.09 | 67.01 |

## 2009年、2010年市农村居民纯收入及构成一览

表 62-2-2　　单位:元

| 指 标 | 绝对数 | | 构 成% | |
|---|---|---|---|---|
| | 2009年 | 2010年 | 2009年 | 2010年 |
| 人均纯收入 | 4818.90 | 5588.48 | 100.00 | 100.00 |
| 工资性收入 | 2513.96 | 2929.88 | 52.17 | 52.43 |
| 在非企业组织中劳动得到 | 253.35 | 281.65 | 5.26 | 5.04 |
| 在本地劳动得到 | 833.05 | 1004.99 | 17.29 | 17.98 |
| 常住人口外出从业得到 | 1427.56 | 1643.24 | 29.62 | 29.40 |
| 家庭经营纯收入 | 1984.22 | 2252.78 | 41.18 | 40.31 |
| 第一产业纯收入 | 1529.83 | 1755.65 | 31.75 | 31.42 |
| 第二产业纯收入 | 201.97 | 239.56 | 4.19 | 4.29 |
| 第三产业纯收入 | 252.42 | 257.57 | 5.24 | 4.61 |
| 财产性收入 | 140.22 | 166.24 | 2.91 | 2.97 |
| 转移性收入 | 180.50 | 239.58 | 3.75 | 4.29 |

2009 年、2010 年各县区农民人均纯收入一览

表 62-2-3　　单位:元

| 地 区 | 2009 年 | 2010 年 | 2010 年比 2009 年 | |
|---|---|---|---|---|
| | | | 增长额 | 增长% |
| 全　市 | 4818.90 | 5588.48 | 769.58 | 15.97 |
| 浔阳区 | 8667.59 | 9376.08 | 708.49 | 8.17 |
| 庐山区 | 6628.36 | 7528.48 | 900.12 | 13.58 |
| 九江县 | 5140.44 | 6130.12 | 989.68 | 19.25 |
| 武宁县 | 4898.00 | 5706.14 | 808.14 | 16.50 |
| 修水县 | 2701.27 | 2953.30 | 252.03 | 9.33 |
| 永修县 | 5352.75 | 6042.00 | 689.25 | 12.88 |
| 德安县 | 5032.74 | 6032.76 | 1000.02 | 19.87 |
| 星子县 | 4514.49 | 5318.45 | 803.96 | 17.81 |
| 都昌县 | 3273.48 | 3482.37 | 208.89 | 6.38 |
| 湖口县 | 5045.95 | 5835.21 | 789.26 | 15.64 |
| 彭泽县 | 5020.26 | 6274.06 | 1253.80 | 24.97 |
| 瑞昌市 | 4897.91 | 5770.77 | 872.86 | 17.82 |

## 第二节　消费水平

### 一、食品消费

1991 年,农村居民食品消费主要特征是:主食和蔬菜来源一般为自产自用,且以原粗粮加工品为主,副食品多为购买,小部分自产自销。1994 年,食品的消费人均 588.31 元,占生活消费总支出 39.4%。1995 年,食品的消费人均 712.61 元,占生活消费总支出 37.8%。1996 年,食品消费人均 789.41 元,占消费总支出比重 39.0%。1997 年,食品消费人均 814.18 元,占消费总比重 37.1%。2003 年,食品消费支出 842 元,比 2002 年增长 3.2%。2005 年,食品消费支出 1155 元,比 2004 年增长 21.1%。2006 年,人均消费支出 1238.14 元,比 2005 年增长 7.22%,其中用于粮食消费支出 263 元,肉、禽、蛋、奶及制品支出 221.26 元。2007 年,在全年食品消费支出中,人均消费支出 1373.70 元,比 2006 年增长 10.95%,其中用于粮食消费支出 268.12 元,肉、禽、蛋、奶及制品支出 275.57 元,其他食品及在外饮食 267.51 元。2008 年,人均消费支出 1548.11 元,比 2007 年增长 12.8%,其中用于粮食消费支出 286.44 元,肉、禽、蛋、奶及制品支出 322.82 元,其他食品及在外饮食 305.41 元。2009 年,人均消费支出 1633.26 元,增长 5.4%,其中用于粮食消费支出 288.72 元,肉、禽、蛋、奶及制品支出 338.78 元,其他饮食支出 452.12 元。2010 年,人均消费支出 1716.79 元,比 2009 年增长 5.11%,其中用于粮食消费支出为 299.6 元,肉、禽、蛋、奶制品支出 337.8 元,其他饮食支出 291.9 元。

2009年、2010年农村住户平均每人主要实物消费量一览

表62-2-4　　单位:千克

| 品 名 | 2009年 | 2010年 | 同比增长% | 品 名 | 2009年 | 2010年 | 同比增长% |
|---|---|---|---|---|---|---|---|
| 粮 食 | 188.00 | 178.54 | -5.03 | 肉禽制品 | 0.83 | 0.80 | -3.61 |
| 豆类及制品 | 3.01 | 2.68 | -10.96 | 蛋类及制品 | 4.44 | 4.46 | 0.45 |
| 蔬 菜 | 115.46 | 111.05 | -3.82 | 奶和奶制品 | 1.41 | 2.33 | 65.25 |
| 植物油 | 4.09 | 4.79 | 17.11 | 水产品 | 6.61 | 7.01 | 6.05 |
| 动物油 | 0.58 | 0.54 | -6.90 | 食 糖 | 0.93 | 0.81 | -12.90 |
| 猪 肉 | 12.00 | 13.91 | 15.92 | 酒 | 11.31 | 8.80 | -22.19 |
| 牛羊肉 | 0.12 | 0.14 | 16.67 | 水 果 | 6.72 | 6.33 | -5.80 |
| 家 禽 | 1.79 | 1.33 | -25.70 | | | | |

## 二、衣着消费

1991年以来,农村居民,衣着消费发生变化,“一衣多季”正向“一季多衣”转变,衣着消费由裁布自制向购买成衣转化,款式趋于多样化,西装、羊毛衫、羽绒服、山羊皮夹克等成为一些富裕起来的农民的时尚。1994年,衣着消费73.59元,占生活消费总支出4.9%。1995年,衣着消费88.30元,占总支出4.7%。1996年,衣着消费104.62元,占总支出5.2%。1997年,衣着消费102.05元,占总支出4.6%。1998年,衣着消费78.19元,占消费比重4.0%。2003年,衣着消费支出101元,比2002年略有下降。2005年,衣着消费支出149元,比2004年增长38.5%。2006年,人均衣着消费支出165.95元,在衣着消费中,主要是用于成衣消费。2007年,人均衣着消费支出195.92元。2008年,消费支出200.35元,2010年,为363.05元。

## 三、医疗保健支出

1991年以来,农村居民在吃好、用好的前提下,医疗保健意识进一步增强。1996年,医疗保健消费为36.18元,占消费比重1.8%。1997年,医疗保健消费支出42.55元,占消费比重1.9%。1998年,医疗保健消费支出38.93元,占消费比重2.0%。2003年,医疗保健支出76元,比2002年增长11.4%。2005年,医疗保健支出130元,比2004年增长26.9%。2006年,人均医疗保健费用119.41元,比2005年减少8.2%。其中医疗保健服务费83.08元,减少2.55%;医疗保健用品支出36.33元,减少18.98%。2007年,人均费用支出159.56元,比2006年增长32.62%。其中医疗保健服务费103.81元,增长24.95%;医疗保健用品支出55.75元,增长53.45%。2008年,人均费用支出162.52元,比2007年增长1.9%。其中医疗保健服务费108.89元,增长4.9%;医疗保健品支出53.64元。2009年,人均费用支出185.02元,比2008年增长13.8%,其中,医疗保健服务费116.81元,医疗保健用品支出68.21元。2010年,人均费用支出239.29元,比2009年增长29.33%。其中医疗保健服务费173.9元,医疗保健用品支出65.4元。

## 四、交通通信消费

1991年以后,全市农村基础设施日臻完善,公路建设快速发展,公路等级全面提升,交通条件得到很大的改善。通信工具移动通信从无到有,住宅电话多数家庭安装。1991年,农村居民每100户拥有自行车92辆,每1万人拥有电话79.8部。1997年,交通和通信消费为35.94元,占消费比重1.6%。1998年,消费支出为37.93元,占消费比重1.9%。2005年,消费支出252元,比2004年增长37.4%。2006年,支出为276.85元,比2005年增长9.90%。2007年,消费支出305.10元,比2006年增长10.11%。2008年为314.33元,比2007年增长3.1%。2009年为350.17元,比2008年增长11.4%。2010年为396.49元,比2009年增长13.14%。

### 五、文教娱乐消费

1991年以后，农村居民生活环境改善，文化教育娱乐需求不断增加。1994年，平均每个农民文化教育娱乐用品及服务支出75.60元，占消费比重5.1%，平均每100户农民家庭拥有收音机34.4台，收录机19.7台，黑白电视机78.1台，彩色电视机6台。1995年支出98.80元，比1994年增长30.7%，占消费比重5.2%。平均每100户有收音机28台，收录机22.8台，黑白电视机79.9台，彩色电视机9.3台。1996年支出128.71元，比1995年增长30.3%，占消费比重6.4%。平均每100户有收音机24.7台，收录机23.6台，黑白电视机81.7台，彩色电视机13.2台。1997年，支出163.22元，比1996年增长26.8%，占消费比重7.4%。平均每100户有收音机25.2台，收录机28.3台，黑白电视机75.6台，彩色电视机20.4台，录像机1.5台。1998年，支出173.41元，占消费比重8.9%。2003年，支出231元，比2002年增长4.1%。2005年，支出316元，比2004年增长18.5%。2006年，支出316.90元，比2005年减少0.28%。其中文教娱乐品支出23.93元；教育服务费支出261.51元，比2005年增长1.40%。其中学杂费支出236.72元，技术培训费4.58元。2007年，支出305.01元，比2006年减少3.75%。其中文教娱乐品支出42.38元。教育服务费支出246.63元，减少5.69%。其中学杂费支出223.06元，技术培训费2.01元。2008年，支出312.37元，比2007年增长2.4%。其中文教娱乐品支出42.73元；教育服务费支出247.57元，比2007年增长0.4%。其中学杂费支出220.31元，技术培训费2.48元。2009年，支出335.12元，比2008年增长7.3%，其中文教娱乐品支出52.92元。教育服务费支出243.65元，其中学杂费支出203.57元，技术培训费4.87元。2010年，支出329.98元，其中文教娱乐品支出59.7元；教育服务费支出246.8元，其中学杂费支出218.2元。

## 第三节 居住条件

1991年以后，住宅建设在农民生活消费中一直占有重要位置，农民住房投资逐年增加。20世纪90年代初，全市农民砖木结构的住房建设明显减少，有的拆除，钢筋混凝土结构的楼房方兴未艾，并进行室内装潢。1991年，农村居民平均每人年末使用房屋面积23.31平方米。其中生产用房面积2.91平方米，生活用房面积20.40平方米，其中砖木结构14.11平方米，钢筋混凝土结构3.20平方米。年末使用房屋价值5220.82元。1994年，人均生活用房面积22.15平方米，比1993年增长5.8%，其中砖木结构住房为14.38平方米，减少3.9%；钢筋混凝土结构楼房面积6.07平方米，增长29.7%。1995年，人均生活用房面积22.57平方米，比1994年增长1.9%，其中砖木结构住房15.25平方米，增长6.1%。1996年，人均生活用房面积23.68平方米，比1995年增长4.9%；其中砖木结构住房15.25平方米，下降14.09平方米，钢筋混凝土楼房面积7.97平方米，增长32.8%。1997年，人均住房面积25.06平方米，比1996年增长5.8%，其中砖木结构住房由1996年14.09平方米下降为13.22平方米，钢筋混凝土结构面积由1996年7.97平方米上升到10.29平方米，增长29.1%。1998年，人均住房面积25.71平方米，比1997年增长2.6%，其中钢筋混凝土结构住房由1997年人均10.29平方米上升为11.04平方米，增长7.3%。2008年，人均住房面积38.24平方米，比2007年增长1.5%，其中砖木结构用房比重为34.6%，钢筋混凝土结构比重为61.6%。年末人均住房价值11286.15元，比2007年增长17.20%。2009年，人均住房面积39.36平方米，比2008年增长2.9%；住房砖木结构比重为35.1%，钢筋混凝土结构比重为60.0%；人均住房价值13683.30元，比2008年增长21.2%。2010年，人均住房面积40.84平方米，比2009年增长3.77%。

**2009 年、2010 年市农村居民住房情况一览**

表 62-2-5

| 指标 | | | 单位 | 2009 年 | 2010 年 | 2010 年比 2009 年 增加额 | 2010 年比 2009 年 增长% |
|---|---|---|---|---|---|---|---|
| 居住情况 | 住房面积 | | 平方米/人 | 39.36 | 40.84 | 1.48 | 3.77 |
| | 住房价值 | | 元/平方米 | 347.62 | 350.47 | 2.85 | 0.82 |
| | 住户类型 | 楼 房 | 平方米/人 | 32.37 | 32.48 | 0.11 | 0.35 |
| | | 砖瓦平房 | 平方米/人 | 6.41 | 7.62 | 1.21 | 18.84 |
| | | 其 他 | 平方米/人 | 0.58 | 0.74 | 0.16 | 27.87 |
| | | 钢筋混凝土结构 | 平方米/人 | 23.22 | 23.87 | 0.65 | 2.81 |
| | | 砖木结构 | 平方米/人 | 13.83 | 13.65 | −0.18 | −1.28 |
| | | 其 他 | 平方米/人 | 2.30 | 3.32 | 1.02 | 44.26 |
| 期内新建(购)住房情况 | 新建(购)住房面积 | | 平方米/人 | 1.15 | 1.34 | 0.19 | 16.60 |
| | 新建(购)住房价值 | | 元/平方米 | 590.54 | 544.11 | −46.43 | −7.86 |
| | 新建(购)住房类型 | 楼 房 | 平方米/人 | 1.07 | 1.34 | 0.27 | 25.23 |
| | | 砖瓦平房 | 平方米/人 | 0.08 | | −0.08 | −100.00 |
| | 新建(购)住房价值 | 钢筋混凝土结构 | 平方米/人 | 1.00 | 1.34 | 0.34 | 34.09 |
| | | 砖木结构 | 平方米/人 | 0.14 | | −0.14 | −100.00 |

## 第四节 耐用消费品

1991 年以后，农村居民家庭耐用品的数量大幅度增加，其品种逐步升级换代。家庭耐用消费品购买由自行车、手表、缝纫机、收音机(俗称“老 4 件”)向电视机、洗衣机、电冰箱、照相机、电风扇、影碟机(俗称“新 6 件”)转变，高档耐用品逐年增加，移动电话、摩托车、小轿车进入部分农民家庭。1994 年，平均每 100 户农民家庭年末有自行车 113.3 辆、缝纫机 56.7 架、手表 154 只、电风扇 105 台、洗衣机 1.5 台、电冰箱 1.7 台，摩托车 0.9 辆、大型家具 455.3 件。1995 年，每 100 户平均有自行车 113 辆、缝纫机 56.7 架、手表 143 只、电风扇 109.6 台、洗衣机 1.5 台、电冰箱 1.7 台、摩托车 1.9 辆、大型家具 493.1 件。1996 年，每 100 户平均有自行车 110.7 辆、缝纫机 59.5 架、手表 141 只、电风扇 120.4 台、洗衣机 4.9 台、电冰箱 4.1 台、摩托车 5.3 辆、大型家具 427.2 件。1997 年，平均每 100 户有自行车 110.1 辆、缝纫机 61.9 架、手表 139.2 只、电风扇 128.3 台、洗衣机 3.5 台、电冰箱 8.4 台、摩托车 7.1 辆、大型家具 428.0 件。1998 年，平均每 100 户有自行车 111.8 辆、电风扇 150 台、洗衣机 4 台、电冰箱 5.9 台、摩托车 9.7 辆、大型家具 468.5 件。2006 年，每 100 户有电冰箱 24 台、彩色电视机 100 台、移动电话 87 部，影碟机 48 台、组合音响 13 台，分别比 2005 年增长 41.2%、13.6%、27.9%、17.6%和 8.3%。2007 年，每 100 户耐用品拥有量中，电冰箱 27 台、彩色电视机 102 台、移动电话 114 部、空调机 12 台、家用计算机 3 台，分别比 2006 年增长 12.5%、2.0%、31%、33.3%和 50.0%。2008 年，每 100 户有洗衣机 23 台、电冰箱 32 台、彩色电视机 106 台、移动电话 124 部、空调机 13 台、家用计算机 4 台、汽车 6 辆，分别比 2007 年增长 15%、18.5%、3.9%、

8.8%、8.3%、33.3%和20%。2009年,每100户有电冰箱38台、彩色电视机111台、移动电话141部、空调机19台、家用计算机7台、汽车6辆,分别比2008年增长18.8%、4.7%、13.7%、46.2%、75.0%。2010年,每100户有洗衣机30台、移动电话150部、空调机20台、家用计算机10台、汽车6辆,分别比2009年增长11.1%、6.4%、5.3%和4.23%。

**1991~2010若干年份市农村住户平均每100户耐用物品拥有量一览**

表62-2-6

| 品名 | 单位 | 1991年 | 1995年 | 1997年 | 2000年 | 2005年 | 2009年 | 2010年 |
|---|---|---|---|---|---|---|---|---|
| 自行车 | 辆 | 92.25 | 112.8 | 110.1 | 104 | 75 | 61 | 60 |
| 电风扇 | 台 | 29.25 | 109.6 | 128.3 | 156.4 | 188 | | |
| 洗衣机 | 台 | 0.5 | 1.5 | 3.5 | 5.7 | 180 | 27 | 30 |
| 电冰箱 | 台 | 0.38 | 1.7 | 8.4 | 6.9 | 17 | 38 | 50 |
| 摩托车 | 辆 | 0.5 | 1.9 | 7.1 | 15.7 | 38 | 58 | 60 |
| 大型家具 | 件 | 317.13 | 493.1 | 428 | 214.8 | 188 | | |
| 黑白电视机 | 台 | 54.5 | 79.9 | 75.6 | 73.3 | 34 | 11 | 10 |
| 彩色电视机 | 台 | 1.88 | 9.3 | 20.4 | 39.2 | 88 | 111 | 111 |
| 收录机 | 台 | 17.5 | 22.8 | 28.3 | 16.9 | 5 | | |
| 录放机 | 台 | | | 1.5 | 2 | 2 | | |
| 照相机 | 架 | 0.13 | 1.5 | 6.9 | 3 | 2 | 4 | |
| 抽油烟机 | 台 | | | | 2.1 | 12 | 11 | 10 |
| 热水器 | 台 | | | | 2.8 | 14 | 30 | 30 |
| 电话机 | 部 | | | | 34.4 | 86 | 70 | 60 |
| 移动电话 | 部 | | | | 2.1 | 68 | 141 | 150 |
| 寻呼机 | 台 | | | | 5.5 | 1 | | |
| 摄像机 | 台 | | | | 0.27 | | 3 | |
| 影碟机 | 台 | | | | 10.1 | 41 | 42 | 40 |
| 组合音响 | 台 | | | | 6.7 | 12 | | |
| 汽车(生活用) | 辆 | | | | 0.4 | 2 | 6 | 6 |
| 家用计算机 | 台 | | | | 0.5 | 3 | 7 | 10 |
| 中高档乐器 | 件 | | | | | | 1 | 1 |
| 空调机 | 台 | | | | | 7 | 19 | 20 |
| 微波炉 | 台 | | | | | 1 | 9 | 10 |

# 第五节　储蓄存款

1991年以来,农村居民家庭和个人在银行等金融机构的存款不断增加,货币储蓄相应增多。1991年,农村居民储蓄存款30343万元,比1990年22934万元增长32.3%,其中定期存款17206万元,活期存款10673万元,农户生产基金存款2464万元。1994年,储蓄存款83965万元,其中定期存款56306万元,活期存款27659万元。1997年,储蓄存款183227万元,其中定期存款145857万元,活期存款37370万元。1999年,储蓄存款172615万元,其中定期储蓄132454万元,活期存款40161万元。2002年储蓄存款259798万元,其中定期存款178629万元,活期存款81169万元。2004年,储蓄存款384367万元,其中定期存款250434万元,活期存款133933万元。2010年,储蓄存款1593123万元,其中定期存款827311万元,活期存款765812万元。

**1991年、1995年各县区农村居民储蓄存款一览**

表62-2-7　　单位:万元

| 地　区 | 1991年 | 1995年 | 地　区 | 1991年 | 1995年 |
|---|---|---|---|---|---|
| 全市合计 | 115548 | 30343 | 永修县 | 8654 | 3056 |
| 市　区 | 37884 | 4696 | 德安县 | 7726 | 1996 |
| 九江县 | 8926 | 3516 | 星子县 | 3045 | 799 |
| 瑞昌市 | 9254 | 2033 | 都昌县 | 10732 | 3138 |
| 武宁县 | 5949 | 2028 | 湖口县 | 4896 | 1669 |
| 修水县 | 8448 | 2224 | 彭泽县 | 10034 | 5188 |

**1991~2010年若干年份市农村居民储蓄存款一览**

表62-2-8　　单位:万元

| 年份 | 全市储蓄存款年末余额 | | | | 其中:农村储蓄存款 | | |
|---|---|---|---|---|---|---|---|
| | 合计 | 定期 | 活期 | 农户生产基金存款 | 合计 | 定期 | 活期 |
| 1991 | 169080 | 132222 | 34394 | 2464 | 22934 | 13385 | 7686 |
| 1995 | 605991 | 468482 | 137509 | | 115548 | 82590 | 32958 |
| 2000 | 1151526 | 823872 | 327654 | | 196273 | 144820 | 51453 |
| 2005 | 2494942 | 1572289 | 922653 | | 490486 | 333114 | 157372 |
| 2006 | 2846797 | 1720454 | 1126343 | | 590752 | 366391 | 224361 |
| 2007 | 3092819 | 1746666 | 1346153 | | 685576 | 397198 | 288378 |
| 2008 | 3842072 | 2232505 | 1609567 | | 879046 | 514075 | 364971 |
| 2009 | 4863755 | 2637596 | 2226159 | | 1174961 | 648512 | 526449 |
| 2010 | 5808405 | 2970797 | 2837608 | | 1593123 | 827311 | 765812 |

## 1991 年全市居民物质文化生活情况一览

表 62-2-9

| 指标 | 单位 | 数量 | 指标 | 单位 | 数量 |
|---|---|---|---|---|---|
| 一、城乡居民每人年收入 | 元 | | 七、零售商业、饮食业、服务业 | | |
| 职工年平均工资 | 元 | 1731.0 | 每万人拥有网点数 | 个 | 115.3 |
| 城市住户生活费收入 | 元 | 1217.6 | 每万人拥有人员数 | 人 | 298.7 |
| 农村住户纯收入 | 元 | 718.03 | 八、文 化 | | |
| 二、居民平均消费水平 | 元 | 709 | 城市居民每百户拥有电视机 | 台 | 120 |
| 城市居民 | 元 | 1219 | 农村居民每百户拥有电视机 | 台 | 56 |
| 农村居民 | 元 | 599 | 城市居民每百户拥有收录机 | 台 | 75 |
| 三、消费品零售额 | 万元 | 199532 | 农村居民每百户拥有收录机 | 台 | 18 |
| 食品类 | 万元 | 103460 | 九、教 育 | | |
| 衣着类 | 万元 | 28070 | 每万人拥有大学生 | 人 | 8.3 |
| 用品类 | 万元 | 47973 | 十、卫 生 | | |
| 四、平均每人居住面积 | | | 每万人拥有医院床位 | 张 | 25.4 |
| 城市居民 | 平方米 | 9.37 | 每万人拥有医生 | 人 | 15.7 |
| 农村居民 | 平方米 | 23.31 | 十一、就 业 | | |
| 五、交 通 | | | 城市每一就业者赡养人数 | 人 | 1.76 |
| 城市居民每百户拥有自行车 | 辆 | 181 | 农村每一就业者赡养人数 | 人 | 1.81 |
| 农村居民每百户拥有自行车 | 辆 | 92 | 十二、储 蓄 | | |
| 六、通信、电信 | | | 平均每人储蓄存款余额 | 元 | 414.9 |
| 每万人拥有电话 | 部 | 79.8 | | | |
| 每人每年交寄函件 | 件 | 3.3 | | | |

## 1995~2010 年若干年份全市居民物质文化生活情况一览

表 62-2-10

| 指标 | 单位 | 1995 年 | 2000 年 | 2005 年 | 2009 年 | 2010 年 |
|---|---|---|---|---|---|---|
| 一、城乡居民每人年收入 | | | | | | |
| 职工年平均工资 | 元 | 3767 | 6236 | 12223 | 21050 | 24744 |
| 城市住户生活费收入 | 元 | 3513 | 5081 | 8713 | 14203 | 15764 |
| 农村住户纯收入 | 元 | 1493 | 1851 | 3269 | 4819 | 5588 |
| 二、居民平均消费水平 | 元 | 1588 | 2331 | 3619 | 6897 | 7743 |
| 城市居民 | 元 | 2565 | 4161 | 5830 | 10655 | 12404 |
| 农村居民 | 元 | 1215 | 1840 | 2326 | 3949 | 4295 |
| 三、社会消费品零售额 | 亿元 | 45.98 | 63.18 | 121.25 | 237.69 | 284.08 |
| 四、平均每人居住面积 | | | | | | |
| 城市居民 | 平方米 | 11.57 | 13.20 | 20.93 | 31.87 | 32.12 |
| 农村居民 | 平方米 | 22.57 | 27.31 | 35.89 | 39.36 | 40.84 |

续表 62-2-10

| 指标 | 单位 | 1995年 | 2000年 | 2005年 | 2009年 | 2010年 |
|---|---|---|---|---|---|---|
| 五、交 通 | | | | | | |
| 城市居民每百户拥有摩托车 | 辆 | 4 | 3 | 7 | 16 | 16 |
| 农村居民每百户拥有摩托车 | 辆 | 1.9 | 15.7 | 38 | 58 | 60 |
| 六、通信、电信 | | | | | | |
| 每万人拥有移动电话 | 部 | | 381 | 2055 | 5003 | 5615 |
| 每万人拥有固定电话 | 部 | 291 | 999 | 2160 | 1963 | 1820 |
| 城市居民每百户拥有家用电脑 | 台 | | 4 | 23 | 61 | 67 |
| 七、文 化 | | | | | | |
| 城市居民每百户拥有彩色电视机 | 台 | 79 | 110 | 132 | 146 | 151 |
| 农村居民每百户拥有电视机 | 台 | 89 | 113 | 122 | 122 | 121 |
| 八、教 育 | | | | | | |
| 每万人拥有大学生 | 人 | 15.8 | 38.1 | 168 | 170 | 173 |
| 九、卫 生 | | | | | | |
| 每万人拥有医院床位 | 张 | 30.6 | 16.9 | 22.5 | 16.8 | 18.1 |
| 每万人拥有医生 | 人 | 15.4 | 12.0 | 10.2 | 11.5 | 12.8 |
| 十、就 业 | | | | | | |
| 城市每一就业者赡养人数 | 人 | 1.77 | 2.02 | 1.81 | 1.66 | 1.69 |
| 农村每一就业者赡养人数 | 人 | 1.70 | 1.52 | 1.41 | 1.37 | 1.35 |
| 十一、储 蓄 | | | | | | |
| 平均每人储蓄存款余额 | 元 | 1428 | 2573 | 5359 | 10155 | 12273 |

# 第三章 老年人事业

## 第一节 老年人口

1991年,全市60岁以上老年人口317313人,占总人口7.8%,其中80岁以上老人19300人,100岁以上老人10人,人口平均寿命68.37岁。2005年,全市60岁以上老年人口472116人,占总人口10.13%,进入人口老龄化社会。2010年,全市60岁以上老年人口544031人,占总人口11.5%,其中80岁以上老人51226人,100岁以上老人64人,人口平均寿命73.51岁。

## 第二节 权益保障

1997年,市老龄委与市人大政法委、市委组织部、宣传部等14个部门联合开展学习宣传《中华人民共和国老年人权益保障法》活动。共印发老年人权益保障法小册子和宣传画2万份。

2000年,市政府转发《市老龄委〈关于对70周岁以上老年人实行优待的办法〉的通知》,70周岁以上老年人持敬老优待证可享受免费进入公园,免费进入收费公厕,免费参观市区烟水亭文化景点,免费乘坐市公交公司1路、5路、16路公交车,免费游览庐山风景名胜区等优待,还可享受优先挂号、就诊,优先购买车、船、机票等优待。

2002 年,市老龄委与市建设局、文化局、卫生局、旅游局共同印发《关于贯彻落实<江西省实施中华人民共和国老年人权益保障法办法>的通知》,规定 70 周岁以上老年人持敬老优待证免费乘坐市区所有线路公交车,免费参观全市所有景点。

2003 年 5 月,市老龄委与市司法局、公安局联合印发《关于贯彻全国老龄办、司法部、公安部<关于加强维护老年人合法权益工作的意见>的通知》, 市老龄委办公室和各基层老龄办成立法律援助中心援助老年人工作站,负责接待受理老年人来信来访和调解涉老纠纷矛盾,督促落实老年人合法权益。全市各级老龄系统每年接待受理老年人来信来访近万人次,调解涉老纠纷 500 多件。

2004 年起,庐山管理局将每年重阳节定为"庐山敬老节",每年为全山老年人赠送价值 200 元的纪念品,举办系列庆祝活动。2006 年,全市实行为 95 周岁以上老年人发放每月 100 元长寿补贴金政策。

至 2010 年,修水县、浔阳区、湖口县、瑞昌市、庐山区将长寿补贴发放对象扩大至 90 周岁以上老年人,满 100 周岁老年人长寿补贴金标准增至每人每月 200 元,庐山区增至每人每月 300 元。每年"重阳节"期间,全市举办各类敬老庆祝活动,走访慰问高龄老人、特困老人,组织青少年到敬老院、到社区献爱心志愿活动等,市老龄委累计评选表彰敬老模范个人 380 名。庐山区每年重阳节为全区 70 周岁以上农村老年人发放 100 元过节费。

## 第三节 老年活动

### 一、活动场所

**市老年活动中心** 1991 年,市老干部活动中心大楼位于市南湖路 108 号,占地面积 2000 平方米,建筑面积 2500 平方米,服务对象为离休干部和副县级以上退休干部,1992 年,服务对象扩大到所有离退休干部。2005 年 8 月,新建老干部活动中心大楼,地处市庐山大道荷花垄,占地面积 4.9 公顷,建筑面积 6340 平方米(其中市老年大学 1000 平方米),总投资 2000 万元。活动中心设有棋牌室、麻将室、健身室、乒乓球室、台球室、书画室、录相室、排练室、阅文室、阅览室、多功能厅、大小会议室、食堂等,室外设有 9 个门球场和两个地掷球场。平均每天到中心活动的老年人达 230 余人。2009 年,市老年人体育协会综合楼竣工,大楼 4 层,主体建筑面积 2560 平方米,投资 750 万元。有门球场 6 个,其中室内 3 个,露天 3 个,地掷球场 2 个,排球场 1 个。

**县区老年活动中心** 1991 年,全市各县(市、区)均在老干部活动室基础上建立老年人活动中心,服务对象主要是离退休干部。2000 年,全市各县(市、区)均建成活动中心大楼,服务对象面向全体老年人。2010 年,各县(市、区)老年活动中心总建筑面积 3.1 万平方米,总投资 1.7 亿元。其中规模较大的有九江县老年宫、康怡园,武宁县益寿园,修水县晚晴乐园,瑞昌市老年人活动中心,彭泽县夕阳宫,永修县桑榆园等。全年平均每天到各县(市、区)中心活动的老年人达 1930 余人次。

### 二、学习活动

1991 年来,老年人学习依托的组织主要有离退休干部党支部、老年人协会和老年大学(老年学校)。至 2010 年,全市共有老年大学 9 所,老年学校 1900 个。学习形式主要有:市、县、乡三级党政班子向离退休干部通报当地发展形势,并征求老年人意见,调动老年人参政议政积极性;组织老年人学习时事政治,传达中央、省、市、县重要会议和文件精神;举办老年人参观工农业发展形势活动;组织老年人到基层开展保持共产党员先进性教育活动;参加老年大学(老年学校)培训班,内容有书画、摄影、诗词写作、电脑、英语、健身操(舞)、器乐、声乐和时装表演等。

### 三、文艺活动

1997 年,市区第一个自发性老年人腰鼓队诞生,有 17 名老年人参加腰鼓队活动。1998 年 8 月,市区有6个老年人腰鼓队和3个老年人秧歌队加入庆祝九江人民抗洪胜利大游行。1999年春节,老年腰鼓队、秧歌队从市区发展到各县城,全市有老年腰鼓队17个、秧歌队9个。2000年,老年人除参加腰鼓队、秧歌队活动外,还自发组织舞龙队、歌舞队。2002年,全市第一个老年人艺术团诞生,有35名老年人参加艺术团演出。2010年,全市有老年艺术团5个、老年秧歌队63个、老年腰鼓队85个、老年舞龙队113个。老年人文艺队伍全年活跃在基层社区,参加各类庆典和大型演出活动。至2010年12月,全市共举办1届老年风采大赛、1期大型游园活动、6届老年艺术节。

### 四、书画活动

1996年,市老年书画协会成立。至2010年,全市喜爱书画艺术老年人达16380人,占老年人总数0.03%。举办书画学习班、学术讲座、创作研讨会、笔会和老年书画展等活动43次。会员杨诗健应中央电视台《夕阳红》栏目、中国美术协会、中国书画家协会共同举办的"功在千秋—捐助老年教育事业"大型公益活动邀请,捐赠书法作品4幅,并应上海民族画院邀请,参与中华民族书画扶贫助残献爱心活动,提供书法作品1幅,并获一等奖。市老年书画协会收集会员优秀作品,出版2期《浔枫书画集》,共发行1200册。

### 五、体育活动

1991年,市、县均成立老年人体育协会(简称"老年体协")。同年,市区和各县城镇开始大规模兴建群众休闲文化广场,老年人广场健身舞应运而生。1997年11月,长江沿岸24城市第十一届老年人门球赛在九江举行,24支省、市代表队近300名老年人参加赛事活动。2001年始,市老年体协启动城乡老年人"万里健步行"活动。

至2005年,市直(驻市)机关单位共有66个单位建立老年体育组织。各县市区山直属机关单位共建立老年体协782个,占单位总数81%。全市建立市、县(市、区)、乡镇、村、组五级老年体育组织网络。2007年8月8日,市体育局、市老年体协在和中广场举行"九江市城乡老年人与全国亿万老年人健步走向北京奥运会"活动启动大会,市直(驻市)机关单位和浔阳区、庐山区共6000名老年人参加大会。2009年9月,九江组团参加江西省第六届老年人健身体育运动会,124名运动员参加全部12个项目比赛,共获44块奖牌。市老年体协获全省第六届"老运会"普及推广项目展示活动优秀组织奖,瑞昌市获全省第六届"老运会"棋类最佳赛区奖。2010年4月,市体育局、市老年体协举办市老年人第六届健身体育运动会。该年,全市60岁以上经常参加文体健身活动的老年人达30万人,占全市60岁以上老年人总数的55%,其中城市老年人口占85%,农村老年人口占45%以上。城乡各地老年人体育健身活动主要项目有门球、健身球、柔力球、老年排球、羽毛球、乒乓球、台球、牵引球、木兰拳(剑)、太极拳(扇)、钓鱼、健步行、登山、跳绳、抖空竹、舞龙狮、武术、腰鼓、广场健身操等。在老年人较多的企业和单位,如九江石化、九江发电厂、713厂、市一医院、市建设规划局,以及农村部分乡村社区等,都建有专门的老年人体育活动中心。全市共有门球场353个,其中乡镇村172个,市直(驻市)单位23个,县城158个。全市有城镇文化广场218个,参加广场健身舞活动的老年人21万人,占全市老年人总数38.8%,其中女性老年人20.65万人,占参加广场健身舞活动的老年人总数98%。

## 第四节　老有所为

### 一、关心下一代工作

1994年,市关心下一代工作委员会(简称"关工委")成立。1995年,永修县、瑞昌市、九江县、修水县、武宁县、星子县、浔阳区、都昌县、庐山区、德安县、湖口县、庐山风景名胜区管理局、彭泽县关心下一代工作委员会成立。全市各乡(镇)关工委也相继成立,继而发展到社区、学校和企事业单位。

1996年,为纪念红军长征胜利60周年,市关工委在全市开展"中华魂"《寻红军足迹,树革命理想》

青少年读书教育活动。瑞昌、星子、德安、彭泽、庐山区等县(市、区)关工委先后举办告别录相室、电子游戏厅等“三室二厅”集体签名活动,配合公安、教育等部门对校园周边“三室二厅”进行清理整顿。武宁、彭泽、修水、德安、瑞昌、浔阳区、庐山区等关工委建立老同志义务监督员队伍,协助有关部门抓好网吧整顿和管理。1997年,市关工委会同市委宣传部、市教委组织近500名市直中、小学生开展“迎香港回归”百米长卷书画活动;同市卫生局在烟水亭广场举办“预防艾滋病”大型图片展,展出图片50幅,发放宣传资料2万份;举办“爱国主义歌曲大合唱”比赛,市直大中专、中小学3000余名师生参加。《公民道德建设实施纲要》颁布后,各级关工委组织老干部到学校宣讲“纲要”内容,与妇联、教育等部门一道,在全市中小学生中开展争做小主人、小伙伴、小卫士、小帮手、小标兵“五小”活动。各县(市、区)关工委通过建立爱国主义教育基地、编撰乡土教材、观看爱国主义教育影片等形式,对青少年进行教育。同年,市关工委系统第一所青年农民夜校在湖口县东庄乡竹庄村成立,以夜校为基地,组织青年农民学习方针政策、时事政治、农业科技和法制常识。1998年洪灾后,各级关工委多方奔走,共筹资20.1万元,帮助2300余名受灾特困学生重返校园。1999年,为迎接新中国成立50周年,市关工委开展《伟大的祖国》青少年读书教育活动。市关工委、市科协在湖口县东庄乡联合举办农业科技报告会,邀请市农业高级工程师现场讲课,600多名青年农民接受农业科技教育。

2000年,市关工委与市委宣传部等7家单位联合下发《关于开展青少年法制教育活动的通知》。各级关工委积极配合宣传、政法、教育等部门以未成年人保护法、预防未成年人犯罪法“两法”为重点,开展各种宣传教育活动。全市大部分县(市、区)关工委配合政法、教育等部门,聘请公安、司法干警和老政法工作者担任各中小学法制副校长或法制辅导员,定期为学生进行法律常识辅导,并配合公安、司法、劳教部门,与失足后进青少年“结对子”,以谈心、书信、走访等形式,对失足后进青少年进行帮教。3月,市关工委、市教委、市妇联联合下发《关于办好家长学校的几点意见》,先后在九江一中和彭泽县召开家长学校工作现场会,在全市开展家庭教育征文活动。2001年2月,市关工委、市教委、市环保局等10家单位联合下发《关于联合举办“全市青少年绿色承诺行动”教育活动的通知》。2002年,各级关工委先后组织报告会、图片展、知识竞赛、演讲征文比赛和开展中小学生植树造林、清捡白色垃圾以及大型绿色承诺签名活动。浔阳区关工委创建联系卡制度,每年暑假,学校统一发放联系卡,学生持卡到社区报到,参加社区关工委组织的各项活动。各县(市、区)关工委为使学生在假期“离校不离教”,也相继举办才艺表演、消防安全知识讲座和社会实践等活动。

至2010年,全市各级关工委共组织老同志报告团210个,为青少年作各类报告2459次,受教育青少年达2594260多人次。全市有家长学校709所,举办家长学习班4691期,参加学习的家长49万人次。全市有青年农民夜校 (业余学校)392所, 举办各种科技培训讲座4897次, 参加培训的青年农民达177890人次。全市参加“绿色承诺行动”的市直中、小学校35所,参加活动的学生11万余人。全市各级关工委共筹资399万元,扶助特困学生26306人。共帮教失足后进青少年6673人,扶持青年科技示范户1951人,树立尊老敬老典型2759人。

## 二、老科学技术工作者协会工作

1993年12月,市离退休科技工作者团体联合会成立,下辖1个县老科协、2个企业老科协、3个市直分会,会员300余人。2001年,更名为市老科学技术工作者协会(简称市老科协)。

2003年抗“非典”期间,市老科协组织卫生分会专家撰写资料,深入社区和大专院校等单位举办讲座,散发疾病防控宣传资料。2004年,都昌县老科协创办经济实体动物保健诊所。2005年,市直农口分会组织农口老专家编印《农业科技实用知识》2000本,分送各县农民。瑞昌市、九江县遭受地震灾害期间,市老科协组织老科协医疗义诊队前往重灾区送医、送药,为灾民服务,并组织老科协会员到庐山区海会镇敬老院、姑塘镇敬老院、浔阳区金鸡坡敬老院开展献爱心活动。2006~2007年,市直农口分会购买几十本畜禽养殖及疾病防治的书籍、光盘,送给庐山区虞家河乡板桥村养殖大户。2008年抗击低温雨雪冰冻天气期间,市、县老科协组织老专家开展科学抗灾咨询服务,到农户、果园指导抗灾救灾。印发一批毛竹、果树、蔬菜、畜禽抗冻的技术资料,帮助灾区农业恢复生产。汶川地震后,市、县老科协组织卫生、地矿等专业老专家到学校、社区作科普报告,对稳定社会秩序起到良好效果,得到市、县领导肯定。2009年,全市15个县(市、区、山)全部建立老科协,市老科协市直分会、市直企事业老科协达14个。县(市、区)的县直分会147个、乡镇老科协155个,全市会员达6500余人(其中高级职称872人)。防甲型H1N1流感期间,市老科协组织卫生分会专家撰写资料,深入社区和大专院校等单位举办讲座,散发疾病防控宣传资料。

2010年,市老科协围绕鄱阳湖生态经济区建设开展调研,编印《建设鄱阳湖生态经济区建言献策汇编》。市老科协林业分会编印《九江古树名木》画册。玉树地震后,市、县老科协组织卫生、地矿等专业老专家到学校、社区作科普报告。至2010年,市、县(市、区)老科协及各分会有科普报告团成员303人,共举办科普进社区、科普到农家活动6500余次,举办农业技术培训353期,发放科普宣传资料近30万份,建立科技帮扶点155个,向各级党委、政府和有关部门建言献策200多条。共创办经济实体69个,安排就业人员1200人,年销售收入7100万元,年上缴税金102万元。

# 第六十三篇

# 思想道德建设

# 第六十三篇　思想道德建设

1991年以来，市委、市政府制定全市群众性精神文明建设活动工作意见和公民道德建设实施纲要；开展爱国主义、社会主义、先进典型、抗洪精神教育。1997年，制定市民文明公约、市民文明守则等，提出"自励拼搏、自立创新、自强进位"的九江精神。通过推荐国家、省级道德模范，评选"感动九江"十大人物和九江道德模范，征集"城市精神"主题词及评选"市树、市花"活动等，推进社会公德建设。在文明城乡创建方面，2002年始，着手建设学习型城市，致力推进文明行业、文明单位、文明社区、文明村镇、文明生态集镇创建。交通部门开展星级文明出租车创建工作，学校、商场推广文明清洁袋行动，文化市场实行专项整治活动，各级机关集体开展春节植树团拜活动，推行文明志愿者（义工）活动，殡葬行业开展"绿色殡葬"活动，推行文明祭祀活动等，在全社会树立文明新风。

至2010年，通过思想教育、道德建设、文明城乡创建及文明新风树立，全市城乡环境更加优化美化，市民文明素质明显提升、精神面貌焕然一新；创建全国文明城市、全国双拥模范城市、国家卫生城、国家园林城市、全国无障碍建设城市、省生态园林城市"六城同创"工作有序启动。

# 第一章　思想教育

## 第一节　爱国主义教育

### 一、教育活动

1994年,全市组织学习、讨论中共中央颁发的《爱国主义教育实施纲要》,各大中小学重视和加强对学生的爱国主义教育。1996年,在干部群众特别是青少年中开展爱国主义、集体主义、社会主义教育。各级、各类学校贯彻《爱国主义教育实施纲要》,将德育工作放在首位,开展升国旗唱国歌、参观爱国主义教育基地、观看爱国主义教育影视片等活动,"寻红军足迹、树革命理想"等读书、演讲、演唱活动。40多万市民参加"香港回归祖国"读书活动,在全省"迎接香港回归祖国"作文竞赛中,获1个一等奖、2个二等奖。1997年,全市组织一系列爱国主义教育活动,举办喜庆灯会、文艺汇演和影片展播,以及形式多样的活动庆祝香港回归。1999年,在全市组织声讨北约轰炸中国驻南斯拉夫使馆示威游行,举办庆澳门回归书画作品比赛。2004年,举办"祖国颂"大型歌咏晚会暨第三届金秋艺术节,庆祝中华人民共和国成立55周年。2007年,开展"纪念秋收起义80周年暨2007·中国(江西)红色旅游博览会九江分会场系列活动"。市委宣传部、市直机关工委、市委党史研究室等部门联合举办首届红歌大赛,1000余名选手参赛。2008年5月,在市白水明珠会展中心举办以"感恩之城,情系汶川"为主题的支援灾区重建家园赈灾晚会,募集捐款近3000万元。同年,纪念改革开放30年,各地开展多种成果巡回展,展示改革开放30年取得的成果;工人文化宫举办书画作品展;市房协组织开展"改革开放三十年城市建设成就回顾"采风活动;各级机关组织干部职工观看《铁血大动脉》《黄石的孩子》《南京大屠杀》等爱国主义影片。九江学院开展以"勿忘国耻,兴我中华"为主题的爱国主义教育活动,市委党史研究室编印《九江人民革命史》《九江革命史简明教程》《九江红色记忆》等学校教材;清明节、"五四""七一""十一"等节庆日,各学校以爱国主义教育为内容,组织学生祭扫烈士纪念碑、参观革命遗址、开展演讲比赛、讲座、观看电影等活动。

### 二、爱国主义教育基地建设

1991年以来,运用爱国主义教育基地开展爱国主义教育,发挥基地地址固定、历史蕴含丰富、视点直观、联想功能强的特点。在申报一批全国、全省爱国主义教育基地同时,在全市开展爱国主义教育基地审批工作,在各县(市、区)开展县级爱国主义教育基地建设。至2010年,全市审批爱国主义教育基地33家,获批全国爱国主义教育基地1家,全省爱国主义教育基地5家。

2005 年市爱国主义教育基地设置一览

表 63-1-1

| 基地名称 | 级 别 | 基地名称 | 级 别 |
|---|---|---|---|
| 修水秋收起义纪念馆 | 国家级 | 永修县立新乡南岸新村 | 市 级 |
| 庐山 | 省 级 | 永修县立新乡黄婆井移民新村 | 市 级 |
| 岳飞母亲姚太夫人墓 | 省 级 | 永修县九合淳湖爱国主义教育基地 | 市 级 |
| 锁江楼塔 | 省 级 | 永修县革命烈士纪念塔 | 市 级 |
| 德安县博物馆 | 省 级 | 德安县江州义门陈文史馆 | 市 级 |
| 黄庭坚纪念馆 | 省 级 | 德安县万家岭大捷爱国主义教育基地 | 市 级 |
| 烟水亭 | 市 级 | 德安县人民革命史陈列馆 | 市 级 |
| 九江市博物馆 | 市 级 | 修水县渣津烈士陵园 | 市 级 |
| 九江市规划馆 | 市 级 | 修水县革命烈士纪念馆 | 市 级 |
| 九江市抗洪广场 | 市 级 | 中共湘鄂赣省委、省苏维埃政府旧址群 | 市 级 |
| 彭泽马当炮台 | 市 级 | 修水县陈宝箴、陈三立父子故居 | 市 级 |
| 彭泽七县中心县委 | 市 级 | 星子县"一见心寒"墓 | 市 级 |
| 周敦颐纪念馆 | 市 级 | 赣北岷山革命根据地 | 市 级 |
| 瑞昌市革命烈士陵园 | 市 级 | 九江县马回岭火车站 | 市 级 |
| 瑞昌市洪一烈士陵园 | 市 级 | 九江县江洲烈士园 | 市 级 |
| 瑞昌市博物馆 | 市 级 | 九江县陶渊明纪念馆 | 市 级 |
| 瑞昌市铜岭铜矿遗址 | 市 级 | 九江县中华贤母园 | 市 级 |
| 石钟山太平楼 | 市 级 | 武宁县罗坪镇长水村 | 市 级 |
| 湖口县非物质文化遗产陈列馆 | 市 级 | 武宁县革命烈士陵园 | 市 级 |
| 天山新四军战壕 | 市 级 | | |

## 第二节　社会主义教育

1996 年，坚持用建设有中国特色社会主义理论，教育干部和群众，开展县处以上领导干部理论学习和考评，列出学习专题和自学书目，抽查读书笔记，量化学习考核标准，加强对县(处)级中心组学习指导、检查和督促。利用市委党校，举办以县处级干部和青年干部为主体的各类干部进修班、培训班 14 期，培训县处级干部 142 人次；培训青年后备干部、科级干部、乡镇领导干部、党外干部 618 人次。进行理论宣传和研究，组织全市党员干部观看《擎天之柱》等宣传录像片，组织“求实杯”理论征文活动。1999 年，把理论武装工作放在精神文明建设首位，进行邓小平理论宣传教育，在全市范围内组织处级、科级干部理论考试。

2000年,在全市范围组织开展“三讲”(讲学习、讲政治、讲正气)教育。2001年,在县(市)、乡镇、村领导班子和基层干部中开展“三个代表”重要思想学习教育活动。采取板报大赛、知识竞赛、座谈会、大型文艺演出等,宣传中国共产党建党80周年历史功绩,坚定群众走中国特色社会主义道路的信心。2002年,全市宣传思想战线把学习宣传贯彻中共十六大精神和“三个代表”重要思想作为全年工作的主线。2004年,全市进一步推进学习型城市创建工作,举办第二届“九江学习周”,承办第三届全国学习型城市论坛暨2004年年会,全国20多个省市150多位专家、学者和城市代表参加,市代表作主题发言,经验和做法获得与会专家和学者的肯定。2008年,开展“纪念改革开放30周年”系列活动,召开全市纪念改革开放30周年理论研讨会,成立市中国特色社会主义理论研究会,编印《九江市纪念改革开放30周年论文集》,表彰“纪念改革开放30周年”理论征文获奖作者,编辑出版《辉煌三十年》画册,举办纪念改革开放30周年摄影图片展,开展以“我与改革开放30年”为主题的征文和演讲活动;市直新闻媒体开设专题、专栏,从工业、农业、教育、城市发展等各个方面介绍30年间九江的变化,刊发系列评论员文章,推出一批改革开放30年各行各业涌现出来的先进典型。

2010年,全市“多措并举抓学习,学以致用促发展”做法在全省推进学习型党组织建设工作会交流。市委宣传部组织宣讲党的理论,推动中央、省、市重大会议精神、方针政策宣传。4月起,市委宣传部、市文明办、市直机关工委、市教育局、共青团市委联合举办社会主义核心价值观主题读书教育活动,成立市社会主义核心价值观主题读书教育活动领导小组。活动围绕建设社会主义核心价值体系目标,内容明确,载体丰富,旨在培育道德养成,培植先进典型,形成文明风尚。对象包括全市在校大学生,中学、中等职业学校(含中专、中师、职高、技校)学生,小学五、六年级学生。主要活动包括向贫困地区赠送《社会主义核心价值观100例》学习读本,举办主题读书教育活动网上征文比赛,组织社会主义核心价值观宣讲活动,组织社会主义核心价值观学习教育夏令营活动等。

## 第三节　先进典型教育

1996年,举办“做人民公仆”演讲会,组织学习孔繁森先进典型演讲报告团,在城乡巡回演讲报告,听众达13万人次。集中宣传石化总厂张泗存,九江化工厂顾崇先,浔阳区环卫所梅美华和交警支队、九江医专附属医院、九江大中大等先进个人和先进集体事迹。1997年,在组织全市干部群众学习孔繁森、邱娥国等先进人物同时,加强市先进典型培育、宣传和推广工作。推出全省为人民服务标兵梅美华,市委做出《向梅美华同志学习的决定》后,市文明委组织4场梅美华事迹报告会,利用新闻媒介对梅美华的事迹进行系列宣传。同时,开展九江市“为人民服务十大标兵”评选和宣传工作。1998年,在抗洪抢险过程中,全市涌现出一批先进集体和先进个人。陈纪如、陈申桃被评为全国抗洪英雄模范,在人民大会堂受到中共中央总书记江泽民等党和国家领导人嘉奖;方长春、万文娟、罗贤旗、梅秋荣被评为全国抗洪先进个人;8人被评为全省抗洪抢险功臣;1人被评为全省抗洪抢险勇士;90人被评为全省抗洪抢险先进个人;另有50个单位和50名干部群众被评为市抗洪抢险先进集体和抗洪模范。

2004年,推出“3·9”星子山火扑救英雄群体和全国模范教师邹有云等典型。挖掘武警九江支队谭守文和邹有云的典型事迹,配合上级新闻单位搞好采访,新华社、《人民日报》《光明日报》、中央电视台、中国青年报、中国教育报等媒体,均给出重要版面和时段进行宣传。推出代表新时期产业工人时代精神的先进典型向东等先进典型,国家国资委授予向东“中国企业优秀共产党员”称号,邀请其进京参加国庆55周年庆典活动,并代表产业工人在全国国资委系统作事迹报告。2006年,开展保持共产党员先进性教育活动,打造“核心党委、强势政府”,大力推进大工业、大物流、大旅游和城市大建设“3+1”发展战略。突出新农村建设主题,把先进性教育活动与推进农村产业化经营、化解乡村不良债务、加强农村社区党建工作、构建便民惠民服务网络、加快基层民主进程结合起来;组织开展“支部抓产业、党员抓实业、百姓富家业”等活动,推动新农村建设,促进农村经济社会发展。探索党内文化建设途径,提倡在党内多修理解的路、多搭沟通的桥、多拆隔阂的墙，制定进一步加强农村、社区、非公有制企业党建工作和党员队伍建设等方面的文件，把先进性要求内化为党员素质，外化为党员行动，固化为制度规范，进而对党的先进性建设长期发挥作用。市委、市政府专门开通"民情民声通道"，公开电话、电子信箱，了解群众疾苦。在抗震救灾和灾后重建中，灾区近2000个基层党组织和2万多名共产党员日夜奋战在抗震救灾和灾后重建一线，帮助灾民解决生产生活中的难题，涌现出一批先进个人和先进集体，党员先进性教育主题实践活动效果明显。2007年，市委宣传部开展"九江市十大创业先锋""九江市十大服务创业标兵""喜迎十七大，党旗更鲜艳""创新创业先进典型巡回宣讲报告团"等系列评选宣传活动，发挥先进典型示范带动作用。中宣部将电信职工向东列为《劳动者之歌》宣传典型，组织中央各大新闻媒体进行集中宣传报道。省委宣传部、省总工会、共青团江西省委联合做出《关于开展向向东同志学习的决定》。黄萍、黄振波被中央文明办、全国妇联和全国总工会授予全国道德模范提名奖。黄萍还被评选为"感动江西十大人物"。浔阳区甘棠街道南司社区被评为全省"十大和谐社区"，并被文化部评为"全国十大文化社区"；德安县河东乡上畈村被评为全省"十大和谐村庄"。2010年，先后推出周俊军、陈淼洋、陈水印、王滚林等典型，展示新时期九江儿女的精神风貌。

## 第四节　抗洪精神教育

1998年特大洪涝灾害后，人民子弟兵与全市人民紧密团结，抗击洪水，诞生"万众一心、众志成城、不怕困难、顽强拼搏、坚韧不拔、敢于胜利"的抗洪精神。在抗洪斗争中，全市涌现出一批英模人物和先进集体，100多人受到省级以上表彰。市文明办制作5块大型抗洪精神宣传牌，召开抗洪英模座谈会，利用各类宣传媒体宣传，把拥军爱民活动作为精神文明建设的内容，开展拥军活动，广大军民深受一次军爱民、民拥军的革命传统教育。

2003年，在全市范围内开展"弘扬伟大抗洪精神，建设美好九江"主题教育活动。《九江日报》、市人民广播电台、市电视台、《浔阳晚报》开办"弘扬伟大抗洪精神，建设美好九江"专栏、专题，刊发系列报道；市文联、市委党史研究室、九江日报社分别组织编写'98抗洪胜利报告文学《人间奇迹》、史料集《众志成城》和新闻史料集《聚集九江》；市电视台制作《人间奇迹》电视专题片；在《人民日报》组织一个专版，介绍九江'98抗洪胜利5年来的成就和变化；组织"'98抗洪记者看九江"活动，邀请中央、境外、省内外'98抗洪记者到九江采风，集中宣传九江加快发展、实现率先崛起的勃勃生机；举办纪念'98抗洪胜利五周年文艺演出；召开电视电话动员大会，举办系列讲座、报告会和座谈会、书画摄影展、文艺节目演出、演讲比赛、知识竞赛和征文比赛活动、岗位竞赛活动。7月，由市领导刘积福带队，到南京军区慰问演出。8月，组织反映'98抗洪的影片《惊涛骇浪》放映周活动；组织全市性"弘扬伟大抗洪精神，建设美好九江"军民联欢歌咏大会、卡拉OK电视大奖赛。2005年2月，九江抗洪警示教育基地竣工，教育基地以抗洪大道中线为主轴线，内设有抗洪纪念碑，抗洪纪念馆。2008年，组织纪念'98抗洪胜利十周年系列活动，在抗洪纪念馆布置九江市'98抗洪图片文物展，展出200多幅图片和70多件文物，分为世纪大水、情系灾区等9个部分。推出系列人物专访，市直新闻媒体前往北京、南京、福建等地采访当年参加'98九江抗洪的部队官兵、新闻单位记者，九江本地的部分抗洪英模、群众代表，在"'98抗洪人物专访"栏目中陆续推出。开展纪念'98抗洪胜利十周年的征文活动，共收到各类文章100多篇，择优在《九江日报》《浔阳晚报》刊出，市委党史研究室编辑《抗洪抢险十周年专辑》。

# 第二章　道德建设

## 第一节　社会公德建设

1997年,市文明办制定《九江市市民文明公约》《九江市市民文明守则》,提出"自励拼搏、自立创新、自强进位"的九江精神,开展新闻宣传、社会宣传和文艺宣传等。《公约》和《守则》逐渐成为市民遵守的行为准则。市委、市政府两次召开会议,把"讲文明、树新风"活动和环境整治、"还路于民"整治、交通秩序整治、户外广告整治相结合,整体推动公共道德建设。1998年,市文明办、市教委、团市委在青少年学生中开展"一做三创"(做文明学生、创文明班级、创文明楼院、创文明校园)和"告别不文明言行"活动,组织"告别不文明行为"讨论征文,举办"一做三创"演讲比赛,开展以"我与爸妈讲文明"为主题的给父母一封信活动。1999年,市文明办推出《走向文明》等一批文明教育专题片。新闻媒体开展"市民形象、市民素质"大讨论,市文明办编写《创文明城市,做文明市民》宣传提纲,组织宣传车在市区连续3天进行巡回宣传,整治不文明习惯。

2001年,市委下发实施意见,部署全市学习贯彻中共中央颁发的《公民道德建设实施纲要》工作,开展"人人都是九江形象"宣传教育和市民行为规范教育。2002年,市委下发《关于在全市集中开展"塑造九江人新形象"主题教育活动的通知》,成立领导小组,召开"塑造九江企业家新形象"座谈会,开展"腾飞吧,九江"征歌活动及"塑造九江人新形象"文艺晚会和歌咏比赛等活动。市文明办举办"讲道德树新风、塑造九江人新形象"大型公民道德知识竞赛和"公德在我心"演讲比赛,下发《九江市公民道德建设读本》。《九江日报》刊发《公民道德建设50题》,九江电视台推出"市场经济与道德建设""市民素质与投资环境""社会公德建设大家谈"等专题节目。2005年,市委宣传部组织全市高校大学生和青年教师思想政治状况问卷调查,召开高校思想政治工作联席会和座谈会,研究高校存在的不稳定问题,协调解决高校用电用水及校园周边环境存在的问题;开展全市首届"十佳优秀大学生"评选活动、全市中小学"兴赣富民奔小康"读书教育活动、学校德育优秀论文评选活动。在全市德育工作会议上,表彰27所德育示范学校和50名德育工作先进个人。2006年,全市集中开展"文明九江"大讨论活动,组织干部群众学习社会主义荣辱观,学习先进典型事迹。开展"文明九江"新形象大讨论、"树立社会主义荣辱观,做文明九江人"系列座谈会等一系列评选活动。4月,由"文明九江"大讨论活动领导小组、市委宣传部、市文明办联合主办社会公德与城市文明论坛,专家、学生、公务员、企业家一起站在理论高度对什么是社会公德进行探讨,结合实际对培养良好社会公德提出建议。

2009年,按照中央、省文明委统一部署,持续对道德领域突出问题开展专项治理,重点整治网吧、音像制品等领域及餐桌、交通等方面反映出的不文明行为,城市文明程度进一步提升。同年,深入开展"学雷锋,做一个有道德的人""学雷锋精神,做美德少年""我们的节日"主题活动和"学雷锋、心向党"唱童谣作品征集及网上展播传唱等活动,编辑优秀童谣作品集,在全市营造"人人学雷锋、天天学雷锋、时时有雷锋"的氛围。2010年,全市教育系统开展师德师风教育月活动,评选出全市师德先进集体21个、师德师风标兵20名、关爱教师好校长20名,师德师风教育活动月优秀读书心得20篇、师德师风教育活动组织奖5个、市直教育系统师德师风标兵15名等。

# 第二节 道德模范评选

## 一、国家、省级道德模范推荐

2007年起，陆续推出敬业奉献模范向东，见义勇为模范徐端怀，诚实守信模范黄振波，孝老爱亲模范黄萍、陈永忠，助人为乐模范詹学银等“全国道德模范”。2009年，向东、徐端怀、黄振波被评选为省首届十大道德模范。同年始，开展推荐“身边好人”活动，至2010年，全市有许俊谷景、马小英、熊贻华、蔡贵芳、张正传等30多人荣登中国好人榜；武宁县董金寿被评为“全国精神文明建设先进个人”；瑞昌民警周俊军当选为第三届省“十大井冈之子”。

## 二、“感动九江”十大人物评选

2006年起，全市开展两年一次“感动九江”十大人物评选活动。2008、2010年分别举办第二届、第三届评选。许俊谷景、戈莲英、曾志、李春如、周翔、何盛华、冷绪义、高家锦等当选人物的感人事迹在九江传扬，感动人们，带动大家向善学好。

**2006年市第一届“感动九江十大人物”**

表63-2-1

| 姓 名 | 单 位 | 感人事迹 |
|---|---|---|
| 胡妍珂 | 晨光中学 | 7年如一日照料身患重病母亲的品学兼优的14岁初三学生 |
| 黄振波 | 浔阳区 | 面对唾手可得1200万巨奖毫不动心的福利彩票投注站个体业主 |
| 余静赣 | 武宁县 | 致富不忘家乡、带领家乡人民致富的广州艺邦集团董事长 |
| 孙美华 | 修水县 | 24年如一日照顾因伤残而智力障碍的丈夫 |
| 徐 斌 | 都昌县 | 身患重病，吊着尿袋坚守在三尺讲台8年的最美教师 |
| 汪石林 | 省地矿局 | 忍着病痛过滩涉水，越岭翻山寻找矿源的工程师 |
| 程新华 | 湖口县 | 为养育病弃儿，他离婚、做七年苦工、耗费所有的积蓄 |
| 邝美云 | 香港艺人 | 拿出数百万元，在九江县和永修县捐资助学、救灾重建 |
| 徐永宏 | 瑞昌市 | 拾金不昧，临危不惧，乐于助人的农电收费员 |
| 刁晓萍 | 永修县 | 充满仁爱之心，为上访者解决困难、提供帮助的信访干部 |

**2008年市第二届“感动九江十大人物”**

表63-2-2

| 姓 名 | 单 位 | 感人事迹 |
|---|---|---|
| 许俊谷景 | 市房产局 | 因制止小偷盗窃电动车，遭歹徒报复遇害 |
| 戈莲英 | 德安县 | 23年收留照顾毫无血缘关系的智障老人，并助其找到家人团聚 |
| 曾 志 | 市公安局 | 坚守排爆岗位，勇排各类炸弹近1.3万枚的民警 |
| 李春如 | 都昌县 | 12年救治小鸟4000多只，垫付资金8万多元 |
| 周 翔 | 庐山区 | 身残志不残，自强自立创办老年公寓、幼儿园的残疾人 |
| 何盛华 | 浔阳区 | 身残志坚，创办九江博爱聋人学校的聋人校长 |

续表 63-2-2

| 姓名 | 单位 | 感人事迹 |
|---|---|---|
| 冷绪义 | 瑞昌市 | 让下岗工人过上富足快乐的生活的鸿达纺织集团公司董事长 |
| 高家锦 | 九江县 | 背着妻子去打工,独力支撑6口之家,照顾瘫痪妻子 |
| 肖丽华 | 都昌县 | 身患不死癌症,默默坚守讲台21年的半身瘫痪老师 |
| 星子六兄妹 | 星子县 | 不远千里寻找患有间歇性精神病离家出走的母亲 |

**2010年市第三届“感动九江十大人物”**

表 63-2-3

| 姓名 | 单位 | 感人事迹 |
|---|---|---|
| 陈水印<br>王滚林 | 星子县 | 抗洪抢险时遇强对流天气遭雷击牺牲 |
| 詹学银 | 都昌县 | 创办太阳村鄱阳湖儿童救助中心,收养142名孤儿 |
| 刘彦木 | 德安县 | 领取微薄薪金,坚守教学岗位28年的代课老师 |
| 刘春江 | 湖口县 | 传承保护文化遗产,让湖口青阳腔入选国家非物质文化遗产名录 |
| 陈森洋 | 湖口县 | 38年坚守,创造长江、黄河流域规模植棉亩产超千斤的新记录 |
| 杨光明 | 都昌县 | 为救治身患白血病的学生,跪地筹集爱心款10余万元 |
| 殷军 | 上港集团 | 丈夫生命垂危时,捐出自己69%的肝脏移植给丈夫 |
| 徐刚 | 学生 | 自强不息,品学兼优、军政兼优,16次获各类奖学金或表彰 |
| 谌婷婷 | 彭泽县 | 身患绝症,却笑对人生,并愿意捐献遗体供医学实验 |
| 叶银兰 | 星子县 | 收养弃婴并在她身患重病卧床不起后,依然用真爱守护着女儿 |

## 三、九江道德模范评选

2009年,开展首届市道德模范评选表彰活动,评选出德安县宝塔乡东山村六组村民戈莲英、彭泽县公安局民警尹先明为“助人为乐模范”;市房管局职工许俊谷景、永修县白槎镇双丰村农科所村民徐端怀为“见义勇为模范”;浔阳区福彩投注站个体业主黄振波、省电力公司瑞昌公司农电工徐永宏为“诚实守信模范”;瑞昌市公安局肇陈派出所民警周俊军、中国电信九江分公司向东客户服务中心主任兼向东班班长向东为“敬业奉献模范”;市社会福利院职工黄萍(女)、九江县永安乡滨江村村民高家锦为“孝老爱亲模范”。随后召开市“和谐创业”先进典型颁奖晚会,表彰首届十大道德模范。

2010年,市文明城市创建工作领导小组办公室在城区开展“爱国、爱市、倡文明”文明志愿者系列创评活动,先后评选出“十佳青年文明志愿者”“十佳青少年文明志愿者”“十佳文明白衣天使”“十佳文明出租车司机”“十佳文明公交工作者”“十佳文明经营户”“十佳文明市民志愿者”等系列先进典型。

## 第三节　市树、市花、城市精神

2007年1月,市文明办牵头组织,在全市开展征集“城市精神”主题词以及评选“市树、市花”活动,历时10个月。九江城市精神主题词共收到有效选票23940张,其中“融汇九川、敢为人先、勇创实干、追求卓越”获选票17640张,占总数的73%。市树候选物种共获选票25980张,其中“樟树”获得选票16500张,占总票数的64%。市花候选物种共获选票24660张,其中“荷花”获得选票18990张,占总票数的77%。市委宣传部召集专家评审,对城市精神和市树、市花应征稿件进行筛选、提炼,共归纳出4组九江城市精神候选主题词和3组市树、市花候选物种,在市级新闻媒体进行公示,供广大市民投票公推。9月14日,市委常委会决定,九江城市精神主题词为“融汇九川、敢为人先、勇创实干、追求卓越”。9月29日,市十三届人大常委会第六次会议审议通过市政府《关于确定九江市“市树、市花”的议案》,决定命名“樟树”为市树,“荷花”为市花。10月,市委召开新闻发布会,发布九江城市精神及市树、市花。市委宣传部下发《关于加强“九江城市精神”宣传工作的意见》,举办5场九江“城市精神”主题报告会,受听观众达万余人次。市委讲师团组织宣讲员队伍到基层,宣讲九江“城市精神”的时代意义、主要内涵和实践要求。市文化局、教育局联合开展九江“城市精神”和“市树、市花”演讲、摄影、书画竞赛活动;市群艺馆、歌舞团创作《城市精神大家唱》等一批精神产品,运用社区文化、校园文化和广场文艺等形式加强宣传;浔阳区、庐山区、开发区组织辖区内各行业单位把九江“城市精神”与行业精神、企业精神有机结合起来,利用座谈讨论、演讲竞赛、岗位实践等多种形式,宣传、弘扬和实践九江“城市精神”。《九江日报》、市电视台、市人民广播电台、九江新闻网等市各新闻单位制定实施方案,加强策划,开辟《九江城市精神与九江历史》《九江城市精神与百姓故事》等专栏专题;各学校、厂矿、街道社区等基层单位利用广播、黑板报、橱窗画廊等载体,开展各类宣传、教育、文娱活动,举行岗位竞赛。市树、市花和城市精神的内涵不断挖掘和推广。

# 第三章　文明城乡创建

## 第一节　学习型城市建设

2002年始,全市着手建设学习型城市,开展各项读书活动。2004年,市委与中央党校《学习时报》社共同举办全国第三届建设学习型城市论坛。2005年,在全市开展“建设和谐平安江西,共创兴赣富民大业”主题教育学习,印发《构建社会主义和谐社会学习问答》《和谐创业》等学习材料,组织报告团下基层巡回报告演说,在全市掀起“百姓创家业,能人创企业,干部创事业”活动热潮,组织召开全市“新阶段、新发展”理论研讨会,将研讨成果编成《百篇良策集》《民间问计》等书发行。2009年,全市把推进学习型党组织建设与赶超发展相结合,与建设学习型城市相呼应,多措并举抓学习,学以致用促发展,短时间内取得发展思路不断完善、执政能力不断提高、经济社会发展不断加速的局面。人民日报理论版、江西日报头版分别以《把学习作为赶超发展的先导》和《学风劲推浔阳城》为题,介绍九江建设学习型党组织建设的经验和做法。2010年,市“寻庐”“濂溪”和“白鹿”等系列大众讲坛,先后邀请于丹、余秋雨、樊纲、郎咸平等近20位专家学者举办讲座64期,直接听众4万余人次。

## 第二节　文明行业创建

1992年5月31日至6月5日，第六届全国“屈原杯”龙舟赛暨庐山杯国际龙舟邀请赛在市举行。市精神文明建设活动委员会提出“当好东道主、迎接龙舟赛”“笑迎天下客、满意在九江”的口号，组织开展“搞好优质服务、迎接‘双杯’龙舟赛”专项整治活动。开展职业道德学习和培训，开展文明礼貌用语，推广普通话，健全各种规章制度，在工商、物价、卫生防疫、商业、粮食、供销社、车站、码头等窗口行业部门开展服务竞赛。1995年，市文明办在各窗口行业开展“倡导文明用语，不说服务忌语”活动。1996年，在全市窗口行业开展职业道德建设，纠正以行业不正之风为主要内容的文明规范服务活动。市委宣传部组织市农行、市容局等19家窗口单位提出倡议，在全市窗口行业推行社会服务承诺制。1997年，在窗口行业开展“为人民服务，树行业新风，创文明窗口”活动，评选出全市“十大文明窗口”，评选表彰国税、地税、卫生、交通等21个行业的134个文明服务示范单位。1999年，全市服务行业开展文明优质服务竞赛，市文明办、纠风办印制400张民主评议行风表，发放给市人大代表和政协委员，对服务行业进行行风评议。市国税直属分局办税大厅被中央文明委评为“全国文明行业建设先进单位”。

2000年，市政府设立办证收费服务大厅，实行办证收费“一层楼”办公、“一条龙”服务、“一个窗口”收费，首批26个窗口服务单位进厅办公。2002年，市文明委下发《关于创建文明行业工作意见》《九江市文明行业创建管理办法》，并在出租车行业开展星级服务评选活动，共评选出五星级文明出租车147辆。当年，市气象局、庐山公安局被中央文明委命名为“全国文明行业建设示范单位”。2004年，开展文明行业创建活动，全市有10个行业被评为全省文明行业，33个行业被评为市级文明行业。2007年，以“创诚信行业，建和谐社会”为目标，开展“六比六看”活动(即尽职业责任、讲职业道德、守职业纪律、懂职业技能、树行业新风)，评选出一批“服务明星”“岗位能手”和文明服务窗口。2008年，在全市各窗口行业开展“提升服务水平、树立行业形象”和谐创建活动，邮政等42个行业被评为全市第三届文明行业。市工商局、市规划局中心窗口连续四年被评为“最佳窗口”“文明窗口”。市交通局在出租车行业开展争创“五星”出租车活动，117辆出租车被评为“五星”出租车。

2010年，市文明办下发《关于在全市窗口行业和公共服务行业深入开展“优化环境、服务创业”主题实践活动的通知》，通过开展“诚信服务竞赛”“新闻媒体走进窗口行业”等系列活动，提高窗口行业和公共服务行业办事效率，强化服务意识，完善服务机制，解决窗口行业和公共服务行业作风方面存在的问题。

## 第三节　文明单位创建

1996年，全市有331个单位被评为市级文明单位，15个单位被评为市级文明单位标兵，4个系统被评为市级文明单位创建先进系统。当年开展“青年文明号”、文明家庭、文明小区以及军民共建、警民共建等创建活动。农行八里湖支行等3个单位被团中央授予“全国青年文明号”，28个单位被授予省级“青年文明号”，110个单位分别被授予市级“青年文明号”。1999年，市文明委命名表彰396个市级文明单位。同年，九江石化总厂被中央文明委评为全国文明单位建设先进单位。

2001年，开展第八届省、市级文明单位推荐考评工作，共评选推荐省级文明单位103个，市级文明单位410个。2007年，以“讲文明、促和谐”为主题，开展创建文明单位竞赛活动。评选表彰2006~2007年度市级文明单位，向省文明办推荐申报第十一届省级文明单位。2010年，全市有129家单位被评为省第十二届文明单位。庐山风景名胜区、云居山—柘林湖风景名胜区被评为省“十大文明风景旅游区”。市文明委还评选表彰424个市文明单位和市级文明村镇(社区)。庐山风景名胜区再次被评为全国文明风景旅游区。

## 第四节 文明社区创建

1997年,市文明委下发《关于创建文明小区的实施意见》,提出区域环境美化、社会风气优化、文化生活健康化、社区服务制度化、文明创建经常化、小区管理规范化的“六化”创建标准。下发《九江市文明小区考核验收细则》,在全市开展文明小区创建评选表彰活动。1998年,市文明委对浔阳区湓浦街道孤溪梗居委会等20个市级文明小区,九江供电局生活区等19个“文明庭院”进行命名表彰。1999年,全市命名50个市级文明小区,76栋楼院被评为市级文明楼院,52个家庭被评为市级五好家庭。

2000年,市文明委下发《九江市关于加强社区精神文明建设的意见》,开展“倡导文明新风,共建美好家园”活动。8月,孤溪埂小区作为全省唯一代表,在全国社区精神文明建设座谈会上介绍经验。2001年,全市建立“三网”(社区组织网、社区目标网、社区制度网)、实施“三化”(环境美化、服务网络化、活动经常化)、解决“三难”(人员聘留难、协调管理难、资金筹措难)、抓好“三共”(共享资源、共保平安、共建文明)等经验在《精神文明报》刊登推广,湖滨小区被评为“全国城市物业管理优秀住宅小区”,西苑小区被评为“全省优秀住宅小区”。同年始,开展评选市级“十佳文明社区”活动。2004年,开展文明社区创建活动中,在庐山区浔海花园社区开展建立新型社区人际关系“邻里情”活动试点,营造“开心出门、热心串门、放心进门”的氛围。2006年,浔阳区南司社区被评为“全国文化先进社区”。2008~2009年,开展和谐社区创建活动,推进社区建设,完善社区服务功能,优化社区人居环境,提高社区管理水平,建成一批“安全文明、管理有序、服务完善、环境优美”的和谐社区。相继评选表彰九江开发区向阳街道新湖社区等“九江市十大和谐社区”。2009年,庐山区十里街道大楼社区获“全省十大和谐社区”称号。

## 第五节 文明村镇创建

1995年,在农村开展“两村十星”活动,即“文明村、小康村,义务星、守法星、节育星、和睦星、敬老星、教子星、新风星、文化星、卫生星、致富星”,各县(市、区)进行一批试点。1996年,市委成立“5552工程”领导小组,实施创建500户“十星”家庭、50个文明乡镇企业、50个文明小康村、20个文明集镇活动。8月,在武宁召开现场会,瑞昌、修水、武宁等地有关村镇和单位发言。1997年,“5552工程”创建命名表彰修水县渣津镇等9个集镇被评为“文明集镇”,武宁县茶梓坪等13个村被评为“文明村”,并评选出250户“文明家庭”和11家“文明乡镇企业”。

2000年,市文明委、市委宣传部下发《关于在全市农村进一步开展群众性精神文明创建活动的意见》,并在全市推广武宁县官莲乡创“十星文明户的经验”。7月,召开“军民共建文明村镇”动员大会。开展创“十星文明户”和“军民共建文明村镇”活动,提高农民素质,改善农村环境,净化农村风气。2002年,全市65.5万户参与创评“十星级文明户”,其中十星级户达16%。同年,创建省、市级文明村镇75个。武宁县新宁镇被中央文明委命名为“全国小城镇建设示范单位”,德安县聂桥镇获“全国创建文明村镇工作先进单位”。2004年,全国农村村落社区建设现场会在都昌县召开,都昌县村落社区建设经验在全国推广。2005年,召开全市创建文明村镇工作现场会,推出一批典型,建立市、县定点帮扶责任制,落实帮扶资金和措施。全市农村实施文明小康示范工程,开展创建文明村镇、文明小康示范村活动,涌现永修县立新乡南岸新村、修水县渣津镇等全省文明村镇。

2006年,全市开展文明村镇创建工作,按照“生产发展、生活富裕、乡风文明、村容整洁、管理民主”的要求,以“乡风文明”为重点,建设“文明示范村”,推进农村公共文化建设。都昌县大沙店前村、武宁县鲁溪镇等,获全国、全省创建文明村镇工作先进单位奖。2007~2008年,市委、市政府制定《关于加强九江市新农村乡风文明建设实施意见》和《任务分解书》,编印《九江新农村文明手册》20余万册,发放到全市各乡村,并做好宣传推广工作,开展“乡风文明”主题宣传画征集活动,举办“新农村、新风貌”摄影大赛。当年,湖口县付垅乡一甲村被省文明委评为“全省十大和谐村庄”。

2009年,推进农村公共文化建设,开展“九江文明社区(村镇)”评选活动。推荐省级文明村镇13家,省级文明社区3家。评选表彰永修县柘林镇易家河村等“九江市十大和谐村庄”。2010年5月,瑞昌市码头镇、武宁县鲁溪镇、修水县渣津镇、庐山区海会镇、德安县磨溪乡五星村等16个村镇(社区)被评为省第三届文明村镇(社区)。全面推进鄱阳湖生态文明示范村建设,星子县温泉镇板桥山村黄家垅自然村、永修县艾城镇青山村熊家、共青城甘露镇双桥村岭背熊家自然村等5个村镇分别成为省委宣传部(省文明办)、省国家税务局、省环境保护厅等省直单位的结对帮扶对象。

## 第六节　文明生态集镇创建

2010年5月,市委办公厅、市政府办公厅印发《创建文明生态集镇活动实施意见》,各县(市、区)开展文明生态集镇创建工作。各乡镇根据《九江市创建文明生态集镇测评细则》,结合实际情况,整体规划,进行投入,促进集镇规划、建设、管理的改善和提升。28个申报首届文明生态集镇的乡镇成立专门创建工作队伍,建立专门的卫生保洁部门和保洁制度。其中,22个乡镇修建无害化垃圾焚烧炉,实行垃圾分类焚烧处理;5个乡镇组建专门的集镇管理综合执法队伍。市文明办对28个申报乡镇进行考核,评选出修水县古市镇等18个文明生态集镇,修水县四都镇等8个创建文明生态集镇工作先进乡镇。同年,湖口县流芳乡流芳村大屋角湾、德安县吴山乡张塘村三组、庐山区十里螺子山村周家湾、瑞昌市洪一乡北港村、星子县蓼花镇殷家岭村等25个村列为全省重点建设的100个鄱阳湖生态文明示范村。

# 第四章　文明新风树立

## 第一节　文明出租车创建

2002年,市城区有出租车公司24家,出租车1487辆,从业人员3000余人。市交通部门开展星级文明出租车创建工作,进行出租车服务质量考核,评选“星级文明车”(“星级文明车”分为五星,即:语言文明星、仪容文明星、行车文明星、车容文明星、经营文明车),淘汰不文明经营、服务质量低劣、社会各界不满意的出租车业主,增强客运经营者优质服务意识。当年评选五星级文明出租车147辆,四星级文明出租车562辆,三星级文明出租车656辆,二星级文明出租车27辆,创星达标车占总数的93%。活动开展以后,旅客投诉案件减少,出租车驾驶员的服务态度和服务质量有了明显提高,涌现好人好事68起。出租车司机共交回手机58个,手提包等遗失物品45件,现金19万余元,长城卡、牡丹卡、金穗卡和支票共13张,价值1万余元。南方公司赣G07712司机傅海煌,拾到现金97000元,石松公司赣G08565车司机宛宁,拾到浙江客人现金48000元和1部商务通、1部手机,都及时交还给失主;大众公司王晓明见义勇为,不顾个人安危,勇斗歹徒。2006年,市交通部门围绕“文明出行 扮靓九江”主题,召开“讲文明 促和谐”出租车竞赛活动誓师动员大会,开展“争创‘政治星、文明星、安全星、正义星、学习星’五星出租车”活动,要求出租车经营者在运营中自觉规范言行,做到按章行驶、按规收费、遵纪守法、不拒载、语言文明、礼貌待客、尊老爱幼、拾金不昧、见义勇为,为广大乘客提供舒适、周到、满意的服务,以实际行动当好九江漂亮“名片”和流动形象大使。2008年,市交通局在出租车行业开展争创“五星”出租车活动,117辆出租车被评为“五星”出租车。2009年,整顿出租车司机不文明行车行为,包括拒载、挑客、绕道、不打表、多收费宰客、计价器不显示、无顶灯、无上岗服务证、上岗服务证摆放不到位、无从业资格证、不系安全带等行为。11 月 12 日，市“创建省级文明城市办公室”组织人员暗访火车站广场。查出违规出租车 3 辆，处以停运 1 周学习有关法律法规并接受经济处罚；另有 25 名出租车司机存在计价器不显示、无顶灯、没有上岗服务证、上岗服务证摆放不到位、无从业资格证、不系安全带等不文明行为，被停运学习 1 天。

## 第二节　文明清洁袋行动

2003 年起，浔阳区、庐山区为小学一年级新生统一配发装垃圾的文明清洁袋，倡导文明、卫生、健康、生态、绿色、环保的生活方式，引导学生从小树立爱卫生、讲文明的好习惯，让文明、环保观念走出校园，走进家庭，走向社会。2006 年，浔阳区创新城市管理工作，建立城市管理“4+1”模式，在全国率先推行“校园美丽清洁袋”，辖区内 17 所小学、1.3 万名小学生随身携带收集自产垃圾的小布袋，实现自产垃圾“袋装化”。浔阳区举办校园“践行清洁袋、难忘清洁袋、传承清洁袋”文明接力系列活动，通过学生自编自导小品、歌舞、情景剧、合唱、快板、歌曲串烧等形式，表述他们与"美丽清洁袋"之间发生的故事、友谊和感情，展示浔阳区实施校园“美丽清洁袋”的成果。2008 年 6 月起，全市各大商场、超市推广购物袋有偿使用制度，塑料购物袋使用量下降。推广清洁环保、可循环使用的布类纤维购物袋，新型购物袋逐渐成为市民新的生活内容。

## 第三节　文明网吧创建

2008 年，市主城区有大小网吧 200 余家，网吧管理成为文化市场整治的一项内容。5 月，市城区创建“星级文明网吧”动员大会举行，将创建“星级文明网吧”活动列为市创建全国文明城市的内容之一。活动要求网吧业主杜绝接纳未成年人现象，对外地上网人员作记录，对沉迷网络的大学生劝导其及时离开。对网吧证照、卫生、身份证登记、未成年人控制、营业时间、消防安全等方面进行考察，经过各区文化部门推荐、市创建星级文明网吧评审小组分组交叉检查、网上投票结果审核评定，授予“君临天下”等 9 家网吧“三星级文明网吧"称号，授予“红灯笼”等 12 家网吧“一星级文明网吧”称号。星级网吧评选，有效发挥典型示范推动作用，引导和鼓励互联网上网服务营业场所文明诚信、守法经营，促进网络文化市场规范、有序、健康发展。

## 第四节　文明过新年活动

2004 年起，每年春节后第一天上班，全市各级机关干部集体开展春节植树团拜活动，以植树的形式倡导文明新风，转变机关作风。至 2010 年共计植树 70 万余株，栽植面积 120 余公顷。2006 年起，每年元旦、春节期间市城区开展“爱我新九江、文明过新年”百日文明行动。主要是“文明交通百日行动”“文明环境百日行动”“文明习惯百日行动”三大工作，重点放在专项整治、宣传教育、志愿倡导、规范引导，引导、教育群众遵守社会公共秩序，爱护公共环境，提高自身文明素质，自觉维护九江文明城市形象。

## 第五节　文明志愿者(义工)活动

2005 年，成立第一个民间爱心团体——九江志愿者爱心之家，后陆续成立九江爱心家教基地等多个类似团体，义务救助老幼孤残等社会特困群体，义务维护交通、环保等。

2010 年，由《九江晨报》发起，联合市志愿者爱心之家、爱心家教基地等民间爱心团体，成立市志愿者(义工)联合会，市委宣传部、市文明办为主管单位。至年底，有会员 2108 人，其中，公益慈善界知名爱心人士或媒体界知名记者等担任理事。志愿者联合会下设秘书处及 9 个志愿者义工小组：松柏之爱组、爱心助学组、与你同行组、文化服务组、亲子义工组、城市美化组、快乐童年组、网络服务组、宣传服务组，分别负责组织不同的公益活动，服务不同的特殊群体。市志愿者(义工)联合会建立官方网站、官方微博和活动QQ群，在《九江晨报》开辟“公益九江”专版和“周末聊天”专版，分别作为市志愿者(义工)联合会的会刊和义工咨询热线的专版。当年，市志愿者(义工)联合会会员累计奉献志愿服务时间超过11万小时，服务对象达5000余人(次)。

## 第六节 绿色殡葬活动

1996年4月，市政府发布《九江市殡葬管理实施规定》，在市区及各县城和部分乡镇实行火葬。2001年6月，市政府发布《九江市殡葬管理规定》，划定浔阳区、庐山区、瑞昌市、德安县、彭泽县为火葬区；星子县、永修县、九江县、修水县、武宁县、湖口县、都昌县除部分乡镇为土葬改革区外，其余为火葬区。规定自2001年6月1日起施行，原《九江市殡葬管理实施规定》同时废止。

2002年，九江贺嘉山陵园建成，实行火化、殡仪、公墓三位一体服务，市区亡故人遗体全部运往该陵园火化。2008年4月，民政部通报表扬在2008年清明节工作中成绩突出的殡葬管理服务单位和观察员，市殡葬管理处及市殡葬管理处处长助理张增荣、市殡葬管理处马宿岭公墓区主任戴建国受到通报表扬。2009年，在市城区开展殡葬陋习专项整治活动，殡葬陋习得到遏制。市城区排查丧葬用品经营户38家，有14家经营者做出“依法、规范、文明”经营的书面承诺。查处非殡葬专用车辆27辆(次)。

2010年，市政府发布《九江市殡葬管理综合执法暂行规定》。殡葬行业开展“绿色殡葬”活动，主要内容是弘扬孝亲敬老，厚养薄葬，慎终思远，传递亲情；推行文明祭祀，绿色殡葬的新风尚；倡导以献一束花、敬一杯酒、植一棵树、播一首音乐等健康时尚方式寄托哀思，以水葬、树葬、壁葬等新型骨灰安置方式保护生态；自觉维护祭祀场所公共秩序；自觉弃用塑料花、一次性塑料袋等塑料用品和其他封建迷信祭祀品。11月，瑞昌市民政局获“全国殡葬工作先进单位”。

# 第六十四篇

# 人事　编制

# 第六十四篇 人事 编制

1993年10月，根据《中华人民共和国国家公务员暂行条例》及相关配套法规，全市推行公务员进、管、出三个环节相配套管理机制，建立和完善考试录用、考核奖惩、培训交流、辞退、退休制度。同年，以职称改革为切入点，在部分事业单位开展精简内设机构和人员，实行人员聘用制。1996年，实施《九江市专业技术职务聘任管理试点工作方案》，进行专业技术职务聘任管理试点。2000年，市人事局被人事部表彰为综合先进单位。2001年5月27日市人才市场大楼开业。2002年，职称评审由评聘结合改为评聘分开，采取“个人申报、社会评审、单位聘任、政府指导”方法开展职称评审。同年12月，成立市人事局引进国外智力和专家管理处(市外国专家管理局)。2003年，加大非公有制单位专业技术职务评审工作力度，制定市地方专业技术职称评审条件，开展地方职称评审。职称制度改革有序推进。2004年，在全市事业单位实行人员聘用制。同年，市被评为全省公务员管理先进单位。2005年，首次在市直教育事业单位中公开招聘72名大中专毕业生充实到一线教育岗位。同年，全面启动事业单位面向社会公开招聘工作。被评为全省公务员考核先进单位和全省公务员考试录用先进单位。2006年，实施《中华人民共和国公务员法》，全市公务员管理开始纳入法制化轨道，全面保障公务员应享有的权力和义务，抓实公务员“四类”培训。当年，建立事业单位人才引进"绿色通道"，共引进硕士277名，博士33名，海外留学人员3名。并通过市场招聘和网上招聘相结合，拓宽大中专毕业生就业渠道。选择优秀毕业生到基层从事支农、支教、支医和扶贫工作。开展人事代理，为大中专毕业生和企、事业单位提供人事代理服务。2009年，全市实施事业单位岗位设置，实现由身份管理向岗位管理、固定用人向合同用人的转换。

至2010年，全市获得国家外国专家局批准的引智项目67个，执行引智项目57个。为来华工作专家办理许可证和外国专家证，推荐和选拔优秀人才出国(境)培训。市外国专家局连续8年被评为全省引智先进单位。军队转业干部安置工作也先后获全国、全省军转安置工作先进集体和先进个人称号。

# 第一章 公务员管理

## 第一节 录用考核

### 一、录 用

2001年起,市公务员录用实行“凡进必考”原则。考试采取笔试和面试方式进行。面试坚持公平、公正、公开原则,最大限度减少干扰,每年均从外省、外市聘请面试考官,面试考官无江西籍,且都具备副高以上职称或担任行政正科以上人事工作实职、年龄在50周岁以内,这在全省是唯一的。这种做法先后被《江西日报》《人民日报》《中国人事报》等媒体进行报道。该年,全市第一批选拔75名优秀高校毕业生到基层工作。试用期2年,然后经考核合格,录用为国家公务员。2002年,全市考录公务员250名,首次对新录用公务员开展初任培训,举行宣誓仪式。2003年,根据省委组织部、省人事厅规定,市委组织部、市人事局负责全市国家公务员面试的有关管理和组织实施工作。当年,全市考录公务员157名;对2002年公开招考录用的250名公务员进行试用期考核,民主测评,满意率均在95%以上。2007年,市委组织部、市人事局制定《九江市考试录用高校优秀毕业生到基层工作暂行办法》,规定市、县两级机关除特殊职位外,不再直接面向社会招考公务员,确需补充公务员,从乡镇机关公务员队伍中考试选调。当年,全市考录公务员307名,其中乡镇机关考录公务员106名。2008年,中央组织部、人事部出台《公务员录用规定(试行)》,明确公务员考录的组织机构及招考程序。同年,全市考录公务员482名,其中乡镇机关考录公务员303名。2009年,考录公务员450名。首次开展政法干警招录公务员改革试点工作,择优推荐政法干警70人到高校学习两年,毕业后录用为政法系统首批招录试点公务员。至2010年,全市考录公务员3611名。

2001~2010年市公务员考试录用一览

表64-1-1　　单位:人

| 年 份 | 层级(各级均包括党群及政府部门) | 考试录用人数 | 年度合计人数 |
|---|---|---|---|
| 2001 | 市(地)级机关 | 120 | 120 |
| | 县(区)级机关 | | |
| | 乡(镇)级机关 | | |
| 2002 | 市(地)级机关 | 250 | 250 |
| | 县(区)级机关 | | |
| | 乡(镇)级机关 | | |
| 2003 | 市(地)级机关 | 81 | 157 |
| | 县(区)级机关 | 76 | |
| | 乡(镇)级机关 | | |
| 2004 | 市(地)级机关 | 74 | 321 |
| | 县(区)级机关 | 167 | |
| | 乡(镇)级机关 | 80 | |
| 2005 | 市(地)级机关 | 183 | 529 |
| | 县(区)级机关 | 292 | |
| | 乡(镇)级机关 | 54 | |

续表 64-1-1

| 年 份 | 层级(各级均包括党群及政府部门) | 考试录用人数 | 年度合计人数 |
|---|---|---|---|
| 2006 | 市(地)级机关 | 38 | 334 |
| | 县(区)级机关 | 262 | |
| | 乡(镇)级机关 | 34 | |
| 2007 | 市(地)级机关 | 51 | 307 |
| | 县(区)级机关 | 150 | |
| | 乡(镇)级机关 | 106 | |
| 2008 | 市(地)级机关 | 70 | 482 |
| | 县(区)级机关 | 109 | |
| | 乡(镇)级机关 | 303 | |
| 2009 | 市(地)级机关 | 128 | 450 |
| | 县(区)级机关 | 123 | |
| | 乡(镇)级机关 | 199 | |
| 2010 | 市(地)级机关 | 238 | 661 |
| | 县(区)级机关 | 262 | |
| | 乡(镇)级机关 | 161 | |

## 二、考 核

1994 年,执行《国家公务员考核暂行规定》,对公务员考核内容和标准、方法和程序及考核结果的使用进行明确规定,标志着公务员考核工作正式开始。市人事局印发《九江市实施国家公务员考核暂行规定的意见》,首次对机关事业单位开展年度考核。1999 年,市人事局印发《关于进一步深化考核工作的通知》,对考核的方法、考核备案程序、考核结果的兑现等作进一步明确,便于各单位操作。

2005 年起,对市直机关公务员中连续 3 年考核为优秀者给予记三等功表彰。2008 年,按照中央组织部、人事部《公务员考核规定 (试行)》, 根据实际情况将年度考核优秀比例由 12%~15%提高到 15%~20%,公务员考核内容及程序也作调整。同年,确定市外办为行政机关绩效考核试点单位,市人事局与市外办共同制定《市外办绩效考核工作方案》,方案注重平时考核,规定每季度进行一次,取得实质性效果,开始在全市范围内推广。2009 年,市委组织部、市人事局印发《九江市市直单位科级干部考核暂行办法》,明确考核对象、内容、标准,统一考核方法。在具体操作中将每半年的考核结果作为年度考核依据,并按 4:6 比例列入年度考核总成绩。2010 年,市委组织部、市人力资源和社会保障局共同印发《关于做好 2010 年度机关、事业单位工作人员考核工作的通知》,布置全市机关、事业单位 2011 年平时考核和 2010 年年度考核工作,细化考核内容,强化考核结果运用,加强监督管理。全市机关(含参照单位)参加考核共 15597 人,其中经考核,被评为优秀等次 1996 人,称职等次 13371 人,基本称职等次 18 人,不定等次 198 人。至 2010 年,共表彰市直机关公务员 132 名。

# 第二节 任免奖惩

## 一、任 免

**政府领导及市政府组成部门主要领导提请市人大任免** 1992年起,根据《中华人民共和国地方各级人民代表大会和地方各级人民政府组织法》规定,市长、副市长及政府组成部门主要领导任免,需由市政府提请人大审议决定。1992~2010年,承办市政府提请人大任免组成人员544人次。

**1992~2010年市政府组成人员提请人大任免一览**

表64-1-2

| 年 份 | 任免人次 | 年 份 | 任免人次 |
|---|---|---|---|
| 1992~2004 | 482 | 2008 | 7 |
| 2005 | 15 | 2009 | 3 |
| 2006 | 9 | 2010 | 22 |
| 2007 | 6 | | |

**政府机关和企事业单位领导干部任免** 1991年,根据《江西省县以上地方各级人民政府任免工作人员暂行办法》,市委印发《关于党委提名任免工作人员有关问题的通知》,规定从当年起,凡是政府任免的工作人员,均由市委研究提名,然后由政府人事部门起草任免文件,以政府名义发至市政府各部门和各县(市区)政府,并抄送市人大、政协、纪委、军分区、党群部门及新闻单位。至2010年,承办政府机关和企事业单位领导干部任免手续2575人次。

**1991~2010年市直政府机关和企事业单位领导干部任免一览**

表64-1-3

| 年 份 | 任免人次 | 年 份 | 任免人次 |
|---|---|---|---|
| 1991~2004 | 1952 | 2008 | 124 |
| 2005 | 82 | 2009 | 39 |
| 2006 | 152 | 2010 | 199 |
| 2007 | 27 | | |

**科级非领导职务晋升** 1993年,据省人事厅《关于我省国家行政机关部分工作人员确定正副主任科员职务问题的通知》,首次开展正、副主任科员职务确定及审批工作。2000年,市委组织部、市人事局印发《关于党政群机关科级非领导职务晋升工作有关问题的通知》,规定科级非领导职务的设置范围是机关公务员、参照公务员法管理单位人员,任职条件及职数限制是科级领导职数的50%。2002年,市人事局印发《关于规范市政府各部门科级非领导职务任免程序的通知》,进一步规范市政府各部门科级非领导职务任免程序。2008年,随着公务员法的实施,中央组织部、人社部出台《公务员职务任免与职务升降规定(试行)》,人事部1995年3月31日印发的《国家公务员职务任免暂行规定》和1996年1月29日印发的《国家公务员职务升降暂行规定》同时废止。至2010年,办理市直科级非领导职务晋升5776人次。

1993~2010 年市直科级非领导职务晋升一览

表 64-1-4

| 年 份 | 晋升人次 | 年 份 | 晋升人次 |
|---|---|---|---|
| 1993~2004 | 5257 | 2008 | 72 |
| 2005 | 68 | 2009 | 113 |
| 2006 | 51 | 2010 | 128 |
| 2007 | 87 | | |

## 二、奖 惩

1991 年起，先后执行《国家行政机关工作人员的奖惩暂行规定》《公务员奖励规定(试行)》和《行政机关公务员处分条例》。2003 年，开展首届“人民满意的公务员”及“人民满意的公务员集体”表彰活动。经层层推荐，市委组织部、市人事局考察组考察，推荐庐山区检察院检察长曹忠彭、中共德安县丰林镇党委书记欧阳林、中共修水县渣津镇党委书记袁观云为省“人民满意的公务员”，彭泽县棉船镇人民政府为省“人民满意的公务员集体”，受到省委组织部、省人事厅表彰。

2005~2006 年，全市办理开除处分 4 人，开除留用察看处分 1 人。2007 年，实施《行政机关公务员处分条例》。8 月 2~4 日，全市举办学习贯彻《行政机关公务员处分条例》业务骨干师资培训班，培训对象为：市政府各部门负责人事工作的人员；各县(市、区)人事局负责公务员纪律惩戒工作的有关股室负责人。修水县对副科以上领导干部实行全员培训。办理开除处分 1 人。2008 年，根据《公务员奖励规定(试行)》等相关文件法规，市政府印发《九江市行政奖励办法》。办理开除处分 3 人。2009 年，开展第二届“人民满意的公务员”及“人民满意的公务员集体”表彰活动。经层层推荐，市委组织部、市人事局考察组考察，推荐瑞昌市公安局肇陈派出所科员周俊军为省“人民满意的公务员”，永修县委县政府信访局局长刁晓萍、市人民检察院副处长刘士豪记一等功；修水县义宁镇人民政府、都昌县人事劳动和社会保障局为省“人民满意的公务员集体”，这些个人和单位分别受到省委组织部、省人事厅表彰。至 2010 年底，全市报国家表彰先进集体 48 个，先进个人 114 人；报省表彰先进集体 108 个，先进个人 254 人。办理因判刑开除手续 26 人。

# 第三节　培训交流

## 一、培 训

**公务员过渡培训**　1994 年，市人事局举办推行公务员制度骨干培训班 3 期，培训 137 人次。1995 年，市人事局根据《江西省现有国家行政机关工作人员向国家公务员过渡的培训实施办法》，下发《关于举办市直行政机关科级领导干部过渡培训班的通知》，对全市公务员过渡培训工作作出部署。市直采取分期分批集中面授的方式，举办市直国家行政机关科级干部国家公务员过渡培训班 5 期，培训 718 人次。1996 年，全市行政机关公务员过渡培训工作结束，13671 人获《国家公务员过渡培训合格证书》。

**国家行政机关公务员计算机培训**　1996 年，根据省人事厅《关于在省地两级机关国家公务员中进行计算机知识教育的通知》，在市直国家行政机关公务员中开展计算机应用能力培训工作，举办培训班 12 期，培训 1234 人次。

**公务员初任培训**　1996 年，市人事局根据《国家公务员暂行条例》规定，下发《关于举办新录用公务员初任培训班的通知》，当年举办全市新录用公务员初任培训班，培训 30 人次；1998 年培训 26 人次；2000 年培训 76 人次；2002 年培训 179 人次；2003 年培训 125 人次；2004 年培训 184 人次；2005 年培训 181 人次；2006 年培训 154 人次；2007 年培训 129 人次；2008 年培训 316 人次；2009 年培训 230 人次；

2010年培训271人次。

**国家行政机关科级职务任职培训** 1998年,市委组织部、市人事局根据《国家公务员暂行条例》的规定,下发《关于开展国家公务员任职培训工作的通知》,从2001年开始,在市直国家行政机关中开展科级职务任职培训工作。2001年培训69人次;2002年培训51人次;2003年培训127人次;2006年培训96人次。

**副县级干部在线学习** 2008年,市委组织部、市人事局初步建成"九江干部学习网"。2009年,首批185名副县级干部参加在线学习。

**更新知识培训** 2001年,市委办公室、市政府办公室根据省委组织部、省人事厅《关于印发〈全省国家公务员(机关工作人员)更新知识培训实施方案〉的通知》,联合下发《关于印发〈九江市国家公务员(机关工作人员)更新知识培训实施方案〉的通知》,从当年始,在全市公务员中开展更新知识培训工作。至2002年,举办公务员依法行政、WTO基本知识、公务员创新知识、社会主义市场经济知识培训,共18002人次。2003~2004年,举办公共管理硕士(MPA)主要课程即行政领导学、公共政策导论、组织行为学、管理学原理培训,9273人次。2004年,还举办行政许可法培训10043人次。2005年,举办公务员法培训,17500人次。2007年,举办公务员精神培训,18000人次。2009年,举办突发事件应对法培训,21046人次。

### 二、交 流

1993年始,公务员制度初步建立,公务员"凡进必考"制度尚未完全实行。企事业单位干部与公务员之间流动频繁,大学生毕业分配可直接进入机关担任公务员职务。至2001年,转任(含企事业单位干部进机关任公务员)4479人。2002年后,公务员制度步入正轨,公务员"凡进必考"制度逐步确立,公务员入口日趋严格。2004年,市委、市政府印发《九江市市直机关、事业单位补充工作人员暂行办法》,规定:机关新吸收录用主任科员及其以下非领导职务的公务员,必须做到"凡进必考",公务员交流必须符合调任或转任的条件,且有职数和编制。除调任机关领导职务或助理调研员以上非领导职务的人员外,企事业单位干部不能直接进入公务员队伍。全市公务员交流工作从干部调配中划分出来。至2006年,转任291人,调任32人。2007年公务员法实施以后,国家先后出台《党政领导干部交流工作规定》《公务员调任规定》等。全市市直补充科级以下公务员,采取面向县、乡基层机关,重点是从乡(镇、街道)机关公务员中考选。公务员交流进入法制化轨道。至2010年,转任236人,调任8人,考选49人。

# 第二章 事业单位人事管理

## 第一节 全员聘用

1993年,全市以职称改革为切入点,在部分事业单位开展精简内设机构和人员,实行人员聘用制。1998年,在全市教育、卫生两个系统推行全员合同聘用制试点。1999年,全员合同聘用制试点工作扩展到文化、广播电视、农林水等系统。市人事局先后印发《关于在事业单位实施全员合同制试点工作方案》《关于深化事业单位人事制度改革工作的意见》《关于加大事业单位人事制度改革试点工作力度的意见》。市政府下发《关于转发市人事局、市教委〈关于在市直学校实行全员聘任、竞争上岗人事制度改革实施意见〉的通知》。2004年8月,市人事局印发《关于征求〈关于规范我市事业单位人员聘用制〉的通知》,先后组织召开20多次专题座谈会,广泛征求意见,听取建议。至年底,全市2722个事业单位(其中市直302个)中,已实行全员聘用制的单位达1899个,占近70%,全市(含县、市、区、山)事业单位74807名职工已有51906名实行人员聘用制,占69.4%。2009年6月,市人事局以市事业单位岗位设置工作领导小组办公室的名义对市直所有事业单位基本情况开展全面调查。包括单位级别、编制、人员构成情况，经费来源情况，离退休人数，工资分配情况，实施人员聘用制人数，单位个数等20个指标。为规范事业单位聘用制及进一步推进事业单位综合改革摸清第一手资料。2010年底，全市2858个事业单位，有83949名在编在岗人员，签订中长期合同81584份。聘用制度推行比例达97.18%。

## 第二节 岗位设置

2008年11月，市人事局事业单位人事管理科召开事业单位岗位设置培训会，对全市所有事业单位基本情况开展全面调查，调查内容包括单位级别、编制、人员构成等情况。全面调查为事业单位岗位设置的实施工作奠定基础。12月，市委办公厅、市政府办公厅转发《市人事局关于九江市事业单位岗位设置管理的实施意见》，事业单位岗位设置全面启动。至2010年，全市事业单位岗位设置工作全部完成。

## 第三节 招聘选调培训

### 一、公开招聘

2004年，市政府根据省人事厅《关于印发〈江西省事业单位公开招聘人员实施办法（试行）〉的通知》，制定《九江市市直事业单位公开招聘大中专毕业生办法（试行）》，要求市直事业单位面向社会公开招聘大中专毕业生严格坚持“凡进必考”原则。2005年，全市首次在市直教育事业单位中公开招聘72名大中专毕业生充实到一线教育岗位。随后，16个县（市、区、山）人事部门相继参照市直事业单位公开招聘的操作要求和规程，全面启动事业单位面向社会公开招聘工作。同时，各县区事业单位公开招聘按照要求实行报市人事局备案审核制度。2007年8月，市人事局下发《关于在事业单位公开招聘中严格执行考务收费标准的紧急通知》，及时纠正事业单位招聘工作中存在的乱收费问题。同年，市人事局下发《关于加强我市事业单位公开招聘工作计划核准管理的通知》，规定“事业单位招聘新进人员（按干部人事管理权限由上级组织部门任命的人员、政策性安置的人员、涉密岗位人员除外），都要坚持公开、平等、竞争、择优原则，面向社会实行公开招聘”。同时要求全市各县区所属事业单位新进人员公开招聘计划实行向市人事局报送核准制度。至2010年，事业单位通过面向社会公开招聘864名大中专毕业生。

### 二、择优选调

2007年，市委组织部、市人事局出台《九江市市直机关、事业单位补充工作人员暂行规定》，对事业单位补充工作人员公开招聘范围作出规定：市直机关、事业单位补充工作人员，除国家政策性安置外，一般应采用考试选调方式。同年，全市首次开展事业单位在职调动人员面向社会公开招聘工作，按照“公开、公平、公正”原则，考选工作首次参照事业单位招聘大中专毕业生做法，在市人事部门全程监督指导下，统一组织笔试确定入围人员名单，再由主管部门组织面试，经公开考试选调，为市直中小学选拔57名在职优秀教师充实到教育第一线。

### 三、培训

**事业单位招聘人员岗前培训** 2005年，根据市政府《九江市市直事业单位招聘大中专毕业生（试行）的通知》，下发《关于举办2004年度招聘大专中毕业生岗前培训的通知》，对培训工作做出部署。从2005年开始，当年培训392人次；2006年培训89人次；2007年培训198人次；2008年培训507人次；2009年培训270人次；2010年培训467人次。

**大中专毕业生转正定级培训** 2007年，根据市委组织部和省人事厅干部岗位培训的有关文件精神，市人事局下发《关于举办大中专毕业生转正定级的通知》，当年培训468人次；2008年培训431人次；2009年培训586人次；2010年培训356人次。

**专业技术人员计算机应用能力培训** 1997年,根据省人事厅《关于对专业技术人员进行计算机应用能力培训及考试的通知》下发《关于在部分专业技术职务系列进行计算机应用能力培训及考试的通知》,从1997年开始,当年培训528人次;1998培训465人次;1999年培训586人次;2000年培训881人次;2001年培训380人次;2002年培训2500人次;2003年培训考试1987人次;2004年培训考试2137人次;2005年培训考试2934人次;2006年培训考试3039人次;2007年培训考试2844人次;2008年培训考试3636人次。考试合格颁发合格证书,作为晋升(聘)用专业技术职务(称)必备条件。

**专业技术人员继续教育公关(需)科目培训** 2000年,根据省人事厅《关于印发〈江西省专业技术人员继续教育实施意见〉的通知》,市人事局下发《关于举办专业技术人员继续教育公共科目培训考试的通知》,每2年1科目,2000~2001年培训考试560人次;2002~2003年培训考试1171人次;2004~2005年培训考试7980人次;2006~2007年培训考试7387人次;2008~2009年培训考试8774人次;2010年培训考试15025人次。考试合格记40学时,作为晋(聘)技术职务(称)的必备条件。

# 第三章 人力资源开发

## 第一节 人才交流

### 一、"绿色通道"

2006年,市委组织部、市人事局就建立优秀人才引进"绿色通道"的范围、对象和办理程序予以规范。"绿色通道"引进人才范围和对象:引进硕士学位以上人才,指全日制普通高等院校具有硕士及以上学历、学位证书人员;引进国家重点大学本科毕业生,指参加全国统一高考录取(不含委培生、专升本生、自费生、函授生、自考生等)教育部公布的21所全国重点大学具有毕业证书和学士学位证书,并持有高等学校毕业生就业报到证本科毕业生;引进其他的各类高级专业技术人才,指具有政府人事部门认可的副高级以上专业技术资格及证书人员;引进高技能人才,指具有政府人事或劳动和社会保障部门认可的技师以上资格及证书人员;引进经教育部认可的在国外和境外的大学本科及其以上毕业生,指在国外、境外大学或高等教育机构攻读正规课程而获得本科以上文凭有学历、学位证书的毕业生,且经国家权威机构对就读高校的学位和文凭提供认证。引进以上所述5类人才,均应符合用人单位有所需专业岗位,且与人才专业对口,工作急需,身体健康人员。2008年,市启动博士以上高层次人才的岗位计划征集和引进工作。2009年,成立市引进优秀高层次人才工作领导小组。是全省唯一成立高层次人才工作领导小组的设区市。

### 二、援疆干部选派

1997年2月,市选派第一批援疆干部3人到新疆克孜勒苏柯尔克孜州(以下简称克州)工作,为期3年。3名援疆干部分别担任新疆克州乡镇企业局副局长、乌恰县副县长、阿克陶县人民医院院长。1998年3月,选派第二批援疆干部1人,为期3年,任新疆克州外贸公司副经理。1999年5月,市委组织部、市人事局印发《关于做好1999年为新疆选派干部工作的通知》。6月,选派第三批援疆干部1人,为期3年,任新疆克州乌恰县水电局副局长、工程师。2005年7月,选派第五批援疆干部8人,为期3年。分别担任新疆克州州党委委员、副州长,阿克陶县副县长,阿克陶县发展计划委员会副主任,克州水电勘测设计院工程师,克州二中教师。2010年12月,选派第七批援疆干部1人,为期3年,任新疆克州阿克陶县建设局副局长。

### 三、人才派遣

2007年,市仁实人才派遣有限公司(市人才交流服务中心派遣部)成立,有派遣业务单位3家,派遣员工140多人。2008~2010年,人才派遣部紧跟人才派遣业务发展趋势,学习沿海发达地区拓展人才派遣业务成功经验,发挥人才市场优势,将"人事服务外包"这种发达地区新型人力资源整体服务模式引入市内,人事服务外包被一些用工单位认可并采用。派遣业务单位发展到32家,涉及金融、军工制造、交通、通信、能源等行业,派遣及外包员工1231人。

### 四、随军家属就业

1991~2008年,市人事局负责驻市部队干部随军家属中具有国家干部身份的人员的安置。2009年,市政府将驻市部队干部随军家属就业安置工作移交给市人事局,由市军转办负责。市政府办公厅转发市人事局等5部门《关于进一步做好驻市部队干部随军家属子女就业就学工作的意见》,成立市驻市部队干部家属子女就业就学协调领导小组,小组办公室设在市人事局,与市军队转业干部安置办公室合署办公。

至2010年,全市亟待安置的驻市部队干部随军家属共267名,其中原有工作125名,分别予以妥善安置,其中市直单位安置60%,县(市、区)安置40%,安置率达到90%以上。

## 第二节 人才招聘

### 一、市场招聘

1993年2月26日,市人才市场成立。开业之际举办一场70余家企业参加的人才招聘大会。1995年5月,首次与中国国际旅行社合作,为深圳帝王酒店招聘酒店员工80余名,派专人送往深圳。至2000年,共举办10余场招聘会,其中为电信移动等大客户各举办过一场专场招聘会,进场人数2000余人,达成就业约700余人。2001年,市人才市场新大楼开业,人事部部长张学忠、人才开发司司长毕雪融及省、市有关领导参加开业庆典。人事部部长张学忠题写"九江人才市场"。同时举办大型人才交流大会,邀请200余家企事业单位参会。2001~2003年,招聘40余场次,进场数万人,达成就业约3000余人次。2004~2005年,招聘80余场次,进场人数约4~5万人次,达成就业约万余人。2006~2010年,招聘300余场次,进场人数20万人次,达成就业约8万余人。

### 二、网络招聘

2002年,《九江人才网》建立。建人才库之初,月招聘单位5~6家,月注册个人会员200余人。2005~2008年,月招聘单位40余家,月注册个人会员800余人。2009~2010年,月招聘单位120余家,月注册会员3000余人。

### 三、"三支一扶"

2006年6月,据省委办公厅、省政府办公厅转发省委组织部、省人事厅等部门《关于2006年江西省高校毕业生到农村基层从事支教支农支医和扶贫工作的实施方案》。市成立"三支一扶"工作协调小组,办公室设在市人事局,负责"三支一扶"日常工作。当年,全市招募"三支一扶"志愿者115人。其中支教65人,支医34人,支农10人,扶贫6人。招募数量列全省设区市第一,实际到岗111人,两年服务期满后,服务单位安置102人,升学1人,其他就业8人。2007年,全市招募"三支一扶"志愿者290人。其中支教197人,支医80人,支农11人,扶贫2人。实际到岗276人,服务期中离岗11人,两年服务期满后,服务单位安置251人,升学1人,其他就业13人。2008年,全市招募"三支一扶"志愿者318人。其中支教159人,支医134人,支农21人,扶贫4人。实际到岗265人,服务期中离岗9人,两年服务期满后,服务单位安置233人,其他就业23人。5月27日,九江市作为设区市代表,在全省"三支一扶"电视电话会上做典型经验发言。2009年,全市招募"三支一扶"志愿者329人。其中支教162人,支医126人,支农31

人,扶贫10人。实际到岗313人。2010年,全市招募“三支一扶”志愿者390人。其中支教161人,支医140人,支农41人,扶贫48人。实际到岗374人。至2010年,全市“三支一扶”大学生服务期间的工作、生活补贴2146.18万元,其中中央财政承担686.33万元,各服务县(市、区)财政承担1459.85万元。

### 四、留学生创业园

2008年,市人事局和九江经济技术开发区管委会联手筹办九江留学人员创业园前期准备工作。3月29日,市人事局与留美博士潘星华签订《江西九江留学人员创业园入园意向书》,潘星华在园区组建泛基因组学研发中心,负责遗传病基因诊断芯片和技术研发。6月26日,市人事局与中华海外博士联合会签订《合作备忘录》。2009年,根据市政府办公厅《关于印发〈江西九江留学人员创业园管理暂行办法〉的通知》精神,九江留学人员创业园正式挂牌启动。5月20日,市政府办公厅印发《关于促进我市科技企业孵化器建设与发展的若干意见(试行)的通知》,明确市科技企业孵化器任务是:鼓励科技人员带项目带成果到市创业,解决在孵化和培育高新技术企业、科技型中小企业进程中,企业初创期“场地、资金、公共服务”难题,构筑企业成长良好平台,为促进科技成果转化,培育高新技术企业和培养创新、创业人才,营造良好创业环境。9月21日,市人事局、九江经济开发区、市财政局联合印发《关于印发〈江西九江留学人员创业园专项资金管理办法〉的通知》。2010年7月6日,市人事局上报市政府《关于美国耶鲁大学潘星华与何传华、张文庚博士等组成团队领办“江西卓越基因公司”入驻江西九江留学人员创业园的报告》。

## 第三节　人事代理

1991年,市人才交流服务中心根据中组部、人事部《关于印发〈流动人员人事档案管理暂行规定〉的通知》及《江西省人事代理试行办法》等文件规定,继续开展人事代理业务。主要为大、中专毕业生和各类性质的企、事业单位提供人事代理服务。当年管理流动人员档案225份,代理人事关系41人。1993年1月,市人才市场成立,和市人才交流服务中心合署办公。

1999年,市人事局党组组织人员学习借鉴发达地区创办人才市场的经验,筹建市人才市场大楼。2000年,市委、市政府批准立项,拨款350万。2001年5月,人才市场大楼正式运营。当年管理流动人员档案1837份,代理人事关系319人。人事代理服务主要内容为保管、整理大中专毕业生(以下简称毕业生)人事档案,接收人事关系,办理人事调动手续,出具各类相关证明材料;按国家和省人事政策规定为毕业生计算工龄,办理转正定级,调整档案工资,评定职称,出国(境)、考研政审等;按国家法律和政策为毕业生办理养老保险、医疗保险和缴纳住房公积金;为毕业生代办户口落放、代办身份证;代管毕业生党团组织关系,办理中共预备党员转正;视具体情况,为毕业生代办改派;免费为毕业生登入九江人才网信息库,免费在九江人才网网上求职。2008年12月,市人才交流中心增挂“市大中专毕业生就业服务中心”牌子。开始每年夏季派专人到各高等、中等院校设点提供人事代理服务。至2010年,管理流动人员档案已达40152份,代理人事关系17028人。

1991~2010 年市人事代理一览

表 64-3-1　　　　单位:人

| 年 份 | 档案数 | 人事代理数 | 年 份 | 档案数 | 人事代理数 |
|---|---|---|---|---|---|
| 1991 | 225 | 41 | 2001 | 1837 | 319 |
| 1992 | 272 | 149 | 2002 | 2352 | 505 |
| 1993 | 423 | 135 | 2003 | 3127 | 772 |
| 1994 | 561 | 163 | 2004 | 4262 | 1035 |
| 1995 | 727 | 147 | 2005 | 5455 | 1193 |
| 1996 | 885 | 136 | 2006 | 6671 | 2306 |
| 1997 | 1032 | 201 | 2007 | 13507 | 6508 |
| 1998 | 1241 | 162 | 2008 | 23075 | 10987 |
| 1999 | 1402 | 137 | 2009 | 32500 | 14521 |
| 2000 | 1587 | 166 | 2010 | 40152 | 17028 |

# 第四章　专业技术人员管理

## 第一节　专业技术人员职务评聘

### 一、职称评聘

1991 年,根据人事部《企事业单位聘任专业技术职务若干问题暂行规定》,市职改办下发《关于核对全市高、中、初级专业技术职务数额(指标)的通知》,规定市专业技术职务聘任实行宏观控制,即数额和指标与增资额双项控制。1996 年,市职改领导小组、市人事局联合下发《九江市专业技术职务聘任管理试点工作方案》,进行专业技术职务聘任管理试点,即按结构比例确定专业技术职务岗位职数,进行聘任。1998 年,市职改办印发《关于贯彻〈江西省人民政府办公厅转发省人事厅<关于 1997 年度专业技术职务(职称)评审工作有关问题的意见>的通知〉的实施意见》,对事业单位专业技术人员职务聘任实行结构比例管理。2002 年,实行评聘分开,全市设置 18 个专业评审委员会,其中评审权限副高 4 个、中级 13 个、初级 1 个。同年,九江师专、九江医专、九江财专、九江教育学院合并组建九江学院,经省人事厅批准,九江学院教师系列专业技术职务自主评聘,组建九江学院教师高级专业技术资格评审委员会。

2003年全市专业职称评审委员会一览

表64-4-1

| 名称 | 承办单位 | 评审范围 | 评审权限 |
|---|---|---|---|
| 市西医(内、外科)副主任医师资格评审委员会 | 市卫生局 | 西医(内、外)科 | 副高 |
| 九江医学专科学校教师高级专业技术资格评审委员会 | 九江医专 | 九江医专教师、实验系列 | 副高 |
| 九江师范高等专科学校教师高级专业技术资格评审委员会 | 九江师专 | 九江师专教师、实验系列 | 副高 |
| 市中小学高级专业技术资格评审委员会 | 市教育局 | 中小学(幼儿园)教师 | 副高 |
| 市中小学中级专业技术资格评审委员会 | 市教育局 | 中小学(幼儿园)教师 | 中级 |
| 市大、中专院校教师中级专业技术资格评审委员会 | 九江职业大学 | 大、中专教师、实验系列 | 中级 |
| 市党校教师中级专业技术资格评审委员会 | 市委党校 | 党校教师 | 中级 |
| 市新闻系列中级专业技术资格评审委员会 | 市广电局 | 新闻系列 | 中级 |
| 市农业系列中级专业技术资格评审委员会 | 市农业局 | 农业系列 | 中级 |
| 市建设工程中级专业技术资格评审委员会 | 市建设局 | 建设工程 | 中级 |
| 市电子工程中级专业技术资格评审委员会 | 同方713厂 | 电子工程 | 中级 |
| 市综合工程中级专业技术资格评审委员会 | 市经贸委 | 综合工程 | 中级 |
| 市水利工程中级专业技术资格评审委员会 | 市水利局 | 水利工程 | 中级 |
| 市林业工程中级专业技术资格评审委员会 | 市林业局 | 林业工程 | 中级 |
| 市交通运输工程中级专业技术资格评审委员会 | 市公路局 | 交通运输工程 | 中级 |
| 市非国有企业工程师专业技术资格评审委员会 | 市乡镇企业局 | 非国有工程 | 中级 |
| 市中级专业技术资格审定委员会 | 市人事局 | 文化、艺术、体育等 | 中级 |
| 市初级专业技术资格认定委员会 | 市人事局 | 各专业 | 初级 |

2003年,按照省人事厅文件规定,对抗击“非典型性肺炎”有突出贡献的专业技术人员中级职称资格进行审定。全市有3人符合条件,被审定为主治医师。2005年,按照省人事厅《关于印发〈江西省事业单位专业技术职务结构比例及岗位设置实施意见〉的通知》,市人事局印发《关于2005年进一步深化职称制度改革的实施意见》,专业技术职务聘任实行分级分类管理,全额拨款事业单位在人事部门核定的结构比例内,按岗设置聘任;差额拨款事业单位结构比例,在全额拨款事业单位结构比例基础上上浮5%;自收自支和企业化管理事业单位参照差额拨款事业单位结构比例,自主设岗,自主聘任。并对全市事业单位职称聘任统一实行《九江市专业技术职务岗位职数管理册》,使其在结构比例范围内自主使用职数空额。同年,随着专业技术人员申报人数减少,林业工程、水利工程合并为综合工程。2007年,非国有工程也合并到综合工程。2008年,组建市中级专业技术资格认定委员会。

## 二、以考代评

1991年,按照人事部《经济员资格考试暂行规定》,规定获得经济员资格,必须参加全国统一组织的考试并成绩合格,全国不再进行经济员职务任职资格评审工作。同年,人事部、国务院电子信息系统推广应用办公室下发《中国计算机软件专业专业技术资格水平考试暂行规定》规定中级专业技术职务(含中级)以下的计算机软件人员不再进行专业技术职务任职资格的评审工作,试行“以考代评”。按照国家和省部署,市逐步对一些专业的职称由认定或评审改为考试。1991~2010年,全市通过“以考代评”取得职称人数为46883人。

1991~2006 年市职称“以考代评”情况一览

表 64-4-2

| 年份 | 开考专业 |
|---|---|
| 1991 | 计算机专业中、初级;经济专业员级 |
| 1992 | 会计专业中、初级;审计专业中、初级;统计专业初级 |
| 1993 | 经济专业中、初级 |
| 1994 | 国际商务专业中、初级 |
| 1995 | 统计专业中、初级 |
| 1996 | 无新增“以考代评”专业 |
| 1997 | 无新增“以考代评”专业 |
| 1998 | 卫生中级(计算机“人机对话”) |
| 1999 | |
| 2000 | 档案专业中级(省考);律师、公证员系列中级(省考);文物博物、图书资料系列中级(省考) |
| 2001 | 出版专业高、中、初级;质量专业高、中、初级 |
| 2002 | 卫生中、初级;船舶专业中、初级 |
| 2003 | 计算机技术与软件专业高、中、初级;翻译专业中、初级 |
| 2006 | 通信专业中、初级;社会工作师、助理社会工作师 |

说明:2007 年以后未新增“以考代评”专业

## 三、考评结合

1999 年,开始高级审计师专业技术资格晋升“考评结合”试点;2001 年,贯彻落实省审计厅、省人事厅发文规定高级审计师专业技术资格晋升实行“考评结合”;2002 年起,对高级经济师专业技术资格试行“考评结合”;同年开始,卫生高级专业技术资格晋升实行“考评结合”;2004 年,按照省人事厅、省财政厅联合下发文件规定,高级会计师专业技术资格晋升实行“考评结合”;从 2009 年起统计高级专业技术资格晋升实行“考评结合”。2010 年起,市非国有企业中级专业技术职称由评审改为“考评结合”。2010 年市人社局印发《关于破格申报晋升中小学(幼儿园)教师专业技术资格实行“考评结合”的通知》,从当年起,全市中小学教师破格晋升中、高级专业技术资格试行“考评结合”。

## 四、职业(执业)资格

1994 年开始,对注册建筑师、注册执业药师、执业中药师试行职业(执业)资格考试和管理。

1995 年,执行人事部《职业资格证书制度暂行办法》,执业资格必须通过考试的方法取得,并实行注册制度,未经注册者,不得使用相应名称和从事有关业务。2010 年,按照省人事厅下发文件规定,对部分取得职业资格的人员符合专业技术职务任职资格要求的可直接聘任相应的专业技术职务。至 2010 年,全市共有 2973 人取得各类职业资格。

## 五、继续教育

2000 年,市人事局根据省人事厅《关于印发〈江西省专业技术人员继续教育实施意见〉的通知》,下发《关于举办专业技术人员继续教育公共科目培训考试的通知》,在全市专业技术人员中开展每两年一次的继续教育公共(需)科目培训考试工作,作为专业技术人员职称聘任的重要条件。2000~2001 年,培训科目为知识经济与技术创新。2002~2003 年,为国际竞争—WTO 带来的机遇和挑战。2004~2005 年,为新世纪科学技术发展知识读本。2006~2007 年,为知识产权与专业技术人员权益保护。2008~2009 年,为知识能力培训与应用。2010 年,为应对突发事件能力培训教程。

2000~2010 年市专业技术人员继续教育培训一览

表 64-4-3

| 年 份 | 培训人次 | 年 份 | 培训人次 | 年 份 | 培训人次 |
|---|---|---|---|---|---|
| 2000 | 254 | 2004 | 4875 | 2008 | 4944 |
| 2001 | 306 | 2005 | 3105 | 2009 | 3830 |
| 2002 | 736 | 2006 | 3875 | 2010 | 15025 |
| 2003 | 435 | 2007 | 3512 | | |

### 六、计算机应用考试

1997 年,市人事局根据省人事厅《关于对专业技术人员进行计算机应用能力培训考试的通知》,下发《关于在部分专业技术职务系列进行计算机应用能力培训及考试的通知》,在全市专业技术人员中开展计算机应用能力培训考试工作。2009 年改为全国统考。

1997~2010 年市专业技术人员计算机应用考试一览

表 64-4-4

| 年 份 | 培训考试人次 | 年 份 | 培训考试人次 | 年 份 | 培训考试人次 |
|---|---|---|---|---|---|
| 1997 | 528 | 2002 | 2500 | 2007 | 2844 |
| 1998 | 465 | 2003 | 987 | 2008 | 3636 |
| 1999 | 586 | 2004 | 2137 | 2009~2010 | 3094 |
| 2000 | 881 | 2005 | 2934 | | |
| 2001 | 380 | 2006 | 3039 | | |

### 七、非国有地方专业技术职称评定

2000 年,落实省人事厅《关于开展非国有企业专业技术职称评审工作的通知》精神。2001 年,市职称改革领导小组印发《九江市地方专业技术职称评聘工作实施意见(试行)》,开展市地方职称评审工作。2003 年,市人事局印发《关于做好 2003 年九江市非国有经济组织地方专业技术职称评审工作的补充通知》。至 2003 年,全市评审非国有企业职称 2511 人。2005 年,按照省人事厅《非国有企业高级工程师等 3 个专业技术资格条件》,非国有企业职称评审仅在工程、经济 2 个系列中开展,其他系列以及工程系列中建筑设计与施工、锅炉压力容器安装与制造、有毒有害、易燃易爆、医药保健等专业,还必须按照国家统一规定参加社会化评审或考试才能取得专业技术资格。2003~2005 年, 全市共评审地方职称工程师 3583 人;会计师 1093 人;经济师 659 人;统计师 23 人;审计师 2 人;工艺美术师 10 人。地方职称高级工程师 1415 人;地方职称高级经济师 561 人;地方职称高级会计师 5 人;地方职称高级统计师 1 人;地方职称高级工艺美术师 11 人。从 2006 年起地方职称评审工作暂停。

## 第二节 专家工作

### 一、百千万人才工程

1995 年,全市启动省新世纪百千万工程人才选拔工作。2001~2002 年,获省新世纪百千万工程人才 9 人;2006 年 4 人;2007 年 3 人;2008 年 4 人;2009 年 3 人。2010 年未选拔。

### 二、拔尖人才

1992 年始,全市每 3 年组织一次拔尖人才评选表彰。2007 年,获得市第四批优秀专业技术拔尖人才

30 人；2010 年，获市第五批专业技术拔尖人才 21 人。

## 三、有突出贡献专家

1992 年起，全市每 3 年组织一次有突出贡献人才评选表彰。获市第一届有突出贡献人才 7 人。1993 年，获省乡镇企业有突出贡献的专业技术人员 11 人。1995 年，获市第二届突出贡献人才 6 人。2007 年，获省有突出贡献专业技术人员 8 人。

## 四、享受政府特殊津贴

**国务院特殊津贴** 1991 年，落实人事部、财政部《关于给高级知识分子发放特殊津贴的通知》精神，全市开展选拔有突出贡献专家、学者、技术人员享受政府特殊津贴工作。当年全市享受国务院特殊津贴专家 4 人；1992 年 18 人；1993 年 20 人；1994 年 2 人；1995 年 2 人；1996 年 2 人；1997 年 2 人；1998 年 3 人；2002 年 1 人；2004 年 1 人；2006 年 1 人；2008 年 1 人；2010 年 2 人。

**省政府特殊津贴** 1992 年全市享受省政府特殊津贴 9 人；1993 年 1 人；1994 年 8 人；1995 年 1 人；1998 年 1 人；2000 年 4 人；2001 年 1 人；2004 年 1 人；2006 年 3 人；2008 年 1 人；2010 年 1 人。

**特殊津贴发放标准** 1992 年，按照国务院特殊津贴每人每月津贴 100 元，省政府特殊津贴每人每月津贴 50 元的标准。享受政府特殊津贴的专家，离（退）休后继续享受，数额不减。2000 年，新选拔的享受国务院特殊津贴一次性发放 5000 元。2002 年，执行国务院特殊津贴一次性发放 10000 元，省政府特殊津贴 5000 元的标准。2004 年，执行国务院特殊津贴每人 20000 元，省政府特殊津贴每人 10000 元的标准，一次性发放，分别由国务院和省财政专项列支拨款。1994 年以前享受每月 50 元政府特殊津贴的人员，发放方式和津贴标准不变。已享受一次性津贴的不再补发。2009 年 1 月 1 日起，将按月发放的国务院特殊津贴标准，由每人每月 100 元调整为每人每月 600 元，中央财政列支。省政府特殊津贴减半，由省政府财政列支。2010 年未变动。

## 五、专家服务

**专家休假** 2006 年，组织专家到成都西藏休假 1 人次；到新（新加坡）马（马来西亚）泰（泰国）休假 2 人次；到港澳、新马泰 2 人次。2007 年，组织专家到青藏线、九寨沟休假 6 人次；到新马泰 1 人次。2008 年，组织专家参加省专家中心组织的到五台山、青海湖休假活动 1 人次；到新马泰、台湾休假 10 余人次。2009 年，组织专家参加省专家中心组织的到桂林、北海、贵阳、南宁休假活动 1 人次。2010 年，组织专家参加省专家中心组织的到三峡、张家界休假 1 人次；参加省专家中心组织的到新疆、甘肃休假 2 人次。

**为农服务** 2006 年 3 月 3 日，组织医疗卫生、农业科技等方面 8 位副高以上职称专家赴九江县马回岭开展为农服务活动，为农民免费提供园艺栽培技术和苗木病虫害防治咨询服务，对农村家畜禽养殖中的兽药选择作详细讲解；为参加集市农民提供免费医学诊断，并发放价值 4000 多元药品。2007 年 4 月 12 日，组织农业、水产、教育、医疗等方面 9 位专家到都昌县万户镇开展为农服务。讲解网箱养鱼病虫害防治措施；介绍市场购销两旺经济作物，并发放多种经济作物种植资料；列举农残低、药效好、价格低品牌农药，介绍维权知识；就早熟梨种苗培育、田间管理、有机肥选择等关键环节进行阐述；现场坐诊，给 100 多名农民提供医疗服务，并免费发放价值 3000 多元的药物。

## 六、博士后工作站

2003 年 11 月 29 日，通过省人事厅申报，经人事部博士后管委会批准，清华同方 713 厂博士后科研工作站挂牌成立，有 3 名博士进站开展博士后课题研究和实验工作，并为其配备 15 名硕士和本科生为助手。2010 年，向省人保厅申报九江 707 研究所、蓝星化工江西星火有机硅厂 2 家企业博士后科研工作站（待批）。

# 第五章　国外智力引进和外国专家管理

## 第一节　引智项目申报和执行

2003年，市外国专家局成立。当年申报并获国家外国专家局批准引智项目5个，执行引智项目1个。聘法国专家洛科特到彭泽牧业公司对“生猪饲养与疾病防治技术”引智项目进行为期一周的技术指导与咨询,为项目单位提供生猪常见病“蓝耳病”防疫疫苗,取得良好效果。9月,意大利ISES组织(意大利退休专家组织)负责人Giorgio Pasini先后考察441厂、九江整流器厂、九江荣达制衣有限公司等企业,为2004年有关企业引进国外智力作前期准备。2004年,申报并获国家外国专家局批准引智项目11个,执行引智项目3个。4月,邀德国高级水产专家普罗曼对市水产技术指导站申报的“池塘80:20水产养殖技术”进行为期10天的技术指导和学术讲座。7月,邀新加坡著名社区学专家梁国新到市作“新加坡基层组织及社区建设讲座”,机关、企事业单位、社区代表400余人参加。7月,邀法国果树虫害专家普尼耶·皮尔对新光集团申报的“农业开发(果木药材)”进行为期10天的技术指导与咨询。9月,邀加拿大畜牧专家伊恩·社敦对彭泽牧业公司申报的引智项目“万头种猪集约化饲养”进行为期一周的技术指导。在赛湖农场建设“农户安全储粮仓”100个,每个由市人事局补助300元。2005年,申报并获国家局批准引智项目12个,执行引智项目11个。4月,邀日本专家永井康丰对市水产科研所申报的“凶猛鱼类亲本运输中麻醉剂的配置和使用方法”进行为期一周的技术指导与咨询。6月,邀奥地利专家帕姆对江西港丰实业有限公司申报的“仔猪防疫、保健”进行为期一周的技术指导与咨询。9月,邀加拿大专家伊恩·社敦对都昌创意实业有限公司申报的“新型环保生态养殖基地”进行为期一周的技术指导与咨询。10月,邀法国专家组织(ECTI)负责人弗朗索瓦·佩东到九江进行为期3天考察,走访有关企业,征求专家需求情况。10月,邀法国专家霍斯特·艾彻拉和荷兰专家皮特斯·劳伦特斯对法安园艺场申报的“生态旅游果园规划与设计”和市园林处申报的“园林设计、绿地管养技术”进行为期13天的技术指导与咨询。11月,邀加拿大专家乔治·霍夫曼对九江昂泰胶囊有限公司申报的 “ATE-1型药用空心胶囊全自动生产线设备的改进、滤清器自动封口机自动送料”和九江高新金属包装机械公司申报的“滤清器自动攻丝机自动上、下料装置”进行技术指导与咨询。

2006年,申报并经国家局批准引智项目11个,执行引智项目11个。3月,邀法国专家拉吉奥科斯对赛阳镇申报的“花卉苗木新品种,新技术的引进推广”进行为期5天的技术指导。3月,邀法国专家卓明格尼·简—科劳德对九江博莱农业生态园有限公司申报的“营养饲料配方”进行为期8天的技术指导。4月,邀荷兰专家让伯格斯·保罗对彭泽牧业公司申报的“生猪健康饲养与疾病防治技术”进行为期11天的技术指导。5月,邀加拿大专家平种康行对修水县蔬菜办申报的“薇菜孢子繁育”进行为期12天的技术指导。5月,邀荷兰专家瑞杰特对江西驰耐得轮胎有限公司申报的“锅炉排烟除尘”进行技术指导,到九江发电厂作环保报告,到九江学院向该院师生介绍欧洲环境保护情况。7月,邀法国专家简·瑞迪对易家河果业公司申报的“柑橘催熟保鲜技术”进行为期一周的技术指导。9月,邀以色列专家安臣·埃坦对修水县申报的“裸露红砂、岩山丘水土保持综合利用”进行为期一周的技术指导。10月,邀加拿大专家布鲁斯·简·阿米让特对武宁水产局申报的“淡水养殖银鱼”和都昌周溪水产场申报的“青虾规模化养殖”进行为期两周的技术指导。11月,邀荷兰专家亨克·梵尔林克对九江整流器厂申报的“基于SOC技术的嵌入式大型整流设备控制系统”进行为期10天的技术指导。在瑞昌市白杨镇和九江县新合镇建设“农户安全储粮仓”各100个,每个由市人事局补助300元。2007年,申报并经国家局批准引智项目9个,执行引智项目14个。4月,邀奥地利专家沃杜·安格到武宁县人民医院、修水县第一人民医院和市第一人民医院进行为期两周的技术指导和学术讲座。5月，邀荷兰专家伯格斯·保罗分别到彭泽牧业公司和德邦牧业有限公司，对其申报的“断奶仔猪疾病防治与营养”和“种猪繁育”进行为期11天的技术指导。5月，邀奥地利旅游专家维纳尔·奥普斯到西武投资有限公司和武宁县旅游局对其申报的“西武农业、生态、观光山庄整体规划、设计”和“武宁县旅游资源开发总体策划”项目进行为期9天的技术指导。7月，邀荷兰专家尔伯特·斯汀伯格对江西美庐乳业有限公司申报的“乳制品生产精细化管理”和“市场营销管理及国际销售渠道建设”项目进行为期12天的技术指导和咨询。7月，邀比利时专家伯顿·埃米尔对修水县茶叶产业办公室申报的“建立农产品标准和农产品安全检测体系”进行为期一周的技术指导。8月，邀德国专家佛兰德契·布兰科邦对九江博美莱生物制品有限公司申报的“生物疫苗生产”进行为期20天的技术指导和学术讲座。10月，邀德国专家瑞迪戈·哥德曼对九江银星造船有限公司申报的“提高造船技术质量”进行为期17天的技术指导。10月，邀法国专家对九江宏康农业开发有限公司申报的“蔬菜种植、保鲜加工”项目进行为期10天的技术指导。11月，邀奥地利专家阿尔弗雷德·沃纳分别到武宁县建设局和市政工程公司，对其申报的“污水处理进行规划”进行为期10天的技术指导。2008年，申报并经国家局批准引智项目6个，执行引智项目8个。4月，邀德国专家哈罗德·佩霍到庐山区人民医院、武宁县人民医院、浔阳区人民医院，对其申报的“糖尿病并发症阻断治疗研究”等项目进行为期20天的技术指导。5月，邀德国专家弗里德里希·威廉·布塞到彭泽牧业公司、都昌创意实业有限公司、博莱集团，对其申报的“工厂化养猪疾病防治”等进行为期17天的技术指导。9月，邀德国专家安妮·布兰德菲斯到九江华雨科技有限公司，对其申报的“农业、生态、观光山庄整体建筑设计”进行为期一周的技术指导。9月，邀德国专家卡尔·赫因对德安高塘法育园艺场申报的“早熟梨高位嫁接”进行为期11天的技术指导。2009年，申报并经国家局批准引智项目5个，执行引智项目4个。5月，邀德安专家曼弗雷德·丹尼尔对蓝天玻璃制品有限公司申报的“电熔炉项目改造”进行为期18天的技术指导。6月，邀日本专家松山功对都昌周溪水产场申报的“珍珠养殖中瘟病控制及防治”进行为期5天的技术指导。10月，邀日本专家圆尾纪一郎对瑞昌渝瑞实业有限公司申报的“山药产品系列深加工”进行为期一周的技术指导。10月，邀奥地利专家赫尔文·霍兹对浔阳区人民医院申报的“高血压病预防和治疗进展”进行为期8天的技术指导。

2010年，申报并经国家局批准引智项目8个，执行引智项目4个。4月，邀荷兰专家简·查尔斯对博莱集团申报的“种猪场饲养管理技术提升”和瑞昌南义镇申报的“生猪防疫及深加工问题”进行为期一周的技术指导与咨询。5月，邀荷兰专家罗杰·诺尔对彭泽牧业公司申报的“EM技术应用和推广”进行为期一周的技术指导。6月，邀法国专家德比福特·格拉德对云山集团果林公司申报的“柑橘绿色食品生产基地”进行为期一周的技术指导。

**2003~2010年全市获批及执行引智项目一览**

表64-5-1　　　　单位：个

| 年 份 | 获批项目 | 执行项目 | 年 份 | 获批项目 | 执行项目 |
|---|---|---|---|---|---|
| 2003 | 5 | 1 | 2007 | 9 | 14 |
| 2004 | 11 | 4 | 2008 | 6 | 8 |
| 2005 | 12 | 11 | 2009 | 5 | 4 |
| 2006 | 11 | 11 | 2010 | 8 | 4 |

## 第二节　外国专家管理工作

### 一、外国专家证办理

2003年，外国专家到九江工作，由省外国专家局负责办理来华工作许可和外国专家证，市外国专家局协助省局管理到九江工作的外国专家。2008年7月,根据省外专局《关于实施外国专家管理服务窗口延伸的通知》,市外国专家局接受省外专局委托,开展来华许可及“外国专家证”办理工作。

2008年,办理来华许可9例,发放“外国专家证”23个。2009年,办理来华工作许可24例、办理“外国专家证”49个。2010年,办理来华工作许可20例,办理“外国专家证”49个。至2010年底,累计办理外国专家来华工作许可60例,办理“外国专家证”137个。常年在浔工作的外国专家主要分为两大类:经济技术专家30人,集中在星火有机硅厂;文教专家集中在九江学院。

### 二、组织活动

**座谈会** 2007年4月,市外专局召开“建设新九江,我们怎么干”外国专家和留学回国人员座谈会,16位到市工作的外国专家、外国留学生和留学回国人员代表参加。就城市规划、道路交通、市政设施、环境保护等提出意见和建议。

**联谊会** 2009年9月,市人事局、外专局在九江学院召开“迎国庆、庆中秋”九江市外籍专家联谊会,市委常委、常务副市长殷美根致贺辞,外籍专家30余人参加联谊会。

**考察活动** 2009年11月,省人事厅副厅长、省外专局局长裴菲陪同加拿大首席科学家比尔一泰勒一行到共青城、柘林湖考察。2010年5月,荷兰专家组织负责人韩威和屠大炤到九江考察了解荷兰专家在浔工作情况及九江对荷兰专家需求情况。

**表彰奖励** 2008年,江西财经职业学院外籍教师珍妮弗获“江西省政府庐山友谊奖”。2009年,赛得利(江西)化纤有限公司外籍专家韩茂东、九江学院外籍教师史丹利获“江西省政府庐山友谊奖”。2010年,江西财经职业学院外籍教师卡星获“江西省政府庐山友谊奖”。

## 第三节 出国(境)培训工作

2004年,推荐4名护士到新加坡接受1~2年职业培训。选派4人到日本参加“一村一品”与农业产业化培训。选派工人到德国参加政府管理人员培训班。2006年,选派8人出国(境)培训,其中3名重点培训对象分别到德国、日本、美国参加培训,3人到欧洲参加“2006年欧洲中国留学人才交流会”。2007年,选派13人出国(境)培训,其中1人到德国参加应对公共突发事件培训,1人到马来西亚参加“一村一品”国际研讨会,1人到日本参加“一村一品”农业产业化和观光农业培训。2008年,选派20人出国(境)培训。2009年,选派37人出国(境)培训,其中23人组团到新加坡参加经济管理与社会公共管理培训,1人到英国参加地方财政管理培训,2人到德国参加节能减排措施及监管培训,2人到澳大利亚参加现代化农业与乡镇一体化培训,7人到德国参加小城镇规划与管理培训,2人到澳大利亚参加生态文明建设与可持续发展培训。2010年,选派44人出国(境)培训。

# 第六章 军官转业安置

## 第一节 接收安置

### 一、安置地点和去向

1991年始,引导军转干部到基层去,到企业去,到最需要的地方去。在安置去向上,明确转业干部仍由原籍或入伍所在省、自治区、直辖市负责安置。对少数服役时间长、职务较高、为部队建设做出突出贡献,回原籍和入伍地确有实际困难的转业干部,各地予以照顾安置。1995年,转业干部的分配统筹兼顾,分散安置,主要充实加强企业和事业单位。1998年,加强充实人员的政法、安全和有关执法监管部门,优先接收安置军队转业干部，同时鼓励转业干部到企业工作。1999~2000 年，军队转业干部仍采取指令性办法进行安置，首先充实和加强政法和执法监管等部门，重点是充实一线和基层。

2000 年，实施《中华人民共和国现役军官法》，使军官转业安置具有法律依据。2001 年，贯彻落实中共中央、国务院《军队转业干部安置暂行办法》，对军转干部的安置地点与安置去向做出具体规定，使确定军转干部安置地点和安置去向具有相对稳定的政策规定。2005~2006 年，市委、市政府出台《九江市安置团职军队转业干部暂行办法》《九江市营职（含专业技术干部）以下军队转业干部考试考核分配安置暂行办法》《九江市关于军转干部若干具体问题的暂行办法》，对团职、营职以下干部安置和去向做出具体规定，明确在边远艰苦地区服役或从事飞行、舰艇工作满 10 年，获战时三等功、平时二等功以上奖励及因战因公致残（二等甲级以下）的军转干部，根据本人意愿可在市（县）范围内挑选安置。至 2010 年，全市接收安置军转干部 2089 人，其中计划安置 1937 人，自主择业 152 人。接收安置人员中，安置到行政单位 1487 人，占 71.1%；事业单位 278 人，占 13.3%；企业单位 172 人，占 8%。

### 1991~2010 年市接收安置军转干部一览

表 64-6-1　　单位：人

| 年份 | 接收数量 | 安置数量 | 自主择业 | 行政单位 | | 事业单位 | | 企业单位 | | 退档数 |
|---|---|---|---|---|---|---|---|---|---|---|
| | | | | 数量 | 比例% | 数量 | 比例% | 数量 | 比例% | |
| 1991 | 58 | 58 | | 37 | 63.8 | 8 | 13.8 | 13 | 22.4 | |
| 1992 | 55 | 55 | | 21 | 38 | 11 | 20 | 23 | 42 | |
| 1993 | 104 | 104 | | 47 | 45 | 24 | 23 | 33 | 31.7 | |
| 1994 | 118 | 118 | | 60 | 51 | 34 | 29 | 24 | 20 | |
| 1995 | 92 | 89 | 3 | 49 | 53 | 25 | 27 | 15 | 16 | |
| 1996 | 114 | 114 | | 78 | 68 | 20 | 18 | 16 | 14 | |
| 1997 | 96 | 96 | | 79 | 82 | 7 | 7 | 10 | 11 | |
| 1998 | 110 | 110 | | 91 | 83 | 7 | 6.4 | 12 | 11 | |
| 1999 | 183 | 183 | | 155 | 85 | 15 | 8 | 13 | 7 | |
| 2000 | 148 | 144 | | 131 | 88.5 | 12 | 8.1 | 1 | 0.67 | 4 |
| 2001 | 100 | 97 | 10 | 76 | 84.4 | 8 | 8.9 | 3 | 3.3 | 3 |
| 2002 | 78 | 78 | 22 | 52 | 93 | 4 | 7 | | | |
| 2003 | 73 | 73 | 23 | 43 | 86 | 6 | 12 | 1 | 2 | |
| 2004 | 139 | 139 | 29 | 93 | 85 | 16 | 14.5 | 1 | 0.9 | |
| 2005 | 136 | 136 | 16 | 102 | 85.8 | 16 | 13.3 | 2 | 0.16 | |
| 2006 | 172 | 172 | 9 | 132 | 81 | 28 | 17 | 3 | 1 | |
| 2007 | 102 | 102 | 13 | 75 | 84.3 | 13 | 14.6 | 1 | 1.1 | |
| 2008 | 78 | 78 | 7 | 62 | 87.3 | 9 | 12.7 | | | |
| 2009 | 74 | 74 | 10 | 56 | 87.5 | 7 | 10.9 | 1 | 1.5 | |
| 2010 | 69 | 69 | 13 | 48 | 85.7 | 8 | 14.3 | | | |
| 合计 | 2089 | 1937 | 152 | 1487 | 71.1 | 278 | 13.3 | 172 | 8 | 7 |

## 二、安置办法和方式

1991年,军转安置在指令性计划分配的原则下,完善指令性和推荐选用相结合分配办法。1995年,适应建立社会主义市场经济体制要求,逐步培养和发展适合转业干部特点人才市场,推广和完善推荐选用、供需见面、双向选择、考试考核和“功绩制”等分配办法,使转业干部人尽其才。2001年,按照中共中央、国务院《军队转业干部安置暂行办法》,对军转干部安置方式进行重大改革,变单一的计划分配为计划分配与自主择业相结合的安置方式,使全市军转安置工作步入新的历史时期。2005年,市对团职以下干部安置方式进行改革,团职干部安置按照“量化考核、积分择岗”的方式进行安置。2006年,市对营职(含专业技术干部)以下干部安置按照“考试考核、双向选择、指令性派遣”的“阳光”安置方式进行安置。2007年,在坚持指令性分配办法的同时,探索与服役期间德才表现、贡献挂钩和考核选调、考试考核、双向选择相结合分配办法。

## 三、职位安排

1991年,市军转干部职务安排呈报审批程序:按照干部管理权限,师职干部由市委提出初步方案,报省委组织部,再由省委组织部提出正式方案,报省委常委会研究审批;团职干部由市委组织部提出分配意见,由市委常委会研究确定后,报省军转办备案;营职以下干部和专业技术干部由市军转办提出方案,报市人事局党组研究后报市政府审批。团职以下干部的报到通知由市军转办发出。1991~1999年,接收安置团职干部147名,其中按低半职实职安排134名,1名副团按实职平职安排,按非领导职务低半职安排12名;接收安置营职干部303名,其中按低半职实职安排35名,按非领导职务或作一般干部安排268名。2000~2010年,接收安置副师职干部3名,团职干部238名,其中按低半职实职安排229名,按非领导职务低半职安排12名;接收安置营职干部339名,其中按低半职实职安排12名,按非领导职务或作一般干部安排327名。

## 四、随调家属

1991年,执行国务院、中央军委批准总政治部《关于重新规定军官家属随军条件请示的通知》,明确要切实做好军官、文职干部家属随军落户、就业、工作调动、易地安置,子女入托入学、随迁随调,以及家属在原籍由农村户口转为城镇户口等工作。1993年,军转干部随调家属要求从事个体经营或申办私营企业的,享受与转业干部同等的优惠政策。在安排家属工作和子女上学时不得随意收取费用,增加转业干部的负担。1995年,军队转业干部身边无子女的,可随调1名已工作的子女及其配偶。1999年,军队转业干部随调配偶,原已参加养老、医疗、失业等社会保险的,由接收单位所在地社会保险经办机构负责接续社会保险关系,接转个人账户基金;未参加的按国家规定参加当地的养老、医疗、失业等社会保险。

2001年,按照《军队转业干部安置暂行办法》,对军转干部随调随迁家属安置问题做出具体规定,明确“安排到实行合同制、聘任制、企业事业单位的军队转业干部随调家属,应当给予两年适应期。适应期内,非本人原因不得擅自违约解聘、辞退或者解除劳动、聘用合同”“军队转业干部随迁配偶、子女符合就业条件的,安置地政府应当提供就业指导和服务,帮助其实现就业”。2006年,按照劳动和社会保障部等5部门《关于军人配偶随军未就业期间社会保险关系军地衔接有关问题的通知》,对做好军人配偶随军未就业期间社会保险关系军地衔接工作,做出具体规定。至2010年,全市共接收安置随调随迁军转干部家属710名,其中配偶461名,子女及其他亲属249名。

## 五、住 房

1991年,贯彻解决转业干部住房以地方为主,中央财政补助为辅的方针。按当年转业干部每人1700元标准拨发建房补助费。1992年,按转业干部每人2000元标准拨发建房补助费。1993年,采取优先分房、优惠售房、集资建房、自建公助等形式解决转业干部的住房问题。按照“以地方解决为主,中央补助为辅”的方针，对全迁户军转干部按每人2500元，其余军转干部按每人2000元的标准拨发建房补助费。至1999年，9年上级财政共拨给市军转干部建房补助费137.29万元，按军转干部人数如数全额下拨到安置地、单位或个人账上。

2000年，按照总参谋部、总政治部、总后勤部《军官、文职干部、士官住房补贴暂行办法》，规定军队住房补贴由基本补贴和地区补贴构成，未按房改成本价、标准价、安居工程房价购买住房或者未参加集资建房的军官、文职干部应当享受基本补贴。明确1999年12月31日以前提升的军官、文职干部，基本补贴实行分段计算，记入个人住房资金账户；2000年1月以后提升为军官、文职干部的，基本补贴按月计算，记入个人住房资金账户。2001年，按照《军队转业干部安置暂行办法》，明确军队转业干部的住房，由安置地政府按照统筹规划、优先安排、重点保障、合理负担的原则给予保障，主要采取购买经济适用住房、现有住房或者租住周转住房，以及修建自有住房等方式解决。

## 六、工资待遇

1991年，分配到行政事业单位的军转干部，按本人原在军队标准工资（不含军龄工资、各种补贴）80%减去15元数额，就近套入地方相对应职务工资等级，其工龄工资和各种补贴按地方标准执行。1993年10月1日起，军队和地方机关、事业单位实行新的工资制度。分配到机关的军转干部，其职务工资按照本人原军队职务（技术等级）工资80%数额就近套入机关对应职务工资档次，达到或超过半个档差的套入上一档次，低于半个档差的套入下一个档次，但套入后的职务工资档次最多不超过机关同等条件人员4个档次，超过部分不予保留；分配到事业单位的军队转业干部，其工资固定部分按照分配到机关同等条件军队转业干部基本工资（职务工资、级别工资、基础工资和工龄工资4项之和）70%数额，就近就高套入所在单位对应专业技术职务工资或职员职务工资档次，其津贴部分按照国家有关规定执行；分配到企业的军转干部，其工资按照本人原在军队职务（技术等级）工资、军衔（文职级别）工资、基础工资和军龄工资4项之和80%数额，就近就高套入所在企业相当职务工资标准（不含奖金和各种补贴）。2008年，执行国务院、中央军委《关于2006年度及以后计划分配军队转业干部工资待遇确定办法的通知》，对在2006年度及以后计划分配的军队转业干部工资待遇作出规定：分配到机关的军队转业干部，比照与其军队职务等级相对应的地方同等条件人员确定基本工资；分配到事业单位的军队转业干部，比照与其军队职务等级（专业技术职务）相对应的地方同等条件人员确定基本工资；分配到机关事业单位的军队转业干部，其津贴、补贴、奖金等工资待遇，按同职务等级（专业技术职务）同等条件地方人员的规定执行；分配到企业的军队转业干部，其工资和津贴、补贴、奖金等待遇，按照国家和所在企业的有关规定执行。

## 七、编制安排

1991~2003年，安置在行政单位的军转干部，按分配计划数的15%以内增加行政编制。2004年起，对党政机关接收军队转业干部，按照军转干部计划分配数的25%增加行政编制。编制满员的事业单位接收安置军转干部，按照实际接收人数相应增加编制，并以此增加人员工资总额计划。1991~2010年，上级编制部门给全市增加行政编制257个。

## 八、军转干部培训

1991年，军转干部培训工作主要由省军转办统一规划，分片设点，按专业编班组织培训的方式进行。当年，全市培训18人，参训率62%。1992年，改进和完善培训办法，把专业培训、适应性培训和岗位培训有机地结合起来，不断提高培训质量。全市培训49人，参训率89%。1997年，国务院军转办出台《关于进一步做好军队转业干部培训工作的意见》，对军转培训工作近期规划和基本要求、军转培训工作的组织领导、军转培训工作的基本形式和内容、军转培训中心的管理和使用、军转培训经费的使用和管理等问题，分别做出具体规定。当年全市培训41人，参训率达80%。2001年，按照《军队转业干部安置暂行办法》,再次提出计划分配的军队转业干部应当进行适应性培训和专业培训,有条件的地区也可以在安置前组织适应性培训。培训工作贯彻“学用结合,按需施教,注重实效和培训、考核、使用相结合”的原则,增强针对性和实用性,要求培训时间不少于3个月,提高培训质量。全市培训50人,参训率86%。2004年,进一步强调,要把军队转业干部培训纳入干部教育培训规划和人才资源开发总体规划,贯彻“统筹规划、分类指导、按需施教、注重实效”的原则。市军转培训工作按照上级要求,在培训形式上,采取“条块结合、按系统、分专业集中培训”的办法。在培训内容上,采取8+x的模式进行,(“8”指的是国转办规定的培训教材,“x”是按本市的特点增设的科目),主要课程有《九江市情》《九江工业企业发展状况》《事业单位人事制度改革》等。在培训经费上,主要按照上级规定,由中央、省财政以及中央军委按实际参加培训的人数每人700元标准给予补贴。全市培训70人,参训率93%。至2010年,市军转办对在全市(含县、市、区)已安置的军转干部组织上岗前培训,每年开设1个综合培训班,培训时间每期3个月。除参加省政法、税务等系统培训的以外,应在市参加培训的军转干部1324名,实际参训1166名,参训率88%。

## 第二节　自主择业

### 一、条 件

2001年,执行中共中央《军队转业干部安置暂行办法》,对军转干部安置方式进行重大改革,变单一的计划分配为计划分配与自主择业相结合的安置方式。规定, 凡在部队担任团职及以上职务和服役满20年的现役军队干部,本人自愿申请,可以选择自主择业的方式进行转业安置,按照当地同等职务等级军队干部所享受的工资和津贴补贴标准予以核发退役金。

### 二、待 遇

2001年,按照中共中央《军队转业干部安置暂行办法》,规定的项目和比例计算,按照本人转业时安置地同职务等级军队干部月职务、军衔(级别)工资和军队统一规定的津贴为计发基数80%数额为基础,军龄工资全额之和计发。军龄满20年以上的,从第21年起,军龄每增加1年,增发月退役金计发基数的1%,荣立三、二、一等功的分别增发月退役金计发基数的5%、10%、15%,符合两项以上的,按最高一项标准增发。在边远艰苦地区或者从事飞行、舰艇工作满10年、15年、20年以上的,分别增发月退役金计发基数的5%、10%、15%。符合两项以上的,按最高一项标准增发。增发以后的合并计算数额,不超过同等职务等级军队干部统一规定的工资和津贴之和。根据移交地方安置的军队退休干部退休生活费调整情况相应调整增加。退役金免征个人所得税。自主择业军转干部去世后,从去世的下月起停发退役金。区别不同情况, 一次性发给本人生前10~40个月的退役金作为抚恤金和一定数额的退役金作为丧葬补助金。自主择业军转干部按照安置地政府的有关规定,统一参加安置地的基本医疗保险,并享受公务员医疗补助待遇,单位缴费部分所需经费由安置地政府解决。从事个体经营或者创办企业的经主管税务机关批准, 自领取税务登记证之日起,3年内免征营业税和个人所得税。自主择业军转干部占企业总人数60%以上的,3年内免征企业所得税。2003年2月10日,省军队转业干部安置工作小组、省委组织部、省编办、省人事厅等14个部门联合印发《江西省自主择业军队转业干部安置管理暂行办法》,对全省自主择业军队转业干部的接收、自主择业军队转业干部管理服务机构的设置和职责、自主择业军队转业干部退役金的发放、医疗保障、养老、失业保险、住房补贴、从事个体经营和创办企业的优惠、就业培训及组织管理9个方面的工作作出规定,出台实施细则。

2005年8月1日,经市总商会批准,市自主择业军转干部创业商会成立,84名自主择业军转干部为创业商会会员。

2001~2010 年市自主择业军转干部一览

表 64-6-2　　单位:人

| 年 份 | 数 量 | 正 团 | 副 团 | 营 职 | 技术干部 |
|---|---|---|---|---|---|
| 2001 | 10 | | 5 | 3 | 2 |
| 2002 | 22 | 3 | 6 | 7 | 6 |
| 2003 | 23 | 1 | 6 | 5 | 11 |
| 2004 | 29 | | 4 | 14 | 11 |
| 2005 | 16 | 2 | 1 | 6 | 7 |
| 2006 | 9 | 1 | 4 | 2 | 2 |
| 2007 | 13 | 1 | 2 | 4 | 6 |
| 2008 | 7 | | | 3 | 4 |
| 2009 | 10 | | 1 | 5 | 4 |
| 2010 | 13 | 2 | 1 | 6 | 4 |
| 合 计 | 152 | 10 | 30 | 55 | 57 |

## 第三节　企业军转干部解困

2003 年 12 月,市委办公厅、市政府办公厅下发《关于转发市人事局等部门(关于贯彻落实赣办发〔2003〕13 号文件,解决部分企业军转干部生活困难问题的实施意见)的通知》,对部分企业军转干部的"基本生活保障和再就业问题""养老保险问题""基本医疗保障问题""资金筹措问题""人员补贴标准问题"提出"6 个限期解决""五包责任制"等具体措施和解决办法。在市军转办设立专门账户,每年由市财政在预算中安排 10 万元作为"企业军转干部特困救助基金",用于企业军转干部解困维稳工作。当年走访慰问 350 名市直企业军转干部,为 732 名企业军转干部补发企业拖欠工资、生活费。2004 年,按照省人事厅、省劳动和社会保障厅、省财政厅《关于调整企业军转干部困难补助标准的通知》,规定企业军转干部困难补助资金按隶属关系由同级财政解决,中央、省属企业由省财政负担,市、县(市、区)属企业由市、县(市、区)财政负担。市全年为 245 名市直企业军转干部补发拖欠工资,走访慰问 609 名,共有 494 名企业军转干部按解困标准享受补助。对未参保或停保的,全部解决养老保险,依照困难企业的医保模式,建立医疗保险机制。同年,市政府办公厅下发《关于印发九江市企业特困军转干部医疗救助实施办法的通知》,对医疗救助的范围和对象、标准、基金的管理和审核均作出界定。2005 年,按照省人事厅、省劳动和社会保障厅、省民政厅、省财政厅联合发文精神,对 1953 年底前参军、后复原转业到企业工作的退休人员,按每人每月 100 元标准给予补助。市直有 145 名企业退休军转干部享受此补助。2006 年,按照省人事厅、省劳动和社会保障厅、省财政厅联合发文精神,对 2000 年 12 月 31 日前转业到企业的军转干部按每人每月 50 元标准给予生活补助,所需资金由企业负担,困难企业按隶属关系由同级财政负担,中央、省属困难企业由省财政负担。市政府办公厅下发《关于印发九江市建老人员、抗美援朝复转军人医疗保险救助办法(试行)的通知》,对救助对象、救助范围、资金筹集、救助标准、救助程序及救助资金的管理均作出明确规定。市政府办公厅出台《九江市市属企业军转干部参加企业改制有关问题的意见的通知》,对企业军转干部在参加改制过程中的再就业、提前退休、参加基本养老保险和医疗保险等问题做出具体规定。2007年,按照省政府办公厅发文精神,对企业退休和失业军转干部以及1953年底前参军、后在企业退休的军队退役士兵每人每月增加120元生活补贴,所需资金由省财政拨付。全市有1328名企业军转干部享受此项补助。同年,省人事厅、省民政厅、省劳动和社会保障厅、省财政厅联合发文,对企业退休军转干部增加生活补贴,其中转业时在部队担任团职(含被评为高级专业技术职务)以上、营职(含被聘为中级专业技术职务)和连以下职务,分别按每人每月给予80元、60元、45元的生活补助,所需资金由企业负担,其中困难企业所需资金由省财政负担。增加的生活补贴由财政部门按月拨付给参保地社保经办机构,随同基本养老金一起发放。2008年,按照省政府办公厅发文精神,再次对企业军转干部解困标准进行调整,并确定从当年起,建立企业退休军转干部生活困难补助的正常增长机制。每年以上年度全省机关事业单位离退休费和企业基本养老金平均水平(按统计部门公布的统计数据为标准)作为企业退休连排级军转干部的解困标准,营、团级解困标准在此基础上分别增加100元和200元;每年以上年度全省在岗职工平均工资水平作为企业在岗连排级军转干部的解困标准,营、团级解困标准在此基础上分别增加80元和150元。市直全年走访慰问666名企业军转干部,当年有780名企业军转干部享受解困标准的补助。2010年,全市有企业军转干部2134名,其中市属企业军转干部630名,垂管企业军转干部568名,县属企业军转干部576名,离休军转干部360名。

# 第七章　工资福利

## 第一节　工资调整

### 一、活工资分配

1993年,机关事业单位工资套改工作完成后,市机关工作人员工资制度执行情况良好,事业单位工作人员工资制度在执行之中发生一些偏差。事业单位基本工资构成分为两部分,即职务等级工资(固定工资)和津贴部分(活工资)。按工资制度要求,固定工资应按月发给职工个人;活工资部分,人事部门不批给个人,而是一次性将单位职工的活工资总额批给单位,由单位自行制定活工资项目、档次、标准以及发放办法,实行按劳自主分配。但是,各事业单位均将职工活工资部分与固定工资部分一起按月捆绑发放给职工,没有实施考核分配,事业单位工作人员活工资的激励作用没有发挥出来。1999年7月2日,市人事局印发《关于全面实施事业单位津贴(活工资)分配制度改革有关问题的通知》,全面推行事业单位津贴(活工资)分配制度改革工作,增强事业单位的发展活力。2000年7~10月,市人事局、教委、卫生局联合组成检查组,对全市事业单位津贴(活工资)分配制度改革工作进行检查。全市活工资分配改革工作达到"两个百分之百",即全市百分之百的事业单位都开展活工资分配改革;各事业单位将职工活工资部分百分之百地纳入单位考核分配范围。还有相当部分的单位将单位创收收入也与活工资捆绑在一起进行考核发放,加大活工资分配的力度,激发单位职工工作积极性。

### 二、年度工资总量管理试点

2004年12月,市人事局、市财政局、市卫生局在市第一人民医院开展以年度工资总量管理为核心的分配制度改革试点工作。年度工资总量管理,是对事业单位上年度职工工资总额进行审核确认,并以这个工资总额为基数,考核确定挂钩年度新增效益工资。将上年度职工工资总额,加上挂钩年度新增效益工资为事业单位挂钩年度的工资总量。主要内容:确定事业单位的年度工资总量后,工资总量纳入单位成本(费用)管理,实行增人不增工资总量,减人不减工资总量。将单位的经济效益、社会效益指标与工资总量挂钩并确定其比例。单位的业务总收入与工资总量按1:0.6进行挂钩浮动。即事业单位本年度业务总收入比上每增长(减少)1%,本年度的工资总量就在上年度工资总额基数上增长(减少)0.6%。单位新增效益工资的40%与单位年度社会效益指标考核评定分值的百分比挂钩总现。事业单位制定内部分配考核办法,并按此办法兑现职工工资。实行单位内部分配形式多样化。岗位工资制,指根据工作岗位计发报酬。工作人员按岗取酬、一岗一薪,移岗易薪;年薪制,指以年初确定的工作目标为依据确定年度收入,按年终考核结果兑现报酬。年薪制原则上适用于单位负责人,技术带头人等特定人员。特殊人才协议工资,根据对单位的预计贡献份额与个人协商约定报酬,对符合一定要求的特殊人才(如学科带头人;重点工程、科研项目带头人;急需的专业人才;拥有专利并属领先水平的人员等),经主管部门审核、人事部门批准后,试行协议工资。

试点工作方案公布后,对市第一人民医院的领导和职工触动极大。试点工作因2006年工资改革而中止。

### 三、津贴补贴

2007年7月,市财政局、市人事局对市直机关工作人员津贴补贴进行清理规范,按人均年15000元标准,实行统一的机关工作人员津贴补贴制度,并制定在职人员和离退休人员各职级(等级)相应的标准。改变各机关单位津贴补贴发放的项目、标准各不相同,各单位之间苦乐不均的状况。2010年1月1日起,市直机关工作人员津贴补贴标准调整为18600元。

### 四、绩效工资

2009年1月1日起,全市义务教育学校职工按当地公务员津贴补贴标准实施绩效工资。绩效工资分基础性绩效工资和奖励性绩效工资两个部分,基础性绩效工资占绩效工资的70%,每月固定发放;奖励性绩效工资占绩效工资的30%,按考核结果发放。市直义务教育学校绩效工资标准从2010年1月1日由15000调整为18600元。义务教育学校退休职工也实行统一的生活补贴。2009年10月1日,全市公共卫生及基层医疗事业单位实施绩效工资,绩效工资的基本标准线为16000元,分为基础性与奖励性两个部分,分别占绩效工资的70%和30%。公共卫生与基层医疗事业单位退休职工实行统一的生活补贴。从2010年1月1日起,其他事业单位统一实施绩效工资(自收自支事业单位可参照执行),基础性绩效工资与奖励性绩效工资分别占60%和40%,绩效工资基本标准线为16000元。其他事业单位的退休职工实行统一的生活补贴。

## 第二节　福利待遇

### 一、退休(退职)

**退休(退职)条件**　1991年以来,根据《国务院关于工人退休、退职的暂行办法》和《国务院关于安置老弱病残干部的暂行办法》规定,符合下列条件之一的人员,可以办理退休手续:男年满60周岁,女干部年满55周岁,女工人年满50周岁,参加革命工作年限满10年;男年满50周岁,女年满45周岁,参加革命工作年限满10年,经过医院证明完全丧失工作能力的;因公致残,经过医院证明完全丧失工作能力,又不具备退休条件的,应当办理退职手续。1993年10月1日至2005年12月31日施行国务院颁布的《国家公务员暂行条例》,对公务员退休作出规定,除国家另有规定外,公务员符合下列条件之一的应当退休:男年满60周岁,女年满55周岁;完全丧失工作能力的。此外,公务员符合下列条件之一的,本人提出要求,经任免机关批准,可以提前退休:男年满55周岁,女年满50周岁,且工作年限满20年的;工作年限满30年的。2006年1月1日始,施行国家公务员法规定:公务员达到国家规定的退休年龄或者完全丧失工作能力的,应当退休;公务员符合下列条件之一的,本人自愿提出申请,经任免机关批准,可以提前退休:工作年限满30年的;距国家规定退休年龄不足5年,且工作年限满20年的;符合国家规定的可以提前退休的其他情形的。

**退休(职)费计发标准** 1993年9月30日前退休(职)的人员,按《国务院关于工人退休、退职的暂行办法》规定退休费计发标准:抗日战争时期参加革命工作的,按本人标准工资的90%计发。解放战争参加革命工作的,按本人标准工资的80%计发。新中国成立后参加革命工作的,工作年限满20年的,按本人标准工资的75%计发;工作年限满15年的不满20年的,按本人标准工资的70%计发;工作年限满10年不满15年的,按本人标准工资的60%计发。退休费低于25元的,按25元计发。对参加革命工作时间较长的退休人员,适当增发退休补助费。具体办法是:新中国成立前参加革命工作,不符合离休和新中国成立前参加革命老工人条件的人员,加发本人工资20%的补助费。1949年10月1日至1952年底参加革命工作的退休人员,工作年限满30年的,加发本人工资10%的补助费。1953年以后参加革命工作的退休人员,工作年限满30年的加发本人工资10%的补助费。工作年限满25年不满30年的,加发本人工资5%的补助费。加发的退休补助费与退休费之和,最高不得超过本人退休前的工资。

1992年,对退休人员加发退休补助费又作如下规定:新中国成立后参加工作的退休人员,工作年限男满35年(其中1949年10月1日至1952年年底期间参加工作的,工作年限男满30年),女满30年的,在《国务院关于工人退休、退职的暂行办法》规定标准基础上,每人每月加发退休补助费20%;工作年限满20年不满35年(其中女的不满30年)的,每人每月加发退休补助费15%,工作年限满10年不满20年的,每人每月加发退休补助费10%。退休前实行机关事业单位结构工资制的,其基础工资和工龄津贴二项可以全额发给,其职务工资部分按现行规定享受退休费待遇的比例折算后发给。退职人员的退职费按本人标准工资的40%计发。

1993年10月1日至2006年6月30日退休(职)的人员:实行职级工资制的退休人员,其基础工资和工龄工资按本人原标准的全额计发,职务工资和级别工资按本人原标准的一定比例计发。其中,工作满35年的,职务工资、级别工资两项之和按88%计发;工作满30年不满35年的,职务工资、级别工资两项之和按82%计发;工作满20年不满30年的,职务工资、级别工资两项之和按75%计发;工作满10年不满20年的,职务工资、级别工资两项之和按60%计发;工作不满10年的,职务工资、级别工资两项之和按40%计发。机关技术工人退休后,其退休费按本人原岗位工资、技术等级(职务)工资和奖金三项之和的一定比例计发。普通工人退休后,其退休费按本人岗位工资和奖金两项之和的一定比例计发。其中,退休时工作满35年的,退休费按90%计发;工作满30年不满35年的,按85%计发;工作满20年不满30年的,按80%计发;工作满10年不满20年的,按70%计发。事业单位退休人员的退休费按本人职务(技术等级、等级)工资和津贴部分(在计算退休费时,全额拨款单位的津贴部分按工资构成的30%计算,差额拨款和自收自支单位的津贴部分均按工资构成的40%计算)两项之和的一定比例计发。其中,退休时工作满35年的,退休费按90%计发;工作满30年不满35年的,退休费按85%计发;工作满20年不满30年的,退休费按80%计发;工作满10年不满20年的,退休费按70%计发。事业单位工作人员和机关工人办理退职,其退职生活费按本人原基本工资的50%计发。

2006年7月1日后退休(职)的人员:公务员退休后的退休费按本人退休前职务工资和级别工资之和的一定比例计发。其中,工作年限满35年的,按90%计发;工作年限满30年不满35年的,按85%计发;工作年限满20年不满30年的,按80%计发;工作年限满10年不满20年的,按70%计发;工作年限不满10年的,按50%计发。机关技术工人,普通工人退休后的退休费分别按本人退休前岗位工资和技术等级工资之和、岗位工资的一定比例计发。其中,工作年限满35年的,按90%计发;工作年限满30年不满35年的,按85%计发;工作年限满20年不满30年的,按80%计发;工作年限满10年不满20年的,按70%计发。事业单位工作人员退休后的退休费按本人退休前岗位工资和薪级工资之和的一定比例计发。其中,工作年限满35年的,按90%计发;工作年限满30年不满35年的,按85%计发;工作年限满20年不满30年的,按80%计发;工作年限满10年不满20年的,按70%计发。事业单位工作人员和机关工人退职后的退职生活费按本人退职前基本工资的一定比例计发。其中,工作年限满20年以上的,按70%计发。工作年限满10年不满20年的,按60%计发;工作年限不满10年的,按50%计发。

## 二、假 期

**公休日、节假日** 1991年,机关事业单位每周日休息1天,为公休日,全年共52天;元旦休息1天,五一国际劳动节休息1天,国庆节休息2天,春节休息3天,此为法定节假日,共7天。1995年起,实行双休日,即每周的星期六、星期日休息2天,全年公休日为104天。1999年,国家对法定节假日安排进行调整,将"五一""十一"放假天数分别由1天和2天增加到3天,国家法定节假日由7天增加到10天。2007年底,国家对节假日再次进行调整,从2008年起,增加"清明节""端午节""中秋节"3个传统节日,将"五一国际劳动节"的放假时间由3天改为1天,法定节假日总天数增加到11天。

**年休假** 1991年,《中共中央国务院关于职工休假问题的通知》规定:各级党政机关、人民团体、事业单位(不含享受寒暑假的单位)参加工作满五年以上的正式职工可享受年休假待遇。具体假期如下:参加工作满5年不满15年者,每年休假7天(不含假期内的公休日和法定节假日,下同);参加工作满15年不满25年者,每年休假10天;参加工作满25年以上者,每年休假14天。2008年1月1日施行的《国务院职工带薪年休假条例》对享受年休假待遇的条件和年休假假期作了新的规定。机关、团体、企业、事业单位(不含享受寒暑假且休假天数多于年休假天数的单位)等单位的职工连续工作1年以上的可享受带薪年休假。具体假期为:累计工作已满1年不满10年的,年休假5天;已满10年不满20年的,年休假10天;已满20年的,年休假15天。《国务院职工带薪年休假条例》还规定,单位确因工作需要不能安排职工休年假的,经职工本人同意,可以不安排职工年休假。对职工应休未休的年休假天数,单位应当按照职工及工资收入的300%支付年休假工资报酬。

**探亲假** 享受探亲假的条件:探配偶的条件:1991年以来,凡在国家机关、人民团体和全民所有制事业单位工作满一年的固定职工,与配偶不住在一起,又不能在公休假日团聚的,可以享受探望配偶的待遇。探父母的条件:凡在国家机关、人民团体和全民所有制事业单位工作满一年的固定职工,与父亲或母亲都不住在一起,又不能在公休假日团聚的,可以享受探望父母的待遇。

探亲假期:职工探望配偶的,每年给予一方探亲假一次,假期为30天。未婚职工探望父母的,原则上每年给假一次,假期为20天;两年给假一次的,假期为45天。已婚职工探望父母的,每4年给假一次,假期为20天。探亲假假期包括休假期间的公休假日和法定节假日在内。

**产假、哺乳假** 正常分娩者,产假90天。其中产前休假15天。晚育的增加产假30天,并给予男方护理假10天。难产的增加产假15天。多胞胎生育的,每多生育一个婴儿,增加产假15天。女职工怀孕不满3个月施行计划外生育补救措施的,休假25天,怀孕3个月以上施行计划生育补救的,休假42天;怀孕不满4个月流产时,应当根据医务部门的意见,给予15~30天的产假;怀孕满4个月以上流产时,给予42天产假。产假期间基本工资、补贴照发,福利待遇不变,不影响晋级、调整工资。

有不满1周岁婴儿的女职工,其所在单位应当在每班劳动时间内给予两次哺乳(含人工喂养)的时间,每次30分钟。女职工每班劳动时间内的两次哺乳时间,可以合并使用。哺乳时间和本单位内哺乳往返途中的时间,算作劳动时间。

**病假** 病假假期及待遇:病假在两个月以内的,按本人基本工资发给;病假超过两个月不满六个月的,从第三个月起,工作年限不满10年的,按本人基本工资的90%计发;工作年限满10年的,按本人基本工资发给。病假超过六个月的,从第七个月起,工作年限不满10年的,按本人基本工资的70%计发;工作年限满10年和10年以上的,按本人基本工资的80%计发。

享受病假待遇的相关问题:获得省、市、自治区人民政府和国务院各部门授予的劳动英雄、劳动模范称号,仍然保持荣誉的,病假期间工资,经过省、市、自治区人民政府和国务院各部门批准书,可以适当提高。符合离休条件的在职干部,病假期间工资照发。工作人员在病假期间,继续享受所在单位生活福利待遇。工作人员病假期间享受病假生活待遇,应省医疗机构证明并得主管部门批准。

**婚假** 根据《婚姻法》以及《江西省人口与计划生育条例》规定,职工结婚可以享受以下待遇:按法定结婚年龄(女20周岁,男22周岁)结婚的,可享受3天婚假。符合晚婚年龄(女23周岁,男25周岁)的,除享受国家规定的假期外,增加婚假15天。婚假假期工资和奖金照发,福利待遇不变。

**丧假** 职工的直系亲属(父母、配偶、子女)以及岳父母或公婆死亡后,职工可请丧假料理丧事。假期根据具体情况,由本单位领导批准,酌情给予1~3天的丧假。去外地料理丧事的,可根据路程远近,另给予路程假。假期工资照发,车船费自理。

## 三、死亡抚恤

**丧葬费** 1991年,机关事业单位工作人员逝世后丧葬费为1600元,包干使用。2007年7月1日起,机关事业单位工作人员逝世丧葬费为3200元,包干使用。一次性抚恤金 2004年9月30日以前,机关事业单位工作人员病故的,为本人生前10个月的基本工资或基本退休费;因公死亡的,为本人生前20个月基本工资或基本离退休费;批准为革命烈士的,为本人生前40个月的基本工资或基本离退休费。2004年7月1日起,病故的为本人生前20个月的基本工资或基本离退休费;因公死亡的,为本人生前40个月的基本工资或基本离退休费;批准为革命烈士的,为本人生前80个月的基本工资或基本离退休费。

**遗属生活困难补助** 享受遗属定期生活困难补助人员条件:父母、配偶和抚养工作人员长大的抚养人,男满60周岁,女满50周岁,或虽然不满上述年龄,但因身体残废、长期患病致使丧失或基本丧失劳动能力,又无固定工资收入或其他收入者;子、女(包括遗腹子女、养子女、前妻或前夫所生子女)年未满16岁,或已满16岁,但仍在普通中学学习的及身体残废、长期患病致使丧失劳动力没有固定收入者。

遗属生活困难补助标准:1937年7月6日以前参加革命工作,其供养的配偶每人每月220元,2007年10月1日起调整为440元;抗日战争时期参加革命工作的,其供养的配偶每人每月175元,2007年10月1日起调整为375元;解放战争时期参加革命工作的,其供养的父母、配偶每人每月160元,2007年10月1日起调整为375元;机关事业单位工作人员因公死亡后,其无固定收入的遗属每人每月135元,2007年10月1日起调整为270元;因病死亡之后,其无固定收入的遗属每人每月115元,2007年10月1日起调整为260元。

# 第八章　机构编制

## 第一节　行政单位

### 一、1995 年机构改革

**市委工作机构**　市委办公室、市委组织部、市委宣传部、市委统一战线工作部、市委政法委员会(与市社会治安综合治理委员会一个机构两块牌子)、市委政策研究室、市委台湾工作办公室(与市人民政府台湾事务办公室一个机构两块牌子)、中共九江市直属机关工作委员会。

市委信访办公室(归口市委办公室)、市委老干部局(归口市委组织部)。

市委农村工作委员会列市委议事协调机构序列,其日常工作由市政府农村工作办公室承担。市机构编制委员会列市委议事协调机构序列,下设办公室为日常机构,既是市委的机构,又是市政府机构。

以上机构均为正处级。

市纪律检查委员会机关与市监察局合署办公,一个机构两块牌子。

**市政府工作机构**　市政府办公室(与市政府参事室一个机构两块牌子)、计划委员会、经济贸易委员会、经济体制改革委员会、教育委员会、科学技术委员会、农村工作办公室、公安局、国家安全局、司法局、民政局、监察局、人事局、劳动局、财政局(与国有资产管理局一个机构两块牌子)、地方税务局、工商行政管理局、物价局、统计局、审计局、技术监督局、环境保护局、土地管理局、地质矿产局、建设局、市容环境卫生管理局、房产管理局、农业局、水产局、林业局、水利电力局、乡镇企业局、机械工业局、轻化工业局、交通局、商业局、粮食局、对外贸易经济合作局、文化局、广播电视局、卫生局、计划生育委员会、体育运动委员会、旅游局、外事办公室(与侨务办公室一个机构两块牌子)、口岸办公室、人民防空办公室。以上机构均为正处级。

市城市规划委员会为市政府议事协调机构,下设办公室为日常办事机构,归口市建设局;市革命老根据地建设委员会为市政府议事协调机构,下设办公室为日常办事机构,归口市政府农村工作办公室;市重点工程建设领导小组为市政府议事协调机构,下设办公室为日常办事机构,归口市政府办公室;市菜篮子工程领导小组为市政府议事协调机构,下设办公室为日常办事机构,归口市政府办公室。以上办公室均为副处级。

改为事业单位机构:　市委党史工作办公室改为市委的直属事业单位。市委、市政府接待处,市档案局改为市委、市政府的直属事业单位(市档案局与市档案馆一个机构两块牌子)。市对外经济技术合作办公室改为市政府的直属事业单位。以上单位均为正处级。

转为经济实体机构:　市冶金煤炭工业局成建制转体为市冶金煤炭工业总公司;市纺织工业局成建制转体为市纺织工业总公司;市电子工业局成建制转体为市电子工业总公司;市建材工业局成建制转体为市建材工业总公司;市二轻工业局成建制转体为市二轻工业总公司;市农垦局成建制转体为市农垦集团公司;市物资局成建制转体为市物资集团公司;市供销社为合作经济组织。以上单位仍为正处级。

### 二、2002 年机构改革

**市委工作机构**　保留市纪律检查委员会机关(市监察局与其合署办公)。

工作机构保留办公室(对外称办公厅)、组织部、宣传部、统一战线工作部、政法委员会、政策研究室、直属机关工作委员会。

不再保留市委农村工作委员会,组建市委农村工作部,挂市政府农村工作办公室牌子。

议事协调机构的办事机构:市委台湾工作办公室改为市委台湾工作领导小组办公室,为市委台湾工作领导小组的常设办事机构,增挂市政府台湾事务办公室牌子。

市机构编制委员办公室为市机构编制委员会的常设办事机构,既是市委的工作部门,又是市政府的工作机构,与市人事局合署。

上述市委工作机构和议事协调机构的办事机构均为正处级。

其他机构保留老干部局,归口组织部管理,仍为正处级。

信访办公室更名为市委信访局,增挂市政府信访局牌子,归口市委办公室管理,既是市委的工作机构,又是市政府的工作机构,仍为正处级。

保密委员会办公室(市国家保密局)、机要局、督查室、组织员办公室、对外宣传办公室(市政府新闻办公室),精神文明建设指导委员会办公室,均对外保留牌子,原副处级不变。

农村基层组织建设办公室并入市委组织部,对外保留牌子,为副处级。

社会治安综合治理委员会办公室、610办公室与政法委员会合署。

**市政府工作机构** 保留市政府办公室(对外称办公厅)、公安局、监察局、民政局、司法局、财政局、人事局、建设局、交通局、林业局、水产局、文化局、计划生育委员会、审计局、环保局、统计局、粮食局、旅游局。

保留农业局。原经济体制改革委员会承担的农村经济体制改革职能划入该局。

保留卫生局。原劳动局承担的职业卫生监察职能划入该局。

保留经济贸易委员会。原乡镇企业局、商业局、轻化工业局、机械工业局行政管理职能划入该委。原经济体制改革委员会承担的国有企业改革职能划入该委。

计划委员会、教育委员会、科学技术委员会、体育运动委员会、水利电力局、对外贸易经济合作局、外事办公室(侨务办公室)分别更名为发展计划委员会、教育局、科学技术局、体育局、水利局、对外贸易经济合作委员会、外事侨务办公室。

组建城市管理行政执法局。原市容环境卫生管理局行政管理职能划入该局。

组建安全生产监督管理局,增挂市安全生产委员会办公室牌子。原劳动局承担的安全生产综合管理、职业和矿山安全监察职能划入该局。

在市城市规划委员会办公室的基础上组建规划局。

在劳动局的基础上组建劳动和社会保障局。人事局承担的机关、事业单位社会保险管理职能划入该局。原经济体制改革委员会承担的社会保障体制改革的职能划入该局。

土地管理局与地质矿产局合并,组建国土资源局。建设局承担的测绘管理职能划入该局。

上述市政府工作部门均为正处级。

市人民防空办公室改为市国防动员委员会常设办事机构,也是市政府人民防空工作主管部门,仍为正处级。

市法制局改为市政府法制办公室,归口政府办公室管理,为正处级。

民族宗教事务局、经济研究室仍为政府办公室内设机构,对外保留牌子,原副处级不变。

不再保留市容环境卫生管理局,并入城市管理行政执法局。

不再保留乡镇企业局,组建民营经济服务局,为正处级事业单位,归口经济贸易委员会。

经济体制改革委员会办公室并入政府办公室,为内设机构,对外保留经济体制改革委员会办公室牌子,为副处级。

广播电视局改为正处级事业单位。

房产局改为正处级事业单位。

物价局与发展计划委员会合署。

口岸办与外事侨务办公室合署。

不再保留参事室，其职能并入政府办公室。

国有资产管理局并入财政局，为内设机构，对外保留国有资产管理局牌子，为副处级。

革命老根据地建设委员会办公室改为副处级事业单位，归市政府办公室管理。

重点工程建设办公室并入发展计划委员会，为内设机构，对外保留重点工程建设办公室牌子，为副处级。

不再保留菜篮子工程办公室，并入农业局。

商业局转体为商业集团公司。

轻化工业局转体为集团公司。

机械工业局转体为集团公司。

政府派出机构，不列为政府工作部门。保留九江开放开发区管理委员会。保留市政府驻北京、上海、深圳、厦门、南昌办事处，均为正处级。

办证收费大厅更名为市行政服务中心，为政府派出机构，正处级。

共青开发区暂时维持现状。

企业单位调整：市冶金煤炭工业总公司、纺织工业总公司、建材工业总公司分别改为冶金煤炭集团公司、纺织集团公司、建材集团公司。物资集团公司名称不变。

上述集团公司的行政管理职能划入经济贸易委员会。

二轻工业总公司的行政职能划入经济贸易委员会，与转体后的轻化工业局合并，组建轻化集团公司。

电子工业总公司的行政职能划入经济贸易委员会，与转体后的机械工业局合并，组建机械电子集团公司。

农垦集团公司名称与职能不变。

**人大、政协和法院、检察院及群众团体机构**　市人大、政协机关内设的办事机构以及机关行政编制的精简，按市党政机构改革的要求进行。

法院、检察院的内设机构参照省法院、检察院的机构改革方案，结合九江市机构改革的有关规定进行。

群众团体机关的机构改革主要是精干内设机构、人员编制，优化人员结构，提高工作效率。

## 三、2005 年机构改革

根据《省委办公厅、省政府办公厅关于九江市人民政府部分机构调整的通知》精神，市政府部分机构调整如下：成立市民族宗教事务局，为政府工作部门；组建市国有资产监督管理委员会，为市政府直属正处级特设机构；将市发展计划委员会改组为市发展和改革委员会，仍为市政府工作部门。不再保留市经济体制改革委员会办公室牌子；将市计划生育委员会更名为市人口和计划生育委员会，仍为市政府工作部门。

机关事务管理局、市房产局、市广播电影电视局、市公路管理局、市信息化服务中心（市人民政府信息化办公室）、市港口管理局、市商业管理办公室、市供销合作社，仍为市政府直属事业单位，正处级。

市行政服务中心，为市政府派出机构，正处级。

组建市扶贫和移民办，为市政府直属事业单位，正处级。市扶贫办、市移民办，其职责和人员并入市扶贫和移民办。

市民营局由正处级降为副处级，更名中小企业服务局，为市工业和信息化委员会下属事业单位。

市农垦办由正处级降为副处级,为市农业局下属事业单位。

### 四、2010 年机构改革

保留市政府办公厅(挂市政府应急管理办公室牌子),将市政府法制办公室、市民族宗教事务局职责划入市政府办公厅,对外挂市政府法制办公室、市民族宗教事务局牌子。

保留市发展和改革委员会、市教育局、市科学技术局、市公安局、市监察局(不计机构个数)、市民政局、市司法局、市财政局、市国土资源局、市水利局、市林业局、市人口和计划生育委员会、市审计局、市环境保护局、市外事侨务办公室、市粮食局、市统计局、市城市管理行政执法局、市安全生产监督管理局、市体育局、市卫生局、市旅游局。

保留市农业局。将市水产局的职责,并入市农业局,不再保留市水产局。

组建市工业和信息化委员会。将市经济贸易委员会的工业行业的管理职责、市民营经济服务局的中小企业管理职责、市政府办公室的信息化管理职责,整合划入市工业和信息化委员会,不再保留市经济贸易委员会、市民营经济服务局。

组建市交通运输局。将市交通局的职责、市建设局承担的城市客运、出租车行业管理职责,整合划入市交通运输局,不再保留市交通局。

组建市人力资源和社会保障局。将市人事局、市劳动和社会保障局的职责,整合划入市人力资源和社会保障局。与市人事局合署办公的市机构编制委员会办公室单独设置,列党委机构序列,为市委工作部门,作为市机构编制委员会的办事机构不变。不再保留市人事局、市劳动和社会保障局。

组建市建设规划局。将市建设局的职责、市规划局的职责,整合划入市建设规划局,不再保留市建设局、市规划局。

组建市商务局。将市对外经济贸易委员会、市招商协作局的职责,整合划入市商务局,不再保留市对外经济贸易委员会、市招商协作局。

组建市文化新闻出版局。将市文化局的职责、市新闻出版局的职责,整合划入市文化新闻出版局,不再保留市文化局和市新闻出版局。

市政府国有资产监督管理委员会由市政府特设机构调整为市政府工作部门。

市人民防空办公室(市人民防空局)由议事协调机构的办事机构调整为市政府工作部门。

将市食品药品监督管理局由省垂直管理调整为市政府工作部门。

将市口岸办公室由市外事侨务办公室的内设机构改为市政府办公厅管理机构,正处级。

市物价局仍为市发改委的内设机构,正处级。

市重点工程办公室仍为市发改委内设机构,副处级。

市外国专家局由市人事局的内设机构改为市人力资源和社会保障局的内设机构,副处级。

市政府工作部门设置 32 个(监察局与纪律检查委员会机关合署办公,列市政府工作部门,不计机构个数),挂牌机构 3 个,部门管理机构 1 个,内设机构 3 个。

## 第二节　事业单位

1992 年,市直事业单位共计 213 个,其中副地级 2 个,处级 7 个,副处级 60 个,科级 118 个,副科级 3 个,未明确级别 23 个;全额拨款 127 个,差额拨款 40 个,自收自支 40 个,未明确经费方式 6 个。

1993 年,市直事业单位共计 219 个,其中副地级 2 个,处级 7 个,副处级 61 个,科级 120 个,副科级 3 个,未明确级别 26 个;全额拨款 127 个,差额拨款 39 个,自收自支 47 个,未明确经费方式 6 个。

1994 年,市直事业单位共计 242 个,其中副地级 2 个,处级 7 个,副处级 62 个,科级 134 个,副科级 4 个,未明确级别 33 个;全额拨款 138 个,差额拨款 36 个,自收自支 63 个,未明确经费方式 5 个。

1995 年,市人民政府接待处,市档案局为市委、市政府的直属事业单位(市档案局与市档案馆一个机构两块牌子)。市对外经济技术合作办公室改为市政府直属事业单位。以上单位均为正处级。

1996 年,市直事业单位共计 260 个,其中副地级 2 个,处级 11 个,副处级 66 个,科级 144 个,副科级 4 个,未明确级别 33 个;全额拨款 152 个,差额拨款 35 个,自收自支 65 个,未明确经费方式 8 个。

1997 年,市直事业单位共计 270 个,其中副地级 2 个,处级 11 个,副处级 70 个,科级 151 个,副科级 5 个,未明确级别 31 个;全额拨款 139 个,差额拨款 43 个,自收自支 83 个,未明确经费方式 5 个。

1998~1999 年,市直事业单位共计 270 个,其中副地级 2 个,处级 11 个,副处级 69 个,科级 149 个,副科级 7 个,未明确级别 32 个;全额拨款 142 个,差额拨款 42 个,自收自支 81 个,未明确经费方式5个。

2000 年,市直事业单位共计 277 个,其中副地级 2 个,处级 11 个,副处级 68 个,科级 156 个,副科级 7 个,未明确级别 33 个;全额拨款 142 个,差额拨款 42 个,自收自支 84 个,未明确经费方式 9 个。

2001 年,市直事业单位共计 272 个,其中副地级 2 个,处级 11 个,副处级 66 个,科级 153 个,副科级 7 个,未明确级别 33 个;全额拨款 142 个,差额拨款 42 个,自收自支 80 个,未明确经费方式 8 个。

2002~2003 年,不再保留乡镇企业局,组建民营经济服务局,为正处级事业单位,归口经济贸易委员会。房产局改为正处级事业单位。广播电视局改为正处级事业单位。革命老根据地建设委员会办公室改为副处级事业单位,归市政府办公室管理。将市委党史资料征集委员会更名为市委党史研究室。利用外资办公室与对外经济技术合作办公室合并,组建招商协作局,为正处级事业单位。市移民办公室为副处级事业单位,从市民政局划归市政府办公室管理。市农业开发办公室为副处级事业单位,归市农村工作办公室管理。市影视艺术中心从市委宣传部划归市广播电视局管理,仍为副处级事业单位。计委下属社会经济信息中心改为市信息化服务中心,为正处级事业单位,归口市发展计划委员会。市劳教所升格为正处级。

市委、市政府直属事业单位和部门管理的副处级以上事业单位原则上保留,但要按照《中共中央办公厅、国务院办公厅关于印发<中央机构编制委员会关于事业单位机构编制改革若干问题的意见>的通知》的规定和机构改革的精神,人员编制和内设机构精简 10%。

市直事业单位共计 298 个,其中副地级 2 个,处级 19 个,副处级 71 个,科级 192 个,副科级 7 个,未明确级别 7 个;全额拨款 162 个,差额拨款 40 个,自收自支 91 个,未明确经费方式 5 个。

2006 年,市直事业单位共计 334 个,其中地级 1 个,处级 20 个,副处级 72 个,科级 218 个,副科级 15 个,未明确级别 8 个;全额拨款 185 个,差额拨款 56 个,自收自支 88 个,未明确经费方式 5 个。

2007 年,市直事业单位共计 366 个,其中地级 1 个,处级 29 个,副处级 73 个,科级 242 个,副科级 14 个,未明确级别 7 个;全额拨款 208 个,差额拨款 59 个,自收自支 92 个,未明确经费方式 7 个。

2008~2009 年,市直事业单位共计 376 个,其中地级 1 个,处级 29 个,副处级 68 个,科级 246 个,副科级 24 个,未明确级别 8 个;全额拨款 218 个,差额拨款 57 个,自收自支 94 个,未明确经费方式 7 个。

2010 年,政府机构改革中,市机关事务管理局、市房产局、市广播电影电视局、市公路管理局、市信息化服务中心(市人民政府信息化工作办公室)、市港口管理局、市商业管理办公室、市供销合作社,仍为市政府直属事业单位,正处级。市行政服务中心,为市政府派出机构,正处级。市民营局由正处级降为副处级,更名为中小企业服务局,为市工业和信息化委员会下属事业单位。市农垦办由正处级降为副处级,为市农业局下属事业单位。

市直事业单位共计 417 个,其中正厅级 1 个,副厅级 2 个,处级 26 个,副处级 73 个,科级 263 个,副科级 47 个,未明确级别 5 个;全额拨款 247 个,差额拨款 54 个,自收自支 112 个,未明确经费方式 4 个。

## 2010年市直事业单位一览

表 64-8-1

| 主管部门 | 单位名称 | 经费来源 | 级别 | 内设机构 | 是否参照公务员管理 |
|---|---|---|---|---|---|
| 一、市委 | 史志办 | 全额拨款 | 处级 | 秘书科、征集研究科、宣传教育科、方志编研科、年鉴编研科 | 是 |
| | 档案局 | 全额拨款 | 处级 | 办公室、业务指导科、法制教育科、档案信息管理科 | 是 |
| | 接待办公室 | 全额拨款 | 处级 | 人秘处、接待一处、接待二处、综合处 | 是 |
| | 市委党校 | 全额拨款 | 处级 | 办公室、总务科、财务科、教务科、科研科、函授学区、图书资料管理科、信息科、成教科、对外培训部、市情市策研究室 | 是 |
| | 九江日报社 | 差额拨款 | 处级 | 办公室、财务部、宣传管理办公室、经营管理办公室、产业发展部、总编部、时政要闻部、经济生活部、社会新闻部、时事评论部、美术摄影部、专版专刊部、《浔阳晚报》编辑部、九江新闻网、《长江周刊》编辑部、《九江晨报》编辑部、发行中心、广告部 | |
| 二、市委办公厅 | 市委办公厅机关后勤服务中心 | 全额拨款 | 科级 | | |
| | 保密技术检查中心 | 全额拨款 | 科级 | | |
| 三、纪委 | 机关后勤中心 | 全额拨款 | 副处 | | |
| 四、组织部 | 党员电化教育中心 | 全额拨款 | 科级 | | |
| | 企业经营管理人才评荐中心 | 全额拨款 | 副处 | | |
| | 领导干部考试与测评中心 | | | | |
| | 农村党员干部现代远程教育工作领导协调小组办公室 | 全额拨款 | 科级 | | |
| 五、宣传部 | 讲师团 | 全额拨款 | 副处 | 办公室、教研室 | 是 |
| 六、台湾工作办公室 | 台胞接待站 | 全额拨款 | 科级 | | |
| 七、老干部局 | 老干部休养所 | 全额拨款 | 科级 | | |
| | 老干部活动中心 | 全额拨款 | 科级 | | |
| | 老年大学 | 全额拨款 | 科级 | | |
| 八、农工部 | 农业综合开发办公室 | 全额拨款 | 副处 | 综合管理科、计划统计科 | 是 |
| 九、政法委 | 法学秘书处 | 全额拨款 | 科级 | | |
| 十、接待办 | 九江宾馆 | 自收自支 | 副处 | 人秘科、接待科、餐管科 | |
| | 接待服务中心 | 全额拨款 | 科级 | | |
| 十一、人大 | 机关后勤中心 | 全额拨款 | 副处 | | |
| 十二、政协 | 机关后勤中心 | 全额拨款 | 副处 | | |
| | 三胞投资中心 | 自收自支 | 科级 | | |

续表 64-8-1

| 主管部门 | 单位名称 | 经费来源 | 级别 | 内设机构 | 是否参照公务员管理 |
|---|---|---|---|---|---|
| 十三、市政府 | 九江学院 | 全额拨款 | 正厅 | 党委办公室、组织部、宣传部、统战部、党校、学生工作部(与学生工作处合署)、院长办公室、档案馆、纪委办公室(与监察审计室合署)、人事处、财务处、国有资产管理处、教务处、学位办公室、科研处、国际合作交流处、招生办公室、就业指导办公室、基建处、保卫处、后勤服务中心、离退休职工管理处、学生资助管理中心 | |
| | 机关事务管理局 | 全额拨款 | 处级 | 办公室、财务科、会议保障科、公共事务科、房产管理科、安全保卫处、公共机构节能管理科、车辆管理科、大院管理科、机关党总支、纪检组(监察室) | 是 |
| | 供销合作社 | 全额拨款 | 处级 | 办公室、财务审计科、经营管理科、合作指导科、人事劳动科、烟花鞭炮安全经营管理科、农产品信息科(农产品信息中心)、农村合作经济组织政策研究室、机关党委、纪检组 | 是 |
| | 信息化工作办公室 | 全额拨款 | 处级 | 人事秘书科、信息公开管理科(市信息公开办公室)、电子政务管理科、网站管理科(中国九江网站编辑部)、网络通信科(市国防动员委员会信息动员办公室)、机关党总支、纪检组(监察室) | 是 |
| | 住房保障和房产管理局 | 全额拨款 | 处级 | 办公室(人事科)、财务审计科、市场监管科、住房保障科、住房制度改革科、行政许可服务科、政策法规科、拆迁监管科、物业监管科、机关党委、纪检组(监察室) | 是 |
| | 住房公积金管理中心 | 自收自支 | 副处 | 综合科、归集科、财务科、信贷科、信息科、稽核科 | |
| | 中小企业局 | 全额拨款 | 副处 | 办公室、发展规划科、信用担保科、企业服务科、组织人事科 | 是 |
| | 广播电影电视局 | 全额拨款 | 处级 | 办公室(党委办公室)、宣传管理科、科学技术科、电影管理科、社会管理科、安全播出调度科、产业管理科、保卫科、机关党委、纪检组(监察室) | 是 |
| | 扶贫和移民办公室 | 全额拨款 | 处级 | 综合科、计划财务科、社会扶贫与对外联络科、搬迁扶贫科、三峡和在建工程移民管理科、库区移民后扶管理科、库区基金项目管理科、科技扶贫科、机关党总支、纪检组(监察室) | 是 |
| | 港口管理局 | 自收自支 | 处级 | 办公室、规划建设科、港口管理科、安全技术科(卫生监督科)、财务审计科、规费征稽科、机关党委、纪检组(监察室) | |
| | 农垦事业管理办公室 | 全额拨款 | 副处 | 人秘科、产业指导科(现代农业示范园区建设管理办公室)、科教科 | 是 |
| | 商业管理办公室 | 全额拨款 | 处级 | 秘书科、市场秩序科、市场体系建设科、商贸服务管理科、市场运行调节科、安全维稳科、财务审计科、人事教育科、机关党委、纪检组(监察室) | |
| | 公路管理局 | 差额拨款 | 处级 | | |
| | 红十字会 | 全额拨款 | | 办公室、赈灾、宣传科 | 是 |

续表 64-8-1

| 主管部门 | 单位名称 | 经费来源 | 级别 | 内设机构 | 是否参照公务员管理 |
|---|---|---|---|---|---|
| 十三、市政府 | 行政服务中心 | 全额拨款 | 处级 | 调研科 | 是 |
| | 九江开发区(江西九江出口加工区管委会),出口加工管理局 | 全额拨款 | 副厅 | 党群工作部、组织宣传部(人事劳动和社会保障局与其合署)、招商局、经济发展局、建设和环境保护局、社会发展局、财政局(挂农业税收管理局牌子)均为副处级,安全生产监督管理局(归口经济发展局) | 是 |
| | 共青开发区 | | 处级 | 党政办公室(挂宣传部、信访办公室牌子)、组织人事部、经济发展局(挂招商局牌子)、社会发展局(挂民政局、体育局牌子)、农林水利局、国土环保建设局、财政局(挂农业税征收管理局牌子)、安全生产监督管理局 | 是 |
| | 云居山-柘林湖风景名胜管委会 | | 处级 | 办公室(挂编办牌子)、财政局、综合管理局、招商局、旅游开发管理局、综合执法局 | 是 |
| | 驻北京联络办事处 | 全额拨款 | 处级 | 办公室、信访科 | 是 |
| | 驻上海联络办事处 | 全额拨款 | 处级 | 办公室 | 是 |
| | 驻深圳联络办事处 | 全额拨款 | 处级 | 办公室 | 是 |
| | 驻南昌联络办事处 | 全额拨款 | 处级 | 办公室 | 是 |
| | 驻厦门联络办事处 | 全额拨款 | 处级 | 办公室 | 是 |
| | 防震减灾局 | 全额拨款 | 处级 | | |
| 十四、政府办公厅 | 政府信息中心 | 全额拨款 | 科级 | | |
| | 政府机关幼儿园 | 全额拨款 | 副科 | | |
| | 政府系统办公自动化技术服务部 | 自收自支 | 科级 | | |
| | 市政府办公厅机关后勤服务中心 | 全额拨款 | 科级 | | |
| 十五、民宗局 | 天主教爱国会 | 全额拨款 | | | |
| 十六、发改委 | 投资公司(工程咨询中心) | 自收自支 | 副处 | 行政部、资产管理部、项目开发部 | |
| | 禽畜良种场 | 自收自支 | 科级 | | |
| 十七、工信委 | 经济管理干部学校 | 全额拨款 | 副处 | 办公室、教务处、总务处 | |
| | 经委庐山干训班 | 自收自支 | 科级 | | |
| | 包装技术协会 | 全额拨款 | 科级 | | |
| | 节能技术监督中心 | 自收自支 | 科级 | | |
| | 墙体材料革新办公室 | 全额拨款 | 科级 | | |
| | 散装水泥和预拌混凝土管理办公室 | 全额拨款 | 科级 | | |
| | 黄金管理办公室 | 全额拨款 | 科级 | | |

续表 64-8-1

| 主管部门 | 单位名称 | 经费来源 | 级别 | 内设机构 | 是否参照公务员管理 |
|---|---|---|---|---|---|
| 十八、教育局 | 九江职业大学 | 全额拨款 | 副厅 | 纪委、党委办公室(校长办公室)、组织人事处(统战部)、宣传部、学生工作部、长虹校区管委会、教务处、国际交流中心、科研处、高等职业教育研究室、学报编辑部、后勤管理处、基建处、财务处、国有资产管理处、保卫处、招生就业处、实验实训中心、信息中心、图书馆、机关党总支、团委、工会 | |
| | 电大九江分校 | 全额拨款 | 处级 | 办公室、学生工作处、教学处、直属处、招生就业推荐办公室、产业培训开发管理处、教务处、计财处、总务处、现代教育技术处 | |
| | 九江小学 | 全额拨款 | 科级 | | |
| | 第一中学 | 全额拨款 | 副处 | | |
| | 第二中学（同文中学） | 全额拨款 | 副处 | | |
| | 第三中学 | 全额拨款 | 副处 | | |
| | 第四中学（田家炳实验中学） | 全额拨款 | 科级 | | |
| | 外国语学校 | 全额拨款 | 科级 | | |
| | 第六中学 | 全额拨款 | 科级 | | |
| | 第八中学 | 全额拨款 | 科级 | | |
| | 第十一中学 | 全额拨款 | 科级 | | |
| | 第十二中学 | 全额拨款 | 科级 | | |
| | 金安中学 | 全额拨款 | 副处 | | |
| | 实华学校 | 全额拨款 | 科级 | | |
| | 职业中等专业学校 | 全额拨款 | 副处 | 办公室、教务处、政教处、总务处、招生处、生产实习处 | |
| | 特殊教育学校 | 全额拨款 | 科级 | | |
| | 双峰小学 | 全额拨款 | 科级 | | |
| | 长虹小学 | 全额拨款 | 副科 | | |
| | 中心幼儿园 | 全额拨款 | 科级 | | |
| | 电化教育馆 | 全额拨款 | 科级 | | |
| | 教育技术装备站 | 全额拨款 | 科级 | | |
| | 教研所 | 全额拨款 | 副处 | 办公室、高中教研科、初中教研科、小学教研科、理论研究科、教研管理科、课题规划科、信息中心 | |
| | 高等院校招生考试办公室 | 全额拨款 | 科级 | | |
| | 勤工俭学办公室 | 全额拨款 | 科级 | | |
| | 职业技术教育培训中心 | 全额拨款 | 科级 | | |
| | 毕业分配办公室 | 全额拨款 | 科级 | | |
| | 中招办 | 全额拨款 | 科级 | | |
| | 校建办 | 全额拨款 | 科级 | | |

续表 64-8-1

| 主管部门 | 单位名称 | 经费来源 | 级别 | 内设机构 | 是否参照公务员管理 |
|---|---|---|---|---|---|
| 十九、科技局 | 科技情报所 | 全额拨款 | 副处 | 综合服务室、文献资料室、情报调研室、编辑出版室 | |
| | 科学技术交流服务中心（技术市场开发中心） | 差额拨款 | 科级 | | |
| | 科学器材服务站 | 自收自支 | 科级 | | |
| | 金属陶瓷材料研究所 | 自收自支 | 科级 | | |
| | 知识产权局 | 全额拨款 | 科级 | | 是 |
| 二十、人口和计生委 | 人口与计划生育服务站 | 全额拨款 | 科级 | | |
| | 人口与计划生育委员会药具管理站 | 全额拨款 | 科级 | | |
| | 计划生育培训中心 | 自收自支 | | | |
| | 计划生育协会办公室 | 全额拨款 | 科级 | | 是 |
| 二十一、体育局 | 老年体协 | 全额拨款 | 科级 | | |
| | 青少年业余体校 | 全额拨款 | 科级 | | |
| | 体育馆 | 全额拨款 | 科级 | | |
| | 体育总会办公室 | 全额拨款 | 科级 | | |
| 二十二、外事侨务办 | 九江中国旅行社 | 自收自支 | 科级 | | |
| | 对外友好合作服务中心 | 自收自支 | 科级 | | |
| 二十三、口岸办 | 口岸干部培训中心 | 自收自支 | 科级 | | |
| 二十四、人防办公室 | 人防指挥信息保障中心 | 全额拨款 | 科级 | | |
| | 人防空间开发中心 | 自收自支 | 科级 | | |
| | 0901 工程管理处 | 差额拨款 | 科级 | | |
| 二十五、规划局 | 报建信息管理中心 | 差额拨款 | 科级 | | |
| | 城市违法违章认定中心 | 全额拨款 | 科级 | | |
| | 城市规划市政设计院 | 自收自支 | 副处 | 规划设计一所、规划设计二所、规划设计三所、建筑设计一所、建筑设计二所、风景园林设计所、市政设计一所、市政设计二所、测绘大队、办公室、财务科、技术审查科、生产经营科, | |
| | 云居山柘林湖规划分局 | 全额拨款 | 科级 | | |
| | 开发区规划分局 | 全额拨款 | 科级 | | |
| | 庐山区规划分局 | 全额拨款 | 科级 | | |
| | 规划展示馆 | 全额拨款 | 科级 | | |

续表 64-8-1

| 主管部门 | 单位名称 | 经费来源 | 级别 | 内设机构 | 是否参照公务员管理 |
|---|---|---|---|---|---|
| 二十六、民政局 | 城乡社会救助工作办公室 | 全额拨款 | 科级 | | |
| | 军队离退休干部第一休养所 | 全额拨款 | 副处 | 办公室、管理科、文体科 | |
| | 军队离退休干部第二休养所 | 全额拨款 | 科级 | | |
| | 军供站 | 全额拨款 | 副处 | 办公室、后勤保障科 | |
| | 社会福利院 | 全额拨款 | 科级 | | |
| | 儿童福利院 | 全额拨款 | 科级 | | |
| | 民政招待所 | 自收自支 | 科级 | | |
| | 救助管理站 | 全额拨款 | 科级 | | 是 |
| | 殡葬管理处 | 差额拨款 | 科级 | | |
| | 募委会 | 自收自支 | 科级 | | |
| | 救灾服务中心 | 自收自支 | 科级 | | |
| | 慈善总会秘书处 | 全额拨款 | 科级 | | |
| | 边界管理办公室 | 全额拨款 | 科级 | | |
| | 减灾备灾中心 | 全额拨款 | 科级 | | |
| 二十七、人力资源与社会保障局 | 人才开发交流中心 | 全额拨款 | 副处 | 行政综合部、人事代理部、人才交流部、开发培训部、人事信息部 | |
| | 专家服务中心 | 全额拨款 | 科级 | | |
| | 劳动人事争议仲裁院 | 全额拨款 | 科级 | | 是 |
| | 人事考试中心 | 全额拨款 | 科级 | | |
| | 自主择业转业干部培训中心 | 全额拨款 | 科级 | | |
| | 军队转业干部培训中心 | 自收自支 | 科级 | | |
| | 人才培训中心 | 差额拨款 | 科级 | | |
| | 人力资源与社会保障信息中心 | 全额拨款 | 科级 | | |
| | 大中专毕业生就业服务中心 | 自收自支 | 科级 | | |
| | 社会保险事业管理局 | 全额拨款 | 副处 | 人秘科、综合科、财务科、审计科、养老保险科、医疗保险科、工伤生育保险科、基金征缴科、计算机管理科、办公室、社会化服务管理科 | 是 |
| | 技工学校 | 差额拨款 | 副处 | 办公室、学生科、教务科、总务科、培训中心 | |
| | 劳动就业服务局 | 全额拨款 | 副处 | 人秘科、财务审计科、培训科、就业指导科、失业保险科、人力资源市场信息监测管理科、再就业小额贷款担保科、人力资源市场管理科 | 是 |
| | 农村社会养老保险办公室 | 全额拨款 | 科级 | | |

续表 64-8-1

| 主管部门 | 单位名称 | 经费来源 | 级别 | 内设机构 | 是否参照公务员管理 |
|---|---|---|---|---|---|
| 二十七、人力资源与社会保障局 | 职业技术教育培训学校 | 自收自支 | 科级 | | |
| | 行政事业单位职工医疗保险局 | 全额拨款 | 副处 | | 是 |
| | 技术工人交流服务中心 | 自收自支 | 科级 | | |
| | 劳动保障监察支队 | 全额拨款 | 科级 | | 是 |
| | 职业技能鉴定指导中心 | 全额拨款 | 科级 | | |
| | 再就业小额贷款使用中心 | 全额拨款 | 科级 | | |
| 二十八、安全生产局 | 矿山危险化学品事故应急救援中心 | 全额拨款 | 科级 | | |
| | 安全生产监察支队 | 全额拨款 | 科级 | | 是 |
| | 安全生产宣传教育中心 | 全额拨款 | 科级 | | |
| | 安全生产应急指挥中心 | 全额拨款 | 科级 | | |
| | 安全生产技术检测中心 | 自收自支 | 科级 | | |
| 二十九、财政局 | 财政国库支付中心 | 全额拨款 | 副处 | 综合科、稽核科、资金科、会计科、信息科 | 是 |
| | 非税收入征收管理局 | 全额拨款 | 副处 | 征收管理科、票据管理科、稽查科、办证收费服务大厅(综合科、监督投诉科) | 是 |
| | 财会职工中等职业专业学校 | 全额拨款 | 副处 | 办公室、教务处、培训处、函授站、招生就业办公室 | |
| | 房改资金管理所 | 全额拨款 | 科级 | | |
| | 契税征收管理所 | 全额拨款 | 科级 | | |
| | 财政信息中心 | 全额拨款 | 科级 | | |
| | 财政培训中心 | 自收自支 | 科级 | | |
| | 注册会计师管理中心 | 差额拨款 | 科级 | | |
| | 财政预算编制中心 | 全额拨款 | 科级 | | |
| | 财政投资担保管理中心 | 全额拨款 | 科级 | | |
| 三十、审计局 | 审计干部培训中心 | 全额拨款 | 科级 | | |
| | 审计信息中心 | 全额拨款 | 科级 | | |
| 三十一、物价局 | 价格认证中心 | 自收自支 | 科级 | | |
| | 价格监测局 | 全额拨款 | 科级 | | |
| 三十二、统计局 | 农村社会经济调查队 | 全额拨款 | 科级 | | |
| | 电子计算中心 | 全额拨款 | 科级 | | |
| | 市普查中心 | 全额拨款 | 科级 | | |

续表 64-8-1

| 主管部门 | 单位名称 | 经费来源 | 级别 | 内设机构 | 是否参照公务员管理 |
|---|---|---|---|---|---|
| 三十三、环保局 | 环境监察支队 | 全额拨款 | 科级 | | 是 |
| | 环境保护监测站 | 全额拨款 | 科级 | | |
| | 环境科学研究所 | 自收自支 | 科级 | | |
| | 环境宣教信息中心 | 自收自支 | 科级 | | |
| | 固体废物管理中心 | 自收自支 | 科级 | | |
| 三十四、国土资源局 | 国土资源执法监察支队 | 全额拨款 | 科级 | | 是 |
| | 土地储备中心 | 全额拨款 | 科级 | | |
| | 国土资源交易中心 | 全额拨款 | 科级 | | |
| | 土地开发整理中心 | 全额拨款 | 科级 | | |
| | 庐山区分局土地储备中心 | 全额拨款 | 副科 | | |
| | 庐山区分局土地交易中心 | 全额拨款 | 副科 | | |
| | 浔阳区国土分局下属 | 全额拨款 | 科级 | | |
| | 庐山区国土分局下属 | 全额拨款 | 科级 | | |
| | 云居山柘林湖国土分局 | 全额拨款 | 科级 | | 是 |
| | 开发区国土分局 | 全额拨款 | 副处 | | |
| 三十五、建设规划局 | 建筑设计院 | 自收自支 | 副处 | 办公室、第一设计室、第二设计室、第三设计室、第四设计室、地质勘察队、总工室、技术科、业务科、人事科、财务科 | |
| | 市政工程公司 | 差额拨款 | 副处 | 办公室、党办、财务科、技术科、管养督查科、材料设备科、生产经营科、市政设施管理科、道路维护管理所、人行道维护管理所、排水维护管理所、路灯维护管理所、景观灯维护管理所、综合维护管理所、污水项目管理所、路鑫工程部、广告部、城市照明控制中心 | |
| | 园林管理处 | 差额拨款 | 副处 | 办公室、计划财务科、规划建设科、绿地湖泊管理科、公园广场管理科、综合科,各配副科职数1名;湖泊管理所、绿化管理所、花卉苗圃中心、甘棠公园管理所、和中广场管理所(对外挂九江市园林总公司牌子)、园林绿化设备管理所(对外挂九江市青山园林绿化设备工程有限公司牌子)、九江市大地园林绿化设计室、龙开河故道管理所、九江市园林科学研究所 | |
| | 液化石油气公司 | 自收自支 | 副处 | 人秘科、财务科、供销科、安全技术科、贮罐场 | |
| | 建设工程质量监督检验站 | 全额拨款 | 科级 | | |
| | 建设工程造价管理站 | 全额拨款 | 科级 | | |
| | 建筑施工管理站 | 自收自支 | 科级 | | |

续表 64-8-1

| 主管部门 | 单位名称 | 经费来源 | 级别 | 内设机构 | 是否参照公务员管理 |
|---|---|---|---|---|---|
| 三十五、建设规划局 | 建筑工程安全生产监督管理站 | 自收自支 | 科级 | | |
| | 建设工程招标投标办公室 | 全额拨款 | 科级 | | |
| | 市政设施收费所 | 自收自支 | 科级 | | |
| | 燃气管理办公室 | 自收自支 | 科级 | | |
| | 城市建设档案馆 | 全额拨款 | 科级 | | |
| | 柘林湖建设分局 | 全额拨款 | 科级 | | |
| 三十六、农业局 | 农业科学研究所 | 差额拨款 | 副处 | 人事秘书科、科研管理科、农技推广科、综合治理科、良种繁育场 | |
| | 种子管理局 | 全额拨款 | 副处 | 办公室、市场管理科、品种管理科、质量监督检验科(站)、南繁工作站 | |
| | 种畜场 | 差额拨款 | 科级 | | |
| | 农村经营指导站 | 全额拨款 | 科级 | | |
| | 粮油生产技术指导站 | 全额拨款 | 科级 | | |
| | 经济作物技术指导站 | 全额拨款 | 科级 | | |
| | 植保植检站 | 全额拨款 | 科级 | | |
| | 土壤肥料站 | 全额拨款 | 科级 | | |
| | 畜牧兽医局 | 全额拨款 | 副处 | | |
| | 农机管理局(农机安全监理所) | 全额拨款 | 科级 | | 是 |
| | 蔬菜服务站 | 自收自支 | 科级 | | |
| | 农产品、水产品监测中心 | 全额拨款 | 科级 | | |
| | 动物卫生监督所 | 全额拨款 | 科级 | | |
| 三十七、渔业局 | 水产科学研究所 | 差额拨款 | 副处 | 办公室、科研所、市场科、生态资源科 | |
| | 水产技术指导站 | 全额拨款 | 科级 | | |
| | 赤湖渔政监督管理站 | 全额拨款 | 科级 | | |
| | 渔业行政执法支队 | 差额拨款 | 科级 | | |
| 三十八、林业局 | 林业工作站 | 全额拨款 | 科级 | | |
| | 木材流通监督管理局 | | | | |
| | 林业综合执法支队 | | | | |
| | 湖口木材检查站 | | | | |
| | 长江大桥木材检查站 | | | | |
| | 森林资源监测中心 | | | | |

续表 64-8-1

| 主管部门 | 单位名称 | 经费来源 | 级别 | 内设机构 | 是否参照公务员管理 |
|---|---|---|---|---|---|
| 三十八、林业局 | 林业技术指导站 | 全额拨款 | 科级 | | |
| | 林木种苗站 | 全额拨款 | 科级 | | |
| | 野生动植物保护管理站 | 全额拨款 | 科级 | | |
| | 森林工业局 | 全额拨款 | 副处 | | 是 |
| | 林业有害生物防治检疫局 | 全额拨款 | 科级 | | |
| | 林科所 | 差额拨款 | 科级 | | |
| 三十九、水利局 | 水利电力规划设计院 | 差额拨款 | 副处 | 总工室、办公室、财务科、设计一室、设计二室、经营科、测量队 | |
| | 柘林灌区管理局 | 差额拨款 | 副处 | 办公室、计划财务科、工程管理科、水政保卫科、信息中心，柘林管理段、大坪管理段、燕坊管理段、军山管理段 | |
| | 水政监察支队 | 全额拨款 | 科级 | | |
| | 河道湖泊管理局 | 全额拨款 | 副处 | | |
| | 河东堤防管理所 | 全额拨款 | 副科 | | |
| | 河西堤防管理所 | 全额拨款 | 副科 | | |
| | 白水湖堤防管理所 | 全额拨款 | 副科 | | |
| | 内湖堤防管理所 | 全额拨款 | 副科 | | |
| | 城区泵站管理处 | 全额拨款 | 科级 | | |
| | 八赛排灌总站管理处 | 全额拨款 | 科级 | | |
| | 农村水利工作站 | 全额拨款 | 科级 | | |
| | 水利工程管理站 | 全额拨款 | 科级 | | |
| | 农村水电管理站 | 全额拨款 | 科级 | | |
| | 水土保持站 | 全额拨款 | 科级 | | 是 |
| | 水利科学研究所 | 全额拨款 | 科级 | | |
| 四十、粮食局 | 粮食局直属分局 | 全额拨款 | 副处 | 党政办公室、财会审计科、行管监督科、企改人事科、监察保卫科、资产管理中心 | |
| | 粮食职工中等专业学校 | 自收自支 | 副处 | 办公室、教务处、总务处 | |
| | 粮食批发市场 | 自收自支 | 副处 | 综合部、市管部、信息部、财务部、贸易部 | |
| | 粮油质量监测中心 | 全额拨款 | 科级 | | |
| | 军粮供应服务中心 | 自收自支 | 科级 | | |
| 四十一、文化新闻出版局 | 群众艺术馆 | 全额拨款 | 副处 | | |
| | 图书馆 | 全额拨款 | 科级 | | |
| | 博物馆 | 差额拨款 | 科级 | | |
| | 九江书画院 | 全额拨款 | 副处 | | |

续表 64-8-1

| 主管部门 | 单位名称 | 经费来源 | 级别 | 内设机构 | 是否参照公务员管理 |
|---|---|---|---|---|---|
| 四十一、文化新闻出版局 | 歌舞团 | 差额拨款 | 副处 | | |
| | 话剧团 | 差额拨款 | 副处 | | |
| | 人民影剧院 | 自收自支 | 科级 | | |
| | 文物局 | 差额拨款 | 副处 | | |
| | 文物总店 | 差额拨款 | 科级 | | |
| | 演出公司 | 自收自支 | 科级 | | |
| | 文化市场综合执法支队 | 全额拨款 | 副处 | 办公室(12318 举报受理中心)、法制督察科、歌舞娱乐音像执法支队、网络执法大队、印刷出版、广播电视执法大队、文物保护执法大队 | 是 |
| 四十二、卫生局 | 第一人民医院 | 差额拨款 | 处级 | 党办、院办、人事科、财务科、医务科、护理部、质控办、宣传科、对外联络办公室、监察室、审计科、科教科、干部保健科、医院感染管理科、体检科、医保科、门诊部、信息科、设备科、总务科、保卫科(挂综治办、安全生产办牌子) | |
| | 第三人民医院 | 差额拨款 | 副处 | 办公室、医务科、财务科、门诊部 | |
| | 第五人民医院 | 差额拨款 | 副处 | 办公室、医务科、财务科、门诊部、总务科 | |
| | 中医院 | 差额拨款 | 副处 | 办公室、医务科、财务科、总务科、门诊科 | |
| | 妇幼保健院 | 差额拨款 | 副处 | 党办、院办、人事科、财务科、医务科(挂科教牌子)、护理部、质控办、医院感染管理科、经营管理科(增挂收费科牌子)、门诊部、总务科(增挂物资供应、基建科牌子)、设备科、信息科、保卫科、健康教育科、医保办、保健部(增挂防保科牌子),配副科职数 17 名。工会接章程设置,配副科 1 名 | |
| | 九江卫生学校 | 全额拨款 | 副处 | 办公室、财务科、教务科、学生工作科、成人教育科、后勤科、招生就业办公室、保卫科、校团委,工会按章程设置 | |
| | 卫生监督所 | 全额拨款 | 副处 | | |
| | 疾病预防控制中心 | 全额拨款 | 副处 | | |
| | 紧急救援中心 | 全额拨款 | 副处 | | |
| | 医疗器械修理所 | 自收自支 | 科级 | | |
| | 中心血站 | 差额拨款 | 科级 | | |
| | 卫Ⅲ项目办公室 | 全额拨款 | | | |
| | 干部保健委员会办公室 | 全额拨款 | 科级 | | |
| 四十三、交通运输局 | 道路运输管理处 | 自收自支 | 副处 | 党办、秘书科、财务科、运证稽查科、驾驶员培训管理科、运输管理科、行政许可服务科、汽车管理维修科 | |
| | 城区道路运输管理所 | 自收自支 | 副科 | | |
| | 庐山区道路运输管理所 | 自收自支 | 副科 | | |
| | 九江县道路运输管理所 | 自收自支 | 副科 | | |

续表 64-8-1

| 主管部门 | 单位名称 | 经费来源 | 级别 | 内设机构 | 是否参照公务员管理 |
|---|---|---|---|---|---|
| 四十三、交通运输局 | 星子县道路运输管理所 | 自收自支 | 副科 | | |
| | 德安县道路运输管理所 | 自收自支 | 副科 | | |
| | 共青道路运输管理所 | 自收自支 | 副科 | | |
| | 永修县道路运输管理所 | 自收自支 | 副科 | | |
| | 武宁县道路运输管理所 | 自收自支 | 副科 | | |
| | 修水县道路运输管理所 | 自收自支 | 副科 | | |
| | 湖口县道路运输管理所 | 自收自支 | 副科 | | |
| | 彭泽县道路运输管理所 | 自收自支 | 副科 | | |
| | 都昌县道路运输管理所 | 自收自支 | 副科 | | |
| | 城市客运管理处 | 自收自支 | 副科 | | |
| | 港航管理处 | 自收自支 | 副处 | 党办、秘书科、财务科、运输管理科、计划基建科、港口管理科、行政许可服务科 | |
| | 城区港航管理所 | 自收自支 | 副科 | | |
| | 庐山区港航管理所 | 自收自支 | 副科 | | |
| | 九江县港航管理所 | 自收自支 | 副科 | | |
| | 星子县港航管理所 | 自收自支 | 副科 | | |
| | 德安县港航管理所 | 自收自支 | 副科 | | |
| | 瑞昌市港航管理所 | 自收自支 | 副科 | | |
| | 永修县港航管理所 | 自收自支 | 副科 | 在地 | |
| | 武宁县港航管理所 | 自收自支 | 副科 | | |
| | 湖口县港航管理所 | 自收自支 | 副科 | | |
| | 彭泽县港航管理所 | 自收自支 | 副科 | | |
| | 都昌县港航管理所 | 自收自支 | 副科 | | |
| | 江西湖口水路交通综合检查站 | 自收自支 | 副科 | | |
| | 柘林湖港航管理所 | 自收自支 | 副科 | | |
| | 公路管理所 | 自收自支 | 科级 | | |
| | 交通工程质量监督所 | 全额拨款 | 科级 | | |
| 四十四、旅游局 | 旅游研发营销中心 | 自收自支 | 科级 | | |
| | 中国国际旅行社九江支社 | 自收自支 | 科级 | | |
| | 旅游质量监督管理所 | 全额拨款 | 科级 | | |
| | 导游服务中心 | 自收自支 | 科级 | | |

续表64-8-1

| 主管部门 | 单位名称 | 经费来源 | 级别 | 内设机构 | 是否参照公务员管理 |
|---|---|---|---|---|---|
| 四十五、公安局 | 戒毒康复中心 | 全额拨款 | 科级 | | |
| | 机动车驾驶员考验中心 | 全额拨款 | 科级 | | |
| 四十六、中级人民法院 | 法律业余大学江西分校九江分部 | 全额拨款 | 科级 | | |
| | 纠纷损伤治疗中心 | 自收自支 | 科级 | | |
| | 机关后勤服务中心 | 全额拨款 | 科级 | | |
| 四十七、检察院 | 机关后勤服务中心 | 全额拨款 | 科级 | | |
| 四十八、司法局 | 司法考试培训中心 | 全额拨款 | 科级 | | |
| | 赣北律师事务所 | 全额拨款 | 副处 | 秘书科、业务科 | |
| | 求成律师所 | 全额拨款 | 科级 | | |
| | 共青诚信律师所 | 全额拨款 | 科级 | | |
| | 律师协会办公室 | 自收自支 | 科级 | | |
| | 法律援助中心 | 全额拨款 | 科级 | | |
| 四十九、执法局 | 执法局大队 | 全额拨款 | 科级 | | 是 |
| | 九江市生活废弃物处置监管中心 | 全额拨款 | 科级 | | |
| 五十、森林公安局 | 南方森林干警培训中心 | 自收自支 | 科级 | | |
| 五十一、总工会 | 工人文化宫 | 自收自支 | 科级 | | |
| | 职工业余学校 | 自收自支 | 科级 | | |
| | 困难职工矿帮扶中心 | 自收自支 | 科级 | | |
| 五十二、共青团 | 青少年宫 | 全额拨款 | 科级 | | |
| | 庐山营地管理处 | 自收自支 | 科级 | | |
| | 青年旅行社 | 自收自支 | 科级 | | |
| 五十三、科协 | 科技进修学校 | 全额拨款 | 科级 | | |
| | 科学咨询服务部 | 全额拨款 | 科级 | | |
| 五十四、文联 | 文艺创作室 | 全额拨款 | 科级 | | |
| 五十五、残联 | 残疾人就业服务中心 | 全额拨款 | 科级 | | |
| | 残疾人康复服务中心 | 全额拨款 | 科级 | | |
| 五十六、妇联 | 妇女儿童活动中心 | 全额拨款 | 科级 | | |
| 五十七、招商协作服务中心 | 投资促进中心 | 全额拨款 | 科级 | | |

续表 64-8-1

| 主管部门 | 单位名称 | 经费来源 | 级别 | 内设机构 | 是否参照公务员管理 |
|---|---|---|---|---|---|
| 五十八、中小企业局 | 民营企业培训中心 | 全额拨款 | 科级 | | |
| 五十九、房产局 | 物业与住宅室内装饰办 | 全额拨款 | 科级 | | |
| | 房地产公司 | 差额拨款 | 副处 | 内设:经理办、劳资科、房管科、财务科、房改办、生产科、保卫科、后勤科、档案室、离退休办、危房办、租金管理科,各配副科职数1名;基层单位设:甘棠房管所、湓浦房管所、滨兴房管所、非信宅房管所、物业管理处、置换中心、公房维修处、直属房屋管理中心、劳服中心,均配所长(主任、经理)、书记各1名(副科级);工会、团委按章程设置,各配副科职数1名 | |
| | 白蚁防治所 | 自收自支 | 科级 | | |
| | 房屋产权交易管理处 | 自收自支 | 科级 | | |
| | 房屋拆迁办 | 全额拨款 | 科级 | | |
| | 房产档案馆 | 全额拨款 | 科级 | | |
| | 房屋安全鉴定办公室 | 差额拨款 | 科级 | | |
| | 房地产信息中心 | 差额拨款 | 科级 | | |
| | 住房保障中心 | 全额拨款 | 科级 | | |
| 六十、商业管理办 | 商业执政执法稽查队 | 自收自支 | 科级 | | |
| 六十一、广播电视局 | 九江电视台 | 差额拨款 | 副处 | 新闻中心、联播部、社会新闻部、新闻评论部、通联部、专题部、经济部、文体生活部、大型活动部、栏目部、制作部、播出部、网络开发部、办公室、后勤中心、广告部、总编室、节目部。共配副科18名 | |
| | 庐山电视台 | 全额拨款 | 副处 | 人秘科、机务科、技术科、新闻部、广告部、安全保卫室 | |
| | 九江人民广播电台 | 全额拨款 | 副处 | 办公室、总编室、技术部、新闻中心、广告部、新闻综合频率、交通音乐频率、城市生活频率 | |
| | 广播电视报社 | 自收自支 | 科级 | | |
| | 九江实验台 | 全额拨款 | 科级 | | |
| | 广播电视服务部 | 自收自支 | 科级 | | |
| | 音像发行管理部 | 自收自支 | 科级 | | |
| | 庐山有线电视台 | 自收自支 | 副科 | | |
| | 广播电视部庐山休养所 | 自收自支 | 科级 | | |
| | 影视艺术中心 | 全额拨款 | 副处 | 行政科、业务科 | |
| 六十二、九江学院 | 附属医院 | 差额拨款 | 副处 | 办公室、医务科、人事科、总务科、财务科、护理科、门诊部 | |
| | 浔阳附属中学 | 全额拨款 | 科级 | | |
| 六十三、机关事务管理局 | 市委幼儿园 | 全额拨款 | 副科 | | |

续表 64-8-1

| 主管部门 | 单位名称 | 经费来源 | 级别 | 内设机构 | 是否参照公务员管理 |
|---|---|---|---|---|---|
| 六十四、九江日报社 | 九江日报印刷厂 | 自收自支 | 科级 | | |
| 六十五、机械电子集团公司 | 机电产品研究所 | 差额拨款 | 科级 | | |
| | 机械技工学校 | 自收自支 | 科级 | | |
| 六十六、纺织集团公司 | 纺织产品研究所 | 差额拨款 | 科级 | | |
| 六十七、建材集团公司 | 工业建筑设计院(水泥船设计研究所) | 差额拨款 | 副处 | | |
| 六十八、物资集团公司 | 物资干部训练班 | 自收自支 | 科级 | | |
| | 物资信息中心 | 自收自支 | 科级 | | |
| 六十九、农垦管理办 | 农垦经营管理指导站 | 全额拨款 | 科级 | | |
| 七十、劳动教养管理所 | 护卫中队 | 自收自支 | 科级 | | |
| 七十一、气象局 | 人工影响天气办 | | 科级 | | |
| 七十二、九江军分区后勤部 | 民兵训练中心 | 全额拨款 | 科级 | | |
| 七十三、云居山柘林湖管委会 | 云居山景区服务中心 | 全额拨款 | 科级 | | |
| | 庐山西海景区服务中心 | 全额拨款 | 科级 | | |
| 七十四、国资委 | 国有资产经营管理中心 | 自收自支 | 科级 | | |
| | 外派监事会办公室 | 全额拨款 | 科级 | | |
| 七十五、行政服务中心 | 公共资源交易中心 | 全额拨款 | 副处 | | |
| 七十六、信息办 | 政务信息网维护管理中心 | 全额拨款 | 科级 | | |
| 七十七、公路局 | 路桥工程处 | 差额拨款 | 科级 | | |
| | 公路勘察设计院 | 差额拨款 | 副处 | 办公室、财务科、总工办(技审科)、经营科、咨询中心、质检中心、勘测所、设计一所、设计二所、设计三所,各配副科1名 | |
| | 信息中心 | 差额拨款 | 科级 | | |
| | 职工学校 | 差额拨款 | 科级 | | |
| | 机修中心 | 差额拨款 | 科级 | | |
| | 旅游公路开发总公司 | 自收自支 | 科级 | | |

续表 64-8-1

| 主管部门 | 单位名称 | 经费来源 | 级别 | 内设机构 | 是否参照公务员管理 |
|---|---|---|---|---|---|
| 七十七、公路局 | 威家收费站 | 自收自支 | 副科 | | |
| | 隘口收费站 | 自收自支 | 副科 | | |
| | 九江分局 | 差额拨款 | 科级 | | |
| | 星子分局 | 差额拨款 | 科级 | | |
| | 德安分局 | 差额拨款 | 科级 | | |
| | 永修分局 | 差额拨款 | 科级 | | |
| | 武宁分局 | 差额拨款 | 科级 | | |
| | 修水分局 | 差额拨款 | 科级 | | |
| | 瑞昌分局 | 差额拨款 | 科级 | | |
| | 湖口分局 | 差额拨款 | 科级 | | |
| | 都昌分局 | 差额拨款 | 科级 | | |
| | 彭泽分局 | 差额拨款 | 科级 | | |
| | 庐山分局 | 差额拨款 | 科级 | | |
| | 直属分局 | 差额拨款 | 科级 | | |
| 七十八、港口管理局 | 直属分局 | 自收自支 | 科级 | | |
| | 彭泽分局 | 自收自支 | 科级 | | |
| | 湖口分局 | 自收自支 | 科级 | | |
| | 瑞昌分局 | 自收自支 | 科级 | | |
| | 九江县分局 | 自收自支 | 科级 | | |
| | 石油运输管理站 | 自收自支 | 副科 | | |
| 七十九、住房公积金管理中心 | 县（市、区）住房公积金管理中心 | 自收自支 | 科级 | | |
| 八十、浔阳区国土分局 | 下属国土所 1 个 | 全额拨款 | 副科 | | |
| 八十一、庐山区国土分局 | 下属国土所 3 个 | 全额拨款 | 副科 | | |
| 八十二、开发区国土分局 | 土地储备中心 | 全额拨款 | 副科 | | |
| | 土地交易中心 | 全额拨款 | 副科 | | |
| | 土地执法监察中心 | 全额拨款 | 副科 | | |
| 八十三、开发区规划分局 | 规划监察认证中心 | 全额拨款 | 副科 | | |
| 八十四、柘林湖灌区管理局 | 柘林灌区水利经营管理站 | 自收自支 | 科级 | | |
| 八十五、水利电力规划设计院 | 水电基础地勘队 | 自收自支 | 科级 | | |

续表 64-8-1

| 主管部门 | 单位名称 | 经费来源 | 级别 | 内设机构 | 是否参照公务员管理 |
|---|---|---|---|---|---|
| 八十六、九江人民广播电台 | 九江广播人力资源管理中心 | 自收自支 | 副科 | | |
| 八十七、九江经济开发区 | 城西港区管理局 | 全额拨款 | 处级 | 综合管理部、项目服务部、规划建设部、征地拆迁部 | |
| 八十八、河道湖泊管理局 | 河道湖泊管理局城西直属分局 | 全额拨款 | 科级 | | |
| 八十九、药监局 | 食品稽查局 | 全额拨款 | 副处 | 办公室、监管一科、监管二科、监管三科、监管四科 | |
| | 药检所 | 全额拨款 | 科级 | | |
| 九十、扶贫和移民办公室 | 扶贫和移民经济服务中心 | 自收自支 | 科级 | | |
| 九十一、老龄委 | 老年社区卫生服务站 | 自收自支 | 副科 | 人员自行聘用解决 | |

## 第三节　中央、省驻市行政事业机构

1991 年，中央、省驻市行政事业机构主要有：市国家安全局、市税务局、九江海关、九江进出口商品检验局、中国人民银行九江中心支行、九江长江港航监督局、省港航管理局九江分局、市气象局、九江水文局、九江地震办(台)、九江船舶工业学校、江西财经学院九江分院、长江大桥公路桥管理局、九江公路分局、江西日报社九江分社、江西广播电台九江站、经济晚报九江记者站。

1992 年 3 月，九江卫生检疫局成立。

1993 年 1 月，九江动植物检疫局成立。

1994 年，实行分税制，原市税务局分设市国家税务局、市地方税务局。市国家税务局仍由省国家税务局垂直管理，市地方税务局为市政府工作部门。

1999 年 1 月，市工商行政管理局划归省工商行政管理局垂直管理。同年 7 月，九江船舶工业学校更名九江职业技术学院，隶属省教育厅。8 月，成立江西省新闻出版局九江分局，隶属省新闻出版局。11 月，按照国务院机构改革的决定，原九江进出口商品检验局、九江动植物检疫局、九江卫生检疫局合并，组建九江出入境检验检疫局，隶属江西出入境检验检疫局。

2000 年，市地方税务局划归省地方税务局垂直管理。

2001 年 2 月，市技术监督局更名市质量技术监督局，划归省质量技术监督局垂直管理。

2002 年，组建市药品监督管理局，为省药品监督管理局的直属机构。同年 4 月，江西财经学院九江分院更名江西财经职业学院，隶属省财政厅。8 月，省港航管理局九江分局增挂市地方海事局。

2003 年 1 月，九江长江港航监督局更名九江海事局。九江公路分局划归市政府管理，更名九江市公路管理局。省港航管理局九江分局又增挂九江市船舶检验局。

2004 年 1 月，九江银监分局成立，隶属省银监局。同年 3 月，市药品监督管理局更名市食品药品监督管理局。

2005 年，省新闻出版局九江分局更名市新闻出版局，按属地管理原则，划归市政府管理。2010 年，机构改革，和市文化局合并为市文化新闻出版局。同年，市食品药品监督管理局调整为市政府工作部门。

至 2010 年，中央、省驻市行政事业机构有：市国家安全局、市国家税务局、市地方税务局、市工商行政管理局、九江海关、九江出入境检验检疫局、市质量技术监督局、中国人民银行九江中心支行、九江银监分局、市地方海事局、九江海事局、市气象局、九江水文局、九江地震办(台)、九江职业技术学院、江西财政职业学院、长江大桥公路桥管理局、江西日报社九江分社、江西广播电台九江站、经济晚报九江记者站。

## 第四节　编制管理

### 一、编制总量控制

1991 年,市直机关事业单位进人,实行核编准调管理。凡进入机关事业单位,必须持有市编办开出的“核编准调通知”,按管理权限分别由组织、人事、劳动部门办理调动手续,以控制财政供养人数的增长。

1993 年 10 月,执行《国家公务员暂行条例》,市直行政机关招录公务员实行“凡进必考”,在申报计划时必须报经市编办核编。

1995 年后,实行机构编制及人员调动冻结。

2003 年,设计行政机关(含依照、参照公务员管理单位)编制手册,实行“一账两册”管理办法,对单位人员分布情况进行细化;实行编制人数月报制度;以财政统发工资为契机,严格控制编内人数;核定中小学教职工编制,与教育、财政等部门联合下达各县(市、区)教职工编制数;在农村税费改革中,结合乡镇机构改革,严格控制内设机构和人员编制,乡镇内设机构控制在 3~5 个,事业单位由平均 11.72 个精简到 6.5 个,乡镇事业单位财政供养人数控制在 20 人以内,低于省里规定的 30~40 人的要求。

2007 年,制定《九江市市直机关事业单位补充工作人员暂行办法》,对机构改革后人员调配、公务员录用、毕业生就业等有关的程序、办法、纪律都进行详细规定。

### 二、机构编制审批

1991 年以来,严格控制机构编制增长。把住增设机构、增加编制这个总闸口,除上级编办有明文规定和市委、市政府领导批示,审批极少量的机构编制外,基本处于冻结状态。

机构编制实行一支笔审批。市直各单位要求增加机构、增加编制的报告,一律送编办审核论证。

机构编制工作服务于经济建设。为加大招商引资力度,市有关部门要求设立综合工业园区,市编委认为,市里已有九江开发区,可实行一区多园体制,把综合工业园纳入开发区,从而精简、精干机构。

改革管理体制。根据工作需要,设立必要的机构。全市有 152 千米的长江堤防,为保证堤防安全,防止出现 1998 年灾难性的灾害,在撤销市堤管处、市堤岸指挥部的基础上组建“长江河道管理局”。为解决“非典”暴露出公共卫生管理及国家公共应急机制方面的问题,在市卫生防疫站的基础上成立“疾病预防控制中心”。

坚持办事程序,不越权审批机构,执行县(市、区)设立科级机构报市编委批准,市直单位设立副处级机构报省编委批准,控制机构增加和机构升格。

2010 年,新设立机构 10 个。其中副处 2 个(发改委内设机构),正科 8 个。机构升格 20 个。其中正处 3 个,副处 17 个。核定全额拨款事业编制 56 名,自收自支事业编制 5 名。为市国土局等 12 个部门调剂行政编制 13 名;为市扶贫和移民办公室等 4 个部门调剂事业编制 32 名;为第一人民医院八里湖分院、中医院南院按床位数核定编制;九江职业大学按省编办规定重新核定编制。

### 三、吃“空饷”清理

2005 年 11 月,市编委办、市委组织部、市人事局、市财政局联合下发《关于对吃“空饷”问题开展督促检查的通知》,对全市机关事业单位吃“空饷”问题开展全面督促检查。2006 年 5 月,市委办公厅、市政府办公厅联合转发市委组织部、市编委办、市人事局、市财政局《关于对在清理吃“空饷”工作中有关问题的处理意见》,要求各单位彻底清理吃财政“空饷”人员。文件详细列举吃财政“空饷”的对象并对吃财政

“空饷”人员及对吃财政“空饷”工作查处不力的单位和工作人员提出处理意见:已死亡的,应在下个月核销编制和停发工资;出国考察(学习)无正当理由逾期未归的,应下编和停发工资;失踪半年以上的,应下编和停发工资;已到退休年龄,未经组织批准(按干部管理权限)延长工作年限的,应下编;旷工或者因公外出、请假期满无正当理由逾期不归连续超过15天,或者1年内累计超过30天的,应下编和停发工资;未经组织、人事部门批准,离岗脱产学习的人员,应下编和停发工资;市直单位的人员到县(市、区、山)及九江、共青开发区任职的,必须随行政关系办理下编和转移工资关系;行政单位到事业单位任职的人员、行政事业单位到企业单位任职的人员,未经市委同意,必须随行政关系办理下编和转移工资关系(到困难的企、事业单位担任领导职务的除外);未经组织、人事部门批准外出未返岗人员,必须下编和停发工资,其档案可移交至人才交流中心代理;未经医疗鉴定委员会认定的因病离岗人员,应做医疗鉴定,没有做鉴定的,应及时返岗,否则应视为自动离岗;严格执行育龄妇女产假制度,延期不按时上班的人员,按自动离岗处理;由于工作疏忽,造成漏报的单位,要对单位主要负责人和经办人员提出批评;对故意隐瞒、漏报的单位,一经查实,应及时纠正和追究单位负责组织、人事工作的领导及干部的责任,并停发该单位第13个月的奖励工资,财政部门按损失额度扣发单位公共经费。同时要求各单位不得随意从下属单位借用工作人员和到外单位借用人员。至2007年年底,全市共查处吃“空饷”人员2836人,下编1188人,停发工资1736人,追缴违规金额738万元。

## 第五节　事业单位法人登记

1997年,全市开始事业单位登记管理工作,建立包括登记、验证、变更、注销等一套完整的工作制度和程序,全面开展登记发证工作。

2003年,市政府办公厅下发《关于做好迎接中央、省编办对事业单位登记管理检查验收的通知》。4~5月,市编办3次到各县(市、区)对照省编办检查验收指标进行督促指导,共同研讨解决登记中存在的问题。在省编办检查验收基础上,对各县(市、区)登记工作进行全面检查,评选出先进单位3个。对检查中发现的问题,在德安、湖口县召开片会,进行重点纠正和补课。以《事业单位登记管理暂行条例》发表实施5周年为契机,召开与《关于〈事业单位法人证书〉使用问题的通知》有关15家单位参加座谈会,总结5年来贯彻执行条例成效、《事业单位法人证书》使用执行情况。举办1期登记管理人员培训班、2期法人代表培训班。市直事业单位法人培训率100%。在全省检查验收中,取得总分第一;中编办检查验收中,获华东片第一名。被省编办评为“全省事业单位登记管理工作先进单位”和“全省网上登记管理工作先进单位”(总分第一)。

2005年7月,中编办国家登记局检查组对市开展事业单位网上登记试点工作情况进行检查,再次肯定市网上登记工作的成绩。

2010年,市本级共登记注册事业单位法人466个,其中其他组织利用国有资产举办事业单位法人32个。

# 第六十五篇
# 劳动和社会保障

# 第六十五篇 劳动和社会保障

1991年始，市实施劳动法、就业促进法、劳动合同法、劳动争议调解仲裁法等相关法律法规，推进全市劳动和社会保障事业全面、持续和健康地发展，保障和改善民生。其间从计划经济时代"统一分配、统一招收、统一调配"劳动就业制度，到改革开放后打破"铁饭碗"用工制度，再到建立市场导向就业机制，就业规模不断扩大，就业渠道日趋多元，化解上山下乡人员返城就业、国企下岗职工再就业和返乡农民工就业等历史难题，确保就业形势保持基本稳定。自2007年提出“坚持劳动者自主择业，市场调节就业，政府促进就业”方针以来，全市逐步完善促进就业政策措施，确立稳定的政府就业投入机制，市、区(县)、街道(乡镇)、社区(村)4级就业服务网络不断健全。政府将非公有制经济作为扩大就业主渠道，不断提升制度化、专业化和社会化就业服务。作为就业工作一块品牌，九江小额贷款在全省甚至全国保持领先位置。通过加大社会保险扩面征缴工作力度，完善社会保险政策法规，全市社会保险体系框架基本形成，养老保险、医疗保险、工伤保险、失业保险等覆盖范围不断扩大，2010年年底参保总人数比1991年翻两番，其中城镇基本医疗保险制度实现全覆盖；企业退休人员基本养老金水平增长3倍，城镇基本医疗保险费报销比例大幅提升，失业保险金发放额增长3倍，20年四类社会保险基金征缴累计突破100亿元。在全省第一批、第二批新农保国家试点县区中，修水县、庐山区等4个县区共有32.8万人参保，新农保参保率远远高于全省、全国平均水平。

20年间，建立街道、区、市三级共享劳动用工数据库，劳动用工动态管理长效机制初步形成。2009、2010两年，全市各类企业劳动合同签订率达98%。劳动保障监察执法成效显著，获得“全国优秀青少年维权岗”“全省人力资源社会保障系统2008~2010年度优质服务窗口”等表彰。

# 第一章　劳动就业

## 第一节　劳动力市场

1991年前，市职业介绍所已成立，市劳动力资源配置操作层面由计划经济开始向市场经济转变。1992年，市劳务市场成立，1993年更名为市劳动力市场，将职业介绍、就业培训、合同鉴证、社会保险、档案寄存、劳务监察等全部纳入市场统一运作。同时加强对民办职业介绍机构管理，严格审批手续和收费标准，重点对其职业介绍行为进行监督检查，防止欺诈、胁迫、利诱等违法行为的发生，维护劳动力市场正常运行秩序。1994年，市政府办公室转发市劳动局《关于加强乡镇劳动服务管理站建设的报告》的通知，至1995年，全市234个乡镇全部建立劳动服务站，将劳动力市场触角延伸到乡镇。1996年6月1日，《江西省劳动力市场管理条例》开始施行，为保护劳动者和用人单位以及劳动力中介服务机构合法权益，维护劳动力市场秩序，促进劳动力资源合理配置提供法律保护。

2000年，按照劳动力市场建设"科学化、规范化、现代化"要求，市本级投入30多万元资金对市劳动力市场的硬件、软件进行更新，并通过完善配套规章制度，建立统一的市场运行规则和管理制度，实现劳动力市场供求双方求职、用人行为规范化和中介机构服务行为规范化，保证市场运行统一有序；不断学习先进的管理与服务手段，培养先进的观念与意识，通过运用现代化技术和设备，实现服务手段现代化，提高市场整体服务质量和服务效率。

2007年4月，市劳动力市场更名为市人力资源市场，设有服务大厅、招聘大厅、创业服务平台、实训中心、网络机房、档案室等。建起信息中心机房，10月完成全市联网，并与省就业局信息中心联网，实现省、市、县、乡镇(街道)4级联网。9月开通"九江就业信息网"，为用人单位和求职者提供网上就业服务平台。年底，通过做实"两个合同(即招聘合同和定向培训合同)、3个台账(即乡镇农村富余劳动力资源台账、工业园区和企业用工需求台账、职业学校和培训机构管理台账)"，将全市140余万农村劳动力纳入计算机管理。至2010年，全市通过人力资源市场登记求职人员达到600余万人次，介绍就业100余万人次。

## 第二节　就业服务

### 一、创业扶持

**创业意识培育**　2005年、2006年，市劳动和社会保障局将创业典型汇集成册，广泛宣传。2006年8月，在九江电视台举办《创业明星电视大奖赛》。组织全市创业项目参加省2005年、2006年举办的"创业博览会"。2007年，组织全市"创新创业，共建和谐"宣讲报告团在各县区巡回宣讲，宣传创业明星创业事迹。2007年4月，市创业指导中心建立600平方米的创业政策宣传及创业成果和创业项目展示大厅。2009年，市劳动和社会保障局编印《家乡因你而美丽》创业事迹选编，宣传创业典型，传播创业成功经验。

**创业平台建设**　2004~2010年，全市先后建立"浔阳再就业一条街""庐山区再就业商城""再就业农业园""再就业工业园"等再就业基地，为全市上千名创业者提供创业场地，并带动3000多名下岗失业人员实现就业再就业。2004年3月15日"两会"期间，中央电视台《声音》栏目以"寻求再就业新途径"为题，以专家点评方式对九江再就业工作进行专题报道。2007年，市创业指导中心组建"创业专家志愿团"，建立创业项目库，收集小型创业项目200余个，为创业者提供政策咨询等相关服务。至2010年，永修、修水等县兴办一批创业孵化基地，德安、庐山区建立2个省级创业园和创业基地，共青城市建立国家级青年创业基地。

**创业能力培训** 2003年始，大力开展创业培训，为劳动者传授创业知识、创业本领和创业技巧，坚持创业培训与开业指导紧密结合，通过专家点评、项目分析、跟踪服务等“一条龙”服务，对创业人员实行项目选择指导和全程跟踪服务。到2010年年底，全市共举办创业培训1360期，培训下岗失业人员、返乡农民工、未就业大中专毕业生等40800人，打造创业小老板32356人。

**政策扶持** 2002年11月，市小额担保贷款工作在全省率先启动，当年仅市本级开展这项工作，发放小额担保贷款33.9万元，带动51人就业。2003年成立市再就业小额贷款信用担保中心，与市劳动就业服务局合署办公。贷款扶持对象由持“再就业优惠证”下岗失业人员逐步扩大到享受城市居民最低生活保障且失业一年以上的城镇其他登记失业人员，还有大中专毕业生、城镇复员退役军人、留学回国人员以及进城创业且办理就业登记的农村劳动者等。同时，贷款规模也不断加大，个人贷款额度由2万扩大至5万（扶持妇女创业单笔贷款额度提高到8万元）；劳动密集型企业货款额度由100万元扩大到200万元。2008年，市委、市政府出台《关于推进全民创业加快富民强市的若干意见》，全面放宽创业优惠政策。2009年，市委、市政府出台《关于鼓励和支持返乡农民工就业创业的意见》，发放小额贷款，为创业提供资金支持。2010年底，全市累计发放小额贷款17.45亿元，直接扶持37075人次自主创业，带动和吸纳120093人次就业，充分发挥创业促就业作用。2010年，通过小额贷款网络专线，实行全省网络化管理，市小额贷款基础资料全部录入全省数据库。

## 二、基层平台建设

1995年4月，全市234个乡镇建立劳动服务站。1995年12月，在彭泽县召开全市乡镇劳动服务管理站工作交流会。1995~1997年，各地劳动服务站开展农村劳动力资源调查、劳务人员建档建卡工作、劳务输出咨询和组织工作，有条件的乡镇站开展乡企用工调查、建档、管理和安全工作。协调和组织劳务输出7.1万人，占劳动部门直接组织数171684人的41.3%，办理外出人员登记卡5.1万张。2003年，根据市政府《关于做好街道和社区劳动保障工作平台建设意见》，按照劳动保障部要求，推进基层平台建设。至2010年，全市建成227个劳动保障平台，有65%社区（居委会）建立劳动保障工作站，80%村委会聘用劳动保障协管员，在实现机构、人员、经费、场地、制度及工作“六到位”基础上，逐步实现责任体系、政策落实、培训就业、困难援助、网络信息、优质服务“新六到位”。2010年，浔阳区金鸡坡街道金安湖社区、庐山区十里街道赣北商城社区、瑞昌市湓城街道杨林湖社区、修水县义宁镇百汇社区、九江县沙河经济技术开发区石门社区、彭泽县龙城镇中心社区、湖口县双钟镇柘机社区被评为首批省级充分就业星级社区。

## 三、就业帮扶

1991年，巩固、发展集体经济和个体经济，开展劳务输出，兴办“绿色”企业，拓宽就业门路。抓好就业前培训和职工待业保险和资金回收工作，待业率控制在2.5%以下。1992年，贯彻落实国务院《关于做好劳动就业工作的通知》，围绕就业安置，做好调整就业结构、城乡劳动力统筹管理、劳务输出、职前培训、职工待业保险和就业经费等工作。1993年，以职业介绍为龙头，带动就业培训、待业保险、生产自救，开展劳动监察，形成完整的劳动就业服务体系，培育和发展劳务市场，逐步建立起“国家宏观调控、城乡协调发展、企业自主用人、个人自主择业、市场调节供求、社会提供服务”新格局。1995年，继续坚持“国家政策指导下的市场就业”方针，紧紧围绕培育和发展劳动力市场，重点抓好实施“再就业工程”启动和“农村劳动力跨地区流动有序化工程”推进，努力强化就业服务，积极拓宽就业领域。1997年，市政府出台《九江市国有企业下岗职工托管试行办法》及相关的配套政策。成立九江市再就业服务中心（与就业局合署办公），在纺织、机械、长江化工厂3个行业（企业）设立再就业服务分中心，初步形成企业分流、行业托管、市级配置的再就业良性循环机制。1998年，市政府出台《关于进一步做好再就业工作的通知》《关于加强国有企业下岗职工管理的通知》《关于促进国有企业下岗职工再就业若干规定（试行）的通知》等，使市国有企业下岗职工基本生活保障和再就业工作有序推进。至年底,全市共组建再就业服务中心659个,90%有下岗职工的国有企业建立再就业服务中心。1999年,再就业工程首次列入市政府7项承诺,市政府安排2000万元下岗职工基本生活保障金的财政预算。市委办公室、市政府办公室下发《关于进一步做好再就业工作,开展"一帮一"活动的通知》,市直28个部门结对帮扶28家特困国有企业。

2000年,加大保障金筹措力度,按"三三制"办法共筹措保障金3945.5万元,其中财政安排27.2万元,企业自筹897.3万元,社会筹集921万元。2001年起,开展政府购买公益性工作岗位安置就业困难人员活动。通过两种方式提供工作岗位(一是公益性社区服务岗位,承担保绿、保洁、保安和保养等涉及市民公共利益的工作;二是市直各单位的门卫、卫生清洁员等岗位),对国有企业下岗职工、困难群体首批安置300人,其中公益服务170人(浔阳区100人、庐山区50人、开发区20人),机关、单位服务130人。市劳动局出台《关于开展再就业援助行动的意见》,帮助解决下岗职工再就业后面临的实际困难。至2010年末,全市累计安置就业困难人员2.6万人次。2004年,市再就业明星顾井红获"全国再就业优秀个人"称号。为鼓励下岗失业人员自谋职业和自主创业,同年起,全面推 进社会保险补贴工作,为个人缴纳社会保险费下岗职工减轻负担。2006年6月底,全市完成国有企业下岗职工基本生活保障制度向失业保险制度并轨工作,27019名下岗职工通过身份置换办法使劳动关系得到妥善处理,社会保险关系得以接续,实现平稳过渡。至2010年年底,全市累计批准认定再就业基地73家,非正规劳动组织79家,共安置下岗失业人员4427人(就业困难人员1423人);审核认定劳动密集型小企业129户,安置下岗失业人员3354人;发放社保补贴7.4万人次,资金1.33亿元。

## 四、农村劳动力就业

20世纪80年代末始,全市大力开展劳务输出。1992年,市劳动局制定《九江市劳务输出管理暂行办法》。1995年,按照劳动部《农村劳动力跨省流动就业管理暂行规定》,市、县劳动部门对农村劳动力流动就业实行"证、卡"管理。2005年,废止《农村劳动力跨省流动就业管理暂行规定》及相关文件,清理和取消对农民跨地区就业和进城务工歧视性规定和不合理收费。同年,市成立农村劳动力转移工作领导小组。2006年,都昌县徐埠镇、修水县上奉乡被列为省级劳务输出工作示范县、乡。

2006年始,将就业工作由主要关注城镇下岗失业人员再就业,向统筹做好城乡就业工作转变,使农村劳动力享受与城镇求职人员同等就业服务,创造公平就业环境,促进公平就业。采取"订单式""定向式""特色班"和"校企合作""乡企合作"等形式开展农村劳动力职业技能培训工作("金蓝领工程"),将"富余劳动力""订单培训""企业用工需求"有机结合起来,推行"招工、培训、就业"三位一体工作模式,实现招工与培训有机结合,促进培训机构与工业园区用工进行有效对接。2007年,市政府制定《九江市农民工工作领导小组工作规则》,启动"两个合同、三个台账"工作,促进农村富余劳动力就近就地就业。2009年,市成立返乡农民工就业创业工作领导小组,形成返乡农民工就业创业工作相互协调、各司其职、齐抓共管、互相联动的工作机制。按照《关于鼓励和支持返乡农民工就业创业的意见》精神,市直59个成员单位出台配套实施细则,制定一系列的扶持政策,仅劳动保障部门制定的促进返乡农民工就业创业的优惠政策就达36项。

2010年2月9日,在德安县举办"决战工业2000亿市县(区)联动招聘大会",提供岗位1.4万个,现场录用520人。通过《九江日报》发出致全市外出务工人员的一封信,引导外出务工人员返乡就业创业。为各类创业人员举办开业指导、政策咨询等活动,完善"订单式""定向式""校企合作式"培训模式。在全市开办"女当家"贷款业务,发放妇女创业贷款17788万元,直接扶持4001名妇女创业,带动就业15727人。为进城创业的农民发放小额贴息贷款2100万元,直接扶持102名农民创业,带动300人就业。扶持劳动密集型小企业,全年共为23家小企业融资4110万元。同时,启动"决战工业2000亿促进工业园区对接服务年"活动,促进农民工返乡就业就近就地转移。全年共开展各类招聘活动265场,为园区企业招聘员工47980人。

# 第二章 社会保障

## 第一节 城镇职工养老保险

### 一、保险制度

**国有企业单位退休费用社会统筹** 1991 年前，全市已开始国有企业单位退休费用社会统筹，1995 年 9 月结束。参加统筹企业主要是非农业国有企业，参加单位按本单位职工工资总额加参保退休人员的养老金之和一定比例缴纳统筹养老金。1995 年始，执行省养老保险统筹方案，每年根据“以支定收，略有结余”原则调整一次缴费比例和缴费基数，单位每月为本单位劳动合同制工人缴纳本人工资总额 18%的养老金，合同制工本人按其标准工资 3%缴纳养老金。各参保企业单位离退休人员费用由社保局按统一核定项目拨付单位发放。统筹项目之外费用由各企业单位按规定支付。

**县以上集体单位退休费社会统筹** 1991 年前，县以上集体单位退休费用社会统筹工作，具体办法都是按照国有企业办法执行。1995 年 9 月，与国有企业一并纳入省养老保险统筹。

**非财政拨款事业单位固定职工养老保险** 1991 年前，非财政拨款事业单位职工养老保险仍按照原事业单位规定执行。1995 年 10 月，省统一企业养老保险，非财政拨款事业单位养老保险业务仍由各地按原规定实行市县统筹。1998 年始，非公经济组织、园区企业成为养老保险工作推进主战场；灵活就业人员、农民工等参保工作顺利推进；稳固的养老保险待遇调整新机制不断完善。1998~2010 年，对养老金水平进行 9 次调整，特别是 2005 年起“三年连调”和 2008 年开始新的“三年连调”，养老金水平大幅提升。全市离退休人员达到 12.3 万人，比 1998 年增加 7.1 万人；人均养老金由 1998 年 373 元上升至 1198 元，增幅达 221.2%。

### 二、城镇职工养老保险制度统筹

1991 年前，统筹对象是应参加统筹单位的固定职工和已离、退(职)休人员以及 1971 年 11 月前参加工作的计划内长期临时工。统一缴费比例为按本单位应参加统筹人员的月工资总额与退休费总额之和 21%，职工个人暂按本人标准工资 1%缴纳养老基金。统筹方案特点是全省统一缴费比例和支付养老金项目；实行职工个人缴费制度，参保职工按本人标准工资 1%缴费，但未建立养老个人账户。建立全省养老调剂金制度，具体业务仍由各地社保机构按照全省养老保险统筹方案执行。1995 年 10 月，按照省养老保险制度改革要求，取消收缴养老基金双基数，使用职工工资总额单基数收缴；规定收缴基数上封顶下保底；建立职工养老保险个人账户并作为计算退休待遇依据；改变职工退休养老金计算办法，实行“老人、中人、新人”三种办法(即 1995 年 10 月 1 日之前退休的“老人”无人个账户；1995 年 10 月 1 日前参加工作后退休的“中人”，之后一段计算个人账户；1995 年 10 月 1 日后参加工作的“新人”全程计算个人账户)；逐步取消提取管理费制度，实行养老基金收支两条线管理制度。市养老保险制度改革取得重要进展。养老保险制度模式实现社会统筹与个人账户相结合，养老保险覆盖范围扩大到城镇所有企业和个体工商户，养老金发放方式实现社会化。同时，为适应建立社会主义市场经济体制需要，逐步建立起与生产力发展水平及各方面承受能力相适应的、覆盖各类城镇企业职工、资金来源多渠道、保障方式多层次、社会统筹与个人账户相结合、权利与义务相对应、政策统一、政事分开、管理和服务社会代养老保险体系，以保障离退休人员基本生活。市以省政府《关于印发江西省城镇企业职工养老保险制度改革实施方案的通知》和《江西省完善企业职工基本养老保险制度的实施意见》作为指导性文件，适应人口老龄化、就业方式多样化和城镇化的发展，建立起养老保险长效机制。

## 三、城镇职工退休审批发放

1991年始,加强和规范城镇职工基本养老保险退休(退职)审批工作,严格执行国家有关企业职工退休年龄和条件政策规定,严禁随意降低标准和条件;严格按照企业职工退休审批程序办事,实行退休审批公示制度;严格审查和掌握企业职工退休条件,严禁扩大适用范围。特殊工种、因病或非因工致残完全丧失劳动能力的企业职工提前退休,由市劳动和社会保障部门审批。城镇职工正常退休,由社会保险经办机构审核,市劳动和社会保障部门审批。

1991~2010年全市审批退休人员一览

表65-2-1　　单位:人

| 年份 | 审批退休 | 其中 | | | |
|---|---|---|---|---|---|
| | | 特殊工种提前退休 | 病退退职 | 企业军转干部提前退休 | 政策性破产提前退休 |
| 1991 | 42453 | 53 | 8 | | |
| 1992 | 60274 | 61 | 6 | | |
| 1993 | 64425 | 78 | 9 | | |
| 1994 | 67283 | 87 | 13 | | |
| 1995 | 66109 | 84 | 10 | | |
| 1996 | 64417 | 204 | 11 | | |
| 1997 | 62861 | 231 | 6 | | |
| 1998 | 61124 | 308 | 8 | | |
| 1999 | 59576 | 429 | 10 | | |
| 2000 | 67155 | 442 | 7 | | |
| 2001 | 76187 | 665 | 9 | | |
| 2002 | 82302 | 727 | 11 | | |
| 2003 | 89116 | 983 | 12 | 34 | |
| 2004 | 104175 | 1032 | 15 | 39 | 59 |
| 2005 | 110731 | 995 | 62 | 16 | |
| 2006 | 116711 | 1087 | 30 | 9 | |
| 2007 | 123473 | 1475 | 50 | 15 | 224 |
| 2008 | 133494 | 1493 | 61 | 10 | 399 |
| 2009 | 142286 | 1571 | 310 | 8 | 865 |
| 2010 | 151006 | 1043 | 86 | 7 | 12 |

1991~2010年全市企业退休人员月养老金一览

表65-2-2　　单位：万人、元

| 年 份 | 退休人数 | 月均养老金 | 年 份 | 退休人数 | 月均养老金 |
|---|---|---|---|---|---|
| 1991 | 4.24 | 106 | 2001 | 7.61 | 360 |
| 1992 | 6.02 | 116 | 2002 | 8.23 | 428 |
| 1993 | 6.44 | 122 | 2003 | 8.91 | 446 |
| 1994 | 6.72 | 144 | 2004 | 10.41 | 453 |
| 1995 | 6.61 | 153 | 2005 | 11.07 | 488 |
| 1996 | 6.44 | 167 | 2006 | 11.67 | 581 |
| 1997 | 6.28 | 171 | 2007 | 12.35 | 674 |
| 1998 | 6.11 | 184 | 2008 | 13.35 | 805 |
| 1999 | 5.95 | 346 | 2009 | 14.23 | 925 |
| 2000 | 6.71 | 357 | 2010 | 15.10 | 1065 |

# 第二节　基本医疗保险

## 一、城镇职工基本医疗保险制度建立

1994年前，市职工医疗分为两大类：行政事业单位职工的医疗，统称为公费医疗，由财政予以实报实销，管理部门设在各级卫生部门；企业职工医疗，统称企业劳保医疗，由各企业自行解决。随着社会主义市场经济体制的建立，这种医疗显现出弊端：劳保医疗难以使企业转换经营机制；社会化程度低，职工医疗难以保障；适用范围不大，阻碍了劳动力市场的形成；医疗费用支出失控，浪费严重，加上医疗卫生费增长过猛，企业医疗费大量超支，尤其是企业因经济效益问题，拖欠职工医疗费严重。据抽样统计，市企业医疗费用占职工福利费90%以上；公费医疗支出占行政事业单位工资总额的9.54%，企业劳保医疗费支出占当年企业职工工资总额的14.81%。医疗保障制度改革迫在眉睫。

1994年，国务院确定江西九江市、江苏镇江市为全国城镇职工医疗保险制度改革试点城市。1995年，以“个人账户”与“社会统筹”相结合的新型职工医疗保险制度在全市范围推行。在经办机构设置方面延续公费医疗、劳保医疗分别管理方式，即在公费医疗管理办公室的基础上扩编、升格成立市行政事业单位职工医疗保险处，企业职工医疗保险仍由市社保局经办管理。医改试点为《国务院关于建立城镇职工基本医疗保险制度的决定》出台，为城镇职工基本医疗保险制度在全国范围稳步推进，为中国基本医疗保障体系建立，做出积极贡献。

1995~2006年市医疗保险金额一览

表65-2-3　　单位：人、万元

| 年 份 | 参保人数 | | | 基金征缴 | 基金支出 | 基金结余 |
|---|---|---|---|---|---|---|
| | 合 计 | 在 职 | 退 休 | | | |
| 1995 | 148800 | 45300 | 103500 | 8494 | 6429 | |
| 1996 | 159000 | 70300 | 88700 | 10505 | 9646 | |
| 1997 | 169200 | 95300 | 73900 | 9975 | 10177 | |
| 1998 | 179400 | 120400 | 59000 | 11011 | 9135 | |
| 1999 | 194300 | 150100 | 44200 | 11933 | 12479 | |

续表 65-2-3

| 年份 | 参保人数 | | | 基金征缴 | 基金支出 | 基金结余 |
|---|---|---|---|---|---|---|
| | 合计 | 在职 | 退休 | | | |
| 2000 | 184900 | 137100 | 47800 | 10608 | 10371 | |
| 2001 | 199100 | 152200 | 46900 | 15870 | 13322 | 832 |
| 2002 | 222700 | 162500 | 60200 | 17945 | 15595 | 3041 |
| 2003 | 262719 | 201419 | 61300 | 18824 | 17138 | 1686 |
| 2004 | 296883 | 234973 | 61910 | 23531 | 19043 | 4488 |
| 2005 | 341789 | 278981 | 62808 | 26740 | 21159 | 5581 |
| 2006 | 382514 | 318744 | 63770 | 30045 | 22999 | 7046 |

说明:自2007年起启动城镇居民基本医疗保险

2007~2010年市医疗保险金额一览

表 65-2-4　　单位:人、万元

| 年份 | 参保人数 | | 城镇职工基金 | | | 城镇居民基金 | | |
|---|---|---|---|---|---|---|---|---|
| | 城镇职工 | 城镇居民 | 收 | 支 | 结余 | 收 | 支 | 结余 |
| 2007 | 447705 | 345471 | 36641 | 27852 | 8789 | 2036 | 175 | 1861 |
| 2008 | 489544 | 965767 | 45409 | 34527 | 10882 | 6283 | 2600 | 3683 |
| 2009 | 549236 | 767714 | 56825 | 43775 | 13050 | 11085 | 4087 | 6998 |
| 2010 | 555706 | 799730 | 54812 | 45863 | 8949 | 11214 | 6240 | 4974 |

## 二、困难企业职工、灵活就业人员医疗保险

1995年成为全国医疗保险改革试点城市之后,由计划经济向市场经济转型,国有企业出现大面积停产、半停产状态,职工发不出工资现象逐渐严重,一些参加医疗保险的企业因无力缴费停保。企业有资金积累的,勉强可自行报销职工部分医疗费;企业没有资金积累的,职工发生的医药费完全由本人自付。因病致贫现象时有发生。同时,大批职工下岗,个人因缴纳不起医保费相继停保。

2000年8月19日,市政府印发《九江市离休人员老红军医疗管理暂行办法》,规定:离休干部单独筹资标准每人每年4500元。2003年12月,市劳动部门在摸底和测算基础上,在全省率先出台《九江市困难企业职工参加医疗保险暂行办法》《九江市城镇灵活就业人员参加基本医疗保险暂行办法》,2004年5月实施。主要采取降低门槛、保住院办法,让企业和职工缴得起。困难企业以上年度社会平均工资3%标准缴纳,其中企业缴纳2%,职工个人缴纳1%,享受住院医疗保险待遇;灵活就业人员按上年度社会平均工资3%或6%标准缴纳,享受住院医疗保险待遇。上述两项政策涉及所有困难企业和职工,以及单位停保由个人续保人员、置换身份人员、下岗人员。困难企业职工参保办法实施后,仍有一部分企业和职工无力缴纳医保费,尤其是退休职工个人难以缴纳。2006年6月,报请市政府第二十九次常务会议研究通过,市政府办公厅印发《九江市进一步完善国有困难企业和职工参加医疗保险的实施办法》,规定:对生产经营基本停业、不能正常支付职工工资、无力缴纳医保费的企业退休职工,由财政给予1%的支持;对特困企业欠缴的医保费难以补缴的,可采取挂账的办法暂欠,逐年还请;对于新缴纳而无力缴纳的,给予不超过6个月的缓缴期。自2007年起,根据《江西省国有企业和国有控股已关闭破产改制及困难企业职工参加医疗保险暂行办法》要求,市全面启动困难企业参保财政支持机制,退休职工按照基本医疗保险,在职职工按照住院医疗保险参保,所需费用由各级财政予以支助。2010年起,将《九江市困难企业职工参加医疗保险暂行办法》《九江市城镇灵活就业人员参加基本医疗保险暂行办法》文件中的困

难企业，由国有和国有控股企业扩大至城镇大集体企业、农林水企、事业单位和农垦企业。至2010年年底，全市共有781户困难企业、20万职工参加困难企业医疗保险，享受相应的医保待遇，有效缓解困难企业职工看病困难。

### 三、市本级医疗保险定点医院和定点药店管理

2005~2010年，市本级共批准定点医疗机构、定点零售药店101家，其中定点医疗机构53家，定点药店48家。

**2010年市本级定点医疗机构和定点零售药店一览**

表65-2-5

| 定点性质 | 单位名称 |
| --- | --- |
| 定点社会医院(10家) | 市第一人民医院、九江学院附属医院、市中医院、市第三人民医院、解放军171医院、市第五人民医院、市妇女儿童保健医院、市第六人民医院(庐山区医院)、浔阳区人民医院、市开发区医院 |
| 企业职工医院(9家) | 九江石化医院、713厂职工医院、江西海洋公司医院、赣北化工厂医院、中铁五公司医院、九江化纤总厂职工医院、巨石九江化工厂职工医院、九江化工厂职工医院、庐山水泥厂职工医院 |
| 民营医院(8家) | 中研京九医院、九江美佛医院、九江中山眼科医院、九江中山口腔医院、湘赣医院、东方医院、仁爱医院、庐山区红十字医院 |
| 社区卫生服务机构及医务所(26家) | 九江仪表厂社区卫生服务站、白水湖街道社区卫生服务中心、市老年康复卫生服务站、湓浦街道龙开河社区卫生服务站、、滨兴街道南湖社区卫生服务站、甘棠湖街道新公园社区卫生服务站、湖滨社区卫生服务站、九江长化社区卫生服务站、、江西制氧机厂医务所、九针公司医务所、九江三棉公司医务所、九江有色金属冶炼厂医务所、中船闽赣医务所、新华医疗门诊部、江西华声电器总厂医务所、奇洋口腔门诊部、二马路医疗门诊部、九江职业学院医院、九江学院医院、市劳教所医务所、庐山电子仪表厂医务所、开发区永安卫生院、市水务公司医务所、市公路分局医务所、庐山水电厂医务所、江西海洋第二医务所 |
| 定点药店(48家) | 黄庆仁朝阳药店、黄庆仁浔阳药店、黄庆仁十里药店、黄庆仁甘棠药店、黄庆仁精品店、黄庆仁金鸡坡店、九江明记大药店、九江南湖药店、赣药集团赣药大药店、九九健康连锁公司广场店、开心人大药房总店、九九大药房、方圆药店、九江利康药店、黄庆仁总店、九江心连心大药店、九江庐丰大药店、九江蓝天大药房化纤厂店、九江国华大药房、九江市人民平价大药房、老百姓药房二亩地店、九江民生大药房十里店、市医药总公司连锁店、浔阳区人人乐大药房、浔阳区浔东百姓中药铺子、浔阳区益元堂大药店、九江昭辉平价大药店、九江市民生大药房学院点、九江市祥云堂药店、江西汇仁堂长虹店、同仁健康大药房、黄庆仁九华门店、九江永康大药房、新可信平价大药房、九江同心药店、九九健康翠湖店、九江杏林药业公司、九江正和大药房、九江德兴堂老马渡店、九江福泽园大药店、庐山区忠民大药房、浔阳区老百姓大药房、长春药店、合康大药店、开心人天外天店、九江大众药房、浔阳赣药大药房、九江友间大药房 |

## 第三节　工伤保险

1996年，劳动部《企业职工工伤保险试行办法》和省劳动厅《贯彻劳动部〈企业职工工伤保险试行办法〉实施细则》颁布，全市开展工伤保险。同年，成立市工伤认定委员会和市劳动能力鉴定委员会，具体认定和鉴定工作由市劳动局劳动工资科承担，各县(区、山)的工伤认定和劳动能力鉴定工作由各县(区、山)人事劳动局承担。2005年4月30日，市政府第十五次常务会议审议通过《九江市工伤保险实施办法》，并出台配套文件《九江市工伤保险费率管理暂行办法》《九江市工伤保险预防费、工伤认定调查费、职业康复费使用操作办法》《关于市劳动和社会保障局增设内设科室的批复》和《关于调整九江市职工医疗保险专家委员会成员的通知》等。5月24日，市劳动和社会保障局设立工伤保险科，与医疗保险科合署办公。

2007年,在全省率先出台《关于明确事业单位、民间非营利组织工作人员参加工伤保险有关问题的通知》,启动事业单位、民间非营利组织工作人员参加工伤保险工作。

2010年6月,市人力资源和社会保障局设立工伤保险科,出台《关于进一步完善改制企业工伤认定、劳动能力鉴定工作的通知》《九江市关闭、破产和改制企业老工伤人员伤残待遇管理暂行办法》和《关于对部分"老工伤人员"纳入工伤保险统筹管理的通知》等文件,解决改制企业中老工伤人员追补认定、鉴定和待遇补偿测算等历史遗留问题。同年,出台《关于加强工伤保险管理若干问题的通知》,明确新修订《工伤保险条例》调整后的新赔偿标准。至2010年,追补认定、鉴定和测算待遇分别为1211人、1566人和1321人。

**1998~2010年市工伤认定、鉴定及行政复议和行政诉讼一览**

表65-2-6

| 年 份 | 工伤认定人次 | 劳动能力鉴定人次 | 行政复议人次 | 行政诉讼人次 | 最终结论 | | |
|---|---|---|---|---|---|---|---|
| | | | | | 维持人次 | 调解人次 | 撤销人次 |
| 1998~2003 | 61 | 191 | | | | | |
| 2005 | 368 | 550 | | 1 | 1 | | |
| 2006 | 52 | 674 | 8 | 4 | 7 | 5 | |
| 2007 | 728 | 910 | 18 | 3 | 13 | 8 | |
| 2008 | 913 | 1100 | 8 | 5 | 8 | 5 | |
| 2009 | 1108 | 1435 | 11 | 10 | 12 | 9 | |
| 2010 | 1373 | 1288 | 33 | 23 | 44 | 11 | |
| 合 计 | 5003 | 6148 | 78 | 46 | 85 | 38 | 0 |

**1998~2010年市工伤保险参保缴费一览**

表65-2-7　　单位:万元

| 年 份 | 参保人数 | 基金征缴 | 基金支出 | 基金结余 |
|---|---|---|---|---|
| 1998~2004 | 5072 | 109.00 | 23.60 | 781.18 |
| 2005 | 27489 | 210.94 | 74.29 | 968.68 |
| 2006 | 46541 | 510.19 | 98.73 | 1380.65 |
| 2007 | 70360 | 1026.17 | 269.91 | 2091.35 |
| 2008 | 87065 | 1346.87 | 941.79 | 2782.70 |
| 2009 | 177323 | 2232.69 | 1726.66 | 4060.25 |
| 2010 | 188472 | 2794.54 | 1376.25 | 5549.49 |

说明:2009年、2010年统计包括县区医保

## 第四节　失业保险

### 一、失业保险制度建立

1991年,按照《江西省待业职工管理办法》,市启动社会保险体制的改革,探索调整待业保险的收缴比例,增加待业保险金的储备,增强调节手段。1993年,按照国务院发布的《国有企业职工待业保险规定》,失业保险按工资总额的1%征缴,将失业保险制度的覆盖范围由国营企业扩大到城镇各类所有制企业。1995年3月,市劳动局出台《九江市职工失业保险基金收缴和审核实施办法》《九江市失业职工管理

实施办法》《九江市失业救济金和生活补助费发放实施办法》。1999 年 1 月，根据国务院《失业保险条例》,将失业保险的覆盖范围由城镇企业扩大到城镇所有企业和事业单位,失业保险费按工资总额的 3%征缴(单位按 2%缴纳,个人按 1%缴纳)。个人开始缴纳失业保险。

2001 年 4 月,依据省政府相关条例,市政府出台《九江市失业保险实施细则》。失业保险由以保障生活为主向"保障生活、预防失业、促进就业"三位一体功能转变。

## 二、失业保险实施

1992 年,深化职工待业保险制度改革,做好扩大职工待业保险范围、提高职工待业保险基金收缴比例调查和试点工作。管好用好转业训练和生产自救经费,提高"两费"使用效益,增加就业岗位,安置待业职工。1993 年,抓好待业保险基金收缴、管理和使用,提高待业保险基金收取率,加强待业保险基金监管确保基金安全。1995 年,全市应收缴总额比 1994 年提高近 1 倍,实际收缴额比 1994 年增加 214.3 万元,增长率为 88%;扩大覆盖面,县以上大集体企业和三资企业新增投保单位 98 个,增加参保人数 14333 人,分别比 1994 年增加 1.5 倍和 10 倍;向 92 家企业、11506 名职工发放救济金 58.4 万元,为 14 名失业职工发放救济金。1997 年,加大失业保险工作力度,改进收缴办法,实行银行托收与上门征收相结合,以上门收缴为主;全市共发放失业保险救济金 216 万元,扶持困难企业 93 家,救济失业和下岗职工 9518 人,支付转业训练费 264 万元,培训 4500 人次;组织开展"9·12 全国社会保险宣传日"活动。1998 年,用足用好失业保险金,尽力扶持下岗职工再就业。市局培训按每人每月 90 元标准,给予培训下岗职工补贴。对部分基地和大中型企业,根据需要拨付专项扶持资金 10 万元。1999 年,大力开展政策宣传活动,为实施《失业保险条例》创造良好社会氛围。扩大依法征缴失业保险金力度,切实做好扩大失业保险的登记和申报工作。全市共完成扩面单位 204 家,增加投保 22000 人,增收保险金 98 万元,其中市直新增投保单位 58 家共 5168 人,增收失业保险金 23 万元。

2000 年,以贯彻《江西省实施〈失业保险条例〉办法》为契机,依法行政,开展失业保险扩面征缴和清欠工作;开展全国社会保障宣传日活动,编印 4000 多册《失业保险政策汇编》发送各单位;实行收支两条线、专户储存、专款专用;充分发挥失业保险作用,全年为 440 名失业职工发放失业救济金 40 多万元,支付失业职工转岗培训补助费和失业职工职业介绍补助费共计 50 多万元。2002 年,成立工作督促落实小组,对全市失业保险工作进行督促检查,抓好事业单位参保工作;对全市动用失业保险基金进行全面清理,收回 3.6 万元。对无法收回的 670 万元按程序报省劳动和社会保障厅批准核销。对各县市区的失业保险基金进行检查,对检查中发现的问题及时进行纠正和整改。2004 年,超额完成目标任务,比 2003 年增收失业保险费 1000 余万元。创新"以发放促征缴"之路,鼓励失业人员自主创业和自谋职业,同意一次性领取失业保险金,从而弥补其创业资金不足。全年全市为 820 名失业人员发放失业保险金 135 万元。筹集下岗职工生活保障社会筹集部分资金 950 万元,促进就业和再就业工作。

2006 年,对企事业单位的缴费基数全面开展审核工作,规定企业单位的缴费基数不低于同期参加养老保险缴费基数，事业单位缴费基数不低于同期参加医疗保险缴费基数，从而使缴费基数平均增长 10%;在全市范围内第一次建立失业保险个人缴费记录,并全部纳入计算机管理;为自主创业人员提供免费培训、免费职介、小额贷款等系列服务,为 15 名失业人员一次性发放失业保险金 11 万元;从市本级失业保险基金历年结余中调剂 1500 万元,用于国有企业下岗职工基本生活保障制度向失业保险制度并轨工作。2007 年,加大对改制企业失业保险费清欠力度。凡是改制破产企业,各级就业服务机构主动参与,提前介入,加强与有关部门协调,使清欠工作取得较好成效,其中市本级清欠 410 万元。全年为 980 人按时足额发放失业保险金 326 万元,保证失业人员基本生活。2008 年,结合在全市范围内开展贯彻落实《劳动合同法》监督检查活动,推动失业保险费的扩面征缴;开展对失业保险缴费基数专项审核,使缴费基数普遍提高到 10%~20%;建立失业保险个人缴费记录,有 198 家单位、33300 多人的缴费资料录入计算机专用软件管理,逐步实现失业保险实名制。2009 年,落实企业部分军队退役人员的失业保险待遇,全年为419名“参战人员”发放失业保险金190万元。从失业保险基金中给予16家困难企业岗位补贴296万元、社保补贴448万元。

2010年,落实企业部分军队退役人员失业保险待遇,市本级为439名“参战人员”发放失业保险金180万元。从失业保险基金中给予10家困难企业社会保险补贴和岗位补贴1496万元。

1991~2010年全市失业保险参保缴费一览

表65-2-8　　单位:万人、万元

| 年 份 | 参保人数 | 基金征缴 | 基金支出 | 基金结余 |
|---|---|---|---|---|
| 1991 | 19.62 | 204.12 | 52.08 | 1200.18 |
| 1992 | 19.88 | 220.05 | 67.12 | 1352.22 |
| 1993 | 20.01 | 240.33 | 85.77 | 1505.15 |
| 1994 | 20.35 | 250.16 | 118.67 | 1659.71 |
| 1995 | 20.76 | 266.34 | 198.35 | 1791.20 |
| 1996 | 21.05 | 275.18 | 205.11 | 1859.19 |
| 1997 | 21.32 | 287.84 | 533.65 | 1929.26 |
| 1998 | 22.37 | 756.44 | 431.46 | 2254.24 |
| 1999 | 24.18 | 1389.23 | 412.32 | 3231.15 |
| 2000 | 25.19 | 1458.70 | 708.98 | 3980.87 |
| 2001 | 26.46 | 1960.63 | 993.01 | 4898.78 |
| 2002 | 27.54 | 2238.58 | 2066.94 | 4408.57 |
| 2003 | 27.11 | 2622.33 | 1616.65 | 5414.25 |
| 2004 | 26.76 | 3639.41 | 1818.78 | 7304.14 |
| 2005 | 29.45 | 3625.63 | 1923.29 | 9006.49 |
| 2006 | 29.82 | 4044.92 | 2716.08 | 10342.13 |
| 2007 | 31.15 | 4793.83 | 965.07 | 14170.44 |
| 2008 | 33.91 | 5315.05 | 911.83 | 18573.66 |
| 2009 | 34.30 | 7084.16 | 2109.23 | 23548.60 |
| 2010 | 33.00 | 6568.57 | 3297.26 | 26819.91 |
| 合 计 | 34.30 | 47241.50 | 21231.65 | 26819.91 |

## 第五节　生育保险

1993年1月始,瑞昌市在全市率先开展生育保险试点,参保对象包括国有、集体企业人员,缴费比例为0.5%。用人单位月缴费总额为本单位上年度在岗职工月平均工资(月缴费基数)×0.5%(缴费比例)×参保人数。待遇享受包括据实报销的生育医疗费用和生育津贴两部分,其中生育津贴发放给用人单位。1994年11月庐山管理局启动生育保险并延续至今。参保对象包括国有、集体企业人员,缴费比例为1%。待遇享受包括生育医疗费用和生育津贴两部分,生育医疗费用据实支付。修水县自1996年开始开展生育保险工作并延续至今。参保对象包括全县国有、集体企业人员。当时缴费比例为1%,在2009年降至0.8%。生育保险待遇包括据实报销的生育医疗费用和产假工资两块。都昌县自1996年计划开展生育保险工作,但未启动。至2010年底,全市有瑞昌市、修水县和庐山管理局开展生育保险工作。

2000~2010 年全市生育保险一览

表 65-2-9　　单位：万人、万元

| 年 份 | 参保人数 | 征缴基金 | 基金支出 | 基金结余 |
|---|---|---|---|---|
| 2000 | 5.42 | 98 | 73 | |
| 2001 | 4.21 | 223 | 67 | |
| 2002 | 3.50 | 162 | 54 | |
| 2003 | 3.19 | 97 | 38 | |
| 2004 | 2.80 | 82 | 31 | |
| 2005 | 2.12 | 67 | 27 | |
| 2006 | 2.12 | 59 | 23 | |
| 2007 | 2.29 | 107 | 21 | 421 |
| 2008 | 2.67 | 119 | 125 | 480 |
| 2009 | 2.57 | 113 | 26 | 639 |
| 2010 | 2.62 | 116 | 26 | 696 |

## 第六节　农村社会养老保险

### 一、农村养老保险

1993 年，市农村养老保险工作正式启动。1994 年，成立市农村养老保险办公室。2002 年，市农保办由自收自支改为全额拨款事业单位。至 2010 年，投保人员 21.8 万人，覆盖 12 个县(市、区)。共收缴保费 5912 万元，18437 人领取养老金 85.27 万元。

### 二、新型农村社会养老保险(简称“新农保”)

2009 年，全国进行新型农村养老保险试点，修水县列入全国首批试点县。2010 年 2 月 7 日，在修水县义宁镇举行新型农村社会养老保险养老金首发仪式，共 200 余人参加，标志着市新型农村社会养老保险试点正式启动。2010 年，庐山区被列为新农保第二批试点县(区)。由于浔阳区农村居民是庐山区划转，且九江经济开发区、庐山管理局不属于一级政府，因此庐山区新农保涵盖浔阳区、九江经济开发区、庐山管理局农村居民。2010 年年底，全市参保 363242 人，其中缴费 266791 人，累计征缴基金 3153.8 万元，为 60 岁以上老人累计发放养老金 7203.36 万元。

## 第七节　被征地人员养老保险

2003 年初，市劳动和社会保障局召开专题会议，研究被征地人员养老保险问题。浔阳区、庐山区、开发区下发对失地农民社会保险情况进行调研的通知，进行调查摸底。2005 年，修水县政府出台《修水县失地农民参加养老保险暂行办法》。市政府确定城西港区开发后，九江县为城西港区开发范围的永安乡和赛城湖垦殖场失地农民办理养老保险。2008 年 12 月，省劳动和社会保障厅下发《关于被征地农民养老保险试点工作的指导意见》。2010 年，市政府出台《全市被征地农民养老保险工作的指导意见》，在全市范围指导被征地农民的社会保障工作。同年，市人力资源和社会保障局与市国土资源局联合下发《关于切实做好被征地农民基本保障工作有关问题的通知》。2~8 月，全市开展民生领域三个突出问题专项治理工作。失地农民基本保障专项治理的范围和重要内容是：重点检查 2008 年以来的征地补偿款是否及时足额到位；集体留用资金和预留土地管理是否规范；因政府征用而失去大部分土地的农民基本保障机制是否建立并得到落实。至2010年底,全市共征地6752.1公顷(101281亩),征地补偿款应补偿金额142273万元,累计补偿费42273万元;全市各地出台失地农民社会保障实施办法16个(含市本级),建立健全其他保障机制33个;全市共有失地农民91636人,参加失地农民养老保障人数20798人,失地农民参加养老保险政府配套到位资金3836万元,预留从土地出让金中提取8%社会保障资金9038万元。

## 第八节 社会保障资金管理

### 一、基金监督机构

1991年,社会保险基金监督管理职能在局办公室,指定专职人员负责协调和监督。2010年4月,市人事局和市劳动和社会保障局合并成立市人力资源和社会保障局,设立规划财务基金监督科,专门负责社会保险基金监督管理。

### 二、基金监督管理

1991年,市社会保险基金全部实行“收支两条线”模式,专项管理,专款专用,任何部门、单位或个人均不得挤占、挪用,也不得用于平衡财政预算。对保险基金结余的处理,政策规定除养老保险预留相当于2个月的周转金,全部存入国有银行。2006年,市政府出台《九江市社会保险基金监督管理办法》,进一步建立健全社会保险基金监督管理制度。11月,市政府同意在市本级建立基本养老保险周转金制度,用于垫付养老金支付不足月份,待次月养老金征缴后及时归还。周转金规模为1500万元,由市财政在国有商业银行开设专户,专户管理、专款专用。2007年1月,市劳动和社会保障局出台《九江市社会保险要情报告制度》,对社会保险基金监督管理方面的重大事项,要情报告的对象、范围、时限、方式、程序及惩处等进行明确,对涉及社会保险重大事项进行预案式管理。3月,市政府成立以分管副市长为组长的社会保障委员会,委员会办公室设在劳动和社会保障局,进一步建立健全社会保险基金监督管理的体制机制。

2008年7月至2009年底,按照全省统一部署,在全市范围内开展社会保险基金专项治理活动,围绕社会保险基金征缴、支付和管理方面,针对审计和自查发现的问题进行有效整改。并以活动为契机,建立健全基金安全长效机制和制度。

# 第三章 职业培训

## 第一节 职业技能培训

1991年,全市职业培训13000人,其中企业员工6500人。1993年,由企业委托劳动部门就业训练中心进行培训,为80余家企业培训8000余人。1994年,开办42期失业人员培训班,共培训3500人。1997年,实施再就业工程,全年培训下岗职工1.2万人,培训后实现再就业7100人。1999年,在全市推行劳动预备制度,全年培训“两后生”(指初中毕业后和高中毕业后未继续升学的学生)150人。

2004年,全市职业培训2.5万人,其中培训下岗职工1.48万人,创业培训1400人,培训后实现再就业8800人,再就业率为59.5%。3月,市就业培训工作经验在全国培训工作会议上作典型发言。2006年,全市职业培训64508人,其中城镇职业培训35467人,创业培训2036人,其他培训31038人。实施“名师带徒”活动,培养20对名师带徒。实施小企业孵化工程,培养71个名项目、有创业计划书的项目执行人。2007年,全年14.2万人参加各种职业技能培训。其中6.96万农民工参加转移培训,5210名农民工取得职业资格证书;1800名农民工参加温暖工程李基基金百万农民培训项目培训;7.9万名下岗职工参加免费职业培训,其中市本级3.4万人;3617人参加创业培训。2008年,开展职业培训13.8万人,其中城镇职工培训 5.2 万人，创业培训 1300 人，农民工培训 6.4 万人。陈童诗等 4 人被授予“省五一劳动奖章”，刘赣华等 9 人获“省技术能手”称号，罗涛等 10 人获“省青年岗位能手”称号。有 2 位选手作为省代表队参加全国数控比赛。市劳动和社会保障局获劳动和社会保障部颁发的“优秀组织奖”。2009 年，市劳动和社会保障局制订《九江市 2009 年特别职业培训计划实施方案》，对城镇职工培训补贴 51000 人(含创业 5000 人)、工业园区 39600 人，其中：市本级 8500 人开展特别职业培训。培训困难企业职工 12714 人，农民工 510929 人，城镇失业人员 25754 人，新成长劳动力 21367 人，创业培训 7038 人，补助培训资金 2602.04 万元。九江职业技术学院、市技工学校、市机械技工学校作为省厅审批高技能人才培训基地承担青年高技能人才 545 名的招生与培养任务。启动农民工专项职业能力考核工作，确定在 70 个岗位开展专项职业能力考核。

2010 年，全市职业培训 82520 人。其中，工业园区定向培训 58942 人，在岗职工技能提升培训 9289 人，创业培训 7853 人，其他培训 6436 人。试点启动 SIYB 创业四套模块(GYB、SYB、IYB、EYB)培训，投入 652.64 万元，为全市 35 家企业培训 14079 人。10 月 26 日，市委人才工作领导小组通报表彰汪三龙等 30 名工业企业优秀人才。有 7 名技师或高级技师被评为“省首席技师”。江西造船厂高级技师曹长基被推荐为高技能人才“享受国务院特殊津贴”。在首届全省农民工职业技能大赛中，九江代表队获得 1 个第一名，第二、第三、第五、第六各 1 名的成绩。在全省数控车工技能大赛中取得 1 个第一名、1 个第二名的成绩，并获得全省职业技能大赛优秀组织奖。

## 第二节 职业技能鉴定

1995 年，根据《江西省职业技能鉴定管理制度的通知》，全市启动职业技能鉴定工作。至 2003 年，鉴定初、中级工 165400 人，高级工 37461 人，技师 8740 人，高级技师 52 人，通过鉴定考核发证人数 190487 人。

2004 年，鉴定初、中级工 10871 人，高级工 483 人，技师 188 人，高级技师 5 人，通过鉴定考核发证人数 9861 人。2005 年，鉴定初、中级工 15243 人，高级工 1285 人，技师 422 人、高级技师 6 人，通过鉴定考核发证人数 12044 人。2006 年，鉴定初、中级工 13436 人，高级工 1090 人，技师 345 人，高级技师 1 人，通过鉴定考核发证人数 13719 人。考评人力资源师、物业管理师、物流师、项目管理师、职业指导师、秘书、营销师等新职业 970 人。5 月 1 日正式实施《江西省职业技能考核鉴定管理条例》。2007 年，鉴定初、中级工 23065 人，高级工 2537 人，技师 726 人，高级技师 20 人，通过鉴定考核发证人数 21996 人。考评人力资源师、物业管理师、物流师、项目管理师、职业指导师、秘书、营销师等职业 574 人。2008 年，鉴定初、中级工 24613 人，高级工 937 人，技师 333 人，高级技师 1 人，鉴定人数共计 25884 人，通过鉴定考核发证人数 22342 人。2009 年，鉴定初、中级工 39457 人，高级工 604 人，技师 141 人，高级技师 22 人，通过鉴定考核人数 34948 人。考评人力资源师、职业指导师、理财规范师、物业管理师等职业 1024 人。

2010 年，鉴定初、中级工 28605 人，高级工 933 人，技师 293 人，高级技师 20 人，鉴定人数共计 29851 人，通过鉴定考核发证人数 24824 人。

# 第四章　劳动管理

## 第一节　劳动合同签订

1992 年底,全市合同制工人总数 52612 人,其中市直 29086 人,各县(市、区、山)23526 人,各级鉴证机构共鉴证合同制工人 49498 人。对全民企业、事业、机关、人民团体劳动合同制工人签订的合同(包括续订的合同)和临时工、季节工、农民轮换工以及个体工商招用的工人签订的劳动合同,一律实行鉴证。1993 年,劳动合同鉴证执行新的收费标准。市劳动局规定,将乡镇企业、集体企业、私营企业、三资企业纳入劳动合同鉴证范围。统一使用省劳动厅制定的劳动合同文本。1994 年,16 家企业实行全员劳动合同制度试点工作。1995 年,对全市辖区内所有企业、个体经济组织和与之形成劳动关系的劳动者实行劳动合同制度,国家机关、事业单位、社会团体和与之建立劳动关系的工人,也依照劳动法订立劳动合同。至 12 月 31 日,市属国有集体企业 1617 户 21.5 万人,实际签订合同 21.4 万人,签订率 99.5%;省属、中央企业 347 户 9.8 万人,实际签订合同 305 户 8.4 万人,签订率 85.5%;农垦单位 74 户 4.1 万人,实际签订合同 67 户 3.6 万人,签订率 87.8%;三资企业 310 户 0.94 万人,实际签订合同 211 户 0.57 万人,签订率 60.2%;劳动服务企业 430 户 0.7 万人,实际签订合同 412 户 0.6 万人,签订率 86.7%;行政事业单位 1892 户 1.9 万人,实际签订合同 1858 户 1.7 万人,签订率 91.2%。1996 年 1 月 26 日,省劳动厅转发劳动部《关于印发集体合同规定的通知》,全市开展集体协商签订集体合同试点工作。各县(市、区、山)完成非国有企业和国有企业集体合同试点 2 个,全市共有 45 家企业推行集体劳动合同试点工作。修水县人事劳动局劳动合同“三合一”管理方法在全省推广,即:鉴证花名册、职工登记卡、劳动合同台账三合一,做到“依法签约、造册鉴证、按册建卡、凭卡入账”。重点推进乡镇企业、外商投资企业、私营企业和个体经济组织的劳动合同鉴证工作。至年底,全市 4521 家用人单位共有 4140 家实行劳动合同制度,占用人单位总数的 90%;签订劳动合同的职工 324959 人,占应签职工总数 85%。其中,国有企业签订劳动合同 155144 人,集体企业签订劳动合同 47118 人,行政事业单位签订劳动合同 15477 人,农垦企业签订劳动合同 24381 人,劳动服务企业签订劳动合同 5343 人,三资、私营企业签订劳动合同 3229 人,并建立劳动合同管理台账。1997 年,在全面鉴证劳动合同的基础上,按系统分单位建立劳动合同台账,全市共建立劳动合同台账 2084 个。1999 年,按照省劳动厅下发的《关于对国有企业下岗职工劳动合同鉴证免收鉴证费的通知》,全市对下岗职工劳动合同鉴证免收鉴证费,不再为劳动合同已到期的下岗职工续订新的劳动合同鉴证。

2006 年,市劳动和社会保障局制定《九江市劳动合同制度三年行动计划实施方案》,督促补签劳动合同 8.88 万人。下发《关于推进企业签订女职工权益保护专项集体合同工作的通知》,向全市企业转发《江西省女职工权益保护专项集体合同》。2007 年 11 月 9 日,市劳动合同鉴证取消。2008 年 1 月 1 日,《中华人民共和国劳动合同法》出台,劳动保障部门制定《九江市贯彻实施〈劳动合同法〉工作方案》,开展劳动合同法宣传、培训、指导和监管工作。组织人大常委会委员,市、县级政府相关部门负责人参加劳动合同法培训班。通过商会组织企业进行宣传教育。2008 年 4 月 15 日,《中国劳动保障报》报道九江做法。

6~9月,市劳动和社会保障局针对劳动合同法贯彻执行情况开展专项检查,下发《关于开展贯彻落实劳动合同法监督检查活动的通知》,全市共检查用人单位2290家,涉及劳动者44.7万人,责令补签劳动合同11.8万人。2009年3~5月,全市开展农民工劳动合同签订"春暖行动",督促2108家用人单位与63320名农民工签订劳动合同。开展集体合同制度五年覆盖"彩虹计划"。2010年8月,市人力资源和社会保障局制订《九江市全面推进小企业劳动合同制度实施专项行动计划实施方案》,推广建筑业、制造业、采掘业、餐饮业和非全日制用工简易劳动合同示范文本。至当年年底,全市在岗职工签订劳动合同363455人,劳动合同签订率98.50%。其中,农民工153099人,农民工劳动合同签订率92.58%;区域性行业性集体合同签订28个;企业集体合同签订37个。

## 第二节 劳动保障监察

### 一、监察队伍建设

1994年8月,市劳动监察大队成立,与市劳动局计划劳动力科合署,两块牌子,一套人员,同时撤销市劳动就业服务局所属的市劳务监察队。11月,中央机构编制委员会办公室、劳动部联合下发《关于建立劳动监察机构配置劳动监察员和劳动争议处理人员编制意见的通知》,各县(市、区、山)相应成立劳动监察队,全市劳动监察机构组建率达100%。形成市、县两级劳动监察格局。1999年1月,《社会保险费征缴暂行条例》《失业保险条例》发布施行,劳动监察范围从劳动关系领域扩大到社会保险领域,形成劳动保障监察。

2001年5月,根据省劳动监察总队《关于进一步加强劳动保障监察工作的通知》,市劳动监察大队更名为市劳动保障监察支队,与劳动行政监察科合署,两块牌子一套人员。同时,各县区劳动监察机构也进一步完善。2003年,《江西省劳动保障监察条例》施行,2004年,国务院《劳动保障监察条例》施行,劳动保障监察进入新的发展时期。2006年6月,市劳动保障监察支队分设,为正科级全额拨款事业单位。2008年1月,《中华人民共和国劳动合同法》和《中华人民共和国就业促进法》颁布实施,进一步确立劳动保障监察的法律地位。2010年4月,市人力资源和社会保障局内设市劳动监察局。全市有专职劳动保障监察员68名,兼职劳动保障监察员97名。部分县区还把兼职劳动保障监察员配备到街道、乡镇的劳动保障事务所。初步形成以专职为主,兼职为辅市、县、乡三级劳动保障监察执法新格局。

### 二、宣传普法

1995年,《中华人民共和国劳动法》施行,全市上下广造声势,大力宣传。张贴标语2000多张,悬挂横幅200多条,出动彩车30余辆,并通过新闻媒体开设专栏,举办讲座,在人流密集地点开展咨询,现场服务解答2万多人次。通过各种形式宣传,将劳动法的目的、内容和重要意义,做到家喻户晓,人人皆知。1999年,国务院《社会保险费征缴暂行条例》《失业保险条例》施行,全市劳动保障监察和社保、就业机构紧密配合,组织500余人,分成80个扩面征缴小组,走大街,窜小巷,到各企事业单位和个体工商户进行地毯式拉网行动,发放宣传资料和申请登记表10万多份,声势浩大地开展社会保险扩面征缴工作。每年第四季度是清欠农民工工资的专项执法活动期,劳动监察部门深入建筑工地、矿山、作坊发放维权资料、《维权手册》10万多份,引导农民工依法维护。创新宣传手段,利用手机短信宣传20余万条,把对劳动关系调整的事后干预做到事前预防。同年,市劳动局编印《劳动保障监察实用手册》,作为用人单位管理人员的日常工作用书,使用人单位及时了解新的法律、法规、规章的内容。

2000年,市劳动局举办劳动保障法律法规培训班。结合省劳动厅、省工商局《关于建立和实施劳动用工年检制度的通知》,组织各类用人单位负责人和人力资源管理干部参加,集中用工年审。实行日常宣传与集中宣传相结合,普遍宣传与重点宣传相结合,宣传教育与监督检查相结合,使用人单位通过培训学习,不断增强法律意识。通过用工年审,发现的违规问题及时纠正;对年度审查不合格的单位,责令限期改正;对年度审查合格单位实行"诚信等级AAA级、AA级,A级评价",推动用人单位依法自我规范,自我约束,自我激励,自我发展。

## 三、执法维权

1995年,全市共受理投诉举报案件458件。其中劳务中介案65件,招用童工案12件,私用农民工案125件,劳动合同纠纷案73件,劳动报酬(含最低工资)案21件,工作时间(含休假)案13件,职工保险福利待遇128件,其他案件21件。已经结案432件,结案率达94.9%。结案中,给予警告254件,通报批评154件,罚款12件,吊销许可证1件,责令停产停业整顿5件,提请行政或司法处理6件。开展对用人单位执行劳动法情况大检查,及时查处违法单位,共下达整改指令书360份,处罚违法单位31家,责令整顿企业10家,吊销营业执照1家,通报批评企业46家。

2002年春节前,江苏靖江某建筑工程公司承建九江学院多栋学生公寓、食堂等工程项目,因资不抵付,拖欠农民工工资150多万元,涉及农民工1200多人,该公司总经理农历小年夜突然逃回江苏,引发农民工集体上访并围攻学院,甚至堵塞交通严重事件。市支队及时介入,立案查处,将九江学院可动用的工程款30多万元先行支付给农民工回家过年,避免事态恶化。春节后,在执法文书的程序期限一过,即随同市中级人民法院前往江苏,异地强制执行,划拨该公司在当地银行存款,使农民工顺利领取工资,切实维护劳动者合法权益。2003年,组织开展民工工资支付情况专项执法检查。经统计历年累计拖欠工资3984.12万元,全年拖欠1254.76万元,涉及人数20093人。全年共接待投诉1620起,其中,建筑行业1469起,服务行业45起,其他106起,拖欠金额1147.76万元,涉及民工15627人,共追讨被拖欠民工工资474.1万元。组织开展清理整顿劳动力市场秩序专项检查,取缔民间职业中介机构3个,责令整顿职业介绍机构8个,查处婚介机构及房产信息机构无证开展职业中介机构38个,清理私招乱雇广告569起。

2006年,组织开展清理拖欠农民工工资专项执法检查。查处拖欠工资单位59户,涉及金额256.7万元,其中农民工160.8万元,已处理支付208.6万元,其中农民工127.5万元。开展清理劳动力市场秩序专项检查。全市检查职介机构47户,房屋信息、婚姻中介服务组织169户,下达限期整改指令书9份,取缔非法职介机构6户,吊销许可证、营业执照各1户,责令办理工商营业执照和年检22户,退赔求职者费用0.55万元,查出超标准收费1户。开展劳动用工检查。德安县九瑞矿业有限公司因股东之间矛盾,造成拖欠员工工资4个月之久,涉及员工60多人、工资额达26万多元,引发员工集体上访投诉。劳动监察部门受案后立即查处,将正在办理销售的28万元矿石款划拨支付被拖欠员工工资。组织开展社会保险清欠扩面征缴执法检查。对市公交公司等8家单位欠缴养老保险申请市中级人民法院强制执行,执行养老保险费821万多元。

2008年,市劳动监察支队会同三个区的劳动监察大队与《浔阳晚报》热线服务部联合开展"维权咨询接待日"活动,接待反映拖欠工程款、工资款、押金、保证金,合同纠纷等问题17件,涉及劳动者200多人。对符合劳动监察受理条件的,当场受理并限期查处,属于其他法律途径处理的也耐心解释解答。由人民银行当地分行将拖欠农民工工资数额较大,性质恶劣的违法欠款单位列入人民银行征信管理局的企业拖欠工资信息录入系统,在项目借贷上给予控制,形成全社会共同关注解决农民工工资拖欠问题,从源头上多方制止拖欠农民工工资的违法行为。同时,开展执法检查活动,发现有拖欠工资情况的用人单位 115 户，涉及职工 4940 余人，其中农民工 3470 余人；涉及拖欠工资金额 610.3 万元，其中农民工 512.5 万元;下达限期改正指令书 91 份,行政处理(处罚)事先告知书 29 份,行政处理(处罚)决定书 5 份;责令补发劳动者工资 610.6 万元,涉及 4830 人,清欠率 99.6%。

2010 年,市劳动监察支队共接受日常投诉 141 件,立案 123 件,解决日常投诉案件 34 件,解决拖欠劳动者工资案件 87 件,结案率 98%,为劳动者追讨工资 510.08 万元,涉及劳动者 6089 人;清退风险抵押金 10.94 万元,涉及劳动者 392 人。加大对劳动力市场秩序的监管力度,严厉打击职业介绍机构的违法行为,对 1 家发布虚假信息的中介机构口头批评教育。

**1995~2010 年市劳动保障监察效果一览**

表 65-4-1 单位;户、万人、人、万元

| 年份 | 检查用人单位 | 涉及劳动者 | 年度审查单位 | 查处情况 | | | | | | |
|---|---|---|---|---|---|---|---|---|---|---|
| | | | | 职业中介机构 | 职业培训机构 | 清退童工 | 补签劳动合同 | 追发劳动者工资等待遇 涉及劳动者 | 追发劳动者工资等待遇 金额 | 督促社保缴费金额 |
| 1995 | 1952 | 25.61 | | 41 | 6 | 19 | 2.78 | 0.29 | 61.6 | 28.79 |
| 1996 | 2161 | 33.10 | 383 | 37 | 3 | 21 | 2.97 | 0.31 | 79.5 | 131.40 |
| 1997 | 2596 | 35.39 | 2139 | 29 | 2 | 23 | 1.65 | 0.67 | 152.7 | 73.70 |
| 1998 | 2012 | 27.53 | 1898 | 21 | | 11 | 1.93 | 0.19 | 81.2 | 87.20 |
| 1999 | 5162 | 49.65 | 2157 | 19 | 1 | 15 | 2.09 | 0.33 | 147.7 | 1321.30 |
| 2000 | 2169 | 33.70 | 1726 | 25 | 2 | 44 | 1.92 | 0.92 | 494.8 | 2171.60 |
| 2001 | 2231 | 33.30 | 1456 | 17 | | 10 | 2.19 | 0.51 | 596.2 | 3141.10 |
| 2002 | 2258 | 35.90 | 1338 | 11 | 1 | 5 | 3.31 | 1.12 | 987.9 | 2895.80 |
| 2003 | 2168 | 35.56 | 1212 | 14 | 3 | 6 | 4.96 | 1.09 | 1125.6 | 961.70 |
| 2004 | 2028 | 34.41 | 1360 | 16 | 1 | 7 | 6.04 | 1.31 | 1269.5 | 1241.90 |
| 2005 | 2269 | 37.16 | 1471 | 9 | | 26 | 5.61 | 1.29 | 1334.4 | 1526.10 |
| 2006 | 2372 | 37.23 | 1656 | 7 | | 4 | 1.99 | 0.95 | 1156.9 | 1548.40 |
| 2007 | 2268 | 38.58 | 1730 | 5 | 4 | 3 | 0.92 | 0.92 | 899.2 | 3548.40 |
| 2008 | 2290 | 44.69 | 1942 | 1 | | 2 | 11.84 | 1.91 | 1149.5 | 1172.60 |
| 2009 | 2177 | 42.40 | 1843 | 3 | 2 | | 10.68 | 1.02 | 1091.5 | 1017.10 |
| 2010 | 1627 | 31.42 | 1475 | 2 | 1 | | 9.21 | 2.07 | 1154.8 | 915.38 |

**1995~2010 年市劳动保障监察案件一览**

表 65-4-2　　　　单位:件、万元

| 年份 | 接待投诉举报 | 立案数 | 结案数 | 参与处理集体上访 | 案件处理情况 | | | | | | |
|---|---|---|---|---|---|---|---|---|---|---|---|
| | | | | | 责令限期改正 | 行政处理决定 | 行政处罚决定 | 罚款金额 | 行政复议 | 行政诉讼 | 强制执行 |
| 1995 | 565 | 259 | 216 | 19 | 259 | 116 | 33 | 121.90 | 5 | 2 | 21 |
| 1996 | 619 | 297 | 281 | 21 | 297 | 121 | 34 | 56.10 | 2 | 1 | 23 |
| 1997 | 697 | 286 | 279 | 26 | 286 | 119 | 37 | 11.60 | 4 | 3 | 19 |
| 1998 | 744 | 195 | 191 | 20 | 195 | 59 | 16 | 9.40 | 2 | 2 | 12 |
| 1999 | 872 | 289 | 283 | 24 | 289 | 151 | 73 | 22.30 | 1 | 1 | 39 |
| 2000 | 981 | 176 | 171 | 37 | 176 | 91 | 44 | 19.50 | | | 21 |
| 2001 | 1099 | 189 | 180 | 27 | 189 | 82 | 41 | 19.10 | | | 17 |
| 2002 | 1201 | 159 | 156 | 22 | 159 | 55 | 27 | 44.40 | | | 11 |
| 2003 | 493 | 217 | 212 | 21 | 217 | 81 | 51 | 49.20 | | | 26 |
| 2004 | 1516 | 192 | 187 | 25 | 192 | 65 | 33 | 18.70 | | 2 | 18 |
| 2005 | 1534 | 126 | 123 | 19 | 126 | 31 | 22 | 11.50 | 1 | | 12 |
| 2006 | 1692 | 141 | 137 | 17 | 141 | 29 | 21 | 10.30 | | | 10 |
| 2007 | 1716 | 189 | 186 | 19 | 186 | 22 | 26 | 15.80 | | | 15 |
| 2008 | 1783 | 172 | 168 | 24 | 172 | 5 | 33 | 28.10 | | | 17 |
| 2009 | 1821 | 161 | 156 | 19 | 161 | 11 | 28 | 24.73 | | 1 | 16 |
| 2010 | 1959 | 138 | 136 | 13 | 138 | 11 | 25 | 19.78 | | | 12 |

## 第三节　劳动争议仲裁

1991 年,全市各县(市、区、山)均成立或调整劳动争议仲裁委员会和办公室,配备专职干部。市劳动局会同市总工会、市经委印发《关于在国营企业中成立劳动争议调解委员会的通知》,全市有 152 个驻市、市属企业建立劳动争议调解委员会(调解小组)。同时开展业务培训,组织专职干部学习“劳动合同”“劳动争议仲裁程序”“劳动争议处理”“劳动仲裁文书”等业务知识。市县仲裁办全年共接待劳动争议来访咨询 280 余人次,处理案件 8 起(其中调解 4 起、裁决 3 起、案件处理 1 起)。保护企业和职工双方的合法权益,扩大劳动争议仲裁工作的影响。1993 年 7 月,市劳动仲裁办公室建立劳动争议来信来访登记和接待处理制度。1994 年,市劳动争议仲裁委员会制订《九江市劳动争议仲裁委员会组织试行规则》《九江市劳动争议仲裁委员会办案试行规则》《九江市劳动争议仲裁委员会仲裁庭试行规则》。1994 年 10 月 18 日,全市认定仲裁员资格 40 人。1995 年,市劳动局下发《转发〔劳动争议仲裁员聘任管理办法〕的通知》,全市所有劳动争议仲裁委员会都按要求聘任专、兼职仲裁员。12 月 25 日,全市认定仲裁员资格 3 人。1996 年 4 月 26 日,全市认定仲裁员资格 9 人。9 月,开发区成立劳动争议仲裁委员会。湖口、彭泽、永修、瑞昌、德安、修水等县(市)仲裁办均为独立办公机构。市劳动局仲裁办被评为全省劳动仲裁工作先进单位。1997 年 5 月,市劳动仲裁委员会会同瑞昌市劳动仲裁委员会,选定瑞昌市南义镇为试点,组建南义镇劳动争议调解小组。湖口县、彭泽县、修水县、武宁县、永修县、德安县、九江县、都昌县等劳动仲裁委员会根据省要求,在已设立劳动管理服务站或厂矿企业集中的乡镇建立劳动争议仲裁委员会乡镇办事处 23 个,办事处与劳动管理服务站合署办公。同年,市劳动争议仲裁委员会被评为全国先进劳动争议仲裁委员会,市仲裁办主任熊仁星被评为全国劳动系统先进劳动仲裁员。

2005年,市劳动争议仲裁委员会被劳动和社会保障部、全国总工会、全国企业家协会评选为十六届三中全会以来“全国先进劳动争议仲裁委员会”。2007年,市劳动争议仲裁委员会被劳动和社会保障部评为全国劳动保障系统优质服务窗口。2008年5月1日,《中华人民共和国劳动争议调解仲裁法》正式实施,取消劳动争议仲裁收费,仲裁委员会经费由财政予以保障。市政府追加市劳动仲裁委仲裁专项补助经费9.6万元。从2009年起,按照每年9.6万元列入年度预算。由财政据实核拨。

2010年11月10日,市劳动人事争议仲裁院正式成立,为参照公务员管理的事业单位。市财政增加仲裁专项补助经费至12万元。2010年底,全市所有县(市、区、山)均成立劳动人事争议仲裁委员会,共有专职仲裁员49人,兼职仲裁员68人。市本级、瑞昌市、修水县成立劳动人事争议仲裁院。

1991~2010年市劳动争议仲裁办案一览

表65-4-3　　单位:件

| 年份 | 市直 | 浔阳区 | 庐山区 | 庐山局 | 修水县 | 武宁县 | 瑞昌市 | 九江县 | 德安县 | 永修县 | 星子县 | 都昌县 | 湖口县 | 彭泽县 | 开发区 | 合计 |
|---|---|---|---|---|---|---|---|---|---|---|---|---|---|---|---|---|
| 1991 | 2 | | | | 1 | | | | 2 | | | | 1 | 2 | | 8 |
| 1992 | 2 | | | | 2 | | 1 | | 3 | 1 | | | 1 | 9 | | 19 |
| 1993 | 4 | | | | 8 | | 13 | | 4 | | | | 2 | 28 | | 59 |
| 1994 | 7 | | | | 3 | | 5 | | 7 | 4 | | | 3 | 68 | | 97 |
| 1995 | 25 | 2 | | | 9 | 2 | 5 | 4 | 2 | 1 | 2 | | | 23 | | 75 |
| 1996 | 26 | 1 | | | 7 | 5 | 7 | 4 | 5 | 3 | | | 4 | 6 | | 68 |
| 1997 | 24 | 2 | | | 4 | 5 | 4 | | | 6 | 4 | 3 | 9 | 9 | | 70 |
| 1998 | 13 | | | | 6 | 7 | 8 | 1 | | 6 | 4 | 4 | 4 | 7 | | 60 |
| 1999 | 12 | | | | 9 | 10 | 4 | 3 | 2 | 7 | 6 | 6 | 3 | 8 | 1 | 71 |
| 2000 | 22 | | | | 13 | 6 | 12 | | 2 | | 1 | 2 | 7 | 6 | 1 | 72 |
| 2001 | 24 | | 6 | 2 | 11 | 8 | 14 | | 9 | 5 | 3 | 6 | 3 | 15 | 2 | 108 |
| 2002 | 63 | | | | 10 | 9 | 12 | | 4 | | 7 | 4 | 3 | 38 | 12 | 162 |
| 2003 | 48 | 3 | 14 | 1 | 10 | 12 | 10 | | 12 | 10 | 11 | 6 | 4 | 16 | 5 | 162 |
| 2004 | 55 | | 3 | 4 | 6 | 19 | 5 | 3 | 9 | 8 | 7 | 17 | 2 | 21 | 2 | 161 |
| 2005 | 56 | | | | 5 | | 7 | 1 | | | | | | 4 | | 73 |
| 2006 | 42 | | 3 | | 6 | 1 | 9 | 1 | 3 | 9 | 8 | 5 | | 16 | 21 | 124 |
| 2007 | 64 | | 3 | | 9 | 4 | 7 | 2 | 3 | 7 | 3 | 4 | 3 | 13 | 9 | 131 |
| 2008 | 118 | 11 | 50 | 2 | 39 | 35 | 49 | 26 | 34 | 27 | 34 | 39 | 41 | 137 | 53 | 695 |
| 2009 | 114 | 8 | 59 | 12 | 64 | 56 | 87 | 32 | 49 | 51 | 58 | 39 | 59 | 161 | 78 | 927 |
| 2010 | 48 | 3 | 35 | 7 | 46 | 31 | 58 | 12 | 21 | 9 | 26 | 14 | 34 | 75 | 54 | 473 |

## 第四节 国有企业改制劳动关系

1997年3月,根据《国务院关于在若干城市试行国有企业兼并破产和职工再就业有关问题的补充通知》,市职工安置费一律拨付到再就业服务中心,统筹使用。安置费标准原则上按照市企业职工上年平均工资收入的3倍计算。暂时尚未就业的职工,由再就业服务中心发给基本生活费,再就业后即停止拨付。自谋职业的可一次性付给安置费,标准不高于市企业职工上年平均工资收入的3倍。九江属国务院确定的企业"优化资本结构"试点城市。2001年4月6日,市政府印发《九江市国有企业职工劳动关系处理办法(试行)》,规定:国有企业改制为民营或中外合资企业后,职工不再保留原有的全民所有制职工身份;职工不愿继续留在改制后的企业工作,要求离开企业的,其安置费或经济补偿金按标准由新企业支付给职工本人;距法定退休年龄不足5年的职工,不发给经济补偿金或安置费;改制后关闭的企业,在改制时为离退休人员一次性缴纳养老保险费标准调低30%等。2002年7月,市委、市政府下发《关于推进国有企业改革的实施意见》,成立国企改革领导小组,下设办公室。在改制办下设4个职能协调小组,市劳动局具体负责职工分流安置工作。至2006年年底,市属51家国有企业完成改制,安置职工4.08万人。

2008年2月15日,市国有企业改革领导小组会议明确职工一次性补偿费最高可按照1133元/人年标准执行;各企业按经济状况,在700~1133元/人年之间自求平衡执行,改制资金严重不足的确保按700元/人年标准执行;4月21日,市国有企业改革领导小组会议就市国有企业改革职工安置问题进行几点明确:职工身份置换后经审核符合条件,可按政策规定享受失业保险待遇;距法定正常退休年龄不足5年(含5年)的职工或者连续工龄男年满30年、女满25年的职工,可办理离岗退养手续,一次性发给至法定退休年龄的基本生活费;距法定正常退休年龄5年以上10年以内(含10年)的职工,可参照前款规定办理退养手续,但一次性只发给累计不超过5年的基本生活费;退养职工到法定正常退休年龄止的基本养老保险费用和医疗保险费用,由企业按规定的缴费比例一次性为其缴纳,缴费基数逐年递增10%。达到法定正常退休年龄后,按规定享受基本养老保险待遇和医疗保险待遇;企业改制(破产)时已办理正常退休手续人员,由企业按每人1万元标准缴纳一次性医疗保险费,退养人员每人缴纳5000元一次性医疗保险费。至2008年底,全市完成市属国有改制企业38家,安置职工8571人,其中:置换人员4846人、退养人员1701人、离退休人员2568人。2009年,市国企改革领导小组出台《九江市推进国企改革实施意见》《九江市国有企业改制职工分流和身份置换若干具体问题的实施意见》《九江市推进国企改革实施意见》规定企业女干部按工人标准办理退休。《九江市国有企业改制职工分流和身份置换若干具体问题的实施意见》明确内退人员生活费发放标准每人每月200元,一次性足额发放到位。市人保局成立企业改革工作领导小组,当年,全市完成改制企业159家,其中:市属企业67家(含工业企业30家),县、区企业92家。安置职工54865人,其中,市属企业29741人,置换人员10639人,退养人员6893人,离退休人员12209人;县、区企业25124人,置换人员9754人,退养人员5238人,离退休人员10132人。2010年,全市完成改制企业98家,其中:市属企业13家,县、区企业85家。安置职工19222人,其中:市属企业7171人,置换人员2799人,退养人员1214人,离退休人员3158人。县、区企业12051人,置换人员5078人,退养人员2738人,离退休人员4235人。

## 第五节 劳动管理服务

### 一、企业职工劳动关系

1995年前,多数企业为国有企业,职工为国有企业职工,企业招收员工由劳动部门下达计划并办理招收手续审批,同一地区各类企业间工人流动由劳动部门统一调配。1995年后,国有、集体企业实行全员劳动合同管理,企业招收员工改变为由企业自主招收,劳动部门备案,同一地区各类企业间工人流动改变为企业自主商调。

### 二、技工交流服务

1990年，市技工交流服务中心成立，为劳动者提供劳动用工管理、职工档案寄存、协助办理退休审批手续和协助办理退休人员档案工资调整等手续。至2002年，市技工交流服务中心在无改制政策支持的情况下，存放人事档案700余册，并开展人事代理业务。2003~2010年，存放企业改制职工等人事档案3.5万册，协助省、市办理退休及待遇调整手续3462人。

### 三、金保工程

2002年，电子政务人力资源和社会保障工程（金保工程）被列为全国12个重点建设电子政务工程之一。金保工程是利用先进的信息技术，以中央、省、市三级网络为依托，支持劳动和社会保障业务经办、公共服务、基金监管和宏观决策等核心应用，覆盖全国的统一的劳动和社会保障电子政务工程。2003年金保工程国家整体立项。2004年7月，省发展和改革委员会批复"江西省电子政务社会保障工程社会保险信息系统分工程（金保工程一期）建设项目"立项。2008年8月14日，市政府第二十五次市长办公会同意建设市本级劳动保障数据中心。2010年5月，市人力资源和社会保障局"金保工程"建设领导小组成立。市社会保险局召开县（市、区、山）"金保工程"数据整理工作会议。6月，市采购办批准市人力资源和社会保障局"金保工程"建设第一期项目建设方案。10月，市人力资源和社会保障局视频会议室建成投入使用。

# 第五章 安全生产监督

## 第一节 监督管理体制

### 一、监管体系

1991~2001年，市劳动局承担安全生产监察职能（与市安全生产委员会办公室合署办公）。2002年9月，组建成立市安全生产监督管理局，为市政府组成部门，综合监督管理全市安全生产工作。通过建立健全市、县、乡安全监管体系，完善监督检查机制，强化安全生产责任制，深入开展隐患排查治理，广泛开展宣传教育培训，加强应急救援体系建设，安全生产工作逐步走上规范化、制度化、法制化轨道，全市安全生产事故起数和死亡人数持续下降，"十一五"期间比"十五"期间，全市安全生产事故起数和死亡人数分别下降70.7%、48.1%，实现"杜绝重大事故，控制较大事故，减少一般事故，确保全市安全生产形势稳定"目标，为全市经济发展和社会事业进步创造安全稳定的环境。

### 二、监管网络

1991年，市安全生产委员会下达1991年度安全生产工作考核目标，层层签订安全生产责任状，做到责任到人。2003年4月11日，市政府与各县（市、区、山）、市安全生产委员会成员单位及部分重点企业签订《安全生产目标管理责任书》。各地、各部门和各单位层层签订安全生产责任状，初步形成横向到边、纵向到底的安全生产管理体系。2004年，市政府办公室下发《2004年全市安全生产工作要点》，要求各地"进一步完善市、县两级机构和市、县、乡、村四级网络，各县要成立安全生产监察大队，人员配备3~5人"。2006年起，村（社区）配备兼职安全员。2009年，市委办公厅、市政府办公厅下发《2009年县（市、区、山）经济发展目标考评实施细则》，首次将安全生产纳入经济发展目标考核内容，规定"县级安监机构应配备10~12名工作人员，乡（镇、街道）应配备2名以上专职安全生产监督管理员，发放每月不少于

60元的工作津贴。保障必要的办公设备和经费”。

## 第二节 行政执法

### 一、法制建设

1991年,市政府下发《关于进一步落实安全生产责任制加强安全生产监督管理工作的意见》,明确划分政府、行业主管部门、企业的职责,初步建立各级各类安全生产责任制体系。2002年3月1日,市政府下发《九江市人民政府关于一般安全事故行政责任追究的规定》,明确各级政府、相关部门和组织负责人安全生产工作职责和责任追究事项。2003年4月3日,市政府下发《九江市安全生产目标管理考核暂行办法》,首次对安全生产工作进行目标管理考核,实行安全生产“一票否决”制度。9月27日,市政府下发《关于加强安全生产教育培训工作的通知》,明确企业经营者、管理人员、特种作业人员和其他从业人员必须经安全培训合格后,持证上岗。2004年4月1日,市政府下发《九江市2004年安全生产目标管理考核实施办法》。4月7日,下发《九江市人民政府关于印发〈九江市关于进一步加强安全生产工作的意见〉的通知》,明确各级政府、各部门的安全生产工作职责,部署推进安全生产工作。5月8日,市政府下发《九江市人民政府关于印发重特大安全事故应急救援预案的通知》,建立健全安全生产应急救援体系,提高应急救援反应速度和协调水平,确保高效、有序地组织开展事故抢险、救灾工作。2005年1月10日,市政府下发《九江市安全生产抵押金实施办法(试行)》,对全市行政区域内从事矿山、建筑施工(含装饰)和危险化学品、烟花爆竹的企业,实行安全生产风险抵押金制度。企业安全生产风险抵押金实行专户储存、专款专用,主要用于企业在发生生产安全事故后无法兑现对受害者的赔偿时及时对死难者的家属和伤者进行赔付。5~6月,在安全生产法颁布3周年之际,市安全生产监督管理局配合市人大常委会开展安全生产法执法检查,并就存在的问题提出6项整改意见。8月,市政府组成督查组,按照市人大常委会反馈的6项整改意见,对星子、德安、彭泽、浔阳区等6个县(区)的整改落实情况进行督查,督促各项整改措施落实到位。2007年3月8日,市政府下发《九江市人民政府办公厅关于印发〈九江市安全生产工作职责〉的通知》,明确各级政府及部门安全生产工作职责,推进安全生产责任的进一步落实。7月16日,市政府下发《九江市安全生产“十一五”(2006—2010)规划》,全面规划2006~2010年全市安全生产总体目标和主要工作任务。

### 二、行政许可

**行政许可审批** 1991年,全市各级劳动部门开展特种作业人员培训、考核和发证工作,全年共培训特种作业人员886人,发证854人,复审特种作业人员3582人。2003年2月5日,市政府办公厅下发“关于进一步加强危险化学品经营许可证管理的实施意见”,开展“危险化学品经营许可证”审批发放工作。3月10日,经过对申报企业的安全评价、安全培训等,对广东顺德市拓普涂料厂九江直销处核发第一份“危险化学品经营许可证”。全年共审批发放“危险化学品经营许可证”252份。2004年1月,国务院发布《安全生产许可证条例》。同年11月4日,市安全生产监督管理局转发省安全生产监督管理局“关于开展危险化学品生产企业安全生产许可证审批发放工作的通知”,启动危险化学品生产企业“安全生产许可证”审批发放工作。12月30日,蓝星化工新材料股份有限公司江西星火有机硅厂申请,报省安全生产监督管理局审批,核发“安全生产许可证”。全年省安全生产监督管理局审批发放九江市危险化学品生产企业“安全生产许可证”3家。2005年4月4日,市安全生产监督管理局下发《关于开展烟花爆竹销售许可证(临时)审批发放工作的通知》,开展烟花爆竹销售许可证的审批发放工作。9月1日,经过安全评价、现场审查等,对市日用杂品总公司审批发放“烟花爆竹许可证(临时)”。全年审批发放“烟花爆竹销售许可证(临时)”批发企业13家。5月12日,市安全生产监督管理局下发《九江市非煤矿矿山企业安全生产许可证若干问题的规定》,进一步规范非煤矿矿山企业安全生产许可准入。7月20日,经过安全评价、现场审查,对江西核工业经济技术开发公司修水分公司核发“安全生产许可证”。全年审批发放“安全生产许可证”269家。2010年2月3日,市安全生产监督管理局下发《关于印发〈九江市市级安全生产许可流程图的通知〉》,明确各项安全生产许可证的审批程序,公布办理时限和前置条件。

**安全项目审查** 1991年,市劳动局组织对11个新、扩、改建项目进行“三同时”审查,对7个竣工项目进行“三同时”验收。1995年,市劳动局完成25个建设项目的“三同时”审查和验收。1996年,市劳动局完成10个工程项目的“三同时”审查。2004年,在高危行业开展安全设施同时设计、同时施工、同时投入生产和使用(以下简称“三同时”)审查验收。1月15日,江西长源药用酒精有限公司年3000吨药用酒精项目通过安全预评价审查。6月28日,九江筑路机械工程有限公司德安白云岭石料场建筑用灰岩矿项目通过安全预评价审查。全年共审查建设项目12个(其中危险化学品建设项目10家、矿山建设项目2家)。2005年8月4日,市安全生产监督管理局下发《转发〈关于加强非煤矿山及石油、冶金、有色、建材等相关行业建设项目安全设施“三同时”工作的通知〉的通知》,进一步规范矿山建设项目安全设施“三同时”审查工作,全年共审查矿山建设项目12个。2006年10月24日,市安全生产监督管理局下发《关于进一步做好危险化学品建设项目安全许可工作的通知》,进一步规范危险化学品建设项目安全许可程序。全年共审查危险化学品建设项目37个。2008年6月3日,市安全生产监督管理局下发《关于印发〈九江市建设项目安全设施“三同时”审查工作程序及审查申请表的通知〉》,对全市所有建设项目开展安全设施“三同时”审查工作。全年共审查建设项目86个(其中危险化学品建设项目59个、矿山建设项目10个、其他建设项目17个)。2010年,全市共审查建设项目100个(其中危险化学品建设项目43个、矿山建设项目17个、其他建设项目40个)。

## 三、执法检查

**安全生产执法** 1991年,市公安局组织开展烟花爆竹专项执法检查,全市共对1819家烟花爆竹生产经营企业(其中生产企业4家,专营企业13家,零售网点1802家)进行检查清理,发现事故隐患313起,下达整改通知书212份,责令停业整顿通知书357份。收缴各种生产机器29台,没收烟花爆竹约7000万头以及大量的原材料。1993年,市冶金煤矿局组织全市对34个发证小煤矿和4个国有煤矿进行检查,发现事故隐患125条,下达整改通知书33份,停产整顿通知书23份。1994年,市公安局组织检查烟花爆竹从业单位1969个、签订责任状1221份,具结保证534份,发现隐患198起,发出整改通知书119份,责令停业单位54家,依法取缔非法生产烟花爆竹个体作坊6个,非法生产黑火药作坊1个,收缴原材料921公斤、各种生产机器25台,没收烟花爆竹1575.2万头。1996年,九江海事局、市交通局等联合对全市船舶400多艘进行安全检查,下发整改通知书150多份,取缔和销毁“三无”船只数十艘,检查客运站场26处、维修企业110家、驾驶培训学校12所,查扣各种违章车240多辆,下发行政处罚书142份,整改通知书86份。1997年,市安全生产委员会办公室组织开展成品油市场整治,全市拉网式检查加油站180家、加油点200家,并对150家加油站(点)进行查处。其中:共查封取缔无证加油站25家、无证加油点30家,责令30家有重大安全隐患的加油站限期整改,责令停建加油站4座。2002年12月,市安全生产监督管理局按照国家下发的《关于印发〈安全生产监督检查行政执法文书〉(式样)的通知》要求,统一印制22种执法文书,进行规范执法。元旦、春节期间开展安全检查,共下达执法文书789份。2006年12月,国家安全生产监督管理局重新制定下发《关于印发〈安全生产监督检查行政执法文书〉(式样)的通知》,在22项执法文书基础上,增加到36项。2007年,在“两节”“两会”“五一”“十一”和党的十七大期间,市安全生产监督管理局11次组织开展安全生产执法检查,共下达执法文书4042份,督察整改安全隐患5000余处。2010年2月,市安全生产监督管理局报市政府批准,下发《2010年九江市安全生产监督管理局安全生产监管执法工作计划》,并报省安全生产监督管理局备案,全面规范全市安全生产行政监管执法工作。7月5日,国家安全生产监督管理总局修订下发《关于印发安全生产行政执法文书(式样)的通知》,执法文书增加到37项。全市共组织开展专项执法行动445次,共排查安全隐患652

处,下达执法文书590份,整改隐患568处,整改率达98%。

**安全生产检查** 1991年,对10家危险性较大的企业进行30次定点监察和165次专项监察及跟踪监察;对9家升级企业和省级先进企业进行安全审查和复查;对11个新、扩、改建项目进行"三同时"审查,对7个竣工项目进行"三同时"验收。1994年,市安全生产委员会办公室组织开展7次安全检查,加强对包括6家煤矿在内的40家企业的定点专项监察。重点加强对建筑企业认证的监督检查,建筑行业职工伤亡事故在上年有较大幅度下降的基础上又下降37.5%。1997年,全市共下发安全监察意见书、指令书184份,查出隐患182处,提出整改446条。2003年,全市开展安全排查和事故隐患整改执法检查工作。针对元旦、春节期间安全检查发现的15处重大安全隐患,市安全生产委员会下发《关于元旦、春节期间安全督查情况的通报》,要求各地、各部门和各单位对城镇的问题制定过硬措施,限期整改。对整改不到位的,要求其停止生产经营,直到吊销有关证照。至11月底,全市国庆节期间安全生产检查出的11处隐患全部整改到位。2004年,全年共组织开展全市性安全生产大检查8次,共检查各类生产经营单位11400个,排查各类事故隐患3846处,当场落实隐患整改2274处。对检查中发现的问题及时汇总梳理,4次下发全市安全生产督查情况通报,对60余处重大隐患督促整改,落实整改计划和监控措施,实行跟踪督查。节假日期间和重要会议期间,制定必要的应急方案和具体的防范措施,对重点地区、重点行业和重点单位实行"盯牢看死"的办法,采取果断措施,限令停产停业整顿,保证节假日和重要会议期间的安全稳定。2009年是"隐患治理年",全市深入开展安全隐患治理行动,突出抓好重点行业和领域的隐患治理。市安全生产委员会制定下发《九江市安全生产执法行动方案》《九江市安全生产治理行动方案》《九江市安全生产宣传教育方案》等文件,召开专项会议进行部署安排。全市各地、各部门根据职能分工,制定实施方案,认真抓落实,形成政府统一领导、部门依法监管、企业全面负责、群众监督参与、各方联合行动的工作机制。全市共检查生产经营单位4015家(处),查处无证或证照不全生产经营行为1187起,查处重大隐患隐瞒不报或不按规定期限予以整治的71起,查处不按规定进行安全培训或无证上岗的129起,查处拒不执行安全监管指令、抗拒安全执法的22起,查处非法违法建设、生产、经营的1386起。2010年是"安全生产年",市安全生产委员会下发《关于开展"安全生产年"活动的通知》,召开市安全生产委员会全体成员会议,部署"安全生产年"活动。各地、各部门组织开展各项检查,共组织开展全市性安全生产大检查4次,专项检查9次,共检查生产经营单位3400家,发现安全隐患3200处,整改到位3186处,整改率达98.5%。

## 第三节　矿山安全监督

### 一、煤矿安全监督

1993年,市劳动局对6家煤矿进行定点安全监察。2002年,市冶煤集团公司负责全市煤矿安全专项整治工作。2003年,市煤矿监督管理局对武宁、德安、瑞昌3个采煤县(市)的煤矿进行逐矿排查,下达整改通知书33份,停产整顿通知书23份,关闭有证矿井6个,无证矿井70多个。9月,江西煤矿安全监察局批准市煤矿工人培训中心为煤矿三级培训基地,负责全市煤矿特殊工种人员上岗资格技术培训。2005年1月,市政府下发《全市煤矿瓦斯集中整治工作方案》。2月23日,市机构编制委员会下发《关于调整九江市煤矿安全生产监督管理及煤炭行业管理职能的通知》,将煤矿安全生产监督管理工作职能和市冶煤集团公司下属矿山救护队划入市安全生产监督管理局。3月,市煤矿安全监督管理局召开全市煤矿安全生产工作会议,开展煤矿瓦斯集中整治工作。武宁、瑞昌、德安3个采矿县(市)组织煤矿安全检查,下达整改指令书68份,对存在的隐患2次下发通报。全市32家煤矿35对矿井有33对矿井取得安全生产许可证,有2对矿井进入申报程序,被江西煤矿安全监察局受理。2006年,武宁县、瑞昌市、德安县理顺煤矿安全监管和行业管理的工作体制,煤矿行业管理职能划入各级安全生产监督管理局。同年,继续开展关闭整顿不具备安全生产条件的小煤矿工作,关闭不具备安全生产条件矿井1家(德安县坪地煤矿)。

11月22日，在武宁县鲁溪镇召开全市矿容矿貌专项整治工作现场会。2007年，市煤矿监督管理局开展煤矿安全隐患排查和治理工作，狠抓年产3万吨及以下生产能力小的煤矿整顿关闭工作，关闭不具备安全生产条件矿井13对(武宁县荞麦窝煤矿、三扁担煤矿、大磨垅煤矿、坪靴煤矿、周山煤矿；瑞昌市苏家垅煤矿、青华煤矿、前门煤矿、三峰垅煤矿、南田煤矿；德安县坪地煤矿、付山煤矿吴家岩井、六号井煤矿)。2008年，市煤矿监督管理局开展示范矿井建设，确定武宁县煤矿泉坪井、争光井、小泉煤矿；瑞昌市高泉煤矿、阳坡煤矿洋乐井进行试点工作。督促全市煤矿企业缴存安全生产风险抵押金1130万元。全市所有煤矿企业配置瓦斯监控系统和“三条生命线”，完善事故应急救援预案体系，落实隐患治理责任与监控措施。2010年，市煤监局与江西煤监局赣东北监察分局进行小煤矿安全质量标准化建设分项验收，全市共有5对矿井通过通风、机电安全质量标准化验收，武宁县煤矿泉坪井通风单项达到二级以上标准。垂深超过50米的4对矿井斜井安装机械运送人员装置(猴车)。10月关闭内樟山煤矿和荞麦窝煤矿。

## 二、非煤矿山安全监督

1991年，系统监察12家国营矿山，完成35家矿山整顿建档工作。1992年，市劳动局对4个矿山进行现场安全监察。1995年，市劳动局调查摸底全市各类采石场基本情况，选择15家企业开展“三伤害”试点。1996年，市地矿局开展矿业秩序整顿工作，对无证开采现象进行整治。

2002年8月22日，在湖口县召开全市非煤矿山安全整治工作会议，部署非煤矿山安全整治工作。8月28日市政府办公室下发《九江市非煤矿山安全整治工作实施方案》，同时成立市非煤矿山安全整治工作领导小组，全面开展非煤矿山安全整治工作。10月6~9日，市安全生产监督管理局举办非煤矿山矿长安全技术业务资格证培训班，核发矿长安全技术业务资格证112个。全市非煤矿山数为1316家。2003年4月6日，市非煤矿山安全整治领导小组下发《关于聘请非煤矿山安全生产条件论证专家组成员的通知》，成立专家组11个，对全市非煤矿山进行安全生产条件论证。经过条件论证，全市共关闭不符合安全条件的非煤矿山446家，保留非煤矿山870家，核发非煤矿山安全生产条件合格证的矿山723个。2004年，开始实施安全生产许可证制度，对新办的23家非煤矿山严格按照国务院《安全生产许可证条例》和《江西省非煤矿山(场)办证管理办法》的规定和程序办理相关证照。在武山铜矿等11家重点非煤矿山企业开展安全质量标准化试点工作。在九江县和瑞昌市部分条件好的露天矿山推行中深孔爆破技术。2005年1月6日，市政府办公厅出台《九江市安全生产抵押金实施办法(试行)》，非煤矿山企业全面实行缴存风险抵押金制度。3月14日，市安全生产监督管理局印发《关于在矿山企业推行雇主责任保险的通知》，在全市矿山企业推行雇主责任保险。5月12日，市安全生产监督管理局下发《九江市非煤矿山企业安全生产许可证发证若干问题的规定》，进一步规范非煤矿山企业安全生产许可准入，市级发证269家，县级发证193家。8月4日，市安全生产监督管理局下发《转发〈关于加强非煤矿山及石油、冶金、有色、建材等相关行业建设项目安全设施“三同时”工作的通知〉的通知》，明确非煤矿山建设项目安全设施“三同时”审批程序以及设计审查与竣工验收实行分级管理。对2002年11月1日以后投入生产没有履行安全设施“三同时”手续的，必须补办设计审查和竣工验收手续，并进行登记造册。11月，在都昌县港昌石业有限公司苏山乡彭埠矿区1号花岗石矿进行型材企业机械切割技术试点工作。12月26日，市安全生产监督管理局印发《九江市非煤矿山安全生产应急救援预案》。

2006年1月5日，市安全生产监督管理局转发省安监局、省财政厅《关于印发江西省高危企业生产安全费用提取和管理试行办法的通知的通知》，规范非煤矿山企业安全费用提取及管理工作。11月3日，市安全生产监督管理局下发《九江市新办露天非煤矿山安全生产许可暂行规定》，按照控制总量、集约经营、规模发展的原则，对新办露天非煤矿山要求达到规模开采，并对实现机械化作业和中深孔爆破技术开采等安全生产条件提出总体要求，对未按规定办理安全生产许可证的非煤矿山企业加大关闭力度，全市共关闭365家。11月13日，市安全生产监督管理局下发《关于开展非煤矿山企业安全生产许可证年审和企业负责人、安全管理人员再培训复审工作的通知》，从2006年11月中旬开始，集中开展对全市已取得非煤矿山安全生产许可证的企业进行年度审核备案工作。11月16日,市安全生产监督管理局下发《关于下达九江市非煤矿山企业安全生产检测检验计划的通知》,对非煤矿山的边坡和作业场所粉尘检测检验工作提出要求及做出计划安排。2007年7月16日,市安全生产监督管理局下发《关于要求非煤矿山独立生产系统限期办理安全生产许可证的紧急通知》,规定有两个及以上独立生产系统的非煤矿山企业,应当就企业和所属独立生产系统分别申请领取安全生产许可证,并分别提交相应的文件、资料。7月9日,市安全生产监督管理局下发《九江市中小型露天采石场推广中深孔爆破开采技术实施方案》,10月30日,在德安县召开全市推广中深孔爆破开采技术现场会,全面推广中小型露天采石场实施中深孔爆破开采技术。10月6日,市安全生产监督管理局转发省安监局《关于进一步加强我省非煤矿矿山采掘施工及地质勘探作业安全生产监管工作的意见》,加强对采掘施工及地质勘探作业队伍的安全监管。同年,所有非煤矿山企业全部签订救护协议。2008年3月26日,市安全生产监督管理局下发《关于印发〈九江市开展金属非金属矿山安全标准化试点暨创建典型示范非煤矿山工作方案〉的通知》,开展全市非煤矿山安全标准化试点暨创建典型示范企业工作。4月2日,市安全生产监督管理局转发省安监局《关于印发〈关于加强全省非煤地下矿山机械通风安全管理的指导意见〉的通知》。5月30日,召开全市非煤地下矿山机械通风安全生产工作座谈会,全面推行地下矿山机械通风工作。8月9日,市安全生产监督管理局印发《2008年九江市尾矿库专项整治行动工作方案》,加大尾矿库安全运行的监管力度,开展以尾矿库为重点的安全大检查,对全市在用、待建、已停用、已闭库的26座尾矿库的安全生产情况进行调查摸底,登记造册,建立尾矿库基本情况数据库,确保尾矿库的安全运行。11月6日,在武宁县召开全市石材开采矿山企业机械切割工作现场会议,在全市石材开采矿山企业推广应用机械切割技术。2009年7月6日,市安全生产监督管理局转发省安监局《印发〈关于加强我省金属非金属矿山安全标准化建设的指导意见〉的通知》,11月8日,方圆(德安)矿业投资有限公司(尖峰坡锡矿)通过省安全生产监督管理局验收,成为全市第一家达到三级安全标准化的矿山企业。9月9日,在彭泽县召开全市非煤矿山典型示范(安全标准化)和远程监控工作现场会议,推进非煤矿山远程监控工作。

2010年3月26日,市安全生产监督管理局下发《关于在全市金属非金属矿山企业开展安全标准化创建工作的通知》,3月29日,召开全市非煤矿山标准化创建宣贯大会。通过对169家市局发证的露天矿山安全标准化创建企业进行考评认定,确定46家企业达到四级评分标准,81家企业达到五级评分标准,共127家达标企业。6月7日,市安全生产监督管理局印发《九江市非煤矿山及相关行业生产经营单位安全生产约谈制度(试行)》,建立对非煤矿山企业的约谈制度。12月6日,转发省安监局《关于贯彻执行国家安监总局第34号令严格落实金属非金属地下矿山企业领导责任的通知》,推进金属非金属地下矿山企业领导带班、下井及监督检查工作。2010年,非煤矿山首次实现"零死亡"。

## 第四节　危险品安全监督

### 一、危险化学品安全监督

1991~2002年,危险化学品行业企业安全生产工作归口在综合安全监管范畴。

2002年6月16日,成立市危险化学品安全管理专项整治工作领导小组,下设办公室。7月4日,市政府办公室下发《关于印发九江市危险化学品安全管理专项整治工作实施方案的通知》,全面部署危险化学品安全管理专项整治工作。市安全生产监督管理局经过摸底调查,对危险化学品的数量分类分布情况进行初步登记,确定整治工作的重点范围和重点单位,全市共清查危险化学品企业1350家。其中生产企业56家、储存企业113家、使用企业60家、经营单位1109家、运输企业12家。2003年1月8日,市政府办公厅批转市安全生产监督管理局《关于进一步加强我市危险化学品经营许可证发放管理工作的实施意见》,市安全生产监督管理局和市工商管理局联合在《九江日报》刊登公告,进行宣传,做好危险化学品经营安全生产许可证发放管理工作。6月上旬,市安全生产监督管理局组织各县(市、区)安全生产监督管理局负责人和140余家危险化学品生产、储存、使用单位安全生产负责人召开安全生产状况评估工作会议，明确安全评估的范围、重点、内容、实施步骤和工作安排等，组织并委托安全评价机构开展对全市危险化学品生产、储存、使用企业安全状况评估工作。全年完成化工企业的安全评估80余家。7月26日，市安全生产委员会下发《关于印发〈九江市危险化学品重大事故应急救援预案〉(试行)的通知》，九江石化总厂、九江化纤厂、九江化工厂、江西蓝星星火化工厂等6家大型企业相继制定本企业应急预案，初步建立信息畅通、快速反应、责任明确、配合有力的应急救援工作机制。10月14日，市安全生产监督管理局下发《危险化学品生产、储存企业安全评估审查意见书审批程序》，规范危险化学品安全设施"三同时"审查和安全许可工作，成立市危险化学品安全专家组。

2004年，市安全生产监督管理局制定《九江市危险化学品安全生产发展规划》，指导全市危险化学品安全生产工作和科技研究、技术推广活动。开展危险化学品企业安全质量标准化试点工作，首次确定九江化学纤维总厂、九江中伟科技化工有限公司为市级危险化学品安全质量标准化试点单位。各县(市、区、山)确定县级危险化学品试点单位，开展安全质量标准化活动。4月26日，市危险化学品安全管理专项整治工作领导小组会议对九江化工厂的安全距离等问题进行论证，做出九江化工厂整体搬迁的决定，再次向省政府呈报《关于请求省政府督促九江化工厂破产搬迁的请示》。开展重大危险源申报备案工作，全市有295家重大危险源单位进行登记备案。2005年，市安全生产监督管理局组织开展危险化学品专项检查，共检查单位(场所)3000余家，发现隐患1400余处，下达整改指令书357份，对不具备资质和证照不全的依法进行取缔和关闭。

2007年6月19日，市安全生产监督管理局下发《九江市危险化学品和烟花爆竹安全隐患排查治理专项行动指导意见》，在全市开展危险化学品和烟花爆竹安全隐患排查治理专项行动。共排查重特大生产安全事故隐患80余个，对未按法律、法规规定进行安全许可审查的20余个建设项目依法进行行政处罚。两次开会部署安全生产标准化工作，把7个单位列为市级安全生产标准化试点单位，16个单位列为县级安全生产标准化试点单位。2008年9月25日，市政府办公厅下发《关于印发〈九江市危险化学品安全生产监管联席会议制度〉的通知》，建立由21个相关职能部门和单位参加的危险化学品联席会议制度，10月7日召开第一次联席会议，部署开展全市化工企业安全生产大检查。2009年3月24日，市安全生产委员会办公室下发《九江市化工建设项目安全专项整治工作实施方案》，对辖区范围内危险化学品建设项目全面检查，建立建设项目基本情况档案。5月8日，市安全生产委员会办公室下发《关于印发〈九江市危险化学品生产企业危险性工艺安全连锁专项整治方案〉的通知》，全面开展危险化学品生产企业危险性工艺安全连锁专项整治工作。11月16日，市安全生产监督管理局下发《印发〈关于进一步推进全市危险化学品企业安全生产标准化工作意见〉的通知》，确定中石化九江分公司、江西蓝星星火有机硅厂等15家危险化学品生产企业作为首批二级安全标准化达标重点创建单位。

2010年3月25日，市安全生产监督管理局下发《九江市化工生产企业主要负责人安全履职情况定期报告制度》，将化工生产企业主要负责人定期如实报告安全生产履职情况作为考核企业安全生产工作的重要依据，以及实施安全许可的参考条件。3月29日，市安全生产监督管理局下发《九江市危险化学品生产经营单位安全生产约谈制度(试行)》。4月13日，市安全生产监督管理局下发《关于进一步做好危险化学品重大危险源普查登记备案和监督管理工作的通知》，普查登记73家重点企业，登记重大危险源160处。4月16日，市安全生产监督管理局制定《九江市危险化学品建设项目安全审查要点》，进一步规范危险化学品建设项目安全设施"三同时"工作。9月15日，市安全生产委员会办公室下发《转发省安委办〈关于加快强制推行化工企业危险工艺改造工作进度的通知〉》，推进危险工艺改造工作。12月30日，湖口富达实业有限公司、江西嘉华氟化工业有限公司等10家企业危险工艺改造工作完成。12月6日，市安全生产委员会办公室向各县(市、区)政府发去《关于抓紧做好制定实施化工园区或集中区域安全规划的督办函》，督促各地加快做好化工园区或集中区域发展规划的编制工作。

## 二、烟花爆竹安全监督

1991~1999年,市公安局负责对全市烟花爆竹安全监督管理。2000年,市政府出台《九江市烟花爆竹生产经营安全监督管理和清理整顿工作实施方案》,成立市烟花爆竹清理整顿领导小组,设立专门办事机构。整治关闭一批非法生产作坊,取缔197家非法经营网点,收缴烟花2500件,爆竹近4000万响,黑火药103千克及原料。2002年,九江市进行产业结构调整,4家国有烟花爆竹生产企业有2家退出生产行业,另2家派出安全监察员驻厂进行安全生产监控。市公安局牵头组织开展烟花爆竹专项整治工作,查处烟花爆竹非法生产、无证经营,打击非法运输、储存和销售,取缔无证或违规零售门点213个,销毁烟花爆竹材料10吨,取缔非法销售点6个。2003年,全市退出烟花爆竹生产行业,整治重点放在防止烟花爆竹非法生产、无证经营、非法运输、储存和销售上。市安全生产监督管理局、市公安局、市供销社、市工商管理局等部门积极配合,齐抓共管,对全市烟花爆竹运输、销售、储存、燃放等环节实行有效的安全监管。全市取缔无证或违规零售门点213个,销毁烟花爆竹材料10余吨。2004年4月19日,市安全生产监督管理局、市公安局联合下发《关于做好安全监管职能调整期间烟花爆竹安全监管工作的通知》,确保监管职能调整期间烟花爆竹的安全监管工作。5月10日,市安全生产监督管理局、市公安局、市发展计划委员会、市经济贸易委员会、市机构编制委员会办公室、市民营经济服务局联合下发《关于转发国家安监局、公安部、国家发改委〈关于做好职能调整期间烟花爆竹安全监管工作的通知〉的通知》,各地加快机构、人员、编制的调整充实,加强协调配合,做好安全监管档案移接的最后准备工作。12月30日,市烟花爆竹安全监管工作职能进行调整,市安全生产监督管理局、市公安局、市工商管理局、市供销社等部门按照调整后的监管工作职能履行职责。成立市烟花爆竹安全经营管理领导小组,下设办公室。全市安全生产监督管理部门会同有关部门对属地烟花爆竹零售网点全面开展安全评估检查,共检查烟花爆竹零售网点3200余户,责令不符合安全要求的700余户零售网点停止销售烟花爆竹,督促消除隐患900余处。

2005年,对全市经营烟花爆竹进行调查统计,建立2000余家经营单位档案。6月,对全市13个烟花爆竹批发专营公司进行安全评估,7月底前完成整改工作,并开始进行大范围的烟花爆竹库房安全条件整体提升改造。全市烟花爆竹销售网点申请办理"烟花爆竹销售许可证(临时)"2311家,发证959家。2006年11月23日,市政府办公厅下发《关于加强烟花爆竹经营行业管理工作的意见》,明确各级供销合作社对烟花爆竹经营行业履行行业管理职能,负责对烟花爆竹经营行业的组织、协调、督导和检查等管理工作。全市审批"烟花爆竹销售许可证(临时)"延期的烟花爆竹批发企业13家,烟花爆竹零售经营网点2560家。2007年9月27日,市安全生产监督管理局、市供销社联合转发省安全生产监督管理局《关于深入推进烟花爆竹经营企业安全条件整改达标工作的通知》,推进全市烟花爆竹经营安全条件整改达标工作。2008年4月15日,市安全生产监督管理局下发《九江市烟花爆竹零售经营网点安全条件整改达标工作方案》,5月14日,下发《九江市烟花爆竹批发经营企业安全生产标准化实施工作方案》,部署安全条件整改达标和安全生产标准化创建工作。2009年,全市13家批发经营企业中,8家库房不符合安全规范要求单位,自筹资金1400余万元新建烟花爆竹库房,总面积达5900平方米以上,第一次全市烟花爆竹批发企业库房改造工作基本完成。2月,市安全生产监督管理局组织有关专家、技术人员以及部门相关工作人员,编制《九江市烟花爆竹批发经营企业安全管理手册》。3月,全市13家批发经营企业启动第二次大范围的库房安全条件整体提升改造。全市核发"烟花爆竹经营(批发)许可证"13家,"烟花爆竹经营(零售)许可证"3551家。

## 第五节　职业安全健康监督

1991年，市劳动局整顿劳动保护用品市场，会同有关部门审定16家定点销售和21家定点生产企业，开展铸造企业粉尘治理试点和重点监督，对19家企业的粉尘情况进行复查和治理监察。1995年，对34家危险性较大、粉尘危害严重的企业进行定点监察。2004年6月18日，市安全生产监督管理局转发省安全生产监督管理局《关于加强作业场所职业卫生监督检查工作的通知》，按照国家作业场所职业卫生监督检查职责调整的要求，与有关部门协调、衔接，理顺职业卫生监督管理职能关系，做好对作业场所职业卫生的监督检查工作。2005年8月，市安全生产监督管理局、市总工会联合下发《关于转发省安监局、省总工会〈关于开展劳动防护用品专项监督检查的通知〉的通知》，9月，开展劳动防护用品专项监督检查，全市共组织检查组120个，检查非煤矿山企业530家，危化品企业360余家，冶金、制造加工企业850家。2006年1月4日，省机构编制委员会办公室下发《关于职业卫生监督管理职责分工意见的通知》，明确安全生产监督管理部门负责作业场所职业卫生监督检查等工作。

2008年，市安全生产监督管理局转发省《关于印发作业场所职业卫生监督检查评分表的通知》，下发《关于进一步加强职业卫生监督管理工作的通知》，对加强作业场所职业健康危害检查进行专项工作部署，把作业场所职业卫生状况及职工劳动防护用品的使用情况纳入安全生产监督管理工作。2009年7月30日，市政府办公厅下发《九江市职业病防治工作责任制》和《关于建立职业病防治工作联席会议制度的通知》，要求各级政府及卫生、安监等部门按照职责分工，各司其职，各负其责，切实抓好职业病防治监督管理工作。8月18日，市安全生产监督管理局下发《关于开展作业场所危害申报登记工作的通知》，对全市作业场所职业危害实行申报登记。8月24日，市安全生产监督管理局组织召开由各县（市、区、山）安全生产监督管理局分管领导及相关企业负责人参加的全市作业场所职业危害申报登记工作会议，推进作业场所职业危害申报登记工作。9月16日，市安全生产监督管理局、市卫生局、市劳动和社会保障局、市总工会联合下发《九江市开展粉尘与高毒物品危害治理专项行动实施方案》，在全市开展粉尘与高毒物品危害治理专项行动。2010年7月21日，市政府办公厅下发《关于印发九江市安全生产监督管理局主要职责内设机构和人员编制规定的通知》，明确市安全生产监督管理局职业安全健康监督管理科的职能。当年全市申报企业841家。

## 第六节　综合安全监督

1991年，市劳动局检验电梯83台次，起重机械24台，完成锅炉压力容器发证2129台。1994年，市劳动局检验电梯115台次，起重机械394台，治理整顿液化气充装站30家，检验新装锅炉66台次。1995年，市劳动局组织开展安全生产检查5次，全年共下达安全监察意见书296份。

2002年11月，市安全生产监督管理局配合市公安局开展交通运输安全专项整治，整治重点路段安全隐患；配合市交通局开展水上交通安全专项整治，重点打击“三无”船舶超载违法行为。2003年12月15日，市安全生产委员会下发《九江市“三线”交越与搭挂安全专项整治实施方案》，对电力线、通信线、广播电视线交越和搭挂进行全面安全整治（以下简称“三线交越”）。成立“三线交越”整治协调领导小组，相关协调工作设在市安全生产监督管理局综合科。12月19日，召开“三线交越”整治协调小组成员工作会，部署“三线交越”整治工作。全年投入整改资金3811万元，整治“三线”搭挂1823.34千米，整治交越22806处。

2005年3月25日，市安全生产委员会办公室下发《关于对企业在用特种设备专项整治工作方案》，成立特种设备整治领导小组。全年共检查企业136家次，检查特种设备1673套，对在用过期未检的“锅、容、管”等设备下发整改通知书86份，对操作人员未持证上岗下发整改通知书78份。2006年8月23

日，召开危险路段专项整治工作会议，下发《关于道路交通危险路段专项整治工作的通知》，成立专项整治领导小组。全年共排查危险路段135处，制作道路交通警示牌135块，增加减速带810条。2007年4月17日，市安全生产监督管理局会同市气象局开展危险品生产、储存企业、学校等场所防雷工作专项检查，检查危险品生产、储存企业167家，中小学校78所，发现防雷设施不合格场所156处，下发隐患整改指令书156份，隐患复查意见书156份。隐患整改147处，整改率94%。2008年3月21日，市安全生产委员会办公室下发《安全生产综合监管协调指导及重点服务对象单位的通知》，进一步理顺市、县两级安全生产综合监管范围。4月10日，召开全市安全生产典型示范工作会议，在建筑施工、交通运输、学校、商业、旅游、锅炉管特等行业开展安全生产典型示范单位创建工作。全年共创建安全生产典型示范单位24个，验收合格单位19个。2009年3月12日，市安全生产委员会办公室下发《关于在冶金机械等行业开展安全生产规范化(标准化)建设的通知》，开展机械行业安全生产标准化建设试点工作。市重点服务企业安全生产标准化工作启动。同方电子江西科技有限公司、九江精密测试技术研究所作为安全生产标准化建设试点单位，分别委托南昌赣洪安全技术咨询服务有限公司为安全生产标准化建设咨询服务单位。5月6日，市安全生产委员会办公室下发《关于对自主产权电力设施安全专项检查的通知》，开展单位自主产权电力设施安全专项检查，全市共检查具有自主产权电力设施单位168个，发现安全隐患246处，下达隐患整改指令书143份，下达整改复查意见书143份，整改隐患237处，隐患整改率96%。

2010年5月16日，召开全市安全生产规范化(标准化)建设现场会，省安全生产监督管理局对清华同方电子江西科技有限公司、九江精密测试技术研究所安全生产标准化建设颁发国家安全生产标准化建设二级证书。6月25日，市安全生产监督管理局、九江船舶公司、市安全生产监察支队联合开展全市船舶制造企业安全生产专项检查，共检查船舶制造企业8家，发现安全隐患167处，下达隐患整改指令书8份，复查意见书8份，整改安全隐患156处，整改率为93.4%。

## 第七节　事故及应急救援

### 一、生产安全事故

1991年，全年考核目标内企业死亡15人，占全年控制目标28人的53.6%，较1990年下降28.5%。1992年7月23日17时27分，都昌县芙蓉山花炮厂插引车间发生严重火药燃烧，造成5人死亡、1人受伤的重大伤亡事故。8月3日，修水县香炉钨矿发生翻车事故，造成2人死亡、1人重伤事故。1994年，全市共发生伤亡事故45起，死亡41人，比1993年下降8.2%。11月24日9时许，瑞昌市峨眉乡钟家湾煤矿发生瓦斯燃烧事故，造成2人死亡、3人受伤。12月21日14时56分，九江石化总厂机修铆焊车间发生中毒窒息事故，造成2人死亡。1995年，全市企业职工因工死亡38人，比省政府下达的控制目标低42.9%。3月2日9时40分，九江康德利实业有限公司东牯岭善山1901矿区2号坑口发生物体打击事故，造成2人死亡。1997年，全市县以上工伤事故发生12起，重伤3人，死亡12人，分别比1996年下降64%、81%和40%。12月24日22时左右，修水县康乐美容厅一台立式土锅炉发生爆炸，造成3人重度烫伤。

2000年，全市共发生各类伤亡事故1486起，死亡279人，伤1142人，直接经济损失424.72万元。与1999年相比，事故起数、死亡人数、受伤人数及直接经济损失分别上升53.6%、9.3%、60.4%和42.7%。其中，县以上工矿企业发生各类因工伤亡事故10起，死亡11人，重伤5人，与1999年相比，事故起数、死亡人数和受伤人数下降47.3%、15.3%和41.6%；道路交通发生各类事故1469起，死亡247人，伤1130人，直接经济损失417.7万元，与1999相比，事故起数上升113%，死亡人数下降2.3%，受伤人数上升150%，直接经济损失上升71.8%；水上交通发生船舶翻沉事故2起，死亡5人，直接经济损失7万元，与1999年相比，事故起数持平，死亡人数上升25%，直接经济损失下降68%。11月21日，九江美彤矿业有限公司发生事故，死亡3人。2001年，全市共发生各类伤亡事故2018起，死亡279人，同比事故起数上升 31.6%,死亡人数下降 2.1%,其中:工矿企业发生因工伤亡事故 31 起(含煤矿 6 起),死亡 27 人(含煤矿死亡 8 人);道路交通发生各类事故 1973 起,死亡 239 人;水上交通发生各类事故 14 起,死亡 13 人。2002 年, 全市共发生各类伤亡事故 2018 起, 死亡 279 人, 同比事故起数上升 31.6%, 死亡人数下降 2.1%。其中:工矿企业发生因工伤亡事故 31 起(含煤矿 6 起),死亡 27 人(含煤矿死亡 8 人);道路交通发生各类事故 1973 起,死亡 239 人;水上交通发生各类事故 14 起,死亡 13 人。9 月 23 日凌晨,江铜集团武山铜矿发生片帮事故,矿工付举权被打经抢救无效死亡。2003 年 1 月 2 日,星子县五里麻石厂出现塌方,压死作业人员 2 人。11 月 7 日 17 时 50 分,中国人民解放军军需财经高等专科学校(九江学院)新建土木工程系动力实验楼(高 15 米)主体建筑封顶施工时,发生楼顶坍塌,造成楼顶 10 名作业工人被埋,其中 4 人死亡。2004 年 11 月 4 日 9 时 40 分,星子县水泥厂西垅采石场发生坍塌事故,5 名工人被砸埋,经过紧急救援,2 名矿工获救(其中 1 人重伤,1 人轻伤),3 人死亡。

2005 年 2 月 23 日凌晨,瑞昌市荣达矿业发展有限公司氰化钠仓库发生被盗案件,被盗物品为安徽省安庆市曙光化工厂生产的"庆宜"牌氰化钠,共计 5 桶,250 千克。省、市有关部门迅速赶赴案发现场进行侦破。2 月 27 日中午,被盗氰化钠全部追回。同年 3 月 7 日 13 时 20 分,星子县周(周家畈)太(太乙村)线 12KM+700M 处发生特大道路交通事故,一辆载有 44 人的中巴车坠入深崖,造成 22 人死亡,22 人受伤。5 月 18 日下午 3 时 52 分,湖口县金砂湾工业园九江富达实业有限公司一车间硝化工段溶解反应锅发生爆炸,造成该车间 1~3 层部分墙体炸塌,周边设施炸损严重,2 人当场死亡,25 人受伤(其中 2 人在医院抢救过程中因伤势过重,抢救无效死亡)。2006 年 11 月 18 日晚 8 时 20 分左右,都昌县土塘中学新教学楼学生在下晚自习时,发生学生拥挤踩踏伤害事故,造成 6 人死亡。12 月 29 日 13 时许,瑞昌市江西亚东水泥有限公司三期扩建工程的生料磨车间发生"满堂"模板支架失稳坍塌事故,死亡 4 人,受伤 6 人。2007 年 6 月 28 日 16 时 30 分,瑞昌市九江金锋集团有限公司洋鸡山金矿发生透水事故,井下 5 号和新 3 号作业面共有 10 名作业矿工被困。经过 40 分钟紧急施救,新 3 号作业面 6 名矿工被救出,均未受伤。后又经过 30 小时的持续施救,被困 5 号作业面 100 米井下的 4 名矿工在 29 日 21 时 38 分终于全部脱险,获救矿工除轻微脱水和疲劳外,均无其他身体伤害。2010 年 7 月 17 日凌晨 1 时 10 分许,同方江新造船有限公司舾装码头正在舾装的 8000PH-3000 吨多用途锚作船前水泥罐舱内发生爆燃事故,造成在水泥罐舱和左侧淡水舱内进行油漆喷涂作业的 6 名员工当场死亡。

**2002~2010 年市安全生产事故一览**

表 65-5-1

| 年份 | 省下达年度控制数 | 年事故起数 | 同比情况% | 年实际死亡总数 | 同比情况% | 煤矿 | | 非煤矿 | | 道路交通 | | 农机 | |
|---|---|---|---|---|---|---|---|---|---|---|---|---|---|
| | | | | | | 控制数 | 实际数 | 控制数 | 实际数 | 控制数 | 实际数 | 控制数 | 实际数 |
| 2002 | 未下 | 2018 | +31.6 | 279 | -2.1 | 未下 | 8 | 未下 | 19 | 未下 | 252 | 未下 | |
| 2003 | 未下 | 1105 | -45.2 | 269 | -3.6 | 未下 | 8 | 未下 | 37 | 未下 | 224 | 未下 | |
| 2004 | 254 | 914 | -17.3 | 280 | +4.1 | 8 | 11 | 31 | 51 | 205 | 218 | 未下 | |
| 2005 | 233 | 744 | -18.6 | 233 | -16.8 | 6 | 7 | 35 | 34 | 192 | 192 | 未下 | 1 |
| 2006 | 212 | 612 | -17.7 | 168 | -31.3 | 5 | 6 | 27 | 25 | 180 | 137 | 未下 | |
| 2007 | 173 | 389 | -36.4 | 162 | -3.6 | 5 | 5 | 27 | 27 | 138 | 130 | 3 | |
| 2008 | 169 | 341 | -12.3 | 151 | -6.8 | 4 | 5 | 32 | 28 | 130 | 117 | 3 | 1 |
| 2009 | 143 | 323 | -5.3 | 136 | -9.9 | 3 | 1 | 23 | 23 | 117 | 112 | 未下 | |
| 2010 | 136 | 281 | -13 | 128 | -5.9 | 2 | 1 | 22 | 11 | 112 | 269 | 未下 | |

说明:2002 年只有安全生产情况汇报材料,没有原始数据资料

## 二、事故责任追究

“1992.7.23”严重火药燃烧事故,造成5人死亡、1人受伤。事故发生后,市有关部门组成调查组,对事故原因进行调查,决定撤销厂长和生产副厂长职务,并移送司法部门追究其刑事责任,对介绍童工的责任人及批准人,进行经济处罚。“1994.11.24”瓦斯燃烧事故,造成2人死亡、3人受伤,有关部门组成调查组,对事故原因进行调查,决定撤销矿长、分管副矿长的职务,给予乡企办主任、分管副主任行政警告处分,并责令做出书面检查。

2002年2月20日,市政府第三十一次常务会通过《九江市人民政府一般安全事故行政责任追究规定》,自2002年3月1日起实施。“2003.11.7”九江学院坍塌事故后,市政府组织事故调查。2003年12月26日,市安全生产监督管理局向省安全生产监督管理局提交《关于“2003.11.7”坍塌事故调查报告》。2004年5月24日,省安全生产监督管理局对事故下达结案批复,对16名相关责任人进行责任追究;3人追究刑事责任,1人开除公职,2人撤职,4人降职,6人行政警告处分。“2004.11.4”星子县西垅采石场坍塌事故后,星子县政府组织事故调查。2004年12月20日,星子县安全生产监督管理局向市安全生产监督管理局提交《关于星子县西垅采石场“11·4”坍塌事故调查报告》。2005年1月24日,市安全生产监督管理局对事故下达结案批复, 对6名相关责任人进行责任追究;3人追究刑事责任,2人免职,1人行政警告处分。“2005.3.7”星子县特大道路交通事故后,省安全生产监督管理局受省政府委托,组织事故调查并下达《关于星子县“3.7”特大道路交通事故的处理决定》,对13名责任人进行责任追究;4人追究刑事责任,3人行政拘留,5人行政记大过处分,1人行政撤职。“2006.12.29”瑞昌市江西亚东水泥有限公司模板支架失稳坍塌事故后,市政府组织事故调查,事故调查组提交《“12.29”坍塌事故调查处理报告》,经市政府批复同意, 对2家事故单位和11名事故责任人进行责任追究:2个单位停止其在九江市范围内参与建筑工程招投标、工程监理半年;3人追究刑事责任,8人经济处罚。“2010.7.17”同方江新造船有限公司多用途锚作船前水泥罐舱爆燃事故后,市政府组织事故调查,市安全生产委员会下达《关于同方江新造船有限公司江边舾装码头8000PH—3000吨多用途锚作船前水泥罐舱 “7.17” 爆竹事故的处理意见》,对2家事故单位和13名事故责任人进行责任追究,给予2个事故单位经济处罚,给予13人行政警告处分、书面检查、解聘处理。

**2002~2011年市重大、较大安全生产责任追究一览**

表65-5-2　　单位:人

| 事故名称 | 牵头调查单位 | 做出处理决定的单位 | 纪律处分 | 刑事责任追究 | 行政处罚 |
|---|---|---|---|---|---|
| “2003.11.7”九江学院重大坍塌事故 | 省安监局 | 省安监局 | 10 | 3 | 1 |
| “2004.11.4” 星子县城水泥厂西垅采石场发生坍塌事故 | 星子县政府 | 九江市政府 | 1 | 3 | 1 |
| “2005.3.7”星子县特大道路交通事故 | 省安监局 | 省安监局 | 9 | 5 | 2 |
| “2005.12.24”武宁县鲁溪镇小泉煤矿瓦斯爆炸事故 | 省煤监局赣东北分局 | 江西煤监局 | 5 | 1 | 3 |
| “2006.12.29”江西亚东水泥生料磨车间较大坍塌事故 | 市安监局 | 市安委会 |  | 3 | 8 |
| “2007.8.5”德安县吴山乡林居采石场较大坍塌事故 | 市安监局 | 市安监局 | 6 | 2 | 1 |
| “2010.7.17” 同方江新造船有限公司爆燃较大事故 | 市安监局 | 市安委会 | 7 |  | 2 |

## 三、应急救援体系建设

**应急救援机构**　2005年2月，市机构编制委员会下发《关于调整九江市煤矿安全生产监督管理及煤炭行业管理职能的通知》，将市冶金煤炭集团公司下属的市矿山救护队整体划入市安全生产监督局。12月23日，市政府第二十二次常务会决定，在市矿山救护队基础上，成立市矿山、危险化学品事故应急救援中心，为正科级全额拨款事业单位。2007年4月18日，市矿山、危险化学品事故应急救援中心增挂市安全生产事故急救指挥中心牌子。2008年8月12日，市矿山、危险化学品事故应急救援中心增挂市矿山救护队牌子。2010年，成立市安全生产应急指挥中心，为市安全生产监督管理局下属正科级全额拨款事业单位。

**应急救援设施、设备、装备建设**　1991年，市矿山救护队占地2000余平方米，有1栋1000多平方米的4层主体楼房，有办公楼、食堂、充填房、充电房、水泵房、变电房、车库和体能训练室等设施。

2005年12月，市矿山、危险化学品事故应急救援中心成立，对场地进行路面硬化和绿化，对训练设施单杠、双杠、爬绳、重锤进行修缮。配备救护车1辆、指挥车1辆、HYZ4正压氧气呼吸器5台、OOHY-240正压氧气呼吸器13台、HY-120正压氧气呼吸器2台、个人战斗服20套、光干涉瓦斯检定器6台、氧气呼吸器校验仪1台、矿帽10顶、ORT-1氧气呼吸器校验仪1台、BGP-200高倍数泡沫灭火器1台、灾区便携式通信电话1台、自带矿灯安全帽15套等救援装备，初步形成井下矿山救援能力。2006年，江西煤矿安全监察局对市矿山、危险化学品事故应急救援中心进行质量标准化达标考核，市矿山救护队达到质量标准化二级，获得矿山救援三级资质。2007年起，市矿山、危险化学品事故应急救援中心陆续配备全顺新时代17座救护车1台、HY-240正压氧气呼吸器5台、红外测距仪1台、0~100℃温度计30支、取样工具4套、帆布水桶2个、一氧化碳检定器2台、模拟巷道、四合一气体检测仪2台、压缩氧自救器20台、对讲机4台、led双光源矿灯20盏、矿帽15顶、MFZ/ABC4干粉灭火器10台等救援装备，进一步提升应对突发事件和井下矿山救援能力。2008年，启动市安全生产应急平台建设。2009年，市安全生产监督管理局自筹资金100万元，对市安全生产应急平台进行改造和装修，购置17台电视机、5台液晶电脑等监控设备，建立起市安全生产应急指挥中心远程监控系统平台，投入1000多万元，在全市建设远程视频监控系统。

**应急救援预案**　2005年，15个县(市、区、山)陆续制定出台本辖区应急救援预案，相关职能部门和行业主管部门制定出台燃气、危化、矿山、公路交通、水上交通、特种设备、建筑施工、供水、供气等19个专项应急救援预案和41个部门应急救援预案。市安全生产监督管理局下发《九江市安全生产事故灾难应急预案》《九江市危险化学品事故灾难应急预案》《九江市矿山事故应急预案》《九江市重大以上煤矿事故应急救援预案》等应急预案。2006年，中石化九江分公司、九江化纤厂、九江化工厂、蓝星星火有机硅厂等100余家化工企业、28家煤矿和300多家非煤矿山企业，都制定本企业的应急救援预案，完成率达到90%以上。

**应急救援演练**　2003年，市安全生产委员会办公室指导市矿山危险化学品事故应急救援中心、中石化九江分公司、星火有机硅厂、江西嘉华氟化工业有限公司、九江化工厂、赛得利(江西)化纤有限公司、九江化学纤维总厂、中石化九江市石油公司(金鸡坡油库)、中石化瑞昌市石油公司(7105油库)等单位做好应急救援演练，初步形成“统一指挥、反应灵敏、协调有序、运转高效”的应急管理机制。2009年6月21日，市矿山、危险化学品事故应急救援中心在模拟巷道开展模拟矿山井下机电火灾事故处理专项演练。演练中室外气温达35℃，模拟巷道内最高气温65℃，巷道内一氧化碳含量350PPM，氧气含量16%，二氧化碳含量2%，浓烟能见度不足2米。指挥员和救护队员全副武装，开展闻警出动、领取任务、入井准备、建立井下基地、灾区侦察、积极灭火、搜救遇险人员、工伤急救、伤员转运、灾区充氧、局扇通风、安全撤离等十多项演练内容，顺利完成建立井下基地、搜救遇险人员、恢复矿井生产等任务。

2010年6月23日,市矿山、危险化学品事故应急救援中心在武宁县煤矿泉坪井+80四水平底部开展模拟煤矿井下机电火灾事故救援应急演练。

**事故救援** 2007年6月28日16时30分,瑞昌市洋鸡山金矿发生透水事故,井下5号和新3号作业面共有10名作业矿工被困。市矿山、危险化学品事故应急救援中心接到事故报警,迅速赶赴事故现场。17时10分,3号作业面6名矿工顺利救出。市危险化学品事故应急救援中心组织抽水管路的架设工作。29日21时38分,4名遇险矿井人员全部安全撤离。

# 第六十六篇

# 民　政

# 第六十六篇 民政

1991~2010年，全市基层群众自治组织建设不断加强，到2010年底，全市共有353个社区居委会，1724个农村村委会，3872个农村村落社区，城乡社区已逐渐成为贴近群众、服务多样、管理有序、文明祥和的社会生活共同体。社会福利大力发展，全市公办社会福利机构219所，在院服务对象1.47万人。福利机构占地面积共计309.6公顷、建筑面积48.99万平方米，可设床位数1.82万张。民办社会福利机构16所，在院服务对象856人，总建筑面积3.47万平方米，可设床位1288张。全市社会福利院、光荣院、敬老院新(改、扩)建项目329个，总投资4.18亿元，建筑总面积54.59万平方米，新增床位2.36万张。共发放各类救助资金18.53亿元。五保集中供养对象1.99万人，分散供养对象3519人，累计发放资金3439万元。每年救助滞留城区的各类临时遇困人员约3500~4000人次。市慈善总会累计筹募款物2.54亿元，建立创始基金620万元，设立冠名基金和协议捐赠规模达6100万元，年增值善款340万元。累计支出款物1.84亿元，3.06万人次受到资助(不含赈灾款资助人数)。福利彩票销售6.12亿元。为国家筹集公益金1.89亿元，为市、县筹集公益金5658万元。社会保障逐步完善，各级财政投入救灾资金4.53亿元，救灾物资折款3.18亿元。投入因灾倒房恢复重建资金6.21亿元，完成倒房重建12.13万户。投入受灾救济金1.96亿元，救济4146万人，救灾款项全部实行社会化发放。全面落实各项优抚政策和安置任务，全市享受抚恤生活补助的优抚对象2.56万人。总计发放抚恤生活补助金4.83亿元。共接受安置退役士兵4.57万人，军队离退休干部(士官)151人，无军籍职工208人。有37位牺牲的各类人员被军队政治部门及省政府批准为革命烈士。社团、民办非企业单位登记和婚姻、收养登记、地名勘界、殡葬管理等工作不断加强。全市登记社会团体906个，民办非企业单位293个。办理内地及港澳台中国公民收养登记1300人。全市15个县级婚姻登记机关中有10个达到“全国婚姻登记示范机关”，达标总量全省第一。20年间，市3次获“全国双拥模范城”称号，6次获“全省双拥模范城”称号。先后涌现出一批全国双拥工作先进单位及先进个人。

# 第一章　基层政权建设

## 第一节　村民自治

20世纪90年代初,市委、市政府先后下发《关于在全市开展村民自治示范活动的通知》《关于在全市农村推行村务公开、加强村级民主制度建设的通知》《关于认真做好村(居)委会换届选举工作的实施意见》(每届发文)《关于进一步搞好乡镇(街道)政务公开的意见》《关于进一步加强村民代表会议制度建设有关问题的通知》《关于乡(镇)人民政府指导村委会工作规则》等政策性文件和规章,保证全市村民自治工作的全面推进和健康发展。1993年,全市推行统一使用省民政厅印制的村(居)委会成员当选证。1994年,按省民政厅部署,全市村委会选举工作以星子县乡镇作为试点推行,采取户代表选举形式,其他县(市、区)选1~2个乡镇开展试点工作。1996年,市政府下发《九江市村务公开和民主管理实施意见》,进一步规范村务公开和民主管理工作。全市100%的建制村实现村务公开,建立村民代表会议制度,由为民做主转变为让民做主。1997年起,推行乡镇政务公开、厂务公开、村务公开,95%以上的村建立公开栏,制定《村民自治章程》和《村规民约》,90%以上的农村建立保障民主监督的村民理财小组、村务公开监督小组等组织,聘请社会监督员,健全村务公开和民主管理长效机制,优化村民自治的社会环境。1999年,在都昌县乡镇开始进行"海选"(选民1人1票推荐候选人)试点工作,尔后在全市逐步推开。2000年,借鉴村委会选举经验,改革完善乡镇和村级党组织选举,利用4个月时间,完成全市2160个村委会首次"海选"任务。2009年,永修县被命名为"全国村务公开民主管理示范县"。

2008年,全市农村进行第七届村委会选举。选举组织工作做到统一届期、统一部署、统一指导、统一实施。平均参选率为90.5%,当选村委会成员年龄在45岁以下、高中文化以上的增多,中共党员比例呈上升趋势,12个县(市、区)的村委会主任和村党支部书记"一肩挑"比例高达35%。村"两委"(村委会和村党支部)同时进行换届选举、"一票双推""两推直选""两推一选""公推直选"等方式在村级党组织选举中得到推广。重视"难点村""重点村"选举,提高妇女当选比例,引入"司法公证"制度,实行"无提名候选人"的"自荐直选"选举。当年,都昌县、永修县、修水县、瑞昌市、庐山区5个县(市、区)被命名为"全省村民自治模范县(市、区)",其中庐山区被民政部命名为"全国村民自治模范县"。全市有97个乡镇命名为"全市村民自治示范乡(镇)",986个村被命名为"村民自治示范村"。

## 第二节　城市社区建设

1991年起,建成市、区、街、居四级便民服务网络。社区服务网络由老年人服务、残疾人服务、优抚对象服务、社区康复服务、家庭劳动服务、便民利民服务、文化生活服务、儿童青少年服务、民俗改革服务、安全服务、计划生育服务等服务网络组成。社区服务业的管理实行《社区服务证书》制度。1997年6月,市社区服务中心正式挂牌服务,并被誉为政府的"民心工程"。1999年3月开始,在全市范围内开展居民委员会建设达标升级活动,将居委会按不同的标准,由低到高分别定为三级、二级、一级。

2000年,开始由"社区服务"扩展到推进"社区建设"。在全省乃至全国产生影响,多次接受民政部及省市领导的视察和指导,浔阳区和庐山区被确定为全省社区建设示范区。2001年,全市在浔阳区湓浦街道对原有24个居委会进行整合,划分为12个社区,并以点带面,将全区原有的126个居委会管辖区,重新整合划分85个社区。全市由原来的364个居委会,重新调整划分为347个社区居委会。2002年10月,浔阳区被民政部命名为首批全国社区建设示范区。2004年,创新推出"组织联动互商、文化联乐互融、信息联享互通、人才联姻互补、服务联手互惠、爱心联倡互助"的"六联六互"城乡社区对接互动活动。

全市186个城乡社区结成互动共建对子,形成“区县对接、街乡互动、居村双赢”局面。2008年,扩大基层民主,实行“权责统一,事费统一”,确定政府部门与社区自治组织相互间“指导与服务、协助与监督”关系,“权随责走、费随事转”,形成政府依法行政,社区依法活动的城市基层管理体制和工作机制。2009年,浔阳区再次被民政部命名为“全国和谐社区建设示范区”。先后3次在全国社区党建工作座谈会上介绍经验,被中共中央组织部、民政部称为“全国社区建设的一个缩影”。

2010年,浔阳区建成建筑面积2600多平方米的社区服务中心,其他各街道社区服务中心面积均在200平方米以上。实行“一门式办公”。全市通过“区(县)办、街办、居办、合办、单位办、个人办”等“六轮”驱动办法,建立区、县级社区居家养老服务中心8个,街道、城镇老年福利服务机构20多个、社区老年服务站150个,总面积47000余平方米。浔阳区社区安装信息网络软件设计平台,居民不出社区便可享受“求助服务”。全市建立社区警务室198个,配备社区民警200余人,建立17个社区卫生服务中心和126个社区卫生服务站。普遍建立单独的社区文化活动室和图书阅览室,安装全民健身器械,配备微机、电视机、电话等现代化办公设备。面向社会公开招聘,民主选举社区工作者,全市社区居委会新任居委会干部平均年龄40岁以下、均具有高中以上文化程度,其中大中专文化程度占30%。社区实行“自我管理、自我教育、自我服务、自我监督”,实现“自己的当家人自己选,自己的难题自己解,自己的事情自己办”。

## 第三节　农村社区建设

1998年起,全市农村推行村务公开、加强村级民主制度建设工作。

2001年,市民政局被评为全市优化环境年先进单位。2002年,市、县组织部、农工部和民政局举办1~2期村落社区主要骨干、乡镇领导和村级组织负责人培训班,使全市所有乡村分管领导和“一会六站”骨干普遍轮训一次以上。全市调整和改选志愿者协会会长和各站站长460人次。2003年初,随着城镇化建设推进,全市率先在全省开展农村村落社区建设。制定《九江市农村村落社区星级评定实施意见》,组织全市开展“星级村落社区”创建活动。全市先后对近700多个“星级村落社区”分别给予资金扶持和表彰。2004年,在省民政厅倡导和市民政局组织下,都昌县22个村落社区与浔阳区、庐山区以及都昌县城镇等10个城市社区,在全省率先以签订“协议书”形式建立联谊结对互动关系。市民政局以此为发端,在全市180个城乡社区开展对接、互动、交流与合作活动。按照“在举措上落实互动、在优势上寻求互补、在效果上追求互赢”原则,全市城乡结对社区共举办32场“小巷总理”与农村“村落会长”社区管理经验交流会,双方参会交流人数达到640多人次;有30多个城乡社区开展互访互学活动。全市城乡结对社区共吸纳近3000名农村村落社区村民进城务工。浔阳区、庐山区等结对社区还为12名农家女在市区找到家政钟点工工作。城市社区还帮助部分村落社区村民在城里开辟农副产品摊位。有52个结对社区,开展“送百场戏,进百个村落(社区)”活动。城市社区帮助农村村落社区成立和培训腰鼓队、歌舞队1800多个。

2006年,全市为村落社区村民赠订各种科技书刊200多万册,组织和动员志愿者中致富能手,与贫困农户结为帮扶对子。都昌县周溪梅沙村落社区,通过协会科技信息传递站培训,引导村民发展珍珠养殖,全村落105户农民入股养殖珍珠,当年100多户村民靠养殖珍珠脱贫致富,有4户买小轿车。社会救助站通过开展互助互济活动,全市3872个村落社区志愿者协会,累计与17670多户特困户结为帮扶对子。1400个村落社区志愿者协会担当86个农村专业经济协会和2300个新农村建设发展基金理事会义务管理和服务工作。2007年,全市15万多名村落社区志愿者当中,有县、乡退居二线及退休领导和干部近2万人,私人老板和致富能手3万多人。都昌县狮山乡李贺村靠打工致富的城市房地产老板李辉勤,先后捐款195万元,为村落架桥铺路,装自来水,修建小学和活动中心等,还资助40多名学生上大学。全市村落社区争取社会个人力量捐款2000多万元,兴办村落社区公益事业3万多件次。2008年,志愿者协会把宗族祠堂、废弃校舍、仓库、民居等农村闲置场所,改为村落社区文化活动场所,开办娱乐活动中心,组织开展各种健康有益的文化体育活动,开展评选清洁户、文明户、好媳妇、好丈夫、好公婆、好孩子等活动,做到民间纠纷调解不出村落。2008年始,全市乡镇普遍建立“中心+村落”的农村社区建设新模式示范点。进一步完善村级“中心”和村落社区服务功能,提高服务水平。村落社区建设,先后有22个兄弟省、市、200多个县(市、区)民政部门和单位负责人及国内专家学者到市考察,省民政厅先后3次在市召开全省村落社区建设现场经验交流暨理论研讨会。2009年,都昌县、彭泽县、湖口县被民政部命名为“全国农村社区建设实验县”,总量居全省第一。

2010年,全市村落社区发展到3872个,达到村村都有2个以上村落社区示范点。村落社区组织形式由“一会六站”(即:志愿者协会,互助救助站、公益服务站、环卫监督站、文体联络站、纠纷调解站、科技信息传递站)构成。有以农村老党员、老干部、老教师、老劳模和老复员退伍军人为主体的村落社区“五老”志愿者队伍15万余人。全市社区群众踊跃参与兴办公益事业活动,自愿捐款达到2600多万元,兴办公益事业4600多件,其中捐款修路1550千米,新建生活垃圾窖8200多处,清理污水沟7100多处,改造饮用水塘3460处。村民自主参与村务管理。都昌县蔡岭镇谭朝文村近十年来账目一直不清,村落社区成立后,志愿者协会组织村民代表开展财务清查,村务公开后,村民自愿筹资筹劳,不到1个月就建成1条长200米宽2米的水泥路。同年,市委、市政府将社会主义新农村建设与农村村落社区建设结合起来,两项工程一起抓,以647个自然村落为社区示范点。重点选择1801个自然村落社区列入新农村建设试点,安排1.5亿元发展补助资金。并组织和安排市直近百个部门和单位挂点帮扶。提出新农村建设“生产发展、生活富裕、乡风文明、村容整洁、管理民主”要求。在全市形成各部门和单位广泛参与村落社区建设“横向网络系统”。并先后在寒暑假期间,组织近千名城市社区中小学生与农村村落社区青少年开展“一对一”“一帮一”“小手拉小手”互帮、互学、互访等生活体验活动。全市200个城乡社区开展对接互动活动。当年,都昌县被民政部命名为“全国农村社区建设全覆盖示范县”。

# 第二章 拥军优属

## 第一节 拥 军

1991年,市委、市政府组团到浙江舟山慰问“九江舰”全体官兵。1992年,省委、省政府、省军区(通报)命名九江市、修水县为全省双拥模范城(县),通报表彰九江建筑材料厂、九江石油化工总厂、瑞昌市码头镇、海军后勤部武汉办事处、武警九江市支队、86320部队(场站)、浔阳区特等伤残军人妻子吕家兴为全省双拥模范单位和个人。同时,省政府、省军区命名表彰永修县梅棠乡、武宁县新宁镇、市供销合作社为全省双拥先进单位,6人为先进个人。当年,市委、市政府、九江军分区下发《关于授予浔阳区等县(区)双拥模范县(区)、双拥先进单位、吴荷香等双拥模范个人、双拥先进个人荣誉称号的决定》,授予浔阳区、庐山区、修水县为双拥模范县(区);授予星子县、九江县、德安县为双拥先进县;授予九江石油化工总厂等25个单位为拥军优属模范单位;授予海军后勤部武汉办事处等10个单位为拥政爱民模范单位;授予庐山区赛阳乡等35个单位为拥军优属先进单位;授予九江军分区等14个单位为拥政爱民先进单位;授予18人为拥军优属模范个人,5人为拥政爱民模范个人,34人为拥军优属先进个人,13人为拥政爱民先进个人。1994年,市委、市政府、九江军分区下发《关于授予瑞昌市“双拥模范城”称号的决定》。

1996年,省委、省政府、省军区命名九江市、瑞昌市、修水县、永修县为全省双拥模范城(县)。同时,省政府、省军区发文表彰浔阳区湓浦街道办事处、武警九江市支队、九江石油化工总厂、修水县义宁镇为全省双拥先进单位,3人为先进个人。市委、市政府、九江军分区下发《关于授予修水县、永修县、瑞昌市、湖口县为双拥模范县(城)的决定》,市政府、九江军分区下发《关于表彰全市双拥先进单位和个人的决定》,表彰64个单位为“双拥先进单位”,59名个人为“双拥先进个人”。“八一”前夕,市政府拨出14万元为驻市团级单位配备音响。1997 年，各县（市、区）、乡（镇、街道）、村（居）及企事业单位，建立双拥服务组织 6272 个。市政府、市军分区颁布《九江市双拥工作若干规定》。为解决驻军训练场地、营房建设、添置设备等，全市财政共拨付 345.3 万元。在 10 个县、市建立拥军优属保障基金，资金总额达 130 万元。1998 年，为做好抗洪部队的后勤保障工作，成立由市委副书记、代市长刘积福，军分区政委马永祥，民政、财政、粮食、商业、工商、邮电、供电、城建、公安等部门组成的支援领导小组。先后到抗洪部队驻地或江堤湖边慰问抗洪官兵。市政府特批 30 万元给驻市团以上单位配备 1 台立柜式空调。为保障 4 万余名抗洪官兵生活，市政府做出“给每位抗洪官兵每人每天补助 5 元钱”等 10 项优惠规定，拿出 40 万元给每位抗洪官兵购买 1 件汗衫。在抗洪官兵撤离时，市民自发前往车站路口欢送。全年，全市各级财政用于部队训练场地整修、营房改造、办公楼修建、设备添置等经费 219.1 万元；用于抗洪官兵经费 586.9 万元；用于慰问各类优抚对象经费 16.1 万元。1999 年，市委办、市政府办印发《“爱心献给功臣行动”实施意见》的通知。要求坚持“思想教育，扶持生产，社会优待，国家抚恤，依法保障”工作方针和国家、社会、群众三结合的优抚制度，在保障优抚对象基本生活，维护优抚对象合法权益，提高优抚对象社会、政治地位等方面提出明确目标，以弘扬爱国主义精神和拥军优属光荣传统，增强国防意识，激发广大人民群众扶助革命功臣的热情。5 月，九江船舶工业学校与武警市支队在校礼堂联合举行争创“全国双拥模范城”为主题专题晚会。同年，省委、省政府、省军区命名九江市、瑞昌市、修水县、都昌县为全省双拥模范城（县）。同时，省政府、省军区发文表彰庐山风景名胜管理局、九江石油化工总厂、浔阳区湓浦街道办事处、庐山区十里乡政府、庐山区人武部、武警九江市支队直属大队、瑞昌市公安消防大队为双拥先进单位，5 人为先进个人。

2000 年 8 月，市政府、九江军分区决定授予市委宣传部等 39 个单位拥军优属先进单位称号，九江军分区政治部等 25 个单位拥政爱民先进单位称号，授予 29 人拥军优属先进个人称号，25 人拥政爱民先进个人称号。“八一”期间，市财政拿出 40 万元，市委副书记、市长刘积福，市委常委、九江军分区司令员吕录庭一行前往南京军区慰问。为纪念抗美援朝出国作战 50 周年，市、县、乡各级党政领导分别对全市 2885 名志愿军老战士和志愿军烈属进行走访慰问，送上慰问金，帮助解决生活、医疗和住房上的实际困难。2001 年，在全国双拥模范城（县）命名表彰大会上，九江市首次被命名为“全国双拥模范城”。同年，市政府、九江军分区印发《关于开展科技拥军和科技助民活动的实施意见》，要求九江开发区等 29 个市直单位与 29 个驻市部队结成科技帮扶对子。当年为部队开办科技文化培训班 31 期，培训人才 804 人，赠送微机 66 台，赠送书籍 12165 册，完善电化教学设备 7 套，建立科技练兵训练场所 8 个，建立图书馆（室）20 个，开发种、养殖项目 20 项，筹集科技奖励基金 10 万元。同时，组织 36 个驻市部队与 36 个乡（镇、街道）、村、学校结对，开展科技助民活动。将省财政厅下达的一次性补助经费，专项用于补助生活特别困难的志愿军老战士和志愿军烈士遗孀。2002 年，“八一”前夕，市委书记刘积福、市委副书记、市长王忠武等走访慰问海军后勤部驻武汉办事处全体官兵及江西轻机股份有限公司 5 户转业复员退伍军人。在九江石油化工总厂邀请 15 位转业、退伍、伤残军人参加座谈会。市委、市政府、九江军分区领导率团走访慰问省军区，赠送锦旗及慰问金 20 万元。2003 年，省委、省政府、省军区命名九江市、修水县、都昌县、浔阳区、庐山区、庐山风景名胜区为全省双拥模范城（县），省政府、省军区发文表彰瑞昌市民政局、庐山区十里街道办事处、九江石油化工总厂、浔阳区人民路街道办事处、庐山风景名胜管理局建设园林处、海军后勤部武汉办事处警通连、九江市公安消防支队、修水县人武部、武警九江市支队为双拥先进单位，9 人为先进个人。

2004 年，全国双拥模范城（县）命名暨双拥模范单位和个人表彰大会在北京人民大会堂举行，九江市再次被命名为“全国双拥模范城”；市新潮商厦职工黄萍被授予全国爱国拥军模范；驻九江县 94940 部队 64 分队副分队长甘小毛被授予全国拥政爱民模范。2005 年，市政府、九江军分区下发《关于表彰双拥先进单位和先进个人的决定》，表彰九江市教育局等 31 个单位为拥军优属先进单位，武警九江市支队等 30 个单位为拥政爱民先进单位；30 人为拥军优属先进个人，29 人为拥政爱民先进个人。8~9 月，对市区 185 名抗战老战士（其中部队 65 人，地方 120 人）进行走访慰问，每人慰问金 300 元。赠发抗日战争胜利

60周年纪念章。市委、市政府、九江军分区印发《九江市争创全国双拥模范城“三连冠”工作实施意见》。召开全市双拥工作暨争创全国双拥模范城“三连冠”动员大会。市政府拨专款16万元购置39套500本各类书籍赠送给驻市各部队。12月,民政部召开“援建军营图书室、共建学习型军营”活动表彰大会,市民政局被评为全国先进单位。市委八届第80次常委会研究决定,给市“双拥办”增加行政编制2名。2006年,省委、省政府、省军区命名九江市、瑞昌市、修水县、都昌县、浔阳区、庐山区、庐山风景名胜区为全省双拥模范城(县),授予修水县南崖电站职工孙美华为全省“爱国拥军模范”称号。省双拥工作领导小组发文表彰市民政局、市文化局、市公共交通公司、瑞昌市湓浦街道办事处、修水县义宁镇政府、都昌县民政局、浔阳区人民路街道办事处、庐山区莲花镇政府、九江军分区政治部、73868部队、市边防检查站勤务中队、市公安消防支队为全省双拥先进单位,10人为先进个人。市各界人士参加访军营、叙亲情、听军歌活动。“八一”建军节期间,组团到福建宁德慰问“九江舰”官兵。2007年1月,在北京全国双拥模范城(县)命名表彰大会上,九江市第三次被命名为“全国双拥模范城”,实现“三连冠”;孙美华被授予全国爱国拥军模范,李丙军被授予全国拥政爱民模范。2008年,开展科技拥军活动。全市为驻军开办科技类专业培训班42期,培训682人,赠送台式电脑20台、科技书籍3000册、电化教育设备5套。2009年8月1日,举办“军旗飘飘”庆祝建军82周年军地联欢晚会。

2010年,省委、省政府、省军区命名九江市为双拥模范城;浔阳区、庐山区为双拥模范区;修水县为双拥模范县,1人为“省爱国拥军模范”。省双拥工作领导小组表彰一批拥军优属先进单位;7人为拥军优属先进个人。7月,南京军区和武警部队2000多名官兵驰援九江5个县(区)抗洪抢险。其间,市委常委分别到抢险点走访慰问,送给每名抗洪抢险官兵100元慰问品;市双拥领导小组27个成员单位分别给抗洪抢险部队官兵送上85.3万元慰问品、37.1万元慰问金;全市40余家国有、民营企业为部队官兵送上8.5万元慰问品、23.65万元慰问金;市双拥办组织文艺慰问演出10余场。启动2010年驻市部队“服务九江发展、建设第二故乡”军营阅读活动。开展全市中小学生“走进军营”夏令营活动和“爱我九江、固我长城”双拥征文活动。同年追加2010年双拥工作创建经费36.5万元。

## 第二节　优属

1991年,全市实行以县(市、区)统筹城乡优待金。1997年,市政府下发《关于提高社会统筹优待金标准的通知》,规定农村义务兵家属优待金兑现标准不得少于800元/年,全市优待金兑现总额达700万元。1999年,市优待金标准由1996年前的600元提高到1100元。2001年,市民政局、市财政局联合发文决定建立优抚对象抚恤补助标准自然增长机制。2002年,市委办公厅、市政府办公厅印发《关于驻市部队随军家属安置任务的通知》,共下达安置计划48名。2005年,市委办公厅、市政府办公厅印发《关于切实做好驻市区部队随军家属就业安置工作的通知》。提出9条安置办法,其中,第2条规定因工作需随调安置的随军家属,按照部队驻地就近和行业、专业基本对口安置的原则;第5条规定待安置的随军家属,由政府给予每人每月200元生活补助。市民政局、市人事局、市劳动和社会保障局、九江军分区政治部、市双拥办转发《江西省驻赣部队随军家属就业安置工作实施意见》,对军属安置做出明确规定。市委、市政府、九江军分区印发《关于向全国爱国拥军模范黄萍同志学习的决定》。表彰黄萍18年前从青岛来九江,与浔阳区特等伤残军人彭长浔结为夫妻的模范事迹。2007年,九江军分区政治部与市扶贫办联合下发《关于安排部队参与定点扶贫的意见》,驻市13个团以上单位与13个贫困村建立定点扶贫关系。2008年春节期间,市双拥办、九江日报社联合开展“走进光荣之家”活动,为军属赠送大米、食油等。浔阳区人武部与九江博爱聋哑学校开展“一帮一”助学活动,与20名聋哑学生结对助学。修水县人武部、县武警中队与全县68名孤儿实行“一对一”结对帮扶。2009年,成立驻市部队干部家属子女就业就学协调领导小组(简称“两就”领导小组),市委常委、市政府常务副市长殷美根任组长,协调领导小组办公室设在市人事局。市政府办公厅转发市人事局等5部门《关于进一步做好驻市部队干部随军家属子女就业就学工作意见》的通知。

2010年，市政府办公厅批复市民政局《关于解决双拥工作有关经费的请示》，同意提高驻市部队随军家属待安置期间生活补助费标准，从每人每月200元提高到每人每月300元。“两就”领导小组印发《九江市2010年驻市部队干部随军家属就业安置工作方案》。157名随军家属中安置就业130名。其中：行政、事业单位100名，企业单位30名。

### 第三节 军 供

1996年4月，建九江军供站，为京九铁路沿线重要军事后勤保障机构，属二级军供站。为全额拨款副处级事业单位，内设办公室、保卫科、后勤保障科。九江军供站供应点包括九江站、九江南站、九江西站、庐山站，辐射半径30千米。全站占地面积7105平方米，总建筑面积1977平方米，其中食堂1346平方米，办公综合楼413平方米。日最大供应能力2000人。建站以来最大一次供应1380人。牢记“一切为部队服务，一切为国防建设服务”宗旨，发挥拥军支援前线窗口单位作用，确保优质、快速、持续、准确、安全、保密地完成各项军供保障任务，曾2次被南京军区评为先进军供站。2010年，站长刘发明被民政部总后勤部评为全国军供工作先进个人。至2010年年底已接待过往部队725批次14.3万余人。2006~2010年期间，年均接待量1.3万人次，先后多次完成重大军事演习和为抗洪救灾等部队提供军供保障任务。

## 第三章 优待抚恤

### 第一节 “三属”抚恤

1991年，根据省计委、省民政厅文件通知，为辖区内的15名“三属”(烈士家属、因公牺牲军人家属、病故军人家属)对象办理农转非户籍。给在乡退伍红军老战士按照每人每年350元的标准发放生活补助费。组织部分在乡优抚对象分期分批上庐山休养。1993年，为29名家居农村革命烈士家属，在乡特、一等伤残军人家属和在乡退伍红军老战士的子女办理进国营企业单位工作(属合同制职工)。1994年，组织部分在乡优抚对象分期分批上庐山休养。城镇烈士遗属每年补助720元、农村600元。1997年，组织部分优抚对象赴武夷山、庐山优抚对象休养院(所)休养。1998年1月1日起，提高红军失散人员生活补助标准；提高苏区老干部的生活补助标准。

2004年10月1日起，实施新《军人抚恤优待条例》。对烈士及因公牺牲、病故军人死亡抚恤，按死亡时工资标准，由各县(市、区)政府民政部门发给遗属一次性抚恤金，烈士由原40个月工资提高到80个月工资；因公牺牲军人由原20个月工资提高到40个月工资；病故军人由原10个月工资提高到20个月工资。另外，对符合条件的“三属”发给定期抚恤金(每年的抚恤金标准附表)。2006年，全市享受抚恤补助的“三属”共计2513人，其中烈士遗属2251人，因公牺牲军人遗属99人，病故军人遗属163人。

2010年，城镇烈士已达到每年补助8730元，增长率达1112.5%。享受定期抚恤金补助“三属”逐年递减。据统计：“三属”共计2444人，其中烈士遗属2223人，因公牺牲军人遗属92人。病故军人遗属129人。享受定期抚恤金的“三属”死亡后，增发6个月其所享受定期抚恤金作为丧葬费。

### 第二节 伤残抚恤

1991年起，伤残等级分为四等六级。即特等、一等、二等甲、二等乙、三等甲、三等乙。伤残人员分为在职和在乡。从当年起，市民政局每年分季度组织各县(市、区)申请调级残疾军人、补评残退伍军人、新评残人员(国家机关工作人员、人民警察)到定点医院检查,从市医学专家库抽取3~5名医学专家集中进行残疾鉴定(每年办理40余人)。并每年为从部队退役的20余名残疾军人办理落户、转移伤残关系等工作。1992年,在职的特等(因战)伤残军人享受保健金每人每年240元,在乡的同等级伤残军人享受伤残抚恤金每人每年1560元。1995年起,将每年的5月、10月的10号定为伤残人员检评时间。1998年7月1日起,提高特、一等革命伤残人员护理费标准。新护理费标准为因战、因公特等革命伤残人员每人每月221元;因战、因公一等革命伤残人员每人每月177元;因病一等革命伤残人员每人每月133元。1999年,统一为革命伤残军人更换假肢、轮椅等辅助用具。

2001年7月1日起,提高特、一等革命伤残人员护理费标准。新的护理费标准为:因战、因公特等革命伤残人员每人每月302元;因战、因公一等革命伤残人员每人每月242元;因病一等革命伤残人员每人每月181元。2002年1月1日起,实行由县(市、区)民政局审批登记革命伤残人员迁移落(销)户。同年, 对在困难企业工作的伤残军人由保健金改领抚恤金。当年改领人员234人,2003年改领人员245人。2004年10月1日,新颁布的军人抚恤优待条例取销残疾军人在职在乡分类,享受同样伤残抚恤金标准。2005年,根据新条例规定,把原伤残等级"四等六级",参照工伤职工伤残等级改为"一至十级"进行套改换证工作。按民政部,省民政厅规定,7月1日起,旧证作废,启用新证。全市1500余名伤残人员填写新的一式三份表格和伤残卡片,由市、县(市、区)民政局核查签字盖章,4月23~25日集中打印新证并发放。同年,根据民政部、省民政厅要求,对原8023部队(驻新疆马兰)退役人员进行调查摸底,全市142名,主要分布在瑞昌市、九江县、湖口县及市城区。2006年3月,根据省民政厅统一安排,分期分批组织124名原8023部队退役人员赴省职业病防治医院进行鉴定,并为57名人员办理评残。同年,在部队服役期间患精神病的退役军人可以参与评残。市民政局发文要求各县(市、区)做好患精神病退伍军人调查摸底工作。6月2日–17日,省荣军医院精神病评残专家小组进驻各县(市、区),对221名精神病退役人员进行残情鉴定,均享受因病六级以上残疾军人待遇。

至2010年底,全市伤残人员2018人,其中残疾军人1857人,伤残机关工作人员85人,伤残警察69人,伤残民兵民工7人。87名原8023部队及涉核退役人员办理评残并享受残疾军人待遇。

## 第三节　保障机制

### 一、医疗保障

1999年,市政府制定优抚对象医疗减免补助优待政策。各地优抚对象凭市民政局、市卫生局制发的《优抚对象医疗补助优待证》到定点医院就医时,优先挂号,优先就诊,优先交费,优先拿药。定点医院一般为县医院或中医院,农村为乡、镇卫生院。医疗减免项目确定为挂号费、注射费、换药手续费全免;大小便化验、拍摄胸片、血化验、检查费、住院床位费、换药费等各减免50%。同时,在普遍实行医疗减免的基础上,实行每人每年150元医疗补助。2008年,医疗补助标准提高到每人每年450元。为解决在乡重点优抚对象大病医治的困难,各县(市、区)均制订出台大病救助实施方案,建立在乡重点优抚对象大病救助基金,对患重、大病重点优抚对象实行大病救助,救助标准为每人每年不超过3000~5000元。

### 二、医疗保险

1991年以来,1~6级残疾军人和在乡退伍红军老战士,依照城镇职工基本医疗保险,按照有关规定统筹标准参加所在地城镇职工基本医疗保险; 有工作单位的优抚对象随单位参加城镇职工基本医疗保险,并按规定缴费;户籍在城镇无工作单位的优抚对象参加城镇居民基本医疗保险,户籍在农村的优抚对象参加新农合,个人缴费部分均由县级财政部门按有关规定安排解决。

### 三、医疗救助

1991年以来,对未纳入城镇职工基本医疗保险的优抚对象全部纳入城乡医疗救助范围,由县级民政部门根据当地城乡医疗救助有关规定，对其医疗费用在经城乡医疗保险范围内报销后的部分给予医疗救助。

## 四、医疗补助

1991年以来，1~6级残疾军人和在乡退伍红军老战士，在城镇职工基本医疗保险支付范围内由个人支付的部分给予全额补助；其他优抚对象在享受城乡医疗保险、医疗救助待遇的基础上给予医疗补助，使其基本医疗费用保障达到80%以上。

## 五、定期定量补助

20世纪90年代，定期定量补助金，农村按季度发放，城市按月发放。在乡退伍红军老战士、在乡西路军红军老战士、红军失散人员的定期定量补助金由中央财政据实拨付。1994年，在乡退伍红军老战士每月补助226元；在乡西路军红军老战士每月补助120元；红军失散人员每月补助45元；在乡老复员军人每月补助35元；带病回乡退伍军人每月补助20元。2006年，对各县(市、区)享受抚恤生活补助的优抚对象进行换发新证，共15383人。其中：烈士家属2251人，因公牺牲军人家属99人，病故军人家属163人；红军失散人员63人；在乡老复员军人3652人；带病回乡退伍军人9155人。补助金发放采取社会化发放，即通过银行发放。2007年以前，在乡抗日战争时期入伍、解放战争时期入伍和参加抗美援朝战争、新中国成立后入伍未参加抗美援朝战争的人员定期定量补助金，由省、县两级财政负担；带病回乡退伍军人的定期定量补助金，由各县(市、区)财政负担。2007年以后，中央财政对老复员军人、带病回乡退伍军人的定期定量补助金只补助一部分，其余由地方财政支付。2008年，所有优抚对象抚恤生活补助金采取"一卡通"发放。2010年，在乡退伍红军老战士(含在乡西路军红军老战士)每月补助1657元；红军失散人员每月补助717元。在乡老复员军人补助标准：抗日的每月补助520元；解放战争时期和参加抗美援朝的每月补助460元；新中国成立后入伍的每月补助440元；带病回乡退伍军人每月补助300元。

## 六、退役人员生活补助

2007年3月，根据省政府办公厅文件要求，从当年1月1日起，对广西边境保卫战和中印、珍宝岛、抗美援越、抗美援寮、保卫西沙群岛等14类参战退役士兵给予适当生活补助。由民政部门负责对其进行身份认定，并对在农村和城镇无工作单位且家庭生活困难的参战退役人员发放生活补助金，农村每人每月100元，城镇(含下岗失业)每人每月200元。劳动和社会保障部门负责对在企业退休的上述退役士兵，在个人现有养老金基础上上浮10%，然后每人每月再增加60元生活补助(国家对在企业退休的参战退役人员未纳入生活补助范围，只是省内规定，具体由劳动部门操作)。同年8月，按照民政部规定，对1954年11月1日以后入伍并参加过为抵御外来侵略，完成祖国统一，捍卫国家领土和主权完整，保卫国家安全而进行的武力打击或抗击敌方的军事行动，至今已从军队退役的人员(简称14类参战退役人员)和涉核退役人员进行身份认定及发放生活补助。当年全市认定享受生活补助的参战退役人员5886人，其中，农村3583人，城镇2303人；涉核退役人员386人，其中，农村318人，城镇68人。共计发放生活补助1060万元。至2010年"两参"(参战参试)退役人员生活补助费标准提高到每人每月300元，全年发放"两参"退役人员生活补助1900余万元。

## 七、定期抚恤

1990年，全市享受定期定量抚恤的优抚对象1117人，其中农村1001人，城镇116人，全年支出抚恤费53.29万元。2005年，出台抚恤补助标准自然增长机制。2006年，全市享受抚恤定补优抚对象为17173人。其中伤残人员1790人；"三属"定抚2513人；红军失散人员63人；在乡老复员军人3652人；带病回乡退伍军人9155人。发放抚恤定补金3483.74万元。2007年，增加"两参"退役人员，全市发放抚恤生活补助金5906.2万元。2008年，出台定补自然增长机制，并实施重点定补优抚对象医疗"三个层面"

保障。

2010年,全市享受抚恤生活补助的优抚对象25578人。其中伤残人员2018人;三属定抚2444人;烈属定补355人;红军失散人员51人;在乡老复员军人3524人;带病回乡退伍军人11388人;“两参”退役人员6153人。发放抚恤生活补助金10792.61万元。全市实现优抚对象基础数据管理的网络化和信息化,每年12月31日为更新数据标准时点,第二年2月15日为上报截止时间。至同年底,全市共发放抚恤生活补助金48344.61万元。

## 第四节 义务兵家庭优待

1991年起,各地兑现义务兵家庭优待金是以支定收,平衡负担原则,由辖区内国家机关、企业事业单位、社会团体、私营企业、个体工商户和城乡居民共同负担。以县(市、区)为单位实行社会统筹。农民承担优待金,在不超过当地上1年农民人均纯收入5%村提留统筹费中列支。社会孤老、孤儿、现役军人、二等乙级以上革命伤残军人(现六级以上残疾军人)、在乡退伍红军老战士、红军失散人员、苏区老干部(省规定)、在乡老复员军人、无劳动能力残疾人等对象免交优待金。1995年,按照《江西省军人抚恤优待办法》规定:家居农村的义务兵家属,由当地乡镇人民政府按不低于当地上1年人均纯收入70%标准发给优待金;家居城镇待业青年入伍义务兵家庭,由当地县级人民政府民政部门按当地上1年职工平均工资10%~15%标准发给优待金;进藏兵当年按不低于其优待金20%标准增发优待金。

2002年以前,各县(市、区)兑现义务兵家庭优待金,农村义务兵家庭优待金由乡镇兑现,城镇义务兵家庭优待金由父母所在单位兑现。2002年,实行税费改革,农村优待金由上级每年转移支付562万元。2004年,各县(市、区)农村义务兵家庭优待金按上年度农民人均纯收入70%标准发放,城镇义务兵家庭按150~300元发放。市级财政兑现优待金920万元,缺口360万元由各县(市、区)财政列支。兑现优待金5615人,其中农村4381人、城镇1234人。2005年,全市兑现优待金942.45万元,兑现人数5290人,其中农村3941人,城镇1349人。2010年,各县(市、区)根据《江西省军人抚恤优待办法》规定,农村兑现标准未变,城镇兑现标准按当地上年度职工平均工资30%兑现。全市兑现城乡义务兵家庭优待金1932.8万元,其中农村1004万元,城镇928.8万元;兑现人数4337人,其中农村2789人,城镇1548人。

## 第五节 烈士褒扬

1991年,恢复浔阳区甘棠公园革命烈士蔡公时纪念碑,在原亭增挂“公时亭”匾额。1993年,按照民政部要求,编写《中华英烈大辞典》一书,各县(市、区)将辖区内著名烈士名单和英雄事迹材料报送省革命烈士纪念堂。同年,市南湖烈士陵园迁至庐山区十里乡螺蛳山。1995年,决定启用《人民警察因公牺牲证明书》《人民警察病故证明书》。1998年统计,全市烈士纪念建筑物3302个。其中烈士陵园20个,烈士纪念馆2个,烈士纪念塔16个,烈士纪念碑23座,烈士墓3241座。至2010年,各级财政用于烈士纪念建筑物的建设、维修资金共2000万元。市烈士陵园根据市城市规划需要,从市中心南湖烈士陵园迁至庐山区十里乡螺蛳山。陵园占地1.5公顷,墓区分烈士墓区和老红军墓区。陵园安葬有革命战争年代牺牲的彭江、熊好生等,有社会主义建设时期为保卫人民生命财产而献身的谭守文、许景谷俊等烈士,陵园门楼上方“九江市革命烈士陵园”由张爱萍题写。修水县革命烈士纪念馆、九江县革命烈士纪念塔、瑞昌市革命烈士纪念塔、德安县杨超烈士墓、彭泽县烈士纪念塔、都昌县南山革命烈士陵园均在原址重建或大规模修缮。至同年底,全市有37位牺牲的各类人员被军队政治部门及省政府批准为革命烈士。

1994~2002 年全市“三属”抚恤和“三红”生活补助标准一览

表 66-3-1　　单位:元/月

| 执行时间 | 三属 | | | | | | 三红 | | |
|---|---|---|---|---|---|---|---|---|---|
| | 烈属、因公牺牲军人家属 | | | 病故军人家属 | | | 在乡退伍红军老战士 | 在乡西路军红军老战士 | 红军失散人员 |
| | 农村 | 小城镇 | 大中城市 | 农村 | 小城镇 | 大中城市 | | | |
| 1994 年 1 月 1 日 | 50~55 | 60~65 | 65~70 | 45~50 | 55~60 | 60~65 | 226 | 120 | 45 |
| 1995 年 1 月 1 日 | 55~60 | 65~70 | 70~75 | 50~55 | 60~65 | 65~70 | 251 | 135 | 53 |
| 1999 年 7 月 1 日 | | | | | | | 266 | 160 | 85 |
| 2000 年 1 月 1 日 | 115~120 | 125~130 | 130~135 | 110~115 | 120~125 | 125~130 | 500 | 370 | 110 |
| 2001 年 1 月 1 日 | 135~140 | 145~150 | 150~155 | 130~135 | 140~145 | 145~150 | 590 | 450 | 120 |
| 2002 年 1 月 1 日 | 160~165 | 185~190 | 190~195 | 155~160 | 180~185 | 185~190 | 560 | 490 | 130 |

2004~2010 年全市“三属”抚恤和“三红”生活补助标准一览

表 66-3-2　　单位:元/年

| 执行时间 | 三属 | | | | | | 三红 | | |
|---|---|---|---|---|---|---|---|---|---|
| | 烈 属 | | 因公牺牲人员家属 | | 病故军人家属 | | 在乡退伍红军老战士 | 在乡西路军红军老战士 | 红军失散人员 |
| | 城镇 | 农村 | 城镇 | 农村 | 城镇 | 农村 | | | |
| 2004 年 10 月 1 日 | 4200 | 2649 | 3900 | 2520 | 3600 | 2340 | 9600 | 8640 | 2830 |
| 2006 年 10 月 1 日 | 4980 | 3120 | 4620 | 2940 | 4260 | 2760 | 11400 | | 3360 |
| 2007 年 8 月 1 日 | 6000 | 3600 | 5400 | 3420 | 5100 | 3300 | 13680 | 12240 | 4080 |
| 2009 年 10 月 1 日 | 7940 | 4760 | 7110 | 4550 | 6690 | 4350 | 18080 | | 7820 |
| 2010 年 10 月 1 日 | 8730 | 5240 | 7820 | 5010 | 7360 | 4790 | 19890 | | 8600 |

# 第四章 退役军人安置

## 第一节 退役士兵安置

### 一、城镇退役士兵安置

1991 年,按照《中华人民共和国兵役法》《士官退出现役安置暂行办法》《退伍义务兵安置条例》等法律、法规和国务院、中央军委的有关政策规定安置城镇退役士兵。贯彻执行“按系统分配任务,包干安置”原则,把伤病残退伍战士作为安置工作重点。1994 年,冬季退役士兵安置试行“供需见面,双向选择,包底安置”原则。同时,试行安置任务有偿转移,组织跨地区异地安置,鼓励退役士兵自谋职业。

2000 年,冬季退役士兵采取安置就业、扶持就业、自谋职业等多渠道、多形式安置办法。2001 年,执行《九江市城镇退役士兵自谋职业试行办法》和《九江市退役士兵安置任务有偿转移资金管理暂行办法》,明确规定城镇退伍义务兵自谋职业按每人 1.2 万元补助;一期士官每人 2 万元补助;二期士官按每人 2.5 万元补助;三期以上士官按每人 3 万元补助。2004~2005 年,城镇退伍义务兵自谋职业按每人 1.4 万元补助;一期士官每人 2 万元补助;二期士官按每人 2.5 万元补助;三期以上士官按每人 3 万元补助。

2006年,城镇退伍义务兵自谋职业按每人1.8万元补助;一期士官每人2.1万元补助;二期士官按每人2.6万元补助;三期士官按每人3.5万元补助;四期士官按每人4万元补助。

2007年,采取自谋职业与安排就业相结合办法,要求自谋职业率达到65%。针对市直城镇退役士兵安置期限逐年延长等问题进行安置改革,市政府制订《九江市2006年度市直城镇退役士兵安置工作方案》,明确规定坚持属地管理与分级负责原则;坚持安排就业与自谋职业相结合原则;坚持考试与考核相结合原则。对在部队获得大军区以上(含大军区)单位授予荣誉称号或荣立二等功以上(含二等功)的退役士兵,转业士官,因战、因公、因病致残六级以上(含六级)能正常工作的残疾退役士兵,革命烈士遗孤和老红军三代以内直系亲属的退役士兵,优先纳入各单位安置计划,参加考试考核,以得分高低进行排名,按排名先后顺序选择单位。对其他退役士兵实行考试考核,按考试考核得分,从高到低顺序先确定纳入事业单位计划安置对象,确定企业单位安置对象。对纳入事业单位、企业单位安置计划的退役士兵,均根据考试考核得分高低排序,由退役士兵本人依次选择计划内的工作单位。自谋职业一次性经济补助金标准:2年义务兵每人18000元,一期士官每人21000元,二期士官每人26000元,三期士官每人35000元(含安家费5000元),四期士官每人40000元(含安家费5000元)。荣立个人三等功的每次增加1000元,荣立个人二等功的每次增加2000元,荣立个人一等功的每次增加3000元,被大军区以上(含大军区)单位授予荣誉称号的每次增加5000元。2008年,执行《九江市2006年冬季市直城镇退役士兵安置工作方案》,退役义务兵自谋职业补助金标准在2007年的基础上每人提高2000元。2009年,执行《九江市2007年冬季城镇退役士兵安置工作方案》,退役士兵自谋职业补助金标准在原来的基础上,每人再提高2000元。

至2010年,退役义务兵自谋职业补助金标准为每人22000元,一期士官每人25000元,二期士官每人30000元,三期士官每人39000元(含安家费5000元),四期士官每人44000元(含安家费5000元)。同时,市直及各县(市、区)抓好退役士兵的教育培训和就业服务,重点进行创业培训和职业技能培训,教育培训率达到90%以上。城乡一体化退役士兵教育培训率达到40%。

## 二、农村退役士兵安置

1991年起,农村退役士兵安置工作,重点抓"两用人才"开发使用。各地国有企业向农村招工或招聘干部时,在同等条件下,优先录用退伍军人,特别是参战、立功的退伍军人。在生产服务、技术指导、教育培训、农用物资供应、农副产品收购等方面给予支持,鼓励和扶持有专长退役士兵创办经济实体。1998年,市内遭受特大洪涝灾害,市民政局一次性追加九江县0.5万元,都昌县、武宁县各1万元的农村退伍军人住房困难补助经费,用于解决25名(每人1000元)回农村的困难退伍军人住房问题。

至2010年,全市共接收安置退役士兵45671人(义务兵39591人家,复员士官4651人,转业士官1022人,1999年以前入伍的志愿兵407人),其中农村退役士兵31045人,安置回乡务工务农31036人。

**1991~2010年复员、转业、退伍军人接收安置一览**

表66-4-1　　单位:人

| 年份 | 接收数 | | | | | | | 安置数 | | |
|---|---|---|---|---|---|---|---|---|---|---|
| | 合计 | 其中 | | | | 其中 | | | | |
| | | 志愿兵 | 转业士官 | 复员士官 | 义务兵 | 城镇 | 农村 | 企事业单位 | 自谋职业 | 农业生产 |
| 1991 | 2117 | 33 | | | 2084 | 604 | 1513 | 604 | | 1513 |
| 1992 | 1731 | 27 | | | 1704 | 496 | 1235 | 496 | | 1235 |
| 1993 | 1593 | 37 | | | 1556 | 455 | 1138 | 455 | | 1138 |
| 1994 | 1859 | 34 | | | 1825 | 536 | 1323 | 536 | | 1323 |

续表 66-4-1

| 年份 | 接收数 | | | | | | | 安置数 | | |
|---|---|---|---|---|---|---|---|---|---|---|
| | 合计 | 其中 | | | | 其中 | | | | |
| | | 志愿兵 | 转业士官 | 复员士官 | 义务兵 | 城镇 | 农村 | 企事业单位 | 自谋职业 | 农业生产 |
| 1995 | 1676 | 31 | | | 1645 | 479 | 1197 | 479 | | 1197 |
| 1996 | 1637 | 39 | | | 1598 | 468 | 1169 | 468 | | 1169 |
| 1997 | 1736 | 46 | | | 1690 | 496 | 1240 | 496 | | 1240 |
| 1998 | 2132 | 71 | | | 2061 | 612 | 1520 | 612 | | 1520 |
| 1999 | 2126 | 89 | | | 2037 | 603 | 1523 | 603 | | 1523 |
| 2000 | 3123 | | 87 | 319 | 2717 | 879 | 2244 | 879 | | 2244 |
| 2001 | 2016 | | 76 | 376 | 1564 | 867 | 1149 | 821 | 46 | 1149 |
| 2002 | 3219 | | 77 | 417 | 2725 | 913 | 2306 | 621 | 292 | 2306 |
| 2003 | 3634 | | 79 | 436 | 3119 | 906 | 2728 | 590 | 316 | 2728 |
| 2004 | 2779 | | 81 | 479 | 2219 | 897 | 1882 | 466 | 431 | 1882 |
| 2005 | 2683 | | 83 | 453 | 2147 | 848 | 1835 | 455 | 393 | 1835 |
| 2006 | 2353 | | 85 | 433 | 1835 | 825 | 1528 | 543 | 282 | 1528 |
| 2007 | 2099 | | 88 | 421 | 1590 | 857 | 1242 | 610 | 256 | 1233 |
| 2008 | 2421 | | 86 | 472 | 1863 | 920 | 1501 | 306 | 614 | 1501 |
| 2009 | 2420 | | 179 | 476 | 1765 | 985 | 1435 | 310 | 675 | 1435 |
| 2010 | 2317 | | 101 | 369 | 1847 | 980 | 1337 | 307 | 673 | 1337 |
| 合计 | 45671 | 407 | 1022 | 4651 | 39591 | 14626 | 31045 | 10657 | 3978 | 31045 |

## 第二节　军队离退休干部安置

1991 年起，军休工作以落实军队干部政治、生活“两个待遇”为重点，将 1981 年前移交政府安置的离休干部生活待遇执行军队离休干部的标准，为军休干部在政府申请设立文件专户，开展军休干部房改工作，调整和规范军休干部津贴补助。1992 年，举办全市军队离退休老人书画联展活动。1993 年始，建立军休老干部防暑降温费标准，按照每人每月 20 元发放，享受月份为每年的 4~9 月。1994 年始，给移交政府安置的军队离退休干部、退休志愿兵增加离退休费。军队离休、退休干部的医疗费标准由每人每月 420 元调整为 600 元。同年，市政府批准成立市军队离退休干部第二休养所，为正科级事业单位。1996 年 5 月正式挂牌，服务范围系庐山区境内军休干部。原市军队离退休干部休养所更名为市军队离退休干部第一休养所。同年起，对 1981 年前移交政府安置的军队退休干部执行军队退休干部标准。1997 年，市军休办、军休一所被省民政厅、省军区政治部评为“军休安置管理工作先进单位”。

2001 年，全市开展第三批军队无军籍退休退职职工移交安置工作。2004 年起，军队离退休干部安置实行五年规划和年度计划相结合办法，由原来按批次安置转为按年度计划安置。同年被省民政厅授予全省军休系统“先进单位”。2005 年被市委、市政府授予市级“文明单位”。2006 年，市军休二所被共青团中央授予“青年文明号”。2008 年市军休一所被民政部授予“和谐军休家园”；被省委、省政府授予省第十一届“文明单位”。2009 年，被民政部、解放军总政治部授予全国军休系统“先进单位”。军队离退休干部第二休养所在原地新建 1 栋 3 层综合楼。2 个军休所进行环境绿化和活动设施建设。

2010 年，市军休一所新建门球场并建有休闲活动的健康园、文化长廊、荣誉室、多功能会议室、风雨门球场、台球室、棋牌室、阅览室等，并率先在全省成立 2 家社区军休服务站（即庐峰花园社区军休服务站和南湖社区军休服务站),充分利用社区资源,为军休干部服务。市军休一所成立党总支,下设3个支部。内设1室2科(办公室、管理科、文体科)。工作人员16人,具有大专以上学历14人,高级技工3名。成立军队离退休干部管理委员会,下设门球、钓鱼、书法、太极拳(剑)、空竹、乒乓球协会和1个军队离退休干部合唱团;市军休二所设立1个党支部。被省委、省政府授予省第十二届"文明单位";被民政部、省民政厅分别授予全国、全省民政系统行风建设"示范单位"。年底,全市共有军队离退休干部225人。

**1991~2010年市军队离退休干部(士官)、职工接收安置一览**

表66-4-2　　单位:人

| 年份 | 接收安置数 | | | | |
|---|---|---|---|---|---|
| | 小计 | 其中 | | | 无军籍职工 |
| | | 离休干部 | 退休干部 | 士官 | |
| 1991 | 4 | 1 | 3 | | |
| 1992 | 2 | 1 | 1 | | |
| 1993 | | | | | 6 |
| 1994 | | | | | |
| 1995 | | | | | |
| 1996 | 1 | | 1 | | 7 |
| 1997 | | | | | |
| 1998 | 14 | | 11 | | |
| 1999 | 19 | | 19 | | |
| 2000 | 3 | | 2 | 1 | |
| 2001 | 4 | | 2 | 2 | 147 |
| 2002 | 4 | | 4 | | 17 |
| 2003 | 1 | | 1 | | |
| 2004 | 13 | | 12 | | |
| 2005 | 19 | | 19 | | |
| 2006 | 16 | | 16 | | |
| 2007 | 18 | | 18 | | 31 |
| 2008 | 8 | | 8 | | |
| 2009 | 21 | | 20 | 1 | |
| 2010 | 4 | | 4 | | |
| 合计 | 151 | 6 | 141 | 4 | 208 |

# 第五章　社会福利

## 第一节　"三院"建设

### 一、费用标准调整

1995年10月1日起,调整社会福利院、社会精神病院收养人员相关费用标准。伙食费调整为县(市)每人每月70元,省辖市每人每月80元;服装费由原每人每月2元调整到每人每月10元;社会福利院收养人员医疗费由每人每月2.5元调整到每人每月10元;社会精神病院收养人员由原每人每月4元调整到每人每月 15 元;福利费由原每人每月 1.5 元调整到每人每月 6 元;公杂费由原每人每月 1.5 元调整到每人每月 4 元;收养人员死亡,在火葬区,一律实行火葬,按当地火葬场收费标准实报实销。非火葬区,其埋葬费婴幼儿每人 50 元以内,老年人、残疾人每人 200 元以内。1997 年,省民政厅批准市社会福利院为省社会福利事业二级单位。经多次调整,2010 年,“三无”人员供养标准提高到 345 元,其中伙食费 225 元,医疗费 45 元,服装费 30 元,福利费 20 元,公杂费 25 元。

## 二、“三院”改造升级

**福利院** 1998 年,市社会福利院在南湖路院内新建老年公寓,总建筑面积 4600 平方米,总投资 400 万元。2000 年,设置市开发区温馨老年托养护理中心,业务范围为老年人提供养护、康复、托管等服务。浔阳区社会福利院原来只有一栋砖混结构二层楼,占地 0.47 公顷,300 平方米,没有围墙,场地杂草丛生,住居条件简陋。2003 年始,先后进行 3 次改(扩)建,总投资近 1000 万元,建筑面积 9000 平方米,可设床位 350 张。采用花园式设计的理念,方便老年人休闲、娱乐、颐养天年。先后被评为全国养老服务社会化示范单位、全省民政系统行风建设示范单位、市庭院绿化先进单位。2007 年,启动新建市儿童福利院,选址庐山区虞家河乡鲁板村。2009 年被国家批准纳入“蓝天计划”项目,资助资金 630 万元。市政府对建设用地按成本价实行有偿划拨,减免建设规费 90 万元,市民政局多方筹资 600 万元,市慈善总会动员社会捐助 200 多万元,总投资 2000 多万元。总建筑面积 7261.49 平方米,设置床位 300 张,于 2010 年 4 月正式开工。当年完成主体工程土建。2010 年,完成彭泽县、共青城 2 所县级福利中心建设。至此,全市有公办社会福利院 13 所。

**光荣院** 1991 全市共有光荣院 9 所,占地面积 34.26 万平方米,建筑面积 28.11 万平方米,1307 张床位,收养孤残优抚对象 554 人。同年始,各级政府投入大量资金进行光荣敬老院改造升级。2000 年,都昌县光荣院投入 200 万元;2003 年,修水县大桥光荣院投入 120 万元;2004 年,星子县蓼花镇光荣院投入 100 万元;2005 年,湖口县舜德乡光荣院投入 110 万元;2006 年,九江县光荣院投入 600 万元;同年,瑞昌市光荣院投入 400 万元。至 2010 年,各级财政用于光荣院改造、维修资金共计 1760 万元。

**敬老院** 2005 年起,对农村敬老院进行新(改、扩)建,共新增床位 15130 张。2008 年,启动星级敬老院创建活动,表彰和命名 26 所星级敬老院,在省级“五星级”敬老院创建活动中,全市有 14 所被省民政厅评为五星级敬老院。2009 年,解决敬老院工作人员待遇列入民生工程,每年下拨 113.54 万元用于提高敬老院工作人员待遇,其中院长每人每月增资 100 元,管理人员每人每月增资 80 元。至 2010 年底,全市有乡镇敬老院 197 所,加上县级中心敬老院,共设置床位 21000 张。全市“五星级”敬老院 14 所,“四星级”敬老院 31 所,“三星级”敬老院 61 所。同年,把解决和提高农村敬老院院长和管理人员的工作待遇问题,列入三年规划。当年底,全市敬老院院长和管理人员的工资列入县乡财政预算。

## 三、百院建设工程

2005 年,根据《九江市人民政府关于 100 件惠民实事的实施意见》,开展“百院建设工程”,按照乡镇五保对象集中供养率达 80%实际住房需要进行规划设计,全市新(改、扩)建敬老院、福利院、光荣院 121 所。共争取上级扶持“三院”建设资金 4572 万元,带动地方资金投入 22797.7 万元,至 2010 年,“三院”(社会福利院、光荣院、敬老院)新(改、扩)建项目 329 个,总投资 41754.8 万元,建筑总面积 545866 平方米,新建床位 23602 张。市慈善总会策应“百院建设”,发起“百企资助百院”活动,共建设和改造“三院”37 所,累计资助金额达 1099 万元。全市公办社会福利机构共 219 所,其中,社会福利院 13 所、光荣院 9 所、敬老院 197 所,在院服务对象 14723 人,其中,政府保障人员 13745 人、孤残儿童 304 人、社会代养老人 674 人。福利机构占地面积共计 309.6 公顷、建筑面积 48.99 万平方米,可设床位数 18190 张,服务人员 1487 人。全市民办社会福利机构共 16 所。其中养老机构 15 所、儿童福利机构 1 所。在院服务对象 856 人,其中,老人 721 人、儿童 135 人。总建筑面积 34668 平方米,可设床位 1288 张,服务人员 281 人。2010 年,浔阳区、庐山区、九江经济技术开放开发区社区居家养老服务中心建设纳入市政府工作,出台《关于在全市开展居家养老服务试点工作的意见》,庐山区姑塘镇化纤社区和浔阳区湓浦街道湓浦社区居家养老服务中心建设项目被省民政厅定为全省试点建设项目。市民政局下发《关于对居家养老服务试点示范项目建设实施奖励性资助的通知》,对8个具有示范性居家养老服务中心分别给予5万元的资助。全市新建居家养老服务中心12个。

## 第二节　福利救助

### 一、"三无"对象供养

1991年,社会福利救助仍是传统救济型,"三无"对象供养零散。同年始逐步实行集中供养,至2010年,全市集中供养"三无"(无生活来源、无劳动能力、无法定抚养义务人)对象1861人,"三无"对象供养标准每人每月300元。九江县、永修县、浔阳区等地每人每月350~360元。

### 二、孤儿救助

2007始,实施民政部残疾孤儿手术"明天计划"爱心工程。当年全市36名得到有效手术康复治疗、2008年46名。2009年,根据民政部办公厅《关于制定孤儿最低养育标准的通知》,确定集中供养孤儿基本生活费标准每人每月1000元,社会散居孤儿最低养育标准为每人每月600元。市政府下发《关于落实散居孤儿最低养育标准的通知》,庐山风景名胜管理局、庐山区、九江经济技术开发区、浔阳区、彭泽县、瑞昌县、修水县、星子县、永修县率先落实。2010年,国家提出建立健全孤儿保障体系,对地方孤儿基本生活费按照每人每月300元的标准给予补助。当年,全市有孤儿2160名,其中,城市547名,农村1613名;机构供养382名,社会散居1778名。1名患儿得到有效手术康复治疗。

### 三、星光计划

2001年,按照民政部《社区老年福利服务"星光计划"实施方案》,利用发行福利彩票筹集的公益金,资助城市社区老年人福利服务设施、活动场所和农村乡镇敬老院建设。命名为"社区老年福利服务星光计划"(简称"星光计划")。当年浔阳区、庐山区、九江经济技术开发区、实施"星光计划"项目32个,其中街道老年人服务中心8个、社区老年人服务站22个,市老龄委老年人保健中心1个、民办老年养护中心1个,建设面积11028平方米,总投资594.5万元,其中财政投入165万元,部、省福利金资助款170万元、社会各界投入259.5万元。2002年,浔阳区、庐山区、九江经济技术开发区、瑞昌市、都昌县、修水县、永修县实施"星光计划"项目71个,其中城区社会福利中心项目6个、街道老年人服务中心2个、老年公寓2个、社区老年人服务站61个,总建筑面积20090平方米,总投资1384万元。其中财政投入143.5万元、部、省福彩公益金资助款220万元、社会各界投入858万元、市级福彩公益金43万元。2003年,在"星光计划"项目中新建、改造22所福利院和敬老院,建筑总面积54803平方米,其中新建面积35709平方米,改造面积19094平方米;床位4947张。申请省民政厅启动资金资助80万,部、省级公益金资助316万元。据民政部《社区老年福利服务"星光计划"实施方案》要求,星光计划于当年完成。

## 第三节　福利企业

1991年,全市城乡福利企业累计总产值达3700万元,创利润310万元。1992年,在"双杯"龙舟赛举办期间,举办全市福利企业生产产品展销会。1996年,经市民政局、国税局、地税局抽查审核,全市福利企业年检认证工作结束(彭泽县除外),合格福利企业共88家,其中市直21家。至2002年,市民政部门有市明珠化学品厂、市福利化工厂、市制线厂、市民政轻工机械厂、市民政橡塑厂、市民政工业综合厂、市民政塑料厂、市蓄电池有限公司,共572名职工。

2003年12月31日前,对民政工业公司所属市明珠化学品厂、市福利化工厂、市制线厂、市民政轻工机械厂、市民政橡塑厂、市民政工业综合厂6家福利企业进行首批改制,分流安置职工295名。2004年12月31日前,对市民政塑料厂、市蓄电池有限公司、市民政房地产公司、市民政供销公司4家企业进行改制，分流安置职工256名。2006年，所有国营福利企业完成改制。2批计划安置在编职工468人，分流安置551人，占计划数96.30%。申报49户有22户入住廉租房。按政策规定妥善解决3名工伤人员养老、医疗保险。协调落实21名退休职工养老金和医疗保险，1名因劳教职工的城市低保和医保。改制申报资金缺口1223.01万元，市政府批准1073.01万元。收回两宗共计0.52公顷土地和用土地抵押的4345平方米大楼，偿还债务1000余万元。

2007年，有民办福利企业31家，安置残疾人800人。2008年，有民办福利企业32家，安置残疾人1157人，免税2425万元，支付残疾职工工资968.76万元，残疾职工销售收入85754万元。2009年，有民办福利企业21家，安置残疾人511人，免税1286万元，残疾职工销售收入943万元。2010年，有民办福利企业22家，安置残疾人520人，免税1046万元，支付残疾职工工资492万元，残疾职工销售收入21154万元。

## 第四节 慈善捐助

### 一、管理机构

2000年，市人大代表提出成立“九江慈善总会”建议。当年，市委、市政府决定成立九江慈善总会筹备委员会。2001年12月，经市民政局批准，设立九江慈善总会。2003年，市编办批准设立市慈善总会办公室。2004年，九江慈善总会更名为市慈善总会。2007年4月，设市慈善总会秘书处，为常设工作机构。2008年，市慈善总会秘书处与市救灾捐赠办公室合署办公。

### 二、慈善募捐

2001年以来，本着“慈心为怀，引人向善，公益为本，扶危济困”宗旨，累计筹募款物25431.22万元，其中建立创始基金620万元，设立冠名基金和协议捐赠规模达6100万元，年增值善款340万元。开展9次“爱满人间·慈善一日捐”活动，共募捐善款2912.67万元；2005年“11·26”地震赈灾共接受社会捐赠款物5309.93万元；2008年雨雪冰冻灾害赈灾共接受捐赠款物875.19万元；2008年“5·12”四川特大地震赈灾共接受捐赠款物8774.23万元；2010年“4·14”玉树地震赈灾共接受捐款839.20万元。总计募集赈灾款物达15798.55万元。

### 三、慈善救助

2001年始，围绕“爱满人间”主题品牌，实施各种项目慈善救助。2005年“11.26”地震赈灾支出款物5309.93万元；2008年雨雪冰冻灾害赈灾中支出款物875.19万元；同年“5·12”四川特大地震赈灾共支出款物8774.23万元；2010年“4·14”玉树地震赈灾共支出款物839.20万元。至2010年年底，实施“安老助孤、助学支教、助医关怀、救急济困、赈灾救难”等项目，累计支出款物18358.09万元。资助建设敬老院28所，慈善关怀孤寡老人和孤残儿童22775人次，资助金额达884万元。慈善助学项目建设和改造学校38所，支出善款668万元，资助特困生6910人次，直接发放资助金854.78万元，助学善款达1522.78万元。实施“微笑列车”“危重病人慈善关怀”“慈善医疗卡”和“大病儿童慈善救助”等项目，累计为556余名贫困唇腭裂患者成功实施手术，救助特困危重病人243人次，发放慈善医疗卡2000张，救助贫困家庭大病儿童100名，累计支出善款529.3万元。春节走访慰问救济特困群众，发放衣被、食品等物资，共折价167万元，4175人次受助。

# 第五节　福利彩票

## 一、即开型福利彩票销售

1991年,福利彩票尚多在街道、乡镇,以摆摊设点方式进行销售,销售人员由人推荐和社会招聘人员担任,采取现金与实物相结合方式销售,发行规模偏小。1993年3月,市募委办首次在市工人文化宫广场采用实物设奖方式,组织大奖组销售福利彩票,彩票形式为刮开式,彩票面额为2元,首次突破100万元销售业绩。1995年2月,在大中大商厦推出400万元大奖组销售并获得成功。1998年市募委办开展中国福利彩票"赈灾义卖"活动,共销售即开型福利彩票1300多万元,取得大奖组销售即开型福利彩票单点销售最好业绩。2000年4月起即开型福利彩票取消实物设奖,加上电脑彩票面市,全市即开票销售出现较大滑坡,故2005年省民政厅未下达销售任务。2006年,为开拓即开票市场,开始采取网点即开票销售。至2006年,市募委办共组织奖组销售20余次,销售即开型福利彩票2943.15万元。2008年以后,即开票销售通过"一站一枪"加大奖组销售模式年销量逐年增加。至2010年,市募委办及各县(市、区、山)民政局(处)克服各种困难,利用节假日自行组织奖组销售100余场,即开型福利彩票销量共计1.63亿元。

## 二、电脑型福利彩票销售

2001年1月16日,"江西风采"电脑福利彩票在境内开始销售,共设210个投注站点。仅有"31选7"一种票种,保底奖金118万元,每周二、五开奖。全市共销售电脑福利彩票3399.79万元。2002年5月,根据财政部有关文件精神,电脑彩票取消头等奖保底奖金,增加"36选7""21选5"2种票种,但销量下滑,全市共销售电脑福利彩票2196.4万元。2003年2月,全国联合销售"双色球"福利彩票上市。全市共销售电脑福利彩票2056.64万元。3月,全省电脑彩票管理体制按照"垂直管理、全员聘用、按需设站、功效挂钩"原则进行改革,成立省中心直属的8个电脑彩票管理站,九江为管理站之一。2004年6月5日,华东6省1市联合销售"东方大乐透"上市。10月,"31选7"停止销售,增加全国联合发行的"3D"玩法销售。2008年2月4日,华东6省1市联合销售的"东方大乐透"退市。3月15日,新上市"东方6+1"玩法,其玩法为数字加生肖。当年全市共销售电脑福利彩票2538.89万元。市福彩销售总量再次实现历史新高并在全省夺得3个第一:年总销量为7167万元,与2007年同比增长2300多万元,增幅比为47.32%,在全省排名第一;其中电脑票销售6700多万元,占全年任务完成比136.75%,在全省排名第一;同时获得全省福利彩票单项考评第一名。至2010年,全市共销售电脑福利彩票4.35亿元。尤其2005~2010年,全市电脑福利彩票年度销量分别为3550.84万元、3629.96万元、4414.5万元、6700.71万元、7458.71万元、7581.62万元。

## 三、中福在线即开型彩票销售

2005年5月,市首个中福在线即开型福利彩票销售大厅在市区庚亮北路正式营业,2007年分别新增永修县、都昌县2个销售厅,2010年10月,调整市区九龙街和武宁县2个销售厅。后因全国游戏调整,部分销售厅暂停销售,目前只保留市区和武宁县销售厅。至2010年,全市共销售中福在线即开型彩票1256.42万元。

## 四、公益金筹集

1990~2010年,全市共销售福利彩票6.11亿元,其中即开型福利彩票1.63亿元,中福在线即开型福利彩票1256.42万元,电脑福利彩票4.35亿元。通过发行福利彩票,为国家筹集公益金1.85亿元,其中市、县8257.32万元。资助235个社会福利院、光荣院、敬老院和"星光计划""明天计划""蓝天计划"等社会福利和公益项目。

# 第六章 社会救助

## 第一节 城乡低保

### 一、制度建设

2003年,依据国务院《城市居民最低生活保障条例》,出台《九江市城市居民最低生活保障办法》和《九江市城市居民最低生活保障办法实施细则》;2006年出台《九江市农村居民最低生活保障实施细则》和《关于建立和完善城乡医疗救助制度的实施意见》;2008年出台《关于建立健全城乡困难群众临时救助制度的通知》;2010年出台《关于进一步加强长效机制建设,强化城乡低保规范化管理工作的通知》。自此,全市低保救助制度基本建立并不断完善。

### 二、保障对象及补助水平

1999年,全市最低生活保障对象2890户7113人,全年发放保障金317.32万元。2000年,全市共有城市低保对象2439户7318人,月人均补助21.63元。2006年,城市低保对象41470户89084人,月人均补助76.38元;农村低保对象41645户111463人,月人均补助25.3元。2008年,城市低保对象42457户88969人,月人均补助150.94元;农村低保对象63586户165559人,月人均补助57.38元。2010年,城市低保对象47134户96105人,月人均补助193.88元;农村低保对象68146户171155人,月人均补助85.88元。

### 三、提补提标

1997年在浔阳区开展城市居民最低生活保障工作试点,人均补助水平每人每月19.88元。当年最低生活保障标准确定为每人每月80元。为使城乡困难群体共享社会经济发展的成果,全市建立低保标准与经济发展同步增长机制,提高城乡居民最低生活保障标准。1999年7月1日,中央加大对部分欠发达省份的扶持,30%低保补助资金由中央财政拨款,全市城区城市低保第一次提标,最低生活保障标准为每人每月104元,月人均补助20.55元。2003年7月1日,城市低保第二次提标,标准为每人每月130元,月人均补助42.7元。2004年11月1日,城市低保第三次提标,标准为每人每月180元,月人均补助55.11元。2006年7月1日,农村低保制度正式建立,最低生活保障标准确定为每人每月70元,月人均补助25.3元。2007年7月1日,城市低保第四次提标,标准为每人每月200元,月人均补助115.68元;农村低保第一次提标,标准为每人每月90元,月人均补助38.84元。2009年7月1日,城市低保第五次提标,标准为每人每月240元,月人均补助180.26元;农村低保第二次提标,标准为每人每月100元,月人均补助78.81元。2010年4月1日,城市低保第六次提标,标准为市城区每人每月300元,月人均补助193.88元,与1997年人均补助水平每人每月19.88元,月提高10.26倍。各县(区)平均标准每人每月245元以上。农村低保第三次提标,统一最低生活保障标准为每人每月120元,月人均补助85.88元。

### 四、机制建立

2000年,市经济技术开发区率先在全省实行低保金社会化发放。2003年,全市推行低保金社会化发放。2006年,建立城乡流动低保对象异地委托制度,出台《九江市低保对象异地委托管理实施方案》。此举得到民政部和省民政厅的肯定,中央电视台、新华社等省内外多家新闻媒体都宣传这一做法。当年,被评为影响九江的10件大事之一。2007年,建立城乡低保调查核实和评议三级(县区、乡镇街道、村居委会)联动的一体化机制,完善低保工作的操作程序,体现公开公平。2010年2~8月,按照省委、省政府统一部署，对全市失地农民基本保障、农民建房收费、城乡低保资金发放涉及民生领域三个突出问题集中进行专项治理。对全市农村低保对象累计新增的10743户、24653人进行清理核实，清退9719户、24620人；城市低保对象累计新增的5086户、10788人，清退4442户、10817人。实现“应保尽保、应调尽调、应退尽退”，结合专项治理制订8项规范制度，形成长效管理监督机制。

## 第二节　医疗救助

2006年7月1日始，全省开始建立城乡困难居民大病医疗救助。全市开展城乡困难居民大病医疗救助，累计救助145294人次，累计发放医疗救助资金2577万元。2007年，救助215344人次，发放医疗救助资金6456万元。2008年，救助280878人次，发放医疗救助资金8197万元。2009年，救助365873人次，发放医疗救助资金10338万元。同年，在全省率先全面建立医疗救助与城镇居民基本医疗保险和新农合同步结算制度，建立城乡医疗救助与基本医疗保险同步结算机制。2010年，全市累计救助389187人次，累计发放医疗救助资金11343万元。

## 第三节　“五保”供养

20世纪90年代以来，农村的孤老残幼人员，由当地的集体组织提供“五保”供养，保障其基本生活。2006年，集中供养对象13137人，供养标准为每人每年1800元。分散供养对象10323人，供养标准为每人每年1200元。集中供养率提高为56%。累计发放资金2688万元。2007年，集中供养对象16656人，供养标准为每人每年1800元，集中供养率提高到71.3%。分散供养对象6894人，供养标准为每人每年1200元。累计发放资金3049万元。2008年，集中供养对象19246人，供养标准为每人每年1800元，集中供养率提高到82.04%。分散供养对象4214人，供养标准为每人每年1200元。累计发放资金3181万元。2009年，集中供养对象19941人，供养标准为每人每年1860元，集中供养率提高到85%。分散供养对象3519人，供养标准为每人每年1260元。累计发放资金3312万元。2010年，全市确定农村五保供养对象保障基数23460人，集中供养对象19941人，供养标准为每人每年1920元，集中供养率为85%。分散供养对象3519人，供养标准为每人每年1320元。累计发放资金3439万元。

## 第四节　流浪乞讨救助

### 一、收容遣送

1992年，执行国务院《关于收容遣送工作改革问题的意见》，收容对象主要是城市“无合法证件、无固定住所、无稳定收入”人员，要求居住3天以上非本地户口公民办理暂住证，否则视为非法居留，须被收容遣送。在收入遣送期间，可根据遣送对象的经济能力，适当收取生活费和路费等。2001年，成立市收容遣送站治安办公室，收容遣送站对外流人员坚持勤收、快送的原则，采取平时收容与节假日收容相结合，一般收容与突击收容相结合(每周收容3~4次，在市区组织较大活动时，采取分点分片收容)。至2003年7月，共计收容29756人。

### 二、救助管理

2003年6月，贯彻落实国务院颁发的《城市生活无着的流浪乞讨人员救助管理办法》。8月1日，市收容遣送站更名市救助管理站，为市财政全额拨款事业单位。2005年2月，市民政局、市公安局、市卫生局、市城市管理行政执法局联合出台《关于加强城市生活无着的流浪乞讨人员救助管理的通告》。2007年1月，市救助管理站从市茅山头垦殖场四分场搬迁至市九瑞大道105号，占地1.18公顷，总投资1800万元，建有综合办公楼、成人救助楼、少年儿童救助楼及附属楼等，建筑面积9600平方米。配有餐厅、洗澡间、洗衣间、卫生间、活动室等较完备的生活、娱乐设施及教室、阅览室、谈心室(心理矫正室)、户外运动场等设施。2008 年 8 月市救助管理站定为参照公务员管理单位。主要承担市城区生活无着落流浪乞讨人员救助管理和流浪未成年人救助保护,同时还承担接、送中转在外地的市流浪乞讨人员,并为市内遭受家庭暴力妇女和突遭灾祸居民提供临时紧急避救服务。2009 年,市城区建立流浪乞讨人员救助管理联席会议制度,形成以市救助管理站为龙头,各区民政部门、街道、社区相互配合、互为补充的四级救助网络。流动救助小分队和救助车上街进行主动劝助,形成联合行动和日常管理相衔接的工作格局。全市每年救助滞留城区的各类临时遇困人员约 4000 人次。2010 年,市救助管理站实际救助 3548 人,其中流浪未成年人 198 人,60 岁以上老人 153 人,行动不便人员 29 人,危重病人 5 人,精神病人 101 人,智障人员 294 人,肢体残疾人员 79 人,护送返乡 195 人。至当年底,成立救助管理机构有市救助管理站及九江县、修水县、永修县、湖口县、彭泽县、德安县、瑞昌市流浪乞讨人员救助管理站。

### 第五节 精简退职老弱残职工生活救助

1994 年,精减退职老职工生活救济标准为城市每人每月 57 元,农村每人每月 31 元。2009 年,精减退职老职工生活救济标准为城市每人每月 200 元,农村每人每月 160 元。2010 年,精减退职老职工生活救济标准为城市每人每月 225 元, 农村每人每月 185 元, 发放临时救助资金 328.202 万元, 救助 4291 人。至当年底,全市确定 20 世纪 50~60 年代精减退职老职工保障基数为 2386 人。

### 第六节 临时救助

2008 年 9 月,全市开始建立临时救助制度。2009 年,制订市本级临时救助工作方案并开始实施。市本级当年救助资金累计支出 458.97 万元,救助 8555 人。

## 第七章 灾害救助

### 第一节 救灾机制

1994 年 6 月,执行省政府第二十次常务会议决定的“省和地市按财政收入的 2‰~3‰,县(市、区)按本级财政收入的 3‰~5‰比例安排,多灾易灾地区的比例应有所提高”精神,每年在本级财政预算中安排救灾专项资金。增强各级政府对救灾工作责任感,拓宽救灾资金筹集渠道。1995 年,在都昌县开始救灾款发放改革,建立救灾服务中心。由单纯发钱变为发粮、发物资,由层层发放变为直接发放,由单纯服务变为收购、加工、发放一条龙服务为主,辅之以其他综合配套服务。负责收购、加工、发放救灾粮食,负责加工、发放救灾衣被,为灾民新村建设和修复分散倒房提供建筑材料,帮助灾区灾民发展生产自救,组织劳务输出,负责救灾捐赠物资的接受和发放。都昌县救灾服务中心自建立以来,已有一支 11 人的专职救灾队伍和救灾运输车、发电机、制砖机等设备,建有救灾物资仓库 1 个,创办年产 2000 吨饲料加工厂 1 个,固定资产达 40 万元。1996 年,全市建立救灾基金,基金总额 200 万元。设立专账,制定严格管理和使用办法,接受财政、审计部门监督。2000 年,各级民政部门针对灾后、春荒、夏荒、冬令不同阶段制定困难群众生活救助方案,建立生活救助台账,根据灾民受灾情况、家庭困难程度以及自救能力强弱,进行分类救助。2001 年,全市县、乡两级建立救灾款专户管理制度,形成救灾款专户管理、专款专用、专户运行的“绿色通道”。各县(市、区)5 天内就能将救灾应急资金发放到灾民手中。2008 年,建立防灾减灾宣传教育工作长效机制,科学制订避难场所建设规划,推动综合减灾示范社区建设,结合农村危房改造工程,推进农村“减灾安居工程”,形成全社会防灾减灾新局面。2009年,在全市范围内建立因灾死亡抚慰金制度。2010年“五一二”防灾减灾日,市减灾委员会成员单位负责人参观指导庐山区二中防灾减灾综合应急演练和浔阳区烟水亭广场防灾减灾宣传活动。浔阳区庐峰小区、永修县九合乡淳湖村落社区、庐山区虞家河乡上河村落社区、开发区滨兴街道向湖社区和都昌县都昌镇芙蓉社区获“全国综合减灾示范社区”称号。至2010年底,20年全市投入救济资金19621万元,救助4146万人。

**1991~2010年全市灾情统计一览**

表66-7-1　　单位:万人、人、公顷、间、头、万元

| 年份 | 人口受灾情况 | | | | | 农作物受灾情况 | | | 损失情况 | | | | | |
|---|---|---|---|---|---|---|---|---|---|---|---|---|---|---|
| | 受灾人口 | 死亡人口 | 伤病人口 | 被困人口 | 饮水困难人口 | 受灾面积 | 成灾面积 | 绝收面积 | 倒塌房屋间数 | 倒塌居民住房间数 | 损坏房屋间数 | 因灾死亡大牲畜 | 直接经济损失 | 农业直接经济损失 |
| 1991 | 266 | 13 | 1058 | 1753 | 10022 | 132271 | 58059 | 17414 | 4711 | 3913 | 28392 | 1109 | 53782 | 44499 |
| 1992 | 255 | 15 | 3281 | 1185 | 18525 | 128775 | 80516 | 22722 | 3822 | 3164 | 12232 | 3019 | 55344 | 47889 |
| 1993 | 204 | 33 | 2494 | 6300 | 12652 | 116352 | 84783 | 54711 | 15367 | 12028 | 33649 | 3413 | 102471 | 67638 |
| 1994 | 179 | 18 | 2250 | | 5585 | 87334 | 57403 | 26922 | 11681 | 7450 | 36407 | 3805 | 47764 | 36153 |
| 1995 | 301 | 47 | 2758 | 22195 | 11128 | 170228 | 111386 | 75835 | 31468 | 21156 | 65362 | 48760 | 157250 | 135887 |
| 1996 | 232 | 11 | 2832 | 11389 | 47020 | 127739 | 86875 | 39046 | 10064 | 5761 | 31885 | 2764 | 79230 | 58141 |
| 1997 | 163 | 1 | 1063 | 1358 | 10206 | 87707 | 49780 | 16127 | 3816 | 2221 | 41038 | 1206 | 43768 | 35474 |
| 1998 | 319 | 54 | 54410 | 500772 | 393281 | 238075 | 195836 | 159719 | 292893 | 265310 | 464293 | 162540 | 698022 | 993172 |
| 1999 | 254 | 11 | 1346 | 25053 | 78939 | 214072 | 162146 | 70478 | 82156 | 54894 | 148749 | 7238 | 219740 | 305586 |
| 2000 | 302 | 2 | 1298 | 2075 | 368105 | 182495 | 139430 | 49891 | 677 | 860 | 6102 | 8437 | 84133 | 78431 |
| 2001 | 275 | 1 | 1950 | 21635 | 78716 | 154000 | 122787 | 35942 | 127 | 167 | 832 | 47 | 61354 | 57681 |
| 2002 | 261 | 8 | 3288 | 29014 | 78143 | 130113 | 93421 | 27503 | 14045 | 10151 | 216423 | 1157 | 65249 | 46314 |
| 2003 | 398 | 13 | 14395 | 800 | 337398 | 403194 | 152372 | 58421 | 9934 | 8485 | 55575 | 702 | 133078 | 112157 |
| 2004 | 441 | 14 | 5765 | 67541 | 79338 | 168719 | 84848 | 37386 | 175577 | 174740 | 236285 | 665 | 347477 | 40463 |
| 2005 | 464 | 14 | 6193 | 136953 | 66054 | 187334 | 101717 | 52591 | 278441 | 273599 | 471581 | 1549 | 720765 | 114029 |
| 2006 | 337 | 4 | 10241 | 2851 | 32989 | 92111 | 38659 | 25780 | 3796 | 3487 | 33271 | 180 | 62068 | 45506 |
| 2007 | 216 | 7 | 4761 | 3072 | 74105 | 105880 | 63782 | 31631 | 2933 | 2710 | 17915 | 43 | 55589 | 43113 |
| 2008 | 482 | 4 | 39762 | 147828 | 561830 | 190423 | 104481 | 71228 | 16066 | 7178 | 40429 | 33845 | 555478 | 360665 |
| 2009 | 297 | 3 | 3720 | 1348 | 41320 | 179600 | 116300 | 29850 | 567 | 484 | 32842 | 223050 | 96269 | 87206 |
| 2010 | 190 | 4 | 3660 | 79000 | 32052 | 1035344 | 654438 | 280804 | 6218 | 5776 | 20689 | 238 | 230620 | 136628 |
| 合计 | 5836 | 277 | 166525 | 1062122 | 2337408 | 4131766 | 2559019 | 1184001 | 964359 | 863534 | 1993951 | 503767 | 3869451 | 2846632 |

## 第二节　减灾备灾

### 一、应急预案制定

1991年起,市、县(市、区)两级政府普遍制定应对自然灾害的应急预案,出台一系列应急救助政策和相关规定,明确部门间响应工作职责。并在每个县(市、区)选择1~2个较大或灾害多发乡(镇)及较大自然村,指导制定灾害应急救助预案,灾害应急制度建设逐步延伸到乡、村。市、县(市、区)民政部门制定应对重、特大自然灾害救助工作规程。按照《江西省自然灾害救助应急预案》构建全市自然灾害应急预案体

系，做到重大灾情2小时内报国务院，救灾物资4小时基本到位。1998年开始实施部门救灾应急预案，制定九江市民政局自然灾害救助应急预案。2002年1月，市政府印发《九江市救灾应急预案》，2009年11月，市政府修订并印发《九江市自然灾害救助应急预案》，明确救灾工作管理体制，提高自然灾害救助能力。

### 二、救灾物资储备

2003年开始筹备建救灾物资储备库。2005年建成仓储面积为600平方米的市级救灾物资储备仓库。2005年市内“11·26”地震灾害的救助工作中，储存的救灾衣被、救灾帐篷发挥重要作用。

### 三、灾情信息网络建设

1997年10月，全市开始灾情信息网络建设，1999年为每个县(市、区)配备计算机、传真机。2001年5月参加全省举办的县级灾害信息培训班，完成县级网络分站建设。2006年7月，在全市2300多个乡、镇、村及较大自然村各聘1名灾害信息员，由县(市、区)民政部门统一颁发由市民政局制作的灾情信息员聘书。每年由县(市、区)民政部门对灾情信息员进行分批培训，编印下发《民政灾情信息员手册》3000本。便于上级部门及时了解灾情、做出正确决策、有效实施救助。9月，在全市以县(市、区)为单位，根据所辖地区不同时期，不同区域易发不同灾种历史发生规律，科学划分灾害管理区域，实施针对性的灾害管理。并以县为单位制定区域灾害管理平面挂图，突出各区域灾害应急的工作重点，使灾害救助工作更具科学性、针对性和时效性，提高救灾工作效率。2009年6月1日，“国家自然灾害灾情管理系统”升级版在市内运用，实现报灾网络化，报灾数据统计自动化。

## 第三节 抗灾救灾

### 一、洪涝灾救助

1998年8月，九江特大洪水期间，民政部门组织百万灾民大转移，做到有吃有住保安全。投入上级救灾资金4493万元，临时救济灾民314.9万人次。全市共募集、接收捐赠款3700万元，救灾物资1.5亿元。下拨救灾款1.19亿元。分发衣被599万件，开仓借粮0.6亿公斤，救治伤病33.4万人次。确保灾民有饭吃、有衣穿、有干净水喝、有安全过冬的住处、有病能医、学生有学上；确保大灾之后无大疫，灾区社会稳定。灾后，市委、市政府派出380名机关干部到县乡指导恢复重建。移民建镇进展顺利，全市确定“平垸行洪、退田还湖”圩堤117座，搬迁4.24万户，移民20多万人，分散建房竣工3.2万户，建成灾民新村39个，100%的灾民搬进新居。大批水毁公路、桥梁、供电、供水、通信等设施得到修复。

### 二、地震灾救助

2005年11月26日，九江发生5.7级地震。民政部紧急调拨救灾帐篷20000余顶。国家地震局调集国内50多位专家，对地震灾区进行严密监测和考察灾情。省委、省政府决定启动省地震灾害应急预案二级响应，向灾区下拨救灾款500万元。九江县新塘乡处于地震中心，乡党委当即决定由乡财政出资，购买一批三色布，使全乡2.3万名群众在2天之内全部住进临时搭建帐篷。九江县和瑞昌市中小学校校舍遭到严重破坏，不少校舍成为危房，学校被迫发出停课通知。市委、市政府当即要求全市教育系统和灾区党组织、解放军、武警官兵，要想尽一切办法保证灾区学生按时上课，对校舍受损严重学校的学生安排在帐篷上课；对部分农村小学因受场地和帐篷限制的，则采用半日制复式教学。至11月30日，灾区中小学校全部恢复上课。12月2日，召开全市灾后重建工作会议。经过地震和建筑专家的选择与设计，九江县选定5个灾民安置点和3个公共场所建筑点。瑞昌市规划设计好居住地7处，占地60公顷，可安排8000户灾民重建家园。国家安排恢复住房款38951万元，全市各县(市、区)政府运送红砖援建。各级发放救助金2559万元，救灾物资折款3316万元。

### 三、雪灾救助

2008年初,发生特大雪灾,全市因灾需恢复重建3182户;需修缮损坏房屋22164间。雪灾期间新建灾民安置点8个,安置灾民177户。对重建户市、县、乡三级采取自下而上普查上报,实行“乡查县审市定”的方法,严把数量关。按照“公示到户、任务到户、资金到户、建档到户、标识到户(由县级统一制作的“爱心房”牌匾)、验收到户”的“六到户”管理要求,组织和实施重建工作。按照省、市规定分散建房的一般户每户5000元、三类特困户每户11000元;集中建房一般户每户7000元、三类特困户每户13000元的补助标准执行。补助资金根据建房进度,通过一卡通分期发放到户。共完成3032户倒房重建和23031间损房修缮。其中集中建房7个灾民安置点共154户,分散建房2878户。下拨重建补助资金2450万元。

### 四、旱灾救助

2009年,抗击干旱,采取“引水、蓄水、挖水、放水、送水”等措施,普及抗旱减灾常识,提高群众自抗自救能力。全市各级财政投入抗旱资金3819.2万元,出动人员77.17万人次,启用机器设备4.93万套,用油1234吨,用电120万千瓦时,解决59670公顷农作物的浇灌,保证18.48万人的生产、生活用水。共计引长江、鄱阳湖水达1.5亿立方米;进行人工降雨,加大水库蓄水力度,全市1071座大中小型水库共多蓄水2.2亿立方米。一些地区采取打深井取水的办法解决群众饮用水。市防办在省防总的帮助下,积极调度柘林水库增大下泄流量,解决下游永修县、德安县、共青城等地城镇、乡村群众饮水;对饮水困难的地区派人派车送水。

# 第八章　社会行政事务

## 第一节　婚姻登记

### 一、登记机关

1994年,各县(市、区)民政部门婚姻登记机关实行婚姻管理专人、专职。1996年,民政部下发《关于推进婚姻管理工作办公自动化的通知》,省民政厅举办系统软件应用培训班,全市参加培训婚姻登记员89人次,婚姻登记使用电脑管理。规范婚姻登记档案管理,执行《婚姻登记管理条例》,拒绝“人情登记”“条子登记”等违规行动。婚姻登记条件和程序、收费标准、收费许可文件、监督电话上墙公布,婚姻登记员挂牌办公,接受群众监督。1997年1月1日起,使用新式婚姻状况证明,全市民政系统开展婚姻登记管理工作大检查。2004年,执行国务院《婚姻登记管理条例》,婚姻登记由县(市、区)民政局统一办理。为方便边远地区群众,经省民政厅批准,全市共设有84个乡镇婚姻登记机关,婚姻登记员137人,其中大专以上文化程度占85%,35岁以下占60%。2010年,全市有婚姻登记机关62个,其中县(市、区、山)15个,乡(镇)59个,15个县级婚姻登记机关中有10个达到“全国婚姻登记示范机关”,达标总量全省第一。至同年,全市共办理国内居民结婚登记326976对,其中初婚人数597583人,再婚人数56369人,复婚人数2919人。全市共办理国内居民离婚登记37602对。补发证件26974对。离婚发证占同期结婚发证数11.5%。

### 二、涉外婚姻登记

1991~2003年,全市办理涉及外国人、华侨、港澳台居民婚姻登记3520对。从2003年10月,涉外婚姻办理正式移交省民政厅直接办理。

## 1991~2010 年全市婚姻登记一览

表 66-8-1 单位:人、对

| 年 份 | 结婚登记 | | | | 离婚总对数 | 撤销总对数 | 补发证件对数 |
|---|---|---|---|---|---|---|---|
| | 初婚人数 | 再婚人数 | 复婚对数 | 结婚总对数 | | | |
| 1991 | 1667 | 57 | 2 | 862 | 19 | 5 | 3 |
| 1992 | 870 | 20 | | 445 | 17 | 4 | 1 |
| 1993 | 1203 | 25 | 2 | 614 | 5 | 3 | 5 |
| 1994 | 6057 | 9 | | 3033 | 41 | | 4 |
| 1995 | 4626 | 22 | | 2324 | 41 | 2 | 5 |
| 1996 | 5336 | 22 | | 2679 | 54 | 1 | 14 |
| 1997 | 6383 | 23 | | 3203 | 401 | 4 | 18 |
| 1998 | 5241 | 25 | | 2633 | 395 | 28 | 54 |
| 1999 | 9222 | 106 | | 4664 | 515 | 80 | 209 |
| 2000 | 23601 | 643 | 20 | 12122 | 693 | 157 | 304 |
| 2001 | 29700 | 1072 | 42 | 15386 | 739 | 22 | 236 |
| 2002 | 28626 | 1120 | 51 | 14873 | 916 | 129 | 257 |
| 2003 | 29605 | 1287 | 39 | 15446 | 1456 | 24 | 265 |
| 2004 | 36134 | 2164 | 80 | 19149 | 2392 | 53 | 278 |
| 2005 | 42157 | 3069 | 102 | 22613 | 2546 | 87 | 306 |
| 2006 | 60471 | 5803 | 170 | 33137 | 4215 | 222 | 464 |
| 2007 | 66714 | 6036 | 368 | 36375 | 4515 | 121 | 3652 |
| 2008 | 74412 | 7648 | 466 | 41030 | 5202 | 137 | 3823 |
| 2009 | 81909 | 12771 | 769 | 47340 | 6457 | 458 | 7150 |
| 2010 | 83649 | 14447 | 808 | 49048 | 6983 | 537 | 9926 |
| 合 计 | 597583 | 56369 | 2919 | 326976 | 37602 | 2074 | 26974 |

## 至 2010 年全市乡镇婚姻登记机关一览

表 66-8-2 单位:人

| 县(市、区) | 乡镇婚姻登记机关 | 登记人员数 |
|---|---|---|
| 修水县 | 白岭镇、漫江乡、全丰镇、大桥乡、路口乡、黄龙乡、古山镇、布甲乡、大桥镇、新湾乡、上衫乡、水源乡、渣津镇、石坳乡、东港乡、港口镇、溪口镇、西港镇、黄港镇、何市镇、四都镇、太阳升镇、黄坳乡、马坳镇、大桥乡 | 25 |
| 武宁县 | 上汤乡、石门楼镇、鲁溪镇、官莲乡 | 4 |
| 瑞昌市 | 肇陈镇、洪一乡、乐园乡 | 3 |
| 永修县 | 虬津镇、吴城镇、梅棠镇、三溪桥镇、马口镇、白槎镇、滩溪镇、燕坊镇、江上乡 | 9 |
| 德安县 | 车桥镇 | 1 |
| 九江县 | 江洲镇 | 1 |
| 都昌县 | 周溪镇、西源乡、土塘镇、南丰镇、大港镇、左里镇 | 6 |
| 彭泽县 | 杨梓镇、浩山乡、天红镇、棉船镇 | 5 |
| 星子县 | 蓼花镇、泽泉乡、横塘乡 | 3 |

# 第二节　民间组织管理

## 一、民间组织登记

1991年,市民政局社团管理科成立,当年在市民政局登记成立社会团体1个。1992年,全市开展乡(镇)、街道社会团体复查登记工作。对社会团体档案管理提出规范要求,县(市、区)社团管理配置专职干部。1993年,统一使用"市社会团体会费收据"。1994年,要求部门领导不兼任社会团体领导职务。1995年,全市共169个民间组织接收审查,其中合格社团152个,限期整顿再复检8个,依法撤销登记9个。1996年,全市共175个民间组织接收审查,其中合格社团157个,限期整顿再复检16个,依法撤销登记2个。同年9月1日起,决定适当调整社会团体登记费标准。调整后标准为:申请费每件10元,登记费每件90元(含证书费),变更登记费每件40元。1997年,组织经县级以上民政部门注册登记,且近2年来年检合格社会团体参加"全省社团突出成果展览"活动。1998年,执行国务院《社会团体登记管理条例》和《民办非企业单位登记管理暂行条例》。1999年,全市登记社团545个,其中市级社团195个,县级社团350个。同年,全市民间组织管理工作实行计算机网络化,明确要求购置社团管理软件。2000年,按省民政厅部署,依据国务院条例,对全市民办非企业单位进行普查,全市多数民办非企业单位未进行登记,覆盖文教、卫生、科技、法律等领域。其中以民办幼儿园、托儿所和民办诊所为多。同年,暂停对企业内部职工持股会进行社团法人登记。2001年,对社会团体编制及有关问题进行规定,对全市民办非企业单位进行复查登记。2002年开始对民办非企业单位登记管理。同年, 社团管理科更名为民间组织管理科。2004年,加大对农村经济协会培育发展工作力度,全市培育登记农村专业经济协会18个。市本级登记社团20个,民办非企业9个,办理各项变更40个。德安县依法加大管理力度,12个民办非企业单位办理登记,填补该县空白。2005年,全市农村经济协会达49个。2009年,市本级登记民办非企业单位20个,社会团体7个。至2010年年底,全市已登记社会团体906个,民办非企业单位293个。其中市本级登记的社会团体208个,民办非企业单位118个。

## 二、社团清理整顿

1991~1993年初,全市开展社会团体清理整顿和复查登记工作,对各类社会团体印章的制作和会费收取进行规范。确立登记程序,避免多头审批,形成双重分级管理体制。1997年,结合清理整顿工作对现有团体进行一次性财务审计。至1998年,对全市各类社团开展以撤销、合并为主要内容的清理整顿。制订下发《九江市清理整顿社会团体工作实施方案》。市属近200个社团换发新登记证书。1999年,依据国务院《社会团体登记管理条例》和省民政厅的部署,全市开展社会团体清理整顿和复查登记。保留社会团体130个,合并14个,整改212个,注销64个,撤销125个。

2000年,开展对气功类社团进行专项清理整顿,当年全市13个气功类社团被依法注销。2001年,加强党对社会团体领导,揭批邪教"法轮功"。落实"政社分离",对社会团体编制及经费来源、财务管理、工作人员的配备及票据的使用和管理做出一系列规定。2002年,执行中央规定,对申请成立"老乡会""战友会"不予审批;对申请成立"校友会"(包括同学会等类似组织)的,从严掌握。县(市)、地(市)成立"校友会",必须经过省级民政部门审核后,按程序办理登记手续。全市开展一次全面自查和排查。2008年,对全市行业协会进行调研界定。2009年,开展行业协会服务和收费行为专项治理。要求行业协会与业务主管部门要职能、机构、工作人员、财务"四分开"。全市审定行业协会146个,其中市属63个,县区83个;对21个行业协会办理注销手续,其中市级5个,县级16个;26个行业协会更换法定代表人;303名公务员退出行业协会,其中厅级干部5人,县级干部83人,科级以下人员215人。原与主管部门合署办公的46个行业协会重新选定办公地址,所有行业协会财务独立,专户专账,纠正违规收费423323元。

2010年,开展社会团体"小金库"专项治理。对会费收入8万元、接收财政补助或社会捐赠5万元以上的社会团体进行财务审计。

## 第三节　地名勘界

### 一、地名

1991年,贯彻执行"全国地名管理工作会议"精神,开展管理规范地名工作。1996年对市城区32条道路进行命名更名,并自同年起,用3年时间完成在国道两侧500米内的村镇统一设置村镇名称标志任务,3年总规划数为120块。2000年,对市城区10条道路进行命名。2001年,全市范围内开展设置标准地名标志工作。2002年,市城区设立地名标示牌,并在武宁进行城市设标试点。2005年始,开展地名公共服务工程建设,包括地名规范、地名设标、地名规划、数字地名四项专项事务。2007年,编辑出版《九江老地名》一书,介绍各县(市、区)自然地理地名、乡镇村落地名、街道路巷地名、名胜古迹地名、行业机构地名、市城区部分消失老地名。2009年,编辑出版《九江地名新编》一书,介绍各县(市、区)自然地理地名、历史村落地名、街道路巷地名、住宅小区地名、景观建筑地名、行业机构地名及市城区古迹民谣,建立九江城区地名采词库。

2010年3月,市政协牵头,开展规范地名专题调研。10月,下发《九江市2009~2013年市城区地名总体规划方案》,结合市城区地名现状、使用习惯和城区总体规划,明确地名命名原则和方法,提出规划名称。至2010年底,市、县两级城市地名规划如期完成。全市181个乡镇,13个街道办事处完成地名设标任务,城乡共设置街路巷牌2480块。完善市、县两级地名数据库,录入3万条。成立市地名信息中心,实行地名信息化服务。率先在全省设区市建立区划地名网站,设置旅游交通地名导航屏,共完成对市城区94条道路命名。

### 二、勘界

1996年5月,市勘界工作领导小组成立。当月起,开始勘界工作。同年,全市县级界线勘界工作任务1条,边界线交会点2个。年底勘定界线长度42千米,勘定边界线交会点2个。1997年,全市县级界线勘定任务10条,边界线交会点14个。至年底勘定5条,勘定长度302.6千米,勘定边界线交会点9个。1998年,全市县级界线勘定任务8条,交会点5个。至年底勘定5条勘定长度308千米,交会点3个。1999年县级界线勘定任务6条,边界线交会点2个。至年底勘定13条、长度196千米,交会点5个。2000年,全市县级界线勘定任务12条,边界线交会点1个。至年底勘定7条、长度473千米,交会点3个。2001年,勘定历史遗留下来的县级界线6条,界线长度246.2千米,边界线交会点3个,完成勘界任务。同时分别于1998年、1999年、2000年对赣鄂线、赣湘线、皖赣线3条(段)省界进行勘定。全市共勘定省界3条(段)、界线长度694千米,3省交会点2个;县级界线36条、界线总长1567.7745千米,3县交会点23个,其中县级界线在省界上的起止点9个,埋设界桩37个,边界线交会点界桩21个;共形成边界线协议书36份284页,标绘边界线协议书附图228张。

2003年,武宁县民政局副局长明平富因勘界工作被人保部、民政部授予一等功,市勘界工作领导小组办公室被江西省人事厅、民政厅授予全省勘界工作先进集体称号;2006年开展平安边界创建活动,化解多起历史遗留的边界纠纷,解决有争议的边界6条(段)。2007年,市民政局获全国行政区域界线管理工作先进集体;2007~2010年,平安边界建设考评连续4年获全省第一;2009年,市民政局在全国平安边界建设工作会上作经验介绍。

## 至2010年全市县级行政区域界线一览

表66-8-3

| 界线名称 | 界线名称 | 界线名称 |
|---|---|---|
| 修(水)奉(新)线 | 浔(阳)九(江)西线 | 九(江)星(子)线 |
| 都(昌)波(阳)线 | 修(水)铜(鼓)线 | 新(建)都(昌)线 |
| 九(江)德(安)线 | 武(宁)靖(安)线 | 安(义)永(修)线 |
| 武(宁)修(水)线 | 武(宁)德(安)线 | 永(修)靖(安)线 |
| 九(江)瑞(昌)线 | 永(修)都(昌)线 | 庐(山)浔(阳)线 |
| 湖(口)彭(泽)线 | 庐(山)九(江)北线 | 都(昌)湖(口)线 |
| 永(修)星(子)线 | 庐(山)湖(口)线 | 德(安)星(子)线 |
| 都(昌)彭(泽)线 | 九(江)湖(口)线 | 庐(山)星(子)线 |
| 彭(泽)波(阳)线 | 湾(里)永(修)线 | 星(子)都(昌)线 |
| 修(水)宜(丰)线 | 新(建)永(修)线 | 德(安)瑞(昌)线 |
| 武(宁)瑞(昌)线 | 修(水)靖(安)线 | 省界赣湘线 |
| 永(修)德(安)线 | 庐(山)九(江)线 | 省界赣鄂线 |
| 浔(阳)九(江)东线 | 武(宁)永(修)线 | 省界皖赣线 |

## 至2010年全市县级界线交会点(含起止点)一览

表66-8-4

| 交会点名称 | 交会点名称 | 交会点名称 |
|---|---|---|
| 新(建)永(修)都(昌) | 修(水)武(宁)靖(安) | 新(建)都(昌)鄱(阳)余(干) |
| 九(江)德(安)星(子) | 都(昌)彭(泽)鄱(阳) | 修(水)铜(鼓)平(江) |
| 庐(山)九(江)浔(阳)东点 | 修(水)奉(新)宜(丰) | 湖(口)彭(泽)线起点 |
| 都(昌)湖(口)彭(泽) | 安(义)永(修)靖(安) | 武(宁)修(水)线起点 |
| 武(宁)德(安)瑞(昌) | 湾(里)新(建)永(修) | 九(江)湖(口)线起点 |
| 九(江)德(安)瑞(昌) | 修(水)奉(新)靖(安) | 浔(阳)九(江)东线起点 |
| 修(水)宜(丰)铜(鼓) | 安(义)湾(里)永(修) | 彭(泽)鄱(阳)线止点 |
| 武(宁)永(修)德(安) | 庐(山)浔(阳)九(江)西点 | 武(宁)瑞(昌)线起点 |
| 永(修)德(安)星(子) | 永(修)星(子)都(昌) | 九(江)瑞(昌)线起点 |
| 武(宁)永(修)靖(安) | 庐(山)星(子)都(昌)湖(口) | 浔(阳)九(江)西线起点 |
| 庐(山)九(江)湖(口) | 庐(山)九(江)星(子) | 赣湘鄂交会点 |
| 皖赣鄂交会点 | | |

## 至2010年市城区部分消失老地名一览

表66-8-5

| 名称 | 坐落地点 | 名称 | 坐落地点 |
|---|---|---|---|
| 赓和里 | 甘棠湖东北角,湖滨公园北端 | 扶轮小学 | 火车西站 |
| 花园饭店 | 丁官路西端对面,湖滨公园内 | 琥珀山 | 市三中 |
| 庐山庄 | 群艺馆对面的湖滨公园内 | 英国巡捕房 | 浔阳区人武部对面 |
| 蓑衣湾 | 市二中南大门湖边 | 大东门 | 国棉三厂大门口 |
| 德馨里 | 时代美食广场 | 翘德小学 | 龙山小学 |
| 六角石 | 丁家场南端接大中路 | 紫云阁 | 市民政局斜对面江边 |
| 和林路 | 市教育局对面的湖滨 | 衣钵庵 | 人民路立交桥附近 |

续表 66-8-5

| 名 称 | 坐落地点 | 名 称 | 坐落地点 |
|---|---|---|---|
| 唸佛林 | 丁家场原水塔下 | 孔家垅 | 江西财经职业学院 |
| 勃兰地教堂 | 柴桑一支路中段 | 放马场 | 东起火车西站，西止海扬纺织有限公司，北起北径路，南止浔阳西路 |
| 仑 巷 | 市妇幼保健院门诊部 | 鱼苗塘 | 海扬纺织品公司医院 |
| 济世中学 | 船舶工业局 | 金氏山庄 | 十里水厂加压泵房 |
| 荫 园 | 市新华印刷厂 | 俞氏山庄 | 十里立交桥至九莲公路路口一带 |
| 九江商会 | 电信大楼 | 和尚分 | 十里华封桥北侧 |
| 复兴村 | 丁官路教育局宿舍 | 太平桥 | 九江职业大学总部 |
| 利比亚村 | 环城路电影公司一带 | 小校场 | 市肉类联合加工厂一带 |
| 慎德里 | 今莲花池三支巷以西 | 张官巷 | 交通路 |
| 孝子巷 | 双峰路西端 | 官牌夹飞机场 | 官牌夹 |
| 化善堂 | 大中路信华城市广场 | 江西会馆 | 甘棠北路与昭忠祠路相交东南处 |
| 美国圣公会 | 市妇幼保健院内 | 江宁会馆 | 庾亮南路东侧工商行浔中分行 |
| 梅花庵 | 双峰路北端 | 安徽会馆 | 庾亮路西侧东方移动手机广场 |
| 黄土坡 | 市妇幼保健院至五丰宾馆一带 | 湖北会馆 | 市三中内 |
| 小南门 | 九江宾馆一带 | 广东会馆 | 江州农贸市场西门至小星星中心幼儿园一带 |
| 康王庙 | 市中心幼儿园北侧 | 新子垄 | 三里街以南至长虹饭店之北一带 |
| 亭子巷 | 原行署大院内 | 芝麻垄 | 市粮食干校至商业干校一带 |
| 肖家街 | 又称塔后庄，今市二中一带 | 石塘桥 | 庐山区中学大门附近 |
| 眠羊山 | 远洲大酒店至市人大一带坡地 | 白公馆 | 九江军分区第一干休所至万家广场后侧 |
| 东岳庙 | 市聋哑学校 | 孙公馆 | 孙墨千公馆，今市第一人民医院东侧 |
| 达仁里 | 五桂场附近 | 篾匠巷 | 龙开河路北端长江航运公安局江江分局后侧一已封闭小巷 |
| 北风咀 | 南湖公园西侧 | 龙开河铁桥 | 大中路与龙开河路交汇处 |
| 龙池寺 | 电信大楼后院 | 大众商场 | 大中路与庐山路交汇处的世纪联盛 |
| 九江府署 | 大中路市民政局招待所 | 大众剧场 | 九江农贸市场 |
| 九江道署 | 白鹿宾馆 | 白衣庵 | 今环城路一支巷 |
| 龙王墩 | 庾亮北路北端临江处 | 城内清真寺 | 今五桂厂内 |
| 大华饭店 | 港务局大华宿舍 | 圣约翰中学 | 今东门口路一带 |
| 光华中学 | 马狮商住楼 | 大东旅社 | 今浔阳西路与三马路交汇处的滨兴派出所 |
| 审判厅 | 浔阳区政府内 | 九江饭店 | 今滨江路圣都餐馆 |
| 翘秀小学 | 滨兴小学 | | |

# 第四节　收养登记

1992 年，《中华人民共和国收养法》规定，市民政局及各县（市、区）民政局开始办理收养登记。收养登记是根据法定条件和程序领养他人子女为自己子女的民事法律行为。1999 年，民政部发布《中国公民收养子女登记办法》《华侨以及居住在港、澳、台地区的中国公民办理收养登记的管辖以及所需出具证明材料的规定》。至 2010 年，全市共办理收养登记 1321 人，其中办理国内公民收养登记 1292 人，办理港澳台中国公民收养登记 29 人，办理解除收养关系 4 例。

## 1992~2010 年全市收养登记办理一览

表 66-8-6

| 年 份 | 国内公民收养登记数量 | 港澳台中国公民收养登记数量 | 国内公民解除收养登记数量 | 年 份 | 国内公民收养登记数量 | 港澳台中国公民收养登记数量 | 国内公民解除收养登记数量 |
|---|---|---|---|---|---|---|---|
| 1992 | 1 | | | 2002 | 95 | 2 | 1 |
| 1993 | 3 | | | 2003 | 124 | 3 | |
| 1994 | 9 | | | 2004 | 83 | 6 | |
| 1995 | 10 | | | 2005 | 69 | 2 | |
| 1996 | 13 | | | 2006 | 84 | | |
| 1997 | 19 | | | 2007 | 75 | 3 | |
| 1998 | 48 | | 1 | 2008 | 94 | 1 | 1 |
| 1999 | 91 | 5 | | 2009 | 85 | | 1 |
| 2000 | 163 | 1 | | 2010 | 66 | 3 | |
| 2001 | 160 | 3 | | 合 计 | 1292 | 29 | 4 |

1994 年起,省民政厅开展涉外收养工作。全市有涉外送养福利院 4 个:市儿童福利院(原市社会福利院)、永修县社会福利院、都昌县社会福利院、修水县社会福利院,分别于 1994 年、1998 年、1999 年、2002 年开展涉外送养工作。1994~2010 年全市共涉外送养儿童 1593 名,其中女性 1582 名,男性 11 名。收养人分别为美国、西班牙、荷兰、加拿大、英国、法国、瑞典、挪威、丹麦、比利时、澳大利亚、芬兰、爱尔兰等国家公民,最多为美国。至 2010 年,美国、英国、荷兰、芬兰、爱尔兰、加拿大等国家的收养人带着收养的儿童分别到市涉外送养福利院回访。

## 1994~2010 年市涉外送养一览

表 66-8-7　　单位:人

| 年 份 | 送养人数 | | | | |
|---|---|---|---|---|---|
| | 合 计 | 市社会福利院 | 永修县社会福利院 | 都昌县社会福利院 | 修水县社会福利院 |
| 1994 | 37 | 37 | | | |
| 1995 | 91 | 91 | | | |
| 1996 | 99 | 99 | | | |
| 1997 | 89 | 89 | | | |
| 1998 | 122 | 108 | 14 | | |
| 1999 | 111 | 80 | 22 | 9 | |
| 2000 | 120 | 63 | 43 | 14 | |
| 2001 | 108 | 55 | 42 | 11 | |
| 2002 | 102 | 45 | 26 | 9 | 22 |
| 2003 | 176 | 20 | 27 | 25 | 104 |
| 2004 | 207 | 64 | 29 | 31 | 83 |
| 2005 | 166 | 49 | 13 | 45 | 59 |
| 2006 | 62 | 8 | 14 | 21 | 19 |
| 2007 | 42 | 12 | 12 | 15 | 3 |
| 2008 | 10 | | 1 | 2 | 7 |
| 2009 | 21 | 2 | | 9 | 10 |
| 2010 | 30 | 9 | 3 | 17 | 1 |

# 第五节 殡葬管理

## 一、管理机构

1991年以来,据国务院《殡葬管理条例》规定,全市县级以上地方政府民政部门负责本行政区域内殡葬管理工作。市殡葬管理处隶属市民政局。各县(市)、庐山管理局均成立殡葬管理所。

## 二、公墓(陵园)

20世纪90年代初,全市只有市城区建有集殡仪馆与公墓为一体的马宿岭公墓区。1994年彭泽县建憩园公墓;1995年永修县建含笑园陵园;1996年修水县建长青陵园;1997年瑞昌市建狮岭公墓;1999年庐山风景名胜管理局建长青园陵园。2001年9月,依据《江西省殡葬管理办法》和《江西省庐山风景名胜区管理条例》,停止庐山“华裔陵园”建设和经营,设墓地管理办公室。2003年6月关闭马宿岭公墓区。市城区新建集火化、殡仪、公墓三位一体贺嘉山陵园。贺嘉山陵园坐落于庐山区姑塘镇贺嘉山,占地面积25.5公顷。由德昌实业有限公司投资兴建,隶属市殡葬管理处,主要为市城区逝者提供骨灰存放和墓葬服务。2003年武宁县建成极乐陵园;2004年星子县建庐山山南陵园;2005年都昌县建西山陵园;2007年湖口县招商引资投入800余万元,建成全省县级一流的大步山安泰陵园;2008年共青城建大同陵园。2010年,贺嘉山陵园新征6.7公顷土地全部用于建造低价位墓地,解决低收入群体死后安葬问题。陵园骨灰堂面积540平方米,业务大厅600平方米,办公区800平方米,5个保安亭100平方米,车(仓)库300平方米,花房200平方米,总面积2690平方米。墓区占地面积252104平方米(含道路、景点、绿化等)。全市共建农村公益性墓地256个。

## 三、殡仪馆

1991年以来,按照《江西省殡葬工作发展规划》要求,各地相继筹建火化殡仪馆。至2010年,全市除德安县、九江县外,其余各县(市)均新建火化殡仪馆。市殡仪馆规模最大,集接运、冷藏、更衣、整容、守灵、火化于一体,坐落于庐山区姑塘镇贺嘉山,占地面积2.4万平方米,总投资870万元。按国家二级殡仪馆标准兴建。馆内设有行政办公楼,建筑面积1600平方米,车库300平方米,业务大厅300平方米。3个豪华吊唁厅,占地面积600平方米,12间中低档灵堂,配有电子屏幕挽联,电子遗像、告别台、空调休息室、候灰室等,食堂、商店、花圈店全天候提供服务。火化车间占地面积450平方米,火化设备洁净环保,拥有国内最先进的拣灰炉。业务大厅提供各种式样的骨灰盒、花圈、寿衣、纸棺等丧葬用品。殡仪服务收费按市物价局《关于核定九江市殡仪馆殡仪服务收费标准的批复》执行;贺嘉山公墓墓茔收费标准按照市物价局《关于贺嘉山墓位价格的批复》执行。

1990~2010年全市遗体火化一览

表66-8-8 单位:具

| 年份 | 修水 | 武宁 | 瑞昌 | 永修 | 德安 | 九江 | 都昌 | 湖口 | 彭泽 | 星子 | 共青 | 市城区 | 合计 |
|---|---|---|---|---|---|---|---|---|---|---|---|---|---|
| 1990 | | | 164 | 228 | | | 35 | | 135 | | | 1078 | 1640 |
| 1991 | | | 198 | 220 | | | 42 | | 150 | | | 1081 | 1691 |
| 1992 | | | 212 | 242 | | | 38 | | 153 | | | 1315 | 1960 |
| 1993 | | | 262 | 233 | | | 36 | | 156 | | | 1256 | 1943 |
| 1994 | | | 232 | 259 | | | 45 | | 165 | | | 1453 | 2154 |
| 1995 | | | 307 | 326 | | | 39 | | 162 | | | 1602 | 2436 |
| 1996 | | | 315 | 312 | | | 32 | | 146 | | | 1728 | 2533 |
| 1997 | | | 330 | 325 | | | 41 | | 144 | | | 1572 | 2412 |
| 1998 | 20 | | 337 | 265 | | | 43 | | 118 | | | 1816 | 2599 |

续表 66-8-8

| 年份 | 修水 | 武宁 | 瑞昌 | 永修 | 德安 | 九江 | 都昌 | 湖口 | 彭泽 | 星子 | 共青 | 市城区 | 合计 |
|---|---|---|---|---|---|---|---|---|---|---|---|---|---|
| 1999 | 32 | | 267 | 273 | | | 46 | | 137 | | | 1720 | 2475 |
| 2000 | 134 | | 269 | 296 | | | 27 | | 133 | | | 1771 | 2630 |
| 2001 | 318 | | 371 | 224 | | | 38 | | 203 | | | 1893 | 3047 |
| 2002 | 411 | 60 | 466 | 242 | | | | | 143 | | | 2057 | 3379 |
| 2003 | 447 | 151 | 482 | 248 | | | | | 153 | | | 2027 | 3508 |
| 2004 | 465 | 228 | 1488 | 282 | | | | | 193 | 21 | | 1874 | 4551 |
| 2005 | 482 | 291 | 2031 | 263 | | | 11 | | 185 | 90 | | 2020 | 5373 |
| 2006 | 495 | 298 | 2062 | 289 | | | 7 | | 154 | 75 | | 1836 | 5216 |
| 2007 | 548 | 305 | 2010 | 268 | | | 33 | | 158 | 70 | | 1885 | 5277 |
| 2008 | 637 | 458 | 2016 | 318 | | | 17 | | 149 | 86 | | 1982 | 5663 |
| 2009 | 685 | 474 | 2040 | 288 | | | 20 | | 199 | 102 | 21 | 2022 | 5851 |
| 2010 | 672 | 595 | 2065 | 385 | | | 19 | 61 | 381 | 95 | 97 | 2121 | 6491 |

说明:市城区遗体火化数为浔阳区、庐山区及外地人员死亡火化合计数

## 四、殡葬改革

1995年3月1日起,殡葬工作人员特殊行业津贴,在原标准基础上分别提高一倍。1997年,国务院发布《殡葬管理条例》。1998年,省政府发布《江西省殡葬管理办法》。2000年,市政府下发《九江市殡葬工作发展规划》。2001年,市政府印发《九江市殡葬管理规定》。2002年,市文明办、民政局、公安局、工商局、卫生局、监察局、执法局、国土局8部门联合下发《关于进一步加强丧事管理的通告》。2004年5月1日零时起,瑞昌市实施遗体火化“零点行动”,在瑞昌市范围内死亡人员必须全部火化,兴建农村骨灰堂,对以行政村为单位和以自然村为单位建设的骨灰堂,分别给予3万元和1万元资助,建成骨灰堂50余个。同年,市政府在市城区开展殡葬习俗专项整治活动,抽调相关部门人员成立专项整治领导小组,禁止在市城区占用街道、公共场所和居民住宅区停放遗体、搭设灵棚及游丧、沿途燃放鞭炮、抛撒纸花、纸钱、敲锣打鼓等习俗。修水县、武宁县、庐山风景名胜管理局也开展丧葬习俗整治活动。2005年,市政府下发《关于全面落实殡葬管理目标责任书的通知》,着力提高火化率,整治乱埋乱葬。2009年清明节前,市政府发布《关于清明祭扫禁用塑料祭祀品的通告》,实施“两禁一倡导”:在公墓区禁止焚香点烛、烧纸钱、燃放鞭炮;禁止塑料等不易降解的祭祀品进入公墓区;倡导市民鲜花祭扫、居家祭扫、网络祭扫、社区公祭和植树等文明的清明祭扫方式。“两免一补贴”:在公墓区内免费提供饮用水;免费乘坐电瓶交通车;一律按照批发成本价供应鲜花、纸花,补贴运输和人工成本,开展鲜花换冥纸、换爆竹活动。清明节当天,市公墓区按成本价供应鲜花、纸花达5万支。从2009年1月1日起,市政府对去世城乡低保户家庭成员、农村五保户供养对象遗体实行免费火化制度。免费项目包括遗体接运费、普通火化炉火化费、3天以内(含3天)遗体冷藏费,共计700元。庐山风景名胜管理局对困难群众遗体实行免费火化财政核报1500元,九江经济技术开发区对困难群众遗体实行免费火化财政核报1000元。瑞昌市对辖区农村村民遗体火化补助270元。市殡葬管理处对市本级城市低保困难户实行免费火化、免费租用灵堂。2010年,市政府印发《九江市殡葬管理综合执法暂行规定》。各县(市、区)相继出台殡葬管理法规,成立由县(市、区)长任组长的殡葬管理工作领导小组,利用报刊、电视、传单等媒体,把每年清明节所在月份作为殡葬改革工作宣传月。建立县(市、区)、乡(镇、街道)、村(社区)三级殡葬改革管理网络和死亡报告制度,设立殡葬改革举报电话。提高殡葬服务人员整体素质和行业服务水平。贺嘉山陵园安排近50%低价墓位,还开辟500元草坪葬、树葬穴位,1900元单穴墓位,2800元、3800元、4800元双穴墓位。对所有低保户,陵园给予10%~15%费用减免优惠,确保低收入群体丧葬需求。

# 第六十七篇 扶贫和移民

# 第六十七篇 扶贫和移民

1991年以来，继老区扶贫后，全市扶贫开发工作经过实施《国家八七扶贫攻坚计划》《中国农村扶贫开发纲要》两个阶段。1994~2000年，在前期开展革命老区建设基础上，全市扶贫范围进行调整，除修水县仍列为国家重点扶持贫困县外，全市列入“八七扶贫攻坚计划”县（市）由原来7个调整为8个，省定贫困乡由原来37个调整为60个。此外，还划定12个贫困人口相对集中、自身脱贫难度较大乡为市级贫困乡。其间，全市共投入扶贫资金28152.5万元。重点投放到老区基础设施建设和扶贫支柱产业上，建成各种扶贫项目3371个。全市1993年年末贫困户人均年纯收入354元，2000年达到929元。7年共有36.32万在册贫困人口超过850元温饱线。2001年始，实施《中国农村扶贫开发纲要》，在全市10个县（市）中确定71个扶贫开发工作重点乡（镇）。至2005年，共计投入各类扶贫资金53157万元，基本完成“十五”扶贫开发规划所确定目标任务，有7.09万贫困人口告别贫困。“十一五”期间，共投入各类扶贫资金94735万元。至2010年年底，累计帮助1485个贫困村和558万贫困人口脱贫；并对491个重点贫困村实施整村推进，扶持94万农村人口。贫困村人均收入由2005年年底1431元增加到2246元，净增815元。

20年来，全市水库移民工作取得显著成绩。1991~2001年，共安排资金5946万元，解决回水线以下移民搬迁安置5526人和部分较为突出基础设施及生产开发等问题。2002年，制定《九江市中央直属水库移民遗留问题处理规划(2002~2007)》。2006年，制定《大中型水库移民后期扶持“十一五”规划(2006~2010)》和《九江市大中型水库库区和移民安置区基础设施建设和经济发展“十一五”规划(2006-2010)》两个规划，完善大中型水库移民后期扶持政策。其间，省财政厅和省移民办共拨入市内各县（市、区）移民现金直补资金47650.63万元，全部通过“一卡通”发放。下达各县（市、区）实施扶持项目8547个，拨入各县（市、区）项目建设扶持资金46042.83万元，也全部准点到位。经帮扶，至2010年年底，移民年人均纯收入4178元。同年4月，市移民办与市扶贫办合并组建新的扶贫和移民机构，共同开展扶贫和移民工作。

# 第一章 扶贫开发

## 第一节 贫困人口地区

### 一、贫困人口分布

九江贫困地区以滨湖区、库区、山区居多,贫困人口相对集中,其贫困状况严重,根源在于湖区自然灾害频繁,群众生产生活受到困扰。鄱阳湖53%水域在九江境内,面积近20万公顷,全省沿湖12个县(市)区,九江市就有6个。自然灾害如水、旱、虫(血吸虫)、风、雹灾连年不断,对滨湖地区所造成的不仅是灾发时短暂破坏,且带来一系列后遗症。因灾、因病致贫返贫现象普遍。在库区,则因耕作土地少,群众基本口粮匮乏。市内有全省最大的柘林水库及东津等大中型水库,建造水库造成田地、村庄、山林全部或部分被淹人口达181012人,其中农业人口139265人。大量良田淹没,可供耕作空间相对缩小,生活相当艰辛。在山区,自然环境恶劣,群众收成低下。山地面积占全市总面积16.4%,山区乡镇在全市所占比例也最大。加之九江山区多属石灰岩溶洞地层,易涝易旱,大雨则山洪暴发,无雨时则滴水不流。夏季高温可达38℃以上,冬季最冷则在零下13℃以上;有些山区10时才能看到太阳,15时半太阳又被山头挡住,对农作物生长极为不利。

由于历史和自然原因,全市一些贫困地区贫困面貌没有从根本上得到改变。到1993年年底,人均年纯收入低于400元贫困户7.95万户,贫困人口39.3万人,占农村人口总数11.7%。2000年,人均纯收入低于625元贫困人口16万人,占农村人口总数4.57%;2006年人均纯收入低于958元贫困人口22.6万人,占农村人口总数6%。据抽样调查统计,根据国家新的贫困标准,至2009年,全市仍有贫困人口11.18万人,贫困发生率3.09%。

### 二、贫困地区分布

1991~1993年,根据国家标准,全市在7个县(市)划定37个特困乡。其中分布在山区有修水县、瑞昌市、武宁县30个乡;分布在滨湖区域有都昌县、星子县、湖口县、德安县7个乡。

1994~2000年"八七"扶贫攻坚时期,全市在10个县(市)划定72个贫困乡,其中60个中央(省)级扶持贫困村、12个市级扶持贫困村。分布山区贫困乡镇有修水县、瑞昌市、武宁县、德安县、星子县、彭泽县、湖口县43个乡(镇)。分布滨湖区域贫困乡镇有都昌县、星子县、湖口县、彭泽县、永修县22个乡(镇)。分布在丘陵地区贫困乡镇有九江县7个乡(镇)。

"十五"期间,全市划定71个扶贫重点乡(镇)、134个扶贫开发重点村。其中分布山区贫困乡镇有修水县、武宁县、瑞昌市、湖口县、彭泽县31个乡(镇);分布滨湖、水网区域贫困乡镇有都昌县、永修县、星子县、彭泽县、湖口县、九江县、德安县40个乡(镇)。

"十一五"期间,全市划定357个扶贫开发重点村,分布10个县(市)109个乡镇,其中209个为2005年确定"十一五"扶贫开发重点村,148个为2008年确定"十一五"扶贫开发增补重点村。

## 1991~1993年全市特困乡分布一览

表67-1-1 单位：个

| 县(市) | 特困乡 |
|---|---|
| 修水县 | 全丰乡、白岭乡、路口乡、白桥乡、黄龙乡、月塘乡、古市乡、划坪乡、上衫乡、余塅乡、沙湾乡、水源乡、司前乡、渣津乡、石坳乡、东港乡、靖林乡、西港乡、上杭乡、新湾乡、溪口乡、上庄乡、港口乡、布甲乡、大椿乡、杨津乡 |
| 都昌县 | 汪墩乡、土塘乡 |
| 瑞昌市 | 洪一乡、肇陈乡 |
| 星子县 | 蛟塘乡、横塘乡 |
| 武宁县 | 东林乡、上汤乡 |
| 湖口县 | 东庄乡、舜德乡 |
| 德安县 | 爱民乡 |

## 1994~2000年全市贫困乡分布一览

表67-1-2 单位：个

<table>
<tr><th>县(市)</th><th>中央、省扶持贫困乡</th><th>市扶持贫困乡</th></tr>
<tr><td>修水县</td><td>岭白乡、全丰乡、古市乡、路口乡、黄龙乡、大桥乡、水源乡、上衫乡、余塅乡、石坳乡、东港乡、马坳乡、杭口乡、西港乡、上杭乡、新湾乡、程坊乡、溪口乡、港口乡、布甲乡、大椿乡、山口乡、复源乡、庙岭乡、黄坳乡、四都乡</td><td></td></tr>
<tr><td>都昌县</td><td>土塘乡、西源乡、和合乡、狮山乡、芗溪乡、大树乡、汪墩乡、杭桥乡</td><td></td></tr>
<tr><td>瑞昌市</td><td>洪一乡、洪下乡、黄金乡、乐山乡、乐园乡</td><td>肇陈镇(含大德山)</td></tr>
<tr><td>星子县</td><td>蓼南乡、新池乡、蚌湖乡、苏家垱乡、泽泉乡、蛟塘乡、横塘乡、白鹿乡</td><td></td></tr>
<tr><td rowspan="2">武宁县</td><td rowspan="2">官莲乡、横路乡、南岳乡</td><td>宋溪镇</td></tr>
<tr><td>泉口乡</td></tr>
<tr><td rowspan="2">湖口县</td><td rowspan="2">江桥乡、流芳乡</td><td>大垅乡</td></tr>
<tr><td>舜德乡</td></tr>
<tr><td>九江县</td><td>城子镇、岷山乡、涌泉乡、新塘乡、新合乡、狮子镇</td><td>长山乡</td></tr>
<tr><td>德安县</td><td>塘山乡、付山乡</td><td>爱民乡</td></tr>
<tr><td rowspan="3">彭泽县</td><td rowspan="3"></td><td>太平关乡</td></tr>
<tr><td>定山乡</td></tr>
<tr><td>浩山乡</td></tr>
<tr><td rowspan="2">永修县</td><td rowspan="2"></td><td>吴城镇</td></tr>
<tr><td>三溪桥</td></tr>
</table>

## 2001~2005年全市贫困乡村分布一览

表67-1-3　　　　单位:个

| 县(市) | 乡镇 | 村数 | "十五"期间重点村 |
|---|---|---|---|
| 修水县 | 白岭镇 | 2 | 蕉洞村、荣春村 |
| | 全丰镇 | 3 | 苦藤村、老苏区、官坑村 |
| | 黄龙乡 | 3 | 太阳垄、小庄村、黄龙村 |
| | 路口乡 | 2 | 篼罗村、石沅村 |
| | 古市镇 | 3 | 望梅亭、划坪村、冷水村 |
| | 上衫乡 | 2 | 书堂村、谢园村 |
| | 上杭乡 | 2 | 郊阳村、其盘村 |
| | 杭口镇 | 2 | 皂源村、双井村 |
| | 西港镇 | 3 | 佛坳村、周家庄村、湾台村 |
| | 新湾乡 | 2 | 王画村、孟段村 |
| | 溪口镇 | 5 | 上庄村、榨下村、围丘村、高峰岭村、义坑村 |
| | 布甲乡 | 2 | 布甲口村、横山村 |
| | 东港乡 | 3 | 台庄村、靖林村、黄荆村 |
| | 石坳乡 | 2 | 余源村、太平岭村 |
| | 复源乡 | 2 | 马门咀村、五丰村 |
| | 庙岭乡 | 2 | 戴家村、小山口村 |
| | 程坊乡 | 2 | 齐源村、蓼坑村 |
| 都昌县 | 左里镇 | 2 | 周茂村、清辉村 |
| | 苏山乡 | 3 | 龙泉村、土目村、前山村 |
| | 徐埠镇 | 3 | 子云村、苍山村、合力村 |
| | 汪墩乡 | 3 | 古岭村、茶铺村、大桥村 |
| | 大树乡 | 3 | 参岭村、罗岭村、龙门村 |
| | 和合乡 | 2 | 大前村、滨湖村 |
| | 大沙镇 | 2 | 横山村、沿湖村 |
| | 三汊港镇 | 2 | 铁炉村、荷塘村 |
| | 周溪镇 | 3 | 新建村、柴棚村、泗山村 |
| | 西源乡 | 2 | 西源村、长溪村 |
| | 土塘镇 | 5 | 土桥村、冯坊村、潘垅村、信和村、潭湖村 |
| | 狮山乡 | 2 | 八都村、大垅村 |
| | 万户镇 | 2 | 塘美村、新屋村 |
| | 芗溪乡 | 2 | 马垅村、黄坡村 |
| | 鸣山乡 | 2 | 石峰村、九山村 |
| | 大港镇 | 2 | 丹山村、盐田村 |
| 永修县 | 虬津镇 | 1 | 麻洲村 |
| | 立新乡 | 2 | 岐山村、南岸新村 |
| | 艾城镇 | 2 | 鹊湖村、千田村 |

续表 67-1-3

| 县(市) | 乡 镇 | 村 数 | “十五”期间重点村 |
|---|---|---|---|
| 永修县 | 马口镇 | 2 | 江湖村、立华村 |
| | 城丰乡 | 1 | 山丰村 |
| | 三角乡 | 2 | 联群村、红旗村 |
| | 九合乡 | 2 | 城南村、四合村 |
| | 吴城镇 | 1 | 大同村 |
| 瑞昌市 | 洪一乡 | 2 | 麦良村、朱湾村 |
| | 乐园乡 | 1 | 南庄村 |
| | 花园乡 | 1 | 南下村 |
| | 洪下乡 | 1 | 高露村 |
| | 南阳乡 | 1 | 红日村 |
| | 黄金乡 | 2 | 林泉村、北山村 |
| | 横港镇 | 1 | 风景村 |
| | 夏畈镇 | 2 | 夏畈村、百花村 |
| 星子县 | 苏家垱乡 | 2 | 乐坪村、水口村 |
| | 蛟塘镇 | 1 | 西庙村 |
| | 白鹿镇 | 2 | 大岭村、玉京村 |
| | 华林镇 | 1 | 繁荣村 |
| | 蓼南乡 | 1 | 桥南村 |
| | 蓼花镇 | 1 | 胜利村 |
| | 温泉镇 | 1 | 西洲村 |
| 武宁县 | 官莲乡 | 2 | 宝源村、莲花村 |
| | 横路乡 | 2 | 港北村、泥山村 |
| | 东林乡 | 1 | 下车村 |
| | 船滩镇 | 1 | 南岳村 |
| 彭泽县 | 太平关乡 | 2 | 太平村、大岭村 |
| | 芙蓉墩镇 | 1 | 红桥村 |
| | 浩山乡 | 1 | 浩山村 |
| | 黄花镇 | 1 | 白山村 |
| 湖口县 | 大垅乡 | 1 | 王斯村 |
| | 文桥乡 | 1 | 坝桥村 |
| | 舜德乡 | 1 | 兰新村 |
| | 流芳乡 | 1 | 老山村 |
| 九江县 | 江洲镇 | 2 | 洲头村、蔡洲村 |
| | 城门乡 | 1 | 兴联村 |
| 德安县 | 邹桥乡 | 1 | 付山村 |

## 2006~2010年全市贫困乡村分布一览

表67-1-4　　　　单位:个

| 县(市) | 乡镇名称 | "十一五"期间重点村 | | |
|---|---|---|---|---|
| | | 村数 | 重点村 | 新增重点村 |
| 修水县 | 白岭镇 | 5 | 三千塅村、大庄塅村、邓家嘴村 | 温泉村、沙坪村 |
| | 全丰镇 | 6 | 碧环村、南丰村、南源村、半坑村 | 戴家坪村、全丰村 |
| | 黄龙乡 | 6 | 都岭村、官桥村、金塅村、白桥村 | 沙段村、洞下村 |
| | 路口乡 | 4 | 黄桥村、小土段村、柏林村 | 卢桥村 |
| | 古市镇 | 7 | 杨坊村、苏区村、草坪村、下东山村 | 汪坪村、月塘村、杨田村 |
| | 上衫乡 | 4 | 王桥村、上衫村、同升村 | 李竹村 |
| | 上杭乡 | 4 | 双鄄村、新庄里村、老庄里村 | 十二坊村 |
| | 杭口镇 | 4 | 下杭村、杨坊塅村、茅坪村 | 厚家源村 |
| | 西港镇 | 4 | 修口村、马祖湖村、东山村 | 堰上村 |
| | 新湾乡 | 5 | 柴土段村、饭坑村、小流村 | 回坑村、噪里村 |
| | 溪口镇 | 7 | 下港村、田仑村、下庄村、陈坊村、蒲口村 | 罗家埚村、包家庄村 |
| | 布甲乡 | 4 | 画湾村、太阳村、洞上村 | 布甲村 |
| | 东港乡 | 4 | 东源村、岭下村、东港村 | 桂坳村 |
| | 石坳乡 | 4 | 黄源村、青源村、水门村 | 花门村 |
| | 复源乡 | 4 | 坑口村、双港村、中坪村 | 湖洲村 |
| | 庙岭乡 | 4 | 安峰村、大路村、上坪村 | 庙岭村 |
| | 程坊乡 | | | |
| | 黄港镇 | 4 | 渎坑村 | 朗田村、柘坑村、双溪村 |
| | 何市镇 | 4 | 下田浦村 | 干桥村、锯板桥村、大理村 |
| | 山口镇 | 4 | 上桃村 | 火田村、中桃村、秀水村 |
| | 上奉镇 | 3 | 山背村 | 麻洞村、石坪村 |
| | 黄坳乡 | 4 | 旁培村 | 三塘村、九龙村、龙峰村 |
| | 征村乡 | 4 | 吴坪村 | 车联村、白沙村、潭坑村 |
| | 漫江乡 | 4 | 沙溪村 | 北山村、大源村 |
| | 马坳镇 | 5 | 多水村 | 峡口村、游家槎村、山口段村、石溪村 |
| | 渣津镇 | 5 | 石门村 | 板坑村、福星村、田西村、紫鹿村 |
| | 余塅乡 | 3 | 上源村 | 茶山村、东坑村 |
| | 大桥镇 | 5 | 井源村 | 礼源村、坳联村、黄杨坪村、界源村 |
| | 水源乡 | 3 | 石泉村 | 尖岭村、石新村 |
| | 竹坪乡 | 4 | 石泉村 | 沈坑村、山峰堰村 |
| | 大椿乡 | 4 | 杨津村 | 茶坑村、船舱村、柏树村 |
| | 港口镇 | 4 | 界下村 | 大源村、沙笼村、童家桥村 |
| | 四都镇 | 4 | 噪口村 | 五都村、石丘村、埚头村 |

续表 67-1-4

| 县(市) | 乡镇名称 | "十一五"期间重点村 | | |
|---|---|---|---|---|
| | | 村 数 | 重点村 | 新增重点村 |
| 修水县 | 黄沙镇 | 5 | 长坑村 | 瑶村、岭斜村、李村、下高丽村 |
| | 义宁镇 | 3 | | 范段村、竹段村、茶舍村 |
| | 三都镇 | 2 | | 西坳村、杨梅渡村 |
| 都昌县 | 左里镇 | 6 | 旧山村、左里村、永华村 | 付桥村、新溪村、双明村 |
| | 苏山乡 | 6 | 马安村、合岭村、石城村 | 苏山村、坡垅村、徐港村 |
| | 徐埠镇 | 8 | 马矶村、杨岭村、白果村、平塘村 | 云步村、莲花村、象山村、高桥村 |
| | 汪墩乡 | 10 | 茅垅村、阳港村、酒坊村、红桥村、新妙村 | 排门村、土安村、林丰村、高垅村、细桥村 |
| | 大树乡 | 8 | 大埠村、大树村、枫田村、岭上村 | 玉介村、东山村、牡丹村、白山村 |
| | 和合乡 | 6 | 义公村、水产村、黄金村 | 田坂村、青龙村、黎明村 |
| | 大沙镇 | 6 | 黄香村、南垅村、三里村 | 店前村、茅铺村、太阳村 |
| | 三汊港镇 | 6 | 左桥村、茅岭村、黄岗村 | 岭东居委会、铸山村、赤岸村 |
| | 周溪镇 | 8 | 双垅村、盘湖村、输湖村、棠荫村 | 马山村、古塘村、沙岭村、黄湖村 |
| | 西源乡 | 6 | 塘口村、茭塘村、茅堑村 | 中塘村、东湖村、源垅村 |
| | 土塘镇 | 14 | 小港村、长山村、官洞村、化民村、刘云村、港东村、冯梓桥村 | 曹店村、珠光村、莲蓬村、辉煌村、佛子村、殿下村、杭桥村 |
| | 狮山乡 | 4 | 老屋村、竹峦村 | 狮山村、珠岭村 |
| | 万户镇 | 6 | 西湖村、民丰村、杨桥村 | 长岭村、刘仲村、万户村 |
| | 芗溪乡 | 6 | 曹伉村、新兴村、井头村 | 新塘村、新丰村、芗溪村 |
| | 鸣山乡 | 4 | 丁峰村、七里村 | 程浪村、源头村 |
| | 大港镇 | 8 | 龙圳村、万年村、里泗村、大田村 | 梅溪村、邻波村、高塘村、漂水村 |
| | 多宝乡 | 3 | 洛阳村 | 多宝村、金沙村 |
| | 春桥乡 | 3 | 官桥村 | 凤山村、云山村 |
| | 蔡岭镇 | 3 | 凤凰村 | 洞门村、东平村 |
| | 中馆镇 | 3 | 中馆村 | 小河村、银宝村 |
| | 南峰镇 | 4 | 潭里村、乌沙村 | 白水村、大山村 |
| | 阳峰乡 | 3 | 株桥村 | 黄梅村、阳峰村 |
| | 都昌镇 | 1 | | 中坝村 |
| | 北山乡 | 1 | | 芙蓉村 |
| 永修县 | 虬津镇 | 3 | 张公渡村、何岭村、鄱坂村 | |
| | 立新乡 | 3 | 杨春村、竹岭村、坂上村 | |
| | 艾城镇 | 3 | 阳山村、高桥村、朱村 | |
| | 马口镇 | 2 | 前进村、屋场村 | |
| | 城丰乡 | 1 | 林丰村 | |
| | 三角乡 | 2 | 永丰村、爱群村 | |
| | 九合乡 | 1 | 永光村 | |
| | 吴城镇 | 1 | 同兴村 | |
| | 滩溪镇 | 1 | 阳门村 | |

续表 67-1-4

| 县(市) | 乡镇名称 | “十一五”期间重点村 | | |
|---|---|---|---|---|
| | | 村 数 | 重点村 | 新增重点村 |
| 瑞昌市 | 洪一乡 | 2 | 北港村、吴家村 | |
| | 乐园乡 | 2 | 高塘村、张坊村 | |
| | 花园乡 | 2 | 花园村、油市村 | |
| | 洪下乡 | 2 | 张家铺村、迪畲村 | |
| | 南阳乡 | 2 | 燕山村、罗城村 | |
| | 黄金乡 | 2 | 界首村、前程村 | |
| | 横港镇 | 1 | 风坪村 | |
| | 夏畈镇 | 1 | 新桥村 | |
| | 肇陈镇 | 1 | 大林村 | |
| | 武蛟乡 | 1 | 三金村 | |
| 星子县 | 苏家垱乡 | 2 | 青山村、开福寺村 | |
| | 蛟塘镇 | 2 | 龙溪村、新宁村 | |
| | 白鹿镇 | 2 | 梅溪村、波湖村 | |
| | 华林镇 | 1 | 花桥村 | |
| | 蓼南乡 | 1 | 南阳坂村 | |
| | 蓼花镇 | 2 | 幸福村、翻身村 | |
| | 温泉镇 | 1 | 庐山垅村 | |
| | 泽泉乡 | 1 | 关帝庙村 | |
| 武宁县 | 官莲乡 | 2 | 泉溪村、山坪村 | |
| | 横路乡 | 2 | 金盆村、新溪村 | |
| | 东林乡 | 1 | 白水村 | |
| | 船滩镇 | 2 | 南岳村、吴湾村 | |
| | 宋溪镇 | 1 | 堰下村 | |
| | 鲁溪镇 | 1 | 大堰村 | |
| 彭泽县 | 太平关乡 | 2 | 双港村、平坂村 | |
| | 芙蓉墩镇 | 1 | 白莲村 | |
| | 太泊湖乡 | 1 | 泊桥村 | |
| | 浩山乡 | 2 | 柳墅村、海形村 | |
| | 浪溪镇 | 1 | 大桂村 | |
| | 黄花镇 | 1 | 裕丰村 | |
| 湖口县 | 大垅乡 | 2 | 大垅村、联丰村 | |
| | 文桥乡 | 1 | 枫树村 | |
| | 舜德乡 | 1 | 屏峰村 | |
| | 流芳乡 | 1 | 流芳村 | |
| | 张青乡 | 1 | 程山村 | |
| | 流泗镇 | 1 | 菱塘村 | |

续表 67-1-4

| 县(市) | 乡镇名称 | “十一五”期间重点村 | | |
|---|---|---|---|---|
| | | 村数 | 重点村 | 新增重点村 |
| 九江县 | 江洲镇 | 2 | 团洲村、联洲村 | |
| | 城门乡 | 2 | 金兰村、石桥村 | |
| | 岷山乡 | 1 | 岷山村 | |
| 德安县 | 邹桥乡 | 1 | 源口村 | |
| | 吴山乡 | 1 | 大岭村 | |

## 第二节　扶贫工作

### 一、老建扶贫

1991年始，市老建扶贫工作进入以发展扶贫支柱产业为主区域经济开发阶段。实行区别对待，分类指导。坚持“开发工程”“保障工程”一齐上，经济开发户和救济保障户两手抓原则。同时强调扶贫开发要纳入全市经济和社会发展规划，同全市国民经济发展各个阶段主要任务相衔接。对先期已解决温饱老区特困县和特困乡，适时转入扶持以“种、养、加”一条龙，“技、工、贸”一体化，年产值达1000万以上扶贫支柱产业开发。使之下有基地，辐射千万家；中有产供销环节，服务千万家；上有龙头企业，带动千万家。使扶贫开发与调整农村产业结构相结合，与发展乡镇企业相结合，与发展农村市场经济相结合，为改变老区贫困面貌，增加农民收入发挥作用。1992年，市革命老根据地建设办公室从市民政局分离单设。至1993年，全市投入发展老区扶贫支柱产业资金达2.66亿元，其中扶贫资金3240万元，初步建立起具有一定规模花果、蚕桑、水产、林业、矿业5大支柱产业。当年实现产值24700万元，实现利税7081万元，累计安置老区贫困户劳力3288人，年工资总收入709万元，农村人均从中获取纯收入104元。2003年机构改革，设市扶贫办，但仍保留市老建办名称，两块牌子一套人员，主抓全市老区建设和扶贫开发。

2010年4月机构改革，市扶贫办与市移民办合并，专事全市扶贫和移民工作。

### 二、基础扶贫

1991~1993年，共修建公路4条18千米，桥梁6座368米；修建排灌站、小水电站8座装机容量202千瓦、其他水利设施12处；修建输电线路2条7千米；修建中小学校7座2590平方米、卫生院4座950平方米。1994~2000年“八七”扶贫攻坚期间，修建公路245条7081千米，桥梁39座3325米；修复排灌站、小水库75座(装机容量875千瓦)，维修小水库36座，其他水利设施328处，改造水利设施增加农田面积8125.2公顷；饮水工程改造62处；修建输电线路35条488.8千米；修建中小学校48座25338平方米、卫生院14座9445平方米。2001~2005年“十五”期间，修建公路1211条2592.2千米，桥梁478座5824米；修建小水库146座、排灌站145座16771.3千瓦，改造其他水利设施467处，增加有效灌溉面积9898.5公顷；饮水工程改造1865处；修建输电线路14条264.28千米；修建中小学校105座50227.6平方米、卫生院34座9890平方米。2006~2010年“十一五”期间，修建公路1722条3808.56千米，桥梁515座11379米；修建小水库85座、排灌站71座3639.5千瓦，水利设施维修144处，增加农田有效灌溉面积7258公顷；饮水工程改造2402处；修建中小学校94座29638平方米；卫生院143座25206平方米；修建村民活动中心335个；修建沼气池1998个。

## 1991~1993 年全市扶贫基础设施投入一览

表 67-1-5　　单位:千米、米、千瓦、平方米

| 名称 | | 合计 | 1991 年 | 1992 年 | 1993 年 |
|---|---|---|---|---|---|
| 修路 | 条数 | 4 | 1 | 2 | 1 |
| | 长度 | 18 | 3 | 10 | 5 |
| 修桥 | 座数 | 6 | 1 | 4 | 1 |
| | 长度 | 368 | 38 | 250 | 80 |
| 修排灌站 | 座数 | 8 | 2 | 4 | 2 |
| | 装机容量 | 202 | 57 | 100 | 45 |
| 中小学校 | 座数 | 7 | 3 | 2 | 2 |
| | 面积 | 2590 | 990 | 700 | 900 |
| 修电输线 | 条数 | 2 | | 1 | 1 |
| | 长度 | 7 | | 2 | 5 |
| 卫生所 | 座数 | 4 | | 2 | 2 |
| | 面积 | 950 | | 500 | 450 |
| 其他水利设施 | 处数 | 12 | | 9 | 3 |

## 1994~2000 年“八七”扶贫攻坚期间全市基础设施投入一览

表 67-1-6　　单位:千米、米、千瓦、平方米、公顷

| 名称 | | 合计 | 1994 年 | 1995 年 | 1996 年 | 1997 年 | 1998 年 | 1999 年 | 2000 年 |
|---|---|---|---|---|---|---|---|---|---|
| 修路 | 条数 | 245 | | 3 | 10 | 10 | 10 | 55 | 157 |
| | 长度 | 7081 | | 12 | 52 | 98 | 50 | 149 | 6720 |
| 修桥 | 座数 | 39 | 1 | | 2 | 2 | 7 | 22 | 5 |
| | 长度 | 3325 | 80 | | | 40 | 58 | 2485 | 662 |
| 修建排灌站、小水电站 | 座数 | 75 | 6 | 1 | 5 | 12 | 25 | 11 | 15 |
| | 装机容量 | 875 | 130 | 75 | 120 | 50 | 160 | 130 | 210 |
| 维修小水库 | 座数 | 36 | 1 | 15 | | | 4 | 3 | 13 |
| 中小学校 | 座数 | 48 | 1 | 3 | 7 | 7 | 6 | 8 | 16 |
| | 面积 | 25338 | 350 | 1400 | 2500 | 3330 | 2190 | 6425 | 9143 |
| 修电输线 | 条数 | 35 | 1 | | 3 | | 4 | 17 | 10 |
| | 长度 | 488.8 | 4 | | 5 | 4 | 11.5 | 387.3 | 77 |
| 改造水利设施增加农田面积 | 面积 | 8125.2 | 26.7 | | 243.5 | 180.1 | 1011 | 4794.9 | 1869 |
| 饮水工程改造 | 处数 | 62 | | | | | 3 | | 59 |
| 卫生所 | 座数 | 14 | 2 | | 2 | 2 | 2 | 2 | 4 |
| | 面积 | 9445 | 350 | | 1250 | 800 | 600 | 4925 | 1520 |
| 其他水利设施 | 处数 | 328 | 2 | | 38 | 30 | 90 | 168 | |

## 2001~2005年“十五”期间全市扶贫基础设施投入一览

表67-1-7　　单位：千米、米、千瓦、平方米、公顷

| 名称 | | 合计 | 2001年 | 2002年 | 2003年 | 2004年 | 2005年 |
|---|---|---|---|---|---|---|---|
| 修路 | 条数 | 1211 | 287 | 328 | 272 | 171 | 153 |
| | 长度 | 2592.2 | 562 | 427 | 829.2 | 503 | 271 |
| 修桥 | 座数 | 478 | 57 | 115 | 191 | 95 | 20 |
| | 长度 | 5824 | 1460 | 940 | 1893 | 1144 | 387 |
| 修建排灌站、小水电站 | 条数 | 145 | 49 | 34 | 10 | 16 | 36 |
| | 装机容量 | 16771.3 | 26 | 13 | 3201 | 12715 | 816.3 |
| 维修小水库 | 座数 | 146 | 37 | 27 | 9 | 40 | 33 |
| 中小学校 | 座数 | 105 | 21 | 22 | 30 | 11 | 21 |
| | 面积 | 50227.6 | 10100 | 10679 | 13904 | 8805.6 | 6739 |
| 修电输线 | 条数 | 14 | 5 | 1 | 3 | 1 | 4 |
| | 长度 | 264.28 | 18.3 | 3 | 240 | 1 | 1.98 |
| 改造水利设施增加农田面积 | 面积 | 9898.5 | 5804.4 | 66.8 | 1172.3 | 1660.5 | 1194.5 |
| 饮水工程改造 | 处数 | 1865 | 49 | 1157 | 236 | 220 | 203 |
| 卫生所 | 座数 | 34 | 2 | | 5 | 13 | 14 |
| | 面积 | 9890 | 1360 | | 652 | 3672 | 4206 |
| 其他水利设施 | 处数 | 467 | 13 | 88 | 111 | 166 | 89 |

## 2006~2010年“十一五”期间全市扶贫基础设施投入一览

表67-1-8　　单位：千米、米、千瓦、平方米、公顷

| 名称 | | 合计 | 2006年 | 2007年 | 2008年 | 2009年 | 2010年 |
|---|---|---|---|---|---|---|---|
| 修路 | 条数 | 1722 | 252 | 272 | 412 | 398 | 388 |
| | 长度 | 3808.56 | 593 | 482.35 | 936.58 | 903.63 | 893 |
| 修桥 | 座数 | 515 | 41 | 65 | 52 | 195 | 162 |
| | 长度 | 11379 | 976 | 1425 | 1674 | 6277 | 1027 |
| 修建排灌站、小水电站 | 座数 | 71 | 2 | 10 | 23 | 12 | 24 |
| | 装机容量 | 3639.5 | 70 | 161.5 | 485 | 333 | 2590 |
| 维修小水库 | 座数 | 85 | 3 | 12 | 26 | 32 | 12 |
| 中小学校 | 座数 | 94 | 5 | 25 | 34 | 19 | 11 |
| | 面积 | 29638 | 1080 | 7922 | 13658 | 1858 | 5120 |
| 修电输线 | 条数 | 4 | 4 | | | | |
| | 长度 | 1.98 | 1.98 | | | | |
| 改造水利设施增加农田面积 | 面积 | 7258.0 | 605.2 | 441.6 | 824.7 | 2656.5 | 2730 |
| 饮水工程改造 | 处数 | 2402 | 1361 | 203 | 256 | 306 | 276 |
| 修建村民活动中心 | 数量 | 335 | | | | 173 | 162 |
| 卫生所 | 座数 | 143 | 7 | 60 | 47 | 15 | 14 |
| | 面积 | 25206 | 1810 | 12048 | 7187 | 2002 | 2159 |
| 修建沼气池 | 个数 | 1998 | 609 | | 1389 | | |
| 其他水利设施 | 处数 | 144 | 46 | | | | 98 |

## 三、产业扶贫

1991~1993年,发展种植业2336.5公顷,其中,各类果树2063公顷、辣椒133.4公顷、药材140.1公顷;养猪5000头、养羊1800只、育鱼苗3005万尾;扶持竹木、茶叶等乡镇农业加工企业37个。1994~2000年“八七”扶贫攻坚期间,发展种植业17874.1公顷,其中,各类果树4278.2公顷、反季节蔬菜3628.4公顷、蚕桑树7345.5公顷、粮食作物2457.9公顷;养猪15004头、养羊872760只,家禽127.37万羽,养鱼11556.5万尾、精养池23775公顷。2001~2005年“十五”期间,发展种植业7889.8公顷,其中种植各类果树4308.3公顷、经济林1558.2公顷、种茶137.4公顷、种大棚蔬菜602.8公顷、其他经济作物793.9公顷;养殖牛1709头、养猪17838头、养羊12270只,家禽59.44万羽,养鱼511.4万尾、精养鱼池14454公顷;扶持产业化企业352个。2006~2010年“十一五”期间,发展种植业16547公顷,其中种植各类果树7656.5公顷、经济林3613.6公顷、九江水梨4119公顷、茶叶800公顷;养殖牛、猪、羊32万头、家禽364.398万羽、养鱼39956万尾;扶持产业化企业66个。

**1991~1993年全市扶贫产业一览**

表67-1-9　　单位:公顷、头、只、万尾、个

| 名称 | | 合计 | 1991年 | 1992年 | 1993年 |
|---|---|---|---|---|---|
| 种植业 | 果树 | 2063 | 1177.2 | 159.4 | 726.4 |
| | 辣椒 | 133.4 | | 66.7 | 66.7 |
| | 药材 | 140.1 | | | 140.1 |
| 养殖业 | 养猪 | 5000 | | | 5000 |
| | 养羊 | 1800 | | 800 | 1000 |
| | 育鱼苗 | 3005 | | 3000 | 5 |
| 扶持农业加工企业 | | 37 | 15 | 14 | 8 |

**1994~2000年“八七”扶贫攻坚全市扶贫产业一览**

表67-1-10　　单位:公顷、头、万羽、万尾

| 名称 | | 合计 | 1994年 | 1995年 | 1996年 | 1997年 | 1998年 | 1999年 | 2000年 |
|---|---|---|---|---|---|---|---|---|---|
| 种植业 | 果树 | 4278.2 | 267.5 | 323.8 | | 933.8 | 378.9 | 1040.2 | 1334 |
| | 柑橘 | 60.7 | 60.7 | | | | | | |
| | 毛竹 | 153.4 | | | | | 60.0 | | 93.4 |
| | 蔬菜 | 3628.4 | | | 1334 | 1534 | | | 760.4 |
| | 油茶 | 405.5 | | 206.7 | | | 33.4 | | 165.4 |
| | 茶叶 | 53.7 | | | | | 53.7 | | |
| | 蚕桑 | 7345.5 | | | | 7337 | | | 8.5 |
| | 巴西陆稻 | 1800.9 | | | | | | 1800.9 | |
| | 粮食 | 657 | | | | | 216.8 | | 440.2 |
| | 药材 | 147.7 | | | | | 140.6 | | 7.1 |
| 养殖业 | 养猪 | 15004 | | 182 | | 177 | 7092 | 3100 | 4453 |
| | 精养鱼池 | 23775 | 110 | 450 | | 17600 | 710 | 490 | 4415 |
| | 养家禽 | 127.37 | | | | 31 | 0.1 | 24.4 | 71.87 |
| | 养牛 | 445 | | 185 | | | | 260 | |
| | 养羊 | 872760 | | 2000 | 370000 | 500000 | 380 | | 380 |
| | 养鱼 | 11556.5 | 5000 | 50 | | | 534 | 697 | 5275.5 |

## 2001~2005年"十五"期间全市扶贫产业一览

表67-1-11 单位:公顷、头、万羽、万尾、个

| 名称 | | 合计 | 2001年 | 2002年 | 2003年 | 2004年 | 2005年 |
|---|---|---|---|---|---|---|---|
| 种植业 | 果树 | 4308.3 | 1283.3 | 900.5 | 1113.3 | 577.3 | 433.9 |
| | 蔬菜 | 602.8 | 565.6 | | | 37.2 | |
| | 茶叶 | 137.4 | | | 74 | 63.4 | |
| | 蚕桑 | 77 | | | 77 | | |
| | 经济林 | 1558.2 | | 393.5 | 525 | 639.7 | |
| | 药材 | 412.2 | 412.2 | | | | |
| | 其他经济作物 | 793.9 | 274.5 | | 433.5 | | 85.9 |
| 养殖业 | 养猪 | 17838 | 4180 | 2450 | 5598 | 1700 | 3910 |
| | 精养鱼池 | 14454 | 1330 | 4087 | 3593 | 3477 | 1967 |
| | 养家禽 | 59.44 | 18.78 | 12.12 | 12.24 | 9.3 | 7 |
| | 养牛 | 1709 | 160 | 455 | 664 | 260 | 170 |
| | 养羊 | 12270 | 3150 | 2800 | 5720 | 600 | |
| | 养鱼 | 511.4 | 511.4 | | | | |
| 扶持农业加工企业 | | 352 | 115 | 100 | 112 | 18 | 7 |

## 2006~2010年"十一五"期间全市扶贫产业一览

表67-1-12 单位:公顷、头、万尾、万羽、个

| 名称 | | 合计 | 2006年 | 2007年 | 2008年 | 2009年 | 2010年 |
|---|---|---|---|---|---|---|---|
| 种植业 | 果树 | 7656.6 | 924.7 | | 1324.1 | 2578 | 42426 |
| | 水梨 | 4119 | 667 | 1000 | 1439.7 | 633.7 | 378.1 |
| | 种桑 | 173.1 | 173.1 | | | | |
| | 茶叶 | 800 | | 800 | | | |
| | 其他经济作物 | 190.8 | 190.8 | | | | |
| | 种植经济林 | 3613.6 | | 338.2 | 437.6 | 1343.7 | 1494.1 |
| 养殖业 | 猪、牛、羊 | 320787 | 7541 | 34308 | 25019 | 25019 | 228900 |
| | 养鱼 | 39956 | 278 | 10182 | 10031 | 4936 | 14529 |
| | 养家禽 | 364.398 | 10.06 | 31.54 | 103.82 | 103.82 | 115.158 |
| 扶持农业加工企业 | | 66 | 9 | 22 | 15 | 13 | 7 |

## 四、搬迁扶贫

2002年始,先后在修水、瑞昌、德安3个县(市)进行深山移民搬迁扶贫工作试点。2003年3月23日,市政府向省政府上报《关于呈报〈修水县2003年移民扶贫试点工作规划〉的请示》。对修水历史和现状、移民搬迁扶贫指导思想、试点计划、移民对象确定和审批程序、接收地条件和安置职责、资金补助标准与管理政策措施、工作步骤7个方面作了说明。明确移民范围是居住在库区、深山区两大地域内4.97万贫困人群。安居原则是以集中安置为主,分散安置为辅;有土安置为主,无土安置为辅。以自然村为基本单位实行整体搬迁。试点计划移民人数为8100人,分配给程坊乡等22个乡镇。集中安置6870人,建16个集中安置点;分散安置1230人。省委书记孟建柱、市委书记刘积福对修水县移民扶贫规划作了肯定,指示省委、市委政策研究室进行专题调研。经省委、省政府批准,修水县被列为全省3个山区移民搬迁扶贫试点县之一。2004年5月13日,国务院扶贫办副主任高鸿宾率全国新阶段扶贫移民搬迁培训班成员200余人,观摩考察修水县移民扶贫工作。省人大常委会副主任孙用和,省扶贫办主任张志豪,市委常委、纪委书记张远秀陪同考察。培训班成员先后到该县三都镇太阳升、庙岭乡大路、义宁镇良塘、渣津镇长仑4个安置小区实地观摩考察。培训班成员新疆维吾尔自治区扶贫办综合处负责人说:"全国的扶贫移民学江西,江西的先进经验在修水。"同年8月5日,省委书记孟建柱一行视察修水县移民扶贫工作,走访三都镇太阳升移民扶贫安置小区,与移民户座谈,详细了解移民生产、生活、就医和子女上学等情况后指出:修水移民扶贫工作为全省乃至全国提供了很好的经验,要求修水要不断总结经验,把移民扶贫工作整体提高到新的水平。2005年,修水县实现移民扶贫搬迁9000人。建设35个集中安置小区,按照"整体搬得出,长期稳得住,逐步富得起"要求,加强安置小区基础设施建设,并在蚕桑、生猪、药材等产业上进行扶持。移民户人均纯收入达1050元,比上年增加410元。同年7月5日,市政府向省政府上报《关于我市武宁县鲁溪镇北屏村地质灾害危险区群众实施移民搬迁的请示》。该村位于武宁县与瑞昌市交界北屏山上,共有9个自然村落,283户,1129人,房屋1067间。自20世纪30年代就出现地面塌陷,90年代以来地质灾害愈演愈烈,群众人心惶惶。2003年12月16日,《人民日报》华东版以《一个村庄的塌陷》为题进行报道,引起省委、省政府高度重视。副省长危朝安做出批示,并派出调查组到该村进行调查,调查组建议实施整体移民搬迁。2005年10月,经省政府同意,实施北屏村地质灾害区整体移民搬迁。

2006年,省下达修水、武宁2县移民扶贫计划9377人,下拨专项财政资金2299.5万元,市级财政配套468万元。当年,全市实际完成移民9854人,建安置小区27个。2007年,省下达市移民搬迁计划9400人,全市实际完成移民安置9432人,其中修水9032人,武宁400人。建立移民安置点67个。移民扶贫工作建立"县级主导,统筹协调,乡村负责,具体落实,部门协作,配套实施"工作机制,并制定《移民扶贫工作制度》。2009年3月13日,市扶贫办印发《九江市2009年移民扶贫工作实施方案》。省下达全市移民搬迁扶贫计划4799人,在修水县和都昌、德安2个比照西部政策延伸县实施。12月11~13日,由贝宁、埃塞俄比亚、加纳、几内亚、毛里求斯、尼日利亚、津巴布韦等13个非洲国家32司处级官员组成的非洲国家减贫与可持续发展研修班到九江参观考察。中国社会科学院西亚非洲研究所党委书记崔建明,市委常委、副市长、农工部部长魏宏彬陪同。研修班一行先后参观考察永修柘林镇易家河移民新村、修水县太阳升移民扶贫安置小区,对移民搬迁扶贫给予高度赞赏。2010年,省计划安排修水、都昌、德安3县移民搬迁4029人,其中深山移民3658人,生态移民371人。全年实际完成移民搬迁5181人,其中集中安置4874人,分散安置145人,敬老院安置40人。共涉及105个迁出点,其中整体迁出点8个,共建设集中安置点39个。中央和省财政投入专项资金1136.7万元,市财政配套146.32万元,县级财政资金36.58万元。

据统计，全市实施搬迁扶贫工作以来，至2010年共移民搬迁57501人，其中集中安置53877人、分散安置2469人、敬老院安置1155人；有土安置52368人、无土安置5133人；建房安置55102人、购房安置2359人。共投入资金87815.37万元，其中省财政扶贫资金17262.6万元、市配套资金2264.22万元、县配套资金419.73万元、县乡财政资金1333.5万元、政府有关部门资金8557.52万元、社会扶持资金901万元、移民自筹资金57076.8万元。共建设集中安置点252个，其中通路252个、通电252个、通水252个、“三通”252个。500户以上安置点1个、100~500户13个、50~100户62个。其中省级示范点4个、市级示范点4个、县级示范点8个。成立行政村级社区点1个、成立村小组级社区点250个，有社区活动场所点114个。共建设住房10273栋、建设住房1347670平方米、建设社区活动场所19120平方米、建设卫生所130所、建设学校52所、修路588千米、架设输电线路394千米、安装水管道344.4千米、建设沼气池4460个、安装太阳能热水器3751个。

## 五、科技扶贫

1994~2000年“八七”扶贫攻坚期间，为提高贫困户文化科技素质，全市各级老建扶贫部门共为贫困乡村兴办各类实用技术培训班4396期，参训人员456526人次，使大多数贫困户有1个劳力掌握1门以上实用技术。同时，还选送4200名贫困青年参加农函大学习，为老区培养一支留得住的科技骨干力量。使得“四缺”(缺资金、缺技术、缺市场、缺信息)群体早日摆脱贫困，走上致富之路。

2001~2005年“十五”期间，为加大对农村富余劳动力技能培训力度，努力探索各种科技教育培训途径。如由扶贫办组织举办劳动技能培训班，从院校或职业学校聘请专业老师进行授课。学员通过培训，学到1~2门技术后，推荐外出务工就业或就地转移就业。都昌县扶贫办针对该县服装企业多，技术工人少情况，与企业取得联系，由其提供机器设备和技术人员，再由40个贫困村每村选派2~3名人员参加培训，一切费用都由扶贫办支出，培训结业后全部安排到企业就业。又如由扶贫办与有关院校联系，输送贫困户子女参加非农职业技术学习。学习期间，由扶贫办给予一定资金扶持，毕业后由校方推荐就业。星子县白鹿镇玉京村、大岭村2名女青年，2002年初中毕业后，由县扶贫办推荐到南昌女子职业学校学习电子专业。毕业后分别在东莞和河北就业，年收入8000多元。再就是吸引社会力量参与科技扶贫。武宁县横路乡港北村，地处柘林湖边。县扶贫办于2002年投入财政扶贫资金21.5万元，修成1条2.3千米长路坝，将全村5个自然村交通连接起来。市移动公司又在这里修建1座移动基站。交通、通信问题解决后，该县扶贫办主动请1位在广东创业武宁籍老板回乡投资2000多万元，创办职业技术学校。至2005年，已有3000多名贫困户子女在这所学校接受培训，并安排在沿海经济发达地区工作。许多贫困家庭子女，年初带着技术出门，年终就带着丰厚报酬回家。4年来，全市劳动力转移培训人数达2.9万人。抓劳力转移培训同时，全市注重在重点村加大推进农业科技创新应用，加强新技术、新品种普及与推广，促进农民增收。各县扶贫办每年都开展“二免二送”活动，即免费接受种养业技术咨询，免费印发扶贫科技资料，送科技下乡，送优良种苗给农户。

2006~2010年“十一五”期间，全市共举办农村实用技术培训班528期，参训人数达10.3万人次，基本上达到每户都掌握1~2门实用技术，都有1名科技明白人。同时，2006年始，实施扶贫专项“雨露计划”。2007年，市扶贫办针对重点村后备干部薄弱，与市委组织部村建办联合首次在209个重点村推出“一村一名中专生”培训计划，根据重点村需求，本人自愿，组织部门考察，将优秀中学毕业生列为村级后备干部培养和管理，这一培训模式被省扶贫办肯定并下文全省推广。同年，市扶贫办又与培训基地共同推出“零缴费上学，零距离就业”，使来自贫困地区的203名学员顺利入学。此外，还摸索出校村结合、校企结合、长短结合、城乡联合、工农互动等多种办班方式。2009年、2010年两年在贫困地区通过考试选派64名贫困子女进入深圳技校学习，这些学生毕业后100%能在深圳就业，平均月工资达到5000元以上，并能申请深圳户口。这一做法，得到省扶贫办充分肯定。

至2010年,共投入专项资金1048万元,其中市县配套投入资金260万元,累计完成贫困劳动力培训转移2.65万人,安置就业率达98%以上,就业学员月工资1500元以上。实施"雨露计划"工作中,全市采取定点、定向、订单培训方式,进一步创新工作模式,广开就业门路。真正做到培训1人、转移1人、脱贫1户目标。为把这项贫困人口受益的好事办好,实事办实,扶贫系统早动手、早安排。创新培训模式,以短训和就地安置为主,并重点突出学员稳定就业率和就业质量。

## 六、社会扶贫

1991年来,全市开展老区扶贫工作,注重社会力量帮扶,动员组织党政机关、人民解放军、武警部队、大中型企业、大专院校、民主党派、社会团体到贫困县、乡、村开展帮扶工作。1994年,为打好"八七"扶贫攻坚战,在前期社会扶贫基础上,对社会力量扶贫进行再动员、再组织。1995年,市委、市政府安排154个行政事业单位、人民团体、驻军及有一定经济实力大中型企业与60个省定贫困乡开展挂钩扶贫、对口支援。1996年又重新调整、安排92个市直部门和大中型企业与72个省、市定贫困乡定点挂钩扶贫,一定三年不变,不脱贫不脱钩。实施国家"八七"扶贫攻坚计划以来,全市社会扶贫筹集资金达3434.8万元,建设扶贫项目3279个,捐赠物资折款1758万元,帮助引进资金2363万元,组织劳务输出66790人次,极大缓解扶贫资金不足。

2001~2005年"十五"期间,全市不断挖掘和整合各类扶贫资源,广泛深入动员和组织社会力量参与扶贫开发,积极争取社会各界支持。有1个国家机关、21个省直单位,145个市直部门参与市定点帮扶工作,各县市也安排县直单位定点扶贫。各级定点扶贫单位努力筹措资金,为当地群众解决实际困难。省、市、县定点单位共累计投入帮扶资金4377万元,其中捐赠物资折款537万元,帮助贫困乡村修复公路,维护水利等。同时,积极推动扶贫开发领域国际交流与合作,多方争取境外援助,取得良好效果。星子县争取到联合国开发计划署的孟加拉国乡村银行300万元小额信贷资金, 全市共计从境外获得帮扶资金2亿多元。2005年末积极引导民营企业扶贫开发,率先在全省组织"民营企业参与扶贫开发光彩事业修水行"活动,20余名民营企业家参加,共计签约资金5.3亿元,民营企业纷纷慷慨解囊,捐赠资金110万元,帮助贫困地区修路建校,收到良好效果。

2006~2010年"十一五"期间,全市组织181个(含13个驻市部队)市直行政事业单位、国有大中型企业、大专院校和中央、省驻市单位,对全市357个扶贫开发重点村开展定点扶贫。这些定点帮扶单位5年间累计投入各类帮扶资金10607万元(含捐赠物资折款)。其间,还积极推动扶贫开发领域的国际交流与合作,共计从境外获得帮扶资金2亿多元。其中,都昌县争取香港世界宣明会扶贫资金达7427万元。2010年,修水县对接香港嘉里集团,在修水建立扶贫基地,每年预计投资500~1000万元,将持续15年。市委、市政府在每年全市扶贫开发工作会上,都对社会扶贫工作进行重点部署,表彰先进帮扶集体和个人,并通过媒体对典型人物进行专题报道。为加大对贫困地区帮扶力度,加快贫困地区脱贫步伐,建设社会主义新农村,构建和谐社会,实施党员干部帮扶工作机制,坚持党政机关干部与贫困户"结穷亲",使帮扶工作常态化、科学化。同时,将组织党员干部帮扶贫困户作为一项应尽责任和义务,纳入工作责任制管理范畴,实行定期考核。全市党员干部和农村致富能手共结对帮扶贫困户5600户,帮扶资金和物资达900余万元。此外,组织扶贫龙头企业参加国务院扶贫办、中国扶贫基金会及中国邮政总局"帮助灾区学生尽快复学"为主题的"爱心包裹项目六一关爱行动"募捐活动,全市共有17家扶贫龙头企业为灾区儿童捐赠爱心包裹1870个,计人民币18.7万元,其中江西上好佳食品工业有限公司捐款10万元,位居江西省扶贫龙头企业捐款额第一。为此,省扶贫办出专刊将九江社会扶贫经验向全省进行介绍。

# 第二章　库区移民

## 第一节　移民规模

### 一、移民构成

**柘林库区移民**　柘林水利水电枢纽工程位于修河中游末端永修县柘林镇，是以发电为主，兼顾解决修河下游防洪、灌溉，改善航运条件，发展水产养殖综合利用工程。全面竣工后，水库正常高水位65米，汛期限制水位64米，总库容量79.2亿立方米。水库蓄水后，正常蓄水位淹没范围涉及武宁、永修县和瑞昌市。淹没乡镇17个，村委会83个，村民小组507个，受淹23612户。淹没耕地1.19万公顷，山林1.73万公顷，房屋面积224.4万平方米，乡村公路36条、209千米，大小桥梁63座，公路涵管366处，水利设施4943处，邮电通信、广播线路1446.5千米。柘林库区移民绝大部分都在武宁、永修、瑞昌3个受淹县内安置，搬迁移民达12.8万人。由于整个搬迁正处在"文化大革命"期间，补偿标准低，每人补偿293.5元，其中：生产扶助70元，房屋拆迁181.5元，运输费22元，其他20元，加上除省地方财政和省电力部门补助武宁县393万元外，其余移民没有任何补助，因此存在严重遗留问题。1986年，人均耕地在3分以下有10506人，占移民总人数10.8%。其中武宁县9591人，占移民总人数12.4%；永修915人，占移民总人数5.2%。移民主要靠正常水位线65米以下消落区土地维持生活。武宁县移民人均收入150元以下54838人，占移民人数68.85%，人均口粮仅169公斤，比迁移前减少一半。永修县移民人均收入150元以下3470人，占移民人数19.8%。水库蓄水后，把库内分割成若干个"一眼望得见，走路要半天"的小岛和半岛。移民出门行船，进屋爬坡，造成生产生活极大不便。武宁县库区53个村形成76个孤岛，14条公路被截断，致使238个村民小组、34000多人交通受阻，行路不便，运输全靠肩挑背驮，同时，库区严重缺电，致使乡镇企业发展滞后，多数移民照明仍用煤油灯。由于当初移民兴建住房大部分是兵营扎寨式"干打垒"，泥巴筑墙，质量极差。全县1795户移民房屋出现倾斜和倒塌危险，严重威胁着移民生命财产安全。此外，移民饮水条件差，上学、就医难。还有87户、487人居住在65米正常水位淹没线以下，尚未迁出。

**新安江、富春江库区移民**　"两江"移民迁入时，人均耕地0.1公顷，耕种农田近30%是"望天丘"。20多年来，随着人口自然增长，至2001年年底，移民人均耕地只有0.06公顷，其中水田0.047公顷。人均耕地在0.02公顷以下3120人，生活难以维持，有的连温饱问题都无法解决。"两江"移民居住房屋大部分是搬迁时期仓促上阵突击筑起的"干打垒"，不少房子墙壁断裂，倾斜塌陷，但又无钱进行修补。全市仍有22个边远"两江"移民安置组没有通电，移民生活照明还是用煤油灯，有的组虽自己用木杆架了一些临时线路，但用电既不稳定又不安全。全市有159个移民安置组饮用不符合卫生标准的河水、山沟水、池塘水，有的移民饮水甚至要到1千米以外肩挑手提。还有175个"两江"移民安置村不通公路，316个组未通机耕道，不少村、组连便道也不宽畅。32个"两江"移民安置村没有学校，140个村没有医疗点，导致部分移民安置区医疗条件差，文化教育落后。据2000年统计，全市"两江"移民年人均纯收入只有1153元，远远低于全市平均水平，超过当地县农村居民人均收入的只有9120人，仅占全市"两江"移民总人数16.9%，达到当地县农村居民人均收入13908人，占总人数25.8%，尚有移民13829人生活仍处在温饱线以下。到2010年，全市农村人均纯收入5155元，移民人均纯收入4178元，较全市农民人均纯收入仍少977元，约为全市农民人均纯收入81%。移民人均收入中，务农收入1524元，产业收入690元，打工收入1653元，其他311元。低于市人均收入的移民128647人，年人均纯收入在1196元以下移民48524人，收入在786元以下22356人。总体上，全市移民生活仍然较为贫困。至2010年年底，移民人均居住面积

30.6 平方米，仍比全市农村人均居住面积少 8.76 平方米。其中，居住砖混结构 146199 人，砖木结构 113135 人,泥木结构 34709 人,其他杂房 4778 人,还有 1362 人无房居住。移民大专以上文化程度 8855 人,高中文化程度 47796 人,初中文化程度 154058 人,小学文化程度 70986 人,文盲 18487 人。交通以摩托车为主要出行工具,占 60%。通信较方便,手机占 82.9%。电视机多数移民家庭普及,电冰箱逐步普及。

## 二、移民分布

**市内大中型水库移民** 市内 30 座大中型水库原迁移民 134832 人，分别安置在市内 15 个县（市、区、场)。其中修水县原迁移民 19621 人,除东津水库移民 128 人安置在永修县、98 人安置在德安县、34 人安置在共青开发区外,其余都在县范围内安置;武宁县原迁移民 86563 人,除盘溪水库 216 人、柘林水库 64 人安置在共青开发区、1108 人安置在德安县外，其余在县范围内安置；瑞昌市原迁移民 3198 人(含湖塘水库 800 人),全部在市范围内安置;永修县原迁移民 13456 人,全部在县范围内安置;云山集团无大中型水库,接受安置柘林水库和云山水库原迁移民 2284 人;共青开发区无大中型水库,接受安置柘林水库、盘溪水库、东津水库原迁移民 314 人;德安原迁移民 3653 人,除湖塘水库 800 人属瑞昌范围内,由瑞昌安置外,其余在县范围内安置;九江县原迁移民 208 人、星子县原迁移民 521 人、都昌县原迁移民 4110 人、彭泽县原迁移民 2662 人、湖口县原迁移民 972 人,均全部在各县范围内安置。

**外省大中型水库有组织迁入移民** 外省有 2 座大中型水库移民有组织迁入九江,即浙江新安江、富春江水库移民和三峡水库移民。

1969~1970 年,先后从浙江建德县、淳安县有组织安排新安江、富春江水库移民 6256 户、28235 人迁入市内安置。分别安置在武宁、永修、德安、云山、共青、修水、都昌、星子 8 个县(场)62 个乡(镇、分场) 181 个村 366 个组。其中,武宁县接受安置 3190 户、16174 人,分布在 16 个乡、69 个村、125 个组;永修接受安置 1236 户、4966 人,分布在 9 个乡、30 个村、59 个组;德安县接受安置 758 户、3602 人,分布在 10 个乡、28 个村、89 个组;云山接受安置 427 户、1531 人,分布在 5 个分场、10 个村、17 个组;共青接受安置 394 户、1187 人,分布在 3 个分场、9 个村、27 个组;修水县安置 147 户、454 人,分布在 7 个乡、21 个村、35 个组;都昌县接受安置 83 户、223 人,分布在 9 个乡、10 个村、10 个组;星子县接受安置 21 户、98 人,分布在 3 个乡、4 个村、4 个组。

2000~2003 年,省政府先后两次下达永修县接受安置三峡移民 1400 人。至 2004 年 8 月 13 日,永修县分两批次实际接收三峡库区移民共 353 户、1549 人，比省政府下达 1400 人超出 149 人。第一批是 2001 年 8 月份接受来自三峡库区云阳县移民 251 户、1133 人，分别安置在永修永丰垦殖场下洋安置点 30 户、123 人,马口镇先锋安置点 43 户、205 人,滩溪乡富村安置点 24 户、99 人,滩溪乡甘棠安置点 12 户、63 人，艾城镇艾城安置点 23 户、100 人，虬津镇虬津安置点 15 户、69 人，虬津镇张公渡安置点 24 户、101 人,燕坊镇燕坊安置点 15 户、65 人,梅棠镇大塘安置点 14 户、72 人,城丰乡和丰安置点 18 户、64 人,白槎镇福联安置点 18 户、101 人,白槎镇双丰安置点 15 户、71 人;第二批是 2004 年 8 月份接受来自三峡库区万州县移民 102 户、416 人,分别安置在永修白槎镇双丰安置点 11 户、46 人,白槎镇塘上安置点 10 户、42 人,白槎镇郭坂安置点 11 户、44 人,八角岭垦殖场茶林安置点 18 户、73 人,江上乡焦冲安置点 16 户、65 人,滩溪乡东山安置点 17 户、70 人,马口镇山丰安置点 10 户、40 人,马口镇城山安置点 9 户、36 人。共为移民建房 357 幢,总建筑面积 48019 平方米,人均住房面积 31 平方米。

**外省、市大中型水库自主迁入移民** 改革开放以后,人口流动频繁,外省 44 座中型水库移民 2397 人、本省外市 14 座大中型水库移民 180 人自主迁入市内安置,共计涉及 58 座外省、市大中型水库移民 2577 人。其中:修水县接收安置 645 人、武宁县 252 人、瑞昌市 71 人、永修县 161 人、云山垦殖场 82 人、共青垦城市 520 人、德安县 72 人、九江县 103 人、都昌县 15 人、彭泽县 545 人、湖口 92 人、庐山区 19人。

## 三、移民异动

2006年6月9日，省移民办核定市大中型水库原迁农村移民总人数150843人，按人口自然增长率计算，现状移民总人数253650人。2007年5月28日，省水库移民工作领导小组追加市大中型水库移民后期扶持人数30738人，全市大中型水库移民后期扶持人数增加到284400人。同年10月16日，江西省移民办再次追加九江市10个县(市、区)大中型水库移民后期扶持无法核定到人的移民人数12550人。其中，星子县150人、九江县150人、湖口县270人、共青城480人、彭泽县700人、瑞昌市700人、都昌县900人、修水县2600人、德安县3000人、永修县3600人。当年，全市大中型水库移民后期扶持人数增加到296950人。2008年1月29日，省移民办追加湖口县大中型水库移民后期扶持人数159人；10月15日，省移民办核定修水县龙潭峡水库移民后期扶持人数567人。2009年6月25日，省移民办核定修水县淹家滩水库移民后期扶持人数806人。至此，全市大中型水库移民后期扶持人数增加到298482人。加上三峡库区移民1700人，全市大中型水库移民后期扶持人数共计300182人，分布在全市14个县(市、区)198个乡(镇、街道)、927个行政村、4945个村民小组。按照移民现金直补人口实行动态管理要求，历经4年审查核减，至2010年12月，在全市大中型水库移民总人数300182人中，已登记到人享受现金直补168176人，核定到村组进行项目扶持132006人。

**2010年全市大中型水库移民后期扶持人数一览**

表67-2-1 单位：人

| 县(市、区、垦殖场) | 扶持人数 | 其中 | |
|---|---|---|---|
| | | 登记到人 | 核定到村组 |
| 修 水 | 32375 | 17160 | 15215 |
| 武 宁 | 160002 | 88665 | 71337 |
| 瑞 昌 | 8033 | 5804 | 2229 |
| 永 修 | 44765 | 27128 | 17637 |
| 云 山 | 5980 | 1813 | 4167 |
| 共 青 | 6944 | 4140 | 2804 |
| 德 安 | 16650 | 10620 | 6030 |
| 九江县 | 1420 | 1031 | 389 |
| 星 子 | 1680 | 459 | 1221 |
| 都 昌 | 10823 | 4060 | 6763 |
| 彭 泽 | 7970 | 4760 | 3210 |
| 湖 口 | 3437 | 2433 | 1004 |
| 庐山区<br>浔阳区 | 103 | 103 | |

## 第二节　移民安置

### 一、中央直属水库移民安置

1991~2001 年，完成搬迁安置回水线以下柘林库区移民 1215 户,5526 人。对农田水利共投资 1325.93 万元，修建抽水站 15 处，修建渠道 40.55 千米，修建塘、堰、坝等 194 座；地方交通共投资 9657.81 万元,修建道路 142 条 391.3 千米,修建桥涵 70 座,新造渡船 2 艘,新建码头 2 座。对生产生活用电总投资 164.67 万元,架设高低压线路 88 条 168.9 千米,更新变压器 2 台;人畜饮水共投资 150.95 万元,建水井 367 眼;危房处理共投资 109.5 万元,修建危房 15288 平方米;文教卫生共投资 115.9 万元,修建校舍 12862 平方米。对种植业共投资 2109.06 万元,发展黄姜、百合等药材 993.3 公顷,新增果树 197.27 公顷。对养殖业共投资 499.25 万元,新增养鱼水面 570.8 公顷,新增养畜 8505 头,新养禽 16650 只;对二、三产业共投资 444.08 万元,扶持发展二、三产业 33 个。

2002~2007 年,通过实施《九江市中央直属水库移民遗留问题处理规划(2002~2007)》,完成回水线以下移民搬迁安置 2167 人,完成低产田改造 50.4 公顷。对基础设施项目共投资 19954.58 万元,新建饮水井 878 眼,新建自来水工程 157 处,修建山塘水库 465 座、堰坝 204 座、提排灌站 71 座、渠道 319.72 千米、防护工程 11 处,修建乡村公路 2816.91 千米、桥涵 224 座、码头 4 座、渡船 3 艘,修建校舍和卫生院所 12 所,建新农村示范点 52 个,新建沼气池、休闲广场、活动中心等 249 个。对生产开发项目共投资 2673.36 万元,扶持移民发展种植业 3244.47 公顷,扶持移民发展水产养殖 697.03 公顷,发展养畜 2752 头,发展二、三产业 8 个。其他专项经费项目,共投资 746.11 万元。开办移民种养技术、就业技能和移民干部业务培训班 40 期。搬迁安置受淹较重移民 2167 人,其中武宁搬迁安置 2064 人,永修县搬迁安置 103 人。安置模式上除建 6 个集中安置点外,武宁县还创立县城小区安置新模式,把加快城镇建设和移民安置融为一体。在县城移民安置小区,本着自愿原则,引导有条件回水线以下移民 180 户 816 人到县城移民安置小区安置。解决 27843 人饮水困难;为 475 个移民村组,兴修农田水利项目,新增和改善旱涝保收面积 4270 公顷,受益移民 71167 人。修建乡村公路 2816.91 千米,受益移民 134502 人。在 52 个移民示范村进行改路、改水、改厕,修建沼气池,安装太阳能热水器。永修柘林水库库周,以易家河移民新村为中心,向周围辐射扶持移民发展柑橘生产,达 300 余公顷,移民柑橘收入 1 年最多 1 户达 12 万元。武宁县以清江为基地,向周围辐射扶持移民发展吊瓜生产,收入大增。云山以凤凰山为中心,向周围辐射扶持移民发展水蜜桃生产,并创立“云居”品牌。

至 2007 年,市、县两级共培训 30242 名移民种养业和劳动就业专项技术人才。共青根据移民发展果业需要,从云山请来果树栽培能手做教师,开办果业培训班 6 期,培训种果技术骨干 266 人,为移民发展果业提供技术支撑。修水根据移民子女外出务工需要,委托修水技校开办移民子女就业技能培训班,共培训移民子女 150 余人,绝大部分就业。市移民办和武宁县移民办还在武宁丰良国际艺术学院建立移民子女劳动就业技能培训基地,开办水电安装、装潢设计、缝纫、绘画等专业技术培训班 30 多期,培训移民子女近 2000 人,为移民子女外出务工提供职业技术支撑。2006 年始,各县(市、区)对大中型水库移民实施项目扶持。至 2010 年,移民农田水利项目投入 4995.9 万元:共建排灌站 36 座,打机井 7 眼,修建渠道 725.1 千米,修建山塘水库 437 座、涵闸 41 座、堤坝 60.6 千米,修建堰坝 121 座;基础设施项目投入 28598.87 万元:共进行 2 次搬迁 230 人、进行危房处理 6503 平方米。建水井、机井 240 眼,为移民装自来水6228户。修建乡村道路4443.029千米、公路桥24座、桥涵155座、码头8座。架设低压线2.45千米;社会事业项目投入420.33万元:修建校舍1050平方米,修建村文化室3300平方米;生态环境项目投入257.39万元:处理塌岸、滑坡15处,建垃圾池3个,修建下水道1处;生产开发项目投入1243.78万元:扶持移民种植粮食作物156公顷、经济作物656.77公顷、林业45.8公顷、果业449.93公顷;扶持移民池塘养鱼3公顷,扶持移民养家畜950只、家禽3000只。

通过扶持,移民村组通公路率由2006年43.32%,提高到2010年65.8%,提高近22个百分点,不通公路移民村组由2006年3567个,减少到2010年2198个;改善和新增灌溉面积3800余公顷;铺设自来水管网和打水井,解决7210户移民饮用水安全问题,饮水不安全移民村组由2006年2842个减少到2010年1652个。

2010年,全市库区和移民区初步形成六大支柱产业:以武宁县清江、石渡为主吊瓜产业,发展近7000公顷;以武宁县澧溪镇为主优质油茶产业,发展900余公顷;以永修县燕坊镇为主反季节草莓产业,每年都有5000多个反季节草莓大棚;以永修县三溪桥镇网箱养鳜鱼为主水产养殖业,发展网箱养鱼5000多个、库湾养鱼1000余公顷;以永修县柘林镇易家河、司马柑橘和云山安农水蜜桃为主水果产业,发展到2000余公顷,云山并以水蜜桃开花季节为契机,连续几年举办桃花节,吸引四海宾客。武宁县还采取委托培训方式,培养一大批室内装饰人才,移民参加装饰业近2万人,成为该县移民致富一个重要产业。

通过第一个五年规划实施,全市贫困线以下移民由2006年41174人,减少到2010年22356人,18818人实现脱贫。并涌现出永修县易家河、云山新民、武宁县茶梓坪、德安红桥5组等几十个年人均纯收入达到和超过10000元移民村。

## 二、三峡库区移民安置

2001~2004年,永修县接收安置三峡工程重庆库区农村外迁移民计划人数1400人,实际分批接收安置二期和三期三峡移民357户,1549人。整个移民搬迁运送工作安全、顺利,共运送移民、护送干部及移民亲属1700多人,货物610吨,出动车辆150辆,没伤一人,没掉一物,实现"安全事故率为零"目标。为满足移民意愿,保证移民居住安全,环境优良,交通便利,生活方便,县政府多次派人到各安置点实地考察,反复筛选,最终确定11个乡(镇、场)、20个安置点,并确保做到交通条件最便利,宅基地位置最优越,耕地土质最肥沃,农田水利设施最齐备。在此基础上,认真编制移民安置规划。其间,县政府先后召开11次专题协调会,确定移民建房地点、绘制设计图纸、选择施工单位、签订建房合同,保证建房质量、合理确定造价、做好住房验收、落实工作责任,并与迁出方政府和移民户主统一签订《移民委托建房协议》《移民住房建设资金保障协议》。全县各安置点总共建房357幢,按照委托建房协议,建1层单价每平方米310元,2~3层单价每平方米290元,根据移民意愿,共设计建1层7户,建2层292户,建3层7户,总建筑面积12640平方米,总造价367.4万元,人均建房面积31平方米,建2层以上超过90%。县政府还专门出台减免三峡移民建房税收优惠政策,共减免税收46.1万元,以减轻移民经济负担。在建设移民安置点中,共平整宅基地107100平方米,架设高低压线路13154米,新修和维修乡村公路35.9千米,修建护坡挡土墙8710立方米,打公共水井16口,压水井318个,安装自来水管7126米,新修和维修水库6座,新修和维修桥梁7座,修机耕道3275米,铺设水泥路面18492平方米,新修和维修乡镇卫生院11所,中、小学31所,房前屋后植树3137棵,移民安置点均实现通路、通水、通电,通电话、通电视。当年,全县调拨给移民土地212.07公顷。其中宅基地10.7公顷(户均300平方米)、水田144.57公顷、旱地30.98

公顷、山林地 25.82 公顷。移民人均土地达到 0.13 公顷(其中耕地 0.11 公顷、林地 0.02 公顷)。所调整土地成片成块,土质肥沃,灌溉便利,且距居住地较近。并对移民承包土地,按照省确定移交时间实施,即旱地在移民迁入后的 1 个星期内交给移民耕作;水田在 11 月 10 日前交给移民耕种。土地承包证、房屋产权证、山林权属证同时发放到位。

2005 年,永修县政府先后多次召开会议专门部属调度三峡移民土地落实工作,定期通报落实情况;并将土地落实到户情况列为各乡(镇、场)工作目标考评内容之一。经过广大移民干部努力,当年,全县三峡移民最后都足额分到人均 0.11 公顷土地。各安置点土地全部具体落实到户。移民档案是全面鉴定移民安置质量和移民工程质量重要依据,省办下发《关于切实做好三峡移民档案工作的通知》后,永修县把该年作为档案管理规范年,拿出专门资金聘请县档案局专业人员对永修县安置三峡移民以来形成的档案资料进行整理归档,并全部存放到县档案局。4 月,永修县政府被国务院三峡建委授予先进单位称号。

为帮助移民发展生产,5 月 27 日,县移民办联合县卫生局、计生委、农业局、科技局、司法局、信用联社、老年科协、新华书店、就业局 10 家单位共同在滩溪镇东山村三峡移民安置点开展以送法律、送科技、送信息、送文化、送健康、送资金为内容"六下乡"活动,把党和政府的惠农政策和温暖送到三峡移民家门口。6 月,县移民办与县科技局联合刊发 1 期《永修科技》(移民专刊)。主要内容有种植、养殖技术资料、国家有关三峡水库工作方针政策和法律法规、永修县三峡移民致富典型等。共刊印 1300 多份,发放到三峡移民手中。举办各类生产技能培训班 5 期,培训移民 183 人次,发放资料 470 余份。县、乡农业部门多次派技术人员下到各移民点给移民讲解当地农业生产技术,附近农民主动到移民田间地头手把手地传授耕作技能,使三峡移民尽快熟悉当地生产技术。9 月 2~4 日,永修县遭受特大暴雨袭击,日降雨量 181 毫米,江河水位猛涨,部分安置点移民农作物和财产损失惨重。三峡移民受灾后,该县政府即组织移民进行转移安置,送去生活必需品。11 月 21 日,又给受灾移民每人发放 30 公斤大米,共发放 4380 公斤,使受灾移民得到妥善安置。2006 年,为帮助移民加快致富步伐,永修县聘请农业专家为移民举办各类培训班 21 期,培训移民 1100 人次,专门编写《永修县三峡移民农业技术指南》,分发到各移民户,发放技术资料 4000 余份。要求乡镇领导班子成员每人至少联系 1~2 户帮扶对象,结成对子,将印有分管领导姓名、职务、联系方式的联系卡发放到移民户中,实现干群互动。

2007 年,永修县按人均 10499 元标准计划安排生产安置资金 1618.5501 万元,用于调整土地、新修农田水利设施和机耕道等项目。按人均 5020 元标准计划安排基础设施资金 777.598 万元,用于调整宅基地、平整土地,改善交通、供电、排水设施、改善文教卫生条件及宅区绿化、有线电视、公厕等基础设施改造。同年,继续组织卫生、计生、农业、科技、司法、信用联社、老年科协、新华书店、就业等部门在各安置点联合开展"六下乡"活动。县信用联社共为三峡移民发放小额贷款 153 笔 103700 元。举办各类农业生产技能培训班 9 期,培训移民 480 人次,发放资料 2970 余份。当年全县三峡移民水稻平均亩产达 550 公斤,棉花亩产籽棉 285 公斤,均高于全县平均水平。全县三峡移民有 357 户 1549 人人均纯收入达 4600 元,超县人均纯收入 4218 元水平。2008 年,永修县境内符合享受移民资金直补三峡移民 1679 人,共发放资金 125.925 万元。为方便移民群众,移民直补资金全部通过惠农"一卡通"发放。当年,县政府还筹措资金 116.3 万元,帮助移民点改善生产生活条件,新建和维修水库、塘、灌渠等水利工程 12 个,改善农田灌溉面积 60.7 公顷,新建和改造移民村组路 6 条,新建桥梁 1 座,改造低压线路 1.5 千米、更换变压器 2 台。2009 年,在完成接收安置三峡移民工作后,以县长为组长的"永修县三峡移民接收安置工作领导小组"仍未撤销。乡(镇、场)三峡移民工作机构亦依然保留。当年,经认真核实死亡及剔除不再具备享受条件人员后,实际发放直补资金人数为 1563 人,通过惠农"一卡通"发放两个季度直补资金共 468900 元。

为帮助三峡移民发展生产，县移民办在城丰、马口、滩溪、江上、八角岭、白槎、虬津、燕坊、梅棠、永丰、艾城11个片区，给三峡移民传授相关技术知识，进行生产技能培训和实地指导。为解决土地资源不足，还特向省三峡办申请在永修县实施草莓反季节栽培及产品深加工技术研究开发项目，为三峡移民在有限土地上作草莓种植、加工大文章，寻求新的增收渠道。2010年6月，连续多天强降水天气致使永修县20个三峡移民安置区生产、生活设施严重受灾，因灾损失达60余万元。为此，移民部门加大对移民生产、生活扶持力度。投资6万元在马口山丰三峡移民点农田周围设置防护栏，解决困扰移民多年的牛群破坏水稻问题。投入5.1万元在八角岭三峡移民点用于房屋维修、电力维护和道路硬化，满足三峡移民建设新农村愿望。当年，八角岭茶林三峡移民安置点即成为全县新农村建设亮点村。当年，共向342户1609人发放移民直补资金667350元。

对政治觉悟高，综合素质强者，尽力推荐到乡(镇)人代会和村"两委"中发挥作用。三峡移民中，至2010年，已有1人被选为永修县政协委员，19人被选为乡镇人大代表，11人进入村"两委"，21人被选为村民小组长。

## 三、小型水库移民安置

全市有小型水库1028座，其中小(一)型水库187座，小(二)型水库841座，这些小型水库分别坐落在12个县(市)168个乡(场、区)镇880个行政村(分场、居委会)。淹没范围涉及到13县(市、区)，168个乡(镇)，880个村，2708个组，淹没区迁移人口100594人。共淹没土地909.47公顷(水田809公顷，旱地100.47公顷)，淹没砖木结构房屋838栋，土木结构房屋2426栋，有8830人迁出库区。小型水库移民普遍居住在山区，土地等各种资源匮乏，水库移民家庭收入人均不足2100元，大多数移民还生活在贫困线以下，生活困难，生活条件恶劣，生产工具原始落后。出行难，饮水差，卫生落后，文化基础设施匮乏。在全市小型水库移民人口中，人均收入在942元以下16552人，部分移民群众虽基本解决温饱，但收入水平较低，收入波动较大，脱贫根基不牢，因病、因灾、因市场波动导致返贫现象突出，与当地经济发展水平差距较大。

2009年9月，省政府正式启动小型水库移民解困工作，安排一定解困资金，用于项目扶持。同年，下发《江西省解决小型水库移民生产生活困难工作方案》《江西省财政厅关于拨付小型水库移民解困资金的通知》。2010年，下发《江西省财政厅关于拨付小型水库移民解困资金的通知》《关于上报2009年度小型水库移民解困项目备案的通知》。省财政厅拨付市小型水库移民解困资金375万元，全市共实施解困项目98个，受益群众19760人，其中实施道路交通项目35个，投入资金200万元，维修新建公路1000千米，维修桥梁20座；实施农田水利建设项目30个，投入资金75万元，维修硬化渠道2000千米，维修水库20座，改造池塘、维修溢洪道23处；实施饮水工程项目18个，投入资金50万元；实施产业发展项目19个，投入资金50万元。

2010年，省财政厅拨付市小型水库移民解困资金240万元，全市共实施解困项目72个，受益群众1668人，其中实施道路交通项目22个，投入资金50万元，维修新建公路1000千米，维修桥梁25座；实施农田水利建设项目10个，投入资金50万元，维修硬化渠道5000千米，维修水库20座，改造池塘、维修溢洪道20处；实施饮水工程项目30个，投入资金90万元；实施产业发展项目32个，投入资金50万元。

# 第三章 资金运作

## 第一节 扶贫资金

### 一、资金安排

1991~1993年,安排扶贫资金3240.4万元(发展资金484.4万元、贴息贷款2756万元)用于对37个省定特困乡共实施项目421个,主要用于种植业347.66万元;养殖业280.87万元;扶持乡镇企业发展生产2134.08万元;农田建设93.69万元;电力建设142.65万元;交通建设83.82万元;文卫科技97.92万元;其他59.71万元。

1994~2000年"八七"扶贫攻坚期间及2001年,共安排扶贫资金40120.22万元(发展资金8643万元、贴息贷款30492万元),共实施项目3474个,主要用于种植业7144.22万元;养殖业6060.28万元;扶持乡镇企业发展生产19037.39万元;农田建设1768.85万元;电力建设907.14万元;交通建设2488.19万元;文卫科技1631.13万元;其他1083.02万元。

2002~2005年,财政扶贫资金总投入13538.1万元(中央、省资金12387.6万元、市配套1150.5万元),共实施项目2889个。主要用于种植业1171.33万元;养殖业674.87万元;交通建设3033.92万元;基本农田水利建设1011.79万元;"三清三改"602.87万元;文教卫1197.75万元;技术培训239.21万元;移民扶贫5134.85万元;其他471.51万元。

2006~2010年"十一五"期间,财政扶贫资金总投入36255.137万元(中央资金26547.116万元、省资金6970.3万元、市配套2737.72万元),共实施项目7993个。其中,种植业3471.85万元,养殖业2111.41万元,三清三改144.97万元,农产品加工1303.99万元,交通10563.39万元,水利设施1897.67万元,移民扶贫12270.46万元,劳动力转移培训967.81万元,文教卫936.04万元,村级互助金240万元,其他1050.546万元。

**1991~1993年全市扶贫资金安排一览**

表67-3-1　　单位:万元

| 名称 | | 合计 | 1991年 | 1992年 | 1993年 |
|---|---|---|---|---|---|
| 项目个数 | | 421 | 146 | 152 | 123 |
| 资金来源 | 小计 | 3240.40 | 1029.90 | 899.50 | 1311.00 |
| | 发展资金 | 484.40 | 153.90 | 160.50 | 170.00 |
| | 贴息贷款 | 2756.00 | 876.00 | 739.00 | 1141.00 |
| 资金投向 | 小计 | 3240.40 | 1029.90 | 899.50 | 1311.00 |
| | 种植业 | 347.66 | 104.40 | 127.22 | 116.04 |
| | 养殖业 | 280.87 | 82.56 | 95.41 | 102.90 |
| | 扶持乡镇企业发展 | 2134.08 | 672.59 | 498.76 | 962.73 |
| | 农田水利建设 | 93.69 | 36.60 | 29.82 | 27.27 |
| | 电力建设 | 142.65 | 72.15 | 35.50 | 35.00 |
| | 交通建设 | 83.82 | 10.43 | 51.99 | 21.40 |
| | 文卫科技 | 97.92 | 37.87 | 31.90 | 28.15 |
| | 其他 | 59.71 | 13.30 | 28.90 | 17.51 |

## 1994~2001年全市扶贫资金安排一览

表67-3-2　　　　单位：万元

| 名称 | | 合计 | “八七”扶贫攻坚期间 | | | | | | | | 2001年 |
|---|---|---|---|---|---|---|---|---|---|---|---|
| | | | 小计 | 1994年 | 1995年 | 1996年 | 1997年 | 1998年 | 1999年 | 2000年 | |
| 项目个数 | | 3474 | 2672 | 145 | 292 | 227 | 281 | 423 | 619 | 685 | 802 |
| 资金来源 | 小计 | 40120.22 | 28121.0 | 1292.10 | 1896.12 | 1787.50 | 2716.50 | 3460.50 | 7017.50 | 9951.00 | 11999.0 |
| | 发展资金 | 8643.00 | 6037.0 | 191.00 | 264.00 | 243.50 | 562.50 | 1001.50 | 1383.50 | 2391.00 | 2606.0 |
| | 贴息贷款 | 30492.00 | 21239.0 | 1030.00 | 1344.00 | 1460.00 | 2070.00 | 2375.00 | 5550.00 | 7410.00 | 9253.0 |
| | 市级配套 | 985.22 | 845.2 | 71.10 | 288.12 | 84.00 | 84.00 | 84.00 | 84.00 | 150.00 | 140.0 |
| 资金投向 | 小计 | 40120.22 | 28121.0 | 1292.10 | 1896.12 | 1787.50 | 2716.50 | 3460.50 | 7017.50 | 9951.00 | 11999.0 |
| | 种植业 | 7144.22 | 5533.0 | 434.27 | 142.53 | 152.26 | 200.48 | 306.22 | 401.36 | 3895.50 | 1611.6 |
| | 养殖业 | 6060.28 | 4385.0 | 361.60 | 149.01 | 280.13 | 148.79 | 404.22 | 544.43 | 2496.50 | 1675.6 |
| | 乡镇企业发展 | 19037.39 | 13286.0 | 248.72 | 1444.75 | 1097.26 | 2062.79 | 2425.71 | 4795.36 | 1211.50 | 5751.3 |
| | 水利建设 | 1768.85 | 1196.0 | 26.96 | 16.41 | 83.35 | 36.64 | 134.50 | 341.19 | 557.30 | 572.5 |
| | 电力建设 | 907.14 | 889.1 | 71.72 | 52.80 | 59.35 | 69.00 | 60.27 | 54.30 | 521.70 | 18.0 |
| | 交通建设 | 2488.19 | 834.2 | | 23.30 | 34.05 | 58.32 | 60.60 | 125.92 | 532.00 | 1654.0 |
| | 文卫科技 | 1631.13 | 1150.0 | 44.45 | 58.70 | 62.10 | 129.98 | 55.98 | 680.92 | 118.00 | 481.0 |
| | 其他 | 1083.02 | 848.0 | 104.38 | 8.62 | 19.00 | 10.50 | 13.00 | 74.02 | 618.50 | 235.0 |

## 2002~2005年全市扶贫资金安排一览

表67-3-3　　　　单位：万元

| 名称 | | 合计 | 2002年 | 2003年 | 2004年 | 2005年 |
|---|---|---|---|---|---|---|
| 项目个数 | | 2889 | 492 | 927 | 745 | 725 |
| 资金来源 | 小计 | 13538.10 | 2811.00 | 2071.50 | 2533.80 | 6121.80 |
| | 中央、省资金 | 12387.60 | 2631.00 | 1807.00 | 2227.80 | 5721.80 |
| | 市级配套 | 1150.50 | 180.00 | 264.50 | 306.00 | 400.00 |
| 资金投向 | 小计 | 13538.10 | 2811.00 | 2071.50 | 2533.80 | 6121.80 |
| | 种植业 | 1171.33 | 332.81 | 51.94 | 125.35 | 661.23 |
| | 养殖业 | 674.87 | 418.33 | 60.88 | 64.48 | 131.18 |
| | 三清三改 | 602.87 | 52.95 | 24.80 | 220.82 | 304.30 |
| | 农田水利建设 | 1011.79 | 158.88 | 78.78 | 409.93 | 364.20 |
| | 移民扶贫 | 5134.85 | | 1250.00 | 668.85 | 3216.00 |
| | 技术培训 | 239.21 | | 13.13 | 65.77 | 160.31 |
| | 交通建设 | 3033.92 | 1053.34 | 289.88 | 674.15 | 1016.55 |
| | 文教卫 | 1197.75 | 490.10 | 199.90 | 269.79 | 237.96 |
| | 其他 | 471.51 | 304.59 | 102.19 | 34.66 | 30.07 |

**2006~2010 年全市扶贫资金安排一览**

表 67-3-4　　　　单位:万元

| 名称 | | 合计 | 2006 年 | 2007 年 | 2008 年 | 2009 年 | 2010 年 |
|---|---|---|---|---|---|---|---|
| 项目个数 | | 7993 | 1287 | 1313 | 1504 | 1807 | 2082 |
| 资金来源 | 小计 | 36255.136 | 6389.966 | 6834.90 | 6909.06 | 7808.86 | 8312.35 |
| | 中央 | 26547.116 | 4309.016 | 4980.30 | 5086.10 | 5356.75 | 6814.95 |
| | 省资金 | 6970.30 | 1680.95 | 1274.60 | 1189.80 | 1905.15 | 919.80 |
| | 市级配套 | 2737.72 | 400.00 | 580.00 | 633.16 | 546.96 | 577.60 |
| 资金投向 | 小计 | 36255.136 | 6389.966 | 6834.90 | 6909.06 | 7808.86 | 8312.35 |
| | 种植业 | 3471.85 | 501.92 | 449.07 | 321.02 | 680.39 | 1519.45 |
| | 养殖业 | 2111.41 | 225.43 | 384.59 | 162.50 | 341.09 | 997.80 |
| | 三清三改 | 1441.97 | 430.57 | 539.59 | 471.81 | | |
| | 农产品加工 | 1303.99 | | 590.45 | | 713.54 | |
| | 农田水利建设 | 1897.67 | 219.16 | 138.46 | 395.23 | 358.02 | 786.80 |
| | 移民扶贫 | 12270.46 | 3148.80 | 3435.00 | 2655.65 | 1501.96 | 1529.05 |
| | 技术培训 | 967.81 | 327.68 | 73.60 | 265.90 | 75.53 | 225.10 |
| | 交通建设 | 10563.39 | 1190.46 | 934.50 | 2109.90 | 3557.38 | 2771.15 |
| | 互助资金 | 240.00 | | | | 150.00 | 90.00 |
| | 文教卫 | 936.04 | 102.90 | 58.68 | 262.09 | 197.37 | 315.00 |
| | 其他 | 1050.546 | 243.046 | 230.96 | 264.96 | 233.58 | 78.00 |

## 二、资金监管

1992 年,省政府下发《关于印发扶贫资金物资统筹安排使用暂行规定的通知》,对进一步加强老区、贫困地区扶贫资金、物资管理,提高资金、物资使用整体效益进行规范。1996 年,根据省办统一部署,开展发展基金清理工作,对以前年度发展基金进行全面、彻底清理核查。1999 年,市下发《关于进一步做好扶贫资金自查自纠和审计准备工作的通知》,对 1997~1998 年两年财政扶贫资金进行检查,对检查中发现部分资金到位不及时、以拨代支、报账不及时以及账务处理不规范等问题进行通报,并责令整改。

2000 年,财政部、国务院扶贫开发领导小组、国家发展计划委员会三家联合下发《关于印发〈财政扶贫资金管理办法〉(试行)和〈财政扶贫项目管理费管理办法〉(试行)的通知》,对财政扶贫资金来源、使用、分配和管理、监督与检查等方面内容做出进一步规定。根据要求,市扶贫办认真完善项目管理工作,要求发展资金扶持项目必须签订“老建扶贫发展资金项目目标效益责任书”,集项目目标、责任、效益为一体,强化扶贫项目资金使用效益。2001 年,财政部下发《关于印发〈财政扶贫资金报账制管理办法〉(试行)的通知》,对财政扶贫资金专户管理、资金报账程序、资金报账凭据、资金监督与检查做出详细说明。2002 年 9 月 9 日,市扶贫办与市财政局联合召开“全市财政扶贫资金报账制管理业务”培训班,全市 10 县(市)财政局分管副局长、扶贫办分管副主任和财政局、扶贫办业务主管 60 余人参加培训。2005 年,省下发《关于对“十五”期间扶持重点村财政扶贫资金到位使用管理情况进行全面自查的通知》后,组织全市各县(市)对 2002~2005 年整村推进资金到位和使用情况进行全面自查和检查,对在检查中所发现的问题进行及时整改。

2007年,市扶贫办与市财政局两家联合下发《关于印发〈九江市财政扶贫资金管理办法补充意见〉的通知》,对财政扶贫资金使用与管理进行进一步规范。下发《关于对2007年度全市扶贫开发工作目标管理考评的通知》,对各县(市、区)2007年度扶贫开发资金管理和使用、项目实施等方面情况工作进行综合检查,彭泽县获得项目资金管理工作先进单位。同年,市扶贫办参加全省财政扶贫资金绩效考评,被省财政厅、省扶贫办评为2006年度财政扶贫资金绩效考评先进单位,奖励项目资金60万元。2008年,下发《关于加强财政扶贫资金项目监管工作的意见》,对扶贫资金运行,项目申报、监管做出要求。下发《关于对2008年度全市扶贫开发工作目标管理考评的通知》,对各县(市、区)2008年度扶贫开发资金管理和使用、项目实施等方面情况工作进行综合检查,彭泽县获得项目资金管理工作先进单位。9月,市扶贫办联合有关单位开展对扶贫资金突出问题的专项治理活动,对全市2006~2007年财政扶贫资金进行全面检查,对存在的问题进行全面整改。同年参加全省财政扶贫资金绩效考评,被省财政厅、省扶贫办评为2007年度财政扶贫资金绩效考评A级先进单位,总排名全省第二,奖励项目资金80万元;都昌获A级重点县先进单位,奖励项目资金40万元。2009年,下发《关于对2009年度扶贫开发工作全面进行绩效考评的通知》,对各县(市、区)2009年度扶贫开发资金管理和使用、项目实施等方面进行综合检查,武宁县获得项目资金管理工作先进单位。同年参加全省财政扶贫资金绩效考评,被省财政厅、省扶贫办评为2008年度财政扶贫资金绩效考评A级先进单位,奖励项目资金110万元;修水县、都昌县分别获A、B级重点县先进单位,分别获项目奖励资金50万元、40万元。

2010年,下发《关于进一步规范扶贫项目申报的若干规定》,对项目申报原则、申报范围、申报程序、申报时间、项目审批、资金下达以及项目验收进行进一步规范。下发《关于全面总结"十一五"扶贫和移民暨对2010年度工作进行绩效考评的通知》,对各县(市、区)"十一五"及2010年度扶贫和移民资金管理和使用、项目实施等方面进行综合考评,彭泽县获得项目资金管理工作先进单位。同年参加全省财政扶贫资金绩效考评,被省财政厅、省扶贫和移民办评为2009年度财政扶贫资金绩效考评A级先进单位,奖励项目资金110万元;修水县、都昌县分别获A、B级重点县先进单位,分别获项目奖励资金85万元、50万元。

## 第二节 移民资金

### 一、资金安排

1991~2001年,对柘林库区回水线以下移民搬迁总投资14461.25万元。其中,农田水利共投资1325.93万元;地方交通共投资9657.81万元;生产生活用电总投资164.67万元;人畜饮水共投资150.95万元;危房处理共投资109.5万元;种植业共投资2109.06万元;养殖业共投资499.25万元;二、三产业共投资444.08万元。

2002~2007年,对市中央直属水库移民实施安置扶持项目,总投资23374.05万元。其中,基础设施项目,共投资19954.58万元;生产开发项目,共投资2673.36万元;其他专项经费项目,共投资746.11万元。

2006~2010年,各县(市、区)已实施大中型水库移民安置扶持项目8547个,下拨项目扶持资金35516.27万元,其中:基本口粮及农田水利项目资金4995.9万元;基础设施建设项目资金28598.87万元;社会事业建设项目资金420.33万元;生态环境建设项目资金257.39万元;生产开发建设项目资金1243.78万元。省财政厅和省移民办批复下达市内各县(市、区)实施监测评估项目13个,拨入各县(市、区)监测评估费178万元,全部实施完毕。

## 二、资金监管

1999年,市移民办抽调和聘请专业技术人员,对《柘林库区移民生产建设规划》的实施情况进行初步验收。分两个阶段进行:第一阶段,对单项工程项目的验收,按照省移民办确定的管理权限(即:5万元以下项目由库区县办组织验收,5万元至20万元的项目由市办组织验收,20万元以上的项目由省办委托市办组织力量验收),完工一批,验收一批;第二阶段,对整体工程项目的验收,由市办牵头,抽调和聘请专业技术人员分成四个验收小组,即:大农业、工业、能源交通、社会福利事业分别进行验收。采取一听、二清、三看、四评的方法:一听是听汇报,二清是清理项目和资金,三看是看资料和项目建设现场,四评是评估整体效益和项目效益。对规划投入项目建设资金7850.25万元的实施情况进行全面评估。

2006年7月,财政部《关于加强大中型水库移民后期扶持资金管理的通知》,加强后期扶持资金使用情况,建立定期通报制度,切实加大监督管理力度,确保后期扶持资金规范有效使用。11月,省财政厅关于下发《江西省大中型水库移民后期扶持资金使用管理暂行办法》。2007年7月,审计署下发《关于做好大中型水库移民后期扶持资金审计工作的意见》,明确要求各级审计机关要提前介入,加强监督检查,每年列入工作审计日程。12月,监察部、人事部、财政部为规范大中型水库移民后期扶持基金征收使用管理工作,严肃财经纪律,根据《行政机关公务员处分条例》《财政违法行为处分条例》《大中型水利水电工程建设征地补偿和移民安置条例》及其他有关法律、行政法规,制定《违反大中型水库移民后期扶持基金征收使用管理规定责任追究办法》。2008年1月,省财政厅、省移民办公室关于下发《江西省大中型水库移民后期扶持资金项目管理实施细则》的通知。对大中型水库移民后期扶持资金的规范管理和合理使用发挥积极作用。7月,为做好大中型水库后期扶持基金征收使用管理工作,加大对大中型水库移民后期扶持力度,根据《国务院关于完善大中型水库移民扶持政策的意见》的相关规定,财政部会同有关部门制定《大中型水库移民后期扶持基金征收使用管理暂行办法》。根据省移民办通知,全市于2008年4月,对中央直属水库移民遗留问题处理《六年规划》预算项目执行情况进行初步验收。方法上采取“看、对、查、听、评”。看:看会计凭证和财务报表,看项目档案和项目管理资料。对:核对会计账据是否相符,手续是否健全,项目资金拨付是否及时和足额,核对项目计划和项目实施情况有无随意变更项目计划。查:抽查项目,实地查看项目建设质量,与计划是否相符,与设计方案是否相符。听:听移民群众和基层组织对项目建设及资金到位方面的反映。评:评估《六年规划》预算项目实施效益。对投资的24753.11万元进行全面评估,其中包括库区建设基金投资13518.59万元,地方配套和群众自筹11234.52万元。

# 第六十八篇
# 民族宗教

# 第六十八篇 民族宗教

1991年以来，市、县民族工作部门创新民族工作机制，以各民族“共同团结奋斗，共同繁荣发展”为主题开展宣传教育活动，发展少数民族地区经济，促进民族关系和谐。1999年起，开展第一轮市直有关部门、民营企业对口支援民族村、少数民族企业活动。加强民族项目资金监管力度，维护少数民族的合法权益，保障各项少数民族优惠政策落实到基层。2006~2010年间，市、县两级民宗局认真指导全市各民族村、组申请专项资金的调研与认证；扶持争取资金700万元，促进“一村一品”特色产业发展和少数民族群众增收。至2010年，全市有43个少数民族近1.2万人，其中少数民族行政村6个。市政府从2010年起每年下拨少数民族发展专项资金10万元，引导少数民族村级农业产业结构调整，实现各民族共同富裕和谐稳定。20年来，各级党委、政府注重城市民族工作，关注民族文体活动；联系少数民族代表人物，做好少数民族干部的培养和举荐；协调和配合有关部门处理涉及民族方面的重大问题，全市少数民族地区各项事业步入健康发展轨道。

市境内道教、佛教、基督教、天主教、伊斯兰教，1000多年来，在传播与发展过程中，总体上能求同存异，会通融合，和谐共存，各得其所，也因时局动荡及乱战，时有兴衰，但传承不约。改革开放经过落实中央宗教政策给宗教带来勃勃生机。至2010年，宗教事务管理进一步加强，宗教活动场所进一步规范。全市有经政府批准登记的寺观教堂357座、活动点551处，宗教教职人员2342人，信教群众约22万人(其中外籍10人)。有省市县人大代表4人，省市县政协委员59人。市级宗教团体6个，县(市、区、山)宗教团体50个，80%以上的市县宗教团体自养有余。在党的宗教工作基本方针指引下，宗教界人士贯彻《宗教事务条件》，坚持爱国爱教，独立自主自办教会的原则，团结广大信教群众，发挥宗教积极作用。引导宗教与社会主义社会相适应，为建设中国特色社会主义事业做出新贡献，呈现五大宗教复兴之盛况。

# 第一章 民族

## 第一节 少数民族迁入与分布

### 一、迁 入

自汉朝以来,九江向为汉民族聚居区,汉族人口占绝大多数,在散居的少数民族中,以回族人口居多。明洪武年间,由四川巴县马姓回民迁居都昌后繁衍而成多宝马家堰、马家、上舍马家、沙港马家及左里桥头马家等村;景泰九年(1450),陕西回族将领马哈直调任九江总兵,其随带部属均为回民子弟。清道光元年(1821),陶奎臣、赵振卿分别调任九江守备、城防营管,其随从也均是回族,由此渐有回民就地落籍;咸丰年间,河南回民马春生、安庆回民马万和又先后来九江定居,至光绪二十四年(1898),各地迁入九江的回民约80户,200余人。民国初年,回民增加到100余户,400余人,多分布在九江城区及都昌县境内。1949年初,约有回民200户,900余人。1969年冬,浙江省修建富春江、新安江(简称"两江")大型水电站工程,从建德迁入九江的移民中,有畲族800余人,分别安置在武宁、德安、修水、永修4县。自此以后,因为工作调动、部队转业、照顾夫妻分居、引进各类人才、移民及经济的发展和城市的繁荣,吸引着少数民族人口,使得少数民族数目增多,发展加快。

### 二、分 布

至2010年,全市有44个少数民族,10606人。其中市区4507人,以回族占大多数,并有生产少数民族特需商品生产企业3家;各县(市、区、山)6099人,回族、畲族人口占大多数,主要分布在武宁、德安、都昌、永修4县10个乡(镇)的11个少数民族村27个村组。此外,市区有大中专院校及到九江经商少数民族流动人口约2000人。

**回族** 1953年第一次人口普查为398人,占地区总人口0.022%;1964年第二次人口普查为1599人,占地区总人口0.07%;1982年第三次人口普查为2851人,占全市总人口0.08%;1990年第四次人口普查为3871人,占全市总人口0.095%,其中浔阳区2275人,庐山区549人,九江县101人,武宁县34人,修水县49人,永修县60人,德安县114人,星子县28人,都昌县479人,湖口县51人,彭泽县47人,瑞昌市84人。2000年第五次人口普查为3633人;2010年第六次人口普查为3082人,主要分布在浔阳区、庐山区及都昌县多宝乡、左里镇等地。其中浔阳区1608人,庐山区581人,都昌县607人,九江县40人,德安县103人,永修县16人,星子县8人,修水县18人,武宁县33人,湖口县22人,彭泽县28人,瑞昌市18人。

**畲族** 第一、第二次人口普查记载不详。1969年从浙江建德迁入的移民中,有畲族人口800余人,分别安置在修水县黄港、黄沙、黄坳等7个公社(场)、武宁县箬溪、巾口、罗坪等10个公社,永修县白槎、梅棠、燕坊、云山等9个公社(场),德安县磨溪、米粮铺、金湖、车桥、爱民、山湾、聂桥等7个公社。1982年第三次人口普查为830人,占全市总人口0.023%;1990年第四次人口普查为1127人,占全市总人口0.027%,其中浔阳区12人,庐山区18人,武宁县888人,修水县33人,永修县32人,德安县125人,湖口县5人,瑞昌市14人。2000年第五次人口普查为2288人;2010年第六次人口普查为2366人,主要分布在武宁县罗坪镇、新宁镇、船滩镇、甫田乡、东林乡;永修县梅棠镇;德安县车桥镇、邹桥乡等地。其中浔阳区63人,庐山区104人,武宁县1939人,德安县121人,永修县84人,九江县2人,修水县25人,都昌县14人,彭泽县1人,瑞昌市13人。

## 第二节　少数民族地区经济

1991年前，少数民族地区经济相对薄弱。1998年，市安排20万元作为少数民族地区经济发展滚动使用资金，促进民族地区经济发展。1999年，开始实行第一轮民族对口支援工作，市直11个单位帮助对口支援的民族村组制订经济发展计划。2000年，武宁、德安、永修、都昌4县少数民族村年人均收入1500元，至2002年增加到1900元。2003年，武宁县南市乡武安民族村利用省民族扶助专项资金4万元开发毛竹林生产基地，走可持续发展经济路子。德安县邹桥乡石门村利用省民族扶助专项资金5万元兴修水利，确保18.7公顷水田受益。2004年，武宁、德安、永修、都昌4县利用省、市84万元民族经济发展资金，完成6个民族经济项目及公路建设项目，为发展民族经济注入活力。

2005年8月，成立市民族地区建设工作领导小组，以各民族"共同团结奋斗，共同繁荣发展"为主题开展宣传教育活动，以发展少数民族经济，促进民族关系和谐为重点，开展市直有关部门、民营企业对口支援民族村、少数民族企业活动。加强民族项目资金的监管力度。维护少数民族的合法权益，保障各项少数民族优惠政策落实到基层，实现各民族的共同富裕与和谐稳定。2006年，武宁县罗坪镇漾都畲族村联户种植大棚草莓2公顷；都昌县多宝乡多宝回族村上舍马组修复水渠1.2千米，改善农田灌溉条件。2007年，各地少数民族村组，利用发展资金96.6万元，完善新建项目，增加经济收入。德安县邹桥乡石门磨盘洲畲族组修建水库1座；武宁县东林乡山头畲族村进行小型水利维修，船滩镇河潭畲族村维修提灌站，罗坪镇漾都村开发果园6.67公顷；都昌县多宝乡沙港马回民组发展畜禽养殖业。当年，全市少数民族村组年人均收入达3200元。2007年，开展第三轮对口支援民族地区经济发展工作和少数民族地区农村建设，全市13个少数民族村组（企业）得到支援，11个少数民族村组被列为省、市、县新农村建设示范点。上报少数民族项目12个，争取发展专项资金53万元，各地少数民族村组农业产业结构得到调整，优势产业扩大，经济收入增加。当年，德安县车桥镇义门村畲族组新建坝长60米的棉花洼水库；武宁县东林乡山头畲族村种植黄花梨40公顷，船滩镇河潭畲族村发展油茶种植13.33公顷，罗坪镇漾都村修复罗坪大圳3千米并进行油茶基地建设；永修县梅棠镇新庄村畲族组维修张家山水库，都昌县左里镇马家坂自然村修复引水渠道，多宝乡马家堰自然村特种水产养殖10公顷，多宝乡上舍马自然村建蔬菜大棚3.33公顷。

2009年，德安县畲香园食品有限公司实行"公司+农户"经营模式，既解决当地少数民族群众的就业，又增加农户经济收入，公司投资800万元的项目一期工程正式投产，蔬菜生产基地扩大到166.67公顷，惠及500多农户，户均年增收1万元以上；招收农民工80多人，月人均收入1000元以上。德安县邹桥乡石门村修建1条长1.1千米的水渠和1座提灌站。武宁县东林乡山头畲族村维修改造山塘2座，整治及衬砌灌溉渠道3千米，新宁镇团结畲村修建水渠1千米。永修县梅棠新庄村栽种毛竹6.67公顷、杨梅树3.33公顷。都昌县多宝乡上舍马自然村进行水库扩容，多宝马家少数民族种植果树20公顷，左里镇马家坂自然村发展特色水产养殖。

2010年，少数民族地区初步形成以果业、油茶林、毛竹、苗木、中药材等经济作物种植和特种养殖为主的适合本地特色的"一品一村"产业结构，全市有10个民族村、组建起一定规模的特色基地。果园面积达110公顷，完成105.33公顷毛竹种植和低产改造，扩建油茶林20公顷，新建精养鱼池20公顷，特色苗木种植40.67公顷，改造中低产农田140公顷。同年，武宁县船滩河潭畲族村重建蔬菜大棚100个，种植吊瓜13.33公顷；都昌县多宝乡多宝回族村进行特种水产黄鳝养殖；德安县邹桥乡石门磨盘洲少数民族自然村重建百亩蔬菜示范基地等。

## 第三节　少数民族地区社会事业

20世纪七八十年代，少数民族村组致富门路不广，主导产业效果不佳，社会事业发展相对滞后。1991年后,通过对口支援,逐步实现民族村组生产、生活条件改善,社会事业协调推进。1996年,德安县邹桥乡石门磨盘洲少数民族自然村在上级部门支持下新建民族小学1所,占地面积5000平方米,教学楼面积800平方米,解决当地学生上学难。1999年,第一轮民族对口支援工作启动后,市直11个单位对口支援的民族村组进行帮扶,农业产业结构有所调整,促进民族村、组社会事业发展。

2002年7月,组团参加全省民族知识电视大赛,分别获得团体和个人总分第一名。2003年6月,在全省少数民族体育运动会项目选拔赛上,市少数民族运动员在毽球、蹴球、射弩3个参赛项目中取得较好成绩,获女子毽球第一名,男子毽球第三名;男子蹴球第一名,女子蹴球第二名;男子射弩全能第三名。暴勇、桂飞代表省参加全国第六届少数民族传统体育运动会射弩、高脚竞速比赛,暴勇获射弩第八名,同时获体育道德风尚奖。同年,都昌县多宝乡马家堰上舍马村利用省民族扶助专项资金3万元建自来水工程,回族村民吃上卫生干净饮水,成为全市第一个用上自来水的民族村。永修县梅棠镇新庄村利用省交通厅扶助资金5万元,建成5千米砂石公路,解决村民行路难问题。2004年,武宁、永修、德安、都昌4县少数民族村、组,利用省、市下拨发展少数民族社会事业资金84万元,进行公路及改造饮水工程等项目,改善村民生产条件,提高村民生活质量。2006年,德安县邹桥乡石门村民族小学利用上争资金配套教学设备,德安县少数民族村民参加新型农村合作医疗人数274人,建家庭无害化厕所36个。武宁、永修、都昌、德安4县利用上争资金8.6万元发展社会事业。2007年6月,组团参加省少数民族传统体育项目选拔赛,31名少数民族运动员参加蹴球、高脚竞速、板鞋竞速、射弩4个项目比赛。蹴球男子、女子单蹴分别获第五名;男子、女子双蹴分别获第四名,男女混合双蹴获第五名;高脚竞速获男子100米第六名,男子2×200米第二名;板鞋竞速获男子100米第五名,男女2×200米混合接力第六名;射弩获男子立姿第二、三名;男子跪姿第三名,女子立姿第五名,男女团体第三名。市代表团获体育道德风尚奖。同年,都昌县多宝乡多宝回族村民族小学利用扶助资金进行教学配套建设。武宁县新宁镇团结村畲族11组、都昌县多宝村金沙村松口马回民组、左里镇城山村,瑞昌市洪一乡麦良村分别利用扶助资金,共修建砂石公路13千米,改善村民出行条件。2008年,德安县邹桥乡石门村畲族1组建成自来水项目,全组200多人用上自来水。2009年,永修县梅棠新庄村开始畲族古籍整理及保护工作。武宁县团结畲族村部分家庭开通有线电视,收视效果良好,甫田乡外湖村畲族组改建饮水工程,罗坪镇漾都畲族村建洋田公路7千米。都昌县多宝乡松口马村建自来水工程。

2010年,全市90%少数民族村组纳入新农村建设范围,享受新农村建设政策支持。13个市直对口支援部门扶助少数民族地区公路建设、农村饮水及文化教育等。各地对民族村组所在地的学校进行维修、改造,添置教学设备,改善办学条件;全面普及九年制义务教育,少数民族学生入学率、升学率达100%。农村新型合作医疗实现全覆盖。少数民族特殊困难家庭全部纳入农村最低生活保障,做到应保尽保。对少数民族困难群众实行“就业培训,医疗救助,免费助学”优惠扶助政策。同年,都昌县民族团结发展促进会开办培训班,培训农民工科学技术;多宝中心小学添置体育设备。武宁县船滩镇河潭畲族村新建村小学教学楼310平方米。德安县邹桥乡石门磨盘洲少数民族自然村对民族小学教学楼进行维修,改善学校环境。

# 第二章 宗 教

## 第一节 道 教

### 一、宗教团体

**市道教协会** 1999年年初，庐山仙人洞道院监院叶至明道长、武宁回头山佑圣宫张春仁、瑞昌龙山宫陈宗缘、九江县万福宫李宗政联合发起成立市道教协会筹备小组，叶至明任组长。同年10月17日（重阳节），市道教第一次代表大会在八一宾馆召开，出席会议代表40人，大会决定成立九江市道教协会（简称市道协），通过协会章程，选举市道协第一届理事会，理事9人，叶至明任会长，陈宗缘、李宗政、张春仁为副会长，金理清为秘书长。市道协会址设于庐山仙人洞道院。至2006年，全市经省正式批准的道教活动场所42个，冠巾、授箓道长15人。2007年11月7日，市道教第二次代表大会在市中景宾馆召开，出席会议代表102人。大会选举市道协第二届理事会理事16人，叶至明任会长，金理清、何罗英、潘理峰、王理天、李崇仙为副会长，罗和忠为秘书长。至2010年，经政府宗教部门批准开放活动场所（点）118个。

**县（市、区）道教协会** 1999~2010年，浔阳区、庐山、九江县、瑞昌市、湖口县、都昌县、星子县、武宁县、修水县、永修县相继成立道教协会。其中九江县、浔阳区召开2次道协代表大会，武宁县、瑞昌市召开3次道协代表大会。

**规章制度** 2007年12月，制定《九江市道协会长办公会议及规划》《九江市道教协会财务管理制度》《公务接待工作规定》《九江市道协慰问和探视实施活动》《关于筹措办公经费的办法》《预算开支项目》等工作制度，使协会的管理逐渐规范化。

**教职人员及信教群众** 1991年，教职人员道士151人，散居道士数不详；信教群众约1万人。1999年，教职人员道士196人，散居道士300人；信教群众约2万人。2001年，教职人员道士208人，散居道士430；信教群众2.1万人。2006年，教职人员道士217人，散居道士495人；信教群众约2.5万人。2010年，教职人员道士316人；散居道士647人；信教群众约3.89万人。

### 二、宫 观

**庐山仙人洞道院** 系全真派道院，位于庐山锦绣谷西侧佛手岩下。相传吕洞宾在此修炼成仙，故名"仙人洞"。"文化大革命"期间改作他用。1986年，列为市级重点道观，对香客和游人开放。1989年，老君殿移交道人管理。1990年11月，省民宗局拨款5万元对老君殿进行修葺，殿内增设"太上君八十一代壁画"。2007年5月，省民族宗教事务局批准为道教重点宫观。

**太平山佑圣宫** 道教广慧派，位于武宁县太平山。20世纪80年代中期，相继修复主殿、万福宫、万禄宫、万寿宫、纯阳殿、巡山殿等，建筑面积1600平方米。1988年，武宁县人民政府批准佑圣宫为首批开放的道教活动场所和县级文物保护单位。2004年，实现通路、通水、通电，成立管理小组。2007年5月，省民族宗教事务局批准其为道教重点宫观。

**都昌老爷庙** 道教全真派，位于都昌县多宝乡（旧左蠡乡一部分）龙头山麓，俯临鄱阳湖。原为船员祭祀龙王，祈保平安的"龙王庙"。肇建于明初，历代屡修屡圮。1983年，都昌县人民政府拨款修缮，列为县级文物保护单位。1996年，经省、市宗教管理部门批准为道教活动场所。并列入全市重点宫观和环鄱阳湖宗教文化旅游景点。

**浔阳三圣宫** 道教全真派，又名骆天花三宫，位于浔阳区金鸡坡村。始建于明永乐元年(1403)。2009年，因原址被征用迁建，占地面积7000平方米，殿宇1000平方米。5月，省民族宗教事务局批准其为道教重点宫观。

**瑞昌城隍庙** 道教全真派，位于瑞昌市赤乌西路。始建于明洪武八年(1376)，后屡建屡毁。1991年，恢复宗教活动。1995年，经省民族宗教事务局依法登记，并列入城市建设开发项目，在原址扩建，规划设计面积6600平方米。2006年4月，第一期主体工程城隍殿动工，占地面积2168平方米，建筑面积606平方米。2007年9月竣工开光。后斗姆殿、娘娘殿、三清殿、三官殿、讲经堂等配套宫殿相继竣工。2009年5月，省民族宗教事务局批准其为道教重点宫观。

**浔阳万寿宫** 道教正一派，位于浔阳区金鸡坡街道游岭村。2005年扩建，占地约为10533平方米，建筑面积3300平方米。殿内供奉许真君等神像20余尊；另建有龙王殿、三清殿、三圣殿、水母亭、莲花池、土地庙及万寿长廊。2009年5月，省民族宗教事务局批准其为道教重点宫观。

**庐山区开天古观** 道教正一派，位于庐山区虞家河乡开天村。建于南宋，名西凤寺。相传朱元璋称帝后，不忘当年西凤寺脱险一事，拨银扩建，并敕赐名“开天寺”。历史上屡修屡圮。20世纪90年代，当地村民、信士募资重修。1998年8月，首建主殿，更名“开天古观”。2000年11月18日开光。至2010年，相继建讲经堂、寮房、茶房、养生院等，占地面积3600平方米，建筑面积600平方米。2009年5月，省民族宗教事务局批准其为道教重点宫观。

## 三、主要活动

1992年7月4日，台北指南宫大陆朝圣团到庐山仙人洞道院朝拜吕祖殿，举行集体叩拜活动。1993年6月，香港道教朝圣团访问庐山仙人洞道院，赠送道教经典6本。香港道教信善宫、台湾中华教会总会秘书长、香港礼昌发展有限公司董事长等先后到仙人洞道院切磋道教文化、交流道教信息。中国道教协会秘书长向仙人洞道院赠送道教经典和经韵(道教音乐)录音带。1994年2月14日，香港飞雁洞佛道社一行6人，到仙人洞朝圣，捐款2.8万元。6月6日，香港圣道坛一行33人，到仙人洞朝圣，交流道教文化，捐款3万元。7月7日，新加坡道教金煅殿朝圣团一行35人，到仙人洞朝圣，并举行赠款仪式。8月9日，日本“白光会”宗教访问团一行11人到仙人洞朝圣，向道院赠送“碑文”，交流宗教文化；在老君殿左侧立“我们祝愿世界人类的和平”纪念柱1座。同年，香港大埔万德至善社分社朝圣团一行21人，到仙人洞朝圣并捐款。1996年，台湾文化三清宫朝圣团一行8人，到仙人洞朝拜吕祖。1998年8月18~22日，由中国道教协会教文化研究所、庐山仙人洞道院和台北文化三清宫联合举办的“1998年庐山中国道教文化研讨会”在庐山召开。来自四川大学、北京大学、中国社会科学院的专家学者和全国著名宫观的道长以及港、澳、台地区的道教界人士150人参加会议。研讨会主题是“道教与现代文明”，收到论文43篇。与会者就道教与社会主义相适应、道教文化与精神文明建设的联系等诸多方面展开讨论。1999年5月28日(农历四月十四日)，庐山仙人洞道院举行“太上老君、吕祖神像开光”法会。道众高奏“仙家乐”，经师齐诵“金光经”。中国道教协会、台湾道教组织发来贺电。来自澳大利亚、马来西亚、香港、上海、重庆、沈阳、山东、辽宁、泰山、青城山等地道教代表及游客1000余人参加。2000年，第二届道教国际学术研讨会暨文化笔会在庐山仙人洞举行，与会者200人，中国道协副会长张继禹发表主题演讲。2004年5月26日，由中国道协主办，九江市道协承办的纪念吕祖诞辰1206年纪念法会在庐山举行。来自马来西亚和中国内地及香港、澳门、台湾等道教组织负责人、著名学者、各方道众600人参加，研习吕祖典籍，弘道扬道。时任全国人大常委会副委员长李铁映讲话、中国道协副会长张继禹致贺词。2005年5月26日，中国道协在马来西亚美里三清殿举行全真教传戒法会。叶至明升该殿方丈。2008年6月，在庐山仙人洞道院举办汶川大地震受灾群众祈福大法会。

### 四、公益慈善

1991年起,全市道教宫观围绕扶贫、救灾、助学,开展“慈善周”“双和谐创建”(和谐宗教团体、和谐寺观教堂)、“三助”(助农、助学、助残)、“四心”(同心向党、忠心爱国、诚心信教、善心为民)等系列活动,引导信众服务社会,奉献爱心。为抗洪抢险、抗震救灾、扶贫济困、捐示助学、公益慈善等事业捐款,捐赠对象是四川汶川大地震灾区、瑞昌地震灾区、市慈善基金会等,累计款150万元。2004年起,庐山仙人洞道院为回报社会,捐款6.66万元。2005年捐款18.32万元。2006年捐款18.96万元。2007年捐款12.71万元;海外捐赠《中化道藏》合计款12.54万元。2008年捐款9.36万元。2009年捐款3.30万元。2010年捐款5.20万元。

## 第二节 佛教

### 一、宗教团体

**市佛教协会** 1991年成立,市佛教协会会长释果一,副会长释定彻、释郎耀、释印慈,理事释一诚、释达定、释常智、释性平、释果悟、副秘书长李续钧。1994年3月6日,释果一圆寂,先后有释一诚、释传印主持市佛协工作。2001年12月28~29日,市佛教第二次代表会议召开,释辉悟当选会长,释传开、释纯闻、释妙乐为副会长,朱洪元为秘书长。2008年6月30日,市佛教第三次代表会议召开,释辉悟当选会长,释纯闻、释妙乐、释普禅为副会长,释普禅兼秘书长。

**县(市、区、山)佛教协会** 20世纪80年代以来,庐山、庐山区、开发区、浔阳区、共青城市、瑞昌市、永修、德安、九江、星子、都昌、彭泽、湖口、武宁、修水相继成立佛教协会,选举会长、副会长及秘书长,开展辖区内的佛教活动。

**教职人员及信教群众** 1991年,教职人员580人,其中比丘398人,比丘尼182人;信教群众3.8万人。1995年,教职人员692人,其中比丘410人,比丘尼282人;信教群众5.2万人;2001年,教职人员880人,其中,比丘498人,比丘尼382人;信教群众5.5万人。2006年,教职人员1008人,其中比丘596人,比丘尼412人;信教群众9.6万人。2010年,教职人员1139人,其中方丈、住持、监院269人,比丘511人,比丘尼359人;信教群众9.983万人。

### 二、寺院

**庐山东林寺** 全国重点寺院。位于庐山西北麓,肇建于晋太元十一年(386)。因处于西林寺之东,故名。东林寺历受战乱、自然灾害等影响,几度兴衰,但高僧名儒,往来不绝。新中国成立后,寺宇得到全面修复重建。1957年7月,列为首批省级文物保护单位。至1980年,完成三笑堂、念佛堂、文殊阁修复,新建神运宝殿、护法殿。1982年列为全国重点开放寺院,并始修大雄宝殿、五百罗汉堂、山门、天王殿、慧远法师塔、莲池。1993年创办江西佛学院。1999年,东林大佛筹建委员会成立。2003年,经国家宗教局批准,48米阿弥陀佛大铜像工程11月正式启动。2007年5月24日,东林大佛工作开工洒净法会在星子举行。2009年,建成4000平方米居士楼,完善闭关中心内部装修。至2010年建筑面积2万平方米,寺中住僧100余人。全寺建筑以大雄宝殿为重心,中轴线上前有山门、莲池、天王殿,后有藏经楼(玉佛殿)、祖师殿(三笑堂)、十八高贤殿(影堂),大雄宝殿东西两侧为五百罗汉堂。藏经楼两侧为念佛堂、莲社、方丈寮,配殿有功德堂、江西佛学院、净土宗研究会。寺外有慧远法师塔、佛陀跋陀罗塔院、谢灵运译经台等建筑。

**云居山真如禅寺** 全国重点寺院。位于永修县云居山巅之中央,肇建于唐元和年间(806~810),初名“云居禅院”。宋大中祥符元年(1008),真宗书“真如禅院”额赐寺。真如禅寺自建迄今1000余年,期间迭经毁兴。20世纪50年代始修复重建。1982年列为全国重点对外开放寺庙。1984年,天王殿、大雄宝殿、虚怀楼、云海楼、钟鼓楼全面维修,建筑面积7000平方米。1991年后,续修庆云禅寺、明月湖、虚云纪念堂、东西禅堂、正觉苑、哼哈殿、菩提苑、斋堂、班首寮、寺前广场、真如湖等。2008年,云居山国际禅修院开工建设。至2010年,赵州关内寺院建筑面积3万平方米。常住僧众"农禅并重",成果甚丰,有山林面积240公顷、稻田8公顷、茶林菜地10公顷。

**九江能仁禅寺** 全国重点寺院。位于浔阳区庾亮南路。寺院开山祖师名号及肇建详确时间、最早寺名均持多说。宋政和七年(1117)获赐"能仁禅寺"额,寺名遂改。另一说为明弘治二年(1489),待考。能禅寺自创建至20世纪40年代,屡遭大风雷雨之灾和兵燹所毁损又修复。1957年,能仁禅寺大胜宝塔列为省级文物保护单位,且将全寺进行修葺。1983年,列为汉族地区佛教全国重点寺院。1986年1月,省佛教协会第一届代表大会在能仁禅寺举行成立大会。会址设寺内。1994年,对大胜宝塔再行大修。1995年重建钟鼓楼、斋堂、僧寮。2007年重建天王殿。现寺院占地3.33公顷,建筑面积1.8万平方米。院内建筑分前、中、后3个院落,以中轴线为对称安排。山门后是佛经流通处,中间为大雄宝殿。

**庐山黄龙禅寺** 省级重点寺院。位于庐山玉屏峰麓,肇建于明万历年间(1573~1620)历史上有废有兴。20世纪50年代初期仅存一偏殿,为庐山山上唯一佛教活动场所。1957年,列为省文物保护单位。1986年10月再次修复。1987年列为省级重点寺庙。1992年修复观音堂、法堂、大寮、大雄宝殿。1997年大殿佛像装金,修建厢房等。现寺占地5000平方米,建筑面积1500平方米。

**庐山铁佛寺** 省级重点寺院。位于庐山西北麓莲花峰北坳中央。唐贞观年间(627~649)始建。"文化大革命"后,仅存旧殿两间。1988年8月,释妙乐率弟子开山重建。1992年,念佛堂落成开光。1994年11月,全国政协副主席、中佛协会会长赵朴初题写"庐山铁佛寺"寺名。2002年10月,中佛协会会长一诚考察铁佛寺,题:"铁佛飞来光明世界,钟声传去普利人天"。2005年大雄宝殿、天王殿落成开光。2007年千佛殿落成开光。现铁佛寺占地面积14公顷,殿堂19座,佛像1400尊,为江南最大尼众丛林。2010年中央统战部、国家宗教事务局授予其"首届全国创建和谐寺观教堂先进集体"称号。

**庐山诺那塔院** 省级重点寺院。位于庐山小天池峰巅,为藏传佛教领袖之一诺那活佛墓塔。1938年建,有诺那塔、莲师殿和诺那精舍等建筑。1945年遭侵华日军破坏,后修复。"文化大革命"期间又遭破坏,塔顶、塔身被毁。1992年3月再次修复诺那塔、莲师殿诺那精舍,中国佛教协会会长赵朴初题写"诺那塔院"4字。6月2日举行开光法会和庆典活动。诺那塔院为迄今内地惟一藏传佛教道场,亦为藏、汉族佛教文化交流纽带。

**九江县无量寿寺** 省级重点寺院。位于九江县沙河镇东北隅陶渊明纪念馆旁,原名定明寺,亦称定名寺,是莲宗始祖慧远开创的道场。因年代久远,殿有毁圮。1998年8月开始复建,以宣扬《无量寿经》《观无量寿经》《阿弥陀经》和《往生论》,弘扬净土宗思想,更名无量寿寺,占地面积0.73公顷,现有大雄宝殿、念佛堂、南寮房、钟楼、鼓楼等建筑、常住僧人20人。

**星子万杉禅寺** 省级重点寺院。位于庐山南麓庆云峰下,肇建于南朝梁代(502~557)。因年代久远,古寺颓废不堪。1995年4月重建万杉寺。至2010年,已建山门、天王殿、大雄宝殿、法堂、藏经楼、伽蓝殿、玉佛殿、尊客堂、祖师殿、钟楼、鼓楼、庆云院、文殊堂、念佛堂、般若堂、集贤堂、西归堂、塔林等,建筑面积2万平方米,现有僧人60人。寺院支持农禅并重,禅净双修。

**彭泽佛应禅寺** 省级重点寺院。位于彭泽县神虎山间, 原名姚王庙、姚王寺, 始建于明永乐年间(1404)。600多年间,历遭火灾、兵燹,后毁仅剩废墟。1991年将复建,迄今已建山门、放生池、观音亭、天王殿、大雄宝殿、钟鼓楼、祖师殿、功德堂、寮房、法堂等。禅寺占地面积7.73公顷,建筑面积1公顷,山林面积5公顷,菜地广场、放生池计1.33公顷。

**武宁弥陀禅寺** 省级重点寺院。位于武宁县杨洲乡森峰村凤凰山,旧名毗卢岗、凤鸣禅林、西瓜寺,始建于明万历九年(1581)。1986年更名弥陀寺。1988年,列为武宁县首批开放佛教活动场所和重点文物保护单位。1991年起,相继建成大雄宝殿、天王殿、钟鼓楼、西归堂、报恩堂、大悲殿、地藏殿、韦驮殿、伽蓝殿、祖师殿和惟因和尚纪念堂等。1997年2月,中国佛教协会会长赵朴初为寺题写"大雄宝殿"匾额。2000年后,续建念佛堂、斋堂、藏经楼、法堂、韦驮殿、禅堂、方丈楼。现全寺有大小殿堂、寮房16幢、168间,总建筑面积8600平方米,常住僧人20余人。2007年9月,被省民族宗教事务局评为"全省和谐寺观教堂”。11 月，举行建寺 430 周年大法会。

**修水兜率禅寺** 省级重点寺院。位于修水县渣津镇龙安山东麓，始建于隋开皇末年，旧名龙峰山兜率禅院，简称龙峰院、龙山院、兜率寺。因朝代变迁，战争、自然灾害等影响，20 世纪 70 年代时仅剩土木结构大殿、观音堂等，面积不足 150 平方米。2002 年始重建，至 2010 年，有斋堂、大寮、禅堂、大雄宝殿、天王殿、钟鼓楼、往生堂、延生堂、祖师殿、伽蓝殿、藏经楼、文殊殿、圆通殿、念佛堂、居士楼等，纯钢大小佛像 300 尊，建筑面积 8 万平方米。

**瑞昌龙泉寺** 省级重点寺院。位于瑞昌市区白龙山东麓，原名显济庙、白龙庙、龙泉庙，始建于南宋建炎年间。因年代久远，长期无人居住管理，庙宇倾圮，不复如昔。1986 年，当地信众捐资简单修复。1992 年，经瑞昌市政府批准登记为佛教活动场所，定名龙泉寺。1993 年后，相继建大雄宝殿、地藏殿、三圣殿、显圣殿、斋堂、法物流通处、祖师殿、山门、僧寮、客堂等，建筑面积 3700 平方米。1999 年，中国佛教协会会长赵朴初为寺题“龙泉宝藏”。2001 年，中国佛教协会会长、省政协副主席一诚为寺题“大雄宝殿”匾额。

**永修瑶田寺** 省级重点寺院。曾名保定寺，唐宪宗元和元年，道容禅师在此结茅修行。后屡衰废、兴盛。1991 年重修圆通庵、山门。1997~2002 年，相继修建天王殿、大雄宝殿、法堂、斋主东西寮。添置缅甸玉佛 19 尊，迎请龙藏 5 部。2005 年，修建虚云舍利塔及海会塔。2006 年，修建大雄宝殿及法堂两边走廊，至罗燕公路的水泥路，改善交通状况。现寺院占地面积 1.8 万平方米，建筑面积 4780 平方米。住寺僧尼 30 余人。

**永修同安禅寺** 省级重点寺院。位于永修县艾城镇凤栖山麓，由同安和尚创建于唐中和年间(881~884)，故名，历经宋、元、明、清、民国等历史朝代，寺院屡遭焚毁。1980 年修复建。至 2000 年，已建山门、天王殿、西归堂、大雄宝殿、法堂、观音阁、藏经楼、大悲殿、延寿堂、护法殿、伽蓝殿、海会塔、静修堂、斋堂、僧寮、宝塔等，建筑面积 1 万平方米，常住僧人 10 余人。2003 年，修建慧参法师舍利塔、纪念堂等。现寺院为永修县“文物保护单位”。

## 三、主要活动

1991 年 7 月，庐山东林寺举行莲花法会，庆贺莲池重凿，古青莲由日本回传东林。同年，云居山真如禅寺举办传授三坛大戒法会，1200 余戒子受戒；举行虚云纪念堂开光典礼。1992 年 6 月 1 日，庐山东林寺举行莲神重建落成庆典及净土文化研究会成立。同年，《云居山新志》由中国文史出版社出版，全志 70 万字、黑白彩色照片数十张。同年 10 月 14 日，庐山铁佛寺寺院修复后第一座殿堂——念佛堂落成开光。1993 年夏，江西佛学院夏令营在庐山黄龙寺院举行，中国佛教文化研究所所长、中国佛学院教授等应请开设讲座，演讲佛法。1994 年年初，东林寺释果一率两序大众发愿建造 48 米的阿弥陀佛像。同年，云居山真如禅寺举办全国第一堂规范传戒法会，300 余戒子圆具，其中台湾戒子 20 人。同年 5 月 30 日，武宁弥陀禅寺迎请惟因和尚汉白玉坐像(重 2 吨)供奉。7 月 5~9 日，南昌大学“赣文化研究中心”、江西电视台联合到该寺摄制《佳山胜水弥陀寺》电视风光片。1995 年东林寺释传印升座。1996 年，举行能仁寺佛像开光法会。同年，庐山黄龙寺举行寺院参与庐山申报《世界文化遗产》活动仪式，中国佛协副会长释一诚参加。5 月，星子万杉禅寺从缅甸请回一尊(高 1.6 米、重 1.5 吨)玉佛，举行迎请仪式。1997 年，云居山真如禅寺举办传授三坛大戒法会。7 月，铁佛寺举办“莲花圣会”。同年铁佛寺释妙乐应邀赴美国参访交流。1998 年，能仁寺再次迎请清乾隆版《大藏经》1 部，供僧众修学。3 月，日本东京都佛教考察团到铁佛寺参访。1999 年，国务院宗教事务局批准兴建“东林大佛”，东林大佛筹建委员会成立。2 月 1 日至 7 月 15 日，万杉禅寺礼请西行僧人释明贤来寺作讲经法会。3 月 6 日，铁佛寺举办“纪念中国佛教 2000 年暨佛像、圣物开光法会”，信众 800 余人参加，中佛协会“纪念中国佛教 2000 年组委会”秘书长等到会祝贺。2000 年，能仁寺开启戒坛，传授三坛大戒 309 人。同年 5 月，《武宁圣境弥陀寺》印刷 6300 册，作为寺院开光法会赠送礼品。2001 年，云居山真如禅寺举办传授三坛大戒法会，方丈一诚主持传戒仪式，360 余人受戒。

12月31日,东林寺举行48米阿弥陀佛像奠基法会,中国佛教协会副会长一诚、少林寺、普陀山等高僧大德及港、澳、台护法居士2000余人出席。同年始,黄龙寺每年举办庐山佛教禅茶会,以禅茶文化为主题,配合宣传庐山佛教文化和旅游文化。2002年,方丈释一诚当选中国佛教协会会长。台湾法鼓山"大陆佛教古迹巡礼团"一行500人到云居山(寺)参访。同年,台湾释圣严法师率500人朝圣团到九江能仁寺朝拜。5月30日,万杉禅寺从星子文物管理所请回原居寺院的舍利子36枚。2003年9月7日至10月7日,星子万杉禅寺举办传授"二部僧戒"法会,一诚、辉悟等300余名僧人圆满具足戒相。9月26日至10月26日,九江能仁寺举办传授三坛大戒法会,来自全国各地及江西佛学院学生计350人获戒品。2004年,日本千叶县曹洞宗龙泉院一行20人到云居山(寺)参访。9月,东林寺召开"纪念慧远大师诞辰1670年学术研讨会暨纪念法会,国内外高僧大德、专家学者100人参加。2004年10月18日至11月16日,云居山真如禅寺、瑶田寺联合全国汉传佛教传播三坛大戒法会。2005年云居山真如禅寺举行纯闻大和尚升座法会,中共中央统战部、国家宗教事务局、中国佛学院及海内外诸山长老、护法居士1万余人参加。3月,释传开主修《武宁县佛教志》出版发行。同月,东林寺与江西师范大学联合开办"净土宗与当代伦理"研究生班;8月,举办首届东林净土文化夏令营。10月22日,铁佛寺大雄宝殿、天王殿落成开光,信众1万余人参加。12月18日,万杉禅寺举行重建10周年大法会。2006年,藏传佛教领袖第十一世班禅额尔德尼·确吉杰布到真如禅寺拜会全国政协常委、中国佛协会长一诚长老,并共同植下一株"汉藏连心树"(银杏树)。同年,中国佛协副会长、少林寺方丈释永信到山(寺)。同年,全国政协主席贾庆林,副主席、中央统战部部长刘延东在北京接见释妙乐。2007年5月24日, 东林大佛工作开工洒净法会在星子举行。9月16日至10月16日,真如禅寺、瑶田寺举行全国汉传佛教传播三坛大戒法会。印度阿难陀佛寺一行多人到云居山(寺)。12月27日,4.8米东林中稿铜像开光法会举行。2008年6月,东林大佛筹委会决定为佛像增加宝盖。同年,真如禅寺举行建寺1200周年庆典活动暨云居山国际禅修院奠基仪式,国家宗教事务局、中国佛教协会、凤凰卫视董事局、省民族宗教事务局领导及世界佛教徒联谊会、澳门佛教总会、韩国曹溪宗考试委员会等海内外大德高僧、诸山长老、知名专家学者参加。同年,云居山恢复"佛学研究苑"。9月24日,举行"庐山铁佛寺重建20周年庆典法会",省有关领导、中佛协和佛教界诸山长老及信众5000人参加。2009年4月28日至5月4日,铁佛寺组团赴台湾进行佛学交流观光,参访佛光山和中台禅寺。10月18日至11月17日,经中佛协批准,万杉寺举行全国二部僧亚部传戒法会,参加传戒法师及戒子500人。10月,真如禅寺举行虚云老和尚圆寂50周年纪念法会、首届虚云禅学思想国际研讨会。同年,能仁寺开坛传戒三坛大戒,受戒263人。2010年2月,方丈释传印当选中国佛教协会会长。9月,东林大佛48米阿弥陀佛接引大铜像开始安装。9月15日至10月14日,云居山真如禅寺、永修瑶田寺再次举行全国汉传佛教传播三坛大戒法会,两次大戒法会受戒信众681人。11月,东林寺净土苑三圣殿房顶装藏。同年,中央统战部、国家宗教事务局授予释妙乐"首届全国创建和谐寺观教堂先进个人"称号。纯闻大和尚一行参访台湾佛光山、中台禅寺、法鼓山。

## 四、公益慈善

1991年以来,市、县(市、区)两级佛教协会、重点寺院和佛教人士以各种形式参与慈善公益活动。1996年,星子万杉禅寺收养孤儿(时3岁)1人,直至培养就读湖北荆楚理工大学。1997年4月,庐山铁佛寺捐助100万元给贵州省仁怀市,用于扶贫、开发经济。1998年,铁佛寺为九江抗洪救灾捐资捐物387万元。2003年春节前,瑞昌龙泉寺义送群众春联1000幅。铁佛寺捐赠100万元作为九江市慈善总会创始基金;"非典"期间,捐款100万元。2004年年底,印度尼西亚突遭海啸灾害,铁佛寺捐助200万元。2005年释妙乐评选为"爱心中国——首届中华百名慈善人物",出席"2005年中国大陆慈善家排行榜暨十大慈善家发布典礼"大会。2006年9月,东林大佛建设摒弃商业运作,彰显净宗精神,不收朝拜门票,唯建实修道场。释妙乐受聘为中国爱国工程联合会第二届顾问,被中国红十字会授予"中国红十字博爱奖"。龙泉寺自秋季学期起资助瑞昌一中一高中贫困学生,每年助学3200元。2008年4月,"东林慈善功德会”成立，下设东林慈善门诊部、东林安养院，帮助无钱治病群众，低保家庭、贫困学生进行大病救助；为四川汶川地震灾区捐物资200万元、资金450万元。铁佛寺出资扩修105国道支线铁莲路；为四川汶川地震灾区捐助钱物700万元。九江能仁寺为印尼海啸、四川汶川地震举行祈福消灾、募捐大法会。万杉寺为四川汶川地震灾区捐款数万元。2010年4月，铁佛寺为青海玉树灾区捐款100万元，东林寺50万元，5月，万杉寺捐款2万元。至2010年，铁佛寺另累计捐下岗职工救济款200万元，助学助残870万元，为江西、湖北两省修桥修路款1700万元，新农村建设3000万元。东林慈善功德会累计接诊3万人，安养老人60人，公益支出200万元；对南昌大学、九江学院，南京、陕西师范学院、省内外重点中学的贫困生资助300万元。

## 第三节　天主教

### 一、宗教团体

**市天主教爱国会**　1991年，市天主教第四届委员会委员13人，主委蒋耀汉，副主委余清、汪耀明。1993年9月18日，市天主教第五次代表会议在九江天主堂举行，出席会议的教友代表50人。会议讨论通过第四届委员会工作报告，修改会章，选举市天主教爱国第五届委员会，委员13人，蒋耀汉为主委，汪耀明、汤筱萍为副主委。20世纪90年代中期，省教区调李酥光神父任九江本堂，增补选为副主委，1999年调抚州任本堂，调贾林神父任九江本堂，继任副主委。2003年4月21日，市天主教第六次代表大会在九江柴瑱宾馆召开。出席会议的神父、修女和教友代表50人。会议讨论通过第五届委员会工作报告，修改会章，通过相关决议，选举市天主教爱国会第六届委员会，委员13人。董丽华为主委、蒋洪生、贾林(神父)、廖德意、梅贤贵为副主委，蒋洪生兼秘书长。2008年4月21日，市天主教第七次代表会议在九江柴瑱宾馆召开，神父、修女和教友代表60人参加会议。会议审议通过《九江天主教爱国会章程》，通过第六届委员会工作报告，选举产生市天主教爱国会第七届委员会、委员15人，董丽华为主委、庞瑞(神父)、廖德意、梅贤贵、刘爱萍为副主委，廖德意兼秘书长。

**规章制度**　2003年5月，制定市天主教爱国会规章制度：《部门工作职责》《岗位职责》《财务管理制度》《文件和重要资料管理制度》《接待制度》《会议制度》《周工作例会制度》《教友献仪款公布制度》《教友联系制度》等，使爱国会的管理逐渐规范化。

**教职人员及信教群众**　1984年11月1日，重新开堂。神父1人，信徒30人。1991年，神父1人，在册信教人数4545人。1995年，神父2人，在册信教人数5230人。2000年，神父2人，修女4人，在册信教人数6890人。2001年，神父1人，修士1人，修女4人，在册信教人数7110人。2005年，神父1人，修女2人，在册信教7935人。2010年，神父1人，修女3人，在册信教人数8900人。

### 二、教　堂

**九江天主教修道院**　位于浔阳区庾亮南路172号，2004年列为市级文物保护单位。

**九江市天主教仁慈堂**　位于浔阳区甘棠南路57号，2006年拆除。

**九江城内天主堂圣三堂**　位于浔阳区庾亮南路43号，始建于清同治二年(1862)，建筑面积510平方米。“文化大革命”被占用为仓库，1982年归还天主教爱国会，经2年维修复建，1984年1月1日开堂祭典，2004年列为市级文物保护单位。

**庐山天主堂圣母升天堂**　位于庐山牯岭镇香山路12号。始建于清光绪二十年（1894），建筑面积1216平方米。1985年重新开堂祭典，中、外游客、教友可进教堂参观祈祷。

**湖口天主堂路德圣母堂** 位于湖口县城北门路27号。始建于清光绪二十八年(1902)。2003年归还市天主教爱国会,2008年7月,遭遇龙卷风暴雨袭击,屋顶坍塌。2009~2010年重建,建筑面积385平方米。迄今尚未开堂。

## 三、主要活动

1991年以来,市天主教爱国会协助政府落实宗教政策,协助神祖父做好福传工作,开拓教会自养事业,使教会工作依法正常开展。2000年9月,组织神长、修女、委员、教友代表举行座谈会,抗议罗马教廷定于10月1日举行"封圣"活动。2002年,市爱国会董丽华主委任省天主教"两会"教务委员会常委,参加省教区、省天主教爱国会、省天主教教务委员会组织赴上海、杭州、苏州、南京、无锡等地参观学习,相互交流爱国爱教工作经验。2003年4月,建立各项规章制度20项,为民主办教奠定基础。12月,参加"市二届金秋艺术节"调演并获组织奖。2004年,市爱国会参加由省"一区两会"组织的赴海南省天主教爱国会进行工作交流。2005年12月24日,举行庆祝圣诞节晚会,为特困教友捐助医疗款。2006年,组织神长和教友学习"八荣八耻"荣辱观,进行爱国爱教思想教育,坚持独立自主自办方针,以维护社会稳定为目标开展各项工作,为市政协文史委员会编纂《九江宗教名胜》撰写"九江天主教的传入与发展"一文;8月15日,在德安活动点举行大弥撒,庆祝"德安县天主教活动小组"成立。2007年1月26日,中国天主教爱国会主教团马英林、房兴耀主教,雷世银神父一行,到市天主教爱国会调研考察。2008年,对宗教团体和宗教活动场所完善建立规章制度;相继成立圣物组、福传小组、关爱小组、婚庆小组、唱经班;开办教友子弟要理班、夏令营,组织教友"避静";重阳节开展敬老活动,关心孤寡老人,帮助残障人员。2010年12月,中国天主教爱国会秘书长、省天主教爱国会舒南武秘书长和省民宗处长,到九江天主教堂望弥撒,后参加庐山首届中国《中国·庐山》"盛世中华、五教和谐"论坛开幕暨庐山"五教祈祷文化园"开园仪式。同年,市爱国会开展双创建活动,获国家宗教局颁发首届全国创建和谐寺观教堂先进集体称号并授牌;获全省和谐宗教团体称号。董丽华获省、市"双创建活动先进个人"称号。至同年底,20年间相继接待北京、上海、安徽、湖北、河北、太原、重庆、温州、景德镇等地天主教爱国会代表团,交流爱国爱教工作经验,接待香港、台湾和爱尔兰、美国、波兰、印度等地信徒到教堂参观祈祷。全市天主爱国会已办《房屋所有权证》建筑面积12919.30平方米,即市区9510.64平方米;南湖小区片、五桂场小区片3408.66平方米;湖口天主教堂385.25平方米。未办理《房屋所有权证》建筑面积8598.62平方米。爱国会每年收入60余万元。

## 四、公益慈善

1992年5月,教会为"中国庐山国际龙舟赛"捐款1000元。1994~1995年,组织教友开展学习雷锋便民公益活动。1998年6月,在爱国会修道院安置七里湖受灾群众,送上慰问品,教友廖德意为灾区捐赠价值万元物品;10月,分别为市四中、九江师范专科学校捐赈灾助学款1万、3万元。2003年5月,通过中国红十字会向抗击"非典"的北京小汤山医务工作者捐款3000元;12月向九江慈善总会捐衣700件。2005年1月,为印度洋海啸灾民捐款5800元,12月,为九江地震灾区捐款3000元,为德安脑瘤患者捐助手术费5159元。2006年,给特困户捐善款8686元。2007年,为特困市民、建设社会主义新农村扶贫等公益事业捐款3.22万元。2008年,分别为南方雪灾,四川汶川地震、回族特困户等捐款5.49万元。2009年,为新农村建设、台湾水灾等捐善款1.3万元。2010年,分别为海地地震赈灾、青海玉树地震赈灾等捐善款6.3万元。

# 第四节 基督教

## 一、宗教团体

**市基督教三自爱国运动委员会及市基督教协会** 1991年，第四届市基督教三自爱国运动委员会(自传、自养、自治，简称“三自”)成立。主任万仞山，副主任谢主恩、陶丽华、李玉祥；市基督教协会会长谢主恩，副会长万仞山、陶丽华、张恩轩，总干事何培进。1995年5月，谢主恩、陶丽华相继离开九江教会；10月，增补朱恩慈为副会长兼秘书长，何培进为副主任兼总干事。会址设于浔阳区督府巷18号。2003年6月，市基督教第五次代表会议召开，选举戴月英为市基督教“三自”主任，姚大芳、梁勋安、潘美霖、李咸读为副主任，程品堂为秘书长；选举姚大芳为市基督教协会会长，戴月英、朱恩慈、夏云为副会长，朱恩慈兼总干事。2006年7月，会址改设庐山大道68号。2008年12月18日，市基督教第六次代表会议召开，出席会议代表71人。会议审议通过第五届委员会工作报告，通过市基督教“三自”委员会及市基督教协会章程。选举龚兴友为市基督教“三自”委员会主任兼基督教协会会长；潘美霖、梁勋安、李咸读为市基督教“三自”委员会副主任，程品堂为秘书长；选举朱恩慈、黄景彪为市基督教协会副会长，朱恩慈兼总干事。

**县(市、山)基层组织** 1991年，全市9县1市及庐山均成立基督教“三自”委员会及协会(简称两会)，选举“三自”委员会主任、副主任和秘书长；协会会长、副会长和秘书长。开展各自辖区内活动。

**教职人员与信教群众** 1991年，教职人员32人，其中牧师1人，长老2人，教师1人，传道员28人，信教群众7800人。2001年，教职人员291人，其中牧师3人，长老16人，副牧4人，传道员268人。2002年，教职人员318人，其中牧师2人，长老20人，副牧5人，传道员291人。2010年教职人员356人，其中牧师12，长老22人，教师7人，传道员315人。全市正式受洗人员63975人。

## 二、教 堂

**九江督府巷福音堂** 位于市区督府巷18号。清光绪三十二年(1906)，基督复临安息日会华中联合会在柴桑路76号购地建造安息日福音堂，仅容40余人活动。1985年进行部分改建，可容200人聚会。为九江市区基督教活动场所。

**庐山大道福音堂** 位于市区庐山大道68号。2004年12月17日奠基。2006年5月14日竣工，7月14日举行落成典礼。教堂占地1700平方米，建筑面积5100平方米，投资670万元，为“哥特式”建筑风格，可容纳2000人活动，为集教堂、办公、教牧为一体综合性建筑。

**庐山教堂** 位于庐山牯岭河西路438号。1943年英国医学会会所改为礼拜堂。“文化大革命”后落实宗教政策，归还基督教做聚会场所。

**都昌县福音堂** 位于县城东风大道星火伍家村。1995年投资15万元建，占地面积400平方米。全县有堂点74个。

**武宁县基督教堂** 位于县宁湖路31号。1997年投资50万元建，占地面积630平方米。

**瑞昌市耶稣堂** 位于市兵马垄桂林二甲下。1999年投资10万元建，占地面积500平方米。

**彭泽县主耶稣堂** 位于县马湖路，2000年投资18万元建，占地面积470平方米。

**德安县福音堂** 位于县义峰路436号，2004年投资20万元建，占地面积1000平方米。

**永修县新城福音堂** 位于县新城西二路，2006年投资70万元建，占地面积650平方米。

**九江县福音堂** 位于县沙河街镇东风村，2008年投资99万元建，占地面积1200平方米。

**星子县耶稣中心堂** 位于县紫阳南路368号，2008年投资99万元建，占地面积500平方米。

**修水县基督教堂** 位于县盘龙路1号，2009年投资327万元建，占地面积650平方米。

### 三、主要活动

1991年以来,开展经常性宗教活动,有主日崇拜、查经会、祷告会、青年聚会、老年聚会以及受难节、复活节和圣诞节等节日活动,坚持每月一次圣饮,每年一次洗礼,经常性举行婚丧礼拜等礼仪。2005年8月,参加全省设区中心教堂诗班汇演,获最佳组织奖。2006年10月28日,举行庐山大道福音堂落成典礼,省、市统战部门、民族宗教事务局及相关部门领导,全市各宗教团体代表、省内外基督教主任、副主任及信徒代表计3000余人参加。2008年5月17日,举行千人集会,为四川汶川地震死难人员祈祷。2009年,参加全省"创建和谐教堂"活动,获市级团体第二名。2010年,参加"和谐双创"活动,获首届全国创建和谐寺观教堂先进集体。

### 四、公益慈善

2005年,瑞昌市、九江县部分地区遭受5.7级地震,市基督教"两会"为灾民捐助1.5万元。2008年初,九江发生冰雪灾害,5月12月四川汶川发生8.0级地震,市基督教"两会"动员信徒开展赈灾活动,市基督教福音堂捐款3.56万元,修水县"两会"捐款6000元,德安县"两会"捐款4422元,庐山"两会"捐款3760元,湖口县"两会"捐款1365元,永修县"两会"捐款1.11万元,瑞昌市"两会"捐款2012元,彭泽县"两会"捐款7000元,武宁县"两会"捐款6.4万元,星子县"两会"1.35万元,九江县"两会"4260元,都昌县"两会"捐款7万元,市基督教"两会"捐款1.4万元。2009年市慈善基金会成立,市基督教"两会"出资1万元。2010年青海玉树遭受7.7级地震,市基督教"两会"捐款2.1万元。

## 第五节　伊斯兰教

### 一、宗教团体

**市伊斯兰教协会**　1991年,市伊斯兰教协会(简称市伊协)第一届委员会委员11人,会长杨万里、副会长李恩赐,秘书长贡定禄、副秘书长胡祖培。会址设九江清真寺内(浔阳区滨江路69号)。1993年6月,召开伊协会全委会,因人员变动大,伊协领导班子成员中,会长、副会长暂缺,胡祖培任秘书长。1998年8月20日,市伊斯兰教第二次代表会议在九江八一宾馆召开,出席会议代表117人,审议通过第一届委员会工作报告,修改市伊协章程,选举产生协会第二届委员会,委员13人,会长海鹏俊,副会长马肇虎、马广林、马明亮、陈普国,秘书长马肇虎(兼,1998年10月病故),1999年6月增补马书保为市伊协委员、代秘书长,免去马玉华市伊协委员、代秘书长之职。2002年,马书保任市伊协副会长兼秘书长。2009年8月20日,市伊斯兰教第三次代表会议在市中景宾馆召开,出席会议代表101人,审议通过第二届委员会工作报告,修改市伊协章程,选举产生协会第三届委员会委员11人,会长海光生,副会长马广林、马书保,秘书长马书保(兼)。会址设九江新建清真寺(浔阳区滨江路281号)。

**穆斯林人口**　1991年,全市定居穆斯林人口3230人,其中回族人口占99.7%,新疆维吾尔族、撒拉族人口占0.3%。1992~1998年为3500人。1999~2010年,西北地区的回族及维吾尔族穆斯林等在九江经商、学习半年以上有1000余人。2010年,全市定居穆斯林人口5512人。

**教职人员与信教群众**　1991年教职人员(阿訇,下同)2人,信教群众3230人。1993年教职人员2人,信教群众3365人。1998年教职人员2人,信教群众3410人。2009年教职人员2人,信教群众4784人。2010年,教职人员2人,信教群众5512人,其中流动人员300人,外籍10人。

### 二、清真寺

**九江清真寺**　位于浔阳区滨江路281号,原名城外清真寺,经多次修建,1991年为2层混凝土砖混结构,建筑面积922平方米。为省重点开放单位。2000年被中国伊斯兰教协会评选为全国101座先进模范清真寺之列。2003年,根据市委、市政府"1558"工程部署,原址属旧城改造范围,列入浔阳区西园片区旧城改造重点项目。2002~2008年省民宗局先后3次拨款50万元作重建专项使用，2009年6月竣工启用，建筑面积2200平方米，框架式四层，内设男礼拜大殿2个和女礼拜大殿1个，各项配套功能齐全，为省内最好清真寺之一。

**庐山清真寺**　位于庐山牯岭街48号，始建于1922年。1953年进行拆迁改造。1984年、2002年2次进行维修。为省级重点对外开放宗教活动场所。

## 三、主要活动

1991年起，市伊协转变服务职能，规范宗教场所管理，发挥宗教活动场所作用，确保穆斯林过好宗教生活，确保主麻日、斋月、开斋节、古尔邦节、圣纪节活动正常进行。并协助政府有关部门妥善处理伤害少数民族和宗教感情突发事件，防止事态扩大和矛盾激化，维护社会稳定，促进民族团结。1992年8月，沙特天课局负责人亚力汗博士访问九江清真寺，赠送有沙特国王签名的袖珍版《古兰经》及若干书籍。1999年，中国伊协考察团到九江清真考察工作。2000年，广州市伊协参观旅游团到访。当年，通过与公安、民族有关部门妥善处理外地卖羊肉串业主与九江经商者使用摊点用地问题。同年始，协助政府对全市清真食品监制管理，成立清真食品管理小组，制定管理细则，对市场清真饮食、食品加工、牛羊肉加工销售等不定期检查监管，以及对市各大专院校清真食堂进行监督和指导；经过市伊协多年工作，使政府对少数民族的关怀照顾落到实处。由政府拨款的清真牛羊肉差价补贴费，自20世纪90年代初2万元增至16万元，并及时发放到全市定居的回民群众；全市回民殡葬工作得到有效管理；全市穆斯林人口和外来务工者一些诉求得到解决。市伊协和在浔穆斯林坚决反对民族分裂主义、宗教极端主义和一切形式的恐怖主义。2001年以来，先后在市清真寺召开座谈会，声讨、反对“东突厥斯坦伊斯兰运动”，深入揭批“法轮功”邪教反动本质。2002年，接待河北省、广东省伊协参观团。2007年9月，埃及诵经师穆罕默德·阿俩依和尼亚兹到九江清真寺进行斋月诵经与友好访问，并与九江穆斯林群众礼拜、诵经、交流。2008年6月，汶川地震国际救援队3名巴基斯坦红星月会队员到九江清真寺参观，并为逝者做“杜阿宜”（祈祷）。同年起，通过政府与有关部门解决外地出售哈密瓜者经营地点；调解汉民经营拉面馆员工穿有清真标识的工作服等问题。2009年6月，接待湖南省宗教界人士参观团。7月，在市清真寺召开声讨新疆乌鲁木齐“7·5”严重打砸抢烧暴力犯罪事件。与会者遵循经训“爱国是信仰一部分”教诲，对“7·5”暴行表示愤慨、谴责。11月，接待广东省伊协会会长马光星到九江考察。当年，市伊协会征集一组反映全市回族同胞和伊斯兰教团体、清真寺的新、老照片，在九江清真寺展出，展示九江伊斯兰教事业的发展变化，激发穆斯林群众对中国共产党和社会主义祖国感恩情怀。

## 四、公益慈善

1998年8月，九江遭受特大洪涝灾害，市伊协向各地教胞通报灾情并发起救灾募捐活动，将河南省穆斯林群众募集大米20吨，面粉4吨及衣物、被褥、水果等，总价值51万元，送到都昌县多宝、左里等民族乡灾民手中。市回族企业家马同喜捐款5万元。市伊协会副会长马广林夫妇，购价值4万元饼干送给抗洪抢险守口部队官兵。在浔穆斯林群众多捐款购大米、绿豆、白糖等物，在清真寺内架起炉灶，煮熬绿豆汤、稀饭送抢险一线。2008年5月，市伊协会和九江清真寺举办“向灾区同胞献爱心”活动。向四川汶川地震灾区捐款1.5万元，在“主麻日”为灾区亡人致哀祈祷。2010年4月，号召全市穆斯林群众捐款、捐物，向青海玉树地震灾区捐款7500元，在“主麻日”为灾区亡人致哀、祈祷。

# 第三章　民族宗教事务

## 第一节　民族事务

### 一、宣传贯彻民族政策

1991年以来,市、县民宗部门每年开展2次以上民族团结政策宣传落实活动。1994年,组织民族干部参加国家民委举办的民族法律知识竞赛。1995年,对全市少数民族企业进行调查摸底,落实优惠政策。同年,市委统战部下发《关于进行民族法律、法规宣传教育的通知》。1997年,通过专访和召开座谈会、联谊会等形式,推进《江西省民族工作方法》在全市贯彻落实。2002年,以《江西省少数民族权益保障条例》颁发为契机,在全市检查落实少数民族政策情况。2005年8月,成立市民族地区建设领导小组,以各民族"共同团结奋斗,共同繁荣发展"为主题开展宣传教育活动。1991~2005年,全市办理少数民族身份确认或恢复500人次。2008年起,市委党校及武宁、德安、都昌、永修等民族工作重点县把民族理论、民族政策、民族法律法规等纳入党校干部培训内容中;市、县民宗部门在全市11个少数民族村采取建立宣传栏、发放宣传单等形式开展民族团结宣传教育活动,利用当地广播电视、报刊进行民族政策宣传贯彻落实,使更多群众了解国家的民族政策、民族法律法规。都昌县三兴纺织有限公司从新疆招录100多名维吾尔族、柯尔克孜族女工,市、县民宗局主动协助公司做好服务工作,帮助解决困难和问题,为其特殊的民族宗教需要提供便利。2010年,开展宣传学习党和国家民族政策、法律法规和民族知识活动,制订《关于开展学习宣传〈江西省人民政府关于进一步繁荣发展少数民族文化事业的实施意见〉的活动实施方案》和《关于印发〈民族团结进步宣传月活动实施方案〉的通知》,宣传民族团结先进典型,教育各族人民群众互相团结、互相友爱,共同建设国家,共同维护社会稳定。把《江西省少数民族权益保护条例》宣传和普及纳入其中,增强少数民族依法维护自身权益的自觉性。制定《九江市涉及民族方面群体性事件应急预案》,确保在重大活动期间和谐稳定工作。

### 二、促进民族经济文化发展

1991年起,市委、市政府要求财政、交通、水利、农业、林业、教育、卫生、扶贫、计划等部门的对口支援项目和资金必须向民族地区适当倾斜,民族工作经费逐年提高,做到有人办事,有钱办事。各级党委政府执行民族平等和优惠政策,实现各民族团结、和谐,和睦相处。1998年,市政府安排资金20万元作为少数民族地区经济发展滚动使用资金,促进民族地区经济文化发展。1999年,全市开始实行第一轮民族对口支援工作,市政府落实市直11个单位对口支援民族村组经济文化具体措施。到2002年,11个对口支援单位共投入资金107万元,完成24个项目建设,改善少数民族群众的生产生活条件。同时,向省民宗局、省老建办申请扶持项目32个,资金74万元,市、县2级安排配套资金50万元。2003年,市政府筹集资金20万元,下发到武宁、德安、永修、都昌县作为民族发展资金。成立市民族地区建设工作领导小组,市政府转发对口支援工作方案,1名副市长负责对口支援工作,到民族村、组实地调研;省、市、县3级对口支援工作取得成效。2005年,继续以发展少数民族经济文化,促进民族关系和谐为重点,开展市直有关部门、民营企业对口支援民族村组企业活动。同年,省、市共投入农村少数民族发展资金363万元;2008年,省经贸委扶持项目1个,资金2万元;市财政局筹措资金8万元用于都昌县多宝乡民族小学改善办学条件;市交通局筹措5万元帮助德安县车桥镇石门村修建1座宽4米的桥梁;市水利局帮助武宁县民族村组解决提灌站建设所需资金3万元。市直13个单位共扶持项目7个,资金31万元。各县直对口支援单位结合当地实际情况,为少数民族村组解决实际问题。2009年,各级民宗部门在民族经济企业的项目立项、资金等方面加大协调力度，全市共向上申报扶持项目19个、资金490万元，并组织对少数民族专项资金使用情况进行检查。市民宗局同市人大常委会领导对全市农村民族工作情况进行调研活动，协同当地政府及相关部门协调解决影响少数民族群众生产、生活的难题。

2010年，市政府下拨市级少数民族发展专项资金10万元，引导少数民族村组农业产业结构调整，发展壮大优势产业，促进民族村、组经济社会发展。补助市清真梁启发食品厂技术改造项目资金115万元。至2010年，全市完成少数民族村组的通村公路建设，在公路建设资金安排上，市财政每千米给予配套资金2万元；在教育方面，每年高考、中考期间，各地按政策规定为少数民族考生出证明，作好登记，对义务教育阶段少数民族乡村学生实行“两免一补”政策，即免学杂费、教材费，对困难家庭的学生提供生活补助，小学每生补助500元，中学每生750元；在招生政策上，对少数民族学生实行优惠。市林业部门对民族村需缴纳的林业规费实行免征。

## 三、协调民族关系

1991年起，各县(市、区)相继成立少数民族工作领导小组。市、县民宗部门制定民族工作突发性事件应急预案，定期对影响民族关系的问题进行排查，对发生影响民族关系的问题做到及时发现及时解决。2003年，市区因城市规划，市清真寺列为拆迁对象，由于少数民族群众内部对选址、面积、建设方案等有不同意见，市政府领导多次实地调研、召开会议进行讨论，统一意见，使新的清真寺建设方案得以圆满解决。2005年，对来自新疆的烤羊肉串维吾尔族人员经营场地问题，市民宗局及时予以调处，经同市执法部门及经商人员共同协商，指定专门区域作为烧烤点。2006年，四川阿坝藏族人员20多人带着药材、项链等地方产品在市区烟水亭广场摆摊经营，因影响交通，市城市执法人员与其发生争抢，市民宗局、市执法局及公安人员及时调处，最后双方对处理结果均表示同意。2008年6月，市区出现4家打着山东省伊协认定的“农场、农夫、烤鸡”清真食品店，对此回民群众意见较大，市民宗局及时协调，同4家企业负责人解释清真食品管理规定，当天就取消清真标识及悬挂的清真牌匾，避免矛盾激化。2009年9月，新疆和田县伊斯拉阿瓦提乡维吾尔族4名经商人员带领40余人90余吨哈密瓜，要求在市区沿街摆放摊点销售，市民宗局会同市执法局、市公安局协调此事，划定市区11处摊点进行为期1周的销售。后因销售状况欠佳，市执法局据情延迟其几天把存货售完，销售人员对此十分感动。2010年，部分维吾尔族、藏族小商贩到市出售葡萄干、羊肉串、药材等，因影响市容市貌，发生过4起因城市执法而引发的纠纷，通过认真细致的调处，在维护市容的同时给予少数民族群众适当照顾，在适当的地段划出一定范围，在一定时限内让少数民族群众经营，存在问题得到很好的解决。

## 四、城市民族工作

2001年，市民宗局与市伊斯兰教协会共同草拟《九江市清真食品管理办法》，经市政府批准，以市政府办公室名义行文印发，明确规定由市伊协统一审核发证经营，杜绝非回民经营清真食品。2007年，市民宗局在浔阳区甘棠街道开展社区民族工作试点，以双峰社区、六角石社区带动其他社区的民族工作，了解试点社区少数民族人口数量、经济状况、就业及困难户情况。制订试点工作方案，协调社区实施，投资2000元制作民族政策、民族知识及促进民族团结的宣传栏，印发宣传彩页，举办系列民族活动；加大少数民族服务平台的打造力度，维护少数民族群众的合法权益，为少数民族群众就医、就学、经商提供帮助；当年，市清真牛羊禽蛋加工厂、市清真梁义隆食品有限公司申报为全国少数民族特需商品定点生产企业。2008年，市清真梁启发食品厂申报为全国少数民族特需商品定点生产企业；都昌县成立第一个县级民族社团——民族团结发展促进会；继续开展少数民族工作进社区、进高校活动。同年，市清真饮食网点建设明显改善，市区有清真餐馆3家，清真拉面馆30多家，基本能满足少数民族群众清真饮食需求；九江学院、九江职业大学、江西财经职业学院、九江职业技术学院均设立清真灶或清真食品窗口，满足少数民族学生的饮食需要。春节期间，走访慰问少数民族困难户28户，发放金额3万多元。2010年，城市少数民族人口约6000人，以回族、蒙古族和满族为主。在少数民族流动人口中，食用清真食品的少数民族群众 1000 多人,多为在院学生、68 家拉面馆人员及烤羊肉串等少数民族人员。

### 五、尊重少数民族风俗习惯

1991 年以来,认真做好少数民族的清真牛羊肉供应工作。每年市财政安排清真牛肉补贴,保证其供应量。1994 年补贴款为 1.34 万元,1995~1996 年分别为 3 万元,1997~1998 年分别为 3.5 万元,1999~2003 年分别为 6 万元,2004 年为 9 万元,2005~2008 年分别为 10 万元,2009~2010 年分别为 12 万元。

市区回民较多,其主要节日开斋节、宰牲节(古尔邦节),按国务院规定,市民宗局每年给各有关单位发函,给予回族职工节日放假,庆祝节日。畲族新年、藏历新年期间,各地党委、政府及民宗部门都要向畲族、藏族群众道贺。对信仰伊斯兰教的民族在马宿岭陵园安排 3.33 公顷土地作为回民墓地。

### 六、少数民族干部培养

1991 年以来,市委、市政府重视少数民族干部培养,市、县(市、区)两级人大、政协换届过程中,都安排一定数量的少数民族代表和委员,重视少数民族人大代表和政协委员的职权和作用,认真听取意见和要求,所提建议和提案,各有关单位及时办理和答复。充分发挥少数民族人大代表和政协委员在党和政府与广大少数民族群众联系中的桥梁作用。市委还注重培养少数民族干部,包括各种专业技术人才,注重把政治素质好、有一定工作能力、同群众有密切联系的少数民族干部提拔到领导岗位上使用。至 2010 年,20 年间全市共安排副科级以上少数民族领导干部 300 名。省、市历届少数民族人大代表 39 人(次);省市历届少数民族委员 40 人(次)。

## 第二节　宗教事务

### 一、宣传贯彻宗教政策

1991 年,成立市宗教工作领导小组,设立宗教工作联席会,建立市县乡村四级宗教工作网络,宣传贯彻党的宗教政策和工作基本方针。1994 年,宣传贯彻国务院颁行《宗教活动场所管理条例》,推动全市宗教活动场所依法登记试点工作。2004 年 4 月,召开全市统战宗教工作会议,传达贯彻全国、全省宗教工作会议精神。会议强调做好新时期民族宗教工作重大意义,要求各县(市、区)重视民族宗教工作。2005 年 3 月,全市各级农村基层组织、宗教界等不同阶层开办培训班,学习国务院《宗教事务条例》,计 70 余期,培训各级民族宗教工作干部 4189 人次,培训宗教界人士 2625 人次。各部门利用广播、电视、报纸、网站等媒介进行宣传,在交通要道和各宗教场所张贴、悬挂宣传标语 1500 余幅,发放宣传册 1.2 万份,制作宣传专栏 100 期,发放《宗教事务条例》宣传册 3000 份。2007 年,市、县 2 级共举办 20 余期《宗教事务条例》培训班,培训 3856 人次。整理编辑《宗教工作政策法规汇编》《宗教团体规章制度汇编》,结合全市实际工作,在征求宗教场所意见的基础上,制定《九江市宗教团体、宗教场所管理制度》。2008 年,开展“党的宗教工作基本方针学习宣传月”活动,对全市各地民宗局局长及 36 个宗教团体负责人、宗教教职人员进行党的宗教工作基本方针政策专题学习培训,全市培训 5683 人次。2010 年 4 月,市民宗局会同市委统战部举办宗教工作培训班,全市分管宗教工作的统战部副部长、民宗局局长、五大宗教团体负责人、各地宗教团体秘书长以上班子成员共 76 人参加培训,学习宗教政策,提高宗教工作干部、宗教界人士的政治素质和业务水平。

### 二、宗教事务管理

九江有道教、佛教、基督教、天主教、伊斯兰教,经政府批准登记的寺观教堂 357 座、活动点 551 处,宗教教职人员 2342 人,信教群众 22 万人。1991 年设立宗教工作联席会,建立市县乡村四级宗教工作网络。分阶段、有步骤、有针对性地对农村宗教工作进行指导与监管,抵御非宗教渗透、打击邪教、规范基督教无序发展。1991 年以来,全市依法加强宗教事务管理力度,逐年加强维护宗教界合法权益。2003 年,浔阳区西园片区改造涉及清真寺和化善堂2处宗教活动场所，信华集团与市伊斯兰教协会、基督教“两会”（“三自”爱国运动委员会、协会，下同）协商未果。11月，市委书记带领市委、市政府、市直有关部门领导到市清真寺和基督教“两会”听取信教群众的意见、要求，经与信华集团商讨后，满足清真寺重建面积538平方米，为市基督教“两会”在九威大道荷花垅安排0.33公顷教堂建设用地，以6万元0.067公顷划拨，免收一切规费。2004年始，对佛道教乱建寺观和基督教乱设聚会点情况进行专项整治。积极稳妥地解决伊斯兰教清真寺、基督教福音堂的拆迁重建工作。当年8月，位于湖北、江西2省交界处的武宁县太平山佑圣宫，在8月朝仙月期间发生纠纷，市民宗局及时上报，省、市、县3级联手制订维稳方案，提前上山，使朝仙月平安度过。位于浔阳区的市隐庵，因信教群众逐年增多无法满足其宗教活动需要，市委、市政府决定市隐庵就地重建，并拨地1500平方米，道教群众满意。2005年，民宗部门按照《宗教事务条例》，理顺湖口县石钟山观音阁管理体制；落实浔阳区市隐庵和湖口县天主教堂宗教房产；处理庐山区慈云寺、净居寺等宗教活动场所用地权属纠纷。对市清真寺复建工作中出现的矛盾纠纷进行协调处理，配合有关部门开展思想教育和转化工作，向信教群众阐明政策，化解矛盾，维护稳定。筹措资金，启动西林寺塔塔身纠倾修缮工作；为庐山东林寺东林大佛的修建开展协调服务工作；分别指导武宁、彭泽、永修、星子等县及庐山区的弥陀寺、集福寺、真如寺、万杉寺、铁佛寺做好庆典法会服务保障工作，加强与宗教界的联系和沟通。2009年，指导帮助宗教界增强自我教育、自我管理、自我向善能力。不断增加市、县两级宗教团体负责人依法开展宗教活动意识，全市共培训宗教人士1623人次。抵御境外宗教渗透，多年保持宗教领域未发生一起重大安全事故。2010年年初，市政府拨专款12万元用于穆斯林群众欢度开斋节。以督查及办班形式强化主要教职人员备案工作；当年，市政府为市级五大宗教团体各解决工作经费1.5万元；在全市范围内推进宗教教职人员参加社保、医保工作，至年末，全市宗教教职人员参加社保368人，参加医保982人。

## 三、规范宗教活动场所

1991年始，针对某些宗教活动“三乱”（乱传道、乱洗礼、乱设聚会点）现象，推行“三定”（定点、定人、定片），遏制“三乱”，支持宗教团体依法开展宗教活动。1995~1996年，完成对全市宗教活动场所重新登记，并实行年检。2004年9月，针对乱建佛寺道观、露天神像、基督教私设聚会点问题，召开全市宗教活动场所专项治理工作会议，分调查摸底、宣传发动、集中整治、建章立制4个阶段开展工作，历时4个月，按照拆除一批、关闭一批、改用一批、登记一批原则，对全市宗教活动场所进行梳理和整治，确定上报登记宗教活动场所204处、宗教活动点199处。2005年，各地民宗局建立宗教工作巡查制度，开展专项治理“回头看”活动，对755处未登记的宗教活动场所进行分门别类处理，拆除佛、道教场所44处、关闭139处、取缔烧香点150处，取缔合并基督教聚会点193处。同时对关闭、改用处理落实情况进行检查回访，及时制止专项治理工作后新出现的乱建、滥建行为20余起，解决遗留问题。2007年，整治宗教活动场所周边环境，协助庐山区、浔阳区政府，对东林寺、能仁寺等重点寺庙周边环境开展整治活动，改善其周边环境。2008年，全市对涉及宗教的38起行政立案进行处理，查处“东方闪电”“门徒会”“三赎教”等邪教组织，抵御境外利用宗教对九江的渗透。2009年，开展佛教、道教、伊斯兰教等活动场所主要教职、任职备案工作，履行审核程序，依据规定对照每个宗教教职人员的具体情况予以确认，制订并实施创建“和谐寺观教堂”和“和谐宗教团体”工作方案，组织对全市宗教活动场所财务、安全等方面进行检查。指导完善宗教团体、宗教活动场所各项规章制度，规范财务管理，加强内部管理和教风管理。依法关闭浔阳区步红花园某某利用住宅私设的念佛堂，对庐山关帝庙利用迷信活动骗取游客钱财提出整治意见，拆除九江县永安乡一非法乱建道教活动场所。2010年，市民宗局印发《九江市涉及宗教方面群体性事件应急预案》，在重大活动或非常时期，结合实际情况，制定预案，确保和谐稳定工作。市民宗局配合市公安、旅游等部门打击以敛财为目的的宗教活动，对湖口县石钟山观音殿女导游与假和尚演双簧骗钱事件依法予以处置；修水县民宗局会同当地公安、文化等有关部门，对非法宗教书籍、刊物、音像制品等进行检查，没收违法书籍和光碟60多册(张)。通过宗教工作四级网络联动,核清基督教各教派以及私设聚会点具体活动情况,做到人员、地点、活动情况"三清楚"共取缔基督教私设聚会点12处。同年,依法取缔庐山圆佛殿非法宗教活动;查处庐山石门涧景区假和尚诈骗游客钱财案等。至2010年,先后举办19期县乡分管民族宗教工作领导及各宗教团体负责人培训班,进行宗教法律法规和专业知识方面的学习教育。

## 四、宗教团体建设

1991年起,市五大宗教团体都配有专职工作人员,配有办公用房,建立内部机构,工作制度更加完善和健全,增强自养能力,各协会工作进一步正常化、规范化。2005年8月,市民族宗教事务局由市政府办公厅内设机构升格为政府工作部门(正处级)。武宁县、都昌县、庐山区3个县(区)民宗机构升格为正科级。2007年,全市开展"宗教工作主体在县"争先创优活动。都昌、永修、武宁3县及庐山区的"宗教工作主体在县"工作经验经省民宗局验收达标。星子县民宗部门归到政府序列,全市建立健全宗教工作联席会制度,不定期召开市委统战部、市信访局、市公安局、市国安局、市新闻出版局等相关部门领导出席的座谈会,通报分析形势,共商解决对策,达到信息共享,工作联动,合力增强的效果。2008年6月,举办"学习宣传党的宗教工作基本方针"培训班,学习《宗教事务条例》(以下简称《条例》),市级宗教干部、宗教界60人参加;县(市、区、山)参训人员4721人,其中有关部门领导120人,乡(镇、街道)行政村宗教工作干部981人,宗教界人士3620人。同时,加强宗教团体、宗教场所道风建设,市民宗局协助各县(市、区、山)民宗局及宗教团体举办宗教政策理论和宗教知识培训班,全市参训389人;注重宗教爱国人士培养、举办爱国主义教育培训班,使用德才兼备年轻宗教教职人员,市天主教协会、市佛教协会、市基督教协会等都有年轻的教职人员进入班子成员。2010年4月,市委统战部、市民宗局联合举办宗教工作培训班,全市分管宗教工作的统战部副部长、民宗局局长、五大宗教团体负责人、各地宗教团体秘书长以上班子成员参加培训。

## 五、宗教界代表参政议政

1994~1998年间,全市宗教界代表有万仞山、吕云方、陶丽华、傅兴瑞、释一诚、释云安、释常智、蒋耀汉8人担任市政协委员;释果一、释常福、释一诚、海光生4人当选市人大代表。1999~2003年间,万仞山、叶至明、李稣光、释一诚、释传印、释妙乐、释辉悟、海鹏俊、蒋耀汉9人担任市政协委员;释慧日、释慧莲、海光生3人当选市人大代表。2004~2006年间,叶至明、李信军、姚大芳、海鹏俊、贾林、释辉悟、释妙乐、董丽华、释果严、戴月英10人担任市政协委员;释大安、释纯闻、海光生3人当选市人大代表。2007~2010年,王四明,叶至明、刘义民、金自利、董丽华、释妙乐、释果严、释辉悟、戴月英9人担任市政协委员;释纯闻、海光生2人当选市人大代表。宗教界人大代表、政协委员提出的建议、提案多得重视、采纳。

# 第六十九篇

# 风俗 方言

# 第六十九篇 风俗 方言

20 世纪 90 年代，随着改革开放步伐逐年加快、物资与文化交流日益加大，南方沿海经济发达地区思想观念与西方文化思潮在地处中国中部的九江地区交汇，并逐渐引导九江人的思想观念发生变化；在这样的背景下，与市场经济体制的建立、运行和发展息息相关，最为世人瞩目的社会现象，便是顺应历史潮流的又一次几乎无所不至的移风易俗。九江人千百年来所沿袭、遵奉的许多风俗习惯和根深蒂固人文底蕴，均经受前所未有的冲击、筛选和改造，进而形成新的风俗雏形。在进入 21 世纪之际，一种具赣北特色而又新旧糅合、内外兼容的民风民俗在九江业已渐次形成，并随着社会发展的步伐在不断发生变化。

九江市使用的汉语方言有赣方言、北方方言、客家方言等。赣语区含修水、武宁、永修、德安、共青城、星子、都昌、湖口等地，属赣方言昌靖片区；北方方言含浔阳区、庐山区以及九江县、瑞昌市等地，属北方方言江淮官话区；客家话又称怀远话，因清代客家人入籍怀远都而得名，主要分布在修水县境内，与铜鼓客家话同属客家话赣西北片区。传统上，彭泽话被划为赣语区鹰弋片区，实际上彭泽话兼有赣语与江淮官话的双重特点，是一种混合方言。由于古代集体移民的原因，全市范围内的方言还有湖南话、河南话、江西的吉安话、安徽的桐城话等。说湘语的湖南人分布在永修境内，河南话主要分布在武宁、永修、都昌等地，吉安话主要分布在德安境内，桐城话主要分布在彭泽县沿江一带。江淮官话区的九江话指市区浔阳区、庐山区、九江县等地使用的方言。浔阳区、庐山区大部说九江话的市区话，九江县以及庐山区的赛阳、莲花等地说九江话的乡下话。由于政治经济文化中心的原因，九江话成为市代表方言。随着经济发展，人员交流频繁，20 世纪 90 年代后，普通话日渐普及，城市居民及农村打工人员子女多接受普通话教育，方言渐被替代，已呈减弱趋势。

# 第一章 风俗

## 第一节 农事习俗

### 一、耕 种

**水田习称** 境内传统习俗农家耕作,以水田为主兼营旱地,对水田有甚多习惯称呼。以地域和方位别,曰山田、岗田、垄田、畈田、河田、洼田、湖田、圩田、港汊田、上水田、下水田、前冲田、后冲田;以土质和田性分,曰沙田、泥田、深泥田、烂泥田、旱田、干壳田、板壳田、板结田、冷浸田、过水丘(谓水过即干)、滚水丘(谓塘堰水的过道)、望天丘(谓靠自然水养苗)、冬闲田(亦称白板田)、腰花田(谓土质好);就田块大小和形态言,曰几石丘、几斗丘、跑马丘、腰子丘、斗笠丘、梯田、葫芦丘;就插秧先后和作物安排言,曰前三田(含冬闲田、草籽田、豌豆大麦田)、后三田(含秧田、草籽种田、小麦油菜田)和棉田。不同的田有不同的治理习惯。山田得水,湖田排渍,垄田开沟治浸,深泥田滤水提温,板结田埋草松土,死泥田烧田活性,沙田掺泥,泥田掺沙。以上习称20世纪90年代后仍沿用。

**农事习惯** 传统农家习惯用农历(俗称"皇历")查看节令,决定秧苗下种时间。每年春节前,农户多买皇历书,不时翻阅历书所载:"正月立春雨水,二月惊蛰春分,三月清明谷雨,四月立夏小满,五月芒种夏至,六月小暑大暑,七月立秋处暑,八月白露秋分,九月寒露霜降,十月立冬小雪,十一月大雪冬至,十二月小寒大寒"。农户主必记。农历所示:"某日宜稼、宜种棉、宜种豆",当家人必查。人们把节令与农事联系起来提炼出格言谚语,农户必依。各地常于一二月(农历)备耕,清明前"起板"(犁冬闲田),清明后整秧田,同时浸谷种。人们深信"秧好一半禾",十分注重培育壮秧。20世纪70~80年代后,农户思想观念转变,不再习惯以谚语、物像来指导农业生产,而是参照新品种对气候、水、肥、土的条件要求,利用农膜、温室育秧,提早播种季节。有诗歌云:"东风呼啸满天霜,薄膜支田育早秧。待到村头布谷叫,秧分陇亩绿成行";水稻逐步推广秧盘育秧、抛秧、直播等技术,提高禾苗扎根分蘖率。育秧之后,营养钵育棉苗、播种花生、芝麻,养蚕兴菜,割草肥田。油菜、麦子收割后即灌水耕田插秧,接着晒场打麦、锄草,雨天插红薯。稻秧返青,即耕禾、追肥、防虫除害、搭沟晒田。尔后,秋收、秋播、办秋肥。农家肥有家院肥(包括人粪尿、地灰、草木灰)、土粪肥(包括火土粪、塘、湖泥)、绿肥(包括青草、红花草)、饼肥(包括菜子饼、棉子饼、麻饼、桐饼、梓饼)。20世纪70~80年代后,多用氮、磷、钾、钙、镁等各式化肥,农家肥施用渐少。

**管水用水** 传统俗言:"庄稼无塘,伢儿无娘""别人烤火我修塘,别人抢水我乘凉"。各地常于冬春之交修塘补堰,清港开渠。人工、材料、费用按受益户之田亩分摊,也是按常规而作的。水利设施有共管共用和独管独用两种形式。多主的灌水原则自上而下(排水反之),由近及远,彼此招呼,相互照应,规矩有四:灌水以原田为准,后开的田无用水权;水量不足,"救苞不救草(未含苞者)";苗情相当的按顺序,即谓"上滚下沥";从人家田里过水,不开沟,不降原田水位。用水经验:"勤浇勤灌""深水插秧,好比喝汤""谷打苞,水淹腰"。旧式排灌工具有手推和脚踏式龙骨水车。手推的通过车手(把)转动轮盘,带动龙骨叶片吸收送水。脚踏的手扶木架,脚踏车板活动轴,带动车叶片吸送水。九江县民歌:"新打脚车四步头,架在西山大渠沟,柚树龙骨茶树爪,枫树坐板活柔柔,车动江河水倒流。水倒流呀浪花翻,社员硬叫水登山,你要不来我就赶,赶得青苗乐开怀,歌声笑语水中来。"就是写脚踏水车车水的场面。90年代后,多用中、小型电动抽水机,使用水车渐少。

**栽培管理** 传统俗谓"三分种,七分管""亲戚一年走一次不为少,田里一天跑三趟不为多"。管理大要在:看天看地看庄稼;夏季丰产,要在冬管;种田不开沟,有如田贼偷。管理常抓两件事。锄草:锄草有如适时浇水施肥。如说:湿锄浅,干锄深,锄头品上出黄金;千锄生银,万锄生金,一锄不到草生根;雨前不锄草，雨后草连片；禾薅三遍米无糠，棉薅七遍白如霜；小麦三道草，粒大杆不倒；豆锄三遍，角儿成串；芝麻最爱锄头响，前头锄，后头长。20世纪80~90年代以来，锄草沿用，部分地区在水稻田使用除草剂，丢掉耘禾棍，减轻农民体力劳动，提高工效。除虫：除虫之法，苗要好，除虫早；挖尽田边草，害虫自然少；治虫没巧，治早、治小、治了；地里棉秆拔干净，来年少生虫和病。90年代始，贯彻“预防为主，综合防治”方针，采取农业防治、物理防治、生物防治、化学防治（或药剂防治）等综合措施，除虫效果更好。

**选种收藏** 种粮农民传统习惯珍重种子，虽是饥馑之年亦不轻易消耗种子。俗谚：“种田不留种，定是大懵懂（傻瓜）”“好种出好苗，好葫芦挖好瓢”，种子年年选，产量步步高。选种、留种要言：家选不如场选，场选不如地选；风选和水选，种子都饱满；黄泥水选种出好苗。选留什么种子由当家人决定，当家贮藏。贮藏办法因种而异。80年代后，多数农户从种子公司购买稻、麦、油菜等优良品种，免去收藏之劳顿。

夏季抢收，有如救火。俗谓：“蚕老一时，麦黄一响”“麦黄不收，大半都丢”，插秧抢先，割麦抢天；通常是上午割，下午收，登场短期堆放，天晴即打。秋收紧迫程度虽低于夏收，也要抢时节。谷到大暑节，昼夜忙不歇；立秋雷轰轰，抢割莫放松；处暑拿镰不问青；霜降不打禾，一夜少一箩；当季是宝，过季是草；九成收割十成收，十成收割一半丢；拉到场上一半，收到仓里才算。

**植树偏好** 传统习惯山区喜植根深叶茂、不畏风寒、耐贫瘠的用材树和经济林木。山上向阳处蓄油松、马尾松，背阴处植杉木，村湾边栽枞、榉、椿、银杏、青冈栗、大叶栗和南竹，公共建筑物前栽刺柏、松、桧，田塍、地边种桑、柘、栗、乌桕、油桐，滨江、湖一带喜植生长快、不畏涝的落叶树，如杨、柳等。丘陵、平原区多植过渡性林木。其村垸边多植樟、榆、槐、桂、香椿、梧桐、泡桐、四季青，村湾里喜植桃、李、枣、梨、橘。栽竹、用竹、食笋则是人们普遍爱好。一些地方有村必有竹，有竹必有村。鲜笋炒肉，干笋炖肉是竹乡的待客佳肴。人们爱竹，进山、到野外作业，常用竹作杖，说是蛇见竹而遁，打蛇亦以竹杖最好。传统栽竹栽村边厚土处，但不栽坟台周围，俗谓：“怕发暴节子”。房后不插柳，当门不植桑，以“柳”谐“溜”，“桑”谐“丧”，怕不吉利。卧房边不栽桃，以为“桃有淫性”，怕引起家妇淫乱。另外，人们对村边的大树、古树怀有敬意，设栏杆、培土保护，无人对其动刀斧，故数十百年的大树各地皆有所见。新中国成立后，城镇注重街道绿化、美化，多植梧桐、香樟、广玉兰等树为行道树；单位庭院、私宅庭院、住宅小区多植水杉、银杏、桂花树等。

## 二、饲 养

**养猪** 传统习惯捉仔猪要选日子，仔猪至家先喝碗凉水，再将猪放在槽边，俗信如此猪会吃食。挑选猪脚粗，看母猪，“猪婆壮，猪儿胖”。猪一日三喂，以糠麸拌野菜为多，猪多散放，亦有圈养。民间忌养“五爪猪”“自来猪”（俗信猪来穷，狗来富）。20世纪90年代后，各地多有饲养技术的人创办养猪场，不乏年出栏肉猪1000头以上。

**养牛** 传统养牛自暮春到初冬都在野外散放，农忙季节割草少补。进入冬季，除饮水、晒太阳外，牛不出栏。长日喂稻草、干薯藤，间或调配黄豆和棉、麻饼末，用以保膘、追膘，还灌菜油、麻油，消火解毒。母牛自行配种。小牛养至一岁半穿鼻栓，两岁半教犁。进入21世纪，在平原及城郊多用小型耕耘机械替代耕牛，一些近城村庄鲜有耕牛。

**养鸡** 传统幼鸡用“抱鸡婆”孵化。孵化蛋或自选，或与人交换。鸡窝置门角落处，白天多将鸡逐出门外觅食，天晚自回。民间忌母鸡夜啼，牝鸡司晨。90年代后，所养鸡为人工孵化的良种，圈养、喂混合饲料，上规模的养鸡场各地皆有所见。

**养鸭** 传统养鸭多见于水乡、平原，为专户群养，家庭兼养的少，俗语：“家有陈谷烂米，莫养扁嘴”，意为鸭子食量大，养之不合算。80年代后，有养鸭专业户，多在千羽以上。

**养蜂** 传统养者置蜂箱或蜂笼于房檐下，任其采花、酿蜜，并不常管。分笼时有自行离去的，原主不予理睬。武宁、修水等地春花作物（油茶、紫云英）和山花（黄荆条、野桂花、茶子花）粉源丰富，有利中蜂饲养，农家素有养中蜂之传统。20世纪90年代，养蜂专业户有蜂箱五六十或以上者甚众。

**养蚕** 传统养蚕习惯为妇女主养,男子辅之。原养一季夏蚕,暮春孵化,喂养经过“三眠”,至落大“眠”时,用油灯“照蚕”(看腹成丝情况)。将成熟的(老蚕)送上蚕蔟。蚕蔟以齐稻草、麦草把、油菜熟秸、松树枝等为之,原无缫丝厂,自茧自缫、自织、自卖。20世纪70~80年代后,养蚕业已由一家一户小面积栽桑、养蚕,逐步转向专业村、专业户规模经营。从小蚕共育到上蔟、收蚕、缫丝,形成一条龙合作式生产、管理、服务模式。武宁县有凯利丝业有限公司、修水县有县办缫丝厂加工织绸。

**养鱼** 传统习惯公塘放养者多。鱼种以鲢、鳙、鲭、鳊为家鱼,鳜、鲶为野鱼,野鱼任人钓取。鱼塘中置树杈,防人偷窃。成鱼捞取自食、自卖,公养的按股份分鱼。20世纪70年代前,境内鱼苗生产完全依靠传统的长江天然捕捞,随着鱼苗人工孵化技术的应用,长江天然捕捞逐年减少,捕捞鱼苗之习俗渐消失。80年代后,农村实行联产承包责任制,水塘、水库亦按田亩分开管理,因此,塘、库养鱼由管辖户负责或承包他人。

## 三、渔 猎

**鱼虾捕捞** 传统习惯鱼虾捕捞在工余时间进行。老者常告诫后生:“捞鱼摸虾,莫误庄稼”。捕捞工具(如挂网、粘网、小捞网、鱼叉、鱼罩、钓鱼竿)又是居家必备。使用撒网、粘网、垂钓、手网捞取的居多。帮罾、放鱼鹰,唯见江湖区。20世纪90年代后,实行捕捞大留小,禁止滥捕和违法捕捞,渔民多采用木船和尼龙系网捕捞。钩钓网捞,其法是“涨水鱼,退水虾”,钓翁钓翁,莫钓南风;春钓边,夏钓潭;深水钓边,浅水钓渊;另外,田螺、田虾、湖虾、湖蚌夏季大盛,农家不时取之,以作家常菜。20世纪90年代后,永修、彭泽、都昌、湖口、九江县等地村民相继开挖鱼池进行甲鱼养殖,且规模不断扩大,随要随捕捞。

**野物猎取** 民间男子业余狩猎活动有打野兔、野鸡、野鸭、野鸟、野猪、猪獾等。打兔在早晚、夜间,有“半夜起风,兔子出松(林)”“十冬腊(月)打山边”之说。围野猪分工“打头铳”“贴铳”“赶道”三等。分配猎品,“打头铳”的多得,“贴铳”的少得,“赶道”的再少之。搭草棚插稻草人,敲破锣是山区人吓唬野猪、守护庄稼的惯用方法。20世纪80~90年代后,由于加强封山育林,自然环境渐好及对野生动物保护条例实施,繁殖力强的野猪数量渐多,传统守护办法失效,故野猪对山区农作物、水利设施造成一定程度损失。野猪伤人时有发生。鄱阳湖的候鸟,原时有人捕杀。20世纪80~90年代后,沿湖永修、德安、都昌、湖口、庐山等县区设立候鸟自然保护区,加强教育,采取措施,居民保护湖区越冬候鸟意识加强。

## 四、加 工

**传统加工形式** 传统习俗农副产品加工是家庭内部的事。加工器具为小型手磨、砻子、纺车、豆腐匣等,一般家庭皆有。大型的碓、碾、缫车、轧花机、磨面罗柜及酿酒工具等通常公用。公共器具谁先提出谁先用,损坏自觉修理。

长年加工:碾米、纺纱、捻线、搓绳、打草鞋等为长年加工,很少请人帮忙。

季节加工:磨面、榨油、弹花、缫丝行于夏秋冬3季。磨面一般自作,榨油、弹花、缫丝或自做,请师傅帮作,或送料加工。

临时加工:熬糖(米糖、麦芽糖)、酿酒(烧酒、米酒)、做豆腐、打糍粑、印花粑、烫豆粑等皆由当家人及主妇主其事。

**加工类别** 粮食加工:传统习惯通常独作,所用工(器)具有碓、碾、磨、筛、簸、甑、锡锅之类,工序繁简不一。把稻谷加工成米,须经晒谷、砻谷、簸壳、脱内皮、筛稃去杂几道工序,去壳用砻,脱皮或碓或碾。20世纪70~80年代后,农村普遍使用电动机械,粮食加工皆由碾米机、磨粉机完成,原手工操作鲜有。民间用稻谷、红薯等酿造土酒在部分地区仍盛行。修水县奉乡米酒一般重阳蒸(酒)、冬至加(水),滤去酒糟即成,春节期间家家蒸酒备用,或赠亲友,部分对外销售;客家糯米酒,也是当地人逢年过节特有的佳酿。湖口县武山亦兴用当年糯谷米酿酒,每公斤糯米能酿出0.6~0.7公斤好酒。

油料加工:传统榨菜油、麻油、棉油、桐油、茶油、花生油皆用木榨。较大的村或几村置榨坊。经营常见送料加工、以料换货、包榨而作三种形式。榨油工序多,非十数人莫为。主要工具有榨身、撞杠、碓、碾、磨、炒灶、蒸灶、大小油桶等。生产近似流水线，分工合作，前呼后应。进行步骤因原料不同而有别，筛、舂、碾、炒、蒸次序不一。榨为两人合围大树凿成，榨膛形如木鱼口，长2米许，撞杆用檀木为之，长3米左右，粗若品碗(饭碗)，其中上方凿孔并系铁索于梁上。击撞者2~3人，且击且哼唱。按俗规，饼干油净停撞后，即撤油桶，换小钵，余滴油归榨主。

20世纪70~80年代后，各地油料加工相继使用榨油机，老榨渐淘汰。

## 第二节　工匠商贸习俗

### 一、工 匠

**誉祖尊师**　传统工匠无固定作业地点，长年行游四乡，行业尝以方物为转移。百工七十二行，行行都有誉祖习惯。一入师门，恪守师承，听从祖训，遵守行规，维护本行荣誉，夸耀祖师技艺，各行门徒莫不如此。新中国成立前，工匠为"九流"之列，为抬高本行身价，都说其祖师来头大，有的还附以神话传说。各行各业有自己的行规、行语、禁忌及拜师仪式、传授技艺方法。相同点是收徒遵祖训，拜师守行规。双方关系一经确定，就得恪守"一日为师，终身为父"之约。"师父""师傅"读音无别。尊师重道蔚为民风。20世纪60年代前，居家多置"家神"牌位，位中皆书天地君(辛亥革命后改"君"为"国")亲师位，师列第五。20世纪70~80年代，曾以领袖肖像、中堂、山水画取代。90年代后，牌位在偏僻农村少数住户中再现。进入90年代，工匠学艺或技术学校，或拜师，但誉祖尊师仍俗传。

**收徒规矩**　传统诸匠新收徒弟方式：先由人介绍，如师傅同意，再回复。家长沽酒备肉，携带子弟登门拜师，或在家中设宴待师。学徒期均定3年，其间师家只供伙食，不开工钱。外出做工，徒干粗活，打下手，侍师傅起居。往返途中，徒担工具箱。学艺，多看少问，因谓"眼睛就是师傅"。与雇主谋事，由师做主，讨取工钱，徒弟劳步。徒住师家，干农活，充脚力，做家务，什么都做。平日无事不出，有事告假，未准勿离。若犯师规，任师打骂。师傅的高着、绝技一般不轻传，要留一手，以防徒弟超过自己。有的保守终身，直到病老咽气前才把高着、绝技传给亲人或得意门生。通常传子不传女。学徒期满，徒家办过"出师酒"，师傅赠工具一套，以示"衣钵相传"，并且让出一块立足之地，让徒弟独立寻主。尔后，徒弟如对师傅不敬，必遭同行谴责。俗谚"徒弟徒弟，三年受罪"，而尊师重道，不叛本门，既成行业习惯，又成社会舆论。新中国成立后，随着社会发展和行业组织的出现，师徒关系表现为平等互爱，通力合作，师愿"青出于蓝而胜于蓝"。

**寻主方式**　*做世主*：铁、木、石、蔑、理发、缝纫等匠在自己周围有一定雇主，叫"做世主"，雇主较为固定，变动少。如某匠擅自到别的工匠范围内作业，叫"抢世主"。"抢世主"被视为挖别人墙脚，抢别人饭碗，是不合职业道德的。世主原请某师做活，后另请他人，这叫"却世主"。"却世主"是对原师的不敬。原师不仅要见怪，且后请的师傅亦遭同行白眼。手艺高的工匠，人都乐意请，故可跳出圈子，四处揽活，叫"拉世主"。拉世主的方法不一。木匠先到东家锯几段圆木，砍块板子，放着，再转到西家亦复如此。伺活揽够，从第一家做起。如做屋、打嫁妆，需大小件成套，期限短，时间紧，一匠难以完成，由主持师傅邀约其他工匠合并，工资由主持师傅裁定，这叫"捧世主"。某匠品德不端，技艺不佳，信用不好，世主不愿找他，这叫"泼世主"。倘因世主太多，某匠感到力不从心，则同主家打招呼，嘱其另请他人，又叫"辞世主"。

*上门找活*：某些赶季的和特殊情况下才有活路，匠人尝登门自荐，弹花匠、油漆匠等属此类。

*挑担游乡*：匠人挑着工具箱，走村串户，且行且喊。活成，工钱面议，当时结账。补锅、补碗、补鞋、补伞、磨刀匠等属此类。

*兼开作坊，坐地经营*：某些工匠拥有店铺、作坊，或一家独作，或雇帮工，或几家联营。顾主可拿现钱买货，可送料加工。打铁、金银铜匠及榨油、酿酒、熬糖、做面、做豆腐等属此类。20世纪60~70年代以来，一些传统工艺匠，如机匠(织布匠)、砻匠、伞匠、补锅匠、染布匠基本消失。木匠、铁匠、篾匠、砌匠、石匠、雕匠、漆匠、剃头匠等虽然还有一定市场，但多以坐店经营，机电加工或上户承包产品，改变着原上门做

“乡工”做“手艺”的生产习俗。改革开放后,各地相继增加美容、美发、修脚、洗脚、按摩、文印、摄影、礼仪服务等行业。

**行规俗禁** 传统手艺人讲究手脚干净(指无偷捞爬拿恶行),语言诚实,态度良好,品行端正,不挑嘴弄舌,不惹是生非,能尊重主家,取信于人。见人有危急事,主动帮忙。与人交往和颜悦色,讲礼貌。匠人规矩各异,也有小同。相同的是,一般离家十数里的不在主家留宿,需要留宿的自带行李。木工早去晚归,斧头不离身,行走夹肋下,晚间用以防身或曰避“邪”。石匠晚归只带“五尺”,用意同前。木匠干完活将斧头放在工作凳脚边,口朝凳里。工匠各有各的禁忌。裁缝做寿衣用丝、棉、麻布,不能用皮毛料;衣扣不打连环结,亦不用硬质扣。木匠的工作凳自己不坐更不让他人坐,做梯“踏七不踏八,踏九不踏十”,要求木质“干枫湿柳,木匠不动手”。

20世纪90年代后,行规俗禁仍在手工匠人中沿袭信从。

## 二、商 贸

**商风行语** 20世纪90年代以来,商贸习俗仍注重门面。宁丢生意,莫丢门面;经商信为本,买卖礼当先;人讲人格,店讲店风;生意三件宝:人缘、门面、信誉好;一客失了信,众客不登门;开店容易守店难,难在立个好门面。

讲和气:顾客进门,笑脸相迎;判官脸面推客去,春风满面迎客来;生意不成人情在,这回不来下回来;一分价钱一分货,一回买卖一回情;不怕生意少,就怕顾客少;公平交易,和气生财;人无笑脸不开店,和颜悦色招远客。

探行市:没有行市有比价;有钱莫买腊月货,一个灯盏贵半个;一日买卖三时价,早晚时价不相同;漫天要价,就地还钱;不知风雨不行船,不通行市莫经商;生行莫入,熟行莫出;生意不抢行,买卖做不长。

讲诀窍:逢俏莫赶,逢滞莫丢;隔季办货,薄利销多;既要抓时令,又要抓时兴;缺货即补,积货即销;不怕不赚钱,就怕货不全;本大利小还是小,小本利大还是大。

**买卖交易** 传统俗谚:“七十二行,各走各的路”,“各有各的主意,各有各的世主”。交易方式多种多样。定点交易,此类有零售、批发、零售兼作几种情况。交通便,货源近,销售畅,接近城市、车站码头的做定向转手批发生意的多。

采购进货,坐市经营:此类经营者本钱大,货物多,综合性强。有的设商品专柜几个至数十个,顾客上门或看货问价,或按标价点货,当面成交。

收购转售:此类在水陆交通要冲和农副产品集散地设点,如米行、油行、鱼行、茶叶行、土货行、木材行等。20世纪70年代始,设专业或综合收购站、土产站、交易所,或旺季进,淡季出,牟取大利;或随进随出,赚取手续费和管理费。

定期定点交易:此类一为活货交易。货物本身要消耗(猪、牛、羊等),不宜久放,须随进随出,20世纪90年代后,条件好的地方设冷库,可宰杀之后贮藏。一为地方性、季节性很强的集会交易,常在春秋二季进行,为期三五天。

摆摊设点:此类在市镇街道的空隙处,早设晚收。买卖双方讨价还价。原先杂乱无章,新中国成立后,有工商行政部门管理。改革开放后,多数规范化,市、县以上市镇有货摊专卖“一条街”(如成衣街、小百货街、瓷器街之类)。

集市交易:各地乡、镇皆有集贸市场。交易之物主要有鱼、肉、禽、蛋、蔬菜、水果、杂粮、豆制品、土特产等。市民提篮小买往来于此。集时大多在早晨,卖者踏露赶集,称“露水集”。较大集镇半日、整日集均有。

转手交易:此类原称“二道贩子”。经营者非农、非工、非干、非商。尝于低价收买物资,拿到集贸市场上抬价出售。另有无钱无物者,只凭一个皮包,两片嘴,说话多假少真,人称“皮包商”。

流动交易:此类推车、挑担、提篮、背箱均有。交易物有百货、糖果,亦有熟食、饮料。卖糖葫芦的举一竹竿,上缀草朵,插满带柄的糖葫芦。卖“敲糖”(米糖、麦芽糖)的挑担子,敲金属板。卖馒头、发糕的在三轮车上置得保温箱,蒙保温盖,以上均以货招人。

集会交易:即传统墟日交易的有土特产、日用杂货、布匹药材,亦有糖果小吃,赶会人携老扶幼,络绎不绝。物资交流、产品展销、看样订货会见于当代,交易地点在城镇。以上常伴文艺演出、广告宣传。如九江县马回岭庙会、湖口县恩祖庙会、永修县吴城聂公庙会等。2005年,马回岭庙会人墟人数达7万人次,临时摊位千余个,商品种类数万余种,商品成交额200余万元。

挑担游乡:货郎肩挑“柜台”走四乡,不用算盘不记账。货郎担子一头货架,一头货箱。货架上红红绿绿,主卖妇女儿童用品,凡针、线、剪刀、手帕、面镜、花线、糖什、玩具应有尽有,面向姑嫂、婆婆、生意灵活。货郎者摇着铃铛鼓儿来来往往,与村民关系融洽。20世纪90年代后,城乡百货店铺遍布,货郎仅在偏远地区时有所见。正如竹枝词《小货郎》所述:“推车挑担走农庄,补缺拾遗各有方。联络城乡当使者,流通商品作桥梁”。

招徕陈列:原一般店铺、商行无招徕物,阔气的店行或挂大摆钟,或置手摇电唱机,或由机灵善言的堂倌伙计唱喏,或不时挂出某货“大减价”的牌子。20世纪80年代始,置霓虹灯,装潢铺面、柜台,设宣传窗、模特儿,动用广告、电视等。商品陈列的图案美、装饰美和色调艺术亦是当代才特别讲究的。某些宾馆、酒店、商场有男女服务人员或导购人员站于大厅前迎客。80年代后,推行“超市”营销,改以往营业员售货为将商品陈列置于货架,由顾客自主挑选。畅销货物放显眼处,非常销货物放置闲处,成品商品置于店堂一侧,散装食品商品置于各式器皿里,其上插标签,好让人一眼瞧见。货架、柜台、商品尝一日数次拂抹,不见尘迹。亦有商店商品陈列讲究艺术,多与字画、模特儿协调一体。

**店员风纪** 传统习惯坐店掌柜须经3年学徒阶段,学习行规店纪、经营本领和接待顾客及商品知识,即通常所说“生意经”。坐在店堂里眼观六路,耳听八方,举止规规矩矩,衣着整整齐齐。顾客进门,或欠身、点头、笑脸相迎;或奉茶、递烟;拂凳看坐。交谈和颜悦色,轻言细语,有问必答,不能流露厌烦情绪。店中柜台不能坐,门槛不能蹲;挑担不能横门前,条凳不能骑在门槛上。度量衡器忌人绊拉。其他器具只能平放,不可翻扑。言谈中忌讳“翻”“倒”“亏”“蚀”“劫”“摔”“淹”“烧”等字眼,见“舌头”称“赚头”,见老鼠说“财喜”,见牙齿说“财条”。20世纪90年代后虽不兴以上规矩,但讲求文明经商,礼貌待客,以为人民服务为宗旨。

## 第三节 生活习俗

### 一、衣 饰

**衣** 衣着在人际交往中,多标志其身份、地位,故民间有“佛要金装,人要衣装”“只重衣衫不重人”之谚。传统的大襟衣、扎腰裤、系腰的长毛巾已经绝迹。旧俗到商店扯(买)布请裁缝上门做衣服,20世纪80年代后,服装商店充斥市场,任由选购。民间服饰多样化。进入90年代,农村、城镇男女服饰均向休闲式、宽松式、高档化发展。80年代初期被人们所青睐的涤卡、的确良、尼龙等化纤衣料,进入90年代即被摒弃,代之流行的是麻、毛、丝绸、化纤混纺等衣料,纯棉衣料成为人们的首选衣料。唐装、羽绒、保暖服饰逐年流行。90年代中期,青年男女着装出现一个显著的特点,即男青年,尤以在党政机关上班的男青年在上班或亲友聚会时,兴西装革履,而时髦的女青年则喜欢超短裙、小背心等裸露部分身体的时装,以展示身材的秀丽。中、老年男女喜欢休闲式的服装。休闲服装基本上分为T恤、恤衫和套装3类,男女界特征也分明。恤衫吸纳柔姿装的优点,选料和款式变化繁多,穿着内外皆宜,尺码宽松但亦可收腰,花色多样,且具个性化,又适九江地方气候环境特点,令人一见即喜。套装则带有西服的庄严和猎装的敏捷,但更显平和、闲逸而没有紧迫感;裤子较宽大,便于蹲屈和随意活动,上衣也较宽松,但保持挺拔。套装用色多选典雅或间以别色,悠游之中却蓄一股生气;不土气,也不拘谨。从事体力劳动的青壮年,兴着各式工作服及采用迷彩面料制作的迷彩服装。

**鞋** 传统习俗晴天均着布鞋,有单鞋与棉鞋之分,系家庭自制,多以黑色面料制成。制作时须先纳鞋底,颇为费时。新媳妇进门为公婆做鞋,被视为孝道。天雨穿钉鞋系以皮革缝制,涂以桐油,并在底部钉上铁钉,故名。城镇居民后多穿套鞋(橡胶制),有浅帮、中筒、高筒之分。体力劳动者多穿草鞋,草鞋系稻草打绳编成,另有用碎布等材料编制的布草鞋。20世纪80年代后,均为皮鞋、旅游鞋、塑料鞋、胶鞋替代。但因布鞋轻便透气,迄今有些老人仍喜穿着。原农民赤脚下田劳作,现多穿着高筒农田靴下田。皮鞋今成为市民穿鞋主流,既舒适又美观大方。皮鞋有棉皮鞋、休闲型皮鞋之分。棉皮鞋厚实柔软、防水保暖;休闲型的皮鞋是在便装鞋的基础上再作改良,糅合柔姿的特点,但更显一种家居风貌甚至具原始的"野气",分皮鞋和皮凉鞋两类,其共同特点就是后跟裸露,即开敞脚跟部位,故又可作拖鞋穿着。如果工作环境许可,穿休闲鞋的女士,更可半露秀足之美。常年穿高跟的青年女性渐多,时髦女青年喜冬季穿加厚底棉鞋,夏季穿加厚底凉鞋。民间有歌云:"姑娘不怕步行难,竹叶型鞋尖又尖。七寸高跟如笔管,挺胸翘臀入时鲜。"

**帽** 20世纪60年代,不分老小,多戴鸭舌帽,有布制亦有呢制。60年代末和70年代初,军帽曾一度流行,不分男女人人皆戴。80年代后,春秋季戴帽已日益减少。夏天农村多戴草帽,城市戴遮阳帽,冬天则以绒线帽及窄边铜盆帽居多。女子亦有戴呢帽及绒线帽者,色泽艳丽。童帽式样众多,亦以绒线或开司米编织者为多。体力劳动者多戴工作帽、安全帽。老年体育爱好者运动时戴休闲帽。旅游者外出多戴旅游公司发放的旅游帽。

**袜** 古称"足衣",传统习俗多以棉布缝制。民国初年,男子穿土布袜,小脚女人穿袜套。20世纪30年代,穿纱袜、线袜渐多。因纱袜、线袜初为国外进口,曾俗称"洋袜"。50~60年代起,袜筒由长趋短,质地渐以尼龙、丝织为主。80年代后,人们冬天兴穿棉袜,夏天穿丝袜,女子丝袜有长短之分,青年女子还喜穿连袜裤。

**饰物** 20世纪90年代后,境内妇女比以前更注重饰物搭配和佩戴,质量也趋向高档。发夹仍流行,但制作更加精美,材料多样,如不锈钢、有机玻璃、景泰蓝、水晶等,款式趋向于几何形状、流线型,也有保留传统精细花饰风格。胸针更趋西化,一度时兴以此作为赠品,一些男士也喜别在西服反领上。戴金戒指、金项链、手镯、耳坠的女士比以前大大增多,且明显年轻化。除金手镯、玉镯外,少女喜戴五花八门的工艺品类手镯,因其价廉物美并可随意选择更换。城区一度兴起白金热、水晶热、珍珠热,而佩戴手链、脚链也大有人在。今俗穿金戴银之风日盛,又因仿真技术日趋精良,但人们各取所好,尤重款式的选择。爱装扮是女孩子的天性,中小学的女学生别具心裁在书包(背包)适当位置挂上一个小饰物,如小玉兔、小熊猫、毛娃娃等。此种装饰既不太碍眼,更显一种青春活泼气息。

**发型** 20世纪80年代前,男性发式称"西装头",中式的有平顶头(或称板头),少数人剃光头。女性兴烫发,发型有菊花、海燕等式样,姑娘多扎两条辫子,或剪短发。90年代与80年代相比,中老年人的发式无太大变化。个别时髦青少年男女,喜与影视及歌坛新式发型相比,发式常有变化,或游泳式,或飞机式。90年代中期,中年男女理发时染黑、焗油、打摩丝的增多。青少年男女打彩色摩丝,将头发染淡黄色的时有所见。青壮年男性休闲洗发渐增,保持发型整洁、一丝不乱。中青年女性,留有与脸形、身材相互搭配的发型。青年女性扎辫子的减少,留披肩发、马尾巴发型的增多,美容、化妆的增多。有诗歌描述:"农闲少妇换新姿,服饰人人尽入时。超市徘徊选何物?美容霜与海飞丝。"

## 二、饮 食

**主食** 传统主食素以稻米为主食,一日三餐,两干一稀。新中国成立前,人民生活艰难,为节约粮食,干饭通常掺以杂粮,山区掺红薯、玉米,平原掺瓜菜。烧饭时又均加上餐所剩冷饭,以提高出饭率。稀饭系剩饭和水或少米和多水煮沸而成;亦有将米、麦、六谷磨成粉末,和水煮成糊状,称米糊、麦糊、六谷糊。贫苦之家,亦有一日三餐以糊充者。20世纪70~80年代后,人民生活基本达到温饱,生活改善。城乡民户多食籼米、粳米。20世纪80年代后,九江人的日常主粮仍以大米饭为主,兼以适量面制品。粮油、副食不限量敞开供应之后,人们逐渐注重大米的质量等级,选购时讲究米粒的香、滑和软硬度。各种加工和包装都日趋精细的产品应运而生。因现代科学技术取代了繁重的体力劳动,而物质供应丰富使人们普遍营养充足,食用大米渐呈量少而品质精良的趋势,消费量比计划限量供应时期明显下降。进入21世纪,随着保健意识的提高,医学界、营养学界的提倡和宣传,对大米“食不厌精”的追求仅维持2~3年时间,人们又开始转向崇尚糙米粗粮,但这种风气在城镇始终未造成大的影响,因为糙米粗粮口感不佳,亦不适合人们的口味和习惯,故选食大米精糙还是由人各取所需。但在城区部分居民中,对主食渐次出现“复旧”现象,对传统的玉米、小米、荞麦、豆类、薯类等杂粮愈加青睐。随着人民生活水平提高,逢年过节,包括节假日、双休日、纪念日,人们照样备办丰盛家宴。

**菜肴** 域内民间向有节俭之风。传统习俗,食物多喜贮存,不图一日享用,故形成嗜食腌、霉、干、糟等习惯。入冬,乡村民户家家腌菜,以为常备菜肴。俗有“夫妻长淡淡,腌菜长下饭”之谚。开春,山区竹笋上市,多晒制笋干,平原青菜收割又多晒制干菜。农历年前,有鲜鱼活禽,也多喜制成干鱼腊鸡,以便长期贮藏。湖口糟鱼,声名远播;修水、瑞昌烟熏“腊肉”,挂在通风处待用,半年不坏。九江人喜食蔬菜。荤菜主要吃猪肉。蔬菜四季吃鲜,春夏秋最旺。春出小白菜、高脚白、雪里蕻、红白菜苔、蒜苗、茼蒿、莴苣、芥菜、芹菜、菠菜;夏出四季豆、挂豇豆、鲜蚕豆、毛豆角、韭菜、瓠子、葫芦、黄瓜、丝瓜、苦瓜、茄子、辣椒;秋出红白萝卜、豇豆、扁豆、刀豆、南瓜、土豆、山药;冬出冬白菜、包菜、冬笋、鲜藕及豆制品。秋末腌制的豇豆、扁豆、辣椒、萝卜等是淡季的常备菜。另有野生地菜、椿苗、小蒜、马齿苋、小竹笋是民户的辅助菜。人们常说:“鸡蛋没有鸭蛋光,家菜没有野菜香”。野菜为人所重。20世纪90年代后,人民生活不断改善,菜肴日趋讲究。民间已流行“吃讲营养”之说。进入21世纪以后,随着经济的发展和居民收入的增加,肉、鱼、蛋类食品已经成为大多数居民的日常食品。绿色食品、有机蔬菜已成为人们所追求的消费时尚。过去“不时不食”传统观念,因反季节蔬菜的出现而逐渐淡薄;无公害蔬菜生产的推广,反映人们对净化环境的迫切要求和冀望。以九江传统方法烹饪制作的水浒肉、蝴蝶鳝片、五柳鱼、咸菜烧野鸭、清蒸鲥鱼、烧杂烩、家乡豆腐、浔阳一品宴、小乔炖白鸭、大乔焖鸡成为九江地方经典名菜,分别被《中国烹饪词典》、《中国地方传统名菜谱》收录。

**小吃** 传统习俗多家庭自制,农村以农忙或节日时制作为多。20世纪90年代后,城乡食品商店林立,小吃种类数以千计。九江人勤劳纯朴,热情好客,在民间长期交往中,各地形成各具特色的点心小吃。如武宁有八宝什锦汤、红米碱水粑、状元桂花露、玲珑珍珠丸、美味金镶玉、小担蒸子糕;修水有艾米果、水晶汤哨子;彭泽有鸳鸯蛋、瓯子粑、溜蒸粑、麻糍粑;湖口有柳青粑、包心粑、炕粑、方粑、插花粑,颜色有红、黄、棕、白、黑,吃法有蒸、煮、剪、炒;九江县、庐山区、浔阳区有盐茶鸡蛋、炒糯米、油炸豆腐、糯米水子、清汤、面条、龙虎斗、二来子油条。九江萝卜粑,是选用鲜嫩萝卜、蒜末、辣椒末、麻油、酱油作馅,蒸熟后香辣可口,1元钱两个,便宜又好吃,深受市民喜爱,甚至外地旅客途经九江时,都极感兴趣地买上一袋二袋带回去让亲友品尝。一位去台人员到九江曾提出吃萝卜粑。有竹枝词云:“米粉皮子萝卜馅,麻油喷香呵呵辣。老伯去台数十载,回来犹呼萝卜粑。”今商号供应有酥糖、茶饼、鸡蛋糕、绿豆糕、麻片、饼干等等,各俱佳味,也作馈赠礼品。大街小巷摆卖的摊点供应有馒头、包子、春卷、卤味、油饼、油糍、油粑、烤红薯、烤羊肉串、蒸玉米、炒米粉等,琳琅满目,芳香扑鼻,常令行人闻香止步,一尝为快。20世纪90年代后,城镇兴吃夜宵。夜宵是夜生活的尾声,工作或娱乐活动之后未免饥肠辘辘,需要适当吃点东西方才休息。夜宵的品种一般是粉、面、粥、汤等,也有来一盘龙虾、田螺之类。在家吃夜宵多以即食方便面为主。21世纪后,因害怕增肥,许多九江人都忌吃夜宵。

**饮料** 传统习惯以酒与茶为传统饮料。米酒民间多有家酿,故嗜酒者甚众。城乡酒肆林立,常座无虚席。有客至必沽酒以待。日常宴请均称酒而不称席,如喜酒、寿酒、谢师酒、拜师酒、满月酒、贺屋酒、饯行酒、接风酒、升学酒、庆功酒等。饮茶之俗亦相传甚早。《庐山志》记载东汉时(25~220)即有僧侣攀危岩、冒飞泉、更采野茶。晋时,境内民众即有“种茶之习,嗜茶之好”。旧俗在城乡街头、桥脚,茶铺众多,板凳茶桌,围坐聚者甚多,或叙谈旧谊,或洽谈商务,甚至调解纠纷,亦时有所见。有客来访,必先供茶,新亲登

门,尚须在茶中加以冰糖。不见茶水,被视为怠慢来客。进入20世纪90年代,茶艺兴起,品茶成为一种常态化的生活方式,有的居民家中设一茶几,或设一处小间,自饮或待客。九江境域广阔,酒与茶,各地均有独特之处,武宁玉芦烧口感醇香,清代《竹枝词》曰:“�笼新压玉芦酒”,“山棚饮我玉芦烧”,“红丝数缕杯中起,绝胜仙人嚼晚霞”。庐山区“蛤蟆尿”,酒香浓郁,周边人们儿女婚嫁、老人做寿、农作丰收、逢年过节,凡喜庆之事都首选定做。浔阳区“九江陈年封缸酒”属甜黄酒类,酒呈琥珀色泽,晶莹透亮,其味鲜甜醇厚、柔和爽口。修水菊花茶,可解渴、消乏、提神,长饮有益健康;民间采摘大青叶(板蓝根)、蛤蟆衣(车前草)、臭草(鱼腥草)、夏枯草、紫苏、茵陈、金银花茎叶晒干(或鲜草挤汁)泡水饮用,可清热去暑、除湿;还有采摘薜荔果加工制作的凉粉,类似果冻,亦是解热消暑饮品。庐山云雾茶,国家领导人朱德赋诗赞:“庐山云雾茶,味浓性泼辣。若得长年饮,延年益寿法。”牛奶、豆浆成为寻常饮品,矿泉水、纯净水及各色饮品从无到有,品种渐多。20世纪90年代以来,无论公私业务往来,或是个人、集体社会交际,人们都喜欢选择到茶楼进行活动,相互交流,沟通信息,饮茶成为人们交往的一种方式。

## 三、宅 居

传统习俗民间重视建房,贫家尤感建房、迁居的艰难。故有“拆屋容易做屋难”“上屋搬到下屋,要贴三担稻谷”、“无事莫跟屋商量”之说。无论贫富都慎造屋基,清规戒律甚多。择基看风水、定座落,用意是图吉利发福,再图生活方便,看是否避风、防火、向阳。今俗建房一般少讲风水,多讲通风、向阳、美观、卫生、方便。建造新房,上梁之日,用大红绸布系在大梁上,选定吉时,架上屋梁,燃放鞭炮,鸣锣喝彩,抛撒糖果,随人抢食作乐,以表示吉庆。新屋建成后,择吉日进屋,携带饭菜连同柴、炉火、梯子、圆盘等用具,鸣炮入门,亲朋送礼祝贺。2001年后,各地规定22时至凌晨5时间禁放鞭炮,其他习惯有节有从。农村改砖木结构为砖混结构,现浇楼面顶时(封顶)相当于旧时的上梁,礼仪照旧。居住上,无论城镇与乡村,三代同居一室的现象鲜有。2010年末,全市城镇居民人均居住面积32.12平方米,农村居民人均住房面积40.87平方米。城镇居民从租赁住房向商品房转变。中等收入的城镇居民,在购买商品房时,多选择中层、向阳、水电暖及煤气管道齐全、有双卫生间、客厅面积大的楼房。有的居民住上现代化的高层电梯商住楼宇,但由于多是单元住房或单门独户,大门一关,自成一统,致使邻里之间鲜有来往。农村居民从干打垒为主的土坯房或砖木结构的古民居向钢混结构的2~3层楼房转变。多数农户是单家独院,有小厅堂、卷折门、大开窗,住房与厨房隔开,水冲厕所、水电配套。偏远山区居民逐步向平原移民,农村住房到集镇建房,边远星散的住户向交通路口集中,自然形成交通便利、水电入户、商贸、文体配套的新村庄。有居户得天时地利之便,利用阳台、天井、天台种花木,一般种植白兰茉莉、玫瑰、菊花、芍药、太阳花、鸡冠花、牵牛花、爬墙虎、葡萄等。此外,有人喜栽养盆景,树种有黄羊、石榴、满天星等盆景,有大、中、小型之别。90年代后,又兴微型盆景,可供案头观赏,小者仅约径寸,颇为别致。

## 四、生活用具

**炉灶** 20世纪80年代后期,农村中少量农户仍沿用传统的柴灶,由灶台、灶墙组成,建有大、小相连的两眼灶,一般是大灶做饭,小灶炒菜。城镇居民少数还用煤球炉。进入90年代,城镇居民做饭、炒菜使用液化气灶的已普遍,部分家庭使用电饭煲、微波炉、电磁炉之类的灶具;农村部分家庭使用沼气灶。太阳能热水器在多数地方推广使用。炉灶今多有改进,无烟灶、抽风节柴灶、烧煤灶、沼气灶、煤气灶、电饭煲渐从城镇遍及乡村。家庭灶面贴瓷板,窗内嵌排气扇。进入21世纪,尚在使用煤球炉、液化气灶的农户仍保留柴灶,以备急用或客人多时使用。

**炊具** 20世纪80年代后期,农民与城镇居民使用铝锅、铝盆者逐渐增多。进入90年代,使用土窑烧制的瓦盆之类炊具已逐渐减少,代之而起的是搪瓷器具,不锈锅、不锈盆、碗等炊具进入寻常城乡居民家。小型豆浆机、果汁机等专用品在部分居民家中开始使用。

**饮水用具** 20世纪70年代开始,域内农村有家庭挖掘砖砌水井,后改装为手压水井,或用微型水泵抽水。进入21世纪农村家庭有安装无塔供水设备,近城家庭安装自来水。储水的瓦缸、陶瓷缸、木桶少有人使用,多用镀锌桶、塑料桶提水或储存水。多数家庭兴使用饮水机、保温瓶、保温杯。

**日用家具** 20世纪80年代流行组合柜、大立柜、折叠椅、竹藤椅、软沙发。90年代开始,流行低式的组合柜、组合条几、实木沙发、电视柜、博物架等家具。部分城乡居民购买商品房后,不再购买家具,而在装修房屋时根据房间的面积和爱好,制作永久性的壁橱、角柜、博物架、书橱等日常用具。部分居民淘汰旧家具,添置高档家具,带动家具向高档化发展,数万元一套的楠木家具、数十万一套的红木家具进入富裕的城乡居民家中。电冰箱、洗衣机成为多数城乡居民的必需品。

**照明用具** 90年代后,域内城乡多通照明电,用电灯照明,煤油灯成为临时停电的应急用品。各种节能灯、环保灯进入城乡居民家中。一些农民家庭逐步改变用一盏电灯照明的习惯,每个房间都安装电灯,夜间看书使用台灯照明。新建、改建房屋安装吊顶灯、壁灯、床头灯、落地灯等灯具,几百元、数千元的豪华灯具进入富裕起来的城乡居民家中。不少灯具已成案头摆设或室内装饰品。

**出行用具** 20世纪80年代开始,城乡居民家庭拥有自行车数量逐年增多,一些家庭达到每人一辆。家用摩托车拥有量亦逐年增加,有年轻夫妇各自拥有摩托车。90年代初期,老年人开始使用三轮摩托车,女性开始使用环保电动车。在一些农村,去1千米以外办事、购物,除少数中老年人步行外,青少年多数以自行车或摩托车代步;城镇时髦青少年,即使只有公交车2~3站的路程,也要坐人力车或坐出租车。进入21世纪,各种品牌小轿车开始进入部分城乡居民家中。

## 五、娱 乐

**传统儿童游戏** 打子弹:在平地上挖3个小坑,两人以上各持玻璃(或水泥)弹子弹进3个坑内,再击中另一方的弹子为胜。

抓子:2人取圆滑石子(亦有用布缝小袋内装沙的沙袋)数粒抓于掌心,向上抛出1粒子,其余下撒出,乘上抛的1粒子未着地时掌心向下把地上的子粒收拢,再将抛上去的1粒子接住,以不失手为胜。

鸡婆棋:就地划个棋盘,折几根小木棒,捡几个瓦片对弈,以将对方的子吃完为胜,或以堵死对方的棋路胜。

踢毽子:取公鸡颈毛一撮嵌在铜钱眼里,底部置一圆垫,便成毽子。踢时,成单或双,或拼,且踢且蹴。玩出平踢、侧身踢、膝盖踢种种花样。谁连踢的次数多谁胜。败者要罚"酒",即给胜者投出毽子于脚下踢出。春冬季玩此种游戏甚多。

翻格子:一根2尺来长的小绳合为圈,叉在手指上,参与者按照规定路数翻下去,若中途不乱最后还原,算是成功。

捉迷藏:参加者一寻一藏,藏方藏好后发信号,寻的一方将其一一捉住为胜。

丢包儿(手帕):参加者十数人围成圆圈,一个拿包儿(手帕)跑于圈外,趁围者不注意时,悄悄将包儿(手帕)丢于背后。若及时发现就拾起包儿(手帕)接着跑,否则受罚。罚的方式多样,或唱个歌,或做小动作等。

抓龙尾:十数人为队,后者牵着前者的衣摆,连成"龙",一个作"龙头",一人作"尾巴",捉"龙"的人寻机抓"尾巴","龙尾"躲闪,"龙头"极力阻拦抓"龙尾"的人。未捉住"龙尾"不为胜。

跳房子:地面上画一形如飞机的图形,分为9格,数人同玩,一一先抛瓦片于第一格内,随即单脚跳入,并拔瓦片于第二格,直至跳完9格为止。以跳房子多,中不受阻者胜。

跳皮筋:皮绳丈许,系在两个固定物上,跳者二至数人,按拍节作点、绕、转、摆压、摆勾、摆踩等动作。

打陀螺:陀螺圆锥形,锥部朝下,用布带或麻索抽打,使之不停转动。力气大的,陀螺如一团旋风,在地上扫荡开去;力气小的,陀螺只是摇摇晃晃,如一只病鸟在原地打转。

滚铁环:铁环多是木桶的铁箍,亦有用铁丝做成,一手握着铁钩推着铁环向前。游玩者经常比赛,参赛者的铁环排成一溜,一声令下,浩浩荡荡推进,有时比赛滚得快,看谁最先跑到终点;有的比赛滚得慢,看谁最后倒下。进入21世纪,以上游戏活动参与者多为边远农村儿童,打弹子、抓子、鸡婆棋、滚铁环、跳房子等在城镇鲜见。

**传统成人娱乐** 看社戏:为旧时农村主要娱乐活动。多在农闲或各地庙会时举行。有演一日者,亦有演三日三夜者。演戏时,各路商贾云集成市。村民多邀朋请友,呼亲唤眷,相约看戏,全村如过节日一般。看社戏今不多见。

赛龙船:相传为纪念屈原,故多在农历五月初五举行。其时赛场数舟齐发,锣鼓喧天,两岸人声鼎沸,热闹异常。迄今各地仍盛行。

斗蟋蟀:一俟秋日,此风甚盛。街头巷尾常可见众人围观蟋蟀争斗,以此为乐。精于此道者,对蟋蟀选择、饲养、器皿等均有整套经验,如视蟋蟀仰头、卷须、练牙、踢腿而为"四病",不被所取;对蟋蟀之色,又有白不如黑,黑不如赤,赤不如黄之说。惜历来以此为赌博者甚众。新中国成立后,曾有禁止。现城区娱乐项目日益见多,故斗蟋蟀鲜有。

养宠物:选择较温驯的猫、狗、兔、龟等为主,品种趋向高档。观赏鱼饲养渐多,品种繁多;水族箱具有过滤、杀菌、输氧、恒温、定时喂养等装置;连柜落地式水族箱适合于宽敞的厅堂摆设,小摆设的水族缸有的则小如饭碗。为宠物狗、猫提供医病、饲料、托管(饲养人外出期间)服务的店铺已经出现。

斗牌:形式甚多,有打牌九、接龙、红星五、搓麻将等等,但玩乐不当,常多沦为赌博。今在城乡斗牌风气甚浓。有人描述:"月色溶溶晚风凉,悠闲漫步两湖旁。遥看前街徐娘舞,近听居室麻将狂。"

弈棋:象棋、围棋、国际象棋等在域内均有流行。有诗云:"静坐无聊奕局棋,掏空脑汁挽危机。平生素慕攀高者,钝铁镶钢负也怡。"

传统体育游戏活动多见于农村。城镇因现代化教育、游戏器械增多,采用旧法的甚少。进入20世纪后,城乡居民早晚兴打太极拳、练武术、练气功、舞剑、木兰扇、跳广场舞、打门球、冬季长跑、走"湖"走"江",游泳、踢足球、打台球、羽毛球、篮球、乒乓球等等,爱好戏剧、音乐者兴唱京剧、黄梅戏、唱歌、拉二胡、手风琴、钢琴等。自由娱乐蔚成新风。

## 六、保 健

**传统医方** 新中国成立前,居民患病用土方自治。伤风感冒,找葱、姜、薄荷煎汤发汗;肠胃不适、打饃嗝,炒煳米煎水喝;大便困难,喝两勺芝麻油;小便不利,把车前草煎汤饮之;灼炎烫伤,捣生萝卜汁涂抹;气痛,研碎萝卜子拌人奶吞服;脱发,用松针煎水洗头;蚊咬,先用丝带捆扎伤口上部,再含烧酒吸之,且吸且吐,至不肿为止;若伤口溃烂,则煎红苋菜汤擦洗;蜂蜇,立揉丝瓜汁抹患处;煎辣椒水洗冻伤,不致冻后生疮(若成冻疮,则烧萝卜汁敷患处周围);取芹菜合大米煮粥吃,主去伏热;取油菜子油浸香草,擦头发,令发长黑;治疗发痧(即急性中暑),不用药物,而以手推揪背部、肘部筋腱,使头血脉畅通,俗称"刮痧";头痛发热,在太阳穴上用火罐拔之,俗称"拔火罐";端午以雄酒洒喷居室,以防病毒等。

**保健精言** 民间重饮食疗法、运动疗法及养生保健法。有的提炼成谚语,如"离得三日荤,离不得三日青""冬吃萝卜春吃蒜,大小病痛往边站""萝卜上街,药店不开""白菜萝卜汤、益人保健康""上床萝卜下床姜""鼻子不通,吃点大葱""饭不熟不吃,水不开不喝""吃米带点糠,保你日安康""吃饭多喝汤,无须开药方""三餐肉不如一餐粥""早餐吃饱,中餐吃好,晚餐吃少""渴不急饮,饿不暴食""饭后百步走,要活九十九""有静有动,无病无痛""手舞足蹈,九十不老""跑跑跳跳健巴巴,不说不笑瘦丫丫""说说笑笑通七窍""不气不愁,活到白头""心宽体胖,多愁多病""旺火烟少,心宽气少""色多伤神,酒多伤身,嘴多伤情,气多伤心""捂捂盖盖脸发黄,风吹日晒身健康""冷不蒙头,热不袒腹""夏不睡石,秋不睡板,冬不蒙头,春不露背""心静自然凉""头对风,暖烘烘,脚对风,请郎中","贪凉失盖,不病才怪""窗明几净,健康无病""寒从脚下起,病从口中来""要想长寿,先戒烟酒""两脚不能移,要吃五加皮""认得半边莲,可跟毒蛇眠""七叶一枝花,百病一手拿""良医如良相,用药如用兵""出汗不迎风,走路不凹胸""怕用日头照,必等医生到""不求虚胖,但求实壮"。民间医疗保健习俗久传不衰,简方治大病,乡民笃信。今各县(市、区)距城镇偏远地区仍有所传、沿用。

# 第四节 岁时习俗

## 一、传统节日

**春节** 今“出天方”、拜祭天地等已渐少见。同日零时,千家万户燃放烟花爆竹,辞旧迎新。清晨鸣炮开门,称“开门爆竹”,寓“开门大吉”“早升早发”之意。早餐兴吃汤圆,并杂以年糕粒,取谐音“团团圆圆,高高兴兴”之意。早餐后人们走出家门,奔走相庆,凡有邻居、友朋登门,必敬香烟、糖果。途遇见面互相祝愿,道声“新年好”“恭喜发财”“身体健康”,为新春祝福。整天内,不动刀斧,不扫宅地,不倒垃圾。初二起,亲友递相拜年,往往先近亲,后远亲,由亲及疏。修水俗有“初一崽,初二郎,初四之后拜姑娘”次序;多数地方初三为忌日(都昌为初八),只为头年去世长者拜祭,一般不到亲友邻居拜年。亲友拜年须携糖果、烟酒之属作为礼品。居住外地亲友,兴以通过电话或编发手机吉祥短讯、电子邮件或邮寄贺年片(卡)拜年。其间,商不停业,部分工厂不停产。市、县(区)、乡(镇)领导下基层、下工厂慰问第一线生产(工作)者,走访贫困户,拜慰劳模、老干部、老科技工作者、烈军属;机关干部兴“团拜”,青年给烈军属、困难户做好事。春节法定假日3天,为便于休息、工作,将节前、后两个双休日合并为7天,俗称“春节黄金周”,其间各地娱乐活动丰富多彩,城乡皆有以社区或村庄组织的龙灯、狮灯、船灯等巡回表演,各种联谊活动如战友会、同学会等聚会聚餐活跃。各地公园安排以迎新春、欢度春节为主题游园活动,影剧院好戏连场;喜欢体育活动的市民,参加打球、跑步、健美操、广场舞、赛自行车;喜欢清静、好学的市民则到图书馆、书店阅读书报。亦有人选择“离家”过年,举家到外地度假,或到北方看雪,或到南方看海。其间,死人不发丧,不张罗,亲戚不往吊唁。

**元宵** 农历正月十五为元宵节。是夜张灯,境内此俗至今依然。农村家家户户将点燃的彩灯张挂于院落、院门的引人注目处及各个房间,满院通明,满村通明。城镇家家张灯,户户各类照明工具齐明。20世纪80年代起,人们自制各式各样彩灯、工艺灯笼,但不用蜡烛,改用电池或交流电。90年代始,城镇主干道的灯杆上及绿化带中,广场的草坪及雕塑上,高大建筑物上都装饰起形态各异,具有一定寓意及象征意义的彩灯,晚间华灯齐明,城镇更加亮丽。有关单位组织各种文艺演出或舞龙戏狮、焰火晚会、灯谜竞猜、体育竞赛活动,文化气氛浓郁,观者如堵。年轻人亦将元宵节视为情人节,兴向情人奉送鲜花、逛夜市,吃西式“情侣套餐”等。正如竹枝词所云:“彩车长龙蚌壳精,元宵浔城处处灯。焰火腾空城如昼,照见阿妹把哥亲。”元宵节亦兴吃元宵。元宵又名“汤圆”“圆子”“浮圆子”。取其圆形圆音,寓意团圆、平安、吉祥、美满,今有家庭自制,超市也有各种品牌元宵销售,馅有香、甜、咸、辣、酸、鲜等各种不同风味,既可煮食,又可炒吃和蒸吃。中央电视台举办元宵晚会节目,公布春节联欢晚会中被评出来的优秀节目和演员。元宵意味着春节结束,之后出远门的要“发行”,农人要忙备耕,俗云:“吃了元宵果,各人寻生活”。

**清明** 传统习俗以清明日前三(天)后四(天)(亦有前后各3天)之内,各家族组织族人带着锹锄、香纸到祖坟扫墓,清除杂草,清理水沟,焚烧香纸,并在坟上压着一张纸钱,俗称“上坟”。此俗至今犹存。在外工作或务工者,节间亦相继赶回家扫墓,俗语:“不望节,不望年,只望清明一张钱”,意为每年清明要祭扫坟墓。若有迁坟改葬的,一般俗信清明七日内动土无忌。2008年开始,清明节法定假1天,为便于工作、休息,将1双休日调至清明节前后计3天。机关、学校多组织青年职工和学校师生祭扫烈士陵园(墓),敬献花圈、花篮,寄托哀思,进行传统和爱国主义及人生价值观教育。封山育林之际,易发山火,各级政府或护林组织提前发出通告,禁止带火种上山,严禁野外焚烧香纸、爆竹,提倡文明扫墓。2010年,市政府通告规定,在公墓区禁用塑料祭祀品和燃放鞭炮、烧纸钱等祭祀方式,提倡“绿色清明”,以献束鲜花拜祭者日见增多,且渐成时尚。清明又是农事节日,湖口、都昌等地有“清明前后,种瓜种豆”、“清明若不明,农夫忙不停”之俗谚。清明前日为寒食节,域内部分地方尚有禁烟火一日之习。

**端午** 传统习俗,户户截蒲为剑,割艾为旗挂于门首,喝雄黄酒,小孩额头抹雄黄,妇女于节前以零绸碎布缝制香囊、鸡心袋,内装茶叶、香料、药物或樟脑,于是日相互馈赠,挂于孩子胸前,诸习皆为驱蛇、蝎、蜂、蚊、蝇瘟疫五毒。吃粽子、龙舟竞渡,相传是为纪念战国时楚国大诗人屈原而形成习俗。2008 年开始,端午节法定假 1 天,为便利休息、工作,将 1 双休日调整到端午节前后计 3 天。现代医学证明,雄黄有一定的消毒杀菌作用,但因雄黄本身又有毒,对人体副作用甚大,今俗已改掉喝雄黄酒和用其涂在小孩脸上的旧习。挂艾枝、菖蒲、吃粽子、龙舟竞渡之习犹存。节日期间,沿江濒湖地区仍兴举行龙舟竞赛,城乡居民视观看龙舟赛为一大快事。浔阳城内甘棠湖多次举办过龙舟竞渡活动。正如竹枝词《龙舟竞渡》描述:"五月端阳粽飘香,龙舟竞渡闹浔阳。甘棠湖上鼓声急,赛过周郎练军忙。"节日期间,瑞昌大城、祥符农民,有举行"斗牛"习俗。修水农户将圈养的家畜大清早放到野外吃露水草,称"放菁";在房前屋后撒雄黄,以避邪毒;将艾叶放到枕边,去除晦气。"吃了端午粽,方把棉衣送"。意端午一过,天气渐暖,农事大忙。

**六月六** 届时民间多晒衣物,士人晒书籍,僧道晒经卷,谓同日曝晒衣物,可防蛀。另有俗谚曰:"六月六,猫狗也潲浴",称同日猫狗洗浴可避虱咬;"六月六,阴一阴,黄草贵如金",意为这日天气不好,日后雨水甚多,稻草不易保管而显宝贵。20 世纪 90 年代,境内相沿"六月六,晒红绿"之习,家家户户兴将床垫棉被、长衣短衣都拿出来晒。

**七月七** 又称"乞巧节"。传统习俗晚上,青年妇女在院中置桌,将装有水果的碗盘放于桌上,向天空星星密集的地方行礼,乞求织女传授线钱技艺。此种活动是种戏乐,表达青年妇女渴望心灵手巧的心情。今每到七月初七之日,人们仍会回忆牛郎织女相会传说,但女性就业渠道增多,不以飞针走线为荣,传统"乞巧"之俗亦渐淡化。

**七月半** 民间旧俗信七月初一日,祖先亡灵回阳间,至十五日返阴间。届期每日早晚两餐家家先供祀先人牌位,鸣鞭炮,摆供品,乡村姓氏大户依然,小姓散户或无祖堂的氏族和城镇居民多自然取消。十四日晚,将纸钱、冥币包成"包袱"于旷野火化,以示饯行。若有新亡灵牌位者,则举行"除灵"仪式,俗称"上堂",此俗至今犹存。2010 年,为保护城镇环境卫生和安全,市政府告示市民不得在主城区焚烧冥物、燃放鞭炮,提倡以网上寄语,短讯传情,放荷灯等文明祭祀方式。

**中秋** 民间多在此日阖家团聚欢宴,俗称"团圆节"。节前亲友互赠月饼、果品,以祝"人月双圆"。是夜月色倍明,家家以月饼、鲜果祭月,全家人或邀亲朋好友欢聚,吃月饼、瓜果、赏月。永修吴城有"中秋人尽爱团圆,白藕蹲鸱各一盘。开着门儿拜明月,西瓜灯好要人看"之描述。今机关、团体此间举办中秋茶话会、座谈会;游子返乡省亲,侨属聚会,写信吟诗寄语境外亲人。在外来务工人员多的单位,重视安排好外来人员的中秋节活动。2008 年开始,中秋法定假日 1 天,为便于休息、工作,将 1 双休日调至中秋节前后合并为 3 天,俗称"小长假",有人外出旅游欢度节日。民间还以中秋夜之晴雨,占来年元宵阴晴。"八月十五云遮月,来年元宵雨打灯"之俗谚由此而来。

**重阳** 今境内民间同日仍兴蒸粉为糕(粑),称重阳糕(粑)。有吃糕(粑)、登高、插茱萸、饮菊花酒之习俗。有人吟诗作赋,以为风雅。彭泽境内农民多在这天以绿豆和米浸泡磨浆煎成薄饼,叫做豆粑,或做蒸米粑,小吃一顿以示过节。1986 年,国务院将重阳节定为"中国老人节",借助传统节日,以孝亲敬老为主,给长辈送礼品,各级党委政府机关领导上门走访慰问离退休老干部、长寿老人。俗谚:"过了重阳无时节,不是风来就是雪",意为重阳过后,转眼就是寒冬,应及早准备冬衣冬粮。

**腊八节** 农历腊月初八,早餐兴全家吃由灿米、糯米、粟米、绿豆、芝麻、花生仁、莲子仁、红枣 8 种(品种或有不同)配料混合煮成的粥,俗信吃了腊八粥,可仰佛禳灾。90 年代起,此俗从营养角度出发,配料中增加一些滋补药材,演变成五花八门的八宝饭、八宝粥、八宝汤供给餐市,俨如保健节日。

**除夕** 自腊月上旬起,年事日繁,置办年货。二十三日,打扫扬尘,清理垃圾;有"上班一族",请钟点工上门打扫卫生,省去不少麻烦。当夜备酒菜、香烛"送灶神""接祖宗回家过年"。"二十四过小年,二十六剁年肉,二十七碾米吃,二十八'福'鸡鸭,二十九样样有,三十夜噼哩叭",及至除夕,商号提前息市,家家张贴对联门画,今俗兴将"春""福"字倒着贴,取"春到了""福到了"的吉利话。以姓氏聚居的家族,旧时有

“还年”之习，今有些地方仍盛行。各地仍注重“有钱无钱，回家过年”之俗，外出不管离家千里万里，不论挣钱多少，人们都要尽一切努力往家里赶。全族人员集中于祠堂(祖堂)，供奉三牲酒菜祭祀祖先，并按辈分长幼行礼；事毕阖家团聚欢宴，谓吃“年饭”。满桌菜肴多讨有口彩，如猪头称“神福”，骨头称“元宝”，竹笋称“节节高”，花生称“长生果”等。各种菜肴尽可畅食，俗称“三十日夜吃”，唯鱼不得食，以取“吃剩有余”之意。长者向儿孙辈分赠“红包”，曰“压岁钱”，终夜围坐不散者，称“守岁”。20世纪八九十年代后，虽然人们再不提倡大吃大喝暴饮暴食，但吃团年饭还是年节的一项重要内容，只是形式有了改变，许多家庭兴在酒店宾馆订席，既省事又乐得环境舒适，一些名店中、晚餐爆满，座无虚席。年饭后，多收看电视节目，有人收看中央电视台春节联欢晚会，并参与评选优秀节目和演员活动。压岁钱兴变为教育储蓄或购买保险。至交子夜零时，城乡千家万户不约而同燃放烟花爆竹，迎接新的一年钟声敲响，喧闹一阵而后“封门”歇息。今俗亦有独生子女轮流或分别到父母家过年等等。

## 二、时令节日

**立春** 立春为二十四节令首，时间无定，一般在“五九”末或“六九”前；有一年两春，亦有一年无春。今仍有农户据此占卜年成。谚云：“春打六九头，一边做一边愁；春打五九末，有吃又有喝”“一年两个春，粮油贵如金”“立春一过雨水来，农田活计早安排”。传统习俗有迎春、探春、迎春牛等。90年代以来，仍俗兴吃春饺，或在立春时刻鸣爆竹以示接春。

**春分** 为春天开始的节令。此后草木返青，阳气旺盛，农户忙于备耕，俗谚：“春分草渐青，一刻值千金”，传统习俗农人到土地庙前焚香点烛，祷祝四季平安，五谷丰登，六畜兴旺。此俗早泯。

**谷雨** 清明后15天为谷雨，意为雨生百谷。平原农人恪守“清明浸谷种，谷雨下齐秧”常规；山区茶农采摘“谷雨茶”，且视为珍品。20世纪80年代以来，一些机关、学校及群众团体，组织诗词爱好者举行“谷雨诗会”，吟诗作赋，高雅之情态大胜于昔。

**立夏** 民间以为春天结束、夏天开始。传统习俗有称人之举，相传为孩童称体重，可防疰夏。农村各户要买肉吃，且须吃饱，以壮身体，称为“撑夏”，俗谚：“人望立夏吃个饱，牛望立夏填肚草。”部分地区有接嫁女回娘家“吃蒸肉”之习。另有俗谚：“立夏不下，无水洗耙”，意为立夏未下雨，日后会久晴干旱，应及时蓄水防旱。

**芒种** 芒指带芒的作物如小麦、大麦。种是种子，表示有芒作物种子已成熟，可以收割。俗谚：“芒种芒种忙忙种，不忙不种要落空”“过了芒种莫强种”“芒种夏至前，打着火把夜插田”，今农人仍信守无疑。

**立秋** 大暑后15日，是时已到末伏前后，气温开始下降，秋季开始。有时天气仍很热，俗称“秋老虎”。俗谚“立秋一震(打雷)，天收一半(庄稼)”，意此时下雨打雷，农户应抓紧抢收抢种，避免雨天带来损失。

**立冬** 此日是进入冬季的节令。民间俗信人多从此后进补，增强体质。另谚曰：“立冬无雨一冬晴”，意为是日无雨，冬季即少雨多晴，应注意冬作物受旱。“立了冬，用火烘”，指天气渐冷，农业上不宜再播种。

**冬至** 农历二十四节令最后一个，当日为一年中白昼时间最短的日子，诸事皆以冬至为起点。农历推算清明，即以冬至后106日为准，谓“冬至百六是清明”。《九九歌》也以冬至起算为头九、二九直至九九，以记季节变化。民间有“冬至月初，石板冰酥；冬至月中，赤裸过冬”及“晴冬至烂年边，落冬至晴过年”之谚，以冬至迟早、晴雨占一冬寒暖与年边干湿。冬至，各地尚有上坟烧香培土祀祖之习。农户注意保护牲畜过冬。

## 三、新时节日

**元旦(1月1日)** 节日期间，机关团体、学校、工厂、街道等等单位多举行各种文化娱乐活动，俗称过“阳历年”。或召开年终总结会，安排部署新的一年工作计划。今元旦法定假1天，为便于工作、休息，将1双休日调至元旦前后计3天，称“小长假”。其间，家家亲友欢聚，观看新春文艺晚会或电视、电影等，同贺新年;有人外出旅游观光欢度节日。

**国际妇女节(3月8日)** 节日期间,妇女享受半天假期,市、县(区)、乡(镇)机关各级妇女组织皆举行庆祝活动。

**中国植树节(3月12日)** 植树节期间,市、县(区)、乡(镇)机关团体、学校等组织队伍开展植树造林活动,从法律上完成每个适龄公民每年义务植树3~5株,履行绿化国土、改善生态环境义务。

**学习雷锋纪念日(3月5日)** 当日,全市广泛开展学习雷锋的群众活动。各级青年团体、学校、街道组织青年开展纪念活动,倡导为民做好事。

**国际消费者权益**日 1983年开始决定每年3月15日为国际消费者权益日。1993年10月中国公布消费者权益保护法,国家依法保护消费者权益。届时,域内工商管理部门、质量技术监督部门开展维权宣传活动,举办维权知识讲座、展览。

**国际劳动节(5月1日)** 节日期间,市、县(区)、乡(镇)各级工会组织相继召开座谈会议,评选劳动模范,表彰先进典型,以多种形式举行庆祝活动。"五一"劳动节法定假1天,现为便于工作、休息,将1双休日调整在劳动节前后计3天,俗称"五一"小长假,有人外出旅游。

**青年节(5月4日)** 节日期间,机关、团体、厂矿、学校、青年学生组织开展各种纪念活动,举行入团宣誓,参与学雷锋做好事行列。

**国际护士节(5月12日)** 节日期间,各地医院、护士学校举行纪念活动,激励护士继承与发扬护理事业光荣传统;有的医院、护士学校在这天举行护士授帽、宣誓仪式。

**全国助残日** 《中华人民共和国残疾人保障法》规定,每年5月第三个星期日为全国助残日。届时,域内残联、青年团体、学校等开不同形式的助残活动,为残疾人排忧解难。

**国际儿童节(6月1日)** 节日期间,家长给孩子添置新衣或学习用品,学校、幼儿园(所)举行文化娱乐活动,孩子们登台献艺,欢庆节日。

**世界环境日(6月5日)** 节日期间,市、县(区)环境保护部门开展各种形式的宣传活动,提高公民环境保护意识,增强环境保护力度。

**中国共产党诞生纪念日(7月1日)** 节日期间,各级党的组织相继开展纪念活动,慰问老党员;评选和表彰先进党组织、优秀党务工作者和优秀共产党员;举行新党员入党宣誓。报纸、杂志、电视、广播等新闻媒体刊发、播出纪念文章、电视、广播节目。

**中国人民解放军建军节(8月1日)** 节日期间,市、县(区)党委、政府领导慰问驻军部队和武装警察官兵;在社会上开展拥军优属、拥政爱民活动。地方报刊、广播电台、电视台亦报道部队建设各方面内容,文艺单位赴部队营地进行慰问演出。

**中国教师节(9月10日)** 节日期间,市、县(区)、乡(镇)对所在地学校教师走访慰问,组织教师健康体检,召开座谈会议,表彰先进典型,发扬尊师重教传统,尊重知识、尊重人才,调动教师教书育人积极性。同日,在校学生遇见老师会说:"祝老师节日快乐!"

**中华人民共和国国庆节(10月1日)** 节日期间,市、县(区)、乡(镇)等机关、团体、工厂、学校、部队张灯结彩举行庆祝活动,或举办工农业建设成果展览、书画摄影作品展览,或文艺演出、游园、体育活动。今俗国庆节法定假日3天,为便于休息、工作,将国庆节前、后2个双休日合并为7天,俗称"十一黄金周",有越来越多的人择以外出旅游、观光方式欢度节日。

## 四、舶来节日

**情人节(2月14日)** 20世纪90年代后,此俗渐在域内流行,倍受年轻一代青睐,届时年轻人会郑重其事地为恋人选择礼物,参加情人节之夜舞会,亦有用玫瑰花、巧克力等礼物表达彼此浓浓的爱意。

**母亲节(5月的第二个星期日)** 20世纪90年代后,此俗渐在域内流行。是日,家人团聚,不能回家过节的子女,或通过电话,或手机发送吉祥短讯祝贺母亲节日快乐;有奉送康乃馨、生日蛋糕等礼物;亦有出资或陪伴母亲外出旅游等方式，以示对母亲敬意。武宁县船滩镇辽田村周氏祠、石坑村傅家祠举办“慈萱会”，又称太婆会，村里在家的母亲聚集一堂，享受由村里男人们为她们准备的盛宴，从洗菜到炒菜、煮饭、端盘子全部由男人来做，妇女则坐在席上享受，过一回真正的节日。

**父亲节（6月的第三个星期日）**　20世纪90年代后，此俗渐在域内流行。子女除奉送鲜花品种与母亲有异外，其余习俗与母亲节近似。

**圣诞节（12月25日）**　20世纪90年代后，域内盛行。节前，教堂及个别家庭、部分商场置圣诞树，立圣诞老人像，增添节日气氛。圣诞树是装饰物，一般为杉、柏之类塔形常绿树，树上挂有诸多花彩礼品。节日庆祝活动从12月24日晚即“圣诞夜”（亦称“平安夜”）开始，有圣诞老人赠送礼品活动，市民（青年人居多）走上街头，尽情欢庆，张扬个性，放松心情。25日白天，基督教堂举行圣诞礼拜，有隆重的崇拜仪式。

# 第五节　礼仪习俗

## 一、称 谓

**戚族称谓**　曾祖父称“太公”或“老公公”，曾祖母称“太婆”或“老婆婆”。祖父称“公公”或“爷爷”，祖母称“婆婆”或“奶奶”。父亲称“爹爹”或“爸爸”，母亲称“姆妈”或“妈妈”，作叙述时称父母为“爹娘”或“爷娘”，城镇年轻人称“老爸”“老妈”。伯父称“大爹爹”，伯母称“大姆妈”，作叙述时分别称“大伯”“大妈”。叔父称“叔叔”，叔母称“婶婶”，作叙述时分别称“叔爷”“婶娘”。姑母称“姑妈”，姑父称“姑爹”，作叙述时分别称“姑娘”“姑爷”。

夫妻相互直呼其名，夫唤妻可在儿女名后加上“姆妈”，妻唤夫则将儿女名后加上“爹爹”，作叙述时分别称妻子为“老婆”“里头人”，称丈夫为“老公”“外头人”，也有称“老板”。兄称“哥哥”，姊称“姐姐”，弟妹直呼其名。兄之妻称“嫂嫂”，弟之妻称“弟媳”。姐妹之夫称“姐夫”“妹夫”，作叙述时分别称“姐丈”“妹婿郎”。伯、叔父之子女称堂兄、弟、姐、妹，他（她）们的配偶分别称“堂嫂”“堂弟媳”“堂姐夫”“堂妹夫”。姑母之子女称表兄、弟、姐、妹，他（她）们的配偶分别称“表嫂”“表弟媳”“表姐夫”“表妹夫”。
子女及其配偶分别称“儿子”“女儿”“媳妇”“女婿”。兄弟之子女及其配偶分别称“侄子”“侄女”“侄媳妇”“侄女婿”。姐妹之子女及其配偶分别称“外甥”“甥女”“甥媳妇”“甥女婿”，面称均直呼其名。

母之父母为外祖父、外祖母，面称“家公”“家婆”或“爷爷”“姥姥”，作叙述时分别称“外公”“外婆”。母之兄及其配偶为舅父、舅母，面称“母舅”“舅母娘”，作叙述时称“舅舅”“舅妈”。母之姐妹及其配偶为姨母、姨父，面称“姨娘”“姨爹”，作叙述时称“姨妈”“姨父”。母之侄子称表兄、弟、姐、妹，他（她）们的配偶分别称“表嫂”“表弟媳”“表姐夫”“表妹夫”。

妻之父母为岳父、岳母，面称随妻，作叙述时分别称“丈人”“丈母”或“丈老”“丈母娘”。妻之兄弟及其配偶为内兄、内弟、内嫂、内弟媳，面称随妻，作叙述时内兄称“大舅子”，内弟称“小舅子”，通称“舅佬倌”，妻之姊妹及其配偶为姨姐、姨妹、襟兄、襟弟，面称随妻，作叙述时分别称“大姨子”“小姨子”“姨姐夫”“姨妹夫”。妻之侄子女及其配偶为内侄、内侄女、内侄媳、内侄婿，面称随妻直呼其名。

夫之父母面称随夫，作叙述时称“公爹”“婆母”。夫之兄弟面称随夫，作叙述时称“伯伯”“叔叔”，他们的配偶分别称“嫂嫂”“婶婶”，相互称妯娌；夫之姊妹称“姑姑”，他们的配偶称“姑爷”，面称随夫。子女、侄子女、外甥子女及他（她）们的配偶面称同夫或直呼其名。儿女夫妻双方之父互称“亲家”，双方之父母互称“亲家母”。

**社会称谓**　社会交往中，对年长呈有声望人及其配偶尊称“先生”“夫人”，自谦为“学生”“愚人”；对友人及其配偶尊称“仁兄”“贤嫂”，自谦为“愚弟”“愚妹”；对友人之父母尊称“令尊”“令堂”，自谦为“家严”“家慈”；对友人之子尊称“令郎”“令爱”，自谦为“犬子”“拙女”。

邻里间属同姓的一般也用宗族称谓。属于异姓的，冠以姓氏。如张姓，则呼“张大伯”“张大叔”“张大婶”“张大姨”“张大哥”“张大嫂”。

同志，原为革命志士相互之称；新中国成立后，初为对革命干部之称，后发展为相互间之一般之称。头脑，对单位领导人、工头、领班、船工之称。

老板，对公司、商店(场)负责人之称。

## 二、婚 嫁

20世纪90年代后，网上恋爱、异地谈情，年岁差异大成婚者均不足为奇。因男女外出打工、经商者多，远程婚姻甚至跨国婚姻已不少见。或由男女双方自由恋爱，或通过婚姻中介机构介绍。旧俗“说媒”、“合八字”，虽不复存在但仍有男女双方或素不相识，或互相不了解，需请人牵线搭桥，介绍其相识、相知、相恋，或因彩礼、吉日择定等需要有人过言，特请人从中斡旋，让婚事办得如意，亦谓之“红娘”、“媒人”、“介绍人”。双方同意定亲后，男方择吉日，备礼物，到女方家下聘礼，聘礼除金银首饰衣物外，鱼肉、烟酒、面条、糖果一般为8个8，即8样礼物，每件8斤(件、条)。接着女方也到男方家过门，相互拜见双方父母和长辈，始称对方父母为爸爸、妈妈。对方家长分别为新婿、新媳赠送“拜见礼”(红包)，设宴款待新婿、新媳和媒人，并请亲友相见和作陪，以此确定婚姻关系。

结婚日期，不请阴阳先生选时择日，多选大众化节假日或公休日。男方择定婚期后，由媒人通报女方，若女方无异议，男方送上择吉日帖(“送日子”)和迎亲彩礼，同年端午和中秋节男方须向女方“送大节”，并向女方亲眷赠礼品，预示当年要迎亲。届时，男女双方分别宴请亲朋好友，女方家宴席所需菜肴、烟酒和茶点等物，由男方3日前送到，若在餐馆设宴待客，则由男方结账。同日，双方家在大门、堂屋正中贴上成双的红“喜”字及大红对联。男方新郎、介绍人、伴娘(为未婚女郎)和若干亲友，乘坐彩车若干辆和载嫁妆车，鸣炮鸣金前往新娘家迎亲。午宴或饮茶后，女方“发人”动身前，母女“哭嫁”，姑嫂姨妹含泪相送，俗信“越哭越发”(此俗已渐淡化)。随后，新娘着婚纱、持鲜花，由伴娘等搀扶入车。女方所陪嫁妆大有高档家具、衣箱、被褥、电器，如电视机、电冰箱、洗衣机，小到鞋袜、洗衣板等，一般为男方馈赠礼金款所购。亦有少数富有之家嫁女以轿车、住房相赠。男方婚宴视家庭状况，有在家宅、有在酒店宾馆举办，亲友携红礼包(现金)赴宴庆贺，俗称“喝喜酒”。如诗云：“男婚女嫁喜筵开，贺客盈门共举杯。陈酿封缸能助兴，不须破费觅茅台。”闹新房撒帐、偷新房等习俗鲜见。今兴唱歌、跳舞，戏谑新郎新娘交代恋爱史，作亲昵表演等。迎亲全程摄影，客主聚集一堂，共贺良宵。完婚第三天，新郎备鱼肉、烟酒、糖果等礼品，陪同新娘回娘家谢亲，俗称“三朝回门”，女家设宴款待新婚女、婿，并请亲友作陪，谓之吃“回门酒”。婚后数日，新郎须向媒人馈赠猪肉3斤，酒1壶，以示“谢媒”，今馈赠礼品有变。及至2010年，域内婚嫁习俗与1990年前相比，有些许变化：男女青年结婚年龄逐渐趋于小龄化，农村个别男女青年在20周岁左右便结婚；少数青少年中出现早恋现象，甚至中学生互递“情书”的事也有发生。未履行结婚登记手续，不领取结婚证便举行婚礼的时有所见；个别女青年由向男方索要家用电器、首饰等彩礼而改变为要高档次的房屋、现金，结婚费用呈逐年上涨趋势；娶亲仪式已趋于在酒店进行，婚庆仪式多请婚庆公司主持。婚宴多中午举行，规模和形式越来越铺张奢华，如高档轿车组成长长的婚车队，几百人参加的盛大婚宴；男到女方家落户的逐年增多，1990年前，多为家庭贫穷、男方兄弟多、不易找对象的大龄男青年愿意到女方落户当“倒插门女婿”。90年代以来，人们男女平等意识增强，社会文明程度提高，不少适龄男青年自愿到女方落户，个别独生男孩也自愿到女方落户；表兄妹近亲通婚习惯今已不存在；鳏寡老年男女再婚的逐年增多；各级妇联、团委及大中型企业，为倡导社会主义文明新风，有计划地在“五一”“国庆节”、元旦等适龄青年男女结婚高峰期组织集体婚礼，不少新郎、新娘报名参加。

## 三、丧 葬

**土葬** 为传统习俗丧葬主要形式，自送终至安葬，仪节繁琐。病人弥留之际，亲属子女必须火速赶回，守候身边，聆听遗嘱，谓之“送终”或“送老”。根据死者的年龄、性别、身份、死因不同，有着各种不同的祭奠方式。70岁以上的人寿终正寝，称之为“喜丧”或“白喜事”。丧葬一般有“净身”“报丧”“吊唁”“入殓”“超度”“送葬”等程序。“守孝”一般丧家要停柩3日，子女披麻戴孝，孝眷服白。请道士诵经做道场，举行

“斋醮”活动，伴之以祭奠，俗称“打祭”。入殓当晚至出殡前夜，九江县、庐山区等地兴举行“叫茶”，并设宴席，亲友送花圈或花篮、挽幛、白礼包（现金）赴宴悼唁，俗称“吃泡饭”。出柩前请道士（有的地方为风水先生）选定墓穴，选择吉日吉时。出柩归山时，扬幡列队，鸣锣开道，吹打哀乐，沿途散撒纸钱，俗称“引路钱”，燃放爆竹。沿途居户在送葬队伍行经时，亦鸣爆相送，丧家则以毛巾等物回赠致谢。到达墓地，择时辰下字（呼地），由道士（或风水先生）呼地、落葬。葬后3天内，合家亲属前往墓地焚纸烧香鸣炮，并摆供品，叩头礼拜，谓之“复山”，俗称“三朝圆坟”。丧家以浴巾、雨伞等不同物品或购物卡回赠送礼亲友。后逢“七”则祭，即人死后第7天为头七，“七七”49天为满七。五七时，一般女儿都备祭品，请道士做法事。“七七”之内儿子不理发。来客不设宴，当年不娶亲嫁女。春节门前贴黄纸对联。年初孝子7日之内守孝不出门，亲友以“亡人为大”首先备香纸猪肉到丧家“拜大年”，俗称“烧新香”。后宾主互拜，之后丧事才告结束。以上诸俗，在各地农村仍沿袭。修水县西、北部地区，时兴打生圹。老人在生之前，自选墓地，做好坟墓。逝世后将灵柩放进墓穴，封好墓口即可；东、南部地则选择山坎挖墓穴，将灵柩塞进去，封口立碑，无封山堆，不占用土地。

**火葬** 新中国成立后，土葬在城乡仍相沿甚久。域内自1958年在九江县大桥公社马宿岭建立火葬场后，火葬之风渐开，殡葬旧俗才得以改革，葬仪日趋简单。20世纪80~90年代以来，各县相继建立殡仪馆，火葬场，现遇丧事，丧家多以张贴讣告形式（亦有在报纸上登讣告），告知死者亲友，多在殡仪馆追悼大厅举行追悼仪式，向死者遗体告别，参加者佩戴黑纱、白花，向死者献上花圈、花篮致哀。然后将遗体火化，骨灰或寄存殡仪馆留存缅怀纪念，抑或安葬公墓区。也有逝者生前立下遗嘱，将骨灰洒在家乡土地或江河之中。近年也出现逝者被火化后又土葬现象，只是棺木换为骨灰盒，少数人将死者骨灰置入棺木内土葬。至90年代，城区基本实现全部火化；火葬在农村推行尚存难度。

## 四、生 育

传统习俗视生育为传宗接代头等大事，故生育习俗中重男轻女严重。得子者，俗礼隆重，生女者，则常不事铺张。新中国成立后，旧俗有所改观，尤以20世纪70年代后，实行计划生育，视生男生女一样观点逐年增多，习俗随之衍变。妇女怀孕，俗称“有喜”。孕妇即将临盆分娩之月，谓“落月”。其时母家须及早缝制婴儿衣衫、被褥，送至女婿家，名曰“催产”。因催生礼品用担挑去，故又称“催生担”。胎儿出生称“落地”。婴儿出生3日，用干艾叶煎水为其洗澡，由接生员抱着婴儿，拿着米筛、圆镜、剪刀到厅堂祭祀天地和祖先，祈祷神灵保佑，易长成人，俗称“洗三朝”。并请主要亲戚吃“三朝饭”，向亲友、邻居分发红蛋，亲朋邻友多来贺喜。修水县农村亦有新生儿拜“逢生寄爷”习俗，亲属外的男人凡是在“三朝”之内第一个进门见到新生儿的，即成为“寄爷”，主家随即留住予以招待，并用红纸包一瓷调羹给“寄爷”意为“行时”。一月内，产房称“暗房”，门窗紧闭，不使众人出入，其间，产妇多不下床劳作，不得出产房，夏天忌扇扇，忌用冷水洗面。女家须送红糖、挂面、鸡蛋、猪肉等物，俗称“送祝米”。一些农村有向邻家挨户索讨零星布片，百纳成衣，称“百家衣”，俗传婴儿衣可积百家之福，消灾消难。今孕妇多在医院产科分娩，产房有空调可控制室温。“送祝米”“洗三朝”之俗在部分农村尚常见；做“百家衣”已少有。婴儿出生满月，须择日剃头。是日，设酒席，宴请亲友，称“满月酒”。席间，抱婴儿与亲友相见。亲友皆须馈赠礼物。传统习俗多以制钱一百相赠，称“百岁钱”，有祝婴儿长命百岁之意。今俗已改赠衣服玩具，亦有赠红纸包（现金）。父母给婴儿摄像、摄影留念渐多。

婴儿出生满一周年，称“得周”。外婆家须备礼往贺。是日，为测婴儿志趣性格，多以木盘盛笔墨纸砚、珍宝玩物，尽剪针线、肉鸡果蔬等，任由婴儿抓取，谓可卜其未来志向，俗称“抓周”，此俗今少见。90年代后，城镇子女过生日效西方礼俗，行“吹蜡烛，吃生日蛋糕”，电子琴、高级衣衫等亦为生日礼品；有的父母亲点播电视歌曲，以为祝贺。孩子过生日犯规，可免于打骂。

## 五、取 名

**乳名** 传统习俗婴儿乳名，多以婴儿生肖名之，如肖狗称狗儿，肖牛称牛儿，肖虎称虎儿。或以婴儿降世之时令名之，如春生、秋生、冬生。或以婴儿落地时体重名之，如七斤、八斤、九斤。亦有盼子心切，将女婴取名招弟、引弟、来弟等，以望来胎得子。取名旧俗至今尚少见，多以“宝宝”、“毛毛”名之。

乳名亦称小名，幼年在家呼唤，成人后多不再用。

**学名** 即大名，俗称“书名”。系儿童入学(托儿所、幼儿园)时由长辈所取，多含寓意。形式有单名、双名之分，取意则涉及甚广。

*以性别取名*：男性者，其名多阳刚之气；女性者，其名窈窕之态。如女子取名歌：“风莲巧女俊，媛娟娇姝婧。玉兰桂花香，玲珊瑞珠珍。芙蓉莉芝萍，鸾凤春秋清。双姬娥妍娣，英芳芬翠芹。素梅淑慧敏，秀华惠月琴。彩霞云景红，美丽昭君贞。”今有许多女性的名字用这些字。

*以五行取名*：旧俗婴儿出生后须为其排算八字，凡五行有缺，即在取名时给以补入。如五行缺木者，则以木旁诸字为名；五行缺金者，其名取金旁诸字。

*以排行取名*：按孩子出生先后，依次取名，如大木、二菊、三桂等。

*以希冀取名*：父母对孩子抱有某种希望，寓意于孩子名字之中。有的小孩体质懦弱，则以“狗”“牛”“虎”等取名，意为这些动物体魄健壮，企望孩子像狗、牛一样，泼生泼长。

*以事取名*：孩子出生时，适有某重大事值得纪念，即以此取名。如国庆、向军、年生等。

*以地取名*：以孩子出生地取名。如浔生、京生等。

*以宗族取名*：传统习俗同宗子孙，均须按宗祠家谱规定之谱中派行辈份排序，依次取名，一字一辈，不得混淆。如2010年编修的庐山区《崔氏宗谱》列：“乾良时世士，昌荣利国家，朝廷宗德学，景运振光华，文章增鼎贵，经济灿云霞，星象取芳远，仁忠定孔嘉”四十辈。单个辈派并无实在意义，合起来含兴旺发达，繁荣昌盛的意思。

名以外，尚有字与号者，多由本人自取。20世纪80~90年代以来，社会风尚时时变化，曾经有人爱取单名，但单名容易出现重名，于是有人开始给孩子取4字名，即将父母姓置前，后再取名合之为4字名，此风尚日渐流行。

## 六、寿 诞

传统习俗凡50岁以下者，逢生日仅在小家庭内杀鸡，吃蛋、面条，庆贺其生日，均曰“做生日”。人满50始行做寿俗。做第一个寿后，每逢“五”做“小寿”，逢十做“大寿”。父母健全，即逢“花甲”“古稀”也不做寿。有夫妻同年同月满60，由长辈做主，破例做“双寿”，此种礼仪尤为隆重。寿庆礼品以女婿家最丰盛，主要有面条、鸡、衣料、高级糕点等，旁亲则送红包的多，有的送寿联、寿匾。传统习俗有拜寿仪式，先子孙后亲友逐个向老人祝寿。有的高寿者，子孙在大门前扎好“柏树牌坊”，张灯结彩，寿庆活动隆重热烈。

20世纪90年代以来，俗只设宴请客，不举行拜寿仪式，城乡皆兴摆生日糕，吃寿面之俗皆多保留。有的书写“福如东海”“寿比南山”“泰岳不老”之类的祝词，有的在电视台(站)点歌、打字幕为老人祝寿，有的请剧团或电影队到屋场演戏或放电影祝寿，并答谢亲友；有的子女包车、坐飞机陪父母到外地旅游，拍摄生日录像，以表示对父母的孝敬。老龄委员会及民政部门出面给当地90、100岁寿星祝寿，电视台录像播放，宣传政和人寿。

## 七、交 往

按传统习俗，串亲接请礼俗有定期和不定期的。定期包括“送三节”(春节、端午、中秋)、拜年、接初嫁女回娘家看娘(叫“回门”)。不定期包括探病、问安、辞行、贺谢、请召、拜访。探病，去早不去晚，最好在中午12时。问安主要对老人和长辈。晚辈将欲远行，须到亲戚家走走，叫“辞行”。归来带上礼品再去问候，亲戚家备酒菜“洗尘”。亲友家有嫁娶、造屋、乔迁、科考事，须备礼物去祝贺。事后被贺者以礼回谢。

拜访朋友须得审度时间，先通信息，路程较远的须赶友人下工、下班之后。约访时间不可无故逾期、爽约，不能让友人久等、空候。因事耽搁，应打招呼，表示歉意。路程近的避免在友人家吃饭、午休时去访。

若其家有不愉快事不要贸然前往。至家要敲门，打招呼，不随便闯入。进屋见老人、客人点头问候，知道称呼的称呼要准，不知的不信口呼唤。友人看坐，亦须审视情况而后落座；避免坐在长者和贵宾之上。友人奉茶，接过茶杯当转奉他人并放置一段时间再饮。交谈中，不可高谈阔论、手舞足蹈、喧宾夺主，不可奚落友人亲属及其他客人。若逢主人有急事当伺机告辞。与友人商议、争论问题，语气平和，态度谦虚，并须尊重友人的爱好、兴趣、习惯和意见。

拜访未遇，应向其家人或邻居留下姓名，说明其意而后离去。

迎接友人看情况而定，如相见时少，从远道而来，并有预约时间，或恭候在家，或迎候门外。如友人已至家，应闻声而起、而出。春节时来访，放爆竹迎接。出迎中态度热情、诚恳。送客时一般送到家门即可，若从远道而来则须送至车站、码头或村(镇)外视线开阔处。客人辞谢："吵闹了、劳驾了"，主人回答："怠慢了、慢慢走、一路平安"。伺友客远去，再目送一程而返。

有客人至，主人先起身迎接，接着看坐，说"请坐"。坐定奉茶、递烟。寒暄中，目光正视，有问必答，语气平和，而忌粗俗。生客至，一一介绍亲属，并问客好，客人刚到，主人有事急办，须表歉意，避免客人感到冷淡。凡来客毋分贵贱，一样接待，客人携带之物，勿翻动；所送食品，勿当客面拿给家人吃。客人在座，家人不得争吵或变脸色，不呵斥鸡狗。双方一般跷二郎腿，打喷嚏得转过身去。待酒饭谦席、敬酒让菜都须诚挚、热情。

20 世纪 80 年代以来，乔迁新居、孩子参军、考上大中专学校，亲友送礼祝贺，被贺家庭多举办宴席，以示感谢亲友及任课教师。

## 八、忌 讳

**言语忌讳** 传统禁忌言语出于民间信仰中的吉凶观，是以避凶求吉为原则的。例如，有人因其姓氏的谐声很不吉利，为避忌讳便改读音。如姓"史"的读作"吏"，姓"单"的读作"善"。过了小年忌炒锅，俗信"炒"与"吵"同音，有犯会使家庭发生口角。为了忌讳"死"，把老人"死"了说成"老了""过世了"。为了忌讳"病"，称生病为"不爽快""不舒服"等。吃梨忌分吃，担心家人会分离。

有的禁忌言语是出于功利目的性的。20 世纪 90 年代后，商品交易中，喜用"6""8" "6"为大顺，做事顺顺当当；"8"即"发"的谐音，也臆人发达(财)的意思，如 8 人、8 个、8 元、8 栋、8 部等。"4"的谐音"死"，故一些人不乐意用与"4"有关的组合词句。过年杀猪、杀鸡鸭要说福年猪、福鸡鸭，吃肉时发现骨头，切忌直接说"骨头"，应称"元宝"。

有的禁忌言语是出于荣辱观的，最突出的便是涉及人体性器官、性行为的那些词。如提到性器官时，一般人便觉得很难启齿，在不得不说的时候，就用"那个"，或者"下部"、"下身"来代替。说到性交的行为，也有许多不同的隐称，比如"房事""同房"等。甚至连"月经""上厕所"也都在忌讳之列，多用"例假"、"上洗手间"、"到轻松阁"等表示。

**行为禁忌** 传统禁忌行为，亦是以避凶求吉为原则的，例如，怀孕时忌食生姜或兔肉、以防生婴儿有六指或兔唇的生理缺陷；婚礼忌单日，失春年(俗称"寡妇年")忌成亲，似怕婚后丧偶；喜庆日忌打碎器皿，害怕家中会有破裂；妇女产后未满一月者，禁忌进入别人家的庭户，违者，要挂红布，放鞭炮赔礼道歉；女儿出嫁之日，忌自己走出大门上车上轿，传统习俗认为会带走娘家的财气，要由亲兄弟抱负出门，上车上轿；亲戚朋友间，凡是结婚、嫁女、丧事都禁忌事后补礼；探望病人，宜在上午，忌在下午，据传说下午阴气太盛，于病人不利，且下午为日落之时，乃人死之象；农历正月，在家的禁忌初七出门，在外的禁忌初八回家，有"七不出，八不归"之说；正月初一，禁忌扫地、做针线，向外泼水，传说是日为百物生日，应让百物休息；立夏挂帐时忌讲话，以免夏天帐子挡不住蚊子；禁忌在晾在妇女下衣的竹竿下面通过，以避晦气；饮食，忌暴饮暴食，忌饭后饮酒，忌端着饭碗到处游走，忌不洁之物上灶台等等。

域内传统禁忌，多属于封建意识和迷信思想。新中国成立后，随着科学知识普及，人们思想认识逐渐提高，部分禁忌现已日益淡化。

# 第六节　家族习俗

## 一、分宗建祠

清代至民国时期，域内建祠风盛行。某些大姓族既建大祖祠、高祖祠，又建族祠、房祠。其时，祠堂建筑样式与庙堂无异。通常正堂2幢至5幢，偏房一至数间，青砖石基布瓦歇山顶排架梁，石槛板门，殿中撑木柱，居上飞檐翘角，其内廊，原间作栏杆，镶鼓皮、梁架、木柱、门窗，四壁、神龛雕花绘彩。前殿上方置司礼台，中殿空出，作祭祀活动场所。上殿置神数座，放列祖宗牌位。神龛上挂匾额，殿中圆柱上嵌雕刻楹联，以标祖宗功德。宗祠由族长主修。经费一出祖业租课，一按族中男丁人头抽取。1949年后，由于阶级斗争运动及“文化大革命”，各地村、姓氏公共祭祖活动曾中断。“文化大革命”运动结束后，民风回归，由各姓氏长辈中有威望的人发起，聚资重修宗祠。所修祠堂规模不尽一样。

修水县历史上有资料记载的宗祠400余座，其中县城131座。2004年，全县保存完好的古祠堂76座。2006年起，相继建宗祠19座，其中黄沙镇长茅余氏宗祠，占地2698平方米，建筑面积819平方米，投资226万元；水源乡中塅卢氏宗祠，占地2100平方米，建筑面积1000平方米，投资310万元；上衫乡朱氏宗祠，占地2000平方米，建筑面积1400平方米，投资250万元；渣津镇匡氏宗祠占地3500平方米，建筑面积1430平方米，投资98万元。

至2010年，庐山区高垅陈姓有大小宗祠8座。凡出自江州义门的，门楣上方刻“义门”2字，以示来历。高垅总祠堂及九星老屋陈氏宗祠面积为大，不仅作祭祖场所，亦为本姓筹办丧庆场所。其他各处祠堂在新农村建设中，多用作文化活动中心。赛阳孔圣祠为宋治平年间孔平仲请旨始建，历史上几经兴废，2000年族人集资修复，占地面积200平方米。泉水垅扈氏宗祠建筑面积300多平方米；太平宫坂上湾扈家大屋建气派恢宏的戏楼，下湾扈建“婆婆祠堂”，传承先人美德。西洋垄吴氏宗祠制定管理章约，保护其庄严、整洁。九江开发区青枫村李家咀缪氏宗祠，建筑面积400平方米，为缪氏族人祭祀祖先的文化活动中心。

武宁县农村重修或重建祠堂一般投入在数十万或数百万元，其中规模较大的祠堂有罗溪叶氏宗祠、官莲严氏宗祠、大洞叶氏宗祠、船滩傅氏宗祠等。以庄门修建祠堂全县达百所，有鲁溪塔前陈氏祠堂、船滩殿背朱氏祠堂、横路镇张氏祠堂、船滩东岸雷氏祠堂等。

新建宗祠既保持旧式宗祠古典风格，又大量采用现代新型材料和建筑技术，融入现代元素，展现出庄严肃穆、宏伟壮观的时代风貌。

## 二、家谱续修

**修谱分辈**　传统习俗修谱分辈是光大宗族、明确尊卑的重要措施之一。家谱主记族中世系沿革及人丁族规事项，类似“族志”。其中按照辈份、房亲分条记述男丁名号、婚娶、生育、居住、墓葬诸事。有功、官职者加以记述。男丁妻室仅标某氏，不记名号；女子仅言“适某女”，不载其他，妇女在族中无地位。对仕宦、烈女、勇夫、义士另书小传。谱头铭序上溯根源，下述支派繁衍情况。

辈派从尊到卑依次排列，一字一辈，平辈横排。同辈人不论官职如何，概不越位，长辈、晚辈人称谓亦然。辈派尊卑与房头次序相反，长房人后代辈份小，晚房后代辈份长。其原因是长房先婚先育先传代，长辈早占。确定辈份在于限制人“犯上”。

20世纪80年代起，域内续修、重修家谱之风兴起。庐山区陈、李、胡、璩、孔、冯、吴、杨、崔、虞、缪、廖、贺姓氏于1988年续修或重修，2008年再次撰修。高垅陈氏家谱扩大印数，散居全国各地宗亲均有收藏，迁居台湾的高垅陈氏后裔亦得到家谱1部。孔氏参加全国第五次续修《孔子世家谱》，九江县金桥孔家山兰桥，城门茶坊、岷山株岭，永修吴城松门，庐山区五里孔家老屋、三垅、三里街等孔氏代表赴山东曲阜参加颁谱庆典活动。吴氏参与"至德堂"《中华吴氏大统宗谱》九江支谱纂修。廖氏参与鄂赣皖"世堂"《廖氏宗谱》纂修。缪氏参与鄂赣"兰陵堂"《缪氏宗族通谱》纂修。贺氏参与瑞昌洪岭 支和浔阳支合族联宗《贺氏宗谱》纂修。冯氏参与鄂赣"树立堂"《冯氏宗谱》纂修。

武宁县自20世纪90年代以来，胡、吴、邱姓率先修纂县内支谱，亦参与全国统修。胡、吴、熊、刘、邱、陈、张、黎姓在统修中，改直版为横版，改多谱多册为一谱一册。

2002年，都昌、湖口沙港黄氏统修宗谱，2003年春功成，宗谱出局，采用简体字，对旧谱中名人谱序，传略、公案中的文言文，一律圈点，提高谱牒可读性。

据《修水家谱综合目录》统计，2004年，全县有81个姓氏续修家谱，计217种7 000多卷。2005年后，受部分姓氏编修全国、世界性大成谱、总谱、通牒的推动，先后有余、胡、邱、吴、邹、匡、夏、朱、吕、曾、徐、杨、张等姓编修全国、世界统谱修水分谱。2008年，全县纂修家谱400多种，近1万卷。

**续谱特征** 20世纪80年代以来，续（重）修家谱除继承旧谱传统内容（如：姓源、谱序、世系图、世系传、人物传记、祠宇、祖坟、族规、家训、艺文等）和一些姓氏采用传统印刷（雕版、活字排版、石印）外，多具有新时期特征。顺应时代潮流，摒弃封建伦理为指导，强调遵纪守法、爱国爱乡，强调尊老爱幼与他姓增强团结，强调男女平等，男女同上宗谱。

*类型创新*：不直书某姓家谱而改用别称，如《龚氏族志》《高氏历史志》《程氏通志》。地方志夹编姓氏家谱资料，如修水县《渣津镇志》另设"姓氏篇"收录镇内50余姓迁祖人名、迁出迁入地址、分迁祖名及纂衍状况、当今人口分布、各姓古今重要人物等内容。

*结构创新*：如修水县《饶氏宗谱》将饶氏姓源与现状、全国饶氏名人、海外饶氏同胞列入；《郑氏大成家谱》将历史上县级以下行政机构名称、古代主要职官居简介，古代科举制度常见名称简表、中国历史朝代统对照表写入宗谱。续修宗谱多增加：本姓迁祖迁徙路线图；当今人口分布图，家史大事记，创业录，风情录，公民道德规范，有关法律条文，劳动模范、英烈名录，捐款、赞助名录，家庭通讯录。

*纂修人身份发生变化*：清前修谱多为本族庠生、举人、贡士、进士等名儒或名士，民国时期纂修多为族内德高望重、知识渊博者主持。今续修系由族人推选辈份长、热心公益事业、威望高的人士担任；部分退休干部、教师亦参与；个别姓在本姓难找适宜人才时，聘请外姓文化水平较高的贤达纂修。

*续修经费渠道不同*：旧时修谱经费来自祠堂公产、家族成员公摊、自愿捐赠。续修谱经费多是公摊、捐赠、赞助与售谱收入相结合解决。公摊是人丁费，各姓标准不一，最少每人丁2元，军烈属、五保户、特殊困难户免交人丁费。亦有按学历、行政级别要求捐助、赞助。

*印刷质量有所提高*：部分续谱采用激光排版，正文之前增加始祖、祠宇、家谱、名人题词、名胜古迹等方面彩照，封面采用硬壳加彩护面，装帧精美，且纸张优良。续谱趋向实用、美观，便于查考、珍藏。

## 三、族外亲系

传统俗语说："黄帝也有草鞋亲"，亦说："人急投亲，鸟急投林""亲不亲，柴米分""亲戚要瓦，水缸也打"。

亲戚关系通常见于以下几层：

*儿女亲*：儿女订婚，一重姻亲关系就建立起来。自是两家大人互称亲家，逢婚丧喜庆，荣辱病痛事，相互贺悼，往来探问，对两家成员另眼相看。男女亲系，层次不少。女对男方的亲系含祖父、祖母、公爹公婆、伯叔婶娘、兄弟嫂妹、姑妯子侄等；男对女方的亲系含岳祖岳奶、岳父岳母、岳伯岳婶、内兄内嫂、内弟内媳、姨姐姨妹、妻姑内侄等。关系亲密的在父辈。

母舅亲:儿女完婚生子,“母党”亲系随之建立。亲戚尊“母亲”;外婆疼外甥,外甥敬舅舅形成传统。若某子虐待母亲,舅舅可当其父面训斥和鞭笞外甥。外甥遭困舅舅亦全力解救。民间说:“天上雷公,地下舅公”。父母在,兄弟分家,由父亲决定,请舅父主持。外甥家有喜庆设宴,舅舅坐首席。

母舅亲延至两代而后疏远。俗言:“一代亲,二代表,三代疏,四代了。”

姑表亲:父亲的姐妹出嫁,生儿育女,就此产生姑表亲系。双方子女若未结成姻亲(旧时各地姑表姻亲很普遍),其关系维持两代则已。

姨表亲:母亲的姐妹出嫁,生儿育女,产生姨表亲系。双方子女若未结成姻亲,其关系至表兄一代渐疏。

姑表、姨表联姻后,称“亲上亲”,一般维持四代。《中华人民共和国婚姻法》规定近亲不准结婚,“亲上亲”现象基本消失。

## 第七节 信仰习俗

### 一、征兆占验

**天象征兆** 日月兆:日月有时灿烂明媚,有时阴沉昏暗,这是阴晴风雨的征兆。太阳当顶现,三天不见面;日出早,雨淋脑;日出晚,晒得喊;早晨日光强,不必晒稻场;日出东南红,无雨便是风;太阳长了脚,大雨跑不脱;落日镶金边,必有大风掀;日落一片红,明朝有大风;乌云接落日,不落今日落明日;太阳反照,大水赶到;日晕雨,月晕风;初一月明初二阴,初三初四雨淋淋;月色黄,干堰塘;月亮带火,无雨找我,月亮长毛,大水淹桥;星昏月不明,来日雨淋淋;月亮撑伞,晒得人喊。

星辰兆:星辰征兆同日月征兆一样,亦是阴晴风雨的反映。正月初七不见星,淅淅沥沥到清明;半夜星眨眼,明日晒破脸;星星稀,雨淋鸡,星星稠,晒死牛;闪烁星光,雨下风狂,星星眨眼,大雨不远。

霞虹兆:霞虹征兆多看其出现的时间和方位。早霞不出门,晚霞行千里;早霞阴,晚霞晴,中午放霞晒死人;有雨霞过天,无雨霞半边;雨后朝霞必再雨,雨后晚霞大天晴;东虹日头西虹雨,南虹发大水;日出东南虹,无雨便是风;虹吃云,雨不成;虹低日头高,明天日晒焦;交秋东出虹,一日落三趟;虹高日头低,早晚披蓑衣。

风云兆:春刮东风雨涟涟,夏刮东风断井沿;四月十六云掩月,丢下秧把去割麦;天上沟沟云,地上雨淋淋;天上鱼鳞斑,地上大风狂;有雨四边亮,无雨顶上光;有雨山戴帽,无雨雾缠腰;云去东,晒死葱,云去西,披蓑衣。

雷鸣兆:以开雷时间、响声、闪电状况预兆晴雨年成。雷打头顶,有雨不狠,雷打天边,大雨连天;雷公先唱歌,有雨也不多;一日春雷十日雨;八月无空雷,有雨必有雹;早雷不过午,夜雷十日雨;雷打中,一场空;东闪西闪,有雨点点;东闪日头红,西闪雨蒙蒙;下月雷打雪,二月雨不歇;雷打惊蛰前,高山好种田;雷打惊蛰后,烂泥田里种绿豆;夏至打雷三伏旱;雷打秋,晚稼少收。

霜雪兆:一日春霜三日晴,三日春霜九日晴;夏雨少,秋霜早;霜加南风三日雨,霜加东风一日晴;腊雪一碗饭,春雪一回旱;雨夹雪,半个月;腊雪纳福,来年多谷;瑞雪兆丰年。

寒热兆:春寒雨纷纷,夏寒雨断流;晚时凉,中午热,雨下半个月;今天热又燥,明天雨必到;该冷不冷不成年景,该热不热,五谷不结。

**物候征兆** 人和动物兆:疮疤痒,腰背酸,三天之内雨连天;痱子痒,大雨响;脸烧风,脚烧雨,燕子高飞天晴低飞雨;鸡婆愁,雨淋头;鸡公愁,晒皮头;雁过天晴,鸦叫雨淋淋;老鹰高飞大声叫,大风大雨就来到;猪衔草,风雪到;狗打喷嚏要下雨;猫儿洗脸,雨在明天;蜻蜓飞屋檐,有雨在眼前;蜘蛛张网晴,蜘蛛收网雨;蚊子叮人紧,有雨不用问;蚂蚁搬家,大雨必下,蜈蚣出巡,大雨倾盆,蚯蚓出洞,有雨有风;鱼浮头,鳅翻肚,人窒息,雨声吼;江猪拜浪,风雨有望;乌龟晒壳,大雨淹人脚;大水蛤蟆叫,来日晴天兆。

植物征:扁豆开花早,本是秋旱兆;竹子开花,旱死芝麻;艾叶卷,见大旱;秋叶迟落,次年天旱逃不脱;桐子花红,干死水虫;桐子花白,旱地成泽;木梓青叶炸,一冬无雨下;杨树长红须,日后雨渐渐。

物态兆:墙根冒汗,雷雨闪电;菜罐起水泡,马上风雨到;水缸潮,大雨嚎,盐罐水汪汪,屋上水淌淌;火笑天晴,炊烟往下埋,不久雨即来,灶灰成块,大雨来得快。

以上诸兆与日月运行、气温气压升降、大气环流、季风活动、光、磁、声、电反映有关。今有革有从。

**其他征兆** 传统习俗认为彗星出现兆多灾异,中秋无月兆来看元宵阴雨,稻生双穗兆吉祥,鸡飞上屋兆火灾,喜鹊当头叫兆大吉大利,乌鸦当头叫兆诸事不利,狗哭兆凶,蚂蚁上墙兆大水,老鼠白日搬家兆地震,灯花连爆兆有客至,多蝇兆荒年,左眼皮跳兆有财,右眼皮跳兆有祸,喷嚏一颂、二骂、三记挂;耳热兆有人惦念,手心痒兆财旺,印堂发亮兆走动,印堂发黑兆有病有灾,梦见银钱兆有口舌,梦见蛇兆有人暗算,梦掉牙兆骨肉分离,梦见棺材兆升官发财,梦虱去尽兆百病痊愈,妇人梦中粉饰兆怀孕。

以上诸兆随着科学知识普及,今多淡化。

## 二、阴阳五行

**算命卜卦** 操算命业者多为盲人,俗称"算命先生"。传统流行的算命方式有两种。一种笔算,算命人粗通文墨,摆案于市镇,求算者报上年庚八字,主算者把推算结果写在纸上。一种为口算,主算者常走乡串户,将求算者年庚八字配合十二生肖及天干地支凑成算命的专用语,拉着胡琴,说说唱唱,说人脱什么运,交什么运,以报福、禄、寿、喜。旧时开春后,为问一年祸福,找主算者算命者尤多,故俗有"春瞎子,夏郎中"之谚。

传统卜卦,形式有二,一为坐卜,由通文墨的人专之;一为立卜,多由叫花子上门,以八卦卦象推算祸福。二者皆善揣问者心理,多信口开河。另有黄雀衔牌,鸟经过专门训练,能按主人暗示,跳出衔出字牌,然后主人按照牌上的字,来为问卜者解说。民间有:"卜个卦,三天怕;算个命,三天闷;求个签,三天翻"之说。

20世纪80年代末至90年代,为他人算命卜卦的渐多,在风景区旁、交通要道边、行人稠密的路旁摆摊。不少人遇有疑难之事或不顺心之事,总想通过算命、占卜等迷信方式求人指点迷津、逢凶化吉,以求得一时的心理平衡。

**看相择日** 传统习俗看相要根据人的颜面、气色、五官、身材、手纹推断人的命运、寿数、前程。亦参照"相书",临场发挥,说些模棱两可、顺水推舟的话。看相的套套甚多。就颜面而言,十人十色,百人百样,相述将其归为"六大类",各为所谓"富相""贵相""寿相""贫贱相""孤苦相""夭天相"等套语。另有测字人在市镇上摆摊,放些纸卷,每卷附一字,求测者任挑一卷,测字人察言观色,揣摩求测者身份、目的、心理状态,依据字形、笔画任意解释,给人一个似是而非的印象。

择日,传统习俗民间办喜事、安葬死者、出行、兴业要请人选"黄道吉日",农人、渔户平时栽种、收割、捕捞常查看"皇历"(俗称"历书"),亦有请"阴阳五行"家择日。

新中国成立后,看相择日销声匿迹,然近年在休闲场地、街头巷尾,又有所见。

**风水堪舆** 传统习俗以操此业者称"风水先生"。凭指针、罗盘、日晷等物,辨方向,观水土,以确定建宅造墓之位置、朝向。俗称"选阳宅"与"选阴宅"。旧俗多据以附会人事凶吉及子孙祸福,故民间多重风水。20世纪80年代初恢复宅基地制度后,有迷信思想的人请风水先生看宅基,以确定房屋走向与坐落方位。90年代,城镇居民亦有请风水先生到购买的宅基上踏看风水。

## 三、崇拜俗信

**崇拜对象** 传统习俗中的崇拜系指原始、盲目、自发、神秘幼稚的以及低意识、浅层次、渗透封建伦理道德观念的崇拜,亦有少数高尚积极的崇拜。崇拜对象颇多。

对自然力和某些"灵性"物的崇拜。有上天的日月星辰、风云雨雪、雷电,地上的高山大海、洪水猛兽、畸形怪物。有的不为尧存纣亡,自来自去,左右万物,有的无法驾驭,无法蠡测,或者无法理解,故以为神。

对并无实在形态的即捏造的所谓神灵的崇拜。这类崇拜皆从人事推之,演成三大系统:以玉皇为象征的天界;以阎罗为象征的鬼界;以如来、真武、太上老君、观音菩萨、四海龙王为象征的佛、道、仙界。又让佛、道、仙浮游人神之间,且把佛、道教义和成仙"秘诀"(向善、去情欲)化为俚语村言与传说故事,使之有口皆碑。

对超人和象征性人物的崇拜。有牛郎、织女、孟姜女、钟馗、三皇、五帝,或炎帝、黄帝等古代与上古代的想象传说人物。

对有大智、大勇、大才、大德、大魁、大器、大作、大为而又加以渲染的人物崇拜。有孔子、孟子、孔明、关羽、陶侃、秦叔宝、尉迟恭、包公、岳飞等。

对行业祖师的崇拜。有巧匠鲁班、造纸蔡伦、造酒杜康、机制张衡、医药董奉、华佗、扁鹊等。这种崇拜有的超过行业,成为民间崇拜。

龙,域内人尤其崇拜,各种绘品雕刻皆有龙的图像。

**偶像设置** 传统习俗偶像有玉皇大帝、王母娘娘、太白金星、元始天尊、太上老君、伏羲、神农、轩辕、观音、雷公、雷母、二郎神、真武大帝、玄武娘娘、龙王、禹王、药王、地藏王、关帝、山神、河神、火神、财神、瘟神、阎罗、判官、吕祖、令公、孙大圣、孔圣、杨泗将军,还有十八罗汉、二十四弥勒、五百罗汉等。偶像的居处、形态与其神法相对应。如玉帝居高山、高殿,形态威严,轩昂神圣,表示至高无上;如来居广寺大殿,巨目阔首,泰然自若,表示"佛法无边";观音居绝崖静观,美而慈善,飘逸雅静,表示"大慈大悲";祝融(火神)光芒四射,目光如电,表示炽热无比;阎罗居处阴森,怒目咧牙,形象恐怖,表示收魂摄魄,是为鬼魔。其他居城镇,或近村庄,或居山崖,或近水域,或金刚怒目,或笑容可掬,或凶恶可怕,或和善近人,红脸关帝、黑脸财神,擂鼓雷公,登车二郎,人间的典型形象、典型性格多从偶像中显示出来。人造偶像、崇拜偶像,敬畏偶像。富贵荣华,福禄寿喜,屈辱苦痛,丧难离合常祈求偶像,拜祭神灵。旧俗善男信女为捐资、捐物、捐田地山场,修庙宇,塑神像,四时朝拜。

新中国成立后,人们追求科学,破除迷信、拆庙宇、捣菩萨、移风易俗。20 世纪 60~70 年代,偶像崇拜一度收敛,90 年代开始回潮,且渐盛行。

## 第八节　时尚 陋习

### 一、时 尚

**卡拉 OK** 20 世纪 90 年代起,人们把"唱 K"作为时髦的一种文娱活动。逢年过节或各种活动的尾声,都是以卡拉 OK 兼跳舞尽兴结束。亲戚朋友、同窗或同事聚会,亦兴唱。市场销售专用光碟品种繁多。青年人喜欢唱流行歌曲,中年以上人士则喜欢唱 50~60 年代的怀旧歌曲和经典歌曲。卡拉 OK 丰富了人们的文化生活,收到宣泄和调节、放松效果。90 年代后期,出现家庭电脑,其丰富多彩、可直接参与的各种文化娱乐节目,使风靡一时的卡拉 OK 渐显低落。

**追星** 90 年代起,流行港台歌曲,其主题多源于现实生活、通俗浪漫,加上原唱者多为歌、影、视三栖"帅哥"和"靓女",故成为青年男女的偶像。青年男女不但爱听、爱看,还搜集珍藏偶像的各种肖像,甚至作刻意模仿,似乎获得满足和感到慰藉。

**泡吧** 90 年代起,泡吧成为城镇一种新兴时尚生活方式。"泡吧族"多以年青一代为主,尤以高校学生为最青春、最稳定的群体。各种档次的酒吧,迪(斯科)吧、网吧、咖啡吧、书吧应运而生,成了年轻人休闲、解闷、享受情致和结识朋友的好去处。"吧"的格调和氛围,与传统的茶楼酒馆、餐厅食肆大相径庭,情调高雅、超脱、温馨、浪漫,环境是艺术与知识、幻想与前卫糅合,故鲜见老年人出入其间。

**化妆与美容** 爱美之心人皆有之。90 年代以来,九江女性不仅注重服装流行色,还注重适合自己的化妆品、化妆技术和美容(主要是做面部美容)。化妆品市场甚众,各种洗面奶、润夫霜等品种繁多。专业美容、形象设计等服务行业更趋系列化和高层次,诸如磨砂、去斑、文眉等。男士一般不化妆和做美容。近年,中老年人不分男女都兴染发,将白发染成黑色;年轻人则爱染棕色或金黄,或间一绺杂色,显示其个性美。

**减肥** 90年代以来,减肥修身已经成为社会关注和热门话题,广告宣传充斥各类媒体。九江男女肥胖者多采取主动减肥办法,诸如节食、吃减肥药、喝减肥茶、搽减肥霜等;另有增加运动及做健身操、跳健身舞等。随着人们对健康的追求,"健身热"在九江兴起,提供健身活动服务的"健身俱乐部"、"健身房"和各类健身器材日益增多。

**壁挂** 20世纪50~60年代,人们多把富有纪念意义和历史价值的照片,无分新旧统统置入镜框,悬挂于壁上,一则悦目缅怀,二则供访客和亲友观赏。80年代起,家庭相册取代了容量有限的镜框,多为外出旅游及家庭生活照。部分家庭悬挂书法作品或自书小条幅、中堂、横批等。书香门第、艺术之家均喜悬四屏配楹组合,文雅庄重而气派恢弘。进入90年代,因住房结构、装修风格现代化,一些家庭更多以小幅油画、装饰画为主,其中不乏世界名画的大小复制件。此类挂画制作精美,装饰感强,占壁面积小,因此很快风行。此外,各种壁毯、艺术挂钟、石膏浮雕、根雕、木雕、砖雕等工艺品亦成为人们家居壁挂的饰物。

**花事** 传统习俗一般家庭并不常买鲜花插瓶,此与生活水平有关。20世纪80年代以来,人们生活品质和观念发生变化,其中一个标志是对鲜花的需求量增加。家庭日常插花较普遍,成为时尚,不仅是取意头,还是一种文明生活素质提升的体现和自然美的享受。今探病问老、祝贺生日,以一束鲜花作为馈赠,也渐成习惯。男士向异性示爱,也以送玫瑰花为时尚。

**流行新词** 随着经济社会的发展,人们思想观念的变化,民间出现一些新的生产、生活方式和新词语,虽未能演变成为一种习俗,但亦反映新的时尚。

前卫:领先于当时的(有未被社会普遍认可的意思)。

充电:通过再学习补充新的知识,增长新能力。

酷:帅,洒脱有个性,特别时尚。

下岗:因企业破产(改制)、人员裁减等情况离开工作岗位。

待业:等待就业("失业"的委婉说法)。

内退:指未到国家规定退休年龄的人,在单位内部办理手续,提前不工作,享受退休人员待遇。

海归派:特指20世纪70年代以后出国,21世纪初回国参加建设以求发展的留学人员。

红包:包着钱的红纸包儿,即"利市"。现泛指奖金、额外酬金以及贿赂他人的钱。

打假:指依法打击制造、销售假冒伪劣商品。

秀:表演,又作"做秀"。

大款:拥有大量钱财的人。

大腕:某些领域中有成就、有影响的人物。

民工:外来进城务工人员,多属于边远山区或贫困地区的农民,也称农民工。

打工一族:靠打工谋生的一类人。

打工妹:打工的年轻女性。

打工仔:从外地来打工的青年男子(在不必分男女的场合也包括女子);泛指打工的年轻人。

超前:超越当前的;提前的。

平台:喻为某人某事提供支持和保障的领域、机遇、环境、空间等。

包装:喻对人或实物进行形象设计,使美化和有特色。

摩的:摩托车的士的简称。指用来出租载客的摩托车。

上网:进入网络,特指用户的电子计算机连接到互联网上进行信息检索、查询等。

网民:经申请正式参加电脑网络中心的人;泛指电脑网络用户。

网友:在电子计算机互联网上交往的朋友;也用作网民之间的互称。

挂靠:一个单位在名义上或组织关系上隶属于另一个较大的单位。

发包:按合同把某些生产任务包给承担单位或个人去完成。

转包:把自己承包的任务转手包给别人。

热点:在一定时期内引人注目的事物或地方。

亮点:发出亮光的点,喻美好的、值得称道的事物。

埋单:在饭店用餐或购物后结账付款。

按揭:买房、买车到银行贷款,银行规定年限,按月收回贷款。

陪读:家长全方位、零距离照料孩子的学习、生活。

择校:家长凭借关系或金钱,将孩子送进名校。学校收取择校费。

## 二、陋 习

**弃婴** 20世纪70~80年代以后,少数人重男轻女思想复萌,亦有未婚先孕子或婴儿畸形、患病等状况,抛弃于公园、小巷、垃圾箱等处时有发生,但受社会舆论谴责和法律所不容。

**赌博** 20世纪70~80年代,始有小赌。一些稍大赌场从密室、厅堂到山野、游乐地、车船上;方式从掷骰子、摇宝、抹牌、搓麻将到猜牌名、摆残棋、赌数字;赌注从现钞、随身之物到车辆、支票。某些家庭,家人自赌,子赢父钱,妻赢夫钱。尤以经济文化落后之处赌风尤烈。另有人利用电子游戏机进行赌博,对青少年造成极大影响。为此,政府公安机关不断查禁和打击,2010年全市查处涉赌案件1015起,3840人,缴获、销毁游戏赌博机802台。

**吸毒** 20世纪70~80年代后,域内出现吸毒现象。有关部门对毒品交易和吸毒活动采取严厉打击、从严惩罚治罪的措施,但由于此类犯罪活动均是隐蔽进行,短期内难于肃清杜绝。一些城区环境复杂,娱乐消费场所如宾馆、夜总会、酒吧、游乐场等众多,犯罪分子不难找到掩护场所,最严峻问题是青少年居多,除吸食、注射海洛因(白粉)之外,还在公开场合吞服摇头丸等兴奋型毒品,使人们身心健康受到极大损害,亦有人为此而丧命。为打击吸毒、贩毒活动,2010年,全市破获毒品案件260起,缴获毒品8.54千克,抓获涉毒犯罪嫌疑人261名。

**色情交易** 20世纪90年代初,少数个体书摊出现离奇、荒诞、诲淫的书刊。除了小说形式,还有“增刊”“特辑”“精选”等,五花八门。此类出版物内容多涉及桃色案、野欲、兽欲、军妓、淫妇等,诲淫诲盗,揭露明星隐私、贬损他人人格,情节不堪入目。同时,还有已被查禁的书刊,其中包括有错误倾向以及封建迷信思想的出版物,也悄然面世兜售;靠色情招徕顾客的娱乐场所、发廊、桑拿按摩场所成为犯罪分子卖淫嫖娼的窝头,其招聘女青年做伴舞、陪酒女郎。一些不法分子除选择车站、码头、公园等地带兜揽嫖客,还以“陪看电影、录像”为名进行淫秽交易。公安机关、工商部门经常开展公共娱乐场所治安秩序专项整治。亦有效遏制。

**养情妇** 20世纪70~80年代后,市场经济的建立和发展为许多人提供创业的机遇,一些成功的“下海”人士在短期内成为大款人物,如公司经理、包工头等。另外,一些国家干部和公职人员利用手中的权力牟利,成为暴发户。于是,在封建意识和资产阶级腐朽生活方式作祟之下,有人便喜新厌旧,重婚纳妾;有的金屋藏娇养情妇,公然姘居,非法生育的行为亦存在。养情妇的恶习严重败坏社会风气,造成一些家庭破裂,也严重影响青少年的身心健康。

# 第二章 方言

## 第一节 方言区划

### 一、赣语区

**赣语区语音系统的主要特点** （一）基本保留古全浊塞音、塞擦音声母。如：

b 步盘 d 田电 g 拳葵 dz 从贼 dʑ 齐桥 dʐ 虫迟

各地也有不完全一致的情况，修水话、德安话古全浊声母仄声变为送气音。如：

“道”读t‘ɑu꜅ 或d‘ɑu꜅；“大”读t‘ai꜅ 或d‘ai꜅。

浊塞音、塞擦音声母武宁话、星子话保留得最完整，修水、永修缺d；德安、湖口有送气的趋势，一部分人读为b‘、d‘、g‘、dz‘、dʑ‘、dʐ‘。

（二）古声母送气清音变为不送气浊音。如：

仓、差：dz- 昌、冲：dʐ- 秋、汽：dʑ-

武宁话、德安话保留了古送气清音读法。

（三）x、f分混。古晓母、匣母字普通话读x的归于f。如“灰”、“虎”的声母都是f。

武宁话、星子部分古轻唇音归于h。如“风”“房”的声母读h-。

都昌话无擦音f，古轻唇音一般归于喉音h，如“灰”“飞”都读꜀hui。

（四）古梗摄字韵母多为ɑŋ、iɑŋ、uɑŋ。如：

生、硬：-ɑŋ 精、清：-iɑŋ 横、矿：-uɑŋ

（五）古江摄、宕摄字主要元音为ɔ或o。如：

党、邦：-ɔŋ 良、娘：-iɔŋ 光、王：-uɔŋ

（六）入声韵保留部分辅音韵尾。如：

修水话保留-t、-l、-ʔ韵尾；

武宁话保留-t、-k 韵尾；

永修话保留-t、-k韵尾；

德安话保留-ʔ韵尾；

都昌话古入声韵尾-t、-p合并为-l，保留-k韵尾；

星子话、湖口话入声韵尾消失，但多数入声韵自成一类。

（七）入声大都分阴入、阳入。只有湖口话、星子话入声不分阴阳。

**词汇特点**

吃：呷 dʑia꜇

男孩：崽俚

站立：徛 tɕi꜅（湖口话说“站”）

我的：我个 （湖口话说“我的”）

下雨：落雨

了:(动态助词)“哆”或“着”

他:佢(彭泽话说“其”)

这:咯 ko꜇　　(彭泽话说i45)

**融汇状况**　赣语区七个县分七大语音系统。发源于修水的修河，东出武宁，经永修汇赣江，注入鄱阳湖，古时成为联通各县交通及经济贸易往来的大动脉，也成为各县方言交流的纽带。各县人民交际的结果，使其方言产生融汇的状况。

(一)尖团音

修水、武宁、永修、德安等地不分尖团音。如：

精、经：tɕ-　　轻、清：tɕʻ-　　兴、新：ɕ-

星子、都昌、湖口分尖团音。如：

精　ts-　　经　tɕ-　　清　tsʻ-　　轻　tɕʻ-　　新　s-　兴　ɕ-

(二)古舌上音知组转入舌头音读t、tʻ、d的有修水、永修、星子等地。如：

招：修水、永修读 ꜀tɑu　　赵：星子话读 dɑu꜅

(三)古全浊塞音仄声变为送气音的，有修水、永修、德安等地。

(四)无送气音声母的有星子、都昌、湖口等地。

(五)古见组拼合口呼字保留舌根音读法的有修水、永修、德安、星子等地。如“居、举”的声母都是k-。

(六)n、l不分都读l的有武宁话以及说修水话的部分地区。如“南、兰”的声母都读l-

(七)无撮口呼y的有修水、永修、都昌等地。普通话撮口呼韵母转为齐齿呼或合口呼。如：

女　꜃ȵi　　拳　꜁guɛn

(八)普通话撮口呼读高央元音ʉ的有德安话、星子话。如：

居　꜀kʉ　　血　fʉ̈ɛʔ꜇

(九)前后鼻音韵尾不分的有武宁、永修、德安、湖口等地。

(十)古透母、定母字在细音前读d、dʻ的有星子、都昌、湖口等地。如：

莲　꜁diɛn　　礼　꜃dʻi

(十一)古日母字普通话读ʐ-转为l-的有永修、德安、都昌、星子等地，“热”读lɛ꜇；转为ȵ-的有修水、武宁、湖口，如“热”读ȵiɛ꜇。

(十二)古溪母开口字读喉音h-的，有修水、永修、湖口等地。如“开、考”的声母都是h-。

## 二、官话区

**官话区语音系统的主要特点**　(一)古全浊声母清化，平声读送气清音，仄声读不送气清音。如：“婆、牌”的声母都是 pʻ，“道、大”的声母都是 t。

(二)入声韵塞音韵尾全部消失，归入可延长的舒声韵。如九江话“国”读$kuai^{51}$。

(三)调类保留古入声，但不分阴阳。如九江话“八、拔”都读$pɑ^{51}$；“发、罚”都读$fɑ^{51}$。

(四)前后鼻音韵尾不分。普通话后鼻音韵尾ŋ归于前鼻音n。如“音、英”都读 ꜀in，“真、蒸”都读 ꜀tʂən。

(五)x、f分明。如九江话“灰”读 ꜀xuɛ，“飞”读 ꜀fɛ。

(六)tʂtʂʻʂ、tstsʻs分明。古知组章组字一般读tʂtʂʻʂ，庄组字保留 tstsʻs 读法。如“知”读 ꜀tʂʅ，“生”读 ꜀sən。

(七)有后元音ɑ，无中元音ᴀ。如“巴”、“爬”的韵母都是ɑ。

(八)有舌尖后圆唇元音ʮ，可与知组，章组声母拼合，造成“主”“举”不分、“书”“虚”不分。

主、举：꜂tʂʮ　　书、虚：꜀ʂʮ

**词汇特点**

吃：吃　tɕʻi꜆

男孩：伢喃（瑞昌话说“伢儿”）

站立：站（瑞昌话说“徛”）

我的：我的（不说“我个”）

下雨：下雨（瑞昌话说“落雨”）

他：佢　꜁kʻɛ

这：这　tiɛ꜄（瑞昌话说tai꜆）

**分布状况**　官话区主要分布在浔阳区、庐山区的威家镇以西、庐山局、九江县以及瑞昌市的横港、洪下以东地区。

细分一下，官话区可划为三个片区。一是九江市区话，含浔阳区、庐山区部分地区以及庐山山上话；二是九江乡下话，含九江县以及庐山区的赛阳、莲花等地；三是瑞昌话。

九江县话是九江“乡下话”的代表。古代柴桑、寻阳的县、郡治都在九江县境内。寻阳郡由湖北蕲州一带迁来，所以，九江县话多与湖北鄂东一带楚语接近。

瑞昌话处于官话区的未梢，与湖北武穴市隔江相望，语言与武穴话接近。又因为与赣语区的乡下人杂处，带有较多的赣语特点。

九江市区话与九江乡下话的主要区别是：

（一）九江市区话有5个调类，去声不分阴阳；九江县话有6个调类，去声分阴去阳去。如“店”和“电”，九江市区话都读 tiɛn$^{213}$；九江县话“店”读阴去 tiɛn$^{213}$，“电”读阳去 tiɛn$^{33}$。

（二）声母n、l的分合。九江城里话n、l基本不分，都归于l-；九江县话可分可不分，不分的人都归于n-。如“南、兰”，九江市区话都读lan$^{44}$，九江县话都读nan$^{44}$。

（三）九江县话有舌尖后浊鼻音ɳ。如“鱼”读ɳʮ$^{44}$，九江市区话读零声母的ʮ$^{44}$。

（四）山摄合口三等字，九江市区话读ʮõ的，九江县话读ʮɛ̃。如“拳”，九江市区话读tʂʻʮõ$^{44}$，九江县话读tʂʻʮɛ̃$^{44}$。

（五）九江市区话ɛ韵母，九江县话分为ɛ、i两套。如：

| | 九江市区话 | 九江县话 |
|---|---|---|
| 罪 | tsɛ$^{213}$ | tsɛ$^{33}$ |
| 嘴 | tsɛ$^{34}$ | tɕi$^{34}$ |

九江话与瑞昌话的主要区别是：

（一）瑞昌话有5个调类，平声不分阴阳，去声分阴阳；九江话平声分阴阳，去声不分阴阳。瑞昌话“天”“田”同音，都读tʻĩ$^{42}$；九江话“天”读tʻiɛn$^{32}$、“田”读tʻiɛn$^{44}$；九江话“汉”、“汗”同音，都读han$^{213}$；瑞昌话“汉”读xõ$^{45}$，“汗”读xõ$^{33}$。

（二）九江市区话入声相当完整，瑞昌话、九江县话入声有向阳去演化趋势。

| | 九江市区话 | 瑞昌话 | 九江县话 |
|---|---|---|---|
| 白 | pai$^{51}$ | pʻɛ$^{33}$ | pʻiɛ$^{33}$ |
| 十 | ʂʅ$^{51}$ | ʂʅ$^{33}$ | ʂʅ$^{33}$ |

（三）瑞昌话n、l分明，九江话有分混情况。

（四）瑞昌话分尖团音，九江市区话、九江县话都不分尖团。如“精”“经”，瑞昌话分别读tsin$^{42}$、tɕin$^{42}$；九江市区话、九江县话都读tɕin$^{32}$。

（五）词汇方面的差异如：

| 普通话 | 九江话 | 瑞昌话 |
|---|---|---|
| 站立 | 站 | 徛 |
| 下雨 | 下雨 | 落雨 |
| 上面 | 高头 | 高里 |
| 下面 | 下面 | 下里 |
| 现在 | 将 ꜀tɕiã | 现hɛ̃꜔ 得 |
| 刚才 | 将脚 | 恰眼 k'ɑ꜆ ꜂ŋan |

## 三、客家话区

**源流** 赣西北客家人又称“怀远人”，由修水县境内“怀远都”而得名。

怀远都是清雍正年间为客家人入籍设立的政治地理制度。怀远都共分四个都，修水、铜鼓分治后，一、二都划入铜鼓县境内，三、四都则留在修水境内。

怀远都客家人是在清康熙二十年（1881 年）由赣州、闽西、粤东三角地域的客家大本营迁入修水的，经过三百多年的繁衍，仍在修水境内的客家人口已达十多万人，他们大都分布在县城义宁镇以及何市镇、黄沙港、黄沙桥镇、山口镇等地。

怀远人坚持用客家话进行交际，基本保留了客家话系统原貌，但也受修水话影响，形成独特的怀远话。

**怀远话与客家话** 怀远话基本保持了客家话的主要特点。

（一）声母古全浊仄声，读送气清音。如“定”“大”的声母为t'-，“罢”“败”声母为p'-。

（二）古轻唇音如“扶、肥、孵、伏”等读重唇音p'-。

（三）擦音声母丰富，除非组字外，晓母、匣母、溪母都有读f-的。如“虎、胡、苦、裤”的声母都是f-。

（四）韵母无撮口呼，普通话撮口呼字多读齐齿呼。如“女”读 ꜂ȵi，“靴”读 ꜀ɕio。

（五）古蟹摄一等字读oi。如“来”读 ꜁loi，“在”读ts'oi꜓ 。

（六）有 7 个调类，调值整体与客家话基本一致。

| | 阴平 | 阳平 | 上声 | 阴去 | 阳去 | 阴入 | 阳入 |
|---|---|---|---|---|---|---|---|
| 怀远话 | 45 ˦˥ | 13 | 31˧˩ | 53 ˥˧ | 24 | 1 ˩ | 5 ˥ |
| 梅县话 | 44 ˦ | 11 ˩ | 31˧˩ | 53 ˥˧ | | 1 ˩ | 5 ˥ |

**怀远话与修水话** 怀远话受修水话影响，发生了一些系统演变。

（一）产生一套浊音声母：b（步） dz（从） dʐ（虫）

（二）部分溪母字变成舌根擦音h。如“开”“口”的声母为h-。

（三）入声韵尾演变成-t、-ʔ两套。

（四）客家话一般无阳去，怀远话产生一类不稳定的阳去。如“旧、辨、电”修水话读 22˨，怀远话读 24 ˨˦。

**特色词汇**

| 普通话 | 怀远话 | 修水话 |
|---|---|---|
| 祖父 | 大 | 公公 |
| 祖母 | 毑毑 ꜂tsia | 婆 |
| 父亲 | 爷子 | 爷 |
| 母亲 | 哀子 | 奶 |
| 儿子 | 赖子 | 崽 |

| | | |
|---|---|---|
| 晚上 | 晏晡 | 夜边 |
| 吃 | 食 | 呷tɕʻia꜇ |
| 姐姐 | 阿姊 | 姐 |
| 睡觉 | 睡目 | 睏觉 |
| 蝴蝶 | 扬翼子 | 飞婆 |
| 蜻蜓 | 囊蚋子 | 争鸽 |

### 四、混合方言

传统上，人们把彭泽话归于赣语区鹰弋片区。的确，以县城龙城镇话为代表的彭泽话具有赣语的一些特征。如：

（一）古全浊声母无论平仄，今读塞音塞擦音时，为送气清音。即全浊与次清合并，此为赣语主要特点。如：

大：tʻai꜅　　病：pʻin꜅　　道：tʻɑu꜅

（二）古日母、疑母字部分读ȵ。如：

认：ȵin꜅　　言：꜁ȵian　　让：꜃ȵiɔŋ

（三）声母无tʂtʂʻʂ，古知组、照组字归于tstsʻs。如：

招：꜀tsɑu　　昌：꜀tsʻɔŋ　　扇：san꜄

（四）古江摄宕摄字主要元音为ɔ。如：

党：꜂tɔŋ　　扬：꜁iɔŋ　　光：꜀kuɔŋ

（五）词汇方面，“我的”说“我个”，“吃”说“呷”tɕʻia꜆，“下雨”说“落雨”，“站”说“徛”，“玩耍”说“戏”等。

但是，彭泽话还带有很强的官话特征。如：

（一）调类数目少，只有阴平、阳平、上声、阴去、阳去 5 类，入声消失。

（二）全浊声母清化，无浊塞音、塞擦音声母。

（三）前后鼻音尾韵母不分，普通话əŋ、iŋ韵母归于ən、in。如“成”读 ꜁tsʻən，“兵”读 ꜀pin。

（四）船母、群母有归并现象。如“船”、“权”都读 ꜁tɕʻyan。

（五）声母有舌尖后浊鼻音ɳ。如“女”读 ꜃ɳɥ，“软”读 ꜃ɳyan。

（六）词汇方面，“刚刚”说“将脚”，“妻子”叫“马马”，“好好的”说“好生了”等。

由于调类数目少，声母浊音清化，在语感上彭泽话比一般赣语更加流畅易懂，官话区的人对彭泽话更有认同感。

彭泽县地处赣北江边，江岸比其他县市更长。古代交通、经济贸易主要通过长江水路与下江人交往，加上安徽官话区移民的影响，从而形成这样一种更接近官话的混合方言。

## 第二节　九江话

### 一、特 点

传统的“九江话”是个宽泛的概念，它涵盖了湖口以西，星子、德安以北，瑞昌以东的长江南岸地区。

《书·禹贡》载：“九江，荆扬二州之境也”。古时，秦分天下为 36 郡，九江郡覆盖了鄂、赣、皖等长江中下游区域，几达金陵。以长江为交通要道的“下江人”政治经济文化交流频繁，从而产生了具有共同特点的“下江官话”（江淮官话）。所以，现代语言学家把九江以东、镇江以西的长江流域划为北方方言区。

九江话与同为下江官话的南京话相近，主要语音特点有一些共同之处。如：

（一）n、l不分。“兰、南”同音，声母都读l。

（二）tʂtʂʻʂ与tstsʻs分明。“知、资”“迟、瓷”“诗、思”的声母各不相同。

（三）鼻音韵尾-in、-iŋ不分，-ən、-əŋ不分。“民、名”同韵，“真、蒸”同韵。

（四）部分舌尖鼻音韵尾转为鼻化韵。如“般”“管”等。

（五）调类有 5 个，保留古入声，去声不分阴阳。

九江话可分为两大片区。一是九江乡下话，即九江县话，它包含了九江县全县以及庐山区的赛阳、莲花、新港等地；二是九江市区话，它包含了浔阳区、庐山区的姑塘、十里、威家等地以及庐山山上话。

以下记述的九江话，语音系统以市区话为准，词汇系统则是九江市区话与九江乡下话主要特色词汇的汇集。

## 二、声 母

**声母数量** 九江话共有 22 个声母。

| | | | | | | | | | |
|---|---|---|---|---|---|---|---|---|---|
| p | 波 | 把 | 霸 | 拔 | pʻ | 婆 | 普 | 怕 | 泼 |
| m | 麻 | 马 | 骂 | 抹 | f | 夫 | 府 | 富 | 佛 |
| t | 都 | 堵 | 妒 | 督 | tʻ | 图 | 土 | 兔 | 突 |
| l | 奴 | 鲁 | 怒 | 路 | ts | 租 | 祖 | 做 | 足 |
| tsʻ | 粗 | 楚 | 醋 | 促 | s | 搜 | 锁 | 数 | 缩 |
| tʂ | 知 | 纸 | 制 | 质 | tʂʻ | 迟 | 齿 | 臭 | 尺 |
| ʂ | 诗 | 屎 | 试 | 石 | ʐ | 人 | 忍 | 认 | 肉 |
| tɕ | 家 | 假 | 价 | 甲 | tɕʻ | 奇 | 启 | 气 | 吃 |
| ɕ | 希 | 喜 | 戏 | 吸 | k | 哥 | 果 | 过 | 郭 |
| kʻ | 科 | 可 | 课 | 壳 | x | 河 | 火 | 货 | 喝 |
| ŋ | 蛾 | 我 | 饿 | 恶 | ø | 鱼 | 女 | 玉 | 入 |

**声母特点** (一)古全浊声母全部清化，平声为送气音，仄声为不送气音，这是确定九江话区别于赣语而为北方方言的本质待征。如“婆”“牌”的声母都是pʻ；“大”“道”的声母都是t。

(二)无n有l，普通话n声母多归于l，部分归于零声母。如“南”读 ꜁lan、“泥”读 ꜁li、“娘”读 ꜁liã；“女”“吕”都是 ꜃ɥ。

九江市郊的姑塘话n、l分明，姑塘话和九江县沙河话有ȵ，主要来于古娘母、泥母。如“牛”读 ꜃ȵieu。

(三)tʂtʂʻʂ、tstsʻs分明。古庄组字拼u介音时，读tʂtʂʻʂ。如“庄”读 ꜀tʂuã、“爽”读 ꜂ʂuã、“床”读 ꜁tʂʻuã ；其他读tstsʻs。如 “抓”读 ꜀tsɑ、“初”读 ꜀tsʻeu、“师”读 ꜀sɿ。

(四)古知照见三组与遇摄三等字拼合读音接近舌叶音 tʃtʃʃ，这里记作tʂtʂʻʂ。如“主”、“举”都读 ꜂tʂɥ；“除”“渠”都读 ꜁tʂʻɥ；“书” “虚”都读 ꜀ʂɥ。

(五)古疑母字大都分化为ŋ和零声母。如“我”读 ꜃ŋo，“牙”读 ꜁iɑ。

(六)古日母字大多分化为ʐ和零声母。如“日”读ʐʅ꜇ ，“扰”读 ꜃ʐɑu；“然”读 ꜁ɥõ，“热”读ɥai꜇ 。

(七)/x/音位分舌根音x与喉音h。如“河”“喝”声母为x；“好”“喉”声母为h。

(八)不分尖团音。如“九”“酒”都读 ꜂tɕieu；“轻”“清”都读 ꜀tɕʻin；“兴”“心”都读 ꜀ɕin。

**声母的发展变化** 城区青年人也慢慢将n、l分开，主要受普通话影响。如“南”读 ꜁nan，“蓝”读 ꜁lan。

## 三、韵 母

**韵母数量** 九江话共有韵母41个。

单元音韵母9个：

ɑ 爬 抹　o 哥 郭　ɛ 飞 肺　i 衣 滴
u 姑 屋　ɥ 居 主　ɿ 资 字　ʅ 知 直
ɚ 而 二

复元音韵母14个：

ai 鞋 格　uai 乖 国　ɥai 帅 说　ɑu 毛 帽
iɑu 条 跳　eu 邹 绿　ieu 牛 柳　iɑ 牙 压
uɑ 花 挖　io 学 药　uo 窝 屙　iɛ 写 血
uɛ 伟 规　ɥɛ 吹 垂

鼻音韵母9个：

an 安 淡　iɛn 天 厌　uan 弯 万　ən 深 认
in 兵 星　ɥən 永 运　uən 温 问　uŋ 同 送
iuŋ 雄 勇

鼻化韵7个：

ã 当 党　iã 良 向　uã 王 望　õ 酸 短
uõ 宽 碗　ɥõ 元 转　ẽ 詹 占

声化韵2个：

m̩ 姆（妈）　n̩ 你

**韵母特点** （一）单元音韵母中有后元音ɑ，无中元音ᴀ。如“巴”“他”“马”“发”的韵母都是ɑ。

（二）有舌尖后圆唇元音ɥ，无舌面前圆唇元音y，知、照、见三组的遇摄三等字都读ɥ。如“主”“举”“除”“区”“书”“虚”的韵母都读ɥ。

（三）无单元音韵母ɤ，果摄开口一三等字韵母为o；入声德韵字韵母为ai。如“哥”“科”的韵母为o；“格”“克”韵母为ai。

（四）无复韵母ei，普通话ei韵字九江话读单元音ɛ。如“碑”读 ꜀pɛ、“梅”读 ꜁mɛ、“推”读 ꜀t‘ɛ、“伟”读 ꜂uɛ。

（五）无鼻音韵母əŋ、iŋ，古梗摄、曾摄字分别归于ən、in、oŋ。如“冷”读 ꜃lən、“正”读tʂən꜄、“英”读 ꜀in、“星”读 ꜀ɕin、“丰”读 ꜀foŋ、“朋”读 ꜁p‘oŋ。

（六）有一套鼻化音韵母：

古宕摄江摄字韵腹为ã。如“党”读 ꜂tã、“羊”读 ꜁iã、“王”读 ꜁uã。

古山摄合口一三等字韵腹为õ。如“般”读 ꜀põ、“碗”读 ꜂uõ、“劝”读tʂ‘ɥõ꜄。

古山摄开口字部分鼻化为ẽ。如“詹”读 ꜀tʂẽ、“占”读tʂẽ꜄。

（七)普通话uan韵九江话分为三部分：uan、uõ、õ。如“弯”读 ꜀uan；“关”“官”都读 ꜀kuõ；“短”读 ꜂tõ。

（八）鼻音韵母m、n可自成音节。如“姆”读 ꜀m̩、“你”读 ꜃n̩。

（九）入声韵无塞音韵尾，读音可延长。如“说”读ʂɥai꜆、“学”读ɕio꜆。

**韵母的发展变化** （一)受普通话影响，大多青年人把知、照、见三组的遇摄三等字都读u。如“主”、“举”“除”“区”“书”“虚”的韵母都读u。“主、举”都读 ꜂tʂu，“除、区”都读 ꜁tʂ‘u，“书、虚”都读 ꜀ʂu。

（二）有元音高化的倾向。大部青年人古麻韵ɑ高化为ɛ。如蛇 ꜁ʂɑ读 ꜁ʂɛ，“斜” ꜁ɕiɑ读 ꜁ɕiɛ。

## 四、声 调

**调类与调值**

阴平 ˧˨ 32 诗 烟 天 梯
阳平 ˦ 44 时 盐 田 题
上声 ˧˦ 34 短 暖 缓 碗
去声 ˨˩˧ 213 到 盗 变 辨
入声 ˥˩ 51 八 发 拔 罚

**声调特点**

（一）调类数目相对较少，去声不分阴阳，入声不分阴阳。

（二）从调类的演变来看，“平分阴阳”“浊上变去”，演变规律与普通话一致。

（三）入声相对稳定，极少演变现象。九江县话、瑞昌话都有阳入向阳去演变的趋势，如“十、白、石、舌”等，九江话一概读入声，几无例外。

（四）从调值来看，升降趋平和婉曲，入声无塞音韵尾，可舒展延长，语流自然流畅，与赣语相比，显得特别柔美。

## 五、声韵拼合

九江话声韵拼合表

**九江话声韵配合表（一）**

表 69-2-1

| 声母<br>例字<br>韵母 | p | p‘ | m | f | t | t‘ | l | ts | ts‘ | s | tʂ | tʂ‘ | ʂ | ʐ | tɕ | tɕ‘ | ɕ | k | k‘ | x | ŋ | ø |
|---|---|---|---|---|---|---|---|---|---|---|---|---|---|---|---|---|---|---|---|---|---|---|
| ɑ | 巴 | 爬 | 马 | 发 | 大 | 塔 | 拉 | 炸 | 查 | 沙 | | | | | | | | | 卡 | 哈 | 伢 | 阿 |
| o | 波 | 婆 | 摸 | | 多 | 拖 | 罗 | 左 | 错 | 锁 | 着 | ① | 硕 | | | | | 哥 | 科 | 河 | 我 | 哦 |
| ɛ | 杯 | 培 | 梅 | 飞 | 堆 | 推 | 雷 | 罪 | 催 | 随 | 遮 | 扯 | 蛇 | | | | | 扢② | 佢 | 嘿 | | 哎 |
| i | 比 | 皮 | 米 | | 地 | 梯 | 李 | | | | | | | | 鸡 | 奇 | 希 | | | | | 衣 |
| u | 布 | 铺 | | 扶 | | | | | | | | | | | | | | 姑 | 苦 | 胡 | | 屋 |
| ʮ | | | | | | | | | | | 主 | 区 | 书 | | | | | | | | | 鱼 |
| ɿ | | | | | | | | 资 | 次 | 思 | | | | | | | | | | | | |
| ʅ | | | | | | | | | | | 知 | 迟 | 时 | 日 | | | | | | | | |
| ɚ | | | | | | | | | | | | | | | | | | | | | | 而 |
| ai | 白 | 牌 | 买 | | 得 | 台 | 来 | 在 | 才 | 筛 | | | | | | | | 该 | 开 | 海 | 爱 | |
| uai | | | | | | | | | | | | | | | | | | 乖 | 快 | 槐 | | 外 |
| ʮai | | | | | | | | | | | 决 | 缺 | 说 | | | | | | | | | 月 |
| ɑu | 包 | 跑 | 毛 | | 道 | 桃 | 脑 | 早 | 吵 | 嫂 | 招 | 超 | 烧 | 饶 | | | | 高 | 考 | 好 | 袄 | |
| iɑu | 标 | 飘 | 妙 | | 掉 | 挑 | 了 | | | | | | | | 交 | 桥 | 晓 | | | | | 腰 |
| eu | | | 谋 | 否 | 斗 | 偷 | 奴 | 邹 | 初 | 苏 | 周 | 绸 | 收 | 肉 | | | | 沟 | 口 | 喉 | 欧 | |
| ieu | | | | | 丢 | | 流 | | | | | | | | 纠③ | 秋 | 修 | | | | | 油 |

续表 69-2-1

| 声母<br>例字<br>韵母 | p | pʻ | m | f | t | tʻ | l | ts | tsʻ | s | tʂ | tʂʻ | ʂ | ʐ | tɕ | tɕʻ | ɕ | k | kʻ | x | ŋ | ø |
|---|---|---|---|---|---|---|---|---|---|---|---|---|---|---|---|---|---|---|---|---|---|---|
| iɑ | | | | | | | | | | | | | | | 家 | 掐 | 霞 | | | | | 牙 |
| uɑ | | | | | | | | | | | | | | | | | | 瓜 | 垮 | 花 | | 瓦 |
| io | | | | | | | 略 | | | | | | | | 脚 | 确 | 学 | | | | | 药 |
| uo | | | | | | | | | | | | | | | | | | | | | | 锅 |
| iɛ | 扁 | 撇 | 灭 | | 爹 | 铁 | 列 | | | | | | | | 借 | 茄 | 写 | | | | | 叶 |

①tʂʻo51：顺便得到。如：做客口礼②扢kɛ32：（动词）用手提。③tɕieu213：弯曲缠绕。如："绳子打纠"

## 九江话声韵配合表（二）

表 69-2-2

| 声母<br>例字<br>韵母 | p | pʻ | m | f | t | tʻ | l | ts | tsʻ | s | tʂ | tʂʻ | ʂ | ʐ | tɕ | tɕʻ | ɕ | k | kʻ | x | ŋ | ø |
|---|---|---|---|---|---|---|---|---|---|---|---|---|---|---|---|---|---|---|---|---|---|---|
| uɛ | | | | | | | | | | | | | | | | | | 规 | 亏 | 回 | | 伟 |
| ʮɛ | | | | | | | | | | | 追 | 吹 | 水 | | | | | | | | | 惹 |
| an | 班 | 襻 | 蛮 | 烦 | 胆 | 坦 | 懒 | 站 | 产 | 山 | | | | | | | | 干 | 看 | 含 | 安 | |
| iɛn | 边 | 偏 | 棉 | | 点 | 天 | 连 | | | | | | | | 兼 | 牵 | 先 | | | | | 烟 |
| uan | | | | | | | | | | | | | | | | | | | | | | 弯 |
| ən | 本 | 盆 | 门 | 分 | 等 | 腾 | 冷 | 争 | 层 | 孙 | 真 | 成 | 声 | 人 | | | | 庚 | 坑 | 狠 | 硬 | |
| in | 兵 | 平 | 民 | | 丁 | 停 | 林 | | | | | | | | 经 | 青 | 心 | | | | | 英 |
| ʮən | | | | | | | | | | | 军 | 春 | 熏 | | | | | | | | | 云 |
| uən | | | | | | | | | | | | | | | | | | 滚 | 昆 | 昏 | | 文 |
| uŋ | 绷 | 朋 | 猛 | 丰 | 东 | 同 | 龙 | 宗 | 从 | 松 | 中 | 虫 | | | | | | 功 | 空 | 红 | 蕹 | |
| iuŋ | | | | | | | | | | | | | | | | 穷 | 雄 | | | | | 荣 |
| ã | 帮 | 旁 | 忙 | 访 | 当 | 汤 | 郎 | 葬③ | 藏④ | 桑 | 张 | 昌 | 上 | 让 | | | | 刚 | 抗 | 巷 | 昂 | |
| iã | | | | | | | 良 | | | | | | | | 江 | 强 | 香 | | | | | 扬 |
| uã | | | | | | | | | | | 装 | 床 | 双 | | | | | 光 | 哐⑤ | 黄 | | 王 |
| õ | 般 | 判 | 满 | | 短 | 团 | 乱 | 钻 | | 酸 | | | | | | | | | | | | |
| uõ | | | | | | | | | | | 专 | 权 | 宣 | | | | | 官 | 宽 | 欢 | | 碗 |
| ʮõ | | | | | | | | | | | | | | | | | | | | | | 元 |
| ẽ | | | | | | | | | | | 詹 | 缠 | 扇 | | | | | | | | | |
| m̩ | | | | | | | | | | | | | | | | | | | | | | 姆 |
| n̩ | | | | | | | | | | | | | | | | | | | | | | 你 |

说明：③tsã214："葬"是文读词，白读无此词。④tsʻiã44："藏"是文读词，白读无此词。⑤kʻuã214：狗吠；"矿"亦为文读词。

声韵拼合特点：

一、ttʻltstsʻsm不拼u韵或u介音韵母。如“都”读꜀teu、“多”读꜀to、“图”读꜁tʻeu、“拖”读꜀tʻo、“庐”读꜁leu、“罗”读꜁lo、“租”读꜀tseu、“座”读tso꜄、“粗”读꜀tsʻeu、“错”读tsʻo꜄、“苏”读꜀seu、“锁”读꜀so、“木”读mo꜆。

二、tʂtʂʻʂ可拼撮口呼ɥ韵，合口呼中，只拼uõ韵。如“猪”读꜀tʂɥ、“除”读꜁tʂʻɥ、“书”读꜀ʂɥ、“专”读꜀tʂuõ、“权”读꜁tʂʻuõ、“宣”读꜀ʂuõ。

三、tstsʻs只拼开口呼韵母，tɕtɕʻɕ只拼齐齿呼，因此没有尖团音的区别。

四、ɚ、uan、ɥõ只有零声母字。如“儿”读꜁ɚ、“弯”读꜀uan、“元”读꜁ɥõ。

五、m̩、n̩自成音节。m̩只用于“姆（妈）”读꜀m̩；n̩只用于人称代词“你”，读꜂n̩。

## 六、异 读

城乡异读　九江城郊庐山区的姑塘话可代表九江郊区话的特点，与城里市区话相比，有如下差异。

（一）市区话有l-无n-，姑塘话n、l分明。

| | 九江话 | 姑塘话 |
|---|---|---|
| 南 | ꜁lan | ꜁nan |
| 兰 | ꜁lan | ꜁lan |

（二）部分来于古疑母的字，姑塘话读ȵ-，市区话读l-。

| | 九江话 | 姑塘话 |
|---|---|---|
| 泥 | ꜁li | ꜁ȵi |
| 娘 | ꜁liã | ꜁ȵiã |

（三）姑塘话有舌尖后鼻音ɳ，市区话读零声母。

| | 九江话 | 姑塘话 |
|---|---|---|
| 鱼 | ꜁ɥ | ꜁ɳɥ |
| 软 | ꜂ɥõ | ꜂ɳɥõ |

新老异读　（一）青年人开始把tʂtʂʻʂ与u拼合。

| | 老年 | 青年 |
|---|---|---|
| 主 | ꜂tʂɥ | ꜂tʂu |
| 除 | ꜁tʂʻɥ | ꜁tʂʻu |
| 书 | ꜀ʂɥ | ꜀ʂu |

（二）青年人开始把n、l分开。

| | 老年 | 青年 |
|---|---|---|
| 南 | ꜁lan | ꜁nan |
| 努 | ꜂leu | ꜂neu |

（三）老年人保留较多古音，如麻韵异读：

| | 老年 | 青年 |
|---|---|---|
| 蛇 | ꜁ʂɑ | ꜁ʂɛ |
| 斜 | ꜁ɕiɑ | ꜁ɕiɛ |

文白异读　九江话白读字保留较多古音，文读字则比较接近普通话读法。

（一）古见组字白读为舌根音拼开口呼，文读为舌面音拼齐齿呼。

| | 白 | 文 |
|---|---|---|
| 角 | ko꜆ | tɕio꜆ |
| 介 | kai꜄ | tɕiɛ꜄ |
| 咸 | ꜁xan | ꜁ɕiɛn |

（二）白读为ʮ韵，部分文读为ʐ-。

| | 白 | 文 |
|---|---|---|
| 认 | ʮən⁼ | ʐən⁼ |
| 如 | ₌ʮ | ₌ʐu |
| 柔 | ₌ʮeu | ₌ʐeu |

## 七、同音字汇

以下同音字汇按韵母、声母、声调顺序排列。无字音节用“□”表示。注文用小字。注文中用“～”表示所注的字。注文内容包括：①无字音节的字义；②异读；③多音字；④多义字。（文：文读；白：白读；新：新读；老：旧读）

ɿ

ts ［˧］资姿咨滋撕 ［˦］子紫籽姊梓
［˨˦］字自柿痔□～一下：看一眼寺

ts‘ ［˦］慈瓷磁糍词祠辞 ［˦］此：文 ［˨˦］次刺

s ［˧］思斯丝私师狮司 ［˦］史死使驶
［˨˦］四肆士仕事

ʅ

tʂ ［˧］知支枝芝 ［˦］纸旨脂止址
［˨˦］志痣智制置至治 ［˥˩］只质指汁直值职
织植：文

tʂ‘ ［˧］□路好～：路很滑 痴：文
［˦］迟池持□～鱼：剖鱼
［˦］齿耻侈：文 ［˨˦］□：乱摸乱动
［˥˩］尺秩□～人：冰凉

ʂ ［˧］诗尸□：呵痒 ［˦］时 ［˦］屎
［˨˦］世式势誓适：合适是试
［˥˩］十石湿释实食室识失蚀豉适：适合

i

p ［˧］屄 ［˦］比彼：文 ［˨˦］避：新 弊：新
［˥˩］笔必毕逼壁滗～饭匕鼻

p‘ ［˧］批砒披坯 ［˦］皮脾啤枇琵疲
［˦］痞丕：文 否～手：手气不好 ［˨˦］屁庇僻辟
［˥˩］匹劈□～人：呛鼻子

m ［˧］眯 ［˦］迷猕弥：文 ［˦］米
［˨˦］谜眯：闭眼 ［˥˩］秘密蜜

t ［˧］低 ［˦］底抵 ［˨˦］弟第地帝蒂缔
［˥˩］的滴敌嫡涤迪笛狄荻

t‘ ［˧］梯 ［˦］题蹄啼提堤 ［˦］体
［˨˦］剃屉 ［˥˩］踢□：捆绑

l ［˦］离梨黎犁篱厘璃泥倪尼 ［˦］里礼李履旅理鲤
［˨˦］利俐丽厉励荔例腻 ［˥˩］立粒栗历力

tɕ ［˧］鸡基机肌饥：文 稽：文

[˦] 几麂已：文 纪：文
[˨˩˧] 记季寄计既：文 系：~鞋带技企妓
[˥˩] 急吉极级及：文 击：文
tɕʻ [˧] 欺妻：文蹊蛆 [˥] 其棋旗奇骑祈：文脐期
[˦] 起启岂：文 [˨˩˧] 气汽器契弃：文去：白砌
[˥˩] 吃七漆戚
ɕ [˧] 希西稀牺溪犀 [˦] 喜洗
[˨˩˧] 戏系：关~细絮
[˥˩] 吸习席锡惜析：文悉：文息熄膝夕：文媳
[˧] 衣依医 [˥] 移遗宜谊夷姨仪疑怡：文
[˦] 以已蚁椅 [˨˩˧] 义议艺意易亿忆异：文
[˥˩] 一益乙

u

p [˦] 补 [˨˩˧] 布佈步簿部捕：文 [˥˩] 不
pʻ [˧] 铺潽：液体溢出 [˥] 菩葡 [˦] 普谱浦
[˨˩˧] 铺：店铺 瀑：文 [˥˩] 仆扑：文 朴：文
f [˧] 夫肤：文 [˥] 扶芙 [˦] 府斧腐俯：文抚：文
[˨˩˧] 富付副傅赋：文 父：文 [˥˩] 福佛服伏复腹符
k [˧] 姑菇孤 [˦] 古鼓估股牯 [˨˩˧] 顾雇故固
[˥˩] 谷骨
kʻ [˧] 箍 [˥] 葫~芦 跍：蹲 [˦] 苦
[˨˩˧] 库裤 [˥˩] 哭窟~窿
x [˧] 呼忽：文 [˥] 胡壶湖糊蝴狐和~牌
[˦] 虎琥~珀：文 [˨˩˧] 户护戽~水核果~互
ø [˧] 乌污：文巫 [˥] 无吴梧~桐
[˦] 五伍武午舞侮~辱：文 [˨˩˧] 雾误悟醒~
[˥˩] 务屋握~手

ʮ

tʂ [˧] 猪朱珠居拘蛛株 [˦] 主举煮
[˨˩˧] 注蛀剧句据：文锯~子 著：文住巨 [˥˩] 局桔
tʂʻ [˧] 区驱：文趋：文 [˥] 除厨储薯殊：文渠：文
[˦] 处~理杵 [˨˩˧] 处~所 [˥˩] 出
ʂ [˧] 书输虚舒 [˦] 许署：文
[˨˩˧] 树竖述：文 [˥˩] 术
ø [˥] 于余鱼愚娱盂瑜榆 [˦] 雨语女羽宇
[˨˩˧] 遇预玉御：文愉 [˥˩] 入郁~人：郁闷

ɑ

p [˧] 巴粑疤笆篱~ [˦] 把靶打~
[˨˩˧] 霸坝耙罢：文 [˥˩] 八拔
pʻ [˥] 爬扒钯琶琵~ [˨˩˧] 怕帕
m [˧] 妈：文 [˥] 麻蟆蛤~ [˦] 马码蚂

[˧˩] 骂　[˥˩˥] 抹
f　[˥˩˥] 法发罚乏：文 伐：文 阀：文
t　[˧˥] 打　[˧˩] 大　[˥˩˥] 答搭跌~倒 达：文
tʻ　[˧] 他：文 它：文 她：文　[˥˩˥] 踏塔塌达：白
l　[˧] 拉　[˥] 拿：文　[˧˥] 哪喇~叭
[˧˩] 捺：用手按　[˥˩˥] 捺：撇~ 纳腊蜡辣瘌：~痢头 □：上爬
ts　[˧] 抓~牌 渣查：姓　[˧˥] 碴~子：碎石
[˧˩] 炸榨诈蔗甘~ □一~花：朵
[˥˩˥] 扎杂铡闸眨炸~油条
tsʻ　[˧] 差叉扠：用筷子夹　[˥] 查茶搽
[˧˩] 岔　[˥˩˥] 插察擦
s　[˧] 沙纱杉　[˧˥] 洒撒傻：文 厦：偏屋
[˥˩˥] 杀萨菩~刹趿~脚：鞋跟不拔上
k　[˧˩] 架~式：开始
kʻ　[˧] 跨　[˥] 蛤　[˧˥] 卡　[˧˩] 胯
[˥˩˥] 掐
x　[˧] 哈　[˧˥] 傻：白　[˧˩] 下：旧
[˥˩˥] 瞎：旧
ø　[˧] 阿

o

p　[˧] 波坡玻菠　[˧˥] □花~：花蕾　[˧˩] 播簸
[˥˩˥] 拨剥博驳：文薄
pʻ　[˥] 婆鄱　[˧˩] 破　[˥˩˥] 泼
m　[˧] 摸　[˥] 模魔磨~刀蘑摹：文　[˧˥] 母么
[˧˩] 摸：做事缓慢磨~子　[˥˩˥] 木莫末沫
t　[˧] 多　[˧˥] 躲朵：文　[˧˩] 剁舵
[˥˩˥] 掇夺
tʻ　[˧] 拖　[˥] 驮驼砣　[˧˥] 妥椭：文
[˥˩˥] 脱
l　[˧] 啰~唆　[˥] 罗锣箩螺腡　[˧˥] 裸：文
[˧˩] 摞捋糯懦：文　[˥˩˥] 落洛烙：文
ts　[˧] 啄琢　[˧˥] 左佐：文　[˧˩] 坐座
[˥˩˥] 作昨捉卓桌
tsʻ　[˧] 搓□好~：很差　[˥] □~一顿：打平伙
[˧˩] 错挫锉锉莝一~：一段 戳：动词，穿刺
[˥˩˥] 㑳~屄：性交
s　[˧] 唆梭簑　[˥] □：不好　[˧˥] 所锁琐唢
[˥˩˥] 索缩□：用口吸
tʂ　[˧˥] □等下~：等下再说　[˧˩] 斫~柴　[˥˩˥] 着：文
tʂʻ　[˥˩˥] □做客~礼：顺便得到
ʂ　[˥˩˥] 硕：大

k　[˧]哥歌　[˦]果裹　[˨˦]个过过~油条：油炸
　[˥˩]各搁阁：文割鸽戈：文
k‘　[˧]科棵窠　[˦]可　[˨˦]课
　[˥˩]壳磕瞌渴扩确：白
x　[˧]呵~气[˥]河何荷和　[˦]火伙　[˨˦]货祸和唱~贺
　[˥˩]喝合盒霍
ŋ　[˥]鹅俄　[˦]我　[˨˦]饿　[˥˩]恶

ɛ

p　[˧]捭~饭 杯卑：文碑悲：文
　[˨˦]倍臂背被辈闭币弊毙：旧
p‘　[˥]赔培陪　[˨˦]配佩：文
m　[˥]眉梅霉煤玫~瑰：文　[˦]每美
　[˨˦]妹昧：文
f　[˧]飞菲非妃：文　[˥]肥　[˦]匪翡~翠：文
　[˨˦]肺废费痱~子
t　[˧]堆　[˦]抵：旧　[˨˦]对碓队兑
t‘　[˧]推　[˦]腿　[˨˦]退
l　[˥]雷　[˦]屡：文　[˨˦]累励泪
ts　[˧]撕：旧 催　[˦]嘴　[˨˦]罪最
ts‘　[˧]摧：文 崔 催：文　[˨˦]翠脆
s　[˧]尿：白 虽：文　[˥]随　[˨˦]碎岁
tʂ　[˧]遮　[˦]者：文□乱~：乱扯
tʂ‘　[˧]车　[˦]扯
ʂ　[˧]赊奢：文　[˥]蛇　[˦]舍
　[˨˦]社射舍宿~麝
k　[˧]扢：用手提　[˦]给：文　[˨˦]锯：旧
k‘　[˧]刏：割

iɑ

tɕ　[˧]家加嘉佳傢枷：文稼　[˦]假贾
　[˨˦]架驾嫁价　[˥˩]甲夹
tɕ‘　[˥˩]恰：文掐洽：文
ɕ　[˧]虾　[˥]霞遐：文暇：文　[˨˦]下夏厦大~
　[˥˩]瞎侠
ø　[˧]丫~头桠树~鸦　[˥]牙芽衙
　[˦]野：旧雅：文　[˨˦]亚夜：旧　[˥˩]压押鸭

uɑ

k　[˧]瓜　[˦]寡　[˨˦]挂褂卦　[˥˩]刮
k‘　[˧]夸　[˦]垮剾胯大~：大腿
　[˥˩]咵~白：聊天
x　[˧]花哗：文　[˥]华划~算　[˨˦]话画化划计~
　[˥˩]滑猾

ø [˧˩] □~人：刺挂到皮肤 蛙：文
[˧˥] 瓦□：用手抓人 [˨˩˧] 漥坑坑~~
[˥˩] 挖袜

io

l [˥˩] 略掠 虐：文
tɕ [˥˩] 脚角：新
tɕʻ [˥˩] 却觉确：新雀鹊□~泼：恶作剧
ɕ [˥˩] 学削
ø [˥˩] 约药岳跃乐音~钥

uo

ø [˧˩] 锅窝：文 莴~笋 蜗~牛 屙~屎
[˥˩] 龌~龊

iɛ

p [˧˩] □~人：嘲讽 [˧˥] 扁 [˥˩] 别：文
pʻ [˧˥] □：折，使弯曲 [˥˩] 撇：文
m [˧˩] □~~：婴儿 [˥˩] 灭篾蔑搣
t [˧˩] 爹 [˨˩˧] 这~边
[˥˩] 碟蝶：文 叠跌：文 □：买进卖出
tʻ [˥˩] 铁帖贴
l [˨˩˧] □：歪 [˥˩] 列烈裂猎捏
tɕ [˧˩] 街：新 阶皆：文 嗟：文 [˧˥] 解：新 姐
[˨˩˧] 借 [˥˩] 洁结劫揭杰：文竭：文节疖捷：文接
tɕʻ [˥] 茄 [˧˥] 且：文 [˥˩] 切窃妾：文挈：手提
ɕ [˥] 邪斜□：涎皮 [˧˥] 写 [˨˩˧] 泻谢
[˥˩] 血雪薛协穴泄：文
ø [˥] 爷 [˧˥] 也野：新 [˨˩˧] 夜：新
[˥˩] 业叶页腌□：不松脆

uɛ

k [˧˩] 规归龟闺 [˧˥] 鬼轨诡 [˨˩˧] 桂贵柜跪鳜
kʻ [˧˩] 亏盔 [˥] 葵魁：文 逵：文 [˧˥] 傀：文
[˨˩˧] 愧溃：文
x [˧˩] 灰徽辉挥恢：文 [˥] 回茴 [˧˥] 毁：文
[˨˩˧] 慧惠会悔绘：文
ø [˧˩] 威微 [˥] 维围危为唯：文 违
[˧˥] 伟委纬：文 伪：文 尾
[˨˩˧] 为：介词 位未：文胃味卫尉：文蔚：文那~边

ɥɛ

tʂ [˧˩] 追 [˨˩˧] 坠：文
tʂʻ [˧˩] 吹炊：文 [˥] 垂锤捶
ʂ [˥] 谁：文 [˧˥] 水 [˨˩˧] 税睡
ø [˥] 惹 [˨˩˧] 瑞锐：文 嚷：叫喊

ai

p　[˧˥]摆：文　[˧˩]拜败稗　[˥˧]白伯百柏

p‘　[˥]排牌　[˧˩]派　[˥˧]拍

m　[˥]埋　[˧˥]买　[˧˩]卖　[˥˧]麦脉

t　[˦˨]呆　[˧˥]歹　[˧˩]代袋戴带逮：文待贷

[˥˧]得德

t‘　[˦˨]胎　[˥]台抬苔　[˧˩]太汰态泰　[˥˧]特

l　[˦˨]□：~汰　[˥]来　[˧˥]奶：文乃：文

[˧˩]赖耐奈：文奶：白　[˥˧]勒肋

ts　[˦˨]灾栽斋　[˧˥]崽宰：文

[˧˩]再载寨在债□~扣子

[˥˧]责则泽：文择：文窄仄贼

ts‘　[˦˨]猜差出~　[˥]才材柴财裁豺

[˧˥]采踩彩採　[˧˩]菜蔡

[˥˧]泽：白 择：白 拆侧

s　[˦˨]筛腮　[˧˥]□：张扬　[˧˩]晒赛

[˥˧]塞骰虱色

k　[˦˨]该街：旧　[˧˥]改解：旧

[˧˩]介：旧盖芥丐：文　[˥˧]隔嗝格胳：文 骼：文

k‘　[˦˨]开揩　[˧˥]凯楷　[˧˩]概

[˥˧]客刻克咳恪：文

x　[˥]孩鞋还：副词　[˧˥]海蟹　[˧˩]害亥懈：旧

[˥˧]黑吓核

ŋ　[˦˨]挨哀埃：文　[˥]呆~板 癌崖

[˧˥]矮　[˧˩]爱艾碍雁：旧挨：拖延隘

uai

k　[˦˨]乖　[˧˥]拐　[˧˩]怪　[˥˧]国

k‘　[˧˩]块快筷会~计 刽侩：文　[˥˧]阔括

x　[˥]槐怀淮　[˧˩]坏　[˥˧]活或惑

ø　[˦˨]歪　[˧˩]外　[˥˧]物

ɥai

tʂ　[˥˧]决诀拙掘绝

tʂ‘　[˥˧]缺

ʂ‘　[˧˥]摔　[˧˩]帅率：文　[˥˧]说

ø　[˥˧]月悦：文 阅：文 越

ɑu

p　[˦˨]包胞煲　[˧˥]保宝饱堡　[˧˩]暴抱报爆豹

p‘　[˦˨]抛脬尿~　[˥]袍　[˧˥]跑　[˧˩]泡炮

m　[˦˨]猫　[˥]毛矛茅锚锚　[˧˥]卯

[˧˩]冒貌冇：没有 帽

t　[˦˨]刀叨：文　[˧˥]岛捣倒祷：文

[˨˦] 到倒~水 道导盗稻
t‘ [˧˩] 涛滔韬：文 [˨˦] 桃逃淘陶萄 [˦˩] 讨
[˨˦] 套
l [˧˩] □~人：腻人 捞：文 [˨˦] 劳牢痨
[˦˩] 老佬脑恼 [˨˦] 闹劳：看望 □~药：毒药
ts [˧˩] 遭糟 [˦˩] 早枣澡爪蚤：文 找~钱
[˨˦] 罩灶燥躁：文皂造：调皮
ts‘ [˧˩] 抄操钞：文 [˨˦] 曹槽巢：文
[˦˩] 吵炒草 [˨˦] 糙造制~
s [˧˩] 骚臊稍：文 [˦˩] 嫂梢鱼~ [˨˦] 扫哨潲
tʂ [˧˩] 招朝：文 昭召 [˦˩] 找 [˨˦] 赵照兆
tʂ‘ [˧˩] 超 [˨˦] 朝潮嘲
ʂ [˧˩] 烧 [˨˦] 苕罗卜~：红薯 [˦˩] 少
[˨˦] 少~年韶绍
ʐ [˨˦] 饶 [˦˩] 绕扰
k [˧˩] 高糕膏篙羔：文 [˦˩] 搞稿槁玉米~搅~屎棍
[˨˦] 告窖搅：混杂
k‘ [˧˩] 敲 [˦˩] 考烤 [˨˦] 靠铐手~
x [˧˩] 蒿 [˨˦] 豪壕毫 [˦˩] 好郝
[˨˦] 号耗：文
ŋ [˨˦] 熬 [˦˩] 袄
[˨˦] 傲坳拗~头：一头重一头轻凹

iɑu

p [˧˩] 标彪膘镖 [˦˩] 表俵婊裱
p‘ [˧˩] 飘漂~流 [˨˦] 嫖瓢 [˨˦] 票漂~亮
m [˨˦] 苗描瞄 [˦˩] 渺秒杪树~藐：文 [˨˦] 妙庙
t [˧˩] 刁叼碉雕凋：文 [˦˩] 鸟 [˨˦] 掉调吊钓
t‘ [˧˩] 挑 [˨˦] 调~和条 [˦˩] 调：调换
[˨˦] 跳粜：买米
l [˧˩] 撩蹽□：量词 [˨˦] 聊燎辽疗 [˦˩] 了
[˨˦] 料廖撂：放倒
tɕ [˧˩] 骄娇交浇蛟教郊：文 焦蕉椒樵：文
[˦˩] 缴绞饺佼：文 狡：文
[˨˦] 叫轿觉睡~教~育藠~头嚼
tɕ‘ [˧˩] 撬跷缲~边锹 悄：文 敲：新
[˨˦] 乔桥侨荞~麦 瞧：文 [˦˩] 巧
[˨˦] 窍翘俏：文
ɕ [˧˩] 肖消宵逍：文 霄：文 硝销箫潇：文 □：脆弱
[˦˩] 小晓 [˨˦] 笑孝效校
ø [˧˩] 腰妖夭：文 要~求邀 [˨˦] 摇谣窑姚尧
[˦˩] 舀~水 [˨˦] 要耀鹞

eu

m　[˦] 谋牟：文　[˧˥] 亩某牡　[˨˩] 茂贸

f　[˦] 浮：文　[˧˥] 否

t　[˧˩] 兜篼都　[˧˥] 斗抖陡：文堵肚赌睹：文

[˨˩] 斗~争豆逗痘杜渡镀：文

[˥˧] 毒独读厾：动词，用力击打使结实□~底：器物底部□~嘴：亲嘴

t‘　[˧˩] 偷　[˦] 涂途投头图

[˧˥] 土敨吐~气□：漂洗　[˨˩] 透秃兔

[˥˧] 突凸

l　[˧˩] 镂：挖　[˦] 娄楼奴炉庐卢

[˧˥] 篓搂鲁卤努

[˨˩] 露路漏陋：文 怒：文攎：水中捞物

[˥˧] 六绿鹿陆录碌禄

ts　[˧˩] 邹篼树~租　[˧˥] 走祖组阻

[˨˩] 做奏骤：文助揍　[˥˧] 族足卒

ts‘　[˧˩] 初粗□：推　[˦] 锄愁　[˧˥] 楚础

[˨˩] 醋凑　[˥˧] 促

s　[˧˩] 搜馊苏蔬梳　[˧˥] 数　[˨˩] 数~字瘦漱

[˥˧] 宿缩续赎

tʂ　[˧˩] 周州洲舟：文　[˧˥] 帚时

[˨˩] 咒昼□：湿衣穿在身上的感觉 宙

[˥˧] 祝粥□：用力塞

tʂ‘　[˧˩] 抽　[˦] 绸稠：文 仇筹售：文　[˧˥] 丑

[˨˩] 臭　[˥˧] 畜~牲 触

ʂ　[˧˩] 收　[˧˥] 手守首　[˨˩] 受授寿

[˥˧] 淑叔熟塾兽属

ʐ　[˦] 柔揉　[˥˧] 肉

k　[˧˩] 勾沟钩阄拈~　[˧˥] 狗苟　[˨˩] 够购构

k‘　[˧˩] 抠眍眼落~　[˧˥] □　[˨˩] 扣寇叩：文

x　[˧˩] □~心：贪心　[˦] 猴侯喉　[˧˥] 吼：文

[˨˩] 后厚候

ŋ　[˧˩] 欧鸥　[˧˥] 藕呕偶　[˨˩] 沤怄~气

ieu

t　[˧˩] 丢

l　[˦] 刘流留浏硫瘤牛　[˧˥] 柳榴绺：量词 扭

[˨˩] 溜流~子

tɕ　[˧˩] 纠阄拈~赳：文揪　[˧˥] 九韭酒久玖□：拧

[˨˩] 救究纠打~鬏：发髻旧舅就咎：文袖衫~

tɕ‘　[˧˩] 秋□：烟熏丘邱鳅　[˦] 求球裘：文 囚

[˥˧] 曲粬

ɕ　[˧˩] 休羞：文 修　[˧˥] 朽：文　[˨˩] 秀绣锈

[˥˧˥] 畜六~蓄粟

ø [˧] 优忧幽：文 悠：文 [˥] 由游油邮尤犹：文

[˧˥] 有友酉 [˨˩˧] 又右佑柚祐釉幼

[˥˧˥] 育欲浴

an

p [˧] 班斑扳掰 [˧˥] 板版

[˨˩˧] 拌~仗：吵架办扮

p‘ [˧] 攀潘：新 [˥] 爿 瓣 [˨˩˧] 胖盼绊襻鞋~

m [˥] 蛮埋~怨 [˨˩˧] 慢曼蔓：文 漫：文 慢

f [˧] 翻番帆 [˥] 烦樊凡繁矾 [˧˥] 反返

[˨˩˧] 范泛饭犯畈贩

t [˧] 单丹耽担~心 [˧˥] 胆掸

[˨˩˧] 担~子旦 但：文 蛋弹子~淡

t‘ [˧] 摊瘫滩 [˥] 谈谭痰坛檀弹~琴

[˧˥] 毯坦 [˨˩˧] 炭叹探碳：文

l [˥] 兰栏拦篮难南男楠 [˧˥] 览揽懒缆

[˨˩˧] 烂滥难逃~

ts [˧] □~肉：把肉剁碎 [˧˥] 盏斩

[˨˩˧] 站赞蘸暂栈凿~子

ts‘ [˧] 掺参餐 [˥] 残蚕馋：文 痰

[˧˥] 惨产铲 [˨˩˧] 灿忏□打~头：出风头 绽：文

s [˧] 山三姗珊衫 [˧˥] 散~架 伞 [˨˩˧] 散解~

k [˧] 干~湿 肝尴甘柑 [˧˥] 敢赶拣

[˨˩˧] 干~部 间~断

k‘ [˧] 看~崽：养育 刊：文 [˧˥] 砍槛

[˨˩˧] 看嵌

x [˥] 咸闲：白 含寒 [˧˥] 喊：文

[˨˩˧] 汉旱汗焊憾

ŋ [˧] 安鞍氨桉□：合缝 [˨˩˧] 晏案按暗岸

iɛn

p [˧] 边编鞭 [˧˥] 匾贬：文扁~担

[˨˩˧] 变辨辩辫便

p‘ [˧] 偏篇 [˥] 便~宜 [˨˩˧] 片遍骗

m [˥] 棉绵眠：文 [˧˥] 免娩：文勉

[˨˩˧] 面□~地：填充地面

t [˧] 颠癫掂 [˧˥] 点典踮碘：文

[˨˩˧] 店电淀垫殿：文 奠：文

t‘ [˧] 天添 [˥] 田填甜 [˧˥] 舔

l [˧] 拈~阄 [˥] 粘年鲇连联莲怜帘镰

[˧˥] 碾脸敛 [˨˩˧] 念砚酽练炼恋殓

tɕ [˧] 兼坚肩间尖监煎奸艰：文

[˦] 检茧俭：文 剪减碱
[˨˩˧] 见建件健键：文荐：文 贱剑箭间：文
tɕ‘ [˧] 谦铅签千迁笺挦：拔毛 [˥] 牵乾钳钱泉
[˦] 浅遣：文 [˨˩˧] 践歉：文 □~草：铲草皮
ɕ [˧] 先仙鲜 [˥] 贤嫌弦沿床~ [˦] 选癣
[˨˩˧] 现县线□：阉割馅陷
ø [˧] 烟蔫淹胭 [˥] 颜盐言炎阎檐延沿：文严延
[˦] 研演掩：文 眼衍敷~
[˨˩˧] 厌燕宴咽~饭 焰艳验雁衍~文

uan

ø [˧] 弯湾 [˥] 玩 [˦] 晚：文 挽 [V] 万

ən

p [˧] 奔：文 [˦] 本 [˨˩˧] 奔笨：文
p‘ [˥] 盆溢彭 [˨˩˧] 浮~起来：水中浮起
m [˥] 门们：文 [˦] 满：长 [˨˩˧] 闷焖
f [˧] 分芬纷：文 [˥] 坟 [˦] 粉
[˨˩˧] 粪喷~水愤：文份奋忿
t [˧] 敦墩蹲：文 扽：用力扯灯登蹬 [˦] 等趸
[˨˩˧] 凳顿炖□：竖直吨盾：文邓饨馄~
t‘ [˧] 吞 [˥] 屯滕藤誊豚：文臀：文 [˨˩˧] 抬
l [˥] 仑沦伦轮能 [˦] 冷 [˨˩˧] 论嫩
ts [˧] 争增曾筝 [˨˩˧] 挣甑赠怎：文
ts‘ [˧] 村 撑睁~眼 [˥] 层橙存 [˦] 惨
[˨˩˧] 撑~饱衬寸蹭：磨蹭
s [˧] 孙生参森牲畜~甥 [˦] 省笋损
[˨˩˧] 渗~水榫僧荪竹~
tʂ [˧] 真针珍贞侦蒸正~月征 [˦] 诊整枕拯
[˨˩˧] 正证振震镇政症阵郑沉：沉下水
tʂ‘ [˧] 称抻~敞：整洁伸~手
[˥] 成城陈尘承乘呈程诚盛~饭 [˦] 惩：文
[˨˩˧] 秤趁称对~
ʂ [˧] 申身升声深 [˥] 晨辰神 [˦] 审婶沈
[˨˩˧] 胜圣盛茂~肾剩慎
ʐ [˥] 人仁 [˦] 忍 [˨˩˧] 刃认任孕妊：文
k [˧] 根更庚跟耕 [˦] 耿梗整：完整
[˨˩˧] 埂更：副词
k‘ [˧] 坑 [˥] 肯恳垦：文 啃：文
x [˧] 亨哼 [˥] 衡横恒 [˦] 很狠□：吝啬
[˨˩˧] 恨
ŋ [˧] 恩 [˨˩˧] 硬

in

p [˧˩] 兵冰宾斌　彬　[˧˥] 丙饼　[˨˩˧] 并柄病
p‘ [˧˩] 拼~凑　[˥] 平贫频：文瓶萍评凭
　[˧˥] 品□~账：攀比　[˨˩˧] 拼聘
m [˥] 民明名鸣铭：文　[˧˥] 闽敏抿　[˨˩˧] 命
t [˧˩] 丁钉盯叮　[˧˥] 顶鼎：文
　[˨˩˧] 钉：动词定订
t‘ [˧˩] 厅　[˥] 亭停廷庭　[˧˥] 挺　[˨˩˧] 听
l [˥] 林淋宁拧：文临邻鳞菱铃玲灵陵零　[˧˥] 岭领
　[˨˩˧] 令另吝：文 凌~冰
tɕ [˧˩] 精经今金斤巾京惊筋晶
　[˧˥] 紧仅谨景井尽：副词警锦
　[˨˩˧] 禁劲径敬竟境镜近进俊：文浸净静
tɕ‘ [˧˩] 清侵青轻亲　[˥] 情秦晴琴禽勤芹
　[˧˥] 请　[˨˩˧] 沁亲~家庆罄
ɕ [˧˩] 心新星辛兴：兴起　[˥] 行刑型
　[˧˥] 醒省反~擤　[˨˩˧] 兴高~姓性信腥幸杏剩：白
ø [˧˩] 音英阴荫因姻殷樱缨婴鹰
　[˥] 银吟寅赢营淫：文　[˧˥] 影饮隐引蝇
　[˨˩˧] 印荫：阴凉映应印

uən

k [˧˥] 滚磙　[˨˩˧] 棍
k‘ [˧˩] 昆坤　[˥] □：完整　[˧˥] 捆
　[˨˩˧] 困睏
x [˧˩] 昏婚荤　[˥] 浑魂横~蛮　[˨˩˧] 混
ø [˧˩] 温瘟　[˥] 文炆蚊纹闻　[˧˥] 稳吻：文
　[˨˩˧] 问

ʮn

tʂ [˧˩] 君珺军均钧　[˧˥] 准　[˨˩˧] 菌郡
tʂ‘ [˧˩] 春椿　[˥] 群裙唇　[˧˥] 蠢：文
ʂ [˧˩] 熏：文　[˥] 纯淳：文醇：文
　[˨˩˧] 训驯顺
ø [˥] 匀云耘芸　[˧˥] 永尹：姓　[˨˩˧] 韵运晕

uŋ

p [˧˩] 绷崩　[˧˥] □：突出部分
　[˨˩˧] 蹦□：尘土飞扬
p‘ [˥] 朋棚蓬篷　[˧˥] 捧　[˨˩˧] 碰喷~香
m [˧˩] 蒙~~亮　[˥] 蒙~蔽濛萌盟
　[˧˥] 猛懵~懂　[˨˩˧] 孟梦□发~：发霉
f [˧˩] 风疯丰锋峰封蜂　[˥] 逢：文冯缝~衣
　[˨˩˧] 奉缝~隙风讽俸

t　[˧˩] 东冬咚　[˧˥] 董懂　[˨˩˦] 动冻洞栋
tʻ　[˧˩] 通　[˥] 同铜筒竹~童潼僮瞳：文桐
　[˧˥] 桶捅筒裤~统　[˨˩˦] 痛疼
l　[˥] 龙笼聋隆农脓浓　[˧˥] 拢垅田~
　[˨˩˦] 弄口：孱弱
ts　[˧˩] 宗棕鬃综：文　[˧˥] 总　[˨˩˦] 粽纵
tsʻ　[˧˩] 聪葱匆　[˥] 从崇：文丛：文
s　[˧˩] 松淞：文 嵩：文　[˧˥] 搡：推 耸：文
　[˨˩˦] 宋送诵：文 讼：文 颂：文
tʂ　[˧˩] 中忠衷：文 终钟盅　[˧˥] 肿种~子
　[˨˩˦] 中打~种~地众重仲：文
tʂʻ　[˧˩] 冲充　[˥] 虫重~复　[˧˥] 宠：文
　[˨˩˦] 冲：怂恿铳
k　[˧˩] 公弓攻功宫供恭蚣　[˧˥] 拱巩：文
　[˨˩˦] 供~品贡共
kʻ　[˧˩] 空　[˧˥] 孔恐：文　[˨˩˦] 空~闲控
x　[˧˩] 轰烘　[˥] 红洪宏弘：文　[˧˥] 哄~骗
　[˨˩˦] 讧：文
ŋ　[˨˩˦] 蕹：空心菜

iuŋ

tɕʻ　[˥] 穷琼：文 穹：文
ɕ　[˧˩] 兄胸匈：文 凶 汹：文　[˥] 雄熊
ø　[˧˩] 庸：文　[˥] 荣戎绒　[˧˥] 拥勇涌蛹
　[˨˩˦] 用佣

ã

p　[˧˩] 邦帮梆浜：文　[˧˥] 膀榜绑　[˨˩˦] 棒蚌
pʻ　[˥] 旁螃膀~胱庞　[˧˥] 口：碰撞
　[˨˩˦] 胖口~倒：不稳
m　[˥] 忙芒茫盲氓棒~槌　[˧˥] 莽蟒
f　[˧˩] 方芳坊：文　[˥] 房防妨
　[˧˥] 访仿：文纺　[˨˩˦] 放
t　[˧˩] 当~心裆铛噹　[˧˥] 党挡
　[˨˩˦] 垱当上~荡凼宕：文
tʻ　[˧˩] 汤　[˥] 唐糖堂棠塘搪　[˧˥] 淌躺
　[˨˩˦] 烫淌
l　[˥] 郎廊狼螂　[˧˥] 朗口：清洗
　[˨˩˦] 浪口：晃动晾
ts　[˧˩] 脏：文赃　[˨˩˦] 葬脏心~藏西~
tsʻ　[˧˩] 仓苍沧舱疮　[˥] 藏收~
s　[˧˩] 桑丧出~　[˧˥] 嗓　[˨˩˦] 丧~失：文
tʂ　[˧˩] 张章樟　[˧˥] 长~大掌涨~水

[˨˩˧] 仗账帐胀障：文

tʂʻ [˧] 昌猖：文 [˦˥] 长~短常肠 [˨˦] 厂敞

[˨˩˧] 唱倡畅：文

ʂ [˧] 伤商 [˦˥] 尝 [˨˦] 赏偿 [˨˩˧] 上尚

ʐ [˦˥] 瓤 [˨˦] 壤：文瀼 [˨˩˧] 让

k [˧] 刚钢岡纲缸肛：文 岗~位

[˨˦] 港岗下~□：传谣 [˨˩˧] 杠虹：白

kʻ [˧] 康糠扛：文 [˨˩˧] 抗烤~火

x [˧] 夯~巴：傻瓜 [˦˥] 行内~杭航

[˨˩˧] 巷~道 夯：砸

ŋ [˧] 肮：文 [˦˥] 昂

iã

l [˦˥] 良粮梁粱凉量~米 娘娘酒~ [˨˦] 两仰

[˨˩˧] 亮量数~谅

tɕ [˧] 将浆僵薑江姜疆 [˨˦] 奖浆蒋讲□：僵硬

[˨˩˧] 将兵~酱降升~犟象相~匠

tɕʻ [˧] 枪筐腔 [˦˥] 强翔详祥墙 [˨˦] 抢强勉~ [˨˩˧] 呛

ɕ [˧] 乡香相镶湘箱厢 [˦˥] 降投~

[˨˦] 想响饷享 [˨˩˧] 像~片相~亲向项：文象大~

ø [˧] 央秧殃 [˦˥] 洋阳羊扬杨 [˨˦] 养痒

[˨˩˧] 样

uã

tʂ [˧] 装妆庄桩赃 [˨˩˧] 壮状撞

tʂʻ [˧] 窗 [˦˥] 床 [˨˦] 闯：文 [˨˩˧] 创

ʂ [˧] 霜双 [˨˦] 爽

k [˧] 光胱 [˨˦] 广 [˨˩˧] 光~头

kʻ [˧] 匡匡圆~框眶 [˦˥] 狂

[˨˩˧] 矿旷哐：狗吠声

x [˧] 荒慌 [˦˥] 皇凰蝗黄璜簧 [˨˦] 谎：文

[˨˩˧] 幌晃~动

ø [˧] 汪 [˦˥] 王亡

[˨˦] 往网 [˨˩˧] 忘望妄

õ

p [˧] 般搬 [˨˩˧] 半伴拌

pʻ [˧] 潘：旧 [˦˥] 盘盘：玩弄蟠磐：文 [˨˩˧] 判叛浮：浮起

m [˦˥] 瞒馒 [˨˦] 满~足

t [˧] 端 [˨˦] 短 [˨˩˧] 断段锻缎□~人：骂人

tʻ [˧贪 [˦˥] 团坛

l [˨˦] 卵暖 [˨˩˧] 乱糯

ts [˧] 钻：穿过 [˨˩˧] 钻~子

s [˧] 酸栓拴闩 [˨˩˧] 算蒜

uõ

tʂ　[˧˨] 专砖捐：文　　[˧˥] 转卷~尺
　　[˨˩˧] 转打~传倦卷试~篆圈~养
tʂ‘　[˧˨] 川穿圈~子　　[˦] 船传宣~
　　[˧˥] 犬：文 喘：文　　[˨˩˧] 串窜劝
ʂ　[˧˨] 宣　　[˦] 悬玄　　[˨˩˧] 楦~鞋
k　[˧˨] 官棺观　　[˧˥] 管馆梗菜~　　[˨˩˧] 灌罐贯~穿
k‘　[˧˨] 宽　　[˧˥] 款~待
x　[˧˨] 欢　　[˧˥] 缓　　[˨˩˧] 换唤：文
ø　[˦] 完顽　　[˧˥] 碗宛皖婉腕

ɥõ

ø　[˧˨] 冤　　[˦] 元园圆袁猿援媛缘原源然燃
　　[˧˥] 远染软阮　　[˨˩˧] 怨愿院

ẽ

tʂ　[˧˨] 詹沾粘~米 瞻　　[˧˥] 展辗：文
　　[˨˩˧] 占战颤缠打~：扭结
tʂ‘　[˦] 缠~线 蝉：文 禅：文　　[˨˩˧] □打~：打滚
ʂ　[˧˨] 膻　　[˧˥] 闪陕
　　[˨˩˧] 扇搧煽善蟮擅：文单：姓

ər

ø　[˦] 而儿　　[˧˥] 耳尔：文　　[˨˩˧] 二

n̩

ø　[˧˥] 你

m̩

ø　[˧˨] 姆~妈

## 八、词 汇

说明：

（一）所收词汇以九江市区、郊区姑塘镇以及九江县沙河镇话词汇为准。

（二）所收词汇为与普通话不同的有代表性的特殊词汇。

（三）以记录为主，不考求本字。有音无字的以同音字代替，加“※”号注明；无同音字的，用“□”代替。

（四）用国际音标注音，用数字表示调值，“0”表示轻声。

（五）按意义排列，尽量避免上节已列词汇。

**自然时令**

| | | |
|---|---|---|
| 日头 | zʅ$^{51}$t‘eu$^{44}$ | 太阳 |
| 凉月 | liã$^{44}$ɥai$^{51}$ | 月亮 |
| 起风 | tɕ‘i$^{34}$fuŋ$^{32}$ | 刮风 |
| 斗风 | teu$^{213}$fuŋ$^{32}$ | 逆风 |
| 风暴雨 | fuŋ$^{32}$pau$^{213}$ɥ$^{34}$ | 暴风雨 |
| 麻喷雨 | mɑ$^{44}$fən$^{213}$ɥ$^{34}$ | 毛毛雨 |
| 哼雷 | xən$^{32}$lɛ$^{44}$ | 打雷 |

| | | |
|---|---|---|
| 掣霍 | tʂʻai$^{51}$xo$^{51}$ | 闪电 |
| 冻凌 | tuŋ$^{213}$lin$^{213}$ | 结冰 |
| 涿雨 | to$^{51}$ʮ$^{34}$ | 淋雨 |
| ※杠 | kã$^{213}$ | 虹 |
| ※真年 | tʂən$^{32}$ȵiɛn$^{0}$ | 今年 |
| 旧年 | tɕieu$^{213}$ȵiɛn$^{0}$ | 去年 |
| 先前年 | ɕiɛn$^{213}$tɕʻiɛn$^{44}$ȵiɛn$^{0}$ | 大前年 |
| 往年 | uã$^{34}$ȵiɛn$^{0}$ | 过去 |
| ※真朝 | tʂən$^{32}$tʂeu$^{0}$ | 今天 |
| ※门朝 | mən$^{44}$tʂeu$^{0}$ | 明天 |
| 后儿 | xeur$^{213}$ | 后天 |
| 外后儿 | uan$^{213}$xeur$^{213}$ | 大后天 |
| 昨儿 | tsor$^{51}$ | 昨天 |
| 前儿 | tɕʻiɛnr$^{44}$ | 前天 |
| 先前儿 | ɕiɛn$^{213}$tɕʻiɛnr$^{44}$ | 大前天 |
| 天光 | tʻiɛn$^{32}$kuã$^{32}$ | 天亮 |
| 清早 | tɕʻin$^{32}$tsɑu$^{34}$ | 早晨 |
| 上昼 | ʂã$^{213}$ tʂeu$^{213}$ | 上午 |
| 下昼 | xɑ̃$^{213}$ tʂeu$^{213}$ | 下午 |
| 中时 | tʂoŋ$^{32}$ʂʅ$^{44}$ | 中午 |
| 日里 | ʐʅ$^{51}$li$^{0}$ | 白天 |
| 夜里 | iɛ$^{213}$uan$^{34}$ | 晚上 |
| 断黑 | tõ $^{213}$xai$^{51}$ | 傍晚 |

**动物植物**

| | | |
|---|---|---|
| 犍猪 | tɕiɛn$^{213}$tʂʮ$^{32}$ | 阉公猪 |
| 草猪 | tsʻɑu$^{34}$tʂʮ$^{32}$ | 阉母猪 |
| 肉猪 | ʐeu$^{51}$tʂʮ$^{32}$ | 阉猪通称 |
| 脚猪 | tɕio$^{51}$tʂʮ$^{32}$ | 种公猪 |
| 猪婆 | tʂʮ$^{32}$ pʻo$^{44}$ | 种母猪 |
| 牯牛 | k u$^{34}$ȵieu$^{44}$ | 公牛 |
| 牸牛 | tsʅ$^{213}$ȵieu$^{44}$ | 母牛 |
| 伢狗 | ŋɑ$^{44}$keu$^{34}$ | 公狗 |
| 草狗 | tsʻɑu$^{34}$keu$^{34}$ | 母狗 |
| 猫牯 | mɑu$^{32}$ k u$^{34}$ | 公猫 |
| 猫婆 | mɑu$^{32}$ pʻo$^{44}$ | 母猫 |
| 鸡公 | tɕi$^{32}$koŋ$^{32}$ | 公鸡 |
| 鸡婆 | tɕi$^{32}$pʻo$^{44}$ | 母鸡 |
| ※线鸡 | ɕiɛn$^{213}$tɕi$^{32}$ | 阉公鸡 |
| 豺狗 | tsʻai$^{44}$keu$^{34}$ | 狼 |
| 鹞鹰 | iɑu$^{213}$in$^{0}$ | 鹰 |
| 鸦雀 | ŋɑ$^{44}$tɕʻio$^{51}$ | 喜鹊 |

| | | |
|---|---|---|
| 八狗儿 | pɑ$^{51}$keur$^{34}$ | 八哥 |
| 猫头鸟 | mɑu$^{213}$t‘eu$^{44}$tiɑu$^{34}$ | 猫头鹰 |
| 跳蚂蚤儿 | t‘iɑu$^{213}$mɑ$^{0}$tsãr$^{34}$ | 蚂蚱 |
| 团鱼 | t‘õ$^{44}$ʯ$^{44}$ | 甲鱼 |
| ※摸鳅儿 | mo$^{44}$tɕ‘ior$^{51}$ | 泥鳅 |
| 蛤蟆 | k‘ɑ$^{44}$mɑ$^{0}$ | 青蛙 |
| 咯鸡 | ko$^{51}$tɕi$^{32}$ | 一种麻色青蛙蛙 |
| 油鸡蛤蟆 | ieu$^{44}$tɕi$^{32}$k‘ɑ$^{44}$mɑ$^{0}$ | 一种小绿色青蛙 |
| 花鸡蛤蟆 | xuɑ$^{32}$tɕi$^{32}$k‘ɑ$^{44}$mɑ$^{0}$ | 一种中等青蛙 |
| 混子 | xuən$^{213}$tsɿ$^{0}$ | 草鱼 |
| 青混 | tɕ‘in$^{32}$xuən$^{213}$ | 青鱼 |
| 翘嘴白 | tɕ‘iɑu$^{213}$tsɛ$^{34}$pai$^{51}$ | 一种白色翘嘴鱼 |
| ※急蛛 | tɕi$^{51}$tʂʯ$^{0}$ | 蜘蛛 |
| 蚊虫 | uən$^{44}$tʂ‘uŋ$^{0}$ | 蚊子 |
| 麻蝇 | mɑ$^{44}$in$^{0}$ | 一种小苍蝇 |
| 牛麻蝇 | ȵieu$^{44}$mɑ$^{44}$in$^{0}$ | 牛虻 |
| 老※哇鸟 | lɑu$^{34}$ uɑ$^{0}$tiɑu$^{34}$ | 乌鸦 |
| 夜麻虫喃 | iɑ$^{213}$mɑ$^{0}$tʂ‘oŋ$^{44}$nõ$^{0}$ | 萤火虫 |
| 檐老鼠 | iɛn$^{44}$lɑu$^{34}$ʂʯ$^{0}$ | 蝙蝠 |
| 鹞鹰螺 | iɑu$^{213}$in$^{0}$ lo$^{44}$ | 蜗牛 |
| 搐虫喃 | tʂ‘eu$^{51}$tʂ‘uŋ$^{44}$nõ$^{0}$ | 蚯蚓 |
| 沙蝇喃 | sɑ̃$^{32}$in$^{34}$nõ$^{0}$ | 蜻蜓 |
| 下崽 | xɑ$^{213}$tsai$^{34}$ | 动物分娩 |
| 生蛋 | sən$^{213}$tan$^{213}$ | 下蛋 |
| 桑枣儿 | sɑ̃$^{32}$tsɑur$^{34}$ | 桑椹 |
| 菜柳 | ts‘ai$^{213}$lieu$^{34}$ | 菜苔 |
| 蒜柳 | sõ$^{213}$lieu$^{34}$ | 蒜苔 |
| 蒂巴 | ti$^{213}$pɑ$^{0}$ | 瓜果顶部的梗 |
| ※高巴 | kɑu$^{32}$pɑ$^{32}$ | 茭白 |
| 黄花 | xuɑ̃$^{44}$xuɑ$^{32}$ | 黄花菜 |
| 花口 | xuɑ$^{32}$po$^{34}$ | 花蕾 |
| 芦粟 | leu$^{44}$ɕieu$^{51}$ | 高粱 |
| 粟米 | ɕieu$^{51}$mi$^{34}$ | 小米 |
| 洋芋头 | iɑ̃$^{44}$ʯ$^{213}$t‘eu$^{44}$ | 土豆 |
| 洋茄儿 | iɑ̃$^{44}$ tɕ‘iɛr$^{44}$ | 西红柿 |
| 茄儿 | tɕ‘iɛr$^{44}$ | 茄子 |
| 胡椒 | xu$^{44}$tɕiɑu$^{0}$ | 辣椒 |
| 罗卜苕 | lo$^{44}$po$^{0}$ʂɑu$^{44}$ | 红薯 |
| 枞树 | ts‘uŋ$^{44}$ʂʯ$^{213}$ | 松树 |
| 沙树 | sɑ$^{32}$ʂʯ$^{213}$ | 杉树 |

**农事工商**

| | | |
|---|---|---|
| 割柴 | ko$^{51}$ts‘ai$^{44}$ | 砍柴 |
| ※垩肥 | ŋo$^{51}$fɛ$^{44}$ | 沤肥 |
| □牛 | sai$^{34}$ȵieu$^{44}$ | 耕田 |
| 平板 | p‘in$^{44}$pan$^{34}$ | 整田 |
| □地 | sai$^{34}$ti$^{213}$ | 耕地 |
| 栽秧 | tsai$^{32}$iã$^{32}$ | 插秧 |
| 割谷 | ko$^{51}$ku$^{51}$ | 割稻子 |
| ※搭谷 | tɑ$^{51}$ku$^{51}$ | 脱粒 |
| 发棵 | fɑ$^{51}$k‘o$^{32}$ | 分蘖 |
| 滃肥 | uŋ$^{213}$fɛ$^{44}$ | 施肥 |
| 泼水 | p‘ai$^{51}$ʂuɛ$^{34}$ | 浇水 |
| 薅草 | xɑu$^{32}$ts‘ɑu$^{32}$ | 耘禾 |
| 刨儿 | p‘ɑur$^{44}$ | 刨子 |
| 锯 | k‘ɛ$^{213}$ | 锯子 |
| 凿 | ts‘o$^{213}$ | 凿子 |
| 连衣 | liɛn$^{44}$i$^{32}$ | 缝衣裳 |
| □扣儿 | tsai$^{213}$k‘eur$^{213}$ | 钉扣子 |
| 学徒弟 | ɕio$^{51}$t‘eu$^{44}$ti$^{o}$ | 学徒 |
| 该债 | kai$^{32}$tsai$^{213}$ | 欠债 |
| 肉案子 | ʐeu$^{51}$ŋan$^{213}$tʂʅ$^{o}$ | 肉店 |
| 下馆子 | ɕiɑ$^{213}$kuõ$^{34}$tsʅ$^{o}$ | 到饭馆吃饭 |
| 饭铺 | fan$^{213}$p‘u$^{213}$ | 旅店 |
| 剃头 | t‘i$^{213}$t‘eu$^{44}$ | 理发 |
| 捡屋 | tɕiɛn$^{34}$u$^{51}$ | 修补屋顶 |
| 红 | xoŋ$^{44}$ | 秤杆上翘 |
| 溜 | lieu$^{44}$ | 秤杆下垂 |
| 银分儿 | in$^{44}$fənr$^{32}$ | 硬币 |
| 民钱 | min$^{44}$tɕ‘iɛn$^{44}$ | 古有眼铜钱 |
| 角子 | ko$^{51}$tsʅ$^{34}$ | 古无眼铜钱 |
| 银洋 | in$^{44}$iã$^{44}$ | 银元 |
| 钱 | tɕ‘iɛn$^{44}$ | 纸币 |

**器具物品**

| | | |
|---|---|---|
| 摇窠 | iɑu$^{44}$k‘o$^{32}$ | 小儿睡床，可摇动 |
| 板凳 | pan$^{34}$tən$^{213}$ | 长条凳 |
| 独凳 | teu$^{51}$tən$^{213}$ | 无靠背短凳 |
| 火桶 | xo$^{34}$t‘uŋ$^{34}$ | 小儿站的木桶 |
| 车儿 | tʂ‘ɛr$^{32}$ | 小儿坐的木圈椅 |
| 夹烘儿 | ka$^{51}$xuŋr$^{213}$ | 火笼 |
| ※索抹帚 | so$^{51}$mo$^{51}$tʂeu$^{34}$ | 掸灰帚 |
| 刷帚 | so $^{51}$tʂeu$^{34}$ | 洗锅竹帚 |

| | | |
|---|---|---|
| ※扎帚 | tsɑ$^{213}$tʂeu$^{34}$ | 竹制大扫地帚 |
| 夜壶 | iɛ$^{213}$xu$^{44}$ | 小便壶 |
| 瓦罐 | uɑ$^{34}$kuõ$^{213}$ | 陶制小罐 |
| 钢精锅 | kã$^{32}$tɕin$^{32}$uo$^{32}$ | 铝锅 |
| 霸缸 | pɑ$^{213}$kã$^{32}$ | 带把磁缸 |
| 热水瓶 | ʮai$^{51}$ʂuɛ$^{34}$pʻin$^{44}$ | 开水瓶 |
| 鸡※酬 | tɕi$^{32}$tʂʻeu$^{44}$ | 鸡窝 |
| 猪※酬 | tʂʮ$^{32}$tʂʻeu$^{44}$ | 猪栏 |
| 帕儿 | pʻɑr$^{32}$ | 毛巾 |
| 手捏儿 | ʂeu$^{34}$ȵiɛr$^{51}$ | 手帕 |
| 泮筒 | pʻən$^{213}$tʻuŋ$^{o}$ | 浮标 |
| 烟□ | iɛn$^{32}$po$^{34}$ | 烟斗 |
| 榛巴 | tseu$^{213}$pɑ$^{o}$ | 塞子 |
| 磙子 | kun$^{34}$tsɿ$^{o}$ | 轮子 |

**称谓人品**

| | | |
|---|---|---|
| 老公公 | lɑu$^{34}$kuŋ$^{32}$kuŋ$^{o}$ | 曾祖父 |
| 老婆婆 | lɑu$^{34}$pʻo$^{44}$pʻo$^{o}$ | 曾祖母 |
| 老家公 | lɑu$^{34}$kɑ$^{32}$kuŋ$^{o}$ | 外曾祖父 |
| 老家婆 | lɑu$^{34}$kɑ$^{32}$pʻo$^{o}$ | 外曾祖母 |
| 舅家公 | tɕieu$^{213}$kɑ$^{32}$kuŋ$^{o}$ | 舅公 |
| 舅家婆 | tɕieu$^{213}$kɑ$^{32}$pʻo$^{o}$ | 舅婆 |
| 妹婿郎 | mɛ$^{213}$ɕi$^{213}$lã$^{44}$ | 妹夫 |
| 老儿 | lɑu$^{34}$tɕi$^{o}$ | 男人 |
| 末肚儿 | mo$^{51}$teur$^{213}$ | 最小孩子 |
| 公母两 | kuŋ$^{32}$mo$^{o}$liã$^{34}$ | 夫妻 |
| 亲爷 | tɕʻin$^{32}$iɛ$^{44}$ | 干爹 |
| 亲娘 | tɕʻin$^{32}$ȵiã$^{44}$ | 干娘 |
| 老庚 | lɑu$^{34}$kən$^{32}$ | 同年 |
| 家门 | tɕia$^{32}$mən$^{44}$ | 同姓 |
| 后生家 | xeu$^{213}$sən$^{32}$kɑ$^{o}$ | 年轻人 |
| 闺女 | kuɛ$^{32}$ʮ$^{34}$ | 未嫁女 |
| 急子包儿 | tɕi$^{51}$tsɿ$^{o}$pɑur$^{32}$ | 口吃 |
| 姘头儿 | pʻin$^{32}$teur$^{o}$ | 姘夫姘妇 |
| 船佬 | tʂʻuõ$^{44}$lɑu$^{34}$ | 船工 |
| 伙板儿 | xo$^{34}$panr$^{34}$ | 贬称小孩儿 |
| 拐子 | kuai$^{34}$tsɿ$^{o}$ | 跛脚 |
| 孬包 | nɑu$^{44}$pɑu$^{32}$ | 无用之人 |
| 扒子手 | pʻɑ$^{44}$tsɿ$^{o}$ʂeu$^{34}$ | 小偷 |
| 老华 | lɑu$^{34}$xuɑ$^{44}$ | 同姓 |
| 捡家婆 | tɕiɛn$^{34}$kɑ$^{32}$pʻo$^{o}$ | 为人收殓者 |
| 姑老表 | ku$^{32}$lɑu$^{34}$piɑu$^{34}$ | 姑表兄妹 |

| | | |
|---|---|---|
| 姨老表 | i$^{44}$lɑu$^{34}$piɑu$^{34}$ | 姨表兄妹 |

**身体生活**

| | | |
|---|---|---|
| 头毛 | tʻeu$^{44}$mɑu$^{44}$ | 头发 |
| 头毛纠儿 | tʻeu$^{44}$mɑu$^{o}$tɕieur$^{213}$ | 头发旋 |
| 鼻孔 | pi$^{51}$kʻuŋ$^{34}$ | 鼻子 |
| 鼻脓 | pi$^{51}$luŋ$^{o}$ | 鼻涕 |
| 嘴边儿 | tsɛ$^{34}$piɛnr$^{32}$ | 嘴唇 |
| 颈 | tɕin$^{34}$ | 脖子 |
| 牙浆 | ŋɑ$^{44}$tɕiã$^{32}$ | 牙床 |
| 喉咙 | xeu$^{44}$luŋ$^{o}$ | 嗓门儿 |
| 声气 | ʂən$^{32}$tɕʻi$^{213}$ | 声音 |
| 反手 | fan$^{34}$ʂeu$^{34}$ | 左手 |
| 顺手 | ʂʮən$^{213}$ʂeu$^{34}$ | 右手 |
| 手管 | ʂeu$^{34}$kuõ$^{34}$ | 手臂 |
| 手拐儿 | ʂeu$^{34}$kuair$^{34}$ | 胳膊肘 |
| 手颈儿 | ʂeu$^{34}$tɕinr$^{34}$ | 手腕 |
| 指拇儿 | tʂʅ$^{51}$mɑr$^{o}$ | 手指 |
| 指拇头儿 | tʂʅ$^{51}$mɑ$^{o}$tʻeur$^{44}$ | 手指头 |
| 指拇篷儿 | tʂʅ$^{51}$mɑ$^{o}$pʻoŋr$^{44}$ | 指甲 |
| 肚旁骨 | teu$^{213}$pʻã$^{o}$ku$^{51}$ | 肋骨 |
| 大胯 | tai$^{213}$kʻuɑ$^{34}$ | 大腿 |
| 克膝坡 | kʻaiɕi$^{o}$por$^{32}$ | 膝盖 |
| 脚管 | tɕio$^{51}$kuõ$^{34}$ | 小腿 |
| 螺丝包儿 | lo$^{44}$sʅ$^{o}$pɑur$^{32}$ | 脚踝 |
| 脚板 | tɕio$^{51}$pan$^{34}$ | 脚掌 |
| ※科头 | kʻo$^{32}$teu$^{44}$ | 不带帽不打伞 |
| 奶 | lai$^{34}$ | 乳房/奶水 |
| 奶头 | lai$^{213}$tʻeu$^{44}$ | 乳头 |
| 鸡巴鸟儿 | tɕi$^{32}$pɑ$^{o}$tiɑur$^{34}$ | 男阴 |
| 卵 | lõ$^{34}$ | 男阴 |
| 卵蛋 | lõ$^{34}$tan$^{213}$ | 睾丸 |
| 屄 | pi$^{32}$ | 女阴 |
| 打卵胯 | tɑ$^{34}$lõ$^{34}$kʻa$^{213}$ | 裸体 |
| 合房 | xo$^{51}$fã$^{44}$ | 结婚 |
| 肏屄 | tsʻo$^{51}$pi$^{32}$ | 性交 |
| 偷人 | tʻeu$^{32}$zʅən$^{44}$ | 男女偷情 |
| 扒灰 | pʻɑ$^{44}$xuɛ$^{32}$ | 公公与媳妇偷情 |
| 屙屎 | uo$^{32}$ʂʅ$^{34}$ | 大便 |
| 屙□ | uo$^{32}$sɛ$^{32}$ | 小便 |
| 漱口 | seu$^{213}$kʻeu$^{34}$ | 刷牙 |
| 栽瞌睏 | tsai$^{32}$kʻo$^{51}$kʻuən$^{213}$ | 打盹 |

| | | |
|---|---|---|
| 睏醒 | k‘un$^{213}$ɕin$^{34}$ | 睡觉 |
| 牵床 | tɕ‘iɛn$^{44}$tʂ‘uã$^{44}$ | 收拾床铺 |
| 剁肉 | to$^{51}$ʐeu$^{51}$ | 买肉 |
| 礼性 | li$^{34}$ɕin$^{0}$ | 客气 |
| ※读口 | teu$^{51}$pɑ$^{34}$ | 亲嘴 |
| 跨秧马儿 | kɑ$^{44}$iã$^{32}$mɑr$^{34}$ | 小儿坐颈上 |
| 划水 | xuɑ$^{44}$ʂuɛ$^{34}$ | 游泳 |
| 打闷头 | tɑ$^{34}$mən$^{213}$t‘eu$^{0}$ | 休克 |
| 害肚 | xai$^{213}$teu$^{213}$ | 怀孕反应 |
| 炕火 | kã$^{213}$xo$^{34}$ | 烤火 |
| 折面子 | ʂai$^{51}$miɛn$^{213}$tsɿ$^{0}$ | 丢脸 |
| 跳水 | t‘iɑu$^{213}$ʂuɛ$^{34}$ | 跳水自杀 |
| 吊颈 | tiɑu$^{213}$tɕin$^{34}$ | 上吊 |
| 驼子 | t‘o$^{44}$tsɿ$^{0}$ | 驼背 |
| 缺子 | tʂ‘ʮai$^{51}$tsɿ$^{0}$ | 缺牙 |
| 麻子 | mɑ$^{44}$tsɿ$^{0}$ | 麻脸 |
| 暴耳风 | pɑu$^{213}$ɚ$^{34}$fuŋ$^{32}$ | 腮腺炎 |
| 过小喜 | ko$^{213}$ɕiɑu$^{34}$ɕi$^{34}$ | 出麻疹 |
| 发梦癫 | fɑ$^{51}$muŋ$^{213}$tiɛn$^{32}$ | 梦中叫喊 |
| 猪婆疯 | tʂʮ$^{32}$p‘o$^{44}$fuŋ$^{32}$ | 癫痫 |
| 打破嘴 | tɑ$^{34}$p‘o$^{213}$tɕi$^{34}$ | 劝人不做什么 |
| 打总嘴 | tɑ$^{34}$tsuŋ$^{34}$tɕi$^{34}$ | 劝人做什么 |
| 龌龊 | uo$^{51}$tʂ‘o$^{0}$ | 垃圾 |

衣食住行

| | | |
|---|---|---|
| ※搭肉褂 | tɑ$^{51}$ʐeu$^{51}$kuɑ$^{213}$ | 贴身内衣 |
| 背褡儿 | pɛ$^{213}$tɑr$^{51}$ | 背心 |
| 裤头儿 | k‘u$^{213}$t‘eur$^{44}$ | 短裤 |
| 套鞋 | t‘ɑu$^{213}$xai$^{44}$ | 低帮雨鞋 |
| 套靴 | t‘ɑu$^{213}$ʂʮɛ$^{44}$ | 高帮雨鞋 |
| 痰围 | ts‘an$^{44}$uɛ$^{44}$ | 小儿围脖布 |
| 汗圈儿 | xan$^{213}$tʂ‘ʮõr$^{32}$ | 小儿项圈 |
| 手圈儿 | ʂeu$^{34}$tʂ‘ʮõr$^{32}$ | 小儿手圈 |
| 手镯儿 | ʂeu$^{34}$tʂor$^{51}$ | 大人手圈 |
| 现饭 | ɕiɛn$^{213}$fan$^{213}$ | 剩饭 |
| 面 | miɛn$^{213}$ | 面条 |
| 机面 | tɕi$^{32}$miɛn$^{213}$ | 机制面条 |
| 油面 | ieu$^{44}$miɛn$^{213}$ | 手工做的咸面 |
| 渗饭 | sən$^{213}$fan$^{213}$ | 用菜下饭 |
| 淘汤 | t‘ɑu$^{44}$t‘ã$^{32}$ | 用菜汤泡饭吃 |
| 屋墩 | u$^{51}$tən$^{32}$ | 村庄 |
| 屋 | u$^{51}$ | 房子/家 |

| | | |
|---|---|---|
| 房 | fã$^{44}$ | 房间 |
| 厦儿 | sɑr$^{34}$ | 偏屋 |
| 堂屋 | tʻɑu$^{44}$u$^{51}$ | 正屋厅堂 |
| 天井 | tʻiɛn$^{32}$tɕin$^{34}$ | 房屋中间的露天空地 |
| 马路 | mɑ$^{34}$leu$^{213}$ | 公路 |
| 荡路 | tã$^{213}$leu$^{213}$ | 散步 |
| 包车 | pɑu$^{32}$tʂʻɛ$^{32}$ | 小轿车 |
| 乌龟壳 | u$^{32}$kuɛ$^{32}$kʻo$^{51}$ | 小轿车 |
| 面包车 | miɛn$^{213}$pɑu$^{32}$tʂʻɛ$^{32}$ | 中型客车 |
| 的士 | ti$^{51}$sɿ$^{o}$ | 小型出租车 |
| 蹬士 | tən$^{32}$sɿ$^{o}$ | 脚踏三轮车 |
| 拐的 | kuai$^{34}$ti$^{51}$ | 机动出租三轮车 |
| 放屁虫 | fãpʻi$^{213}$tʂʻoŋ$^{44}$ | 机动三轮车 |
| 面的 | miɛn$^{213}$ti$^{51}$ | 形似面包的小型出租车 |
| 摩的 | mo$^{44}$ti$^{51}$ | 二轮摩托出租车 |
| 塌车 | tʻɑ$^{51}$tʂʻɛ$^{32}$ | 误车 |
| 搭车 | tɑ$^{51}$tʂʻɛ$^{32}$ | 乘车 |
| □ | uɑ$^{32}$ | 轻刺 |

**特色动词**

| | | |
|---|---|---|
| 默 | mai$^{51}$ | 思考 |
| 默到 | mai$^{51}$tau$^{o}$ | 认为：我～　一定会来。 |
| 逗人 | teu$^{213}$ʐən$^{44}$ | 开玩笑骗人 |
| 捭 | pɛ$^{32}$ | 弄，搞：　今年～了马马。 |
| 扢 | kɛ$^{32}$ | 拿，提：不要～东西来。 |
| ※筑气 | tʂeu$^{51}$le$^{o}$tɕʻi$^{213}$ | 脚扭伤肿了 |
| 打个劳 | tɑ$^{34}$ko$^{o}$lɑu$^{213}$ | 打个转：我出去～就来。 |
| 搒 | pʻ ã$^{34}$ | 碰撞：　头上～了个包。 |
| 搅 | kɑu$^{213}$ | 混杂：把芝麻和糖～到一起。 |
| 较 | kɑu$^{213}$ | 较量：哪个力气大，今天～一下。 |
| 盘 | pʻən$^{44}$ | 玩、弄：这个板儿在～泥巴。 |
| 燣 | lan$^{34}$ | 延烧：把线头～一下 |
| ※兴饭 | ɕin$^{213}$fan$^{213}$ | 小火焖饭 |
| 熯水 | xan$^{213}$ʂuɛ$^{34}$ | 烧热水 |
| 捭饭 | pɛ$^{32}$fan$^{213}$ | 做饭 |
| 潽 | pʻu$^{32}$ | 液体溢出：饭～了 |
| ※霍 | xo$^{51}$ | 蒸煮：～萝卜苕 |
| ※缩 | so$^{51}$ | 吮吸 |
| 扽 | tən$^{32}$ | 用力拉：把衣裳～一下 |
| ※瓦 | uɑ$^{34}$ | 用手刨挖 |
| 醒 | ɕin$^{34}$ | 融化：糖～了 |
| □ | kʻõ | 盖上 |

| | | |
|---|---|---|
| ※垩火 | ŋo$^{51}$ | 烘火 |
| ※仆 | p‘u$^{51}$ | 反盖：把碗～到桌上。 |
| 搣 | miɛ$^{51}$ | 掰开：一个粑～两半。 |
| 抹抹儿 | mɑ$^{51}$mɑr$^{51}$ | 估量：～差不多才动手。 |
| 打转身 | tɑ$^{34}$tʂʯõ$^{34}$ʂən$^{0}$ | 短暂停留 |
| 涝 | lɑu$^{213}$ | 用米汤浆洗被子。 |
| 纠 | tɕieu$^{34}$ | 拧：把湿衣服～干。 |
| 扯潮 | tʂ‘ɑ$^{34}$tʂ‘ɑu$^{34}$ | 受潮 |
| 造恶 | tsɑu$^{213}$ŋo$^{51}$ | 做坏事：　头世造了恶。 |
| 逗钱 | teu$^{213}$tɕ‘ iɛn$^{44}$ | 凑钱 |
| 花 | xuɑ$^{32}$ | 哄：　会～伢儿。 |
| 丟 | teu$^{51}$ | 敲击：把地面～结点。 |
| 搡 | soŋ$^{34}$ | 推 |
| ※撇 | p‘ iɛ $^{34}$ | 折：把棍子～断。 |
| 抵 | ti$^{34}$ | 挡住：把窗户～到。 |
| 找角头 | tʂɑu$^{34}$ko$^{51}$teu$^{o}$ | 找岔子 |
| 摝 | leu$^{213}$ | 水中捞取：把沙子～起来。 |
| 挦 | tɕ‘ iɛn$^{32}$ | 拔取：把猪脚毛～干净。 |
| 镂 | leu$^{32}$ | 挖空：把洞～深点。 |
| 摞 | lo$^{213}$ | 叠：把书～起来。 |
| 露 | leu$^{213}$ | 逞能：你～么事？ |
| 欠 | tɕ‘iɛn$^{213}$ | 牵挂：佢好～儿子。 |
| 霸 | pɑ$^{213}$ | 叉开：你拿脚～开。 |
| 锯琴 | kɛ$^{213}$tɕ‘in$^{44}$ | 拉琴 |
| □ | ʂɑ$^{44}$ | 看一眼 |
| 滚 | kuən$^{34}$ | 短时开水烫 |
| 汽 | tɕ‘i$^{213}$ | 短时蒸热 |
| 款话 | k‘uañ$^{34}$xuɑ$^{213}$ | 讲故事 |
| 驮打 | t‘o$^{44}$tɑ$^{34}$ | 挨打 |
| 驮※段 | t‘o$^{44}$to$^{213}$ | 挨骂 |
| ※段人 | t‘o$^{44}$zən$^{44}$ | 骂人 |
| 跍 | k‘u$^{32}$ | 蹲 |
| 品帐 | p‘in$^{34}$ tʂã$^{213}$ | 攀比 |
| 短 | tõ$^{34}$ | 拦截：我到路上去～佢。 |

特色形容词

| | | |
|---|---|---|
| 暖 | lõ$^{34}$ | 发烧/暖和 |
| 哨 | sɑu$^{213}$ | 快捷：这个人动作好～。 |
| 好□ | xɑu$^{34}$tsɛ$^{51}$ | 很好：佢这次考得～。 |
| 抹了 | mɑ$^{51}$le$^{o}$ | 好得超过所有人。 |
| 抶皮 | tʂ‘ʅ$^{213}$p‘ i$^{44}$ | 喜欢动手动脚。 |
| □齉 | nuŋ$^{213}$ | 做事不麻利：这个女的好～。 |

| | | |
|---|---|---|
| □弛 | tʂʻʅ$^{44}$ | 滑溜：小心地下好～。 |
| 满 | miɛ$^{213}$ | 装满 |
| 满 | mən$^{34}$ | 长：这根棍子好～。 |
| ※赤人 | tʂʻʅ$^{51}$zʅən$^{0}$ | 冰凉：竹床好～。 |
| 脱卵 | tʻo$^{51}$lõ$^{34}$ | 糟糕 |
| 撇脱 | pʻiɛ$^{51}$tʻo$^{51}$ | 洒脱 |
| 入贴 | ʮ$^{51}$tʻiɛ$^{51}$ | 整齐：屋里收拾得好～。 |
| ※埂板 | kən$^{34}$pan$^{34}$ | 不开窍 |
| ※叶 | iɛ$^{51}$ | 空瘪，不饱满：～谷。 |
| ※叶 | iɛ$^{51}$ | 受潮变软：花生米～了。 |
| ※叶 | iɛ$^{51}$ | 失声：　喉咙～了。 |
| 郁人 | ʮ$^{51}$zʅən$^{0}$ | 内心憋闷。 |
| 打纠 | tɑ$^{34}$tɕieu$^{213}$ | 弯曲纠结：这根绳子～了。 |
| 刮气 | kuɑ$^{51}$tɕʻi$^{0}$ | 漂亮：这女伢儿好～。 |
| ※秋 | tɕʻeu$^{32}$ | 烟熏：火烧不着，好～人。 |
| 抻敨 | tʂʻən$^{32}$tʻeu$^{0}$ | 整洁好看：这女儿长得好～。 |
| ※造 | tsɑu$^{213}$ | 调皮爱动：这伢儿好～。 |
| ※痞手 | pʻi$^{34}$ʂeu$^{34}$ | 手气不好。 |
| 佼 | ɕiɑu$^{32}$ | 娇气：这个伢儿看得好～。 |
| 捩 | liɛ$^{213}$ | 偏斜：墙上画儿挂～了。 |
| 腌臜 | ŋɑ$^{32}$tsɑ$^{0}$ | 难说话：这人脾气好～。 |
| ※赖汰 | lai$^{32}$tai$^{0}$ | 腌臜，不干净：地下好～。 |
| 嚼蛆 | tɕiɑu$^{213}$tɕʻi$^{32}$ | 骂人乱说 |
| □ | so$^{44}$ | 差劲：这个产品质量好～。 |
| □人 | tʂeu$^{213}$zʅən$^{0}$ | 湿衣服贴肉穿的感觉 |
| 行时 | ɕiɛn$^{44}$ʂʅ$^{44}$ | 运气好 |
| 背时 | pɛ$^{213}$ʂʅ$^{44}$ | 运气不好 |
| 好过 | xɑu$^{34}$ko$^{213}$ | 舒服 |
| 不好过 | pu$^{51}$xɑu$^{34}$ko$^{213}$ | 生病 |
| ※搭肉 | tɑ$^{51}$zʅeu$^{51}$ | 亲热 |
| 绝蔸 | tɕiɛ$^{51}$tseu$^{32}$ | 绝后 |
| 怄人 | ŋeu$^{213}$zʅən$^{0}$ | 怄气/天气闷热 |
| 炮人 | pɑu$^{213}$zʅən$^{0}$ | 烫手 |
| 压 | iɑ$^{51}$ | 节省 |
| 肉巴 | zʅeu$^{51}$pɑ$^{0}$ | 柔软 |
| 憨 | xã$^{32}$ | 愚拙 |
| 哈 | xɑ$^{34}$ | 傻 |
| □人 | uɑ$^{32}$zʅən$^{0}$ | 刺人 |
| □ | ɕiɑ$^{51}$ | 水分多而柔软 |

**其他特色词汇**

| | | |
|---|---|---|
| 高头 | kɑu$^{32}$tʻeu$^{0}$ | 上面 |

| | | |
|---|---|---|
| □下 | teu$^{51}$xɑ$^{0}$ | 下面 |
| 跟口 | kən$^{32}$kʻeu$^{34}$ | 附近 |
| 摞转 | lo$^{213}$tʂuõ$^{213}$ | 周围 |
| 气色 | tɕʻi$^{213}$sai $^{0}$ | 气味 |
| 色气 | sai $^{51}$tɕʻi$^{0}$ | 颜色 |
| 么※咱喃 | mo$^{34}$tsan$^{34}$nõ$^{0}$ | 什么时间 |
| 么处子 | mo$^{34}$tʂʻʯ$^{213}$tsɿ$^{0}$ | 什么地方 |
| 么解 | mo$^{34}$kai$^{34}$ | 怎么办 |
| 得※司 | tai$^{51}$sɿ$^{0}$ | 幸亏 |
| 将 | tɕiã$^{32}$ | 现在 |
| 将将 | tɕiã$^{32}$ tɕiã$^{32}$ | 刚刚 |
| 恰眼 | kʻɑ$^{51}$ŋan$^{34}$ | 刚才 |
| 落背 | lo$^{51}$pε$^{213}$ | 后来 |

**词汇的发展变化**

1.由于新事物的出现而创造的新词汇。

包车——小轿车

乌龟壳——小轿车

面包车——中型客车

的士——小型出租车

蹬士——脚踏三轮车

拐的——机动出租三轮车

放屁虫——机动三轮车

面的——形似面包的小型出租车

摩的——二轮摩托出租车

2.由于客观事物本身逐渐消失而淡化乃至消失词汇。

车儿——小儿坐的木圈椅

夹烘儿——火笼

※索抹帚——掸灰帚

刷帚——洗锅竹帚

夜壶——小便壶

红——秤杆上翘

溜——秤杆下垂

角子——古无眼铜钱

银洋——银元

检屋——修补屋顶

厦儿——偏屋

堂屋——正屋厅堂

天井——天窗

3.中青年人中，方言词汇向普通话词汇趋同。

日头——太阳

凉月——月亮

马马——老婆
鸡婆——母鸡
鸡公——公鸡
钢精锅——铝锅
霸缸——水杯
真朝——今天
门朝——明天
后儿——后天
外后儿——大后天
前儿——前天
先前儿——大前天
天光——天亮
上昼——上午
下昼——下午
中时——中午
日里——白天
断黑——傍晚
麻蝇——苍蝇

## 第三节 各地语音

### 一、九江县话

**区域特点** 九江县话属北方方言江淮官话区，是九江“乡下话”的代表。涵盖范围除九江县本土，还包括庐山区的赛阳、莲花等乡镇。

九江县话大致可分为三个片区。东片含沙河街、狮子、城门、赛城湖、港口、永安等地；西片含新合、新塘、涌泉、长山等地；南片包括黄老门、马迴岭、岷山等地。

西片各地因与瑞昌市接近，其方言也接近瑞昌话；南片与星子、德安接近，其方言也分别与星子话、德安话接近。

东片的赛城湖是古浔阳郡郡治所在，与其相邻的沙河街是现代政治文化经济中心，所以，沙河街话成为九江县的代表方言。

九江县话有如下主要特点：

（一）n、l分明。如“南”的声母是n，“蓝”的声母是l。

（二）古泥母、疑母齐齿呼字读前浊鼻音ȵ。如“泥、宜”都读 ꜀ȵi。ȵ与 n 虽属同一音位，但实际读音区别明显，故把ȵ独立出来作为一个声母。

（三）tʂtʂʻʂ、tstsʻs分明。古庄组字拼u介音时，读tʂtʂʻʂ。如“庄”读 ꜀tʂuã、“爽”读 ꜂ʂuã、“床”读 ꜁tʂʻuã 。其他读tstsʻs。如 “抓”读 ꜀tsɑ、“初”读 ꜀tsʻeu、“师”读 ꜀sɿ。

（四）古合口三等泥母、疑母字读ɳ。如“软、鱼、女、语”的声母都是ɳ。

（五）古蟹摄、止摄部分合口呼、开口呼字读齐齿呼，可与舌头音、舌面音、舌边音拼合。如“嘴”读 ꜂tɕi，“脆”tɕʻi꜄，“队”读 ti꜄，“累”读 li꜅ 。

（六）前后鼻音韵尾不分，如“宾、兵”的韵母都是 in。

（七）声调有 6 个调类，去声分阴阳。如“变”读 piɛn꜄，“辩”读 piɛn꜅。

（八）入声不分阴阳，部分阳入转入阳去。如“白”读 pʻiɛ꜅ “鼻”读 pʻi꜅。

（九）入声无塞音韵尾。

以下记述的是沙河街话语音系统。

**声母** 九江县话共有 25 个声母。

| | | | |
|---|---|---|---|
| p布步 | pʻ盘怕 | m门麻 | f飞冯 |
| t到道 | tʻ同塔 | n南纳 | l蓝辣 |
| ts祖作 | tsʻ仓促 | s思师 | tʂ招知 |
| tʂʻ区除 | ʂ书虚 | ʐ认日 | ɳ软鱼 |
| tɕ精经 | tɕʻ秋丘 | ɕ休修 | ȵ年严 |
| k龟国 | kʻ开葵 | x花滑 | ŋ岸恶 |
| ø然若 | | | |

**韵母** 九江县话共有 42 个韵母。

| | | | |
|---|---|---|---|
| ɿ资ʅ知 | i衣队 | u姑谷 | ʮ居主 |
| ɑ爬马 | iɑ牙压 | uɑ花挖 | ʮɑ惹□꜅ |
| o哥过 | io药学 | ʊo锅屙 | |
| ɛ飞废 | iɛ写血 | uo威鬼 | ʮɛ吹追 |
| ai鞋黑 | | uai乖国 | ʮai热缺 |
| ɑu毛闹 | iɑu飘条 | | |
| eu欧绿 | ieu牛柳 | | |
| an安淡 | iɛn烟天 | uan弯万 | |
| ən深蒸 | in音英 | uən温问 | ʮn永运 |
| uŋ同耸 | iuŋ绒胸 | | |
| ã窗党 | iã江粮 | uã王望 | |
| õ酸短 | | uõ宽官 | |
| ɛ̃占缠 | | | ʮɛ̃拳愿 |
| ɚ儿耳 | m̩ 姆 | n̩ 你那 | |

**声调** 九江县话声调共有 6 个调类。

| | | |
|---|---|---|
| 阴平：˧˨ | 32 | 诗天初梯 |
| 阳平：˦ | 44 | 时田锄题 |
| 上声：˧˦ | 34 | 短碗女委 |
| 阴去：˨˩˧ | 213 | 变店汉旦 |
| 阳去：˧ | 33 | 辨电汗蛋 |
| 入声：˥˩ | 51 | 八发拔罚 |

## 二、瑞昌话

**区域特点** 瑞昌市横跨赣方言和北方方言两大方言区。

瑞昌西部以肇陈话为代表，含乐园、花园、洪一等地，属赣语区，与湖北阳新话接近；西南部以南义话为代表，含南义、和平等地，属赣语区，与武宁话接近。

瑞昌中部、东部属江淮官话区。县城湓城镇话与其他官话区的乡下话的主要区别是声调。乡下话有 6 个声调：阴平、阳平、上声、阴去、阳去、入声；湓城镇话有 5 个声调：平声、上声、阴去、阳去、入声。

由于处在赣方言与北方方言的交汇点，瑞昌的官话带有赣语的一些特点。瑞昌东北部与湖北武穴隔江相望，所以瑞昌话还带有鄂东楚语的特点。

湓城镇是瑞昌市的政治文化经济中心，其方言对乡下话影响很大，成为瑞昌市的代表方言。

瑞昌话语音有以下主要特点：

（一）n、l 分明。如“南”的声母是 n，“蓝”的声母是 l。

（二）古泥母、疑母齐齿呼字读前浊鼻音ȵ。如“泥、宜”都读 ꜁ȵi。

（三）tʂtʂ‘ʂ、tsts‘s分明。古庄组字归于tsts‘s。如“皱”读 tsoŋ꜄，“初”读 ꜀ts‘eu，“生”读 ꜀sẽ。

（四）古合口三等泥母、疑母字读ɳ。如“软、鱼、女、语”的声母都是ɳ。

（五）分尖音团音。古精组字话读 tsts‘s，见组字读 tɕtɕ‘ɕ。如“精”读 ꜀tsin，“经”读 ꜀tɕin，“清”读 ꜀ts‘in，“轻”读 ꜀tɕ‘in，“心”读 ꜀sin，“兴”读 ꜀ɕin。

（六）古知照见三组与遇摄三等字拼合读音接近舌叶音 tʃtʃ‘ʃ，这里记作tʂtʂ‘ʂ。如“主”“举”都读 ꜂tʂʮ；“除”“渠”都读 ꜁tʂ‘ʮ；“书”“虚”都读 ꜀ʂʮ。

（七）前后鼻音韵尾不分，如“宾、兵”的韵母都是 in。

（八）有一套鼻化音韵母ẽ、uẽ、ʮẽ 、õ 、ĩ。如“盘”读 ꜁pẽ，“官”读 ꜀kuẽ，“元”读 ꜁ʮẽ，“短”读 ꜂tõ，“天”读 ꜀t‘ĩ。

（九）声调有 5 个调类，平声不分阴阳，去声分阴阳，入声不分阴阳。部分阳入归于阳去送气。如“白”读 p‘ɛ꜅，“鼻”读 p‘ei꜅。

以下记述的是湓城镇话语音系统。

**声母**　瑞昌话共有 24 个声母。

| | | | |
|---|---|---|---|
| p波拨 | p‘婆泼 | m磨木 | f俘佛 |
| t都毒 | t‘图突 | n南纳 | l蓝落 |
| ts庄接 | ts‘粗七 | s写息 | tʂ猪局 |
| tʂ‘吹出 | ʂ诗术 | ɳ软阮 | tɕ家甲 |
| tɕ‘奇吃 | ɕ希吸 | ȵ泥捏 | k瓜刮 |
| k‘跨掐 | x花滑 | ŋ鹅恶 | ø衣一 |

**韵母**　瑞昌话共有 49 个韵母。

| | | | |
|---|---|---|---|
| ɿ资ʅ知 | i基级 | u布谷 | ʮ书术 |
| ɑ巴八 | iɑ邪甲 | uɑ瓜挖 | ʮɑ惹□꜅ |
| o哥各 | io学脚 | uo锅龌 | ʮo若弱 |
| ɛ锯格 | iɛ铁血 | uɛ或国 | ʮɛ月说 |
| ai挨海 | | uai乖怪 | |
| ɑu桃袄 | | | |
| ou周六 | iou油柳 | | ʮou柔肉 |
| eu谋漏 | ieu条鸟 | | ʮeu饶绕 |
| ei梅美 | | uei维桂 | |
| an兰蛋 | | uan关弯 | |
| ən深审 | in心兵 | uən温滚 | ʮn云君 |
| ɑŋ当党 | iɑŋ央想 | uɑŋ光王 | ʮɑŋ瓤让 |
| uŋ东宋 | iuŋ荣勇 | | ʮoŋ绒 |
| ẽ盘般 | | uẽ官宽 | ʮẽ元转 |

õ短酸

ĩ烟天

əʅ耳日　　m̩ 姆　　n̩ 你

**声调**　瑞昌话共有 5 个声调。

| | | |
|---|---|---|
| 平声：˦˨ | 42 | 诗时天田 |
| 上声：˨˦ | 24 | 短碗女雨 |
| 阴去：˧˥ | 35 | 变店世汉 |
| 阳去：˧ | 33 | 辨电事汗 |
| 入声：˨˩˨ | 212 | 一肉屋色 |

## 三、修水话

**区域特点**　修水话属赣语区昌靖片区。

修水话大致分为四个片区：①上边声（含旧仁乡、西乡话）；②修水声（含旧高乡、崇乡、武乡、安乡话）；③奉乡声（旧奉乡话）；④泰乡声（旧泰乡话）。

修水话语音有以下主要特点：

（一）上边声n、l不分，其他各区n、l分明；

（二）上边声不分尖团音，修水声义宁镇话基本不分尖团音，其他各区保留了尖团音。

（三）有一套全浊塞音、塞擦音声母。部分变为送气音bʻ、dʻ，部分清音归入浊音。

（四）声母保留上古无舌上音的特点，即没有舌尖后音tʂ、tʂʻ、ʂ，普通话读tʂ、tʂʻ、ʂ的声母分别归入t、tʻ、s 以及全浊塞音dʐ。如“中”读 ꜀təŋ，“昌”读 ꜀tʻɑŋ，“诗”读 ꜀sɿ，“车”读 ꜀dʐA。

（五）除泰乡声的三都等地外，其他各区没有撮口呼韵母；普通话的撮口呼韵母修水话大多发高央元音ʉ，零声母音节略有摩擦，发类似 v 的音。如“云”读 ꜁vʉn，“雨”读 ꜂vʉi。这里仍记作零声母。

（七）入声韵大多带有辅音韵尾 t、l、ʔ。

（八）修水话语音多数有 7 个调类，入声分阴阳。部分乡镇阳入归于阴入，剩下 6 个调类。

修水话以修水声的义宁镇话为代表，以下记述的是义宁镇话语音系统。

**声母**　修水话共有声母 21 个。

| | | | |
|---|---|---|---|
| p波布 | bʻ盘步 | m门尾 | f飞水 |
| t天主 | dʻ大道 | n南耐 | l兰热 |
| ts争祖 | dz仓从 | s沙叔 | dʐ车厂 |
| tɕ精经 | ɕ邪写 | ȵ言人 | dʑ欺徐 |
| k居举 | g拳垂 | h开好 | ŋ硬软 |
| ø闰运 | | | |

**韵母**　修水话共有韵母 50 个。

| | | | |
|---|---|---|---|
| ɿ资诗 | i飞被 | u收故 | |
| ᴀ家者 | iᴀ野借 | uᴀ瓜蛙 | |
| o河贺 | | uo窝课 | |
| ɛ靴织 | | | ʉɛ茄 |
| ai介帅 | | uai歪快 | |
| ei盖漏 | | | ʉi亏伟 |
| ɑu高闹 | iɑu飘巧 | | |
| | iu牛柳 | | |
| an间眼 | | uan关万 | |

| | | | |
|---|---|---|---|
| on干短 | | uon宽碗 | |
| ɛn根船 | iɛn天检 | | ʉɛn权愿 |
| | in音近 | | ʉn训温 |
| ɑŋ争冷 | iɑŋ饼命 | uɑŋ横 | |
| ɔŋ忙党 | iɔŋ让两 | | ʉɔŋ王光 |
| əŋ生东 | iŋ兄兴 | | |
| al 八尺 | ol 割刷 | ual 袜刮 | uol 活阔 |
| uəl 骨物 | iol 脚弱 | iul 菊俗 | |
| ɛt哲舌 | ət十执 | | |
| iʔ逼僻 | iɛʔ叶血 | uʔ谷福 | ʉɛʔ决缺 |
| | ʉiʔ屈 | | |
| ɘ耳 | n̩你 | m̩（姆） | |

**声调** 修水话共有 7 个声调。

| | | |
|---|---|---|
| 阴平：˧˦ | 34 | 刚开飞安 |
| 阳平：˩˧ | 13 | 穷寒平云 |
| 上声：˧˨ | 32 | 古口女碗 |
| 阴去：˦˥ | 45 | 盖爱汉靠 |
| 阳去：˨ | 22 | 共岸汗原 |
| 阴入：˦ | 4 | 急曲合国 |
| 阳入：˩ | 1 | 石白物夺 |

## 四、武宁话

**区域特点** 武宁话属于赣语区昌靖片区。武宁话大致可分为五个片区：①中片（含新宁镇、黄埚、宋溪、南市）②东片（含巾口、杨州、罗坪）③西南片（含石门、罗溪、清江、石渡）④西北片（含浬溪、船滩、蒲田、东林、南岳、上汤）⑤北片（含横路、鲁溪、官莲、泉口、大洞）。

东片与永修县接壤，其语音与永修话接近；西南片靠近靖安、修水，其语音与靖安话、修水话有交融现象；西北片与修水三都毗邻，其语音受三都话影响；北片称为“山背话”，因邻近湖北阳新、江西瑞昌，其语音又受到阳新话、瑞昌话的一些影响。

瑞昌市的南义镇、和平乡，从语音系统上看，也应划入武宁话北片的“山背话”。

由于移民的原因，巾口、中璜、谭埠一带，有混杂的河南话；长仑、夏柳和严阳一带有混杂的客家话。浙江移民分散杂居，多数已被武宁话同化。

武宁话语音有以下主要特点：

（一）保留了一套全浊塞音、塞擦音、擦音不送气声母。如 b（盘）、d（桃）、ɡ（葵）、dʑ（齐）、dz（从）、dʐ（虫）、v（挖）。

（二）部分保留古无轻唇音的特点。如“风、冯、房”等声母不读唇齿音 f 而读舌根音 h。

（三）有 l 无 n，普通话 n 声母字大都归于 l，古泥母、疑母齐齿呼字读前浊鼻音ȵ。如“南、蓝”的声母都是 l，“泥、女”的声母都是ȵ。

（四）无舌尖后音tʂtʂʻʂ。普通话舌尖后音声母字大都归于舌尖前音tstsʻs，部分归于舌面音tɕtɕʻɕ。浊音保持古音读法。如“潮”的声母是ʑ，“迟”的声母是 dz。

（五）部分前后鼻音韵尾合并，古曾摄、梗摄开口三等字部分归于前鼻音韵尾。如“冰、凭、京”的韵母都是 in。

（六）入声塞尾韵保留两个塞音韵尾-t、-k，闭塞的程度都相当轻微，年轻人发入声韵时，塞音韵尾几乎全部消失。

（七）声调有 7 个，去声分阴阳，入声分阴阳。次浊入声有向阴入转化的现象。如“六、药、肉、物”都有读作阴入的。

武宁话以县城新宁镇话为代表，以下记述的是新宁镇话语音系统。

**声母** 武宁话共有声母 26 个。

| | | | |
|---|---|---|---|
| p布波 | b步盘 | p‘ 怕拍 | m门忘 |
| v文问 | f飞灰 | t刀到 | d大桃 |
| t‘太铁 | l南蓝 | k龟桂 | g葵柜 |
| k‘开跪 | h 红冯 | ŋ暗岸 | tɕ精经 |
| dʑ齐情 | tɕ‘秋清 | ɕ修休 | ȵ年日 |
| ts糟招 | dz从迟 | ts‘仓醋 | s思师 |
| dʐ虫种 | ø扰然 | | |

**韵母** 武宁话共有韵母 58 个，其中开尾韵 20 个，鼻尾韵 19 个，塞尾韵 16 个，自成音节的 3 个。

| | | | |
|---|---|---|---|
| ɿ资知 | i美皮 | u姑苦 | y雨玉 |
| a花家 | ia蛇野 | ua瓜蛙 | |
| o哥河 | | uo锅火 | |
| ɛ锯给 | iɛ他你 | | |
| ai介鞋 | | uai歪怪 | |
| əi盖帅 | | ui伟鬼 | |
| ɑu桃饱 | iɑu标漂 | | |
| eu欧藕 | ieu斗亩 | | |
| | iu流州 | | |
| an间减 | | uan弯关 | |
| on干短 | | uon管碗 | |
| ɛn根肯 | iɛn天烟 | | yɛn圆权 |
| ən本真 | in心兵 | uən温滚 | yn云群 |
| ɑŋ争冷 | iɑŋ星饼 | uɑŋ横梗 | |
| ɔŋ帮党 | iɔŋ良响 | uɔŋ王光 | |
| əŋ红猛 | iŋ穷胸 | | |
| | it 一职 | | yt 出戌 |
| æt 八拔 | | uæt 刮挖 | |
| ɛt 德克 | iɛt 热雪 | uɛt 国 | yɛt 月雪 |
| ɣt 合割 | | uɣt 骨阔 | |
| ak 百白 | iak 壁尺 | | |
| ok 落学 | iok 脚药 | | |
| | juk 菊肉 | uk 屋谷 | |
| ŋ五翁 | ə二儿 | n 那 | |

**声调** 武宁话共有 7 个声调。

| | | |
|---|---|---|
| 阴平：˨˦ | 24 | 诗方天烟 |
| 阳平：˨˩ | 21 | 时房田盐 |
| 上声：˦˨ | 42 | 委碗有伟 |

| | | |
|---|---|---|
| 阴去：˦˥ | 45 | 世汉店变 |
| 阳去：˧ | 33 | 是汗电辨 |
| 阴入：˥ | 5 | 八发湿百 |
| 阳入：˨ | 2 | 拔罚十白 |

## 五、永修话

**区域特点**　永修话属赣语区昌靖片区。永修话大体可分为三个片区。中片含涂埠、三角、艾城、永兴、九合等地，南片含潦河以南的马口、城丰、永丰等地，东片含鄱阳湖畔的吴城、松门、松峰以及吉山部分地区。

由于清末民初的大量移民，柘林、白槎、江上、梅棠以及虬津部分地区使用融合了赣语特征的河南话、湖南话。

中片以包括县城涂埠在内的三角话为主，语音特点接近南昌话；南片毗邻新建、安义，语音带有新建话、安义话的一些特点；东片与新建、都昌接壤，语音带有新建话、都昌话的一些特点。

永修话语音有如下主要特点：

（一）古浊塞音、塞擦音不论平仄声母一般读送气音，这是赣语的主要特点。但永修话这类声母的实际发音在清浊之间，和南昌话有一定区别。如“步”的声母是 b‘，“道”的声母是d‘，“齐”的声母是dʑ‘。

（二）普通话送气清塞音、塞擦音声母永修话部分读送气浊音。如“秋”的声母是dʑ‘，“昌”的声母是dʐ‘，“仓”的声母是dz‘。

（三）x、f 分混。普通话 x 声母拼 u 介音的永修话都读 f。如“花、灰、荒”的声母都是 f。

（四）没有卷舌音tʂ、tʂ‘、ʂ、ʐ。中古知照系的字部分与精组合流，读舌尖前音ts、ts‘、s。如“知”的声母是ts，“产”的声母是ts‘，“诗”的声母是 s。

（五）没有鼻音声母 n，普通话 n 声母字永修话分别归于 l、ȵ。如“南”读 ꜁lan，“年”读 ꜁ȵiɛn。

（六）没有撮口呼韵母 y，普通话读撮口呼的永修话归于齐齿呼 i 或合口呼 u。如“女”读ȵi꜄，“拳”读 ꜁g‘uɛn。

（七）入声韵保留古塞音韵尾-t、-k。如“辣”读 lat꜆ “各”读 kok꜇ 。

三角话是永修的代表方言，以下记述的是三角话的语音系统。

**声母**　永修话共有声母 24 个。

| | | | |
|---|---|---|---|
| p布波 | b‘步盘 | p‘ 跑派 | m门美 |
| f飞灰 | t刀到 | d‘ 同道 | t‘太涛 |
| l南二 | k介解 | g‘拳葵 | k‘ 科跪 |
| x开河 | ŋ岸硬 | tɕ精经 | dʑ‘秋齐 |
| tɕ‘起七 | ɕ修休 | ȵ言女 | ts糟抓 |
| dz‘仓从 | s苏书 | dʐ‘昌虫 | ø温闻 |

**韵母**　永修话共有韵母 56 个。

| | | |
|---|---|---|
| ʅ思初 | i女齐 | u布扶 |
| a爬车 | ia茄野 | ua瓜话 |
| o哥河 | | uo窝禾 |
| ɛ二耳 | iɛ些他 | |
| ai开盖 | | uai乖快 |
| ɑu桃到 | | |
| | | uei居贵 |

| | | |
|---|---|---|
| eu招潮 | ieu桥焦 | |
| əu收首 | iəu修有 | |
| an间胆 | | uan关弯 |
| on南短 | | uon管船 |
| ɛn争扇 | iɛn莲检 | uɛ拳园 |
| ən门真 | in新兵 | un群滚 |
| ɑŋ冷撑 | iɑŋ星饼 | uɑŋ横梗 |
| ɔŋ床党 | iɔŋ良养 | uɔŋ光王 |
| uŋ红虫 | iuŋ穷胸 | |
| at辣八 | iɛt铁接 | ut卒物 |
| ak摘石 | iat吃 | uat刮刷 |
| ok各落 | iok学药 | uɛt缺越 |
| ɛk北客 | it日急 | uk目哭 |
| ɛt舌哲 | ik力辟 | uɛk国 |
| ot合割 | iut绿局 | |
| m̩ 姆 | n̩ 你 | ŋ五 |

**声调**　永修话共有7个声调。

| | | |
|---|---|---|
| 阴平：˦˥ | 45 | 方天诗初 |
| 阳平：˨˧ | 23 | 房田时锄 |
| 上声：˨˩ | 21 | 古女走短 |
| 阴去：˥ | 55 | 到唱菜汉 |
| 阳去：˩˧ | 13 | 盗近洞汗 |
| 阴入：˥ | 5 | 八急尺国 |
| 阳入：˨ | 2 | 拔实合杂 |

## 六、德安话

**区域特点**　德安话属赣语区昌靖片区。德安话大致可分为四个片区。南片金湖话，因与星子县毗邻，受星子话影响较大，该乡的黄桥、大塘村就说星子话；米粮铺、共青城与永修县毗邻，语言又受到永修话的一些影响；北片的林泉话因与九江县毗邻，受九江话影响较大；西片的邹桥、白水、塘山等地毗邻瑞昌市的赣语区，又受到武宁话的一些影响。

县城蒲亭镇话是德安话的代表方言。县城话又有新派、老派之分。老派县城话受北方官话影响较大，新派县城话受南昌话影响较大，赣语的特点更明显一些。

德安话语音有以下主要特点：

（一）保留了一套送气浊塞音、塞擦音声母：bʻ、dʻ、dzʻ、dʐʻ、dʑʻ、gʻ。

（二）n、l分明。普通话n、l拼齐齿呼时德安话读ȵ或tʻ、dʻ。如“泥”读꜁ȵi，“岭”读꜂tʻiɑŋ，“林”读꜁dʻin。

（三）声母平舌、翘舌分明，但翘舌音无ʐ，普通话ʐ声母字德安话读l。如“然”读꜁lɛn，“热”读lɛʔ꜆。

（四）韵母无撮口呼y，普通话撮口呼字德安话读高央元音ʉ。如“云”读꜁ʉn。

（五）入声韵中老年人发音大都带有喉音塞尾ʔ，年轻人塞尾消失。

（六）调类有9个。阳平和阴去的送气与否直接影响发音的调值，从而形成不同的调类。阳平如“时”的调值为44，“穷”的调值为24；阴去如“送”的调值为45，“唱”的调值为214。

以下记述的是老派县城话的语音系统。

**声母** 德安话共有声母 29 个。

| | | | |
|---|---|---|---|
| p波布 | p‘怕匹 | b‘盘步 | m门买 |
| f风胡 | t到德 | t‘太踢 | d‘道夺 |
| n南纳 | l兰闰 | ts糟邹 | ts‘仓醋 |
| dz‘从锄 | s散山 | tʂ招主 | tʂ‘昌处 |
| dʐ‘虫潮 | ʂ书扇 | tɕ精经 | tɕ‘秋丘 |
| dʑ‘齐杰 | ȵ年女 | ɕ 先线 | k贵举 |
| k‘开缺 | g‘葵跪 | ŋ岸暗 | h河合 |
| ø雨二 | | | |

**韵母** 德安话共有韵母 59 个。

| | | | |
|---|---|---|---|
| ɿ资 ʅ知 | i皮比 | u猪故 | |
| a爬蛇 | ia霞野 | ua瓜寡 | ʉa靴 |
| o科河 | | uo锅过 | |
| ɛ锯 | iɛ爹 | uɛ喂 | |
| ai开介 | | uai歪快 | |
| ɑu桃保 | iɑu交巧 | | |
| eu烧亩 | ieu条叫 | | |
| | iu牛有 | | |
| | | ui亏桂 | ʉi居区 |
| an间胆 | | uan关万 | |
| on短酸 | | uon管碗 | |
| ən真成 | in林紧 | uən温魂 | ʉn云军 |
| ɛn庚展 | iɛn莲烟 | | ʉɛn权园 |
| ɔŋ帮党 | iɔŋ良响 | uɔŋ王光 | |
| ɑŋ争生 | iɑŋ命饼 | uɑŋ横梗 | |
| əŋ朋东 | iŋ穷胸 | | |
| iʔ吸逼 | ʅʔ织湿 | aʔ发八 | iaʔ壁吃 |
| oʔ各作 | ioʔ药脚 | ɛʔ革侧 | iɛʔ接月 |
| iuʔ欲绿 | uʔ福木 | ʉiʔ桔 | uaʔ袜刮 |
| uɛʔ国阔 | ʉɛʔ缺决 | | |
| ɚ二耳 | m̩姆 | n̩你 | ŋ五 |

**声调** 德安话共有 9 个声调。

| | | |
|---|---|---|
| 阴平 ：˦˨ | 42 | 诗天高粗 |
| 阳平①：˦ | 44 | 时农寒麻 |
| 阳平②：˨˦ | 24 | 穷唐铜白 |
| 上声 ：˧˨ | 32 | 古有女碗 |
| 阴去①：˦˥ | 45 | 盖送寄汉 |
| 阴去②：˨˩˦ | 214 | 痛抗唱菜 |
| 阳去 ：˨ | 22 | 电洞用汗 |
| 阴入 ：˥ | 5 | 百七绿急 |
| 阳入 ：˩˨ | 12 | 十活局服 |

## 七、星子话

**区域特点** 星子话属赣语区昌靖片区。星子县内方言并不复杂，虽有县城话和上下乡（南北乡）之分，但各片区方言仍具有较大的一致性。

星子话大致可分为三个片区。县城南康镇话是代表方言；上乡以苏家垱话为代表，受到德安话的一些影响；下乡以隘口话为代表，受到九江话的一些影响。

星子话语音有如下主要特点：

（一）保留一套浊塞音、塞擦音声母 b（步）、d（同）、g（葵）、dz（从）、dʐ（虫）、dʑ（棋）。

（二）普通话中送气的清塞音、塞擦音星子话大都读不送气的浊塞音、塞擦音。如“怕”读 ba꜄ 、“昌”读 ꜀dʐɔŋ。

（三）部分保留古无舌上音的特点。如“赵、宠、重”的声母都是 d，“日、然、热”的声母都是 l。

（四）部分保留古无轻唇音的特点，如“风、冯、峰”的声母都是 h。

（五）齐齿呼前的边音读 d。如“莲”读 ꜁diɛn，“粒”读 di꜇ 。

（六）尖音团音分明。古精组字读 ts、dz、s，见组字读 tɕ、dʑ、ɕ。如“精”读 ꜀tsin，“经”读 ꜀tɕin，“清”读 ꜀dziɑŋ，“轻”读 ꜀dʑiɑŋ，“心”读 ꜀sin，“兴”读 ꜀ɕin。

（七）无撮口呼 y。普通话 y 元音星子话发高央元音ʉ。

（八）去声分阴阳，阴去按送气与否分为两个调类。

（九）入声分阴阳，部分阳入转为阳去，入声韵无塞音韵尾。

以下记述的是南康镇话语音系统。

**声母** 星子话共有声母 23 个。

| | | | |
|---|---|---|---|
| p布把 | b步怕 | m门忘 | f飞灰 |
| t天得 | d莲道 | n南怒 | l蓝热 |
| ts糟焦 | dz秋从 | s苏旋 | tʂ招主 |
| dʐ潮昌 | ʂ书扇 | tɕ经结 | dʑ旗丘 |
| ɕ休向 | ȵ严女 | k高居 | g开葵 |
| ŋ岸硬 | h红冯 | ø武雨 | |

**韵母** 星子话共有 49 个韵母。

| | | | |
|---|---|---|---|
| ɿ思ʅ知 | i米比 | u姑苦 | |
| a爬蛇 | ia野姐 | ua瓜袜 | ʉa靴茄 |
| o哥河 | | uo禾果 | |
| ɔ确落 | iɔ药学 | uɔ郭扩 | |
| ɛ格客 | iɛ铁接 | uɛ国物 | ʉɛ月血 |
| ai盖介 | | uai怪快 | |
| ɑu烧保 | iɑu飘条 | | |
| eu斗厚 | | | |
| əu收抽 | iu丘绿 | | |
| | | ui雨跪 | ʉi区剧 |
| an三胆 | ian间减 | uan关晚 | |
| on短含 | | uon官碗 | |
| ɛn展然 | iɛn连检 | | ʉɛn权园 |
| ən根魂 | in心紧 | un温困 | ʉn群云 |
| ɑŋ争冷 | iɑŋ命赢 | uɑŋ横梗 | |

| | | |
|---|---|---|
| ɔŋ党荒 | iɔŋ良两 | uɔŋ光忘 |
| əŋ东蒸 | iŋ星胸 | |
| ɘ耳二 | m̩（姆） | n̩你 |

**声调**　星子话共有 7 个声调。

| | | |
|---|---|---|
| 阴平　：˧ | 33 | 方天初昏 |
| 阳平　：˨˦ | 24 | 房田锄魂 |
| 上声　：˦˨ | 42 | 委碗米九 |
| 阴去①：˥ | 55 | 寄付到注 |
| 阴去②：˨˩˦ | 214 | 抗唱曲出 |
| 阳去　：˩ | 11 | 近厚食读 |
| 入声　：˧˥ | 35 | 八发桌失 |

## 八、都昌话

**区域特点**　都昌话属赣语区昌靖片区。其语音系统比较复杂，总的看，声调多，韵母多，保留古音较多，是九江市比较难懂的方言。

都昌话东西部差异较大，南北差异较小，所以分为东部和中西部两大片区。东部片区由大港、盐田至中馆、南峰、万户一带，韵母有撮口呼，前后鼻音韵尾不分，古入声字今全部或部分并入舒声韵；中西部韵母没有撮口呼，前后鼻音韵尾分明，保留古入声字并有塞音韵尾。

由于移民的原因，大港乡有大田、碾子湾等 11 个自然村讲河南话，春桥乡因与湖口相邻，部分村庄说湖口话。

处于西部的都昌镇话是都昌县的代表方言，主要涵盖了北山、汪墩、七角等地。

都昌话语音有如下主要特点：

（一）较完整的保留了古浊塞音、塞擦音声母：b、dz、dʐ、dʑ、g。

（二）无送气音声母。普通话中送气的清塞音、塞擦音都昌话读不送气的浊塞音、塞擦音。如“怕”读 ba꜅、“昌”读 ꜀dʐɔŋ。

（三）尖音团音分明。古精组字话读 ts、dz、s，见组字读 tɕ、dʑ、ɕ。如“精”读 ꜀tsin，“经”读 ꜀tɕin，“清”读 ꜀dziɑŋ，“轻”读 ꜀dʑiɑŋ，“心”读 ꜀sin，“兴”读 ꜀ɕin。

（四）保留古无轻唇音的特点，普通话唇齿音 f 声母字归于 h。如“飞、发”的声母都是 h。

（五）无撮口呼韵母，古合口三四等字多读齐齿呼。如“雨”读 i꜅，“权”读 ꜁dʑion。

（六）分前后鼻音韵尾。如“音、今、品”的韵尾都是-n，“英、京、瓶”的韵尾都是-ŋ。

（七）入声韵保留塞音韵尾-k，其他入声韵尾并为边音-l。

（八）声调较为复杂。10 个调类中，阳平分为两类，全浊塞音为一类低升调，其他为一类高升调；去声分阴阳；入声依古声母的全浊与次浊、全清与次清的不同分为四类。

以下记述的是都昌镇话语音系统。

**声母**　都昌话共有声母 21 个。

| | | | |
|---|---|---|---|
| p布北 | b步白 | m麻忘 | t到得 |
| l唐路 | n难怒 | ts井作 | dz茶秋 |
| s山修 | tʂ知烛 | dʐ潮昌 | ʂ诗船 |
| tɕ见脚 | dʑ桥汽 | ȵ娘月 | ɕ休蓄 |
| k讲各 | g敲哭 | ŋ我硬 | h花飞 |
| ø武约 | | | |

**韵母**　都昌话共有韵母 66 个。

| | | | | |
|---|---|---|---|---|
| ɿ思ʅ诗 | i倍雨 | u步水 | | |
| a爬社 | ia霞姐 | ua花话 | | |
| o波河 | | uo火科 | | |
| ɛ锯哞 | | | | |
| ai衰帅 | | uai怀怪 | | |
| ɑu保交 | | uɑu否浮 | | |
| əu收丑 | iəu修幼 | | | |
| | ieu苗要 | | | |
| | | ui桂肥 | | |
| an三懒 | | uan关万 | | |
| ɛn粘跟 | iɛn鞭贤 | | | |
| on般含 | ion权圆 | uon管碗 | | |
| ən针孙 | in林紧 | un分滚 | | |
| ɑŋ彭生 | iɑŋ星饼 | uɑŋ横梗 | | |
| əŋ朋绳 | iŋ应兵 | uŋ蓬胸 | | |
| ɔŋ帮讲 | iɔŋ良想 | uɔŋ光王 | | |
| | iuŋ穷勇 | | | |
| al八甲 | ɛl不舌 | ol钵合 | ɿl卒 | ʅl出十 |
| ɛk北格 | ak百尺 | ok弱各 | | ʅk直食 |
| ial峡洽 | iɛl灭铁 | iol雪缺 | il笔急 | |
| iak壁迹 | iok虐钥 | ik踢集 | iuk六足 | |
| ual法刮 | uol活豁 | ul骨物 | uak划 | |
| uɛk国或 | uok郭扩 | uk木鹿 | | |
| er而耳 | m̩ 姆 | n̩ 你 | ŋ̍五吴 | |

**声调** 都昌话共有10个声调

| | | |
|---|---|---|
| 阴平 ：˧ | 33 | 诗天高东 |
| 阳平①：˧˦ | 34 | 回红罗人 |
| 阳平②：˩˧ | 13 | 穷才铜皮 |
| 上声 ：˨˦˨ | 242 | 古短走冷 |
| 阴去①：˨˥ | 25 | 爱冻盖试 |
| 阳去 ：˧˩˦ | 314 | 社树弟路 |
| 阴入①：˥ | 55 | 得急八法 |
| 阴入②：˨˦ | 24 | 泼尺哭喝 |
| 阳入①：˨˧ | 23 | 薄族局敌 |
| 阳入②：˧ | 33 | 佛石活叶 |

## 九、湖口话

**区域特点** 湖口话属于赣语区昌靖片区。湖口话大致可分为南片、北片、县城话三片区，县城双钟镇话是湖口县的代表方言。

受普通话和九江话的影响，湖口话有明显的异读。新派湖口话有浊音送气清化的趋势。

双钟镇沿江一带船民多为湖北黄冈和九江姑塘镇移民，他们内部交流多使用原籍方言。

湖口话语音有以下主要特点：

（一）有一套浊塞音、塞擦音、擦音声母：b、d、z、dz、dʐ、dʑ、g。由于新老两派异读的因素，使得 z、dz 并存，tʂ、dʐ并存，tɕ、dʑ并存。

（二）无送气音声母。普通话中送气的清塞音、塞擦音读不送气的浊塞音、塞擦音。如“怕”读 ba꜄、“昌”读 ꜀dʐɔŋ。

（三）尖音团音分明。古精组字话读 ts、dz、s，见组字读 tɕ、dʑ、ɕ。如“精”读 ꜀tsin，“经”读 ꜀tɕin，“清”读 ꜀dziɑŋ，“轻”读 ꜀dʑiɑŋ，“心”读 ꜀sin，“兴”读 ꜀ɕin。

（四）无舌尖后音ʐ，普通话ʐ声母字湖口话分为ȵ、ɳ两类。如“热”读ȵiɛ꜆，“女”读 ꜂ɳy。

（五）有撮口呼 y，这是湖口话区别于其他赣语区的一个显著特点。

（六）前后鼻音韵尾不分，如“宾、兵”的韵母都是 in。

（七）声调有 7 个，其中阴去分两类，普通话送气音为一类低降升调，其余为高升调。

（八）入声不分阴阳，部分阳入归于阳去。如“石、客”等都读阳去调。

以下记述的是双钟镇话语音系统。

**声母** 湖口话共有声母 25 个。

| | | | |
|---|---|---|---|
| p布北 | b步批 | m门摸 | f飞发 |
| t到打 | d道拖 | n难奴 | l蓝庐 |
| ts糟爪 | z 清秋 | dz仓徐 | s生苏 |
| tʂ招竹 | dʐ虫昌 | ʂ扇舌 | tɕ经猪 |
| dʑ秋穷 | ɕ休血 | ȵ认热 | ɳ软女 |
| k姑家 | g夸快 | x灰考 | ŋ岸袄 |
| ø耳英 | | | |

**韵母** 湖口话共有韵母 46 个。

| | | | |
|---|---|---|---|
| ɿ资ʅ诗 | i梯地 | u火叔 | y猪雨 |
| a车爬 | ia野谢 | ua瓜挖 | ya靴茄 |
| o河左 | io药弱 | uo窝锅 | |
| ɛ色得 | iɛ铁别 | uɛ活国 | yɛ月缺 |
| ai排介 | | uai歪快 | |
| ɑu高保 | iɑu妖条 | | |
| eu谋斗 | ieu优牛 | | |
| ei飞杯 | | uei灰卫 | |
| an三间 | | uan关宽 | |
| on安短 | | | |
| ɛn缠扇 | iɛn烟电 | | yuɛ砖圆 |
| ən根半 | in心兵 | un温棍 | yn春云 |
| ɔŋ床党 | iɔŋ江让 | uɔŋ狂荒 | |
| ɑŋ冷 | iɑŋ清星 | uɑŋ横梗 | |
| uŋ空烘 | iuŋ胸拥 | | |
| ɚ儿耳 | m̩ 姆 | n̩ 你 | ŋ五 |

**声调** 湖口话共有 6 个声调。

| | | |
|---|---|---|
| 阴平 ：˦˨ | 42 | 高开诗天 |
| 阳平 ：˨˨ | 22 | 穷农时田 |
| 上声 ：˨˦ | 24 | 古有女碗 |

阴去①：˦ 45 盖帐见线
阴去②：˨˩˧ 213 抗唱七尺
阳去 ：˩˧ 13 大岸石六
入声 ：˥ 5 八百雪月

## 十、彭泽话

**区域特点** 据《江西省方言分区图》，彭泽话属赣语鹰弋片区。实际上彭泽话是一种既具有赣语特征又具有很强江淮官话特征的混合方言。

彭泽话大致可分为三个片区：①沿江片（红光、泉山、棉船、江中）；②上乡片（含定山、太平、乐观等）；③下乡片（含海形、浩山、东升、杨梓等地）。

沿江片多操江淮官话，以安徽桐城移民及其后裔的桐城话为代表，其语音系统多接近桐城话。上乡话更接近赣语区，受湖口话影响较大。下乡话受安徽东至话、本省波阳话影响较大。

县城龙城镇处于江边，其语音系统具有赣语、官话的双重特点。龙城镇话是彭泽县的代表方言。

彭泽话语音有以下主要特点：

（一）古浊塞音、塞擦音声母全部清化，唇音、舌尖音、舌面音变为送气清音。如“盘、病”的声母都是pʻ，“大、道”的声母都是tʻ，“葵、跪”的声母是kʻ。

（二）n、l不分，普通话n声母字归于l。如“蓝、南”的声母都是l。

（三）无舌尖后声母tʂtʂʻʂʐ。普通话tʂtʂʻʂ声母字都归于舌尖前音tstsʻs和舌面音tɕtɕʻɕ，普通话ʐ声母字分别归于零声母和浊鼻音ɳ。如“招”读 ꜀tsɑu，“昌”读 ꜀tsʻɔŋ，“扇”读 san꜄，“主”读 ꜂tɕy，“除” ꜁tɕʻy，“书”读 ꜀ɕy，“热”读 iæ꜅，“元” ꜁ɳyan。

（四）x、f分明，这也是彭泽话区别于其他赣语区的特点之一。

（五）有两组带入声韵特点的韵母。如“药、觉”的韵母都是 io，“色、白”的韵母是æ，“国、合”的韵母是 uæ，“缺、说”的韵母是 yæ。

（六）舌根音 k 后的开口呼韵母与合口呼韵母有分混现象。如“看”读 kʻuan꜄，“含”读 ꜁xuan，“光”读 ꜀kɔŋ，“荒”读 ꜀xɔŋ。

（七）声调较单纯，只有5个调类。去声分阴阳。入声消失，古浊入声归于阳去，古清入声归于阴去。彭泽话是九江市唯一没有入声的方言区。

以下记述的是龙城镇话语音系统。

**声母** 彭泽话共有20个声母。

| | | | |
|---|---|---|---|
| p布百 | pʻ步盘 | m门麦 | f飞扶 |
| t得到 | tʻ道同 | l蓝南 | ts糟招 |
| tsʻ仓昌 | s散扇 | tɕ精主 | tɕʻ秋除 |
| ɕ修休 | ȵ严年 | k贵介 | kʻ开葵 |
| x灰化 | ŋ岸硬 | ɳ软元 | ø延午 |

**韵母** 彭泽话共有43个韵母。

| | | | |
|---|---|---|---|
| ɿ资知 | i飞肺 | u赌六 | y虚雨 |
| a爬蛇 | ia野夏 | ua花刮 | ya靴茄 |
| o河左 | io药觉 | | |
| ɛ乞 | iɛ切灭 | | |
| æ色白 | iæ热 | uæ国合 | yæ缺说 |
| ai牌买 | | uai怪外 | yai摔 |
| ɛi盖妹 | | uɛi桂灰 | yɛi追垂 |

| | | | |
|---|---|---|---|
| ɑu烧饱 | iɑu条庙 | | |
| ɛu斗足 | iɛu牛六 | | |
| an胆减 | ian点念 | uan关碗 | yan权园 |
| ən根耕 | in紧林 | un温滚 | yn春群 |
| ɔŋ床党 | iɔŋ讲扬 | uɔŋ光王 | |
| uŋ东红 | iuŋ用胸 | | |
| ɚ耳儿 | m̩ 姆 | n̩ 你 | ŋ那 |

**声调** 彭泽话共有5个声调。

| | | |
|---|---|---|
| 阴平：˧ | 33 | 诗天烟梯 |
| 阳平：˦˥ | 45 | 时田盐题 |
| 上声：˧˩ | 31 | 女碗使体 |
| 阴去：˨˩˦ | 214 | 痛世色泽 |
| 阳去：˨ | 22 | 事受笛舌 |

## 十一、客家话

**声母** 怀远话（客家话）有26个声母。

| | | |
|---|---|---|
| p布笔 | pʻ扶败 | b盘婆 |
| m门命 | f红苦 | t多达 |
| tʻ脱道 | n恼诺 | l来力 |
| ts精争 | tsʻ秋切 | s师修 |
| dz齐插 | tɕ经旗 | tɕʻ桥杰 |
| ɕ虚血 | ȵ耳日 | k举减 |
| kʻ确戈 | x开客 | tʂ招正 |
| tʂʻ车束 | ʂ诗扇 | dʐ虫群 |
| ŋ雅咬 | ø武爱 | |

**韵母** 怀远话共有48个韵母。

| | | | |
|---|---|---|---|
| ɿ思 | ʅ诗 | i基耳 | u补故 |
| a爬蛇 | ia邪借 | ua瓜蛙 | |
| o哥过 | io茄靴 | | |
| ɛ鸡泥 | | | |
| ai介帅 | | uai乖怪 | |
| ei肥水 | | uei居位 | |
| ɔu毛刀 | iɔu料笑 | | |
| eu浮斗 | iəu流柳 | | |
| oi来妹 | | | |
| an三减 | iɛn检变 | uan关惯 | |
| ən本分 | in心人 | uən温转 | |
| əŋ东空 | iŋ龙用 | | |
| ɑŋ冷郑 | iɑŋ饼净 | uɑŋ横梗 | |
| ɔŋ党讲 | iɔŋ想像 | uɔŋ光网 | |
| õ贪涵 | | | |
| ɛ̃生等 | | uɛ̃ 官船 | |

| | | |
|---|---|---|
| æʔ合袜 | | uæʔ滑刮 |
| ɛʔ色或 | iɛʔ节热 | uɛʔ国缺 |
| | iʔ笔滴 | uʔ屋福 |
| oʔ落刷 | ioʔ药削 | |
| | iəuʔ肉六 | |
| ŋ五鱼 | m̩ 姆 | |

**声调** 怀远话有 7 个声调。

| | | |
|---|---|---|
| 阴平：˦˥ | 45 | 诗梯天烟 |
| 阳平：˩˧ | 13 | 时题田盐 |
| 上声：˧˩ | 31 | 碗古口好 |
| 阴去：˥˧ | 53 | 盖世变店 |
| 阳去：˨˦ | 24 | 旧是辨电 |
| 阴入：˩ | 1 | 各桌责百 |
| 阳入：˥ | 5 | 食舌读白 |

## 第四节　各地词汇

### 一、共同特点

九江市横跨江淮官话、赣语、客家话三大方言区，各地自是有其不同的词汇系统。但由于地理位置接近，各地交往日渐频繁，各方言区相互渗透和影响，产生了一些共同的方言词汇。例如：

太阳：日头。（客家话说："热头"。"热""日"都是古日母入声字，音义都相近）
前天：前日。
医生：郎中。
小偷：贼。
阉公鸡：※线鸡。
鸡窝：鸡※酬。
稻谷：谷。
土豆：洋芋头。
姘夫：野老公。
姘妇：野老婆。
男女交合：肏。
坐着：坐到。
开始：架式。
晚、迟：晏。
不好、差劲：□ ꜀so。
口袋：荷包。

### 二、主要异同

各方言区词汇有同有异，也是语言相互影响，交叉渗透的结果。例如：

妻子：官话区（含彭泽）说“马马”，星子话说“奉家”，其他都说“堂客”或“里头人”。

说话：赣语区说“哇”或“哇事”彭泽话说“哇”，官话区就说“说话”。

吃：官话区说“喫”tɕʻiꜰ，赣语区说“呷”，客家话说“食”。

喝茶：客家话说“食茶”，修水、武宁、永修、德安说“呷茶”，官话区以及星子、都昌、湖口、彭泽就说“喝茶”。

站立：九江、九江县以及湖口都说“站”，赣语区其他各地以及瑞昌话、客家话都说“徛”tɕiꜗ。

菜梗：官话区说“菜管”，其他各地都说“菜梗 ꜂kuɑŋ”。

下雨：九江、九江县就说“下雨”，其他各地都说“落雨”。

刮风：修水、武宁说“发风”，其他各地都说“起风”。

打雷：九江、九江县以及永修话说“哼雷”，修水话说“打雷公”，其他各地就说“打雷”。

闪电：修水、都昌、武宁、客家话都说“打霍闪”，星子、德安说“摄霍”，其他各地都说“掣霍”。

漂亮：九江、九江县说“刮气”，瑞昌话说“好看”，修水、武宁、星子等都说“客气”。

通奸：官话区说“扒灰”（男方主动）、“偷人”（女方主动），彭泽、都昌、星子等地说“扒灰”（公公与媳妇），星子、武宁等地说“搁”（“搁野老公”或“搁野老婆”），都昌说“晒人”，客家话就说“偷人”。

## 三、古汉语词汇保留

各地都保留了一定数量的古汉语词汇。如：

昼：白天。（上昼、下昼）各地都有。

朝：日，天。（今朝、明朝）除修水、武宁、客家话外，其他各地都有。

晏：晚、迟。各地都有。

搁孽：吵架。九江、九江县、瑞昌、湖口、彭泽、星子等地有。

跍 ꜁kʻu：蹲。除都昌、星子外，各地都有。

劳lɑuꜘ：看望，慰劳。九江、九江县、瑞昌、德安、星子等地都有。

兑、掇：移借。永修、武宁说“兑”，九江、九江县、瑞昌、星子等地说“掇”。

看（平声）：生育、饲养（看崽、看猪）。除彭泽、修水、客家话外，各地都有。

其：他（人称代词）。彭泽、客家话有。

食：吃。客家话常用。

奉家xəŋꜗ ꜀kɑ：妻子。星子话有。

搏师：木匠。除官话区外，各地都有。

戏：玩耍。修水、武宁、德安、彭泽等地有。

舷：边沿。各地几乎都有。

面：脸（洗面）。赣语区及客家话都有。

炙tʂa꜆：烘烤（炙火）。赣语区多数有。

厦 ꜂sa：偏屋。各地几乎都有。

欠tɕʻiɛnꜘ：渴念，牵挂。各地都有。

承 ꜁ʂən：垫高、承受。各地都有。

纵：腾跃。各地都有。

赢：剩，留。修水、武宁等地有。

## 四、各地词汇举隅

说明：下文以记录为主，不考求本字。有音无字的写方言同音字，加“※”号注明。无同音字的，用“□”代替，并加注国际音标。

## 各地词汇举隅一览

表 69-2-3

| 地名<br>方言<br>普通话 | 市区 | 九江县 | 瑞昌 | 彭泽 | 湖口 | 都昌 | 星子 | 德安 | 永修 | 武宁 | 修水 | 客家 |
|---|---|---|---|---|---|---|---|---|---|---|---|---|
| 太阳 | 日头 | 日头 | 日头 | 日头 | 日头 | 日头 | 日头 | 日头 | 日头 | 日头 | 日头 | 日头 |
| 月亮 | 月亮 | 凉月 | 凉月 | 月亮 | 凉月 | 月光 | 月光 | 月光 | 月光 | 月光 | 月光 | 月光 |
| 打雷 | 哼雷 | 哼雷 | 打雷 | 打雷 | 打雷 | 打雷 | 打雷 | 打雷 | 打雷 | 打雷 | 打雷公 | 打雷 |
| 闪电 | 掣霍 | 掣霍 | 掣霍 | 掣霍 | 掣霍 | 打霍闪 | 摄霍 | 摄霍 | 霍闪 | 打霍闪 | 打霍闪 | 打霍闪 |
| 下雨 | 下雨 | 下雨 | 落雨<br>lo꞊ ꜀ɹə | 落雨 | 落雨 | 落雨 | 落雨 | 落雨 | 落雨 | 落雨 | 落雨 | 落水 |
| 刮风 | 起风 | 起风 | 起风 | 起风 | 起风 | 起风 | 起风 | 起风 | 起风 | 发风 | 发风 | 起风 |
| 冰雹 | 冰雹子 | 龙雹子 | 龙雹子 | 雹子 | 雹嘚 | 雹嘚 | 雹头 | 龙雹子 | 冰雹 | 雹子 | 雹子 | 雹子 |
| 结冰 | 结凌<br>lin꞊ | 凌冰<br>lin꞊ | 彻凌<br>lin꞊ | 凌了 | 凌了<br>lin꞊ | 冻凌<br>lin꞊ | 结凌<br>lin꞊ | 上凌<br>lin꞊ | 凌着<br>lɛn꞊ | 冻凌<br>lin꞊ | 起凌<br>lin꞊ | 凌冰<br>lɛn꞊ ꜀pɛn |
| 白天 | 日里 | 日里 | 日里 | 日里 | 日上 | 日间 | 日上 | 日上 | 日※底 | 日上 | 日里 | 日里 |
| 早晨 | 早上 | 早上 | 清早 | 清早 | 早上 | 赶早 | 清早 | 黑早 | 清早 | 黑早 | 早响 | 朝晨 |
| 上午 | 上午 | 上昼 | 上昼 | 上昼 | 上昼 | 上昼 | 上昼 | 上昼 | 上昼 | 上昼 | 上昼 | 上昼边 |
| 中午 | 中时 | 中时 | 中时 | 中时 | 中时 | 昼间 | 当昼 | 中时 | 当昼 | 当昼 | 昼边 | 当昼 |
| 下午 | 下午 | 下昼 | 下昼 | 下昼 | 下昼 | 下昼 | 下昼 | 下昼 | 下昼 | 下昼 | 下昼 | 下昼 |
| 傍晚 | 天黑 | 夜边 | 断黑 | 挨夜边 | 断夜边 | 断夜边 | 挨夜边 | 夜边 | 断暗 | 断暗 | 断夜 | 晏夜子 |
| 晚上 | 夜晚 | 夜里 | 夜里 | 夜里 | 夜里 | 夜间 | 夜上 | 夜里 | 夜里 | 夜里 | 夜边 | 晏晡 |
| 今天 | ※真朝<br>꜀tʂən | ※真朝<br>꜀tʂən | ※真朝<br>꜀tʂən | ※真朝 | ※真朝 | ※真朝 | ※真朝 | ※真朝 | 今日 | 今日 | 今日 | 今晡 |
| 明天 | ※门朝 | ※门朝 | ※门朝 | ※门朝 | ※门朝 | ※门朝 | ※门朝 | ※门朝 | 明日 | 明日 | 明日 | 天光 |
| 后天 | 后日 | 后日 | 后日 | 后日 | 后日 | 后日 | 后日 | 后日 | 后日 | 后日 | 后日 | 后晡日 |
| 大后天 | 外后日 | 外后日 | 外后日 | 老后天 | 晏后日 | 大后日<br>ai | 晏后日 | 外后日 | 外后日 | 晏后日 | 外后日 | 外后日 |
| 大前天 | 先前日 | 先前日 | 先前日 | 老前日 | 先前日 | 先前日 | 先前日 | 先前日 | 先前日 | 晏前日 | 先前日 | 先前日 |
| 刚刚 | 才脚 | 将一末 | 恰眼 | 将脚 | 将脚 | 看将 | 看得将 | 恰眼 | 将将 | 正脚 | 正先 | □先 |
| 最开头 | 暴发式 | 暴发式 | 暴发式 | 刚架式 | 刚架式 | 刚架式 | 刚架式 | 暴发式 | | 恰眼正 | 正架式 | 正架式 |
| 什么时候 | 么早嘚 | 么早嘚 | 么阵嘚 | 么啦时候 | 么时辰 | 么辰哆 | 么□嘚 | 么暂子 | 啥里时间 | 哪昼 | 么时节 | 嘛阿时间 |
| 过去 | 原先 | 原先 | 往日 | 以前 | 原先 | 以先 | 原先 | 以前 | 起先 | 原先 | 向先 | 过隙 |
| 现在 | 将 | 阿么早嘚 | 现嘚 | 现子 | 现嘚 | 现 | 晏近 | 正 | 如今 | 咯昼 | 而今 | 而今 |
| 今后 | 以后 | 二回 | 二回 | 以后 | 以后 | 定转 | 定转 | 今后 | 今后 | 明日嘚 | 过日 | 将来 |
| 上面 | 高头 | 高上 | 高堇 | 上头 | 上头 | 上头 | 上头 | 上底 | 上头 | 上边 | 上底 | 上背 |
| 下面 | □底 | □下 | 下堇 | 下头 | 下头 | 下头 | 下头 | 下底 | 下里 | □下 | 下底 | 下背 |

续表 69-2-3

| 地名<br>方言<br>普通话 | 市区 | 九江县 | 瑞昌 | 彭泽 | 湖口 | 都昌 | 星子 | 德安 | 永修 | 武宁 | 修水 | 客家 |
|---|---|---|---|---|---|---|---|---|---|---|---|---|
| 旁边 | 边下 | 侧边 | 侧边 | 边下 | 边下 | 侧边 | 侧边 | 边上 | 隔壁 | 间壁 | 侧舷 | 侧舷 |
| 附近 | 旁边 | 跟口 | 那团儿 | 边下 | 旁边 | 团近 | 跟下 | 跟下 | 身下 | 旁边 | 团近 | 附近子 |
| 周围 | 周围 | 摞转 | 摞转 | 团围 | 摞转 | 搭转 | 摞丝 | 摞转 | 四方 | 车围 | 车围 | 四向 |
| 前边 | 前头 | 前头 | 前莖 | 前头 | 前头 | 前头 | 前莖 | 前底 | 前底 | 前底 | 前底 | 前头 |
| 后边 | 后头 | 后头 | 后背 | 后里 | 后里 | 后头 | 后莖 | 后底 | 后底 | 后背 | 后背 | 后背 |
| 祖父 | 公公 | 公公 | 公 | 公 | 爹爹 | 家家 | 爹爹 | 爹 | 公家 | 公 | 公 | 大 |
| 祖母 | 婆婆 | 婆婆 | 婆 | 婆 | 奶奶 | 嫲嫲 | 姆妈 | 嫲 | 姆妈 | 婆 | 婆 | 毑毑 |
| 外祖父 | 家公 | 家公 | 家公 | 家公 | 家公 | 家公 | 家公 | 家公 | 伢公 | 外公 | 伢公 | 毑公 |
| 外祖母 | 家婆 | 家婆 | 家婆 | 家婆 | 家婆 | 家婆 | 家婆 | 家家 | 伢婆 | 外婆 | 伢婆 | 毑婆 |
| 父亲 | 伯伯 | 爹爹 | 爷 | 爹 | 爹爹 | 爹爹 | 爷爷 | 爷 | 爸 | 奶爷 | 爹爹 | 爷子 |
| 母亲 | 姆妈 | 姆妈 | 姆妈 | 姆妈 | 姆妈 | 姆妈 | 姨娅 | 姆妈 | 姨 | 妈 | 奶 | 哀子 |
| 岳父 | 丈老头 | 丈老 | 外父 | 丈人老倌 | 丈老 | 丈人 | 丈人 | 丈老 | 丈人 | 丈老 | 丈人 | 丈人老 |
| 岳母 | 丈母娘 | 丈母 | 外母 | 丈母娘 | 丈母娘 | 丈母 | 丈母 | 丈母 | 丈婆 | 丈婆 | 丈人婆 | 丈人哀 |
| 舅父 | 母母 | 母舅 | 母舅 | 母母 | 母母 | 母舅 | 母 | 母舅 | 母母 | 母舅 | 母舅 | 舅爷 |
| 舅母 | 舅母娘 | 舅母娘 | 舅母娘 | 舅母 | 舅母 | 舅母 | 舅母 | 舅母 | 舅母 | 舅母 | 舅母 | 舅妈 |
| 姑父 | 姑爹 | 姑爹 | 姑爷 | 姑爹 | 爷爹爹 | 姑爷 | 姑爷 | 姑爷 | 姑爷 | 姑爷 | 姑爷 | 姑丈 |
| 姑母 | 姑姑 | 姑 | 姑 | 姑娘 | 姑娘 | 姑娘 | 姑 | 姑 | 姑 | 姑娘 | 姑姑 | 姑 |
| 姨父 | 姨爹 | 姨爹 | 姨爹 | 姨爹 | 姨爹 | 姨爹 | 姨爷 | 姨爷 | 姨爷 | 姨爷 | 姨爷 | 姨爷 |
| 姨母 | 姨 | 姨 | 姨娘 | 姨娘 | 姨娘 | 姨娘 | 姨娘 | 姨 | 姨娘 | 姨娘 | 姨娘 | 姨哀 |
| 伯父 | 大爹 | 大爹爹 | 大爷 | 大爹 | 大爹爹 | 伯伯 | 大爷 | 大爷 | 伯 | 大伯 | 伯伯 | 伯 |
| 伯母 | 大姆妈 | 大姆妈 | 大姆妈 | 大娘 | 大姆妈 | 大娘 | 大娘 | 大娘 | 大姨 | 大妈 | 大娘 | 伯妈 |
| 叔父 | 叔爷 | 细爹爹 | 细爷 | 爷爷 | 细爹爹 | 叔 | 叔 | 细爷 | ※椒 | 叔 | 叔叔 | 叔叔 |
| 叔母 | 婶 | 婶 | 细姆妈 | 婶娘 | 细姆妈 | ※借借 | 婶嘚 | 细娘 | 婶里 | 婶娘 | 婶婶 | 婶 |
| 丈夫 | 老板 | 佢屋里老几 | 男人 | 老板 | 男人 | 屋里 | 老倌 | 外头人 | 男客 | 屋里 | 男客 | 男客 |
| 妻子 | 马马 | 马马 | 马马 | 马马 | 马马 | 屋里 | 奉家 | 里头人 | 堂客 | 屋里 | 相家 | 女客 |
| 哥哥 | 哥哥 | 哥哥 | 哥 | 哥 | 哥哥 | 哥哥 | 哥哥 | 哥 | 哥 | 哥 | 哥 | 哥子 |
| 姐姐 | 姐姐 | 姐姐 | 姐 | 姐 | 姐姐 | 姐姐 | 姐嘚 | 姐 | 姐 | 姐 | 姐 | 阿姊 |
| 弟弟 | 兄弟 | 兄弟 | 老弟 | 老弟 | 老弟 | 老弟 | 老弟 | 老弟 | 老弟 | 老弟 | 老弟 | 老弟 |
| 妹妹 | 妹子 | 老妹 | 老妹 | 妹子 | 妹嘚 | 妹嘚 | 妹 | 老妹 | 老妹 | 老妹 | 老妹 | 老妹 |
| 儿子 | 儿子 | 伢乃 | 崽 | 儿子 | ※线伢乃 | 崽 | 崽 | 崽 | 崽俚 | 崽 | 崽 | 赖子 |
| 女儿 | 女儿 | 妹嘚 | 妹嘚 | 女妹 | 女乃 | □ | □嘚 | 妹嘚 | □ | 嫪 | 女 | 妹子 |
| 儿媳 | 媳妇 | 媳妇 | 媳妇 | 媳妇 | 媳妇 | 新妇 | 新妇 | 新妇 | 媳妇 | 媳妇 | 新妇 | 甥妹 |
| 女婿 | 女婿 | 女婿 | 女婿 | 女婿 | 女婿 | 郎 | 郎 | 郎 | 姑丈 | 郎 | 姐夫 | 细郎 |

续表69-2-3

| 地名<br>方言<br>普通话 | 市区 | 九江县 | 瑞昌 | 彭泽 | 湖口 | 都昌 | 星子 | 德安 | 永修 | 武宁 | 修水 | 客家 |
|---|---|---|---|---|---|---|---|---|---|---|---|---|
| 小孩 | 小板儿 | 妹嘚 | 伢儿崽 | 妹 | □嘚 | 崽嘚 | 细伢嘚 | 崽俚 | 细伢子 | 伢崽 | 伢崽 | 大细子 |
| 医生 | 医生 | 郎中 | 郎中 | 郎中 | 郎中 | 郎中 | 郎中 | 郎中 | 郎中 | 郎中 | 郎中 | 郎中 |
| 木匠 | 木工 | 木匠 | 木匠 | 木匠 | 木匠 | 搏师 | 搏师 | 搏师 | 搏师 | 搏师 | 搏师 | 搏师 |
| 泥工 | 泥工 | 砌匠 | 砌匠 | 砖匠 | 砖匠 | 石匠 | 砌匠 | 砌匠 | 石匠 | 砖匠 | 砌匠 | 灰泥匠 |
| 理发匠 | 剃头佬 | 剃头 | 剃头佬 | 剃头佬 | 剃头的 | 剃脑匠 | 剃头咯 | 剃头 | 剃头咯 | 剃脑匠 | 剃脑匠 | 剃头 |
| 厨师 | 大师傅 | 大师傅 | 烧火的 | 烧火佬 | 大师傅 | 火大师傅 | 厨倌 | 大师傅 | 大师傅 | 炒菜咯 | 舞吃咯 | 厨子 |
| 接生员 | 接生婆 | 检家婆 | 捡家婆 | 接生婆 | 捡家婆 | 接生婆 | 产婆 | 捡家婆 | 接生伢婆 | 接生婆 | 伢婆 | 阿婆 |
| 乞丐 | 告化子 | 告化子 | 讨米 | 化子 | 告化子 | 告化子 | 讨饭咯 | 告化子 | 告化子 | 告化子 | 告花子 | 叫化子 |
| 傻子 | 憨包 | 憨包 | □子 | 傻嬉 | 傻什 | 孬包 | 孬崽 | 孬包的 | 呆咯 | 唬子 | 蠢牯 | 蠢牯 |
| 疯子 | 疯子 | 疯子 | 疯子 | □子 | □子 | 邪子 | 疯子 | 疯子 | 癫子 | 癫子 | 癫子 | 癫子 |
| 膝盖 | 克膝坡 | 克膝坡 | 克膝坡 | ※塞罗坡 | 克膝坡 | 塞砣巴 | ※塞骨脑 | 克膝坡 | 塞头 | 塞砣盖 | 塞头公 | 塞头 |
| 脚跟 | 脚后跟 | 脚后跟 | 脚踭 | 脚踭 | 脚踭 | 脚踭 | 脚踭 | 后踭 | 脚踭 | 脚踭 | 脚踭 | 后踭脚 |
| 乳房 | 奶 | 奶 | 奶 | 奶 | 奶 | 奶 | 奶 | 奶 | 奶 | 奶婆 | 奶 | 奶姑 |
| 脸 | 脸 | 脸 | 脸 | 脸 | 脸 | 面 | 脸 | 脸 | 面 | 面 | 面 | 面 |
| 睡觉 | 睏醒 | 睏醒 | 睏醒 | 睏醒 | 睏醒 | 睏 | 睏觉 | 睏醒 | 睏觉 | 睏觉 | 睏觉 | 睡目 |
| 聊天 | 刮白 | 刮白 | 刮白 | 刮白 | 谈评 | 讲闲吗嘚 | 打啰邪 | 鹊病话 | 谈白 | 叨天 | 叨天 | 叨天 |
| 撒谎 | 撒白话 | 撒泡 | 撒泡 | 撒谎 | 作炮话 | 瞎话嘚 | 口谎 | 打白话 | 撒炮 | 打撒 | 打撒 | 打撒 |
| 吵架 | 搁孽 | 搁孽 | 搁孽 | 搁孽 | 搁孽 | 干筋 | 搁孽 | 拌仗 | 相喊 | 搞仗 | 搞仗 | 骂交 |
| 生气 | 发气 | 发气 | 着气 | 发忤 | 受气 | 受嘚气 | 兜气 | 着气 | 着气 | 着气 | 着气 | 着气 |
| 发怒 | 发恶 | 发火 | 发火 | 发脾气 | 发火 | 起火 | 发急 | 发脾气 | 发脾气 | 发性 | 发性 | 发火 |
| 害羞 | 怕丑 | 怕丑 | 怕丑 | 怕丑 | 怕丑 | 怕丑 | 怕丑 | 怕丑 | 脱掩 | 怕刺人 | 怕羞 | 怕羞 |
| 可怜 | 造孽 | 造孽 | 造孽 | 可怜 | 造孽 | 可怜 | 造孽 | 可怜 | 可怜 | 可怜 | 作孽 | 可怜 |
| 顽皮 | 翻生 | 翻生 | 造 | □ | 憨 | 好涎 | 好劣 | 翻生 | 翻兜 | 调皮 | 调皮 | □皮 |
| 看望 | 看 | 劳 | 劳 | 望 | 望 | 瞍 | 劳 | 劳 | 看 | 旣 | 看 | 看 |
| 怀孕 | 大肚子 | 怀肚 | 怀肚 | 驼肚 | 驼肚 | 怀肚 | 怀肚 | 怀肚 | 怀肚 | 怀肚 | 驼肚 | 驼肚 |
| 生小孩 | 生伢儿 | 看崽 | 看崽 | 生妹 | 看崽 | 看人 | 看崽 | 看崽 | 看佬 | 生伢崽 | 生伢崽 | 生赖子 |
| 蚯蚓 | 曲虫儿 | 曲虫 | 寒□ | 槐□ | 寒斤得 | 寒斤 | 寒斤 | 寒斤得 | 寒斤 | 寒□ | 寒蚁 | 寒※显 |
| 蝙蝠 | 檐老鼠 | 檐老鼠 | 檐老鼠 | 檐老鼠 | 扁老鼠 | 檐老鼠 | 檐老鼠 | 檐老鼠 | 檐老鼠 | 檐老鼠 | 扁蝠 | 檐老鼠 |
| 萤火虫 | 萤火虫 | 夜蠓虫 | 夜火虫 | 夜火虫 | 夜火虫 | 夜火虫 | 夜笼灯 | 夜飞虫 | 夜火虫 | 夜火虫 | 夜火虫 | 夜火虫 |
| 蝴蝶 | 飞蝴儿 | 飞扑 | 白话儿 | 蝴蝶 | 蝴蝶 | 飞婆 | 飞扑得 | 梁山伯 | 叶飞 | 飞婆 | 飞婆 | 扬翼子 |
| 蜻蜓 | 沙蝇儿 | 沙蝇 | 盖蝇 | 蜻螟 | 蜻廷 | 蝇蜻嘚 | 蜻螟 | □蜻的p | 康咯里 | 蜻蛉 | 争哥 | 囊蚋子 |

续表 69-2-3

| 地名<br>方言<br>普通话 | 市区 | 九江县 | 瑞昌 | 彭泽 | 湖口 | 都昌 | 星子 | 德安 | 永修 | 武宁 | 修水 | 客家 |
|---|---|---|---|---|---|---|---|---|---|---|---|---|
| 蟑螂 | 扎巴子 | 插蜢得 | □巴得 | 灶蚁子 | 灶蚂得 | 插巴得 | 插巴得 | 灶蚂的 | 蟑螂 | 贼婆虫 | ※插婆 | 黄杂 |
| 跳蚤 | 吴虫 | 吴虫 | 吴虫 | 吴蚤 | 吴蚤 | 疙蚤 | 疙蚤 | 疙蚤 | 疙蚤 | 跳蚤 | 狗蚤 | 狗塞 |
| 臭虫 | 扁老 | 扁老 | 扁老 | 扁塞 | 扁老 | 扁塞 | 扁老 | 扁老 | 臭虫 | ※逼塞 | 臭塞 | 干扁 |
| 公水牛 | 骚牯 | 牯牛 | 水牯 | 骚抱牯 | 骚牯 | 老牯 | 水牯 | 牯牛 | 水牯 | 牛牯 | 牛牯 | 牛牯 |
| 母水牛 | 牛婆 | 牸牛 | 水沙 | 沙牛 | 水沙 | 水沙 | 牸牛 | 沙婆 | 牸牛 | 牛婆 | 牛婆 | 牛嫲 |
| 小牛 | 牛崽 | 牛崽乃 | 牛崽 | 牛唓 | 细牛得 | 牛儿得 | 牛崽 | 牛崽 | 牛崽 | 唓崽 | ※囊<br>n | 牛囊子<br>n |
| 公猪 | 脚猪 | 脚猪 | 脚猪 | 伢猪 | 猪郎 | 郎猪 | 猪郎 | 郎猪 | 猪牯 | 脚猪 | 猪牯 | 猪牯 |
| 母猪 | 猪婆 | 猪婆 | 猪婆 | 猪毛 | 猪婆 | 猪婆 | 猪婆 | 猪婆 | 猪婆 | 猪婆 | 猪婆 | 猪嫲 |
| 小猪 | 猪崽 | 猪崽 | 猪崽 | 养猪 | 细猪 | 猪儿 | 猪崽 | 猪崽 | 猪崽 | 猪崽 | 猪崽 | 猪崽子 |
| 公鸡 | 鸡公 | 鸡公 | 鸡公 | 鸡公 | 骚鸡公 | 鸡公 | 养鸡公 | 鸡公 | 阳鸡 | 鸡公头 | 阳鸡 | 鸡公头 |
| 母鸡 | 鸡婆 | 鸡婆 | 鸡婆 | 鸡毛 | 鸡婆 | 鸡婆 | 鸡婆 | 鸡婆 | 鸡婆 | 鸡婆 | 鸡婆 | 鸡嫲 |
| 阉公鸡 | ※线鸡 | ※线鸡 | ※线鸡 | ※线鸡 | ※线鸡 | ※线鸡 | ※线鸡 | ※线鸡 | ※线鸡 | ※线鸡 | ※线鸡 | ※线鸡 |
| 公狗 | 狗公 | 伢 狗 | 狗公 | 罗狗 | 犍狗 | 狗公 | 犍狗 | 伢狗 | 公狗 | 狗牯 | 狗公 | 狗牯 |
| 母狗 | 狗婆 | 草狗 | 狗婆 | 草狗 | 草狗 | 狗婆 | 草狗 | 草狗 | 母狗 | 狗婆 | 狗婆 | 狗嫲 |
| 牛发情 | 走栏 | 走样 | 走栏 | 走栏 | 发骚 | 起栏 | 起栏 | 走栏 | 发走 | 发性 | 惊栏 | 起草 |
| 猪发情 | 走失 | 走窠 | 走窠 | 走栏 | 发骚 | 起窝 | 发走 | 走窠 | 发走 | 发性 | 打厨 | 起草 |
| 鸡交合 | 赶沙 | 打水 | 打荣 | 打水 | 打水 | 赶样 | 打水 | 赶样 | 搭桥 | 鸯荣 | 采荣 | 采荣 |
| 狗交合 | 连裆 | 连裆 | 连裆 | 连筋 | 连筋 | 拉斩 | 打花 |  | 连花 | 打花 | 扯牵 | 搭链 |
| 稻谷 | 谷 | 谷 | 谷 | 谷 | 谷 | 禾 | 谷 | 谷 | 谷子 | 禾 | 禾 | 谷 |
| 辣椒 | 辣椒 | 胡椒 | 胡椒 | 辣椒 | 辣椒 | 辣椒 | 辣椒 | 胡椒 | 山泼椒 | 辣椒 | 辣椒 | 辣椒 |
| 南瓜 | 变瓜 | 变瓜 | 变瓜 | 北瓜 | 变瓜 | 北瓜 | 变瓜 | 变瓜 | 北瓜 | 南瓜 | 北瓜 | 蕃口 |
| 西红柿 | 洋茄儿 | 洋茄儿 | 洋茄儿 | 番茄 | 番茄 | 番茄得 | 洋茄得 | 洋茄底 | 番茄 | 洋茄子 | 西红柿 | 番茄 |
| 红薯 | 罗卜苕 | 罗卜薯 | 薯头 | 薯 | 罗卜苕 | 薯 | 薯薯 | 薯 | 薯 | 薯 | 薯 | 番薯 |
| 村庄 | 屋墩 | 屋墩 | 屋下 | 屋场 | 湾里 | 屋场 | 屋场 | 屋场 | 屋场 | 屋场 | 屋场 | 屋场 |
| 偏屋 | 厦下 | 厦下 | 厦 | 厦屋 | 披厦 | 厦屋 | 偏屋 | 披厦 | 扒头厦 | 边厦 | 披厦 | 厦屋 |
| 厨房 | 厨房 | 灶下 | 灶下 | 灶下 | 灶屋 | 灶下 | 灶下 | 灶屋里 | 灶房 | 厨下 | 灶下 | 灰舍 |
| 厕所 | 茅厕 | 茅厕 | 茅厕 | 茅厕 | 茅厕 | 屎缸 | 屎缸 | 茅厕 | 茅厕 | 茅厕 | 蹲厕 | 灰了 |
| 被子 | 被子 | 被鼓 | 被鼓 | 被窝 | 被窝 | 被婆 | 被窝 | 被服 | 被服 | 被窝 | 被婆 | 被婆 |
| 毛巾 | 毛巾 | 帕乃 | 帕得 | 手巾 | 帕得 | 手巾 | 帕得 | 袱底 | 手巾 | 袱底 | 面巾 | 面巾 |
| 扫帚 | 笤帚 | 笤帚 | 帚子 | 笤帚 | 帚得 | 笤帚 | 笤帚 | 笤帚 | 扫把 | 笤帚 | 笤帚 | 扫把 |
| 煮饭罐 | 鼎罐 | 鼎罐 | 罗罐 | 汤罐 | 汤罐 | 鼎罐 | 鼎罐 | 鼎罐 | 鼎罐 | 罗罐 | 罗罐 | 罗罐 |
| 颜色 | 色气 | 色气 | 色气 | 色气 | 颜色 | 颜色 | 色 | 色气 | 颜色 | 色道 | 颜色 | 颜色 |
| 气味 | 气色 | 气味 | 气味 | 气色 | 气色 | 气色 | 气色 | 气色 | 味道 | 气色 | 气色 | 气味 |
| 热闹 | 热闹 | 闹热 | 闹热 | 闹热 | 闹热 | 闹热 | 闹热 | 闹热 | 闹热 | 样相 | 好戏 | 热闹 |
| 玩耍 | 玩 | 玩乃 | 玩得 | 戏 | 耍得 | 耍得 | 耍 | 戏 | 捏 | 戏 | 戏 | 聊 |

# 第五节　各地语法

## 一、共同特点

九江市各地语法系统有如下共同特点：

（一）有丰富的构词词缀。

普通话词缀“老、子、儿、阿、头”都有不同程度的使用，但更常用的是具有地方特色的构词词缀，如“嘚、首、个、里、底”等。

虚词方面，一般不用动态助词“着”“了”“过”也很少用；表被动的用介词用“等”；表示程度一般不用副词“很”，而用丰富的复合非谓形容词（区别词）来表示；如“很滚（的开水）”用“飞滚”，“很香”说“喷香”，“很白”说“白佼了”；“很累”则用一个动补结构“累狠了”来表示。

（二）单音节词丰富，保持一定古汉语语法特点。助词及语气词的介入，反映了词汇双音节化的趋势。

（三）代词方面，“他”一般都说“佢”、（彭泽话说“其”，“其”与“佢”亦一音之转，音近义同）疑问代词一般都用“么”。

（四）句法结构各地基本具有相同的句型和句式。

各地的语法系统也有一些差异。如：

（一）词缀的使用，官话区更接近普通话。如“儿”“子”的使用频率较高，赣语区、客家则更多使用有本地特色的构词词缀。

（二）虚词方面，官话区较多使用动态助词“了”和结构助词“的”，其他方言区则较多使用“哆”和“个”。

（三）代词方面，官话区有表复数人称的“们”，其他方言区不用“们”来表示复数，而用一个短语来表示，如都昌话“我们”说“俺一帮人”。

（四）句法结构方面，各地亦略有差异。如“我比不上佢”，彭泽话说“我不如佢”，九江县话、瑞昌话说“我敌佢不到”，湖口话说“我敌不到佢”。

## 二、构词法

**单音节词**　（一）各地都有的单音节词。如：

| | |
|---|---|
| 面：面条 | 屋：房子 |
| 粥：稀饭 | 房：房间 |
| 颈：脖子 | 窄：狭窄 |
| 谷：稻谷 | 盖：盖子 |
| 米：大米 | 懒：懒惰 |
| 粑：①馒头　②包子 | 该：①应该　②欠债 |

（二）各地不一致的单音节词。如：

公：祖父（彭泽、瑞昌、德安、武宁）

婆：祖母（同上）

爷：父亲（都昌、瑞昌、德安、修水、星子）

姑：姑姑（瑞昌、彭泽、九江县、星子、客家）

叔：叔叔（瑞昌、彭泽、德安、武宁、都昌、星子）

婶：婶娘（瑞昌、彭泽、德安、客家）

哥：哥哥（瑞昌、彭泽、永修、修水、武宁）

姐：姐姐（同上）

（三）九江话单音节词。如：

| | |
|---|---|
| 姨：姨母 | 奶：①乳房 ②奶水 |
| 欠：挂念 | 嘴：嘴巴 |
| 支：借钱 | 站：站立 |
| 睏：睡觉 | 玩：玩耍 |
| 贼：小偷 | 木：呆板 |
| 矇：糊涂 | |

**表性状程度的复合词** 此类词具有形容词的意义特性，但是只作定语。

（一）补充式（多用于官话区）

| | |
|---|---|
| 好生了：很好 | 亮通了：很亮 |
| 淡扁 ꜀piɛ了：很淡 | 白佼 ꜀ɕiɑu了：很白 |
| 肉巴了：很软、胖 | 黑□ ꜀mɑ了：很黑 |

（二）偏正式（多用于赣语区）

| | |
|---|---|
| 铁重个：很重 | 墨黑个：很黑 |
| 糠散个：很散 | 砖厚个：很厚 |
| 扁 ꜀piɛ淡个：很淡 | 雪白个：很白 |

**特殊词序**

鸡公：公鸡（各地都有）

鸡婆：母鸡（各地都有）

夜晚：晚上（九江话）

清早：早晨（各地都有）

闹热：热闹（赣语区多用）

凉月；月亮（瑞昌、湖口、德安、星子、九江县）

仔猪：猪崽（九江县、瑞昌、永修、德安、武宁、修水、客家）

## 三、词 缀

**名词词缀**

喃：用于九江、九江县。如“鸟喃” ꜂tiɑu nẽ（鸟儿）、“褂喃” （褂子）、“妹喃”（女孩）。

嘚：用于湖口、都昌、星子等地。如“鸟嘚”（鸟儿）、“崽嘚”（男小孩）、“盖嘚”（盖子）。

底：用于永修、德安、武宁等地。如“鸟底”（鸟儿）、“桌底”（桌子）、“崽底”（男小孩）。

**动词词缀**

词缀“首”“头”附于动词性语素后，构成名词，作宾语。各方言区都有。如：

咯只电影冇看首（这个电影很不好看）

这个菜有么吃头（这道菜很不好吃）

**形容词词缀**

了：多用于官话区。附于形容词后，构成非谓形容词（区别词），去掉“了”，则该形容词不能存在。如“好生了”（不能说“好生”），“淡扁了”（不能说“淡扁”）。

个：多用于赣语区。附于形容词后，构成非谓形容词（区别词），去掉“个”，则该形容词不能存在。如“飞滚个”（不能说“飞滚”），“墨黑个”（不能说“墨黑”）。

## 四、虚 词

**介词** （一）等：在被动句中引进主动者，各方言区都有。如：

杯子等佢打破了（杯子被他打破了）。

我等佢打伤了（我被他打得受了伤）。

（二）跟：引进服务的对象，相当于普通话的“为”“替”，各方言区都有。如：

你跟我打个电话佢（你替我打个电话给他）

我跟你跑一趟（我为你去跑一趟）

似：附于形容词后表比较，用于官话区以及部分赣语区。如：

这个碗大似那个碗（这个碗比那个碗大）

我决不差似佢（我决不比他差）

**副词** （一）得煞（喜得、好得、幸得、欠得）：情态副词，相当于普通话的“幸亏”，各方言区都有，构成语素略有差异。如：

今朝得煞佢来帮我一把（今天幸亏他来帮我一把）

得煞佢水性好，不然就淹死了（幸亏他水性好，不然就淹死了）

（二）才脚（将脚）：时间副词，相当于普通话“刚刚”，用于九江、九江县、永修等地。

（三）恰眼：时间副词，相当于普通话“刚才”，用于瑞昌、德安、都昌等地。如：

恰眼佢还在这里（刚才他还在这里）

（四）尽：表频率的时间副词，相当于普通话“老是”，各方言区都有。如：

你一个人尽说，有么意思（你一个人老是说，有什么意思）

（五）狠：程度副词，附于形容词后，表示程度很深。如：“累狠了”（很累很累）；“多狠了”（太多太多）。用于九江、湖口、都昌、彭泽等地。

（六）惨：程度副词，附于形容词或动词后面，表示程度很深，用于瑞昌话、客家话。如：

这回我等佢害惨了（这次我被他害得很惨）

佢累惨了，一下都不愿动（他累得很惨，一动都不愿动）。

**助词** （一）个：结构助词，相当于普通话“的”，表修饰、限定、领属，用于赣语区。如：

咯本书是你个（这本书是你的）

路上来了个讨饭个（路上来了个讨饭的）

（二）到：动态助词，相当于普通话“着”“在”，各方言区都有。如：

坐到说话（坐着说话）

一个女个跪到河边洗衣裳（一个女人跪在河边洗衣服）

（三）嘚：动态助词，相当于普通话“了”“着”，用于都昌等地。如：

我吃嘚夜饭（我吃了晚饭）

天上飞嘚一架飞机（天上飞着一架飞机）

（四）着：动态助词，相当于普通话“了”，用于德安、星子等地。如：

我吃着夜饭（我吃了晚饭）

（五）哆：动态助词，相当于普通话“了”，用于彭泽、武宁、修水等地。如：

我吃哆夜饭（我吃了晚饭）

佢做哆坏事（他做了坏事）

**量词** （一）回：动量词，相当于普通话“次”，用于九江、瑞昌、湖口、彭泽、永修等地。如：

你到北京去了几回（你到北京去了几次）

（二）到：动量词，相当于普通话“次”，用于九江、瑞昌、武宁、修水、星子等地。如：

我一星期打三到球（我一星期打三次球）

（三）转：动量词，相当于普通话“次”，用于德安、客家等地。如：

我今年到南昌去了三转（我今年到南昌去了三次）

（四）交：名量词，相当于普通话“场”，各方言区都有。如：

今天下了一交大雨（今天下了一场大雨）

（五）莖：名量词，相当于普通话“截”，各方言区都有。如：“一莖竹子”（一截竹子）；“一莖索嘚”（一截绳子）

（六）筒：名量词，修饰一段圆柱形物体，用于九江、瑞昌、武宁等地。如：

把这棵树锯成两筒（把这棵树锯成两段）

（七）坨：名量词，相当于普通话“块”，各方言区都有。如“一坨泥巴”（一块泥巴），“一坨肉”（一块肉）

（八）皮：名量词，相当于普通话“片”，各方言区都有。如“一皮篾”“一皮棕叶”。

## 五、代 词

全市各地人称代词、指示代词、疑问代词也随方言区不同而有所差异。

**各地人称代词一览**

表 69-2-4

| 人称＼方言＼地名 | | 市区 | 九江县 | 瑞昌 | 彭泽 | 湖口 | 都昌 | 星子 | 德安 | 永修 | 武宁 | 修水 | 客家 |
|---|---|---|---|---|---|---|---|---|---|---|---|---|---|
| 第一人称 | 单数 | 我 | 我 | 我 | 我 | 我 | 我侬 | 我侬 | 我 | 我 | 我 | 我 | 倠 ꜃ŋai |
| | 复数 | 我们 | 我这里 tɑ꜄ | 我这些人 tai꜆ | 我都 | 我乃 | 我一帮人 | 我些人 | 我几 | 俺几 | 我俚 | 我底 | 倠等 ꜃ŋai |
| 第二人称 | 单数 | 你 ꜃n̩ | 你 ꜃n̩ | 你 ꜃n̩ | 你 ꜃n̩ | 你 ꜃n̩ | 你侬 ꜃n̩ | 你侬 ꜃n̩ | 你 ꜃n̩ | 你 ꜃n̩ | 你 ꜃ȵiɛ | 你 ꜃n̩ | 你 ꜃ȵi |
| | 复数 | 你们 ꜃n̩ | 你这里 ꜃n̩ tɑ꜄ | 你那些人 ꜃n̩ uei꜆ | 你都 ꜃n̩ | 你乃 ꜃n̩ | 你一帮人 ꜃n̩ | 你些人 ꜃n̩ | 你几 ꜃n̩ | 你几 ꜃n̩ | 你俚 ꜃ȵiɛ | 你底 ꜃n̩ | 你等 ꜃ȵi |
| 第三人称 | 单数 | 佢 ꜁k‘ɛ | 佢 ꜁k‘ɛ | 佢 ꜁k‘ɛ | 其 | 佢 ꜁k‘ɛ | 佢侬 ꜁k‘ɛ | 佢 ꜁xɛ | 佢 ꜁k‘ɛ | 佢 ꜁xɛ | 佢 ꜁tɕiɛ | 佢 ꜁xɛ | 其 |
| | 复数 | 佢们 ꜁k‘ɛ | 佢这里 ꜁k‘ɛ tɑ꜄ | 佢那些人 ꜁k‘ɛ uei꜆ | 其都 | 佢们 ꜁k‘ɛ | 佢一帮人 ꜁kɛ | 佢些人 ꜁xɛ | 佢几 ꜁k‘ɛ | 佢几 ꜁xɛ | 佢俚 ꜁tɕiɛ | 佢们 ꜁xɛ | 其等 |

**各地指示代词、疑问代词一览**

表 69-2-5

| 词类＼方言＼地名 | | 市区 | 九江县 | 瑞昌 | 彭泽 | 湖口 | 都昌 | 星子 | 德安 | 永修 | 武宁 | 修水 | 客家 |
|---|---|---|---|---|---|---|---|---|---|---|---|---|---|
| 指示代词 | 近指 | □ 里 tiɛ꜄ | 阿里 ɑ꜄ | 达里 tɑ꜆ | 一里 ꜁i | 咯里 | 里边 | 咯里 | 咯里 | 咯里 | 咯边 | 咯底 | 第子 ti꜄ |
| | 远指 | □ 里 uɛ꜄ | 务里 u꜄ | 务里 u꜄ | □ 里 ꜁ŋ | □ 里 ꜁n | □ 边 n꜄ | □ 里 n꜄ | □ 边 kɛ꜄ | □ 里 xɛ꜄ | □边 n꜅ | □底 n꜅ | 介子 kai꜄ |

续表69-2-5

| 地名<br>方言<br>词类 | | 市区 | 九江县 | 瑞昌 | 彭泽 | 湖口 | 都昌 | 星子 | 德安 | 永修 | 武宁 | 修水 | 客家 |
|---|---|---|---|---|---|---|---|---|---|---|---|---|---|
| 疑问代词 | 问人 | 么人 | 么事人 | 么人 | 么拉人 | 么人 | 么人 | 么人 | 么事人 | 啥里人 | 希人<br>ɕiɔ | 么人 | 嘛阿人 |
| | 问物 | 么事 | 么东西 | 么事 | 么拉东西 | 么东西 | 么嘚个 | 么东西 | 么东西 | 啥里东西 | 希底<br>ɕiɔ | 么东西 | 嘛阿 |
| | 问处所 | 么处子 | 哪里 | 哪里 | 哪 □<br>꜁kʻɛi | 么位子 | 么位境 | 哪里 | 哪里 | 啥里地方 | 哪达<br>lo꜅ | 哪底<br>no꜅ | 哪子<br>nɛ꜅ |
| | 问时间 | 么时候 | 么早嘚 | 么阵嘚 | 几时 | 么时辰 | 么时 | 么连嘚 | 么早嘚 | 啥里时间 | 哪昼<br>lo꜅ tɕiu꜇ | 么时候 | 嘛阿时间 |
| | 问方式 | 么样 | 哪么办 | 么样办 | 啥个办<br>꜂so | 么样办 | 常个□<br>noŋ꜅ | 甚个办 | 啰事占 | 啰样办 | 啰样 | 啰事办 | □办<br>ȵiɔŋ꜅ |

## 六、句法结构

句法结构方面，九江各方言区基本一致，与普通话不同的特色句法结构有以下几种。

**双宾句** 九江各地的双宾语，大多直接宾语在前，间接宾语在后。如：

借一块钱佢（借给他一块钱）

卖两斤糖我（卖给我两斤糖）

可能补语与宾语的位置

可能补语的位置，与中心动词分离，置于宾语之后。如：

佢挑得二百斤起（他挑得起两百斤）

你打佢不赢（你打不赢他）

**比较句** （一）用介词“似”引进比较对象

这棵树长似那棵树（这棵树比那棵树长）

我不差似佢（我不比他差）

（二）用动词“敌”引进比较对象。如：

我敌佢不到（我不如他）

这女的敌得过男子汉（这女人比得上男子汉）

**疑问句** （一）选择问句

你认得佢啵？（你认得不认得他）

你去不啰？（你去不去呢）

（二）是非句

佢不来是啵？（他不来是不是）

天好热是啵？（天很热是不是）

**否定句** 用否定副词“非”表示双重否定的肯定内容，如：

你非要去，我也有办法（你非去不可，我也没办法）

这样下去，非要把事情搞坏（这样下去非要把事情搞坏不可）

**肯定与否定** 肯定与否定重合使用，把表肯定的动词或形容词省略后边的一个语素。如：

你认不认得佢（你认识不认识他）

合不合算要划算一下（合算不合算要划算一下）

# 第七十篇

# 人　物

# 第七十篇 人 物

自古以来，九江地灵人杰，人才济济，志士能人，层出不穷。志书一市之贤，选录原则秉官重政绩，文重著述，百工重创造发明。至2010年，在这块土地上走出去的中国科学院、中国工程院院士(含此前的中国国家学部委员)7人，中国人民解放军将军11人，产生全国劳动模范64人。他们在各自活动领域内，为民族振兴、国家兴旺、人民幸福、社会进步，做出了自己应有的贡献。近20年间，全市涌现全国五一劳动奖章获得者52人(次)，省劳动模范和先进个人314人(次)；省五一劳动奖章获得者176人(次)，市劳动模范和先进个人396人(次)。在诸多杰出人物不断涌现的同时，还产生了无数默默无闻，只求奉献，不计得失的普通劳动者，他们用时间、用汗水、用生命，诠释了一个普遍真理：实干兴邦，空谈误国。

# 第一章 人物传

## 第一节 本籍人物

**劳　钺**(？~1476)　字适器,九江人。明景泰五年(1454)进士。历任直隶江浦(今属江苏南京市)、山东临清、陕西山阴知县,俱有政声。成化八年(1472)任浙江湖州知府,在任4年,剿灭太湖盗匪,治理蝗灾,编修《湖州府志》。成化十二年六月十三日因积劳成疾,卒于任。湖人于府庙中增建劳公祠,塑像奉为城隍。《江西历史人物辞典》(1990年版)、《湖州名人志》(2009年版)等收载其传略。21世纪初湖州市重修“历代贤守纪念馆”,从晋至清代708位湖州太守(知府)中选出对湖州贡献突出的十位太守,敬奉纪念,其中列有劳钺。

**张谋知**(1869~1949)　生于九江市郊,祖籍江西吉安。19世纪末20世纪初,在学洲桥头兴办九江营造厂,加工生产建筑材料,承接各类工程,九江生命活水医院、同文、儒励学校,金鸡坡美孚洋行、亚细亚石油公司加油池及码头、水塔、办公楼,姑塘海关,庐山日照峰3号、7号别墅,九江一、二、三马路公寓等新式建筑均为其所建,建筑物吸取西方新式建筑风格,坚固、新颖,至2010年许多建筑仍在使用并补列为国家、省、市文物保护单位。1915年,创办九江“大同汽车运输所”,从上海买进“福特”牌汽车4辆,首办九江汽车客运业务。其间还捐资承建从龙开河口至原琵琶亭码头地段防洪堤,长达3千米。二子张远西曾任九江市市长,主政期间拓宽大中路、修建龙开河铁桥;三女张乐怡嫁国民政府要员宋子文。

**许鸿模**(1880~1939)　字楷廷,九江市人。早年毕业于京师大学堂(今北京大学)博物(电学)系,曾任江西省教育厅科长,省立一中教育长。1917年邀族亲许森、许维之、徐霖泰等在九江龙开河西滨兴洲创办“九江映庐电灯公司”,任经理20余年,并于电厂基础上扩建水厂,合称为“九江映庐水电公司”。1938年日军侵占九江,被迫逃离,次年客死赣南。

**徐邦裕**(1917~1991)　浔阳区人。1936年赴德国留学,1941年毕业于德国慕尼黑工业大学热力机械系并获特证工程师称号。回国后历任重庆中央工业试验所工程师、上海同济大学教授、上海人人企业公司技术顾问部主任等职。新中国成立初期,任上海一机部主任工程师。1957年,调任黑龙江哈尔滨建筑工程学院教授。为第五、六、七届全国政协委员、九三学社黑龙江省委委员、国家科委建筑工程组成员、中国建筑学会第五、六届理事兼黑龙江省土木建筑学会副会长、中国制冷学会第一、二届理事兼黑龙江省制冷学会副理事长、第十五、十六届国际制冷学会委员、美国采暖制冷空调工程师学会会员。晚年任家乡九江市制冷协会顾问。曾发表《热泵与空调》《低位热能与热泵》《中国的空气——空气热泵季节性能系数的研究》等论文数十届,专著有《热泵》等。哈尔滨建筑工程学院立有徐邦裕铜像。

**涂公遂**(1905~1992)　又名源道,学名士渊,修水县义宁镇坪田村人。其父涂同轨曾任《大江报》主笔、省立十五中校长。涂公遂师范毕业后,考入北平民国大学,后转北京大学。1926年3月18日,北京群众10余万人举行游行示威,反对帝国主义的侵略和北洋政府的卖国行为,北京各大学师生参加请愿,涂任北京大学总指挥。请愿遭北洋政府开枪镇压,造成“三一八”惨案。涂亦受伤并被通缉,遂潜返江西。1926年9月,北伐军赴南昌,奉召任北伐军总政治部社会股股员、股长。翌年随军经九江、安庆抵上海,后转武汉工作。1930年后应聘为河南行政人员训练班教授,转任省立第一师范教员兼文科主任,1931年任河南大学文史系教授。1937年抗战爆发,任国民革命军总政治部设计委员、第二厅秘书。1938年调任三青团中央团部组织处主任秘书、社会处副处长、视导室主任。1947年,任立法院立法委员、国民党中央执行委员及省立法委员。1949年转迁台湾。后应顾孟余之召,赴香港筹办《大道》杂志。先后聘任为香港珠海书院教授,新加坡南洋大学教授兼中文系主任、文史研究所所长,曾兼任新亚、德明、清华等书院教授。1987年辞去教职，转迁台北，专任立法委员。1992年8月病逝于台北。著有《文学概论》《国学概论》《国学小说》《经学研究》《文学批评》等。

**冯扬武**(1907~1992) 都昌县南峰镇三房村人。少时即随父辈在木帆船上做船工。1927年5月，驭船至汉口，适原国民革命军第9军第1师师长贺龙扩充兵员，组建国民革命军第20军，在汉口征募工农分子入伍，遂报名参军。7月下旬，随国民革命军第20军由鄂东转赴江西九江、南昌，参加中共领导的南昌起义。10月，起义部队南下广东潮州、汕头，遭强敌围攻而溃散，此后便奉命留广东参加当地革命武装斗争。1929年3月加入中国共产党，作为军事骨干，历任中共广东省委军委委员、广东西南特委武装部部长，在珠江三角洲组织开展游击战争。抗日战争时期，先后任中共新会江南区工委书记、广游二支队第一大队大队长、广游二支队司令部参谋，在当地领导开展抗日战争。解放战争时期，历任中国人民解放军两广纵队军官教导团团长、干部教导总队副总队长、纵队供给处政治委员、珠江支前司令部参谋长等职，随部参加豫东战役、淮海战役和解放广东战役。新中国成立后，历任广东省珠江专署副专员，中共粤中区委委员、行署副主任，中共高要(后相继改称江门、肇庆)地委常委、地委副书记兼高要行政专署专员。1958年2月，调任江门师专校长，1963年，调任广东省社会主义学院副院长直至1973年离休。1992年3月7日因病于广州逝世。

**陈封怀**(1900~1993) 陈衡恪次子，修水县人，生于江苏南京市。中国植物园创始人之一。1922年入金陵大学农学系读书，1925年转入东南大学农学院。1934年调北平静生生物调查所任研究员，其间以优异成绩考入英国爱丁堡皇家植物园留学，师从世界著名植物学家史密斯，获硕士学位。1936年归国后，历任庐山植物园副主任兼技师、中国静生生物调查所研究员、南昌大学教授。新中国成立后，先后任江西省农科所副所长，庐山、南京、武汉3所植物园主任兼技师。1963年调广州任中国科学院华南植物研究所副所长兼华南植物园主任。1965年3月加入中国共产党。1979~1983年任华南植物研究所党委委员、中国科学院植物研究所所长、华南植物园主任。同时兼华南植物研究所学术委员会主任和学术评定委员会主席。1981年当选为第九届国际植物园协会常务委员。1984年2月任中国科学院华南植物研究所名誉所长。1993年4月13日在庐山病逝。葬庐山植物园内。陈封怀一生从事植物园建设事业，创建庐山植物园、南京中山植物园、武汉植物园。成功地从加拿大、非洲引种许多特种经济植物及药用、观赏植物。为华南植物园引种3000余种热带、亚热带植物，得到英、美植物园专家高度评价。主编《庐山植物园栽培植物手册》，负责编写《中国植物志·报春花卷》获1993年度中国科学院自然科学一等奖，名载《中国科学家辞典》。

**李启龙**(1919~1993) 庐山区赛阳镇李家河人。1951年参军，曾任中南军区体育技术队队长、解放军总政治部八一体工队举重队教练组组长。1956年6月，其学员陈镜开在上海中苏举重友谊赛上，以挺举133公斤的成绩打破世界纪录，首开中国举重运动员创破世界纪录先河。1957年任国家级教练员、八一队总教练。1969年，下放九江171医院从事医务工作。1978年平反回京，继任八一队总教练。1986年参与组建中国女子举重队，任总教练。执教八一男子举重队13年间，培养国家级健将近百名，国际级名将4名，破全国纪录400余次，亚洲纪录10余项，世界成人纪录5次，世界青年纪录2次。执教国家女子举重队6年间培养一批国际级名将，破亚洲纪录和世界纪录144项(次)，获亚洲锦标赛金牌144块，世界锦标赛金牌146块。执教期间，还多次担任国内外重大赛事的裁判和仲裁委员会主要成员，为祖国赢得无数荣誉。中央军委为其记二等功2次，三等功7次。国家体委为其颁发荣誉奖章2枚。多次受到毛泽东、周恩来、贺龙以及杨尚昆、江泽民等党和国家领导人接见。1990年，国际举重联合会为表彰其执教中国女子举重队在历届大赛创造的成绩，授予奖章1枚。名录《中国大百科全书·体育卷》等多部大辞典。1993年逝世于北京，归葬故里。

**夏宝林**(1920~1993) 别号六四。庐山区莲花镇东城村人。1939年抗日战争时期，只身到重庆，并于1945年在重庆当兵。因一次高烧致使双目失明。后在重庆拜师学四川滑稽戏，3年出师后，于1949年初从重庆回到九江,又拜师学说书,常花钱请人读小说,如薛仁贵征东、薛丁山征西、薛刚反唐、七侠五义、小五义、三国演义等,都过耳不忘,故事情节、人物对话,能临场发挥,插入笑料。九江城内大街小巷、城郊新港、周岭、十里等一带和永修县城,都留下笑声。"瞎子六四"家喻户晓,老幼皆知。实践中,才艺也不断提高,说书、唱小调、笑话、讲故事、打莲花落、拉二胡、自拉自唱全都在行。逗乐中寓意讽喻,自编《假梅兰芳演出记》,把九江旧社会的众生万象刻画得淋漓尽致。抗美援朝时期,自编许多鼓舞人心、蔑视帝国主义侵略者的笑话。在破除迷信活动中,自编故事《道士现形记》,揭露道士骗人手段。同时,还说《王秀鸾》《罗汉钱》《小二黑结婚》等新故事,自拉自唱《一贯道害人》《镇压反革命》《土地改革到咱村》《江西是个好地方》等新歌曲。1980 年,九江市成立盲人协会,当选首任会长。不久,江西省残疾人文艺会演在南昌举行,率市代表团出席,自编自演快板书《新旧社会一百多》获优秀奖。

**胡德兰**(1905~1995)　女,星子县蛟塘人。幼时负笈省城南昌,1919 年参加五四运动。1925 年加入中国共产党。大革命失败后,参加方志敏、邵式平等领导的赣东北农民运动和革命根据地创建工作。1928 年任横峰县苏维埃政府主席团委员兼秘书长。1930~1931 年任闽浙赣军区供应部长兼会计科长。1932 年任闽浙赣和闽赣省教育部长兼师范学校校长。1933 年任闽赣省教育部长、代裁判长、土地部长等职。新中国成立后,历任江西省妇联副主任,江西省建设厅、交通厅、工业厅副厅长,省计划委员会第一副主任,省物资局局长。1978 年任政协江西省委员会副主席,被选为中共江西省第五、六届委员会委员,第一、二、三届江西省人大代表和江西省人民委员会委员、第五届全国人大代表。

**姚唐忠**(1925~1995)　武宁县茶棋罗塅人,毕业于南昌大学农艺系。先后在吉林农科院作物研究所和吉林农业大学农学系遗传育种研究室工作,任研究室主任、研究员和研究生导师。长期从事大豆遗传育种与栽培技术的研究和教学,主持选育和推广大豆新品种,其中"吉林三号"优良品种获全国科技大会"重大科技成果奖"。主要著作有《大豆丰产栽培技术》《东北春大豆主要数量性状的遗传与相关研究》,主编《中国大豆品种志》《吉林省农作物品种志》。

**毕必成**(1941~1995)　彭泽县马当镇人。任教南昌县麻丘公社中学、南昌市二中,后调省总工会宣传部工作。1962 年始发表散文、小说。1965 年,回到家乡彭泽任教。1972 年 7 月调市话剧团任编剧。共创作 200 万字文学作品,发表电影剧本 21 部,已拍摄 12 部,电视 80 部(集)。如《路》《庐山恋》《赛虎》《被告山杠爷》《锁不住的春光》《岳家小将》《钢锉将军》《密令截击》《青年刘伯承》《他爱谁》《冒险的美国女人》《来的都是客》《远方的星》等。其中《庐山恋》影片公映后获第三届"百花奖"最佳故事片奖。,从 1980 年起,庐山电影院每天放映《庐山恋》。2002 年 12 月被授予"世界上在同一家影院连续放映时间最长的电影"的吉尼斯世界纪录。电影剧本《被告山杠爷》,获 1995 年电影华表奖最佳编剧及第十一届中国电影金鸡奖最佳编剧。电影文学剧本《赛虎》获 1984 年省创作一等奖、《冒险的美国女人》获 1989 年八一厂小百花编剧奖。

**陶博吾**(1900~1996)　名文,别署白湖散人。彭泽县定山乡东光村人。6 岁入私塾, 10 岁通音律,稍长,即以诗作名播乡里,14 岁时与本县 5 位老先生组建"六雅堂"诗社。1929 年考入南京美专,后因战事,转考入上海昌明艺专,直接进入二年级。时昌明艺专国画教师有潘天寿、黄宾虹诸大师。昌明艺专毕业后,放弃留校任教和在上海工作的机会,只身回到故里,归隐田园。1931 年在故里筑"吾园书屋"3 间,教书为生。中年后,得益于吴昌硕影响,于石鼓文、散氏盘铭文中攻坚突破,遂自成家法,独立门户。尤以行草、大篆突出。大篆以"石鼓文集联""散氏盘铭文集联"为代表作,集中反映在篆书上承前启后的成就。启功谓其"在生动随意趣味变化方面比吴缶老略高一筹"。画得古人画理,进而外师造化,具自然之灵气,特别注意独创精神。书法融诗书画印于一炉,臻为上品。1989 年,由中国书法家协会、中国书法家协会江西分会、省文化厅和彭泽县政府,在中国美术馆和日本等地为其举办画展。

**谭旦冏**(1906~1996)　原名义翰,号墨缘,庐山区莲花镇谭家畈人。自幼爱好绘画。1924 年考入北京外交部俄文法政专门学校。就读期间,兼任《北平晚报》编辑,后任总编辑。1928 年在北平创办《霞光画报》。1929年北平大学法商学院毕业,回九江与蒋彝、孙墨千共创“瘦麻疯”画会及画展(自侃瘦子蒋彝、麻子孙墨千、疯子谭旦冏)。旋即赴法国帝维艺术学院、巴黎国立艺术学院学习绘画,1933年毕业回国,任北平艺术专科学校教员,兼《北平晚报》撰稿人,后又创办《新光画报》,在北平《世界日报》之《大众公仆》专版任主编,后接替萨空主编《世界画报》。1937年卢沟桥事变回九江,转赴四川省立艺术专科学校任教员。1949年赴台湾,历任国立中央博物院筹备处专门设计委员、国立故宫博物院副院长、私立东吴大学历史系教授。1996年在台北去世。在台湾出版的著作主要有《中国艺术史论》《涂鸦拾遗录》《冰雪忆旧》《偷闲猎影集》《浔阳江头》《神京滞留》等。

**罗 漠**(1916~1996) 名其澄、号绍祖、别名桂博秋。九江县狮子镇牌楼村牌楼下人。1938年毕业于省立九江师范学校,同年10月至皖南参加新四军。翌年加入中国共产党。任新四军三支队文化教员,党支部书记、指导员,青年干事兼团委书记。1940年调二支队(旅部)任青年干事兼团总支书记。1941年任六师十六旅教导大队党总支书记,茅山军分区宣传科长。1946年任二十九军九十二团政治处副主任,师组织科长,后勤处政委。参加过运河阻击战,及解放盐城、淮海、渡江、解放上海等战役,曾3次负伤并致残。1949年任华东空军司令部雷达研究所政委、华东气象处政委。1952年9月20日奉中央军委总政治部命令任军委气象局中央气象台第一任台长兼政委。1954年任中央气象局党委副书记、党组成员。同年出席莫斯科国际气象会议和匈牙利、比利时等国际天气工作讨论会。1962年10月奉调创办南京气象学院,任南京气象学院党委副书记兼副院长,后任代理党委书记、书记、院长等职,享受高干九级待遇。1983年11月离休后,以诗画自娱,著有《书剑集》(四卷)行世。1996年1月在南京病逝,归葬故里。

**刘后村**(1926~1996) 九江市人,1926年3月生。1949年参加工作。1953年调入九江县新港公社桃花中心小学,任校长;后任庐山区新港食品站党支部书记等职。1956年加入中国共产党。1960年媒体曾以“人面桃花相映红”“旧社会的穷孩子,新社会的红秀才”为题,分别介绍桃花中心小学及他的先进事迹。1960年在全国“文教群英会”上被国务院授予全国先进工作者称号。

**钟厚海**(1918~1996) 九江市人,1918年4月生。1947年参加工作,先后任九江电厂锅炉分厂车间主任、科长等职。1952年加入中国共产党。对技术精益求精,掌握用手摸设备,用眼观烟尘,用耳听声音便能判断设备运行情况的经验;因陋就简,成功地将3台凝结水泵的进水管互串改成单机水泵的运行方式。1956年在全国先进生产者代表会议上被国务院授予全国先进生产者称号。

**范 宁**(1916~1997) 瑞昌市高丰镇乐丰村范家湾人。民盟成员。1946年毕业于西南联合大学中文系,历任清华大学教师,津沽大学教师,中国社会科学院文学研究所研究员、古代室副主任、研究生院教授。系北京市第六、七届政协委员。1960年与余冠英、钱钟书共同着手编写三卷本《中国文学史》,是元明清段主编。1980年起,先后受聘为东北师范大学、北京大学硕士、博士学位论文答辩委员会主席或委员,享受国家特殊津贴。毕生从事古籍整理出版工作,是《文学遗产》常务编委、《红楼梦研究集刊》顾问、闻一多研究会副会长。专著有《论魏晋志怪小说的传播和知识分子思想分化的关系》《白居易》《中国文学史》(部分)、《中国通史》(部分)、《水浒传版本源流考》《博物志校正》《论研究中国文学史规律问题》等。

**柯雪英**(1910~1998) 女,瑞昌市夏畈镇城门村人。系中国剪纸学会会员、江西省剪纸学会理事、瑞昌市民间剪纸学会常务理事。10岁始随母习画、学剪纸,在民间剪纸艺术方面的知识和技法均得到良好的培养和磨炼,功力深厚,1949年10月前就有剪纸作品在报端发表。因自幼读书,熟悉典故,作品以剪故事和戏剧人物为多,造型生动,刀法娴熟而随意,十分注重整体上概括和局部精到,粗黑的线条和黑、白、灰的合理分布穿插,使作品显得庄雅厚重,写意传神的效果恰到好处。新中国建立以来,在全国大展大赛中多次获得奖项,曾有2件作品被推荐到美国得克萨斯州展出。

**唐厚炎**(1927~1998) 庐山区人,1929年1月生。曾任九江县新港公社光荣大队(原新港区沿湖乡现为庐山区新港乡洪垅埂村和细山村)义务教师。7岁时左大腿生疔痈落下拐脚残疾,以剃头为业。从1952年起参加扫盲学习。被树为由文盲到扫盲教师的扫盲典型。其一边提着剃头箱一边跑扫盲班,八年如一日坚持拖着残腿每晚到大队夜校义务教群众识字和做简单的算术，使当地群众脱盲率达到95%以上。1960年在全国“文教群英会”上被国务院授予全国先进工作者称号。

**胡镇华**(1934~1998)　九江县狮子镇蔡桥村胡家湾人。1962年华中工学院机械工程系毕业。毕业后留校任教,任华中理工大学材料科学与工程系教授、塑性成型模拟及模具技术国家重点实验室筹备组成员、《机械工程材料》杂志编委。长期从事金属材料学科教学和研究,在高性能模具材料开发、合金化理论研究和新型模具钢应用领域做出成绩。有多项发明获国家级奖。先后发表学术论文80余篇,晚年着力于金属陶瓷等颗粒型复合材料研制与应用等技术项目开发。指导研究生20余名。1993年起享受国务院特殊津贴。传入《中国当代发明家大辞典》《当代中国科学家与发明家大辞典》。

**陈安盘**(1920~1999)　庐山区新港镇荷塘村人,1942年毕业于武汉大学机械系,1947年考入公费赴英国留学,获英国曼彻斯特大学科技硕士学位。1950年回国,应周恩来总理邀请参加当年“五一”天安门观礼。先后在纺织工业部、纺织机械总公司、纺织机械研究所担任高级工程师、副总工程师、高级顾问。为中国纺织机械工程专家,多次参加组织棉纺机械更新换代,在纺织机械结构设计上做出突出贡献,取得多项科技成果和专利。

**刘继忠**(1921~1999)　都昌县汪墩乡后垄村人。1927年年方6岁,因其父刘肩三领导都昌农运遭反动当局通缉而受株连,在其父转移后,亦随母亲逃至永修县吴城等地乞讨度日。直至1935年红军北上多时,方返回故里。因其故乡为都昌革命老区,很多乡亲当年都曾随其父革命,见烈士遗孤返乡(其父1930年已牺牲),便想方设法予以资助,供其读完小学。刘继忠继承父兄革命遗志(其一门5烈士3县委书记:父刘肩三、伯父刘贤扬、堂兄刘述尧、刘述舜、刘述禹为烈士,其中刘肩三、刘述尧、刘述舜先后任中共余干、都昌等地县委书记),到处寻找中共组织。1947年8月,前中共景德镇党组织创建人、其父战友向义在失去组织联络后,将中国民主同盟作为中共外围组织引入都昌,并介绍刘继忠加入民盟。此后,为配合解放战争,建立地方革命武装,趁国民党当局企图阻止解放军南下,于各乡组建民众自卫队之机,借助人多势众,将刘继忠推荐为己立乡(即今汪墩乡)副乡长兼民众自卫队副队长,9月,又趁无人愿当乡长之机,保荐其任己立乡乡长。从而牢固控制该乡地盘与武装。1949年3月,民盟都昌小组决定以己立为根据地起义,正开展活动期间,闻4月下旬彭泽、湖口、景德镇已相继解放。刘即派人去3地与解放军联络。5月11日,按与解放军约定,领导己立乡起义,随即当日配合解放军和平解放都昌。都昌解放后,先后任县人民政府民政科、卫生科科长,领导都昌民众与“反共救国团”土匪武装作战,保卫胜利果实。1958年5月,都昌政协成立,任一至四届副主席至“文化大革命”。“文化大革命”结束后,1980年县政协恢复工作,又任第五届副主席至离休。1999年1月23日病逝,享年78岁。

**巢振南**(1924~1999)　都昌县都昌镇矶山巢村人。1950年广州国立中山大学医学院毕业后入伍,任解放军第四军医大学普外科住院医师、助教、科室副主任,长期研究战伤医学,在腹外领域有较深造诣。1962年任第四军医大学副教授。1970年任成都军区总医院主任医师、外科主任、医务处副主任、副院长等职,1990年调回第四军医大学任教授,为院校专家组成员,享受正军职待遇,其先后取得军内科学技术进步奖30余项,为全军医学科学委员会委员、总后勤部卫生部医学科学委员会委员、《解放军医学》杂志编委会副主任委员。

**黄蜚秋**(1907~2000)　又名群贤,修水县港口镇人。自幼酷爱京剧艺术,12岁在南昌上中学,即成为票友,从著名男旦吕慧君学戏。1931年由叔父黄律人介绍,拜梅兰芳妹夫徐碧云为师学京剧。1934年攻读于南京金陵大学,结识不少名伶票友,并聘请北京老伶公王惠芳来南京教艺,由此唱技进一步提高,后组建“蜚声剧团”,巡回演出于长沙、贵阳、南昌等各大中城市,与名旦黄桂秋一道获得“江南二黄”美誉。新中国建立初,巡回于江西各地演出,参加省文联主办的“文艺干校”工作。1952年调入中国戏曲研究院,与梅兰芳、王瑶卿、程砚秋、张君秋、阿甲等京剧名家交往甚密。与叶盛兰、杜近芳、张君秋等合作演出《柳荫记》《刘兰芝》,曾轰动京剧艺坛。1954年调中国戏曲学校任教,兼任中国实验京剧团导演,不但在表演理论方面,而且在旦角唱腔、字韵、发音等方面研究造诣颇深。“文化大革命”后调入北京市戏曲研究所,兼任中国艺术研究院研究员、中国京剧院导演等职。经常受聘到各地讲学,撰写介绍京剧旦行和流派艺术的文章10万余字,受到专家和同行的好评。晚年依然不惜余力,勤奋笔耕。

**余心乐**(1913~2000) 字乐新,号天泰,武宁县鲁溪镇阙家村人。1952年参加中国民主同盟。1978年,当选省第四届政协委员。1982年加入中国共产党。语言学家,江西师大教授,硕士研究生导师。7岁入私塾,12岁始写文章。1927年秋,以全县第一名成绩考入省立十五中。1933年考入南京中央大学中文系,为国学大师黄侃关门弟子。先后任教于省立南昌一中、南昌莲塘师范、省立武宁师范,曾任武宁振风中学校长。1953年调江西师范学院,先后任中文系讲师、副教授、教授。1986年先后兼任江西师大古籍研究所所长、省古籍研究领导小组组长、中国语言学会理事、省语言学会理事长、省中小学教学研究会会长。长期从事汉语教学和研究,特别是汉语语法、古汉字、声韵学研究成绩显著,在学术界享有较高声望,著作有《汉语语法提要》《古代汉语》《论语注释》等,主编《古汉语虚词词典》《成语故事》《语文知识手册》,发表学术论文50余篇。1985年获“全国优秀教师”称号,1992年评为“有突出贡献专家”,享受国务院特殊津贴。2000年5月病逝南昌,归葬故乡。

**徐京发**(1936~2000) 永修县柘林镇河寒子岭村人。1969年任柘林公社河桥大队寒子岭生产队队长。1981年,联合5户农民承包河桥村牛屎洞附近79公顷荒山造林,成为中国承包荒山造林开发第一人。1983年3月起,徐京发连任第六、七、八届全国人大代表。1986年12月,被全国绿化委员会授予“全国绿化劳动模范”称号。1987年3月被中国科学技术协会授予1986年“全国农林科技致富能手”称号。1991年10月赴泰国参加联合国粮农组织会议,获“林木栽植杰出贡献奖”。1992年,联合200多家农户成立京发林业合作社,运用永续利用营林理念,使合作社林区的经济效益和社会效益大大提高,明显好于周围的山林。良好的运作和高效吸引更多农户加盟,至2000年年底合作社发展到700多户,跨梅棠、柘林、白槎、三溪桥4镇,总面积达2000公顷。

**蔡若虹**(1910~2002) 原名蔡雍,笔名张再学、雷蒙、雷萌,浔阳区人。1926年,在九江创办《火炬画报》。1930年考入上海美术专校西画系,次年加入上海左翼美术家联盟。1939~1945年,在延安鲁迅文学院任教,同张锷、华君武3人主办讽刺画展,受到毛泽东接见,后任鲁艺美术系主任。1949年7月,当选为中国文联委员、中国美协常委。1952年任文化部艺术局副局长,同年当选为中国美协副主席。1957年任中国美协党组书记、书记处第一书记。1981年任中国画研究院副院长。著作有《若虹诗画》《蔡若虹美术论集》《蔡若虹文集》。晚年尤其思念故乡,曾应邀为市图书馆、烟水亭等多处题字撰联。

**杨　恬**(1920~2002) 原名德明,德安县宝塔乡孙家榨人,1936年参加中华民族解放先锋队,1937年加入中国共产党,同年参加八路军入延安抗大学习。参加抗日战争、解放战争、抗美援朝,新中国成立后,任中国人民志愿军后方勤务部副部长。回国后,任中国人民解放军总后勤部司令部副参谋长兼后勤技术装备研究院院长,总后勤部司令部参谋长,国防科委后勤部部长,国防科工委后勤部部长等职。1955年被授予大校军衔,获中华人民共和国授予二级八一勋章、二级独立自由勋章、一级解放勋章,朝鲜民主主义人民共和国二级独立自由勋章。1964年晋升为少将军衔。1965年,任总后勤部参谋长。“文化大革命”期间,被四人帮“监护”十年。1979年,任国务院、中央军委国防科学技术工作委员会后勤部部长。1985年,离职休养,享受正兵团待遇。1988年7月被中央军委授予一级红星功勋荣誉章。2002年5月8日在北京病逝,享年81岁。

**陈金香**(1923~2002) 女,瑞昌市武蛟乡大桥下村人。少年做童养媳。新中国建立后,同丈夫胡华先一起,率领村中8户农民,组织起胡华先互助组。长期担任大队妇女主任,并任过党总支委员、大队长,大桥公社党委委员、武蛟乡副乡长,瑞昌县妇联常委。1953年,在大桥下村试办“农忙娃娃组”,之后又办起托儿所和幼儿园,当时,这种形式在九江地区为首创。从1955年开始,她带领大桥妇女,一双肩膀,一条扁担,夏挑湖草,冬挑塘泥,改造红壤山冈,夺得棉麦两熟双高产,为大桥妇女赢得“铁姑娘”盛誉。1964

年,她组织"十棉姑试验组",在1.1亩试验地里创造皮棉152.5公斤的高产纪录,首次被评为全省农业劳动模范,出席全省农业先代会。1965年7月,全国妇联主席康克清到大桥视察,并在大桥公社主持召开江南三八红旗手表彰大会,获"全国三八红旗手"称号。1978年9月,出席全国第四次妇代会,再次获"全国三八红旗手"称号。《江西日报》曾以《红心嫂》为题介绍其先进事迹。先后5次获"江西省劳动模范"称号,3次获"全国三八红旗手"称号。

**傅朝枢**(1926~2002) 又名曼平,修水县太阳升镇硖石人。1953年任台湾省律师事务所负责人。1976年8月,接掌台湾《东方时报》,改为《台湾日报》,任董事长。1978年8月因批评台湾当局言论甚烈,被台"国防部"收购,强令易主。傅朝枢被迫转赴香港创办《中报》及《中报月刊》。1982年又在美国创办《中报》,追求民主自由,广纳人才,宣传两岸和平共存主张,不久成为北美华人社区颇具影响力的报纸。1982年9月英首相撒切尔夫人访华和中英香港谈判期间,大胆支持大陆"一国两制"主张。在香港《中报》连续刊发言论,抨击"香港自决""香港独立"言论,伸张民族正气,力主祖国收回香港,实行"港人治港",并编辑出版《香港前途问题论文集》。1981年8月26日、1985年5月27日、1986年3月31日三次受到邓小平会见。在第一次会见时,邓小平首次公开提出解决台湾、香港问题的"一国两制"构思。1985年5月25日中共中央总书记胡耀邦会见时,称赞他为中国的统一事业做了有益的事情。1989年春夏之交北京政治风波发生后,他利用《中报》开展正确宣传,对西方国家以人权、民主问题为借口,干涉中国内政言行给予驳斥。在病重期间,嘱咐亲人,死后要将骨灰运回大陆安葬。2002年1月29日病逝于美国纽约。

**巢庆成**(1926~2002) 修水县石坳乡人。青年从军,考入四川成都空军机械学校,毕业后随军入台,先后两次公费留学取得美国堪萨斯州立大学、普度大学机械工程硕士、博士学位,并当选为斐卡斐荣誉学会终身会员。历任台湾固体力学研究所教授、台湾中山科学研究院助理研究员、航空工业发展中心飞机结构课长、研究室副主任。1978年在美因公负伤,从空军上校退役,任教台湾清华大学动力机械工程学系,两年后升任教授,专长固体力学、冲击震动力学研究。早期带领20余人,完成清华四号风洞研制,规模性能为全球大学风洞之最,获中山学术文化发明奖。后致力于固体力学研究,首创复合材料三维积层板壳理论,指导硕士、博士班研究生20余人,获得突破性成功。1991年担任美国机械工程学会第十三届机械振动噪音双周年会大使,1994~1998年连任第一至五届国际复合工程学术大会副主席,并担任国际复合材料工程学刊编辑委员。应邀赴北京出席中国力学学会成立40周年大会,并在会上发表三维复层板壳理论专题报告,得到与会专家学者250余人一致认同。1999年夏在第六届国际复合工程学术会议上,再度就三维复层板壳理论专题讲演,该理论突破传统力学限制,尤为时空四度空间求解、学术研究与工程应用做出重要贡献。1990年曾通过《修江会讯》发表《修江新世纪》文章,关心修水家乡建设。

**徐树德**(1934~2002) 九江县岷山乡红光村(原黄老门徐河村)人。医学家。1951年参军,后入第四军医大学医疗系就读,历任内蒙古军区医院门诊部军区首长医疗保健医师,解放军253医院呼吸内科主任医师,呼吸科主任、全军结核病专业组副组长、北京军区结核病专家组长、北京军区卫生部医学科学委员会常委、北京军区高级职称评审组副组长、中华医学会结核病学会内蒙古分会副主任委员、北京军区《医药》杂志编委、内蒙古《医药》杂志编委等职。在多门高层次医学领域担任重要专业技术职务,发表学术理论文章17篇,获全军科技成果奖9项,内蒙古地区科技兴医优秀奖多项。成功研究、设计细针头活检、胞腔直至肺下胸膜活检、经纤支气管镜活检、经导管肺活检,经股动脉插管为大咯血病患者进行栓塞止血治疗等重大科研项目和呼吸道大咯血病患者的治疗开辟新途径,并把这些先进技术应用到临床,为患者康复带来福音。曾立二等功1次,三等功2次。被授予中国人民解放军文职二级军衔,享受正军级待遇。

**王丕承**(1900~2003) 原名烈武,字光远,瑞昌市南阳乡罗城下畈王村人。中学毕业入国立武昌高等师范外文部(今武昌大学)就读,毕业后担任过两所中学英文教员及教务主任。时值国家政局动荡,军阀割据,毅然投笔从戎,加入国民革命军,被保送日本士官学校第廿一期学习。归国后,投身抗日战争,在“松沪大战”中,任中校工兵学员队长,赴一线作战,身先士卒,身负重伤,获“铁血纪念章”一枚。伤愈后,先后入中国陆军研究院第五期、德国慕尼黑工兵学校军官班、美国陆军参谋指挥大学深造。因通晓美、日、德、俄等国语言,曾膺任中国驻苏外交武官。1945 年日本无条件投降,随军令部徐永昌上将赴东京湾“密苏里” 舰参与同盟军授降仪式。1949 年, 王丕承携眷去台湾, 1963 年晋升陆军中将,1974 年退休。1978 年移居美国加州西敏市,2003 年 12 月 27 日逝世,终年 103 岁。

**冯诚金**(1915~2003) 都昌县南峰乡石桥头冯村人,1915 年 6 月生。1951 年参加工作。1955 年加入中国共产党。历任九江湖口县粮油加工厂榨油工人、车间主任、党支部委员、副厂长。1955 年,在推广“李川江单圈薄饼榨油”经验中,利用老式木制设备,改造挖潜,使菜籽出油率在 17 千克的基础上,提高到 18.25 千克,最高达到 19.05 千克,年加工量按 80 千克计算约增加油脂 2 万余千克。冯诚金勇于革新,首开米糠榨油之路,拓宽油脂原料来源;并发明全国著名的“冯诚金单圈薄饼榨油操作法”,在国家举办的杭州、昆明现场会上作过重点经验介绍。经验被 1956 年 7 月出版的《国营合作商业工作先进经验》总结发表。1956 年在全国先进生产者代表会议上被国务院授予全国先进生产者称号。同年应邀出席北京“五一”观礼活动,受到毛泽东、刘少奇、周恩来、朱德、彭真等党和国家领导人接见并合影留念。还由周恩来特邀到中山公园观看梅兰芳主演的京剧《杨八姐游春》。返县后,任湖口县榨油厂副厂长,次年任湖口县流芳榨油厂厂长。1958 年调回湖口县城,在粮食局粮油加工厂任车间主任。1960 年,全家人下放到湖口流芳公社,在公社油榨厂工作。“文化大革命”期间,遭到不公正批斗。1970 年,公社突然通知冯到彭泽县铸造厂工作并兼做会计。其感到难以胜任,要求组织改变决定。遭拒绝后便举家迁回都昌老家定居,从此与组织失去联系。直到 21 世纪初工会组织发现其尚在。2002 年市总主席、2003 年省总主席先后受全国总工会委托,代表全国总工会前往其住所进行慰问。市委办公厅还专门下发落实其全国劳动模范待遇的文件,省内外新闻媒体对其进行集中宣传报道。2003 年逝世。

**罗其湘**(1923~2003) 字梦祖,号东匡。九江县狮子镇牌楼村牌楼下人, 1950 年毕业于江西中正大学。先在华东空军后勤部、南京八中任职,后调南京师范学院及徐州师范学院地理系任教授。并任中国徐福研究会副会长,中日关系史研究会理事,中国太平洋史学会会员。江苏省徐福研究会副会长。1982 年,罗其湘接受《江苏省地名词典》徐州地区铜山、赣榆两县地名编写任务。在调查中发现赣榆县有个徐福村,相传是秦始皇派遣东渡日本采长生不老药的方士徐福的故乡。于是调查考证,撰写《秦代东渡日本的徐福故址之发现和考证》在 1984 年 4 月 18 日《光明日报》发表。在国内外学术界引起强烈的反响。1987 年在徐州师范学院召开全国首届徐福学术讨论会,出版《徐福学术论文集》。罗其湘与日本学者饭野孝宥合著的《徐福——弥生的虹桥》1988 年在东京出版。1989 年 2 月赴日本讲学。1990 年在他倡导下,江苏赣榆县举行 15 万人参加的大型徐福节活动。著有《东渡蓬莱第一人》《徐福考论》《东匡杂集》等学术文集。1994 年享受国务院特殊津贴。2003 年 4 月病逝,安葬九江县狮子镇三桥高村春米洼。

**梅曰强**(1929~2003) 字南移,湖口县双钟镇白浒塘人。从小随母亲和姑妈生活在南京。稍长,颇爱音乐和绘画。10 岁时,受杭州照瞻寺大休禅师弟子汪健侯(著名古琴家)熏陶,拜其为师学习古琴及国画。参加工作后又拜金陵著名古琴家夏一峰、赵云青、蜀派胥桐华及广陵派第十代传人刘少椿为师。苦心孤诣,精研各古琴流派之长,以广陵派之绮丽细腻、跌宕多变、刚柔相济、音韵并茂为基础,兼收浙派之豪放清雅、川派之激荡狷狂、金陵派之文静高逸而自成一家,尤其入流派而不囿于流派,主张音正韵和,为广陵派第十一代宗师。曾出席全国第二、三次古琴打谱会,参加第一、二届古琴艺术国际交流会。2000 年 10 月,法国总统希拉克访华,梅曰强两次献艺,并将自制的古琴作为礼品送给希拉克总统。1991 年,中国艺术研究院为梅曰强录制 28 首琴曲,作为国家音响资料永久保留,并制成光盘,其代表曲目有:山居吟、耕辛钓渭、秋夜读易、梧叶舞秋风、佩兰、离骚、平沙落雁等。

**熊耀国**(1912~2004)　武宁县石门楼镇人。1932年毕业于省立四中,1934年进入庐山植物园工作,从事植物分类学及园艺建设、管理工作的研究。1957年调入中科院南京植物研究所,亲自采集植物标本10万余份,1988年离休。参与编写《华东蕨类植物手册》《中国木本植物名志》《庐山栽培植物手册》《观赏树木学》《庐山植物志》《安徽植物志》等著作。个人专著有《庐山植物分布概况》《华中主要树木手册》《赣西北民间草药》《江西蛇药》等。离休前享受国务院特殊津贴。

**钮先钟**(1913~2004)　浔阳区人。南京金陵大学(现南京大学)毕业,理学学士。抗战时任《扫荡报》记者,后任《台湾新生报》总编辑、军事译粹社发行人、台湾"国防计划局"编译室主任、淡江大学欧洲研究所教授等职。曾任淡江大学国际事务与战略研究所荣誉教授。译作近90种,包括《第二次世界大战战史》《西洋世界军事史》《战争艺术》《战争论》等;著作涵括战史与战略,包括《第一次世界大战》《第二次世界大战》《大战略漫谈》《现代战略思想》《中国战略思想史》《西方战略思想史》《孙子三论》等书。《国家战略论丛》由台湾麦田出版公司出版,计12册。内地军事研究领域亦关注钮先钟的战略译作和著作,解放军出版社曾翻印其部分作品。

**杜　宣**(1914~2004)　原名桂苍凌、桂长镳,庐山区莲花镇梅山村桂家垅人。1927年考入九江光华中学(县一中前身),开始在《九江日报》上发表诗和散文。1931年考入上海吴淞中国公学附中,次年加入中国共产党。1933年初在党的领导下组织三三剧社,并参加中国左翼戏剧家联盟。1940年到广西桂林,与田汉、夏衍等创办《戏剧春秋》月刊。1943年受周恩来指示赴昆明,先后担任《群报》《评论报》总编辑。1949年参加解放上海战役。新中国成立后,先后担任第七、第八届上海市人大常委会委员、中国剧协顾问、上海友协副会长、上海市对外文协副会长、国际政治研究所所长、亚非作家会议常设局代表、上海市文化局顾问、上海市文联副主席、上海市作协副主席、上海剧协主席,主要文学作品是剧本,也写有不少散文和格律诗。话剧有《英雄的插曲》《抗美援朝大活报》《无名英雄》《难忘岁月》《上海战歌》等。歌剧剧本有《人参仙子》。京剧剧本有《镜狮子》。电影文学剧本有《长虹号起义》《兰兰和冬冬》《先驱》《关山万里》等。

**朱垂鋤**(1914~2004)　字黍芗,瑞昌市码头镇朱湖村人。出身书香门第,先后于武昌中华大学暨江苏省立教育学院研究所毕业。青年时代即热心社会政治活动,19岁便与乡人胡协虞等人筹建中国青年党瑞昌党部。大学毕业后,历任国民政府教育部视导、经济部秘书、国立社会教育学院教授。抗日战争爆发,出任国民政府军事委员会政治部上校科长、少将督察,中央训练团东北分团少将组长。抗战胜利后,特派江西省选举委员会副主任委员,兼任江西省政府委员。1949年随蒋介石去台湾,担任过"总统府顾问",后长期担任台湾淡江大学、辅仁大学、铭传大学等院校教授,选任文化事业董事长、社长、总主笔。服务政教界之余,恒喜写作,专著有《市政学》《市政概论》《文史漫谈》《思楼言论选辑》。其中有论述祖国和平统一的文章,强调"和平统一是全国人民的一致蕲求,是自救自强的捷径",公开斥责"台独分子是充满野心的投机者,是儿戏国事以快私欲的浅薄之徒"。20世纪80年代始,公开呼吁台湾当局放开公教人员返乡探亲权利。从90年代初起,多次回乡探亲,1996年定居故乡码头,后移居九江市区。

**詹开逊**(1949~2004)　字伯敏,都昌县和合乡七房村人。1978年凭初中尚未毕业的学历,以都昌文科第一名考入山东大学历史系考古专业。1982年毕业后,分配至省文物考古研究所。1988年晋升为馆员。1989年在新干县大洋洲领队发掘春秋大墓,被称之为中国南方考古重大发现,相继评选为中国"七五"期间十大考古发现和20世纪中国百项重大考古发现之一。1990年冬,受命率专家组至乐安流坑村作考察,引起政府部门高度重视。1998年,率专家组随庆回归"国宝"展团队赴香港,其间,撰写大量推介江西文博事业的文字发诸报端,得到各界好评。2001年至2002年间,又先后至吉安青原区渼陂村、丰城筱塘厚板塘村、景德镇瑶里村及吉州窑遗址进行考察,为编制江西申报历史文化保护区报告提供详实的一手资料。2002年6月,距新干大墓3.5千米处,发现面积达50万平方米的牛城遗址,通过对长达3500米的内外城墙进行局部解剖,推断出该城为商代晚期的古城,为后人全面发掘该遗址,以破解"长江中游青铜王国"的新干大墓未解之谜提出诸多前瞻性意见。同期,为给航空遥感探测和进一步的考古发掘划定基本范围和重点,对新干大洋洲大墓、界埠战国粮仓等遗址也再度进行全面调查。2002 年,晋升为研究馆员,研究领域广泛。出版专著、合著、译著近 20 本。曾当选省政协常委,省文物鉴定委员会委员、省考古学会常务理事,享受国务院特殊津贴。2004 年 12 月 27 日英年早逝,年仅 55 岁。

**黄　绮**(1914~2005)　号九一,修水县人。1940 年毕业于西南联大中文系,留校工作,担任清华大学文科研究所教授闻一多助理。后考入北京大学研究院攻读古文字专业,先后在中法大学、安徽大学、津沽大学、天津师范学院、天津师范大学、南开大学、河北大学任教 50 余年。后任河北省社科院研究员,中国书法家协会副主席,河北省书法家协会主席,河北省文联名誉主席。1991 年享受国务院特殊津贴。1993 年被评为河北省"优秀专家"。其书法具有古朴苍劲、雄奇秀丽特点,坚持在继承基础上创新,开创雄奇清丽之北派书风。爱好广泛,是语言文字学家,对诗词情有独钟。绘画上主攻写意,尤以山水、梅花、杜鹃见长。篆刻上匠心独运,别有特色。著有《黄绮书法集》《黄绮刻印集》《黄绮论书款跋》等多部专著。

**龚平邦**(1917~2005)　星子县白鹿镇人。解放前在上海复旦大学经济系毕业,20 世纪 40 年代到台湾,60 年代赴美国。曾任美国哈佛大学及德州理工大学管理学院研究员,台湾成功大学教授兼企业管理系主任,逢甲大学教授兼管理学院院长,并任复旦大学管理学院客座教授。出任过台湾行政长官公署专员、中央茶叶公司经理、台湾新生报编辑等职。出版《管理学》《现代管理学》《行为科学概论》《现代企业管理》《投资学》《市场学导论》等多部大学教科书与专著。1963 年被联合国教科文组织派往泰国曼谷法政大学资助研究经济发展,成为国际著名经济管理学家和爱国华侨。

**陶宝珍**(1947~2005)　女,星子县泽泉乡人。1990 年,全国妇联倡导在农村开展"双学双比"活动。九江市妇联向广大妇女发出踊跃投入植树造林的号召。中共星子县委、星子县人民政府提出"一年基本消灭荒山,三年绿化星子"的宏伟目标。泽泉乡花园村委会主任兼妇女主任的陶宝珍,凭着一位普通农村妇女"自尊、自强、自爱、自立"精神,以执着拼搏的创业勇气,带领全村 360 多名姐妹兴建"三八"林场,给沉睡百年的观音尖山 2000 多亩荒山秃岭披上了葱茏的绿装。十多年的播绿生涯中,在林场栽植 15 万株湿地松,并利用场区 20 亩空隙山头,栽植 100 余株柑橘。与此同时,还营造银杏、杨梅、栀子花、枇杷等经济林。据测量,平均树高达 7~8 米,直径 8~14 厘米。2001 年湿地松开始采割树脂,仅这一项年收入便达 10 万多元。几年来,"三八"林场被林业部评为"全国'三八'绿色优质工程"。其本人获"全国'三八'红旗手""全国'双学双比'女能手"等称号,同时还获"全国'巾帼十大女性'"提名奖,被省妇联授予全省"绿色女能手"。

**许杰夫**(1922~2007)　浔阳区人。1943 年毕业于江西省农林学校,受聘至江西省难民接待站工作,后主持恢复映庐电灯公司。1947 年,加入中国民主同盟。1949 年,成功策反九江县自卫大队副大队长陈文彬与庐山管理局局长吴仕汉,使九江县、市及庐山得以和平解放。同年 5 月,受省军管会指派,前往浙江宁波,接管宁波发电厂。年底,返九江任市各界人民代表政治协商会副主席。1950 年 7 月,当选市人民政府副市长。1952 年,许杰夫将映庐电灯公司的个人资本计 5 万元贡献给国家。50 年代末,城区西部八里湖受血吸虫病危害严重,许杰夫提出从"飞机坝"向南,经市建材厂(十里河)至螺丝墩,再拐向城区建设长达 16 华里的堤坝,此报告经省长邵式平批准兴建。1958 年,其在被划为"右派"后,仍以该工程技术员身份主持八里湖改造工程。1982 年 5 月,再次当选市人民政府副市长。任职期间,先后主持滨江大道、长虹大道、浔阳大道、西二路等城市规划中重要主干道的兴建工作,并担任工程总指挥。1995 年,以 73 岁高龄加入中国共产党。

**廖济彪**(1915~2008)　庐山区人。16 岁入九江振兴菜馆学艺,师从晚清御厨朱正炳,学得其师"玉带海参""刷把海参""凤尾鸡""叉烧鳜鱼""龙戏珠"等苏、徽名菜及宫廷菜肴制作工艺。抗战爆发后,浔阳沦陷,遂随师南迁吉安、赣州等地,继续经营振兴菜馆,进而将浔城传统名菜与赣菜系列糅合,研制出"双层肚丝""鸳鸯荷包鸭""永新狗肉""白玉黄峰肉""竹芦鱼卷""菊花绣球羹""双烧鳜鱼"等一系列特色菜肴,既保持振兴菜馆擅长炖、焖、蒸、烧、炒,风味清鲜,浓而不腻,淡而不薄,酥烂脱骨而不失其形,滑嫩爽脆而不失其味之特色,还融合粤、闽、湘、鄂、川诸菜于一体,形成浔菜特色风味。1945年抗战胜利后,振兴菜馆重返浔城,由廖济彪等名厨合股经营至九江解放。1953年响应市委、市人委号召,率该店参加公私合营,于烟水亭旁建浔庐餐厅,任餐厅经理兼主厨,主持工作期间,浔庐餐厅年年赢利,其亦多次被评为市甲等劳动模范。1954年,廖济彪以高超技艺,成为本市第一位获高级厨师职称者。1959年,又成为本市第一位获得省劳动模范的厨师。同年6月,受命率名厨廖泗贤、宋功德、曹俊新、余自应等上庐山为中共八届八中全会服务,为毛泽东、刘少奇、周恩来、朱德、陈云、董必武等党和国家领导人掌厨。1970年8~9月,再次率荣功德、曹俊新等为中共九届二中全会服务。会后,周恩来及夫人邓颖超会见廖济彪等并与之合影留念。总理握着他的手说:“饮食这个行业很重要,社会需要,人民需要。中国菜有中国菜的特色,你们要继承传统遗产,不断创新,更要毫无保留地将你们的高超技艺传给下一代。”廖牢记这一嘱托,将其一生从事厨艺60余年所得毫无保留地传承给下一代,一生带徒无数,遍及海内外,其技艺仅用鱼虾为原材料,即可制作菜肴600余种,形成浔阳鱼席名菜系列。

**林美岚**(1940~2008) 武宁县鲁溪镇北屏人,自号北屏山人,画家,市群艺馆副研究员、中国美术家协会会员,曾任省美协理事、市美协主席、市政协委员、省政协委员。作品多次参加全国美展和海外展,20世纪80年代创作一批年画精品在全国各大出版社出版发行,年画《鸟语花香》入选全国第六届美展,获全国年画二等奖、省文艺创作一等奖、市文艺创作特等奖。以工笔画《妈祖》获2000年“中国百杰画家”称号。

**黄席群**(1909~2009) 九江县新合镇址坊村人。翻译家,西北师范大学外语系教授,甘肃省翻译工作者协会顾问,甘肃省外国文学研究会顾问。近代杰出记者黄远生之长子。曾在九江同文中学、南京金陵大学、北平燕京大学学习和工作,其间将美国卜凯主编的《中国土地之利用》译成中文出版。1938年后任德国海通社重庆分社新闻编译,民国中央通讯社英文部主任等职。1951年任甘肃兰州国立兽医学院英文副教授,与该院教师合译三本兽医学的俄文教科书出版。1963年调到兰州西北师范学院外语系任副教授,“文化大革命”期间下放劳动,1978年平反,1980年晋升为教授。1982年起校译巨著《美国的历程》出版。1987年退休,校译《英国现代史》《全球分裂——第三世界的历史进程》均由商务印书馆出版。2009年在兰州逝世,归葬故里九江贺嘉山陵园。

**许竞斌**(1919~2009) 浔阳区人。骨科专家,南京八一医院骨科主任医师、教授,1992年起享受国务院特殊津贴。1943年参加抗日战争印缅战场医疗队,曾任民国中央医院(南京)、华东军区医院、解放军127医院、81医院等院主任医师、教授。1951年任抗美援朝第一手术队队长。20世纪50年代初设计第一个椎板拉钩,率先在江苏、上海开展腰椎间盘摘除手术、结核病灶清除手术。其编著新中国第一本骨科学专著《实用骨科学》1954年出版,后于1958、1959年再版。70年代创新“开放骨折大面积皮肤撕脱的处理办法”。1980年后多项发明创造获总后勤部和南京军区科技进步奖,如1984年发明的“锯齿波低频脉冲骨不连治疗仪”达到国内外先进水平,1985年应邀去美国哥伦比亚大学、纽约市骨科中心、新泽西州电生物研究所作此仪器的学术报告,受到美国专家的高度赞誉。此仪器1987年获后勤部科技进步二等奖。1995年发明的“许氏单侧多向骨外穿钉外固定架”在鉴定会上,获卢世壁院士等全国著名骨科专家的高度评价。先后发表、出版50多万字的医学论文、著作。从医50多年,无数次利用休息时间义务为患者治病。多次应邀到徐州、南通、南昌、广东、浙江、武汉等地讲学,不收讲学费。因此被选为南京军区人大代表、获学雷锋标兵、优秀党员。先后立一等功2次、三等功5次。晚年尤其思念和关心家乡,应聘为九江医专名誉教授、多次应邀义务回家乡指导教学、科研和医疗工作。

**罗德涛**(1915~2010) 九江县狮子镇雨林村人。上海交通大学造船系教授,九三学社社员。先后在九江市一中、青岛海军学校轮机科。成都空军机械学校、成都航空研究院、美国Swar thmore college、美国麻省理工学院造船及轮机系、美国Ingalls造船及轮机系学习,入美国Ingalls造船厂和Norden lerg柴油机厂实习。1947~1949年回国任青岛海军船厂上尉工程师,1949年任上海交通大学造船系教授至1985年底退休。主要著作、成果有:《船舶推进》《船舶设计》《船舶设备》《船舶系统》。《半潜式平台设计基础》《海洋移动式平台设计原理》(合编)。《海洋开发技术词典》(合编)。曾为上海港驳船公司、远洋轮船公司等设计多种船舶,造成后性能良好。2010年在上海逝世,归葬故里。

## 第二节 客籍人物

**戴征柔**(1938~1991) 女,1938年3月生,江西省奉新县人。1954年参加工作。1987年毕业于中国科学院心理学函授大学医学心理专业。历任九江市妇女儿童医院助产士,妇产、麻醉科医师、主治医师、麻醉科主任。1988年加入九三学社。1975~1978年在针麻临床研究中,创新采用单侧三阴交一根针不留针针麻方法用于腹式输卵管结扎术,取得成功。学术论文《不留针在针麻腹式输卵管结扎术的应用(698例临床分析与实验观察)》汇入1979年《全国针灸针麻学术讨论会》论文集,为国家中西医结合针灸针麻科学的发展做出贡献。1978年在全国科学大会上被国务院授予全国先进科技工作者称号。

**陈爱贞**(1897~1993) 女,1897年5月生,广东省顺德市人。1929年毕业于上海伯特利高级护产学校。1930~1949年先后在上海伯特利学校、大公医院、江西盱南医院、九江活水医院、但福德医院任护士、特别护士、护士长,1951年起任九江专区医院妇幼保健院助产长和总护士长。1958年加入中国共产党。一贯以医院为家,勤勤恳恳、踏踏实实地忘我工作,把方便让给别人,困难留给自己,视病人如亲人,态度和蔼,体贴入微,在平凡的岗位上,做出不平凡事迹。1960年在全国文教群英会上被国务院授予全国先进工作者称号。

**释果一**(1922~1994) 字道心,俗姓刘,谱名明益,湖北省松滋县人。18岁前,在家放牛、读书、学理发。1944年4月至湖北梁山观音阁投圣观和尚座下剃度出家,法名果一。先后到上海普汲寺、宁波观宁寺、无锡开元寺、南京观音阁、九华山三园寺等地游学参访。1948年秋,西来庐山,始在星子归宗寺为维那、副寺,后移锡于栖贤寺。1949年秋末回湖北,挂单于泰山寺。1950年重返庐山,先后居庐山小天池、永修云居山等寺。1961年,锡住东林寺。1966年"文化大革命",下放庐山垦殖场,凡11年。1977年当选省政协委员,1978年6月,庐山管理局请果一重返东林寺,掌理寺务,并着手殿堂修复事宜。1979年春被增补为省政协常委。1980年当选为庐山佛教协会会长,同年当选为中国佛教协会理事。1981年当选为市佛教协会会长。1986年当选为省佛教协会会长。1987年当选为中国佛教协会常务理事。自1978年始,10余年来,法师率领信徒弟子,殚精竭虑,将荒凉衰败的东林寺修复扩建得庄严肃穆,金碧辉煌,振兴了净土宗祖庭。1994年3月圆寂,法师舍利供奉在东林寺塔林中,骨灰安葬在马尾水九峰寺后面。

**汪自克**(1917~1997) 1917年1月生,湖北省鄂城区人。1943年毕业于上海交通大学土木工程系。1951年起历任武汉工程公司、中南区建筑公司、中南工业建筑设计院工程师(三级)、主任工程师,九江水泥船试验厂主任工程师及江西省建材工业研究设计院高级工程师。1962年曾为钢丝网水泥小农船的可行性及设计方法,在理论上进行研究,获国家建委成果奖。在土建设计上,曾创横梁应力传播法,代替国外的公式法及国内当时通行的等位移方程式法,使单层厂房的设计大为简化。在船舶设计方法,曾创最大位移法,改敞口驳船体的局部强度自平面解法为空间解法,使其强度的分配更为科学合理。1978年在全国科学大会上被国务院授予全国先进工作者称号。

**许俊谷景**(1975~2008) 生于九江市,维吾尔族,1991年9月参加工作,市房管局职工。2008年3月10日,为保护人民群众财产安全,只身勇斗6名偷车窃贼,终因寡不敌众,被歹徒刺中要害,不幸壮烈牺牲,年仅33岁。生前爱岗敬业,恪尽职守,助人为乐,从不计较个人得失。曾多次制止偷盗行为、协助公安人员擒获偷车歹徒。牺牲后,市综治委、共青团九江市委和浔阳区委、区政府分别授予他"九江市见义勇为先进分子""九江市见义勇为好青年"和"见义勇为先进分子"等称号;民政部批准许俊谷景为革命烈士。

**于维忠**(1936~2009)　祖籍江苏省邗江县,从小在上海长大。1950 年 4 月参加工作,到上海闸北区益和堂药店当学徒。1953 年 1 月,任上海闸北区 649 弄居委会主任。1955 年 10 月,响应国家号召,自愿报名参加上海市第一批青年志愿垦荒队,开赴江西德安县八里乡拖沟岭垦荒,是共青垦殖场首批创业者之一。同年 11 月,中国新民主主义青年团中央书记处书记胡耀邦在其笔记本上题词"有志者事竟成",成为其扎根共青艰苦创业的精神力量。1957 年 1 月,任共青垦殖场金湖机米电厂厂长。1958 年 9 月加入中国共产党。1962 年 1 月,任共青垦殖场党委委员。1968 年 1 月,任共青板鸭厂革委会主任、党委书记。1973 年,任共青羽绒厂革委会主任、党委书记。1975 年 5 月,任中共共青垦殖场党委副书记。1984 年 7 月,任中共共青垦殖场党委书记。当年 12 月,中共中央总书记胡耀邦再次到共青场,又在其笔记本上留下"为共产主义奋斗"的题词。1988 年,兼任中国鸭鸭羽绒(集团)公司副董事长。于维忠扎根共青垦殖场 30 余年,长期担任领导职务,为共青垦殖场创建、发展付出了辛勤劳动。1989 年国务院授予其"全国劳动模范"称号。并被编入由中华全国总工会办公厅编写的《中华群英录》(1970~1990)。1990 年 4 月,任中共共青垦殖场党委书记、德安县委副书记。1992 年 7 月,任九江市人大常委会组成员。1993 年 1 月,在九江市九届人大六次会议上,当选为市第九届人民代表大会常务委员会副主任,江西省第七届人大常务委员会委员。1994 年 1 月,在市人大十届一次会议上继续当选市第十届人民代表大会常务委员会副主任。

# 第二章　人物简介

## 第一节　中国科学院中国工程院院士

**吴征镒**　1916 年生于九江,原籍江苏仪征。1937 年毕业于清华大学生物系,1940~1942 年清华大学研究生。历任中国科学院昆明植物研究所研究员、所长、名誉所长。曾论证中国植物区系三大历史来源和 15 种地理成分,提出北纬 20°~40°间的中国南部、西南部是古南大陆、古北大陆和古地中海植物区系发生和发展关键地区的观点;所主编《中国植被》是植物学有关学科及农、林、牧、业生产重要科学资料;组织领导全国、特别是云南植物资源调查,并指出植物有用物质的形成和植物种原分布区及形成历史有一定相关性;是中国植物分类学、植物区系地理学、植物多样性保护、植物资源研究的权威学者,为现代植物学在中国发展以及中国植物学走向世界作出贡献。著有《吴征镒文集》《百兼杂感随忆》等。1955 年选聘为中国科学院学部委员,1998 年当选中国科学院院士。2008 年 1 月,获中国最高科学技术奖。

**潘际銮**　1927 年生,瑞昌人。1948 年 8 月参加工作,研究生学历,硕士,教授,中国科学院院士,国务院学位委员会委员,南昌大学校长、名誉校长,九江学院学术委员会主任。社会兼职:中国焊接学会理事长、中国机械工程学会副理事长、国际焊接学会副主席。1980 年当选中国科学院学部委员(院士),1993 年任南昌大学校长。2002 年任南昌大学名誉校长。2007 年任九江学院学术委员会主任。中国共产党第十一、十五次全国代表大会代表。参与创建国内高等院校中第一批焊接专业,首次建立电弧传感器的动、静态物理数学模型,并研制成功具有特色的电弧传感器及自动跟踪系统。80 年代研究成功"QH-ARC"焊接电弧控制法,首次提出用电源的多折线外特性,陡升外特性及扫描外特性控制电弧的概念,为焊接电弧的控制及焊接自动化开辟了新的途径。主编、参编的著作有《现代弧焊控制》《焊接手册》等。

**高镇同**　1928 年生,都昌县多宝乡人。1950 年北洋大学航空工程系毕业。北京航空航天大学教授、固体力学研究所所长。建立"疲劳统计学"分支学科。其创新内容如随机疲劳、断裂载荷谱的编制、伪随机加速试验谱、疲劳性能测试和数据处理、随机耐久性设计原则等分别优于国外相应的通用方法。根据协同论观点,用马尔柯夫随机过程描述疲劳损伤,首次求得 Fokkre-Plank 方程的封闭解。提出二维动态应力——强度干涉模型和二维动态断裂干涉模型以及最少飞行空测采样起落次数,均属国际首创。建成现代化结构可靠性寿命评定的专家系统,已成功地用于歼击机、强击机、运输机等20个型号系列飞机结构定寿和延寿问题。先后主编6部专著,在国内外发表论文80余篇,4项科技成果分别获国家科技进步一、二、三等奖。1991年当选中国科学院院士(学部委员)。1999年获何梁何利科技奖。

**袁隆平** 1930年生。德安县河东乡人,1953年7月从西南农学院毕业,分配到湖南省湘西山区的安江农校任教。1964年开始研究杂交水稻,1975年研究成功杂交水稻种植技术,1986年6月,获得由国家正式颁发的籼型杂交水稻国内第一个"特等发明奖",还获得联合国世界粮农组织颁发的"杰出发明家"金质奖章。1995年,当选中国工程院院士。2001年2月,又获首届国家最高科学技术奖。先后获全国先进个人、全国先进科技工作者、全国劳动模范。国际小天体命名委员会还把一颗新发现星座命名为"袁隆平星"。2004年,由中央电视台评为"感动中国"的十大人物之一。为全国政协常委、湖南省政协副主席。并为美国科学院外籍院士,被誉为"世界杂交水稻之父"。

**杨叔子** 1933年生,湖口县人。1956年8月参加工作,教授,博士生导师。现任华中科技大学学术委员会主任,九江学院名誉院长。社会兼职中国科学院技术科学部副主任,国务院学位委员会学科评议组成员,国家博士后流动站评议组成员,国家科技奖励评议组成员,教育部高等学校文化素质教育指导委员会主任,中国高等教育学会副会长,中国机械工业教育协会副会长,教育部高等学校机械学科教学指导委员会主任,中华诗词学会名誉会长,中国机械工程学会特邀理事,湖北省人民政府咨询委员会主任委员,湖北省科协副主席,湖北省高级专家协会会长。1991年当选中国科学院院士。2005年任九江学院名誉院长。中国共产党第十五次全国代表大会代表,中国共产党第十六次全国代表大会代表。立足于机械工程领域,把机械工程同控制论、信息论、系统论紧密结合,致力于同微电子技术、计算机技术、信息技术、网络技术等新兴技术领域交叉的研究与教学,特别是在先进制造技术、设备诊断、信号处理、无损检测新技术、人工智能与神经网络的应用等方面取得一系列成果。获国家自然科学奖、国家发明奖、省部级科技奖20项,专利5项。在国内外发表学术论文500余篇,出版专著教材12种,获国家级、省部级教学、图书重要奖励13项。指导的研究生中,已有百余人获博士学位,博士后已有10余人出站。

**于　全** 1965年9月生于九江,1982年九江高中毕业考入南京大学信息物理系,1986年本科毕业进入西安电子科技大学,攻读物理系电波传播专业硕士学位,博士研究生学历,1992年入伍,任中国人民解放军总参谋部某研究所总工程师。2009年当选中国工程院院士。

## 第二节　中国人民解放军将军

**李希楷** 女,1932年4月生,武宁县罗溪乡人。1950年考入中国人民解放军第六军医大学,同年入伍。1955年10月毕业后留校工作,1956年加入中国共产党。历任医师、主治医师、主任医师,讲师、副教授、教授、硕士研究生导师。1983年6月,任中国人民解放军第三军医大学附属二院院长。1985年10月,任该院政治委员、党委书记。1986年11月,任中国人民解放军第三军医大学副校长。1988年9月晋升少将军衔,为新中国第二批5女将军之一。1992年3月退休。历任社会职务有中华医学会四川分会、重庆分会副会长、全军医学科技管理委员会副主任、《现代诊断与治疗杂志》特邀编委、《四川医学杂志》副主任编委、《世界今日医学杂志》副主编。

**朱星祥** 1933年3月生,修水县人。1949年12月参加中国人民解放军。1952年12月加入中国共产党。历任修水县大队溪口区中队文书,江西省军区第468、第466团战士、文书、参谋,海军旅顺基地航保处干事、直属政治处秘书、基地党委秘书,海军后勤部驻武汉办事处政治部科长、副主任、主任,海军医学研究所政治委员,海军广州舰艇学院政治部主任,海军上海基地纪律检查委员会专职副书记。1988年9月晋升海军少将军衔。是广东省第七届人民代表大会代表、上海市第八届政治协商委员会委员。

**陈礼久** 1944年1月生,祖籍江西进贤。1949年12月随父母迁居永修县涂埠镇。1963年8月从永修应征入伍,任福州军区后勤部第17分部战士。同年11月任福州军区第410仓库战士。1965年2月加入中国共产党。1966年5月任福州军区后勤部第17分部政治部组织科干事。1973年7月任福州军区后勤部第17分部政治部干部科副科长。1976年7月任福州军区332部队副政治委员。1979年11月任福州军区鹰潭某仓库政治委员。1981年9月任福州军区某军械仓库政治委员。1983年5月任福州军区后勤部政治部副主任。1985年8月任江西省军区政治部主任、省军区党委常委、政治部党委书记。1988年9月被授予大校军衔。1990年6月任浙江省军区政治部主任,省军区党委常委、政治部党委书记。同年7月晋升少将军衔。1997年3月,任浙江省军区副政治委员。1998年8月至2004年6月,任江西省军区政治委员、南京军区党委委员。是中共十六大代表。

**崔阳生** 1946年5月生,九江县江洲镇同兴村人。1964年12月参加中国人民解放军,1966年8月加入中国共产党。历任福州军区炮兵第53团4营11连战士,陆军某师炮兵团班长、排长、副连长、团司令部作训参谋、作训股副股长、股长、副科长、科长。1975年7月起任团参谋长、副团长、团长。1983年4月,任某师副参谋长。1985年3月,调任武警江西省总队九江市支队支队长。1988年9月,任武警江西省总队参谋长。1992年7月,任武警江西省总队副总队长。1996年3月,任武警江西省总队总队长。1999年1月,由正师职调整为副军职。7月,晋升少将军衔。

**秦松寿** 1949年10月生,都昌县北山乡石头巷秦村人。1969年1月参加中国人民解放军。1971年11月加入中国共产党。1973年1月被选送入空军气象学院学习,攻读气象预报专业。毕业后留校任天气预报教研室教员。1978年9月,考入南京信息工程大学,攻读物理学专业。1982年7月毕业后,先后任空军气象学院物理教研室普通物理和流体力学教学组组长、教务处处长等职。1995年晋升副教授。1996年,升任空军气象学院副院长。2000年,晋升教授,同年10月任解放军理工大学气象学院院长。2001年攻读国防科技大学硕士。2002年7月,晋升少将军衔。

**周新廉** 1950年3月生,湖口县流泗镇棠山村人。1969年12月参加中国人民解放军。1971年8月加入中国共产党。北京大学哲学系毕业。入伍初期,在海军1222部队、海军后勤部邯郸办事组处服役。1975年7月于北京大学哲学系毕业后,在海军后勤部机关历任政治教员,宣传干事,首长秘书,办公室副主任、主任,后勤工作研究室主任,海军后勤部副参谋长,海军后勤部军需部部长。2004年6月任济南军区联勤部副部长。曾入海军指挥学院指挥员班、国防大学后勤指挥员班、俄罗斯国家武装力量军事后勤与运输学院后勤指挥高级研修班学习。2005年7月晋升海军少将军衔。

**段昭显** 1954年9月生,都昌县土塘镇段年村人。1972年12月参加中国人民解放军,任海军福建基地司令部作战处标图员。1975年12月加入中国共产党。历任护卫艇某大队6309、6311艇航海兵、班长、代理副艇长。1977年9月任护卫艇某大队勤务处书记。1978年1月,任福建基地司令部作战处参谋。1979年9月,入南京海军学院参谋班学习。1984年8月后,历任福建基地司令部作战处副处长、处长。1992年2月入国防大学基本系攻读战役专业。1993年毕业后,任厦门水警区副参谋长。1996年4月,任东海舰队司令部军训处处长。同年9月,参加海军指挥学院军事指挥与管理函授学习。2000年4月,任海军快艇某支队支队长。2002年入国防大学基本系指挥员班学习。2003年毕业后,任海军福建基地参谋长。2008年7月,调任中国人民解放军海军参谋长助理。2009年7月,晋升少将军衔。

**陈　健** 1955年12月生,都昌县左里镇义门陈村人。1974年12月参加中国人民解放军,任陆军第29军87师261团1营1连战士。1976年10月加入中国共产党。同年提干,历任排长、连副指导员、指导员。1981年8月,调军司令部任参谋。1983年7月,入石家庄高级陆军指挥学院学习,1985年7月毕业,赴老山前线参加对越自卫还击作战,先后任营长、团政治处副主任、团参谋长。参战结束后,调31集团军司令部任参谋。1990年,任31集团军某师某团副团长。1992年任某团团长。1997年7月,任某师参谋长,同年11月任副师长。2001年10月,调任江西省军区鹰潭军分区政治委员。2002年9月,任赣州军分区司令员。2006 年 3 月,任南昌警备司令员。2008 年 3 月,任江西省军区副司令员。2009 年 7 月,晋升少将军衔。

**熊安东** 1956 年 10 月生,星子县横塘镇石嘴熊村人。1974 年 12 月参加中国人民解放军。1976 年 8 月加入中国共产党。1978 年 1 月任某团团属重炮指挥排长。8 月,任某团参谋。1981 年 8 月,任某团重炮连连长。1982 年 12 月,任团作训股副股长。1983 年 11 月任陆军某集团军作训处参谋。1985 年 8 月任某师某团作训股长。1986 年 8 月,入南京陆军指挥学院学习。1989 年 5 月,任陆军某集团军作训处副处长。1993 年 5 月,任陆军某集团军作训处处长。1994 年 12 月,任某团团长。1999 年 11 月,任步兵某师副师长。2001 年 6 月,被授予大校军衔。2003 年 8 月,任陆军某集团军副参谋长。2004 年 6 月任联勤分部部长。2005 年 4 月任某军区联勤部参谋长。2009 年 10 月,任安徽省军区参谋长。2010 年 12 月任福建省军区参谋长。同月,晋升少将军衔。

**曹伯如** 1956 年 12 月生,彭泽县棉船镇金洲村人。1974 年 12 月参加中国人民解放军。1976 年 12 月加入中国共产党。在职大学学历。先后任福州军区守备第 1 团 1 营战士、排长。1980 年 2 月起任福州军区守备第 1 师政治部保卫科副连职干事、船运大队某中队 3319 艇政治指导员。1984 年 5 月任福州军区政治部保卫部保卫处正连职干事。1985 年 9 月起任南京军区政治部保卫部侦察处正连职干事、副营职干事、正营职干事。1992 年 4 月起任南京军区政治部保卫部侦察处副处长,侦察技术处正团职干事、处长。1997 年 6 月起任南京军区政治部保卫部侦察处处长。1999 年 12 月任南京军区政治部保卫部副部长。2003 年 6 月任南京军区政治部保卫部部长。2007 年 3 月起代理南京军区海防某师政治委员。2009 年 12 月任福建省军区副政治委员。曾入福州军区步兵学校学习,参加过江苏省高等教育党政干部自考大专学习和中央党校经济管理本科函授。2010 年 12 月晋升少将军衔。

## 第三节 全国劳动模范

**熊中锭** 1922 年 1 月生,新建县人。1951 年参加工作。历任永修县新建大塘供销社主任,马口供销社主任,县食品公司党支部书记、工会主席等职。1953 年加入中国共产党。1955 年永修遭受特大洪水袭击,带病率领群众苦干 3 天 3 夜,抢救出商品物资达 6 万多元,在抢救过程中身体不支几次晕倒,醒后又带领群众去粮库抢运出 10 万余公斤粮食,避免国家财产遭受损失。1956 年春,南下赣州,步行几百里,风餐露宿,购回耕牛 665 头,为救灾、恢复生产作出贡献。1956 年在全国先进生产者代表会议上被国务院授予全国先进生产者称号。

**陈鸿声** 女,1922 年 10 月生,浙江省龙游县人。1936 年开始从事越剧艺术事业。1951 年起任九江市越剧团团长等职。1954 年参加省首届戏曲观摩大会演出,成功地扮演屈原,获优秀演员奖。在舞台上塑造了文天祥、关汉卿、包公、林启容等几十个艺术形象。1956 年加入中国共产党。同年剧团转国营建制,领导剧团走自力更生道路,艰苦创业,不向国家要一分钱,剧团多次被评为先进单位,艺术成就享誉长江中下游一带。1960 年在全国"文教群英会"上被国务院授予全国先进工作者称号。

**李广才** 1924 年 1 月生,河南省孟津县人。1949 年毕业于国防医学院。1954 年起历任庐山工人疗养院、九江市传染病院医师、医务主任、主治医师、副主任医师。1957 年加入中国共产党。1956~1959 年,开展肺导管治疗肺结核空洞,超声雾化吸入治疗支气管内膜结核,取得一定疗效。革新电钳、电光压舌板,绘制成多用自动溶药转盘;自制氧气箱、自动注射推进器等医疗器械。1960 年在全国"文教群英会"上被国务院授予全国先进工作者称号。

**曾广星** 1924 年 4 月生,瑞昌市人。1952 年参加工作。历任粮管所管理员、副所长。1954 年加入中国共产党。在担任粮食管理员期间,负责管理容量 100 万公斤、年吞吐量 500 多万公斤粮食仓库,坚持一把扫帚、一把铲、一把竹竿、一只箩筐的工作精神,年翻晒倒仓粮食 40 万公斤,扫地脚粮 1.3 万公斤,补麻袋 3400 条,捕鼠 670 只。1959 年进库粮食质量差、湿度大,100 万公斤库中粮食表层结露,经其扒沟通风处理,一次避免损失15万公斤。被誉为“精打细算,勤俭节约的好保管”,1959年在全国群英会上被国务院授予全国先进生产者称号。

**王冶帆** 1932年2月生,九江市人。1952年参加工作。1954年加入中国共产党。1959年任市财政税务局副局长主管财政预算期间,正值国家经济困难时期,向全市财会工作者提出实现预算内企业无亏损,税利无漏欠,行政、事业单位无超支的“三无”倡议,并制定相应的有效措施,超额完成国家财政税收任务,财政预算达到收支平衡并有结余要求。1959年在全国群英会上被国务院授予全国先进生产者称号。

**邹保根** 1932年2月生,进贤县人。1950年起历任永修合作家具厂工人、农具厂厂长、环卫所副书记。1955年加入中国共产党。生产中以厂为家,勤俭节约,收集边角废料制成各式新型家具;为支援农业,大胆革新,先后发明风力机,密封水车,棉花、油菜播种机,打谷、插秧、简易收割机、江西水田犁等多种农业生产机械,又发明木器刨床、自动刨光、打眼、梭榫、带锯机等生产设备。被九江行署聘为特约科技研究员。1959年在全国群英会上被国务院授予全国先进生产者称号。

**黄恩邦** 1933年生,广东省高州市人。1954年毕业于西北大学地质矿产专业。历任江西地质矿产局赣西北大队技术员、高级工程师、总工程师等职。1978年加入中国共产党。1980年与王福林、武志华系统地提出“三位一体”成矿理论。参与并主持“城门山铜床”和“武山铜矿床”普查勘探,于1985年、1987年分别获地矿部找矿一等奖。《长江中下游铜硫金银资源重大发现与个旧大厂锡矿成矿条件,找矿方法及远景》获国家科技进步特等奖。他是该成果第一主要完成人。主持“75-55-02-06B”国家重点科技攻关项目,于1990年评审鉴定为国家同类研究成果先进水平。1989年在全国劳动模范和全国先进工作者表彰大会上被国务院授予全国劳动模范称号。

**瞿兰香** 女,1936年5月生,九江市人。1948年进九江兴中纺织厂细纱车间当童工。1952年,带头学习“郝建秀工作法”。自创“细纱挡车工巡回工作法”和“细纱接头单指换纱平挑操作法”,在全厂推广后,接头速度普遍提高。本人也由每分钟接18根提高到24根无白点的全国新纪录,并一直成为快速、高产、优质能手。1954年12月加入中国共产党。自1953年被评为市特等劳模后,连年获全国三八红旗手,省、地、市先进生产者和“五好职工”称号。1956年选为省五届党代会代表。1958年,与7名细纱女工组成先进经验推广小组,担任组长。经过一年多努力,使工厂产品质量进入全国先进行列。小组多次被评为先进小组,被誉为“八闯将”。1959年出席全国群英会,获全国先进生产(工作)者称号。1960年、1966年、1993年先后赴苏联、民主德国、波兰、柬埔寨和澳大利亚参观访问。1964年选为全国第三届人大代表。1970年后,先后担任细纱车间丁班值班长、班党支部书记、九江棉纺织一厂副厂长、江西省总工会副主席(不驻会)。1979年获全国劳动模范称号。1980年任中共九棉一厂党委副书记。自1982年历任九江市第七届至十届人大常委会副主任。曾选为省第五届至九届人大代表,省五届、六届人大常委;全国工会第九和第十届代表大会代表,候补执行委员、执行委员。2009年12月,获“新中国60年来江西60位最具影响力的劳动模范”称号。

**张才东** 1936年6月生,九江县永安公社幸福大队农民技术员。刻苦钻研植棉技术,陆续培育出“4134”“7229”等棉花新品种。其中“4134”品种,1976年经省农牧渔业厅鉴定命名,获得省科学大会成果奖,被农业部列为全国60个良种之一。1978年被国务院授予全国先进科技工作者称号。1984~1987年,研究彩色棉种植,培育的98-1号彩色棉,填补江西无彩色棉的空白。

**张泗存** 1936年11月生,山东省泰安市人。1952年2月,入抚顺石油三厂。1956年5月,被国务院授予全国先进生产者称号。1960年9月,加入中国共产党。1989年11月,由大庆石油化工总厂党委副书记调任九江炼油厂厂长,从严治厂,强化管理,实现原油加工量和经济效益大幅度提高,连续多年被评为江西省优秀企业家和九江市劳动模范、江西省劳动模范。1991年9月,任九江石油化工总厂厂长。1995年4月,任总厂党委书记。同月,被国务院授予全国劳动模范称号。

**陈　杰** 1937年3月生,湖北省广济县人。1955年进星子县隘口小学当教师。1959年加入中国共产党。1956年主动请求到隘口庐山垅山区去办小学,经过艰苦创业,办起一所只有2名教师,90多名学生的小学。办学初期,每星期要步行几十里,买回一星期生活和教学用品。为保障学生安全,每天在崎岖山间小道上往返十多里,跨越7条山涧,接送学生;遇上下雨、发生山洪或下雪天气,便穿上草鞋,将学生一个个背过山涧,送到家长身边。被大家称为"热爱山区教育的好教师"。1960年在全国"文教群英会"上被国务院授予全国先进工作者称号。1984年任九江市海会师范学校党总支书记。

**余秉绶** 1942年7月生,湖北省新洲区人。1967年毕业于中国矿业学院经济系。1974年起历任江西制氧机厂干部、厂办主任。1980年10月,加入中国共产党。1982年9月,任江西制氧机厂厂长。其间调动各方面积极因素,制造中国第一代冷藏集装箱获得成功,受到国家经委好评。获"江西省一九八六年度优秀厂长(经理)"称号。任职9年间,工厂效益指标增长4倍,产值增长4.5倍,固定资产增长近3倍,1988年晋升为"国家二级企业"。1989年在全国劳动模范和全国先进工作者表彰大会上被国务院授予全国劳动模范称号。1990年11月,任省机械工业厅副厅长。1993年6月,任九江市副市长。1999年1月至2003年3月,任市第十一届人大常委会副主任。

**邱安英** 女,1945年12月生,高安县人。1971年2月参加工作,为市湓浦环卫所清洁工。中共党员。干一行爱一行,不怕苦不怕脏,生活简朴,任劳任怨,能坚持原则,敢于同坏人坏事做斗争,深得同事和市民好评。一心为集体着想,为节约开支,主动收集废料,编制清扫工具。连续多年评为市先进生产工作者,市"三八"红旗手。1990年4月,评为省劳动模范。1995年4月,被国务院授予全国先进工作者称号。

**曹长员** 1947年1月生,湖口县三里乡人。中共党员。1964年初中毕业后,在三里乡胜利村务农。1976年,从事水产养殖。1983年和1988年先后当选市第八届、九届人民代表大会代表。1990年创办水产苗种繁育站,成功繁育各类鱼品种10余个,年产鱼苗1.5亿尾,缴税50余万元,并免费为困难农民提供鱼苗。1990年,评为市劳动模范。1994年,评为全国农业技术推广先进工作者。同年当选市第十届人大代表。1995年被评为省劳动模范。2000年4月,被国务院授予全国劳动模范称号。

**詹学银** 1948年7月生,都昌县大港镇人。1966年7月参加工作,中共党员。2000年获省交通厅劳动模范,同年获省劳动模范。2001年8月,资助2.3万元,让困难农民子女读完大学。2002年,3次向县三小"特教"班20多名聋哑儿童送去1600元。2003年,主动承包荒山植树造林创办绿荫基地。2006年9月,创办太阳村,任太阳村鄱阳湖儿童求助中心主任。2007年6月1日,太阳村第一期工程竣工,107名弱势儿童住进太阳村。为改善太阳村孩子生活,开荒种菜,养鱼养猪。2009年12月,获"新中国60年来江西60位最具影响力的劳动模范"称号。2010年4月,被国务院授予全国劳动模范称号。

**张文标** 1948年9月生,江苏省无锡市人。1968年11月参加工作,为黑龙江生产建设兵团工人。1973年9月,入东北石油学院炼制系学习。1975年11月,加入中国共产党。1976年9月毕业后,分配到林源炼油厂催化车间任技术员。1990年8月,由林源炼油厂厂长调任九江炼油厂党委书记。1991年4月,任九江石油化工总厂党委书记。1994年当选九江市第十届人民代表大会代表。1995年3月,任总厂厂长。大胆进行二次创业,使总厂由原来单一的炼油厂,发展成一个集炼油、化肥、化工于一体的特大型联合企业,固定资产和年销售额分别超过50亿元。企业连续多年位列全国工业企业500强。1996年被评为江西省职工信赖好厂长和全省优秀思想政治工作者。2000年4月,被国务院授予全国劳动模范。

**李咸龙** 1948年10月生,都昌县万户镇人。1968年中学毕业后回乡务农。1976年任万户乡塘美大队农科员。1979年11月,任万户乡塘美村委会副主任。1980年8月加入中国共产党。1991年,所种4.3亩(2866.67平方米)棉花,亩产皮棉204.5千克,创全省棉花单产最高纪录。1992年1月,任万户乡棉花技术员。1994年,又创亩产入库皮棉206.1千克纪录。1995年3月,被省人民政府授予劳动模范称号。同年4月10日,被国务院授予全国劳动模范称号。1996年1月,招聘为徐埠镇科技副镇长。1997年,被中华农业科教基金会授予中华农业农技推广奖。1998年当选江西省第九届人民代表大会代表。

**邵伙军** 1948年12月生,都昌县左里镇人。1965年12月应征入伍。曾任中国人民解放军炮兵团政委。1986年转业到地方,历任九江玻璃纤维厂党委副书记、副厂长、厂长。2000年12月,任巨石集团九江工厂厂长、党委书记。在企业改制中,始终把职工利益放在首位。改制后企业生产能力是改制前的8倍,职工收入增长150%,成为九江国企改革典型。连续10余年获省优秀厂长(经理)称号,被评为全国模范军队转业干部。2005年4月,被国务院授予全国劳动模范称号。

**梅继友** 女,1949年10月生,南昌县人。中共党员。1966年进九江玻璃纤维厂当挡车工。热爱本职工作,严格把握质量,先后带徒17人,个个成为班组和车间生产骨干,连续多年被评为九江市最佳质量能手、生产操作能手和优秀共产党员。1990年获"全国五一劳动奖章"。1995年4月,被国务院授予全国劳动模范称号。

**鲍恩如** 1951年8月生,彭泽县人。1968年12月应征入伍,1973年退伍回乡。历任彭泽县棉船乡金星村团支部书记、党支部委员、民兵连连长。1979年9月,任中共彭泽县棉船乡金星村支部书记。带领村民实现皮棉年产量连续5年超万担(500吨),单产突破150千克,使棉船金星村成为全国产棉第一村。1989年4月,被国务院授予全国劳动模范称号。

**杜文如** 1951年11月生,上高县人。1972年12月加入中国共产党。1977年10月,天津大学化工系催化专业毕业后,分配到九江炼油厂,历任车间操作班班长、技术员、党支部书记、车间主任、生产调度处处长、运销处处长、副厂长、党委书记、九江石油化工总厂厂长等职。多次获江西省企业联合会、企业协会优秀经理称号。2003年3月,当选九江市出席第十届全国人民代表大会代表。2004年,在其带领下,九江石化全年炼油加工量367万吨,实现销售收入113.03亿元,利税7.77亿元,利润1100万元。2005年4月,被国务院授予全国劳动模范称号。

**高木龙** 1953年生,都昌县人。1971年参加工作,任职于九江公路分局都昌公路段,后任都昌公路分局道班班长。中共党员。从事公路养护工作30余年,连续19次被省、市公路系统评为先进工作者。1995年2月,被评为省劳动模范。1997年获"全国五一劳动奖章"。1999年获全国百名优秀养路工称号。2000年4月,被国务院授予全国先进工作者称号。

**曹新国** 1953年12月生,都昌县周溪镇人。1968年中学毕业后回乡务农。1988年始,创办中兴珍珠核加工厂。从事珍珠核加工、有核珍珠养殖及贝壳工艺品加工。2001年6月,成立江西鄱阳湖珍珠核工艺有限公司,任董事长。同年9月被江西省政府授予劳动模范称号。2002年起创办精养鱼池,养殖面积达6000亩,安排劳动力312名,同时带动全县养殖事业,为打造中国淡水珍珠之乡品牌做出贡献。2002年8月,获省委组织部、农工部和省人事厅授予"江西省农村科技致富典型"。2003年当选省第十届人民代表大会代表。2005年4月,被国务院授予全国劳动模范称号。

**黄德涛** 1954年2月生,河南省光山县人。1961~1970年,在原籍河南省光山县南后店乡中学读书。1972年10月,移民到德安县木环乡山垅村务农。几年如一日,义务为村民传授特种养殖经验和技术,带领村民共同致富。1990年,当选为德安县木环乡人大代表。1991年12月,创办德涛特种水产合作社,进行甲鱼等特种水产养殖。1992年11月,加入中国共产党。1994年当选为市第十届人大代表。同年当选省第八届人大代表。1995年4月,被国务院授予全国劳动模范称号。

**徐效钢** 1954年生,江苏省淮阴县人。1969年应征入伍。1971年10月24日,在江西省吉水驻地为抢救地方化工厂火灾受重伤,全身烧伤面积83%,被定为一等残废军人。1973年加入中国共产党。1976年5月,谢绝组织上给其长期休养和赡养终身照顾,请求退伍到庐山图书馆看门。以伤残之躯学会生活自理,自学十几门图书馆学专业课。1979年年底,牵头开展馆内古籍善本书整理编目工作,从馆藏6万册古籍线装本中清理鉴定善本书200种4000余册,编印出建馆50年来第一部善本目录。1985年获广播电视大学中文专业毕业文凭。后任中国图书馆学会理事,庐山图书馆馆长。先后被评为省新长征突击手、模范残废军人、全国图书馆先进工作者、中国人民解放军英模代表、全国自强模范。1989年被国务院授予全国先进工作者称号。为中共十三大、十四大代表，2010年调任江西省残疾人联合会理事长。

**明接盛** 1954年5月生，武宁县人。1970年10月参加工作，任职于武宁县计划生育委员会。中共党员。在计划生育工作岗位上，任劳任怨，技术精湛。1994年2月，评为全国计划生育万例手术无事故先进个人。1997年，获省计生科技先进工作者称号。2000年4月，被国务院授予全国先进工作者称号。

**陈淼洋** 1954年7月生，湖口县人。1972年任武山农技站种子员。1982年中国农业广播电视大学函授学习毕业后，成为农业技术员，任湖口县武山镇农技站站长。1983年，加入中国共产党。1991~1992年获农业部全国农牧渔业丰收奖(油菜、棉花三等奖)，1999年获农业部全国农业技术推广先进工作者，2002年获省农业厅江西省农业技术推广先进工作者，同年获中华科教基金会神内基金农业技术推广奖等31项荣誉。1999年，获农艺师资格，2004年晋升高级农艺师职称，2009年10月17日，所承担“百亩千斤子棉”示范基地，经过国家棉花产业技术体系专家组现场测产，测得亩平均成铃92193个，实测亩产子棉507.06千克，创造长江、黄河流域内陆地区规模植棉子棉单产跃过千斤历史新纪录。2010年4月，被国务院授予全国劳动模范称号。

**段火香** 女，1955年10月生，庐山区人。中共党员，中学高级教师。1980年师范毕业后任市第五中学教师。2001年被选拔为九江外国语校长兼党支部书记。在教育教学上，先后指导数百名学生获奖。主编出版《中小学教师课堂英语日常用语》《九江市交通警察培训教材》及《双色解析》辅导资料丛书，发表论文20余篇。2004年9月被省教育厅评为“模范教师”。2005年4月，授予九江市劳动模范。2010年4月，被国务院授予全国先进工作者称号。

**钱茶花** 女，1956年5月生，星子县人。1974年9月中师毕业后，到星子县隘口上垅小学半山教学点任教。1985年9月，调任星子隘口观口小学教师。1995年复返上垅小学半山教学点执教。让深山里的孩子摆脱睁眼瞎的困扰，主动到山区小学任教的他，校长教师一人兼，硬是挑起3个班的全部课程，三十年如一日，把青春无私地奉献给山区的孩子。2001年9月，获全国模范教师称号。2002年1月，获江西省师德标兵称号。2003年，加入中国共产党。2004年9月，评为全国十佳师德标兵。2005年4月，被国务院授予全国先进工作者称号。2007年5月，当选中共十七大代表。

**黄兴中** 1958年5月生，彭泽县棉船镇人。1970年12月入伍，在赣州军分区服役；1977年退役后回家乡任生产队长、民兵连长等职。1994年，获得江西农大植保系专科文凭。1995年担任村支书以来，带领村民创办8个企业，年利税实现40余万元。在棉花生产和油菜营养钵移栽及田间管理工作中贡献突出，为棉花生产和油菜高产栽培做出表率。1980年3月被评为市新长征突击手。1998年被评为市抗洪先进个人。1999年被评为市优秀党员。2000年先后被评为市劳动模范、省劳动模范称号。2000年4月，被国务院授予全国劳动模范称号。

**蔡印生** 1959年4月生，永修县人。1975年8月，高中毕业后回乡参加农业生产。中共党员。1986年10月后，任永修县柘林湖风景区管理局易家河村村委会主任、党支部书记。他既是支部好书记，又是农民致富带头人，带领村民种植柑橘，通过改良品种，推广绿色无公害种植技术，创品牌，建立易家河果业公司，使村民共同致富。2001年，易家河柑橘在全省无公害绿色农产品评比中获两项金奖、一项银奖。2003年，在全国第八届名优果品展销会上被评为“中华名果”。2004年全村人均收入达到4000元，村集体收入达到100万元。同年被评为省优秀农村基层干部。2005年4月，被国务院授予全国劳动模范称号。

**高兴泽** 1959年10月生，湖北省鄂州市人，中共党员。1981年8月，从武汉桥梁学校一毕业参加工作，就参加国桥梁第三座里程碑——九江长江大桥建设。1997年，任铁道部大桥局五处副处长、处长。1998年9月，任九景高速公路鄱阳湖大桥项目经理。同年被国家防总、人事部和解放军总政治部授予“全国抗洪模范”称号。2000年被评为江西省劳动模范。2001年起任中铁大桥局集团第五工程有限公司总经理、高级工程师。带领员工仅用3年时间，完成5年管理目标，向国家上缴利税1亿多元。先后获国家2003年度"公路工程优秀项目经理",中华全国铁路总工会"火车头奖章",中国铁路工程总公司"优秀企业家"等称号。2005年4月,被国务院授予全国劳动模范称号。

**杨耀防** 1962年2月生,湖北省黄梅县人。1983年10月参加工作,九江医学专科学校教授。研究生学历。1987年5月,加入中国共产党。勤恳敬业。1995年被评为全国优秀教师,1997年获国家级优秀教学成果二等奖。1999年获江西省五一劳动奖章。2000年4月,被国务院授予全国先进工作者称号。

**王治卿** 1962年3月生,河南省原阳县人。1983年7月从华东石油学院炼制系炼油工程专业毕业取得工学学士学位后,分配至洛阳炼油厂。1992年11月,任洛阳石油化工总石油化工总厂总工程师。2001年7月,任洛阳分公司经理。2005年7月,兼任广西炼油项目筹备组组长。2006年11月,调任中国石油化工股份有限公司九江分公司、中国石化集团公司资产公司九江分公司经理。2009年克服金融危机蔓延不利影响,完成炼油加工量454万吨,实现主营业务收入183亿元、税费48亿元,炼油盈利4.7亿元。当年获省优秀企业家称号。2010年4月,被国务院授予全国劳动模范称号。

**周桃英** 女,1963年3月生,江苏省兴化县人。中共党员。1984年入共青鸭鸭集团工作,曾任学徒、缝纫工、班长。2005年任鸭鸭集团有限公司第6车间副主任,负责产品质量监察管理工作。2009年11月所在车间一班长因事离岗,又主动兼任班长之责。当月,鸭鸭集团接到一订单,要求10天内制作服装7000余件,带领全车间各班组员工加班加点,圆满完成任务,为鸭鸭品牌争得荣誉。2010年4月,被国务院授予全国劳动模范称号。

**刘巧云** 女,1964年7月生,彭泽县人。中共党员。1986年毕业于九江卫校妇幼医士班。同年7月参加工作,先后在彭泽县乐观乡、太平乡、杨梓乡三个卫生院工作。1997年6月,调到县计划生育服务站,历任服务站主治医师、妇产科主任、站长。施行各项计划生育手术达2万余例,无一例手术事故。2005年获省人口计生委嘉奖。2006年评为省计划生育先进个人。2009年评为省优秀共产党员。2010年4月,被国务院授予全国劳动模范称号。

**胡开颜** 1964年10月生,安徽省枞阳县人。1983年12月在铁四局五处参加新线铁路建设,自此一直从事起重架梁工作,后任中铁四局集团第五工程有限公司架桥队队长、高级技师,转战公司10余个项目。1983~2010年,发现并排除安全隐患上百次,架设大小桥梁50多座、近30千米,累计架梁1900余片,座座安全优质,创造价值14000多万元;拼装架桥机10余台;技术革新20多项,解决上百个架梁难题,节约成本上千万元。1995年获铁道部"京九铁路建设先进个人"称号。1996年获中华全国铁路总工会火车头奖章。1996年获铁道部"全路青年技术能手"称号。1997年,入华东交通大学学习,大专学历。同年加入中国共产党。2005年获省劳动模范。2006年,获"全国知识型员工先进个人"称号。2008年获"江西省优秀高技能人才"称号。2010年4月,被国务院授予全国劳动模范称号。

**马玉霞** 女,回族,1965年6月生,河南省南阳市人。1982年进九江国棉一厂当细纱挡车工。1985年加入"八闯将小组"。1987年任全国先进班组——"八闯将小组"第三任组长。1989年11月加入中国共产党。热爱本职工作,苦练操作技术。在较短的时间内练就过硬的操作本领,接头、换纱速度快、质量好、动作标准,接头28秒无白点,换粗纱34秒无白点,均达全优水平。1984~1989年,用"滚雪球"方式带学员134人,操作技术均达优一级水平。1989年在全国劳动模范和全国先进工作者表彰大会上被国务院授予全国劳动模范称号。

**何海花** 女,1966年6月生, 瑞昌市人。1982年11月,参加工作。中共党员,高中学历。自1983年进麻纺厂一直在麻纺行业工作。2004年评为九江市"创新能手",所在车间评为市"十大巾帼文明车间"。同年,任瑞昌市鸿达纺织有限公司党支部书记、车间主任。2005年获省劳动模范称号。2006年11月,出席省十二次党代会。2009年获省"三八红旗手"。2010年4月,被国务院授予全国劳动模范称号。

**吴国林**　1966年8月生，彭泽县马当镇人。中共党员。1984年考入江西师范大学数学系。1988年7月，任教于彭泽县第二中学。1989年获全国优秀教师称号。自1991年起，担任高三年级班主任和数学教学工作，在教学工作中爱岗敬业，任劳任怨，所带高中毕业班在学校一直名列前茅。当校园安全受到犯罪分子威胁时，临危不惧，挺身而出，即使身负重伤，仍与歹徒英勇搏斗。1995年被评为省劳动模范。1995年4月，被国务院授予全国先进工作者称号。

**胡福兵**　1967年4月生，庐山区人。1986年进庐山风景名胜区当环卫工人。在环卫工作岗位上，爱岗敬业，任劳任怨，不怕臭怕脏，不叫苦叫累，为美化庐山做出贡献。1990年，评为庐山十大杰出青年。1995年，评为省建设厅风景名胜区先进个人。1996年被评为省环卫战线先进工作者。2000年4月，被国务院授予全国先进工作者称号。后任庐山风景名胜管理局环卫所副所长。

**陈义华**　女，1968年5月生，湖北省黄梅县人。1984年6月参加工作，任九江国棉一厂细纱车间挡车工。虚心学习，吃苦耐劳，被推荐为该厂"八闯将小组"第四任组长。1994年3月，被市政府授予劳动模范称号。同年6月加入中国共产党。1995年3月，被省政府授予劳动模范称号。同年4月，被国务院授予全国劳动模范称号。1998年参加中国工会第十三次代表大会，受到中共中央总书记、国家主席江泽民邀请，到中南海参加全总新一任领导班子和8位职工代表座谈会。

**顾井红**　女，1968年7月生，江苏省东台市人。1985年8月参加工作。1992年从九江化纤厂下岗。1998年，任琪雅化妆品九江分公司经理。1999年自筹资金成立九江琪雅职业技能培训中心，发展分店20余家，解决就业岗位300多个。2001年被评为市三八红旗手。2002年被共青团中央及劳动和社会保障部授予"全国优秀青年兴业领头人"。2003年获全国城镇妇女"巾帼建功"标兵和"全国财贸轻纺系统扶持再就业带头人先进个人"称号。2004年8月，获"全国再就业工作先进个人"称号。所创办实业被全国总工会命名为"下岗职工自主创业或集体创业示范点"。2005年4月被国务院授予全国劳动模范称号。

**向　东**　1970年2月生，德兴市人。中共党员。1992年从部队退伍后参加邮电工作。在电话、宽带维护与营销工作中兢兢业业，在平凡的工作岗位上做出不平凡业绩。"九八抗洪"期间，带领同事不分昼夜穿梭于机房与大堤之间，保证了300多部防汛电话畅通无阻。在平凡工作中，视用户为亲人，随时上门为用户服务。1998年被评为省抗洪先进个人。2001年获全国五一劳动奖章，为省劳动模范。还先后获省新形象楷模、全国邮电服务标兵和中央企业优秀共产党员等。2003年受聘兼任省电信有限公司九江市分公司公众客户部经理助理。2004年7月"向东班"成立，任"向东班"班长。2004年9月28日至10月1日，应邀在京参加国庆55周年系列庆祝活动。2005年4月被国务院授予全国劳动模范称号。同年，"向东班"被选树为中国电信争创学习型班组典型。2006年3月，向东班和九江职业大学学生合作创办向东班爱心家教协会。2007年5月，当选中共十七大代表。2009年12月，获"新中国60年来江西60位最具影响力的劳动模范"称号。

**马小立**　女，1972年9月生，天津市人。1987年1月参加工作，九江针织总厂制衣车间（九江针织服装集团有限公司制衣三公司）挡车工。1995年团结本车间工人承担省外贸服装订货任务，高质量、高水平完成，使外贸出口上升20.5%。1997年被评为全省劳动竞赛先进个人。1998年获省五一劳动奖章，评为市劳动模范。1999年全车间服装制成品产量达399.9万件，同比增长38.4%。同年加入中国共产党，获全国五一劳动奖章。2000年4月，被国务院授予全国劳动模范称号。

**陆永兰**　女，1974年4月生，永修县人。1990年4月，入九江国棉一厂当细纱挡车学徒工。1992年，任全国先进班组"八闯将小组"副组长。1994年在全市首届青工操运会上获第三名。1996年，考入省纺织技校。1998年毕业后，任"八闯将小组"第五任组长。同年，被评为市优秀共青团员、全国纺织巾帼建功标兵。1999年，加入中国共产党。2000年后，先后被评为市"九五"双争立功生产操作能手、市劳动模范、省劳动模范、全国纺织行业劳动模范。2001年7月，随企业改制重组，入江西海扬纺织集团友兴公司，任公司共产党员先锋机台责任人,并连年被评为公司标兵最佳操作能手。2005年4月,被国务院授予全国劳动模范称号。

**徐红建** 1977年12月生于武宁县,祖籍浙江省建德市。1995年高中毕业后回乡务农。所经营果园被评为“九江市十大农村青年示范基地”。2001年加入中国共产党。领头成立武宁县甫田平尧水果购销专业合作社。2003年带领村民发展果园245公顷,库湾养鱼20公顷,人均出栏生猪4.5头,人均年纯收入达4700元。同年12月,获团中央和农业部授予2003年度全国“青年农业产业化带头人”称号。2005年评为省劳动模范。2006年被省委组织部授予江西省“三培两带标兵”称号。2009年,全组建果园、办农家乐,观光农业、生态旅游业共接待游客3万多人,人均年纯收入达8000多元。2010年4月,被国务院授予全国劳动模范称号。

## 第四节 社会贤达

**刘 骥** 1920年生,武宁县澧溪人。1947年毕业于广西大学物理系,曾任教于安徽大学和广西大学,后任哈尔滨医科大学教授。1972年成功研制中国第一台核医学彩色扫描机,1976年成功研制双探头数字化彩色扫描机,1978年获全国科学技术大会、全国医学卫生科学大会优秀科研成果奖。著有《医用电子学》《医用物理学》《物理学》等,翻译作品有《原子核物理学题集》。

**墨 人** 原名张万熙,1920年生,九江县江洲镇前埂村人。毕业于黄埔军校16期和中央训练团新闻研究班第一期。1949年到台湾。19岁开始写作,出版作品千余万字,主要有《墨人诗选》《墨人小说选》《墨人散文集》,长篇小说代表作有《红尘》《白雪青山》《灵姑》《凤凰谷》等,被译成多国文字出版。获多种国际性文学奖,并被授予美国国际大学基金会荣誉文学博士,世界大学荣誉文学博士,爱因斯坦国际学院基金会荣誉人文学博士学位。九江师专曾设墨人文学研究中心。

**潘际炎** 1924年生,瑞昌桂林街道庆丰村人。1950年毕业于清华大学土木工程系,曾任铁道部科学研究院铁建所桥梁研究室主任、研究员、教授、博士生导师。1959~1963年,作为桥梁专家,派往越南,建成地质极为复杂的咸龙公路大桥,获胡志明颁发的越南共和国劳动勋章。1964年起担任铁道部科学研究院院务委员、中国钢协常务理事、桥梁钢结构协会理事长、铁道建筑研究所学术委员会副主任,《铁结构》编委会副主任,《中国铁路桥梁史》编委会委员,是南京长江大桥主要设计师。其提出改传统铆接为焊接,获国家科技进步特等奖。负责设计建设成昆铁路栓接焊钢桥44座,利用焊接技术设计建成九江长江大桥,为国家节约近亿元开支。退休后还担任南昌大学博士生导师。

**殷有为** 1924年生,原名谭天,海外笔名马丁·易卜生,庐山区莲花镇谭畈村人。华人报业家,美国殷氏控股公司董事长。青年时曾在九江任记者,后在新加坡创办华文《南洋时报》,毕业于伦敦大学法律系。1960~1985年在联合国工作,任东南亚多国驻联合国新闻特派员。期间1967年在纽约创办史格蓝·殷律师公司,并先后在伦敦、纽约、波士顿等地发展12个子公司。20世纪70年代多次担任中美政府间新闻和贸易联络人,积极促进中国加入联合国。1979年,在美国创办华人第一份英文报《东方时代》(后经万里委员长建议,改名为《东方时报》)。已创办过5种中英文报刊,在美国新闻界享有盛誉,并任美国东西方关系协会主席等职。晚年定居家乡,设立“九江殷氏奖学基金会”,为家乡修路、抗洪等捐资。著回忆录《风雨九十年》等。

**释一诚** 俗姓周,名云生,1927年2月生于湖南宁乡县。1948年于湖南长沙县黄金园乡洗心庵剃度出家,承临济宗派,法号一诚,字悟圆。1956年在江西永修云居寺修持,1956~1959年在虚云主办、海灯执教的佛学研究苑学习。1966~1976年入云居山垦殖场改作农工。1978年回云居山真如禅寺。1985年升座真如禅寺方丈。1986年起任永修县佛教协会会长、九江市佛协副会长、市政协常委、江西省佛教协会会长、省政协委员、中国佛教协会副会长。2002年任中国佛教协会会长。

**释传印** 俗姓吕,名毓岱,1927年1月生于辽宁省庄河市。1947年皈依佛教,学习佛经。1954年于云居山真如寺出家，受戒于虚云老和尚。1960~1965 年在北京中国佛学院学习，毕业后回云居山研究佛学。1966~1975 年，下放到云山垦场城山分场劳动。1979 年调到北京广济寺中国佛教协会。1981 年应邀赴日本净土宗佛教大学留学。1984 年起，任中国佛学院教务长、副院长。1994 年受请为东林寺方丈。2010 年 2 月，当选中国佛协会会长，兼任中国佛学院院长。

**陈复华** 1929 年生，修水县上杭乡人。1950 年入南昌大学，湖南师范学院毕业。1958 年武汉大学研究生毕业，攻读古代音韵学。后任中国人民大学、北京大学教授，教古音学，在古音学领域中卓有成效，著有《汉语音韵学基础》《古韵三十部归字总论》《古韵通晓》(合著)、《古汉语大词典》(主编)等书。

**樊孝菊** 女，1932 年生，修水马坳乡人，革命烈士后代。1950 年参加工作，先后担任四都乡妇女主任、副乡长、团委书记、南岭公社四都大队菊牡队队长、街上生产队队长，1955 年评为省社会主义建设青年积极分子，1957 年评为江西省“巧姐妹”英雄，1960 年评为省劳动模范，同年评为全国三八红旗手。1966 年后，历任三都茶场党委书记兼农科所副主任、修水县革委副主任兼三都茶场党委副书记、太阳升公社党委书记、江西省革委会副主任、省妇联主任、修水县革委副主任、全国妇联筹委会委员、省农业机械化工作领导小组组长、省生猪生产工作领导小组组长、全国妇代会代表。先后出席中国共产党第九届、第十届全国代表大会，当选为中共第九届、第十届中央委员会候补委员。

**李赣驹** 1933 年生于上海，武宁县罗溪人。幼年随父母辗转香港、昆明、重庆、上海读小学、中学。1950~1954 年参军选送哈尔滨医科大学军事干部学校学习。毕业后分配在北京中苏友好医院任内科医生、翻译。1955 年随中央工作团赴西藏，为藏民治病。1959 年调河北邯郸市第一人民医院工作，1981 年任邯郸市副市长，1983 年任河北省政协副主席，后调北京任民革中央副主席。第六届全国政协委员，第七届、第八届全国政协常委、外事委员会副主任，第九届全国政协常委兼副秘书长，第十届全国政协常委兼港澳台侨务委员会副主任。2004 年离任。

**陈邦柱** 1934 年生，庐山区新港镇荷塘村人。1954 年毕业于重庆建筑工程学院土木系，1978 年后任化工部第九化工建筑公司经理、总工程师。1983 年任岳阳市委副书记、市长。1984 年后任湖南省副省长、省委副书记、省长。1995 年任国内贸易部部长。1998 年任国家经贸委党组副书记、副主任。2000 年后任全国政协常委、全国政协人口资源环境委主任，中国质量协会会长。是中共十四、十五届中央委员。

**毛谦德** 1934 年生，浔阳区人。1955 年毕业于南京工学院机械制造专业，分配至北京工业学院(后改为北京理工大学)。1986 年晋升为教授。先后任机械系实验室主任、教研室主任、系副主任、校学术委员会常委、系学位委员会主任、国家自然科学基金委机械学科评审组成员、全国摩擦学专业学会常务理事兼学术委员会副主任、清华大学摩擦学国家重点实验室学术委员等职。编著译著有《袖珍机械设计师手册》(主编，1994 年出版)、《现代综合机械设计手册》(篇主编，1996 年出版)、《工程设计学》(译著、1992 年出版)。

**王贤才** 1934 年生，九江县永安乡人。曾任第六、七、八、九届全国政协委员、省政协常委、省专家联谊会副理事长，省翻译工作者协会会长，省文史研究馆副馆长。1956 年山东大学医学院毕业后分配在北京丰台铁路医院工作，1957 年译著《临床外科须知》在上海出版。后在劳改医院翻译世界医学名著《希氏内科学》第 13 版，全书 340 万字。1975 年回故乡，1984 年译出此书第 15 版，共计 470 万字。之后又补译第 17、18 版出版，同时还主持编译《临床药物大典》《英中医学辞海》(600 余万字，获第四届中国图书一等奖)、《呼吸系统疾病最新进展》。此外，从事文学创作，出版小说《金刚剑》《命运》《青青岁月》，散文集《〈希氏内科学〉作证》《蝈蝈堂闲话》，电影、电视剧本《破雾》《三少年》《李白出山》等。

**王一民** 1938 年生，湖口县人。1957 年毕业于九江师范学校。历任教师，记者，编辑，剧团编剧，九江地区创作室创作员，市文化局副局长，市影视艺术中心主任等职。1986~2000 年兼任省文联副主席。国家一级编剧。所创作 5 部电影剧本拍成影片，16 部电视剧本搬上荧屏。其中《乡情》获 1981 年度文化部优秀影片奖，第五届大众电影百花奖最佳故事片奖。《乡音》获 1983 年度文化部优秀影片二等奖，第四届中国电影金鸡奖最佳故事片奖。著有诗集《鄱湖渔歌》、电影剧本集《乡情乡音乡思》《王一民文集》(两卷)等。

**蔡晓晴** 女,1942年生, 九江人。1966年毕业于北京电影学院导演系,1973年调中央电视台任导演,国家一级导演。1978年在中国率先探索性导演电视剧《三家亲》《教授和他的女儿》。1979年导演《有一个青年》,次年获中国首届优秀电视剧一等奖。1981年导演《蹉跎岁月》,获电视"飞天奖"一等奖。不久导演《公共汽车咏叹调》《大角逐序曲》,1986年获电视"金鹰奖""飞天奖"。1989年3月,"蔡晓晴导演艺术讨论会"在北京召开,肯定其在新时期中国电视剧起步、发展十年中所做的开拓性工作和导演成就。20年间导演近20部电视剧,其中多数获奖。1995年被评为中国电视剧"十佳女导演"之一。

**王若涛** 1943年生,永修县九合乡人。卫生部预防医学首席科学家。1968年毕业于天津医科大学医疗系。1980年留学英国,1983年获英国伦敦大学卫生与热带医学院流行病学和统计学博士学位。归国后任天津医科大学卫生系副主任、教授。1986~1993年任医科大学公共卫生院院长。1993年调北京,先后任中国预防医学科学院、北京协和医科大学公共卫生学院教授,中国艾滋病控制预防中心政策信息室研究员、卫生部艾滋病预防控制专家委员会副主任、中国疾病预防控制中心性病艾滋病预防控制中心伦理委员会主任、中国疾病预防控制中心性病艾滋病预防控制中心信息资源室主任。2000年至美国耶鲁大学耶鲁法学院进修,2001年获法学硕士学位。著有《临床流行病学》《实用流行病学》《健康促进的理论与实践》《中国HIV/AIDS相关法律问题》《全球公共卫生》(《中国的公共卫生》一章)。

**王 翔** 1949年生,彭泽县人,民革党员。曾任全国政协第八、九、十届委员、九江市第十三届政协副主席、民革九江市委十一、十二届主委,全国工商联执委、江西省政协常委、江西省工商联(总商会)副会长、九江市工商联(总商会)会长、江西民生集团有限公司董事长,高级经济师。王翔作为非公有制经济界的全国政协委员,1994年以来,共向大会提交提案和大会发言100多件次,其中提交的修改补充保护私营经济法律法规提案、降低契税提案、建议高考时间提前至6月初、建议取消农业税,征收酒类专卖税以弥补取消农业税后财政的开支需要提案,减轻外出打工者负担提案,获得良好的社会反响。在全国首次设立挽救失足青少年教育基金,设立光彩奖学助教基金,在贫困地区捐建光彩希望小学等。多年来,共捐献款项和物资近2000万元。2004年、2005年被评为江西省"十大爱心人士"和"十大爱心人物",2005年被评为全国"首届百名中华慈善人物",是2006年福布斯、胡润慈善排行榜的上榜慈善家,也是民政部公益时报"中国慈善排行榜"的上榜慈善家。

**谭策铭** 1952年生,九江县沙河街人。1981年江西农业大学毕业。1992年创办九江县森林植物研究所和九江森林植物标本馆,任所长、馆长。其间长期跋涉山林,采集标本30余万份,并为全国30余所科研单位和大专院校输送标本3万余份,先后撰写《赣西北九岭幕阜山脉野生种子植物种质资源志要》《九江市野生植物标本馆标本志要》《庐山常见植物简易识别》等著作。所创办的标本馆进入全国318所重点植物标本馆行列,经国际植物学会注册,是省林业科技系统馆藏量最大的标本馆,2009年被授予省科普教育基地,江西师范大学等4所高校授予"教学实践基地"。

**张丽萍** 女,1968年11月生于九江,祖籍山东。1999年开始举重运动生涯。2000年,获第五届残疾人运动会举重60公斤级第二名(超世界记录)。2001年,获新西兰世界锦标赛60公斤级金牌。2002年,获韩国世界锦标赛60公斤级金牌。2003年,获第六届残疾人运动会举重67.5公斤级第一名(超世界纪录)。同年,获马来西亚世界锦标赛67.5公斤级金牌。2004年,获第十二届残疾人奥运会举重67.5公斤级第二名。2005年,获马来西亚第一届亚洲举重锦标赛75公斤级第一名。2006年,获马来西亚第九届"远南"运动会(残亚会)举重75公斤级第一名。2007年,获雅典欧洲世界锦标赛82.5公斤级第一名。2008年,获北京残奥会举重75公斤级第三名。

**高玉兰** 女,1982年10月生,瑞昌湓城街道罗湖村人。1996年,获省少儿田径赛女子投掷全能第一名,女子铅球第一名和标枪第二名。1997年获省田径比赛铅球第一名和全能第二名。1999年被选调到省水上运动管理中心,开始水上项目的四人组合、双人组合、单人双桨系列训练。2000 年 10 月,获全国锦标赛双人双桨第一名。2003 年 4 月,获全国冠军赛女子双人双桨第一名。2004 年 10 月,获全国锦标赛女子四人双桨第一名和双人双桨第二名。2005 年,相继取得全国春季锦标赛女子四人双桨第一名,第十届全国运动会女子四人双桨第一名和东亚运动会女子四人双桨冠军。2008 年 4 月,在北京奥运会赛艇比赛女子双人单桨决赛中,与队友吴优以 7 分 22 秒 20 的成绩获亚军,是中国在北京奥运会上的首枚奖牌,也是江西历史上首枚奥运奖牌。

# 第三章 人物表

## 第一节 烈 士

表 70-3-1

| 姓 名 | 单 位 | 职 业 | 牺牲原因 | 年 份 |
|---|---|---|---|---|
| 周庆梓 | 武宁县矿管局 | 干部 | 因公殉职 | 1991 |
| 欧阳泉平 | 九江师专 | 学生 | 入水救人 | 1991 |
| 郭斗金 | 星子县白鹿镇 | 基干民兵 | 入水救人 | 1991 |
| 吴家谷 | 永修县梅棠镇 | 村民 | 入水救人 | 1992 |
| 李 迅 | 武宁县公安局泉口派出所 | 民警 | 追捕逃犯 | 1992 |
| 张宁闽 | 修水县公安局 | 话务员 | 扑灭山火 | 1993 |
| 谢宝生 | 修水县经贸委员会 | 主任 | 扑灭山火 | 1993 |
| 冷德星 | 修水县纪委办公室 | 主任 | 扑灭山火 | 1993 |
| 宁海军 | 赣北汽车运输公司 | 职工 | 扑灭山火 | 1993 |
| 叶 凯 | 赣北汽车运输公司 | 职工 | 扑灭山火 | 1993 |
| 谢世云 | 修水县委办公室 | 司机 | 扑灭山火 | 1993 |
| 孙平珂 | 湖口县张青乡 | 村民 | 追赶窃贼 | 1993 |
| 卢清泉 | 武宁县官莲乡 | 村民 | 火中救人 | 1996 |
| 徐德武 | 永修县虬津镇 | 部队飞行大队长 | 飞机事故 | 1996 |
| 宋茂长 | 瑞昌市白杨镇赤丰村 | 党支部书记 | 抗洪救人 | 1998 |
| 钟宇春 | 修水县庙岭乡 | 村民 | 抗洪救人 | 1998 |
| 刘文锦 | 都昌县土塘镇 | 村民 | 抗洪抢险 | 1998 |
| 王雪林 | 武宁县南市乡 | 村民 | 入水救人 | 1998 |
| 彭大元 | 彭泽县太泊湖乡 | 村民 | 抗洪抢险 | 1998 |
| 曹桂镇 | 都昌县公安局 | 民警 | 抗洪抢险 | 1999 |
| 柯亨逵 | 德安县邮电局 | 保安员 | 勇斗歹徒 | 1999 |
| 汪石城 | 彭泽县科协 | 主席 | 抗洪抢险 | 1999 |
| 邵天渠 | 修水县东港乡 | 武警边防战士 | 缉私执勤 | 1999 |

续表 70-3-1

| 姓 名 | 单 位 | 职 业 | 牺牲原因 | 年 份 |
|---|---|---|---|---|
| 黄 明 | | 部队新闻干事 | 抗洪抢险 | 1999 |
| 刘克谱 | 九江县长山乡中心小学 | 学生 | 入水救人 | 2000 |
| 杜才金 | 永修县马口镇 | 空中射击员 | 飞行事故 | 2001 |
| 胡训名 | 九江市171医院院务处 | 处长 | 勇斗歹徒 | 2002 |
| 谭守文 | 武警九江市支队五中队 | 战士 | 扑灭山火 | 2004 |
| 殷巧女 | 湖口县三里林场 | 临时职工 | 扑灭山火 | 2004 |
| 段新发 | 都昌县鸣山乡 | 党委副书记 | 扑灭山火 | 2005 |
| 陈茂光 | 都昌县鸣山乡七里村 | 村民小组长 | 扑灭山火 | 2005 |
| 许景谷俊 | 市房管局产权交易处 | 职工 | 勇斗窃贼 | 2008 |
| 李永刚 | 修水县林业公司 | 职工 | 勇斗窃贼 | 2009 |
| 陈水印 | 星子县公安局蓼南派出所 | 教导员 | 抗洪抢险 | 2010 |
| 王滚林 | 星子县苏家垱乡政府 | 干部 | 抗洪抢险 | 2010 |
| 段立柱 | 瑞昌市黄金乡北山村 | 部队上等兵、副班长 | 空降事故 | 2010 |

## 第二节 省市劳动模范、先进个人

### 一、省劳动模范和先进工作者

表 70-3-2

| 姓 名 | 单 位 | 授予部门 | 年 份 |
|---|---|---|---|
| 周筱华 | 江西赣北化工厂工人 | 省政府 | 1995 |
| 谭(谈)勇福 | 九江化工厂工段长 | 省政府 | 1995 |
| 单金发 | 江西朝阳机械厂(6301厂)工人 | 省政府 | 1995 |
| 梅汉发 | 江西塑料制品厂工人 | 省政府 | 1995 |
| 聂金富 | 九江动力机厂班长 | 省政府 | 1995 |
| 丁恒美(女) | 浔阳区环卫处工人 | 省政府 | 1995 |
| 彭长明 | 九江钢铁公司工人 | 省政府 | 1995 |
| 吕庆胜 | 瑞昌市洋鸡山金矿工段长 | 省政府 | 1995 |
| 汪昌炽 | 市市政工程公司工人 | 省政府 | 1995 |
| 唐 军 | 九江港务管理局起重工 | 省政府 | 1995 |
| 朱贞元 | 江西微分电机厂工人(星子) | 省政府 | 1995 |
| 万仁瑞 | 九江石油化工总厂工人 | 省政府 | 1995 |
| 曹文恒 | 星火化工厂起重工 | 省政府 | 1995 |
| 李菊华(女) | 九江第五棉纺织有限责任公司工人 | 省政府 | 1995 |
| 李能琴(女) | 九江第二棉纺织有限责任公司工人 | 省政府 | 1995 |
| 李良炳 | 庐山水泥厂(烧成车间)电工班长 | 省政府 | 1995 |
| 张淑芳(女) | 修水县第一缫丝厂工人 | 省政府 | 1995 |

续表 70-3-2

| 姓 名 | 单 位 | 授予部门 | 年 份 |
|---|---|---|---|
| 刘芝发 | 武宁县水轮机制造厂班长 | 省政府 | 1995 |
| 郭剑锋 | 九江发电厂班长 | 省政府 | 1995 |
| 高木龙 | 九江公路分局都昌公路段养路工 | 省政府 | 1995 |
| 屈小红(女) | 九江玻璃纤维厂工人 | 省政府 | 1995 |
| 黄爱英(女) | 九江第四百货商场营业员 | 省政府 | 1995 |
| 陈义华(女) | 九江第一棉纺织有限责任公司挡车工 | 省政府 | 1995 |
| 张 进 | 庐山云中宾馆服务员 | 省政府 | 1995 |
| 朱宗明 | 都昌县瓷珠坐垫厂个体户 | 省政府 | 1995 |
| 王福华 | 市邮电局工程师 | 省政府 | 1995 |
| 陈 元 | 国营五七二七厂车间主任 | 省政府 | 1995 |
| 王进妹(女) | 铁道部第四工程局第五工程处副段长 | 省政府 | 1995 |
| 姜瑞明 | 市金属材料总公司科长 | 省政府 | 1995 |
| 李承茂 | 永修县有机化工总厂经营科长 | 省政府 | 1995 |
| 张玉成 | 德安汽车零部件制造公司经营科长 | 省政府 | 1995 |
| 倪国树 | 九江(县)水泥厂厂长 | 省政府 | 1995 |
| 冯训亚 | 都昌造船厂厂长 | 省政府 | 1995 |
| 张贱友 | 湖口县供销社主任 | 省政府 | 1995 |
| 周光洁 | 农业银行九江县支行江洲营业所主任 | 省政府 | 1995 |
| 李良泉 | 九江化学纤维厂厂长 | 省政府 | 1995 |
| 邹学文 | 江西制氧机厂厂长 | 省政府 | 1995 |
| 张泗存 | 九江石油化工总厂厂长 | 省政府 | 1995 |
| 顾崇先 | 九江化工厂厂长 | 省政府 | 1995 |
| 刘 强 | 市邮电局局长 | 省政府 | 1995 |
| 李咸龙 | 都昌县万户乡塘美村农民 | 省政府 | 1995 |
| 胡梅生 | 彭泽县乐观乡乐观村农民 | 省政府 | 1995 |
| 易本彪 | 九江县永安乡新民村农民 | 省政府 | 1995 |
| 杨万根 | 德安县磨溪乡田甫村农民 | 省政府 | 1995 |
| 王先华 | 湖口县文桥乡文新村农民 | 省政府 | 1995 |
| 吴松源 | 彭泽县棉船乡复排村农民 | 省政府 | 1995 |
| 赵万咬 | 九江县永安乡永安村农民 | 省政府 | 1995 |
| 吴火焰 | 彭泽县棉船镇金洲村农民 | 省政府 | 1995 |
| 潘运水 | 永修县三角乡细圩村农民 | 省政府 | 1995 |
| 黄水华 | 修水县温(漫)江乡杜家庄村农民 | 省政府 | 1995 |
| 汪山林 | 星子县隘口镇隘口村农民 | 省政府 | 1995 |
| 何泽祥 | 永修县三角乡水禽养殖加工厂厂长 | 省政府 | 1995 |

续表 70-3-2

| 姓 名 | 单 位 | 授予部门 | 年 份 |
|---|---|---|---|
| 黄德涛 | 德安县木环乡岳山垅村农民 | 省政府 | 1995 |
| 曹长员 | 湖口县三里乡政府乡水产员 | 省政府 | 1995 |
| 李庆海 | 武宁县宋溪乡大坪村农民 | 省政府 | 1995 |
| 邵北山 | 都昌县北山乡水产场工人 | 省政府 | 1995 |
| 胡建凡 | 修水县水电局车联堰电站站长 | 省政府 | 1995 |
| 徐京发 | 永修县三溪桥乡农民 | 省政府 | 1995 |
| 陈荣进 | 武宁县船滩镇莲塘村农民 | 省政府 | 1995 |
| 李青山 | 庐山区建筑工程总公司总经理 | 省政府 | 1995 |
| 董柏良 | 瑞昌市码头镇码头村村支书 | 省政府 | 1995 |
| 周恩次 | 湖口县九江曲轴厂车间主任 | 省政府 | 1995 |
| 夏小华 | 修水神茶集团公司总经理 | 省政府 | 1995 |
| 曹贵匀 | 彭泽县上十岭垦殖场场长 | 省政府 | 1995 |
| 李振有 | 永修县柘林镇易家河村村支书 | 省政府 | 1995 |
| 肖茂元 | 德安县园艺场场长 | 省政府 | 1995 |
| 麻莲姣(女) | 武宁县石渡乡新丰村农民 | 省政府 | 1995 |
| 余传夏 | 瑞昌市和平乡和平村农民 | 省政府 | 1995 |
| 张南生 | 共青垦殖场畜牧场场长 | 省政府 | 1995 |
| 吴国林 | 彭泽县第二中学教师 | 省政府 | 1995 |
| 吴汉魁 | 市第六中学教师 | 省政府 | 1995 |
| 邹　俊 | 市国税局直属分局股长 | 省政府 | 1995 |
| 雷在新 | 瑞昌市公安局三眼桥派出所所长 | 省政府 | 1995 |
| 熊学明 | 市图书馆馆长 | 省政府 | 1995 |
| 陈建树 | 市卫生防疫站科主任 | 省政府 | 1995 |
| 曹瑞林 | 都昌县水电局设计师 | 省政府 | 1995 |
| 杨翠娥(女) | 庐山区新港镇计生办干部 | 省政府 | 1995 |
| 汪汉庆 | 彭泽县人民政府县长 | 省政府 | 1995 |
| 邬培德 | 彭泽县血防站副站长 | 省政府 | 1995 |
| 曹长员 | 湖口县三里乡胜利村农民 | 省政府 | 2000 |
| 黄兴中 | 彭泽县棉船乡复排村 | 省政府 | 2000 |
| 张文标 | 九江石化总厂厂长 | 省政府 | 2000 |
| 高兴泽 | 大桥五处 | 省政府 | 2000 |
| 陆永兰(女) | 九江一棉纺织有限责任公司挡车工 | 省政府 | 2000 |
| 曹新国 | 都昌县周溪水产场农民 | 省政府 | 2000 |
| 曹继安 | 九江县永安乡爱民村 | 省政府 | 2000 |
| 陈昌万 | 铁四局五处石中经理部 | 省政府 | 2000 |

续表 70-3-2

| 姓 名 | 单 位 | 授予部门 | 年 份 |
|---|---|---|---|
| 陈官民 | 九江啤酒厂 | 省政府 | 2000 |
| 陈杏华 | 修水县大桥镇 | 省政府 | 2000 |
| 陈修厚 | 都昌县林业局生防站站长 | 省政府 | 2000 |
| 程华山 | 九江县良种猪场 | 省政府 | 2000 |
| 方裕堂 | 修水县三都镇三都村 | 省政府 | 2000 |
| 葛江明 | 武宁县黄段乡武安村 | 省政府 | 2000 |
| 桂顺志 | 市邮政局投递局检查员 | 省政府 | 2000 |
| 韩同庆 | 庐山水泥有限责任公司总经理 | 省政府 | 2000 |
| 洪有女(女) | 德安县吴山乡园艺总场 | 省政府 | 2000 |
| 胡开坪 | 九江石化总厂党委书记 | 省政府 | 2000 |
| 胡锁柱 | 德安江西制动器厂副总工程师 | 省政府 | 2000 |
| 黄 艳(女) | 五七二七厂 | 省政府 | 2000 |
| 孔凡良 | 浔阳区白水湖街道三里村 | 省政府 | 2000 |
| 赖永才 | 江西制氧机厂 | 省政府 | 2000 |
| 李光前 | 彭津县浩山乡柳墅村 | 省政府 | 2000 |
| 刘凤姣(女) | 庐山宾馆 | 省政府 | 2000 |
| 刘彦展 | 瑞昌市苎麻纺织总厂金圣纺纱厂 | 省政府 | 2000 |
| 卢洪万 | 修水鼎立集团总经理 | 省政府 | 2000 |
| 罗宿彭 | 彭泽县马当乡马当村 | 省政府 | 2000 |
| 马德福 | 九江电子材料厂厂长 | 省政府 | 2000 |
| 苗振汉 | 市棉麻总公司 | 省政府 | 2000 |
| 闵保林 | 永修县虬津镇虬津村 | 省政府 | 2000 |
| 聂忠华 | 星火化工厂副总工程师 | 省政府 | 2000 |
| 饶锡文 | 庐山区赛阳镇 | 省政府 | 2000 |
| 桑昌祥 | 市市政工程公司路灯所所长 | 省政府 | 2000 |
| 尚 林 | 江西柘林水力发电厂工人 | 省政府 | 2000 |
| 邵国助 | 彭泽县马当乡马当村 | 省政府 | 2000 |
| 沈德建 | 市气象局气象台台长 | 省政府 | 2000 |
| 沈清元 | 星子江西仪表机床厂 | 省政府 | 2000 |
| 时腊初 | 湖口县流泗镇推广站 | 省政府 | 2000 |
| 谭丽娜(女) | 建设银行九江支行分理处主任 | 省政府 | 2000 |
| 唐小平 | 市仙人面粉公司班长 | 省政府 | 2000 |
| 涂长水 | 永修县农技站 | 省政府 | 2000 |
| 王军修 | 修水县检察院 | 省政府 | 2000 |
| 王忠厚 | 修水县昌盛高耐热瓷公司 | 省政府 | 2000 |

续表 70-3-2

| 姓名 | 单位 | 授予部门 | 年份 |
|---|---|---|---|
| 温景祥 | 修水县四都镇大坑村 | 省政府 | 2000 |
| 吴和福 | 武宁县明星锑业有限公司 | 省政府 | 2000 |
| 吴自强 | 瑞昌市铸造厂厂长 | 省政府 | 2000 |
| 夏桂平 | 湖口水泥厂 | 省政府 | 2000 |
| 肖 平 | 武宁县煤矿 | 省政府 | 2000 |
| 谢明文 | 武山铜矿采矿车间副区长 | 省政府 | 2000 |
| 徐 信 | 星子县横塘特种农业公司 | 省政府 | 2000 |
| 杨保林 | 九江矿冶总公司选矿厂 | 省政府 | 2000 |
| 杨晓勇 | 九江印刷总厂工人 | 省政府 | 2000 |
| 杨志明 | 七一三厂厂长 | 省政府 | 2000 |
| 易红华(女) | 星子县"小人物"商店 | 省政府 | 2000 |
| 尹 瑜(女) | 九江开发区管委会 | 省政府 | 2000 |
| 余培群 | 九江化工厂 PVC 分厂设备组长 | 省政府 | 2000 |
| 曾为民 | 永修江纸集团昌九文化纸公 | 省政府 | 2000 |
| 张友凤(女) | 瑞昌市湓城街道计生服务所医师 | 省政府 | 2000 |
| 郑 平 | 瑞昌市桂融特种养殖场 | 省政府 | 2000 |
| 周桃英(女) | 江西共青羽绒厂 | 省政府 | 2000 |
| 明接盛 | 武宁县计划生育委员会主任 | 省政府 | 2000 |
| 胡福兵 | 庐山环卫所工人 | 省政府 | 2000 |
| 杨耀防 | 九江医专副校长 | 省政府 | 2000 |
| 曹达贵 | 江西七 O 一电视台 | 省政府 | 2000 |
| 陈爱民 | 都昌县水利电力局 | 省政府 | 2000 |
| 戴宝国 | 浔阳区垃圾处理场 | 省政府 | 2000 |
| 黄绍忠 | 九江县人民医院 | 省政府 | 2000 |
| 江声选 | 市第三人民医院 | 省政府 | 2000 |
| 廖文德 | 都昌县人民医院 | 省政府 | 2000 |
| 刘烈根 | 修水县信访办 | 省政府 | 2000 |
| 刘 松 | 武宁县公安局 | 省政府 | 2000 |
| 邵伦君 | 庐山区虞家河乡中心小学 | 省政府 | 2000 |
| 石培贵 | 都昌县第一中学 | 省政府 | 2000 |
| 肖焕君 | 市第十一中学 | 省政府 | 2000 |
| 王荣龙 | 彭泽县农业局植保站 | 省政府 | 2000 |
| 王一凡 | 市中级人民法院 | 省政府 | 2000 |
| 徐尤金 | 赣西北地质大队地质勘查院 | 省政府 | 2000 |
| 于传林 | 市国税局直属分局 | 省政府 | 2000 |

续表 70-3-2

| 姓 名 | 单 位 | 授予部门 | 年 份 |
|---|---|---|---|
| 孙仁贵 | 九江日报社 | 省政府 | 2000 |
| 詹学银 | 都昌交通稽查征费所 | 省政府 | 2000 |
| 顾井红(女) | 市琪雅职业技能培训中心 | 省政府 | 2005 |
| 杜文如 | 石化总厂 | 省政府 | 2005 |
| 朱武森 | 修水县供电有限责任公司 | 省政府 | 2005 |
| 熊雪娇(女) | 江西共青乘风纺织有限公司细纱车间 | 省政府 | 2005 |
| 杨秀芬(女) | 庐山区鑫星玻璃纤维厂第二捻线车间 | 省政府 | 2005 |
| 叶 斌 | 彭泽县供电有限责任公司线路班 | 省政府 | 2005 |
| 杨小明 | 庐山大厦水道班 | 省政府 | 2005 |
| 胡毕生 | 武宁县供电有限责任公司城区供电所 | 省政府 | 2005 |
| 胡华林 | 星子县供电有限责任公司蓼南供电所 | 省政府 | 2005 |
| 易玉珍(女) | 九江经济技术开发区滨兴街道老年服务中心 | 省政府 | 2005 |
| 梅仕锦 | 湖口蓝天药用玻璃厂 | 省政府 | 2005 |
| 何海花(女) | 瑞昌市苎麻纺织总厂纺纱车间 | 省政府 | 2005 |
| 郑 重 | 江西星火有机硅厂 | 省政府 | 2005 |
| 胡德生 | 江西移动通信有限责任公司九江分公司 | 省政府 | 2005 |
| 胡开颜 | 中铁四局集团第五工程有限公司 | 省政府 | 2005 |
| 曹明先 | 江西船用阀门厂机加总装分厂铣工班 | 省政府 | 2005 |
| 严茂汉 | 省投资集团赣能股份有限公司抱子石水电厂 | 省政府 | 2005 |
| 肖赛赛 | 江西柘林水电开发有限责任公司 | 省政府 | 2005 |
| 刘 健(女) | 江西省电信有限公司九江分公司浔阳路营业厅 | 省政府 | 2005 |
| 郑世秦 | 市邮政局邮区中心局动力班 | 省政府 | 2005 |
| 王梅芳(女) | 国营第 713 厂一车间小车床班 | 省政府 | 2005 |
| 秦厚军 | 九江石化总厂建安公司电修车间维护二班 | 省政府 | 2005 |
| 刘凤林 | 九江长途汽车运输总公司 | 省政府 | 2005 |
| 罗和华 | 市第一建筑工程公司 | 省政府 | 2005 |
| 毛定明 | 市糖酒副食品总公司浔阳中心商店 | 省政府 | 2005 |
| 柯盛锦 | 市自来水集团公司第三水厂 | 省政府 | 2005 |
| 王新祥 | 九江港口集团公司轮船公司 | 省政府 | 2005 |
| 胡世金 | 九江矿冶总公司磨浮车间球磨工段 | 省政府 | 2005 |
| 田洪年 | 九江三棉印染有限责任公司动力车间锅炉工段 | 省政府 | 2005 |
| 肖 雯(女) | 市洁丽清洗服务中心 | 省政府 | 2005 |
| 李成彬 | 九江县焕宝服饰有限公司 | 省政府 | 2005 |
| 丁大林 | 九江昂泰胶囊有限公司 | 省政府 | 2005 |
| 刘荣梅(女) | 市荣达制衣厂 | 省政府 | 2005 |

续表70-3-2

| 姓 名 | 单 位 | 授予部门 | 年 份 |
|---|---|---|---|
| 方志信 | 彭泽县牧业有限公司 | 省政府 | 2005 |
| 许建军 | 市公路管理局修水分局姜桥道班 | 省政府 | 2005 |
| 陈骏飞 | 九江海事局港区监督站 | 省政府 | 2005 |
| 蔡印生 | 永修县柘林湖风景区管理局易家河村支部书记 | 省政府 | 2005 |
| 罗时来 | 修水县征村乡敬老院 | 省政府 | 2005 |
| 余云健 | 修水县三都镇梁口果园 | 省政府 | 2005 |
| 谭寿林 | 都昌县徐埠镇泗山园林场 | 省政府 | 2005 |
| 高继明 | 彭泽县天红镇大港村 | 省政府 | 2005 |
| 徐鸿建 | 武宁县莆田乡茶棋村 | 省政府 | 2005 |
| 潘雪林 | 星子县中堂山庄 | 省政府 | 2005 |
| 熊烈才 | 九江县马回岭镇排山村委会 | 省政府 | 2005 |
| 孙法育 | 德安县高塘法育园艺场 | 省政府 | 2005 |
| 邱耀君(女) | 永修县三元杂交良种猪繁育基地 | 省政府 | 2005 |
| 余志忠 | 共青开发区金湖镇五合村 | 省政府 | 2005 |
| 田爱华 | 瑞昌市南义镇顺达母猪育种场 | 省政府 | 2005 |
| 邹祖庚 | 湖口县双钟镇胜利村 | 省政府 | 2005 |
| 朱其斌 | 庐山区虞家河乡鲁板村 | 省政府 | 2005 |
| 陈祥兴 | 浔阳区金鸡坡街道办事处姬公庵村 | 省政府 | 2005 |
| 徐为秀 | 九江经济技术开发区向阳街道梅山村 | 省政府 | 2005 |
| 潘新华 | 江西仙客来生物科技有限公司 | 省政府 | 2005 |
| 李志为 | 修水县裕发河粉有限公司 | 省政府 | 2005 |
| 李映沧 | 市开源食品有限公司 | 省政府 | 2005 |
| 刘余印 | 修水县职业高中 | 省政府 | 2005 |
| 徐 斌 | 都昌苏山中心小学 | 省政府 | 2005 |
| 周慧香(女) | 都昌县环境卫生管理所 | 省政府 | 2005 |
| 杨水林 | 都昌县春桥乡计生办 | 省政府 | 2005 |
| 邹银水 | 永修县公安局新城派出所 | 省政府 | 2005 |
| 李 俊 | 九江县中医院 | 省政府 | 2005 |
| 刘晓红(女) | 市浔阳区甘棠环卫所 | 省政府 | 2005 |
| 刘诗平 | 德安县第一中学 | 省政府 | 2005 |
| 万治君(女) | 瑞昌市实验小学 | 省政府 | 2005 |
| 胡云兴 | 市国税局 | 省政府 | 2005 |
| 黄忠福 | 浔阳区地税局办税服务厅 | 省政府 | 2005 |
| 张 力 | 市公安局浔阳分局庐山南路派出所 | 省政府 | 2005 |
| 刘士豪 | 市人民检察院公诉处 | 省政府 | 2005 |

续表 70-3-2

| 姓 名 | 单 位 | 授予部门 | 年 份 |
|---|---|---|---|
| 何水桥 | 市青少年宫 | 省政府 | 2005 |
| 丁芳华 | 市交通局综合科 | 省政府 | 2005 |
| 李腾勇 | 瑞昌市工商管理局肇陈分局 | 省政府 | 2005 |
| 刘少华 | 市第一人民医院 | 省政府 | 2005 |
| 吴伙记 | 市文化局文化市场稽查支队 | 省政府 | 2005 |
| 彭晓兰(女) | 九江职业技术学院机械工程系 | 省政府 | 2005 |
| 张吉富 | 德安县供电有限责任公司 | 省政府 | 2010 |
| 柯 咏 | 都昌县供电有限责任公司 | 省政府 | 2010 |
| 向瑛瑛(女) | 都昌县自来水公司 | 省政府 | 2010 |
| 丁小平 | 共青供电有限责任公司 | 省政府 | 2010 |
| 熊 坚 | 江西萍钢实业股份有限公司九江分公司轧钢厂 | 省政府 | 2010 |
| 黄月华(女) | 江西仙客来生物科技有限公司熟食加工班 | 省政府 | 2010 |
| 骆 鸿 | 江西旭阳雷迪高科技股份有限公司 | 省政府 | 2010 |
| 胡久红 | 庐山建筑工程公司 | 省政府 | 2010 |
| 虞成斌 | 九江财兴卫浴实业有限公司圆管分厂 | 省政府 | 2010 |
| 邹员生 | 江西禾益化工有限公司生产部维修车间 | 省政府 | 2010 |
| 徐勋乔 | 九江三钻机械有限责任公司 | 省政府 | 2010 |
| 胡经国 | 修水湘赣有色金属有限公司 | 省政府 | 2010 |
| 蓝晓平 | 修水香炉山钨业有限责任公司 | 省政府 | 2010 |
| 傅敏东 | 九江公路管理局修水分局 | 省政府 | 2010 |
| 楼柏木 | 九江中煜程塑业有限公司 | 省政府 | 2010 |
| 王华江 | 江西神州通旅游公司后勤部 | 省政府 | 2010 |
| 刘羡庭 | 九江银行 | 省政府 | 2010 |
| 蔡小平 | 九江供电公司 | 省政府 | 2010 |
| 邹方中 | 上港集团九江港务有限公司 | 省政府 | 2010 |
| 蔡朋发 | 江西星火有机硅厂 | 省政府 | 2010 |
| 陈万波 | 江西赣能股份有限公司抱子石水电厂 | 省政府 | 2010 |
| 陶文斌 | 中国兵器装备集团公司五七二七厂研究所 | 省政府 | 2010 |
| 朱东明 | 中铁九桥工程有限公司 | 省政府 | 2010 |
| 汪石林 | 省地矿局九一六大队 | 省政府 | 2010 |
| 陈健江 | 江西昌河铃木汽车有限责任公司发动机技术处 | 省政府 | 2010 |
| 武 晓 | 中国国电集团公司九江发电厂发电部 | 省政府 | 2010 |
| 周洪波 | 中国石油化工股份有限公司九江分公司 | 省政府 | 2010 |
| 沈祥中 | 中国移动通信集团江西有限公司九江分公司 | 省政府 | 2010 |
| 陈维英(女) | 市邮政局浔阳路支局 | 省政府 | 2010 |

续表 70-3-2

| 姓 名 | 单 位 | 授予部门 | 年 份 |
|---|---|---|---|
| 陈　昉 | 中国电信九江分公司 | 省政府 | 2010 |
| 吴海芬(女) | 九江九整整流器有限公司 | 省政府 | 2010 |
| 胡绪光 | 市公共交通集团公司第一营运公司 | 省政府 | 2010 |
| 车　红(女) | 九江长途汽车运输股份有限公司九江汽车总站 | 省政府 | 2010 |
| 易本兴 | 市果菜冷库 | 省政府 | 2010 |
| 万　涛 | 九江针织服装(集团)有限公司细纱车间 | 省政府 | 2010 |
| 张远球 | 江西远球电器科技有限公司 | 省政府 | 2010 |
| 蓝　平 | 九江蓝天办公屏风厂 | 省政府 | 2010 |
| 汪海旺 | 中铁四局集团第五工程有限公司 | 省政府 | 2010 |
| 傅南京 | 德安县聂桥镇梓坊村村民委员会 | 省政府 | 2010 |
| 胡克明 | 共青开放开发区甘露镇双塘村村民委员会 | 省政府 | 2010 |
| 黎丽威(女) | 武宁县鲁溪镇梅颜村村民委员会 | 省政府 | 2010 |
| 屈乾勇 | 庐山区十里街道办事处十里村村民委员会 | 省政府 | 2010 |
| 王加付 | 彭泽县龙城镇辰字村村民委员会 | 省政府 | 2010 |
| 王友臣 | 永修县柘林镇易家河村村民委员会 | 省政府 | 2010 |
| 徐万年 | 修水县马坳镇黄溪村村民委员会 | 省政府 | 2010 |
| 秦小鹏 | 湖口县鹏程特种水产养殖专业合作社 | 省政府 | 2010 |
| 傅园清 | 星子县温泉镇温泉村村民委员会 | 省政府 | 2010 |
| 王顺德 | 浔阳区白水湖街道办事处三里村村民委员会 | 省政府 | 2010 |
| 吴明锋 | 九江县港口街镇丁家山村村民委员会 | 省政府 | 2010 |
| 袁青松 | 都昌县徐埠镇白果村村民委员会 | 省政府 | 2010 |
| 万兴桥 | 九江经济技术开发区永安乡新民村村民委员会 | 省政府 | 2010 |
| 唐进波 | 九江博莱农业集团 | 省政府 | 2010 |
| 何雪平(女) | 瑞昌市溢香农副产品有限公司 | 省政府 | 2010 |
| 袁厚松 | 江西省兴源牧业有限公司 | 省政府 | 2010 |
| 李　兰(女) | 江西舜叶生态农业发展有限公司 | 省政府 | 2010 |
| 刘应远 | 武宁县康华灯业技术有限公司排气车间 | 省政府 | 2010 |
| 陈善华 | 宏康(九江)农业开发有限公司 | 省政府 | 2010 |
| 张吉富 | 德安县供电有限责任公司 | 省政府 | 2010 |
| 段火香(女) | 九江外国语学校校长 | 省政府 | 2010 |
| 陈森洋 | 湖口县武山镇人民政府农技站站长 | 省政府 | 2010 |
| 刘巧云(女) | 彭泽县计划生育服务站妇产科主任 | 省政府 | 2010 |
| 王汝标 | 瑞昌市公安局 | 省政府 | 2010 |
| 雷美珍(女) | 武宁县新宁镇团结畲族村武安民族小学 | 省政府 | 2010 |
| 陈　玲(女) | 星子县人民医院护理部 | 省政府 | 2010 |

续表 70-3-2

| 姓 名 | 单 位 | 授予部门 | 年 份 |
| --- | --- | --- | --- |
| 李林香(女) | 永修县环境卫生管理所 | 省政府 | 2010 |
| 李竹柏 | 九江海关 | 省政府 | 2010 |
| 余小英(女) | 九江经济开发区国家税务局 | 省政府 | 2010 |
| 张子斌 | 彭泽县地方税务局 | 省政府 | 2010 |
| 钱 慧(女) | 市市政工程公司排水管理所 | 省政府 | 2010 |
| 张绪干 | 市港口管理局瑞昌分局金丝管理站 | 省政府 | 2010 |
| 李从容(女) | 市公路管理局九江分局沙阎道班 | 省政府 | 2010 |
| 王荣莉(女) | 市第三中学 | 省政府 | 2010 |
| 冯桂生 | 省七〇一电视台 | 省政府 | 2010 |
| 彭晓玲 | 九江学院 | 省政府 | 2010 |
| 毛振北 | 市第一人民医院 | 省政府 | 2010 |
| 刘国栋 | 市委政法委综治办排调室 | 省政府 | 2010 |
| 唐振华 | 市环境监测站 | 省政府 | 2010 |
| 熊建华 | 市城区公路运输管理所 | 省政府 | 2010 |
| 曾 凡 | 市公安局信访处 | 省政府 | 2010 |
| 汪秋平 | 星子县公安局 | 省政府 | 2010 |
| 陈淼洋 | 湖口县武山镇人民政府农技站站长 | 省政府 | 2010 |

## 二、全国五一劳动奖章获得者

表 70-3-3

| 姓 名 | 单 位 | 授予部门 | 年 份 |
| --- | --- | --- | --- |
| 江民德 | 九江有色金属冶炼厂科研所 | 全国总工会 | 1993 |
| 刘吉生 | 瑞昌苎麻纺织厂 | 全国总工会 | 1993 |
| 李惠莲(女) | 市双峰小学 | 全国总工会 | 1993 |
| 温刚百 | 五七二七厂 | 全国总工会 | 1993 |
| 余秉绶 | 江西制氧机厂 | 全国总工会 | 1993 |
| 吴幼秀(女) | 江州造船厂(6214) | 全国总工会 | 1993 |
| 郭成正 | 九江水泥船厂 | 全国总工会 | 1993 |
| 梁 纬 | 庐山区教师进修学校 | 全国总工会 | 1993 |
| 戚善宏 | 江西共青垦殖场 | 全国总工会 | 1993 |
| 汪子杰 | 九江动力机厂 | 全国总工会 | 1993 |
| 王玉松 | 星火化工厂 | 全国总工会 | 1993 |
| 蔡报洪(女) | 九江浔城旅社 | 全国总工会 | 1993 |
| 蔡仁华 | 武山铜矿采矿队 | 全国总工会 | 1993 |
| 曾凡球 | 永修机床厂 | 全国总工会 | 1993 |

续表 70-3-3

| 姓名 | 单位 | 授予部门 | 年份 |
|---|---|---|---|
| 梅继友(女) | 九江玻璃纤维厂 | 全国总工会 | 1993 |
| 商伯勋 | 江西制氧机厂 | 全国总工会 | 1993 |
| 叶忠奎 | 九江化工厂 | 全国总工会 | 1993 |
| 张亚奎 | 九江国棉二厂 | 全国总工会 | 1993 |
| 胡大志 | 九江港务局轮驳公司 | 全国总工会 | 1993 |
| 刘章华 | 九江船用机械 | 全国总工会 | 1993 |
| 曾水娣(女) | 九江市传染病医院 | 全国总工会 | 1993 |
| 熊克来 | 德安县水泥厂 | 全国总工会 | 1993 |
| 何光芬(女) | 九江第三棉织印染厂 | 全国总工会 | 1993 |
| 吕　浔 | 九江石化总厂动力厂 | 全国总工会 | 1993 |
| 陈妹妹(女) | 江西共青羽绒厂 | 全国总工会 | 1996 |
| 薛国华 | 江西制氧机厂 | 全国总工会 | 1996 |
| 梅美华(女) | 浔阳区甘棠环卫所 | 全国总工会 | 1997 |
| 郭金铂 | 九江石化总厂工会主席 | 全国总工会 | 1997 |
| 张德安 | 永修县邮电局机要员 | 全国总工会 | 1997 |
| 郭成贵 | 九江港务局客运总站清洁班长 | 全国总工会 | 1998 |
| 范玉昆 | 市一中副校长 | 全国总工会 | 1998 |
| 马小立(女) | 九江针织服装集团公司 | 全国总工会 | 1999 |
| 袁国伟 | 江西航海仪器厂(459) | 全国总工会 | 1999 |
| 陈纪如 | 九江长江港监局局长 | 全国总工会 | 1999 |
| 徐保根 | 国营七一三厂 | 全国总工会 | 2001 |
| 向　东 | 市电信局 | 全国总工会 | 2001 |
| 桂顺志 | 市邮政局投递局检查员 | 全国总工会 | 2001 |
| 张　勇 | 九江石化总厂技师 | 全国总工会 | 2002 |
| 何　亮 | 中铁大桥局第七工程有限公司工程师 | 全国总工会 | 2002 |
| 罗林平 | 江西星火有机硅厂副总工程师 | 全国总工会 | 2003 |
| 王士南 | 彭泽县血吸虫病防治站站长 | 全国总工会 | 2003 |
| 屈　勇 | 市电信局 | 全国总工会 | 2004 |
| 刘纯广 | 九江石化总厂 | 全国总工会 | 2004 |
| 李书学 | 中铁大桥局集团第七工程有限公司 | 全国总工会 | 2006 |
| 吴谋勇 | 浔阳区检察院副局长 | 全国总工会 | 2006 |
| 黄建国 | 江西海扬纺织集团友信公司 | 全国总工会 | 2007 |
| 江期绪 | 江西赣粤高速九景高速公路管理处 | 全国总工会 | 2007 |
| 谢建国 | 市公路管理局武宁分局 | 全国总工会 | 2008 |
| 骆　霞(女) | 市妇幼保健院 | 全国总工会 | 2008 |

续表 70-3-3

| 姓 名 | 单 位 | 授予部门 | 年 份 |
|---|---|---|---|
| 程春如 | 上港集团九江公司 | 全国总工会 | 2009 |
| 周俊军 | 瑞昌市公安局 | 全国总工会 | 2009 |
| 张 伟 | 市建设规划局 | 全国总工会 | 2010 |

## 三、市劳动模范(由市政府授予)

表 70-3-4

| 姓 名 | 年 份 |
|---|---|
| 丁恒美(女)、丁荣华(女)、丁毅、尤锦春、方旭东、方应发、王存木、王晶晶(女)、冯彦际、占幸儒、甘民生、刘大星、刘光林、刘志海、刘良国、刘典平、刘金花(女)、刘燕玲(女)、吕庆胜、吕章新、朱贞元、朱培华、毕涵江(女)、江明生、何金华(女)、余传夏、余国华、吴日海、吴月英(女)、吴君彪、吴保行、吴家华、吴嗣荣、宋时俊、张文学、张亚奎、张佐群、张进、张经应、李小桃(女)、李玉先、李会泉、李秀木、李良炳、李咸龙、李值峰、李润先、李菊华(女)、李献峰、杨世礼、杨茶花(女)、汪山林、汪昌炽、沈旺林、沈美华(女)、肖诗奎、肖溪修、邵北山、邵建波 、邹梅(女)、陈义华(女)、陈先明、陈杏珍(女)、陈幸蕙(女)、陈建树、陈治华、陈绪烈、周光洁、周良才、周国华、周恩次、周德兵、罗会林、俞小波、姜瑞明、段隆玉、胡家义、胡梅生、饶知逊、唐军、徐正荣、徐自洋、徐嘉琪、涂俊、郭再文、郭裕发、高方保、高冬孙、高忠厚、曹文恒、曹长员、曹发贵、曹明权、梁先稳、梅继友(女)、麻莲姣(女)、黄龙兴、黄爱英(女)、黄德涛、龚晓安、董必安、韩林川、雷礼保、廖江仁、熊茂铁、管仕华、樊友赋、戴会福 | 1994<br>(108 人) |
| 于传林、马德福、孔凡良、尹启胜、尹瑜(女)、方裕堂、王生新、代宝国、卢洪万、叶水珍(女)、石少平、石红(女)、伍尤忠、刘凤林、刘松、刘彦展、匡美娟(女)、孙仁贵、江安国、何林根、余达云、余培群、冷清江、张友凤(女)、张文标、张主保、张棠华、李友文、李光前、李雪华、杨志明、杨国庆、杨保林、杨晓勇、汪勤武、沈德建、肖茂元、肖焕君、邵伦君、闵保林、陆永兰(女)、陈官民、陈昌万、陈修明、陈修厚陈绪礼、周江林、周建农、周建潮、周桃英(女)、周新武、周慧香(女)、尚林、明接盛、林启满、欧阳怀成、苗振汉、郑平、段有勇、段明义、胡华子、胡雪花(女)、胡福兵贺中式、倪文良夏厚轩、徐贤平、徐信、桂顺志、桑昌祥、涂长水、聂忠华、曹长员、曹正池、曹达贵、曹继安、黄兴中、黄学敏(女)、黄绍忠、黄艳(女)、程华山、韩同庆、赖永才、熊里施、潘雪林、黎端育 | 2000<br>(86 人) |
| 丁大林、丁芳华、万治君(女)、马晓琳(女)、方志信、毛定明、王化武、王传树、王梅芳(女)、王新祥、冯炎木、宁顺贵、田洪年、田爱华、白桂香(女)、刘士豪、刘余印、刘明生、刘诗平、刘显恩、刘晓红(女)、刘堂顶、华山、孙木香(女)、孙兵、孙法育、朱佳华、朱武森、许立峰、何水桥、余小英(女)、余云健、余志忠、余诚、余修生、余爱华(女)、吴至斌、吴志瑜、吴和铜、吴谋勇、吴照东、宋小勇、张凤英(女)、张继华、张翠玲(女)、张德虎、李志为、李俊、李腾勇、杨水林、杨秀芬(女)、邱耀君(女)、邹有云、邹祖庚、邹银水、陈汝金、陈玲(女)、陈群、周群、罗时来、罗和华、郑重、柯盛锦、柯愈幸、段卫锋、段火香(女)、胡世金、胡华泽、胡茂星、胡祖瑛(女)、胡德生、赵文芳(女)、赵幼林、唐晓敏、徐红建、徐阳、徐昌喜、徐斌、桂明霞(女)、涂汉钦、秦厚军、高继明、巢明吾、曹明先、梅仕锦、黄万蒂、黄良保、黄忠福、黄理华、彭晓兰(女)、董向阳、蒋晓宇(女)、赖秀金(女)、熊圣林、熊里媛(女)、熊烈才、谭寿林、潘新华、戴仪尧、戴际娇(女) | 2005<br>(100 人) |
| 丁小平、马小英(女)、毛振北、王友臣、王全邦、王华、王庆年、王汝标、王达年、王荣莉(女)、冯桂生、田志强、石岩、刘应远、刘国栋、刘茂海、刘敏(女)、刘超、成凤(女)、江卫东、江晓芹(女)、许淑文(女)、闫素琴(女)、何耀湖、余进、余章全、余琳(女)、余锦冰、吴义怀、吴东生、吴海芬(女)、张七斤、张子斌、张小林、张志仓、张纯、张远球、张国寿、张项理、张桐生、张绪干、李林香(女)、李海英(女)、杨友盛、杨仕龙、沈小平、沈先江、沈祥中、沈慧明、邱玲(女)、陆燕君(女)、陈公平、陈进喜、陈林、陈森洋、周从林、周贤旭、罗淋静(女)、罗巍、郑根水、侯强、柯遐利、胡玮、胡经国、胡柱良、胡洁(女)、胡绪光(女)、赵振武、闻朝鲜、饶圣云、饶宁莹(女)、凌崇光、唐进波、唐佰平、唐振华、徐明、徐勋乔、徐瑞华(女)、秦大龙、贾恩增、郭江林、钱元超、陶文斌、陶珍珍(女)、高全贵、康文臣、康青(女)、曹正银、曹廷义、曹成义、曹阳共、曹春江、梅求林、彭堂贵、曾凡、童真、谢启林、熊克才、熊试民、熊焰、裴仁英(女)、鞠武 | 2010<br>(102 人) |

## 四、省五一劳动奖章获得者(由省总工会授予)

表 70-3-5

| 姓名 | 年份 |
|---|---|
| 丁绍平、马小立(女)、毛万春、王富生、冯训亚、田世平、刘礼强、刘纪涛、刘荣富、刘章华、孙效宣、朱运峰、朱国鸣、朱波、朱勇民、许自水、余国华、余家端、吴自强、吴家华、张小英(女)、张秀明(女)、张凯、张学云(女)、李一新、李木发、李冬生、李怡厚、杨辉敬、邹庆炎、陈申利、陈光军、陈妹妹(女)、陈忠、陈英沐、单红红(女)、周从干、周会全、周清琨、罗会君、罗绍茂、范玉昆、柯桂芳(女)、洪许泉、胡大志、赵祖惠、倪国树、唐小平、徐礼平、徐保根、桂萍(女)、涂翌利、聂华(女)、郭成贵、郭成贵、郭金铂、崔德武、梁振礼、梅美华(女)、黄问初、黄爱英(女)、黄锤子、曾水娣(女)、曾健、熊克来、熊贻荣、熊晓梅(女)、薛国华 | 1998(68 人) |
| 朱守权、阳建国、余慧霞(女)、杨耀防、邵玉泉、陈沛和、项红玲(女)、徐步康、袁国伟、蒋伯良、蔡孝华 | 1999(11 人) |
| 石道梅(女)、张绍年、李秋香(女)、杨小明、汪立显、聂斌、黄元群、程金林、程赣、鲍大启 | 2001(10 人) |
| 何亮、张勇、李德坤、汪会柏、沈海龙、陈晓光、夏天、黄丹桂(女)、裘小萍(女)、魏仁平 | 2002(10 人) |
| 刘少华、刘荣梅(女)、孙柱梁、朱春华、杨复煦、陈骏飞、屈勇、郑世秦、胡毕生、钟礼雨、涂菊花(女)、曾歆 | 2003(12 人) |
| 王员根、许建军、吴晓明、张力、柯瑞新、胡云兴、倪志、郭在赤、黄建国、龚建国 | 2004(10 人) |
| 刘合春(女)、朱又新、吴雄辉、李贵斌、杨守明、胡济贫、骆霞(女)、桑名昌、高华、曹晓勤、曾小英(女)、程春如、谭志成 | 2006(13 人) |
| 王显和、王虹(女)、刘羡庭、张雪华(女)、李端超、周泽甫、周洪波、殷勇、曹理(女)、谢建国 | 2007(10 人) |
| 尹爱国、方玉华(女)、张金林、李洪新、陈童诗、周新生、柯遐滢、胡业发、凌君霞(女)、桂少龙、高修林、彭晓玲、程少慧、谢季军、樊仁、魏炎峰 | 2008(16 人) |
| 王细中、王琨、刘勃、余平、冷淑娟(女)、杨云(女)、花广云、陈童诗、武晓、郑自元、胡业发、高崇茂、彭晓玲、程少慧(女) | 2009(14 人) |
| 杨修标、汪敏华 | 2010(2 人) |

# 第三节 正高级专业技术职称人员

### 1991~2010 年全市正高职称人员一览

表 70-3-6

| 姓 名 | 职 称 | 单 位 | 年 份 |
|---|---|---|---|
| 毕必成 | 一级文学创作 | 市文联 | 1991 |
| 许志胜 | 教授级高工 | 九江有色金属冶炼厂 | 1991 |
| 李振宗 | 高校教授 | 九江医专 | 1992 |
| 刘文勤 | 高校教授 | 九江医专 | 1992 |
| 李 彪 | 高校教授 | 九江师专 | 1993 |
| 顾焕斌 | 高校教授 | 九江师专 | 1993 |
| 懒雅尧 | 高校教授(双职称) | 九江师专 | 1993 |
| 王秀琴 | 主任医(药、护、技)师 | 市食品药品局 | 1993 |
| 吴景芳 | 主任医(药、护、技)师 | 市中医院 | 1993 |
| 胡 琦 | 主任医(药、护、技)师 | 市妇幼保健院 | 1993 |
| 王镇华 | 主任医(药、护、技)师 | 市卫生局 | 1993 |
| 章文华 | 主任医(药、护、技)师 | 市一医院 | 1993 |
| 龚瑞卿 | 主任医(药、护、技)师 | 单位不详 | 1993 |

续表 70-3-6

| 姓 名 | 职 称 | 单 位 | 年 份 |
|---|---|---|---|
| 沈松柏 | 主任医(药、护、技)师 | 单位不详 | 1993 |
| 李钟芳 | 主任医(药、护、技)师 | 单位不详 | 1993 |
| 林美浦 | 主任医(药、护、技)师 | 单位不详 | 1993 |
| 丁元义 | 主任医(药、护、技)师 | 单位不详 | 1993 |
| 江民德 | 研究员(自然科学) | 九江市科委 | 1993 |
| 凌左义 | 高校教授 | 九江师专 | 1995 |
| 邹琪琳 | 高校教授 | 九江医专 | 1995 |
| 陆怡田 | 高校教授 | 九江医专 | 1995 |
| 袁维华 | 高校教授 | 九江医专 | 1995 |
| 朱汉熙 | 高校教授 | 九江医专 | 1995 |
| 李辉虎 | 高校教授 | 九江医专 | 1995 |
| 贺中式 | 主任医(药、护、技)师 | 瑞昌市 | 1995 |
| 赵同生 | 主任医(药、护、技)师 | 市卫生局 | 1995 |
| 张长山 | 主任医(药、护、技)师 | 市卫生局 | 1995 |
| 刘六仔 | 主任医(药、护、技)师 | 市卫生局 | 1995 |
| 夏义生 | 主任医(药、护、技)师 | 市卫生局 | 1995 |
| 周惠珍 | 主任医(药、护、技)师 | 市卫生局 | 1995 |
| 高荫槐 | 主任医(药、护、技)师 | 市卫生局 | 1995 |
| 侯其茂 | 主任医(药、护、技)师 | 市卫生局 | 1995 |
| 陈建树 | 主任医(药、护、技)师 | 市卫生局 | 1995 |
| 黄培筠 | 主任医(药、护、技)师 | 市卫生局 | 1995 |
| 龚海庚 | 主任医(药、护、技)师 | 市卫生局 | 1995 |
| 严惠荣 | 主任医(药、护、技)师 | 市卫生局 | 1995 |
| 陆肇琴 | 主任医(药、护、技)师 | 市卫生局 | 1995 |
| 李辉虎 | 主任医(药、护、技)师 | 九江医专 | 1995 |
| 袁维华 | 主任医(药、护、技)师 | 九江医专 | 1995 |
| 朱汉熙 | 主任医(药、护、技)师 | 九江医专 | 1995 |
| 欧阳贻德 | 主任医(药、护、技)师 | 化工部星火化工厂(委托代评) | 1995 |
| 舒晓山 | 高校教授 | 九江师专 | 1996 |
| 陈 忠 | 高校教授 | 九江师专 | 1996 |
| 王生贵 | 高校教授 | 九江师专 | 1996 |
| 于德礼 | 高校教授 | 九江师专 | 1996 |
| 涂明华 | 高校教授 | 九江师专 | 1996 |
| 梅 琦 | 高校教授 | 九江师专 | 1996 |
| 周尊铭 | 高校教授 | 九江师专 | 1996 |

续表 70-3-6

| 姓名 | 职称 | 单位 | 年份 |
|---|---|---|---|
| 周凯旋 | 高校教授 | 九江医专 | 1996 |
| 宋海臣 | 高校教授 | 九江医专 | 1996 |
| 陶水根 | 高校教授 | 九江医专 | 1996 |
| 姚查源 | 高校教授 | 九江医专 | 1996 |
| 黄昌平 | 高校教授 | 九江职大 | 1996 |
| 刘国华 | 主任医(药、护、技)师 | 九江医专 | 1996 |
| 罗任波 | 主任医(药、护、技)师 | 九江医专 | 1996 |
| 桑名昌 | 主任医(药、护、技)师 | 九江医专 | 1996 |
| 余厚源 | 主任医(药、护、技)师 | 九江医专 | 1996 |
| 邹运棋 | 主任医(药、护、技)师 | 九江医专 | 1996 |
| 黄沛林 | 主任医(药、护、技)师 | 九江医专 | 1996 |
| 刘桂芬 | 主任医(药、护、技)师 | 市卫生局 | 1996 |
| 王琼芳 | 主任医(药、护、技)师 | 市卫生局 | 1996 |
| 韩莲云 | 主任医(药、护、技)师 | 市卫生局 | 1996 |
| 梅俊道 | 高校教授 | 九江师专 | 1997 |
| 魏寒柏 | 高校教授 | 九江师专 | 1997 |
| 廖　亮 | 高校教授 | 九江师专 | 1997 |
| 王时智 | 主任医(药、护、技)师 | 九江医专 | 1997 |
| 周燕玲 | 主任医(药、护、技)师 | 九江医专 | 1997 |
| 左　伟 | 主任医(药、护、技)师 | 九江医专 | 1997 |
| 张慎仰 | 主任医(药、护、技)师 | 市卫生局 | 1997 |
| 齐爱华 | 主任医(药、护、技)师 | 市卫生局 | 1997 |
| 徐美荣 | 主任医(药、护、技)师 | 市卫生局 | 1997 |
| 韩树林 | 主任医(药、护、技)师 | 市卫生局 | 1997 |
| 孙光卿 | 主任医(药、护、技)师 | 市卫生局 | 1997 |
| 张神贵 | 主任医(药、护、技)师 | 市卫生局 | 1997 |
| 刘隆和 | 主任医(药、护、技)师 | 市建材局 | 1997 |
| 李诗坚 | 主任医(药、护、技)师 | 九江县 | 1997 |
| 杨振雄 | 高校教授 | 九江市专 | 1998 |
| 周广曾 | 高校教授 | 九江市专 | 1998 |
| 刘国华 | 高校教授 | 九江医专 | 1998 |
| 黄沛林 | 高校教授 | 九江医专 | 1998 |
| 张政治 | 高校教授 | 九江职大 | 1998 |
| 王　剑 | 党校教授 | 市委党校 | 1998 |
| 江声选 | 主任医(药、护、技)师 | 市卫生局 | 1998 |

续表 70-3-6

| 姓 名 | 职 称 | 单 位 | 年 份 |
|---|---|---|---|
| 万美珍 | 主任医(药、护、技)师 | 市卫生局 | 1998 |
| 余秀英 | 主任医(药、护、技)师 | 市卫生局 | 1998 |
| 蔡愚生 | 主任医(药、护、技)师 | 市卫生局 | 1998 |
| 饶　凯 | 主任医(药、护、技)师 | 市卫生局 | 1998 |
| 袁馨石 | 主任医(药、护、技)师 | 市卫生局 | 1998 |
| 李名鸿 | 主任医(药、护、技)师 | 市卫生局 | 1998 |
| 刘孔遵 | 主任医(药、护、技)师 | 市卫生局 | 1998 |
| 傅　义 | 主任医(药、护、技)师 | 市卫生局 | 1998 |
| 吴仕柏 | 主任医(药、护、技)师 | 市卫生局 | 1998 |
| 涂明华 | 主任医(药、护、技)师 | 九江医专 | 1998 |
| 欧阳锋 | 主任医(药、护、技)师 | 九江医专 | 1998 |
| 沈淑文 | 主任医(药、护、技)师 | 九江医专 | 1998 |
| 谭建章 | 农业技术推广研究员 | 九江市农业局 | 1998 |
| 李凯元 | 农业技术推广研究员 | 市农业局 | 1998 |
| 邹金光 | 农业技术推广研究员 | 市农业局 | 1998 |
| 高家驹 | 农业技术推广研究员 | 瑞昌市 | 1998 |
| 张乐天 | 高校教授 | 九江师专 | 1999 |
| 熊国华 | 高校教授 | 九江师专 | 1999 |
| 张万洲 | 高校教授 | 九江医专 | 1999 |
| 张龙禄 | 高校教授 | 九江医专 | 1999 |
| 童立秀 | 高校教授 | 九江医专 | 1999 |
| 敖志新 | 主任医(药、护、技)师 | 市卫生局 | 1999 |
| 杨祚南 | 主任医(药、护、技)师 | 市卫生局 | 1999 |
| 周　轶 | 主任医(药、护、技)师 | 市卫生局 | 1999 |
| 张龙禄 | 主任医(药、护、技)师 | 九江医专 | 1999 |
| 许玉萍 | 主任医(药、护、技)师 | 九江医专 | 1999 |
| 王野坪 | 主任医(药、护、技)师 | 九江医专 | 1999 |
| 余正武 | 主任医(药、护、技)师 | 市一医院 | 1999 |
| 舒国珍 | 主任医(药、护、技)师 | 庐山区 | 1999 |
| 潘治富 | 研究员(社会科学) | 九江教育学院 | 1999 |
| 施志毅 | 高校教授 | 九江电大 | 2000 |
| 许祖国 | 高校教授 | 九江师专 | 2000 |
| 鲍时安 | 高校教授 | 九江师专 | 2000 |
| 陶春元 | 高校教授 | 九江师专 | 2000 |
| 王野坪 | 高校教授 | 九江医专 | 2000 |

续表70-3-6

| 姓名 | 职称 | 单位 | 年份 |
|---|---|---|---|
| 王斐娴 | 高校教授 | 九江医专 | 2000 |
| 宋显金 | 高校教授 | 九江医专 | 2000 |
| 欧阳锋 | 高校教授 | 九江医专 | 2000 |
| 刘亨铭 | 高校教授 | 九江教育学院 | 2000 |
| 殷国强 | 党校教授 | 市委党校 | 2000 |
| 廖　琳 | 主任医(药、护、技)师 | 市卫生局 | 2000 |
| 丁　荣 | 主任医(药、护、技)师 | 市卫生局 | 2000 |
| 王裴娴 | 主任医(药、护、技)师 | 九江医专 | 2000 |
| 王碧香 | 主任医(药、护、技)师 | 永修县 | 2000 |
| 吴香葆 | 主任医(药、护、技)师 | 德安县 | 2000 |
| 幸亮诠 | 主任医(药、护、技)师 | 湖口县 | 2000 |
| 李桂庚 | 高级记者(编辑) | 九江日报社 | 2000 |
| 罗龙炎 | 高校教授 | 九江师专 | 2001 |
| 胡小铭 | 高校教授 | 九江师专 | 2001 |
| 刘济滨 | 高校教授 | 九江师专 | 2001 |
| 杨耀防 | 高校教授 | 九江医专 | 2001 |
| 左家明 | 高校教授 | 九江教育学院 | 2001 |
| 王文珍 | 高校教授 | 九江教育学院 | 2001 |
| 张志和 | 高校教授 | 九江职业技术学院 | 2001 |
| 黄成凤 | 主任医(药、护、技)师 | 市卫生局 | 2001 |
| 熊小娟 | 主任医(药、护、技)师 | 市卫生局 | 2001 |
| 张宝林 | 主任医(药、护、技)师 | 市卫生局 | 2001 |
| 殷瑞和 | 主任医(药、护、技)师 | 市一医院 | 2001 |
| 魏朝刚 | 主任医(药、护、技)师 | 市一医院 | 2001 |
| 吴小玲 | 主任医(药、护、技)师 | 市一医院 | 2001 |
| 胡列普 | 主任医(药、护、技)师 | 市一医院 | 2001 |
| 胡祖煦 | 主任医(药、护、技)师 | 九江医专 | 2001 |
| 蒋　珍 | 主任医(药、护、技)师 | 九江医专 | 2001 |
| 章文英 | 主任医(药、护、技)师 | 彭泽县 | 2001 |
| 谢崇杰 | 主任医(药、护、技)师 | 都昌县 | 2001 |
| 孙敬梅 | 高级记者(编辑) | 市广电局 | 2001 |
| 吴清汀 | 一级文学创作 | 市文联 | 2001 |
| 熊学明 | 图书资料研究馆员 | 市图书馆 | 2001 |
| 吴水存 | 文物博物研究馆员 | 市博物馆 | 2001 |
| 熊才水 | 高校教授 | 九江医专 | 2002 |

续表 70-3-6

| 姓 名 | 职 称 | 单 位 | 年 份 |
|---|---|---|---|
| 吕　群 | 高校教授 | 九江师专 | 2002 |
| 谢卫军 | 高校教授 | 九江师专 | 2002 |
| 张神虎 | 高校教授 | 九江师专 | 2002 |
| 严晓华 | 高校教授 | 九江师专 | 2002 |
| 张　敏 | 高校教授 | 九江师专 | 2002 |
| 冷协凡 | 高校教授 | 九江师专 | 2002 |
| 张金元 | 党校教授 | 市委党校 | 2002 |
| 王水华 | 主任医(药、护、技)师 | 市卫生局 | 2002 |
| 万和斌 | 主任医(药、护、技)师 | 市卫生局 | 2002 |
| 陈丽华 | 主任医(药、护、技)师 | 市卫生局 | 2002 |
| 李初阳 | 主任医(药、护、技)师 | 市卫生局 | 2002 |
| 熊海虎 | 主任医(药、护、技)师 | 九江医专 | 2002 |
| 王仁康 | 主任医(药、护、技)师 | 九江医专 | 2002 |
| 罗爱国 | 主任医(药、护、技)师 | 九江医专 | 2002 |
| 张　岱 | 主任医(药、护、技)师 | 九江医专 | 2002 |
| 黄友柏 | 主任医(药、护、技)师 | 都昌县 | 2002 |
| 陈典梅 | 主任医(药、护、技)师 | 都昌县 | 2002 |
| 陈金汉 | 主任医(药、护、技)师 | 都昌县 | 2002 |
| 朱豫珊 | 主任医(药、护、技)师 | 修水县 | 2002 |
| 陈良寿 | 主任医(药、护、技)师 | 庐山区 | 2002 |
| 熊品贤 | 主任医(药、护、技)师 | 庐山局 | 2002 |
| 吴　捷 | 主任医(药、护、技)师 | 庐山局 | 2002 |
| 彭宗祥 | 一级作曲 | 市文化局 | 2002 |
| 罗时叙 | 图书资料研究馆员 | 庐山图书馆 | 2002 |
| 聂映中 | 高校教授 | 九江师专 | 2003 |
| 吴秋林 | 高校教授 | 九江师专 | 2003 |
| 张爱珍 | 高校教授 | 九江师专 | 2003 |
| 邓星明 | 高校教授 | 九江师专 | 2003 |
| 李　平 | 高校教授 | 九江师专 | 2003 |
| 帅敏 | 高校教授 | 九江师专 | 2003 |
| 徐玲玲 | 高校教授 | 九江师专 | 2003 |
| 詹建志 | 高校教授 | 九江师专 | 2003 |
| 车向新 | 高校教授 | 九江医专 | 2003 |
| 郑美蓉 | 高校教授 | 九江医专 | 2003 |
| 高春华 | 高校教授 | 九江医专 | 2003 |

续表 70-3-6

| 姓 名 | 职 称 | 单 位 | 年 份 |
|---|---|---|---|
| 欧阳蔚 | 高校教授 | 九江医专 | 2003 |
| 汪力平 | 高校教授 | 九江医专 | 2003 |
| 曾国俊 | 高校教授 | 九江医专 | 2003 |
| 潘旭华 | 高校教授 | 九江财专 | 2003 |
| 王侃民 | 高校教授 | 九江财专 | 2003 |
| 彭晓兰 | 高校教授 | 九江职业技术学院 | 2003 |
| 郑光华 | 高校教授 | 九江职业技术学院 | 2003 |
| 李玉林 | 党校教授 | 市委党校 | 2003 |
| 王亚平 | 党校教授 | 市委党校 | 2003 |
| 骆 霞 | 主任医(药、护、技)师 | 市妇幼保健院 | 2003 |
| 曹志强 | 主任医(药、护、技)师 | 市妇幼保健院 | 2003 |
| 卫见辉 | 主任医(药、护、技)师 | 市妇幼保健院 | 2003 |
| 平鸿姝 | 主任医(药、护、技)师 | 市妇幼保健院 | 2003 |
| 闻人深 | 主任医(药、护、技)师 | 市妇幼保健院 | 2003 |
| 刘少华 | 主任医(药、护、技)师 | 市一医院 | 2003 |
| 吴洪军 | 主任医(药、护、技)师 | 市一医院 | 2003 |
| 汤 杰 | 主任医(药、护、技)师 | 市一医院 | 2003 |
| 廖建平 | 主任医(药、护、技)师 | 市一医院 | 2003 |
| 陈卫健 | 主任医(药、护、技)师 | 市一医院 | 2003 |
| 高崇茂 | 主任医(药、护、技)师 | 市一医院 | 2003 |
| 孙 辉 | 主任医(药、护、技)师 | 市一医院 | 2003 |
| 蔡 平 | 主任医(药、护、技)师 | 市一医院 | 2003 |
| 王 琦 | 主任医(药、护、技)师 | 市一医院 | 2003 |
| 杨美艳 | 主任医(药、护、技)师 | 市一医院 | 2003 |
| 柯传发 | 主任医(药、护、技)师 | 市一医院 | 2003 |
| 魏 星 | 主任医(药、护、技)师 | 市一医院 | 2003 |
| 王绍锋 | 主任医(药、护、技)师 | 九江医专 | 2003 |
| 樊小青 | 主任医(药、护、技)师 | 九江医专 | 2003 |
| 高春华 | 主任医(药、护、技)师 | 九江医专 | 2003 |
| 周 红 | 主任医(药、护、技)师 | 九江医专附属医院 | 2003 |
| 肖先萍 | 主任医(药、护、技)师 | 九江医专附属医院 | 2003 |
| 门 莉 | 主任医(药、护、技)师 | 九江医专附属医院 | 2003 |
| 吕仕钧 | 主任医(药、护、技)师 | 九江医专附属医院 | 2003 |
| 高素香 | 主任医(药、护、技)师 | 市三医院 | 2003 |
| 王为民 | 主任医(药、护、技)师 | 市三医院 | 2003 |

续表 70-3-6

| 姓 名 | 职 称 | 单 位 | 年 份 |
|---|---|---|---|
| 肖　云 | 主任医(药、护、技)师 | 市防疫站 | 2003 |
| 熊隆军 | 主任医(药、护、技)师 | 市防疫站 | 2003 |
| 张红波 | 主任医(药、护、技)师 | 市防疫站 | 2003 |
| 丁德姊 | 主任医(药、护、技)师 | 市中医院 | 2003 |
| 李迈先 | 主任医(药、护、技)师 | 市社保局 | 2003 |
| 杨　环 | 主任医(药、护、技)师 | 德安县 | 2003 |
| 淦家森 | 教授级高级工程师 | 市环境监测站 | 2003 |
| 汪爱元 | 教授级高级工程师 | 市环境监测站 | 2003 |
| 高崇峰 | 教授级高级工程师 | 九江矿冶总公司 | 2003 |
| 蒋吉林 | 教授级高级工程师 | 江西制氧机厂 | 2003 |
| 石玲玲 | 一级演员 | 市歌舞团 | 2003 |
| 刘智真 | 高级记者(编辑) | 九江电视台 | 2003 |
| 郭蓁群 | 一级作曲 | 市影视艺术中心 | 2003 |
| 颜万发 | 高校教授 | 九江学院 | 2004 |
| 严　平 | 高校教授 | 九江学院 | 2004 |
| 纪岗昌 | 高校教授 | 九江学院 | 2004 |
| 田宗友 | 高校教授 | 九江学院 | 2004 |
| 冷树清 | 高校教授 | 九江学院 | 2004 |
| 袁　林 | 高校教授 | 九江学院 | 2004 |
| 樊小青 | 高校教授 | 九江学院 | 2004 |
| 张守兴 | 高校教授 | 九江职大 | 2004 |
| 石世华 | 高职教授 | 九江职业技术学院 | 2004 |
| 张国安 | 高职教授 | 九江职业技术学院 | 2004 |
| 孙丽霞 | 高职教授 | 九江职业技术学院 | 2004 |
| 何七荣 | 高职教授 | 九江职业技术学院 | 2004 |
| 刘　越 | 高职教授 | 九江职业技术学院 | 2004 |
| 陈良政 | 高职教授 | 九江职业技术学院 | 2004 |
| 殷锡武 | 高职教授 | 九江职业技术学院 | 2004 |
| 张海风 | 高职教授 | 九江职业技术学院 | 2004 |
| 徐淑华 | 高职教授 | 九江职业技术学院 | 2004 |
| 王　琳 | 党校教授 | 市委党校 | 2004 |
| 刘安炉 | 党校教授 | 市委党校 | 2004 |
| 彭守志 | 党校教授 | 市委党校 | 2004 |
| 黄恢柏 | 教授级高级工程师 | 市环境监测站 | 2004 |
| 周泽甫 | 主任医(药、护、技)师 | 市中医院 | 2004 |

续表 70-3-6

| 姓名 | 职称 | 单位 | 年份 |
| --- | --- | --- | --- |
| 李映东 | 主任医(药、护、技)师 | 市中医院 | 2004 |
| 石贤贵 | 主任医(药、护、技)师 | 市中医院 | 2004 |
| 严东标 | 主任医(药、护、技)师 | 市中医院 | 2004 |
| 陈帮明 | 主任医(药、护、技)师 | 市中医院 | 2004 |
| 罗　云 | 主任医(药、护、技)师 | 市一医院 | 2004 |
| 涂湘华 | 主任医(药、护、技)师 | 市一医院 | 2004 |
| 孔凡莉 | 主任医(药、护、技)师 | 市一医院 | 2004 |
| 刘合春 | 主任医(药、护、技)师 | 市一医院 | 2004 |
| 傅江明 | 主任医(药、护、技)师 | 市一医院 | 2004 |
| 颜小平 | 主任医(药、护、技)师 | 市一医院 | 2004 |
| 邱国平 | 主任医(药、护、技)师 | 市一医院 | 2004 |
| 戴　虹 | 主任医(药、护、技)师 | 市一医院 | 2004 |
| 徐宝朝 | 主任医(药、护、技)师 | 市一医院 | 2004 |
| 张利群 | 主任医(药、护、技)师 | 市一医院 | 2004 |
| 黄水琴 | 主任医(药、护、技)师 | 市一医院 | 2004 |
| 李迎春 | 主任医(药、护、技)师 | 市妇幼保健院 | 2004 |
| 周先利 | 主任医(药、护、技)师 | 市妇幼保健院 | 2004 |
| 何盛彬 | 主任医(药、护、技)师 | 市生殖保健中心 | 2004 |
| 韩仕龙 | 主任医(药、护、技)师 | 九江学院附属医院 | 2004 |
| 程　玲 | 主任医(药、护、技)师 | 九江学院附属医院 | 2004 |
| 邹志梅 | 主任医(药、护、技)师 | 九江学院附属医院 | 2004 |
| 吴木生 | 主任医(药、护、技)师 | 九江学院附属医院 | 2004 |
| 曹　蔚 | 主任医(药、护、技)师 | 九江学院附属医院 | 2004 |
| 周焰焰 | 主任医(药、护、技)师 | 九江学院附属医院 | 2004 |
| 余鹏江 | 主任医(药、护、技)师 | 九江学院附属医院 | 2004 |
| 黄　健 | 主任医(药、护、技)师 | 九江学院附属医院 | 2004 |
| 聂梅芳 | 主任医(药、护、技)师 | 九江学院附属医院 | 2004 |
| 谢剑非 | 主任医(药、护、技)师 | 九江学院附属医院 | 2004 |
| 丁　庆 | 主任医(药、护、技)师 | 庐山区 | 2004 |
| 李平龙 | 主任医(药、护、技)师 | 星子县 | 2004 |
| 傅朗林 | 主任医(药、护、技)师 | 修水县 | 2004 |
| 刘　勇 | 主任医(药、护、技)师 | 修水县 | 2004 |
| 傅海金 | 主任医(药、护、技)师 | 九江县 | 2004 |
| 张晓荣 | 主任医(药、护、技)师 | 九江县 | 2004 |
| 刘　成 | 主任医(药、护、技)师 | 瑞昌市 | 2004 |

续表 70-3-6

| 姓 名 | 职 称 | 单 位 | 年 份 |
|---|---|---|---|
| 余亚平 | 主任医(药、护、技)师 | 都昌县 | 2004 |
| 黄水琴 | 主任医(药、护、技)师 | 都昌县 | 2004 |
| 熊春水 | 高级记者(编辑) | 九江日报 | 2004 |
| 罗亚群 | 一级导演(编导) | 市歌舞团 | 2004 |
| 田信国 | 一级编剧 | 市人才交流中心 | 2004 |
| 陈齐信 | 农业技术推广研究员 | 市植保植检站 | 2004 |
| 钟孝梅 | 农业技术推广研究员 | 市经济作物站 | 2004 |
| 江爱国 | 教授级高工 | 中铁九桥公司(驻九江) | 2004 |
| 秦 川 | 高校教授 | 九江学院 | 2005 |
| 李玉林 | 高校教授 | 九江学院 | 2005 |
| 周忠生 | 高校教授 | 九江学院 | 2005 |
| 赵 追 | 高校教授 | 九江学院 | 2005 |
| 桑龙杨 | 高校教授 | 九江学院 | 2005 |
| 祖浔生 | 高校教授 | 九江学院 | 2005 |
| 殷庆林 | 高校教授 | 九江学院 | 2005 |
| 李宁宁 | 高校教授 | 九江学院 | 2005 |
| 马 军 | 高校教授 | 九江学院 | 2005 |
| 周玛莉 | 高校教授 | 九江学院 | 2005 |
| 杨 勤 | 高校教授 | 九江学院 | 2005 |
| 胡有源 | 高校教授 | 九江学院 | 2005 |
| 俞丽琴 | 高校教授 | 九江学院 | 2005 |
| 夏修龙 | 高校教授 | 九江学院 | 2005 |
| 王绍锋 | 高校教授 | 九江学院 | 2005 |
| 李卫东 | 高校教授 | 九江学院 | 2005 |
| 程 玲 | 高校教授 | 九江学院 | 2005 |
| 李雪芹 | 高校教授 | 九江学院 | 2005 |
| 冯 健 | 高校教授 | 九江学院 | 2005 |
| 林 霞 | 高校教授 | 九江人才市场 | 2005 |
| 聂利亚 | 高校教授 | 九江人才市场 | 2005 |
| 董河清 | 党校教授 | 市委党校 | 2005 |
| 钟万祥 | 党校教授 | 市委党校 | 2005 |
| 王河山 | 党校教授 | 市委党校 | 2005 |
| 彭 艺 | 党校教授 | 市委党校 | 2005 |
| 王洪通 | 主任医(药、护、技)师 | 市妇幼保健院 | 2005 |
| 赖学峰 | 主任医(药、护、技)师 | 市妇幼保健院 | 2005 |

续表70-3-6

| 姓名 | 职称 | 单位 | 年份 |
| --- | --- | --- | --- |
| 王小兰 | 主任医(药、护、技)师 | 市妇幼保健院 | 2005 |
| 叶祥东 | 主任医(药、护、技)师 | 市妇幼保健院 | 2005 |
| 吴小明 | 主任医(药、护、技)师 | 市妇幼保健院 | 2005 |
| 黎瑞春 | 主任医(药、护、技)师 | 市妇幼保健院 | 2005 |
| 袁　杰 | 主任医(药、护、技)师 | 市一医院 | 2005 |
| 杨少鸿 | 主任医(药、护、技)师 | 市一医院 | 2005 |
| 刘小虎 | 主任医(药、护、技)师 | 市一医院 | 2005 |
| 熊功友 | 主任医(药、护、技)师 | 市一医院 | 2005 |
| 柯美魁 | 主任医(药、护、技)师 | 市一医院 | 2005 |
| 黄小红 | 主任医(药、护、技)师 | 市一医院 | 2005 |
| 徐丽萍 | 主任医(药、护、技)师 | 市一医院 | 2005 |
| 邓爱民 | 主任医(药、护、技)师 | 市卫生防疫站 | 2005 |
| 毛亚南 | 主任医(药、护、技)师 | 市中医院 | 2005 |
| 熊泽民 | 主任医(药、护、技)师 | 市中医院 | 2005 |
| 吴兆东 | 主任医(药、护、技)师 | 市中医院 | 2005 |
| 孙瑞丰 | 主任医(药、护、技)师 | 市中医院 | 2005 |
| 陈齐展 | 主任医(药、护、技)师 | 市中医院 | 2005 |
| 吕新胜 | 主任医(药、护、技)师 | 九江学院 | 2005 |
| 郑美蓉 | 主任医(药、护、技)师 | 九江学院 | 2005 |
| 张　敏 | 主任医(药、护、技)师 | 九江学院附属医院 | 2005 |
| 吴美玲 | 主任医(药、护、技)师 | 九江学院附属医院 | 2005 |
| 黄啸林 | 主任医(药、护、技)师 | 九江学院附属医院 | 2005 |
| 张　萍 | 主任医(药、护、技)师 | 九江学院附属医院 | 2005 |
| 夏晓蓉 | 主任医(药、护、技)师 | 九江学院附属医院 | 2005 |
| 罗余生 | 主任医(药、护、技)师 | 九江学院附属医院 | 2005 |
| 周燕丽 | 主任医(药、护、技)师 | 九江学院附属医院 | 2005 |
| 赵玲玲 | 主任医(药、护、技)师 | 市三医院 | 2005 |
| 柳丽芬 | 主任医(药、护、技)师 | 市一医院 | 2005 |
| 罗会宴 | 主任医(药、护、技)师 | 武宁县 | 2005 |
| 钟吉富 | 主任医(药、护、技)师 | 修水县 | 2005 |
| 桑明辉 | 主任医(药、护、技)师 | 德安县 | 2005 |
| 杜福寿 | 主任医(药、护、技)师 | 都昌县 | 2005 |
| 张玉成 | 主任医(药、护、技)师 | 都昌县 | 2005 |
| 唐振华 | 教授级高级工程师 | 市环境监测站 | 2005 |
| 汤炎生 | 一级美术(摄影)师 | 九江书画院 | 2005 |

续表 70-3-6

| 姓 名 | 职 称 | 单 位 | 年 份 |
|---|---|---|---|
| 徐东林 | 一级美术(摄影)师 | 九江书画院 | 2005 |
| 刘培雨 | 一级演员 | 市歌舞团 | 2005 |
| 潘建华 | 高校教授 | 九江学院 | 2006 |
| 龚晓天 | 高校教授 | 九江学院 | 2006 |
| 杨学富 | 高校教授 | 九江学院 | 2006 |
| 沈明明 | 高校教授 | 九江学院 | 2006 |
| 陈圣钢 | 高校教授 | 九江学院 | 2006 |
| 肖 莉 | 高校教授 | 九江学院 | 2006 |
| 杨节之 | 高校教授 | 九江学院 | 2006 |
| 许林麟 | 高校教授 | 九江学院 | 2006 |
| 肖克奇 | 高校教授 | 九江学院 | 2006 |
| 朱耀良 | 高校教授 | 九江学院 | 2006 |
| 李华锋 | 高校教授 | 九江学院 | 2006 |
| 胡 华 | 高校教授 | 九江学院 | 2006 |
| 周明法 | 高校教授 | 九江学院 | 2006 |
| 孟京华 | 高校教授 | 九江学院 | 2006 |
| 段宝斌 | 高校教授 | 九江学院 | 2006 |
| 稳 平 | 高校教授 | 九江学院 | 2006 |
| 殷嫦嫦 | 高校教授 | 九江学院 | 2006 |
| 胡志红 | 高校教授 | 九江学院 | 2006 |
| 江会勇 | 高校教授 | 九江学院 | 2006 |
| 韩仕龙 | 高校教授 | 九江学院 | 2006 |
| 张 岱 | 高校教授 | 九江学院 | 2006 |
| 罗余生 | 高校教授 | 九江学院 | 2006 |
| 梅 龙 | 高校教授 | 九江学院 | 2006 |
| 王殿元 | 高校教授 | 九江学院 | 2006 |
| 张德勤 | 高校教授 | 九江学院 | 2006 |
| 马明亮 | 高校教授 | 九江学院 | 2006 |
| 游世辉 | 高校教授 | 九江学院 | 2006 |
| 黄 健 | 高校教授 | 九江学院 | 2006 |
| 周焰焰 | 高校教授 | 九江学院 | 2006 |
| 赵敦煌 | 高职教授 | 九江职业大学 | 2006 |
| 詹平华 | 高职教授 | 九江职业大学 | 2006 |
| 潘留芳 | 高职教授 | 九江职业大学 | 2006 |
| 杨泽民 | 主任医(药、护、技)师 | 市卫生防疫站 | 2006 |

续表 70-3-6

| 姓 名 | 职 称 | 单 位 | 年 份 |
|---|---|---|---|
| 毛振北 | 主任医(药、护、技)师 | 市中医院 | 2006 |
| 杨洪光 | 主任医(药、护、技)师 | 市中医院 | 2006 |
| 殷锡虎 | 主任医(药、护、技)师 | 市中医院 | 2006 |
| 曹 原 | 主任医(药、护、技)师 | 市中医院 | 2006 |
| 宗艳霞 | 主任医(药、护、技)师 | 市中医院 | 2006 |
| 卢玉山 | 主任医(药、护、技)师 | 市五医院 | 2006 |
| 曹宁丽 | 主任医(药、护、技)师 | 市妇幼保健院 | 2006 |
| 殷瑞忠 | 主任医(药、护、技)师 | 市三医院 | 2006 |
| 何浔泉 | 主任医(药、护、技)师 | 九江县人民医院 | 2006 |
| 叶 青 | 主任医(药、护、技)师 | 九江县人民医院 | 2006 |
| 李卫东 | 主任医(药、护、技)师 | 九江学院 | 2006 |
| 胡志红 | 主任医(药、护、技)师 | 九江学院 | 2006 |
| 高新庐 | 主任医(药、护、技)师 | 九江学院附属医院 | 2006 |
| 张学军 | 主任医(药、护、技)师 | 九江学院附属医院 | 2006 |
| 高荫楠 | 主任医(药、护、技)师 | 九江学院附属医院 | 2006 |
| 徐 端 | 主任医(药、护、技)师 | 九江市急救中心 | 2006 |
| 张江东 | 主任医(药、护、技)师 | 都昌县 | 2006 |
| 郭 锋 | 主任医(药、护、技)师 | 德安县 | 2006 |
| 邹 敏 | 教授级高级工程师 | 市环境监测站 | 2006 |
| 景玉川 | 一级文学创作员 | 市文联 | 2006 |
| 李爱群 | 一级演员 | 九江话剧团 | 2006 |
| 张仲实 | 群文研究馆员 | 市群艺馆 | 2006 |
| 余康华 | 高级记者(编辑) | 九江电视台 | 2006 |
| 董 群 | 高级记者(编辑) | 九江电视台 | 2006 |
| 谈云龙 | 高级记者(编辑) | 九江电视台 | 2006 |
| 卢志鹏 | 高校教授 | 九江学院 | 2007 |
| 欧阳毛荣 | 高校教授 | 九江学院 | 2007 |
| 石荣国 | 高校教授 | 九江学院 | 2007 |
| 欧阳春 | 高校教授 | 九江学院 | 2007 |
| 卢清华 | 高校教授 | 九江学院 | 2007 |
| 赵新萍 | 高校教授 | 九江学院 | 2007 |
| 詹慧莲 | 高校教授 | 九江学院 | 2007 |
| 杨贞斌 | 高校教授 | 九江学院 | 2007 |
| 黄和琳 | 高校教授 | 九江学院 | 2007 |
| 孔祥华 | 高校教授 | 九江学院 | 2007 |

续表 70-3-6

| 姓 名 | 职 称 | 单 位 | 年 份 |
|---|---|---|---|
| 李奇瑞 | 高校教授 | 九江学院 | 2007 |
| 邓安远 | 高校教授 | 九江学院 | 2007 |
| 梁光霞 | 高校教授 | 九江学院 | 2007 |
| 齐清波 | 高校教授 | 九江学院 | 2007 |
| 王 琦 | 高校教授 | 九江学院 | 2007 |
| 向维聂 | 高校教授 | 九江学院 | 2007 |
| 赵 华 | 高校教授 | 九江学院 | 2007 |
| 张 驰 | 高校教授 | 九江学院 | 2007 |
| 黄宗理 | 高校教授 | 九江学院 | 2007 |
| 王巧云 | 高校教授 | 九江学院 | 2007 |
| 王 辉 | 高校教授 | 九江学院 | 2007 |
| 赵文杰 | 高校教授 | 九江学院 | 2007 |
| 陈剑军 | 高校教授 | 九江学院 | 2007 |
| 门 莉 | 高校教授 | 九江学院 | 2007 |
| 黄啸林 | 高校教授 | 九江学院 | 2007 |
| 夏小蓉 | 高校教授 | 九江学院 | 2007 |
| 吴美玲 | 高校教授 | 九江学院 | 2007 |
| 周 红 | 高校教授 | 九江学院 | 2007 |
| 汪 鑫 | 高校教授 | 九江学院 | 2007 |
| 陈 晔 | 高校教授 | 九江学院 | 2007 |
| 吴维勇 | 高校教授 | 九江学院 | 2007 |
| 胡晓林 | 高职教授 | 九江职业大学 | 2007 |
| 康 青 | 高职教授 | 九江职业大学 | 2007 |
| 俞绍阳 | 高职教授 | 九江职业大学 | 2007 |
| 胡春亮 | 高职教授 | 九江职业大学 | 2007 |
| 柳新民 | 高职教授 | 九江职业大学 | 2007 |
| 王国槟 | 高职教授 | 九江职业大学 | 2007 |
| 周思勤 | 高职教授 | 九江职业技术学院 | 2007 |
| 曾凡龙 | 高职教授 | 九江职业技术学院 | 2007 |
| 谢仁明 | 高职教授 | 九江职业技术学院 | 2007 |
| 潘 展 | 高职教授 | 九江职业技术学院 | 2007 |
| 汤自春 | 高职教授 | 九江职业技术学院 | 2007 |
| 黎旺时 | 主任医(药、护、技)师 | 市第一人民医院 | 2007 |
| 李美霞 | 主任医(药、护、技)师 | 市第一人民医院 | 2007 |
| 刘 炬 | 主任医(药、护、技)师 | 市第一人民医院 | 2007 |

续表 70-3-6

| 姓名 | 职称 | 单位 | 年份 |
|---|---|---|---|
| 姚小华 | 主任医(药、护、技)师 | 市三医院 | 2007 |
| 杨初喜 | 主任医(药、护、技)师 | 市五医院 | 2007 |
| 李云胜 | 主任医(药、护、技)师 | 市妇幼保健院 | 2007 |
| 邱清清 | 主任医(药、护、技)师 | 市妇幼保健院 | 2007 |
| 刘瑞荣 | 主任医(药、护、技)师 | 市妇幼保健院 | 2007 |
| 罗　晋 | 主任医(药、护、技)师 | 市妇幼保健院 | 2007 |
| 唐　敏 | 主任医(药、护、技)师 | 市石化医院 | 2007 |
| 黄红恩 | 主任医(药、护、技)师 | 市中医院 | 2007 |
| 王　敏 | 主任医(药、护、技)师 | 市中医院 | 2007 |
| 李瑞春 | 主任医(药、护、技)师 | 市中医院 | 2007 |
| 何云霞 | 主任医(药、护、技)师 | 九江学院附属医院 | 2007 |
| 陈桂英 | 主任医(药、护、技)师 | 九江学院附属医院 | 2007 |
| 熊晓刚 | 主任医(药、护、技)师 | 九江学院附属医院 | 2007 |
| 冯　骏 | 主任医(药、护、技)师 | 都昌县 | 2007 |
| 彭桂华 | 主任医(药、护、技)师 | 永修县 | 2007 |
| 曹　林 | 教授级高级工程师 | 市水利科研所 | 2007 |
| 范信顺 | 教授级高级工程师 | 市质检站 | 2007 |
| 周振华 | 高级记者(编辑) | 九江日报 | 2007 |
| 杨振雩 | 高级记者(编辑) | 九江日报 | 2007 |
| 赵　青 | 高级记者(编辑) | 九江日报 | 2007 |
| 丁辉生 | 一级律师 | 江西求成律师事务所 | 2007 |
| 王员根 | 教授级高工 | 中铁九桥公司 | 2007 |
| 欧阳晓明 | 高校教授 | 九江学院 | 2008 |
| 王英惠 | 高校教授 | 九江学院 | 2008 |
| 贺林茂 | 高校教授 | 九江学院 | 2008 |
| 张金福 | 高校教授 | 九江学院 | 2008 |
| 孙德四 | 高校教授 | 九江学院 | 2008 |
| 柯　元 | 高校教授 | 九江学院 | 2008 |
| 魏健宁 | 高校教授 | 九江学院 | 2008 |
| 陈　波 | 高校教授 | 九江学院 | 2008 |
| 黄爱君 | 高校教授 | 九江学院 | 2008 |
| 陈世林 | 高校教授 | 九江学院 | 2008 |
| 计　斌 | 高校教授 | 九江学院 | 2008 |
| 胡玉东 | 高职教授 | 九江职业大学 | 2008 |
| 王　荣 | 高职教授 | 九江职业大学 | 2008 |

续表 70-3-6

| 姓 名 | 职 称 | 单 位 | 年 份 |
|---|---|---|---|
| 曹树祥 | 高职教授 | 九江职业大学 | 2008 |
| 蔡春祥 | 高职教授 | 九江职业大学 | 2008 |
| 朱朝霞 | 高职教授 | 九江职业大学 | 2008 |
| 李殿亚 | 高职教授 | 九江职业技术学院 | 2008 |
| 谭安萍 | 高职教授 | 九江职业技术学院 | 2008 |
| 杨 锦 | 高职教授 | 九江职业技术学院 | 2008 |
| 曾 劲 | 高职教授 | 九江职业技术学院 | 2008 |
| 刘 恺 | 高职教授 | 九江职业技术学院 | 2008 |
| 汤新祥 | 高职教授 | 九江职业技术学院 | 2008 |
| 曾 华 | 高职教授 | 九江职业技术学院 | 2008 |
| 汪晓萍 | 党校教授 | 九江市委党校 | 2008 |
| 胡胜兰 | 主任医(药、护、技)师 | 德安县 | 2008 |
| 江期论 | 主任医(药、护、技)师 | 都昌县 | 2008 |
| 于立民 | 主任医(药、护、技)师 | 都昌县 | 2008 |
| 但六一 | 主任医(药、护、技)师 | 都昌县 | 2008 |
| 沈世平 | 主任医(药、护、技)师 | 永修县 | 2008 |
| 孙秋冬 | 主任医(药、护、技)师 | 修水县 | 2008 |
| 刘冬生 | 主任医(药、护、技)师 | 湖口县 | 2008 |
| 刘 勤 | 主任医(药、护、技)师 | 武宁县 | 2008 |
| 张灵芳 | 主任医(药、护、技)师 | 浔阳区 | 2008 |
| 朱良君 | 主任医(药、护、技)师 | 市五医院 | 2008 |
| 傅达金 | 主任医(药、护、技)师 | 市第一人民医院 | 2008 |
| 罗 萍 | 主任医(药、护、技)师 | 市第一人民医院 | 2008 |
| 徐江祥 | 主任医(药、护、技)师 | 市第一人民医院 | 2008 |
| 邓 霖 | 主任医(药、护、技)师 | 九江学院附属医院 | 2008 |
| 谷 翔 | 主任医(药、护、技)师 | 九江学院附属医院 | 2008 |
| 刘英明 | 主任医(药、护、技)师 | 九江学院附属医院 | 2008 |
| 孙 胜 | 主任医(药、护、技)师 | 九江学院附属医院 | 2008 |
| 汪文丰 | 主任医(药、护、技)师 | 九江学院附属医院 | 2008 |
| 喻 丽 | 主任医(药、护、技)师 | 九江学院附属医院 | 2008 |
| 张南华 | 主任医(药、护、技)师 | 九江学院 | 2008 |
| 汪婉南 | 主任医(药、护、技)师 | 九江学院 | 2008 |
| 殷立新 | 主任医(药、护、技)师 | 市人才交流中心 | 2008 |
| 吴小京 | 一级美术(摄影)师 | 九江职业大学 | 2008 |
| 游盛意 | 教授级高级工程师 | 奥盛(九江)钢线钢缆有限工程公司 | 2008 |

续表 70-3-6

| 姓 名 | 职 称 | 单 位 | 年 份 |
| --- | --- | --- | --- |
| 闵正国 | 文物博物研究馆员 | 市博物馆 | 2008 |
| 吴小安 | 农业技术推广研究员 | 市农机管理站 | 2008 |
| 陈齐炼 | 农业技术推广研究员 | 都昌县 | 2008 |
| 吴慧华 | 高校教授 | 九江学院 | 2009 |
| 汪剑平 | 高校教授 | 九江学院 | 2009 |
| 夏 仕 | 高校教授 | 九江学院 | 2009 |
| 邹菊如 | 高校教授 | 九江学院 | 2009 |
| 吴国富 | 高校教授 | 九江学院 | 2009 |
| 汪婉南 | 高校教授 | 九江学院 | 2009 |
| 张 浩 | 高校教授 | 九江学院 | 2009 |
| 樊有赋 | 高校教授 | 九江学院 | 2009 |
| 张小谷 | 高校教授 | 九江学院 | 2009 |
| 李世斌 | 高校教授 | 九江学院 | 2009 |
| 江腊生 | 高校教授 | 九江学院 | 2009 |
| 张 俊 | 高校教授 | 九江学院 | 2009 |
| 汪春莲 | 高职教授 | 九江职业大学 | 2009 |
| 辜志强 | 高职教授 | 九江职业大学 | 2009 |
| 王原平 | 高职教授 | 九江职业大学 | 2009 |
| 肖厚建 | 高职教授 | 九江职业大学 | 2009 |
| 陈 奕 | 高职教授 | 九江职业技术学院 | 2009 |
| 高晓阳 | 高职教授 | 九江职业技术学院 | 2009 |
| 刘南平 | 高职教授 | 九江职业技术学院 | 2009 |
| 刘玉峰 | 高职教授 | 九江职业技术学院 | 2009 |
| 汪永根 | 高职教授 | 九江职业技术学院 | 2009 |
| 魏东红 | 高职教授 | 九江职业技术学院 | 2009 |
| 赵春花 | 高职教授 | 九江职业技术学院 | 2009 |
| 周 巍 | 高职教授 | 九江职业技术学院 | 2009 |
| 周爱国 | 党校教授 | 市委党校 | 2009 |
| 周 灏 | 主任医(药、护、技)师 | 九江学院附属医院 | 2009 |
| 曾 泉 | 主任医(药、护、技)师 | 九江学院附属医院 | 2009 |
| 胡仕宏 | 主任医(药、护、技)师 | 九江学院附属医院 | 2009 |
| 詹太国 | 主任医(药、护、技)师 | 九江学院附属医院 | 2009 |
| 李春平 | 主任医(药、护、技)师 | 九江学院附属医院 | 2009 |
| 余建民 | 主任医(药、护、技)师 | 九江学院附属医院 | 2009 |
| 刘 力 | 主任医(药、护、技)师 | 九江学院附属医院 | 2009 |

续表 70-3-6

| 姓 名 | 职 称 | 单 位 | 年 份 |
|---|---|---|---|
| 喻淑珍 | 主任医(药、护、技)师 | 九江学院附属医院 | 2009 |
| 程爱萍 | 主任医(药、护、技)师 | 九江学院附属医院 | 2009 |
| 戴鸿斌 | 主任医(药、护、技)师 | 武宁县 | 2009 |
| 傅遵家 | 主任医(药、护、技)师 | 都昌县 | 2009 |
| 徐 雄 | 主任医(药、护、技)师 | 九江县 | 2009 |
| 唐厚忠 | 主任医(药、护、技)师 | 九江县 | 2009 |
| 陶 波 | 主任医(药、护、技)师 | 星子县 | 2009 |
| 欧阳霆 | 主任医(药、护、技)师 | 市一医院 | 2009 |
| 许建峰 | 主任医(药、护、技)师 | 市一医院 | 2009 |
| 吴谋喜 | 主任医(药、护、技)师 | 市妇幼保健院 | 2009 |
| 李承华 | 主任医(药、护、技)师 | 市妇幼保健院 | 2009 |
| 熊耀珍 | 主任医(药、护、技)师 | 市妇幼保健院 | 2009 |
| 伍宏泽 | 主任医(药、护、技)师 | 市中医院 | 2009 |
| 罗 敏 | 教授级高级工程师 | 市环保局 | 2009 |
| 郑 浪 | 高级记者(编辑) | 九江日报 | 2009 |
| 陈泽富 | 高级记者(编辑) | 九江日报 | 2009 |
| 徐军英 | 图书资料研究馆员 | 九江学院 | 2009 |
| 吴宜先 | 文物博物研究馆员 | 市文物管理处 | 2009 |
| 孙爱军 | 教授级高工 | 中铁四局五公司 | 2009 |
| 虞耀君 | 高校教授 | 九江学院 | 2010 |
| 舒长兴 | 高校教授 | 九江学院 | 2010 |
| 殷小平 | 高校教授 | 九江学院 | 2010 |
| 陈先忠 | 高校教授 | 九江学院 | 2010 |
| 陈小林 | 高校教授 | 九江学院 | 2010 |
| 查振华 | 高校教授 | 九江学院 | 2010 |
| 张 辉 | 高校教授 | 九江学院 | 2010 |
| 李枝盛 | 高校教授 | 九江学院 | 2010 |
| 刘长林 | 高校教授 | 九江学院 | 2010 |
| 刘朝阳 | 高校教授 | 九江人才交流中心 | 2010 |
| 花传国 | 高职教授 | 九江职业大学 | 2010 |
| 张 梅 | 高职教授 | 九江职业大学 | 2010 |
| 周春明 | 高职教授 | 九江职业大学 | 2010 |
| 徐让美 | 党校教授 | 市委党校 | 2010 |
| 胡美霞 | 主任医(药、护、技)师 | 市妇幼保健院 | 2010 |
| 殷小平 | 主任医(药、护、技)师 | 九江学院附属医院 | 2010 |

续表 70-3-6

| 姓 名 | 职 称 | 单 位 | 年 份 |
|---|---|---|---|
| 黄益君 | 主任医(药、护、技)师 | 九江学院附属医院 | 2010 |
| 徐 昊 | 主任医(药、护、技)师 | 九江学院附属医院 | 2010 |
| 许向东 | 主任医(药、护、技)师 | 九江学院附属医院 | 2010 |
| 梅保华 | 主任医(药、护、技)师 | 市一医院 | 2010 |
| 龚锦文 | 主任医(药、护、技)师 | 市一医院 | 2010 |
| 盛丽萍 | 主任医(药、护、技)师 | 市五医院 | 2010 |
| 向礼欣 | 主任医(药、护、技)师 | 市石化医院 | 2010 |
| 王 健 | 主任医(药、护、技)师 | 市中医院 | 2010 |
| 汪 波 | 主任医(药、护、技)师 | 市中医院 | 2010 |
| 肖晓华 | 主任医(药、护、技)师 | 市中医院 | 2010 |
| 邵 拓 | 主任医(药、护、技)师 | 都昌县 | 2010 |
| 吴敏生 | 主任医(药、护、技)师 | 都昌县 | 2010 |
| 董 海 | 主任医(药、护、技)师 | 湖口县 | 2010 |
| 陈守生 | 主任医(药、护、技)师 | 德安县 | 2010 |
| 陈 英 | 主任医(药、护、技)师 | 九江县 | 2010 |
| 沈亚标 | 主任医(药、护、技)师 | 修水县 | 2010 |
| 张育彗 | 教授级高级工程师 | 市林业局 | 2010 |
| 杨鸿敏 | 高级记者(编辑) | 九江日报社 | 2010 |
| 荣茂凡 | 高级记者(编辑) | 修水县 | 2010 |
| 冷望高 | 一级美术(摄影)师 | 九江书画院 | 2010 |
| 刘秋生 | 一级美术(摄影)师 | 九江书画院 | 2010 |
| 叶绍荣 | 一级文学创作 | 修水县 | 2010 |
| 余 海 | 图书资料研究馆员 | 市图书馆 | 2010 |
| 余昌喜 | 农业技术推广研究员 | 市植保站 | 2010 |
| 谢国强 | 农业技术推广研究员 | 市种子局 | 2010 |
| 汤建国 | 农业技术推广研究员 | 彭泽县 | 2010 |
| 张孔德 | 农业技术推广研究员 | 都昌县 | 2010 |
| 王圣涛 | 教授级高工 | 中铁四局五公司 | 2010 |
| 李学书 | 教授级高工 | 中铁九桥公司 | 2010 |

# 第四节 九江籍在外知名人士

## 一、寓居市外知名人士

表 70-3-7

| 姓 名 | 生 年 | 籍 贯 | 单位 职务 职称 |
|---|---|---|---|
| 王 璠 | 1905 | 瑞昌市 | 内蒙古师范大学教授、中文系主任 |
| 蔡次薛 | 1908 | 九江市 | 中南财经大学(武汉)教授 |
| 叶恭绍(女) | 1909 | 九江市 | 北京医科大学教授,全国政协常委 |
| 陈振东 | 1910 | 星子县 | 台湾台中农学院教授 |
| 曹文超 | 1910 | 湖口县 | 台湾淡江大学教授 |
| 廖超齐 | 1911 | 湖口县 | 民国少将、台北市师管区副司令 |
| 周韵春(女) | 1912 | 九江县 | 内蒙古大学汉语系教授 |
| 吴和满 | 1912 | 修水县 | 1930年参加红军,1935年参加长征,后在宁夏定居 |
| 杨力文 | 1912 | 修水县 | 山西冶金地质勘探公司原党委书记、经理,老红军 |
| 黎天锋 | 1913 | 武宁县 | 民国海军参谋大学教授、台北江西同乡会理事长 |
| 许巍文 | 1915 | 九江市 | 台湾工业技术研究所主任、研究员 |
| 潘锡圭 | 1915 | 瑞昌市 | 南京邮电学院副院长、教授 |
| 叶仲篪 | 1915 | 九江县 | 湖北医科大学脑外科教授 |
| 胡铁凡 | 1915 | 修水县 | 民国少将、第二军团副参谋长、原修水旅台同乡会会长 |
| 吴世经 | 1916 | 九江县 | 四川财经学院经济系主任、教授 |
| 蔡振瑗 | 1917 | 九江县 | 铁道兵工程学院副院长 |
| 李中和 | 1917 | 九江县 | 台湾"中央大学"音乐系主任、教授 |
| 许竞武 | 1917 | 九江市 | 浙江省农牧渔业厅教授级兽医师 |
| 戴章甫 | 1917 | 九江市 | 台湾空军总部少将、副主任 |
| 龚桂林 | 1917 | 修水县 | 1934年参加红军,新中国成立后在盐城秦南食品站工作 |
| 李 柱 | 1918 | 星子县 | 民盟江西省主委 |
| 陈安吉 | 1918 | 庐山区 | 河北省林业厅教授级高工 |
| 杨清镜 | 1918 | 九江市 | 台湾驻南非专员、研究员、翻译家 |
| 冯放民 | 1919 | 九江县 | 台湾《中央周刊》主编,教授、作家 |
| 汪曾佑 | 1919 | 彭泽县 | 台湾陆军少将 |
| 董长安 | 1920 | 九江县 | 江西医学院教授 |
| 张廷璐 | 1920 | 永修县 | 第三军医大学教授 |
| 张肇平 | 1920 | 武宁县 | 台湾大学武术教授、台湾太极总会会长 |
| 张薰华 | 1921 | 九江市 | 上海复旦大学经济学院主任、教授 |
| 周天健 | 1921 | 湖口县 | 台湾"中央研究院"中文研究员 |
| 欧阳樊 | 1922 | 彭泽县 | 河北石家庄交通局教授级高工、桥梁专家 |
| 丁碧云(女) | 1922 | 德安县 | 台湾大学教授 |
| 朱曙光 | 1922 | 修水县 | 北京工业大学教授 |

续表 70-3-7

| 姓 名 | 生 年 | 籍 贯 | 单位 职务 职称 |
|---|---|---|---|
| 谭钜生 | 1923 | 九江市 | 江西师范大学教授 |
| 车 轰 | 1925 | 修水县 | 民国(台湾)教育家,创办永达技术学院,教授 |
| 戴匡蕖(女) | 1925 | 九江市 | 江西省人民医院主任医师 |
| 李德煜 | 1926 | 永修县 | 建设部规划设计院主任总工程师(副部级) |
| 陈 迟 | 1926 | 九江市 | 上海《解放日报》副总编,高级记者、编辑 |
| 樊友萱 | 1926 | 修水县 | 江西农业大学牧医系教授 |
| 李时务 | 1927 | 九江县 | 江西师范大学马列部主任、教授 |
| 伍振琢 | 1927 | 九江市 | 台湾大学教育系主任、教授 |
| 罗盘(德湛) | 1927 | 九江县 | 台湾中国文艺协会文艺评论委主任,作家 |
| 毛礼锌 | 1928 | 九江市 | 江西财经学院教授 |
| 张 翊 | 1928 | 九江县 | 台湾邮政研究所所长、研究员 |
| 袁隆艺(女) | 1928 | 德安县 | 北京航空航天大学研究员 |
| 许鹿希(女) | 1928 | 庐山区 | 北京医科大学教授,全国政协委员 |
| 许中明 | 1929 | 庐山区 | 广播电影电视部总工程师、教授级高工,全国政协委员 |
| 刘达材 | 1929 | 都昌县 | 台湾海军指参学院院长、教授,中将 |
| 曹文凤 | 1929 | 星子县 | 广西溪山医院主任医师 |
| 周异群 | 1929 | 修水县 | 江西医学院附属医院主任医师、教授 |
| 查意楞(女) | 1929 | 修水县 | 北京外国语大学教授 |
| 方一星 | 1930 | 武宁县 | 华中科技大学教授 |
| 龙 翔 | 1930 | 永修县 | 黑龙江大学俄罗斯研究所所长、教授 |
| 陈维培 | 1930 | 星子县 | 中建二局唐山设计所所长教授级高工 |
| 冯昭江 | 1930 | 九江县 | 上海空军学院教授 |
| 汤为伯 | 1930 | 九江市 | 台湾台南市综合出版社主编、作家 |
| 胡世荃(女) | 1930 | 九江市 | 江西农业大学教授 |
| 刘国桩 | 1931 | 德安县 | 江西省建筑设计院副院长,教授级高工 |
| 吴国芳 | 1931 | 永修县 | 华东师大生物系教授 |
| 欧阳炯 | 1932 | 彭泽县 | 台湾淡江大学中文系教授 |
| 梅志寿 | 1932 | 九江市 | 江西工业卫生研究所主任医师、研究员 |
| 胡镇球 | 1932 | 九江县 | 江西医学院教授 |
| 孔繁梅(女) | 1932 | 九江市 | 天津南开大学物理系教授 |
| 黄问盈 | 1932 | 九江市 | 铁道部科研院研究员 |
| 魏孚梅 | 1932 | 湖口县 | 成都军区总医院妇产科主任医师 |
| 丁思统 | 1933 | 彭泽县 | 江西共大总校教授 |
| 万贤华(女) | 1933 | 九江市 | 武汉同济医科大学教授 |
| 黄文芳(女) | 1933 | 九江市 | 华中师范大学化学系教授 |
| 张友梅(女 | 1933 | 德安县 | 湖南师范大学资源环境学院教授 |
| 朱美珍(女) | 1933 | 九江市 | 山东煤矿工业局卫生处主任医师 |

续表 70-3-7

| 姓 名 | 生 年 | 籍 贯 | 单位 职务 职称 |
|---|---|---|---|
| 朱星祥 | 1933 | 修水县 | 海军上海基地纪委专职副书记,少将军衔 |
| 周良沛 | 1933 | 九江市 | 云南作家协会一级创作员、诗人 |
| 许庐生 | 1933 | 九江市 | 河北国防工业工程设计院研究员、高级建筑师 |
| 张幼民 | 1933 | 修水县 | 武汉军区信阳陆军学院军训部主任,副军级待遇 |
| 张时雍 | 1933 | 修水县 | 扬州大学物理系教授 |
| 戎霭伦(女) | 1933 | 九江市 | 北京航空航天大学教授 |
| 李火林 | 1933 | 彭泽县 | 江西工业大学数学教研室主任,教授 |
| 童恩正 | 1935 | 庐山区 | 四川大学教授、作家、考古学家 |
| 肖　楚 | 1933 | 修水县 | 南昌市结石病专科医院主任医师 |
| 欧阳喈 | 1933 | 彭泽县 | 白求恩医科大学口腔研究所所长、教授 |
| 项镜泉 | 1933 | 星子县 | 财政部财政研究所研究员,副所长 |
| 沈竞民 | 1934 | 庐山区 | 上海第二军医大学研究员,研究室主任,少将军衔,正军级待遇 |
| 欧阳炯 | 1934 | 彭泽县 | 台湾东吴大学中文系主任、教授 |
| 张绪礼 | 1934 | 武宁县 | 武汉华中科技大学教授 |
| 蔡季冰(女) | 1934 | 九江市 | 北京理工大学自动控制系教授 |
| 闵宝珍(女) | 1934 | 九江市 | 河北省医学科学院研究员 |
| 傅淑芳 | 1934 | 修水县 | 北京大学地球物理研究室教授 |
| 潘传康 | 1935 | 九江市 | 南昌大学副校长、教授 |
| 熊为淼 | 1935 | 九江县 | 陕西西北大学化学系教授 |
| 高立钧 | 1935 | 九江市 | 中国航空工业航空材料研究所研究员 |
| 陈自励 | 1935 | 九江市 | 湖北省妇女儿童医院主任医师、教授 |
| 江国镇 | 1936 | 都昌县 | 江西省政协副主席 |
| 程受煜 | 1936 | 都昌县 | 广州远洋运输公司党委书记(正厅级) |
| 江正锡 | 1936 | 都昌县 | 景德镇陶瓷学院副院长 |
| 谭训鸣(女) | 1936 | 九江市 | 江西财经大学理财教授 |
| 罗一鸣 | 1936 | 九江市 | 北京广播学院(传媒大学)教授 |
| 万惟俊 | 1936 | 九江市 | 台湾经济部中央标准局局长、高级工程师 |
| 王全志 | 1936 | 德安县 | 解放军总参工程兵驻郑州军事代表处总代表,正师级 |
| 王延杰 | 1936 | 武宁县 | 中国航空第 609 研究所研究员 |
| 李小如 | 1936 | 庐山区 | 湖南湘雅医学院三附院教授 |
| 杨丽真(女) | 1936 | 彭泽县 | 江西省二医院内科主任、主任医师 |
| 潘　玉 | 1936 | 修水县 | 佛山大学教授 |
| 高运甲 | 1936 | 九江市 | 中国文联副主席 |
| 冯传瑾(女) | 1937 | 九江市 | 北京广播器材厂教授级高工 |
| 刘定中 | 1937 | 修水县 | 新疆经贸工委副书记(正厅级) |
| 刘家烈 | 1937 | 九江县 | 上海海军航空兵师级飞行员 |
| 刘光华 | 1937 | 永修县 | 南昌大学材料学教授 |

续表 70-3-7

| 姓 名 | 生 年 | 籍 贯 | 单位 职务 职称 |
|---|---|---|---|
| 周先标 | 1937 | 修水县 | 江西农业大学动物科技学院教授 |
| 胡三觉 | 1937 | 修水县 | 第四军医大学教授 |
| 孙生莲 | 1937 | 修水县 | 台湾永达技术学院创办人、教授 |
| 徐祖松 | 1938 | 星子县 | 江西省委组织部副部长(正厅级) |
| 郝向阳 | 1938 | 永修县 | 江西医学院一附院教授、主任医师 |
| 张文泽 | 1938 | 彭泽县 | 华东师范大学中文系教授 |
| 胡世炎 | 1938 | 永修县 | 四川成都飞机工业公司教授级高工 |
| 潘熙淦 | 1938 | 武宁县 | 江西省农科院研究员,水稻研究所所长、院长 |
| 张湘炳 | 1939 | 庐山区 | 中科院长沙大地构造研究所所长、研究员 |
| 王先霈 | 1939 | 湖口县 | 华中师大文学院院长、教授 |
| 易宗礼 | 1939 | 星子县 | 江西省社会科学院研究员、教授 |
| 王来夏 | 1939 | 九江市 | 山东省轻工美术学校教授、画家 |
| 熊美兰(女) | 1939 | 庐山区 | 南昌市蔬菜科研所研究员 |
| 陈贻瑞(女) | 1939 | 修水县 | 天津大学教授 |
| 高荫榆(女) | 1940 | 九江市 | 南昌大学生命科学院教授 |
| 吴炼金(女) | 1940 | 都昌县 | 江西省教育学院党委副书记、教授 |
| 沙国平 | 1940 | 瑞昌市 | 华东交通大学教授 |
| 张选国 | 1940 | 九江县 | 新华社监察局局长 |
| 陈世圮 | 1940 | 九江市 | 台湾交通部常务次长、代部长 |
| 汪友富 | 1941 | 修水县 | 新华社新疆分社书记(正厅级) |
| 陈贻竹 | 1941 | 修水县 | 华南植物研究所教授 |
| 胡 斌 | 1941 | 修水县 | 江西中医学院副院长,研究员 |
| 高新庆 | 1941 | 彭泽县 | 人民日报主任记者、高级记者 |
| 何生根 | 1942 | 彭泽县 | 中国政法大学教授 |
| 段儒东 | 1942 | 九江县 | 安徽省作家协会副主席、《清明》杂志主编、编审 |
| 黄上腾 | 1943 | 九江县 | 上海交通大学计算机研究院副院长、教授 |
| 张正尧 | 1943 | 修水县 | 江西省老区建设办公室副主任(正厅级) |
| 时正新 | 1943 | 彭泽县 | 民政部政策研究中心主任,研究员 |
| 樊孝赞 | 1943 | 修水县 | 国防科技大学政治学院大队长、大校军衔 |
| 陶 羲 | 1944 | 永修县 | 江西省卫生厅教授 |
| 程昭寰 | 1944 | 星子县 | 中国中医科学院教授、主任医师 |
| 董泉珍 | 1944 | 修水县 | 中国中医科学院西苑医院主任医师、教授 |
| 樊相如 | 1944 | 修水县 | 长沙中南大学商学院教授 |
| 戴进焱 | 1944 | 德安县 | 解放军驻上海铁路局军事代表处高级工程师,大校军衔,副军级 |
| 陈邦固 | 1944 | 庐山区 | 天津大学机械系焊接材料研究所所长、研究员 |
| 吕 峻 | 1945 | 德安县 | 江西日报高级编辑,教授 |
| 刘极灿 | 1945 | 星子县 | 江西省农业厅副厅长、正厅级领导干部、江西省政协人口资源环境委员会副主任 |

续表 70-3-7

| 姓 名 | 生 年 | 籍 贯 | 单位 职务 职称 |
|---|---|---|---|
| 刘菊喜 | 1946 | 都昌县 | 农业银行江西省分行行长、党委书记、高级经济师 |
| 江国华 | 1946 | 都昌县 | 江西省地震局副局长、党委书记、高级工程师 |
| 方锡德 | 1946 | 彭泽县 | 北京大学中文系教授 |
| 汪定雄 | 1946 | 彭泽县 | 华中科技大学、华中理工大学物理系教授,博士生导师 |
| 吴颂今 | 1946 | 九江市 | 中国唱片公司广州分公司艺术总监,一级作曲家 |
| 易杨华 | 1946 | 修水县 | 第二军医大学药学院海洋药物研究中心教授 |
| 高上凯(女) | 1946 | 九江县 | 清华大学电机系教授 |
| 洪英俊 | 1946 | 修水县 | 华东交通大学教授 |
| 巢志成 | 1946 | 修水县 | 台湾成功大学永续环境科技研究中心教授 |
| 朱宪生 | 1947 | 瑞昌市 | 上海师范大学教授、博士生导师 |
| 陈映秋 | 1947 | 瑞昌市 | 中国造船工会力学委员会副主任 |
| 胡振鹏 | 1948 | 星子县 | 江西省副省长、省人大常委会副主任 |
| 刘昌持 | 1948 | 都昌县 | 中共江西省委办公厅副主任 |
| 杨宏勋 | 1948 | 都昌县 | 江苏省人寿保险公司总经理 |
| 曹达忠 | 1948 | 都昌县 | 江西师范大学副校长 |
| 曾 毅 | 1948 | 彭泽县 | 北京大学人口研究所所长、教授 |
| 汪定伟 | 1948 | 彭泽县 | 东北大学系统工程研究所长、教授 |
| 余祖广 | 1949 | 都昌县 | 云南省政协副秘书长(正厅级) |
| 刘堂江 | 1949 | 武宁县 | 教育部《人民教育》总编 |
| 桂训海 | 1949 | 九江市 | 解放军251医院主任医师 |
| 龚文泗 | 1949 | 修水县 | 省水电职工医院院长、主任医师 |
| 吴 立 | 1949 | 九江市 | 新疆铁道报主任编辑、总编 |
| 刘明寿 | 1950 | 都昌县 | 江西省建材工业集团总经理、党委书记 |
| 张敬标 | 1950 | 九江县 | 江西农大教授 |
| 幸健华 | 1950 | 修水县 | 沈阳军区463医院信息科教授 |
| 谢新力 | 1950 | 修水县 | 江西财经学院教授 |
| 李小江(女) | 1951 | 九江市 | 辽宁大连大学教授 |
| 张金龙 | 1951 | 九江县 | 武汉理工大学教授 |
| 蔡灿林 | 1951 | 九江县 | 江西中医学院附属医院内分泌科主任、教授 |
| 高益庆 | 1951 | 彭泽县 | 南昌航空航天大学副校长、教授 |
| 程受锭 | 1952 | 都昌县 | 江西省总工会主席 |
| 吴桃生 | 1952 | 都昌县 | 南京军区联勤第十八分部副部长 |
| 周容兴 | 1952 | 都昌县 | 江西省国家安全厅厅长、党组书记 |
| 赵泽华 | 1952 | 都昌县 | 江西省人民政府副秘书长 |
| 尹庆水 | 1952 | 湖口县 | 广州军区广州总医院骨科医院院长、教授、少将 |
| 向军俭 | 1952 | 瑞昌市 | 暨南大学抗体研究中心教授 |
| 吴泗宗 | 1952 | 修水县 | 同济大学经济管理学院教授 |

续表 70-3-7

| 姓 名 | 生 年 | 籍 贯 | 单位 职务 职称 |
|---|---|---|---|
| 宋才火 | 1952 | 星子县 | 江西省政法委副书记(正厅级) |
| 张乐天 | 1952 | 彭泽县 | 南京师范大学教科学院教授 |
| 张金隆 | 1952 | 九江县 | 华中科技大学管理学院院长、教授 |
| 李龙标 | 1952 | 永修县 | 江苏苏州第一附属医院眼科主任、教授 |
| 李松林 | 1952 | 永修县 | 解放军二炮某疗养院主任医师 |
| 李国强 | 1952 | 庐山区 | 省科技厅厅长、社科院长、研究员 |
| 廖少华 | 1952 | 修水县 | 湖南第一师范学院教授 |
| 王泰健 | 1952 | 武宁县 | 中国兽医药品监察所所长 |
| 谭今来 | 1953 | 都昌县 | 江西省环保厅副厅长 |
| 王世英 | 1953 | 德安县 | 江西省地矿厅纪委书记(正厅级),巡视员 |
| 何玉长 | 1953 | 湖口县 | 上海财经大学教授 |
| 吴宗贵 | 1953 | 彭泽县 | 第二军医大学二附院心内科主任、教授、主任医师 |
| 陈和利 | 1953 | 修水县 | 江西中医院教授 |
| 胡援成 | 1953 | 修水县 | 江西财经大学金融学院教授 |
| 魏运洋 | 1953 | 九江县 | 南京理工大学教授 |
| 李 安 | 1954 | 德安县 | 台湾导演,曾获奥斯卡金像奖最佳导演奖 |
| 叶为金 | 1954 | 九江县 | 云南财经大学教授 |
| 吴雨初 | 1954 | 都昌县 | 北京出版集团主任、编审 |
| 邱太琪 | 1954 | 都昌县 | 中国人民解放军海军 902 厂厂长、大校 |
| 曹开星 | 1954 | 都昌县 | 公安部科技信息局局长 |
| 张 扬 | 1954 | 彭泽县 | 中国科学院教授 |
| 张银甫 | 1954 | 永修县 | 第三军医大学二附院泌尿外科主任、教授 |
| 邱力生 | 1954 | 九江市 | 武汉大学教授 |
| 赵 俊 | 1954 | 彭泽县 | 南昌大学教授 |
| 袁礼华 | 1954 | 永修县 | 南昌大学旅游学院教授 |
| 钟明立 | 1954 | 武宁县 | 华南师范大学文学院教授 |
| 沈德咏 | 1954 | 修水县 | 最高法院常务副院长 |
| 陶平泉 | 1954 | 九江县 | 北京科技大学教授 |
| 傅 晨 | 1954 | 九江市 | 华南农业大学教授 |
| 谢守和 | 1954 | 武宁县 | 武汉军事经济学院教授 |
| 戴公兴 | 1954 | 瑞昌市 | 新疆维吾尔自治区副主席 |
| 程一恒 | 1954 | 九江市 | 同济大学中芬生态研究室主任、教授 |
| 张桃生 | 1955 | 都昌县 | 江西省发展和改革委员会副主任 |
| 黄福初 | 1955 | 都昌县 | 中国银行云南分行行长 |
| 游会龙 | 1955 | 都昌县 | 国家统计局江西调查总队副总队长 |
| 丁伯东 | 1955 | 修水县 | 海南省纪委副书记,省监察厅厅长 |
| 朱法元 | 1955 | 修水县 | 江西出版总社总编、作家 |

续表 70–3–7

| 姓 名 | 生 年 | 籍 贯 | 单位 职务 职称 |
|---|---|---|---|
| 方 方 | 1955 | 彭泽县 | 湖北省作家协会主席,中国作协全委会委员 |
| 刘义伦 | 1955 | 九江县 | 长沙大学副校长、教授 |
| 匡金华 | 1955 | 修水县 | 广州大学教授 |
| 吕江林 | 1955 | 九江县 | 江西财经大学教授 |
| 罗黄碧 | 1955 | 九江县 | 中国矿业大学教授 |
| 祝黄河 | 1955 | 瑞昌市 | 江西省社联主席、教授 |
| 段显湘 | 1955 | 都昌县 | 中国人民解放军安徽亳州军分区司令员 |
| 夏修全 | 1956 | 德安县 | 江西省军区政治部副主任、大校 |
| 封志纯 | 1956 | 瑞昌市 | 北京军区总医院副院长、博士后导师 |
| 朱振华 | 1956 | 彭泽县 | 云南农科院教授 |
| 吴照云 | 1956 | 彭泽县 | 江西财经大学副校长、教授 |
| 李卫国 | 1956 | 浔阳区 | 福建省军区副司令员 |
| 骆华宝 | 1956 | 湖口县 | 中国冶金地质总局总地质师、教授 |
| 韩群勇 | 1956 | 彭泽县 | 广州大学教授 |
| 谭育治 | 1956 | 九江县 | 广东医学院药理室教授 |
| 魏运洋 | 1956 | 九江县 | 南京华东工学院教授 |
| 张 武 | 1957 | 武宁县 | 上海大学计算机学院执行副院长、博士生导师 |
| 王 锋 | 1957 | 湖口县 | 南昌工程学院教授 |
| 左 毅 | 1957 | 湖口县 | 解放军防空指挥学院(河南)副院长、科研部长、教授 |
| 帅新声 | 1957 | 修水县 | 国务院国情研究所研究员 |
| 张相炎 | 1957 | 庐山区 | 南京理工大学火炮工程系主任、教授 |
| 余乐源 | 1957 | 都昌县 | 中共中央办公厅秘书局副局长、《秘书工作》杂志社社长 |
| 刘宗华 | 1957 | 都昌县 | 江西吉安市政协主席 |
| 李芳凡 | 1957 | 都昌县 | 南昌大学法学院教授 |
| 邵 鸿 | 1957 | 庐山区 | 九三学社中央副主席、教授 |
| 欧阳志定 | 1957 | 星子县 | 某军校教研部外语教研室教授 |
| 黄建新 | 1957 | 德安县 | 江西省通信管理局局长、书记,正厅级 |
| 卢小兵 | 1958 | 修水县 | 上海市浦东公利医院主任医师 |
| 刘亦陈 | 1958 | 武宁县 | 南昌大学经济系教授 |
| 何绍明 | 1958 | 瑞昌市 | 南京解放军 454 医院麻醉科主任、主任医师 |
| 聂文亮 | 1958 | 都昌县 | 江西省人寿保险公司副总经理、高级经济师 |
| 段训和 | 1958 | 都昌县 | 海南大学教授 |
| 涂翼根 | 1958 | 修水县 | 景德镇陶瓷研究所高级工艺美术师 |
| 高火贵 | 1958 | 彭泽县 | 江西师范大学教授 |
| 杨 菊 | 1959 | 彭泽县 | 北京矿冶研究总院教授 |
| 周从阳 | 1959 | 九江县 | 江西省医学院一附院教授 |
| 詹美礼 | 1959 | 都昌县 | 河海大学(南京)水电学院教授 |
| 许文斌 | 1960 | 九江县 | 北京协和医院呼吸科教授 |
| 陈家瑞(女) | 1960 | 都昌县 | 台湾大学教授 |
| 黄大建 | 1960 | 修水县 | 江西财经大学教授 |

续表 70-3-7

| 姓 名 | 生 年 | 籍 贯 | 单位 职务 职称 |
|---|---|---|---|
| 尹艳林 | 1961 | 星子县 | 中央财经领导小组(原国家计委)局长 |
| 朱永健 | 1961 | 彭泽县 | 浙江宁波万里国际学院教授 |
| 江泽涛 | 1961 | 都昌县 | 南昌航空大学教授 |
| 余 志 | 1961 | 武宁县 | 广东中山大学工学院院长、教授 |
| 余卫国 | 1961 | 德安县 | 国家电网公司办公厅主任,正厅级 |
| 余南阳 | 1961 | 修水县 | 西南交通大学机械工程学院教授 |
| 李忆敏 | 1961 | 九江市 | 中华儿女美术馆(福建厦门)馆长、研究员 |
| 陆付耳 | 1961 | 都昌县 | 华中科技大学同济医学院结合研究所副所长、教授 |
| 周 荣 | 1961 | 修水县 | 中国工业与信息部新能源汽车专家组研究员 |
| 郭姣(女) | 1961 | 永修县 | 广东医药学院教授 |
| 徐林初 | 1961 | 都昌县 | 江西林科院研究员 |
| 雷梦觉 | 1961 | 修水县 | 江西省人民医院干部病房主任医师、教授 |
| 摩 罗 | 1961 | 都昌县 | 中国文化研究所研究员 |
| 喻芳平 | 1961 | 九江县 | 武汉船舶工业学院教授 |
| 喻常森 | 1961 | 武宁县 | 广州中山大学教授 |
| 王小波 | 1962 | 武宁县 | 中国华融信托公司证券部副总,国务院津贴专家 |
| 王仕平 | 1962 | 彭泽县 | 上海华东电力大学教授 |
| 王有强 | 1962 | 瑞昌市 | 清华大学公共管理学院教授,政府研究所所长 |
| 鲁世强 | 1962 | 永修县 | 南昌航空学院材料工程系教授 |
| 田宗友 | 1962 | 九江县 | 江西师范大学外语系教授 |
| 邓致荣 | 1962 | 德安县 | 解放军第二炮兵防护防疫环境队党委书记,队长,主任医师 |
| 冯绍元 | 1962 | 都昌县 | 中国农业大学水利与土木工程学院教授 |
| 叶为金 | 1962 | 九江县 | 云南财经大学教授 |
| 刘显沐 | 1962 | 九江县 | 916 地质大队大队长、教授 |
| 孙占学 | 1962 | 修水县 | 东华理工大学教授 |
| 况春江 | 1962 | 星子县 | 北京铜铁研究院教授、博导 |
| 徐 翔 | 1962 | 星子县 | 南昌大学二附医院主任医师 |
| 张 闳 | 1962 | 都昌县 | 同济大学人文学院教授 |
| 张周灯 | 1962 | 九江县 | 江西教育学院教授 |
| 陈尚武 | 1962 | 九江县 | 广州中山大学教授 |
| 周 军 | 1962 | 修水县 | 南京政治学院上海分院军事信息管理系教授 |
| 周美富 | 1962 | 修水县 | 香港大学教授 |
| 易小明 | 1962 | 瑞昌市 | 江西财经大学教授、副校长 |
| 姚益龙 | 1962 | 庐山区 | 广州中山大学岭南学院教授 |
| 胡金平 | 1962 | 九江市 | 南京师大教育学院教授、副院长 |
| 胡星斗 | 1962 | 德安县 | 北京理工大学经济学教授 |
| 赵金洲 | 1962 | 九江县 | 山东胜利石油局教授级高工 |
| 曹俊文 | 1962 | 湖口县 | 江西财经大学教授 |
| 曹义华 | 1962 | 都昌县 | 北京航空航天大学教授 |
| 黄细嘉 | 1962 | 九江县 | 南昌大学经济管理学院教授、副院长 |

续表 70-3-7

| 姓 名 | 生 年 | 籍 贯 | 单位 职务 职称 |
|---|---|---|---|
| 黄新天 | 1962 | 修水县 | 上海交通大学医学院附属第九人民医院主任医师 |
| 董 刚 | 1962 | 瑞昌市 | 解放军 201 医院院长、主任医师 |
| 唐 敏 | 1963 | 武宁县 | 解放军总后勤部军产工程账务局局长、大校 |
| 王功平 | 1963 | 修水县 | 江西师范大学教授 |
| 车小奎 | 1963 | 修水县 | 北京有色金属研究总院矿物资源与冶金材料研究所教授级高级工程师、所长 |
| 邓金根 | 1963 | 修水县 | 中国科学院成都有机化学研究所研究员 |
| 卢 诚 | 1963 | 修水县 | 广州茂名学院教授 |
| 陈 飞 | 1963 | 都昌县 | 国家电力管理委员会办公厅副主任 |
| 郭建晖 | 1963 | 都昌县 | 省经济贸易委员会副主任、江西经济管理干部学院院长 |
| 吕爱平 | 1963 | 都昌县 | 中国中医科学院研究员、博导 |
| 梅建平 | 1963 | 九江市 | 江西省体委运动队世界冠军 |
| 朱圻贤 | 1963 | 修水县 | 江西财经职业学院教授会计系主任 |
| 何先应 | 1963 | 九江县 | 江西财经职业学院副院长、教授 |
| 何国华 | 1963 | 九江县 | 湖北武汉大学经济管理学院教授 |
| 冷金花 | 1963 | 修水县 | 北京协和医院主任医生、教授 |
| 吴国宝 | 1963 | 修水县 | 中国社会科学院农村发展研究所研究员 |
| 张先贵 | 1963 | 庐山区 | 武汉钢铁集团总公司教授级高工 |
| 李小平 | 1963 | 永修县 | 南昌大学计算机中心教授 |
| 李沛武 | 1963 | 九江县 | 南昌工程学院干部处博士生导师、教授 |
| 李恒国 | 1963 | 九江县 | 暨南大学华侨医院教授 |
| 范瑞新 | 1963 | 瑞昌市 | 广东省心血管病研究所主任医师、教授 |
| 杨九华 | 1963 | 九江县 | 杭州师范大学音乐学院副院长、教授 |
| 汪中求 | 1963 | 湖口县 | 北京大学民营经济研究所研究员，“细节决定成败”理论创始人 |
| 陈连平 | 1963 | 永修县 | 南京军区科学设计院院长 |
| 周晓初 | 1963 | 修水县 | 深圳北大医院主任医师 |
| 查伟雄 | 1963 | 修水县 | 华东交通大学教授 |
| 钟 秦 | 1963 | 修水县 | 南京理工大学化学化工国家级实验教学示范中心教授 |
| 项新蔡 | 1963 | 彭泽县 | 916 地质大队地勘院教授、总工程师 |
| 聂明耀 | 1963 | 武宁县 | 北京大学教授 |
| 聂泽旭 | 1963 | 德安县 | 解放军总参第四政治部副主任，师级，大校 |
| 郭志昆 | 1963 | 湖口县 | 南京理工大学教授 |
| 黄陈蓉 | 1963 | 武宁县 | 南京工程学院计算机学院院长、教授 |
| 彭 华 | 1963 | 都昌县 | 武汉大学建筑工程学院教授 |
| 彭呈仓 | 1963 | 修水县 | 国防大学二队政治委员，大校(正师职)，有军事著作多部 |
| 蔡付林 | 1963 | 永修县 | 南京河海大学教授 |
| 樊国盛 | 1963 | 修水县 | 西南林学院园林学院教授院长 |
| 燕金元 | 1963 | 永修县 | 西安交通大学教授 |
| 高宏鹏 | 1963 | 九江市 | 中国社会科学院经济研究所决策研究员 |

续表 70-3-7

| 姓 名 | 生 年 | 籍 贯 | 单位 职务 职称 |
|---|---|---|---|
| 马宏民 | 1964 | 武宁县 | 广州市妇女儿童医疗中心乳腺外科主任、主任医师 |
| 代洪义 | 1964 | 九江县 | 辽宁大连轻工学院教授 |
| 朱海松 | 1964 | 彭泽县 | 上海铁道大学教授 |
| 何 � | 1964 | 修水县 | 南昌大学经济与管理学院教授 |
| 冷平生 | 1964 | 修水县 | 北京农学院教授 |
| 冷述美 | 1964 | 修水县 | 中国传媒大学文化经纪室主任、教授 |
| 吴仕文 | 1964 | 九江县 | 解放军信息工程大学电子技术教研室主任、教授 |
| 张吉鹍 | 1964 | 武宁县 | 南昌市动物营养实验室主任、研究员 |
| 李沛洪 | 1964 | 九江县 | 江西赣州南方冶金学院教授 |
| 李沛鸿 | 1964 | 九江县 | 江西理工大学教研室主任、教授 |
| 杨廷干 | 1964 | 修水县 | 上海金融学院教授 |
| 沈兴华 | 1964 | 修水县 | 武汉大学教授 |
| 陈宁南 | 1964 | 修水县 | 江西省人民医院主任医师 |
| 陈耀文 | 1964 | 修水县 | 广东汕头大学教授 |
| 周志伟 | 1964 | 彭泽县 | 广东中山大学造口医疗师学校副校长、主任医师 |
| 查清华 | 1964 | 星子县 | 上海师范大学教授 |
| 徐 伟 | 1964 | 九江县 | 广州大学电子学院院长、教授 |
| 傅光华 | 1964 | 修水县 | 国家林业局林产工业规划设计院研究员(教授级高工) |
| 谢建社 | 1964 | 彭泽县 | 广州大学公共管理学院副院长、社会学教授 |
| 谭旭孙 | 1964 | 都昌县 | 江西省委党校教授 |
| 樊利国 | 1964 | 修水县 | 黑龙江北大荒通用航空公司总飞行师,师级飞行员 |
| 戴洪义 | 1964 | 九江县 | 大连工业大学硕士生导师、教授 |
| 纯 一 | 1964 | 星子县 | 江西省社会科学院宗教所研究员 |
| 尹小俭 | 1965 | 武宁县 | 华东师大体育健康学院教授 |
| 王伟军 | 1965 | 修水县 | 华中师范大学信息管理系教授 |
| 王福来 | 1965 | 彭泽县 | 浙江财经大学教授 |
| 帅石金 | 1965 | 永修县 | 清华大学汽车工程系教授 |
| 刘桃菊(女) | 1965 | 湖口县 | 江西农业大学教授 |
| 江锦春 | 1965 | 彭泽县 | 上海太阳能电池研究中心研究员 |
| 李建华 | 1965 | 九江县 | 上海交通大学电子信息研究院副院长、教授 |
| 李辉星 | 1965 | 都昌县 | 江西陶瓷工艺美术学院教授 |
| 邱燕华 | 1965 | 修水县 | 江西医学院第一附属医院教授 |
| 吴 强 | 1965 | 九江市 | 鹰潭军分区司令员,大校 |
| 肖传桃 | 1965 | 九江县 | 湖北荆州长江大学教授 |
| 邹 军 | 1965 | 星子县 | 香港大学教授 |
| 周初松 | 1965 | 都昌县 | 广东珠江医院骨科主任医师 |
| 周和龙 | 1965 | 九江县 | 武汉协和医院感染科主任医师 |
| 姚雪雪(女) | 1965 | 九江市 | 江西省百花洲文艺出版社社长、总编、编审 |
| 杨 琼(女) | 1965 | 九江市 | 江西武术运动学校总教练、一级裁判 |

续表 70-3-7

| 姓 名 | 生 年 | 籍 贯 | 单位 职务 职称 |
|---|---|---|---|
| 祝绍荣 | 1965 | 修水县 | 广东省江门市新汇区睦洲医院院长、主任医师 |
| 祝新根 | 1965 | 修水县 | 南昌大学第二附属医院神经外科教授、主任医师 |
| 胡西多 | 1965 | 修水县 | 东莞理工学院电子学院教授 |
| 项国雄 | 1965 | 九江县 | 江西师范大学教授 |
| 饶为国 | 1965 | 九江县 | 广西经济管理干部学院教授、副院长 |
| 桂元龙 | 1965 | 修水县 | 广东轻工职业技术学院教授 |
| 勒孚龙 | 1965 | 永修县 | 解放军信息工程技术大学教授 |
| 程厚思 | 1965 | 瑞昌市 | 云南民族大学经济学院院长、教授 |
| 熊明华 | 1965 | 永修县 | 深圳腾讯公司首席技术官教授 |
| 樊后保 | 1965 | 修水县 | 南昌工程学院教授,副校长 |
| 游 克 | 1966 | 都昌县 | 财政部证券司司长 |
| 王红英(女) | 1966 | 德安县 | 北京农业大学教授 |
| 王贤丰 | 1966 | 九江县 | 浙江宁波化工学院教授 |
| 吕小宁 | 1966 | 修水县 | 广州番禺市报社高级记者 |
| 余于荣 | 1966 | 修水县 | 南昌大学第一附属医院主任医师 |
| 汪年松 | 1966 | 星子县 | 上海第六人民医院肾科主任 |
| 胡仕勇 | 1966 | 永修县 | 中国科学院高能物理研究员 |
| 陈世清 | 1966 | 修水县 | 华南农业大学林学院教授 |
| 段焕春 | 1966 | 彭泽县 | 天津华北地质勘查局总工程师、教授级高工 |
| 聂爱华 | 1966 | 修水县 | 解放军军事医学科学院毒物药物研究所研究员 |
| 莫蓓莘 | 1966 | 修水县 | 深圳大学生命科学院教授 |
| 黄冠华 | 1966 | 武宁县 | 中国农业大学教授 |
| 谢倩霓(女) | 1966 | 修水县 | 上海少年儿童出版社编辑室主任、编审 |
| 樊天佑 | 1966 | 修水县 | 上海中医药大学附属中医院主任医师 |
| 孔凡斌 | 1967 | 九江县 | 江西省环境管理学院院长、教授 |
| 张东晓 | 1967 | 武宁县 | 北京大学工学院副院长、教授 |
| 杨青枝 | 1967 | 九江县 | 海南师范学院教授 |
| 周水森 | 1967 | 星子县 | 中国疾病防控中心寄生虫病防控所主任教授 |
| 段龙臣 | 1967 | 都昌县 | 中国地质大学教授 |
| 胡梁成 | 1967 | 修水县 | 华南师范大学物理与电信工程学院教授 |
| 饶为富 | 1967 | 九江县 | 中国盐业总公司教授级高工 |
| 唐 彬 | 1967 | 彭泽县 | 江西财经大学社会学系教授 |
| 王胜桥 | 1968 | 九江县 | 上海商学院管理学院院长、教授 |
| 邓福国 | 1968 | 九江县 | 海南大学教授 |
| 刘冀瑗 | 1968 | 九江县 | 中国社会科学院研究员 |
| 朱永泽 | 1968 | 彭泽县 | 北京信息科学研究院教授、所长 |
| 何池金 | 1968 | 彭泽县 | 上海大学环境系教授 |
| 陈荣石 | 1968 | 修水县 | 中国科学院金属研究所研究员 |

续表 70-3-7

| 姓 名 | 生 年 | 籍 贯 | 单位 职务 职称 |
|---|---|---|---|
| 查亚兵 | 1968 | 德安县 | 国防科技大学(长沙)指挥学院院长，正师级，大校衔 |
| 徐环李 | 1968 | 彭泽县 | 中国农业大学教授 |
| 涂峰华 | 1968 | 彭泽县 | 上海中国航空学院教授 |
| 曹向戎 | 1968 | 星子县 | 北京安贞医院心脏外科主任 |
| 黄加文 | 1968 | 九江县 | 江西师范大学副校长、教授 |
| 廖祥光 | 1968 | 永修县 | 中国传媒大学副校长、教授 |
| 王义华 | 1969 | 九江县 | 江西农业大学教授 |
| 田中晟 | 1969 | 九江县 | 华南理工大学教授 |
| 卢彦达 | 1969 | 修水县 | 海南医学院附属医院主任医师、教授 |
| 李京平 | 1969 | 都昌县 | 最高人民法院法官、经济庭庭长 |
| 吴江涛 | 1969 | 都昌县 | 山东烟台大学化学系教授 |
| 罗来武 | 1969 | 永修县 | 广东深圳大学经济学教授 |
| 潘希武 | 1969 | 九江县 | 深圳教育研究所教授 |
| 陈 琪 | 1970 | 彭泽县 | 清华大学国际关系学院副院长、教授 |
| 郑若林 | 1970 | 修水县 | 厦门大学教育研究院教授 |
| 莫蓓蓉 | 1970 | 修水县 | 深圳市南山区人民医院主任护师 |
| 詹华平 | 1970 | 都昌县 | 江西师大教授 |
| 平 飞 | 1971 | 修水县 | 南昌航空大学马克思主义学院教授 |
| 宋卫国 | 1971 | 星子县 | 江西中医院肾内科主任医师 |
| 朱仕虎 | 1971 | 彭泽县 | 江苏职业建筑大学教授 |
| 詹艾斌 | 1971 | 都昌县 | 江西师大教授 |
| 王弟海 | 1972 | 德安县 | 上海复旦大学经济学院教授 |
| 陈东火 | 1972 | 星子县 | 江苏苏州大学教授 |
| 宗 伟 | 1972 | 彭泽县 | 南昌大学教授 |
| 江 波 | 1973 | 九江县 | 江苏苏州大学教授 |
| 邱卫东 | 1973 | 修水县 | 上海交通大学信息安全工程学院教授 |
| 邹秀清 | 1973 | 星子县 | 江西财经大学旅游与城市管理学院教授 |
| 熊春荣 | 1973 | 修水县 | 海南大学化工系教授 |
| 柳晓军 | 1974 | 湖口县 | 中科院武汉分院物理与数学研究所研究员 |
| 桂良世 | 1974 | 星子县 | 清华大学教授 |
| 伍 麟 | 1975 | 德安县 | 吉林大学哲学社会科学院副院长、教授 |
| 刘小孙 | 1975 | 都昌县 | 浙江大学医学院附一医院教授 |
| 李阳华 | 1975 | 都昌县 | 浙江警官学院教授 |
| 陈星秋 | 1975 | 都昌县 | 中科院金属研究所沈阳材料研究室研究员 |
| 熊德明 | 1975 | 星子县 | 南昌市第三医院主任医师 |
| 郭院林 | 1975 | 星子县 | 新疆石河子大学文艺学院教授 |
| 蔡海文 | 1975 | 湖口县 | 中科院上海光机所研究员 |

续表 70-3-7

| 姓 名 | 生 年 | 籍 贯 | 单位 职务 职称 |
|---|---|---|---|
| 梁昊光 | 1976 | 修水县 | 北京首都发展研究所所长、研究员、教授 |
| 张亚菲(女) | 1976 | 九江市 | 江西杂技团名演员,国务院津贴专家 |
| 简光洲 | 1976 | 九江县 | 上海《东方早报》首席记者、研究员 |
| 詹冬华 | 1976 | 都昌县 | 江西师大教授 |
| 王红明 | 1977 | 都昌县 | 南昌大学教授 |
| 徐 飞 | 1977 | 九江县 | 中国科学院动力研究所博士、研究员 |
| 刘华泳 | 1979 | 九江县 | 华中师范大学教授 |
| 陈 蓓(女) | 1980 | 瑞昌市 | 中央电视台财经频道主持人,社会知名人士 |
| 吕 燕(女) | 1981 | 德安县 | 国际知名模特,中国十大风尚影响力女性 |
| 周子琪(女) | 1981 | 修水县 | 北京中国中文时代文化发展有限公司歌手 |

## 二、寓居海外知名人士

表 70-3-8

| 姓 名 | 生 年 | 籍 贯 | 单位 职务 职称 |
|---|---|---|---|
| 黄 楠(女) | 1915 | 九江市 | 美国费城大学医学院儿科教授 |
| 万心蕙(女) | 1918 | 九江市 | 美国 Dauas 大学教授、九江师专客座教授 |
| 熊菊贞(女) | 1919 | 九江市 | 美国耶鲁大学医学院教授 |
| 李明仪 | 1927 | 九江市 | 美国堪萨斯州大学教授 |
| 熊振民 | 1931 | 九江市 | 美国波士顿水稻遗传育种研究所研究员 |
| 张正明 | 1933 | 九江市 | 新西兰华文作家协会顾问、诗人 |
| 高为量(女) | 1941 | 九江市 | 美国纽约威郡音乐学院教授,歌唱家 |
| 肖达京 | 1941 | 九江市 | 美国科罗拉多大学航空系教授 |
| 李英杰 | 1946 | 德安县 | 美国桑尼维尔洛克希德公司总工程师、高工 |
| 钟彦龙 | 1946 | 德安县 | 美国 Bxen 公司研究员心高级参谋、研究员 |
| 黄上元(女) | 1946 | 九江县 | 加拿大多伦多大学航空航天研究所研究员 |
| 龚君展 | 1948 | 星子县 | 美国斯坦福大学信息工程部教授、研究员 |
| 徐卫龙 | 1952 | 九江市 | 美国洛杉矶人体基因研究所研究员 |
| 欧阳让 | 1952 | 彭泽县 | 美国以色列理工大学电子工程系研究员 |
| 方 梅(女) | 1954 | 九江市 | 美国洛杉矶人体基因研究所研究员 |
| 谭锦泉 | 1954 | 德安县 | 丹麦哥本哈根实验室教授 |
| 王济民 | 1955 | 武宁县 | 美国 LNVInvitrogeh 公司实验室主任、高级科学家 |
| 龙竞东(女) | 1956 | 永修县 | 美国伊里诺斯大学哲学教授 |
| 方 燕(女) | 1956 | 九江市 | 美国犹他州盐湖城计算机软件研究所研究员 |
| 钟晓雄 | 1957 | 修水县 | 美国交通联邦公路研究中心高级研究员 |
| 汪德宁 | 1958 | 德安县 | 日本和田金型工业株式会社技术总管、总工程师 |
| 方 芳(女) | 1959 | 九江市 | 美国国立卫生研究院研究员 |

续表 70-3-7

| 姓名 | 生年 | 籍贯 | 单位 职务 职称 |
|---|---|---|---|
| 王一成 | 1959 | 九江市 | 美国国家标准局研究所研究员 |
| 蔡　涛 | 1960 | 九江市 | 美国国家生命科学院终生科学家、高级研究员 |
| 吴筱华(女) | 1962 | 永修县 | 美国得克萨斯大学拉期西南医学中心研究员 |
| 黄孝军 | 1963 | 星子县 | 美国罗格斯大学教授 |
| 王雨春 | 1963 | 德安县 | 美国硅谷圣河西新材料科学高级工程师 |
| 张　平 | 1963 | 星子县 | 加拿大多伦多大学经济学院教授 |
| 陈公权 | 1963 | 瑞昌市 | 美国休斯顿市证券公司高级工程师 |
| 郑小青 | 1963 | 修水县 | 美国帕金埃尔墨公司高级工程师 |
| 徐云生 | 1963 | 九江县 | 美国密苏里大学环境与能源学院副院长、教授 |
| 曾凡钢 | 1963 | 九江市 | 美国加利福尼亚大学尔湾分校耳鼻喉系教授 |
| 谢晋阳 | 1963 | 九江市 | 加拿大多伦多大学研究员 |
| 蔡青波 | 1963 | 永修县 | 南非水利事务及森林部建筑结构专业高级工程师 |
| 樊启森 | 1963 | 修水县 | 英国伦敦经济学院研究员 |
| 潘星华 | 1963 | 湖口县 | 美国耶鲁大学遗传学研究员 |
| 张文斌 | 1964 | 武宁县 | 美国宏大国际咨询公司技术部主任、研究员 |
| 张　斌 | 1964 | 武宁县 | 美国巴尔的摩大学研究员 |
| 胡林颖 | 1964 | 修水县 | 法国巴黎居里大学研究员 |
| 谈华高 | 1964 | 瑞昌市 | 美国 HDR 工程公司高级工程师 |
| 冷芬飞 | 1965 | 修水县 | 美国州立佛罗里达国际大学教授 |
| 吴　峻 | 1965 | 永修县 | 美国达拉斯计算机公司研究员 |
| 何明果 | 1966 | 都昌县 | 美国明尼达大学教授 |
| 何育信 | 1966 | 瑞昌市 | 美国奥斯汀大学教授 |
| 冷芬飞 | 1966 | 修水县 | 美国纽约大学实验室研究员 |
| 钱鸿滔 | 1967 | 修水县 | 美国俄亥俄州立大学金融学院研究员 |
| 舒　红(女) | 1967 | 九江市 | 韩国大宇自动车株式会社汽车公司主任工程师 |
| 程长东 | 1968 | 九江县 | 新加坡国立大学教授 |
| 董伍平 | 1969 | 瑞昌市 | 日本科技开发部计算机研究与开发部部长、研究员 |
| 吴鸣健 | 1970 | 九江市 | 美国 IBM 公司高级工程师 |
| 欧阳学贤 | 1970 | 星子县 | 美国新墨西哥大学教授 |
| 江　文 | 1971 | 九江县 | 美国印第安纳州普渡大学教授 |
| 刘冀珑 | 1971 | 九江县 | 英国牛津大学生物学教授 |
| 陈晓进 | 1972 | 永修县 | 美国杜兰大学研究员 |
| 谢　虹(女) | 1973 | 九江市 | 新加坡生物工程和纳米科技研究所研究员 |
| 谈贤芳(女) | 1974 | 瑞昌市 | 美国内华达州立大学工程学院软件工程师 |
| 谈太德 | 1976 | 瑞昌市 | 美国诺发系统公司研究开发工程师 |

# 附　录

# 附　录

## 中共九江市委　九江市人民政府

# 关于1991年农业和农村工作的意见

九发〔1991〕1号

1990年我市农业和农村工作形势喜人。农业获得全面丰收，粮食、油料生产创历史新纪录，棉花生产接近历史最好水平，林、牧、渔业稳步发展，农业生产条件继续改善。特别是去年全市农村广泛深入地开展了社会主义思想教育，有力地促进了农村物质文明和精神文明建设，提高了农民的社会主义思想觉悟，加强了以村党支部为核心的村级组织建设，稳定了以家庭经营为主的联产承包责任制，双层经营体制进一步完善，村级集体经济不断发展壮大，冬季农业开发出现了近些年来未曾出现过的喜人景象，为农业发展创造了条件，为农村工作开创了新的局面。1991年是"八五"计划的第一年，努力争取农业丰收，确保农村经济稳定增长，进一步发展农村的大好形势，对于振兴九江经济，实现第二步战略目标具有十分重要的意义。根据中央七中全会和党中央、国务院《关于1991年农业和农村工作的通知》精神，市委、市政府要求各级党委和政府要继续把农业和农村工作摆在各项工作的首位，千方百计夺取1991年农业丰收。为此，市委、市政府对1991年农业和农村工作提出如下意见。

**一、1991年农业和农村工作的总体思路**

1991年我市农村工作总的思路是：以党的十三届七中全会精神为指针，以深化改革为动力，以经济建设为中心，重点抓教育、抓支部、抓调整、抓服务，夺取农业生产新丰收，开创农村工作新局面。抓教育，就是教育农民走建设有中国特色的社会主义道路；抓支部，就是抓好村党支部这个核心，建立完善以村委会和经管会为依托，以群团组织为助手的基层组织建设新格局；抓调整，就是抓农业产业结构的调整；抓服务，就是抓好经济管理组织的统层经营服务作用和基层站所的社会化服务体系的建设。农村经济发展的总要求是：主攻棉花，稳住粮食，开发山水，发展企业，调整结构，提高效益，壮大集体经济，增加农民收入。

**二、继续深入开展农村社会主义思想教育**

去冬我市在农村进行的社会主义思想教育，符合中央关于农业和农村工作的通知精神，符合省委的要求，符合我市农村的实际，符合广大农民的利益，取得了比较明显的成效。但是，集中力量、集中时间抓社教，毕竟只有两个多月，工作发展还不平衡，对整个工作的估价不宜过高。总的来看，通过农村社会主义思想教育，农村工作进一步明确了方向，经济组织和统层制度建设搭了一个架子，村级集体经济的发展开始起步，深化农村改革破了一个题。要真正使社教提出的各项任务一项一项落到实处，还要做大量的艰难细致的工作。中共中央办公厅转发中央宣传部、中央组织部《关于在农村普遍开展社会主义思想教育的意见》的通知指出：普遍开展社会主义思想教育是党在农村工作的一项重要战略任务。各级党委要制定规划，精心部署，特别要注意把集中抓与经常抓结合起来，在集中一段时间抓社教工作之后，把社教各项任务分解到有关部门，转入经常性的教育，坚持不懈地抓下去。

1.要紧密联系农民思想、农村工作、农业生产的实际,继续进行社会主义思想教育。特别是各级党委的宣传部门要把向农民进行社会主义思想教育，用社会主义思想占领农村阵地作为今年宣传工作的重要任务来抓。要按照市委提出的社教的指导思想,围绕引导农民坚持社会主义方向,坚定不移地走社会主义道路的这个根本问题,采取各种有效的形式进行针对性的思想教育。同时要加强农村宣传阵地的建设,尽快恢复村级原有的广播、墙报、宣传栏、宣传队,用社会主义的正气驱散各种歪风邪气,用正确的舆论导向凝聚人心,引导农民跟共产党走社会主义道路。

2.巩固、完善以村支部为核心的基层组织建设新格局。重点抓好后进村党支部的整顿,抓好村经济管理组织和组委会的巩固提高工作,使之进入正常的运转,发挥其职能作用。各级党委的组织部门,要把整顿后进村支部作为加强基层组织建设的首要任务,在先行试点,取得经验的基础上,制定出整顿规划,选派得力干部下村抓整顿工作,争取用三年时间,完成后进支部的整顿任务。市、县两级政府的农经委,要把加强村级经济管理组织建设作为一项基础工作来抓,不断总结经验,强化职能,发挥其管理集体经济、组织统层服务和集体农业开发的作用。各级民政部门要在抓好村民委员会建设的同时,重点抓村民小组委员会的建设,从根本上扭转“村梗阻、组断线”的状况。各级党委要抓好村组干部的培训,县、乡两级要做出培训规划,努力提高村组干部的素质。

3.进一步稳定完善以家庭联产承包为主的生产责任制,建立健全农业社会化服务体系。要继续贯彻落实市委《关于深化农村改革完善双层经营体制的意见》(〔1990〕29号文件),抓好耕地承包合同的签订管理工作。要根据各个农时季节的需要逐个落实村级统一经营管理的各项制度。要切实加强农业社会化服务体系建设,围绕解决买难卖难和科技兴农两个主题,搞活流通,抓好基层站所的廉政建设,充分发挥基层站所在农业社会化服务中的作用;加强农产品储运、加工、购销网点的建设;加强农业资金的筹集和生产资料的购销工作;继续抓好农资“两公开一监督”制度的配套、完善;积极鼓励培养农户发展自我服务组织。

4.要进一步抓好村级财务整顿工作。在社教中没有进行财务清理整顿的村,要组织专门队伍,分期分批地进行清理整顿,对清理出来的集体沉淀资金,要积极打捞收回。已经在社教中清理过的村要抓紧建账建制工作。凡已打捞上来的沉淀资金,要建立严格的管理使用制度,只能用于发展集体经济,扩大再生产,发展公益事业,不能用于补发村干部的工资或吃喝宴请。各县(市、区)委都要做出明文规定。

## 三、继续打好农业开发总体战

近几年我市农业开发总体战逐步形成高潮,特别是去年通过农村社会主义思想教育,极大地调动了农民大干社会主义的积极性,大规模的集体农业开发有了突破性进展。各级领导要因势利导,引导农业开发向纵深处发展,争取在一九九一年上一个新台阶。

1.要精心组织好棉花生产。今年,我市的棉花生产按照省委、省政府“一年过百万,三年超天门”的要求,将实现面积、总产“双突破”,这是农业结构上一次大调整。各级党委和政府要进一步加强对棉花生产的领导,在生产的领导,在生产措施、干部力量、物资、资金、技术上都要适当向棉花倾斜,确保全面完成省委、省政府下达的任务。各级领导要在认真落实面积的同时,把着力点放在提高棉花单产上,认真抓好水改旱、低产改造、良种调换、物资供应、营养钵育苗以及技术培训等项措施,扎扎实实地做好工作,认认真真地打一场棉花开发站。

各级党委和政府在主攻棉花生产的同时,决不能放松粮食生产,努力提高单产,一定要稳定粮食增长,力争粮食总产25亿斤以上。油料和其他经济作物都要有一个新的增长。

2.要继续组织好农业“三冬”开发。各地要建立和完善劳动积累工管理使用制度,并且用足、用活、用好劳动积累工。这是增加农民投入的重要渠道,是搞好三冬开发的物质保证。今年要继续大搞农田水利基本建设,在搞好现有工程维修、改造、配套的同时,要有计划地增加一批新建工程,特别是要因地制宜上一批乡办工程、县办工程。要充分调动全社会各方面的力量,打好造林绿化的攻坚战。都昌、瑞昌、九江、湖口、星子、庐山等县(市、区)要采取强有力的措施,确保今年全面完成荒山造林任务;修水、武宁、彭泽、德安、永修等县也要按照三年消灭荒山的要求,制订规划,抓好落实,努力实现市委、市政府一九九〇年提出的“三年消灭荒山,六年绿化九江”的目标。要大力开发可养水面,发展水产养殖业,各级政府要切实加强境内大型水面开发的协调工作,搞好湖管,大力推广低坝网拦、网箱养殖等新技术,增加投入,改进基础设施,实行集约经营,力争水产品总量在一九九一年再上一个新台阶。各地在“三荒”开发中要坚持集体开发为主,着力于发展乡、村组集体经济。要从多方面增加对农业的投入。各乡、村在用好劳动积累工的同时,要遵照《江西省农民负担管理条例》用足、用好劳动义务工,认真搞好乡、镇规划,量力而行,每年兴办一些农村公益事业。

3.要抓好农业的深度和广度开发。各地要进一步搞好农业开发布局规划,使之产业化、规模化、基地化、商品化、系列化,认真抓好粮、棉、油、水产、水果、蚕桑加工增值,努力形成各具特色的一乡一业、一村一品的新格局。

## 四、大力发展农垦和乡镇企业

农垦和乡镇企业是我市农村经济的两大支柱,必须有一个更大的发展。农垦企业要发挥优势,立足本地资源,眼睛向内挖掘潜力,下决心调整生态结构,努力提高产品质量,在上等级、上规模、创名争优上下功夫,千方百计打开销路,力争有关发展乡镇企业的政策规定的执行情况进行一次认真的检查。提倡“放水养鱼”,防止“杀鸡取蛋”。用好、用足、用活政策,积极扶持乡镇企业发展。同时要开展以整顿财务,整顿管理,整顿班子为内容的“三整顿”活动。要组织实施“四个一”工程。即抓好一批骨干企业,改造一批现有企业,新办一批起点高、产品俏、效益好的企业,开发一批适销对路产品。要千方百计闯出一条产供销相结合的路子,挑选一批善经营、懂业务、责任心强的同志,充实和加强销售队伍。要采取优惠措施,充分调动销售人员的积极性,要加强乡镇企业主管部门的自身建设,健全机构,充实力量,加强调度,搞好协调和各项服务工作。

## 五、努力提高科技兴农水平

发展农业一靠政策、二靠科技、三靠投入,但最终还是要靠科学技术解决问题。各地要认真贯彻落实党的十三届五中全会精神和国务院《关于依靠科技进步振兴农业,加强农业科技成果推广工作的决定》,牢固树立依靠科技进步振兴农业的战略思想,扎扎实实开展科技兴农活动,为八五计划的全面实现打下坚实的基础。

今年的科技兴农工作,重点是组织实施“75831”科技兴农计划。即走好七条兴农路子,推广五个高产模式,普及八项农业技术,开展三大科技活动,健全一个推广网网络。在实施“75831”兴农计划中,要把健全农技推广服务网络作为重点。做到县有农技推广中心,乡有农技推广站,村有农技小组,组有农技推广示范户,形成上下协调,四级配套的农技推广体系,把科技兴农工作提高到一个新的水平。

## 六、切实加强对农业和农村工作的领导

今年的农村工作责任重大,任务艰巨。各级党委、政府必认清形势,丝毫不能放松对农业的领导,党政主要领导要以主要精力抓好农业。党委、政府的各个部门都要围绕中心,齐心协力,抓好经济工作。要严格贯彻执行党在农村的各项方针政策,保持政策的稳定性和严肃性。各级领导干部要继续学习焦裕禄精神,始终和人民群众保持血肉联系,要切实改进作风,从“文山会海”中解脱出来,深入农村,调查研究,抓好典型,带动全面,为农业解决实际问题。要始终坚持两手抓,一手抓经济,一手抓政治,做到两个文明一齐抓。在抓经济建设的同时,认真抓好农村的文化、教育、卫生、社会治安、计划生育等各项工作,推动和促进整个农村工作的开展。市委决定从今年开始在全市范围内开展村级建设三年达标创评活动。各县(市、区)要按照市委提出的三年达标纲要,每年抓三分之一的村达标,并按照达标纲要规定的精神文明和物质文明建设的目标,抓好3至5个样板村,使之成为社会主义新农村建设的学习榜样。各个部门、各行各业要积极支援农业,继续选派优秀干部下到各农挂钩点,按照村建达标纲要的目标,协助点上一项一项抓好落实,村建不达标,挂点不脱钩。

## 中共九江市委 九江市人民政府

# 关于鼓励大胆引进加快开放开发的暂行办法

九发〔1992〕11号

为了抓住时机,鼓励全市上下大胆引进,鼓励干部职工为经济发展做贡献,加快九江开放开发,特提出如下办法:

1.凡引进生产建设性外资(含港、澳、台资)并经市有关部门审查确认后,无偿引进按10%,无息引进按5%,低息引进按3%,有息引进按1%的比例,在资金到位后发给引进者一次性奖金(折成人民币)。

2.凡一次性为市区引进生产建设性外资50万美元,或为县(市)、乡镇及边远地区引进30万美元者,奖励农转非指标一个或招工指标一个。

3.凡一次引进生产建设性外资200万美元以上者,除享受上述优惠条款外,还可获得一套三室一厅住房的奖励,产权归个人。

4.凡为市区引进外商兴办合资企业的,项目投产后可按我市实际分得利润的5%连续奖励5~10年,并可参股分红。或投产后实现年产值在500万元以上的,发给一次性奖金1万元。

5.党政机关、事业单位的干部职工,引进外资,本人创办"三资"企业的,同样享受"三资"企业的优惠,其原有政治待遇继续不变,创办初期原工资照发,企业投产取得效益后个人收入再与原单位脱钩。

6.凡向我市转让科技成果,提供新产品、新工艺、新技术、新材料、新设备,使企业增加了效益的,除按规定付给技术转让费外,可按当年新增效益的1%发给中介人一次性奖励。

7.凡来我市工作的各类工程技术人员,创造经济效益者,按创纯利的1%~5%给予奖励。年创纯利50万元以上者奖一套双居室住房,达到100万元以上者奖一套三室一厅住房,其产权归个人。

8.凡外省(市)各类专业人员,到我市"老、少、贫"地区,从事养殖、种植、采矿、科技和农副产品加工等开发性生产的,给予适当减免税收。

9.凡为我市协作、串换、调剂紧缺物资卓有成效者,按已成交协作金额的0.5%-3%给予奖励,由使用单位一次支付。

10.凡促成外地企业与我市企业联营者,可从联合后我市企业年新增利润中提取1%-3%给予一次性奖励。

11.凡为我市引荐国内来科加工者,由承接企业按合同加工净收入的0.5%-1%发给奖金。对引荐国外来料加工者,按合同加工净收入的1%-2%发给奖金。

12.凡促成外省(市)承包、租赁、兼并我市亏损或微利企业者,实现扭亏为盈或效益显著增长的,由该企业在年新增利润中提取1%-5%的奖金给予奖励。

13.凡在科技发明、技术改造和新产品开发中做出突出贡献的,可从新增利润中提取3%-5%给予直接设计、试制、管理者一次性奖励;科技人员带项目到企业工作,项目投产后,可众获利年度的税后利润中提取10%-15%一次性奖金;科技人员从事技术推广或进行技术承包,可按实现纯利的5%提取报酬。

14.鼓励党政机关、事业单位创办经济实体,新办的经济实体必须取得独立的法人资格,同机关分离,逐步实行脱钩自养;鼓励政府经济管理部门转变职能,逐步向实体化转移;鼓励行政事业单位通过技术承包、咨询服务等形式,实行有偿服务,逐步脱钩自养,实现"小政府、大服务"。

15.鼓励党政机关、事业单位干部职工离岗承包、领办、创办服务型、开发型经济实体,其行政关系保留不变,工资关系保留一年;凡承包、领办、创办乡镇企业或到乡镇企业工作的(含离退休干部职工),原单位一切关系不变,工资照发,同时还可享受企业职工同等奖金待遇;对于搞活乡镇企业的有功者,实行重奖。

16.县以上离退休干部创办经济实体,按上级有关规定办理。

17.以上各条规定奖励给单位和个人的奖金,征得有关部门同意后,可不列入单位奖励基金,并免交个人收入调节税。

18.本办法授权市委政策研究室负责解释。

## 中共九江市委 九江市人民政府

# 关于深化土地使用制度改革的决定

九发〔1994〕17 号

土地是不可再生的宝贵资源,也是国家和社会最大的资产。土地问题关系到国家和民族的生存和发展,关系到经济建设的全局和社会的稳定。我市土地资源丰富,土地资产潜力巨大,又是国家确定的沿江开放城市之一,随着京九铁路、南九汽车专用公路等一大批交通、通信、能源等基础设施的建成,土地将不断增值。经过几年的努力,我市土地使用制度改革已经起步,以地生财,以地引资、利用土地极差效益改造旧城区已经取得明显成效。土地使用制度改革对促进经济发展和改革开放的重要作用逐渐被全社会所认识。但是,我市土地使用制度改革还处于初步阶段,发展不平衡,步子不快,力度不够;政府垄断土地一级市场的机制尚未确定;市场行为不规范,土地收益流失严重;违法用地、乱占滥用耕地、浪费土地的问题不同程度存在。这些问题都需要通过加快和深化土地使用制度改革会议精神和国家土地管理有关法律法规,市委、市政府决定,从一九九五年一月一日起,全面实施土地使用制度改革。

### 一、坚决贯彻土地基本国策,合理利用土地,切实保护耕地

“保护耕地,就是保护我们的生命线”。人口多,人均土地少,耕地后备资源不足是我国基本国情之一,随着经济发展和人口的不断增加,人口矛盾将更加尖锐。各级党委和政府要从战略高度,从中华民族生存和发展的高度,从国家长治久安的高度来看待保护耕地问题。要继续认真贯彻“十分珍惜和合理利用每寸土地,切实保护耕地”的基本国策,严格执行国家建设用地计划,严格控制农用地转为非农用地,坚决刹住违法批地、越权批地、乱占滥用耕地的歪风。

1.各级政府要建立保护耕地责任制。每年初由上级政府下达下级政府保护耕地量化指标,层层签订责任状,年终进行检查,并把保护耕地作为考核有关领导干部政绩的内容之一。

2.各级政府要建立保护耕地奖惩制度。每年对保护耕地成绩突出的单位和个人由政府给予奖励。对不落实耕地保护措施、违法批地、越权批地、乱占滥用耕地的单位和个人给予通报批评,并对有关责任人给予必要的行政处分;对违法用地按《土地管理法》的有关规定处理。

3.各级政府要制定土地利用总体规划。按照《基本农田保护条例》规定和上级政府下达的耕地保护指标,在两年内划定基本农田保护区,并严格按照条例的要求进行管理。在各乡、镇、村普遍开展“三无”(无违法批地、无违法管地、无违法用地)活动,增强全民保护耕地的意识,真正把保护耕地的措施落到实处。

### 二、建立政府垄断土地一级市场的机制,扩大土地有偿使用范围

坚持社会主义土地公有制是深化土地使用制度改革必须坚持的基本原则。各级政府在土地使用制度改革中,要依法建立政府垄断土地一级市场的机制。对土地供应、土地出让、土地收监由政府高度垄断。同时要建立规范的土地二级市场,加强土地二级市场的宏观调控,使之健康、有序地发展。

1.强化对行政划拨土地的管理,严禁行政划拨土地直接进入二级市场。我市目前城镇国有土地均属于行政划拨土地(依法办理出让的土地除外),无论是行政事业单位,还是企业,行政划拨土地都是国有资产,是国家的巨大物质财富,任何单位和个人不得自行处置或随意改变使用性质。划拨土地使用权没

有依法进行出让,并向政府缴纳出让金的,不得进行转让、出租、抵押,也不得擅自用行政划拨土地与其他单位和个人进行联营开发。凡违反上述规定的,由土地管理部门责令缴纳土地使用权出让金,没收违法所得,并处以罚款。

2.对新增建设用地,由市、县政府实行"统一规划、统一征地、统一开发、统一出让、统一管理"。各市、县要尽快制定统一征地办法和补偿安置标准,严禁用地单位和个人直接到农村征地,规划部门不再先于统一征地前向用地单位和个人发放规划选址定点通知书。今后,所有用地一律向市、县土地管理部门申请,经政府集体研究确定供地方式(无偿划拨或有偿划拨出让)、土地价格后,有土地管理部门办理报批手续,颁发《国有土地使用证》,再按城市规划部门的要求进行建设。在此之前凡规划部门已批准定点,但没有依法批准使用土地的,规划通知一律收回,对土地已经经过批准,但逾二年未动工开发建设的,由土地管理部门按原征地价格收回,另行出让。

3.扩大土地使用权有偿使用范围。从一九九五年一月一日起,除国家机关、军事、城市基础设施用地和国家重点扶持的能源、交通、水利等项用地和法律规定可以批准为划拨使用土地的以外,其他用地要采取出让方式供应,对外商和经营性用地,要采取招标、拍卖方式。具体程序如下:

(1)由市、县政府根据用地计划和城市规划确定每年可以出让的具体地块。

(2)由城市规划部门对各出让地块分别制定规划要求(土地用途、容积率、建设密度、道路规划、基础设施要求等)

(3)由财政、物价、土管部门共同拟定土地基准地价报政府确定。

(4)由土地管理部门发出招标、拍卖公告并按有关规定组织招标、拍卖、确定土地使用者,并由土地管理部门与受让方签订土地使用权出让合同,收取土地使用权出让金颁发《国有土地使用证》。

(5)需要拆迁的由取得土地使用权的单位和个人按政府颁布的拆迁安置办法拆迁旧房或委托拆迁,然后按照城市规划部门的要求进行建设。

4.鼓励盘活土地资产,推进现代企业制度创造条件。国有企业占用的土地,绝大多数都是行政划拨方式取得的使用权是国有财产。各地要在企业改制或产权变动时,明晰土地产权关系,并结合城镇地籍调查,按照国家有关部、局的文件要求搞好企业土地清查估价工作,正确显化土地资产价值量。

5.加强对集体土地流转的管理,严格控制农用土地转为非农用土地。集体土地不得用于房地产开发。集体土地转让、出租、联营、入股用于非农业建设的,必须依法征为国有。要妥善安置被征地农民的生产和生活。

## 三、加强对土地二级市场的监督管理,进一步规范土地市场

凡使用城镇规划区内的土地用于房地产开发的,一律采取出让的方式。开发单位以出让的方式取得土地使用权,并完成开发投资总额25%以上;属于成片开发土地形成了工业用地或者其他建设用地条件的,经市、县土地管理部门出具证明后,可以进入土地交易市场依法进行转让,并在转让批准后十天内向土地管理部门申请土地登记,换发"国有土地使用证"。对在此之前取得了房地产开发规划批文,而设有完成拆迁的,规划批文一律收回。各市、县要尽快制订清理整顿土地市场的工作方案,认真开展土地市场的清理整顿。

## 四、加强对土地出让金、土地收益的收缴和管理

土地出让金和土地收益都是国家收入,应由市、县土地管理部门集中收取,直接金额进入财政专户管理。九江市城市规划取得土地出让金和土地收益应按一定比例下拨区政府掌握使用。

土地出让金和土地收益不得减免,如一次交清确有困难的,经政府集体研究同意可以分期缴交,分期交的部分应按当时人民银行公布的息率计息。

对未经批准,拒不缴交土地出让金和土地收益的,土地管理部门可以通知开户银行直接划拨,直至注销土地使用证,收回土地使用权。

## 五、强化行政执法职能,完善制度,加强执法监督

要开展经常性的土地执法大检查。加强上级对下级土地执法的有效性和约束力,对违法批地、越权批地、违法用地以及以出让方式供地改以行政划拨方式供地的行为由上级土地管理部门会同纪检、监察机关进行查处。对违法用地由上级政府土地管理部门依法处理,并公告无效,注销土地使用证,由此发生的后果,由责任人负责,并由纪检、检察机关对责任人给与行政处分。同时,建立土地集体研究“一支笔”审批制度。对征用、划拨土地和出让土地使用的,以及土地转让条件的认定必须按照法定的程序和批准权限,由土地管理部门审查,报政府集体研究“一支笔”批,然后由土地管理部门代表政府办理用地手续。

## 六、加强领导,理顺关系,强化土地管理和土地执法结构

1.成立九江市土地使用制度改革领导小组。由市政府常务副市长徐明华任组长,副市长张华东任副组长,市体改委、计委、财政局、土地管理局、城建局、规划局、监察局、物价局、国有资产管理局的主要领导为成员,办公室设在市土地管理局。各县(市)也要成立相应的机构。

2.对九江市城区60平方公里范围内的土地由市政府统一规划、统一征地、统一开发、统一出让、统一管理。今后此范围内土地管理的一切业务工作,由市土地管理局负责实施。浔阳区、庐山区的土地管理局的业务工作由市土地管理局根据“五统一”的要求进行安排。各地在机构改革要进一步强化市、县土地管理机构。每乡镇解决一名土地管理员编制,在乡镇设立土地管理所作为县(市、区)土地管理局的派出所机构。

3.成立九江市土地监察大队和九江市地价评估事务所。各县、市也应成立类似机构。

4.加强土地登记发证管理。九江市城区内的土地(含九江县驻市单位)一律由市政府统一颁发土地使用证。各县(市、区)建制镇国土地使用证由县(市、区)政府颁发。在此之前已领取土地使用证的,在规定的期限内有土地管理部门审核换发。其他单位和个人的用地由土地管理部门进行地籍调查后逐步颁发。并建立正常的《土地使用证》审核审验制度。

各县(市、区)也应根据全国、全省土地使用制度改革工作会议精神,依照国家土地管理有关法律法规和本《决定》,制定出具体实施方案,从一九九五年一月一日起实施。

# 中共九江市委
# 关于建设美丽富裕和谐强盛社会主义新九江的决定

九发〔2005〕8号

1.改革开放以来，历届市委、市政府团结和带领全市人民解放思想、艰苦奋斗、扎实工作，改革开放不断深入，经济持续稳步增长，社会事业不断进步，城乡面貌日趋改观，人民生活水平日益提高，为加快九江新阶段新发展奠定了坚实基础。

2.随着经济全球化，我国产业升级和转移加速，区域经济竞争日趋激烈。面对沿海发达地区的持续高速增长，面对全省各地区抢抓机遇、你追我赶、争先进位的态势，机遇与挑战共存，前进与后退同在，九江又一次面临历史的抉择。

3.以解放思想、武装思想、统一思想为主旨的"新阶段、新发展"大讨论，使全市上下进一步更新了思想观念，深化了发展思路，增强了发展信心，奠定了加快建设新九江的思想基础。

4.作为一个底子薄、实力弱、经济欠发达的发展中内陆城市，九江在相当长的历史时期，仍将处于社会主义初级阶段。不断满足人民日益增长的物质、文化需要，实现九江新发展，是全市人民的共同愿望。我们必须努力工作，加快发展，实现人民的愿望。

5.建设新九江首先必须确立符合九江实际的指导思想。在新的阶段，加快九江新发展指导思想是，以邓小平理论和"三个代表"重要思想为指导，高扬"和谐"、"发展"两面旗帜，围绕凝聚人心、促进发展、维护稳定三大任务，全面落实科学发展观，紧密团结在以胡锦涛同志为总书记的党中央周围，在中共江西省委的坚强领导下，坚持以经济建设为中心，团结一致向前看，聚精会神搞建设，一心一意谋发展，为实现在中部地区崛起、富民强市而努力奋斗。

6.基于上述指导思想，新阶段全市的奋斗目标是，建设美丽、富裕、和谐、强盛的社会主义新九江。

7.要努力建设一个山川更加秀美、人与自然更加和谐的美丽的新九江。充分利用独特的山水资源，努力挖掘深厚的文化底蕴，坚持高起点规划、高质量建设、高标准管理，坚持人口、资源、环境协调发展，把九江打造成中国生态名城。正确处理保护与利用的关系，坚持原生态追求，最大限度地减少和避免对自然景观的损坏。注重文件品位和内涵塑造，有计划、有步骤地复原一批本市标志性历史遗迹，分阶段、有重点地推进城镇和乡村的基础设施、环保设施建设。激发全社会的建设热情，构建适应发展需求的政策体系，将建设美丽新九江纳入制度化，规范化轨道。

8.要努力建设一个城乡更加富庶、人民更加殷实的富裕的新九江。坚持以民为本，富民为先。统筹城乡发展，促进充分就业，扩大中等收入者的比重，提高低收入者收入水平，鼓励城乡居民增加资产性收入和智力收入。着重解决好关系广大群众切身利益的重大问题，在经济更加发展的基础上，进一步完善养老、医疗、失业、工伤和生育保险制度，大力发展社会福利、社会救济、社会互助等社会保障事业，让广大人民群众共享改革发展的成果。

9.要努力建设一个社会更加和睦、民风更为纯朴的和谐的新九江。引导全体人民弘扬与人为善的传统美德，打造诚信友爱的人文环境，建立平等融洽的人际关系，形成团结互助的良好风尚，让全市人民在和睦相处中实现安居乐业,享受美好生活。正确处理改革、发展、稳定的关系,关注社会公平和正义,努力推进依法治市,加强社会治安综合治理,提高人民群众的安全感,全力谋求全社会和谐稳定。在建设和谐新九江的全过程中,要十分注重营造党内和谐。领导班子要以和共事,以和谋事,以和成事,形成既有集中又有民主,既有纪律又有自由,既有统一意志又有个人心情舒畅的生活活泼的政治局面。

10.要努力建设一个财力日见充裕、实力日益壮大的强盛的新九江。紧紧抓住扩张经济总量这个主要矛盾,咬紧牙关,爬坡过坎,在富民中强市,在强市中富民。最广泛地调动一切有利于加快发展的积极因素,让一切创造财富的源泉充分涌流,全面提升九江综合竞争力,迅速扩张经济总量,壮大经济实力,力争在全国位次不断前移。

11.在建设新九江的过程中,要始终坚持社会主义发展方向,正确把握物质文明、政治文明和精神文明的关系,把为人民谋利益摆在一切工作的首位,把实现全体人民的共同富裕作为建设新九江的最高目标。所有政策必须充分考虑并满足绝大多数人的根本利益要求,把绝大多数群众“拥护不拥护”“赞成不赞成”“高兴不高兴”“答应不答应”作为一切工作的出发点和最终归宿。

12.建设美丽、富裕、和谐、强盛的社会主义新九江,必须坚定地全面实施以大开放为纲,全力推进大工业、大旅游、大物流和城市大建设的发展战略。

13.开放是富民强市之纲。建设新九江,必须在全社会强化全民开放意识,用开放解决体制机制和改革发展中的深层次问题。不仅在经济领域,而且在政治领域、思想领域都要以更加博大的胸怀,在更大范围、更高层次全面开放,使大开放成为推动全市经济和社会各项事业快速发展的最强大动力。实行内外开放并举,坚决清除体制性障碍,进一步放开准入、放开经营、放开竞争。凡国家法律法规没有明令禁止的领域、凡能够实现多元化的领域、凡对外资开放的领域,均允许市内外民间资本进入。积极实施“走出去”战略,鼓励有比较优势的本地企业到市外、境外开拓市场,开发资源。加快九江出口加工区建设,力争五年内销售入位居全国同期批准的9个省级开发区所在的出口加工区第一方阵。充分发挥区位、资源和低劳动力成本的优势,进一步加强与“长珠闽”地区和武汉等中心城市产业、体制机制、基础设施等方面的对接互动,全方位、宽领域地开展横向经济联合协作。重点围绕国家产业政策和本地产业规划招商选资,努力提高利用外资水平。

14.全力推进大工业。着力培植石油化工、机械电子、冶金建材、纺织服装、电力能源、食品加工等支柱产业。强招商、重技改、盘存量、增总量,狠抓一批具有产业集聚作用的重大项目,大力扶持有比较优势的骨干企业做大做强。适时发展“品牌经济”、“总部经济”。加快国企改革步伐,鼓励企业自主创新,推动产业升级。加快昌九走廊、长江沿岸开发,全力打造“T”型工业带。稳步推进农业产业化,积极扶持农产品加工龙头企业发展,以大工业的发展,带动和反哺农业发展。依靠科技创新与进步,发展高新技术产业。发展循环经济,促进资源最优配置,打造节约型社会。以工业园区为主战场,构建新工业增长极,力争五年内工业经济总量实现恢复性进位,达到全省第一。

15.着力构建大旅游。树立大旅游、大产业、大发展观念,制定一体化旅游产业政策,完善整体性旅游规划体系,编制重点旅游景区控制性详规,制定统一的旅游资源开发和景区管理实施办法,实施旅游建设项目环境影响评价制度和旅游景区(点)环境容量控制制度。严禁对旅游资源进行掠夺式开发。以庐山为龙头,整合旅游资源,完善服务功能,提升要素质量。建立、发展旅游营销联盟,实行整体宣传促销战略,塑造统一的九江旅游品牌。实施旅游精品计划,大力开发文化内涵丰富、游客参与性强、具有地方特色的旅游项目。加强旅游产品研发、鼓励、引导农村富余劳动力从事手工艺品等旅游纪念品生产。实行部门联动,调动和保护好各县(市、区)发展旅游产业的积极性,营造全民参与的大旅游发展环境。

16.打造现代大物流。组建物流协调机构,制定物流发展规划,完善物流业发展政策,整合全市物流资源,促进物流区域合作。充分发挥口岸优势,以港口建设为重点,铁路、公路、航空、水运互动,加快物流硬件平台和信息平台建设。整合运输市场,建设物流园区。鼓励国内外知名的第三方物流企业来九江投资经营港口、物流中心或设立分支机构,积极发展和培育合资、合作或独资形成的现代物流骨干企业。建立市中、县两级物流行业协会，引进和培养物流人才。做好粮食等大宗农产品物流工作，完善农产品绿色通道。到 2010 年，初步建立起能基本适应我市和周边地区经济社会发展的现代化物流服务体系；到 2020 年，建立起与国际通行规则接轨的多层次、社会化、专业化现代物流服务体系，把我市建设成为赣、鄂、皖、湘区域性港贸易物流中心。

17.推进城市大建设。按照“最适宜人类居住”的现代化山水生态港口旅游城市的定位，高起点搞好城市总体规划修编，提高控制性详规覆盖率。进一步拉开城市框架，加大基础设施建设力度，完善城市功能，提升城市品位。科学经营城市，破解资金难题。构建长效机制，提高城市管理水平，创建全国文明卫生城。加快小城镇建设，引导农民进城经商落户。争取到 2010 年左右把九江建成市区人口过百万的区域中心城市。

18.大力发展文化产业。制定九江文化发展纲要，实施文化振兴战略。发展以出版发行、广播影视、文化旅游、艺术培训为代表的主导文化产业；以网络为支撑、以数字技术为特征的新兴文化产业。全面贯彻落实文化经济政策，加大财税扶持力度，加强文化设施建设。深化文化体制改革，加快国有文化企业改制步伐，鼓励和支持民营企业从事文化产业，引进符合我市实际的国内外先进文化项目，加大对文博景观资源的整合开发力度。

19.建设新九江是一个长期、艰巨的过程，需要一代人乃至几代人的艰苦努力。我们必须作好长期奋斗的思想准备，坚持坚韧性、开拓性与操作性相统一，坚定信心，扎实苦干，持之以恒地推进各项工作。

20.建设新九江是一个需要全体人民共同参与的过程，必须最充分地鼓励全民创业。要在全社会大力弘扬创业精神，培育创业文化，营造人人思创业、谋创业、敢创业、善创业、发愤创业的浓厚氛围。要大力培育创业载体，拓展创业空间，建立健全创业支持和服务体系，不断增强创业活力，提高创业水平。要加快壮大本土创业队伍，积极引进外部创业力量，鼓励各种形式的创业，在全市形成百姓创家业、能人创企业、干部创事业的生动局面。

21.建设新九江是一个复杂、细致的过程，必须把优化经济生态环境放在更为重要的位置。要始终坚持把治理、巩固、提升、创优发展环境当作建设新九江的基础工程，切实转变政府职能，简化审批环节，提高办事效率。坚定不移地用 30%的精力招商，用 70%的精力安商。以“公平、公正、阳光、高效、法治”为目标，构建开明开放的政策环境，规范有序的市场环境、公正严明的法治环境、廉洁高效的政务环境。切实纠正部门和行业不正之风，认真查处破坏市场秩序和发展环境的行为，保护投资创业者的合法权益。严肃查处各类经济侵权案件，对不守信用、不按法律法规办事的单位和个人，尤其是领导干部要严肃处理。

22.实现美丽、富裕、和谐、强盛社会主义新九江的目标，关键在于行大于言。要坚决杜绝空谈浮夸之风，大力倡导真干、实干、苦干、抓紧每一天，做好每件事，用干事创业的实际行动凝聚人心、破解难题、为民造福、造就干部、成就事业。

23.实现美丽、富裕、和谐、强盛社会主义新九江的目标，取决于心是否齐，气是否顺，劲是否足。要倡导团结一致向前看，不纠缠过去，不搞无谓的争论，把思想和行动统一和谐、发展的大局上来，团结一切可以团结的力量，和衷共济，同心同德，形成强大的发展合力。

24. 实现美丽、富裕、和谐、强盛社会主义新九江的目标，要始终坚持以经济建设为中心不动摇。牢固树立发展为大、发展为重、发展为先的理念，在任何时候、任何情况下，都丝毫不能放松经济建设，集中全部精力、全部智慧把九江的经济做大做强。

25. 实现美丽、富裕、和谐、强盛社会主义新九江的目标，要自觉地践行实事求是的思想路线。坚持一切从实际出发，不图虚名，不说假话，既鼓励探索创新，又尊重经济规律，不唯书、不唯上、只唯实。

26.各级党的组织是建设美丽、富裕、和谐、强盛社会主义新九江的核心力量。要不断强化党委职责，围绕“定思路、抓班子、带队伍”，改革和完善党的领导方式，着力打造“核心党委、强势政府”。发挥党委对同级人大、政府、政协的领导核心作用，及时研究并统筹解决经济社会发展中的重大方向问题。以思想政治建设为重点，坚持民主集中制，不断优化班子结构，提高领导干部素质，努力把各级党政领导班子建设成为团结坚强的领导集体。

27.树立一代新政风。切实加强党风廉政建设,杜懈怠,戒奢华,拒贪欲,止嬉乐,在全市营造精心谋政务、用心做实事,齐心创事业的氛围。减少文出会海、减少迎来送往、减少不必要的应酬,坚决戒除以文件落实文件、以会议落实会议的习气,坚决杜绝"肠梗阻",保证政令畅通,提高执行力。各级领导干部每年必须用不少于三分之一的时间深入群众、深入基层、深入实际,调查研究,破解难题。建立健全领导干部述职述廉制度、巡视督查制度、信息反馈制度、情况通报制度,及时了解和掌握各项工作进度和取得的效果,防止官僚主义和形式主义。

28.进一步加强学习。坚持理论联系实际的学风,深入学习党的理论创新成果,学习经济知识,学习现代科技知识,学习人类一切优秀文化成果,提高理论素养,提高领导经济工作的能力。坚持党委中心组"每月一文"学习制度,提升领导干部理解复杂事物、驾驶复杂局面、解决复杂问题的水平。

29.培养和造就一支品德好、作风正、能力强、人民信得过的干部队伍,为新阶段新发展提供组织保障。坚持正确的选人用人导向,以发展论英雄,凭实绩用干部,不唯文凭,不唯资历,不唯年龄,不凭关系,以"赛马"方式识别人、鉴别人、发现人,以"军功"标准选拔人、任用人、调整人。建立领导干部首次推荐提名责任制,健全差额考察制度,推进干部任免票决制,加大领导干部公开选拔力度,坚决防止"少数人选人"和"在少数人中选人"。加大干部交流力度,鼓励年轻干部到基层和经济工作一线锻炼成长。疏通干部"下"的渠道,建立健全考核机制,实行任期制、聘任制以及任职试用期制度,推行辞职制度和责任追究制度,努力推动干部能力能下的良性循环。制定规范党务工作者和国家公务员行为的有关规定,开展"两个规范"教育活动。

30.加强党的基层组织建设,夯实党的执政基础。进一步加强和改进基层党建工作,不断提高党的基层组织的凝聚力、战斗力和创造力。实施把农村致富能手培养成党员、把党员培养成致富能手、把党员致富能手培养成村干部,提倡党员村干部带头致富、带领群众致富工程,开展创建农村基层组织建设先进县(市),创建"五好"乡镇党委,创建"五好"村党组织活动,加强和改进街道社区党组织建设。在加强国有企业党建工作的同时,做好新的经济组织、新的社会组织党建工作。巩固扩大先进性教育活动成果,建立和完善加强党员队伍建设的长效机制。要爱护基层干部,关心基层干部政治、工作、生活状况。要尊重基层的首创精神,及时发现、总结、推广典型经验,以点带面,整体提高基层党建工作水平。

## 中共九江市委 九江市人民政府

# 关于进一步推进林业产权制度改革工作的意见

九发〔2007〕7号

按照省委、省政府统一部署，我市林权制度改革工作于2004年9月在武宁县进行试点,2005年5月开始在全市全面推开。通过改革,林业发展中长期存在的产权归属还清、权利责任不明、利益分配不合理、林农负担过重等深层次问题已基本得到解决,经营机制不活、流转不规范的现象也有明显改观,实现了林农增收、林区稳定、林业增效,得到了国务院和省委、省政府的充分肯定和高度评价。本着“巩固、深化、发展”的原则,按照“补课、提高、配套、创新”的要求,现就进一步推进我市林权制度改革工作提出如下意见。

### 一、进一步增强推进林权制度改革工作的紧迫感和使命感

实践证明,林权制度改革是实现农致富、林区繁荣、林业发展的重要手段,是经济社会全面进步,实现九江又好又快发展的助推器,与改革开放初期土地承包具有同等重要的意义,深受广大群众的拥护。温家宝总理在实地视察我市武宁县林改工作后表示:“我和国务院的同志下决心要加快推进林权制度改革”。各地要以高度工作的决心,扎实推进林改工作。

当前,林改工作已处于主体改革向配套改革转段的关键时期。省委、省政府要求,8月底前要完成山林纠纷调处工作,将林权证全部发放到林农手中,进一步深化林权制度配套改革,大力推动林业发展。全省各地又一次掀起林改工作热潮。作为全省林改重点设区市,各地必须进一步统一思想,发扬连续作战精神,攻坚克难,立足长远,狠抓当前,确保我市林改工作全面、协调、持续发展。

### 二、以“山定权、树定根、人定心”为标准,巩固林权制度主体改革成果

1.全面开展林改质量自查。各地要迅速从技术到位面和政策落实面入手,全面开展林改质量自查自纠工作。自查自纠工作的重点为一是“两个三分之二”、“四签两不准”等林权发证各项规定是否落实到位;二是林权证是否发放到林农手中,图、表、机、地、证是否相符;三是原属集体的山林是否按群众要求分到户,没有分到户的是否有合理原因;四是县、乡、村、组档案资料是否齐全并建立和落实保管制度;五是林权流转是否依法依规进行;六是县、乡、村是否存在对林农的不合理收费,林农负担是否存在反弹;七是林木采伐指标发放是否进行公示,指标分配是否公平公正;八是林改后是否有发展林业和致富林农的新举措、新思路;九是林业行政事业人员编制和经费是否落实。

2.集中力量调处山林纠纷。利用七八两个月集中调处山林纠纷。所有纠纷都要登记造册,并建立健全调处档案。山林纠调处必须责任到人,各地党政领导要带头包干群众矛盾集中、调处难度较大的纠纷。同时,要成立由党委或政府分管领导任组长,监察局、法制办、法院、公安局、司法局、档案局、林业局等单位相关人员为成员的纠纷调处协调组,加大调纠工作的组织协调,确保8月底纠纷调处率达到98%以上。

3.加大明晰产权力度。各地要迅速查清林权证的滞留部位,找出滞留原因,采取相应对策,确保8月

底前将林权证全部发放到林农手中。进一步提高全市分山到户率。原属集体经营的山场,凡多数群众强烈要求分到户的,必须实行分户经营。户均面积在1亩以上或群众强烈要求分开的联户发证形式,要全部拆分到户。对已经流转的集体山林,凡程序合法、合同规范的,要予以维护确认;对手续不完备、群众意见较大的,要补充完善。8月底前,重点林区县分山到户率不得低于85%,其他县(市、区)不得低于80%。

4.杜绝林农税费负担反弹。严格执行"两取消、两调整、一规范"的林业税费减免政策,建立健全林农负担监测、信访举报、检查监督、案件查处等各项工作制度,严肃查处各种乱收费和加重林农负担的行为。

5.认真总结林改阶段性工作经验。认真总结、提炼和宣传推介林改阶段性工作经验。各地要在系统总结经验的基础上,出好一套林改操作手册、一册林改图片集、一版林改VCD光盘、一本林改典型人物和事件实录。各新闻单位和宣传媒体要及时加大林改宣传力度,营造浓厚氛围,推进林改向纵深发展。

6.重点选择和培育林改示范点。在整体推进林改工作的同时,各县(市、区)要选择1~3个示范乡镇、2~6个示范行政村、4~12个示范村民小组,进行林改示范点建设。示范点选择要突出特色,并与社会主义新农村建设相结合,加大扶持力度,实现林业多种经营,使之成为体现林改成果的典型,并以点带面逐步推开。

## 三、以"把握重点、突出特色、稳步推进"为原则,进一步深化林权制度配套改革

1.建设并规范运作林权交易中心。各地要本着"经济实用、功能齐全、运作规范、方便高效"的原则,在8月底前建立和完善林业产权交易中心。加强对森林资源流转的统一管理,所有森林资源流转必须在产权交易中心进行。不断完善交易中心的功能,规范林权登记、产权交易、资产评估、抵押贷款、信息发布和服务收费等各个环节,做到公开、公平、公正。

2.推进社会服务体系建设。抓好林业实用科技推广,提高林农经营水平,全市每年培训林农不少于2万人次。积极培育木竹检量、采伐作业设计等林业社会中介组织。拓宽金融部门服务林业发展的渠道,制定林权抵押贷款办法,根据林业生产的特点,确定与林业生产周期相匹配的贷款周期和贷款额度,大力开展小额信贷业务。按照"政府扶持、市场运作"的原则,组建林业股份制担保公司,制定林业担保办法,为林农申请林业生产贷款创造条件,积极开展森林病虫害和森林防火保险试点工作。

3.进一步转变林业经营管理模式。按照"民办、民管、民受益"的林业经营管理新思路,引导农民建立合作林场等新型林业合作经济组织,提高林业经营组织化程度,实现林业的规模化、集约化和专业化经营。引导农民建立林业"三防"协会,完善协会章程,建立健全群防群治的"三防"体系。

4.进一步转变林业部门职能。各县(市、区)要在8月底前将林业部门的行政事业经费全部纳入财政预算,确保及时足额拨给。各级林业部门要进一步转变职能,理顺关系,把工作重点转移到宏观指导、依法行政和提供服务上来,逐步构建管理、执法、服务相结合的林业管理新体制。

## 四、以"山更绿、水更清、农民更富、环境更好"为目标,夯实林业可持续发展的基础

1.推进森林分类经营。对公益林,从强制保护和落实补偿资金两方面入手,严格进行保护。各地要设立森林生态效益补偿专项资金,加大财政投入,对国家和省级生态公益林进行配套补偿,并逐步提高补偿标准。对商品林,坚持采伐指标分配两榜公示制,并在政策允许范围内逐步放开采伐控制。同时,要加大对涉林犯罪的打击力度,保持林区和谐稳定。

2.加大林业"三防"投入。各县(市、区、山)要将森林防火工作经费、森林消防专业队伍人员和办公经费、森林病虫害防治经费纳入财政预算,特别要在重要林区、风景名胜区,加强林业"三防"基础工程和防控能力建设,提高预防和抵御灾害的能力。

3.加快造林绿化步伐。建立造林绿化政府目标责任制,发挥政府主导作用,抓好造林绿化工作尤其是平原林业建设,加大政策扶持、财政投入和机制创新力度,确保全市3年内完成80万亩平原造林任务,加快绿色通道建设,有关县(区)要继续抓好昌九绿色长廊工程建设,确保3年内完成。新建高速公

路、铁路，要将绿色通道建设所需经费纳入工程预算，做到同步设计、同步施工。

4.科学编制和实施林业产业发展规划。根据我市森林资源条件、市场需要和产业基础，编制森林产业发展总体规划。各县(市、区)按照一乡一业、一村一品的发展要求，编制林业产业发展详细规划，各县(市、区)尤其是重点林区县要成立林业产业管理办公室，具体组织规划的实施，同时加强对林业产业的管理和服务。

5.放手发展非公有制林业。鼓励一切非公有制投资主体通过承包、租赁、兼并、参股等多种方式，参与林业开发、从事林业建设。通过招商引资和全民创业，大力鼓励各种资金投资成片发展平原林业和开发荒山荒坡，鼓励民营企业投入商品林开发，按市场规律运作，建设商品林基地、发展林产品加工。各有关部门要统一相关政策，为各种林业经营主体创造公平竞争环境。

6.通过加快山区综合开发促进林农致富。引进大型现代林业产业发展实体，采取“公司+基地+农户”等形式，带动林农增收。实行林业多种经营，鼓励立体养殖和立体种植，大力发展林下经济，促进农民增收。推广林业实用技术，为林农提供致富信息、传授致富技能、拓宽致富渠道，加快林农增收，引导林农发展“三竹”、油茶、花卉苗木、速生丰产林和果业等高效林业，增加务林效益。

## 五、进一步强化林改工作责任，为林改工作顺利推进提供组织领导保障

1.继续坚持“四级书记抓林改”不动摇。各地要继续把林改工作作为书记工程、一把手工程来抓，各级党委书记对本级林改工作负责首要领导责任。对于人事变动后，没有及时调整林改领导小组成员的要立即调整，明确党委一把手任组长、行政一把手任第一副组长。同时，增加法制办、法院、公安局、司法局、档案局为新的成员单位，进一步调整和明确各成员单位和责任分工。

2.继续严格实行林业建设任期目标责任制。各级政府对本地区林业工作全面负责，政府主要领导是林业建设的第一责任人，分管领导是林业建设的主要责任人。对林业建设的主要指标实行任期目标管理，并由同级人民代表大会监督执行。各级党委组织部门和纪检监察机关，要把林业任期目标责任制的落实情况作为干部政绩考核、选拔任用和奖惩的重要依据。

3.继续加大林改工作督查力度。由市林改领导小组成立林改跟踪问效组，进一步加强林改督查。对工作不力的地方，要督促整改，并严格追究有关责任人的责任。

4.继续完善林改工作目标考评。由市林改领导小组制定考评办法，对各县(市、区)林改工作进行考评。市委、市政府将依据考评结果进行奖惩。

## 中共九江市委　九江市人民政府

# 关于举全市之力加快沿江开发的决定

九字〔2007〕20号

为了进一步贯彻落实把九江建设成为长江沿岸和中部地区重要的经济中心城市的发展战略，进一步加快推进“新型工业重镇、文化旅游胜地、区域商贸中心、开放港口城市”的进程，进一步推进“西拓港城”的城市发展格局，充分发挥沿江港口核心优势，实现九江跨越式发展，经市委、市政府研究，做出举全市之力加快沿江开发的决定：

### 一、指导思想、总体原则和发展目标

1.指导思想。以邓小平理论和“三个代表”重要思想为指导，全面落实科学发展观，按照“四个打造”的要求，充分发挥沿江核心优势，以港口建设为龙头，以物流园区为纽带，以产业聚集为延伸，以临港新城为依托，全面提升沿江地区综合实力，实现九江经济跨越式发展。

2.沿江开发总体原则。政府主导、公司运作、统一规划、多元投资、港城互动、产业聚集、重点突破、建养生态。

3.发展目标。通过广泛吸纳国内外资本，构建生产要素集聚的载体和平台，形成“四带一城”港口经济带、新型工业带、小城镇带和景观带、生态保护带及城西临港新城。

### 二、高起点做好沿江开发规划

4.总体规划。规划是引领发展的龙头，只有高起点规划才能形成高水平的开发。规划就是资源，规划就是招商、规划就是财富、规划就是生产力。沿江开发应编制总体规划，突出岸线开发利用、港口布点(专用、公用集装箱码头等)、产业园区布局、商贸物流、城镇体系发展、综合交通体系、生态景观保护等方面内容。

5.专项规划。在做好总体规划的同时做好7个沿江专项规划，即：沿江港口规划、沿江产业园区规划、沿江商贸物流规划、沿江景观带和小城镇规划、沿江交通规划、沿江生态保护规划、沿江土地利用规划。

### 三、重点突破六大板块

6.沿江开发工作总体步骤。全市沿江开发工作要按照整体规划，分步推进，重点突破的原则，以点串线，以线带面。首期强攻六大工作板块，把六大板块建成沿江开发的龙头和示范区，进而全面带动沿江开发。

7.城西港区板块。成立城西港区开发办。城西港区中远期可按50平方公里做概念性规划，近期可按12平方公里做好控制性规划，一期按4~6平方公里做好港区、物流区、产业园(开发区出口加工区二期)详细规划。以功能项目为载体，公司化运作、多元化投入、滚动式发展。规划工作、征地拆迁工作、投融资工作、机构组建工作近期要同步展开。

8.中心港区板块。成立港口管理局(港口集团)政企分开暨改制办。立即着手港口管理局政企分开和港口集团靠强联大，引进战略投资者，在更高层次上打造九江国际水运中心。214码头改扩建项目按市政府12月21日会议精神，限期加快开发。增建三个5000吨级泊位综合性码头，达到年吞吐能力为散装

100 万吨,集装箱 20 万标箱能力。

9.阎家渡港区板块。支持省交通厅远洋公司,在阎家渡港区建设 5000T 级泊位码头,形成集装箱 10 万标箱生产能力。

10.金砂湾板块。金砂湾港区要突出发展冶金工业。按照达到 1000 万吨钢铁生产能力目标,形成一座新型钢城。同时加快集装箱码头建设,近期形成 20 万标箱能力。

11.沿江景观和小城镇建设板块。成立沿江景观带和小城镇建设办。抓好沿江景观带和小城镇规划,重点建设 30 公里景观带和一批特色小城镇。

12.沿江通道板块。成立沿江通道建设办。做好沿江通道规划,建设好沿江通道,形成快捷的沿江交通网络体系。

## 四、沿江产业布局规划

13.产业布局规划。突出沿江重点园区产业定位,错位发展,优势互补、有序竞争。九江经济技术开发区(出口加工区)今后开发重点向城西官湖转移,充分发挥出口加工区的平台作用,突出发展先进制造业、电子高科等新型产业。浔阳区、庐山区重点形成新材料产业基地,新港工业基地重点发展 L 乳酸,姑塘化纤基地重点发展粘胶纤维、氟化工,东城玻纤基地重点发展玻纤。瑞昌市码头工业城以亚东水泥为龙头,重点发展建材、纺织服装工业园。九江县沙城重点发展轻工、电子工业园。湖口县金砂湾工业园以冶金产业为重点、扩大钢铁生产能力,促进产业深度加工。彭泽县工业园按照一园多区的模式重点发展化工、纺织产业。整个沿江岸线鼓励有序发展船舶制造业。

## 五、搭建平台

14.投融资平台。沿江开发各项基础设施需要有巨额资金投入,必须要有一个良好的融资渠道。参照发达地区的办法,一是成立市金融工作领导小组,下设金融办公室,协调有关市政府的融资,向金融机构推荐项目,帮助企业和政府建立银企、政银合作关系。二是加强九江市与国家开发银行开发性金融合作,在完成对我市贷款前期信用评审基础上,加快对我市沿江开发、工业园区基础设施、城市基础设施等方面项目贷款步伐。三是利用国有资产经营公司担保融资。操作上结合经营性国有资产清查后,将其中优良资产从各部门所办三产剥离,注入市国有资产经营公司,作为其资本金,用于向银行抵押贷款。四是以城市基础设施建设项目物权担保融资。即引进战略投资者在九江注册设立担保公司,由担保公司对各个大型项目的承建单位,以物权抵押方式担保融资,为投资主体和施工企业提供强大的资金保障,形成快速融资、快速投资、快速建设的良性投融资机制。

15.招商引资平台。各板块沿江开发工作均采用公司化运作的办法,在规划的指导下组织进行项目的招商引资。设立沿江招商网站,在网上建立沿江开发项目库和发布沿江开展政策和沿江开发动态情况,并与国内外知名经贸和招商网站链接。为提高招商水平,建议公开向国内外聘请有一招商经验和在国内外著名企业担任过高管的人员,成立沿江开发专业招商小分队,主攻世界 500 强和国内 200 强企业。

## 六、策应开发,协调发展

16.协调推进各项工作。在抓好沿江开发中心工作的同时,必须抓好其他方面的工作,使沿江开发协调发展。一是加快沿江地区农业发展,尤其是抓好一批农业产业化龙头企业。二是建好一批社会主义新农村示范村庄。三是形成一批具有特色的文化产业基地。四是加快一批流通服务业发展。

## 七、加强组织领导

17.成立沿江开发领导小组。沿江开发涵盖三区一市三县,涉及中央、省和市直诸多部门,必须要有一个强有力的领导机构和专门的队伍来强力推进。成立沿江开发领导小组,由市委书记陈安众同志任总顾问,市长王萍同志任组长,市委常委、常务副市长赵东亮、副市长张华、熊永强,市政府副巡视员、九江开发区党委书记、主任李光荣,市长助理孙铮、杨振辉同志任副组长,市直各有关部门为成员单位。领导小组下设办公室,专事沿江开发,人员由有关部门抽调。办公室主要负责整个区域沿江开发的组织协调、沿江开发工作的调度督查、沿江开发进程中重点问题的研究与参谋和沿江开发规划的落实。

18.举全市之力全力推进沿江开发。全市上下要统一思想,提高认识,树立信心,齐心协力推进沿江开发,营造沿江开发的浓厚氛围。同时积极争取省政府支持,沿江各县(市、区)要相应成立沿江开发的专门机构,在全市沿江开发总体部署下,按照沿江开发总体规划尤其是港口规划,珍惜岸线资源协同推进沿江开发各项工作。

19.加强督促检查制度。市委、市政府将加强对沿江各县(市、区)、各工作板块、各部门的任务完成情况督促检查,确保沿江开发工作快速、协调推进。

## 市委办公厅　市政府办公厅

# 关于拓展城市框架，推进港口旅游城市建设的意见

九办发〔2007〕4号

为贯彻落实省委、省政府把九江建设成为长江沿岸、中部地区重要的经济中心城市的重要指示，充分展示九江在江西不可替代的优势，根据市第九次党代会提出的总体要求，按照城市发展总体规划，就拓展城市框架，进一步做大、做强、做优、做美中心城市，提出如下意见。

### 一、指导思想和总体要求

1.坚持以邓小平理论和"三个代表"重要思想为指导，用科学发展观统领经济社会发展全局，按照鄱阳湖城市群的总体部署，在更高层次上推进"3+1"发展攻略，打造新型工业重镇、文化旅游胜地、区域商贸中心、开放港口城市，在全省率先实现新型工业化和新型城镇化，致力于把九江建设成为长江沿岸、中部地区重要的经济中心和最适宜人居的现代化山水生态港口旅游城市。

2.坚持以工业化推进城市化，以产业化支撑城市现代化，以特色文化塑造城市个性化的理念，在加速昌九工业走廊、沿江城镇工业化、城市化发展的同时，重点实施"一核、二带、三城、九镇"(一核：城市核心区；二带：昌九工业走廊、沿江产业带；三城：瑞昌、湖口、星子；九镇：姑塘、海会、温泉、马回岭、岷山、赛阳、港口、城子、码头)协调发展的战略，形成"美丽浔阳、怀抱庐山、东临鄱湖、北依长江、西拓港城、南接走廊"的城市区域发展格局，构筑约1000平方公里区域面积的城市空间形态。

3.力争用5年时间实现城市核心区建成区面积100平方公里，人口过百万。基本完成约1000平方公里城市区域的主要基础设施建设，实现城市区域城镇总人口150万人。通过努力，2020年实现城市区域城镇总人口近300万人，全市城市化率达到60%以上。

4.在市委、市政府的统一领导下，市城市规划建设和新型城镇化领导小组负责具体组织实施这项工作。充分发挥市直各有关部门和区、县、乡、镇、村等各级组织的积极性和创造力，用透彻的理解力、高效的执行力和灵活的操作力，做大做强中心城市，增强区域辐射功能。

### 二、科学布局城市发展空间

在重点推进约1000平方公里的城市区域空间形态中，坚持以科学发展观为指导，按照可持续发展的要求，正确处理好城市发展和保护得关系，合理安排城市发展空间资源，着力加强山水生态资源和历史文物古迹的保护，整体规划，分步实施，重点突出，快速推进开放港口城市建设。

1.将九江县沙河镇及沙城工业园、综合工业园、官湖港口工业区作为城市核心区的一个组团，纳入城市核心区统一规划管理范围，根据其发展情况适时进行行政区划调整；把瑞昌市、湖口县、星子县的城关镇纳入城市规划管理范围，加强对其规划建设的指导，与城市核心区的建设协调推进。

2.对城市区域内的9个乡镇，明确区、县及其乡镇政府的行政责任，实行统一规划，统一监管、整体推进。充分发挥山、江、湖多样性的地域特色和生态优势，打造一批各具特色的城镇群。

3.按照工业化带动城市化的要求，合理安排工业发展用地，加大用地构成比重。重点针对姑塘、金

安、官湖区域的现状,调整规划,保证工业用地不少于60%,在土地利用、基本农田保护、林业、水利等方面积极争取国家产业政策的支持,为城市工业化的快速推进提供更为广阔的发展空间。

4.加强城市核心区和卫星城的工业、商贸、文化、旅游、城区商贸格局,增加一批集贸市场,培育一些商贸特色街道,同时再规划并构筑柴桑商贸中心、长虹商贸中心、浔南商贸物流中心、十里商贸文化中心、威家商贸旅游中心等商贸中心;十里高中、职教园区,威家高校园区;鹤问湖体育及休闲中心等文化娱乐设施,形成工业、商贸、文化、教育、体育、休闲、娱乐等城市产业,完善功能,繁荣市场,以产业化支撑城镇现代化。

## 三、快速推进城市区域功能环境设施建设

按照统一规划,分步实施,相对集中,成片建设的原则,因地制宜,找准突破口,把握切入点,实现就将城镇化建设一年有明显变化,三年有大的变化,五年基本形成城市发展框架。今年开始实施:

1.根据1000平方公里城市区域发展战略的要求,深化并完善各相关规划,畅通城市核心区与三个卫星城及九镇的交通网络,尽快形成由30至20分钟的城市空间交通体系。

2.启动建设九瑞高速公路;鹤问湖东大道沟通九瑞大道与前进西路;濂溪大道沟通十里大道与庐山大道;琴湖大道沟通滨江东路与九湖路。按照"道路要求标准化,绿带要景观化,重要道路要亮化,沿线景观要美化"的要求,整治、改造庐山大道(环山公路)、沙阎公路、九瑞路、105国道城区段等现有道路,加强三城九镇与城市核心区及综合工业园与城区的道路交通联系。

3.积极向上争取昌九高速公路九江市城区段的南移东接九景高速公路的立项,构建城市化高速外环,同时将现有昌九高速沙河至城区段改造成为中心城市的快速通道。

4.进一步完善道路交通设施,实施公交站、点、线的规划建设,加强道路交通管理,建立城市核心区及其近郊和长途公交体系。

5.把城镇建设与景区、景点建设结合起来,全面推进沿路集镇、村庄和景区、景点的绿化、亮化、美化,提高城镇及沿线绿化水平,形成良好的生态能力和适宜的人居环境。

6.整治沿路集镇、村庄环境、建设商贸、医疗、文化、教育等配套设施,统一协调居民住宅建筑风格,形成功能具备、个性鲜明、秩序井然、商贸繁荣、人气旺盛的特色城镇群。

用一年时间,完成约1000平方公里城市区域内的城、镇、村的规划和设计,拓展、改造和畅通道路,建立和完善便捷的城市公共交通体系,大力实施绿化、亮化和美化工作,使城镇面貌有明显变化;用三年时间,坚持以政府为主导,以市场为主体,鼓励全民创业、社会参与,推动民营、个体企业投资和广泛招商引资,兴建商业、贸易、文化、娱乐、休闲等服务产业,建立起比较完善的城施工商贸功能体系;用五年时间,基本形成约1000平方公里区域内的新型城镇化格局。

# 中共九江市委 九江市人民政府

# 关于加快推进新型城镇化的意见

九发〔2010〕9号

加快推进城镇化进程,走新型城镇化道路,是深入贯彻落实科学发展观、推进鄱阳湖生态经济区建设的根本要求,是统筹城乡协调发展、加快转变经济发展方式、争得九江应有地位的有力保证。市委九届七次全会以来,我市大力实施“强工兴城”战略,市中心城区正加快从两湖时代走向八里湖时代,县城面貌日新月异,全市城镇化步入快速发展阶段。但与形势要求和先进地区相比,我市新型城镇化水平还存在差距。为抓住当前城镇化的重要战略机遇期,在更高起点上加快推进新型城镇化,特提出如下意见。

## 一、以科学发展观为指导,完善发展思路和目标

1.指导思想。以邓小平理论和“三个代表”重要思想为指导,深入贯彻落实科学发展观,以推进鄱阳湖生态经济区建设为契机,以规划为引领,以项目为抓手,以产业为支撑,以创新为动力,以民生为根本,加快发展市中心城区,全面推进县城、重点镇建设,坚持走资源节约、环境友好、经济高效、社会和谐、大中小城镇协调发展、城乡互促共进的新型城镇化道路。

2.基本原则。坚持以人为本,处理好推进城市化与维护人民群众利益的关系,完善城镇设施,强化公共服务,走科学发展、和谐发展的路子;坚持统筹协调,处理好推进城市化与建设新农村的关系,优化城乡布局,加快城乡互动,构建新型工农关系、城乡关系,走城镇化与工业化、农业现代化协调发展的路子;坚持可持续发展,处理好开发建设与生态保护的关系,生态保护优先,合理利用资源,走资源节约、环境友好的路子;坚持突出特色,处理好自然资源开发与地方文化传承的关系,因地制宜,分类指导,突出山水生态和地方文化特色,走特色发展、文化兴市的路子。

3.发展目标。按照“山水生态、宜居宜业”的城市发展目标,彰显“诗韵田园、水墨九江”的城市文化特质,进一步发挥通江达海的区位优势,把九江打造成长江沿岸重要工业基地、赣鄂皖区域物流中心和现代开放港口旅游城市。以九江城区为核心,以沿长江和沿昌九城镇为轴线,以鄱阳湖周边城镇为依托,加快建设环鄱阳湖生态城市群。到2012年,中心城区达到规划建成区面积120平方公里、人口120万以上,进入国家园林城市行列;全市城镇化率达到50%左右,50%左右的县城达到省级园林城市标准,有条件的力争进入国家园林城市行列,三分之一县城达到省级生态县标准。到2020年,全市城镇化率达到60%,中心城区达到150平方公里、150万人口规模,“大九江”的框架逐步形成。

## 二、以优化空间布局为主线,加快新型城镇体系建设

4.统筹城乡,构筑集约发展的市域城镇体系。结合经济社会发展实际,科学规划、合理引导市域城镇产业与空间布局,实施“做大中心、打造‘脊梁’、培育节点、带动两翼”的城镇空间发展战略:做大中心——做大做强中心城区,增强其在长江流域、京九沿线、四省边际的区域地位;打造“脊梁”——打造沿长江、昌九“T”字形城镇发展轴,培育、扶持环鄱阳湖城镇发展次轴,使之成为支撑九江城镇体系空间结构的“脊梁”;培育节点——推进共青和德安相向发展、融为一体,促进修水、武宁、都昌、彭泽、永修等县城及重点镇发展有序推进、规模明显壮大;带动两翼——通过做大中心城、打造“脊梁”,增强其对周边地区的辐射与扩散能力,带动东西两翼城镇协调发展。到2020年,初步构建以中心城区为核心,沿长江城

镇带和沿昌九城镇带为发展轴，东、中、西三个片区协调发展的“一心两轴三区”市域城镇空间系统，初步构建起结构合理、布局协调、功能互补、集约高效的城镇体系。

5.拓展空间，构建“大九江”城市发展格局。加强“四县(市)一山”(瑞昌市、湖口县、星子县、九江县、庐山)与中心城区的规划对接、产业对接、基础设施对接，合理配置资源。四县(市)要坚持互补发展、特色发展，不搞“小而全”。结合长江二桥、昌九城际铁路项目的实施，做好城市轻轨交通规划研究，建设“四县(市)一山”与中心城区及城市各组团之间的快速通道，构建20分钟城市圈。促进中心城区与“四县(市)一山”功能互补和资源共享，推进“四县(市)一山”与中心城区相向发展、融为一体，构建1400平方公里的“大九江”城市发展格局。

6.合理布局，优化中心城区功能分区。中心城区在重点开发建设八里湖新区的同时，继续适当向南并沿城西、城东港区两翼发展。结合山水自然环境，进一步完善城区功能，积极拓展城市发展空间，适时将沙河组团、姑塘组团纳入中心城区建设用地范围，逐步形成“一核六组团”(一核：城市核心区，由老城区、八里湖新区、十里片区组成；六组团：城西港区组团、城东港区组团、芳兰组团、姑塘组团、沙河组团、港口街组团)的城市空间布局结构。城市核心区为城市生活、生产服务的核心区域，老城区主要承担城市商业服务、金融信息、商务办公、生活居住、文体娱乐等功能，八里湖新区以行政办公、商贸商务、文体休闲、生活居住功能为主，十里片区以生活居住、教育科研、工业制造等功能为主。六组团为产业功能区，城西港区组团以港口工业、物流、配套居住为主，城东港区组团以石油化工、物流与配套居住为主，芳兰组团以旅游服务、度假休闲、生活居住等功能为主，姑塘组团以化纤、化工工业为主，沙河及港口街组团以工业制造、生活居住、商贸物流等功能为主。

7.主攻新城，打造八里湖生态新区。按照“一个目标”(打造生态新区)、“两个优先”(基础设施和公共服务设施优先)、“三个三分之一”(水面、森林绿地、建筑各三分之一)的规划布局，营造观湖、观江、观山、观城的“四观”生态效果，力争用五年左右时间，使八里湖新区框架基本拉开、功能基本完善、环境基本建成。按照“显山露水”的要求，突出水面、岸线、临水建筑、城市建筑轮廓线四个层次的城市空间形态，加快编制八里湖片区控制性详规。突出九江山水名城特色，最大限度地保护八里湖生态资源，使之成为“水乡名城、生态绿岛、文化乐园、人居胜地”的新城区。

8.做大县城，构建县域增长极。坚持以县城为重点，加强工业园区、生活居住区、城乡交通枢纽和生态环境建设，完善县城功能，做优人居环境，彰显县城特色，引导产业和人口向县城集聚。发挥县城和重点镇、一般镇之间的有机互动作用，推进城乡社会经济一体化。县(市)城镇化率每年提高1.5个百分点以上。到2012年，共青城和德安县城融为一体、连为一城，打造30万~50万人口的城市；瑞昌市区人口超过20万，进入中等城市行列；其他县城城区常住人口规模多数超过10万。

9.突出重点，加强示范镇建设。选择交通区位好、发展潜力大、有一定规模的小城镇作为示范镇给予重点扶持。将示范镇建设纳入县(市、区)政府年度目标考评范围，建立市直单位、企业结对帮扶示范镇制度，完善扶持示范镇建设政策措施，力争通过3年努力，示范镇国内生产总值和地方财政收入年均增幅分别高于全市平均水平5个以上百分点，建成一批布局合理、规划科学、功能完善、生态优美、经济实力较强、有一定带动能力的新型小城镇。

### 三、以科学规划为引领，进一步完善城乡规划体系

10.坚持规划的先导性。遵循城乡统筹、合理布局、节约土地、集约发展的原则，在省、市域城镇体系规划的指导下，编制完善县(市)域城镇体系规划、城市(镇)近期建设规划、控制性详细规划及村庄发展布局规划，加快形成中心城区—县城—建制镇—中心村—基层村五级城乡规划体系框架，实现城乡规划全覆盖。认真做好城市商业服务网点设置规划、城市防洪规划、城市交通规划、城市绿化规划、城市历史文化保护规划等各类专业性规划，编制完成“大九江”发展战略规划，做好总体规划与各专项规划的相互衔接。充分发挥规划对城市发展和建设的引领作用。

11.注重规划的科学性。坚持以人为本和可持续发展的原则,以建设生态园林城市、宜居城市和低碳城市为基本取向,科学定位城市性质、合理确定城市规模、优化城市布局形态,加强各类规划的衔接和协调,增强城乡规划的前瞻性、综合性和可操作性,做到“五个不”:不吃“后悔药”、不唱“空城计”、不做“复印机”、不犯“冷热病”、不欠“子孙债”。规划编制坚持政府组织、专家领衔、部门合作、公众参与、科学决策,健全规划公示和专家咨询制度,对事关城镇发展重大问题和重点项目要组织专家认证,并广泛征求社会各界意见。

12.维护规划的严肃性。建立健全市城乡规划委员会制度,完善城市规划委员会构成,增加公众代表和专家比例,增强规划的前瞻性、科学性和民主性。市域内重大项目建设规划、综合性重要基础设施规划、县(市)城市总体规划、重点建制镇总体规划,必须经市城乡规划委员会审查后,按程序上报审批。切实贯彻实施《城乡规划法》,严格执行城镇规划用地红线、水体蓝线、绿地绿线、历史文化保护紫线、市政公用设施黄线等“五线”管制制度,严格规范用地性质和容积率等规划条件的调整程序。健全城乡规划建设管理监督机构,建立城乡规划督察员制度,加强城乡规划执法队伍建设,强化规划实施监管,严肃查处各类违法违规建设行为。

## 四、以产业兴城为核心,壮大城镇经济实力

13.坚持城区、园区互动发展。遵循以新型工业化支撑新型城镇化、以适度超前的城镇化带动工业化的发展思路,优先发展工业,加快工业园区建设步伐,做大园区规模,把各类园区建设成为项目建设的载体、对外开放的窗口、产业升级的高地、吸纳就业的平台、城镇发展的新区。围绕“三年决战工业2000亿”的战略部署,把沿长江、昌九“两带”和工业园区作为做大做强工业的主战场,着力培植一批带动力大、附加值高、创新能力强的“航母型”“旗舰型”工业企业,以工业的发展支撑城镇的发展,努力实现经济增长、就业增加与城镇发展的良性互动。

14.促进产业集群发展。按照建设鄱阳湖生态经济区和国家产业调整振兴纲要的要求,加快淘汰落后产能,推进产业结构调整,大力发展新材料、新能源等高新技术产业。按照产品品牌化、生产集约化、产业集群化的发展思路,着力培植一批带动力大、产业配套完备、市场竞争力强的支柱产业,重点打造石油化工、钢铁、有色金属、船舶汽车、有机硅、电子信息、纺织服装、新能源、新型建材、绿色食品十大产业集群。

15.发展文化旅游产业。进一步完善文化旅游发展总体规划,建立以九江为城市旅游目的地、以大庐山为区域旅游中心、市县联动的文化旅游发展机制。坚持以市场为导向,加快文化旅游资源整合,积极推进庐山市申报工作,构建以庐山为龙头的大旅游格局。实行全市旅游统一宣传营销,突出“相恋庐山,品味九江”主题,打造九江旅游文化精品,努力把九江建成长江中下游旅游休闲中心城市和国内外知名的旅游文化圣地。

16.发展提升现代服务业。依托独特的区位和交通优势,做大做强一批专业市场,提升商贸现代化、国际化水平,提高对周边区域的辐射力。加快发展现代物流业,逐步构建我市与周边地区经济发展相适应的现代物流服务体系。大力发展金融服务、商务会展、信息咨询、文化教育、家政服务等新兴产业。

## 五、以项目建设为抓手,加快推进城市建设

17.三年决战中心城区200亿重点城建项目。以八里湖新区开发建设为重点,坚持基础设施优先、公共设施优先、环境景观优先的原则,按照“续建一批,开工一批,启动一批,规划一批”的要求,重点实施七大类百项重点城建项目,确保三年中心城区政府投入不少于200亿元。推进九江绕城高速、蔡马加密高速、九瑞码快速通道、滨江西大道等十大骨架道路项目建设,加强四县(市)一山与中心城区、城市各组团之间的快速联系;推进市民服务中心、市体育中心、市文化艺术中心、国际会展中心等二十项城市公共文体设施项目建设,进一步改善城市公共服务配套水平;新建八里湖滨湖公园、赛城湖公园、滨江生态公园等十大城市公园,进一步提升城市园林绿化水平;实施城西港区铁路专用线、城东港区码头、八里湖跨湖

大桥、滨江水厂、污水处理厂扩容改造、城市市政管网改造延伸等十项重点市政工程,进一步满足现代城市生产生活需要;实施十里河综合整治、龙开河故道完善、抗洪纪念广场改造、老城区绿地改造等十项生态环境建设工程,进一步改善人居环境;推进历史街区恢复与整治、保障性住房建设等十项重大城区改造项目,进一步提升老城区的形象;实施五大片区三十项城市路网工程,进一步完善城市道路网络系统,满足现代城市交通发展需求。

18.注重民生工程项目实施。坚持一手抓发展、一手托民生,把供水、供气、公共交通、排污、防洪、绿化、环卫、经济适用住房和廉租住房等与市民生活密切相关的项目摆在重要位置,加快社区卫生服务网点建设,科学制定城区中小学校布局规划,加快中小学校建设,优化资源配置,着力解决城区学校布局不合理问题。积极推进城市供水、供气、电力、电讯、公共交通、环卫设施等公共服务设施与城市道路建设同步扩张并向园区和乡村延伸覆盖。推进以天然气为主要燃料的城镇能源改造建设。加大城市污水处理设施建设力度,抓紧做好县(市)污水处理设施运转,做好危险废弃物和医疗废物处理处置工作,推进城镇垃圾无害化、资源化处理。2012年,市建成区污水收集实现全覆盖,未经处理的生活污水零排放,县(市)建成区污水集中处理率达到70%以上,县城以上城市生活垃圾无害化处理率达到70%以上。

19.打造宜居宜业生态名城。围绕一流的水质、一流的空气、一流的生态、一流的人居环境、一流的绿色生态保护建设管理机制的“五个一流”目标,积极倡导“绿色城市”理念,在发展中保护生态,在保护生态中加快发展。按照路旁增绿、空地建绿、拆墙透绿、近山植绿、水体泛绿的思路,实施生态园林建设工程,全面提高城镇生态建设水平。大力发展低碳经济和循环经济,促进新能源、洁净化能源和可再生能源发展,建设低碳城市。加大生态环境保护与执法力度,建立主要江河县级断面水质监测考评机制,实行水资源质量辖区负责制,切实保护好饮用水源地水质,确保群众饮用水安全。强化城市空气质量监测,加强建筑施工、道路施工、房屋拆迁管理,减少扬尘污染,治理机动车尾气和城市噪声污染。充分依托九江山水生态优势,加强城市水域和环湖、临江周边的生态建养以及沿江、沿湖水系功能的保护,着力打造城湖相依、山水辉映、人与自然和谐的宜居九江。

## 六、以资本运作为重点,提高城市经营水平

20.建立健全城建融资平台。强化市县两级国有资源、资产、资本统一管理和运营,进一步盘活国有企业改制后存量资产,加强行政事业单位国有资产运作,通过整合各类政府资产,重点做大做实三家市级政府融资平台,每县重点建好一家政府融资平台。高薪聘请资本运作人才,提升政府融资平台运营水平。

21.加强城市土地经营。完善城市土地收储经营机制,正确处理好“卖与收”的关系,定期对城区土地进行清理,积极拓宽土地储备融资渠道,变“卖地筹资”为“收地融资”,把土地升值的空间牢牢掌控在政府手中;正确处理好“先与后”的关系,变“先卖地后做环境”为“先做环境后卖地”,变政府走在开发商后面为政府走在开发商前面,适时公开出让,增加土地收益;正确处理好“管与放”的关系,垄断土地一级市场,实行“饥饿”供地,经营性建设用地全部实行公开招标拍卖挂牌,使土地在政府手中升值、项目在银行注资下推进。

22.推进城市设施经营。优化增量资产。按照谁投资、谁经营、谁受益、谁承担风险的原则,整合政府用于城市基础设施建设的投资,采取独资、合资、合作等多种形式吸引投资者参与城市基础设施建设与经营,按照投资主体多元化、资源享用商品化、项目运作市场化的要求,积极推进公共产品向公共商品、公共事业向公共产业转变。对污水处理、垃圾处理、燃气、地下人防设施等一批城市建设项目逐步实行商品化经营、市场化运作,吸引社会资本、民间资本、境外资本参与城市基础设施建设,有效缓解城建资金难题。盘活存量资产,城市现有基础设施资产只要国家法律法规允许,均可通过产权出让、经营权转让等方式,吸纳社会资金,进行资产运营,实现存量资产的保值、增值、变现;搞好城市无形资产经营,充分发挥城镇无形资产经济效益。

23.规范城建规费收缴。采取“一卡通”的收缴办法,实行“财政统一收缴,统一管理,分项核算,应收尽收”,做到一个池子蓄水、一个龙头出水,为城市建设聚集资金,为企业创造公平竞争的市场环境。

## 七、以强化管理为手段,推进城市管理科学化

24.理顺城市管理体制。按照重心下移、属地管理的原则,进一步理顺市、区、街道、社区之间的关系,明确各自在城市管理中的职能作用,确立城区政府(管委会)在城市管理中的主体地位。完善“两级政府、三级管理、四级服务”的城市管理体系,形成“城市政府统一领导、城区政府全面负责、街道(乡镇)具体实施、社区居民共同参与、专业队伍为主民办队伍为辅”的城市管理体系。

25.建立网格式城市管理系统。按照“条块结合、分级管理”和“权随事转、费随事转、人随事转”的原则,整合管理力量,划分管理责任,建立“网格管理、信息反馈、监督检查、考核奖励”机制,形成以路为线、纵横成网、布局合理、覆盖城郊的管理网络。整合完善市民服务中心和应急救援队伍职能,形成“功能完善、反应快速、运作规范、协调统一”的应急救援体系。建立“网格管理、市区联动”城市管理机制,实现对城市基础设施建设和管理活动的实时监测与动态控制, 强化市政公用设施运行监管, 提高城市管理效率。积极稳妥地推进数字化城市管理,建立和完善城市管理长效机制。力争中心城区在2011年底前完成数字化城市管理系统建设,2012年全面投入使用。

26.推进和谐社区建设。按照“民主自治、管理有序、服务完善、治安良好、环境优美、文明祥和”的要求,大力推进和谐社区建设。深化城市基层社会管理体制创新,进一步健全以社区党组织为核心的社区组织体系,完善城市居民自治。整合社区资源,加快城市社区服务中心建设,完善社区救助、卫生保健、治安调解、权益保障、信息咨询、慈善捐助、老年福利、文化教育、健身娱乐等功能,充分发挥社区在办理公共事务、组织居民活动和提供社会服务等方面的作用。全面开展科普、文化、卫生、体育、法律进社区活动,倡导健康文明的生活方式,不断满足社区居民的物质文化生活需要。

27.开展“六城同创”活动。以中心城区为主战场,以“六城同创”(创建全国文明城市、全国双拥模范城市、国家卫生城市、国家园林城市、全国无障碍城市、省级生态城市)为抓手,坚持长效管理与专项整治相结合,使城市管理体系、基础设施、文明程度得到显著改善和提升,进一步提高城市的知名度、美誉度,增强城市的魅力和吸引力。按照测评指标和时间节点要求,建立统一指挥、运转高效、责任明确的工作推进机制,确保创建工作责任到位、人员到位、落实到位。加强创建舆论引导,总结推广典型经验,突出抓好全民动员,形成人人关心、全民参与、合力攻坚的良好氛围。

28.规范“大九江”规划范围内农民建房。制定“大九江”城市规划范围内农民建房管理办法,使农民建房有法可依,管理有序。“大九江”规划区范围内农民建房,实行堵疏结合、分类规范,中心城区及县城规划范围内统一规划建设市民公寓,中心城区和县城规划范围外建农民新村,引导农民集中居住。强化属地管理,加大违法建设查处力度,规范房地产市场管理。结合城市棚户区和旧城改造,通过政府主导、市场运作、政策支持、社会参与,加快“城中村”和城乡结合部的整治和改造,改善居民生活生产环境,提升城市整体形象。

## 八、以政策机制为保障,又好又快推进新型城镇化

29.创新土地管理机制。进一步加强城镇总体规划与土地利用总体规划的衔接,依法保障城镇发展的合理用地需求。实行城镇土地“统一规划、统一征收、统一储备、统一开发、统一供应、统一监管”制度,确保政府垄断土地一级市场。建立城镇建设用地增加与农村建设用地减少相挂钩的机制,强力推进和积极扶持土地整理复垦开发工作,逐步建立城乡统一的建设用地市场。全家或部分成员迁入城镇落户的农户,按照承包方的意愿,允许保留土地承包经营权,并鼓励其依法有偿进行土地承包经营权流转。加快农村集体土地使用权、宅基地使用权的确权登记颁证工作,积极探索农村宅基地流转机制,健全对被征地农民的合理补偿机制。

30.逐步建立城乡统一的人口管理制度。当前和今后一个时期,要把解决符合条件的农业转移人口

逐步在城镇就业和落户,作为推进城镇化的重要任务。按照宽严有度、分级承接的原则,在现行户籍制度基础上,进一步放宽市辖区、基本放开市辖县、完全放开建制镇的落户条件,鼓励、引导本市籍农民、外来进城务工经商人员向城镇转移落户。对户籍不在本地的外来人员按照有关规定实行《居住证》制度,连续办理居住证满三年、有固定住所和稳定职业或生活来源,持证人及其配偶、未婚及无独立生活能力的子女和双方父母可以申请城市常住户口。研究制定与户籍管理制度相适应的配套政策和措施,逐步消除城乡户籍待遇差距,实现基本公共服务均等化。

31.建立有利于推进新型城镇化的社会保障制度。坚持把促进就业、创业作为经济社会发展的优先目标,强化技能培训,扩大城镇就业,加快农村富余劳动力转移就业。健全城镇住房保障体系,增加普通商品住房供给,加强以廉租房、公租房为重点的保障性住房建设,促进房地产业规范有序健康发展。进一步扩大养老保险、医疗保险、工伤保险、生育保险和失业保险的覆盖面。建立以城镇职工基本医疗保险、城镇居民基本医疗保险为基础的多层次城镇医疗保险制度。按照国家统一部署,加快推进新型农村社会养老保险试点步伐,扩大新型农村社会养老保险覆盖范围。积极探索城镇基本医疗制度的衔接,逐步建立城乡一体的医疗保险制度。努力改善农民工进城发展环境,在为农民工提供基本社会保障和公共服务方面加大改革和推进力度,逐步实现农民工就业创业、劳动报酬、子女就学、公共医疗、住房租购等与城镇居民享有同等待遇。

32.完善项目推进机制。坚持四套班子会议作为最高议事平台,讨论决定重大城建项目,实行“一个项目、一个领导、一个责任人、一套工作班子、一个实施方案、一支好的施工队伍”的“六个一”推进机制,每个项目由一位班子成员负责主抓,形成四套班子齐心协力抓项目建设的良好局面。充分发挥综合协调、项目规划、资金测算监管、进度督查、宣传及资料整理等五个小组作用,对城建项目进行统一调度、统一管理,并实行一月一通报,确保各项工程按照既定的时间节点顺利推进。按照“争分夺秒抢进度,一丝不苟抓质量,精打细算省资金,万无一失保安全”的要求,严格把好规划设计关、组织施工关、工期进度关、工程质量关、项目协调关、资金使用关、工程廉洁关、安全生产关、招标投标关、宣传建档关。坚持“5+2”、“白加黑”,强化项目督导,加快工程进度。完善重大城建项目考核激励机制,对进度快、质量优、重节约的市本级投资的中心城区城市基础设施重点项目,市财政安排专项资金进行奖励。

33.加强对新型城镇化工作的领导。成立九江市推进新型城镇化领导小组,明确各部门职责任务,研究推进新型城镇化的重大战略问题,进一步加强对新型城镇化工作的指导和协调。相关部门要按照职责分工,落实政策措施,加强协调配合,形成工作合力。县(市、区)要着眼统筹城乡发展,切实把加快推进新型城镇化摆在更加突出的位置,进一步强化责任意识,明确发展目标,落实推进举措。建立新型城镇化工作考核机制,把推进新型城镇化工作纳入各地各部门年度目标考核内容,并作为市考核县(市、区)领导班子和领导干部实绩的重要内容。

# 江西省人民政府关于设立共青城市的通知

赣府字〔2010〕114 号

**各市、县(区)人民政府,省政府各部门:**

根据《民政部关于同意江西省设立共青城市的批复》(民函〔2010〕220 号)精神,经研究,现将有关事项通知如下:

一、设立共青城市(县级)。将德安县茶山街道办事处、甘露镇、金湖乡,永修县江益镇和燕坊镇坪塘村、燕坊村,星子县苏家垱乡、泽泉乡划归共青城市管辖。共青城市人民政府驻茶山街道共青大道。共青城市由省直辖,九江市代管。

二、上述行政区划调整涉及的各类机构要按照“精简、统一、效能”的原则设置,涉及的行政区域界线要按有关规定及时勘定,所需人员编制和经费由九江市自行解决。

三、在行政区划调整中,九江市要加强领导,精心组织,统筹安排,做好干部群众的思想政治工作,确保行政区划调整工作顺利进行,确保社会稳定。要严格执行中央关于厉行节约的规定,加大区域资源整合力度,优化总体布局,促进区域经济社会协调健康发展。

# 著述要目

本目收录1991至2010年正式出版著作。以在本地作者为主,兼收客住外地的本籍人士著作。按自然科学、社会科学、文学艺术归类,有关庐山内容的入《庐山篇·文化研究》。要目按书名笔画顺序排列,笔划相同的则依次按出版时间先后排列。

## 一、自然科学

| 书　目 | 编(著)者 | 出版单位 | 出版时间 |
| --- | --- | --- | --- |
| 九江古树名木画册 | 九江市市绿委办、林业老科协 | 江西画报社 | 2010年 |
| 中西医结合骨伤诊治 | 李诗坚(合作) | 江西科技出版社 | 1991年 |
| 中医食疗文论 | 曹正柳、罗蛟春 | 科学技术文献出版社 | 1993年 |
| 中国国家地质公园——庐山 | 马长信、项新葵 | 中国地图出版社 | 2004年6月 |
| 计算机机房工程与管理 | 欧阳鹏 | 江西科技出版社 | 1994年 |
| 计算机信息系统安全等级保护网络技术要求 | 徐良华等 | 中国标准出版社 | 2002年 |
| 计算机信息系统安全等级保护通用技术要求 | 徐良华等 | 中国标准出版社 | 2002年 |
| 计算机信息系统安全等级保护数据库管理系统要求 | 徐良华等 | 中国标准出版社 | 2002年 |
| 计算机信息系统安全等级保护操作系统要求 | 徐良华等 | 中国标准出版社 | 2002年 |
| 外科临床速查 | 尹庆水 | 人民军医出版社 | 2008年 |
| 危重创伤救治 | 李俊 | 江西科技出版社 | 2002年12月 |
| 妇科医学浅论 | 熊小娟 | 中国社会科学出版社 | 2008年11月 |
| 当代性病诊断与治疗 | 王贤才 | 青岛出版社 | 2000年12月 |
| 张量分析及演算 | 余天庆 | 华中理工大学出版社 | 1996年5月 |
| 护理医学问答 | 欧阳喈 | 人民卫生出版社 | 1983~1998年 |
| 夜鸣郎 | 徐红生 | 北京艺术与科学电子出版社 | 2008年 |
| 实用阳痿诊疗大全 | 曹正柳、江玉文 | 科学技术文献出版社 | 1994年5月 |
| 果树栽培学 | 丁俊 | 中国农业大学出版社 | 1998年 |
| 现代弧焊控制 | 潘际銮 | 机械工业出版社 | 2000年6月 |
| 临床颈椎外科学 | 尹庆水 | 人民军医出版社 | 2005年 |
| 损伤理论及其应用 | 余天庆、钱济成 | 国防工业出版社 | 1993年1月 |
| 涂明华医学教育文集 | 涂明华 | 江西高校出版社 | 2006年 |
| 病毒性疾病的中医治疗 | 马超英、李远实 | 上海中医药大学出版社 | 1996年12月 |
| 颅脊交界外科学 | 尹庆水 | 人民军医出版社 | 2007年 |
| 微分几何导引 | 黄正中 | 南京大学出版社 | 1992年3月 |
| 微型计算机在会计中的应用 | 欧阳鹏 | 中国科技大学出版社 | 1991年 |

## 二、社会科学

| 书　目 | 编(著)者 | 出版单位 | 出版时间 |
|---|---|---|---|
| 1890–1990 百年风云:许德珩 | 许进 | 北京出版社 | 2003 年 6 月 |
| 21 世纪高校规划教材 大学生语文 | 石世华 | 江西高校出版社 | 2004 年 |
| 一个院士的足迹 | 徐丽萍 | 化学工业出版社 | 2007 年 12 月 |
| 一个基层组工干部的观点 | 徐少伟 | 党建读物出版社 | 2001 年 9 月 |
| 一次步行的起始 | 何伟征 | 大於出版社 | 2010 年 |
| 一所地方大学的崛起:潘际銮教育文集 | 徐丽萍 | 化学工业出版社 | 2007 年 1 月 |
| 九江 | 孔祥云、胡强等 | 海风出版社 | 1999 年 |
| 九江人民革命史 | 吴芳琪、徐书金 | 新华出版社 | 2001 年 5 月 |
| 九江之谜 | 九江市政协文史委员会 | 光明日报出版社 | 2003 年 10 月 |
| 九江历代货币 | 杨华履 | 江西人民出版社 | 1996 年 12 月 |
| 九江风俗 | 刘炜红、崔若林 | 北京图书馆出版社 | 2007 年 12 月 |
| 九江出土铜镜 | 吴水存 | 北京文物出版社 | 1993 年 10 月 |
| 九江市二中校志(1867–1992) | 九江二中 | 江西高校出版社 | 1996 年 5 月 |
| 九江市人民政府志 | 《九江市人民政府志》编纂领导小组 | 新华出版社 | 2001 年 7 月 |
| 九江市水利志 | 九江市水利局 | 北京燕山出版社 | 2001 年 5 月 |
| 九江市交通志 | 九江市交通局 | 人民交通出版社 | 1993 年 5 月 |
| 九江市企业组织史资料 | 九江市党史工作办公室 | 中共党史出版社 | 1999 年 4 月 |
| 九江市老龄志 | 《九江市老龄志》编纂委员会 | 方志出版社 | 2007 年 1 月 |
| 九江市志(1~4 册) | 九江市地方志编纂委员会 | 凤凰出版社 | 2004 年 9 月 |
| 九江市财政志 | 九江市财政局 | 经济日报出版社 | 2003 年 10 月 |
| 九江市图书馆辉煌七十年 | 余海 | 中国社会科学出版社 | 2009 年 10 月 |
| 九江市科学技术志 | 九江市科委 | 江西科学技术出版社 | 1997 年 8 月 |
| 九江市教育志 | 九江市教育局 | 中华书局 | 1996 年 7 月 |
| 九江地方文献索引 | 凌凤章、熊学明 | 新华出版社 | 1991 年 9 月 |
| 九江地名新编 | 高平 | 中国社会科学出版社 | 2009 年 11 月 |
| 九江师范百年回首 | 何仁烯 | 世界文化艺术出版社 | 2008 年 3 月 |
| 九江师范高等专科学校志 | 罗龙炎、王春生 | 江西人民出版社 | 2004 年 |
| 九江年鉴(2004) | 《九江年鉴》编辑委员会 | 方志出版社 | 2004 年 10 月 |
| 九江年鉴(2005) | 《九江年鉴》编辑委员会 | 方志出版社 | 2005 年 10 月 |
| 九江年鉴(2006) | 《九江年鉴》编辑委员会 | 方志出版社 | 2006 年 11 月 |
| 九江年鉴(2008) | 《九江年鉴》编辑委员会 | 方志出版社 | 2008 年 12 月 |
| 九江年鉴(2009) | 《九江年鉴》编辑委员会 | 方志出版社 | 2009 年 12 月 |
| 九江年鉴(2010) | 《九江年鉴》编辑委员会 | 方志出版社 | 2010 年 12 月 |
| 九江红色记忆 | 刘德意 | 中国文史出版社 | 2008 年 4 月 |
| 九江老地名 | 袁松青、高平 | 中国文联出版社 | 2008 年 5 月 |
| 九江老照片 | 九江市志办 | 武汉出版社 | 2008 年 8 月 |

续表(社会科学)

| 书　目 | 编(著)者 | 出版单位 | 出版时间 |
|---|---|---|---|
| 九江县志 | 九江县志编纂委员会 | 新华出版社 | 1996年12月 |
| 九江县志(1986–2005) | 九江县志编纂委员会 | 北京出版社 | 2010年12月 |
| 九江县邮电志 | 九江县邮电志编写组 | 北京邮电大学出版社 | 1997年12月 |
| 九江抗战备忘录 | 余海、刘炜红 | 作家出版社 | 2005年9月 |
| 九江近代名商 | 九江市政协文史委员会 | 政协委员会出版社 | 2004年12月 |
| 九江图书馆志 | 九江市图书馆 | 新华出版社 | 1994年8月 |
| 九江经济社会发展研究文集 | 韩胜球 | 中国社会出版社 | 2004年9月 |
| 九江经济统计年鉴(1993) | 九江市统计局 | 中国统计出版社 | 1993年6月 |
| 九江经济统计年鉴(1994) | 九江市统计局 | 中国统计出版社 | 1994年8月 |
| 九江城市历史及景观变迁 | 吴宜先 | 长江出版社 | 2007年3月 |
| 九江统计年鉴(2003) | 九江市统计局 | 中国统计出版社 | 2003年8月 |
| 九江统计年鉴(2004) | 九江市统计局 | 中国统计出版社 | 2004年6月 |
| 九江统计年鉴(2006) | 九江市统计局 | 中国统计出版社 | 2006年6月 |
| 九江统计年鉴(2008) | 九江市统计局 | 中国统计出版社 | 2008年6月 |
| 九江统计年鉴(2009) | 九江市统计局 | 中国统计出版社 | 2009年8月 |
| 九江旅游大观 | 王宪章等 | 江西美术出版社 | 1992年4月 |
| 九江第一棉纺织厂志 | 九棉一厂 | 纺织工业出版社 | 1993年8月 |
| 九江港史 | 九江港务局 | 人民交通出版社 | 1991年10月 |
| 九江裁判(2004年卷 总第一卷) | 九江市中级人民法院 | 法律出版社 | 2005年3月 |
| 九江集邮史 | 吴机群 | 百花洲文艺出版社 | 2004年 |
| 九江简史 | 周慈忠 | 江西教育出版社 | 1992年8月 |
| 九医百年 | 涂明华 | 人民卫生出版社 | 2001年 |
| 二十四史全译(宋书、南齐书、陈书) | 石世华 | 上海汉语大词典出版社 | 2003年 |
| 万家岭大捷 | 叶绍荣 | 百花洲文艺出版社 | 2010年 |
| “三个代表”的实践者 | 中共九江市委组织部 | 党建读物出版社 | 2001年6月 |
| 三叠泉 | 蓝天保 | 国际文化出版社 | 1996年5月 |
| 义门陈文史考 | 陈月海 | 江西人民出版社 | 2006年3月 |
| 义宁演义 | 陈跃进 | 北京燕山出版社 | 2002年 |
| 千年学府 | 孙家骅、闵正国等 | 江西人民出版社 | 2003年6月 |
| 大不列颠的悲歌·英国军队败战录 | 程芬 | 北方文艺出版社 | 2001年 |
| 小学学生家长读本 | 李洁、柳新民 | 中国人口出版社 | 2007年8月 |
| 川商话记 | 赵青 | 江西人民出版社 | 2002年7月 |
| 中华郭氏大典 | 郭世和 | 中国广播电视出版社 | 2004年6月 |
| 中国九江导游词 | 九江市旅游局 | 中国旅游出版社 | 2005年12月 |
| 中国人最常见的美句 | 陈林森 | 中国书籍出版社 | 2008年1月 |
| 中国书院史 | 邓洪波 | 东方出版社 | 2006年1月 |
| 中国书院论坛(第一辑) | 闵正国 | 中国文联出版社 | 2000年1月 |
| 中国书院论坛(第二辑) | 闵正国 | 中国戏剧出版社 | 2001年8月 |

续表(社会科学)

| 书　目 | 编(著)者 | 出版单位 | 出版时间 |
|---|---|---|---|
| 中国书院论坛(第三辑) | 闵正国 | 中国文联出版社 | 2003 年 1 月 |
| 中国书院论坛(第四辑) | 高峰、胡青 | 北京作家出版社 | 2005 年 3 月 |
| 中国书院论坛(第五辑) | 高峰、胡青等 | 北京作家出版社 | 2006 年 12 月 |
| 中国书院论坛(第六辑) | 高峰、胡青 | 北京作家出版社 | 2009 年 3 月 |
| 中国反贪史 | 王贵民 | 四川人民出版社 | 2000 年 |
| 中国宁红茶文化 | 罗时万 | 中国文联出版公司 | 1997 年 |
| 中国共产党江西省九江市组织史资料：1925.7~1987.10 | 九江市党史工作办公室 | 新华出版社 | 1993 年 12 月 |
| 中国共产党江西省九江县组织史资料：1925~1987 | 中共九江县委组织部 | 中国文史出版社 | 1991 年 11 月 |
| 中国苏区辞典 | 邵天柱 | 江西人民出版社 | 1998 年 12 月 |
| 中国社会救助体系探索 | 时正新 | 中国社会科学出版社 | 2000 年 |
| 《中国社会福利与社会进步》黄皮书 | 时正新 | 中国文献出版社 | 1998 年 |
| 中国塔文化与九江古塔 | 吴宜先 | 长江出版社 | 2008 年 12 月 |
| 书院中国 | 江堤 | 湖南人民出版社 | 2003 年 |
| 从经验走向科学 | 万金陵 | 北京大学出版社 | 2001 年 12 月 |
| 从蜜月岛反目 | 罗时叙 | 世界知识出版社 | 1999 年 |
| 历程：九江市十一届政协工作剪影 | 政协九江市委员会 | 光明日报出版社 | 2004 年 2 月 |
| 方志敏狱中文稿研究 | 陈忠 | 中国文史出版社 | 2006 年 12 月 |
| 见证：九江抗战图册 | 熊学明 | 作家出版社 | 2005 年 12 月 |
| 邓小平南巡重要讲话学习与研究 | 王剑 | 中国妇女出版社 | 1992 年 |
| 世纪大审判：南京大屠杀日本战犯审判纪实 | 姚辉云 | 北方文艺出版社 | 2007 年 12 月 |
| 世纪之交——中国券商的思考 | 欧阳鹏 | 新华出版社 | 1999 年 |
| 东亚和平与安全 | 陈琪 | 时事出版社 | 2005 年 |
| 他山之石：九江三中班主任学习经验论丛 | 万金陵 | 江西高校出版社 | 2010 年 6 月 |
| 冯任纪念文集 | 九江市党史工作办公室 | 中央文献出版社 | 1997 年 12 月 |
| 卡奴 | 程芬 | 中国文联出版社 | 2009 年 |
| 古瓷鉴定指南 | 吴水存 | 北京燕山出版社 | 1993 年 |
| 古窑瓷片鉴真——景德镇 | 吴水存 | 沈阳万卷出版公司 | 2004 年 |
| 民间问计 | 余海、刘炜红 | 作家出版社 | 2005 年 11 月 |
| 民俗钱币鉴赏 | 张廷 | 辽宁画报出版社 | 2002 年 7 月 |
| 永远的心灯 | 徐春林 | 江西教育出版社 | 2010 年 |
| 永修县志(1985~2000) | 永修县志编纂委员会 | 方志出版社 | 2004 年 11 月 |
| 犯罪学 | 许鹏飞 | 中国政法大学出版社 | 1992 年 |
| 生命的强者：中国当代残疾名人风采录 | 郭世和 | 华夏出版社 | 1997 年 4 月 |
| 生命活水 | 蔡学柯 | 中国文联出版公司 | 2004 年 5 月 |
| 白鹿洞书院 | 李科友、黎华 | 江西美术出版社 | 1995 年 4 月 |
| 白鹿洞书院艺文新志 | 李宁宁、高峰 | 江西人民出版社 | 2007 年 12 月 |
| 白鹿洞书院古志五种 | 朱瑞熙、孙家骅 | 中华书局 | 1995 年 11 月 |

续表(社会科学)

| 书目 | 编(著)者 | 出版单位 | 出版时间 |
|---|---|---|---|
| 白鹿洞书院碑刻摩崖选集 | 孙家骅、李科友 | 北京燕山出版社 | 1994年8月 |
| 石钟山金石录 | 秦华南 | 江西高校出版社 | 2005年10月 |
| 企业文化 | 陈世超 | 西安地图出版社 | 1993年 |
| 众志成城 | 九江市党史工作办公室 | 新华出版社 | 2003年8月 |
| 光辉的旗帜、科学的指南 | 王剑 | 江西人民出版社 | 1994年 |
| 全真教与元曲 | 吴国富 | 江西人民出版社 | 2005年4月 |
| 共大庐山分校 海会师范校志 | 《校志》编纂委员会 | 作家出版社 | 2006年5月 |
| 军队管理基础 | 方桂富 | 解放军出版社 | 1998年 |
| 农村医学教育的研究与实践 | 涂明华 | 人民卫生出版社 | 2008年 |
| 刘锜研究 | 邵天柱 | 新华出版社 | 1997年11月 |
| 名人与东林寺 | 叶平 | 宗教文化出版社 | 1996年4月 |
| 回顾:政协九江市第十二届委员会工作剪影 | 政协九江市委员会 | 光明日报出版社 | 2002年12 |
| 寻庐讲坛(第一辑)(第二辑) | 余海、余玲玲 | 中国社会科学出版社 | 2008年11月 |
| 当代大学生的骄傲 | 罗龙炎、陈忠 | 江西高校出版社 | 1991年 |
| 成败其中 | 陈忠 | 作家出版社 | 2006年6月 |
| 有水一方:倚着码头读九江 | 沈明明,余海 | 作家出版社 | 2010年4月 |
| 朱熹、白鹿洞书院与都昌 | 李润生 | 中国图书出版社 | 2006年12月 |
| 江万里研究文集 | 江万里研究总会 | 中国文联出版社 | 2000年6月 |
| 江西省湖口县第二中学校志 | 余春明 | 中国环境科学出版社 | 2008年11月 |
| “百字过关”现代汉字书写速成训练 | 冷望高 | 21世纪出版社 | 2007年 |
| 许德珩回忆录:为了民主与科学 | 许德珩 | 中国青年出版社 | 2001年1月 |
| 迈向新世纪的社会主义精神文明建设 | 王剑 | 江西人民出版社 | 1996年 |
| 佛语哲思 | 王先霈 | 湖北教育出版社 | 1996年 |
| 初三英语自学指南 | 聂世淦 | 广东高教出版社 | 1996年 |
| 初中英语词典 | 聂世淦 | 希望出版社 | 1996年 |
| 初中英语总复习单元目标检测 | 聂世淦 | 河北教育出版社 | 1995年 |
| 希望之路 | 谈云龙 | 人民日报出版社 | 2005年4月 |
| 我的城市生活 | 吴宜亚 | 花山文艺出版社 | 2002年 |
| 来自长江的报告:沿长江城市开放开发战略研究 | 高尚全、曾国祥 | 改革出版社 | 1996年8月 |
| 求实集 | 董河清 | 中国社会出版社 | 2003年1月 |
| 走进成功 | 梅雨霖 | 中国改革出版社 | 2000年 |
| 邵逸夫全传 | 詹幼鹏 | 天津人民出版社 | 2008年 |
| 陈三立一家与庐山 | 刘经富 | 作家出版社 | 2001年4月 |
| 陈寅恪 | 王子舟 | 湖北人民出版社 | 2002年4月 |
| 和谐之声:九江三中德育工作经验论丛书 | 万金陵 | 江西高校出版社 | 2010年9月 |
| 国史五字咏 | 张绪佑 | 中国文史出版社 | 2002年10月 |
| 委员风采录:中国人民政治协商会议九江市第十一届委员会 | 政协九江市委员会 | 光明日报出版社 | 2002年12月 |

续表(社会科学)

| 书　目 | 编(著)者 | 出版单位 | 出版时间 |
|---|---|---|---|
| 明代江右闻人 | 易宗礼 | 上海社会科学院出版社 | 1993 年 5 月 |
| 武宁县志 | 武宁县志编纂委员会 | 江西人民出版社 | 2009 年 |
| 武警机动队(第一季) | 黄明军 | 文化艺术出版社 | 2008 年 1 月 |
| 法理学 | 时显群 | 重庆大学出版社 | 2002 年 |
| 浅谈初中地理教材编写之管见 | 邹平权 | 中华教育教学文丛 | 1998 年 |
| 炎黄汇典·史籍卷 | 王贵民 | 吉林文史出版社 | 2003 年 |
| 现代干部休养 | 段光东、王树林等 | 江西人民出版社 | 1997 年 |
| 空谷足音 | 魏改生 | 作家出版社 | 2006 年 12 月 |
| 细节决定成败(Ⅰ)(Ⅱ) | 汪中求 | 新华出版社 | 2004 年 2 月 |
| 苦乐其中 | 陈忠 | 百花洲文艺出版社 | 1994 年 12 月 |
| 苦恋血泪 | 何琼崖、陈美芳 | 中国社会出版社 | 1991 年 |
| 青瓷的色泽 | 凌翼 | 中国戏剧出版社 | 2003 年 12 月 |
| 修水县志 | 修水县志编纂委员会 | 海天出版社 | 1991 年 |
| 南京大屠杀 1937 | 姚辉云 | 百花洲文艺出版社 | 2010 年 |
| 律师与公证学 | 时显群 | 重庆大学出版社 | 2003 年 |
| 思想政治总复习指导 | 王瑞云 | 江西人民出版社 | 1994 年 |
| 思想政治教案集 | 王瑞云 | 上海教育出版社 | 1998 年 |
| 政治导读与参考 | 王瑞云 | 江西人民出版社 | 1993 年 |
| 政治学研究学方法指南 | 陈琪 | 北京大学出版社 | 2006 年 |
| 星子文史录 | 查勇云 | 中国文化出版社 | 2010 年 |
| 星子县志(1986~2005) | 星子县志编纂委员会 | 方志出版社 | 2010 年 |
| 浔阳遗踪 | 高平 | 江西人民出版社 | 2006 年 6 月 |
| 浔迹 | 邵尉 | 中国文联出版公司 | 2009 年 8 月 |
| 点击大师的文化基因——庐山新说 | 罗时叙 | 江西人民出版社 | 2007 年 12 月 |
| 研海觅珍 | 熊家海 | 中国广播电视出版社 | 2003 年 4 月 |
| 神韵庐山 | 饶军 | 百花洲文艺出版社 | 2008 年 |
| 穿越时空 | 蔡厚淳 | 中国社会科学出版社 | 2009 年 |
| 穿越时空的追问 | 李桂庚 | 中国新时代出版社 | 2007 年 5 月 |
| 给轻熟女的 160 个忠告 | 潇潇 | 作家出版社 | 2009 年 |
| 耐磨的岁月 | 洪世坤 | 江西教育出版社 | 2007 年 10 月 |
| 健康长寿最佳方法 | 梅楚安等 | 中国社会科学出版社 | 2008 年 8 月 |
| 圆形批评论 | 王先霈 | 华中师范大学出版社 | 1994 年 |
| 圆形批评和圆形思维 | 王先霈 | 陕西师范大学出版社 | 2000 年 |
| 徐宝璜新闻学论集 | 徐宝璜 | 北京大学出版社 | 2008 年 12 月 |
| 柴桑遗珍 | 张廷 | 中国文史出版社 | 2006 年 12 月 |
| “校县共育”综合教育改革理论与实践 | 李彪、张乐天 | 江西高校出版社 | 1997 年 |
| 桑海:这片红土地上五十个春秋 | 金传扬 | 作家出版社 | 2006 年 10 月 |

续表(社会科学)

| 书　目 | 编(著)者 | 出版单位 | 出版时间 |
|---|---|---|---|
| 海校在九江 | 刘为珍 | 作家出版社 | 2009 年 12 月 |
| 烟笼寻庐——近代九江风云录 | 汪建策 | 作家出版社 | 2006 年 4 月 |
| 爱恨其中:方志敏狱中文稿研究 | 陈忠 | 作家出版社 | 2005 年 6 月 |
| 素质教育理论与实践 | 袁银初 | 中国工人出版社 | 2001 年 7 月 |
| 袁世海的艺术道路 | 蒋健兰、刘乃崇 | 中国戏剧出版社 | 1993 年 5 月 |
| 都昌县志 | 都昌县志编修委员会 | 新华出版社 | 1993 年 10 月 |
| 都昌县邮电志 | 都昌县邮电局 | 人民邮电出版社 | 1996 年 8 月 |
| 陶侃研究 | 维墀、清华 | 中国图书出版社 | 2006 年 4 月 |
| 陶渊明与道家文化 | 吴国富 | 江西人民出版社 | 2009 年 8 月 |
| 陶渊明寻阳觅踪 | 吴国富 | 江西人民出版社 | 2008 年 4 月 |
| 陶渊明故里寻阳柴桑考 | 刘为珍 | 中国社会科学出版社 | 2008 年 11 月 |
| 副职领导 ABC | 罗幸泉 | 作家出版社 | 2006 年 1 月 |
| 商西周文化史 | 王贵民 | 上海人民出版社 | 1998 年 |
| 崇儒励学 天下同文:九江同文(儒励)中学校志 | 刘新发 | 江西高校出版社 | 2007 年 10 月 |
| 崛起的赣北 | 孙仁贵 | 人民日报出版社 | 1992 年 3 月 |
| 探索与创新:九江医专教改十年 | 涂明华 | 江西高校出版社 | 1996 年 |
| 教育研究文丛 | 万金陵 | 学苑出版社 | 2003 年 10 月 |
| 教育情 | 袁银初 | 江西教育出版社 | 2008 年 7 月 |
| 教海之韵:九江三中教师科研论丛 | 万金陵 | 江西高校出版社 | 2010 年 9 月 |
| 梦回桃花源:江西古村镇旅游 | 季晓燕等 | 百花洲文艺出版社 | 2009 年 3 月 |
| 职业教育实践 | 郑光华 | 西南财经大学出版社 | 2008 年 4 月 |
| 麻将初步 | 单信阳 | 百花洲文艺出版社 | 1991 年 |
| 黄庭坚 | 陈跃进 | 中国文史出版社 | 2005 年 |
| 彭泽县志(1986~2000) | 彭泽县志编纂委员会 | 江西人民出版社 | 2009 年 6 月 |
| 渣津镇志 | 熊耐久 | 国际炎黄文化出版社 | 2004 年 10 月 |
| 湖口县志 | 湖口县志编纂委员会 | 江西人民出版社 | 1991 年 |
| 湖口县邮电志 | 湖口县邮电局 | 人民邮电出版社 | 1997 年 9 月 |
| 紫禁城的黄昏 | 秦传安 | 中央编译出版社 | 2004 年 |
| 谢叠山大传 | 俞兆鹏 | 江西人民出版社 | 1996 年 8 月 |
| 遏制与绥靖:大国制衡行为研究 | 陈琪 | 陕西人民出版社 | 2004 年 |
| 新发展学 | 高宏鹏 | 蜀蓉棋艺出版社 | 2004 年 5 月 |
| 新成语小辞典 | 陈林森 | 中国文史出版社 | 2006 年 2 月 |
| 源远流长共青城 | 杨行山 | 华夏文艺出版社 | 2010 年 |
| 瑞昌市志(1990~2005) | 瑞昌市志编纂委员会 | 方志出版社 | 2009 年 12 月 |
| 跨世纪的见证 | 洪世坤 | 江西教育出版社 | 2006 年 8 月 |
| 跨级程序作文的仿写与迁移 | 张才刚 | 新华出版社 | 1999 年 |
| 精细化管理 | 汪中求 | 新华出版社 | 2005 年 5 月 |
| 聚焦九江 | 宋小勇 | 中央文献出版社 | 2003 年 8 月 |

续表(社会科学)

| 书　目 | 编(著)者 | 出版单位 | 出版时间 |
|---|---|---|---|
| 鄱阳湖生态经济区开放型经济研究:江西开放型经济2008黄皮书 | 王万山等 | 江西人民出版社 | 2008年12月 |
| 鄱阳湖作证 | 詹玉新 | 中国文联出版社 | 2009年 |
| 鄱阳湖综合开发战略研究 | 黄新建等 | 江西人民出版社 | 2007年11月 |
| 静生生物调查所史稿 | 胡宗刚 | 山东教育出版社 | 2005年10月 |
| 魅力九江:经典导游词 | 卢志鹏 | 经济日报出版社 | 2010年12月 |
| 德安县志 | 德安县志编纂委员会 | 上海古籍出版社 | 1991年 |
| 撩开民国黑幕:报界奇才黄远生见证 | 鲁正葳 | 甘肃民出版社 | 2004年10月 |
| 豫章丛书·浔阳纪事(点校) | 罗龙炎 | 江西教育出版社 | 2002年 |
| 融合 发展 跨越:九江职业大学发展纪实 | 李正茂等 | 江西少年儿童出版社 | 2010年8月 |
| 擦亮你的语言 | 陈林森 | 江西人民出版社 | 2005年11月 |
| 赣文化通志 | 李国强、傅伯言 | 江西教育出版社 | 2004年 |
| 赣北老区岷山情 | 孙朝辉 | 中国文史出版社 | 2009年12月 |
| 赣北革命史话 | 梅时旺、陈光亚 | 中国文史出版社 | 1992年8月 |

## 三、文学艺术

| 书　目 | 编(著)者 | 出版单位 | 出版时间 |
|---|---|---|---|
| 21世纪中国诗坛(2000卷) | 凌翼 | 中国社会出版社 | 2000年12月 |
| 21世纪中国诗坛(2001卷) | 凌翼 | 中国戏剧出版社 | 2002年4月 |
| 一了斋吟草 | 邵天柱 | 作家出版社 | 2004年12月 |
| 一个女医生 | 陈美芳 | 中国文化出版社 | 2010年 |
| 一个中国人的童年 | 蒋彝 | 文化艺术出版社 | 1992年 |
| 九江文学作品精选(1979-1999上、下册) | 王一民 | 百花洲文艺出版社 | 1999年12月 |
| 九江龙舟赛诗词集 | 九江市诗词联学会 | 中国旅游出版社 | 1992年5月 |
| 九江旅游诗词大观 | 九江市诗词联学会 | 作家出版社 | 2004年2月 |
| 人生纵笔 | 刘书胜 | 中国戏剧出版社 | 1999年4月 |
| 人生的足迹 | 吴清汀等 | 百花洲文艺出版社 | 1992年6月 |
| 人生旅途 | 吴清汀 | 中国文联出版社 | 2000年 |
| 人沐春风 | 杜卫东、周祥等 | 作家出版社 | 2005年10月 |
| 人间奇迹 | 吴清汀 | 中国文联出版社 | 2003年7月 |
| 人到动情时 | 刘涛云 | 百花洲文艺出版社 | 1991年4月 |
| 儿时琐忆:一个中国人的童年 | 蒋彝 | 百花洲文艺出版社 | 2005年8月 |
| 万水千山总是情 | 魏朝卿 | 东方文化出版社 | 1993年8月 |
| 三人行 | 曹卫平、于学荣等 | 作家出版社 | 2006年12月 |
| 三三归一 | 彭康 | 作家出版社 | 2006年 |
| 大地的眷恋 | 张仁军 | 百花洲文艺出版社 | 2010年9月 |
| 大洋彼岸的东方智慧 | 田超成 | 中国文联出版社 | 2008年11月 |

续表(文学艺术)

| 书　目 | 编(著)者 | 出版单位 | 出版时间 |
|---|---|---|---|
| 小河淌水 | 杜少华 | 作家出版社 | 2006 年 |
| 小溪与土地 | 郃绍周 | 广西民族出版社 | 1994 年 |
| 山乡留韵 | 崔廷钊 | 文联出版社 | 2007 年 |
| 山吟 | 刘章高 | 大众文艺出版社 | 2009 年 8 月 |
| 山村·山鼓·山歌 | 陈琴 | 文化艺术出版社 | 2005 年 |
| 川殇画记 | 罗龙炎 | 江西人民出版社 | 2009 年 |
| 中国古典文艺论丛 | 梅俊道 | 中国文史出版社 | 2004 年 |
| 中国当代画梅名家傅梅影精品典藏 | 傅梅影 | 天津人民美术出版社 | 2009 年 9 月 |
| 中国实力派书画家:严晴瑞书画集 | 严晴瑞 | 中国社会出版社 | 2000 年 8 月 |
| 中国魅力城市:九江 | 吴清汀 | 新华出版社 | 2005 年 12 月 |
| 《书法格式图解》《行书学专用》 | 崔廷瑶 | 江西美术出版社 | 2000 年 |
| 五叶集 | 严伟初 | 大中华出版社 | 2010 年 |
| 五百罗汉图 | 庐山博物馆 | 文物出版社 | 1996 年 |
| 五洲留痕 | 蒋彝 | 商务印书馆 | 2007 年 11 月 |
| 午夜听雨 | 欧阳华 | 中国文联出版社 | 2002 年 |
| 历代咏梅诗词精华 | 傅梅影主编 | 百花洲文艺出版社 | 2010 年 |
| 历年庐山书画赏析 | 陈传席、陶勇清 | 江西美术出版社 | 2010 年 |
| 天山佳话 | 夏小元 | 百花洲文艺出版社 | 2006 年 |
| 天王 | 张一瑛 | 百花洲文艺出版社 | 1997 年 |
| 天平 | 石磊 | 百花洲文艺出版社 | 1997 年 |
| 天道皇皇 | 吴清汀 | 中国文联出版社 | 2001 年 8 月 |
| 少年子弟江湖老 | 陈迟 | 黄河出版社 | 1996 年 10 月 |
| 心中的世界 | 吴清汀等 | 百花洲文艺出版社 | 1991 年 11 月 |
| 心灵短笛 | 罗幸泉 | 中国文联出版社 | 2010 年 5 月 |
| 心路弯弯 | 明然 | 作家出版社 | 2007 年 |
| 心影 | 周韬 | 作家出版社 | 2006 年 5 月 |
| 文言文直译探真 | 曾国祥 | 北京知识出版社 | 1993 年 |
| 文言纵横举要 | 赵国宪、戴建华等 | 知识出版社 | 1993 年 |
| 文学批评术语辞典 | 王先霈 | 上海文艺出版社 | 1999 年 |
| 无人喝彩 | 翁还童 | 作家出版社 | 2006 年 |
| 无花果 | 张绪佑 | 作家出版社 | 2006 年 5 月 |
| 无雪的冬至 | 吴从垠 | 人民日报出版社 | 2001 年 |
| 无意抒情 | 石红许 | 中国戏剧出版社 | 2006 年 7 月 |
| 无影剑 | 江纹 | 中国文联出版社 | 2005 年 |
| 日子茫茫 | 林德元 | 内蒙古人民出版社 | 2010 年 7 月 |
| 日出苍山 | 叶绍荣 | 百花洲文艺出版社 | 1993 年 |
| 月涌大江流 | 丁江涌 | 百花洲文艺出版社 | 2010 年 4 月 |

续表(文学艺术)

| 书 目 | 编(著)者 | 出版单位 | 出版时间 |
|---|---|---|---|
| 月落乌啼 | 李志强 | 作家出版社 | 2006 年 |
| 气节如虹 | 李奋程、沈师 | 百花洲文艺出版社 | 2000 年 6 月 |
| 父亲的船歌 | 余国振 | 百花洲文艺出版社 | 1996 年 10 月 |
| 长长的记忆 | 颜运策 | 作家出版社 | 2006 年 12 月 |
| 长河丰碑 | 吴清汀、李志川等 | 人民文学出版社 | 1995 年 4 月 |
| 长城作证 | 吴清汀 | 百花洲文艺出版社 | 1992 年 10 月 |
| 风卷残云 | 彭康 | 中国文联出版社 | 2003 年 |
| 风韵忆吟集 | 杨玉林、孟国鸿 | 作家出版社 | 2006 年 3 月 |
| 世纪大水 | 赵青 | 江西美术出版社 | 1998 年 12 月 |
| 东林寺 | 孔祥云、慧日等 | 江西美术出版社 | 2001 年 |
| 以诗的名义 | 雁飞 | 大众文艺出版社 | 2007 年 |
| 冬日阳光之书 | 石买生 | 中国文联出版社 | 2005 年 |
| 半坡茶园 | 铁马 | 中国戏剧出版社 | 2006 年 |
| 古典文学论丛 | 梅俊道 | 中国文史出版社 | 2004 年 8 月 |
| 可爱的都昌 | 邵天柱 | 江西人民出版社 | 1992 年 8 月 |
| 四季烟云 | 张凤翥 | 作家出版社 | 2006 年 |
| 圣殿昙花 | 宋渭 | 作家出版社 | 2006 年 |
| 未见面的女友 | 梅楚安 | 中国文联出版公司 | 2005 年 10 月 |
| 未被遗忘 | 许涛 | 作家出版社 | 2007 年 |
| 本草百味诗画 | 陈光来 | 江西美术出版社 | 2010 年 |
| 母亲的歌 | 张绪佑 | 华侨出版社 | 1991 年 |
| 永恒的情愫 | 刘茂盛 | 中华国际出版集团 | 2009 年 |
| 汉川诗文选 | 熊汉川 | 作家出版社 | 2005 年 9 月 |
| 玉阶梅的诗 | 梅曙平 | 江西人民出版社 | 2010 年 |
| 生命的菊香 | 周庆云 | 作家出版社 | 2009 年 |
| 白手帕 | 林德元 | 作家出版社 | 2004 年 |
| 白居易诗集校注 | 谢思炜 | 中华书局 | 2006 年 7 月 |
| 纠葛 | 陈跃进 | 作家出版社 | 2008 年 |
| 饥饿的芦苇 | 杨振雩 | 中国文联出版社 | 2002 年 7 月 |
| 龙韵悠长 | 闵杨雄 | 中国文联出版社 | 2003 年 8 月 |
| 伊甸园的玫瑰 | 余国振 | 作家出版社 | 2004 年 8 月 |
| 创园鄱阳湖 | 魏春明 | 中国文联出版公司 | 2009 年 12 月 |
| 匡庐奇秀 | 魏春明 | 中国社会出版社 | 2004 年 11 月 |
| 匡庐恋歌 | 姚辉云 | 中国文联出版社 | 2003 年 2 月 |
| 匡庐寄情 | 胡业清 | 中国作家出版社 | 2009 年 9 月 |
| 匡庐情思 | 姚辉云 | 百花洲文艺出版社 | 1998 年 |

续表(文学艺术)

| 书目 | 编(著)者 | 出版单位 | 出版时间 |
|---|---|---|---|
| 匡庐短笛 | 张勇 | 中华工商联合出版社 | 1997年12月 |
| 名人咏九江 | 九江市政协文史委员会 | 江西人民出版社 | 2009年2月 |
| 后土 | 韩魏年 | 百花洲出版社 | 2004年 |
| 在小河那边 | 原野 | 作家出版社 | 2004年 |
| 在蔚蓝之间 | 吴文峰 | 广西民族出版社 | 1994年9月 |
| 多维视角下的鲁迅论稿 | 李彪 | 中国文史出版社 | 2008年 |
| 守望田园 | 魏宗谦 | 中国广播出版社 | 1996 |
| 岁月留痕 | 李廷楷 | 中国文联出版公司 | 2003年9月 |
| 岁火 | 杨喜平 | 作家出版社 | 2006年 |
| 年轻的梧桐 | 林德元 | 江西百花洲文艺出版社 | 1992年 |
| 异星少年 | 黄勇华 | 中国文联出版社 | 2003年 |
| 当代中国书画名家大典(一)(二) | 梅楚安 | 中国文联出版公司 | 2009年10月 |
| 当代武宁人诗选 | 刘鸣和 | 江西人民出版社 | 1996年 |
| 早春三月 | 邱林 | 作家出版社 | 2008年 |
| 早春的田园 | 吴清汀 | 中国文联出版社 | 2002年12月 |
| 江西竹枝词 | 孔煜华、孔煜宸 | 学苑出版社 | 2008年9月 |
| 百代风骚 | 廖平东 | 作家出版社 | 2007年 |
| 百年一搏 | 吴清汀 | 江西人民出版社 | 1997年7月 |
| 竹娘 | 龚清华 | 作家出版社 | 2005年12月 |
| 红尘论 | 罗龙炎、王雅清 | 中国文联出版公司 | 2003年5月 |
| 红船 | 詹幼鹏 | 大众文艺出版社 | 2009年 |
| 老土少年 | 张绪佑 | 中国文联出版社 | 2008年11月 |
| 老石诗词 | 黄友富 | 作家出版社 | 2006年6月 |
| 芗草青青 | 明然 | 大众文艺出版社 | 2009年 |
| 血路吟 | 杨子衡 | 作家出版社 | 2006年6月 |
| 西河戏 | 朱贵涛 | 中华诗词出版社 | 2010年 |
| 西窗之恋 | 严伟初 | 广州出版社 | 1994年 |
| 论诗与学诗 | 聂云从 | 中国文联出版社 | 2003年5月 |
| 那山·那人·那情 | 沈师 | 中国文联出版公司 | 2002年12月 |
| 齐贤斋诗词 | 聂云从 | 中国文化出版社 | 2008年2月 |
| 齐贤斋诗词续集 | 聂云从 | 中国文化出版社 | 2010年 |
| 余隆禧音乐作品选 | 余隆禧 | 中国文联出版公司 | 2005年5月 |
| 冷望高书画印作品集 | 冷望高 | 北京现代出版社 | 2007年 |
| 别样诗画情:江西古桥塔旅游 | 朱林、刘飞华 | 百花洲文艺出版社 | 2009年3月 |
| 吴小京速写集 | 吴小京 | 中国社会出版社 | 2000年8月 |
| 吴立书法作品集 | 吴立 | 深圳出版发行集团 | 2010年5月 |
| 吻遍神州 | 廖平东 | 作家出版社 | 2006年 |

续表(文学艺术)

| 书 目 | 编(著)者 | 出版单位 | 出版时间 |
|---|---|---|---|
| 宋跃林水彩画作品选 | 宋跃林 | 华夏文艺出版社 | 2008 年 |
| “庐山风光”夏梅生水彩画专集 | 夏梅生 | 江西美术出版社 | 1998 年 |
| 娱晚斋吟草 | 詹志英 | 中国文史出版社 | 2002 年 |
| 我的山歌牛毛多 | 徐嘉琪 | 中国文联出版社 | 2006 年 6 月 |
| 我的格言 | 刘泰初 | 中国文联出版社 | 2004 年 |
| 我是杂种 | 吴利军 | 中国文联出版社 | 2004 年 |
| 抗洪精神的浩歌 | 蔡勋 | 作家出版社 | 2004 年 2 月 |
| 抚摸青春 | 钟新强 | 作家出版社 | 2006 年 |
| 时代新声 | 蔡学柯 | 珠江文艺出版社 | 2009 年 12 月 |
| 李杏水彩作品精选 | 李杏 | 人民美术出版社 | 2000 年 |
| 杜宣文集(1~8 卷) | 杜宣 | 上海文艺出版社 | 2004 年 1 月 |
| 来自桃花源 | 蔡勋、罗会珊等 | 中国文联出版社 | 2007 年 1 月 |
| 杨柳依依 | 马绍发 | 中国文联出版社 | 2002 年 |
| 求索集 | 欧阳毛荣 | 中国文联出版公司 | 2004 年 12 月 |
| 沉静的山歌 | 朱法元 | 百花洲文艺出版社 | 2009 年 10 月 |
| 灵犀小唱:蔡若虹诗词集续集 | 蔡若虹 | 大众文艺出版社 | 1997 年 9 月 |
| 灵魂之羽 | 冷克明 | 百花洲文艺出版社 | 1998 年 |
| 肖士太故事集 | 肖士太 | 上海人民出版社 | 2000 年 |
| 芦花飘絮 | 沈师 | 中国文联出版社 | 2001 年 9 月 |
| 芳草梦 | 杜宣 | 人民文学出版社 | 1994 年 |
| 芳湖滩的男人和女人 | 罗龙炎 | 江西人民出版社 | 1998 年 |
| 芸斋集 | 欧阳一知 | 北京图书出版社 | 2002 年 |
| 苍生野史 | 叶绍荣 | 百花洲文艺出版社 | 1999 年 |
| 苍茫 | 严伟初 | 作家出版社 | 2005 年 |
| 赤脚天堂 | 蔡若虹 | 湖南美术出版社 | 2000 年 4 月 |
| 走吧,张小砚 | 张小砚 | 文化艺术出版社 | 2010 年 |
| 走进桃花源 | 刘为珍 | 作家出版社 | 2006 年 10 月 |
| 身边的风景 | 刘枫 | 大众文艺出版社 | 2009 年 |
| 闲斋秋韵 | 杨国凡 | 作家出版社 | 2006 年 10 月 |
| 陈尚秋书画作品选 | 陈尚秋 | 江西美术出版社 | 2010 年 5 月 |
| 单飞儿童漫画选 | 单飞 | 内蒙古人民出版社 | 2006 年 12 月 |
| 孤儿梦 | 邱才豪 | 作家出版社 | 2006 年 |
| 征帆点点 | 杜卫东、周祥等 | 作家出版社 | 2005 年 10 月 |
| 怡斋吟草 | 段德虞 | 中华诗词出版社 | 2008 年 2 月 |
| 抱璞悠歌 | 邓君安 | 哈尔滨工业大学出版社 | 2008 年 3 月 |
| 明媚的忧伤 | 骆飞 | 中国文联出版社 | 2005 年 |
| 松风集 | 欧阳毛荣 | 作家出版社 | 2008 年 2 月 |
| 林美岚画集 | 林美岚 | 江西美术出版社 | 2010 年 |

续表(文学艺术)

| 书　目 | 编(著)者 | 出版单位 | 出版时间 |
|---|---|---|---|
| 枫韵集 | 刘枫 | 作家出版社 | 2006 年 |
| 欧阳德作品选集 | 欧阳德 | 作家出版社 | 2006 年 |
| 苦旅驼铃 | 廖平东 | 作家出版社 | 2005 年 |
| 诗论漫笔 | 高朝先 | 中国文联出版社 | 2010 年 |
| 诗词修辞 | 吴云楠 | 中华诗词出版社 | 2008 年 |
| 金陵血泪 | 姚辉云 | 百花洲文艺出版社 | 1998 年 9 月 |
| 隶书学与用 | 崔廷瑶 | 江西美术出版社 | 2006 年 |
| 剑萧情 | 程林森 | 内蒙古文艺出版社 | 1991 年 |
| 南风集 | 周庆云 | 中国文联出版社 | 2007 年 |
| 南堤诗草 | 吴俊 | 中国文联出版社 | 2001 年 |
| 故乡记事 | 朱贵平 | 国际文化出版公司 | 1998 年 |
| 故园之恋 | 蔡勋 | 中国文联出版公司 | 2003 年 11 月 |
| 星子诗词手选 | 刘其昌 | 中华诗词出版社 | 2008 年 |
| 星子泉韵 | 程湘达 | 百花洲文艺出版社 | 2007 年 9 月 |
| 昨日的花朵——蔡若虹漫画集 | 蔡若虹 | 北京西苑出版社 | 2003 年 |
| 枯荷集 | 吴德冠 | 作家出版社 | 2006 年 |
| 柘林湖旅游便览 | 孔祥云 | 江西美术出版社 | 2001 年 |
| 洒向旅途尽是情 | 陈泽富 | 中国文联出版社 | 2003 年 8 月 |
| 点亮岁月 | 卢长才 | 中国文联出版公司 | 2003 年 7 月 |
| 独白与呓语 | 王文轸 | 作家出版社 | 2008 年 7 月 |
| 神仙寨 | 张一瑛 | 作家出版社 | 2006 年 |
| 秋之感 | 严伟初 | 成都出版社 | 1995 年 |
| 秋色入湖山 | 景玉川 | 百花洲文艺出版社 | 2001 年 |
| 绝句三百首 | 匡金华 | 中国文史出版社 | 2006 年 |
| 草书学与用 | 崔廷瑶 | 江西美术出版社 | 2006 年 |
| 荒滩篝火 | 冷克明 | 哈尔滨出版社 | 1990 年 8 月 |
| 诱惑 | 沈师 | 作家出版社 | 2004 年 |
| 追求 | 吴清汀 | 作家出版社 | 2009 年 8 月 |
| 追梦之歌:九江三中学生文丛 | 万金陵 | 江西高校出版社 | 2010 年 9 月 |
| 面壁斋稿存 | 唐厚纯 | 中国文史出版社 | 2010 年 1 月 |
| 音乐之旅 | 施浩 | 东方文化出版社 | 1992 年 |
| 香涧虹影 | 余春明 | 中国文联出版社 | 2007 年 |
| 兼容的情感 | 孔东明 | 中国文联出版社 | 2002 年 |
| 凌翼诗选 | 凌翼 | 中国文联出版社 | 2000 年 6 月 |
| 夏都绘影 | 姚雪雪 | 江西人民出版社 | 2004 年 8 月 |
| 峨眉诗词选抄 | 黄庆易 | 中国文联出版社 | 2007 年 |
| 徐隆凤书法 | 徐隆凤 | 华夏文艺出版社 | 2005 年 |
| 旅之恋 | 魏朝卿 | 中华工商联合出版社 | 1997 年 8 月 |

续表(文学艺术)

| 书　目 | 编(著)者 | 出版单位 | 出版时间 |
|---|---|---|---|
| 桑榆吟 | 黄庆易 | 作家出版社 | 2006年12月 |
| 流风联韵 | 刘一枫 | 中国文联出版社 | 2006年 |
| 浪花集 | 曹铁初 | 中国文联出版社 | 2005年 |
| 浮生剪影 | 程鹏 | 中国文联出版社 | 2008年8月 |
| 润身诗草 | 石道达 | 作家出版社 | 2005年 |
| 烟水亭 | 吴清汀 | 江西美术出版社 | 1996年6月 |
| 爱的天空 | 余春明 | 中华诗词出版社 | 2009年6月 |
| 爱情曾经来过 | 刘芙蓉 | 大众文艺出版社 | 2010年 |
| 秘密出兵 | 梅孝斌 | 中国文联出版社 | 2010年 |
| 笔缘声情 | 周振华 | 光明日报出版社 | 2006年9月 |
| 笔墨留痕 | 曹明政 | 作家出版社 | 2009年 |
| 都昌三黄诗文集 | 黄锡朋等 | 作家出版社 | 2003年12月 |
| 悠悠岁月情 | 罗幸泉 | 中国文联出版社 | 2007年5月 |
| 悠悠梦回 | 严伟初 | 黑龙江出版社 | 1996年 |
| 情诗三百首 | 刘堂春 | 中国文史出版社 | 2006年 |
| 旌阳山人绝句三百首 | 匡金华 | 中国文史出版社 | 2006年 |
| 晨曦中的辉煌 | 吴清汀 | 百花洲文艺出版社 | 1992年 |
| 梦萦桃花源 | 胡昕 | 作家出版社 | 2010年7月 |
| 深深的桃坞 | 戴启棠 | 百花洲文艺出版社 | 1997年 |
| 清箫吟 | 周吉潭 | 中国文联出版社 | 2004年3月 |
| 渊明故里好风光 | 陶勇清 | 江西美术出版社 | 2007年 |
| 渊明故里好风光:庐山星子风景话题 | 景玉川、左联军 | 江西人民出版社 | 2007年6月 |
| 猫眼 | 沈师 | 作家出版社 | 2006年 |
| 甜枣苦枣 | 铁马 | 中国文联出版社 | 2005年 |
| 第二届阳鄱阳湖杯全国书法大奖赛获奖作品集 | 吴德胜、曹端阳 | 作家出版社 | 2006年12月 |
| 雪凝轩文集 | 董晋 | 百花洲文艺出版社 | 1997年 |
| 黄龙山人夜话 | 卢象贤 | 作家出版社 | 2005年 |
| 黄龙山人七律 | 卢象贤 | 书目文献出版社 | 2006年5月 |
| 黄龙山人小说 | 卢象贤 | 作家出版社 | 2005年8月 |
| 黄龙山人自由诗 | 卢象贤 | 中国文联出版社 | 2006年12月 |
| 黄庭坚诗歌传播与接受研究 | 邱美琼 | 江西人民出版社 | 2009年9月 |
| 傅梅影国画选集 | 傅梅影 | 中国画报出版公司 | 1995年6月 |
| 傅梅影画集 | 傅梅影 | 人民美术出版社 | 1991年 |
| 博河之韵 | 张学英 | 江西人民出版社 | 2010年 |
| 啼笑人生 | 余春明 | 中国环境科学出版社 | 2008年11月 |
| 喋血淞沪 | 詹谷丰 | 广西师范大学出版社 | 2009年 |
| 斯山 | 黄大明 | 作家出版社 | 2005年 |
| 湖口青阳腔 | 刘春江、陈建军 | 江西人民出版社 | 2008年4月 |
| 湖曲露痕集 | 江五科 | 作家出版社 | 2005年12月 |

续表(文学艺术)

| 书　目 | 编(著)者 | 出版单位 | 出版时间 |
|---|---|---|---|
| 湖浪回声 | 赵璧 | 中国文联出版社 | 2008 年 |
| 琴台故径 | 严伟初 | 中国文联出版社 | 1999 年 |
| 疏芜集 | 周优华 | 金陵书社 | 2005 年 |
| 疏荒斋诗存 | 何笑天 | 名家出版社 | 2007 年 6 月 |
| 短笛无腔·老机关旧札 | 梅雨霖 | 华泰出版社 | 1999 年 |
| 等你在梦里 | 卢当应 | 作家出版社 | 2003 年 |
| 隔心相印 | 陈忠 | 作家出版社 | 2008 年 3 月 |
| 隔海问答 | 陈忠 | 作家出版社 | 2004 年 12 月 |
| 隔阔相思 | 陈忠 | 大众文艺出版社 | 2009 年 4 月 |
| 雁湖 | 罗会珊 | 作家出版社 | 2010 年 |
| 鲁迅悲剧艺术论稿 | 李彪 | 南京大学出版社 | 1993 年 |
| 黑或者白 | 石君贵 | 青海人民出版社 | 2009 年 |
| 催云追月 | 吴清汀 | 中国文联出版社 | 2004 年 2 月 |
| 搏击人生 | 吴清汀等 | 人民文学出版社 | 1993 年 7 月 |
| 新绿如蓝 | 柳新民 | 作家出版社 | 2005 年 10 月 |
| 歌曲集 | 傅梅影、马可等 | 中国文联出版社 | 2005 年 11 月 |
| 溪水啊溪水 | 景玉川 | 作家出版社 | 2004 年 |
| 瑞昌采茶戏唱腔选编 | 范荣芳 | 珠江文艺出版社 | 2006 年 |
| 瑞昌剪纸 | 冯隆梅、冯亚兵 | 江西人民出版社 | 2009 年 8 月 |
| �楼稿存 | 刘正华 | 作家出版社 | 2005 年 |
| 腼腆 | 何伟征 | 华泰出版社 | 2004 年 |
| 蓝色部落 | 罗幸泉 | 海潮出版社 | 2007 年 8 月 |
| 赖显生曲艺作品集 | 赖显生 | 中国戏剧出版社 | 2007 年 |
| 酱紫色的白马河 | 刘茂盛 | 百花洲文艺出版社 | 1996 年 |
| 魂萦梦绕唱湖山 | 董晋 | 作家出版社 | 2005 年 12 月 |
| 漂流的村庄 | 李志川 | 百花洲文艺出版社 | 1994 年 |
| 漳州女人 | 彭戈、陈新 | 中国文联出版社 | 2007 年 |
| 箫声悠悠 | 张绪佑 | 百花洲文艺出版社 | 1999 年 |
| 蔡若虹文集 | 蔡若虹 | 人民美术出版社 | 1995 年 5 月 |
| 鄱湖三友书法展览作品集 | 黄阿六、吴德胜、曹端阳 | 华夏文艺出版社 | 2007 年 9 月 |
| 鄱湖浪石集 | 余正新 | 作家出版社 | 2006 年 1 月 |
| 鄱湖魂 | 董晋 | 江西高校出版社 | 2009 年 6 月 |
| 潮涨潮落 | 罗幸泉 | 作家出版社 | 2010 年 9 月 |
| 飘逝的蓝眼睛 | 柴燕 | 中国文联出版社 | 2002 年 12 月 |
| 濂溪风 | 游华新 | 作家出版社 | 2002 年 6 月 |
| 濒湖幽草 | 李伟群 | 中华诗词出版社 | 2008 年 |
| 畷城集 | 朱瑞熙 | 华东师范大学出版社 | 2001 年 9 月 |
| 蠡水深处 | 明然 | 中国国际广播音像出版社 | 2008 年 |

# 主题索引

说明：

一、本索引的范围为本志的正文，标目由全志的篇、章、节、目和子目标题即局部主题组成，未从正文提取主题因素。

二、条目按汉语拼音字母顺序排列，首字相同的标目按第二字音序排列，以此类推。

三、阿拉伯数字和英文字母开头的标目以“其他”为栏目单列于最后。

【G】

【H】

【T】

# 人名索引

说明：

一、本索引的范围为本志的专记和正文，标目由所选取的社会各领域优秀人物的人名组成（不含《人物》篇第三章“人物表”中人名）。

二、条目按汉语拼音字母顺序排列，首字相同的标目按第二字音序排列，以此类推。

# 图表索引

说明：

一、本索引的范围为本志的正文，标目由正文中的图和表格组成。

二、条目按图和表格在志书中的编号顺序分别为序。

三、图表编号依据为：篇–章–流水号，例如：图 2–3–1 表示第二篇第三章的第一个图；表 1–1–1 表示第一篇第一章的第一个表格。

# 《九江市志》(1991~2010)各卷主要撰稿、编辑人名单

| 篇　名 | 承编单位 | 主要撰稿人 | 编 辑 人 |
| --- | --- | --- | --- |
| 图照 | 史志办 | 各单位 | 刘浔豫 |
| 总述 | 史志办 | 胡国斌 | 谢桂芳、邵天柱 |
| 大事记 | 史志办 | 熊学明 | 熊学明 |
| 专记 | 史志办、九江学院、武宁县志办 | 陈泽富、汪浩、陈修宁 | 汪明、邵天柱 |
| 第一篇　行政区划 | 民政局、浔阳区政府、庐山区政府、瑞昌市政府、修水县政府、武宁县政府、九江县政府、德安县政府、永修县政府、星子县政府、湖口县政府、彭泽县政府、都昌县政府、共青城市政府 | 扶有根、扶松华、杨小岛、胡茂盛、李四军、郑双虎、张树华、郭任初、陈汉铭、陈峰、周荣美、周骥、程芬、汪官金 | 李学忠、邵天柱、郭国胜 |
| 第二篇　自然环境 | 国土局、水文局、农工部、农业局、林业局、气象局、赣西北地质大队、水利局 | 王义枝、李辉程、帅锦耀、江斌、曹华鹏、刘相弟、王以丁、熊光宙 | 邱赤滨、郭国胜 |
| 第三篇　庐山 | 庐山风景名胜区管理局 | 陈乐斌、郭宏达、崔若林 | 崔若林 |
| 第四篇　自然测报 | 气象局、水文局、地震台 | 刘相弟、李辉程、曾庆平 | 邱赤滨、郭国胜 |
| 第五篇　国土资源管理 | 国土局 | 王义枝 | 邱赤滨、郭国胜 |
| 第六篇　人口 | 统计局、公安局、计生委 | 罗嗣德、刘模群、柯尝青 | 邱赤滨、郭国胜、邵天柱 |
| 第七篇　城乡建设 | 建设规划局 | 周启鑫 | 唐坚、邵天柱 |
| 第八篇　城市管理 | 行政执法局 | 郑树军 | 唐坚、邵天柱 |
| 第九篇　环境保护 | 环保局 | 石勇 | 郭国胜 |
| 第十篇　交通运输 | 交通运输局、高速路政支队、公路局、长江大桥公路桥管理局、南铁九江车务段、南铁九江桥工段、中铁大桥局七公司、中铁四局五公司、九江石化、九江电厂、九江机场公司 | 叶勇、胡鹏、冯国辉、万鹏、徐友胜、李国霖、魏芳、熊永祥、周立兵、胡建军、杨晓春 | 胡荣彬、邵天柱 |
| 第十一篇　港口 | 港口管理局(港口集团公司)、长江九江航道管理处、交通运输局、地方海事局、九江海事局、中国船级社九江办事处 | 陶运光、曹国友、余昭林、周玉平、钟军、潘小明 | 胡荣彬、邵天柱 |
| 第十二篇　口岸 | 口岸办、214码头、港口管理局、九江海关、出入境检验检疫局、九江海事局、九江边检站 | 习晓灵、朱金生、陶运光、付秀勇、张振平、钟军、万林 | 朱小试、邵天柱 |
| 第十三篇　邮政电信 | 邮政局、电信公司、移动公司、联通公司 | 张瑛、任祥兴、汪程、梅秋霞 | 胡荣彬、邵天柱 |
| 第十四篇　电力 | 发改委、九江发电厂、柘林水电公司、中电投江西新能源发电有限公司、中电投江西核电有限公司、供电公司 | 熊传启、胡建军、陈学念、谢军、张芝雄、曹宇 | 唐坚、邵天柱 |
| 第十五篇　房地产 | 房产局 | 喻阳 | 唐坚、邵天柱 |
| 第十六篇　农业 | 农工部、农业局 | 帅锦耀、江斌 | 李学忠、邵天柱 |
| 第十七篇　林业 | 林业局 | 熊修恂 | 李学忠、邵天柱 |
| 第十八篇　渔业 | 农业局 | 卢象贤、陈里林、刘金炉、闵汉荣 | 李学忠、邵天柱 |

| 篇　名 | 承编单位 | 主要撰稿人 | 编辑人 |
|---|---|---|---|
| 第十九篇　水利 | 水利局 | 熊光宙 | 邱赤滨、邵天柱 |
| 第二十篇　石油化工业 | 九江石化 | 周立兵 | 邵天柱 |
| 第二十一篇　有机硅化工业 | 星火有机硅厂 | 蒋赣生 | 邵天柱 |
| 第二十二篇　轻化工业 | 轻化集团 | 胡宏林 | 邵天柱 |
| 第二十三篇　纺织羽绒业 | 纺织集团 | 郑光中 | 邵天柱 |
| 第二十四篇　船舶汽车制造业 | 船舶工业公司、江西昌河铃木汽车有限公司 | 黄斌、盛乐亮 | 邵天柱 |
| 第二十五篇　建材业 | 建材集团、五七二七厂 | 吴勇江、刘运山 | 邵天柱 |
| 第二十六篇　机械电子业 | 机电集团、同方电子 | 杨正国、张永兵 | 邵天柱 |
| 第二十七篇　冶金煤炭业 | 冶煤集团、核工二六七、806厂 | 周锋、黄关印、王冠东 | 唐坚、邵天柱 |
| 第二十八篇　工业管理与园区建设 | 工信委、九江经济技术开发区管委会、浔阳区政府、庐山区政府、瑞昌市政府、修水县政府、武宁县政府、九江县政府、德安县政府、永修县政府、星子县政府、湖口县政府、彭泽县政府、都昌县政府、共青城市政府 | 陈桂花、龚晓军、扶松华、杨小岛、胡茂盛、李四军、郑双虎、张树华、郭任初、陈汉铭、陈峰、周荣美、周骥、刘炳荣、江官金 | 邵天柱 |
| 第二十九篇　商贸供销业 | 商管办、石油公司、供销社、物资集团、医药公司、商务局、盐务局、烟草公司 | 胡平国、黄问潮、杨晅、江明安、张兴来、朱小试、王文、涂安楠 | 朱小试、邵天柱 |
| 第三十篇　生活服务业 | 商管办、工商局、公安局 | 胡平国、胡涛、刘模群、崔若林 | 崔若林、邵天柱 |
| 第三十一篇　粮油业 | 粮食局 | 方恒生 | 朱小试、邵天柱 |
| 第三十二篇　旅游业 | 旅游局 | 卢大喜 | 邱赤滨、邵天柱 |
| 第三十三篇　经济综合 | 统计局、发改委 | 罗嗣德、钱汇宏 | 崔若林、邵天柱 |
| 第三十四篇　招商引资 | 商务局 | 朱小试 | 邵天柱 |
| 第三十五篇　财政 | 财政局、国资委 | 黎咏华、胡琦 | 邵天柱 |
| 第三十六篇　税务 | 国税局、地税局 | 徐志成、汪华春 | 崔若林、邵天柱 |
| 第三十七篇　金融 | 人民银行、银监局、保险行业协会、国泰君安证券公司 | 张庆、张汉雄、王圣发、鄢嫣 | 闵正国、邵天柱 |
| 第三十八篇　物价 | 物价局 | 夏尚泰 | 崔若林、邵天柱 |
| 第三十九篇　统计 | 统计局、国家统计局九江调查队 | 罗嗣德、欧阳琴 | 崔若林、邵天柱 |
| 第四十篇　审计 | 审计局 | 王淼礼 | 崔若林、邵天柱 |
| 第四十一篇　工商行政管理 | 工商局 | 胡涛 | 郭国胜、邵天柱 |
| 第四十二篇　质量技术监督 | 质监局 | 胡晓华 | 梁建荣、邵天柱 |
| 第四十三篇　中共九江市组织 | 市委办、纪委、组织部、机关工委、老干局、宣传部、统战部、台办、农工部、政法委、政研室、党校、信访局、接待办 | 周洪斌、冷军、胡胃东、周雷、朱巨耀、曾伍根、朱洪元、曹海、帅锦耀、邵晖昕、黎峰林、欧阳志政、张勋凯、李堉鑫 | 闵正国、汪明、邵天柱 |
| 第四十四篇　地方人民代表大会 | 市人大办 | 刘明洋 | 邵天柱、汪明 |

| 篇　名 | 承编单位 | 主要撰稿人 | 编辑人 |
|---|---|---|---|
| 第四十五篇　地方人民政府 | 市政府办、无线电管理局、法制办、信息办、外事侨务办、行政服务中心 | 丁联洪、李金城、吴艳萍、汪庆华、周晖、余著海 | 汪明、邵天柱 |
| 第四十六篇　政治协商会议 | 市政协办 | 袁苏 | 汪明 |
| 第四十七篇　检察 | 检察院 | 徐腊姣、詹友春、杨宝兵、朱锋 | 邱赤滨、汪明 |
| 第四十八篇　审判 | 中级人民法院 | 李细水、陈景华、徐先晓、孟李玲 | 邱赤滨、汪明 |
| 第四十九篇　体制改革 | 市委办、市政府办、编办、人社局、发改委、农工部、国资委、商管办、房产局、教育局、科技局、文新局、卫生局、 | 周洪斌、丁联洪、张琳、张广军、钱汇宏、帅锦耀、胡琦、胡平国、喻阳、袁银初、杨东火、陶金林、钟杰 | 梁建荣、汪明 |
| 第五十篇　民主党派工商联 | 民革市委会、民盟市委会、民建市委会、民进市委会、农工党市委会、九三学社市委会、市工商联市委会 | 张华良、冯永秦、刘强、高平、支园平、王菁菁、王吉祥 | 汪明 |
| 第五十一篇　人民团体 | 总工会、团市委、妇联、社联、科协、文联、残联、侨联、红十字会 | 钟祥光、廖德明、熊燕、吕文妍、许保均、蔡勋、邱赤滨、刘金华、徐报 | 汪明 |
| 第五十二篇　公安 | 公安局、消防支队、武警支队 | 张绍华、徐志文、范文明 | 邱赤滨、汪明 |
| 第五十三篇　司法行政 | 司法局 | 钟履钊 | 邱赤滨、汪明 |
| 第五十四篇　武装 | 军分区、人防办 | 吴焕生、蔡报晖 | 邵天柱、汪明 |
| 第五十五篇　教育 | 教育局 | 袁银初 | 邱赤滨、熊学明 |
| 第五十六篇　科学技术 | 科技局 | 朱克绍 | 邱赤滨、熊学明 |
| 第五十七篇　文化 | 文新局 | 陶金林 | 闵正国、熊学明 |
| 第五十八篇　史志档案 | 史志办、档案局 | 殷育文、余艳霞 | 闵正国、熊学明 |
| 第五十九篇　传媒出版 | 文新局、九江日报社、新华书店 | 王洪平、陈泽富、涂利敏 | 邱赤滨、熊学明 |
| 第六十篇　医疗 卫生 | 卫生局、红十字会、爱委会、食品药品监督管理局 | 钟杰、徐报、朴英勇、陈秋林 | 邵天柱 |
| 第六十一篇　体育 | 体育局 | 万纯荣 | 梁建荣、熊学明 |
| 第六十二篇　居民生活 | 统计局、老龄委、关工委、老年体协、老年科协 | 罗嗣德、崔若林、曹荣品、俞荣、刘令、任祥照 | 崔若林、郭国胜、谢桂芳 |
| 第六十三篇　思想道德建设 | 宣传部 | 曾伍根 | 胡荣彬、熊学明、崔若林 |
| 第六十四篇　人事 编制 | 人社局、编办 | 徐芳琼、张琳 | 梁建荣、郭国胜 |
| 第六十五篇　劳动和社会保障 | 人社局、安全生产监督局 | 张广军、黄飞 | 梁建荣、郭国胜 |
| 第六十六篇　民政 | 民政局 | 扶有根 | 崔若林、郭国胜 |
| 第六十七篇　扶贫和移民 | 扶贫移民办 | 查修彭 | 邵天柱 |
| 第六十八篇　民族宗教 | 民宗局 | 朱洪元、崔若林 | 崔若林 |
| 第六十九篇　风俗方言 | 文新局、史志办 | 崔若林、李奇瑞 | 崔若林、李奇瑞 |
| 第七十篇　人物 | 史志办 | 闵正国、胡荣彬 | 邵天柱 |
| 附录 | 史志办 | | 熊学明 |
| 索引 | 史志办 | | 吴芒芒、熊学明 |

# 《九江市志》(1991~2010)编纂委员会成员名单

## 2005年8月

顾　　　　问:赵智勇

主 任 委 员:蔡晓明

常务副主任委员:李　放

副 主 任 委 员:陈和民　吴锦萍　江晓筑(专职)

委　　　　员:阮仁良　黄大明　张小鹏　于晓东　丁冰洋　徐少伟　黄新庭
王俯耕　彭　敏　欧阳春　郭建林　许立仁　梅昌华　李　毅
唐　坚　卢克苏　周国强　熊学明

## 2007年3月

顾　　　　问:陈安众

主 任 委 员:王　萍

副 主 任 委 员:华金国　赵东亮　柳国发　陈建芳(专职)

委　　　　员:黄大明　毕延柏　杨金华　洪　华　王凯军　叶　平　黄新庭
欧阳礼彬　郭建林　王俯耕　彭　敏　余明义　梅昌华
李　毅　唐　坚　卢克苏　周国强　熊学明

## 2010年8月

顾　　　　问:钟利贵

常务副主任委员:殷美根

副 主 任 委 员:柳国发　赵　伟　罗　环(专职)

委　　　　员:王凯军　周美祥　毕延柏　程益琴　钟华坚　叶　平　张延芳
李纪福　彭　敏　江　兵　沈建生　徐　敏　齐美龙　欧阳礼彬
柯亨龙　余明义　周裔祥　梅昌华　金　峰　张友兰　胡冶敏
余　海

## 2011年11月

顾　　问:钟利贵

主任委员:殷美根

常务副主任委员:占　勇

副主任委员:柳国发　吴锦萍　王丰鹏　罗　环(专职)

委　　员:陈炎春　周美祥　毕延柏　程益琴　李烈勇　叶　平　郑　浪　李纪福　彭　敏　江　兵　李润金　邓君安　齐美龙　欧阳礼彬　柯亨龙　余明义　周裔祥　梅昌华　金　峰　张友兰　胡冶敏　余　海

## 2012年4月

顾　　问:钟利贵

主任委员:殷美根

常务副主任委员:占　勇

第一副主任委员:吴锦萍

副主任委员:柳国发　王丰鹏　戴和君(专职)

委　　员:陈炎春　周美祥　毕延柏　程益琴　李烈勇　吴秋红　郑　浪　李纪福　王建楠　韩胜球　江　兵　李润金　邓君安　齐美龙　欧阳礼彬　柯亨龙　余明义　周裔祥　梅昌华　金　峰　张友兰　胡冶敏　李丽均　余　海

## 2013年10月

顾　　问:殷美根

主任委员:钟志生

常务副主任委员:占　勇

副主任委员:吴锦萍　周美祥　王丰鹏　戴和君(专职)

委　　员:陈立新　齐美龙　毕延柏　程益琴　李烈勇　吴秋红　郑　浪　徐　敏　王建楠　韩胜球　江　兵　李润金　邓君安　张　俊　欧阳礼彬　柯亨龙　余明义　周裔祥　梅昌华　金　峰　张友兰　胡冶敏　柳秋荣　李丽均　余　海

# 2015年8月

**顾　　　　问**:殷美根

**主　任　委　员**:林彬杨

**常务副主任委员**:熊永强

**副 主 任 委 员**:周美祥　王丰鹏　戴和君(专职)

**委　　　　员**:封志宏　齐美龙　罗　林　程益琴　李烈勇　吴秋红　陈则仁　徐　敏　钟华坚　喻子水　陈南桥　李润金　邓君安　张　俊　熊　颖　柯亨龙　胡升平　戴海平　林显莲　金　峰　陈小华　胡冶敏　柳秋荣　涂开荣　汪国良　刘炜红

# 《九江市志》(1991~2010)编辑部

## 2009年1月

**主　编**:胡冶敏

**副主编**:郭国胜

**编　辑**:(以姓氏笔画为序)

刘浔豫　杨　磊　汪　明　范乐成

## 2011年5月

**主　编**:罗　环

**副主编**:胡冶敏

**编　辑**:(以姓氏笔画为序)

刘浔豫　李学忠　吴圣林　汪　明　邵天柱　胡荣彬　郭国胜　景玉川　熊学明

## 2012年6月

**主　编**:戴和君

**副主编**:胡冶敏

**顾　问**:刘伯修

**编　辑**:(以姓氏笔画为序)

朱小试　刘浔豫　李学忠　吴芒芒　邱赤滨　闵正国　汪　明　邵天柱　胡荣彬　郭国胜　唐　坚　崔若林　梁建荣　景玉川　熊学明

## 2014年1月

**主　编**:戴和君

**副主编**:胡冶敏

**顾　问**:刘伯修

**总　纂**:熊学明　邵天柱(执行)

**编　辑**:(以姓氏笔画为序)

刘浔豫　吴芒芒　邵天柱　胡荣彬　郭国胜　崔若林　谢桂芳　熊学明

# 后 记

《九江市志(1991~2010)》是继2004年版《九江市志》之后,在中共九江市委的领导下,由九江市人民政府主持编修的第二部地方志书。

2008年10月30日,市委办公厅、市政府办公厅下发《关于开展〈九江市志(1991-2010)〉修纂工作的通知》,12月13日,市政府召开全市地方志工作会议,部署修纂工作。2009年3月市志办举办首期全市修志人员业务培训班,建立联系网络。2011年4月,由市党史办和市地方志办合并后的市史志办,组织市直及驻市单位200多名修志人员进行业务培训,并将修志任务分解落实到承编单位。12月27日,市政府再次召开全市地方志工作会议,对前段市志编纂工作进行总结表彰,对下一步工作提出更明确的要求。2012年10月26日,市地方志编纂委员会召开第一次会议,听取市史志办关于前一阶段市志编纂情况的汇报,讨论确定“凡例”“大事记”“人物”录入标准、篇目结构等,为市志下步编纂工作制定了原则,指明了方向。市史志办充分发挥主观能动性,想方设法,攻坚克难,卓有成效地推动了市志编纂进程。

一是组建市志编辑部。聘请富有修志经验,了解九江地情的专家、学者担任编辑。在篇目设置上考虑历史的延续性,做到能与前志对接。同时,借鉴外地经验,结合本地实际,9易其稿,形成《九江市志(1991~2010)》篇目。为体现时代特色和地方特点,设立“体制改革”篇,集中记述政治体制改革、经济体制改革、社会事业体制改革,对各单位内设机构则集中在“人事机构”中记述。为彰显地方特色,将“庐山”升格独立成篇,恰逢庐山被联合国教科文组织授予“世界人类文化遗产”和“世界地质公园”,志文以“遗产”为切入点,从“自然遗产”“人文遗产”“庐山研究”“管理保护”等方面记述,将庐山列入自然部类,凸显庐山作为世界名山的地位。

二是强力推进工作进度。对165家一级承编单位,保持联系,对部分进度缓慢的单位反复上门督促,让每个承编单位都经常“见到修志的人,听到修志的声”,从而意识到修志工作的紧迫性。并将一级承编单位编成20个片组,分别召集片组修志调度会,加快了市志编纂进度。同时加大《九江地方志工作简报》编发密度,制作《〈九江市志(1991~2010)〉编纂进度动态示意图》,上墙公示,及时向市领导、各承编单位通报市志编纂动态。

三是业务指导。为提高志稿质量,缩短编纂时间,市史志办对各专志的编纂工作提前介入,跟踪服务。全市两次修志人员培训班,均聘请知名方志专家授课,印发了《全市修志业务培训班资料汇编》,分片组召集交叉审稿会,达到以点带面,互相学习,共同提高的成效。

四是认真编审。组织精干力量对承编稿件分纂完成后,由市政府办公厅下发审校专志稿的通知,及时将分纂稿分送各承编单位,由承编单位对志稿史料的真实性、资料的准确性等项认真审校,并由主要负责人签字,加盖行政公章,报市史志办留存。市志初稿合成后,根据国务院颁布的《地方志工作条例》及省政府颁布的《江西省第二轮地方志书审查验收规程》的相关规定,于2014年12月邀请专家从志稿的体例和内容进行了初审。2015年2月4日,省志办领导及专家又对志稿进行复审。综合两次审查的意见,再次对志稿进行调整、修改、润色,再次核实和补充资料,协调各篇的记述层次和详略程度,处理交叉重复内容,进一步规范体例和文字表述,补其缺,纠其谬,弃其芜,存其真,求其精,力求实事求是记述九江市20年内经济社会各方面改革开放的成就,彰显时代和地域特色,达到"存史、资政、教化"之功能。

本志得以出版是市委领导、政府主持,全市各级组织,广大参与编纂工作人员共同努力的结果,是各方合作和集体智慧的结晶。8年来,全市有近千名专、兼职人员参与其事,为出精品佳志默默耕耘,无私奉献,为本书的编纂出版付出了大量的心血和劳动,在此表示衷心的感谢!

编修地方志既是历史传统,也是一项创新工作,尽管我们尽了最大努力,但仍不可避免地受到资料、学识、能力的限制,疏漏讹误之处在所难免,恳请读者和专家批评指正。

《九江市志》编辑部